COMO PASSAR em

CONCURSOS JURÍDICOS

3ª Edição – 2012 – 2ª tiragem

como passar em

Wander Garcia
*Um dos maiores especialistas
em Concursos Públicos do País*

CONCURSOS JURÍDICOS

3ª Edição – 2012 – 2ª tiragem — 30 DISCIPLINAS

10.000
QUESTÕES COMENTADAS

2012 © Wander Garcia

Coordenador: Wander Garcia
Autores: Wander Garcia, Ana Paula Garcia, Arthur Trigueiros, Eduardo Dompieri, Hermes Cramacon, Leni Mouzinho Soares, Murilo Sechieri Costa Neves, Renan Flumian, Robinson Sakiyama Barreirinhas, Teresa Melo

Editor: Márcio Dompieri
Revisão dos comentários: Bel Ribeiro e Elisabete Pereira
Capa, projeto gráfico e diagramação: R2 Criações

Ficha Catalográfica elaborada pelo
Sistema de Bibliotecas da UNICAMP / Diretoria de Tratamento da Informação
Bibliotecário: Helena Joana Flipsen – CRB-8ª / 5283

G165c	Garcia, Wander. Como passar em concursos jurídicos / Wander Garcia. -- 3. ed. -- Campinas, SP : Editora Foco, 2012. 1706p. Direito. 2. Exames - Questões. 3. Educação. I. Dompieri, Márcio. II. Título. CDD - 340 - 371.261 - 370
ISBN 978-85-62168-68-0	

Índices para Catálogo Sistemático:

Direito	340
Exames - Questões	371.261
Educação	370

2012 – 3ª edição – 2ª tiragem
Proibida a reprodução total ou parcial.
Os infratores serão processados na forma da lei.
Todos os direitos reservados à
Editora Foco Jurídico Ltda
Al. José Amstalden 491 – Cj. 52
CEP 13331-100 – Indaiatuba – SP
E-mail: contato@editorafoco.com.br
www.editorafoco.com.br

APRESENTAÇÃO

A experiência diz que aquele que quer ser aprovado deve fazer três coisas: a) entender a teoria; b) ler a letra da lei, e c) treinar. A teoria é vista em cursos e livros à disposição no mercado. O problema é que ela, sozinha, não é suficiente. É fundamental "ler a letra da lei" e "treinar". E a presente obra possibilita que você faça esses dois tipos de estudo. Aliás, você sabia que mais de 90% das questões de Concursos Jurídicos são resolvidas apenas com o conhecimento da lei, e que as questões das provas se repetem muito?

Cada questão deste livro vem comentada com o dispositivo legal em que você encontrará a resposta. E isso é feito não só em relação à alternativa correta. Todas as alternativas são comentadas. Com isso você terá acesso aos principais dispositivos legais que aparecem nas provas e também às orientações doutrinárias e jurisprudenciais.

Estudando pelo livro você começará a perceber as técnicas dos examinadores e as "pegadinhas" típicas de prova, e ganhará bastante segurança para o momento decisivo, que é o dia do seu exame.

É por isso que podemos afirmar, com uma exclamação, que esta obra vai lhe demonstrar COMO PASSAR EM CONCURSOS JURÍDICOS!

CRONOLOGIA

COMO PASSAR EM CONCURSOS JURÍDICOS

LANÇAMENTO 1ª EDIÇÃO	08/2009
1ª EDIÇÃO – 2ª TIRAGEM	11/2009
1ª EDIÇÃO – 3ª TIRAGEM	02/2010
1ª EDIÇÃO – 4ª TIRAGEM	04/2010
LANÇAMENTO 2ª EDIÇÃO	**12/2010**
2ª EDIÇÃO – 2ª TIRAGEM	02/2011
2ª EDIÇÃO – 3ª TIRAGEM	06/2011
2ª EDIÇÃO – 4ª TIRAGEM	09/2011
LANÇAMENTO 3ª EDIÇÃO	**04/2012**
3ª EDIÇÃO – 2ª TIRAGEM	09/2012

SUMÁRIO

COMO USAR O LIVRO — 21

1. DIREITO CIVIL — 25

1. LIDB 25
    1.1. EFICÁCIA DA LEI NO TEMPO 25
        1.1.1. VACATIO LEGIS 25
        1.1.2. VIGÊNCIA DA LEI NO TEMPO 26
        1.1.3. REPRISTINAÇÃO 28
        1.1.4. IRRETROATIVIDADE DAS LEIS 29
    1.2. EFICÁCIA DA LEI NO ESPAÇO 30
    1.3. INTERPRETAÇÃO DA LEI 31
    1.4. LACUNAS E INTEGRAÇÃO DA LEI 32
    1.5. ANTINOMIAS E CORREÇÃO 33
2. GERAL 34
    2.1. PRINCÍPIOS DO CÓDIGO CIVIL, CLÁUSULAS GERAIS E CONCEITOS JURÍDICOS INDETERMINADOS 34
    2.2. PESSOAS NATURAIS 35
        2.2.1. INÍCIO DA PERSONALIDADE E NASCITURO 35
        2.2.2. CAPACIDADE 35
        2.2.3. LEGITIMAÇÃO 39
        2.2.4. EMANCIPAÇÃO 39
        2.2.5. FIM DA PERSONALIDADE. COMORIÊNCIA 40
        2.2.6. AVERBAÇÕES 41
    2.3. PESSOAS JURÍDICAS 41
        2.3.1. DESCONSIDERAÇÃO DA PERSONALIDADE JURÍDICA 41
        2.3.2. CLASSIFICAÇÕES DAS PESSOAS JURÍDICAS 43
        2.3.3. ASSOCIAÇÕES 45
        2.3.4. FUNDAÇÕES 46
        2.3.5. TEMAS COMBINADOS DE PESSOA JURÍDICA 47
    2.4. DOMICÍLIO 49
    2.5. DIREITOS DA PERSONALIDADE E NOME 51
    2.6. AUSÊNCIA 56
    2.7. BENS 58
    2.8. FATOS JURÍDICOS 63
        2.8.1. ESPÉCIES, FORMAÇÃO E DISPOSIÇÕES GERAIS 63
        2.8.2. CONDIÇÃO, TERMO E ENCARGO 65
        2.8.3. DEFEITOS DO NEGÓCIO JURÍDICO 67
        2.8.4. INVALIDADE DO NEGÓCIO JURÍDICO 72

- 2.9. ATOS ILÍCITOS 78
- 2.10. PRESCRIÇÃO E DECADÊNCIA 79
- 2.11. REPRESENTAÇÃO 86
- 2.12. PROVA 86
3. OBRIGAÇÕES 86
   - 3.1. INTRODUÇÃO, CLASSIFICAÇÃO E MODALIDADES DAS OBRIGAÇÕES 86
   - 3.2. TRANSMISSÃO, ADIMPLEMENTO E EXTINÇÃO DAS OBRIGAÇÕES 91
   - 3.3. INADIMPLEMENTO DAS OBRIGAÇÕES 96
4. CONTRATOS 99
   - 4.1. CONCEITO, PRESSUPOSTOS, FORMAÇÃO E PRINCÍPIOS DOS CONTRATOS 99
   - 4.2. CLASSIFICAÇÃO DOS CONTRATOS 105
   - 4.3. ONEROSIDADE EXCESSIVA 108
   - 4.4. EVICÇÃO 109
   - 4.5. VÍCIOS REDIBITÓRIOS 109
   - 4.6. EXTINÇÃO DOS CONTRATOS 111
   - 4.7. COMPRA E VENDA E TROCA 113
   - 4.8. COMPROMISSO DE COMPRA E VENDA 116
   - 4.9. DOAÇÃO 117
   - 4.10. MÚTUO, COMODATO E DEPÓSITO 118
   - 4.11. LOCAÇÃO 120
   - 4.12. PRESTAÇÃO DE SERVIÇO 121
   - 4.13. EMPREITADA 122
   - 4.14. MANDATO 122
   - 4.15. SEGURO 124
   - 4.16. FIANÇA 124
   - 4.17. OUTROS CONTRATOS E TEMAS COMBINADOS 126
   - 4.18. ATOS UNILATERAIS 127
5. RESPONSABILIDADE CIVIL 127
   - 5.1. OBRIGAÇÃO DE INDENIZAR 127
   - 5.2. INDENIZAÇÃO 134
6. COISAS 136
   - 6.1. POSSE 136
     - 6.1.1. POSSE E SUA CLASSIFICAÇÃO 136
     - 6.1.2. AQUISIÇÃO E PERDA DA POSSE 138
     - 6.1.3. EFEITOS DA POSSE 139
   - 6.2. DIREITOS REAIS E PESSOAIS 143
   - 6.3. PROPRIEDADE IMÓVEL 143
   - 6.4. PROPRIEDADE MÓVEL 147
   - 6.5. DIREITO DE VIZINHANÇA 147
   - 6.6. CONDOMÍNIO 148
   - 6.7. DIREITO REAIS NA COISA ALHEIA - FRUIÇÃO 149
   - 6.8. DIREITOS REAIS NA COISA ALHEIA - GARANTIA 151
7. FAMÍLIA 154
   - 7.1. CASAMENTO 154
     - 7.1.1. DISPOSIÇÕES GERAIS, CAPACIDADE, IMPEDIMENTOS, CAUSAS SUSPENSIVAS, HABILITAÇÃO, CELEBRAÇÃO E PROVA DO CASAMENTO 154
     - 7.1.2. INVALIDADE 156
     - 7.1.3. EFEITOS E DISSOLUÇÃO DO CASAMENTO 159
     - 7.1.4. REGIME DE BENS 161
     - 7.1.5. TEMAS COMBINADOS DE CASAMENTO 165
   - 7.2. UNIÃO ESTÁVEL 165

- 7.3. PARENTESCO E FILIAÇÃO ... 168
- 7.4. PODER FAMILIAR, ADOÇÃO, TUTELA E GUARDA ... 171
- 7.5. ALIMENTOS ... 175
- 7.6. BEM DE FAMÍLIA ... 179
- 7.7. CURATELA ... 181
- 7.8. TEMAS COMBINADOS DE FAMÍLIA ... 183
8. SUCESSÕES ... 184
    - 8.1. SUCESSÃO EM GERAL ... 184
    - 8.2. SUCESSÃO LEGÍTIMA ... 187
    - 8.3. SUCESSÃO TESTAMENTÁRIA ... 193
    - 8.4. INVENTÁRIO E PARTILHA ... 196

2. DIREITO PROCESSUAL CIVIL — 197

1. PRINCÍPIOS DO PROCESSO CIVIL ... 197
2. PARTES, PROCURADORES, MINISTÉRIO PÚBLICO E JUIZ. ATOS PROCESSUAIS. PRAZO ... 201
3. LITISCONSÓRCIO, ASSISTÊNCIA E INTERVENÇÃO DE TERCEIROS ... 213
4. JURISDIÇÃO E COMPETÊNCIA ... 219
5. PRESSUPOSTOS PROCESSUAIS E CONDIÇÕES DA AÇÃO ... 229
6. FORMAÇÃO, SUSPENSÃO E EXTINÇÃO DO PROCESSO. NULIDADES ... 233
7. TUTELA ANTECIPADA E LIMINAR EM CAUTELAR ... 240
8. PROCESSO DE CONHECIMENTO. RITOS SUMÁRIO E ORDINÁRIO ... 243
9. SENTENÇA. LIQUIDAÇÃO. CUMPRIMENTO DE SENTENÇA. COISA JULGADA ... 264
10. AÇÕES ANULATÓRIA E RESCISÓRIA ... 280
11. RECURSOS ... 283
12. EXECUÇÃO ... 308
13. CAUTELAR ... 322
14. PROCEDIMENTOS ESPECIAIS ... 327
15. LEGISLAÇÃO EXTRAVAGANTE ... 342
16. TEMAS COMBINADOS ... 352

3. DIREITO PENAL — 363

1. CONCEITO, FONTES E PRINCÍPIOS ... 363
2. APLICAÇÃO DA LEI NO TEMPO ... 371
3. APLICAÇÃO DA LEI NO ESPAÇO ... 375
4. CONCEITO E CLASSIFICAÇÃO DOS CRIMES ... 377
5. FATO TÍPICO E TIPO PENAL ... 381
6. CRIMES DOLOSOS, CULPOSOS E PRETERDOLOSOS ... 388
7. ERRO DE TIPO, DE PROIBIÇÃO E DEMAIS ERROS ... 392
8. TENTATIVA, CONSUMAÇÃO, DESISTÊNCIA, ARREPENDIMENTO E CRIME IMPOSSÍVEL ... 395
9. ANTIJURIDICIDADE E CAUSAS EXCLUDENTES ... 402
10. AUTORIA E CONCURSO DE PESSOAS ... 405
11. CULPABILIDADE E CAUSAS EXCLUDENTES ... 410
12. PENAS E EFEITOS DAS PENAS ... 413
13. APLICAÇÃO DA PENA ... 419
14. *SURSIS*, LIVRAMENTO CONDICIONAL, REABILITAÇÃO E MEDIDAS DE SEGURANÇA ... 426
15. AÇÃO PENAL ... 428
16. EXTINÇÃO DA PUNIBILIDADE EM GERAL ... 429
17. PRESCRIÇÃO ... 431
18. CRIMES CONTRA A PESSOA ... 433
19. CRIMES CONTRA O PATRIMÔNIO ... 444
20. CRIMES CONTRA A DIGNIDADE SEXUAL ... 450

21. CRIMES CONTRA A FÉ PÚBLICA 453
22. CRIMES CONTRA A ADMINISTRAÇÃO PÚBLICA 455
23. OUTROS CRIMES DO CÓDIGO PENAL 462
24. CRIMES DA LEI ANTIDROGAS 463
25. CRIMES CONTRA O MEIO AMBIENTE 467
26. CRIMES CONTRA A ORDEM TRIBUTÁRIA 468
27. CRIMES CONTRA A ORDEM ECONÔMICA 469
28. CRIMES DE TRÂNSITO 469
29. ESTATUTO DO DESARMAMENTO 471
30. CRIME ORGANIZADO 472
31. CRIMES RELATIVOS A LICITAÇÃO 472
32. CRIME DE TORTURA 473
33. CRIMES DE ABUSO DE AUTORIDADE 474
34. CONTRAVENÇÕES PENAIS 474
35. VIOLÊNCIA DOMÉSTICA 475
36. OUTROS CRIMES E CRIMES COMBINADOS DA LEGISLAÇÃO EXTRAVAGANTE 476
37. TEMAS COMBINADOS DE DIREITO PENAL 481

4. DIREITO PROCESSUAL PENAL — 485

1. FONTES, PRINCÍPIOS GERAIS, EFICÁCIA DA LEI PROCESSUAL NO TEMPO E NO ESPAÇO 485
2. INQUÉRITO POLICIAL 488
3. AÇÃO PENAL 499
4. SUSPENSÃO CONDICIONAL DO PROCESSO 507
5. AÇÃO CIVIL 508
6. JURISDIÇÃO E COMPETÊNCIA. CONEXÃO E CONTINÊNCIA 509
7. QUESTÕES E PROCESSOS INCIDENTES 517
8. PRERROGATIVAS DO ACUSADO 522
9. PROVAS 523
10. SUJEITOS PROCESSUAIS 531
11. CITAÇÃO, INTIMAÇÃO E PRAZOS 532
12. PRISÃO, MEDIDAS CAUTELARES E LIBERDADE PROVISÓRIA 536
13. PROCESSOS E PROCEDIMENTOS 551
14. PROCESSO DE COMPETÊNCIA DO JÚRI 555
15. JUIZADOS ESPECIAIS 560
16. SENTENÇA, PRECLUSÃO E COISA JULGADA 563
17. NULIDADES 567
18. RECURSOS 569
19. *HABEAS CORPUS*, MANDADO DE SEGURANÇA E REVISÃO CRIMINAL 575
20. EXECUÇÃO PENAL 578
21. LEGISLAÇÃO EXTRAVAGANTE 586
22. TEMAS COMBINADOS E OUTROS TEMAS 590

5. DIREITO CONSTITUCIONAL — 597

1. PODER CONSTITUINTE 597
2. TEORIA DA CONSTITUIÇÃO E PRINCÍPIOS FUNDAMENTAIS 599
3. HERMENÊUTICA CONSTITUCIONAL E EFICÁCIA DAS NORMAS CONSTITUCIONAIS 609
4. CONTROLE DE CONSTITUCIONALIDADE 616
5. DIREITOS E DEVERES INDIVIDUAIS E COLETIVOS 644
6. DIREITOS SOCIAIS 664
7. NACIONALIDADE 666
8. DIREITOS POLÍTICOS 669

9. ORGANIZAÇÃO DO ESTADO 674
    9.1. DA UNIÃO, ESTADOS, MUNICÍPIOS E TERRITÓRIOS 674
    9.2. DA ADMINISTRAÇÃO PÚBLICA 689
10. ORGANIZAÇÃO DO PODER EXECUTIVO 701
11. ORGANIZAÇÃO DO PODER LEGISLATIVO. PROCESSO LEGISLATIVO 705
12. DA ORGANIZAÇÃO DO PODER JUDICIÁRIO 727
13. DAS FUNÇÕES ESSENCIAIS À JUSTIÇA 751
14. DEFESA DO ESTADO 762
15. TRIBUTAÇÃO E ORÇAMENTO 767
16. ORDEM ECONÔMICA E FINANCEIRA 773
17. ORDEM SOCIAL 781
18. TEMAS COMBINADOS 788

6. DIREITO ADMINISTRATIVO — 793

1. REGIME JURÍDICO ADMINISTRATIVO E PRINCÍPIOS DO DIREITO ADMINISTRATIVO 793
    1.1. REGIME JURÍDICO ADMINISTRATIVO 793
    1.2. PRINCÍPIOS BASILARES DO DIREITO ADMINISTRATIVO (SUPREMACIA E INDISPONIBILIDADE) 794
    1.3. PRINCÍPIOS ADMINISTRATIVOS EXPRESSOS NA CONSTITUIÇÃO 795
    1.4. PRINCÍPIOS ADMINISTRATIVOS EXPRESSOS EM OUTRAS LEIS OU IMPLÍCITOS 798
2. PODERES DA ADMINISTRAÇÃO PÚBLICA 803
    2.1. PODER VINCULADO E DISCRICIONÁRIO 804
    2.2. PODER HIERÁRQUICO 804
    2.3. PODER DISCIPLINAR 805
    2.4. PODER REGULAMENTAR 806
    2.5. PODER DE POLÍCIA 807
    2.6. PODERES ADMINISTRATIVOS COMBINADOS 810
3. ATOS ADMINISTRATIVOS 813
    3.1. CONCEITO, PERFEIÇÃO, VALIDADE E EFICÁCIA 813
    3.2. REQUISITOS DO ATO ADMINISTRATIVO (ELEMENTOS, PRESSUPOSTOS) 814
    3.3. ATRIBUTOS DO ATO ADMINISTRATIVO 819
    3.4. VINCULAÇÃO E DISCRICIONARIEDADE 821
    3.5. EXTINÇÃO DOS ATOS ADMINISTRATIVOS 824
    3.6. CONVALIDAÇÃO E CONVERSÃO 830
    3.7. CLASSIFICAÇÃO DOS ATOS ADMINISTRATIVOS E ATOS EM ESPÉCIE 831
    3.8. TEMAS COMBINADOS DE ATO ADMINISTRATIVO 835
4. ORGANIZAÇÃO ADMINISTRATIVA 837
    4.1. TEMAS GERAIS (ADMINISTRAÇÃO PÚBLICA, ÓRGÃOS E ENTIDADES, DESCENTRALIZAÇÃO E DESCONCENTRAÇÃO, CONTROLE E HIERARQUIA, TEORIA DO ÓRGÃO) 837
    4.2. AUTARQUIAS 841
    4.3. AGÊNCIAS REGULADORAS 842
    4.4. CONSÓRCIOS PÚBLICOS 843
    4.5. EMPRESAS ESTATAIS 844
    4.6. ENTES DE COOPERAÇÃO 846
    4.7. TEMAS COMBINADOS 849
5. SERVIDORES PÚBLICOS 850
    5.1. CONCEITO E CLASSIFICAÇÃO 850
    5.2. VÍNCULOS (CARGO, EMPREGO E FUNÇÃO) 851
    5.3. PROVIMENTO 853
    5.4. VACÂNCIA 857
    5.5. REMOÇÃO, RESDISTRIBUIÇÃO E SUBSTITUIÇÃO 858
    5.6. ACESSIBILIDADE E CONCURSO PÚBLICO 858

- 5.7. EFETIVIDADE, ESTABILIDADE E VITALICIEDADE 861
- 5.8. ACUMULAÇÃO REMUNERADA E AFASTAMENTO 862
- 5.9. REMUNERAÇÃO E SUBSÍDIO 865
- 5.10. PREVIDÊNCIA DO SERVIDOR: APOSENTADORIA, PENSÃO E OUTROS BENEFÍCIOS 867
- 5.11. LICENÇAS 869
- 5.12. DIREITO DE PETIÇÃO 870
- 5.13. DIREITOS, DEVERES E PROIBIÇÕES DO SERVIDOR PÚBLICO 870
- 5.14. INFRAÇÕES E PROCESSOS DISCIPLINARES. COMUNICABILIDADE DE INSTÂNCIAS 872
- 5.15. TEMAS COMBINADOS DE SERVIDOR PÚBLICO 876
6. IMPROBIDADE ADMINISTRATIVA 878
    - 6.1. CONCEITO, MODALIDADES, TIPIFICAÇÃO E SUJEITOS ATIVO E PASSIVO 878
    - 6.2. SANÇÕES E PROVIDÊNCIAS CAUTELARES 882
    - 6.3. TEMAS COMBINADOS E OUTRAS QUESTÕES DE IMPROBIDADE ADMINISTRATIVA 886
7. BENS PÚBLICOS 890
    - 7.1. CONCEITO E CLASSIFICAÇÃO 890
    - 7.2. REGIME JURÍDICO (CARACTERÍSTICAS) 892
    - 7.3. ALIENAÇÃO DOS BENS PÚBLICOS 894
    - 7.4. USO DOS BENS PÚBLICOS 894
    - 7.5. BENS PÚBLICOS EM ESPÉCIE 896
    - 7.6. TEMAS COMBINADOS DE BENS PÚBLICOS 898
8. INTERVENÇÃO DO ESTADO NA PROPRIEDADE 899
    - 8.1. DESAPROPRIAÇÃO 899
    - 8.2. REQUISIÇÃO DE BENS E SERVIÇOS 907
    - 8.3. OCUPAÇÃO TEMPORÁRIA 908
    - 8.4. SERVIDÃO ADMINISTRATIVA 908
    - 8.5. TOMBAMENTO 909
    - 8.6. LIMITAÇÃO ADMINISTRATIVA 911
    - 8.7. TEMAS COMBINADOS DE INTERVENÇÃO NA PROPRIEDADE 911
9. RESPONSABILIDADE DO ESTADO 912
    - 9.1. EVOLUÇÃO HISTÓRICA E TEORIAS 912
    - 9.2. MODALIDADES DE RESPONSABILIDADE (OBJETIVA E SUBJETIVA). REQUISITOS DA RESPONSABILIDADE OBJETIVA 914
    - 9.3. RESPONSABILIDADE DO AGENTE PÚBLICO, AÇÃO DE REGRESSO E DENUNCIAÇÃO DA LIDE 919
    - 9.4. RESPONSABILIDADE DAS CONCESSIONÁRIAS DE SERVIÇO PÚBLICO 920
    - 9.5. RESPONSABILIDADE POR ATOS LEGISLATIVOS E JUDICIAIS 921
10. LICITAÇÃO 922
    - 10.1. CONCEITO, OBJETIVOS E PRINCÍPIOS 922
    - 10.2. CONTRATAÇÃO DIRETA (LICITAÇÃO DISPENSADA, DISPENSA DE LICITAÇÃO E INEXIGIBILIDADE DE LICITAÇÃO) 923
    - 10.3. MODALIDADES DE LICITAÇÃO E REGISTRO DE PREÇOS 928
    - 10.4. FASES DA LICITAÇÃO 933
    - 10.5. TIPOS DE LICITAÇÃO (MENOR PREÇO, MELHOR TÉCNICA E TÉCNICA/PREÇO E MAIOR LANCE) 934
    - 10.6. REVOGAÇÃO E ANULAÇÃO DA LICITAÇÃO 934
    - 10.7. MICROEMPRESA E EMPRESA DE PEQUENO PORTE 935
    - 10.8. TEMAS COMBINADOS E OUTROS TEMAS 936
11. CONTRATOS ADMINISTRATIVOS 938
    - 11.1. CONCEITO, CARACTERÍSTICAS PRINCIPAIS, FORMALIZAÇÃO E CLÁUSULAS CONTRATUAIS NECESSÁRIAS 938
    - 11.2. ALTERAÇÃO DOS CONTRATOS 941
    - 11.3. EXECUÇÃO DO CONTRATO 944
    - 11.4. EXTINÇÃO DO CONTRATO 945
    - 11.5. FIGURAS ASSEMELHADAS (CONTRATO DE GESTÃO, TERMO DE PARCERIA, CONVÊNIO, CONTRATO DE PROGRAMA ETC.) 946
    - 11.6. TEMAS COMBINADOS E OUTROS TEMAS DE CONTRATOS ADMINISTRATIVOS 948

12. SERVIÇOS PÚBLICOS..948
   12.1. CONCEITO, CARACTERÍSTICAS PRINCIPAIS, CLASSIFICAÇÃO E PRINCÍPIOS 948
   12.2. AUTORIZAÇÃO E PERMISSÃO DE SERVIÇO PÚBLICO 950
   12.3. CONCESSÃO DE SERVIÇO PÚBLICO 951
   12.4. PARCERIAS PÚBLICO-PRIVADAS (PPP) 954
13. CONTROLE DA ADMINISTRAÇÃO PÚBLICA 958
   13.1. CONTROLE INTERNO – PROCESSO ADMINISTRATIVO 958
   13.2. CONTROLE EXTERNO...961
      13.2.1. CONTROLE PARLAMENTAR 961
      13.2.2. CONTROLE PELO TRIBUNAL DE CONTAS 961
      13.2.3. CONTROLE PELO JUDICIÁRIO 963

7. DIREITO TRIBUTÁRIO — 965

1. COMPETÊNCIA TRIBUTÁRIA..965
2. PRINCÍPIOS 970
3. IMUNIDADES...979
4. DEFINIÇÃO DE TRIBUTO E ESPÉCIES TRIBUTÁRIAS..982
5. LEGISLAÇÃO TRIBUTÁRIA – FONTES..989
6. VIGÊNCIA, APLICAÇÃO, INTERPRETAÇÃO E INTEGRAÇÃO 992
7. FATO GERADOR E OBRIGAÇÃO TRIBUTÁRIA..996
8. LANÇAMENTO E CRÉDITO TRIBUTÁRIO 998
9. SUJEIÇÃO PASSIVA, CAPACIDADE E DOMICÍLIO 1005
10. SUSPENSÃO, EXTINÇÃO E EXCLUSÃO DO CRÉDITO...1016
    10.1. SUSPENSÃO...1016
    10.2. EXTINÇÃO..1019
    10.3. EXCLUSÃO 1027
11. IMPOSTOS E CONTRIBUIÇÕES EM ESPÉCIE..1032
    11.1. IMPOSTO DE IMPORTAÇÃO E IMPOSTO DE EXPORTAÇÃO 1032
    11.2. IPI..1032
    11.3. IR..1033
    11.4. ITR..1034
    11.5. ICMS..1035
    11.6. IPVA...1042
    11.7. ITCMD...1044
    11.8. ISS...1046
    11.9. IPTU..1047
    11.10. ITBI...1048
11. TEMAS COMBINADOS DE IMPOSTOS E CONTRIBUIÇÕES......................................1048
12. GARANTIAS E PRIVILÉGIOS DO CRÉDITO..1053
13. ADMINISTRAÇÃO TRIBUTÁRIA, FISCALIZAÇÃO 1055
14. DÍVIDA ATIVA, INSCRIÇÃO, CERTIDÕES...1059
15. REPARTIÇÃO DE RECEITAS..1063
16. AÇÕES TRIBUTÁRIAS..1064
17. PROCESSO ADMINISTRATIVO FISCAL..1072
18. MICROEMPRESAS – ME E EMPRESAS DE PEQUENO PORTE – EPP 1074
19. CRIMES TRIBUTÁRIOS 1074
20. TEMAS COMBINADOS E OUTRAS MATÉRIAS...1075

8. DIREITO EMPRESARIAL

1. TEORIA GERAL 1091
   - 1.1. EMPRESA, EMPRESÁRIO, CARACTERIZAÇÃO E CAPACIDADE 1091
   - 1.2. DESCONSIDERAÇÃO DA PERSONALIDADE JURÍDICA 1096
   - 1.3. NOME EMPRESARIAL 1097
   - 1.4. INSCRIÇÃO, REGISTROS, ESCRITURAÇÃO E LIVROS 1098
   - 1.5. LOCAÇÃO 1100
   - 1.6. ESTABELECIMENTO 1102
2. DIREITO SOCIETÁRIO 1105
   - 2.1. SOCIEDADE SIMPLES 1105
   - 2.2. SOCIEDADE EMPRESÁRIA 1106
   - 2.3. SOCIEDADES EM COMUM, EM CONTA DE PARTICIPAÇÃO, EM NOME COLETIVO, EM COMANDITA 1107
   - 2.4. DISSOLUÇÃO DAS SOCIEDADES EM GERAL 1109
   - 2.5. SOCIEDADE LIMITADA 1109
   - 2.6. SOCIEDADE ANÔNIMA 1114
     - 2.6.1. CONSTITUIÇÃO, CAPITAL SOCIAL, AÇÕES, DEBÊNTURES E OUTROS VALORES MOBILIÁRIOS 1114
     - 2.6.2. ACIONISTAS, ACORDOS E CONTROLE 1115
     - 2.6.3. ASSEMBLEIA GERAL, CONSELHO DE ADMINISTRAÇÃO, DIRETORIA, ADMINISTRADORES E CONSELHO FISCAL 1117
     - 2.6.4. DISSOLUÇÃO, LIQUIDAÇÃO E EXTINÇÃO 1119
     - 2.6.5. TRANSFORMAÇÃO, INCORPORAÇÃO, FUSÃO E CISÃO 1120
     - 2.6.6. SOCIEDADES DE ECONOMIA MISTA 1121
     - 2.6.7. LIGAÇÕES SOCIETÁRIAS. CONTROLE, COLIGAÇÃO, GRUPOS, CONSÓRCIOS, SUBSIDIÁRIAS 1121
     - 2.6.8. QUESTÕES COMBINADAS SOBRE SOCIEDADE ANÔNIMA 1121
   - 2.7. SOCIEDADE COOPERATIVA 1123
   - 2.8. QUESTÕES COMBINADAS SOBRE SOCIEDADES E OUTROS TEMAS 1123
3. DIREITO CAMBIÁRIO 1129
   - 3.1. TEORIA GERAL 1129
   - 3.2. TÍTULOS EM ESPÉCIE 1136
     - 3.2.1. LETRA DE CÂMBIO 1136
     - 3.2.2. NOTA PROMISSÓRIA 1136
     - 3.2.3. CHEQUE 1137
     - 3.2.4. DUPLICATA 1139
     - 3.2.5. OUTROS TÍTULOS E QUESTÕES COMBINADAS 1141
4. DIREITO CONCURSAL – FALÊNCIA E RECUPERAÇÃO 1144
   - 4.1. ASPECTOS GERAIS 1144
   - 4.2. FALÊNCIA 1147
   - 4.3. RECUPERAÇÃO JUDICIAL E EXTRAJUDICIAL 1158
   - 4.4. TEMAS COMBINADOS DE DIREITO CONCURSAL 1164
5. INVERVENÇÃO E LIQUIDAÇÃO EXTRAJUDICIAL 1166
6. SISTEMA FINANCEIRO NACIONAL 1167
7. CONTRATOS EMPRESARIAIS 1168
   - 7.1. ALIENAÇÃO FIDUCIÁRIA 1168
   - 7.2. ARRENDAMENTO MERCANTIL / LEASING 1169
   - 7.3. FACTORING 1170
   - 7.4. FRANQUIA 1170
   - 7.5. COMPRA E VENDA 1171
   - 7.6. CONTRATOS BANCÁRIOS E CARTÃO DE CRÉDITO 1171
   - 7.7. CONTRATO DE SEGURO 1175
   - 7.8. CONTRATOS DE COLABORAÇÃO 1175
   - 7.9. OUTROS CONTRATOS E QUESTÕES COMBINADAS 1176

8. PROPRIEDADE INDUSTRIAL 1178
9. DIREITO DO CONSUMIDOR 1183
10. TEMAS COMBINADOS 1185

9. DIREITO DO TRABALHO — 1191

1. INTRODUÇÃO, FONTES E PRINCÍPIOS 1191
2. CONTRATO INDIVIDUAL DE TRABALHO 1196
3. CONTRATO DE TRABALHO COM PRAZO DETERMINADO 1202
4. TRABALHO DA MULHER, DO MENOR, DOMÉSTICO, AVULSO, EVENTUAL E RURAL 1204
5. ALTERAÇÃO, INTERRUPÇÃO E SUSPENSÃO DO CONTRATO DE TRABALHO 1208
6. REMUNERAÇÃO E SALÁRIO 1213
7. JORNADA DE TRABALHO 1218
8. AVISO PRÉVIO, EXTINÇÃO DO CONTRATO DE TRABALHO E HAVERES RESCISÓRIOS 1223
9. ESTABILIDADE E FGTS 1229
10. DIREITO COLETIVO DO TRABALHO 1232
    10.1. SINDICATOS 1232
    10.2. CONVENÇÃO E ACORDO COLETIVO 1234
    10.3. GREVE 1235
11. ACIDENTE E DOENÇA DO TRABALHO 1237
12. SEGURANÇA E MEDICINA DO TRABALHO 1238
13. TEMAS COMBINADOS 1241

10. DIREITO PROCESSUAL DO TRABALHO — 1245

1. PRINCÍPIOS, ORGANIZAÇÃO DA JUSTIÇA DO TRABALHO, COMPETÊNCIA E NULIDADES PROCESSUAIS 1245
2. PRESCRIÇÃO 1252
3. RESPOSTAS/INSTRUÇÃO PROCESSUAL/PROCEDIMENTOS E SENTENÇA 1253
4. RECURSOS 1263
5. EXECUÇÃO TRABALHISTA 1270
6. AÇÕES ESPECIAIS 1274
7. DISSÍDIOS COLETIVOS 1277
8. TEMAS COMBINADOS 1278

11. DIREITO DO CONSUMIDOR — 1283

1. CONCEITO DE CONSUMIDOR E RELAÇÃO DE CONSUMO 1283
2. PRINCÍPIOS E DIREITOS BÁSICOS 1287
3. RESPONSABILIDADE PELO FATO DO PRODUTO OU DO SERVIÇO E PRESCRIÇÃO 1291
4. RESPONSABILIDADE POR VÍCIO DO PRODUTO OU DO SERVIÇO E DECADÊNCIA 1296
5. DESCONSIDERAÇÃO DA PERSONALIDADE JURÍDICA. RESPONSABILIDADE EM CASO DE GRUPO DE EMPRESAS 1299
6. PRÁTICAS COMERCIAIS 1300
7. PROTEÇÃO CONTRATUAL 1307
8. RESPONSABILIDADE ADMINISTRATIVA 1314
9. RESPONSABILIDADE CRIMINAL 1315
10. DEFESA DO CONSUMIDOR EM JUÍZO 1315
11. SNDC E CONVENÇÃO COLETIVA 1318

12. DIREITO AMBIENTAL — 1319

1. CONCEITOS BÁSICOS 1319
2. PATRIMÔNIO CULTURAL BRASILEIRO 1319
3. DIREITO AMBIENTAL CONSTITUCIONAL 1320
4. PRINCÍPIOS DO DIREITO AMBIENTAL 1322

5. COMPETÊNCIA EM MATÉRIA AMBIENTAL 1329
6. LEI DE POLÍTICA NACIONAL DO MEIO AMBIENTE 1331
7. INSTRUMENTOS DA POLÍTICA NACIONAL DO MEIO AMBIENTE 1334
   7.1. LICENCIAMENTO AMBIENTAL E EIA/RIMA 1334
   7.2. UNIDADES DE CONSERVAÇÃO 1340
   7.3. ZONEAMENTO AMBIENTAL 1344
   7.4. OUTROS INSTRUMENTOS 1345
8. PROTEÇÃO DA FAUNA 1345
9. PROTEÇÃO DA FLORA. CÓDIGO FLORESTAL 1345
10. RESPONSABILIDADE CIVIL AMBIENTAL 1349
11. RESPONSABILIDADE ADMINISTRATIVA AMBIENTAL 1354
12. RESPONSABILIDADE PENAL AMBIENTAL 1356

13. DIREITO DA CRIANÇA E DO ADOLESCENTE — 1363

1. CONCEITOS BÁSICOS E PRINCÍPIOS 1363
2. DIREITOS FUNDAMENTAIS 1364
   2.1. DIREITO À VIDA E À SAÚDE 1364
   2.2. DIREITO À LIBERDADE, AO RESPEITO E À DIGNIDADE 1366
   2.3. DIREITO À CONVIVÊNCIA FAMILIAR E COMUNITÁRIA 1366
   2.4. DIREITO À EDUCAÇÃO, À CULTURA, AO ESPORTE E AO LAZER 1371
   2.5. DIREITO À PROFISSIONALIZAÇÃO E À PROTEÇÃO NO TRABALHO 1372
3. PREVENÇÃO 1372
4. POLÍTICA E ENTIDADES DE ATENDIMENTO 1373
5. MEDIDAS DE PROTEÇÃO 1373
6. MEDIDAS SOCIOEDUCATIVAS E ATO INFRACIONAL – DIREITO MATERIAL 1374
7. ATO INFRACIONAL – DIREITO PROCESSUAL 1380
8. CONSELHO TUTELAR 1384
9. CONSELHO MUNICIPAL DA CRIANÇA E DO ADOLESCENTE 1385
10. MINISTÉRIO PÚBLICO 1385
11. ACESSO À JUSTIÇA 1386
12. INFRAÇÕES ADMINISTRATIVAS 1387
13. CRIMES 1388
14. DECLARAÇÕES E CONVENÇÕES 1389
15. TEMAS COMBINADOS E OUTROS TEMAS 1389

14. DIREITO FINANCEIRO — 1391

1. PRINCÍPIOS E NORMAS GERAIS 1391
2. LEI DE DIRETRIZES ORÇAMENTÁRIAS – LDO 1393
3. LEI ORÇAMENTÁRIA ANUAL – LOA 1393
4. LEI DE RESPONSABILIDADE FISCAL – LRF 1395
5. RECEITAS 1398
6. RENÚNCIA DE RECEITA 1399
7. DESPESAS 1399
8. DESPESAS COM PESSOAL 1400
9. EXECUÇÃO ORÇAMENTÁRIA, CRÉDITOS ADICIONAIS 1402
10. OPERAÇÕES DE CRÉDITO, DÍVIDA PÚBLICA 1403
11. PRECATÓRIOS 1404
12. CONTROLE, FISCALIZAÇÃO, TRIBUNAIS DE CONTAS 1404
13. OUTROS TEMAS E COMBINADOS 1405

15. DIREITO ECONÔMICO — 1409

1. PRINCÍPIOS GERAIS DA ATIVIDADE ECONÔMICA 1409
2. SISTEMA FINANCEIRO NACIONAL 1412
3. DIREITO CONCORRENCIAL, LEI ANTITRUSTE 1413
4. DIREITO ECONÔMICO INTERNACIONAL 1416

16. DIREITO PREVIDENCIÁRIO — 1419

1. PRINCÍPIOS E NORMAS GERAIS 1419
2. CUSTEIO 1424
3. CONTRIBUIÇÕES SOCIAIS 1425
4. SEGURADOS, DEPENDENTES 1429
5. BENEFÍCIOS 1434
6. SERVIDORES PÚBLICOS 1448
7. PREVIDÊNCIA PRIVADA COMPLEMENTAR 1450
8. ACIDENTES, DOENÇAS DO TRABALHO 1452
9. AÇÕES PREVIDENCIÁRIAS 1453
10. ASSISTÊNCIA SOCIAL E SAÚDE 1456
11. CRIMES 1457
12. OUTROS TEMAS E MATÉRIAS COMBINADAS 1457

17. DIREITO INTERNACIONAL — 1465

1. DIREITO INTERNACIONAL PÚBLICO – TEORIA GERAL 1465
2. DIREITO INTERNACIONAL PRIVADO – TEORIA GERAL 1468
3. ESTADO, SOBERANIA, TERRITÓRIO 1471
4. RELAÇÕES DIPLOMÁTICAS E CONSULARES 1473
5. NACIONALIDADE, NATURALIZAÇÃO E CIDADANIA 1475
6. VISTOS, EXTRADIÇÃO, EXPULSÃO, DEPORTAÇÃO 1477
7. COMPETÊNCIA JURISDICIONAL E SENTENÇA ESTRANGEIRA 1480
8. TRATADOS – TEORIA GERAL 1483
9. TRATADOS ESPECÍFICOS 1486
10. ART. 5º DA CF 1487
11. DIREITO ECONÔMICO E DO COMÉRCIO INTERNACIONAL 1488
12. DIREITO COMUNITÁRIO 1490
13. RESPONSABILIDADE INTERNACIONAL 1494
14. ESTATUTO DE ROMA – TRIBUNAL PENAL INTERNACIONAL 1494
15. ORGANIZAÇÕES INTERNACIONOAIS 1496
16. ORGANIZAÇÃO INTERNACIONAL DO TRABALHO 1498
17. OUTROS TEMAS E MATÉRIAS COMBINADAS 1502

18. DIREITOS HUMANOS — 1507

1. TEORIA GERAL 1507
2. ARTIGO 5º DA CONSTITUIÇÃO FEDERAL 1518
3. DECLARAÇÃO UNIVERSAL DOS DIREITOS DO HOMEM 1525
4. CONVENÇÃO AMERICANA SOBRE DIREITOS HUMANOS (PACTO DE SÃO JOSÉ DA COSTA RICA) 1530
5. PACTO INTERNACIONAL DOS DIREITOS CIVIS E POLÍTICOS E PACTO INTERNACIONAL DOS DIREITOS ECONÔMICOS, SOCIAIS E CULTURAIS 1537
6. TRIBUNAL PENAL INTERNACIONAL 1540
7. REGRAS MÍNIMAS PARA O TRATAMENTO DOS PRESOS E CONVENÇÃO CONTRA A TORTURA E OUTROS TRATAMENTOS OU PENAS CRUÉIS, DESUMANOS OU DEGRADANTES 1540
8. CONVENÇÃO SOBRE A ELIMINAÇÃO DE TODAS AS FORMAS DE DISCRIMINAÇÃO RACIAL 1542

9. CONVENÇÃO SOBRE OS DIREITOS DA CRIANÇA..1542
10. REFUGIADOS..1543
11. DIREITO HUMANITÁRIO..1543
12. CONVENÇÃO SOBRE A ELIMINAÇÃO DE TODAS AS FORMAS DE DISCRIMINAÇÃO CONTRA A MULHER................1543
13. CONVENÇÃO SOBRE OS DIREITOS DAS PESSOAS COM DEFICIÊNCIA..1544
14. PROGRAMA NACIONAL DE DIREITOS HUMANOS E ÓRGÃOS NACIONAIS DE PROTEÇÃO....................................1545
15. OUTROS TEMAS E MATÉRIAS COMBINADAS..1545

19. DIREITO ELEITORAL — 1555

1. DIREITOS POLÍTICOS, ELEGIBILIDADE..1555
2. INELEGIBILIDADE..1557
3. SISTEMA ELEITORAL...1561
4. ALISTAMENTO ELEITORAL, DOMICÍLIO..1562
5. PARTIDOS POLÍTICOS, CANDIDATOS...1563
6. ELEIÇÕES, VOTOS, APURAÇÃO, QUOCIENTES ELEITORAL E PARTIDÁRIO...1565
7. PROPAGANDA ELEITORAL E RESTRIÇÕES NO PERÍODO ELEITORAL..1569
8. PRESTAÇÃO DE CONTAS, DESPESAS, ARRECADAÇÃO, FINANCIAMENTO DE CAMPANHA..................................1573
9. JUSTIÇA ELEITORAL..1574
10. AÇÕES, RECURSOS, IMPUGNAÇÕES...1576
11. CRIMES ELEITORAIS...1582
12. COMBINADAS E OUTRAS MATÉRIAS...1585

20. ÉTICA PROFISSIONAL — 1593

1. ATIVIDADE DE ADVOCACIA E MANDATO..1593
2. DIREITOS DO ADVOGADO...1596
3. INSCRIÇÃO NA OAB...1603
4. SOCIEDADE DE ADVOGADOS...1606
5. ADVOGADO EMPREGADO...1609
6. HONORÁRIOS...1610
7. INCOMPATIBILIDADES E IMPEDIMENTOS...1612
8. PROCESSO ADMINISTRATIVO DISCIPLINAR..1613
9. DEVERES DOS ADVOGADOS, INFRAÇÕES E SANÇÕES..1616
10. OAB E ELEIÇÕES...1620
11. ÉTICA DO ADVOGADO...1625
12. QUESTÕES DE CONTEÚDO VARIADO...1629

21. PROCESSO COLETIVO — 1631

1. INTERESSES DIFUSOS, COLETIVOS E INDIVIDUAIS HOMOGÊNEOS..1631
2. COMPETÊNCIA, CONEXÃO, CONTINÊNCIA E LITISPENDÊNCIA..1634
3. LEGITIMAÇÃO, LEGITIMADOS, MINISTÉRIO PÚBLICO E LITISCONSÓRCIO..1635
4. OBJETO..1637
5. COMPROMISSO DE AJUSTAMENTO..1638
6. INQUÉRITO CIVIL...1640
7. AÇÃO, PROCEDIMENTO, TUTELA ANTECIPADA, MULTA, SENTENÇA E RECURSOS...1642
8. EXECUÇÃO..1646
9. AÇÃO POPULAR..1646
10. MANDADO DE SEGURANÇA COLETIVO..1648

22. DIREITO DO IDOSO — 1651

1. DIREITOS FUNDAMENTAIS 1651
2. MEDIDAS DE PROTEÇÃO 1653
3. POLÍTICA DE ATENDIMENTO AO IDOSO 1654
4. ACESSO À JUSTIÇA 1655
5. CRIMES 1657
6. TEMAS VARIADOS 1657

23. DIREITO DA PESSOA COM DEFICIÊNCIA — 1659

24. DIREITO SANITÁRIO — 1665

25. AGRÁRIO — 1671

1. ASPECTOS HISTÓRICOS 1671
2. CONCEITOS E PRINCÍPIOS DO DIREITO AGRÁRIO 1671
3. CONTRATOS AGRÁRIOS 1673
4. USUCAPIÃO ESPECIAL RURAL 1673
5. AQUISIÇÃO E USO DA PROPRIEDADE E DA POSSE RURAL 1674
6. DESAPROPRIAÇÃO PARA A REFORMA AGRÁRIA 1674

26. DIREITO EDUCACIONAL — 1677

1. NORMAS CONSTITUCIONAIS 1677
2. LEI DE DIRETRIZES E BASES DA EDUCAÇÃO 1678
3. FUNDEB 1679

27. DIREITO URBANÍSTICO — 1681

28. MEDICINA LEGAL — 1685

1. TANATOLOGIA 1685
2. DACTILOSCOPIA 1688
3. EMBRIAGUEZ E ALCOOLISMO 1688
4. SEXOLOGIA 1689
5. TRAUMATOLOGIA 1690
6. PSICOPATOLOGIA FORENSE 1693
7. ANTROPOLOGIA 1694
8. PERÍCIAS MÉDICO-LEGAIS E PROCEDIMENTO NO INQUÉRITO POLICIAL 1694
9. BALÍSTICA 1696
10. TOXICOLOGIA 1696

29. RECURSOS HÍDRICOS E SANEAMENTO BÁSICO — 1697

30. FORMAÇÃO HUMANÍSTICA — 1699

1. SOCIOLOGIA GERAL E JURÍDICA 1699
2. FILOSOFIA GERAL E JURÍDICA 1702

COMO USAR O LIVRO

Para que você consiga um ótimo aproveitamento deste livro, atente para as seguintes orientações:

1º Tenha em mãos um **vademecum** ou **um computador** no qual você possa acessar os textos de lei citados.

2º Se você estiver estudando a teoria (fazendo um curso preparatório ou lendo resumos, livros ou apostilas), faça as questões correspondentes deste livro na medida em que for avançando no estudo da parte teórica.

3º Se você já avançou bem no estudo da teoria, leia cada capítulo deste livro até o final, e só passe para o novo capítulo quando acabar o anterior; vai mais uma dica: alterne capítulos de acordo com suas preferências; leia um capítulo de uma disciplina que você gosta e, depois, de uma que você não gosta ou não sabe muito, e assim sucessivamente.

4º Iniciada a resolução das questões, tome o cuidado de ler cada uma delas **sem olhar para o gabarito e para os comentários**; se a curiosidade for muito grande e você não conseguir controlar os olhos, tampe os comentários e os gabaritos com uma régua ou um papel; na primeira tentativa, é fundamental que resolva a questão sozinho; só assim você vai identificar suas deficiências e "pegar o jeito" de resolver as questões; marque com um lápis a resposta que entender correta, e só depois olhe o gabarito e os comentários.

5º **Leia com muita atenção o enunciado das questões**. Ele deve ser lido, no mínimo, duas vezes. Da segunda leitura em diante, começam a aparecer os detalhes, os pontos que não percebemos na primeira leitura.

6º <u>Grife</u> **as palavras-chave, as afirmações e a pergunta formulada**. Ao grifar as palavras importantes e as afirmações você fixará mais os pontos-chave e não se perderá no enunciado como um todo. Tenha atenção especial com as palavras "correto", "incorreto", "certo", "errado", "prescindível" e "imprescindível".

7º Leia os comentários e também **leia também cada dispositivo legal** neles mencionados; não tenha preguiça; abra o *vademecum* e leia os textos de leis citados, tanto os que explicam as alternativas corretas, como os que explicam o porquê de ser incorreta dada alternativa; você tem que conhecer bem a letra da lei, já que mais de 90% das respostas estão nela; mesmo que você já tenha entendido determinada questão, reforce sua memória e leia o texto legal indicado nos comentários.

8º Leia também os **textos legais que estão em volta** do dispositivo; por exemplo, se aparecer, em Direito Penal, uma questão cujo comentário remete ao dispositivo que trata da falsidade ideológica, aproveite para ler também os dispositivos que tratam dos outros crimes de falsidade; outro exemplo: se aparecer uma questão, em Direito Constitucional, que trate da composição do Conselho Nacional de Justiça, leia também as outras regras que regulamentam esse conselho.

9º Depois de resolver sozinho a questão e de ler cada comentário, você deve fazer uma **anotação ao lado da questão**, deixando claro o motivo de eventual erro que você tenha cometido; conheça os motivos mais comuns de erros na resolução das questões:

DL – "desconhecimento da lei"; quando a questão puder ser resolvida apenas com o conhecimento do texto de lei;

DD – "desconhecimento da doutrina"; quando a questão só puder ser resolvida com o conhecimento da doutrina;

DJ – "desconhecimento da jurisprudência"; quando a questão só puder ser resolvida com o conhecimento da jurisprudência;

FA – "falta de atenção"; quando você tiver errado a questão por não ter lido com cuidado o enunciado e as alternativas;

NUT - "não uso das técnicas"; quando você tiver se esquecido de usar as técnicas de resolução de questões objetivas, tais como as da **repetição de elementos** ("quanto mais elementos repetidos existirem, maior a chance de a alternativa ser correta"), das **afirmações generalizantes** ("afirmações generalizantes tendem a ser incorretas" - reconhece-se afirmações generalizantes pelas palavras *sempre, nunca, qualquer, absolutamente, apenas, só, somente exclusivamente* etc.), dos **conceitos compridos** ("os conceitos de maior extensão tendem a ser corretos"), entre outras.

obs: se você tiver interesse em fazer um Curso de "Técnicas de Resolução de Questões Objetivas", entre em contato comigo pelo endereço eletrônico wander.garcia@uol.com.br. Tenho uma excelente recomendação para fazer.

10ª Confie no **bom-senso**. Normalmente, a resposta correta é a que tem mais a ver com o bom-senso e com a ética. Não ache que todas as perguntas contêm uma pegadinha. Se aparecer um instituto que você não conhece, repare bem no seu nome e tente imaginar o seu significado.

11ª Faça um levantamento do **percentual de acertos de cada disciplina** e dos **principais motivos que levaram aos erros cometidos**; de posse da primeira informação, verifique quais disciplinas merecem um reforço no estudo; e de posse da segunda informação, fique atento aos erros que você mais comete, para que eles não se repitam.

12ª Uma semana antes da prova, faça uma **leitura dinâmica** de todas as anotações que você fez e leia de novo os dispositivos legais (e seu entorno) das questões em que você marcar "DL", ou seja, desconhecimento da lei.

13ª Para que você consiga ler o livro inteiro, faça um bom **planejamento**. Por exemplo, se você tiver 30 dias para ler a obra, divida o número de páginas do livro pelo número de dias que você tem, e cumpra, diariamente, o número de páginas necessárias para chegar até o fim. Se tiver sono ou preguiça, levante um pouco, beba água, masque chiclete ou leia em voz alta por algum tempo.

14ª Desejo a você, também, muita **energia**, **disposição**, **foco**, **organização**, **disciplina**, **perseverança**, **amor** e **ética**!

Wander Garcia
Coordenador

1. Direito Civil

Wander Garcia e Ana Paula Garcia

1. LIDB
1.1. EFICÁCIA DA LEI NO TEMPO
1.1.1. VACATIO LEGIS

(Magistratura/SP – 2011 – VUNESP) Assinale a alternativa correta.

(A) Se durante a *vacatio legis* ocorrer nova publicação de texto de lei, destinada a correção, o prazo da obrigatoriedade, com relação à parte corrigida, começará a correr da nova publicação.
(B) Os direitos adquiridos na vigência de lei publicada com incorreções são atingidos pela publicação do texto corrigido.
(C) As correções a texto de lei em vigor consideram-se lei nova, tornando-se obrigatórias de imediato.
(D) A lei nova que estabelece disposições gerais a par das já existentes revoga a lei anterior.
(E) A lei nova que estabelece disposições especiais a par das já existentes revoga a lei anterior.

A: correta, conforme o texto do art. 1º, § 3º, da Lei de Introdução às Normas do Direito Brasileiro – LIDB (Dec.lei 4.657/42); B: incorreta, pois "as correções a texto de lei já em vigor consideram-se lei nova" (art. 1º, § 4º, da LIDB), e, como é de conhecimento de todos, lei nova não pode retroagir para prejudicar direitos adquiridos (art. 5º, XXXVI, da CF; art. 6º, caput, da LIDB); C: incorreto; apesar tais correções serem consideradas lei nova, nem sempre suas disposições se tornam obrigatórias de imediato, pois pode haver *vacatio legis*; D: incorreta, pois, nesse caso, a lei nova NÃO revoga a lei anterior, conforme dispõe o art. 2º, § 2º, da LIDB; esse dispositivo significa que lei geral nova não revoga lei especial velha; E: incorreta, pois o dispositivo legal é no sentido de que "a lei nova que estabelece disposições GERAIS ou especiais a par das já existentes, NÃO revoga nem modifica a lei anterior" (art. 2º, § 2º, da LIDB). Gabarito "A".

(Magistratura/SP – 171º – VUNESP) Editada uma lei que não seja orçamentária ou tributária, que possui normatização específica:

(A) ela entra em vigor, no estrangeiro, quando admitida, 3 meses depois da publicação, e no País, 45 dias depois de publicada, se não contiver disposição expressa referente ao início de sua vigência.
(B) ela começa a existir com a promulgação, entrando em vigor com a publicação oficial.
(C) a vacatio legis é o intervalo entre a aprovação da lei e a sua entrada em vigor.
(D) no silêncio da lei editada, ela entra em vigor 60 dias após a data de sua publicação oficial.

Art. 1º da Lei de Introdução às normas do Direito Brasileiro – LIDB, antiga Lei de Introdução ao Código Civil (Dec.-lei 4.657/42, cujo nome foi alterado pela Lei 12.376/10) LIDB. Gabarito "A".

(Ministério Público/CE – 2009 – FCC) A elaboração de texto legal deve observar regras técnicas estabelecidas na Lei Complementar no 95, de 26/02/1998, entre as quais a indicação de sua vigência, "de forma expressa e de modo a contemplar prazo razoável para que dela se tenha amplo conhecimento, reservada a cláusula 'entra em vigor na data de sua publicação' para as leis de pequena repercussão",

(A) contudo, nos Estados estrangeiros, a obrigatoriedade da lei brasileira, quando admitida, se inicia sempre 90 (noventa) dias depois de oficialmente publicada.
(B) por isto não mais vigoram as disposições da Lei de Introdução ao Código Civil, a respeito da *vacatio legis*.
(C) entretanto, salvo disposição contrária, a lei começa a vigorar em todo o país 45 (quarenta e cinco) dias depois de oficialmente publicada.
(D) logo, ao Juiz caberá estabelecer o momento em que a lei entrará em vigor, caso não estabelecido prazo razoável de *vacatio legis*.
(E) por este motivo, são inconstitucionais as leis ordinárias que não estabelecem prazo de *vacatio* ou não determinem a entrada em vigor na data de sua publicação.

A alternativa "c" está correta, pois a LC 95/98 deve ser lida em conjunto com a Lei de Introdução às normas do Direito Brasileiro - LIDBLIDB, sendo que esta, realmente, dispõe que "salvo disposição contrária, a lei começa a vigorar em todo o país quarenta e cinco dias depois de oficialmente publicada" (art. 1º, *caput*, da LIDB). Gabarito "C".

(Ministério Público/SP – 82º) A Lei de Introdução ao Código Civil, ao dispor que "salvo disposição contrária, a lei passa a vigorar em todo o país 45 dias depois de oficialmente publicada" (art. 1º, caput), consagra o princípio ou sistema da obrigatoriedade:

(A) progressiva.
(B) condicional.
(C) simultânea.
(D) fracionada.
(E) temporal.

Trata-se do sistema simultâneo, pois a lei entra em vigor, simultaneamente, em todo o País. No entanto, no exterior, a obrigatoriedade se inicia apenas três meses após a publicação da lei (art. 1º, § 1º, da Lei de Introdução às normas do Direito Brasileiro - LIDB). Gabarito "C".

(Ministério Público/SP – 81º) Alterada uma lei, durante o prazo de vacatio legis da lei nova, aplica-se:

(A) a lei nova.
(B) a lei alterada.
(C) a lei que for escolhida pelo Magistrado de acordo com seu livre convencimento e poder de arbítrio.
(D) o Código Civil.
(E) a lei mais benéfica.

Art. 1º, § 3º, da LIDB. Gabarito "B".

(Defensoria/MT – 2009 – FCC) Segundo a Lei de Introdução ao Código Civil brasileiro,

(A) salvo disposição contrária, a lei começa a vigorar em todo o país três meses depois de oficialmente publicada.
(B) nos Estados estrangeiros, a obrigatoriedade da lei federal inicia-se três meses depois de oficialmente promulgada, salvo disposição contrária.
(C) a lei posterior revoga a anterior quando expressamente o declare, quando seja com ela incompatível ou quando regule inteiramente a matéria de que tratava a lei anterior.
(D) quando a lei for omissa, o juiz decidirá o caso de acordo com a analogia, os costumes, a equidade e os princípios gerais de direito.
(E) salvo disposição em contrário, a lei revogada se restaura por ter a lei revogadora perdido a vigência.

A: incorreta, pois a lei começa a vigorar após *45 dias* depois de publicada; B: incorreta, pois a lei começa a ser obrigatória após três meses depois de *publicada*, e não depois de *promulgada*; C: correta (art. 2º, § 1º, da LIDB); D: incorreta, pois a *equidade* não está prevista no art. 4º da LIDB, tratando-se de critério que só pode ser utilizado quando a analogia, os costumes e os princípios de direito, nessa ordem, não forem suficientes para resolver o vazio legal; E: incorreta, pois a repristinação não é a regra na LIDB (art. 2º, § 3º). Gabarito "C".

(Defensoria/PA – 2009 – FCC) Em nossa legislação pátria

(A) se antes de entrar a lei em vigor, ocorrer nova publicação de seu texto destinada a correção, ainda que mantida a *vacatio legis*, o início de sua vigência ocorrerá no dia da nova publicação.

(B) a lei posterior revoga a anterior quando expressamente o declare, quando seja com ela incompatível ou quando regule inteiramente a matéria de que tratava a lei anterior. Entretanto, caso estabeleça disposições gerais ou especiais a par das já existentes, não revoga nem modifica a lei anterior.

(C) a lei começa a vigorar em todo o país, salvo disposição contrária, na data de sua publicação.

(D) a lei, sem exceção, terá vigor até que outra a modifique, revogue ou que ela caia em desuso.

(E) na aplicação da lei, o juiz atenderá aos fins sociais a que ela se dirige e às exigências do bem comum, sendo certo que, ao interpretá-la, o juiz decidirá o caso de acordo com a analogia, os costumes e os princípios gerais de direito.

A: incorreta, pois é o início da contagem do prazo de *vacatio legis* que se inicia com a nova publicação; B: correta (art. 2º, §§ 1º e 2º, da LIDB); C: incorreta, pois a lei começará a vigorar após 45 dias de sua publicação (art. 1º, *caput*, da LIDB); D: incorreta, pois a lei também pode perder o vigor por ser *temporária*, por *não ser recepcionada* por uma nova Constituição, por ter sido *declarada inconstitucional por ação de inconstitucionalidade* e por *sustação de seus efeitos pelo Senado*; E: incorreta, pois, apesar da primeira parte da alternativa estar correta (art. 5º da LIDB), a segunda parte está incorreta, pois o juiz, ao interpretar a lei, não a decidirá segundo os critérios citados, que só serão utilizados em caso de lacuna (art. 4º da LIDB). Gabarito "B".

(Ministério Público do Trabalho – 14º) Complete com a opção CORRETA.

Nos Estados estrangeiros, a obrigatoriedade da lei brasileira, quando admitida, se inicia _____ depois de oficialmente publicada.

(A) 2 meses;
(B) 3 meses;
(C) 4 meses;
(D) 5 meses;
(E) não respondida.

Art. 1º, § 1º, da LIDB. Gabarito "B".

(FGV – 2010) O Congresso Nacional elaborou a Lei 15.000/2010 – Código de Processos Coletivos –, que foi posteriormente sancionada e promulgada pelo Presidente da República, e publicada no dia 15 de maio de 2010, sendo omissa quanto ao período de vacatio legis. Tendo a situação hipotética em mente, assinale a afirmativa verdadeira.

(A) Ocorrendo nova publicação em 27 de junho de 2010 em que haja modificação de quatro dos setenta e cinco artigos da lei, um novo período de *vacatio* se abre para a integralidade da lei, em decorrência do princípio da segurança jurídica.

(B) A contagem do prazo exclui o dia da publicação, mas inclui o do último dia do prazo, entrando em vigor no dia subsequente à sua consumação integral, prevalecendo a velha parêmia romana *dies a quo non computatur in termino*.

(C) A Lei de Introdução ao Código Civil adotou o princípio da vigência sincrônica quando a lei for omissa quanto ao período de *vacatio legis*. Esse princípio admite exceções, como, por exemplo, a lei orçamentária anual, que vigora a partir do 1º dia do ano, ainda que nenhum de seus artigos faça estipulações a respeito, pouco importando a data de sua publicação oficial.

(D) O ordenamento jurídico brasileiro repugna o instituto da repristinação, inadmitindo-o ainda que a lei nova revogadora da lei anterior expressamente restaure a lei original.

(E) Nos Estados estrangeiros, a obrigatoriedade da lei brasileira, quando admitida, se inicia 6 (seis) meses depois de oficialmente publicada.

A: incorreta, pois um novo período de *vacatio* se abre apenas quanto às novas disposições; B: incorreta, pois o art. 8º, § 1º, da LC 95/98, dispõe que "a contagem do prazo para entrada em vigor das leis que estabeleçam período de vacância far-se-á com a **inclusão da data da publicação e do último dia do prazo**, entrando em vigor no dia subsequente à sua consumação integral" (g.n.); C: correta, pois a vigência é sincrônica, ou seja, ocorre em todo o País, na mesma data, no caso, 45 dias depois de publicada a lei (art. 1º da LIDB); D: incorreta, pois a regra é não existir a repristinação, mas esta ocorrerá quando a nova lei expressamente determinar a restauração da lei revogada (art. 2º, § 3º, da LIDB); E: incorreta, pois nos Estados estrangeiros a obrigatoriedade da lei se inicia 3 meses após oficialmente publicada (art. 1º, § 1º, da LIDB). Gabarito "C".

(Analista – TJ/ES – 2011 – CESPE) Julgue o seguinte item.

(1) De acordo com a LIDB, a lei entra em vigor na data de sua publicação. Portanto, durante o prazo de *vacatio legis* (vacância), a lei estará plenamente em vigor.

1: incorreta, pois o art. 1º da LIDB estabelece que a lei só entra em vigor (passa a produzir efeitos) após o decurso da *vacatio legis*; antes, a lei só tem vigência (existe), mas não tem vigor (não produz efeitos) ainda. Gabarito 1E.

1.1.2. VIGÊNCIA DA LEI NO TEMPO

(MAGISTRATURA/PB – 2011 – CESPE) À luz das disposições legais e da jurisprudência acerca da vigência e da eficácia da lei, assinale a opção correta.

(A) A norma declarada inconstitucional é nula *ab origine* e, em regra, não se revela apta à produção de efeito algum, sequer o de revogar a norma anterior, que volta a viger plenamente nesse caso.

(B) As regras de direito intertemporal, segundo as quais as obrigações devem ser regidas pela lei vigente ao tempo em que se constituíram, não são aplicáveis quando a obrigação tiver base extracontratual.

(C) O fato de, antes da entrada em vigor de determinada lei, haver nova publicação de seu texto para simples correção não é capaz, por si só, de alterar o prazo inicial de vigência dessa lei.

(D) Como, em regra, a lei vigora até que outra a modifique ou revogue, lei nova que estabeleça disposições especiais a par das já existentes revoga ou modifica a lei anterior.

(E) A repristinação ocorre com a revogação da lei revogadora e, salvo disposição em contrário, é amplamente admitida no sistema normativo pátrio.

A: correta, pois, como regra, o efeito da decisão que declara inconstitucional dada norma, exarada em ação que visa o controle concentrado de constitucionalidade, é *ex tunc*, ou seja, retroage, conforme interpretação a *contrario sensu* do disposto no art. 27 da Lei 9.868/99; B: incorreta, pois tanto as obrigações contratuais, como as extracontratuais são regidas pela lei vigente ao tempo em que se constituírem; porém, é bom lembrar que essa regra vale para reger a validade das obrigações; já, quanto aos efeitos das obrigações (ex: juros, correção monetária), são regidos pela lei que estiver em vigor quando os efeitos acontecerem, salvo se houver sido prevista pelas partes determinada forma de execução (art. 2.035 do CC); C: incorreta, pois se antes de a lei entrar em vigor, ocorrer nova publicação de seu texto, destinada a correção, o prazo deste artigo e dos parágrafos anteriores começará a correr da nova publicação (art. 1º, § 3º, da LIDB); D: incorreta (art. 2º, § 2º, da LIDB); E: incorreta (art. 2º, § 3º, da LIDB). Gabarito "A".

(Magistratura/SP – 179º – VUNESP) Considere as seguintes afirmações:

I. as leis, atos e sentenças de outro país terão eficácia no Brasil, quando não ofenderem a soberania nacional e a ordem pública, ainda que atentem contra os bons costumes;

II. a lei nova, que estabeleça disposições gerais e especiais a par das já existentes, não revoga nem modifica a lei anterior;

III. a lei destinada à vigência temporária terá vigor até que outra a revogue;

IV. as correções a texto de lei já em vigor consideram-se lei nova.

Pode-se afirmar que são corretas apenas

(A) I, II e III.
(B) II e IV.
(C) II.
(D) I, II e IV.

I: incorreta (art. 17 da Lei de Introdução às normas do Direito Brasileiro - LIDBLIDB); II: correta (art. 2º, § 2º, da LIDB); III: incorreta (art. 2º, *caput*, da LIDB); IV: correta (art. 1º, § 4º, da LIDB). Gabarito "B".

(Magistratura/SP – 173º – VUNESP) Assinale a alternativa incorreta:

(A) É preciso não olvidar que uma norma não mais vigente, por ter sido revogada, não poderá continuar vinculante, nem com vigor para os casos anteriores à sua revogação. A norma não poderá ser eficaz, porque revogada.
(B) A irretroatividade da lei é um princípio constitucional, apesar de não ser absoluto, já que as normas poderão retroagir, desde que não ofendam coisa julgada, direito adquirido e ato jurídico perfeito.
(C) A nova lei sobre prazo prescricional aplica-se desde logo se o aumentar, embora deva ser computado o lapso temporal já decorrido na vigência da norma revogada. Se o encurtar, o novo prazo de prescrição começará a correr por inteiro a partir da lei revogadora. Se o prazo prescricional já se ultimou, a nova lei que o alterar não o atingirá.
(D) Quando o legislador derroga ou ab-roga uma lei que revogou a anterior, surge a questão de se saber se a norma que fora revogada fica restabelecida, recuperando sua vigência, independentemente de declaração expressa. Mas, pela LIDB, a lei revogadora de outra lei revogadora não terá efeito repristinatório sobre a velha norma abolida, a não ser que haja pronunciamento expresso da lei a esse respeito.

A: a alternativa está incorreta, pois esquece da ultratividade da lei; a lei revogada deixa de ter vigência, mas ainda tem vigor para regular, por exemplo, efeitos ocorridos sob sua égide; B: a Constituição proíbe a retroação que prejudique, mas não a que beneficie (art. 5º, XXXVI, da CF); C: art. 2.028 do CC; D: art. 2º, § 3º, da LIDB. Gabarito "A".

(Ministério Público/MA – 2002) Das afirmações:

I. No nosso ordenamento jurídico o desuso é causa de revogação de lei.
II. O fenômeno da repristinação é a regra no nosso direito positivo.
III. Há a revogação tácita quando a lei posterior é incompatível ou quando regula inteiramente a matéria de que trata a lei anterior.
IV. A Lei de Introdução ao Código Civil tem aplicação somente no âmbito da legislação civil.
V. De acordo com o art.7º da Lei de Introdução ao Código Civil, o "estatuto pessoal" funda-se na lei do domicílio.
VI. O entendimento jurisprudencial de que as restrições convencionais constantes de contrato-padrão arquivado no registro imobiliário quando do registro de loteamento, na forma da lei nº6.766/79, não sofrem revogação por lei municipal posterior tratando de zoneamento, fundamenta-se em princípio albergado na lei de introdução ao Código Civil.

Podemos afirmar:

(A) todas estão corretas;
(B) apenas duas estão corretas;
(C) apenas uma está correta;
(D) todas estão erradas;
(E) três estão corretas.

I: incorreta (art. 2º da LIDB); II: incorreta (art. 2º, § 3º, da LIDB); III: correta (art.2º, § 1º, da LIDB); IV: incorreta, pois a LIDB aplica-se quanto ao Direito como um todo, ressalvadas as disposições especiais em sentido contrário; V: correta (art. 7º da LIDB); VI: correta, pois deve-se respeitar atos jurídicos perfeitos (art. 6º da LIDB). Gabarito "E".

(Ministério Público/RN – 2004) Julgue as seguintes assertivas, atribuindo-lhes (V) verdadeiro ou (F) falso, assinalando a alternativa que contenha a seqüência correta:

I. A lei nova que estabeleça disposições gerais ou especiais, a par das já existentes, revoga a lei anterior;
II. A lei revogadora de outra lei revogadora não terá efeito repristinatório sobre a velha norma abolida, a não ser que haja pronunciamento expresso da lei a esse respeito;
III. As regras sobre o começo e o fim da personalidade, o nome e a capacidade são determinadas pela lei do país de nascimento da pessoa;
IV. O novo Código Civil – Lei nº 10.406/2002, derrogou o antigo Código Civil – Lei nº 3.071/1916, e ab-rogou o Código Comercial – Lei nº 556/1850;
V. A Lei de Introdução ao Código Civil tem aplicação fora do âmbito da legislação civil, pois contém normas de sobredireito ou de apoio que disciplinam a atuação da ordem jurídica.

(A) V F V V F
(B) V F F V V
(C) F V F V V
(D) V V V F F
(E) F V F F V

I: falso (art. 2º, § 2º, da LIDB); II: verdadeiro (art. 2º, § 3º, da LIDB); III: falso (art. 7º da LIDB); IV: falso, pois ab-rogou o antigo CC e derrogou o Código Comercial (art. 2.045 do CC); V: verdadeiro, nos termos da explicação dada na assertiva. Gabarito "E".

(Ministério Público/SP – 85º) A Lei A, de vigência temporária, revoga expressamente a Lei B. Tendo a lei revogadora perdido a vigência, é certo que:

(A) a lei revogada é automaticamente restaurada, já que a lei revogadora é temporária, e, os seus efeitos estavam apenas suspensos.
(B) a lei revogada é automaticamente restaurada, já que não se pode ficar sem lei.
(C) a lei revogada não se restaura por ter a lei revogadora perdido a vigência, porque não é admitido o princípio da comoriência.
(D) a lei revogada não se restaura por ter a lei revogadora perdido a vigência, salvo disposição expressa neste sentido.
(E) como não existe lei de vigência temporária, a revogação da anterior nunca teria acontecido.

Art. 2º, § 3º, da LIDB. Gabarito "D".

(Procurador do Estado/SC – 2010 – FEPESE) Com relação à Lei Introdução ao Código Civil, assinale a alternativa **correta**.

(A) A lei revogada, automaticamente restaura seus efeitos, quando a lei revogadora perder a vigência.
(B) A Lei de Introdução ao Código Civil é de aplicação restrita aos ramos do direito privado, em especial, ao Direito Civil.
(C) A revogação de uma lei pode ser total (derrogação), pode ser parcial (ab-rogação), pode ser expressa (indicação do dispositivo legal revogado) ou tácita (incompatibilidade entre as leis antiga e nova).
(D) O texto de lei já em vigor pode ser corrigido a qualquer momento, sem que as correções sejam caracterizadas lei nova.
(E) A lei nova que estabeleça disposições gerais ou especiais a par das já existentes, não revoga nem modifica a lei anterior.

A: incorreta, pois a repristinação não é a regra em nosso direito (art. 2º, § 3º, da LIDB); B: incorreta, pois a Lei de Introdução ao Código Civil, agora com a denominação de Lei de Introdução às normas do Direito Brasileiro, aplica-se a todos os ramos do Direito; C: incorreta, pois a revogação total tem o nome de ab-rogação, e a revogação parcial, de derrogação; D: incorreta (art. 1º, § 4º, da LIDB); E: correta (art. 2º, § 2º, da LIDB). Gabarito "E".

(Procurador do Estado/SP – FCC – 2009) No que diz respeito à vigência da norma jurídica,

(A) a ab-rogação é a supressão parcial da norma anterior, enquanto a derrogação vem a ser a supressão total da norma anterior.
(B) os efeitos da lei revogada poderão ser restaurados se houver previsão expressa na lei revogadora.
(C) a revogação de uma lei opera efeito repristinatório automático em caso de lacuna normativa.
(D) a lei não pode ter vigência temporária.
(E) a lei começa a vigorar em todo país, salvo disposição contrária, 40 (quarenta) dias depois de oficialmente publicada, denominando-se período de vacatio legis.

A: incorreta, pois a alternativa inverteu o significado dos institutos mencionados; B: correta (art. 2º, § 3º, da LIDB); C: incorreta, pois a repristinação só ocorrerá quando houver disposição expressa da lei; D: incorreta, pois a LIDB admite a lei temporária (art. 2º, caput); E: incorreta, pois o prazo é de 45 dias (art. 1º, caput, da LIDB). Gabarito "B".

(Procurador de Contas TCE/ES – CESPE – 2009) A respeito da Lei X, publicada no dia 1º de junho de 2009, assinale a opção correta.

(A) Caso falte o texto para algum dispositivo da Lei X, o juiz poderá corrigi-la por processo interpretativo.
(B) Se houver omissão na Lei X, o juiz deverá decidir de acordo com os fins sociais a que ela se dirige.

(C) Eventual correção de texto da Lei X será considerada lei nova, se aquela já estiver em vigor.
(D) Se a Lei X estabelecer disposições a par das já estabelecidas pela Lei Y, haverá a revogação desta.
(E) Caso a Lei X derrogue a Lei Z, esta perderá a sua vigência.

A e B: incorretas, pois, em caso de lacuna, o juiz deve se valer das ferramentas do art. 4º da LIDB (analogia, costumes e princípios gerais do direito, sucessivamente); C: correta (art. 1º, § 4º, da LIDB); D: incorreta, pois a *lei geral nova* não revoga a *lei especial velha* (art. 2º, § 2º, da LIDB); E: incorreta, pois a derrogação é a revogação parcial, ou seja, de apenas parte da lei, permanecendo a outra em vigência... Gabarito "C".

(Defensoria/MA – 2009 – FCC) Segundo a Lei de Introdução ao Código Civil Brasileiro (Decreto-Lei nº 4.657/42):

(A) quando a lei for omissa, o juiz decidirá o caso de acordo com a analogia, os costumes, a equidade e os princípios gerais de direito.
(B) salvo disposição contrária, a lei começa a vigorar em todo o país quarenta e cinco dias depois de oficialmente promulgada.
(C) nos Estados, a obrigatoriedade da lei federal inicia-se três meses depois de oficialmente publicada, salvo disposição contrária.
(D) a lei nova, que estabeleça disposições gerais ou especiais a par das já existentes, não revoga nem modifica a lei anterior.
(E) salvo disposição em contrário, a lei revogada se restaura por ter a lei revogadora perdido a vigência.

A: incorreta, pois a equidade não está prevista no art. 4º da LIDB, tratando-se de critério que só pode ser utilizado quando a analogia, os costumes e os princípios de direito, nessa ordem, não forem suficientes para resolver o vazio legal; B: incorreta, pois o termo *a quo* desse prazo não é a *promulgação* da lei, e sim a *publicação* da lei (art. 1º, *caput*, da LIDB); C: incorreta, pois nos Estados estrangeiros é que a obrigatoriedade da lei se inicia três meses depois de oficialmente publicada (art. 1º, § 1º, da LIDB); D: correta (art. 2º, § 2º, da LIDB); E: incorreta, pois a repristinação não é a regra na LIDB (art. 2º, § 3º). Gabarito "D".

(Cartório/AP – 2011 – VUNESP) Quanto às leis é correto afirmar:

(A) Salvo disposição contrária, a lei começa a vigorar em todo o País, 45 (quarenta e cinco) dias depois de oficialmente promulgada.
(B) Nos Estados estrangeiros, a obrigatoriedade da lei brasileira, quando admitida, se inicia 90 (noventa) dias depois de oficialmente promulgada.
(C) Se antes de entrar a lei em vigor, ocorrer nova publicação de seu texto, destinada à correção, o prazo de início de sua vigência começará a correr da data da primeira publicação.
(D) Não se destinando à vigência temporária, a lei terá vigor até que outra a modifique ou a revogue, ou venha a cair em desuso devidamente reconhecido pelo Supremo Tribunal Federal em ação específica.
(E) A lei nova, que estabeleça disposições gerais ou especiais a par das já existentes, não revoga nem modifica a anterior.

A: incorreta, pois a lei começa a vigorar em todo o país quarenta e cinco dias depois de oficialmente **publicada** (art. 1º, *caput*, da LIDB); B: incorreta, pois nos Estados estrangeiros a obrigatoriedade da lei brasileira se inicia **três meses depois de oficialmente publicada** (art. 1º, § 1º, da LIDB); C: incorreta, pois o prazo, nesse caso, contar-se-á da nova publicação (art. 1º, § 3º, da LIDB); D: incorreta, pois o desuso não é causa de revogação da lei (art. 2º, *caput*, da LIDB); E: correta (art. 2º, § 2º, da LIDB). Gabarito "E".

(Magistratura Federal – 4ª Região – X) Sobre a eficácia da lei no tempo, assinalar a alternativa INCORRETA.

(A) A revogação expressa pode ser geral (derrogação) ou parcial (ab-rogação).
(B) Ocorre revogação tácita quando existe incompatibilidade entre os dispositivos da nova lei com os da lei anterior.
(C) No sistema legal brasileiro, a continuada inobservância ou o desuso da lei não acarretam sua revogação.
(D) A lei posterior, que inova disposições gerais ou especiais, a par das existentes, não revoga nem modifica a lei anterior, a menos que assim o estabeleça.

A revogação expressa pode ser total (ab-rogação) ou parcial (derrogação). Gabarito "A".

(Magistratura Federal – 3ª Região – XI) A lei nova que estabelecer disposições gerais:

(A) a par de leis especiais já existentes a estas não revoga;
(B) sempre revogará as leis especiais anteriores sobre a mesma matéria;
(C) somente pode revogar a lei geral anterior, continuando vigentes todas as leis especiais;
(D) apenas revoga as leis especiais às quais expressamente se referiu.

Art. 2º, § 2º, da LIDB. Gabarito "A".

(Magistratura do Trabalho – 7ª Região – 2005) O princípio da continuidade assim se enuncia:

(A) a norma revogada continua vinculante para os casos anteriores à sua revogação.
(B) a norma atinge os efeitos de atos jurídicos praticados sob o império da lei revogada.
(C) não se destinando à vigência temporária, a norma estará em vigor enquanto não surgir outra que a altere ou revogue.
(D) há incompatibilidade entre a lei nova e a antiga, se a nova regular inteiramente a matéria tratada pela anterior.
(E) a norma só obriga no espaço nacional, ou seja, no seu território, mas suas águas e na sua atmosfera.

Art. 2º, *caput*, da LIDB. Gabarito "C".

(Magistratura do Trabalho – 8ª Região – 2006) Sobre a eficácia da lei é correto afirmar que:

(A) Em se tratando de lei de vigência temporária, tem ela revogação automática quando vence o prazo predeterminado para sua expiração ou quando se dá a consumação de seu objeto. No primeiro caso, a revogação é tácita e, no segundo, é expressa.
(B) É modalidade de revogação expressa aquela que o legislador faz uma declaração genérica de revogação das disposições em contrário ao novo comando, sem identificar a lei ou dispositivos legais revogados.
(C) Caso venha ocorrer, antes da vigência da lei, nova publicação destinada à correção do texto da lei, inicia-se novo cômputo de prazo a partir da nova publicação.
(D) Considera-se direito adquirido apenas aquele decorrente de um negócio jurídico fundado na lei vigente ao tempo em que foi praticado.
(E) Uma vez revogada uma lei, não mais retorna à vida, mesmo que a lei revogadora desapareça, salvo disposições em contrário, pois o direito brasileiro adota o princípio de repristinação das leis.

A: art. 2º, *caput*, da LIDB; B: trata-se de revogação tácita, dada sua falta de especificidade; C: art. 1º, § 3º, da LIDB; D: art. 6º, § 2º, da LIDB; E: art. 2º, § 3º, da LIDB. Gabarito "C".

(Analista – TRE/BA – 2010 – CESPE) Acerca do direito civil, julgue o item seguinte.

(1) Dá-se a ultra-atividade da lei quando a lei revogada sobrevive, continuando a ser aplicada às situações ocorridas ao tempo de sua vigência.

1: certa, pois a assertiva traz o conceito correto de ultra-atividade da lei. Gabarito 1C.

1.1.3. REPRISTINAÇÃO

(Magistratura/PE – 2011 – FCC) No Direito brasileiro vigora a seguinte regra sobre a repristinação da lei:

(A) não se destinando a vigência temporária, a lei vigorará até que outra a modifique ou revogue.
(B) se, antes de entrar em vigor, ocorrer nova publicação da lei, destinada a correção, o prazo para entrar em vigor começará a correr da nova publicação.
(C) as correções a texto de lei já em vigor consideram-se lei nova.
(D) salvo disposição em contrário, a lei revogada não se restaura por ter a lei revogadora perdido a vigência.
(E) a lei nova, que estabeleça disposições gerais ou especiais a par das já existentes, não revoga nem modifica a lei anterior.

A: incorreta, pois a afirmativa, prevista no art. 2º, caput, da LIDB, não diz respeito à repristinação, mas ao princípio da continuidade das leis; B e C: incorretas, pois as afirmativas, previstas no art. 1º, §§ 3º e 4º, da LIDB, não dizem respeito à repristinação, mas aos efeitos de nova publicação corretiva de uma lei; D: correta, pois a norma citada, prevista no art. 2º, § 3º, da LIDB, cuida justamente do instituto da repristinação; E: incorreta, pois a afirmativa, prevista no art. 2º, § 2º, da LIDB, não diz respeito à repristinação, mas sim à regra de que a lei geral nova não revoga lei especial anterior. Gabarito "D".

(Magistratura/SP – 2009 – VUNESP) O denominado efeito repristinatório da lei

(A) segundo entendimento majoritário, foi adotado como regra geral no direito brasileiro e implica restauração da lei revogada, se extinta a causa determinante da revogação.
(B) segundo entendimento majoritário, não foi adotado como regra geral no direito brasileiro e implica restauração da lei revogada, se extinta a causa determinante da revogação.
(C) foi adotado como regra geral no direito brasileiro, não comporta exceção e implica restauração da lei revogada, se extinta a causa determinante da revogação.
(D) foi adotado no direito brasileiro como regra geral e implica incidência imediata da lei revogadora.

De acordo com o art. 2º, § 3º, da LIDB, "salvo disposição em contrário, a lei revogada não se restaura por ter a lei revogadora perdido a vigência". Isso significa que a repristinação (restauração da lei revogada, por ter a lei revogadora perdido a vigência) não é a regra geral no direito brasileiro, sendo admitida somente quando houver "disposição em contrário". Gabarito "B".

(Ministério Público/SE – 2010 – CESPE) Considere que a Lei A, de vigência temporária, revogue expressamente a Lei B. Nesse caso, quando a lei A perder a vigência,

(A) a lei B será automaticamente restaurada, já que a lei A é temporária e os seus efeitos, apenas suspensivos.
(B) a lei B será automaticamente restaurada, já que não pode haver vácuo normativo.
(C) a lei B não será restaurada, já que não se admite antinomia real.
(D) a lei B não será restaurada, salvo disposição expressa nesse sentido.
(E) a revogação será tida como ineficaz, porque não pode ser determinada por lei de vigência temporária.

A alternativa "d" está correta, pois, no Brasil, como regra, não existe o efeito repristinatório das leis revogadas, o qual só existirá se houver disposição expressa nesse sentido. Assim, se uma lei A é revogada por uma lei B e a lei B é revogada por uma lei C, a lei A não ficará restaurada, a não ser que a lei C, expressamente, disponha que a lei A ficará restaurada. Gabarito "D".

(Delegado/SP – 2008) Quando, por disposição expressa, a lei revogada restaura-se por ter a lei revogadora perdido a vigência, dá-se um caso de

(A) renovação.
(B) revogação ficta.
(C) remissão legal.
(D) repristinação.
(E) restauração.

Art. 2º, § 3º, da LIDB. Gabarito "D".

(Procurador do Município/Teresina-PI – 2010 – FCC) Sobre a repristinação é a regra vigente no direito brasileiro:

(A) Salvo disposição em contrário, a lei revogada não se restaura por ter a lei revogadora perdido a vigência.
(B) A lei nova, que estabeleça disposições gerais ou especiais a par das já existentes, não revoga nem modifica a lei anterior.
(C) Não se destinando à vigência temporária, a lei terá vigor até que outra a modifique ou revogue.
(D) A lei posterior revoga a anterior quando expressamente o declare.
(E) A lei posterior revoga a anterior quando seja com ela incompatível.

A: correta, pois a norma citada, prevista no art. 2º, § 3º, da LIDB, cuida justamente do instituto da repristinação; B: incorreta, pois a afirmativa, prevista no art. 2º, § 2º, da LIDB, não diz respeito à repristinação, mas sim à regra de que a lei geral nova não revoga lei especial anterior; C: incorreta, pois a afirmativa, prevista no art. 2º, caput, da LIDB, não diz respeito à repristinação, mas ao princípio da continuidade das leis; D: incorretas, pois as afirmativas, previstas no art. 2º, § 1º, da LIDB, dizem respeito aos institutos da revogação expressa e da revogação tácita. Gabarito "A".

(Magistratura Federal/3.ª Região – 10º) Por "repristinação" deve-se entender que:

(A) a lei nova tem sua vigência suspensa até o implemento da condição nela estipulada para sua eficácia plena.
(B) a lei não incide duplamente sobre o mesmo fato.
(C) a lei revogada restaura-se por ter a lei revogadora perdido a vigência.
(D) a lei posterior produz efeitos imediatos revogando as leis com ela incompatíveis.

Art. 2º, § 3º, da LIDB. Gabarito "C".

(Analista – TRT/14ª – 2011 – FCC) A Lei nº XX/09 foi revogada pela Lei nº YY/10. Posteriormente, a Lei nº ZZ/10 revogou a Lei nº YY/10. Nesse caso, salvo disposição em contrário, a Lei nº XX/09

(A) não se restaura por ter a Lei revogadora perdido a vigência.
(B) só se restaura se a Lei no YY/10 tiver sido expressamente revogada pela Lei no ZZ/10.
(C) restaura-se integralmente, independentemente, de novo diploma legal.
(D) só se restaura se a revogação da Lei no YY/10 for decorrente de incompatibilidade com a Lei no ZZ/10.
(E) só se restaura se a Lei no ZZ/10 tiver regulamentado inteiramente a matéria de que tratava a Lei no YY/10.

No direito brasileiro não há repristinação automática, de modo que a Lei nº XX/09 não fica restaurada por ter a lei revogadora (Lei nº YY/10) perdido a vigência por força da Lei nº ZZ/10. Tal regra está prevista no art. 2º, § 3º, da Lei de Introdução às Normas do Direito Brasileiro (LIDB), consistente no Dec-lei 4.657/42. Gabarito "A".

1.1.4. IRRETROATIVIDADE DAS LEIS

(Magistratura/DF – 2007) Analise as proposições e assinale a única alternativa correta.

I. No sistema brasileiro de irretroatividade das leis, que adota as teorias objetiva (ato jurídico perfeito) e subjetiva (direito adquirido), a chamada faculdade legal, que consiste em um poder concedido pela lei ao indivíduo, ainda que ele não tenha feito uso dela, não pode ser modificada por lei nova.
II. Aquele que atingiu dezesseis anos (que é a idade mínima exigida para que o homem ou a mulher, com autorização dos pais, casem), se não casar e surgir lei elevando, de imediato, para 18 anos a idade núbil, não necessita completar 18 anos para, de acordo com a lei nova, poder casar.
III. Nas leis de cunho social, como forma de atingir o alcance buscado pelo legislador, o juiz poderá decidir por eqüidade, ainda que não previsto na lei.

(A) apenas uma das proposições é falsa.
(B) apenas uma das proposições é verdadeira.
(C) todas as proposições são verdadeiras.
(D) todas as proposições são falsas.

I: as faculdades legais não se incorporam ao patrimônio jurídico das pessoas, ficando disponíveis enquanto a lei as estipular; um exemplo é o de a lei admitir que as pessoas fumem em ambientes fechados (faculdade legal); sobrevindo lei não mais admitindo o fumo em tais lugares, os interessados não poderão alegar direito adquirido ou irretroatividade da lei; II: vide comentário à afirmativa I; III: art. 127 do CPC. Gabarito "D".

(Ministério Público/SP – 83º) É exato afirmar que entre a irretroatividade e a retroatividade há uma situação intermediária: a da imediata aplicabilidade da nova lei a relações que embora nascidas sob a vigência da lei antiga não se aperfeiçoaram e não se consumaram. Diante dessa assertiva, será correto reconhecer que em se cuidando de efeito imediato das leis a respeito da capacidade das pessoas:

(A) iniciado o lapso de transcurso da *vacatio legis*, se ocorrer nova publicação de seu texto, a fim de que sejam corrigidos erros materiais ou falhas ortográficas, o prazo de obrigatoriedade não começará necessariamente a fluir da nova publicação.

(B) no caso de vir a ser reduzido o limite da maioridade civil para 18 anos, não será preciso em nenhuma hipótese aguardar o decurso do prazo da *vacatio legis* para que as pessoas que já tenham alcançado essa idade se tornem maiores automaticamente.

(C) se a lei aumentar o limite para 25 anos, por exemplo, não será respeitada a maioridade dos que já haviam completado 21 anos na data da sua entrada em vigor.

(D) as que ainda não haviam completado 21 anos não terão que aguardar o momento em que completarem 25 anos para se tornarem maiores.

(E) caso a lei eventualmente reduza o limite da maioridade civil para 18 anos, fará com que se tornem maiores todos os que já tenham alcançado essa idade.

A alternativa "e", de fato, apresenta caso de aplicação imediata da lei. Gabarito "E".

(Ministério Público/SP – 79º) Do princípio da retroatividade das leis decorre:

(A) que a lei nova não preservará aquelas situações já consolidadas em que o interesse individual prevalece.
(B) impossibilidade de aplicação imediata da lei nova.
(C) que a lei velha continuará regrando os casos ainda não julgados.
(D) respeito ao direito adquirido, ao ato jurídico perfeito e à coisa julgada.
(E) repristinação dos efeitos da lei velha para alcançar negócios de execução já iniciada, mas ainda não concluída.

Art. 6º da LIDB e art. 5º, XXXVI, da CF. Gabarito "D".

(Magistratura Federal – 4ª Região – X) Sobre a eficácia da lei no tempo (retroatividade das leis), assinalar a alternativa INCORRETA.

(A) Deve-se entender por irretroatividade da lei o princípio segundo o qual esta se aplicará somente aos atos futuros, como tais entendidos aqueles ocorridos após sua promulgação.
(B) O direito que só poderá ser exercido após o advento de um termo pré-estabelecido ou a ocorrência de determinada condição inalterável não pode ser prejudicado por uma lei nova.
(C) A nova lei, que estabelece princípios de direito público ou de ordem pública, não poderá atingir quaisquer direitos individuais cujo titular já possa exercê-los, ou para cujo início de exercício exista termo prefixado, porque tais direitos reputam-se adquiridos.
(D) Se o exercício do direito depende da ocorrência de evento condicional suspensivo, sem que o advento da condição possa estar na dependência da vontade de terceiro, reputa-se adquirido tal direito e a nova lei não o poderá prejudicar.

A: os atos futuros são os atos ocorridos após sua entrada em vigor; B a D: art. 6º, § 2º, da LIDB. Gabarito "A".

1.2. EFICÁCIA DA LEI NO ESPAÇO

(Ministério Público/MA – 2009) Sobre a Lei de Introdução ao Código Civil, assinale a alternativa INCORRETA.

(A) Salvo disposição contrária, a lei começa a vigorar em todo o país noventa dias depois de oficialmente publicada.
(B) A lei nova, que estabeleça disposições gerais ou especiais a par das já existentes, não revoga nem modifica a lei anterior.
(C) O regime de bens, legal ou convencional, obedece à lei do país em que tiverem os nubentes domicílio, e, se este for diverso, a do primeiro domicílio conjugal.
(D) Não dependem de homologação as sentenças estrangeiras meramente declaratórias do estado das pessoas.
(E) A sucessão de bens de estrangeiros, situados no País, será regulada pela lei brasileira em benefício do cônjuge ou dos filhos brasileiros, ou de quem os represente, sempre que não lhes seja mais favorável a lei pessoal do de *cujus*.

A: incorreta, pois, salvo disposição contrária, a lei começa a vigorar em todo o País 45 dias depois de oficialmente publicada (art. 1º, *caput*, da LIDB); B: correta (art. 2º, § 2º, da LIDB); C: correta (art. 7º, § 4º, da LIDB); D: correta, pois este era o texto do parágrafo único do art.15 da LIDB; no entanto, a Lei 12.036/09 revogou essa disposição e, no lugar dela, dispôs, no art. 7º, § 6º, da LIDB, que "o divórcio realizado no estrangeiro, se um ou ambos os cônjuges forem brasileiros, só será reconhecido no Brasil depois de 1 (um) ano da data da sentença, salvo se houver sido antecedida de separação judicial por igual prazo, caso em que a homologação produzirá efeito imediato, obedecidas as condições estabelecidas para a eficácia das sentenças estrangeiras no país. O Superior Tribunal de Justiça, na forma de seu regimento interno, poderá reexaminar, a requerimento do interessado, decisões já proferidas em pedidos de homologação de sentenças estrangeiras de divórcio de brasileiros, a fim de que passem a produzir todos os efeitos legais"; E: correta (art. 10, § 1º, da LIDB). Gabarito "A".

(Defensor Público/AL – 2009 – CESPE) Em cada um dos itens subsequentes, é apresentada uma situação hipotética, seguida de uma assertiva a ser julgada.

(1) Antônio, residente e domiciliado na cidade de Madri, na Espanha, faleceu, deixando como herança o apartamento onde residia para Joana, sua única filha, residente e domiciliada no Brasil. Nessa situação, a sucessão obedecerá à lei do país em que era domiciliado Antônio; no entanto, será a lei brasileira que regulará a capacidade de Joana para suceder.

A alternativa está correta, pois de acordo com o artigo 10, *caput*, da LIDB, "A sucessão por morte ou por ausência obedece à lei do país em que domiciliado o defunto ou o desaparecido, qualquer que seja a natureza e a situação dos bens" e o § 2º dispõe que "A lei do domicílio do herdeiro ou legatário regula a capacidade para suceder". Gabarito "C".

(Procurador da Fazenda Nacional – 2007 – ESAF) Assinale a opção correta.

(A) Os meios probatórios regular-se-ão pela *lex fori* por pertencerem à ordem processual e o modo de produção dessas provas reger-se-á pela norma vigente no Estado onde ocorreu o fato.
(B) A nossa Lei de Introdução ao Código Civil não contém qualquer proibição expressa e categórica do retorno; assim, o juiz poderá ater-se às normas de direito internacional privado do país em que ocorreu o fato interjurisdicional *sub judice*.
(C) A interpretação teleológica é também axiológica e conduz o intérprete-aplicador à configuração do sentido normativo em dado caso concreto, já que tem como critério o fim prático da norma de satisfazer as exigências sociais e a realização dos ideais de justiça vigentes na sociedade atual.
(D) Às coisas *in transitu* aplicar-se-á a *lex reisitae*.
(E) A *locus regit actum* é uma norma de direito internacional privado para indicar a lei aplicável à forma intrínseca do ato.

Art. 5º da LIDB. Gabarito "C".

(Procurador da Fazenda Nacional – 2007.2 – ESAF) As obrigações convencionais e as decorrentes de atos unilaterais, se interjurisdicionais, desde que efetuadas entre presentes, reger-se-ão:

(A) quanto à forma intríseca pela *ius loci actus* e quanto à capacidade das partes pela lei da nacionalidade.
(B) quanto à forma intríseca e extrínseca pela *locus regit actum* e quanto à capacidade das partes pela *lex fori*.
(C) pela *lex fori*.
(D) quanto à forma *ad probationem tantum* e *ad solemnitatem* pela lei do local de sua constituição e quanto à capacidade pela lei domiciliar das partes.
(E) quanto à forma extrínseca pela *lex fori* e quanto à capacidade das partes pela *locus regit actum*.

Arts. 9º e 7º da LIDB, respectivamente. Gabarito "D".

(Magistratura do Trabalho – 3ª Região – 2009) Sobre a eficácia espacial e temporal da lei, leia as afirmações abaixo e, em seguida, assinale a alternativa correta:

I. Salvo disposição contrária, a lei começa a vigorar em todo o país quarenta e cinco dias depois de oficialmente publicada. É o que se convencionou chamar de "vacatio legis". Se, antes de entrar a lei em vigor, ocorrer nova publicação de seu texto, destinada a correção, o prazo começará a correr da nova publicação, mas as correções a texto de lei já em vigor consideram-se meras retificações, sem necessidade de "vacatio legis".

II. A lei posterior revoga a anterior quando expressamente o declare, quando seja com ela incompatível ou quando regule inteiramente a matéria de que tratava a lei anterior, mas a lei nova, que estabeleça disposições gerais ou especiais a par das já existentes, não revoga nem modifica a lei anterior.

III. Quando a lei revogadora perde a sua vigência, a lei revogada é, em regra, restaurada.

IV. A lei do país em que a pessoa houver nascido determina as regras sobre o começo e o fim da personalidade, o nome, a capacidade e os direitos de família.
V. As leis, atos e sentenças de outro país, bem como quaisquer declarações de vontade, não terão eficácia no Brasil, quando ofenderem a soberania nacional, a ordem pública e os bons costumes.

(A) Somente uma afirmativa está correta.
(B) Somente duas afirmativas estão corretas.
(C) Somente três afirmativas estão corretas.
(D) Somente quatro afirmativas estão corretas.
(E) Todas as afirmativas estão corretas.

I: incorreta, pois a parte final, que diz que as correções a texto de lei já em vigor consideram-se *meras retificações*, sem necessidade de *vacatio legis*, está incorreta, pois tais correções consideram-se *lei nova*, iniciando-se nova *vacatio legis* (art. 1º, § 4º, da LIDB); II: correta (art. 2º, §§ 1º e 2º, da LIDB); III: incorreta (art. 2º, § 3º, da LIDB); IV: incorreta, pois "a lei do país em que **domiciliada** a pessoa determina as regras sobre o começo e o fim da personalidade, o nome, a capacidade e os direitos de família" (g.n.) (art. 7º da LIDB); V: correta (art. 17 da LIDB). Gabarito "B".

(Magistratura do Trabalho – 9ª Região – 2009) Analise as seguintes proposições:
I. Considera-se domicílio qualquer das diversas residências da pessoa natural onde ela viver alternadamente.
II. Considera-se adquirido o direito que o seu titular, ou alguém por ele, possa exercer.
III. Considera-se adquirido o direito cujo começo do exercício tenha termo pré-fixo, ou condição pré-estabelecida inalterável, a arbítrio de seu titular.
IV. A repristinação tácita é admitida pelo ordenamento jurídico brasileiro.
V. A lei do país em que for domiciliada a pessoa determina as regras sobre o começo e o fim da personalidade, o nome, a capacidade e os direitos de família.

(A) somente as proposições I, III e IV são corretas
(B) somente as proposições II, IV e V são corretas
(C) somente as proposições I, II, e V são corretas
(D) somente as proposições I, II e III são corretas
(E) todas as proposições são corretas

I: correta (art. 71 do Código Civil); II: correta (art. 6º, § 2º, parte inicial, da LIDB); III: incorreta, pois considera-se adquirido os direitos "cujo começo do exercício tenha termo prefixo, ou condição pre-estabelecida inalterável, a arbítrio de **outrem**" (g.n.) (art. 6º, § 2º, parte final da LIDB); IV: incorreta, pois só por disposição expressa é possível que se determine a repristinação (art. 2º, § 3º, da LIDB); V: correta (art. 7º, *caput*, da LIDB). Gabarito "C".

1.3. INTERPRETAÇÃO DA LEI

(Magistratura/BA – 2006 – CESPE) Acerca da lei e sua interpretação, julgue os itens que se sucedem.

(1) Se um juiz, por meio de interpretação sistemática, detectar incompatibilidade entre a norma objeto de interpretação e outras do mesmo sistema jurídico, deverá negar a eficácia à norma, deixando de aplicá-la no caso concreto.
(2) Considere que determinada pessoa celebrou, em agosto de 2002, um contrato de financiamento pelo prazo de 5 anos. Nessa hipótese, o contrato deverá subordinar-se integralmente aos preceitos do Código Civil revogado, pois não pode a lei nova, atual Código Civil, atingir a validade dos negócios jurídicos já constituídos, nem interferir nos efeitos do contrato de execução de trato sucessivo.

1: segundo o art. 126 do CPC cabe ao juiz aplicar as normas legais; no caso em tela, o juiz deve resolver o conflito de normas segundo as regras existentes para tanto; 2: a lei nova aplica-se imediatamente aos efeitos do contrato em curso, ocorridos após sua entrada em vigor (art. 2.035 do CC). Gabarito 1E, 2E.

(Magistratura/SP – 2008 – VUNESP) O magistrado se encontra em situação de decisão da lide, mas as normas de direito positivo que lhe parecem aplicáveis à matéria se mostram obscuras. Por outro lado, as regras seguidas pelo povo aparentariam contrariedade ao sistema positivo. Assinale a alternativa correta.

(A) O juiz de direito deve aplicar, no julgamento da causa, as regras seguidas pelo povo, no caso.
(B) O juiz de direito deve extinguir o processo, sem decisão sobre o mérito, ante obscuridade manifesta da lei.
(C) A sentença, na dúvida, deverá se mostrar contrária à pretensão deduzida pelo autor em juízo, de modo a não se verem feridas as regras seguidas pelo povo.
(D) A sentença deve ser dada mediante extensão da interpretação, buscando-se nela alguma norma aplicável a uma situação jurídica semelhante, ainda que diferente, ou princípio jurídico não positivado.

Art. 126 do CPC. Gabarito "D".

(Ministério Público/SP – 2010) Assinale a alternativa incorreta:

(A) a interpretação extensiva é recurso passível de ser utilizado pelo aplicador do direito quando não existir norma jurídica que regule a matéria.
(B) o princípio geral de direito introduzido no direito positivo caracteriza-se como cláusula geral.
(C) a analogia, os costumes e os princípios gerais do direito são elementos de integração do direito.
(D) a *analogia legis* é a analogia propriamente dita e a *analogia juris* é a que dá solução igual a duas hipóteses em virtude da mesma razão de direito.
(E) a equidade é recurso passível de ser utilizado pelo aplicador do direito nos casos de lacuna da lei.

A: incorreta, pois, quando não existir norma que regule a matéria, o aplicador deverá aplicar a analogia, os costumes e os princípios gerais de direito (art. 4º da LIDB); a interpretação extensiva consiste na interpretação da lei que leva a um resultado extensivo em relação ao texto da lei. Tal interpretação é vedada em matéria de sanções (ex.: direito penal, direito administrativo disciplinar etc); na verdade, o resultado da interpretação pode ser *declarativo, restritivo ou extensivo* e isso dependerá do tipo de direito envolvido e da técnica interpretativa utilizada (ex.: gramatical, lógica, sistemática, histórica e teleológica); B: correta; um exemplo de princípio geral de direito introduzido no direito positivo é o princípio da boa-fé objetiva; tal princípio é uma cláusula geral, valendo lembrar que cláusulas gerais *são normas jurídicas orientadoras, sob a forma de diretrizes indeterminadas, cabendo ao juiz criar a solução adequada ao caso concreto*; o art. 422 do Código Civil traz diretriz que determina respeito à boa-fé, diretriz essa que é indeterminada, pois dá margem a mais de uma interpretação; afinal de contas, o que é agir conforme a boa-fé? Não bastasse, a norma citada não traz qual solução deve dar o juiz quando se deparar com uma situação que ele entenda ter violado a diretriz que determina respeito à boa-fé objetiva; C: correta, pois são os elementos de que se deve valer o aplicador da lei quando estiver diante de lacunas (art. 4º da LIDB); D: correta; a analogia *legis* consiste em *aplicar, a um acontecimento não regulado por uma norma jurídica, outra norma prevista para hipótese semelhante*, ao passo que a analogia *juris* consiste em *aplicar, a um acontecimento não regulado por uma norma jurídica, outra razão de direito utilizada para solucionar hipótese semelhante*; E: correta; em caso de lacuna, deve-se aplicar a analogia, os costumes e os princípios gerais de direito; no entanto, caso nenhum dos critérios acima resolva a lacuna, o juiz pode se valer da equidade, segundo a doutrina. Gabarito "A".

(Procurador da Fazenda Nacional – 2007.2 – ESAF) Assinale a opção falsa.

(A) Uma das regras norteadoras do emprego do processo interpretativo teleológico seria: deve-se conferir ao texto normativo um sentido que resulte haver a norma regulado a espécie a favor e não em prejuízo de quem ela visa proteger.
(B) O fundamento da analogia não está na igualdade jurídica, já que o processo analógico constitui um raciocínio baseado em razões relevantes de similitude, fundando-se na identidade de razão, que é o elemento justificador da aplicabilidade da norma a casos não previstos, mas substancialmente semelhantes.
(C) O art. 5º da Lei de Introdução ao Código Civil permite corrigir a inadequação da norma à realidade fático-social e aos valores positivados, harmonizando o abstrato e rígido da norma com a realidade concreta, mitigando o seu rigor, corrigindo-lhe os desacertos, ajustando-a do melhor modo possível ao caso emergente.
(D) Os meios de preenchimento de lacuna são indicados pela própria lei.
(E) O aplicador da norma deverá perscrutar as necessidades práticas da vida social e a realidade sócio cultural, sem olvidar a valoração objetiva.

A: verdadeira (art. 5º da LIDB); B: falsa, pois a igualdade jurídica é fundamento do emprego da analogia; C: verdadeira (art. 5º da LIDB); D: art. 4º da LIDB; E: art. 5º da LIDB. Gabarito "B".

(MAGISTRATURA DO TRABALHO – 1ª REGIÃO – 2010 – CESPE) A respeito de hierarquia, interpretação e integração de lei, assinale a opção correta.

(A) A interpretação teleológica pode ser utilizada pelo juiz para superar antinomia.
(B) Não há hierarquia entre lei complementar e decreto autônomo, quando este for validamente editado.
(C) O costume, para que possa suprir lacuna legal, deve consistir em conduta reiterada de determinada prática.
(D) Não é correto falar em hierarquia entre lei editada pela União e lei editada por estado.
(E) A interpretação é do tipo analógica quando pressupõe que a autoridade expressou na norma exatamente o que pretendia.

A: incorreta, pois a antinomia é superada pelos critérios hierárquico (lei superior prevalece sobre lei de hierarquia inferior), cronológico ou temporal (lei posterior prevalece sobre lei anterior) e da especialidade (lei especial prevalece sobre lei geral); caso o conflito de normas não se resolva por esses critérios, ter-se-á a antinomia real, que é resolvida pelos seguintes metacritérios: a) quando houver conflito entre os critérios hierárquico e o cronológico, prevalece o hierárquico (norma superior-anterior), pois a competência é mais forte que o tempo; b) quando houver conflito entre o critério da especialidade e o cronológico, prevalece o da especialidade (norma especial-anterior), em face do princípio da igualdade, admitindo-se exceções no caso concreto; c) quando houver conflito entre o critério hierárquico e o da especialidade, não é possível estabelecer um metacritério de antemão, com alguma vantagem para o critério hierárquico, em virtude da competência; B: correta, pois o decreto autônomo tem fundamento de validade direto na Constituição Federal (art. 84, VI, da CF), e não numa norma intermediária; C: incorreta, pois não basta a prática reiterada de determinado ato, sendo necessário, também, a *convicção, pelas pessoas, da obrigatoriedade jurídica dessa prática reiterada*; D: incorreta, pois quando há competência concorrente da União, dos Estados e do DF (art. 24 da CF), tal hierarquia existe, valendo lembrar que, sobrevindo lei federal, fica suspensa a eficácia da lei estadual, no que for contrário à primeira (art. 24, § 4º, da CF); E: incorreta, pois não existe *interpretação analógica*; o que existe é o emprego da analogia quando houver lacuna, ou seja, quando houver omissão legal (art. 4º da LIDB). Gabarito "B".

(Analista – TRT/21ª – 2010 – CESPE) A respeito de interpretação, integração e aplicação da lei, julgue os itens a seguir.

(1) Considere que Marcos, italiano, domiciliado na Itália, pai de dois filhos brasileiros, tenha falecido e deixado dois apartamentos no Brasil. Nessa situação hipotética, os bens podem ser partilhados conforme a lei brasileira.
(2) O juiz que aplica a um caso concreto norma jurídica prevista para situação semelhante, considerando a identidade de finalidade, utiliza a interpretação extensiva.

1: Certa, pois a sucessão de bens de estrangeiros, situados no País, será regulada pela lei brasileira em benefício do cônjuge ou dos filhos brasileiros, ou de quem os represente, sempre que não lhes seja mais favorável a lei pessoal do de *cujus* (art. 10, § 1º, da LIDB); 2: Errada, pois o conceito da alternativa diz respeito à analogia, expressamente prevista no art. 4º da LIDB como uma das formas de julgamento na omissão da lei. Gabarito 1C, 2E.

1.4. LACUNAS E INTEGRAÇÃO DA LEI

(Magistratura/SP – 174º – VUNESP) O art. 4º da Lei de Introdução ao Código Civil, ao dispor que, ante a omissão da lei, o juiz decidirá de acordo com a analogia e os costumes, é norma:

(A) dirigida exclusivamente ao campo do Direito Privado.
(B) dirigida a todos os campos do Direito Positivo.
(C) que se aplica ao campo do Direito Privado, mas não a todos os campos do Direito Positivo.
(D) que se aplica a todos os campos do Direito Positivo, com exceção do Direito Penal.

De fato, há normas específicas em matéria de Direito Penal e Direito Tributário, por exemplo. Gabarito "C".

(MINISTÉRIO PÚBLICO/RO – 2010 – CESPE) Assinale a opção correta com refrência à Lei de Introdução ao Código Civil (LICC).

(A) A equidade, uma das formas de colmatação de lacunas, está expressa na LICC.
(B) Os fatos sociais são disciplinados pela LICC, haja vista que se referem ao direito internacional privado.
(C) A LICC prevê o procedimento de integração do direito como recurso técnico para a interpretação das normas jurídicas.
(D) Segundo a LICC, a autointegração do direito, como espécie de integração, ocorre quando se utilizam recursos do próprio sistema.
(E) A LICC foi criada originariamente mediante lei ordinária.

A: incorreta, pois a equidade não está expressa na LIDB como forma de colmatação de lacunas. A equidade está expressa em outros diplomas legais, como no CDC (art. 7º, *caput*); B: incorreta, pois os fatos sociais, segundo a LIDB, devem ser observados pelo juiz ao aplicar a lei toda e qualquer lei (art. 5º), de modo que o juiz deverá levar em conta os acontecimentos do mundo fenomênico, não se limitando a aplicar a lei como um fim em si mesmo; C: incorreta, pois o procedimento de integração do direito é utilizado para solucionar os casos de lacuna de lei; D: correta, pois a alternativa traz o conceito correto de autointegração, técnica utilizada pela LIDB no caso da analogia e dos princípios gerais do direito (art. 4º); E: incorreta, pois a LIDB foi criada como decreto-lei. Gabarito "D".

(Procurador do Estado/PE – 2004 – FCC) Estabelecendo a Lei de Introdução ao Código Civil que "quando a lei for omissa, o juiz decidirá o caso de acordo com a analogia, os costumes e os princípios gerais de direito" (art. 4º), é correto afirmar que

(A) somente se admite o costume *secundum legem*.
(B) é admitido amplamente o costume *contra legem*.
(C) o costume *praeter legem* desempenha função supletiva da lei.
(D) o costume é meio de integração do direito, mas não pode ser considerado fonte ou forma de expressão do direito.
(E) o costume constitui apenas regra de hermenêutica.

O costume contra legem não pode ser aplicado. O costume secundum legem não tem utilidade, pois a lei já estabelece o comando expresso no costume. O costume praeter legem, ou seja, não previsto na lei, desempenha função supletiva da lei, ou seja, pode ser utilizando em caso de lacuna, inexistindo lei a ser aplicada por analogia. Gabarito "C".

(Procurador do Estado/RO – 2011 – FCC) Quando a lei for omissa, o juiz decidirá o caso com o emprego da

(A) analogia, dos costumes e dos princípios gerais do direito.
(B) equidade em quaisquer casos, dos costumes e dos princípios gerais do direito.
(C) analogia, da equidade e dos costumes, apenas.
(D) interpretação, dos costumes, da equidade e dos princípios gerais do direito.
(E) interpretação, da analogia e dos princípios gerais do direito.

Art. 4º da LIDB. Gabarito "A".

(Procurador do Município/Aracaju – 2008 – CESPE) Julgue os seguintes itens, acerca da Lei de Introdução ao Código Civil.

(1) A lei nova que estabelecer disposições gerais ou especiais a par das já existentes revogará as leis especiais anteriores sobre a mesma matéria às quais expressamente se referiu.
(2) A analogia é uma das técnicas empregadas para a interpretação das leis, segundo a qual o juiz, ao aplicar a lei no caso concreto, declarará o exato sentido da lei. Por isso, decidir por analogia significa dizer que a decisão da causa foi idêntica àquela aplicada a outros litígios iguais.

1: errada (art. 2º, § 2º, da LIDB); 2: errada, pois a analogia é aplicada em caso de lacuna de lei, ou seja, quando não há lei regulando o caso concreto, hipótese em que se aplica lei que trata de questão semelhante. Gabarito 1E, 2E.

(Procuradoria da República – 21º) O emprego da analogia pressupõe que:

(A) o caso não previsto em lei tenha como o previsto, pelo menos, uma razão de semelhança;
(B) haja, pelo menos, afinidades formais entre o caso não previsto em lei e o caso previsto;
(C) o caso não previsto em lei seja idêntico ao caso previsto;
(D) nenhuma das alternativas anteriores é verdadeira.

Art. 4º da LIDB. Gabarito "A".

(Magistratura do Trabalho – 7ª Região – 2005) A analogia juris:

(A) surge do fato de que as notas, que trazem a tônica da semelhança de um objeto a outro, convenham ao segundo em grau distinto do primeiro.
(B) é o argumento consistente em ter por ordenado ou permitido, de modo implícito, algo menor do que o que está determinado ou autorizado *expressis verbis*.
(C) parte do fato de que uma disposição normativa inclui certo comportamento num modo deôntico, excluindo-se de seu âmbito qualquer outra conduta, isto é, um comportamento "C" estando proibido, qualquer conduta "Não – C" está permitida.
(D) estriba-se num conjunto de normas, para extrair elementos que possibilitem sua aplicabilidade ao caso concreto não contemplado, mas similar.
(E) consiste em passar da validade de uma disposição normativa menos extensa para outra mais ampla, necessitando-se, para tanto, do auxílio de valorações.

A alternativa "d" está correta, por seus próprios fundamentos. Gabarito "D".

(Magistratura do Trabalho – 9ª Região – 2009) Considere as seguintes proposições:

I. Com exceção das normas constitucionais federais, que prevalecem sobre todas as categorias de normas complementares ou ordinárias vigentes no Brasil, não existe hierarquia absoluta entre leis federais, estaduais e municipais, já que esse escalonamento objetivo só prevalece quando houver competência normativa concorrente entre os entes da federação.
II. Por analogia estende-se a um caso não previsto aquilo que o legislador previu para um caso semelhante, em igualdade de razões, preenchendo uma lacuna na lei, enquanto na interpretação extensiva supõe-se que a norma existe, sendo passível de aplicação ao caso concreto, desde que sua abrangência seja estendida além do que usualmente se faz. Quando se afirma a existência de uma lacuna legal e se nega a aplicação de norma por analogia ao caso concreto, o operador jurídico ainda pode utilizar os princípios gerais de direito para a solução do conflito.
III. A equidade é um elemento de integração da lei e pode ser utilizada para abrandamento do texto legal, amoldando a justiça à especificidade de uma situação real.
IV. Os princípios gerais de direito são enunciações normativas de valor genérico, que condicionam e orientam a compreensão do ordenamento jurídico, quer para a sua aplicação e integração, quer para a elaboração de novas normas, abrangendo tanto o campo da pesquisa pura do Direito quanto o de sua atualização prática.
V. Quando a lei for omissa, o juiz decidirá o caso de acordo com a analogia, os costumes e os princípios gerais de direito. Na aplicação da lei, o juiz atenderá aos fins sociais a que ela se dirige e às exigências do bem comum.

(A) todas as proposições estão corretas
(B) somente as proposições I, II, III e IV estão corretas
(C) somente as proposições II, III, IV e V estão corretas
(D) somente as proposições I, III, IV e V estão corretas
(E) somente as proposições I, II, IV e V estão corretas

I: correta, pois, no caso referido (art. 24, § 4º, da CF), há hierarquia entre a lei federal e as leis estaduais e municipais; nas demais situações, cada lei estará no âmbito de sua competência, não havendo hierarquia entre leis federais e as demais leis; II: correta (art. 4º da LIDB), valendo lembrar que os costumes, apesar de não citados, também são utilizados para suprir as lacunas, caso a analogia não possa ser utilizada; III: correta, pois o juiz, a princípio, deve decidir por equidade nos casos previstos em lei (CPC, art. 127), como o previsto no art. 11, II, da Lei 9.307/96; no entanto, isso não impede que o juiz, ao aplicar a lei, busque a forma mais equânime de fazê-la; ou seja, deve o juiz agir com "equidade dentro da lei"; o que não pode é ignorar a lei e simplesmente decidir do modo que entender ser mais equânime; vale lembrar, ainda, que doutrina entende que também é possível valer-se da equidade quando haja lacuna e nenhum dos critérios previstos na lei consiga integrá-la; IV: correta, pois decidir de acordo com os princípios gerais de direito consiste em aplicar as ideias políticas, sociais, jurídicas e práticas subjacentes ao sistema jurídico; V: correta (arts. 4º e 5º da LIDB). Gabarito "A".

1.5. ANTINOMIAS E CORREÇÃO

(Ministério Público/GO – 2005) Com o surgimento do novo código civil, ganha relevância o estudo das antinomias. Diante de tal enunciado, assinale a alternativa correta:

(A) na antinomia de primeiro grau aparente, havendo conflito entre norma superior e norma inferior, prevalecerá à norma superior, pelo critério da especialidade
(B) na antinomia de primeiro grau aparente, havendo conflito entre norma geral e norma especial prevalecerá a norma geral, pelo critério hierárquico
(C) na antinomia de segundo grau aparente, havendo conflito de uma norma especial anterior e outra geral posterior, prevalecerá o critério da especialidade, valendo a norma especial anterior
(D) na antinomia de segundo grau aparente, havendo conflito entre uma norma superior anterior e outra inferior posterior, prevalece à norma inferior posterior, pelo critério da especialidade

Para resolver essa questão e outras que tratam das antinomias, segue resumo.

Correção de antinomias.

Muitas vezes o problema não é de ausência de lei ou de normas, mas de existência de mais de uma norma conflitando entre si. Nesse caso tem-se antinomia, a ensejar uma correção, que também só terá efeito para o caso concreto em que o Direito será aplicado. Pode-se conceituar o instituto da antinomia como a *situação de conflito entre duas ou mais normas jurídicas*.

Quanto ao critério de solução do conflito, a antinomia pode ser dividida em duas espécies: a) aparente, *quando a própria lei tiver critério para a solução do conflito*; b) real, *quando não houver na lei critério para a solução do conflito*.

A ordem jurídica prevê critérios para a solução de antinomias aparentes. São eles: a) o hierárquico (*lex superior derogat legi inferiori*), pelo qual a lei superior prevalece sobre a de hierarquia inferior, b) o cronológico *ou* temporal (*lex posterior derogat legi priori*), pelo qual a lei posterior prevalece sobre a anterior; c) e o da especialidade (*lex specialis derogat legi generali*), pela qual a lei especial prevalece sobre a geral.

Caso não seja possível solucionar o conflito pela utilização dos critérios acima, estaremos diante de um conflito de segundo grau, já que o conflito não será entre simples normas, mas entre os critérios (hierárquico, cronológico e de especialidade). Confira-se os metacritérios para a solução de antinomias de segundo grau. Entre o: a) hierárquico e o cronológico, prevalece o hierárquico (norma superior-anterior), pois a competência é mais forte que o tempo; b) da especialidade e o cronológico, prevalece o da especialidade (norma especial-anterior), em face do princípio da igualdade, admitindo-se exceções no caso concreto; c) hierárquico e o da especialidade, não é possível estabelecer um metacritério de antemão, com alguma vantagem para o critério hierárquico, em virtude da competência.

Caso não se consiga resolver o conflito pelos metacritérios, deve-se recorrer ao *critério dos metacritérios*, o princípio da justiça: escolhe-se a norma mais justa. Gabarito "C".

(Ministério Público/SP – 84º) Quando o conflito normativo for passível de solução mediante os critérios hierárquico, cronológico e da especialidade, estaremos diante de um caso de

(A) conflito normativo intertemporal.
(B) conflito jurídico-positivo de normas.
(C) conflito jurídico-negativo de normas.
(D) antinomia real.
(E) antinomia aparente.

Trata-se de antinomia aparente. Gabarito "E".

(Defensoria/ES – 2009 – CESPE) Acerca da interpretação da lei, julgue os itens a seguir.

(1) A analogia jurídica fundamenta-se em um conjunto de normas para extrair elementos que possibilitem sua aplicabilidade ao caso concreto não previsto, mas similar.
(2) Consideram-se leis novas as correções de texto de lei já em vigor.
(3) A lei nova que dispõe sobre regras especiais revoga as regras gerais sobre a mesma matéria.
(4) O direito brasileiro não aceita o efeito repristinatório da lei revogada.
(5) Quando o conflito normativo for passível de solução mediante o critério hierárquico, cronológico e da especialidade, o caso será de antinomia aparente.

1: correta; são necessárias as seguintes análises para aplicar uma lei por analogia, diante da lacuna em outra lei - a) comparar as semelhanças entre as hipóteses; b) avaliar se a semelhança justifica um tratamento jurídico idêntico; 2: correta (art. 1º, § 4º, da LIDB); 3: incorreta, pois a lei especial nova aplica-se para os casos especiais que ela regula, permanecendo intacta a lei geral velha, que se aplica aos casos em que a lei nova não regula; 4: incorreta, pois, se houver expressa disposição, é possível a repristinação (art. 2º, § 3º, da LIDB); 5: correta; já quando não se puder resolver o conflito de normas pelos critérios mencionados, ter-se-á a antinomia real, que é resolvida pelos seguintes metacritérios: a) quando houver conflito entre os critérios hierárquico e o cronológico, prevalece o hierárquico (norma superior-anterior), pois a competência é mais forte que o tempo; b) quando houver conflito entre o critério da especialidade e o cronológico, prevalece o da especialidade (norma especial-anterior), em face do princípio da igualdade, admitindo-se exceções no caso concreto; c) quando houver conflito entre o critério hierárquico e o da especialidade, não é possível estabelecer um metacritério de antemão, com alguma vantagem para o critério hierárquico, em virtude da competência. Gabarito 1C, 2C, 3E, 4E, 5C

2. GERAL

2.1. PRINCÍPIOS DO CÓDIGO CIVIL, CLÁUSULAS GERAIS E CONCEITOS JURÍDICOS INDETERMINADOS

(Magistratura/PR - 2007) Sobre a constitucionalização do Direito Civil, é correto afirmar:

(A) As normas constitucionais que possuem estrutura de princípio se destinam exclusivamente ao legislador, que não pode contrariá-las ao criar as normas próprias do Direito Civil, não sendo possível, todavia, ao aplicador do Direito, empregar os princípios constitucionais na interpretação dessas normas de Direito Civil.

(B) A constitucionalização do Direito Civil se restringe à migração, para o texto constitucional, de matérias outrora próprias do Direito Civil.

(C) A doutrina que sustenta a constitucionalização do Direito Civil afirma a irrelevância das normas infraconstitucionais na disciplina das relações interprivadas.

(D) A eficácia dos direitos fundamentais nas relações entre particulares, seja de forma indireta e mediata, seja de forma direta e imediata, é defendida pela doutrina que sustenta a constitucionalização do Direito Civil.

A: o aplicador do Direito deve, sim, empregar os princípios constitucionais na interpretação das normas de Direito Civil; B: a constitucionalização do Direito Civil é um fenômeno de *ordem legislativa*, que importou na previsão constitucional de matérias outrora unicamente tratadas na legislação infraconstitucional civil, na enunciação de princípios constitucionais aplicáveis ao Direito Civil, e também um fenômeno de *ordem doutrinária e jurisprudencial*, vez que, nos últimos anos, a doutrina e a jurisprudência passaram a aplicar mais as normas e princípios constitucionais às relações civis; C: as normas civis constitucionais têm, em alguns casos, aplicação direta, mas, em outros, servem de vetor interpretativo das normas infraconstitucionais civis, que, por óbvio, não são irrelevantes; D: está correta. Gabarito "D".

(Magistratura/PR - 2007) Sobre os princípios fundamentais do Direito Civil contemporâneo, assinale a alternativa correta:

(A) A função social dos contratos, que não é sinônimo de função econômica dos contratos, é apontada, no Código Civil brasileiro, como um limite ao exercício da liberdade de contratar.

(B) A regra do Código Civil que prevê que o possuidor de boa-fé tem direito à indenização pelas benfeitorias necessárias e úteis que realizar se refere diretamente à boa-fé objetiva.

(C) É suficiente para concluir que uma propriedade rural está cumprindo sua função social a demonstração cabal e inequívoca de sua produtividade, uma vez que a Constituição proíbe expressamente a desapropriação de terras produtivas para fins de reforma agrária.

(D) O princípio da igualdade entre os filhos se aplica ao tratamento dos filhos consangüíneos e adotivos, mas não se impõe quando se tratar de filiação sócio-afetiva.

A: art. 421 do CC; B: tal regra decorre imediatamente do art. 1.219 do CC e tem como fundamento mediato os princípios da boa-fé e do não enriquecimento sem causa; C: o cumprimento da função social da propriedade não reclama, tão somente, a produtividade na terra, mas também o atendimento aos incisos II, III e IV do art. 186 da CF; D: o critério para definir a igualdade é serem todos filhos, pouco importando a origem da filiação (arts. 227, § 6º, da CF e 1.596 do CC). Gabarito "A".

(MINISTÉRIO PÚBLICO/DF – 27º – 2005) Assinale a alternativa incorreta.

(A) Em contraste com o sentido individualista que condicionava o Código Civil anterior, o "sentido social" é uma das características mais marcantes do Código Civil ora em vigor.

(B) O Código anterior possuía excessivo rigorismo formal, ou seja, quase sem referência à equidade, boa-fé, justa causa ou quaisquer critérios éticos. Já o atual Código Civil conferiu ao Juiz não só o poder de suprir lacunas, como também para resolver, onde e quando previsto, de conformidade com valores éticos.

(C) O princípio da boa-fé objetiva, adotado pelo Código Civil Brasileiro, em nada se identifica com a tradicional forma de interpretação dos contratos, que prevê que as cláusulas obscuras do contrato devem ser interpretadas segundo a boa-fé, mas refere-se ao comportamento das partes quanto aos deveres que são anexos ou conexos ao vínculo jurídico estabelecido entre elas.

(D) O Novo Código Civil positiva a teoria da desconsideração da personalidade jurídica, em sua parte geral, restando patente a possibilidade de sua implementação incidental, ao indicar que o pedido pode ser formulado pela parte ou pelo Ministério Público, quando lhe couber intervir no processo.

(E) O Novo Código Civil trouxe importante inovação no direito de família, principalmente ao estabelecer, a partir de sua entrada em vigor, a absoluta igualdade entre os filhos.

A: correta, podendo a afirmativa ser demonstrada, por exemplo, com as disposições referentes à função social dos contratos (art. 421 do CC) e à função social da propriedade (art. 1.228, § 3º, do CC); vide também o art. 2.035 do CC; B: correta, pois o atual código traz diversos conceitos jurídicos indeterminados e cláusulas gerais, permitindo, no primeiro caso, maior abrangência valorativa nas regras e, no segundo, que o juiz tenha maior poder para definir, no caso, concreto, a solução mais adequada para uma dada questão; sobre boa-fé, vide, por exemplo, os arts. 113, 128, 187, 422 do CC; sobre justa causa, vide, por exemplo, os arts. 57, 602, 624, 884, 1.029 e 1.848 do CC; C: correta (art. 422 do CC e Enunciado CJF n. 24); D: correta (art. 50 do CC); E: incorreta, pois a absoluta igualdade entre o filhos já decorria da CF/88 (art. 227, § 6º). Gabarito "E".

(Ministério Público/GO – 2005) O atual Código Civil optou "muitas vezes, por normas genéricas ou cláusulas gerais, sem a preocupação de excessivo rigorosismo conceitual, a fim de possibilitar a criação de modelos jurídicos hermenêuticos, quer pelos advogados, quer pelos juízes, para a contínua atualização dos preceitos legais" (trecho extraído do livro História do Novo Código Civil, de Miguel Reale e Judith Martins-Costa). Considerando o texto, é correto afirmar que:

(A) cláusulas gerais são normas orientadoras sob a forma de diretrizes, dirigidas precipuamente ao juiz, vinculando-o ao mesmo tempo em que lhe dão liberdade para decidir, sendo que tais cláusulas restringem-se à Parte Geral do Código Civil

(B) aplicando a mesma cláusula geral, o juiz não poderá dar uma solução em um determinado caso, e solução diferente em outro

(C) são exemplos de cláusulas gerais: a função social do contrato como limite à autonomia privada e que no contrato devem as partes observar a boa fé objetiva e a probidade

(D) as cláusulas gerais afrontam o princípio da eticidade que é um dos regramentos básicos que sustentam a codificação privada

A: a definição de cláusulas gerais é correta; todavia, é incorreto dizer que tais cláusulas se restringem à Parte Geral do CC; as cláusulas gerais previstas nos arts. 421 e 422 do CC, por exemplo, estão na Parte Especial do CC; vide os Enunciados CJF nºs 21, 22, 26, 27 e 274; B: a cláusula geral dá margem de liberdade para o juiz decidir, observando as características do caso concreto e as diretrizes nela previstas, o que pode redundar em soluções diferentes, de acordo como caso concreto; C: vide os já citados Enunciados CJF nºs 21, 22, 26, 27 e 274; D: de fato, o princípio da eticidade informa o atual CC, mas tal princípio não é incompatível com as cláusulas gerais; ao contrário, o princípio da eticidade também pode ser encarado como uma diretriz a ser observada pelo juiz para decidir. Gabarito "C".

2.2. PESSOAS NATURAIS

2.2.1. INÍCIO DA PERSONALIDADE E NASCITURO

(Magistratura/MG - 2005) Conforme o Código Civil, é CORRETO afirmar que a lei põe a salvo os direitos do nascituro, desde:

(A) cento e oitenta dias de gestação.
(B) a concepção.
(C) o nascimento com vida.
(D) cento e vinte dias de gestação.

Art. 2º do CC. Gabarito "B".

(Ministério Público/PR – 2011) Assinale a alternativa correta:

(A) a capacidade de direito não é atribuída àqueles que, por enfermidade ou deficiência mental, não tiverem o necessário discernimento para os atos da vida civil.
(B) a incapacidade de exercício não afeta a capacidade de direito, que é atributo de todo aquele dotado de personalidade jurídica.
(C) a antecipação da maioridade derivada do casamento gera a atribuição de plena capacidade de direito àquele menor de 18 anos que contrai núpcias, embora nada afete a sua capacidade de fato.
(D) o reconhecimento da personalidade jurídica da pessoa natural a partir do nascimento com vida significa afirmar que, antes do nascimento, a pessoa é dotada de capacidade de fato, mas não tem capacidade de direito.
(E) a interdição derivada de incapacidade absoluta enseja a suspensão da personalidade jurídica da pessoa natural, uma vez que a capacidade é a medida da personalidade.

A: incorreta, pois todas as pessoas têm capacidade de direito, que consiste na *aptidão genérica conferida pela ordem jurídica para adquirir direitos e contrair deveres*; B: correta, conforme justificativa da alternativa A; C: incorreta, pois a emancipação afeta diretamente a capacidade de fato, eis que a pessoa emancipada passa a ter total capacidade de fato; D: incorreta, pois o nascituro não tem personalidade jurídica, mas a lei põe a salvo, desde a concepção, os direitos que ele possa ter (art. 2º do CC), ou seja, o nascituro é um sujeito de direito despersonificado, de modo que não há como falar que ele tem capacidade, que é uma aptidão genérica para contrair direitos e obrigações, visto que não existe essa aptidão GENÉRICA, mas apenas proteção de alguns direitos específicos; com o nascimento com vida a pessoa adquire personalidade jurídica e, por consequência, capacidade de direito; E: incorreta, pois a interdição não retira a personalidade jurídica da pessoa, que só termina com a morte. Gabarito "B".

(Ministério Público/SP – 83º) A personalidade civil inicia-se com o nascimento com vida, colocando-se a salvo os direitos do nascituro, sendo necessário, todavia, que a criança:

(A) se livre totalmente do ventre materno mantendo-se ligada ao cordão umbilical, mesmo que não apresentando de imediato sinais de respiração ou viabilidade de sobreviver, ostente forma humana.
(B) consiga separar-se por inteiro ou parcialmente do ventre materno respirando, mediante parto natural ou intervenção cirúrgica, pouco importando que o cordão umbilical não seja rompido, que seja viável ou não, e que não tenha necessariamente forma humana.
(C) se separe por inteiro, ou mesmo que parcialmente do ventre materno, e desligada necessariamente do cordão umbilical, o parto seja efetuado normalmente, ou por meio de cesariana, e que respire e tenha forma humana.
(D) venha à luz, ainda que se mantendo ligada ao cordão umbilical, mesmo que o parto se concretize através de cesariana ou pelo meio natural, e evidencie possibilidade de poder vir a respirar.
(E) necessariamente venha à luz, com o rompimento do cordão umbilical, por meio de parto cesariano ou natural, e que apresente aptidão vital.

A alternativa "b" está correta, pois, de fato, não é necessário o rompimento do cordão umbilical, nem a viabilidade de vida e a forma humana. Por outro lado, é necessária a separação do ventre materno ("nascimento") e a respiração ("com vida"). Gabarito "B".

(Defensoria Pública/MG – 2006) Acerca do nascituro, é INCORRETO afirmar:

(A) Que, após o nascimento com vida, pode reivindicar ressarcimento por dano moral sofrido enquanto nascituro.
(B) Que é legitimado a suceder, desde que já concebido no momento da abertura da sucessão
(C) Que pode ser donatário, desde que aceita a doação por seu representante legal.
(D) Que tem direito de propriedade
(E) Que tem garantia legal de nascer saudável, o que importa em dever legal de atendimento pré e perinatal à gestante.

A: correto, pois alguns direitos da personalidade, como o direito à integridade moral, são aplicados aos nascituros (Enunciado CJF 1); B: correto (art. 1.798 do CC); C: correto (art. 542 do CC); D: incorreto, pois o direito de propriedade está sob condição suspensiva e, enquanto esta não se verificar (ou seja, enquanto não houver o "nascimento com vida"), não se terá adquirido o direito de propriedade (art. 125 do CC); E: art. 8º da Lei 8.069/90 (ECA). Gabarito "D".

(Magistratura do Trabalho – 14ª Região – 2006) Personalidade jurídica.

I. Capacidade de exercício é a aptidão do indivíduo para, pessoalmente, adquirir direitos e contrair obrigações.
II. O nascituro, embora tenha proteção legal, não possui personalidade jurídica.
III. A existência da pessoa natural termina com a morte. Excepcionalmente, pode ser declarada a morte presumida sem a decretação de ausência.
IV. É válida, com objetivo científico, ou altruístico, a disposição gratuita do próprio corpo, no todo ou em parte, para depois da morte.

Responda:

(A) todas as opções estão corretas;
(B) apenas as opções I e II estão corretas;
(C) apenas as opções II e III estão corretas;
(D) apenas as opções I e IV estão corretas;
(E) todas as opções estão incorretas.

I: correta; a capacidade de exercício também é chamada capacidade de fato, e somente os capazes a têm por inteiro; aqueles que têm essa capacidade podem praticar pessoalmente e sozinhos os atos da vida civil; já a capacidade de direito (ou de gozo) é a aptidão genérica para adquirir direitos e contrair obrigações; todas as pessoas têm capacidade de direito, inclusive uma criança; assim, uma criança pode locar um imóvel de sua propriedade, pois tem capacidade de direito, mas deve fazê-lo mediante um representante, pois não tem capacidade de exercício; II: correta, pois a personalidade só se inicia com o nascimento com vida (art. 2º do CC); III: correta (art. 7º do CC); IV: correta (art. 14 do CC). Gabarito "A".

(Analista – STM – 2011 – CESPE) Julgue o seguinte item.

(1) Com a maioridade civil, adquire-se a personalidade jurídica, ou capacidade de direito, que consiste na aptidão para ser sujeito de direito na ordem civil.

1: incorreta, pois com o nascimento com vida já se adquire a *personalidade jurídica* (art. 2º do CC), que já confere à pessoa *capacidade de direito* (art. 1º do CC); com a maioridade, a pessoa passa a ter também plena capacidade de fato, ou seja, capacidade de exercer pessoalmente direitos e deveres. Gabarito 1E.

(Analista – TJ/ES – 2011 – CESPE) Julgue o seguinte item.

(1) Apesar de não reconhecer a personalidade do nascituro, o Código Civil põe a salvo os seus direitos desde a concepção. Nesse sentido, na hipótese de interdição de mulher grávida, o curador desta será também o curador do nascituro.

1: correta, pois o art. 2º do CC estabelece que "a lei põe a salvo, desde a concepção, os direitos do nascituro"; além disso, o art. 1.779, p. ún., estabelece que "se a mulher estiver interditada, seu curador será o do nascituro". Gabarito 1C.

2.2.2. CAPACIDADE

(Magistratura/MG – 2006) Conforme dispõe o Código Civil, são absolutamente incapazes de exercer pessoalmente os atos da vida civil, EXCETO:

(A) os excepcionais, sem desenvolvimento mental completo;
(B) os que, por enfermidade ou deficiência mental, não tiverem o necessário discernimento para a prática de atos da vida civil;
(C) os menores de 16 (dezesseis) anos;
(D) os que, mesmo por causa transitória, não puderem exprimir sua vontade.

A: art. 4º, III, do CC; B a D: art. 3º do CC. Gabarito "A".

(Magistratura/SC – 2008) Sobre a capacidade civil das pessoas naturais, considerando as proposições abaixo, assinale a alternativa correta:
I. A antecipação da capacidade civil plena é possível por meio da emancipação. II. Os excepcionais, com desenvolvimento mental incompleto, são absolutamente incapazes. III. A personalidade civil começa com o nascimento com vida, razão pela qual os direitos do nascituro não gozam de proteção jurídica. IV. Pode ser declarada a morte presumida, sem decretação de ausência, quando for extremamente provável a morte de quem estava em perigo de vida.

(A) Somente as proposições II e III estão incorretas.
(B) Somente a proposição IV está correta.
(C) Todas as proposições estão incorretas.
(D) Todas as proposições estão corretas.
(E) Somente as proposições I, II e IV estão corretas.

I: correta (art. 5º do CC); II: incorreta (art. 4º, III, do CC): III: incorreta (art. 2º do CC): IV: correta (art. 7º, I, do CC). Gabarito "A".

(Magistratura/SP – 2008 – VUNESP) Assinale a alternativa correta.

(A) Os atos da vida civil praticados isoladamente, sem seu representante, por pessoa absolutamente incapaz, devido a moléstias, antes da interdição, sempre são considerados válidos.
(B) Aqueles que, mesmo por causa transitória, não puderem exprimir sua vontade, não podem ter seus atos considerados válidos.
(C) O negócio jurídico anterior à interdição sempre pode ser anulado, ainda que celebrado com terceiro de boa-fé, que ignorava a condição de psicopata da parte com quem contratava e não contava com elementos para verificar que se tratava de um alienado.
(D) A pretensão a que, em determinados casos, a sentença de interdição retroaja, de modo a ser julgado nulo o negócio jurídico praticado antes dela, por incapacidade já então manifestada do agente, não pode ser acolhida.

A: art. 166, I, do CC; B: art. 3º, III, do CC; C: incorreta, pois o CC é permeado de regras que protege o terceiro de boa-fé; D: o art. 166, I, do CC considera nulo o ato praticado pelo absolutamente incapaz, independentemente de sentença de interdição; terceiros de boa-fé devem ser protegidos, mas aqueles que praticaram negócio quando a incapacidade já era manifestada pelo agente não podem evitar o desfazimento do negócio. Gabarito "B".

(Magistratura/SP – 178º – VUNESP) Assinale a declaração falsa.

(A) O excepcional, sem desenvolvimento mental completo, é relativamente incapaz.
(B) O recém-nascido é capaz de direitos e deveres na órbita civil.
(C) O menor de dezesseis anos é incapaz de exercer pessoalmente os atos da vida civil.
(D) A personalidade civil da pessoa natural cessa com a declaração de ausência.

A: verdadeira (art. 4º, III, do CC); B: verdadeira (art. 1º do CC); C: verdadeira (art. 3º, I, do CC); D: falsa (art. 6º do CC). Gabarito "D".

(Ministério Público/ES – 2010 – CESPE) A respeito da curatela, assinale a opção correta.

(A) Ao contrário do que ocorre no caso da notória redução da inteligência, não deve ser nomeado curador para as pessoas com pouca instrução escolar.
(B) Cabe nomeação de curador ao portador de deficiência física, independentemente da natureza da deficiência.
(C) Ainda que a pessoa portadora de lesões de nervos cerebrais possa comunicar-se com sinais convencionados, deve ser nomeado curador para ela.
(D) Deve-se nomear um curador para o usuário eventual de substância entorpecente, ainda que a incapacidade seja transitória, pois o ordenamento pátrio não reconhece os intervalos lúcidos.
(E) Com vistas a proteger a família do pródigo, deve ser nomeado um curador para ele, fato que, no entanto, não o priva de administrar o seu patrimônio.

A: incorreta, pois a *notória redução da inteligência* não é causa que enseja a curatela; segundo o art. 1.767, do CC, estão sujeitos à curatela I) aqueles que, por enfermidade ou deficiência mental, não tiverem o necessário discernimento para os atos da vida civil; II) aqueles que, por outra causa *duradoura*, não puderem exprimir a sua vontade; III) os deficientes mentais, os ébrios habituais e os viciados em tóxicos; IV) os excepcionais sem completo desenvolvimento mental; V) os pródigos; B: correta, pois esse caso de curatela, denominado *curatela voluntária*, é novidade presente no atual Código Civil (art. 1.780 do CC); a diferença é que essa curatela é pedida pelo próprio curatelado e pode ser extinta também por *vontade* deste; além disso, a curatela voluntária incide somente sobre os *bens* (todos ou uma parte destes) do enfermo ou portador de deficiência física, não incidindo sobre a *pessoa* do curatelado; C: incorreta, pois é requisito para a instituição da curatela a impossibilidade de expressão da vontade (art. 1.767, II, do CC); D: incorreta, pois apenas os *viciados*, ou seja, os *dependentes* de entorpecentes podem ser interditados (art. 1.767, III, do CC); E: incorreta, pois a nomeação do curador se dá com vistas a proteger o *próprio pródigo*, e não sua família; ademais, o pródigo pode fazer administração que não importe nas condutas previstas no art. 1.782 do CC. Gabarito "B".

(Ministério Público/SP – 2008) Com relação à pessoa do interdito, assinale a alternativa incorreta.

(A) O seu domicílio será o do curador, não se admitindo prova em contrário, sendo irrelevante, para efeito legal, o lugar da situação dos bens ou o da residência ou internação.
(B) A incapacidade absoluta constitui causa impeditiva da prescrição, independentemente da data da sentença ou do registro de interdição.
(C) Quando o curador for o cônjuge e o regime de bens do casamento for de comunhão parcial, não será obrigado à prestação de contas, salvo determinação judicial.
(D) O seu filho, se menor, ficará sob a autoridade do curador nomeado pelo juiz, que terá, ainda, a administração dos bens que lhe pertençam.
(E) Ainda que sem consciência do ilícito, ele poderá ser vítima de danos morais por ofensa à honra, inclusive no caso de calúnia.

A: correta (art. 76, parágrafo único, do CC); B: correta (art. 198, I, do CC); C: incorreta (art. 1.783 do CC); D: correta (art. 1.778 do CC); E: correta, pois os direitos da personalidade (no caso, o direito à integridade moral) se aplicam a todos, inclusive aos incapazes. Gabarito "C".

(Procurador do Estado/SC – 2010 – FEPESE) De acordo com o Código Civil Brasileiro, são relativamente incapazes:

1. o deficiente mental que tenha o discernimento reduzido para atos civis.
2. o deficiente mental que não possui o necessário discernimento para atos civis.
3. quem não puder exprimir sua vontade, mesmo que por causa transitória.
4. o excepcional sem desenvolvimento mental completo.
5. o pródigo.

Assinale a alternativa que indica todas as afirmativas **corretas**.

(A) São corretas apenas as afirmativas 2 e 3.
(B) São corretas apenas as afirmativas 1, 3 e 5.
(C) São corretas apenas as afirmativas 1, 4 e 5.
(D) São corretas apenas as afirmativas 2, 3 e 5.
(E) São corretas apenas as afirmativas 2, 4 e 5.

Art. 4º do CC. Gabarito "C".

(Defensor Público/BA – 2006) Analise os artigos do Código Civil, apresentados a seguir:

I. A personalidade civil da pessoa começa do nascimento com vida; mas a lei põe a salvo, desde a concepção, os direitos do nascituro.
II. São absolutamente capazes de exercer pessoalmente os atos da vida civil: os maiores de dezesseis anos; os que, mesmo por causa transitória, não puderem exprimir sua vontade.
III. São incapazes, relativamente a certos atos, ou à maneira de os exercer: os maiores de dezesseis e menores de dezoito anos; os ébrios habituais, os viciados em tóxicos, e os que, por deficiência mental, tenham o discernimento reduzido; os excepcionais, sem desenvolvimento mental completo; os pródigos.
IV. A capacidade dos índios será regulada por legislação geral ou comum.
V. A menoridade cessa aos vinte e um anos completos, quando a pessoa fica habilitada à prática de todos os atos da vida civil.

Pode-se afirmar que:

(A) Apenas o I e III estão corretos.
(B) Apenas o IV está correto.
(C) Apenas o V está correto.
(D) Todos estão corretos.
(E) Todos estão incorretos.

I: correta, pois a alternativa reflete o disposto no art. 2º do CC; II: incorreta, pois os maiores de dezesseis anos e menores de dezoito anos são relativamente incapazes (art. 4º, I, do CC) e os que, mesmo por causa transitória, não puderem exprimir sua vontade, são absolutamente incapazes (art. 3º, III, do CC); III: correta, pois a alternativa reflete o disposto no art. 4º do CC; IV: incorreta, pois, segundo disposto no art. 4º, par. único, do CC, a capacidade dos índios será regulada por legislação **especial**; V: incorreta, pois a menoridade, segundo disposto no art. 5º, *caput*, do CC, cessa aos **dezoito anos** completos. Gabarito "A".

(Defensor Público/BA – 2006) Analise os artigos do Código Civil e responda:

I. Cessará, para os menores, a incapacidade: pela concessão dos pais manifestada conjuntamente em instrumento público, independentemente de homologação judicial, ou por sentença do juiz, ouvido o tutor, se o menor tiver dezesseis anos completos.
II. Cessará, para os menores, a incapacidade pelo casamento.
III. Cessará, para os menores, a incapacidade pelo exercício de emprego público efetivo.
IV. Cessará, para os menores, a incapacidade pela colação de grau em curso de ensino superior.
V. Cessará, para os menores, a incapacidade pelo estabelecimento civil ou comercial, ou pela existência de relação de emprego, desde que, em função deles, o menor com dezesseis anos completos tenha economia própria.

(A) Apenas I, III e V estão corretos.
(B) Apenas I está incorreto.
(C) Apenas II, III, IV e V estão incorretos.
(D) Todos estão corretos.
(E) Todos estão incorretos.

I: incorreta, pois cessará, para o menor, a incapacidade pela concessão dos pais, **ou de um deles na falta do outro**, mediante instrumento público, independentemente de homologação judicial, ou por sentença do juiz, ouvido o tutor, se o menor tiver dezesseis anos completos (art. 5º, par. único, I, do CC); II: correta, pois a alternativa reflete o disposto no art. 5º, par. único, II, do CC; III: correta, pois a alternativa reflete o disposto no art. 5º, par. único, III, do CC; IV: correta, pois a alternativa reflete o disposto no art. 5º, par. único, IV, do CC; V: correta, pois a alternativa reflete o disposto no art. 5º, par. único, V, do CC. Gabarito "B".

(Defensor Público/GO – 2010 – I. Cidades) Ainda que maiores de 18 anos, são absolutamente incapazes de exercer pessoalmente os atos da vida civil, devendo ser obrigatoriamente representados,

(A) os que, mesmo por causa transitória, não puderem exprimir sua vontade.
(B) os viciados em tóxicos.
(C) os pródigos.
(D) os excepcionais, sem desenvolvimento mental completo.
(E) os ébrios habituais.

A: correta, pois a alternativa reflete o disposto no art. 3º, III, do CC; B a E: incorretas, pois as alternativas tratam de **relativamente incapazes** (art. 4º do CC). Gabarito "A".

(Defensoria/MA – 2009 – FCC) A respeito da capacidade de direito, é correto afirmar:

(A) O menor de dezesseis anos é absolutamente incapaz, ao passo que a capacidade de direito plena ocorre somente aos dezoito anos.
(B) Em relação às pessoas físicas, ocorre a partir do nascimento com vida, mas somente se prova com o registro de nascimento.
(C) Em relação às pessoas jurídicas, ocorre a partir do nascimento com vida, mas a lei põe a salvo, desde a concepção, os direitos do nascituro.
(D) O registro civil da pessoa física possui natureza jurídica meramente declaratória, ao passo que, para as pessoas jurídicas, o registro tem efeito constitutivo.
(E) Para o maior de dezoito anos, pode ser afastada mediante ação de interdição, na qual se prove a total falta de discernimento do interditando, quer por doença, quer por mal congênito.

A: incorreta, pois todas as pessoas têm *capacidade de direito* (ou *capacidade de gozo*), que é a capacidade para adquirir direitos e deveres na ordem civil; no entanto, somente quem já tem 18 anos tem *capacidade de fato* plena (ou *capacidade de exercício* plena), que é a capacidade para adquirir, pessoalmente e sozinho, direitos e deveres na ordem civil; B: incorreta, pois a capacidade de direito das pessoas naturais, apesar de se iniciar com o nascimento com vida, não requer o registro de nascimento como elemento probatório da sua existência; C: incorreta, pois a capacidade de direito das pessoas jurídicas se inicia, em geral, com o arquivamento de seus atos constitutivos no registro público competente; D: correta, pois o início da personalidade da pessoa natural se dá com o nascimento com vida (art. 2º do CC), ao passo que o início da personalidade das pessoas jurídicas se dá com o registro, de maneira que este, no caso da pessoa natural, é meramente declaratório de algo que já aconteceu (*nascimento com vida*), ao passo que no caso da pessoa jurídica o registro é constitutivo de sua personalidade (art. 45 do CC); E: incorreta, pois todas as pessoas, sem exceção, tem *capacidade de direito*; no exemplo citado, a pessoa sem discernimento não tem, na verdade, *capacidade de fato*. Gabarito "D".

(Defensoria Pública/MG – 2006) Quanto à incapacidade por enfermidade ou deficiência mental, é INCORRETO afirmar que:

(A) A sentença de interdição é declaratória.
(B) A sentença de interdição não produz coisa julgada.
(C) A sentença de interdição pode fixar quais atos o interditado poderá praticar, limitando a curatela.
(D) O curador pode promover a internação compulsória do interditado, em hospital psiquiátrico, sempre que achar necessário.
(E) O laudo pericial acerca da deficiência mental não gera a vinculação da decisão do Juiz.

A: correto, pois a sentença apenas declara uma situação já existente; a vantagem de se buscar uma sentença judicial é que, proferida a sentença e feito o registro pertinente (art. 1.184 do CPC), ninguém mais poderá alegar boa-fé, dizendo não saber ter feito negócio com um incapaz; B: correto, pois, cessadas as causas que levaram à interdição, está poderá ser levantada, em pedido autuado em apenso aos autos de interdição (art. 1.186 do CPC); C: correto (art. 1.772 do CC); D: incorreto, pois a internação compulsória, prevista na Lei 10.216/01, depende de determinação do juiz compete (art. 9º); E: correto, pois o perito apenas assiste o juiz (art. 1.771 do CC); ademais, os laudos periciais nunca vinculam o juiz (art. 436 do CPC). Gabarito "D".

(Defensoria/MT – 2009 – FCC) A respeito da capacidade de exercício, é correto afirmar:

(A) O menor de dezoito anos é absolutamente incapaz, ao passo que a capacidade de exercício plena ocorre somente aos vinte e um anos.
(B) Em relação às pessoas físicas, ocorre a partir do nascimento com vida, colocando-se a salvo os direitos dos nascituros desde a concepção.
(C) Em relação às pessoas jurídicas, ocorre a partir do nascimento com vida, mas a lei põe a salvo, desde a concepção, os direitos do nascituro.
(D) Para o maior de dezoito anos, pode ser afastada mediante ação de interdição, na qual se prove a total falta de discernimento do interditando, quer por doença, quer por mal congênito.
(E) Consiste na aptidão para ter direitos e deveres na esfera civil.

A: incorreta, pois nem todo menor de 18 anos é *absolutamente incapaz*; o menor que tiver entre 16 e 18 anos é *relativamente incapaz* (art. 4º, I, do CC); B: incorreta, pois é a *capacidade de direito* (ou de *gozo*) que se inicia com o nascimento com vida, e não a *capacidade de fato* ou de *exercício*; C: incorreta, pois, em relação à pessoa jurídica, a capacidade em geral começa com o arquivamento de seus atos constitutivos no registro público (art. 45 do CC); D: correta, pois o maior de 18 anos passa a ter plena *capacidade de exercício*, a qual pode ser afastada se se provar a sua falta de discernimento; E: incorreta, pois a definição dada é de *capacidade de direito* ou de *gozo*; a definição de capacidade de *fato* ou de *exercício* estaria correta se deixasse claro que se tratava de aptidão para exercer "*sozinho*" direitos e deveres na ordem civil. Gabarito "D".

(Defensor Pública/MT – 2006) Acerca da incapacidade, prevista no Código Civil, assinale a afirmativa incorreta.

(A) A incapacidade relativa diz respeito àqueles que podem praticar por si os atos da vida civil, desde que assistidos por quem o direito encarregar desse ofício, seja em razão de parentesco, de relação de ordem civil ou de designação judicial.
(B) Há atos que podem ser praticados pelo relativamente incapaz, livremente, sem autorização.

(C) Os alcoólatras que sofram redução de sua capacidade de entendimento somente poderão praticar atos, na vida civil, com assistência de curador, desde que interditos.

(D) Cessa, para os menores, a incapacidade, pela concessão dos pais, ou de um deles na falta do outro, mediante instrumento particular, independentemente de homologação judicial, ou por sentença do juiz, ouvido o tutor, se o menor tiver dezesseis anos completos.

(E) O casamento, a fixação do domicílio do casal, a autorização para que seus filhos menores contraiam matrimônio, são atos da vida civil que poderão ser validamente praticados pelos pródigos.

A: correta, pois os relativamente incapazes praticam atos civis (assinam contratos, p. ex.); todavia, essas pessoas não podem praticar sozinhas tais atos, devendo ser assistidas pelos pais, tutores ou curadores; B: correta, pois o relativamente incapaz pode praticar sozinho os atos que o juiz autorizar (art. 1.772 do CC); C: correta, pois os dependentes de álcool são considerados relativamente incapazes (art. 4º, II, do CC), de modo que dependem de um assistente, e não de um representante; D: incorreta (art. 5º, parágrafo único, I, do CC); E: correta, pois tais atos não estão dentre aqueles relacionados no art. 1.782 do CC. Gabarito "D".

(Defensoria/PA – 2009 – FCC) A capacidade de fato

(A) não se apura exclusivamente com base no critério etário.
(B) da pessoa natural inicia-se com o nascimento com vida, mas a lei põe a salvo, desde a concepção, os direitos do nascituro.
(C) da pessoa moral inicia-se com o nascimento com vida, mas a lei põe a salvo, desde a concepção, os direitos do nascituro.
(D) é relativa entre os dezesseis e vinte e um anos de idade e absoluta a partir de então.
(E) será absoluta a partir dos dezoito anos incompletos e não é perdida em razão do envelhecimento.

A: correta, pois, para ter *capacidade de fato* ou de *exercício* é necessário, além da idade, que não se configure as hipóteses de incapacidade prevista na lei, tais como a falta de discernimento e a impossibilidade de expressão; B: incorreta, pois o que inicia com o nascimento com vida é a *capacidade de direito*; a *capacidade de fato* só vem depois e se torna plena quando a pessoa natural completa 18 anos; C: incorreta, pois a pessoa moral (pessoa jurídica) passa a ter capacidade em geral com o registro de seus atos constitutivos no registro público (art. 45 do CC); D: incorreta, pois entre 16 e 18 anos já existe, sim, alguma capacidade de fato (por exemplo, uma pessoa nessa idade pode fazer seu testamento sozinha); porém, aos 18 anos (e não aos 21 anos), essa pessoa passa a ter *capacidade de fato plena* ou *absoluta*; E: incorreta, pois a capacidade de fato será *plena* ou *absoluta* a partir dos 18 anos completos; quanto ao envelhecimento, este, por si só, não é causa de perda da capacidade de fato. Gabarito "A".

(Defensoria Pública/SP - 2006) Com relação à capacidade civil, é hipótese correta:

(A) Menor entre 16 e 18 anos, por ser relativamente incapaz, não pode ser interditado.
(B) Menor com 16 anos fez testamento, por instrumento público, deixando todos os seus bens para a mãe. Faleceu aos 25 anos, solteiro, sem filhos, deixando vivos pai e mãe. Em razão do testamento, com sua morte, todos os seus bens irão para a mãe, após o regular processamento do testamento.
(C) Decretada a interdição do pródigo, fica o mesmo impossibilitado de praticar atos da vida civil e, portanto, está proibido de contrair matrimônio.
(D) São relativamente incapazes os ébrios eventuais e os pródigos.
(E) Um viúvo, pai de dois filhos menores, é interditado. Com a incapacidade do pai e sua conseqüente interdição, os filhos menores serão representados pelo Curador do pai, automaticamente.

A: o menor entre 16 e 18 anos, por ser relativamente incapaz, pratica atos da vida civil, ainda que assistido; dessa forma, caso o menor, nessa idade, tenha características que o enquadrem na condição de absolutamente incapaz (art. 3º do CC), deverá ser interditado, quando então deixará de ser assistido para ser representado; B: o testamento é válido, apesar da idade do testador (art. 1.860, parágrafo único, do CC); todavia, a legítima dos herdeiros necessários, que corresponde a 50% dos bens deixados pelo testador, não pode ser incluída no testamento (art. 1.857, § 1º, do CC); no caso, o pai do menor é herdeiro necessário (art. 1.845 do CC), de modo que não pode ser excluído da herança (art. 1.789 do CC); C: esse ato não está vedado pelo art. 1.782 do CC; todavia, eventual pacto antenupcial que se deseje fazer, dependerá de assistência; D: ébrios habituais (art. 4º, II, do CC); E: art. 1.778 do CC. Gabarito "E".

(Delegado Civil/MS – 2006) Em sede de Delegacia de Polícia, assunto de extrema importância é o de capacidade civil das pessoas naturais. Sobre o assunto, é correto afirmar que:

(A) Os menores de dezoito anos são absolutamente incapazes, para exercer pessoalmente os atos da vida civil.
(B) Os pródigos, assim como os viciados em tóxicos, são absolutamente incapazes para exercer pessoalmente os atos da vida civil.
(C) Os menores de dezoito anos são absolutamente incapazes, para exercer pessoalmente os atos da vida civil. Aqueles que por causa transitória não puderem exprimir sua vontade, são considerados incapazes relativamente.
(D) Os excepcionais, sem desenvolvimento mental completo, são considerados incapazes, relativamente a certos atos ou à maneira de exercê-los.
(E) Os tutelados são absolutamente capazes.

A: art. 3º, I, do CC; B: art. 4º, IV e II, do CC; C: art. 3º, I e III, do CC; D: art. 4º, III, do CC; E: a tutela se dá em relação aos menores, que são relativa ou absolutamente incapazes, de acordo com a idade. Gabarito "D".

(Delegado/PI – 2009 – UESPI) Analise a veracidade das afirmações sobre a pessoa natural.

1) Não se admite a declaração de morte presumida sem anterior decretação de ausência.
2) De acordo com o código civil, os ébrios habituais, os viciados em tóxicos, e os que, por deficiência mental, tenham o discernimento reduzido, são considerados relativamente incapazes.
3) O menor poderá ser emancipado aos dezesseis anos completos, por concessão dos pais, mediante instrumento público, independentemente de homologação judicial.
4) A capacidade dos índios está plenamente regulada na Constituição Federal de 1988.

Estão corretas apenas:
(A) 1 e 3
(B) 2 e 4
(C) 1, 2 e 4
(D) 2 e 3
(E) 1, 2 e 3

1: incorreta, pois a declaração de morte presumida pode ser *com* decretação de ausência ou *sem* decretação de ausência; a morte presumida com decretação de ausência está prevista no art. 6º, segunda parte, do CC, ao passo que a morte presumida sem decretação de ausência está prevista no art. 7º do CC; 2: correta (art. 4º, II, do CC); 3: correta (art. 5º, parágrafo único, I, do CC); 4: incorreta, pois a capacidade dos índios não vem regulada na Constituição Federal, assim como também não está regulada no Código Civil; o diploma legal que trata do assunto é o Estatuto do Índio (Lei 6.001/73 - EI); essa lei dispõe que os atos praticados pelos índios *não integrados* dependem, para serem válidos, da *assistência* de agentes da Funai (ligada à União), o que daria a ideia de que são *relativamente incapazes*; entretanto, a falta de assistência torna o ato *nulo* (e não *anulável*), circunstância própria dos atos praticados pelo *absolutamente incapaz* (EI, art. 8º); de qualquer forma, não será nulo o ato se o índio revelar consciência e conhecimento do ato praticado e da extensão dos seus efeitos, desde que não lhe seja prejudicial (EI, art. 8º, parágrafo único); assim, a situação do índio é bem específica e não se encaixa na divisão tradicional dos institutos citados, prevista no Código Civil. Gabarito "D".

(Cartório/AP – 2011 – VUNESP) São incapazes, relativamente a certos atos, ou à maneira de os exercer, os

(A) menores de dezesseis anos.
(B) maiores de dezesseis e menores de dezoito anos, ainda que casados.
(C) que, mesmo por causa transitória, não puderem exprimir sua vontade.
(D) pródigos, ainda que casados.
(E) maiores de dezoito anos e menores de vinte e um anos.

Art. 4º do CC. Gabarito "D".

(Cartório/MG – 2007) É INCORRETO afirmar que são pessoas absolutamente incapazes de exercer pessoalmente os atos da vida civil:

(A) os menores de 16 (dezesseis anos).
(B) os que, por enfermidade ou deficiência mental, não tiverem o necessário discernimento para a prática desses atos.

(C) os que, mesmo por causa transitória, não puderem exprimir sua vontade.
(D) os ébrios habituais, os viciados em tóxicos, e os que, por deficiência mental, tenham o discernimento reduzido.

A: correto (art. 3º, I, do CC); B: correto (art. 3º, II, do CC); C: correto (art. 3º, III, do CC); D: incorreto (art. 4º, II, do CC). Gabarito "D".

(Cartório/SC – 2008) Assinale a alternativa INCORRETA, levando-se em consideração os dispositivos do Código Civil brasileiro atinentes à personalidade e à capacidade:

(A) São absolutamente incapazes de exercer pessoalmente os atos da vida civil: os menores de 16 anos; os que, por enfermidade ou deficiência mental, não tiverem o necessário discernimento para a prática desses atos; os que, mesmo por causa transitória, não puderem exprimir sua vontade.
(B) São incapazes, relativamente a certos atos, ou à maneira de os exercer: os maiores de 16 e menores de 18 anos; os ébrios habituais, os viciados em tóxicos, e os que, por deficiência mental, tenham o discernimento reduzido; os excepcionais, sem desenvolvimento mental completo, e os pródigos.
(C) A menoridade cessa aos 18 anos completos, quando a pessoa fica habilitada à prática de todos os atos da vida civil.
(D) Cessará, para os menores, a incapacidade: pela concessão dos pais, ou de um deles na falta do outro, mediante instrumento público, independentemente de homologação judicial, ou por sentença do juiz, ouvido o tutor, se o menor tiver 16 anos completos; pelo casamento; pelo exercício de emprego público efetivo; pela colação de grau em curso de ensino médio; pelo estabelecimento civil ou comercial, ou pela existência de relação de emprego, desde que, em função deles, o menor com 16 anos completos tenha economia própria.
(E) A personalidade civil da pessoa começa do nascimento com vida, porém a lei põe a salvo, desde a concepção, os direitos do nascituro.

A: correta (art. 3º do CC); B: correta (art. 4º do CC); C: correta (art. 5º, caput, do CC); D: incorreta (art. 5º, parágrafo único, IV, do CC); E: correta (art. 2º do CC). Gabarito "D".

(Cartório/SP – 2008) Assinale a alternativa correta.

(A) Quando o artigo 2º do Código Civil afirma que a lei põe a salvo os direitos do nascituro, o legislador reconhece que a personalidade civil da pessoa começa da concepção.
(B) A incapacidade dos menores cessa com o casamento.
(C) São absolutamente incapazes os pródigos.
(D) Presume-se a morte, quanto aos ausentes, nos casos em que a lei autoriza a abertura da sucessão provisória.

A: a personalidade começa com o "nascimento com vida", e não com a "concepção" (art. 2º do CC); B: art. 5º, parágrafo único, II, do CC; C: art. 4º, IV, do CC; D: art. 6º do CC. Gabarito "B".

2.2.3. LEGITIMAÇÃO

(Magistratura/SP – 2008 – VUNESP) Fazendo-se distinção entre capacidade e legitimação, é correto afirmar que

(A) o tutor de um menor relativamente incapaz pode adquirir bem imóvel deste, sob sua gestão, desde que com autorização judicial.
(B) o ascendente, argentino naturalizado brasileiro, viúvo, domiciliado em Santos, não pode vender imóvel situado naquela cidade a nenhum dos filhos, a menos que os outros descendentes concordem com a venda, sob pena de eventual anulação do ato.
(C) o condômino pode vender seu quinhão em coisa indivisível a terceiros, independentemente de tê-lo oferecido, antes, aos consortes, sem que qualquer destes possa, posteriormente, pretender se impor como adquirente.
(D) sendo o regime de bens entre os cônjuges o da separação absoluta, quer legal, quer convencional, a alienação do imóvel próprio de um deles, independentemente da autorização do outro, ou de suprimento da outorga pelo juiz, torna nulo o negócio.

A: art. 497, I, do CC; B: art. 496 do CC; C: art. 504 do CC; D: art. 1.647, I, do CC. Gabarito "B".

2.2.4. EMANCIPAÇÃO

(Magistratura/MG – 2008) Em relação à menoridade, a incapacidade cessará quando o menor completar dezoito anos, segundo nossa legislação civil. Ainda, de acordo com o Código Civil, é CORRETO dizer que, para os menores, cessará a incapacidade por:

(A) concessão dos pais, no exercício do poder familiar, mediante declaração de vontade por instrumento público ou particular.
(B) concessão de qualquer um dos pais, na falta de um deles, mediante homologação judicial.
(C) concessão dos pais, mediante instrumento público, dependente da intervenção de curador especial.
(D) sentença do juiz, ouvido o tutor, se o menor tiver dezesseis anos completos.

Art. 5º, p. ún., I, do CC. Gabarito "D".

(Magistratura/SP – 174º – VUNESP) A emancipação civil, no regime legal ora vigente:

(A) é ato exclusivo dos pais, conjuntamente, ou, na falta de um deles, por morte ou interdição, ato do outro genitor, fazendo cessar a incapacidade relativa do filho.
(B) quando outorgada pelos pais, ou por um deles, depende de escritura pública.
(C) depende sempre de decisão judicial.
(D) pode ser outorgada por escritura pública ou particular.

Art. 5º, p. ún., I, do CC. Gabarito "B".

(Ministério Público/SP – 82º) A emancipação do menor dependerá de sentença na hipótese de:

(A) colação de grau científico em curso de ensino superior.
(B) casamento.
(C) estar o menor sob tutela.
(D) concessão pela mãe, se morto o pai.
(E) concessão pela mãe, se interditado o pai.

Art. 5º, parágrafo único, I, do CC. Gabarito "C".

(Magistratura do Trabalho – 8ª Região – 2007) Diz a lei que são hipóteses em que cessa a incapacidade dos menores, exceto:

(A) Pela concessão dos pais, ou de um deles na falta do outro, mediante instrumento público, independentemente de homologação judicial.
(B) Pelo casamento.
(C) Pelo exercício de emprego público efetivo.
(D) Pela existência de relação de emprego, desde que, em função dela, o menor com dezessete anos completos detenha economia própria.
(E) Pela colação de grau em curso de ensino superior.

Art. 5º, parágrafo único, V, do CC. Gabarito "D".

(Analista – TRE/TO – 2011 – FCC) Marta possui dezesseis anos de idade e reside com sua mãe, Julia, já que seu pai é falecido. Julia pretende fazer cessar a incapacidade civil de Marta. Neste caso, Julia

(A) não poderá fazê-lo uma vez que Marta possui dezesseis anos de idade.
(B) deverá fazê-lo através de procedimento judicial adequado visando sentença proferida em juízo.
(C) poderá fazê-lo mediante instrumento público, independentemente de homologação judicial.
(D) poderá fazê-lo mediante instrumento público, desde que submetido à homologação judicial.
(E) não poderá fazê-lo em razão do falecimento do pai de Marta.

A: incorreta, pois a emancipação voluntária pode se dar a partir dos 16 anos (art. 5º, p. ún., I, do CC); B: incorreta, pois somente a emancipação de menor sob tutela depende de procedimento judicial (art. 5º, p. ún., I, do CC); C: correta, pois basta uma escritura pública para os pais (no caso a mãe, pois o pai já faleceu) emanciparem seus filhos que já tenham 16 anos (art. 5º, p. ún., I, do CC); D: incorreta, pois como visto, basta uma escritura pública; E: incorreta, pois o dispositivo legal citado deixa claro que, na falta de um dos pais, o que remanesceu poderá promover a emancipação. Gabarito "C".

(Analista – TJ/ES – 2011 – CESPE) Julgue o seguinte item.

(1) João formou-se em medicina aos quinze anos de idade. Nessa situação, por ser menor impúbere, o referido médico ficará impedido de exercer pessoalmente os atos de sua vida civil.

1: incorreta, pois a colação de grau em curso superior, seja qual for a idade em que essa colação se der, tem como consequencia a emancipação do menor (art. 5º, p. ún., IV, do CC). Gabarito "E".

2.2.5. FIM DA PERSONALIDADE. COMORIÊNCIA

(Magistratura/SP – 2008 – VUNESP) Cônjuges com vida em comum vêm a falecer em lamentável acidente de veículo, na mesma ocasião e em razão do mesmo acontecimento, sem que tenha sido possível se determinar quem morreu primeiro, conforme o laudo pericial realizado. Deixaram apenas parentes colaterais de terceiro grau, notoriamente conhecidos. Nesse caso,

(A) há que se presumir que foi o varão quem morreu primeiro, porque era pessoa já um tanto alquebrada pelo peso da idade e, assim, somente os parentes da mulher deverão ser os destinatários dos bens deixados pelas vítimas.

(B) o juiz não pode admitir a comoriência no próprio inventário, embora a contar com dados de fato disponíveis e seguros para tanto, porque a matéria deve ser definida nas vias ordinárias, sem limitações.

(C) não tendo sido possível se determinar qual das vítimas faleceu antes da outra, caberá, simplesmente, no tempo oportuno, declaração judicial de herança jacente.

(D) o juiz deverá declarar que, nas circunstâncias, não tendo sido possível se determinar qual dentre os comorientes precedeu ao outro, não ocorrerá transferência de direitos entre eles, de modo que cada falecido deixará a herança aos próprios parentes.

Art. 8º do CC. Gabarito "D".

(Ministério Público/MG - 2008) Assinale a alternativa INCORRETA.

(A) A lei reconhece, também, ao Ministério Público a legitimidade para requerer a declaração de ausência do desaparecido.

(B) Ocorrendo a morte simultânea, decorre que as pessoas não serão herdeiras entre si, não transmitirão uma à outra a herança.

(C) A certidão de óbito, lavrada em consequência de atestado médico, que atesta a morte, é condição para o sepultamento.

(D) Estado da pessoa é o modo particular de existir, é uma situação jurídica resultante de certas qualidades inerentes à pessoa.

(E) O incapaz que sucede empresário capaz exerce os atos livremente, sem assistência ou representação do curador.

A: correta (art. 22 do CC); B: correta (art. 8º do CC); C: correta (art. 77 da Lei 6.015/73); D: correta; há "estados" que devem ser registrados ou averbados (v. arts. 9º e 10 do CC); E: incorreta, pois o relativamente incapaz precisa de assistência e o absolutamente incapaz, de representação. Gabarito "E".

(MINISTÉRIO PÚBLICO/RO – 2010 – CESPE) Com relação a pessoas naturais, pessoas jurídicas, domicílio e fatos jurídicos, assinale a opção correta.

(A) O direito do indivíduo ao próprio corpo é indisponível, não sendo permitido, pois, que se pratiquem ações que afetem a integridade física do indivíduo.

(B) Os negócios jurídicos bifrontes são aqueles aos quais falta atribuição patrimonial.

(C) A teoria da ficção jurídica, definida por Rudolf Von Ihering como mentira técnica consagrada pela necessidade, configura um recurso técnico para se atribuir a uma categoria os efeitos jurídicos próprios de outra categoria.

(D) A comoriência ocorre quando duas ou mais pessoas da mesma família falecem simultaneamente e no mesmo lugar sem que seja possível precisar quem faleceu primeiro; não é possível a comoriência no caso de uma das mortes ser real e outra, presumida.

(E) A capacidade é conceito básico da ordem jurídica, o qual se estende a todos os homens, consagrado na legislação civil e nos direitos constitucionais de vida, liberdade e igualdade.

A: incorreta, pois há exceções em que ações que afetem a integridade física do indivíduo são permitidas; por exemplo, é possível a diminuição permanente da integridade física em caso de exigência médica ou para fins de transplante (art. 13 do CC); B: incorreta, pois os negócios jurídicos bifrontes são aqueles que podem assumir mais de uma natureza; por exemplo, o mandato, enquanto contrato, é bifronte, pois pode ser tanto unilateral (mandato não remunerado, em que só há obrigações para o mandatário), como bilateral (mandato remunerado, em que há obrigações para o mandante, que deve remunerar, e para o mandatário, que deve cumprir seus deveres decorrentes do mandato); C: correta, pois traz adequada definição da teoria da ficção jurídica; D: incorreta, pois o art. 8º não faz distinção entre a morte real e a morte presumida, para fins de aplicar a regra da comoriência; E: incorreta, pois todos os homens têm a capacidade de direito (ou de gozo), como se pode verificar do art. 1º do CC, mas nem todos os homens têm a capacidade de fato (ou de exercício), como se pode verificar dos arts. 3º e 4º do CC. Gabarito "C".

(Defensor Público/AC – 2006 – CESPE) Francisca, viúva, que vivia sob a dependência econômica de seu único filho, Mário, detentor de um pequeno patrimônio, narra que ele viajava em uma embarcação, entre dois municípios do Acre, quando o barco naufragou, em janeiro de 2003. Diz, ainda, que seu filho não se encontrava entre os sobreviventes, nem tampouco o seu corpo foi resgatado pelas equipes de busca e salvamento, que, quando encerraram os trabalhos, declararam desaparecidos 10 passageiros, entre eles Mário. Assinale a opção correta, tendo como base a legislação pertinente à situação hipotética acima apresentada.

(A) É correto que Francisca entre com ação esperando que, com base no art. 7.º do novo Código Civil, o juiz declare a morte de Mário, pois, no momento do referido naufrágio, este se encontrava em iminente risco de morte.

(B) Não havendo certeza da morte nem do paradeiro Mário, teria fundamentos jurídicos a ação que pedisse que Mário fosse declarado ausente e Francisca fosse nomeada curadora do patrimônio de seu filho.

(C) Com base na morte presumida de Mário, haveria previsão legal para ação em que Francisca entrasse com pedido de sucessão provisória dos bens de seu filho.

(D) Do ponto de vista legal, a ação mais adequada na situação em apreço, quanto à sua eficácia, seria aguardar o prazo para que fosse requerida a usucapião sobre os bens do desaparecido.

A alternativa "A" está correta, pois reflete o disposto no art. 7º, I, do CC, sendo desnecessária, nesse caso, a declaração de ausência. Gabarito "A".

(Defensor Público/RN – 2006) Examine as assertivas abaixo

I. Os direitos do nascituro são ressalvados desde a concepção.
II. É relativamente incapaz aquele que por causa transitória não puder exprimir sua vontade.
III. A morte presumida não pode ser declarada sem a decretação da ausência.
IV. Cessará a menoridade pela autorização de um dos pais, na ausência do outro, em documento público, independente de homologação judicial.
V. São registrados no registro público os casamentos e os divórcios.

Estão corretos os itens

(A) I e III.
(B) I e IV.
(C) IV e V.
(D) III e IV

I: correta (art. 2º do CC); II: incorreta (art. 3º, III, do CC); III: incorreta (art. 7º do CC); IV: correta (art. 5º, parágrafo único, I, do CC); V: incorreta (arts. 9º, I, e 10, I, do CC). Gabarito "B".

(Ministério Público do Trabalho – 15º) Assinale a alternativa INCORRETA:

(A) os excepcionais, sem desenvolvimento mental completo, são incapazes, relativamente a certos atos, ou à maneira de os exercer;
(B) presume-se o término da existência do ausente nos casos em que a lei autoriza a abertura da sucessão definitiva;
(C) pode ser declarada a morte presumida, se alguém desaparecido em campanha ou feito prisioneiro, não for encontrado até dois anos após o término da guerra, decretando-se sua ausência;

(D) a comoriência é a morte de duas ou mais pessoas na mesma ocasião e, geralmente, em razão de um mesmo acontecimento;
(E) não respondida.

A: correta (art. 4º, *caput* e inciso III, do CC); B: correta (art. 6º, parte final, do CC); C: incorreta, pois esse caso de morte presumida é *sem* decretação de ausência (art. 7º, II, do CC); D: correta (art. 8º do CC). **Gabarito "C".**

(Magistratura do Trabalho – 24ª Região – 2007) Sobre a personalidade e a capacidade:

I. São relativamente incapazes de exercer pessoalmente os atos da vida civil os que, mesmo por causa transitória, não puderem exprimir sua vontade.
II. Cessará, para os menores, a incapacidade pelo exercício de emprego público efetivo.
III. Pode ser declarada a morte presumida, sem decretação de ausência, se for extremamente provável a morte de quem estava em perigo de vida.
IV. Pode ser declarada a morte presumida, sem decretação de ausência, se alguém, desaparecido em campanha ou prisioneiro, não for encontrado até 2 (dois) anos após o término da guerra.

RESPONDA:
(A) Todas as proposições estão corretas.
(B) Apenas a proposição I está incorreta.
(C) Apenas as proposições I e IV estão incorretas.
(D) Todas as proposições estão incorretas.
(E) Apenas as proposições I e II estão corretas.

I: incorreta (art. 3º, III, do CC); II: correta (art. 5º, parágrafo único, III, do CC); III: correta (art. 7º, I, do CC); IV: correta (art. 7º, II, do CC). **Gabarito "B".**

2.2.6. AVERBAÇÕES

(Magistratura/MG – 2008) De acordo com o Código Civil, averba-se em registro público:

(A) nascimento, casamento e óbito.
(B) interdição por incapacidade absoluta ou relativa.
(C) sentença declaratória de ausência e de morte presumida.
(D) sentença que declara ou reconhece a filiação.

Art. 10, II, do CC. **Gabarito "D".**

(Defensor Público/AC – 2006 – CESPE) Quanto ao assento de nascimento, não é exigência legal que

(A) constem os apelidos de família do pai e da mãe.
(B) conste o sexo do registrando.
(C) constem a data e o local de nascimento.
(D) conste a hora em que o nascimento ocorreu, mesmo que de forma aproximada.

A alternativa "A" está correta, pois de acordo com o disposto no artigo 54 da Lei 6.015/1973, o assento de nascimento deverá conter, entre outros, "Os nomes e prenomes, a naturalidade, a profissão dos pais, o lugar e cartório onde se casaram, a idade da genitora, do registrando em anos completos, na ocasião do parto, e o domicílio ou a residência do casal", sendo desnecessário constar "os apelidos de família do pai e da mãe". As demais alternativas (B, C e D) devem constar no assento de nascimento e constam do artigo citado. **Gabarito "A".**

2.3. PESSOAS JURÍDICAS.

2.3.1. DESCONSIDERAÇÃO DA PERSONALIDADE JURÍDICA

(Magistratura/DF – 2011) Verificado abuso da personalidade jurídica, a requerimento da parte ou do Ministério Público nos casos em que o Parquet deve intervir, o juiz pode decidir no sentido de que "os efeitos de certas e determinadas relações de obrigações sejam estendidos aos bens particulares dos administradores ou sócios da pessoa jurídica". Assim, considere as proposições abaixo e assinale a <u>incorreta</u>:

(A) O encerramento irregular das atividades da pessoa jurídica, por si só, não basta para caracterizar abuso de personalidade jurídica;
(B) A aplicação da teoria da desconsideração, descrita no artigo 50 do atual Código Civil, imprescinde da demonstração de insolvência da pessoa jurídica;
(C) As pessoas jurídicas de direito privado sem fins lucrativos ou de fins não econômicos estão abrangidas no conceito de abuso da personalidade jurídica;
(D) A teoria da desconsideração, prevista no artigo 50 do vigente Código Civil, pode ser invocada pela pessoa jurídica em seu favor.

A: assertiva correta, pois reproduz o texto do Enunciado CJF 282; B: assertiva incorreta, pois a aplicação da teoria da desconsideração PRESCINDE (= não precisa) da demonstração de insolvência da pessoa jurídica, conforme o Enunciado CJF 281; C: assertiva correta, pois reproduz o texto do Enunciado CJF 284; D: assertiva correta, pois reproduz o texto do Enunciado CJF 285. **Gabarito "B".**

(Magistratura/PA – 2008 – FGV) A disregard doctrine, na modalidade inversa, pode ser reconhecida de forma:

(A) reflexa.
(B) autônoma.
(C) indireta.
(D) direta.
(E) reversa.

Art. 50 do CC e Enunciado CJF 283. **Gabarito "B".**

(Magistratura/SP – 2008 – VUNESP) Tratando-se de pessoa jurídica regularmente constituída, de fins econômicos, omisso o estatuto sobre responsabilidade subsidiária dos sócios pelas obrigações sociais, é verificada a ocorrência de confusão patrimonial de seus bens com os do seu sócio-gerente. Nesse caso, poderiam os bens particulares deste responder por dívida contratual daquela, proposta a ação por terceiro, credor, contra a sociedade? Sobre o caso apresentado, assinale a alternativa correta.

(A) Sim, ficando os bens da empresa livres de sofrer os efeitos das relações de obrigações, embora assumidas por ela.
(B) Sim, mas ressalvado ao sócio demandado pelo pagamento da dívida o direito de exigir que sejam primeiro excutidos os bens da sociedade.
(C) Sim, se o juiz, de ofício, determinar a extensão dos efeitos das relações de obrigações da empresa não apenas ao sócio-administrador, mas também, sem exceção, aos outros sócios.
(D) Visto que perante terceiros é a própria pessoa jurídica que assume a titularidade quanto a direitos e obrigações, e certo que tem patrimônio distinto do patrimônio dos membros componentes, o patrimônio da sociedade deve responder pelas dívidas por ela contraídas, não podendo o terceiro, credor, alegar ignorância da lei para com isso querer responsabilizar os sócios.

Arts. 50 do CC e 596 do CPC. **Gabarito "B".**

(Ministério Público/SP – 2010) Assinale a alternativa correta:

(A) os pressupostos para que ocorra a desconsideração da personalidade jurídica são: existência da pessoa jurídica, podendo se tratar de sociedade de fato; exaurimento do seu patrimônio social; abuso da personalidade jurídica, caracterizado pelo desvio de finalidade, ou pela confusão patrimonial.
(B) a desconsideração da personalidade jurídica é medida excepcional, diante da autonomia patrimonial de que goza a pessoa jurídica.
(C) a desconsideração da personalidade jurídica não se aplica no Direito de Família.
(D) o Ministério Público intervindo no processo como "custos legis" não possui legitimidade para requerer ao juiz que os efeitos de certas e determinadas relações de obrigações sejam estendidos aos bens particulares dos administradores ou sócios da pessoa jurídica.
(E) o Ministério Público intervindo no processo como "custos legis" não possui legitimidade para postular a desconsideração da personalidade jurídica, salvo existindo interesse de incapaz.

A: incorreta, pois, havendo sociedade de fato, os sócios já respondem solidária e ilimitadamente pelas obrigações sociais (art. 990 do CC), sendo desnecessária a aplicação do instituto da desconsideração da personalidade; ademais, de acordo com o Enunciado 281 do CJF, "a aplicação da teoria da desconsideração, descrita no art. 50 do Código Civil, prescinde da demonstração de insolvência da pessoa jurídica", de modo que é desnecessário ter certeza de que se exauriu todo o patrimônio social; B: correta, pois a regra é não poder ser feita a desconsideração da personalidade jurídica, para que os sócios respondam pelas obrigações da pessoa jurídica, tratando-se tal desconsideração medida excepcional, que depende, para ser aplicada, do preenchimento dos requisitos do art. 50 do CC; C: incorreta, pois o instituto se aplica com frequência no Direito de Família, mormente na modalidade da *desconsideração inversa da personalidade*, admitida pela doutrina e pela jurisprudência; nessa desconsideração, como o próprio nome diz, desconsidera-se a pessoa natural do sócio ou administrador de uma pessoa jurídica, para o fim de atingir o patrimônio da própria pessoa jurídica da qual faz parte o primeiro; um exemplo pode aclarar o instituto; imagine que alguém que deseja se separar de seu cônjuge sem ter de repartir bens que está em seu nome, passe tais bens para uma pessoa jurídica da qual é sócio, ficando esvaziado patrimonialmente, enquanto pessoa natural; nesse caso, a desconsideração inversa atua para o fim de, na separação judicial, o juiz desconsiderar a autonomia da pessoa natural em relação à pessoa jurídica, determinando que os bens que pertencem à pessoa jurídica sejam partilhados com o cônjuge prejudicado, como se fossem bens pertencentes à pessoa natural do cônjuge que perpetrou a fraude à lei; nesse sentido, o Enunciado 283 JDC/CJF defende que "é cabível a desconsideração da personalidade denominada inversa para alcançar bens de sócio que se valeu da pessoa jurídica para ocultar ou desviar bens pessoais, com prejuízo de terceiros"; D e E: incorretas, pois, segundo o art. 50 do CC, o MP pode requerer a desconsideração da personalidade sempre que lhe couber intervir no processo, a exemplo do que ocorre quando é *custos legis*. Gabarito "B".

(Procurador do Estado/RR – 2006 – FCC) A desconsideração da pessoa jurídica se dá quando o Juiz

(A) estabelece que os efeitos de certas e determinadas relações de obrigações sejam estendidos aos bens particulares dos administradores ou sócios da pessoa jurídica.

(B) declara, de ofício, a nulidade do negócio jurídico, impondo apenas aos sócios a responsabilidade pelo cumprimento das obrigações assumidas pela pessoa jurídica com terceiros.

(C) reconhece que as alienações de bens feitas pela pessoa jurídica se deram em fraude de execução.

(D) reconhece que o negócio jurídico foi simulado e impõe a seus sócios ou administradores a obrigação de reparar os prejuízos causados a terceiros.

(E) reconhece, nos casos de responsabilidade civil subjetiva, a obrigação solidária dos sócios e administradores pela reparação de danos.

Art. 50 do CC. Gabarito "A".

(Defensor Público/RS – 2011 – FCC) Pessoas jurídicas de direito privado, seu processo de personificação e desconsideração de sua personalidade jurídica.

(A) Não se aplica às pessoas jurídicas a proteção dos direitos da personalidade.

(B) A existência legal das pessoas jurídicas de direito privado começa com a inscrição do ato constitutivo no respectivo registro, sendo exigível, em regra, autorização estatal para a sua criação e personificação.

(C) Nos termos do Código Civil, a desconsideração da personalidade jurídica exige a comprovação de fraude ou abuso de direito, sendo prescindível, nesses casos, a demonstração de insolvência da pessoa jurídica, mas necessária a prova da má-fé do sócio gestor.

(D) É cabível a desconsideração da personalidade jurídica "inversa", visando a alcançar bens de sócio que se valeu da pessoa jurídica para ocultar ou desviar bens pessoais, com prejuízo a terceiros.

(E) A teoria da desconsideração da personalidade jurídica não alcança as pessoas jurídicas de direito privado sem fins lucrativos ou de fins não econômicos.

A: incorreta, pois às pessoas jurídicas aplica-se, no que couber, a proteção dos direitos da personalidade (art. 52 do CC); B: incorreta, pois não é exigível, em regra, autorização estatal para sua criação (art. 45 do CC); C: incorreta, pois não é necessária a prova de má-fé do sócio-gestor; D: correta, pois o Código Civil também admite a desconsideração inversa; nessa desconsideração, como o próprio nome diz, desconsidera-se a pessoa natural do sócio ou administrador de uma pessoa jurídica para o fim de atingir o patrimônio da própria pessoa jurídica da qual faz parte o primeiro; um exemplo pode aclarar o instituto. Imagine que alguém que deseja se separar de seu cônjuge, sem ter de repartir bens que está em seu nome, passe tais bens para uma pessoa jurídica da qual é sócio, ficando esvaziado patrimonialmente como pessoa natural; nesse caso, a desconsideração inversa atua para o fim de, na separação judicial, o juiz desconsiderar a autonomia da pessoa natural em relação à pessoa jurídica, determinando que os bens que pertencem à pessoa jurídica sejam partilhados com o cônjuge prejudicado, como se fossem bens pertencentes à pessoa natural do cônjuge que perpetrou a fraude; apesar da desconsideração inversa não estar expressa no Código Civil, a doutrina e a jurisprudência a admitem, tendo em vista que essa desconsideração visa evitar e reprimir justamente a mesma conduta, qual seja, o abuso da personalidade; nesse sentido, confira o Enunciado 283 JDC/CJF, que comenta o art. 50 do CC: "é cabível a desconsideração da personalidade denominada inversa para alcançar bens de sócio que se valeu da pessoa jurídica para ocultar ou desviar bens pessoais, com prejuízo de terceiros"; E: incorreta; de acordo com o Enunciado 284 JDC/CJF: "as pessoas jurídicas de direito privado sem fins lucrativos ou de fins não-econômicos estão abrangidas no conceito de abuso da personalidade jurídica". Gabarito "D".

(Magistratura Federal-5ª Região – 2011) A respeito da teoria da desconsideração da personalidade jurídica, assinale a opção correta.

(A) Pessoas jurídicas de direito privado sem fins lucrativos não são atingidas pela referida teoria.

(B) É possível que a própria pessoa jurídica invoque em seu favor a teoria da desconsideração.

(C) O encerramento irregular da pessoa jurídica basta para caracterizar o abuso da personalidade jurídica.

(D) Para a aplicação dessa teoria, é crucial que se comprove a insolvência da pessoa jurídica.

(E) Por ser necessariamente interpretada de forma estrita, essa teoria não é admitida na forma inversa.

A: incorreta, pois pessoas jurídicas de direito privado sem fins lucrativos ou de fins não-econômicos estão abrangidas no conceito de abuso da personalidade jurídica (Enunciado CJF 284); B: correta, pois reproduz o texto do Enunciado CJF 285; C: incorreta, pois o encerramento irregular das atividades da pessoa jurídica, por si só, não basta para caracterizar o abuso da personalidade jurídica (Enunciado CJF 282); D: incorreta, pois a aplicação da teoria da desconsideração não requer a demonstração de insolvência da pessoa jurídica (Enunciado CJF 281); E: incorreta, pois é cabível a desconsideração da personalidade jurídica denominada "inversa" para alcançar bens de sócio que se valeu da pessoa jurídica para ocultar ou desviar bens pessoais, com prejuízo a terceiros (Enunciado CJF 283). Gabarito "B".

(MAGISTRATURA DO TRABALHO – 1ª REGIÃO – 2010 – CESPE) A respeito da disciplina da pessoa jurídica, assinale a opção correta.

(A) De acordo com entendimento do STJ, a pessoa jurídica, desde que sem fins lucrativos, é beneficiária da gratuidade de justiça.

(B) A pessoa jurídica pode ser demandada no domicílio de qualquer de seus estabelecimentos, independentemente do local onde for praticado o ato gerador de responsabilidade.

(C) A autonomia da pessoa jurídica pode ser desconsiderada para responsabilizá-la por obrigações assumidas pelos sócios.

(D) Para fins de desconsideração da autonomia patrimonial da pessoa jurídica, o Código Civil adotou a teoria menor.

(E) Para desconsiderar personalidade jurídica, não se tratando de relação de consumo, o magistrado deve verificar se houve intenção fraudulenta dos sócios que aponte para desvio de finalidade ou confusão patrimonial.

A: incorreta, pois o benefício não é automaticamente concedido às pessoas jurídicas sem fins lucrativos, sendo necessário que estas formulem requerimento, comprovando o estado de "miserabilidade jurídica", assim como devem fazer as pessoas jurídicas com fins lucrativos; nesse sentido, o STJ decidiu que "O benefício da assistência judiciária gratuita pode ser deferido às pessoas jurídicas, quer sem fins lucrativos (entidades filantrópicas ou de assistência social), quer com fins lucrativos, cabendo-lhes o *onus probandi* da impossibilidade de arcar com os encargos financeiros do processo." (AgRg nos EREsp 1019237/SP, DJe 01/10/2010); B: incorreta, pois tal só pode ocorrer quanto aos atos praticados no respectivo estabelecimento (art. 75, § 1º, do CC); C: correta, tratando-se da desconsideração da personalidade (art. 50 do CC); D: incorreta, pois, de fato, o Código Civil adotou a Teoria Maior da Desconsideração; de acordo com essa teoria, para que a desconsideração se dê, é necessário, além da dificuldade em responsabilizar a pessoa jurídica, a presença de outros requisitos, no caso, o abuso da personalidade, caracterizado pelo *desvio de finalidade* ou pela *confusão patrimonial*; E: incorreta, pois não é só na relação de consumo que se adotou a Teoria Menor da Desconsideração, que exige "menos" requisitos para a desconsideração; tal teoria é adotada também, por exemplo, em matéria de responsabilidade ambiental. Gabarito "C".

(FGV – 2008) A teoria da desconsideração (disregard of legal entity ou a lifting the corporate veil), positivada no Código Civil, tem por objetivo precípuo afastar momentaneamente a personalidade jurídica da sociedade para atingir o patrimônio pessoal dos sócios. A esse respeito, assinale a alternativa correta.

(A) A desconsideração da personalidade jurídica não será aplicada quando houver falência ou estado de insolvência do devedor.

(B) As sociedades integrantes dos grupos societários e as consorciadas são subsidiariamente responsáveis pelas obrigações de consumo.
(C) O juiz de ofício, a requerimento da parte interessada ou do Ministério Público, quando lhe couber intervir no processo, pode aplicar a teoria da desconsideração a fim de estender aos bens particulares dos sócios ou administradores da pessoa jurídica os efeitos de certas e determinadas relações de obrigações.
(D) As sociedades coligadas somente responderão por culpa pelas obrigações decorrentes de relações de consumo.
(E) A teoria da desconsideração pode ser aplicada em caso de abuso da personalidade jurídica, caracterizado pelo inadimplemento obrigacional, desvio de finalidade ou confusão patrimonial.

A: incorreta, pois, desde que a falência ou a insolvência decorram de *desvio de finalidade* ou *confusão patrimonial*, é possível sim a desconsideração da personalidade, nos termos do art. 50 do CC; ademais, há previsão expressa da desconsideração no caso (art. 28, *caput*, do CDC); B: incorreta, pois as sociedades integrantes de *grupos societários* respondem *subsidiariamente* (art. 28, § 2º, do CDC), mas as *sociedades consorciadas* são *solidariamente* responsáveis (art. 28, § 3º, do CDC); C: incorreta, pois o art. 50 do CC não admite que o juiz atue de ofício para desconsiderar a personalidade jurídica; D: correta (art. 28, § 4º, do CDC); E: incorreta, pois o art. 50 do CC dispõe que o abuso da personalidade somente se caracteriza pelo *desvio de finalidade* ou pela *confusão patrimonial*, não se caracterizando com o mero *inadimplemento obrigacional*. Gabarito "D".

(FGV – 2008) Assinale a assertiva correta.

(A) A teoria da desconsideração da personalidade jurídica pode ser aplicada às sociedades em comum, comprovado o desvio de finalidade.
(B) A teoria da desconsideração da personalidade jurídica pode ser aplicada às sociedades em conta de participação, comprovada a confusão patrimonial.
(C) A teoria desconsideração da personalidade jurídica não determina a extinção ou dissolução da sociedade.
(D) A teoria da desconsideração da personalidade jurídica não foi positivada no Código Civil, e sim no Código de Defesa do Consumidor.
(E) A teoria da desconsideração da personalidade jurídica é aplicada quando a sociedade não possui patrimônio, mas o sócio é considerado solvente.

A: incorreta, pois a desconsideração é desnecessária, vez que os sócios já respondem solidária e ilimitadamente pelas obrigações sociais (art. 990 do CC); B: incorreta, pois nesse tipo de sociedade não há personalidade jurídica, de modo que não há o que ser desconsiderado (art. 993, *caput*, do CC); C: correta, pois a sociedade não fica extinta ou dissolvida, mas apenas com sua personalidade afastada, momentaneamente, para o fim de atingir o patrimônio de seus sócios; D: incorreta, pois o instituto está previsto no art. 50 do CC; E: incorreta, pois não basta a demonstração de insolvência, fazendo-se necessária a comprovação de *desvio de finalidade* ou de *confusão patrimonial*. Gabarito "C".

(FGV – 2007) A disregard doctrine, na modalidade inversa, pode ser reconhecida de forma:

(A) reflexa.
(B) autônoma.
(C) indireta.
(D) direta.
(E) reversa.

Vide o art. 50 do CC e o Enunciado 283 das Jornadas de Direito Civil do Conselho da Justiça Federal. Um exemplo é aquela situação em que uma pessoa natural, para evitar o pagamento de dívidas em seu nome ou prejudicar o cônjuge com quem está se separando, coloca seus bens em nome de uma sociedade que possuía anteriormente ao casamento. Nesse caso, a desconsideração é inversa, pois é afastada a pessoa física do devedor para atingir os bens de empresa da qual este é sócio. Gabarito "B".

(Analista – TJ/ES – 2011 – CESPE) Julgue o seguinte item.

(1) Nos autos de um processo judicial, restou devidamente comprovado o abuso da personalidade jurídica. Nessa situação, poderá o juiz, independentemente de requerimento da parte, decidir pela aplicação do instituto da desconsideração da personalidade jurídica.

1: incorreta, pois, de acordo com o art. 50 do CC, o juiz pode decretar a desconsideração da personalidade jurídica "a requerimento da parte, ou do Ministério Público", de modo que é incorreto dizer que o juiz poderá fazê-lo independentemente de requerimento da parte. Gabarito 1E.

2.3.2. CLASSIFICAÇÕES DAS PESSOAS JURÍDICAS

(Magistratura/MG - 2006) Com relação às pessoas jurídicas, conforme dispõe o Código Civil, é CORRETO afirmar que:

(A) as organizações religiosas não têm personalidade jurídica;
(B) extinta a fundação, seu patrimônio será revertido ao instituidor ou aos seus herdeiros;
(C) a fundação somente poderá constituir-se para fins religiosos, morais, culturais ou de assistência;
(D) os partidos políticos são pessoas jurídicas de direito público.

A: art. 44, IV, do CC; B: art. 69 do CC; C: art. 62, parágrafo único do CC; D: art. 44, V, do CC. Gabarito "C".

(Ministério Público/DF – 2009) Em relação às pessoas naturais e jurídicas, assinale a alternativa correta.

(A) A fundação privada é uma pessoa jurídica constituída a partir de um patrimônio destinado por uma pessoa física ou jurídica para a realização de quaisquer fins lícitos.
(B) A associação civil não tem finalidade lucrativa. No entanto, não há qualquer impedimento para que ela desenvolva atividades econômicas para geração de renda, desde que não partilhe os resultados decorrentes entre os associados.
(C) Se a pessoa jurídica tiver diversos estabelecimentos ou agências em lugares diferentes será considerado como seu domicílio, para quaisquer atos praticados, o local onde funciona a sua sede, a matriz ou onde funcionar a administração da empresa.
(D) Admite-se a morte presumida sem decretação de ausência em casos excepcionais, para viabilizar a abertura da sucessão provisória e resolver os problemas jurídicos gerados com o desaparecimento da pessoa.
(E) Entende-se por curador o representante do incapaz em razão da idade ou da pessoa incapaz por motivos diversos, como por enfermidade ou deficiência mental, ou ainda impossibilidade transitória.

A: incorreta, pois a fundação não pode ter por finalidade a realização de qualquer fim lícito, não sendo possível, por exemplo, que se destine à atividade empresarial, devendo a fundação ser criada para fins religiosos, morais, culturais ou de assistência (art. 62, parágrafo único, do CC), e, numa ampliação feita pela doutrina, para fins científicos, educacionais ou de promoção do meio ambiente (Enunciado 8 do CJF), sempre sem fins lucrativos (Enunciado 9 do CJF); B: correta (art. 53 do CC), devendo-se interpretar o impedimento do desenvolvimento de atividade econômica, como impedimento de buscar o lucro para dividir entre os associados; assim, nada impede que um hospital ou uma escola seja uma associação, com cobrança de valores dos que buscarem os serviços dessas entidades, desde que os valores recebidos sejam totalmente utilizados para o custeio e o investimento nessas associações; C: incorreta, pois, tendo a pessoa jurídica diversos estabelecimentos em lugares diferentes, cada um deles será considerado domicílio para os atos nele praticados; D: incorreta, pois a morte presumida sem decretação de ausência (art. 7º do CC) enseja a abertura de sucessão definitiva, não sendo necessário seguir o procedimento de ausência (arts. 22 e ss do CC), com abertura de sucessão provisória, para depois abrir a sucessão definitiva, procedimento esse que só deve se dar em caso de ausência de alguém que não se encaixe no art. 7º do CC, aplicando-se, assim, o disposto no art. 6º do CC e nos artigos citados (arts. 22 e ss do CC); E: incorreta, pois a curatela se destina a situações de deficiência ou enfermidade *duradouras*, e não *transitórias*. Gabarito "B".

(Ministério Público/PR – 2009) São pessoas jurídicas de direito privado, a teor da legislação civil brasileira:

(A) As autarquias, as empresas públicas e as sociedades de economia mista.
(B) As associações, fundações, organizações religiosas, as firmas individuais e os condomínios edilícios.
(C) As sociedades simples ou empresárias, os condomínios edilícios e as firmas individuais.
(D) As organizações religiosas, os partidos políticos, as sociedades simples ou empresárias e as fundações.
(E) n.d.a.

Art. 44 do CC. Gabarito "D".

(Ministério Público/SP – 2010) Assinale a alternativa correta:

(A) as agências reguladoras, como a ANEEL (Agência Nacional de Energia Elétrica) e a ANVISA (Agência Nacional de Vigilância Sanitária), consideradas autarquias sob regime especial, são pessoas jurídicas de direito público interno.
(B) quando o Código Civil estabelece que o Ministério Público velará pelas fundações, acaba por lhe autorizar uma ação efetiva de fiscalização tanto na esfera administrativa como judicial. Não obstante tal disposição legal, não está o membro do "Parquet" legitimado a ingressar com o procedimento tendente a extinguir a fundação.
(C) o Código Civil considera como pessoas jurídicas de direito privado somente as associações, as sociedades e as fundações.
(D) a responsabilidade civil das pessoas jurídicas de direito público interno pressupõe a ação ou omissão, culposa ou dolosa, dos seus agentes, o dano causado a terceiros e a relação de causalidade.
(E) as organizações religiosas, os partidos políticos e as associações beneficentes, constituídas segundo leis anteriores, não ficaram sujeitas a se adaptarem à disposições do Código Civil de 2002.

A: correta, pois são pessoas jurídicas de direito público interno os entes políticos (União, Estados, DF e Municípios), as autarquias (incluindo as associações públicas) e as demais entidades de caráter público criadas por lei, como as agências reguladoras e as fundações públicas, que são, em verdade, entidades autárquicas; B: incorreta, pois o Ministério Público pode requerer a extinção de uma fundação quando tornar-se ilícita, impossível ou inútil a finalidade a que esta visa, ou quando vencido o prazo de sua existência (art. 69 do CC); C: incorreta, pois também são pessoas jurídicas de direito privado as *organizações religiosas* e os *partidos políticos* (art. 44, IV e V, do CC), bem como os consórcios públicos de direito privado (Lei 11.107/05); D: incorreta, pois a responsabilidade civil das pessoas jurídicas de direito público é objetiva, ou seja, independe de culpa ou dolo (art. 37, § 6º, da CF); E: incorreta, pois tais entidades tiveram que se adaptar às disposições do CC até 11 de janeiro de 2007 (art. 2.031 do CC). Gabarito "A".

(Defensor Público/BA – 2006) Relativamente ao tema das pessoas jurídicas, pode-se asseverar que:

I. As pessoas jurídicas são de direito público, interno ou externo, e de direito privado e são pessoas jurídicas de direito público interno: a União; os Estados, o Distrito Federal e os Territórios; os Municípios; as autarquias; as demais entidades de caráter público criadas por lei.
II. São pessoas jurídicas de direito público externo os Estados estrangeiros e todas as pessoas que forem regidas pelo direito internacional público.
III. As pessoas jurídicas de direito público interno são civilmente responsáveis por atos dos seus agentes que nessa qualidade causem danos a terceiros, ressalvado direito regressivo contra os causadores do dano, se houver, por parte destes, culpa ou dolo.
IV. São pessoas jurídicas de direito privado: as associações; as sociedades; as autarquias; as fundações; as organizações religiosas; os partidos políticos.
V. Começa a existência legal das pessoas jurídicas de direito público e privado com a inscrição do ato constitutivo no respectivo registro, precedida, quando necessário, de autorização ou aprovação do Poder Executivo, averbando-se no registro todas as alterações por que passar o ato constitutivo.

Analisando as assertivas da questão, verifica-se que:

(A) Apenas I, II e III estão incorretas.
(B) Apenas IV e V estão incorretas.
(C) Apenas a IV está incorreta.
(D) Apenas a I está incorreta.
(E) Todas estão incorretas.

I: correta (arts. 40 e 41, do CC); II: correta (art. 42 do CC); III: correta (art. 43 do CC); IV: incorreta, pois as autarquias e fundações são pessoas jurídicas de direito público interno (art. 41, IV, do CC); V: incorreta, pois apenas as pessoas jurídicas de direito privado começam a sua existência legal com a inscrição do ato constitutivo no respectivo registro (art. 45 do CC). Gabarito "B".

(Defensor Público/CE – 2007 – CESPE) Sobre as normas do Código Civil atinentes aos bens e às pessoas jurídicas, julgue os itens a seguir.

(1) As pessoas jurídicas de direito privado adquirem sua existência própria com a assinatura de seu ato constitutivo. Esse ato constitutivo deverá revestir-se de forma pública, por instrumento público ou por testamento, salvo quando se tratar de fundações de direito público, que são criadas por lei.
(2) As sociedades são pessoas jurídicas de direito privado, mesmo que tenham como sócios ou acionistas entes de direito público interno.

1: errada, pois a existência legal das pessoas jurídicas de direito privado se inicia com a inscrição do ato constitutivo no respectivo registro, precedida, quando necessário, de autorização ou aprovação do Poder Executivo; 2: certa (art. 44, II, do CC). Gabarito 1E, 2C.

(Defensor Público/GO – 2010 – I. Cidades) O art. 45 do Código Civil, diz textualmente "Começa a existência legal das pessoas jurídicas de direito privado com a inscrição do ato constitutivo no respectivo registro, precedida, quando necessário, de autorização ou aprovação do Poder Executivo, averbando-se no registro todas as alterações por que passar o ato constitutivo." Porém, mesmo sendo registrados, são desprovidos(das) de personalidade jurídica

(A) as associações.
(B) as fundações.
(C) as organizações religiosas.
(D) os condomínios edilícios.
(E) os partidos políticos.

A alternativa "D" está correta, pois as demais têm previsão no art. 44 do CC de pessoa jurídica de direito privado. Gabarito "D".

(Defensor Pública/MT – 2006) Acerca das pessoas jurídicas, assinale a afirmativa incorreta.

(A) Havendo defeito no ato constitutivo de pessoa jurídica de direito privado, pode-se desconstituí-la dentro do prazo decadencial de cinco anos, contado da publicação de sua inscrição no registro ou a partir do registro, nas hipóteses em que não for exigida a publicação.
(B) Os Estados estrangeiros e todas as pessoas que forem regidas pelo direito internacional público são pessoas jurídicas de direito público externo.
(C) A criação, a organização, a estruturação interna e o funcionamento das organizações religiosas são livres, sendo defeso ao poder público negar-lhes reconhecimento ou registro dos atos constitutivos e necessários ao seu funcionamento.
(D) Os atos dos administradores, exercidos nos limites de seus poderes definidos no ato constitutivo, obrigam a pessoa jurídica.
(E) Se vier a faltar a administração da pessoa jurídica, o juiz, a requerimento de qualquer interessado, nomear-lhe-á administrador provisório.

A: incorreta (art. 45, parágrafo único, do CC); B: correta (art. 42 do CC); C: correta (art. 44, § 1º, do CC); D: correta (art. 47 do CC); E: correta (art. 49 do CC). Gabarito "A".

(Magistratura Federal/1ª Região – 2009 – CESPE) Considerando o que dispõe o Código Civil acerca das pessoas naturais e das pessoas jurídicas, assinale a opção correta.

(A) Na sistemática do Código Civil, não se admite a declaração judicial de morte presumida sem decretação de ausência.
(B) A dissolução irregular da empresa não é suficiente de per si para justificar a desconsideração da personalidade jurídica, se não ficar comprovado abuso da personalidade jurídica ou fraude, a ensejar a responsabilização pessoal dos sócios por dívida da pessoa jurídica.
(C) A lei confere ao tutor o poder de emancipar, mediante instrumento público, o tutelado que tiver 16 anos de idade completos.
(D) Havendo transmissibilidade da cota de um associado por morte, o herdeiro automaticamente adquire a qualidade de associado, a despeito de permissão estatutária ou consenso da associação.
(E) Segundo o Código Civil, a União, os estados, o DF e os municípios legalmente constituídos possuem personalidade jurídica e, por isso, podem ser sujeitos de direitos e obrigações. Tal prerrogativa estende-se às câmaras municipais.

A: incorreta (art. 7º do CC); B: correta, pois a doutrina aponta que o encerramento irregular das atividades da pessoa jurídica não basta, por si só, para caracterizar o abuso da personalidade jurídico (Enunciado 282 JDC/CJF), sendo necessário que tal encerramento tenha se dado com o objetivo de dificultar o cumprimento de obrigações da pessoa jurídica, caracterizando o desvio de finalidade; C: incorreta, pois, havendo tutela, é necessário *sentença judicial* (art. 5º, parágrafo único, I, do CC); D: incorreta, pois a qualidade de associado é intransmissível, salvo disposição diversa no Estatuto Social (art. 56 do CC); assim, o herdeiro só adquire a qualidade de associado se houver permissão estatutária; E: incorreta, pois a Câmara Municipal, por ser um mero *órgão*, e não uma *pessoa jurídica*, não tem personalidade; quem tem personalidade é o Município, que é uma pessoa jurídica. Gabarito "B".

(Magistratura Federal – 4ª Região – XIII – 2008) Assinalar a alternativa correta no que diz respeito às pessoas jurídicas.

(A) As agências reguladoras (entidades de caráter público criadas por lei como por exemplo ANATEL, ANP, ANEEL, etc.) são pessoas jurídicas de Direito Público interno.
(B) As ONGs (Organizações Não-Governamentais) são entidades organizadas por particulares para atendimento de interesse público e do ponto de vista jurídico podem constituir-se como associação ou sociedade.
(C) As empresas públicas, as sociedades de economia mista e as fundações governamentais são pessoas jurídicas de Direito Público, uma vez que constituídas, no todo ou em parte, por recursos públicos.
(D) A pessoa jurídica não é passível de sofrer violação dos direitos tipicamente da personalidade, tais como o direito à honra e ao nome.

A: as agências reguladoras são autarquias especiais, portanto, são pessoas de direito público (art. 41, IV, do CC); B: são associações ou fundações, já que não têm fim econômico; C: as empresas públicas e as sociedades de economia mista são pessoas jurídicas de direito privado estatais; D: art. 52 do CC. Gabarito "A".

(Magistratura do Trabalho – 14ª Região – 2006) Pessoas jurídicas.

I. Tendo a pessoa jurídica diversos estabelecimentos em lugares diferentes, cada um deles será considerado domicílio para os atos nele praticados.
II. A fundação somente poderá constituir-se para fins religiosos, morais, culturais ou de assistência.
III. As associações constituem-se numa união de pessoas organizadas para fins econômicos ou não econômicos.
IV. Os partidos políticos são pessoas jurídicas de direito privado. Serão organizados e funcionarão conforme o disposto em lei específica.

Responda:

(A) todas as opções estão corretas;
(B) apenas três opções estão corretas;
(C) apenas duas opções estão corretas;
(D) apenas uma opção está correta;
(E) todas as opções estão incorretas.

I: correta (art. 75, § 1º, do CC); II: correta (art. 62, parágrafo único, do CC); III: incorreta (art. 53 do CC); IV: correta (art. 44, V e § 3º, do CC). Gabarito "B".

(Analista – TRE/AP – 2011 – FCC) Considere as seguintes entidades com abrangência nacional:

I. Igreja São Marcos Divino.
II. Associação Pública "Venceremos".
III. Partido Político ABC.
IV. Autarquia XYZ.

Neste caso, são pessoas jurídicas de direito público interno, SOMENTE

(A) III e IV.
(B) II, III e IV.
(C) II e IV.
(D) I e IV.
(E) I e II.

São pessoas jurídicas de direito público interno os entes políticos, as autarquias (inclusive as associações públicas) e as demais entidades de caráter público criadas por lei (art. 41 do CC). Assim, somente a "Associação Pública Venceremos" (II) e a "Autarquia XYZ" (IV) são pessoas de direito público interno. Aproveitando o ensejo, vale lembrar que são pessoas jurídicas de direito privado as seguintes (art. 44 do CC): a) as associações; b) as sociedades; c) as fundações; d) as organizações religiosas; e) os partidos políticos; f) as empresas individuais de responsabilidade limitada (esta foi introduzida pela Lei 12.441/11). Gabarito "C".

2.3.3. ASSOCIAÇÕES

(Magistratura/RO – 2011 – PUCPR) Acerca das pessoas jurídicas, assinale a única alternativa **CORRETA**.

(A) As associações se organizam para fins não econômicos, estabelecendo em seus estatutos, entre outros, os direitos e deveres dos associados e direitos e deveres recíprocos entre a pessoa dos associados.
(B) As pessoas jurídicas elencadas no Código Civil são de direito público, interno ou externo, e de direito privado. Entre elas encontram-se as organizações religiosas.
(C) Para alterar estatuto da fundação, a reforma deverá ser deliberada por dois terços dos competentes para gerir e representá-la. Se aprovada por quatro quintos, em face da ampla maioria, ao submeter o estatuto ao órgão do Ministério Público, é desnecessário o requerimento de ciência à minoria vencida para impugná-la, se quiser.
(D) O prazo para anular a constituição das pessoas jurídicas de direito privado, por defeito do ato respectivo, decai em dois anos, contado o prazo da publicação de sua inscrição no registro.
(E) Os associados devem ter iguais direitos, vedado ao estatuto da associação instituir categorias com vantagens especiais.

A: incorreta, pois nas associações não há, entre os associados, direitos e obrigações recíprocos (art. 53, par. único, do CC); B: correta, pois a alternativa reflete o disposto nos arts. 40 e 44, IV, do CC; C: incorreta, pois quando a alteração não houver sido aprovada por **votação unânime**, os administradores da fundação, ao submeterem o estatuto ao órgão do Ministério Público, requererão que se dê ciência à minoria vencida para impugná-la, se quiser, em dez dias (art. 68 do CC); D: incorreta, pois decai em **três anos** o direito de anular a constituição das pessoas jurídicas de direito privado, por defeito do ato respectivo, contado o prazo da publicação de sua inscrição no registro (art. 45, par. único, do CC); E: incorreta, pois embora os associados devam ter iguais direitos, o estatuto poderá instituir categorias com vantagens especiais (art. 55 do CC). Gabarito "B".

(Defensor Pública/MT – 2006) Assinale a afirmativa correta, no que se refere às Associações.

(A) As associações são constituídas pela união de pessoas que se organizam para fins não econômicos, havendo, entre os associados, direitos e obrigações recíprocos.
(B) Compete privativamente à Assembléia Geral a destituição dos administradores e alteração do estatuto.
(C) Os associados devem ter direitos iguais, de modo que o estatuto não poderá instituir categorias com vantagens especiais.
(D) A convocação dos órgãos deliberativos será feita na forma disposta no estatuto, garantindo a 1/3 (um terço) dos associados o direito de promovê-la.
(E) A qualidade de associado é intransmissível, não podendo o estatuto dispor o contrário.

A: art. 53 do CC; B: art. 59 do CC; C: art. 55 do CC; D: art. 60 do CC; E: art. 56 do CC. Gabarito "B".

(Procurador do Município/Florianópolis-SC – 2010 – FEPESE) A respeito das pessoas jurídicas, assinale a alternativa **correta**.

(A) Há, entre os associados, direitos e obrigações recíprocos.
(B) Velará pelas associações o Ministério Público do Estado onde situadas.
(C) As fundações somente poderão constituir-se para fins religiosos, morais, esportivos ou de educação.
(D) Os associados devem ter iguais direitos, mas o estatuto poderá instituir categorias com vantagens especiais.
(E) Em caso de abuso da personalidade jurídica por confusão patrimonial, pode o magistrado decidir, independentemente de requerimento da parte, que os efeitos de certas e determinadas relações de obrigações sejam estendidos aos bens particulares dos administradores.

A: incorreta (art. 53, par. único, do CC); B: incorreta, pois o Ministério Público dos Estados velará pelas fundações, e não pelas associações (art. 66, *caput*, do CC); C: incorreta, pois as fundações somente poderão constituir-se para fins religiosos, morais, culturais ou de assistência (art. 62, par. único, do CC); D: correta (art. 55 do CC); E: incorreta, pois dispõe o art. 50 do CC que, em caso de abuso da personalidade jurídica, caracterizado pelo desvio de finalidade, ou pela confusão patrimonial, pode o juiz decidir, **a requerimento da parte, ou do Ministério Público** quando lhe couber intervir no processo, que os efeitos de certas e determinadas relações de obrigações sejam estendidos aos bens particulares dos administradores ou sócios da pessoa jurídica. Gabarito "D".

(Magistratura do Trabalho – 18ª Região – 2006) Acerca das associações, analise as seguintes proposições e assinale a alternativa correta.

I. É inadmissível a instituição de categoria de associados com vantagens especiais, diferentes dos demais associados.
II. É admissível a exclusão imotivada de associado, desde que observado o estatuto, sempre com recurso para a assembléia geral.
III. A qualidade de associado é transmissível, se o estatuto não dispuser o contrário.
IV. A transferência de quota ou fração ideal do patrimônio da sociedade por associado importa, de per si, na atribuição da qualidade de associado ao adquirente ou ao herdeiro, salvo disposição diversa do estatuto.
V. Constituem-se associações pela união de pessoas que se organizam para fins não econômicos, observados os direitos e obrigações recíprocas existentes entre os associados.

(A) há um item correto
(B) há dois itens corretos
(C) há três itens corretos
(D) há quatro itens corretos
(E) todos os itens são incorretos

I: incorreto (art. 55 do CC); II: incorreto (art. 57 do CC); III: incorreto (art. 56 do CC); IV: incorreto (art. 56, parágrafo único, do CC); V: incorreto (art. 53 do CC). Gabarito "E".

(Analista – TRT/14ª – 2011 – FCC) No que concerne às associações, a convocação dos órgãos deliberativas far-se-á na forma do estatuto, garantido o direito de promovê-la a

(A) 1/8 dos associados.
(B) 1/6 dos associados.
(C) 1/5 dos associados.
(D) qualquer associado individualmente.
(E) qualquer interessado.

1: Art. 60 do CC. Gabarito "C".

(Analista – TRE/AC – 2010 – FCC) Considere as seguintes assertivas a respeito das Associações:

I. Constituem-se as associações pela união de pessoas que se organizem para fins não econômicos, não havendo, entre os associados, direitos e obrigações recíprocos.
II. Os associados devem ter iguais direitos, sendo que a legislação competente veda a instituição pelo estatuto de categorias com vantagens especiais.
III. A convocação dos órgãos deliberativos far-se-á na forma do estatuto, garantindo a um quinto dos associados o direito de promovê-la.
IV. A qualidade de associado é intransmissível, se o estatuto não dispuser o contrário.

De acordo com o Código Civil brasileiro, está correto o que se afirma APENAS em

(A) I e II.
(B) I, III e IV.
(C) I e IV.
(D) II, III e IV.
(E) II e IV.

I: correta (art. 53 do CC); II: incorreta, pois os associados devem ter iguais direitos, mas o estatuto poderá instituir categorias com vantagens especiais (art. 55 do CC); III: correta (art. 60 do CC); IV: correta (art. 56, *caput*, do CC). Gabarito "B".

2.3.4. FUNDAÇÕES

(Ministério Público/AM – 2007 – CESPE) Julgue os itens subseqüentes, a respeito das fundações e de sua organização e fiscalização.

I. Se for extinta uma fundação, por decisão administrativa, seu patrimônio deverá ser alienado pelo melhor preço de mercado, exigindo-se autorização da maioria absoluta dos integrantes do conselho curador e aprovação do MP.
II. O MP tem legitimidade para a propositura de ação civil pública que objetive a responsabilização de ex-dirigentes de fundação de direito privado de assistência ao idoso e aos portadores de deficiência física.
III. Poderá o instituidor de uma fundação encarregar o MP da elaboração dos estatutos daquela entidade. Nessa situação, cabe ao MP, além do encargo da elaboração no prazo estipulado, a função de aprová-lo e levá-lo a registro.
IV. O MP pode recomendar modificações a serem feitas no estatuto de uma fundação, bem como denegar a aprovação, por decisão administrativa. Em qualquer caso, o interessado poderá requerer suprimento judicial de modificação de estatutos ou de instituição de fundação, ação da qual participará o MP, como custos legis, obrigatoriamente.
V. Compete ao membro do MPF a fiscalização das fundações que tiverem atividades em diversos estados da Federação, com a finalidade de evitar eventual divergência entre os representantes do MP de cada estado.

Estão certos apenas os itens

(A) I e II.
(B) I e III.
(C) II e IV.
(D) III e V.
(E) IV e V.

I: errado (art. 69 do CC); II: certo (art. 66 do CC); III: errado (art. 65 do CC); IV: certo (art. 67, III, do CC); V: errado (art. 66 do CC). Gabarito "C".

(Ministério Público/CE – 2009 – FCC) A alteração de estatuto de uma fundação depende de que a reforma seja deliberada

(A) por dois terços dos competentes para gerir e representar a fundação, mas se a alteração não houver sido aprovada por votação unânime, os administradores da fundação, ao submeterem o estatuto ao órgão do Ministério Público, requererão que se dê ciência à minoria vencida para impugná-la, se quiser, em dez dias.
(B) pela maioria absoluta dos competentes para gerir e representar a fundação e de que seja aprovada pelo órgão do Ministério Público, e, caso este a denegue, poderá o juiz supri-la, a requerimento do interessado.
(C) pela unanimidade dos competentes para gerir e representar a fundação, dependendo porém sua eficácia de aprovação pelo órgão do Ministério Público.
(D) por três quartos dos competentes para gerir e representar a fundação, mas somente se a deliberação não for unânime deverá ser aprovada pelo órgão do Ministério Público, e, caso este a denegue, poderá o juiz supri-la, a requerimento do interessado.
(E) pela unanimidade dos competentes para gerir e representar a fundação, se a alteração contrariar o fim desta.

Art. 67, I, e 68 do CC. Gabarito "A".

(Ministério Público/ES – 2010 – CESPE) Acerca de fundações, assinale a opção correta.

(A) O MPF deve velar pelas fundações que se estenderem por mais de um estado.
(B) Fica ao arbítrio do instituidor declarar a maneira de administrar a fundação por ele criada.

(C) Alterações estatutárias que não contrariem ou desvirtuem o fim da fundação prescindem da aprovação do MP.
(D) Sendo os bens insuficientes para constituir a fundação, devem ser convertidos em títulos da dívida pública.
(E) Pessoa jurídica não pode instituir fundação.

A: incorreta, pois o MPF velará pelas fundações instituídas pela União, estejam ou não localizadas no Distrito Federal, conforme ADI 2.794-8, que incidiu sobre o art. 66, § 1º, do CC; no mais, fundações em geral serão veladas pelo Ministério Público dos Estados, sendo que, se a fundação estender sua atividade por mais de um Estado, caberá o encargo, em cada um deles, ao respectivo Ministério Público (art. 66, § 2º, do CC); B: correta (art. 62, *caput*, parte final, do CC); C: incorreta, pois toda alteração estatutária depende de aprovação do MP (art. 67, III, do CC); D: incorreta, pois, nesse caso, não havendo outra intenção demonstrada pelo instituidor, os bens serão incorporados em outra fundação que se proponha a fim igual ou semelhante (art. 63 do CC); E: incorreta, pois a instituição pode se dar por pessoa natural (por ato *inter vivos* ou *causa mortis*) ou por pessoa jurídica. Gabarito "B".

(Ministério Público/PR – 2011) Acerca das fundações, assinale a alternativa correta:

(A) tratando-se de fundação instituída mediante testamento, a incumbência de elaborar os estatutos respectivos será sempre do Ministério Público, salvo se o próprio instituidor já os tiver elaborado.
(B) o veto do Ministério Público a uma alteração que tenha sido realizada no estatuto de uma fundação somente admitirá suprimento judicial se a decisão houver sido tomada pela unanimidade dos administradores da fundação.
(C) ao Ministério Público Federal cabe, com exclusividade, velar por todas as fundações que funcionarem no Distrito Federal ou em mais de um Estado-membro.
(D) constatando o desvio de finalidade por parte da fundação, deverá o Ministério Público promover sua extinção, sendo que o patrimônio da fundação extinta será sempre atribuído ao Estado-membro em que ela tiver sua sede.
(E) a fundação pode ser constituída por prazo determinado, sendo que, vencido tal prazo, terá o Ministério Público a legitimidade para lhe promover a extinção.

A: incorreta, pois o estatuto será elaborado por aquele a quem o instituidor cometer a aplicação do patrimônio. Se o estatuto não for elaborado no prazo assinado pelo instituidor, ou, não havendo prazo, em cento e oitenta dias, a incumbência caberá ao Ministério Público (art. 65 do CC); B: incorreta, pois caso o Ministério Público denegue a alteração, poderá o juiz supri-la, a requerimento do interessado mesmo que a alteração não tenha sido aprovada por unanimidade (art. 67, III, do CC); C: incorreta, pois se a fundação estender a atividade por mais de um Estado, caberá o encargo, em cada um deles, ao respectivo Ministério Público (art. 66, § 2º, do CC); D: incorreta, pois caso se torne ilícita, impossível ou inútil a finalidade a que visa a fundação, ou vencido o prazo de sua existência, o órgão do Ministério Público, ou qualquer interessado, lhe promoverá a extinção, **incorporando-se o seu patrimônio, salvo disposição em contrário no ato constitutivo, ou no estatuto, em outra fundação, designada pelo juiz, que se proponha a fim igual ou semelhante** (art. 69 do CC); E: correta, conforme justificativa à alternativa anterior. Gabarito "E".

(Ministério Público/SC – 2010) Julgue os seguintes itens.

I. A criação de uma Fundação depende da afetação de bens do patrimônio do instituidor e da especificação dos fins a que ela se destina, lhe sendo vedado ter fins econômicos, devendo seu estatuto, se não for elaborado no prazo estabelecido pelo próprio instituidor, ser elaborado pelo Ministério Público.
II. Ao Ministério Público compete fiscalizar se a vontade do instituidor da Fundação está sendo respeitada e se a destinação e administração do patrimônio está voltada para a realização de seus fins, lhe sendo vedado, contudo, requerer a extinção da Fundação, para o que apenas os membros da própria Fundação (administradores e gestores) é que tem legitimidade.
III. A declaração de vontade no negócio jurídico não poderá ter seu conteúdo alterado mesmo se o declarante provar a reserva mental de vontade diversa, salvo se o destinatário tinha conhecimento da intenção oculta.

IV. O negócio jurídico simulado é nulo de pleno direito, não sendo possível subsistir quaisquer das vontades declaradas, podendo o Ministério Público arguir a nulidade nos processos em que intervir.
V. O prazo prescricional não corre para o menor, seja absoluta ou relativamente incapaz, regra que também se aplica à decadência.

(A) Apenas as assertivas II e V estão corretas.
(B) Apenas as assertivas I e III estão corretas.
(C) Apenas as assertivas I, IV e V estão corretas.
(D) Apenas as assertivas I e IV estão corretas.
(E) Apenas as assertivas II III e V estão corretas.

I: correta (arts. 62 e 65, ambos do CC); II: incorreta, pois o Ministério Público tem legitimidade para requerer a extinção da fundação (art. 69 do CC); III: correta (art. 110 do CC); IV: incorreta, pois embora seja nulo o negócio simulado, subsistirá o que se dissimulou, se válido for na substância e na forma; V: incorreta, pois os prazos prescricional e decadencial não correm apenas para os absolutamente incapazes (arts. 198, I, e 208, ambos do CC). Gabarito "B".

(Procuradoria Federal – 2007 – CESPE) Julgue o seguinte item.

(1) Se uma fundação estender suas atividades por mais de um estado, independentemente de ser federal ou estadual, sua veladura caberá ao Ministério Público Federal.

1: Está errada, nos termos do art. 66 do CC. Gabarito 1E.

2.3.5. TEMAS COMBINADOS DE PESSOA JURÍDICA

(MAGISTRATURA/PB – 2011 – CESPE) A respeito das pessoas naturais e das pessoas jurídicas, assinale a opção correta.

(A) O Código Civil não prevê hipótese de convalescência de defeitos relativos ao ato de constituição de pessoa jurídica de direito privado.
(B) De acordo com o que dispõe o Código Civil, se a administração da pessoa jurídica vier a faltar por ato voluntário ou involuntário do administrador, o juiz deverá nomear, de ofício, administrador provisório.
(C) Para a aplicação da teoria da desconsideração da pessoa jurídica, é imprescindível a demonstração de insolvência da pessoa jurídica.
(D) O menor relativamente incapaz pode aceitar mandato, independentemente da presença de assistente.
(E) Não se admite a invalidação de negócios jurídicos praticados pela pessoa antes de sua interdição.

A: incorreta, pois "decai em três anos o direito de anular a constituição das pessoas jurídicas de direito privado, por defeito do ato respectivo, contado o prazo da publicação de sua inscrição no registro" (art. 45, p. ún., do CC); dessa forma, passados os três anos, há convalescência dos defeitos; B: incorreta, pois o juiz, a requerimento de qualquer interessado (e não de ofício), nomeará administrador provisório (art. 49 do CC); C: incorreta, pois a aplicação da teoria da desconsideração, descrita no art. 50 do Código Civil, prescinde da demonstração de insolvência da pessoa jurídica (Enunciado CJF 281); D: correta (art. 666 do CC); E: incorreta, pois é admitida a invalidação de negócios jurídicos praticados por incapaz antes de sua interdição; porém, será necessário demonstrar que a incapacidade existia ao tempo do negócio; já os negócios praticados pelo incapaz após a interdição são automaticamente nulos, independentemente de demonstração da persistência da incapacidade. Gabarito "D".

(Ministério Público/PR – 2008) É correto afirmar:

(A) Decai em quatro anos o direito de anular a constituição das pessoas jurídicas de direito privado, por defeito do ato respectivo, contado o prazo da publicação de sua inscrição no registro.
(B) Em caso de abuso da personalidade jurídica, caracterizado pelo desvio de finalidade, ou pela confusão patrimonial, pode o juiz decidir, a requerimento da parte, ou do Ministério Público quando lhe couber intervir no processo, que os efeitos de certas e determinadas relações de obrigações sejam estendidos aos bens particulares dos administradores ou sócios da pessoa jurídica.
(C) A exclusão do associado só é admissível havendo justa causa, assim reconhecida em procedimento que assegure direito de defesa e de recurso, não podendo o estatuto trazer qualquer termo neste sentido.

(D) Para que se possa alterar o estatuto de fundação é necessário que a reforma somente que a mesma seja aprovada pelo órgão do Ministério Público, e, caso este a denegue, poderá o juiz supri-la, a requerimento do interessado.
(E) Nenhuma das alternativas anteriores está correta.

A: art. 45, parágrafo único, do CC; B: art. 50 do CC; C: art. 57 do CC; D: art. 67, III, do CC; E: a alternativa "b" está correta. Gabarito "B".

(Procurador do Estado/RO – 2011 – FCC) A eficácia do registro da pessoa jurídica é
(A) declaratória.
(B) constitutiva.
(C) resolutiva.
(D) suspensiva.
(E) devolutiva.

A eficácia do registro da pessoa jurídica, segundo dispõe o art. 45 do CC, é constitutiva. Ou seja, o início da personalidade jurídica da pessoa jurídica de direito privado se dá com o registro. Gabarito "B".

(Defensor Público/BA – 2006) Relativamente ao tema das fundações, do domicílio, dos bens móveis e da validade do ato jurídico, observa-se que:
I. Para criar uma autarquia, o seu instituidor fará, por escritura pública ou testamento, dotação especial de bens livres, especificando o fim a que se destina, e declarando, se quiser, a maneira de administrá-la.
II. Se, porém, a pessoa natural tiver diversas residências, onde, alternadamente, viva, considerar-se-á domicílio apenas uma delas.
III. Quanto às pessoas jurídicas, o domicílio é: da União, o Distrito Federal; dos Estados e Territórios, as respectivas capitais; do Município, o lugar onde funcione a administração municipal; das demais pessoas jurídicas, o lugar onde funcionarem as respectivas diretorias e administrações, ou onde elegerem domicílio especial no seu estatuto ou atos constitutivos.
IV. Consideram-se imóveis para os efeitos legais: as energias que tenham valor econômico; os direitos reais sobre objetos móveis e as ações correspondentes; os direitos pessoais de caráter patrimonial e respectivas ações.
V. O menor, entre dezesseis e dezoito anos, pode, para eximir-se de uma obrigação, invocar a sua idade se dolosamente a ocultou quando inquirido pela outra parte, ou se, no ato de obrigar-se, declarou-se maior.

Analisando as assertivas acima, verifica-se que:
(A) Apenas I, II, III, e V estão incorretas.
(B) Apenas a III está correta.
(C) Apenas a III está incorreta
(D) Apenas I e IV estão incorretas
(E) Todas estão corretas

I: incorreta, pois a alternativa trata da fundação (art. 62 do CC); II: incorreta, pois nesse caso será considerada domicílio qualquer delas (art. 71 do CC); III: correta (art. 75 do CC); IV: incorreta, pois a alternativa trata de bens móveis (art. 83 do CC); V: incorreta (art. 180 do CC). Gabarito "B".

(Defensoria Pública/MG – 2006) Acerca das pessoas jurídicas e entes despersonalizados é INCORRETO afirmar
(A) Que as fundações podem ser criadas por atos *inter vivos* ou *causa mortis*.
(B) Que as pessoas jurídicas podem sofrer dano moral.
(C) Que, nas sociedades cujos atos constitutivos não foram registrados, a responsabilidade do sócio é limitada.
(D) Que o espólio pode ser parte em negócios jurídicos.
(E) Que o registro de pessoas jurídicas é constitutivo de personalidade.

A: correto (art. 62 do CC); B: correto (Súmula 227 do STJ); C: incorreto, pois a sociedade só adquire personalidade jurídica com a inscrição no registro próprio (art. 985 do CC), de modo que, antes do registro, os sócios respondem ilimitadamente; D: correto, pois o espólio é um sujeito de direito despersonificado, tendo aptidão para a prática de certos atos; E: correto (art. 985 do CC). Gabarito "C".

(Delegado Civil/MS – 2006) O Delegado de Polícia, durante as investigações de um crime de defraudações concluiu que um dos proprietários de uma empresa estava desviando capital e bens em proveito próprio e com isso deixando de arcar com seus compromissos para com os credores. Sobre esse assunto e de acordo o artigo 50 da lei 10.406/02 (Código Civil), a desconsideração da personalidade jurídica introduzida no direito positivo pelo Código do Consumidor implica:
(A) Na extinção de uma pessoa jurídica.
(B) Na negação do princípio de que as pessoas jurídicas têm existência distinta da dos seus membros.
(C) Na fusão de duas pessoas jurídicas.
(D) Implica o fato de não ser considerada regularmente instituída pelas normas vigentes.
(E) Na dissolução de uma pessoa jurídica, deliberada entre seus membros, salvo direito da minoria e de terceiros.

De fato, a desconsideração da personalidade é uma exceção à regra de que a pessoa jurídica é distinta da pessoa de seus sócios e associados. Gabarito "B".

(Magistratura Federal-4ª Região – 2010) Assinale a alternativa correta. Os partidos políticos são:
(A) Pessoas jurídicas de direito público interno.
(B) Pessoas jurídicas de direito público externo.
(C) Pessoas jurídicas de direito privado.
(D) Não são pessoas jurídicas.
(E) Todas as alternativas anteriores estão incorretas.

Art. 44, V, do CC. Gabarito "C".

(Analista – STM – 2011 – CESPE) Julgue o seguinte item.
(1) A sociedade de fato, ou irregular, na medida em que celebra negócios jurídicos para a consecução de seus fins sociais, torna-se sujeito de direito, adquirindo, com isso, personalidade jurídica.

1: incorreta, pois a personalidade jurídica de uma pessoa jurídica só nasce com a inscrição de seus atos constitutivos no respectivo registro (art. 45 do CC). Gabarito 1E.

(Analista – TRE/RS – 2010 – FCC) Segundo o artigo 45 do Código Civil brasileiro "começa a existência legal das pessoas jurídicas de direito privado com a inscrição do ato constitutivo no respectivo registro, precedida, quando necessário, de autorização ou aprovação do Poder Executivo, averbando-se no registro todas as alterações por que passar o ato constitutivo". O direito de anular a constituição das pessoas jurídicas de direito privado, por defeito do ato respectivo, está sujeito ao prazo
(A) decadencial de cinco anos contado o prazo da publicação de sua inscrição no registro.
(B) decadencial de três anos contado o prazo da publicação de sua inscrição no registro.
(C) prescricional de dois anos contado o prazo da publicação de sua inscrição no registro.
(D) decadencial de cinco anos contado o prazo do ato de inscrição no respectivo registro.
(E) prescricional de um ano contado o prazo da publicação de sua inscrição no registro.

Art. 45, p. único, do CC. Gabarito "B".

(Analista – TJ/ES – 2011 – CESPE) Julgue o seguinte item.
(1) De acordo com a sistemática adotada pelo Código Civil, a personalidade da pessoa natural tem início com o nascimento com vida. Por outro lado, no que tange às pessoas jurídicas de direito privado, em especial as sociedades, a personalidade tem início com a formalização de seus atos constitutivos, mediante a assinatura do contrato social pelos seus sócios ou fundadores.

1: incorreta, pois, no caso das pessoas jurídicas, a personalidade tem início com a inscrição (o registro) dos atos constitutivos no respectivo Registro Público (art. 45 do CC). Gabarito 1E.

2.4. DOMICÍLIO

(Magistratura/MG – 2009 – EJEF) O domicílio é um dos atributos da personalidade. É a localização da pessoa no espaço. O lugar onde ela estabelece sua residência com ânimo definitivo (art. 70 do Código Civil). Tendo diversas residências, onde alternadamente viva, o seu domicílio será considerado o lugar de qualquer uma delas (art. 71 do Código Civil). Não tendo residência, o domicílio da pessoa natural será o do local em que for encontrada (art. 73 do Código Civil). Diante das hipóteses acima elencadas, aponte a afirmação CORRETA.

(A) Quando fixado pela lei, o domicílio é um fato jurídico. Quando não fixado por lei, é um ato jurídico em senso estrito, por expressar uma manifestação voluntária do sujeito, relativamente ao local onde estabelece sua residência com caráter definitivo.
(B) A fixação do domicílio é sempre um ato jurídico *stricto sensu*, decorrendo, em todas as hipóteses elencadas no enunciado, sempre, do ânimo da pessoa relativamente ao lugar onde estabeleceu a sua residência.
(C) O domicílio decorre sempre de uma relação de fato entre a pessoa e o lugar. Então, domicílio e residência devem sempre coincidir.
(D) O direito brasileiro não admite a pluralidade de domicílio.

A: correta, pois quando o domicílio é fixado independentemente da vontade da pessoa (domicílio necessário - art. 76 do CC), o fato de não haver vontade do agente torna o domicílio um fato jurídico; já quando a pessoa tenha poder de fixar o seu domicílio por ato de vontade sua (por exemplo, quando alguém muda de residência), a doutrina reconhece haver um *ato jurídico em sentido estrito* (simples declaração de vontade com efeitos jurídicos), que não chega a ser um *negócio jurídico* (declaração de vontade qualificada, com o objetivo de estabelecer efeitos jurídicos), por ser uma mera declaração de vontade sem intuito de regular uma relação jurídica; B: incorreta, pois há casos em que o domicílio é necessário, pouco importando a vontade do interessado (art. 76 do CC); C: incorreta, pois, como já referido, há casos em que o domicílio é necessário, independendo da vontade e da residência da pessoa, como é o caso do domicílio do servidor público; D: incorreta, pois há vários casos em que uma pessoa pode ter mais de um domicílio, como quando houver duas ou mais residências (art. 71 do CC) ou quando também tiver um domicílio para fins profissionais (art. 72 do CC). "Gabarito "A".

(Magistratura/PE – 2011 – FCC) A pessoa jurídica "X" que tem sede na Capital do Estado e estabelecimento em diversos municípios do interior, em um desses municípios contratou os serviços da oficina mecânica "Y" para manutenção de seus veículos mas não pagou pelos serviços prestados. Tendo "Y" de demandar a devedora no domicílio dela, é possível ajuizar a ação

(A) somente na Capital do Estado, porque nela se encontra a sede da devedora.
(B) em qualquer comarca, dentro da qual a devedora possua estabelecimento.
(C) na comarca a que pertencer o município no qual o contrato foi celebrado.
(D) apenas na comarca a que pertencer o município onde se encontrar o principal estabelecimento da devedora.
(E) em qualquer comarca do Estado, de livre escolha do credor, porque o domicílio na Capital estende seus efeitos para todo o limite territorial do Estado.

Tendo a pessoa jurídica "X" diversos estabelecimentos em lugares diferentes, cada um deles será considerado domicílio para os atos nele praticados (art. 75, § 1º, do CC). Assim, a ação será ajuizada na comarca do estabelecimento em que foi celebrado o contrato. Gabarito "C".

(Magistratura/RS – 2009) Considere as assertivas abaixo sobre domicílio.

I. A pessoa natural tem por domicílio a residência com ânimo definitivo.
II. Será considerado domicílio da pessoa natural qualquer das residências em que viva alternativamente.
III. O domicílio da pessoa natural, que não tenha residência habitual, é o lugar onde se encontre.

Quais são corretas?

(A) Apenas I
(B) Apenas II
(C) Apenas III
(D) Apenas I e III
(E) I, II e II

I: correta (art. 70 do CC); II: correta (art. 71 do CC); III: correta (art. 73 do CC). Gabarito "E".

(Ministério Público/MG – 2010.1) Assinale a alternativa INCORRETA.

(A) Formulado o estatuto da fundação e submetido ao MP, poderá este aprová-lo, indicar modificações ou denegar a sua aprovação.
(B) A finalidade fundacional é permanente, não podendo ser alterada, sob pena de se desviar do propósito original do instituidor na constituição da entidade.
(C) As associações obtêm recursos financeiros, via de regra, mediante pagamento de taxa de manutenção pelos associados e, também, decorrentes de projetos institucionais.
(D) A lei admite que a pessoa jurídica possa ter diversos domicílios, tantos quantos estabelecimentos tiver, para os atos neles praticados.
(E) O domicílio do incapaz é o do seu representante; o da esposa, o do marido; o do servidor público, onde exerce suas funções; o do preso, onde cumpre a sentença.

A: correta (arts. 65 e 67, III, da CC); B: correta (art. 62 do CC); C: correta, pois as formas de obtenção de recursos citadas são comuns no dia-a-dia, devendo o estatuto da associação prever as fontes de recursos para sua manutenção (art. 54, IV, do CC); D: correta (art. 75, § 1º, do CC); E: incorreta, pois não há regra dispondo que o domicílio da esposa é o do marido; na prática, os domicílios entre marido e mulher até coincidem, mas se um morar numa cidade e o outro, noutra, os dois terão domicílios diferentes; no mais, as regras citadas estão de acordo com o art. 76, parágrafo único, do CC). Gabarito "E".

(Ministério Público/PR – 2008) É correto afirmar:

(A) considera-se domicílio da pessoa natural, quanto às relações concernentes à profissão, o lugar onde esta é exercida. Se a pessoa exercitar profissão em lugares diversos, esta deverá definir um domicílio único.
(B) O domicílio do incapaz é o do seu representante ou assistente; o do servidor público, o lugar em que exercer permanentemente suas funções; o do militar, onde servir, e, sendo da Marinha ou da Aeronáutica, a sede do comando a que se encontrar imediatamente subordinado; o do marítimo, onde o navio estiver matriculado; e o do preso, o lugar em que cumprir a sentença.
(C) O agente diplomático do Brasil, que, citado no estrangeiro, alegar extraterritorialidade sem designar onde tem, no país, o seu domicílio, não poderá ser demandado no Distrito Federal, mas sim no último ponto do território brasileiro onde o teve.
(D) Têm domicílio necessário o incapaz, o servidor público, o militar, o marítimo e o conscrito.
(E) Nenhuma das alternativas anteriores está correta.

A: art. 72 do CC; B: art. 76 do CC; C: art. 77 do CC; D: art. 76 do CC; E: a alternativa "b" está correta. Gabarito "B".

(Ministério Público/SP – 2006) Dispõe o art. 78 do Código Civil que "nos contratos escritos, poderão os contratantes especificar domicílio onde se exercitem e cumpram os direitos e obrigações deles resultantes". A disposição diz respeito ao:

(A) domicílio legal.
(B) domicílio necessário.
(C) domicílio profissional.
(D) domicílio voluntário.
(E) domicílio de adesão.

Trata-se de domicílio estabelecido pela vontade dos contratantes, daí por que se trata de domicílio voluntário. Gabarito "D".

(Procurador do Estado/RR – 2006 – FCC) Será considerado domicílio da pessoa jurídica de direito privado que tenha estabelecimentos em lugares diferentes

(A) a capital do Estado, onde os estabelecimentos se situam e, se em mais de um Estado houver estabelecimentos, no Distrito Federal.
(B) somente o local indicado em seus estatutos como sendo a sede.

(C) apenas onde funcionam as diretorias e administrações.
(D) cada um deles, para os atos nele praticados.
(E) somente o local onde se situar o principal estabelecimento.

Art. 75, § 1º, do CC. *Gabarito "D".*

(Defensoria/MT – 2009 – FCC) Assinale a alternativa que se coaduna com o Código Civil brasileiro.

(A) Tem domicílio necessário o absolutamente incapaz, o servidor público, o militar e o marítimo, apenas.
(B) O domicílio necessário do incapaz é o do seu representante ou assistente; o do servidor público, o lugar em que exercer permanentemente suas funções; o do militar, onde servir, e, sendo da Marinha ou da Aeronáutica, a sede do comando a que se encontrar imediatamente subordinado; o do marítimo, onde o navio estiver matriculado; e o do preso, o lugar em que cumprir a sentença.
(C) O domicílio da pessoa natural é o lugar onde ela estabelece a sua residência com ânimo definitivo, não admitindo o direito atualmente vigente a pluralidade de domicílios.
(D) Consideram-se bens imóveis para os efeitos legais o direito à sucessão aberta e os direitos reais e as ações que os asseguram.
(E) Os bens naturalmente divisíveis podem tornar-se indivisíveis por determinação da lei, mas não por vontade das partes.

A: incorreta, pois o relativamente incapaz e o preso também têm domicílio necessário (art. 76 do CC); B: correta (art. 76, parágrafo único, do CC); C: incorreta, pois há casos em que uma pessoa pode ter mais de um domicílio, como quando houver duas ou mais residências (art. 71 do CC) ou quando tiver também um domicílio para fins profissionais (art. 72 do CC); D: incorreta, pois somente os direitos reais (e as ações que os asseguram) sobre bens imóveis são considerados imóveis (art. 80, I, do CC); E: incorreta, pois a indivisibilidade também pode decorrer da vontade das partes (art. 88 do CC). *Gabarito "B".*

(Cartório/SC – 2008) Em relação ao domicílio da pessoa natural, é correto afirmar:

(A) Se a pessoa natural tiver mais de uma residência, onde viva alternadamente, considerar-se-á seu domicílio apenas aquela onde passe o maior período do ano.
(B) Considera-se domicílio da pessoa natural o lugar onde ela estabelece a sua residência com ânimo definitivo.
(C) O lugar onde a pessoa natural exerce a profissão, se for diverso daquele onde reside, não pode ser considerado como seu domicílio, mesmo que para as relações concernentes à profissão.
(D) O servidor público e o militar têm seu domicílio necessário no local onde residem, mesmo que diverso daquele onde respectivamente exerça sua função ou preste o serviço.
(E) Nos contratos escritos, os contratantes não poderão especificar o domicílio onde serão exercitados e cumpridos os direitos e obrigações deles resultantes.

A: art. 71 do CC; B: art. 70 do CC; C: art. 72 do CC; D: art. 76, parágrafo único, do CC; E: art. 78 do CC. *Gabarito "B".*

(Delegado Civil/MS – 2006) Segundo o artigo 76 do Código Civil, têm domicílio necessário:

(A) O incapaz, o servidor público, o policial, o aeronauta e o preso.
(B) O relativamente incapaz, o servidor público, o militar, o aeronauta e o preso.
(C) O curatelado, o servidor público, o militar, o aeronauta e o segregado.
(D) O incapaz, o servidor público, o militar, o marítimo e o preso.
(E) O incapaz, o servidor público, o policial, o aeronauta, o preso, relativamente incapaz.

Art. 76 do CC. *Gabarito "D".*

(Delegado Civil/MS – 2006) Delegado de Polícia que no trâmite de suas investigações policiais se vê na necessidade de intimar pessoa presa. Sobre esse assunto, o preso terá por domicílio necessário:

(A) O lugar em que cumprir a sentença.
(B) O lugar onde seus familiares possam ser encontrados.
(C) O lugar onde estabeleceu sua residência com ânimo definitivo.
(D) A sede do Juízo de Execução Penal.
(E) O lugar onde por último exerceu sua profissão, antes de ser preso.

Art. 76, parágrafo único, do CC. *Gabarito "A".*

(Delegado Civil/MS – 2006) De acordo com o Código Civil, assinale a alternativa correta.

(A) O Delegado de Polícia que possui duas residências tem por domicílio seu qualquer uma delas.
(B) O Delegado de Polícia tem por domicílio necessário o lugar em que exerce suas funções em caráter permanente.
(C) O Delegado de Polícia que não possuir residência habitual, terá como domicílio o lugar em que for encontrado.
(D) O Delegado de Polícia que possui duas residências terá por domicílio uma das residências que indicar.
(E) Todas as alternativas acima estão incorretas.

Art. 76 do CC. *Gabarito "B".*

(Magistratura do Trabalho – 14ª Região – 2006) Possui domicílio necessário, EXCETO:

(A) o incapaz;
(B) o servidor público;
(C) o preso;
(D) o marítimo;
(E) o comerciante.

Art. 76 do CC. *Gabarito "E".*

(Analista – TRT/21ª – 2010 – CESPE) Em relação a pessoas, domicílio e atos jurídicos, julgue os itens subsequentes.

(1) Embora a pessoa jurídica fixe no estatuto o seu domicílio, este não é imutável.
(2) O abuso de direito enseja responsabilidade civil, sendo suficiente, para que o sujeito possa ser responsabilizado civilmente, que haja provas da intenção de prejudicar terceiro.
(3) De acordo com o que dispõe o Código Civil, um indivíduo maior de 18 anos de idade que faz uso eventual de entorpecente é considerado relativamente incapaz.

1: Certa, pois, de fato, não há previsão legal de que o domicílio que consta do estatuto da pessoa jurídico é imutável (art. 75, IV, do CC); 2: Errada, pois para o sujeito ser responsabilizado civilmente há necessidade de que se comprove o dano à vítima, seja material ou moral (art. 927 do CC); 3: Errada, pois o Código Civil considera relativamente incapaz os viciados em tóxicos e não que faça eventual uso de drogas (art. 4º, II, do CC). *Gabarito 1C, 2E, 3E.*

(Analista – TRE/AM – 2010 – FCC) Considere as assertivas abaixo a respeito do domicílio.

I. Se a pessoa natural tiver diversas residências, onde, alternadamente, viva, considerar-se-á domicílio seu qualquer delas.
II. Ter-se-á por domicílio da pessoa natural, que não tenha residência habitual, o lugar onde for encontrada.
III. O domicílio do militar da Marinha é o local onde o navio estiver matriculado.
IV. Tendo a pessoa jurídica diversos estabelecimentos em lugares diferentes, cada um deles será considerado domicílio para os atos nele praticados.

De acordo com o Código Civil brasileiro, está correto o que se afirma APENAS em

(A) I e IV.
(B) II e III.
(C) II, III e IV.
(D) I, II e III.
(E) I, II e IV.

I: correta (art. 71 do CC); II: correta (art. 73 do CC); III: incorreta, pois o domicílio do militar será o local onde servir, e, sendo da Marinha ou da Aeronáutica, a sede do comando a que se encontrar imediatamente subordinado (art. 76, p. único, do CC); IV: correta (art. 75, § 1º, do CC). *Gabarito "E".*

2.5. DIREITOS DA PERSONALIDADE E NOME

(Magistratura/AL - 2006) A respeito do nome civil considere as seguintes afirmações:

I. Toda pessoa tem direito ao nome, nele não se compreendendo, porém, o sobrenome.
II. O interessado, no primeiro ano após ter atingido a maioridade civil, poderá alterar o nome, desde que não prejudique os apelidos de família.
III. O prenome é imutável e não pode ser substituído em nenhuma circunstância por apelidos.
IV. Admite-se a substituição do prenome em razão de fundada coação ou ameaça decorrente da colaboração com a apuração de crime.
V. Poderá ser averbado no registro civil nome abreviado usado em qualquer atividade profissional.

Estão corretas

(A) I, II e III.
(B) I, III e IV.
(C) II, III e IV.
(D) II, IV e V.
(E) III, IV e V.

I: incorreta (art. 16 do CC); II: correta (art. 56 da Lei 6.015/73 - LRP); III: incorreta (art. 58, *caput*, da LRP); IV: correta (art. 57, § 7º, da LRP); V: correta (art. 57, § 1º, da LRP). Gabarito "D".

(Magistratura/MG - 2009 – EJEF) Relativamente aos Direitos da Personalidade, o art. 12 do Código Civil, sem indicar o sujeito da ação, textualmente dispõe que se pode exigir que cesse a ameaça, ou lesão, a direito da personalidade, e reclamar perdas e danos, sem prejuízos de outras sanções previstas em lei. No contexto do mencionado artigo, marque a opção CORRETA.

(A) A indeterminação do sujeito na oração do art. 12 do Código Civil tem por intuito não confundir o sujeito do direito da personalidade com o objeto do direito protegido, mas, objetivamente, o que se protege são somente direitos da personalidade avaliáveis economicamente.
(B) Quando o mencionado artigo dispõe sobre a cessação de ameaça ou lesão a direitos da personalidade, está a referir-se a direitos da personalidade objetivados no Código Civil, possibilitando a reparação material da lesão.
(C) O Código Civil não especifica de modo taxativo os direitos da personalidade. Não havendo tipificação, tem-se que o art. 12 do Código Civil elege praticamente uma cláusula genérica de proteção dos direitos da personalidade, que será integrada com os dispositivos constitucionais de proteção à honra, à imagem, ao direito à privacidade, ao nome, à integridade e à dignidade da pessoa humana, sem prejuízo da aplicação de leis especiais.
(D) Sendo considerados os direitos da personalidade direitos subjetivos, que decorrem de previsão legal, somente serão considerados como objeto de ameaça ou de lesão direitos tipificados em lei.

A: incorreta, pois todos os direitos da personalidade, mesmo que não avaliáveis economicamente, são protegidos pelas sanções previstas no art. 12 do CC; B: incorreta, pois os direitos da personalidade são *ilimitados*, ou seja, mesmo os não previstos expressamente na lei, recebem a proteção das sanções previstas no art. 12 do CC; C: correta, já que, conforme mencionado, os direitos da personalidade são *ilimitados*, ou seja, abrangem interesses imanentes ao ser humano, ainda que não mencionados expressamente pela lei ou não identificados pela ciência, o que levou à edição do Enunciado 274 do CJF, pelo qual os direitos da personalidade estão regulados de maneira não exaustiva pelo Código Civil; D: incorreta, nos termos dos comentários anteriores. Gabarito "C".

(Magistratura/PA – 2008 – FGV) O Código Civil, no âmbito dos direitos da personalidade, no que concerne às circunstâncias de transgenitalização:

(A) permite.
(B) proíbe.
(C) estimula.
(D) impõe.
(E) vilipendia.

Art. 13 do CC e Enunciados CJF 6 e 276. Gabarito "A".

(Magistratura/MG - 2007) Na sistemática do Código Civil, os direitos da personalidade são indisponíveis. Mas, casualmente, admite-se temperamentos. Assim, são relativamente disponíveis, de acordo com a lei:

(A) os direitos da personalidade da pessoa jurídica.
(B) os direitos subjetivos de exigir comportamento negativo dos outros, para proteção de direitos inatos.
(C) os direitos da personalidade da pessoa morta.
(D) o direito à integridade física.

Art. 13 do CC. Gabarito "D".

(Magistratura/PR – 2008) Assinale a alternativa correta:

(A) A doutrina da constitucionalização do Direito Civil preconiza uma diferenciação radical entre os direitos da personalidade e o princípio constitucional da dignidade da pessoa humana, em especial no seu âmbito de aplicação, uma vez que essa distinção seria fundante da dicotomia entre Direito Privado e Direito Público.
(B) É pacífico na doutrina o entendimento sobre a impossibilidade de se admitir colisão entre direitos da personalidade, de modo que, ainda que realizados em sua máxima extensão, um direito da personalidade jamais implicará em negação ou, mesmo, em restrição aos demais direitos da personalidade.
(C) A vedação legal à limitação voluntária de exercício dos direitos da personalidade revela que esses direitos, mesmo quanto ao seu exercício, não se submetem ao princípio da autonomia privada.
(D) É possível afirmar, mesmo à luz da doutrina que preconiza a constitucionalização do Direito Civil, que nem todo direito fundamental é direito da personalidade.

Há certos direitos fundamentais que não são direitos da personalidade, por não dizerem respeito às características inerentes ao homem (integridades física, moral e intelectual). Basta ler o Título II da CF, que enuncia os direitos e garantias fundamentais, e perceber que há direitos nele estabelecidos que não são da personalidade. Para responder à questão, leia também o Enunciado CJF 274. Gabarito "D".

(Magistratura/RO – 2011 – PUCPR) Dadas as assertivas abaixo, assinale a única **CORRETA**.

(A) Os direitos de personalidade são intransmissíveis e irrenunciáveis. Em caso de ameaça ou lesão a esses direitos, pode o interessado reclamar perdas e danos. Em se tratando de morto, terá legitimação para requerer a medida qualquer parente em linha reta ou colateral até o terceiro grau.
(B) Prescreve em três anos a pretensão de cobrança de dívidas líquidas constantes de instrumento público ou particular.
(C) No negócio jurídico, uma das hipóteses que caracteriza como substancial o erro é quando concerne à identidade ou à qualidade essencial da pessoa a quem se refira a declaração de vontade, desde que tenha influído nesta de modo relevante.
(D) É anulável o negócio jurídico quando o motivo determinante, comum a ambas as partes, for ilícito.
(E) Independentemente de autorização, a utilização da imagem de uma pessoa destinada a fins comerciais somente poderá ser proibida se atingir a sua honra, boa fama ou a respeitabilidade.

A: incorreta, pois em se tratando de morto, terá legitimação para requerer a medida prevista neste artigo o cônjuge sobrevivente (e o companheiro também, segundo a doutrina), ou qualquer parente em linha reta, ou colateral até o **quarto grau** (art. 12, par. único, do CC); B: incorreta, pois prescreve em cinco anos (art. 206, § 5º, I, do CC); C: correta (art. 139, II, do CC); D: incorreta, pois é **nulo** o negócio jurídico quando o motivo determinante, comum a ambas as partes, for ilícito (art. 166, III, do CC); E: incorreta, pois **salvo se autorizadas, ou se necessárias à administração da justiça ou à manutenção da ordem pública**, a exposição ou a utilização da imagem de uma pessoa poderão ser proibidas, a seu requerimento e sem prejuízo da indenização que couber, se lhe atingirem a honra, a boa fama ou a respeitabilidade, ou se se destinarem a fins comerciais (art. 20 do CC). Gabarito "C".

(Magistratura/SC – 2008) Observadas as proposições abaixo, assinale a alternativa correta, considerando as regras do Código Civil.

I. Somente pessoas naturais podem ser titulares de direitos de personalidade.
II. A desconsideração da personalidade jurídica deve ser decretada *ex officio* pelo juiz quando presentes elementos que autorizem a conclusão do intuito de fraude.
III. Os direitos de personalidade podem ser protegidos por tutela reparatória, vedado o uso da tutela inibitória.
IV. A proteção aos direitos de personalidade tem início já na vida intra-uterina e não cessa com a morte.

(A) Somente a proposição IV está correta.
(B) Somente a proposição II está correta.
(C) Somente as proposições III e IV estão corretas.
(D) Somente as proposições I e II estão corretas.
(E) Somente as proposições II, III e IV estão corretas.

I: incorreta (art. 52 do CC); II: incorreta (art. 50 do CC); III: incorreta; repare nos textos dos arts. 12, 20 e 21 e perceba que é possível pedir ao juiz não somente tutelas reparatórias, mas também tutelas que impeçam a ameaça ou a continuidade de lesões a direitos da personalidade; IV: correta (arts. 2º, 12, parágrafo único, e 20, parágrafo único, do CC); vide também o Enunciado CJF 1. Gabarito "A".

(Ministério Público/CE – 2009 – FCC) Sobre o nome civil da pessoa natural é correto afirmar que

(A) os oficiais do registro civil não registrarão prenomes suscetíveis de expor ao ridículo os seus portadores, salvo por requerimento expresso de ambos os genitores perante duas testemunhas ou mediante autorização judicial, ouvido o representante do Ministério Público.
(B) o prenome é imutável, somente sendo admissível a sua substituição por apelidos públicos notórios.
(C) será admitida a substituição do prenome em razão de fundada coação ou ameaça decorrente da colaboração com a apuração de crime, por determinação, em sentença, de Juiz competente, ouvido o Ministério Público.
(D) até dois anos após ter atingido a maioridade civil, poderá o interessado, independentemente de motivação, e após a audiência do Ministério Público, alterar o nome, desde que não prejudique os apelidos de família, averbando-se a alteração, que será publicada pela imprensa.
(E) poderá ser averbado no registro civil o nome abreviado usado como firma comercial, mas não em outra atividade profissional.

A: incorreta, pois em nenhuma hipótese os oficiais registrarão prenomes capazes de expor ao ridículo seus portadores (art. 55, parágrafo único, da Lei de Registros Públicos - Lei 6.015/73); B: incorreta, pois, apesar de o prenome ser, como regra, definitivo, há diversas hipóteses em que se admite a modificação do prenome, como no caso da adoção de menor (art. 1.627 do CC), da mudança de nome entre 18 e 19 anos (art. 56 da Lei 6.015/73), de erro gráfico evidente (art. 110 da Lei 6.015/73), da exposição do portador do nome a ridículo (art. 55 da Lei 6.015/73), da necessidade de proteger vítimas e testemunhas de crimes (art. 57, § 7º, da Lei 6.015/73), de prejuízo devidamente justificado, como no caso de homonímia (art. 57, *caput*, da Lei 6.015/73) e de cirurgia de mudança de sexo, conforme jurisprudência pacífica do STJ, que, atualmente, vem inclusive admitindo a mudança de gênero (ou seja, de masculino para feminino, ou de feminino para masculino), passando a constar o novo gênero de todos os documentos, não se permitindo que a informação sobre a existência da modificação de gênero conste de qualquer tipo de certidão ou documento (REsp 737.993, j. em 10/11/09); essa decisão do STJ, pela sua extensão, propiciará que transexuais com mudança de seu gênero civil possam se casar com pessoas com sexo idêntico ao seu sexo civil originário; além disso, a decisão pode trazer também consequências no mundo esportivo, vez que o novo sexo civil da pessoa operada deve ser respeitado por todos; C: correta (art. 57, § 7º, da Lei 6.015/73); D: incorreta, pois tal mudança ocorre apenas até 1 ano após ter-se atingido a maioridade, não sendo necessário audiência do MP, fazendo-se tudo em Cartório (art. 56 da Lei 6.015/73); E: incorreta, pois "poderá, também, ser averbado, nos mesmos termos, o nome abreviado, usado como firma comercial registrada *ou em qualquer atividade profissional*" (art. 57, § 1º, da Lei 6.015/73 - g.n.). Gabarito "C".

(Ministério Público/MG – 2010.1) Assinale a alternativa INCORRETA.

(A) O prenome é, em regra, definitivo, admitido, no entanto, a lei, sua substituição por apelidos públicos notórios.
(B) A correção no Registro Público, em casos de evidente erro gráfico, será efetivada pelo oficial, que oficiará ao MP, dando-lhe ciência do ato.
(C) O sobrenome, em razão do princípio de ordem pública, da estabilidade do nome, só deve ser alterado em casos excepcionais, ouvido o MP.
(D) Cassada a licença ou autorização para funcionamento da pessoa jurídica, ainda assim ela subsistirá até que se conclua a liquidação.
(E) Às vezes, o MP intervém em processos de abuso da personalidade, constatado o desvio de finalidade ou pela confusão patrimonial.

A: correta (art. 58, *caput*, da Lei 6.015/73); B: incorreta, pois o MP não será simplesmente cientificado, devendo ser ouvido para manifestação conclusiva, que pode ser no sentido de remeter o caso para julgamento pelo juiz, caso o pedido exija maior indagação (art. 110 da Lei 6.015/73); C: correta (art. 57 da Lei 6.015/73); D: correta (art. 51, *caput*, do CC); E: correta, pois a desconsideração da personalidade pode ocorrer em processo em que caiba a intervenção do Ministério Público. Gabarito "B".

(Ministério Público/PR – 2009) Sobre os direitos da personalidade, é INCORRETO afirmar:

(A) No caso de lesão de direito da personalidade, é lícito exigir que se cesse ameaça, sem prejuízo das perdas e danos e de outras sanções previstas em lei.
(B) Em se tratando de lesão a direito da personalidade de pessoa falecida, tem legitimidade para requerer medida judicial de proteção, o cônjuge sobrevivente ou qualquer parente em linha reta ou colateral, até o quarto grau.
(C) Ainda que por exigência médica, é defeso o ato de disposição do próprio corpo, quando importar diminuição permanente da integridade física, ou contrariar os bons costumes.
(D) Ninguém pode ser constrangido, com risco de vida, a tratamento médico ou intervenção cirúrgica.
(E) Em se tratando de lesão a direito da personalidade, a reparação do dano moral independe da existência de eventual dano material.

A: correto (art. 12, *caput*, do CC); B: correto (art. 12, parágrafo único, do CC); C: incorreto, pois, havendo exigência médica, é possível, sim, a diminuição permanente do corpo, como no caso da necessidade de amputação de uma perna (art. 13 do CC); D: correto (art. 15 do CC); E: correto, pois um dano pode se dar sem a existência do outro. Gabarito "C".

(Ministério Público/SC – 2010) Julgue os seguintes itens.

I. O nome e o prenome são definitivos e imutáveis, nos termos da Lei n. 6.015, de 31 de dezembro de 1973.
II. Uma vez lavrado assento no Registro Civil, verificado que houve omissão ou erro o interessado poderá requerer o seu suprimento ou retificação, em petição fundamentada ao Juízo, que a respeito ouvirá o Ministério Público.
III. É vedado ao enteado e à enteada, em face da confusão na filiação biológica, averbar o nome de família de seu padrasto ou de sua madrasta.
IV. Nos termos da Lei n. 6.766, de 19 de dezembro de 1979, o parcelamento do solo urbano poderá se feito por *loteamento* ou por *desmembramento*, sendo que em ambos poderá haver a abertura de novas vias de circulação, logradouros públicos ou prolongamento, modificação ou ampliação das vias existentes, distinguindo-se o *loteamento* do *desmembramento* pelo fato de ser exigido para aquele a implantação de infra-estrutura básica de equipamentos urbanos.
V. É vedado vender assim como prometer vender parcela de *loteamento* ou *desmembramento* não registrado.

(A) Apenas as assertivas II, IV e V estão corretas.
(B) Apenas as assertivas I, III e V estão corretas.
(C) Apenas as assertivas II e V estão corretas.
(D) Apenas as assertivas II, III e IV estão corretas.
(E) Apenas as assertivas I, II, III e IV estão corretas.

I: incorreta, pois a imutabilidade do nome e prenome não é absoluta e sofre algumas exceções previstas na Lei de Registros Públicos, no Código Civil e por decisão judicial, como nos casos de cirurgia de mudança de sexo; II: correta (art. 109 da Lei 6.015/73); III: incorreta (art. 57, § 8º, da Lei 6.015/73); IV: incorreta, pois no desmembramento não há abertura de novas vias de circulação, logradouros públicos ou prolongamento (art. 2º, § 2º, da Lei 6.766/79); V: correta (art. 37 da Lei 6.766/79). Gabarito "C".

(Ministério Público/SC – 2010) Julgue os seguintes itens.

I. A 'lei', os 'costumes' e os 'princípios gerais' são considerados pela doutrina as fontes formais do direito, sendo a 'lei', dentre elas, a fonte principal, posto que o juiz somente poderá recorrer às outras fontes para a solução do caso concreto quando a 'lei' for omissa.

II. Repristinação é a recuperação de vigência de uma lei revogada. Para que se opere a repristinação basta que a lei revogadora tenha perdido a sua vigência.

III. Para a Teoria Geral do Direito, *personalidade jurídica* é o atributo necessário para ser *sujeito de direito* (titular de direitos e obrigações), e só pode ser atribuído às pessoas jurídicas, nunca às naturais.

IV. As pessoas com idade entre dezesseis anos e dezoito anos incompletos são titulares de direitos e obrigações e podem praticar pessoalmente atos e negócios jurídicos que importem disponibilidade de patrimônio, mediante o auxílio de seu assistente legal.

V. Os *diretos da personalidade* tem por característica serem *absolutos, extrapatrimoniais, indisponíveis, imprescritíveis, impenhoráveis e vitalícios*, aplicando-se sua proteção, no que couber, às pessoas jurídicas.

(A) Apenas as assertivas I, II e IV estão corretas.
(B) Apenas as assertivas II e V estão corretas.
(C) Apenas as assertivas I, IV e V estão corretas.
(D) Apenas as assertivas III, IV e V estão corretas
(E) Apenas as assertivas I, II e III estão corretas.

I: correta, pois os costumes e os princípios gerais do direito são formas de colmatação da lei, nos casos de omissão legislativa (art. 4º da LIDB); II: incorreta, pois, salvo disposição em contrário, a lei revogada não se restaura por ter a lei revogadora perdido a vigência (art. 2º, § 3º, da LIDB); III: incorreta, pois a personalidade jurídica é atributo que a ordem jurídica confere às pessoas naturais e pessoas jurídicas. No caso das pessoas naturais, a personalidade começa com o nascimento com vida (art. 2º do CC) e, quanto às pessoas jurídicas, com a inscrição do ato constitutivo no respectivo registro (art 45 do CC); IV: correta, pois pessoas nessa idade são relativamente incapazes (art. 4º, I, do CC); V: correta, pois a alternativa traz as características corretas do direito da personalidade e se aplicam, nos termos do art. 52 do CC, às pessoas jurídicas. Gabarito "C".

(Ministério Público/SP – 2011) É (são) legitimado(s) para exigir a cessação de ameaça ou lesão a direitos de personalidade de uma pessoa já falecida:

(A) apenas o cônjuge sobrevivente e descendentes em linha reta.
(B) qualquer parente colateral até o quinto grau.
(C) somente parente em linha reta até o quarto grau.
(C) todos os parentes sem limitação de grau.
(E) todos os parentes colaterais até o quarto grau.

Art. 12, par. único, do CC. Gabarito "E".

(Procurador do Estado/RO – 2011 – FCC) Os direitos patrimoniais do autor caducam decorridos setenta anos contados de 1º de janeiro do ano

(A) subsequente ao da publicação da obra.
(B) de seu falecimento.
(C) subsequente ao de seu falecimento.
(D) da publicação da obra.
(E) antecedente ao de seu falecimento.

Art. 41, *caput*, da Lei 9.610/98. Gabarito "C".

(Ministério Público/SP – 2008) Leia atentamente as seguintes assertivas sobre os direitos da personalidade.

I. O direito à intimidade é inalienável, irrenunciável e relativamente disponível.

II. O suicídio constitui um ato ilícito, embora sem natureza criminal.

III. A criança e o adolescente têm direito à tutela de imagem e intimidade, sendo, por isso, vedada a divulgação de atos infracionais que permitam a sua identificação.

IV. A circunstância de se encontrar o funcionário público no exercício de suas funções, e não em conversa ou atividade particular, afasta a incidência das normas de proteção à vida privada, com relação à divulgação da sua imagem.

Assinale a alternativa correta.

(A) Somente I, II e III são verdadeiras.
(B) Somente I, II e IV são verdadeiras.
(C) Somente I, III e IV são verdadeiras.
(D) Somente II, III e IV são verdadeiras.
(E) Todas as assertivas são verdadeiras.

I: verdadeira (art. 11 do CC); II: verdadeira, vez que até condutas menos lesivas são ilícitas (v. art. 13 do CC); III: verdadeira (art. 17 do ECA); IV: verdadeira, em razão do princípio da supremacia do interesse público sobre o interesse privado, implícito no disposto no art. 20 do CC; vide também Enunciado CJF 279. Gabarito "E".

(Procurador do Estado/RR – 2006 – FCC) Considere as seguintes afirmações a respeito dos direitos da personalidade:

I. O pseudônimo, ainda que adotado para atividade lícita, não goza de proteção legal.

II. O servidor público não pode ser constrangido a submeter-se a tratamento ou a intervenção cirúrgica com risco de morte, para, se não tiver sucesso, obter aposentadoria por invalidez

III. A vida privada da pessoa natural é inviolável, salvo se exercer cargo público ou mandato eletivo.

IV. É válida, com objetivo científico, ou altruístico, a disposição, gratuita ou onerosa, do próprio corpo para depois da morte.

V. Aplica-se às pessoas jurídicas, no que couber, a proteção dos direitos da personalidade.

Estão corretas as afirmações

(A) I e III.
(B) II e IV.
(C) II e V.
(D) III e V.
(E) IV e V.

I: incorreta (art. 19 do CC); II: correta (art. 15 do CC); III: incorreta (art. 20 do CC; apenas as informações de interesse públicos poderão ser expostas); IV: incorreta (art. 14 do CC); V: correta (art. 52 do CC). Gabarito "C".

(Defensoria Pública/AC – 2006 – CESPE) Quanto ao assento de nascimento, não é exigência legal que

(A) constem os apelidos de família do pai e da mãe.
(B) conste o sexo do registrando.
(C) constem a data e o local de nascimento.
(D) conste a hora em que o nascimento ocorreu, mesmo que de forma aproximada.

Art. 54 da Lei 6.015/73. Gabarito "A".

(Defensor Público/AM – 2010 – I. Cidades) Os direitos de personalidade ganham expressão no direito contemporâneo como consectário da afirmação histórica dos direitos humanos. Sobre esses direitos é correto afirmar:

(A) os direitos da personalidade são absolutamente indisponíveis, intransmissíveis e irrenunciáveis, não podendo seu exercício sofrer limitação voluntária.

(B) até mesmo o morto é titular desses direitos e, devidamente representado, tem legitimação para reclamar perdas e danos por violação dos seus direitos.

(C) somente a pessoa natural é titular desses direitos, podendo dispor do próprio corpo, vendendo órgãos ou membros dele, considerado o princípio da autonomia privada.

(D) o direito à intimidade da vida privada é inviolável, estando o juiz impedido de adotar medidas para impedir ou fazer cessar o ato de violação, resolvendo-se em perdas e danos.

(E) são atributos específicos da personalidade e seu titular não pode ser constrangido a submeter-se, com risco de vida, a tratamento médico ou intervenção cirúrgica.

A: incorreta, pois, nos casos previstos em lei, essa regra cede, conforme o disposto no art. 11 do CC; B: incorreta, pois, com a morte, a personalidade jurídica se extingue (art. 6º do CC); os familiares do morto tem legitimidade autônoma para reclamar perdas e danos, agindo em nome próprio, e não como mero representante do morto (art. 12, p. ún., do CC); C: incorreta, pois as pessoas jurídicas também são titulares de direitos da personalidade, no que couber (art. 52 do CC); ademais, não é possível vender órgãos ou membros dele (art. 9º da Lei 9.434/97); D: incorreta, pois o juiz pode, sim, adotar medidas para impedir ou fazer cessar o ato de violação (art. 21 do CC); E: correta (art. 15 do CC). Gabarito "E".

(Defensor Público/BA – 2006) No que concerne aos "direitos da personalidade", a legislação vigente dispõe que:

I. Todos os direitos da personalidade, sem qualquer exceção são intransmissíveis e irrenunciáveis, podendo apenas o seu exercício sofrer limitação voluntária.

II. Pode-se apenas exigir que cesse a lesão, a direito da personalidade, e reclamar perdas e danos, sem prejuízo de outras sanções previstas em lei. A mera ameaça a direitos de personalidade não resta protegida pela legislação.

III. É absolutamente defeso o ato de disposição do próprio corpo, quando importar diminuição permanente da integridade física, ou contrariar os bons costumes, ainda que haja pronunciamento médico favorável.

IV. É válida, com objetivo científico, ou altruístico, a disposição gratuita ou paga do próprio corpo, no todo ou em parte, para depois da morte.

V. O testamento vital é aceito pela legislação brasileira nos termos do Código Civil fundado no princípio da dignidade humana e no art. 15 do citado diploma legal ao dispor que "Ninguém pode ser constrangido a submeter-se, com risco de vida, a tratamento médico ou a intervenção cirúrgica".

Analisando as assertivas acima, verifica-se que:

(A) Apenas I e III estão corretas.
(B) Apenas IV e V estão corretas.
(C) Apenas a V está incorreta.
(D) Todas estão corretas.
(E) Todas estão incorretas.

I: incorreta, pois, nos casos previstos em lei, essa regra cede, conforme o disposto no art. 11 do CC; II: incorreta, pois também pode se exigir que cesse a ameaça (art. 12, caput, do CC); III: incorreta, pois em caso de exigência médica essa disposição é possível (art. 13, caput, do CC); IV: incorreta, pois só é válida a disposição gratuita (art. 14, caput, do CC); V: incorreta, pois o testamento vital não é aceito integralmente pela legislação brasileira; esse testamento consiste na declaração realizada por uma pessoa ainda lúcida, com diretrizes antecipadas quanto aos tratamentos e cuidados que o paciente deseja ter, a serem levadas em conta quando, por causa de uma doença, já não seja possível ao paciente expressar a sua vontade; ocorre que o art. 15 do Código Civil impede que o paciente se oponha apenas a tratamento ou intervenção cirúrgica que o submeta a risco de vida, de modo que não há como dizer que esse testamento é aceito totalmente pela legislação brasileira. Gabarito "E".

(Defensoria/MA – 2009 – FCC) Os direitos de personalidade são direitos subjetivos

(A) intransmissíveis e irrenunciáveis em qualquer hipótese, não podendo o seu exercício sofrer limitação voluntária.
(B) intransmissíveis e irrenunciáveis, embora excepcionalmente o seu exercício possa sofrer limitação voluntária, mesmo sem expressa previsão legal.
(C) e, por essa razão, é defeso o ato de disposição do próprio corpo, em qualquer hipótese, quando importar diminuição permanente da integridade física, ou contrariar os bons costumes.
(D) fundamentais, razão pela qual a vida privada da pessoa natural é inviolável, e o juiz, a requerimento do interessado, adotará as providências necessárias para impedir ou fazer cessar ato contrário a esta norma.
(E) fundamentais, razão pela qual é válida, com objetivo científico, ou altruístico, a disposição onerosa do próprio corpo, no todo ou em parte, para depois da morte.

A e B: incorretas (art. 11 do CC); C: incorreta (art. 13 do CC); D: correta (art. 21 do CC); E: incorreta, pois deve se tratar de disposição gratuita (art. 14 do CC). Gabarito "D".

(Defensor Pública/MT – 2006) Os direitos da personalidade são considerados

(A) limitados.
(B) prescritíveis.
(C) absolutos.
(D) transmissíveis.
(E) disponíveis.

Os direitos da personalidade são: **a) absolutos:** *oponíveis contra todos (erga omnes)*; esses direitos geram dever de abstenção por parte de cada um de nós e também por parte do Estado; **b) intransmissíveis:** *não passíveis de cessão à esfera jurídica de outrem*; é importante destacar que a *titularidade* do direito é que não pode ser transmitida. O *exercício* do direito, todavia, pode ser transferido. Ex: o autor de um livro pode transmitir a uma editora o direito de publicar a obra; **c) irrenunciáveis:** *não são passíveis de rejeição por parte de seu titular*; **d) indisponíveis:** *não são passíveis de se abrir mão, de disposição*. Essa regra, na verdade, engloba as duas anteriores; **e) ilimitados:** *abrangem interesses imanentes ao ser humano, ainda que não mencionados expressamente pela lei ou que não identificados pela ciência*; **f) imprescritíveis:** *não são passíveis de perda pelo decurso do tempo*; **g) impenhoráveis:** *não são passíveis de constrição judicial*; **h) inexpropriáveis:** *não são passíveis de desapropriação*; **i) vitalícios:** *acompanham a pessoa até a sua morte*; alguns direitos, inclusive, são resguardados mesmo depois da morte, como o respeito ao corpo do morto, à sua honra e à sua memória, bem como os direitos morais do autor. Gabarito "C".

(Defensor Público/RO – 2007) O ato de disposição do próprio corpo com objetivo científico ou altruístico somente pode ser reputado válido se for nas seguintes condições:

(A) espontâneo e honorífico
(B) sem ônus e autoaplicável
(C) sinalagmático e *post mortem*
(D) gratuito e para depois da morte
(E) oneroso e com eficácia *inter vivos*

Art. 14, caput, do CC. Gabarito "D".

(Defensoria Pública/SP – 2007) Princípio que consagra o direito da pessoa capaz, de manifestar sua vontade e de dispor gratuitamente do próprio corpo, no todo ou em parte, após a sua morte, com objetivo científico ou terapêutico é chamado pela doutrina de princípio

(A) da beneficência altruísta.
(B) do consenso beneficente.
(C) do consenso afirmativo.
(D) do consentimento válido.
(E) da autonomia de vontade.

O art. 14 do CC estabelece o consenso afirmativo, pois é necessário consentimento expresso para que se utilize parte ou a totalidade do corpo de alguém, após a sua morte. Gabarito "C".

(Delegado/MG – 2007) Considerando os dispositivos do Código Civil em vigor sobre os direitos da personalidade, assinale a alternativa INCORRETA:

(A) Com exceção dos casos previstos em lei, os direitos da personalidade são intransmissíveis e irrenunciáveis, não podendo o seu exercício sofrer limitação voluntária.
(B) É valida, com o objetivo científico, ou altruístico, a disposição gratuita do próprio corpo, no todo ou em parte, para depois da morte, sendo tal ato irrevogável.
(C) Salvo por exigência médica, é defeso o ato de disposição do próprio corpo, quando importar diminuição permanente da integridade física, ou contraria os bons costumes
(D) Ninguém pode ser constrangido a submeter-se, com risco de vida, a tratamento médico ou a intervenção cirúrgica.

A: correta (art. 11 do CC); B: incorreta (art. 14, parágrafo único, do CC); C: correta (art. 13 do CC); D: correta (art. 15 do CC). Gabarito "B".

(Delegado/SP – 2008) No estudo dos transplantes de órgãos (Lei nº.9.434/97), a remoção de tecidos de um lugar para outro na mesma pessoa denomina-se

(A) xenotransplante.
(B) heterotransplante.
(C) transplante autógeno.

(D) transplante heterodoxo.
(E) transplante heterogêneo.

O sufixo "auto", presente na expressão *autógeno*, indica que a remoção é para o *próprio corpo da pessoa*. Gabarito "C."

(Cartório/SP – 2008) A lesão a direito da personalidade dá ensejo à reclamação por perdas e danos. Em caso de falecimento da vítima, quanto à legitimidade ativa ad causam, é correto afirmar que detém legitimidade

(A) o cônjuge sobrevivente, qualquer parente na linha reta ou colateral até o quarto grau.
(B) o cônjuge sobrevivente e qualquer parente na linha reta.
(C) apenas o cônjuge sobrevivente.
(D) o cônjuge sobrevivente, o companheiro ou qualquer herdeiro na linha reta ou colateral até o terceiro grau.

Art. 12, parágrafo único, do CC. É importante conhecer, também, o teor do Enunciado CJF 275. Gabarito "A."

(Procurador do Município/Boa Vista-RR – 2010 – CESPE) Com relação ao direito civil, julgue o item seguinte.

(1) Os direitos da personalidade caracterizam-se pela extrapatrimonialidade e a eles atribuem-se, entre outras características, a oponibilidade *erga omnes*, a vitaliciedade e a relativa disponibilidade. Diz-se, portanto, que a personalidade goza de relativa disponibilidade porque alguns dos direitos da personalidade não admitem qualquer limitação, apesar de, em alguns casos, não haver óbice legal à limitação voluntária.

1: Correta, pois corresponde às características dos direitos da personalidade, tais com sua universalidade (oponibilidade *erga omnes*), vitaliciedade e indisponibilidade, ressalvada a disponibilidade de seu exercício. Gabarito 1C

(Magistratura Federal – 3ª Região – XI) Com objetivo científico ou altruístico pode-se dispor para depois da morte:

(A) do próprio corpo no todo ou em parte, a título gratuito ou oneroso, sendo essa disposição revogável;
(B) apenas de partes do corpo, a título gratuito ou oneroso, sendo essa disposição irrevogável;
(C) apenas de partes do corpo, desde que gratuitamente e essa disposição é irrevogável;
(D) do próprio corpo, no todo ou em parte, gratuitamente, sendo essa disposição revogável.

Art. 14 do CC. Gabarito "D."

(Procuradoria da República – 21º) Assinale a alternativa correta:

(A) o direito de imagem, por envolver aspecto fundamental da personalidade, não admite limitação;
(B) nos contratos, o instituto da lesão considera não só o elemento objetivo da desproporção das obrigações como o comportamento doloso da parte favorecida;
(C) na separação judicial, a condição de "culpado" ou "inocente" se reflete na ordem de precedência da obrigação alimentar;
(D) no condomínio edilício, o condômino tem sempre o direito de participar das assembléias e nelas votar.

A: o art. 20 admite autorização para utilização da imagem; vide também Enunciado CJF 279; B: não é necessário dolo da parte contrária (art. 157 do CC e Enunciado 150 do CJF); C: art. 1704 do CC; D: art. 1.335, III, do CC. Gabarito "C."

(Procurador Federal – 2010 – CESPE) Considerando as características dos direitos da personalidade, julgue o item abaixo.

(1) O titular de um direito da personalidade pode dispor desse direito, desde que o faça em caráter relativo.

1: correta, pois é possível que o *exercício* do direito possa ser transferido; assim, a título de exemplo, não se pode transmitir a um terceiro o direito moral de que conste o nome do autor numa obra de sua autoria, mas é possível que se transfira a uma editora o direito de explorar economicamente a obra, reproduzindo-a e vendendo seus exemplares; no segundo caso não se transferiu o direito com um todo, mas *parcela dos poderes* que tem o seu titular. Gabarito 1C

(Magistratura do Trabalho – 8ª Região – 2007) Assinale a alternativa correta acerca da disciplina do Código Civil sobre os direitos de personalidade:

(A) Os direitos da personalidade são intransmissíveis e irrenunciáveis, não podendo o seu exercício sofrer limitação voluntária.
(B) É defeso o ato de disposição do próprio corpo, quando importar diminuição permanente da integridade física, ou contrariar os bons costumes, todavia, é válida a disposição gratuita do próprio corpo, no todo ou em parte, para depois da morte, com objetivo científico ou altruístico.
(C) Com a finalidade da preservação do direito à integridade física é possível, mediante determinação judicial, a adoção coativa de tratamento médico ou a intervenção cirúrgica.
(D) O nome da pessoa não pode ser empregado por outrem em publicações ou representações que a exponham ao desprezo público, desde que presente a intenção difamatória, bem como, sem autorização, não será utilizado em propaganda comercial.
(E) O pseudônimo adotado para atividades lícitas goza da proteção que se dá ao nome.

A: art. 11 do CC; B: arts. 13 e 14 do CC; C: art. 15 do CC; D: arts. 17 e 18 do CC; E: art. 19 do CC. Gabarito "E."

(Magistratura do Trabalho – 23ª Região – 2009) Analise os itens abaixo e marque a alternativa CORRETA:

I. A lesão ao direito da personalidade não autoriza os sucessores do lesado a reclamar perdas e danos.
II. Os direitos da personalidade são intransmissíveis e irrenunciáveis, não podendo o seu exercício sofrer limitação voluntária, ressalvados os casos previstos em lei.
III. São assegurados ao nascituro direitos personalíssimos compatíveis com a situação do ser humano em desenvolvimento no útero materno.

(A) Apenas os itens I e II são verdadeiros.
(B) Apenas os itens II e III são verdadeiros.
(C) Todos os itens são verdadeiros.
(D) Apenas os itens I e III são verdadeiros.
(E) Todos os itens são falsos.

I: falso (art. 12, parágrafo único, do CC); II: verdadeiro (art. 11 do CC); III: verdadeiro, nos termos do art. 2º, segunda parte, do CC; o nascituro tem protegidos os direitos da personalidade compatíveis com sua condição, tais como o direito à vida e aos alimentos. Gabarito "B."

(FGV – 2007) O Código Civil, no âmbito dos direitos da personalidade, no que concerne às circunstâncias de transgenitalização:

(A) permite.
(B) proíbe.
(C) estimula.
(D) impõe.
(E) vilipendia.

Art. 13 do CC e Enunciados 6 e 276 das Jornadas de Direito Civil do Conselho da Justiça Federal. Aliás, o transexual tem três importantes direitos reconhecidos pela jurisprudência do STJ: a) de fazer a cirurgia de trasgenitalização; b) de modificar o nome após a cirurgia; b) de modificar o gênero (o sexo civil) em todos os seus documentos, deles não podendo constar qualquer referência ao sexo original. Gabarito "A."

(Analista – TRT/22ª – 2010 – FCC) Num comercial exibido na televisão, a imagem de Pedro, sem a sua autorização, aparece correndo numa esteira de academia. A utilização de sua imagem

(A) pode ser proibida a seu requerimento e enseja indenização, por se destinar a fins comerciais.
(B) pode ser proibida a seu requerimento, mas não enseja indenização, por não lhe atingir a honra.
(C) não pode ser proibida a seu requerimento, por não lhe atingir a honra, mas enseja indenização, por não ter sido autorizada.
(D) não pode ser proibida a seu requerimento, nem enseja indenização, por não lhe atingir a honra.
(E) só pode ser proibida e só gera direito à indenização se implicar e ofensa à sua boa fama e respeitabilidade.

Art. 20, p. único, do CC. Gabarito "A."

(Analista – TRT/23ª – 2011 – FCC) Considere as seguintes publicações:

I. Foto de criminoso foragido, condenado e procurado pela Justiça em locais públicos e em jornais de grande circulação.
II. Imagem de sambista em anúncio, com objetivo comercial, sem a sua autorização.
III. Imagem de grupo folclórico em jornal destinado à divulgação das atividades artísticas da cidade.

Cabe proibição, a requerimento da pessoa cuja imagem foi exposta, publicada ou utilizada e sem prejuízo da indenização que couber, APENAS em

(A) II e III.
(B) I e II.
(C) I e III.
(D) II.
(E) I.

I: não cabe proibição, pois, de acordo com o art. 20 do CC, quando a exposição da imagem ou a divulgação de escritos e palavras forem "necessárias à administração da justiça ou à manutenção da ordem pública", o interessado não terá direito de impedir a sua publicação; II: cabe a proibição, pois a exposição de imagens com objetivo comercial não pode ser feita sem autorização do interessado (art. 20 do CC); III: não cabe a proibição, pois, nesse caso, a própria exposição do grupo na cidade revela uma autorização tácita da publicação de sua imagem. Gabarito "C".

(Analista – TRE/AL – 2010 – FCC) De acordo com o Código Civil Brasileiro, pode-se exigir que cesse a ameaça, ou a lesão, a direito da personalidade, e reclamar perdas e danos. Em se tratando de morto, terá legitimação para requerer a medida prevista neste artigo

(A) apenas o cônjuge sobrevivente.
(B) apenas o cônjuge sobrevivente ou qualquer parente em linha reta até o segundo grau.
(C) o cônjuge sobrevivente, ou qualquer parente em linha reta, ou colateral até o terceiro grau.
(D) apenas o cônjuge sobrevivente ou qualquer parente em linha reta até o terceiro grau.
(E) o cônjuge sobrevivente, ou qualquer parente em linha reta, ou colateral até o quarto grau.

Art. 12, p. único, do CC. Gabarito "E".

(Analista – TRE/AP – 2011 – FCC) Terá legitimidade para reclamar perdas e danos a direito da personalidade de pessoa morta

(A) apenas o cônjuge sobrevivente.
(B) o cônjuge sobrevivente, ou qualquer parente em linha reta, ou colateral até o segundo grau.
(C) apenas os descendentes e ascendentes até o segundo grau.
(D) o cônjuge sobrevivente, ou qualquer parente em linha reta, ou colateral até o quarto grau.
(E) o cônjuge sobrevivente, ou qualquer parente em linha reta, ou colateral até o terceiro grau.

Art. 12, p. ún., do CC. Gabarito "D".

(Analista – TRE/BA – 2010 – CESPE) Acerca do direito civil, julgue os itens seguintes.

(1) É válida, com objetivo científico ou altruístico, a disposição gratuita do próprio corpo, no todo ou em parte, para depois da morte, sendo tal ato irrevogável.
(2) A União, os estados, o Distrito Federal e os municípios são pessoas jurídicas de direito público interno.

1: errada, pois o ato de disposição pode ser livremente revogado a qualquer tempo (art. 14, p. único, do CC); 2: certa (art. 41, I, II e III, do CC). Gabarito "1E, 2C".

(Analista – TRE/MT – 2010 – CESPE) Quanto aos direitos da personalidade, assinale a opção correta.

(A) O direito à integridade física é um direito da personalidade absolutamente indisponível, que, por isso, não admite temperamentos.
(B) Quando há violação dos direitos da personalidade, deve-se pedir indenização por perdas e danos, não sendo possível propositura de ação que faça cessar a lesão.
(C) O ordenamento legal brasileiro não outorga proteção ao pseudônimo.
(D) Os direitos da personalidade, via de regra, são intransmissíveis, ou seja, não podem ser transferidos à esfera jurídica de outrem.
(E) A disposição gratuita do próprio corpo, no todo ou em parte, para depois da morte, com fins científicos ou altruísticos, é perfeitamente válida e não admite posterior revogação.

A: incorreta (art. 13 do CC); B: incorreta (art. 12, *caput*, do CC); C: incorreta (art. 19 do CC); D: correta (art. 11 do CC); E: incorreta, pois o ato de disposição pode ser livremente revogado a qualquer tempo (art. 14, p. único, do CC). Gabarito "D".

2.6. AUSÊNCIA

(Magistratura/SP – 2008 – VUNESP) Assinale a alternativa correta.

(A) A dissolução do vínculo conjugal se faz possível pela ausência, desde a abertura da sucessão provisória referida na lei, independentemente da idade do ausente e do tempo das últimas notícias.
(B) A sentença de determinação da abertura da sucessão provisória do ausente não implica na transmissão da posse de seus bens aos herdeiros.
(C) Na hipótese de segundo casamento de cônjuge de ausente posteriormente à abertura da sucessão definitiva deste, poderá ser acolhido pedido de anulação do segundo matrimônio, por iniciativa do cônjuge que remanescera presente.
(D) Mesmo que venha a ocorrer o retorno do ausente em até dez anos seguintes à abertura da sucessão definitiva, não haverá para si bem nenhum dos que antes constituíam seu patrimônio.

A: art. 6º do CC; a idade do ausente e o tempo decorrido das últimas notícias podem acelerar a abertura da sucessão definitiva (art. 38 do CC); B: arts. 26 a 32 do CC; C: o caso envolve morte presumida, que gera efeitos patrimoniais definitivos após 10 anos da abertura da sucessão definitiva (art. 39 do CC), não havendo regra semelhante para efeitos pessoais, de modo que incide o art. 1.548, II, do CC; D: art. 39 do CC. Gabarito "C".

(Magistratura/TO – 2007 – CESPE) Julgue os itens a seguir, relativos à pessoa natural.

I. Na sentença que declara a interdição de uma pessoa por prodigalidade, deve constar que o relativamente incapaz pode praticar validamente todos os atos na vida civil, desde que assistido por seu curador. A sentença impõe, ainda, como restrição ao relativamente incapaz, a obrigatoriedade do casamento pelo regime da separação total de bens.
II. Aberta a sucessão provisória dos bens do ausente, os herdeiros devem prestar garantia para se imitirem na posse dos bens que lhes cabem, além de terem a obrigação de capitalizar a metade de seus rendimentos e prestar contas anualmente ao juiz competente. No entanto, quando os herdeiros forem ascendentes, descendentes, cônjuge ou companheiro, estes estarão dispensados de tais exigências para a imissão na posse provisória dos bens do ausente.
III. Ainda que o desaparecido tenha deixado representante, será declarada a ausência do representado e nomeado um curador, se, por algum motivo, o representante não puder ou não quiser realizar os atos necessários para a gestão dos bens e negócios do desaparecido. Assim, para a declaração de ausência, além dos pressupostos fáticos, exige-se a sua declaração judicial. Essa sentença perde a eficácia com o retorno do ausente.
IV. A emancipação concedida por sentença judicial refere-se aos casos em que o menor se encontre sob tutela, ou, ainda, quando o menor pretenda emancipar-se independentemente da vontade dos pais. Têm legitimidade para requerer essa emancipação o menor interessado, o Ministério Público ou o tutor.

Estão certos apenas os itens

(A) I e II.
(B) I e IV.
(C) II e III.
(D) III e IV.

I: incorreto, pois o art. 1.782 não exige a presença de curador em relação a todos os atos da vida civil; não há também imposição de obrigatoriedade do casamento pelo regime de separação total de bens; II: correto (arts. 30 e 33 do CC); III: correto (art. 23 do CC); IV: incorreto (art. 5º do CC). Gabarito "C".

(Procurador do Estado/RO – 2011 – FCC) Pode ser declarada a morte presumida, sem decretação de ausência

(A) quando o ausente deixar mandatário que não queira ou não possa exercer ou continuar o mandato, ou se os seus poderes forem insuficientes.
(B) da pessoa desaparecida há mais de um ano e que não tenha deixado mandatário para representá-la nos atos da vida civil.
(C) se alguém, desaparecido em campanha ou feito prisioneiro, não for encontrado até o término da guerra.
(D) se a pessoa não residir no Brasil e for apresentado atestado de óbito firmado por oficial de nação estrangeira, ainda que não traduzido.
(E) se for extremamente provável a morte de quem estava em perigo de vida.

Art. 7º, I, do CC. Gabarito "E".

(Defensoria Pública/AC – 2006 – CESPE) Francisca, viúva, que vivia sob a dependência econômica de seu único filho, Mário, detentor de um pequeno patrimônio, narra que ele viajava em uma embarcação, entre dois municípios do Acre, quando o barco naufragou, em janeiro de 2003. Diz, ainda, que seu filho não se encontrava entre os sobreviventes, nem tampouco o seu corpo foi resgatado pelas equipes de busca e salvamento, que, quando encerraram os trabalhos, declararam desaparecidos 10 passageiros, entre eles Mário. Assinale a opção correta, tendo como base a legislação pertinente à situação hipotética acima apresentada.

(A) É correto que Francisca entre com ação esperando que, com base no art. 7º do novo Código Civil, o juiz declare a morte de Mário, pois, no momento do referido naufrágio, este se encontrava em iminente risco de morte.
(B) Não havendo certeza da morte nem do paradeiro Mário, teria fundamentos jurídicos a ação que pedisse que Mário fosse declarado ausente e Francisca fosse nomeada curadora do patrimônio de seu filho.
(C) Com base na morte presumida de Mário, haveria previsão legal para ação em que Francisca entrasse com pedido de sucessão provisória dos bens de seu filho.
(D) Do ponto de vista legal, a ação mais adequada na situação em apreço, quanto à sua eficácia, seria aguardar o prazo para que fosse requerida a usucapião sobre os bens do desaparecido.

Art. 7º, I e parágrafo único, do CC. Repare que as buscas foram encerradas... Gabarito "A".

(Defensor Público/RN – 2006) É correto afirmar sobre a ausência nos termos do Código Civil que

(A) o cônjuge do ausente será sempre o legítimo curador ainda que separado de fato por mais de dois anos antes da declaração de ausência.
(B) não se declarará a ausência da pessoa que deixar mandatário, ainda que este não queira exercer o mandato, oportunidade na qual, poderá o juiz, a requerimento, designar outro mandatário.
(C) não sendo requerida no prazo legal a sucessão definitiva, os bens do ausente passarão ao domínio dos Municípios se localizados nas respectivas circunscrições.
(D) a sucessão definitiva poderá ser decretada desde logo, independente de sucessão provisória, quando o ausente contar com mais de oitenta anos de idade.

A: art. 25 do CC; B: art. 23 do CC; C: art. 39, parágrafo único, do CC; D: art. 38 do CC. Gabarito "C".

(Defensor Público/RO – 2007) Após a arrecadação dos bens do ausente, o prazo, em anos, e a respectiva condição para que os interessados requeiram a declaração e a abertura da sucessão provisória são:

(A) 5 / existindo procurador ou representante
(B) 4 / existindo procurador com poderes especiais
(C) 1 / salvo existindo representante ou procurador
(D) 2 / mesmo existindo representante com poderes específicos
(E) 3 / independentemente de existir procurador ou representante

Art. 26 do CC. Gabarito "C".

(Defensoria Pública/SP – 2007) João, solteiro e sem ascendentes ou descendentes, desapareceu de seu domicílio há 06 meses e não há notícias de seu paradeiro. Não deixou representante ou procurador para a administração dos seus bens. À luz do Direito vigente, é correto afirmar:

(A) O requerimento de ausência só poderá ser formulado por parente até o terceiro grau ou pelo Ministério Público.
(B) Será nomeado um curador pelo juiz para gerir a pessoa do ausente e seus bens.
(C) O curador, nomeado pelo juiz, prosseguirá como representante legal da herança, mesmo aparecendo herdeiros.
(D) Em se passando 2 (dois) anos, poderão os interessados requerer a declaração de ausência, abrindo-se provisoriamente a sucessão.
(E) Poderá ser declarada a sucessão definitiva de João, 10 (dez) anos após transitada em julgado a sentença que concedeu a sucessão provisória.

A: art. 22 do CC; B: o curador não gere a pessoa do ausente, mas sim seus bens; C: há uma ordem de preferência a ser assegurada (art. 25 do CC); D: art. 26 do CC; E: art. 37 do CC. Gabarito "E".

(MPU –2007 – FCC) Poderão os interessados requerer que se declare a ausência e se abra provisoriamente a sucessão se decorrido

(A) um ano da arrecadação dos bens do ausente, ou, se ele deixou representante ou procurador, em se passando seis meses.
(B) um ano da arrecadação dos bens do ausente, ou, se ele deixou representante ou procurador, em se passando três anos.
(C) seis meses da arrecadação dos bens do ausente, ou, se ele deixou representante ou procurador, em se passando um ano.
(D) seis meses da arrecadação dos bens do ausente, inclusive se tiver deixado representante ou procurador.
(E) três anos da arrecadação dos bens do ausente, ou, se ele deixou representante ou procurador, em se passando seis meses.

A leitura do art. 26 do CC resolve a questão. De qualquer maneira, vale lembrar como funciona a questão da ausência. Em caso de ausência, ou seja, de uma pessoa **desaparecer** de seu domicílio sem deixar notícias ou procurador a quem caiba administrar seus bens e tenha interesse em fazê-lo, e de não ter se configurado nenhuma das hipóteses acima, pode o interessado ou o Ministério Público requerer ao juiz a **declaração de ausência** da pessoa, nomeando em favor dela um **curador** (o cônjuge, os pais ou os descendentes do desaparecido, nesta ordem, ou, na falta, alguém nomeado pelo juiz), que procederá à **arrecadação** dos bens do ausente, tudo na forma dos arts. 22 a 26 do Código Civil (**fase da curadoria do ausente**). Passado **1 (um) ano da arrecadação** dos bens do ausente, ou, se há procurador, passados 3 (três) anos, poderão os interessados requerer que se a) declare a ausência e que se b) **abra provisoriamente a sucessão**, que produzirá efeitos após 180 dias da publicação da respectiva sentença pela imprensa, efetuando-se o inventário e partilha dos bens (**fase da sucessão provisória**). Vide arts. 26 a 36 do Código Civil. Passados **10 (dez) anos do trânsito em julgado da sentença que abriu a sucessão provisória** ou 5 (cinco) anos das últimas notícias do ausente que já contar com 80 (oitenta) anos, poderão os interessados requerer a **sucessão definitiva**, procedendo-se o **levantamento das cauções** que tiverem sido exigidas daqueles herdeiros que não eram ascendentes, descendentes ou cônjuges do ausente. (**Fase da sucessão definitiva**). Caso o ausente não apareça nos 10 (dez) anos seguintes à abertura da sucessão definitiva, não terá mais direito algum às coisas deixadas. Se comparecer nesse período, terá direito aos bens existentes no estado em que se acharem, os sub-rogados em seu lugar, ou o preço que os herdeiros e demais interessados tiverem recebido pelos bens alienados depois daquele tempo. Se, nos 10 (dez) anos a que se refere o parágrafo acima, o ausente não regressar e **não houver interessado algum**, os bens arrecadados passarão ao Município ou ao Distrito Federal, se localizados nas respectivas circunscrições, incorporando-se à União, se situados em território federal. As disposições sobre a sucessão definitiva, no caso, estão nos arts. 37 a 39 do CC. Por fim, vale anotar que, hoje, o ausente não é mais considerado um *incapaz*, mas alguém presumido morto pela lei, a partir do momento em que é aberta a sucessão definitiva. Gabarito "B".

(Analista – TRT/14ª – 2011 – FCC) Declarada a ausência e aberta provisoriamente a sucessão,

(A) se o ausente aparecer, ou se lhe provar a existência, depois de estabelecida a posse provisória, não cessarão as vantagens dos sucessores nela emitidos, as quais perdurarão até a entrega dos bens a seu dono.
(B) os bens do ausente poderão ser livremente alienados, sem autorização judicial, para lhes evitar a ruína.

(C) os sucessores provisórios empossados nos bens do ausente não o representarão ativa ou passivamente e contra eles não correrão as ações pendentes e as que de futuro àquele forem movidas.
(D) os ascendentes, os descendentes e o cônjuge, uma vez provada a sua qualidade de herdeiros, poderão, independentemente de garantia, entrar na posse dos bens do ausente.
(E) o descendente, ascendente ou cônjuge que for sucessor provisório do ausente deverá capitalizar, na forma de lei, metade dos frutos e rendimentos que a este couberem e prestar contas anualmente ao juiz.

A: incorreta, pois cessarão para logo as vantagens dos sucessores na posse imitidos (art. 36 do CC); B: incorreta, pois a alienação de bens do ausente depende de ordem judicial (art. 31 do CC); C: incorreta, pois os sucessores provisórios empossados nos bens do ausente o representarão, de modo que contra eles correrão as ações pendentes e as que de futuro àquele forem movidas (art. 32 do CC); D: correta (art. 30, § 2º, do CC); E: incorreta, pois somente os demais sucessores têm esse dever (art. 33 do CC), valendo salientar que o descendente, ascendente ou cônjuge que for sucessor provisório do ausente, fará seus todos os frutos e rendimentos dos bens que a este couberem. Gabarito "D".

(Analista – TRT/22ª – 2010 – FCC) José desapareceu de seu domicílio, sem dele haver notícia e sem ter deixado representante ou procurador a quem caiba administrar-lhe os bens. Declarada a ausência e nomeado curador, foram arrecadados seus bens. Passados três anos da arrecadação, a requerimento do cônjuge, foi declarada a ausência e aberta provisoriamente sucessão, tendo o único filho feito seus todos os frutos e rendimentos dos bens que lhe couberam. Todavia, o ausente apareceu e ficou provado que a ausência foi voluntária e injustificada. Nesse caso, o

(A) descendente deverá devolver ao ausente todos os frutos e rendimentos recebidos, descontado os que tiver utilizado para a sua subsistência.
(B) descendente deverá devolver ao ausente todos os frutos e rendimentos recebidos.
(C) ausente perderá em favor do sucessor todos os bens que possuía na data da declaração da ausência e os respectivos frutos e rendimentos.
(D) descendente deverá devolver ao ausente a metade dos frutos e rendimentos recebidos.
(E) ausente perderá, em favor do sucessor, sua parte nos frutos e rendimentos.

Art. 33, p. único, do CC. Gabarito "E".

(Analista – TRT/24ª – 2011 – FCC) João, com 50 anos de idade, viúvo e pai de um filho maior, desapareceu de seu domicílio. Após um ano da arrecadação, foi declarada a ausência, aberta a sucessão provisória e, cumpridas todas as formalidades legais, o sucessor entrou na posse dos bens e os conservou, recebendo os respectivos frutos e rendimentos. Seis anos após o trânsito em julgado da sentença que concedeu a sucessão provisória, João apareceu e regressou ao seu domicílio, tendo ficado provado que a ausência foi voluntária e injustificada. Nesse caso, João

(A) haverá os bens existentes no estado em que se acharem, mas terá direito a ser ressarcido dos frutos e rendimentos percebidos pelo sucessor.
(B) não receberá de volta seus bens, por ter se escoado prazo superior a 5 anos do trânsito em julgado da sentença que concedeu a sucessão provisória.
(C) haverá os bens existentes no estado em que se acharem, perdendo, em favor do sucessor, sua parte nos frutos e rendimentos.
(D) não receberá de volta seus bens, por ter ficado provado que a ausência foi voluntária e injustificada.
(E) receberá de volta a metade de seus bens e os respectivos frutos e rendimentos, sendo a outra metade atribuída ao sucessor, a título de prefixação das perdas e danos relativas por este sofridas.

Se o ausente aparecer, e ficar provado que a ausência foi voluntária e injustificada, perderá ele, em favor do sucessor, sua parte nos frutos e rendimentos (art. 33, p. ún., do CC). Gabarito "C".

(Analista – TRE/AL – 2010 – FCC) Considere as seguintes assertivas a respeito da ausência:

I. Decorrido seis meses da arrecadação dos bens do ausente poderão os interessados requerer que se declare a ausência e se abra provisoriamente a sucessão.
II. Na falta de descendente, a curadoria dos bens do ausente incumbe ao cônjuge ou aos pais não havendo impedimento que os iniba de exercer o cargo.
III. Dez anos depois de passada em julgado a sentença que concede a abertura da sucessão provisória, poderão os interessados requerer a sucessão definitiva e o levantamento das cauções prestadas.
IV. Pode-se requerer a sucessão definitiva, provando-se que o ausente conta oitenta anos de idade, e que de cinco datam as últimas notícias dele.

De acordo com o Código Civil Brasileiro está correto o que se afirma APENAS em

(A) I, II e III.
(B) I, III e IV.
(C) I e IV.
(D) II, III e IV.
(E) III e IV.

I: incorreta, pois decorrido **um ano** da arrecadação dos bens do ausente, ou, se ele deixou representante ou procurador, em se passando três anos, poderão os interessados requerer que se declare a ausência e se abra provisoriamente a sucessão (art. 26 do CC); II: incorreta, pois a curadoria dos bens do ausente incumbe, em regra, ao cônjuge (art. 25 do CC); III: correta (art. 37 do CC); IV: correta (art. 38 do CC). Gabarito "E".

(Analista – TRF/4ª – 2010 – FCC) No tocante à ausência, poderão os interessados requerer que se declare a ausência e se abra provisoriamente a sucessão

(A) decorridos três anos da arrecadação dos bens do ausente, ou, se ele deixou representante ou procurador, em se passando dois anos.
(B) decorridos dois anos, independentemente do ausente ter deixado representante ou procurador.
(C) decorrido um ano da arrecadação dos bens do ausente, ou, se ele deixou representante ou procurador, em se passando dois anos.
(D) decorridos dois anos da arrecadação dos bens do ausente, ou, se ele deixou representante ou procurador, em se passando um ano.
(E) decorrido um ano da arrecadação dos bens do ausente, ou, se ele deixou representante ou procurador, em se passando três anos.

Art. 26 do CC. Gabarito "E".

(Analista – TJ/ES – 2011 – CESPE) Julgue o seguinte item.

(1) A ausência é uma causa de incapacidade reconhecida pelo Código Civil, de maneira que, se ela for declarada judicialmente, deve-se nomear curador ao ausente.

1: incorreta, pois a ausência não é mais considerada causa de incapacidade, como era considerada no Código Civil anterior; porém, é correto dizer que será nomeado curador ao ausente (art. 22 do CC). Gabarito 1E.

2.7. BENS

(Magistratura/MG – 2009 – EJEF) "Principal é o bem que existe sobre si, abstrata ou concretamente; acessório, aquele cuja existência supõe a do principal" (art. 92 do Código Civil). A lei estabelece um vínculo entre o bem principal e o acessório. Relativamente a este último, o bem acessório, é CORRETO afirmar que:

(A) A relação de acessoriedade só existe entre coisas.
(B) A relação de acessoriedade existe entre coisas e direitos.
(C) Apenas os bens móveis podem ser acessórios.
(D) As relações obrigacionais não podem ser acessórias.

A: incorreta, pois tal relação também pode existir entre relações jurídicas (ex.: contrato de locação e contrato de fiança); B: correta, nos termos do comentário à alternativa "a"; C: incorreta, pois benfeitorias (melhoramentos feitos em coisas existentes), ainda que formadoras de bens imóveis, também são bens acessórios; D: incorreta, pois uma obrigação decorrente de contrato de fiança também é bem acessório. Gabarito "B".

(Magistratura/MG – 2008) São considerados móveis para os efeitos legais:

(A) as edificações que, separadas do solo, mas conservando a sua unidade, forem removíveis para outro local.

(B) os materiais provisoriamente separados de um prédio, para nele se reempregarem.

(C) os direitos reais sobre objetos móveis e as ações correspondentes.

(D) o direito à sucessão aberta.

Vide arts. 79 a 84. Gabarito "C".

(Magistratura/PE – 2011 – FCC) Os imóveis a seguir mencionados pertencem:

Imóvel 1 - a uma pessoa jurídica de direito privado, mas de que o Estado é acionista;

Imóvel 2 – a uma autarquia, onde funciona hospital para atendimento gratuito da população;

Imóvel 3 – a um loteamento urbano aprovado e registrado, para servir de praça pública, mas cujo terreno não foi objeto de desapropriação;

Imóvel 4 – ao município que o recebeu, por ser a herança vacante, e que permanece sem destinação.

Esses imóveis são classificados, respectivamente, como bens:

(A) particular; público de uso especial; público de uso comum do povo; público dominical.

(B) público de uso especial; público de uso especial; particular por falta de desapropriação; público dominical.

(C) particular; público de uso comum do povo; público de uso comum do povo; público de uso especial.

(D) público dominical; público de uso especial; particular, por falta de desapropriação mas que se tornará público pela usucapião; público dominical.

(E) particular; público de uso especial; particular que só se tornará público por desapropriação; público dominical.

Imóvel 1: imóvel particular, pois a titularidade é de pessoa jurídica de direito privado; Imóvel 2: imóvel público de uso especial, pois pertence a uma autarquia, que é pessoa jurídica de direito público, e é destinado à execução de serviço público (arts. 98 e 99, II, ambos do CC); Imóvel 3: imóvel público de uso comum do povo, pois é destinado a uso público (arts. 98 e 99, I, ambos do CC); Imóvel 4: imóvel público dominical, pois pertence ao Município, pessoa jurídica de direito público, e não tem destinação específica (arts. 98 e 99, III, ambos do CC). Gabarito "A".

(Magistratura/RS – 2009) Assinale a assertiva correta sobre bens.

(A) Os bens públicos estão sujeitos a usucapião.

(B) Os bens de uso comum do povo são, por exemplo, rios, mares, praças, ruas e estradas, exceto quando houver retribuição por sua utilização.

(C) Os bens públicos dominicais constituem o patrimônio das pessoas jurídicas de direito público, como objeto de direito pessoal ou real.

(D) Os bens públicos dominicais não podem ser alienados.

(E) O uso comum dos bens públicos deve ser gratuito, não podendo haver retribuição.

A: incorreta, pois os bens públicos não estão sujeitos à usucapião (art. 102 do CC); B e E: incorretas, pois é possível cobrar retribuição pela utilização de bens de uso comum do povo (art. 103 do CC); C: correta (art. 99, III, do CC); D: incorreta, pois tais bens são alienáveis, observadas as exigências da lei (art. 101 do CC). Gabarito "C".

(Magistratura/SC – 2009) Assinale a alternativa INCORRETA:

(A) Úteis são as benfeitorias que aumentam ou facilitam o uso do bem.

(B) O bem naturalmente divisível só pode se tornar indivisível por disposição legal.

(C) Considera-se imóvel qualquer material retirado temporariamente de uma edificação para nela ser reempregado.

(D) Ainda que não separados do bem principal, os frutos e produtos podem ser objeto de negócio jurídico.

(E) Considera-se posse de boa-fé quando o possuidor ignora o vício ou o obstáculo que impede a aquisição da coisa.

A: correta (art. 96, § 2º, do CC); B: incorreta, pois um bem pode se tornar indivisível por força da vontade (art. 88 do CC); C: correta (art. 81, II, do CC); D: correta (art. 95 do CC); E: correta (art. 1.201 do CC). Gabarito "B".

(Magistratura/SP – 2009 – VUNESP) Considerados em si mesmos, os bens podem ser

(A) públicos e particulares.

(B) principais e acessórios.

(C) imóveis pela própria natureza, benfeitorias e pertenças.

(D) móveis e imóveis.

Considerados em si mesmos os bens podem ser móveis ou imóveis (vide o nome do capítulo logo acima do art. 79), fungíveis e infungíveis, consumíveis e inconsumíveis, divisíveis e indivisíveis, e singulares e, coletivos. *Reciprocamente considerados* os bens podem ser principais e acessórios. Quanto à *titularidade*, os bens podem ser públicos ou privados. Gabarito "D".

(Magistratura/SP – 174º – VUNESP) O direito à sucessão aberta considera-se para os efeitos legais:

(A) bem imóvel.

(B) bem móvel.

(C) bem incorpóreo.

(D) bem móvel ou imóvel, conforme resulte de ser apreciado em si mesmo o que o integre, tendo em vista o fato de ser ou não suscetível de se mover.

Art. 80, II, do CC. Gabarito "A".

(Magistratura/PI - 2007 - CESPE) Com relação aos bens, julgue os itens a seguir.

I. Os bens móveis fungíveis podem ser objeto dos contratos de mútuo, por serem passíveis de substituição por outro bem da mesma espécie, qualidade e quantidade, seja por vontade das partes ou por serem naturalmente fungíveis.

II. São bens imóveis por natureza o solo e tudo aquilo que é a ele aderente em estado de natureza, isto é, o que não é resultante do trabalho da cultura do homem. São bens imóveis por acessão física as árvores destinadas ao corte, os arbustos, as sementes lançadas à terra ou qualquer planta fixada ao solo pelas raízes, cuja existência resulta da ação do homem.

III. Os frutos e os produtos são considerados bens acessórios, que advêm do bem principal. A percepção dos frutos não causa a destruição da coisa principal, mas a percepção ou extração dos produtos diminui a existência e a substância do bem principal. As pertenças também são bens acessórios, sendo que elas não são partes integrantes do bem principal, mas o embelezam ou lhe são úteis.

IV. Denomina-se bem de família voluntário o único bem que a família possuir e nele residir. Esse bem é inalienável e impenhorável, independentemente de qualquer registro, e não responderá por qualquer dívida, por ser coisa fora do comércio. Entretanto, a família pode renunciar a essa proteção ao bem, bastando, para isso, indicá-lo para penhora em ação de execução.

V. A alienação dos bens públicos de uso comum do povo e dos de uso especial dependerá de prévia alteração de sua natureza jurídica, segundo lei específica. Assim, os bens públicos suscetíveis de valoração patrimonial podem perder a inalienabilidade que lhes é peculiar, pelo instituto da desafetação.

Estão certos apenas os itens

(A) I, II e IV.

(B) I, III e V.

(C) I, IV e V.

(D) II, III e IV.

(E) II, III e V.

I: certo (art. 85 do CC); II: errado; o art. 79 estabelece a distinção entre acessão natural e acessão artificial; III: certo (arts. 93 e 95 do CC); IV: a definição dada no enunciado é do bem de família que decorre da lei (Lei 8.009/90), e não do bem de família voluntário, previsto nos arts. 1.711 e ss do CC; V: certo (art. 100 do CC). Gabarito "B".

(Ministério Público/MG – 2010.1) Assinale a alternativa INCORRETA.

(A) Bens corpóreos são coisas com existência material; bens incorpóreos não são perceptíveis pelos sentidos; patrimônio é o conjunto de bens e direitos de um sujeito.
(B) Há bens imóveis por natureza, bens imóveis por destinação, bens imóveis por acessão intelectual, outros que a lei considera imóveis para os efeitos legais.
(C) A lei considera móveis os direitos reais sobre objetos móveis e as ações correspondentes, os direitos pessoais de caráter patrimonial e respectivas ações.
(D) Os rios, as estradas, as ruas e praças, os edifícios destinados a serviço da administração federal, inclusive suas autarquias, entre outros, são bens públicos.
(E) A vaga em ponto de táxi incide sobre bem público de uso comum do povo, esses bens estão fora do comércio e o arrendamento de vaga é nulo de pleno direito.

A: correta, pois traz definição correta dos três institutos citados (bens corpóreos, bens incorpóreos e patrimônio); B: incorreta, pois só existem imóveis por natureza (o solo), imóveis por acessão natural ou artificial e imóveis por determinação legal, não existindo mais a figura dos imóveis por acessão intelectual; C: correta (art. 83, II e III, do CC); D: correta (art. 99, I e II, do CC); E: correta, pois a rua é bem público de uso comum do povo (art. 99, I, do CC), não sendo possível seu comércio ou arrendamento. Gabarito "B".

(Ministério Público/PR – 2008) É correto afirmar:

(A) Os bens públicos dominicais são inalienáveis.
(B) Os bens públicos de uso comum do povo e os de uso especial são alienáveis, na forma que a lei determinar.
(C) As benfeitorias podem ser voluptuárias; são as de mero deleite ou recreio, que não aumentam o uso habitual do bem, ainda que o tornem mais agradável ou sejam de elevado valor.
(D) São benfeitorias os melhoramentos ou acréscimos sobrevindos ao bem sem a intervenção do proprietário, possuidor ou detentor
(E) Nenhuma das alternativas anteriores está correta.

A: art. 101 do CC; B: art. 100 do CC; C: art. 96, § 1º, do CC; D: art; 97 do CC; E: a alternativa "c" está correta. Gabarito "C".

(Ministério Público/SP – 82º) É um bem móvel:

(A) a enfiteuse.
(B) o penhor agrícola.
(C) a servidão predial.
(D) o direito de autor.
(E) o direito à sucessão aberta.

Art. 3º da Lei 9.610/98. Gabarito "D".

(Procurador do Município/Florianópolis-SC – 2010 – FEPESE) Considerando-se a classificação jurídica dos bens, pode-se afirmar que uma garrafa de vinho raro, de cuja safra restam pouquíssimos exemplares, é um bem de natureza:

(A) Fungível, consumível e divisível.
(B) Fungível, consumível e indivisível.
(C) Fungível, inconsumível e divisível.
(D) Infungível, inconsumível e divisível.
(E) Infungível, consumível e indivisível.

O bem será considerado infungível, pois não pode ser substituído por outro da mesma qualidade (pois é uma garrafa de vinho bastante rara), é também consumível, pois o seu uso importa na sua destruição, e é indivisível, pois caso fracionado, sofrerá alteração da substância, diminuição de valor e prejuízo ao uso. Gabarito "E".

(Procurador do Município/Teresina-PI – 2010 – FCC) Para o Código Civil, os bens públicos

(A) têm a gratuidade como inerente a seu uso comum.
(B) são sempre inalienáveis.
(C) dominicais e os de uso especial podem ser alienados, enquanto conservarem sua qualificação, observadas as exigências legais.
(D) são aqueles do domínio nacional pertencentes às pessoas jurídicas de direito público interno, inclusive suas autarquias.
(E) não são passíveis de usucapião, salvo os bens autárquicos.

Arts. 98 e 41, ambos do CC. Gabarito "D".

(Defensor Público/AM – 2010 – I. Cidades) O domínio público constitui-se pelo conjunto de bens públicos que inclui imóveis e móveis. Da relação domínio público/ bens públicos e de sua regulamentação pode-se afirmar:

(A) domínio público equivale à propriedade pública determinada pela titularidade do bem.
(B) os direitos sobre as coisas públicas, quando objeto de regulamentação em lei civil, têm caráter privatístico.
(C) em razão da titularidade, qualquer que seja sua espécie, é vedado o uso comum de bens públicos.
(D) os bens públicos dominicais podem ser alienados, observadas as exigências da lei, tendo em vista o cumprimento da função social das coisas disponíveis.
(E) a Constituição Federal assegura a penhorabilidade dos bens públicos contra o Poder Público inadimplente, em garantia à satisfação dos credores do erário.

A: incorreta, pois a noção de domínio público em sentido amplo abrange tanto os bens pertencentes ao Estado (bens públicos) como aqueles em relação aos quais sua utilização subordina-se às normas estabelecidas por este (bens particulares de interesse público) e ainda as coisas inapropriáveis individualmente, mas de fruição geral da coletividade (res nullius); assim, tal ideia abrange tanto o domínio patrimonial (sobre os bens públicos), como o domínio eminente (sobre todas as coisas de interesse público), entendido este como o poder político pelo qual o Estado submete à sua vontade todas as coisas de seu território, no ensinamento de Hely Lopes Meirelles; em nome do domínio eminente é que são estabelecidas as limitações administrativas, as servidões etc; B: incorreta, pois, mesmo quando uma lei privada, como o Código Civil, regulamenta bens públicos, essa regulamentação não é de natureza privatística, mas de natureza pública, já que tais bens são submetidos a normas de Direito Público; C: incorreta, pois há espécie de bens públicos, no caso, a dos bens de uso comum do povo, que admite esse tipo de uso (art. 99, I, do CC); D: correta (art. 101 do CC); E: incorreta, pois o art. 100 da CF, que trata do assunto, não admite a penhora de bens públicos, devendo a execução em face da Fazenda Pública se consumar mediante pagamento imediato, no caso, de débitos de pequeno valor, ou por meio da expedição de precatório, com pagamento no prazo previsto na Constituição. Gabarito "D".

(Defensor Público/CE – 2007 – CESPE) Sobre as normas do Código Civil atinentes aos bens e às pessoas jurídicas, julgue os itens a seguir.

(1) São móveis os bens suscetíveis de movimento próprio, e também os bens que podem ser removidos sem alteração de sua substância econômica. Os materiais destinados a uma construção mantêm a qualidade de móveis enquanto não forem imobilizados com a sua utilização. Assim, não perde a característica de imóvel o telhado provisoriamente separado da casa.

1: Certa, pois a questão reflete o disposto nos arts. 82, 84 e 81, II, todos do CC. Gabarito 1C.

(Defensoria/ES – 2009 – CESPE) De acordo com o Código Civil, julgue os itens seguintes.

(1) Os direitos reais sobre imóveis e as ações que os asseguram, bem como o direito à sucessão aberta, são considerados bens imóveis para os efeitos legais, de acordo com o Código Civil.

(2) As pertenças não seguem necessariamente a lei geral de gravitação jurídica, por meio da qual o acessório sempre seguirá a sorte do principal. Por isso, se uma propriedade rural for vendida, desde que não haja cláusula que aponte em sentido contrário, o vendedor não estará obrigado a entregar máquinas, tratores e equipamentos agrícolas nela utilizados.

1: correta (art. 80, I e II, do CC); 2: correta, pois os bens citados são bens destinados de modo duradouro à fazenda, sem ser parte integrante desta, caracterizando a pertença (art. 93 do CC), que, de fato, não segue o principal, salvo disposição legal, de vontade ou circunstancial (art. 94 do CC). Gabarito 1C, 2C.

(Defensoria/PI – 2009 – CESPE) Ao realizar uma reforma de seu imóvel, o proprietário demoliu algumas paredes de sua casa e conservou as portas e janelas que estavam ali instaladas, pensando em revendê-las, já que eram muito antigas e bastante valiosas. Nesse caso, as referidas portas e janelas são consideradas

(A) bens móveis, porque são decorrentes de demolição.
(B) bens imóveis, porque foram apenas provisoriamente retiradas para serem empregadas em um bem da mesma natureza.
(C) pertenças, porque, de modo ideal, sempre estarão agregadas a um bem imóvel.
(D) bens imóveis por força de ficção legal, em função do seu alto valor em relação ao bem principal.
(E) bens móveis por antecipação, porque, apesar de ligadas ao imóvel, passaram a ser objeto de negócio separado.

Nos termos do art. 84, parte final, do CC, os bens provenientes de demolição são móveis. Gabarito "A".

(Delegado Civil/MS – 2006) A Autoridade Policial que se vê na atribuição de tipificar uma ocorrência apresentada durante o plantão, identifica-a como sendo crime de dano, no entanto deve considerar "a priori" se trata ou não de crime contra o patrimônio público que qualifica aquele delito. Para tanto deve ter conhecimento inequívoco acerca da distinção entre os bens elencados na legislação civil. Considerando a afirmação acima e ainda a correta definição dos Bens prevista no Código Civil, assinale a alternativa incorreta.

(A) Consideram-se bens móveis, os suscetíveis de movimento próprio, ou de remoção por força alheia, sem alteração da substância ou da destinação econômico-social e aqueles considerados públicos, se danificados dolosamente tipificam aquela qualificadora.
(B) Consideram-se bens públicos de uso especial os prédios locados, que se destinam a estabelecer órgãos públicos e qualquer dano, desde que doloso tipifica aquela qualificadora.
(C) As praças e ruas são consideradas bens públicos de uso comum do povo e qualquer dano, desde que doloso tipifica aquela qualificadora.
(D) Os materiais empregados para a construção de uma escola municipal enquanto não forem empregados, são considerados bens imóveis e qualquer dano, desde que doloso tipifica aquela qualificadora.
(E) São classificados com bens públicos os dominicais que constituem o patrimônio das pessoas jurídicas de direito público, como objeto de direito pessoal ou real, de cada uma dessas entidades e qualquer dano, desde que doloso tipifica aquela qualificadora.

A: correta (art. 82 do CC e art. 163, parágrafo único, III, do CP); B: correta (art. 99, II, do CC e art. 163, parágrafo único, III, do CP); C: correta (art. 99, I, do CC e art. 163, parágrafo único, III do CP); D: art. 84 do CC; E: art. 99, III, do CC e art. 163, parágrafo único, III, do CP. Gabarito "D".

(Delegado Civil/MS – 2006) Assinale a alternativa que preenche corretamente a lacuna do texto abaixo:

Segundo o Art. 93 do Código Civil, são _____ os bens que, não constituindo partes integrantes, se destinam, de modo duradouro, ao uso, ao serviço ou ao aformoseamento de outro.

(A) treliças.
(B) pertenças.
(C) parecenças.
(D) cedências.
(E) tenças.

Art. 93 do CC. Gabarito "B".

(Delegado Civil/MS – 2006) Consoante o Art. 83 do Código Civil, consideram-se móveis para os efeitos legais:

I. as energias que tenham valor econômico.
II. os direitos reais sobre objetos móveis e as ações correspondentes.
III. os bens suscetíveis de movimento próprio, ou de remoção por força alheia, sem alteração da substância ou da destinação econômico-social.
IV. os direitos pessoais de caráter patrimonial e respectivas ações.
V. os imóveis rurais.

Assinale a alternativa correta:

(A) os itens III e V são falsos.
(B) apenas o item III é falso.
(C) os itens I e III são falsos.
(D) apenas o item V é falso.
(E) apenas o item II é falso.

Não se deve confundir o art. 82 com o art. 83 do CC. Gabarito "A".

(Cartório/SC – 2008) Assinale a alternativa correta, de acordo com as disposições contidas nos arts. 79 a 81 do Código Civil brasileiro:

(A) Os direitos reais sobre imóveis e as ações que os asseguram são considerados móveis, para os efeitos legais.
(B) As edificações que forem separadas do solo, mas conservarem a sua unidade e forem removidas para outro local, serão consideradas bens móveis.
(C) O direito à sucessão aberta é tido como bem de natureza móvel, para os efeitos legais.
(D) Os materiais provisoriamente separados de um prédio, para nele se reempregarem, perdem o caráter de bem imóvel.
(E) São bens imóveis o solo e tudo quanto se lhe incorporar natural ou artificialmente.

Arts. 79 a 81 do CC. Gabarito "E".

(Magistratura Federal – 3ª Região – XIII) A alienação de bens públicos:

(A) dominicais é absolutamente vedada;
(B) de uso comum ou de uso especial é absolutamente vedada;
(C) de uso comum ou de uso especial é vedada enquanto eles o forem;
(D) dominicais depende de lei que a autorize.

Arts. 100 e 101 do CC. Gabarito "C".

(Magistratura Federal-4ª Região – 2010) Assinale a alternativa correta. Quanto aos bens públicos, pode-se afirmar que:

(A) Jamais podem ser alienados.
(B) Jamais podem ser cedidos (emprestados) gratuitamente.
(C) Só excepcionalmente podem ser submetidos à usucapião.
(D) Só podem ser alienados por decisão judicial.
(E) Todas as alternativas anteriores estão incorretas.

A: incorreta, pois os bens públicos dominicais podem ser alienados (art. 101 do CC); B: incorreta, pois os bens públicos podem ser cedidos gratuitamente (art. 17, I, f, h, da Lei 8.666/93); C: incorreta, pois os bens públicos não estão sujeitos à usucapião (art. 102 do CC); D: incorreta, pois a alienação de bem dominical não depende de autorização judicial; E: correta, pois todas as alternativas estão incorretas. Gabarito "E".

(Advogado da União/AGU – CESPE – 2009) A respeito da disciplina dos bens, julgue os itens seguintes.

(1) A praça, exemplo típico de bem de uso comum do povo, perderá tal característica se o poder público tornar seu uso oneroso, instituindo uma taxa de uso, por exemplo.
(2) O imóvel público onde esteja localizada uma Procuradoria Regional da União é considerado bem de uso especial, qualificação que impede a sua alienação.

1: incorreta, pois é possível a cobrança de retribuição pelo uso de bem de uso comum do povo (art. 103 do CC); 2: correta, pois os edifícios públicos são bens de uso especial e tais bens são inalienáveis (art. 100 do CC). Gabarito 1E, 2C.

(Procuradoria Federal – 2007 – CESPE) Julgue os seguintes itens.

(1) São pertenças os bens que, constituindo partes integrantes, destinam-se, de modo duradouro, ao uso, ao serviço ou ao aformoseamento de outro.
(2) Em regra, os negócios jurídicos que dizem respeito ao bem principal não abrangem as pertenças.

1: art. 93 do CC; 2: art. 94 do CC. Gabarito 1E, 2C.

(DEFENSORIA PÚBLICA DA UNIÃO – 2004 – CESPE) No que se refere aos bens, julgue o item a seguir.

(1) Os bens dominicais públicos são passíveis de alienação, desde que observadas as exigências legais, e podem ser utilizados por particulares. Assim, esses bens podem ser objeto de usucapião e de desapropriação, porquanto são dotados de disponibilidade pelo poder público.

1: errada, pois os bens públicos, mesmo que dominicais, não estão sujeitos a usucapião (art. 102 do CC). Gabarito 1E

(Ministério Público do Trabalho – 13º) São considerados bens móveis:

(A) o direito à sucessão aberta;
(B) os materiais provisoriamente separados de um prédio, para nele se reempregarem;
(C) os direitos reais sobre objetos móveis;
(D) o que for incorporado artificialmente ao solo;
(E) não respondida.

Art. 83, II, do CC. Gabarito "C".

(Ministério Público do Trabalho – 14º) Consideram-se bens móveis para os efeitos legais:

(A) os materiais provisoriamente separados de um prédio, para nele se reempregarem;
(B) as energias que tenham valor econômico;
(C) o direito à sucessão aberta;
(D) as edificações que, separadas do solo, mas conservando a sua unidade, forem removidas para outro local;
(E) não respondida.

Art. 83, I, do CC. Gabarito "B".

(Ministério Público do Trabalho – 14º) Assinale a alternativa correta.

(A) os bens públicos estão sujeitos a usucapião;
(B) os bens públicos dominicais não podem ser alienados, em hipótese alguma;
(C) os bens públicos de uso comum do povo e os de uso especial podem ser alienados em qualquer hipótese;
(D) consideram-se dominicais os bens pertencentes às pessoas jurídicas de direito público a que se tenha dado estrutura de direito privado, não dispondo a lei em contrário;
(E) não respondida.

A: art. 102 do CC; B: art. 101 do CC; C: art. 100 do CC; D: art. 99, parágrafo único, do CC; E: a alternativa "d" está correta. Gabarito "D".

(Magistratura do Trabalho – 8ª Região – 2007) A respeito dos bens públicos, é incorreto afirmar:

(A) São públicos os bens do domínio nacional pertencentes à administração pública direta ou indireta; todos os outros são particulares, seja qual for a pessoa a que pertencerem.
(B) São bens públicos de uso comum do povo os rios, mares, estradas, ruas e praças.
(C) São bens públicos de uso especial os edifícios ou terrenos destinados a serviço ou estabelecimento da administração federal, estadual, territorial ou municipal, inclusive os de suas autarquias.
(D) São bens públicos dominicais os que constituem o patrimônio das pessoas jurídicas de direito público, como objeto de direito pessoal, ou real, de cada uma dessas entidades.
(E) Os bens públicos de uso comum do povo e os de uso especial são inalienáveis, enquanto conservarem a sua qualificação, na forma que a lei determinar, enquanto que os bens públicos dominicais podem ser alienados, observadas as exigências da lei.

A: art. 98 do CC; B: art. 99, I, do CC; C: art. 99, II, do CC; D: art. 99, III, do CC; E: arts. 100 e 101 do CC. Gabarito "A".

(Analista – TRT/14ª – 2011 – FCC) A respeito dos bens públicos, considere:

I. Bens de uso comum do povo.
II. Bens de uso especial.
III. Bens dominicais.

São inalienáveis, enquanto conservarem a sua qualificação, os bens públicos indicados APENAS em

(A) I.
(B) I e II.
(C) I e III.
(D) II e III.
(E) III.

Os bens de uso comum e os de uso especial são inalienáveis enquanto conservarem essa qualificação (art. 100 do CC). Já os bens dominicais podem ser alienados, observadas as exigências da lei (art. 101 do CC). Gabarito "B".

(Analista – TRT/20ª – 2011 – FCC) A respeito dos bens, é correto afirmar:

(A) Uma biblioteca é considerada universalidade de direito e, como tal, é considerada bem indivisível.
(B) As terras devolutas, por serem coisas que não têm dono e pertencem ao Estado, são consideradas bens móveis.
(C) As benfeitorias voluptuárias, de mero deleite ou luxo, de um imóvel são desprovidas de existência material própria e consideradas bens imóveis.
(D) A energia elétrica é bem de uso comum do povo, divisível e considerada imóvel por determinação legal.
(E) Tudo o que for incorporado ao solo de forma natural e permanente, como uma árvore, é considerado bem móvel.

A: incorreta, pois a biblioteca é uma universalidade de fato (art. 90 do CC); ademais, segundo o p. único do dispositivo citado, os bens que formam essa universalidade podem ser objeto de relações jurídicas próprias; B: incorreta, pois as terras (o solo) são sempre bens imóveis; quanto à titularidade, as terras devolutas são classificadas como bens públicos; quanto à destinação, são classificadas como bens públicos dominicais; e quanto à mobilidade, são bens imóveis; C: correta, pois benfeitorias são melhoramentos feitos em coisa existente; uma vez feita uma benfeitoria, esta passa a ser parte integrante da coisa melhorada; assim, construído um quarto a mais numa casa já existente, temos uma benfeitoria útil, sendo que esse quarto pertence à casa com um todo e é considerado bem imóvel; D: incorreta, pois a energia elétrica é bem móvel por determinação legal (art. 83, I, do CC); E: incorreta, pois tudo o que for incorporado ao solo de forma natural e permanente é considerado bem imóvel por acessão natural (art. 79 do CC). Gabarito "C".

(Analista – TRT/22ª – 2010 – FCC) Os mares, os quartéis e as estradas de ferro são bens públicos

(A) de uso comum do povo, dominicais e de uso comum do povo, respectivamente.
(B) dominicais, de uso especial e de uso comum do povo, respectivamente.
(C) de uso comum do povo, de uso especial e dominicais, respectivamente.
(D) de uso comum do povo.
(E) de uso especial.

Art. 99, I, II e III, do CC. Gabarito "C".

(Analista – TRT/22ª – 2010 – FCC) O direito à sucessão aberta, a energia térmica e os animais incluem-se, para os efeitos legais, na categoria dos bens

(A) móveis.
(B) imóveis.
(C) imóveis, imóveis e móveis, respectivamente.
(D) imóveis, móveis e móveis, respectivamente.
(E) móveis, imóveis e móveis, respectivamente.

O direito à sucessão aberta é bem imóvel (art. 80, II, do CC), a energia térmica é bem móvel (art. 83, I, do CC) e os animais são bens móveis (art. 82 do CC). Gabarito "D".

(Analista – TRT/23ª – 2011 – FCC) Considera-se, dentre outros, bem imóvel:

(A) a energia térmica.
(B) a energia elétrica.
(C) o direito autoral.
(D) o direito hereditário.
(E) o direito de patente.

A e B: incorretas, pois as energias que tenham valor econômico são bens móveis (art. 83, I, do CC); C: incorreta, pois o direito de autor é considerado bem móvel (art. 3º da Lei 9.610/98); D: correta, pois o direito hereditário, isto é, de fato, bem imóvel (art. 80, II, do CC); E: incorreta, pois o direito de patente é considerado bem móvel (art. 5º da Lei 9.279/96). Gabarito "D".

(Analista – TRE/AL – 2010 – FCC) Considere os seguintes bens: Praça do Coração; Prédio da administração da Prefeitura da cidade X; Rio Alegre que liga a cidade C à cidade B; Prédio da administração da autarquia municipal W. De acordo com o Código Civil Brasileiro estes bens são, respectivamente, de uso

(A) comum do povo; especial, comum do povo; especial.
(B) comum do povo; especial, comum do povo; dominical.
(C) comum do povo; dominical, especial; especial.
(D) especial; especial, comum do povo; especial.
(E) especial; comum do povo, especial; comum do povo.

Art. 99, I e II, do CC. Gabarito "A".

(Analista – TRE/RS – 2010 – FCC) De acordo com o Código Civil brasileiro, com relação aos bens públicos é INCORRETO afirmar:

(A) São públicos os bens do domínio nacional pertencentes às pessoas jurídicas de direito público interno.
(B) São bens públicos de uso comum do povo os rios, mares, estradas, ruas e praças.
(C) Os bens públicos de uso comum do povo e os de uso especial são inalienáveis, enquanto conservarem a sua qualificação, na forma que a lei determinar.
(D) O uso comum dos bens públicos pode ser gratuito ou retribuído, conforme for estabelecido legalmente pela entidade a cuja administração pertencerem.
(E) Em regra, consideram-se bem de uso especial os bens pertencentes às pessoas jurídicas de direito público, constituindo seu patrimônio, a que se tenha dado estrutura de direito privado.

A: correta (art. 98 do CC); B: correta (art. 99, I, do CC); C: correta (art. 100 do CC); D: correta (art. 103 do CC); E: incorreta, pois não se trata de estrutura de direito privado (art. 99, II, do CC). Gabarito "E".

(Analista – TRE/TO – 2011 – FCC) Os materiais destinados a alguma construção, enquanto não forem empregados; os materiais provenientes da demolição de algum prédio e os direitos reais sobre objetos móveis são considerados

(A) bem móvel, imóvel e móvel, respectivamente.
(B) bens imóveis.
(C) bem móvel, móvel e imóvel, respectivamente.
(D) bem imóvel, móvel e imóvel, respectivamente.
(E) bens móveis.

Para responder a questão, deve-se verificar, respectivamente, os seguintes dispositivos: arts. 84, parte inicial e parte final, e 83, II, ambos do Código Civil. Gabarito "E".

(Analista – TRE/BA – 2010 – CESPE) Acerca do direito civil, julgue o item seguinte.

(1) Os bens públicos podem ser classificados em bens públicos de uso comum, de uso especial e dominicais. Todos são inalienáveis, porém os dominicais são suscetíveis de usucapião.

1: errada, pois os bens públicos não estão sujeitos a usucapião (art. 102 do CC) e os bens públicos dominicais podem ser alienados, observadas as exigências da lei (art. 101 do CC). Gabarito 1E.

(Analista – TRE/BA – 2010 – CESPE) Tendo em vista a classificação dos bens prevista no Código Civil, julgue os itens que se seguem.

(1) O uso comum dos bens públicos deve ser gratuito ou retribuído, conforme for estabelecido legalmente pela entidade a cuja administração pertencerem.
(2) Ao contrário dos bens públicos de uso comum do povo e os de uso especial, os bens públicos dominicais podem ser alienados, desde que observadas as exigências legais.
(3) Os bens públicos dominicais estão sujeitos à prescrição aquisitiva.

1: certa (art. 103 do CC); 2: certa (art. 101 do CC); 3: errada, pois os bens públicos não estão sujeitos a usucapião (art. 102 do CC). Gabarito 1C, 2C, 3E.

(Analista – TRE/MT – 2010 – CESPE) Quanto à matéria bens, assinale a opção correta conforme o ordenamento jurídico brasileiro.

(A) O direito à sucessão aberta obedece ao regime de bens móveis.
(B) Os bens naturalmente divisíveis podem tornar-se indivisíveis por determinação legal ou por vontade das partes.
(C) Tanto os bens públicos quanto os privados podem ser usucapidos.
(D) Os bens públicos dominicais e os de uso especial não podem ser alienados.
(E) O uso comum dos bens públicos pode ser retribuído conforme estabelecido legalmente pela entidade a cuja administração pertencem, sendo vedado seu uso gratuito.

A: incorreta, pois o direito à sucessão aberta é considerado bem imóvel (art. 80, II, do CC); B: correta (art. 88 do CC); C: incorreta, pois os bens públicos não estão sujeitos a usucapião (art. 102 do CC); D: incorreta, pois os bens públicos dominicais podem ser alienados, observadas as exigências da lei (art. 101 do CC); E: incorreta, pois o uso comum dos bens públicos pode ser gratuito ou retribuído, conforme for estabelecido legalmente pela entidade a cuja administração pertencerem (art. 103 do CC). Gabarito "B".

(Analista – TRF/4ª – 2010 – FCC) No que concerne aos Bens Reciprocamente Considerados, é INCORRETO afirmar:

(A) Em regra, os negócios jurídicos que dizem respeito ao bem principal abrangem as pertenças.
(B) Principal é o bem que existe sobre si, abstrata ou concretamente; acessório, aquele cuja existência supõe a do principal.
(C) Apesar de ainda não separados do bem principal, os frutos e produtos podem ser objeto de negócio jurídico.
(D) Não se consideram benfeitorias os melhoramentos ou acréscimos sobrevindos ao bem sem a intervenção do proprietário, possuidor ou detentor.
(E) São voluptuárias as benfeitorias de mero deleite ou recreio, que não aumentam o uso habitual do bem, ainda que o tornem mais agradável ou sejam de elevado valor.

A: incorreta (art. 94 do CC); B: correta (art. 92 do CC); C: correta (art. 95 do CC); D: correta (art. 97 do CC); E: correta (art. 96, § 1º, do CC). Gabarito "A".

2.8. FATOS JURÍDICOS

2.8.1. ESPÉCIES, FORMAÇÃO E DISPOSIÇÕES GERAIS

(Magistratura/MG – 2009 – EJEF) "Fatos jurídicos são acontecimentos que produzem efeitos jurídicos, causando o nascimento, a modificação ou a extinção de relações jurídicas e de seus direitos". Ora constituem-se como simples manifestação da natureza, ora podem configurar-se como manifestação da vontade humana. Neste último caso são chamados de atos jurídicos. Assim, dentre as assertivas abaixo, assinale CORRETA.

(A) No ato jurídico em senso estrito a eficácia decorre da vontade do agente. É ato *ex voluntate*.
(B) Os atos jurídicos em senso estrito consistem em simples declarações de vontade que produzem efeitos estabelecidos em lei.
(C) O ato jurídico em senso estrito é a realização da autonomia privada, porque é instrumento de realização da vontade.
(D) O ato jurídico *stricto sensu* e o negócio jurídico são, ambos, manifestações de vontade, não se diferindo quanto a sua estrutura, a sua função e a seus efeitos.

A: incorreta, pois o ato jurídico em sentido estrito é simples declaração de vontade que tem seus efeitos preestabelecidos na lei; B: correta, pois traz definição adequada de ato jurídico em sentido estrito; C: incorreta, pois os *negócios jurídicos* é que se encaixam nessa definição; os *atos jurídicos em sentido estrito* são meras declarações de vontade que recebem os efeitos preestabelecidos na lei, não regulando, portanto, os efeitos produzidos; D: incorreta, pois, como se viu, os negócios jurídicos são declarações de vontade qualificadas, que regulam os efeitos jurídicos dos atos praticados; assim, um contrato de compra e venda, por regular elementos como a coisa, o preço e as demais condições, regula os efeitos específicos da declaração de vontade expedida, de modo que é um *negócio jurídico*, e não um mero *ato jurídico em sentido estrito*. Gabarito "B".

(Magistratura/PE – 2011 – FCC) Na interpretação do silêncio, como manifestação da vontade, é correto afirmar que

(A) sempre que uma das partes silenciar, quando devesse manifestar, caracteriza-se o consentimento.
(B) importa anuência, quando as circunstâncias ou os usos o autorizarem, e não for necessária a declaração de vontade expressa.

(C) vigora o adágio "quem cala consente", em qualquer circunstância.

(D) o silêncio só importará consentimento depois de ratificação expressa.

(E) não se admite o silêncio como forma de manifestação da vontade, salvo nos casos em que a ratificação tácita é prevista em lei.

Art. 111 do CC. Gabarito "B".

(Magistratura/PI - 2007 - CESPE) Quanto aos negócios jurídicos, assinale a opção correta.

(A) O silêncio importará em manifestação positiva de vontade, quando, em um contrato de adesão, houver prazo obrigatório assinalado para manifestação da parte, sob pena de, não o fazendo, a contraparte considerar que houve demonstração de aceitação do negócio jurídico, desde que a parte tenha ampla oportunidade de tomar conhecimento de todos os termos e cláusulas do contrato.

(B) Encargo é a cláusula acessória aderente aos negócios jurídicos gratuitos. O encargo impõe uma contraprestação do beneficiário, que, enquanto não for cumprida, se traduz em óbice à aquisição ou ao exercício do direito.

(C) A nulidade absoluta de um negócio jurídico poderá ser argüida por qualquer interessado, bem como pelo Ministério Público em casos em que couber intervir, ou, ainda, ser decretada pelo juiz, de ofício, quando conhecer do negócio ou dos seus efeitos e a encontrar provada. Declarada essa nulidade por sentença judicial, ela produzirá efeitos *ex tunc*, alcançando a declaração de vontade no momento da emissão.

(D) Quando, na celebração de um negócio jurídico bilateral ou unilateral, o representante legal ou convencional de uma das partes agir com dolo intencional, para acarretar a nulidade desse ato negocial, exige-se o efetivo conhecimento da parte que dele se aproveite, pois o dolo provocado pelo representante recebe o mesmo tratamento legal destinado ao dolo de terceiro.

(E) Na celebração de um negócio jurídico, a vontade manifestada de uma das partes não subsiste, se esta faz reserva mental de não querer aquilo que manifestou, ainda que a outra parte não tenha conhecimento da mesma, pois, além de haver a intenção de prejudicar, existe o vício de consentimento ensejando a nulidade do negócio. Assim, essa discrepância entre a vontade e a declaração do agente acarreta a invalidade do negócio, por erro na declaração de vontade.

A: os contratos de adesão, por sua natureza, não são contratos que admitem anuência pelo silêncio; este pode importar em aceitação nos casos em que não seja necessária a declaração de vontade expressa (art. 111 do CC), como no caso da doação pura e simples (art. 539 do CC); B: art. 136 do CC; o encargo não suspende a aquisição ou o exercício do direito; assim, se alguém recebeu uma casa com o encargo de cuidar de uma pessoa, o fato de não estar cuidando da pessoa não interfere na aquisição da coisa, que entra no patrimônio do donatário tão logo seja feito o registro da doação na matrícula do imóvel; todavia, e isso acontecerá somente após certo período de tempo, tal doação poderá vir a ser revogada pelo doador (art. 562 do CC) ou a ser objeto de cobrança do encargo pelo interessado (art. 553 do CC); C: arts. 168 e 182 do CC; D: art. 149 do CC; E: art. 110 do CC. Gabarito "C".

(Magistratura/RS – 2009) Com base nas disposições gerais sobre negócio jurídico, assinale a assertiva correta.

(A) A incapacidade relativa de uma das partes pode ser invocada pela outra em benefício próprio.

(B) O silêncio importa anuência, quando as circunstâncias ou os usos o autorizarem, e não for necessária a declaração de vontade expressa.

(C) A escritura pública é essencial à validade dos negócios jurídicos visando a constituição, transferência, modificação ou renúncia de direitos reais sobre imóveis de valor superior a cinquenta vezes o maior salário mínimo vigente no país.

(D) A validade da declaração de vontade independe de forma especial e de exigência expressa da lei.

(E) Na declaração de vontade, se atenderá mais ao sentido literal da linguagem do que à intenção nela consubstanciada.

A: incorreta (art. 105 do CC); B: correta (art. 111 do CC); C: incorreta, pois a escritura pública é obrigatória, no caso, se o valor do imóvel for superior a 30 salários-mínimos (art. 108 do CC); D: incorreta, pois, como regra, a validade da declaração de vontade não depende de forma especial, a não ser que a lei exija uma forma especial (art. 107 do CC); E: incorreta, pois se atenderá mais à intenção nela consubstanciada (art. 112 do CC). Gabarito "B".

(Magistratura/SC – 2008) Sobre os negócios jurídicos, assinale a alternativa INCORRETA.

(A) Os negócios jurídicos devem ser interpretados conforme a boa-fé e os usos do lugar do pagamento.

(B) A incapacidade relativa de uma das partes não pode ser invocada pela outra em benefício próprio, nem aproveita aos co-interessados capazes, salvo se, neste caso, for indivisível o objeto do direito ou da obrigação comum.

(C) Os negócios jurídicos benéficos e a renúncia interpretam-se estritamente.

(D) A validade da declaração de vontade não dependerá de forma especial, senão quando a lei expressamente a exigir.

(E) O silêncio importa anuência, quando as circunstâncias ou os usos o autorizarem, e não for necessária a declaração de vontade expressa.

A: art. 113 do CC ("celebração"); B: art. 177 do CC; C: art. 114 do CC; D: art. 107 do CC; E: art. 111 do CC. Gabarito "A".

(Procurador do Estado/CE – 2008 – CESPE) Acerca dos fatos jurídicos, assinale a opção correta.

(A) Configura-se o estado de perigo quando uma pessoa, por inexperiência, ou sob premente necessidade, obriga-se a prestação manifestamente desproporcional ao valor da prestação oposta, gerando lucro exagerado ao outro contratante. Nessa situação, a pessoa pode demandar a nulidade do negócio jurídico, dispensando-se a verificação de dolo ou má-fé da parte adversa.

(B) A fraude contra a execução é um defeito do negócio jurídico, caracterizando-se como vício de consentimento e viciando, como conseqüência, a declaração de vontade dos partícipes do negócio jurídico.

(C) A simulação relativa é um vício social que acarreta a nulidade do negócio jurídico, que não pode subsistir, mesmo que seja válido na substância e na forma.

(D) O negócio jurídico realizado com infração a norma de ordem pública, mesmo depois de declarado nulo por sentença judicial, por se tratar de direito patrimonial e, portanto, disponível, pode ser ratificado pelas partes, convalidando-se, assim, o ato negocial.

(E) A reserva mental caracteriza-se pela não-coincidência entre a vontade real e a declarada, com o propósito de enganar a outra parte. Se for desconhecida pelo destinatário, a manifestação de vontade subsiste ainda que o seu autor haja feito a reserva mental de não querer o que manifestou.

A: o negócio é anulável e a parte adversa tem ciência da situação de perigo (art. 156 do CC); B: não se deve confundir a *fraude contra credores*, defeito do negócio jurídico (arts. 158 e ss do CC), com a *fraude de execução, ilícito processual* previsto no Código de Processo Civil (arts. 592, V, e 593 do CPC); é bom lembrar que a fraude contra credores gera a *anulabilidade* do negócio, ao passo que a fraude de execução, a *ineficácia* do negócio em relação ao exequente; C: art. 167 do CC e Enunciados CJF 153 e 293; D: art. 169 do CC; E: art. 110 do CC. Gabarito "E".

(Procurador do Estado/RO – 2011 – FCC) O recente terremoto ocorrido no Japão em 11 de março de 2011, sob o ponto de vista da teoria geral do direito, pode ser classificado como

(A) ato jurídico em sentido estrito.

(B) ato jurídico em sentido amplo.

(C) negócio jurídico.

(D) fato jurídico em sentido estrito.

(E) fato ilícito em sentido estrito.

Fato jurídico em sentido estrito é o acontecimento natural que produz efeitos jurídicos. Exs.: nascimento, morte, decurso do tempo, raio, temporal etc. O fato jurídico em sentido estrito pode ser tanto um fato ordinário (como a morte natural e o decurso do tempo) como um fato extraordinário (como um tufão numa dada localidade ou o terremoto descrito na questão). Assim, o terremoto é um fato jurídico em sentido estrito. "D".

(Defensor Público/RO – 2007) A aceitação, se antes dela chegar ao proponente a retratação do aceitante, será reputada como:

(A) inexistente
(B) defeituosa
(C) anulável
(D) inválida
(E) nula

Considera-se inexistente a aceitação, se antes dela ou com ela chegar ao proponente a retratação do aceitante (art. 433 do CC). "A".

(Magistratura Federal – 3ª Região – XIII) Transação é:

(A) o mesmo que acordo;
(B) um negócio que produz coisa julgada entre as partes;
(C) um negócio jurídico;
(D) um ato que só pode ser realizado no processo.

É negócio jurídico regulado nos arts. 840 e ss do CC. "C".

(Magistratura Federal – 4ª Região – X) Sobre a teoria geral dos fatos jurídicos, assinalar a alternativa INCORRETA.

(A) O que caracteriza o ato-fato jurídico é tratar-se de ato humano avolitivo que entra no mundo jurídico como fato.
(B) No ato-fato jurídico a vontade do agente não integra o suporte fático, razão pela qual o louco pode praticá-lo eficazmente.
(C) O ato-fato é um fato natural a que se atribui os mesmos efeitos dos atos humanos.
(D) No ato-fato é irrelevante que o agente queira ou não praticar o ato, bastando que o pratique para que o ato exista e produza efeitos.

A alternativa "c" está incorreta pois o ato-fato é um ato humano. "C".

2.8.2. CONDIÇÃO, TERMO E ENCARGO

(Magistratura/RS – 2009) Considere as assertivas sobre condição.

I. As condições ilícitas ou de fazer coisas ilícitas e as condições incompreensíveis ou contraditórias têm-se por inexistentes.
II. São tidas por inexistentes as condições impossíveis, quando resolutivas, e as de não fazer coisa impossível.
III. Se for suspensiva a condição, enquanto esta não se realizar, vigorará o negócio jurídico, podendo ser exercido desde a conclusão deste o direito por ele estabelecido.

Quais são corretas?

(A) Apenas I
(B) Apenas II
(C) Apenas III
(D) Apenas I e II
(E) I, II e II

I: incorreta, pois tais condições invalidam os negócios que lhes são subordinados (art. 123, II e III, do CC); II: correta (art. 124 do CC); III: incorreta, pois, se for *suspensiva* a condição, enquanto esta não se realizar, estarão *suspensos* os efeitos do negócio (art. 125 do CC). "B".

(Magistratura/SC – 2009) Observadas as proposições abaixo, assinale a alternativa correta:

I. A lesão permite a resolução do negócio pela superveniência de onerosidade excessiva desproporcional.
II. A condição suspensiva ou resolutiva não permite, enquanto não se verificar, a aquisição do direito a que visa o respectivo negócio.
III. A condição maliciosamente levada a efeito por aquele a quem seu implemento aproveite é considerada como não verificada.
IV. O encargo somente é possível em negócios onerosos realizados por mútuo consentimento e para os quais não haja forma especial prevista em lei.

(A) Somente as proposições III e IV estão corretas.
(B) Somente as proposições II e IV estão corretas.
(C) Somente a proposição III está correta.
(D) Somente as proposições I, II e III estão corretas.
(E) Somente as proposições I e II estão corretas.

I: incorreta, pois a lesão torna o negócio *anulável* (art. 157 c/c art. 171, II, do CC); II: incorreta, pois essa definição é só de condição suspensiva (art. 125 do CC), ou de condição resolutiva (art. 127 do CC); III: correta (art. 129 do CC); IV: incorreta, pois nada impede que o encargo seja estabelecido nos negócios que exijam forma especial, como é o caso da doação de imóvel com encargo. "C".

(Magistratura/SP – 2011 – VUNESP) Assinale a alternativa correta.

(A) São vedadas as condições que sujeitam o efeito do negócio jurídico ao arbítrio de uma das partes, somente nas relações de consumo.
(B) As condições contraditórias são consideradas inexistentes, mantendo-se íntegro o negócio jurídico que lhe é subordinado.
(C) O titular de direito eventual pode praticar os atos destinados a conservá-lo, nos casos de condição suspensiva ou resolutiva.
(D) O implemento de condição resolutiva sempre extingue, para todos os efeitos, o direito a que ela se opõe.
(E) O termo inicial suspende a aquisição do direito.

A: incorreta, pois o Código Civil considera defesa a condição que sujeita o efeito do negócio jurídico ao arbítrio de uma das partes (art. 122); B: incorreta, pois as condições contraditórias invalidam os negócios jurídicos que lhes são subordinados (art. 123, III, do CC); C: correta (art. 130 do CC); D: incorreta, pois sobrevindo a condição resolutiva, extingue-se, para todos os efeitos, o direito a que ela se opõe; **mas, se aposta a um negócio de execução continuada ou periódica, a sua realização, salvo disposição em contrário, não tem eficácia quanto aos atos já praticados, desde que compatíveis com a natureza da condição pendente e conforme aos ditames de boa-fé** (art. 128 do CC); E: incorreta, pois o termo inicial suspende o exercício, mas não a aquisição do direito (art. 131 do CC). "C".

(Ministério Público/MG – 2010.1) Assinale a alternativa INCORRETA.

(A) Quando submetido à condição resolutiva, o negócio jurídico produz, desde logo, todos os efeitos que lhe são peculiares.
(B) Implementada a condição resolutiva, os interessados retornam à situação anterior, salvo as hipóteses de execução periódica ou continuada.
(C) Computam-se os prazos, excluído o dia do começo e incluído o do vencimento; se este cair em feriado, prorroga-se para o primeiro dia útil.
(D) O encargo suspende a aquisição do direito e será considerado não escrito, se ilícito ou impossível, invalidando o negócio jurídico.
(E) Ao titular do direito eventual, nos casos da condição suspensiva, é permitido praticar os atos destinados a conservá-lo.

A: correta (art. 127 do CC); B: correta (art. 128 do CC); C: correta (art. 132, *caput*, do CC); D: incorreta (art. 136 do CC); E: correta (art. 130 do CC). "D".

(Ministério Público/PR – 2011) Acerca dos negócios jurídicos, assinale a alternativa correta:

(A) subordinar a eficácia de um negócio jurídico a uma condição suspensiva significa afirmar que, enquanto esta não se realizar, não se terá adquirido o direito subjetivo a que visa o negócio.
(B) o termo sempre suspende a aquisição do direito subjetivo, de modo que, enquanto o evento futuro e certo ali previsto não se realizar, não se aperfeiçoa o direito a que visa o negócio.
(C) a regra que impõe a interpretação dos negócios jurídicos à luz da boa-fé significa que se deve perscrutar a vontade real do declarante, uma vez que a norma está a tratar da boa-fé subjetiva.
(D) a reserva mental é uma modalidade de simulação e, como tal, é hipótese de anulabilidade dos negócios jurídicos.
(E) somente os negócios jurídicos comutativos podem ser anulados por coação, não sendo viável pretender, sob esse fundamento, obter a anulação de negócios jurídicos benéficos.

A: correta (art. 121 do CC); B: incorreta, pois o termo inicial suspende o exercício, mas não a aquisição do direito (art. 131 do CC); C: incorreta, pois a regra prescrita no art. 113 do CC trata da boa-fé objetiva; D: incorreta, pois a reserva mental não é espécie de simulação e só será causa de anulabilidade do negócio se o destinatário tiver conhecimento dela (art. 110 do CC); E: incorreta, pois a coação é causa de anulação de qualquer espécie de negócio jurídico. "A".

(Ministério Público/PR – 2008) É correto afirmar:

(A) Os tutores, curadores e em geral todos os administradores de bens alheios não poderão dar em comodato, sem autorização especial, os bens confiados à sua guarda.
(B) Na condição resolutiva, enquanto esta se não realizar, não vigorará o negócio jurídico, podendo exercer-se desde a conclusão deste o direito por ele estabelecido.
(C) Na condição suspensiva, o direito é adquirido até que seja verificada a condição, a qual põe termo ao negócio jurídico.
(D) São nulos os negócios jurídicos, quando as declarações de vontade emanarem de erro substancial que poderia ser percebido por pessoa de diligência normal, em face das circunstâncias do negócio.
(E) Um dos casos em que a proposta de contrato deixa de ser obrigatória ocorre se feita sem prazo a pessoa presente, e, em 5 dias não foi aceita.

A: art. 580 do CC; B: art. 127 do CC; C: art. 125 do CC; D: "anuláveis" (art. 138 do CC); E: art. 428, I, do CC. Gabarito "A".

(Ministério Público/SP – 2006) Considere a seguintes frases:

"É a cláusula que subordina o efeito do negócio jurídico, oneroso ou gratuito, a evento futuro ou incerto".

"É a cláusula que subordina os efeitos do ato negocial a um acontecimento futuro e certo".

"É a cláusula acessória aderente a atos de liberalidade inter vivos ou causa mortis que impõe um ônus ou uma obrigação ao contemplado pelos referidos atos".

Estas cláusulas são, respectivamente, de:

(A) encargo, condição e termo.
(B) termo, encargo e condição.
(C) termo, condição e encargo.
(D) condição, encargo e termo.
(E) condição, termo e encargo.

Arts. 121, 131 e 136, respectivamente, do CC. Gabarito "E".

(Ministério Público/SP – 82º) A expressão "dôo o meu terreno situado à rua X, n. 30, bairro Bela Vista, nesta cidade, à Municipalidade, a fim de que nele seja construído um hospital" encerra uma liberalidade gravada com:

(A) condição resolutiva.
(B) condição suspensiva.
(C) termo certo.
(D) condição potestativa.
(E) encargo.

Normalmente, as expressões "a fim de que" (presente no enunciado), "para o fim de que", "para que", "com a obrigação de", dentre outras, indica a presença de encargo. Já quando aparece a palavra "se", normalmente tem-se uma condição. Gabarito "E".

(Procurador do Estado/SP – FCC – 2009) A condição resolutiva subordina a

(A) ineficácia do negócio jurídico a um evento futuro e incerto, enquanto a condição suspensiva subordina a eficácia a um acontecimento futuro e incerto.
(B) ineficácia do negócio jurídico a um acontecimento futuro e certo, enquanto a condição suspensiva subordina a eficácia a um acontecimento futuro e certo.
(C) eficácia do negócio jurídico a um evento futuro e incerto, enquanto o termo final subordina a eficácia a um acontecimento futuro e certo.
(D) eficácia do negócio jurídico a um evento futuro e incerto, enquanto a condição suspensiva subordina a eficácia a um evento futuro e certo.
(E) eficácia do negócio jurídico a um evento futuro e certo, enquanto a condição suspensiva subordina a ineficácia a um acontecimento futuro e incerto.

A alternativa "a" está correta, pois a condição resolutiva faz com que o negócio jurídico passe a ser ineficaz (art. 128, primeira parte, do CC). Gabarito "A".

(Procurador do Município/Teresina-PI – 2010 – FCC) Em relação à eficácia dos negócios jurídicos, é INCORRETO afirmar:

(A) O termo inicial suspende a aquisição, mas não o exercício do direito.
(B) Se for resolutiva a condição, enquanto esta não se realizar, vigorará o negócio jurídico, desde sua conclusão podendo exercer-se o direito por ele estabelecido.
(C) Têm-se por inexistentes as condições impossíveis, quando resolutivas, e as de não fazer coisa impossível.
(D) Em geral, são lícitas todas as condições não contrárias à lei, à ordem pública ou aos bons costumes.
(E) Nos casos de condição suspensiva ou resolutiva, ao titular do direito eventual é permitido praticar os atos destinados a conservá-lo.

A: incorreta, pois o termo inicial suspende a aquisição e o exercício do direto (efeitos do negócio jurídico – art. 121 do CC); B: correta (art. 127 do CC); C: correta (art. 124 do CC); D: correta (art. 122 do CC); E: correta (art. 130 do CC). Gabarito "A".

(Cartório/AP – 2011 – VUNESP) Invalidam os negócios jurídicos, que lhes são subordinados, as condições física ou juridicamente

(A) impossíveis, quando resolutivas.
(B) impossíveis.
(C) impossíveis, quando suspensivas.
(D) possíveis, quando resolutivas.
(E) possíveis, se potestativas.

Art. 123, I, do CC. Gabarito "C".

(Magistratura Federal – 3ª Região – XI) Os elementos acidentais do negócio jurídico podem afetar sua validade ou comprometer sua eficácia, em determinadas situações. Assim:

(A) sobrevindo condição resolutiva em negócio jurídico de execução continuada ou periódica, a sua realização, salvo disposição em contrário, não tem eficácia quanto aos atos já praticados, ainda que incompatíveis com a natureza da condição pendente;
(B) considera-se não escrito o encargo ilícito ou impossível, salvo se constituir o motivo determinante da liberalidade, caso em que se invalida o negócio jurídico;
(C) ao titular do direito eventual, nos casos de condição suspensiva ou resolutiva, não é permitida a prática de atos destinados à sua conservação ou execução;
(D) não tendo sido estipulado prazo para sua execução, os negócios jurídicos celebrados entre vivos são exeqüíveis trinta dias após a data da celebração.

A: art. 128 do CC; B: art. 137 do CC; C: art. 130 do CC; D: vide arts. 134 e 331 do CC. Gabarito "B".

(FGV – 2008) A afirmativa "Pagarei a coisa adquirida quando a revender" representa condição:

(A) puramente potestativa.
(B) simplesmente potestativa.
(C) eventual.
(D) resolutiva.
(E) suspensiva.

As condições *simplesmente potestativas* exigem a ocorrência de fato estranho ao mero arbítrio da parte, como é o caso da revenda do bem, que não depende somente da parte, mas de fato alheio à sua vontade, que é um terceiro adquirir o bem. Nesses casos a condição é lícita porque não fica exclusivamente ao arbítrio de uma das partes (art. 122 do CC). Gabarito "B".

(FGV – 2007) Em relação ao ato jurídico, a condição suspensiva é causa de:

(A) nulidade
(B) ineficácia
(C) inexistência
(D) anulabilidade

Trata-se de ato *ineficaz* porque ele já *existe*, é *válido*, mas, enquanto não realizada a condição, o ato permanece sem *eficácia*. Gabarito "B".

(FGV – 2006) Assinale o nome do fato jurídico em que a eficácia de negócio jurídico é submetida, por vontade das partes, a evento futuro e incerto.

(A) condição
(B) condição resolutiva
(C) condição potestativa
(D) encargo
(E) termo final

Arts. 121 e 127, do CC. Gabarito "B".

(Analista – TRT/8ª – 2010 – FCC) A cláusula que subordina o efeito do negócio jurídico, oneroso ou gratuito, a um evento futuro e incerto denomina-se

(A) condição.
(B) encargo.
(C) termo inicial.
(D) termo final.
(E) modo.

Art. 121 do CC. Gabarito "A".

(Analista – TRT/23ª – 2011 – FCC) Num negócio jurídico, a parte a quem aproveitaria o seu implemento, forçou maliciosamente a ocorrência de condição. Nesse caso,

(A) reputa-se verificada a condição.
(B) considera-se não implementada a condição.
(C) o negócio jurídico é nulo para todos os efeitos legais.
(D) o negócio jurídico é anulável.
(E) a verificação da condição será retardada em 90 dias.

Art. 129 do CC. Faz todo sentido essa solução, pois se alguém forçou maliciosamente uma condição que o aproveita, nada mais justo que se repute não verificada a condição. Gabarito "B".

(Analista – TRT/24ª – 2011 – FCC) A condição

(A) maliciosamente levada a efeito por aquele a quem aproveita o seu implemento considera-se não verificada.
(B) resolutiva, enquanto não se realizar, impede a eficácia do negócio jurídico, não podendo ser exercido, desde a conclusão deste, o direito por ele estabelecido.
(C) que sujeitar o efeito do negócio jurídico ao puro arbítrio de uma das partes, em geral, é válida, em decorrência do princípio da liberdade de contratar.
(D) cujo implemento for maliciosamente obstado pela parte a quem favorecer não se reputa verificada quanto aos efeitos jurídicos.
(E) suspensiva impede que o titular do direito eventual pratique atos destinados a conservá-lo.

A: correta (art. 129 do CC); B: incorreta, pois é o contrário, ou seja, se for resolutiva a condição, enquanto esta se não realizar, vigorará o negócio jurídico, podendo exercer-se desde a conclusão deste o direito por ele estabelecido; C: incorreta, pois essas condições são defesas, proibidas (art. 122 do CC); D: incorreta, pois, nesse caso, a condição reputa-se verificada (art. 129 do CC); E: incorreta, pois, mesmo suspensa a condição, o titular do direito eventual está autorizado pela lei a conservar o seu direito (art. 130 do CC). Gabarito "A".

(Analista – TRF/4ª – 2010 – FCC) Considere as seguintes assertivas a respeito da Condição, do Termo e do Encargo:

I. Considera-se condição a cláusula que, derivando exclusivamente da vontade das partes, subordina o efeito do negócio jurídico a evento futuro e certo.
II. Se for resolutiva a condição, enquanto esta se não realizar, vigorará o negócio jurídico, podendo exercer-se desde a conclusão deste o direito por ele estabelecido.
III. O termo inicial suspende o exercício, mas não a aquisição do direito.
IV. Em regra, o encargo suspende a aquisição e o exercício do direito.

De acordo com o Código Civil, está correto o que consta APENAS em

(A) I e III.
(B) I, II e III.
(C) II, III e IV.
(D) II e III.
(E) II e IV.

I: incorreta, pois considera-se condição a cláusula que, derivando exclusivamente da vontade das partes, subordina o efeito do negócio jurídico a evento futuro e **incerto** (art. 121 do CC); II: correta (art. 127 do CC); III: correta (art. 131 do CC); IV: incorreta, pois o encargo não suspende a aquisição nem o exercício do direito, salvo quando expressamente imposto no negócio jurídico, pelo disponente, como condição suspensiva (art. 136 do CC). Gabarito "D".

2.8.3. DEFEITOS DO NEGÓCIO JURÍDICO

(Magistratura/MG - 2006) Conforme dispõe o Código Civil, quanto aos defeitos que podem levar à anulação do negócio jurídico é CORRETO afirmar que:

(A) o erro de indicação da pessoa ou da coisa a que se referir a declaração de vontade viciará o negócio, ainda que, por seu contexto e pelas circunstâncias, possam ambas ser identificadas;
(B) o erro de cálculo apenas autoriza a retificação da declaração de vontade;
(C) a coação exercida por terceiro não vicia o negócio, em qualquer circunstância;
(D) o dolo do representante legal de uma das partes obriga o representado a responder civilmente por todas as perdas e danos à parte ludibriada.

A: art. 142 do CC; B: art. 143 do CC; C: art. 154 do CC; D: art. 149 do CC. Gabarito "B".

(Magistratura/SP – 2009 – VUNESP) Erro substancial e dolo essencial viciam o ato jurídico porque

(A) revelam má fé do contratante.
(B) a vontade não é livremente manifestada.
(C) impedem que o declarante tenha conhecimento da realidade.
(D) tornam ilícito o objeto.

O erro e dolo são vícios na vontade que se dirigem não sobre a ausência de liberdade quanto à *vontade* (como é o caso da coação), mas na *falta de conhecimento* total da realidade. Gabarito "C".

(Magistratura/SP – 2008 – VUNESP) Na hipótese de venda e compra de bem de devedor insolvente, com protesto de títulos e ações executivas, não tendo sido ainda pago o preço, estabelecido em base inferior ao corrente, desejando o adquirente afastar eventual anulação do negócio jurídico,

(A) deverá depositar o preço combinado, com justificativa de que a mantença do negócio se justifica, em respeito ao princípio da conservação do ato e em razão de ignorância sobre a situação do vendedor.
(B) deverá depositar o preço que corresponda ao valor real, com citação dos interessados.
(C) o interesse dos credores se dobra ante interesse de terceiro de boa-fé, com o que se torna desnecessário o depósito, na circunstância.
(D) o adquirente deverá depositar, em juízo, quantia equivalente a todos os débitos do alienante.

Art. 160 do CC. Gabarito "B".

(Magistratura/SP – 2008 – VUNESP) Em um negócio de compra e venda de imóvel, com pagamento à vista, o vendedor, premido da necessidade de salvar-se de grave mal de saúde, conhecido pela outra parte, acaba por transferi-lo a esta por valor bem inferior ao de mercado. Sobre o assunto em questão, assinale a alternativa correta.

(A) Não restou configurado vício de consentimento hábil a possibilitar ao prejudicado pedido de anulação do contrato.
(B) No caso, o negócio deve ser anulado, ainda que oferecido pelo beneficiado suplemento suficiente ou redução do seu proveito.
(C) A anulação do negócio jurídico, se pedida, não seria devida, se oferecido pelo adquirente suplemento suficiente ou redução do seu proveito.

(D) O interesse da parte beneficiada no contrato não pode merecer proteção, porque nulo o negócio, uma vez que sua realização, nas condições em que celebrado pelo vendedor, significava que não existira, na verdade, de parte deste, manifestação nenhuma de vontade.

A situação narrada configura a hipótese de *estado de perigo* (art. 156 do CC), especial em relação à *lesão* (art. 157 do CC). Pelo texto legal, o negócio é anulável, e não há o benefício estabelecido no art. 157, § 2º, do CC ("não se decretará a anulação do negócio, se for oferecido suplemento suficiente, ou se a parte favorecida concordar com a redução do proveito"), previsto para os casos de *lesão*. O examinador, no caso, resolveu aplicar o próprio texto legal. Todavia, há examinadores que pedem o entendimento doutrinário sobre o tema. Nesse caso, é importante conhecer o Enunciado CJF 148, que determina a aplicação do benefício previsto no § 2º do art. 157 do CC, às situações de *estado de perigo*, por analogia. Portanto, verifique no enunciado da questão se está sendo pedido o entendimento doutrinário ou o constante do texto legal. Na dúvida, deve-se ficar com o texto legal. Gabarito "C".

(Magistratura/SP – 177º – VUNESP) Relativamente à fraude contra credores, assinale a resposta correta.

(A) A alienação de bem imóvel mediante compromisso de compra e venda não registrado, anteriormente à constituição da dívida pelo promissário vendedor, configura fraude contra credores, porque o compromisso não registrado não presume nem assegura conhecimento da alienação dos bens a terceiros, enquanto a constituição da dívida se deu na suposição de que ele tinha bens para garantir o débito.

(B) Fiador em contrato de locação que vende seus bens logo após a assinatura do contrato, se vier a ser acionado para responder pelo pagamento de locativos devidos e não pagos pelo locatário, se sujeitará à anulação, por fraude contra credores, da venda de seus bens que o reduziu à insolvência, porque, ao tempo da transmissão, a fiança já havia sido constituída.

(C) Fiador em contrato de locação que, logo após a assinatura do contrato, faz doação de seus bens aos filhos, não se sujeita à anulação do ato por fraude contra credores, ainda que seja reduzido à insolvência.

(D) A alienação de bem em fraude contra credores que, sucessivamente, é transmitido pelo adquirente para terceiro e deste para quarto adquirente, rende ensejo à anulação, porque a fraude nesse caso se presume e não é tolerada pelo ordenamento jurídico pátrio.

A: art. 158, § 2º, do CC; B e C: no caso, a venda e a doação ocorreram logo após a celebração dos contratos de locação e de fiança, o que pressupõe que ainda não há débitos locatícios em aberto, o que faz incidir o disposto no art. 158, § 2º, do CC; D: art. 161 do CC. Gabarito "C".

(Magistratura/SP – 177º – VUNESP) Relativamente a negócio jurídico celebrado com erro do contratado e com dolo do contratante, tendo por objeto escuta telefônica de concorrente comercial, assinale a alternativa correta.

(A) É anulável se o erro for substancial e o dolo essencial e a escuta telefônica não for de conhecimento da Polícia.

(B) É negócio jurídico nulo de pleno direito.

(C) Não é negócio jurídico nulo nem anulável se o dolo é acidental, isto é, com ou sem ele o contrato se realizaria, e se o erro não for substancial.

(D) O negócio jurídico é válido, porque o dolo e o erro são recíprocos, caso em que um dos contratantes não pode alegar a má-fé do outro, e o objeto do contrato é o que há de mais corriqueiro e diz respeito à livre concorrência assegurada na Constituição.

Esse contrato tem objeto ilícito, de modo que incide o disposto no art. 166, II, do CC. Gabarito "B".

(Ministério Público/AM – 2007 – CESPE) A respeito dos fatos, atos e negócios jurídicos, assinale a opção correta.

(A) É nulo o ato negocial no qual ambas as partes houverem reciprocamente agido com dolo. Mas, a nenhum dos contratantes é permitido reclamar indenização, devendo cada uma suportar o prejuízo experimentado pela prática do ato doloso, resguardando-se tão-somente o direito ao ressarcimento do terceiro de boa-fé.

(B) Caracteriza-se a lesão quando alguém, sob premente necessidade, assume obrigação excessivamente desproporcional à vantagem obtida, gerando um lucro exagerado ao outro contratante. Para que seja reconhecida a nulidade desse negócio, exige-se, além do prejuízo de uma das partes e do lucro exagerado da outra, o dolo de aproveitamento na conduta do outro contratante.

(C) Caracteriza-se fraude contra credores a remissão de dívida, quando se tratar de devedor insolvente ou reduzido à insolvência mediante perdão. Nesse caso, é irrelevante, para a caracterização da fraude, o conhecimento ou o desconhecimento do devedor em relação ao seu estado econômico ou financeiro.

(D) O dolo acidental de terceiro provoca a anulação do negócio jurídico, ainda que a parte a quem aproveite dele não tivesse nem devesse ter conhecimento, por afetar a declaração da vontade, desviando-a de sua real intenção e causando-lhe danos.

(E) O negócio jurídico celebrado mediante coação exercida por terceiro sujeita o coator e aquele que teve proveito econômico com a avença à reparação dos danos causados na conclusão do ato negocial. Nessa situação, ainda que a parte beneficiada ignore a coação, o negócio não terá validade, resolvendo-se em perdas e danos suportados somente pelo terceiro.

A: o negócio não é passível de anulação, nem de declaração de nulidade, no caso (art. 150 do CC); B: art. 157 do CC e Enunciado CJF 150; C: art. 158 do CC; D: o dolo acidental não gera a anulabilidade do negócio jurídico (art. 146 do CC); E: art. 155 do CC. Gabarito "C".

(Ministério Público/PR – 2008) É correto afirmar:

(A) São anuláveis os negócios jurídicos, quando as declarações de vontade emanarem de erro substancial que poderia ser percebido por pessoa de diligência normal, em face das circunstâncias do negócio.

(B) O erro não pode ser considerado substancial quando concerne à identidade ou à qualidade essencial da pessoa a quem se refira a declaração de vontade.

(C) O erro de indicação da pessoa ou da coisa, a que se referir a declaração de vontade, viciará o negócio quando, por seu contexto e pelas circunstâncias, se puder identificar a coisa ou pessoa cogitada.

(D) Nos negócios jurídicos bilaterais, o silêncio intencional de uma das partes a respeito de fato ou qualidade que a outra parte haja ignorado, constitui omissão culposa, provando-se que sem ela o negócio não se teria celebrado.

(E) Nenhuma das alternativas anteriores está correta.

A: art. 138 do CC; B: art. 139, II, do CC; C: art. 142 do CC; D: art. 147 do CC; E: a alternativa "a" está correta. Gabarito "A".

(Ministério Público/SE – 2010 – CESPE) Assinale a opção correta a respeito dos defeitos dos negócios jurídicos.

(A) Todo e qualquer negócio jurídico está sujeito a anulação sob o fundamento de lesão.

(B) A sentença de anulação do negócio jurídico por coação não tem efeito retroativo, uma vez que apenas determina a cessação de possíveis efeitos jurídicos futuros.

(C) O *consilium fraudis* ou *scientia fraudis* não é requisito essencial para a anulação de negócio jurídico gratuito sob o fundamento de fraude contra credores.

(D) A simulação importa em nulidade do negócio jurídico. Por isso, torna o ato completamente sem efeito entre as partes e perante terceiros, em face dos contraentes.

(E) A lesão caracteriza-se pela superveniência, em negócio jurídico, de fato que torne manifestamente desproporcionais as prestações.

A: incorreto, pois é necessário que o negócio jurídico seja *bilateral*, ou seja, que haja obrigação para ambas as partes, sendo que uma obrigação é manifestamente desproporcional em relação à prestação oposta (art. 157 do CC); B: incorreta, pois a sentença faz com que o negócio cesse também os efeitos passados; não se deve confundir tal situação com o fato de que a anulabilidade não tem efeito enquanto não houver uma sentença judicial (art. 177); esta regra quer dizer que a anulabilidade não é uma sanção que opera de pleno direito (assim que praticado o ato), mas é uma sanção que depende de sentença que a aplique; porém, uma vez lançada a sentença, os efeitos produzidos entre as partes cessam, devendo o juiz retornar as partes ao estado anterior;

C: correto, pois, nos **negócios gratuitos**, basta o *evento danoso* (*insolvência*), para a configuração da fraude contra credores (art. 158 do CC), ao passo que nos **negócios onerosos**, é necessário o *evento danoso* (*insolvência*) e o *conluio fraudulento* (*ciência da fraude pelo contratante*), para a configuração do instituto (art. 159 do CC); ou seja, nos negócios gratuitos, basta o elemento objetivo, enquanto que nos negócios onerosos são necessários os elementos objetivo e subjetivo para a configuração da fraude contra credores; D: incorreta, pois o negócio dissimulado pode produzir efeitos em alguns casos (art. 167, *caput*, do CC) e terceiros de boa-fé ficam ressalvados (art. 167, § 2º, do CC); E: incorreta, pois, na lesão, o negócio já nasce com prestações desproporcionais (art. 157 do CC). Gabarito "C".

(Procuradoria Distrital – 2007) Assinale a opção correta.

(A) A fraude contra credores é tratada no direito brasileiro no plano dos efeitos, gerando, como conseqüência, a ineficácia relativa do negócio jurídico.
(B) É de 4 (quatro) anos o prazo de prescrição para pleitear-se a anulação do negócio jurídico fraudulento, contado do dia de sua realização.
(C) Somente para a desconstituição dos negócios jurídicos onerosos é que se exige a demonstração do consilium fraudis como requisito de procedência do pedido na ação pauliana.
(D) O credor com garantia real, por contar com a garantia do bem afetado ao pagamento do seu direito creditório, em nenhuma hipótese poderá pleitear a desconstituição do negócio jurídico fraudulento.
(E) A fraude contra credores é um defeito que se caracteriza como falha no consentimento, viciando, como conseqüência, a declaração de vontade dos partícipes do negócio jurídico.

A: gera a *anulabilidade* do negócio (arts. 158 e 159 do CC); B: o prazo é de decadência (art. 178, II, do CC); C: correta, pois, quanto aos negócios gratuitos, basta a demonstração da insolvência, vez que o negócio pode ser anulado "ainda quando o ignore", não sendo necessário demonstrar o conluio fraudulento entre o devedor insolvente e aquele que recebe gratuitamente dele bens ou perdão de dívidas; D: art. 158, § 1º, do CC; E: a fraude contra credores é um *vício social*; não há problema no consentimento, vez que o devedor insolvente e o terceiro que faz negócio com ele sabem muito bem o que estão fazendo e atuam mediante vontade livre. Gabarito "C".

(Procurador do Estado/PB – 2008 – CESPE) Assinale a opção correta acerca dos negócios jurídicos.

(A) Pode alegar lesão qualquer das partes contratantes quando verificada, na conduta do outro, a presença do dolo de aproveitamento, por ter este se prevalecido de seu estado de necessidade.
(B) No ato negocial, o fato de um dos contratantes agir dolosamente, silenciando alguma informação que devesse revelar ao outro contratante, constitui vício de consentimento, que acarreta a nulidade do negócio jurídico.
(C) Caso um imóvel valioso seja vendido por meio de contrato celebrado entre pessoas maiores e capazes, por instrumento particular, o negócio é considerado nulo; contudo, se as partes quiserem, é possível converter esse negócio nulo em contrato preliminar ou compromisso bilateral de contrato.
(D) Se, no ato negocial, ambos os contratantes procederem dolosamente, haverá compensação de dolos e o negócio será considerado nulo em virtude de ambos os partícipes terem agido de má-fé.
(E) Considere-se que um menor de 15 anos de idade oculte dolosamente sua idade e firme contrato de prestação de serviços, tendo como objeto um curso de inglês. Nessa situação, o negócio jurídico é anulável, visto que o menor não estava regularmente assistido por seus representantes legais.

A: só pode alegar lesão uma das partes, qual seja, aquele que se obriga a prestação manifestamente desproporcional ao valor da prestação oposta (art. 157 do CC); ademais, não se exige demonstração de dolo de aproveitamento para a configuração da lesão (Enunciado CJF 150); B: anulabilidade (art. 147 c/c 145, do CC); C: art. 170 do CC; D: art. 150 do CC; E: trata-se de absolutamente incapaz (art. 3º, I, do CC), portanto o negócio é nulo (art. 166, I, do CC); não se aplica, no caso, a regra do art. 180, por não ter o menor idade entre 16 e 18 anos. Gabarito "C".

(Procurador do Estado/PI – 2008 – CESPE) Acerca do negócio jurídico, assinale a opção correta.

(A) Condição é elemento acidental do ato ou negócio jurídico que faz o mesmo depender de evento futuro e incerto. A condição resolutiva é requisito e pressuposto de validade de negócio, suspendendo-o, no plano da sua eficácia, até a ocorrência da condição estabelecida.

(B) Se, no ato negocial, ambos os contratantes procederem dolosamente, o negócio celebrado será eivado de nulidade por representar declaração enganosa da vontade dos contratantes. Essa nulidade pode ser requerida por qualquer uma das partes.
(C) A lesão inclui-se entre os vícios de consentimento e acarreta a anulabilidade do negócio, permitindo-se, porém, para evitá-la, a oferta de suplemento suficiente, ou, se o favorecido concordar, a redução da vantagem, aproveitando-se, assim, o negócio.
(D) A fraude contra credores consiste na alienação de bens pelo devedor com o intuito de escusar-se do pagamento de sua dívida ao credor. Tal ato de alienação é válido, porém ineficaz em face do credor prejudicado.
(E) A falta de capacidade de uma das partes do negócio jurídico não pode ser a causa alegada pela outra parte para justificar a nulidade do negócio. Entretanto, a parte incapaz poderá alegar tal condição para invalidar o negócio, ainda que dela tivesse consciência, uma vez que o instituto da incapacidade protege os seus direitos.

A: ; B: art. 150 do CC; C: art. 157 do CC ; D: na fraude contra credores os atos são *anuláveis* (arts. 158 e 159 do CC); E: arts. 168 e 180 do CC. Gabarito "C".

(Procurador do Estado/PR – 2007) A coação que vicia o ato jurídico:

(A) decorre sempre da ação física de outrem sobre o sujeito que prática o ato;
(B) resulta em ineficácia em sentido estrito do ato;
(C) resulta em nulidade do ato;
(D) se inscreve dentre as irregularidades do ato;
(E) torna o ato passível de declaração de anulabilidade.

Art. 171, II, do CC. Gabarito "E".

(Procurador do Estado/PR – 2007) Acerca dos vícios dos negócios jurídicos, examine as seguintes afirmações:

I. Jamais poderá argüir simulação aquele que praticou o negócio jurídico eivado do vício, ainda que não tenha havido intenção de prejudicar terceiros ou de violar disposição de lei, posto que a simulação é sinônimo de ineficácia.
II. A coação vicia o negócio jurídico, mesmo quando exercida por terceiro.
III. O dolo do representante de uma das partes obriga o representado a responder civilmente pela integralidade dos danos produzidos, ainda que do ato viciado não tenha o representado obtido qualquer proveito.
IV. A remissão de dívida praticada pelo insolvente nunca poderá ser reputada fraude contra credores.

ALTERNATIVAS:

(A) Estão corretas apenas as afirmações 1 e 3.
(B) Estão corretas apenas as afirmações 2 e 3.
(C) Está correta apenas a afirmação 1.
(D) Está correta apenas a afirmação 2.
(E) Está correta apenas a afirmação 3.

I: incorreta, pois a simulação gera a *nulidade* do ato (art. 167 do CC); ademais, a simulação pode ser arguida por qualquer das partes do negócio (Enunciado CJF 294); II: correta (art. 154 do CC); III: incorreta (art. 149 do CC); IV: incorreta (art. 158 do CC). Gabarito "D".

(Procurador do Estado/SC – 2010 – FEPESE) Quando determinada pessoa, sob premente necessidade ou por inexperiência, se obriga a prestação manifestamente desproporcional ao valor da prestação oposta, ocorre:

(A) dolo.
(B) lesão.
(C) coação.
(D) estado de necessidade.
(E) fraude contra credores.

Art. 157 do CC. Gabarito "B".

(Procurador de Contas TCE/ES – CESPE – 2009) Marcelo, filho de Joana e Lauro, após realizar uma ressonância magnética, teve diagnóstico de câncer de pulmão. Com isso, Lauro, no dia seguinte, vendeu seu apartamento pela metade do preço de mercado, a fim de levar seu filho para fazer tratamento em renomado hospital nos Estados Unidos da América. Lá chegando, foram informados de que o diagnóstico fora equivocado. Ao retornar ao Brasil, Lauro procurou um advogado que lhe informou acerca da possibilidade de ser anulado o negócio jurídico relativo à venda do imóvel. Nessa situação hipotética, a anulação da venda do imóvel se justifica por motivo de

(A) erro.
(B) estado de perigo.
(C) lesão.
(D) onerosidade excessiva.
(E) estado de necessidade.

Lauro vendeu seu imóvel por quantia *manifestamente desproporcional* à que valia o bem, diante da *premente necessidade* que tinha em relação a custear o tratamento de seu filho, configurando-se, então, o instituto da *lesão* (art. 157 do CC). Não se configura o *estado de perigo* no caso, pois, o comprador do imóvel não tinha conhecimento do estado de perigo em que se encontrava o filho de Lauro, requisito necessário para a configuração do instituto previsto no art. 156 do CC. Gabarito "C".

(Procurador do Município/Florianópolis-SC – 2010 – FEPESE) No tocante aos defeitos dos negócios jurídicos, assinale a alternativa **correta**.

(A) O erro acidental, ao contrário do erro essencial, não é suficiente para anular o negócio jurídico.
(B) Quando há dolo bilateral na realização do negócio jurídico, a lei pune ambas as partes com a anulação do ato.
(C) Considera-se coação passível de nulidade o temor reverencial do militar em relação a seu superior hierárquico.
(D) Lesão e estado de perigo assemelham-se na dicção da lei civil, pois se tratam de hipóteses em que há perigo de vida à vítima ou alguém de sua família.
(E) Para tipificação da fraude contra credores é necessário que a prática fraudulenta seja anterior ao nascimento do direito de crédito.

A: correta, pois, segundo dispõe o art. 138 do CC, são anuláveis os negócios jurídicos, quando as declarações de vontade emanarem de **erro substancial** que poderia ser percebido por pessoa de diligência normal, em face das circunstâncias do negócio; B: incorreta, pois se ambas as partes procederem com dolo, nenhuma pode alegá-lo para anular o negócio, ou reclamar indenização (art. 150 do CC); C: incorreta, pois não se considera coação a ameaça do exercício normal de um direito, nem o simples temor reverencial (art. 153 do CC); D: incorreta, pois na lesão não há necessidade de se configurar perigo de vida, mas apenas premente necessidade ou inexperiência (art. 157 do CC); E: incorreta, pois a fraude contra credores dá-se com a transmissão ou remissão de dívida feitas pelo devedor já insolvente, ou por elas reduzido à insolvência. Gabarito "A".

(Delegado/PA – 2009 – MOVENS) Mateus está internado em hospital da rede particular de saúde em estado grave. João Carlos, seu pai, promete recompensa de R$100.000,00 à equipe médica, caso o seu filho seja curado. Operada a cura, os médicos reivindicam o pagamento da recompensa prometida. Nessa situação, a manifestação de vontade está contaminada pelo vício do(a)

(A) estado de perigo.
(B) lesão.
(C) erro.
(D) fraude.

João Carlos fez promessa de cumprir obrigação excessivamente onerosa, considerando que já existia a obrigação legal e ético-profissional de o médico fazer o melhor para salvar a vida de seu paciente. Os médicos, quando tomaram ciência da promessa de recompensa, aquiescendo com a manifestação de vontade de João Carlos, sabiam muito bem do estado de perigo em que se encontrava o filho de João Carlos, Mateus. Assim, estão configurados os requisitos do *estado de perigo*, previsto no art. 156 do CC. Gabarito "A".

(Delegado/RJ – 2009 – CEPERJ) Ao ver que sua embarcação naufragava, Mévio, avistando Caio em outro barco, prometeu-lhe quantia vultosa para que ele o salvasse. Analisando a questão proposta, responda qual é a afirmativa correta:

(A) Trata-se do defeito do negócio jurídico denominado lesão, pois, no caso em apreço, uma pessoa, sob premente necessidade, se obriga a prestação manifestamente desproporcional ao valor da prestação oposta.
(B) Trata-se do defeito do negócio jurídico denominado coação, pois, no caso em apreço, uma pessoa sob fundado temor de dano iminente e considerável à sua pessoa, emite declaração de vontade.
(C) Trata-se do defeito do negócio jurídico denominado estado de perigo, pois, no caso em apreço, alguém premido da necessidade de salvar-se de grave dano conhecido pela outra parte, assume obrigação excessivamente onerosa.
(D) Trata-se do defeito do negócio jurídico denominado onerosidade excessiva, pois, no caso em apreço, uma pessoa assume obrigação excessivamente onerosa, com extrema vantagem para a outra pessoa.
(E) No caso em apreço, pode-se afirmar que não estão presentes os defeitos do negócio jurídico disciplinados pelo Código Civil.

Caio tinha ciência da *situação de perigo* de Mévio. Ademais, o enunciado deixa claro que se tratava de quantia vultosa, a configurar a obrigação *excessivamente onerosa*, já que Caio se encontrava a salvo num barco, provavelmente em situação que não lhe causaria risco que justificasse o pagamento de quantia vultosa em seu favor. Assim, fica configurado o instituto do estado de perigo (art. 156 do CC). Gabarito "C".

(Magistratura Federal/1ª Região – 2009 – CESPE) Acerca dos defeitos dos negócios jurídicos, assinale a opção correta.

(A) Se, na celebração do negócio, uma das partes induzir a erro a outra, levando-a a concluir o negócio e assumir obrigação desproporcional à vantagem obtida, esse negócio será nulo porque a manifestação de vontade emanou de erro essencial e escusável.
(B) O dolo acidental, a despeito do qual o ato seria realizado, embora por outro modo, acarreta a anulação do negócio jurídico.
(C) A lesão é defeito que surge concomitantemente à realização do negócio e enseja-lhe a anulabilidade, mas, ainda assim, permite-se a revisão contratual para evitar a anulação e aproveitar-se, desse modo, o negócio.
(D) No negócio jurídico a título gratuito, somente se configura a fraude quando a insolvência do devedor for notória ou houver motivo para ser conhecida, caso em que se admite a anulação por iniciativa do credor.
(E) Em caso de anulabilidade de negócio jurídico por coação moral, é vedado ao juiz, sob critério subjetivo, considerar circunstâncias personalíssimas do coato que possam ter influído em seu estado moral, pois deve levar em conta o ser humano médio.

A: incorreta, pois o caso configura dolo, que torna o negócio anulável (art. 171, II, do CC); B: incorreta, pois o dolo acidental só obriga a satisfação de perdas e danos (art. 146 do CC); C: correta, pois o negócio já nasce manifestamente desproporcional (art. 157, caput, do CC), mas é possível que se revise o negócio a fim de que este não seja anulado (art. 157, § 2º, do CC); D: incorreta, pois no negócio gratuito, basta a demonstração da insolvência (elemento subjetivo), não sendo necessário demonstrar o conluio fraudulento, ou seja, que o contratante com o devedor tinha ciência do estado de insolvência deste (elemento subjetivo), nos termos do art. 158, caput, do CC; E: incorreta, pois deve-se levar em conta circunstâncias pessoais do coato, como seu sexo, idade, condição, saúde e temperamento (art. 152 do CC). Gabarito "C".

(Magistratura Federal – 5ª Região – 2007) Julgue os itens a seguir:

(1) Para a caracterização da fraude contra credores e a conseqüente anulação do ato jurídico, faz-se necessário que o devedor esteja em estado de insolvência ou na iminência de alcançá-lo e pratique maliciosamente negócios que desfalquem seu patrimônio em detrimento da garantia que este representa para os direitos creditórios alheios.
(2) Condição é cláusula de um negócio jurídico, a qual, derivada exclusivamente da vontade das partes, subordina a eficácia ou a resolução do negócio jurídico à ocorrência de evento futuro e certo.

1: Correta, nos termos dos arts. 158 e 159 do CC; 2: Incorreta, pois deveria ser "evento futuro e incerto" (art. 121 do CC). Gabarito 1C, 2E.

(Procurador Federal – 2010 – CESPE) Com relação aos vícios do negócio jurídico, julgue o item que se segue.

(1) Se cabalmente comprovada a inexperiência do contratante, configura-se a lesão, mesmo que a desproporcionalidade entre as prestações das partes seja superveniente.

1: incorreta, pois o instituto da lesão reclama que as obrigações das partes já nasçam manifestamente desproporcionais (art. 157 do CC). Gabarito 1E.

(Defensoria Pública da União – 2010 – CESPE) André, em situação de risco de morte, concordou em pagar honorários excessivos a médico-cirurgião que se encontrava de plantão, sob a promessa de que o procedimento cirúrgico imediato lhe salvaria a vida. Com relação a essa situação hipotética, julgue os itens a seguir.

(1) O referido negócio está viciado pela ocorrência de estado de perigo e o dolo de aproveitamento por parte do médico é essencial à sua configuração.

(2) Para anulação do referido negócio, faz-se necessária a comprovação da inexperiência de André.

1: correta, pois nesse tipo de situação configura-se o estado de perigo (art. 156 do CC), conforme outras questões já vistas neste item; 2: incorreta, pois, diferentemente da lesão (art. 157 do CC), que tem como um dos casos a manifesta desproporção somada à inexperiência, no estado de perigo esta não é necessária (art. 156 do CC). Gabarito 1C, 2E

(DEFENSORIA PÚBLICA DA UNIÃO – 2004 – CESPE) No que se refere aos negócios jurídicos, julgue os itens a seguir.

(1) A hipótese de disposição patrimonial gratuita — simulação de contrato de compra e venda —, encobrindo doação feita pelo marido à esposa, casados no regime obrigatório da separação de bens, de imóvel de exclusiva propriedade do cônjuge varão, constitui negócio jurídico nulo.

(2) A lesão inclui-se entre os vícios de consentimento e acarreta a anulabilidade do negócio, permitindo-se, porém, para evitá-la, a oferta de suplemento suficiente ou, se o favorecido concordar, a redução da vantagem, aproveitando-se, assim, o negócio.

1: certa, pois a hipótese configura simulação que, segundo o disposto no art. 167, caput, do CC, é causa de nulidade do negócio jurídico; 2: certa, pois a lesão torna o negócio jurídico anulável (art. 171, II, do CC), mas poderá não ser anulado se oferecido suplemento suficiente, ou se a parte favorecida concordar com a redução do proveito (art. 157, § 2º, do CC). Gabarito 1C, 2C

(Magistratura do Trabalho – 14ª Região – 2006) Defeitos e modalidades dos negócios jurídicos.

I. A lesão é um defeito do negócio jurídico e ocorre quando uma pessoa, sob premente necessidade, ou por inexperiência, se obriga a prestação manifestamente desproporcional ao valor da contraprestação oposta.

II. Diferencia-se a condição do termo, na medida em que a primeira subordina o efeito do negócio jurídico a evento futuro e incerto, enquanto o termo será sempre certo.

III. É proibida a celebração de negócio jurídico com condição puramente potestativa.

IV. Reputa-se verificada, quando aos efeitos jurídicos, a condição cujo implemento for maliciosamente obstado pela parte a quem desfavorecer, considerando-se, ao contrário, não verificada a condição maliciosamente levada a efeito por aquele a quem aproveita o seu implemento.

Responda:
(A) todas as opções estão corretas;
(B) apenas três opções estão corretas;
(C) apenas duas opções estão corretas;
(D) apenas uma opção está correta;
(E) todas as opções estão incorretas.

I: art. 157 do CC; II: art. 121 do CC; III: art. 122, segunda parte, do CC; IV: art. 129 do CC. Gabarito "A"

(FGV – 2008) Em relação à fraude, avalie as afirmativas a seguir, atribuindo V para verdadeiro e F para falso.

I. A fraude contra credores representa a frustração do direito potestativo do credor em receber o que lhe é devido.

II. O animus de prejudicar não é elemento constitutivo da fraude contra credores.

III. Para que a fraude à execução possa ser reconhecida é indispensável haver uma lide proposta.

IV. Para o reconhecimento da fraude contra credores é necessário propor a ação pauliana.

V. A fraude à execução tem como conseqüência a anulabilidade do ato fraudulento.

Assinale a seqüência correta de cima para baixo.
(A) V – F – V – F – V
(B) F – F – V – V – F
(C) F – V – V – F – F
(D) F – V – F – V – F
(E) V – V – F – V – F

I: falsa, pois direito potestativo é o direito de modificar relação jurídica de alguém (ex.: direito de pedir o divórcio), o que não existe quando se tem mero crédito junto a alguma pessoa, hipótese que enseja, preenchidos os demais requisitos, a fraude contra credores; II: falsa, pois a fraude contra credores requer tanto elemento objetivo (insolvência), como elemento subjetivo (conluio fraudulento), de modo que o animus de prejudicar, presente no conluio, é elemento constitutivo da fraude contra credores; III: verdadeira, não se devendo confundir a fraude contra credores (instituto de Direito Civil, que gera a anulabilidade do negócio – arts. 171, II, e 158 a 165, todos do CC), com a fraude à execução (instituto de Direito Processual, que depende de alienações do devedor **quando já pendente ação** por parte do credor, gerando a ineficácia do negócio praticado pelo primeiro); IV: verdadeira, pois a anulabilidade só pode ser decretada, mediante o ingresso com ação própria, por sentença (art. 177 do CC), valendo salientar que o art. 161 do CC também exige a propositura de ação; V: falsa, pois, como já mencionado, a venda de bens em fraude à execução torna os negócios ineficazes perante o credor, e não inválidos. Gabarito "B".

(FGV – 2008) Na sistemática do Novo Código Civil, se o erro é escusável, o negócio:
(A) prevalecerá.
(B) será declarado nulo.
(C) poderá ser anulado.
(D) será tido por inexistente.
(E) fica sujeito à ratificação.

Erro escusável é mesmo que erro desculpável. Apenas esse tipo de erro autoriza a anulação do negócio. Já o erro inescusável ou imperdoável, que revela grande falta de atenção e cuidado não típicos da diligência média, não gera a anulabilidade do negócio. Gabarito "C".

(Analista – TRT/8ª – 2010 – FCC) A respeito dos defeitos do negócio jurídico, considere:
I. Erro sobre a natureza do negócio.
II. Erro sobre o objeto principal da declaração.
III. Erro sobre alguma das qualidades essenciais do objeto.
IV. Erro de cálculo.

Consideram-se substanciais os indicados APENAS em:
(A) I, II e III.
(B) I e III.
(C) I e IV.
(D) II e III.
(E) II, III e IV.

I: correta (art. 139, I, do CC); II: correta (art. 139, I, do CC); III: correta (art. 139, I, do CC); IV: incorreta (art. 143 do CC). Gabarito "A".

(Analista – TRT/14ª – 2011 – FCC) A respeito dos defeitos dos negócios jurídicos, é correto afirmar:

(A) Não se presumem fraudatórias dos direitos dos outros credores as garantias de dívidas que o devedor insolvente tiver dado a algum credor.
(B) Se uma pessoa, por inexperiência, se obriga a prestação manifestamente desproporcional ao valor da prestação oposta, o negócio será anulado inclusive se a parte favorecida concordar com a redução do proveito.
(C) Se ambas as partes procederem com dolo, qualquer delas poderá alegá-lo para anular o negócio, ou reclamar indenização.
(D) O falso motivo só vicia a declaração de vontade quando expresso como razão determinante.
(E) Considera-se coação a ameaça do exercício normal de um direito, bem como o simples temor reverencial.

A: incorreta, pois se presumem, sim, fraudatórias dos direitos dos outros credores as garantias de dívidas que o devedor insolvente tiver dado a algum credor (art. 163 do CC); B: incorreta, pois o caso em tela revela a ocorrência do instituto da "lesão" (art. 157, caput, do CC); assim, aplica-se o disposto no § 2º do art. 157, pelo qual "não se decretará a anulação do negócio, se for oferecido suplemento suficiente, ou se a parte favorecida concordar com a redução do proveito"; C: incorreta, pois, se ambas as partes procederem com dolo, nenhuma pode alegá-lo para anular o negócio, ou reclamar indenização" (art. 150 do CC); D: correta (art. 140 do CC); E: incorreta, pois a ameaça de fazer algo que o direito admite (ex: a ameaça de ajuizar uma ação em face de alguém), bem como o simples temor reverencial (ex: o respeito que o filho tem junto ao seu pai), não são considerados pelo art. 153 do Código Civil hipóteses coação. Gabarito "D".

(Analista – TRT/23ª – 2011 – FCC) Apesar de ser notória a sua insolvência, Paulo vendeu um terreno a Pedro por valor inferior ao preço de mercado. Nesse caso,

(A) se Pedro ainda não tiver pago o preço, para conservar o bem, poderá depositar em juízo o valor que pagou pelo terreno, com a citação de todos os interessados.
(B) o negócio será nulo de pleno direito, independentemente do pagamento do preço pelo comprador.
(C) o negócio será nulo de pleno direito, se o pagamento do preço pelo comprador ainda não tiver sido feito.
(D) se Pedro ainda não tiver pago o preço, para conservar o bem, poderá depositar em juízo o valor real do terreno, com a citação de todos os interessados.
(E) a transação não será anulável, respondendo Paulo pelas perdas e danos causadas aos credores.

O art. 160 do CC admite que o comprador, nesse caso, deposite em juízo o preço, sendo certo que o parágrafo único do dispositivo assevera que se deve tratar de preço que corresponda ao valor real da coisa. Fazendo isso, o negócio, que seria anulável, será mantido. Gabarito "D".

(Analista – TRT/24ª – 2011 – FCC) João, por meio de doação gratuita, transmitiu todos os seus bens a seu filho, tornando-se insolvente. Posteriormente, celebrou contrato com José e não cumpriu, tornando-se devedor deste. Nesse caso, José

(A) poderá pleitear a anulação da doação gratuita efetivada por João por fraude contra credores porque, em razão dela, João tornou-se insolvente.
(B) não poderá pleitear a anulação da doação por fraude contra credores porque não era credor de João ao tempo em que ela foi feita.
(C) só poderá pleitear a anulação da doação gratuita efetivada por João por fraude contra credores se for credor quirografário.
(D) só poderá pleitear a anulação da doação efetivada por João por fraude contra credores se este não tiver mencionado esse fato quando da celebração do contrato.
(E) só poderá pleitear a anulação da doação efetivada por João por fraude contra credores se o contrato com ele celebrado for escrito e estiver subscrito por duas testemunhas.

No caso em tela, José não era credor de João quando este ficou insolvente, portanto não se pode falar em fraude contra *credores*. Segundo § 2º do art. 158 do CC, só os credores que já o eram ao tempo daqueles atos podem pleitear a anulação deles. Gabarito "B".

(Analista – TRE/AL – 2010 – FCC) Considere as seguintes assertivas:

I. O falso motivo só vicia a declaração de vontade quando expresso como razão determinante.
II. O dolo acidental só obriga à satisfação das perdas e danos, e é acidental quando, a seu despeito, o negócio seria realizado, embora por outro modo.
III. O dolo do representante legal de uma das partes só obriga o representado a responder civilmente até a importância do proveito que teve.
IV. Configura-se o estado de perigo quando uma pessoa, sob premente necessidade, ou por inexperiência, se obriga a prestação manifestamente desproporcional ao valor da prestação oposta.

A respeito dos defeitos do negócio jurídico, de acordo com o Código Civil Brasileiro, está correto o que se afirma APENAS em

(A) I e II.
(B) I, II e III.
(C) I e IV.
(D) II, III e IV.
(E) III e IV.

I: correta (art. 140 do CC); II: correta (art. 146 do CC); III: correta (art. 149, 1ª parte, do CC); IV: incorreta, pois a alternativa trata do conceito de lesão (art. 157 do CC). Gabarito "B".

(Analista – TRE/AM – 2010 – FCC) Com relação aos defeitos do negócio jurídico é correto afirmar:

(A) Não se considera coação a ameaça do exercício normal de um direito, mas o simples temor reverencial caracteriza a coação direta.
(B) Se ambas as partes procederem com dolo, nenhuma pode alegá-lo para anular o negócio, mas ambas poderão reclamar indenização.
(C) É nulo o negócio jurídico se a coação decorrer de terceiro sem que a parte a que aproveite dela tivesse conhecimento.
(D) O dolo acidental anula o negócio jurídico e obriga à satisfação das perdas e danos.
(E) Ao apreciar a coação ter-se-ão em conta, dentre outras circunstâncias, o sexo, a idade e o temperamento do paciente.

A: incorreta, pois nem o simples temor reverencial e considerado coação (art. 153 do CC); B: incorreta, pois nesse caso nenhuma das partes pode reclamar indenização (art. 150 do CC); C: incorreta, pois subsistirá o negócio jurídico se a coação decorrer de terceiro, sem que a parte a que aproveite dela tivesse ou devesse ter conhecimento (art. 155 do CC); D: incorreta, pois o dolo acidental só obriga à satisfação das perdas e danos (art. 146 do CC); E: correta (art. 152 do CC). Gabarito "E".

(Analista – TRE/MT – 2010 – CESPE) A respeito dos negócios jurídicos, assinale a opção correta.

(A) Constitui causa de nulidade do negócio jurídico o erro substancial quanto à natureza do negócio.
(B) O contrato de compra e venda de bem móvel comprado, sob premente necessidade, por preço manifestamente superior ao seu real valor de mercado pode ser anulado por conter vício do consentimento denominado estado de perigo.
(C) O negócio jurídico eivado de dolo de terceiro poderá ser anulado ainda que não se prove que a parte a quem ele aproveita sabia da ocorrência do dolo.
(D) Mesmo que seja de natureza acidental, o dolo acarretará irremediavelmente a nulidade do ato.
(E) Não é válido o ato negocial em que ambas as partes tenham agido reciprocamente com dolo. A nenhuma delas é permitido reclamar indenização, devendo cada uma suportar o prejuízo experimentado.

A: incorreta, pois o erro substancial constitui causa de anulabilidade do negócio jurídico (art. 138 do CC); B: incorreta, pois se trata de hipótese de lesão (art. 157, *caput*, do CC); C: correta (art. 148 do CC); D: incorreta, pois o dolo acidental só obriga à satisfação de perdas e danos (art. 146 do CC); E: incorreta, pois, se ambas as partes agiram com dolo, nenhuma poderá alegá-lo para anular o negócio (art. 150 do CC). Gabarito "C".

(Analista – TRF/4ª – 2010 – FCC) O dolo do representante legal de uma das partes

(A) obriga o representado a responder civilmente até a importância do proveito que teve, bem como responderá solidariamente com ele por perdas e danos.
(B) só obriga o representado a responder civilmente até a importância do proveito que teve.
(C) obriga o representado a responder civilmente até a importância do proveito que teve, bem como responderá subsidiariamente ao representante legal por perdas e danos.
(D) não obriga o representado a responder civilmente por qualquer quantia em dinheiro nem determina qualquer obrigação legal.
(E) obriga o representado a responder civilmente até a importância do proveito que teve, bem como responderá até o limite de vinte vezes o valor do negócio jurídico por perdas e danos.

Art. 149 do CC. Gabarito "B".

2.8.4. INVALIDADE DO NEGÓCIO JURÍDICO

(Magistratura/AL – 2008 – CESPE) A respeito da validade dos negócios jurídicos, assinale a opção correta.

(A) A incapacidade relativa de uma das partes do negócio jurídico cujo objeto consista em entregar um cavalo de corrida não poderá aproveitar aos co-interessados capazes, haja vista que esse instituto existe para proteção jurídica dos incapazes.
(B) O negócio jurídico nulo é insuscetível de confirmação, mas pode convalescer com o decurso de tempo, uma vez que a pretensão não pode ser exercida a qualquer tempo.

(C) Tendo sido pactuada cláusula penal em negócio jurídico, caso venha a ocorrer a invalidade da obrigação principal, a cláusula penal, por conseqüência, também perecerá em razão do mesmo vício.

(D) Se duas partes entabularem negócio jurídico e estabelecerem que este só valerá mediante instrumento público, então a prova de sua existência dependerá deste instrumento, embora dele não dependa sua substância.

(E) As nulidades dos negócios jurídicos podem ser alegadas por qualquer interessado e até mesmo pelo MP, ainda quando não lhe caiba intervir no feito, haja vista que a nulidade pode ser, inclusive, pronunciada de ofício pelo juiz.

A: o cavalo é um bem indivisível; assim, no caso, a incapacidade alegada aproveitará os demais cointeressados capazes (art. 177 do CC); B: art. 169 do CC; C: art. 184 do CC; D: a *prova* da *existência* dos negócios jurídicos pode ser feita pelos meios previstos nos arts. 212 e ss do CC; quanto à validade e à eficácia do negócio, a ausência de instrumento público poderá repercutir, de acordo com a natureza do negócio e com o combinado entre as partes; E: art. 168 do CC. Gabarito "C".

(Magistratura/AL - 2006) O negócio jurídico nulo não é suscetível de confirmação

(A) mas convalesce pelo decurso do tempo, porque no direito brasileiro não existem pretensões imprescritíveis.

(B) nem convalesce pelo decurso do tempo, porém se contiver os requisitos de outro negócio jurídico subsistirá este quando o fim a que visavam as partes permitir supor que o teriam querido, se houvessem previsto a nulidade.

(C) mas pode o juiz a requerimento das partes ou do Ministério Público, quando couber intervir, relevar a nulidade para evitar enriquecimento sem causa de uma das partes.

(D) mas não pode o juiz, de ofício, reconhecer a nulidade, exceto se beneficiar menores ou interditos.

(E) salvo no caso de simulação, quando subsistirá o que se dissimulou, se válido for na substância, independentemente da observância da forma prescrita em lei.

A: art. 169 do CC; B: arts. 169 e 170 (conversão) do CC; C: art. 168 do CC; D: art. 168 do CC; E: art. 167 do CC. Gabarito "B".

(Magistratura/MG – 2009 – EJEF) Responda a asserção CORRETA, relativa à nulidade do negócio jurídico.

(A) As obrigações decorrentes de negócio jurídico nulo podem ser objeto de novação.

(B) As nulidades do negócio jurídico devem ser pronunciadas pelo Juiz, que também as pode sanar.

(C) O decurso de tempo faz desaparecer o vício.

(D) O decurso do tempo não opera a confirmação, nem convalesce o negócio jurídico nulo.

A: incorreta, pois não podem ser objeto de novação obrigações *nulas* ou *extintas* (art. 367 do CC); B: incorreta, pois o juiz deve pronunciar as nulidades de ofício, mas não as pode sanar (art. 168, parágrafo único, do CC); C: incorreta, pois o negócio nulo não convalesce pelo decurso do tempo (art. 169 do CC); D: correta (art. 169 do CC). Gabarito "D".

(Magistratura/MG – 2009 – EJEF) No que tange ao negócio jurídico anulável, marque a afirmativa CORRETA.

(A) A anulabilidade não tem efeito antes de julgada, mas pode ser pronunciada, de ofício, a favor terceiros prejudicados.

(B) O negócio jurídico anulável, assim como o negócio jurídico nulo, não pode ser confirmado pelas partes.

(C) A anulação do negócio jurídico somente pode ser alegada pelas pessoas afetadas pelo negócio jurídico e em benefício de quem se anula o ato.

(D) Na hipótese de negócio jurídico praticado por agente relativamente incapaz, a sanção é destinada a proteger o interesse público.

A: incorreta, pois a anulabilidade, apesar de não ter efeito antes de julgada, não pode ser pronunciada de ofício (art. 177 do CC); B: incorreta, pois o negócio jurídico *anulável* pode ser confirmado pelas partes, salvo direito de terceiro (art. 172 do CC); C: correta, pois só os *interessados* podem alegar a anulabilidade (art. 177, parte final, do CC); D: incorreta, pois nesse caso tem-se ato anulável (art. 171, I, do CC), que traz sanções de interesse das partes, e não ato nulo, que traz sanções de ordem pública. Gabarito "C".

(Magistratura/MG – 2008) Além dos casos expressamente declarados na lei, é anulável o negócio jurídico:

(A) quando não se revestir da forma prescrita.

(B) se o motivo determinante, comum a ambas as partes, for ilícito.

(C) por vício resultante de erro, dolo, coação ou fraude contra credores.

(D) se preterida alguma solenidade considerada essencial para a sua validade.

Art. 171, II, do CC. Gabarito "C".

(Magistratura/MG – 2008) O Código Civil considera nulo o negócio jurídico simulado. Assim, haverá nulidade por simulação nos negócios jurídicos quando:

(A) contiverem confissão, condição ou cláusula não verdadeira.

(B) as declarações de vontade emanarem de erro que poderia ser percebido por pessoa de diligência normal.

(C) houver silêncio intencional de uma das partes a respeito de fato ou qualidade que a outra parte haja ignorado, determinante para a realização do negócio.

(D) a declaração de vontade de um dos contratantes decorra de fundado temor de dano à sua pessoa.

Art. 167, § 1º, II, do CC. Gabarito "A".

(Magistratura/MG - 2007) A incapacidade relativa é causa de anulação do ato negocial. Então, de acordo com o Código Civil, se num negócio um dos contratantes for capaz e o outro incapaz, é CORRETO dizer que a anulabilidade do ato pode ser alegada pelo contratante capaz:

(A) em seu próprio proveito, enquanto não ocorrer prescrição, independente de qualquer prejuízo.

(B) em defesa de seu próprio patrimônio, demonstrada a ocorrência de prejuízo.

(C) em sendo indivisível a prestação, objeto do direito ou da obrigação comum.

(D) em nenhuma hipótese.

Art. 177 do CC. Gabarito "C".

(Magistratura/SE – 2008 – CESPE) Assinale a opção correta a respeito dos negócios jurídicos.

(A) A essência do negócio jurídico é a vontade que deve corresponder à declaração, a qual é mera exteriorização da vontade subjetiva do agente. Assim, havendo divergência entre a vontade e a declaração, o negócio jurídico é nulo, ainda que o declarante haja feito a reserva mental de não querer o que declara ou quando o destinatário desconhece a verdadeira intenção da outra parte.

(B) A simulação consiste em um acordo das partes contratantes para criar um negócio jurídico aparente, cujos efeitos não são desejados pelas partes, ou para ocultar, sob determinada aparência, o negócio querido, acarretando a nulidade do negócio. O propósito do negócio aparente é o de enganar terceiros, ou fugir ao imperativo da lei.

(C) Para caracterizar a fraude contra credores é irrelevante o estado econômico e financeiro do devedor ou que esse seja insolvente. Faz-se necessária, para o reconhecimento da anulabilidade do negócio, a comprovação de qualquer artifício ou manobra intencional do devedor com o intuito de escusar-se do pagamento de sua dívida ao credor.

(D) O negócio jurídico anulável, e posteriormente declarado judicialmente ineficaz, não produz qualquer efeito e tampouco pode ser convalidado pelas partes.

(E) Os poderes de representação conferem-se por lei ou pelo interessado. Por expressa vedação legal e por violação ao princípio da boa-fé, padece de nulidade insanável o negócio jurídico em que o representante celebrar consigo mesmo, ainda que por meio de substabelecimento de poderes.

A: art. 110 do CC; B: art. 167, § 1º, do CC; C: são necessários dois requisitos, o objetivo (insolvência) e o subjetivo (*consilium fraudis*); o requisito ligado ao estado econômico e financeiro está previsto nos arts. 158 (para negócios gratuitos) e 159 (para negócios onerosos) do CC; D: esse negócio produz efeitos até o momento da prolatação da sentença anulatória (art. 177 do CC); ademais, negócios anuláveis podem ser convalidados pelas partes (art. 172 do CC); E: art. 117 do CC. Gabarito "B".

(Magistratura/SP – 179º – VUNESP) Assinale o único dos atos referidos que não tem sua nulidade ou anulabilidade prevista pela lei.

(A) A cessão de direitos à sucessão não aberta.
(B) A transação a respeito de litígio decidido por sentença passada em julgado, se dela não tinha ciência algum dos transatores.
(C) A exclusão de associado em associação civil, mediante procedimento que assegurou seu direito de defesa, mas não lhe conferiu o direito de recorrer.
(D) A compra e venda sem fixação de preço ou critério convencionado para a sua determinação.

A: art. 426 c/c art. 166, VII, do CC; B: art. 850 c/c art. 166, VII, do CC; C: art. 57 c/c art. 166, VII, do CC; D: esse tipo de venda não é proibida pela lei; a sanção legal para essa situação é a aplicação do preço habitual praticado pelo vendedor (art. 488 do CC). Gabarito "D".

(Magistratura/TO – 2007 – CESPE) Quanto aos negócios jurídicos, assinale a opção correta.

(A) Em caso de simulação absoluta, as partes convencionam um negócio jurídico aparente com o qual não desejam produzir qualquer efeito com esse ato. Esse negócio jurídico é nulo e o efeito da declaração de nulidade é *ex tunc*, fulminando o ato em sua origem e extirpando todos os seus efeitos, ressalvando-se os direitos de terceiros de boa-fé em face desses contratantes.
(B) O detentor de um direito eventual, na pendência da condição suspensiva ou resolutiva, não poderá praticar qualquer ato destinado à conservação do negócio ou à sua execução. Tal proibição decorre do caráter de eventualidade atribuído ao negócio, cuja aquisição ou manutenção esteja subordinada ao implemento de condição, que, sobrevindo, opera a extinção do direito a que a ela se opõe.
(C) Caso o negócio jurídico seja realizado por representante legal ou convencional e se restar provado o dolo na conduta de qualquer dos proponentes ou, ainda, que o dolo foi a causa da realização da avença, o negócio é passível de anulação e impõe-se ao representado e ao representante a obrigação solidária de indenizar o contratante de boa-fé por perdas e danos.
(D) A declaração judicial da anulação de um negócio jurídico celebrado por uma pessoa relativamente incapaz aproveita exclusivamente a quem tiver provocado a anulação, ainda que nesse negócio haja pluralidade de sujeitos ou no caso de solidariedade entre as partes. Por força do princípio da conservação, preserva-se o negócio jurídico viciado quanto aos demais interessados.

A: art. 167 do CC; B: art. 130 do CC; C: art. 149 do CC; D: art. 177 do CC. Gabarito "A".

(Ministério Público/ES – 2010 – CESPE) Assinale a opção correta a respeito da invalidade dos atos jurídicos e seus efeitos.

(A) Constituição de hipoteca em que falte a presença de ambos os cônjuges valerá como confissão de dívida.
(B) É anulável ato praticado por usuário eventual de substância entorpecente, se, por efeito transitório dessas substâncias, ficar impedido de exprimir plenamente sua vontade.
(C) O fato de o objeto de determinado negócio jurídico ser contrário aos bons costumes não acarreta a sua nulidade.
(D) A jurisprudência do STJ entende que é necessária a interdição daqueles que sofram de insanidade mental para que seja possível anular os atos praticados por eles, mesmo que a insanidade já existisse no momento em que foi realizado o negócio jurídico.
(E) O negócio jurídico em que o autor faça a reserva mental de não querer o que manifestou será nulo, se o destinatário não tinha conhecimento dessa reserva.

A: correta, pois, em caso de *nulidade*, deve-se aproveitar o que for válido da intenção das partes, valendo ter em conta o que dispõe os arts. 170, 183 e 184 do CC; B: incorreta, pois o caso seria de ato anulável, mas o fato de o usuário, no momento da prática do ato, ter ficado impedido de exprimir sua vontade, faz com que se configure a hipótese prevista no art. 3º, III, do CC, sendo o indivíduo considerando, naquele momento, um absolutamente incapaz, cujos atos são nulos (art. 166, I, do CC); C: incorreta, pois no conceito de objeto ilícito está o ato contrário aos bons costumes, valendo lembrar que o objeto ilícito é causa de nulidade do negócio jurídico (art. 166, II, do CC); D: incorreta, pois a interdição apenas reconhece uma *situação*, de incapacidade, que já existia; a vantagem da interdição é que, uma vez pronunciada e tornada pública, ninguém mais poderá alegar que estava de boa-fé ao praticar atos com incapazes; sobre o tema, vide o seguinte acórdão - "Nulidade de ato jurídico praticado por incapaz antes da sentença de interdição. Reconhecimento da incapacidade e da ausência de notoriedade. Proteção do adquirente de boa-fé. Precedentes da Corte. 1. A decretação da nulidade do ato jurídico praticado pelo incapaz não depende da sentença de interdição. Reconhecida pelas instâncias ordinárias a existência da incapacidade, impõe-se a decretação da nulidade, protegendo-se o adquirente de boa-fé com a retenção do imóvel até a devolução do preço pago, devidamente corrigido, e a indenização das benfeitorias, na forma de precedente da Corte. 2. Recurso especial conhecido e provido." (REsp 296.895/PR, Rel. Ministro CARLOS ALBERTO MENEZES DIREITO, TERCEIRA TURMA, julgado em 06/05/2004, DJ 21/06/2004, p. 214); E: incorreta, pois o negócio se o destinatário da manifestação não tinha sequer a ciência da malícia do emitente do negócio, não pode ficar prejudicado com a nulidade deste, subsistindo a vontade de quem haja feito a reserva mental de não querer o que acabou manifestando (art. 110 do CC). Gabarito "A".

(Ministério Público/MG – 2010.2) Analise as seguintes alternativas e assinale a assertiva INCORRETA.

(A) Isenta-se o incapaz por prejuízos causados a terceiro, se restar provado que a prestação priva o menor do necessário para sua subsistência.
(B) Pago ao menor uma quantia, que a aplica em poupança, e o negócio jurídico for declarado anulado, deverá o menor devolver a quantia recebida do terceiro.
(C) Se o pai do deficiente mental não tiver meios suficientes para ressarcir terceiros, o incapaz não responde pelos prejuízos que causou.
(D) Os menores com 17 anos podem praticar atos da vida civil, embora contrariando seus progenitores, como testar, aceitar mandato, assumir emprego público.

A: correta (art. 928, parágrafo único, parte final, do CC); B: correta, pois a anulação faz com que a situação das partes retorne ao estado anterior, e, no caso, o valor recebido pelo menor foi revertido em proveito deste, que, inclusive, aplicou a quantia em poupança, aplicando-se o disposto no art. 181 do CC; C: incorreta, pois o incapaz, nesse caso, responderá (art. 928 do CC), a não ser que a responsabilidade o prive do necessário para a sua subsistência (art. 928, parágrafo único, do CC); D: correta, pois aquele que tem entre 16 e 18 anos pode praticar alguns atos sozinho (sem assistência), como aceitar mandato (CC, art. 666), fazer testamento (CC, art. 1.860), ser testemunha em atos jurídicos (CC, art. 228), assumir emprego público (nesse caso, deve-se verificar os requisitos de ingresso no serviço público, mas caso alguém nessa idade possa aceitar vínculo efetivo, haverá, inclusive, emancipação legal do menor - art. 5º, parágrafo único, III, do CC). Gabarito "C".

(Ministério Público/PR – 2009) A propósito da invalidade dos negócios jurídicos, é correto afirmar:

(A) A nulidade alcança as hipóteses em que a lei taxativamente declarar o ato ou negócio nulo, bem como aquele praticado para fraudar lei imperativa.
(B) A nulidade abrange as hipóteses de atos ou negócios praticados em fraude contra credores, os quais podem ser anulados pelo Juiz independentemente da propositura de ação própria.
(C) O negócio jurídico simulado é reputado anulável, a teor da legislação civil brasileira.
(D) O negócio jurídico praticado sob lesão é reputado nulo, a teor da legislação civil brasileira.
(E) n.d.a.

A: correta (art. 166, VII e VI, respectivamente, do CC); B: incorreta, pois a fraude contra credores é causa de anulabilidade (art. 171, II, do CC) e depende de ação própria (ação pauliana) promovida pelo interessado (art. 161 do CC); C: incorreta, pois o negócio simulado é *nulo* (art. 167 do CC); D: incorreta, pois o negócio praticado sob lesão é *anulável* (art. 171, II, do CC). Gabarito "A".

(Ministério Público/PR – 2008) É correto afirmar:

(A) Serão nulos os contratos onerosos do devedor insolvente, quando a insolvência for notória, ou houver motivo para ser conhecida do outro contratante.
(B) Não se presumem fraudatórias dos direitos dos outros credores as garantias de dívidas que o devedor insolvente tiver dado a algum credor.

(C) É nulo o negócio jurídico quando tiver por objetivo fraudar lei imperativa;
(D) O negócio jurídico nulo é suscetível de confirmação, e não convalesce pelo decurso do tempo.
(E) Nenhuma das alternativas anteriores está correta.

A: "anuláveis" (art. 159 do CC); B: art. 163 do CC; C: art. 166, VI, do CC; D: art. 169 do CC; E: a alternativa "c" está correta. Gabarito "C".

(Ministério Público/SP – 2011) É hipótese de anulabilidade de negócio jurídico:
(A) contrato de mútuo cujo devedor à época contava com 17 (dezessete) anos e intencionalmente omitiu idade.
(B) casamento de menor em idade núbil não autorizado por representantes legais tendo resultado gravidez da cônjuge mulher.
(C) contrato de locação que contém erro no cálculo do valor do aluguel constatado pelo locatário após o pagamento dos três primeiros meses de locação.
(D) legado deixado por testamento a pessoa que ameaçou testador de ajuizar ação de despejo por falta de pagamento.
(E) escritura de hipoteca de devedor em favor de credor não possuindo outros bens e com notório estado de insolvência.

A: incorreta, pois o CC não protege o menor entre 16 e 18 anos nesse caso (art. 180 do CC); B: incorreta, pois não se anulará o casamento, por motivo de idade, se dele resultou gravidez (art. 1.551 do CC); C: incorreta, pois o erro de cálculo não torna o negócio anulável, mas apenas autoriza a retificação da declaração de vontade (art. 143 do CC); D: incorreta, pois esse não é um caso de anulabilidade do negócio jurídico testamento; E: correta, pois esse caso é de fraude contra credores, que gera a anulabilidade do negócio (art. 163 do CC). Gabarito "E".

(Procurador do Estado/RR – 2006 – FCC) Haverá nulidade absoluta,
(A) se houver lesão contratual e relativa, se a parte celebrar negócio jurídico mediante coação.
(B) se o negócio jurídico for celebrado por pessoa absolutamente incapaz e relativa, se tiver por objetivo fraudar lei imperativa.
(C) se a parte incidir em erro substancial de direito e relativa, se praticado por pessoa relativamente incapaz.
(D) se o negócio jurídico for simulado e relativa, se for celebrado em estado de perigo.
(E) no caso de dolo, se o seu autor for a outra parte e relativa, se o seu autor for terceiro.

Arts. 166, 167 e 171 do CC. Gabarito "D".

(Procurador do Município/Florianópolis-SC – 2010 – FEPESE) Com fundamento nas disposições legais sobre a invalidade do negócio jurídico, assinale a alternativa **correta**.
(A) É nulo o negócio jurídico quando celebrado por pessoa relativamente incapaz.
(B) É nulo o negócio jurídico por incapacidade relativa do agente.
(C) É de cinco anos o prazo de decadência para pleitear-se a anulação do negócio jurídico.
(D) As nulidades devem ser pronunciadas e supridas pelo juiz, independentemente de requerimento das partes.
(E) O negócio jurídico nulo não é suscetível de confirmação, nem convalesce pelo decurso do tempo.

A e B: incorretas, pois é nulo o negócio jurídico praticado por pessoa **absolutamente** incapaz (art. 166, I, do CC), e a incapacidade relativa torna o ato **anulável**, e não nulo (art. 171, I, do CC); C: incorreta, pois é de quatro anos o prazo de decadência para pleitear a anulação do negócio jurídico (art. 178 do CC); D: incorreta, pois as nulidades devem ser pronunciadas pelo juiz, quando conhecer do negócio jurídico ou dos seus efeitos e as encontrar provadas, não lhe sendo permitido supri-las, ainda que a requerimento das partes (art. 168, par. único, do CC); E: correta (art. 169 do CC). Gabarito "E".

(Procurador do Município/Teresina-PI – 2010 – FCC) O negócio jurídico realizado por pessoa absolutamente incapaz
(A) gera a ineficácia perante terceiros, podendo ser sanado apenas entre seus partícipes.
(B) gera nulidade absoluta, portanto sem possibilidade de convalidação.
(C) gera anulabilidade, ou nulidade relativa, podendo ser convalidado.
(D) implica a inexistência desse ato, que não terá quaisquer consequências jurídicas.
(E) implica mera irregularidade, se posteriormente ratificado por seu representante legal.

Arts. 166, I, e 169, do CC. Gabarito "B".

(Defensor Público/BA – 2010 – CESPE) Julgue os próximos itens, a respeito dos defeitos e da nulidade dos negócios jurídicos.
(1) Tanto nos casos de declaração de nulidade quanto nos de decretação de anulação do negócio jurídico, ocorre o retorno das partes à situação anterior.
(2) Caso o declaratário desconheça o grave dano a que se expõe o declarante ou pessoa de sua família, não ficará caracterizado o estado de perigo.
(3) Para que se caracterize lesão ao negócio jurídico, a desproporção entre a obrigação assumida pela parte declarante e a prestação oposta deve ser mensurada no momento da constituição do negócio.

1: certa, pois nas duas hipóteses as partes retornarão ao estado anterior, com a diferença de que nos casos de anulabilidade admite-se a confirmação do negócio jurídico pelas partes (art. 172 do CC), que retroagirá à data do ato; 2: certa, pois o artigo 156 do CC exige que o grave dano seja conhecido pelo declaratário: "Configura-se o estado de perigo quando alguém, premido da necessidade de salvar-se, ou a pessoa de sua família, de grave dano **conhecido** pela outra parte, assume obrigação excessivamente onerosa"; 3: certa, pois o momento para a verificação da lesão é o da celebração do negócio (art. 157, § 1º, do CC). Gabarito 1C, 2C, 3C.

(Defensoria/ES – 2009 – CESPE) Acerca dos atos e fatos jurídicos no direito civil, julgue os itens a seguir.
(1) Com relação à validade do negócio jurídico, considera-se que, não dispondo a lei em contrário, a escritura pública apenas é essencial à validade dos negócios jurídicos que visem à constituição, transferência, modificação ou renúncia de direitos reais sobre imóveis de valor superior a sessenta vezes o maior salário mínimo vigente no país.
(2) Será nulo o negócio jurídico se o motivo determinante de uma das partes for ilícito.
(3) A interrupção da prescrição, quando efetuada contra o devedor solidário, envolverá os demais, incluindo os seus herdeiros.

1: incorreta, pois deve-se tratar de imóvel com valor superior a 30 salários mínimos (art. 108 do CC); 2: incorreta, pois o negócio só será nulo se o motivo determinante, *comum a ambas* as partes, for ilícito (art. 166, III, do CC); 3: certa (art. 204, § 1º, parte final, do CC) Gabarito 1E, 2E, 3C.

(Defensor Público/MS – 2008 – VUNESP) Indique a alternativa correta.
(A) A invalidade do instrumento induz a do negócio jurídico, mesmo que se possa provar sua existência, por outro meio lícito.
(B) Ninguém pode reclamar o que, por uma obrigação anulada, pagou a um incapaz, se não provar que reverteu em proveito dele a importância paga.
(C) Quando a lei dispuser que um ato é anulável, sem estabelecer prazo para a anulação, será de quatro anos, a contar da conclusão do ato.
(D) Além dos casos expressamente declarados em lei, é anulável o negócio jurídico por incapacidade absoluta do agente.

A: incorreta, pois a invalidade do instrumento **não** induz a do negócio jurídico sempre que este puder provar-se por outro meio (art. 183 do CC); B: correta, pois a alternativa reflete o disposto no art. 181 do CC; C: incorreta, pois quando a lei dispuser que determinado ato é anulável, sem estabelecer prazo para pleitear-se a anulação, **será este de dois anos**, a contar da data da conclusão do ato (art. 179 do CC); D: incorreta, pois a incapacidade absoluta do agente é causa de nulidade do negócio jurídico (art. 166, I, do CC). Gabarito "B".

(Defensoria/MT – 2009 – FCC) São causas de anulabilidade do negócio jurídico:
(A) a simulação e a lesão.
(B) a fraude à execução e o estado de perigo.
(C) a fraude à execução e o dolo, quando este for a sua causa.
(D) o não revestimento de forma prescrita em lei.
(E) a coação e fraude contra credores.

A: incorreta, pois a simulação torna o ato nulo (art. 167 do CC); B e C: incorretas, pois a fraude à execução (que não se confunde com fraude contra credores) torna o negócio *ineficaz* perante os credores; D: incorreta, pois a desobediência à forma torna o negócio nulo (art. 166, IV, do CC); E: correta (art. 171, II, do CC). Gabarito "E".

(Defensoria/PA – 2009 – FCC) Sobre o negócio jurídico, é lícito preconizar que

(A) é anulável o negócio jurídico simulado, mas subsistirá o que se dissimulou, se válido for na substância e na forma.
(B) são nulos quando as declarações de vontade emanarem de erro substancial que poderia ser percebido por pessoa de diligência normal, em face das circunstâncias do negócio.
(C) pode também ser anulado por dolo de terceiro, ainda que a parte a quem aproveite dele não tivesse ou devesse ter conhecimento; de todo modo, ainda que subsista o negócio jurídico, o terceiro responderá por todas as perdas e danos da parte a quem ludibriou.
(D) o negócio anulável pode ser confirmado expressa ou tacitamente pelas partes, salvo direito de terceiro.
(E) o negócio jurídico será nulo de pleno direito se ambas as partes procederem com dolo.

A: incorreta, pois é *nulo* o negócio simulado (art. 167 do CC); B: incorreta, pois o erro torna o negócio *anulável* (art. 172, II, do CC); C: incorreta, pois, nesse caso, o negócio não pode ser anulado, pois a parte a quem aproveita o negócio não tem ou deveria ter conhecimento do dolo de terceiro, cabendo apenas cobrar perdas e danos junto ao terceiro (art. 148 do CC); D: correta (art. 172 do CC); E: incorreta, pois, nesse caso, nenhuma das partes pode alegar a invalidade, que é relativa, para anular o negócio, nem mesmo poderá pedir perdas e danos (art. 150 do CC). Gabarito "D".

(Defensoria/PA – 2009 – FCC) São anuláveis os negócios jurídicos

(A) celebrados com dolo de uma das partes e nulos aqueles realizados sob coação que incuta ao paciente fundado temor de dano iminente e considerável à sua pessoa, à sua família, ou aos seus bens.
(B) simulados, mas subsistirá o que se dissimulou, se válido for na substância e na forma.
(C) celebrados por pessoa absolutamente incapaz.
(D) se não revestirem a forma prescrita em lei.
(E) quando praticados em estado de perigo ou em fraude contra credores.

A: incorreta, pois a coação torna o ato anulável (art. 171, II, do CC); B: incorreta, pois a simulação torna o ato nulo (art. 167 do CC); C: incorreta, pois, nesse caso, o ato é nulo (art. 166, I, do CC); D: incorreta, pois, nesse caso, o ato é nulo (art. 166, IV, do CC); E: correta (arts. 156 e 158 do CC). Gabarito "E".

(Defensor Público/RN – 2006) Constitui causa de nulidade do negócio jurídico o

(A) erro substancial quanto à natureza do negócio.
(B) obrigar-se à prestação manifestamente desproporcional ao valor da prestação oposta, sob preeminente necessidade ou inexperiência, tendo disto conhecimento o credor.
(C) não revestimento da forma prevista em lei.
(D) dolo provocado de terceiro, quando a parte a quem aproveite dele devesse ter conhecimento.

Art. 166, IV, do CC. Gabarito "C".

(Delegado/GO – 2009 – UEG) O direito civil brasileiro, em razão de seus princípios orientadores, admite a conversão do ato negocial. Tendo em vista essa assertiva, é CORRETO afirmar que a conversão

(A) converte-lhe à validade a qualificação dada pelas partes, excepcionalmente, em razão da licitude do objeto.
(B) atende ao princípio da conservação do negócio jurídico e é somente aplicável nas hipóteses em que não haja nulidade do negócio a ser convertido.
(C) atende ao princípio da conservação do negócio jurídico, mantendo a qualificação dada a ele pelas partes, convalidando-o.
(D) acarreta nova qualificação ao negócio jurídico e refere-se à hipótese de negócio nulo.

Art. 170 do CC. Gabarito "D".

(Cartório/AP – 2011 – VUNESP) É nulo o negócio jurídico

(A) quando tiver por objetivo fraudar lei imperativa.
(B) celebrado por pessoa relativamente incapaz.
(C) celebrado por vício resultante de erro, dolo, coação, estado de perigo, lesão ou fraude contra credores.
(D) que não revestir a forma escrita, ainda que a lei não exija tal formalidade.
(E) simulado, mas subsistirá o que se dissimulou, ainda que inválido for na substância ou na forma.

A: correta (art. 166, VI, do CC); B: incorreta, pois a incapacidade relativa é causa de anulabilidade (art. 171, I, do CC); C: incorreta, pois essas são causas de anulabilidade (art. 171, II, do CC); D: incorreta, pois apenas será nulo o negócio jurídico quando não revestir a forma prescrita em lei (art. 166, IV, do CC); vale lembrar que a regra, no direito privado, é da liberdade das formas; E: incorreta, pois é nulo o negócio jurídico simulado, mas subsistirá o que se dissimulou, **desde que válido for na substância e na forma** (art. 167, *caput*, do CC). Gabarito "A".

(Cartório/MG – 2007) Analise estas afirmativas sobre os requisitos para a validade do negócio jurídico e assinale com V as verdadeiras e com F as falsas.

( ) agente capaz.
( ) objeto lícito, possível, indeterminado ou determinável.
( ) forma prescrita ou defesa em lei.

Assinale a alternativa que apresenta a seqüência de letras CORRETA.

(A) (F) (F) (V)
(B) (F) (V) (F)
(C) (V) (F) (F)
(D) (V) (F) (V)

Art. 166 do CC. Para que fossem verdadeiras, as duas afirmativas finais deveriam ser "objeto lícito, possível e determinável"; e "forma prescrita ou não defesa em lei". Gabarito "C".

(Cartório/SP – 2008) Admite-se a conversão substancial da forma quanto aos negócios jurídicos

(A) nulos, desde que contenham os requisitos de outro, subsistindo este quando o fim, a que visavam as partes, permitir supor que o teriam querido, se houvessem previsto a nulidade.
(B) anuláveis, desde que contenham os requisitos de outro, subsistindo este quando o fim, a que visavam as partes, permitir supor que o teriam querido, mesmo sem a previsão quanto à anulabilidade.
(C) nulos, desde que contenham os requisitos de outro, subsistindo este quando o fim, a que visavam as partes, permitir supor que o teriam querido, mesmo sem a previsão quanto à nulidade.
(D) nulos ou anuláveis, desde que contenham os requisitos de outro, subsistindo este quando o fim, a que visavam as partes, permitir supor que o teriam querido, com ou sem a previsão quanto à nulidade ou anulabilidade.

Art. 170 do CC. Gabarito "A".

(Cartório/SP – 2008) Na hipótese de invalidade dos negócios jurídicos, a ratificação é admitida somente para a hipótese de

(A) nulidade, podendo ser praticada por qualquer forma.
(B) nulidade, devendo ser praticada pela mesma forma do ato inquinado.
(C) anulabilidade, devendo ser praticada pela mesma forma do ato inquinado.
(D) anulabilidade, podendo ser praticada por qualquer forma.

Arts. 172 e 173 do CC. Gabarito "C".

(Cartório/SP – VI – VUNESP) Conforme o art. 170 do Código Civil, "se o negócio jurídico nulo contiver os requisitos de outro, subsistirá este quando o fim a que visavam as partes permitir supor que o teriam querido, se houvessem previsto a nulidade". Isto é conhecido na doutrina como

(A) aproveitamento material e substancial.
(B) princípio pelo qual não há nulidade sem prejuízo.
(C) conversão do negócio jurídico.
(D) princípio do aproveitamento.

Trata-se do instituto da conversão, agora previsto na lei civil. Um exemplo é uma escritura de compra e venda de um imóvel com valor superior a 30 salários-mínimos feita por instrumento particular. Tal escritura é nula, pois teria de ser por instrumento público. Porém, é possível aproveitar esse contrato como se fosse um mero compromisso de compra e venda, que não requer escritura pública, operando-se a conversão. Gabarito "C".

(Magistratura Federal-4ª Região – 2010) Assinale a alternativa correta.

É nulo o ato jurídico:

(A) Que tiver por objetivo fraudar lei imperativa.
(B) Se resultante de erro.
(C) Se resultante de coação.
(D) Praticado para fraudar terceiros.
(E) Todas as alternativas anteriores estão incorretas.

A: correta (art. 166, VI, do CC); B, C, D: são causas de anulabilidade (art. 171, II, do CC); E: incorreta, pois a alternativa A está correta. Gabarito "A".

(Magistratura Federal – 4ª Região – XIII – 2008) Assinalar a alternativa correta no que concerne ao negócio jurídico.

(A) A anulação de negócio jurídico pode ser decretada de ofício pelo juiz.
(B) A simulação é um defeito de consentimento do negócio jurídico, independentemente de prejuízo a terceiros.
(C) Na hipótese de reserva mental, não há invalidação do negócio jurídico.
(D) Nem sempre as causas de nulidade ou anulabilidade são concomitantes ao negócio jurídico.

A: art. 177 do CC; B: a simulação não é defeito do negócio jurídico (erro, dolo, coação, estado de perigo, lesão e fraude contra credores), mas sim causa de *nulidade* dele (art. 167 do CC); C: correta, pois, no caso, o negócio subsiste (art. 110 do CC); D: as causas de nulidade e anulabilidade são concomitantes à prática do negócio jurídico; os eventos que ocorrerem depois não interferem no plano da validade do negócio, mas sim no plano da eficácia (ex.: inexecução, onerosidade excessiva etc.). Gabarito "C".

(Magistratura Federal – 3ª Região – XIII) Simulação é:

(A) uma causa de nulidade do negócio jurídico;
(B) um vício de consentimento;
(C) um motivo para a rescisão do contrato;
(D) uma causa de anulabilidade do negócio jurídico.

Art. 167 do CC. Gabarito "A".

(Magistratura Federal – 3ª Região – XII) Relativamente à validade do negócio jurídico é incorreto afirmar:

(A) Quando o negócio jurídico celebrado for nulo poderá ser convertido em outro, desde que satisfaça os requisitos do negócio jurídico sucedâneo, e as partes queiram o efeito prático resultante do negócio em que se converte o inválido;
(B) Considera-se anulável a cláusula contratual que preveja o aumento progressivo das prestações sucessivas;
(C) O abuso de direito enseja a nulidade do ato ou negócio jurídico por implicar fraude à lei imperativa;
(D) A anulabilidade do negócio jurídico não tem efeito antes de declarada por sentença e aproveita tão somente aquele que a alega, salvo o caso de indivisibilidade ou solidariedade.

A: correto (art. 170 do CC); B: incorreto, pois há previsão autorizando o aumento progressivo de prestações sucessivas (art. 316 do CC); todavia, é bom lembrar que a Lei do Plano Real (Lei 10.192/01), no seu art. 2º, estabelece a *nulidade* de cláusula que estabeleça aumento de prestação em período inferior a 12 meses, ressalvados os contratos bancários e os contratos de financiamento com prazo superior a 36 meses; C: correta (art. 187 c/c art. 166, VI, do CC); D: correta (art. 177 do CC). Gabarito "B".

(Procurador da Fazenda Nacional – 2007.2 – ESAF) João, ante o incessante pedido de parentes para que venha a prestar fiança ou aval, passa, para pôr fim àquele "assédio", seus bens para Pedro, seu amigo, fazendo com que não haja em seu nome lastro patrimonial, tornando-lhe impossível a prestação de qualquer garantia real ou fidejussória. Nesse caso hipotético, configurou-se

(A) simulação relativa subjetiva.
(B) reserva mental.
(C) simulação relativa objetiva.
(D) dolo principal.
(E) simulação absoluta.

Trata-se de simulação absoluta, pois não há um negócio dissimulado desejado por João. Gabarito "E".

(FGV – 2009) O art. 9º, § 7º, da Lei 9434/1997 determina: É vedado à gestante dispor de tecidos, órgãos ou partes de seu corpo vivo, exceto quando se tratar de doação de tecido para ser utilizado em transplante de medula óssea e o ato não oferecer risco à sua saúde ou ao feto. A norma em questão não prevê nenhuma sanção para o caso de seu descumprimento. Diante disso, é correto afirmar que o negócio jurídico para doação de órgãos celebrado por gestante em desconformidade com o art. 9º, § 7º, da Lei 9434/1997 será:

(A) anulável.
(B) nulo.
(C) válido, porém ineficaz.
(D) perfeitamente válido e eficaz.
(E) nulo, mas passível de convalidação, desde que a nulidade seja suprida por decisão judicial.

O negócio é nulo, pois o art. 166, VII, do CC estabelece que são nulos os negócios jurídicos quando a lei "proibir-lhe a prática, sem cominar sanção". No caso, a lei proíbe a prática mencionada, sem cominar sanção para o seu exercício, o que faz surgir esse caso de nulidade. Gabarito "B".

(Analista – TRE/AC – 2010 – FCC) Segundo o Código Civil brasileiro, com relação à invalidade dos negócios jurídicos, é correto afirmar:

(A) É de dez anos o prazo de decadência para pleitear-se a anulação do negócio jurídico, contado, no caso de atos de incapazes, do dia em que cessar a incapacidade.
(B) Não serão considerados nulos ou anuláveis os negócios jurídicos em que os instrumentos particulares forem antedatados.
(C) É de dois anos o prazo de decadência para pleitear-se a anulação do negócio jurídico, contado, no caso de coação, do dia em que ela cessar.
(D) Quando a lei dispuser que determinado ato é anulável, sem estabelecer prazo para pleitear-se a anulação, será este de dois anos, a contar da data da conclusão do ato.
(E) Além dos casos expressamente declarados na lei, é nulo o negócio jurídico por incapacidade relativa do agente, bem como por vício resultante de estado de perigo, lesão ou fraude contra credores.

A: incorreta, o prazo é de quatro anos (art. 178, III, do CC); B: incorreta, pois se trata de simulação e, portanto, de negócio jurídico nulo (art. 167, § 1º, III, do CC); C: incorreta, o prazo é de quatro anos (art. 178, I, do CC); D: correta (art. 179 do CC); E: incorreta, pois, além dos casos expressamente declarados na lei, é anulável o negócio jurídico por incapacidade relativa do agente e por vício resultante de erro, dolo, coação, estado de perigo, lesão ou fraude contra credores (art. 171 do CC). Gabarito "D".

(Analista – TRE/AL – 2010 – FCC) O negócio jurídico concluído pelo representante em conflito de interesses com o representado, quando tal fato devia ser do conhecimento de quem o contratou, é

(A) nulo, sendo de 180 dias, a contar da conclusão do negócio ou da cessação da incapacidade, o prazo decadencial para pleitear-se a anulação.
(B) anulável, sendo de 180 dias, a contar da conclusão do negócio ou da cessação da incapacidade, o prazo decadencial para pleitear-se a anulação.
(C) anulável, sendo de um ano, a contar da conclusão do negócio ou da cessação da incapacidade, o prazo decadencial para pleitear-se a anulação.
(D) nulo, sendo de um ano, a contar da conclusão do negócio ou da cessação da incapacidade, o prazo decadencial para pleitear-se a anulação.
(E) anulável, sendo de dois anos, a contar do conhecimento da nulidade, o prazo decadencial para pleitear-se a anulação.

Art. 119, *caput*, e p. único, do CC. Gabarito "B".

(Analista – TRF/4ª – 2010 – FCC) De acordo com o Código Civil brasileiro, com relação ao negócio jurídico, em regra, a incapacidade relativa de uma das partes

(A) só pode ser invocada pela outra parte em benefício próprio se ocorrer dentro do prazo decadencial de dois anos contados da realização do negócio jurídico.
(B) pode ser invocada pela outra em benefício próprio, mas não aproveita aos cointeressados capazes.
(C) não pode ser invocada pela outra em benefício próprio, mas aproveita aos cointeressados capazes.
(D) pode ser invocada pela outra em benefício próprio e aproveita aos cointeressados capazes.
(E) não pode ser invocada pela outra em benefício próprio, nem aproveita aos cointeressados capazes.

Art. 105 do CC. Gabarito "E".

2.9. ATOS ILÍCITOS

(Magistratura/DF – 2011) Consoante dicção da lei civil vigente, "aquele que, por ação ou omissão voluntária, negligência ou imprudência, violar direito e causar dano a outrem, ainda que exclusivamente moral, comete ato ilícito". Sendo assim, considere as proposições abaixo e assinale a correta:

(A) Não são acumuláveis as indenizações por dano material e dano moral oriundos do mesmo fato, dado que uma exclui a outra;
(B) Não caracteriza dano moral a apresentação antecipada de cheque pré-datado, muito mais quando o cheque é de pequeno valor;
(C) A pessoa jurídica jamais pode sofrer dano moral;
(D) A instituição bancária pode recusar-se ao pagamento de título que lhe for apresentado. Entretanto, a simples devolução indevida de cheque caracteriza dano moral.

A: incorreta, pois são cumuláveis, de acordo com a Súmula 37 do STJ; B: incorreta, pois caracteriza dano moral, nos termos da Súmula 370 do STJ; C: incorreta, pois a pessoa jurídica pode sofrer dano moral (Súmula 227 do STJ); D: correta, pois a simples devolução indevida de cheque caracteriza dano moral (Súmula 388 do STJ). Gabarito "D".

(Magistratura/SP – 177º – VUNESP) Relativamente ao estado de necessidade, como excludente de ato ilícito, estabelece o art. 188, inciso II e parágrafo único, do Código Civil: Não constituem atos ilícitos: II – a deterioração ou destruição da coisa alheia, ou a lesão a pessoa, a fim de remover perigo iminente. Parágrafo único. No caso do inciso II, o ato será legítimo somente quando as circunstâncias o tornarem absolutamente necessário, não excedendo os limites do indispensável para a remoção do perigo. Sobre esse tema, assinale a alternativa correta.

(A) Se a pessoa lesada ou o dono da coisa não forem culpados do perigo, assistir-lhes-á direito à indenização do prejuízo que sofreram, a despeito de o causador ter agido em estado de necessidade e constituir este excludente do ato ilícito.
(B) No caso de dano pessoal ou morte de pessoa, com absolvição criminal definitiva com fundamento no estado de necessidade, ainda que a vítima ou o lesado não sejam culpados pelo perigo, o causador da lesão ou da morte não responde civilmente porque, nesse caso, o fato não constitui ato ilícito.
(C) No caso do estado de necessidade, porque o fato lesivo não constitui, por expressa disposição de lei, ato ilícito, não se pode cogitar, em nenhuma hipótese, de indenização em favor de quem quer que seja ou contra qualquer pessoa.
(D) O estado de necessidade pode ser alegado em qualquer fase e em qualquer grau de jurisdição, mas sendo um direito personalíssimo daquele que atua no sentido da norma legal, isto é, destruição de coisa alheia ou lesão a pessoa a fim de remover perigo iminente, não se transmite a seus herdeiros no caso de falecimento.

Em complemento ao dispositivo citado no enunciado (art. 188, II, do CC), deve-se ler o art. 929 do CC. Gabarito "A".

(Ministério Público/PR – 2008) É correto afirmar:

(A) Além dos casos expressamente declarados na lei, é anulável o negócio jurídico somente por incapacidade relativa do agente.
(B) Quando a lei dispuser que determinado ato é anulável, sem estabelecer prazo para pleitear-se a anulação, será este de três anos, a contar da data da conclusão do ato.
(C) Comete ato ilícito o titular de um direito que, ao exercê-lo, excede manifestamente os limites impostos pelo seu fim econômico ou social, pela boa-fé ou pelos bons costumes.
(D) Constituem atos ilícitos os praticados em legítima defesa ou no exercício regular de um direito reconhecido.
(E) Nenhuma das alternativas anteriores está correta.

A: há outros casos de anulabilidade (art. 171, I, do CC); B: art. 179 do CC; C: art. 187 do CC; D: "lícitos" (art. 188, I, do CC); E: a alternativa "c" está correta. Gabarito "C".

(Procurador do Estado/PI – 2008 – CESPE) Quanto aos atos ilícitos e ao abuso de direito, assinale a opção correta.

(A) Para se configurar a responsabilidade por ato ilícito, ainda que não tenha causado efetivo prejuízo, é necessária, no momento da conduta, a verificação de dolo ou culpa por parte do agente, bem como a verificação da gradação da culpa em grave, leve ou levíssima.
(B) Quando inúmeras causas sucessivas contribuem para a produção do efeito danoso, qualquer dessas causas pode ser considerada suficiente para demonstrar o nexo de causalidade e imputar ao seu autor o dever de indenizar.
(C) Os atos ilícitos praticados em legítima defesa ou no exercício regular de um direito, que provoquem deterioração ou destruição da coisa alheia ou lesão a pessoa, não geram o dever de indenizar.
(D) O abuso de direito, que é uma das fontes de obrigações, caracteriza-se não pela incidência da violação formal a direito, mas pela extrapolação dos limites impostos pelo ordenamento jurídico para o seu exercício.
(E) O abuso de direito configura-se como ato ilícito e a responsabilidade dele decorrente depende de dolo ou culpa, tendo, portanto, natureza subjetiva. Assim, para o reconhecimento desse ato ilícito, é imprescindível que o agente tenha a intenção de prejudicar um terceiro, que, por sua vez, ao exercer determinado direito, tenha excedido manifestamente os limites impostos pela finalidade econômica ou social, pela boa-fé ou pelos bons costumes.

A: o abuso de direito é um ato ilícito que não reclama culpa ou dolo para se configurar (art. 187 do CC e Enunciado CJF 37); a verificação do grau de culpa não interfere na configuração do ato ilícito, mas pode interferir na fixação da indenização (arts. 944, parágrafo único, e 945, do CC); B: o CC adota a teoria da causalidade adequada (Enunciado CJF 47); C: art. 929 do CC; D: art. 187 do CC; E: conforme já dito, o abuso de direito é um ato ilícito que não reclama culpa ou dolo para se configurar (art. 187 do CC e Enunciado CJF 37). Gabarito "D".

(Procurador do Município/Teresina-PI – 2010 – FCC) Para o legislador civil, o abuso do direito é um ato

(A) lícito, embora possa gerar a nulidade de cláusulas contratuais em relações consumeristas.
(B) lícito, embora ilegal na aparência.
(C) ilícito objetivo, caracterizado pelo desvio de sua finalidade social ou econômica ou contrário à boa-fé e aos bons costumes.
(D) ilícito, necessitado da prova de má-fé do agente para sua caracterização.
(E) ilícito abstratamente, mas que não implica dever indenizatório moral.

A e B: incorretas, pois o abuso de direito é um ato ilícito (art. 187 do CC); C: correta, pois o abuso de direito é um tipo de ato ilícito (art. 187 do CC), que, diferente do ato ilícito tradicional (art. 186 do CC), configura-se independentemente de culpa (Enunciado CJF 37); D: incorreta, pois, como se viu, trata-se de um tipo de ato ilícito que não requer culpa ou dolo para se configurar (Enunciado CJF 37); E: incorreta, pois tanto os danos materiais, como os danos morais devem ser indenizados. Gabarito "C".

(Defensor Público/MS – 2008 – VUNESP) No tocante à teoria do abuso do direito, na forma consagrada no Código Civil, assinale a alternativa correta.

(A) Exige-se o elemento culposo para a caracterização de um ato de abuso, traduzido no interesse.

(B) A ilicitude de um ato não pode ser condicionada ao seu objeto, ou seja, ao efeito material e jurídico.
(C) Caracteriza-se por uma observação objetiva da conduta que excede os limites impostos na forma da lei.
(D) Não há dano lícito, em nenhuma hipótese que se observe a prática de um ato contrário ao direito.

A: incorreta, pois de acordo com o disposto no art. 187 do CC, "comete ato ilícito o titular de um direito que, ao exercê-lo, excede manifestamente os limites impostos pelo seu fim econômico ou social, pela boa-fé ou pelos bons costumes", ou seja, o Código Civil adotou a teoria subjetiva, erigindo o dolo e a culpa como fundamentos para a obrigação de reparar o dano; B: incorreta, pois a ilicitude de um ato depende da existência de dano. A inexistência de dano torna sem objeto a pretensão à sua reparação; C: correta (art. 187 do CC); D: incorreta, pois há atos lesivos que não são considerados ilícitos, como aqueles descritos no art. 188 do CC. Gabarito "C".

(Analista – TJ/ES – 2011 – CESPE) Julgue o seguinte item.

(1) Cometerá ato ilícito por abuso de direito o motorista de ambulância que, trafegando em situação de emergência e, portanto, com a sirene ligada, ultrapassar semáforo fechado e abalroar veículo de particular que, sem justificativa, deixe de lhe dar passagem.

1: incorreta; o ato ilícito tradicional está previsto no art. 186 do CC, tratando-se de conduta culposa ou dolosa que causa um dano a alguém; já o ato ilícito por abuso de direito está previsto no art. 187 do CC, tratando-se do exercício de um direito, de forma abusiva; o caso narrado revela que sequer há um direito em favor do motorista, de modo que não se coloca se ele agiu, no exercício desse direito, de forma abusiva; o caso revela que o motorista infringiu a lei, e o fez com dolo, configurando-se a hipótese de ato ilícito prevista no art. 186 do CC. Gabarito 1E

2.10. PRESCRIÇÃO E DECADÊNCIA

(Magistratura/AL – 2008 – CESPE) A respeito do instituto da prescrição nos termos do Código Civil de 2002, assinale a opção correta.

(A) Se duas pessoas forem credoras solidárias de determinada obrigação indivisível, então o casamento de um dos credores com o devedor suspenderá a prescrição em favor do outro credor.
(B) Contanto que não haja ofensa ao princípio da boa-fé objetiva, seja respeitada a função social do contrato e haja prévio acordo, as partes poderão diminuir ou aumentar os prazos prescricionais estabelecidos no código.
(C) Se um dos credores solidários interpelar judicialmente o devedor, tal iniciativa não aproveitará aos demais quanto à interrupção da prescrição.
(D) Desde que feita de forma expressa, é possível a renúncia prévia de prazo prescricional.
(E) Quando uma ação se originar de fato que deva ser apurado no juízo criminal, ficará suspensa a prescrição até despacho do juiz que tenha recebido ou rejeitado a denúncia ou a queixa-crime.

A: art. 197, I, c/c art. 201, ambos do CC; B: art. 192 do CC; C: art. 202 c/c art. 204, § 1º, ambos do CC; D: art. 191 do CC; E: art. 200 do CC. Gabarito "A".

(Magistratura/AL - 2006) O juiz conhecerá de ofício da

(A) prescrição, somente quando favorecer a pessoa absolutamente incapaz.
(B) decadência legal e da decadência convencional.
(C) prescrição e da decadência legal.
(D) prescrição e da decadência convencional somente se favorecerem a pessoa absoluta ou relativamente incapaz.
(E) prescrição e da decadência, legal ou convencional, se favorecerem a Fazenda Pública.

Arts. 219, § 5º, do CPC e 210 do CC. Gabarito "C".

(Magistratura/MS – 2008 – FGV) O prazo para anular venda de ascendente para descendente, sem observância dos requisitos legais, é:

(A) prescricional de 1 ano.
(B) decadencial de 1 ano.
(C) prescricional de 2 anos.
(D) decadencial de 2 anos.
(E) prescricional de 6 meses.

Arts. 496 e 179 do CC. Gabarito "D".

(Magistratura/MG – 2009 – EJEF) Relativamente à disciplina da Prescrição e da Decadência, marcar a questão CORRETA.

(A) Aplicam-se à decadência, salvo disposição legal em contrário, as normas que impedem, suspendem ou interrompem a prescrição.
(B) A prescrição e a decadência consolidam um estado de fato, transformando-o em estado de direito.
(C) Ambas constituem-se causa e disciplina de extinção de direitos, mas a prescrição funda-se em princípio de natureza privada, protegendo interesses privados.
(D) A prescrição e a decadência são formas de extinção de direitos, constituindo-se as duas em prazos extintivos.

A: incorreta (art. 207 do CC); B: incorreta, pois a prescrição e a decadência consolidam uma situação de direito; C: incorreta, pois a prescrição pode, também, proteger interesses públicos, valendo lembrar que, atualmente, tanto a prescrição, como a decadência devem ser pronunciadas de ofício pelo juiz (arts. 210 do CC e 219, § 5º, do CPC); D: correta, tratando-se a prescrição de extinção de uma *pretensão* e a decadência de extinção de um *direito potestativo*. Gabarito "D".

(Magistratura/MG – 2008) Enquanto causa extintiva da pretensão de direito material e causa extintiva de direito, pelo seu não exercício no prazo estipulado por lei, de acordo com o Código Civil, é CORRETO dizer que:

(A) a prescrição e a decadência são irrenunciáveis.
(B) a interrupção da prescrição por um dos credores solidários não aproveita aos outros credores.
(C) o juiz não pode suprir, de ofício, a alegação de decadência convencional.
(D) à decadência se aplicam as normas que impedem, suspendem ou interrompem a prescrição, salvo disposição legal em contrário.

A: arts. 191 e 209; B: art. 204, § 1º, do CC; C: art. 211 do CC; D: art. 207 do CC. Gabarito "C".

(Magistratura/PE – 2011 – FCC) O motorista José, no dia 08 de dezembro de 2005, envolveu- se em acidente de trânsito, do qual resultaram danos em seu veículo e aos ciclistas Pedro e João, à época contando 12 (doze) e 16 (dezesseis) anos de idade, respectivamente. No procedimento criminal José foi absolvido, transitando em julgado a sentença em 09/06/2006. José ajuizou ação indenizatória contra Pedro e João, que têm patrimônio próprio, em 17/03/2009. Os réus, em peças distintas, contestaram, alegando que José fora culpado no acidente e apresentaram pedido contraposto, na audiência realizada em 12/06/2009, pleiteando indenização para serem ressarcidos dos prejuízos que também sofreram, inclusive mediante compensação se o juiz concluir pela concorrência de culpas. Foram ouvidas testemunhas e o juiz, de ofício, reconheceu que as pretensões do autor e dos réus estavam prescritas, porque já decorridos mais de 3 (três) anos desde o acidente, sendo este o prazo estabelecido no artigo 206, § 3º, V, do Código Civil.

A sentença é

(A) parcialmente correta, porque a prescrição só atingiu as pretensões de José e de João.
(B) correta tanto em relação ao autor como aos réus.
(C) incorreta, porque a prescrição não atingiu as pretensões do autor nem dos réus, à vista de circunstâncias que obstam o curso do prazo prescricional.
(D) incorreta, porque o Juiz não pode, de ofício, reconhecer a prescrição.
(E) parcialmente correta, porque a prescrição atingiu a pretensão do autor, mas não atinge o pedido contraposto, porque se caracteriza como exceção.

A alternativa "a" está correta, pois a pretensão de Pedro não prescreveu, vez que Pedro tinha 12 anos à época do acidente, e, contra os absolutamente incapazes, não corre a prescrição (art. 198, I, do CC). Além disso, o juiz pode conhecer de ofício a prescrição (art. 219, § 5º, do CDC). Gabarito "A".

(Magistratura/PR – 2008) Antônio, em 10 de janeiro de 1993, ao transpor um cruzamento com o sinal vermelho, acaba por abalroar o automóvel de propriedade de Bruna, causando danos patrimoniais. Diante desses fatos, assinale a alternativa correta:

(A) A pretensão de Bruna à reparação civil frente a Antônio prescreveu três anos após o acidente.

(B) A pretensão de Bruna à reparação civil frente a Antônio prescreveu três anos após a data do início da vigência do Código Civil de 2002.
(C) A pretensão de Bruna à reparação civil frente a Antônio prescreverá 20 anos após o acidente.
(D) A pretensão de Bruna à reparação civil frente a Antônio prescreverá 10 anos após a data de início da vigência do Código Civil de 2002.

Quando o atual Código Civil entrou em vigor, já tinha sido transcorrido mais da metade do prazo de prescrição para a reparação civil previsto no antigo Código Civil (20 anos). Assim, deve ser aplicada a lei antiga, permanecendo o transcurso do prazo de 20 anos após o acidente, aplicando-se o art. 2.028 do CC. É importante lembrar que o atual Código Civil foi publicado no dia 11/01/02 e entrou em vigor 1 ano após a sua publicação (art. 2.044 do CC). Gabarito "C".

(Magistratura/RS – 2009) Assinale a assertiva correta sobre decadência.

(A) É de cento e vinte dias o prazo para a anulação do negócio jurídico, a contar da sua conclusão ou cessação da incapacidade, concluído pelo representante em conflito de interesse com o representado, se o fato era ou devia ser do conhecimento de quem com ele tratou.
(B) É de um ano o prazo, a contar da publicação da sua inscrição no registro, para anular a constituição da pessoa jurídica de direito privado por defeito do ato respectivo.
(C) É de dois anos o prazo de anulação do ato, a contar de sua conclusão, se não houver prazo estabelecido em lei, quando esta dispuser que determinado ato é anulável.
(D) É de três anos o prazo para pleitear-se a anulação do negócio jurídico nos casos de coação, erro, dolo, fraude contra credores, estado de perigo ou lesão e atos de incapazes.
(E) É de quatro anos o prazo para a declaração de nulidade de negócio jurídico simulado.

A: incorreta, pois o prazo, no caso, é de 180 dias (art. 119, parágrafo único, do CC); B: incorreta, pois o prazo, no caso, é de 3 anos (art. 45, parágrafo único, do CC); C: correta (art. 179 do CC); D: incorreta, pois o prazo, no caso, é de 4 anos (art. 178 do CC); E: incorreta, pois não há prazo no caso, por ser o negócio simulado um *ato nulo* (art. 167 do CC), que não convalesce pelo decurso do tempo (art. 169, parte final, do CC). Gabarito "C".

(Magistratura/SC – 2008) Assinale a alternativa correta acerca dos prazos prescricionais no Código Civil:

(A) Será de 4 (quatro) anos, contados a partir da publicação dos atos constitutivos da sociedade anônima, o prazo prescricional relativo à pretensão contra os fundadores, por violação da lei ou do estatuto.
(B) Em 2 (dois) anos prescreve a pretensão dos profissionais liberais em geral, procuradores judiciais, curadores e professores pelos seus honorários, contado o prazo da conclusão dos serviços, da cessação dos respectivos contratos ou mandato.
(C) Prescreve em 1 (um) ano, a pretensão para haver prestações alimentares, a partir da data em que se vencerem.
(D) A prescrição ocorre em 20 (vinte) anos, quando a lei não lhe haja fixado prazo menor.
(E) As pretensões para haver juros, dividendos ou quaisquer prestações acessórias, pagáveis, em períodos não maiores de 1 (um) ano, com capitalização ou sem ela, de ressarcimento de enriquecimento sem causa e a de reparação civil prescrevem em 3 (três) anos.

A: art. 206, § 3º, VII, a, do CC; B: art. 206, § 5º, do CC; C: art. 206, § 2º, do CC; D: art. 205 do CC; E: art. 206, § 3º, III, IV e V, do CC. Gabarito "E".

(Magistratura/SP – 2009 – VUNESP) Prescrição e decadência

(A) extinguem o direito de ação.
(B) extinguem, respectivamente, o direito potestativo e a pretensão.
(C) extinguem, respectivamente, a pretensão e o direito potestativo.
(D) extinguem a pretensão.

A alternativa "c" está correta, pois a **prescrição** é a *causa extintiva da pretensão*, pelo seu não exercício no prazo estipulado pela lei, ao passo que a **decadência** é a *causa extintiva do direito potestativo pelo seu não exercício no prazo estipulado pela lei*. Gabarito "C".

(Magistratura/SP – 178º – VUNESP) Aponte o asserto incorreto.

(A) Os prazos de prescrição não podem ser alterados por acordo das partes.
(B) É defeso ao juiz pronunciar, de ofício, a prescrição.
(C) A prescrição iniciada contra uma pessoa continua a correr contra o seu sucessor.
(D) Não corre prescrição enquanto pende condição suspensiva.

A: art. 192 do CC; B: art. 219, § 5º, do CPC; C: art. 196 do CC; D: art. 199, I, do CC. Gabarito "B".

(Magistratura/SP – 179º – VUNESP) Considere as seguintes afirmações:

I. a prescrição não corre contra os que estiverem ausentes do país a serviço das Forças Armadas em tempo de paz;
II. sendo a obrigação divisível ou indivisível, a suspensão da prescrição em favor de um dos credores solidários aproveita aos outros;
III. o ato extrajudicial de reconhecimento do direito pelo devedor interrompe a prescrição, desde que seja inequívoco;
IV. a renúncia à decadência fixada em lei só valerá, sendo feita, sem prejuízo de terceiro, depois de a decadência se consumar.

Pode-se afirmar que são corretas

(A) I e III, somente.
(B) II e III, somente.
(C) I, II, III e IV.
(D) II, III e IV, somente.

I: correta (art. 198, II, do CC); II: incorreta (art. 201 do CC); III: correta (art. 202, VI, do CC); IV: incorreta (art. 209 do CC). Gabarito "A".

(Ministério Público/CE – 2009 – FCC) Considere as seguintes afirmações a respeito da prescrição e decadência, reguladas pelo Código Civil:

I. Pode o Juiz, de ofício, reconhecer a ocorrência da prescrição e da decadência legal ou convencional.
II. Quando a ação se originar de fato que deva ser apurado no juízo criminal, não correrá a prescrição antes da respectiva sentença definitiva, embora a responsabilidade civil seja independente da criminal.
III. Salvo se se tratar de obrigações ou direitos indivisíveis, a interrupção da prescrição por um dos credores solidários, não aproveita aos outros, assim como a interrupção efetivada contra o devedor solidário não envolve os demais ou seus herdeiros.
IV. Suspensa a prescrição em favor de um dos credores solidários, só aproveitam os outros se a obrigação for indivisível.
V. Não corre o prazo prescricional, nem o prazo decadencial contra os absolutamente incapazes.

Estão corretas as afirmações

(A) III, IV e V.
(B) II, IV e V.
(C) II, III e IV.
(D) I, III e V.
(E) I, III e IV.

I: incorreta, pois o juiz só pode reconhecer de ofício a decadência legal (art. 210 do CC); II: correta (art. 200 do CC); III: incorreta, pois seja divisível ou não a obrigação, "a interrupção por um dos credores solidários aproveita aos outros; assim como a interrupção efetuada contra o devedor solidário envolve os demais e seus herdeiros" (art. 204, § 1º, do CC); IV: correta (art. 201 do CC); V: correta (art. 198, I, c/c art. 208, ambos do CC). Gabarito "B".

(Ministério Público/PR – 2009) Sobre a decadência e a prescrição, é INCORRETO afirmar:

(A) Em nenhuma hipótese, os prazos decadenciais admitem suspensão ou interrupção do lapso temporal estabelecido em lei.
(B) É nula a renúncia ao prazo de decadência fixado em lei, mesmo quando convencionada em ato ou negócio jurídico firmado entre capazes.
(C) O protesto, judicial ou extrajudicial efetuado em tabelionato de protesto de títulos, constitui causa de interrupção da prescrição, mas somente poderá ocorrer uma vez.

(D) O juiz pode declarar, de ofício, a decadência.
(E) Quando a lei civil não fixar prazo menor, a prescrição da pretensão ocorre em 10 (dez) anos.

A: incorreto, pois há vários casos de suspensão e interrupção do prazo prescricional (arts. 197 a 200 e 202, todos do CC); B: correta (art. 209 do CC); C: correta (art. 202, III, c/c art. 203, ambos do CC); D: correta (art. 210 do CC); E: correta (art. 205 do CC). *Gabarito "A".*

(Ministério Público/PR – 2008) É correto afirmar:

(A) Os prazos de prescrição podem ser alterados por acordo das partes.
(B) A interrupção da prescrição por um credor aproveita aos outros; semelhantemente, a interrupção operada contra o co-devedor, ou seu herdeiro, que prejudica aos demais coobrigados.
(C) A interrupção da prescrição, que somente poderá ocorrer uma vez, dar-se-á por qualquer ato judicial que constitua em mora o devedor.
(D) Prescreve em um ano a pretensão de cobrança de dívidas líquidas constantes de instrumento público ou particular.
(E) Nenhuma das alternativas anteriores está correta.

A: art. 192 do CC; B: art. 204 do CC; C: art. 202, V, do CC; D: art. 206, § 5º, I, do CC; E: a alternativa "c" está correta. *Gabarito "C".*

(Ministério Público/RO – 2008 – CESPE) Acerca de prescrição, decadência, obrigações e contratos em espécie, assinale a opção correta.

(A) Prescrita a pretensão, considera-se também prescrita a exceção material.
(B) De acordo com o Código Civil, admite-se renúncia prévia ou antecipada à prescrição, que pode ser expressa ou tácita e só valerá se feita sem prejuízo de terceiro.
(C) As obrigações reais ou mistas referem-se ao indivíduo e, portanto, não se transmitem ao novo adquirente da coisa a que se relacionam.
(D) Nas obrigações negativas, havendo descumprimento fortuito, a obrigação converte-se em perdas e danos.
(E) O contrato estimatório é unilateral e não-comutativo.

A: art. 190 do CC; B: art. 191 do CC; C: em se tratando de obrigação real, o novo adquirente da coisa terá de suportá-la; D: art. 250 do CC; E: no contrato estimatório, de antemão, cada parte sabe de sua prestação, de modo que se trata de contrato comutativo (arts. 534 e ss). *Gabarito "A".*

(Ministério Público/SP – 2011) A respeito dos prazos de prescrição, pode-se afirmar que:

(A) os prazos do Código de 2002 (Lei n.o 10.406/02) são aplicados na hipótese de haver transcorrido menos da metade do tempo estabelecido na lei revogada.
(B) os prazos do Código de 2002 (Lei n.o 10.406102) são aplicados na hipótese de haver transcorrido mais da metade do tempo estabelecido na lei revogada.
(C) até janeiro de 2005, o prazo da usucapião do artigo 1238 do Código Civil era de 15 (quinze) anos.
(D) o prazo para cobrança de alugueres de prédios urbanos é de 4 (quatro) anos.
(E) o prazo para a cobrança de honorários de árbitros é de 5 (cinco) anos.

Art. 2.028 do CC. *Gabarito "B".*

(Ministério Público/SP – 2010) Assinale a alternativa incorreta:

(A) o pagamento espontâneo de dívida prescrita não pode ser repetido.
(B) tratando-se de obrigação não suscetível de fracionamento, suspensa a prescrição em favor de um dos credores solidários, aos demais será estendida.
(C) a prescrição e a decadência legal podem ser conhecidas de ofício pelo juiz. A prescrição pode ser renunciada. A decadência fixada em lei não pode ser objeto de renúncia.
(D) o direito a alimentos, como é sabido, é imprescritível. Há previsão na lei civil, porém, estabelecendo que a pretensão para haver prestações alimentares estabelecidas judicialmente prescreve, a partir do vencimento, em cinco anos.
(E) a responsabilidade dos assistentes dos relativamente incapazes e dos representantes legais das pessoas jurídicas, que derem causa à prescrição ou não a alegarem oportunamente, não é objetiva.

A: correta, pois constitui hipótese de renúncia tácita à prescrição operada (art. 191 do CC); B: correta (art. 201 do CC); C: correta, pois a prescrição e a decadência devem ser conhecidas de ofício pelo juiz (art. 219, § 5º, do CPC e art. 210 do CC); ademais, a prescrição pode ser renunciada (art. 191 do CC) e a decadência legal não pode ser renunciada (art. 209 do CC); D: incorreta, pois o prazo prescricional para cobrar prestações alimentares é de *2 anos* a partir do vencimento (art. 206, § 2º, do CC); E: correta, pois o art. 195 do CC refere-se à responsabilidade "independentemente de culpa", expressão usual no Código Civil, quando se estabelece responsabilidade objetiva. *Gabarito "D".*

(Procurador do Estado/CE – 2008 – CESPE) Assinale a opção correta relativamente a prescrição e decadência.

(A) Não corre o prazo de decadência contra os que, mesmo por causa transitória, não puderem exprimir sua vontade.
(B) A prescrição e a decadência podem ser interrompidas mais de uma vez, desde que por motivos diferentes, sendo que a prescrição intercorrente pode ser interrompida ilimitadamente.
(C) A suspensão da prescrição em favor de um dos credores solidários sempre aproveitará aos demais. No entanto, a interrupção operada contra o devedor principal não atinge o fiador, a favor do qual continua a correr a prescrição.
(D) Se a decadência for convencional, a parte a quem aproveita pode alegá-la em qualquer grau de jurisdição, inclusive em sede de recursos extraordinário ou especial, podendo, ainda, o juiz suprir, de ofício, a alegação.
(E) O prazo da prescrição da pretensão indenizatória da vítima, decorrente de fato a ser apurado no juízo criminal, flui independentemente da respectiva sentença criminal definitiva.

A: art. 198, I, do CC; B: art. 202, *caput*, do CC; C: arts. 201 e 204, § 3º, do CC; D: art. 211 do CC; E: art. 200 do CC. *Gabarito "A".*

(Procurador do Estado/RO – 2011 – FCC) A decadência consiste na perda

(A) do direito de regresso em face de outro devedor solidário em razão de seu não exercício após um mês da condenação.
(B) do direito de se cobrar o cumprimento de uma obrigação vincenda em razão do não exercício dessa faculdade em determinado prazo.
(C) do direito de ver o devedor processado judicialmente por uma dívida ainda não vencida em razão do decurso do tempo.
(D) da pretensão de ver a dívida paga em hipóteses expressamente previstas em lei em razão do decurso do tempo, o que autoriza a repetição do indébito caso o pagamento tenha ocorrido após o seu advento.
(E) do direito em razão do decurso do tempo em hipóteses expressamente previstas em lei, o que autoriza a repetição do indébito caso o pagamento tenha ocorrido após o seu advento.

A alternativa "e" traz o conceito correto da decadência, que *é a causa extintiva do direito potestativo pelo seu não exercício no prazo estipulado pela lei*. *Gabarito "E".*

(Procurador do Estado/SC – 2010 – FEPESE) Com relação à prescrição e à decadência, assinale a alternativa **incorreta**, de acordo com o Código Civil Brasileiro.

(A) A prescrição iniciada contra uma pessoa continua a correr contra o seu sucessor.
(B) Os prazos de prescrição não podem ser alterados por acordo das partes.
(C) Pendendo ação de evicção, não corre o prazo prescricional.
(D) Se a decadência for convencional, a parte a quem aproveita pode alegá-la em qualquer grau de jurisdição, mas o juiz não pode suprir a alegação.
(E) Quando a lei dispuser que determinado ato é anulável, sem, contudo, estabelecer prazo para pleitear-se a anulação, será este de 4 (quatro) anos, a contar da data da conclusão.

A: correta (art. 196 do CC); B: correta (art. 192 do CC); C: correta (art. 199, III, do CC); D: correta (art. 211 do CC); E: incorreta, pois o art. 179 do CC dispõe: "quando a lei dispuser que determinado ato é anulável, sem estabelecer prazo para pleitear-se a anulação, será este de dois anos, a contar da data da conclusão do ato". *Gabarito "E".*

(Procurador do Estado/SP – FCC – 2009) Em tema de prescrição, é correto afirmar:

(A) Suspensa a prescrição em favor de um dos credores solidários, só aproveitam os outros se a obrigação for indivisível.
(B) Serão os da lei anterior os prazos, quando reduzidos pelo Código Civil, e se, na data de sua entrada em vigor, já houver transcorrido mais de 1/3 (um terço) do tempo decorrido estabelecido na lei revogada.
(C) Não corre prescrição pendendo condição resolutiva expressa.
(D) Quando a ação se originar de fato que deva ser apurado no juízo criminal, a prescrição terá seu curso normal, devendo ser comunicado àquele juízo eventual apuração de responsabilidade civil para fins probatórios.
(E) A prescrição ocorre em 20 (vinte) anos, quando a lei não lhe haja fixado prazo menor.

A: correta (art. 201 do CC); B: incorreta, pois serão da lei anterior os prazos reduzidos quando, na data da entrada em vigor do Código Civil, já houver transcorrido mais da *metade* do tempo estabelecido na lei revogada (art. 2.028 do CC); C: incorreta, pois não corre quando pende condição *suspensiva* (art. 199, I, do CC); D: incorreta, pois, nesse caso, não corre a prescrição antes da sentença criminal definitiva (art. 200 do CC); E: incorreta, pois a prescrição corre em 10 anos nesse caso (art. 205 do CC). Gabarito "A".

(Procurador do Município/Florianópolis-SC – 2010 – FEPESE) A ação de perdas e danos pelo uso de marca comercial prescreve em:

(A) 2 anos.
(B) 3 anos.
(C) 5 anos.
(D) 10 anos.
(E) 20 anos.

Art. 225 da Lei 9.279/1996. Gabarito "C".

(Procurador do Município/Teresina-PI – 2010 – FCC) No que se refere à prescrição:

(A) Os prazos prescricionais da pretensão e da exceção são autônomos.
(B) O início do prazo prescricional ocorre com o surgimento da pretensão, que decorre da exigibilidade do direito subjetivo.
(C) Seus prazos podem ser alterados pela vontade das partes, se maiores e capazes.
(D) Deve ser alegada na primeira oportunidade processual, sob pena de se tratar de matéria preclusa.
(E) Iniciada contra uma pessoa, não corre contra o seu sucessor.

A: incorreta (art. 190 do CC); B: correta, pois a alternativa conceitua corretamente o início do prazo da prescrição (art. 189 do CC); C: incorreta (art. 192 do CC); D: incorreta (art. 193 do CC); E: incorreta (art. 196 do CC). Gabarito "B".

(Defensor Público/AL – 2009 – CESPE) No que diz respeito à disciplina da prescrição, julgue o item que se segue.

(1) A renúncia da prescrição, que pode ser realizada de forma expressa ou tácita, somente pode ser feita validamente após ter-se consumado a prescrição, ou seja, a renúncia prévia não é aceita pelo Código Civil.

1: Certa, pois a alternativa reflete o disposto no art. 191 do CC. Gabarito 1C.

(Defensor Público/AM – 2010 – I. Cidades) Assinale a alternativa correta:

(A) Os prazos de prescrição e de decadência podem ser alterados pela vontade das partes.
(B) Não corre a prescrição em face dos relativamente e absolutamente incapazes.
(C) O juiz deve conhecer de ofício a decadência legal ou convencional.
(D) A prescrição pode ser interrompida por qualquer interessado.
(E) Aquele que cumpre obrigação prescrita tem direito à repetição de indébito, pois não há renúncia tácita da prescrição.

A: incorreta, pois os prazos de prescrição não podem ser alterados por acordo das partes (art. 192 do CC); B: incorreta, pois a prescrição não corre em face dos **absolutamente** incapazes (art. 198, I, do CC); C: incorreta, pois o juiz deve conhecer de ofício somente a decadência estabelecida em lei (art. 210 do CC); D: correta, pois a alternativa reflete o disposto no art. 203 do CC; E: incorreta, pois não se pode repetir o que se pagou para solver dívida prescrita (art. 882 do CC). Gabarito "D".

(Defensor Público/CE – 2007 – CESPE) Acerca da prescrição, julgue os itens que se seguem.

(1) Considere a seguinte situação hipotética. Lucas, funcionário público estadual que foi designado para prestar serviços no Distrito Federal, é credor de João, por uma dívida vencida e não paga. Nessa situação, o prazo prescricional para propositura da execução contra o devedor inadimplente será suspenso a partir da data que Lucas foi designado para prestar serviços públicos em local diverso de sua lotação.
(2) Caso o devedor pague uma dívida e posteriormente tome conhecimento de que aquela obrigação estava prescrita, ele poderá propor ação para reaver o que indevidamente pagou. Essa prescrição pode ser alegada em qualquer grau de jurisdição, inclusive em recurso especial ou extraordinário, desde que tenha ocorrido prequestionamento.

1: errada, pois a prescrição só se suspende contra os ausentes do País em serviço público da União, dos Estados ou dos Municípios (art. 198, II, do CC); 2: errada, pois não se pode repetir o que se pagou para solver dívida prescrita (art. 882 do CC). Gabarito 1E, 2E.

(Defensor Público/GO – 2010 – I. Cidades) O Código Civil de 2002 estabeleceu regras sobre prescrição e decadência, muitas cogentes, por razões de ordem pública. No entanto, admite-se a renúncia

(A) antes de consumada a prescrição.
(B) à prescrição convencional.
(C) à prescrição e à decadência legal.
(D) à decadência legal, em qualquer tempo.
(E) à decadência convencional.

Arts. 191 e 209 do CC. Gabarito "E".

(Defensoria/PA – 2009 – FCC) A prescrição

(A) é interrompida por despacho do juiz, mesmo incompetente, que ordenar a citação, se o interessado a promover no prazo e na forma da lei processual.
(B) diferencia-se da decadência porquanto a primeira consiste na perda do direito material, ao passo que a segunda é a extinção do próprio direito de exigir o cumprimento do direito pleiteado.
(C) impede que o credor receba a dívida por ela atingida e, caso o devedor, por engano, cumpra a prestação devida, terá ele direito de indenização.
(D) contra uma pessoa continua a correr, após seu falecimento, contra o seu sucessor, ainda que este seja absolutamente incapaz.
(E) não corre contra os que se acharem servindo nas Forças Armadas, exceto em tempo de guerra.

A: correta (art. 202, I, do CC); B: incorreta, pois é justamente o contrário, ou seja, a prescrição é perda da *pretensão* (direito de exigir o cumprimento do direito pleiteado), ao passo que a decadência é a perda do próprio *direito material* potestativo; C: incorreta, pois o devedor pode renunciar tácita ou expressamente à prescrição já operada, sendo o pagamento efetuado após a prescrição reputado como renúncia tácita a esta, não podendo o devedor pedir o dinheiro de volta (art. 191 do CC); D: incorreta, pois não corre prescrição contra absolutamente incapaz (art. 198, I, do CC); E: incorreta, pois a prescrição não corre contra quem serve as Forças Armadas apenas em tempo de guerra (art. 198, III, do CC). Gabarito "A".

(Defensoria Pública/SP – 2010 – FCC) É correto afirmar que

(A) a prescrição e a decadência admitem renúncia.
(B) a renúncia ao prazo prescricional pode ser tácita ou expressa e deve ser feita por quem dela colher proveito.
(C) a decadência convencional deve ser conhecida de ofício pelo juiz, para o fim de estabilização dos negócios.
(D) os prazos prescricionais admitem dilatação ou diminuição conforme o interesse das partes.
(E) pode o juiz, com fundamento na equidade, abster-se do reconhecimento da decadência estabelecida por lei.

A: incorreta, pois a decadência legal não pode ser objeto de renúncia (art. 210 do CC); B: correta (art. 191 do CC); C: incorreta, pois o juiz só pode conhecer de ofício a decadência legal (art. 210 do CC); D: incorreta (art. 192 do CC); E: incorreta, pois o juiz tem o dever de reconhecer a decadência legal (art. 210 do CC). Gabarito "B".

(Defensor Público/RS – 2011 – FCC) Incidência dos Institutos da prescrição e da decadência na teoria das invalidades do negócio jurídico.

(A) Segundo o Código Civil, as nulidades, por ofenderem interesse público, podem ser arguidas pelas partes, sendo vedado ao juiz conhecê-las de ofício em processo que verse sobre a validade de determinado negócio jurídico.

(B) O negócio jurídico nulo não convalesce pelo decurso do tempo, razão pela qual apenas as anulabilidades estão sujeitas a prazos prescricionais.

(C) A invalidade do instrumento contratual induz necessariamente a invalidade do negócio jurídico.

(D) A decretação judicial é necessária para o reconhecimento de nulidades e anulabilidades, pois estas espécies de vícios não têm efeito antes de julgados por sentença.

(E) Respeitada a intenção das partes, é cabível a manutenção do negócio jurídico no caso de reconhecimento de invalidade parcial, a qual não o prejudicará na parte válida se desta for separável.

A: incorreta, pois a nulidade deve ser pronunciada de ofício pelo juiz (art. 168, par. único, do CC); B: incorreta, pois embora as nulidade não se validem com o decurso do tempo, para as anulabilidades corre o **prazo decadencial e não de prescrição**, mais ou menos curtos, conforme disposições do Código Civil; C: incorreta, pois "A invalidade do instrumento não induz a do negócio jurídico sempre que este puder provar-se por outro meio" (art. 183 do CC); D: incorreta, pois o ato nulo não produz nenhum efeito, a manifestação judicial nesse caso é meramente declaratória; E: correta (art. 184 do CC). Gabarito "E".

(Delegado/PI – 2009 – UESPI) A prescrição corre:

(A) entre os cônjuges na constância da sociedade conjugal.
(B) contra os ausentes do país, em serviço público da União, dos Estados e do Município.
(C) contra os que se acharem servindo nas Forças Armadas, em tempo de guerra.
(D) entre ascendentes e descendentes, durante o poder familiar.
(E) entre os herdeiros enquanto não se concluir o processo de inventário.

A: incorreta, pois a prescrição não corre nesse caso (art. 197, I, do CC); B: incorreta, pois a prescrição não corre nesse caso (art. 198, II, do CC); C: incorreta, pois a prescrição não corre nesse caso (art. 198, III, do CC); D: incorreta, pois a prescrição não corre nesse caso (art. 197, II, do CC); E: correta, pois não há essa hipótese nos arts. 197 a 199 do CC. Gabarito "E".

(Delegado/SP – 2008) A prescrição, quando a lei não lhe haja fixado prazo menor, ocorre em

(A) oito anos.
(B) vinte anos.
(C) doze anos.
(D) dez anos.
(E) quinze anos.

Art. 205 do CC. Gabarito "D".

(Cartório/AP – 2011 – VUNESP) Não corre a prescrição

(A) entre os cônjuges, ainda que separados judicialmente.
(B) entre ascendentes e descendentes.
(C) contra os relativamente incapazes.
(D) enquanto não prolatada a respectiva sentença penal definitiva quando a ação se originar de fato que deva ser apurado no juízo criminal.
(E) contra os que se acharem servindo nas Forças Armadas.

A: incorreta, pois não corre a prescrição entre os cônjuges, **na constância da sociedade conjugal** (art. 197, I, do CC); B: incorreta, pois não corre a prescrição entre ascendentes e descendentes, **durante o poder familiar** (art. 197, II, do CC); C: incorreta, pois não corre a prescrição contra os absolutamente incapazes (art. 198, I, do CC); D: correta (art. 200 do CC); E: incorreta, pois não corre a prescrição contra os que se acharem servindo nas Forças Armadas, **em tempo de guerra** (art. 198, III, do CC). Gabarito "D".

(Magistratura Federal – 4ª Região – XIII – 2008) Assinalar a alternativa correta quanto à prescrição e à decadência.

(A) A renúncia da prescrição pode ocorrer ainda que não escoado o respectivo prazo.
(B) As ações constitutivas não estão sujeitas à decadência.
(C) Não corre a prescrição contra os relativamente incapazes.
(D) O devedor que paga uma obrigação prescrita não possui o direito de repetir o pagamento.

A: art. 191 do CC; B: as ações constitutivas têm prazo decadencial, ao passo que as condenatórias, prescricional; C: a prescrição não corre contra os absolutamente incapazes (art. 198, I, do CC); D: art. 882 do CC. Gabarito "D".

(Magistratura Federal – 3ª Região – XIII) A renúncia à prescrição:

(A) restaura o direito já prescrito;
(B) interrompe o prazo prescricional;
(C) só se admite enquanto não consumado o prazo da prescrição;
(D) não é admissível no direito vigente.

Art. 191 do CC. Gabarito "A".

(Magistratura Federal – 3ª Região – XI) O prazo para pleitear a anulação do negócio jurídico é:

(A) prescricional;
(B) decadencial;
(C) peremptório;
(D) preclusivo.

Ações *constitutivas* têm prazo decadencial, ao passo que as *condenatórias*, prescricional. O pedido de anulação de negócio jurídico é do tipo *constitutivo* negativo, de modo que o prazo é decadencial. Outra dica: todos os prazos previstos na Parte Especial do Código Civil são decadenciais. Gabarito "B".

(Magistratura Federal-5ª Região – 2011) Assinale a opção correta no que se refere a prescrição.

(A) O prazo prescricional suspenso contra servidor ausente do país em serviço público da União voltará a fluir caso esse servidor retorne ao Brasil ainda que por breve período, como o de férias, por exemplo.
(B) Se um dos credores solidários em dívida pecuniária se casar com a devedora, o prazo prescricional da pretensão relativa à cobrança da prestação será suspenso em relação a todos.
(C) A demonstração, pelo devedor, de ciência da dívida é suficiente para interromper a prescrição.
(D) Falecendo o autor da herança antes de decorrida a metade do prazo de prescrição para o exercício de determinada pretensão, o prazo voltará a correr a favor do sucessor.
(E) Ação consignatória presta-se para interromper a prescrição.

A: incorreta, pois o fato gerador da suspensão é o serviço público no exterior, e esse servidor, mesmo em férias no Brasil, não deixa de ser alguém em serviço fora do país (art. 198, II, do CC); B: incorreta, pois, "suspensa a prescrição em favor de um dos credores solidários, só aproveitam os outros se a obrigação for indivisível" (art. 201 do CC), vale lembrar que a dívida pecuniária (de dinheiro) é divisível; C: incorreta, pois a interrupção, no caso, depende de um ato inequívoco do devedor, que importe em RECONHECIMENTO do direito por parte deste (art. 202, VI, do CC); D: incorreta, pois não existe essa hipótese de interrupção da prescrição nos arts. 202 a 204 do CC; E: correta (art. 202, I, do CC). Gabarito "E".

(Magistratura Federal/5ª Região – 2009 – CESPE) No que tange à disciplina da prescrição e da decadência no Código Civil de 2002, assinale a opção correta.

(A) Não é possível que haja renúncia prévia de prazo prescricional legal, mas pode haver renúncia de prazo decadencial fixado em lei, desde que seja feita de forma expressa, já que a sua aplicação é adstrita aos direitos potestativos.
(B) Caso um dos credores solidários interpele judicialmente o devedor quanto à interrupção da prescrição, tal fato não aproveitará aos demais credores que se quedaram inertes.
(C) A citação realizada em ação que tenha terminado com a resolução do processo sem julgamento do mérito não é apta a interromper a prescrição.

(D) Os contratantes podem, desde que mediante prévio acordo por escrito, diminuir os prazos prescricionais estabelecidos no Código Civil, mas não é lícito que eles aumentem o referido prazo, pois isso configuraria violação de norma de ordem pública.

(E) Se, após prescrita a dívida, o devedor ajuizar ação de consignação em pagamento, não deve o juiz decretar de ofício a prescrição, uma vez que o Código Civil não extinguiu a renúncia à prescrição.

A: incorreta (arts. 191 e 210 do CC); B: incorreta (art. 204, § 1º, do CC); C: incorreta (art. 202, I, do CC); D: incorreta (art. 192 do CC); E: correta, pois, nesse caso, tem-se renúncia tácita à prescrição (art. 191 do CC), não podendo o juiz reconhecê-la, portanto. Gabarito "E".

(Procurador da Fazenda Nacional – 2007.2 – ESAF) Assinale a opção incorreta.

(A) Prescreve em cinco anos a pretensão para haver juros, dividendos ou quaisquer prestações acessórias, pagáveis, em períodos não maiores de um ano, com capitalização ou sem ela.

(B) O prazo de decadência pode ser estabelecido pela lei ou pela vontade unilateral ou bilateral.

(C) É prazo decadencial o de dez dias para a minoria vencida impugnar alteração de estatuto de fundação.

(D) Somente depois de consumada a prescrição, desde que não haja prejuízo de terceiro, é que pode haver renúncia expressa ou tácita por parte do interessado.

(E) A prescrição iniciada contra uma pessoa continua correr contra seu sucessor, a título universal ou singular, salvo se for absolutamente incapaz.

A: incorreta (art. 206, § 3º, III, do CC); B: correta (v. arts. 210 e 211 do CC); C: correta (art. 68 do CC); D: correta (art. 191 do CC); E: correto (arts. 196 e 198, I, do CC). Gabarito "A".

(Ministério Público do Trabalho – 13º) Prescreve em três anos:

(A) a pretensão do dono de restaurante, para o pagamento da conta referente ao fornecimento de refeição;

(B) a pretensão do terceiro prejudicado, contra o segurador, no caso de seguro de responsabilidade civil obrigatório;

(C) a pretensão do vencedor para haver do vencido o que despendeu em juízo;

(D) a pretensão de reconhecimento judicial de união estável;

(E) não respondida.

A: art. 206, § 1º, I, do CC; B: art. 206, § 3º, IX, do CC; C: art. 206, § 5º, III, do CC; D: trata-se de pretensão declaratória, portanto, imprescritível; E: a alternativa "b" está correta. Gabarito "B".

(Ministério Público do Trabalho – 14º) Complete com a opção CORRETA.

Prescreve em _____ a pretensão relativa a aluguéis de prédios urbanos ou rústicos.

(A) um ano;
(B) dois anos;
(C) três anos;
(D) cinco anos;
(E) não respondida.

Art. 206, § 3º, I, do CC. Gabarito "C".

(Magistratura do Trabalho – 8ª Região – 2007) Considerando a disciplina do Código Civil sobre as causas que impedem ou suspendem a prescrição, assinale a alternativa incorreta:

(A) A interrupção da prescrição, que somente poderá ocorrer uma vez, poderá acontecer por despacho do juiz, mesmo incompetente, que ordenar a citação, se o interessado a promover no prazo e na forma da lei processual.

(B) Não corre a prescrição contra os incapazes de modo geral, os ausentes do País em serviço público da União, dos Estados ou dos Municípios e contra os que se acharem servindo nas Forças Armadas em tempo de guerra.

(C) A suspensão da prescrição, em favor de um dos credores solidários, não aproveita os demais, exceto se a obrigação for indivisível.

(D) Quando a ação se originar de fato que deva ser apurado no juízo criminal, não correrá a prescrição antes da respectiva sentença definitiva.

(E) A interrupção por um dos credores solidários aproveita aos outros; assim como a interrupção efetuada contra o devedor solidário envolve os demais e seus herdeiros.

A: correta (art. 202, I, do CC); B: incorreta (art. 198 do CC – "absolutamente incapazes"); C: correta (art. 201 do CC); D: correta (art. 200 do CC); E: correta (art. 204, § 1º, do CC). Gabarito "B".

(Magistratura do Trabalho – 18ª Região – 2006) O Código Civil de 2002 inovou no que concerne às causas interruptivas da prescrição. A propósito, assinale a alternativa que contém a inovação.

(A) protesto cambial
(B) qualquer ato judicial que constitua em mora o devedor
(C) apresentação de título de crédito em inventário
(D) qualquer ato inequívoco, ainda que extrajudicial, que importe reconhecimento do direito pelo devedor
(E) apresentação do título de crédito em concurso de credores

Art. 202 do atual CC. Gabarito "A".

(Magistratura do Trabalho – 18ª Região – 2006) Caio cometeu ato ilícito contra Tício 9 anos antes da vigência do Novo Código Civil brasileiro, mas Tício ainda não invocou a tutela jurisdicional para obter reparação do dano. A pretensão está prescrita?

(A) não, porque o prazo é de 20 anos, do Código Civil de 1916
(B) não, porque o prazo é de 10 anos, do Código Civil de 1916
(C) não, porque o prazo é de 10 anos, do Código Civil de 2002
(D) não, porque o prazo é de 5 anos, do Código Civil de 2002
(E) sim, porque o prazo é de 3 anos, do Código Civil de 2002

Quando o atual Código Civil entrou em vigor, havia sido transcorrido menos da metade do prazo de prescrição para a reparação civil do dano previsto no antigo Código Civil (20 anos). Assim, deve ser aplicada imediatamente a lei nova (art. 2.028 do CC), que estabelece o prazo de 3 anos para a reparação civil (art. 206, § 3º, V, do CC). Esse prazo de 3 anos é contado da entrada em vigor do Código. É importante lembrar que o atual Código Civil foi publicado no dia 11/01/02 e entrou em vigor 1 ano após a sua publicação (art. 2.044 do CC). Gabarito "E".

(Analista – STM – 2011 – CESPE) Julgue o seguinte item.

(1) Em caráter excepcional, mediante provimento judicial fundamentado, pode o juiz interromper prazo decadencial já iniciado, devendo constar da decisão o dia em que o prazo deve voltar a correr.

1: incorreta, pois os prazos decadenciais, como regra, não sofrem impedimento, suspensão ou interrupção (art. 207 do CC), diferente do que ocorre com os prazos prescricionais. Gabarito 1E.

(Analista – TRT/8ª – 2010 – FCC) A prescrição

(A) é a extinção do direito pela falta de exercício dentro do prazo prefixado, atingindo indiretamente a ação.

(B) poderá ser renunciada pelo interessado, depois que se consumar, desde que não haja prejuízo de terceiro.

(C) poderá ter seus prazos alterados por acordo das partes, em razão da liberdade de contratar.

(D) só pode ser alegada pela parte a quem aproveita até a sentença de primeira instância.

(E) suspensa em favor de um dos credores solidários aproveitará os outros se a obrigação for divisível.

A: incorreta, pois a prescrição atinge a ação e por via oblíqua faz desaparecer o direito por ela tutelado; já a decadência atinge o direito e por via oblíqua extingue a ação; B: correta (art. 191 do CC); C: incorreta (art. 192 do CC); D: incorreta (art. 193 do CC); E: incorreta (art. 201 do CC). Gabarito "B".

(Analista – TRT/14ª – 2011 – FCC) Não corre a decadência, nem a prescrição contra os

(A) que, por deficiência mental, tenham o discernimento reduzido.
(B) pródigos.
(C) que, mesmo por causa transitória, não puderem exprimir sua vontade.
(D) maiores de dezesseis e menores de dezoito anos.
(E) ébrios habituais e os viciados em tóxicos.

Segundo o art. 198, I, do CC não corre a prescrição contra os absolutamente incapazes. O art. 208 do CC, por sua vez, dispõe que essa regra também se aplica à decadência. Pois bem. De todas as pessoas citadas nas alternativas, apenas aquelas "que, mesmo por causa transitória, não puderem exprimir sua vontade" são consideradas absolutamente incapazes (art. 3º, III, do CC). Os demais são todos relativamente incapazes (art. 4º do CC). Assim, somente a alternativa "c" está correta. Gabarito "C".

(Analista – TRT/14ª – 2011 – FCC) Prescreve em três anos a pretensão

(A) relativa à tutela, a contar da data da aprovação das contas.
(B) de cobrança de dívidas líquidas constantes de instrumento público ou particular.
(C) do vencedor para haver do vencido o que despendeu em juízo.
(D) dos profissionais liberais em geral pelos seus honorários, contado o prazo da conclusão dos serviços ou cessação dos respectivos contratos.
(E) do beneficiário contra o segurador e a do terceiro prejudicado, no caso de seguro de responsabilidade civil obrigatório.

A: incorreta, pois prescreve em 4 anos (art. 206, § 4º, do CC); B: incorreta, pois prescreve em 5 anos (art. 206, § 5º, I, do CC); C: incorreta, pois prescreve em 5 anos (art. 206, § 5º, III, do CC); D: incorreta, pois prescreve em 5 anos (art. 206, § 5º, II, do CC); E: correta, pois prescreve em 3 anos (art. 206, § 3º, IX, do CC). Gabarito "E".

(Analista – TRT/20ª – 2011 – FCC) Sobre prescrição e decadência, considere:

I. Pode ser renunciada pela parte, e só valerá, sendo feita, sem prejuízo de terceiro, depois da consumação.
II. Não pode ser reconhecida de ofício pelo juiz.

Tais afirmativas são, dentre outras, características da

(A) prescrição e da decadência convencional, respectivamente.
(B) decadência legal e da prescrição, respectivamente.
(C) prescrição e da decadência legal, respectivamente.
(D) decadência legal.
(E) prescrição.

I: prescrição (art. 191 do CC); II: decadência convencional, conforme interpretação *a contrario sensu* do art. 210 do CC. Gabarito "A".

(Analista – TRT/20ª – 2011 – FCC) Suspensa a prescrição em favor de um dos credores solidários, esta suspensão só aproveitará os demais se a obrigação for

(A) indivisível.
(B) alternativa.
(C) divisível.
(D) de dar coisa certa.
(E) de fazer.

Art. 201 do CC. Gabarito "A".

(Analista – TRT/22ª – 2010 – FCC) Contra os menores de dezesseis anos

(A) não correm os prazos de decadência, mas correm os prazos prescricionais.
(B) não correm os prazos de decadência e de prescrição.
(C) não correm os prazos de prescrição, mas correm os prazos decadenciais.
(D) correm normalmente os prazos de decadência e de prescrição.
(E) os prazos prescricionais e decadenciais são computados em dobro.

Arts. 198, I, e 208 do CC. Gabarito "B".

(Analista – TRE/AC – 2010 – FCC) Jane, por deficiência mental, não tem o necessário discernimento para a prática dos atos da vida civil. Gilberto, por causa transitória, não pode exprimir sua vontade e Morgana é excepcional, sem desenvolvimento mental completo. De acordo com o Código Civil brasileiro, NÃO corre a prescrição contra

(A) Gilberto e Morgana.
(B) Jane, Gilberto e Morgana.
(C) Jane e Gilberto.
(D) Jane e Morgana.
(E) Jane, apenas.

Jane e Gilberto são absolutamente incapazes (art. 3º, II e III, do CC) e Morgana é relativamente incapaz (art. 4º, III, do CC). Assim, de acordo com o disposto no art. 198, I, do CC, não corre prescrição contra Jane e Gilberto. Gabarito "C".

(Analista – TRE/AL – 2010 – FCC) Com relação à Prescrição é correto afirmar:

(A) A prescrição suspensa em favor de um dos credores solidários aproveitará sempre os demais.
(B) Os prazos de prescrição podem ser alterados por acordo das partes.
(C) A prescrição iniciada contra uma pessoa não continua a correr contra o seu sucessor por expressa vedação legal.
(D) A exceção prescreve no mesmo prazo em que a pretensão.
(E) A renúncia da prescrição deverá ser expressa, sendo vedada a renúncia tácita.

A: incorreta, pois suspensa a prescrição em favor de um dos credores solidários, só aproveitam os outros se a obrigação for indivisível (art. 201 do CC); B: incorreta, pois os prazos de prescrição **não** podem ser alterados por acordo das partes (art. 192 do CC); C: incorreta, pois a prescrição iniciada contra uma pessoa continua a correr contra o seu sucessor (art. 196 do CC); D: correta (art. 190 do CC); E: incorreta, pois a renúncia da prescrição pode ser expressa **ou tácita** (art. 191 do CC). Gabarito "D".

(Analista – TRE/AL – 2010 – FCC) A interrupção da prescrição

(A) por um dos credores solidários não aproveita aos outros; assim como a interrupção efetuada contra o devedor solidário não envolve os demais.
(B) poderá ocorrer no máximo duas vezes, sendo a terceira interrupção automaticamente desconsiderada.
(C) por um credor aproveita aos outros; semelhantemente, a interrupção operada contra o codevedor prejudica aos demais coobrigados.
(D) ocorrerá, dentre outras hipóteses, por despacho do juiz, mesmo incompetente, que ordenar a citação, se o interessado a promover no prazo e na forma da lei processual.
(E) operada contra um dos herdeiros do devedor solidário, em regra, prejudica os outros herdeiros.

A: incorreta (art. 204, § 1º, do CC); B: incorreta (art. 202, *caput*, do CC); C: incorreta (art. 204, *caput*, do CC); D: correta (art. 202, I, do CC); E: incorreta (art. 204, § 2º, do CC). Gabarito "D".

(Analista – TRE/AM – 2010 – FCC) Prescreverá em cinco anos a pretensão

(A) de ressarcimento de enriquecimento sem causa e a de reparação civil.
(B) dos tabeliães, auxiliares da justiça, serventuários judiciais, árbitros e peritos, pela percepção de emolumentos, custas e honorários.
(C) de cobrança de dívidas líquidas constantes de instrumento público ou particular.
(D) para haver prestações alimentares, a partir da data em que se vencerem.
(E) para receber prestações vencidas de rendas temporárias ou vitalícias.

A: incorreta, pois prescreve em três anos ((art. 206, § 3º, IV e V, do CC); B: incorreta, pois prescreve em um ano (art. 206, § 1º, III, do CC); C: correta (art. 206, § 5º, I, do CC); D: incorreta, pois prescreve em dois anos (art. 206, § 2º, do CC); E: incorreta, pois prescreve em três anos (art. 206, § 3º, II, do CC). Gabarito "C".

(Analista – TRE/AP – 2011 – FCC) Marina, advogada, foi contratada por Gabriela para ajuizar execução de contrato particular não cumprido mediante o pagamento de honorários advocatícios no valor de R$ 7.000,00, a serem pagos até o trânsito em julgado da demanda. O mencionado processo transitou em julgado, mas Gabriela não efetuou o pagamento dos honorários de Marina. Neste caso, segundo o Código Civil brasileiro, a pretensão relativa aos honorários advocatícios de Marina prescreverá no prazo, contado do trânsito em julgado da demanda, de

(A) dois anos.
(B) um ano.
(C) cinco anos.
(D) três anos.
(E) dez anos.

Art. 206, § 5º, II, do CC. Gabarito "C".

(Analista – TJ/ES – 2011 – CESPE) Julgue o seguinte item.

(1) Não corre prescrição contra os excepcionais sem desenvolvimento mental completo.

1: incorreta, pois, segundo o art. 198, I, do CC não corre a prescrição contra os absolutamente incapazes; os "excepcionais sem desenvolvimento completo" não são considerados *absolutamente incapazes*, mas *relativamente incapazes* (art. 4º, III, do CC), de modo que não se aplica a eles a regra do dispositivo citado. Gabarito: 1E

2.11. REPRESENTAÇÃO

(MINISTÉRIO PÚBLICO/RO – 2010 – CESPE) Com relação à representação, assinale a opção correta.

(A) Os poderes de representação podem ser conferidos pelo interessado ou pela lei.
(B) É necessária a demonstração de prejuízo para se anular negócio jurídico concluído pelo representante em conflito de interesse com o representado.
(C) É anulável o negócio jurídico que o representante celebra consigo mesmo, ainda que o permita o representado.
(D) A confissão feita pelo representante em nome do representado é sempre eficaz.
(E) Admite-se a representação em todos os atos da vida civil.

A: correta (art. 115 do CC); B: incorreta, pois não há necessidade de demonstração de prejuízo (art. 119 do CC); C: incorreta, pois dispõe o art. 117 do CC: "**salvo se o permitir a lei ou o representado**, é anulável o negócio jurídico que o representante, no seu interesse ou por conta de outrem, celebrar consigo mesmo"; D: incorreta, pois dispõe o art. 213, par. único, do CC: "se feita a confissão por um representante, somente é eficaz nos limites em que este pode vincular o representado"; E: incorreta, pois os atos personalíssimos não podem ser objetos de representação. Gabarito: "A".

2.12. PROVA

(Procurador do Município/Teresina-PI – 2010 – FCC) Para a prova dos negócios jurídicos

(A) a prova testemunhal, subsidiária ou complementar da prova escrita, só é admissível até valor equivalente ao décuplo do maior salário mínimo vigente ao tempo em que celebrado o negócio jurídico.
(B) é preciso, como regra, forma especial.
(C) a escritura pública, lavrada em notas de tabelião, é documento dotado de fé pública e faz prova plena de seu conteúdo.
(D) o instrumento particular, celebrado por parte maior e capaz, prova as obrigações convencionais apenas até valor equivalente a sessenta salários mínimos.
(E) não podem ser admitidos como testemunhas os menores de dezoito anos.

A: incorreta, pois qualquer que seja o valor do negócio jurídico, a prova testemunhal é admissível como subsidiária ou complementar da prova por escrito (art. 227, par. único, do CC); B: incorreta, pois, em regra, a prova para o negócio jurídico não necessita de forma especial (art. 212 do CC); C: correta (art. 215, *caput*, do CC); D: incorreta, pois o instrumento particular, feito e assinado, ou somente assinado por quem esteja na livre disposição e administração de seus bens, **prova as obrigações convencionais de qualquer valor**; E: incorreta, pois não podem ser admitidos como testemunhas os menores de dezesseis anos (art. 228, I, do CC). Gabarito: "C".

3. OBRIGAÇÕES

3.1. INTRODUÇÃO, CLASSIFICAÇÃO E MODALIDADES DAS OBRIGAÇÕES

(Magistratura/AL – 2008 – CESPE) Considerando que os irmãos Gustavo, Eduardo e Leonardo tenham adquirido um barco de pesca a ser pago em cinco prestações mensais de R$ 5.000,00, tendo firmado, para tanto, um contrato que contém cláusula de solidariedade, assinale a opção correta com relação a esse negócio jurídico.

(A) Caso os devedores não cumpram a obrigação referente ao pagamento, o credor poderá exigir apenas de um deles o total da dívida comum, pois, se pretender exigir o pagamento parcial, deverá demandar cada um pela sua cota.
(B) Ainda que a prestação se impossibilite por culpa de Gustavo, subsistirá para todos o encargo de pagar o equivalente, embora somente Gustavo responda pelas perdas e danos.
(C) Por se tratar de obrigação solidária, Eduardo, uma vez demandado, poderá opor ao credor a compensação do valor que o próprio credor deve a Gustavo com a dívida comum.
(D) Se uma ação para cumprimento da obrigação for proposta somente contra Leonardo, apenas ele responderá pelos juros da mora.
(E) Após assinado o contrato, caso Gustavo tenha estipulado, em acordo com o credor, cláusula penal para a hipótese de descumprimento da obrigação, os outros dois devedores terão sua situação agravada, ainda que não tenham consentido previamente, por se tratar de obrigação solidária.

A: art. 275 do CC; B: art. 279 do CC; C: art. 281 do CC; D: art. 280 do CC; E: art. 278 do CC. Gabarito: "B".

(Magistratura/GO – 2009 – FCC) Convertendo-se a prestação em perdas e danos

(A) subsiste para todos os efeitos a solidariedade, mas quando a obrigação é indivisível, perde esta qualidade, e, mesmo que seja de um só a culpa, todos os devedores responderão por partes iguais.
(B) não subsistem a solidariedade e a indivisibilidade da obrigação e sendo de todos a culpa, todos respondem por partes iguais, mas sendo de um dos devedores a culpa, os demais ficam exonerados.
(C) não subsiste a solidariedade, mas se mantém a indivisibilidade da obrigação.
(D) subsistem para todos os efeitos a solidariedade e a indivisibilidade da obrigação.
(E) subsiste para todos os efeitos a solidariedade, mas quando a obrigação é indivisível, perde esta qualidade, e, se houver culpa de todos os devedores, responderão por partes iguais.

Art. 271 (vale para a solidariedade ativa, e não a solidariedade passiva, em que se aplica o art. 279, parte final do CC) c/c art. 263, *caput* e § 1º, do CC. Gabarito: "E".

(Magistratura/MG – 2008) Diz-se alternativa a obrigação quando comportar duas prestações, distintas e independentes. Considerando essa afirmativa, marque a opção CORRETA.

(A) O devedor pode obrigar o credor a receber parte em uma prestação e parte em outra.
(B) O devedor pode exercer a faculdade de opção em cada período, quando a obrigação for de prestações periódicas.
(C) O devedor, depois de exercer o direito de escolha, independentemente de qualquer outra condição, antes do adimplemento da obrigação, ainda dispõe da alternativa de oferecer a prestação que lhe convier.
(D) Os devedores, não havendo acordo unânime entre eles, obrigatoriamente devem se submeter à vontade da maioria.

A: art. 252, § 1º, do CC; B: art. 252, § 2º, do CC; C: o devedor não pode escolher a prestação que lhe convier, mas sim uma prestação dentre os objetos acertados; D: art. 252, § 3º, do CC. Gabarito: "B".

(MAGISTRATURA/PB – 2011 – CESPE) Em relação às obrigações, assinale a opção correta.

(A) Tratando-se de solidariedade passiva legal, admite-se a renúncia tácita da solidariedade pelo credor em relação a determinado devedor.
(B) Se, na transmissão das obrigações, o cedente, maliciosamente, realizar a cessão do mesmo crédito a diversos cessionários, a primeira cessão promovida deverá prevalecer em relação às demais.
(C) Estipulada cláusula penal para o caso de total inadimplemento da obrigação, o credor poderá exigir cumulativamente do devedor a pena convencional e o adimplemento da obrigação.
(D) Nas denominadas obrigações *in solidum*, embora os liames que unem os devedores aos credores sejam independentes, a remissão da dívida feita em favor de um dos credores beneficia os outros.
(E) Se, na obrigação de restituir coisa certa, sobrevierem melhoramentos ou acréscimos à coisa restituível por acessão natural, o credor deverá pagá-los ao devedor.

A: correta (art. 282, *caput*, do CC); B: incorreta, pois, ocorrendo várias cessões do mesmo crédito, prevalece a que se completar com a tradição do título do crédito cedido (art. 291 do CC); C: incorreta, pois em caso de total inadimplemento, converter-se-á em alternativa a benefício do credor (art. 410 do CC); D: incorreta. As obrigações *in solidum* são originadas de uma mesma causa, porém com prestações distintas. Embora concorram vários devedores, os liames que os unem ao credor são totalmente distintos, embora decorram de único fato. Ocorrendo tal situação no pólo ativo, cada credor tem direito de exigir prestações diversas. Ocorrendo no pólo passivo, cada devedor é adstrito ao cumprimento de uma prestação. Assim, a remissão da dívida feita em favor de um dos credores não beneficia os outros; E: incorreta, pois se sobrevier melhoramento ou acréscimo à coisa, sem despesa ou trabalho do devedor, lucrará o credor, desobrigado de indenização (art. 241 do CC). Gabarito "A".

(Magistratura/PI - 2007 - CESPE) Com relação ao direito das obrigações, assinale a opção correta.

(A) Em se tratando de obrigação alternativa com possibilidade de ser atribuído o direito de escolha a mais de uma pessoa, isto é, quando houver pluralidade subjetiva sobre a concentração da obrigação, e inexistir unanimidade entre os sujeitos na escolha da obrigação prevalecente, deverá predominar a vontade da maioria, qualificada pelo valor das respectivas quotas-partes.
(B) A obrigação indivisível de responsabilidade de vários devedores, que não for paga por culpa de um dos devedores, não perde a qualidade de indivisibilidade e todos continuarão a responder pelo cumprimento da obrigação e por perdas e danos, pois o objeto dessa obrigação é indivisível e cada devedor está obrigado pela dívida toda.
(C) Se, no contrato, for inserida cláusula de arrependimento para qualquer das partes, se fará presumir acordo final dos contratantes para o caso de inadimplemento da obrigação e quanto à faculdade de optarem por não cumprir o pactuado e resolver o contrato, desde que seja paga a multa penitencial, acrescida das perdas e danos.
(D) Ocorre a solidariedade quando a totalidade da prestação puder ser exigida por qualquer dos credores de qualquer devedor por inteiro, e a prestação efetuada pelo devedor a quaisquer deles libera-o em face de todos os outros credores. Deduzido em juízo qualquer litígio que verse sobre exceções pessoais entre o devedor e um dos credores solidários, a decisão que a este último prejudique não interferirá no direito dos demais credores.
(E) O pagamento de uma obrigação por um terceiro que não tem interesse na relação de crédito entre credor e devedor não obriga o devedor a ressarcir o terceiro que voluntariamente quitou o seu débito, sem o seu consentimento ou com a sua oposição, ainda que o devedor não possuísse qualquer razão legal para não proceder ao pagamento. Assim, esse terceiro não tem o direito de reembolsar-se, mas obtém a sub-rogação dos direitos do credor.

A: art. 252, § 3º, do CC; B: art. 263 do CC; C: art. 420 do CC; D: arts. 267, 275 e 273 do CC; E: arts. 305 e 306 do CC. Gabarito "D".

(Magistratura/RS – 2009) Considere as assertivas abaixo sobre obrigações solidárias.

I. A renúncia à solidariedade em favor de qualquer dos devedores exonera da solidariedade os demais.
II. A propositura de ação pelo credor contra alguns dos devedores importará na renúncia da solidariedade em relação aos demais.
III. A obrigação solidária pode ser pura e simples para um dos codevedores e condicional ou a prazo ou pagável em lugar diferente para o outro.

Quais são corretas?

(A) Apenas I
(B) Apenas II
(C) Apenas III
(D) Apenas I e III
(E) I, II e III

I: incorreta (art. 282, parágrafo único, do CC); II: incorreta, pois a solidariedade permite que se acione qualquer um dos devedores, pela obrigação inteira, tratando-se de um direito do credor, que não se extingue caso não se acione todos os devedores solidários; III: correta (art. 266 do CC). Gabarito "C".

(Magistratura/SP – 2009 – VUNESP) A obrigação, se indivisível e solidária,

(A) implica responsabilidade de todos os devedores pelo total e sub-rogação em favor de quem pagar.
(B) implica responsabilidade de todos os devedores pelo total, mas a sub-rogação limita-se à solidariedade.
(C) não perde essas características se convertida em perdas e danos.
(D) perde essas características se convertida em perdas e danos.

Art. 263, *caput*, do CC (perde a qualidade de indivisível) e art. 279, parte final, do CC (perde a qualidade de solidária). Gabarito "A".

(Magistratura/SP – 180º – VUNESP) Nas obrigações de coisa certa, é incorreto afirmar que

(A) culpado o devedor, poderá o credor exigir o equivalente, ou aceitar a coisa no estado em que se encontra.
(B) deteriorada a coisa, sendo culpado o devedor, poderá o credor resolver a obrigação, aceitando-a, mas sem abatimento de seu preço, arcando com o valor que perdeu.
(C) responsável o devedor pela danificação da coisa, mas sem destruição total, terá o credor o direito de reclamar indenização por perdas e danos.
(D) tendo o devedor deteriorado a coisa, poderá o credor desistir do negócio e receber a devolução do valor equivalente ao bem no estado em que recebeu.

A: correta (art. 236 do CC); B: incorreta (art. 236 do CC); C: correta (art. 236 do CC); D: correta (art. 235 do CC). Gabarito "B".

(Magistratura/SP – 174º) A obrigação natural:

(A) é instituto afeto exclusivamente ao Direito de Família, podendo ser sujeitos passivos das obrigações naturais os absolutamente incapazes.
(B) é instituto afeto exclusivamente ao Direito de Família, não podendo ser sujeitos passivos das obrigações naturais os absolutamente incapazes.
(C) não é prevista no Código Civil.
(D) seu credor não tem ação, sendo desprovida de exigibilidade.

Obrigação natural é aquela que *não pode ser exigida por meio de ação judicial*, mas, caso cumprida voluntariamente, não pode ser repetida. Ou seja, o devedor não é obrigado a cumpri-la, mas, se o fizer, o credor não é obrigado a devolver o que recebeu. Gabarito "D".

(Ministério Público/CE – 2009 – FCC) Nas obrigações de não fazer

(A) a mora ocorrerá pelo simples descumprimento da obrigação, ainda que não haja fato ou omissão imputável ao devedor.
(B) não poderá o credor exigir que o devedor desfaça o ato, ainda que isto seja materialmente possível.
(C) se descumprida, somente é possível a condenação do réu a abster-se do ato, sob pena de multa diária.
(D) o devedor ficará isento de qualquer conseqüência de ordem pecuniária, se o credor não provar o prejuízo.
(E) se descumprida, em caso de urgência poderá o credor desfazer ou mandar desfazer, independentemente de autorização judicial, sem prejuízo do ressarcimento devido.

A: incorreta, pois se se tornou impossível ao devedor abster-se do ato, por motivo não imputável a este, a obrigação fica extinta (art. 250 do CC); B: incorreta, pois é possível, sim, essa exigência (art. 251, *caput*, do CC); C: incorreta, pois, em caso, de urgência, o atual Código Civil permite ao "credor desfazer ou mandar desfazer, independentemente de autorização judicial, sem prejuízo do ressarcimento devido" (art. 251, parágrafo único, do CC); D: incorreta, pois, havendo cláusula penal, não será necessário comprovar prejuízo; E: correta (art. 251, parágrafo único, do CC). Gabarito "E".

(Ministério Público/ES – 2010 – CESPE) Carlos, Pedro e Gustavo, irmãos, maiores de idade, casados e com filhos, contrataram os serviços de uma empresa para o fornecimento das bebidas a serem servidas na festa de aniversário de seu pai. Pagaram metade do valor combinado no ato da contratação, ficando acertado que o restante seria pago após a prestação do serviço, convencionando-se a solidariedade dos devedores. Com base na situação hipotética acima apresentada, assinale a opção correta.

(A) A morte de um dos irmãos terá o poder de romper a solidariedade.
(B) O credor não pode exigir parte da dívida de cada um dos devedores separadamente, sob pena de configurar renúncia à solidariedade.

(C) Se Carlos pagar um terço do restante da dívida, a solidariedade continuará entre os outros dois irmãos.

(D) Caso a empresa não preste o serviço na data avençada, será caracterizada a mora.

(E) Se pagar a dívida, o pai dos devedores se sub-rogará nos direitos da empresa.

A: incorreta, pois subsiste a solidariedade entre os dois irmãos sobreviventes, valendo lembrar que os herdeiros do falecido, se acionados conjuntamente, também continuam respondendo solidariamente, no lugar do morto (art. 276 do CC); B: incorreta, pois a solidariedade permite, justamente, acionar-se qualquer dos devedores pela dívida por inteiro, não havendo renúncia à solidariedade caso se acione apenas um dos devedores (art. 275 do CC); C: correta, pois o pagamento parcial feito por um dos devedores não aproveita aos outros, que continuam respondendo solidariamente, mas apenas pela quantia que faltar (art. 277 do CC); D: incorreta, pois nesse caso não há mera mora, mas verdadeiro inadimplemento absoluto, vez que a festa já terá acontecido; E: incorreta, pois como o pai dos devedores não era obrigado à dívida (art. 346, III, do CC), a sub-rogação não é automática, dependendo da aquiescência dos devedores (seus filhos). Gabarito "C".

(Ministério Público/SE – 2010 – CESPE) Se um dos devedores solidários falecer deixando herdeiros, cada um destes

(A) será obrigado a pagar a dívida que corresponder ao devedor solidário falecido, se a obrigação for divisível.

(B) será obrigado a pagar a totalidade da dívida, se a obrigação for divisível, com direito de ação regressiva contra os demais devedores.

(C) será desobrigado de qualquer pagamento, pois a responsabilidade pelo pagamento não é transmitida aos herdeiros.

(D) será obrigado a pagar apenas a cota que corresponder ao seu quinhão hereditário, se a obrigação for divisível.

(E) só será obrigado a pagar a totalidade da dívida se os demais herdeiros não tiverem recursos e a obrigação for divisível.

Art. 276 do CC. Gabarito "D".

(Defensoria/MA – 2009 – FCC) No Direito das Obrigações,

(A) a solidariedade, de acordo com a lei, nunca será presumida, pois dependerá exclusivamente da vontade das partes.

(B) se um dos devedores solidários falecer deixando herdeiros, nenhum destes será obrigado a pagar senão a quota que corresponder ao seu quinhão hereditário, salvo se a obrigação for divisível; mas todos reunidos serão considerados como um devedor solidário em relação aos demais devedores.

(C) enquanto o julgamento contrário a um dos credores solidários não atinge os demais, o favorável, como regra geral, aproveita-lhes.

(D) o credor não pode renunciar à solidariedade em favor de um ou de alguns dos devedores, em razão do princípio da indivisibilidade da obrigação solidária.

(E) impossibilitando-se a prestação por culpa de um dos devedores solidários, subsiste para todos o encargo de pagar o equivalente, mais perdas e danos.

A: incorreta, pois a solidariedade pode decorrer da *lei* também (art. 265 do CC); B: incorreta, pois o certo é "salvo quando a obrigação for *indivisível*" (art. 276 do CC); C: correta (art. 274 do CC); D: incorreta (art. 282 do CC); E: incorreta, pois, apesar de subsistir para todos o encargo de pagar o equivalente, pelas perdas e danos só responde o devedor culpado (art. 279 do CC). Gabarito "C".

(Delegado/RJ – 2009 – CEPERJ) Assinale a alternativa correta, se houver:

(A) Na obrigação de dar coisa certa o devedor sempre responde pelo perecimento da coisa antes da tradição.

(B) A obrigação de dar coisa certa engloba os acessórios da coisa ainda que não mencionados, salvo se o contrário resultar do título ou das circunstâncias do caso.

(C) Na obrigação de restituir coisa certa, o credor está obrigado a receber a coisa de volta, ainda que deteriorada por culpa do devedor sem direito a indenização em razão da regra "res perit domino".

(D) A obrigação é indivisível em existindo pluralidade de devedores e somente quando a coisa não for suscetível de divisão cômoda.

(E) Nenhuma das alternativas acima.

A: incorreta, pois, caso o devedor não seja culpado, a obrigação ficará resolvida (art. 234 do CC); B: correta (art. 233 do CC); C: incorreta, pois, havendo culpa do devedor, não se aplica o art. 238 do CC, que exime o devedor de responsabilidade, mas o art. 239 do CC, obrigando o devedor ao equivalente, mais perdas e danos; D: incorreta (art. 258 do CC). Gabarito "B".

(Delegado/SP – 2008) Cabe ao proprietário de imóvel que se encontre ameaçado de ruína, prestar caução, em razão de dano infecto, ao proprietário ou possuidor de prédio confinante. Na doutrina esse ato denomina-se.

(A) obrigação natural.

(B) obrigação de meio.

(C) obrigação propter rem.

(D) obrigação de resultado.

(E) obrigação solidária.

Obrigação *propter rem é aquela a qual o titular de direito sobre uma coisa, exatamente por estar nessa situação jurídica, fica sujeito.* Trata-se de uma obrigação híbrida. Recai sobre uma pessoa (direito pessoal), mas por força de um direito real. São exemplos, além do citado no enunciado (art. 1.280 do CC), a obrigação do possuidor de uma coisa de não prejudicar a segurança, o sossego e a saúde de um prédio vizinho (art. 1.277 do CC), a obrigação dos donos de imóveis confinantes de concorrerem para as despesas de tapumes divisórios (art. 1.297, § 1°, do CC), a obrigação de um condômino de contribuir para as despesas de conservação da coisa (art. 1.315 do CC), a obrigação do titular da coisa de arcar com os débitos tributários a ela pertinentes. Repare, no caso das despesas condominiais e tributárias, que o novo proprietário da coisa, tenha ou não dado causa à dívida contraída para o seu uso, fica sujeito ao seu pagamento, com possível penhora da coisa com vistas à satisfação do crédito. É por isso que a obrigação também é denominada *ambulatorial.* Gabarito "C".

(Magistratura Federal – 5ª Região – 2007) Julgue o item a seguir:

(1) A obrigação alternativa é espécie do gênero obrigação composta, sendo esta a que se apresenta com mais de um sujeito ativo, ou mais de um sujeito passivo, ou mais de uma prestação. Na obrigação alternativa, a presença de uma multiplicidade de prestações manifesta-se de maneira disjuntiva, pois o devedor se libera da obrigação satisfazendo apenas uma delas.

1: Quanto aos seus elementos, as obrigações podem ser classificadas em simples ou compostas. Obrigação simples *é aquela que só tem um sujeito ativo, um sujeito passivo e um objeto.* Por exemplo, a obrigação de "A" entregar um carro a "B". Obrigação composta ou complexa *é aquela que tem mais de um sujeito ativo, de um sujeito passivo ou de um objeto.* Por exemplo, obrigações com vários credores ou com vários devedores (pluralidade subjetiva). Nesses casos podem-se ter obrigações divisíveis, indivisíveis ou solidárias, o que será visto a seguir. Outro exemplo é a obrigação de "A" entregar a "B" uma casa e um carro, ou uma casa ou um carro (pluralidade objetiva). No primeiro caso temos obrigação cumulativa (ou conjuntiva). No segundo, obrigação alternativa (ou disjuntiva). Gabarito 1C.

(Procuradoria da República – 22°) O contrato de propaganda que uma empresa faz com uma agência de publicidade, anunciando certo produto, constitui:

(A) obrigação de garantia;

(B) obrigação de resultado;

(C) obrigação de meio;

(D) obrigação de risco.

Quanto à extensão, as obrigações podem ser classificadas em "de resultado" e "de meio". Obrigação de resultado *é aquela em que o devedor se compromete a atingir determinado fim, sob pena de responder pelo insucesso.* São exemplos, a obrigação do vendedor de entregar a coisa vendida, a obrigação do transportador de levar o passageiro são e salvo ao destino e a obrigação do cirurgião plástico em cirurgias de natureza estética. Obrigação de meio *é aquela em que o devedor se compromete a empregar seus conhecimentos e técnicas com vistas a alcançar determinado fim, pelo qual não se responsabiliza.* São exemplos as obrigações dos médicos, dos advogados e dos publicitários. Tais profissionais se obrigam a fazer o melhor, mas não se obrigam, por exemplo, a curar, no primeiro caso, a ganhar uma ação, no segundo, e a venderem os produtos anunciados, no terceiro. Essa classificação é importante em matéria de responsabilidade civil contratual. Gabarito "C".

(Procurador da Fazenda Nacional – 2007 – ESAF) O fornecimento de 50.000 toneladas de petróleo em cinco carregamentos iguais, previamente ajustado, é uma obrigação, quanto ao tempo de adimplemento

(A) de execução continuada

(B) simples

(C) momentânea
(D) de dar coisa incerta
(E) divisível

Quanto ao momento do cumprimento, as obrigações podem ser classificadas em de execução instantânea, diferida e periódica. Obrigação de execução instantânea ou momentânea *é aquela que se cumpre imediatamente após a sua constituição*. Um exemplo é a obrigação de pagamento à vista. Obrigação de execução diferida *é aquela que se cumpre em um só ato, mas em momento futuro*. Por exemplo, quando se combina que a entrega será feita 60 dias após a constituição da obrigação. Obrigação de execução continuada/periódica ou de trato de sucessivo *é aquela que se cumpre por meio de atos reiterados e protraídos no tempo*. Além do exemplo trazido no enunciado da questão, outro é a obrigação de pagar parcelas de um financiamento. Essa classificação é importante para efeito de aplicação da regra da imprevisão (arts. 317 e 478 do CC). Gabarito "A".

(Procurador da Fazenda Nacional – 2007 – ESAF) Tanto na solidariedade como na indivisibilidade, ante a pluralidade subjetiva, cada credor pode exigir a dívida inteira e cada devedor está obrigado pelo débito todo. O credor que receber responderá pela parte dos demais e o devedor que pagar terá direito de regresso contra os outros. Apesar desses pontos de contato, há nítidas diferenças entre ambas as obrigações. Indique, entre as opções, o elemento diferencial falso:

(A) a fonte da solidariedade é o próprio título em razão do qual as partes estão obrigadas e a da indivisibilidade é, em regra, a natureza da prestação, que não comporta execução fracionada.
(B) a solidariedade se extingue com o óbito de um dos co-credores e de um dos co-devedores, exceto se a obrigação for divisível; já na indivisibilidade, o falecimento de um co-credor ou co-devedor tornará divisível a obrigação.
(C) a solidariedade perdura mesmo se a obrigação se converter em perdas e danos; tal, porém, não ocorrerá com a indivisibilidade, que cessará se houver essa transformação, pois, passando a ter natureza pecuniária, tornar-se-á divisível.
(D) Na obrigação solidária, havendo inadimplemento, todos os co-devedores responderão pelos juros moratórios, mesmo que a ação tenha sido proposta apenas contra um deles, embora o culpado tenha de responder aos outros pela obrigação acrescida; na obrigação indivisível, sendo a culpa de um só dos devedores, os outros ficarão exonerados, respondendo só aquele pelas perdas e danos.
(E) Na solidariedade, a interrupção da prescrição aberta por um dos credores aproveitará aos demais, assim como a interrupção efetuada contra o devedor solidário envolverá os demais e seus herdeiros; na indivisibilidade, a interrupção da prescrição por um credor não aproveitará aos demais e a interrupção operada contra o co-devedor ou seu herdeiro não prejudicará os demais coobrigados.

Todas as diferenças apontadas são verdadeiras, exceto as trazidas na alternativa "b", nos termos do art. 276 e 263 do CC. Gabarito "B".

(Procurador da Fazenda Nacional – 2007.2 – ESAF) "A" deve entregar uma jóia de valor correspondente a R$ 90.000,00 a "B", "C" e "D", tendo "B" remitido o débito, "C" e "D" exigirão a jóia, mas deverão indenizar "A", em dinheiro (R$ 30.000,00) da parte que "B" o perdoou. Tal ocorre porque a obrigação em tela, produz esse efeito por ser

(A) solidária ativa.
(B) indivisível.
(C) divisível.
(D) solidária mista.
(E) solidária passiva.

Art. 262 do CC. Gabarito "B".

(Magistratura do Trabalho – 3ª Região – 2009) A respeito das obrigações, leia as afirmações abaixo e, em seguida, assinale a alternativa correta:

I. Nas obrigações de dar coisa certa, até a tradição pertence ao devedor a coisa, com os seus melhoramentos e acrescidos, pelos quais poderá exigir aumento no preço; se o credor não anuir, poderá o devedor resolver a obrigação.
II. Nas coisas determinadas pelo gênero e pela quantidade, a escolha pertence ao credor, se o contrário não resultar do título da obrigação.
III. Nas obrigações de não-fazer, praticado pelo devedor o ato, a cuja abstenção se obrigara, o credor pode exigir dele que o desfaça, sob pena de se desfazer à sua custa, ressarcindo o culpado perdas e danos. Para essa última hipótese, será sempre necessária autorização judicial.
IV. Se, havendo dois ou mais devedores, a prestação não for divisível, cada um será obrigado pela dívida toda.
V. O julgamento contrário a um dos credores solidários não atinge os demais; o julgamento favorável aproveita-lhes, a menos que se funde em exceção pessoal ao credor que o obteve.

(A) Somente uma afirmativa está correta.
(B) Somente duas afirmativas estão corretas.
(C) Somente três afirmativas estão corretas.
(D) Somente quatro afirmativas estão corretas.
(E) Todas as afirmativas estão corretas.

I: correta (art. 237 do CC); II: incorreta, pois a escolha pertence ao devedor (art. 244 do CC); III: incorreta, pois, em caso de urgência, poderá "o credor desfazer ou mandar desfazer, independentemente de autorização judicial, sem prejuízo do ressarcimento devido" (art. 251, parágrafo único, do CC); IV: correta, (art. 259, *caput*, do CC); V: correta (art. 274 do CC). Gabarito "C".

(Magistratura do Trabalho – 8ª Região – 2009) Quanto ao Direito das Obrigações disciplinado na lei civil, é correto afirmar:

(A) Que a solidariedade nas obrigações se dá quando para uma mesma obrigação concorrem mais de um credor ou mais de um devedor, cada um com direito, ou obrigado, à dívida toda, resultando sempre da lei, e nunca por presunção, cabendo, no caso de solidariedade ativa, a cada credor o direito de exigir do devedor, ou devedores, o cumprimento integral da prestação, sendo que o pagamento feito a um dos credores solidários extingue a dívida até o montante do que foi pago.
(B) Que nas obrigações de dar coisa certa, os acessórios são abrangidos ainda que não mencionados no título, exceto quando excluídos por convenção das partes ou em razão das circunstâncias do caso, sendo declarada satisfeita a obrigação para ambas as partes quando, sem culpa do devedor, a coisa se perder antes de ocorrida sua tradição ou na pendência de condição suspensiva, ficando, porém, o devedor, quando comprovada sua culpa, obrigado a responder pelo equivalente da coisa perdida, e mais perdas e danos na hipótese de ação ou omissão dolosa.
(C) Que nas obrigações alternativas, se outra coisa não restou convencionada, cabe ao devedor o direito de escolher qual delas adimplir, sendo-lhe vedado impor ao credor o recebimento da obrigação parte em uma prestação e parte em outra, e que, se por convenção das partes, for atribuído a terceiro esse direito de escolha, não podendo ou não querendo o terceiro fazer a opção, competirá ao devedor, em qualquer situação, fazê-lo.
(D) Que é considerada indivisível toda obrigação cuja prestação tem por objeto uma coisa ou um fato não suscetíveis de divisão por sua natureza, por motivo de ordem econômica, ou dada a razão determinante do negócio jurídico, sendo que na hipótese de haver mais de um devedor responsável pelo seu adimplemento, cada um será obrigado pela dívida toda, sub-rogando-se no direito do credor em relação aos outros devedores o devedor que pagar a dívida, e havendo mais de um credor, a quitação da obrigação a um deles alcançará aos demais quando for prestada por este caução de ratificação dos outros credores.
(E) Que não havendo oposição proveniente da natureza da obrigação, da lei, ou da convenção entre o credor e o devedor, é possível àquele ceder o seu crédito, sendo que, na eventualidade de cláusula proibitiva da cessão, ela não poderá ser oposta ao cessionário de boa-fé se não houver constado do instrumento da obrigação, abrangendo a cessão de um crédito todos os seus acessórios, salvo quando disposto de forma contrária, sendo indispensável sua celebração através de instrumento público para se tornar eficaz em relação a terceiros.

A: incorreta, pois solidariedade também pode resultar da *vontade das partes*, e não só da *lei* (art. 265 do CC) ; B: incorreta, pois o devedor responderá pelo equivalente, mais perdas e danos em caso de *culpa em sentido estrito* ou *dolo* (art. 239 do CC) ; C: incorreta, pois quando o terceiro não puder ou não quiser fazer a opção, caberá ao juiz a escolha se não houver acordo entre as partes (art. 252, § 4º, do CC); D: correta (arts. 258, 259 e 260, II, do CC); E: incorreta, pois a cessão de crédito torna-se eficaz perante terceiros se for celebrada por instrumento público ou se for celebrada por instrumento particular revestido das formalidades do art. 654, § 1º, do CC (art. 288 do CC). Gabarito "D".

(Magistratura do Trabalho – 14ª Região – 2006) Teoria geral das obrigações.

I. Concentração é o nome dado ao ato do devedor de identificação do objeto nas obrigações de dar coisa incerta e obrigações alternativas.
II. O vínculo jurídico da relação obrigacional, em seu aspecto patrimonial, pode ser bipartido em débito (*debitum*) e responsabilidade (*obligatio*). Embora possa existir responsabilidade sem o débito, jamais poderá existir o débito sem a responsabilidade.
III. Nas obrigações *propter rem*, também chamadas de obrigações reais, o abandono da coisa, necessariamente, extinguirá a obrigação.
IV. São fontes das obrigações o contrato e a declaração unilateral de vontade. O ato ilícito, embora gere o dever de indenizar, não pode ser considerado uma fonte de obrigação, pois a participação do credor é involuntária.

Responda:

(A) apenas as opções I e II estão corretas;
(B) apenas as opções I e III estão corretas;
(C) apenas as opções II e IV estão corretas;
(D) apenas a opção I está correta;
(E) todas as opções estão incorretas.

I: correta (arts. 243 e 252 do CC); II: incorreta, pois enquanto a obrigação é um vínculo entre sujeitos, a responsabilidade é a sujeição do patrimônio do devedor ao cumprimento da obrigação; assim, a existência de responsabilidade pressupõe a existência de uma obrigação; o contrário nem sempre ocorre; há alguns casos em que se tem obrigação, mas não se tem responsabilidade; é o caso das dívidas prescritas; a prescrição, como se sabe, não extingue o direito, e, portanto, não extingue uma obrigação de alguém; por outro lado, esse alguém não poderá ser mais acionado, de modo que seu patrimônio não fica mais sujeito ao pagamento de uma dívida, por exemplo; ou seja, tem-se obrigação, mas não se tem responsabilidade; III: incorreta, pois a obrigação acompanha a coisa, e não a pessoa; IV: São fontes de obrigações os *atos ilícitos* (geram obrigações de indenizar, normalmente), os *contratos* (geram obrigações variadas, como entregar uma coisa, pagar um preço), as *declarações unilaterais de vontade* (vide a respeito a promessa de recompensa, a gestão de negócios, o pagamento indevido e o enriquecimento sem causa), e *outros fatos ou situações rotuladas especificamente pela lei* (como a obrigação de pagar tributo, a obrigação de pagamento de alimentos a parentes e a obrigação de indenizar por fato de terceiro). Gabarito "D".

(Magistratura do Trabalho – 23ª Região – 2009) Analise os itens abaixo e marque a alternativa CORRETA:

I. A obrigação é indivisível quando a prestação tem por objeto uma coisa ou um fato não suscetíveis de divisão, por sua natureza, por motivo de ordem econômica ou em face do motivo determinante do negócio jurídico.
II. A obrigação solidária pode ser pura e simples para um dos co-credores ou codevedores, e condicional, ou a prazo, ou pagável em lugar diferente, para o outro.
III - Enquanto o devedor não for demandado por algum dos credores solidários, poderá efetuar o pagamento a qualquer um deles.
IV. O credor pode ceder o seu crédito, se a isso não se opuser a natureza da obrigação, a lei, ou a convenção com o devedor e a cláusula proibitiva da cessão não poderá ser oposta ao cessionário de boa-fé, se não constar do instrumento da obrigação.
V. Se o devedor pagar ao credor, apesar de intimado da penhora feita sobre o crédito, ou da impugnação a ele oposta por terceiros, o pagamento não valerá contra estes, que poderão constranger o devedor a pagar de novo, não tendo ele direito de regresso contra o credor.

(A) V, V, F, F, V.
(B) F, V, V, V, V.
(C) V, F, V, F, F.
(D) F, F, V, V, V.
(E) V, V, V, V, F.

I: verdadeira (art. 258 do CC); II: verdadeira (art. 266 do CC); III: verdadeira (art. 268 do CC); IV: verdadeira (art. 286 do CC); V: falsa, pois, no caso, fica, sim, ressalvado o regresso contra o credor (art. 312 do CC). Gabarito "E".

(Ministério Público do Trabalho – 15º) Assinale a alternativa INCORRETA:

(A) a obrigação de dar coisa certa abrange seus acessórios, mesmo que não mencionados, salvo se o contrário resultar das circunstâncias do caso ou do título;
(B) nas obrigações alternativas, como regra geral, a escolha cabe ao credor;
(C) quando a obrigação alternativa for de prestações periódicas, a faculdade de escolha poderá ser exercida em cada período;
(D) em caso de obrigação alternativa, se uma das duas prestações não puder ser objeto de obrigação ou se tornar inexeqüível, subsistirá o débito quanto à outra;
(E) não respondida.

A: correta (art. 233 do CC); B: incorreta, pois, como regra geral, a escolha cabe ao devedor (art. 252, *caput*, do CC); C: correta (art. 252, § 2º, do CC); D: correta (art. 253 do CC). Gabarito "B".

(Analista – TRT/8ª – 2010 – FCC) Em determinado contrato, convencionaram as partes duas obrigações alternativas, bem como que, na data do cumprimento, a escolha caberia ao credor. Ocorre que uma das obrigações convencionadas tornou-se fisicamente inexequível. Nesse caso,

(A) o credor poderá escolher outra obrigação similar para substituir a que se tornou inexequível.
(B) não haverá escolha e a obrigação subsistirá quanto à prestação remanescente.
(C) o negócio jurídico será rescindido, voltando as partes ao estado anterior à sua celebração.
(D) o devedor poderá escolher outra prestação para substituir a que se tornou inexequível.
(E) as partes deverão pedir ao juiz que indique outra prestação para substituir a que se tornou inexequível.

Art. 253 do CC. Gabarito "B".

(Analista – TRT/14ª – 2011 – FCC) Nas obrigações

(A) de dar coisa certa, se a obrigação for de restituir coisa certa e esta, sem culpa do devedor, se perder antes da tradição, sofrerá o credor a perda, e a obrigação se resolverá, ressalvados os seus direitos até o dia da perda.
(B) solidárias, havendo solidariedade ativa, convertendo-se a prestação em perdas e danos, extingue-se, para todos os efeitos, a solidariedade.
(C) divisíveis, se um dos credores remitir a dívida, a obrigação ficará extinta para com os outros.
(D) de fazer, se o fato puder ser realizado por terceiro, será livre ao credor mandá-lo executar à custa do devedor, havendo recusa ou mora deste, o que o isentará da responsabilidade por perdas e danos.
(E) alternativas, se o título deferir a opção a terceiro, e este não quiser, ou não puder exercê-la, a escolha caberá ao credor.

A: correta (art. 238 do CC); B: incorreta, pois a solidariedade permanece (art. 271 do CC); C: incorreta, pois, como a obrigação é divisível, se o credor remitir (perdoar) um dos devedores, somente este se aproveitará disso (art. 262 do CC); por exemplo, se há dois devedores de R$ 100,00 e o credor perdoar um dos devedores, o outro (o não perdoado), continuará devendo os R$ 50 que já devia, por conta da possibilidade de se dividir as obrigações em dinheiro; D: incorreta, pois é *sem* prejuízo da indenização cabível, a ser paga pelo devedor faltoso (art. 249 do CC); E: incorreta, pois, nesse caso, não havendo acordo entre as partes, caberá ao juiz a escolha (art. 252, § 4º, do CC). Gabarito "A".

(Analista – TRT/14ª – 2011 – FCC) Numa obrigação há três credores solidários e apenas um devedor. Nesse caso,

(A) o julgamento contrário a um dos credores solidários não atinge os demais.
(B) convertendo-se a prestação em perdas e danos, desaparece, para todos os efeitos, a solidariedade.
(C) cada um dos credores solidários poderá exigir do devedor o cumprimento de até um terço da obrigação.
(D) se apenas um dos credores solidários demandar o devedor, este poderá pagar a qualquer um dos três, em razão da solidariedade.
(E) o credor que houver remitido a dívida não responderá aos outros pela parte que lhes caiba.

A: correta (art. 274 do CC); B: incorreta, pois subsiste a solidariedade (art. 271); C: incorreta, pois cada um dos credores solidários poderá exigir do devedor a prestação por inteiro (art. 267 do CC); D: incorreta, pois isso só pode acontecer enquanto algum credor solidário não tiver acionado o devedor ainda (art. 268 do CC); uma vez que um credor solidário tiver acionado o devedor, este deverá pagar àquele que o demandou; E: incorreta, pois o credor solidário que tiver perdoado a dívida responderá, sim, aos outros, pela parte que lhes caiba (art. 272 do CC). Gabarito "A".

(Analista – TRT/22ª – 2010 – FCC) Nas obrigações de dar coisa certa, deteriorada a coisa sem culpa do devedor, o credor poderá

(A) exigir duas similares à que se deteriorou.
(B) exigir o equivalente, mais perdas e danos.
(C) resolver a obrigação e exigir perdas e danos.
(D) aceitar a coisa, abatendo de seu preço o valor que perdeu.
(E) aceitar a coisa e exigir perdas e danos.

Art. 235 do CC. Gabarito "D".

(Analista – TRT/22ª – 2010 – FCC) Numa obrigação indivisível há três credores solidários e três devedores solidários. Um dos credores solidários exigiu de um dos devedores solidários a dívida inteira. Nesse caso, esse devedor

(A) se desobrigará pagando a dívida inteira ao credor que a exigiu, dando este caução de ratificação dos outros credores.
(B) se desobrigará se pagar ao credor que exigiu a dívida toda a parte que, proporcionalmente, lhe cabe como credor.
(C) não se desobrigará pagando a dívida inteira, pois, em razão da solidariedade, os demais credores também poderão exigir a dívida toda.
(D) só se desobrigará se pagar a dívida inteira conjuntamente a todos os credores solidários.
(E) se desobrigará se pagar ao credor que exigiu a dívida toda a parte que, proporcionalmente, lhe cabe como devedor.

Art. 260, II, do CC. Gabarito "A".

(Analista – TRT/22ª – 2010 – FCC) Uma obrigação indivisível resolveu-se em perdas e danos por culpa de um dos três devedores. Nesse caso,

(A) o devedor culpado responderá pelas perdas e danos e os outros ficarão exonerados da obrigação.
(B) todos os devedores responderão pelas perdas e danos em sua totalidade em razão da indivisibilidade, com direito de regresso contra o culpado.
(C) todos os devedores responderão pelas perdas e danos de forma proporcional à sua parte na obrigação.
(D) a obrigação será considerada extinta e todos os devedores ficarão exonerados.
(E) todos os devedores responderão pelas perdas e danos em sua totalidade em razão da indivisibilidade, sem direito de regresso contra o culpado.

Art. 279 do CC. Gabarito "A".

(Analista – TRT/23ª – 2011 – FCC) Nas obrigações alternativas, quando a escolha couber ao credor e uma das prestações tornar-se impossível por culpa do devedor, o

(A) contrato será rescindido, sem perdas e danos, voltando as partes ao estado anterior.
(B) credor poderá reclamar o valor de qualquer das duas, sem perdas e danos.
(C) credor só terá o direito de exigir a prestação subsistente, sem perdas e danos.
(D) credor só poderá exigir o valor da prestação que se tornou impossível por culpa do devedor.
(E) credor terá o direito de exigir a prestação subsistente ou o valor da outra, com perdas e danos.

Art. 255 do Código Civil. Gabarito "C".

(Analista – TRE/AC – 2010 – FCC) Com relação às obrigações solidárias, na solidariedade passiva,

(A) no caso de rateio entre os codevedores, contribuirão também os exonerados da solidariedade pelo credor, pela parte que na obrigação incumbia ao insolvente.
(B) o pagamento parcial feito por um dos devedores e a remissão por ele obtida aproveita aos outros devedores, independentemente da quantia paga ou relevada.
(C) o credor não pode renunciar a solidariedade em favor de um ou de alguns dos devedores.
(D) todos os devedores respondem pelos juros da mora, com exceção da ação que tenha sido proposta somente contra um.
(E) na impossibilidade da prestação por culpa de um dos devedores solidários, subsiste para todos o encargo de pagar o equivalente, bem como as perdas e danos.

A: correta (art. 284 do CC); B: incorreta, pois o pagamento parcial feito por um dos devedores e a remissão por ele obtida **não** aproveitam aos outros devedores, senão até à concorrência da quantia paga ou relevada (art. 277 do CC); C: incorreta, pois o credor pode renunciar à solidariedade em favor de um, de alguns ou de todos os devedores (art. 282, caput, do CC); D: incorreta, pois todos os devedores respondem pelos juros da mora, **ainda que a ação tenha sido proposta somente contra um; mas o culpado responde aos outros pela obrigação acrescida** (art. 280 do CC); E: incorreta, pois impossibilitando-se a prestação por culpa de um dos devedores solidários, subsiste para todos o encargo de pagar o equivalente; **mas pelas perdas e danos só responde o culpado** (art. 279 do CC). Gabarito "A".

3.2. TRANSMISSÃO, ADIMPLEMENTO E EXTINÇÃO DAS OBRIGAÇÕES

(Magistratura/DF – 2011) Dá-se a sub-rogação quando os direitos do credor são transferidos àquele que adimpliu a obrigação ou emprestou o suficiente para solvê-la. Dependendo do caso, tal ocorre de pleno direito, isto é, a circunstância está prevista pelo legislador. Em outros casos, dá-se por meio de convenção das partes. Assim exposto, considere as proposições abaixo e assinale a correta:

(A) Opera-se a sub-rogação de pleno direito quando o credor recebe o pagamento de terceiro e expressamente lhe transfere todos os seus direitos;
(B) A sub-rogação é convencional na hipótese do terceiro interessado, que paga a dívida pela qual era ou podia ser obrigado, no todo ou em parte;
(C) Opera-se a sub-rogação de pleno direito em favor do adquirente do imóvel hipotecado, que paga a credor hipotecário, bem como do terceiro que efetiva o pagamento para não ser privado de direito sobre imóvel;
(D) Opera-se a sub-rogação de pleno direito quando terceira pessoa empresta ao devedor a quantia precisa para solver a dívida, sob a condição expressa de ficar o mutuante sub-rogado nos direitos do credor satisfeito.

A: incorreta, pois se trata de sub-rogação convencional (art. 347, I, do CC); B: incorreta, pois se trata de sub-rogação de pleno direito (art. 346, III, do CC); C: correta (art. 346, II, do CC); D: incorreta, pois se trata de sub-rogação convencional (art. 347, II, do CC). Gabarito "C".

(Magistratura/DF – 2011) Cuidando-se do tempo do pagamento, a dicção da lei é clara ao afirmar que ao credor assistirá o direito de cobrar a dívida antes de vencido o prazo estipulado no contrato ou marcado no próprio CC/02. Assim exposto, considere as proposições abaixo e assinale a incorreta:

(A) Pode ser cobrada a dívida antes de vencido o prazo no caso de falência do devedor, ou de concurso de credores;
(B) Pode ser cobrada a dívida antes de vencido o prazo, se os bens, hipotecados ou empenhados, forem penhorados em execução por outro credor;

(C) Pode ser cobrada a dívida antes de vencido o prazo, se cessarem, ou se se tornarem insuficientes, as garantias do débito, fidejussórias, ou reais, e o devedor, intimado, se negar a reforçá-las;
(D) Nas hipóteses acima, se houver, no débito, solidariedade passiva, reputar-se-á vencido quanto aos outros devedores ainda que solventes.

A: correta (art. 333, I, do CC); B: correta (art. 333, II, do CC); C: correta (art. 333, III, do CC); D: incorreta, pois se houver, no débito, solidariedade passiva, **não** se reputará vencido quanto aos outros devedores solventes (art. 333, par. único, do CC). Gabarito "E".

(Magistratura/DF – 2011) Quando se busca saber a quem se deve pagar, diz a lei civil que "o pagamento deve ser feito ao credor ou a quem de direito o represente, sob pena de só valer depois de por ele ratificado, ou tanto quanto reverter em seu proveito". Diante disso, considere as proposições abaixo e assinale a incorreta:

(A) O pagamento feito de boa-fé ao credor putativo é válido, ainda provado depois que não era credor;
(B) Se o devedor pagar ao credor, apesar de intimado da penhora feita sobre o crédito, ou da impugnação a ele oposta por terceiros, o pagamento não valerá contra estes, que poderão constranger o devedor a pagar de novo, ficando-lhe ressalvado o regresso contra o credor;
(C) Considera-se autorizado a receber o pagamento o portador da quitação, ainda que as circunstâncias contrariarem a presunção daí resultante;
(D) Não vale o pagamento cientemente feito ao credor incapaz de quitar, se o devedor não provar que em benefício dele efetivamente reverteu.

A: correta (art. 309 do CC); B: correta (art. 312 do CC); C: incorreta, pois se considera autorizado a receber o pagamento o portador da quitação, **salvo se as circunstâncias contrariarem a presunção daí resultante** (art. 311 do CC); D: correta (art. 310 do CC). Gabarito "C".

(Magistratura/MG - 2006) João deve a Otávio a quantia de R$28.000,00 (vinte e oito mil reais). Entretanto, na ocasião do vencimento da dívida, não tendo conseguido a importância em dinheiro, procura o credor e lhe oferece um veículo de sua propriedade em pagamento. Otávio aceita, dando por quitada a obrigação. Conforme o Código Civil, é CORRETO afirmar ter-se caracterizado, nesta hipótese:

(A) dação em pagamento;
(B) pagamento com sub-rogação;
(C) remissão da dívida, em pagamento;
(D) pagamento em consignação.

Art. 356 do CC. Gabarito "A".

(Magistratura/MG - 2006) Conforme o Código Civil, em relação ao pagamento feito cientemente pelo devedor ao credor incapaz de quitar, é CORRETO afirmar que:

(A) não será válido, em qualquer hipótese;
(B) será válido, em qualquer hipótese, se devidamente testemunhado por pessoa capaz;
(C) será válido, se o devedor provar que ele foi efetivamente revertido em benefício do credor;
(D) será válido, porque o credor incapaz de quitar se equipara ao credor putativo;

Art. 310 do CC. Gabarito "C".

(Magistratura/PE – 2011 – FCC) O pagamento efetuar-se-á

(A) no domicílio do credor, salvo convenção em contrário.
(B) no local convencionado, mas o pagamento feito reiteradamente em outro local faz presumir renúncia do credor relativamente ao previsto no contrato.
(C) sempre no domicílio do devedor, salvo, apenas, disposição legal em sentido contrário.
(D) onde melhor atender o interesse do credor, salvo convenção em sentido contrário.
(E) onde for menos oneroso para o devedor, salvo convenção em sentido contrário.

B: correta (art. 330 do CC); A, C, D e E: incorretas, pois efetuar-se-á o pagamento no domicílio do devedor, **salvo se as partes convencionarem diversamente, ou se o contrário resultar da lei, da natureza da obrigação ou das circunstâncias** (art. 327, caput, do CC). Gabarito "B".

(Magistratura/SP – 2011 – VUNESP) Assinale a alternativa correta.

(A) Pode haver compensação entre dívidas líquidas, vencidas e de coisas fungíveis de qualidades distintas.
(B) Os prazos de favor obstam a compensação.
(C) Uma dívida proveniente de esbulho pode ser compensada com outra, de causa diversa.
(D) O fiador pode compensar sua dívida com a de seu credor ao afiançado.
(E) Duas dívidas não podem se compensar se não forem pagáveis no mesmo lugar.

A: incorreta, pois não se compensarão verificando-se que se diferem na qualidade (art. 370 do CC); B: incorreta, pois os prazos de favor não obstam a compensação (art. 372 do CC); C: incorreta, pois se uma das dívidas provier de esbulho, não poderá ser compensada com outra de causa diversa (art. 373, I, do CC); D: correta (art. 371 do CC); E: incorreta, pois não existe essa previsão legal, bastando que as dívidas sejam líquidas, vencidas e de coisas fungíveis (art. 369 do CC). Gabarito "D".

(Magistratura/SP – 2011 – VUNESP) Assinale a alternativa correta a respeito de novação.

(A) Se o novo devedor for insolvente, o credor que o aceitou pode ajuizar ação regressiva contra o primeiro, se houve má-fé deste na substituição.
(B) A novação extingue, em todos os casos, os acessórios e garantias da dívida.
(C) A novação por substituição do devedor depende do consentimento deste.
(D) Permanece a obrigação do fiador, ainda que a novação feita com o devedor principal tenha ocorrido sem o consentimento daquele.
(E) As obrigações anuláveis não podem ser objeto de novação.

A: correta (art. 363 do CC); B: incorreta, pois a novação extingue os acessórios e garantias da dívida, **sempre que não houver estipulação em contrário** (art. 364 do CC); C: incorreta, pois a novação por substituição do devedor pode ser efetuada independentemente de consentimento deste (art. 362 do CC); D: incorreta, pois importa exoneração do fiador a novação feita sem seu consenso com o devedor principal (art. 366 do CC); E: incorreta, pois não podem ser objeto de novação as obrigações nulas ou extintas (art. 367 do CC). Gabarito "A".

(Magistratura/SP – 2009 – VUNESP) A novação

(A) deve ser expressa e implica criação de nova obrigação, podendo o credor optar pela primitiva.
(B) pressupõe ânimo de novar, que pode ser tácito, desde que inequívoco.
(C) se subjetiva passiva, depende da concordância do devedor.
(D) não extingue as garantias da obrigação anterior, salvo a fiança.

A: incorreta, pois a obrigação primitiva fica extinta, não podendo o credor optar por ela (art. 360, I, do CC); B: correta (art. 361 do CC); C: incorreta (art. 362 do CC); D: incorreta (art. 364 do CC). Gabarito "B".

(Magistratura/SP – 2008) Cuidando-se de vítima de pagamento indevido, assinale a alternativa correta.

(A) Na hipótese de o "solvens" demonstrar o dolo do "accipiens", induzindo-o a fazer o pagamento, a ação cabível não deveria ser a de anulação do negócio nem a de repetição de indébito.
(B) Mesmo que não tenha ocorrido erro na conduta do "solvens", ao pagar, voluntariamente, o que não devia, sempre lhe cabe ação de repetição de indébito.
(C) O fornecedor deve restituir, em dobro, ao consumidor, aquilo que este pagou indevidamente, salvo engano justificável.
(D) A vítima, em regra, não precisa provar engano no pagamento, para conseguir que o "accipiens" seja obrigado a restituir o que não lhe era devido.

A: é cabível a ação de repetição de indébito; B: art. 877 do CC; C: art. 42, parágrafo único, do CDC; D: art. 877 do CC. Gabarito "C".

(Magistratura/SP – 179º) Indique a assertiva claramente errônea.

(A) A presunção de estarem solvidas prestações periódicas, decorrente da quitação da última, é relativa.
(B) Designados dois ou mais lugares de pagamento, cabe ao devedor escolher entre eles.

(C) O credor não é obrigado a receber prestação diversa da que lhe é devida, ainda que mais valiosa.

(D) O pagamento feito cientemente a credor incapaz de quitar somente é válido se o devedor provar que em benefício dele efetivamente reverteu.

A: art. 322 do CC; B: art. 327, parágrafo único, do CC; C: art. 313 do CC; D: art. 310 do CC. Gabarito "B".

(Ministério Público/RR – 2008 – CESPE) Sobre o direito das obrigações, julgue os próximos itens.

(1) Na assunção de dívida, ocorre a substituição do sujeito passivo da relação de crédito, com a modificação da obrigação primitiva, extinguindo-se o vínculo obrigacional, os acessórios e as garantias do débito, exceto as garantias do crédito que tiverem sido prestadas por terceiro.

(2) Na cessão de crédito, como regra, o cedente responde perante o cessionário pela existência do crédito ao tempo em que o cedeu e pela solvência do devedor à época do pagamento do débito.

(3) O terceiro interessado que paga dívida pela qual era ou poderia ser obrigado, no todo ou em parte, pode cobrar o que tiver desembolsado, sub-rogando-se nos direitos e ações do credor.

1: errada, pois só ficam extintas as garantias especiais dadas ao credor (art. 300 do CC); é importante lembrar que a assunção de dívida *é o negócio jurídico bilateral pelo qual um terceiro (assuntor) assume a posição de devedor*; o que ocorre é tão somente a substituição no plano passivo, sem que haja extinção da dívida, de modo que não se confunde com a novação subjetiva passiva, em que nasce uma obrigação nova; 2: errada; a cessão de crédito é o negócio jurídico bilateral pelo qual o credor transfere a outrem, a título oneroso ou gratuito, os seus direitos na relação obrigacional; há três figuras: o cedente (credor que transmite o crédito), o cessionário (terceiro que recebe o crédito) e o cedido (o que continua devedor); quanto à responsabilidade do cedente, se a cessão for a título oneroso, o cedente fica responsável pelo seguinte: a) pela existência do crédito quando da cessão, b) pela sua qualidade de credor; e c) pela validade da obrigação; já se for a título gratuito, o cedente só responde pela existência do crédito se tiver procedido de má-fé; em qualquer caso, só haverá responsabilidade pelo débito se o cedente tiver assumido expressamente a responsabilidade pela solvência do cedido; nesse caso teremos a cessão pro solvendo, e a responsabilidade é apenas pelo que o cedente tiver recebido do cessionário, acrescido de juros e despesas com a cessão; vide arts. 286 e ss do CC; 3: art. 346, III, do CC. Gabarito 1E, 2E, 3C.

(Procurador do Estado/SC – 2010 – FEPESE) No que concerne à transmissão das obrigações, assinale a alternativa **incorreta**, de acordo com o Código Civil Brasileiro.

(A) Ocorrendo várias cessões do mesmo crédito, prevalece, via de regra, a que se completar por último.

(B) Na assunção de dívida, o novo devedor não pode opor ao credor as exceções pessoais que competiam ao devedor primitivo.

(C) Na cessão de crédito, o devedor pode opor ao cessionário as exceções que lhe competirem, bem como as que, no momento em que veio a ter conhecimento da cessão, tinha contra o cedente.

(D) O cessionário de crédito hipotecário tem o direito de fazer averbar a cessão no registro do imóvel.

(E) Independentemente do conhecimento da cessão pelo devedor, pode o cessionário exercer os atos conservatórios do direito cedido.

A: incorreta, pois prevalecerá a que se completar com a tradição do título do crédito cedido (art. 291 do CC); B: correta (art. 302 do CC); C: correta (art. 294 do CC); D: correta (art. 289 do CC); E: correta (art. 293 do CC). Gabarito "A".

(Procurador do Estado/SC – 2009) Assinale a alternativa correta.

(A) Na consignação em pagamento, o depósito é feito no lugar de escolha do devedor.

(B) A compensação efetua-se entre dívidas líquidas, vencidas e de coisas infungíveis.

(C) Extingue-se a obrigação, desde que na mesma pessoa se confundam as qualidades de credor e devedor.

(D) Em hipótese de dação em pagamento, se o credor for evicto da coisa recebida em pagamento não se restabelecerá a obrigação primitiva.

(E) A pessoa obrigada por dois ou mais débitos da mesma natureza, a um só credor, tem o direito de indicar a qual deles oferece pagamento, bastando que todos os débitos sejam líquidos.

A: incorreta, pois o depósito é feito no lugar do pagamento (art. 337 do CC); B: incorreta, pois as coisas devem ser fungíveis (art. 369 do CC); C: correta, operando-se a confusão (art. 381 do CC); D: incorreta, pois fica restabelecida a obrigação primitiva (art. 359 do CC); E: incorreta, pois a imputação do pagamento por vontade do devedor depende de os débitos serem líquidos e *vencidos*. Gabarito "C".

(Procurador do Município/Florianópolis-SC – 2010 – FEPESE) É a forma de se quitar um ou mais débitos, quando existem vários, de um mesmo devedor, em relação ao mesmo credor:

(A) Novação.
(B) Sub-rogação.
(C) Imputação de pagamento.
(D) Consignação.
(E) Remissão.

Art. 352 do CC. Gabarito "C".

(Defensoria/MT – 2009 – FCC) No Direito das Obrigações,

(A) pode o cessionário exercer os atos conservatórios do direito cedido, independentemente do conhecimento da cessão pelo devedor.

(B) na cessão de um crédito sempre se abrangem todos os seus acessórios.

(C) o cessionário de crédito hipotecário tem o direito de fazer averbar a cessão no registro do imóvel, desde que haja autorização do devedor.

(D) o credor pode ceder o seu crédito, ainda que a isso se oponha a natureza da obrigação, não se admitindo cláusula proibitiva da cessão por se tratar de condição protestativa.

(E) a cessão do crédito tem eficácia em relação ao devedor, independentemente de notificação.

A: correta (art. 293 do CC); B: incorreta, pois é possível que haja disposição em contrário (art. 287 do CC); C: incorreta, pois esse direito existe independentemente de autorização do devedor (art. 289 do CC); D: incorreta (art. 286 do CC); E: incorreta (art. 290 do CC). Gabarito "A".

(Defensor Público/RN – 2006) No regramento das obrigações dispõe o Código Civil que

(A) sendo feita a quitação do capital sem reserva de juros, estes se presumem pagos.

(B) não tendo sido ajustada época para o pagamento deve o credor notificar o devedor dando-lhe prazo de trinta dias para efetuar o pagamento.

(C) são a princípio quitadas no domicílio do credor por expressa disposição do Código.

(D) não é válido o pagamento feito de boa-fé ao credor putativo.

A: art. 323 do CC; B: art. 331 do CC; C: art. 327 do CC; quanto ao lugar do pagamento, a regra é o domicílio do devedor (dívida quesível ou quérable). Mas por motivo legal, convencional ou circunstancial é possível que a obrigação tenha de ser cumprida no domicílio do credor (dívida portável ou portable); D: art. 309 do CC. Gabarito "A".

(Defensor Público/RS – 2011 – FCC) Direito Obrigacional.

(A) Segundo o entendimento sumulado do Superior Tribunal de Justiça, os juros remuneratórios, não cumuláveis com a comissão de permanência, são devidos no período de inadimplência, à taxa média de mercado estipulada pelo Banco Central do Brasil, limitada ao percentual contratado.

(B) No mútuo feneratício civil os juros remuneratórios são presumidos, não sendo admitida a sua capitalização anual.

(C) Qualquer interessado na extinção da dívida pode pagá-la com a utilização dos meios conducentes à exoneração do devedor, sendo que igual direito cabe ao terceiro não interessado, se o fizer em nome e à conta do devedor, independentemente da oposição deste.

(D) O credor não é obrigado a receber prestação diversa da que lhe é devida, ainda que mais valiosa, mas quando a obrigação tenha por objeto prestação divisível, o credor poderá ser compelido a receber por partes, ainda que a prestação tenha sido ajustada de forma diversa.

A: correta (Súmula 296 do STJ); B: incorreta, pois é admitida a sua capitalização anual (art. 591 do CC); C: incorreta, pois, no segundo caso (terceiro não interessado), o devedor tem direito de se opor (art. 304, parágrafo único, do CC); D: incorreta, pois o credor só pode ser compelido a receber por partes se assim se ajustou (art. 314 do CC). Gabarito "A".

(Delegado/MG – 2007) São formas de extinção das obrigações sem pagamento:

(A) A remissão, a confusão e a purga da mora.
(B) A novação, a compensação e a execução.
(C) A transação, a confusão e a execução.
(D) A remissão, o compromisso e a transação.

Arts. 385, 851 e 840, respectivamente. Gabarito "D".

(Delegado/GO – 2009 – UEG) A disciplina jurídica das obrigações sofre grande influência do regime econômico vigente e tem muita influência na vida econômica do país, estendendo-se às diferentes atividades humanas de natureza patrimonial. Por essa razão, o direito das obrigações deve promover o realizar da vida econômica, conferindo-lhe segurança e agilidade. Considerando o direito obrigacional pátrio, é CORRETO afirmar:

(A) a novação, por criar nova obrigação, convalida obrigação extinta.
(B) a novação impede a discussão de obrigações contraídas em contratos anteriores ao que se novou.
(C) é impossível novar em obrigação nula, tendo em vista que a novação propõe a substituição daquela dívida por outra.
(D) a novação não se presta a confirmar obrigação anulável, restando ao devedor o direito de argüir o vício sobre obrigação que novou.

A: incorreta, pois a novação extingue e substitui a obrigação anterior (art. 360, I, do CC); B: incorreta, pois há hipóteses em que isso é possível, como a prevista no art. 363 do CC; C: correta (art. 367 do CC); D: incorreta, pois é possível a novação quanto às obrigações simplesmente anuláveis (art. 367 do CC). Gabarito "C".

(Cartório/SP – 2008) A extinção de obrigações entre pessoas que são ao mesmo tempo credoras e devedoras umas das outras é forma de pagamento indireto denominada

(A) confusão.
(B) novação.
(C) compensação.
(D) transação.

Arts. 368 e ss do CC. Gabarito "C".

(Magistratura Federal – 3ª Região – XIII) O pagamento pelo fiador opera a sub-rogação no crédito:

(A) se não houver o benefício de ordem;
(B) se assim dispuser o contrato de fiança;
(C) apenas se houver o benefício de ordem;
(D) sempre.

Arts. 346, III, e 831, ambos do CC. Gabarito "D".

(MAGISTRATURA DO TRABALHO – 1ª REGIÃO – 2010 – CESPE) Assinale a opção correta com referência à extinção da obrigação.

(A) O que diferencia o pagamento efetuado pelo terceiro interessado do efetuado pelo não interessado é a possibilidade de este promover a consignação.
(B) Se o devedor der coisa fungível que não lhe pertença ao credor e, ainda que de boa-fé, este a consumir, o pagamento não terá eficácia.
(C) Se o devedor está obrigado a realizar o pagamento por medida e o contrato nada dispõe a esse respeito, entende-se que as partes aceitaram as do lugar de celebração do contrato.
(D) Um dos requisitos essenciais do pagamento é a intenção, daquele que paga, de extinguir a obrigação assumida.
(E) A proibição de comportamento contraditório não tem o poder de alterar o local do pagamento expressamente estabelecido no contrato.

A: incorreta, pois o art. 304, caput e parágrafo único, do CC permite ao terceiro interessado e ao terceiro não interessado pagar ou, se o credor se opuser, usar dos meios conducentes à exoneração do devedor, como é o caso da consignação em pagamento; B: incorreta, pois haverá eficácia nesse caso (art. 307, parágrafo único, do CC); C: incorreta, pois entende-se que as partes aceitaram as do lugar da *execução do contrato* (art. 326 do CC); D: correta (art. 304 do CC); E: incorreta, pois em consonância com a máxima da vedação do comportamento contraditório "o pagamento reiteradamente feito em outro local faz presumir renúncia do credor relativamente ao previsto no contrato" (art. 330 do CC). Gabarito "D".

(Magistratura do Trabalho – 23ª Região – 2006) Assinale a alternativa correta:

I. a diferença de causa sempre impede a compensação das dívidas;
II. os prazos de favor, consagrados pelo uso geral, obstam a compensação;
III. a confusão pode verificar-se a respeito de toda a dívida ou só de parte dela e em qualquer das hipóteses não tem o condão de extinguir a obrigação;
IV. quando as duas dívidas não são pagáveis no mesmo lugar, não se podem compensar sem dedução das despesas necessárias à operação;
V. o devedor que, notificado, nada opõe à cessão que o credor faz a terceiro, do seu direito, pode opor ao cessionário a compensação que antes da cessão teria podido opor ao cedente.

(A) Todas as alternativas estão incorretas;
(B) somente a alternativa V está correta;
(C) Somente as alternativas II e IV estão corretas;
(D) Somente as alternativas IV e V estão corretas;
(E) Somente as alternativas I e V estão corretas;

I: art. 373 do CC; II: art. 372 do CC; III: art. 382 e 381 do CC, respectivamente; IV: art. 378 do CC; V: art. 377 do CC. Gabarito "D".

(Magistratura do Trabalho – 23ª Região – 2006) Analise as afirmativas abaixo e assinale a opção correta:

I. O pagamento feito por terceiro, com desconhecimento ou oposição do devedor, não obriga a reembolsar aquele que pagou, se o devedor tinha meios para elidir a ação;
II. O pagamento feito de boa-fé ao credor putativo é valido, ainda que provado depois que não era credor;
III. É lícito convencionar o aumento progressivo de prestações sucessivas;
IV. Nos débitos cuja quitação consista na devolução do título, perdido este, poderá o devedor exigir, retendo o pagamento, declaração do credor que inutilize o título desaparecido;
V. A entrega do título ao devedor firma a presunção do pagamento.

(A) Todas as alternativas estão corretas;
(B) Todas as alternativas estão incorretas;
(C) Somente as alternativas I, III e V estão corretas;
(D) Somente as alternativas II e IV estão corretas;
(E) Somente as alternativas II, III e IV estão corretas.

I: art. 306 do CC; II: art. 309 do CC; III: art. 316 do CC; IV: art. 321 do CC; V: art. 324 do CC. Gabarito "A".

(FGV – 2010) Em relação à novação, à compensação e à transação, assinale a afirmativa INCORRETA.

(A) A existência de obrigação anterior válida é requisito essencial para que a novação se opere, pois à medida que a nova obrigação extingue e substitui a anterior, é fundamental a preexistência de relação obrigacional válida.
(B) A novação subjetiva passiva por delegação aperfeiçoa-se com a indicação, do próprio devedor, com concordância do credor, de terceira pessoa que venha resgatar o seu débito. Já a novação subjetiva passiva por expromissão admite a substituição do devedor independentemente de seu consentimento.
(C) Quando notificado da cessão do crédito que o seu credor faz a terceiro, poderá o devedor a ela se opor, realizando compensação de créditos, desde que seu crédito seja exigível ao tempo da notificação. Mas, mantendo-se inerte, não poderá posteriormente compensar com o cessionário o crédito que tinha com o cedente.
(D) A transação se anula por dolo, coação, erro essencial quanto à pessoa ou coisa controversa, e também por erro de direito a respeito de questões que foram objeto de controvérsia entre as partes.
(E) O Código Civil entende por nula a transação a respeito de litígio com sentença em trânsito em julgado, se dela não tinha ciência algum dos transatores, ou quando, por título ulteriormente descoberto, se verificar que nenhum deles tinha direito sobre o objeto da transação.

A: correta, pois, de fato, a *novação* é a conversão de uma obrigação por outra para extinguir a primeira. Assim, para ser possível a conversão é requisito essencial a validade da primeira obrigação (art. 367 do CC); B: correta, pois a novação subjetiva passiva ocorre quando a pessoa do devedor se altera, o que pode ocorrer de duas formas: por delegação ou expromissão. Na novação subjetiva passiva por delegação o próprio devedor indica uma terceira pessoa com a concordância do credor; C: correta (art. 294 do CC); D: incorreta (art. 849, parágrafo único, do CC); E: correta (art. 850 do CC). Gabarito "D".

(FGV – 2009) A respeito da cessão de crédito, analise as afirmativas a seguir:

I. O devedor pode opor ao cessionário as exceções que tinha contra o cedente no momento em que veio a ter conhecimento da cessão.
II. Na cessão de crédito por título oneroso, ainda que não se responsabilize, o cedente fica responsável ao cessionário pela existência do crédito ao tempo em que lhe cedeu.
III. A cessão de crédito apenas é eficaz em relação ao devedor quando a este notificada ou quando o devedor se declarar ciente da cessão por meio de escrito público ou particular.

Assinale:

(A) se somente a afirmativa I estiver correta.
(B) se somente a afirmativa II estiver correta.
(C) se somente as afirmativas I e II estiverem corretas.
(D) se somente as afirmativas II e III estiverem corretas.
(E) se todas as afirmativas estiverem corretas.

I: correta (art. 294 do CC); II: correta (art. 295 do CC); III: correta (art. 290 do CC). Gabarito "E".

(FGV – 2007) A novação é forma de:

(A) compra e venda
(B) compensação
(C) sub-rogação
(D) pagamento

De fato, a novação é uma das formas de pagamento previstas no Código Civil (art. 360 e ss do CC). Gabarito "D".

(Analista – TRE/AL – 2010 – FCC) Considere as seguintes assertivas a respeito da transmissão das obrigações:

I. Ocorrendo várias cessões do mesmo crédito, prevalece a primeira cessão formalmente e legalmente realizada independentemente da tradição.
II. Independentemente do conhecimento da cessão pelo devedor, pode o cessionário exercer os atos conservatórios do direito cedido.
III. Salvo estipulação em contrário, o cedente não responde pela solvência do devedor.
IV. Em regra, consideram-se extintas, a partir da assunção da dívida, as garantias especiais originariamente dadas pelo devedor primitivo ao credor.

De acordo com o Código Civil Brasileiro está correto o que se afirma APENAS em

(A) I, II e III.
(B) I e IV.
(C) II e III.
(D) II e IV.
(E) II, III e IV.

I: incorreta, pois, ocorrendo várias cessões do mesmo crédito, prevalece a que se completar com a tradição do título do crédito cedido (art. 291 do CC); II: correta (art. 293 do CC); III: correta (art. 296 do CC); IV: correta (art. 300 do CC). Gabarito "E".

(Analista – TJ/ES – 2011 – CESPE) Julgue o seguinte item.

(1) O crédito é um direito que pode ser cedido pelo seu titular (credor). Entretanto, a cessão de crédito, em regra, dependerá da anuência tanto do cessionário quanto do devedor.

1: incorreta, pois a cessão de crédito não depende da anuência do devedor, mas tão somente da notificação deste acerca da cessão efetuada (art. 290 do CC). Gabarito 1E.

(Analista – TRT/20ª – 2011 – FCC) João é devedor das quantias de R$ 2.000,00 e R$ 5.000,00 para um estabelecimento bancário, relativas a débitos da mesma natureza, ambos líquidos e vencidos. O direito que a lei lhe assegura de indicar a qual deles oferece pagamento denomina-se

(A) dação em pagamento.
(B) imputação do pagamento.
(C) pagamento com sub-rogação.
(D) novação.
(E) compensação.

Art. 352 do CC. Gabarito "B".

(Analista – TRT/20ª – 2011 – FCC) A compensação

(A) pode ocorrer entre dívida proveniente de esbulho e dívida decorrente de comodato.
(B) efetua-se entre dívidas líquidas e vencidas de coisas infungíveis.
(C) não pode ser feita se o credor concedeu prazo de favor ao devedor.
(D) da dívida do fiador pode ser feita com a de seu credor ao afiançado.
(E) de dívida de pessoa que se obrigou por terceiro pode ser feita com a que o credor dele lhe dever.

A: incorreta; apesar de a diferença na causa das dívidas não impedir a compensação, essa regra cede em caso de dívidas decorrentes de esbulho e de comodato (art. 373, I e II, do CC); B: incorreta, pois a compensação efetua-se entre dívidas líquidas, vencidas e de coisas *fungíveis* (art. 369 do CC); C: incorreta, pois pode ser feita inclusive nesse caso (art. 372 do CC); D: correta (art. 371, parte final, do CC); E: incorreta (art. 371, parte inicial, do CC). Gabarito "D".

(Analista – TRE/TO – 2011 – FCC) Considere as seguintes assertivas a respeito do pagamento:

I. É lícito convencionar o aumento progressivo de prestações sucessivas.
II. Sendo a quitação do capital sem reserva dos juros, estes não se presumem pagos.
III. A entrega do título ao devedor firma a presunção do pagamento, mas ficará sem efeito a quitação assim operada se o credor provar, em sessenta dias, a falta do pagamento.
IV. Se o pagamento se houver de fazer por medida, ou peso, entender-se-á, no silêncio das partes, que não aceitaram os do lugar da execução.

De acordo com o Código Civil brasileiro está correto o que se afirma APENAS em

(A) I, II e III.
(B) I, II e IV.
(C) I e III.
(D) II e IV.
(E) III e IV.

I: correta (art. 316 do CC); II: incorreta, pois os juros se presumem pagos sim (art. 323 do CC); III: correta (art. 324 do CC); IV: incorreta, pois entender-se-á que aceitaram sim os do lugar da execução (art. 326 do CC). Gabarito "C".

(Analista – TRF/4ª – 2010 – FCC) Considere as seguintes assertivas a respeito do pagamento:

I. O terceiro não interessado, que paga a dívida em seu próprio nome, tem direito a reembolsar-se do que pagar; mas não se sub-roga nos direitos do credor.
II. O pagamento feito de boa-fé ao credor putativo é válido, ainda provado depois que não era credor.
III. Não vale o pagamento cientemente feito ao credor incapaz de quitar, se o devedor não provar que em benefício dele efetivamente reverteu.
IV. É ilícito convencionar o aumento progressivo de prestações sucessivas, por expressa vedação legal.

De acordo com o Código Civil brasileiro, está correto o que consta APENAS em

(A) I e II.
(B) II, III e IV.

(C) I, II e III.
(D) II e III.
(E) I, III e IV.

I: correta (art. 305, *caput*, do CC); II: correta (art. 309 do CC); III: correta (art. 310 do CC); IV: incorreta, pois é lícito convencionar o aumento progressivo de prestações sucessivas (art. 316 do CC). Gabarito "C".

3.3. INADIMPLEMENTO DAS OBRIGAÇÕES

(Magistratura/MG – 2007) Uma vez não cumprida a obrigação e constituído em mora o devedor, este responde por perdas e danos. As perdas e danos devidos ao credor abrangem lucros cessantes. Então, é CORRETO dizer que os lucros cessantes correspondem:

(A) à expectativa de lucro do credor.
(B) ao prejuízo do credor potencialmente estimável.
(C) ao prejuízo por efeito direto e imediato da inexecução da obrigação.
(D) a qualquer dano eventualmente aferível a partir da mora do devedor.

Art. 403 do CC. Gabarito "C".

(Magistratura/SC – 2008) Observadas as proposições abaixo, assinale a alternativa correta.

I. Inadimplida a obrigação, responde o devedor por perdas e danos, juros, atualização monetária e honorários de advogado.
II. A mora sempre independe de interpelação, notificação ou protesto.
III. A cláusula penal compensatória não dispensa o credor de demonstrar as perdas e danos que sofreu com o inadimplemento contratual.
IV. As arras penitenciais equivalem à cláusula penal na hipótese de inadimplemento culposo, perdendo-as, se culpado quem as deu, ou devendo restituí-las em dobro, se culpado quem as recebeu.

(A) Somente a proposição I está correta
(B) Somente as proposições I e IV estão corretas
(C) Somente as proposições I, III e IV estão corretas.
(D) Somente a proposição III está correta
(E) Somente as proposições II e IV estão corretas

I: correta (art. 389 do CC); II: incorreta (art. 397, parágrafo único, do CC); III: incorreta (art. 416, *caput*, do CC); IV: correta (art. 420 do CC). Gabarito "B".

(Magistratura/SE – 2008 – CESPE) Assinale a opção correta acerca do direito das obrigações.

(A) A cláusula penal tem por objetivo reforçar a obrigação principal ou apresentar-se como alternativa ao seu adimplemento.
(B) A remissão tácita de uma obrigação com garantia real ocorre quando o credor voluntariamente libera o devedor da dívida, entregando-lhe o objeto empenhado ou o título que representa a obrigação e, desde que aceita pelo devedor, extingue a obrigação, mas sem prejuízo de terceiro.
(C) Para que fique caracterizada a mora do devedor, total ou parcial, é necessário que esta decorra de fato ou omissão a ele imputável. Todavia, o devedor em mora, como regra, não responde pela impossibilidade da prestação nem pelos prejuízos dela resultantes, quando ocorre caso fortuito ou força maior.
(D) O terceiro interessado que efetua o pagamento em seu próprio nome poderá reembolsar-se do que pagou, por meio da ação de execução, uma vez que, nesse caso, não ocorre sub-rogação.
(E) O inadimplemento da obrigação indivisível converte-a em perdas e danos, dando lugar à indenização, em dinheiro, dos prejuízos causados ao credor, que torna a obrigação divisível. Se apenas um dos devedores foi culpado pela inadimplência, só ele responderá por perdas e danos, exonerando-se os demais; mas, se a culpa for de todos, todos responderão por partes iguais.

A: a cláusula penal tem por finalidades ser meio de coerção para a fiel execução da obrigação, bem como servir de prefixação de perdas e danos, em caso de não cumprimento da obrigação na forma devida; dessa forma, tal cláusula não é alternativa ao adimplemento da obrigação; B: art. 387 do CC; C: art. 399 do CC; D: art. 346, III, do CC; E: art. 263 do CC. Gabarito "E".

(Magistratura/SP – 178º) Relativamente ao inadimplemento das obrigações, indique a afirmativa equivocada.

(A) Nas obrigações provenientes de ato ilícito, os juros de mora se contam desde a citação.
(B) É inadmissível a concomitância de moras recíprocas.
(C) Não havendo fato ou omissão imputável ao devedor, não incorre ele em mora.
(D) Se por eles expressamente se responsabilizou, responde o devedor pelos prejuízos resultantes de caso fortuito e força maior.

A: incorreta (art. 398 do CC, Súmula 54 do STJ e Enunciado CJF 163); B: correta, pois há incompatibilidade lógica de mora recíproca; C: correta (art. 396 do CC); D: correta (art. 393 do CC). Gabarito "A".

(Magistratura/SP – 177º) Sobre a constituição em mora do devedor, assinale a resposta correta.

(A) Não havendo termo prefixo, nem se cuidando de obrigação positiva e líquida, a mora se constitui mediante interpelação judicial ou extrajudicial, decorrente do princípio da mora ex re e da aplicação da regra dies interpellat pro homine.
(B) O inadimplemento de obrigação positiva e líquida, no seu termo, constitui de pleno direito em mora o devedor, nos casos de mora ex persona.
(C) Nas vendas a crédito com reserva de domínio, com cláusula resolutória expressa e termo prefixo de vencimento das parcelas correspondentes ao preço, o não pagamento de qualquer delas, na data e local estabelecidos no contrato, torna exigível a constituição em mora do devedor, através de interpelação judicial ou protesto, para ensejar procedimento judicial relativo ao pactum reservati dominii.
(D) Não há, no ordenamento jurídico pátrio, válida constituição em mora do devedor, senão através de interpelação judicial ou da citação no âmbito do contencioso.

A e B: v. art. 397 do CC; a mora do devedor pode ser dividida em duas espécies; mora *ex re* (ou de pleno direito) *é aquela em que o fato que a ocasiona está previsto objetivamente na lei*. Assim, a mora é automática; basta que ocorra o fato para que se configure a mora; ex.: quando a obrigação tem data de vencimento; o CC estabelece que "o inadimplemento da obrigação, positiva e líquida, no seu termo, constitui de pleno direito em mora o devedor" (art. 397, CC); trata-se das chamadas obrigações impuras, em que se aplica a regra do *dies interpellat pro homine*; outra regra de mora automática é a seguinte: "nas obrigações provenientes de ato ilícito, considera-se o devedor em mora, desde que o praticou" (art. 398, CC); mora *ex persona* (ou de por ato da parte) *é aquela que depende de providência por parte do credor, para que se caracterize*; por exemplo, a que depende de interpelação judicial ou extrajudicial, protesto ou mesmo citação do devedor; aliás, caso ainda não estiver configurada a mora num dado caso, a citação válida terá sempre o efeito de fazer configurá-la, segundo o art. 219 do CPC; o CC estabelece que "não havendo termo, a mora se constitui mediante interpelação judicial ou extrajudicial"; trata-se das chamadas obrigações perfeitas, em que, por não haver vencimento, a mora depende de notificação; mas há casos em que, mesmo havendo termo (vencimento) estabelecido, a lei determina que a mora só se configurará após notificação extrajudicial ou judicial; é o caso dos compromissos de compra de venda e da alienação fiduciária em garantia; C: art. 525 do CC; D: art. 397 do CC. Gabarito "C".

(Ministério Público/RO - 2006) Assinale a alternativa INCORRETA:

Mora é o atraso culpável no cumprimento de obrigação, seja por parte do devedor, em pagar, seja por parte do credor, em receber. Pode-se afirmar que:

(A) não havendo fato ou omissão imputável ao devedor, não incorre este em mora;
(B) o inadimplemento da obrigação, positiva e líquida, no seu termo, constitui de pleno direito em mora o devedor;
(C) não havendo termo, a mora se constitui mediante interpelação judicial ou extrajudicial;
(D) se a prestação, devido à mora, se tornar inútil ao credor, este pode enjeitá-la, e exigir a satisfação das perdas e danos;
(E) nas obrigações provenientes de ato ilícito, considera-se o devedor em mora a partir da citação inicial da ação que busque a indenização.

A: art. 396 do CC; B: art. 397, *caput*, do CC; C: art. 397, parágrafo único, do CC; D: art. 395, parágrafo único, do CC; E: art. 398 do CC, Súmula 54 do STJ e Enunciado CJF 163. Gabarito "E".

(Procurador do Estado/SC – 2010 – FEPESE) Sobre o inadimplemento das obrigações, pode-se afirmar que:

(A) Para se exigir o cumprimento da pena convencional, o credor deverá demonstrar o prejuízo sofrido.
(B) No inadimplemento da obrigação, positiva e líquida, no seu termo, a mora se constitui mediante protesto judicial ou extrajudicial.
(C) Os juros moratórios fluem a partir do evento danoso, em caso de responsabilidade extracontratual.
(D) Na sistemática adotada pelo Código Civil, apenas o devedor pode incidir em estado de mora.
(E) A cláusula penal, quando convencionada em separado e por meio de manifestação expressa, pode exceder ao valor da obrigação principal.

A: incorreta, pois a pena convencional se aplica de pleno direito, independentemente de demonstração de prejuízo (art. 408 do CC); B: incorreta, pois o inadimplemento da obrigação, positiva e líquida, no seu termo, constitui de pleno direito em mora o devedor; o protesto judicial ou extrajudicial só é necessário quando não há termo fixado (art. 397 do CC); C: correta (Súmula 54 do STJ); D: incorreta, pois o credor que não quiser receber no tempo, lugar e forma devidos também incide em mora (art. 394 do CC); E: incorreta, pois o valor da cláusula penal não pode exceder o da obrigação principal (art. 412 do CC). Gabarito "C".

(Defensor Público/AL – 2009 – CESPE) Julgue os itens a seguir, a respeito das obrigações.

(1) O inadimplemento absoluto decorre da completa impossibilidade do cumprimento da obrigação, de modo que o objeto devido tenha se tornado inútil ao credor. Disso decorre que não há inadimplemento absoluto em obrigações pecuniárias, como no caso do pagamento de aluguéis, pois o dinheiro não perece e qualquer indenização é sempre prestada em moeda.

(2) A assunção de dívida transfere a terceira pessoa os encargos obrigacionais da exata forma como estabelecidos entre o credor e o devedor original, de modo que o silêncio daquele que prestou garantia pessoal ao pagamento do débito importará a manutenção dessa garantia.

1: incorreta, pois o inadimplemento absoluto decorre não só da completa impossibilidade do cumprimento da obrigação, como também quando a prestação já não é útil ao credor; 2: incorreta, pois, salvo assentimento expresso do devedor primitivo, consideram-se extintas, a partir da assunção de dívida, as garantias especiais por ele originariamente dadas ao credor (art. 300 do CC). Gabarito 1E, 2E.

(Defensor Público/AL – 2009 – CESPE) Marcelo tomou por empréstimo R$ 5 mil em uma instituição financeira para pagar em vinte e quatro meses. A partir do décimo segundo mês, Marcelo interrompeu o pagamento das prestações ante as dificuldades financeiras por que estava passando. Comparecendo ao banco, foi informado de que no contrato havia cláusula permitindo a cobrança de comissão de permanência.

A respeito dessa situação hipotética, julgue os itens a seguir.

(1) A hipótese descrita aponta um contrato de mútuo, que, além de ser contrato real, tem a fungibilidade do objeto como uma de suas características.

(2) Na hipótese descrita, que constitui um exemplo de mútuo, a comissão de permanência poderá ser cumulada com a correção monetária, mas não com os juros remuneratórios.

(3) Hoje prevalece o entendimento jurisprudencial de que a cláusula contratual que prevê a comissão de permanência, calculada pela taxa média de mercado, não é potestativa.

1: correta, pois o mútuo é contrato real (só passa a existir com a entrega da coisa), consistente no empréstimo de coisas fungíveis (art. 586 do CC); 2: incorreta, pois a comissão de permanência não poderá ser cumulada com a correção monetária (Súmula 30 do STJ); vale consignar que a outra afirmativa está certa, pois, de fato, não é possível cumular comissão de permanência com juros remuneratórios (Súmula 296 do STJ); 3: correta (Súmula 294 do STJ). Gabarito 1C, 2E, 3C.

(Defensor Público/MS – 2008 – VUNESP) Considere as assertivas a seguir:

I. A exigência de cláusula penal moratória depende da utilidade do cumprimento atrasado da obrigação e exclui a pretensão ao adimplemento.

II. A exigência de cláusula penal compensatória exclui a pretensão ao adimplemento ou à indenização por perdas e danos.

III. Com a cláusula penal compensatória, o credor é ressarcido pelas perdas e danos decorrentes do descumprimento da obrigação e a estipulação é como uma pré-fixação desses prejuízos.

IV. A cláusula penal moratória é estabelecida apenas para o caso de inadimplemento completo da obrigação.

É correto o que se afirma apenas em

(A) I e III.
(B) II e IV.
(C) I e IV.
(D) II e III.

I: incorreta, pois o art. 411 do CC, que trata da cláusula penal moratória (em caso de mora), estabelece que o credor pode exigir a pena juntamente com o desempenho da obrigação; II e III: corretas, pois nesse caso o credor só poderá exigir a multa, uma vez que a obrigação já não pode mais ser cumprida, servindo a multa como pré-fixação dos prejuízos causados; IV: incorreta, pois a cláusula penal moratória é fixada justamente para o caso concreto, que é para o caso de mora, que é um inadimplemento relativo. Gabarito "D".

(Defensoria/SP – 2009 – FCC) Tratando-se de inadimplemento de obrigação,

I. responde o devedor por perdas e danos com correção e juros e, ainda, pelos prejuízos resultantes de caso fortuito e força maior se por estes houver se responsabilizado;

II. ainda que vencida sua prestação, o devedor não responde por mora quando houver do credor exigência de encargos não convencionados;

III. estando em mora o credor, responde o devedor pela conservação da coisa, devendo entregá-la nas mesmas condições do dia da oferta;

IV. não sendo a prestação de pagamento em dinheiro, responde o devedor em mora pelo dano emergente e lucros cessantes, podendo, em alguns casos, ser acrescido o dano reflexo.

Estão corretas SOMENTE as assertivas

(A) II e III.
(B) III e IV.
(C) I e II.
(D) I, II e III.
(E) I, II e IV.

I: correta (art. 393, parte final, do CC); II: correta (art. 396 do CC); III: incorreta (arts. 400 e 401, I, do CC); IV: correta (art. 402 do CC). Gabarito "E".

(Magistratura Federal/1ª Região – 2009 – CESPE) De acordo com o que dispõe o Código Civil a respeito das obrigações, assinale a opção correta.

(A) A cláusula penal convencional só pode ser exigida pelo credor quando ele provar prejuízo em razão do inadimplemento da obrigação pelo devedor.
(B) Nas obrigações decorrentes de ato ilícito, o qual acarreta responsabilidade extracontratual subjetiva, os juros moratórios deverão ser contados desde o instante em que se praticou o ilícito.
(C) É ilícita a convenção pactuada pelas partes em que se estabeleça responsabilidade contratual ainda que os prejuízos resultem de caso fortuito ou força maior.
(D) A novação, diferentemente do pagamento, não extingue a obrigação original.
(E) Nas obrigações alternativas, se todas as prestações se tornarem impossíveis em razão de força maior, ainda assim subsistirá a obrigação pactuada originariamente.

A: incorreta (art. 416 do CC); B: correta, estando em vigor, ainda, a Súmula 54 do STJ, valendo dizer que tanto a jurisprudência, como a doutrina (Enunciado 163 do CJF) entendem que, na responsabilidade por ato ilícito, os juros moratórios são contados da data do ato ilícito, e não da citação, não se aplicando o disposto no art. 398 do CC; C: incorreta (art. 393 do CC); D: incorreta, pois a novação extingue e substitui a obrigação original (art. 360, I, do CC); E: incorreta, pois, nesse caso, a obrigação fica extinta (art. 256 do CC). Gabarito "B".

(Magistratura Federal/3ª Região – 2010) Aponte assertiva correta:

A *mulcta poenitencialis*:
- (A) É pena pelo inadimplemento absoluto do contrato;
- (B) É pena pela mora contratual;
- (C) É cláusula liberatória pelo arrependimento do negócio;
- (D) É cláusula punitiva pela desistência não autorizada pelo negócio.

A *mulcta poenitencialis* importa na indenização por uma expectativa não realizada. Enquanto cláusula penal é estipulada para situações de descumprimento contratual, a *mulcta poenitencialis* é estipulada para casos de arrependimento do negócio, servindo de indenização em favor de quem não está se arrependendo e de ônus pela liberação daquele que se arrepende. Gabarito "C".

(Magistratura Federal – 3ª Região – XII) O Código Civil de 2002 conferiu ao Juiz importante papel na efetivação do conteúdo obrigacional. Assim, por exemplo, ao Juiz é:

- (A) Lícito corrigir o valor da prestação, independentemente de pedido da parte, quando em decorrência de motivos imprevisíveis, sobrevier desproporção manifesta entre o valor da prestação devida e o do momento de sua execução;
- (B) Lícito reduzir a penalidade devida a título de cláusula penal, considerando o cumprimento parcial da obrigação principal;
- (C) É lícito proceder à escolha da obrigação, nas obrigações alternativas, quando esta couber ao devedor, e este não exercitar seu direito no prazo contratualmente estipulado;
- (D) Lícito relevar as conseqüências da mora do devedor quando justificável o inadimplemento parcial da obrigação.

Art. 413 do CC. Gabarito "B".

(Magistratura Federal – 3ª Região – XI) Para exigir a pena convencional por descumprimento de obrigação, não é necessário que o credor alegue prejuízo:

- (A) por isto é sempre considerada como indenização máxima, sendo inválida a cláusula prevendo ressarcimento suplementar;
- (B) porém se o prejuízo exceder ao previsto na cláusula penal sempre o credor poderá exigir indenização suplementar;
- (C) mas o Juiz deverá reduzi-la se o montante da penalidade for manifestamente excessivo, tendo-se em vista a natureza e a finalidade do negócio;
- (D) mas não pode exceder a 2% (dois por cento) do valor da obrigação.

A e B: art. 416, parágrafo único, do CC; C: art. 413 do CC; D: art. 412 do CC. Gabarito "C".

(Magistratura Federal – 4ª Região – XIII – 2008) Assinalar a alternativa correta quanto à cláusula penal.

- (A) Em se tratando de cláusula penal compensatória (relativa ao inadimplemento) a parte pode cumular a multa convencional com a indenização legal.
- (B) Ainda que o prejuízo decorrente do inadimplemento exceda o previsto na cláusula penal, o recebimento da multa necessariamente implicará renúncia à indenização suplementar.
- (C) A redução do valor fixado na cláusula penal não pode ser determinada de ofício pelo magistrado.
- (D) A multa cominatória ou *astreinte* difere da cláusula penal porque naquela não há um limite máximo de fixação.

A: art. 416, parágrafo único, do CC; B: art. 416, parágrafo único, do CC; C: art. 413 do CC; D: art. 412 do CC. Gabarito "D".

(Magistratura Federal – 4ª Região – X) Relativamente à mora debitoris, assinalar a alternativa INCORRETA.

- (A) Para que exista mora, é necessário que ocorra retardamento culposo no cumprimento de obrigação possível de ser realizada, por parte do devedor.
- (B) A constituição em mora é essencial nas obrigações provenientes de ato ilícito.
- (C) Não constitui mora, mas inadimplemento absoluto, o fato de, por causa da mora, a prestação se tornar inútil ao credor, inviabilizando o cumprimento tardio da obrigação.
- (D) Nas obrigações de abstenção, o devedor incorre em mora ao praticar o ato de que devia abster-se, independentemente de interpelação.

A: art. 396 do CC; B: art. 398 do CC; C: art. 395, parágrafo único, do CC; o inadimplemento absoluto (inadimplemento) ocorre quando o credor está impossibilitado de receber a prestação devida, seja porque é impossível o cumprimento, seja porque o cumprimento da prestação já não é útil a ele; será total quando a prestação por inteiro não puder ser cumprida; e parcial, se apenas uma parte da prestação não puder ser cumprida; o critério para distinguir o inadimplemento absoluto da mora não é só a impossibilidade da prestação; também ocorre o primeiro quando a prestação já não for útil ao credor; assim, se o vestido de uma noiva chega após o casamento, não se tem mera mora, mas inadimplemento absoluto; o descumprimento de obrigação de não fazer acarreta, sempre, inadimplemento absoluto, vez que não há mais como cumprir o que foi combinado; já o inadimplemento relativo (mora) ocorre na hipótese em que ainda é possível e útil a realização da prestação, apesar da inobservância do tempo, do lugar e da forma devidos; no exemplo anterior, caso o vestido de noiva devesse ser entregue vinte dias antes do casamento, mas isso só ocorrer dez dias antes do evento, estar-se-á diante de mora, e não de inadimplemento absoluto; a distinção entre inadimplemento e mora é importante, pois aquele enseja cobrança de perdas e danos, sem direito à prestação, ao passo que esta enseja cobrança de perdas e danos, bem como a própria prestação; D: art. 390 do CC. Gabarito "B".

(Magistratura Federal/5ª Região – 2009 – CESPE) A respeito da disciplina das obrigações, assinale a opção correta.

- (A) Considere que Marcos tenha cedido seus direitos sobre determinado imóvel a Lúcia, obrigando-se a pagar o imposto sobre a propriedade predial e territorial urbana relativo ao ano anterior, que estava em atraso. Considere, ainda, que Lúcia tenha pago a Marcos R$ 200 mil, correspondentes a 90% do preço ajustado para o imóvel, comprometendo-se a pagar o restante em 60 dias. Nessa situação hipotética, eventual atraso no cumprimento de qualquer das obrigações ainda pendentes não ensejaria, por si só, a resolução do contrato, visto que se configuraria, na hipótese, inadimplemento mínimo.
- (B) Caso um candidato a cargo de juiz de direito fosse atropelado quando se dirigia para a realização da prova oral, tendo sido aprovado em outras fases do concurso, seria possível que fosse atribuída ao ofensor a obrigação de indenizar pela perda de uma chance, desde que restasse comprovado que o candidato seria aprovado na prova oral, diante de seu desempenho em concursos anteriores.
- (C) De acordo com a legislação brasileira, considera-se mora apenas o pagamento extemporâneo por parte do devedor ou a recusa injustificada do credor de receber o pagamento no prazo devido, caracterizando-se como inadimplemento a desconformidade quanto ao lugar ou ao modo de pagamento previamente estabelecidos.
- (D) O inadimplemento da obrigação pode ser absoluto ou relativo, sendo absoluto quando o atraso na prestação gera, no devedor, o desinteresse em prestá-la ante a impossibilidade de reparar eventuais prejuízos decorrentes de sua atitude.
- (E) Considere que uma empresária tenha contratado uma agência de publicidade para a colocação de outdoors na cidade em que trabalha, a fim de divulgar a sua empresa, tendo a contratada instalado os referidos outdoors em locais de difícil acesso e sem iluminação. Nessa situação hipotética, não se caracteriza descumprimento de obrigação, visto que o serviço foi realizado, mesmo que de forma não satisfatória.

A: correta, pois não há se falar em inadimplemento absoluto no caso, vez que o cumprimento das obrigações, no caso, ainda é possível e útil para ambas as partes, caracterizando, então, inadimplemento mínimo ou relativo; B: incorreta, pois o bom desempenho em concursos anteriores não torna objetivamente provável a aprovação do candidato no concurso para a magistratura; sobre um caso de aplicação do instituto da perda de uma chance, vide um exemplo recente do STJ: "PERDA DE CHANCE QUE GERA DEVER DE INDENIZAR. CANDIDATO A VEREADOR, SOBRE QUEM PUBLICADA NOTÍCIA FALSA, NÃO ELEITO POR REDUZIDA MARGEM DE VOTOS. - As Turmas que compõem a Segunda Seção desta Corte vêm reconhecendo a possibilidade de indenização pelo benefício cuja chance de obter a parte lesada perdeu, mas que tinha possibilidade de ser obtida. - Aplica-se a teoria da perda de uma chance ao caso de candidato a Vereador que deixa de ser eleito por reduzida diferença de oito votos após atingido por notícia falsa publicada por jornal, resultando, por isso, a obrigação de indenizar. - Tendo o Acórdão recorrido concluído, com base no firmado pelas provas dos autos, no sentido de que era objetivamente provável que o recorrido seria eleito vereador da Comarca de Carangola, e que esse resultado foi frustrado em razão de conduta ilícita das rádios recorrentes, essa conclusão não pode ser revista sem o revolvimento do conteúdo fático-probatório dos autos, procedimento vedado em sede de Recurso Especial, nos termos da Súmula 7 desta Corte." (REsp 821.004/MG, DJ 24/09/2010); C e D: incorretas, pois a **mora** ocorre na hipótese em que ainda é possível e útil a realização da prestação, apesar da inobservância do tempo, do lugar e da forma devidos, ao passo que o **inadimplemento absoluto** ocorre na hipótese de credor estar impossibilitado de receber a prestação devida, seja porque é impossível o cumprimento, seja porque a prestação já não é útil ao credor; E: incorreta, pois houve descumprimento, em função do fato de que, em obrigações como estas, em que há alternativas de *outdoors* a serem escolhidas pela devedora, esta deve escolher, pelo menos, uma alternativa de qualidade média, sob pena de violação ao princípio da boa-fé objetiva. Gabarito "A".

(Ministério Público do Trabalho – 15º) Assinale a alternativa INCORRETA:

(A) nos contratos benéficos, responde por simples culpa o contratante, a quem o contrato aproveite;
(B) nos contratos onerosos, responde cada uma das partes por culpa, salvo as exceções previstas em lei;
(C) a mora se constitui mediante interpelação judicial ou extrajudicial quando não houver termo para a obrigação;
(D) ocorrendo caso fortuito ou força maior durante a mora do devedor, este não responderá pela impossibilidade da prestação;
(E) não respondida.

A: correta (art. 392 do CC); B: correta (art. 392 do CC); C: correta (art. 397, parágrafo único, do CC); D: incorreta (art. 399 do CC). Gabarito "D".

(Magistratura do Trabalho – 9ª Região – 2006) Sobre os juros legais na sistemática do Código Civil de 2002, considere as seguintes proposições e marque a alternativa correta:

I. Os juros podem resultar de estipulação entre as partes e, na ausência de pactuação, a taxa é a fixada em lei.
II. Os juros moratórios resultam do descumprimento da obrigação, enquanto os juros compensatórios decorrem da remuneração do capital.
III. Os juros moratórios são devidos apenas quando alegado prejuízo.
IV. Sendo a obrigação em dinheiro, com prazo estipulado para o pagamento, os juros de mora são contados do vencimento da obrigação.

(A) somente as alternativas I, II e III estão corretas
(B) somente as alternativas I, II e IV estão corretas
(C) somente as alternativas I e III estão corretas
(D) somente as alternativas II e III estão corretas
(E) somente a alternativa II está correta

I: art. 406 do CC; II: A lei usa a expressão juros legais no capítulo que trata dos juros moratórios. Como se sabe, juros moratórios são aqueles que têm caráter indenizatório pelo retardamento no cumprimento da obrigação. Esses juros também têm caráter punitivo. Não se deve confundir os juros moratórios com os juros remuneratórios (ou compensatórios). Estes são devidos como forma de remunerar o capital emprestado (ex: taxa de juros do cheque especial); III: art. 407 do CC; IV: os juros de mora são contados desde a citação; isso não ocorre nas indenizações por ato ilícito e nos casos de mora *ex re*. Gabarito "B".

(Magistratura do Trabalho – 24ª Região – 2007) Em conformidade com o Código Civil Brasileiro:

I. Nas obrigações negativas o devedor é havido por inadimplente desde o dia em que executou o ato de que se devia abster.
II. O devedor não responde pelos prejuízos resultantes de caso fortuito ou força maior, se expressamente não se houver por eles responsabilizado.
III. Nos contratos benéficos, responde por simples culpa o contratante, a quem o contrato aproveite, e por dolo aquele a quem não favoreça. Nos contratos onerosos, responde cada uma das partes por culpa, salvo as exceções previstas em lei.
IV. Não cumprida a obrigação, responde o devedor por perdas e danos, mais juros e atualização monetária segundo índices oficiais regularmente estabelecidos, e honorários de advogado.
V. Pelo inadimplemento das obrigações respondem todos os bens do devedor.

Considere as proposições e RESPONDA:

(A) Apenas as proposições I, II e V estão corretas.
(B) Apenas as proposições III, IV e V estão corretas.
(C) Apenas as proposições II, IV e V estão corretas.
(D) Apenas a proposição V está correta.
(E) Todas as proposições estão corretas.

I: art. 390 do CC; II: art. 393 do CC; III: art. 392 do CC; IV: art. 389 do CC; V: art. 391 do CC. Gabarito "E".

(FGV – 2010) Assinale a alternativa correta.

(A) A mora *ex re* deriva de inadimplemento de obrigação, positiva e líquida, para cujo pagamento se estabeleceu prazo certo. Neste caso, a constituição da mora é automática, sem necessidade de interpelação judicial ou extrajudicial do credor.
(B) O devedor em mora sempre responde pela impossibilidade da prestação, ainda que esta decorra de caso fortuito ou força maior.
(C) A mora do credor possui o condão de afastar do devedor a responsabilidade pela conservação da coisa, mesmo que este último atue dolosamente.
(D) Os juros de mora são contados desde a constituição do devedor em mora, no caso da mora *ex persona*.
(E) O credor, quando a prestação devida tornar-se inútil por mora do devedor, pode exigir deste a satisfação das perdas e danos cumulada com a prestação de obrigação alternativa.

A: correta (art. 397, *caput*, do CC); B: incorreta (art. 399 do CC); C: incorreta (art. 400 do CC); D: incorreta (art. 405 do CC); E: incorreta (art. 395, parágrafo único, do CC). Gabarito "A".

(FGV – 2008) A multa convencional nas obrigações pecuniárias cumpre função:

(A) de reforço da necessidade de cumprir a obrigação e de pré-fixação das perdas e danos.
(B) compensatória e punitiva.
(C) punitiva e liberatória.
(D) de pré-fixação das perdas e danos e punitiva.
(E) de reforço da necessidade de cumprir a obrigação e liberatória.

A multa convencional (cláusula penal) é um pacto acessório em que as partes estipulam, de antemão, pena pecuniária para a parte infringente da obrigação como consequência de sua inexecução culposa ou seu retardamento. Assim, a multa convencional exerce função ambivalente, ou seja, de reforço do vínculo obrigacional, por punir seu inadimplemento, e de preestimativa das perdas e danos (arts. 408 e ss do CC). Gabarito "A".

(FGV – 2005) Assinale a alternativa correta:

(A) A cláusula penal tem o objetivo de reforço obrigacional.
(B) A cláusula penal tem a natureza, exclusivamente, compensatória.
(C) Não há qualquer vedação legal a que o valor da cominação imposta na cláusula penal exceda o da obrigação principal.
(D) Para exigir a pena convencional, é necessário que o credor alegue prejuízo.
(E) Tendo a obrigação pluralidade de devedores e sendo indivisível, a lei civil não prevê ação regressiva aos não culpados contra quem deu causa à aplicação da pena convencional.

A: correta, pois a cláusula penal é um pacto acessório em que as partes estipulam, de antemão, pena pecuniária para a parte infringente da obrigação como consequência de sua inexecução culposa ou seu retardamento. Assim, a multa convencional exerce função ambivalente, ou seja, de reforço do vínculo obrigacional, por punir seu inadimplemento, e de préestimativa das perdas e danos (arts. 408 e s do CC); B: incorreta, conforme justificado no item anterior; C: incorreta (art. 412 do CC); D: incorreta (art. 416, *caput*, do CC); E: incorreta (art. 414 do CC). Gabarito "A".

4. CONTRATOS

4.1. CONCEITO, PRESSUPOSTOS, FORMAÇÃO E PRINCÍPIOS DOS CONTRATOS

(Magistratura/BA – 2006 – CESPE) Julgue os próximos itens, a respeito de contratos.

(1) O princípio da função social determina que os interesses individuais das partes do contrato sejam exercidos em conformidade com os interesses sociais, sempre que estes se apresentem. No entanto, havendo conflito entre eles, o princípio da autonomia da vontade deve ser prevalecente, pois este continua válido e informa todo o sistema contratual.

(2) O princípio da equivalência material busca realizar e preservar o equilíbrio real de direitos e deveres no contrato, antes, durante e após sua execução, para harmonização dos interesses. Esse princípio preserva a equação e o justo equilíbrio contratual, seja para manter a proporcionalidade inicial dos direitos e obrigações, seja para corrigir os desequilíbrios supervenientes.

1: errada, pois o art. 421 do CC deixa claro que a autonomia da vontade encontra limite no dever de respeitar a função social do contrato; 2: certa, pois o princípio da função social do contrato impõe que este se dê mediante trocas úteis e justas (Enunciado CJF 22), de modo que, para assegurar a justiça entre os contratantes, é fundamental que haja equilíbrio real de direitos e deveres no contrato. Gabarito 1E, 2C

(Magistratura/MG – 2009 – EJEF) Sobre os contratos, é CORRETA a seguinte opção:

(A) Os contratos entre ausentes tornam-se perfeitos desde a expedição da aceitação, sem exceção.
(B) A aceitação da proposta de contrato fora do prazo, com adições, restrições ou modificações, não importará nova proposta.
(C) Considera-se inexistente a aceitação da proposta de contrato se, antes dela ou com ela, chegar ao proponente a retratação do aceitante.
(D) Reputar-se-á celebrado o contrato no domicílio do aceitante.

A: incorreta, pois há exceções a essa regra (incisos I a III do art. 434 do CC); B: incorreta, pois importará em nova proposta (art. 431 do CC); C: correta (art. 433 do CC); D: incorreta, pois reputa-se celebrado o contrato no *lugar em que for proposto* (art. 435 do CC). Gabarito "C".

(Magistratura/MG - 2007) A liberdade de contratar tem limite na função social do contrato. Assim, é CORRETO dizer que os princípios da probidade e da boa-fé:

(A) não autorizam às partes estipular contratos atípicos.
(B) são identificáveis apenas nas relações de consumo.
(C) autorizam renúncia antecipada do aderente a direito resultante da natureza do negócio.
(D) devem ser observados na conclusão e execução do contrato.

O enunciado da questão define o princípio da função social do contrato (art. 421 do CC) e depois faz pergunta acerca do princípio da boa-fé objetiva (art. 422). De qualquer forma, é correto dizer que o princípio da boa-fé objetiva deve ser observado na conclusão do contrato (celebração) e na sua execução, conforme o texto expresso do art. 422 do CC. A doutrina aponta que a boa-fé deve ser respeitada em todas as fases do contrato: o princípio deve ser obedecido em todas as fases contratuais: a) fase das tratativas: agir de boa-fé nesta fase é esclarecer os fatos relevantes e expressar-se com clareza; b) fase da celebração (ou da conclusão): agir de boa-fé nesta fase é redigir o contrato conforme o combinado e de modo claro; c) fase da execução: agir de boa-fé nesta fase é cumprir fielmente o contrato, é não atrapalhar o outro ao cumprimento de sua parte e é evitar interpretações divergentes das combinadas originariamente entre as partes; d) fase da extinção: agir de boa-fé nesta fase é não deixar resíduos e é dar quitação à parte adimplente; e) fase pós-contratual: agir de boa-fé nesta fase é guardar o sigilo e o segredo profissional. Vide Enunciados CJF 25 e 170. Gabarito "D".

(Magistratura/PA – 2009 – FGV) José da Silva, brasileiro, solteiro, empresário, residente à Rua dos Oitis nº 1.525, Belém/PA, pactuou com a empresa Seguro S/A contrato de seguro de vida, tendo pago 240 prestações. Em fevereiro de 2008, verificou a perda do carnê de pagamento e comunicou o fato ao seu corretor de seguros que, prontamente, afirmou poder receber as prestações vencidas, em espécie, mediante recibo. Após o pagamento de cinco prestações, foi notificado pela companhia de seguros de que sua apólice havia sido cancelada por falta de pagamento. Surpreso e temeroso pelo fato, uma vez que fora comunicado que seria portador de doença grave e incurável, propôs ação de consignação em pagamento das quantias impagas. O autor aduziu a circunstância de que sua relação contratual sempre foi pautada pelo cumprimento das obrigações contratuais e alegou que, com base no princípio da boa-fé, o seu ato de confiança no corretor que prestaria serviços para outras empresas e também para a ré, com a venda dos seus produtos e serviços, estaria plenamente justificado. Por outro lado, agora, quando iminente a possibilidade do sinistro, com o consequente pagamento de valor previsto no contrato, não poderia ser prejudicado. A ré, regularmente citada, apresentou contestação e requereu a inclusão do corretor de seguros no pólo passivo, como litisconsorte, o que restou indeferido. Não houve a conciliação.

Diante desse contexto, analise as afirmativas a seguir.

I. Nos termos do Código Civil, existe uma necessidade de observância da boa-fé objetiva e da funcionalização do contrato.
II. A observância da boa-fé é aplicável na conclusão do contrato e na sua execução.
III. Aplicam-se ao contrato de seguro as regras do Código de Defesa do Consumidor.
IV. A função social do contrato tem por escopo limitar a autonomia da vontade quando esta confronte o interesse social.
V. O inadimplemento do segurado não pode ser relevado, pois implicaria no descumprimento de norma avençada contratualmente, sem eiva de vício.

Assinale:

(A) se somente as afirmativas I, II, III e IV estiverem corretas.
(B) se somente as afirmativas II, III e V estiverem corretas.
(C) se somente as afirmativas III e IV estiverem corretas.
(D) se somente as afirmativas II e IV estiverem corretas.
(E) se somente a afirmativa IV estiver correta.

I: correta, pois são dois dos chamados princípios sociais do contrato, introduzidos formalmente pelo novo Código Civil (arts. 421 e 422, do CC); II: correta (art. 422 do CC); III: correta, pois, nos contratos de seguro, pode-se identificar o fornecedor exigido pelo art. 3º do CDC, e o consumidor. Note-se que o destinatário do prêmio pode ser o contratante com a empresa seguradora (estipulante) ou terceira pessoa, que participará como beneficiária do seguro. Nos dois casos, há um destinatário final do serviço prestado pela empresa seguradora; IV: correta, pois a definição da função social do contrato está correta; V: incorreta (art. 385 do CC). Gabarito "A".

(Magistratura/PE – 2011 – FCC) Indo-se mais adiante, aventa-se a idéia de que entre o credor e o devedor é necessária a colaboração, um ajudando o outro na execução do contrato. A tanto, evidentemente, não se pode chegar, dada a contraposição de interesses, mas é certo que a conduta, tanto de um como de outro, subordina-se a regras que visam a impedir dificulte uma parte a ação da outra.

(Contratos, p. 43, 26a edição, Forense, 2008, Coordenador: Edvaldo Brito, Atualizadores: Antonio Junqueira de Azevedo e Francisco Paulo de Crescenzo Marino).

Pode-se identificar o texto acima com o seguinte princípio aplicável aos contratos:

(A) da intangibilidade.
(B) do consensualismo.
(C) da força obrigatória.
(D) da boa-fé.
(E) da relatividade das obrigações pactuadas.

O princípio da boa-fé objetiva (art. 422 do CC) impõe que os contratantes ajam de forma leal, proba, honesta, respeitosa e colaborativa. Essa conduta deve se dar em todas as fases que envolvem o contrato, tais como tratativas, celebração, execução, extinção e pós-extinção do contrato. A ideia de "colaboração, um ajudando o outro na execução do contrato" diz respeito ao dever de boa-fé na fase de execução do contrato, de modo que a alternativa "d" está correta. Gabarito "D".

(Magistratura/RS – 2009) Assinale a assertiva correta.

(A) Ao estipulante é reservado o direito de substituir o terceiro designado no contrato, independentemente da sua anuência e da do outro contratante, por ato entre vivos ou por disposição de última vontade.
(B) É válida a cláusula que estipula a renúncia antecipada do aderente a direito resultante do contrato de adesão.
(C) O promitente por fato de terceiro não responde por perdas e danos, quando este não executá-lo.
(D) A coisa recebida em virtude de doação não onerosa pode ser enjeitada por vícios redibitórios que a tornem imprópria ao uso a que se destina ou lhe diminua o valor.
(E) O alienante responde pela evicção nos contratos gratuitos.

A: correta, pois se trata de direito atribuído ao estipulante na *estipulação em favor de terceiro* (art. 438 do CC); B: incorreta, pois essa cláusula é nula (art. 424 do CC); C: incorreta, pois, na promessa de fato de terceiro, o promitente responde por perdas e danos caso o terceiro não execute o que foi prometido pelo promitente (art. 439 do CC);

D: incorreta, pois tal disposição só se aplica às doações onerosas (art. 441, parágrafo único, do CC); E: incorreta, pois tal responsabilidade só existe nos contratos onerosos (art. 441, parágrafo único, do CC), ou seja, em contratos em que há vantagens para ambas as partes. "A".

(Magistratura/SC – 2010) Assinale a alternativa correta:

I. A liberdade de contratar é exercida em razão e nos limites da função social do contrato. No sistema do Código Civil, quando há no contrato de adesão cláusulas ambíguas ou contraditórias, nem sempre adota-se a interpretação mais favorável ao aderente. Contudo, nos contratos de adesão, são nulas as cláusulas que estipulem a renúncia antecipada do aderente a direito resultante da natureza do negócio.

II. É nulo o negócio jurídico quando: celebrado por pessoa absolutamente incapaz; for ilícito, impossível ou indeterminável o seu objeto; o motivo determinante, comum a ambas as partes, for ilícito; tiver por objetivo fraudar lei imperativa; derivar de erro, dolo, coação, estado de perigo, lesão ou fraude contra credores. O negócio jurídico nulo não é suscetível de confirmação, nem convalesce pelo decurso do tempo.

III. É lícito aos interessados prevenir ou terminar o litígio mediante concessões mútuas. A transação, se recair sobre direitos contestados em juízo, será feita por escritura pública ou por termo nos autos, assinado pelos transigentes e homologado pelo juiz.

IV. O texto do Código Civil contempla, sempre que necessário, cláusulas gerais. As cláusulas gerais conferem ao sistema jurídico flexibilidade e capacidade de adaptação à evolução do pensamento e comportamento social e importam em avançada técnica legislativa de enunciar, através de expressões semânticas relativamente vagas, princípios e máximas que compreendem e recepcionam a mais variada sorte de hipóteses concretas de condutas tipificáveis, já ocorrentes no presente ou ainda por se realizarem no futuro.

(A) Somente as proposições I e II estão incorretas.
(B) Somente as proposições III e IV estão incorretas.
(C) Somente as proposições I e III estão incorretas.
(D) Somente as proposições I, II e IV estão incorretas.
(E) Todas as proposições estão incorretas.

I: incorreta, pois, no contrato de adesão regido pelo Código Civil, havendo cláusulas ambíguas ou contraditórias, adotar-se-á sempre a interpretação mais favorável ao aderente (art. 423 do CC); II: incorreta, pois o negócio jurídico em que houver defeito (erro, dolo, coação, estado de perigo, lesão ou fraude contra credores) é anulável (art. 171, I, do CC), e não nulo (art. 166 do CC); III: correta (arts. 840 e 842 do CC); IV: correta, pois as cláusulas gerais são normas jurídicas orientadoras, sob a forma de diretrizes indeterminadas, cabendo ao juiz criar a solução adequada ao caso concreto. Um exemplo de cláusula geral é a prevista no art. 421 do Código Civil. Nesse dispositivo a lei assevera que "a liberdade de contratar será exercida em razão e nos limites da função social do contrato". Repare que a diretriz que determina respeito à "função social do contrato" é indeterminada, pois dá margem a mais de uma interpretação. Afinal de contas, o que seria "função social do contrato"? Além disso, a norma citada não traz qual solução deve dar o juiz quando se deparar com uma situação que ele entenda ter violado a diretriz que determina respeito à função social da propriedade. Assim, a cláusula geral se faz presente quando se está diante de uma norma com duas características, quais sejam: i) a presença de uma diretriz indeterminada; ii) inexistência de uma solução específica que o juiz deve dar ao caso concreto. No exemplo citado, a norma jurídica da função social dos contratos pode ser decomposta da seguinte maneira: i) hipótese de incidência – "violar a função social dos contratos" (diretriz indeterminada); ii) consequência – "o juiz verificará a melhor solução para preservar a diretriz violada" (inexistência de consequência ou solução prévias). De qualquer maneira, nos dois casos (simples conceito legal indeterminado e cláusulas gerais), compete ao juiz preencher os claros ao subsumir o fato à norma. Além disso, vale esclarecer que, toda vez que se estiver diante de uma cláusula geral, certamente haverá um conceito legal indeterminado no texto dessa norma. O juiz, nessa tarefa de preencher os claros, de preencher os vazios, deve se valer das seguintes ferramentas: i) fazer conexões sistemáticas (diálogo das fontes), ou seja, deve-se valer de outras normas jurídicas que tratam de assunto semelhante (p. ex., quando for aplicar o princípio da boa-fé objetiva num contrato regido pelo Código Civil, em que uma empresa de manutenção de equipamentos não usou peças originais, pode aplicar o dispositivo do Código do Consumidor, que proíbe essa conduta; no caso, trata-se de norma do CDC que não traz regra mais favorável ao consumidor, mas que traz regra que apenas impõe ética entre as partes); ii) fazer conexões com os fatos e valores sociais, uma vez que o juiz, ao aplicar a lei, deve levar em conta o bem comum e os fins sociais a que a norma se dirige; iii) levar em conta os contornos do caso concreto; iv) valer-se das regras de experiência; v) aplicar as demais técnicas interpretativas. Enfim, o juiz, diante da discricionariedade que possui, deve fazer de tudo para compor os conflitos de interesses a serem resolvidos com normas com conceitos legais indeterminados e cláusulas gerais, pacificando com justiça. "A".

(Magistratura/SC - 2007) Assinale a alternativa correta:

(A) No contrato com pessoa a declarar, se a pessoa indicada recusar-se a aceitar a indicação, o contrato não terá qualquer eficácia.
(B) Nos contratos aleatórios, é vedada a inclusão de cláusula de assunção, pelo alienante, do risco de não vir a coisa a existir.
(C) No contrato com pessoa a declarar, a aceitação da pessoa indicada no momento da conclusão negocial, produzirá efeitos mesmo quando externada de forma diversa daquela utilizada para a efetivação do contrato.
(D) Nos contratos aleatórios de coisas futuras, ainda que tenha o adquirente tomado a si o risco de virem a existir em qualquer quantidade, terá o alienante direito ao preço total, se não houver concorrência de culpa sua.
(E) A inscrição no registro competente é pressuposto do direito à exigibilidade da feitura do contrato definitivo, quando não contenha ele cláusula de arrependimento.

A: o contrato terá eficácia entre os contratantes originários (art. 470, I, do CC); B: art. 458 do CC; C: art. 468, parágrafo único, do CC; D: art. 459 do CC; E: a inscrição é requisito de eficácia perante terceiros, e não requisito de eficácia entre as partes contratantes (art. 463, parágrafo único, do CC e Enunciado CJF 30). "D".

(Magistratura/SP – 180°) Quando da formação do contrato,

I. deixa de ser obrigatória a proposta se, feita sem prazo à pessoa presente, não foi imediatamente aceita;
II. os contratos entre ausentes deixam de ser perfeitos se, antes da aceitação, ou com ela, chegar ao proponente a retratação do aceitante;
III. os contratos entre ausentes tornam-se perfeitos desde que a aceitação é expedida, mesmo se o proponente não houver se comprometido a esperar a resposta;
IV. a proposta é obrigatória quando, feita com prazo à pessoa ausente, tiver decorrido tempo suficiente para chegar a resposta ao conhecimento do proponente.

São verdadeiras as afirmativas

(A) I e II, somente.
(B) III e IV, somente.
(C) I, II e III, somente.
(D) II e III, somente.

I: verdadeira (art. 428, I, do CC); II: verdadeira (art. 434, I, c/c art. 433, ambos do CC); III: falsa (art. 434, II, do CC); IV: art. 428, II, do CC. "A".

(Ministério Público/PR – 2011) A respeito dos contratos, assinale a alternativa correta.

(A) a responsabilidade por vícios redibitórios é característica de todo e qualquer contrato translativo do domínio, seja ele comutativo ou aleatório, oneroso ou benéfico.
(B) a violação de deveres laterais derivados da boa-fé objetiva pode caracterizar a denominada violação positiva do contrato.
(C) conforme expressa disposição legal, a resolução do contrato por fatos supervenientes, extraordinários e imprevisíveis que tornem a prestação de uma das partes excessivamente onerosa somente é admitida em favor do devedor que não estiver em mora.
(D) O direito de arrependimento é ínsito à natureza do contrato preliminar, que não pode, assim, ser objeto de execução específica.
(E) são nulos os contratos onerosos do devedor insolvente, quando a insolvência for notória, ou houver motivo para ser conhecida do outro contratante

A: incorreta, pois é característica dos contratos comutativos e onerosos (art. 441 do CC); B: correta, pois a doutrina denomina de violação positiva do contrato a violação dos deveres anexos aos contratos (ou laterais), que decorrem do princípio da boa-fé objetiva; por conta desse princípio, previsto no art. 422 do CC, cada contrato será regido não só pelas cláusulas acertadas pelas partes, mas também pelos deveres de lealdade, probidade e respeito, que decorrem do princípio da boa-fé objetiva; segundo a doutrina, a violação desses deveres anexos aos contratos constitui espécie de inadimplemento, independentemente de culpa (Enunciado CJF 24); C: incorreta, pois a lei não traz disposição nesse sentido; aliás, o art. 399 do CC vem sendo usando para justificar justamente o contrário, ou seja, que o devedor em mora não tem direito de se beneficiar pela regra da imprevisão, prevista nos arts. 478 a 480 do CC; D: incorreta, pois o contrato preliminar é um CONTRATO e, como tal, impõe que as partes celebrem o contrato definitivo; somente quando há cláusula expressa que admite o arrependimento, é que este poderá se dar, sem qualquer consequência, por parte de qualquer dos contratantes (art. 463 do CC); E: incorreta, pois esses contratos caracterizam a fraude contra credores e são anuláveis (art. 159 do CC), e não nulos. Gabarito "B".

(Ministério Público/PR – 2009) Sobre a formação e interpretação dos contratos, podemos afirmar:

(A) A função social do contrato e o princípio da boa fé objetiva não constituem limitadores da liberdade de contratar, quando presentes na relação jurídica, como partes, pessoas capazes agindo no exercício de sua atividade profissional.
(B) Pode-se revogar a oferta ao público, pela mesma via da sua divulgação, desde que ressalvada essa faculdade no instrumento que contemple a oferta realizada.
(C) Somente quando evidenciada uma relação de consumo, é possível sustentar o princípio da interpretação mais favorável ao aderente, em sede de contrato de adesão.
(D) No caso de contrato de adesão firmado tendo como partes duas pessoas capazes, agindo no exercício de sua atividade profissional, é válida a cláusula de renúncia antecipada do aderente, mesmo quando se trate de direito resultante da natureza do negócio.
(E) n.d.a.

A: incorreta, pois os princípios citados incidem sobre todas as relações contratuais (arts. 421 e 422 do CC); B: correta (art. 429, parágrafo único, do CC); C: incorreta, pois tal previsão também se encontra presente no Código Civil (art. 423); vale ressaltar que, no regime do Código Civil, a regra de interpretação favorável só se aplica em caso de cláusula ambígua ou contraditória, ao passo que no CDC, a regra se aplica em qualquer situação (art. 47 do CDC); D: incorreta, pois tal cláusula é nula (art. 424 do CC). Gabarito "B".

(Ministério Público/SP – 2010) Assinale a alternativa correta:

(A) o princípio da autonomia privada, segundo o qual o sujeito de direito pode contratar com liberdade, está limitado à ordem pública e à função social do contrato.
(B) a exigência da boa-fé se limita ao período que vai da conclusão até a execução do contrato.
(C) segundo o entendimento sumular, a cláusula contratual limitativa de dias de internação hospitalar é perfeitamente admissível quando comprovado que o contratante do seguro saúde estava ciente do seu teor.
(D) a função social justifica o descumprimento do contrato, com fundamento exclusivo na debilidade financeira.
(E) os contratos atípicos não exigem a observância rigorosa das normas gerais fixadas no Código Civil, pois que nestes casos os contratantes possuem maior liberdade para contratar.

A: correta, valendo ler o disposto no art. 421 do CC; B: incorreta, pois a boa-fé deve ser respeitada também nas *tratativas*, que é anterior à conclusão (celebração) do contrato, na *extinção*, que é posterior à execução do contrato, e na *pós-extinção* do contrato; é exemplo de respeito à boa-fé na fase de *tratativas* não esconder fato relevante sobre o objeto contratual; é exemplo de respeito à boa-fé na fase de *extinção* não deixar resíduos contratuais; e é exemplo de respeito à boa-fé na fase de *pós-extinção* do contrato não revelar a terceiros segredos da outra parte contratual; C: incorreta, pois, nos termos da Súmula 302 do STJ, "é abusiva a cláusula contratual de plano de saúde que limita no tempo a internação hospitalar do segurado"; D: incorreta, pois o princípio da função social, no plano interno do contratual, impõe trocas úteis e justas para as partes, e, no plano externo, impõe respeito aos valores coletivos, como o meio ambiente, não podendo ser usado como fundamento para que umas das partes do contrato, com problemas financeiros, deixe de cumprir suas obrigações contratuais; E: incorreta (art. 425 do CC). Gabarito "A".

(Procurador do Estado/SC – 2010 – FEPESE) Assinale a alternativa **correta**, de acordo com o Código Civil Brasileiro.

(A) Nas coisas vendidas conjuntamente, o defeito oculto de uma autoriza a rejeição de todas.
(B) A proposta de contrato aceita fora do prazo, com adições, restrições, ou modificações, importará nova proposta.
(C) Não é lícito às partes celebrarem contratos atípicos; contudo, em decorrência do princípio da liberdade contratual, elas podem eleger qualquer uma das espécies contratuais reguladas pelo Código Civil e pelas leis especiais.
(D) O vendedor de coisa imóvel pode reservar-se o direito de recobrá-la no prazo máximo de decadência de 5 (cinco) anos.
(E) Não se permite em hipótese alguma a venda de ascendente a descendente.

A: incorreta, pois o defeito oculto de uma coisa venda em conjunto com outras, não autoriza a rejeição de todas (art. 503 do CC); B: correta (art. 431 do CC); C: incorreta, pois é lícito às partes estipular contratos atípicos (art. 425 do CC); D: incorreta, pois o prazo é de três anos (art. 505 do CC); E: incorreta, pois não será anulável se os outros descendentes e o cônjuge do alienante (se não for casado no regime de separação obrigatória de bens) houverem consentido (art. 496 do CC). Gabarito "B".

(Defensoria Pública/AC – 2006 – CESPE) Uma das alterações do novo Código Civil refere-se à adoção de princípios gerais que norteiam a interpretação dos institutos. Esses princípios incluem o da

(A) dignidade da pessoa humana.
(B) função social da posse.
(C) oralidade.
(D) boa-fé objetiva.

Art. 422 do CC e Enunciado CJF 26. Gabarito "D".

(Defensor Público/AM – 2010 – I. Cidades) O princípio da boa-fé objetiva tem importância ímpar no ordenamento jurídico pátrio, pois norteia a interpretação dos negócios jurídicos e gera direitos acessórios. Segundo a doutrina, um dos seus desdobramentos é o *venire contra factum proprium*, que significa:

(A) O exercício de um comportamento contrário aos comportamentos que uma das partes vinha tendo até aquele momento, frustrando a legítima expectativa criada na outra parte de que tais comportamentos continuariam.
(B) Redução do conteúdo obrigacional pela inatividade de uma das partes.
(C) Aumento do conteúdo obrigacional em razão da inatividade de uma das partes.
(D) Impossibilidade de exigir da outra parte um comportamento que também não cumpriu ou simplesmente negligenciou.
(E) Impossibilidade de exigir da outra parte o cumprimento de obrigação contratual, quando deixou de cumprir as suas próprias obrigações contratuais.

Segundo o Enunciado 362 do CJF, "a vedação do comportamento contraditório - *venire contra factum proprium* - funda-se na proteção da confiança, tal como se extrai dos arts. 187 e 422 do Código Civil". A alternativa "A" narra justamente o exercício de um comportamento contraditório, de modo que é a alternativa que enuncia o significado do *venire*. Gabarito "A".

(Defensor Público/AM – 2010 – I. Cidades) Assinale a alternativa correta:

(A) É possível dispor sobre herança de pessoa viva, desde haja expresso consentimento do futuro autor da herança.
(B) Os princípios da autonomia da vontade e do *pacta sunt servanda* não têm mais aplicação no direito civil brasileiro, em razão da força do princípio da função social do contrato.
(C) Quando houver no contrato de adesão cláusulas ambíguas ou contraditórias, deve-se adotar a interpretação mais consentânea com os costumes negociais.
(D) O Código Civil previu um extenso rol de contratos, proibindo, consequentemente, a celebração de contratos atípicos, em respeito ao princípio da segurança jurídica.
(E) O contrato preliminar, exceto quanto à forma, deve conter todos os requisitos essenciais ao contrato a ser celebrado.

A: incorreta, pois a alternativa contraria o disposto no art. 426 do CC; B: incorreta (art. 421 do CC e Enunciados CJF 22 e 23); C: incorreta, pois quando houver no contrato de adesão cláusulas ambíguas ou contraditórias, **dever-se-á adotar a interpretação mais favorável ao aderente** (art. 423 do CC); D: incorreta, pois a alternativa contraria o disposto no art. 425 do CC; E: correta, pois a alternativa reflete o disposto no art. 462 do CC. Gabarito "E".

(Defensor Público/BA – 2010 – CESPE) A respeito do adimplemento e inadimplemento das obrigações, bem como da extinção dos contratos, julgue os itens que se seguem.

(1) Os contratos de execução contínua, convencionados por prazo indeterminado, são passíveis de cessação por resilição unilateral, cuja eficácia é *ex nunc* e depende de pronunciamento judicial.

1: errada, pois a resilição unilateral do contrato, cabível no caso, opera mediante denúncia notificada à outra parte (art. 473, caput, do CC), não sendo necessário que o denunciante ingresse com uma ação judicial. Gabarito 1E

(Defensor Público/CE – 2007 – CESPE) Julgue os itens que seguem, acerca dos contratos.

(1) Os contratos de consumo comportam execução específica. Neles, o juiz pode determinar a execução de toda e qualquer medida que possa alcançar o efeito concreto pretendido pelas partes, salvo quando constar expressamente do contrato cláusula que disponha de maneira diversa, em caso de não cumprimento da obrigação pelo fornecedor.

(2) Se alguém, ao contratar, promete fato de terceiro, esse contrato não tem a eficácia de obrigar quem dele não participou, vinculando à obrigação aquele que assumiu o cumprimento da prestação, como devedor primário. Assim, se o terceiro não executar a promessa feita no contrato, a responsabilidade patrimonial por perdas e danos incide sobre o promitente.

1: incorreta, pois as normas do CDC são de ordem pública (art. 1º do CDC), de modo que prevalecem sobre as cláusulas contratuais que não estiverem de acordo com elas; 2: correta (art. 439, caput, do CC). Gabarito 1E, 2C

(Defensoria Pública/SP – 2007) No que se refere aos contratos, é correto afirmar:

(A) Os princípios da probidade e da boa-fé estão ligados não só à interpretação dos contratos, mas também ao interesse social de segurança das relações jurídicas, uma vez que as partes têm o dever de agir com honradez e lealdade na conclusão do contrato e na sua execução.
(B) A liberdade de contratar no Direito Brasileiro é absoluta, pois há o princípio da autonomia da vontade, onde se permite às partes pactuar, mediante acordo de vontade, a disciplina de seus interesses.
(C) O contrato de adesão é um contrato paritário, pois o aderente é tutelado pelos Códigos Civil e de Defesa do Consumidor em relação ao ofertante.
(D) A compra e venda entre cônjuges, qualquer que seja o regime de casamento, está proibida para evitar a venda fictícia entre marido e mulher na constância do casamento, o que poderia levar à lesão de direitos de terceiros.
(E) A pena convencional poderá ter efeito pleno iure, mas é necessário ter prova de que houve prejuízo com a inexecução do contrato ou inadimplemento da obrigação.

A: art. 422 do CC e Enunciado CJF 26; B: art. 421 do CC e Enunciados CJF 22 e 23; C: quanto às condições de formação os contratos podem ser paritários ou de adesão; contratos paritários são aqueles em que as partes estão em situação de igualdade, podendo discutir efetivamente as condições contratuais; contratos de adesão são aqueles cujas cláusulas são aprovadas pela autoridade competente ou estabelecidas unilateralmente, sem que o aderente possa modificar ou discutir substancialmente o seu conteúdo; ex.: contratos de financiamento bancário, seguro e telefonia; a lei estabelece que a inserção de uma cláusula no formulário não desnatura o contrato, que continua de adesão; assim, os dois contratos não se confundem; de qualquer forma, é bom registrar que tanto o CC, como o CDC têm disposições sobre o contrato de adesão (arts. 423 e 424, do CC, e 54, do CDC); D: art. 499 do CC; E: arts. 408 e 416 do CC. Gabarito "A"

(Cartório/SC – 2008) No Direito das Obrigações, em relação às disposições gerais do contrato, é correto afirmar:

(A) Quando houver no contrato de adesão cláusulas ambíguas ou contraditórias, dever-se-á adotar a interpretação mais favorável à parte economicamente mais forte.
(D) A herança de pessoa viva poderá ser objeto de contrato, desde que devidamente registrado no Cartório competente.
(C) O devedor responde pelos prejuízos resultantes de caso fortuito ou de força maior, quais sejam, aqueles cujos efeitos não tenha sido possível evitar ou impedir, mesmo que conste disposição expressa em contrário no contrato firmado entre as partes.
(D) A liberdade de contratar será exercida em razão e nos limites da função social do contrato, devendo os contratantes guardar, tanto na conclusão do contrato como em sua execução, os princípios de probidade e boa-fé.
(E) A liberdade de contratar é plena entre os contratantes, pois o acordo faz lei entre as partes.

A: art. 423 do CC; B: art. 426 do CC; C: art. 393 do CC; D: arts. 421 e 422 do CC; E: art. 421 do CC. Gabarito "D"

(Magistratura Federal/1ª Região – 2009 – CESPE) Determinado indivíduo comprou um carro e, após dez dias utilizando-o, constatou defeito que diminuiu sensivelmente o valor do veículo. O adquirente desconhecia o defeito no momento da realização do negócio jurídico e, se dele tivesse conhecimento, não o teria celebrado. Em relação à situação hipotética acima, julgue os itens subsequentes.

I. A hermenêutica contratual moderna impõe o princípio da sociabilidade dos contratos como limitação à liberdade contratual.
II. O adquirente pode redibir o contrato ou reclamar abatimento do preço.
III. O erro como vício de consentimento e o vício redibitório confundem-se porque, em ambos, o negócio jurídico contém defeito que vicia a vontade do adquirente.
IV. O adquirente, se optar pela ação redibitória, deverá observar o prazo prescricional fixado em lei.

Estão certos apenas os itens

(A) I. e II.
(B) I. e IV.
(C) III.e IV.
(D) I, II.e III.
(E) II, III.e IV.

I: correta, valendo citar, a respeito, o princípio da função *social* dos contratos (art. 421 do CC); II: correta, pois configurou-se o instituto do vício redibitório, cabendo *redibição*, consistente na extinção do contrato, enjeitando-se a coisa (art. 441 do CC), ou *abatimento proporcional do contrato* (art. 442 do CC); o adquirente deve escolher, portanto, entre as duas ações edilícias existentes, a ação *redibitória* ou a ação *estimatória* (ou *quanti minoris*), sendo que a última objetiva o abatimento proporcional do preço; III; incorreta, pois o *erro*, defeito do negócio jurídico, é um vício subjetivo (na vontade do adquirente), ensejando a anulação do negócio, ao passo que o *vício redibitório* é um vício objetivo (na coisa adquirida), ensejando a rescisão contratual ou o abatimento proporcional do preço, tudo a demonstrar que os institutos não se confundem; IV: incorreta, pois trata-se de prazo decadencial; primeiro porque o prazo se encontra na *Parte Especial* do Código Civil (todos os prazos que estão nessa parte do Código são decadenciais); ademais, findo o prazo fixado na lei, extingue-se um *direito potestativo* do adquirente (de redibir o contrato ou de pedir o abatimento do preço), direito esse próprio do instituto da decadência; e por fim, as ações edilícias não são do tipo condenatória (que ensejam prazos prescricionais), mas do tipo *constitutiva* (que ensejam prazos decadenciais), já que visam desconstituir o contrato (ação redibitória) ou modificar a cláusula relativa ao preço (ação estimatória). Gabarito "A"

(Magistratura Federal – 1ª Região – 2005) Sobre o Princípio da Boa-fé Contratual e da Função Social do Contrato, julgue as assertivas:

I. O princípio da boa-fé endereça-se sobretudo ao juiz e o instiga a formar instituições para responder aos fatos novos, exercendo um controle corretivo do Direito estrito.
II. Por ser o conceito de boa-fé um conceito aberto, a ordem jurídica atribui ao juiz a tarefa de adequar a aplicação judicial às modificações sociais.
III. A função social do contrato, na sua acepção moderna, desafia a concepção clássica de que os contratantes tudo podem fazer, porque estão no exercício da autonomia da vontade.
IV. A obrigatoriedade do princípio da função social do contrato é decorrência natural da existência do mesmo.

(A) I e III são falsos;
(B) II e IV são falsos;
(C) I, III e IV são verdadeiros;
(D) todos são verdadeiros.

I e II: Enunciados CJF 26 e 27; III: art. 421 do CC; IV: os princípios são normas jurídicas (de alta carga valorativa) e, como tal, devem ser obedecidos. Gabarito "D".

(Magistratura Federal/3ª Região – 2010) Aponte a alternativa que alude as hipóteses legais em que se pode fundamentar a seguinte assertiva técnico-doutrinária: "A cláusula geral da função social do contrato é matéria de ordem pública e enseja atividade hermenêutica integrativa do juiz".

(A) Artigos 2.035, parágrafo único e 421 do Código Civil Brasileiro;
(B) Artigos 422 e 398 do Código Civil;
(C) Artigos 2º e 422 do Código Civil Brasileiro;
(D) Artigos 186 e 927, parágrafo único, do Código Civil Brasileiro.

De fato, a disposição decorre da conjugação dos arts. 421 e 2.035 do Código Civil. Gabarito "A".

(Procuradoria Federal – 2007 – CESPE) Julgue os seguintes itens.

(1) A partir do princípio da função social, tem-se estudado aquilo que se convencionou chamar de efeitos externos do contrato, que constituem uma releitura da relatividade dos efeitos dos contratos.

(2) Segundo a doutrina contemporânea, o aforismo *turpitudinem suam allegans non auditor* não se confunde com a vedação do *venire contra factum proprium*; enquanto o primeiro objetiva reprimir a malícia e a má-fé, o segundo busca tutelar a confiança e as expectativas de quem confiou na estabilidade e na coerência alheias.

1: Correta, nos termos do Enunciado CJF 21; 2: Enunciado CJF 362. Gabarito 1C, 2C.

(Procurador da Fazenda Nacional – 2007 – ESAF) O princípio pelo qual a liberdade contratual deverá estar voltada à solidariedade, à justiça social, à livre iniciativa, ao progresso social, à livre circulação de bens e serviços, à produção de riquezas, aos valores sociais, econômicos e morais, é o:

(A) do consensualismo
(B) do equilíbrio contratual
(C) da relatividade dos efeitos do negócio jurídico contratual
(D) da função social do contrato
(E) da boa fé objetiva

Enunciados CJF 21, 22, 23 e 360. Gabarito "D".

(Defensoria Pública da União – 2007 – CESPE) Julgue o seguinte item.

(1) O postulado da função social do contrato (CC, art. 421), consectário lógico dos princípios constitucionais da solidariedade (CF, art. 3º, I) e da justiça social (CF, art. 170), constitui uma cláusula geral, a impor a revisão do princípio da relatividade dos efeitos dos contratos em relação a terceiros.

1: Enunciado CJF 21. Gabarito 1C.

(Defensoria Pública da União – 2007 – CESPE) Julgue o seguinte item.

(1) João Victor alienou seu veículo automotor a Monalisa, sua única filha, sem o consentimento expresso de seu cônjuge. Nesse caso, a referida venda é sempre anulável, podendo, outrossim, ser validada pelo consentimento posterior do cônjuge.

1: Errada, nos termos dos arts. 1.642 e 1.647 do CC. Gabarito 1E.

(Magistratura do Trabalho – 8ª Região – 2009) A liberdade de contratar sob o milenar princípio pacta sunt servanda, deve obedecer aos princípios e os limites impostos pela lei, sendo certo, segundo a legislação brasileira em vigor:

(A) Quanto aos contratos de simples adesão: As cláusulas ambíguas ou contraditórias devem ser interpretadas de forma mais favorável ao aderente e nenhuma cláusula pode estipular, sob pena de nulidade, a renúncia deste, a qualquer título, ao direito do resultante da natureza do negócio.

(B) As propostas obrigam sempre o proponente, salvo se, dentre outros motivos estabelecidos pela lei, for feita sem prazo para pessoa presente e esta não a aceitar imediatamente ou, se no caso de ausente, não tiver sido expedido resposta dentro do prazo estipulado.

(C) A revogação de ofertas públicas só pode ser feita pela mesma via de sua divulgação, ainda que desta não conste esta faculdade.

(D) Os contratos entre ausentes consideram-se perfeitos desde o momento da expedição de sua aceitação, mesmo que esta chegue ao proponente após o prazo convencionado.

(E) Reputa-se celebrado o contrato no lugar onde está o aceitante.

A: incorreta, pois a segunda parte da afirmativa é errônea ao dispor que nenhuma cláusula pode estipular, sob pena de nulidade, a renúncia do aderente "a direito resultante" (e não "ao direito do resultante") da natureza do negócio (art. 424 do CC); B: correta (art. 428, I e III, do CC); C: incorreta, pois a revogação só será possível se ressalvada esta faculdade na oferta realizada (art. 429, parágrafo único, do CC); D: incorreta (art. 434, III, do CC); E: incorreta, pois reputa-se celebrado o contrato no lugar onde foi *proposto* (art. 435 do CC). Gabarito "B".

(Magistratura do Trabalho – 9ª Região – 2009) A respeito da boa-fé objetiva, considere as proposições a seguir:

I. Tem origem nos ideais que orientaram a boa-fé germânica e é concebida pela doutrina dominante como um padrão jurídico de conduta reta, honesta e leal, especialmente para com os demais.

II. Segundo a doutrina majoritária, a boa-fé objetiva se contrapõe à má-fé, na medida em que aquela corresponde a um estado de ignorância a respeito dos vícios que violam o direito alheio, tal qual se observa na boa-fé possessória, consagrada no Código Civil brasileiro.

III. Consoante o direito comparado – especialmente o português e o alemão - e a doutrina brasileira majoritária, o *"venire contra factum proprium"* é espécie de situação jurídica que denota violação à boa-fé objetiva, na medida em que se consubstancia em duas condutas do mesmo agente, que isoladamente parecem lícitas, mas que, na verdade, são contraditórias entre si – a segunda confronta a primeira –, e por tal razão violam os direitos e as expectativas criadas na contraparte.

IV. De acordo com a doutrina majoritária, a boa-fé objetiva exerce apenas duas funções distintas: age como norma criadora de deveres jurídicos e como norma limitadora do exercício de direitos subjetivos.

(A) somente as proposições I, II e IV estão corretas
(B) somente as proposições I, II e III estão corretas
(C) somente as proposições II, III e IV estão corretas
(D) somente as proposições I, III e IV estão corretas
(E) todas as proposições estão corretas

I: correta, pois foi adotada a concepção ética da boa-fé, ou seja, a concepção objetiva, e não o que cada um entenda o que seja agir de boa-fé (concepção subjetiva desta); II: incorreta, pois, como se viu, não se adotou a concepção subjetiva da boa-fé; III: correta, pois a doutrina dos atos próprios determina a vedação do comportamento contraditório, partindo do pressuposto de que as partes devem manter sua forma de agir, evitando posturas contraditórias (*venire contra factum proprium*) e atuando com coerência, configurando o não agir dessa forma situação que denota violação ao princípio da boa-fé objetiva no caso concreto; IV: correta, valendo lembrar que o princípio da boa-fé tem tais funções (criativa de deveres e limitadora de direitos) e, no plano instrumental, tem também função interpretativa (colabora na interpretação da lei e das cláusulas contratuais), função integrativa (é meio de integração de contratos lacunosos) e função corretiva (diante do desrespeito ao princípio, autoriza que o juiz corrija a situação, modificando ou invalidando uma cláusula contratual, resolvendo o contrato ou condenando o ofensor a cumprir uma obrigação). Gabarito "D".

(Magistratura do Trabalho – 9ª Região – 2006) Marque a alternativa correta:

(A) Não se reputa nula de pleno direito a cláusula que contém renúncia antecipada do aderente a direito resultante da natureza do negócio.

(B) Em presença de dúvidas ou contradições, as cláusulas contratuais serão interpretadas da forma mais favorável ao aderente, nos contratos de adesão.

(C) As normas gerais fixadas no Código Civil não se aplicam a contratos atípicos.
(D) Obriga o proponente a proposta de contrato feita sem prazo por telefone ou por meio de comunicação semelhante e não aceita imediatamente.
(E) Reputa-se celebrado o contrato necessariamente no lugar em que aceito.

A: art. 424 do CC; B: art. 423 do CC; C: art. 425 do CC; D: art. 428, I, do CC; E: art. 435 do CC. Gabarito "B".

(Magistratura do Trabalho – 18ª Região – 2006) O Código Civil de 2002 inovou no que concerne à disciplina dos contratos. A propósito, assinale a alternativa que não contém inovação.

(A) A liberdade de contratar será exercida em razão e nos limites da função social do contrato.
(B) Os contratantes são obrigados a guardar, assim na conclusão do contrato, como em sua execução, os princípios de probidade e boa-fé.
(C) A oferta ao público equivale a proposta quando encerra os requisitos essenciais ao contrato, salvo se o contrário resultar das circunstâncias ou dos usos.
(D) Pode revogar-se a oferta ao público pela mesma via de sua divulgação, desde que ressalvada esta faculdade na oferta realizada.
(E) Se a aceitação, por circunstância imprevista, chegar tarde ao conhecimento do proponente, este comunicá-lo-á imediatamente ao aceitante, sob pena de responder por perdas e danos. A aceitação fora do prazo, com adições, restrições, ou modificações, importará nova proposta.

A: art. 421 do CC; B: art. 422 do CC; C: art. 429 do CC; D: art. 429, parágrafo único, do CC; E: art. 430 e 431 do CC. Gabarito "E".

(Ministério Público do Trabalho – 15º) Leia com atenção as assertivas abaixo:

I. a proposta de contrato não obriga o proponente quando o contrário resulta da própria natureza do negócio proposto;
II. como regra geral, a oferta ao público equivale à proposta quando encerra os requisitos essenciais ao contrato;
III. ainda que o proponente tenha se comprometido a esperar resposta, tornar-se-á perfeito o contrato entre ausentes desde a expedição da aceitação.

Assinale a alternativa CORRETA:

(A) apenas as assertivas I e II estão corretas;
(B) apenas as assertivas II e III estão corretas;
(C) apenas as assertivas I e III estão corretas;
(D) todas as assertivas estão corretas;
(E) não respondida.

I: correta (art. 427 do CC); II: correta (art. 429 do CC); III: incorreta (art. 434, II, do CC). Gabarito "A".

(Analista – TRT/23ª – 2011 – FCC) Os contratos atípicos

(A) são anuláveis, mesmo se os que os pretendam celebrar sejam capazes e o objeto seja lícito e possível, se a forma não estiver prescrita em lei.
(B) são nulos de pleno direito, mesmo que os pretendam celebrar sejam capazes e o objeto seja lícito e possível, porque a forma não é prescrita em lei.
(C) são válidos, desde que os agentes que os pretendam celebrar sejam capazes, o objeto seja lícito e possível e a forma não seja defesa em lei.
(D) só têm validade se os que pretendam celebrar sejam capazes, o objeto seja lícito e possível e tenha havido prévia homologação judicial.
(E) só têm validade se os que pretendam celebrar sejam capazes, o objeto seja lícito e possível e tenha havido prévia aprovação pelo Ministério Público.

Segundo o artigo 425 do CC é lícito celebrar contratos atípicos, observadas as normas gerais fixadas no próprio CC. Assim, é possível (válido) que duas pessoas celebrem um contrato ainda não regulamentado pela lei (atípico, inominado), desde que obedeçam as normas gerais do CC, como as normas que determinam que o agente seja capaz, o objeto seja lícito e possível, e a forma não seja defesa em lei. Dessa forma, somente a alternativa "c" está correta. Gabarito "C".

(Analista – TJ/ES – 2011 – CESPE) Julgue o seguinte item.

(1) Nos contratos escritos, é permitido às partes pactuar acerca do foro de eleição para modificar a competência relativa.

1: correta (art. 78 do CC). Gabarito 1C.

4.2. CLASSIFICAÇÃO DOS CONTRATOS

(Procurador do Município/Teresina-PI – 2010 – FCC) É INCORRETO afirmar que

(A) o contrato preliminar, exceto quanto à forma, deve conter todos os requisitos essenciais ao contrato a ser celebrado.
(B) na conclusão do contrato, bem como em sua execução, os contratantes devem guardar os princípios da probidade e da boa-fé.
(C) a oferta ao público equivale a proposta quando encerra os requisitos essenciais ao contrato, a não ser que o contrário resulte das circunstâncias ou dos usos.
(D) o adquirente de coisa viciada pode, em vez de rejeitá-la, redibindo o contrato, reclamar abatimento no preço.
(E) o alienante, nos contratos onerosos, responde pela evicção, salvo se a aquisição se tenha realizado em hasta pública.

A: correta (art. 462 do CC); B: correta (art. 422 do CC); C: correta (art. 429, *caput*, do CC); D: correta (art. 442 do CC); E: incorreta, pois subsiste essa garantia ainda que a aquisição se tenha realizado em hasta pública (art. 447 do CC). Gabarito "E".

(Defensor Público/GO – 2010 – I. Cidades) Considerando-se o voluntarismo jurídico e a autonomia privada nas relações jurídicas contemporâneas, é correto afirmar, quanto às novas formas contratuais, que:

(A) O contrato necessário difere do contrato normativo, porque naquele a pessoa é obrigada a emitir a declaração de vontade que vincula as relações contratuais futuras nele originadas e neste a declaração é irrelevante.
(B) Contrato necessário e contrato coativo são contratos autoritários que se assemelham em razão de que as partes são obrigadas a emitir a declaração de vontade para se estabelecer a relação jurídica e vincular os contratos futuros.
(C) Contrato normativo e contrato coativo são contratos autoritários que se assemelham em razão de que obrigam as futuras declarações de vontade nas originadas relações contratuais.
(D) O contrato necessário difere do contrato coativo, porque naquele a pessoa é obrigada a emitir a declaração de vontade e neste a declaração é irrelevante para se estabelecer a relação jurídica.
(E) Contrato normativo e contrato necessário são contratos que diferem em razão de que obrigam as futuras declarações de vontade nas originadas relações contratuais, mas não são autoritários.

A alternativa "D" traz a exata diferenciação entre o contrato coativo e o contrato necessário. O contrato coativo (imposto, forçado) é aquele que se realiza sem o livre consentimento das partes. Não há declaração de vontade. Um exemplo é a prestação de serviço de água e esgoto. Pouco importante se há declaração de vontade de quem tem uma residência, por exemplo. A lei impõe que essa pessoa se sujeite ao contrato de água e esgoto. Já o contrato necessário é aquele em que a pessoa, ainda que obrigada a tanto, emite efetivamente declaração de vontade. Aqui, quem contrata tem algumas alternativas, diferentemente do que ocorre no contrato coativo. Um exemplo é o contrato de transporte coletivo. Aquele que precisa de transporte público para ir ao trabalho, poderá escolher entre pegar um ônibus, um táxi ou um metrô, mas não terá como se esquivar de celebrar um contrato de transporte público se resolver ir de ônibus ou metrô. Gabarito "D".

(Defensoria/MA – 2009 – FCC) O contrato, segundo o Direito Civil em vigor, se for aleatório por

(A) dizer respeito a coisas ou fatos futuros, cujo risco de não virem a existir um dos contratantes assuma, terá o outro direito de receber integralmente o que lhe foi prometido, se de sua parte tiver havido dolo, ainda que nada do avençado venha a existir.

(B) serem objeto dele coisas futuras, tomando o adquirente a si o risco de virem a existir em qualquer quantidade, terá também direito o alienante a todo o preço, mesmo que de sua parte tiver concorrido culpa, ainda que a coisa venha a existir em quantidade inferior à esperada. Mas, se da coisa nada vier a existir, alienação não haverá, e o alienante restituirá o preço recebido.

(C) dizer respeito a coisas ou fatos futuros, cujo risco de não virem a existir um dos contratantes assuma, terá o outro direito de receber integralmente o que lhe foi prometido, desde que de sua parte não tenha havido dolo ou culpa, ainda que nada do avençado venha a existir.

(D) serem objeto dele coisas futuras, tomando o adquirente a si o risco de virem a existir em qualquer quantidade, terá também direito o alienante a todo o preço, desde que de sua parte não tiver concorrido culpa, exceto se a coisa venha a existir em quantidade inferior à esperada. Mas, se da coisa nada vier a existir, alienação não haverá, e o alienante restituirá o preço recebido.

(E) se referir a coisas existentes, mas expostas a risco não assumido pelo adquirente, terá igualmente direito o alienante a todo o preço, posto que a coisa já não existisse, em parte, ou de todo, no dia do contrato.

Art. 458 do CC. Gabarito "C".

(Defensoria Pública/SE - 2005 – CESPE) Julgue o item a seguir.

(1) No contrato bilateral, as partes assumem obrigações recíprocas, sendo cada obrigação a causa jurídica da outra. Assim, as partes devem cumprir simultaneamente suas obrigações recíprocas.

(2) Todos os contratos bilaterais possuem cláusula resolutiva expressa, ou seja, a parte lesada pelo inadimplemento pode requerer judicialmente a rescisão do contrato com perdas e danos, ainda que não exista previsão expressa no contrato.

1: Errada, pois apesar de ser característica do contrato a existência de obrigações recíprocas, isso não quer dizer que estas devam ser cumpridas simultaneamente. Na prestação de serviço, por exemplo, primeiro deve ser prestado o serviço e depois deve ser paga a remuneração, salvo exceções (art. 597 do CC); 2: O fato de um contrato ser bilateral significa que existem obrigações para ambas as partes, mas isso não implica em sempre constar expressamente do contrato uma cláusula pela qual, não cumprida a obrigação por uma das partes, o contrato ficará resolvido. Quando não constar essa cláusula, as partes poderão se valer da chamada *cláusula resolutiva tácita*, que decorre da própria lei. Quando há *cláusula resolutiva expressa*, o descumprimento contratual gera, automaticamente, a resolução do contrato. Já quando não há cláusula resolutiva expressa, o descumprimento contratual deve ser procedido de notificação, para que haja a resolução do contrato. Vide o art. 474 do CC. Gabarito 1E, 2E.

(Procurador do Estado/PR – 2007) É um contrato de natureza real:

(A) a compra e venda de imóveis;
(B) a locação de bens infungíveis;
(C) o mútuo;
(D) a doação;
(E) empreitada.

Quanto ao momento de formação, os contratos podem ser consensuais ou reais. Contrato consensual é aquele que se forma no momento do acordo de vontades. São exemplos a compra e venda e o mandato. Neste tipo de contrato, a entrega da coisa (tradição) é mera execução do contrato. Contrato real é aquele que somente se forma com a entrega da coisa. São exemplos o comodato, o depósito e mútuo. Neste contrato a entrega da coisa é requisito para a formação, a existência do contrato. Gabarito "C".

(Magistratura Federal-4ª Região – 2010) Assinale a alternativa correta. A *exceptio non adimpleti contractus* pode ser aplicada:

(A) Apenas nos contratos unilaterais.
(B) Apenas nos contratos bilaterais.
(C) Nos contratos unilaterais e bilaterais.
(D) Somente nos contratos escritos.
(E) Todas as alternativas anteriores estão incorretas.

Segundo o art. 476, "nos contratos **bilaterais**, nenhum dos contratantes, antes de cumprida a sua obrigação, pode exigir o implemento da do outro" (g.n.). Dessa forma, alternativa "b" é a correta. Gabarito "B".

(Magistratura Federal – 4ª Região – XII – 2005) Assinalar a alternativa INCORRETA. Quanto à classificação dos contratos, pode-se dizer que:

(A) o contrato de compra e venda é consensual e principal, entre outras classificações possíveis.
(B) o contrato de doação manual (bens móveis de pequeno valor), obrigatoriamente, será real.
(C) o contrato de fiança é principal e sinalagmático, entre outras classificações possíveis.
(D) o contrato de locação é principal, não-solene e sinalagmático, entre outras classificações possíveis.

A matéria "classificação dos contratos" é bastante doutrinária, diferente das outras, que, como se percebe da leitura deste livro, são normalmente respondidas a partir da leitura do texto da lei. Assim, seguem explicações doutrinárias sobre as principais classificações dos contratos. Gabarito "C".

1. Quanto aos efeitos (ou quanto às obrigações):

1.(1) Contratos unilaterais: *são aqueles em que há obrigações para apenas uma das partes.* São exemplos a doação pura e simples, o mandato, o depósito, o mútuo (empréstimo de bem fungível – dinheiro, p. ex.) e o comodato (empréstimo de bem infungível). Os três últimos são unilaterais, pois somente se formam no instante em que há entrega da coisa (são contratos reais). Entregue o dinheiro, por exemplo, no caso do mútuo, este contrato estará formado e a única parte que terá obrigação será o mutuário, no caso a de devolver a quantia emprestada (e pagar os juros, se for mútuo feneratício).

1.(2) Contratos bilaterais: *são aqueles em que há obrigações para ambos os contratantes.* Também são chamados de sinalagmáticos. A expressão "sinalagma" confere a ideia de reciprocidade às obrigações. São exemplos a prestação de serviços e a compra e venda.

1.(3) Contratos bilaterais imperfeitos: *são aqueles originariamente unilaterais, que se tornam bilaterais por uma circunstância acidental.* São exemplos o mandato e o depósito não remunerados. Assim, num primeiro momento, o mandato não remunerado é unilateral (só há obrigações para o mandatário), mas, caso o mandatário incorra em despesas para exercê-lo, o mandante passará também a ter obrigações, no caso a de ressarcir o mandatário.

1.(4) Contratos bifrontes: *são aqueles que originariamente podem ser unilaterais ou bilaterais.* São exemplos o mandato e o depósito. Se for estipulada remuneração em favor do mandatário ou do depositário, estar-se-á diante de contrato bilateral, pois haverá obrigações para ambas as partes. Do contrário, unilateral, pois haverá obrigações apenas para o mandatário ou para o depositário.

Importância da classificação: a classificação é utilizada, por exemplo, para distinguir contratos em que cabe a exceção de contrato não cumprido. Apenas nos contratos bilaterais é que uma parte pode alegar a exceção, dizendo que só cumpre a sua obrigação após a outra cumprir a sua. Nos contratos unilaterais, como só uma das partes tem obrigações, o instituto não se aplica. Isso vale tanto para a inexecução total (hipótese em que se alega a *exceptio non adimplecti contractus*), como para a inexecução parcial (hipótese em que se alega a *exceptio non rite adimplecti contractus*). Para aplicação do instituto, é importante verificar qual das duas partes tem de cumprir sua obrigação em primeiro lugar.

2. Quanto às vantagens:

2.(1) Contratos gratuitos: *são aqueles em que há vantagens apenas para uma das partes.* Também são chamados de benéficos. São exemplos a doação pura e simples, o depósito não remunerado, o mútuo não remunerado e o comodato.

2.(2) Contratos onerosos: *são aqueles em que há vantagens para ambas as partes.* São exemplos a compra e venda, a prestação de serviços, o mútuo remunerado (feneratício) e a doação com encargo.

Não se deve confundir a presente classificação com a trazida acima, para o fim de achar que todo contrato unilateral é gratuito e que todo contrato bilateral é oneroso. Como exemplo de contrato unilateral e oneroso pode-se trazer o mútuo feneratício.

3. Quanto ao momento de formação:

3.(1) Contrato consensual: *é aquele que se forma no momento do acordo de vontades.* São exemplos a compra e venda e o mandato. Neste tipo de contrato, a entrega da coisa (tradição) é mera execução do contrato.

3.(2) Contrato real: *é aquele que somente se forma com a entrega da coisa.* São exemplos o comodato, o depósito e o mútuo. Neste contrato a entrega da coisa é requisito para a formação, a existência do contrato.

4. Quanto à forma:

4.(1) Contratos não solenes: *são aqueles de forma livre*. São exemplos a compra e venda de bens móveis, a prestação de serviços e a locação. A regra é ter o contrato forma livre (art. 107 do CC), podendo ser verbal, gestual ou escrito, devendo obedecer a uma forma especial apenas quando a lei determinar.

4.(2) Contratos solenes: *são aqueles que devem obedecer a uma forma prescrita em lei.* São exemplos a compra e venda de imóveis (deve ser escrita, e, se de valor superior a 30 salários mínimos, deve ser por escritura pública), o seguro e a fiança.

A forma, quando trazida na lei, costuma ser essencial para a validade do negócio (forma *ad solemnitatem*). Porém, em algumas situações, a forma é mero meio de prova de um dado negócio jurídico (forma *ad probationem tantum*).

5. Quanto à existência de regramento legal:

5.(1) Contratos típicos (ou nominados): *são os que têm regramento legal específico.* O CC traz pelo menos vinte contratos típicos, como a compra e venda, a doação e o mandato. Leis especiais trazem diversos outros contratos dessa natureza, como o de locação de imóveis urbanos (Lei 8.245/91), de incorporação imobiliária (Lei 4.561/64) e de alienação fiduciária (Lei 4.728/65 com alterações do Decreto-Lei 911/69).

5.(2) Contratos atípicos (ou inominados): *são os que não têm regramento legal específico, nascendo da determinação das partes.* Surgem da vida cotidiana, da necessidade do comércio. São exemplos o contrato de cessão de clientela, de agenciamento matrimonial, de excursão turística e de feiras e exposições. Apesar de não haver regulamentação legal desses contratos, o princípio da autonomia da vontade possibilita sua celebração, observados alguns limites impostos pela lei.

5.(3) Contratos mistos: são os que resultam da fusão de contratos nominados com elementos particulares, não previstos pelo legislador, criando novos negócios contratuais. Exemplo é o contrato de exploração de lavoura de café, em que se misturam elementos atípicos com contratos típicos, como a locação de serviços, a empreitada, o arrendamento rural e a parceria agrícola.

6. Quanto às condições de formação:

6.(1) Contratos paritários: são aqueles em que as partes estão em situação de igualdade, podendo discutir efetivamente as condições contratuais.

6.(2) Contratos de adesão: são aqueles cujas cláusulas são aprovadas pela autoridade competente ou estabelecidas unilateralmente, sem que o aderente possa modificar ou discutir substancialmente o seu conteúdo. Exemplos: contratos de financiamento bancário, seguro e telefonia. A lei estabelece que a inserção de uma cláusula no formulário não desnatura o contrato, que continua de adesão.

Importância da classificação: os contratos por adesão têm o mesmo regime jurídico dos contratos paritários, mas há algumas diferenças. Se o contrato de adesão for regido pelo Direito Civil, há duas regras aplicáveis: a) as cláusulas ambíguas devem ser interpretadas favoravelmente ao aderente (art. 423, CC); b) a cláusula que estipula a renúncia antecipada do aderente a direito resultante da natureza do contrato é nula (art. 424, CC). Já se o contrato de adesão for regido pelo CDC, há duas regras peculiares a esse contrato (art. 54, CDC): a) os contratos de adesão admitem cláusula resolutória, mas estas são alternativas, cabendo a escolha ao consumidor, ou seja, o consumidor escolhe se deseja purgar a mora e permanecer com o contrato ou se quer a sua resolução; b) as cláusulas limitativas de direito devem ser redigidas com destaque, permitindo sua imediata e fácil identificação, sendo que o desrespeito a essa regra gera a nulidade da cláusula (art. 54, § 4º, c/c o art. 51, XV).

7. Quanto à definitividade:

7.(1) Contratos definitivos: são aqueles que criam obrigações finais aos contratantes. Os contratos são, em sua maioria, definitivos.

7.(2) Contratos preliminares: são aqueles que têm como objeto a realização futura de um contrato definitivo. Um exemplo é o compromisso de compra e venda. Os contratos preliminares devem conter os requisitos essenciais do contrato a ser celebrado, salvo quanto à forma. Assim, enquanto a compra e venda definitiva deve ser por escritura pública, o compromisso de compra e venda pode ser por escritura particular. Além disso, o contrato preliminar deve ser levado a registro para ter eficácia perante terceiros. Assim, um compromisso de compra e venda não precisa ser levado a registro para ser válido, mas aquele que não levá-lo a registro não tem como impedir que um terceiro o faça antes, pois, não registrando, carregará este ônus. De qualquer forma, o compromissário comprador, uma vez pagas todas as parcelas do compromisso, tem direito à adjudicação compulsória, independentemente do registro do compromisso no Registro de Imóveis. O compromissário deve apenas torcer para que alguém não tenha feito isso antes. As regras sobre contrato preliminar estão nos artigos 462 e 463, CC.

(A) consequência imediata do contrato preliminar: desde que não conste cláusula de arrependimento, qualquer das partes pode exigir a celebração do contrato definitivo, assinalando prazo à outra. É importante ressaltar que, em matéria de imóveis, há diversas leis impedindo a cláusula de arrependimento.

(B) consequência mediata do contrato preliminar: esgotado o prazo acima sem a assinatura do contrato definitivo, a parte prejudicada pode requerer ao Judiciário que supra a vontade do inadimplente, conferindo caráter definitivo ao contrato preliminar, salvo se a isto se opuser a natureza da obrigação.

8. Quanto ao conhecimento prévio das prestações:

8.(1) Contrato comutativo: *é aquele em que as partes, de antemão, conhecem as prestações que deverão cumprir.* Exs.: compra e venda, prestação de serviços, mútuo, locação, empreitada etc. A maior parte dos contratos tem essa natureza.

8.(2) Contrato aleatório: *é aquele em que pelo menos a prestação de uma das partes não é conhecida de antemão.* Ex.: contrato de seguro.

9. Quanto ao momento de execução:

9.(1) Contratos instantâneos: *são aqueles em que a execução se dá no momento da celebração.* Um exemplo é a compra e venda de pronta entrega e pagamento.

9.(2) Contratos de execução diferida: *são aqueles em que a execução se dá em ato único, em momento posterior à celebração.* Constitui exemplo a compra e venda para pagamento em 120 dias.

9.(3) Contratos de trato sucessivo ou de execução continuada: *são aqueles em que a execução é distribuída no tempo em atos reiterados.* São exemplos a compra e venda em prestações, a locação e o financiamento pago em parcelas.

(Magistratura Federal – 5ª Região – 2007) Julgue o item a seguir:

(1) Nos contratos aleatórios, a prestação de uma das partes não é precisamente conhecida e sujeita a estimativa prévia, inexistindo equivalência com a da outra parte. Cria-se, com isso, uma incerteza, para as partes, quanto ao fato de a vantagem almejada ser, ou não, proporcional à contrapartida esperada. Assim, as obrigações das partes podem tornar-se desproporcionais, dependendo da álea, isto é, do risco contratado.

1: Vide classificação explicada na questão acima (item 8). Gabarito 1C

(Magistratura Federal – 5ª Região – 2005) Julgue o item a seguir:

(1) A boa-fé objetiva é um princípio que tem força para validar negócios jurídicos. Ela funciona como regra implícita em todo negócio jurídico bilateral, notadamente no contrato de seguro, contrato em que, pelas suas características, a manifestação da vontade representa o elemento nuclear para a sua formação, validade e eficácia.

1: De fato, o princípio é de grande relevância no contrato de seguro. Sobre regras de boa-fé, há até dispositivos bem específicos na parte do CC que trata do contrato de seguro. Vide, p. ex., os arts. 762, 765, 766, 768, dentre outros. Gabarito 1C

(Magistratura do Trabalho – 8ª Região – 2009) Marque a alternativa correta:

(A) Se o contrato for aleatório em virtude de fatos futuros, cujo risco de inexistirem for assumido por um dos contratantes, terá o outro direito de receber integralmente o que foi prometido, desde que de sua parte não tenha havido culpa ou dolo, ainda que nada do avençado venha a existir.

(B) No contrato aleatório, o alienante terá direito ao preço integral em qualquer situação, ainda que a coisa venha a existir em quantidade inferior à esperada.

(C) Concluído o contrato preliminar poderá a parte exigir seu cumprimento. A existência e a utilização da cláusula de arrependimento não inibe a exigência de perdas e danos.

(D) Se a promessa de contrato for unilateral, pode o credor manifestar-se a qualquer tempo pela sua aceitação.

(E) A resilição unilateral do contrato, em qualquer caso, só se opera mediante denúncia.

A: correta (art. 458 do CC); B: incorreta, pois o *alienante* (ex.: o produtor de café) só terá direito a todo o preço, pouco importando a quantidade que venha existir, se o *adquirente* (ex.: a indústria que trata e embala o café) assumir o risco da coisa vir a existir em qualquer quantidade e se o *alienante* não tiver concorrido com culpa para que a coisa viesse em quantidade inferior à esperada (art. 459, *caput*, do CC); C: incorreta, pois, havendo cláusula de arrependimento, não há como se exigir o cumprimento do contrato preliminar (art. 463 do CC), salvo os casos de lei de ordem pública que vede a cláusula de arrependimento, como é o caso do art. 25 da Lei de Parcelamento (Lei 6.766/79); D: incorreta, pois, nos termos do art. 466 do Código Civil, se a promessa de contrato for unilateral, o credor, sob pena de ficar a mesma sem efeito, deverá manifestar-se no prazo nela previsto, ou, inexistindo este, no que lhe for razoavelmente assinado pelo devedor; E: incorreta, pois a resilição unilateral do contrato, que opera mediante denúncia notificada à outra parte, só pode ser feita nos casos em que a lei admite expressa ou implicitamente (art. 473, *caput*, do CC). Gabarito "A"

(Auditor Fiscal/RN – 2004 – ESAF) A locação, quanto ao tempo de sua execução, é contrato

(A) de transmissão de uso e gozo.
(B) de execução continuada.
(C) bilateral.
(D) consensual.
(E) de execução imediata.

Vide classificação explicada na questão acima (item 9). Gabarito "B".

(Analista – TRE/AC – 2010 – FCC) Considere as seguintes assertivas a respeito do contrato aleatório:

I. Se o contrato for aleatório, por dizer respeito a coisas ou fatos futuros, cujo risco de não virem a existir um dos contratantes assuma, terá o outro direito de receber integralmente o que lhe foi prometido, desde que de sua parte não tenha havido dolo ou culpa, exceto se nada do avençado venha a existir.

II. Se for aleatório o contrato, por se referir a coisas existentes, mas expostas a risco, assumido pelo adquirente, terá igualmente direito o alienante a todo o preço, posto que a coisa já não existisse, em parte ou de todo, no dia do contrato.

III. Se for aleatório, por serem objeto dele coisas futuras, tomando o adquirente a si o risco de virem a existir em qualquer quantidade, terá também direito o alienante a todo o preço, desde que de sua parte não tiver concorrido culpa, ainda que a coisa venha a existir em quantidade inferior à esperada.

De acordo com o Código Civil brasileiro, está correto o que se afirma APENAS em

(A) I.
(B) I e II.
(C) I e III.
(D) II.
(E) II e III.

I: incorreta, pois se o contrato for aleatório, por dizer respeito a coisas ou fatos futuros, cujo risco de não virem a existir um dos contratantes assuma, terá o outro direito de receber integralmente o que lhe foi prometido, desde que de sua parte não tenha havido dolo ou culpa, **ainda que nada do avençado venha a existir** (art. 458 do CC); II: correta (art. 460 do CC); III: correta (art. 459, *caput*, do CC). Gabarito "E".

(Analista – TJ/ES – 2011 – CESPE) Julgue o seguinte item.

(1) Os negócios jurídicos bilaterais são onerosos, pois ambas as partes auferem benefícios. Nesse sentido, é correto afirmar que a exceção de contrato não cumprido é aplicável a todo negócio jurídico oneroso.

1: incorreta, pois a classificação dos **negócios** em unilaterais e bilaterais leva em conta critério do número de vontades necessárias para a formação do contrato; quando, para a formação deste, faz-se necessário apenas uma vontade (ex: testamento), o negócio é unilateral; ao contrário, o negócio pode ser bilateral (duas vontades) ou plurilateral (mais de duas vontades); uma doação sem encargo, por exemplo, é negócio jurídico bilateral, pois é necessária a emissão de duas declarações de vontade para a formação desse contrato; porém, na doação sem encargo apenas uma das partes aufere benefício, o que demonstra a incorreção da afirmação; já classificação dos **contratos** em unilaterais e bilaterais leva em conta outro critério, qual seja, quais partes têm obrigações; o contrato é unilateral quando apenas uma das partes têm obrigações, e bilateral, quando ambas as têm; a exceção de contrato não cumprido só se aplica a contratos bilaterais, não havendo relação com o negócio jurídico oneroso ou não. Gabarito 1E.

4.3. ONEROSIDADE EXCESSIVA

(Ministério Público/PR – 2004) Assinalar a alternativa correta:

(A) Com base na Teoria da Imprevisão, o juiz pode conceder quantas revisões contratuais forem necessárias, desde que presentes os pressupostos de admissibilidade do princípio;
(B) Com base na Teoria da Imprevisão, considera-se que seria atentatório à segurança dos pactos a concessão de uma segunda, ou sucessivas revisões;
(C) Para a concessão de uma revisão com fulcro na Teoria da Imprevisão, em qualquer pacto legalmente constituído, devem estar presentes: imprevisibilidade, lesão virtual, necessidade ativa, essencialidade, inimputabilidade, irreversibilidade, ausência de estado moratório e excessiva onerosidade para uma das partes e extrema vantagem para a outra;
(D) A revisão contratual somente encontrará espaço para aplicação se o pacto for de execução diferida sob a modalidade sucessiva;
(E) Nenhuma das alternativas acima.

A aplicação da teoria da imprevisão pode se dar quantas vezes forem necessárias, não havendo limitação legal em sentido contrário. O CC exige o seguinte para que se tenha direito à revisão ou à resolução do contrato (art. 478 do CC): a) o contrato deve ser de execução continuada ou diferida; b) a prestação de uma das partes deve se tornar excessivamente onerosa; c) a outra parte deve ficar com extrema vantagem; d) o desequilíbrio deve ser decorrência de acontecimentos extraordinários e imprevisíveis. Sobre o tema, deve-se ler os arts. 478 a 480 e 317, todos do CC. Deve-se ler também os Enunciados CJF 17, 175, 176, 365, 366 e 367. Gabarito "A".

(Procurador do Estado/SC – 2009) Assinale a alternativa incorreta.

(A) O instituto da onerosidade excessiva está vinculado aos problemas relacionados com o sinalagma funcional do vínculo obrigacional.
(B) O instituto da onerosidade excessiva, positivado no novo Código Civil, pode ser verificado nos contratos de execução continuada ou diferida e sempre terá como consequência a revisão contratual.
(C) A cláusula geral contida no art. 422 do novo Código Civil impõe ao juiz interpretar e, quando necessário, suprir e corrigir o contrato segundo a boa-fé objetiva, entendida como a exigência de comportamento leal dos contratantes.
(D) A função social do contrato, prevista no art. 421 do novo Código Civil, constitui cláusula geral, a impor a revisão do princípio da relatividade dos efeitos do contrato em relação a terceiros, implicando a tutela externa do crédito.
(E) A boa-fé objetiva deve ser observada pelas partes na fase de negociações preliminares e após a execução do contrato, quando tal exigência decorrer da natureza do contrato.

A: correta, pois só se pode falar em aplicação desse instituto nos contratos bilaterais ou sinalagmáticos, em que há obrigações recíprocas entre as partes, já que sua configuração depende de uma obrigação passar a ficar desproporcional em relação à outra, considerando o equilíbrio original do contrato; B: incorreta, pois, muitas vezes, a única solução para o caso será a resolução do contrato (art. 478 do CC); C: correta, tratando-se do exato texto do Enunciado 26 do CJF; D: correta, tratando-se do exato texto do Enunciado 21 do CJF; E: correta (Enunciado 25 do CJF). Gabarito "B".

(Defensor Público/AL – 2009 – CESPE) O item subsequente apresenta uma situação hipotética, seguida de uma assertiva a ser julgada.

(1) Carlos celebrou contrato com Paula, em 10/8/2008, para que ela cuidasse do jardim da casa dele, mediante o pagamento de R$ 80,00 por semana, reajustáveis em 2% a cada seis meses. O contrato incluía a utilização de adubos, terra e inseticidas. Nessa situação, se a inflação vier a atingir índices superiores aos praticados no momento em que foi concluído o contrato, acarretando aumento no preço dos produtos utilizados, Paula poderá pedir a resolução da avença, invocando como fundamento a teoria da imprevisão, o que exigirá a demonstração, não só da onerosidade excessiva que suportará, como também da extrema vantagem que obterá Carlos.

1: incorreta, pois a aplicação da Teoria da Imprevisão depende da ocorrência de acontecimentos extraordinários e imprevisíveis (art. 478 do CC), e a inflação, segundo o STF e o STJ, não é um acontecimento dessa natureza; não bastasse, a doutrina e a jurisprudência vêm entendendo que, cumpridos os requisitos do art. 478 do CC, deve-se, em primeiro lugar, buscar a *revisão* contratual, partindo-se para a sua *resolução* apenas quando não for possível a revisão. Gabarito 1E.

(Defensoria Pública da União – 2010 – CESPE) Acerca da revisão contratual, julgue os itens subsequentes.

(1) Para que seja possível requerer a revisão contratual com base na onerosidade excessiva, o contrato deve ser de execução continuada ou diferida.
(2) É suficiente à revisão do contrato por onerosidade excessiva que o acontecimento se tenha manifestado só na esfera individual da parte.

1: correta (art. 478 do CC); 2: incorreta, pois se se interpretar o disposto no art. 478 dessa maneira, bastaria que um dos contratantes ficasse desempregado para que pudesse pedir a revisão contratual, devendo se tratar de acontecimento extraordinário e imprevisível que ultrapasse a estrita esfera individual da parte. Gabarito 1C, 2E.

(Magistratura do Trabalho – 8ª Região – 2009) Marque a alternativa incorreta:

(A) Nos contratos bilaterais qualquer dos contratantes pode exigir que a outra parte cumpra o avençado, desde que primeiro prove que cumpriu a sua parte.
(B) A parte lesada pelo inadimplemento pode optar entre a resolução do contrato ou a exigência de seu cumprimento, além da indenização por perdas e danos.
(C) Nos contratos em que as obrigações caibam apenas a uma parte, esta poderá desobrigar-se se a prestação for excessivamente onerosa.
(D) A resolução do contrato de obrigações bilaterais poderá ser evitada se a parte oferecer-se para modificar equitativamente as suas condições.
(E) Se for da essência do contrato o instrumento público, o distrato só pode ser feito por esta via.

A: correta (art. 476 do CC); B: correta (art. 475 do CC); C: incorreta, pois nos contratos unilaterais não se aplica o disposto no art. 478 do CC, aplicando-se o disposto no art. 480 do CC, que permite redução da prestação ou do modo de executá-la; D: correta (art. 479 do CC); E: correta (art. 472 do CC). Gabarito "C."

4.4. EVICÇÃO

(Magistratura/MG – 2008) Nos contratos onerosos, o alienante responde pela evicção. Assim, de acordo com o Código Civil, é CORRETO dizer que:

(A) a garantia não subsiste quando a aquisição se tenha realizado em hasta pública.
(B) a garantia ou responsabilidade pela evicção independe de culpa.
(C) a garantia opera-se com a perda da coisa por ato administrativo de política sanitária ou de segurança pública.
(D) a garantia ou responsabilidade pela evicção não pode ser objeto das disposições de vontade dos contratantes.

A: art. 447 do CC; B: o art. 447 do CC não exige o elemento "culpa"; C: a evicção pode se dar pela perda da coisa por *sentença* ou por *ato administrativo*; D: art. 448 do CC. Gabarito "B."

(Magistratura/SC - 2007) No referente à evicção, assinale a alternativa INCORRETA:

(A) O evicto tem direito a obter, do alienante, o valor das benfeitorias necessárias ou úteis que não lhes foram abonadas.
(B) Mesmo que não considerável a evicção parcial, é facultado ao evicto optar pela rescisão do contrato.
(C) A responsabilidade pela evicção não se aplica às coisas adquiridas a título gratuito.
(D) A aquisição do bem em hasta pública não é excludente da evicção.
(E) Se não considerável a evicção parcial somente terá o evicto direito à indenização.

A: art. 453 do CC; B: art. 455 do CC; C: o art. 447 exige que o contrato seja oneroso; D: art. 447 do CC; E: art. 455 do CC. Gabarito "B."

(Procurador do Estado/SC – 2010 – FEPESE) Assinale a alternativa **correta**, de acordo com o Código Civil Brasileiro.

(A) Não atendendo o alienante à denunciação da lide, e sendo manifesta a procedência da evicção, pode o adquirente deixar de oferecer contestação, ou usar de recursos.
(B) Verificada a evicção, o contrato será declarado nulo de pleno direito, devendo o alienante restituir o preço integral correspondente ao desfalque sofrido pelo adquirente, acrescido de juros e correção monetária.
(C) A fim de exercer o direito que da evicção lhe resulta, o adquirente pode, apenas, denunciar a lide ao alienante imediato.
(D) A garantia contra a evicção não abrange a aquisição que se tenha realizado em hasta pública.
(E) A doação, mesmo que típica, está sujeita às disposições pertinentes aos vícios redibitórios.

A: correta (art. 456, p. ún., do CC); B: incorreta, pois, verificada a evicção, o evicto tem os seguintes direitos: i) receber o preço da coisa, considerando a época em que se deu a perda (ou seja, não se trata da restituição do preço integral da coisa); ii) receber indenização pelos frutos que tiver sido obrigado a restituir; iii) receber indenização pelas despesas dos contratos e pelos prejuízos que diretamente resultarem da evicção; iv) receber as custas judiciais e os honorários advocatícios; C: incorreta, pois o adquirente pode denunciar da lide o alienante imediato, ou qualquer dos anteriores; D: incorreta, pois essa garantia abrange as aquisições feitas em hasta pública; E: incorreta, pois somente os contratos onerosos estão sujeitos à disciplina dos vícios redibitórios; a doação pura simples não está sujeita, mas a doação onerosa está (art. 441, p. ún., do CC). Gabarito "A."

(Cartório/MT – 2005) Acerca da evicção e dos vícios redibitórios, assinale a opção correta.

(A) O direito de demandar pela evicção supõe a perda da coisa adquirida por sentença judicial, que condene o alienante a indenizar o evicto, na quantia correspondente à devolução do que pagou, corrigido monetariamente.
(B) A deterioração da coisa, em poder do adquirente, não afasta a responsabilidade do alienante, que responderá por evicção total, exceto se o adquirente agiu dolosamente e provocou a deterioração do bem.
(C) O adquirente de bem em hasta pública não tem a garantia da evicção, pois a natureza processual da arrematação afasta a natureza negocial da compra e venda.
(D) Poderá o adquirente, alegando vício redibitório, rescindir o contrato ou reclamar o abatimento no preço, quando constatar que a coisa adquirida não é o que pretendeu comprar.

A: diferente do antigo CC, o atual não mais exige que a perda da coisa tenha se dado por sentença judicial, podendo-se configurar o instituto com a perda da coisa por decisão administrativa (vide arts. 447 e ss); B: art. 451 do CC; C: art. 447 do CC; D: o vício redibitório pressupõe um problema na coisa (vício objetivo); no caso narrado no enunciado, o vício está no consentimento (problema subjetivo), podendo caracterizar erro ou dolo (defeitos do negócio jurídico), a depender do caso concreto. É importante lembrar que o vício redibitório possibilita a redibição do contrato ou o abatimento no processo, ao passo que o erro e o dolo ensejam a anulação do contrato. Gabarito "B."

(Magistratura Federal – 5ª Região – 2007) Julgue o item a seguir:

(1) Nos contratos onerosos, o alienante responde pela evicção, responsabilidade que subsiste no caso de deterioração da coisa em poder do adquirente, respondendo o alienante por evicção total, exceto se o adquirente, agindo com dolo, provocar a deterioração do bem.

1: Art. 451 do CC. Gabarito "C."

(Analista – TRE/RS – 2010 – FCC) Com relação à evicção é certo que

(A) salvo estipulação em contrário, não tem direito o evicto à indenização dos frutos que tiver sido obrigado a restituir.
(B) nos contratos onerosos, o alienante responde pela evicção, não subsistindo esta garantia se a aquisição se tenha realizado em hasta pública.
(C) não podem as partes, ainda que por cláusula expressa, diminuir ou excluir a responsabilidade pela evicção, tendo em vista o princípio da boa fé contratual que protege o contratante que cumpre fielmente as determinações legais.
(D) para poder exercitar o direito que da evicção lhe resulta, o adquirente notificará do litígio o alienante imediato, ou qualquer dos anteriores, quando e como lhe determinarem as leis do processo.
(E) salvo estipulação em contrário, não tem direito o evicto às custas judiciais e aos honorários do advogado por ele constituído.

A: incorreta (art. 450, I, do CC); B: incorreta, pois subsiste esta garantia ainda que a aquisição se tenha realizado em hasta pública (art. 447 do CC); C: incorreta, pois podem as partes, por cláusula expressa, reforçar, diminuir ou excluir a responsabilidade pela evicção (art. 448 do CC); D: correta (art. 456, *caput*, do CC); E: incorreta (art. 450, III, do CC). Gabarito "D."

4.5. VÍCIOS REDIBITÓRIOS

(Magistratura/MS – 2008 – FGV) A ação de indenização, relativamente aos prejuízos causados em razão da entrega de sementes, para plantação, de qualidade inferior à contratada, deve observar o prazo:

(A) prescricional de 3 anos.
(B) decadencial de 3 anos.
(C) decadencial de 90 dias.

(D) decadencial de 30 dias.
(E) prescricional de 5 anos.

Art. 445 do CC. Os prazos para ingressar com a ação redibitória (que objetiva a rescisão do contrato) ou com ação estimatória (que objetiva o abatimento do preço) são de 30 dias, se a coisa for móvel, e de 1 ano, se imóvel. Contam-se tais prazos dos seguintes eventos: a) da data da entrega efetiva, quando o adquirente não estava na posse da coisa; b) da data da alienação, quando o adquirente estava na posse da coisa. Nesse caso, o prazo fica reduzido à metade; c) do momento em que o adquirente tiver ciência do vício, quando este, além de oculto, só poderá ser conhecido mais tarde, dada a sua natureza; neste caso último caso, a lei estipula um prazo máximo para ciência do vício; esse prazo é de 180 dias para móvel e de 1 ano para imóvel; assim, se uma pessoa comprar um carro com esse tipo de vício e vier a descobri-lo 170 dias depois, cumpriu o primeiro prazo, qual seja, o prazo de 180 dias para a tomada de ciência do problema na coisa; em seguida, começará o segundo prazo, o de garantia para ingressar com uma das ações acima; no caso, o prazo será de 30 dias, por se tratar de móvel; mas se a pessoa só tem ciência do vício 190 dias após a aquisição, o prazo para ciência do vício terá terminado, ficando prejudicado o direito; nesse caso, nem se começa a contar o prazo de garantia. Sobre os vícios redibitórios, deve ser os arts. 441 a 446 do CC, bem como os Enunciados CJF 28 e 174. Gabarito "D."

(Ministério Público/MS – 2011 – FADEMS) Assinale a alternativa **incorreta**.

(A) Na venda *ad* corpus o vendedor aliena o imóvel como corpo certo e determinado; logo, o comprador não poderá exigir o implemento da área, pois o adquiriu pelo conjunto e não em atenção à área declarada, que assume caráter meramente enunciativo;
(B) A prescrição iniciada contra o *de cujus* continuará a correr contra seus sucessores, sem distinção entre singulares e universais; logo, continuará a correr contra o herdeiro, o cessionário ou o legatário, salvo se for absolutamente incapaz;
(C) A ação redibitória e a estimatória devem ser propostas dentro do prazo de 01 (um) ano, contados da tradição da coisa móvel, ou de 02 (dois) anos, se se tratar de bem imóvel, computado da data da sua efetiva entrega, mas se já se encontrava na posse do adquirente, tal prazo contar-se-á da alienação, reduzido à metade;
(D) A anulabilidade não tem efeito antes de julgada por sentença, nem se pronuncia de ofício; só os interessados a podem alegar, e aproveita exclusivamente aos que a alegarem, salvo o caso de solidariedade ou indivisibilidade;
(E) A validade dos atos e negócios jurídicos celebrados antes de 11.1.2003, data da entrada em vigor do CC, obedece ao disposto nas leis anteriores – CC/1916 e parte primeira do CCom –, mas os seus efeitos, produzidos depois da vigência do CC, aos preceitos dele se subordinam, salvo se houver sido prevista pelas partes determinada forma de execução.

A: assertiva correta (art. 500 do CC); B: assertiva correta (art. 196 do CC); C: assertiva incorreta, pois o prazo é de 30 dias, se a coisa for móvel, e de 1 ano, se for imóvel; D: assertiva correta (art. 177 do CC); E: assertiva correta (art. 2.035 do CC). Gabarito "C."

(Ministério Público/PR – 2009) A propósito dos vícios redibitórios, é correto dizer:

(A) A teoria dos vícios redibitórios aplica-se a qualquer vício ou defeito, oculto ou aparente, desde que evidenciado no âmbito de um contrato bilateral oneroso.
(B) O adquirente decai do direito de obter a redibição ou abatimento do preço, no prazo de 90 (noventa) dias, em se tratando de bens duráveis, móveis ou imóveis.
(C) Não correm os prazos para obter a redibição ou o abatimento do preço, na constância da cláusula contratual de garantia, mas o adquirente deve denunciar o defeito no prazo de trinta dias seguintes ao seu descobrimento.
(D) Quando o vício, por sua natureza, só possa ser reconhecido mais tarde, o prazo para obter a redibição ou o abatimento do preço contar-se-á do momento em que se tiver ciência do defeito, até o prazo máximo de 01 (um) ano, para bens móveis.
(E) n.d.a.

A: incorreta, pois, no regime do Código Civil, deve se tratar de um vício oculto (art. 441 do CC); B: incorreta, pois, no regime do Código Civil, o prazo é de 30 dias, se a coisa for móvel, e de 1 ano, se a coisa for imóvel (art. 445 do CC); C: correta (art. 446 do CC); D: incorreta, pois o *prazo para ciência do vício* é de 180 dias, em caso de móvel, e de até 1 ano, se se tratar de imóvel (art. 445, § 1º, do CC); assim, se uma pessoa comprar um carro com esse tipo de vício e vier a descobri-lo 170 dias depois, cumpriu o primeiro prazo, qual seja, o prazo de 180 dias para a tomada de ciência do problema na coisa; em seguida, começará o segundo prazo, o de garantia para ingressar com uma das ações acima; no caso, o prazo será de 30 dias, por se tratar de móvel; mas se a pessoa só tem ciência do vício 190 dias após a aquisição, o prazo para ciência do vício terá terminado, ficando prejudicado o direito; nesse caso, nem se começa a contar o segundo prazo, que é o de garantia. Gabarito "C."

(Defensoria Pública/SP – 2006) Sobre os vícios redibitórios, é correto afirmar:

(A) São defeitos ocultos existentes na coisa alienada, objeto de qualquer tipo de contrato.
(B) Ocorrendo vício redibitório pode o adquirente rejeitar a coisa ou conservar o bem e reclamar abatimento no preço sem acarretar a redibição do contrato, através da ação estimatória ou quanti minoris.
(C) Se o alienante tinha ciência do vício oculto, deverá restituir o que recebeu, sem perdas e danos.
(D) Se a coisa vier a perecer em poder do alienatário, em razão do defeito já existente ao tempo da tradição, o alienante não terá de restituir o que recebeu.
(E) A ação redibitória ou estimatória deve ser proposta dentro do prazo de trinta dias, em se tratando de bens móveis ou imóveis.

A: São requisitos para a configuração do instituto: a) prejuízo sensível ao uso ou ao valor da coisa; b) problema imperceptível à diligência ordinária do adquirente (vício oculto); c) problema já existente ao tempo da entrega da coisa; d) contrato oneroso e comutativo (art. 441 do CC); B: art. 442 do CC; C: art. 443 do CC; D: art. 444 do CC; E: art. 445 do CC. Gabarito "B."

(Cartório/AP – 2011 – VUNESP) De acordo com o direito consumerista, o direito de reclamar pelos vícios aparentes ou de fácil constatação caduca em

(A) trinta dias, tratando-se de fornecimento de serviço e de produto duráveis.
(B) trinta dias, a partir da entrega efetiva do produto ou do término da execução de qualquer serviço.
(C) trinta dias, tratando-se de fornecimento de serviço e de produto não duráveis.
(D) noventa dias, a partir da entrega do produto ou do término da execução de qualquer serviço.
(E) noventa dias, tratando-se de fornecimento de serviço e de produto não duráveis.

Art. 26, I, do CDC. Gabarito "C."

(Analista – TRT/14ª – 2011 – FCC) Se a coisa recebida em virtude de contrato comutativo apresentar defeitos ocultos que a tornem imprópria ao uso a que é destinada ou lhe diminuam o valor,

(A) o alienante sabendo do vício ou defeito da coisa, deverá devolver ao comprador o dobro do que recebeu e o dobro das perdas e danos.
(B) o alienante desconhecendo o vício ou defeito da coisa, deverá devolver ao comprador o valor recebido, as despesas do contrato, além de perdas e danos.
(C) o adquirente decai do direito de obter a redibição ou abatimento no preço, no prazo de um ano, se a coisa for imóvel, contado da entrega efetiva.
(D) a responsabilidade do alienante não subsiste se a coisa perecer em seu poder por vício oculto já existente ao tempo da tradição.
(E) o prazo para o adquirente obter a redibição ou abatimento no preço conta-se da alienação, ficando reduzido a um terço se já estava na posse da coisa.

A: incorreta, pois o alienante, sabendo do vício da coisa, restituirá o que recebeu e pagará perdas e danos (art. 443 do CC); B: incorreta, pois o alienante, não sabendo do vício da coisa, estará sujeito à redibição do contrato (extinção deste, com devolução do valor pago, mais despesas do contrato) ou a ter de fazer um abatimento no preço da coisa (arts. 441 e 442 do CC); C: correta (art. 445 do CC); D: incorreta, pois a responsabilidade subsiste sim nesse caso (art. 444 do CC); E: incorreta, pois fica reduzido à metade nesse caso (art. 445, caput do CC). Gabarito "C."

(Analista – TRT/20ª – 2011 – FCC) Tício vendeu uma coleção de livros jurídicos a Cícero, sendo que, três meses depois, o comprador descobriu que um dos livros apresentava defeito oculto e estava em branco. Nesse caso, Cícero

(A) não poderá rejeitar a coleção porque já foi ultrapassado o prazo máximo de trinta dias da data da celebração do contrato.
(B) poderá rejeitar a coleção e reclamar abatimento no preço.
(C) só poderá rejeitar a coleção se o alienante conhecia o vício e não avisou o comprador no ato da venda.
(D) não poderá rejeitar a coleção, porque o defeito oculto de uma das coisas vendidas em conjunto não autoriza a rejeição de todas.
(E) poderá rejeitar a coleção e pleitear indenização por perdas e danos.

A: incorreta, pois quando o vício, por sua natureza, for daqueles que só podem ser conhecidos mais tarde, o prazo contar-se-á do momento em que o comprador dele tiver ciência, até o prazo máximo de 180 dias, em se tratando de bem móvel (art. 445, § 1º, do CC); B: incorreta, porque se deve escolher uma coisa *ou* outra (arts. 441 e 442 do CC); C: incorreta, pois o fato do alienante saber do vício não é necessário para a configuração dos direitos do comprador, tratando-se de mera situação de agravamento da situação do alienante, que terá, também, de arcar com perdas e danos (art. 443 do CC); D: correta, não sendo razoável que haja a rejeição de tudo, sob pena de abuso de direito; E: incorreta, pois as perdas e danos só são devidas se o alienante sabe do vício da coisa, circunstância não relatada no enunciado da questão. Gabarito "D".

4.6. EXTINÇÃO DOS CONTRATOS

(Magistratura/SC – 2008) Observadas as proposições abaixo, assinale a alternativa correta.

I. O pré-contrato só tem efeitos jurídicos se judicialmente homologado.
II. A parte inadimplente detém legitimidade para pedir a resolução contratual e devolução de parcelas pagas, na compra e venda de imóvel.
III. A resilição é sempre bilateral e independe de forma específica.
IV. A onerosidade excessiva surgida em um contrato impõe a anulação do negócio.

(A) Somente as proposições I, II e IV estão corretas.
(B) Somente as proposições III e IV estão corretas
(C) Somente as proposições I e III estão corretas
(D) Somente a proposição II está correta
(E) Somente as proposições II e IV estão corretas

Para responder às questões sobre extinção do contrato, por envolver aspectos doutrinários e legais, segue resumo das espécies de extinção dos contratos. Gabarito "D".

Espécies de extinção dos contratos.

(1) Execução. Esta é forma normal de extinção dos contratos. Na compra e venda a execução se dá com a entrega da coisa (pelo vendedor) e com o pagamento do preço (pelo comprador).

(2) Invalidação. O contrato anulável produz seus efeitos enquanto não anulado pelo Poder Judiciário. Uma vez anulado (decisão constitutiva), o contrato fica extinto com efeitos *ex nunc*. Já o contrato nulo recebe do Direito uma sanção muito forte, sanção que o priva da produção de efeitos desde o seu início. A parte interessada ingressa com ação pedindo uma decisão declaratória, decisão que deixa claro que o contrato nunca pode produzir efeitos, daí porque essa decisão tem efeitos *ex tunc*. Se as partes acabaram cumprindo "obrigações", o juiz as retornará ao estado anterior.

(3) Resolução. Há três hipóteses de extinção do contrato pela resolução, a saber:

3.(1) Por inexecução culposa: *é aquela que decorre de culpa do contratante*. Há dois casos a considerar:

(A) se houver cláusula resolutiva expressa (pacto comissório), ou seja, previsão no próprio contrato de que a inexecução deste gerará sua extinção, a resolução opera de pleno direito, ficando o contrato extinto; o credor que ingressar com ação judicial entrará apenas com uma ação declaratória, fazendo com que a sentença tenha efeitos *ex tunc*. A lei protege o devedor em alguns contratos, estabelecendo que, mesmo existindo essa cláusula, ele tem o direito de ser notificado para purgar a mora (fazer o pagamento atrasado) no prazo estabelecido na lei.

(B) se não houver cláusula resolutiva expressa, a lei estabelece a chamada **"cláusula resolutiva tácita"**, disposição que está implícita em todo contrato, e que estabelece que o seu descumprimento permite que a outra parte possa pedir a resolução do contrato. Neste caso a resolução dependerá de interpelação judicial para produzir efeitos, ou seja, ela não ocorre de pleno direito. Repare que não basta mera interpelação extrajudicial. Os efeitos da sentença judicial serão *ex nunc*.

É importante ressaltar que a parte lesada pelo inadimplemento (item *a* ou *b*) tem duas opções (art. 474, CC): a) pedir a resolução do contrato; ou b) exigir o cumprimento do contrato. Em qualquer dos casos, por se tratar de inexecução culposa, caberá pedido de indenização por perdas e danos. Se houver cláusula penal, esta incidirá independentemente de prova de prejuízo (art. 416, CC). Todavia, uma indenização suplementar dependerá de convenção no sentido de que as perdas e os danos não compreendidos na cláusula penal também serão devidos.

3.(2) Por inexecução involuntária: *é aquela que decorre da impossibilidade da prestação*. Pode decorrer de caso fortuito ou força maior, que são aqueles fatos necessários, cujos efeitos não se consegue evitar ou impedir. Esta forma de inexecução exonera o devedor de responsabilidade (art. 393, CC), salvo se este expressamente assumiu o risco (art. 393, CC) ou se estiver em mora (art. 399, CC).

3.(3) Por onerosidade excessiva. Conforme vimos, no caso de onerosidade excessiva causada por fato extraordinário e imprevisível, cabe revisão contratual. Não sendo esta possível, a solução deve ser pela resolução do contrato, sem ônus para as partes. A resolução por onerosidade excessiva está prevista no art. 478 do CC.

4. Resilição.

4.(1) Conceito: *é a extinção dos contratos pela vontade de um ou de ambos contratantes*. A palavra-chave é *vontade*. Enquanto a resolução é a extinção por inexecução contratual ou onerosidade excessiva, a resilição é a extinção pela vontade de uma ou de ambas as partes.

4.(2) Espécies:

(A) bilateral, *que é o acordo de vontades para pôr fim ao contrato* (**distrato**). A forma para o distrato é a mesma que a lei exige para o contrato. Por exemplo, o distrato de uma compra e venda de imóvel deve ser por escritura, pois esta é a forma que a lei exige para o contrato. Já o distrato de um contrato de locação escrito pode ser verbal, pois a lei não exige documento escrito para a celebração de um contrato de locação. É claro que não é recomendável fazer um distrato verbal no caso, mas a lei permite esse procedimento.

(B) unilateral, *que é a extinção pela vontade de uma das partes* (**denúncia**). Essa espécie de resilição só existe por exceção, pois o contrato faz lei entre as partes. Só é possível a denúncia unilateral do contrato quando: i) houver previsão contratual ou ii) a lei expressa ou implicitamente autorizar. Exemplos: em contratos de execução continuada com prazo indeterminado, no mandato, no comodato e no depósito (os três últimos são contratos feitos na base da confiança), no arrependimento de compra feita fora do estabelecimento comercial (art. 49, CDC) e nas denúncias previstas na Lei de Locações (arts. 46 e 47 da Lei 8.245/91). A lei exige uma formalidade ao denunciante. Este deverá notificar a outra parte, o que poderá ser feito extrajudicialmente. O efeito da denúncia é *ex tunc*. Há uma novidade no atual CC, que é o "aviso-prévio legal". Esse instituto incide quando alguém denuncia um contrato prejudicando uma parte que fizera investimentos consideráveis. Neste caso, a lei dispõe que a denúncia unilateral só produzirá efeitos após um prazo compatível com a amortização dos investimentos (art. 473, parágrafo único).

(5) Morte. Nos contratos impessoais, a morte de uma das partes não extingue o contrato. Os herdeiros deverão cumpri-lo segundo as forças da herança. Já num contrato personalíssimo (contratação de um advogado, contratação de um cantor), a morte da pessoa contratada extingue o contrato.

(6) Rescisão. A maior parte da doutrina encara a rescisão como gênero, que tem como espécies a resolução, a resilição, a redibição etc.

(Magistratura/SP – 2008) No curso de um contrato de empreitada de trabalho e materiais, o dono da obra se decide pela resilição unilateral e notifica o empreiteiro, para os fins de direito. Ocorre que este fez investimentos consideráveis para a execução do contrato. Nessas circunstâncias,

(A) a desconstituição do contrato produzirá efeito depois de transcorrido prazo compatível com a natureza e o vulto dos investimentos, ou seja, a partir do momento em que seja ultrapassado o período mínimo para adequação da natureza do contrato ao importe dos investimentos, sem prejuízo do pagamento ao empreiteiro das despesas e lucros relativos aos serviços até então feitos, mais indenização razoável, calculada em função do que teria ganho, se concluída a obra.
(B) a lei estabelece limite para o exercício de direito potestativo e, no caso, o dono da obra excede manifestamente os limites impostos pelo seu fim econômico, de modo que a denúncia pode ser recusada pelo empreiteiro.

(C) formalmente lícita a conduta do dono da obra e franqueado o exercício de seu direito de resilição unilateral, a denúncia deverá produzir efeito, mas somente se as partes acordarem sobre despesas do empreiteiro e lucros cessantes, abrangentes estes até mesmo das oportunidades perdidas no sentido de realização de outros contratos.

(D) a extinção do contrato, pela vontade manifestada do dono da obra opera desde logo, mediante a denúncia notificada à outra parte.

Art. 473, parágrafo único, do CC. Gabarito "A".

(Magistratura/SP – 178º) Diga em que sentença relativa a contratos anda o desacerto.

(A) A parte lesada pelo inadimplemento pode pedir a resolução do contrato, se lhe não preferir o cumprimento, e tem, num e noutro caso, direito a indenização por perdas e danos.

(B) Nos contratos bilaterais, nenhum dos contratantes pode, antes de cumprida sua obrigação, exigir o cumprimento da obrigação do outro.

(C) Ainda que tácita, mas sempre inequívoca, a cláusula resolutiva opera de pleno direito, independentemente de interpelação judicial.

(D) A resolução do contrato por onerosidade excessiva pode ser evitada se o réu concordar com a modificação eqüitativa das condições do contrato.

A: art. 475 do CC; B: art. 476 do CC; C: art. 474 do CC; D: art. 479 do CC. Gabarito "C".

(Magistratura/TO – 2007 – CESPE) Julgue os itens a seguir, relativos aos contratos.

I. Nos contratos de prestação de serviços por prazo indeterminado, a resilição unilateral opera mediante denúncia notificada à outra parte. Essa resilição tem efeitos ex nunc, isto é, passa a valer desde o momento em que ocorrer.

II. Firmado um contrato em que as partes tenham convencionado cláusula penal compensatória, no caso de inadimplemento total da obrigação, o credor poderá exigir o cumprimento da obrigação principal ou o pagamento da multa convencional. O pagamento da cláusula penal exclui a possibilidade de exigir-se reparação por perdas e danos, ainda que limitados aos lucros cessantes.

III. O contrato preliminar é dependente e acessório, tem por finalidade garantir o cumprimento da obrigação assumida no contrato principal. Esse contrato se insere na denominada fase preliminar ou de tratativas, por isso, não gera responsabilidade civil contratual caso venha a ser descumprida a proposta.

IV. O desatendimento das obrigações assumidas nos contratos bilaterais sinalagmáticos enseja defesa por meio da exceção de contrato não cumprido, na ação em que o outro contratante deduza pretensão exigindo o cumprimento da obrigação assumida pelo outro, sem antes ter cumprido a sua.

Estão certos apenas os itens

(A) I e II.
(B) III e IV.
(C) I, II e IV.
(D) II, III e IV.

I: certo (art. 599 do CC); II: certo (art. 410 do CC); III: errado, pois o contrato preliminar gera responsabilidades sim; no caso, confere direito às partes de exigir a celebração do contrato definitivo (art. 463 do CC); IV: certo (art. 476 do CC). Gabarito "C".

(Ministério Público/DF – 2009) Acerca dos contratos, segundo as disposições do Código, assinale a alternativa correta.

(A) O distrato é negócio jurídico que rompe o vínculo contratual, mediante a declaração de vontade de um dos contratantes de por fim ao contrato que firmou e deve ser feito da forma em que foi celebrado, sem efeitos retroativos.

(B) Resilição unilateral significa o modo de extinção de um contrato por vontade de um dos contratantes, em virtude da inadimplência do outro. A resilição impõe ao inadimplente, além da multa contratual, o pagamento de indenização por perdas e danos.

(C) No contrato de compra e venda de bem móvel com pacto de reserva de domínio, o comprador só adquire a propriedade da coisa ao integralizar o pagamento do preço, não obstante investir-se em sua posse desde o momento da celebração do contrato. Para valer contra terceiros, é imprescindível que esse contrato seja registrado no cartório de títulos e documentos do domicílio do comprador.

(D) A promessa de fato de terceiro consiste na obrigação assumida pelo promitente em face do promissário de obter a anuência de terceiro em se obrigar a prestar algo em seu favor. O promitente se exonera de sua responsabilidade demonstrando que envidou todos os esforços no sentido de obter o consentimento do terceiro, pois a sua obrigação é de meio.

(E) No contrato de compra e venda de bem imóvel pode-se incluir a cláusula de se desfazer se, dentro de certo prazo, aparecer quem ofereça maior vantagem. Trata-se de cláusula resolutiva expressa que não pode ser cedida e nem transmitida aos herdeiros, que consiste na faculdade do vendedor resolver o contrato e recuperar a propriedade, desde que indenize integralmente o comprador.

A: incorreta, pois o distrato se faz pela manifestação de vontade de todos os contratantes, e não só de um, unilateralmente; B: incorreta, pois a resilição é a extinção do contrato pela vontade dos contratantes, e não por inadimplência ou outra razão; a resilição é unilateral quando um dos contratantes denuncia, unilateralmente, o contrato, medida que só pode ser tomada nos casos previstos em lei (art. 473, caput, do CC); a resilição é bilateral (distrato) quando as partes têm interesse comum em extinguir o contrato, podendo ser realizada sempre que as partes quiserem fazê-la; C: correta (arts. 524 e 522, respectivamente, do Código Civil); D: incorreta, pois a obrigação é de resultado, conforme pode se perceber do disposto no art. 439 do CC; E: incorreta, pois apesar de a situação narrada no exemplo não constar especificamente do rol de Cláusulas Especiais à Compra e Venda, previsto nos arts. 505 e ss do Código Civil (Retrovenda, Venda a Contento e Sujeita a Prova, Preferência ou Preempção, Venda com Reserva de Domínio, Venda sobre Documentos), a lei admite a inserção de cláusulas resolutivas em contratos (art. 474 do CC); de qualquer maneira, há um instituto que se aproxima bastante da situação narrada, que é a retrovenda, que permite ao vendedor recobrar a coisa de volta do comprador; a diferença é que, na retrovenda, não é necessário que o vendedor motive o porquê de estar recobrando a coisa de volta, bastando que recobre a coisa no prazo estipulado (que não pode ser superior a 3 anos) e que restitua o preço e as demais despesas do comprador (art. 505 do CC); esse direito se contrapõe à situação narrada na questão, pois é cessível e transmissível a herdeiros e legatários (art. 507 do CC). Gabarito "C".

(Ministério Público/MS – 2006) Sobre a extinção dos contratos, assinale a opção CORRETA:

(A) No caso de resolução por onerosidade excessiva, os efeitos da sentença que a decretar retroagirão à data da citação.

(B) A cláusula resolutiva tácita independe de interpelação judicial operando-se de pleno direito.

(C) A exceção do contrato não cumprido cabe tanto nos contratos bilaterais como nos unilaterais.

(D) A resilição unilateral opera-se, em regra, mediante retenção da prestação pela parte que não mais deseja o contrato.

A: art. 478 do CC; B: art. 474 do CC; C: art. 476 do CC; D: art. 473 do CC. Gabarito "A".

(Procurador do Estado/PE – 2004) No tocante à extinção dos contratos, considere as seguintes afirmações:

I. A cláusula resolutiva expressa opera de pleno direito; a tácita depende de interpelação judicial.

II. O distrato pode dar-se por instrumento particular ainda que o contrato tenha sido celebrado por instrumento público.

III. A resolução por onerosidade excessiva requerida judicialmente não pode ser evitada pelo réu, por se tratar de direito potestativo do autor.

IV. A resilição unilateral, nos casos em que a lei expressa ou implicitamente o permita, opera mediante denúncia notificada à outra parte, mas se esta houver feito investimentos consideráveis para execução do contrato, a denúncia só produzirá efeito depois de transcorrido prazo compatível com a natureza e o vulto dos investimentos.

V. Os efeitos da sentença que decretar a resolução do contrato por onerosidade excessiva retroagirão à data de sua celebração.

São corretas

(A) I e II.
(B) I e IV.
(C) I e V.
(D) II e III.
(E) III e IV.

I: correta (art. 474 do CC); II: incorreta (art. 472 do CC); III: incorreta (art. 479 do CC); IV: correta (art. 473, p. ún., do CC); V: incorreta (art. 478 do CC). **Gabarito "B".**

(Procurador do Município/Florianópolis-SC – 2010 – FEPESE) Sobre as formas de desfazimento da relação contratual, assinale a alternativa **incorreta**.

(A) A resilição é forma de desfazimento voluntário do contrato.
(B) A quitação é um direito de que paga do solvens.
(C) Salvo disposição em contrário, o distrato opera efeitos a partir de sua ultimação.
(D) Os efeitos da sentença que decretar a resolução do contrato correrão a partir de sua publicação.
(E) A exceção de contrato não cumprido implica, nos contratos bilaterais, a impossibilidade de exigir o implemento da obrigação alheia, antes de cumprida a obrigação própria.

A: assertiva correta, pois a resilição é a extinção do contrato pela vontade dos contratantes; quando a vontade é de apenas um dos contratantes, tem-se a resilição unilateral (denúncia), ao passo que se a extinção se dá pela vontade de ambos os contraentes, tem-se a resilição bilateral (distrato), estando o instituto da resilição regulamentado nos arts. 472 e 473 do CC; B: assertiva correta, pois o *solvens* é a pessoa que deve pagar, ou seja, o devedor; uma vez que o devedor paga, ele tem direito à quitação (art. 319 do CC); aliás, o devedor que está para pagar pode até reter o pagamento, enquanto não lhe seja dada a quitação regular; C: assertiva correta, já que é a partir do distrato que o contrato deixa de produzir efeitos (efeito *ex nunc*), podendo, as partes, se quiserem, estabelecer outra data para que o contrato deixe de produzir efeitos; D: assertiva incorreta, devendo ser assinalada; na verdade, caso haja cláusula resolutiva expressa, os efeitos da resolução se darão a partir da inexecução do contrato, ao passo que, não havendo cláusula resolutiva expressa, os efeitos da resolução se darão a partir de interpelação judicial (art. 474 do CC); E: assertiva correta (art. 476 do CC). **Gabarito "D".**

(Defensoria/MT – 2009 – FCC) A respeito da disciplina dos contratos, é lícito afirmar que

(A) o contrato real é o que se aperfeiçoa com a transferência do direito de propriedade de um bem ao credor.
(B) o contrato faz lei entre as partes e, uma vez celebrado, vigora, em qualquer hipótese, o princípio segundo o qual *pacta sunt servanda*.
(C) as obrigações decorrentes de todo e qualquer contrato serão válidas na medida em que atendam aos princípios da boa-fé objetiva e de sua função social, bem como sejam reduzidas a instrumento escrito em letras com fonte não inferior ao corpo 12, de modo a facilitar sua compreensão.
(D) o contrato real aperfeiçoa-se e valida-se com a entrega de um bem, sendo irrelevante a existência de consenso.
(E) o distrato somente será admitido se feito pela mesma forma exigida para o contrato.

A: incorreta, pois contrato real é aquele que se aperfeiçoa (passa a existir) com a entrega da coisa; B: incorreta, pois a máxima citada cede quando há violação aos princípios da função social e da boa-fé objetiva, bem como quando há violação de outra norma de ordem pública; C: incorreta, pois a exigência de letra com fonte não inferior ao corpo 12 só existe em relação a contratos de consumo (art. 54, § 3º, do CDC); D: incorreta, pois, além da entrega, requisito específico para a formação do contrato real, o consenso também é necessário, pois é requisito geral para a formação dos contratos; E: correta (art. 472 do CC). **Gabarito "E".**

(Magistratura do Trabalho – 3ª Região – 2009) Assinale a assertiva ("a" a "e") correta em relação aos enunciados de I a V, em relação à teoria geral dos contratos:

I. Nos contratos de trato sucessivo ou execução continuada, se a prestação de uma das partes se tornar excessivamente onerosa, com extrema vantagem para a outra, em virtude de algum eventual acontecimento, poderá o devedor pedir a resolução do contrato.
II. A cláusula resolutiva tácita exige a interpelação judicial para que produza sua eficácia jurídica.
III. Qualquer redução do patrimônio de uma das partes contratantes justifica a exceção de contrato não cumprido.
IV. A resilição unilateral, nos casos em que a lei expressa ou implicitamente o permita, opera mediante denúncia notificada à outra parte.
V. A denúncia do contrato, no caso de resilição unilateral do mesmo, só produzirá efeito depois de transcorrido prazo compatível com a natureza e o vulto dos investimentos, quando, dada a natureza do contrato, uma das partes houver feito investimentos consideráveis para a sua execução.

(A) somente um enunciado é verdadeiro
(B) somente dois enunciados são verdadeiros
(C) somente três enunciados são verdadeiros
(D) somente quatro enunciados são verdadeiros
(E) todos os enunciados são verdadeiros

I: incorreta, pois há de se tratar de acontecimento extraordinário e imprevisível (art. 478 do CC); II: correta (art. 474, parte final, do CC); III: incorreta, pois há de se tratar de redução de patrimônio capaz de comprometer ou tornar duvidosa a prestação pela qual se obrigou a parte (art. 477 do CC); IV: correta (art. 473, *caput*, do CC); V: correta (art. 473, parágrafo único, do CC). **Gabarito "C".**

4.7. COMPRA E VENDA E TROCA

(MAGISTRATURA/PB – 2011 – CESPE) A respeito das disposições aplicáveis a contratos de compra e venda, assinale a opção correta.

(A) Na venda com reserva de domínio, o Código Civil estabelece que o vendedor somente pode executar a referida cláusula após a constituição do comprador em mora, mediante protesto de título ou interpelação judicial ou extrajudicial.
(B) O direito de retrato não é suscetível de cessão por ato *inter vivos*, mas é cessível e transmissível por ato causa mortis, podendo os herdeiros e legatários exercê-lo somente no prazo decadencial de três anos, contado da conclusão da compra e venda.
(C) Nesse tipo de contrato, a fixação do preço pode ser deixada ao arbítrio de terceiro designado pelos contratantes ou de uma das partes.
(D) Na venda *ad corpus*, não havendo correspondência entre a área efetivamente encontrada e as dimensões constantes do documento, o comprador lesado poderá exigir o implemento da área ou abatimento no preço.
(E) Denomina-se venda a contento a cláusula que sujeita o contrato a condição suspensiva, produzindo efeitos somente após o comprador se assegurar de que a coisa realmente possui as qualidades garantidas pelo vendedor.

A: incorreta, pois a constituição em mora só pode se dar por protesto do título ou por interpelação judicial, nas podendo se dar por interpelação extrajudicial (art. 535 do CC); B: correta (arts. 507 e 505 do CC, respectivamente); C: incorreta, pois a fixação do preço pode ser deixada a arbítrio de terceiro, desde que este seja escolhido por ambas as partes (art. 485 do CC); D: incorreta, pois, nesse caso, não haverá complemento de área, nem devolução de excesso (art. 500, § 3º, do CC); E: incorreta, pois essa é a definição de *venda sujeita à prova* (art. 510 do CC); na venda a contento também existe uma condição suspensiva, que é o adquirente manifestar o seu agrado (o seu contento) com a coisa (art. 509 do CC); um exemplo é quando alguém pede um vinho num restaurante e o garçom serve um pouco do vinho para ver se está do agrado de quem pediu; se estiver, a venda, que estava sob a condição suspensiva do agrado (ou contento), passa a produzir efeitos. **Gabarito "B".**

(Magistratura/PE – 2011 – FCC) Sobre o contrato de compra e venda analise os itens abaixo:

I. Transfere o domínio da coisa mediante o pagamento de certo preço em dinheiro, independente de tradição.
II. Não pode ter por objeto coisa futura.
III. É anulável a venda de ascendente a descendente, salvo se os outros descendentes e o cônjuge do alienante expressamente houverem consentido.
IV. É lícita a compra e venda entre cônjuge, com relação a bens excluídos da comunhão.
V. Na venda *ad corpus*, presume-se que a referência às dimensões foi simplesmente enunciativa, quando a diferença encontrada não exceder de um vigésimo da área total enunciada.

Está correto APENAS o que se afirma em
(A) I, II e III.
(B) I, III e V.
(C) II, III e IV.
(D) II, IV e V.
(E) III, IV e V.

I: incorreta, pois a compra e venda não tem o condão de transferir o domínio da coisa, mas apenas de criar a obrigação de entrega da coisa (art. 481 do CC); vale lembrar que apenas com a entrega da coisa (que tem natureza jurídica de *execução* do contrato) é que o domínio é transferido; II: incorreta, pois cabe compra e venda de coisa futura (art. 483 do CC); III: correta (art. 496 do CC); IV: correta (art. 499 do CC); V: correta (art. 500, §§ 1º e § 3º, do CC). Gabarito "E".

(Magistratura/PI - 2007 - CESPE) Com relação ao contrato de compra e venda regido pelo Código Civil, julgue os itens que se seguem.

I. O pacto de retrovenda é cláusula acessória aposta no contrato de compra e venda de bens imóveis, consistente na faculdade que se reserva o vendedor de resolver o contrato, por vontade unilateral e imotivada, reavendo o imóvel desde que pague ao comprador o preço original, monetariamente corrigido, as despesas por ele suportadas e o valor equivalente às benfeitorias necessárias, bem como as úteis e voluptuárias que se efetuaram com a sua autorização escrita.

II. Pela cláusula de preferência, o comprador se compromete a vender o bem móvel ou imóvel adquirido ao vendedor, em prazo certo e decadencial. Trata-se de cláusula resolutiva expressa no contrato, por ser potestativa, subordinada à vontade do antigo dono de readquirir o bem. O direito de preferência não se transmite por ato entre vivos, apenas por causa de morte do alienante aos herdeiros.

III. A cláusula de venda a contento subordina a eficácia do negócio à circunstância da satisfação do adquirente. Pela condição suspensiva desse negócio, o comprador, enquanto não se manifesta acerca da aprovação da coisa, ocupa posição jurídica análoga à do comodatário.

IV. Na venda sobre documentos, a entrega do bem é substituída pela entrega do título representativo e dos outros documentos exigidos pelo contrato. Como nesse tipo de contrato não há a tradição do bem alienado, o comprador pode condicionar o pagamento à verificação de inexistência de vícios redibitórios ou de outros tipos de defeitos ou recusar o pagamento quando comprovar tais defeitos na coisa vendida.

V. A venda com reserva de domínio é uma modalidade de venda a crédito de bens imóveis com garantia fiduciária, na qual o comprador, até a quitação integral do preço, não adquire a propriedade da coisa, embora já exerça sobre ela a posse. Essa cláusula prevê o desfazimento da venda caso o comprador deixe de cumprir a obrigação de pagar o preço no prazo estipulado, independentemente de ação judicial e do pagamento de qualquer indenização ou restituição do valor já pago.

Estão certos apenas os itens
(A) I e IV.
(B) I e III.
(C) II e III.
(D) II e IV.
(E) III e IV.

I: certo (art. 505 do CC); II: errado, pois não há promessa de vender, mas promessa de oferecer para o vendedor, se for vender (art. 513 do CC); III: certo (arts. 509 e 511); IV: errado (art. 529 do CC); V: errado (art. 526 do CC). Gabarito "B".

(Magistratura/RS – 2009) Assinale a assertiva correta sobre compra e venda.

(A) Pelo contrato de compra e venda, um dos contratantes transfere o domínio de certa coisa mediante pagamento.
(B) A compra e venda pode ter por objeto coisa inexistente no momento da conclusão do contrato.
(C) A fixação do preço pode ser deixada ao arbítrio de terceiro que os contratantes designarem. Se o terceiro não aceitar a incumbência nem os contraentes acordarem em designar outra pessoa, caberá ao juiz fixá-lo.
(D) A fixação do preço pode ser deixada para uma das partes.
(E) Assiste preferência legal ao condômino preterido na venda de bem divisível pelo outro proprietário, nas mesmas condições.

A: incorreta, pois, pelo contrato de compra e venda, os contratantes não *transferem* o domínio da coisa mediante pagamento, mas, sim, *obrigam-se a transferir* o domínio da coisa mediante pagamento; a transferência do domínio e o pagamento não são requisitos para a formação do contrato de compra e venda, mas são execução do contrato de compra e venda; B: correta, pois o contrato de compra e venda pode recair sobre coisa futura (art. 483 do CC); C: incorreta, pois, nesse caso, ficará sem efeito o contrato (art. 485 do CC); D: incorreta, pois é nulo o contrato nesse caso (art. 489 do CC); E: incorreta, pois tal regra existe no caso de coisa indivisível (art. 1.322 do CC). Gabarito "B".

(Magistratura/SP – 178º) Indique a asserção enganosa.

(A) Se, na venda ad mensuram de um imóvel, se verificar que há excesso superior a um vigésimo do total da área enunciada e se o vendedor comprovar que tinha motivos para ignorar a medida exata da área vendida, pode o comprador completar o valor correspondente ou simplesmente devolver o excesso.
(B) No caso de separação de bens convencional, é lícita a compra e venda, entre cônjuges, de bens excluídos da comunhão.
(C) É nula a venda de ascendente a descendente quando nem os outros descendentes nem o cônjuge do alienante deram expresso consentimento.
(D) É nulo o contrato de compra e venda em que se deixa ao arbítrio exclusivo de uma das partes a fixação do preço.

A: correta (art. 500, § 2º, do CC); B: correta (art. 499 do CC); C: incorreta, pois é anulável a venda (art. 496 do CC); D: correta (art. 489 do CC). Gabarito "C".

(Ministério Público/PR – 2008) É correto afirmar:

(A) No contrato aleatório, a coisa recebida pode ser enjeitada por vícios ou defeitos ocultos, que a tornem imprópria ao uso a que é destinada, ou lhe diminuam o valor.
(B) No contrato de compra e venda é possível aos contratantes deixar a fixação do preço ao arbítrio de terceiro ou a exclusivamente uma das partes.
(C) Até o momento da tradição, no contrato de compra e venda, os riscos da coisa correm por conta do vendedor, e os do preço por conta do comprador.
(D) A venda feita a contento do comprador entende-se realizada sob condição resolutiva, ainda que a coisa lhe tenha sido entregue; e não se reputará perfeita, enquanto o adquirente não manifestar seu agrado.
(E) No vício redibitório, o adquirente decai do direito de obter a redibição ou abatimento no preço no prazo de trinta dias se a coisa for móvel, e de dois anos se for imóvel, contado da entrega efetiva; se já estava na posse, o prazo conta-se da alienação, reduzido à metade.

A: o contrato deve ser comutativo (art. 441 do CC); B: arts. 485 e 489 do CC; C: art. 492 do CC; D: trata-se de condição suspensiva (art. 509 do CC); E: art. 445 do CC. Gabarito "C".

(Defensoria Pública/SP – 2007) Cláusula inserida na compra e venda, pelo qual o vendedor se reserva o direito de reaver, em certo tempo, o bem alienado, tem efeitos reais e só pode ser exercida durante um prazo de caducidade de, no máximo, 3 anos, a partir da data da venda. Este enunciado diz respeito ao ato negocial:

(A) venda a contento.
(B) preempção.
(C) pacto comissório.
(D) pactum reservati dominii.
(E) retrovenda.

Art. 505 do CC. Gabarito "E".

(Procurador do Estado/PR – 2007) Acerca do regime jurídico da compra e venda no Código Civil, analise as afirmações que seguem:

I. Nulo é o contrato de compra e venda, quando se deixa ao arbítrio exclusivo de uma das partes a taxação do preço.
II. Pode o ascendente vender bem imóvel ao descendente sem autorização dos demais descendentes, devendo, porém, nessa hipótese, ser a compra e venda levada à colação no futuro inventário do ascendente.

III. Nas coisas vendidas conjuntamente, o defeito oculto de uma não autoriza a rejeição de todas.
IV. Na retrovenda, o prazo para resgate não poderá ultrapassar três anos.

(A) Estão corretas apenas as afirmações 1 e 2.
(B) Estão corretas apenas as afirmações 1, 3 e 4.
(C) Estão corretas apenas as afirmações 2 e 4
(D) Estão corretas apenas as afirmações 1, 2 e 3.
(E) Está correta apenas a afirmação 4.

I: correta (art. 489 do CC); II: incorreta (art. 496 do CC – não confundir com a hipótese de doação – art. 544 do CC); III: correta (art. 503 do CC); IV: correta (art. 505 do CC). Gabarito "B".

(Procurador do Estado/PR – 2007) O direito de preferência: ALTERNATIVAS:

(A) é uma faculdade do credor;
(B) é uma faculdade do devedor;
(C) depende de estipulação contratual;
(D) não depende de estipulação contratual;
(E) está previsto na lei, podendo ser convencionado.

Arts. 513 e ss, do CC. Gabarito "E".

(Procurador do Estado/RR – 2006 – FCC) No contrato de compra e venda

(A) a propriedade da coisa vendida, salvo disposição em contrário, se transfere no momento do contrato, por isto se considera contrato real.
(B) um dos contratantes se obriga a transferir o domínio de certa coisa, e outro, a pagar-lhe certo preço em dinheiro.
(C) é válido deixar-se ao arbítrio exclusivo de uma das partes a fixação do preço, se assim o contrato dispuser expressamente.
(D) desde a celebração do contrato, os riscos da coisa correm por conta do comprador, independentemente da tradição e os do preço por conta do vendedor.
(E) há necessidade de anuência dos outros descendentes se o vendedor for ascendente do comprador, sob pena de nulidade absoluta.

A: a compra e venda é contrato consensual, ou seja, é contrato que se forma pelo mero acordo de vontades; a compra e venda, portanto, não importa em transferência da propriedade da coisa; esta só se dá com a tradição (com a entrega), que está no contexto da execução do contrato (art. 481 do CC); B: art. 481 do CC; C: art. 489 do CC; D: art. 492 do CC; E: sob pena de anulabilidade (art. 496 do CC). Gabarito "B".

(Delegado/RJ – 2009 – CEPERJ) Quanto ao contrato de compra e venda, é incorreto afirmar que:

(A) a compra e venda pode ter por objeto coisa atual ou futura.
(B) ineficaz é o contrato de compra e venda, quando se deixa ao arbítrio exclusivo de uma das partes a fixação do preço.
(C) até o momento da tradição, os riscos da coisa correm por conta do vendedor e os do preço por conta do comprador.
(D) é anulável a venda de ascendente a descendente, salvo se os outros descendentes e o cônjuge do alienante expressamente houverem consentido.
(E) é lícita a compra e venda entre cônjuges, com relação a bens excluídos da comunhão.

A: correto (art. 483 do CC); B: incorreto, pois, nesse caso, o contrato é *nulo*, e não *ineficaz* (art. 489 do CC); C: correto (art. 492, *caput*, do CC); D: correto (art. 496, *caput*, do CC); E: correto (art. 499 do CC). Gabarito "B".

(Cartório/MS – 2009 – VUNESP) No contrato de troca de imóvel é incabível o pedido de resolução do contrato. Este posicionamento está

(A) correto, porque se aplicam à troca as disposições referentes à compra e à venda.
(B) correto, porque a diferença de área é meramente enunciativa em sua transcrição.
(C) incorreto, porque a troca pura de imóveis implica eventuais diferenças.
(D) incorreto, porque não se aplica à troca o pedido de resolução.
(E) incorreto, porque não é possível haver troca *ad mensuram*.

Art. 533, *caput*, do CC. Gabarito "A".

(Cartório/SP – 2008) Na hipótese de superveniente insolvência do comprador antes da tradição da coisa,

(A) aplica-se o princípio geral da exceção do contrato não cumprido, autorizando-se o vendedor a sobrestar a entrega da coisa até que o comprador ofereça caução de pagar no tempo ajustado.
(B) aplica-se a cláusula *rebus sic stantibus*, autorizando-se o vendedor a pedir a resolução do contrato por onerosidade excessiva.
(C) admite-se a resolução da avença, aplicando-se a cláusula resolutiva expressa, por se tratar de negócio jurídico bilateral.
(D) admite-se a resolução da avença, aplicando-se o princípio da *exceptio non adimpleti contractus*, automaticamente.

Art. 495 do CC. Gabarito "A".

(Magistratura Federal/1ª Região – 2009 – CESPE) Em relação aos contratos, assinale a opção correta.

(A) Considere que determinado indivíduo tenha comprado uma televisão, ficando pactuado o dia para a entrega do bem pelo estabelecimento comercial e que, na véspera da data combinada para a entrega, o estabelecimento tenha se incendiado por problema elétrico e todos os seus bens tenham sido destruídos. Nessa situação, o contrato de compra e venda ficará resolvido, porque o vendedor não tem obrigação, já que a televisão foi destruída.
(B) No direito brasileiro, não é permitido o mútuo oneroso em que se presumam devidos os juros.
(C) A cláusula de reserva de domínio consiste no direito que o vendedor se reserva de reaver, em certo prazo, o imóvel alienado, restituindo ao comprador o preço mais as despesas por ele realizadas.
(D) Não é lícito que, no contrato de compra e venda, o preço seja fixado pela taxa de mercado.
(E) Considere que um indivíduo tenha celebrado contrato de compra e venda de seu apartamento em 10/11/2008, sendo a respectiva escritura pública devidamente registrada no cartório de registro de imóveis em 10/3/2009. Considere, ainda, que, no mês de janeiro de 2009, tenha sobrevindo cobrança do IPTU sobre o imóvel. Nessa situação, o vendedor é responsável pelo pagamento do IPTU.

A: incorreta, pois, até o momento da tradição, os riscos da coisa correm por conta do vendedor (art. 492 do CC), que não pode se exonerar do compromisso que tem, mormente porque tem meios para conseguir outra televisão no mercado e porque, no caso, tem-se relação de consumo, que encerra responsabilidade objetiva; B: incorreta, pois o atual Código dispõe que no mútuo destinado a fins econômicos presumem-se devidos os juros (art. 591 do CC); C: incorreta, pois ocorre o contrário, ou seja, o vendedor reserva para si a propriedade da coisa, que serve como garantia do pagamento integral do preço; D: incorreta, pois é admissível pactuação nesse sentido (art. 486 do CC); E: correta, pois, enquanto não se tem o registro da escritura na matrícula do imóvel, o vendedor continua como proprietário da coisa, pouco importando para o Poder Público a existência de convenção na registrada entre as partes. Gabarito "E".

(Procuradoria da República – 22º) Na venda de um imóvel ad mensuram:

(A) o adquirente não pode exigir o complemento da área;
(B) a referência às dimensões é meramente exemplificativa;
(C) há presunção *juris tantum* da referência enunciativa da área;
(D) o preço é estipulado por medida de extensão.

Art. 500 do CC. Gabarito "D".

(Magistratura do Trabalho – 8ª Região – 2009) Marque a alternativa incorreta:

(A) Na compra e venda de coisa futura, o contrato ficará sem efeito se a coisa não vier a existir, salvo se a intenção das partes era de concluir contrato aleatório.
(B) A fixação do preço no contrato de compra e venda pode ficar ao arbítrio de terceiro.
(C) Se a venda for convencionada sem a fixação de preço e não havendo tabelamento oficial, entende-se que as partes se sujeitaram ao preço usual nas vendas do vendedor.
(D) É nulo o contrato de venda e compra que deixa ao arbítrio exclusivo de uma das partes a fixação do preço.
(E) Na falta de estipulação expressa a tradição da coisa vendida dar-se-á no lugar do domicílio do adquirente.

A: correta (art. 483 do CC); B: correta (art. 485 do CC); C: correta (art. 488 do CC); D: correta (art. 489 do CC); E: incorreta, pois na falta de estipulação expressa, a tradição se dará no lugar onde a coisa se encontrava ao tempo da venda (art. 493 do CC). Gabarito "E".

(Magistratura do Trabalho – 9ª Região – 2009) Considere as seguintes proposições:

I. O contrato de compra e venda de bem móvel é insuficiente para transferir o domínio, pelo que, até o momento da tradição, a coisa continua a pertencer ao alienante. Assim sendo, se o comprador determinar que a coisa seja expedida para lugar diverso daquele onde deveria ser entregue e o vendedor, cumprindo a determinação, a entrega a quem a deve transportar, considera-se que houve a tradição. Portanto, se a coisa perecer no interregno entre a remessa e a recepção, quem sofre o prejuízo é o comprador.
II. É anulável a venda de ascendente a descendente, salvo se os outros descendentes e o cônjuge do alienante houverem consentido.
III. Não podem ser comprados, sob pena de nulidade, ainda que em hasta pública, pelos mandatários, os bens de cuja administração ou alienação estejam encarregados.
IV. Nas coisas vendidas conjuntamente, o defeito oculto de uma não autoriza a rejeição de todas.

(A) todas as proposições são corretas
(B) somente as proposições I, II e III são corretas
(C) somente as proposições III e IV são corretas
(D) somente as proposições I, II e IV são corretas
(E) todas as proposições são incorretas

I: correta (art. 494 do CC); II: correta (art. 496 do CC); III: incorreta, pois não existe proibição nesse sentido contra o mandatário (art. 497 do CC); IV: correta (art. 503 do CC). Gabarito "D".

(Magistratura do Trabalho – 14ª Região – 2006) Sobre a retrovenda, assinale a alternativa CORRETA.

(A) aplica-se, exclusivamente, a bens móveis;
(B) o direito de retrato não poderá ser exercido contra terceiro adquirente;
(C) o prazo máximo para o exercício do direito de retrato é três anos;
(D) as benfeitorias necessárias realizadas pelo comprador, ainda que mediante autorização escrita do vendedor, não serão indenizadas;
(E) o direito de retrato não se transmite aos herdeiros e legatários.

Arts. 505 e ss do CC. Gabarito "C".

(FGV – 2005) A respeito da retrovenda, analise as proposições a seguir e assinale a alternativa correta.

(A) Se a duas ou mais pessoas couber o direito de retrato sobre o mesmo imóvel, e só uma o exercer, poderá o comprador intimar as outras para nele acordarem, prevalecendo o pacto em favor de quem haja efetuado o depósito, contanto que seja integral.
(B) O direito de retrato é suscetível de cessão por ato inter-vivos.
(C) O exercício da retrovenda é intransmissível por ato causa mortis.
(D) O direito de resgate não se extingue mesmo diante de caso fortuito ou força maior.
(E) Todas as alternativas anteriores estão incorretas.

A: correta (art. 508 do CC); B: incorreta, pois o direito de retrato é cessível a herdeiros e legatários, e não por ato *inter vivos* (art. 507 do CC); C: incorreta, pois o direito de retrato é transmissível por ato *causa mortis* (art. 507 do CC); D: incorreta, pois o direito de resgate extingue-se diante de caso fortuito ou força maior. Gabarito "A".

(Analista – STM – 2011 – CESPE) Julgue o seguinte item.

(1) O contrato de promessa de compra e venda tem caráter preliminar, não obrigando as partes à transferência, salvo após a quitação integral do preço.

1: correta, pois a promessa de compra e venda só se concretizará numa compra e venda definitiva no momento em que o compromissário comprador pagar o preço, ocasião em que terá direito à outorga de escritura definitiva (art. 1.418 do CC). Gabarito 1C.

(Analista – TRE/AP – 2011 – FCC) Na compra e venda, salvo cláusula em contrário, ficarão as despesas de escritura e registro e as da tradição a cargo

(A) do comprador e vendedor, respectivamente.
(B) do comprador.
(C) do vendedor.
(D) de 50% para cada parte.
(E) do vendedor e comprador, respectivamente.

Art. 490 do CC. Gabarito "A".

4.8. COMPROMISSO DE COMPRA E VENDA

(Magistratura/DF – 2011) Disciplina a lei civil que "mediante promessa de compra e venda, em que se não pactuou arrependimento, celebrada por instrumento público ou particular, e registrada no Cartório de Registro de Imóveis, adquire o promitente comprador direito real à aquisição do imóvel". De acordo com referida previsão legal, considere as proposições abaixo e assinale a <u>incorreta</u>:

(A) O direito real à aquisição do imóvel, no caso de promessa de compra e venda, sem cláusula de arrependimento, somente se adquire com o registro;
(B) O promitente comprador, titular de direito real, pode exigir do promitente vendedor, ou de terceiros, a quem os direitos deste forem cedidos, a outorga da escritura definitiva de compra e venda, conforme o disposto no instrumento preliminar; e, se houver recusa, requerer ao juiz a adjudicação do imóvel;
(C) O direito à adjudicação compulsória, quando exercido em face do promitente vendedor, não se condiciona ao registro da promessa de compra e venda no cartório do registro imobiliário;
(D) O promitente comprador, munido de promessa de compra e venda, ainda que não registrada no cartório de imóveis, tem a faculdade de reivindicar de terceiro o imóvel prometido à venda.

A: assertiva correta (art. 1.417 do CC); B: assertiva correta (art. 1.418 do CC); C: assertiva correta (Súmula 239 do STJ); D: assertiva incorreta, pois a inexistência de registro impede que haja oposição em relação a terceiro, com fundamento no direito de propriedade (ação reivindicatória); cabe ao compromissário comprador, se recebeu a posse da coisa, ingressar com reintegração de posse. Gabarito "D".

(Magistratura/SP – 178º) Destes assertos, só um é certo. Diga qual é.

(A) Com a promessa de compra e venda, de que não conste cláusula de arrependimento, adquire o promitente comprador, desde que inscrito o compromisso no Cartório de Registro de Imóveis, o direito de seqüela.
(B) Para que o promitente comprador adquira direito real à aquisição do imóvel, é imprescindível conste da promessa de compra e venda cláusula expressa de irrevogabilidade.
(C) Somente a promessa de compra e venda celebrada por instrumento público dá ao promitente comprador direito real.
(D) Na promessa de compra e venda de imóvel não loteado, é condição legal da constituição do direito real à aquisição do imóvel a quitação do preço no ato.

Art. 1.417 do CC. Gabarito "A".

(Cartório/SP – 2008) No compromisso de compra e venda, o inadimplemento parcial do contrato, por qualquer das partes, dá ensejo à aplicação do princípio da

(A) onerosidade excessiva, constituindo causa de resolução da avença.
(B) *exceptio non adimpleti contractus*, ficando assegurado à parte que não cumpriu a sua obrigação o direito de exigir o implemento da obrigação quanto à outra parte.
(C) onerosidade excessiva, constituindo causa de anulação da avença.
(D) *exceptio non adimpleti contractus*, reservando-se àquele que sofreu o inadimplemento suspender o cumprimento da sua parte na avença.

Art. 476 do CC. Gabarito "D".

(FGV – 2008) Celebrado contrato de promessa de compra e venda de imóvel, e estando o devedor em dificuldades financeiras e objetivando não mais prosseguir na respectiva execução, poderá no tocante à avença postular:

(A) rescisão.
(B) resolução.
(C) resilição.

(D) revisão.
(E) revogação.

Resilição unilateral é o meio próprio de o contratante exercer um direito potestativo de não mais continuar vinculado à avença, já que ninguém é obrigado a permanecer no vínculo contratual indefinidamente. Gabarito "C".

4.9. DOAÇÃO

(Magistratura/MG - 2006) Conforme dispõe o Código Civil, é CORRETO afirmar que:

(A) a revogação por ingratidão obriga o donatário a restituir os frutos percebidos, mesmo antes da citação válida;
(B) o direito de revogar a doação por ingratidão transmite-se aos herdeiros do doador;
(C) revogam-se por ingratidão as doações feitas para determinado casamento;
(D) a revogação por ingratidão pode ocorrer também quando o ofendido for descendente do doador, ainda que adotivo.

A: art. 563 do CC; B: art. 560 do CC; C: art. 564, IV, do CC; D: art. 558 do CC. Gabarito "D".

(Magistratura/PA – 2005) Assinale a alternativa correta quanto ao tratamento dado pelo Código Civil em matéria de doação.

(A) O doador não é obrigado a pagar juros moratórios, nem é sujeito às conseqüências da evicção ou do vício redibitório.
(B) É inválida a doação feita ao nascituro, que não poderá ser aceita pelo seu representante legal.
(C) Em qualquer hipótese, é inadmissível a doação verbal.
(D) O doador pode estipular que os bens doados se revertam em favor de terceiro se o doador sobreviver ao donatário.
(E) É renunciável antecipadamente o direito de revogar a doação por ingratidão do donatário.

A: art. 552 do CC; B: art. 542 do CC; C: art. 541, parágrafo único, do CC; D: art. 547, parágrafo único, do CC; E: art. 556 do CC. Gabarito "A".

(Magistratura/SP – 2011 – VUNESP) Assinale a alternativa correta.

(A) O silêncio do donatário quanto à aceitação da doação pura faz presumir que a recusou.
(B) A doação remuneratória perde o caráter de liberalidade, se não exceder o valor do serviço prestado.
(C) A doação de bem imóvel de qualquer valor pode ser feita por instrumento particular.
(D) A doação feita ao nascituro dispensa a aceitação.
(E) A doação em forma de subvenção periódica ao beneficiado transmite-se aos herdeiros do donatário.

A: incorreta, pois o silêncio do donatário quanto à aceitação da doação pura faz presumir sua aceitação (art. 539 do CC); B: correta, pois a **doação remuneratória** é a doação em que, sob aparência de liberalidade, há firme propósito do doador de pagar serviços prestados pelo donatário ou alguma vantagem que haja recebido deste. Não perde o caráter de liberalidade no valor excedente ao valor dos serviços remunerados (art. 540 do CC); C: incorreta, pois a doação de bem imóvel com valor acima de 30 vezes o salário mínimo deve ser feita por instrumento público, nos termos dos arts. 108 e 541 do CC; D: incorreta, pois a doação feita ao nascituro valerá, sendo **aceita pelo seu representante legal** (art. 542 do CC); E: incorreta, pois a doação em forma de subvenção periódica ao beneficiado **extingue-se morrendo o doador**, salvo se este outra coisa dispuser, mas não poderá ultrapassar a vida do donatário (art. 545 do CC). Gabarito "B".

(Ministério Público/MG – 2010.2) Analise as seguintes alternativas e assinale a assertiva INCORRETA.

(A) As doações feitas ao filho, cujos encargos já foram cumpridos, não podem ser revogadas, embora o filho tenha praticado atos de ingratidão.
(B) O doador pode fixar prazo ao donatário para declarar se aceita ou não a liberalidade pura e simples. Se este ficar silente, presume-se que não aceitou a doação prometida.
(C) A inalienabilidade de legado de imóvel, sem justificativa, é permitida pela legislação brasileira, que não restringe a livre vontade do testador.
(D) Se a doação constar de subvenção periódica, extinguir-se-á, morrendo o doador, salvo disposição testamentária em contrário, mantendo-a.

A: correta (art. 564, II, do CC); B: incorreta, pois o silêncio, na doação sem encargo, presume a aceitação (art. 539, parte final, do CC); C: correta, pois a necessidade de justificativa da cláusula restritiva só se faz necessário quanto aos bens da legítima (art. 1.848, caput, do CC), ou seja, da parte indisponível da herança, pertencente aos herdeiros necessários (art. 1.846 do CC); D: correta (art. 545 do CC). Gabarito "B".

(Ministério Público/SP – 2010) JOSÉ e MARIA doaram a sua única filha, LÚCIA, todos os imóveis de sua propriedade, reservando para o casal o usufruto dos bens. À época da doação, CARLOS, fruto de outro relacionamento de JOSÉ, já havia sido concebido. CARLOS, quando contava com cinco anos, representado por sua mãe, promoveu ação visando anular a doação efetivada por JOSÉ e MARIA a sua irmã LÚCIA. Assinale a alternativa correta:

(A) deve ser considerada inoficiosa a doação de ¼ (um quarto) dos bens imóveis.
(B) a doação não é nula, pois JOSÉ e MARIA ao instituírem o usufruto sobre os imóveis doados cumpriram a determinação legal de preservar renda suficiente para a subsistência do casal.
(C) a doação é juridicamente inexistente.
(D) a doação não é nula, pois os doadores podiam dispor do patrimônio, com reserva do usufruto para si, considerando que a doação ocorreu antes do nascimento de CARLOS.
(E) é nula a doação da totalidade dos imóveis de propriedade de JOSE e MARIA a filha LÚCIA, pois os direitos do nascituro devem ser preservados.

Da totalidade dos bens doados, metade corresponde à legítima, que é a parte indisponível da herança. Dessa metade, uma parte é de Lúcia e outra parte é de Carlos. Assim, 1/4 do valor total da herança deveria estar reservado a Carlos. Vides arts. 2.007, § 3º, e 549 do CC. Gabarito "A".

(Procurador do Estado/SP – FCC – 2009) A doação pode ser revogada

(A) se o doador sobreviver ao donatário, prevalecendo eventual cláusula de reversão em favor de terceiro, a exemplo do fideicomisso.
(B) por ingratidão se onerada com encargo já cumprido e em cumprimento de obrigação natural.
(C) por inexecução do encargo se o donatário incorrer em mora.
(D) por ingratidão se feita a título de remuneração, prejudicando os direitos adquiridos por terceiros.
(E) por ingratidão se feita para compensar serviços prestados.

A doação só pode ser revogada por ingratidão do donatário ou por inexecução do encargo (art. 555 do CC), ficando excluída a alternativa "a". Não se revogam por ingratidão nas hipóteses previstas no art. 564 do CC, ficando excluídas as alternativas "b", "d" e "e". A lei é expressa no sentido de que, se o donatário incorrer em mora, é possível a revogação da doação por inexecução do encargo (art. 562 do CC). Gabarito "C".

(Defensor Público/MS – 2008 – VUNESP) Assinale a alternativa correta.

(A) O doador não pode estipular que os bens doados voltem ao seu patrimônio, exceto se se tratar de todos os seus bens.
(B) É possível, no contrato de doação, cláusula de reversão em favor de terceiro, com a morte do doador.
(C) Com a cláusula de reversão, se o doador falecer antes do donatário, com a morte deste, os bens passam aos herdeiros do doador.
(D) O doador pode estipular que os bens doados voltem para seu patrimônio, se sobreviver ao donatário.

A: incorreta (art. 547, caput, do CC); B: incorreta (art. 547, par. único, do CC); C: incorreta, pois a cláusula de reversão implica em o doador estipular que os bens doados voltem ao seu patrimônio, se sobreviver ao donatário (art. 547 do, caput, CC); D: correta, pois a alternativa reflete o disposto no art. 547, caput, do CC. Gabarito "D".

(Cartório/SP – VI – VUNESP) Na doação conjuntiva, é correto dizer que

(A) se os donatários forem marido e mulher, somente subsistirá na totalidade a doação para o cônjuge sobrevivo, se esse direito de acrescer for expressamente estipulado no título de doação.
(B) se os donatários forem marido e mulher, subsistirá na totalidade a doação para o cônjuge sobrevivo, mesmo que não estipulado no título de doação tal direito de acrescer.

(C) não sendo os donatários marido e mulher, subsistirá na totalidade a doação para os donatários sobrevivos, mesmo que não estipulado o direito de acrescer.

(D) entende-se distribuída por igual entre os donatários, desde que expressamente estipulada tal proporcionalidade no título de doação.

Art. 551, parágrafo único, do CC. "B". Gabarito

(Cartório/SP – VI – VUNESP) Ao receber a solicitação para lavrar uma escritura pública de doação, havendo herdeiros necessários do doador e não sendo os donatários tais herdeiros necessários, o notário deverá

(A) lavrar referida escritura pública de doação, mesmo que da totalidade dos bens do doador e sem reserva de usufruto, atentando-se apenas se o doador possui renda suficiente para sua subsistência.

(B) lavrar referida escritura pública de doação da maneira como o doador quiser dispor de seus bens, por ser o doador maior, capaz e legítimo proprietário dos bens a serem doados.

(C) orientar o doador no sentido de que a doação a ser efetuada não poderá ultrapassar a meação disponível de seus bens, resguardando a legítima dos herdeiros necessários, conforme art. 549 do Código Civil Brasileiro.

(D) recusar-se a lavrar a escritura pública de doação, haja vista que havendo herdeiros necessários do doador, este não poderá doar bens para donatários que não sejam tais herdeiros necessários.

Art. 549 do CC. "C". Gabarito

(Defensoria Pública da União – 2007 – CESPE) Julgue o seguinte item.

(1) Mesmo se o bem que fora doado já tiver sido transferido, a doação poderá ser revogada por ingratidão, o que poderá levar o doador a ser indenizado pelo valor equivalente ao bem. Por ser personalíssima, somente o doador pode se valer dessa revogação, ressalvada a hipótese de seu homicídio doloso ser imputável ao donatário. Entretanto, esse tipo de revogação não é possível nos seguintes casos: doação com encargo já cumprido, doação puramente remuneratória, doação feita para determinado casamento, doação que se fizer em cumprimento de obrigação natural.

1: Arts. 563, 560, 561 e 564 do CC, respectivamente. "C". Gabarito

(Analista – TRT/22ª – 2010 – FCC) Paulo entregou a Pedro, através de doação sem encargo, dez ovelhas para reprodução. No entanto, todas elas eram estéreis. Nesse caso, Pedro

(A) poderá exigir que o doador substitua os animais doados, uma vez que eram impróprios ao uso a que se destinavam.

(B) poderá rejeitar os animais pelos defeitos ocultos que os tornavam impróprios ao uso a que se destinavam, redibindo o contrato.

(C) poderá pedir ao doador indenização pela depreciação do valor dos animais doados, uma vez que eram impróprios ao uso a que se destinavam.

(D) poderá pedir ao doador indenização pelas crias que não conseguirá obter em razão da esterilidade das ovelhas doadas.

(E) não poderá rejeitar os animais pelos defeitos ocultos que os tornavam impróprios ao uso a que se destinavam porque os recebeu através de doação não onerosa.

Art. 441, p. único, do CC. "E". Gabarito

(Analista – TRE/AP – 2011 – FCC) João é casado com Maria, com a qual possui dois filhos, Tício e Tobias. Maria, Tobias e Tício descobriram que João doou um bem particular seu para sua amante, Bárbara, com quem possui um relacionamento amoroso. Esta doação poderá ser anulada

(A) por Maria, Tobias e Tício, até seis meses depois de dissolvida a sociedade conjugal.

(B) apenas por Maria, até dois anos depois de dissolvida a sociedade conjugal.

(C) por Maria, Tobias e Tício, até cinco anos depois de dissolvida a sociedade conjugal.

(D) apenas por Tício e Tobias, até cinco anos depois de dissolvida a sociedade conjugal.

(E) por Maria, Tobias e Tício, até dois anos depois de dissolvida a sociedade conjugal.

Art. 550 do CC. "E". Gabarito

(Analista – TRE/TO – 2011 – FCC) Na doação não sujeita a encargo, se o doador fixar prazo ao donatário para declarar se aceita ou não a liberalidade e este, ciente do prazo, não a fizer,

(A) deverá o doador celebrar aditivo contratual e notificar por escrito o donatário para que se manifeste dentro de trinta dias.

(B) entender-se-á que aceitou.

(C) entender-se-á que não aceitou.

(D) deverá o doador notificar por escrito o donatário para que se manifeste no prazo improrrogável de 24 horas.

(E) deverá o doador notificar por escrito o donatário para que se manifeste no prazo improrrogável de 48 horas.

Art. 539 do CC. "B". Gabarito

4.10. MÚTUO, COMODATO E DEPÓSITO

(Ministério Público/RO - 2006) Assinale a alternativa correta:

Das alternativas abaixo, qual delas não é característica do contrato de comodato?

(A) é contrato real;
(B) é contrato gratuito;
(C) é contrato bilateral;
(D) é contrato de execução futura;
(E) é contrato típico.

Vide, no item que trata da classificação dos contratos, explicação teórica de cada classificação. Em relação de comodato é o empréstimo de coisa infungível e só se forma com a entrega da coisa (art. 579 do CC). Por isso, a única parte que tem obrigações após a formação do contrato é o comodatário, que deve conservar a coisa e devolvê-la ao final. Assim, trata-se de contrato real (pois só se perfaz com a entrega da coisa), gratuito (porque só uma das partes tem vantagens), unilateral (pois só uma das partes tem obrigações); de execução futura e típico, já que está regulamentado especificamente nos arts. 579 a 585 do CC. "C". Gabarito

(Procurador do Estado/RO – 2011 – FCC) A prisão civil do inadimplente em se tratando de alienação fiduciária em garantia

(A) nunca foi admitida pelo Supremo Tribunal Federal, porquanto sempre se reconheceu a inconstitucionalidade superveniente do Decreto-Lei no 911/69.

(B) é possível, haja vista que a Constituição Federal de forma expressa equipara o alienante fiduciário à figura do depositário infiel, conforme sedimentado pela Súmula Vinculante no 25.

(C) não é mais admissível em razão de entendimento sumulado de forma vinculante pelo Supremo Tribunal Federal.

(D) é admitida pelo Supremo Tribunal Federal, haja vista que o Decreto-Lei no 911/69 não pode ser oposto ao texto expresso da Constituição Federal que admite a responsabilidade corporal do depositário infiel.

(E) é possível, haja vista a recepção do disposto no Decreto- Lei no 911/69, o qual equipara o devedor à figura do depositário infiel, conforme entendimento sumulado pelo Supremo Tribunal Federal.

A alternativa "c" está correta, pois, em 23 de dezembro de 2009, o Supremo Tribunal Federal editou a Súmula Vinculante 25: "é ilícita a prisão civil de depositário infiel, qualquer que seja a modalidade do depósito". "C". Gabarito

(Procurador do Estado/SP – FCC – 2009) É correto afirmar:

(A) O comodatário que estiver em mora suportará os riscos e pagará o aluguel arbitrado pelo comodante, passando à condição de locatário.

(B) O comodatário pode recobrar do comodante as despesas feitas com o uso da coisa emprestada.

(C) O comodato, empréstimo de coisa fungível, não comporta cobrança por parte do comodatário das despesas ordinárias com o uso da coisa emprestada.

(D) Se duas ou mais pessoas forem simultaneamente comodatárias de uma coisa, ficarão subsidiariamente responsáveis para com o comodante.

(E) O comodatário que estiver em mora arcará com as consequências da deterioração ou perda da coisa emprestada e pagará o aluguel arbitrado pelo comodante até restituí-la.

A: incorreta, pois, apesar de devido o pagamento de valor equivalente ao aluguel da coisa, o comodatário não passa a ser locatário desta, ficando o valor mencionado devido a título de perdas e danos (art. 582, parte final, do CC); B: incorreta, pois o comodatário jamais poderá recobrar do comodante as despesas feita com o uso e gozo da coisa emprestada (art. 584 do CC); C: incorreta, pois o comodato é o empréstimo de coisa infungíveis (art. 579, primeira parte, do CC); D: incorreta, pois tais pessoas ficarão solidariamente responsáveis para com o comodante (art. 585 do CC); E: correta (art. 582, parte final, do CC). Gabarito "E".

(Defensoria Pública/SE - 2005 – CESPE) Julgue o item a seguir.

(1) Pelo contrato de depósito voluntário, o depositário recebe um objeto móvel ou imóvel para guardá-lo ou conservá-lo, até que o depositante o reclame. De acordo com a nova sistemática introduzida pelo sistema jurídico brasileiro, foi abolida a prisão civil do depositário que não restituir a coisa depositada voluntariamente, devendo o contrato resolver-se em perdas e danos.

1: No depósito, recebe-se bem móvel (art. 627 do CC). Ademais, a prisão civil, no depósito típico, foi mantida no atual CC (art. 652 do CC). Gabarito 1E.

(Delegado/MG – 2007) Assinale a alternativa INCORRETA:

(A) O comodato é o empréstimo gratuito de coisa não fungível. Perfaz-se com a tradição do objeto.
(B) Os tutores e curadores não podem dar em comodato, sem autorização especial, os bens confiados à sua guarda.
(C) O comodatário poderá recobrar do comodante as despesas feitas com o uso e gozo da coisa emprestada.
(D) Se, correndo risco o objeto do comodato juntamente com outros do comodatário, antepuser este a salvação dos seus abandonando o do comodante, responderá pelo dano ocorrido, ainda que se possa atribuir a caso fortuito, ou força maior.

A: art. 579 do CC; B: art. 580 do CC; C: art. 584 do CC; D: art. 583 do CC. Gabarito "C".

(Magistratura Federal – 4ª Região – XII – 2005) Assinalar a alternativa correta. Num contrato de comodato, ficou ajustado que Caio deveria devolver o automóvel de Tício num prazo máximo de 30 (trinta) dias. Nenhuma cláusula especial foi ajustada pelas partes contratantes. Caio, já na posse do bem, pensou em celebrar contrato de seguro para a proteção do bem de Tício, sendo certo que não o fez em virtude da seguradora lhe ter pedido um valor muito alto a título de prêmio. Até por isto, Caio tratou de manter o veículo, como se seu fosse, zelando e cuidando pela conservação desse. Dias após, para azar de Caio e sem que tivesse dado causa, foi assaltado em uma sinaleira, ocasião em que lhe roubaram o veículo de Tício. Como o azar não vem sozinho, em menos de 48 horas, ficou sabendo, pela autoridade policial, que o veículo, em decorrência de acidente de trânsito, fora totalmente destruído. Diante do ocorrido, pode-se afirmar que:

(A) Caio nada deve para Tício.
(B) Caio deve para Tício uma quantia equivalente ao valor do veículo, apenas.
(C) Caio deve para Tício uma quantia equivalente ao valor do veículo e mais perdas e danos.
(D) todas as alternativas anteriores estão incorretas.

O comodatário cumpriu com as obrigações estabelecidas nos arts. 582 e 583 do CC e não agiu com culpa ou dolo (art. 392 do CC), de modo que Caio nada deve para Tício, prevalecendo a máxima de que "a coisa perece para o dono". Gabarito "A".

(DEFENSORIA PÚBLICA DA UNIÃO – 2004 – CESPE) Acerca dos contratos e das obrigações, julgue os itens que se seguem.

(1) Em caso de contrato de comodato de bem imóvel a título oneroso e por prazo indeterminado, desejando o proprietário pôr fim ao comodato, deverá notificar judicialmente o comodatário, pedindo a restituição da coisa e constituindo em mora o devedor no momento em que este for citado para os termos da causa. A partir de então, passam a ser devidos os aluguéis ao comodante.

(2) A multa contratual fixada no contrato de mútuo constitui espécie de cláusula penal moratória, estipulada pelas partes antecipadamente em favor do credor, juntamente com a obrigação principal, a título de indenização por eventual descumprimento obrigacional pelo devedor.

1: incorreta, pois o comodatário passará a pagar aluguel pela coisa a partir do momento em que for constituído em mora (art. 582, parte final, do CC), no caso, a partir do momento em que for notificado, e não a partir do momento do ajuizamento da reintegração de posse; 2: correta (art. 411 do CC). Gabarito 1E, 2C.

(FGV – 2010) Leônidas, brasileiro, solteiro, efetua o empréstimo de imóvel da sua titularidade situado na rua Henrique Valgas 205, Florianópolis/SC a Créscio, brasileiro, empresário, pelo prazo de dois anos, mediante ajuste verbal. No curso desse período, Leônidas é acometido de doença neurológica incapacitante, vindo a ser representado pelo seu curador Esculápio que, logo ao assumir o encargo, comunica o fato ao comodatário, verbalmente, e solicita a devolução do bem, tendo em vista que, apesar de ter requerido a continuação da avença, não obteve decisão favorável do Juiz titular da Vara Orfanológica local, inclusive com parecer nesse sentido, do membro do Ministério Público estadual. Diante do exposto, analise as afirmativas a seguir.

I. Os bens sujeitos a curatela somente podem ser cedidos em comodato, mediante autorização especial.
II. Por ser contrato típico, o comodato somente pode ser realizado mediante contrato escrito, lavrado em Cartório de Notas.
III. A formalização do comodato é da sua essência, decorrendo dessa circunstância, a sua concretização pelo modo escrito.

Assinale:

(A) se somente a afirmativa I for verdadeira.
(B) se somente a afirmativa II for verdadeira.
(C) se somente a afirmativa III for verdadeira.
(D) se somente as afirmativas I e II forem verdadeiras.
(E) se somente as afirmativas II e III forem verdadeiras.

I: verdadeira (art. 580 do CC); II: falsa, pois não existe essa exigência legal e, no Direito Civil, a regra é a liberdade das formas; aliás, o comodato é contrato não solene e pode ser realizado de forma verbal ou escrita, sendo necessário, todavia, a entrega da coisa para que o contrato tenha início; III: falsa, pois o comodato é contrato não solene. Gabarito "A".

(Analista – STM – 2011 – CESPE) Julgue o seguinte item.

(1) No contrato de empréstimo, na modalidade de comodato, os riscos de deterioração ou destruição da coisa objeto do contrato correm por conta do comodatário, desde o momento do registro.

1: incorreta, pois o comodato é um contrato real, ou seja, um contrato que só passa a existir com a tradição do objeto (art. 579 do CC); assim, o comodatário passa a responder a partir do momento da tradição, e não do momento do registro do contrato. Gabarito 1E.

(Analista – TRE/AP – 2011 – FCC) Mário celebrou contrato de mútuo com Hortência emprestando-lhe a quantia de R$ 15.000,00 em dinheiro. Segundo as normas estabelecidas pelo Código Civil brasileiro, considerando que Mário e Hortência não convencionaram expressamente o prazo do mútuo, este será de pelo menos

(A) quarenta e cinco dias.
(B) dez dias.
(C) quinze dias.
(D) trinta dias.
(E) sessenta dias.

Art. 592, II, do CC. Gabarito "D".

4.11. LOCAÇÃO

(Magistratura/GO – 2009 – FCC) O empresário X é locatário de dois imóveis, sendo o contrato de um deles por prazo determinado de seis (06) anos e o de outro, também por prazo determinado, mas de um (01) ano, com cláusula estabelecendo que o locatário poderá renová-lo por igual prazo desde que notifique o locador até sessenta (60) dias antes do término, sob pena de a locação prorrogar-se por prazo indeterminado. Os prazos que o empresário X tem para mover ação renovatória do primeiro contrato de locação e para renovar anualmente o segundo contrato de locação classificam-se

- (A) ambos como decadenciais e passíveis de reconhecimento de ofício pelo Juiz.
- (B) ambos como decadenciais, sendo apenas o primeiro passível de reconhecimento de ofício pelo Juiz.
- (C) ambos como prescricionais, sendo o primeiro passível de reconhecimento de ofício pelo Juiz.
- (D) o primeiro, como prescricional e o segundo como decadencial, nenhum deles podendo ser reconhecido de ofício pelo Juiz.
- (E) o primeiro como decadencial e o segundo como prescricional, sendo ambos passíveis de recebimento de ofício pelo Juiz.

Os dois prazos são decadenciais, pois encerram direito potestativo em favor do locatário. O primeiro prazo (para ingressar com ação renovatória) é fixado na lei (art. 51, § 5º, da Lei 8.245/91), de modo que é um prazo de *decadência legal*, passível de reconhecimento de ofício pelo juiz (art. 210 do CC). O segundo prazo (para notificar o locador até o prazo de 60 dias antes do término da locação) foi fixado pelas partes, de modo que é um prazo de *decadência convencional*, que não pode ser reconhecida de ofício pelo juiz. Gabarito "B".

(Magistratura/PA – 2008 – FGV) A locação de vaga de garagem, em vila de casas, em tema de preempção, é de caráter:

- (A) obrigatório.
- (B) alternativo.
- (C) facultativo.
- (D) cumulativo.
- (E) disjuntivo.

Art. 1.338 do CC. Gabarito "A".

(Magistratura/SP – 178º) Só um destes enunciados a respeito de locação de imóvel urbano é correto. Aponte-o.

- (A) Finda a locação e morto o locador, os herdeiros podem reaver o prédio por meio de ação possessória.
- (B) Em casos de separação de fato, separação judicial, divórcio ou dissolução da sociedade concubinária, a locação permanecerá com o primitivo locatário.
- (C) Para dar em locação imóvel urbano, é preciso ser dele o proprietário.
- (D) Silente o contrato, é do locador a obrigação de pagar os impostos, taxas e o prêmio de seguro complementar contra fogo, que incidam ou venham a incidir sobre o imóvel.

A: segundo o art. 10 da Lei de Locações (8.245/91), morrendo o locador, a locação se transmite aos herdeiros, de modo que cabe ação de despejo (art. 5º da Lei 8.245/91); B: art. 12 da Lei 8.245/91; C: há outros direitos, além da propriedade, que conferem ao seu titular o direito de locar a coisa; o usufrutuário, por exemplo, pode locar a coisa; D: art. 22, VIII, da Lei 8.245/91. Gabarito "B".

(Magistratura/SP – 179º) Assinale a alternativa incorreta a respeito de locação residencial.

- (A) Seja qual for o fundamento do término da locação, a ação do locador para reaver o imóvel é a de despejo.
- (B) Extinto o usufruto e consolidada a propriedade em mãos do usufrutuário, a locação pode ser denunciada com prazo de trinta dias para a desocupação, desde que a denúncia seja exercitada no prazo de noventa dias contado da averbação da extinção do usufruto.
- (C) Na falta de disposição contratual, as benfeitorias necessárias introduzidas pelo locatário serão indenizáveis e permitem o exercício do direito de retenção, ainda que não autorizadas pelo locador.
- (D) Não estando a locação garantida, o locador poderá exigir do locatário o pagamento de aluguéis e encargos até o sexto dia do mês vincendo.

A: correta (art. 5º da Lei 8.245/91); B: incorreta (art. 7º da Lei 8.245/91); C: correta (art. 35 da Lei 8.245/91; D: correta (art. 42 da Lei 8.245/91. Gabarito "B".

(Defensor Público/BA – 2010 – CESPE) A respeito do adimplemento e inadimplemento das obrigações, bem como da extinção dos contratos, julgue o item abaixo.

(1) Em caso de rescisão do contrato de aluguel, se o locador recusar-se a receber o imóvel, poderá o locatário promover a consignação em juízo.

1: certa, pois embora não prevista expressamente na Lei de Locação, a Ação de Consignação é cabível, nos termos do art. 335 do CC. Gabarito 1C.

(Defensoria Pública/SP – 2010 – FCC) Considerando a oferta à venda de bem imóvel locado, estão corretas as assertivas abaixo, EXCETO:

- (A) o locatário deverá ser notificado ou cientificado de todas das condições postas para a venda.
- (B) o locatário deverá concorrer nas mesmas condições de terceiros.
- (C) o proprietário locador deverá ajustar sua proposta às condições apresentadas pelo locatário de modo a viabilizar-lhe o exercício do direito de preempção.
- (D) o locatário deverá ser cientificado ou notificado das modificações das condições de venda.
- (E) poderá o locatário ser preterido no negócio se oferecer contraproposta de preço.

A: correta (art. 27, parágrafo único, da Lei 8.245/91); B: correta (art. 27, *caput*, da Lei 8.245/91); C: incorreta, pois o locatário concorre em condições iguais às de terceiros, não tendo o proprietário que se adequar às condições do locatário (art. 27, *caput*, da Lei 8.245/91); D: correta, sob pena de o direito de preferência não ser preservado; E: correta, pois o locatário tem direito de preferência apenas se chegar às mesmas condições propostas por terceiros (art. 27, *caput*, da Lei 8.245/91). Gabarito "C".

(Procurador do Município/Boa Vista-RR – 2010 – CESPE) Com relação ao direito civil, julgue o item seguinte.

(1) Segundo a jurisprudência sumulada do Supremo Tribunal Federal (STF), a empresa locadora de veículo não responde, nem civil nem solidariamente, com o locatário, pelos danos por este causados a terceiro, no uso do carro locado.

1: incorreta, pois a empresa locadora de veículos responde, sim, civil e solidariamente, com o locatário, pelos danos por este causados a terceiro, nos uso do carro locado (Súmula 492 do STF). Gabarito "E".

(Procurador da Fazenda Nacional – 2007.2 – ESAF) O locador tem direito de exigir do locatário, na locação de prédio urbano, uma das seguintes garantias:

- (A) caução em dinheiro, caução em bens móveis ou imóveis, garantia fidejussória, seguro de fiança locatícia e cessão fiduciária de quotas de fundo de investimento.
- (B) seguro de fiança locatícia, cessão fiduciária de quotas de fundo de investimento e caução em bens móveis ou imóveis.
- (C) cessão fiduciária de quotas de fundo de investimento, fiança e caução em dinheiro.
- (D) caução em dinheiro, fiança e caução em bens móveis ou imóveis.
- (E) garantia fidejussória, penhor, hipoteca, caução em dinheiro e seguro de fiança locatícia.

Art. 37 da Lei 8.245/91. Gabarito "A".

(Defensoria Pública da União – 2007 – CESPE) Julgue o seguinte item.

(1) Se determinado bem locado for alienado na vigência de contrato de locação, o adquirente não será obrigado a respeitar o contrato celebrado com o alienante, porque os efeitos de um contrato não podem atingir quem dele não participou, ainda que nesse contrato conste cláusula, devidamente registrada, de vigência no caso de alienação.

1: Art. 8º da Lei 8.245/91. Gabarito 1E.

(FGV – 2007) A locação de vaga de garagem, em vila de casas, em tema de preempção, é de caráter:

(A) obrigatório.
(B) alternativo.
(C) facultativo.
(D) cumulativo.
(E) disjuntivo.

Art. 1.338 do CC. Gabarito "A".

(Analista – TRT/20ª – 2011 – FCC) De acordo com o Código Civil brasileiro, no contrato de locação de coisas

(A) a locação por tempo determinado não cessa de pleno direito findo o prazo estipulado, exigindo que o locatário seja notificado.
(B) se o locatário empregar a coisa em uso diverso do ajustado, ou do a que se destina, poderá o locador, além de rescindir o contrato, exigir perdas e danos.
(C) a locação por tempo determinado cessa de pleno direito se ocorrer a morte do locador ou do locatário.
(D) se, findo o prazo, o locatário continuar na posse da coisa alugada, sem oposição do locador, presumir-se-á prorrogada a locação pelo mesmo aluguel e pelo mesmo prazo.
(E) em se tratando de imóvel alienado durante a locação, o locador só poderá despejar o locatário e reaver o imóvel observado o prazo de trinta dias após a notificação.

A: incorreta, pois cessa de pleno direito, não dependendo de notificação ou aviso (art. 573 do CC); B: correta (art. 570 do CC); C: incorreta, pois, nesse caso, a locação transfere-se aos herdeiros do locador ou locatário por prazo determinado (art. 577 do CC); D: incorreta, pois se presumirá prorrogada a locação pelo mesmo aluguel, mas sem o prazo determinado (art. 574 do CC); E: incorreta, pois o novo locador só terá direito de despejar o locatário antes do prazo se do contrato de locação não constar cláusula de vigência, e não constar registro; além disso, cumprido o requisito, o locatário observará prazo de 90 dias, e não de 30 dias (art. 576, caput e § 2º, do CC). Gabarito "B".

(Analista – TRE/RS – 2010 – FCC) Segundo as normas estabelecidas no Código Civil, na locação de coisas, havendo prazo estipulado à duração do contrato, antes do vencimento

(A) não poderá o locador reaver a coisa alugada, senão ressarcindo ao locatário as perdas e danos resultantes, o qual não goza de direito de retenção, tendo em vista a vedação legal específica para locação de coisa por prazo determinado.
(B) poderá o locador reaver a coisa alugada, independentemente de ressarcir o locatário de perdas e danos, tendo em vista a liberdade concedida pela legislação civil decorrente do direito de propriedade.
(C) não poderá o locador reaver a coisa alugada, senão ressarcindo ao locatário as perdas e danos resultantes, gozando o locatário do direito de retenção, enquanto não for ressarcido.
(D) poderá o locador reaver a coisa alugada, desde que efetue o pagamento de multa legal prevista na legislação civil de duas vezes o valor estipulado a título de aluguel.
(E) poderá o locador reaver a coisa alugada, desde que efetue o pagamento de multa legal prevista na legislação civil de, no mínimo, dois salários mínimos.

Art. 571, caput, e p. único, do CC. Gabarito "C".

4.12. PRESTAÇÃO DE SERVIÇO

(Magistratura/SP – 179º) Considere as seguintes afirmações:

I. o prestador de serviços civil despedido por justa causa não terá direito à retribuição vencida;
II. quem prestar serviço sem possuir título de habilitação ou sem satisfazer outros requisitos estabelecidos pela lei não terá direito à compensação razoável pelo benefício propiciado a quem desfrutou do serviço, quando a proibição da prestação do serviço resultar de lei de ordem pública, ainda que tenha agido de boa-fé;
III. no transporte de pessoas, o usuário que deixar de embarcar terá direito ao reembolso do valor da passagem se provar que outra pessoa foi transportada em seu lugar, com retenção de até 5% da importância a ser restituída, a título de multa compensatória.

São verdadeiras as proposições

(A) I e III, apenas.
(B) I e II, apenas.
(C) II e III, apenas.
(D) I, II e III.

I: incorreta (art. 602, parágrafo único, parte final, do CC); II: correta (art. 606 do CC); III: correta (art. 740 do CC). Gabarito "C".

(Ministério Público/SP – 2011) Considere as assertivas a seguir:

I. decorridos 4 (quatro) anos, o Contrato de Prestação de Serviços é considerado findo, independentemente da conclusão dos serviços;
II. o mandato outorgado por meio de instrumento público somente admite substabelecimento por instrumento público;
III. na doação sujeita a encargo, o silêncio do donatário, no prazo fixado pelo doador, não implica aceitação da doação.

É verdadeiro o que se afirma em

(A) I. apenas.
(B) I e II. apenas.
(C) I e III apenas.
(C) II e III. apenas.
(E) I. II e III.

I: correta (art. 598 do CC); II: incorreta, pois ainda quando se outorgue mandato por instrumento público, pode substabelecer-se mediante instrumento particular (art. 655 do CC); III: correta (art. 539 do CC). Gabarito "C".

(Magistratura do Trabalho – 24ª Região – 2007) O contrato de prestação de serviços acaba:

I. Com a morte de qualquer das partes.
II. Pelo escoamento do prazo.
III. Pela conclusão da obra.
IV. Pela rescisão do contrato mediante aviso prévio.
V. Por inadimplemento de qualquer das partes ou pela impossibilidade da continuação do contrato, motivada por força maior.

Considerando as proposições acima como Verdadeira (V) ou Falsa (F), assinale a alternativa CORRETA:

(A) V, V, V, F, F.
(B) V, V, V, F, V.
(C) V, V, V, V, V.
(D) V, V, V, V, F.
(E) V, F, V, F, V.

Art. 607 do CC. Gabarito "C".

(Ministério Público do Trabalho – 12º) Assinale a alternativa CORRETA:

I. o contrato de prestação de serviço não poderá ser convencionado por prazo superior a 2 (dois) anos, dando-se por findo o contrato ainda que não concluída a obra certa, objeto do ajuste;
II. a prestação de serviço que não estiver sujeita às leis trabalhistas ou a lei especial será regida pelas disposições do Código Civil no que tange ao Capítulo atinente à Empreitada;
III. nos contratos de Empreitada, por não haver subordinação e os riscos correrem integralmente pelo empreiteiro, este é quem detém o ônus de fornecer as ferramentas e os materiais necessários;
IV. os atos praticados por quem não tenha mandato, ou o tenha sem poderem suficientes, são ineficazes em relação àquele em cujo nome forem praticados, salvo se este os ratificar.

(A) apenas a assertiva IV é verdadeira;
(B) apenas as assertivas III e IV são verdadeiras;
(C) apenas as assertivas I e IV são verdadeiras;
(D) apenas as assertivas I e III são verdadeiras.
(E) não respondida.

I: incorreta (art. 598 do CC); II: incorreta (art. 593 do CC; capítulo "Da Prestação de Serviço"); III: incorreta (art. 610, § 1º, do CC); IV: correta (art. 662 do CC). Gabarito "A".

(Analista – TRE/TO – 2011 – FCC) O contrato de prestação de serviços regulado pelo Código Civil brasileiro, quando qualquer uma das partes não souber ler, nem escrever o instrumento

(A) deverá obrigatoriamente ser celebrado em cartório através de documento público assinado na presença de duas testemunhas.
(B) poderá ser assinado a rogo e subscrito por duas testemunhas.
(C) deverá ser assinado por um terceiro, maior e capaz, designado pelo analfabeto, na presença de três testemunhas.
(D) deverá ser assinado por um terceiro, maior e capaz e submetido à homologação judicial.
(E) deverá obrigatoriamente ser celebrado com assistência de familiar do analfabeto na presença de duas testemunhas, com posterior registro do documento em cartório.

Art. 595 do CC. Gabarito "B".

4.13. EMPREITADA

(Magistratura Federal/3ª Região – 2010) Aponte a alternativa incorreta:

No contrato de empreitada:
(A) A obrigação de fornecer materiais pode resultar da vontade das partes;
(B) O empreiteiro de uma obra pode contribuir com ela só com o seu trabalho;
(C) O empreiteiro de uma obra pode contribuir para ela com seu trabalho e com materiais;
(D) Sempre correm por conta do empreiteiro os riscos da obra, até o momento da entrega da obra.

A: correta (art. 610, § 1º, do CC); B: correta (art. 610, caput, do CC); C: correta (art. 610, caput, do CC); D: incorreta, pois quando o empreiteiro fornece os materiais e aquele que encomendou a obra estiver em mora, por conta deste correrão os riscos (art. 611 do CC); ademais, se o empreiteiro só forneceu mão de obra, todos os riscos em que não tiver culpa correrão por conta do dono (art. 612 do CC). Gabarito "D".

(Magistratura Federal/5ª Região – 2009 – CESPE) Carlos, de posse de projeto elaborado por uma arquiteta e por ele aprovado, celebrou contrato de empreitada mista com uma construtora para a realização de reforma em imóvel seu, não tendo sido estipulada cláusula de reajuste de preço. Com base nessa situação hipotética, assinale a opção correta.

(A) Como é usual nos contratos de empreitada mista, a responsabilidade da construtora abrangerá o fornecimento de mão de obra e de materiais, ficando a direção da obra sob a responsabilidade de Carlos.
(B) Ainda que a construtora comprove aumento do custo do material e dos salários dos empregados, não lhe cabe o direito a qualquer acréscimo no preço acertado com Carlos.
(C) Em face da natureza do contrato celebrado, a construtora é responsável por eventuais danos causados a terceiros em decorrência da reforma do imóvel, ficando Carlos isento de qualquer responsabilidade.
(D) Havendo modificações no projeto original, somente poderá a construtora exigir acréscimo no preço contratado se tais modificações forem autorizadas por instruções escritas do dono da obra, não cabendo a alegação de conhecimento tácito deste.
(E) Em regra, Carlos poderá introduzir as modificações que entender convenientes no projeto original, desde que as autorize por escrito.

A: incorreta, pois, na empreitada mista, em que o empreiteiro fornece material e mão de obra, a direção da obra compete a este; B: correta, tendo em vista a não estipulação de reajuste de preço; de qualquer maneira, caso se configure o disposto no art. 478 do CC, cabe pedido de revisão contratual; C: incorreta, pois Carlos, como dono da obra, também é responsável; D: incorreta, pois o consentimento tácito está previsto no parágrafo único do art. 619 do CC; E: incorreta, pois Carlos deverá obter autorização do autor do projeto (art. 621 do CC). Gabarito "B".

(Magistratura do Trabalho – 14ª Região – 2006) Contrato de empreitada.

I. O empreiteiro de uma obra pode contribuir para ela só com seu trabalho ou com ele e os materiais. No primeiro caso, pode ser empreiteira tanto a pessoa natural quanto a pessoa jurídica. No segundo caso, somente a pessoa jurídica pode assumir a condição de empreiteira.
II. O empreiteiro é obrigado a pagar os materiais que recebeu, se por imperícia ou negligência os inutilizar.
III. Se o empreiteiro só forneceu mão-de-obra, todos os riscos em que não tiver culpa correrão por conta do dono.
IV. Concluída a obra de acordo com o ajuste, ou o costume do lugar, o dono é obrigado a recebê-la. Poderá, porém, rejeitá-la, se o empreiteiro se afastou das instruções recebidas e dos planos dados, ou das regras técnicas em trabalho de tal natureza.

Responda:
(A) todas as opções estão corretas;
(B) apenas as opções I e II estão corretas;
(C) apenas as opções II e III estão corretas;
(D) as opções II, III e IV estão corretas;
(E) todas as opções estão incorretas.

I: incorreta, pois não existe a limitação em relação à pessoa física (art. 610 do CC); II: correta (art. 617 do CC); III: correta (art. 612 do CC); IV: correta (art. 615 do CC). Gabarito "D".

(Magistratura do Trabalho – 18ª Região – 2006) Nos contratos de empreitada de edifícios ou outras construções consideráveis, qual o prazo seguinte ao aparecimento do vício ou defeito para o dono da obra propor a ação contra o empreiteiro de materiais e de construção?

(A) o prazo é decadencial de 5 anos
(B) o prazo é prescricional de 5 anos
(C) o prazo é decadencial de 1 ano
(D) O prazo é prescricional de 3 meses
(E) O prazo é decadencial de 180 dias

Art. 618, caput e parágrafo único, do CC. Não confundir o prazo para entrar com a ação depois de aparecer o vício (de 180 dias), com o prazo de garantia da obra (de 5 anos). Gabarito "E".

(Ministério Público do Trabalho – 14°) Complete com a opção CORRETA.

Em relação à empreitada, o que se mediu presume-se verificado se, em _____ dias, a contar da medição, não forem denunciados os vícios ou defeitos pelo dono da obra ou por quem estiver incumbido da sua fiscalização.

(A) 10;
(B) 15;
(C) 20;
(D) 30;
(E) não respondida.

Art. 614, § 2º, do CC. Gabarito "D".

4.14. MANDATO

(Magistratura/AL - 2006) Extingue-se o mandato pela revogação

(A) que, entretanto, é vedada se o mandato tiver prazo certo de vigência.
(B) salvo se contiver cláusula de irrevogabilidade, ainda que o mandante se disponha a pagar perdas e danos.
(C) mas conferido o mandato com a cláusula "em causa própria", a sua revogação não terá eficácia, nem se extinguirá pela morte de qualquer das partes.
(D) exceto se a procuração revestir a firma de escritura pública.
(E) mas por revogado não se considera o mandato anterior pela simples comunicação ao mandatário da nomeação de outro para o mesmo negócio.

A: o mandato só não pode ser revogado nos casos expressos nos arts. 684 a 686 do CC; B: art. 683 do CC; C: art. 685 do CC; D: o mandato pode expresso ou tácito, verbal ou escrito, por escritura pública ou particular (arts. 656 e 655 do CC); terceiros podem exigir do mandatário, que este apresente mandato com firma reconhecida (art. 654, § 2º, do CC); a lei não estabelece a irrevogabilidade do mandato firmado por escritura pública (arts. 682 e ss do CC); E: art. 687 do CC. Gabarito "C".

(Magistratura/MT – 2009 – VUNESP) João, pretendendo vender seu carro, outorga procuração, por instrumento público, a Carlos, para fazê-lo em seu lugar. Carlos, como mandatário, substabelece os poderes recebidos por instrumento particular a sua irmã, que por sua vez vende o carro a seu pai, por meio de contrato em que houve a declaração de sua quitação do preço, porém João nada recebeu, ficando evidente que não houve nenhum pagamento. Diante dos fatos apresentados, é correto dizer que

(A) o instrumento de substabelecimento de mandato não tem validade, visto que outorgado o mandato por instrumento público, esta deveria ter sido a forma do substabelecimento, sendo a venda inválida.
(B) a declaração de quitação do contrato assinado presume-se verdadeira em relação aos signatários, desse modo, João não poderá cobrar o valor da transação.
(C) a declaração de quitação, por ser enunciativa, não exime Carlos de comprovar sua veracidade, desse modo, deverá prestar contas do mandato a João.
(D) a declaração de quitação, por ser dispositiva, exime a prova do pagamento, visto que as declarações constantes do documento são verdadeiras em relação às partes.
(E) os efeitos do negócio, transferência da propriedade, em relação a terceiros de boa-fé, como é o caso do pai de Carlos, só se opera com a transferência do documento do veículo.

A: incorreta (art. 655 do CC); B a E: o mandatário é obrigado a dar contas de sua gerência ao mandante, transferindo-lhe as vantagens provenientes do mandato, por qualquer título que seja (art. 668 do CC). Gabarito "C".

(Magistratura/RS – 2009) Considere as assertivas abaixo sobre mandato.

I. A outorga do mandato por instrumento público pode substabelecer-se por instrumento particular.
II. O poder de transigir importa o de firmar compromisso.
III. O maior de dezesseis e menor de dezoito anos não emancipado pode ser mandatário.

Quais são corretas?

(A) Apenas I
(B) Apenas II
(C) Apenas III
(D) Apenas I e III
(E) I, II e II

I: correta (art. 655 do CC); II: incorreta, pois o poder de transigir não importa no poder de firmar compromisso (art. 661, § 2º, do CC); III: correta (art. 666 do CC). Gabarito "D".

(Magistratura/SP – 2011 – VUNESP) Assinale a alternativa correta.

(A) A outorga de mandato por instrumento público exige que o substabelecimento seja feito pela mesma forma.
(B) O mandato pode ser verbal, ainda que o ato deva ser celebrado por escrito.
(C) Se os mandatários forem declarados conjuntos, qualquer deles poderá exercer os poderes outorgados.
(D) Sendo omissa a procuração quanto ao substabelecimento, o procurador será responsável se o substabelecido proceder culposamente.
(E) Se tiver ciência da morte do mandante, o mandatário não tem poderes para concluir o negócio já começado, ainda que haja perigo na demora, pois o mandato cessa com a morte.

A: incorreta, pois ainda quando se outorgue mandato por instrumento público, pode substabelecer-se mediante instrumento particular (art. 655 do CC); B: incorreta, pois não se admite mandato verbal quando o ato deva ser celebrado por escrito (art. 657 do CC); C: incorreta, pois se os mandatários forem declarados conjuntos, não terá eficácia o ato praticado sem interferência de todos, salvo havendo ratificação, que retroagirá à data do ato (art. 672 do CC); D: correta (art. 667, § 4º, do CC); E: incorreta, pois embora ciente da morte do mandante, deve o mandatário concluir o negócio já começado, se houver perigo na demora (art. 674 do CC). Gabarito "D".

(Ministério Público/SE – 2010 – CESPE) No que concerne ao contrato de mandato, assinale a opção correta de acordo com o Código Civil.

(A) O mandatário que exceder os poderes do mandato será considerado mero gestor de negócios enquanto o mandante não ratificar os atos.
(B) O mandato outorgado por instrumento público não poderá ser substabelecido por instrumento particular.
(C) Para recebimento do que for devido em decorrência do mandato, o mandatário não poderá reter o objeto da operação que lhe for cometida.
(D) O maior de 16 anos e menor de 18 anos de idade, desde que emancipado, poderá ser mandatário, mas o mandante, em regra, não terá ação contra ele.
(E) Se o mandatário tiver ciência da morte ou interdição do mandante, não deverá concluir o negócio já iniciado, mesmo em caso de perigo na demora.

A: correta (art. 665 do CC); B: incorreta (art. 655 do CC); C: incorreta (art. 664 do CC); D: incorreta, pois o mandante tem ação contra o mandatário menor (art. 666 do CC); E: incorreta (art. 674 do CC). Gabarito "A".

(Cartório/SP – VI – VUNESP) Analise as seguintes assertivas.

I. O mandato para alienar bem imóvel depende de poderes especiais e expressos.
II. Sempre que o mandato contiver cláusula de irrevogabilidade e o mandante o revogar, tal revogação será ineficaz.
III. O maior de dezesseis anos e o menor de dezoito anos não emancipado podem ser mandatários.
IV. Os atos praticados por quem não tenha mandato, ou o tenha sem poderes suficientes, são ineficazes em relação àquele em cujo nome foram praticados, salvo se este os ratificar.

Está correto apenas o contido em

(A) I, II e III.
(B) I, II e IV.
(C) I, III e IV.
(D) II, III e IV.

I: correta (art. 661, § 1º, do CC); II: incorreta, pois, havendo cláusula de irrevogabilidade, a revogação só será ineficaz no caso dos arts. 684 e 685 do CC, sendo que nos demais casos a revogação é possível, mediante pagamento de perdas e danos ao mandatário (art. 683 do CC); já o mandato sem cláusula de irrevogabilidade, pode ser revogado a qualquer tempo, ficando extinta a avença (art. 682, I, do CC); III: correta (art. 666 do CC); IV: correta (art. 662 do CC). Gabarito "C".

(Analista – TRT/8ª – 2010 – FCC) No contrato de mandato, o mandante não está obrigado a

(A) adiantar ao mandatário as despesas necessárias à execução do mandato, devendo ressarci-las posteriormente.
(B) pagar ao mandatário as despesas da execução do mandato se o negócio, sem culpa do mandatário, não surtiu o esperado efeito.
(C) ressarcir ao mandatário as perdas que este sofrer com a execução do mandato, se tiverem resultado de culpa sua ou de excesso de poderes.
(D) pagar ao mandatário a remuneração ajustada se o negócio, sem culpa do mandatário, não surtiu o esperado efeito.
(E) pagar ao mandatário os juros das somas adiantadas pelo mandatário para a execução do mandato, desde a data do desembolso.

A: incorreta (art. 675 do CC); B: incorreta (art. 676 do CC); C: correta (art. 676 do CC); D: incorreta (art. 676 do CC); E: incorreta (art. 677 do CC). Gabarito "C".

(Analista – TRE/AP – 2011 – FCC) Terceiro sem mandato

(A) pode adquirir a posse, dependendo esta aquisição de ratificação do mandante.
(B) não pode adquirir a posse, por expressa disposição legal existente no Código Civil brasileiro.
(C) pode adquirir a posse, independentemente de ratificação do mandante.
(D) pode adquirir a posse, independentemente de ratificação do mandante, desde que tenha figurado na qualidade de mandatário em, no mínimo, cinco negócios anteriores.
(E) pode adquirir a posse, independentemente de ratificação do mandante, se esta se der pelo prazo máximo de três meses.

Art. 1.205, II, do CC. Gabarito "A".

4.15. SEGURO

(Magistratura/MG – 2009 – EJEF) Marque a opção CORRETA, correspondente à característica própria do contrato de seguro.

(A) Personalíssimo.
(B) Aleatório.
(C) Comutativo.
(D) Unilateral.

A: incorreta, pois o contrato de seguro não é daqueles cujos contratantes têm características especiais que só permite que, por si, executem o contrato, diferentemente de um contrato de empreitada de uma obra de arte encomendada a um famoso artista, que só poderá ser executada por este; B: correta, pois, no contrato de seguro, as prestações de ambas as partes não são conhecidas de antemão pelas partes (ou seja, o contrato não é *comutativo*), mas envolvem álea, risco, valendo lembrar que a prestação da seguradora é sempre incerta, pois não se sabe se o sinistro ocorrerá, de modo que o seguro é um contrato *aleatório*; C: incorreta, pois o contrato de seguro é *aleatório*, e não *comutativo*; D: incorreta, pois, no contrato de seguro, há obrigações para ambas as partes, de modo que é um contrato bilateral, e não unilateral. Gabarito "B".

(Defensoria/PI – 2009 – CESPE) De acordo com as regras concernentes ao seguro automotivo, assinale a opção correta.

(A) A indenização pelo sinistro não pode gerar nenhum proveito ao segurado.
(B) Se a esposa do segurado causar sinistro por culpa, o segurador pode sub-rogar-se, nos limites da indenização paga.
(C) O contrato celebrado não pode ser transferido a terceiro que venha a adquirir o veículo.
(D) O seguro de um bem poderá ser contratado por valor superior ao seu valor atual, mas isso implicará aumento no valor do prêmio.
(E) O atraso no pagamento de prestação do prêmio importa em desfazimento automático do contrato, de acordo com a jurisprudência do STJ.

A: correta, pois no seguro de dano, a indenização não pode ultrapassar o valor do interesse segurado no momento do sinistro (art. 781 do CC); B: incorreta (art. 786, § 1º, do CC); C: incorreta (art. 785 do CC); D: incorreta (art. 778 do CC); E: incorreta, pois "é entendimento pacificado pela jurisprudência da Segunda Seção que o simples atraso da prestação mensal ou o seu não pagamento, sem a prévia notificação do segurado, não enseja suspensão ou cancelamento automático do contrato de seguro." (AgRg no AgRg no Ag 1125074/SP, DJe 06/10/2010) Gabarito "A".

(DEFENSORIA PÚBLICA DA UNIÃO – 2004 – CESPE) Acerca dos contratos e das obrigações, julgue o item que se segue.

(1) Firmado contrato de seguro contra roubo e(ou) incêndio e com a concretização do sinistro, o não cumprimento das obrigações ou o pagamento efetuado a menor, por parte do segurador, consistentes no ressarcimento dos danos sofridos pelo segurado, constitui defeito na prestação do serviço oferecido pela seguradora.

1: incorreta, pois o contrato de seguro não se confunde com o contrato de prestação de serviço; aliás, a prestação de serviços é executada, normalmente, por atividades diversas provindas do prestador do serviço, ao passo que o seguro, neste ponto, é executado pelo pagamento de quantia; assim, não há como qualificar o ocorrido como defeito na prestação de serviço, mas como execução errônea da obrigação de ressarcimento de danos. Gabarito 1E.

(Analista – TRE/AP – 2011 – FCC) No caso de sinistro parcial, salvo disposição em contrário, o seguro de um interesse por menos do que valha

(A) acarreta a redução proporcional da indenização.
(B) não gera qualquer redução ou amortização da indenização devida.
(C) acarreta a redução legal e prefixada de, no máximo, 10% da indenização.
(D) acarreta a redução legal e prefixada de, no máximo, 15% da indenização.
(E) acarreta a redução legal e prefixada de, no máximo, 50% da indenização.

Art. 783 do CC. Gabarito "A".

(Analista – TRE/TO – 2011 – FCC) Em regra, no seguro de dano, a transferência do contrato a terceiro com a alienação ou cessão do interesse segurado é

(A) admitida, sendo que se o instrumento contratual é nominativo, a transferência produz efeitos em relação ao segurador após dez dias úteis da efetivação da transferência, sendo desnecessário aviso escrito.
(B) vedada pelo Código Civil brasileiro em atenção aos princípios da transparência e da boa-fé objetiva.
(C) admitida, sendo que, se o instrumento contratual é nominativo, a transferência produz efeitos em relação ao segurador imediatamente, sendo desnecessário aviso escrito.
(D) admitida, sendo que a apólice ou o bilhete à ordem se transfere por endosso em branco.
(E) admitida, sendo que a apólice ou o bilhete à ordem só se transfere por endosso em preto, datado e assinado pelo endossante e pelo endossatário.

Art. 785, caput e § 2º, do CC. Gabarito "E".

4.16. FIANÇA

(Magistratura/AL – 2006) A fiança dar-se-á por escrito e não admite interpretação extensiva

(A) e, sendo o fiador casado, sob qualquer regime de bens, depende da anuência do outro cônjuge.
(B) mas, não sendo limitada, compreenderá todos os acessórios da dívida principal, inclusive as despesas judiciais, desde a citação do fiador.
(C) entretanto, decorre de lei a solidariedade existente entre o fiador e o devedor principal.
(D) não podendo também ser estipulada sem o consentimento do devedor ou contra sua vontade.
(E) e em nenhuma hipótese será suscetível de fiança a obrigação nula.

A: art. 1.647, *caput* e III, do CC; B: art. 822 do CC; C: art. 827 do CC; por convenção, pode-se renunciar ao benefício de ordem (art. 828, I, do CC); D: art. 820 do CC; E: art. 824 do CC. Gabarito "B".

(Magistratura/MS – 2008 – FGV) O contrato de fiança, inserido em contrato formulário, que contenha cláusula de renúncia antecipada de benefício de ordem é:

(A) irregular.
(B) ineficaz.
(C) anulável.
(D) legítimo.
(E) nulo.

Art. 424 c/c o art. 827 do CC. Gabarito "E".

(Magistratura/PA – 2009 – FGV) Mévio realiza, com a instituição financeira K e K S/A, contrato de mútuo no valor de R$ 45.000,00 (quarenta e cinco mil reais), sendo que Túlio figura como fiador, pela quantia total ajustada. O devedor possuía vasto patrimônio à época do negócio jurídico referido. Posteriormente, faltando o pagamento de dez prestações, o devedor tem sua insolvência decretada, fato que foi comunicado ao fiador e à instituição financeira. Após isso, a instituição financeira pretende cobrar a dívida do fiador. Túlio não renunciou ao benefício de ordem. Diante do narrado, analise as afirmativas a seguir.

I. O fiador poderá requerer, antes de ser cobrado, que o credor busque bens do devedor para satisfazer o seu crédito.
II. O credor pode optar por cobrar do devedor ou do fiador ou, ainda, de ambos, a dívida.
III. O benefício de ordem cede diante da declaração de insolvência do devedor afiançado.
IV. O patrimônio do fiador está protegido diante da inexistência de renúncia ao benefício de ordem.
V. O fiador, ao pagar a dívida do afiançado, sub-roga-se nos direitos do credor.

Assinale:

(A) se somente as afirmativas I e II estiverem corretas.
(B) se somente as afirmativas I, II e IV estiverem corretas.
(C) se somente as afirmativas II, III e V estiverem corretas.
(D) se somente as afirmativas I, II e III estiverem corretas.
(E) se somente as afirmativas II, III, IV e V estiverem corretas.

I: incorreta (art. 828, III, do CC); II: correta, pois há solidariedade passiva no caso de fiança sem benefício de ordem, por acordo das partes (art. 265 do CC); III: correta (art. 828, III, do CC); IV: incorreta, pois o patrimônio do fiador não fica protegido; ele apenas pode requerer, até a contestação da lide, que sejam primeiro executados os bens do devedor; V: correta (art. 831 do CC). Gabarito "C".

(Magistratura/SP – 2011 – VUNESP) Assinale a alternativa correta.

(A) A estipulação da fiança depende do consentimento do devedor.
(B) A fiança deve ser de valor igual ou superior ao da obrigação principal.
(C) O fiador não poderá exonerar-se da fiança se a prestou sem limitação de tempo.
(D) A obrigação do fiador extingue-se com sua morte e a responsabilidade da fiança não se transmite aos herdeiros.
(E) O fiador ficará desobrigado se, sem o seu consentimento, o credor conceder moratória ao devedor.

A: incorreta, pois é possível estipular a fiança, ainda que sem consentimento do devedor ou contra a sua vontade (art. 820 do CC); B: incorreta, pois a fiança pode ser de valor inferior ao da obrigação principal (art. 823 do CC); C: incorreta, pois o fiador poderá exonerar-se da fiança que tiver assinado sem limitação de tempo, sempre que lhe convier, ficando obrigado por todos os efeitos da fiança, durante sessenta dias após a notificação do credor (art. 835 do CC); D: incorreta, pois a obrigação do fiador passa aos herdeiros; mas a responsabilidade da fiança se limita ao tempo decorrido até a morte do fiador, e não pode ultrapassar as forças da herança (art. 836 do CC); E: correta (art. 838, I, do CC). Gabarito "E".

(Ministério Público/PR – 2008) É correto afirmar:

(A) Além de inexecução do encargo, a doação pode ser revogada se o donatário cometer qualquer crime contra o doador.
(B) Pelo contrato de depósito recebe o depositário um objeto móvel ou imóvel, para mantê-lo, até que o depositante o reclame.
(C) Aquele que, sem justa causa, se enriquecer à custa de outrem, será obrigado a restituir o dobro do indevidamente auferido.
(D) A obrigação do fiador não passa aos herdeiros; mas a responsabilidade da fiança se limita ao tempo decorrido até a morte do fiador, e não pode ultrapassar as forças da herança.
(E) O fiador poderá exonerar-se da fiança que tiver assinado sem limitação de tempo, sempre que lhe convier, ficando obrigado por todos os efeitos da fiança, durante sessenta dias após a notificação do credor.

A: art. 557 do CC (não é qualquer crime); B: o depósito só pode recair sobre bem móvel (art. 627 do CC); C: não existe essa previsão nos arts. 884 a 886 do CC; de qualquer forma, vale citar alguns casos que ensejam algum tipo de punição de pagamento em dobro: arts. 418, 420, 773, 939, 940 e 1.259 do CC; D: art. 836 do CC; E: art. 835 do CC. Gabarito "E".

(Ministério Público/SP – 2011) Um cônjuge, casado sob o regime de comunhão parcial de bens e em estado de solvência, firma contrato de fiança em favor de terceiro, sem a necessária outorga uxória. Pode(m) pedir a decretação de anulabilidade:

(A) ambos os cônjuges e o afiançado.
(B) o cônjuge que não firmou o contrato.
(C) o cônjuge que firmou o contrato.
(C) o cônjuge que firmou o contrato e o afiançado.
(E) os credores do cônjuge que firmou o contrato.

Art. 1.650 do CC. Gabarito "B".

(Cartório/SP – 2008) A fiança prestada por mais de uma pessoa a um só débito sem o benefício de divisão importa

(A) no compromisso de assumir integralmente o montante devido, invocando o benefício de ordem quanto à parte que não lhe couber, proporcionalmente, no pagamento.
(B) no direito de invocar o benefício de ordem.
(C) no compromisso de assumir o montante devido pela parte que, em proporção, lhe couber no pagamento.
(D) no compromisso de solidariedade entre elas.

Art. 829 do CC. Gabarito "D".

(Magistratura Federal-4ª Região – 2010) Assinale a alternativa correta.

Quanto à sua classificação, temos que o contrato de fiança é:

(A) Unilateral.
(B) Bilateral ou sinalagmático.
(C) De forma livre ou não solene.
(D) Principal.
(E) Todas as alternativas anteriores estão incorretas.

A alternativa "a" está correta porque a fiança é um contrato entre o credor e o fiador (o afiançado ou devedor não faz parte do contrato; aliás, pode-se estipular fiança até sem o consentimento do devedor – art. 820, CC). Repare que nesse contrato o credor não tem obrigações. Só o fiador as tem, o que o torna um contrato unilateral. Gabarito "A".

(FGV – 2010) Semprônio realiza contrato de mútuo com Terêncio, emprestando a quantia de R$ 20.000,00 para pagamento em dez prestações, incidentes juros legais, sem correção monetária. Para garantir a avença, intercede Esculápio, na condição de fiador, pelo período do contrato, renunciando ao benefício de ordem. No curso da avença, o devedor, por motivos de doença da família, deixa de quitar algumas prestações. Após o período de dificuldades, credor e devedor ajustam a prorrogação do contrato, não informando tal situação ao fiador. Diante do exposto, analise as afirmativas a seguir.

I. O contrato de fiança somente estabelece a responsabilidade do fiador no período avençado no contrato.
II. Mediante aquiescência do credor, do devedor e do fiador, a fiança pode se prorrogada.
III. Não concordando o devedor com a fiança, credor e fiador estão proibidos de estabelecer a referida garantia no contrato.

Assinale:

(A) se somente a afirmativa I for verdadeira.
(B) se somente a afirmativa II for verdadeira.
(C) se somente as afirmativas I e II forem verdadeiras.
(D) se somente as afirmativas I e III forem verdadeiras.
(E) se todas as afirmativas forem verdadeiras.

I: verdadeira, pois a fiança não admite interpretação extensiva e se dá sempre por escrito. Assim, eventual prorrogação sem anuência do fiador a ele não obriga (art. 819 do CC); II: verdadeira, pois, nesse caso, em que houve anuência de todas as partes, todos, inclusive o fiador, se obrigam com a prorrogação; III: falsa (art. 820 do CC). Gabarito "C".

(FGV – 2009) Mévio realiza, com a instituição financeira K e K S/A, contrato de mútuo no valor de R$ 45.000,00 (quarenta e cinco mil reais), sendo que Túlio figura como fiador, pela quantia total ajustada. O devedor possuía vasto patrimônio à época do negócio jurídico referido. Posteriormente, faltando o pagamento de dez prestações, o devedor tem sua insolvência decretada, fato que foi comunicado ao fiador e à instituição financeira. Após isso, a instituição financeira pretende cobrar a dívida do fiador. Túlio não renunciou ao benefício de ordem. Diante do narrado, analise as afirmativas a seguir.

I. O fiador poderá requerer, antes de ser cobrado, que o credor busque bens do devedor para satisfazer o seu crédito.
II. O credor pode optar por cobrar do devedor ou do fiador ou, ainda, de ambos, a dívida.
III. O benefício de ordem cede diante da declaração de insolvência do devedor afiançado.
IV. O patrimônio do fiador está protegido diante da inexistência de renúncia ao benefício de ordem.
V. O fiador, ao pagar a dívida do afiançado, sub-roga-se nos direitos do credor.

Assinale:

(A) se somente as afirmativas I e II estiverem corretas.
(B) se somente as afirmativas I, II e IV estiverem corretas.
(C) se somente as afirmativas II, III e V estiverem corretas.
(D) se somente as afirmativas I, II e III estiverem corretas.
(E) se somente as afirmativas II, III, IV e V estiverem corretas.

I: incorreta (art. 828, III, do CC); II: correta, pois há solidariedade passiva no caso de fiança sem benefício de ordem, por acordo das partes (art. 265 do CC); III: correta (art. 828, III, do CC); IV: incorreta, pois o patrimônio do fiador não fica protegido; ele apenas pode requerer, até a contestação da lide, que sejam primeiro executados os bens do devedor; V: correta (art. 831 do CC). Gabarito "C".

(FGV – 2008) O contrato de fiança, inserido em contrato formulário, que contenha cláusula de renúncia antecipada de benefício de ordem é:

(A) irregular.
(B) ineficaz.
(C) anulável.
(D) legítimo.
(E) nulo.

Art. 424 c/c o art. 827 do CC. Gabarito "E".

(Analista – TJ/ES – 2011 – CESPE) Julgue o seguinte item.

(1) Em face de sua natureza benéfica, o contrato de fiança deve ser interpretado estritamente.

1: correto (arts. 114 e 819 do CC). Gabarito 1C.

4.17. OUTROS CONTRATOS E TEMAS COMBINADOS

(Magistratura/AC – 2007) A respeito dos contratos regidos pelo Código Civil, assinale a opção correta.

(A) O contrato de comissão tem por objeto a aquisição ou a venda de bens pelo comissário, que deve exercer profissionalmente essa atividade, recebendo uma remuneração em decorrência da realização do negócio ou como ressarcimento das despesas efetuadas, quando houver resilição da avença. Esse contrato tem natureza exclusivamente mercantil. Nele, um dos contratantes age em nome e por conta do outro, embora se obrigando para com as pessoas com quem contrata.
(B) No contrato de seguro, a proposta é vinculativa e obrigatória. O teor da apólice deve com ela coincidir, pois, em caso de divergência, prevalecerá o disposto na proposta porque esta é o documento vinculativo do seguro. Assim, se não aceitar acobertar determinado risco constante da proposta de contratação, o segurador deverá, obrigatoriamente, dar ciência desse fato ao segurado.
(C) No contrato de transporte cumulativo de mercadorias, embora o ajuste figure, para o remetente, como se houvesse um único contratado, todos os transportadores respondem solidariamente pelo dano causado ao expedidor, inclusive pelo roubo praticado mediante ameaça exercida com arma de fogo, por se tratar de contrato de resultado e de responsabilidade objetiva.
(D) O objeto do contrato de fiança é determinado pela obrigação cujo cumprimento ela garante, podendo as dívidas garantidas ser atuais ou futuras, totais ou parciais, compreender ou não os seus acessórios e, ainda, garantir obrigações nulas ou naturais, desde que sejam lícitas.

A: art. 693 do CC; B: art. 759 do CC; C: art. 756; apesar de a responsabilidade do transportador ser objetiva, os tribunais vêm entendendo que o roubo mediante ameaça exercida com arma de fogo constitui força maior e exclui a responsabilidade; D: arts. 821, 823, 822 e 824 do CC, respectivamente. Gabarito "B".

(Ministério Público/RR – 2008 – CESPE) A respeito dos contratos, julgue os itens que se seguem.

(1) Nos contratos de compra e venda, a sujeição ao preço corrente nas vendas habituais do vendedor é critério válido de atribuição do preço, quando a venda tiver sido feita sem fixação do preço ou de critérios válidos para a sua determinação e não houver tabelamento oficial para o objeto do contrato.

(2) Quando a fiança for prestada por tempo indeterminado, o fiador tem o direito de, a qualquer tempo, exonerar-se da fiança, ficando obrigado tão-somente pela garantia da dívida durante sessenta dias após a notificação do credor.

Art. 488 do CC; 2: art. 835 do CC. Gabarito 1C, 2C.

(Magistratura Federal – 5ª Região – 2007) Julgue o item a seguir:

(1) O contrato estimatório pode ser corretamente conceituado como um contrato com cláusula especial de compra e venda em consignação, no qual o consignante transfere ao consignatário, mediante pagamento de valor estimado, bens móveis para que este último os venda, ou os devolva, findo o contrato, dentro do prazo ajustado.

1: Art. 534 do CC. Gabarito 1C.

(Magistratura do Trabalho – 14ª Região – 2006) Transação.

I. Só quanto a direitos patrimoniais de caráter privado se permite a transação.
II. A transação interpreta-se restritivamente, e por ela não se transmitem, apenas se declaram ou reconhecem direitos.
III. A transação concernente a obrigações resultantes de delito não extingue a ação penal pública.
IV. A transação não aproveita, nem prejudica senão aos que nela intervierem ainda que diga respeito a coisa indivisível.

Responda:
(A) todas as opções estão corretas;
(B) apenas três opções estão corretas;
(C) apenas duas opções estão corretas;
(D) apenas uma opção está correta;
(E) todas as opções estão incorretas.

I: correta (art. 841 do CC); II: correta (art. 843 do CC); III: correta (art. 846 do CC); IV: correta (art. 844 do CC). Gabarito "A".

(Ministério Público do Trabalho – 13º) Assinale a alternativa INCORRETA:

(A) a fiança dar-se-á por escrito ou de forma verbal;
(B) a doação à entidade futura caducará se, em dois anos, esta não estiver constituída regularmente;
(C) morrendo o locador ou o locatário, transfere-se aos seus herdeiros a locação por tempo determinado;
(D) o mandatário tem o direito de reter, do objeto da operação que lhe foi cometida, quanto baste para pagamento de tudo que lhe for devido em consequência do mandato;
(E) não respondida.

A: incorreta (art. 819 do CC); B: correta (art. 554 do CC); C: correta (art. 577 do CC); D: correta (art. 664 do CC); E: a alternativa "a" deve ser marcada. Gabarito "A".

(Ministério Público do Trabalho – 13º) Em relação aos contratos:

I. é nulo o contrato de comissão firmado sem a estipulação da remuneração devida ao comissário, visto tratar-se de contrato oneroso;
II. a preferência impõe ao comprador a obrigação de oferecer ao vendedor a coisa que aquele vai vender, ou dar em pagamento, para que este use de seu direito de prelação na compra, tanto por tanto;
III. o comodatário poderá exigir do comodante o reembolso das despesas com o uso e conservação do bem.

Analisando as asserções acima, pode-se afirmar que:
(A) apenas as de número I e II estão corretas;
(B) apenas a de número II está correta;
(C) apenas a de número III está correta;
(D) todas estão corretas;
(E) não respondida.

I: incorreta (art. 701 do CC); II: correta (art. 513 do CC); III: incorreta (art. 584 do CC). Gabarito "B".

4.18. ATOS UNILATERAIS

(Magistratura/SP – 180º) Quanto ao enriquecimento sem causa, assinale a opção apropriada.

(A) A restituição é cabível.
(B) Seu nexo de causalidade consiste essencialmente no efetivo enriquecimento de alguém e na efetiva diminuição do patrimônio de outrem, independentemente de resultarem de um só fato.
(C) A restituição é devida mesmo quando sua causa justificadora deixou de existir.
(D) A causa jurídica é requisito essencial.

Art. 885 do CC. "C". Gabarito

(Ministério Público/AM – 2007 – CESPE) Acerca do direito das obrigações, dos contratos e dos atos unilaterais, assinale a opção correta.

(A) O inadimplemento absoluto de uma obrigação se dá quando essa não for cumprida no tempo, no lugar e na forma devidos. Nesse caso, o credor poderá exigir do inadimplente o recebimento ou a prestação a que o devedor se obrigou, acrescida da multa contratual.
(B) A promessa de recompensa constitui-se como um ato unilateral não-receptício, que adquire sua eficácia vinculante no momento em que a vontade do promitente é tornada pública, independentemente de aceitação.
(C) A imputação em pagamento é a faculdade pela qual o devedor de várias dívidas ainda não vencidas a um mesmo credor propõe quitá-las antecipadamente, oferecendo como pagamento coisa diversa da que é devida ao credor. Se o credor consente em recebê-la, o devedor deve indicar qual das obrigações está pagando.
(D) Nos contratos onerosos com cláusula de exclusão completa da garantia contra a evicção, por força do convencionado livremente entre as partes, o alienante será exonerado de qualquer responsabilidade, inclusive da restituição da quantia paga pelo evicto, ainda que este comprove que desconhecia o risco de perder a coisa adquirida, em virtude de direito de terceiro.
(E) Vícios redibitórios são defeitos ocultos em coisa alienada que impeçam ou dificultem o uso a que a coisa se destina, autorizando o comprador a devolver a coisa, e obrigando o alienante a ressarcir o valor recebido, acrescido de perdas e danos resultantes da situação criada, correção monetária e demais despesas suportadas pelo comprador, independentemente da culpa ou da má-fé de qualquer um dos contratantes.

A: a definição dada é de inadimplemento relativo ou mora (art. 394 do CC); B: art. 854 do CC; C: não se deve confundir imputação de pagamento com dação em pagamento; a primeira está regulamentada nos arts. 352 a 355 do CC e segunda, nos arts. 356 a 359 do CC; D: art. 449 do CC; E: o alienante só tem o dever de pagar indenização por perdas em danos se tiver procedido de má-fé (art. 443 do CC). "B". Gabarito

(Magistratura Federal – 3ª Região – XI) Aquele que, sem justa causa, se enriquecer à custa de outrem, será obrigado a restituir o indevidamente auferido:

(A) porém, não caberá a restituição por enriquecimento, se a lei conferir ao lesado outros meios para se ressarcir do prejuízo sofrido;
(B) porém, somente é devida a restituição nos casos em que não tenha havido causa que justifique o enriquecimento, e não quando esta tenha deixado de existir;
(C) porém, se o enriquecimento tiver por objeto coisa determinada, e esta perecer, já não subsiste a obrigação de restituir;
(D) porém, se o enriquecimento tiver por objeto coisa determinada, e esta perecer, a restituição se fará pelo valor do bem na época em que foi adquirido por aquele que sem justa causa o tinha em seu poder.

Art. 886 do CC. "A". Gabarito

(Magistratura do Trabalho – 8ª Região – 2006) Acerca do enriquecimento sem causa é correto afirmar:

(A) Aquele que, sem justa causa, enriquecer à custa de outrem, será obrigado a restituir o indevidamente auferido, feita a atualização dos valores monetários a partir da data do ajuizamento da ação in rem verso, cessando o dever de restituir no exato momento em que cessar também o enriquecimento sem causa.
(B) São pressupostos fáticos do enriquecimento sem causa: a obtenção de algo que resultou no aumento de patrimônio; a obtenção ter sido às expensas de outrem; imediatidade entre a obtenção e a vantagem financeira retirada; e ausência de causa jurídica ou decorrente de um negócio jurídico leonino.
(C) A ação in rem verso é de natureza pessoal, transmissível aos herdeiros, cujo objeto é a restituição no limite do prejuízo sofrido, permitindo-se a cumulação com o pedido de indenização por perdas e danos.
(D) Se o enriquecimento tiver por objeto coisa determinada, quem a recebeu fica obrigado a restituí-la, e, se a coisa não mais subsistir, a restituição se fará pelo valor do bem na época em que ocorreu a efetiva restituição.
(E) A ação in rem verso é de caráter subsidiário ou residual, na medida em que somente poderá ser intentada quando inexistir ação específica, sendo cabível não só quando não houver causa que justifique o enriquecimento, mas também se este deixou de existir.

Arts. 886 e 885, respectivamente, do CC. "E". Gabarito

5. RESPONSABILIDADE CIVIL

5.1. OBRIGAÇÃO DE INDENIZAR

(Magistratura/AL – 2008 – CESPE) A respeito da disciplina da responsabilidade civil, assinale a opção correta.

(A) Considere a seguinte situação hipotética. Um motorista abalroou outro veículo ao desviar-se bruscamente para não atropelar pedestre que atravessou a rua repentinamente. Nessa situação, prevalece a regra do estado de necessidade, que afasta a ilicitude do ato e exclui o dever de indenizar.
(B) A responsabilidade de um transportador é objetiva, sendo excluída, portanto, na ocorrência de força maior que cause dano a pessoa transportada, ou quando a pessoa transportada concordar, expressamente, com a inclusão de cláusula contratual que exclua tal responsabilidade.
(C) Caso o credor demande o devedor antes de vencida a dívida, fora dos casos em que a lei permita, ficará obrigado a pagar ao devedor o dobro do valor do débito.
(D) Em caso de homicídio, a indenização consiste no pagamento das despesas com o tratamento da vítima, o funeral, o luto da família e na prestação de alimentos às pessoas a quem o morto os devia, sendo a reparação correspondente ao dano moral limitada pelo valor daquela paga pelo luto da família.
(E) O Código Civil de 2002 introduziu regra geral segundo a qual é possível ser afastado o consagrado princípio da *restitutio in integrum*, passando-se a considerar, em determinadas hipóteses, não a extensão do dano, mas também a extensão da culpa.

A: afasta a ilicitude (art. 188, II, do CC), mas não exclui o dever de indenizar (art. 929 do CC); B: art. 734 do CC; C: art. 939 do CC (não confundir com a hipótese do art. 940 do CC); D: art. 948 do CC; as despesas com o luto da família não interferem na fixação da indenização devida em razão dos danos morais; E: art. 944 do CC; vide também o Enunciado CJF 46. "E". Gabarito

(Magistratura/DF – 2011) Em tema de responsabilidade civil de incapaz, preceitua a lei civil que ele "responde pelos prejuízos que causar, se as pessoas por ele responsáveis não tiverem obrigação de fazê-lo ou não dispuserem de meios suficientes". Diante do que afirmado, considere as proposições abaixo e assinale a incorreta:

(A) O CC/02 não prevê apenas a responsabilidade patrimonial do incapaz em face dos prejuízos resultantes de sua ação ou omissão culposa. Em verdade, estabelece sua responsabilidade civil direta ao prescrever-lhe o encargo indenizatório para a hipótese de "as pessoas por ele responsáveis não tiverem obrigação de fazê-lo";
(B) O CC/02 criou, assim, responsabilidade até para o incapaz, não só para o menor de dezesseis anos, mas também para o amental. Essa responsabilidade é subsidiária, porque o incapaz só vai responder se o seu responsável – pai, curador, tutor – não puder responder e mesmo assim se tiver patrimônio suficiente para indenizar a vítima sem prejuízo do sustento próprio e daqueles que dele dependem;

(C) Se o incapaz tem patrimônio que possa arcar com a indenização, não é justo que a vítima fique sem reparação, sobressaindo a eqüidade como fundamento deste tipo de responsabilização;

(D) A incapacidade, para efeito de incidência da lei civil, em casos que tais, é a do momento do evento danoso, daí por que "os meios suficientes" a que o CC/02 se refere são também os do momento em que se deu a conduta culposa e não depois, restando que o patrimônio adquirido posteriormente não poderá sofrer constrição para esse fim.

A: assertiva correta, pois a responsabilidade do incapaz é subsidiária (art. 928, caput, do CC); B: assertiva correta, pois, além de subsidiária, a responsabilidade do incapaz é mitigada pela regra que permite que o juiz estabeleça uma indenização equitativa, para que não haja prejuízo ao sustento do incapaz ou das pessoas que dele dependem (art. 929, p. ún., do CC); C: assertiva correta (art. 928, p. ún., do CC); D: assertiva incorreta, pois há de se observar se há meios suficientes no momento em que se exige o cumprimento da obrigação de reparar os danos. Gabarito "D".

(Magistratura/MG – 2008) De acordo com o Código Civil, aquele que, por ato ilícito, causar dano a outrem fica obrigado a repará-lo. Assim, é CORRETO dizer que o incapaz:

(A) responde subsidiariamente pelos prejuízos que causar.
(B) responde solidariamente pelos prejuízos que causar, com as pessoas por ele responsáveis.
(C) excepcionalmente não responde como devedor principal, na hipótese de ressarcimento devido pelos adolescentes que praticarem atos infracionais.
(D) responde pelos prejuízos que causar, se as pessoas por ele responsáveis não tiverem obrigação de fazê-lo ou não dispuserem de meios suficientes.

Art. 928 do CC. Vide também os Enunciados CJF 39, 40 e 41. Gabarito "D".

(Magistratura/MG – 2008) Pelo princípio da independência das responsabilidades, adotado pelo nosso sistema jurídico, o mesmo fato pode dar origem a sanções civis, penais e administrativas, aplicáveis cumulativamente. Assim, é CORRETO dizer que:

(A) a responsabilidade civil é independente da criminal.
(B) o direito civil não pode sancionar o devedor que tenha agido com culpa em grau mínimo.
(C) a absolvição do réu no processo penal significa liberação de responder na esfera civil.
(D) a coisa julgada penal interfere na área civil apenas quando a condenação não tiver fundamento na culpa em sentido estrito.

Art. 935 do CC. Vide também o Enunciado CJF 45. Gabarito "A".

(Magistratura/MG – 2007) O abuso de direito acha-se incluído na categoria dos atos ilícitos pelo Código Civil de 2002. A ilicitude diz respeito à infringência de norma legal, à violação de um dever de conduta. Assim, é CORRETO que, para a caracterização do abuso de direito, o Código Civil considera que:

(A) é imprescritível a noção de culpa em sentido estrito.
(B) deve estar presente o dolo.
(C) é dispensável a análise da boa-fé objetiva.
(D) basta o critério objetivo-finalístico.

Art. 187 do CC e Enunciado CJF 37. Gabarito "D".

(Magistratura/MG – 2006) Conforme dispõe o Código Civil, quanto à responsabilidade pela reparação do dano causado por ato ilícito é CORRETO afirmar que:

(A) a condenação no juízo criminal não torna certa a obrigação de reparar o dano;
(B) não é possível discutir, no juízo civil, sobre a existência do fato ou sua autoria quando estas questões se acharem decididas no juízo criminal;
(C) a absolvição no juízo criminal sempre isentará o agente da responsabilidade civil;
(D) a decisão de arquivamento do inquérito policial obsta a propositura da ação civil.

Art. 935 do CC. Vide também o Enunciado CJF 45. Gabarito "B".

(Magistratura/MG – 2006) Em relação ao contrato de transporte de pessoas, conforme dispõe o Código Civil, quando o transportador responde, em Juízo, por perdas e danos à pessoa transportada, e verificando-se que esta agiu, transgredindo normas e instruções regulamentares, sendo o prejuízo a isto atribuído, é CORRETO dizer que o juiz:

(A) poderá excluir o transportador da obrigação de reparar os danos;
(B) considerará irrelevante a circunstância, diante da natureza e da responsabilidade originada do contrato de transporte;
(C) reduzirá eqüitativamente a indenização, na medida em que a vítima houver concorrido para a ocorrência do dano;
(D) concederá ao transportador o direito de reter até cinco por cento da importância a ser restituída ao passageiro, a título de multa compensatória.

Art. 945 do CC. Vide também o Enunciado CJF 47. Gabarito "C".

(Magistratura/PE – 2011 – FCC) Em um naufrágio, comprovadamente ocasionado pelo excesso de peso na embarcação permitido por Pedro, seu condutor, faleceram este e 3 (três) dos 5 (cinco) passageiros. Joaquim, um dos passageiros sobreviventes, para se salvar retirou o equipamento salva-vida que Pedro utilizava. O outro passageiro sobrevivente – Antonio – retirou também do passageiro José o equipamento salva-vida que este utilizava, razão pela qual veio a falecer. O cônjuge de Pedro move contra Joaquim ação de indenização por dano moral e os filhos menores de José movem ação de indenização por danos morais e materiais contra Antonio. A indenização

(A) é devida em ambos os casos, porque, embora o estado de necessidade exclua a ilicitude do ato, não exime o causador do dano de ressarcir os prejuízos.
(B) não é devida em nenhum dos dois casos, porque o estado de necessidade exclui a ilicitude do ato.
(C) é devida, por Antonio, aos filhos de José, e Antonio pode cobrar do espólio de Pedro o que vier a despender, mas não é devida a indenização ao cônjuge de Pedro.
(D) é devida por Antonio aos filhos de José, e Antonio não tem direito de cobrar do espólio de Pedro o que despender, mas não é devida a indenização ao cônjuge de Pedro.
(E) é devida pela metade em ambos os casos, porque admitida, na responsabilidade civil, a compensação de culpas

O caso trata do estado de necessidade, regulamentado nos arts. 182, II, 929 e 939, todos do CC. Antonio agiu em estado de necessidade, de modo que não cometeu ato ilícito e não deverá ser punido na esfera penal. Porém, o Código Civil estabelece que aquele que age em estado de necessidade tem o dever de indenizar às vítimas que NÃO forem culpadas do perigo (art. 929 do CC). Assim, Antônio terá de indenizar os filhos de José. Porém, Antonio poderá entrar com ação de regresso contra o terceiro culpado pela situação, de modo que Antônio poderá acionar o espólio de Pedro, já que este era o condutor da embarcação, tendo permitido o excesso de peso (art. 930 do CC). Gabarito "C".

(Ministério Público/PR – 2011) Assinale a alternativa correta:

(A) é subjetiva, por culpa presumida in eligendo, a responsabilidade civil do empregador pelos atos praticados pelo empregado no exercício de suas funções.
(B) é possível impor a um incapaz o dever, ainda que subsidiário, de indenizar pelos danos que ele causar a outrem.
(C) a responsabilidade civil do empregador e do empregado pelos danos que este último causar a outrem é solidária e, por isso mesmo, a obrigação de indenizar será indivisível.
(D) a responsabilidade objetiva somente ocorre nas hipóteses taxativamente descritas e no Código Civil e na legislação especial, em rol exauriente.
(E) a responsabilidade civil derivada do abuso de direito deverá, necessariamente, advir de conduta culposa ou dolosa.

A: incorreta, pois a responsabilidade pelo fato de terceiro é objetiva (art. 933 do CC); B: correta (art. 928 do CC); C: incorreta, pois a solidariedade não gera a indivisibilidade; aliás, como a obrigação de indenizar envolve dinheiro, e o dinheiro é divisível, não há que se falar em indivisibilidade no caso; D: incorreta, pois a responsabilidade objetiva, como qualquer obrigação determinada ao particular, depende de prévia lei que a institua; E: incorreta, pois a responsabilidade civil advinda de abuso de direito é objetiva, ou seja, independe de culpa (art. 187 do CC), conforme entendimento doutrinário (Enunciado CJF 37: "A responsabilidade civil decorrente do abuso do direito independe de culpa e fundamenta-se somente no critério objetivo-finalístico"). Gabarito "B".

(Magistratura/SP – 2009 – VUNESP) A responsabilidade civil extracontratual no direito brasileiro

(A) é afastada em caso de estado de necessidade, pois o autor do dano não responde pelos prejuízos causados.
(B) não é afastada em caso de estado de necessidade, pois o autor do dano responde pelos prejuízos causados.
(C) não é afastada em caso de estado de necessidade, mas apenas o causador do perigo responde pelos danos causados.
(D) é afastada, respondendo apenas aquele em defesa de quem se causou o dano.

Apesar de o estado de necessidade não ser ato ilícito (art. 188, II, do CC), o ofensor deve indenizar o lesado (art. 929 do CC), caso este não tenha sido culpado pelo perigo. Gabarito "B".

(Magistratura/SP – 177º) Relativamente à responsabilidade civil por atos jurisdicionais, assinale a alternativa correta.

(A) Apenas no âmbito penal, poderá o juiz ser responsabilizado civilmente, caso tenha agido dolosa e fraudulentamente.
(B) A responsabilização pessoal do juiz por danos causados às partes, no exercício de suas funções jurisdicionais, não é admissível em nenhuma hipótese, porque toda decisão judicial seria questionada pelo vencido, visando à responsabilização civil-indenizatória contra o juiz.
(C) Não há responsabilidade civil estatal por atos judiciais em nenhuma hipótese, pois, sendo a responsabilidade civil do Estado de natureza objetiva, na qual não se discute culpa, a parte que perder a demanda poderia sempre pleitear reparação indenizatória por ineficiência da atividade judiciária, ou negligente desempenho ou má atuação pessoal ou funcional do juiz e dos serviços forenses.
(D) O juiz responde civilmente pelos danos causados, no exercício de suas funções jurisdicionais, quando agir com dolo ou fraude; o Estado responde nas hipóteses de condenação por erro judiciário ou de prisão além do tempo fixado na sentença.

Arts. 133, I, do CPC e 5º, LXXV, da CF. Gabarito "D".

(Ministério Público/MA – 2009) Sobre a Responsabilidade Civil, assinale a alternativa INCORRETA.

(A) A instituição bancária responde objetivamente pelos furtos, roubos e latrocínios ocorridos nas dependências de estacionamento que oferece aos veículos de seus clientes, não se podendo alegar como causa excludente caso fortuito ou força maior.
(B) Os atos praticados em estado de necessidade não constituem atos ilícitos, mas não excluem o dever de indenizar, tendo o autor do dano ação regressiva contra o terceiro que gerou culposa ou dolosamente a situação de perigo.
(C) A absolvição do réu, no processo penal, pela insuficiência de provas (in dubio pro reo), não impede o reexame da culpa e sua demonstração, para fins de responsabilidade civil.
(D) Aquele que dá carona (transporta gratuitamente) outrem somente será civilmente responsável por danos causados ao transportado, quando incorrer em dolo ou culpa grave.
(E) O juiz responderá, por perdas e danos, em relação aos atos judiciais, quando, no exercício de suas funções, proceder com culpa ou dolo.

A: correta, nos termos da Súmula 130 do STJ ("a empresa responde, perante o cliente, pela reparação do dano ou furto de veículo ocorridos em seu estacionamento"); B: correta (arts. 188, II, 929 e 930 do CC); C: correta (art. 66 do Código de Processo Penal); D: correta, nos termos da Súmula 145 do STJ ("no transporte desinteressado, de simples cortesia, o transportador só será civilmente responsável por danos causados ao transportado quando incorrer em dolo ou culpa grave"); E: incorreta, pois, segundo o art. 133, I, do CPC, o juiz responderá por perdas e danos quando, no exercício de suas funções, proceder com dolo ou fraude. Gabarito "E".

(Ministério Público/SE – 2010 – CESPE) Fábio e João, assaltantes de alta periculosidade, fugiram de uma penitenciária estadual e assaltaram a residência de uma família, causando-lhe danos materiais e morais. Demandado judicialmente, o Estado deixou de ser condenado, em primeiro grau, a indenizar a família vítima da violência, pois o dano não teria decorrido direta e imediatamente de ação/omissão estatal. A respeito dessa situação hipotética, assinale a opção correta.

(A) A teoria sobre o nexo causal que inspirou o julgador a isentar o Estado de responsabilidade civil foi a da interrupção do nexo causal.
(B) A teoria sobre o nexo causal que inspirou o julgador a isentar o Estado de responsabilidade civil foi a da equivalência das causas.
(C) Na hipótese de responsabilidade civil objetiva, como a descrita no enunciado, pouco importa se a vítima do ato danoso agiu culposamente e concorreu para a sua ocorrência, uma vez que não se exige, no caso, comprovação de culpa para a imposição do dever de indenizar.
(D) A responsabilidade civil do Estado, na hipótese, decorre da incidência do CDC sobre as relações entre o poder público e o administrado.
(E) Caso os assaltantes sejam condenados criminalmente pelos atos cometidos contra a família em questão, essa condenação fará coisa julgada no juízo cível e obrigará o Estado ao ressarcimento dos danos, devendo ser reformado, pelo tribunal de justiça, o entendimento inicial, do juízo singular, de que não haveria dever de indenizar por parte do Estado.

Segundo o STF, em caso de fuga de preso, com posterior danos causados a pessoas, o Estado não responde pelos atos dos fugitivos, por se ter presente o nexo de causalidade. Confira: "Ação de Reparação de Danos. Assalto cometido por fugitivo de prisão estadual. Responsabilidade objetiva do Estado. Recurso extraordinário do Estado provido. **Inexistência de nexo de causalidade** entre o assalto e a omissão da autoridade pública que teria possibilitado a fuga de presidiário, o qual, mais tarde, veio a integrar a quadrilha que praticou o delito, cerca de vinte e um meses após a evasão" (STF, AR 1.376/PR, DJ 22/09/06) (g.n.). No entanto, em casos graves, em que o Estado teria, objetivamente, como evitar a fuga, o STF entende que haverá responsabilidade. Confira o seguinte precedente: "RESPONSABILIDADE CIVIL DO ESTADO. ART. 37, § 6º DA CONSTITUIÇÃO FEDERAL. *FAUTE DU SERVICE PUBLIC* CARACTERIZADA. ESTUPRO COMETIDO POR PRESIDIÁRIO, FUGITIVO CONTUMAZ, NÃO SUBMETIDO À REGRESSÃO DE REGIME PRISIONAL COMO MANDA A LEI. CONFIGURAÇÃO DO NEXO DE CAUSALIDADE. RECURSO EXTRAORDINÁRIO DESPROVIDO. Impõe-se a responsabilização do Estado quando um condenado submetido a regime prisional aberto pratica, em sete ocasiões, falta grave de evasão, sem que as autoridades responsáveis pela execução da pena lhe apliquem a medida de regressão de regime prisional aplicável à espécie. Tal omissão do Estado constituiu, na espécie, o fator determinante que propiciou ao infrator a oportunidade para praticar o crime de estupro contra menor de 12 anos de idade, justamente no período em que deveria estar recolhido à prisão. Está configurado o nexo de causalidade, uma vez que se a lei de execução penal tivesse sido corretamente aplicada, o condenado dificilmente teria continuado a cumprir a pena nas mesmas condições (regime aberto), e, por conseguinte, não teria tido a oportunidade de evadir-se pela oitava vez e cometer o bárbaro crime de estupro. Recurso extraordinário desprovido. (RE 409203, DJ 20-04-2007)". Gabarito "A".

(Ministério Público/SP – 2008) Assinale a alternativa correta.

(A) No caso de ato infracional com reflexos patrimoniais, o adolescente poderá ser obrigado, pelo juiz, a ressarcir o dano que perpetrou ou compensar, por outra forma, o prejuízo da vítima.
(B) O incapaz jamais responde pelo ato ilícito por ele praticado, cabendo aos pais arcar com a indenização de forma direta.
(C) A inimputabilidade do agente não afasta o dever de indenizar o dano que provocou, provando-se unicamente o fato de que ele possui meios de reparar o ato ilícito.
(D) A emancipação por outorga dos pais exclui, por si só, a responsabilidade civil decorrente de atos ilícitos do filho.
(E) Os pais são responsáveis pela reparação civil, de forma subsidiária, pelo ato ilícito praticado pelo filho menor que estiver sob sua autoridade e em sua companhia.

A: Enunciado CJF 40; B: art. 928 do CC; C: art. 928 do CC; D: Enunciado CJF 41; E: art. 932, I, do CC. Gabarito "A".

(Ministério Público/SP – 2006) O art. 188 do Código Civil prevê três causas de exclusão de ilicitude, que não acarretam no dever de indenizar. São elas:

(A) legítima defesa, erro substancial e estado de necessidade.
(B) legítima defesa, estado de necessidade e dolo bilateral.
(C) exercício regular de direito reconhecido, estado de necessidade e dolo bilateral.
(D) exercício regular de direito reconhecido, estado de necessidade e erro substancial.
(E) legítima defesa, exercício regular de direito reconhecido e estado de necessidade.

Arts. 188, I e II, do CC, respectivamente. Gabarito "E".

(Ministério Público/SP – 83º) É exato afirmar que as pessoas jurídicas de direito privado respondem pelos atos culposos de seus órgãos diretores, conselheiros e administradores. Para a apuração de eventual responsabilidade:

(A) não se admite a responsabilidade aquiliana da pessoa jurídica, mesmo que o fato seja decorrente de ato praticado por intermédio de seus órgãos, representantes, empregados e prepostos.
(B) os empregados e prepostos estão livres de responsabilidade, porque os órgãos diretores, conselheiros e administradores serão sempre responsáveis.
(C) inexiste a responsabilidade solidária, e em tais circunstâncias a vítima não poderá acionar a pessoa jurídica ou os empregados ou prepostos.
(D) subsiste sempre a responsabilidade solidária e a vítima poderá optar por acionar tanto a pessoa jurídica como os empregados ou prepostos.
(E) no campo dos direitos do consumidor, a pessoa jurídica não responde de forma objetiva, dependendo previamente da apuração da culpa de seus empregados.

Art. 932, III, do CC. Gabarito "D".

(Procurador do Estado/RR – 2006 – FCC) Os empresários individuais e as empresas respondem independentemente de culpa

(A) pelos danos a pessoas ocorridos no interior de seus estabelecimentos.
(B) pelos atos de seus empregados, ainda que estes se achem isentos de culpa, nos casos de responsabilidade civil subjetiva.
(C) pelos danos causados pelos produtos postos em circulação.
(D) sempre que não puderem provar culpa da vítima ou fato de terceiro.
(E) pelos danos que, em qualquer circunstância, causarem a terceiro, no exercício de suas atividades empresariais.

Art. 931 do CC. Vide também os Enunciados CJF 42, 43, 190 e 378. Gabarito "C".

(Procurador do Estado/SC – 2009) Assinale a alternativa correta.

(A) O ato que gera o enriquecimento injustificado é, necessariamente, ilícito.
(B) A pessoa jurídica não pode sofrer dano moral.
(C) O novo Código Civil não regulou casos específicos de enriquecimento injustificado, mas contém uma norma geral sobre enriquecimento sem causa.
(D) Segundo o novo Código Civil, não há possibilidade de se responsabilizar o incapaz pelos prejuízos que este der causa.
(E) A restituição é devida, não somente quando não tenha havido causa que justifique o enriquecimento sem causa, mas também se esta deixou de existir.

A: incorreta, pois há enriquecimento ilícito (ex.: um funcionário público exige propina de alguém) e enriquecimento sem causa (ex.: alguém acaba recebendo em sua conta um valor indevidamente depositado); de qualquer maneira, nos dois casos, os valores indevidamente recebidos deverão ser devolvidos ao seu legítimo dono; B: incorreta, pois, nos termos da Súmula 227 do STJ, "a pessoa jurídica pode sofrer dano moral"; C: incorreta, pois além da regra geral sobre enriquecimento sem causa (arts. 884 a 886 do CC), o Código Civil traz casos específicos em que o princípio se aplica, como a regra de que se deve indenizar o possuidor de boa-fé pelas benfeitorias úteis e necessárias que tiver feito na coisa (art. 1.219 do CC); D: incorreta, pois o incapaz responde pelos prejuízos que causar, caso seu responsável não tenha a obrigação de fazê-lo ou não disponha de meios suficientes (art. 928, caput, do CC); de qualquer forma, a indenização, no caso, será equitativa e não terá lugar se privar do necessário o incapaz ou as pessoas que dele dependam (art. 928, parágrafo único, do CC); E: correta (art. 885 do CC). Gabarito "E".

(Defensoria Pública/AC – 2006 – CESPE) Catarina procurou a defensoria pública de seu estado para relatar que seu filho, de 15 anos de idade, foi atropelado e ficou paraplégico em razão das lesões sofridas no acidente. O veículo que o atropelou era dirigido por Diogo, de 16 anos de idade. Catarina afirmou que procurou o proprietário do veículo, Vitor, pai de Diogo, para que ele a ajudasse com as despesas médicas e com a aquisição de uma cadeira de rodas. Vitor se negou a auxiliar Catarina, alegando não ter qualquer responsabilidade no caso, pois quem dirigia o carro no momento do acidente era seu filho. Com relação a essa situação hipotética, assinale a opção correta, tendo a legislação pertinente como base.

(A) Como o veículo não era dirigido por seu proprietário, nada pode ser feito quanto ao auxílio demandado por Catarina a Vitor, e não há como pleitear qualquer indenização, haja vista Diogo ser menor de idade.
(B) Por ter seu filho ficado paralítico e dada a não-participação de Vitor no acidente, o mais aconselhável é que Catarina ajuíze ação requerendo o ressarcimento por danos morais, apenas.
(C) Na situação em apreço, Vitor apenas responde pelos danos para os quais fique demonstrada a intenção de Diogo de lesionar o filho de Catarina.
(D) Na situação apresentada, Vitor responde pelos danos materiais e morais sofridos pelo filho de Catarina.

Art. 932, I, do CC. Gabarito "D".

(Defensor Público/AL – 2009 – CESPE) Lucas, menor com dezessete anos de idade, pegou o carro de seus pais, enquanto eles dormiam, e causou um acidente ao colidir no veículo de Eduardo.

Considerando essa situação hipotética, julgue os próximos itens com base na disciplina da responsabilidade civil.

(1) Ainda que provada a culpa de Lucas, seus pais não terão a obrigação de indenizar o dano provocado, porquanto, nesse caso, não se pode falar em *culpa in vigilando*.
(2) Em razão de a emancipação cessar a menoridade, predomina o entendimento de que, caso os pais tivessem emancipado Lucas, ficaria afastada a responsabilidade deles pelos danos causados a Eduardo.

1: errada, pois há responsabilidade dos pais, pelos filhos menores que estiverem sob sua autoridade e em sua companhia, ainda que não haja culpa de sua parte. Logo responderão pelos atos praticados (arts. 932, I, e 933, do CC); 2: errada, "AGRAVO REGIMENTAL EM RECURSO ESPECIAL. CIVIL. RESPONSABILIDADE CIVIL. INDENIZAÇÃO. ILEGITIMIDADE DOS PAIS PARA FIGURAR NO POLO PASSIVO. EMANCIPAÇÃO. VIOLAÇÃO AO ART. 1.521, I, DO CC/1.916. 1. Não configura violação ao art. 1.521, inciso I, do antigo Código Civil, a exclusão do polo passivo na ação de indenização por responsabilidade civil dos pais do menor emancipado cerca de dois anos antes da data do acidente. ...3. Recurso especial conhecido e desprovido. (REsp 764.488/MT, Rel. Ministro HONILDO AMARAL DE MELLO CASTRO (DESEMBARGADOR CONVOCADO DO TJ/AP), QUARTA TURMA, julgado em 18/05/2010, DJe 05/08/2010). Gabarito 1E, 2E.

(Defensor Público/AM – 2010 – I. Cidades) A respeito da responsabilidade civil, marque a alternativa correta:

(A) O incapaz não responderá pelos prejuízos que causar, pois a obrigação de indenizar recairá sobre os seus representantes legais.
(B) Ressalvados outros casos previstos em lei especial, os empresários individuais e as empresas respondem independentemente de culpa pelos danos causados pelos produtos postos em circulação.
(C) Os ascendentes podem ajuizar ação regressiva em face dos descendentes, sempre que arcarem com os prejuízos causados pelo relativamente ou absolutamente incapaz.

(D) O Código Civil de 2002, ao contrário do disposto no Código de Defesa do Consumidor, não previu a possibilidade de ressarcimento em dobro dos valores demandados em relação a dívidas já pagas.
(E) O direito de exigir reparação e a obrigação de prestá-la são personalíssimos, razão pela qual não se transmitem com a herança.

A: incorreta, pois o incapaz **responde** pelos prejuízos que causar, se as pessoas por ele responsáveis não tiverem obrigação de fazê-lo ou não dispuserem de meios suficientes (art. 928, *caput*, do CC); B: correta, pois a alternativa reflete o disposto no art. 931 do CC; C: incorreta, pois aquele que ressarcir o dano causado por outrem pode reaver o que houver pago daquele por quem pagou, **salvo se o causador do dano for descendente seu, absoluta ou relativamente incapaz** (art. 934 do CC); D: incorreta, pois o Código Civil traz essa disposição em seu art. 940; E: incorreta, pois o direito de exigir reparação e a obrigação de prestá-la transmitem-se com a herança (art. 943 do CC). Gabarito "B".

(Defensoria/MA – 2009 – FCC) No tocante à disciplina da responsabilidade civil, é correto afirmar:

(A) Os pais são responsáveis objetivamente pela reparação civil dos danos causados por filhos menores ou, embora maiores de 18 anos, incapazes, ainda que estes não estejam sob sua autoridade e em sua companhia.
(B) Para que ocorra a responsabilidade civil subjetiva, basta a existência de um dano material ou moral e de uma ação ou omissão dolosa ou culposa.
(C) Na responsabilidade civil objetiva, a culpa exclusiva do prejudicado afasta o dever de reparação do causador do dano porque é causa de exclusão do dano.
(D) Na responsabilidade civil objetiva, a culpa exclusiva do prejudicado em nada altera a situação jurídica do causador do dano, o qual responderá independentemente de culpa.
(E) Na responsabilidade civil objetiva, não surgirá o dever de reparação do dano na hipótese de culpa exclusiva da vítima por falta de nexo de causalidade entre a ação do agente e o dano sofrido.

A: incorreta, pois tal responsabilidade só existe se os filhos menores estiverem sob a autoridade e na companhia dos pais (art. 932, I, do CC); B: incorreta, pois é necessário, também, a presença de nexo de causalidade (art. 186 do CC), consistente em "*causar dano a outrem*"; C e E: a culpa exclusiva da vítima é causa de *exclusão do nexo de causalidade* e, consequentemente, do dever de indenizar. Gabarito "E".

(Delegado/GO – 2009 – UEG) No sistema de direito civil brasileiro, a responsabilidade civil divide-se em dois regimes: o de responsabilidade subjetiva e o de responsabilidade objetiva. Assim, é CORRETO afirmar que a responsabilidade objetiva

(A) fundada no risco configura-se nos casos em que se determine que a conduta prevista na lei apresenta o caráter de risco.
(B) fundada no risco da atividade configura-se caso a caso, não havendo previsão legal expressa que a imponha.
(C) fundada no risco da atividade, configura-se quando a atividade desenvolvida pelo agente do dano é mais onerosa para certa pessoa que para outros integrantes da comunidade.
(D) tem caráter excepcional, configurando-se apenas nos casos em que a conduta geradora do dever de indenizar é expressamente prevista em lei.

Art. 927, parágrafo único, do Código Civil. Gabarito "C".

(Delegado/GO – 2009 – UEG) O direito civil brasileiro estabelece a ilicitude e o dever de indenizar pela prática do exercício não regular de direito. Nesses casos, a responsabilidade civil é

(A) objetiva, aferível a partir da consciência que o agente tinha dos limites e da finalidade do direito na prática do ato.
(B) subjetiva porque a violação da finalidade do direito é aferível pela culpa originária da intenção do agente.
(C) objetiva, tendo em vista que não importa a consciência do excesso por parte de quem pratica o ato.
(D) subjetiva, tendo em vista que a lei não dispõe expressamente sobre a inexigência de culpa.

O exercício abusivo de direitos consiste em ato ilícito (art. 187 do CC), mas não reclama culpa ou dolo para se configurar, impondo, portanto, responsabilidade objetiva, nos termos do Enunciado 37 do CJF ("A responsabilidade civil decorrente do abuso do direito independe de culpa e fundamenta-se somente no critério objetivo-finalístico"). Gabarito "C".

(Delegado Civil/MS – 2006) Aquele que, por ação ou omissão voluntária, negligência ou imprudência, violar direito e causar dano a outrem, ainda que exclusivamente moral, comete:

(A) Ato falho.
(B) Ato ilícito.
(C) Ato impróprio.
(D) Ato decisório.
(E) Ato legal.

Art. 186 do CC. Gabarito "B".

(Delegado/PI – 2009 – UESPI) No que se refere à Responsabilidade Civil, assinale a alternativa correta:

(A) O incapaz responde pelos prejuízos que causar, se as pessoas por ele responsáveis não tiverem obrigação de fazê-lo ou não dispuserem de meios suficientes.
(B) A responsabilidade civil pelo fato do animal dependerá da prova da culpa do detentor.
(C) A indenização calcula-se de acordo com a intensidade da culpa.
(D) O empregador só responde pelos danos causados por seu empregado, no exercício do trabalho que a ele competir, se ficar provada sua culpa in eligendo.
(E) A responsabilidade civil é vinculada à responsabilidade penal. Assim, só haverá obrigação de indenizar, quando coincidir com um tipo penal e houver condenação.

A: correta (art. 928, *caput*, do CC); B: incorreta, pois a responsabilidade civil, nesse caso, é objetiva, só ficando excluída se o dono do animal provar culpa da vítima ou força maior (art. 936 do CC); C: incorreta, pois a indenização calcula-se de acordo com a extensão do dano (art. 944 do CC); D: incorreta, pois a responsabilidade do empregador é objetiva (art. 932, III, c/c art. 933, ambos do CC); E: incorreta, pois a responsabilidade civil é independente da criminal (art. 935 do CC). Gabarito "A".

(Cartório/MS – 2009 – VUNESP) Em se tratando de responsabilidade extracontratual, é solidariamente responsável com os autores do dano o empregado em relação ao empregador. Este posicionamento está

(A) correto, porque a responsabilidade civil se assenta na conduta do agente.
(B) correto, porque em nosso ordenamento vige o sistema da solidariedade legal.
(C) incorreto, porque se funda em elementos subjetivos de ato ilícito absoluto.
(D) incorreto, porque a solidariedade passiva somente decorre da lei ou do contrato.
(E) incorreto, porque a solidariedade passiva será sempre convencional.

Art. 942, parágrafo único, c/c art. 932, III, ambos do CC. Gabarito "B".

(Cartório/SP – VI – VUNESP) A obrigação de reparar o dano, independentemente de culpa, é denominada responsabilidade civil

(A) completa.
(B) subjetiva.
(C) objetivo-subjetiva.
(D) objetiva.

Trata-se de questão bastante simples, pois, como é cediço, a responsabilidade que se configura independentemente de culpa é objetiva, ao passo que a que se configura desde que presente a culpa é subjetiva. Gabarito "D".

(Procurador do Município/Boa Vista-RR – 2010 – CESPE) Com relação ao direito civil, julgue o item seguinte.

(1) A destruição de coisa alheia a fim de remover perigo iminente não constitui ato ilícito civil, sobretudo se as circunstâncias a tornarem absolutamente necessária, e o agente não exceder os limites do indispensável para a remoção do perigo.

1: correta (art. 188, II e parágrafo único, do CC). Gabarito 1C.

(Magistratura Federal/1ª Região – 2009 – CESPE) Considerando o que dispõe o Código Civil, assinale a opção correta no que se refere à responsabilidade civil.

(A) No caso de responsabilidade civil em virtude de ofensa à saúde, o ofendido não tem direito a ser indenizado das despesas e dos lucros cessantes.
(B) O dono de edifício responde pelos danos causados pela ruína da edificação, dispensando o lesado de provar que a ruína foi devida à falta de reparos e que a necessidade dessas reparações era manifesta.
(C) Somente há responsabilidade do empregador pelos danos que seus empregados, no exercício de suas funções, causarem a terceiros se ficar demonstrado que o empregador infringiu o dever de vigilância.
(D) O Código Civil consagra a responsabilidade civil objetiva das empresas pelos danos causados pelos produtos postos em circulação.
(E) Em caso de responsabilidade civil subjetiva, fica afastada a possibilidade de o juiz reduzir o montante da indenização considerando o grau de culpa do agente, tendo em vista o princípio da reparação integral do dano.

A: incorreta (art. 949 do CC); B: incorreta (art. 937 do CC); C: incorreta (art. 932, III, c/c art. 933, ambos do CC); D: correta (art. 931 do CC); E: incorreta (art. 944, parágrafo único, do CC). Gabarito "D".

(Magistratura Federal/3ª Região – 2010) Aponte a assertiva incorreta:

A responsabilidade civil objetiva:
(A) Está prevista no sistema brasileiro do direito do consumidor, no Código Civil e na Constituição Federal;
(B) Embora conste de outros sistemas, no sistema de direito do consumidor está prevista com exclusividade;
(C) É presente no sistema de responsabilidade civil por dano ambiental;
(D) É o sistema da responsabilidade civil dos que exercem atividade de risco, conforme previsão específica do Código Civil Brasileiro.

A: correta, servido como exemplo o art. 12 do CDC, o art. 927, parágrafo único, do CC e o art. 37, § 6º, da CF; B: incorreta, pois a responsabilidade objetiva não está prevista com exclusividade no CDC, como se viu; C: correta (art. 225, § 3º, da CF); D: correta (art. 927, parágrafo único, do CC). Gabarito "B".

(Magistratura Federal – 3ª Região – XIII) A União responde pelos atos de seus agentes:

(A) objetivamente, desde que o agente tenha sido causador do dano;
(B) objetivamente, quer o agente esteja ou não em serviço;
(C) objetivamente, mesmo em caso de culpa exclusiva da vítima;
(D) quando o agente tiver agido com culpa, ainda que leve.

Art. 37, § 6º, da CF. Gabarito "A".

(Magistratura Federal – 3ª Região – XII) Assinale a alternativa incorreta:

(A) Independentemente de previsão legal, quando a atividade normalmente desenvolvida implicar riscos a terceiros, a responsabilidade do agente causador do dano, independerá de culpa, assim como na hipótese do dano ser ocasionado por produto posto em circulação por empresários individuais ou empresas;
(B) Nos casos de responsabilidade pelo fato de outrem, aquele que ressarcir o dano pode reaver o que houver pago daquele por quem pagou, salvo se o causador do dano for seu descendente, absoluta ou relativamente incapaz;
(C) A culpa, além de elemento indispensável à configuração da responsabilidade subjetiva, poderá ter reflexos na determinação da indenização devida, quando houver culpa concorrente da vítima;
(D) O gestor de negócios responde pelos prejuízos decorrentes das operações arriscadas que fizer, ainda que o dono costumasse fazê-las, salvo a ocorrência de caso fortuito ou força maior.

A: arts. 927, parágrafo único, e 931 do CC. Acerca do art. 927, parágrafo único, do CC, vide os Enunciados CJF 38 e 377. Acerca do art. 931 do CC, vide os Enunciados CJF 42, 43, 190 e 378. B: art. 934 do CC; C: art. 945 do CC; D: art. 868 do CC. Gabarito "D".

(Procuradoria da República – 21º) Pode-se afirmar que o novo Código Civil brasileiro:

I. adota o regime da responsabilidade subsidiária e eqüitativa dos incapazes;
II. exige, quanto à responsabilidade civil pelo fato dos animais, a posse qualificada;
III. inovou, substancialmente, ao tratar da responsabilidade civil indireta;
IV. manteve a primazia da culpa como fundamento básico da responsabilidade civil.

Das proposições acima:
(A) somente a de número I está correta;
(B) as de números III e IV estão corretas;
(C) as de números I e IV estão corretas;
(D) as de números II e III estão corretas.

I: correta (art. 928 do CC); II: incorreta, pois basta ser dono ou detentor do animal (art. 936 do CC); III: incorreta, pois o CC já tratava da responsabilidade civil indireta ou por ato de terceiro (v. art. 932 do CC); IV: correta, pois, de fato, a regra geral ainda é a prevista no art. 186 do CC. Gabarito "C".

(Advogado da União/AGU – CESPE – 2009) Ricardo, que dirigia seu carro em velocidade normal, atropelou Raimundo, causando-lhe sérios ferimentos. Em depoimento prestado na delegacia de polícia, Ricardo afirmou que o atropelamento ocorrera por motivos de força maior, haja vista que trafegava normalmente pela via quando um motoqueiro, dirigindo em alta velocidade, cruzou a frente do veículo que ele conduzia, não lhe tendo restado outra alternativa senão a de desviar o carro para o acostamento. Alegou, ainda, que não havia visto Raimundo, que aguardava pelo ônibus no acostamento, e que, se não tivesse desviado o veículo, ele poderia ter causado a morte do motoqueiro. Testemunhas confirmaram a versão de Ricardo.

Com base nessa situação hipotética, julgue o item que se segue.

(1) A despeito de o ato praticado por Ricardo não ser considerado ilícito civil, ele terá a obrigação de indenizar Raimundo, caso haja o ajuizamento de ação com esse fim.

1: correta (art. 188, II, c/c art. 929, do CC) Gabarito 1C.

(Advogado da União/AGU – CESPE – 2009) No que tange à responsabilidade civil, julgue o item seguinte.

(1) Embora o CC somente tenha feito referência à boa-fé na conclusão e na execução do contrato, a doutrina entende haver lugar para a responsabilidade pré-contratual, a qual não se aplica aos chamados contratos preliminares, mas aos contatos anteriores à formalização do pacto contratual.

1: correta, pois a doutrina e a jurisprudência evoluíram no sentido de dar mais responsabilidade aos envolvidos na fase de negociações preliminares; com base no *princípio da boa-fé*, vem se entendendo que, se na fase das negociações preliminares forem criadas *fortes expectativas* em um dos negociantes, gerando inclusive despesas de sua parte, o outro negociante deverá responder segundo a chamada *responsabilidade pré-contratual*, instituto jurídico que se aplica apenas à fase de negociações preliminares, daí o nome de responsabilidade "pré-contratual". Gabarito 1C.

(Procurador Federal – 2010 – CESPE) A respeito da responsabilidade contratual, julgue os itens a seguir.

(1) Em caso de acidente automotivo, a responsabilidade da transportadora ficará afastada se comprovado que os danos sofridos pelo passageiro decorreram de falha mecânica do veículo.
(2) Se o contrato celebrado for de obrigação de resultado, o inadimplemento se presumirá culposo.

1: incorreta, pois a responsabilidade da transportadora é objetiva; 2: correta, pois, na obrigação de resultado, a culpa pelo não atingimento deste é presumida. Gabarito 1E, 2C.

(Procurador da Fazenda Nacional – 2007.2 – ESAF) Quanto ao conteúdo da conduta culposa, a culpa poderá ser

(A) grave, leve ou levíssima.
(B) *in committendo, in ommittendo, in eligendo, in vigilando* ou *in custodiendo*.

(C) *in abstracto* ou *in concreto*.
(D) *aquiliana* ou *juris et de jure*.
(E) contratual ou extracontratual.

Não se deve confundir a classificação da culpa. A alternativa "b" traz a classificação da culpa quanto ao seu conteúdo. Gabarito "B".

(Defensoria Pública da União – 2010 – CESPE) No que se refere à disciplina do abuso de direito, julgue os itens a seguir.

(1) A proibição de comportamento contraditório é aplicável ao direito brasileiro como modalidade do abuso de direito e pode derivar de comportamento tanto omissivo quanto comissivo.

(2) A exemplo da responsabilidade civil por ato ilícito em sentido estrito, o dever de reparar decorrente do abuso de direito depende da comprovação de ter o indivíduo agido com culpa ou dolo.

(3) O pagamento realizado reiteradamente pelo devedor em local diverso do ajustado em contrato é um exemplo do que se denomina supressio.

1: correta, pois a doutrina, ao interpretar o art. 187 do CC, que regula o abuso de direito, entende que a proibição de comportamento contraditório funda-se nesse instituto (Enunciado 362 do CJF: " A vedação do comportamento contraditório - *venire contra factum proprium* - funda-se na proteção da confiança, tal como se extrai dos arts. 187 e 422 do Código Civil"); 2: incorreta, pois a responsabilidade civil decorrente do abuso de direito é objetiva (Enunciado 37 do CJF: "A responsabilidade civil decorrente do abuso do direito independe de culpa e fundamenta-se somente no critério objetivo-finalístico"); 3: correta, pois a *supressio* consiste na redução do conteúdo obrigacional pela inércia de uma das partes em exercer direitos ou faculdades, gerando na outra legítima expectativa, situação que ocorre quando o devedor, reiteradamente, realiza pagamento em local diverso do ajustado, ficando o devedor na legítima expectativa que possa continuar efetuando o pagamento no lugar que sempre efetuou; a *supressio* não se confunde com a *surrectio*, que consiste na ampliação do conteúdo obrigacional (e não na redução do conteúdo obrigacional). Gabarito 1C, 2E, 3C.

(DEFENSORIA PÚBLICA DA UNIÃO – 2004 – CESPE) Acerca da responsabilidade civil, julgue os itens a seguir.

(1) Se for proposta uma lide que tenha por objeto a reparação de um dano causado por ato do representante da pessoa jurídica, a responsabilidade desta, quer se trate de sociedade, quer de associações, só emerge se o autor da ação demonstrar a culpa da pessoa jurídica, quer *in vigilando*, quer *in eligendo*.

(2) Se, ao proferir uma sentença, um juiz de direito utilizar-se de expressões ofensivas à honra de uma das partes, esta poderá propor ação de indenização contra o juiz, que deverá responder diretamente pelos danos causados, pois não é permitido ao juiz, a pretexto de solucionar uma lide, ofender a honra dos litigantes.

1: incorreta, pois a responsabilidade da pessoa jurídica por atos de seus empregados ou prepostos é objetiva (art. 933 c/c 932, III, do CC); 2: incorreta, pois, segundo o STF, a vítima não pode ingressar com ação diretamente contra o agente público, quando este, nessa qualidade, causar um dano à primeira; a vítima deve acionar o Estado e este, em caso de culpa ou dolo do agente público, pode denunciar da lide ou ingressar com ação de regresso em seguida. Gabarito 1E, 2E.

(Magistratura do Trabalho – 8ª Região – 2007) No campo da responsabilidade civil e de acordo com o Código Civil em vigor, são hipóteses de responsabilidade, independentemente de culpa, por ato de terceiro, exceto:

(A) O empregador, pelos atos de seus empregados, desde que no exercício do trabalho que lhes competir ou em razão dele.
(B) Os curador, pelos curatelados, ainda que sem sua companhia.
(C) Os pais, pelos filhos menores, desde que sob sua autoridade e em sua companhia.
(D) Os donos de hotéis, pelos seus hóspedes.
(E) Os que gratuitamente houverem participado nos produtos do crime, até a concorrente quantia.

Art. 932 do CC. Gabarito "B".

(Magistratura do Trabalho – 9ª Região – 2006) Sobre teoria geral da responsabilidade civil, assinale a alternativa correta:

I. A teoria subjetiva da responsabilidade civil é fundada na culpa ou dolo do agente.

II. Admite-se a responsabilização do agente independentemente de culpa, quando a atividade por ele normalmente desenvolvida, por sua natureza intrínseca, implicar riscos, mas as hipóteses de aplicação da teoria do risco devem ser estrita e exaustivamente relacionadas por leis específicas.

III. De acordo com a teoria da responsabilidade por culpa presumida, presume-se a culpa do agente, invertendo-se o ônus da prova, mas facultando-lhe provar fatos excludentes da culpa que se presume.

IV. Pela teoria do abuso do direito, o agente pode ser responsabilizado a reparar danos decorrentes de uma conduta que, embora se caracterize como exercício de um direito seu, exceda a finalidade econômico-social daquele direito, desviando-o dos fins sociais, da boa-fé e dos bons costumes.

(A) apenas a assertiva I está correta
(B) apenas as assertivas I e III estão corretas
(C) apenas as assertivas II e IV estão corretas
(D) apenas as assertivas I, III e IV estão corretas
(E) todas as assertivas estão corretas

I: art. 186 do CC; II: o art. 927, parágrafo único, segunda parte, do CC traz conceito jurídico indeterminado, de modo que não há exigência de relação estrita e exaustiva dos casos em que há atividade de risco; III: correta, mas a presunção de culpa não é a regra; um exemplo é o art. 936 do CC; IV: art. 187 c/c art. 927, ambos do CC; vide também o Enunciado CJF 37, que dispõe ser objetiva a responsabilidade no caso. Gabarito "D".

(Analista – TRT/8ª – 2010 – FCC) Luiz, dirigindo sozinho um veículo de seu empregador, atropelou um pedestre, causando-lhe ferimentos graves. Nesse caso,

(A) a culpa do empregado, autor do dano, acarretará a responsabilidade objetiva do empregador.
(B) o empregador responderá pelos danos causados independentemente da existência de culpa do empregado.
(C) o empregador só responderá pelos danos causados se ficar demonstrado que sabia que o empregado não dirigia com cautela.
(D) somente o empregado responderá pelos danos causados, pois o empregador não estava presente na ocasião do evento.
(E) o empregador só responderá pelos danos causados se ficar demonstrado que infringiu o dever de vigilância.

Arts. 932, III e 933, do CC. Gabarito "A".

(Analista – TRT/20ª – 2011 – FCC) José foi acusado de, dirigindo um veículo automotor, ter atropelado um pedestre e lhe causado ferimentos. No processo criminal relativo ao fato, foi decidido que José não foi o autor do fato, tendo a sentença criminal transitado em julgado. Nesse caso, na esfera civil, José

(A) só poderá vir a ser responsabilizado pelos danos morais decorrentes do atropelamento.
(B) poderá vir a ser responsabilizado pelos danos materiais e morais decorrentes do atropelamento porque a responsabilidade civil é independente da criminal.
(C) não mais poderá ser responsabilizado pelos danos materiais e morais decorrentes do atropelamento.
(D) poderá vir a ser responsabilizado pelos danos materiais decorrentes do atropelamento porque a sentença criminal não afastou a existência do fato.
(E) poderá vir a ser responsabilizado pelos danos morais decorrentes do atropelamento porque a sentença criminal não afastou a existência do fato.

Art. 935 do CC. Gabarito "C".

(Analista – TRE/AL – 2010 – FCC) Mario possui dois filhos, Joana e Danilo, que residem e dependem economicamente dele. Mário ressarciu judicialmente danos distintos causados por Joana e por Danilo, tendo em vista a comprovação da responsabilidade civil de ambos. Considerando que Joana é absolutamente incapaz de exercer pessoalmente os atos da vida civil e que Danilo é relativamente incapaz, bem como que tratam de atos e danos distintos, neste caso, Mario

(A) poderá reaver o que houver pago apenas de Joana.
(B) poderá reaver o que houver pago de ambos os filhos.
(C) não poderá reaver o que houver pago de nenhum de seus filhos.

(D) poderá reaver o que houver pago apenas de Danilo.
(E) só poderá reaver metade do que houver pago e somente de Danilo.

Art. 934 do CC. *Gabarito "C".*

(Analista – TRE/BA – 2010 – CESPE) Acerca do instituto da responsabilidade civil, julgue os itens seguintes.

(1) O incapaz responde pelos prejuízos que causar, se as pessoas responsáveis por ele não tiverem obrigação de fazê-lo ou não dispuserem de meios suficientes para tal ação.
(2) Os partidos políticos são pessoas jurídicas e, nessa qualidade, estão sujeitos a sofrer danos morais em sua denominada honra objetiva, sujeitando o ofensor à reparação civil dos danos causados.
(3) Comete ato ilícito e está sujeito à reparação civil a pessoa que, sendo titular de um direito, ao exercê-lo, excede manifestamente os limites impostos pelo seu fim econômico ou social, pela boa-fé ou pelos bons costumes.

1: certa (art. 928, *caput*, do CC); 2: certa (arts. 44, V e 52, do CC); 3: certa (art. 187 do CC). *Gabarito 1C, 2C, 3C.*

(Analista – TRE/MT – 2010 – CESPE) No que concerne à responsabilidade civil, assinale a opção correta.

(A) A prisão por queixa ou denúncia falsa e de má-fé dá ao ofendido o direito de ser indenizado por perdas e danos, desde que este prove o prejuízo sofrido.
(B) A responsabilidade civil dos incapazes, nas hipóteses expressamente previstas no Código Civil brasileiro, é subsidiária em relação à responsabilidade de seus representantes.
(C) Via de regra, a responsabilidade do empresário individual por danos causados pelos produtos por ele postos em circulação é subjetiva.
(D) Somente se houver previsão contratual os donos de hotéis serão responsáveis pela reparação civil aos seus hóspedes.
(E) A admissão do dano moral, que não pode ser cumulado com o dano patrimonial, fundamenta-se unicamente no Código Civil.

A: incorreta, pois, se o ofendido não puder provar prejuízo material, caberá ao juiz fixar, equitativamente, o valor da indenização, na conformidade das circunstâncias do caso (art. 954, p. único, II, do CC); B: correta (art. 928 do CC); C: incorreta, pois a responsabilidade será independentemente de culpa (art. 931 do CC); D: incorreta (art. 932, IV, do CC); E: incorreta, pois o dano moral tem previsão constitucional (art. 5º, V, da CF) e pode ser cumulado com o dano material. *Gabarito "B".*

5.2. INDENIZAÇÃO

(Magistratura/DF – 2011) Diz a lei civil que "aquele que demandar por dívida já paga, no todo ou em parte, sem ressalvar as quantias recebidas ou pedir mais do que for devido, ficará obrigado a pagar ao devedor, no primeiro caso, o dobro do que houver cobrado e, no segundo, o equivalente do que dele exigir, salvo se houver prescrição". Dentro deste contexto, considere as proposições abaixo e assinale a <u>correta</u>:

(A) A aplicação de penalidade do pagamento do dobro da quantia cobrada indevidamente pode ser requerida por toda e qualquer via processual, notadamente por meio de embargos à monitória;
(B) Cobrança excessiva, mas de boa-fé, ainda assim confere direito à repetição em dobro, por conta da sanção imposta pelo preceptivo previsto no artigo 940 do atual Código Civil;
(C) Mesmo ostentando fundamentos diferentes, o reconhecimento da litigância de má-fé em ação de cobrança importa aplicação automática da penalidade prevista no artigo 940 do CC/02;
(D) A incidência da norma contida no artigo 940 do CC/02 pressupõe a cobrança judicial de dívida já paga, cabendo idêntica aplicação em cobrança de dívida forjada.

A: correta, podendo ser requerida também em contestação de ação de cobrança; B: incorreta, pois é necessário o elementos subjetivo culpa ou dolo; aliás, no próprio Código do Consumidor há regra deixando claro que a sanção não se aplica em caso de "engano justificável" (art. 42, p. ún., do CDC); C: incorreta, pois a litigância de má-fé pode ter origem em outras condutas indevidas do credor no bojo do processo judicial; D: incorreta, pois a incidência da norma do art. 940 do Código Civil pressupõe a cobrança judicial de dívida **já paga**, não se lhe assimilando a cobrança de dívida forjada (STJ 892.839, DJ 26/03/09). *Gabarito "A".*

(Magistratura/MT – 2009 – VUNESP) Observe as assertivas a seguir.

I. Em ação de indenização, procedente o pedido, é necessária a constituição de capital ou caução fidejussória para a garantia de pagamento de pensão, independentemente da situação financeira do demandado.
II. Não é lícita a cumulação das indenizações de dano estético e dano moral, visto que se confundem.
III. A correção monetária do valor da indenização do dano moral incide desde a data do arbitramento.
IV. Na ação de indenização por dano moral, a condenação em montante inferior ao postulado na inicial não implica sucumbência recíproca.
V. O valor do seguro obrigatório não deve ser deduzido da indenização judicialmente fixada.

Está correto apenas o que se afirma em
(A) I e II.
(B) III e V.
(C) I, III e IV.
(D) II, IV e V.
(E) I, II e IV.

I: correta (art. 475-Q do CPC); II: incorreta, pois a Súmula 387 do STJ admite tal cumulação; III: correta, nos termos da Súmula 362 do STJ; IV: correta, nos termos da Súmula 326 do STJ; V: incorreta, pois, de acordo com a Súmula 246 do STJ, o valor do seguro obrigatório deve ser deduzido da indenização judicialmente fixada. *Gabarito "C".*

(Magistratura/PR – 2008) Assinale a alternativa correta:

(A) É subjetiva, por culpa presumida, a responsabilidade dos pais pelos atos praticados pelos filhos menores que estiverem sob sua autoridade e em sua companhia.
(B) O direito de exigir a reparação civil somente se transmite com a herança quando se tratar de dano patrimonial.
(C) A desproporção entre a gravidade da culpa e o dano pode ser critério hábil a intervir na fixação do quantum indenizatório.
(D) A culpa leve não gera dever de indenizar, ao passo que a culpa gravíssima enseja responsabilidade objetiva do agente causador do dano.

A: a responsabilidade dos pais, no caso, é objetiva (art. 933 do CC); B: art. 943 do CC; C: art. 944, parágrafo único, do CC; vide também o Enunciado CJF 46; D: a culpa leve gera o dever de indenizar, mas pode interferir no *quantum* indenizatório (art. 944, parágrafo único, do CC); a culpa gravíssima, uma vez configurada, já impõe a responsabilidade civil. *Gabarito "C".*

(Magistratura/SC – 2010) Assinale a alternativa correta:

I. O Código Civil, ao prescrever que o juiz pode reduzir equitativamente a reparação do dano material se houver excessiva desproporção entre a gravidade da culpa e o dano, adota a teoria da gradação da culpa a influenciar na definição do *quantum* indenizatório. Contudo, nas hipóteses de responsabilidade objetiva, por não se apurar a culpa, não se cogita da diminuição da indenização.
II. A indenização por injúria, difamação ou calúnia consistirá na reparação do dano que delas resulte ao ofendido. Se o ofendido não puder provar prejuízo material, cabe ao juiz fixar o valor da indenização por dano moral no correspondente ao dobro da multa no grau máximo da pena criminal respectiva, modulado conforme as circunstâncias do caso.
III. No caso de prisão ilegal, a pessoa jurídica de direito público será a responsável direta pelo dano causado à pessoa física. A privação do exercício de liberdade pessoal é reparada mediante o pagamento de indenização das perdas e danos que sobrevierem ao ofendido. Se este não puder provar o prejuízo material, cabe ao juiz fixar equitativamente o montante indenizatório, atendidas as peculiaridades do caso
IV. O empregador é também responsável pela reparação civil por ato de seu empregado que no exercício do trabalho que lhe competir ou em razão dele causar dano a terceiro, desde que caracterizada, por parte do patrão, a culpa *in vigilando* ou a culpa *in eligendo*.

(A) Somente as proposições I e III estão corretas.
(B) Somente as proposições I, II e IV estão corretas.

(C) Somente as proposições III e IV estão corretas.
(D) Somente as proposições II e IV estão corretas.
(E) Todas as proposições estão corretas.

I: correta, já que a incidência da norma prevista no art. 944, p. ún., do CC requer o elemento "culpa", elemento que não tem relevância em matéria de responsabilidade objetiva; de qualquer maneira, a questão ainda é controversa na doutrina haja vista a própria mudança de orientação dos Enunciados do CJF, que tinham expressamente essa posição (Enunciado CJF 46), mas que, agora, não mais são tão diretos sobre o assunto (Enunciado CJF 380); II: incorreta, pois não há que se falar em tabelamento dos danos morais; o art. 953, p. ún., do CC estabelece que o juiz deverá fixar a indenização conforme as circunstâncias do caso; III: correta (art. 954 c/c art. 953, p. ún., do CC); IV: incorreta, pois a responsabilidade do empregador quanto a atos de seu empregado é objetiva (art. 933 do CC). Gabarito "A".

(Magistratura/SP – 179º) Considere as seguintes afirmações sobre responsabilidade civil:

I. a indenização devida pelo incapaz não terá lugar se privar do necessário as pessoas que dele dependem;
II. o empregador responde pelos atos dos seus empregados, no exercício do trabalho que lhes competir, ou em razão dele, ainda que não haja culpa de sua parte;
III. na hipótese de indenização que deva em princípio ser medida pela extensão do dano, se houver excessiva desproporção entre a gravidade da culpa e o dano, o juiz poderá reduzir, eqüitativamente, seu valor.

Pode-se dizer que são verdadeiras

(A) apenas as assertivas I e III.
(B) apenas as assertivas I e II.
(C) todas as assertivas.
(D) apenas as assertivas II e III.

I: art. 928 do CC; II: arts. 932, III, e 933, ambos do CC; III: art. 944, caput e parágrafo único, do CC. Gabarito "C".

(Ministério Público/CE – 2009 – FCC) Na responsabilidade civil, a indenização mede-se pela extensão do dano, respondendo por ela o seu autor,

(A) independentemente de culpa, bastando a comprovação do prejuízo e do nexo causal, salvo quando a lei expressamente se referir a conduta culposa ou dolosa como elemento essencial da responsabilidade.
(B) mas, se ele for incapaz, a indenização será eqüitativa e não terá lugar se vier, a ele ou às pessoas que dele dependem, privar do necessário.
(C) e o valor não poderá ser reduzido, ainda que a culpa do autor do dano seja leve.
(D) não tendo nenhuma influência na fixação da indenização a concorrência da vítima, se esta agiu apenas culposa e não dolosamente.
(E) e conjuntamente os curadores, tutores, pais e empregadores, se tiverem agido culposamente na vigilância dos curatelados, tutelados, filhos ou empregados.

A: incorreta, pois a regra no Código Civil, ainda, é que a responsabilidade civil é subjetiva (art. 186 do CC), estando a responsabilidade objetiva presente apenas quando houver previsão de que a responsabilidade se dará "independentemente de culpa" (art. 927, parágrafo único, do CC); B: correta (art. 928, parágrafo único, do CC); C: incorreta (art. 944, parágrafo único, do CC); D: incorreta (art. 945 do CC); E: incorreta, sendo objetiva a responsabilidade dos primeiros pelos atos dos segundos (art. 933 do CC). Gabarito "B".

(MINISTÉRIO PÚBLICO/RO – 2010 – CESPE) O dano causado a outrem, decorrente de ato ilícito, implica o dever de reparação civil mediante indenização. Acerca desse assunto, assinale a opção correta.

(A) O grau de culpa do ofensor não pode constituir critério para se fixar a indenização patrimonial.
(B) No que se refere a danos materiais, a obrigação de indenizar e o direito de se obter indenização não se transmitem com a herança.
(C) A obrigação de indenizar não pode decorrer da responsabilidade civil objetiva.
(D) Para se definir a indenização pelo evento danoso, deve-se considerar se a vítima concorreu ou não, culposamente, para a ocorrência do dano.
(E) A decisão, no juízo criminal, quanto à existência do fato ou quanto a sua autoria é irrelevante para a indenização civil.

A: incorreta, pois o grau de culpa pode alterar a indenização em caso de excessiva desproporção entre a gravidade da culpa e o dano (art. 944, p. ún., do CC) e quando se está em caso de culpa concorrente (art. 945 do CC); B: incorreta, pois a obrigação inteira se transfere com a herança (art. 943 do CC); C: incorreta, pois há vários casos de responsabilidade objetiva previstos no Código Civil (exs: arts. 927, p. ún., 931 e 933); D: correta (art. 945 do CC); E: incorreta, pois a absolvição criminal por negativa de autoria ou por inexistência material do fato exclui a responsabilização civil. Gabarito "D".

(Ministério Público/SP – 2010) Assinale a alternativa incorreta:

(A) o Código Civil adota como regra a responsabilidade civil subjetiva.
(B) o chamado "dano remoto" não é indenizável.
(C) a responsabilidade civil do incapaz é subsidiária e a indenização correspondente é equitativa.
(D) a responsabilidade civil do curador, tutor e pais em razão de atos praticados, respectivamente, pelos curatelados, pupilos e filhos menores, restringe-se aos danos materiais por estes causados a terceiros.
(E) a indenização por dano moral prescinde da comprovação do dano material.

A: correta, pois a regra no Código Civil, ainda, é de responsabilidade subjetiva (art. 186 do CC), estando a responsabilidade objetiva presente apenas quando houver previsão de que a responsabilidade se dará independentemente de culpa (art. 927, parágrafo único, do CC); B: correta, pois o dano há de ser certo; C: correta (art. 928, caput e parágrafo único, respectivamente, do CC); D: incorreta, pois também abrangem todos os danos, não havendo limitação nesse sentido nos arts. 932 e 933 do CC; E: correta, pois as duas indenizações são independentes, cada qual tendo seu fundamento. Gabarito "D".

(Procurador do Estado/SC – 2010 – FEPESE) No que concerne à responsabilidade civil, dispõe o Código Civil Brasileiro que:

1. Aquele que gratuitamente houver participado nos produtos do crime é responsável civilmente até a concorrente quantia.
2. O grau de culpa apurado é a base para a análise da extensão do dano.
3. Quando a ofensa extinguir ou reduzir a capacidade laboral, o prejudicado, se preferir, poderá exigir que a indenização seja arbitrada e paga de uma só vez.
4. Aquele que ressarcir o dano causado por outrem pode reaver o que houver pago daquele por quem pagou, salvo se o causador do dano for descendente seu, absoluta ou relativamente incapaz.

Assinale a alternativa que indica todas as afirmativas **corretas**.

(A) São corretas apenas as afirmativas 2 e 3.
(B) São corretas apenas as afirmativas 3 e 4.
(C) São corretas apenas as afirmativas 1, 2 e 4.
(D) São corretas apenas as afirmativas 1, 3 e 4.
(E) São corretas as afirmativas 1, 2, 3 e 4.

1: correta (art. 932, V, do CC); 2: incorreta, pois a regra é outra; a regra é que a indenização será calculada conforme a extensão do dano; apenas excepcionalmente é que o grau de culpa poderá gerar efeitos sobre o valor da indenização (arts. 944 e 945 do CC); 3: correta (art. 950, p. ún., do CC); 4: correta (art. 934 do CC). Gabarito "D".

(Procurador do Município/Teresina-PI – 2010 – FCC) No tocante à responsabilidade civil,

(A) o incapaz responde pelos prejuízos que causar, de modo subsidiário e desde que a indenização não o prive do necessário, ou às pessoas que dele dependam.
(B) a pessoa jurídica pode sofrer dano material, mas não moral.
(C) mediante apuração de culpa, as empresas e empresários individuais respondem pelos danos causados pelos produtos postos em circulação.
(D) a gravidade da culpa do agente é irrelevante na fixação da indenização, importando apenas a extensão do dano.
(E) importa aferir o nexo causal somente na responsabilidade subjetiva, mas não na responsabilidade objetiva, para cuja caracterização bastam o ilícito e o dano correspondente.

A: correta (art. 928 do CC); B: incorreta, pois a pessoa jurídica pode sofrer dano moral também (Súmula 227 do STJ); C: incorreta, pois a responsabilidade, no caso, é objetiva (art. 931 do CC); D: incorreta, pois a regra é outra; a regra é que a indenização será calculada conforme a extensão do dano; apenas excepcionalmente é que o grau de culpa poderá gerar efeitos sobre o valor da indenização (arts. 944 e 945 do CC); E: incorreta, pois na responsabilidade objetiva é necessário aferir conduta, dano e o nexo de causalidade também; a única diferença em relação à responsabilidade subjetiva, é que não será necessário discutir se a conduta é dolosa ou culposa. Gabarito "A".

(Defensor Público/RS – 2011 – FCC) Atos ilícitos e responsabilidade civil.

(A) A ilicitude dos atos jurídicos surge com a violação de direito alheio e a consequente configuração de dano a terceiro, não havendo falar em configuração de ato ilícito no exercício de um direito por seu titular.
(B) No sistema brasileiro a indenização é mensurada pela extensão do dano, forte no princípio da restituição integral, não havendo possibilidade de sua fixação e/ou redução pela via da equidade.
(C) Nos termos do Código Civil, os empresários individuais e as empresas respondem independentemente de culpa pelos danos causados pelos produtos postos em circulação.
(D) Os pais respondem, mediante a aferição da sua culpa, pelos atos dos filhos menores que estiverem sob sua autoridade e em sua companhia, o que também ocorre com os empregadores, no que respeita aos atos dos seus empregados, serviçais e prepostos, no exercício do trabalho que lhes competir, ou em razão dele.
(E) No sistema da responsabilidade civil objetiva a culpa do ofensor é despicienda, tanto para a fixação do dever de indenizar, quanto para a fixação do *quantum* indenizatório.

A: incorreta, pois, se o particular, "no exercício de um direito" seu, proceder com abuso, ter-se-á um ato ilícito, consistente no abuso de direito (art. 187 do CC); B: incorreta, pois a regra é que a indenização é fixada segundo a extensão do dano (art. 944, caput, do CC); porém, há uma exceção: "se houver excessiva desproporção entre a gravidade da culpa e o dano, poderá o juiz reduzir, **equitativamente**, a indenização" (art. 944, p. ún., do CC; g.n.); C: correta (art. 931 do CC); D: incorreta, pois os pais respondem objetivamente pelos atos de seus filhos (art. 933 do CC); E: incorreta, pois, de acordo com a gravidade da culpa, poderá haver repercussão no *quantum* indenizatório em situações excepcionais, como a prevista no art. 944, p. ún., do CC; outra regra que pode incidir é a prevista no art. 945 do CC, que trata da culpa concorrente. Gabarito "C".

(Delegado/RJ – 2009 – CEPERJ) Considere as seguintes afirmações sobre responsabilidade civil e indique a assertiva incorreta:

(A) O incapaz responde pelos prejuízos que causar, exceto se ficar privado do necessário, assim como as pessoas que dele dependem.
(B) São também responsáveis pela reparação civil os que gratuitamente houverem participado nos produtos do crime, até a concorrente quantia.
(C) A indenização por injúria, difamação ou calúnia consistirá na reparação do dano que delas resulte ao ofendido.
(D) Súmula do Superior Tribunal de Justiça adota entendimento de que não é possível a cumulação das indenizações de dano estético e dano moral.
(E) A responsabilidade civil é independente da criminal, não se podendo questionar mais sobre a existência do fato, ou sobre quem seja seu autor, quando estas questões se acharem decididas no juízo criminal.

A: correta (art. 928, parágrafo único, do CC); B: correta (art. 932, V, do CC); C: correta (art. 953 do CC); D: incorreta, pois a Súmula 387 do STJ admite a cumulação das indenizações de dano estético e dano moral; E: correta (art. 935 do CC). Gabarito "D".

(Analista – TRT/8ª – 2010 – FCC) A indenização decorrente da responsabilidade civil por ato ilícito

(A) no caso de homicídio consiste exclusivamente no pagamento das despesas de tratamento médico, funeral e luto.
(B) mede-se pela extensão do dano, não podendo, em nenhuma hipótese, ser reduzida pelo juiz.
(C) não pode ser reduzida se a vítima tiver concorrido culposamente para o evento danoso.
(D) pode ser reduzida equitativamente pelo juiz quando houver excessiva desproporção entre a gravidade da culpa e o dano.
(E) no caso de lesão corporal engloba as despesas de tratamento do ofendido, mas não inclui os lucros cessantes até o final da convalescença.

A: incorreta, pois, no caso de homicídio, a indenização consiste, **sem excluir outras reparações**, no pagamento das despesas de tratamento médico, funeral e luto (art. 948, *caput*, do CC); B: incorreta, pois, se houver excessiva desproporção entre a gravidade da culpa e o dano, poderá o juiz reduzir, equitativamente, a indenização (art. 944 do CC); C: incorreta, pois não existe essa vedação legal (art. 945 do CC); D: correta (art. 944, p. único, do CC); E: incorreta (art. 949 do CC). Gabarito "D".

(Analista – TRT/20ª – 2011 – FCC) No que concerne à responsabilidade civil é INCORRETO afirmar que a indenização

(A) no caso de lesão ou outra ofensa à saúde consistirá no pagamento das despesas do tratamento e dos lucros cessantes até o fim da convalescença, além de algum outro prejuízo que o ofendido prove haver sofrido.
(B) poderá ser reduzida, equitativamente, pelo juiz se houver excessiva desproporção entre a gravidade da culpa e o dano.
(C) será fixada tendo em conta a gravidade da culpa da vítima em confronto com a do autor do dano se a vítima tiver concorrido culposamente para o evento danoso.
(D) por ofensa à liberdade pessoal, se o ofendido não puder provar prejuízo, será fixada equitativamente pelo juiz, na conformidade das circunstâncias do caso.
(E) consistirá, havendo usurpação ou esbulho do alheio, se a restituição da coisa não for possível, na restituição do equivalente, estimado pelo valor de afeição, ainda que este se avantaje ao seu preço ordinário.

A: correto (art. 949 do CC); B: correto (art. 944, p. ún., do CC); C: correto (art. 945 do CC); D: correto (art. 954 c/c com art. 953, ambos do CC); E: incorreto, pois estimar-se-á ela pelo seu preço ordinário e pelo de afeição, contanto que este *não* se avantaje àquele (art. 952, p. ún., do CC). Gabarito "E".

6. COISAS

6.1. POSSE

6.1.1. POSSE E SUA CLASSIFICAÇÃO

(Magistratura/MG – 2009 – EJEF) Em relação à posse, assinale a alternativa CORRETA.

(A) A posse nascida justa pode tornar-se injusta, especialmente no que se refere ao vício da precariedade.
(B) A posse do locatário e a do comodatário são consideradas posses precárias.
(C) A posse nascida injusta não poderá se converter em posse justa.
(D) A posse adquirida por ameaça, para ser considerada injusta, exige prévio ajuizamento de ação anulatória do ato, por vício do consentimento.

A: correta, pois a lei admite que a posse mude o seu caráter (art. 1.203 do CC); assim, se alguém tomou um livro emprestado, passou a ter posse justa da coisa, mas, no momento em que diz para o dono da coisa que não vai mais entregá-la, passa a ter posse injusta, pelo abuso da confiança, configurando o vício da precariedade; B: incorreta, pois a posse das pessoas é justa (art. 1.200 do CC); C: incorreta, pois a lei admite a mudança no caráter da posse, valendo lembrar, na situação em análise, o exemplo daquele que tem posse injusta sobre a coisa, mas, devido ao decurso do tempo, acaba tornando-se proprietário da coisa, por usucapião, passando a ter posse justa; D: incorreta, pois a violência moral, por si só, já faz configurar a injustiça da posse. Gabarito "A".

(Magistratura/PA – 2008 – FGV) A posse mantém o respectivo caráter enquanto não ocorre a sua:

(A) manutenção.
(B) interdição.
(C) justaposição.
(D) inversão.
(E) restituição.

Art. 1.203 do CC. Por exemplo, alguém que tem a posse de um dado imóvel e tal posse, apesar de indevida, é de boa-fé, terá a posse invertida, ou seja, considerada de má-fé, no momento em que as circunstâncias revelarem que a posse é indevida, o que se dá com a notificação feita pelo legítimo possuidor ou mesmo com a citação em demanda que vise à retomada da coisa (art. 1.202 do CC). A inversão do caráter da posse tem grande relevância, pois o possuidor, enquanto estiver de boa-fé, tem certos direitos, que não mais terá no período em que tiver invertida a sua posse, para uma posse de má-fé.

Gabarito "D".

(Magistratura/PI - 2007 - CESPE) Acerca da posse e da propriedade, assinale a opção correta.

(A) Se os ramos de uma árvore, cujo tronco estiver na linha da divisa de duas propriedades, ultrapassarem a extrema de um dos prédios, o dono do prédio invadido deverá dar ciência ao seu confinante para que tome as providências necessárias para sanar o problema e, em caso de recusa ou omissão do vizinho, ele poderá cortar os ramos invasores, às expensas daquele.

(B) Para que a posse exercida sobre um bem seja considerada de boa-fé, exige-se que seja examinada a inexistência de vícios extrínsecos que a infirmem ou, caso existentes, que o possuidor os ignore ou que tenha tomado conhecimento do vício da posse, em data posterior à sua aquisição, ou mesmo que, por erro inescusável, ou ignorância grosseira, desconheça o vício ou obstáculo jurídico que lhe impeça a aquisição da coisa ou do direito possuído.

(C) A posse mantém o mesmo caráter de sua aquisição, podendo ser adquirida pelo próprio interessado, por seu procurador e pelo constituto possessório. Assim, se a aquisição foi violenta ou clandestina, esse vício se prende à posse enquanto ela durar, isto é, não convalesce, pois será sempre considerada posse injusta.

(D) A posse ininterrupta e incontestada pelo prazo de 15 anos gera a propriedade de um bem imóvel por meio da usucapião ordinária, independentemente de título e de boa-fé, quando o possuidor houver estabelecido no imóvel a sua morada, ou nele houver realizado obras ou serviços de caráter produtivo.

(E) Se o possuidor houver adquirido a posse do bem imóvel por meio de comodato verbal, por prazo indeterminado, a notificação ou interpelação do comodatário para a restituição e desocupação do imóvel é suficiente para constituí-lo em mora. Se o comodatário não desocupar o imóvel no prazo que lhe foi concedido, sua recusa constitui esbulho à posse do comodante, reparável por meio da ação reintegratória.

A: art. 1.283 do CC; B: a questão da boa-fé está ligada a elementos subjetivos (intrínsecos), e diz respeito à ignorância, pelo possuidor, do vício ou do obstáculo que o impede de adquirir a coisa (art. 1.201 do CC); o erro grosseiro não se coaduna com a posse de boa-fé; ademais, uma vez tomado conhecimento do vício, há inversão da posse, que passa a ser de má-fé (art. 1.202 do CC); C: a posse mantém o mesmo caráter, salvo prova em contrário (art. 1.202 do CC); a posse violenta ou clandestina deixará de ser injusta se a coisa for adquirida por usucapião, ocasião em que o possuidor, antes injusto, passará a ser o proprietário da coisa, o que leva a posse a ser justa; D: trata-se da usucapião extraordinária, que, como regra, de fato requer 15 anos para se implementar (art. 1.238, *caput*, do CC); todavia, quando o possuidor houver estabelecido no imóvel a sua morada, ou nele houver realizado obras ou serviços de caráter produtivo, o prazo reduzir-se-á a 10 anos (art. 1.238, parágrafo único, do CC); E: no caso, temos uma situação de posse justa (pois legitimada por um contrato de comodato), que, após a notificação para a desocupação, inverteu-se (art. 1.203 do CC) e passou a ser injusta, pela precariedade ou abuso da confiança (art. 1.200 do CC), justificando a ação de reintegração de posse por parte do legítimo possuidor da coisa (art. 1.210 do CC).

Gabarito "E".

Tendo em vista existência de elementos doutrinários no que concerne ao conceito de posse e à sua classificação, seguem algumas definições, que poderão colaborar na resolução de questões:

1. Conceito de posse: é o exercício, pleno ou não, de algum dos poderes inerentes à propriedade (art. 1.196, CC). É a exteriorização da propriedade, ou seja, a visibilidade da propriedade. Os poderes inerentes à propriedade são usar, gozar e dispor da coisa, bem como reavê-la (art. 1.228). Assim, se alguém estiver, por exemplo, usando uma coisa, como o locatário e o comodatário, pode-se dizer que está exercendo posse sobre o bem.

2. Teoria adotada: há duas teorias sobre a posse. A primeira é a **Teoria Objetiva** (de Ihering), para a qual a posse se configura com a mera conduta de dono, pouco importando a apreensão física da coisa e a vontade de ser dono dela. Já a segunda, a **Teoria Subjetiva** (de Savigny), entende que a posse só se configura se houver a apreensão física da coisa (corpus), mais a vontade de tê-la como própria *(animus domini)*. Nosso CC adotou a Teoria Objetiva de Ihering, pois não trouxe como requisito para a configuração da posse a apreensão física da coisa ou a vontade de ser dono dela. Exige tão-somente a conduta de proprietário.

3. Detenção: é aquela situação em que alguém conserva a posse em nome de outro e em cumprimento às suas ordens e instruções. Ex: caseiro, em relação ao imóvel de que cuida, e funcionário público, em relação aos móveis da repartição. A detenção não é posse, portanto não confere ao detentor direitos decorrentes desta.

4. Classificação da posse.

4.1. Posse direta e indireta: quanto ao campo de seu exercício (art. 1.197, CC).

(A) **posse indireta:** é aquela exercida por quem cedeu, temporariamente, o uso ou o gozo da coisa a outra pessoa. São exemplos: a posse exercida pelo locador, nu-proprietário, comodante e depositante. O possuidor indireto ou mediato pode se valer da proteção possessória.

(B) **posse direta:** é aquela exercida por quem recebeu o bem, temporariamente, para usá-lo ou gozá-lo, em virtude de direito pessoal ou real.

4.2. Posse individual e composse: quanto à simultaneidade de seu exercício (art. 1.199, CC).

(A) **posse individual:** é aquela exercida por apenas uma pessoa.

(B) **composse:** é a posse exercida por duas ou mais pessoas sobre coisa indivisa. Exemplos: a posse dos cônjuges sobre o patrimônio comum e a posse dos herdeiros antes da partilha. Na composse pro diviso há uma divisão de fato da coisa.

4.3. Posse justa e injusta: quanto à existência de vícios objetivos (art. 1.200, CC).

(A) **posse justa:** é aquela que não obtida de forma violenta, clandestina ou precária. Assim, é justa a posse não adquirida pela força física ou moral (não violenta), não estabelecida às ocultas (não clandestina) e não originada com abuso de confiança por parte de quem recebe a coisa com o dever de restituí-la (não precária). Perceba que os vícios equivalem, no Direito Penal, aos crimes de roubo, furto e apropriação indébita.

(B) **posse injusta:** é aquela originada do esbulho. Em caso de violência ou clandestinidade, a posse só passa a existir após a cessação da violência ou da clandestinidade (art. 1.208, CC). Já em caso de precariedade (ex.: um comodatário passa a se comportar como dono da coisa), a posse deixa de ser justa e passa a ser injusta diretamente. É importante ressaltar que, cessada a violência ou a clandestinidade, a posse passa a existir, mas o vício que a inquina faz com que o Direito a considere injusta. E, mesmo depois de um ano e dia, a posse continua injusta, só deixando de ter essa característica se houver aquisição da coisa, o que pode acontecer pela usucapião, por exemplo. A qualificação de posse injusta é relativa, valendo apenas em relação ao anterior possuidor da coisa. Em relação a todas as outras pessoas, o possuidor injusto pode defender a sua posse.

4.4. Posse de boa-fé e de má-fé: quanto à existência de vício subjetivo (art. 1.201, CC):

(A) **posse de boa-fé:** é aquela em que o possuidor ignora o vício ou o obstáculo que impede a aquisição da coisa. É de boa-fé a posse daquele que crê que a adquiriu de quem legitimamente a possuía. Presume-se de boa-fé o possuidor com **justo título**, ou seja, aquele título que seria hábil para transferir o direito à posse, caso proviesse do verdadeiro possuidor ou proprietário da coisa.

(B) **posse de má-fé:** é aquela em que o possuidor tem ciência do vício ou do obstáculo que impede a aquisição da coisa. A posse de boa-fé pode se transmudar em posse de má-fé em caso de ciência posterior do vício. A citação para a demanda que visa à retomada da coisa tem o condão de alterar o caráter da posse.

Obs.: saber se a posse de alguém é de boa-fé ou de má-fé interfere no direito à indenização pelas benfeitorias feitas, no direito de retenção, no direito aos frutos, no prazo de prescrição aquisitiva (usucapião), na responsabilidade por deterioração da coisa etc.

4.5. Posse natural e jurídica: quanto à origem:

(A) **posse natural:** é a que decorre do exercício do poder de fato sobre a coisa.

(B) **posse civil ou jurídica:** é a que decorre de um título, não requerendo atos físicos ou materiais.

(Magistratura/RS – 2009) Assinale a assertiva correta sobre posse.

(A) A turbação ou o esbulho autorizam o possuidor, desde que o faça logo, a manter-se ou restituir-se por sua própria força, respectivamente.

(B) A posse pode ser adquirida por terceiro sem mandato, independentemente de ratificação.

(C) Os atos violentos ou clandestinos não geram posse, mesmo cessada a violência ou a clandestinidade.

(D) Considera-se detentor aquele que, achando-se em relação de independência para com outro, conserva a posse para si.

(E) Ao possuidor de má-fé não serão ressarcidas nem mesmo as benfeitorias necessárias.

A: correta (art. 1.210, § 1º, do CC); B: incorreta (art. 1.205, II, do CC); C: incorreta, pois a posse é adquirida depois de cessada a violência ou a clandestinidade (art. 1.208 do CC); D: incorreta, pois detentor aquele que conserva a posse em nome de outro (art. 1.198 do CC); E: incorreta, pois as benfeitorias necessárias serão ressarcidas (art. 1.220 do CC).

Gabarito "A".

(Ministério Público/SP – 2010) Assinale a alternativa correta:

(A) são exemplos de possuidor direto: o usufrutuário, o locador, o credor pignoratício.
(B) o compossuidor só pode exercer atos possessórios sobre a sua parte ideal no bem.
(C) o sucessor universal e o sucessor singular continuam de direito a posse do seu antecessor.
(D) a posse turbada ou esbulhada pode ser autotutelada, sendo requisitos indispensáveis de tal espécie de defesa a imediatidade e a proporcionalidade.
(E) o possuidor direto não pode defender sua posse contra o possuidor indireto.

A: incorreta, pois o locador é possuidor indireto, pois não tem a posse direta da coisa, que está com o locatário; B: incorreta (art. 1.199 do CC); C: incorreta (art. 1.207 do CC); D: correta (art. 1.210, § 1º, do CC); E: incorreta (art. 1.197, parte final, do CC). Gabarito "D".

(Ministério Público/SP – 83º) De acordo com o que estabelece o art. 1.200 do Código Civil, é justa a posse que não for violenta, clandestina ou precária. E nos termos do art. 1.201 do mesmo diploma, está dito que é de boa-fé a posse, se o possuidor ignora o vício ou o obstáculo que impede a aquisição da coisa. Diante de tais enunciados:

(A) quem pacificamente ingressar em terreno de outrem, sem ter a preocupação de ocultar a invasão, estará praticando esbulho, apesar de sua conduta não se identificar com nenhum dos três vícios referidos no art. 1.200 do Código Civil.
(B) presume-se ser possuidor de boa-fé quem, de forma não violenta, obtiver e apresentar justo título para transferir o domínio ou posse, não se admitindo prova em contrário em nenhuma hipótese.
(C) a boa-fé mostra-se como sendo circunstância essencial para o uso das ações possessórias, mesmo que a posse seja justa, e o possuidor de má-fé não tem ação para proteger-se de eventual ataque à sua posse.
(D) obtida a posse por meio clandestino, será injusta em relação ao legítimo possuidor, e injusta também no que toca a um eventual terceiro que não tenha posse alguma.
(E) caso venha a ser produzida em juízo prova visando a mudança do caráter primitivo da posse, esta não perderá aquele caráter com que foi adquirida, ainda que alguém que tendo a posse injusta do bem obtido por meio de violência, venha a adquiri-lo posteriormente por meio de escritura de compra e venda.

De fato, o esbulho se caracteriza com a privação de alguém da posse de uma coisa. E, uma vez ocorrido o esbulho, cabe ação de reintegração de posse (art. 1.210 do CC), independentemente de ter ocorrido os três vícios que contrariam o disposto no art. 1.200 do CC. Gabarito "A".

(Procurador do Município/Teresina-PI – 2010 – FCC) Para o direito pátrio, a posse

(A) confunde-se com a detenção, pois em ambas existe a apreensão física da coisa.
(B) é o exercício, de fato, dos poderes constitutivos da propriedade, de modo pleno ou não.
(C) só poderá gerar usucapião se não for viciada em sua origem.
(D) não se transfere aos herdeiros, pois é direito personalíssimo.
(E) desdobra-se em direta e indireta, somente a primeira dando direito à utilização dos interditos possessórios.

A: incorreta, pois a posse *é o exercício, pleno ou não, de algum dos poderes inerentes à propriedade* (art. 1.196, CC), ao passo que a detenção *é aquela situação em que alguém conserva a posse em nome de outro e em cumprimento às suas ordens e instruções*. É muito importante entender o instituto da detenção, pois ele traz exceções ao conceito de posse. Um exemplo típico é o do caseiro. Quem olhar de longe pode chegar à conclusão de que um caseiro exerce posse sobre um imóvel de que cuida. Em geral, caseiros usam e cuidam da coisa, exteriorizando um dos poderes da propriedade. Todavia, o próprio art. 1.198 do CC exclui do conceito de posse a situação em que se encontra um detentor. Assim, o caseiro, em relação ao imóvel de que cuida, e o funcionário público, em relação aos móveis da repartição, têm mera *detenção* sobre a coisa, não recebendo os direitos típicos daquele que exerce *posse*; B: correta (art. 1.196 do CC); C: incorreta, pois o tempo sana os vícios da posse; na usucapião extraordinária, pouco importa se a posse é injusta ou de má-fé; cumpridos os requisitos para a usucapião, o possuidor adquirirá a propriedade da coisa (art. 1.238 do CC); D: incorreta (art. 1.206 do CC); E: incorreta, pois as duas situações são de POSSE, dando ensejo à utilização dos interditos possessórios em relação a terceiros; em relação aos possuidores direito e indireto entre si, dependendo da ocorrência, também é possível que um use em face do outro um interdito possessório. Gabarito "B".

(Cartório/SP – VI – VUNESP) Aquele que, achando-se em relação de dependência para com outro, conserva a posse em nome deste e em cumprimento de ordens ou instruções suas, é denominado pela lei como

(A) possuidor direto.
(B) detentor.
(C) possuidor indireto.
(D) representante possessório.

Art. 1.198 do CC. Gabarito "B".

(Delegado/SP – 2008) Pelo Código Civil, a posse que não for violenta, clandestina ou precária é

(A) plena.
(B) justa.
(C) definitiva.
(D) mansa e pacífica.
(E) incompatível

Art. 1.200 do CC. Gabarito "B".

6.1.2. AQUISIÇÃO E PERDA DA POSSE

(Magistratura/SP – 2009 – VUNESP) Constituto possessório é

(A) forma derivada de aquisição da propriedade móvel.
(B) modo de transferência da posse direta ao adquirente do bem.
(C) expressamente previsto no Código Civil para os bens móveis e imóveis.
(D) modo de transferência da posse indireta ao adquirente do bem.

O **constituto possessório** *é aquela situação em que um possuidor em nome próprio passa a possuí-la em nome de outro, adquirindo a posse indireta da coisa*. É o caso do dono que vende a coisa e nela permanece como locatário ou comodatário (possuidor direto), ficando o adquirente da coisa com a posse indireta do bem. Gabarito "D".

(Ministério Público/SE – 2010 – CESPE) Adquire-se a posse

(A) pelo próprio interessado, seu representante ou procurador, terceiro sem mandato (independentemente de ratificação) e pelo constituto possessório.
(B) pelo próprio interessado, seu representante ou procurador, terceiro sem mandato (dependendo de ratificação) e pelo constituto possessório.
(C) pelo próprio interessado e pelo constituto possessório, apenas.
(D) pelo próprio interessado, seu representante ou procurador (dependendo de ratificação), terceiro sem mandato e pelo constituto possessório.
(E) pelo próprio interessado, seu representante ou procurador e por terceiro sem mandato (dependendo de ratificação), apenas.

Art. 1.205 c/c art. 1.267, parágrafo único, ambos do CC. Gabarito "B".

(Defensoria Pública/SP – 2010 – FCC) Pela perda ou pela deterioração da coisa

I. o possuidor de boa-fé responde se tiver dado causa;
II. o possuidor de má-fé responde se tiver dado causa e se ocorreram acidentalmente;
III. quando acidentais, o possuidor de má-fé não responde se provar que ocorreriam da mesma forma na posse do reivindicante;
IV. o possuidor de má-fé não responde se acidentais, pois não agiu com culpa para tais eventos;
V. o possuidor de boa-fé não responde se for o causador, pois exerceu sobre a coisa o poder de uso e gozo.

Está correto SOMENTE o que se afirma em

(A) I, II e III.
(B) I e IV.
(C) II e V.
(D) III e V.
(E) IV e V.

Arts. 1.216 e 1.217 do CC. Gabarito "A".

(Defensoria Pública/SP - 2006) Dá-se o traditio breve manu quando

(A) o possuidor de uma coisa em nome alheio passa a possuí-la como própria.
(B) o sucessor universal continua com direito a posse do antecessor.
(C) a posse puder ser continuada com a soma do tempo do atual possuidor com a posse de seus antecessores.
(D) o possuidor de um imóvel em nome próprio passa a possuí-lo em nome alheio.
(E) se exerce a posse em razão de uma situação de dependência econômica ou de um vínculo de subordinação.

O tema em tela trata da aquisição da posse. Por se tratar de tema que envolve, além de questões legais, elementos doutrinários, segue um resumo que colaborará na resolução da presente da questão (item 1.3, "c") e de outras por vir.

Aquisição e perda da posse.

(1) Aquisição da posse:

1.(1) Conceito: *adquire-se a posse desde o momento em que se torna possível o exercício, em nome próprio, de qualquer dos poderes inerentes à propriedade* (art. 1.204, CC).

1.(2) Aquisição originária: *é aquela que não guarda vínculo com a posse anterior*. Ocorre nos casos de: **a) apreensão**, *que consiste na apropriação unilateral da coisa sem dono* (abandonada – res derelicta, ou de ninguém – res nullius) *ou na retirada da coisa de outrem sem sua permissão* (cessada a violência ou a clandestinidade); **b) exercício do direito**, como no caso da servidão constituída pela passagem de um aqueduto em terreno alheio; **c) disposição**, que consiste em alguém dar uma coisa ou um direito, situação que revela o exercício de um poder de fato (posse) sobre a coisa.

1.(3) Aquisição derivada: *é aquela que guarda vínculo com a posse anterior*. Nesse caso, a posse vem gravada dos eventuais vícios da posse anterior. Essa regra vale para a sucessão a título universal (art. 1.206, CC), mas é abrandada na sucessão a título singular (art. 1.207, CC). Ocorre nos casos de **tradição**, *que consiste na transferência da posse de uma pessoa para outra, pressupondo acordo de vontades*. A tradição pode ser de três tipos:

(A) tradição real: *é aquela em que há a entrega efetiva, material da coisa*. Ex.: entrega de um eletrodoméstico para o comprador. No caso de aquisição de grandes imóveis, não há a necessidade de se colocar fisicamente a mão sobre toda a propriedade, bastando a referência a ela no título. Trata-se da chamada ***traditio longa manu***.

(B) tradição simbólica: *é aquela representada por ato que traduz a entrega da coisa*. Exemplo: entrega das chaves de uma casa.

(C) tradição consensual: *é aquela decorrente de contrato, de acordo de vontades*. Aqui temos duas possibilidades. A primeira é a ***traditio brevi manu***, *que é aquela situação em que um possuidor, em nome alheio, passa a possuir a coisa em nome próprio*. É o caso do locatário que adquire a coisa. Já a segunda é o **constituto possessório**, *que é aquela situação em que um possuidor em nome próprio passa a possuí-la em nome de outro, adquirindo a posse indireta da coisa*. É o caso do dono que vende a coisa e nela permanece como locatário ou comodatário.

(2) Perda da posse:

2.(1) Conceito: *perde-se a posse quando cessa, embora contra a vontade do possuidor, o poder sobre o bem*. É importante ressaltar, quanto ao ausente (no sentido de não ter presenciado o esbulho), que este só perde a posse quando, tendo notícia desta, abstém-se de retomar a coisa ou, tentando recuperá-la, é violentamente repelido (art. 1.224).

2.(2) Hipóteses de perda de posse: a) abandono: *é a situação em que o possuidor renuncia à posse, manifestando voluntariamente a intenção de largar o que lhe pertence*; ex.: quando alguém atira um objeto na rua; **b) tradição com intenção definitiva:** *é a entrega da coisa com o ânimo de transferi-la definitivamente a outrem*; se a entrega é transitória, não haverá perda total da posse, mas apenas perda temporária da posse direta, remanescendo a posse indireta; **c) destruição da coisa e sua colocação fora do comércio; d) pela posse de outrem:** nesse caso a perda da posse se dá por esbulho, podendo a posse perdida ser retomada. "A". Gabarito

6.1.3. EFEITOS DA POSSE

(Magistratura/DF – 2011) Nos termos da lei civil, "considera-se possuidor todo aquele que tem de fato o exercício, pleno ou não, de algum dos poderes inerentes à propriedade". Ao possuidor de boa-fé a lei civil confere certas prerrogativas. Dentro desse esquadro, considere as proposições abaixo e assinale a incorreta:

(A) É de boa-fé a posse, se o possuidor ignora o vício, ou o obstáculo que impede a aquisição da coisa;
(B) O possuidor de boa-fé não responde pela perda ou deterioração da coisa, a que não der causa;
(C) O possuidor de boa-fé tem direito à indenização das benfeitorias necessárias, úteis e voluptuárias. Conseqüentemente, pelo valor das mesmas poderá exercer o direito de retenção;
(D) A posse de boa-fé só perde este caráter no caso e desde o momento em que as circunstâncias façam presumir que o possuidor não ignora que possui indevidamente.

A: correta (art. 1.201, *caput*, do CC); B: correta (art. 1.217 do CC); C: incorreta, pois o possuidor de boa-fé não tem direito de retenção pelas benfeitorias voluptuárias (art. 1.219 do CC); D: correta (art. 1.202 do CC). "C". Gabarito

(Magistratura/PE – 2011 – FCC) O possuidor, objetivando adquirir um imóvel pela usucapião extraordinária, para atingir o prazo exigido por lei,

(A) pode acrescentar à sua posse a dos seus antecessores, facultativamente na sucessão singular, sendo que isto se dá, de pleno direito, na sucessão universal.
(B) não pode acrescentar à sua posse a dos seus antecessores, seja a sucessão a título singular, seja universal.
(C) acrescerá de pleno direito à sua posse apenas a de seus antecessores a título universal, mas em nenhuma hipótese a de seus antecessores a título singular.
(D) pode acrescentar à sua posse apenas a de seus antecessores a título singular.
(E) pode acrescentar à sua posse a dos seus antecessores facultativamente na sucessão a título universal e de pleno direito na sucessão a título singular.

Arts. 1.207 e 1.243 do CC. "A". Gabarito

(Magistratura/PR – 2010 – PUC/PR) Aponte se as frases a seguir são verdadeiras (V) ou falsas (F) e assinale a alternativa CORRETA:

I. O possuidor indireto pode exercer o direito de sequela.
II. O direito à percepção dos frutos requer que estes tenham sido separados e o possuidor faz jus à percepção até que ocorra a cessação da má-fé.
III. Benfeitorias voluptuárias, se agregam valor à coisa, são passíveis de indenização ao possuidor de boa-fé e conferem direito de retenção caso não se as possa levantar sem detrimento da coisa.
IV. É nulo o casamento do incapaz de consentir ou manifestar, de modo inequívoco, o consentimento.

(A) V, V, F, F
(B) F, F, V, V
(C) V, F, F, F
(D) F, V, F, F

I: verdadeira, pois o possuidor indireto também pode perseguir a coisa; II: falsa, pois o possuidor faz jus à percepção até que ocorra a cessão da boa-fé (art. 1.214 do CC); III: falsa, pois as benfeitorias voluptuárias, se não pagas ao possuidor de boa-fé, só podem ser levantadas por este (art. 1.219 do CC); IV: falsa, pois o casamento, nessas condições, é anulável (art. 1.550, IV, do CC). "C". Gabarito

(Magistratura/PR – 2008) Assinale a alternativa correta:

(A) O proprietário poderá ser privado da coisa se o imóvel reivindicado consistir em extensa área, na posse ininterrupta e de boa-fé, por mais de cinco anos, de considerável número de pessoas, e estas nela houverem realizado, em conjunto ou separadamente, obras e serviços considerados pelo juiz de interesse social e econômico relevante, sendo, ainda, indispensável, que os ocupantes residam na área e que sua posse seja *ad usucapionem*.
(B) Uma ação de reintegração de posse jamais poderá ser decidida contra o legítimo proprietário do imóvel.
(C) A posse injusta jamais poderá ser de boa-fé.
(D) A injustiça da posse não depende do conhecimento do possuidor acerca do vício que está a macular a sua aquisição.

A: o atual CC criou uma nova figura, a chamada posse pro labore ou "desapropriação privada"; a hipótese dá ensejo à aquisição forçada da propriedade e prevê, de um lado, que o possuidor contra quem for a coisa reivindicada a tenha utilizado em obras e serviços de relevante interesse social e econômico, e que, de outro, tenha interesse em pagar indenização para o proprietário da área; o instituto pode ser definido como o direito de o possuidor de extensa área adquirir compulsoriamente a coisa, pagando justa indenização ao proprietário do imóvel, desde que preenchidos os demais requisitos legais; os requisitos para a configuração do instituto são: a) posse ininterrupta por mais de 5 anos; b) boa-fé do possuidor; c) extensa área; d) considerável número de possuidores; e) realização de obras e serviços considerados pelo juiz de interesse social e econômico relevante; perceba que, diferentemente da usucapião coletiva, a desapropriação privada não requer moradia, mas boa-fé e pagamento de justa indenização; a operacionalização se dá por ocasião da reivindicação da coisa, momento em que os interessados deverão requerer ao juiz a fixação de justa indenização devida ao proprietário, que, uma vez paga, ensejará registro da sentença no Registro de Imóveis, para o fim de atribuir a propriedade aos possuidores (art. 1.228, §§ 4° e 5°); a respeito há os Enunciados CJF n°s 49, 82, 83, 84, 240, 241, 304, 305, 306, 307, 308, 309, 310 e 311; B: na ação de reintegração de posse não se discute direito de propriedade, mas sim direito de posse; por exemplo, se um locatário (possuidor direto) sofrer invasão da coisa por parte do locador (proprietário da coisa), o primeiro poderá ingressar com ação de reintegração de posse contra o segundo e a demanda será decidida contra o legítimo proprietário do imóvel (v. art. 1.197 do CC e Enunciado CJF 76); C e D: na segunda questão deste item tivemos oportunidade de escrever os conceitos de posse injusta e de posse de boa-fé; não se deve confundir as duas situações, pois posse injusta, como se viu, é aquele que não tem fundamento jurídico, questão de ordem subjetiva; já posse de boa-fé é aquela em que o possuidor ignora vício ou obstáculo à aquisição da coisa, questão de ordem subjetiva; assim, os dois conceitos não se excluem, pois é possível que alguém esteja na posse de uma coisa de boa-fé (ou seja, desconheça o vício que está a macular a sua aquisição) e não tenha causa jurídica para exercer essa posse. Gabarito "D".

(Magistratura/PR - 2007) Sobre a posse, assinale a alternativa correta.

(A) Mantém-se no Código Civil de 2002 a previsão expressa de que não deve ser julgada a posse em favor daquele a quem evidentemente não pertencer o domínio.
(B) Na evicção, o possuidor de boa-fé tem direito de ser indenizado pelas benfeitorias úteis e necessárias que realizar no imóvel pelo seu valor atual, exceto quando as benfeitorias não mais existirem: nesse caso, serão indenizadas pelo valor do seu custo.
(C) No sistema jurídico brasileiro, considera-se detentor aquele que exerce poder de fato sobre a coisa sem, todavia, fazê-lo com animus domini, já que este elemento subjetivo é essencial à caracterização da posse.
(D) A posse precária adquirida pelo de cujus não perde esse caráter quando transmitida mortis causa aos seus sucessores, ainda que estes estejam de boa-fé.

A: o art. 1.210, § 2°, do CC está expresso em sentido contrário, ao dispor que não se discute direito de propriedade em ação possessória; e o art. 923 do CPC, inclusive, impede que se entre com ação petitória (de reconhecimento de propriedade), na pendência de ação possessória; aliás, a frase final constante da alternativa "a" ("não deve ser julgada a posse em favor daquele a quem evidentemente não pertencer o domínio") constava da redação do art. 923 CPC, cujo dispositivo foi revogado pela Lei 6.820/80; vide Enunciados CJF 78 e 79; B: de fato, o evicto tem direito de ser indenizado pelas benfeitorias necessárias e úteis (art. 453 do CC); presume-se que o evicto demandante esteja de boa-fé, pois se não tiver de boa-fé não poderá demandar pela evicção (art. 457 do CC); de qualquer forma, o possuidor de boa-fé terá sempre direito de ser indenizado das benfeitorias pelo seu valor atual, e não pelo seu custo (art. 1.222 do CC); se a coisa não mais existir, deve-se calcular o seu valor atual caso existisse; C: a posse é definida conforme critérios objetivos, como se viu nas definições trazidas na segunda questão deste item; todavia, quando alguém exerce poderes de posse em nome de outrem, desnatura-se a posse, ficando a situação configurada como detenção (art. 1.198 do CC); D: art. 1206 do CC. Gabarito "D".

(Magistratura/RO – 2011 – PUCPR) Acerca do Direito das Coisas, avalie as assertivas abaixo:

I. Os interditos possessórios previstos em nosso ordenamento são a Ação de Reintegração de Posse, a Ação de Manutenção de Posse, o Interdito Proibitório e a Ação Reivindicatória.
II. Não induzem posse os atos de mera permissão ou tolerância, mas quando o detentor exerce poderes de fato sobre a coisa é considerado possuidor para todos os fins.
III. É de boa-fé a posse quando o possuidor, embora não ignore os vícios ou obstáculos que impedem a aquisição da coisa, está comprometido em sanar o vício ou remover os obstáculos em um prazo determinado.
IV. O direito à indenização por benfeitorias necessárias é devido ao possuidor de má-fé.

Está(ão) CORRETA(S):

(A) Apenas as assertivas I e IV.
(B) Apenas as assertivas II e III.
(C) Apenas a assertiva I.
(D) Apenas a assertiva IV.
(E) Todas as assertivas.

I: incorreta, pois a ação reivindicatória não é forma de interdito possessório, mas de proteção da propriedade; II: incorreta, pois não induzem posse os atos de mera permissão ou tolerância assim como não autorizam a sua aquisição os atos violentos, ou clandestinos, senão depois de cessar a violência ou a clandestinidade (art. 1.208 do CC); III: incorreta, pois é de boa-fé se o possuidor ignora os vícios ou obstáculos (art. 1.201 do CC); IV: correta (art. 1.220 do CC). Gabarito "D".

(Magistratura/SC – 2010) Assinale a alternativa correta:

I. O possuidor de boa-fé tem direito de indenização pelas benfeitorias necessárias e úteis, mas apenas pode exercer direito de retenção pelas necessárias.
II. O possuidor de boa-fé tem direito de pedir indenização pelas benfeitorias voluptuárias, mas não pode exercer direito de retenção.
III. O possuidor de má-fé tem direito de indenização tanto das benfeitorias necessárias quanto das úteis, em razão da vedação ao enriquecimento sem causa.
IV. O valor de indenização das benfeitorias será, em qualquer caso, o valor de custo e não o atual.

(A) Todas as proposições estão incorretas.
(B) Somente as proposições I e III estão incorretas.
(C) Somente as proposições II e IV estão incorretas.
(D) Somente as proposições III e IV estão incorretas.
(E) Somente as proposições I e II estão incorretas.

I: incorreta, pois o possuidor de boa-fé tem direito de retenção também pelas benfeitorias úteis (art. 1.219 do CC); II: incorreta, pois o possuidor de boa-fé tem direito de retenção pelas benfeitorias necessárias e úteis (art. 1.219 do CC); III: incorreta, pois o possuidor de má-fé não tem direito de retenção (art. 1.220 do CC); IV: incorreta, pois se o possuidor for de boa-fé caberá a indenização pelo valor atual, e se for de má-fé caberá ao reivindicante optar entre o seu valor atual e o seu custo (art. 1.222 do CC). Gabarito "A".

(Magistratura/SP – 178°) Assinale a única afirmativa inteiramente correta.

(A) Ao possuidor de má-fé serão ressarcidas as benfeitorias úteis e necessárias, mas só lhe assiste o direito de retenção pela importância das necessárias.
(B) O possuidor de má-fé responde por todos os frutos colhidos e percebidos, bem como pelos que, por culpa sua, deixou de perceber, desde o momento em que se constituiu de má-fé; tem direito às despesas de produção e custeio.
(C) O possuidor de boa-fé tem direito à indenização das benfeitorias úteis, necessárias e voluptuárias e pode exercer direito de retenção pelo valor de todas elas.
(D) O reivindicante, obrigado a indenizar as benfeitorias, deve pagar o valor atualizado delas, valor esse que, apurado pela perícia, não poderá ultrapassar o reclamado pelo possuidor.

A: o possuidor de má-fé não tem direito de ser ressarcido por benfeitorias úteis, mas apenas por benfeitorias necessárias e, em hipótese alguma, tem direito de retenção por benfeitorias realizadas (art. 1.220 do CC); B: art. 1.216 do CC; C: art. 1.219 do CC; D: art. 1.222 do CC. Para facilitar o entendimento das questões atinentes aos efeitos da posse, segue texto doutrinário a respeito. Gabarito "B".

Efeitos da posse.

(1) Percepção dos frutos. Quando o legítimo possuidor retoma a coisa de outro possuidor, há de se resolver a questão dos frutos percebidos ou pendentes ao tempo da retomada. De acordo com o caráter da posse (de boa ou de má-fé), haverá ou não direitos para aquele que teve de entregar a posse da coisa. Antes de verificarmos essas regras, vale trazer algumas definições:

1.1. Conceito de frutos: *são utilidades da coisa que se reproduzem* (frutas, verduras, filhotes de animais, juros etc). Diferem dos **produtos**, que *são as utilidades da coisa que não se reproduzem* (minerais, por exemplo).

1.2. Espécies de frutos quanto à sua natureza: a) civis (como os alugueres e os juros); **b)** naturais (como as maçãs de um pomar); e **c)** industriais (como as utilidades fabricadas por uma máquina).

1.3. Espécies de frutos quanto ao seu estado: a) pendentes (são os ainda unidos à coisa que os produziu); **b)** percebidos ou colhidos (são os já separados da coisa que os produziu); **c)** percebidos por antecipação (são os separados antes do momento certo); **d)** percepiendos (são os que deveriam ser colhidos e não foram); **e)** estantes (são os já separados e armazenados para venda); **f)** consumidos (são os que não existem mais porque foram utilizados).

1.4. Direitos do possuidor de boa-fé: tem direito aos frutos que tiver percebido enquanto estiver de boa-fé (art. 1.214, CC).

1.5. Inexistência de direitos ao possuidor de boa-fé: não tem direito às seguintes utilidades: **a)** aos frutos pendentes quando cessar a sua boa-fé; **b)** aos frutos percebidos antecipadamente, estando já de má-fé no momento em que deveriam ser colhidos; **c)** aos produtos, pois a lei não lhe confere esse direito, como faz com os frutos. De qualquer forma, é importante ressaltar que nos casos dos itens "a" e "b", apesar de ter de restituir os frutos colhidos ou o seu equivalente em dinheiro, terá direito de deduzir do que deve as despesas com a produção e o custeio.

1.6. Situação do possuidor de má-fé: este responde por todos os frutos colhidos e percebidos, bem como pelos que, por sua culpa, deixou de perceber, desde o momento em que se constituiu de má-fé. Todavia, tem direito às despesas de produção e custeio (art. 1.216, CC), em virtude do princípio do não enriquecimento sem causa.

(2) Responsabilidade por perda ou deterioração da coisa. Quando o legítimo possuidor retoma a coisa de outro possuidor, também há de se resolver a questão referente à eventual perda ou destruição da coisa.

2.1. Responsabilidade do possuidor de boa-fé: não responde pela perda ou deterioração à qual não der causa.

2.2. Responsabilidade do possuidor de má-fé: como regra, responde pela perda ou deterioração da coisa, só se eximindo de tal responsabilidade se provar que de igual modo esse acontecimento se daria, caso a coisa estivesse com o reivindicante dela. Um exemplo de exoneração da responsabilidade é a deterioração da coisa em virtude de um raio que cai sobre a casa.

(3) Indenização por benfeitorias e direito de retenção. Outra questão importante a ser verificada quando da retomada da coisa pelo legítimo possuidor é a atinente a eventual benfeitoria feita pelo possuidor que o antecedeu. De acordo com o caráter da posse (de boa ou de má-fé), haverá ou não direitos para aquele que teve de entregar a posse da coisa. Antes de verificarmos essas regras, é imperativo trazer algumas definições.

3.1. Conceito de benfeitorias: *são os melhoramentos feitos em coisa já existente.* São bens acessórios. Diferem da **acessão**, que *é a criação de coisa nova*. Uma casa construída no solo é acessão, pois é coisa nova; já uma garagem construída numa casa pronta é benfeitoria, pois é um melhoramento em coisa já existente.

3.2. Espécies de benfeitorias: a) benfeitorias necessárias *são as que se destinam à conservação da coisa* (ex.: troca do forro da casa, em virtude do risco de cair); **b)** benfeitorias úteis *são as que aumentam ou facilitam o uso de uma coisa* (ex.: construção de mais um quarto numa casa pronta); **c)** benfeitorias voluptuárias *são as de mero deleite ou recreio* (ex.: construção de uma fonte luminosa na entrada de uma casa).

3.3. Direitos do possuidor de boa-fé: tem direito à **indenização** pelas benfeitorias necessárias e úteis que tiver feito, podendo, ainda, levantar as voluptuárias, desde que não deteriore a coisa. A indenização se dará pelo valor atual da benfeitoria. Outro direito do possuidor de boa-fé é o de retenção da coisa, enquanto não for indenizado. Significa que o possuidor não é obrigado a entregar a coisa enquanto não for ressarcido. O direito deve ser exercido no momento da contestação da ação que visa à retomada da coisa, devendo o juiz se pronunciar sobre a sua existência. Trata-se de um excelente meio de coerção para recebimento da indenização devida. Constitui verdadeiro direito real, pois não se converte em perdas e danos.

3.4. Direitos do possuidor de má-fé: tem direito apenas ao ressarcimento das benfeitorias necessárias que tiver feito, não podendo retirar as voluptuárias. Trata-se de uma punição a ele imposta, que só é ressarcido pelas benfeitorias necessárias, pois são despesas que até o possuidor legítimo teria de fazer. O retomante escolherá se pretende indenizar pelo valor atual ou pelo custo da benfeitoria. O possuidor de má-fé não tem direito de retenção da coisa enquanto não indenizado pelas benfeitorias necessárias que eventualmente tiver realizado.

(4) Usucapião. A posse prolongada, desde que preenchidos outros requisitos legais, dá ensejo a outro efeito da posse, que é a aquisição da coisa pela usucapião.

(5) Proteção possessória. A posse também tem o efeito de gerar o direito de o possuidor defendê-la contra a perturbação e a privação de seu exercício, provocadas por terceiro. Existem dois tipos de proteção possessória previstos em lei, a autoproteção e a heteroproteção.

5.1. Autoproteção da posse. A lei confere ao possuidor o direito de, por si só, proteger a sua posse, daí porque falar-se em autoproteção. Essa proteção não pode ir além do indispensável à restituição (art. 1.210, CC). Há duas situações em que isso ocorre:

(A) legítima defesa da posse: consiste no direito de autoproteção da posse no caso do possuidor, apesar de presente na coisa, estar sendo perturbado. Repare que não chegou a haver perda da coisa.

(B) desforço imediato: consiste no direito de autoproteção da posse no caso de esbulho, de perda da coisa. Repare que a vítima chega a perder a coisa. A lei só permite o desforço imediato se a vítima do esbulho "agir logo", ou seja, agir imediatamente após a agressão ("no calor dos acontecimentos") ou logo que possa agir. Aquele que está ausente (não presenciou o esbulho) só perderá esse direito se não agir logo após tomar conhecimento da agressão à sua posse (art. 1.224, CC).

5.2. Heteroproteção da posse. Trata-se da proteção feita pelo Estado Juiz, provocado por quem sofre a agressão na sua posse. Essa proteção tem o nome de interdito possessório e pode ser de três espécies: interdito proibitório, manutenção de posse e reintegração de posse. Antes de analisarmos cada um deles, é importante verificar suas características comuns.

5.2.1. Características dos interditos possessórios:

(A) fungibilidade: o juiz, ao conhecer de pedido possessório, pode outorgar proteção legal ainda que o pedido originário não corresponda à situação de fato provada em juízo. Assim, caso se ingresse com ação de manutenção de posse e os fatos comprovam que a ação adequada é a de reintegração de posse, o juiz pode determinar a reintegração, conhecendo um pedido pelo outro (art. 920, CPC).

(B) cumulação de pedidos: nas ações de reintegração e de manutenção de posse, a vítima pode reunir, além do pedido de *correção* da agressão (pedido possessório propriamente dito), os pedidos de condenação em *perdas e danos*, de cominação de *pena para o caso de descumprimento* da ordem judicial e de *desfazimento* da construção ou plantação feita na coisa (art. 921, CPC).

(C) caráter dúplice: o réu também pode pedir a proteção possessória desde que, na contestação, alegue que foi ofendido na sua posse (art. 922, CPC).

(D) impossibilidade de discussão do domínio: não se admite discussão de domínio em demanda possessória (arts. 1.210, § 2º, do CC e 923 do CPC), ou seja, ganha a ação quem provar que detinha previamente posse legítima da coisa.

5.2.2. Interdito proibitório:

(A) conceito: *é a ação de preceito cominatório utilizada para impedir agressões iminentes que ameaçam a posse de alguém* (arts. 932 e 933 do CPC). Trata-se de ação de caráter *preventivo*, manejada quando há justo receio de que a coisa esteja na iminência de ser turbada ou esbulhada, apesar de não ter ocorrido ainda ato material nesses dois sentidos, havendo apenas uma *ameaça* implícita ou expressa.

(B) ordem judicial: acolhendo o pedido, o juiz fixará uma pena pecuniária para incidir caso o réu descumpra a proibição de turbar ou esbulhar a área, daí o nome de interdito "proibitório". Segundo a Súmula 228 do STJ, não é admissível o interdito proibitório para a proteção de direito autoral.

5.2.3. Manutenção de posse:

(A) conceito: *é a ação utilizada para corrigir agressões que turbam a posse.* Trata-se de ação de caráter repressivo, manejada quando ocorre **turbação**, que é todo ato ou conduta que *embaraça* o livre exercício da posse. Vizinho que colhe frutos ou que implementa marcos na área de outro está cometendo turbação. Se a turbação é passada, ou seja, não está mais acontecendo, cabe apenas pedido indenizatório.

(B) ordem judicial: acolhendo pedido, o juiz expedirá mandado de manutenção de posse. As demais condenações (em perdas e danos, em pena para o caso de nova turbação e para desfazimento de construção ou plantação) dependem de pedido específico da parte interessada. A utilização do rito especial, que prevê liminar, depende se se trata de ação de força nova (promovida dentro de ano e dia da turbação).

5.2.4. Reintegração de posse:

(A) conceito: *é a ação utilizada para corrigir agressões que fazem cessar a posse de alguém.* Trata-se de ação de caráter repressivo, manejada quando ocorre **esbulho**, que é a privação de alguém da posse da coisa, contra a sua vontade. A ação também é chamada de *ação de força espoliativa*.

(B) requisitos: o autor deve provar a sua posse, o esbulho praticado pelo réu, a data do esbulho e a perda da posse.

(C) legitimidade ativa: é parte legítima para propor a ação o possuidor esbulhado, seja ele possuidor direto ou indireto. O mero detentor não tem legitimidade. Os sucessores a título universal continuam, de direito, a posse de seu antecessor, podendo ingressar com ação, ainda que o esbulho tenha ocorrido antes do falecimento do *de cujus*. Já ao sucessor singular é facultado unir sua posse à do seu antecessor, para efeitos legais (art. 1.207). Como regra, a lei não exige vênia conjugal para a propositura de demanda possessória (art. 10, § 2º). Em caso de condomínio de pessoas não casadas, a lei permite que cada um ingresse com ação isoladamente (art. 1.314, CC).

(D) legitimidade passiva: é parte legítima para sofrer a ação o autor do esbulho. Cabe também reintegração de posse contra terceiro que recebe a coisa sabendo que fora objeto de esbulho. Já contra terceiro que não sabia que a coisa fora objeto de esbulho, a ação adequada é a reivindicatória, em que se discutirá o domínio.

(E) ordem judicial: acolhendo o pedido, o juiz expedirá mandado de reintegração de posse. As demais condenações (em perdas e danos, em pena para o caso de nova turbação e para desfazimento de construção ou plantação) dependem de pedido específico da parte interessada. A utilização do rito especial, que prevê liminar, depende se se trata de ação de força nova (promovida dentro de ano e dia do esbulho). Após ano e dia do esbulho, deve-se promover a ação pelo rito ordinário, no qual poderá ser acolhido pedido de tutela antecipada, preenchidos seus requisitos, conforme entendimento do STJ e Enunciado CJF 238.

(Magistratura/SP – 179º) Assinale a afirmação incorreta.

(A) O possuidor de má-fé responde pela perda ou deterioração da coisa, ainda que acidentais, salvo se provar que de igual modo se teriam dado, estando ela na posse do reivindicante.
(B) A pessoa não pode adquirir a posse por meio de terceiro que não disponha de mandato, ainda que depois ratifique o ato dele.
(C) O reivindicante, obrigado a indenizar as benfeitorias ao possuidor de má-fé, tem o direito de optar entre o seu valor atual e o seu custo.
(D) A posse de boa-fé só perde este caráter no caso e desde o momento em que as circunstâncias façam presumir que o possuidor não ignora que possui indevidamente.

A: art. 1.218 do CC; B: art. 1.205, II, do CC; C: art. 1.222 do CC; D: art. 1.202 do CC. Gabarito "B".

(Ministério Público/BA – 2004) A proteção da posse, no caso em que o possuidor sofra turbação, materializa-se por intermédio:

(A) Da ação de imissão de posse.
(B) Da ação reivindicatória.
(C) Do interdito proibitório.
(D) Da ação de reintegração de posse.
(E) Da ação de manutenção de posse.

Art. 1.210 do CC e art. 926 do CPC. Vide também o item 5.2.3 da quinta questão deste capítulo. "E". Gabarito

(Defensor Pública/MT – 2006) No que se refere à posse, assinale a afirmativa correta.

(A) A alegação de propriedade ou de outro direito sobre a coisa obsta à manutenção ou reintegração na posse.
(B) O compossuidor não poderá valer-se da proteção possessória contra outro compossuidor que vier a perturbar a posse.
(C) Na transmissão causa mortis da posse aos herdeiros, fica afastada a má-fé originária.
(D) A posse pode não ser adquirida por mandatário.
(E) Se se produzir prova em juízo que justifique a mudança do caráter primitivo da posse, esta perderá aquele caráter com que foi adquirida.

A: art. 1.210, § 2º, do CC; B: art. 1.199 do CC; C: art. 1.206 do CC; D: art. 1.205, II, do CC; E: art. 1.203 do CC. Gabarito "E".

(Defensor Público/PA – 2006 – UNAMA) O direito de propriedade inclui os direitos de posse, gozo, uso, fruição e disposição sobre o bem. A posse permitida faz de seu titular possuidor de boa-fé, garantindo-lhe o exercício de alguns direitos sobre o bem objeto da mesma. Mas, há situações em que este exercício de direitos sobre o bem ocorre sem o consentimento do proprietário, caracterizando-se a má-fé do possuidor. Sobre posse de boa-fé e de má-fé, é correto afirmar:

(A) O possuidor de boa-fé tem direito aos frutos percebidos enquanto durar sua posse e o possuidor de má-fé tem o dever de responder por todos os frutos colhidos e percebidos.
(B) Ao possuidor de boa-fé dar-se-á o direito à indenização das benfeitorias necessárias e úteis, mas a ele não se atribui o direito de retenção do bem, pelo valor dessas.
(C) O possuidor de má-fé não tem direito à indenização do valor das benfeitorias necessárias realizadas no bem.
(D) O possuidor de má-fé tem direito a levantar as benfeitorias voluptuárias que por ele tenham sido realizadas e, na condição de possuidor, a usufruir dos frutos enquanto na posse se mantiver.

A: correta (arts. 1.214 e 1.216 do CC); B: incorreta, pois o possuidor de boa-fé tem direito à indenização das benfeitorias necessárias e úteis, bem como, quanto às voluptuárias, se não lhe forem pagas, a levantá-las, quando o puder sem detrimento da coisa, e **poderá exercer o direito de retenção pelo valor das benfeitorias necessárias e úteis** (art. 1.219 do CC); C: incorreta, pois o possuidor de má-fé tem direito à indenização do valor das benfeitorias necessárias realizadas no bem (art. 1.220 do CC); D: incorreta, pois o possuidor de má-fé não tem direito de levantar as benfeitorias voluptuárias e não tem direito de usufruir dos frutos enquanto na posse se mantiver (arts. 1.216 e 1.220 do CC). Gabarito "A".

(Defensor Público/RO – 2007) Ao possuidor de má-fé será devida indenização pelas benfeitorias caracterizadas como:

(A) úteis
(B) estéticas
(C) inerentes
(D) necessárias
(E) voluptuárias

Art. 1.220 do CC. Gabarito "D".

(Defensoria Pública/SP – 2010 – FCC) Assinale a alternativa INCORRETA.

(A) Quando mais de uma pessoa se disser possuidora, será mantida na posse aquela que tiver justo título e estiver na detenção da coisa.
(B) É lícito o uso da força própria indispensável para a manutenção ou reintegração da posse.
(C) O possuidor tem direito à manutenção ou à reintegração da coisa, inclusive frente ao proprietário.
(D) Diante da pretensão daquele que se diz possuidor, o proprietário da coisa pode opor exceção fundada no domínio.
(E) Na disputa da posse fundada em domínio, a posse é daquele que dispõe de evidente título de propriedade.

A: correta (art. 1.211 do CC); B: correta (art. 1.210, § 1º, do CC); C: correta (art. 1.197, parte final, do CC); D: incorreta (art. 1.210, § 2º, do CC); E: correta (Súmula 487 do STF). Gabarito "D".

(Delegado/GO – 2009 – UEG) Historicamente, a posse tem reconhecimento e tutela nos diversos ordenamentos jurídicos. Essa tutela é mais ou menos ampla e dotada de diferentes instrumentos conforme os princípios informadores da ordem jurídica em que vigem. Considerando o sistema brasileiro de defesa da posse, é CORRETO afirmar:

(A) a reintegração de posse é garantida por ação de força turbativa para corrigir as agressões à posse e eliminar a incerteza da turbação cometida.
(B) a reintegração da posse é garantida pela ação de força espoliativa que visa corrigir a agressão que faz cessar a posse.
(C) a manutenção da posse, garantida pelo interdito proibitório, não pode ser utilizada por quem tem posse viciosa.
(D) a manutenção da posse é garantida pela ação de força espoliativa que tem por fim eliminar a incerteza jurídica provocada pela turbação cometida.

A e B: a reintegração de posse se dá em caso de esbulho, tratando-se, então, de ação de força espoliativa, que visa corrigir agressão grave, que fez cessar a posse; C: incorreta, pois a manutenção de posse é ação que se ingressa em caso de efetiva turbação da posse, ao passo que o interdito proibitório se ingressa em caso de iminente perigo de ameaça à posse, tratando-se de ação de natureza preventiva, o mesmo não se podendo dizer da ação de manutenção de posse; D: incorreta, pois a ideia da manutenção de posse é fazer cessar agressão que embaraça o livre exercício da posse. Gabarito "B".

(Delegado/RJ – 2009 – CEPERJ) Assinale a alternativa correta, se houver:

(A) Ao possuidor de má-fé é deferido o direito ao recebimento das despesas que realizou para produção e custeio dos bens no objeto possuído.
(B) O possuidor de má-fé tem direito de retenção, mas somente quanto às benfeitorias necessárias.
(C) Em matéria de proteção possessória, o CC/02 manteve a exceção de domínio.
(D) O possuidor de boa-fé, em razão dela, tem direito de retenção por toda e qualquer benfeitoria que tenha introduzido na coisa.
(E) Nenhuma das respostas acima.

A: correta (art. 1.216, parte final, do CC); B: incorreta, pois o possuidor de má-fé não tem direito de retenção (art. 1.220, parte final, do CC); C: incorreta (art. 1.210, § 2º, do CC); D: incorreta, pois não tem direito de retenção em relação às benfeitorias voluptuárias (art. 1.219 do CC). Gabarito "A".

(Procurador do Município/Aracaju – 2008 – CESPE) Julgue os itens seguintes, relativos ao direito das coisas.

(1) A proteção preventiva da posse diante da ameaça de atos turbativos ou esbulhadores opera-se mediante o interdito proibitório.

(2) São efeitos decorrentes da posse de boa-fé: o direito aos frutos percebidos e o direito de retenção pelo valor das benfeitorias necessárias e úteis realizadas no bem possuído.

(3) A indenização decorrente da passagem de cabos, tubulações e outros condutos de serviços de utilidade pública no subterrâneo de propriedade privada abrangerá as restrições imediatas na área efetivamente ocupada e a desvalorização da área remanescente do imóvel.

1: Correta, nos termos do art. 932 do CPC; 2: Correta, nos termos dos arts. 1.214 e 1.219 do CC; 3: correta, nos termos do art. 1.286 do CC. Gabarito 1C, 2C, 3C.

6.2. DIREITOS REAIS E PESSOAIS.

(Ministério Público/BA – 2004) Segundo o Código Civil, são direitos reais:

(A) Propriedade, usufruto, penhor, hipoteca e rendas constituídas sobre imóveis.
(B) Propriedade, usufruto, uso, habitação e comodato.
(C) Propriedade, usufruto, habitação, penhor e anticrese.
(D) Superfície, usufruto, direito do promitente comprador, penhor e locação.
(E) Uso, servidões, usufruto, habitação e retenção de benfeitorias.

Art. 1.225, I, IV, VI, VIII e X, do CC, respectivamente. Gabarito "C".

(Defensoria Pública/SP - 2006) Considere as afirmações:

I. Os direitos reais e os pessoais integram a categoria dos direitos patrimoniais, sendo o primeiro exercido sobre determinada coisa, enquanto o segundo exige o cumprimento de certa prestação.
II. Os direitos reais não podem ser classificados como direitos absolutos.
III. O direito real, quanto à sua oponibilidade, é absoluto, valendo contra todos, tendo sujeito passivo indeterminado, enquanto que o direito pessoal (ou obrigacional) é relativo e tem sujeito passivo determinado.
IV. Os direitos reais obedecem ao princípio da tipificação, ou seja, só são direitos reais aqueles que a lei, taxativamente, denominar como tal, enquanto que os direitos pessoais podem ser livremente criados pelas partes envolvidas (desde que não seja violada a lei, a moral ou os bons costumes), sendo portanto o seu número ilimitado.

SOMENTE estão corretas as afirmações

(A) I e II.
(B) II e III.
(C) I, III e IV.
(D) I, II e III.
(E) I, II e IV.

Para responder à presente questão e outras por vir, seguem orientações doutrinárias.

1. Conceito de Direito Real: *é o poder, direto e imediato, do titular sobre a coisa, com exclusividade e contra todos*. O direito real difere do direito pessoal, pois este gera uma relação entre pessoas determinadas (princípio da relatividade) e, em caso de violação, converte-se em perdas e danos. No direito real, ao contrário, seu titular pode perseguir a coisa sobre a qual tem poder, não tendo que se contentar com a conversão da situação em perdas e danos. O ponto em comum entre os direitos pessoais e os direitos reais é o fato de que integram a categoria dos direitos patrimoniais, diferente dos direitos da personalidade.

2. Princípios do direito real:

2.1. Princípio da aderência: *aquele pelo qual se estabelece um vínculo entre o sujeito e a coisa, independentemente da colaboração do sujeito passivo*.

2.2. Princípio do absolutismo: *aquele pelo qual os direitos reais são exercidos contra todos (**erga omnes**)*. Por exemplo: quando alguém é proprietário de um imóvel, todos têm de respeitar esse direito. Daí surge o *direito de sequela* ou **jus persequendi**, pelo qual, violado o direito real, a vítima pode perseguir a coisa, ao invés de ter de se contentar com uma indenização por perdas e danos.

2.3. Princípio da publicidade (ou visibilidade): *aquele pelo qual os direitos reais só se adquirem depois do registro do título na matrícula (no caso de imóvel) ou da tradição (no caso de móvel)*. Por ser o direito real oponível *erga omnes*, é necessária essa publicidade para que sejam constituídos.

2.4. Princípio da taxatividade: *aquele pelo qual o número de direitos reais é limitado pela lei*. Assim, por acordo de vontades não é possível criar uma nova modalidade de direito real, que são *numerus clausus*. Assim, está certa a afirmativa de que só são direitos reais aqueles que a lei, taxativamente, denominar como tal, enquanto que os direitos pessoais podem ser livremente criados pelas partes envolvidas (desde que não seja violada a lei, a moral ou os bons costumes), sendo, portanto, o seu número ilimitado.

2.5. Princípio da tipificação: *aquele pelo qual os direitos reais devem respeitar os tipos existentes em lei*. Assim, o acordo de vontades não tem o condão de modificar o regime jurídico básico dos direitos reais.

2.6. Princípio da perpetuidade: *aquele pelo qual os direitos reais não se perdem pelo decurso do tempo, salvo as exceções legais*. Esse princípio se aplica ao direito de propriedade. Os direitos pessoais, por sua vez, têm a marca da *transitoriedade*.

2.7. Princípio da exclusividade: *aquele pelo qual não pode haver direitos reais, de igual conteúdo, sobre a mesma coisa*. Exemplo: o nu-proprietário e o usufrutuário não têm direitos iguais quanto ao bem objeto do usufruto.

2.8. Princípio do desmembramento: *aquele que permite o desmembramento do direito matriz (propriedade), constituindo-se direitos reais sobre coisas alheias*. Ou seja, pelo princípio é possível desmembrar um direito real (propriedade, por exemplo) em outros direitos reais (uso, por exemplo). Gabarito "C".

(Delegado/SP – 2008) Não se considera direito real

(A) a superfície.
(B) a habitação.
(C) o uso.
(D) o penhor.
(E) a benfeitoria necessária.

Os direitos reais estão enunciados no art. 1.225 do CC. Ademais, a benfeitoria não é um direito, mas um bem. Gabarito "E".

6.3. PROPRIEDADE IMÓVEL

(Magistratura/MG - 2006) Em relação à propriedade imóvel, de acordo com o disposto no Código Civil, é CORRETO afirmar que:

(A) a propriedade do solo não abrange a do espaço aéreo e a do subsolo correspondentes;
(B) a propriedade do solo abrange as jazidas, minas e demais recursos minerais;
(C) o direito de propriedade deve ser exercido plenamente, não podendo o proprietário ser privado da coisa, em qualquer hipótese;
(D) são formas de aquisição da propriedade imóvel: a usucapião, a transmissão hereditária, a acessão e o registro.

A: art. 1.229 do CC; B: art. 1.230 do CC; C: art. 1.228, § 3º, do CC; D: respectivamente, arts. 1.238 e ss, 1.784, 1.248 e ss, e 1.245 e ss, todos do CC. Gabarito "D".

(Magistratura/MT – 2009 – VUNESP) Os pais de Daniel viveram desde 4 de dezembro de 2000 em uma casa de 75 m² no centro da cidade, exercendo posse como se donos fossem do imóvel, pois não possuíam outro imóvel, no entanto, faleceram em um trágico acidente ocorrido em 11 de agosto de 2008. Ficando o imóvel fechado e vazio por três meses, Ana, que possuía escritura de propriedade do imóvel, inscrita no Registro Público, retomou o imóvel e lá se encontra residindo há seis meses. Daniel, não se conformando com a situação, ingressou com ação objetivando reaver o imóvel. Diante desse fato, é correto o que se afirma em:

(A) como Daniel não exercia posse sobre o imóvel, o falecimento de seus pais não lhe garante nenhum direito sobre este, por não ter somado suas posses.
(B) Daniel somente poderia ter algum direito sobre o imóvel, se seus pais tivessem requerido a aquisição de propriedade do imóvel por ação de usucapião.
(C) o falecimento dos pais de Daniel interromperam a posse com *animus domini*, impossibilitando a aquisição da propriedade por usucapião.
(D) Daniel adquiriu o imóvel por sucessão *causa mortis*, razão pela qual poderá intentar a retomada do imóvel por via judicial em face de Ana.
(E) Ana é proprietária do imóvel por ter título público inscrito e retornando à sua posse, não se discute eventual direito de terceiros.

Os pais de Daniel adquiriram o imóvel pela usucapião especial urbana (art. 1.240 do CC), de modo que este poderá retomar a coisa, já que é sucesso *causa mortis* de seus pais. Gabarito "D".

(Magistratura/SC – 2008) Observadas as proposições abaixo, assinale a alternativa correta:

I. Se duas ou mais pessoas possuírem coisa indivisa, poderá cada uma exercer sobre ela atos possessórios, desde que não excluam os dos outros compossuidores.
II. O possuidor, mesmo que de boa-fé, não tem direito aos frutos percebidos enquanto durar a posse.
III. Aquele que, não sendo proprietário de imóvel rural ou urbano, possua como sua, por 10 (dez) anos ininterruptos, sem oposição, área de terra em zona rural, não superior a 50 (cinqüenta) hectares, tornando-a produtiva por seu trabalho, adquirir-lhe-á a propriedade, ainda que nela não tenha sua moradia.
IV. O proprietário tem o dever de usar, gozar e dispor da coisa, possuindo, também, o direito de reavê-la do poder de quem injustamente a possua ou detenha.

(A) Somente as proposições I, II e IV estão corretas.
(B) Todas as proposições estão corretas.
(C) Somente a proposição I está correta.
(D) Todas as proposições estão incorretas.
(E) Somente as proposições II, III e IV estão corretas.

I: correta (art. 1.199 do CC); II: incorreta (art. 1.214 do CC); III: incorreta (art. 1.239 do CC); IV: incorreta, pois o proprietário tem a faculdade de se valer desses poderes, e não o dever (art. 1.228, caput, do CC). Gabarito "C".

(Magistratura/SP – 2008) Tratando-se de área extensa, na posse ininterrupta e de boa fé, por mais de cinco anos, de considerável número de pessoas, local em que elas houverem realizado, em conjunto ou separadamente, obras e serviços considerados pelo juiz de interesse social e econômico relevante. Sobre o assunto em questão, pode-se afirmar que

(A) o proprietário, se vier a propor ação reivindicatória, poderá se ver privado da coisa, hipótese em que deverá ser fixada justa indenização em seu favor, sendo que, pago o preço, a sentença valerá como título para registro do imóvel, em nome dos possuidores, no cartório competente.
(B) neste caso, ocorre situação de usucapião, não de desapropriação judicial.
(C) proposta a ação pelo proprietário, dispensável se fará a citação de todas as pessoas em questão, bastando se ordenar a citação dos possuidores mais antigos.
(D) pela via da desapropriação, surgirá, nas circunstâncias, privado que venha a ser o proprietário de sua coisa, o surgimento não de um "condomínio especial", mas sim, de um loteamento.

Art. 1.228, §§ 4º e 5º, do CC. Gabarito "A".

(Magistratura/SP – 2008) No que se refere ao direito de propriedade, assinale a alternativa correta.

(A) O proprietário tem a faculdade de usar, gozar e dispor da coisa, e o direito de reavê-la do poder de quem quer que injustamente a possua ou detenha, de modo que se trata de um direito absoluto.
(B) O direito de propriedade deve ser exercido em consonância com as suas finalidades econômicas e sociais e de modo que sejam preservados, em conformidade com o estabelecido em lei especial, a flora, a fauna, as belezas naturais, o equilíbrio ecológico e o patrimônio histórico e artístico, bem como evitada a poluição do ar e das águas, com o que, podendo padecer de limitações voluntárias e de restrições legais, isso estaria a significar que o legislador e as pessoas em geral deixaram de lado convencimento da conveniência da mantença daquele.
(C) Se a utilização da coisa se faz abusiva, o proprietário pode vir a ser compelido a reparar o prejuízo causado, mas nunca a responder também criminalmente.
(D) A imposição de deveres ao proprietário, como os de proteção das chamadas áreas de preservação permanente e de mantença ou recuperação de matas ou vegetação nativa, a título de reserva legal, de determinado percentual dos imóveis rurais, pode ser considerada como medida voltada para a preservação do meio ambiente ecologicamente equilibrado.

A: Não se pode dizer que é um direito absoluto, pois o direito de propriedade está limitado pelo atendimento à função social da propriedade (art. 1.228, § 1º, do CC); B: o direito de propriedade continua mantido, mas limitado pelo atendimento à função social da propriedade (art. 1.228, § 1º, do CC); C: de fato, o abuso de direito é ato ilícito (art. 187 do CC) e, como tal, enseja reparação civil (art. 927 do CC); ocorre que, dependendo da conduta praticada pelo proprietário da coisa, pode-se estar cometendo crime; por exemplo, crime ambiental; D: arts. 225 da CF e 1.228, § 1º, do CC. Gabarito "D".

(Ministério Público/CE – 2009 – FCC) Sobre a usucapião pode-se afirmar:

I. É forma originária de aquisição da propriedade, que se obtém mediante sentença judicial de natureza constitutiva.
II. O possuidor pode, a fim de atingir o tempo necessário para a aquisição da propriedade pela usucapião extraordinária, contar os períodos de posse dos seus antecessores desde que todos sejam contínuos e pacíficos.
III. A usucapião pode ter por objeto coisas móveis, coisas imóveis e servidões aparentes.
IV. O imóvel de propriedade de pessoas relativamente incapazes não pode ser adquirido por terceiro que esteja na sua posse, ainda que preenchidos os requisitos legais para a usucapião.
V. Não será reconhecido mais de uma vez ao mesmo possuidor o direito de adquirir imóvel rural pela usucapião pro-labore, em que o prazo exigido para a aquisição é de cinco (05) anos.

Estão corretas as afirmações

(A) III, IV e V.
(B) II, IV e V.
(C) II, III e V.
(D) I, III e V.
(E) I, II e III.

I: incorreta, pois a usucapião se adquire pelo preenchimento dos requisitos legais, sendo a sentença meramente declaratória; II: correta (art. 1.243 do CC); III: correta, pois a lei permite a usucapião nessas três situações; IV: incorreta, pois a prescrição não corre contra os absolutamente incapazes (art. 198, I, do CC), mas corre contra os relativamente incapazes; V: correta (art. 1.239 do CC). Gabarito "C".

(Ministério Público/SP – 2011) É correto afirmar que a aquisição por usucapião de imóvel urbano, por pessoa que seja proprietária de imóvel rural, se dá:

(A) após 5 (cinco) anos, independentemente de justo título e boa-fé, limitada a área a 250 m2.
(B) após 15 (quinze) anos, independentemente de justo título e boa-fé, sem limite de tamanho da área.
(C) após 5 (cinco) anos, independentemente de justo título e boa-fé, limitada a área a 350 m2.
(C) após 10 (dez) anos, independentemente de justo título, limitada a área a 01 alqueire.
(E) após 10 (dez) anos, independentemente de boa-fé, desde que não utilizado o imóvel para moradia.

Trata-se da usucapião extraordinária, prevista no art. 1.238 do CC. Gabarito "B".

(Ministério Público/SP – 2010) Assinale a alternativa correta:

(A) na usucapião urbana individual, prevista na Lei nº 10.257/01 (Estatuto da Cidade), não é possível levar-se a efeito aquisição de terreno inferior ao mínimo módulo urbano.
(B) a usucapião rural consagrada no artigo 1.239 do Código Civil, que exige a chamada posse trabalho/moradia, não reclama animus domini da parte usucapiente.
(C) a usucapião coletiva pode ter como objeto áreas particulares e públicas.
(D) os bens dominicais, à luz do novo Código Civil Brasileiro, podem ser usucapidos.
(E) na usucapião coletiva, prevista na Lei nº 10.257/01 (Estatuto da Cidade), como regra geral, a cada possuidor será atribuída, por decisão judicial, igual fração ideal de terreno.

A: incorreta, pois não há essa restrição no art. 9º da Lei 10.257/01; B: incorreta, pois reclama que o interessado possua a coisa como sua, ou seja, reclama ou animus domini (art. 1.239 do CC); C e D: incorretas, pois não cabe usucapião sobre bens públicos (art. 102 do CC); E: correta (art. 10, § 3º, da Lei 10.257/01). Gabarito "E".

(Ministério Público/SP – 83º) Pode-se afirmar que constituem pressupostos da usucapião, a coisa hábil ou suscetível de ser usucapida, a posse mansa e prolongada, o decurso do tempo, o justo título e a boa-fé. Diante de tal enunciado, indique a alternativa correta para as seguintes hipóteses:

(A) O justo título e a boa-fé apenas são exigidos nos casos de usucapião ordinária, dispensados os demais requisitos.
(B) Os primeiros três requisitos acima referidos não são absolutamente indispensáveis e exigidos em apenas algumas situações de usucapião.
(C) O título anulável não é obstáculo para a obtenção da usucapião, porquanto sendo eficaz e capaz de produzir efeitos, válido será enquanto não for decretada a sua anulação.
(D) Qualquer espécie de posse mansa pode conduzir à usucapião, desde que presentes a coisa hábil ou suscetível de ser usucapida, o decurso do tempo e o justo título.
(E) Para a consumação da usucapião extraordinária exige-se que o possuidor ostente justo título e boa-fé.

Para responder essa questão e outras que tratam de usucapião, segue um resumo doutrinário.

Usucapião.

(1) Conceito: *é a forma de aquisição originária da propriedade pela posse prolongada no tempo e pelo cumprimento de outros requisitos legais.* A usucapião também é chamada de *prescrição aquisitiva*. Essa forma de aquisição da propriedade independe de inscrição no Registro de Imóveis. Ou seja, cumpridos os requisitos legais, o possuidor adquire a propriedade da coisa. Assim, a sentença na ação de usucapião é meramente declaratória da aquisição da propriedade, propiciando a expedição de mandado para registro do imóvel em nome do adquirente, possibilitando a todos o conhecimento da nova situação. A aquisição é originária, ou seja, não está vinculada ao título anterior. Isso faz com que eventuais restrições que existirem na propriedade anterior não persistam em relação ao novo proprietário.

(2) Requisitos. São vários os requisitos para a aquisição da propriedade pela usucapião. Vamos enumerar, neste item, apenas os requisitos que devem ser preenchidos em todas as modalidades de usucapião, deixando os específicos de cada modalidade para estudo nos itens abaixo respectivos. Os requisitos gerais são os seguintes:

(A) **posse prolongada no tempo:** não basta mera detenção da coisa, é necessária a existência de posse. E mais: de posse que se prolongue no tempo, tempo esse que variará de acordo com o tipo de bem (móvel ou imóvel) e em função de outros elementos, como a existência de boa-fé, a finalidade da coisa etc;

(B) **posse com *animus domini*:** não basta a mera posse; deve se tratar de posse com ânimo de dono, com intenção de proprietário; essa circunstância impede que se considere a posse de um locatário do bem como hábil à aquisição da coisa;

(C) **posse mansa e pacífica:** ou seja, posse sem oposição; assim, se o legítimo possuidor da coisa se opôs à posse, ingressando com ação de reintegração de posse, neste período não se pode considerar a posse como mansa e pacífica, sem oposição.

(D) **posse contínua:** ou seja, sem interrupção; não é possível computar, por exemplo, dois anos de posse, uma interrupção de um ano, depois mais dois anos e assim por diante; deve-se cumprir o período aquisitivo previsto em lei sem interrupção.

(3) Usucapião extraordinário - requisitos:

(A) **tempo:** 15 anos; o prazo será reduzido para 10 anos se o possuidor houver estabelecido no imóvel a sua moradia habitual, ou nele realizado obras ou serviços de caráter produtivo (art. 1.238, CC).

(B) **requisitos básicos:** posse "mansa e pacífica" (sem oposição), "contínua" (sem interrupção) e com "ânimo de dono".

(4) Usucapião ordinário - requisitos:

(A) **tempo:** 10 anos; o prazo será reduzido para 5 anos se preenchidos dois requisitos: se o imóvel tiver sido adquirido onerosamente com base no registro constante do respectivo cartório; se os possuidores nele tiverem estabelecido a sua moradia ou realizado investimentos de interesse social e econômico (art. 1.242, CC).

(B) **requisitos básicos:** posse "mansa e pacífica" (sem oposição), "contínua" (sem interrupção) e com "ânimo de dono".

(C) **boa-fé e justo título:** como o prazo aqui é menor, exige-se do possuidor, no plano subjetivo, a boa-fé, e, no plano objetivo, a titularidade de um título hábil, em tese, para transferir a propriedade.

(5) Usucapião especial urbano – requisitos:

(A) **tempo:** 5 anos (art. 1.240, CC).

(B) **requisitos básicos:** posse "mansa e pacífica" (sem oposição), "contínua" (sem interrupção) e com "ânimo de dono".

(C) **tipo de imóvel:** área urbana; tamanho de até 250 m²;

(D) **finalidade do imóvel:** deve ser utilizado para a moradia do possuidor ou de sua família;

(E) **requisitos negativos:** que o possuidor não seja proprietário de outro imóvel urbano ou rural; que o possuidor já não tenha sido beneficiado pelo direito ao usucapião urbano.

(6) Usucapião especial urbano FAMILIAR – requisitos:

(A) **tempo:** 2 anos (art. 1.240-A, CC).

(B) **requisitos básicos:** posse "mansa e pacífica" (sem oposição), "contínua" (sem interrupção) e com "ânimo de dono".

(C) **tipo de imóvel:** área urbana; tamanho de até 250 m²;

(D) **finalidade do imóvel:** deve ser utilizado para a moradia do possuidor ou de sua família;

(E) **requisito específico:** imóvel cuja PROPRIEDADE o possuidor divida com ex-cônjuge ou ex-companheiro que ABANDONOU o lar;

(F) **requisitos negativos:** que o possuidor não seja proprietário de outro imóvel urbano ou rural; que o possuidor já não tenha sido beneficiado pelo direito ao usucapião urbano. O possuidor abandonado deve estar na posse direta e exclusiva do imóvel, e, cumpridos os requisitos da usucapião, adquirirá o domínio integral do imóvel.

(7) Usucapião urbano coletivo – requisitos:

(A) **tempo:** 5 anos (art. 10 da Lei 10.257/01 – Estatuto da Cidade);

(B) **requisitos básicos:** posse "mansa e pacífica" (sem oposição), "contínua" (sem interrupção) e com "ânimo de dono".

(C) **tipo de imóvel:** área urbana; tamanho superior a 250 m²;

(D) **finalidade do imóvel:** utilização para moradia; população de baixa renda;

(E) **requisitos negativos:** que o possuidor não seja proprietário de outro imóvel urbano ou rural; que seja impossível identificar o terreno ocupado por cada possuidor.

(8) Usucapião especial rural – requisitos:

(A) **tempo:** 5 anos (art. 1.239, CC);

(B) **requisitos básicos:** posse "mansa e pacífica" (sem oposição), "contínua" (sem interrupção) e com "ânimo de dono";

(C) **tipo de imóvel:** área de terra em zona rural; tamanho de até 50 hectares;

(D) **finalidade do imóvel:** deve ser utilizado para a moradia do possuidor ou de sua família; área produtiva pelo trabalho do possuidor ou de sua família;

(E) **requisito negativo:** a terra não pode ser pública. Gabarito "C".

(Defensor Público/AL – 2009 – CESPE) Julgue os próximos itens, relativos à propriedade.

(1) Compõem o direito de propriedade as faculdades de usar, gozar, dispor e reivindicar a coisa de quem injustamente a possua, de modo que, tendo-se como certo o conceito de posse injusta como aquela violenta, clandestina ou precária, não será possível obter a posse por meio de reivindicatória se a pessoa que detém a coisa não o faz mediante qualquer dos mencionados vícios.

(2) Distanciando-se do sistema francês, a lei brasileira exige que a transmissão de um bem imóvel por ato oneroso *inter vivos* seja materializada por meio de escritura pública de compra e venda, de modo que somente após a lavratura desse ato é que o bem passará a integrar o patrimônio do comprador, sendo sua a propriedade.

1: incorreta, pois a ação reivindicatória tem por fundamento o direito de propriedade (trata-se de uma ação petitória), sendo desnecessário discutir-se sobre a injustiça ou não da posse de quem detém a coisa; 2: incorreta, pois, no Brasil, diferentemente do sistema francês, a propriedade imóvel só se adquire com o registro da escritura na matrícula do imóvel (art. 1.245 do CC). Gabarito 1E, 2E.

(Defensor Público/GO – 2010 – I. Cidades) A legislação brasileira admite a usucapião agrária, destinando-a ao pequeno produtor e tendo por objeto o imóvel rural. Na usucapião agrária, a posse há de ser

(A) ininterrupta, podendo ser exercida pessoalmente ou por preposto.
(B) ininterrupta, podendo ser exercida por pessoa natural ou jurídica.
(C) direta, comprovado o exercício de atividade agrária no imóvel.
(D) direta, ainda que o usucapiente não resida na terra.
(E) ininterrupta, ainda que exercida por pessoa jurídica com sede no local.

A, B, C, D e E: a lei exige o trabalho do possuidor ou de sua família diretamente sobre o imóvel rural (não cabe por preposto ou por pessoa jurídica), além de moradia neste (art. 1.239 do CC), de modo que somente a alternativa "C" está correta. Gabarito "C".

(Defensor Público/GO – 2010 – I. Cidades) Integra o regime jurídico da posse e da propriedade no Brasil, regra dispondo que:

(A) aquele que, não sendo proprietário de imóvel rural ou urbano, possua como sua, por cinco anos ininterruptos, sem oposição, área de terra em zona rural de 150 hectares, tomando-a produtiva por seu trabalho ou de sua família, tendo nela sua moradia, adquirir-lhe-á a propriedade.

(B) aquele que, por 15 anos, sem interrupção, nem oposição, possuir como seu um imóvel, adquire-lhe a propriedade, independentemente de título, boa-fé ou de estar o referido imóvel hipotecado em garantia.

(C) a posse é justa se o possuidor ignora o vício, ou o obstáculo que impede a aquisição da coisa, ainda que seja a posse clandestina, violenta ou precária.

(D) há vedação legal e constitucional impedindo que as pessoas jurídicas de direito público possam adquirir, por usucapião, a propriedade de imóveis registrados em nome de pessoa natural.

(E) independentemente de quem seja o proprietário, a posse direta, de pessoa que tem a coisa em seu poder, temporariamente, em virtude de direito pessoal, ou real, anula a posse indireta de quem aquela foi havida, por absoluta incompatibilidade, podendo o possuidor direto defender a sua posse contra o indireto.

A: incorreta, pois deve se tratar de área rural não superior a 50 hectares (art. 1.239 do CC); B: correta (art. 1.238 do CC); C: incorreta, pois essa definição é de posse de boa-fé; posse justa é aquela que não é violenta, clandestina ou precária; D: incorreta, pois não existe essa vedação na lei; E: incorreta, pois uma posse não anula a outra (art. 1.197 do CC). Gabarito "B".

(Defensoria/MT – 2009 – FCC) À luz do Código Civil brasileiro,

(A) o direito de propriedade será exercido de forma plena, absoluta e exclusiva por todo aquele que detiver o título, sendo inconstitucional qualquer restrição, excetuando-se as impostas pela lei.

(B) segundo Savigny, a posse, por se tratar da exteriorização do direito de propriedade, gera presunção *juris et de jure* de domínio.

(C) a propriedade de bem imóvel é adquirida no momento da averbação em Cartório de Registro de Imóveis do título aquisitivo, tratando-se de ato *inter vivos*, e, no caso de sucessão *mortis causa*, a transmissão da propriedade ocorre no momento de sua abertura.

(D) a propriedade de bem imóvel transmite-se ao herdeiro do *de cujus*, pelo registro do formal de partilha no Cartório de Registro de Imóveis, sendo certo que, até esse momento, existe para o sucessor mera expectativa de direito.

(E) a propriedade de veículo automotor, por se tratar de bem legalmente equiparado a imóvel, somente se transmite com a transferência do título de propriedade por meio do registro do Detran.

A: incorreta, pois a propriedade deve ser exercida com respeito aos fins sociais a que se destina e sem abuso de direito (art. 1.228, §§ 1º e 2º, do CC); B: incorreta, pois a presunção mencionada é relativa, e não absoluta; C: correta (arts. 1.245 e 1.784 do CC); D: incorreta (art. 1.784 do CC); E: incorreta, pois a propriedade de um bem móvel se transfere com a tradição (art. 1.267 do CC). Gabarito "C".

(Defensor Público/RN – 2006) Dá-se usucapião quando

(A) o possuidor ocupar a área por quinze anos, independente de justo título, demonstrando que realizou obras ou serviços de caráter produtivo.

(B) em cinco anos quando o possuidor de área rural de até 50 hectares e não possuidor de outro imóvel urbano ou rural, que tenha tornado a área produtiva, por seu trabalho ou de sua família, e nela estabelecido a sua moradia.

(C) um número considerável de pessoas ocupar por dez anos, de boa-fé e ininterruptamente, área na qual realizem obras e serviços, considerados pelo juiz de interesse social e econômico relevante.

(D) alguém possuir coisa móvel como sua, continua e incontestadamente por cinco anos, com justo título e boa-fé.

A: art. 1.238, parágrafo único, do CC; B: art. 1.239 do CC; C: não se trata de usucapião, mas de posse *pro labore*; ademais o prazo é de 5 anos (art. 1.228, § 4º, do CC); D: art. 1.260 do CC. Gabarito "B".

(Defensoria/SP – 2009 – FCC) Quem recebeu em boa-fé um imóvel e o alienou a título oneroso responde pela

(A) devolução do bem e, se for o caso, pelos valores das despesas de reparo de deterioração culposa do bem.

(B) devolução do bem e dos frutos gerados.

(C) quantia recebida mais perdas e danos.

(D) quantia recebida.

(E) devolução do bem mais perdas e danos.

Art. 879 do CC. Gabarito "D".

(Procurador do Estado/RR – 2006 – FCC) NÃO podem ser adquiridos por usucapião

(A) os bens pertencentes a pessoas absoluta ou relativamente incapazes.

(B) os bens móveis.

(C) as servidões, mesmo que aparentes.

(D) os imóveis urbanos com área superior a 250 m².

(E) os bens pertencentes às associações públicas.

As associações públicas são pessoas jurídicas de direito público (art. 41, IV, do CC), de modo que seus bens são públicos (art. 98 do CC), e, como tais, não são passíveis de usucapião (art. 102 do CC). Gabarito "E".

(Delegado/RJ – 2009 – CEPERJ) Assinale a alternativa incorreta:

(A) A propriedade do solo abrange o solo, o subsolo e o espaço aéreo, exceto as jazidas, minas e demais recursos minerais.

(B) Com relação ao direito de superfície para a propriedade urbana aplicam-se as regras do Estatuto da Cidade e, nas demais situações, aplica-se o C.Civil.

(C) Na usucapião a propriedade só se considera adquirida após o trânsito em julgado da sentença, considerando a natureza constitutiva da decisão.

(D) Os frutos e produtos de coisa ainda quando separados, presume-se pertencer ao proprietário da coisa.

(E) A propriedade imóvel se adquire pela transcrição do titulo no RGI e dos móveis pela simples tradição da coisa.

A: correta (arts. 1.229 e 1.230 do CC); B: correta, pois tratando-se de área rural aplicam-se os arts. 1.369 a 1.377 do CC, ao passo que se tratando de área urbana aplicam-se os arts. 21 a 24 do Estatuto da Cidade (Lei 10.257/10); C: incorreta, pois a sentença, na usucapião, é meramente declaratória de algo que já ocorreu; D: correta (art. 1.232 do CC); E: correta (arts. 1.226 e 1.227 do CC). Gabarito "C".

(Cartório/SC – 2008) Assinale a alternativa INCORRETA em relação ao direito de propriedade, previsto nos arts. 1.128 e seguintes do Código Civil brasileiro:

(A) O proprietário tem a faculdade de usar, gozar e dispor da coisa, e o direito de reavê-la do poder de quem quer que injustamente a possua ou detenha.

(B) A propriedade do solo abrange as jazidas, minas e demais recursos minerais, os potenciais de energia hidráulica, os monumentos arqueológicos e outros bens referidos por leis especiais, sem restrição.

(C) O proprietário pode ser privado da coisa, nos casos de desapropriação, por necessidade ou utilidade pública ou interesse social.

(D) Os frutos e mais produtos da coisa pertencem, ainda quando separados, ao seu proprietário, salvo se, por preceito jurídico especial, couberem a outrem.

(E) O proprietário pode ser privado da coisa, por requisição, em caso de perigo público iminente.

A: correta (art. 1.228, *caput*, do CC); B: incorreta (art. 1.230 do CC); C: correta (art. 1.228, § 3º, do CC); D: correta (art. 1.232 do CC); E: correta (art. 1.228, § 3º, do CC). Gabarito "B".

(Magistratura Federal/3ª Região – 2010) Assinale a alternativa correta:

(A) Todas as obras feitas em uma coisa são benfeitorias;
(B) Não se incluem na classe de benfeitorias as acessões;
(C) O álveo abandonado não é forma de acessão;
(D) O aluvião e as plantações são formas de avulsão.

A: incorreta, pois se as obras criam coisa nova, tem-se acessão; B: correta, pois a benfeitoria é melhor feita em coisa já existente, ao passo que a acessão é a criação de coisa nova; C: incorreta (art. 1.248, IV, do CC); D: incorreta, pois os institutos não se confundem (art. 1.248, II, III e V, do CC). *Gabarito "B".*

(Analista – TRE/MT – 2010 – CESPE) De acordo com o Código Civil, as formas de aquisição da propriedade móvel incluem

(A) usucapião e ocupação.
(B) acessão e ocupação.
(C) especificação e acessão.
(D) tradição e acessão.
(E) usucapião e registro.

A propriedade móvel pode ser adquirida por usucapião, ocupação, achado, tradição, especificação, confusão, comissão e por adjunção (arts. 1.260 a 1.274, do CC). *Gabarito "A".*

6.4. PROPRIEDADE MÓVEL

(Magistratura/MG - 2005) De acordo com o Código Civil, são formas de aquisição da propriedade móvel, EXCETO:

(A) a usucapião.
(B) a ocupação.
(C) a tradição.
(D) a acessão.

A acessão não está entre as causas de aquisição da propriedade móvel, previstas nos arts. 1.260 a 1.274. A acessão e forma de aquisição da propriedade imóvel (art. 1.248 do CC). *Gabarito "D".*

(Ministério Público/PR – 2009) Sobre a usucapião, como forma de aquisição da propriedade de bem móvel ou imóvel, é INCORRETO afirmar:

(A) Aquele que, por 15 (quinze) anos, exerça a posse de forma contínua e ininterrupta e sem oposição, com ou sem justo título, adquire a propriedade do bem imóvel, independentemente da boa-fé.
(B) Aquele que, por 05 (cinco) anos, exerça a posse de imóvel rural com área de até 50 (cinqüenta) hectares, de forma contínua e ininterrupta e sem oposição, adquire-lhe a propriedade, independentemente da boa-fé e do uso que atribua ao bem.
(C) Aquele que, por 10 (dez) anos, exerça a posse de forma contínua e ininterrupta e sem oposição, com justo título e boa-fé, adquire a propriedade do bem imóvel.
(D) É possível ao possuidor acrescer à sua posse o tempo de exercício possessório de seus antecessores, seja por decorrência de sucessão por *causa mortis* ou por ato *intervivos*.
(E) Aquele que possuir coisa móvel como sua, contínua e incontestadamente durante 03 (três) anos, com justo título e boa-fé, adquirir-lhe-á a propriedade.

A: correto (art. 1.238 do CC); B: incorreto, pois o bem deve ter se tornado produtivo e servido de moradia para o interessado (art. 1.239 do CC); C: correto (art. 1.242 do CC); D: correto (art. 1.243 do CC); E: correto (art. 1.260 do CC). *Gabarito "B".*

(Delegado/PI – 2009 – UESPI) Quanto à aquisição da propriedade móvel, é correto afirmar que:

(A) quem quer que ache coisa alheia perdida, adquire-lhe a propriedade, caso transcorram 60 dias da publicação na imprensa.
(B) não será admitida a usucapião de bens móveis quando a posse não for de boa-fé.
(C) aquele que, trabalhando em matéria prima totalmente alheia, obtiver espécie nova, a perderá para o dono do material utilizado, ainda que haja boa-fé.
(D) a propriedade das coisas não se transfere pelos negócios jurídicos antes da tradição.
(E) não é admitido, na lei civil, o assenhoramento de coisa sem dono.

A: incorreta (art. 1.237 do CC); B: incorreta (art. 1.261 do CC); C: incorreta (art. 1.270 do CC); D: correta (art. 1.267 do CC); E: incorreta (art. 1.263 do CC). *Gabarito "D".*

(Procuradoria da República – 22º) Denomina-se achádego:

(A) o abandono da coisa achada pelo seu dono;
(B) a recompensa paga a quem restituir ao dono a coisa achada;
(C) a recompensa a indenização das despesas de conservação e transporte da coisa;
(D) a descoberta e a restituição de coisa achada ao seu dono.

Art. 1.234 do CC. *Gabarito "B".*

(Procuradoria da República – 22º) Quanto à união material de coisa móveis, a adjunção é:

(A) a junção de entre coisas líquidas;
(B) a união entre coisas sólidas;
(C) a justaposição de uma coisa a outra;
(D) a criação de uma espécie nova.

A adjunção é a justaposição de coisas, sem a possibilidade de destacar acessório do principal (v. arts. 1.272 a 1.274 do CC). Ex.: duas coisas coladas. As consequências possíveis são as seguintes: a) se for possível a separação: não haverá problema, bastando a entrega de cada coisa ao seu proprietário; b) se não for possível a separação ou esta exigir gasto excessivo: nasce um condomínio forçado, cabendo a cada um o quinhão proporcional ao valor da coisa que entrou para compor a mistura; c) se uma das coisas for principal: o dono dela ficará proprietário de tudo, indenizando os outros; d) se a mescla foi operada de má-fé: aquele que estiver de boa-fé decidirá se pretende ou não ficar com a coisa, assegurado, em qualquer caso, o direito de receber uma indenização. *Gabarito "C".*

6.5. DIREITO DE VIZINHANÇA

(Magistratura/MG – 2009 – EJEF) Marque a asserção CORRETA.

(A) O direito do proprietário do prédio vizinho de cortar os ramos e raízes que ultrapassarem a estrema do prédio está sujeito à prescrição.
(B) O direito do proprietário do prédio vizinho de cortar os ramos e raízes que ultrapassarem a estrema do prédio se estende até o plano vertical divisório dos imóveis. Pode ser por ele exercido diretamente, não dependendo de prova do prejuízo, nem de concordância ou autorização do proprietário da árvore
(C) O dono da árvore, cujos ramos e raízes ultrapassam a divisa do prédio e for objeto de corte e apara pelo vizinho, tem direito à indenização.
(D) A ação do vizinho, consistente no corte de ramos e raízes que ultrapassem o limite da vizinhança, ainda que ponha em risco a vida da árvore e a cobertura vegetal ambiental que ela propicia, não vai depender de autorização administrativa da autoridade ambiental.

A: incorreta, pois não há prazo previsto no art. 1.283 do CC; B: correta (art. 1.283 do CC); C: incorreta, pois é direito do vizinho proceder ao corte em questão (art. 1.283 do CC); D: incorreta, pois o direito previsto no art. 1.283 do CC é em face do vizinho, devendo o interessado cumprir as normas ambientais pertinentes. *Gabarito "B".*

(Magistratura/MG – 2008) A passagem forçada assegura ao proprietário do imóvel encravado o acesso à via pública, pela utilização dos imóveis contíguos. Considerando essa afirmativa, marque a opção CORRETA.

(A) O dono do prédio que não tiver acesso à via pública pode constranger o vizinho a lhe dar passagem, independentemente de pagar indenização, se o rumo for fixado judicialmente.
(B) A alienação parcial do prédio, de modo que uma das partes perca o acesso à via pública, não obriga o proprietário da outra a tolerar a passagem.
(C) Se antes da alienação existia passagem através do imóvel vizinho, está o proprietário deste constrangido, depois, a dar outra passagem.
(D) Sofrerá o constrangimento o vizinho cujo imóvel mais natural e facilmente se prestar à passagem.

Art. 1.285 do CC. *Gabarito "D".*

(Magistratura/MG - 2007) Tratando-se do direito de vizinhança e do uso anormal da propriedade, de acordo com o Código Civil, é CORRETO dizer que:

(A) cabe ao proprietário do prédio, com exclusividade, exercer o direito de fazer cessar as interferências prejudiciais à segurança, ao sossego e à saúde dos que nele habitam provocadas pela propriedade vizinha.
(B) a limitação se impõe apenas a imóveis contíguos.
(C) não é necessário que se leve em consideração a natureza da utilização e localização do prédio.
(D) os direitos de vizinhança são direitos de convivência decorrentes da proximidade ou interferência entre prédios.

A: proprietário ou possuidor (art. 1.277 do CC); B: não há essa limitação nos arts. 1.277 e ss do CC; C: art. 1.277, parágrafo único, do CC; D: art. 1.277 do CC. Vide também Enunciado CJF 319. Gabarito "D".

(Defensor Público/MS – 2008 – VUNESP) O proprietário de prédio superior pretende obrigar que o dono do prédio inferior suporte o escoamento das águas fluviais e de seu esgoto, uma vez que não há coleta de esgoto disponível para o imóvel superior. Em razão desse fato, aponte a alternativa correta.

(A) O imóvel inferior deverá suportar o escoamento das águas que correm naturalmente, mas não do esgoto.
(B) O imóvel inferior deverá suportar o escoamento das águas fluviais e da passagem do esgoto.
(C) Não se poderá exigir do proprietário superior outra solução para o problema, uma vez que a situação decorre da lei da gravidade.
(D) O proprietário do imóvel superior não deverá indenizar pelo fato, uma vez que o imóvel inferior deve suportar o ônus.

O art. 1.288 do CC refere-se somente ao escoamento de águas, não se referindo ao esgoto. Gabarito "A".

(Defensoria Pública/SP – 2010 – FCC) Assinale a alternativa INCORRETA.

(A) As águas que correm naturalmente do prédio superior devem ser recebidas pelo dono ou possuidor do prédio inferior.
(B) O dono ou possuidor do prédio inferior deve arcar com as despesas de canalização das águas naturais.
(C) O dono ou possuidor do prédio inferior, ao invés de proceder à canalização das águas naturais, poderá exigir o desvio delas pelo dono ou possuidor do prédio superior.
(D) O dono ou possuidor do prédio com águas colhidas artificialmente que correrem para o prédio inferior deve indenizar os prejuízos que o dono deste sofrer ou, se este o exigir, proceder a obras de desvio.
(E) O dono ou possuidor do prédio inferior não pode realizar obras que obstem o fluxo de águas que correm naturalmente.

A: correta (art. 1.288 do CC); B: correta, pois tal obrigação está contida no dever do art. 1.288 do CC; C: incorreta (art. 1.288 do CC); D: correta (art. 1.289 do CC); E: correta (art. 1.288 do CC). Gabarito "C".

(Defensoria Pública/SP - 2006) Sobre os direitos de vizinhança, é correto afirmar:

(A) Os tapumes especiais são exigidos para impedir que animais de grande porte ultrapassem os limites da propriedade.
(B) O dono do terreno invadido pelos galhos de árvore da propriedade vizinha tem o direito de corte condicionado à nocividade da invasão dos ramos.
(C) A servidão de aqueduto é contínua e aparente e a de trânsito é descontínua e não aparente.
(D) A qualquer tempo, o proprietário pode exigir que se desfaça a janela, sacada, terraço ou goteira sobre o seu prédio.
(E) Na passagem forçada, o dono do prédio que não tiver acesso à via pública, nascente ou porto tem direito a exigir que seu vizinho lhe conceda passagem, independentemente do pagamento de indenização.

A: art. 1.297 do CC; B: art. 1.283 do CC; C: as servidões de aqueduto são contínuas, pois subsistem independentemente de ato humano direto, e aparentes, pois se revelam por obras ou sinais exteriores, ao contrário das servidões de trânsito, que não têm essas características; D: art. 1.302 do CC; E: art. 1.285 do CC. Gabarito "C".

6.6. CONDOMÍNIO

(Magistratura/AL – 2008 – CESPE) Silvana, Teresa e Sandra adquiriram uma casa em região praiana com o objetivo de lá se hospedarem em finais de semana, férias e feriados, exceto no período de março a agosto, em que nenhuma das três utilizará a casa. Diante dessa situação, assinale a opção correta.

(A) Se ficar acordado que Silvana passará as férias de janeiro na casa, não é preciso autorização das demais condôminas para que ela empreste a casa a uma amiga naquele período.
(B) Considerando que nenhuma das três utilize a casa no período de março a agosto, se Teresa resolver alugá-la temporariamente a uma clínica de estética, cujo imóvel esteja em reforma, nada obstará esse comportamento, desde que o lucro obtido seja repartido entre as três condôminas.
(C) A situação descrita na situação hipotética é exemplo de elisão do princípio da exclusividade que se dirige ao domínio, dado o estado de indivisão do bem entre as três condôminas.
(D) Se Silvana possuir o maior quinhão, terá preferência legal na administração do imóvel.
(E) Caso Sandra contraia dívida em proveito do condomínio durante sua estada no imóvel, só ela ficará obrigada ao pagamento diante do terceiro.

A e B: art. 1.314, parágrafo único, do CC; C: não se trata de elisão do direito de propriedade, pois esta abrange a copropriedade (ou o condomínio), que está amplamente regulamentada nos arts. 1.314 e ss do CC; D: não há preferência para o maior quinhão; o que acontece é que as deliberações se dão, como regra, pela maioria absoluta (art. 1.325 do CC), maioria essa que nem sempre quem tem o maior quinhão a terá; E: art. 1.318 do CC. Gabarito "E".

(Magistratura/PA – 2009 – FGV) Caio, condômino do Edifício B e C, situado em Belém/PA, pretende impugnar despesas que, no seu sentir, não estariam adequadas ao padrão do imóvel que ocupa. No dia designado para a assembléia geral de condôminos, comparece regularmente ao ato. Todos os condôminos comparecem ao evento, composto o quorum exigido pela lei e pela convenção condominial. As despesas são aprovadas, vencido Caio, bem como também aprovada a prestação de contas do síndico. Inconformado com o ocorrido, Caio busca aconselhamento jurídico, com o fito de não pagar as despesas aprovadas em assembléia, pois com elas não concorda, desejando, dentre outras alternativas, postular prestação de contas detalhadas. Diante do narrado, analise as afirmativas a seguir.

I. O condômino, cujo voto é contrário às despesas aprovadas em assembléia geral não está compelido ao seu pagamento, já que o ato violaria direito individual.
II. Sendo a assembléia hígida, a mesma constitui o órgão adequado à aprovação de despesas condominiais, o que vincula todos os condôminos.
III. Não pode, regra geral, o condômino, individualmente, propor ação de prestação de contas em relação ao síndico ou ao condomínio.
IV. Havendo *quorum* legal, as decisões da assembléia geral de condôminos têm validade e eficácia, desde que não colidam com a lei ou a convenção.
V. A ausência do condômino à assembléia, quando regularmente comunicado, não impede que os efeitos dela decorrentes lhe atinjam, equiparado aos demais condôminos que compareceram ao ato.

Assinale:

(A) se somente as afirmativas II, III, IV e V estiverem corretas.
(B) se somente as afirmativas I, II e III estiverem corretas.
(C) se somente as afirmativas I e II estiverem corretas.
(D) se somente as afirmativas I e V estiverem corretas.
(E) se somente as afirmativas III e V estiverem corretas.

I: incorreta, pois as despesas aprovadas em assembleia obriga a todos os condôminos (art. 24, § 1º, da Lei 4.591/64); II: correta (art. 24, *caput*, da Lei 4.591/64); III: correta, "DESPESAS CONDOMINIAIS - CONDOMÍNIO EDILÍCIO - AÇÃO DE PRESTAÇÃO DE CONTAS MANEJADA POR CONDÔMINOS - IMPOSSIBILIDADE, HAJA VISTA SER A ASSEMBLEIA GERAL A DESTINATÁRIA DAS CONTAS - FALTA DE LEGITIMIDADE AOS CONDÔMINOS PARA, INDIVIDUALMENTE, EXIGI-LAS AO SÍNDICO - RECURSO IMPROVIDO. A aprovação das verbas relativas às despesas condominiais do condomínio edilício constitui atribuição da assembleia geral. Entretanto, as despesas efetuadas pelo síndico devem ser comprovadas, tendo os condôminos direito de examiná-las, sempre que alguma dúvida pairar quanto à sua regularidade ou lisura. Não pode o condômino, porém, individualmente, exigir prestação de contas pela via judicial, porque a lei considera foro adequado para tal discussão a assembleia geral."(TJSP – APELAÇÃO 885823000 – DES. REL. Luis de Carvalho – Julgamento: 13/08/2008 – 29.ª CÂMARA DE DIREITO PRIVADO); IV: correta, de fato as decisões da assembleias devem estar sempre de acordo com a convenção e com a lei (art. 24, § 1º, da Lei 4.591/64); V: correta, as despesas aprovadas em assembleia a todos os condôminos obriga (art. 24, § 1º, da Lei 4.591/64). Gabarito "A".

(Magistratura/SC – 2009) Sobre condomínio, assinale a alternativa correta:

(A) O condômino pode alienar parte acessória de sua unidade imobiliária a outro condômino, mas jamais a terceiro.

(B) O síndico pode realizar reparos necessários, independentemente de autorização; na sua omissão ou impedimento, qualquer condômino pode fazê-lo.

(C) Os condôminos podem convencionar que fique indivisa a coisa comum por prazo indeterminado.

(D) O condomínio edilício pode ser instituído por escritura pública ou por instrumento particular, mas não por testamento.

(E) A mudança da destinação do edifício ou da unidade imobiliária depende da aprovação de dois terços dos votos dos condôminos.

A: incorreta (art. 1.339, § 2º, do CC); B: correta (art. 1.341, § 2º, do CC); C: incorreta (art. 1.320, § 1º, do CC); D: incorreta (art. 1.332 do CC); E: incorreta (art. 1.351, parte final, do CC). Gabarito "B".

(Magistratura/SP – 2008) Em relação ao condomínio edilício, assinale a alternativa correta.

(A) O condômino pode dar à sua fração ideal destinação outra que não a destinação do condomínio, por sua condição de proprietário.

(B) O proprietário ou titular de direito à aquisição de unidade poderá fazer obra que modifique a fachada do prédio, na dependência de obtenção de aquiescência de um terço dos votos dos condôminos.

(C) A participação e voto nas deliberações dos condôminos nas assembléias nunca dependem de estarem quites quanto ao pagamento dos encargos a que estão sujeitos.

(D) As despesas originadas pelo condomínio edilício, a serem suportadas pelos condôminos, não devem ser consideradas relações de consumo, não se aplicando, portanto, as regras do Código de Defesa do Consumidor.

A: art. 1.336, IV, do CC; B: art. 1.336 do CC; C: art. 1.335, III, do CC; D: o STJ é pacífico no sentido de que não se trata de relação de consumo, pois esta, como se sabe, só existe quando, de um lado da relação, há um fornecedor, que é aquele que exerce uma atividade econômica remunerada. Gabarito "D".

(Magistratura/SP – 179º) Assinale a afirmação incorreta sobre o condomínio edilício.

(A) O terraço da cobertura é parte sujeita à propriedade exclusiva, desde que assim disponha o instrumento de constituição do condomínio.

(B) O condomínio não pode ser instituído por testamento.

(C) Qualquer condômino pode realizar obras ou reparações urgentes e necessárias nas áreas comuns, independentemente de autorização da assembléia, em caso de omissão ou impedimento do síndico, ainda que importem em despesas excessivas.

(D) A assembléia do condomínio poderá investir outra pessoa, em lugar do síndico, em poderes de representação.

A: correta (art. 1.331, § 5º, do CC); B: incorreta (art. 1.332 do CC); C: correta (arts. 1.341, §§ 1º e 2º, do CC); D: correta (art. 1.348, § 1º, do CC). Gabarito "B".

(Ministério Público/SP – 2011) Em um condomínio edilício, Antonio é proprietário e possuidor de uma unidade condominial. Ele proporciona festas em sua unidade, com frequência, além do horário permitido; não trata com urbanidade seus vizinhos e os funcionários do condomínio. Em decorrência de tais circunstâncias, recebeu convocação para Assembleia Geral a fim de deliberar sobre aplicação de multa por descumprimento de deveres perante o condomínio e comportamento antissocial. A respeito da deliberação da Assembleia em questão, é correto afirmar que deverá ser tomada:

(A) por dois terços dos condôminos restantes, aplicando-se multa de até o sêxtuplo do valor atribuído à contribuição para as despesas condominiais.

(B) por maioria simples dos condôminos, aplicando-se multa de até cem salários-mínimos.

(C) por três quartos dos condôminos restantes, aplicando-se multa de até o quíntuplo do valor atribuído à contribuição para as despesas condominiais.

(C) pela unanimidade dos condôminos, limitada ao valor atribuído à contribuição para as despesas condominiais.

(E) por maioria qualificada dos condôminos, limitada ao dobro do valor atribuído à contribuição para as despesas condominiais.

Art. 1.337 do CC. Gabarito "C".

(Procurador do Estado/PE – CESPE – 2009) A respeito da disciplina jurídica do condomínio em geral e edilício, assinale a opção correta.

(A) Quando a coisa for indivisível, o condômino prefere ao estranho a adjudicação da coisa. Em caso de interesse de mais de um condômino, prefere aquele que tiver na coisa benfeitorias mais valiosas, e, não as havendo, o de quinhão maior.

(B) É válida a cláusula de indivisão de condomínio firmada em testamento, excluindo dos beneficiários o direito de exigir a divisão.

(C) Determinado condômino não pode, isoladamente, defender a posse da coisa ou reivindicá-la de terceiro.

(D) A convenção do condomínio edilício é oponível a terceiros independentemente de registro no cartório de registro de imóveis.

(E) Em um condomínio, as obras ou reparações necessárias somente podem ser realizadas após autorização da maioria dos condôminos.

A: correta (art. 1.322 do CC); B: incorreta (art. 1.320, § 2º, do CC); C: incorreta (art. 1.314 do CC); D: incorreta (art. 1.333, parágrafo único, do CC); E: incorreta (art. 1.341, § 1º, do CC). Gabarito "A".

6.7. DIREITO REAIS NA COISA ALHEIA - FRUIÇÃO

(Magistratura/MT – 2009 – VUNESP) João doou para sua filha Célia cotas de estabelecimento comercial, permanecendo como seu usufrutuário. João percebe rendimentos dessas cotas e deseja transferir parte do usufruto à pessoa jurídica constituída por seu irmão Marcelo. Nesse caso,

(A) não é possível a transferência do usufruto em parte, mas apenas em sua totalidade.

(B) não é possível a transferência do usufruto para pessoa jurídica, ainda que regularmente constituída.

(C) é possível a transferência por cessão de parte do usufruto para pessoa jurídica a título gratuito.

(D) é possível a transferência por alienação de parte do usufruto apenas para pessoa física.

(E) é possível a transferência por alienação a título oneroso para pessoa física ou jurídica.

De acordo com o art. 1.393 do Código Civil, não se pode transferir o usufruto por alienação; mas seu exercício pode ser *cedido* por título gratuito ou oneroso. Assim, apenas a alternativa "c" está correta, pois usa a expressão *"cessão* de parte" do usufruto, a entender que não se trata de alienação, mas apenas cessão do exercício do usufruto. Gabarito "C".

(Magistratura/SP – 2009 – VUNESP) Assinale a alternativa correta.

(A) A existência de outro acesso não impede a passagem forçada.

(B) Passagem forçada e servidão de trânsito destinam-se a tornar mais fácil o acesso a via pública.

(C) Servidão de passagem está relacionada a prédio encravado e é presumida.

(D) Passagem forçada e servidão de trânsito implicam restrição ao direito de propriedade e decorrem, a primeira, da lei, a segunda, de manifestação de vontade.

A: incorreta, pois, o direito à passagem forçada só existe em favor do dono do prédio que não tiver acesso algum a via pública (art. 1.285 do CC); B: incorreta, pois a passagem forçada destina a dar acesso a via pública, e não a tornar mais fácil um acesso já existente, ao passo que a segunda pode ser instituída com o objetivo de dar mais comodidade ao acesso a via pública; sobre as diferenças entre "servidão de passagem" e "passagem forçada", vale lembrar que a primeira decorre de negócio jurídico, ao passo que a segunda decorre da lei; a primeira nem sempre decorre de um imperativo (pode ser instituída apenas para mais comodidade ou facilidade), ao passo que a segunda decorre de um imperativo, já que se tem um prédio encravado; na primeira não se fala em indenização (pode até envolver pagamento, pois muitas vezes decorre de um contrato), já na segunda a indenização decorre da própria lei; a primeira está regulada no âmbito dos direitos reais, ao passo que segunda, mesmo encerrando as características de direito real, está no âmbito do direito de vizinhança; C: incorreta, pois a servidão de passagem não é presumida, devendo o dono do prédio que não tiver acesso a via pública buscar a efetivação do seu direito, mediante pagamento de indenização, a qual será fixada em juízo se necessário (art. 1.285 do CC); D: correta, nos termos da explicação dada à alternativa "b" desta questão. Gabarito "D".

(Ministério Público/MS – 2011 – FADEMS) Assinale a alternativa **incorreta**.

(A) No regime de participação final nos aquestos, cada cônjuge possui patrimônio próprio, consoante disposto na lei, e lhe cabe, à época da dissolução da sociedade conjugal, direito à metade dos bens adquiridos pelo casal, a título oneroso, na constância do casamento;

(B) Se o casamento dos nubentes menores de idade se der por suprimento judicial de vontade, o regime de bens entre os cônjuges será, necessariamente, o de separação obrigatória de bens;

(C) Não podem casar o adotante com quem foi cônjuge do adotado e o adotado com quem o foi do adotante;

(D) Se o devedor da obrigação garantida pela primeira hipoteca não se oferecer, no vencimento, para pagá-la, o credor da segunda pode promover-lhe a extinção, consignando a importância e citando o primeiro credor para recebê-la e o devedor para pagá-la;

(E) O usufrutuário tem direito a posse, uso, administração e percepção dos frutos, todavia, não pode exercer o direito de retomada do imóvel para uso de descendente, pois, para tal, não é ele equiparado ao proprietário.

A: correta (art. 1.672 do CC); B: correta (art. 1.641, III, do CC); C: correta (art. 1.521, III, do CC); D: correta (art. 1.478, caput, do CC); E: incorreta, pois o usufrutuário pode exercer o direito de retomada do imóvel para uso de descendente, conforme previsto na Lei de Locação (art. 47, III, da Lei 8.245/91 e art. 1.394 do CC). Gabarito "E".

(Ministério Público/SP – 2010) Assinale a alternativa incorreta:

(A) falecendo o usufrutuário, o direito de usufruto transmite-se aos seus herdeiros.

(B) não existe usufruto sucessivo.

(C) no usufruto o direito de acrescer depende de estipulação expressa.

(D) é possível o usufruto simultâneo.

(E) o nu-proprietário, observados os direitos do usufrutuário, pode dispor do bem que se encontra gravado com o usufruto.

A: incorreta, pois o usufruto se extingue pela morte do usufrutuário (art. 1.410, I, do CC); B: correta, a lei não prevê a possibilidade de direito de usufruto ser passado do usufrutuário para outra pessoa (art. 1.393 do CC); C: correta (art. 1.411 do CC); D: correta (art. 1.411 do CC); E: correta, pois o nu-proprietário continua, naturalmente, com o direito de propriedade da coisa; de qualquer forma, aquele que adquirir a coisa gravada de usufruto há de respeitar esse direito, que, por ser real, adere à coisa seja quem for seu proprietário. Gabarito "A".

(Defensor Público/AM – 2010 – I. Cidades) A respeito das servidões, assinale a alternativa correta:

(A) Não é possível a usucapião de servidão aparente, pois, a usucapião é sempre uma forma de aquisição do direito de propriedade.

(B) O dono do prédio serviente não poderá embaraçar de modo algum o exercício legítimo da servidão.

(C) A servidão não pode ser removida, de um local para outro, pelo dono do prédio serviente, sem expressa concordância do dono do prédio dominante.

(D) Se o prédio dominante estiver hipotecado e a servidão não estiver mencionada no título hipotecário, será também preciso, para cancelar a servidão, o consentimento do credor.

(E) A reunião do prédio dominante e do serviente no domínio da mesma pessoa não extingue a servidão, pois sempre haverá a possibilidade de os imóveis serem novamente desmembrados.

A: incorreta, pois a usucapião também é forma de aquisição de outros direitos reais; B: correta (art. 1.383 do CC); C: incorreta, pois a servidão pode ser removida pelo dono do prédio serviente se em nada diminuir as vantagens do prédio dominante (art. 1.384 do CC); D: incorreta, pois o consentimento do credor só será necessário se a servidão estiver mencionada no título hipotecário (art. 1.387, p. ún., do CC); E: incorreta, pois haverá extinção da servidão no caso (art. 1.389, I, do CC). Gabarito "B".

(Defensoria/SP – 2009 – FCC) A respeito dos direitos reais de uso, de usufruto e de habitação,

I. os dois primeiros podem recair tanto sobre bens móveis quanto sobre bens imóveis e o primeiro está contido no segundo;

II. é somente através do segundo que se institui o direito à percepção dos frutos;

III. nenhum confere a possibilidade de alteração ou transformação da destinação econômica;

IV. tem-nos o cônjuge sobrevivente sobre parte dos bens do falecido, se o regime de bens não for o da comunhão universal e enquanto durar a viuvez;

V. tem-nos os pais sobre os bens dos filhos crianças ou adolescentes.

Estão corretas SOMENTE as assertivas

(A) I, III e V.
(B) II, III e IV.
(C) I e II.
(D) I e III.
(E) II e IV.

I: correta, pois o usufruto e uso podem recair sobre bens móveis ou imóveis (arts. 1.390 e 1.412 do CC) e a habitação só pode recair sobre imóvel (art. 1.414 do CC), devendo-se tratar de casa; ademais, o uso importa em usar da coisa e gozar desta o quanto exigirem as necessidades do usuário e de sua família (art. 1.412 do CC), de modo que está contido no usufruto, pois este permite usar e fruir da coisa, mas sem a limitação de que a fruição se dê no limite das necessidades (art. 1.390 do CC); II: incorreta, pois o uso também importa na percepção de frutos, ainda que na medida das necessidades do usuário e de sua família (art. 1.412 do CC); III: correta (art. 1.399, parte final, c/c arts. 1.413 e 1.416, todos do CC); IV: incorreta, pois o direito mais aproximado à hipótese em análise é o direito real de habitação, previsto no art. 1.831 do CC; V: correta, valendo salientar que os pais tem direito de usufruto sobre tais bens, o que inclui, naturalmente, o uso e a habitação (art. 1.689, I, do CC). Gabarito "A".

(Delegado/GO – 2009 – UEG) O direito brasileiro oferece ampla tutela para os direitos sobre as coisas, disciplinando, inclusive, intervenções entre prédios. Considerando-se que as servidões prediais são restrições à propriedade, constituídas em favor de um prédio sobre outro, é CORRETO afirmar:

(A) a servidão não pode ser instituída em favor de parte ideal do prédio dominante ou incidir sobre parte ideal do prédio serviente.

(B) a servidão não aparente pode ser estabelecida por meio de permissão de passagem, sendo dispensável a transcrição no registro de imóveis.

(C) a servidão é obrigação do titular do domínio do imóvel serviente à prestação de fato negativo em favor do titular do imóvel dominante.

(D) nas servidões prediais, em razão da necessária relação entre si, é essencial a contiguidade entre prédios dominante e serviente.

A: correta, pois a servidão privada recai sobre parte determinada do prédio serviente e beneficia o prédio dominante como um todo, e não penas parte ideal desse prédio; B: incorreta, pois as servidões não aparentes, que são aquelas que não se revelam externamente (ex.: servidão de não construir acima de certa altura), não podem ser adquiridas por usucapião, de maneira que somente com o registro na matrícula de imóveis poderão nascer; C: incorreta, pois a servidão importa numa obrigação de suportar uma utilidade em favor do prédio dominante, não se tratando exatamente de uma obrigação de não fazer; D: incorreta, pois uma servidão de trânsito, por exemplo, pode envolver mais de um prédio serviente, contíguo ou não. Gabarito "A".

(Delegado/PI – 2009 – UESPI) O direito real de superfície foi introduzido no Código Civil de 2002, com a finalidade de substituir a enfiteuse em desuso. Com relação ao seu conteúdo, podemos afirmar o que segue.

1) O direito de superfície não autoriza obra no subsolo, salvo se for inerente ao objeto da concessão.
2) O direito de superfície pode transferir-se a terceiros e, por morte do superficiário, aos seus herdeiros.
3) Os encargos e tributos que incidirem sobre o imóvel permanecerão a cargo do proprietário.
4) Extinta a concessão, o proprietário passará a ter a propriedade plena sobre terreno, construção ou plantação, independentemente de indenização, se as partes não houverem estipulado o contrário.

Estão corretas apenas:

(A) 1 e 2
(B) 1 e 4
(C) 1, 2 e 4
(D) 2 e 3
(E) 2, 3 e 4

1: correta (art. 1.369, parágrafo único do CC); 2: correta (art. 1.372 do CC); 3: incorreta, pois ficarão a cargo do superficiário (art. 1.371 do CC); 4: correta (art. 1.375 do CC). Gabarito "C".

(Cartório/SC – 2008) Assinale a alternativa correta:

(A) O usufrutuário pode usufruir do prédio em pessoa, ou mediante arrendamento, com a possibilidade, inclusive, de alterar a sua destinação econômica, independentemente da autorização do proprietário.
(B) Não se pode transferir o usufruto por alienação; mas o seu exercício pode ser cedido por título gratuito ou oneroso.
(C) O usufrutuário é obrigado a pagar as deteriorações resultantes do exercício regular do usufruto.
(D) O usufruto de imóveis, mesmo quando resulte de usucapião, constituir-se-á mediante registro no Cartório de Registro de Imóveis.
(E) Os frutos civis vencidos na data inicial do usufruto pertencem ao usufrutuário; e os vencidos na data em que cessa o usufruto, ao proprietário.

A: art. 1.399 do CC; B: art. 1.393 do CC; C: art. 1.402 do CC; D: art. 1.391 do CC; E: art. 1. 398 do CC. Gabarito "B".

(Cartório/SP – VI – VUNESP) Quanto ao usufruto

(A) constituído vitaliciamente em favor de duas ou mais pessoas, reverterá em favor dos sobreviventes, acrescendo aos quinhões destes a parte do falecido, salvo se, por estipulação expressa, extinguir-se em relação a cada uma das que falecerem.
(B) constituído vitaliciamente em favor de duas ou mais pessoas, extinguir-se-á a parte em relação a cada uma das que falecerem, salvo se, por estipulação expressa, o quinhão desses couber ao sobrevivente.
(C) não se pode transferir por alienação, nem o seu exercício pode ceder-se a título gratuito ou oneroso.
(D) não poderá ser instituído com termo (ou prazo) de duração.

A: incorreta, pois a regra é não existir o direito de acrescer (art. 1.411 do CC); B: correta (art. 1.411 do CC); C: incorreta, pois o mero exercício do direito pode ser cedido (art. 1.393 do CC); D: incorreta, pois, como pode se depreender do disposto no art. 1.410 do CC, é possível que seja estipulado termo de duração. Gabarito "B".

(Procuradoria da República – 22º) Em se tratando de servidões:

I. a servidão de não construir é negativa e aparente;
II. a servidão de não abrir janela é contínua e não aparente;
III. as servidões legais são restrições impostas pelo direito de vizinhança;
IV. as servidões urbanas dizem respeito à localização em zona urbana.

Das proposições acima:

(A) todas estão corretas;
(B) I e IV estão corretas;
(C) II e III estão corretas;
(D) II e IV estão corretas;

Estão corretas as alternativas II e III. Para colaborar na resolução de questões mais doutrinárias a respeito da servidão, segue um resumo acerca das principais classificações do instituto.

(1) Classificação quanto ao modo de exercício.

(A) servidões contínuas: *são as que subsistem e se exercem independentemente de ato humano direto.* São exemplos as servidões de passagem de água (aqueduto), de energia elétrica (passagem de fios, cabos ou tubulações), de iluminação (postes) e de ventilação.

(B) servidões descontínuas: *são as que dependem de ação humana atual para seu exercício e subsistência.* São exemplos a servidão de trânsito, de tirar água de prédio alheio e de pastagem em prédio alheio. Essas servidões podem ser positivas ou negativas. Serão **positivas** quando o proprietário dominante tem direito a uma utilidade do serviente (ex.: servidão de passagem ou de retirada de água). Serão **negativas** quando o proprietário dominante tiver simplesmente o direito de ver o proprietário serviente se abster de certos atos (ex.: servidão de não edificar em certo local ou acima de dada altura).

(2) Classificação quanto à exteriorização.

(A) servidões aparentes: *são as que se revelam por obras ou sinais exteriores, visíveis e permanentes.* São exemplos a servidão de trânsito e de aqueduto.

(B) servidões não aparentes: *são as que não se revelam externamente.* São exemplos as de não construir em certo local ou acima de dada altura.

Obs.: a classificação é importante, pois somente as servidões aparentes podem ser adquiridas por usucapião (art. 1.379, CC).

(3) Classificação quanto à origem.

(A) servidões legais: *são as que decorrem de lei.* Ex.: passagem forçada.

(B) servidões materiais: *são as que derivam da situação dos prédios.* Ex.: servidão para escoamento de águas.

(C) servidões convencionais: *são as que resultam da vontade das partes.* Ex: as constituídas por contrato ou testamento, com posterior registro no Registro de Imóveis. Gabarito "C".

(Procuradoria Federal – 2007 – CESPE) Julgue o seguinte item.

(1) As enfiteuses constituídas antes do Código Civil de 2002 devem adequar-se ao regime do direito de superfície, espécie de direito real criado pela codificação.

1: Art. 2.038 do CC. Gabarito 1E

(Procurador da Fazenda Nacional – 2007.2 – ESAF) É direito do usufrutuário de:

(A) fazer despesas ordinárias e comuns de conservação dos bens no estado em que os recebeu.
(B) inventariar, a suas expensas, os bens móveis que receber, determinando o estado em que se acham e estimando o seu valor.
(C) não ser obrigado a pagar deteriorações da coisa advindas do exercício regular do usufruto.
(D) autorizar a mudança da destinação econômica da coisa usufruída.
(E) aceitar a sub-rogação da indenização de danos causados por terceiro ou do valor da desapropriação no ônus do usufruto.

A: não se trata de direito, e sim de dever (art. 1.403, I, do CC); B: não se trata de direito, e sim de dever (art. 1.400 do CC); C: art. 1.402 do CC; D: art. 1.399 do CC; E: art. 1.409 do CC. Gabarito "C".

6.8. DIREITOS REAIS NA COISA ALHEIA - GARANTIA

(Magistratura/AL – 2008 – CESPE) Acerca da hipoteca, assinale a opção correta.

(A) É válida a venda de imóvel hipotecado, ainda que tenha sido firmada entre o proprietário e o credor cláusula-padrão que proíba a alienação.
(B) O dono de imóvel hipotecado pode constituir outra hipoteca sobre ele, mediante novo título, desde que seja em favor do mesmo credor.
(C) Se o imóvel for hipotecado, não subsistirão os ônus reais constituídos e registrados anteriormente, sob pena de a garantia não cumprir a sua função social.
(D) Em caso de insolvência do devedor, o credor de uma segunda hipoteca não poderá executar o imóvel antes de vencida a primeira, mesmo que a segunda já esteja vencida.
(E) A hipoteca abrange as construções do imóvel, mas não os melhoramentos, por serem acessórios.

A: art. 1.475 do CC; B: art. 1.476 do CC; C: art. 1.474 do CC; D: art. 1.477 do CC; E: art. 1.474 do CC. Gabarito "A".

(Magistratura/PR - 2007) Antônio é proprietário de um bem de raiz sobre o qual, em 1° de maio de 2006 foi constituída hipoteca em favor de Beatriz. A hipoteca está a garantir dívida contraída por César junto a Beatriz, que somente vencerá em 2 de janeiro de 2009. Antônio contrai dívida com Daniela em 1° de junho de 2007, constituindo, na mesma data, segunda hipoteca sobre o mesmo bem. A dívida de Antônio com Daniela venceu ontem, e não foi paga pelo devedor. Antônio e César não são insolventes.

Diante dos fatos narrados, assinale a alternativa correta:

(A) A segunda hipoteca é nula, pois não se admite mais de uma hipoteca sobre o mesmo bem.
(B) A primeira hipoteca é nula, pois não se admite hipoteca em garantia de dívida de terceiro.
(C) Daniela poderá executar o imóvel imediatamente, obtendo para si o valor do bem, até o limite de seu crédito, restando o remanescente gravado de hipoteca em favor de Beatriz.
(D) O segundo credor hipotecário pode remir a primeira hipoteca quando, no seu vencimento, o devedor não se oferecer para pagá-la.

Art. 1.478 do CC. Gabarito "D".

(Magistratura/RO – 2011 – PUCPR) Assinale a única alternativa **CORRETA**.

(A) Constituirá condomínio necessário sobre parede, muro ou cerca quando um dos proprietários tiver o direito de estremar o imóvel demarcando dois prédios, exceto se o que não realizou a obra não concorrer com as despesas.
(B) O direito de construir ou plantar em terreno alheio, estatuído em escritura pública devidamente registrada no Cartório de Registro de Imóveis, autoriza obras também no subsolo, independentemente do objeto da concessão.
(C) O usufruto pode recair em um ou mais bens, móveis ou imóveis, em um patrimônio inteiro, ou parte deste, mas, em qualquer caso, a percepção dos frutos e utilidades sempre recairá sobre o todo objeto do direito real.
(D) A dívida garantida por penhor, anticrese ou hipoteca considera-se vencida se o bem dado em garantia vier a perecer e não for substituído.
(E) Bem imóvel dado em anticrese não pode ser objeto de hipoteca, exceto em favor do credor anticrético.

A: incorreta, pois embora constitua condomínio necessário sobre parede, muro ou cerca, o proprietário que tiver direito a estremar um imóvel com paredes, cercas, muros, valas ou valados, tê-lo-á igualmente a adquirir meação na parede, muro, valado ou cerca do vizinho, embolsando-lhe metade do que atualmente valer a obra e o terreno por ela ocupado (art. 1.328 do CC); B: incorreta, pois o direito de superfície não autoriza obra no subsolo (art. 1.369, par. único, do CC); C: incorreta, pois a percepção dos frutos ou utilidades pode ser sobre o todo ou parte (art. 1.390 do CC); D: correta (art. 1.425, IV, do CC); E: incorreta, pois poderá ser objeto de hipoteca também a terceiros (art. 1.506, § 2°, do CC). Gabarito "D".

(Ministério Público/SP – 2011) A respeito de direitos reais, é correto afirmar:

(A) o direito real não se adquire pela ocupação.
(B) o direito de superfície sobre imóveis rurais pode ser concedido por prazo indeterminado.
(C) o exercício do usufruto não é transferível a título oneroso.
(D) o prazo máximo do contrato de penhor de veículos é de 4 (quatro) anos.
(E) o adquirente de imóvel hipotecado não pode se exonerar da hipoteca.

A: incorreta, pois a ocupação é *modo de aquisição originário da propriedade de coisa móvel e sem dono, por não ter sido ainda apropriada ("res nullius") ou por ter sido abandonada ("res derelicta")* (art. 1.263 do CC); B: incorreta, pois o direito de superfície é sempre por tempo determinado (art. 1.369, *caput*, do CC); C: incorreta, pois o exercício do usufruto é transferível a título gratuito ou oneroso (art. 1.393 do CC); D: correta (art. 1.466 do CC); E: incorreta, pois o adquirente do imóvel hipotecado, desde que não se tenha obrigado pessoalmente a pagar as dívidas aos credores hipotecários, poderá exonerar-se da hipoteca, abandonando-lhes o imóvel (art. 1.479 do CC). Gabarito "D".

(Procurador do Estado/PI – 2008 – CESPE) A respeito dos direitos reais, assinale a opção correta.

(A) A servidão predial aparente pode ser constituída em prédio próprio, exigindo-se que os prédios serviente e dominante sejam contíguos, de forma a possibilitar a utilização mais cômoda do prédio dominante.
(B) O direito ao usufruto é inalienável e intransmissível, não podendo o usufrutuário, portanto, ceder a exploração da coisa a terceiro. Quando constituído em favor de duas pessoas, com cláusula expressa de direito de acrescer, em caso de falecimento de uma delas, ocorre a desoneração da propriedade a ela correspondente que, automaticamente, retorna ao nu-proprietário.
(C) Nas dívidas garantidas por penhor, é válido que os contratantes firmem convenção acessória autorizando o credor a ficar com a coisa dada em garantia, caso a prestação não seja cumprida no vencimento.
(D) A hipoteca não pode ser constituída como meio de garantir a dívida futura ou condicionada, ainda que determinado o valor máximo do crédito a ser garantido, pois essa visa assegurar ao credor o pagamento da dívida líquida e certa.
(E) A anticrese é o direito real sobre imóvel alheio, em virtude do qual o credor obtém a posse da coisa a fim de perceber-lhe os frutos, juros e capital, e imputá-los no pagamento da dívida, sendo, porém, permitido estipular que os frutos do imóvel sejam, na sua totalidade, percebidos pelo credor à conta de juros.

Art. 1506 e ss do CC. Gabarito "E".

(Procurador do Estado/SC – 2010 – FEPESE) Assinale a alternativa **correta**, de acordo com o Código Civil Brasileiro.

(A) A hipoteca impede a livre disposição do bem gravado.
(B) Em caso de mora ou inadimplemento, pode o proprietário fiduciário ficar com a coisa alienada em garantia.
(C) Aquele que, não sendo proprietário de imóvel rural ou urbano, possua como sua, por dez anos ininterruptos, sem oposição, área de terra em zona urbana não superior a cinquenta hectares, tornando-a produtiva por seu trabalho ou de sua família, tendo nela sua moradia, adquirir-lhe-á a propriedade.
(D) Os frutos civis reputam-se colhidos e percebidos, logo que são separados; os naturais e industriais reputam-se percebidos dia por dia.
(E) Não se fará o penhor de veículos sem que estejam previamente segurados contra furto, avaria, perecimento e danos causados a terceiros.

A: incorreta, pois é nula a cláusula que proíbe ao proprietário alienar imóvel hipotecado (art. 1.475 do CC); B: incorreta, pois é nula a cláusula que autoriza o proprietário fiduciário a ficar com a coisa alienada em garantia, se a dívida não for paga no vencimento (art. 1.365 do CC); C: incorreta, pois aquele que, não sendo proprietário de imóvel rural ou urbano, possua como sua, por **cinco anos ininterruptos**, sem oposição, área de terra em zona rural não superior a cinquenta hectares, tornando-a produtiva por seu trabalho ou de sua família, tendo nela sua moradia, adquirir-lhe-á a propriedade (art. 1.239 do CC); D: incorreta, pois a alternativa trocou os conceitos; os frutos naturais e industriais reputam-se colhidos e percebidos, logo que são separados; os civis reputam-se percebidos dia por dia (art. 1.215 do CC); E: correta (art. 1.463 do CC). Gabarito "E".

(Defensor Público/MS – 2008 – VUNESP) José e Maria transferiram o domínio de um terreno à Construtora X por meio de escritura pública, livre e desembaraçado de quaisquer ônus. A construtora, a fim de garantir o financiamento da construção do edifício projetado sobre o terreno, para fins não residenciais, deu o imóvel em garantia ao Banco Y, que liberaria o ônus, assim que quitado o empréstimo. Para o pagamento do terreno, José e Maria receberiam 4 unidades a serem construídas, sendo que ao final, receberam as unidades hipotecadas, em virtude de que a construtora não quitou o débito com o banco.

Diante desse fato, indique a alternativa correta.

(A) É possível a execução da hipoteca, em razão da inadimplência da construtora.
(B) A hipoteca, mesmo posterior, não tem eficácia perante a permuta havida.

(C) O ônus hipotecário abrange somente o terreno e não as unidades construídas.
(D) A hipoteca não poderá ser extinta, ainda que haja remição do devedor.

A, B, C e D: José e Maria transferiram o imóvel sem ficar com garantia real alguma. Assim, não podem querer fazer valer o seu direito em face do banco, pois este tem um direito real sobre a coisa (hipoteca), direito esse que é oponível em face de todos. Gabarito "A".

(Delegado/PA – 2009 – MOVENS) O Código Civil considera direito real o(a)

(A) arresto.
(B) contrato de locação registrado em cartório.
(C) hipoteca.
(D) penhora.

Art. 1.225, IX, do CC. Gabarito "C".

(Delegado/PB – 2009 – CESPE) A respeito da propriedade e dos direitos reais sobre coisa alheia, assinale a opção correta.

(A) A tradição é meio aquisitivo de direitos reais sobre coisas móveis constituídos ou transmitidos por sucessão causa mortis.
(B) O descobridor de coisa vaga não fica obrigado a restituí-la ao dono ou legítimo possuidor.
(C) A ocupação constitui modo de aquisição de coisa móvel ou semovente sem dono.
(D) No contrato de hipoteca, é lícita a instituição da cláusula comissória.
(E) Na vigência do contrato de penhor mercantil, os frutos produzidos pela coisa empenhada são de propriedade do credor pignoratício.

A: incorreta, pois a tradição é meio aquisitivo de direitos reais sobre móveis constituídos para atos entre vivos, ao passo que, em caso de sucessão *causa mortis,* aberta a sucessão, a herança transmite-se desde logo (art. 1.784 do CC); B: incorreta (art. 1.233 do CC); C: correta (art. 1.263 do CC); D: incorreta (art. 1.428 do CC); E: incorreta (art. 1.431 do CC). Gabarito "C".

(Cartório/SC – 2008) Relativamente à Lei nº 10.931, de 2 de agosto de 2004, que dispõe, entre outros, sobre o regime especial tributário do patrimônio de afetação e letra de crédito imobiliário, é correto afirmar:

(A) O crédito imobiliário caucionado não poderá ser substituído por outro crédito, ainda que da mesma natureza.
(B) A Letra de Crédito Imobiliário será emitida sob a forma nominativa e não será transferível mediante endosso em preto.
(C) A critério do devedor, poderá ser dispensada a emissão de certificado, devendo a Letra de Crédito Imobiliário sob a forma escritural ser registrada em sistemas de registro e liquidação financeira de títulos privados autorizados pelo Banco Central do Brasil.
(D) O endossante da Letra de Crédito Imobiliário responderá pela veracidade do título, mas contra ele não será admitido direito de cobrança regressiva.
(E) A Letra de Crédito Imobiliário poderá ter prazo de vencimento superior ao prazo do crédito imobiliário que lhe serve de lastro.

Art. 16 da Lei 10.931/04. Gabarito "D".

(Cartório/SC – 2008) No tocante ao Sistema Financeiro Imobiliário e à alienação fiduciária de coisa móvel (Lei nº 9.514, de 20 de novembro de 1997), é correto afirmar:

(A) A alienação fiduciária poderá ser contratada por pessoa física ou jurídica, não sendo privativa das entidades que operam no Sistema Financeiro Imobiliário, podendo ter como objeto, além da propriedade plena, o direito real de uso, desde que não suscetível de alienação.
(B) A alienação fiduciária regulada pela Lei nº 9.514/97 é o negócio jurídico pelo qual o devedor, ou fiduciante, com o escopo de garantia, contrata a transferência ao credor, ou fiduciário, da propriedade resolúvel de coisa imóvel.
(C) Vencida e não paga, no todo ou em parte, a dívida e constituído em mora o fiduciante, consolidar-se-á a propriedade do imóvel em nome do fiduciário. No caso de purgação da mora, o oficial do Registro de Imóveis, nos dez dias seguintes à purgação da mora, entregará ao fiduciário as importâncias recebidas, deduzidas as despesas de cobrança e de intimação.
(D) Com a constituição da propriedade fiduciária, dá-se o desdobramento da posse, tornando-se o fiduciante possuidor indireto e o fiduciário possuidor direto da coisa imóvel.
(E) No prazo de 30 dias a contar da data de liquidação da dívida, o fiduciário fornecerá o respectivo termo de quitação ao fiduciante, sob pena de multa em favor deste, equivalente a 2% ao mês, ou fração, sobre o valor do contrato.

Arts. 22 e ss da Lei 9.514/97. Gabarito "B".

(Cartório/SP – VI – VUNESP) Na hipoteca convencional,

(A) considera-se insolvente o devedor por faltar ao pagamento das obrigações garantidas por hipotecas posteriores à primeira.
(B) é lícito às partes, no exercício da liberdade de contratar, estipular a proibição de alienação do imóvel hipotecado.
(C) é defeso às partes convencionar que vencerá o crédito hipotecário, se o imóvel for alienado.
(D) é nula a cláusula que proíbe ao proprietário alienar o imóvel hipotecado.

Art. 1.475 do CC. Gabarito "D".

(Magistratura Federal/1ª Região – 2009 – CESPE) No que diz respeito ao penhor e à hipoteca, assinale a opção correta.

(A) Se um hóspede não pagar as despesas relativas ao consumo dos produtos do frigobar da pousada em que se hospedou durante determinado período, o fornecedor torna-se credor pignoratício das bagagens, dinheiro ou jóias que o devedor tiver consigo no estabelecimento.
(B) Um bem imóvel gravado do ônus real de servidão não pode ser objeto de hipoteca.
(C) É válida cláusula que proíba a venda do imóvel hipotecado pelo devedor.
(D) A constituição de penhor sobre coisa móvel exige do proprietário a capacidade de aliená-lo. A aquisição superveniente da propriedade não torna eficaz a garantia real outorgada por quem não era proprietário do bem gravado pelo penhor.
(E) Não se admite o penhor de títulos de crédito.

A: correta (art. 1.467, I, do CC); B: incorreta, pois um direito é de fruição (servidão) e o outro, de garantia (hipoteca), não havendo exclusão de um, pela existência de outro; de qualquer maneira, havendo servidão, eventual excussão da garantia fará com que o novo proprietário da coisa tenha que suportar a servidão já gravada nela; C: incorreta, pois tal cláusula é nula (art. 1.475 do CC); D: incorreta (art. 1.420, § 1º, do CC); E: incorreta (art. 1.451 e ss do CC). Gabarito "A".

(Procuradoria Federal – 2007 – CESPE) Julgue o seguinte item.

(1) Segundo a Súmula do STJ, a hipoteca firmada entre a construtora e o agente financeiro, anterior ou posteriormente à celebração da promessa de compra e venda, não tem eficácia perante os adquirentes do imóvel.

1: Súmula 308 do STJ. Gabarito 1C.

(Procurador da Fazenda Nacional – 2007 – ESAF) São hipotecáveis:

(A) os imóveis e seus acessórios; o domínio direto e o útil; estrada de ferro; as jazidas, minas, pedreiras e demais recursos minerais, independentemente do solo em que se acham; os navios e as aeronaves.
(B) os imóveis; o domínio direto; o direito de uso especial para fins de moradia, as estradas de ferro, os navios, as aeronaves e o direito real de uso.
(C) os imóveis e os seus acessórios; as jazidas, minas, pedreiras e demais recursos minerais; a propriedade superficiária; as estradas de ferro, os navios e as aeronaves.

(D) os imóveis e os acessórios dos imóveis, conjuntamente com eles; o domínio direto e o domínio útil; as estradas de ferro; as jazidas, minas, pedreiras e demais recursos minerais, potenciais de energia hidráulica, independentemente do solo em que se acham; os navios; as aeronaves; o direito de uso especial para fins de moradia; o direito real de uso e a propriedade superficiária.

(E) os imóveis; o domínio direto e o útil; as estradas de ferro; as jazidas, minas, pedreiras e demais recursos minerais, potenciais de energia hidráulica, independentemente do solo em que se acham; aeronaves; navios, o direito real de uso e a propriedade superficiária.

Art. 1.473 do CC. Gabarito "D".

(DEFENSORIA PÚBLICA DA UNIÃO – 2004 – CESPE) A respeito da propriedade e dos direitos das obrigações, julgue os itens seguintes.

(1) Se um imóvel residencial em condomínio for adquirido por arrematação, o adquirente responderá perante o condomínio por todos os encargos condominiais incidentes sobre o imóvel, ainda que a aquisição tenha sido judicial, por adjudicação pelo credor hipotecário.

(2) Se uma unidade condominial hipotecada a instituição financeira for adquirida judicialmente, por arrematação, o crédito hipotecário, por ser de natureza real, terá preferência em relação ao crédito condominial em atraso.

1: correta, pois a obrigação condominial é *propter rem*; 2: incorreta, pois, segundo o STJ, o crédito do condomínio tem preferência em relação ao crédito hipotecário, de modo a garantir a própria conservação do imóvel e, consequentemente, o próprio crédito hipotecário (STJ, Resp 208.896). Gabarito 1C, 2E.

7. FAMÍLIA

7.1. CASAMENTO

7.1.1. DISPOSIÇÕES GERAIS, CAPACIDADE, IMPEDIMENTOS, CAUSAS SUSPENSIVAS, HABILITAÇÃO, CELEBRAÇÃO E PROVA DO CASAMENTO

(Magistratura/DF – 2011) Referindo-se aos impedimentos para o matrimônio, considere as proposições abaixo e assinale a incorreta:

(A) Podem casar o adotante com quem foi cônjuge do adotado e o adotado com quem o foi do adotante;
(B) Não podem casar os ascendentes com os descendentes, seja o parentesco natural ou civil;
(C) Podem casar o cônjuge sobrevivente com o que fora absolvido por crime de homicídio consumado contra o seu consorte;
(D) Não podem casar os irmãos, unilaterais ou bilaterais, e demais colaterais, até o terceiro grau inclusive;

A: incorreta (art. 1.521, III, do CC); B: correta (art. 1.521, I, do CC); C: correta, pois o impedimento só existe quando há **condenação** no caso (art. 1.521, VII, do CC); D: correta (art. 1.521, IV, do CC). Gabarito "A".

(Magistratura/MG - 2005) Em relação ao casamento religioso, o Código Civil dispõe que, EXCETO:

(A) o registro civil do casamento religioso, celebrado com as formalidades exigidas no Código, poderá ser promovido a qualquer tempo, desde a sua realização, independentemente de habilitação.
(B) o casamento religioso que atender as exigências da lei para validade do casamento civil equipara-se a este, desde que registrado no registro próprio.
(C) o registro do casamento religioso se submete aos mesmos requisitos exigidos para o casamento civil.
(D) uma vez equiparado o casamento religioso ao casamento civil, produzirá efeitos a partir da data de sua celebração.

A alternativa A está correta, conforme o disposto nos arts. 1.515 e 1.516 do CC. Gabarito "A".

(Ministério Público/MG – 2010.2) Analise as seguintes alternativas e assinale a assertiva INCORRETA.

(A) Diz a lei que não podem casar os afins em linha reta, os irmãos unilaterais, o adotado com o filho do adotante, os colaterais de quarto grau, sem prévia autorização judicial.
(B) A documentação, juntada na habilitação do casamento, deverá ser remetida ao MP para proceder à verificação e, estando em ordem, ser homologada pelo juiz.
(C) É lícito a terceiro opor em declaração escrita impedimento que inviabiliza o processo de habilitação do casamento, antes ou após publicação dos editais.
(D) Como regra geral, os bens deixados em testamento com cláusula de inalienabilidade são considerados bens fora do comércio ou bens indisponíveis pela vontade humana.

A: incorreta, pois inclui os colaterais até o quarto grau, quando deveria incluir os colaterais até o terceiro grau (art. 1.521, IV, do CC); B: correta, nos termos da redação do art. 1.526 do CC. Porém, após a publicação do edital do concurso, foi promulgada a Lei 12.133, de 17 de dezembro de 2009, que deu nova redação ao dispositivo, não sendo mais necessária a homologação pelo juiz, exceto nos casos de impugnação (art. 1.526, parágrafo único, do CC); C: correta, pois a assertiva reflete o disposto no art. 1.522, *caput*, do CC; D: correta, pois os bens gravados com cláusula de inalienabilidade não podem ser alienados e serão, por isso, considerados bens fora do comércio. Gabarito "A".

(Ministério Público/MS – 2006) Assinale a alternativa CORRETA:

(A) No caso de moléstia grave de um dos nubentes o Presidente do ato irá celebrá-lo onde se encontrar o impedido, sendo urgente, ainda que a noite, perante 2 ou mais testemunhas.
(B) No caso de moléstia grave de um dos nubentes o Presidente do ato irá celebrá-lo onde se encontrar o impedido, sendo urgente, ainda que a noite, perante 2 testemunhas que saibam ler e escrever.
(C) No caso de moléstia grave de um dos nubentes o Presidente do ato irá celebrá-lo onde se encontrar o impedido, sendo urgente, ainda que a noite, perante 3 testemunhas que saibam ler e escrever.
(D) No caso de moléstia grave de um dos nubentes o Presidente do ato irá celebrá-lo onde se encontrar o impedido, sendo urgente, ainda que a noite, perante 4 testemunhas.

A alternativa B está correta, pois reflete o disposto no art. 1.539 do CC. Gabarito "B".

(Ministério Público/MS – 2006) O prazo para ser intentada a ação de anulação de casamento, a contar da data da celebração, no caso de coação é de:

(A) 2 anos.
(B) 180 dias.
(C) 3 anos.
(D) 4 anos.

A alternativa D está correta, pois reflete o disposto no art. 1.560, IV, do CC. Gabarito "D".

(Ministério Público/RR – 2008 – CESPE) No que concerne ao direito de família, julgue os itens a seguir.

(1) Até o momento da celebração do casamento, qualquer pessoa capaz pode opor os impedimentos por meio de declaração escrita, assinada e instruída com as provas do fato alegado ou com a indicação do lugar onde possam ser obtidas.
(2) O casamento efetuado com infringência dos impedimentos é válido, havendo apenas a imposição do regime da separação de bens.
(3) As pessoas portadoras de deficiência física ou os enfermos têm legitimidade para requerer que lhes seja nomeado curador para cuidar de todos ou de alguns negócios ou bens.

1: Certo, pois a assertiva reflete o disposto no art. 1.522 do CC; 2: Errada, pois o casamento não será válido, conforme o disposto no art. 1.548, II, do CC; 3: Certo, pois a assertiva reflete o disposto no art. 1.780 do CC. Gabarito 1C, 2E, 3C.

(Ministério Público/SC – 2010) Julgue o seguinte item.

I. A idade núbil é de dezesseis anos tanto para o homem quanto para a mulher, sendo exigida a autorização de ambos os pais ou do representante legal enquanto os nubentes forem menores púberes, sendo possível o suprimento judicial do consentimento apenas em caso de gravidez.

II. O processo de habilitação para o casamento será feito perante o oficial do Registro Civil, com a audiência do Ministério Público apenas quando haja impugnação do próprio oficial ou de terceiros, após a publicação do edital, hipótese em que o pedido será submetido à decisão do juiz.

III. O vício de consentimento é causa para anulação do casamento e ocorre quando há erro essencial sobre a pessoa do outro cônjuge ou coação, cabendo a iniciativa da anulação ao cônjuge que incidiu em erro ou sofreu a coação. Contudo, havendo coabitação após o conhecimento do vício, o casamento é tido como válido, ressalvadas as hipóteses legais.

IV. Não havendo convenção das partes, ou sendo esta nula, o regime de bens do casamento será o da comunhão parcial, salvo se o casamento for celebrado mesmo na incidência, para um dos cônjuges, de causa suspensiva, hipótese em que será obrigatório o regime da separação de bens.

V. A Lei nº 8.560, de 29 de dezembro de 1992, criou um procedimento administrativo perante o Poder Judiciário que visa ao reconhecimento voluntário da paternidade declarada perante o oficial de Registro Civil, quando do registro de nascimento de menor apenas com a maternidade estabelecida. Para tanto o suposto pai, se for solteiro, será notificado para se manifestar acerca da paternidade que lhe é atribuída, sendo, caso expressamente reconhecida, lavrado o respectivo termo e remetida certidão ao oficial do registro, para averbação.

(A) Apenas as assertivas III e IV estão corretas.
(B) Apenas as assertivas II, III e V estão corretas.
(C) Apenas as assertivas I, IV e V estão corretas.
(D) Apenas as assertivas II e III estão corretas.
(E) Apenas as assertivas II e IV estão corretas.

I: incorreta, pois embora a idade núbil seja realmente de dezesseis anos para ambos, é possível o suprimento judicial quando a denegação pelos pais for considerada injusta (art. 1.519 do CC) e para evitar imposição ou cumprimento de pena criminal (art. 1.520 do CC); II: incorreta, pois a habilitação será feita sempre com audiência do Ministério Público (art. 1.526 do CC); III: correta (arts. 1.556 a 1.559, todos do CC); IV: correta (arts. 1.640 e 1.641, I, ambos do CC); V: incorreta, pois o suposto pai será notificado independente do seu estado civil (art. 2º, § 1º, da Lei 8.560/92). Gabarito "A".

(Ministério Público/SP – 2010) Assinale a alternativa correta:

(A) o casamento daquele que não alcançou 16 (dezesseis) anos será permitido nos casos de gravidez.
(B) a autorização tácita dos representantes legais do incapaz, para fins de casamento, não possui relevância jurídica.
(C) a idade núbil é 15 anos.
(D) é pressuposto legal para o deferimento do pedido de suprimento judicial de idade para casamento a demonstração da maturidade do nubente que não atingiu a idade núbil.
(E) a anulação do casamento daquele que não atingiu a idade núbil pode ser requerida pelo próprio cônjuge menor, por seus representantes legais e por seus ascendentes, no prazo de 180 (cento e oitenta) dias, a partir da cessação da incapacidade, no primeiro caso, e do casamento, nas demais hipóteses.

A: correta, pois a assertiva reflete o disposto no art. 1.520 do CC; B: incorreta, pois o art. 1.517 não exige autorização expressa dos pais; C: incorreta, pois a idade núbil é 16 anos, conforme art. 1.517 do CC; D: incorreta, pois não existe essa exigência legal; E: incorreta, pois a anulação não poderá ser requerida, no prazo de cento e oitenta dias, pelo *incapaz*, ao deixar de sê-lo, e por seus *representantes legais* ou de seus *herdeiros necessários*. O prazo será contado do dia em que cessou a incapacidade, no primeiro caso; e a partir do casamento, no segundo; e, no terceiro, da morte do incapaz, conforme dispõe o art. 1.555, § 1º, do CC. Gabarito "A".

(Defensoria Pública/MT – 2006) Sobre o casamento, assinale a afirmativa correta.

(A) As causas suspensivas da celebração do casamento podem ser argüidas por qualquer pessoa.
(B) Excepcionalmente, a lei permite o casamento dos afins em linha reta.
(C) O registro do casamento religioso submete-se aos mesmos requisitos estabelecidos para o casamento civil.
(D) O casamento é civil e onerosa a sua celebração.
(E) A lei não considera válido o casamento contraído por menor que ainda não alcançou a idade nupcial.

A: incorreta (art. 1.524 do CC); B: incorreta (art. 1.521, II, do CC); C: correta (art. 1.516 do CC); D: incorreta (art. 1.512 do CC); E: incorreta (art. 1.550, I, do CC). Gabarito "C".

(Defensoria/PA – 2009 – FCC) De acordo com o Código Civil, NÃO podem se casar

(A) o tutor ou o curador e os seus descendentes, ascendentes, irmãos, cunhados ou sobrinhos, com a pessoa tutelada ou curatelada, enquanto não cessar a tutela ou curatela, e não estiverem saldadas as respectivas contas.
(B) o viúvo ou a viúva que tiver filho do cônjuge falecido, enquanto não fizer inventário dos bens do casal e der partilha aos herdeiros.
(C) o divorciado, enquanto não houver sido homologada ou decidida a partilha dos bens do casal.
(D) os parentes afins em linha colateral.
(E) o cônjuge sobrevivente com o condenado por homicídio ou tentativa de homicídio contra o seu consorte.

A alternativa "e" está correta, pois reflete o disposto no art. 1.521, VII, do CC. Nas demais alternativas não constam hipóteses de impedimentos. Gabarito "E".

(Defensor Público/PA – 2006 – UNAMA) O Direito de Família objetiva a expressão dos princípios e normas jurídicas que norteiam as relações familiares, tanto em seus aspectos pessoais como patrimoniais, regulando o matrimônio, a união estável, a união de fato, as relações entre pais e filhos, o direito aos alimentos, o bem de família, o vínculo de parentesco, os institutos assistenciais da tutela e curatela, etc., sendo correto afirmar:

(A) O casamento concretiza-se (realização) no momento em que o homem e a mulher manifestam, perante o juiz, a sua vontade de estabelecer vínculo conjugal.
(B) Segundo o Novo Código Civil, são deveres de ambos os cônjuges no casamento: a fidelidade recíproca; a vida em comum no domicílio conjugal; a mútua assistência, o sustento, guarda e educação dos filhos e o respeito e consideração mútuos. Já na união estável são deveres de ambos os companheiros: lealdade; a vida em comum, no domicílio comum; respeito e assistência; e guarda, sustento e educação dos filhos.
(C) São causas, entre outras, de suspensão do poder familiar: o abuso de autoridade; a condenação por sentença irrecorrível, em virtude de crime cuja pena exceda a 01 (um) ano de prisão.
(D) Os filhos menores são postos em tutela quando falecidos os pais ou sendo estes julgados ausentes, ou, ainda, em caso de ambos os pais perderem o poder familiar. Contudo, podem escusar-se da tutela: mulheres casadas; maiores de sessenta anos; aqueles que tiverem sob sua autoridade mais de três filhos; os impossibilitados por enfermidade; aqueles que habitarem longe do lugar onde será exercida a tutela; aqueles que já exercem tutela ou curatela; e os militares em serviço.

A: incorreta, pois essa concretização se dá no momento em que o consentimento acontece e o juiz os declara casados (art. 1.514 do CC); B: incorreta, pois, apesar de estar correta quanto aos deveres dos cônjuges no casamento (art. 1.566 do CC), a alternativa contém incorreção quanto aos deveres dos companheiros na união estável, vez que o art. 1.724 não prevê o dever de vida em comum, no domicílio comum; C: incorreta, pois, quanto ao segundo caso citado na alternativa, somente a condenação por crime cuja pena exceda à 2 (dois) anos de prisão enseja a suspensão do poder familiar; D: correta (art. 1.728 c/c art. 1.736, ambos do CC). Gabarito "D".

(Delegado/GO – 2009 – UEG) O ordenamento jurídico brasileiro, buscando acolher diferentes condições de vida em comum que se apresentam na sociedade, reconhece a situação jurídica denominada posse de estado de casados. Considerando-se tal situação, é CORRETO afirmar:

(A) essa situação é meio de prova do casamento e pode ser alegada pelos filhos, se mortos ambos os cônjuges.
(B) essa situação pode ser alegada pelos cônjuges como prova do casamento e convalida o vício que invalida o casamento.

(C) como meio de prova do casamento, só pode ser alegada pelos cônjuges depois de extinta a convivência marital ou na constância dela.

(D) esta é a situação de duas pessoas que viveram como casadas e esse estado tem por elementos o *nomem*, o *tractatus* e a *representatio*.

A posse de estado de casado, conforme dispõe o art. 1.545 do CC, pode ser alegada pelos filhos quando os pais não possam manifestar vontade ou sejam falecidos e somente poderá ser contestada em prejuízo dos filhos mediante certidão do Registro Civil que prove que já era casada alguma delas, quando contraiu o casamento impugnado. Gabarito "A".

(Cartório/AP – 2011 – VUNESP) O casamento realizado diante de uma situação de urgência ou "iminente perigo de vida", em que um dos nubentes, face ao seu estado demasiadamente grave, não possui tempo suficiente para se submeter às formalidades preliminares ordinariamente exigidas, nem para aguardar o comparecimento da autoridade celebrante é conhecido como

(A) putativo.
(B) nuncupativo.
(C) de fato.
(D) discricionário.
(E) de iure.

O casamento nuncupativo é **conceituado** como *aquele contraído em situação de iminente risco de vida, sem possibilidade da presença da autoridade ou de seu substituto* (art. 1.540 do CC). Gabarito "B".

(Cartório/SC – 2008) Assinale a alternativa correta:

(A) O casamento religioso que atender às exigências da lei para a validade do casamento civil equipara-se a este a partir do registro em livro próprio.
(B) A habilitação para o casamento, o registro e a primeira certidão serão isentos de selos, emolumentos e custas para as pessoas cuja pobreza for declarada, sob as penas da lei.
(C) O casamento religioso, celebrado sem as formalidades exigidas no Código Civil/2002, somente terá efeitos civis após o respectivo suprimento judicial e registro em livro próprio.
(D) O casamento é considerado realizado no momento em que o homem e a mulher manifestarem, perante o juiz e, no mínimo, três testemunhas, a sua vontade de estabelecerem vínculo conjugal.
(E) Concedida a autorização para casamento de menores de 16 anos, não mais poderá ser ela revogada.

A: incorreta (art. 1.515 do CC); B: correta (art. 1.512, parágrafo único, do CC); C: incorreta (art. 1.516, §2º, do CC); D: incorreta (art. 1.514 do CC); E: incorreta (art. 1.518 do CC). Gabarito "B".

(Cartório/SP – VI – VUNESP) A solenidade de celebração do casamento, na sede do cartório, exige a presença de pelo menos duas testemunhas

(A) que não sejam parentes dos contraentes, em qualquer grau.
(B) que não sejam parentes dos contraentes, até terceiro grau.
(C) que não sejam parentes dos contraentes, até quarto grau.
(D) parentes ou não dos contraentes.

A alternativa "d" está correta, pois reflete o disposto no art. 1.534, *caput*, do CC. Gabarito "D".

(Cartório/SP – VI – VUNESP) São impedimentos para o matrimônio, não podendo casar,

(A) o tutor ou o curador e os seus descendentes, ascendentes, irmãos, cunhados ou sobrinhos, com a pessoa tutelada ou curatelada, enquanto não cessar a tutela ou curatela e não estiverem saldadas as respectivas contas.
(B) o viúvo ou a viúva que tiver filho do cônjuge falecido, enquanto não fizer inventário dos bens do casal e der partilha aos herdeiros.
(C) os ascendentes com os descendentes, seja o parentesco natural ou civil.
(D) a viúva, ou a mulher cujo casamento se desfez por ser nulo ou ter sido anulado, até dez meses depois do começo da viuvez, ou da dissolução da sociedade conjugal.

A alternativa "c" está correta, pois reflete o disposto no art. 1.521, I, do CC. As demais assertivas não contemplam hipóteses de impedimento matrimonial. Gabarito "C".

(Delegado/SP – 2008) O casamento contraído de boa-fé, por parte de um dos cônjuges ou de ambos, embora nulo ou anulável, mas que a lei outorga efeitos de matrimônio válido, até o dia da sentença declaratória de nulidade ou anulação, recebe o nome de

(A) posse do estado de casados.
(B) casamento nuncupativo.
(C) casamento religioso de efeitos civis.
(D) casamento putativo.
(E) casamento consular.

Segundo Orlando GOMES: "Putativo é o casamento nulo contraído de boa-fé por ambos os cônjuges ou por um deles". Washington de BARROS MONTEIRO, por sua vez, leciona que "Putativo é o casamento que, embora nulo, todavia, em boa-fé foi contraído por um só ou por ambos os cônjuges. É o casamento anulado, mas a que a lei outorga efeitos de matrimônio válido". Gabarito "D".

(Magistratura Federal – 1ª Região – 2005) Sobre o Direito de Família, julgue as assertivas:

I. Com o advento da Constituição Federal de 1988, o centro da tutela constitucional familiar se desloca do casamento para as relações familiares dele, mas não unicamente dele decorrentes.

II. O poder familiar, instituído no Código Civil de 2002, substituiu o pátrio poder, passando, com isto, a ser exercido pelo marido com a colaboração efetiva da mulher.

III. Após a Constituição Federal de 1988, a família é indispensável para o desenvolvimento da personalidade de seus membros, devendo a comunidade familiar ser preservada apenas como instrumento de tutela da dignidade da pessoa humana.

IV. O papel da culpa na separação tem sido atenuado, muito embora o Código Civil de 2002, ao invés de abolir a culpa do universo da separação judicial, ratificou a sua presença.

(A) I, II e III são verdadeiras;
(B) somente a II é falsa;
(C) II e IV são verdadeiras;
(D) todas são verdadeiras.

I: verdadeira (art. 226 da CF); II: falsa (art. 1.631 do CC); III: verdadeira (art. 226 da CF); IV: verdadeira (art. 1.572 do CC e Enunciado CJF 254). Gabarito "B".

7.1.2. INVALIDADE

(Magistratura/MG – 2008) O casamento é o mecanismo mais adequado de proteção jurídica da família. Considerando essa afirmativa, marque a opção CORRETA.

(A) É nulo o casamento de quem não completou a idade mínima para casar.
(B) É nulo o casamento do incapaz de consentir ou manifestar de modo inequívoco o consentimento.
(C) É nulo o casamento do menor em idade núbil, quando não autorizado por seu representante legal.
(D) É nulo o casamento contraído pela pessoa que não revela higidez mental para expressar a vontade de casar.

Arts. 1.548 e 1.550 do CC. Gabarito "D".

(Magistratura/PA – 2005) Assinale a alternativa correta quanto ao tratamento dado pelo Código Civil em matéria de casamento.

(A) Não subsiste o casamento celebrado por aquele que, sem possuir a competência exigida na lei, exercer publicamente as funções de juiz de casamento e, nessa qualidade, tiver registrado o ato no Registro Civil.
(B) Mesmo resultando gravidez, o casamento é anulável por motivo de idade.
(C) A anulação do casamento dos menores de 16 anos poderá ser requerida pelo próprio cônjuge menor.
(D) O prazo para ser intentada a ação de anulação do casamento é de 1 (um) ano, a contar da data da celebração, se incompetente a autoridade celebrante.
(E) Extingue-se, em 2 (dois) anos, o direito de anular o casamento dos menores de 16 (dezesseis) anos, contado o prazo da data do casamento, para seus representantes legais ou ascendentes.

A: incorreta (art. 1.554 do CC); B: incorreta (art. 1.551 do CC); C: correta (art. 1.552, I, do CC); D: incorreta (art. 1.560, II, do CC); E: incorreta (art. 1.560, §1º, do CC). Gabarito "C".

(MAGISTRATURA/PB – 2011 – CESPE) Considerando as disposições legais e doutrinárias a respeito do direito de família, assinale a opção correta.

(A) Tanto o casamento nulo quanto o anulável requerem, para a sua invalidação, pronunciamento judicial em ação própria, visto que ao juiz é vedado declarar de ofício a invalidade.
(B) Os pais que tenham consentido, mediante ato escrito, casamento de filho menor de dezoito anos de idade poderão revogar a autorização, inclusive durante a celebração do casamento, desde que por ato escrito.
(C) É admitida a alteração de regime de bens entre os cônjuges, independentemente de autorização judicial.
(D) De acordo com o Código Civil, a relação concubinária mantida simultaneamente ao matrimônio gera, após o seu encerramento, direito a indenização e direitos hereditários.
(E) No denominado casamento religioso com efeitos civis, o registro tem natureza meramente probatória, não constituindo ato essencial para a atribuição dos efeitos civis.

A: correta, pois as duas formas requerem pronunciamento judicial. A sentença que decretar a nulidade do casamento retroagirá à data de sua celebração (art. 1.563 do CC), já na sentença que declarar a anulação do casamento os efeitos são *ex nunc*; B: incorreta, pois a revogação somente pode ser efetuada até a celebração do casamento (art. 1.518 do CC); C: incorreta, pois a alteração do regime de bens necessita de autorização judicial (art. 1.639, § 2º, do CC); D: incorreta, pois não existe essa previsão legal; E: incorreta, pois o casamento religioso só terá efeitos civis se for registrado no registro civil (art. 1.516, § 2º, do CC). Gabarito "A".

(Magistratura/RS – 2009) Antônio, filho de Carlos, casou-se com Carlinda. Falecendo Antônio, a viúva (Carlinda) deseja casar-se com Carlos ou, se este recusar, pensa casar-se com Miguel, irmão do falecido Antônio. O eventual segundo casamento de Carlinda será

(A) válido, se com Carlos ou com Miguel.
(B) nulo, se com Carlos ou com Miguel.
(C) nulo, se com Carlos, e válido, se com Miguel.
(D) anulável, se com Carlos ou com Miguel.
(E) anulável, se com Carlos, e válido, se com Miguel.

A alternativa "c" está correta, pois Carlos é parente afim em linha reta de Carlinda (sogro), mesmo após a morte de Antônio (art. 1.595, § 2º, do CC), razão pela qual existe o impedimento previsto no art. 1.521, II, do CC e o casamento é nulo. Quanto ao casamento de Carlinda com Miguel, irmão de Antônio, será válido, pois o parentesco por afinidade na linha colateral extingue-se com a dissolução do casamento, no caso, com a morte de Antônio. Gabarito "C".

(Magistratura/SC – 2010) Assinale a alternativa correta:

I. Não pode casar o adotante com quem foi cônjuge do adotado e o adotado com quem o foi do adotante.
II. É da essência do ato a certidão, de modo que o casamento somente pode ser provado por ela.
III. É nulo o casamento por violação de impedimento e anulável aquele celebrado em desacordo com as regras da idade núbil.
IV. Mesmo o casamento nulo, se celebrado de boa-fé por ambos os cônjuges, produz efeitos em relação a estes e aos respectivos filhos até a data da sentença anulatória.

(A) Somente as proposições I, II e IV estão corretas.
(B) Somente as proposições I e III estão corretas.
(C) Somente as proposições I, III e IV estão corretas.
(D) Somente as proposições II e III estão corretas.
(E) Somente as proposições III e IV estão corretas.

I: correta (art. 1.521, III, do CC); II: incorreta, pois justificada a falta ou perda do registro civil, é admissível qualquer outra espécie de prova (art. 1.543, par. único, do CC); III: correta (arts. 1.548, II, e 1.550, I, ambos do CC); IV: correta (art. 1.561 do CC). Gabarito "C".

(Magistratura/SP – 180º) É nulo o casamento contraído, exceto:

(A) pelo interditado mentalmente enfermo que não possui o necessário discernimento para os atos da vida civil.
(B) pelo adotante com quem foi cônjuge do adotado e pelo adotado com quem o foi do adotante.
(C) pelo cônjuge sobrevivente com o condenado por homicídio culposo contra o seu próprio consorte.
(D) entre irmãos unilaterais ou bilaterais, e os demais colaterais, até o terceiro grau, inclusive.

A alternativa "c" está correta, pois reflete o disposto nos arts. 1.548, II e 1.521, VII, do CC. Gabarito "C".

(Magistratura/SP – 177º) Sobre a invalidade do casamento, assinale a resposta correta.

(A) O prazo para propositura da ação de anulação do casamento, por erro essencial sobre a pessoa do outro cônjuge, é de decadência e opera-se em 02 (dois) anos.
(B) A anulabilidade do casamento, por procuração, com mandato revogado ou invalidado pelo mandante, desconhecida pelo mandatário e pelo outro cônjuge, convalidar-se-á se houver coabitação ou se a ação não for movida em 180 (cento e oitenta) dias pelo mandante.
(C) A sentença que decreta a nulidade do casamento retroage, para todos e quaisquer fins e efeitos, à data da sua celebração.
(D) O cônjuge coacto ou que foi induzido em erro, uma vez ciente do vício, aquiescendo à coabitação, convalida o ato, não mais podendo alegar outra hipótese de erro essencial ignorado antes do casamento.

A: incorreta (art. 1.560, III, do CC); B: correta (art. 1.560, I, do CC); C: incorreta (art. 1.563 do CC); D: incorreta (art. 1.559 do CC). Gabarito "B".

(Ministério Público/AP – 2005) Assinale a alternativa correta. A decretação de nulidade de casamento contraído por infringência de qualquer impedimento ou pelo enfermo mental sem o necessário discernimento para os atos da vida civil, pode ser promovida mediante ação direta:

(A) Por qualquer interessado, ou pelo ministério publico;
(B) Somente pelos cônjuges ou ascendentes;
(C) Somente pelos cônjuges, descendentes ou irmãos;
(D) Somente pelos cônjuges, descendentes ou credores dos cônjuges.

A alternativa "a" está correta, pois reflete o disposto no art. 1.549 do CC. Gabarito "A".

(Ministério Público/DF – 2009) Assinale a alternativa correta, a respeito do casamento.

(A) A declaração da nulidade acarreta a invalidade do casamento a partir da data da sentença que o invalidou. No entanto, o casamento produz todos os efeitos civis perante os contraentes até o trânsito em julgado da sentença acima mencionada.
(B) No regime da comunhão universal de bens, são incluídas na comunhão as dívidas anteriores ao casamento, contraídas por um dos cônjuges, mesmo quando essas não provierem de despesas comuns ou se reverterem em proveito do casal.
(C) O casamento é nulo por vício de vontade de um dos nubentes se houver por parte deste, ao consentir, erro essencial quanto à pessoa do outro cônjuge.
(D) A sentença que autoriza a mudança do regime de bens vale como instrumento hábil à revogação do pacto antenupcial, passando a produzir efeitos a partir de seu trânsito em julgado.
(E) Na hipótese de ser declarada a nulidade do casamento e reconhecida a má-fé de ambos os cônjuges, ainda que não seja adotado o regime legal, a partilha dos bens adquiridos durante o casamento será partilhada 50% para cada um dos cônjuges.

A: incorreta, pois a declaração de nulidade retroagirá à data da sua celebração (art. 1.563 do CC); B: incorreta, pois no regime de comunhão universal de bens, as dívidas anteriores ao casamento salvo se provierem de despesas com seus aprestos, ou reverterem em proveito comum, são excluídas do casamento (art. 1.668, III, do CC); C: incorreta, pois será o caso de casamento **anulável** (art. 1.556 do CC); D: correta, pois a sentença que autorizar a alteração do regime de bens vale como instrumento hábil à revogação do pacto antenupcial, passando a produzir efeitos a partir de seu trânsito em julgado, sendo dispensável a lavratura de outro pacto, haja vista a validade da decisão judicial. O mandado expedido em consequência da sentença servirá para registro e averbação no Registro de Imóveis (art. 167, I, 12 e II, 1, da Lei 6.015/73) para sua eficácia *erga omnes*; E: incorreta, pois a assertiva contraria o disposto nos arts. 1.563 e 1.564, I, do CC. Gabarito "D".

(Ministério Público/MG – 2007 – 47º) Assinale a alternativa INCORRETA.

(A) O casamento válido não se dissolve pela separação de corpos, mas, tão somente, pela morte de um dos cônjuges ou pelo divórcio.
(B) Se um dos companheiros adota o filho do outro, permanecem íntegros os vínculos de filiação entre o adotado e os parentes do companheiro.
(C) Se uma das testemunhas do casamento, realizado na residência do nubente, não souber escrever, serão quatro as testemunhas para validade do ato.
(D) Pode o MP propor a ação direta de nulidade de casamento, quando um dos nubentes infringe impedimento dirimente.
(E) A sentença que declarar a nulidade do casamento produz efeitos *ex nunc*, e o pacto antenupcial cumpre-se até esta data.

A: correta (art. 1.571, §1º, do CC); B: correta (art. 41 do ECA); C: correta (art. 1.534, §2º, do CC); D: correta (art. 1.549 do CC); E: incorreta (arts. 1.561 e 1.563 do CC). Gabarito "E".

(Ministério Público/PR – 2008) É correto afirmar:

(A) É anulável o casamento contraído por infringência de impedimento.
(B) A decretação de nulidade de casamento pode ser promovida mediante ação direta, por qualquer interessado, ou pelo Ministério Público, em qualquer hipótese.
(C) É nulo o casamento realizado pelo mandatário, sem que ele ou o outro contraente soubesse da revogação do mandato, e não sobrevindo coabitação entre os cônjuges.
(D) O casamento pode ser anulado por vício da vontade, se houve por parte de um dos nubentes, ao consentir, erro essencial quanto à pessoa do outro.
(E) Nenhuma das alternativas anteriores está correta.

A: incorreta (art. 1.548, II, do CC); B: incorreta (art. 1.549 do CC); C: incorreta (art. 1.550, V, do CC); D: correta (art. 1.556 do CC). Gabarito "D".

(Ministério Público/SP – 2008) Sobre a dissolução do vínculo matrimonial, aponte a assertiva correta.

(A) A anulação do casamento contraído por menor de dezesseis anos poderá ser requerida pelo próprio cônjuge menor, por seus representantes legais, por seus ascendentes, ou pelo Ministério Público.
(B) A decretação de nulidade de casamento, por infringência de impedimento, poderá ser objeto de ação promovida por qualquer interessado, ou pelo Ministério Público.
(C) A sentença que decretar a nulidade do casamento terá efeito *ex nunc*, vigendo a partir da sentença passada em julgado, sem prejudicar direitos adquiridos por terceiro de boa-fé, a título oneroso.
(D) O casamento é anulável por incapacidade do agente, quando contraído pelo enfermo mental sem o necessário discernimento para os atos da vida civil.
(E) O desfazimento do vínculo faz cessar o impedimento para novas núpcias, e ocorre apenas nos casos de divórcio e de morte real de um dos cônjuges.

A: incorreta (art. 1.552 do CC); B: correta (art. 1.549 do CC); C: incorreta (art. 1.563 do CC); D: incorreta (art. 1.550 do CC); E: incorreta (art. 1.521, VI, e 1.571, §1º, do CC). Gabarito "B".

(Ministério Público/SP – 2006) Transitada em julgado a sentença declaratória de nulidade absoluta ou relativa do casamento, o oficial do Cartório onde foi realizado o casamento deverá:

(A) cancelar o assento do casamento, em ambos os casos, já que este perdeu a validade.
(B) cancelar o assento do casamento nulo, e, averbar a anulação à margem do assento do casamento anulado.
(C) averbar a decisão à margem do assento no "Livro de Registro de Casamento", em ambos os casos.
(D) retificar o assento do casamento, fazendo constar a anulação ou nulidade do casamento.
(E) averbar a decisão no "Livro de Registro de Casamento Nulo e Anulável".

A alternativa "c" está correta, pois reflete o disposto no art. 10, I, do CC e no art. 100 da Lei 6.015/73. Gabarito "C".

(Ministério Público/SP - 2005) Dadas as hipóteses em que: a) um dos cônjuges descobre, após o casamento, que o outro é portador do vírus HIV, contraído anteriormente ao matrimônio; e b) o marido toma conhecimento do defloramento da mulher, ocorrido antes do casamento (error virginitatis), é lícito afirmar tratar-se, respectivamente, de casamento

(A) nulo e anulável.
(B) nulo e válido.
(C) válido e válido.
(D) anulável e anulável.
(E) anulável e válido.

A alternativa "e" está correta, pois reflete o disposto nos arts. 1.556 e 1.557, III, do CC. Gabarito "E".

(Defensoria Pública/MT – 2006) É nulo o casamento

(A) contraído por vício da vontade, se houve por parte de um dos nubentes, ao consentir, erro essencial quanto à pessoa do outro.
(B) do incapaz de consentir ou manifestar, de modo inequívoco, o consentimento.
(C) contraído pelo enfermo mental sem o necessário discernimento para os atos da vida civil.
(D) realizado pelo mandatário, sem que ele ou o outro contraente soubesse que fora o mandato revogado.
(E) por incompetência da autoridade celebrante.

A alternativa "c" está correta, pois reflete o disposto no art. 1.548 do CC. Gabarito "C".

(Defensoria Pública/MT – 2006) Analisando as afirmativas abaixo, acerca do casamento, é incorreto afirmar:

(A) Os cônjuges são obrigados a concorrer, na proporção de seus bens e dos rendimentos do trabalho, para o sustento da família e a educação dos filhos, independente do regime patrimonial adotado pelo casal.
(B) O prazo para ser intentada a ação de anulação do casamento, contado da data da celebração, é três anos, se houver coação.
(C) Qualquer dos nubentes, querendo, poderá acrescer ao seu o sobrenome do outro.
(D) Entre os deveres de ambos os cônjuges, previstos na legislação civil pátria, estão o respeito e a consideração mútuos.
(E) O domicílio do casal será escolhido por ambos os cônjuges.

A: correto (art. 1.568 do CC); B: incorreto (art. 1.560, IV, do CC); C: correto (art. 1.565, §1º, do CC); D: correto (art. 1.566, V, do CC); E: correto (art. 1.569 do CC). Gabarito "B".

(Cartório/AP – 2011 – VUNESP) É anulável o casamento

(A) de quem não completou a idade mínima para casar, ainda que tenha resultado gravidez.
(B) do incapaz de consentir ou manifestar de modo inequívoco, o consentimento, exceto se do casamento tiver resultado gravidez.
(C) de menor em idade núbil, quando não autorizado por seu representante legal, exceto se do casamento tiver resultado gravidez.
(D) contraído por infringência de impedimento.
(E) contraído pelo enfermo mental sem o necessário discernimento para os atos da vida civil.

A: incorreta (art. 1.551 do CC); B: incorreta, pois a gravidez só será causa de não anulação em casos de anulabilidade por motivo de idade (art. 1.551 do CC); C: correta (arts. 1.550, II e 1.551, ambos do CC); D: incorreta, pois é causa de nulidade (art. 1.548, II, do CC); E: incorreta, pois é causa de nulidade (art. 1.548, I, do CC). Gabarito "C".

(FGV – 2005) Assinale a alternativa correta quanto ao tratamento dado pelo Código Civil em matéria de casamento.

(A) Não subsiste o casamento celebrado por aquele que, sem possuir a competência exigida na lei, exercer publicamente as funções de juiz de casamento e, nessa qualidade, tiver registrado o ato no Registro Civil.
(B) Mesmo resultando gravidez, o casamento é anulável por motivo de idade.
(C) A anulação do casamento dos menores de 16 anos poderá ser requerida pelo próprio cônjuge menor.

(D) O prazo para ser intentada a ação de anulação do casamento é de 1 (um) ano, a contar da data da celebração, se incompetente a autoridade celebrante.
(E) Extingue-se, em 2 (dois) anos, o direito de anular o casamento dos menores de 16 (dezesseis) anos, contado o prazo da data do casamento, para seus representantes legais ou ascendentes.

A: incorreta (art. 1.554 do CC); B: incorreta (art. 1.551 do CC); C: correta (art. 1.552, I, do CC); D: incorreta, pois o prazo, nesse caso, é de **2 anos** (art. 1.560, II, do CC); E: incorreta, pois o prazo é de **cento e oitenta dias** (art. 1.560, § 1º, do CC). Gabarito "C".

7.1.3. EFEITOS E DISSOLUÇÃO DO CASAMENTO

Observação importante: mesmo com a edição da EC 66/10, mantivemos as questões sobre separação judicial, pois ainda há controvérsia sobre a existência ou não desse instituto após a entrada em vigor da Emenda. O próprio CNJ, chamado a se manifestar sobre assunto, preferiu apenas alterar sua Resolução nº 35, para admitir o divórcio extrajudicial mesmo que não cumpridos os prazos de 2 anos de separação de fato (antigo divórcio-direto) e de 1 ano de separação judicial (antigo divórcio-conversão), não entrando no mérito se ainda existe a possibilidade de alguém preferir, antes do divórcio, promover separação judicial. O fato é que a EC 66/10 vem sendo aplicada normalmente pelos Cartórios Extrajudiciais, para permitir o divórcio direto, sem necessidade de cumprir os prazos mencionados, tudo indicando que o instituto da separação judicial venha, no mínimo, a cair em desuso. De qualquer maneira, como não houve ainda revogação do Código Civil no ponto que trata desse instituto, mantivemos as questões sobre o assunto, que, quem sabe, podem ainda aparecer em alguns concursos públicos. Segue, para conhecimento, a decisão do CNJ sobre o assunto:

"EMENTA: PEDIDO DE PROVIDÊNCIAS. PROPOSTA DE ALTERAÇÃO DA RESOLUÇÃO Nº 35 DO CNJ EM RAZÃO DO ADVENTO DA EMENDA CONSTITUCIONAL Nº 66/2010. SUPRESSÃO DAS EXPRESSÕES "SEPARAÇÃO CONSENSUAL" E "DISSOLUÇÃO DA SOCIEDADE CONJUGAL". IMPOSSIBILIDADE. PARCIAL PROCEDÊNCIA DO PEDIDO.

- A Emenda Constitucional nº 66, que conferiu nova redação ao § 6º do art. 226 da Constituição Federal, dispõe sobre a dissolubilidade do casamento civil pelo divórcio, para suprimir o requisito de prévia separação judicial por mais de 01 (um) ano ou de comprovada separação de fato por mais de 02 (dois) anos.
- Divergem as interpretações doutrinárias quanto à supressão do instituto da separação judicial no Brasil. Há quem se manifeste no sentido de que o divórcio passa a ser o único meio de dissolução do vínculo e da sociedade conjugal, outros tantos, entendem que a nova disposição constitucional não revogou a possibilidade da separação, somente suprimiu o requisito temporal para o divórcio.
- Nesse passo, acatar a proposição feita, em sua integralidade, caracterizaria avanço maior que o recomendado, superando até mesmo possível alteração da legislação ordinária, que até o presente momento não foi definida.
- Pedido julgado parcialmente procedente para propor a modificação da redação da Resolução nº 35 do Conselho Nacional de Justiça, de 24 de abril de 2007, que disciplina a aplicação da Lei nº 11.441/07 pelos serviços notariais e de registro, nos seguintes termos: a) seja retirado o artigo 53, que versa acerca do lapso temporal de dois anos para o divórcio direto e; b) seja conferida nova redação ao artigo 52, passando o mesmo a prever: "Os cônjuges separados judicialmente, podem, mediante escritura pública, converter a separação judicial ou extrajudicial em divórcio, mantendo as mesmas condições ou alterando-as. Nesse caso, é dispensável a apresentação de certidão atualizada do processo judicial, bastando a certidão da averbação da separação no assento do casamento." (CNJ, Pedido de Providências nº Nº 0005060-32.2010.2.00.0000, j. 12/08/10)

(Magistratura/MG - 2006) Em relação ao casamento, quando anulado por culpa de um dos cônjuges, conforme dispõe o Código Civil, é CORRETO afirmar que:

(A) o cônjuge culpado não continuará obrigado a cumprir as promessas que fez ao cônjuge inocente no contrato antenupcial;
(B) o cônjuge culpado não perderá as vantagens havidas do cônjuge inocente;
(C) o casamento deixa de produzir efeitos a partir da data da citação na ação própria;
(D) o cônjuge culpado continuará obrigado a cumprir as promessas que fez ao cônjuge inocente no contrato antenupcial.

A alternativa D está correta, pois reflete o disposto no art. 1.564 do CC. Gabarito "D".

(Magistratura/MG - 2005) Quanto à separação judicial, dispõe o Código Civil que:

(A) o cônjuge, ainda que declarado culpado, não perderá o direito de usar o sobrenome do outro.
(B) o cônjuge inocente não poderá renunciar ao direito de usar o sobrenome do outro.
(C) decretada a separação judicial litigiosa, não é lícito aos cônjuges restabelecer a sociedade conjugal.
(D) põe termo aos deveres de coabitação e fidelidade recíproca e ao regime de bens.

A e B: incorretas (art. 1.578 do CC); C: incorreta (art. 1.577 do CC); D: correta (art. 1.576 do CC). Gabarito "D".

(Ministério Público/CE - 2009 - FCC) A ação de separação judicial pode ser proposta por qualquer dos cônjuges, imputando ao outro ato que caracterize grave violação dos deveres do casamento

(A) desde que sejam casados por mais de um ano e a vida em comum se torne insuportável.
(B) desde que um dos cônjuges tenha abandonado o lar conjugal por período superior a trinta (30) dias.
(C) independentemente da insuportabilidade da vida em comum, desde que verificada uma das causas do rol exemplificativo constante da lei.
(D) e torne insuportável a vida em comum, fornecendo a lei rol exemplificativo de condutas autorizantes do pedido.
(E) e torne insuportável a vida em comum, sendo, porém, taxativo o rol que a lei oferece de condutas autorizantes do pedido.

A: incorreta, pois não existe a necessidade de que sejam casados por mais de um ano (art. 1.572, *caput*, do CC); B: incorreta, pois não existe necessidade de que um dos cônjuges tenha abandonado o lar (art. 1.572, *caput*, do CC); C: incorreta, pois há necessidade de que a vida em comum se torne insuportável (art. 1.572, *caput*, do CC); D: correta, pois a assertiva reflete o disposto no art. 1.572 do CC; E: incorreta, pois o rol não é taxativo, mas apenas exemplificativo. Gabarito "D".

(Ministério Público/GO - 2005) Cumpridas as formalidades legais, no dia 20.06.2005 o oficial do registro extraiu certificado habilitando os nubentes "Adimanto" e "Coralina" para o casamento religioso. A celebração do casamento ocorreu em data de 27.06.2005, entretanto, não se procedeu ao registro civil deste casamento. No dia 29.06.2005 "Adimanto" faleceu. Cinco dias após o falecimento, "Coralina" dirigiu-se ao cartório para providenciar o registro. Considerando estes fatos, assinale a alternativa correta:

(A) não é possível registrar porque a lei exige que o pedido seja formulado pelo casal
(B) não é possível registrar porque o casamento é nulo
(C) neste caso somente é possível o registro se a autoridade celebrante comunicar ao ofício competente
(D) o Código Civil não proíbe expressamente o registro nesta situação

A assertiva "d" está correta, pois reflete o disposto no art. 1.515 do CC. Gabarito "D".

(Ministério Público/RO - 2006) Assinale a alternativa correta: Constituem efeitos pessoais, em relação aos cônjuges, da separação judicial, exceto:

(A) pôr termo aos deveres recíprocos do casamento, coabitação, fidelidade e assistência material;
(B) suprimir os direitos sucessórios entre os cônjuges;

(C) impossibilitar a realização de novas núpcias;
(D) impedir o cônjuge de continuar a usar o nome do outro, se declarado culpado pela separação litigiosa;
(E) possibilitar, a qualquer tempo, seja qual for a causa da separação judicial (consensual ou litigiosa), a reconciliação do casal, restabelecendo a sociedade conjugal, a qualquer tempo, por ato regular em juízo.

A: incorreta (art. 1.576 do CC); B: correta, pois, de fato, a separação não suprime os direitos sucessórios entre os cônjuges; C: incorreta, pois a realização de novas núpcias só pode ocorrer após o divórcio, que dissolve o casamento; D: incorreta (art. 1.578 do CC); E: incorreta (art. 1.577 do CC). Gabarito "B".

(Ministério Público/PR – 2011) Arnaldo e Beatriz se casaram em 12 de fevereiro de 2001, pelo regime da comunhão parcial de bens. Do casamento resultou o nascimento de gêmeos, Cesar e Denise, ambos, hoje, com sete anos de idade. Arnaldo e Beatriz decidem dissolver a sociedade e o vínculo conjugal pelo divórcio, ante a insuportabilidade da vida em comum. Por ocasião do divórcio, optam por realizar a partilha dos bens. Diante desses fatos, assinale a alternativa correta:

(A) a guarda dos filhos do casal será necessariamente compartilhada se os pais não entrarem em acordo sobre o tema.
(B) caso não cheguem a um acordo sobre o divórcio, somente será possível a Arnaldo e Beatriz obterem a dissolução do vínculo conjugal se estiverem separados de fato há, pelos menos, um ano.
(C) o divórcio do casal poderá ser realizado mediante escritura pública, em que deverá constar, necessariamente, a definição sobre a guarda e a visitação dos filhos, bem como a fixação da prestação alimentar a eles devida.
(D) integrarão a comunhão e, portanto, deverão ser partilhados entre os divorciandos, os frutos advindos dos bens particulares de cada cônjuge, bem como os bens que em lugar de tais frutos tenham se subrogado.
(E) supondo que seja fixada a guarda compartilhada, as crianças residirão, necessariamente, parte do tempo na residência do pai e parte do tempo na residência da mãe, não havendo necessidade, nesse caso, de fixação de verba alimentar a ser paga por qualquer dos pais.

A: incorreta, pois se não houver consenso entre os pais, será aplicada, **sempre que possível**, a guarda compartilhada (art. 1.584, § 2º, do CC); B: incorreta, pois, com o advento da EC 66/10 permite-se o divórcio direto, sem necessidade de cumprir s prazo mencionado; C: incorreta, pois não caberá divórcio mediante escritura pública em caso de casal com filhos menores (art. 3º da Lei 11.441/2007); D: correta (art. 1.660, V, do CC); E: incorreta, pois a guarda compartilhada não pressupõe, necessariamente, que resida parte do tempo na residência da mãe e parte do tempo na residência do pai. Da mesma forma, a guarda compartilhada não pressupõe, necessariamente, ausência de fixação de pensão alimentícia. Gabarito "D".

(MINISTÉRIO PÚBLICO/RO – 2010 – CESPE) Acerca do direito das famílias, assinale a opção correta.

(A) Atualmente, somente é possível a dissolução da sociedade conjugal com o divórcio.
(B) O reconhecimento do filho havido fora do casamento pode preceder o nascimento somente na hipótese de o pai apresentar risco de morrer devido a problemas graves de saúde.
(C) Apesar do princípio da igualdade, que, entre outros aspectos, proíbe a discriminação baseada no sexo, cabe ao pai a administração dos bens dos filhos menores ou daqueles que estejam sob a sua autoridade.
(D) O bem de família, por ser o bem de residência, é isento de execução por dívidas posteriores à sua instituição, salvo a execução de dívidas que provierem de tributos relativos ao prédio ou de despesas de condomínio.
(E) O tutor pode se escusar da tutela, sendo que, para tanto, deve fundamentar o seu pleito. Entre as razões que justificam tal escusa, inclui-se a idade do tutor, se este tiver mais de sessenta anos de idade, ou o fato de ele ser militar em serviço.

A: incorreta (art. 1.571 do CC); porém, com o advento da EC 66/10, permitindo o divórcio direto, sem necessidade de cumprir prazos, tudo indicando que o instituto da separação judicial venha, no mínimo, a cair em desuso, ficando o divórcio como a melhor solução quando se deseja a dissolução da sociedade conjugal;. B: incorreta, pois o reconhecimento do filho pode preceder o nascimento, independentemente do estado de saúde do pai (art. 1.609, par. único, do CC); C: incorreta, pois o pai e a mãe tem a administração dos bens dos filhos menores sob sua autoridade (art. 1.689, II, do CC); D: incorreta, pois o bem de família não é aquele necessariamente que serve de residência, mas aquele instituído pelos cônjuges (art. 1.714 do CC); E: correta (art. 1.736, II e VII, do CC). Gabarito "E".

(Ministério Público/SP – 2011) Quando os cônjuges decidem por fim à sociedade conjugal, pretendendo divorciar-se consensualmente, eles devem levar em consideração:

(A) o prazo de 2 (dois) anos a contar da separação judicial por mútuo consentimento.
(B) a possibilidade de o divórcio ser formalizado perante o Cartório de Registro Civil, inclusive com relação aos filhos menores de 16 (dezesseis) anos.
(C) a guarda compartilhada, com previsão de visita do pai em dias e horários alternados e opção de a mãe decidir sobre a educação.
(D) o fato de as novas núpcias de um dos cônjuges não lhe retirar o direito de guarda antes fixado.
(E) a prestação de alimentos aos filhos, que poderá ser compensada com a proximidade e visitação do cônjuge.

A: incorreta, pois o advento da EC 66/10 permite o divórcio direto, sem necessidade de cumprir prazos; B: incorreta, pois o divórcio não poderá ser realizado no Cartório de Registro Civil se houver filhos menores (art. 3º, da Lei 11.441/2007); C: incorreta, pois a guarda compartilhada pressupõe a responsabilização conjunta e o exercício de direitos e deveres do pai e da mãe que não vivem sob o mesmo teto (art. 1.583 do CC); D: correta (art. 1.588 do CC); E: incorreta, pois a prestação de alimentos não pode ser objeto de compensação (art. 1.707 do CC). Gabarito "D".

(Ministério Público/SP – 2005) Dissolve-se o casamento válido

(A) pela morte de um dos cônjuges, pela nulidade ou anulação do casamento, pela separação judicial ou pelo divórcio.
(B) pela morte de um dos cônjuges, pela separação judicial ou pelo divórcio.
(C) pela morte real de um dos cônjuges ou pelo divórcio direto ou por conversão.
(D) pela morte real ou presumida de um dos cônjuges ou pelo divórcio.
(E) pela morte de ambos os cônjuges ou pelo divórcio direto.

A assertiva "d" está correta, pois reflete o disposto no art. 1.571, §1º, do CC. Gabarito "D".

(Defensor Pública/MT – 2006) Acerca da dissolução da sociedade e do vínculo conjugal, assinale a afirmativa correta.

(A) A conversão de separação judicial dos cônjuges em divórcio será decretada por sentença, na qual deverá constar referência à causa que a determinou.
(B) A sentença de separação judicial importa a separação de corpos e a partilha de bens.
(C) O divórcio poderá modificar os direitos e deveres dos pais em relação a seus filhos.
(D) Dissolvido o casamento pelo divórcio direto, não poderá o cônjuge manter o nome de casado.
(E) O divórcio não poderá ser concedido sem que haja prévia partilha de bens.

A: incorreta (art. 1.580, §1º, do CC); B: correta (art. 1.575 do CC); C: incorreta (art. 1.579 do CC); D: incorreta (art. 1.571, §2º, do CC); E: incorreta (art. 1.581 do CC). Gabarito "B".

(Cartório/SP – 2008) Assinale a alternativa correta.

(A) A separação judicial não extingue o vínculo de casamento, mas dissolve a sociedade conjugal.
(B) Dissolvido o casamento, por conversão da separação em divórcio, o cônjuge poderá manter o nome de casado, ainda que disponha em contrário a sentença de separação judicial.
(C) A conversão da separação em divórcio obriga a partilha dos bens do casal.
(D) A conversão da separação em divórcio poderá ser requerida por ambos os cônjuges, somente após dois anos do trânsito em julgado da sentença de separação.

A: correta (art. 1.571 do CC); B: incorreta (art. 1.571, §2º, do CC); C: incorreta (art. 1.581 do CC); D: incorreta (art. 1.580 do CC). Gabarito "A".

(Defensor Público/BA – 2010 – CESPE) Acerca da dissolução do casamento e da união estável, julgue os próximos itens.

(1) Ajuizada ação de separação judicial por insuportabilidade da vida em comum, ainda que o autor não faça prova do motivo alegado, o juiz poderá decretar a separação do casal.
(2) Aplica-se à união estável o regime da comunhão parcial de bens, não se exigindo dos companheiros prova do esforço comum para a aquisição dos bens.

1: correta, pois, segundo o STJ, é possível a decretação da separação sem atribuição da causa ou motivo (REsp 783137); 2: correta (art. 1.725 do CC). Gabarito: 1C, 2C

(Analista – TJ/ES – 2011 – CESPE) Julgue o seguinte item.

(1) O casamento é um instituto de múltiplos efeitos jurídicos, irradiando sua eficácia sobre a vida pessoal dos cônjuges. Em algumas hipóteses, tais efeitos perduram mesmo depois do término da sociedade conjugal, como se dá, por exemplo, no caso de divórcio, em que, em regra, o cônjuge pode manter o nome de casado.

1: correta (art. 1.571, § 2º, do CC). Gabarito: 1C

7.1.4. REGIME DE BENS

(Magistratura/AL – 2008 – CESPE) No que diz respeito à disciplina do regime de bens no casamento, assinale a opção correta.

(A) Em inovação trazida pelo Código Civil de 2002, existe a possibilidade legal de o cônjuge que se sinta prejudicado ante a postura perdulária do outro ajuizar ação visando à alteração do regime de bens da comunhão parcial para a separação absoluta.
(B) Desde que por motivos relevantes e mediante instituição por pacto antenupcial, o início do regime de bens pode ocorrer antes da data de celebração do casamento.
(C) Os regimes de bens estão estabelecidos no Código Civil em *numerus clausus*, de forma que não pode haver combinação entre eles para a formação de regime misto ou diverso dos demais.
(D) No regime da participação final dos aquestos, integram o patrimônio próprio de cada cônjuge tanto os bens que possuía ao casar quanto os adquiridos na constância do casamento, a qualquer título.
(E) Se, no regime da comunhão parcial de bens, não for possível comprovar a data de aquisição de um automóvel, haverá presunção de que tenha sido adquirido antes do casamento.

A: incorreta (art. 1.639, §2º, do CC); B: incorreta (art. 1.639, §1º, do CC); C: incorreta (art. 1.640, parágrafo único, do CC); D: correta (art. 1.673 do CC); E: incorreta (art. 1.662 do CC). Gabarito: D

(Magistratura/DF – 2007) Analise as proposições e assinale a única alternativa correta.

I. No regime da separação legal de bens o marido não necessita do consentimento da mulher para alienar imóvel adquirido na constância do casamento.
II. Ainda que transcrito no registro civil, é anulável casamento celebrado por juiz de paz fora de sua competência territorial.
III. Se o pacto antenupcial não se fez por escritura pública, o regime de bens entre os cônjuges será o da comunhão parcial.

(A) apenas uma das proposições é falsa.
(B) apenas uma das proposições é verdadeira.
(C) todas as proposições são verdadeiras.
(D) todas as proposições são falsas.

I: falsa (art. 1.647, I, do CC); II: falsa (art. 1.550, VI, do CC); III: verdadeira (art. 1.640 e 1.653 do CC). Gabarito: B

(Magistratura/GO – 2009 – FCC) No regime da comunhão parcial de bens, pertencem a ambos os cônjuges

(A) os frutos dos bens comuns percebidos na constância do casamento, ficando excluídos aqueles decorrentes dos bens particulares, ainda que percebidos na constância do casamento.
(B) somente os bens adquiridos na constância do casamento a título oneroso.
(C) os bens adquiridos na constância do casamento, por título oneroso, ainda que só em nome de um dos cônjuges e os adquiridos por fato eventual, mesmo sem o concurso de trabalho ou despesa anterior.
(D) os bens havidos por doação a um dos cônjuges e os adquiridos a título oneroso na constância do casamento.
(E) as benfeitorias em bens particulares de cada cônjuge e a herança que cada um deles receber, se não gravada com cláusula de incomunicabilidade.

A: incorreta, pois os frutos decorrentes dos bens particulares percebidos na constância do casamento pertencem a ambos os cônjuges (art. 1.660, V, do CC); B: incorreta, pois não são **somente** os bens adquiridos na constância do casamento a título oneroso (art. 1.660, I, II e III, do CC); C: correta, pois a assertiva reflete o disposto no art. 1.660, I e II, do CC; D: incorreta, pois os bens havidos por doação a um dos cônjuges ficam excluídos da comunhão (art. 1.659, I, do CC); E: incorreta, pois as benfeitorias em bens particulares pertence a ambos, mas a herança fica excluída da comunhão (art. 1.659, I, do CC). Gabarito: C

(Magistratura/MS – 2008 – FGV) Prestado aval por um cônjuge sem a outorga uxória correspondente, poderá o outro pleitear a anulação, depois de terminada a sociedade conjugal, no prazo de até:

(A) 6 meses.
(B) 1 ano.
(C) 2 anos.
(D) 3 anos.
(E) 5 anos.

A alternativa C está correta, pois reflete o disposto no art. 1.649 do CC. Gabarito: C

(Magistratura/MT – 2009 – VUNESP) Diva viveu maritalmente com Roberto entre agosto de 1991 e março de 1993, ocasião em que compraram juntos uma casa situada na rua Aurora. Após um período de separação, houve uma reconciliação e, visando formalizar a união, Diva e Roberto contraíram matrimônio no dia 17 de janeiro de 1995, firmando pacto antenupcial para a adoção do regime de separação de bens. Durante o casamento, venderam a casa da rua Aurora e com o dinheiro, Roberto adquiriu em seu nome a propriedade de uma casa situada na rua Consolação. Ocorre que Roberto hipotecou esse imóvel, sem outorga de Diva, em razão de seu regime de bens.

Diante desses fatos, assinale a alternativa correta.

(A) A Diva pertence a metade ideal do imóvel hipotecado, uma vez que foi adquirido por fruto da constância da união estável, o que deverá ser declarado em juízo.
(B) Roberto pode hipotecar o imóvel, visto que casado pelo regime de separação convencional de bens, não sendo possível opor-se Diva, resguardando-se direito de terceiros.
(C) A outorga uxória para a hipoteca não seria necessária se o regime de separação fosse o obrigatório, visto que afasta eventual comunhão dos aquestos.
(D) Diva não deve anuir com a hipoteca, uma vez que o bem não lhe pertence, mas apenas a Roberto, pois não houve comunhão dos bens adquiridos na constância do casamento.
(E) Independentemente do regime de bens, a outorga uxória é sempre necessária para gravar de ônus real o bem, ainda que este seja o de separação legal ou convencional de bens.

A alternativa A está correta, pois como o imóvel da rua Consolação foi adquirido com o valor da venda do imóvel que Diva e Roberto compraram juntos no período de união estável, o imóvel da rua Consolação pertence a ambos (art. 5º da Lei 9.278/96), independentemente do regime de bens adotado quando da celebração do casamento. Assim, como o imóvel da rua Consolação foi comprado somente por Roberto, que o hipotecou sem necessidade de outorga uxória (art. 1.647, I, do CC), e que o regime adotado é de separação de bens, haverá necessidade de declaração em juízo. Gabarito: A

(Magistratura/PE – 2011 – FCC) Sendo o casamento realizado sob o regime da comunhão parcial de bens, entram na comunhão aqueles adquiridos na constância da sociedade conjugal,

(A) apenas a título oneroso por ambos os cônjuges.
(B) considerados instrumentos de profissão pertencentes a cada um dos cônjuges.

(C) pela herança recebida por qualquer dos cônjuges, salvo cláusula testamentária impondo incomunicabilidade.
(D) por doação a qualquer dos cônjuges.
(E) por fato eventual, com ou sem o concurso de trabalho ou despesa anterior.

Art. 1.660, II, do CC. "E." Gabarito

(Magistratura/PR – 2010 – PUC/PR) Sobre Regime de Bens entre cônjuges, assinale a alternativa INCORRETA.

(A) Exceto quando depender de suprimento judicial, ou em se tratando de casamento pelo regime da separação absoluta, nenhum dos cônjuges pode, sem autorização do outro, prestar fiança ou aval.
(B) No regime de participação final nos aquestos, cada cônjuge tem direito, na dissolução da sociedade conjugal, além do patrimônio próprio, à metade dos bens adquiridos pelo casal na constância do casamento, a título oneroso.
(C) Se não lhe seguir o casamento, o pacto antenupcial é ineficaz.
(D) Os bens doados ou herdados com cláusula de incomunicabilidade e os sub-rogados em seu lugar são excluídos da comunhão, exceto se for a universal.

A: correta, pois a assertiva reflete o disposto nos arts. 1.647, III, e 1.648, do CC; B: correta, pois a assertiva reflete o disposto no art. 1.672 do CC; C: correta, pois a assertiva reflete o disposto no art. 1.653 do CC; D: incorreta, pois os bens doados ou herdados com cláusula de inalienabilidade são excluídos também no regime da comunhão universal (art. 1.668, I, do CC). "D." Gabarito

(Magistratura/SC – 2008) Assinale a alternativa INCORRETA.

(A) O pacto antenupcial só terá validade quando celebrado por escritura pública e sua eficácia está condicionada ao posterior enlace matrimonial.
(B) É possível a alteração do regime de bens no curso do casamento, desde que autorizado judicialmente, devendo tal pedido ser feito de maneira motivada por ambos os cônjuges, apurada a procedência das razões invocadas, e ressalvados os direitos de terceiros.
(C) São incomunicáveis os bens cuja aquisição tiver por título uma causa anterior ao casamento celebrado sob o regime de comunhão parcial de bens.
(D) O cônjuge casado sob o regime de separação final nos aquestos poderá prestar fiança ou aval independentemente da outorga uxória ou marital.
(E) No regime de participação final nos aquestos, cada cônjuge possui patrimônio próprio, cabendo, todavia, à época da dissolução da sociedade conjugal, direito à metade dos bens adquiridos pelo casal, a título oneroso, na constância do casamento.

A: correta (art. 1.653 do CC); B: correta (art. 1.639, §2º, do CC); C: correta (art. 1.661 do CC); D: incorreta (art. 1.647, III, do CC); E: correta (art. 1.672 do CC). "D." Gabarito

(Magistratura/SP – 2009 – VUNESP) Com relação aos efeitos patrimoniais do casamento,

(A) o regime de bens pode ser alterado a qualquer momento, bastando o acordo entre os cônjuges e a autorização judicial.
(B) no regime da comunhão parcial, o aval, como a fiança, depende da concordância do cônjuge, sob pena de anulabilidade do ato, podendo o juiz supri-la se injustificável a recusa.
(C) independentemente do regime de bens, a alienação de imóveis não pode ser realizada por um dos cônjuges sem autorização do outro.
(D) se um dos cônjuges for incapaz, a alienação dos bens comuns pode ser feita pelo outro, independentemente de autorização judicial.

A: incorreta, pois a alteração do regime de bens somente é admissível mediante autorização judicial em pedido motivado e se apurada a procedência das razões invocadas (art. 1.639, § 2º, do CC); B: correta, pois a assertiva reflete o disposto nos arts. 1.647, III, e 1.648, do CC; C: incorreta, pois no regime de separação absoluta é possível a alienação de imóveis independentemente da autorização do cônjuge (art. 1.647, caput, do CC); D: incorreta, pois nesse caso caberá ao juiz (art. 1.648 do CC). "B." Gabarito

(Magistratura/SP – 2008) Assinale a alternativa correta.

(A) Há necessidade de outorga uxória para cessão dos direitos pelo marido a terceiro, no caso de imóvel adquirido por aquele, no curso da convivência, mediante compromisso de venda e compra registrado, se da comunhão parcial o regime de bens no casamento.
(B) No regime de comunhão parcial, as dívidas contraídas no exercício da administração do patrimônio comum por um dos cônjuges obrigam aqueles que o compõem, mas não os particulares de cada cônjuge, em nenhuma hipótese.
(C) Quando o regime de bens adotado pelos cônjuges for o da separação de bens ou o da separação obrigatória, há restrições à liberdade de ação do homem e da mulher casados, no que tange à sua disposição ou gravames a incidir sobre eles.
(D) No regime de comunhão universal de bens e no de comunhão parcial, a referência à incomunicabilidade dos proventos do trabalho pessoal de cada cônjuge deve ser interpretada no sentido literal da expressão, não no sentido de que a incomunicabilidade seria só do direito à percepção deles, proventos.

A: correta (art. 1.647, I, do CC); B: incorreta (art. 1.663, §1º, do CC); C: incorreta (art. 1.687 do CC); D: incorreta (art. 1.659, VI, e 1.668, V, do CC). "A." Gabarito

(Magistratura/SP – 180º) No que toca ao regime de bens entre os cônjuges, aponte a assertiva válida.

(A) Qualquer que seja o regime de bens, nenhum dos cônjuges, sem autorização do outro, pode pleitear ou gravar de ônus real os bens imóveis.
(B) As ações fundadas nos incisos III, IV e V do art. 1.642 do Código Civil competem ao cônjuge prejudicado.
(C) nos casos dos incisos III e IV do artigo 1.642, o terceiro, prejudicado com a sentença favorável ao autor, não terá regressivo contra o cônjuge que realizou o negócio jurídico ou seus herdeiros.
(D) no regime de separação absoluta de bens, não pode o cônjuge demandar a rescisão de fiança realizada pelo outro cônjuge com infração do disposto nos incisos III e IV, do art. 1.647 do Código Civil.

A: incorreta (art. 1.647, I, do CC); B: incorreta (art. 1.645 do CC - e a seus herdeiros); C: incorreta (art. 1.646 do CC - terá o direito regressivo); D: correta (art. 1.647, caput, do CC - quando se tratar de regime de separação de bens não há necessidade de outorga uxória). "D." Gabarito

(Magistratura/SP – 179º) Assinale a afirmação incorreta.

(A) É válido o pacto antenupcial que for feito por instrumento particular, somente produzindo efeitos contra terceiro depois de levado a registro.
(B) No regime de separação de bens, quando um dos cônjuges não puder exercer a administração de bens que lhe incumbe, seus imóveis poderão ser alienados pelo outro com autorização judicial.
(C) No regime de comunhão universal de bens, são excluídas da comunhão as dívidas anteriores ao casamento, salvo se provierem de despesas com seus aprestos, ou reverterem em proveito comum.
(D) Segundo disposição do atual Código Civil, tanto no regime de comunhão parcial de bens, quanto no de comunhão universal, excluem-se da comunhão os proventos do trabalho pessoal de cada cônjuge.

A: incorreta (art. 1.653 do CC); B: correta (art. 1.651, III, do CC); C: correta (art. 1.668, III, do CC); D: correta (art. 1.659, VI, e 1.668, V, do CC). "A." Gabarito

(Ministério Público/AP – 2005) Assinale a alternativa incorreta. Sobre regimes de bens, a regra é a livre escolha pelos nubentes do regime por que se pautará o casamento. Mas, na falta de estipulação, vigorará, por força de lei, o regime da comunhão parcial de bens, onde comunicam-se os bens que sobrevierem ao casal, na constância do casamento e excluem-se da comunhão:

(A) Os bens que cada cônjuge possuir ao casar, e os que lhe sobrevierem, na constância do casamento, por doação ou sucessão, e os sub-rogados em seu lugar;

(B) Os bens adquiridos na constância do casamento por título oneroso, ainda que só em nome de um dos cônjuges;
(C) Os bens de uso pessoal, os livros e instrumentos de profissão;
(D) Os bens adquiridos com valores exclusivamente pertencentes a um dos cônjuges em sub-rogação dos bens particulares.

A alternativa B está incorreta (arts. 1.659 e 1.660, I, do CC). Gabarito "B".

(Ministério Público/CE – 2009 – FCC) José e Maria, ambos com cinquenta (50) anos de idade, casaram-se em 20 de dezembro de 2003, sem que fosse celebrado pacto antenupcial. Naquela época, o varão possuía em seu patrimônio um imóvel situado na rua X. Um ano após o casamento, José adquiriu outro imóvel, situado na rua Y, por escritura de venda e compra que em seguida foi registrada; Maria ganhou R$ 100.000,00 (cem mil reais) em sorteio da loteria e recebeu, por herança de seu pai, um imóvel situado na Rua K, e José recebeu, por herança de sua mãe, um imóvel na rua W. Pertencem a ambos os cônjuges

(A) todos os bens referidos.
(B) o imóvel situado na rua Y e o dinheiro obtido em sorteio.
(C) os imóveis situados nas ruas Y, K e W.
(D) os imóveis situados nas ruas X e Y e o dinheiro obtido em sorteio.
(E) o dinheiro obtido em sorteio e os imóveis situados nas ruas K e W.

O casamento celebrado sem realização de pacto antenupcial terá o regime de comunhão parcial de bens (art. 1.640, *caput*, do CC). No caso, como não houve pacto antenupcial, o regime é de comunhão parcial. De acordo com o disposto no art. 1.659, I, do CC, o imóvel adquirido antes do casamento, como no caso do imóvel situado na rua X, não se comunica. Os imóveis recebidos por herança, como no caso dos imóveis situados na Rua K e Rua W, também não se comunicam, conforme o disposto no art. 1.659, I, do CC. Já o imóvel adquirido após o casamento, como o imóvel situado na Rua Y, e o valor que Maria ganhou em sorteio, comunicam-se, nos termos do art. 1.660, I e II, do CC. Gabarito "B".

(Ministério Público/MG - 2008) Assinale a alternativa INCORRETA.

(A) A lei veda ao consorte impor o seu sobrenome ao outro, como condição para o casamento; em caso de separação judicial, cabe à ex-mulher conservá-lo ou não.
(B) O pacto antenupcial, lavrado em qualquer cartório de notas do território brasileiro, é eficaz e gera imediatos efeitos perante terceiros.
(C) Os alimentos, provisórios ou definitivos, pagos a qualquer título, são irrepetíveis, ainda que o alimentante vença a ação que lhe foi oposta.
(D) O devedor não pode, sob o argumento de que a filha menor de 15 anos ficou grávida, eximir-se da obrigação alimentar, imposta em ação judicial.
(E) Capaz o alimentante, as prestações alimentícias poderão ser atualizadas segundo tabela oficial editada pela Corregedoria Geral de Justiça.

A: art. 1.565, §1º, e 1.578, do CC; B: art. 1.653 do CC; C: de fato, em qualquer das hipóteses elencadas na alternativa, os alimentos são irrepetíveis; D: o fato de a filha menor ficar grávida não é causa de extinção da obrigação alimentar; E: as prestações alimentícias podem ser atualizadas segundo o índice divulgado na tabela oficial divulgada pela Corregedoria Geral de Justiça. Gabarito "B".

(Ministério Público/PR – 2009) A propósito do regime de bens do casamento, é INCORRETO afirmar:

(A) É admissível a alteração do regime de bens do casamento, mediante autorização judicial, em pedido motivado deduzido por ambos os cônjuges, ressalvados eventuais direitos de terceiros.
(B) É obrigatório o regime de separação de bens, quando se trate de núpcias de pessoa com mais de 60 (sessenta) anos de idade.
(C) Qualquer que seja o regime de bens do casamento, o empresário individual casado poderá, sem necessidade de outorga conjugal, alienar os imóveis que integrem o patrimônio da empresa.
(D) Qualquer que seja o regime de bens do casamento, o cônjuge não pode, sem o consentimento do outro, prestar aval em título de crédito.
(E) Qualquer que seja o regime de bens, a direção da sociedade conjugal será exercida em colaboração, pelo marido e pela mulher, sempre no interesse do casal e dos filhos.

A: correta, pois a assertiva reflete o disposto no art. 1.639, § 2º, do CC; B: correta, pois a assertiva reflete o disposto no art. 1.641, II, do CC; C: correta, pois a assertiva reflete o disposto no art. 978 do CC; D: incorreta, pois o cônjuge poderá prestar aval sem consentimento do outro quando o regime for da separação absoluta (art. 1.647, III, do CC); E: correta, pois a assertiva reflete o disposto no art. 1.567, *caput*, do CC. Gabarito "D".

(Ministério Público/PR – 2009) Em relação ao casamento, pode-se dizer:

(A) No regime de comunhão parcial, constituem bens privativos de cada cônjuge aqueles adquiridos antes do casamento, assim como os frutos e rendimentos decorrentes da propriedade ou posse de tais bens.
(B) As dívidas contraídas por um dos cônjuges para adquirir bens necessários à economia doméstica obrigam o outro, mas apenas em caráter subsidiário, inexistindo previsão legal de solidariedade pelo pagamento do débito assumido.
(C) Havendo divergência entre o interesse dos pais e do filho, o Ministério Público poderá requerer ao juiz a nomeação de curador especial, mesmo que se trate de questão pertinente ao exercício do poder familiar.
(D) No regime de separação de bens, ambos os cônjuges são obrigados a contribuir para as despesas do casal, na proporção dos rendimentos do seu trabalho e de seus bens, vedada estipulação em contrário no pacto antenupcial.
(E) n.d.a.

A: incorreta, pois no regime de comunhão parcial, os frutos e rendimentos decorrentes da propriedade ou posse de bens privativos entra na comunhão (art. 1.660, V, do CC); B: incorreta, pois a assertiva contraria o disposto no art. 1.663, § 1º, do CC; C: correta, pois a assertiva reflete o disposto no art. 1.692 do CC; D: incorreta, pois pode haver estipulação em contrário no pacto antenupcial, nos termos do art. 1.688 do CC; E: incorreta, pois a alternativa C está correta. Gabarito "C".

(Ministério Público/SE – 2010 – CESPE) Um casal realizou pacto antenupcial sobre regime de bens. Mais tarde, esse pacto foi declarado nulo por defeito de forma. Nesse caso,

(A) vigorará o regime obrigatório de separação de bens.
(B) vigorará o regime da comunhão parcial de bens.
(C) os noivos deverão realizar novo pacto antenupcial.
(D) vigorará o regime da comunhão universal de bens.
(E) o casamento também será nulo.

A alternativa B está correta, pois reflete o disposto no art. 1.640, *caput*, do CC. Gabarito "B".

(Ministério Público/SP – 2008) Os dividendos e as ações bonificadas percebidas pelo cônjuge-acionista na constância do matrimônio, sendo o regime da comunhão parcial,

(A) serão de propriedade exclusiva do cônjuge-acionista, por serem provento de seu trabalho pessoal.
(B) entrarão para o patrimônio comum, por terem sido adquiridos por fato eventual.
(C) pertencerão somente ao cônjuge-acionista, visto serem lucros sociais oriundos de um investimento por ele feito com vista à remuneração periódica do capital empregado.
(D) farão parte dos bens particulares do cônjuge-acionista, pois sua aquisição teve por título uma causa anterior ao casamento.
(E) entrarão para o patrimônio comum do casal, comunicando-se, portanto, ao outro cônjuge (não-acionista), que, então, deles será meeiro, pois constituem frutos civis de bens particulares do cônjuge-acionista.

A alternativa E está correta, pois reflete o disposto no art. 1.660 do CC. Gabarito "E".

(Ministério Público/SP – 2006) Os noivos, antes do casamento, realizam pacto antenupcial sobre o regime de bens. Mais tarde, o pacto antenupcial é declarado nulo por defeito de forma. Neste caso:

(A) vigorará o regime obrigatório de separação de bens.
(B) vigorará o regime da comunhão parcial de bens.
(C) deverá ser realizado novo pacto antenupcial.
(D) vigorará o regime da comunhão universal de bens.
(E) o casamento também será nulo.

A alternativa B está correta, pois reflete o disposto no art. 1.640 do CC. Gabarito "B".

(Ministério Público/SP - 2005) Assinale a alternativa verdadeira.

(A) O regime de bens entre os cônjuges é imutável.
(B) É admissível alteração do regime de bens, mediante escritura pública, ressalvados os direitos de terceiros.
(C) Podem os nubentes adotar um dos regimes de bens estabelecidos no Código Civil ou combiná-los entre si, criando um regime misto.
(D) Ressalvadas as hipóteses em que o regime de separação de bens se faz obrigatório, os nubentes podem livremente adotar um dos regimes estabelecidos no Código Civil, vedada a possibilidade de criação de um regime misto.
(E) O regime de bens entre os cônjuges começa a vigorar desde a data do casamento, salvo se houver pacto antenupcial.

A, B e D: falsas (art. 1.639, §2º, do CC); C: verdadeira (art. 1.639, *caput*, do CC); E: falsa (art. 1.639, §1º, do CC). Gabarito "C".

(Defensor Público/AL – 2009 – CESPE) Quanto ao direito de família, julgue o item seguinte.

(1) O regime de bens passa a gerar efeitos a partir do casamento e cessa com o falecimento de um dos cônjuges, com a separação judicial ou com o divórcio, não sendo possível que a mera separação de fato seja considerada como razão relevante para alterar qualquer dos efeitos decorrentes do regime adotado, já que, por si só, a separação de fato não dissolve o casamento, independentemente de sentença.

1: incorreta, pois, segundo o STJ, a preservação do condomínio patrimonial entre cônjuges após a separação de fato é incompatível com a orientação do novo Código, que reconhece a união estável estabelecida nesse período (art. 1.723, § 1º, do CC); assim, a comunicação de bens e dívidas deve cessar com a ruptura da vida em comum (vide, por exemplo, o Resp 555.771). Gabarito 1E.

(Defensoria Pública/MG – 2006) Acerca do Direito de Família, é CORRETO afirmar:

(A) Que a alteração de regime de bens entre cônjuges, na constância do casamento, depende de mera averbação em escritura pública pertinente.
(B) Que é da essência do pacto antenupcial ser feito sob a forma de escritura pública.
(C) Que pai e mãe, mesmo sendo os detentores do exercício do Poder Família, são usufrutuários dos bens dos filhos.
(D) Que, em qualquer regime de bens, é necessária a outorga do cônjuge para a venda de bens imóveis.
(E) Que, não havendo pacto antenupcial, a norma supletiva indica que o regime de bens será o da separação total.

A: incorreta (art. 1.639, §2º, do CC); B: correta (art. 1.653 do CC); C: incorreta (art. 1.689, I, do CC); D: incorreta (art. 1.647, I, do CC); E: incorreta (art. 1.640 do CC). Gabarito "B".

(Defensor Público/MS – 2008 – VUNESP) No que diz respeito ao regime de bens, indique a alternativa correta.

(A) No regime de comunhão universal, estão excluídos os bens gravados de fideicomisso e o direito do herdeiro fideicomissário, antes de realizada a condição suspensiva.
(B) No regime da comunhão parcial de bens, não se excluem os adquiridos com valores exclusivamente pertencentes a um dos cônjuges em sub-rogação dos bens particulares.
(C) Não entram na comunhão, no regime de comunhão parcial, os frutos dos bens particulares percebidos na constância do casamento, ou pendentes ao tempo de cessar a união.
(D) É nulo o pacto antenupcial se não for feito por escritura pública e anulável se não lhe seguir o casamento com o regime de bens estabelecido no instrumento público.

A: correta (art. 1.668, II, do CC); B: incorreta, pois tais bens são excluídos sim (art. 1.659, II, do CC); C: incorreta, pois tais bens entram sim na comunhão (art. 1.660, V, do CC); D: incorreta, pois, de fato, é nulo o pacto antenupcial se não for feito por escritura pública; porém, o pacto antenupcial não é *anulável*, mas *ineficaz*, se não lhe seguir o casamento (art. 1.653 do CC). Gabarito "A".

(Defensor Público/RN – 2006) Sobre o casamento no Código Civil vigente é correto afirmar que

(A) É nulo o pacto antenupcial na hipótese de desistirem os acordantes de contrair o matrimonio.
(B) o reconhecimento dos efeitos civis do casamento religioso, bem como o seu registro, depende da prévia homologação de habilitação nos termos do Código Civil.
(C) Com o Código Civil de 2002, o regime de bens entre os cônjuges deixou de ser irrevogável podendo ser livremente modificado pelos cônjuges.
(D) A anuência do cônjuge é necessária para atos onerosos que impliquem cessão de uso ou gozo de bens comuns.

A: incorreta (art. 1.653 do CC); B: correta (art. 1.516 do CC); C: incorreta (art. 1.639, §2º, do CC); D: incorreta (art. 1.642, VI, do CC). Gabarito "B".

(Defensoria/SP – 2009 – FCC) Assinale a alternativa INCORRETA.

(A) O cônjuge prejudicado por doação ou transferência de bens comuns só pode reinvindicá-los se não estiver separado de fato há mais de cinco anos.
(B) Os herdeiros necessários podem, até dois anos de dissolvida a sociedade conjugal, requerer a anulação da doação feita por cônjuge infiel ao seu cúmplice.
(C) A pessoa casada no regime da comunhão parcial de bens não tem o direito de reinvindicar contra parceiro amoroso eventual de seu cônjuge bem que este tenha adquirido com o fruto de patrimônio particular.
(D) A doação de bem integrante do patrimônio conjugal pelo cônjuge infiel ao seu cúmplice pode ser anulada pelo cônjuge prejudicado até dois anos de dissolvida a sociedade conjugal.
(E) Os bens adquiridos mediante o esforço conjunto dos concubinos, ainda que um deles seja casado e mantenha vida conjugal, devem ser objetos de partilha.

A: correta, pois a assertiva reflete o disposto no art. 1.642, V, do CC; B: correta, pois a assertiva reflete o disposto no art. 550 do CC; C: incorreta, pois a assertiva contraria o disposto no art. 1.642, V, do CC; D: correta, pois a assertiva reflete o disposto no art. 550 do CC; E: correta, pois a assertiva está de acordo com a Súmula 380 do STF: "COMPROVADA A EXISTÊNCIA DE SOCIEDADE DE FATO ENTRE OS CONCUBINOS, É CABÍVEL A SUA DISSOLUÇÃO JUDICIAL, COM A PARTILHA DO PATRIMÔNIO ADQUIRIDO PELO ESFORÇO COMUM". Gabarito "C".

(Defensoria Pública/SP – 2007) Considere as afirmações:

I. As heranças, legados e doações percebidos por um dos cônjuges, a qualquer tempo, antes ou durante a vigência do matrimônio não se comunicam.
II. No regime de participação final nos aqüestos, os bens adquiridos em nome próprio, na vigência da sociedade conjugal, sujeitam-se à compensação e não à divisão.
III. A liberdade é total para disposições quanto ao regime de bens no Código Civil atual, podendo os nubentes escolher um dos contidos no código ou criar novas formas e não há exceções a esta regra.
IV. O entendimento jurisprudencial dominante é no sentido de que a separação de fato não é suficiente para romper o estado condominial, entre os cônjuges, no que se refere aos bens e dívidas, persistindo a comunhão, especialmente no regime de comunhão universal.

SOMENTE estão corretas as afirmações

(A) I e II.
(B) II e III.
(C) I, III e IV.
(D) I, II e III.
(E) I, II e IV.

I: verdadeira (art. 1.659, I, do CC); II: verdadeira (art. 1.683 do CC); III: falsa (art. 1.641 do CC); IV: falso; a jurisprudência majoritária é no sentido de que a separação de fato rompe o estado condominial; confira: "*Casamento. Comunhão de bens. Partilha. Bens adquiridos depois da separação de fato. Adquirido o imóvel depois da separação de fato, quando o marido mantinha concubinato com outra mulher, esse bem não integra a meação da mulher, ainda que o casamento, que durou alguns meses, tivesse sido realizado sob o regime da comunhão universal. Precedentes*". (STJ, REsp 140694). Gabarito "A".

(Delegado/GO – 2009 – UEG) O Livro IV do Código Civil brasileiro, que trata do direito de família, separa em livros distintos o direito pessoal e o direito patrimonial, seguindo, na regulamentação do assunto, orientações diversas de acordo com a natureza do direito em questão. Assim, é CORRETO afirmar que, no atual sistema matrimonial brasileiro, a exigência de outorga uxória para alienação de bens é

(A) mecanismo de proteção à família que impõe restrição ao próprio casamento, em qualquer regime de bens.
(B) restrição decorrente do regime patrimonial do casamento e indispensável em todos os regimes de bens.
(C) restrição decorrente do regime patrimonial do casamento, imposta a determinados regimes de bens.
(D) restrição ao casamento, indispensável no regime legal de comunhão universal de bens.

A alternativa "c" está correta, pois reflete o disposto no art. 1.647, I, do CC. *Gabarito "C".*

(DEFENSORIA PÚBLICA DA UNIÃO – 2004 – CESPE) Quanto ao direito de família, julgue o item subsequente.

(1) No regime da comunhão universal de bens, comunicam-se os bens adquiridos na constância de fato e de direito do casamento, mas não aqueles havidos por um só dos cônjuges após separação irreversível de fato do outro, que nenhuma participação teve na aquisição desses bens.

1: correta, pois, segundo o STJ, a preservação do condomínio patrimonial entre cônjuges após a separação de fato é incompatível com a orientação do novo Código, que reconhece a união estável estabelecida nesse período (art. 1.723, § 1º, do CC); assim, a comunicação de bens e dívidas deve cessar com a ruptura da vida em comum (vide, por exemplo, o Resp 555.771). *Gabarito 1C.*

7.1.5. TEMAS COMBINADOS DE CASAMENTO

(Magistratura/AC - 2007) Assinale a opção correta acerca do direito de família.

(A) É nulo o casamento celebrado com a inobservância das causas suspensivas, e a declaração da nulidade acarreta a invalidade do casamento a partir da data da sentença que o invalidou. No entanto, o casamento será convalidado e, portanto, produzirá todos os efeitos do casamento válido se restar provado que foi contraído de boa-fé por um ou por ambos os cônjuges.
(B) O cônjuge considerado inocente na ação de separação judicial litigiosa e, por conseguinte, isentado do dever de prestar alimentos ao outro fica exonerado da prestação dos alimentos provisionais, fixados na ação cautelar, a partir da prolação da sentença, na ação principal, que reconheceu a culpa do outro cônjuge. Os alimentos que foram pagos a partir daí serão devolvidos, e os vencidos e não pagos não podem ser objeto do pedido de cumprimento de sentença.
(C) A constituição de nova família com o nascimento de novos filhos caracteriza alteração de fortuna, mas não autoriza a redução do encargo alimentício devido à esposa e aos filhos do primeiro casamento, porquanto constitui encargo livremente assumido.
(D) Se, na ação de separação judicial e na reconvenção em que ambos os cônjuges pleiteiem a dissolução da sociedade conjugal, cada um imputando culpa ao outro pelo rompimento da sociedade conjugal, ainda que não haja comprovação dos motivos apresentados, pode o juiz levar em consideração outros fatos que tornem evidente a insustentabilidade da vida em comum e, diante disso, decretar a separação judicial do casal, sem imputação de causa a nenhuma das partes.

A: incorreta (arts. 1.548 e 1.563 do CC); B: incorreta, pois a culpa na ação de separação judicial tem sido mitigada como fator de relevância no momento de se fixar os alimentos, que deverão ser fixados se presentes o binômio necessidade-possibilidade (art. 1.704 do CC), isso sem falar que os alimentos são irrepetíveis e, mesmo nos casos de cassação da decisão que fixou alimentos provisionais, não há falar-se em sua devolução; C: incorreta, pois a constituição de nova família com novos encargos pode servir de fundamento para a propositura de eventual ação de revisão de alimentos porquanto alterada a possibilidade do alimentante; D: correta, pois de acordo com o enunciado CJF 254: "Art. 1.573: Formulado o pedido de separação judicial com fundamento na culpa (art. 1.572 e/ou art. 1.573 e incisos), o juiz poderá decretar a separação do casal diante da constatação da insubsistência da comunhão plena de vida (art. 1.511) – que caracteriza hipótese de "outros fatos que tornem evidente a impossibilidade da vida em comum" – sem atribuir culpa a nenhum dos cônjuges". *Gabarito "D".*

(Defensor Público/RS – 2011 – FCC) Direito de Família.

(A) Quando não houver, por ocasião do divórcio, acordo entre o pai e a mãe quanto à guarda unilateral do filho menor, será ela concedida preferencialmente para a mãe.
(B) As causas impeditivas geram a anulabilidade do casamento.
(C) As relações não eventuais entre o homem e a mulher, impedidos de casar, constituem concubinato e não união estável.
(D) O direito do marido contestar a paternidade dos filhos nascidos de sua esposa prescreve em quatro anos, podendo os herdeiros prosseguirem na ação em caso de falecimento do autor.
(E) Na curatela, sendo curador o cônjuge, não separado judicialmente ou de fato, não poderá ele ser obrigado a prestar contas.

A: incorreta, pois a guarda unilateral será atribuída ao genitor que revele melhores condições para exercê-la e, objetivamente, mais aptidão para propiciar aos filhos afeto, saúde, segurança e educação (art. 1.583, § 2º, do CC); B: incorreta, pois as causas impeditivas geram a nulidade do casamento (art. 1.548, II, do CC); C: correto (art. 1.727 do CC); D: incorreta, pois essa ação é imprescritível (art. 1.601 do CC); E: incorreta, pois o cônjuge separado de fato não deve ser curador do outro (art. 1.775 do CC). *Gabarito "C".*

7.2. UNIÃO ESTÁVEL

(Magistratura/MG - 2007) Para efeito da proteção do Estado, é reconhecida a união estável entre o homem e a mulher como entidade familiar, devendo a lei facilitar sua conversão em casamento (CF, art. 226, § 3º). O Código Civil, NÃO reconhece a união estável na seguinte hipótese:

(A) se a pessoa viúva tem filho do cônjuge falecido, e o inventário dos bens do casal não se encontra encerrado.
(B) se divorciada a pessoa, não houver sido homologada ou decidida a partilha de bens do casal.
(C) se a pessoa casada não se achar separada de fato ou judicialmente.
(D) se, anulado o casamento da mulher, decorreu prazo de até 12 (doze) meses da dissolução da sociedade conjugal.

A alternativa "c" está correta (art. 1.723, §1º, do CC). *Gabarito "C".*

(Magistratura/MG - 2005) Na união estável, salvo contrato escrito entre os companheiros, aplica-se, quanto ao regime de bens:

(A) a comunhão total.
(B) a separação total.
(C) a comunhão parcial.
(D) a participação final nos aquestos.

A alternativa "c" está correta, pois reflete o disposto no art. 1.725 do CC. *Gabarito "C".*

(Magistratura/PR - 2007) Sobre as relações patrimoniais entre cônjuges e entre companheiros, assinale a alternativa correta:

(A) No casamento contraído sob o regime da comunhão parcial de bens, os bens adquiridos por herança por um dos cônjuges somente serão excluídos da comunhão se gravados com cláusula de incomunicabilidade ou de inalienabilidade.
(B) O contrato de convivência celebrado entre os companheiros poderá ser celebrado por meio de instrumento público, e poderá implicar a adoção de um regime de bens misto, ou seja, poderá combinar regras atinentes aos diferentes regimes de bens previstos no Código Civil.
(C) A proibição para que um cônjuge preste fiança sem a autorização do outro se estende à união estável, conforme disposição expressa no Código Civil.
(D) O regime da comunhão universal de bens impõe a comunicação de todos os bens e dívidas presentes e futuros dos cônjuges, de modo que, em regra, integram a comunhão as dívidas contraídas por qualquer um dos cônjuges, ainda que anteriormente ao casamento.

A alternativa "b" está correta, pois reflete o disposto no art. 1.725 do CC. *Gabarito "B".*

(Magistratura/SP – 180º) Considere as afirmações a seguir, tendo em vista o reconhecimento da união estável nas seguintes situações:

I. não se constituirá, se a pessoa casada se achar separada de fato;
II. deixará de se caracterizar em relação ao divorciado, enquanto não houver sido homologada ou decidida a partilha dos bens do casal;
III. pode ser considerada a união estável entre o homem e a mulher como entidade familiar;
IV. aplica-se sempre às relações patrimoniais, no que couber, o regime da comunhão parcial de bens.

São incorretas apenas as afirmações
(A) I e II.
(B) II e IV.
(C) I, II e III.
(D) II e III.

I: incorreta (art. 1.723, §1º, do CC); II: incorreta (art. 1.581 do CC); III: correta (art. 1.723, *caput*, do CC); IV: correta (art. 1.725 do CC). Gabarito "A".

(Magistratura/SP – 178º) Indique a predicação verdadeira.
(A) Para o atual Código Civil, concubinato e união estável é a mesmíssima coisa.
(B) As causas suspensivas do casamento (impedimentos impedientes do direito anterior) impedem a caracterização da união estável.
(C) Na união estável, salvo escrito entre os companheiros, aplica-se às relações patrimoniais, no que couber, o regime da comunhão parcial de bens.
(D) A convivência sob o mesmo teto é requisito fundamental da união estável.

A: falsa (art. 1.727 do CC); B: falsa (art. 1.723, §2º, do CC); C: verdadeira (art. 1.725 do CC); D: falsa (art. 1.723, *caput*, do CC). Gabarito "C".

(Ministério Público/BA – 2010) Segundo Caio Mário Pereira da Silva, os regimes de bens no casamento constituem os princípios jurídicos que disciplinam as relações econômicas entre os cônjuges, na constância do casamento.

Noutro giro, estabelece o Código Civil em vigor que é reconhecida como entidade familiar a união estável entre o homem e a mulher, configurada na convivência pública, contínua e duradoura, estabelecida com o objetivo de constituição de família.

Assim, após o confronto entre as assertivas supraelencadas e as disposições do Código Civil em vigor, assinale a alternativa correta.
(A) O cônjuge pode, independentemente do regime de bens, e sem a anuência expressa do outro, comprar, ainda a crédito, as coisas necessárias à economia doméstica, e como consequência será o único obrigado pelo adimplemento da dívida eventualmente contraída em razão da aquisição.
(B) Somente no regime de separação opcional é facultado ao cônjuge, sem anuência expressa do outro, obter empréstimo para adquirir as coisas necessárias à economia doméstica.
(C) Na união estável, quando o homem ou a mulher contar com mais de 60(sessenta) anos ao tempo do início da convivência, aplicar-se-á nas relações patrimoniais o regime da separação obrigatória.
(D) No regime de comunhão parcial, é vedado ao cônjuge prestar aval ou fiança, sem autorização do outro.
(E) Em sede de união estável, salvo estipulação em contrário, aplica-se às relações patrimoniais o regime da comunhão universal.

A: incorreta, pois embora possa comprar as coisas necessárias à economia doméstica (art. 1.643, I, do CC), essas dívidas obrigam solidariamente os cônjuges (art. 1.644 do CC); B: incorreta, conforme justificativa à alternativa "a" (art. 1.643, I, do CC); C: incorreta, pois não existe essa previsão legal; D: correta (art. 1.647, III, do CC); E: incorreta, pois se aplica o regime da comunhão parcial de bens (art. 1.725 do CC). Gabarito "D".

(Ministério Público/AP – 2005) Assinale a alternativa incorreta.
Sobre a união estável podemos afirmar que:
(A) Tem regime legal da comunhão parcial de bens;
(B) É reconhecida como entidade familiar entre o homem e a mulher;
(C) É configurada na convivência pública, contínua e duradoura;
(D) As relações pessoais entre os companheiros não obedecerão aos deveres de fidelidade ou lealdade, pois inerentes ao casamento.

A alternativa "d" está incorreta (art. 1.724 do CC). Gabarito "D".

(Ministério Público/MG – 2010.1) Em se tratando de união estável, é CORRETO afirmar que
(A) o CC reconhece entidade familiar a união de duas pessoas, sem diversidade de sexo, configurada na convivência pública, contínua e duradoura com o objetivo de constituir família.
(B) aplica-se o regime de comunhão parcial de bens às relações patrimoniais, podendo os conviventes estipular em contrato opção diversa à sua escolha, nos padrões legais.
(C) poder-se-á converter-se em casamento, bastando os companheiros firmarem contrato, documento autêntico, fazendo o assento diretamente no Registro Civil competente.
(D) serem necessários o dever de fidelidade, a coabitação, os deveres de guarda, sustento e criação dos filhos, carinho e tolerância nos modos.
(E) entre os conviventes, por não existir casamento nem parentesco consanguíneo, não há obrigação alimentar prevista no CC.

A: incorreta, pois o Código Civil reconhece a união estável somente entre homem e mulher (art. 1.723, *caput*, do CC); B: correta, pois a assertiva reflete o disposto no art. 1.725 do CC; C: incorreta, pois a afirmativa está contrária ao disposto no art. 1.726 do CC; D: incorreta, pois a assertiva não reflete o disposto no art. 1.724 do CC; E: incorreta, pois os companheiros tem o dever de alimentos, conforme o disposto no art. 1.694, *caput*, do CC. Gabarito "B".

(Procurador do Estado/RO – 2011 – FCC) Estão impedidos de estabelecer união estável:
(A) o companheiro sobrevivente com o condenado por homicídio culposo contra o seu consorte.
(B) os afins em linha reta.
(C) os colaterais até quarto grau, inclusive.
(D) os viúvos ou viúvas que tiverem filho de cônjuge falecido enquanto não fizer inventário dos bens do casal e der partilha aos herdeiros.
(E) pessoas divorciadas.

A: incorreta, pois não podem estabelecer união estável o cônjuge sobrevivente com o condenado por homicídio ou tentativa de homicídio contra o seu consorte (arts. 1.723, § 1º e 1.521, VII, do CC); B: correta (arts. 1.723, § 1º e 1.521, II, do CC); C: incorreta, pois não podem estabelecer união estável os colaterais até o terceiro grau inclusive (arts. 1.723, § 1º e 1.521, IV, do CC); D: incorreta, pois se trata de causa suspensiva e não de impedimento (art. 1.523, I, do CC); E: incorreta, pois as pessoas divorciadas não estão impedidas de estabelecer união estável. Gabarito "B".

(Procurador do Município/Teresina-PI – 2010 – FCC) Em relação à união estável,
(A) só se configurará entre pessoas solteiras ou de qualquer modo desimpedidas de se casar.
(B) aplica-se às relações patrimoniais, no que couber, o regime da separação legal de bens.
(C) os direitos sucessórios da companheira ou companheiro são iguais aos do cônjuge supérstite.
(D) constitucionalmente, pode caracterizar-se ainda que em relações homoafetivas.
(E) exige-se convivência pública, contínua e duradoura e estabelecida com o objetivo de constituição de família, mesmo que o casal não conviva sob o mesmo teto.

A alternativa "e" traz o conceito correto de união estável (art. 1.723, *caput*, do CC). Além disso, a coabitação não é dever absoluto, não sendo sequer necessária à caracterização da união estável, conforme entendimento do STF (Súmula nº 382). Gabarito "E".

(Defensor Público/AL – 2009 – CESPE) Quanto ao direito de família, julgue os itens seguintes.
(1) É possível que homem e mulher que resolvam manter união estável estabeleçam entre si regime de bens por meio de um contrato de convivência, negócio jurídico que poderá, inclusive, ser formalizado por meio de instrumento particular e cuja falta acarretará a aplicação das regras atinentes ao regime da comunhão parcial.

(2) A união estável é uma realidade fática, de modo que, ao contrário do casamento, essencialmente formal, os conviventes poderão dispor livremente acerca dos reflexos patrimoniais de sua união e estabelecerem entre si limitação ao eventual direito de um deles receber pensão alimentícia do outro ou mesmo acerca do direito de herdar bens um do outro.

1: correta (art. 1.725 do CC); 2: incorreta, pois o pacto antenupcial não pode estipular qualquer regra que contravenha disposição absoluta de lei, como são as regras que tratam do direito a alimentos e do direito sucessório quanto à legítima (art. 1.655 do CC). Gabarito 1C, 2E

(Defensoria Pública/SP – 2007) Na união estável, com relação aos conviventes, é correto afirmar que

(A) estão incluídos na ordem de vocação hereditária, com todos os direitos e garantias deferidos aos cônjuges.
(B) há presunção *juris et de jure* de que os bens adquiridos de forma onerosa na constância da união são frutos do esforço comum.
(C) a Lei no 8.971/94 não quantificou prazo de convivência e fixou a competência das varas de família para o julgamento dos litígios entre eles.
(D) o direito aos alimentos foi regulamentado pela Lei no 9.278/96.
(E) é assegurado o direito real de habitação pelo Código Civil de 2003, ao sobrevivente, quando houver a morte do companheiro.

Vide o Enunciado CJF 115: "Art. 1.725: Há presunção de comunhão de aquestos na constância da união extramatrimonial mantida entre os companheiros, sendo desnecessária a prova do esforço comum para se verificar a comunhão dos bens". Gabarito "B"

(Cartório/SC – 2008) Indique a alternativa em que a legislação brasileira reconhece a união estável como entidade familiar, desde que haja convivência duradoura, pública e contínua:

(A) De um homem e uma mulher, estabelecida com o objetivo de constituição de família, sendo os bens adquiridos por um ou por ambos os conviventes na constância da união estável e a título oneroso considerados fruto do trabalho e da colaboração comum, passando a pertencer a ambos, em condomínio e em partes iguais, salvo estipulação contrária em contrato escrito.
(B) De pessoas de qualquer sexo, estabelecida com o objetivo de constituição de família, sendo os bens adquiridos por um ou por ambos os conviventes na constância da união estável e a título oneroso considerados fruto do trabalho e da colaboração comum, passando a pertencer a ambos, em condomínio e em partes iguais, salvo estipulação contrária em contrato escrito.
(C) De um homem e uma mulher, mesmo que estabelecida sem o objetivo de constituição de família, sendo os bens adquiridos por um ou por ambos os conviventes na constância da união estável e a título oneroso considerados fruto do trabalho e da colaboração comum, passando a pertencer a ambos, em condomínio e em partes iguais, salvo estipulação contrária em contrato escrito.
(D) De um homem e uma mulher, por mais de dez anos, mesmo que estabelecida sem o objetivo de constituição de família, sendo os bens adquiridos por um ou por ambos os conviventes na constância da união estável e a título oneroso considerados de propriedade única daquele em cujo nome tiver sido adquirido, mesmo sem qualquer estipulação em contrato escrito.
(E) De pessoas de qualquer sexo, por mais de dez anos, mesmo que estabelecida sem o objetivo de constituição de família, sendo os bens adquiridos por um ou por ambos os conviventes na constância da união estável e a título oneroso considerados de propriedade única daquele em cujo nome tiver sido adquirido, ainda que sem qualquer estipulação em contrato escrito.

A alternativa A está correta, pois reflete o disposto no art. 1.723 do CC. Gabarito "A"

(FGV – 2010) Jane e Carlos constituíram uma união estável em julho de 2003 e não celebraram contrato para regular as relações patrimoniais decorrentes da aludida entidade familiar. Em março de 2005, Jane recebeu R$ 100.000,00 (cem mil reais) a título de doação de seu tio Túlio. Com os R$ 100.000,00 (cem mil reais), Jane adquiriu em maio de 2005 um imóvel na Barra da Tijuca. Em 2010, Jane e Carlos se separaram. Carlos procura um advogado, indagando se tem direito a partilhar o imóvel adquirido por Jane na Barra da Tijuca em maio de 2005. Assinale a alternativa que indique a orientação correta a ser exposta a Carlos.

(A) Por se tratar de bem adquirido a título oneroso na vigência da união estável, Carlos tem direito a partilhar o imóvel adquirido por Jane na Barra da Tijuca em maio de 2005.
(B) Carlos não tem direito a partilhar o imóvel adquirido por Jane na Barra da Tijuca em maio de 2005 porque, salvo contrato escrito entre os companheiros, aplica-se às relações patrimoniais entre os mesmos o regime da separação total de bens.
(C) Carlos não tem direito a partilhar o imóvel adquirido por Jane na Barra da Tijuca em maio de 2005 porque, em virtude da ausência de contrato escrito entre os companheiros, aplica-se às relações patrimoniais entre os mesmos o regime da comunhão parcial de bens, que exclui dos bens comuns entre os consortes aqueles doados e os sub-rogados em seu lugar.
(D) Carlos tem direito a partilhar o imóvel adquirido por Jane na Barra da Tijuca em maio de 2005 porque, muito embora o referido bem tenha sido adquirido com o produto de uma doação, não se aplica a sub-rogação de bens na união estável.

A alternativa "c" está correta, pois, de acordo com o art. 1.725 do Código Civil, não havendo contrato escrito entre os companheiros, aplica-se às relações patrimoniais entre estes o regime de comunhão parcial. Esse regime, de fato, exclui da comunhão os bens que um companheiro tiver recebido em doação (no caso, os R$ 100 mil) e os bens sub-rogados em seu lugar (no caso, o imóvel), nos termos do art. 1.659, I, do Código Civil. Gabarito "C"

(FGV – 2009) Caio, brasileiro, casado, engenheiro, residente à Rua do Acre nº 50, Belém/PA é designado para realizar tarefas profissionais na aprazível cidade de Óbidos/PA, onde mantém conhecimento com Júlia, professora, residente àquela localidade. Após rápido relacionamento, Caio retorna para a capital do Estado, tendo notícia da gravidez de Júlia. Caio compromete-se a financiar as despesas do parto, bem como fornecer alimentos ao seu filho, de nome Túlio, voluntariamente. Em nenhum momento, houve coabitação comum, sendo certo que o genitor sempre exerceu o seu direito de visitas, participando da vida do filho, comparecendo ao colégio, quando necessário, e às festas de aniversário. Após vinte anos, Julia ingressou com ação declaratória aduzindo longa relação afetiva com Caio, afirmando que, sendo ambos solteiros, nada impediria a transformação do relacionamento existente em casamento e requerendo que fosse proferida sentença de reconhecimento da união estável do casal. O réu, regularmente citado, aduz que, na verdade, houve relacionamento fugaz, habitando a autora e o réu em cidades distantes, não sendo caracterizada a continuidade do relacionamento capaz de transformá-lo em união estável. Caio afirma que o seu relacionamento ocorria, exclusivamente, com o filho advindo, por força da responsabilidade legal e afetiva que portava, postulando a improcedência do pedido.

Após a instrução probatória, os fatos articulados pelo réu foram devidamente comprovados. Diante de tal contexto, analise as afirmativas a seguir.

I. O relacionamento fugaz, mesmo com o advento de filhos não caracteriza a união estável.
II. O fato de uma das pessoas envolvidas em relacionamento afetivo portar a condição de casada inviabiliza a caracterização da união estável, nos termos da lei civil em vigor.
III. Um dos deveres que deflui da união estável é o de sustentar e educar os filhos comuns.
IV. A prestação voluntária de alimentos em valores inadequados ao sustento da criança caracteriza a falta de interesse em buscar a fixação dos valores judicialmente.
V. As relações patrimoniais decorrentes da união estável obedecem ao regime da comunhão universal de bens, salvo contrato escrito.

Assinale:

(A) se somente a afirmativa IV estiver correta.
(B) se somente as afirmativas II e V estiverem corretas.
(C) se somente as afirmativas III e IV estiverem corretas.
(D) se somente as afirmativas I, II e III estiverem corretas.
(E) se somente as afirmativas II, III e IV estiverem corretas.

I: correta, pois para caracterização da união estável a convivência deve ser duradoura (art. 1.723 do CC); II: correta, pois poderá haver uma união estável apenas se a pessoa estiver separada de fato (art. 1.723, § 1º, do CC); III: correta (art. 1.724 do CC); IV: incorreta, pois não existe essa previsão legal; a parte conserva o interesse mesmo que aceite extrajudicialmente valor insuficiente ao sustento do filho; V: incorreta (art. 1.725 do CC). Gabarito "D".

7.3. PARENTESCO E FILIAÇÃO

(Magistratura/MG - 2006) Dispõe o Código Civil, expressamente, que se presumem concebidos na constância do casamento os filhos:

(A) havidos por inseminação artificial heteróloga, mesmo que sem autorização do marido;
(B) nascidos nos trezentos dias, pelo menos, depois de estabelecida a convivência conjugal;
(C) nascidos nos cento e oitenta dias subseqüentes à dissolução da sociedade conjugal, por morte ou separação judicial;
(D) havidos, a qualquer tempo, quando se tratar de embriões excedentários, decorrentes de concepção artificial homóloga.

A alternativa "d" está correta, pois reflete o disposto no art. 1.597 do CC. Gabarito "D".

(Magistratura/MG - 2005) O grau e a linha de parentesco entre primos, conforme o Código Civil, é:

(A) segundo grau, na linha reta.
(B) terceiro grau, na linha colateral.
(C) quarto grau, na linha colateral.
(D) quarto grau, na linha reta.

A alternativa "c" está correta, pois reflete o disposto nos arts. 1.592 e 1.594 do CC. Gabarito "C".

(Magistratura/SP – 2011 – VUNESP) O reconhecimento de filho

(A) pode ser revogado, quando feito por testamento.
(B) pode ser feito apenas durante a vida do filho.
(C) depende do consentimento do filho, quando este for maior.
(D) não pode ser impugnado pelo filho, quando este for menor.
(E) havido fora do casamento permite que ele resida no lar conjugal, independentemente do consentimento do outro cônjuge.

A: incorreta, pois o reconhecimento de filho é irrevogável, mesmo quando feito por testamento (art. 1.610 do CC); B: incorreta, pois o reconhecimento de filho pode ser posterior ao seu falecimento, se ele deixar descendentes (art. 1.609, par. único, do CC); C: correta (art. 1.614 do CC); D: incorreta, pois o menor pode impugnar o reconhecimento, nos quatro anos que se seguirem à maioridade, ou à emancipação (art. 1.614 do CC); E: incorreta (art. 1.611 do CC). Gabarito "C".

(Magistratura/SP – 2009 – VUNESP) O parentesco por afinidade

(A) está limitado, na linha colateral, ao terceiro grau.
(B) está limitado, na linha reta, ao quarto grau.
(C) não tem limite na linha reta.
(D) extingue-se com a dissolução do vínculo.

A alternativa "c" está correta, pois a assertiva reflete o disposto no art. 1.595, § 1º, do CC. Gabarito "C".

(Magistratura/SP – 179º) Assinale a afirmação incorreta.

(A) A sociedade conjugal termina pela separação judicial, mas o casamento válido só se dissolve pela morte de um dos cônjuges ou pelo divórcio.
(B) Se o cônjuge for incapaz para propor a ação de divórcio ou para defender-se nela, seu curador, ascendente ou irmão poderá praticar esses atos.
(C) Presumem-se concebidos na constância do casamento os filhos havidos por fecundação artificial homóloga, mesmo que falecido o marido.
(D) A ação de prova de filiação compete ao filho, enquanto viver, transmitindo-se sempre aos seus herdeiros caso morra.

A: correta (art. 1.571 do CC); B: correta (art. 1.582, parágrafo único, do CC); C: correta (art. 1.597, III, do CC); D: incorreta (art. 1.606 do CC). Gabarito "D".

(Ministério Público/BA – 2010) É consabido que a melhor doutrina aponta a necessidade do estudo do direito civil à luz dos comandos da Norma Fundamental. Enfatiza Cristiano Chaves "..é a Constituição da República, que, com os seus princípios e as suas normas, confere uma nova feição à ciência civilista". Ademais, é induvidoso que a Constituição Federal acolheu o princípio da igualdade entre os filhos, de sorte que veda expressamente quaisquer designação discriminatória.

Portanto, assinale a alternativa correta, após aferir a veracidade das assertivas abaixo.

I. Presumem-se concebidos na constância do casamento os filhos havidos por fecundação homóloga, mesmo que falecido o marido.

II. Presumem-se concebidos na constância do casamento os filhos havidos por inseminação artificial heteróloga, desde que tenha prévia autorização do marido.

III. Quando perfectibilizada pelo cônjuge virago a confissão de adultério, de per si, ilide a presunção legal de paternidade.

IV. O direito de investigar a paternidade é indisponível, de sorte que nula será a renúncia ao direito, obtida mediante contrapartida pecuniária.

V. A ação do marido para contestar a paternidade do filho de sua mulher é personalíssima, e prescreve no prazo máximo previsto no Código Civil em vigor, ou seja, em 10(dez) anos a partir do nascimento.

(A) F V F V F.
(B) V F F V V.
(C) V V V F V.
(D) V V F V F.
(E) V V F F F.

I: verdadeira (art. 1.597, III, do CC); II: verdadeira (art. 1.597, V, do CC); III: falsa, pois não basta o adultério da mulher, ainda que confessado, para ilidir a presunção legal da paternidade (art. 1.600 do CC); IV: verdadeira, pois o direito de contestar a paternidade é imprescritível e indisponível (art. 1.601 do CC); V: falsa, pois o direito de contestar a paternidade é imprescritível (art. 1.601 do CC). Gabarito "D".

(Ministério Público/MS – 2006) Assinale a alternativa CORRETA:

(A) Basta a confissão materna para excluir a paternidade.
(B) Basta a informação de terceiros para excluir a paternidade.
(C) Não basta a confissão materna para excluir a paternidade.
(D) Não basta a concordância de terceiros interessados e autoridades constituídas para excluir a paternidade.

A alternativa "c" está correta, pois reflete o disposto no art. 1.602 do CC. Gabarito "C".

(Ministério Público/RO – 2006) Assinale a alternativa correta:

Em se tratando de reconhecimento da paternidade dos filhos havidos fora do casamento:

(A) é possível legitimar e reconhecer filho na ata do casamento;
(B) o filho maior pode ser reconhecido sem o seu consentimento;
(C) a iniciativa para ajuizar ação de investigação de paternidade é exclusiva do Ministério Público;
(D) das certidões de nascimento não constarão indícios de a concepção haver sido decorrente de relação extraconjugal;
(E) nenhuma das alternativas.

A: incorreta (art. 3º da Lei 8.560/92); B: incorreta (art. 1.614 do CC); C: incorreta (art. 1.606 do CC); D: correta (art. 1.596 do CC). Gabarito "D".

(Ministério Público/RO – 2006) Assinale a alternativa correta:

Para ilidir a presunção de paternidade basta:

(A) a prova da impotência do cônjuge para gerar, à época da concepção;
(B) o adultério, confessado, da mulher;
(C) a confissão materna de que os filhos não são do marido;

(D) as alternativas "a" e "b" estão corretas;
(E) as alternativas "a" e "c" estão corretas.

A: correta (art. 1.599 do CC); B: incorreta (art. 1.600 do CC); C: incorreta (art. 1.602 do CC). *Gabarito* "A".

(Ministério Público/SP – 2010) Assinale a alternativa correta:

(A) na linha colateral, o parentesco encerra-se no sexto grau, sendo, pois, para fins jurídicos, finito.
(B) o parentesco por afinidade limita-se aos ascendentes, aos descendentes e aos irmãos do cônjuge ou companheiro, não se extinguindo com a dissolução do casamento ou da união estável.
(C) o parentesco pode ser natural ou civil. O primeiro decorre dos laços biológicos, da consanguinidade. O segundo, de outra origem, sendo exemplo desta espécie de parentesco a inseminação artificial heteróloga.
(D) o ato de reconhecimento de filho é nulo quando feito sob condição ou termo.
(E) o castigo imoderado do filho pelo pai é causa de extinção do poder familiar.

A: incorreta, pois na linha colateral o parentesco vai até o quarto grau (art. 1.592 do CC); B: incorreta, pois na linha reta, o parentesco por afinidade não se extingue com a dissolução do casamento ou da união estável (art. 1.595, § 2º, do CC); C: incorreta, pois o filho fruto de inseminação artificial heteróloga decorre de laços biológicos (arts. 1.593 e 1.597, V, do CC); D: incorreta, pois são ineficazes a condição e o termo apostos ao ato de reconhecimento do filho (art.1.613 do CC); E: correta, pois a assertiva reflete o disposto no art. 1.638, I, do CC. *Gabarito* "E".

(Ministério Público/SP - 2005) Assinale a alternativa falsa.

(A) Se o filho morrer antes de iniciada a ação de investigação de paternidade, seus herdeiros ficarão inibidos para o ajuizamento, salvo se ele morrer menor e incapaz.
(B) Se o filho, de maior ou menor idade, falecer após ajuizada a ação de investigação de paternidade, seus herdeiros poderão dar-lhe prosseguimento, salvo se julgado extinto o processo.
(C) Se o suposto pai já for falecido, a ação de investigação de paternidade deverá ser dirigida contra o respectivo espólio.
(D) Em ação investigatória, a recusa do suposto pai a submeter-se ao exame de DNA induz presunção *juris tantum* de paternidade.
(E) É proibido reconhecer o filho na ata do casamento, para evitar referência a sua origem extramatrimonial.

A: verdadeira (art. 1.606, do CC); B: verdadeira (art. 1.606, parágrafo único, do CC); C: falsa, pois os herdeiros, e não o espólio (conjunto de bens deixados pelo falecido e relacionados no inventário para a partilha entre os herdeiros), são partes legítimas para responder à ação de investigação de paternidade impetrada após a morte do possível pai; D: verdadeira, pois a assertiva está de acordo com a súmula 301 do STJ, que em 29 de julho de 2009 virou lei. A Lei 12.004/2009 acrescentou o art. 2º-A na Lei 8.560/92: "Na ação de investigação de paternidade, todos os meios legais, bem como os moralmente legítimos, serão hábeis para provar a verdade dos fatos. Parágrafo único. A recusa do réu em se submeter ao exame de código genético – DNA gerará a presunção da paternidade, a ser apreciada em conjunto com o contexto probatório"; E: verdadeira (art. 3º da Lei 8.560/92). *Gabarito* "C".

(Procurador do Município/Florianópolis-SC – 2010 – FEPESE) Assinale a alternativa **incorreta**.

(A) A maioridade dos filhos não acarreta a exoneração automática da obrigação de prestar alimentos.
(B) Julgada procedente a investigação de paternidade, os alimentos são devidos a partir do ajuizamento da ação.
(C) Em ação investigatória, a recusa do suposto pai a submeter-se ao exame de DNA induz presunção "*júris tantum*" de paternidade.
(D) O recurso de apelação interposto de sentença que condenar à prestação de alimentos será recebido apenas em seu efeito devolutivo.
(E) O direito à prestação de alimentos é recíproco entre pais e filhos, e extensivo a todos os ascendentes, recaindo a obrigação nos mais próximos em grau, uns em falta de outros.

A: correta, nos termos da Súmula 358 do STJ: "O cancelamento de pensão alimentícia de filho que atingiu a maioridade está sujeito à decisão judicial, mediante contraditório, ainda que nos próprios autos"; B: incorreta, pois os alimentos fixados retroagem à data da citação (art. 13, § 2º, da Lei 5.478/68); C: correta, nos termos da Súmula 301 do STJ: "**Ação Investigatória - Recusa do Suposto Pai - Exame de DNA - Presunção Juris Tantum de Paternidade.** Em ação investigatória, a recusa do suposto pai a submeter-se ao exame de DNA induz presunção juris tantum de paternidade."; D: correta (art. 520, II, do CPC); E: correta (art. 1.696 do CC). *Gabarito* "B".

(Defensor Público/CE – 2007 – CESPE) A respeito do direito de família, julgue os itens que se seguem.

(1) Em se tratando de filho nascido de pais não casados entre si, o reconhecimento voluntário da filiação pode ser feito no assento de nascimento, por escritura pública, escrito particular, por testamento ou, ainda, por manifestação perante o juiz, tomada por termo, qualquer que seja o procedimento.
(2) As relações de parentesco subdividem-se em parentesco por consanguinidade e por afinidade, ou seja, são parentes as pessoas que descendem umas das outras, bem como aquelas ligadas por afinidade. Assim, sogra e nora são parentes afins em primeiro grau em linha reta, e os irmãos são parentes entre si em primeiro grau na linha colateral.

1: correta (art. 1.609 do CC); 2: incorreta, pois irmãos são parentes em segundo grau. *Gabarito* 1C, 2E.

(Defensoria/MA – 2009 – FCC) A respeito da paternidade, é correto afirmar:

(A) A prova da impotência do cônjuge para gerar, à época do nascimento, ilide a presunção da paternidade.
(B) O reconhecimento dos filhos havidos fora do casamento pode ser feito por escrito particular, a ser arquivado em cartório.
(C) Se a esposa confessar o adultério, isso basta para ilidir a presunção de paternidade.
(D) O reconhecimento pode preceder o nascimento do filho ou ser posterior ao seu falecimento, exceto se ele deixar descendentes.
(E) O filho maior pode ser reconhecido mesmo sem o seu consentimento, cabendo-lhe tão-somente o direito de contestar se o reconhecimento for em juízo ou de ingressar com ação denegatória, a passo que o menor pode impugnar o reconhecimento, nos dois anos que se seguirem à maioridade, ou à emancipação.

A: incorreta, pois a prova da impotência do cônjuge para gerar é **à época da concepção**, nos termos do art. 1.599 do CC; B: correta, pois a assertiva reflete o disposto no art. 1.609, II, do CC; C: incorreta, pois a assertiva confronta o disposto no art. 1.600 do CC; D: incorreta, pois a assertiva contraria o disposto no art. 1.609, parágrafo único, do CC; E: incorreta, pois o filho maior não pode ser reconhecido sem o seu consentimento, conforme art. 1.614 do CC. *Gabarito* "B".

(Defensor Público/MS – 2008 – VUNESP) Indique a alternativa correta.

(A) Na inseminação heteróloga, a paternidade se presume, mesmo sem a apresentação da autorização do marido, uma vez que a paternidade corresponde à paternidade de intenção.
(B) Na inseminação heteróloga, inexistindo o consentimento do marido, com sua recusa no reconhecimento da paternidade, ensejará na impossibilidade do reconhecimento judicial.
(C) A utilização dos embriões excedentários, após a morte do marido, apenas poderá ocorrer naqueles havidos nos 300 (trezentos) dias subsequentes à referida morte.
(D) O filho concebido por meio da inseminação homóloga tem direito a conhecer sua ascendência genética de forma ampla e irrestrita, ainda sem autorização do marido.

A: incorreta, pois a paternidade só se presume se houver prévia autorização do marido à inseminação artificial com material genético alheio (inseminação heteróloga), conforme o art. 1.597, V, do CC; B: correta, nos termos do comentário à alternativa "A" (art. 1.597, V, do CC); C: incorreta, pois tal inseminação pode ocorrer a qualquer tempo nesse caso, desde que decorrentes de concepção artificial homóloga, ou seja, com material genético do próprio casal (art. 1.597, IV, do CC); D: incorreta, pois, se a inseminação é homóloga, usou-se material genético do próprio casal, de modo que se presume que o filho é concebido na constância do casamento, não havendo dúvida, a princípio, de quem são seus pais biológicos e no plano jurídico. *Gabarito* "B".

(Defensoria/MT – 2009 – FCC) A respeito da paternidade, é correto afirmar:

(A) Cabe ao marido o direito de contestar a paternidade dos filhos nascidos de sua mulher, decaindo, porém, desse direito se não o exercitar em até 4 anos após o término da relação conjugal.
(B) O reconhecimento dos filhos havidos fora do casamento é irrevogável, exceto quando feito em testamento.

(C) São nulas a condição e o termo apostos ao ato de reconhecimento do filho.
(D) O filho reconhecido, enquanto menor, ficará sob a guarda do genitor que o reconheceu, e, se ambos o reconheceram e não houver acordo, sob a da genitora conforme pacífico entendimento do Superior Tribunal de Justiça.
(E) A filiação materna ou paterna pode resultar de casamento declarado nulo, ainda mesmo sem as condições do putativo.

A: incorreta, pois esse direito é imprescritível, nos termos do art. 1.601, *caput*, do CC; B: incorreta, pois o reconhecimento é sempre irrevogável, nos termos do art. 1.610 do CC; C: incorreta, pois a condição e o termo são ineficazes, conforme art. 1.613 do CC; D: incorreta, pois a assertiva confronta o disposto no art. 1.612 do CC; E: correta, pois a assertiva reflete o disposto no art. 1.617 do CC. Gabarito "E".

(Defensoria Público/RN – 2006) Escolha a alternativa correta.
(A) Na linha reta, a dissolução do casamento extingue o parentesco por afinidade.
(B) Presume-se como concebido na constância do casamento o filho havido por fecundação artificial, desde que não tenha falecido o marido.
(C) O filho reconhecido por um dos cônjuges não poderá residir no lar conjugal sem o consentimento do outro.
(D) O reconhecimento do filho havido fora do casamento é irrevogável, mas admite condições.

A: incorreta (art. 1.595, §2º, do CC); B: incorreta (art. 1.597, III, do CC); C: correta (art. 1.611 do CC); D: incorreta (arts. 1.609 e 1.613 do CC). Gabarito "C".

(Defensor Público/RO – 2007) O reconhecimento de filhos havidos fora do casamento em sede de testamento é ato do tipo:
(A) emulativo
(B) revogável
(C) vinculado
(D) condicional
(E) irrevogável

Trata-se de ato irrevogável (art. 1.609, caput, do CC). Gabarito "E".

(Defensoria Pública/MT – 2006) Assinale a afirmativa incorreta, concernente às relações de parentesco.
(A) As pessoas que estão umas para com as outras na relação de ascendentes e descendentes são parentes em linha reta.
(B) Na linha reta, contam-se os graus de parentesco pelo número de gerações.
(C) O parentesco por afinidade limita-se aos ascendentes, aos descendentes e aos irmãos do cônjuge ou companheiro.
(D) São parentes em linha colateral ou transversal, até o sexto grau, as pessoas proveniente de um só tronco, sem descenderem uma da outra.
(E) O parentesco, conforme resulta de consangüinidade ou outra origem, é natural ou civil.

A: correta (art. 1.591 do CC); B: correta (art. 1.594 do CC); C: correta (art. 1.595, §1º, do CC); D: incorreta (art. 1.592 do CC - quarto grau); E: correta (art. 1.593 do CC). Gabarito "D".

(Defensoria Pública/MT – 2006) Assinale a afirmativa incorreta, no que diz respeito à filiação e ao reconhecimento dos filhos.
(A) O reconhecimento dos filhos poderá ser revogado quando feito em testamento.
(B) Ao marido é cabível o direito de contestar a paternidade dos filhos nascidos de sua mulher, sendo tal ação imprescritível.
(C) Presumem-se concebidos na constância do casamento os filhos havidos, a qualquer tempo, quando se tratar de embriões excedentários, decorrentes de concepção artificial homóloga.
(D) A prova da impotência do cônjuge para gerar, à época da concepção, ilide a presunção da paternidade.
(E) O reconhecimento pode preceder o nascimento do filho ou ser posterior ao seu falecimento, se ele deixar descendentes.

A: incorreta (art. 1.610 do CC); B: correta (art. 1.601 do CC); C: correta (art. 1.597, IV, do CC); D: correta (art. 1.599 do CC); E: correta (art. 1.609, par. único, do CC). Gabarito "A".

(Defensoria/SP – 2009 – FCC) Assinale a alternativa INCORRETA.
(A) A manifestação expressa e direta perante Juiz de Direito implica em reconhecimento de filhos, ainda que fora da sede de investigação.
(B) O óbito de pretenso adotante no curso do procedimento de adoção obsta a filiação.
(C) O ordenamento brasileiro não prevê expressamente a posse do estado de filho.
(D) Na investigação de paternidade, a recusa à perícia médica-hematológica ordenada pelo juiz supre a prova.
(E) A filiação advinda após cento e oitenta dias da celebração do casamento não se presume do marido.

A: correta, pois a assertiva reflete o disposto no art. 1.609, IV, do CC; B: incorreta, pois a assertiva não está de acordo com o disposto no art. 42, § 6º, da Lei 8.069/90, com a redação dada pela Lei 12.010/2009: "A adoção poderá ser deferida ao adotante que, após inequívoca manifestação de vontade, vier a falecer no curso do procedimento, antes de prolatada a sentença"; C: correta, pois não há expressa menção pelo Código Civil acerca da posse do estado de filho, mas somente da posse do estado de casados; D: correta, pois a assertiva reflete o disposto na Súmula 301 do STJ, que em 29 de julho de 2009 virou lei. A Lei 12.004/2009 acrescentou o art. 2º-A na Lei 8.560/92: "Na ação de investigação de paternidade, todos os meios legais, bem como os moralmente legítimos, serão hábeis para provar a verdade dos fatos. Parágrafo único. A recusa do réu em se submeter ao exame de código genético – DNA gerará a presunção da paternidade, a ser apreciada em conjunto com o contexto probatório"; E: correta (art. 1.597, I, do CC). Gabarito "B".

(Cartório/DF – 2008 – CESPE) No que concerne à filiação, julgue os próximos itens.
(1) Cabe ao marido o direito de contestar a paternidade dos filhos nascidos de sua mulher, sendo tal ação imprescritível.
(2) Presumem-se concebidos na constância do casamento os filhos havidos por fecundação artificial homóloga, mesmo que falecido o marido.
(3) Quando confessado, o adultério da mulher à época da concepção do filho é suficiente para a exclusão da presunção de paternidade.

1: certo (art. 1.601 do CC); 2: certo (art. 1.597, III, do CC); 3: errada (art. 1.600 do CC). Gabarito 1C, 2C, 3E.

(FGV – 2004) Os filhos nascidos na constância do casamento presumem-se legítimos, podendo esta legitimidade ser elidida:
(A) pelos herdeiros, em qualquer hipótese.
(B) por qualquer interessado, se comprovado o adultério.
(C) pelo marido, privativamente.
(D) pelos ascendentes em linha direta.
(E) pelo Ministério Público, tendo em vista a relevância do interesse.

Art. 1.601, *caput*, do CC. Gabarito "C".

(Analista – TRE/AL – 2010 – FCC) Sobre a relação de parentesco é INCORRETO afirmar:
(A) Na linha reta, a afinidade se extingue com a dissolução do casamento ou da união estável.
(B) Presumem-se concebidos na constância do casamento os filhos nascidos cento e oitenta dias, pelo menos, depois de estabelecida a convivência conjugal.
(C) Presumem-se concebidos na constância do casamento os filhos nascidos nos trezentos dias subseqüentes à dissolução da sociedade conjugal.
(D) Não basta o adultério da mulher, ainda que confessado, para ilidir a presunção legal da paternidade.
(E) Cabe ao marido o direito de contestar a paternidade dos filhos nascidos de sua mulher, sendo tal ação imprescritível.

A: incorreta (art. 1.595, § 2º, do CC); B: correta (art. 1.597, I, do CC); C: correta (art. 1.597, II, do CC); D: correta (art. 1.600 do CC); E: correta (art. 1.601, *caput*, do CC). Gabarito "A".

(Analista – TRE/BA – 2010 – CESPE) Acerca do direito civil, julgue o item seguinte.
(1) O parentesco por afinidade limita-se aos ascendentes e descendentes do cônjuge ou companheiro.

1: errada, pois o parentesco por afinidade limita-se aos ascendentes, aos descendentes **e aos irmãos do cônjuge ou companheiro** (art. 1.595, § 1º, do CC). Gabarito 1E.

(Analista – TJ/ES – 2011 – CESPE) Julgue o seguinte item.

(1) De acordo com a sistemática adotada pelo Código Civil, o parentesco pode ser natural ou civil, de maneira que duas pessoas podem ser parentes por consaguinidade ou por afinidade, o que se dá, por exemplo, em relação a determinada pessoa e aos ascendentes, descendentes e irmãos de seu cônjuge.

1: correta (arts. 1.593 e 1.595, § 1º, do CC). Gabarito 1C

7.4. PODER FAMILIAR, ADOÇÃO, TUTELA E GUARDA

(Magistratura/DF – 2011) Dita a lei que o pai e a mãe, enquanto no exercício do poder familiar, são usufrutuários dos bens dos filhos e têm a administração dos bens dos filhos menores sob sua autoridade. A própria lei, entretanto, determina a exclusão do usufruto e da administração, nessa condição, de certos bens. Assim exposto, considere as proposições abaixo e assinale a incorreta:

(A) Excluem-se do usufruto e da administração dos pais os bens adquiridos pelo filho havido fora do casamento, antes do reconhecimento;
(B) Excluem-se do usufruto e da administração dos pais os valores auferidos pelo filho maior de dezesseis anos, no exercício de atividade profissional e os bens com tais recursos adquiridos;
(C) Excluem-se do usufruto e da administração dos pais os bens deixados ou doados ao filho, sob a condição de não serem usufruídos, ou administrados, pelos pais;
(D) Excluem-se do usufruto e da administração dos pais os bens que aos filhos couberem na herança, quando os pais, embora casados, se encontrarem separados de fato.

Art. 1.693 do CC. Gabarito "D"

(Magistratura/MS – 2008 – FGV) Ocorre a suspensão do poder familiar, quanto ao pai ou à mãe, quando condenados por sentença irrecorrível, cuja pena exceda a:

(A) 1 ano.
(B) 2 anos.
(C) 3 anos.
(D) 4 anos.
(E) 5 anos.

A alternativa "b" está correta, pois reflete o disposto no art. 1.637, par. único, do CC. Gabarito "B"

(Magistratura/MG – 2007) Cuidando da proteção do menor e do adolescente, a lei assegura a sua colocação em família substituta. Na forma da Lei n. 8.069/90, referente à guarda da criança ou do adolescente, é CORRETO afirmar que a guarda:

(A) obriga a prestação de assistência integral à criança ou adolescente, conferindo a seu detentor o direito de opor-se a terceiros, inclusive aos pais.
(B) destina-se formalizar a posse de fato somente nos procedimentos de adoção.
(C) não confere à criança ou adolescente a condição de dependente, para todos os fins e efeitos de direito.
(D) é irrevogável.

A alternativa "a" está correta, pois reflete o disposto no art. 33 da Lei 8.069/90. Gabarito "A"

(Magistratura/MG – 2006) Conforme disposto, expressamente, na Lei 8.069, de 13/07/1990 ("Estatuto da Criança e do Adolescente"), em relação à colocação da criança ou do adolescente em família substituta, é CORRETO afirmar que:

(A) sempre que possível, a criança ou adolescente deverá ser previamente ouvido e a sua opinião devidamente considerada;
(B) a colocação em família substituta admitirá transferência da criança ou adolescente a terceiros ou a entidades governamentais ou não governamentais, mesmo sem autorização judicial;
(C) a colocação em família substituta estrangeira constitui medida normal e regular, admissível em qualquer modalidade;
(D) a colocação em família substituta far-se-á somente na modalidade de adoção.

A: correta (art. 28, §1º, da Lei 8.069/90); B: incorreta (art. 30 da Lei 8.069/90); C: incorreta (art. 31 da Lei 8.069/90); D: incorreta (art. 28, caput, da Lei 8.069/90). Gabarito "A"

(Magistratura/PA – 2005) Segundo o Código Civil, é correto afirmar que:

(A) o tutor pode dispor dos bens do menor a título gratuito.
(B) para fiscalização dos atos do tutor, pode o juiz nomear um protutor.
(C) o tutor é obrigado a servir por espaço de 3 (três) anos.
(D) a sentença que declara a interdição só produz efeitos após o trânsito em julgado.
(E) a autoridade do curador limita-se ao curatelado, não se estendendo à pessoa e aos bens dos filhos do curatelado, ainda que incapazes.

A: incorreta (art. 1.749, II, do CC); B: correta (art. 1.742 do CC); C: incorreta (art. 1.765 do CC); D: incorreta (art. 1.773 do CC); E: incorreta (art. 1.778 do CC). Gabarito "B"

(Magistratura/RO – 2011 – PUCPR) Avalie as assertivas abaixo:

I. A guarda unilateral será requerida pelo pai ou pela mãe e será conferida ao genitor que revele melhores condições de exercê-la; a guarda compartilhada somente será decretada em se verificando consenso entre os genitores quanto a ela, em ação específica originalmente proposta na forma consensual.

II. A autorização dos pais, ou de seus representantes legais, para casamento de filho com dezesseis anos somente poderá ser revogada até a data da publicação dos proclamas.

III. Não devem casar o tutor com a pessoa tutelada enquanto não cessar a tutela e não estiverem saldadas as respectivas contas.

IV. O casamento de brasileiro celebrado no estrangeiro deverá ser registrado em cento e oitenta dias, a contar da volta de um ou de ambos os cônjuges ao Brasil, no cartório de seu respectivo domicílio.

Está(ão) CORRETA(S):

(A) Apenas a assertiva III.
(B) Apenas as assertivas III e IV.
(C) Apenas as assertivas II e III.
(D) Apenas a assertiva I.
(E) Todas as assertivas.

I: incorreta, pois a guarda compartilhada pode ser requerida na ação de separação, divórcio, dissolução de união estável ou em ação cautelar, ou até mesmo ser decretada pelo juiz, nos termos do art. 1.584, do CC; II: incorreta, pois a autorização pode ser revogada até a celebração do casamento (art. 1.518 do CC); III: correta (art. 1.523, IV, do CC); IV: correta (art. 1.544 do CC). Gabarito "B"

(Magistratura/RS – 2009) Ao ensejo da separação judicial de Carlos e Cláudia, o juiz determinou que a guarda do filho do casal, Mário, então com 16 anos de idade, ficaria com o pai. Por considerar que o filho já tinha maturidade suficiente para dirigir sua pessoa e administrar seus bens, Carlos elaborou um instrumento particular de emancipação e o encaminhou para o registro competente, sem que a mãe do menor tivesse conhecimento. Na hipótese, a emancipação

(A) é válida, pois cabe prioritariamente ao pai emancipar o filho.
(B) é válida, pois o pai, por estar com a guarda do filho, detém o poder familiar com exclusividade.
(C) é válida, pois qualquer dos genitores pode emancipar o filho, independentemente da vontade do outro.
(D) não é válida, exclusivamente porque o poder familiar deve ser exercido em igualdade de condições pelo pai e pela mãe.
(E) não é válida porque, além de o poder familiar dever ser exercido em igualdade de condições pelo pai e pela mãe, a emancipação voluntária somente pode ser materializada por instrumento público.

A alternativa "e" está correta, pois reflete o disposto nos arts. 5º, parágrafo único, I, e 1.631, ambos do CC. Gabarito "E"

(Magistratura/SC – 2010) Assinale a alternativa correta:

I. Após homologação judicial, extingue-se o poder familiar pela emancipação derivada da concessão por ambos os pais ou de um deles na falta do outro, se o menor tiver 16 (dezesseis) anos completos. Se houver discordância entre os pais na concessão ou não da emancipação é assegurado o direito de um dos genitores ou de o menor recorrer ao Poder Judiciário.
II. Não basta o adultério da mulher, com quem o marido vivia sob o mesmo teto, para ilidir a presunção legal da paternidade do filho. No entanto, a confissão materna, a critério do juiz, pode ser considerada suficiente como meio de prova para a exclusão da paternidade.
III. A perda do poder familiar é uma sanção imposta por sentença judicial ao pai ou à mãe que executar atos que a justificam, como por exemplo uso abusivo de álcool ou de entorpecentes, prática de obscenidades no lar testemunhadas pelo menor ou submissão da criança ou adolescente a abuso sexual.
IV. O Código Civil prevê que, se o pai ou a mãe que deve alimentos em primeiro lugar não estiver em condições de suportar totalmente o encargo, os avós podem ser obrigados a prestar alimentos aos netos. Esta obrigação não tem o caráter de solidariedade mas o de subsidiariedade e de complementaridade.

(A) Somente as proposições I, III e IV estão corretas.
(B) Somente as proposições III e IV estão corretas.
(C) Somente as proposições II e IV estão corretas.
(D) Somente as proposições II e III estão corretas.
(E) Todas as proposições estão corretas.

I: incorreta. O poder familiar extingue-se com a emancipação (art. 1.635, II, do CC), que poderá ocorrer pela concessão dos pais, ou de um deles na falta do outro, mediante instrumento público, <u>independentemente de homologação judicial</u>, ou por sentença do juiz, ouvido o tutor, se o menor tiver dezesseis anos completos (art. 5º, par. único, I, do CC); II: incorreta, pois não basta a confissão materna para excluir a paternidade (art. 1.602 do CC); III: correta, pois a alternativa traz o conceito correto de perda de poder familiar; IV: correta, pois se o parente, que deve em primeiro lugar, não estiver em condições de suportar totalmente o encargo, serão chamados a concorrer os de grau imediato; por exemplo, se o pai não tem condições de arcar com o valor mínimo necessário para a subsistência de seu filho, pode-se chamar o seu pai (avô da criança) para arcar com o complemento do encargo; a responsabilidade dos avós não é direta, mas subsidiária e complementar; assim, não se pode querer acionar os avós diretamente, só porque estes têm melhores condições; deve-se acionar primeiramente o pai ou a mãe da criança e, no caso de impossibilidade de prestar os alimentos, total ou parcialmente, pode-se intentar a ação contra os avós (progenitores), para que estes arquem com toda a pensão ou com o complemento desta, respectivamente (STJ, REsp 1.077.010, j. em 07/10/11) – art. 1.696 do CC. Gabarito "B".

(Magistratura/SP – 178º) Um só destes enunciados é verdadeiro em face do Estatuto da Criança e do Adolescente. Indique-o.

(A) A morte dos adotantes restabelece o poder familiar dos pais naturais.
(B) A adoção é irrevogável.
(C) A adoção do menor de dezesseis anos prescinde do seu consentimento.
(D) É inadmissível o deferimento de adoção a adotante falecido antes da sentença.

A: falso (art. 49 da Lei 8.069/90); B: verdadeiro (art. 39, § 1º, da Lei 8.069/90); C: falso (art. 45, § 2º, da Lei 8.069/90); D: falso (art. 42, § 6º, da Lei 8.069/90). Gabarito "B".

(Ministério Público/BA – 2004) Analise o enunciado da questão abaixo e assinale a alternativa correta: No dia 09.11.93, na cidade de Taquarinha – BA, nasceu a criança Mirtes, filha de Paulino e Antonieta Silva. Três anos depois de nascida, com o consentimento de seus pais naturais, Mirtes foi adotada por Terêncio e Marionete Mota, conviventes havia mais de cinco anos. Quatro anos após o processo adotivo, regularmente tramitado na Comarca referenciada, Terêncio e Marionete foram vítimas fatais de um grave acidente. Frente à situação verificada, qual a conseqüência jurídica dos pais adotivos relativamente ao poder familiar?

(A) O poder familiar dos pais naturais será restabelecido, como forma de tutela do menor.
(B) Será restabelecido o poder familiar, desde que haja a designação de um tutor, devendo recair esta tutoria, necessariamente, nos pais naturais.
(C) A morte dos adotantes não tem o condão de restaurar o poder familiar dos pais naturais, dada a irrevogabilidade da adoção, prevista no ECA e aceita pelo Código Civil.
(D) O poder familiar dos pais naturais não será restabelecido, já que decorridos mais de dois anos da adoção.
(E) Será restabelecido o poder familiar dos pais naturais, caso se verifique a situação de abandono da criança.

Arts. 39, § 1º, e 49 da Lei 8.069/90. Gabarito "C".

(Ministério Público/MG – 2010.1) Assinale a alternativa INCORRETA.

(A) Tendo sido, em testamento, nomeados dois ou mais tutores, sem precedência, entende-se que a tutela foi cometida ao primeiro, sucedendo-lhe os demais.
(B) O MP poderá pedir nomeação de tutor a menor abandonado, e o juiz nomear ou mandar recolhê-lo a estabelecimento público para este fim destinado.
(C) O tutor poderá alienar bem imóvel de menor de 16 anos, utilizando o fruto apurado na sua educação e sustento, prestando contas no final do termo da tutela.
(D) Cessam as atribuições do tutor com a maioridade ou a emancipação do menor, ao ser removido, no caso de reconhecimento de adoção e ao expirar o termo.
(E) Pode o MP requerer a interdição de pessoa doente mental grave, se os pais, tutores ou cônjuge demonstrarem abandono total ou desleixo com o doente.

A: correta, pois a assertiva reflete o disposto no art. 1.733, § 1º, do CC; B: correta, de acordo com a redação antiga do art. 1.734 do CC, pois a Lei 12.010/2009 alterou o citado artigo: "As crianças e os adolescentes cujos pais forem desconhecidos, falecidos ou que tiverem sido suspensos ou destituídos do poder familiar terão tutores nomeados pelo Juiz ou serão incluídos em programa de colocação familiar, na forma prevista pela <u>Lei nº 8.069, de 13 de julho de 1990 - Estatuto da Criança e do Adolescente</u>"; C: incorreta, pois a alienação de bem imóvel dependerá de autorização judicial (art. 1.748, IV, do CC) e a prestação de contas é periódica (art. 1.757 do CC) ; D: correta, pois a assertiva reflete o disposto nos arts. 1.763 e 1.764, I, do CC; E: correta, pois a assertiva reflete o disposto no art. 1.769 do CC. Gabarito "C".

(Ministério Público/MS – 2006) Assinale a alternativa INCORRETA:

Não podem ser tutores e serão exonerados da tutela caso a exerçam:

(A) Aqueles que não tiverem a livre administração de seus bens.
(B) Aqueles que exercerem a função pública incompatível com a boa administração da tutela.
(C) As pessoas de mau procedimento, com falha de probidade, e as culpadas em tutorias anteriores.
(D) Aqueles que não cumprirem os demais deveres que normalmente cabem aos pais.

Art. 1.735 do CC. Gabarito "D".

(Ministério Público/MS – 2006) Conforme prevê o art. 1.763, cessa a condição de tutelado:

(A) Ao expirar o termo em que era obrigado a servir.
(B) Ao sobrevir escusa legítima.
(C) Ao cair o menor sob o poder familiar no caso de reconhecimento ou adoção.
(D) Ao sobrevir escusa legítima e ao ser removido.

A alternativa "c" está correta, pois reflete o disposto no art. 1.763, II, do CC. Gabarito "C".

(Ministério Público/MS – 2006) Assinale a alternativa CORRETA:

(A) O adotante há de ser pelo menos 18 anos mais velho que o adotado.
(B) O adotante há de ser pelo menos 21 anos mais velho que o adotado e possuir condições econômicas para criá-lo.
(C) O adotante há de ser pelo menos 16 anos mais velho que o adotado.
(D) O adotante há de ser pelo menos 17 anos mais velho que o adotado e possuir condições econômicas para criá-lo.

Art. 42, § 3º, da Lei 8.069/90. Gabarito "C".

(Ministério Público/MS – 2006) Para fiscalização dos atos do tutor pode o juiz nomear:

(A) Tutor adjunto.
(B) Protutor.
(C) Curador.
(D) Tutor responsável.

A alternativa "b" está correta, pois reflete o disposto no art. 1.742 do CC. *Gabarito "B".*

(Ministério Público/RO - 2006) Assinale a alternativa correta:

São proibidos de exercer a tutela:
(A) os que tiverem conflito de interesses com o menor;
(B) os inimigos do menor ou de seus pais;
(C) os que residam longe do local onde se deva exercer a tutela;
(D) os que já estejam exercendo tutela;
(E) as alternativas "a" e "b" estão corretas.

A e B: corretas (art. 1.735, II e III, do CC). *Gabarito "E".*

(Ministério Público/RO - 2006) Assinale a alternativa INCORRETA:

Em se tratando de tutela:
(A) a sentença judicial que declara a interdição produz efeitos somente após o seu trânsito em julgado;
(B) o cônjuge ou companheiro, não separado judicialmente ou de fato, é, de direito, o curador do outro, quando interdito;
(C) não havendo cônjuge ou companheiro, é curador legítimo o pai ou a mãe; na falta destes, o descendente que se mostrar mais apto;
(D) na falta de cônjuge, companheiro, pai, mãe ou descendentes, a escolha do curador cabe ao juiz;
(E) a autoridade do curador estende-se à pessoa do interdito, bem como também aos bens dos filhos do curatelado.

A: incorreta (art. 1.773 do CC); B: correta (art. 1.775, *caput*, do CC); C: correta (art. 1.775, §1º, do CC); D: correta (art. 1.775, §3º, do CC); E: correta (art. 1.778 do CC). *Gabarito "A".*

(Ministério Público/RO - 2006) Assinale a alternativa correta:

Segundo dispõe o art. 1.691 do Código Civil, não podem os pais alienar, ou gravar de ônus real os imóveis dos filhos, nem contrair, em nome deles, obrigações que ultrapassem os limites da simples administração, salvo por necessidade ou evidente interesse da prole, mediante prévia autorização do juiz. Podem pleitear a declaração de nulidade dos atos previstos neste artigo:

(A) os filhos;
(B) o Ministério Público;
(C) o representante legal;
(D) as alternativas "a" e "b" estão corretas;
(E) as alternativas "a" e "c" estão corretas.

A alternativa "e" está correta, pois reflete o disposto no art. 1.691, parágrafo único, do CC. *Gabarito "E".*

(Ministério Público/SC – 2010) Julgue os seguintes itens.

I. Decretada a separação judicial, o casal pode a qualquer tempo restabelecer a sociedade conjugal, bastando, para tanto, que retornem à coabitação.
II. A união entre o homem e a mulher com o objetivo de constituir família e configurada na convivência pública, contínua e duradoura, é reconhecida como entidade familiar, desde que não incidam os conviventes nos impedimentos para o casamento, salvo, se casados, estiverem separados judicialmente ou de fato; havendo impedimento para o casamento, a união será considerada concubinato.
III. Os filhos havidos por fecundação artificial homóloga depois do falecimento do pai não se presumem concebidos na constância do casamento, salvo se houver autorização do marido falecido para a fecundação *post mortem*, em escrito particular ou testamento.
IV. A guarda é uma das manifestações do poder familiar e pode ser exercida pelos genitores de forma unilateral, observado o direito de visitas àquele que não detiver a guarda, ou compartilhada. Não havendo razões que desaconselhem a concessão da guarda a quaisquer dos genitores, na falta de consenso entre eles o juiz, ao decidir, deverá dar preferência, sempre que possível, à guarda compartilhada.
V. Caracterizada a prática de atos típicos de alienação parental, o juiz poderá utilizar amplamente dos instrumentos processuais aptos a inibir ou atenuar seus efeitos, inclusive a inversão da guarda ou a fixação de guarda compartilhada.

(A) Apenas as assertivas I, II e IV estão corretas.
(B) Apenas as assertivas III e IV estão corretas.
(C) Apenas as assertivas II e V estão corretas.
(D) Apenas as assertivas I, III e V estão corretas.
(E) Apenas as assertivas II, IV e V estão corretas.

I: incorreta, pois o restabelecimento da sociedade conjugal depende de ato regular em juízo (art. 1.577 do CC); II: correta (art. 1.723 do CC); III: incorreta, pois os filhos havidos por fecundação artificial homóloga presumem-se concebidos na constância do casamento, mesmo que falecido o marido (art. 1.597, III, do CC); IV: correta (arts. 1.583, caput, 1.584, § 2º; V, e 1.589, todos do CC): correta (art. 6º, V, da Lei 12.318/2010). *Gabarito "E".*

(Ministério Público/SP – 2008) Sobre as relações patrimoniais entre pais e filhos, assinale a alternativa correta.

(A) O pai ou a mãe que abusarem de sua autoridade, arruinando os bens dos filhos, poderão sofrer a suspensão do poder familiar e, na reiteração, a sua destituição.
(B) Na administração dos rendimentos e dos bens dos filhos, os pais ficam sujeitos a apresentar contas e também a prestar caução para garantir o fiel cumprimento de seu encargo.
(C) Os valores auferidos pelos filhos no exercício de atividade profissional estão sujeitos ao poder familiar, independentemente da idade.
(D) Os bens adquiridos pelos filhos maiores de dezesseis anos em decorrência do exercício de atividade profissional estão sujeitos ao poder familiar.
(E) Ficam sujeitos à administração e ao usufruto dos pais os bens doados ao filho, independentemente de qualquer condição.

A: correta (arts. 1.637 e 1.638, IV, do CC); B: incorreta (art. 1.689, II, do CC); C e D: incorreta (art. 1.693, II, do CC); E: incorreta (art. 1.693, III, do CC). *Gabarito "A".*

(Defensor Público/AM – 2010 – I. Cidades) A regulamentação da guarda dos filhos de pais separados no direito brasileiro vem sofrendo alterações desde Lei do Divórcio (Lei 6.515/77), procurando atender à orientação constitucional de prevalência do interesse e de ampla proteção à criança e ao adolescente. Assim, o ordenamento jurídico brasileiro prevê:

(A) a guarda unilateral, atribuída a um só dos genitores, não se admitindo a sua substituição por outra pessoa, na qual a responsabilização é conjunta dos pais que não vivem sob o mesmo teto, concernentes ao poder familiar dos filhos comuns.
(B) a guarda compartilhada, em que há responsabilização individual e intercalada e o exercício de direitos e deveres do pai e da mãe que não vivam sob o mesmo teto, concernentes ao poder familiar dos filhos comuns.
(C) a guarda unilateral, atribuída a um só dos genitores ou a alguém que o substitua; e a guarda compartilhada, aquela em que há responsabilização conjunta e o exercício de direitos e deveres do pai e da mãe que não vivam sob o mesmo teto, concernentes ao poder familiar dos filhos comuns.
(D) a guarda unilateral, atribuída a ambos os genitores, a cada um individualmente e ao seu tempo; e a guarda compartilhada, aquela cuja responsabilização é conjunta e o exercício de direitos e deveres do pai e da mãe, desde que vivam sob o mesmo teto, concernentes ao poder familiar dos filhos comuns.
(E) a guarda unilateral, atribuída aos dois genitores, um em substituição ao outro, desde que a prole more com ambos simultaneamente; e a guarda compartilhada, aquela em que há responsabilização simultânea e o exercício de direitos e deveres do pai e da mãe que não vivam sob o mesmo teto, concernentes ao poder familiar dos filhos comuns.

Art. 1.583 do CC. *Gabarito "C".*

(Defensoria Pública/MG – 2006) Acerca dos menores de 18 anos, é INCORRETO afirmar que

(A) A maioridade é obtida pelo mero decurso do tempo, sem necessidade de registro cartorial.

(B) Crianças e adolescentes tem direito de serem atendidos pela Defensoria Pública, inclusive, quando houver conflito entre interesses do menor e de seus pais.

(C) Crianças e adolescentes tem garantia legal de liberdade religiosa, de crenças e de idéias.

(D) Maiores de 16 anos podem testar e ser mandatários, sem necessidade de assistência.

(E) Só o maior de 16 anos pode manifestar-se, recusando-se a ser adotado.

A: correta (art. 5º do CC); B: correta (art. 141 da Lei 8.069/90); C: correta (art. 16 da Lei 8.069/90); D: correta (art. 1.860, parágrafo único e 666, do CC); E: incorreta (art. 45, §2º, da Lei 8.069/90). Gabarito "E".

(Defensoria/MT – 2009 – FCC) De acordo com o Direito da Infância e da Juventude:

(A) Considera-se criança, para os efeitos desta Lei, a pessoa até doze anos de idade completos, e adolescente aquela entre treze e dezoito anos de idade.

(B) O reconhecimento do estado de filiação é direito personalíssimo, indisponível e imprescritível, podendo ser exercitado contra os pais ou seus herdeiros, sem qualquer restrição, em procedimento dotado de ampla publicidade com vistas à preservação de interesses de terceiros.

(C) A colocação em família substituta estrangeira constitui medida excepcional, somente admissível na modalidade de adoção ou de tutela.

(D) É proibido qualquer trabalho a menores de dezesseis anos de idade, salvo na condição de aprendiz, a partir de doze anos de idade.

(E) Sem prévia e expressa autorização judicial, nenhuma criança ou adolescente nascido em território nacional poderá sair do País em companhia de estrangeiro residente ou domiciliado no exterior.

A: incorreta, pois, segundo o art. 2º, caput, da Lei 8.069/90, considera-se criança a pessoa até doze anos de idade **incompletos**, e adolescente aquela entre **doze** e dezoito anos de idade; B: incorreta, pois o processo de reconhecimento do estado de filiação observará o segredo de justiça, conforme disposto no art. 27 da Lei 8.069/90; C: incorreta, pois a colocação em família substituta estrangeira somente é admissível na modalidade de adoção, conforme art. 31 da Lei 8.069/90; D: incorreta, pois é proibido qualquer trabalho aos menores de **quatorze anos de idade**, conforme art. 60 da Lei 8.069/90; E: correta, pois a assertiva reflete o disposto no art. 85 da Lei 8.069/90. Gabarito "E".

(Defensoria Pública/MT – 2006) Acerca da tutela, nos termos do Código Civil, é correto afirmar:

(A) Podem escusar-se da tutela nubentes prestes a contrair casamento.

(B) O tutor representa e assiste o tutelado nos atos da vida civil e penal.

(C) O direito de nomear tutor compete aos pais, em conjunto ou separadamente.

(D) É valida a nomeação de tutor pelo pai ou pela mãe que, ao tempo de sua morte, não tinha o poder familiar.

(E) A nomeação de tutor pelos genitores deverá constar de testamento ou de outro documento autêntico.

A: incorreta (art. 1.736 do CC); B: incorreta (arts. 1.740 e 1.741 do CC); C: incorreta (art. 1.729 do CC); D: incorreta (art. 1.730 do CC); E: correta (art. 1.729, parágrafo único, do CC). Gabarito "E".

(Defensoria Pública/MT – 2006) O Estatuto da Criança e do Adolescente define família natural e disciplina a colocação em família substituta. Sobre a matéria, assinale a afirmativa correta.

(A) Família natural é a comunidade formada pelos pais ou qualquer deles e seus descendentes.

(B) O reconhecimento dos filhos havidos fora do casamento não poderá dar-se por testamento.

(C) A situação jurídica da criança ou adolescente é fator preponderante para efeitos da colocação em família substituta.

(D) É vedada a colocação em família substituta estrangeira.

(E) As crianças com menos de oito anos de idade não serão previamente ouvidas sobre a colocação em família substituta.

A: correta (art. 25 da Lei 8.069/90); B: incorreta (art. 26 da Lei 8.069/90); C: incorreta (art. 28 da Lei 8.069/90); D: incorreta (art. 31 da Lei 8.069/90); E: incorreta (art. 28, §1º, da Lei 8.069/90). Gabarito "A".

(Defensoria Pública/MT – 2006) Sobre a adoção, prevista no Estatuto da Criança e do Adolescente, é correto afirmar:

(A) A adoção independe do consentimento dos pais ou do representante legal do adotando.

(B) A sentença judicial não constitui vínculo de adoção.

(C) Em se tratando de adotando maior de 12 (doze) anos de idade, será também necessário o seu consentimento.

(D) Não podem adotar os ascendentes e os primos do adotando.

(E) Quando o adotando for maior de doze anos de idade, admite-se a adoção por procuração.

A: incorreta (art. 45 da Lei 8.069/90); B: incorreta (art. 47 da Lei 8.069/90); C: correta (art. 45, §2º, da Lei 8.069/90); D: incorreta (art. 42, §1º, da Lei 8.069/90); E: incorreta (art. 39, § 2º, da Lei 8.069/90). Gabarito "C".

(Defensoria Pública/SP – 2007) Em matéria de adoção, é correto afirmar:

(A) A sentença de adoção possui eficácia *ex tunc* e portanto é válida a adoção se no curso do processo houver falecimento do adotante.

(B) A adoção *intuitu personae* é a regra que vigora na praxe forense das varas que cuidam de adoção, porque atende ao princípio da prevalência dos interesses da criança.

(C) O Código Civil prevê em um de seus artigos que "não se pode adotar sem o consentimento do adotado ou de seu representante legal se for incapaz ou nascituro", o que leva a doutrina a aceitar a adoção de nascituro de forma pacificada.

(D) A adoção do maior de 18 anos só pode ocorrer por processo judicial, sendo necessária a participação do Ministério Público e deve ser processada nas varas de família.

(E) A adoção e a guarda judicial não permitem que a guardiã possa pleitear licença maternidade.

A: incorreta (art. 47, § 7º, da Lei 8.069/90); B: incorreta, pois a adoção intuitu personae é aquela que ocorre quando os próprios pais biológicos escolhem a pessoa que irá adotar seu filho. Tal modalidade de adoção não é expressamente autorizada no atual ordenamento jurídico, mas em que pese a inexistência de previsão legal para esta modalidade de adoção, há quem sustente que ela é possível, uma vez que também não é vedada. Nesse sentido, Maria Berenice Dias: "E nada, absolutamente nada impede que a mãe escolha quem sejam os pais de seu filho. Às vezes é a patroa, às vezes uma vizinha, em outros casos um casal de amigos que têm uma maneira de ver a vida, uma retidão de caráter que a mãe acha que seriam os pais ideais para o seu filho. É o que se chama de adoção intuitu personae, que não está prevista na lei, mas também não é vedada. A omissão do legislador em sede de adoção não significa que não existe tal possibilidade. Ao contrário, basta lembrar que a lei assegura aos pais o direito de nomear tutor a seu filho (CC , art. 1.729). E, se há a possibilidade de eleger quem vai ficar com o filho depois da morte, não se justifica negar o direito de escolha a quem dar em adoção" (Adoção e a espera do amor, vide: www.mariaberenice.com.br). No julgamento do o STJ entendeu pela possibilidade da adoção intuitu personae, bem como pela prevalência desta sobre a ordem do cadastro geral de adoção quando comprovado o vínculo de afetividade, mas não se trata de praxe forense, eis que não prevista expressamente; C: incorreta, pois a doutrina não é pacífica quanto a este tema. O artigo 372 do Código Civil de 1916 previa a possibilidade de adoção do nascituro, porém, o Código Civil atual não manteve tal previsão. Ademais, o Estatuto da Criança e Adolescente prevê a necessidade de estágio de convivência entre adotado e adotante (art. 46); D: correta, pois a assertiva reflete o disposto no art. 1.619 do CC; E: incorreta (art. 392 da CLT). Gabarito "D".

(Delegado/MG – 2007) Assinale a alternativa CORRETA de acordo com as normas do Código Civil em vigor.

(A) O pedido de suspensão do poder familiar pode ser formulado por algum parente, pelo Ministério Público ou até mesmo de ofício e, cessados os motivos, pode ser restabelecido o poder parental.

(B) O castigo imoderado, a prática de atos contrários à moral e o bom costume, deixar o filho em abandono e condenação dos pais em crime cuja pena exceda a 2 anos de prisão, são causas de perda do poder familiar.

(C) Suspenso o poder familiar, o genitor perde todos os direitos em relação ao filho, com a exceção do usufruto legal.
(D) Não podem exercer a tutela: aqueles que não detiverem a livre administração de seus bens; os inimigos do menor; os condenados por crime de furto, roubo ou estelionato; mulheres casadas; os maiores de 60 anos.

A: correta, pois a assertiva reflete o disposto no art. 1.637 do CC; B: incorreta, pois a condenação dos pais é causa de suspensão do poder familiar (art. 1.637, parágrafo único, do CC); C: incorreta (art. 1.689 do CC); D: incorreta (art. 1.735 do CC). Gabarito "A".

(Delegado/RJ – 2009 – CEPERJ) Acerca do poder familiar no Código Civil, é incorreta a seguinte afirmação:

(A) Os filhos estão sujeitos ao poder familiar, enquanto menores.
(B) A separação judicial, o divórcio e a dissolução da união estável não alteram as relações entre pais e filhos, senão quanto ao direito, que aos primeiros cabe, de terem em sua companhia os segundos.
(C) Durante o casamento e a união estável, compete o poder familiar aos pais; na falta ou impedimento de um deles, o outro o exercerá com exclusividade.
(D) Compete aos pais, quanto à pessoa dos filhos menores, dirigir-lhes a criação e a educação.
(E) Extingue-se o poder familiar do pai ou da mãe condenados por sentença irrecorrível.

A: correta, pois a assertiva reflete o disposto no art. 1.630 do CC; B: correta, pois a assertiva reflete o disposto no art. 1.632 do CC; C: correta, pois a assertiva reflete o disposto no art. 1.631, *caput*, do CC; D: correta, pois a assertiva reflete o disposto no art. 1.634, I, do CC; E: incorreta, pois a condenação por sentença irrecorrível não é causa de extinção do poder familiar (art. 1.635 do CC). Gabarito "E".

(Cartório/SP – 2008) A adoção avoenga

(A) é permitida somente em relação a menores.
(B) é permitida somente em relação a maiores.
(C) dispensa o estágio de convivência em decorrência do vínculo havido entre as partes.
(D) é proibida.

A assertiva "d" está correta, pois reflete o disposto no art. 42, § 1º, da Lei 8.069/90 (adoção pelos avós). Gabarito "D".

(Defensoria Pública da União – 2010 – CESPE) Em cada um dos itens a seguir, é apresentada uma situação hipotética, seguida de uma assertiva a ser julgada acerca da adoção.

(1) Antônio e Joana, casados entre si, resolveram adotar uma criança. Durante o processo de adoção, iniciado o estágio de convivência, eles se separaram de fato e se divorciaram. Nessa situação, será ainda possível a adoção por esses interessados, desde que comprovado o vínculo de afinidade e afetividade com aquele que não é detentor da guarda acordada entre eles.
(2) Um menor foi deixado na residência de um casal e ali conviveu por dois anos, até que se iniciasse o processo de adoção. Nessa situação, como o casal possui a guarda de fato do adotado, será dispensada a realização do estágio de convivência nesse processo.

1: Certa, pois a assertiva está de acordo com o art. 42, § 4º, da Lei 8.069/90; 2: Errada, pois a assertiva não está de acordo com o disposto no art. 46 da Lei 8.069/90. Gabarito 1C, 2E.

(FGV – 2005) Segundo o Código Civil, é correto afirmar que:

(A) o tutor pode dispor dos bens do menor a título gratuito.
(B) para fiscalização dos atos do tutor, pode o juiz nomear um protutor.
(C) o tutor é obrigado a servir por espaço de 3 (três) anos.
(D) a sentença que declara a interdição só produz efeitos após o trânsito em julgado.
(E) a autoridade do curador limita-se ao curatelado, não se estendendo à pessoa e aos bens dos filhos do curatelado, ainda que incapazes.

A: incorreta (art. 1.749, II, do CC); B: correta (art. 1.742 do CC); C: incorreta (art. 1.765 do CC); D: incorreta (art. 1.773 do CC); E: incorreta (art. 1.778 do CC). Gabarito "B".

(FGV – 2008) Ocorre a suspensão do poder familiar, quanto ao pai ou à mãe, quando condenados por sentença irrecorrível, cuja pena exceda a:

(A) 1 ano.
(B) 2 anos.
(C) 3 anos.
(D) 4 anos.
(E) 5 anos.

Art. 1.637, parágrafo único, do CC. Gabarito "B".

7.5. ALIMENTOS

(Magistratura/MG – 2009 – EJEF) Marque a opção CORRETA. O direito a alimentos pode ser cobrado pelos:

(A) filhos aos pais, ou na falta destes, aos avós, sem reciprocidade.
(B) avós, na falta dos filhos, aos netos e bisnetos, indistintamente.
(C) filhos, na falta dos pais, diretamente aos tios.
(D) filhos, na falta dos pais, aos avós.

Art. 1.696 do CC. Gabarito "D".

(Magistratura/MT – 2009 – VUNESP) Em separação judicial consensual, Otávio obrigou-se a pagar 12 salários mínimos de pensão alimentícia a cada um dos dois filhos, acrescida de 13º salário. Um ano após a separação, constituiu uma nova união, nascendo desta mais um filho, ocasião em que também pediu demissão da empresa em que trabalhava como diretor comercial, para abrir seu próprio negócio. Considerando apenas que o nascimento de mais um filho e a nova união aumentaram suas despesas, Otávio ingressou com ação para rever o valor das pensões, pretendendo pagar 4 salários mínimos para cada um. Diante desse fato, aponte a alternativa correta.

(A) O simples fato de constituir nova família, resultando ou não em nascimento de filho, não importa no decréscimo da pensão alimentícia prestada a filhos havidos da união anterior, notadamente se a situação econômica do devedor permanece inalterada.
(B) A constituição de nova família e o nascimento de um outro filho importam no decréscimo da pensão alimentícia prestada a filhos havidos da união anterior, visto que é motivo suficiente para demonstrar uma inversão da situação econômica do devedor.
(C) Para eventual revisão do valor da pensão no caso em tela, não importa verificar a necessidade dos alimentandos, tampouco a situação econômica da genitora, visto que esses fatos foram considerados por ocasião da separação judicial.
(D) Os alimentos não podem ser fixados em salário mínimo, razão pela qual caberá sua revisão para adequá-lo a uma porcentagem da renda do alimentante, ainda que mensalmente variável, verificada pelos meios contábeis ordinários.
(E) Os alimentos devem ser fixados de acordo com a possibilidade momentânea do devedor, sendo possível revê-los a qualquer momento, não se considerando, na sua fixação, a condição social dos alimentados, mas apenas as necessidades básicas.

A alternativa A está correta, pois a constituição de uma nova família, com nascimento de filho, não justifica, "por si só", a redução de pensão alimentícia paga a filho de união anterior. Com essa conclusão, o ministro Cesar Asfor Rocha, do Superior Tribunal de Justiça (STJ), negou seguimento ao recurso especial em que H. tentava a revisão dos alimentos depositados para a menor J., sua filha da união anterior. O pedido foi encaminhado, em princípio, ao juízo de primeiro grau, que negou a revisão. De acordo com a sentença, "a constituição de nova prole é ato volitivo do autor que não pode prejudicar a requerida (filha da união anterior). Se o autor, sabendo de suas obrigações com a prole já existente, se acha em condições de constituir outra família, deve arcar com a responsabilidade". A decisão de primeiro grau destacou, ainda, ter a verba alimentícia caráter de irredutibilidade, podendo ser diminuída somente "mediante prova cabal na mudança da fortuna das partes". A sentença foi confirmada pelo Tribunal de Justiça de Minas Gerais (TJ-MG). Segundo a Corte de segundo grau, H. não comprovou a alteração de seus rendimentos nem a redução das necessidades da alimentada (J.). Para o TJ-MG, "a constituição de nova família pelo alimentante não justifica, por si só, a redução da pensão alimentícia". O TJ-MG reiterou o entendimento da sentença de que a pensão só pode ser reduzida "quando provada a situação fática de alteração na condição econômico-financeira do alimentante, que diz respeito à sua capacidade, ou modificação da necessidade do alimentado, não sendo razoável ter-se como elemento que autorize a diminuição do *quantum* (valor) o fato de haver o alimentante contraído nova família". A defesa de H. recorreu ao STJ alegando ser necessário o reconhecimento da diminuição de sua capacidade de continuar arcando com a verba alimentícia à menor no mesmo patamar acordado, em razão do nascimento de filha em nova união. Segundo o advogado de H., este fato comprova a alteração na condição financeira do alimentante. Ao negar seguimento ao recurso, o ministro Cesar Asfor Rocha destacou o entendimento do TJ-MG de que não houve comprovação da alteração do *status quo* (situação anterior ao pedido) do alimentante, "bem como não há prova de redução das necessidades da alimentanda". O ministro ressaltou a impossibilidade de se rever, em recurso especial, a questão da prova dos fatos alegados. "Rever o ponto é inviável nesta Corte, tendo em conta o óbice intransponível do verbete número 7 da Súmula/STJ." Cesar Rocha enumerou precedentes do STJ no mesmo sentido de sua decisão. "Conforme nossos precedentes, o só fato de o devedor de alimentos constituir nova família não determina a redução dos alimentos devidos a filho de união anterior." O ministro ressaltou ainda julgados com entendimento de que "a circunstância de o alimentante constituir nova família, com nascimento de filhos, por si só, não importa na redução da pensão alimentícia paga a filha havida de união anterior, sobretudo se não resta verificada a mudança para pior na situação econômica daquele" (fonte: www.stj.jus.br). Gabarito "A."

(Magistratura/PE – 2011 – FCC) O direito à prestação de alimentos obedece às seguintes regras:

I. É recíproco entre pais e filhos e extensivo a todos os ascendentes, recaindo a obrigação nos mais próximos em grau, uns em falta de outros.
II. Na falta de ascendentes e de descendentes, cabe a obrigação aos irmãos germanos, mas não aos unilaterais, salvo se apenas unilaterais houver.
III. Se o parente, que deve alimentos em primeiro lugar, não estiver em condições de suportar totalmente o encargo, serão chamados a concorrer os de grau imediato.
IV. Na falta dos ascendentes, cabe a obrigação aos descendentes, independentemente da ordem de sucessão.
V. Sendo várias as pessoas obrigadas a prestar alimentos, todas devem concorrer na proporção dos respectivos recursos, e, intentada ação contra uma delas, poderão as demais ser chamadas a integrar a lide.

Estão corretas APENAS

(A) I, II e III.
(B) I, III e V.
(C) I, IV e V.
(D) II, III e IV.
(E) III, IV e V.

I: correta (art. 1.696 do CC); II e IV: incorretas, pois, na falta dos ascendentes, cabe a obrigação aos descendentes, guardada a ordem de sucessão e, faltando estes, aos irmãos, assim germanos como unilaterais (art. 1.697 do CC); III e V: corretas (art. 1.698 do CC). Gabarito "B."

(Magistratura/SC – 2009) Em relação ao direito alimentar, assinale a alternativa INCORRETA:

(A) Na ação de alimentos, a ausência da parte autora à audiência de conciliação e julgamento importa no arquivamento do pedido, e a da parte ré na revelia, bem como na confissão quanto à matéria de fato.
(B) É vedado ao alimentando renunciar ao direito de alimentos, embora possa não exercer esse direito.
(C) O cônjuge declarado culpado na separação judicial não perde definitivamente o direito de pleitear alimentos contra o outro cônjuge.
(D) A decisão judicial sobre alimentos não faz coisa julgada material.
(E) Alimentos provisórios são os fixados de forma cautelar na ação investigatória de paternidade, e provisionais, os fixados na ação de alimentos.

A: correta, pois a assertiva reflete o disposto no art. 7º da Lei 5.478/68; B: correta, pois a assertiva reflete o disposto no art. 23 da Lei 5.478/68; C: correta, pois a assertiva reflete o disposto no art. 1.704, parágrafo único, do CC; D: correta, pois a assertiva reflete o disposto no art. 1.699 do CC; E: incorreta, pois os alimentos provisórios são aqueles fixados na ação de alimentos (art. 4º da Lei 5.478/68). Gabarito "E."

(Magistratura/SP – 180º) Em relação aos alimentos:

I. no cumprimento da obrigação alimentar pelos parentes, a solidariedade é relativa;
II. o direito aos alimentos é personalíssimo, imprescritível e intransmissível;
III. os alimentos são irrepetíveis e irrenunciáveis;
IV. têm os parentes, cônjuges ou companheiros, o dever de sustentar uns aos outros quando necessário.

São verdadeiras apenas as proposições

(A) I e II.
(B) II e IV.
(C) I, II e III.
(D) II e III.

I: errada (art. 1.698 do CC e enunciado CJF 342); II correta (de fato, o direito aos alimentos é (i) personalíssimo, pois tem como objetivo suprir as necessidades vitais daquele que não consegue supri-las com seus próprios meios, (ii) imprescritível, pois o direito a alimentos não cessa pelo seu não exercício e (iii) intransmissível, eis que falecido o beneficiário não se transmite aos herdeiros, somente a obrigação de prestar os alimentos transmite-se aos herdeiros); III: errada (os alimentos são, de fato, irrepetíveis; ocorre que, quanto se tratar de alimentos devidos em razão de casamento ou união estável, há divergências no concernente a ser prestação irrenunciável. Para o STF, são igualmente irrenunciáveis, conforme se infere da Súmula nº 379. Posteriormente, o STJ passou a entender de modo diverso, no sentido de que é possível a renúncia aos alimentos, verbis: "REsp 701902/SP (15/09/2005). Direito civil e processual civil. Família. Recurso especial. Separação judicial. Acordo homologado. Cláusula de renúncia a alimentos. Posterior ajuizamento de ação de alimentos por ex-cônjuge. Carência de ação. Ilegitimidade ativa. A cláusula de renúncia a alimentos, constante em acordo de separação devidamente homologado, é válida e eficaz, não permitindo ao ex-cônjuge que renunciou, a pretensão de ser pensionado ou voltar a pleitear o encargo. Deve ser reconhecida a carência da ação, por ilegitimidade ativa do ex-cônjuge para postular em juízo o que anteriormente renunciara expressamente. Recurso especial conhecido e provido." Em 2007, consolidando este entendimento, o STJ editou a súmula 336. Vide também enunciado CJF 263); IV: correta (art. 1.694 do CC). Gabarito "B."

(Ministério Público/BA – 2010) Segundo os ensinamentos do mestre Paulo Nader, o direito subjetivo aos alimentos vincula-se, umbilicalmente, aos valores de sobrevivência.

Assim, assinale a alternativa correta, após a aferição da veracidade das assertivas abaixo.

I. Os alimentos côngruos ou civis limitam-se a suprir as carências fundamentais da pessoa.
II. Enquanto direito real, o usufruto pode ser instituído visando a uma finalidade alimentar.
III. Como corolário de seu caráter personalíssimo, o direito subjetivo aos alimentos é incessível.
IV. Na conformidade do Código Civil em vigor, o direito a alimentos, por ser inerente à pessoa humana, é irrenunciável.
V. As obrigações derivadas de alimentos podem ser extintas mediante o instituto da compensação.

(A) F V V V F.
(B) V F V V F.
(C) V F F F V.
(D) F V F V V.
(E) V F F V V.

I: falsa, pois os alimentos naturais (ou necessários) é que tem essa finalidade; os alimentos côngruos (ou civis) são destinados a manter a condição social do alimentando (art. 1.694 do CC); II: verdadeira, nada impedindo que isso ocorra; um exemplo é um filho instituir o usufruto de um imóvel seu em favor de seu pai, idoso que necessite de alimentos, a fim de que seu pai, com renda obtida do imóvel aufira recursos para a sua subsistência; III: verdadeira (art. 1.707 do CC); IV: verdadeira, pois, de fato, o direito a alimentos não pode ser objeto de disposição, já que guarda relação com o próprio direito à vida, que é direito fundamental e de ordem pública; todavia, é possível *deixar de exercer o direito a alimentos* (art. 1.707 do CC), situação que não se confunde com a renúncia ao direito a alimentos, pois, no primeiro caso, deixa-se de pedir alimentos por um tempo, ao passo que a renúncia é definitiva, de modo que não pode se dar; outra exceção diz respeito à renúncia a prestações atrasadas, que também é admitida, pois, se tratar de meros créditos vencidos e não exercidos; sobre o tema, vale lembrar a Súmula nº 379 do STF, pela qual "no acordo de desquite não se admite renúncia aos alimentos, que poderão ser pleiteados ulteriormente, verificados os pressupostos legais"; se em algum documento aquele que tem direito a alimentos escrever que "renuncia" aos alimentos, deve-se entender que se trata de uma dispensa provisória destes, salvo se o cônjuge tenha sido aquinhoado com bens e rendas suficientes para sua manutenção, não sabendo conservá-los; V: falsa, pois os alimentos não podem ser objetos de compensação (art. 1.707 do CC). Gabarito "A."

(Ministério Público/MA – 2009) Quanto ao Direito de Família, assinale a resposta INCORRETA.

(A) É legalmente possível a fixação de alimentos, antes do nascimento da criança, e, conseqüentemente, da declaração de paternidade e do registro civil, pelo juiz, baseado em prova indiciária, para a mulher gestante, e a sua conversão em pensão alimentícia, em favor do infante, após o seu nascimento com vida.
(B) Na execução de alimentos, estando o devedor responsável pelo inadimplemento voluntário e inescusável, é legítima a determinação *ex officio* da sua prisão civil como meio de coerção psicológica ao cumprimento da obrigação.
(C) A recusa injustificada da mãe em realizar exame do DNA, em ação negatória de paternidade cumulada com anulatória de registro civil da nascimento, gera presunção *negativa* de paternidade.
(D) O cancelamento de pensão alimentícia de filho que atingiu a maioridade depende de decisão judicial, sendo imprescindível a observância do contraditório, ainda que isto se realize nos mesmos autos.
(E) Se o cônjuge declarado culpado, na separação judicial, vier a necessitar de alimentos, e não tiver parentes em condições de prestá-los, nem aptidão para o trabalho, o outro cônjuge será obrigado a assegurá-los, mas deve o juiz fixá-los tão somente no montante estritamente indispensável à sua sobrevivência.

A: correta, pois a assertiva reflete o disposto na Lei 11.804/2008, que trata dos alimentos gravídicos; B: incorreta, pois não obstante a redação imperativa do artigo 733, § 1º, do CPC, a prisão civil do devedor de alimentos não pode ser decretada de ofício; C: correta, pois a assertiva reflete o entendimento atual do STJ: "Da mesma forma que a recusa do suposto pai em submeter-se ao exame de DNA serve como elemento probatório para demonstração de paternidade, a insistente recusa da mãe em submeter o filho ao mesmo exame gera presunção de que o autor não é o pai da criança. Com esse entendimento, a Quarta Turma do Superior Tribunal de Justiça reconheceu uma negativa de paternidade e determinou a anulação do registro de nascimento do menor" (fonte: *notícias do STJ* – 26/05/2009); D: correta, pois a assertiva reflete a redação da Súmula 358 do STJ: "O cancelamento de pensão alimentícia de filho que atingiu a maioridade está sujeito à decisão judicial, mediante contraditório, ainda que nos próprios autos"; E: correta, pois a assertiva reflete o disposto no art. 1.704, parágrafo único, do CC. Gabarito "B".

(MINISTÉRIO PÚBLICO/DF – 27º – 2005) Acerca dos alimentos, assinale a alternativa correta.

(A) Sendo os alimentos concedidos com fundamento na lei de alimentos, como provisórios ou como provisionais em caráter cautelar, serão devidos até a decisão final, subsistindo a sua eficácia ainda que a sentença tenha reduzido o valor alimentar fixados em decisão liminar ou que, apesar de vencidos, não tenham sido quitados.
(B) O espólio tem a obrigação de prestar alimentos àquele a quem o *de cujus* devia, mesmo vencidos após a sua morte, enquanto não encerrado o inventário e pagas as quotas devidas aos sucessores.
(C) O Ministério Público tem legitimidade para propor, como substituto processual, ação ou execução de alimentos em benefício de menor de idade que se encontra sob a guarda e responsabilidade dos avós maternos, pessoas idosas e reconhecidamente pobres.
(D) Ajuizada ação de investigação de paternidade cumulada com alimentos, o autor tem direito a alimentos provisórios desde a citação, ainda que a sentença seja objeto de recurso. Sendo o investigado menor de idade, a responsabilidade pelo cumprimento da obrigação alimentar é de seus genitores.
(E) Julgada a ação de alimentos na qual foi confirmada a impossibilidade do genitor de sustentar o filho menor, os avós paternos assumem solidariamente com o filho o encargo familiar de menor. Assim, a sentença deverá condenar o pai e os avós solidariamente ao pagamento da verba alimentar na parte correspondente a contribuição paterna.

A: incorreta, pois reduzidos os alimentos provisionais na sentença o novo valor passa a vigorar de imediato; B: correta: "DIREITO CIVIL. OBRIGAÇÃO. PRESTAÇÃO. ALIMENTOS. TRANSMISSÃO. HERDEIROS. ART. 1.700 DO NOVO CÓDIGO CIVIL. 1 – O espólio tem a obrigação de prestar alimentos àquele a quem o *de cujus* devia, mesmo vencidos após a sua morte. Enquanto não encerrado o inventário e pagas as quotas devidas aos sucessores, o autor da ação de alimentos e presumível herdeiro não pode ficar sem condições de subsistência no decorrer do processo. Exegese do art. 1.700 do novo Código Civil. 2 – Recurso especial conhecido mas improvido" (STJ - REsp nº 219.199/ PB (1999/0052547-7). Rel. Min. Ruy Rosado de Aguiar, DJ 10/12/2003); C: incorreta, pois não se trata de hipótese que autoriza a substituição processual a legitimar o Ministério Público, cabendo aos avós, se o caso, buscarem a Defensoria Pública por se tratar de pessoas reconhecidamente pobres; D: incorreta, pois não cabem alimentos provisórios, na ação de investigação de paternidade, por falta de prova do parentesco (art. 2º da Lei de Alimentos); E: incorreta, pois a sentença deverá, nesse caso, condenar apenas os avós, eis que comprovada a impossibilidade do genitor; qualquer modificação da situação do genitor poderá ser objeto de nova ação de alimentos em face do genitor. Gabarito "B".

(Ministério Público/MG – 2010.1) Relativamente a alimentos, assinale a opção CORRETA.

(A) Exercido o credor o direito de cobrar alimentos, pode cedê-los a terceiros, oferecê-los em penhora ou compensação.
(B) Declarada insolvência do supridor, o alimentando pode exigir o cumprimento da obrigação ou prisão do devedor incontinenti.
(C) Considera-se recíproca a obrigação alimentar entre ascendentes e descendentes, afins e consanguíneos e irmãos germanos.
(D) São devidos alimentos, decorrentes de atos lícitos, ilícitos, testamentos, legados, promessa política e contratos.
(E) Compõem-se os alimentos de comida, moradia, vestuário, assistência médica, além da educação, se o alimentado for menor.

A: incorreta (art. 1.707 do CC); B: incorreta, pois no caso de insolvência decretada, seguirá a execução o rito especial (art. 762 do CPC); C: incorreta (art. 1.696 do CC); D: incorreta, os alimentos não são devidos em caso de promessa política; E: correta, pois de acordo com Silvio de Salvo Venosa, no Direito a compreensão do termo "alimentos" é ampla, "pois a palavra além de abranger os alimentos propriamente ditos, deve referir-se também à satisfação de outras necessidades essenciais da vida em sociedade" (*Direito Civil: direito de família*. 8 ed. – São Paulo: Atlas, 2008. p. 347). Gabarito "E".

(Ministério Público/PR – 2008) É correto afirmar:

(A) São devidos os alimentos quando quem os pretende tem bens suficientes, ou pode prover, pelo seu trabalho, à própria mantença, mas aquele, de quem se reclamam, pode fornecê-los, em montante mais adequado.
(B) O direito à prestação de alimentos é recíproco entre pais e filhos, porém não é extensivo a todos os ascendentes.
(C) Podem os parentes, os cônjuges ou companheiros pedir uns aos outros os alimentos de que necessitem para viver de modo compatível com a sua condição social, para atender apenas as necessidades com educação.
(D) Se o parente, que deve alimentos em primeiro lugar, não estiver em condições de suportar totalmente o encargo, serão chamados a concorrer os de grau imediato; sendo várias as pessoas obrigadas a prestar alimentos, todas devem concorrer na proporção dos respectivos recursos, e, intentada ação contra uma delas, poderão as demais ser chamadas a integrar a lide.
(E) Nenhuma das alternativas anteriores está correta.

A: incorreta (art. 1.695 do CC); B: incorreta (art. 1.696 do CC); C: incorreta (art. 1.694, *caput*, do CC); D: correta (art. 1.698 do CC). Gabarito "D".

(Ministério Público/SC – 2010) Julgue os seguintes itens.

I. O direito a alimentos é personalíssimo, sendo a obrigação alimentar *não solidária*.
II. Os alimentos devidos aos parentes podem ser prestados com o fornecimento direto de hospedagem e alimentação na casa do próprio alimentante, mas os devidos a ex-cônjuge separado judicialmente devem ser prestados por meio de pensionamento.
III. O cônjuge separado judicialmente terá direito a alimentos exclusivamente se não tiver sido declarado culpado na ação de separação judicial.
IV. Segundo a jurisprudência dominante no Tribunal de Justiça de Santa Catarina, é possível em ação de execução de alimentos fundada no art. 733 do CPC exigir-se do devedor o pagamento das prestações que se vencerem no curso do processo.
V. Os alimentos gravídicos são devidos pelo futuro pai, que deverá arcar integralmente com as despesas adicionais do período de gravidez e as que sejam dela decorrentes, da concepção ao parto.

(A) Apenas as assertivas II, III e IV estão corretas.
(B) Apenas as assertivas I, II e V estão corretas.
(C) Apenas as assertivas III e V estão corretas.
(D) Apenas as assertivas I, II e IV estão corretas.
(E) Apenas as assertivas I, IV e V estão corretas.

I: correta, pois de fato o direito a alimentos é personalíssimo e a obrigação é subsidiária. Caso aquele que tenha a obrigação não tiver possibilidade, será chamado o próximo (como no caso do chamamento dos avós quando o pai não tem condições de prestar a obrigação – art. 1.698 do CC); II: correta (art. 1.701 do CC); III: incorreta (art. 1.704, par. único, do CC); IV: correta. "PROCESSUAL CIVIL. EXECUÇÃO DE ALIMENTOS. RITO DO ART. 733 DO CPC. DÍVIDA REFERENTE ÀS TRÊS PARCELAS VENCIDAS ANTES DA PROPOSITURA DA AÇÃO, CUMULADAS COM AS VINCENDAS. POSSIBILIDADE. RECURSO PROVIDO. AÇÃO DE INTERDIÇÃO EM TRÂMITE CONTRA O ALIMENTANTE. IMPOSSIBILIDADE DE IMPOSIÇÃO DA PENA PRIVATIVA DE LIBERDADE AO INTER-DITANDO. SUSPENSÃO, DE OFÍCIO, DA EXECUÇÃO. "Faculta-se a utilização do rito do artigo 733 do Código de Processo Civil com a possibilidade de prisão civil do devedor inadimplente na execução de alimentos referentes a três parcelas vencidas, **mais as que se vencerem no curso da lide**" (TJSC, Desembargador Dionizio Jenczak). À vista da existência de ação de interdição, em trâmite, contra o alimentante, mais coerente é suspender a execução fundada no artigo 733 do Código de Processo Civil, pois não é possível impor ao interditando pena privativa de liberdade, porquanto presuma-se que não se encontra em pleno gozo de sua capacidade civil. (Agravo de Instrumento n. 2011.027074-2, de Joinville, rel. Des. Luiz Carlos Freyesleben)"; V: incorreta, pois os alimentos gravídicos referem-se à parte das despesas que deverá ser custeada pelo futuro pai, considerando-se a contribuição que também deverá ser dada pela mulher grávida, na proporção dos recursos de ambos (art. 2º, par. único, da Lei 11.804/2008). Gabarito "D".

(Ministério Público/SP – 2008) Quanto à causa jurídica, os alimentos poderão ser

(A) atuais e futuros.
(B) naturais e civis.
(C) voluntários, ressarcitórios e legítimos.
(D) acautelatórios, voluntários e definitivos.
(E) provisionais, provisórios e regulares.

Alimentos voluntários são aqueles decorrentes de declaração de vontade, ao passo que os alimentos ressarcitórios são aqueles devidos a fim de indenizar a vítima de ato ilícito, e legítimos são aqueles previstos em lei. Gabarito "C".

(Defensoria Pública/AC – 2006 – CESPE) Carla, casada com José, com o qual teve dois filhos — um com oito anos de idade e o outro com seis anos de idade —, procurou a defensoria pública de seu estado. Relatou que seu marido conseguiu emprego em outro estado da Federação há um ano e que, durante os oito primeiros meses, enviou, mensalmente, a importância correspondente a um salário mínimo e meio para o sustento da família. Passado esse tempo, deixou de enviar o dinheiro e não mais entrou em contato com a família. Relatou, ainda, que, hoje, não sabe onde José se encontra e não tem condições para continuar mantendo as crianças, pois o que recebe como lavadeira é insuficiente até para comprar comida para os filhos. Disse que o pai de José, Pedro, é aposentado do estado, que tem situação relativamente boa e que ela acha que ele poderia ajudar no sustento dos netos, pelo menos na compra de alimentos.

Considerando a legislação pertinente, assinale a opção correta acerca da situação hipotética apresentada.

(A) Do ponto de vista legal, enquanto José for vivo, não há como promover a cobrança de Pedro dos alimentos referidos acima.
(B) Para que Pedro seja obrigado a participar na compra de alimentos para os filhos de Carla, será necessário, inicialmente, provar a total impossibilidade de José prover o próprio sustento e o dos filhos, caso ele ainda esteja vivo.
(C) Como há parente na linha reta ascendente, este poderá responder excepcionalmente pelo sustento dos filhos de Carla, caso José esteja impossibilitado de suportar o referido encargo.
(D) Sendo o paradeiro de José desconhecido, o simples fato de estar a mãe viva desobriga Pedro de assumir a responsabilidade pelo sustento dos filhos de Carla.

A alternativa "c" está correta, pois reflete o disposto no art. 1.696 do CC. Gabarito "C".

(Defensor Público/GO – 2010 – I. Cidades) O Código Civil versa sobre o dever de prestar alimentos, estabelecendo que

(A) para a manutenção dos filhos, os cônjuges separados judicialmente deverão contribuir na proporção de seus recursos, ainda que a guarda de tais filhos seja atribuída unilateralmente a apenas um daqueles cônjuges.
(B) o direito à prestação de alimentos é recíproco entre pais e filhos, mas não é extensivo aos ascendentes ou descendentes de segundo grau ou superior.
(C) se, fixados os alimentos, sobrevier mudança na situação financeira de quem os supre, ou na de quem os recebe, poderá o interessado reclamar ao juiz, conforme as circunstâncias, redução ou majoração do encargo, mas nunca a sua exoneração.
(D) podem os parentes, os cônjuges ou companheiros pedir uns aos outros os alimentos de que necessitem para viver de modo compatível com a sua condição social, independentemente de a situação de necessidade alimentar ter resultado de culpa exclusiva do alimentando.
(E) com o casamento, a união estável ou o concubinato do devedor, cessa o seu dever de prestar alimentos.

A: correta (art. 1.703 do CC); B: incorreta, pois o direito à prestação de alimentos é recíproco entre pais e filhos, e extensivo a todos os ascendentes, recaindo a obrigação nos mais próximos em grau, uns em falta de outros (art. 1.696 do CC); C: incorreta, pois também pode ser o caso de exoneração (art. 1.699 do CC); D: incorreta, pois, caso a necessidade alimentar do cônjuge tenha resultado de culpa exclusiva deste, os alimentos devidos serão apenas para a subsistência do alimentando (art. 1.704, p. ún., do CC); E: incorreta, pois com o casamento, a união estável ou o concubinato do credor é que cessa o dever de prestar alimentos (art. 1.708 do CC). Gabarito "A".

(Defensor Público/MS – 2008 – VUNESP) Considere as seguintes assertivas:

I. Transmite-se aos herdeiros do devedor, nos limites da herança, a obrigação de prestar alimentos à ex-companheira.
II. Quem deixa de pagar débito alimentar decorrente de ato ilícito não está sujeito à prisão civil.
III. A diferença de causa nas dívidas não impede a compensação se uma se originar em alimentos.
IV. Não pode o credor deixar de exercer, porém lhe é vedado renunciar o direito a alimentos, sendo o respectivo crédito insuscetível de cessão, compensação ou penhora.

Está correto apenas o que se afirma em

(A) I e IV.
(B) III e IV.
(C) I e II.
(D) II e III.

I: correta (art. 1.700 do CC); II: correta, pois a prisão por não pagamento de alimentos só é possível em caso de alimentos decorrentes do direito de família; III: incorreta, pois o crédito de alimentos não pode ser objeto de compensação (art. 1.707 do CC); IV: incorreta, pois o credor pode deixar de exercer o direito aos alimentos (art. 1.707 do CC). Gabarito "C".

(Delegado/RJ – 2009 – CEPERJ) A respeito dos alimentos no Código Civil em vigor, assinale a alternativa incorreta:

(A) O cônjuge declarado culpado na ação de separação judicial pode pedir alimentos ao outro.
(B) A obrigação de prestar alimentos pode ser transmitida aos herdeiros.
(C) É possível que a pessoa que necessite dos alimentos não venha a pedi-los, mas a renúncia direito a alimentos não é permitida.
(D) Os alimentos devem ser fixados na proporção das necessidades do reclamante e dos recursos da pessoa obrigada.
(E) A pessoa obrigada a suprir alimentos, poderá pensionar o alimentando, ou dar-lhe hospedagem e sustento, deixando, assim, de prestar o necessário à sua educação, quando menor.

A: correta, pois a assertiva reflete o disposto no art. 1.704, parágrafo único, do CC; B: correta, pois a assertiva reflete o disposto no art. 1.700 do CC; C: correta, pois a assertiva reflete o disposto no art. 1.707 do CC; D: correta, pois a assertiva reflete o disposto no art. 1.694, § 1º, do CC; E: incorreta, pois a assertiva contraria o disposto no art. 1.701, *caput*, do CC. Gabarito "E".

(Cartório/MS – 2009 – VUNESP) Considerando a obrigação de pagar alimentos, é correto afirmar que

(A) o espólio não deve prestar alimentos àquele a quem o *de cujus* devia, mesmo quando vencidos após a sua morte.

(B) o menor não pode, sem a anuência da mãe, sua representante legal, considerar quitada a obrigação do pai.

(C) não se transmite, aos herdeiros do alimentante, a obrigação de prestar alimentos ao alimentando.

(D) na ausência do pai, os avós não podem ser chamados a complementar os alimentos dos netos.

(E) o dever de prestar alimentos entre ex-cônjuges reveste-se de características indenizatórias.

A: incorreta, pois a obrigação de prestar alimentos transmite-se aos herdeiros (art. 1.700 do CC); B: correta, pois o menor, dependendo de sua idade, será absolutamente ou relativamente incapaz e não pode dar quitação (arts. 3º e 4º do CC); C: incorreta, pois a obrigação de prestar alimentos transmite-se aos herdeiros (art. 1.700 do CC); D: incorreta, pois, na ausência do pai, os avós podem ser chamados, conforme consta do art. 1.696 do CC; E: incorreta, pois o dever de prestar alimentos entre ex-cônjuges não se revestem de caráter indenizatório e serão devidos nos termos do art. 1.704 do CC. Gabarito "B".

(DEFENSORIA PÚBLICA DA UNIÃO – 2004 – CESPE) Quanto ao direito de família, julgue o item subsequente.

(1) A condição de alimentante é personalíssima e não se transmite aos herdeiros; todavia, isso não afasta a responsabilidade dos herdeiros pelo pagamento dos débitos alimentares verificados até a data do óbito do alimentante.

1: certa, pois a obrigação alimentar é, de fato, personalíssima, e não se transmite aos herdeiros. Porém, quanto aos débitos alimentares até o momento da morte do alimentante, trata-se de dívida que deverá ser quitada com as forças do espólio. Gabarito 1C.

(FGV – 2008) Francisco (68) e Adair Souza (67), pais de Roberto Souza, ingressam em juízo em face do filho, pleiteando alimentos de R$ 2 mil. Em sua resposta, o filho alega que só poderia arcar com alimentos de R$ 1 mil e requer que seja chamada à lide sua irmã, Clarice. A obrigação dos filhos de Francisco e Adair, com relação a prestar alimentos aos pais, é:

(A) conjunta.
(B) solidária.
(C) subsidiária.
(D) concomitante.
(E) subseqüente.

Arts. 1º e 12 da Lei 10.741/2003 (Estatuto do Idoso). Gabarito "B".

(Analista – TRE/SP – 2006 – FCC) De acordo com o Código Civil Brasileiro, com relação aos alimentos, considere as seguintes assertivas:

I. Os alimentos serão apenas os indispensáveis à subsistência, quando a situação de necessidade resultar de culpa de quem os pleiteia.

II. Na falta dos ascendentes cabe a obrigação aos descendentes, guardada a ordem de sucessão e, faltando estes, aos irmãos, assim germanos como unilaterais.

III. Ao credor de alimentos é vedado renunciar o direito a alimentos, sendo, porém, o respectivo crédito suscetível de cessão e de compensação.

Está correto o que consta APENAS em

(A) I e II.
(B) I e III.
(C) II e III.
(D) II.
(E) III.

I: correto (art. 1.694, § 2º, do CC); II: correto (art. 1.697 do CC); III: incorreto (art. 1.707 do CC). Gabarito "A".

7.6. BEM DE FAMÍLIA

(Magistratura/DF – 2011) Bem de família obrigatório ou legal é aquele que resulta diretamente da lei, de ordem pública, que tornou impenhorável o imóvel residencial, próprio do casal, ou da entidade familiar, daí por que não poderá ser objeto de penhora por dívida de natureza civil, comercial, fiscal, previdenciária ou de outra natureza, salvo nas hipóteses expressamente previstas nos artigos 2º e 3º, I a VII da Lei nº 8.009, de 29 de março de 1990. Assim, considere as proposições abaixo, assinalando a incorreta:

(A) Ao solteiro, não obstante resida e ocupe o imóvel sozinho, aplica-se esta mesma regra;

(B) Ao viúvo, ao contrário, não se aplica tal regra, máxime quando seus descendentes hajam constituído outras famílias;

(C) É entendimento assente que a lei nº 8.009/90 tem aplicabilidade mesmo nos casos em que a penhora for anterior à sua vigência.

(D) Todos os residentes do imóvel, sujeitos do bem de família, portanto beneficiários da regra da impenhorabilidade, têm em seu favor esse direito, ou seja, a lei confere-lhes o poder de não ver constrita a casa onde moram.

A: assertiva correta (Súmula 394 do STJ: "o conceito de impenhorabilidade de bem de família abrange também o imóvel pertencente a pessoas solteiras, separadas e viúvas"); B: assertiva incorreta, devendo ser assinalada; vide o teor da Súmula 394 do STJ, transcrita no comentário à alternativa anterior; C: assertiva correta, por se tratar de uma norma processual (que trata sobre *penhora*), sendo que as normas processuais têm aplicação imediata; D: assertiva correta, pois os titulares desse direito, que é fundado no princípio da dignidade da pessoa humana, são justamente os membros da família. Gabarito "B".

(Magistratura/GO – 2009 – FCC) Poderá ser penhorado o único imóvel residencial da família,

(A) somente na execução de dívidas alimentícias promovida contra o dono do imóvel.

(B) em execução fundada em dívidas decorrentes de despesas ordinárias ou extraordinárias de condomínio incidentes sobre o mesmo imóvel.

(C) em qualquer execução fiscal movida pelo município onde o imóvel se localiza.

(D) em execução de quaisquer créditos trabalhistas ou previdenciários.

(E) na execução de fiança prestada em contratos bancários.

A: incorreta, pois o único imóvel residencial poderá ser penhorado em todos as hipóteses descritas no art. 3º da Lei 8.009/90; B: correta, pois a assertiva reflete o disposto no art. 3º, IV, da Lei 8.009/90; C: incorreta, pois o imóvel residencial só poderá ser penhorado no caso de execução fiscal relativa a cobrança de impostos devidos em função do imóvel familiar (art. 3º, IV, da Lei 8.009/90); D: incorreta, pois o imóvel só poderá ser penhorado no caso da cobrança de créditos trabalhistas ou previdenciários de trabalhadores da própria residência (art. 3º, I, da Lei 8.009/90); E: incorreta, pois o imóvel só poderá ser penhorado no caso de execução de fiança prestada em contrato de **locação** (art. 3º, VII, da Lei 8.009/90). Gabarito "B".

(Ministério Público/AP – 2005) Assinale a alternativa correta.

Sobre o bem de família instituído no código civil podemos afirmar:

(A) Podem os cônjuges, ou a entidade familiar, mediante escritura publica ou testamento, destinar parte de seu patrimônio para instituir bem de família, deste que não ultrapasse um terço do patrimônio líquido existente ao tempo da instituição;

(B) O terceiro poderá instituir bem de família por testamento ou doação, não dependendo a eficácia do ato, da aceitação expressa de ambos os cônjuges beneficiados ou da entidade familiar beneficiada;

(C) Quem possuir apenas um imóvel pode fazer uso da instituição de bem familiar;

(D) O bem de família é isento de execução por dívidas anteriores à sua instituição, salvo as que provierem de tributos relativos ao prédio, ou de despesas de condomínio.

A: correta (art. 1.711, *caput*, do CC); B: incorreta (art. 1.711, parágrafo único, do CC); C: incorreta (art. 1.711, *caput*, do CC); D: incorreta (art. 1.715 do CC). Gabarito "A".

(Cartório/SC – 2008) Sobre o bem de família civil, é correto afirmar:

(A) O bem de família consistirá em prédio residencial urbano ou rural, destinando-se, em ambos os casos, a domicílio familiar, e não poderá abranger valores mobiliários.
(B) A dissolução da sociedade conjugal extingue o bem de família, salvo quando, em caso de morte, o cônjuge sobrevivente optar em mantê-lo.
(C) O bem de família é isento de execução por dívidas posteriores à sua instituição, com a única exceção daquelas provenientes dos tributos relativos ao prédio.
(D) O bem de família, quer instituído pelos cônjuges ou por terceiro, constitui-se pelo registro de seu título no Registro de Imóveis.
(E) Comprovada a impossibilidade de manutenção do bem de família nas condições em que foi instituído, poderá o juiz, a requerimento de qualquer interessado, independentemente da ouvida do instituidor, extingui-lo, como também autorizar a sub-rogação dos bens.

A: incorreta (art. 1.712 do CC); B: incorreta (art. 1.721 do CC); C: incorreta (art. 1.715 do CC); D: correta (art. 1.714 do CC); E: incorreta (art. 1.719 do CC). Gabarito "D".

(Cartório/SE – 2007 – CESPE) Quanto ao bem de família, julgue os itens subseqüentes.

(1) O bem de família, quer seja voluntário ou legal, institui-se com o registro da escritura pública no registro imobiliário competente. Esse bem permanece vinculado enquanto viver um dos cônjuges ou enquanto existirem filhos menores ou incapazes.
(2) O imóvel, urbano ou rural, destinado à moradia da família é impenhorável. Por essa característica, não responde por dívida civil ou bancária, mesmo quando se tratar de obrigação decorrente de fiança concedida em contrato de locação.

1: O bem de família legal não depende de registro da escritura pública. Vide também o art. 1.722 do CC; 2: Art. 1.715 do CC. Gabarito 1E, 2E.

(Delegado Civil/MS – 2006) Assinale a alternativa que preenche corretamente a lacuna do texto abaixo:

Dispõe o Art. 1.711 do Código Civil, que podem os cônjuges, ou a entidade familiar, mediante escritura pública ou testamento, destinar parte de seu patrimônio para instituir bem de família, desde que não ultrapasse _____ do patrimônio líquido existente ao tempo da instituição, mantidas as regras sobre a impenhorabilidade do imóvel residencial estabelecida em lei especial.

(A) um quarto.
(B) dois terços.
(C) um terço.
(D) um quinto.
(E) dois quartos.

O art. 1.711 prevê que o bem destinado não pode ultrapassar um terço do patrimônio líquido existente ao tempo da instituição. Gabarito "C".

(Advogado da União/AGU – CESPE – 2009) Regina e Jorge são casados pelo regime da comunhão parcial de bens e possuem dois imóveis, um apartamento de dois quartos, no centro do Rio de Janeiro, no valor de R$ 200 mil, e uma casa de um quarto, na Barra da Tijuca, no valor de R$ 220 mil, onde residem alternadamente. Com base na situação hipotética apresentada, julgue os próximos itens, a respeito do bem de família.

(1) Se Regina e Jorge não quiserem que qualquer dos imóveis seja considerado bem de família em possível processo de execução movido em face deles, eles deverão eleger um dos bens, mediante escritura pública registrada no cartório competente.
(2) Caso um dos imóveis residenciais do casal estivesse situado em área rural, tal fato não seria óbice para sua instituição como bem de família.

1: Errada, pois, de acordo com o disposto no art. 5º, parágrafo único, da Lei 8.009/90, a impenhorabilidade recairá sobre o de menor valor. Como o imóvel ultrapassa 1/3 do patrimônio líquido do casal, não será possível a determinação do casal por escritura pública; 2: Certa, pois o bem de família é o imóvel residencial **urbano ou rural** (art. 1.712 do CC). Gabarito 1E, 2C.

(MAGISTRATURA DO TRABALHO – 1ª REGIÃO – 2010 – CESPE) Com base na disciplina do bem de família obrigatório, assinale a opção correta.

(A) Conforme entendimento jurisprudencial, se o imóvel residencial estiver locado, não será considerado impenhorável, ainda que seja o único da família.
(B) Tratando-se de execução movida por pedreiro para haver créditos trabalhistas por ter trabalhado na construção de imóvel residencial, não incide impenhorabilidade sobre o bem.
(C) Se o executado tiver mais de um imóvel residencial e nenhum tiver sido registrado como bem de família, a impenhorabilidade recairá no de maior valor.
(D) Para se valer da impenhorabilidade, o executado deverá demonstrar que o imóvel é bem de família antes da hasta pública.
(E) Não é necessário que os móveis do locatário, que guarneçam o imóvel residencial locado, estejam quitados para serem considerados impenhoráveis.

A: incorreta, pois a posição atual do STJ considera que o fato de o imóvel estar locado não desnatura, por si só, a sua impenhorabilidade: "PENHORA. BEM DE FAMÍLIA ÚNICO. LOCAÇÃO. Faz jus aos benefícios da Lei n. 8.009/1990 o devedor que, mesmo não residindo no único imóvel que lhe pertence, utiliza o valor obtido com a locação desse bem como complemento da renda familiar, considerando que o objetivo da norma é o de garantir a moradia familiar ou a subsistência da família". Precedentes citados: AgRg no Ag 385.692-RS, DJ 19/8/2002, e REsp 315.979-RJ, DJ 15/3/2004. REsp 243.285-RS, Rel. Min. Luís Felipe Salomão, julgado em 26/8/2008 (fonte: Informativo STJ 365 – 2008); B: correta, pois não se trata de trabalhador da residência, como aquele tratado no art. 3º, I, da Lei 8.009/90. A respeito do alcance da norma, a doutrinadora Rita de Cássia Corrêa de Vasconcelos, na obra *A Impenhorabilidade do Bem de Família e as Novas Entidades Familiares*, Editora Revista dos Tribunais, 2002, assim preleciona: "Os trabalhadores a que a Lei se refere são aqueles que exercem atividade profissional na residência do devedor, incluídos nessa categoria os considerados empregados domésticos - empregadas mensalistas, governantas, copeiros, mordomos, cozinheiros, jardineiros e mesmo faxineiras diaristas se caracterizado o vínculo empregatício -, bem como os motoristas particulares dos membros da família. Não se enquadram nessa categoria pessoas que, embora realizem atividade profissional na residência do devedor, não são seus empregados, exercendo trabalho autônomo ou vinculado a outro empregador. Nesse contexto estão os pedreiros, pintores, marceneiros, eletricistas, encanadores, e outros profissionais que trabalham no âmbito da residência apenas em caráter eventual." (p. 60-61); C: incorreta, pois no caso de a família possuir mais de um imóvel será considerado impenhorável aquele de **menor valor** (art. 5º, parágrafo único, da Lei 8.009/90); D: incorreta, pois a impenhorabilidade do bem de família pode ser alegada a qualquer momento nas instâncias ordinárias, como também pode ser decretada de ofício pelo juiz; E: incorreta, pois os móveis serão considerados bem de família, desde que quitados (art. 1º, § 1º, da Lei 8.009/90). Gabarito "B".

(Magistratura do Trabalho – 8ª Região – 2006) Sobre o Bem de Família é correto afirmar que:

(A) Trata-se de instituição jurídica que há de ser feita pelos cônjuges, companheiros, chefe de família monoparental ou terceiro, através de instrumento público ou testamento.
(B) Em se tratando de unidade residencial, instituída como bem de família, esta é impenhorável, estando repetidas no Código Civil de 2002 as mesmas exceções à impenhorabilidade previstas na Lei que dispõe exclusivamente sobre essa matéria.
(C) Como bem de família pode-se registrar um prédio urbano e um rural, com suas pertenças e acessórios, destinando-se ambos à residência familiar, o que foi uma inovação do Novo Código Civil Brasileiro.
(D) Para se instituir um prédio urbano ou rural como bem de família, necessário é que o imóvel seja habitado ou explorado pela família, caracterizando-o, assim, como residencial ou como domicílio do instituidor.
(E) No que concerne ao aspecto trabalhista, a impenhorabilidade do bem de família só não é excepcionada em razão dos créditos de trabalhadores da própria residência (empregados domésticos) e das respectivas contribuições previdenciárias.

A alternativa "a" está correta, pois reflete o disposto no art. 1.711 do CC. Gabarito "A".

(Magistratura do Trabalho – 14ª Região – 2006) Assinale a alternativa em que NÃO PODERÁ ser penhorado o bem de família.

(A) em razão da cobrança da contribuição previdenciária decorrente de créditos dos trabalhadores da própria residência;
(B) por obrigação decorrente de fiança concedida em contrato de locação;
(C) pelo credor de pensão alimentícia;
(D) para pagamento de indenização decorrente de danos causados em acidente de veículo;
(E) para a cobrança de impostos, predial ou territorial, taxas e contribuições devidas em função do imóvel familiar.

Art. 3º da Lei 8.009/90. Gabarito "D".

(Magistratura do Trabalho – 23ª Região – 2009) Marque a alternativa CORRETA: Na instituição do bem de família pelos cônjuges e ao seu tempo:

(A) não se ultrapassará 1/5 (um quinto) do patrimônio bruto.
(B) não se ultrapassará 2/3 (dois terços) do patrimônio líquido.
(C) não se ultrapassará 1/3 (um terço) do patrimônio bruto.
(D) não se ultrapassará 1/3 (um terço) do patrimônio líquido.
(E) não se ultrapassará 1/4 (um quarto) do patrimônio líquido.

A alternativa "d" está correta, pois reflete o disposto no art. 1.711, caput, do CC. Gabarito "D".

(Magistratura do Trabalho – 24ª Região – 2006) A respeito do bem de família, assinale a alternativa CORRETA:

(A) O Código Civil de 2002, ao disciplinar o instituto do bem de família, revogou tacitamente as disposições da Lei nº 8.009/90.
(B) A impenhorabilidade do bem de família compreende o imóvel sobre o qual se assentam a construção, as plantações, as benfeitorias de qualquer natureza, excetuadas as voluptuárias, e todos os equipamentos, inclusive os de uso profissional, ou móveis que guarnecem a casa, desde que quitados.
(C) Na hipótese de o casal, ou entidade familiar, ser possuidor de vários imóveis utilizados como residência, a impenhorabilidade do bem de família recairá sobre o de maior valor, salvo se outro estiver registrado, para esse fim, no Registro de Imóveis.
(D) Dissolvida a sociedade conjugal pela morte de um dos cônjuges, opera-se a extinção automática do bem de família.
(E) A impenhorabilidade do bem de família é oponível em qualquer processo de execução civil, fiscal, previdenciária, trabalhista ou de outra natureza, salvo se movido para execução de hipoteca sobre o imóvel, oferecido como garantia real pelo casal ou pela entidade familiar.

A: incorreta, pois o Código Civil trata do bem de família convencional e a Lei 8.009/90 trata do legal; B: incorreta (art. 1º, parágrafo único, da Lei 8.009/90); C: incorreta (art. 5º, parágrafo único, da Lei 8.009/90); D: incorreta (art. 1.721 do CC); E: correta (art. 3º, V, da Lei 8.009/90). Gabarito "E".

7.7. CURATELA

(Magistratura/GO – 2009 – FCC) Considere as seguintes afirmações:

I. Sendo os pais julgados ausentes, os filhos menores serão necessariamente entregues em adoção a pessoa da família ou a estranho que tenha condições de criá-los.
II. Decaindo os pais do poder familiar, aos filhos menores será nomeado tutor, respondendo o Juiz direta e pessoalmente quando não tiver nomeado tutor, ou não o houver feito oportunamente.
III. Aos interditos dar-se-á curador, sendo, de direito, o cônjuge ou companheiro, não separado judicialmente ou de fato, o curador do outro, independentemente do regime de bens do casamento.
IV. Poderá dar-se curador ao enfermo ou portador de doença física não interdito, a seu requerimento, para cuidar de todos ou alguns de seus negócios ou bens.
V. A interdição do pródigo o privará de qualquer ato de administração ordinária de seus bens, mas não o impede de demandar sem a assistência do curador.

Está correto o que se afirma SOMENTE em

(A) III, IV e V.
(B) I, II e III.
(C) I, III e V.
(D) II, III e IV.
(E) II, IV e V.

I: incorreta, pois sendo os pais julgados ausentes os filhos serão postos em tutela (art. 1.728, I, do CC); II: correta, pois a assertiva reflete o disposto nos arts. 1.728, II, e 1.744, I, do CC; III: correta, pois a assertiva reflete o disposto no art. 1.775, caput, do CC; IV: correta, pois a assertiva reflete o disposto no art. 1.780 do CC; V: incorreta, pois segundo o art. 1.782 do CC, a interdição do pródigo só o privará de, sem curador, emprestar, transigir, dar quitação, alienar, hipotecar, demandar ou ser demandado, e praticar, em geral, os atos que não sejam de mera administração. Gabarito "D".

(Magistratura/PA – 2009 – FGV) Caio Túlio, maior absolutamente incapaz, foi interditado judicialmente, por decisão datada de 1963. O magistrado titular do Juízo competente nomeou, como Curadora, sua genitora. Em 1985, Caio Túlio propôs ação, com pedido indenizatório, em face de Transportes Públicos Ltda., aduzindo danos causados por ato de preposto da ré que lhe causaram danos, ocorridos no ano de 1970. Regularmente citada, a ré apresenta defesa de mérito e alega a incidência de prescrição. Instruído o processo, foram comprovados os fatos narrados na peça isagógica e o pedido foi julgado procedente in totum, sendo a sentença datada de 1987. A sentença transitou em julgado e a indenização foi regularmente quitada. Em 1997, após tratamento médico rigoroso, com a utilização de modernos meios e medicamentos obtidos pela medicina, Caio Túlio requer o levantamento de sua interdição, o que foi deferido, por sentença datada de 2000, após o regular processamento do feito, inclusive com a oitiva do Ministério Público, que aquiesceu com o requerimento.

Diante dos fatos narrados, analise as afirmativas a seguir.

I. A defesa deve ser acolhida vez que, nos termos da lei civil, a prescrição da pretensão do autor consumou-se, irremediavelmente.
II. No procedimento de curatela a nomeação de representante legal do incapaz é norteada por critério de preferência. Faltando cônjuge ou companheiro, são escolhidos os pais.
III. Segundo as regras do Código Civil, não corre a prescrição contra absolutamente incapazes.
IV. sobrevindo melhora no estado de saúde, em virtude de tratamento médico, poderá ocorrer o levantamento da curatela.
V. com o advento de valores decorrentes da indenização auferida, caberá à curadora prestar as devidas contas em Juízo.

Assinale:

(A) se somente as afirmativas II, III, IV e V estiverem corretas.
(B) se somente as afirmativas I, IV e V estiverem corretas.
(C) se somente as afirmativas I e V estiverem corretas.
(D) se somente a afirmativa I estiver correta.
(E) se nenhuma afirmativa estiver correta.

I: incorreta, pois a prescrição não corre contra os incapazes, segundo o art. 198, I, do CC; II: correta, pois a assertiva reflete o disposto no art. 1.775 do CC; III: correta, pois a assertiva reflete o disposto no art. 198, I, do CC; IV: correta, pois a assertiva reflete o disposto no art. 1.186, caput, do CPC; V: correta, pois de acordo com o art. 1.781 do CC, a forma de prestação será a mesma da tutela que, segundo o art. 1.755 do CC, caberá ao tutor prestar contas da sua administração. Gabarito "A".

(Magistratura/PR – 2010 – PUC/PR) Sobre Tutela e Curatela, assinale a alternativa INCORRETA.

(A) A nomeação de tutor pelo pai ou pela mãe, constante de testamento, é válida desde que, ao tempo de sua morte, o testador tinha o poder familiar.
(B) Não podem ser tutores aqueles que exercerem função pública incompatível com a boa administração da tutela.

(C) Salvo determinação judicial, não será obrigado a prestar contas o curador quando este for o cônjuge, qualquer que seja o regime do casamento.
(D) Havendo pais, tutores, cônjuge ou qualquer parente capaz, o Ministério Público não promoverá a interdição.

A: correta, pois a assertiva reflete o disposto nos arts. 1.729 e 1.730 do CC; B: correta, pois a assertiva reflete o disposto no art. 1.735, VI, do CC; C: incorreta, pois não existe essa exceção, eis que, de acordo com o disposto no art. 1.783 do CC, somente quando o curador for o cônjuge e o **regime de bens do casamento for de comunhão universal**, não será obrigado à prestação de contas, salvo determinação judicial; D: correta, pois a assertiva reflete o disposto no art. 1.768 do CC. Gabarito "C".

(Magistratura/RO – 2011 – PUCPR) Assinale a única alternativa **CORRETA**.

(A) No regime da comunhão parcial entram na comunhão as obrigações provenientes de atos ilícitos, quando reverterem em proveito do casal, e os sub-rogados.
(B) Podem os pais, independentemente de autorização judicial, alienar imóveis dos filhos menores quando demonstrada necessidade ou evidente interesse da prole.
(C) Para os efeitos de impenhorabilidade, de que trata a Lei 8.009/1990, se o casal é possuidor de vários imóveis utilizados como residência, a impenhorabilidade recairá sobre o de menor valor, ainda que outro tenha sido registrado, para esse fim, no Registro de Imóveis.
(D) Em regra, a tutela cede lugar à curatela quando o tutelado cai sob poder familiar ou atinge a maioridade.
(E) Os tutores são obrigados a prestar contas da sua administração ainda que os pais dos tutelados tenham disposto em contrário.

A: incorreta (art. 1.659, IV, do CC); B: incorreta, pois há necessidade de autorização judicial (art. 1.691 do CC); C: incorreta, pois não recairá sobre o de menor valor se outro tiver sido registrado (art. 5º, par. único, da Lei 8.009/90); D: incorreta, pois quando o tutelado atinge a maioridade cessa a tutela, assim como quando o tutelado cai sob o poder familiar (art. 1.763 do CC), não havendo que se falar em curatela nesses dois casos (art. 1.767 do CC); E: correta (art. 1.755 do CC). Gabarito "E".

(Ministério Público/BA – 2004) Sobre a curatela, é correto dizer-se que:

(A) A sentença que a decreta não está sujeita a recurso.
(B) Sua decretação não requer certeza absoluta da incapacidade, mas meros indícios desta.
(C) Pode ser levantada a qualquer tempo, desde que cessada a causa que a levou a ser decretada.
(D) Nunca poderá ser decretada temporariamente.
(E) É sempre deferida pelo juiz, mas nada impede que possa ocorrer por meio de cláusula testamentária.

A: incorreta (art. 1.773 do CC); B: incorreta (art. 1.771 do CC); C: correta (art. 1.186 do CPC); D: incorreta, pois a curatela pode ser decretada temporariamente, não havendo qualquer óbice legal; E: incorreta, pois de acordo com o art. 1.772 do CC, a curatela somente pode ser decretada pelo juiz. Gabarito "C".

(Ministério Público/ES – 2005) Tangente à interdição, é incorreto afirmar:

(A) incumbe ao Ministério Público, ou a quem tenha legítimo interesse, requerer, nos casos previstos na lei civil, remoção do curador
(B) pode ser ajuizada pelo Ministério Público no caso de anomalia psíquica, bem como na hipótese do interditando contar com mais de setenta anos de idade
(C) representará o interditando nos autos do procedimento o órgão do Ministério Público ou, quando for este o autor, o curador à lide
(D) quando a interdição for requerida pelo Ministério Público, o Juiz nomeará ao interditando curador à lide
(E) pode ser promovida pelo pai, mãe, tutor, cônjuge ou por algum parente próximo

A: correta (art. 1.194 do CPC); B: incorreta (art. 1.178 do CPC); C: correta (art. 1.182, §1º, do CPC); D: correta (art. 1.179 do CPC); E: correta (art. 1.177 do CPC). Gabarito "B".

(Ministério Público/PR – 2011) Acerca da tutela e da curatela, assinale a alternativa correta:

(A) caso ocorram danos ao patrimônio do tutelado causados por tutor do qual não se exigiu garantia legal, haverá responsabilidade civil direta e imediata do juiz que se omitiu na exigência da garantia.
(B) a responsabilidade do tutor pelos danos causados ao tutelado é, em regra, objetiva.
(C) o Ministério Público somente terá legitimidade para propor a interdição de alguém em hipótese de doença mental grave.
(D) nos casos em que a interdição for promovida pelo Ministério Público, o juiz nomeará defensor ao suposto incapaz; nos demais casos o Ministério Público será o defensor.
(E) a legitimidade de um cônjuge para o exercício da curatela do outro depende do regime de bens instituído entre eles.

A: incorreta (art. 1.744 do CC); B: incorreta, pois o tutor responde em caso de dolo ou culpa (art. 1.752 do CC); C: incorreta (art. 1.769 do CC); D: correta (art. 1.770 do CC); E: incorreta (art. 1.775, *caput*, do CC). Gabarito "D".

(Ministério Público/PR – 2004) Sobre o tema Curatela, assinale a alternativa incorreta:

(A) Estão sujeitos a curatela aqueles que, por enfermidade ou deficiência mental, não tiverem o necessário discernimento para os atos da vida civil, ou aqueles que, por outra causa duradoura, não puderem exprimir a sua vontade;
(B) É defesa a interdição promovida por qualquer parente, devendo requerer a interdição apenas os pais ou tutores, o cônjuge e o Ministério Público;
(C) Nos casos em que a interdição for promovida pelo Ministério Público, o juiz nomeará defensor ao suposto incapaz; nos demais casos o Ministério Público será o defensor;
(D) Dar-se-á curador ao nascituro, se o pai falecer estando grávida a mulher, e não tendo o poder familiar. Se a mulher estiver interdita, seu curador será o do nascituro;
(E) A interdição do pródigo só o privará de, sem curador, emprestar, transigir, dar quitação, alienar, hipotecar, demandar ou ser demandado, e praticar, em geral, os atos que não sejam de mera administração.

A: correta (art. 1.767, I e II, do CC); B: incorreta (art. 1.177 do CPC); C: correta (art. 1.182, §1º, do CPC); D: correta (art. 1.779 do CC); E: correta (art. 1.782 do CC). Gabarito "B".

(Ministério Público/RN – 2004) Referente à curatela, julgue as assertivas abaixo, assinalando a alternativa correta:

I. Recai a curatela sobre aqueles que, por enfermidade ou deficiência mental, não tiverem o necessário discernimento para os atos da vida civil;
II. Recai a curatela sobre as pessoas em estado de coma e traumatismos que levem a um estado de inconsciência duradoura, impossibilitando-as de exprimirem a sua vontade;
III. O incapaz, sob curatela, pode contrair matrimônio, porém necessita do consentimento do curador;
IV. O cônjuge ou companheiro, não separado judicialmente ou de fato, é, de direito, curador do outro, quando interdito, não estando obrigado à prestação de contas, salvo por determinação judicial;
V. O Ministério Público tem legitimidade para requerer a interdição em todas as situações previstas na lei.

(A) I, II e III estão corretas;
(B) I, III e IV estão corretas;
(C) I, IV e V estão corretas;
(D) II, III e IV estão corretas;
(E) I, II e V estão corretas.

I: correta (art. 1.767, I, do CC); II: correta (art. 1.767, II, do CC); III: correta (art. 1.518 do CC); IV: errada (arts. 1.775 e 1.783 do CC); V: errada (art. 1.769 do CC). Gabarito "A".

(Ministério Público/PR – 2009) A curadoria de bens de ausente será deferida quando:

(A) Uma pessoa desaparece do seu domicílio, sem dela haver notícia, mesmo deixando procurador investido de poderes de administração dos bens.
(B) Quando o ausente deixar procurador que não possa exercer ou continuar o mandato, ou que possua poderes insuficientes para a administração dos bens do ausente.
(C) Quando uma pessoa tem comprometido, por enfermidade ou deficiência mental, o necessário discernimento para a prática dos atos da vida civil.

(D) Quando uma pessoa tiver desaparecido em campanha ou feito prisioneiro não for encontrado até 06 (seis) meses após o término da guerra.
(E) n.d.a.

A alternativa B está correta, pois reflete o disposto no art. 23 do CC. Gabarito "B".

(Cartório/AP – 2011 – VUNESP) Estão sujeitos à curatela
(A) somente os absolutamente incapazes.
(B) somente os relativamente incapazes.
(C) os menores de 18 anos, os deficientes mentais e os excepcionais sem completo desenvolvimento mental.
(D) aqueles que, por enfermidade ou deficiência mental, tiverem o necessário discernimento para os atos da vida civil.
(E) aqueles que, por causa duradoura, não puderem exprimir a sua vontade.

Art. 1.767, II, do CC. Gabarito "E".

(Procurador Federal – 2010 – CESPE) Considerando que Carlos tenha sido declarado interditado por sentença judicial que nomeou Renato como seu curador, julgue os itens seguintes.
(1) A interdição não tem o condão de estender a autoridade de Renato sobre os filhos de Carlos, ainda que absolutamente incapazes.
(2) Essa sentença produz efeitos desde logo, ainda que sujeita a recurso.

1: Errada, pois de acordo com o disposto no art. 1.778 do CC, a autoridade do curador estende-se à pessoa e aos bens dos filhos do curatelado; 2: Certa, pois a assertiva reflete o disposto no art. 1.773 do CC. Gabarito 1E, 2C.

7.8. TEMAS COMBINADOS DE FAMÍLIA

(Magistratura/BA – 2006 – CESPE) Com relação ao direito de família, de acordo com o sistema jurídico vigente, julgue os itens a seguir.
(1) A alteração do regime de bens no casamento não pode ser feita unilateralmente, precisa obedecer a vários requisitos: ambos os cônjuges têm de apresentar o pedido, motivando-o, justificando-o, e o juiz vai apurar a procedência das razões invocadas. Assim, depende da autorização judicial, resguardando-se os direitos de terceiros.
(2) A adoção de pessoa maior de 18 anos de idade é regida pelo Código Civil e obedecerá a processo judicial. No entanto, não se faz necessária a intervenção obrigatória do Ministério Público, pois o objetivo da mencionada adoção é atender interesses puramente patrimoniais e sucessórios.
(3) O meio de prova do estado de casado serve para se provar a existência do casamento, nunca para convalescer vício que o invalida. Assim, a presunção em favor do casamento só pode ser invocada para dirimir a incerteza, ou seja, se ocorreu, ou não, o ato de celebração do casamento.
(4) É imprescritível o direito de o filho, mesmo já tendo atingido a maioridade, investigar a paternidade e pleitear a alteração do registro de nascimento.

1: art. 1.639, § 2º, do CC; 2: a adoção envolve não só interesses patrimoniais e sucessórios, mas diz respeito ao estado da pessoa e deve contar, necessariamente, com a participação do representante do Ministério Público; 3: de fato, a prova do estado de casado não implica validação do vício eventualmente existente no ato; 4: antes mesmo da vigência do atual Código Civil, a doutrina e a jurisprudência já entendiam imprescritível a ação de investigação de paternidade, pois versa sobre estado da pessoa humana, visando à declaração de um direito personalíssimo (art. 1.606 do CC). Gabarito 1C, 2E, 3C, 4C.

(Magistratura/DF – 2007) Analise as proposições e assinale a única alternativa correta.
I. Prescinde de outorga conjugal a venda de bem imóvel da sociedade pelo sócio casado em regime de comunhão parcial de bens.
II. O cônjuge, mesmo culpado pela separação, assiste direito aos alimentos indispensáveis à subsistência.
III. A impenhorabilidade do bem de família legal não impede a constituição de hipoteca judicial sobre o bem.

(A) apenas uma das proposições é falsa.
(B) apenas uma das proposições é verdadeira.
(C) todas as proposições são verdadeiras.
(D) todas as proposições são falsas.

I: verdadeira (art. 978 do CC); II: verdadeira (art. 1.704, parágrafo único, do CC); III: falsa (a impenhorabilidade de que cuida o art. 1º da Lei nº 8.009/90 alcança - por isso mesmo que impede - a constituição de hipoteca judicial. É que esse instituto objetiva fundamentalmente garantir a execução da sentença condenatória, o que importa dizer que o bem que lhe serve de objeto será penhorado e expropriado, quando promovida a execução, para cumprimento da condenação, desde que a obrigação imposta pela sentença não seja cumprida ou inexistirem outros bens do vencido. Sendo assim, a constituição da hipoteca judicial sobre bem impenhorável não conduz a nenhuma utilidade, pois ela em nada resultaria, já que não é permitida a expropriação desse bem). Gabarito "A".

(Magistratura/PR – 2007) Sobre o direito de família, assinale a alternativa correta:
(A) A impenhorabilidade do bem de família somente beneficia aqueles devedores que integrem um dos modelos de família descritos no Código Civil ou na Constituição, ou seja, o casamento, a união estável e a família monoparental.
(B) A guarda compartilhada significa que a criança sempre residirá durante parte do ano na companhia da mãe e parte do ano na companhia do pai, possuindo, nessa medida, dois lares.
(C) Não afasta a presunção *pater is est* a prova de que o cônjuge varão era impotente para gerar quando o filho foi havido pela cônjuge mulher por inseminação artificial heteróloga, com autorização do marido.
(D) Na adoção de crianças, o direito brasileiro impõe uma preferência a priori pelos adotantes casados em detrimento dos adotantes que vivem em união estável, uma vez que existe prevalência, tanto na Constituição como no Código Civil, das relações familiares matrimonializadas sobre as não matrimonializadas.

A: art. 1º da Lei 8.009/90; B: incorreta, pois, de acordo com o disposto no art. 1.583, § 1º, do CC, a guarda compartilhada, na prática, não importará, necessariamente, na divisão propugnada na alternativa, podendo a criança residir, por exemplo, parte da semana com um dos pais, parte da semana com o outro; C: art. 1.597, V, do CC; D: não existe a preferência de adotantes casados àqueles que vivem em união estável (art. 42, § 2º, do CC). Gabarito "C".

(Magistratura/SC – 2007) Assinale a alternativa INCORRETA:
(A) As causas suspensivas do casamento (art. 1.523, CC/2002), não impedem a caracterização da união estável.
(B) Como regra geral, a convivência pública, contínua e duradoura de pessoas impedidas de casar, mesmo quando existente o objetivo de constituir família, não caracteriza a união estável.
(C) É apenas anulável o casamento realizado por autoridade incompetente.
(D) A exemplo do que ocorre no casamento, na união estável a fidelidade é dever a ser obedecido pelos conviventes.
(E) A autorização dos pais para o casamento de menores com dezesseis anos de idade, uma vez dada é irreversível.

A: art. 1.723, § 2º, do CC; B: art. 1.723, § 1º, do CC; C: art. 1.550, VI, do CC; D: art. 1.724 do CC, no âmbito da união estável poder-se-ia mencionar que a ausência do termo "fidelidade" proporcionaria uma maior liberalização neste sentido, entretanto, a Constituição Federal em seu art. 226, § 3º, regulamentado pela Lei 9.278/96, art. 1º, equipara a união estável e o casamento em vários aspectos, entre eles o dever de fidelidade ali expresso no vocábulo "lealdade"; E: art. 1.518 do CC. Gabarito "E".

(Magistratura/SP – 177º) Sobre filiação, regime de bens no casamento e poder familiar, pode-se afirmar que
(A) é imprescritível, mas também exclusiva do marido, a ação para contestar a paternidade dos filhos de sua mulher, na constância do casamento; no caso de impugná-la, seus herdeiros poderão prosseguir; mas se não o fizer em vida, subsistirá a presunção da paternidade sem que possa ser impugnada ou contestada por qualquer interessado de sua parte.
(B) o casamento pelo regime da comunhão universal importa na comunicação de todos os bens e dívidas passivas dos cônjuges, havidos por qualquer deles e a qualquer título, antes e durante o casamento, exigindo-se, porém, o pacto antenupcial.

(C) O pacto antenupcial é obrigatório nos regimes de separação total, da comunhão universal e no regime de ratificação final dos aquestos, podendo ser levado a efeito por instrumento público ou particular, neste último caso, com sua transcrição no processo de habilitação de casamento, mas levado a registro, em ambas as hipóteses, obrigatoriamente, no Registro de Imóveis.

(D) O poder familiar é exercido conjuntamente pelo pai e pela mãe, admitida a renúncia a ele por qualquer dos cônjuges em favor do outro consorte, quando a convivência entre os pais ou entre um destes e o filho se torne insuportável.

A: art. 1.601 do CC; B: arts. 1.667 e 1.668 do CC; C: art. 1.653 do CC; D: art. 1.631 do CC. Gabarito "A".

(Magistratura/TO – 2007 – CESPE) Ainda a respeito do direito de família, julgue os itens que se seguem.

I. Se, no curso do procedimento da adoção, ocorrer a morte do adotante, desde que haja inequívoca manifestação de vontade quanto à adoção, a sentença a ser proferida concederá a adoção post mortem e seus efeitos retroagirão à data do óbito do adotante.

II. No caso de ação de separação judicial fundada em doença mental do outro cônjuge, este, ainda que processualmente vencido na ação de separação judicial, terá o direito de receber alimentos a serem pagos pelo outro, de reaver o remanescente dos bens que trouxe para o casamento e, se o regime de bens adotado o permitir, a meação dos bens adquiridos na constância da sociedade conjugal.

III. Tutela é um encargo imposto a uma pessoa no sentido de que cuide, administre e represente, sob supervisão judicial, todos os interesses de um menor que não esteja sujeito ao poder familiar. O casamento da pessoa tutelada com o tutor ou com algum de seus parentes em linha reta é anulável, pois a tutela é causa de impedimento da celebração do casamento e a sua inobservância fulmina o ato de nulidade.

IV. No casamento sob regime de separação de bens, o casal pode pactuar sobre a comunicação patrimonial na sucessão por meio do pacto antenupcial e, ainda, livremente dispor de todo e qualquer bem móvel. Não obstante, o princípio da autonomia sofre restrição quanto aos bens imóveis, que não podem ser alienados ou gravados sem outorga do outro cônjuge, bem como quanto a concessão, fiança ou aval sem anuência do outro.

Estão certos apenas os itens

(A) I e II.
(B) I e IV.
(C) II e III.
(D) III e IV.

I: correta (art. 47, § 7º, da Lei 8.069/90); II: correta (art. 1.572, § 3º, do CC); III: incorreta (art. 1.523, IV, do CC); IV: incorreta (art. 1.647 do CC). Gabarito "A".

(Ministério Público/AM – 2007 – CESPE) Com relação ao direito de família, à tutela e à curatela, assinale a opção correta.

(A) Na constância do casamento celebrado pelo regime de participação final dos aquestos, cada cônjuge tem a exclusiva administração dos seus bens particulares e os do casal, podendo alienar ou gravar com ônus reais os bens imóveis sem a autorização do outro cônjuge. Na dissolução do casamento, cabe a cada um dos cônjuges a metade dos bens adquiridos onerosamente pelo casal.

(B) A pessoa que, embora capaz para os atos da vida civil, em razão de enfermidade ou de não reunir plenas condições físicas, não possa cuidar de seus próprios interesses e negócios poderá requerer em juízo que lhe seja nomeado um curador para cuidar de todos ou alguns negócios ou bens, podendo, inclusive, indicar a pessoa que exercerá o encargo de curador.

(C) O vínculo jurídico de afinidade associa-se ao casamento e à união estável, gerando um parentesco que não se rompe com a dissolução do casamento nem do companheirismo. Assim, caso ocorra o falecimento de um dos cônjuges, o divórcio ou, ainda, o rompimento da sociedade de fato, o sobrevivente continua ligado aos ascendentes, descendentes e colaterais do outro pelo vínculo da afinidade, continuando a gerar efeitos de impedimento matrimonial.

(D) A adoção do menor de dezoito anos é irrevogável e dependerá, para a sua validade, de homologação judicial do acordo ou do consentimento do genitor que detém a guarda do adotando e da intervenção do MP. Essa exigência é desnecessária quando se tratar de menor abandonado ou de pessoa maior e capaz.

(E) Os alimentos provisionais concedidos em ação cautelar incidental à ação de reconhecimento e dissolução de união estável têm efeitos imediatos. No entanto, a superveniência da sentença que reduz o valor fixado ou mesmo revoga a sua concessão, na ação principal, terá efeito retroativo e alcançará os provisionais que não tenham sido adimplidos, ainda que vencidos. Por isso, os alimentos não podem ser objeto de execução, sob pena de se promover o enriquecimento sem causa do alimentando, em injusto detrimento do patrimônio do alimentante.

A: incorreta (art. 1.647 do CC); B: correta (art. 1.780 do CC); C: incorreta (art. 1.595, § 2º, do CC); D: incorreta, pois a adoção não pode ser feita por acordo judicial, dependendo do cumprimento do procedimento judicial previsto na Lei 8.069/90; E: incorreta, pois o valor eventualmente modificado na sentença passa a vigorar imediatamente, mas não retroage se já existiam alimentos provisionais fixados. Gabarito "B".

8. SUCESSÕES

8.1. SUCESSÃO EM GERAL

(Magistratura/MS – 2008 – FGV) Ocorrendo abertura de sucessão, e impedindo um dos co-herdeiros a utilização do bem pelos demais, deverá o Espólio ajuizar ação de:

(A) imissão na posse.
(B) reivindicatória.
(C) reintegração de posse.
(D) esbulho possessório.
(E) interdito proibitório.

De fato, como os demais herdeiros nunca tiveram na posse do imóvel, a ação a ser intentada é de imissão na posse. Gabarito "A".

(Magistratura/MG - 2007) Os herdeiros poderão ceder seus direitos hereditários, seja a herança formada por bens móveis ou imóveis. Neste caso, por determinação legal, é CORRETO dizer que podem fazê-lo:

(A) por instrumento particular.
(B) por escritura pública.
(C) por petição nos autos do inventário.
(D) no auto de partilha.

A alternativa "b" está correta, pois reflete o disposto no art. 1.793 do CC. Gabarito "B".

(Magistratura/MG – 2007) A legislação em vigor trata da sucessão por morte no caso de união estável. De acordo com o Código Civil, é CORRETO dizer que o companheiro ou a companheira participará da sucessão do outro, quanto aos bens adquiridos onerosamente na vigência da união estável, nas seguintes condições:

(A) desde que não concorra com filhos comuns.
(B) se concorrer com descendente só do autor da herança, tocar-lhe-á cota igual à que coube a cada um daqueles.
(C) se concorrer com outros parentes sucessíveis, terá direito a um terço da herança.
(D) não havendo parentes sucessíveis, terá direito à metade da herança.

A alternativa "c" está correta, pois reflete o disposto no art. 1.790 do CC. Gabarito "C".

(Magistratura/MG - 2006) Conforme disposto no Código Civil, quando o herdeiro prejudicar o seu credor, renunciando à herança, é CORRETO afirmar que o credor poderá:

(A) habilitar seu crédito a qualquer tempo, a partir do conhecimento da renúncia;
(B) exigir dos demais herdeiros, quando houver, o pagamento da dívida, na proporção do que lhes couber na herança;
(C) aceitar a herança em nome do renunciante, mediante autorização judicial;
(D) exigir do espólio o pagamento da dívida do herdeiro renunciante.

A alternativa "c" está correta, pois reflete o disposto no art. 1.813 do CC. Gabarito "C".

(Magistratura/MG - 2005) Dispõe o Código Civil que a herança:

(A) poderá ser renunciada sob condição.
(B) não poderá ser renunciada em parte.
(C) poderá ser renunciada de forma tácita.
(D) não poderá ser renunciada por escritura pública.

A alternativa "b" está correta, pois reflete o disposto no art. 1.808 do CC. *Gabarito "B".*

(Magistratura/SP – 2011 – VUNESP) Assinale a alternativa correta.

(A) Regula a sucessão a lei vigente ao tempo da abertura do inventário.
(B) A sucessão abre-se no lugar do falecimento.
(C) É possível a aceitação parcial da herança.
(D) O ato de renúncia da herança é passível de revogação.
(E) Os descendentes de herdeiro excluído sucedem como se ele fosse morto antes da abertura da sucessão.

A: incorreta, pois regula a sucessão a lei vigente ao tempo da abertura da sucessão (art. 1.787 do CC); B: incorreta, pois a sucessão abre-se no lugar do último domicílio do falecido (art. 1.785 do CC); C: incorreta, pois não se pode aceitar a herança em parte (art. 1.808, *caput*, do CC); D: incorreta, pois a aceitação é irrevogável (art. 1.812 do CC); E: correta (art. 1.816, *caput*, do CC). *Gabarito "E".*

(Magistratura/SP – 2009 – VUNESP) Comoriência é

(A) presunção de morte simultânea de duas ou mais pessoas, na mesma ocasião, em razão do mesmo evento, sendo elas reciprocamente herdeiras.
(B) morte de duas ou mais pessoas, na mesma ocasião, em razão do mesmo evento, sendo elas reciprocamente herdeiras.
(C) morte simultânea de duas ou mais pessoas, na mesma ocasião, em razão do mesmo evento, independentemente da existência de vínculo sucessório entre elas.
(D) morte simultânea de duas ou mais pessoas, na mesma ocasião.

A alternativa "a" está correta, pois traz o conceito correto de comoriência, previsto no art. 8º do CC, que é a presunção legal de morte simultânea de duas ou mais pessoas ligadas por vínculos sucessórios. Quando não se sabe quem morreu primeiro, presumem-se a morte simultânea. *Gabarito "A".*

(Magistratura/SP – 180º) A propósito do direito sucessório, pode-se dizer que

I. a companheira terá direito à metade da herança da sucessão do outro, quanto aos bens adquiridos onerosamente, na vigência da união estável, se concorrer com outros parentes sucessíveis;
II. se concorrer com descendentes só da autora da herança, o companheiro participará da sucessão da outra, quanto aos bens adquiridos onerosamente na vigência da união estável, e da metade do que couber a cada um deles;
III. o direito à sucessão aberta, bem como o quinhão de que disponha o co-herdeiro, pode ser objeto de cessão por escritura pública;
IV. é eficaz a cessão por escritura pública, pelo co-herdeiro, de seu direito hereditário sobre qualquer bem da herança considerado singularmente.

Interpretando as assertivas apresentadas, consideram-se verdadeiras somente

(A) I e II.
(B) II e IV.
(C) I, II e III.
(D) II e III.

I: falsa (art. 1.790, III, do CC); II: verdadeira (art. 1.790, II, do CC); III: verdadeira (art. 1.793 do CC); IV: falsa (art. 1.793, § 2º, do CC). *Gabarito "D".*

(Magistratura/SP – 177º) Sobre a sucessão em união estável, assinale a resposta correta.

(A) Na união estável, nos termos do Código Civil, o companheiro supérstite não participa da sucessão do companheiro falecido, relativamente aos bens por este adquiridos a título gratuito ou próprios e exclusivos seus, quer deixando ou não deixando parentes sucessíveis.
(B) O companheiro supérstite, que concorre na sucessão legítima do companheiro falecido, relativamente aos bens adquiridos pelo esforço comum durante a união estável, terá direito à metade da herança, além da sua própria meação, se os parentes sucessíveis deixados pelo falecido estiverem na linha colateral por consangüinidade e afinidade.
(C) O companheiro supérstite que concorre com descendentes exclusivos do companheiro falecido, em qualquer hipótese e em quaisquer bens, terá direito a uma quota equivalente à que for atribuída àqueles.
(D) Na sucessão testamentária, o companheiro falecido, deixando herdeiros colaterais, não poderá dispor além da metade dos seus bens exclusivos em favor do companheiro supérstite.

A alternativa "a" está correta, pois reflete o disposto no art. 1.790 do CC. *Gabarito "A".*

(Ministério Público/BA – 2010) A Constituição Federal da República Federativa do Brasil consagra, no seu artigo 5º, XXX, o direito de herança como direito fundamental.

Com efeito, vaticina Ney de Mello Almada: "o Direito da Sucessões é o conjunto de princípios legais disciplinadores da transmissão, aos herdeiros legatários, do patrimônio sucessível de uma pessoa, que vem a falecer."

Nessa esteira, aduz Lacerda de Almeida que, em razão da repercussão social, tais princípios são "fundamentais e de ordem pública".

Assim sendo, marque a alternativa correta, após o exame de veracidade das assertivas abaixo.

I. A aquisição da propriedade *mortis causa* se dá com o registro da partilha no cartório de registro de imoveis competente.
II. De acordo com a legislação pátria, o direito a sucessão aberta consubstancia-se em uma universalidade *iuris*, bem assim em direito real imobiliário.
III. Na sucessão *mortis causa* de estrangeiro domiciliado no Brasil, no que tange aos bens situados no Brasil, invariavelmente se aplicará a Lei Material Brasileira.
IV. Quando proferida após 5(cinco) anos da abertura da sucessão, a sentença que declara a vacância produzirá efeitos retro operantes.
V. Em matéria de sucessão legítima, pode-se afirmar que a representação somente é possível na linha reta descendente.

(A) F V F V F.
(B) V V F V V.
(C) F F V F F.
(D) V F V V F.
(E) F V V F V.

I: falsa, pois segundo o princípio de *saisine*, a herança transmite-se, desde logo, aos herdeiros (art. 1.784 do CC); II: verdadeira (art. 80, II, do CC); III: falsa, pois a sucessão de bens de estrangeiros, situados no País, será regulada pela lei brasileira em benefício do cônjuge ou dos filhos brasileiros, ou de quem os represente, sempre que não lhes seja mais favorável a lei pessoal do de cujus (art. 10, § 1º, da LIDB); IV: verdadeira (art. 1.822 do CC); V: falsa, pois o direito de representação dá-se também na linha transversal em favor dos filhos de irmãos do falecido, quando com irmãos deste concorrerem (art. 1.853 do CC). *Gabarito "A".*

(Ministério Público/MA – 2009) A propósito do Direito das Sucessões, marque a alternativa INCORRETA.

(A) Se dois ou mais indivíduos falecerem na mesma ocasião, não se podendo averiguar qual deles morreu primeiro, presumir-se-ão simultaneamente mortos.
(B) Podem ser considerados indignos e, portanto, excluídos da sucessão os autores de homicídio doloso ou culposo, tentado ou consumado, contra a pessoa de cuja sucessão se tratar, seu cônjuge, companheiro, ascendente ou descendente.
(C) Não pode ser objeto de contrato a herança de pessoa viva, ressalvado, de forma excepcional, os pactos antenupciais e a partilha feita por ascendente, por ato entre vivos ou de última vontade, desde que não seja prejudicada a legítima dos herdeiros necessários.

(D) Somente é reconhecido direito sucessório ao cônjuge sobrevivente se, ao tempo da morte do outro, não estavam separados judicialmente, nem separados de fato há mais de dois anos, salvo prova, neste caso, de que essa convivência se tornara impossível sem culpa do sobrevivente.

(E) Na sucessão do companheiro de união estável, a companheira, quanto aos bens adquiridos onerosamente durante a vigência desta união, se não houver filhos comuns nem outros descendentes, mas apenas outros parentes sucessíveis, terá direito a um terço da herança.

A: correta, pois reflete o conceito de comoriência, previsto no art. 8º do CC; B: incorreta, pois somente serão excluídos da sucessão os autores de homicídio **doloso**, nos termos do art. 1.814, I, do CC; C: correta, pois a assertiva reflete o disposto no art. 426 do CC. Quanto às exceções, Silvio de Salvo Venosa complementa: "O princípio, porém, sofre ou sofria duas exceções. Uma das situações era a possibilidade de, nos pactos antenupciais, os nubentes poderem dispor a respeito da recíproca e futura sucessão. Tratava-se da doação *propter nuptias* que, estipulada no pacto antenupcial, aproveitava aos filhos do donatário, se este falecesse antes do doador (art. 314 do Código Civil de 1916). Não parece que no sistema atual esse negócio seja vedado. Note, aqui, que a doação não vem subordinada à morte, mas às bodas; sendo a morte mera consequência, não encontrando oposição no atual sistema. Outra exceção é a do art. 2.018 (...). Essa é, na verdade, a única exceção real ao art. 426, porque possibilita a ocorrência de uma disposição antecipada de bens para após a morte" (*Código Civil Interpretado*, Atlas, p. 437); D: correta, pois a assertiva reflete o disposto no art. 1.830 do CC; E: correta, pois a assertiva reflete o disposto no art. 1.790, III, do CC. Gabarito "B".

(Ministério Público/SP – 2006) A sucessão causa mortis é a transferência, total ou parcial, de herança, por morte de alguém, a um ou mais herdeiros. A transmissão da herança, segundo o artigo 1784 do Código Civil se dá:

(A) no momento em que o herdeiro sabe da morte do *de cujus*.
(B) no momento em que o herdeiro aceita a herança.
(C) no momento da morte do *de cujus*.
(D) no momento da abertura do inventário.
(E) no momento da partilha.

O Código Civil adotou o princípio de saisine, segundo o qual a transmissão da herança ocorre imediatamente no momento da morte do de cujus. Gabarito "C".

(Ministério Público/SP - 2005) Assinale a alternativa falsa.

(A) Se o herdeiro prejudicar os seus credores, renunciando à herança, poderão estes, com autorização do juiz, aceitá-la em nome do renunciante.
(B) O herdeiro que possui filhos menores não pode renunciar à herança; se o fizer, estes poderão suceder no lugar do renunciante, exercendo o direito de representação.
(C) A morte, a abertura da sucessão e a transmissão da herança aos herdeiros ocorrem num só momento.
(D) Os filhos do herdeiro excluído por indignidade serão chamados a sucedê-lo, como se morto fosse antes da abertura da sucessão.
(E) O autor de homicídio doloso contra a pessoa de cuja sucessão se tratar, mesmo condenado por sentença penal, somente será excluído da sucessão mediante pedido expresso de interessado, em ação própria.

A: verdadeira (art. 1.813 do CC); B: falsa, pois o herdeiro que possui filhos menores não é proibido de renunciar à herança; C: verdadeira (art. 1.784 do CC - princípio de *saisine*); D: verdadeira (art. 1.816 do CC); E: verdadeira (art. 1.815 do CC). Gabarito "B".

(Defensor Público/AC – 2006 – CESPE) João afirma que viveu junto de Maria — que cuidava apenas dos afazeres domésticos — por mais de dez anos, até o seu falecimento, ocorrido há dois meses. Afirma ainda que tiveram dois filhos, que foram por ele reconhecidos. Perguntado se tinham bens, ele respondeu que compraram um lote de terreno há dois anos, que foi registrado no nome dela e onde construíram uma casa. No período em que viveram juntos, Maria, que era filha única, recebeu, como herança de sua mãe viúva, um terreno na cidade de Tarauacá. Ele, por sua vez, junto com irmãos, herdou uma pequena propriedade que pertencia ao pai, que era viúvo ao falecer.

Com base na legislação pertinente, assinale a opção correta acerca da situação hipotética acima apresentada.

(A) Por não terem sido casados no civil, João não tem nenhum direito com relação ao lote de terreno registrado no nome de Maria e ao terreno na cidade de Tarauacá.
(B) João tem direito sucessório apenas sobre os bens adquiridos a título oneroso durante a convivência com Maria.
(C) João tem direito a apenas metade de todos os bens que pertenciam ao casal, incluindo-se aqueles herdados por ambos e os que foram por eles adquiridos durante a união.
(D) Por possuir bem herdado de seu falecido pai, o direito de Pedro limita-se à metade dos bens que adquiriu em conjunto com a falecida, durante a união estável.

A: incorreta, pois eles eram companheiros (art. 1.790 do CC); B: correta, pois a alternativa reflete o disposto no art. 1.790 do CC; C: incorreta, pois eles eram companheiros e João participará apenas da sucessão quanto aos bens adquiridos onerosamente na vigência da união estável; D: incorreta, pois de acordo com o disposto no art. 1.790, I, do CC: "A companheira ou o companheiro participará da sucessão do outro, quanto aos bens adquiridos onerosamente na vigência da união estável, nas condições seguintes: I - se concorrer com filhos comuns, terá direito a uma quota equivalente à que por lei for atribuída ao filho". Gabarito "B".

(Defensor Público/AL – 2009 – CESPE) Acerca das sucessões em geral, julgue os itens subsequentes.

(1) A sucessão hereditária assenta-se, entre outras, em razão de ordem ética, na medida em que se presume a afeição do morto ao herdeiro, motivo pelo qual o neto que foi autor da denúncia que redundou na condenação do avô pelo crime de apropriação indébita não faz jus à herança deste.

(2) Considere que, com o falecimento de João, tenha restado a seus dois únicos herdeiros, como herança, dois apartamentos de dois quartos localizados no mesmo andar de um prédio residencial. Nessa situação, mesmo considerando a possibilidade de divisão cômoda do acervo, é ineficaz a cessão onerosa do direito à sucessão de um desses imóveis a terceiro, se realizada por qualquer dos co-herdeiros antes da partilha.

1: incorreta, pois esse não é um dos casos de indignidade (art. 1.814 do CC); 2: correta (art. 1.793, § 2º, do CC). Gabarito 1E, 2C.

(Defensor Público/PA – 2006 – UNAMA) O Direito das Sucessões se apresenta como o conjunto de normas e princípios jurídicos que disciplinam a transmissão do patrimônio de uma pessoa falecida aos herdeiros e/ou legatários. Portanto, a sucessão dá-se por lei ou por disposição de última vontade, respectivamente classificada em sucessão legítima e sucessão testamentária.

No que tange ao Direito Sucessório é correto afirmar:

(A) Maria, por testamento cerrado, deixou a sua casa, localizada na rua X, nº 10, para o Sr. João da Silva, esclarecendo expressamente que, no caso de João não aceitar o legado, haveria substituição vulgar, destinando a casa a sua prima Maria Clara. Na abertura da sucessão o Sr. João já havia morrido, sendo a casa acrescida à sucessão legítima, face não restar expresso, no testamento, o caso de impossibilidade de aceitação, por parte do Sr. João, do bem legado.
(B) É válida a nomeação de herdeiros ou legatários de cônjuge ou companheiro (a), descendente, ascendente ou irmão da pessoa que escreveu, a rogo, o testamento.
(C) São efeitos da exclusão de herdeiro ou legatário da sucessão: os descendentes do herdeiro excluído sucedem como se ele morto fosse antes da abertura da sucessão; o excluído da sucessão não terá direito ao usufruto ou à administração dos bens que a seus sucessores couberem na herança, nem à sucessão eventual desses bens; o excluído da sucessão é obrigado a restituir os frutos e rendimentos que dos bens da herança houver percebido, mas tem direito a ser indenizado das despesas com a conservação deles.
(D) João faleceu em 06.01.2004, deixando 01 (um) filho e cônjuge (ascendente do filho de João), sendo que se encontra separado de fato de seu cônjuge há 01 (um) ano, cujo casamento ocorreu no regime de comunhão parcial de bens. A herança de João (01 casa, adquirida, mediante doação, na constância do casamento) foi destinada a seu único filho, nos termos da ordem da vocação hereditária prevista no novo Código Civil.

A: incorreta, pois o art. 1.947 do CC dispõe que "O testador pode substituir outra pessoa ao herdeiro ou ao legatário nomeado, para o caso de um ou outro **não querer ou não poder** aceitar a herança ou o legado, presumindo-se que a substituição foi determinada para as duas alternativas, **ainda que o testador só a uma se refira**"; B: incorreta, pois o art. 1.801, I, do CC dispõe que "não podem ser nomeados herdeiros nem legatários: I- a pessoa que, a rogo, escreveu o testamento, nem o seu cônjuge ou companheiro, ou os seus ascendentes e irmãos", e o art. 1.900, V, do CC determina, por sua vez, que é nula a disposição que favoreça as pessoas a que se referem o art. 1.801 do CC; C: correta (arts. 1.816 e 1.817 do CC); D: incorreta, pois como João e sua cônjuge estavam casados no regime de comunhão parcial, a sucessão legítima caberia ao descendente em concorrência com o cônjuge sobrevivente (art. 1.829, I, do CC), eis que não estavam separados de fato há mais de **dois** anos (art. 1.830 do CC). Gabarito "C".

(Defensoria Pública/SP - 2006) Com relação à herança, é correto afirmar:

(A) Pode haver renúncia parcial.
(B) Não se pode aceitar a herança sob condição.
(C) A renúncia da herança pode se dar por instrumento particular.
(D) Não pode haver renúncia tácita.
(E) A transmissão da herança se dá a contar da aceitação do herdeiro.

A e B: art. 1.808 do CC; C e D: art. 1.806 do CC; E: art. 1.784 do CC. Gabarito "B".

(Procuradoria Distrital – 2007) Joaquim e Maria viviam em regime de união estável. Celebraram contrato no qual ficou estabelecido que a relação patrimonial, durante o período de convivência, seria o da separação absoluta de bens e que em nenhuma hipótese os bens existentes ou adquiridos se comunicariam. Joaquim veio a falecer, pondo-se, assim, fim à união estável. Quanto aos bens adquiridos onerosamente na vigência da união estável, é correto afirmar que, na qualidade de companheira, Maria:

(A) não participará da sucessão de Joaquim em face da cláusula contratual que estabeleceu a incomunicabilidade dos bens adquiridos na constância da união estável.
(B) se concorrer com filhos comuns, terá direito a uma quota equivalente à metade do que por lei for atribuída ao filho.
(C) se concorrer com descendentes só do autor da herança, tocar-lhe-á a metade do que couber a cada um daqueles.
(D) se concorrer com outros parentes sucessíveis, terá direito à metade da herança.
(E) somente participará da sucessão se não houver parentes sucessíveis.

A alternativa "c" está correta, pois reflete o disposto no art. 1.790, II, do CC. Gabarito "C".

(Delegado/MG – 2007) Considerando os dispositivos do Código Civil em vigor sobre a indignidade no Direito das Sucessões, assinale a alternativa INCORRETA:

(A) Os descendentes do indigno sucedem como se ele morto fosse.
(B) O indigno é obrigado a devolver os frutos e rendimento da herança, já que é considerado possuidor de má-fé com relação aos herdeiros, desde a abertura da sucessão.
(C) Os atos de administração e as alienações praticadas pelo indigno antes da sentença de exclusão são válidos.
(D) O herdeiro que de qualquer modo concorre para o homicídio doloso ou culposo do *de cujus* deve ser excluído da sucessão por indignidade.

A: correta (art. 1.816 do CC); B: correta (art. 1.817, parágrafo único, do CC); C: correta (art. 1.817, *caput*, do CC); D: incorreta (art. 1.814, I, do CC). Gabarito "D".

(Cartório/SP – VI – VUNESP) Aberta a sucessão, a herança transmite-se, desde logo, aos herdeiros legítimos e testamentários. Tal regra é decorrente do princípio conhecido como

(A) saisine.
(B) transmissibilidade imediata.
(C) sucebilidade incondicional.
(D) herança instantânea.

O Código Civil adotou o princípio de saisine, segundo o qual a transmissão da herança ocorre imediatamente no momento da morte do de cujus. Gabarito "A".

(DEFENSORIA PÚBLICA DA UNIÃO – 2004 – CESPE) Julgue os itens subsequentes, relativos aos direitos das sucessões.

(1) Considere a seguinte situação hipotética. Uma pessoa faleceu, deixando bens a quatro filhos, maiores, capazes, casados e que possuem descendentes. Nessa situação, se um dos filhos renunciar à herança, a parte deste deverá ser recebida pelos netos do falecido, filhos do renunciante, que herdarão por direito próprio, ou seja, por estirpe ou representação.
(2) Não se admite a renúncia de meação, pois seu titular já a tem como integrante de seu patrimônio, devendo a mesma ser tratada como cessão de direitos, sujeita, portanto, ao instrumento público.

1: errada, pois na sucessão legítima, a parte do herdeiro renunciante acresce à dos outros herdeiros da mesma classe (art. 1.810 do CC); 2: certa, pois a meação não faz parte da herança, apenas será separada e passará a constar como propriedade apenas do cônjuge supérstite. Gabarito 1E, 2C.

(Analista – TJ/ES – 2011 – CESPE) Julgue o seguinte item.

(1) No que tange à capacidade para suceder, é correto afirmar que, com a abertura da sucessão, a herança se transmite imediatamente aos herdeiros, que passam a ser titulares de direitos adquiridos, aplicando-se a lei vigente à época da morte do autor da herança.

1: correta (arts. 1.784 e 1.787 do CC). Gabarito 1C.

8.2. SUCESSÃO LEGÍTIMA

(Magistratura/DF – 2011) Cuidando-se da sucessão legítima, segundo a lei civil em vigência, "dá-se o direito de representação, quando a lei chama certos parentes do falecido a suceder em todos os direitos, em que ele sucederia, se vivo fosse". Assim exposto, considere as proposições abaixo e assinale a incorreta:

(A) O direito de representação dá-se na linha reta descendente como também na ascendente;
(B) Na linha transversal, somente se dá o direito de representação em favor dos filhos de irmãos do falecido, quando com irmãos deste concorrerem;
(C) Os representantes só podem herdar, como tais, o que herdaria o representado, se vivo fosse;
(D) O quinhão do representado partir-se-á por igual entre os representantes.

A: incorreta, pois o direito de representação dá-se apenas na linha descendente (art. 1.852 do CC); B: correta (art. 1.853 do CC); C: correta (art. 1.854 do CC); D: correta (art. 1.855 do CC). Gabarito "A".

(Magistratura/GO – 2009 – FCC) Qualquer que seja o regime de bens do casamento, ao cônjuge sobrevivente é assegurado

(A) somente o direito de meação dos bens adquiridos na constância casamento, não participando da herança do falecido em nenhuma hipótese, se ele tiver descendentes ou ascendentes.
(B) o direito real de habitação relativo ao imóvel destinado à residência da família, desde que seja o único daquela natureza a inventariar.
(C) o direito de propriedade resolúvel do imóvel destinado à residência da família enquanto vivo for, não sendo, por isto, suscetível de inventário.
(D) o usufruto do imóvel destinado à residência da família, desde que seja o único daquela natureza a inventariar.
(E) o direito de participar da herança, concorrendo com os descendentes ou ascendentes do falecido.

A alternativa "b" está correta, pois reflete o disposto no art. 1.831 do CC. Gabarito "B".

(Magistratura/MG – 2009 – EJEF) Marque a opção CORRETA. José, solteiro e sem deixar descendentes e ascendentes, falece, deixando a inventariar a quantia de R$ 800.000,00 (oitocentos mil reais). Duas irmãs lhe sobrevivem, bem como duas sobrinhas e um sobrinho neto (filho de uma sobrinha pré-morta), assinalando-se que esses sobrinhos descendem de um irmão pré-morto de José. Então, concorrerão à sucessão:

(A) somente as irmãs vivas de José.
(B) todos os parentes acima citados, inclusive o sobrinho-neto, porque, na hipótese, a sucessão se defere até o quarto grau de parentesco, herdando todos em partes iguais, por representação.

(C) as irmãs de José e as filhas do irmão pré-morto, estas por representação. O sobrinho-neto não herdará. A herança será dividida em 3 (três) partes iguais. As irmãs do falecido herdam por cabeça e as sobrinhas por estirpe.

(D) todos os parentes acima citados, inclusive o sobrinho-neto, sendo que a herança será dividida em 4 (quatro) partes iguais. As irmãs do falecido herdarão uma parte cada uma e as sobrinhas e o sobrinho-neto a outra parte, que será dividida entre eles em partes iguais.

A alternativa "c" está correta, pois na linha descendente, excetuando-se os filhos, que só sucedem por cabeça, os demais sucedem por cabeça ou estirpe, conforme se achem no mesmo grau ou não (art. 1.835 do CC. No caso, como há descendentes que não são do mesmo grau (irmãs e sobrinhas), herdarão por estirpe. Na classe dos colaterais, os mais próximos excluem os mais remotos, salvo o direito de representação concedido aos filhos de irmãos (art. 1.840 do CC), razão pela qual o sobrinho-neto não herdará. As sobrinhas herdarão a parte que caberia ao pai (irmão de José), nos termos do art. 1.854 do CC. Gabarito "C".

(Magistratura/PE – 2011 – FCC) Na sucessão legítima

(A) os filhos sucedem por cabeça e os outros descendentes apenas por estirpe.

(B) em falta de descendentes e ascendentes, será deferida a sucessão por inteiro ao cônjuge sobrevivente, apenas se casado sob o regime da comunhão universal ou parcial de bens.

(C) sendo chamados a suceder os colaterais, na falta de irmãos sucederão os tios e não os havendo os filhos dos irmãos.

(D) em falta de descendente e ascendente, será deferida a sucessão por inteiro ao cônjuge sobrevivente, mesmo que casado tiver sido sob o regime da separação obrigatória de bens.

(E) na classe dos ascendentes não há exclusão por grau, todos sendo aquinhoados em igualdade.

A: incorreta (art. 1.835 do CC); B: incorreta, pois o cônjuge sobrevivente, nesse caso, herdará independentemente do regime de bens (art. 1.838 do CC); C: incorreta, pois na falta de irmãos sucederão os filhos destes e, não os havendo, os tios (art. 1.843, caput, do CC); D: correta (art. 1.838 do CC); E: incorreta (art. 1.836, § 1º, do CC). Gabarito "D".

(Magistratura/PR – 2010 – PUC/PR) A respeito de sucessões, assinale a única alternativa INCORRETA.

(A) A renúncia de herança deve constar expressamente de instrumento público ou termo judicial; a aceitação pode ser tácita.

(B) Se não houver cônjuge sobrevivente, ou se vivo não lhe seja reconhecido direito sucessório, serão chamados a suceder os colaterais até o terceiro grau.

(C) Não pode o testador estabelecer cláusula de inalienabilidade, impenhorabilidade e de incomunicabilidade sobre os bens da legítima, salvo se houver justa causa, declarada no testamento.

(D) Na disposição testamentária, se instituído menor herdeiro ou legatário, pode o testador nomear-lhe curador especial para administração desses bens ainda que o beneficiário se encontre sob poder familiar, ou tutela.

A: correta, pois a assertiva reflete o disposto nos arts. 1805, caput e 1.806, do CC; B: incorreta, pois nesse caso serão chamados os colaterais até o **quarto grau** (art. 1.839 do CC); C: correta, pois a assertiva reflete o disposto no art. 1.848, caput, do CC; D: correta, pois a assertiva reflete o disposto no art. 1733, § 2º, do CC. Gabarito "B".

(Magistratura/PR – 2008) Sobre o direito das sucessões, assinale a alternativa correta:

(A) Os ascendentes do falecido, quando chamados a suceder por direito próprio, não têm dever de colacionar as doações que receberam do de cujus.

(B) Quando for chamado a suceder em concorrência com descendentes exclusivos do de cujus, o cônjuge sobrevivente jamais terá o dever de colacionar as doações que recebeu do falecido.

(C) O companheiro sobrevivente jamais participará da sucessão do companheiro falecido em concorrência com os descendentes exclusivos deste.

(D) A garantia da quota mínima de um quarto da herança, assegurada pelo Código Civil ao cônjuge sobrevivente, subsiste mesmo que nenhum dos herdeiros do falecido seja descendente do cônjuge viúvo.

A: correta (art. 2.002 do CC); B: incorreta (art. 544 do CC); C: incorreta (art. 1790, II, do CC); D: incorreta (art. 1.832 do CC). Gabarito "A".

(Magistratura/PR – 2008) Antônio, casado com Bruna pelo regime da comunhão universal de bens, pai de Carolina e de Daniel, faleceu em 10 de abril de 2007. Ernesto, viúvo, pai de Antônio e de Fabrício, falece na data de hoje. Fabrício é solteiro e tem um único filho, chamado Heitor. Diante dos fatos narrados, assinale a alternativa correta acerca da sucessão de Ernesto:

(A) Bruna herdará o que Antônio herdaria se vivo fosse na data da morte de Ernesto, por direito de representação.

(B) Bruna não herdará o que Antônio herdaria se vivo fosse na data da morte de Ernesto, mas terá direito à meação sobre esse quinhão.

(C) Se Fabrício renunciar à herança, seus sobrinhos Carolina e Daniel e seu filho Heitor herdarão por direito próprio o patrimônio deixado por Ernesto, dividindo-o em partes iguais.

(D) Se Fabrício renunciar à herança, tanto seus sobrinhos como seu filho herdarão por representação, cabendo metade da herança de Ernesto a Heitor, uma quarta parte a Carolina e uma quarta parte a Daniel.

A alternativa "c" está correta, pois reflete o disposto nos arts. 1.810 e 1.811 do CC. Gabarito "C".

(Magistratura/PR - 2007) Em 10 de janeiro de 1976, Antônio e Bruna se casaram pelo regime da comunhão universal de bens. Do casamento resultou o nascimento de dois filhos, César e Daniela. César casou com Eliana em 05 de maio de 2001, e do casamento resultou o nascimento de dois filhos, Fábio e Gabriela. Daniela é solteira. Fábio morreu em 1º de abril de 2006, sem deixar bens a inventariar. Antônio faleceu na data de hoje, deixando um único bem a inventariar: uma casa, que herdou de seus pais, e que vale R$ 240.000,00 (duzentos e quarenta mil reais).

Diante dos fatos narrados, assinale a alternativa correta:

(A) Eliana herdará, por direito de representação, um terço do quinhão que caberia a César na sucessão de Antônio.

(B) Eventual renúncia de Daniela à herança deixada por seu pai aproveitará aos filhos de César, mas não beneficiará Bruna.

(C) Bruna herdará, por direito próprio, um terço do patrimônio deixado por Antônio, sem prejuízo de sua meação.

(D) Bruna herdará, por direito próprio, a quarta parte do patrimônio deixado por Antônio, sem prejuízo de sua meação.

A: incorreta (art. 1.851 do CC); B: correta (art. 1.810 do CC); C e D: incorretas (art. 1.829, I, do CC). Gabarito "B".

(Magistratura/RS – 2009) Carolina contraiu matrimônio com Carlos, adotando, mediante pacto antenupcial, o regime da comunhão universal de bens. Ao longo do casamento, sobrevieram-lhes três filhos comuns. Carlos, antes de casar, já possuía bens, no valor de R$ 100.000,00. Durante o casamento, o casal adquiriu, a título oneroso, bens no valor de R$ 120.000,00. Em 24 de janeiro de 2008, Carlos veio a falecer, sem deixar testamento. Diante do exposto, assinale a opção correta de partilha.

(A) Meação de Carolina: R$ 110.000,00. Quinhão hereditário de Carolina: R$ 50.000,00. Quinhão hereditário de cada filho: R$ 20.000,00

(B) Meação de Carolina: R$ 110.000,00. Quinhão hereditário de cada filho: R$ 36.666,66

(C) Meação de Carolina: R$ 110.000,00. Quinhão hereditário de Carolina e de cada filho: R$ 27.500,00

(D) Meação de Carolina: R$ 60.000,00. Quinhão hereditário de Carolina e de cada filho: R$ 40.000,00

(E) Meação de Carolina: R$ 50.000,00. Quinhão hereditário de Carolina e de cada filho: R$ 42.500,00 16 Juiz de Direito Substituto/2009

O patrimônio do casal no momento do falecimento era de R$ 220.000,00 (a soma do valor que Carlos já possuía com o valor que o casal adquiriu durante a união, eis que se trata de regime da comunhão universal de bens – art. 1.667 do CC). Assim, a meação de Carolina será de R$ 110.000,00 (metade do valor do patrimônio do casal). O restante, que equivale à meação do falecido, será dividido apenas entre os três filhos, eis que, como o casal era casado em regime de comunhão universal de bens, o cônjuge sobrevivente não sucede em concorrência com os descendentes (art. 1.829, I, do CC). Assim, a alternativa "b" está correta. Gabarito "B".

(Magistratura/SP – 2011 – VUNESP) Assinale a alternativa correta.

(A) Na falta de descendentes, será deferida a sucessão por inteiro aos ascendentes.
(B) Na classe dos colaterais, os mais próximos excluem os mais remotos, mas os filhos de irmãos do falecido herdam por representação.
(C) Não concorrendo à herança irmão bilateral, os unilaterais herdarão metade do que herdaria aquele.
(D) O valor correspondente a legado deixado a herdeiro necessário será abatido da parte que lhe couber na legítima.
(E) O direito de representação pode dar-se na linha ascendente.

A: incorreta, pois será deferida aos ascendentes em concorrência com o cônjuge (art. 1.829, II, do CC); B: correta (art. 1.840 do CC); C: incorreta, pois os unilaterais herdarão em partes iguais tudo o que os bilaterais herdariam (art. 1.842 do CC); D: incorreta, pois a parte que recebeu fora da legítima não será abatida (art. 1.849 do CC); E: incorreta, pois o direito de representação dá-se apenas na linha reta descendente (art. 1.852 do CC). Gabarito "B".

(Magistratura/SP – 2009 – VUNESP) O direito de representação

(A) verifica-se na linha reta descendente e ascendente.
(B) inexiste na linha colateral.
(C) implica divisão por estirpe.
(D) implica divisão por cabeça.

A alternativa "c" está correta pois, conforme conceitua Maria Helena Diniz: "Dá-se o direito de representação, quando a lei chama certos parentes do falecido a suceder em todos os direitos, em que ele sucederia, se vivo fosse (CC, art. 1.851). Assim, os parentes do herdeiro pre morto não herdam por direito próprio, mas na qualidade de representantes. Se vivo fosse, o herdeiro receberia os bens da herança, como morreu antes do autor da herança, transmitem-se aqueles bens à sua estirpe – daí a designação sucessão por estirpe" (*Curso de Direito Civil Brasileiro*, 6. Direito das Sucessões, Saraiva, 24ª edição, p. 168). Gabarito "C".

(Magistratura/SP – 177º) Sobre a sucessão legítima e a ordem da vocação hereditária, assinale a resposta correta.

(A) Quando o cônjuge supérstite concorre à herança com ascendentes do falecido, cabe-lhe a metade da herança, mas se concorrer com um só ascendente ou estiver no segundo grau na linha ascendente de parentesco, cabem-lhe 2/3 (dois terços) da herança.
(B) O cônjuge supérstite concorre à herança com os descendentes do *de cujus*, salvo se o casamento se deu pelo regime da separação total de bens; ou, se o foi pelo regime da comunhão parcial, o cônjuge falecido não houver deixado bens particulares seus.
(C) O cônjuge supérstite, quando concorre à herança com descendentes do *de cujus*, terá direito a quinhão hereditário correspondente a 50% (cinquenta por cento) do quinhão dos descendentes que sucederem por cabeça; a 1/4 (um quarto) da herança, quando a sucessão dos descendentes se der por estirpe.
(D) O cônjuge supérstite, qualquer que seja o regime do casamento, concorre à herança com os ascendentes do *de cujus*.

A: incorreta (art. 1.837 do CC); B: incorreta (art. 1.829, I, do CC); C: incorreta (art. 1.832 do CC); D: correta (art. 1.829, II, do CC). Gabarito "D".

(Magistratura/SP – 179º) Considere as seguintes situações:

I. João morreu sem deixar cônjuge, convivente, descendentes e mãe, mas tendo irmãos, pai e avó materna vivos; seu único herdeiro legítimo é seu pai;
II. Antonio faleceu sem deixar descendentes, cônjuge, convivente e ascendentes; dois de seus irmãos eram ainda vivos; Pedro, filho de irmão já falecido, também é herdeiro legítimo de Antonio por representação;
III. Paulo faleceu sem deixar descendentes, cônjuge, convivente, ascendentes, irmãos e sobrinhos; seus herdeiros legítimos são dois tios e filho de terceiro tio já falecido;
IV. Joaquim, José e Manoel são os únicos sobrinhos de Luís, que morreu sem deixar descendentes, cônjuge, convivente, ascendentes e irmãos; os dois primeiros são irmãos e o terceiro primo deles e, como sucessores legítimos, herdam por cabeça.

Estão corretas

(A) todas as conclusões.
(B) apenas as conclusões I e III.
(C) apenas as conclusões II e IV.
(D) apenas as conclusões I, II e IV.

I: verdadeira (art. 1.829 do CC); II: verdadeira (art. 1.840 do CC); III: falsa (art. 1.843 do CC); IV: verdadeira (art. 1.843, §1º, do CC). Gabarito "D".

(Magistratura/TO – 2007 – CESPE) Julgue os itens a seguir, relativos ao direito das sucessões.

I. A cessão de direitos hereditários, mesmo a relativa a imóveis, tem natureza obrigacional, razão por que, não constituindo contrato constitutivo ou translativo de direito real, quando registrado em cartório o ajuste firmado em documento particular, este é válido e tem eficácia inclusive em relação a terceiros.
II. Falecendo uma pessoa no estado de solteira e sem deixar testamento, deixando como herdeiros parentes colaterais em terceiro lugar, isto é, tio e sobrinho, a herança será divida em duas partes iguais. O tio herda por direito próprio e o sobrinho, representando o genitor pré-morto.
III. Os parentes colaterais são herdeiros legítimos, mas não necessários. Esses herdeiros serão chamados se não houver deliberação em contrário do autor da herança. Para excluí-los da sucessão, basta que o testador disponha, em favor de terceiros, da totalidade do seu patrimônio.
IV. O tutor ou o curador não pode, em nome de seus representados, aceitar direitos de herança ou a eles renunciar sem autorização judicial, pois isso implicaria ato de disposição e, não, de administração e representação.

Estão certos apenas os itens

(A) I e II.
(B) I e IV.
(C) II e III.
(D) III e IV.

I: errado (art. 1.793 do CC); II: errado (art. 1.840 do CC); III: correto (arts. 1.829, IV, 1.845 e 1.850, do CC); IV: correto (art. 1.748, II, do CC). Gabarito "D".

(Ministério Público/BA – 2010) Antônio faleceu em 10 de maio de 2008, *ab intestato*. Consta que o "*de cujus*" era casado pelo regime da comunhão parcial de bens, com Bruna, não deixando bens particulares, e ainda, que em razão do enlace matrimonial teve 4(quatro) filhos: Carlos, Daniel, Elda e Fátima. Ademais, consta que Carlos faleceu em 05 de agosto de 2007, e deixou 3(três) filhos: George, Hugo e Igor.

Consta que Daniel renunciou à herança do seu genitor, sob condição resolutiva, bem assim que teve 2(dois) filhos: Jaime e Luiz. Outrossim, consta que Elda cedeu, a título de liberalidade, o seu quinhão hereditário a terceiro, estranho à sucessão, por instrumento público, contudo sem cientificar previamente os demais herdeiros.

Por derradeiro, consta que Fátima foi excluída da sucessão por indignidade, entretanto, teve 2 (dois) filhos, a saber: Márcia e Nilson.

Assinale a alternativa correta:

(A) Bruna terá direito a 50%(cinquenta por cento) da herança de Antônio.
(B) Os filhos de Daniel irão representar o pai renunciante.
(C) Os filhos de Fátima irão representar a mãe, na herança do falecido avô.
(D) A cessão da herança mencionada é ineficaz frente aos demais herdeiros.
(E) Os Filhos de Carlos receberão, em conjunto, 50% (cinquenta por cento) da herança do "*de cujus*".

A: incorreta, pois como eram casados pelo regime da comunhão parcial de bens e Antônio faleceu sem deixar bens particulares, o cônjuge sobrevivente (Bruna) não sucede em concorrência com os descendentes (art. 1.829, I, do CC); B: incorreta, pois ninguém pode suceder representando herdeiro renunciante, exceto se ele for o único legítimo da sua classe, ou se todos os outros da mesma classe renunciarem à herança, poderão os filhos vir à sucessão, por direito próprio, e por cabeça (art. 1.811 do CC); C: correta, pois os descendentes do excluído por indignidade (Fátima), sucedem como se morto fosse antes da abertura da sucessão (art. 1.816, *caput*, do CC); D: incorreta, pois a cessão não será ineficaz. Caberá ao co-herdeiro, a quem não se der conhecimento da cessão, depositado o preço, haver para si a quota cedida a estranho, se o requerer até cento e oitenta dias após a transmissão (art. 1.795 do CC); E: incorreta, pois os filhos de Carlos receberão 25% da herança (art. 1.855 do CC). Gabarito "C".

(Ministério Público/BA – 2004) Tunico Travesso era casado com Maure Travesso, mas, por ser obstinado às aventuras extraconjugais, numa dessas teve um filho, Gladaniel, com Maurita, mulher de vida fácil. Procurado pela mãe do menor, Tunico negou-se a registrá-lo, insurgindo-se contra a paternidade, muito embora tenha havido prova inequívoca desta, confirmada pelo exame de DNA, em ação movida com base na Lei nº 8.560/92 pelo Ministério Público da Comarca onde todos residiam. Eis que, de repente, Tunico Travesso vem a falecer, e, com sua morte, a esposa legítima, nomeada inventariante dos bens deixados pelo de cujus, negou ao infante qualquer ato participativo no inventário. À vista da situação verificada, é correto afirmar que:

I. Somente a mãe do menor pode habilitar-se no inventário, e a ela caberá o quinhão hereditário.
II. O filho havido fora do matrimônio perceberá em igualdade de condições com os demais filhos de Tunico e Maure.
III. Por ser Gladaniel filho ilegítimo, somente receberá 50% (cinquenta por cento) do que couber aos filhos legítimos.
IV. Neste caso, prevalecerá a vontade paterna em não reconhecer a filiação, ante dispositivo legal previsto no Código Civil.
V. O filho reconhecido através do exame do DNA receberá 25% (vinte e cinco por cento) dos bens do pai morto, e sua mãe também receberá 25% (vinte e cinco por cento) do que couber aos outros filhos.

(A) Apenas I e V estão corretas.
(B) Nenhuma alternativa está correta.
(C) Apenas III está correta.
(D) Apenas IV e V estão corretas.
(E) Apenas II está correta.

I: errada (todo herdeiro pode se habilitar no inventário, e sendo o filho já reconhecido em ação de investigação de paternidade, é herdeiro necessário); II: correta (art. 1.596 do CC); III: errada (art. 1.596 do CC); IV: errada (não existe referido dispositivo legal e prevalece o reconhecimento pelo exame de DNA por sentença proferida em ação de investigação de paternidade); V: errada; a mãe não receberá, eis que não é herdeira, e o filho reconhecido receberá em igualdade aos demais filhos do *de cujus*. Gabarito "E".

(Ministério Público/CE – 2009 – FCC) Na sucessão legítima o direito de representação dá-se

(A) na linha reta descendente e, na transversal, em favor dos filhos de irmãos do falecido, quando com irmãos deste concorrerem.
(B) apenas na linha reta ascendente.
(C) na linha reta descendente e ascendente, mas nunca na transversal.
(D) na linha reta ascendente e, na transversal, somente em favor dos filhos de irmãos do falecido, quando com irmãos deste concorrerem.
(E) apenas na linha reta descendente.

A alternativa "a" está correta, pois reflete o disposto nos arts. 1.852 e 1.853 do CC. Gabarito "A".

(Ministério Público/ES – 2010 – CESPE) Assinale a opção correta com referência ao direito sucessório dos cônjuges e companheiros.

(A) O companheiro não concorre com os parentes colaterais do falecido.
(B) Havendo filhos exclusivos do(a) falecido(a), o(a) companheiro(a) herdará uma quota equivalente à que lhes for atribuída.
(C) O direito hereditário do companheiro restringe-se aos bens adquiridos onerosamente na vigência da união estável.
(D) No regime de separação obrigatória, o cônjuge sobrevivo herda porque não tem direito à meação.
(E) O cônjuge sobrevivo tem direito real de habitação e de usufruto.

A: incorreta, pois o companheiro concorre com parentes colaterais, nos termos do art. 1.790, III, do CC; B: incorreta, pois se o companheiro concorrer com filhos exclusivos do falecido tocar-lhe-á metade do que couber a cada um deles, nos termos do art. 1.790, II, do CC; C: correta, pois a assertiva reflete o disposto no art. 1.790, *caput*, do CC; D: incorreta, pois, no regime de separação obrigatória, o cônjuge só herda no caso de não existirem descendentes e herdará em concorrência aos ascendentes (art. 1.829, I e II, do CC); E: incorreta, pois o cônjuge sobrevivo tem direito real de habitação, desde que seja o único bem imóvel residencial a inventariar, mas não terá direito a usufruto, nos termos do art. 1.831 do CC. Gabarito "C".

(Ministério Público/GO – 2005) Platão, solteiro, faleceu ab intestato no dia 10.01.2005, deixando um patrimônio líquido avaliado em R$ 80.000,00 e os seguintes parentes vivos: o sobrinho Glauco, os sobrinhos-netos Céfalo e Nero, filhos de outro sobrinho pré-morto, e, finalmente, o tio Sócrates. Diante destes fatos, é correto dizer:

(A) somente o sobrinho Glauco e o tio Sócrates herdam
(B) somente Glauco receberá a herança
(C) a herança será partilhada igualmente entre o sobrinho Glauco e os sobrinhos-netos Céfalo e Nero
(D) os sobrinhos-netos sucedem por estirpe

A alternativa B está correta, pois reflete o disposto no art. 1.840 do CC. Gabarito "B".

(Ministério Público/MS – 2011 – FADEMS) Assinale a alternativa falsa.

(A) Ao valor patrimonial da herança deve ser adicionado o valor das doações que os descendentes receberam em vida dos ascendentes e que o sobrevivente recebeu em vida de seu consorte;
(B) O testamento público pode ser escrito manualmente ou mecanicamente, bem como ser feito pela inserção da declaração de vontade em partes impressas de livro de notas, desde que rubricadas todas as páginas pelo testador, se mais de uma;
(C) De acordo com o CC/2002, caso o morto não deixe descendentes, herdam concorrentemente, em igualdade de condições, seus ascendentes e o cônjuge sobrevivente, independentemente do regime de bens do casamento, desde que preenchidos por ele os requisitos fixados na lei;
(D) A sucessão legítima do companheiro se dá da mesma forma daquela reservada ao cônjuge sobrevivente. Assim, na ordem da vocação hereditária o companheiro sobrevivente terá o mesmo tratamento dispensado aos parentes sucessível ou aos colaterais;
(E) Legitimam-se a suceder as pessoas nascidas ou já concebidas no momento da abertura da sucessão.

A: verdadeira (art. 2002 do CC); B: verdadeira (art. 1.864, par. único, do CC); C: verdadeira (art. 1.829, II, do CC); D: falsa (art. 1.790 do CC); E: verdadeira (art. 1.798 do CC). Gabarito "D".

(Ministério Público/PR – 2011) Antônio foi casado com Cecília por 10 anos, sendo que do casamento adveio o nascimento de três filhos, Daniel, Elisa e Fabio. Cecília faleceu no último dia 30 de novembro de 2009. Sem ter feito o inventário dos bens da sua falecida esposa e, por conseguinte, sem ter dado partilha aos herdeiros desta, Antônio se casou com Bruna no 1º de janeiro de 2010, subordinando-se ao regime de bens daí decorrente. No dia 10 de outubro de 2010, nasce Helena, filha de Antônio com Bruna. No dia de hoje, Antônio vem a falecer. Diante dos fatos narrados, assinale a alternativa correta:

(A) a herança de Antônio será dividida, em partes iguais, apenas entre os seus quatro filhos.
(B) a quarta parte da herança de Antônio caberá a Bruna, sendo que os outros três quartos serão divididos igualmente entre os quatro filhos de Antônio.
(C) a herança de Antônio será dividida, em cinco partes iguais, ou seja, entre os seus quatro filhos e a viúva.
(D) metade da herança de Antônio caberá a Helena, e a outra metade será dividida entre os três filhos advindos do primeiro casamento.
(E) Bruna terá direito à meação dos bens deixados por Antônio, cabendo aos quatro filhos a divisão do remanescente em partes iguais.

De fato, como Antônio casou com Bruna antes de fazer o inventário de Cecília, havia causa suspensiva (art. 1.523, I, do CC), razão pela qual o regime de bens foi o da separação de bens (art. 1.641, I, do CC). Desta forma, com o falecimento de Antônio, a sua herança será dividida entre os descendentes (art. 1.829, I, do CC). Gabarito "A".

(Ministério Público/SC – 2010) Julgue os seguintes itens.

I. Na ordem de vocação dos herdeiros legítimos, o cônjuge sobrevivente participa tanto da primeira quanto da segunda classe, concorrendo com os descendentes, conforme o regime de bens do casamento, e com os ascendentes, respectivamente, sendo o titular do direito na terceira classe.

II. Ao nascituro não é reconhecida a vocação hereditária, cabendo-lhe a petição de herança com fundamento na norma geral de proteção, desde a concepção, a seus direitos.

III. É chamada *jacente* a herança aberta em que o falecido não tenha deixado testamento ou sejam desconhecidos seus herdeiros legítimos, enquanto se aguarda a habilitação de sucessores, e *vacante* aquela assim declarada judicialmente porque, passado um ano da publicação de editais convocando os sucessores, estes não se apresentaram para a sucessão. Nos cinco anos posteriores à declaração de vacância, os sucessores legítimos, exceto os colaterais, podem habilitar-se para exercer seus direitos hereditários

IV. Na linha descendente, os herdeiros de primeiro grau sucedem sempre por cabeça e os dos demais graus sempre por estirpe.

V. O herdeiro necessário que também figurar como herdeiro testamentário terá reduzida a sua legítima, até o montante recebido em testamento.

(A) Apenas as assertivas I e III estão corretas.
(B) Apenas as assertivas II, IV e V estão corretas.
(C) Apenas as assertivas I, II e V estão corretas.
(D) Apenas as assertivas I, III e IV estão corretas.
(E) Apenas as assertivas II, III e V estão corretas.

I: correta (art. 1.829, I, II e III, do CC); II: incorreta (art. 1.798 do CC); III: correta (arts. 1.819, 1.820 e 1.822, todos do CC); IV: incorreta, pois os demais graus sucedem por cabeça ou por estirpe (art. 1.835 do CC); V: incorreta (art. 1.849 do CC). Gabarito "A".

(Ministério Público/SP – 2010) Assinale a alternativa correta:

(A) a abertura da sucessão ocorre com a distribuição do inventário dos bens deixados pelo "de cujus".
(B) realizada a partilha dos bens do falecido e havendo ainda dívidas, os herdeiros por elas respondem integralmente.
(C) JOSÉ veio a falecer em decorrência de acidente de trânsito, sendo que seu irmão JOÃO, também vítima do mesmo acidente, sobreviveu por alguns dias, vindo a falecer. JOSÉ não possuía ascendentes, descendentes, cônjuge ou companheira, mas tão somente outros três irmãos. Aberta a sucessão e realizada a partilha, coube ¼ (um quarto) dos bens por ele deixados a cada um dos irmãos.
(D) aquele que pretender estabelecer disposições especiais sobre o seu enterro deverá fazê-lo, necessariamente, por meio de testamento público, cerrado ou particular.
(E) o direito de representação, segundo estabelece o Código Civil, dá-se na linha ascendente e descendente, assim como na linha transversal, mas neste caso somente em favor dos filhos de irmãos do falecido.

A: incorreta, pois o Código Civil adotou o princípio de saisine, segundo o qual a transmissão da herança ocorre imediatamente no momento da morte do de cujus; B: incorreta, pois o herdeiro não responde por encargos superiores às forças da herança (art. 1.792 do CC); C: correta, pois, conforme ordem de vocação hereditária, os irmãos de José herdarão e, como João ainda era vivo quando do falecimento de José, e respeitando-se o princípio de saisine, os quatro irmãos herdarão em partes iguais, pois a sucessão ocorreu no momento da morte; D: incorreta, pois as disposições especiais sobre o enterro poderão ser feitas por codicilo, nos termos do art. 1.881 do CC; E: incorreta, pois o direito de representação dá-se na linha reta descendente, mas **nunca na ascendente**, conforme dispõe o art. 1.852 do CC. Gabarito "C".

(Ministério Público/SP – 2006) Se o finado tinha dois filhos vivos e três netos, filhos do filho pré-morto, a herança será dividida:

(A) em três partes; as duas primeiras cabem aos dois filhos que herdam por cabeça, e, a terceira parte será dividida pelos três netos que herdam por representação ao pai falecido.
(B) em três partes; as duas primeiras cabem aos dois filhos que herdam por direito de representação, e, a terceira parte será dividida pelos três netos que herdam por cabeça no lugar do pai falecido.
(C) em cinco partes iguais, todos herdam por cabeça já que são descendentes do finado.
(D) em duas partes, cabendo somente aos filhos a herança porque os descendentes mais próximos excluem os mais remotos.
(E) em três partes, cabendo somente aos netos a herança já que ficaram sem o pai e são protegidos pela lei.

A alternativa A está correta, pois reflete o disposto nos arts. 1.833 e 1.854 do CC. Gabarito "A".

(Procurador do Estado/SP – FCC – 2009) "A" faleceu em 15 de janeiro de 2003. O inventário foi aberto em 10 de abril de 2003. Habilitaram-se à sucessão de seus bens a viúva "B", casada com o "A", sob o regime de separação convencional de bens, o filho "C", fruto do primeiro casamento do falecido com "X", e os dois filhos, "D" e "E", frutos do casamento do falecido com "B". Quem herdará os bens deixados por "A"?

(A) Os filhos "C", "D" e "E" em concorrência com a viúva "B".
(B) O filho "C", os filhos "D" e "E" em concorrência com a viúva "B" e a ex-mulher "X", não habilitada, garantindo- se à viúva "B" 1/3 dos bens deixados pelo *de cujus*.
(C) Os filhos "C", "D" e "E", garantindo-se à viúva "B" o direito ao usufruto da metade dos bens deixados pelo *de cujus*.
(D) Os filhos "D" e "E" em concorrência com a viúva "B", garantindo-se a esta última 1/3 dos bens deixados pelo *de cujus*.
(E) O filho "C" e os filhos "D" e "E" em concorrência com a viúva "B", garantindo-se a esta última o direito ao usufruto da metade dos bens deixados pelo *de cujus*.

A alternativa A reflete o disposto no art. 1.829, I, do CC. Gabarito "A".

(Defensoria/MA – 2009 – FCC) Sobre a vocação hereditária, preceitua o Código Civil:

(A) Legitimam-se a suceder as pessoas nascidas ou já concebidas no momento da morte do *de cujus*.
(B) Legitimam-se a suceder as pessoas nascidas ou já concebidas no momento da abertura do testamento cerrado.
(C) Na sucessão legítima podem ainda ser chamados a suceder os filhos, ainda não concebidos, de pessoas indicadas pelo testador, desde que vivo este ao abrir-se a sucessão.
(D) Não podem ser nomeados herdeiros nem legatários, entre outros, a concubina do testador casado, salvo se este, sem culpa sua, estiver separado de fato do cônjuge há mais de um ano.
(E) São anuláveis as disposições testamentárias em favor de pessoas não legitimadas a suceder, quando simuladas sob a forma de contrato oneroso, ou feitas mediante interposta pessoa.

A: correta, pois reflete o disposto no art. 1.798 do CC; B: incorreta, pois contraria o disposto no art. 1.798 do CC; C: incorreta, pois somente na **sucessão testamentária** poderão ser chamados a suceder os filhos, ainda que não concebidos, nos termos do art. 1.799, I, do CC; D: incorreta, pois somente poderá ser nomeada herdeira ou legatária a concubina do testador casado, salvo se este, sem culpa sua, estiver separado de fato do cônjuge há mais de **cinco anos** (art. 1.801, III, do CC); E: incorreta, pois as disposições descritas na assertiva são **nulas**, conforme disposto no art. 1.802, *caput*, do CC. Gabarito "A".

(Defensor Público/AM – 2010 – I. Cidades) A respeito da sucessão legítima, marque a alternativa correta:

(A) Ao cônjuge sobrevivente que estava separado apenas de fato com o de *cujus* no momento do óbito é reconhecido o direito sucessório, independentemente do tempo da separação.
(B) Na falta de descendentes, são chamados à sucessão os ascendentes, sem concorrência com o cônjuge sobrevivente.
(C) Na classe dos colaterais, os mais próximos excluem os mais remotos, salvo o direito de representação concedido aos filhos de irmãos.

(D) Os tios têm preferência no recebimento da herança em relação aos sobrinhos.
(E) Em falta de descendentes e ascendentes, será deferida a sucessão ao cônjuge sobrevivente, em concorrência com os colaterais.

A: incorreta, pois somente é reconhecido direito sucessório ao cônjuge sobrevivente se, ao tempo da morte do outro, não estavam separados judicialmente, nem separados de fato há mais de dois anos, salvo prova, neste caso, de que essa convivência se tornara impossível sem culpa do sobrevivente (art. 1.830 do CC; B: incorreta, pois na falta de descendentes, são chamados os ascendentes em concorrência com o cônjuge (art. 1.836, *caput*, do CC); C: correta, pois a alternativa reflete o disposto no art. 1.840 do CC; D: incorreta, pois na falta de irmãos, herdarão os filhos destes e, não os havendo, os tios (art. 1.843, *caput*, do CC); E: incorreta, pois na falta de descendentes e ascendentes, será deferida a sucessão por inteiro ao cônjuge sobrevivente (art. 1.838 do CC). Gabarito "C".

(Cartório/AP – 2011 – VUNESP) Na linha descendente os
(A) filhos sucedem por estirpe, e os outros descendentes por cabeça, conforme se achem ou não no mesmo grau.
(B) filhos sucedem por cabeça, e os outros descendentes por cabeça ou por estirpe, conforme se achem ou não no mesmo grau.
(C) netos sucedem por estirpe, assim como todos os descendentes do *de cujus*, conforme se achem ou não no mesmo grau.
(D) netos e demais descendentes sempre sucedem por estirpe, ainda que se achem no mesmo grau.
(E) netos sucedem por cabeça e os outros descendentes por estirpe, conforme se achem ou não no mesmo grau.

Art. 1.835 do CC. Gabarito "B".

(Cartório/AP – 2011 – VUNESP) São herdeiros necessários
(A) apenas o cônjuge sobrevivente, se o casamento houver sido realizado sob o regime da comunhão universal de bens, ou o convivente se houver impedimento para se realizar o casamento, os descendentes e os ascendentes.
(B) apenas os descendentes e os ascendentes.
(C) os ascendentes, os descendentes e os colaterais até o quarto grau.
(D) o cônjuge sobrevivente, exclusivamente se o casamento tiver sido realizado sob o regime da comunhão universal ou parcial de bens, e os descendentes.
(E) o cônjuge sobrevivente, qualquer que seja o regime de bens do casamento, e os descendentes.

Art. 1.845 do CC. Gabarito "E".

(Cartório/SP – 2008) João e Maria, casados sob o regime da comunhão universal de bens, sem ascendentes, nem descendentes, faleceram em um acidente de avião, sendo declarada a comoriência. O patrimônio do casal, no valor total de R$ 120.000,00, será assim distribuído:
(A) ao único irmão de João, no valor de R$ 120.000,00.
(B) às duas irmãs de Maria, no valor de R$ 60.000,00 para cada uma.
(C) às duas irmãs de Maria e ao único irmão de João, no valor de R$ 40.000,00 para cada um.
(D) às duas irmãs de Maria, no valor de R$ 30.000,00 para cada uma e ao único irmão de João, no valor de R$ 60.000,00.

A comoriência se faz presente quando dois ou mais indivíduos possuindo vínculos de sucessão hereditária morrem na mesma ocasião, não se podendo averiguar qual a ordem cronológica das mortes. Adota-se a presunção legal de que todos morreram simultaneamente. A consequência da adoção desta presunção é que não se dá a transmissão dos direitos hereditários de um para outro comoriente, sendo chamado à sucessão quem tem de herdar de cada qual, como se os que morreram na mesma ocasião não fossem sucessíveis um do outro. Gabarito "C".

(Defensoria Pública da União – 2010 – CESPE) Acerca das sucessões, julgue o seguinte item.
(1) Se a irmã mais velha de uma família de três irmãos falecer e, após sua morte, for verificado que ela era solteira e que não deixou descendentes ou ascendentes vivos, a herança caberá a seus irmãos. Contudo, se estes forem pré-mortos, a herança caberá aos sobrinhos, se houver, e, se um destes também tiver falecido antes da tia, aos sobrinhos-netos em concorrência com seus tios, com base no direito de representação.

A alternativa está errada, pois na classe dos colaterais, os mais próximos excluem os mais remotos, salvo o direito de representação concedido aos filhos de irmãos (art. 1.840 do CC), razão pela qual os sobrinhos-netos não herdarão. Gabarito 1E.

(CESPE – 2006) Cláudio e Rosa eram casados pelo regime de comunhão parcial de bens e tinham um filho, menor impúbere, Pedro. O casal possuía um automóvel e o apartamento onde residia a família, e Rosa possuía um imóvel rural, adquirido na constância do casamento, por herança de seu pai. Em virtude de um acidente de trânsito ocorrido em 20/2/2006, Rosa e Pedro faleceram. A falecida deixou testamento conhecido, por meio do qual fazia a doação do imóvel rural à sua mãe, Antônia. A avó paterna de Rosa, Maria, também era viva à época do acidente. A respeito dessa situação hipotética e acerca do direito das sucessões, assinale a opção correta.
(A) Nos casos de comoriência, ou seja, de morte simultânea e em razão do mesmo acontecimento, em que não se pode verificar a ordem cronológica dos falecimentos, presume-se que os mais velhos tenham morrido antes dos mais jovens.
(B) Se o laudo pericial não puder identificar quem morreu primeiro, se Rosa ou Pedro, a herança de Rosa representada pelos bens do casal será dividida em duas partes iguais: Cláudio receberá 50% e o restante será divido em partes iguais, 25% para Antônia e 25% para Maria. Com relação ao imóvel rural, Cláudio terá direito à metade, ficando para Antônia 25% desse imóvel.
(C) Como Cláudio é herdeiro necessário, Rosa não poderia dispor de mais da metade do seu patrimônio. Assim, Antônia receberá, como doação de sua filha, a parte disponível da propriedade do imóvel rural.
(D) No caso de o laudo pericial comprovar que houve premoriência de Rosa, Cláudio receberá toda a herança, a título universal, tornando-se sucessor da totalidade do patrimônio da falecida —, abrangidos tanto o seu ativo como o seu passivo, bem como o patrimônio do casal e o bem particular da ex-esposa.

A alternativa C está correta, pois reflete o disposto nos arts. 1.829, inc. I e II, c.c. 1.846, ambos do CC. Gabarito "C".

(CESPE – 2008) A respeito da sucessão legítima, assinale a opção incorreta.
(A) A existência de herdeiros na classe dos descendentes afasta da sucessão os ascendentes.
(B) O consorte supérstite herdará a totalidade da herança na ausência de descendentes e ascendentes.
(C) Os herdeiros colaterais são herdeiros necessários.
(D) Na união estável, não tendo o de cujus descendentes, mas somente ascendentes, o convivente sobrevivo concorrerá, quanto aos bens adquiridos onerosamente na vigência da convivência, a um terço do montante hereditário.

Art. 1.829 e 1.845 do CC. Gabarito "C".

(FGV – 2010) Tício, próspero empresário, com atividades no Pará, Amazonas, Maranhão e Amapá, falece, sem deixar testamento, possuindo três filhos do seu casamento com Mévia, com quem fora casado, por cinquenta anos, pelo regime da comunhão universal de bens, sem nunca ter dela se separado. O último domicílio de Tício foi a cidade de Macapá. O de cujus deixou bens imóveis, móveis, semoventes em vários estados da federação, além dos já referidos. O inventário foi distribuído ao Juízo da Vara competente da Comarca de Macapá, sendo designada inventariante o cônjuge supérstite. A esse respeito, analise as seguintes afirmativas:
I. na situação atual o cônjuge sobrevivente é considerado herdeiro necessário.
II. o cônjuge supérstite não concorre com seus filhos na herança quando o regime de bens for a comunhão universal.
III. havendo separação de fato, por mais de dois anos, ou separação judicial, na época do falecimento do cônjuge, impede o reconhecimento da herança ao cônjuge sobrevivente.
IV. sendo a meação reconhecida a Mévia, os seus três filhos partilharão a metade do patrimônio do *de cujus* remanescente.
V. Mévia tem direito aos bens que compõem a legítima.

Assinale:
(A) se somente as afirmativas I, II, III e IV forem verdadeiras.
(B) se somente as afirmativas I, III e V forem verdadeiras.
(C) se somente as afirmativas II e III e V forem verdadeiras.

(D) se somente as afirmativas I, II e V forem verdadeiras.
(E) se somente as afirmativas I e V forem verdadeiras.

I: verdadeira (art. 1.845 do CC); II: verdadeira (art. 1.829, I, do CC); III: verdadeira (art. 1.830 do CC); IV: verdadeira, pois a meação de Mévia refere-se à metade dos bens do casal, que eram casados no regime da comunhão universal, e a meação pertencente ao *de cujus* será dividida em partes iguais entre os seus três filhos na qualidade de herdeiros necessários; V: falsa, pois Mévia não será herdeira, eis que casada no regime de comunhão universal de bens (art. 1.829, I, do CC). Gabarito "A".

(FGV – 2009) A respeito da sucessão legítima, analise as afirmativas a seguir:

I. A sucessão legítima defere-se aos descendentes do *de cujus*, em concorrência com o cônjuge sobrevivente quando casado este com o falecido no regime da comunhão universal de bens.
II. Concorrendo com ascendente em primeiro grau, ao cônjuge tocará 1/3 (um terço) da herança ou a metade desta, caso haja um só ascendente, ou se maior for aquele grau.
III. Se o cônjuge for ascendente dos herdeiros com que concorrer, sua quota não poderá ser superior à quarta parte da herança.

Assinale:

(A) se somente a afirmativa I estiver correta.
(B) se somente a afirmativa II estiver correta.
(C) se somente a afirmativa III estiver correta.
(D) se somente as afirmativas I e II estiverem corretas.
(E) se somente as afirmativas II e III estiverem corretas.

I: incorreta (art. 1.829, I, do CC); II: correta (art. 1.837 do CC); III: incorreta, pois a quota parte não poderá ser **inferior** à quarta parte da herança (art. 1.832 do CC). Gabarito "B".

(FGV – 2008) Quanto aos bens adquiridos onerosamente na vigência da união estável, a companheira participará da sucessão do companheiro, se concorrer com descendentes, só da herança do que couber a cada um deles, na proporção de:

(A) três quartos.
(B) um terço.
(C) dois quintos.
(D) um meio.
(E) um quarto.

Art. 1.790, II, do CC. Gabarito "D".

(Analista – TJ/SE – 2009 – FCC) Na sucessão legítima, no que concerne ao direito de representação, é INCORRETO afirmar que

(A) os representantes só podem herdar, como tais, o que herdaria o representado, se vivo fosse.
(B) na linha transversal, somente se dá o direito de representação em favor dos filhos de irmãos do falecido, quando com irmãos deste concorrerem.
(C) o renunciante à herança de uma pessoa poderá representá-la na sucessão de outra.
(D) o direito de representação dá-se na linha reta ascendente e descendente.
(E) o quinhão do representado partir-se-á por igual entre os representantes.

A: correta (art. 1.851 do CC); B: correta (art. 1.853 do CC); C: correta (art. 1.856 do CC); D: incorreta (art. 1.852 do CC); E: correta (art. 1.855 do CC). Gabarito "D".

8.3. SUCESSÃO TESTAMENTÁRIA

(Magistratura/MG – 2008) As disposições patrimoniais do testador podem ordenar que o sucessor receba a universalidade da herança ou quota-parte (ideal, abstrata) dela, ou estabelecer que o sucessor ficará com um bem individuado, definido, destacado do acervo, ou quantia determinada. De acordo com o Código Civil, é CORRETO dizer que valerá disposição testamentária em favor de:

(A) pessoa incerta que deva ser determinada por terceiro, dentre duas ou mais pessoas mencionadas pelo testador.
(B) pessoa incerta, cuja identidade não se possa averiguar.
(C) pessoa incerta, cometendo a determinação de sua identidade a terceiro.
(D) ascendentes, descendentes e cônjuge ou companheiro do não legitimado a suceder.

A alternativa "a" está correta, pois reflete o disposto no art. 1.901, I, do CC. Gabarito "A".

(Magistratura/PA – 2005) Analise as proposições a seguir com base no Código Civil:

I. O direito de provar a causa da deserdação extingue-se no prazo de 3 (três) anos, a contar da data da abertura do testamento.
II. No legado alternativo, se o herdeiro ou legatário a quem couber a opção falecer antes de exercê-la, passará esse poder aos seus herdeiros.
III. A cláusula de inalienabilidade, imposta aos bens por ato de liberalidade, implica, apenas, a impenhorabilidade, permitindo, no entanto, a comunicabilidade.

Assinale:

(A) se apenas a proposição I estiver correta.
(B) se apenas a proposição II estiver correta.
(C) se apenas as proposições I e II estiverem corretas.
(D) se todas as proposições estiverem corretas.
(E) se nenhuma proposição estiver correta.

I: errada (art. 1.965, parágrafo único, do CC); II: correta (art. 1.933 do CC); III: errada (art. 1.911 do CC). Gabarito "B".

(Magistratura/SC – 2010) Assinale a alternativa correta:

I. O direito de representação se dá nas linhas descendente e ascendente.
II. O renunciante à herança de uma pessoa poderá representá-la na sucessão de outra.
III. São testamentos ordinários o público, o cerrado e o particular; e especiais o marítimo, o aeronáutico e o militar.
IV. Havendo necessidade, podem-se criar outras modalidades de testamentos especiais, por meio de escritura pública.

(A) Somente as proposições I, II e IV estão corretas.
(B) Somente as proposições I e III estão corretas.
(C) Somente as proposições II e IV estão corretas.
(D) Somente as proposições II e III estão corretas.
(E) Somente as proposições III e IV estão corretas.

I: incorreta, pois o direito de representação dá-se apenas na linha descendente (art. 1.852 do CC); II: correta (art. 1.856 do CC); III: correta (arts. 1.862 e 1.886 do CC); IV: incorreta, pois não se admitem outros testamentos especiais, além dos contemplados no Código Civil (art. 1.887 do CC). Gabarito "D".

(Magistratura/SP – 177º) Sobre sucessão testamentária, assinale a resposta correta.

(A) Em testamento, pode o testador dispor livremente de seus bens, dentro da quota do disponível e respeitada a legítima dos herdeiros necessários; mas, se a disposição testamentária extravasar, em valores ou bens, a quota do disponível, e alcançar a legítima dos herdeiros necessários, nulo será o testamento.
(B) O legado de usufruto, sem fixação de tempo, entende-se vitalício para o legatário; mas, se ele falecer antes do testador, caducará o legado, sem que os herdeiros dele, legatário, possam sucedê-lo, recolhendo o legado por representação a qualquer título.
(C) A pena cominada por sonegados, em que o herdeiro sonega bens da herança, não os descrevendo no inventário quando estejam em seu poder, ou omitindo-os à colação a que estiver obrigado a levá-los, é da perda, pelo herdeiro que assim proceder, da metade do seu quinhão hereditário, que lhe será aplicada, antes da partilha, nos próprios autos do inventário.
(D) As doações em vida, como antecipação da legítima a algum herdeiro necessário, estão sujeitas à colação, a fim de igualar as legítimas dos herdeiros, só podendo ser dispensada em testamento e desde que expressamente assim disposto pelo testador.

A: incorreta (art. 1.967 do CC); B: correta (arts. 1.921 e 1.939, V, do CC); C: incorreta (arts. 1.992 e 1.993 do CC); D: incorreta (art. 2.006 do CC). Gabarito "B".

(Ministério Público/BA – 2010) Segundo a doutrina, o testamento consiste em negócio jurídico; solene, de eficácia *mortis causa*, personalíssimo, unilateral e revogável. Portanto, em relação ao testamento, é correto afirmar:

(A) É anulável, quando celebrado pelo menor entre 16 e 18 anos.
(B) É inválido, quando celebrado pelo pródigo.
(C) Será válido, ainda que contenha exclusivamente disposições de caráter não patrimonial.
(D) Será anulável, quando contiver os defeitos de erro, dolo ou coação, no prazo de 4(quatro) anos, a partir da data da abertura da sucessão.
(E) O testamento público posterior, inexoravelmente, revoga o testamento particular anterior.

A: incorreta, pois podem testar os maiores de dezesseis anos (art. 1.860, par. único, do CC); B: incorreta. Silvio de Salvo Venosa comenta a questão: "Assim, nem mesmo o pródigo está inibido de dispor por última vontade, embora tenha restrição de disposição patrimonial em vida, salvo se essa prodigalidade lhe afete a mente de modo que se constitua numa enfermidade mental. Aí, porém, a inibição de testar não advém do fato exclusivo de ser pródigo" (http://www.silviovenosa.com.br/artigo/capacidade-de-testar-e-capacidade-de-adquirir-por-testamento); C: correta (art. 1.857, § 2º, do CC); D: incorreta, pois o prazo será de 4 anos contados de quando o interessado tiver conhecimento do vício (art. 1.909 do CC); E: incorreta, pois não existe essa previsão legal. Gabarito "C".

(Ministério Público/BA – 2010) Bernardo, em 12 de maio de 2008, mediante testamento particular, reconheceu a paternidade de Cecília, bem assim dispôs da metade de seu patrimônio. Consta que o referido testamento foi celebrado em circunstâncias excepcionais, devidamente declaradas na cédula, contudo, sem testemunhas.
Assinale a alternativa correta.

(A) O testamento é anulável.
(B) O testamento é inexistente.
(C) O testamento é ineficaz.
(D) O testamento somente será válido no que concerne à disposição do patrimônio.
(E) O testamento poderá ser confirmado, a critério do Juiz.

Art. 1.879 do CC. Gabarito "E".

(Ministério Público/MA – 2009) Ainda, sobre os Direitos das Sucessões, assinalar a alternativa INCORRETA.

(A) A prole eventual, isto é, os filhos ainda não concebidos de pessoas indicadas pelo testador, não dispõe de capacidade de adquirir por testamento (capacidade passiva), mesmo que vivas no momento da abertura da sucessão.
(B) Os maiores de dezesseis (16) anos já possuem capacidade para fazer testamento e, por se tratar de ato personalíssimo, não necessitam da assistência dos pais ou dos responsáveis.
(C) Não pode o testador estabelecer cláusula de inalienabilidade, impenhorabilidade, e de incomunicabilidade, sobre os bens da legítima, exceto se houver justa causa, declarada no testamento.
(D) O Ministério Público pode requerer a abertura do inventário somente se houver herdeiros incapazes.
(E) Se o herdeiro for devedor ao espólio, sua dívida será partilhada igualmente entre todos, salvo se a maioria consentir que o débito seja imputado inteiramente no quinhão do devedor.

A: incorreta, pois, na sucessão testamentária, podem ser chamados a suceder os filhos, ainda que não concebidos, de pessoas indicadas pelo testador, desde que vivas estas ao abrir-se a sucessão (art. 1.799, I, do CC); B: correta, pois a assertiva reflete o disposto nos arts. 1.858 e 1.860, parágrafo único, do CC; C: correta, pois a assertiva reflete o disposto no art. 1.848, *caput*, do CC; D: correta, pois a assertiva reflete o disposto no art. 988, VIII, do CPC; E: correta, pois a assertiva reflete o disposto no art. 2.001 do CC. Gabarito "A".

(Ministério Público/MG – 2008) Assinale a alternativa INCORRETA.

(A) A legislação brasileira atual, embora menos formalista, não admite, contudo, qualquer tipo de testamento sem a presença de testemunhas.
(B) Deverá o testamento público ser lavrado pelo notário ou seu substituto legal, sempre em língua portuguesa e lido antes de ser assinado.
(C) Deixando o testador legado de pensão periódica, a favor do legatário, esta poderá ser cobrada pelo beneficiário a partir da morte do testador.
(D) Admite-se o cumprimento concomitante de três testamentos, dispondo de bens diferentes a legatários comuns ou diversos e prelegatários.
(E) O testamento particular, digitado no computador, não pode conter rasuras ou espaços em branco, será testemunhado, lido e assinado.

A: incorreta (art. 1.879 do CC); B: correta (art. 1.864, II, do CC); C: correta (art. 1.926 do CC); D: correta, pois, de fato, se o testamento posterior não tratou do assunto ou não revogou expressamente o testamento anterior, todos estão válidos e devem ser cumpridos (art. 1.970, parágrafo único, do CC); E: correta (art. 1.876, §2º, do CC). Gabarito "A".

(Ministério Público/MS – 2006) Acerca do instituto do testamento militar pode-se afirmar que:

(A) Se o testador pertencer a corpo ou seção de corpo destacado, o testamento não poderá ser escrito pelo respectivo comandante, ainda que de graduação ou posto inferior.
(B) Caduca o testamento militar, desde que, depois dele, o testador esteja, 90 dias seguidos, em lugar onde possa testar na forma ordinária, salvo se este testamento apresentar as solenidades prescritas.
(C) Se o testador for o oficial mais graduado, o testamento não poderá ser escrito por aquele que o substituir.
(D) Mesmo que o testador saiba escrever, não poderá fazer o testamento de seu punho.

A: incorreta (art. 1.893, §1º, do CC); B: correta (art. 1.895 do CC); C: incorreta (art. 1.893, §3º, do CC); D: incorreta (art. 1.894 do CC). Gabarito "B".

(Ministério Público/SP – 2008) Certo testador institui seus herdeiros Antonio por 1/6 da herança, Benedito por 2/6 e Carlos por 3/6, dispondo que, na falta de um deles por premoriência, indignidade ou renúncia, nomeia Daniel, como herdeiro, juntamente com os demais. Considerando a condição de substituto vulgar de Daniel, a concorrer com os substitutos recíprocos, assinale a assertiva correta sobre a distribuição da herança caso Antonio venha a falecer.

(A) O seu quinhão será dividido entre Daniel, Benedito e Carlos na mesma proporção fixada, ou seja, 1/6, 2/6 e 3/6.
(B) Benedito, Carlos e Daniel receberão cada um 1/3 da herança deixada pelo *de cujus*.
(C) O quinhão de Antonio (1/6) irá para Daniel, ficando Benedito com 2/6 da herança e Carlos com 3/6 desta.
(D) O quinhão de Antonio (1/6) será dividido em partes iguais por todos os herdeiros, Benedito, Carlos e inclusive Daniel.
(E) A sua cota (1/6) será dividida entre Benedito, que receberá duas partes dela, e Carlos, que ficará com três partes dela.

A alternativa D está correta, pois reflete o disposto no art. 1.950 do CC. Gabarito "D".

(Ministério Público/SP – 2006) "É o ato pelo qual o testador, conscientemente, torna ineficaz testamento anterior, manifestando vontade contrária à que nele se acha expressa".
"É a inutilização de testamento por perda de validade em razão da ocorrência de fato superveniente previsto em lei". Com relação a testamento, são atos, respectivamente, de:

(A) revogação e rompimento.
(B) caducidade e rompimento.
(C) rompimento e revogação.
(D) revogação e caducidade.
(E) revogação e anulação.

A alternativa A está correta, pois reflete o disposto nos arts. 1.969 e 1.973 do CC. Gabarito "A".

1. DIREITO CIVIL

(Defensor Público/RS – 2011 – FCC) Direito das Sucessões.

(A) Na sucessão universal, o direito de propriedade imobiliária transmite-se quando do registro dos formais de partilha no Ofício do Registro de Imóveis.
(B) Conforme regra expressa do Código Civil, são herdeiros necessários os descendentes, os ascendentes, os cônjuges e os companheiros.
(C) O testador não pode, mesmo justificando, estabelecer cláusula de impenhorabilidade sobre os bens da legítima.
(D) O direito de representação, no direito sucessório, dá-se apenas na linha reta descendente e ascendente.
(E) O prazo de decadência para anular disposição testamentária inquinada de coação é de quatro anos, contados de quando o interessado tiver conhecimento do vício.

A: incorreta, pois na sucessão universal o direito de propriedade transmite-se desde logo – princípio de *saisine* (art. 1.784 do CC); B: incorreta, pois segundo regra expressa do Código Civil, são herdeiros necessários os descendentes, os ascendentes e o cônjuge (art. 1.845 do CC); C: incorreta, pois **se houver justa causa**, declarada no testamento, pode o testador estabelecer cláusula de impenhorabilidade sobre os bens da legítima (art. 1.848, *caput*, do CC); D: incorreta, pois o direito de representação dá-se na linha reta descendente, **nunca na linha ascendente** (art. 1.852 do CC); E: correta, pois a alternativa reflete o disposto no art. 1.909, par. único, do CC. Gabarito "E".

(CESPE – 2008) Assinale a opção correta a respeito da deserdação.

(A) A legislação civil brasileira admite a deserdação imotivada.
(B) A deserdação dos descendentes pelos ascendentes em razão de ofensa física exige prévia decisão da justiça penal.
(C) A deserdação pode ser ordenada em testamento válido.
(D) Não há previsão legal que autorize o descendente a deserdar o ascendente.

A alternativa C está correta, pois reflete o disposto no art. 1.964 do CC. Gabarito "C".

(CESPE – 2008) Assinale a opção correta a respeito do direito das sucessões.

(A) O legatário sucede o autor da herança a título universal.
(B) Considerada a ordem de vocação hereditária, os irmãos do falecido são herdeiros necessários.
(C) A pessoa jurídica detém capacidade testamentária ativa.
(D) Codicilo é ato jurídico unilateral de última vontade, escrito, pelo qual o autor da herança pode dispor sobre o seu enterro.

A: incorreta, pois o legatário sucede a título singular, e o herdeiro, a título universal; B: incorreta (art. 1.845 do CC); C: incorreta (art. 1.860 do CC); D: correta (art. 1.881 do CC). Gabarito "D".

(CESPE – 2007) Não é própria aos testamentos

(A) a solenidade.
(B) a gratuidade.
(C) a unilateralidade.
(D) a irrevogabilidade.

Art. 1.858 do CC. Gabarito "D".

(CESPE – 2008) O testador tem ampla liberdade de testar, desde que preserve a legítima dos herdeiros necessários. Além de ser permitida a instituição de herdeiro e legatário em primeiro grau, a norma jurídica autoriza-lhe indicar substituto (sucessor de segundo grau) para recolher os bens da herança, na falta de herdeiro ou legatário nomeado, em virtude de falecimento antes da abertura da sucessão, de renúncia, ou de exclusão, ou após o herdeiro ou legatário indicado em primeiro lugar, que, nesse caso, passará os bens transmitidos pelo de cujus, depois de certo tempo, a um substituto.

Maria Helena Diniz. Curso de direito civil brasileiro. Direito das sucessões. Vol. 6, 21.ª ed., São Paulo: Saraiva, 2007 (com adaptações).

Considerando as idéias do texto acima e os dispositivos do Código Civil relativos ao direito das sucessões, assinale a opção correta.

(A) É permitida a substituição hereditária de mais de um grau.
(B) A substituição vulgar consiste na indicação da pessoa que deve ocupar o lugar do herdeiro, ou legatário, que não quer ou não pode aceitar a liberalidade.
(C) Substituição recíproca consiste na instituição de herdeiro ou legatário com a obrigação de, por sua morte, a certo tempo ou sob condição preestabelecida, transmitir a uma outra pessoa a herança.
(D) No usufruto testamentário, o testador poderá contemplar pessoas incertas ou ainda sem existência.

Art. 1.947 do CC. Gabarito "B".

(Analista – TJ/MT – 2008 – VUNESP) Na sucessão testamentária,

(A) o testamento é definitivo, não podendo ser alterado, ainda que pelo que testou.
(B) extingue-se em 2 anos o direito de impugnar a validade do testamento, contado o prazo da data do seu registro.
(C) a incapacidade superveniente do testador invalida o testamento.
(D) podem testar os maiores de 16 anos.
(E) é permitido o testamento conjuntivo, seja simultâneo, recíproco ou correspectivo.

A: art. 1.858 do CC; B: art. 1.859 do CC; C: art. 1.861 do CC; D: art. 1.860, parágrafo único, do CC; E: art. 1.863 do CC. Gabarito "D".

(FGV – 2010) Em 2004, Joaquim, que não tinha herdeiros necessários, lavrou um testamento contemplando como sua herdeira universal Ana. Em 2006, arrependido, Joaquim revogou o testamento de 2004, nomeando como seu herdeiro universal Sérgio. Em 2008, Sérgio faleceu, deixando uma filha Catarina. No mês de julho de 2010, faleceu Joaquim. O único parente vivo de Joaquim era seu irmão, Rubens.

Assinale a alternativa que indique a quem caberá a herança de Joaquim.

(A) Rubens.
(B) Catarina.
(C) Ana.
(D) A herança será vacante.

Com a morte de Sérgio (nomeado como herdeiro) antes da morte do testador (Joaquim), o testamento fica **caduco**, perdendo seus efeitos. Sobre o tema, vale citar a lição de Sílvio de Salvo Venosa (*Código Civil Interpretado*, SP: Atlas, p. 1.780, 2010), para quem o testamento caduca quando "o bem já não mais existe (pouco importando a causa, desaparecimento, alienação, perda), ou porque **não existe o sujeito** (herdeiro ou legatário) para suceder (em todos os casos em que o sucessor não mais existe, não quer, ou não pode receber)". Assim, considerando que, quando da morte de Joaquim, seu irmão Rubens era seu único parente vivo, e considerando que Rubens é parente sucessível, pois é parente até 4º grau (art. 1.839 do Código Civil), Rubens é seu único herdeiro. Gabarito "A".

(FGV – 2008) O testamento pode ser escrito de próprio punho. São requisitos essenciais à sua validade que seja lido e assinado por quem o escreveu, na presença de pelo menos:

(A) duas testemunhas.
(B) seis testemunhas.
(C) quatro testemunhas.
(D) cinco testemunhas.
(E) três testemunhas.

Art. 1.876, § 1º, do CC. Gabarito "E".

(FGV – 2006) O Código Civil veda o testamento:

(A) nuncupativo militar.
(B) marítimo.
(C) hológrafo.
(D) conjuntivo.
(E) militar.

Art. 1.863 do CC. Gabarito "D".

(FGV – 2005) Assinale a alternativa correta.

(A) Só podem testar os maiores de 18 (dezoito) anos.
(B) O direito de impugnar a validade do testamento conta-se da data do óbito do testador.
(C) São testamentos especiais o marítimo, o aeronáutico e o militar.

(D) A disposição de testamento por incapaz se valida com a superveniência da capacidade.
(E) O Código Civil considera testamentos ordinários somente o público e o particular.

A: incorreta (art. 1.860, parágrafo único, do CC); B: incorreta (art. 1.859 do CC); C: correta (art. 1.886, I, II e III, do CC); D: incorreta (art. 1.861 do CC); E: incorreta, pois existe também o testamento cerrado (art. 1.862, II, do CC). Gabarito "C".

(FGV – 2005) Assinale a alternativa correta.

(A) O fiduciário tem a propriedade da herança ou legado, mas restrita e resolúvel.
(B) A revogação do testamento, em regra, só pode ser total.
(C) O direito de provar a causa da deserdação se extingue no prazo de dois anos, a contar do óbito do testador.
(D) O legado alternativo é nulo de pleno direito, pois não se pode deixar ao herdeiro a opção.
(E) É inadmissível em nosso direito o codicilo cerrado.

A: correta (art. 1.953, *caput*, do CC); B: incorreta, pois a revogação pode ser total ou parcial (art. 1.970, *caput*, do CC); C: incorreta, pois o prazo é de quatro anos a contar da data da abertura do testamento (art. 1.965, parágrafo único, do CC); D: incorreta (art. 1.932 do CC); E: incorreta (art. 1.885 do CC). Gabarito "A".

(FGV – 2005) Analise as proposições a seguir com base no Código Civil:

I. O direito de provar a causa da deserdação extingue-se no prazo de 3 (três) anos, a contar da data da abertura do testamento.
II. No legado alternativo, se o herdeiro ou legatário a quem couber a opção falecer antes de exercê-la, passará esse poder aos seus herdeiros.
III. A cláusula de inalienabilidade, imposta aos bens por ato de liberalidade, implica, apenas, a impenhorabilidade, permitindo, no entanto, a comunicabilidade.

Assinale:

(A) se apenas a proposição I estiver correta.
(B) se apenas a proposição II estiver correta.
(C) se apenas as proposições I e II estiverem corretas.
(D) se todas as proposições estiverem corretas.
(E) se nenhuma proposição estiver correta.

I: incorreta, pois o prazo é de quatro anos a contar da data da abertura do testamento (art. 1.965, parágrafo único, do CC); II: correta (art. 1.933 do CC); III: incorreta, pois implica também na incomunicabilidade (art. 1.911, *caput*, do CC). Gabarito "B".

8.4. INVENTÁRIO E PARTILHA

(MAGISTRATURA/PB – 2011 – CESPE) Com base no disposto no Código Civil e considerando o entendimento do STJ no que se refere às sucessões, assinale a opção correta.

(A) O prazo de decadência para impugnar a validade do testamento é de cinco anos, contado da abertura da sucessão.
(B) Caso o bem sonegado não esteja mais em poder do sonegador, por ter sido por ele alienado, o juiz deverá, em ação de sonegados, declarar nula a alienação.
(C) O direito de exigir a colação dos bens recebidos a título de doação em vida do de cujus é privativo dos herdeiros necessários, visto que a finalidade do instituto é resguardar a igualdade das legítimas.
(D) O ato de aceitação da herança é revogável, e o de renúncia a ela, irrevogável.
(E) A incapacidade superveniente do testador invalida o testamento.

A: incorreta, pois o prazo conta-se da data do seu registro (art. 1.859 do CC); B: incorreta (art. 1.995 do CC); C: correta. Essa é a posição do STJ: "RECURSO ESPECIAL. CIVIL. DIREITO DAS SUCESSÕES. PROCESSO DE INVENTÁRIO. DISTINÇÃO ENTRE COLAÇÃO E IMPUTAÇÃO. DIREITO PRIVATIVO DOS HERDEIROS NECESSÁRIOS. ILEGITIMIDADE DO TESTAMENTEIRO. INTERPRETAÇÃO DO ART. 1.785 DO CC/16. 1. O direito de exigir a colação dos bens recebidos a título de doação em vida do "de cujus" é privativo dos herdeiros necessários, pois a finalidade do instituto é resguardar a igualdade das suas legítimas. 2. A exigência de imputação no processo de inventário desses bens doados também é direito privativo dos herdeiros necessários, pois sua função é permitir a redução das liberalidades feitas pelo inventariado que, ultrapassando a parte disponível, invadam a legítima a ser entre eles repartida. 3. Correto o acórdão recorrido ao negar legitimidade ao testamenteiro ou à viúva para exigir a colação das liberalidades recebidas pelas filhas do inventariado. 4. Doutrina e jurisprudência acerca do tema. 5. Recursos especiais desprovidos" (REsp 167421 SP 1998/0018520-8 - Relator(a) Ministro PAULO DE TARSO SANSEVERINO Julgamento: 07/12/2010 - TERCEIRA TURMA – Publicação DJe 17/12/2010); D: incorreta, pois os atos de aceitação e renúncia da herança são irrevogáveis (art. 1.812 do CC); E: incorreta (art. 1.861 do CC). Gabarito "C".

2. DIREITO PROCESSUAL CIVIL

Murilo Sechieri Costa Neves

1. PRINCÍPIOS DO PROCESSO CIVIL

(Magistratura/MG – 2008) É INCORRETO afirmar que o inciso LXXVIII do art. 5º da Constituição da República, acrescentado pela Emenda Constitucional n. 45, de 8 de dezembro de 2004, ao assegurar a razoável duração dos processos judicial e administrativo:

(A) constitucionalizou o princípio da celeridade.
(B) dispensou a observância do devido processo legal.
(C) gerou para o Estado brasileiro o dever de instituir os meios necessários que assegurem a celeridade de tramitação dos referidos processos.
(D) atendeu os anseios da sociedade que reclama ser a justiça muito morosa.

De fato, a previsão do princípio da duração razoável do processo não trouxe qualquer prejuízo às outras garantias processuais, como o devido processo legal, uma vez que os princípios constitucionais devem ser compatibilizados. Gabarito "B".

(Magistratura/MT – 2009 – VUNESP) O princípio dispositivo

(A) restringe a área de cognição do juiz ao quanto alegado e provado pelas partes e essa restrição diz respeito não só à matéria de fato, mas também à de direito.
(B) vem ganhando mais rigor diante do fenômeno da colocação publicista do processo, engessando a margem de manobra do julgador em prol de uma perspectiva imparcial.
(C) em sentido material diz respeito à possibilidade de a parte dispor do direito tutelado e, em sentido formal, refere-se à possibilidade de a parte dispor das faculdades, direitos ou poderes processuais.
(D) se confunde, na doutrina contemporânea, com o princípio da disponibilidade processual, ou seja, com a configuração do poder atribuído ao indivíduo de apresentar ou não, em juízo, uma determinada pretensão.
(E) atribui ao julgador o poder de dispor livremente sobre as matérias a serem alegadas e provadas em busca da verdade real nos autos.

A: incorreta, porque, quanto à matéria de direito, o juiz não fica restrito ao que foi alegado e provado pelas partes, uma vez que o princípio dispositivo restringe a sua cognição quanto à matéria fática, apenas; B: incorreta, porque a visão publicista do processo acarreta, dentre outras coisas, a mitigação do princípio dispositivo; C: correta, pois conceitua corretamente o princípio dispositivo; D: incorreta, pois o poder que cada um tem de apresentar ou não, em juízo, uma determinada pretensão equivale ao princípio da ação (ou demanda), que não se confunde com o dispositivo; E: incorreta, porque a alternativa afirma precisamente o oposto do que significa o princípio em questão. Gabarito "C".

(Magistratura/MT – 2009 – VUNESP) O Juiz Gaio, ao apreciar prova trazida pelo autor, percebeu que esta prejudicava o próprio demandante. Mesmo assim, utilizou-se da prova e julgou a ação improcedente, dobrando-se à verdade real que dela emanava. Agindo assim, é possível dizer que o citado julgador valeu-se do princípio da

(A) instrumentalização das provas.
(B) aquisição processual.
(C) confusão processual das provas.
(D) inerência probatória.
(E) coesão processual.

O princípio da aquisição processual, ou seja, aquele segundo o qual a prova, uma vez produzida, pertence ao processo, e, por isso, pode ser utilizada contra aquele que requereu a sua produção, é o único que corresponde a um princípio normalmente apontado na teoria geral das provas. Todas as demais alternativas estão incorretas, porque não dizem respeito a princípios reconhecidos pela doutrina em matéria probatória. Gabarito "B".

(Magistratura/PE – 2011 – FCC) É correto afirmar que

(A) o princípio da eventualidade concerne aos limites do pedido inicial formulado.
(B) a coerência dos argumentos expostos caracteriza o princípio da congruência ou adstrição.
(C) o princípio isonômico previsto processualmente é meramente formal e abstrato, ao contrário de igual princípio constitucional.
(D) o princípio da iniciativa da parte rege o processo civil, não comportando exceções.
(E) é possível ao juiz, por sua própria iniciativa, determinar as provas que entender necessárias à instrução do processo, indeferindo diligências inúteis ou meramente procrastinatórias.

A: incorreta, porque o princípio da eventualidade está relacionado à necessidade de que as partes façam todas as alegações de fato, e formulem todos os eventuais pedidos possíveis, na primeira oportunidade para fazê-lo, sob pena de preclusão; B: incorreta, porque princípio da congruência ou adstrição está relacionado aos limites que o juiz encontra ao proferir a sentença; C: incorreta, porque a isonomia material também deve ser aplicada no processo, como decorrência do princípio do devido processo legal; D: incorreta, porque há exceções ao princípio da iniciativa da parte; E: correta (art. 130 do CPC). Gabarito "E".

(Magistratura/RS – 2009) De acordo com o princípio da demanda, nenhum juiz prestará a tutela jurisdicional senão quando provocado pela parte ou por interessado. Considerando tal premissa, assinale a assertiva incorreta.

(A) Somente é possível ao réu deduzir pedido, circunstância que aumenta os limites objetivos do processo, se o fizer na forma de ação.
(B) Constitui exceção ao princípio da demanda a iniciativa oficial que permite ao juiz de ofício instaurar o processo, como no caso da herança jacente.
(C) Na sistemática do Código de Processo Civil, a petição inicial, onde o autor formula a pretensão, é considerada o instrumento da demanda, cujo teor delimita o objeto do litígio e fixa os parâmetros da atividade jurisdicional na decisão, obedecendo a outro princípio, o da adstrição ou congruência.
(D) Nas questões de ordem pública, onde incide o princípio inquisitório, não prevalece o princípio da demanda e ao juiz é permitido o exame de ofício.
(E) Não ocorre julgamento ultra ou extra petita, e por isso não ofende o princípio da demanda dispor na sentença sobre prestações periódicas vencidas após a propositura da ação ou sobre juros legais.

A: incorreta, porque o réu pode ampliar os limites objetivos da demanda, não só pela reconvenção (que tem natureza jurídica de ação), mas também através do pedido contraposto, nos casos em que for admitido pela lei (é o que ocorre, por exemplo, nas chamadas ações dúplices); B: correta, porque o princípio da demanda encontra exceções, como aquela mencionada na alternativa; C: correta, pois é a petição inicial que estabelece os contornos daquilo sobre o que o juiz poderá se pronunciar; D: correta, uma vez que, no que tange a matérias de ordem pública (por exemplo, condições da ação, pressupostos processuais, decadência legal etc.) vigora o princípio inquisitório; E: correta, porque as prestações vencidas no curso da demanda, bem como juros legais, constituem aquilo que se convencionou chamar de "pedidos implícitos", ou seja, de prestações ou providências que o juiz pode incluir na sentença sem que tenha havido manifestação expressa do autor (outros exemplos são: multa diária nas obrigações de fazer e não fazer, ônus da sucumbência, correção monetária). Gabarito "A".

(Magistratura/SP – 2009 – VUNESP) A regra da correlação ou da congruência

(A) refere-se somente à causa de pedir.
(B) não foi adotada pelo legislador brasileiro.
(C) foi adotada pelo legislador brasileiro e não comporta exceções.
(D) está diretamente relacionada com o princípio do contraditório.

A: errada, porque o princípio da congruência, correlação, ou adstrição, embora normalmente relacionado ao "pedido", diz respeito aos três elementos identificadores da causa, quais sejam, pedido, causa de pedir e partes, ou seja, é *extra petita* uma sentença em que o juiz acolhe exatamente o pedido que foi feito pelo autor, porém, com base numa causa de pedir diversa daquela que foi por ele alegada; B: errada, porque o princípio em questão foi adotado expressamente pelos arts. 2º, 128 e 460 do CPC; C: errada, tendo em vista que o legislador prevê hipóteses em que o juiz fica autorizado a dispor na sentença de matérias que não foram expressamente mencionadas pelas partes (são os chamados pedidos implícitos) e, além disso, há situações em que se concebe a fungibilidade entre tutelas, o que permite que o juiz conceda providência diversa da que foi efetivamente requerida (é o que ocorre, por exemplo, com as ações possessórias, ou com as cautelares); D: correta, porque o juiz só pode apreciar na sentença a demanda nos limites em que esta fora proposta, uma vez que apenas em relação aos elementos propostos pelo autor é que houve possibilidade de exercício do contraditório. Gabarito "D".

(Magistratura/SP – 2009 – VUNESP) O princípio da oralidade

(A) é observado em segundo grau.
(B) compreende as regras sobre imediatidade, irrecorribilidade das interlocutórias, concentração, identidade física do juiz e prevenção.
(C) compreende as regras sobre imediatidade, irrecorribilidade das interlocutórias, concentração e identidade física do juiz.
(D) foi adotado no Código de Processo Civil brasileiro, sem restrições.

A: errada, porque em segundo grau não vigora o princípio da oralidade, tampouco os seus subprincípios; B: errada, porque a prevenção não é um subprincípio da oralidade; C: correta, pois elenca os sub-princípios da oralidade; D: errada, porque há restrições ao princípio da oralidade, por exemplo, quando a lei prevê exceções à identidade física do juiz, ou à imediatidade, quando permite a colheita de provas por meio de cartas precatórias (nesse caso, não é o juiz que colhe a prova o que vai proferir julgamento). Gabarito "C".

(Magistratura/SP – 2009 – VUNESP) O princípio da instrumentalidade das formas

(A) torna irrelevante o vício, desde que o ato tenha atingido sua finalidade.
(B) só pode ser aplicado às hipóteses expressamente previstas em lei.
(C) afasta a nulidade, desde que praticado novamente o ato.
(D) não incide em nenhuma hipótese de nulidade absoluta.

A: correta. Pois essa é a consequência do princípio da instrumentalidade das formas; B: errada, porque se trata de princípio que se aplica sempre que o juiz se convencer que a inobservância da forma não prejudicou a finalidade que era visada pela lei, mesmo que não haja previsão expressa de aplicação do princípio para aquela hipótese; C: errada, porque em razão do princípio, não há necessidade de repetição do ato – aproveita-se o ato, como fora praticado; D: errada, já que no processo civil toda e qualquer espécie de nulidade pode ser considerada sanada (por exemplo, se a citação foi realizada por telefone – modalidade não contemplada pela lei – mas houve comparecimento do réu, o vício, por mais grave que fosse, fica sanado). Gabarito "A".

(Magistratura/SP – 2008) Segundo o que é sabido, quanto aos princípios gerais do direito processual civil, assinale a alternativa correta.

(A) O juiz coloca-se entre as partes e acima delas, no desempenho de sua função dentro do processo.
(B) Não é para assegurar sua imparcialidade, mas sim, para reforçar sua autoridade, que a Constituição Federal estipula garantias e prescreve vedações ao juiz.
(C) Não atenta contra o princípio da razoável duração do processo a falta de atendimento à lei que manda dar prioridade, nos juízos e tribunais, às causas de interesse de pessoas com idade igual ou superior a sessenta anos.
(D) Não é da ciência a cada litigante dos atos praticados pelo juiz e pelo adversário que, no processo, pode-se efetivar o contraditório, de modo a se ter informação e reação.

De fato, segundo o princípio da imparcialidade o juiz deve permanecer entre as partes e acima delas, ou seja, de forma equidistante, sempre ouvindo as duas partes de forma isenta. Gabarito "B".

(Magistratura/SP – 2008) Afastada possibilidade de confusão entre princípio da indisponibilidade e princípio dispositivo, assinale a alternativa correta.

(A) Não é a cada um dos sujeitos envolvidos no conflito sob julgamento que cabe, em regra, a demonstração dos fatos alegados, com vista ao prevalecimento de suas respectivas posições.
(B) Em processo civil, sendo disponível o direito, o juiz pode satisfazer-se com a verdade formal, aquilo que resulta ser verdadeiro em face das provas produzidas, na maioria dos casos.
(C) Nos Juizados Especiais Cíveis estaduais, em que o processo deve se orientar pelos critérios da oralidade, simplicidade, informalidade, economia processual e celeridade, não é cabível, em regra, a antecipação da tutela judicial.
(D) No processo civil, não se aplica, nos procedimentos de jurisdição voluntária, o princípio inquisitório, pelo qual o juiz conta com poderes de plena investigação, podendo determinar, de ofício, a realização de provas, mesmo contra a vontade dos interessados.

Em se tratando de direitos disponíveis, a verdade processual será construída, de modo preponderante, pela atuação das partes e das provas que produzirem. Gabarito "B".

(Magistratura/SP – 2008) Sabendo-se que todos os julgamentos dos órgãos do Poder Judiciário deverão ser públicos e fundamentadas todas as decisões, sob pena de nulidade, assinale a alternativa correta.

(A) A necessidade de motivação não deve ser interpretada como garantia das partes, de modo a possibilitar eventual alteração da decisão.
(B) A fundamentação obrigatória das decisões ou sentenças tem em conta não apenas as partes e o órgão competente para julgar um eventual recurso, mas também qualquer do povo, com a finalidade de se aferir em concreto a imparcialidade do juiz do julgamento, a legalidade e a justiça das decisões.
(C) A exigência de publicidade e fundamentação dos julgamentos constitui garantias do indivíduo no tocante ao exercício da jurisdição em termos absolutos, não podendo, pois, ser limitada a presença, em determinados atos, apenas às próprias partes e a seus advogados, ou somente a estes.
(D) O princípio da lealdade processual, se desatendido por qualquer das partes, em nada afetará a fundamentação do ato judicial, porque é assegurada aos procuradores plena e incondicionada liberdade de conduta no processo.

De fato, as decisões judiciais devem estar fundamentadas de modo que qualquer leigo no assunto a compreenda, desta forma estará obedecendo aos princípios da publicidade e da fundamentação integralmente (art. 93, IX, da CF). Gabarito "B".

(Magistratura/SP – 2008) Assinale a alternativa consentânea com as exigências de efetividade do processo.

(A) Não reunião de processos em casos de continência e conexão, não aceitação de reconvenção nem de ação declaratória incidental e de litisconsórcio constituem opção válida e eficaz em relação ao objetivo em questão.
(B) Emprego de tantas atividades processuais, quantas se mostrem possíveis, para se alcançar o máximo resultado na atuação do direito, não o mínimo emprego possível de atividades processuais, opera no sentido de se conseguir o objetivo de razoável duração do processo.

(C) O resultado consistente em extensa e cuidadosamente elaborada sentença, independentemente de tempo, entende mais com a devida prestação jurisdicional, geralmente, do que a sentença resumida e pronta, ambas proferidas com respeito ao princípio do devido processo legal.

(D) A atenção e pronta solução, no que se refere aos requisitos ou pressupostos e condições da ação, serve de base decisiva para razoável duração do processo.

Realmente, o novel princípio da duração razoável do processo visa a efetividade das decisões. Assim, logo que distribuída, o julgador e mesmo a parte contrária devem sempre estar atentos com os requisitos da ação para que não aconteça que, somente após toda a movimentação do Poder Judiciário para a instrução do processo, verifique-se que não era o caso de análise do mérito por falta de um dos requisitos da ação ou de um pressuposto processual. Gabarito "D".

(Ministério Público/MA – 2009) Analise as assertivas seguintes.

I. Consoante a doutrina tradicional, os princípios informativos do processo são quatro (4), a saber: o princípio *"da fungibilidade recursal"*; o princípio *"da instrumentalidade das formas"*; o princípio *"do aproveitamento dos atos processuais"* e o princípio *"da finalidade"*.

II. O denominado *"princípio da comunhão da prova"* enquanto princípio do processo, consagra a necessidade de se garantir a que o processo não seja objeto de taxações onerosas, de maneira a propiciar a sua utilização somente pelos mais abastados.

III. Os denominados princípios do *"contraditório"* e da *"ampla defesa"* enquanto princípios do processo, não precisam ser observados quando o processo se encontrar em segundo grau de jurisdição.

IV. Os denominados *"princípios constitucionais do processo civil"* são impositivos ao legislador e ao juiz no exercício de função jurisdicional e na prestação da respectiva tutela.

V. O *"princípio da vinculação do juiz ao pedido"*, também denominado *"princípio da adstrição do juiz ao pedido"* e *"princípio da congruência"*, possibilita a que o juiz possa e deva decidir, quando tal lhe parecer de justiça, de maneira a conceder pedido diverso do formulado na petição inicial, obedecendo, assim, ao *"princípio da economia processual"*.

(A) Somente a afirmativa "V" supra é correta, sendo incorretas todas as demais.
(B) Somente a afirmação "I" supra é correta, sendo incorretas todas as demais.
(C) As afirmativas "II" e "III" supra são corretas, sendo incorretas todas as demais.
(D) A afirmativa "IV" supra é correta, sendo incorretas todas as demais.
(E) A afirmativa "II" supra é correta, sendo incorretas todas as demais.

I: incorreta, pois os chamados princípios informativos do processo que são apontados pela doutrina são outros (lógico, jurídico, econômico e político); II: incorreta, porque comunhão da prova significa que a prova, uma vez produzida, pertence ao processo, e, por isso, pode ser utilizada contra aquele que tomou a iniciativa de sua produção (o princípio ao qual o examinador se referiu foi o do acesso à jurisdição); III: incorreta, porque contraditório e ampla defesa são de observância obrigatório em qualquer grau de jurisdição; IV: está correta; V: incorreta, uma vez que o juiz não pode conceder pedido diverso do formulado na petição inicial, salvo nos casos excepcionais previstos pela lei (por exemplo, nas ações possessórias, em que o autor pede uma medida de proteção à posse, mas o juiz é livre, por previsão legal, para conceder tutela diversa da que foi requerida). Gabarito "D".

(Ministério Público/RS – 2009) O princípio processual não expressamente enunciado na Constituição Federal é o

(A) Princípio do contraditório.
(B) Princípio do devido processo legal.
(C) Princípio do processo sem dilações indevidas.
(D) Princípio do duplo grau de jurisdição.
(E) Princípio da licitude da prova.

De todos os princípios apontados pela questão, o único que não se encontra expressamente consagrado na Constituição é o do duplo grau de jurisdição. Não obstante isso, afirma-se que se trata de princípio implícito, uma vez que o texto constitucional prevê, na estrutura do Judiciário, os tribunais, e aponta que têm eles competência recursal. Mesmo que se reconheça o duplo grau de jurisdição como princípio constitucional implícito, também se reconhece que não representa ele uma garantia do jurisdicionado, motivo pelo qual pode ser ele limitado pela lei infraconstitucional. Gabarito "D".

(Ministério Público/SC – 2008)

I. Em face do princípio dispositivo é possível ao juiz, de ofício, ordenar a inquirição de testemunhas referidas nas declarações da parte ou das testemunhas.

II. Em face ao princípio da verdade real ou da máxima probabilidade, a prova pericial, desde que elaborada com rigoroso critério científico, prevalece, no âmbito do direito processual civil, sobre a prova testemunhal.

III. A convenção que distribui de maneira diversa o ônus da prova é válida, salvo quando recair sobre direito indisponível da parte ou tornar excessivamente difícil a uma parte o exercício do direito.

IV. A incapacidade do menor de dezesseis anos, o impedimento do representante legal da pessoa jurídica e a suspeição do inimigo capital da parte não proíbem que o juiz tome seus depoimentos independentemente de compromisso.

V. O perito ou o assistente técnico pode escusar-se ou ser recusado por impedimento ou suspeição; ao aceitar a escusa ou julgar procedente a impugnação, o juiz nomeará novo perito ou assistente técnico.

(A) apenas III e IV estão corretos.
(B) apenas I e II estão corretos.
(C) apenas I está correto.
(D) apenas II e IV estão corretos.
(E) apenas III, IV e V estão corretos

I: Errado. O princípio dispositivo é aquele segundo o qual o juiz, mantendo-se equidistante, aguarda a iniciativa das partes no que se refere à afirmação dos fatos constitutivos de seu direito e a respectiva produção de provas. Vale dizer, o juiz depende das partes no que concerne à afirmação e à prova dos fatos em que os mesmos se fundam; II: Errado, pois pelo princípio da verdade real nenhuma prova se sobrepõe à outra, cabendo ao juiz apreciá-las livremente (art. 131 do CPC); III: Certo (art. 333, parágrafo único, I e II, do CPC); IV: Certo (art. 405, §4º, do CPC); V: Errado (arts. 422 e 423, ambos do CPC). Gabarito "A".

(Ministério Público/SP – 2006) A dignidade da pessoa humana:

(A) Não é vetor interpretativo do Direito Processual Civil.
(B) Conforma e inspira apenas as lides vinculadas ao art. 4.º da Constituição Federal.
(C) É princípio central do sistema jurídico brasileiro sendo significativo vetor interpretativo do direito processual civil.
(D) Conforma e inspira basicamente o direito processual penal.
(E) É basicamente uma "arma" de argumentação, sem qualquer previsão significativa em nosso direito positivo, destinada a interpretar de forma parcial o direito processual civil.

Art. 1º, III, da CF. Gabarito "C".

(Ministério Público/SP – 2006) O Estado democrático de direito e o juiz natural:

(A) Não exigem necessariamente a imparcialidade do juiz para proferir decisões nos procedimentos de jurisdição voluntária.
(B) Não exigem necessariamente a imparcialidade do juiz para proferir decisões nos processos contenciosos.
(C) Exigem a imparcialidade do juiz para proferir decisões somente nos processos contenciosos (objetivos e subjetivos).
(D) Exigem a imparcialidade do juiz para proferir decisões tanto nos processos contenciosos como nos procedimentos de jurisdição voluntária.
(E) Permitem a parcialidade do juiz destinada a realizar os objetivos fundamentais da República Federativa do Brasil.

Realmente, a imparcialidade do juiz é exigida em qualquer caso e se trata de princípio constitucional. Gabarito "D".

(Procurador do Estado/PB – 2008 – CESPE) No que se refere aos princípios que regem o processo civil e aos relativos à jurisdição civil, assinale a opção correta.

(A) O princípio da publicidade não impede que existam processos em segredo de justiça, no interesse das próprias partes. Esse sigilo é restrito a estranhos, enquanto não prejudicar o interesse público à informação, assim, por autorização do juiz, os atos processuais podem ser investigados e conhecidos por outros, além das partes e seus advogados.
(B) Pelo princípio da inafastabilidade do controle jurisdicional, nenhum juiz será afastado de suas funções sem que lhe sejam garantidos, em processo adequado, os direitos inerentes ao contraditório e à ampla defesa.
(C) Pelo princípio do contraditório, o autor pode deduzir a ação em juízo, alegar e provar os fatos constitutivos de seu direito, e ao réu é assegurado o direito de contestar todos os fatos alegados pelo autor, como também o de fazer a prova contrária, salvo em caso de revelia.
(D) Por representar garantia constitucional que visa à proteção do interesse público representado pelo patrimônio das pessoas de direito público, o duplo grau de jurisdição é exigido em todo e qualquer processo em que tais pessoas sejam partes ou intervenientes.
(E) É vedado às pessoas maiores e capazes, mesmo no caso de direito patrimonial disponível, entregar a responsabilidade de solucionar eventual conflito de interesses a pessoa não integrante da estrutura do Poder Judiciário, bem como solucionar a lide por outros caminhos que não a prestação jurisdicional.

Art. 93, IX, parte final, da CF. Gabarito "A".

(Procurador do Município/Teresina-PI – 2010 – FCC) O princípio da congruência significa que

(A) os atos processuais que não tragam prejuízo devem ser aproveitados pelo juiz.
(B) o juiz deve julgar livremente, mas oferecendo as razões de seu convencimento.
(C) o juiz deve ser congruente, ou seja, coerente na apreciação das provas.
(D) toda matéria de fato ou de direito deve ser arguida por ocasião da contestação.
(E) o juiz deve julgar adstrito ao que foi pedido pelo autor em sua inicial.

A única alternativa que corresponde ao princípio em questão é a "E". Gabarito "E".

(Defensoria/MT – 2009 – FCC) O princípio processual da congruência ou adstrição significa:

(A) veda-se ao juiz proferir sentença de natureza diversa da pedida, ou condenar o réu em quantidade superior ou em objeto diverso do pedido inicial.
(B) o réu deve rebater, coerentemente, toda a matéria levantada na inicial em sua contestação, sob pena de preclusão.
(C) após a contestação, o juiz vincula-se ao pedido e à causa de pedir iniciais, que não podem ser alterados.
(D) não havendo prejuízo, os atos processuais devem ser aproveitados, ainda que não atendam a seus requisitos formais.
(E) o juiz deve ser coerente na fundamentação de sua sentença e adstrito aos fatos da causa.

A: correta, pois traz o significado correto do princípio da congruência ou adstrição; B: errada, porque o texto refere-se a outro princípio, qual seja, o do ônus da impugnação especificada; C: errada, porque mesmo que o réu não conteste, a vinculação para o juiz já existe. Além disso, após a contestação, será possível alteração do pedido ou da causa de pedir, desde que o réu concorde; D: errada, porque se refere ao princípio da instrumentalidade das formas; E: errada, porque a exigência de coerência na fundamentação da sentença não decorre do princípio da correlação. Gabarito "A".

(Defensoria/SP – 2007 – FCC) Segundo Liebman, "somente poderemos falar em ação quando o processo terminar com um provimento sobre o caso concreto, ainda que desfavorável ao autor". Essa asserção prende-se à qual teoria conceitual do direito de ação?

(A) Concretista relativa.
(B) Instrumental da ação.
(C) Abstrata pura.
(D) Concretista do direito de ação.
(E) Privatista do direito de ação.

Para Liebman, a ação seria um direito público subjetivo instrumental porque visa a aplicação do direito material, mas ele não pode ser exercido aleatoriamente, indistintamente; deverá preencher determinadas condições de ação. Liebman diz que a ação é um direito autônomo e abstrato, ou seja, ela está desvinculada do direito material e você exerce independente de a ação ser julgada procedente ou não. Gabarito "B".

(Magistratura Federal – 3ª Região – XIII) Eis a regra básica da eficácia da lei processual no tempo:

(A) cada ato processual se rege pela lei de seu tempo;
(B) a lei processual é retroativa;
(C) cada fase processual se rege pela lei de seu tempo;
(D) a lei nova se aplica a todo o processo enquanto não estiver extinto.

Art. 1.211 do CPC. Gabarito "A".

(Magistratura Federal-5ª Região – 2011) Paulo e Hélio, maiores de idade e capazes, não tendo entrado em acordo quanto ao pagamento de dívida que o segundo contraíra com o primeiro, concluíram que seria necessária a intervenção de terceiro, capaz de propor solução para o problema.

Levaram, então, o caso ao conhecimento de Lúcio, professor emérito da faculdade onde Paulo e Hélio estudavam, que propôs que apenas dois terços da dívida fossem pagos no prazo de trinta dias, o que foi aceito pelos interessados.

Com base nessa situação hipotética, assinale a opção correta.

(A) Ao aceitarem a solução intermediária, os interessados realizaram autocomposição.
(B) Configura-se, no caso, a autotutela, dada a inexistência de intervenção do Estado-juiz.
(C) A figura do terceiro que conduz os interessados a solução independentemente de intervenção judiciária indica a ocorrência de mediação.
(D) Como a solução proposta se fundamenta na regra jurídica aplicável e tem executividade própria, trata-se de verdadeira jurisdição.
(E) Dada a ocorrência de solução por intervenção de terceiro, fica caracterizada a arbitragem.

A: incorreta, porque a solução não foi encontrada por ambos, mas por um terceiro, o que afasta a caracterização da autocomposição; B: incorreta, porque autotutela ocorre quando um dos envolvidos na situação litigiosa impõe pela força a solução para o conflito ao outro; C: correta, pois, de fato a descrição é de mediação; D e E: incorretas (reler o comentário sobre a assertiva C). Gabarito "C".

(Magistratura do Trabalho – 8ª Região – 2007) Sobre os princípios que regem o Direito Processual Civil, assinale a alternativa incorreta:

(A) Segundo o princípio dispositivo ou da demanda, o juiz não pode iniciar o processo de ofício. A pessoa que se sente lesada ou ameaçada quanto a um direito que entende ser titular, tem a livre iniciativa de provocar a tutela jurisdicional.
(B) Após o ajuizamento da ação, vigora o princípio inquisitivo, com base no qual o processo se desenvolve por impulso oficial, por atos do juiz e dos auxiliares da justiça, salvo aqueles que devem ser praticados pelas partes e que necessitam de sua provocação.
(C) Consagra o princípio da instrumentalidade o dispositivo legal que estabelece que os atos e termos processuais não dependem de forma determinada, senão quando a lei expressamente o exigir, reputando-se válidos aqueles que, realizados de outro modo, preencham-lhe a finalidade essencial.
(D) Pelo princípio da impugnação específica, o réu deve impugnar um a um os fatos narrados na inicial, sob pena de presumir-se a sua veracidade, em qualquer caso.
(E) O dever do réu de alegar, em contestação, toda a matéria de defesa que tiver contra o pedido do autor, decorre do princípio da eventualidade, segundo o qual a oportunidade para o réu se defender é a contestação, sob pena de ocorrer a preclusão consumativa.

A: correto, pois, de fato, pelo princípio do dispositivo, a máquina judiciária apenas se movimenta mediante atividade das partes (inércia da jurisdição); B: correto, pois proposta a ação pela parte, respeitando-se o princípio do dispositivo, cabe ao juiz determinar o prosseguimento do processo, impondo-se ao Poder Judiciário a rápida solução dos litígios; C: correto, pois o princípio da instrumentalidade das formas consiste no aproveitamento dos atos processuais que tenham atingido sua finalidade sem prejuízo a qualquer das partes ou ao interesse público; D: incorreto (art. 302 do CPC); E: correto (arts. 302 e 303, ambos do CPC). Gabarito "D".

(Defensoria Pública da União – 2010 – CESPE) Julgue os itens que se seguem, acerca dos princípios processuais.

(1) O máximo resultado com o mínimo emprego de atividades processuais é ideia que sintetiza o chamado princípio da economia processual, sendo a reunião de processos conexos exemplo de aplicação desse princípio, assim como a ação declaratória incidente.

1: correta, porque é exatamente esse o significado do princípio da economia processual, embora fosse possível dizer que a reunião de processos conexos tenha como principal finalidade evitar que sejam proferidas decisões conflitantes. Gabarito 1C.

2. PARTES, PROCURADORES, MINISTÉRIO PÚBLICO E JUIZ. ATOS PROCESSUAIS. PRAZO

(Magistratura/AL – 2007 – FCC) A procuração geral para o foro, conferida por instrumento público ou particular assinado pela parte, habilita o advogado a praticar todos os atos do processo, EXCETO para

(A) requerer a abertura de inventário.
(B) interpor recurso extraordinário e recurso especial.
(C) propor ação declaratória incidental.
(D) propor reconvenção.
(E) transigir ou dar quitação.

Art. 38 do CPC. Gabarito "E".

(Magistratura/DF – 2011) Assinale a alternativa correta, considerando as disposições legais, bem como a doutrina e a jurisprudência prevalentes, na questão a seguir:

Não se fará a citação, exceto para evitar o perecimento do direito:

(A) aos noivos, nos 7 (sete) primeiros dias de bodas;
(B) ao cônjuge ou a qualquer parente do morto, consangüíneo ou afim, em linha reta, ou na linha colateral em segundo grau, no dia do falecimento e nos 7 (sete) dias seguintes;
(C) aos doentes, qualquer que seja o seu estado;
(D) nenhuma das alternativas anteriores (a, b, c) é correta.

A: incorreta, porque o art. 217, III, do CPC, prevê que não deve ser realizada a citação nos 3 dias primeiros dias de bodas; B: correta (art. 217, II, CPC); C: incorreta, uma vez que a regra do art. 217, IV, CPC, só se refere aos "doentes, enquanto grave o seu estado"; D: incorreta, pois a assertiva B está correta. Gabarito "B".

(Magistratura/DF – 2011) Assinale a alternativa correta, considerando as disposições legais, bem como a doutrina e a jurisprudência prevalentes, na questão a seguir:

Constituem requisitos da citação por edital:

(A) a publicação do edital no prazo máximo de 15 (quinze) dias, uma vez no órgão oficial e pelo menos duas vezes em jornal local, onde houver;
(B) a determinação, pelo juiz, do prazo, que variará entre 30 (trinta) e 60 (sessenta) dias, correndo da data da primeira publicação;
(C) a determinação, pelo juiz, do prazo, que variará entre 30 (trinta) e 60 (sessenta) dias, correndo da data da última publicação;
(D) nenhuma das alternativas anteriores (a, b, c) é correta.

A: correta (art. 232, III, do CPC); B e C: incorretas, porque o prazo de dilação do edital será fixado pelo juiz entre 20 e 60 dias (art. 232, IV, do CPC); D : incorreta, pois a assertiva A está correta. Gabarito "A".

(Magistratura/DF – 2011) Assinale a alternativa correta, considerando as disposições legais, bem como a doutrina e a jurisprudência prevalentes, na questão a seguir:

No caso de citação por hora certa, em que, nos termos do artigo 229 do Código de Processo Civil, feita ela, "o escrivão enviará ao réu carta, telegrama ou radiograma, dando-lhe de tudo ciência", o prazo para contestar inicia:

(A) na data da expedição da carta, telegrama ou radiograma;
(B) na data do recebimento pelo réu da carta, telegrama ou radiograma;
(C) na data da juntada aos autos do aviso de recebimento pelo réu da carta, telegrama ou radiograma;
(D) nenhuma das alternativas anteriores (a, b, c) é correta.

A citação com hora certa é a citação por mandado, ou por oficial de justiça. Logo, o prazo para a resposta corre a partir da juntada aos autos do mandado devidamente cumprido (art. 241, II, CPC). A expedição da carta complementar é obrigatória, mas tal providência não tem repercussão sobre o marco inicial do prazo (STJ-3ª T, REsp 180.917). Gabarito "D".

(Magistratura/MG – 2009 – EJEF) Sobre a substituição das partes, é correto afirmar, EXCETO que:

(A) A alienação da coisa ou do direito em litígio, a título particular, por atos entre vivos, altera a legitimidade das partes.
(B) O Código de Processo Civil permite no curso do processo a substituição voluntária em casos expressos.
(C) O adquirente ou o cessionário não poderá ingressar em juízo, substituindo o alienante ou o cedente, sem que o consinta a parte contrária.
(D) Ocorrendo a morte de qualquer das partes, dar-se-á a substituição pelo seu espólio ou pelos sucessores.

A alternativa A está errada, porque contrária ao que estabelece o art. 42 do CPC. As demais estão de acordo com o que estabelece a lei (arts. 41, 42, § 1º e 43, todos do CPC). Gabarito "A".

(Magistratura/MT – 2009 – VUNESP) Constituem exemplos de ações em que ambos os cônjuges devem necessariamente ser citados as de

(A) direitos reais mobiliários e direito de superfície.
(B) arrendamento e uso de imóvel.
(C) locação de bens imóveis e servidão predial.
(D) comodato de bens imóveis e depósito.
(E) composse e habitação.

A: errada, porque só é obrigatório o litisconsórcio passivo entre cônjuges nas ações que versem sobre direitos reais imobiliários (e não mobiliários – art. 10, CPC), ressalva feita aos casamentos realizados pelo regime de bens da separação absoluta (art. 1.647, II, do CC); B: errada, porque arrendamento de imóvel é direito pessoal, e não real; C: errada, uma vez que locação não é direito real; D: errada, porque comodato e depósito também representam direitos pessoais, e não reais; E: correta, pois composse e habitação são exemplos de ações em que ambos os cônjuges devem ser citados. Gabarito "E".

(Magistratura/MT – 2009 – VUNESP) O juiz de determinada comarca omitiu-se, sem justo motivo, a respeito de uma providência que deveria ter ordenado a requerimento da parte. De acordo com o Código de Processo Civil, ficará caracterizada a aludida falta e assegurada eventual responsabilidade do magistrado por perdas e danos, se a parte prejudicada pela omissão

(A) requerer ao juiz, por intermédio do escrivão, que determine a providência preterida e mesmo assim decorrer o prazo de 10 (dez) dias sem o atendimento.
(B) requerer ao Conselho Nacional de Justiça que notifique o juízo a adotar as providências cabíveis, concernente ao pedido preterido.
(C) formular pedido de reclamação perante a Corregedoria Geral de Justiça do tribunal a que se vincula o juiz, solicitando a providência jurisdicional, sem que haja solução dentro de 15 (quinze) dias.
(D) dirigir requerimento formal ao Presidente do respectivo tribunal e este, a despeito de assinar prazo de 05 (cinco) dias ao juízo faltante, não lograr êxito na resolução do impasse.
(E) protocolar petição diretamente ao magistrado, assinando-lhe prazo que repute necessário para a providência requerida, restando, para o caso de não atendimento, uma notificação peremptória com prazo de 48 horas.

Nos termos do parágrafo único do art. 133 do CPC, basta que a parte requeira ao juiz, por intermédio do escrivão, que determine a providência e este não lhe atender o pedido dentro de 10 dias. As providências mencionadas nas alternativas B, C, D e E não são exigidas para que a falta do juiz fique caracterizada. Gabarito "A".

(Magistratura/PR – 2010 – PUC/PR) A capacidade processual, por estar relacionada aos pressupostos de constituição e desenvolvimento válido do processo, pode gerar invalidade deste. Acerca da capacidade processual, assinale a alternativa CORRETA:

I. O menor é pessoa, portanto, é capaz de direitos. Contudo, falta-lhe o exercício de direitos e obrigações, na forma da lei civil, razão pela qual não possui capacidade de estar em juízo, devendo ser representado por via da representação legal.
II. O juiz dará curador especial ao réu revel citado por edital.
III. Ambos os cônjuges deverão ser citados nas ações possessórias.
IV. O inventariante representará, ativa e passivamente, o espólio em juízo.

(A) Apenas a assertiva I está correta.
(B) Apenas as assertivas I e II estão corretas.
(C) Apenas as assertivas I, II e IV estão corretas.
(D) Apenas as assertivas II e IV estão corretas.

I: correta (art. 8º do CPC); II: correta (art. 9º, II, do CPC); III: incorreta, porque só se exige a citação de ambos quando houver composse ou se tratar de atos praticados por ambos (art. 10, § 2º, do CPC); IV: correta (com a ressalva de se tratar de inventariante dativo, hipótese em que a representação do espólio será feita pelos herdeiros). Gabarito "C".

(Magistratura/RS – 2009) Sobre o impedimento e a suspeição, considere as assertivas abaixo.

I. Não gera o impedimento do juiz o ingresso no curso da demanda de sua filha como advogada de uma das partes.
II. O juiz não está impedido de atuar no processo em que seu cunhado é procurador da parte.
III. É fundada a suspeita do juiz para funcionar no processo em que uma das partes é credor da mãe de seu cônjuge.

Quais são corretas?

(A) Apenas I
(B) Apenas II
(C) Apenas III
(D) Apenas I e III
(E) I, II e II

I: correta, porque "a outorga de procuração por uma das partes a advogado que é parente do juiz, quando já fixada a competência para o julgamento da causa, não implica o impedimento deste, mas sim, daquele [do advogado], que deve ser do processo" (STJ, RMS 24.531); II: incorreta, porque a lei só prevê como impedimento o parentesco, inclusive por afinidade, com uma das partes, e não de seu procurador; III: correta, nos termos do art. 135, II do CPC. Gabarito "D".

(Magistratura/RS – 2009) Sobre os atos do juiz produzidos no processo, assinale a assertiva correta.

(A) É sentença, sem solução de mérito, o ato que homologa a transação.
(B) A decisão proferida no curso do processo que reconhece a prescrição contra um dos réus, extingue o pedido com solução de mérito e é impugnada mediante recurso de apelação.
(C) Despachos são atos sem conteúdo decisório que visam impulsionar o processo e admitem impugnação por agravo retido.
(D) É decisão interlocutória o ato pelo qual se resolve questão incidente e somente pode ser impugnada através de agravo de instrumento.
(E) Da decisão que encerra o pedido de liquidação cabe agravo de instrumento.

A: errada (art. 269, III, CPC); B: errada, porque embora se refira a matéria de mérito, a decisão em questão, por não encerrar o processo, ou a fase de cognição, é interlocutória, passível de agravo (registre-se, porém, a possibilidade de aplicação da fungibilidade recursal nesse caso); C: errada, porque despachos são irrecorríveis (art. 504), exceção feita aos embargos de declaração; D: errada, pois as decisões interlocutórias, em regra, serão impugnadas por agravo retido, e só excepcionalmente pelo agravo de instrumento; E: correta, pois corresponde ao art. 475-H. Gabarito "E".

(Magistratura/RS – 2009) Atinente ao capítulo das partes e dos procuradores, assinale a assertiva correta.

(A) A capacidade para estar em juízo ou processual se identifica como capacidade postulatória.
(B) Para propor ação que verse sobre direitos reais imobiliários, é indispensável o concurso de ambos os cônjuges em litisconsórcio necessário.
(C) O inventariante dativo representa os herdeiros nas ações em que o espólio for parte.
(D) Nas ações possessórias, a participação do cônjuge do autor ou do réu somente é indispensável nos casos de composse ou de ato por ambos praticado.
(E) Não cumprir com exatidão os provimentos mandamentais e criar embaraços à efetivação de provimentos judiciais, antecipatório ou final, constituem ato atentatório ao exercício da jurisdição, sujeitam as partes e a todos os que de qualquer forma participam do processo, inclusive o advogado, a multa de até 20%, sem prejuízo de sanções criminais, civis e processuais cabíveis.

A: incorreta, pois a capacidade postulatória é aptidão para apresentar pedidos e defesas em juízo, própria dos advogados, membros do Ministério Público, e, excepcionalmente reconhecida em favor das partes; B: errada, porque quando o autor de ações que versam sobre direitos reais imobiliários for casado bastará a autorização do cônjuge para a propositura da ação (é exigida a formação do litisconsórcio passivo entre cônjuges quando o réu for casado); C: errada, porque nos casos em que o inventariante for dativo, quem representará o espólio serão os herdeiros (art. 12, § 1º do CPC); D: correta (art. 10, § 2º do CPC); E: incorreta, porque parágrafo único do art. 14 do CPC exclui expressamente o advogado da violação ao disposto no seu inciso V (o advogado fica sujeito exclusivamente ao que estabelece o Estatuto da OAB). Gabarito "D".

(Magistratura/SP – 2011 – VUNESP) Assinale a afirmativa correta.

(A) Há assistência simples quando o terceiro, tendo interesse jurídico na decisão da causa, intervém no processo para auxiliar uma das partes.
(B) Com o ingresso do assistente no processo, poderá haver ampliação do objeto do litígio.
(C) A assistência impede que o assistido reconheça a procedência do pedido.
(D) Há assistência litisconsorcial quando o interveniente tem relação jurídica com o assistido.
(E) Transitada em julgado a sentença, na causa em que interveio o assistente, este nunca poderá discutir a justiça da decisão em processo posterior.

A: correta (art. 50 do CPC); B: incorreta, porque a assistência não altera o objeto da lide; C: incorreta (art. 53 do CPC); D: incorreta, uma vez que há assistência litisconsorcial quando o assistente tiver relação jurídica com o adversário do assistido; E: incorreta, porque é possível que ele discuta, em processo posterior, a justiça da decisão se alegar e provar que, pelo estado em que recebera o processo, ou pelas declarações e atos do assistido, fora impedido de produzir provas suscetíveis de influir na sentença, ou que desconhecia a existência de alegações ou de provas, de que o assistido, por dolo ou culpa, não se valeu (art. 55 do CPC). Gabarito "A".

(Magistratura/SP – 2011 – VUNESP) A substituição voluntária das partes, no curso do processo:

(A) não é permitida.
(B) é permitida em qualquer situação.
(C) sempre depende da concordância da parte contrária.
(D) não pode ocorrer após o saneamento do processo.
(E) só é permitida nos casos expressos em lei.

A: incorreta, porque é possível a substituição voluntária das partes nos casos expressamente previstos em lei; B: incorreta, porque só nos casos previstos ela é admitida; C: incorreta, porque a substituição da parte pelos seus herdeiros não depende da anuência da parte contrária; D: incorreta, porque o saneamento impede apenas a alteração do pedido e da causa de pedir; E: correta (art. 41 do CPC). Gabarito "E".

(Magistratura/SP – 2011 – VUNESP) No litisconsórcio necessário:

(A) há entre os réus comunhão de obrigações relativamente à lide.
(B) os direitos e obrigações derivam do mesmo fundamento de fato ou de direito.
(C) a lei estabelece a presença de uma ou mais pessoas no processo, sob pena de nulidade.

(D) o processo será extinto de plano, sem exame do mérito, se não estiverem presentes todos aqueles que a lei determina.

(E) o juiz deverá decidir a lide de modo uniforme para todas as partes.

A e B: são hipóteses de litisconsórcio facultativo (art. 46, I e II, do CPC); C: correta (art. 47 do CPC); D: incorreta, porque antes da extinção, o juiz deve dar oportunidade para que o autor peça a citação dos réus faltantes; E: incorreta, porque litisconsórcio necessário não se confunde com unitário. "C." Gabarito

(Magistratura/SP – 2008) A propósito dos poderes e deveres do juiz, no processo, assinale a alternativa correta.

(A) Ao juiz incumbe decidir a lide nos limites em que foi proposta, devendo conhecer de questões suscitadas e não suscitadas, independentemente de iniciativa da parte.

(B) No procedimento sumário, o juiz deve admitir pedido de assistência e recurso de terceiro interessado, mas não a intervenção fundada em contrato de seguro nem a ação declaratória incidental.

(C) Indeferido no processo pedido de denunciação da lide formulado, na contestação, pela ré, e estando a causa, ultimada a instrução, em condições de ser julgada, ao juiz cabe mandar citar a denunciada, deixando para proferir a sentença posteriormente.

(D) A citação ordenada por juiz incompetente produz determinados efeitos legais.

A: incorreta (art. 128 do CPC); B: incorreta (art. 280 do CPC); C: incorreta (art. 72 do CPC); D: correta, porque constitui o devedor em mora e interrompe a prescrição (art. 219 do CPC). "D." Gabarito

(Magistratura/SP – 2008) Quanto à representação em juízo, assinale a alternativa correta.

(A) Como regra a ser seguida, a representação do espólio, ativa ou passivamente, deve caber ao filho ou filha do autor da herança, não ao cônjuge supérstite.

(B) As sociedades sem personalidade jurídica serão representadas pelo integrante mais antigo.

(C) O fato de o inventariante ser dativo significa que todos os herdeiros e sucessores do falecido serão autores ou réus nas ações em que o espólio for parte.

(D) Em relação a gerente de filial ou agência de pessoa jurídica estrangeira, não cabe presunção de se achar autorizado a receber citação inicial para o processo, impondo-se expedição de rogatória para esse fim.

A: incorreta (art. 12, V, c.c. 990, I, ambos do CPC); B: incorreta (art. 12, VII, do CPC); C: correta (art. 12, § 1º, do CPC); D: incorreta (art. 12, VIII, do CPC). "C." Gabarito

(Magistratura/SP – 2006) Aponte a afirmação manifestamente incorreta sobre alienação da coisa por atos entre vivos.

(A) A alienação da coisa ou direito litigioso, a título particular, não altera a legitimidade das partes.

(B) O adquirente ou cessionário não poderá ingressar em juízo, substituindo o alienante ou cedente, sem que o consinta a parte contrária.

(C) A sentença, proferida entre as partes originárias, estende os seus efeitos ao adquirente ou ao cessionário.

(D) A substituição voluntária das partes no curso do processo pode suceder, quando houver concordância da parte contrária, mesmo que não esteja prevista pela lei.

A: correta (art. 42, *caput*, do CPC); B: correta (art. 42, § 1º, do CPC); C: correta (art. 42, § 3º, do CPC); D: incorreta (art. 41 do CPC). "D." Gabarito

(Ministério Público/AM – 2008 – CESPE) Acerca das hipóteses em que o MP tem legitimidade para atuar como parte ou intervir no processo como fiscal da lei, assinale a opção correta.

(A) A presença de interesse da pessoa jurídica de direito público em um determinado processo justifica por si só a intervenção obrigatória do MP no feito, notadamente quando se trata de interesse patrimonial ou decorrente de atividade administrativa e, ainda, em razão do elevado valor da pretensão deduzida contra o ente público.

(B) Nas causas em que há interesse público, evidenciado pela natureza da lide ou qualidade da parte, é obrigatória, ab initio, a atuação do MP. No entanto, a intervenção em grau de recurso afasta a nulidade, ficando, portanto, convalidado o vício mesmo que tenha havido prejuízo para a parte assistida pelo parquet.

(C) No processo que tratar de direito indisponível, caso haja incapazes em ambos os pólos, o MP atuará como fiscal da lei e, obrigatoriamente, promoverá a defesa dos interesses daquele que justificou a sua atuação no processo. Como essa é uma situação em que as defesas são conflitantes, haverá necessidade da intervenção de dois promotores, um na defesa da parte autora e outro, na da parte ré.

(D) Em todas as ações em que a lei considera obrigatória a intervenção do MP, a falta de sua manifestação sobre o mérito da lide de interesse público é causa de nulidade absoluta e insanável do processo, a partir do momento em que deveria intervir. Se, apesar de provocada essa intervenção, o promotor sustentar sua desnecessidade ou se limitar a requer o prosseguimento da ação, o juiz deverá determinar o retorno dos autos para a manifestação sobre o mérito da causa.

(E) No processo em que o interesse em litígio é privado e de expressão econômica e no qual há interesse de pessoa relativamente incapaz, ainda que essa tenha representante legal ou curador nomeado à lide, é obrigatória a intervenção do MP no feito na qualidade de custos legis. A falta dessa intervenção no momento devido causa prejuízo ao interesse público, impondo a nulidade dos atos subseqüentes.

A: incorreta (art. 82, III, do CPC); B: incorreta (art. 84 do CPC); C: incorreta. O MP atua como fiscal da lei, sendo suficiente um promotor para fiscalizar o cumprimento da lei dentro do processo mesmo que haja dois incapazes, um em cada polo; D: incorreta, pois caso o MP entenda desnecessária sua atuação no processo, o juiz não devolverá os autos para manifestação acerca do mérito da questão; E: correta (art. 84 do CPC). "E." Gabarito

(Ministério Público/BA – 2005) Em matéria de capacidade processual, podemos dizer sempre que:

(A) O juiz, em qualquer caso, dará curador especial ao incapaz.

(B) Nas ações possessórias, sempre será indispensável a participação do cônjuge do autor ou do réu.

(C) A falta de autorização, não suprida pelo juiz, quando necessária, invalida o processo.

(D) Nos casos de ações que versem sobre direitos reais imobiliários, o cônjuge necessitará do consentimento do outro; contudo, as citações poderão se dar apenas na pessoa de um deles.

(E) As sociedades sem personalidade jurídica poderão ser representadas por qualquer dos sócios, mesmo não estando na administração dos bens.

A: incorreta (art. 9º, I, do CPC); B: incorreta (art. 10, § 2º, do CPC); C: correta (art. 11, parágrafo único, do CPC); D: incorreta (art. 10, § 1º, do CPC); E: incorreta (art. 12, VII, do CPC). "C." Gabarito

(Ministério Público/BA – 2005) Assinale a proposição correta:

(A) Em qualquer circunstância e no curso do processo, por vontade expressa das partes ou seus procuradores, será permitida a substituição voluntária das partes.

(B) Independente do consentimento da parte contrária, o adquirente ou cessionário poderá ingressar em juízo substituindo o alienante, ou o cedente.

(C) Duas ou mais pessoas poderão litigar em juízo, no mesmo processo, mesmo não havendo conexão pelo objeto, desde que o fundamento do pedido não diga respeito ao mesmo fato.

(D) Havendo disputa entre autor e réu sobre um determinado bem, terceiro deverá se opor, se lhe interessar, antes de ser proferida a sentença.

(E) A oposição, no caso de intervenção de terceiros, se oferecida antes da audiência, correrá nos próprios autos, para julgamento na mesma sentença.

A: incorreta (art. 41 do CPC); B: incorreta (art. 42, § 1º, do CPC); C: incorreta (art. 46 do CPC); D: correta (art. 56 do CPC); E: incorreta (art. 59 do CPC). "D." Gabarito

(Ministério Público/BA – 2005) Nas assertivas abaixo, assinale a correta:

(A) O Ministério Público tem legitimidade para recorrer, mas somente nos processos em que for parte.
(B) O órgão do Ministério Público, quando intervindo na função de custos legis, está obstado, por lei, a juntar documentos e certidões no processo.
(C) O Ministério Público, sob pena de nulidade, intervirá, obrigatoriamente, nas causas relativas à tutela, curatela, interdição e disposições de última vontade.
(D) A intimação do Ministério Público, nas Comarcas onde houver órgão de publicação dos atos oficiais, será feita pela imprensa.
(E) A citação, via de regra, será feita para qualquer Comarca do País pelo correio, ainda que a parte ré seja pessoa de direito público.

A: incorreta (art. 499, § 2º, do CPC); B: incorreta (art. 83, II, do CPC); C: correta (art. 82, II, do CPC); D: incorreta (art. 236, § 2º, do CPC); E: incorreta (art. 222, *c*, do CPC). Gabarito "C".

(Ministério Público/CE – 2009 – FCC) Ministério Público no Processo Civil.

I. O Ministério Público deve representar judicialmente as entidades públicas, quando não constituam advogados para defender-se.
II. O Ministério Público não pode requerer a nomeação de curador especial para os menores.
III. Cabe ao Ministério Público promover representação para fins de intervenção do Estado em Municípios, nos casos previstos na Constituição do Estado do Ceará.
IV. Os membros do Ministério Público não prestam depoimento pessoal quando o Ministério Público atua como parte.
V. O Ministério Público não detém legitimidade para o requerimento de interdição em caso de doença mental grave ou anomalia psíquica, concorrentemente ou não, com a dos parentes, do cônjuge e do tutor do interditando.

(A) Somente III, IV e V estão corretas.
(B) Somente II, IV e V estão corretas.
(C) Somente III e IV estão corretas.
(D) Somente I e II estão corretas.
(E) I, II, III, IV e V estão corretas.

I: errada, não é papel institucional do Ministério Público representar em juízo as pessoas jurídicas de direito público ("não cabe ao MP, como fiscal da lei, velar pelos interesses das pessoas jurídicas de direito público, mas pela correta aplicação da lei, e muito menos suprir as omissões dos procuradores de tais entidades. A CF, em seu art. 129, IX, parte final, veio expressamente proibir a defesa e a consultoria de entes públicos por parte de membro do *parquet*" – STJ-*RT* 671/210); II: errada, uma vez que o MP pode requerer a nomeação de curador especial para menores, sempre que verificar que os interesses deste são conflitantes com os de seus representantes legais (*v.g.*: pedido de suprimento judicial de consentimento para o casamento do menor); III: correta (inciso IV do art. 130 da Constituição do Estado do CE); IV: correta, pois o depoimento pessoal é destinado à confissão da parte, o que é incompatível com a atuação ministerial no processo; V: errada, uma vez que em contradição com o que estabelece o art. 1769 do Código Civil. Gabarito "C".

(Ministério Público/CE – 2009 – FCC) O membro do Ministério Público estará sujeito à argüição de suspeição, no processo contencioso, quando, sendo parte principal,

(A) for interessado no julgamento da causa em favor de uma das partes.
(B) receber dádivas depois de iniciado o processo.
(C) nele estiver postulando, como advogado da parte, qualquer parente seu, consangüíneo ou afim, em linha reta.
(D) for parente, consangüíneo ou afim, da parte contrária, em linha reta ou, na colateral, até o terceiro grau.
(E) for parente, consangüíneo ou afim, da parte contrária, em linha reta ou, na colateral, até o quarto grau.

A: errada, porque se o MP atua como parte principal, obviamente terá interesse no julgamento em favor de uma das partes (art. 138, I, do CPC); B: correta (art. 135, IV, do CPC); C: errada, porque a hipótese tratada pelo item é de impedimento (art. 134, IV), e não de suspeição; D: errada, porque esta também é uma hipótese de impedimento, e não de suspeição; E: errada, já que o parentesco do MP com a parte contrária constitui motivo de impedimento, e não de suspeição. Gabarito "B".

(Ministério Público/CE – 2009 – FCC) Compete ao Ministério Público, no processo civil, na defesa do idoso,

(A) impedir a atuação de terceiros, ainda que legitimados para as ações cíveis previstas no Estatuto do Idoso, sempre que o Estatuto do Idoso conferir legitimidade ao Ministério Público nas mesmas ações.
(B) atuar como assistente simples do idoso em situação de risco, por abuso da família, curador ou entidade de atendimento.
(C) promover a revogação de instrumento procuratório do idoso, sempre que os direitos reconhecidos no Estatuto do Idoso forem ameaçados em razão de sua condição pessoal e o interesse público justificar.
(D) homologar transações envolvendo interesses e direitos dos idosos previstos no Estatuto do Idoso.
(E) atuar obrigatoriamente, nos processos em que não for parte, na defesa dos direitos de que cuida o Estatuto do Idoso, hipótese em que terá vista dos autos antes das partes, podendo juntar documentos e requerer diligências.

A: errada, porque o MP não pode impedir que outros legitimados atuem em juízo na defesa dos interesses do idoso, mesmo que se trate de situação em que o MP teria legitimidade para fazê-lo, uma vez que a legitimação é sempre concorrente (art. 81, *caput*, e § 1º do art. 74, ambos do Estatuto do Idoso); B: errada, porque o MP atua como substituto processual, e não como assistente simples, nos casos em que o idoso está em situação de risco (art. 74, III do Estatuto); C: correta (art. 74, IV, do Estatuto do Idoso); D: errada, porque o MP não homologa, mas referenda as transações envolvendo interesses dos idosos; E: errada, porque a vista dos autos ao MP será dada depois (e não antes) das partes (art. 75 do Estatuto). Gabarito "C".

(Ministério Público/CE – 2009 – FCC) Em ação acidentária, o segurado, assistido por advogado, celebrou transação com o INSS, fixando o valor do benefício mensal a ser recebido pelo segurado. A transação foi homologada judicialmente. Dessa decisão apelou o Ministério Público. Nesse caso, a apelação do Ministério Público

(A) somente poderá ser conhecida se for interposta na forma adesiva ao recurso interposto pelo segurado, por meio de seu advogado.
(B) não deverá ser conhecida, por falta de legitimidade recursal, porque o segurado está assistido por advogado.
(C) não deverá ser conhecida, por falta de interesse recursal, porque houve transação livremente celebrada e homologada judicialmente.
(D) deverá ser conhecida, porque o Ministério Público tem legitimidade e interesse recursais, ainda que o segurado esteja assistido por advogado.
(E) somente poderá ser conhecida se o segurado, por meio de seu advogado, não recorrer.

A e D: o MP, como fiscal da lei, tem legitimidade para apresentar recurso independente, nos termos da Súmula 226 do STJ ("O Ministério Público tem legitimidade para recorrer na ação de acidente do trabalho, ainda que o segurado esteja assistido por advogado"); B: errada, também em razão da Súmula mencionada; C: errada, porque nada impede que a sentença que foi homologada judicialmente seja impugnada por meio de apelação; E: errada, porque a legitimidade recursal do MP é plena, e não supletiva ou subsidiária, como quer sugerir a questão. Gabarito "D".

(Ministério Público/DF – 2009) Acerca do tema da legitimidade ministerial para intervir no processo como fiscal da lei ou atuar como parte, assinale a alternativa incorreta.

(A) No processo que trate de direito indisponível, considerado como tal na Constituição Federal, a atuação ministerial sob a forma de intervenção como custos legis é cabível.
(B) Se o processo, entre partes maiores e capazes, versar sobre direito indisponível, ainda que de natureza individual, o Ministério Público deverá atuar sob pena de nulidade.
(C) Se o processo versar sobre direito disponível e, havendo incapazes em pelo menos um dos pólos, o Ministério Público deverá intervir sob pena de nulidade.
(D) Em ação ordinária na qual o autor, servidor público, pleiteia o reconhecimento de direito à aposentadoria voluntária, o Ministério Público deverá intervir. Caso não seja intimado, nulo é o processo desde o momento em que deveria ter intervindo.
(E) Na ação de improbidade, o Ministério Público, se não intervir no processo como parte, atuará obrigatoriamente como fiscal da lei, sob pena de nulidade.

A: correta, pois é cabível a intervenção do MP, como fiscal da lei, nos litígios que versam sobre direito indisponível; B: correta, nos termos do art. 84 do CPC; C: correta, em razão do que dispõe os art. 82, I, e 84 do CPC; D: incorreta, pois não há tal previsão na lei processual civil; E: correta (art. 17, § 4º, da Lei 8.429/1992). Gabarito "D".

(Ministério Público/MA – 2009) Leia com atenção as seguintes afirmativas.

I. O Ministério Público, quando intervém no processo civil como *"fiscal da lei"* ou *"custos legis"*, atua de forma necessariamente vinculada ao interesse substancial do móvel (motivo) de sua intervenção (por exemplo, num processo onde exista interesse de um menor absolutamente incapaz), deverá sempre se posicionar, quanto ao *"meritum causae"*, em favor do interesse desse menor.

II. O Ministério somente deverá ser intimado pessoalmente no processo quando neste atuar na qualidade de parte.

III. Os embargos de declaração opostos pelo Ministério Público em processos nos quais oficia como *"custos legis"* suspendem os prazos para a interposição de outros recursos apenas em relação ao Ministério Público.

IV. O Ministério Público tem legitimidade para recorrer nos processos em que é parte e também naqueles em que oficia, por disposição legal, como *"custos legis"*.

V. O Ministério Público, quando atua no processo civil como parte, não desfruta do privilégio do prazo em dobro para recorrer.

(A) Somente a afirmativa "II" supra é correta, sendo incorretas todas as demais.
(B) Dentre todas as afirmativas supra, somente uma delas é correta.
(C) Somente as afirmativas "IV" e "V" supra são corretas, sendo incorretas todas as demais.
(D) As afirmativas "III" e "V" supra são incorretas, sendo corretas todas as demais.
(E) A alternativa "I" supra é a única correta dentre todas as demais.

I: incorreta, uma vez que, embora exista divergência jurisprudencial sobre o tema, já se decidiu que "a intervenção do MP não se subordina aos interesses do incapaz; se estiver convencido de que este não tem direito, deve deduzir seu parecer de acordo com a lei, e não com o interesse do incapaz" (*RSTJ* 180/415); II: errada, porque o art. 83 do CPC exige sua intimação de todos os atos do processo quando atuar com fiscal da lei; III: errada, porque a interposição dos embargos de declaração, seja pelas partes, ou pelo MP *custos legis*, interrompem o prazo para os demais, para o embargante, e para os outros legitimados a recorrer; IV: correta, nos termos do art. 499 do CPC; V: errada, porque contrária ao que estabelece o art. 188 do CPC. Gabarito "B".

(Ministério Público/MA – 2009) Examine atentamente as afirmativas que seguem.

I. Pode-se dizer que possuir capacidade para ser parte (capacidade processual) é possuir a capacidade para ser sujeito de uma relação jurídico-processual.

II. Em matéria probatória, a regra da preclusão, que atinge a parte, afasta de maneira peremptória o poder do juiz de determinar de ofício a realização de provas que, no seu entender, contribuiriam para a formação de seu convencimento.

III. Quando o Código de Processo Civil estabelece expressamente que um dos cônjuges não pode demandar ou for demandado acerca de direitos reais imobiliários sem o consentimento do outro cônjuge, está impondo uma restrição à *"capacidade postulatória"* dos cônjuges.

IV. O *"litisconsórcio facultativo"* é modalidade de *"intervenção de terceiros"* no processo.

V. O incidente de *"intervenção de terceiros"*, que ocorre comumente no *"processo de conhecimento"* pode, em certos casos, também ocorrer no *"processo de execução"*.

(A) Quatro (4) das afirmativas supra são incorretas e somente uma (1) é correta.
(B) Duas (2) das afirmativas supra são incorretas e três (3) são corretas.
(C) Duas (2) das afirmativas supra são corretas, sendo incorretas as demais.
(D) As afirmativas "I", "II" e "III" supra são incorretas, sendo corretas as demais.
(E) Somente uma (1) das afirmativas supra é incorreta, sendo corretas todas as demais.

I: correta, pois a correlação procede; II: errada, porque o juiz pode, a qualquer tempo, determinar de ofício a produção de provas que entenda necessárias para a formação de seu convencimento; III: errada, porque capacidade postulatória não se confunde com a capacidade processual, essa sim relacionada com a exigência de consentimento para demandar; IV: errada, porque litisconsórcio, seja facultativo ou necessário, corresponde ao fenômeno da pluralidade dos sujeitos em cada um dos polos da relação processual, e não sobre intervenção de terceiros; V: correta, porque é possível que na execução haja assistência. Gabarito "A".

(Ministério Público/MG – 2010 – FUNDEP) O Ministério Público atuará como substituto processual nas seguintes situações, **EXCETO**,

(A) nas ações coletivas de um modo geral.
(B) nas ações de adoção, quando for do interesse do incapaz.
(C) em defesa dos interesses e direitos do idoso em situação de risco.
(D) para adoção das medidas protetivas de urgência que visem coibir a violência doméstica e familiar contra a mulher.

A, C e D: corretas, pois as assertivas cuidam de situações que demandam a atuação do MP como substituto processual; B: incorreta, pois não é caso de atuação do MP como substituto processual. Gabarito "B".

(Ministério Público/PB – 2010) Analise as proposições abaixo, assinalando, na sequência, a alternativa que sobre elas contenha o devido julgamento:

I. Na hipótese em que se torna ilícita a finalidade a que visa a fundação, tem legitimidade exclusiva para requerer a sua extinção, por meio de jurisdição voluntária, o Ministério Público.

II. Quando a iniciativa para a extinção de fundação partir do Ministério Público, será necessária a intervenção, como custos legis, de outro membro do Parquet, a ser designado pelo Procurador-Geral de Justiça.

III. Na hipótese em que a fundação estender suas atividades por mais de um estado, através da instalação de filiais, sua fiscalização caberá ao Ministério Público do local em que tiver sido constituída.

(A) Apenas I e II estão corretas.
(B) Apenas I e III estão corretas.
(C) Apenas II e III estão corretas.
(D) I, II e III estão incorretas.
(E) I, II e III estão corretas.

I: incorreta, porque a legitimidade, nesse caso, será do MP ou de qualquer interessado (art. 69 do CC); II: incorreta, porque "não faz sentido tomar parecer do MP em processos em que este atua como parte" (STJ-*RT* 796/207); III: incorreta, porque "se estenderem [as fundações] suas atividades por mais de um Estado, caberá o encargo [de sua fiscalização], em cada um deles, ao respectivo Ministério Público" (§ 2º do art. 66 do CC). Gabarito "D".

(Ministério Público/PR – 2011) Acerca da intervenção do Ministério Público no processo civil como fiscal da lei, assinale a alternativa correta:

(A) o Ministério Público sempre intervirá nas execuções fiscais;
(B) o Ministério Público sempre intervirá nos procedimentos falimentares, em todas as suas fases;
(C) é obrigatória a participação do Ministério Público em todas as causas onde houver interesse patrimonial econômico da Fazenda Pública;
(D) o Ministério Público, seja na condição de parte, seja na condição de fiscal da lei, sempre goza do benefício do prazo em dobro para recorrer;
(E) o Ministério Público sempre intervirá nas usucapiões coletivas e somente intervirá nas usucapiões individuais quando existir interesse público.

A: incorreta (Súmula 189 do STJ: " é desnecessária a intervenção do Ministério Público nas execuções fiscais"); B: incorreta, C: incorreta (STJ-*RT* 671/210); D: correta (art. 188 do CPC); E: incorreta, por falta de previsão legal. Gabarito "D".

(Ministério Público/PR – 2009) Assinale a alternativa INCORRETA:

(A) o Ministério Público tem legitimidade para suscitar conflito de competência, no caso desta ser absoluta, mesmo quando não intervir no processo onde restou verificada, ocasião na qual assumirá a posição de parte no incidente processual;

(B) transcorrido um ano da publicação do primeiro edital sem que se saiba do paradeiro do ausente e não havendo absolutamente interessados, cumpre ao Ministério Público requerer a abertura da sucessão provisória;

(C) em mandado de segurança, ainda que a parte não tenha interposto recurso e o Ministério Público apenas esteja intervindo como custos legis, tem a Instituição legitimidade para recorrer;

(D) ajuizada ação de interdição pelo Ministério Público, na defesa dos interesses do interditando, mostra-se dispensável nomear a este curador à lide;

(E) na ação que visa a anular negócio jurídico, no qual a usucapião foi simplesmente arguida em defesa, torna-se desnecessária a intervenção do Ministério Público no processo.

A: correta (art. 116 do CPC); B: correta, se levada em conta a regra prevista no art. 1.163 do CPC. Porém, o art. 26 do CC estabelece como marco inicial do prazo de um ano, não a publicação do edital, como faz o CPC, mas a data da arrecadação dos bens (tudo indica, no entanto, que o examinador não considerou o fato de que o CC, por ser norma posterior, revogou o CPC nesse ponto); C: correta (*RSTJ* 59/389); D: incorreta, pois o art. 1.179 do CPC estabelece que "quando a interdição for requerida pelo Ministério Público, o juiz nomeará ao interditando curador à lide (art. 9º)"; E: correta, porque a alegação de usucapião como defesa não acarreta alteração no registro do bem, o que torna desnecessária a intervenção do MP. "D".

(Ministério Público/PR – 2009) Assinale a alternativa INCORRETA:

(A) conquanto não tenha legitimidade ativa para ajuizar ação popular, o Ministério Público detém atribuição para apressar a prova, promover a busca da responsabilidade civil ou criminal dos que nela incidirem, exigir o atendimento de requisições, além de recorrer das sentenças e decisões proferidas contra o autor;

(B) prestadas informações pela autoridade apontada como coatora no mandado de segurança, sem a juntada de documentos, os autos deverão ser encaminhados com vista ao Ministério Público, a fim de que seu membro elabore parecer quanto ao processado, no prazo de cinco dias;

(C) durante a averiguação de paternidade, se o suposto pai não atender a notificação judicial que lhe foi encaminhada para se manifestar sobre a paternidade alegada, ou pronunciar-se negando-a, o juiz remeterá os autos ao representante do Ministério Público, o qual terá que, por dever de ofício, obrigatoriamente ajuizar a ação de investigação de paternidade;

(D) se o Ministério Público impugnar pedido de retificação de assento no Registro Civil, o juiz determinará a produção da prova, dentro do prazo de dez dias. Em seguida, depois de ouvidos, sucessivamente, em três dias, os interessados e o Órgão ministerial, o magistrado decidirá a questão em cinco dias;

(E) no procedimento conferido à regularidade do testamento particular, após a apresentação de petição instruída com cédula desse testamento, serão intimados para inquirirem as testemunhas que lhe ouviram a leitura e, depois disso, assinaram-no, aqueles a quem caberia a sucessão legítima, o testamenteiro, os herdeiros e os legatários que não tiverem requerido a publicação e o Ministério Público.

A: correta (art. 6º, § 4º, da Lei 4.717/1965); B: correta, se considerado aquilo que dispunha a Lei 1.533/51, no seu art. 10. Contudo, o prazo que hoje prevê a Lei 12.016/2009 (art. 12) para a manifestação do MP é de 10 dias (e não mais de 5 dias); C: errada, porque o MP poderá (e não deverá) propor a ação de investigação de paternidade, se houver elementos suficientes (art. 2º, § 4º, da Lei 8.560/1992); D: correta (art. 109, §1º, da LRP); E: correta (arts. 1.130 e 1.131 do CPC). "C".

(Ministério Público/PR – 2009) Dentre as proposições abaixo, assinale a alternativa INCORRETA:

(A) os atos processuais praticados por advogado sem instrumento de mandato, a fim de evitar decadência ou prescrição, caso não ratificados no prazo de quinze dias, prorrogável por outros quinze, por despacho do juiz, serão havidos como nulos;

(B) comparecendo o réu apenas para arguir a nulidade e sendo esta decretada, considerar-se-á feita a citação na data em que ele ou seu advogado for intimado da decisão;

(C) os atos e termos processuais não dependem de forma determinada, senão quando a lei expressamente exigir, reputando-se válidos os que, realizados de outro modo, preencham-lhe a finalidade essencial;

(D) quando a lei prescrever determinada forma, sob pena de nulidade, a decretação desta não pode ser requerida pela parte que lhe deu causa;

(E) quando a lei exigir, como da substância do ato, o instrumento público, nenhuma outra prova, por mais especial que seja, pode suprir-lhe a falta, sob pena de ser considerado inválido e ineficaz.

A: errada, porque o art. 37 do CPC estabelece que os atos praticados pelo advogado que não forem ratificados no prazo, serão considerados inexistentes, e não nulos; B: correta (art. 214, § 2º, do CPC); C: correta (art. 154, CPC); D: correta (art. 243, CPC); E: correta (art. 366, CPC). "A".

(Ministério Público/RO – 2010 – CESPE) Considerando que, na legislação processual civil, há prazos especiais para contestar, para recorrer ou para qualquer outra manifestação nos autos, assinale a opção correta.

(A) O MP, quando é parte, dispõe de prazo em quádruplo para recorrer.

(B) Para as fundações públicas, conta-se em dobro o prazo para recorrer.

(C) A defensoria pública dispõe de prazo em quádruplo para contestar.

(D) Em mandado de segurança, conta-se em dobro o prazo para o impetrado apresentar informações.

(E) A fazenda pública dispõe de prazo em dobro para contestar.

A: incorreta, porque o art. 188 do CPC prevê prazo em dobro para recurso do MP; B: correta, porque as fundações públicas estão abrangidas pelo conceito de fazenda pública previsto no art. 188 do CPC; C: incorreta, porque os prazos para defensoria pública, inclusive para contestar, são em dobro; D: incorreta, porque o prazo é simples; E: incorreta, porque dispõe de prazo em quádruplo. "B".

(Ministério Público/RO – 2010 – CESPE) Com relação aos atos processuais, assinale a opção correta.

(A) Auto é um termo processual que se refere à narração, por escrito, das audiências.

(B) É defeso às partes, ainda que todas estejam de acordo, reduzir ou ampliar os prazos.

(C) O prazo para o MP contestar deve ser computado em dobro.

(D) Considera-se prorrogado o prazo até o primeiro dia útil subsequente quando o expediente forense for encerrado antes da hora normal.

(E) A estrutura processual baseia-se no princípio da instrumentalidade das formas, de modo que, de acordo com o CPC, não se pode mitigar a incidência desse princípio em nenhuma hipótese.

A: incorreta, porque esse é conceito de termo; B: incorreta, porque tal vedação só se aplica aos prazos peremptórios (art. 182 do CPC), mas não atinge os prazos dilatórios (art. 181 do CPC); C: incorreta, porque o prazo será em quádruplo (art. 188 do CPC); D: correta (art. 184, § 1º, II do CPC); E: incorreta, porque o princípio não pode ser aplicado quando a lei estabelecer uma determinada forma, sob pena de nulidade do ato (art. 244 do CPC). "D".

(Ministério Público/SE – 2010 – CESPE) Acerca da disciplina jurídica das partes e de seus procuradores e da intervenção de terceiros no processo civil, assinale a opção correta.

(A) Em processo de execução, é cabível a intervenção de terceiros, na modalidade da assistência.

(B) O juiz pode limitar a formação do litisconsórcio facultativo com enfoque na célere solução da lide e na facilitação da defesa do réu.

(C) No caso de a nomeação à autoria ter sido requerida de modo temerário, sem que o réu originário também tenha ofertado contestação, o indeferimento da nomeação, pelo juiz, importará em revelia.

(D) A ausência de citação de todos os litisconsortes, na hipótese de litisconsórcio passivo necessário, torna a sentença passível de anulação.

(E) É vedada a substituição voluntária das partes no curso do processo.

A: incorreta, porque a assistência tem espaço quando o terceiro tem interesse jurídico na prolação de sentença que favoreça uma das partes do litígio, o que é incompatível com o processo de execução; B: correta (parágrafo único do art. 46 do CPC); C:

incorreta, porque rejeitada a nomeação à autoria, por mais absurda que ela tenha sido, deve ser restituído ao nomeante o prazo para a contestação (art. 62 do CPC e STJ-*RT* 705/227); D: incorreta, porque o art. 47 estabelece que a consequência da falta dos litisconsortes será a ineficácia da sentença; E: incorreta, porque é permitida, nos casos expressos em lei, a substituição voluntária das partes no curso do processo (art. 41 do CPC). Gabarito "B".

(Ministério Público/SP – 2011) A ausência do Ministério Público, por falta de intimação para acompanhar o feito em que deva intervir,

(A) acarreta a nulidade do processo desde o seu início.
(B) pode ser suprida pela intervenção da Procuradoria de Justiça, em segundo grau de jurisdição, quando a falta de manifestação do Promotor de Justiça gerar prejuízo.
(C) torna nulo o processo a partir do momento em que o órgão devia ter sido intimado.
(C) causa nulidade sanável, havendo prejuízo das partes.
(E) resulta em nulidade sanável, independentemente de prejuízo dos litigantes.

A: incorreta, porque a nulidade do processo será reconhecida a partir do momento em que o órgão do Ministério Público devia ter sido intimado (art. 246, parágrafo único, do CPC); B: incorreta, porque o vício só fica suprido, nesse caso, se não tiver havido prejuízo ao interesse tutelado (RSTJ 148/185); C: correta (art. 246, parágrafo único, do CPC); D: incorreta, porque o nulidade será insanável se houver prejuízo; E: incorreta, porque só será reconhecido o vício se o interesse que seria tutelado pela presença do órgão ministerial estiver preservado, não obstante a ausência de manifestação (STJ, REsp 26.898-2). Gabarito "C".

(Ministério Público/SP – 2010) Assinale a alternativa correta:

(A) No processo relacionado com interesse de incapaz, o Ministério Público, como fiscal da lei, manifesta-se, nos debates finais, antes das partes.
(B) O Ministério Público sempre intervém nas ações de desapropriação.
(C) Nos procedimentos de jurisdição voluntária, o Ministério Público não tem a prerrogativa do prazo processual em dobro.
(D) O prazo para o Ministério Público indicar testemunhas, nas ações em que intervém como fiscal da lei, é peremptório.
(E) O Ministério Público, agindo como fiscal da lei, não está vinculado ao interesse da parte que justificou a sua intervenção.

A: incorreta, porque compete ao MP falar depois dos advogados das partes; B: incorreta, porque "ressalvados os casos de desapropriação de imóvel rural, por interesse social, para fins de reforma agrária, não é obrigatória a intervenção do MP nas desapropriações, inclusive indiretas (STJ, AI 493.584-AgRG); C: incorreta, porque o prazo em dobro do MP para recorrer se aplica tanto na jurisdição contenciosa, como voluntária; D: incorreta, porque "o juiz pode ouvir testemunhas, mesmo arroladas fora do prazo, quando se litigar sobre direito indisponível" (*RT* 613/162); E: correta (*RSTJ* 180/415). Gabarito "E".

(Ministério Público/SP – 2008) Assinale a causa em que o Ministério Público não intervém.

(A) Ação que envolva litígio coletivo pela posse de terra rural.
(B) Ação cautelar de arresto em que o réu restou revel.
(C) Causa concernente ao estado da pessoa.
(D) Processo de inventário em que há herdeiro ausente.
(E) Processo de inventário em que há herdeiro incapaz.

A alternativa B é a única incorreta, pois contrária ao art. 82 do CPC. Gabarito "B".

(Ministério Público/SP – 2006) Assinale a alternativa correta.

(A) O Ministério Público tem legitimidade ativa para a defesa em juízo do piso vital mínimo.
(B) O Ministério Público não tem legitimidade ativa para a defesa em juízo do piso vital mínimo.
(C) Somente as associações civis têm legitimidade ativa para a defesa em juízo do piso vital mínimo.
(D) Somente os partidos políticos têm legitimidade ativa para a defesa em juízo do piso vital mínimo.
(E) Somente a União, os Estados e os Municípios têm legitimidade ativa para a defesa do piso vital mínimo.

A teoria sobre o piso vital mínimo foi criada com o intuito de atender às necessidades vitais mínimas do homem, tais como moradia, alimentação, educação e saúde, e encontra previsão constitucional no artigo 7º, inciso IV, da CF. O artigo 103, inciso VIII, da Lei Complementar nº 734/1993 (Lei Orgânica do Ministério Público do Estado de São Paulo) elenca as funções institucionais, nos termos do artigo 129 da CF, sendo, por isso, incontestável a legitimidade do Ministério Público para a tutela dos interesses sociais, como é o caso do piso vital mínimo, daí porque ser correta apenas a alternativa "A". Gabarito "A".

(Ministério Público/SP – 2006) O prejudicado por ato doloso ou fraudulento praticado por representante do Ministério Público:

(A) Não tem direito de ressarcir-se.
(B) Tem direito de ressarcir-se por meio de ação dirigida contra o representante do Ministério Público.
(C) Tem direito de ressarcir-se por meio de ação dirigida contra o poder público sendo certo que o membro do MP não será responsável perante o poder público.
(D) Tem direito de ressarcir-se por meio de ação dirigida contra o poder público ficando o membro do Ministério Público responsável perante o poder público devendo indenizá-lo em regresso se tiver agido dolosamente.
(E) Tem direito de ressarcir-se por meio de ação dirigida contra o poder público ficando o membro do Ministério Púbico responsável perante o poder público devendo indenizá-lo em regresso se tiver agido dolosa ou fraudulentamente no processo.

Art. 85 do CPC. Gabarito "E".

(Ministério Público/SP – 2006) Responde por perdas e danos o juiz quando:

(A) Retardar, com justo motivo, providência que deva ordenar de ofício.
(B) Em nenhuma hipótese, na medida em que o conteúdo do art. 133 do Código de Processo Civil é inconstitucional.
(C) Independentemente de estar no exercício de suas funções proceder com fraude.
(D) Retardar sem justo motivo providência a requerimento da parte observando-se o que estabelece o parágrafo único do art. 133 do Código de Processo Civil.
(E) Retardar sem justo motivo providência a requerimento da parte independentemente da prévia intimação apontada no parágrafo único do art. 133 do Código de Processo Civil em face do que estabelece o art. 5.º, LXXVIII da Constituição Federal.

A alternativa D está correta, pois reflete o art. 133, II, do CPC. Gabarito "D".

(Defensoria/ES – 2009 – CESPE) No que concerne ao direito processual civil, julgue os itens:

(1) A procuração geral para o foro, assinada pelo réu, habilita seu advogado, entre outros, a receber citação inicial, a ser intimado dos atos processuais e a reconhecer a procedência do pedido.
(2) Em causas que versem sobre direitos reais imobiliários, os cônjuges são litisconsortes necessários se réus, mas não o serão se autores.
(3) Ao proceder à citação da pessoa jurídica, é dever do oficial de justiça exigir prova da representação legal ou contratual da empresa para reputar válida e eficaz a diligência efetuada.

1: errado (vide art. 38 do CPC); 2: certo. Quando o autor for casado, salvo no caso do regime da separação absoluta de bens, será suficiente a autorização do cônjuge para a propositura da demanda (não se exige a formação de litisconsórcio ativo entre eles); 3: errado. O oficial de justiça cumpre o mandado de citação nos termos em que fora esse expedido. Compete à parte autora indicar corretamente o representante legal da pessoa jurídica ré, não ao oficial de justiça verificar se a indicação foi feita adequadamente. Gabarito 1E, 2C, 3E.

(Defensoria/MA – 2009 – FCC) A citação poderá ser feita pelo correio, para qualquer comarca do País

(A) quando o autor residir em local não atendido pela entrega domiciliar de correspondência.
(B) quando for ré pessoa incapaz.
(C) quando for ré pessoa de direito público.
(D) nos processos de execução.
(E) nas ações de estado.

Embora pelo gabarito oficial tenha sido considerada correta a alternativa "A", a questão não tem resposta certa, uma vez que todas as alternativas dizem respeito a situações em que é vedada a citação por carta (art. 222 do CPC). Gabarito oficial "A"/Gabarito nosso ANULADA

(Defensoria/MG – 2009 – FURMARC) A respeito da citação no código de processo civil, é CORRETO afirmar:

(A) No rito sumário, defesa é a citação por edital.
(B) Salvo para evitar o perecimento do direito, não será feita aos doentes, enquanto grave seu estado de saúde.
(C) Quando o réu for pessoa incapaz, será feita por carta com aviso de recebimento.
(D) Quando realizada em comarca distinta da que tramita o feito, depende necessariamente de carta precatória.
(E) Não pode ser feita por meio eletrônico.

A: incorreta, porque não existe tal vedação; B: correta (art. 217, IV, CPC); C: incorreta, porque o art. 222 veda a citação por carta quando o réu for pessoa incapaz; D: incorreta, porque a citação por carta pode ser determinada para qualquer comarca do País; E: incorreta (art. 221, IV). Gabarito "B".

(Defensoria/MG – 2006) Analise as seguintes afirmativas em relação ao Defensor Público, no exercício da prestação de assistência judicial, integral e gratuita aos necessitados.

I. Constitui prerrogativa do Defensor Público receber intimação pessoal em qualquer processo e grau de jurisdição, sob pena de nulidade.
II. Os prazos para o Defensor Público serão computados em quádruplo para contestar e, em dobro, para recorrer.
III. Nas ações que patrocinar contra o Estado, é incabível a condenação destes em honorários advocatícios, caracterizando-se, nessa situação, o instituto da confusão entre credor e devedor.
IV. A contagem diferenciada dos prazos processuais aplicáveis aos Defensores públicos entende-se ao advogado particular de beneficiário da justiça gratuita.
V. O Defensor Público não pode patrocinar ações judiciais contra as Pessoas jurídicas de Direito Público.

A partir dessa análise, pode-se concluir que.

(A) Apenas as afirmativas I e III estão corretas.
(B) Apenas as afirmativas II e IV estão corretas.
(C) Apenas as afirmativas I, II, III e IV estão corretas.
(D) Todas as afirmativas estão corretas.
(E) Todas as afirmativas estão incorretas.

I: correta. Conforme disposto no art. 5º, § 5º, da Lei nº 1.060/1950 e o art. 44 da Lei Complementar n. 80/1994, é prerrogativa da Defensoria Pública a intimação pessoal, e sua não realização acarreta a nulidade absoluta (Resp 1.035.716/MS); II: incorreta (art. 188 do CPC); III: correta (art. 5º, §5º, da Lei nº 1.060/50); IV: incorreta (art. 4º, §2º, da Lei Complementar nº 80/94). Gabarito "A".

(Defensoria/MT – 2007) Analise os itens abaixo, no tocante aos deveres das partes e de todos aqueles que, de qualquer forma, participarem do processo.

I. Expor os fatos em juízo conforme a verdade.
II. Proceder com lealdade e boa-fé.
III. Não formular pretensões, nem alegar defesa, cientes de que são destituídas de fundamento.
IV. Não produzir provas, nem praticar atos inúteis ou desnecessários à declaração ou defesa do direito.
V. Cumprir com exatidão os provimentos mandamentais, e não criar embaraços à efetivação de provimentos judiciais, seja de natureza final ou antecipatória.

Estão corretos:

(A) Apenas os itens I, II e V.
(B) Apenas os itens II, IV e V.
(C) Apenas os itens I, III e IV.
(D) Apenas os itens I, II, IV e V.
(E) Os itens I, II, III, IV e V.

I, II, III, IV e V: corretas, pois de acordo com o que prevê o art. 14 do CPC. Gabarito "E".

(Defensoria/MT – 2009 – FCC) No tocante à citação

(A) interrompe a prescrição e, a não ser que ordenada por juiz incompetente, constitui em mora o devedor.
(B) sua falta não é convalidada pelo comparecimento espontâneo do réu.
(C) quando válida, torna prevento o juízo, induz litispendência, faz litigiosa a coisa e interrompe a prescrição, que retroagirá à data da propositura da ação.
(D) sua falta ou nulidade não podem ser reconhecidas de ofício pelo juiz.
(E) será feita apenas no domicílio ou na residência do réu.

A: incorreta, porque mesmo que determinada por juízo incompetente, a citação interrompe a prescrição e constitui o devedor em mora (art. 219 do CPC); B: incorreta (v. art. 214, § 1º, CPC); C: correta (art. 219 do CPC); D: incorreta, porque falta ou nulidade de citação constituem matérias de ordem pública (devido processo legal e contraditório e ampla defesa), o que permite que o juiz conheça do vício de ofício; E: incorreta, uma vez que a citação efetuar-se-á em qualquer lugar em que se encontre o réu (art. 216, CPC). Gabarito "C".

(Defensoria/MT – 2009 – FCC) Quanto às funções exercidas pelo juiz:

(A) visando à justiça de cada caso, deve como regra julgar por equidade.
(B) deve zelar pelo tratamento isonômico das partes, conciliá-las sempre que possível, procurar a rápida solução do litígio e prevenir ou reprimir qualquer ato contrário à dignidade da justiça.
(C) diante do princípio da iniciativa da parte, deve aguardar que esta requeira as provas a serem produzidas, não podendo fazê-lo de ofício.
(D) pode decidir livremente a lide, desde que fundamentadamente, podendo examinar quaisquer questões do processo, levantadas ou não pelas partes, em busca de subsídios para o julgamento.
(E) as decisões aplicam sempre as normas legais, sendo-lhe defeso utilizar-se de outros meios para despachar ou sentenciar.

A: incorreta, pois o juiz só está autorizado a julgar por equidade nos casos previstos em lei (art. 127, CPC); B: correta (art. 125 do CPC); C: incorreta (art. 130, CPC); D: incorreta (art. 128, CPC); E: incorreta (art. 126, CPC). Gabarito "B".

(Defensoria/PA – 2009 – FCC) Analise as seguintes afirmativas a respeito da citação nos procedimentos regulados pelo Código de Processo Civil:

I. É ao juiz que compete verificar se é caso ou não de citação com hora certa, e não ao oficial de justiça.
II. Não é válida a citação por edital publicado no juízo deprecante quando o réu não for localizado no juízo deprecado e estiver em lugar incerto e não sabido. A citação se faz unicamente no juízo deprecado.
III. Vale a citação de pessoa jurídica feita por fax, se recebido pelo representante legal da ré.
IV. A falta de menção do prazo para que seja considerada perfeita a citação por edital torna-a ineficaz.
V. No procedimento sumário, o mandado de citação deverá consignar dia, hora e lugar da audiência e que nela deverá ser apresentada a defesa, sob pena de nulidade.

Está correto o que se afirma SOMENTE em

(A) V.
(B) I, II e III.
(C) II, III e IV.
(D) III, IV e V.
(E) IV e V.

I: incorreta, porque o oficial de justiça não depende de autorização do juiz para realizar a citação com hora certa (ar. 228 do CPC); II: incorreta ("quando o réu não for localizado no juízo deprecado e estiver em local incerto e não sabido, a citação por edital deve ser providenciada perante o juízo deprecante - STJ, CC 36.213); III: incorreta, porque citação por fax não é admitida pelo ordenamento; IV: correta (JTA 48/198); V: correta (art. 277, CPC). Gabarito "E".

(Procurador do Estado/PE – CESPE – 2009) A respeito dos atos processuais transmitidos por fax e do processo eletrônico, assinale a opção correta.

(A) Interposta petição de apelação por fax, no curso do prazo, inicia-se, nessa data, a contagem do quinquídio para entrega do original em juízo.
(B) Deve ser considerada tempestiva apelação transmitida por meio eletrônico, se a transmissão ocorrer até o último minuto do último dia do prazo, ainda que se tenha encerrado o expediente forense.

(C) No âmbito do processo civil, ao contrário das intimações, a citação da fazenda pública não pode ser efetuada por meio eletrônico, sob pena de nulidade.
(D) Considera-se praticado o ato processual eletrônico no dia seguinte ao do seu envio ao sistema do Poder Judiciário.
(E) Se a petição com pedido de tutela antecipada for transmitida por fax, o juiz somente deverá apreciar o pedido após a entrega do original, haja vista a efetividade de tal provimento.

A: incorreta, uma vez que o prazo de 5 dias para a juntada do original é contado a partir do final do prazo para interposição do recurso, e não da data da interposição (art. 2º da Lei 9.800/1999); B: correta (art. 10, § 1º, da Lei 11.419/2006); C: incorreta (v. art. 9º da Lei 11.419/2006); D: incorreta (art. 3º da Lei 11.419/2006); E: incorreta, porque contraria o disposto no art. 3º da Lei 9.800/1999. "B". Gabarito

(Procurador do Estado/RO – 2011 – FCC) Como preconizado pelo Código de Processo Civil, se o autor requerer na peça inicial a citação pelo correio ela poderá ser normalmente realizada

(A) nas ações de estado.
(B) quando for ré a Fazenda Pública do Estado de Rondônia.
(C) quando for ré empresa pública.
(D) nos processos de execução.
(E) quando for ré pessoa incapaz.

As alternativas "A", "B", "D" e "E" estão incorretas, porque contrariam o disposto no art. 222 do CPC. As empresas públicas, como são consideradas pessoas jurídicas de direito privado, podem ser citadas pelo correio. "C". Gabarito

(Procurador do Estado/RR – 2006 – FCC) A procuração geral para o foro habilita o advogado a

(A) recorrer, inclusive se o recurso estiver sujeito a preparo.
(B) transigir e dar quitação nos autos.
(C) receber citação inicial em nome da parte que o constituiu.
(D) administrar os negócios do mandante.
(E) firmar compromisso de inventariante em nome do mandante.

A única alternativa correta é a "A", pois reflete o disposto no art. 38 do CPC. "A". Gabarito

(Procurador do Estado/SC – 2009) Assinale a alternativa correta:

(A) As sociedades sem personalidade jurídica são representadas em juízo pelas pessoas que os seus contratos ou estatutos sociais determinarem.
(B) Segundo o CPC, a petição inicial não pode ser indeferida pela falta da indicação do endereço onde os procuradores do autor receberão intimações.
(C) A pessoa casada necessita do consentimento de seu consorte para propor ações que versem a respeito de direitos reais imobiliários.
(D) As multas decorrentes da prática de atos atentatórios à dignidade da justiça são cobradas em favor do Estado.
(E) Os atentatórios considerados atentatórios à dignidade da justiça são praticados no processo de conhecimento.

A: incorreta, porque nos termos do art. 12, VII, do CPC, a representação das sociedades sem personalidade jurídica é feita pela pessoa a quem couber a administração de seus bens; B: incorreta, pois é o contrário que estabelece o art. 295, VI, CPC; C: correta (art. 10 do CPC, com a ressalva de que será desnecessária a autorização, quando o regime de bens for o da separação absoluta – art. 1647, II, do CC); D: incorreta, porque as multas em questão são fixadas em favor da parte contrária (art. 35 do CPC); E: incorreta, porque também podem ser praticados no processo de execução (art. 600, CPC), ou cautelar. "C". Gabarito

(Procurador do Estado/SC – 2010 – FEPESE) Conforme disposto no Código de Processo Civil, assinale a alternativa **incorreta**:

(A) Em todos os atos e termos do processo é obrigatório o uso do vernáculo.
(B) Os atos processuais realizar-se-ão em dias úteis, das 06 (seis) às 20 (vinte) horas.
(C) Salvo disposição em contrário, computar-se-ão os prazos, excluindo o dia do começo e incluindo o do vencimento.
(D) O juiz proferirá os despachos de expediente, no prazo de 02 (dois) dias, e as decisões, no prazo de 10 (dez) dias.
(E) Quando a lei não marcar outro prazo, as intimações somente obrigarão a comparecimento depois de decorridas 48 (quarenta e oito) horas.

A: correta (art. 156 do CPC); B: correta (art. 172 do CPC); C: correta (art. 184 do CPC); D: correta (art. 189); E: incorreta, porque a lei fala em 24 (vinte e quatro) horas para o comparecimento (art. 192 do CPC). "E". Gabarito

(Procurador do Estado/SC – 2010 – FEPESE) Sobre as medidas cautelares, é **incorreto** afirmar:

(A) As medidas cautelares, quando preparatórias, serão requeridas ao juiz competente para conhecer da ação principal.
(B) O requerido será citado, qualquer que seja o procedimento cautelar, para, no prazo de 15 (quinze) dias, contestar o pedido.
(C) Somente em casos excepcionais, expressamente autorizados por lei, determinará o juiz medidas cautelares sem a audiência das partes.
(D) Cabe à parte propor a ação principal, no prazo de 30 (trinta) dias, contados da data da efetivação da medida cautelar preparatória.
(E) Cessa a eficácia da medida cautelar se o juiz declarar extinto o processo principal, com ou sem julgamento do mérito.

A: correta (art. 800 do CPC); B: incorreta, porque o prazo para a contestação é de 5 dias (art. 802 do CPC); C: correta (art. 797 do CPC); D: correta (art. 806 do CPC); E: correta (art. 808, II, CPC). "B". Gabarito

(Procurador do Estado/SP – FCC – 2009) Nas demandas onde a Fazenda Pública do Estado for parte, é INCORRETO afirmar que

(A) se sucumbente, não são devidos honorários advocatícios à Defensoria Pública Estadual, quando esta patrocina parte adversa hipossuficiente financeiramente.
(B) cabe agravo, no prazo de 10 (dez) dias, do despacho do Presidente do Tribunal que conceder a suspensão da execução de liminar, para evitar grave lesão à ordem, à saúde, à segurança e à economia públicas.
(C) nas condenações de obrigação de pagar que lhe forem impostas, independentemente de sua natureza e para fins de atualização monetária, remuneração do capital e compensação da mora, haverá a incidência uma única vez, até o efetivo pagamento, dos índices oficiais de remuneração básica e juros aplicados à caderneta de poupança.
(D) a ação de ressarcimento do erário por danos decorrentes de atos de improbidade administrativa é imprescritível.
(E) nas ações movidas por servidor público pleiteando a concessão de gratificação não é possível a concessão de antecipação de tutela.

A: correta (v. Súmula 421 do STJ - honorários advocatícios não são devidos à Defensoria Pública quando ela atua contra a pessoa jurídica de direito público à qual pertença); B: incorreta, porque o prazo é de 5 dias, nos termos do art. 15 da Lei 12.016/2009; C: correta (art. 1º-F da Lei 9.494/1997); D: correta (art. 37, § 5º, da CF e STJ-RP 175308); E: correta (art. 1º da Lei 9.494/1997). "B". Gabarito

(Procurador do Município/Florianópolis-SC – 2010 – FEPESE) Considere as seguintes circunstâncias processuais hipotéticas: (1) o juiz tem interesse no julgamento da causa em favor de uma das partes; (2) o juiz prestou depoimento como testemunha; (3) o juiz é amigo íntimo de uma das partes.

As hipóteses configuram em relação ao magistrado, respectivamente:

(A) (1) suspeição ; (2) suspeição ; (3) impedimento.
(B) (1) suspeição ; (2) impedimento ; (3) suspeição.
(C) (1) impedimento ; (2) impedimento ; (3) suspeição.
(D) (1) impedimento ; (2) suspeição ; (3) impedimento.
(E) (1) impedimento ; (2) impedimento ; (3) impedimento.

De acordo com o que está previsto nos artigos 134 e 135 do CPC, é correta a alternativa "B". "B". Gabarito

Procurador do Município/Florianópolis-SC – 2010 – FEPESE) Ao lado dos sujeitos principais do processo (juiz, autor e réu), existem os sujeitos secundários, cuja categoria é formada por todas as pessoas que não têm a condição de sujeitos principais.

Dentre os secundários, encontram-se os oficiais de justiça, a quem **não** cabe apenas uma das atribuições a seguir:

(A) Efetuar avaliações.
(B) Executar as ordens do juiz a que estiver subordinado.

(C) Entregar, em cartório, o mandado, logo depois de cumprido.
(D) Estar presente às audiências e coadjuvar o juiz na manutenção da ordem.
(E) Fornecer, independentemente de despacho, certidão de qualquer ato ou termo do processo.

As incumbências do oficial de justiça estão descritas no art. 143 do CPC. Dentre elas, não se encontra aquela apontada na alternativa "E" (trata-se de incumbência do escrivão – art. 141, V, do CPC). Gabarito "E".

(Procurador do Município/Florianópolis-SC – 2010 – FEPESE) De acordo com o Código de Processo Civil, a citação é o ato pelo qual se chama a juízo o réu ou o interessado a fim de se defender.

Sobre a citação, assinale a alternativa **correta**.

(A) O comparecimento espontâneo do réu ao processo não supre a ausência de citação.
(B) Em ações reais imobiliárias, devem ser demandados os réus e seus respectivos cônjuges, em litisconsórcio necessário.
(C) É proibida a citação dos noivos nos 10 primeiros dias de bodas, salvo para evitar o perecimento do direito.
(D) Nos processos de execução, a citação será feita pelo correio.
(E) A fim de justificar a citação por hora certa, o oficial de justiça deve procurar o réu em seu domicílio ou residência pelo menos em duas oportunidades.

A: incorreta (art. 214, § 1º, CPC); B: correta (art. 10 do CPC); C: incorreta, porque só nos 3 primeiros dias é que o ato é proibido (art. 217, III, CPC); D: incorreta (art. 222, "d", CPC); E: incorreta, são necessárias três tentativas (art. 227 do CPC). Gabarito "B".

(Procurador de Contas TCE/ES – CESPE – 2009) A respeito da invalidação dos atos processuais, assinale a opção correta.

(A) A ação de nulidade do ato processual denominada pela doutrina *querela nullitatis* se diferencia da ação rescisória pelo prazo de ajuizamento, embora ambas as ações se dirijam ao tribunal.
(B) A coisa julgada material não atinge a invalidade do ato processual das partes, de modo que resta aberta a via da ação rescisória para aquele que tenha ficado prejudicado por qualquer invalidade não examinada.
(C) Antes de encerrado o procedimento de primeiro grau, é sempre possível, por simples petição, pedir a anulação de ato processual inválido do juiz.
(D) Nada impede que a parte aponte uma invalidade de ato processual do juiz via simples petição, o que não obstará eventual preclusão do seu direito de voltar a fazê-lo por meio próprio.
(E) Os atos processuais dos auxiliares da justiça são invalidáveis, de ofício ou a pedido, nos próprios autos, sem que se faça necessário, ou seja possível, requerer tal providência via ação autônoma.

A: incorreta, porque, embora haja diferença entre ambas as ações quanto ao prazo (é de 2 anos o prazo de decadência para a rescisória, enquanto a querela *nullitatis* é imprescritível), a competência para a rescisória é do tribunal, enquanto da querela *nullitatis* é do juízo de primeiro grau; B: incorreta, porque a invalidade do ato processual da parte pode ser atacada através de ação anulatória, e não rescisória (art. 486 do CPC); C: incorreta, porque a nulidade dos atos processuais deve ser alegada na primeira oportunidade em que couber à parte falar nos autos, sob pena de preclusão, exceto quando se tratar matéria de ordem pública (art. 245, CPC); D: correta, pois, de fato, não obstará eventual preclusão de seu direito; E: incorreta, uma vez que é possível o uso de ação própria para invalidar os atos dos serventuários. Gabarito "D".

(Procurador de Contas TCE/ES – CESPE – 2009) Sentindo-se prejudicado pela obra realizada na casa de seus vizinhos, Mário, casado com Suzana, resolveu propor ação de nunciação de obra nova contra os proprietários do imóvel em reforma. Considerando essa situação hipotética, assinale a opção correta.

(A) Se Mário e Suzana forem proprietários e casados sob o regime da comunhão parcial de bens, então o polo ativo da ação deverá ser composto, necessariamente, por Mário e Suzana.
(B) Caso o casamento de Mário e Suzana seja sob o regime da separação de bens, não se exigirá a participação de ambos, ao contrário do que ocorreria caso se tratasse de separação legal de bens.
(C) Provado o consentimento de Suzana por meio da assinatura de procuração específica ao advogado de Mário, restará suprida a exigência legal para o fim de viabilizar a demanda.
(D) Se forem apenas possuidores, tanto Mário quanto Suzana possuirão legitimidade para ajuizar a ação sem a participação do outro, constatação que decorre da natureza da posse.
(E) Caso não participe na ação intentada por Mário, Suzana poderá valer-se tanto da ação rescisória quanto da ação denominada pela doutrina *querela nullitatis*.

A: incorreta, porque não se exige a formação de litisconsórcio ativo para a propositura de ação de nunciação de obra nova – basta a autorização do cônjuge; B: incorreta. No regime da separação de bens (separação absoluta) fica dispensada a autorização do cônjuge para a propositura de ações que versem sobre direito real imobiliário, mas, como na questão o casado é autor da ação, não haverá participação no processo, mas simples autorização para a propositura da demanda; C: correta (reler o comentário sobre a assertiva anterior); D: incorreta, porque se houver composse entre eles, haverá necessidade de participação de ambos (art. 10, § 2º do CPC); E: incorreta (art. 485 do CPC). Gabarito "C".

(Procuradoria Distrital – 2007) Sobre a atuação do Ministério Público no processo civil, assinale a afirmativa correta.

(A) Compete ao Ministério Público atuar como substituto processual do réu preso ou do réu revel citado por edital.
(B) Atuando como fiscal da lei ou como parte, o Ministério Público dispõe de prazo em quádruplo para recorrer e em dobro para responder.
(C) Não há necessidade de intervenção ministerial em causa concernente ao estado da pessoa, desde que as partes sejam maiores e capazes.
(D) Se o processo tiver corrido sem o conhecimento do Ministério Público, o juiz o anulará a partir da citação do réu.
(E) O interesse público que legitima o Ministério Público a intervir na causa pode ser evidenciado tanto pela natureza da lide, como pela qualidade da parte.

A: incorreta, pois tal encargo caberá a curador especial (art. 9º do CPC); B: incorreta (art. 188 do CPC); C: incorreta (art. 82, II, do CPC); D: incorreta (art. 246, parágrafo único, do CPC); E: correta (art. 82 do CPC). Gabarito "E".

(MAGISTRATURA DO TRABALHO – 1ª REGIÃO – 2010 – CESPE) A desistência do prosseguimento do processo implica, para o autor, a imposição do pagamento das custas processuais remanescentes. Essa diretriz é determinada pelo princípio

(A) da causalidade.
(B) da demanda.
(C) da sucumbência.
(D) da adaptabilidade.
(E) inquisitivo.

Aquele que der *causa* a um processo fica obrigado a arcar com os ônus sucumbenciais decorrentes (art. 20 do CPC). Gabarito "A".

(MAGISTRATURA DO TRABALHO – 1ª REGIÃO – 2010 – CESPE) Acerca do procurador das partes, assinale a opção correta.

(A) O menor relativamente capaz não pode outorgar procuração ad judicia por instrumento particular, mas somente por instrumento público e assistido por seu representante.
(B) O ato praticado por advogado que não tem procuração nos autos deve por ele próprio ser ratificado após a juntada do instrumento, sob pena de ser tido como inexistente.
(C) Caso a procuração juntada pelo advogado lhe confira poderes de transigir, é possível que ele reconheça a procedência do pedido da parte adversa.
(D) A juntada da renúncia ao mandato nos autos supre a necessidade de comprovar a comunicação ao mandante.
(E) Se um advogado que não tem procuração nos autos apresentar pedido de caráter urgente em favor da parte que não tem procurador, a simples juntada posterior de procuração por advogado diverso já ratificará o pedido.

A: incorreta, porque é válida a procuração outorgada pelo relativamente incapaz, assistido por seu representante, por instrumento particular (STJ-*RT* 698/225); B: correta (parágrafo único do art. 37 do CPC); C: incorreta, porque são exigidos poderes específicos para o reconhecimento jurídico do pedido (art. 38 do CPC); D: incorreta, porque a lei exige que o advogado prove que cientificou o mandante a fim de que este nomeie substituto (art. 45 do CPC); E: incorreto, porque só se consideram ratificados os atos se a procuração for outorgada ao mesmo advogado. Gabarito "B".

(Magistratura do Trabalho – 8ª Região – 2009) Com relação aos poderes, deveres e responsabilidades do juiz, assinale a alternativa correta:

(A) O juiz apreciará livremente a prova, atendendo aos fatos e circunstâncias constantes dos autos, desde que alegados pelas partes, devendo indicar, na sentença, os motivos que lhe formaram o convencimento. O juiz, titular ou substituto, que concluir a audiência julgará a lide, salvo se estiver convocado, licenciado, afastado por qualquer motivo, promovido ou aposentado, casos em que passará os autos ao seu sucessor. Em qualquer hipótese, o juiz que proferir a sentença, se entender necessário, poderá mandar repetir as provas já produzidas.

(B) O juiz não se exime de sentenciar ou despachar alegando lacuna ou obscuridade da lei. No julgamento da lide caber-lhe-á aplicar as normas legais; não as havendo, recorrerá à analogia, à jurisprudência, aos costumes e aos princípios gerais de direito, só decidindo por eqüidade nos casos previstos em lei.

(C) Quando dois ou mais juízes forem parentes, consangüíneos ou afins, em linha reta ou no terceiro grau na linha colateral, o primeiro, que conhecer da causa no tribunal, impede que o outro participe do julgamento; caso em que o segundo se escusará, remetendo o processo ao seu substituto legal. Aplicam-se os motivos de impedimento e suspeição aos juízes de todos os tribunais.

(D) É defeso ao juiz exercer as suas funções no processo contencioso ou voluntário de que for parte; em que interveio como mandatário da parte, oficiou como perito, funcionou como órgão do Ministério Público, ou prestou depoimento como testemunha; em que conheceu em primeiro grau de jurisdição, tendo-lhe proferido decisão; quando nele estiver postulando, como advogado da parte, o seu cônjuge ou parente seu, consangüíneo ou afim; quando for órgão de direção ou de administração de pessoa jurídica, parte na causa.

(E) Responderá por perdas e danos o juiz, quando: no exercício de suas funções, proceder com negligência, dolo ou fraude; e recusar, omitir ou retardar, sem justo motivo, providência que deva ordenar de ofício, ou a requerimento da parte. O juiz é responsável por: assegurar às partes igualdade de tratamento; velar pela rápida solução do litígio; e buscar a todo tempo a conciliação das partes.

A: incorreta, pois o art. 131 do CPC autoriza o juiz a apreciar fatos e circunstâncias constantes dos autos, ainda que não alegados pelas partes; B: incorreta, porque a jurisprudência não é apontada no art. 126 como instrumento para preencher as lacunas; C: incorreta, porque o parentesco colateral entre juízes capaz de gerar o impedimento vai até o segundo grau (e não terceiro, como apontado na alternativa), nos termos do art. 136 do CPC; D: correta (v. art. 134 do CPC); E: incorreta, porque a responsabilidade civil pessoal do juiz não se caracteriza por culpa, mas apenas por dolo ou fraude (art. 133 do CPC). Gabarito "D".

(Magistratura do Trabalho – 8ª Região – 2007) Assinale a alternativa correta:

(A) Quando o juiz verificar a irregularidade de representação do réu, suspendendo o processo, marcará prazo razoável para ser sanado o defeito, sob pena de decretação de revelia.

(B) No processo civil, a capacidade postulatória, em regra, cabe ao advogado legalmente habilitado. No entanto, apenas será lícito à parte postular em causa própria, quando tiver habilitação legal ou, não a tendo, no caso de falta de advogado no lugar ou impedimento dos que houver.

(C) A procuração geral para o foro confere ao advogado poderes para praticar todo e qualquer ato processual, inclusive para receber e dar quitação, não havendo necessidade de reconhecimento de firma na procuração.

(D) Apenas o maior de dezoito anos tem capacidade plena de exercício de seus direitos e, como conseqüência, capacidade processual.

(E) O espólio, como ente despersonalizado, deve ser representado em juízo, ativa e passivamente, pelo seu curador.

A: correta (art. 13 do CPC); B: incorreta (art. 36 do CPC); C: incorreta (art. 38 do CPC); D: incorreta (art. 7º do CPC); E: incorreta (art. 12, V, do CPC). Gabarito "A".

(Magistratura do Trabalho – 8ª Região – 2009) Assinale a alternativa incorreta:

(A) Considera-se proposta a ação, tanto que a petição inicial seja despachada pelo juiz onde houver mais de uma vara. A propositura da ação, todavia, só produz, quanto ao réu, os efeitos mencionados no art. 219 do CPC depois que for validamente citado. Feita a citação, é defeso ao autor modificar o pedido ou a causa de pedir, sem o consentimento do réu, mantendo-se as mesmas partes, salvo as substituições permitidas por lei. A alteração do pedido ou da causa de pedir é permitida até antes do saneamento do processo.

(B) Far-se-á a citação pessoalmente ao réu, ao seu representante legal ou ao procurador legalmente autorizado. A citação far-se-á na pessoa do mandatário, administrador, feitor ou gerente, quando, estando ausente o réu, a ação se originar de atos por ele praticados. O locador que se ausentar do Brasil sem cientificar o locatário de que deixou na localidade, onde estiver situado o imóvel, procurador com poderes para receber citação, será citado na pessoa do administrador do imóvel encarregado do recebimento dos aluguéis.

(C) Quando, por três vezes, o oficial de justiça houver procurado o réu em seu domicílio, sem o encontrar, deverá, havendo suspeita de ocultação, intimar a qualquer pessoa da família, que, no dia imediato, voltará, a fim de efetuar a citação, na hora que designar. No dia e hora designados, o oficial de justiça comparecerá ao domicílio ou residência do citando, a fim de realizar a diligência. Se o citando não estiver presente, o oficial de justiça procurará informar-se das razões da ausência, dando por feita a citação.

(D) No caso de morte do procurador de qualquer das partes, ainda que iniciada a audiência de instrução e julgamento, o juiz marcará, a fim de que a parte constitua novo mandatário, o prazo de 20 (vinte) dias, findo o qual extinguirá o processo sem resolução do mérito, se o autor não nomear novo mandatário, ou mandará prosseguir no processo, à revelia do réu, tendo falecido o advogado deste. Durante a suspensão é defeso praticar qualquer ato processual; poderá o juiz, todavia, determinar a realização de atos urgentes, a fim de evitar dano irreparável.

(E) O valor da causa constará da petição inicial e será: na ação de cobrança de dívida, a soma do principal, da pena e dos juros vencidos até a propositura da ação; havendo cumulação de pedidos, a quantia correspondente à soma dos valores de todos eles; sendo alternativos os pedidos, o de maior valor; se houver também pedido subsidiário, o valor do pedido principal; quando o litígio tiver por objeto a existência, cumprimento, modificação ou rescisão de negócio jurídico, o valor do contrato; na ação de alimentos, a soma de 12 (doze) prestações mensais; na ação de divisão e de reivindicação, a estimativa oficial para lançamento do imposto.

A alternativa A está incorreta, porque quando houver mais de uma vara, a ação considera-se proposta pela simples distribuição, nos termos do art. 263 do CPC. As demais alternativas estão corretas, porque reproduzem fielmente o texto legal sobre os assuntos tratados. Gabarito "A".

(Magistratura do Trabalho – 9ª Região – 2009) Analise as proposições a seguir:

I. Se a parte, na pendência do processo, aliena a coisa litigiosa, não deixa de figurar na relação processual, passando a agir em nome próprio, mas na defesa de direito material do adquirente, exceto se consentir a parte contrária que o adquirente ingresse em Juízo, em substituição ao alienante.

II. O substituto processual tem amplos poderes no que concerne à prática de atos processuais, bem como tem poder de disposição do direito material do substituído, como transação e reconhecimento do pedido.

III. Pendendo uma causa entre duas pessoas, o terceiro, que tiver interesse jurídico em que a sentença seja favorável a uma delas, poderá intervir no processo para assisti-la. A assistência tem lugar em qualquer dos tipos de procedimento; no entanto, como o assistente recebe o processo no estado em que se encontra, somente é cabível em primeiro grau de jurisdição.

IV. Aquele que detiver a coisa em nome alheio, sendo-lhe demandada em nome próprio, deverá nomear à autoria o proprietário ou o possuidor. Aceitando o nomeado, ao autor caberá promover-lhe a citação; recusando-o ficará sem efeito a nomeação.

(A) todas as proposições são corretas
(B) somente as proposições I, II e III são corretas
(C) somente as proposições I, II e IV são corretas
(D) somente as proposições III e IV são corretas
(E) somente as proposições I e IV são corretas

I: correta (art. 42 do CPC); II: incorreta, porque o substituto processual, como não é titular do direito objeto do processo, não pode dele dispor; III: incorreta, porque a assistência tem lugar em todos os graus de jurisdição (art. 50, parágrafo único, CPC); IV: correta (arts. 62 e 65 do CPC). Gabarito "E".

(Magistratura do Trabalho – 23ª Região – 2009) Analise os itens abaixo e marque a alternativa CORRETA:

Com referência aos prazos no processo civil:

I. podem ser prorrogados pelo juiz, mesmo que peremptórios, em determinadas circunstâncias.
II. tem o curso interrompido na superveniência de férias.
III. podem ser prorrogados pelo juiz em até 60 dias na hipótese de calamidade pública.
IV. de modo geral, são contados em dobro para falar nos autos quando os litisconsortes tiverem diferentes procuradores.

(A) Apenas os itens II e III são verdadeiros.
(B) Apenas os itens I e IV são verdadeiros.
(C) Apenas os itens III e IV são verdadeiros
(D) Todos os itens são verdadeiros.
(E) Todos os itens são falsos.

I: correta (art. 182, parte final, CPC); II: incorreta (a superveniência de férias acarreta a suspensão, e não a interrupção dos prazos – art. 179, CPC); III: incorreta (art. 182, parágrafo único, CPC); IV: correta (art. 191, CPC). Gabarito "B".

(Magistratura do Trabalho – 24ª Região – 2007) No processo de conhecimento, considerando a substituição das partes e dos procuradores, é INCORRETO dizer:

(A) Só é permitida, no curso do processo, a substituição voluntária das partes nos casos expressos em lei.
(B) A alienação da coisa ou do direito litigioso, a título particular, por ato entre vivos, não altera a legitimidade das partes.
(C) O adquirente ou o cessionário poderá ingressar em juízo, substituindo o alienante, ou o cedente, independentemente de consentimento da parte contrária.
(D) A sentença, proferida entre as partes originárias, estende os seus efeitos ao adquirente ou ao cessionário.
(E) A parte, que revogar o mandato outorgado ao seu advogado, no mesmo ato constituirá outro que assuma o patrocínio da causa.

A: correta (art. 41 do CPC); B: correta (art. 42 do CPC); C: incorreta (art. 42, §1º, do CPC); D: correta (art. 42, §3º, do CPC); E: correta (art. 44 do CPC). Gabarito "C".

(Magistratura do Trabalho – 24ª Região – 2007) Assinale a alternativa INCORRETA:

(A) O impedimento por causa superveniente autoriza a apresentação de exceção até 15 (quinze) dias do fato gerador.
(B) A exceção de impedimento deve ser argüida no prazo de 15 (quinze) dias, no procedimento ordinário.
(C) A lei não especifica o prazo para argüir a exceção de impedimento no procedimento sumário, porém é admitida a apresentação até a realização da audiência de instrução e julgamento.
(D) No processo cautelar o prazo de defesa é de 5 (cinco) dias e o prazo para argüir o impedimento do Juiz é de 15 (quinze) dias.
(E) No processo de execução a exceção de impedimento é apresentada com os embargos.

A única alternativa errada é a "D" (art. 305 do CPC). Gabarito "D".

(Magistratura Federal – 3ª Região – XIII) O estrangeiro tem, no processo civil brasileiro:

(A) os mesmos direitos que os nacionais, se houver reciprocidade;
(B) direitos condicionados à regularidade de sua permanência no País;
(C) os mesmos direitos que os nacionais, quando domiciliados no País;
(D) os mesmos direitos que os nacionais.

A assertiva correta é a "D", pois reflete o disposto n art. 5º, caput, da CF. Gabarito "D".

(Magistratura Federal – 4ª Região – XIII – 2008) Dadas as assertivas abaixo, assinalar a alternativa correta.

I. Quanto à classificação das ações, a moderna doutrina adota a teoria civilista, vinculando o conceito de ação à pretensão de direito material.
II. Atribui-se a Chiovenda a primazia de ter afirmado, na Itália, a autonomia da ação, enquanto direito potestativo conferido ao autor, de obter, em face do adversário, uma atuação concreta da lei.
III. Segundo a doutrina de Pontes de Miranda, as ações, quanto à eficácia, podem ser classificadas em condenatórias, constitutivas, declarativas, mandamentais ou executivas.
IV. Atribui-se a Alfredo Buzaid a criação da chamada "Escola Processual de São Paulo", que influenciou decisivamente no plano de política legislativa do atual Código de Processo Civil e em diversos institutos jurídicos, como, por exemplo, o da coisa julgada.

(A) Estão corretas apenas as assertivas I e III.
(B) Estão corretas apenas as assertivas I e IV.
(C) Estão corretas apenas as assertivas II e III.
(D) Estão corretas apenas as assertivas II e IV.

I: errado. A teoria civilista, consagrada por Savigny, defendia a ideia de que ação processual é o direito de perseguir em juízo o que é devido pelo obrigado, confundindo e misturando duas realidades, ou seja, o exercício da pretensão de tutela jurídica estatal e a ação de direito material, que é o agir do titular do direito para a obtenção do que lhe é devido, não sendo mais adotada pela doutrina moderna; II: certo. Segundo a teoria de Chiovenda, considera-se ação um direito-poder, sem obrigação correlata, que pertence a quem tem razão contra quem não a tem. Visando a atuação da vontade concreta da lei, é condicionada por tal existência, tendo assim um caráter concreto; III: certo. Pontes de Miranda de fato criou essa classificação; IV: errado, pois, na verdade, quem inaugurou a "Escola Processual de São Paulo" foi Liebman, seguido, após, por Alfredo Buzaid. Gabarito "C".

(Magistratura Federal-5ª Região – 2011) Com relação à intervenção do MP no processo, assinale a opção correta.

(A) Não está sujeito à apreciação judicial o pedido de intervenção do MP no processo.
(B) A falta de intimação do MP para atuar no feito implica a nulidade deste desde o início.
(C) Não se decreta necessariamente a nulidade decorrente da falta de intimação do MP se, em razão dessa falta, não for apurado prejuízo ao interessado.
(D) Caso o MP, devidamente intimado, não passe a intervir nos autos, nada pode fazer o juiz a respeito dessa inércia.
(E) Considera-se nulo o procedimento em que, intimado a tanto, o MP deixe de atuar.

A: incorreta, pois está sujeito sim; B: incorreta, porque o vício surge a partir do momento em que deveria ter ocorrido a intervenção; C: correta, pois só vai ser decretada a nulidade caso for apurado prejuízo ao interessado; D: incorreta, porque o juiz pode comunicar o fato ao chefe da instituição; E: incorreta, porque o que importa é a intimação, e não a efetiva atuação do MP. Gabarito "C".

(Delegado Federal – 2004 – CESPE) Julgue o item seguinte.

(1) O advogado somente tem o direito de examinar em cartório autos relativos a processos nos quais seja procurador de uma das partes e só está autorizado a retirá-los do cartório se lhe competir manifestar-se no processo, ou seja, se estiver correndo prazo para a prática de algum ato processual de sua atribuição.

1: errado. Art. 40 do CPC e art. 7º, XIII e XV, da Lei nº 8.906/94 (Estatuto da Advocacia). Gabarito 1E.

(Cartório/MG – 2009 – EJEF) Assinale a assertiva FALSA.

(A) Ambos os cônjuges serão necessariamente citados para as ações que versem sobre direitos reais imobiliários.
(B) Nas ações possessórias, a participação do cônjuge do autor ou do réu somente é indispensável nos casos de composse ou de ato por ambos praticados.
(C) As sociedades sem personalidade jurídica, quando demandadas, poderão opor a irregularidade de sua constituição.
(D) A herança jacente ou vacante será representada, em juízo, ativa e passivamente, por seu curador.

A: verdadeira (art. 10, CPC – ressalva ao regime da separação absoluta de bens); B: verdadeira (§ 2º do art. 10, CPC); C: falsa (art. 12, § 2º do CPC); D: verdadeira (art. 12, IV, CPC). Gabarito "C".

(Cartório/MS – 2009 – VUNESP) Sobre os atos processuais, é correto afirmar que

(A) a assinatura dos juízes não pode ser feita eletronicamente.
(B) as partes não podem reduzir ou prorrogar os prazos peremptórios, ainda que todas estejam de acordo.
(C) comparecendo o réu apenas para arguir a nulidade e sendo esta decretada, considerar-se-á feita a citação na data em que ele ou seu advogado for intimado da decisão.
(D) intimação é o ato pelo qual se chama a juízo o réu ou interessado a fim de se defender.
(E) anulado o ato, reputam-se de nenhum efeito todos os subsequentes, que dele dependam, e a nulidade de uma parte do ato prejudicará as outras que dela sejam independentes.

A: incorreta (art. 8º da Lei 11.419/2006); B: incorreta (art. 182, CPC); C: correta (§ 2º do art. 214, CPC); D: incorreta, porque esse é o conceito legal de citação (art. 213, CPC); E: incorreta, porque a nulidade de uma parte do ato não prejudicará as outras que dela sejam independentes (art. 248, CPC). Gabarito "C".

(Cartório/SC – 2008) É INCORRETO afirmar que o representante do Ministério Público:

(A) Será civilmente responsável quando, no exercício de suas funções, proceder com dolo ou fraude.
(B) Intervindo como fiscal da lei, terá vista dos autos depois das partes.
(C) Só intervirá nas causas em que há interesses de incapazes e nas concernentes ao estado da pessoa, pátrio poder, tutela, curatela, interdição, casamento, declaração de ausência e disposições de última vontade.
(D) Deverá ser intimado quando for obrigatória sua intervenção, sob pena de nulidade do processo.
(E) Intervindo como fiscal da lei, poderá juntar documentos e certidões, produzir prova em audiência e requerer medidas ou diligências necessárias ao descobrimento da verdade.

A: correta (art. 85 do CPC); B: correta (art. 83, I, do CPC); C: incorreta (art. 82 do CPC); D: correta (art. 84 do CPC); E: correta (art. 83, II, do CPC). Gabarito "C".

(Cartório/SE – 2007 – CESPE) Quanto aos sujeitos do processo, julgue os itens a seguir.

(1) Em regra, a titularidade da ação vincula-se à titularidade do pretendido direito material subjetivo envolvido na lide. Por exceção e nos casos expressamente autorizados em lei, admite-se a substituição processual, que consiste em demandar a parte, em nome próprio e seu interesse, em defesa de pretensão alheia.
(2) É obrigatória a intervenção do Ministério Público, como fiscal da lei, em todo e qualquer procedimento de jurisdição cautelar, porque nesse procedimento não é assegurado o princípio do contraditório, notadamente em virtude da concessão da medida cautelar liminarmente, isto é, sem ouvir o réu.
(3) São deveres das partes e de todos aqueles que de qualquer forma participam do processo submeter-se às ordens contidas nos provimentos judiciais de natureza mandamental e assegurar exequibilidade dos provimentos judiciais. Ressalvados os advogados, e nos atos restritos à sua atividade profissional, o desatendimento desse dever constitui ato atentatório ao exercício de jurisdição.

1: certo (art. 41 do CPC); 2: errado (art. 82 do CPC); 3: certo (art. 600 do CPC). Gabarito 1C, 2E, 3C

(Cartório/SP – 2008) A representação e a assistência dos incapazes, na forma da lei civil, quanto à pratica de atos processuais, incumbe

(A) aos pais, tutores e curadores, sendo que os tutores e curadores necessitam de autorização judicial para demandar no pólo ativo.
(B) aos pais, tutores e curadores, dispensando-se autorização judicial para demandar, na hipótese de tutela e curatela definitivas.
(C) aos pais, tutores e curadores, dispensando-se autorização judicial para demandar em procedimentos de jurisdição voluntária.
(D) aos pais, tutores e curadores, os quais, em qualquer caso, necessitam de autorização judicial para demandar no pólo ativo.

A assertiva correta é a "A", pois reflete o disposto no art. 8º do CPC. Gabarito "A".

3. LITISCONSÓRCIO, ASSISTÊNCIA E INTERVENÇÃO DE TERCEIROS

(Magistratura/AL – 2008 – CESPE) João ajuizou ação ordinária de indenização contra Manoel em decorrência de prejuízo que sofreu pela queda de árvore situada no imóvel do réu. Após ser citado, Manoel, alegando que apenas desempenhava a função de caseiro, nomeou à autoria Ricardo, proprietário do imóvel. Com base nessa situação hipotética, assinale a opção correta.

(A) O juiz, caso defira o pedido, deverá mandar ouvir Ricardo, sem, no entanto, suspender o processo.
(B) Caso João recuse a nomeação, o juiz não poderá extinguir o processo sem resolução do mérito ante a ilegitimidade passiva de Manoel.
(C) Se Ricardo aceitar a qualidade de nomeado, o processo continuará contra ele e Manoel.
(D) Presume-se não aceita a nomeação à autoria, se João nada requerer a seu respeito, no prazo em que lhe competir manifestar-se.
(E) Se João recusar a nomeação de Ricardo, o juiz concederá a Manoel novo prazo para apresentar contestação.

A alternativa "E" é a única correta, pois está de acordo com o que prevê o art. 67 do CPC. Gabarito "E".

(Magistratura/DF – 2011) Assinale a alternativa correta, considerando as disposições legais, bem como a doutrina e a jurisprudência prevalentes, na questão a seguir:

Constatado pelo juiz que, na hipótese sob julgamento, configura-se litisconsórcio necessário passivo, deve ele:

(A) ordenar a citação de todos os litisconsortes necessários passivos;
(B) facultar ao autor, no prazo que assinar, pronunciar-se sobre se deseja prosseguir com a ação sem a citação dos litisconsortes necessários passivos;
(C) ordenar ao autor que promova, no prazo que assinar, a citação dos litisconsortes necessários passivos, sob pena de extinção do processo;
(D) ordenar ao autor que promova, no prazo que assinar, a citação dos litisconsortes necessários passivos, sob pena de prosseguir o processo apenas contra a parte ré originalmente indicada.

A: incorreta, uma vez que, em razão do princípios da inércia da jurisdição, o juiz não pode de ofício determinar a citação, ainda que se trata de litisconsórcio necessário; B: incorreta, porque se há litisconsórcio passivo necessário, é inviável o prosseguimento da ação sem a citação dos réus faltantes; C: correta, porque correspondente ao que prevê o parágrafo único do art. 47 do Código de Processo Civil; D: incorreta (reler o comentário sobre a assertiva anterior). Gabarito "C".

(Magistratura/DF – 2011) Assinale a alternativa correta, considerando as disposições legais, bem como a doutrina e a jurisprudência prevalentes, na questão a seguir:

Formulado pelo terceiro, com interesse jurídico em que a sentença seja favorável a uma das partes, pedido de assistência, o prazo para que elas o impugnem é de:

(A) 48 (quarenta e oito) horas;
(B) 5 (cinco) dias;
(C) 10 (dez) dias;
(D) 15 (quinze) dias.

De acordo com o previsto no art. 51 do Código de Processo Civil, o prazo é de 5 dias. Gabarito "B".

(Magistratura/MG – 2009 – EJEF) Sobre a Oposição e Nomeação à Autoria, é CORRETA a assertiva:

(A) O juiz, ao deferir o pedido de nomeação, suspenderá o processo e ouvirá o autor, em 10 (dez) dias.
(B) Aquele que pretender, no todo ou em parte, a coisa ou o direito sobre que controvertem autor e réu, poderá oferecer oposição contra ambos, desde que não iniciada a fase probatória.
(C) A oposição será distribuída por dependência e os opostos deverão ser citados, na pessoa dos seus respectivos advogados, para contestar o pedido, fixando o prazo de 15 (quinze) dias para cada um.
(D) A nomeação à autoria pode ser objeto de presunção de aceitação.

A: incorreta, pois o prazo para ouvir o autor é de 5 dias (e não de 10), nos termos do art. 64 do CPC; B: incorreta, porque a oposição pode ser apresentada mesmo depois de iniciada a instrução (art. 60, CPC); C: incorreta, porque o prazo de 15 será comum (art. 57, parte final, CPC); D: correta (art. 68, CPC). Gabarito "D".

(Magistratura/PE – 2011 – FCC) Demandado sozinho para responder pela totalidade da dívida, poderá o devedor solidário utilizar-se do instituto

(A) da denunciação da lide.
(B) da oposição.
(C) do chamamento ao processo.
(D) da assistência litisconsorcial.
(E) da nomeação à autoria.

Nos termos do inciso III do art. 77 do CPC, é cabível o chamamento ao processo quando o devedor solidário é demandado sozinho. Gabarito "C".

(Magistratura/RS – 2009) A propósito da intervenção de terceiro, considere as assertivas abaixo.

I. Se na ação o réu é revel, a oposição poderá ser proposta somente contra o autor.
II. Em nenhuma hipótese cabe a intervenção de terceiro no procedimento sumário.
III. Sendo a denunciação à lide formulada pelo autor, o denunciado, comparecendo e a admitindo, poderá aditar a petição inicial.

Quais são corretas?

(A) Apenas I
(B) Apenas II
(C) Apenas III
(D) Apenas I e III
(E) I, II e II

I: incorreta, porque, mesmo que o réu seja revel, a oposição será também dirigida contra ele (art. 57, parágrafo único, CPC); II: incorreta, porque a lei autoriza a assistência, o recurso do terceiro prejudicado e a intervenção fundada em contrato de seguro (art. 280, CPC); III: correta (art. 74, CPC). Gabarito "C".

(Magistratura/RO – 2011 – PUCPR) Avalie as assertivas abaixo. Assinale, a seguir, a única CORRETA.

(A) O adquirente ou o cessionário não poderá ingressar em juízo, substituindo o alienante, ou o cedente, sem que o consinta a parte contrária.
(B) A denunciação da lide de todos os devedores solidários é obrigatória quando o credor exigir de um ou de alguns deles, parcial ou totalmente, a dívida comum.
(C) Aquele que detiver a coisa em nome alheio, sendo-lhe demandada em nome próprio, deverá oferecer oposição.
(D) Para que o juiz declare, na mesma sentença, as responsabilidades dos obrigados, pode o réu requerer o chamamento ao processo até o despacho saneador, sob pena de preclusão.
(E) O juiz não poderá limitar o litisconsórcio facultativo quanto ao número de litigantes, mesmo quando este comprometer a rápida solução do litígio ou dificultar a defesa.

A: correta (art. 42, § 1º do CPC); B: incorreta, porque nesse caso a intervenção de terceiros cabível é o chamamento ao processo, que não é obrigatório (art. 77 do CPC); C: incorreta, porque a medida cabível é a nomeação à autoria (art. 62 do CPC); D: incorreta, porque o chamamento deve ser requerido no prazo para contestar (art. 78); E: incorreta (art. 46, parágrafo único, CPC). Gabarito "A".

(Magistratura/RS – 2009) A propósito da intervenção de terceiro, considere as assertivas abaixo.

I. Se na ação o réu é revel, a oposição poderá ser proposta somente contra o autor.
II. Em nenhuma hipótese cabe a intervenção de terceiro no procedimento sumário.
III. Sendo a denunciação à lide formulada pelo autor, o denunciado, comparecendo e a admitindo, poderá aditar a petição inicial.

Quais são corretas?

(A) Apenas I
(B) Apenas II
(C) Apenas III
(D) Apenas I e III
(E) I, II e II

I: incorreta, porque, mesmo que o réu seja revel, a oposição será também dirigida contra ele (art. 57, parágrafo único, CPC); II: incorreta, porque a lei autoriza a assistência, o recurso do terceiro prejudicado e a intervenção fundada em contrato de seguro (art. 280, CPC); III: correta (art. 74, CPC). Gabarito "C".

(Magistratura/SE – 2008 – CESPE) Acerca da assistência e da intervenção de terceiros, assinale a opção correta.

(A) Pela denunciação verifica-se a ampliação do objeto do processo, surgindo uma demanda paralela entre denunciante e denunciado. Com a nova demanda e o superveniente vínculo jurídico formado entre o denunciado e o autor originário, surge uma obrigação de um em favor do outro, autorizando o juiz, ao julgar procedente a ação, a condenar o denunciado em face do autor.
(B) Na assistência simples ou adesiva, o interesse do assistente não é vinculado diretamente ao litígio. A atuação desse assistente é meramente complementar à atuação do assistido. Todavia, se o assistido for revel, o assistente será considerado gestor de negócios.
(C) O terceiro que se sentir prejudicado ou que tiver seu direito ameaçado em virtude de pretensão discutida em juízo poderá ingressar na ação e nomear-se como legítimo detentor do direito disputado pelos litigantes, por meio do incidente denominado nomeação à autoria.
(D) A oposição ocorrerá sob forma de intervenção de terceiro em processo alheio, objetivando defender pretensão própria sobre o mesmo objeto litigioso disputado pelas partes do processo, de que resulta a formação de litisconsórcio passivo necessário entre os sujeitos da ação principal.
(E) A assistência litisconsorcial se admite em todos os procedimentos de jurisdição contenciosa e em todos os graus de jurisdição, e ocorre quando a sentença não influir na relação jurídica entre o assistente e o adversário da parte assistida.

A: incorreta, pois a denunciação não amplia o objeto do processo eis que trata somente da relação existente entre denunciante e denunciado, sem envolver o autor da demanda, sendo, na verdade, uma lide secundária; B: correta (art. 52 do CPC); C e D: incorretas (art. 56 do CPC); E: incorreta (art. 54 do CPC). Gabarito "B".

(Magistratura/SP – 2009 – VUNESP) O litisconsórcio

(A) necessário é sempre unitário, pois a presença de todos os litisconsortes só é imprescindível nas hipóteses em que o conteúdo da sentença deva ser idêntico para todos.
(B) pode ser, ao mesmo tempo, unitário e facultativo, bem como simples e necessário, embora a incindibilidade da relação de direito material determine, em regra, a unitariedade e a necessariedade.
(C) unitário é sempre necessário, pois nas hipóteses em que o conteúdo da sentença deva ser idêntico para os litisconsortes, todos devem participar do processo.
(D) é unitário se os direitos ou as obrigações derivarem do mesmo fundamento fático.

A: incorreta, porque há casos de litisconsórcio necessário simples (e não unitário), como ocorre, por exemplo, na ação de usucapião, ou nos casos em que a lei exige a presença de ambos os cônjuges no processo; B: correta, pois a regra é de fato a unitariedade e a necessariedade; C: incorreta, porque há litisconsórcio facultativo unitário (p. ex.: ações propostas por condôminos para a defesa da coisa comum); D: incorreta, porque o caráter unitário do litisconsórcio não se relaciona com fundamento fático dos direitos e obrigações, mas com o caráter incindível da relação ou situação jurídica discutida no processo. Gabarito "B".

(Magistratura/TO – 2007 – CESPE) Acerca do litisconsórcio, da assistência e da intervenção de terceiros, assinale a opção correta.

(A) O chamamento ao processo é um meio processual de assegurar o exercício do direito de regresso, que se caracteriza pela dedução de pretensão contra quem assumiu solidariamente uma obrigação de garantia ou de direitos derivados de um mesmo fato. Se a pretensão deduzida na ação for julgada procedente, aquele que promoveu o chamamento e o chamado, em litisconsórcio passivo, serão condenados ao cumprimento da obrigação em favor do autor, que poderá executar qualquer um deles.

(B) Havendo litisconsórcio unitário, o juiz deve julgar, necessariamente, de maneira uniforme em relação a todos os litisconsortes situados no mesmo pólo da demanda. Nesse tipo de litisconsórcio, ocorre a extensão dos efeitos dos benefícios da prática de um ato processual aos demais litisconsortes. Assim, eventual recurso interposto por um dos litisconsortes aproveita a todos os demais.

(C) A denunciação da lide tem justificativa no princípio da economia processual, porquanto encerra, em um mesmo processo, duas ações. Por isso, aceita a denunciação da lide feita pelo réu, o juiz deverá julgar as duas ações cumuladas em um só ato judicial, condenando solidariamente o denunciado e o denunciante a compor os prejuízos reclamados pelo autor.

(D) O assistente simples atua em nome próprio, mas na defesa de interesse alheio, exerce os mesmos poderes dos litigantes, podendo opor-se aos atos de disposição do assistido. Esse tem interesse e legitimidade para recorrer da sentença que foi desfavorável ao assistido, ainda que este não o faça.

A: incorreta (art. 77 do CPC); B: correta (art. 47 do CPC); C: incorreta (art. 76 do CPC); a sentença julgará a denunciação condenando, se o caso, o denunciado a ressarcir o denunciante em regresso; D: incorreta (arts. 52 e 53, ambos do CPC). Gabarito "B".

(Ministério Público/BA – 2010) Em simples palavras, litisconsórcio significa a pluralidade de partes litigantes no processo. É a reunião de vários interessados numa mesma demanda, na qualidade de autor e/ou de réu, para a defesa de interesses comuns. O litisconsórcio não se confunde, evidentemente, com a cumulação de ações, pois se refere a pessoas que integram uma das partes no pleito. Acerca do tema aqui proposto, é incorreto afirmar:

(A) Nas ações possessórias, a participação do cônjuge do autor ou do réu é indispensável.

(B) A ausência de citação de todos os litisconsórcios necessários implica extinção do processo sem destrame do mérito.

(C) O litisconsórcio por afinidade sempre será simples.

(D) O litisconsórcio formado por titulares de direitos individuais homogêneos, necessariamente, será simples.

(E) Quando dois ou mais legitimados extraordinários figurarem em juízo discutindo a mesma relação, tem-se um litisconsórcio unitário.

A: incorreta, porque a participação do cônjuge nas ações possessórias só é indispensável quando se tratar de composse ou de atos praticados por ambos (art. 10, § 2º, CPC); B: correta (art. 47, parágrafo único, CPC); C, D e E: corretas, pois estão em harmonia com as regras do processo civil brasileiro. Gabarito "A".

(Ministério Público/DF – 2009) Assinale a alternativa incorreta.

(A) Se um dos opostos reconhecer a procedência do pedido, considera-se extinto o processo.

(B) Não cabe oposição em Ação direta de inconstitucionalidade.

(C) O nomeado à autoria que aceitou a nomeação não pode oferecer oposição.

(D) Não se admite oposição nos Juizados Especiais.

(E) A ação de oposição é dirigida contra autor e réu ao mesmo tempo, em litisconsórcio passivo necessário.

A: incorreta, porque se um dos opostos reconhecer a procedência do pedido, contra o outro prosseguirá o oponente; B: correta, porque nas ações destinadas ao controle da constitucionalidade de leis ou atos normativos não há que se falar em "coisa ou direito" sobre o qual controvertem autor e réu, o que deixa clara a incompatibilidade da oposição nesse tipo de demanda; C: correta, porque se o nomeado aceitou a nomeação, passa a ser réu, não havendo qualquer motivo para que se tornasse oponente; D: correta, porque nos juizados especiais não se admite qualquer forma de intervenção de terceiros (art. 10 da Lei 9.099/95); E: correta (art. 56 do CPC). Gabarito "A".

(Ministério Público/MG - 2008) O artigo 56 do Código de Processo Civil preceitua:

"Art. 56. Quem pretender, no todo ou em parte, a coisa ou o direito que controvertem autor e réu, poderá, até ser proferida a sentença, oferecer oposição contra ambos."

Considerando-se o instituto processual de que trata essa norma legal, assinale a resposta CORRETA.

(A) A oposição será oferecida por meio de requerimento dentro dos próprios autos da ação judicial em que litigam os opostos, da qual estes serão intimados para apresentar impugnação.

(B) A existência de constrição judicial sobre a coisa que controvertem autor e réu é pressuposto para o oferecimento da oposição.

(C) Se um dos opostos reconhecer a procedência do pedido do oponente, a oposição continuará contra o outro.

(D) O terceiro que não oferecer oposição em tempo oportuno – antes de proferida sentença – será atingido pelos efeitos da coisa julgada que se formar naquela ação, ficando prejudicado o direito que ele eventualmente possuir sobre a coisa litigiosa.

(E) Na ação judicial que estiver correndo à revelia do réu não será cabível a oposição.

A única alternativa correta é a "C" (art. 58 do CPC). Gabarito "C".

(Ministério Público/PR – 2009) Dentre as proposições que seguem, assinale a alternativa INCORRETA:

(A) ao utilizar da oposição, o oponente obriga-se em exercê-la contra as partes no processo que já estava em curso, as quais passam a ser denominadas de opostos, havendo a obrigatória formação de litisconsórcio necessário e unitário;

(B) a nomeação à autoria presume-se aceita quando o autor, devidamente intimado, nada requereu, deixando fluir o lapso temporal dentro do qual deveria manifestar-se a respeito, bem como nas situações em que o nomeado não compareceu aos autos ou, fazendo-se neles presente, não contrariar a nomeação formulada;

(C) o chamamento ao processo dá-se por iniciativa do réu, com o objetivo de chamar o devedor principal ou os co-devedores solidários ao feito, ainda que não haja a anuência ou o auxílio do autor;

(D) se qualquer das partes alegar que falece ao assistente interesse jurídico para intervir a bem do assistido, o juiz determinará, sem suspensão do processo, o desentranhamento da petição e da impugnação, a fim de serem autuadas em apenso; autorizará a produção de provas e decidirá, dentro de cinco dias, o incidente;

(E) feita a denunciação da lide pelo autor, o denunciado, comparecendo, assumirá a posição de litisconsorte do denunciante e poderá aditar a petição inicial, procedendo-se em seguida à citação do réu.

A: incorreta, porque o litisconsórcio que se forma entre os opostos, embora seja necessário, é simples (e não unitário); B: correta (art. 68 do CPC); C: correta (art. 77 do CPC); D: correta (art. 51 do CPC); E: correta (art. 74 do CPC). Gabarito "A".

(Ministério Público/RR – 2008 – CESPE) Com respeito ao litisconsórcio e à intervenção de terceiros, julgue os itens que se seguem.

(1) Na denunciação da lide promovida pelo réu, pode a sentença condenar diretamente o denunciado a compor os prejuízos reclamados pelo autor se restar comprovado ter sido ele o causador direto dos danos sofridos por aquele.

(2) Em caso de litisconsórcio unitário, a decisão da causa tem de ser uniforme para todos os litisconsortes. Por isso, a confissão de um deles é ineficaz, inclusive em relação àquele que confessou.

(3) No chamamento ao processo, forma-se um litisconsórcio necessário passivo entre as partes do processo primitivo, visando à condenação do terceiro e à reparação do prejuízo decorrente de sua eventual derrota na causa.

1: errado (art. 76 do CPC); de fato, como a relação existente é entre o réu e o denunciado, deverá o magistrado primeiramente julgar a lide principal, entre autor e réu e, em caso de procedência, integral ou parcial, julgará, na mesma sentença, a denunciação; 2: certo. No **litisconsórcio unitário**, justamente porque a decisão deverá ser igual para todos, a **confissão** de um litisconsorte será ineficaz em relação à determinação do resultado da decisão da causa, conquanto possa ser considerada válida em si mesma, desde que esteja revestida das formalidades; mas, para que se verifique a eficácia no processo, necessário será que todos os litisconsortes unitários igualmente confessem, de forma válida; 3: errado. Na verdade, as hipóteses que permitem o chamamento ao processo são casos de devedores solidários chamados pelo devedor que figura no polo passivo; assim, não se trata de litisconsórcio necessário. Gabarito 1E, 2C, 3E

(Ministério Público/RS – 2009) Considere as seguintes afirmações, referentes a litisconsórcio e intervenção de terceiros:

I. Há casos de litisconsórcio unitário facultativo, assim como casos de litisconsórcio necessário e comum; na primeira hipótese, insere-se, por exemplo, a ação anulatória de arrematação; na segunda hipótese, insere-se, por exemplo, a ação de declaração de indignidade proposta por um dos co-herdeiros.

II. Quando o litisconsórcio passivo é unitário, o juiz decide a lide de modo uniforme para todas as partes requeridas, embora sejam dois ou a mais os réus.

III. A necessariedade do litisconsórcio consiste na indispensabilidade do julgamento uniforme do mérito para todos os litisconsortes.

Quais estão corretas?

(A) I, II e III.
(B) Apenas I.
(C) Apenas II.
(D) Apenas I e II.
(E) Apenas II e III;

I: incorreta, porque a ação de indignidade proposta por um dos herdeiros representa hipótese de litisconsórcio facultativo (outros herdeiros também poderiam ter sido autores), mas unitário (a sentença será idêntica para todos, caso haja litisconsórcio ativo); II: correta, pois o litisconsórcio passivo unitário terá sempre essa consequência; III: incorreta, porque a necessidade do litisconsórcio pode decorrer da exigência legal, ainda que o julgamento possa ser diferente para cada um daqueles cuja presença o legislador considerou como obrigatória. Gabarito "C".

(Ministério Público/SC – 2008)

I. O litisconsórcio, a assistência, a denunciação da lide, a nomeação à autoria, o chamamento ao processo e a oposição são formas da intervenção de terceiros.

II. Quem pretender, no todo ou em parte, a coisa ou o direito sobre que controvertem autor e réu, deverá, até ser proferida a sentença, nomear à autoria o proprietário ou o possuidor.

III. No litisconsórcio facultativo, simples ou unitário, cada um dos litisconsortes é considerado parte distinta e autônoma frente aos demais, sendo que os atos e omissões de um não prejudicarão nem beneficiarão os outros.

IV. A nomeação à autoria gera, em princípio, a substituição do pólo passivo da demanda de um sujeito ilegítimo por outro legítimo.

V. A citação do chamado ao processo será requerida, juntamente com a do réu, se o denunciante for o autor, e, no prazo para contestar, se o denunciante for o réu.

(A) apenas I e II estão corretos
(B) apenas I e V estão corretos
(C) apenas III, IV e V estão corretos
(D) apenas II está correto
(E) apenas IV está correto.

I: errado, pois o litisconsórcio não é forma de intervenção de terceiros (vide capítulos V e VI, do Título II, do CPC); II: errado, pois esse é o conceito de oposição (art. 56 do CPC); III: errado (art. 48 do CPC, "salvo disposição em contrário"); IV: certo (art. 66 do CPC); V: errado (art. 79 do CPC). Gabarito "E".

(Ministério Público/SP – 2008) Na demanda ajuizada por sócios de uma sociedade em face desta para a declaração de nulidade de uma deliberação societária, o litisconsórcio existente entre esses sócios é considerado

(A) comum (simples) e facultativo.
(B) comum (simples) e necessário.
(C) unitário e facultativo.
(D) unitário e necessário.
(E) alternativo e facultativo.

No caso proposto, tendo em vista a indivisibilidade do objeto da demanda e a identidade de situações jurídicas dos legitimados, a sentença é necessariamente uniforme para todos os litisconsortes, mas, sendo o litisconsórcio facultativo, qualquer titular do direito de ação pode propor autonomamente sua demanda. Gabarito "C".

(Ministério Público/SP – 2011) É correto afirmar que, na relação jurídico-processual em que haja litisconsórcio necessário unitário,

(A) o Juiz poderá limitá-lo, a pedido, quanto ao número de litigantes, quando este comprometer a rápida solução do litígio ou dificultar a defesa.
(B) a eficácia da sentença dependerá da citação de todos os litisconsortes no processo.
(C) é dispensável a citação de todos os litisconsortes no processo.
(D) a eficácia da sentença independe da citação de todos os litisconsortes no processo.
(E) o Juiz poderá decidir a lide de modo diferente para cada um dos litisconsortes.

A: incorreta, porque a limitação do litisconsórcio multitudinário só é possível quando se tratar de litisconsórcio facultativo, e não no necessário (art. 46, parágrafo único, do CPC); B: correta (art. 47 do CPC); C: incorreta, porque é o oposto que decorre da obrigatoriedade do litisconsórcio; D: incorreta (art. 47 do CPC); E: incorreta, porque no litisconsórcio unitário, a decisão é a mesma para todos os litisconsortes. Gabarito "B".

(Procurador do Estado/PB – 2008 – CESPE) A respeito do litisconsórcio, da intervenção de terceiros e da assistência, assinale a opção correta.

(A) Na ação de cobrança de dívida líquida e certa em que haja dois credores solidários, bem como na ação de nulidade de casamento, as partes só poderão agir em conjunto, com a formação do litisconsórcio ativo unitário e necessário.
(B) A denunciação à lide, forma de intervenção de terceiro, consiste no ajuizamento, pelo denunciante, de lide paralela, processada simultaneamente com a principal, envolvendo direito de garantia, de regresso ou de indenização que o denunciante pretende exercer contra o denunciado.
(C) Na assistência litisconsorcial, caso a intervenção ocorra antes da sentença, o assistente tem direito de deduzir o que lhe interessa e promover a renovação de provas de que não tenha participado.
(D) Em ação em que as partes disputam a posse de bem imóvel, o terceiro amparado em propriedade do imóvel poderá oferecer oposição contra autor e réu, e requerer a imissão de posse.
(E) Chamamento ao processo consiste no incidente pelo qual o demandado, sob a alegação de não ter legitimidade para responder à ação, chama ao processo o verdadeiro legitimado passivo, objetivando transferir-lhe a posição de réu.

A: incorreta (art. 77, III, do CPC); B: correta (art. 70 do CPC); C: incorreta (art. 50, parágrafo único, do CPC); D: incorreta. A jurisprudência majoritária não admite a oposição baseada em direito de propriedade em ação que as partes discutem a posse do bem imóvel; E: incorreta. A alegação do demandado, no caso de chamamento ao processo, é de que existe um corresponsável que deve ser chamado para figurar no polo passivo em conjunto com o demandado original, conforme art. 78 do CPC. Gabarito "B".

(Procurador do Estado/PE – CESPE – 2009) Assinale a opção correta quanto à intervenção de terceiros.

(A) Diante da execução de dívida solidária, é viável que o executado se sirva do chamamento ao processo para trazer aos autos da execução o devedor solidário.
(B) O chamamento ao processo é modalidade de intervenção de terceiro que existe para proteger o credor de dívida solidária, ao permitir que este busque, em um mesmo processo, seu crédito de mais de um devedor.

(C) Por meio do chamamento ao processo, forma-se entre o chamador e o chamado um litisconsórcio passivo e unitário, já que se trata de dívida solidária.
(D) Na hipótese de ser possível o chamamento ao processo, há, entre o chamado e a parte adversa, uma relação jurídica direta.
(E) É viável o chamamento ao processo do fiador quando o devedor principal for réu em processo movido apenas contra ele pelo credor.

A: incorreta, porque "não se admite chamamento ao processo em execução" (JTA 103/354); B: incorreta, pois o chamamento visa proteger o devedor solidário (e não o credor), a fim de que a sentença já estabeleça a responsabilidade dos demais perante ele; C: incorreta, porque embora parte da doutrina reconheça que o chamamento faz surgir litisconsórcio entre o chamador e o chamado, o fato é que o litisconsórcio não será unitário se o objeto da prestação for divisível; E: incorreta, porque essa não é uma das hipóteses descritas no art. 77 do CPC. Gabarito "D".

(Procurador do Estado/PR – 2007) Indique qual, entre as seguintes espécies de intervenção de terceiros, não veicula a propositura de uma nova ação:

(A) a oposição;
(B) a denunciação da lide;
(C) assistência simples;
(D) a oposição, quando formulada antes da audiência de instrução e julgamento;
(E) a denunciação da lide, quando formulada pelo réu.

Não há, no caso da assistência simples, diferentemente do que ocorre nas demais espécies de intervenção de terceiros, qualquer decisão acerca da relação existente com o assistente (arts. 50 e 52 do CPC). Quando a sentença influir na relação entre o assistente e o adversário do assistido, passará a ser assistência litisconsorcial (art. 54 do CPC). Gabarito "C".

(Procurador do Estado/RO – 2011 – FCC) No que se refere à assistência, de acordo com o Código de Processo Civil, é INCORRETO afirmar:

(A) Sendo revel o assistido, o assistente será considerado seu gestor de negócios.
(B) A assistência simples obsta a que a parte principal transija sobre direitos controvertidos.
(C) Transitada em julgado a sentença, na causa em que interveio o assistente, este não poderá, em regra, discutir a justiça da decisão em processo posterior.
(D) Considera-se litisconsorte da parte principal o assistente, toda vez que a sentença houver de influir na relação jurídica entre ele e o adversário do assistido.
(E) A impugnação das partes quanto ao pedido do terceiro para sua admissão como assistente deverá ocorrer no prazo de cinco dias.

A: correta (art. 52, parágrafo único, do CPC); B: incorreta (art. 53 do CPC); C: correta (art. 55 do CPC); D: correta (art. 54 do CPC); E: correta (art. 51 do CPC). Gabarito "B".

(Procurador do Estado/SC – 2010 – FEPESE) Conforme a legislação processual civil, é **correto** afirmar:

(A) É obrigatório o chamamento ao processo do devedor, na ação em que o fiador for réu.
(B) Nos casos de denunciação da lide, a citação do denunciado à lide será requerida, juntamente com a do réu, se o denunciante for o autor; e, no prazo para contestar, se o denunciante for o réu.
(C) O advogado tem direito de examinar, em cartório de justiça e secretaria de tribunal, autos de qualquer processo, inclusive quando dizem respeito a casamento, filiação ou separação dos cônjuges.
(D) A parte que revogar o mandato outorgado ao seu advogado constituirá outro para que assuma o patrocínio da causa no prazo de 15 (quinze) dias.
(E) Quem pretender, no todo ou em parte, a coisa ou o direito sobre que controvertem autor e réu, poderá, até ser proferida a sentença, oferecer embargos de terceiro.

A: incorreta, porque o chamamento é facultativo, e não obrigatório; B: correta (art. 71 do CPC); C: incorreta, porque há segredo de justiça nos casos apontados (art. 155 do CPC); D: incorreta, porque a providência deve ser tomada no ato, e não no prazo de 15 dias (art. 44 do CPC); E: incorreta, porque se trata de hipótese na qual é cabível a oposição (art. 56 do CPC). Gabarito "B".

(Procurador da Fazenda Nacional – 2007 – ESAF) Quanto à intervenção de terceiros, é incorreto afirmar que:

(A) na ação que interveio o assistente simples, por força da justiça da decisão, não poderá o assistente discutir em processo futuro os motivos de fato e de direito da sentença proferida entre o assistido e a parte contrária, salvo as exceções previstas em lei.
(B) são admitidas no procedimento sumário, como forma de intervenção de terceiros, a assistência e a denunciação da lide fundada em contrato de seguro.
(C) a concretização da nomeação à autoria depende necessariamente da aceitação do autor, e do reconhecimento do nomeado à autoria, sob pena deste sofrer futura ação autônoma de perdas e danos que causou as partes.
(D) citados validamente na ação de oposição, o prazo para os opostos apresentarem contestação será simples, não obstante os litisconsortes terem diferentes procuradores.
(E) a ação de oposição será distribuída por dependência, e, consequentemente, será apensada à ação ajuizada primeiro, resultando em duas ações, sendo que a procedência do pedido formulado na ação de oposição gerará a condenação dos opostos formados em litisconsórcio necessário unitário.

A: incorreta (art. 55 do CPC); B: incorreta (art. 280 do CPC); C: incorreta (arts. 65 e 66, ambos do CPC); D: incorreta (art. 57 do CPC); E: correta (art. 57 do CPC). Gabarito "E".

(Procuradoria Distrital – 2007) Mário ajuizou ação reivindicatória em desfavor de Pedro, dizendo ser o proprietário do imóvel indevidamente ocupado pelo demandado. Esse, regularmente citado, disse que detinha a coisa reivindicada por Mário em nome alheio, já que era mero caseiro de Manoel, esse, sim, o verdadeiro proprietário do lote. Pediu a sua exclusão do feito e requereu o chamamento ao processo de Manoel, que, segundo Pedro, é a pessoa que deve legitimamente figurar como parte na causa. À vista desses fatos, assinale a afirmativa correta.

(A) Pedro deveria ter requerido a denunciação da lide em relação a Manoel.
(B) Pedro deveria ter nomeado à autoria Manoel.
(C) Ordenado o chamamento ao processo, interrompe-se o prazo para defesa.
(D) O chamamento ao processo não interrompe o prazo para a defesa e corre em autos apartados.
(E) Se o autor discordar do chamamento ao processo, o feito continua a correr contra o réu originário.

A alternativa correta é a "B", pois em consonância com o art. 62 do CPC. Gabarito "B".

(Defensoria/MG – 2009 – FURMARC) A respeito das diversas formas de intervenção de terceiros, é CORRETO afirmar:

(A) A denunciação da lide é cabível ao proprietário, quando o réu, citado em nome próprio, exerce a posse direta da coisa demandada.
(B) Na oposição, o terceiro opoente coloca-se contrário à pretensão deduzida pelo autor, auxiliando o réu.
(C) A correção do pólo passivo da demanda é feita através do chamamento ao processo daquele que nela deve figurar como réu.
(D) A nomeação à autoria é cabível quando apenas um dos devedores solidários é acionado judicialmente e pretende, no mesmo processo, a responsabilização dos co-devedores.
(E) A oposição, oferecida antes da audiência, será processada nos autos principais e correrá simultaneamente com a ação.

A: correta (art. 70, II, CPC); B: incorreta, porque o opoente passa a ser adversário tanto do autor, quanto do réu; C: incorreta, pois a correção do polo passivo dá-se pela nomeação a autoria, e não pelo chamamento ao processo; D: incorreta, porque essa é uma das hipóteses em que se admite o chamamento ao processo; E: incorreta, porque a oposição, nesse caso, será apensada aos autos principais (art. 59, CPC). Gabarito "A".

(Defensoria/MT – 2009 – FCC) Ao modo de intervenção de terceiros que envolve fiador e devedores solidários dá-se o nome de

(A) denunciação da lide.
(B) litisconsórcio necessário.
(C) chamamento ao processo.

(D) nomeação à autoria.
(E) assistência litisconsorcial.

Trata-se do chamamento ao processo (art. 77 do CPC). As demais modalidades de intervenção não se relacionam com as figuras do fiador e dos devedores solidários. Gabarito "C".

(Defensoria/MT – 2007) No que concerne à assistência, assinale a afirmativa correta.

(A) A assistência tem lugar somente nos processos de conhecimento e cautelar.
(B) O assistente atuará como auxiliar da parte principal e terá os mesmos poderes e ônus processuais que o assistido, podendo, inclusive, obstar a transação, quando se tratar de direitos disponíveis.
(C) A assistência obsta que a parte principal desista da ação ou reconheça a procedência do pedido.
(D) Sendo revel o assistido, o assistente será considerado seu gestor de negócios.
(E) A omissão do assistido não poderá ser suprida pelo assistente.

A: incorreta (art. 50, parágrafo único, do CPC); B: incorreta (arts. 52 e 53 do CPC); C: incorreta (art. 53 do CPC); D: correta (art. 52, parágrafo único, do CPC); E: incorreta (art. 52 do CPC). Gabarito "D".

(Defensoria/MT – 2007) Acerca da intervenção de terceiros, assinale a afirmativa correta.

(A) Quem pretender, no todo ou em parte, a coisa ou direito acerca do que controvertem autor e réu, poderá oferecer, até a fase recursal, oposição contra ambos.
(B) Admite-se a oposição nos processos de execução, seja por título judicial ou extrajudicial.
(C) Quando oferecida oposição antes da audiência, será considerada como ação de procedimento autônomo, podendo ser julgada depois da ação principal.
(D) A extinção da ação principal obsta o prosseguimento da oposição.
(E) Caso tenha o juiz que proceder ao julgamento simultâneo da ação e da oposição, desta conhecerá em primeiro lugar.

A única alternativa correta é a "E" (art. 61 do CPC). Gabarito "E".

(Delegado/PB – 2009 – CESPE) Assinale a opção correta a respeito de jurisdição, litisconsorte, oposição, litisconsórcio, nomeação à autoria e competência jurisdicional.

(A) A jurisdição contenciosa se apresenta como atividade estatal primária, em que o juiz realiza gestão pública em torno de interesses privados.
(B) É dado ao oponente, no prazo legal, oferecer a exceção de incompetência relativa do juízo.
(C) Ocorre a hipótese de litisconsórcio comum ou não-unitário quando a decisão da causa deva ser uniforme em relação a todos os litisconsortes.
(D) A nomeação à autoria é o incidente pelo qual o devedor demandado chama para integrar o mesmo processo os demais co-obrigados pela dívida.
(E) A competência relativa, em casos de direitos e obrigações patrimoniais, admite a sua modificação por meio da instituição do foro contratual ou do domicílio de eleição.

A: incorreta, porque seria correta a afirmação em relação à jurisdição voluntária, e não à contenciosa; B: incorreta, pois a exceção de incompetência relativa é de iniciativa exclusiva do réu; C: incorreta, uma vez que a alternativa traz o conceito de litisconsórcio unitário; D: incorreta, porque a sentença é compatível com o chamamento ao processo, e não à nomeação à autoria; E: correta (art. 111, CPC). Gabarito "E".

(Delegado/PB – 2009 – CESPE) Acerca da denunciação à lide e do chamamento ao processo, das capacidades postulatória, de ser parte e de estar em juízo, assinale a opção correta.

(A) O mero detentor da coisa, uma vez citado em nome próprio, deve promover a denunciação à lide do legítimo possuidor indireto ou proprietário.
(B) Tanto o autor como o réu podem promover o incidente do chamamento ao processo.

(C) Quem tem capacidade para estar em juízo tem capacidade de ser parte; porém, nem sempre, quem detém capacidade de ser parte tem capacidade para estar em juízo.
(D) Na assistência adesiva, se o assistido requerer o julgamento antecipado da lide, será lícito ao assistente postular a produção de prova pericial, bem como juntar rol de testemunhas.
(E) Ainda que sem procuração da parte, o advogado tem direito de ter vista dos autos de qualquer processo pelo prazo de cinco dias.

A: incorreta, porque a hipótese diz respeito à nomeação à autoria, e não à denunciação da lide; B: incorreta, porque só o réu é que pode promover o chamamento; C: correta, porque o incapaz, por exemplo, embora tenha capacidade para ser parte, não tem capacidade para estar em juízo, motivo pelo qual deverá ser representado ou assistido; D: incorreta, uma vez que o assistente adesivo (é o mesmo que assistente simples) tem atuação subordinada à do assistido; E: incorreta, porque sem procuração o advogado só poderá examinar em cartório os autos de qualquer processo (art. 40, CPC). Gabarito "C".

(Defensoria/RN – 2006) Aquele que pretender, no todo ou em parte, a coisa ou o direito sobre que controvertem autor e réu, tem como meio para intervir como terceiro na relação jurídica

(A) a assistência litisconsorcial de quaisquer das partes.
(B) a nomeação à autoria da parte que se encontra na posse da coisa ou do direito.
(C) a oposição frente ao autor e réu, os quais serão parte passiva, no processo de oposição.
(D) a oposição ao autor e réu, assumindo o pólo processual ao lado de quem estiver requerendo para si a entrega da coisa.

A única alternativa correta é a "C" (art. 56 do CPC). Gabarito "C".

(Defensoria/SE – 2006 – CESPE) Acerca da intervenção de terceiros, julgue os itens que se seguem.

(1) Feita a denunciação da lide pelo réu, pode o juiz, pelo princípio da economia processual, condenar o denunciado diretamente em favor do autor.
(2) O chamamento ao processo consiste na admissibilidade de o réu fazer que co-devedores solidários passem a integrar o pólo passivo da demanda junto com ele, em litisconsórcio.
(3) Na oposição, o terceiro ingressa em juízo objetivando defender pretensão própria sobre o mesmo objeto litigioso disputado pelas partes no processo, de que resulta a formação de litisconsórcio passivo necessário entre os sujeitos da ação principal, denominados opostos.

1: errado (art. 76 do CPC); 2: certo (art. 77, III, do CPC); 3: certo (arts. 56 e 57, ambos do CPC). Gabarito 1E, 2C, 3C.

(Defensoria/SP – 2007 – FCC) Celestino, pessoa idosa, ajuíza ação de alimentos em face de João, um de seus 6 filhos maiores e capazes, sustentando sua necessidade ao amparo alimentar vindicado e as portentosas condições econômicas do réu em cumprir com o encargo. Em sua defesa, João, além de contrariar o pedido, veicula denunciação da lide em face de seus irmãos, afirmando a necessidade da integração ao feito de todos os co-responsáveis, haja vista tratar-se de obrigação indivisível. Nesse caso,

(A) realmente, Celestino deveria direcionar seu pedido em face de todos os co-legitimados em vista da incindibilidade da obrigação alimentar.
(B) o pleito de intervenção de terceiros se mostrou cabível em virtude do procedimento adequado à espécie.
(C) a pretensão do réu deveria fundar-se não no pedido de intervenção mas sim de ilegitimidade de parte em razão da existência de litisconsórcio necessário no pólo passivo.
(D) por ser idoso, Celestino pôde optar entre os alimentantes.
(E) o pedido de litisdenunciação deveria ter sido veiculado em peça apartada da contestação.

A alternativa correta é a "D" (art. 12 da Lei 10.741/03). Gabarito "D".

(Magistratura Federal/1ª Região – 2009 – CESPE) Julgue os itens que se seguem, a respeito dos sujeitos do processo, do litisconsórcio e da intervenção de terceiros.

I. Em caso de a controvérsia envolver litígio coletivo em que se busque proteção possessória de imóvel rural, sob o fundamento de turbação levada a efeito pelo Instituto Nacional de Colonização e Reforma Agrária, para fins de assentamento rural, é indispensável a intervenção do MP.
II. O juiz pode, no caso de dúvida a respeito da situação de beneficiário do requerente e de ausência de documentos necessários ao deslinde da ação, determinar a intimação da autarquia previdenciária (requerida) a juntar documentos e prestar informações relativas ao benefício, em vez de indeferir a petição inicial por ausência de documentação e extinguir o processo sem resolução do mérito, haja vista os poderes instrutórios que lhe são atribuídos pela lei processual, notadamente ante o dever do INSS de manter os dados relativos aos segurados do RGPS.
III. Segundo entendimento jurisprudencial assente na justiça federal, há prazo em dobro para a defensoria pública no âmbito dos juizados especiais federais.
IV. Em ação de indenização por acidente de veículo em via terrestre, não cabe ao réu denunciar à lide a seguradora, devendo exercer seu direito de regresso em ação autônoma, pois não se admite intervenção de terceiros no procedimento sumário.
V. Em ação de usucapião de imóvel urbano contra pessoa casada sob o regime da comunhão universal de bens, ambos os cônjuges devem ser necessariamente citados para a ação, uma vez que há a formação de litisconsórcio passivo necessário.

Estão certos apenas os itens

(A) I, II e III.
(B) I, II e V.
(C) I, IV e V.
(D) II, III e IV.
(E) III, IV e V.

I: correta, nos termos do art. 82, III, do CPC; II: correta, pois o juiz pode tomar a atitude mencionada; III: incorreta (vide TUJEF, Proc. 2003.40.00.706363-7), porque no juizado especial federal é sempre simples o prazo para a prática dos atos processuais (art. 9º da Lei 10.259/2001); IV: incorreta (art. 280 do CPC); V: correta (art. 10 do CPC). Gabarito "B".

(Magistratura Federal – 4ª Região – XIII – 2008) Dadas as assertivas abaixo, assinalar a alternativa INCORRETA no que concerne à nomeação à autoria.

(A) Constitui forma de substituição de partes, que se opera exclusivamente no pólo passivo da lide.
(B) Se o nomeado admitir a qualidade que lhe é atribuída, o processo seguirá contra este, extinguindo-se sem exame de mérito contra o nomeante.
(C) Pode ser rejeitada pelo autor da ação, hipótese em que o processo seguirá contra o réu original, sendo-lhe devolvido o prazo para defesa.
(D) Constitui autêntica modalidade de "intervenção de terceiros".

A alternativa incorreta é a "D" (vide capítulo VI, seção II, do CPC). Gabarito "D".

(Magistratura Federal/5ª Região – 2009 – CESPE) Duas empresas privadas discutem, em juízo, causa que pode levar a demandada à condição de insolvência, com o consequente prejuízo de todos os que mantêm relação comercial com ela. Entre os clientes da demandada, encontra-se a autarquia Beta, que experimentará severos prejuízos financeiros caso a citada empresa seja condenada ao final do processo. Com referência a essa situação hipotética, assinale a opção correta.

(A) A existência de evidente interesse econômico na solução da causa autoriza a pessoa jurídica de direito público a ingressar no processo como assistente simples.
(B) A pessoa jurídica de direito público pode ingressar no feito servindo-se de forma anômala de intervenção, que a autoriza a esclarecer questões de fato e de direito e até a recorrer, se for o caso.
(C) Trata-se de situação que autoriza a intervenção da autarquia Beta como oponente, visto que o destino final da empresa demandada interessa à consecução das finalidades da autarquia.
(D) Havendo interesse jurídico da autarquia Beta no resultado da demanda e, inclusive, existindo relação entre esta e uma das partes dessa demanda, a hipótese será de assistência litisconsorcial.
(E) Como a autarquia Beta mantém negócios com a demandada, há direito de regresso que autoriza qualquer das partes a denunciar à lide a referida autarquia.

A: incorreta, porque o interesse que autoriza a assistência é o jurídico, e não o econômico; B: correta (Lei 9.469/97, art. 5º, parágrafo único); C: incorreta, porque não se trata de hipótese em que a oposição é autorizada pela lei (art. 56, CPC); D: incorreta, pois o interesse jurídico é o que justifica a assistência simples, e não a litisconsorcial; E: incorreta, porque o enunciado não traz qualquer informação que leve à conclusão de que haveria direito de regresso em favor da autarquia Beta, motivo pelo qual não há que se falar em denunciação da lide. Gabarito "B".

(Delegado Federal – 2004 – CESPE) Julgue os itens seguintes.

(1) É admissível litisconsórcio por afinidade de questões de direito, como no caso de diversos contribuintes que se unem para demandar em face da fazenda pública, com o fim de se prevenirem da cobrança de tributo cuja inconstitucionalidade se argúi.
(2) Na assistência simples, a intervenção não impede o assistido de praticar atos dispositivos, como renúncia, desistência e outros equiparados.

1: certo (art. 46, IV, do CPC); 2: certo (art. 53 do CPC). Gabarito 1C, 2C.

(Analista Judiciário/STF – 2008 – CESPE) Julgue os itens subseqüentes, relativos à intervenção de terceiros.

(1) A oposição consiste na intervenção de terceiro em processo alheio, para excluir tanto o autor como o réu. A oposição é uma nova ação, conduzida em apartado e decidida simultaneamente com a ação principal, em razão da conexão com o pedido mediato.
(2) Se o réu, no prazo para apresentar a resposta, apresentar incidente de nomeação à autoria, o juiz suspenderá o processo e determinará a citação do nomeado para integrar a lide, como autor.
(3) O chamamento ao processo consiste na admissibilidade de o réu fazer com que co-devedores solidários passem a integrar o pólo passivo da demanda junto com ele, em litisconsórcio, a fim de que o juiz declare, na mesma sentença, a responsabilidade de cada um.

1: certo (arts. 56, 57 e 59 do CPC); 2: errado (art. 64 do CPC); 3: certo (art. 77, III, CPC). Gabarito 1C, 2E, 3C.

(Cartório/SP – 2008) No procedimento sumário, não admite a lei processual a intervenção de terceiro, salvo

(A) a oposição, a assistência e a nomeação à autoria.
(B) a denunciação da lide, o recurso de terceiro prejudicado e o chamamento ao processo.
(C) a intervenção fundada em contrato de seguro, a assistência e a nomeação à autoria.
(D) a assistência, o recurso de terceiro prejudicado e a intervenção fundada em contrato de seguro.

A alternativa correta é a "D" (art. 280 do CPC). Gabarito "D".

4. JURISDIÇÃO E COMPETÊNCIA

(Magistratura/AC – 2008 – CESPE) A respeito de competência, segundo as disposições do Código de Processo Civil, assinale a opção correta.

(A) Verificando a continência entre ações propostas em separado, qualquer das partes poderá suscitar o conflito positivo de competência, pois é inadmissível que, simultaneamente, mais de um órgão judiciário seja igualmente competente para julgar duas causas que devem receber a mesma solução jurídica.
(B) O réu tem legitimidade para argüir a incompetência relativa por meio de exceção, que pode ser deduzida por petição protocolizada no juízo de domicílio do réu, devendo requerer a remessa da exceção ao juízo onde foi proposta a ação, desde que seu

domicílio se encontre no mesmo estado onde a ação foi ajuizada, providência válida para as exceções de incompetência, de suspeição e de impedimento.

(C) Havendo, no contrato de adesão, cláusula de eleição de foro, ela é considerada abusiva, por afastar prévia e convencionalmente a aplicação de norma criada para proteger os interesses das partes contratantes. Em virtude dessa nulidade, o juízo do foro eleito deve declarar de ofício a sua incompetência, em qualquer fase processual, e remeter os autos ao juízo do domicílio do réu.

(D) Perpetuada a competência de determinado juízo sobre uma ação por ele processada, mas conexa com outra já em curso perante juízo prevento, a exigência do julgamento simultâneo acarreta o deslocamento da causa para este último órgão jurisdicional.

Art. 102 do CPC. Gabarito "D".

(Magistratura/AL – 2007 – FCC) Sendo relativa a competência da autoridade brasileira, a ação intentada perante tribunal estrangeiro

(A) induz litispendência e obsta a que a autoridade judiciária brasileira conheça da mesma causa e das que lhe são conexas.

(B) não induz litispendência, nem obsta a que a autoridade judiciária brasileira conheça da mesma causa e das que lhe são conexas, enquanto não homologada a sentença estrangeira pela justiça brasileira.

(C) não induz litispendência, nem obsta a que a autoridade judiciária brasileira conheça da mesma causa, mas a impede de conhecer das causas que lhe são conexas.

(D) induz litispendência e obsta a que a autoridade brasileira conheça da mesma causa, mas não a impede de conhecer das causas que lhe são conexas.

(E) não induz litispendência, mas impõe à autoridade brasileira suspender o processo, até que a causa seja julgada no estrangeiro, para evitar soluções conflitantes.

Arts. 90 e 483, ambos do CPC. Gabarito "B".

(Magistratura/BA – 2006 – CESPE) Julgue os itens seguintes, relativos à competência.

(1) Quando se tratar de junção de causas conexas, em um mesmo juízo, por causa da prevenção, considera-se prevento não o juízo onde tenha sido feita a citação, mas o que despachou em primeiro lugar, desde que ambos os juízes tenham a mesma competência territorial.

(2) No caso de incompetência absoluta, deve o juiz absolutamente incompetente decretar a nulidade dos atos decisórios, remetendo os autos ao juízo que tenha por competente. Assim, o juiz, mesmo quando absolutamente incompetente, é, todavia, o competente para declarar a incompetência absoluta do órgão por ele ocupado.

(3) É da justiça federal a competência para processar e julgar a ação possessória entre particulares sobre terreno de marinha, portanto, bem de domínio da União.

(4) Existindo conexão entre duas ações que tramitam perante juízos diversos, configurada pela identidade do objeto ou da causa de pedir, impõe-se a reunião dos processos, ainda que um dos processos já se encontre sentenciado, a fim de se evitarem julgamentos incompatíveis.

1: certo (art. 106 do CPC); 2: certo (art. 113, §2º, do CPC); 3: errado (art. 109 da CF); 4: errado. A reunião ocorre se os processos ainda não tiverem sido sentenciados, a fim de se evitar a prolação de decisões conflitantes; caso um dos processos já tenha sentença, não ocorrerá o julgamento simultâneo. Gabarito 1C, 2C, 3E, 4E.

(Magistratura/DF – 2011) Assinale a alternativa correta, considerando as disposições legais, bem como a doutrina e a jurisprudência prevalentes, na questão a seguir:

Na ação de adjudicação compulsória:

(A) é competente o foro do domicílio do autor;

(B) é competente o foro do domicílio do réu;

(C) é competente o foro da situação da coisa, admitindo-se o foro de eleição;

(D) é competente o foro da situação da coisa, inadmitindo-se o foro de eleição.

A, B, C e D: A alternativa correta é a "D" ("Não se admite o foro de eleição na ação de adjudicação compulsória, para a qual prevelece o foro da situação da coisa" – STF-Pleno, RT 514/243). Gabarito "D".

(Magistratura/DF – 2011) Assinale a alternativa correta, considerando as disposições legais, bem como a doutrina e a jurisprudência prevalentes, na questão a seguir:

É competente o foro:

(A) do lugar do ato ou fato para a ação em que for réu o administrador ou gestor de negócios alheios;

(B) do domicílio do devedor, para a ação de anulação de títulos extraviados ou destruídos;

(C) do lugar onde exerce a sua atividade principal, para a ação em que for ré a sociedade, que carece de personalidade jurídica;

(D) todas alternativas anteriores (a, b, c) são corretas.

A: correta (art. 100, V, "b", CPC); B: correta (art. 100, III, CPC); C: correta (art. 100, IV, "c", CPC); D: correta e deve ser assinalada pois as outras alternativas estão corretas. Gabarito "D".

(Magistratura/MT – 2009 – VUNESP) Sobre a jurisdição e seus predicados, assinale a assertiva correta.

(A) A possibilidade do nomeado à autoria vir a recusar essa qualidade no processo não chega a constituir uma exceção à característica da inevitabilidade da jurisdição.

(B) Nos juizados especiais cíveis, o árbitro tem autorização legal para julgar por equidade, dispensada a autorização das partes.

(C) O Código de Processo Civil brasileiro, seguindo a orientação do direito moderno, não prevê hipótese de exigência da identidade física do juiz.

(D) A Jurisdição como função do Estado é destinada à solução imperativa de conflitos e exercida mediante a atuação da vontade do julgador em casos concretos.

(E) O caráter da substitutividade tem a ver com a substituição de pessoas e não de atividades. Por isso, quando um dos sujeitos litigantes é o próprio Estado, não estará presente tal caráter, pois o juiz representa o próprio Estado.

A: incorreta, porque a recusa à nomeação representa uma exceção à inevitabilidade da jurisdição; B: correta (art. 25 da Lei 9.099/95); C: incorreta (v. art. 132 do CPC); D: incorreta, porque não é a vontade do julgador, mas a vontade da lei que será aplicada na solução dos litígios; E: incorreta, porque a substitutividade está relacionada com a prática pelo Estado-Juiz de atos que deveriam ter sido praticados pelas partes. Gabarito "B".

(Magistratura/PI – 2008 – CESPE) A respeito da ação e da competência, segundo as disposições do Código de Processo Civil, assinale a opção correta.

(A) Ocorre a continência quando duas ou mais ações têm as mesmas partes, a mesma causa de pedir, mas o objeto de uma delas tem conteúdo mais amplo, abrangendo o das outras. Nesse sentido, é correto afirmar que toda vez que houver continência de causas elas serão conexas e que a consequência processual advinda da existência de conexão ou continência será a modificação da competência, ocasionando a reunião de processos para decisão conjunta.

(B) A ação declaratória tem por fim a obtenção de uma sentença, que não faz coisa julgada material, que declare a existência ou a inexistência de uma determinada relação jurídica. Nessa ação, o juiz se limita a emitir uma declaração sem qualquer juízo de valor; por isso, depois de violado o direito, é cabível ação condenatória e não a propositura de sua pretensão por meio da ação declaratória.

(C) Na cumulação de ações, a causa da pretensão é única, dirige-se à satisfação de um só interesse e, embora o autor formule vários pedidos diversos, apenas pretende a procedência de um dos pedidos que foram cumulados. Nessa cumulação de ações, existe identidade quanto às partes, bem como relativamente à causa de pedido; todavia, o pedido pode ser diverso e eventualmente alternativo.

(D) O réu poderá opor a exceção de incompetência relativa perante o juízo de seu domicílio, que, se estiver convencido de sua competência, suscitará conflito positivo de competência, determinando a remessa dos autos ao tribunal competente para dirimir o conflito. Quando se tratar de conflito entre juízes estaduais e federais, o processo deverá ser remetido ao STJ.

(E) Proposta a ação e firmada a competência de um juiz, ela perdura até o final da demanda, pois quaisquer modificações de fato e de direito ocorridas supervenientes são irrelevantes na estabilidade da perpetuação da jurisdição. Aplica-se essa regra a todos os processos, independentemente de o juiz ser competente ou do critério observado para a fixação da competência, ou, ainda, de alteração dos critérios da determinação da competência funcional ou territorial.

A: correta (art. 105 do CPC); B: incorreta, pois mesmo na ação meramente declaratória o magistrado emitirá um juízo de valor acerca da existência ou não da relação jurídica que se pretende declarar de modo que a sentença proferida faz, sim, coisa julgada material; C: incorreta (art. 292 do CPC); D: incorreta (art. 305, parágrafo único, do CPC). E de fato, em caso de conflito de competência entre justiça federal e estadual caberá ao STJ decidir o conflito; E: incorreta (arts. 102 e 111, ambos do CPC). Gabarito "A".

(MAGISTRATURA/PB – 2011 – CESPE) Considerando que dois estrangeiros, casados em seu país de origem e residentes no Brasil, ajuízem ações de divórcio tanto em seu país quanto no Brasil, assinale a opção correta.

(A) A existência de sentença no exterior não afetará a ação ajuizada no Brasil.
(B) A justiça brasileira não será competente para julgar a ação ajuizada no Brasil.
(C) As duas ações tramitarão independentemente.
(D) A ação ajuizada no Brasil, se posterior, deverá ser extinta, por força de litispendência.
(E) O julgamento de uma das ações implicará a extinção da segunda, em razão de coisa julgada.

Trata-se de hipótese de competência concorrente da autoridade judiciária brasileira e da estrangeira. Logo, "a ação intentada perante o tribunal estrangeiro não induz litispendência, nem obsta a que a autoridade judiciária brasileira conheça da mesma causa e das que lhe são conexas (art. 90 do CPC), exceto se a sentença estrangeira já estiver homologada pelo STJ. Assim, a alternativa "A" é incorreta, porque não contém a ressalva sobre a eventual homologação da sentença estrangeira pelo STJ; B: incorreta (art. 88, I, CPC); C: correta (art. 90, CPC); D e E: incorretas (art. 90, CPC). Gabarito "C".

(Magistratura/PE – 2011 – FCC) Quanto à competência, é correto afirmar:

(A) Argúi-se por meio de exceção a incompetência absoluta.
(B) Não pode suscitar conflito a parte que, no processo, ofereceu exceção de incompetência.
(C) Declarada a incompetência absoluta, sempre se extinguirá o processo sem resolução do mérito.
(D) Em razão da matéria e da hierarquia, a competência é derrogável pela convenção das partes.
(E) O foro contratual é personalíssimo, não obrigando os herdeiros e sucessores das partes.

A: incorreta, porque a incompetência absoluta deve ser arguida por meio de preliminar de contestação (art. 301, II, CPC); B: correta (art. 117, CPC); C: incorreta, porque o reconhecimento da incompetência absoluta acarreta a remessa dos autos ao juízo competente (art. 113, § 2º, CPC); D: incorreta (art. 111, CPC); E: incorreta (art. 111, § 2º, CPC). Gabarito "B".

(Magistratura/PR – 2010 – PUC/PR) A jurisdição como forma de poder estatal é UNA, mas o seu exercício é distribuído entre os vários órgãos jurisdicionais. A medida do exercício da jurisdição atribuída a cada órgão do Poder Judiciário chama-se COMPETÊNCIA. Sobre competência, assinale a alternativa CORRETA:

I. A competência, em razão do valor e do território, poderá modificar-se pela conexão ou continência.
II. A competência funcional dos juízes de primeiro grau é disciplinada pela Lei Federal n. 5.869/73.
III. Declarada a incompetência absoluta, os atos praticados serão nulos, remetendo-se o processo ao juiz competente.
IV. Cabe à parte que ofereceu exceção de incompetência suscitar conflito de competência.

(A) Apenas a assertiva I está correta.
(B) Apenas as assertivas I e II estão corretas.
(C) Apenas a assertiva III está correta.
(D) Apenas as assertivas III e IV estão corretas.

I: correta (art. 102 do CPC); II: correta (art. 93 do CPC); III: incorreta, porque só os atos decisórios serão considerados nulos (§ 2º do art. 113 do CPC); IV: incorreta (art. 117 do CPC). Gabarito "B".

(Magistratura/RS – 2009) Assinale a assertiva incorreta sobre competência.

(A) Na ação de rescisão de contrato de promessa de compra e venda relativa a bem imóvel, tendo como causa de pedir a falta de pagamento, é competente o lugar da situação do bem e, por envolver competência funcional, portanto absoluta, não pode ser derrogada por convenção das partes.
(B) Na cumulação de ações, havendo regra de competência absoluta para uma delas, referente a outra, que envolva questão de competência relativa, prevalece a primeira, por ser matéria de ordem pública.
(C) A ação em que o incapaz for réu se processará no foro do domicílio do seu representante.
(D) A competência para o cumprimento de sentença condenatória, antes absoluta, passou a ser relativa, por concorrerem os juízos do local onde o executado tem bens sujeitos à expropriação e o juízo do domicílio do executado.
(E) A competência territorial é relativa, admite prorrogação e não é possível o conhecimento de ofício pelo juízo; entretanto, pode o juiz agir de ofício para reconhecer a nulidade de cláusula de eleição de foro em contrato de adesão e declinar da competência para o foro do domicílio do réu.

A: incorreta, porque a ação em questão é de natureza pessoal, motivo pelo qual é competente o foro do domicílio do réu (RSTJ 40/416); B: correta, pois a competência absoluta prevalece; C: correta (art. 98 do CPC); D: correta (art. 475-P, parágrafo único, CPC); E: correta (art. 112, parágrafo único, do CPC). Gabarito "A".

(Magistratura/SP – 2011 – VUNESP) A ação fundada em direito pessoal será proposta:

(A) no foro do domicílio do autor, quando o réu não tiver domicílio nem residência no Brasil.
(B) no foro do domicílio do autor, quando houver dois ou mais réus com diferentes domicílios.
(C) no foro do domicílio do autor, quando o réu tiver mais de um domicílio.
(D) no foro do domicílio do autor, quando o réu for ausente.
(E) no foro do domicílio do réu, quando ele for incapaz.

A: correta (art. 94, § 3º, CPC); B: incorreta, porque nesse caso é competente o foro do domicílio de qualquer um dos réus (art. 94, § 4º); C: incorreta (art. 94, § 1º); D: incorreta (art. 97 – é competente o foro de seu último domicílio); E: incorreta (art. 98 – é competente o foro do domicílio do seu representante). Gabarito "A".

(Magistratura/SP – 2009 – VUNESP) Acolhida exceção de incompetência e remetidos os autos ao foro indicado pelo excipiente, o juiz deve, ao recebê-los,

(A) dar andamento ao processo, mesmo que não se considere competente.
(B) suscitar conflito negativo, caso se considere incompetente.
(C) devolvê-los à origem, caso se considere incompetente.
(D) acolher nova exceção, caso se considere incompetente.

Trata-se de questão altamente controvertida. Pelo gabarito oficial foi considerada como sendo correta a alternativa "A", porque o examinador do concurso em questão concluiu que o juiz não poderia declinar de sua competência – territorial – de ofício. Ocorre, porém, que é possível que o juiz em questão se desse conta de que era ele absolutamente incompetente para aquela demanda, hipótese em que deveria suscitar conflito negativo de competência. Basta imaginar uma demanda sobre direito real sobre imóvel ajuizada no foro situação do bem, em que, por absoluto equívoco de todos os envolvidos, foi oposta e acolhida exceção de incompetência para determinar o envio do processo para o foro do domicílio do réu. Se o juiz que receber o processo notar que para aquela demanda ele é absolutamente incompetente, não poderá ficar de braços cruzados diante do risco de que toda atividade processual venha a ser considerada inútil no futuro. Em casos como este, cabível será o conflito negativo de competência. Gabarito "A".

(Magistratura/SP – 2009 – VUNESP) Investidura e competência são, respectivamente:

(A) requisito de validade do processo e requisito de admissibilidade do julgamento de mérito.
(B) pressuposto de existência e requisito de validade do processo.
(C) pressuposto processual e condição da ação.
(D) pressuposto processual objetivo e pressuposto processual subjetivo.

Investidura é pressuposto processual de existência do processo, enquanto a competência é pressuposto processual de validade dele. Logo, correta a alternativa "B". Gabarito "B".

(Magistratura/SP – 2008) Marcos Silva, notificado pela empregadora, com sede em São Paulo, de que receberia o prêmio financeiro de incentivo profissional costumeiramente pago no final do ano, em função de, ao longo de oito meses seguidos de 2007, haver conseguido satisfazer certa condição, pediu desligamento do trabalho, antes da data de premiação. Ao cobrar, posteriormente, o pagamento, houve recusa, sob fundamento consistente em que o requerente havia deixado de ser funcionário, de modo que não mais cabível a exigência. Proposta no juízo cível ação de cobrança contra a ex-empregadora, assinale a alternativa correta.

(A) A sentença deverá decretar carência da ação, por falta de possibilidade jurídica para o pedido.
(B) O juízo cível não conhecerá do pedido, por se tratar de alegado dano patrimonial, determinando redistribuição da ação, porque a ter como competente a Justiça do Trabalho.
(C) O juízo cível acolherá a ação, com condenação da empresa no pagamento da recompensa, porque com direito subjetivo ao prêmio o autor, em conformidade com a notificação que lhe fora endereçada.
(D) O juízo cível julgará improcedente a ação, porque de se subentender que o prêmio, sendo de incentivo profissional, somente se destinava aos funcionários que continuassem a serviço da empresa.

Art. 114 da CF (de acordo com a redação dada pela Emenda nº 45, de 2004). Gabarito "B".

(Magistratura/SP – 2008) Como é sabido, a jurisdição é o poder de dizer o direito objetivo, função do Estado, desempenhada por meio do processo, na busca da solução do conflito que envolve as partes, para a realização daquele e a pacificação social. Sobre o assunto em questão, assinale a resposta correta.

(A) O exercício espontâneo da jurisdição, na condição de regra geral, implicaria em possível prejuízo da imparcialidade do juiz na solução da lide.
(B) Quando em causa direitos indisponíveis, mais se reforça o entendimento de que os órgãos jurisdicionais não hão de ficar inertes no que se refere à iniciativa de instauração do processo, não devendo eles ficarem à espera de provocação de algum interessado para a atuação da vontade concreta da lei.
(C) No exercício da jurisdição voluntária, tal e qual se passa na jurisdição contenciosa, o juiz busca a pacificação social. Então, as duas jurisdições se confundem, sem conseqüências práticas.
(D) O juiz não conta com impedimento para conceder ao autor tutela jurisdicional diversa da postulada, contanto que se mostre qualitativa ou quantitativamente superior.

A e B: de fato, o princípio da inércia da jurisdição assegura o da imparcialidade do juiz, que, conforme disposto no art. 2º do CPC, só poderá prestar a tutela jurisdicional quando a parte o requerer; C: incorreta, pois na jurisdição voluntária o juiz não busca a pacificação, porquanto não há conflito; D: incorreta (art. 460 do CPC), em respeito ao princípio da adstrição do juiz ao pedido deduzido pela parte. Gabarito "A".

(Magistratura/SP – 2008) Segundo é sabido, o princípio da aderência ao território, que é inerente à jurisdição, traça limitações territoriais à autoridade dos juízes. Sobre esse assunto, assinale a alternativa correta.

(A) Cada juiz não exerce sua autoridade somente nos limites do território sujeito por lei à sua jurisdição.
(B) Se é preciso produzir uma prova fora do território do juiz, ele deverá se deslocar até o foro do outro, lá cuidando de alcançar aquela, com auxílio dos órgãos auxiliares do juiz visitado.
(C) O princípio da aderência ao território não veda, no processo civil, a citação postal endereçada a pessoas fora da comarca.
(D) Recaindo a penhora em crédito do devedor junto a terceiro, residente em outra comarca, a regra é que se considerará ela feita pela intimação deste para que não pague ao seu credor, residente em outra comarca. Mas a intimação ao último deverá ocorrer no foro onde foi proposta a execução, em respeito ao princípio da aderência ao território.

Art. 222 do CPC. Gabarito "C".

(Magistratura/TO – 2007 – CESPE) Quanto à competência, assinale a opção correta.

(A) A ação fundada em direito pessoal sobre bem imóvel situado em mais de uma comarca deve ser ajuizada no foro da situação da coisa em qualquer uma das comarcas. Trata-se de competência absoluta, que, depois de fixada por prevenção, se estende sobre a totalidade do imóvel.
(B) O juízo do inventário é universal, isto é, além do processo sucessório, atrai para si a competência especial para processar e julgar todas as ações de que o espólio seja parte. A competência absoluta para o processamento do inventário é a do juízo do local onde o óbito do autor da herança tenha ocorrido.
(C) Nos conflitos positivos ou negativos de competência, haverá, obrigatoriamente, a intervenção do Ministério Público, ainda que não esteja intervindo no processo pela natureza da causa nem pela qualidade da parte. No estado do Tocantins, os conflitos entre os juízes estaduais são dirimidos pelas câmaras cível ou criminal de seu tribunal de justiça.
(D) Compete ao juiz federal processar e julgar todas as causas envolvendo o ensino superior, ainda que relacionadas a universidades particulares, porque, em ações comuns, a competência se estabelece em razão da matéria, isto é, quanto à natureza da relação material objeto da lide.

Art. 116, parágrafo único, do CPC. Gabarito "C".

(Ministério Público/AM – 2008 – CESPE) A respeito da competência, assinale a opção correta.

(A) Ao MP, como órgão interveniente em razão da natureza da lide ou da qualidade de parte, facultam-se todos os recursos e instrumentos processuais oferecidos às partes, o que inclui a legitimidade para argüir exceção de incompetência, ainda que relativa.
(B) O juízo do domicílio do menor é competente para apreciar ação de guarda proposta por um dos pais contra o outro. No entanto, por ser relativa, essa competência pode ser prorrogada e não autoriza declinação da competência de ofício.
(C) A competência para o inventário é definida em razão do lugar onde ocorreu a morte do autor da herança. Quando o autor da herança for servidor público, o juízo competente para processar seu inventário, por força de lei, é o do local onde ele presta serviços ou do lugar de sua última lotação.
(D) A interposição de embargos de terceiros por uma empresa pública federal ou mesmo quando manifesta seu interesse em ingressar em ação que tramita perante a justiça estadual, na qualidade de litisconsorte, assistente ou opositor, acarreta o vício de incompetência absoluta superveniente na ação principal, determinando o deslocamento de ambos os feitos para a justiça federal.
(E) Propostas ações em separado, ocorrendo a continência entre as ações, qualquer das partes poderá suscitar o conflito de competência, perante qualquer um desses juízos, em virtude da proibição da existência de mais de um órgão judiciário competente para julgar duas causas que devam receber a mesma solução jurídica.

A: incorreta, pois o Ministério Público não goza de legitimidade para opor exceção de incompetência quando atua como fiscal da lei, eis que, no caso, não é parte do processo (art. 304 do CPC); B: incorreta, pois a ação de guarda não tem o menor como parte e, assim, sua competência reger-se-á pela regra geral (art. 94 do CPC); C: incorreta (art. 96 do CPC); D: correta, pois, de fato, o princípio da perpetuação da jurisdição comporta exceções, dentre as quais a hipótese tratada de intervenção de empresa pública federal em processo que tramita perante a justiça estadual, sendo fator que desloca a competência para a justiça federal, necessariamente (art. 87 do CPC); E: incorreta, porque não é o caso de suscitar conflito de competência, mas somente arguir a existência de continência para que o juiz ordene a reunião dos processos, conforme disposto no art. 105 do CPC. Gabarito "D".

(Ministério Público/BA – 2005) Em matéria de competência, não podemos fazer a seguinte afirmação:

(A) Será competente a autoridade judiciária brasileira quando o réu, qualquer que seja a sua nacionalidade, estiver domiciliado no Brasil.
(B) Somente poderá ser regida, em razão do valor da causa, pelas normas de organização judiciária.
(C) Regem a competência dos tribunais as normas constitucionais e de organização judiciária.
(D) Nas ações de reparação de dano em razão do delito, será competente o foro do domicílio do autor ou o local do fato.
(E) A competência em razão da matéria é inderrogável por convenção das partes, mas estas poderão modificá-la em razão do valor.

Art. 91 do CPC. Gabarito "B".

(Ministério Público/CE – 2009 – FCC) Se um bem de empresa pública federal, que não é parte no processo, for apreendido, por determinação judicial, em ação de divisão que tramita perante a Justiça Estadual,

(A) é possível a oposição de embargos de terceiro pela empresa pública federal, na Justiça Estadual, que tem competência funcional para processar e julgar os embargos de terceiro.
(B) não é possível a oposição de embargos de terceiro pela empresa pública federal, em razão da incompetência absoluta da Justiça Estadual.
(C) é possível a oposição de embargos de terceiro pela empresa pública federal mas a competência desloca-se para a Justiça Federal, que processará e julgará as duas ações.
(D) os embargos de terceiro opostos pela empresa pública federal serão processados e julgados pela Justiça Federal, devendo ser sobrestada na Justiça Estadual a ação onde foi feita a constrição.
(E) a competência é material da Justiça Estadual, portanto, absoluta para o julgamento dos embargos de terceiro opostos pela empresa pública federal, devendo ser sobrestada a ação onde foi realizada a constrição.

A: incorreta, porque se os embargos são "oferecidos pela União, autarquia federal ou empresa pública federal (art. 109-I), (...) a competência para o seu conhecimento será da Justiça Federal, ainda que a ação principal corra na Justiça Estadual (*RTJ* 98/217); B: incorreta, porque a oposição dos embargos é possível, mas não perante a Justiça Estadual; C: correta (STJ, CC 54.437, STF-Pleno, *RTJ* 106/946 e *RT* 577/260); D: incorreta, porque a oposição dos embargos de terceiro perante a Justiça Federal acarretará a remessa do processo para aquele juízo; E: incorreta, pelos motivos já expostos. Gabarito "C".

(Ministério Público/DF – 2009) Sobre competência, assinale a alternativa correta.

(A) Somente pode suscitar conflito de competência, a parte que no processo ofereceu exceção de incompetência.
(B) Compete à autoridade judiciária brasileira, com exclusão de qualquer outra, proceder a inventário e partilha de bens, situados no Brasil, ainda que o autor da herança seja estrangeiro e tenha residido fora do território nacional.
(C) Em ação de desapropriação é competente o foro da situação da coisa. Pode o autor, entretanto, optar pelo foro do domicílio ou de eleição.
(D) É competente o foro do domicílio do réu, para a ação de reparação de dano.
(E) A reunião de ações propostas em separado, a fim de que sejam decididas simultaneamente, somente ocorre por consequência da conexão.

A: incorreta, porque "não pode suscitar o conflito a parte que, no processo, ofereceu exceção de incompetência (art. 117 do CPC); B: correta (art. 89, II, CPC); C: incorreta, porque é competente, para a ação de desapropriação, o foro da situação da coisa (*RSTJ*, 46/314); D: incorreta, porque a competência nas ações de reparação de dano é do foro do local do fato ou ato (art. 100, V, "a", CPC); E: incorreta, porque a reunião também decorre da continência (art. 105 do CPC). Gabarito "B".

(Ministério Público/MA – 2009) Analise as afirmativas que seguem.

I. A incompetência absoluta deve ser declarada de ofício pelo juiz e, quando tal acontece, rigorosamente todos os atos decisórios proferidos pelo juiz incompetente serão nulos.
II. A incompetência absoluta deve ser declarada de ofício pelo juiz e, quando tal acontece, nem todos os atos decisórios proferidos pelo juiz incompetente serão nulos.
III. O Ministério Público somente poderá ser ouvido nos denominados *"conflitos de competência"* quando atuar no respectivo processo como parte.
IV. Quando, a respeito do conhecimento, processamento e julgamento de um determinado processo, um juiz declina de sua competência em favor de outro juiz que a aceita, há conflito de competência.
V. Reputam-se conexas duas ou mais ações quando lhes forem comuns o objeto, a causa de pedir e as partes litigantes.

(A) A afirmativa "II" supra é correta, sendo incorretas todas as demais.
(B) Dentre as afirmativas supra, duas (2) são corretas e três (3) são incorretas.
(C) As afirmativas "I", "III" e "V" supra são corretas, sendo incorretas todas as demais.
(D) A afirmativa "I" supra é correta, sendo incorretas todas as demais.
(E) As afirmativas "I" e "V" supra são corretas, sendo incorretas as demais.

Embora não tenha havido modificação no gabarito oficial da questão, a impressão que se tem é a de que houve equívoco por parte do examinador. Ao que tudo indica, ao invés da afirmativa "II", correta é a afirmativa "I", o que faria com que a alternativa "D" fosse a adequada. I: correta (art. 113 do CPC – no sentido da questão: "quanto aos atos de conteúdo decisório, serão todos nulos" – Patrícia Miranda Pizzol – *Código de Processo Civil Interpretado*, Ed. Atlas, p. 329); II: incorreta (art. 113 do CPC); III: incorreta, porque o MP é ouvido em todos os conflitos de competência (art. 116, parágrafo único, CPC); IV: incorreta, porque não há conflito nesse caso, mas simples remessa dos autos ao juízo competente; V: incorreta, porque para a conexão basta que sejam comuns o pedido ou a causa de pedir. Gabarito oficial "A"/Gabarito nosso "D".

(Ministério Público/MG – 2010 – FUNDEP) Fulano "A", residente em Belo Horizonte (MG), pretendendo adquirir imóvel para veraneio, interessou-se por uma casa localizada em Escarpas do Lago, Município de Capitólio (MG) (Comarca de Piumhi), pertencente à Construtora "B", sediada no Município de Divinópolis (MG). Acertado o preço para pagamento parcelado, os contratantes celebraram compromisso de compra e venda, contendo cláusula de eleição de foro, Comarca de Divinópolis (MG). Depois de quitado o preço, o promitente vendedor recusou-se a outorgar o domínio e, por isso, o comprador ajuizou ação de adjudicação compulsória no Juízo da Comarca de Belo Horizonte.

De acordo com a jurisprudência dos Tribunais Superiores, marque a resposta **CORRETA**.

(A) O foro do domicílio do promitente comprador é o absolutamente competente, visto que a controvérsia envolve relação de consumo.
(B) Não há relação de consumo e, por isso, prevalece o foro do domicílio do réu.
(C) Mesmo havendo cláusula de eleição de foro, o promitente comprador não fica inibido de propor a ação em local diverso e, nesse caso, por se tratar de competência relativa, a modificação somente poderá ocorrer se o réu, por meio de exceção, arguir a incompetência.
(D) Trata-se de ação real imobiliária e, consequentemente, o foro competente é o da situação do imóvel, devendo o juiz, de ofício, reconhecer a sua incompetência.

A: incorreta, porque se fosse competente o foro do domicílio do consumidor, a competência, por ser territorial, não seria absoluta; B: incorreta, porque há relação de consumo, embora nesse caso ela não repercuta sobre a competência; C: incorreta, porque na hipótese prevalece o foro da situação da coisa sobre a cláusula de eleição; D: correta: "Não se admite o foro de eleição na ação de adjudicação compulsória, para a qual prevalece o foro da situação da coisa" (STF-Pleno, RT 514/243). Gabarito "D".

(Ministério Público/MG – 2010.1) Assinale a alternativa INCORRETA.

(A) A Fazenda Estadual não possui prerrogativa de foro na capital do Estado, podendo ser demandada no domicílio do autor ou no local dos fatos.
(B) A competência para processar e julgar o mandado de segurança decorre da categoria da autoridade coatora ou de sua sede funcional, e não da natureza do ato impugnado ou em razão da pessoa do impetrante.
(C) Tendo-se em vista o disposto no artigo 100, II, do CPC ("É competente o foro do domicílio ou da residência do alimentando, para a ação em que se pedem alimentos"), a incompetência do Juízo poderá ser declarada de ofício quando a ação de alimentos for proposta no foro do domicílio do alimentante.
(D) A competência para processar e julgar mandado de segurança contra decisões de mérito de Juizado Especial é da respectiva Turma Recursal.
(E) Na ação por danos decorrentes de acidente de trânsito, o autor tem a faculdade de propor a ação no foro do seu próprio domicílio, no foro do local do acidente ou, ainda, no foro do domicílio do réu.

A: correta ("O Estado não tem foro privilegiado" – *RSTJ* 136/179); B: correta (lei nº 12.016/2009); C: incorreta, porque se trata de regra de competência territorial, e como essa é relativa, não pode ser conhecida de ofício pelo juiz; D: correta ("O Superior Tribunal de Justiça firmou compreensão no sentido de que compete às Turmas Recursais processar e julgar o mandado de segurança impetrado contra ato de magistrado em exercício no Juizado Especial, assim como do Juiz da própria Turma Recursal. Precedentes" – AgRg no RMS 18.431/MT, Rel. Ministro OG FERNANDES, SEXTA TURMA, julgado em 29/09/2009, DJe 19/10/2009); E: correta (art. 100, parágrafo único, do CPC). Gabarito "C".

(Ministério Público/MG – 2010.1) Assinale a alternativa INCORRETA.

(A) A competência em razão da matéria poderá modificar-se pela conexão ou continência.
(B) Reputam-se conexas duas ou mais ações, quando lhes for comum o objeto ou a causa de pedir.
(C) Dá-se a continência entre duas ou mais ações sempre que há identidade quanto às partes e à causa de pedir, mas o objeto de uma, por ser mais amplo, abrange o das outras.
(D) Havendo conexão ou continência, o juiz, de ofício ou a requerimento de qualquer das partes, pode ordenar a reunião de ações propostas em separado, a fim de que sejam decididas simultaneamente.
(E) Correndo em separado, ações conexas perante juízes que têm a mesma competência territorial, considera-se prevento aquele que despachou em primeiro lugar.

A: incorreta, porque se trata de competência absoluta que não é passível de prorrogação; B: correta (art. 103 do CPC); C: correta (art. 104 do CPC); D: correta (art. 105 do CPC); E: correta (art. 106 do CPC). Gabarito "A".

(Ministério Público/PR – 2011) Acerca da competência no processo civil, analise as assertivas abaixo e assinale a alternativa correta:

I. a edição de súmula vinculante determinativa de competência tem aplicação imediata às demandas em curso, independentemente de já haver no processo decisão preclusa acerca da fixação do juízo competente;
II. quando a lei, em abstrato, fixar dois ou mais foros competentes, a competência em concreto será determinada pela prevenção;
III. a conexão é forma de modificação da competência e somente a requerimento da parte ordenará o juiz a reunião dos processos;
IV. em comarca onde existe vara única, a criação de uma vara de família alteraria a competência da vara cível para conhecer e julgar as demandas de família que já haviam sido nela propostas.

(A) somente as alternativas I e III estão corretas;
(B) somente as alternativas I, II e III estão corretas;
(C) somente as alternativas II e IV estão corretas;
(D) somente as alternativas II, III e IV estão corretas;
(E) todas as alternativas estão corretas;

I: incorreta, porque haverá aplicação da súmula na regra prevista na súmula vinculante, nesse caso; II: correta, pois nesse caso é a prevenção que determinará o foro competente; III: incorreta (art. 105, CPC); IV: correta (art. 87 do CPC). Gabarito "C".

(MINISTÉRIO PÚBLICO/RO – 2010 – CESPE) Acerca de jurisdição, competência, processo e ação, assinale a opção correta.

(A) O princípio da indelegabilidade estabelece que a autoridade dos órgãos jurisdicionais, considerados emanação do próprio poder estatal soberano, impõe-se por si mesma, independentemente da vontade das partes ou de eventual pacto para aceitarem os resultados do processo.
(B) A nulidade da cláusula de eleição de foro, em contrato de adesão, não pode ser declarada de ofício pelo juiz, o qual, somente quando provocado, pode declinar de competência para o juízo de domicílio do réu.
(C) O direito brasileiro adota, quanto à causa de pedir, a chamada doutrina da substanciação.
(D) O princípio da inércia, um dos princípios basilares da jurisdição, não admite exceção.
(E) A competência é determinada no momento em que a ação é proposta; portanto, segundo o princípio da perpetuação da jurisdição (perpetuatio jurisdictionis), não há alteração da competência quando ocorrem modificações irrelevantes do estado de fato ou de direito efetuadas posteriormente à propositura da ação.

A: incorreta, porque o enunciado trata do princípio a inevitabilidade, e não da indelegabilidade da jurisdição; B: incorreta (parágrafo único do art. 112 do CPC); C: correta, pois essa é a doutrina adotada; D: incorreta, porque há casos em que o juízo pode agir de ofício (inventário, por exemplo); E: incorreta, porque há casos em que fica afastada a perpetuação (art. 87 do CPC), embora a redação do enunciado não tenha sido muito feliz. Gabarito "C".

(Ministério Público/RS – 2009) Havendo conflito negativo de atribuições entre o Ministério Público Federal e o Ministério Público Estadual em inquérito civil, a competência para resolver o conflito será do

(A) Supremo Tribunal Federal.
(B) Superior Tribunal de Justiça.
(C) Conselho Superior do Ministério Público.
(D) Conselho Nacional da Magistratura.
(E) Juiz ao qual seja o inquérito distribuído.

Nesse sentido: "CONFLITO DE ATRIBUIÇÕES - MINISTÉRIOS PÚBLICOS ESTADUAL E FEDERAL. Conforme precedentes do Supremo, cabe a si dirimir conflito de atribuições entre o Ministério Público Estadual e o Federal - Petição nº 3.631-0/SP, relator Ministro Cezar Peluso, acórdão publicado no Diário da Justiça Eletrônico de 6 de março de 2008, e Ação Cível Originária nº 889/RJ, relatora Ministra Ellen Gracie, acórdão veiculado no Diário da Justiça Eletrônico de 27 de novembro de 2008" (Pet 4574 / AL - ALAGOAS Relator(a): Min. MARCO AURÉLIO, Julgamento: 11/03/2010, Órgão Julgador: Tribunal Pleno). Gabarito "A".

(Ministério Público/SE – 2010 – CESPE) Pedro ajuizou ação em face da empresa de telecomunicações TC, motivado por supostas cobranças de pulso indevidas e postulou, ao final: declaração de inexistência de débito; repetição do indébito, em dobro; danos morais no valor de R$ 5.000,00. Dois meses após a distribuição do feito e da citação da ré, Pedro ajuizou nova ação, contra a mesma empresa, postulando, com base na mesma causa de pedir, danos morais no valor de R$ 5.000,00. Com base nessa situação hipotética, o instituto que corretamente define e enquadramento jurídico-processual da segunda ação ajuizada é denominado

(A) litigância de má-fé.
(B) continência.
(C) coisa julgada.
(D) litispendência parcial.
(E) incompetência em razão do valor da causa.

Na hipótese em questão, verificou-se a litispendência parcial, porque na segunda ação foi repetido um dos pedidos que já havia sido formulado no primeiro processo. Gabarito "D".

(Ministério Público/SP – 2011) Na ação fundada em direito real sobre imóvel, recaindo o litígio sobre direito de posse de um terreno e benfeitorias situado em mais de uma comarca, o foro competente para a ação é

(A) do detentor do bem.
(B) de eleição das partes contratantes.

(C) do domicílio do réu.
(C) determinado pela prevenção.
(E) do domicílio do autor.

De acordo com o que prevê o art. 107 do CPC, é correta a alternativa "D". Gabarito "D".

(Ministério Público/SP – 2008) Considere as seguintes assertivas:

I. O conflito de competência pode ser suscitado por qualquer das partes, pelo Ministério Público ou pelo juiz.

II. No julgamento do conflito de competência, é possível a invalidação dos atos decisórios do juiz considerado incompetente.

III. No julgamento do conflito de competência, o tribunal pode, uma vez constatada a ilegitimidade de uma das partes, extinguir o processo sem julgamento do mérito.

Assinale a alternativa correta.

(A) Somente I é verdadeira.
(B) Somente I e II são verdadeiras.
(C) Somente I e III são verdadeiras.
(D) Somente II e III são verdadeiras.
(E) Todas as assertivas são verdadeiras.

I: certa (art. 116 do CPC); II: certa (art. 122 do CPC); III: errada, porque o Tribunal, ao julgar conflito de competência, não entrará nas questões discutidas no processo, seja quanto às preliminares, seja quanto ao mérito. Gabarito "B".

(Defensoria/ES – 2009 – CESPE) No que concerne ao direito processual civil, julgue o item:

(1) Na assistência simples ou adesiva, o interesse do assistente não é vinculado diretamente ao litígio. A atuação desse assistente é meramente complementar à atuação do assistido. Todavia, se o assistido for revel, o assistente será considerado gestor de negócios.

1: certo (v. art. 52, parágrafo único, do CPC). Gabarito 1C

(Defensoria/ES – 2009 – CESPE) No que concerne ao direito processual civil, julgue o item:

(1) Na conexão de causas em que haja incompetência em razão do território no tocante à causa conexa, o juiz, em vez de declarar-se incompetente, poderá determinar a reunião das ações propostas separadamente e julgá-las, prorrogando a competência.

1: certo (v. art. 102 do CPC). Gabarito 1C

(Defensoria/MG – 2009 – FURMARC) Todas as opções abaixo são verdadeiras, EXCETO:

(A) A competência será declinada para o juízo do domicílio do réu, quando o juiz declarar de ofício a nulidade da cláusula de eleição de foro em contrato de adesão.
(B) Quando ações conexas tramitarem perante juízes de competência territorial distinta, considera-se prevento aquele que despachou em primeiro lugar.
(C) A declaração da incompetência absoluta acarreta a nulidade dos atos decisórios, remetendo-se os autos ao juiz competente.
(D) A parte que ofereceu, no prazo para a resposta, exceção de incompetência, não pode suscitar o conflito de competência.
(E) A petição da exceção de incompetência pode ser protocolizada no foro do domicílio do excipiente, devendo ser remetida ao juízo que determinou a citação.

A: correta (parágrafo único do art. 112 do CPC); B: incorreta, porque quando os juízes forem de competência territorial distinta, prevento será aquele que tiver citado o réu em primeiro lugar (art. 219 c.c. 106, ambos do CPC); C: correta (art. 113); D: correta (art. 117); E: correta (art. 305, parágrafo único, do CPC). Gabarito "B".

(Defensoria/MT – 2009 – FCC) A incompetência absoluta deve ser

(A) provocada pela parte; aceita, extingue-se o processo.
(B) declarada de ofício; aceita, remetem-se os autos ao juiz competente, havendo-se como nulos somente os atos decisórios.
(C) declarada de ofício; aceita, todos os atos processuais são nulos, remetendo-se os autos ao juiz competente.
(D) levantada por meio de exceção; aceita, remetem-se os autos ao juiz competente, com o aproveitamento de todos os atos processuais.
(E) declarada de ofício; aceita, extingue-se o processo, por não ser possível aproveitar-se nenhum ato processual.

A: errada, porque a incompetência absoluta não depende de provocação da parte para que seja reconhecida, e não acarreta (salvo no JEC) a extinção do processo, mas a remessa ao juízo competente; B: correta (113, *caput* e §2º, do CPC); C: errada, porque só os atos processuais de conteúdo decisório é que são nulos; D: errada, porque exceção é o instrumento para a alegação de incompetência relativa (e não absoluta); E: errada, porque não há extinção, mas simples remessa ao juízo competente, com aproveitamento dos atos sem conteúdo decisório até então praticados. Gabarito "B".

(Defensoria/MT – 2009 – FCC) A competência

(A) em razão do valor e do território, poderá modificar-se pela conexão ou continência.
(B) em razão da matéria é derrogável por convenção das partes, se disponível o direito sobre o qual se litiga.
(C) não pode em nenhuma hipótese ser declinada de ofício pelo juiz, se relativa.
(D) territorial diz respeito ao valor e à matéria.
(E) não se prorroga, tratando-se de questão cogente e indisponível.

A: correta (art. 102 do CPC); B: incorreta, porque se trata de competência absoluta; C: incorreta, tendo em vista o teor do parágrafo único do art. 112 do CPC; D: incorreta, porque uma coisa é competência territorial e outra é aquela que se relaciona com o valor da causa ou à matéria; E: incorreta, porque a competência, desde que relativa, é passível de prorrogação. Gabarito "A".

(Defensoria/MT – 2007) Acerca da competência, é correto afirmar:

(A) Nas ações sobre direito de vizinhança, não poderá o autor optar pelo foro de domicílio ou de eleição.
(B) É competente o foro do domicílio do autor, para a ação de anulação de títulos extraviados ou destruídos.
(C) A competência material, espécie de competência relativa, tem em conta a matéria objeto da lide.
(D) A competência é exclusiva quando dada a apenas um órgão do Poder Judiciário; sendo mais de um órgão igualmente competente para julgar a causa, haverá competência jurisdicionada.
(E) Se o autor da herança tinha domicílio certo e possuía bens em diferentes lugares, é competente o foro do lugar em que ocorreu o óbito.

A: correta (art. 95 do CPC); B: incorreta (art. 100, III, do CPC); C: incorreta (art. 111 do CPC); D: incorreta, pois não há previsão de competência jurisdicionada (art. 87 do CPC); E: incorreta (art. 96 do CPC). Gabarito "A".

(Defensoria/MT – 2007) Ainda acerca da competência, assinale a afirmativa correta.

(A) É competente o foro do domicílio do réu, para a ação em que for réu o administrador ou gestor de negócios alheios.
(B) É competente o foro do lugar onde exerce sua atividade principal, para a ação em que for ré a sociedade, que carece de personalidade jurídica.
(C) É competente o foro da residência do réu, para a ação de anulação de casamento.
(D) As ações em que o ausente for réu correm no foro onde estão localizados seus bens, que é também o competente para a arrecadação, o inventário, a partilha e o cumprimento de disposições testamentárias.
(E) A ação em que o incapaz for réu será processada no foro do domicílio deste ou de seu representante.

A: incorreta (100, V, *b*, do CPC); B: correta (art. 100, IV, *c*, do CPC); C: incorreta (art. 100, I, do CPC); D: incorreta (art. 97 do CPC); E: incorreta (art. 98 do CPC). Gabarito "B".

(Defensoria/MT – 2007) Em matéria de exceções, assinale a afirmativa correta.

(A) A simples oposição da exceção não é causa de suspensão do processo.
(B) Quando opostas simultaneamente exceções de suspeição e incompetência, o juiz primeiramente deverá apreciar a de suspeição.

(C) Qualquer das partes (autor ou réu) poderá argüir, por meio de exceção, a incompetência do juízo.
(D) O prazo para opor exceção de impedimento e suspeição é cinco dias, contados do conhecimento que a parte tem do fato que ocasionou a suspeita de parcialidade do juiz.
(E) O excipiente argüirá incompetência em petição fundamentada e devidamente instruída, indicando, se entender necessário, o foro ou juízo correto para onde declina a competência da causa.

A: incorreta (art. 265, III, do CPC); B: correta. Realmente, primeiro será apreciada a de impedimento, depois suspeição e, por fim, a de incompetência. É necessário seguir-se essa ordem, pois, primeiro, deve-se apurar acerca da compatibilidade do juiz com o processo (impedimento e suspeição), e depois é que se examina a competência; C: incorreta, pois embora o CPC fale em "partes", não cabe ao autor arguir exceção de incompetência, eis que ele propôs a ação no juízo que entendia competente; D: incorreta (art. 305 do CPC); E: incorreta (art. 307 do CPC). Gabarito "B".

(Procurador do Estado/CE – 2008 – CESPE) A respeito da competência, assinale a opção correta.

(A) Quando se tratar de junção de causas conexas, em uma mesma comarca, por causa da prevenção, considera-se prevento, não o juiz de onde tenha sido feita a citação, mas o que despachou em primeiro lugar, desde que ambos tenham a mesma competência territorial.
(B) Apresentada reconvenção ou denunciação da lide, prorroga-se a competência do juiz da causa principal para que ele tome conhecimento daquelas ações, ainda que inicialmente o juiz da causa fosse absolutamente incompetente para conhecê-las, uma vez que o juiz da causa principal é também competente para a ação acessória e incidental.
(C) Compete ao juízo federal do foro do domicílio do autor ou do local do fato processar e julgar ação que tenha por objeto benefício previdenciário devido em razão de doença adquirida no desempenho de atividade profissional ou de indenização por danos materiais e morais fundada em acidente de trabalho.
(D) As ações fundadas em direito pessoal ou em direito real sobre bens imóveis serão propostas no foro do domicílio do réu ou, não sendo esse conhecido, no domicílio do autor. Por se tratar de competência relativa, admite-se a prorrogação por convenção das partes, mesmo que o litígio recaia sobre direito de propriedade e posse.
(E) O juízo que processou a causa no primeiro grau de jurisdição é competente para o cumprimento da sentença que condena o réu ao pagamento de quantia. Essa competência é fixada pelo critério funcional e, por isso, não pode ser modificada por acordo entre as partes ou por conveniência do credor.

A: correta (art. 106 do CPC); B: incorreta (art. 109 do CPC); C: incorreta (art. 114, VI, da CF); D: incorreta (arts. 94 e 95, ambos do CPC); E: incorreta (art. 475-P, parágrafo único, do CPC). Gabarito "A".

(Procuradoria Distrital – 2007) Sobre o tema "competência interna", assinale a afirmativa incorreta.

(A) Competência material é absoluta; competência territorial é relativa.
(B) Pelo princípio da perpetuatio jurisditionis, uma vez proposta a ação e definida a competência, são irrelevantes as modificações do estado de fato ou de direito ocorridas posteriormente, salvo quando suprimirem o órgão judiciário ou alterarem a competência em razão da matéria ou da hierarquia.
(C) A incompetência absoluta deve ser argüida por meio de exceção.
(D) A ação fundada em direito pessoal deve ser proposta, em regra, no foro do domicílio do réu.
(D) A nulidade da cláusula de eleição de foro, em contrato de adesão, pode ser declarada de ofício pelo juiz, que declinará de competência para o foro do domicílio do réu.

A: correta (art. 111 do CPC); B: correta (art. 87 do CPC); C: incorreta (art. 112 do CPC); D: correta (art. 94 do CPC); E: correta (art. 112, parágrafo único, do CPC). Gabarito "C".

(Procurador do Estado/PB – 2008 – CESPE) Acerca da competência no processo civil, assinale a opção correta.

(A) O Ministério Público somente será ouvido no conflito de competência quando atuar, na causa correspondente, como parte ou fiscal da lei.
(B) Caso o juiz da causa principal tenha competência em razão da matéria ou funcional para conhecer a ação acessória, ele é competente para julgar, também, a ação declaratória incidente e a reconvenção.
(C) É competente o foro do domicílio ou residência do alimentante para a ação em que se pedem alimentos. Esse juízo será competente para julgar ação de revisão dos alimentos, em decorrência de conexão entre os feitos.
(D) Cabe ao STF processar e julgar, originariamente, ação direta de inconstitucionalidade de lei ou ato normativo federal, estadual ou municipal.
(E) As pessoas jurídicas de direito público têm foro privilegiado, por isso, nas ações propostas por essas pessoas, a competência é determinada pelo foro do local onde funcionem as respectivas administração e vara privativa.

A: incorreta (art. 116, parágrafo único, do CPC); B: correta (art. 108 do CPC); C: incorreta (art. 100, II, do CPC); além disso não há falar em conexão entre ação de alimentos e revisional; D: incorreta (art. 102, I, a, da CF); E: incorreta (art. 99 do CPC). Gabarito "B".

(Procurador do Estado/PR – 2007) No processo civil, o ato do juiz que decide incidente processual relativo a competência é:

(A) Irrecorrível;
(B) Apelável;
(C) Agravável;
(D) Passível, exclusivamente, de impugnação por mandado de segurança;
(E) Impugnável mediante embargos de divergência.

De fato, a decisão que decreta incidente relativo a competência é interlocutória, cujo recurso cabível é de agravo (art. 522 do CPC). Gabarito "C".

(Procurador do Estado/PR – 2007) Assinale a alternativa correta:

(A) se no momento oportuno do processo não se opôs a exceção de impedimento do juiz, tal matéria não poderá ser invocada como fundamento de ação rescisória contra a sentença de mérito proferida naquele processo.
(B) Se houve exceção de impedimento e esta foi rejeitada, não pode a parte tornar a invocar o impedimento em ação rescisória.
(C) A suspeição do juiz não serve de fundamento para ação rescisória.
(D) Tanto a incompetência absoluta quanto a relativa servem de fundamento para ação rescisória.
(E) A incompetência relativa serve de fundamento para ação rescisória apenas quando houver sido oportunamente argüida mediante exceção e esta exceção houver sido rejeitada.

Art. 485 do CPC. Gabarito "C".

(Procurador do Estado/RO – 2011 – FCC) Sobre a competência, de acordo com o que estabelece o Código de Processo Civil, analise as seguintes assertivas:

I. A competência em razão da hierarquia é inderrogável por convenção das partes; mas estas podem modificar a competência em razão do valor, da matéria e do território, elegendo foro onde serão propostas as ações oriundas de direitos e obrigações.
II. Havendo jurisprudência dominante do tribunal sobre a questão suscitada, o relator poderá decidir de plano o conflito de competência, cabendo agravo, e no prazo de cinco dias, contado da intimação da decisão às partes, para o órgão recursal competente.
III. Não arguindo a parte a incompetência absoluta na contestação ou na primeira oportunidade que lhe couber falar nos autos, responde integralmente pelas custas processuais.
IV. Correndo em separado ações conexas perante juízos que tem a mesma competência territorial, considera-se prevento aquele perante o qual a primeira demanda foi distribuída.

Está correto SOMENTE o que se afirma em
(A) I e II.
(B) I e IV.
(C) II e III.
(D) I, II e III.
(E) II, III e IV.

I: incorreta, porque a competência em razão da matéria não pode ser modificada pela convenção das partes (art. 111 do CPC); II: correta (art. 120, parágrafo único, CPC); III: correta (art. 113, § 1º, do CPC); IV: incorreta, porque a prevenção, nesse caso, é definida pelo despacho da petição inicial, e não pela distribuição(art. 106 do CPC). Gabarito "C".

(Procurador do Estado/RR – 2006 – FCC) A respeito da competência no processo civil, considere as seguintes afirmações:

I. A incompetência em razão da matéria é absoluta e deve ser argüida como preliminar na contestação.
II. A competência fixada exclusivamente em razão do valor, pode ser derrogada pelas partes.
III. A eleição de foro em determinado contrato nunca obriga os herdeiros e sucessores dos contratantes.
IV. A incompetência em razão do território é relativa e deve ser argüida mediante exceção.
V. A incompetência em razão da hierarquia não pode ser reconhecida de ofício pelo juiz.

SOMENTE estão corretas as afirmações
(A) I, II e III.
(B) I, II e IV.
(C) I, IV e V.
(D) II, III e IV.
(E) II, III e V.

I: correta (art. 301, II, do CPC); II: correta (art. 111 do CPC); III: incorreta (art. 111, § 2º, do CPC); IV: correta (art. 112 do CPC); V: incorreta (arts. 111 e 113, ambos do CPC). Gabarito "B".

(Procurador do Município/Teresina-PI – 2010 – FCC) Quanto à competência,

(A) como regra, quando territorial, pode ser declinada de ofício pelo juiz, sem necessidade de provocação da parte.
(B) de modo geral, são relevantes as modificações do estado de fato ou de direito ocorridas posteriormente à propositura da demanda.
(C) é determinada no momento da propositura da demanda.
(D) a autoridade judiciária brasileira a tem concorrente para conhecer de ações relativas a imóveis situados no país.
(E) em razão do valor e da função, em primeiro grau, é regida pelas normas de organização judiciária.

A: incorreta, porque a incompetência territorial é relativa, e, por isso, depende de provação pelo réu, através de exceção de incompetência (Súmula 33 do STJ); B: incorreta (art. 87 do CPC); C: correta (art. 87 do CPC); D: incorreta, porque se trata de hipótese de competência exclusiva da autoridade judiciária brasileira (art. 89, I, do CPC); E: incorreta, porque o art. 91 do CPC fala em "competência em razão do valor e da matéria", e não da função. Gabarito "C".

(Magistratura Federal/1ª Região – 2009 – CESPE) Assinale a opção correta acerca da competência no processo civil.

(A) Caso um morador do município de Juiz de Fora não tenha pago o IPTU referente a imóvel de sua propriedade, situado no município de Belo Horizonte, o foro da comarca de Belo Horizonte não será competente para processar a execução fiscal contra esse contribuinte.
(B) O STF, segundo sua jurisprudência, entende ser da sua competência o julgamento de mandado de segurança contra alegado ato omissivo consubstanciado na não nomeação do impetrante para cargo público efetivo da Câmara dos Deputados, uma vez que o ato seria da mesa diretora da Câmara dos Deputados.
(C) Na ação movida por segurado contra a autarquia previdenciária federal, a competência é exclusiva do juízo federal do domicílio do segurado.
(D) O julgamento de ação movida por particular, usuário de serviço de telefonia, contra concessionária de serviço público federal, em que se discuta ser indevida a cobrança de pulsos além da franquia, será da competência da justiça estadual, carecendo de legitimidade para compor o polo passivo a Agência Nacional de Telecomunicações, por não figurar na relação jurídica de consumo.
(E) A propositura de demanda perante tribunal estrangeiro a respeito de causa que poderia, por competência concorrente, ser conhecida pela jurisdição brasileira obsta a que a autoridade judiciária brasileira conheça do mesmo litígio ainda processado em outro país.

A: incorreta, porque a execução fiscal pode ser proposta no foro do domicílio do réu (leia-se: executado), mas a Fazenda Pública poderá escolher o foro da situação dos bens, quando a dívida deles se originar (parte final do parágrafo único do art. 578 do CPC); B: incorreta ("COMPETÊNCIA. Originária. Não caracterização. Mandado de segurança. Impetração contra ato omissivo do presidente da Câmara dos Deputados. Omissão não imputável à Mesa da Câmara. Feito da competência da Justiça Federal. Pedido não conhecido. Interpretação do art. 102, I, 'd', da CF. Precedente. Não compete ao Supremo, mas à Justiça Federal, conhecer de mandado de segurança impetrado contra ato, omissivo ou comissivo, praticado, não pela Mesa, mas pelo presidente da Câmara dos Deputados." - MS 23977, Relator: Min. CEZAR PELUSO, Tribunal Pleno, julgado em 12/05/2010, DJe-159 DIVULG 26-08-2010 PUBLIC 27-08-2010 EMENT VOL-02412-01 PP-00106); C: incorreta, uma vez que o art. 109, § 3º, da CR, estabelece que "serão processadas e julgadas pela justiça estadual, no foro do domicílio dos segurados ou beneficiários, as causas em que forem parte instituição de previdência social e segurado, sempre que a comarca não seja sede de vara do juízo federal..."; D: correta ("CONFLITO DE COMPETÊNCIA. ASSINATURA BÁSICA RESIDENCIAL. AÇÃO DECLARATÓRIA DE INEXISTÊNCIA DE DÉBITO. TELEMAR S/A. EMPRESA CONCESSIONÁRIA DE SERVIÇO PÚBLICO FEDERAL. COMPETÊNCIA DA JUSTIÇA ESTADUAL (...) 2. Deveras, tratando-se de relação jurídica instaurada em ação entre a empresa concessionária de serviço público federal e o usuário, não há interesse na lide do poder concedente, no caso, a União, falecendo, a fortiori, competência à Justiça Federal. Ademais, sequer cabe à Justiça Estadual sindicar do potencial interesse da Justiça Federal. (Súmula 150 do STJ) 3. Ademais, infere-se que o interesse jurídico da ANATEL foi afastado pelo Juízo Federal, a quem compete sindicar acerca desse particular consoante a Súmula 150 deste STJ ("Compete à Justiça Federal decidir sobre a existência de interesse jurídico que justifique a presença, no processo, da União, suas autarquias ou empresas públicas" - AgRg no CC 61.804/CE, Rel. Ministro LUIZ FUX, PRIMEIRA SEÇÃO, julgado em 12/03/2008, DJe 31/03/2008). No mesmo sentido: Súmula Vinculante n. 27; E: errada, em razão do que consta expressamente do artigo 90 do CPC. Gabarito "D".

(Magistratura Federal/3ª Região – 2010) Assinale a alternativa correta:

(A) A ação de revisão de contrato de financiamento imobiliário celebrado no âmbito do SFH funda-se em direito pessoal, não se aplicando a norma do art. 95 do CPC;
(B) Compete ao Superior Tribunal de Justiça julgar conflito negativo de competência instaurado entre juiz federal com exercício nos Juizados Especiais Federais e juiz de Vara Federal;
(C) O juizado especial federal não é competente para conhecer de ação de revisão de financiamento imobiliário, firmado nos termos do SFH, ainda que o valor da causa não exceda o limite estabelecido no art. 3º da Lei 10.259/01;
(D) Compete ao juiz estadual, no exercício de competência federal delegada, processar e julgar as causas de revisão de financiamento imobiliário, nos contratos firmados sob a égide do SFH, com comprometimento do fundo de compensação de variações salariais, quando não existir Vara Federal na cidade.

A: correta, porque a ação de revisão de contrato de financiamento não é ação real, motivo pelo qual não fica sujeita à regra de competência prevista no art. 95 do CPC; B: incorreta ("compete ao Tribunal Regional Federal o julgamento de conflito de competência instaurado entre Juizado Especial Federal e Juízo Federal da mesma Seção Judiciária. Precedente do STF: RE 590.409/RJ" - CC 107.635/PR, Rel. Ministro LUIZ FUX, PRIMEIRA SEÇÃO, julgado em 17/03/2010, DJe 21/06/2010); C: incorreta, porque não se trata de matéria excluída da competência dos juizados federais; D: incorreta, porque não há previsão constitucional de competência delegada para esse caso. Gabarito "A".

(Magistratura Federal – 3ª Região – XIII) A Justiça Federal:

(A) foi instituída para melhor tutela ao patrimônio da União;
(B) tem seus órgãos distribuídos em oito regiões;
(C) tem competência concorrente com as dos Estados em alguns casos;
(D) é uma Justiça comum.

De fato, a justiça estadual e federal são as justiças comuns, ou seja, residuais. Gabarito "D".

(Magistratura Federal-4ª Região – 2010) Assinalar a alternativa INCORRETA.

Será executada no Brasil a sentença proferida no estrangeiro desde que:

(A) Não tenha havido revelia.
(B) Haja sido proferida por juiz competente.
(C) Tenha passado em julgado.
(D) Tenha sido traduzida por intérprete autorizado.
(E) Tenha sido homologada pelo Superior Tribunal de Justiça.

A: incorreta, porque a revelia no processo originário não impede que seja executada no Brasil a sentença estrangeira; B, C, D e E: corretas, porque nesses casos a sentença não será homologada(v. Resolução do STJ n. 9, de 4 de maio de 2005, sobre o procedimento para homologação de sentença estrangeira). "A". Gabarito

(Magistratura Federal/5ª Região – 2009 – CESPE) Um TRF, ao julgar determinado recurso interposto contra decisão de juiz federal, reconheceu a ilegitimidade ad causam da União, que, até então, integrava a lide no polo passivo, em litisconsórcio com outras pessoas. Com base nessa situação hipotética, assinale a opção correta.

(A) Independentemente de o recurso julgado ser apelação ou agravo, o julgamento da causa ou da matéria restante deve ser atribuído ao órgão judiciário estadual competente, uma vez que o ente federal não mais participa, como parte, da ação.
(B) Caso o recurso julgado tivesse sido um agravo, não subsistiria motivo para justificar a competência da justiça federal, devendo ocorrer a remessa dos autos à justiça estadual, visto que da lide não mais participa o ente federal.
(C) O reconhecimento da ilegitimidade do ente federal como parte pelo TRF implica a instauração de conflito de competência com a justiça estadual e impõe a imediata remessa dos autos ao STJ.
(D) Se o recurso julgado tivesse sido uma apelação, a decisão recorrida deveria ser anulada e a causa remetida à justiça estadual, o que não ocorreria se o recurso tivesse sido um agravo, hipótese em que os atos até então praticados seriam válidos.
(E) Se o recurso julgado pelo TRF tivesse sido um agravo, a competência para julgamento da causa seria da justiça federal, visto que um ente federal integrava inicialmente a lide.

A: incorreta, porque se o recurso for apelação, não será necessária a remessa dos autos ao juízo estadual, competindo ao TRF o julgamento da causa; B: correta, pois, de fato, o ente federal não mais participa da lide; C: incorreta, uma vez que o reconhecimento da incompetência pela Justiça Federal acarreta tão só a remessa dos autos à Justiça Estadual, mas isso não é sinônimo de conflito de competência; D: incorreta, porque é exatamente o oposto que se verifica; E: incorreta, pelo mesmo motivo já apontado. "B". Gabarito

(Magistratura Federal – 5ª Região – 2007 – CESPE) O STJ é competente para dirimir conflito de competência estabelecido entre o juizado especial federal e o juízo de vara federal na mesma seção judiciária.

Certo. É com base na redação do art. 105, I, d, da CF, que o STF vem reiteradamente decidindo ser da competência dele o julgamento do conflito de competência entre o juízo do Juizado Especial Federal e o juízo de uma Vara Federal Comum da mesma Seção Judiciária. Nesse caso, o STJ entendeu que o TRF não é competente para julgar o conflito porque o Juiz do Juizado Especial Federal, embora vinculado administrativamente, não está vinculado jurisdicionalmente ao Tribunal Regional Federal. "C". Gabarito

(MAGISTRATURA DO TRABALHO – 1ª REGIÃO – 2010 – CESPE) Citado em ação cautelar de busca e apreensão, Mateus verificou que ela tramita em foro diverso do de sua residência, mesmo sem razão suficiente para alterar a regra geral de competência. Mateus não se opôs à incompetência. Encerrado o processo cautelar, o autor ajuizou a ação principal no mesmo foro. Acerca dessa situação hipotética, assinale a opção correta.

(A) O juiz da ação principal poderia declinar de sua competência de ofício.
(B) Não é necessária a exceção, pois se trata de regra de competência absoluta, que pode ser alegada na defesa.
(C) Não pode ser oposta exceção de incompetência no processo principal por ter havido prorrogação de competência.
(D) Apesar de Mateus não poder opor exceção de incompetência, o MP poderia fazê-lo, se atuasse no feito como parte.
(E) Mateus não se pode opor à prorrogação da competência, que, na hipótese da cautelar, produz efeitos, mesmo sendo absoluta.

A: incorreta, porque ainda que incompetente fosse, tratar-se-ia de incompetência territorial, que é relativa, motivo pelo qual não pode ser reconhecida de ofício pelo juiz; B: incorreta, porque se trata de incompetência territorial, relativa, portanto; C: correta, porque a ausência de exceção de incompetência na cautelar acarretou a prorrogação da competência; D: incorreta, por se tratar de interesse exclusivo do réu; E: incorreta, porque só se prorroga a incompetência relativa, como a da hipótese em questão. "C". Gabarito

(Magistratura do Trabalho – 23ª Região – 2009) Marque a alternativa CORRETA:

Em havendo cumulação de pedidos de natureza trabalhista e estatutário, deverá o juiz:

(A) apreciar tão-somente aqueles compreendidos na sua esfera de competência e extinguir, sem a resolução do mérito, os demais estranhos aos limites de sua jurisdição.
(B) ante a impossibilidade da cumulação, extinguir o processo, sem a resolução do mérito, em relação a todos os pedidos.
(C) declarar-se inteiramente incompetente e determinar a remessa dos autos ao Juízo para o qual declina.
(D) julgar todos os pedidos, uma vez que a cumulação e o conhecimento da causa em primeiro lugar firmam a sua competência.
(E) declarar-se parcialmente competente para examinar os pedidos correspondentes e ordenar, quanto aos demais afetos a outra jurisdição, o desmembramento e a remessa de cópia dos autos ao juízo próprio para que ali sejam apreciados.

A: correta, pois essa é a providência a ser tomada pelo juiz; B: incorreta, porque o juiz não pode extinguir o processo em relação aos pedidos sobre os quais é competente; C: incorreta, porque no que tange aos pedidos de sua competência, o juiz não poderia remeter os autos para o juízo incompetente; D: incorreta, porque o juiz não pode apreciar pedidos para os quais é absolutamente incompetente; E: incorreta, porque não há previsão legal para que o juiz determine o desmembramento do feito. "A". Gabarito

(Magistratura do Trabalho – 23ª Região – 2009) Assinale as proposições abaixo e marque a alternativa CORRETA:

I. Determina-se a competência no momento em que a ação é proposta, sendo irrelevantes as modificações do estado de fato ou de direito ocorridas posteriormente, salvo quando suprimirem o órgão judiciário ou alterarem a competência em razão da matéria ou da hierarquia.
II. A jurisdição é una e indivisível.
III. A jurisdição brasileira afirma-se com exclusividade no território brasileiro e se impõe a todas as pessoas que aqui se encontram, não admitindo a concorrência de jurisdições.
IV. A ação intentada perante tribunal estrangeiro não induz litispendência e não obsta a que a autoridade judiciária brasileira conheça da mesma causa e das que lhes são conexas.
V. A jurisdição civil é exercida pelos juízes, em todo o território nacional, e nenhum juiz prestará a tutela jurisdicional senão quando a parte ou o interessado a requerer, nos casos e forma legais.

(A) F, F, V, V, F.
(B) F, V, F, V, F.
(C) V, V, F, F, V.
(D) V, V, F, V, V.
(E) V, V, V, F, F.

I: verdadeira, nos termos do que estabelece o art. 87 do CPC que trata da chamada *perpetuatio jurisdictionis*; II: verdadeira, pois se trata de características da jurisdição; III: falsa, tendo em vista o que dispõe o art. 88 do CPC (hipóteses de competência concorrente da autoridade judiciária brasileira e da estrangeira); IV: verdadeira, nos termos do art. 90 do CPC; V: verdadeira, porque de acordo com os arts. 1º e 2º do CPC. "D". Gabarito

(Ministério Público do Trabalho – 15º) A propósito das regras de competência, assinale a alternativa INCORRETA:

(A) a competência é fixada no momento em que a ação é proposta, sendo irrelevantes as modificações do estado de fato ou de direito ocorridas posteriormente, salvo quando suprimirem o órgão judiciário ou alterarem a competência em razão da matéria ou da hierarquia;

(B) a ação proposta perante tribunais estrangeiros, envolvendo o domínio de imóvel sediado no Brasil, não impede que a autoridade judiciária brasileira conheça de ação idêntica ou conexa, tampouco configurando litispendência;

(C) a ação fundada em direito real sobre imóvel deve ser proposta no foro do domicílio do Réu, salvo se incerto ou desconhecido o seu domicílio, caso em que será demandado onde for encontrado ou no foro do domicílio do Autor;

(D) há conflito de competência quando dois ou mais juízes se consideram competentes ou incompetentes para instruir e julgar determinada causa, ou ainda, quando há controvérsia acerca da reunião ou separação de processos;

(E) não respondida.

A: correta, nos termos do art. 87; B: correta, porque essa é uma hipótese de competência exclusiva da autoridade judiciária brasileira, motivo pelo qual no Brasil não teria qualquer valor uma sentença estrangeira que dispusesse sobre a propriedade de um imóvel situado no País; C: incorreta, porque para essa hipótese, a lei fixa como competente o foro da situação do bem (art. 95 do CPC); D: correta, porque de acordo com o que prevê o art. 115 do CPC. Gabarito "C".

(Procurador da Fazenda Nacional – 2007.2 – ESAF) Quanto ao instituto da prevenção, é incorreto afirmar que:

(A) a citação ordenada por juiz incompetente é válida, mas parcialmente ineficaz, quanto ao efeito da prevenção.

(B) é efeito da citação a determinação da prevenção de causas conexas ajuizadas perante juízos localizados em comarcas diversas, enquanto que a determinação da prevenção, nas ações conexas ajuizadas perante juízos com a mesma competência territorial, é efeito da citação válida e também da propositura da ação.

(C) em se tratando de ações conexas distribuídas perante juízos com a mesma competência territorial, a prevenção será determinada pela anterioridade do despacho inicial, entendido como despacho que determina a citação. Se, nessa hipótese, as ações tiverem sido despachadas, simultaneamente, a prevenção será determinada pela anterioridade da distribuição.

(D) independentemente da hipótese analisada, pode-se afirmar que nem a citação válida, nem o despacho inicial anterior prevenirão a competência do juízo absolutamente incompetente.

(E) em se tratando de ações conexas distribuídas perante juízos localizados em comarcas diversas, determina-se a prevenção pela citação inicial válida. Se, nessa hipótese, as citações forem feitas ao mesmo tempo, a prevenção será determinada pela anterioridade do despacho inicial.

Art. 106 do CPC. Gabarito "B".

(Advogado da União/AGU – CESPE – 2009) Acerca da competência, julgue o item subsequente.

(1) No caso de uma pretensão dirigida à anulação de obrigação firmada no exterior, mas cujo cumprimento esteja previsto para ocorrer no Brasil, há, conforme o CPC, competência concorrente da autoridade judiciária brasileira e da autoridade judiciária estrangeira, sendo somente a homologação de sentença estrangeira obstáculo ao processamento da causa pela autoridade local.

1: correta, nos termos do que estabelece o art. 90 do CPC. Gabarito 1C.

(Delegado Federal – 2004 – CESPE) Julgue os itens seguintes.

(1) Sendo proposta demanda perante juízo incompetente em razão do território, por exemplo, sendo o réu domiciliado em São Paulo e a ação, proposta em Campinas, pode ocorrer de o órgão jurisdicional tornar-se competente se o réu não opuser exceção no prazo legal.

(2) Em ação que verse sobre propriedade, posse ou demarcação de terra, o autor poderá optar por demandar no foro do domicílio do réu ou no foro do local do imóvel objeto da demanda, pois a hipótese é de competência territorial e, portanto, relativa.

1: certo (art. 114 do CPC); 2: errado (art. 95 do CPC). Gabarito 1C, 2E.

(Analista Judiciário/STF – 2008 – CESPE) Julgue os itens que se seguem, acerca da competência em matéria civil.

(1) A competência para o inventário é definida em razão do lugar onde ocorrer a morte do autor da herança, trata-se de competência relativa. Por isso, quando o autor da herança for servidor público, será competente para processar o seu inventário o juízo do local onde ele tinha seu domicílio necessário, ou seja, o lugar em que exercia permanentemente suas funções, ou o juízo do lugar de sua última lotação.

(2) Nas hipóteses de prorrogação da competência por continência, caso as ações já estejam em curso, ainda que a causa menor seja proposta depois da continente, o juiz, de ofício ou a requerimento de qualquer das partes, determinará a reunião das ações propostas em separado, a fim de que sejam decididas simultaneamente pelo juízo prevento.

1: errado (art. 96 do CPC); 2: errado (art. 105 do CPC). Gabarito 1E, 2E.

(Cartório/SE – 2007 – CESPE) A respeito da competência do juízo cível, julgue os itens que se seguem.

(1) A competência estabelecida segundo o critério funcional tem natureza absoluta. Esse critério é estabelecido sempre que o legislador impõe alteração de competência no mesmo processo, em razão das funções exercidas pelo juiz em fases distintas, ou vincula um processo a outro pelo mesmo motivo.

(2) A competência do juízo é pressuposto de desenvolvimento válido e regular do processo. Assim, constitui dever legal do juiz o reconhecimento, de ofício, em qualquer fase processual, da incompetência relativa ou da absoluta e a determinação de se remeterem os autos ao juízo competente.

1: certo, pois, de fato, esse é o conceito de competência funcional; 2: errado (arts. 112 e 113, ambos do CPC). Gabarito 1C, 2E.

5. PRESSUPOSTOS PROCESSUAIS E CONDIÇÕES DA AÇÃO

(Magistratura/DF – 2011) Assinale a alternativa correta, considerando as disposições legais, bem como a doutrina e a jurisprudência prevalentes, na questão a seguir:

Visando a obter certeza quanto à exata interpretação de cláusula contratual:

(A) não é admissível ação declaratória;
(B) é admissível ação declaratória;
(C) deve ser ajuizado mandado de injunção;
(D) nenhuma das alternativas anteriores (a, b, c) é correta.

De acordo com a Súmula 181 do STJ ("É admissível ação declaratória, visando obter certeza quanto à exata interpretação de cláusula contratual"), a única alternativa correta é a "B". Gabarito "B".

(Magistratura/GO – 2009 – FCC) É correto afirmar:

(A) Permite-se a cumulação de vários pedidos, num único processo, contra o mesmo réu, ainda que não haja conexão entre eles.

(B) Em nenhuma hipótese é possível proferir-se sentença de mérito antes da citação do réu, pois isto implicaria ofensa ao contraditório processual.

(C) Verificado pelo juiz que a petição inicial não preenche os requisitos legais, deverá desde logo indeferi-la, atendendo ao princípio da celeridade processual.

(D) O pedido deve ser sempre certo ou determinado, sendo defeso formular pedido genérico.

(E) É ilícito formular mais de um pedido em ordem sucessiva, permitindo-se apenas formulá-lo em ordem alternativa.

A: correta (art. 292 do CPC); B: incorreta, porque há pelo menos dois casos em que o juiz está autorizado a proferir sentença de mérito antes da citação: quando indeferir a petição inicial por prescrição ou decadência, ou quando rejeitar liminarmente o pedido nas causas repetitivas (art. 285-A do CPC); C: incorreta, porque antes de indeferir a petição inicial, compete ao juiz conceder a oportunidade para que o autor a emende em 10 dias (art. 284 do CPC); D: incorreta, porque o pedido genérico é admitido nas hipóteses listadas pelo art. 286 do CPC; E: incorreta, porque o art. 289 prevê a possibilidade de formulação de pedidos em ordem sucessiva (são os pedidos subsidiários). Gabarito "A".

(Magistratura/GO – 2009 – FCC) O preparo deve ser comprovado no ato de interposição do recurso. Se este se der em momento diverso, dar-se-á

(A) preclusão consumativa.
(B) prescrição.
(C) decadência.
(D) perempção.
(E) preclusão lógica.

A: correta, porque preclusão consumativa consiste na perda de uma faculdade processual pela efetiva prática do ato. Na questão, o direito de recorrer foi consumado pela interposição do recurso, motivo pelo qual não se admite qualquer aditamento, alteração, modificação ou complementação do recurso já interposto; B: incorreta, porque prescrição é a perda de uma pretensão em razão do decurso do prazo previsto em lei para o seu exercício; C: incorreta, pois decadência é a perda de um direito potestativo pelo decurso do prazo previsto para o seu exercício; D: incorreta, já que perempção é a perda do direito de ação por ter dado causa o autor a três extinções do processo por abandono por mais de 30 dias; E: incorreta, porque a preclusão lógica é a perda de uma faculdade processual em razão da prática de um ato incompatível com aquele que poderia ter sido praticado. Gabarito "A".

(Magistratura/RS – 2009) Considere as assertivas abaixo sobre petição inicial.

I. A petição inicial que não preencher os requisitos legais será indeferida se o autor não a emendar no prazo de cinco dias.
II. Estando em termos a petição inicial, o juiz ordenará a citação do réu para que responda a ação, presumindo-se aceitos pelo réu os fatos e os fundamentos jurídicos articulados pelo autor, em não sendo contestada a ação no prazo legal.
III. Pela teoria da substanciação, adotada no Código de Processo Civil, a petição inicial deverá indicar o fato e os fundamentos jurídicos do pedido.

Quais são corretas?

(A) Apenas I
(B) Apenas II
(C) Apenas III
(D) Apenas I e II
(E) I, II e II

I: incorreta, porque o prazo previsto no art. 284 do CPC para a emenda da petição inicial é dez dias; II: incorreta, porque a revelia (ausência de contestação pelo réu citado) pode acarretar (mas nem sempre acarreta) a presunção de veracidade apenas dos fatos narrados pelo autor, mas não gera qualquer presunção sobre os fundamentos jurídicos do pedido; III: correta, pois tal exigência está relacionada com a teoria da substanciação. Gabarito "C".

(Magistratura/SC – 2009) Observadas as proposições abaixo, assinale a alternativa correta:

I. Se o réu não suscitar a incompetência absoluta na contestação ou na primeira oportunidade em que falar nos autos, responderá integralmente pelas custas, ainda que vencedor na causa.
II. Não só o pagamento direto, mas também o depósito em cartório impede a ocorrência da perempção.
III. No juízo divisório, havendo litígio, as despesas processuais serão rateadas entre os interessados segundo os respectivos quinhões.
IV. As despesas dos atos que forem adiados ou tiverem de repetir-se ficarão a cargo da parte, do serventuário, do órgão do Ministério Público ou do juiz que, sem justo motivo, houver dado causa ao adiamento.

(A) Somente as proposições I, III e IV estão corretas.
(B) Somente as proposições I, II e IV estão corretas.
(C) Somente a proposição II está correta.
(D) Somente a proposição IV está correta.
(E) Somente as proposições II e III estão corretas.

I: correta, porque a falta de alegação por parte do réu, na contestação, das matérias que poderiam ter sido alegadas como preliminares, pode acarretar sua responsabilidade pelas custas de retardamento; II: correta, desde que se entenda que o examinador quis tratar da chamada "perempção da instância", ou seja, da possibilidade de o processo ser extinto sem julgamento do mérito. Com um enorme esforço de interpretação, pode-se chegar à conclusão de que, possivelmente, quis o examinador remeter o candidato à regra segundo a qual, extinto o processo sem resolução do mérito e ajuizada novamente a mesma demanda, caberá ao autor demonstrar o pagamento direto ou o depósito em cartório das custas do processo anteriormente extinto. Se não o fizer, haverá "perempção da instância" (leia-se: extinção do processo sem resolução do mérito). Essa é a única forma de se interpretar o item em questão, mas, ainda assim, de modo não satisfatório; III: incorreta, pois o art. 25 do CPC estabelece tal solução apenas para a hipótese em que não houver litígio; IV: correta (art. 29 do CPC). Gabarito "B".

(Magistratura/SP – 2009 – VUNESP) As condições da ação

(A) se presentes, levam à procedência do pedido.
(B) são requisitos necessários à validade do processo.
(C) constituem matéria preliminar, a ser deduzida em contestação, sob pena de preclusão.
(D) não se confundem com o mérito, segundo o legislador, mas são aferidas a partir da relação de direito material.

A: incorreta, porque as condições, se presentes, simplesmente abrem espaço para a análise do mérito, mas isso não quer dizer que o pedido será julgado procedente; B: incorreta, pois as condições da ação não se confundem com os pressupostos processuais de validade; C: incorreta, porque as condições da ação constituem matéria de ordem pública e, por isso, não sujeita à preclusão; D: correta (reler o comentário sobre a assertiva A). Gabarito "D".

(Magistratura/SP – 2007) Para propor ou contestar ação, é necessário ter interesse e legitimidade. Diante dessa proposição, assinale a alternativa correta.

(A) A parte legitimada para a causa está também para o processo.
(B) A legitimação para o exercício do direito de ação depende da efetiva existência e comprovação do direito material.
(C) Não tem legitimidade o cônjuge separado judicialmente para pretender o suprimento judicial do outro.
(D) A contestação é o momento processual para a argüição de carência da ação por falta de interesse e legitimidade, sob pena de preclusão.

A: incorreta, porque a legitimidade se divide em legitimidade ad causam e ad processum. A primeira é condição da ação, significa legitimidade para a causa, enquanto a segunda é um pressuposto de validade do processo, e significa ter capacidade para estar em juízo; B: incorreta, pois a legitimidade não está ligada à existência do direito material, eis que este será o próprio mérito da ação; C: correta, pois, de fato, a outorga uxória, que tem a finalidade de proteger o patrimônio do casal, só tem necessidade enquanto perdurar a união. No caso, como o casal já está separado judicialmente, não há mais necessidade do suprimento judicial do outro; D: incorreta, pois a carência de ação envolve matéria de ordem pública e pode, por isso, ser arguida em momento posterior. Gabarito "C".

(Ministério Público/DF – 2009) Acerca da Petição Inicial, assinale a alternativa incorreta.

(A) A petição inicial indicará o fato e os fundamentos jurídicos do pedido, além do pedido, com suas especificações e o valor da causa.
(B) Verificando o juiz que a petição inicial não preenche os requisitos exigidos nos artigos 282 e 283 do CPC, ou que apresenta defeitos e irregularidades capazes de dificultar o julgamento de mérito, determinará que o autor a emende ou a complete.
(C) Quando a matéria controvertida for unicamente de direito e no juízo já houver sido proferida sentença de total improcedência em outros casos idênticos, poderá ser dispensada a citação e proferida sentença, reproduzindo-se o teor da anteriormente prolatada.

(D) É lícito formular pedido genérico nas ações de indenização quando o autor poderá optar por especificar o pedido só após a fase instrutória.

(E) No caso de o processo ser sumário, na própria petição inicial o autor apresentará o rol de testemunhas e, se requerer perícia, formulará quesitos, podendo indicar assistente técnico.

A: correta (art. 282 do CPC); B: correta (art. 284 do CPC); C: correta (art. 285-A do CPC); D: incorreta, pois a possibilidade de se formular pedido genérico em ação de indenização (art. 286, III, do CPC) não decorre da opção do autor, mas da impossibilidade de ele precisar, desde logo, a extensão dos danos sofridos; E: correta (art. 276 do CPC). Gabarito "D".

(Ministério Público/MA – 2009) Examine as afirmativas o quanto segue.

I. Enquanto a *"legislação"* consiste na produção de atos que possuem conteúdo concreto, referindo-se a determinado fato ou caso, a *"jurisdição"* está voltada à produção de normas que vêm a compor o ordenamento jurídico e seus atos têm (de regra) um conteúdo abstrato e geral, porque destinados a regular um número indefinido de casos e fatos futuros.

II. Denomina-se *"jurisdição voluntária"* o complexo de atividades confiadas ao juiz nas quais, ao contrário do que acontece com a *"jurisdição contenciosa"*, não há litígio entre os interessados.

III. Em sendo o *"processo civil"* aquele que se realiza para o desempenho da função jurisdicional em matéria civil, pode-se afirmar que ele (*"processo civil"*) regula tão somente o exercício de uma atividade de caráter unicamente privado.

IV. O *"interesse de agir"* (condição da ação), em resumo, é a identidade entre quem propôs a ação e aquele que, relativamente à lesão de um direito próprio (que afirma existente), poderá pretender para si o provimento de tutela jurisdicional pedido com referência àquele que foi chamado em juízo.

V. A *"litispendência"* e a *"coisa julgada"* são pressupostos processuais intrínsecos, cuja ausência gera a não validade do respectivo processo.

(A) Somente a afirmativa "V" supra é correta, sendo incorretas todas as demais.

(B) As afirmativas "I", "II" e "III" supra são corretas, sendo incorretas as demais.

(C) São corretas as afirmativas "II" e "V" supra, sendo incorretas todas as demais.

(D) Somente a afirmativa "III" supra é correta, sendo incorretas todas as demais.

(E) Somente a afirmativa "II" supra é correta, sendo incorretas todas as demais.

I: incorreta, porque houve, por parte do examinador, inversão sobre as características da "legislação" e da "jurisdição"; II: correta, ao menos no que diz respeito à ausência de litígio entre os interessados; III: incorreta, uma vez que é notório o caráter público do processo civil; IV: incorreto, porque o item traz a ideia de legitimidade de parte, e não de interesse de agir; V: incorreta, porque litispendência e coisa julgada são os chamados pressupostos processuais extrínsecos (ou negativos), uma vez que sua ausência é que é necessária para a validade do processo. Gabarito "E".

(Ministério Público/PR – 2009) Indique a alternativa correta:

(A) a teoria clássica, civilista ou imanentista, além de afastar-se da concepção da actio romana, serve para explicar adequadamente a ação declaratória negativa;

(B) a teoria da ação como direito potestativo apresenta a ação como vinculada ao direito material, de natureza estritamente pública, constituindo-se em poder jurídico direcionado em oposição ao Estado, objetivando a atuação da vontade da lei;

(C) a teoria da ação como direito autônomo e abstrato anuncia a ação como direito a um pronunciamento do Estado a respeito do pleiteado pelo autor, apresentando-se autônomo, porque irrelevante ao seu exercício que o provimento jurisdicional tenha sido favorável ou desfavorável ao pretendido pela parte ativa e, abstrato, eis que independente, desvencilhado do direito material;

(D) a teoria da ação como direito autônomo e concreto prega que o direito de agir volta-se exclusivamente contra o Estado, apenas autorizando-se a prestação tutela concretamente solicitada, na situação do pedido mostrar-se certo e determinado;

(E) a teoria eclética ressalta a ação como direito subjetivo de impulsionar o processo, permitindo que o mérito da causa seja julgado, mas desde que restem preenchidas as condições da ação, cuja ausência acarreta a inexistência da própria ação, circunstâncias essas que a diferenciaram do direito de agir garantido constitucionalmente, o qual apenas lhe serve de fundamento.

A: incorreta, porque pela teoria clássica, a ação seria um predicado do direito material, o que se mostra absolutamente incompatível com a ação declaratória negativa, uma vez que nesta, o que se busca é o reconhecimento da inexistência de uma relação ou situação jurídica; B: incorreta, uma vez que, pela teoria da ação como direito potestativo, a ação se dirige contra um adversário e não contra o Estado, isto é, o direito potestativo (direito de poder) de buscar efeito jurídico favorável ao seu autor, sujeitando ônus à outra parte; C: incorreta, porque a autonomia do direito de ação diz respeito à sua independência em relação ao direito material e o seu caráter abstrato é que diz respeito à irrelevância do resultado da demanda; D: incorreta, porque de acordo com a teoria da ação como direito autônomo e concreto, só se pode afirmar a existência do direito de ação se o pedido for julgado procedente; E: correta, pois traz consideração verdadeira sobre a teoria eclética. Gabarito "E".

(Ministério Público/PR – 2008) Restringindo-se ao pedido, está correto afirmar:

(A) O pedido imediato diz respeito ao bem da vida pretendido pelo autor, enquanto que o pedido mediato refere-se à providência jurisdicional requerida.

(B) O pedido não será alternativo quando, pela natureza da obrigação, o devedor puder cumprir a prestação de mais de um modo.

(C) Perfectibilizada a citação, ainda que em período anterior ao saneamento do processo e haja consentimento do réu, impossível torna-se modificar o pedido.

(D) Mesmo que não tenha havido requerimento do autor, poderá o juiz, de ofício, determinar as medidas necessárias para a efetivação da tutela específica ou, caso procedente o pedido, as providências destinadas à obtenção do resultado prático equivalente ao do adimplemento, em ação que tenha por objeto o cumprimento de obrigação de fazer ou não fazer.

(E) A percepção de que os pedidos são compatíveis entre si, bem como do fato de o juízo ser competente para conhecê-los e o tipo de procedimento escolhido ser adequado a todos, não permitem o reconhecimento da possibilidade de cumulação de pedidos.

A: incorreta, pois a definição está trocada, o pedido imediato indica a natureza da providência solicitada: declaração, condenação, constituição, mandamento, execução; e o pedido mediato é o bem da vida pretendido (quantia em dinheiro, bem que se encontra em poder do réu etc.); B: incorreta (art. 288 do CPC); C: incorreta (art. 264 do CPC); D: correta (art. 461, §5º, do CPC); E: incorreta (art. 292 do CPC). Gabarito "D".

(MINISTÉRIO PÚBLICO/RO – 2010 – CESPE) A litispendência resta caracterizada quando se tem ação com

(A) mesma identidade de parte e de causa de pedir, mas com pedido mais amplo que o de ação anteriormente ajuizada.

(B) mesma identidade de parte, causa de pedir e pedido de outra ação em curso, desde que na mesma vara.

(C) mesma identidade de parte, causa de pedir e pedido de outra ação em curso.

(D) mesma identidade de parte, causa de pedir e pedido de outra ação já com trânsito em julgado.

(E) objeto ou causa de pedir comuns aos de outra ação ajuizada.

A: incorreta, porque esse é o conceito de continência; B: incorreta, porque a caracterização da litispendência não depende do fato de os processos correrem no mesmo juízo; C: correta, pois a alternativa traz o conceito correto de litispendência; D: incorreta, porque esse é o conceito de coisa julgada; E: incorreta, porque esse é conceito de conexão. Gabarito "C".

(Procurador do Estado/PE – CESPE 2009) Quanto ao indeferimento da inicial e à cumulação de pedidos, julgue os itens a seguir.

I. Em caso de cumulação de pedidos, pode haver o indeferimento parcial da inicial.

II. O indeferimento da inicial deve ter como fundamento a inépcia.

III. Na cumulação simples de pedido, as pretensões não têm entre si relação de precedência lógica.

IV. Não haverá *error in procedendo* se o juiz examinar o pedido sucessivo sem ter examinado o principal.

Estão certos apenas os itens

(A) I e II.
(B) I e III.
(C) II e IV.
(D) I, III e IV.
(E) II, III e IV.

I: correta, porque é possível que algum dos pedidos seja juridicamente impossível, ou prescrito, por exemplo; II: incorreta, porque o indeferimento da petição inicial pode decorrer de outros motivos (v. art. 295 do CPC); III: correta, pois as pretensões são independentes; IV: incorreta, pois o pedido sucessivo (aqui considerado como subsidiário) só pode ser analisado quando rejeitado o principal. Gabarito "B".

(Defensoria/ES – 2009 – CESPE) No que concerne ao direito processual civil, julgue os itens:

(1) Para propor ação é necessário ter interesse e legitimidade. Para contestar, basta ter legitimidade.
(2) Os pressupostos processuais, diferentemente do que ocorre com as condições da ação, não podem ser aferidos de ofício pelo magistrado, haja vista que o sistema processual brasileiro assenta-se no princípio dispositivo que confere apenas às partes litigantes o poder de provocar o juiz para o exame de tais pressupostos.

1: Errado, porque o art. 3º do CPC estabelece que "para propor ou contestar ação é necessário ter interesse e legitimidade"; 2: Errado, pois os pressupostos processuais constituem matéria de ordem pública, como o são as condições da ação, motivo pelo qual podem ser aferidos de ofício pelo juiz. Gabarito 1E, 2E

(Defensoria/RN – 2006) A proibição de exigir em juízo dívida de jogo ocasionará

(A) a extinção do feito sem a análise de mérito.
(B) o julgamento conforme o estado do processo.
(C) o julgamento antecipado da lide.
(D) a improcedência da ação.

Art. 267, VI, do CPC. Gabarito "A".

(Defensoria/SP – 2009 – FCC) Duas pessoas, no pleno exercício da capacidade civil, firmaram contrato de compra e venda de imóvel. Estabeleceram, por escrito, cláusula compromissória para a hipótese de eventual litígio. Em ação de rescisão contratual cumulada com indenização por danos morais e patrimoniais, o réu ofertou resposta sem objeção processual, postulando pela improcedência da ação. O juiz, após apreciar as alegações finais das partes, julgou o processo extinto, sem resolução de mérito, nos termos do artigo 267, inciso VII do Código de Processo Civil, remetendo as partes para discussão do contrato em sede de juízo arbitral. No seu entendimento, o juiz está

(A) errado, pois não poderia ter conhecido essa matéria de ofício, conforme expressa disposição legal.
(B) errado, pois ao invés de extinguir o processo sem julgamento de mérito, deveria ter determinado o prosseguimento do feito, porém voltado à execução da cláusula de arbitragem.
(C) errado, pois estava encerrada a fase probatória e o processo maduro para julgamento de mérito, aplicando-se ao caso o princípio da economia processual.
(D) certo, pois se as partes firmaram cláusula compromissória, deveriam tê-la observado, pois em matéria contratual vigora o princípio pacta sunt servanda.
(E) errado, pois ainda que devesse conhecer de ofício a matéria, o réu deveria ter alegado a convenção arbitral em preliminar de contestação e, ao deixar de fazê-lo, sujeitou-se ao pagamento das custas de retardamento, que incumbia ao julgador ter fixado na sentença extintiva.

A: correta, porque o juiz não poderia mesmo ter reconhecido a convenção de arbitragem de ofício (§ 4º do art. 301 do CPC) – trata-se da única preliminar que depende de alegação por parte do réu e que, se não alegada oportunamente, acarreta preclusão; B: incorreta, porque o juiz não poderia de ofício ter voltado à execução da cláusula de arbitragem; C: incorreta, pois não é pelo princípio da economia processual que o juiz deveria ter julgado o mérito, mas por respeito a uma matéria que não é de ordem pública, mas de direito dispositivo das partes; D: incorreta, em razão do que consta do já citado § 4º do art. 301 do CPC; E: incorreta, porque o motivo do equívoco do juiz não é aquele que a questão aponta. Gabarito "A".

(Defensoria/SP – 2007 – FCC) A capacidade postulatória, como um dos pressupostos de existência da relação jurídica processual, em regra é materializada através da representação da parte por advogado devidamente habilitado, mediante a outorga de procuração. Assim, a ausência de procuração por parte do réu e sua não apresentação no prazo legal implica

(A) extinção do processo, sem julgamento do mérito.
(B) extinção do processo, com julgamento do mérito.
(C) preclusão das faculdades processuais da parte.
(D) inexistência dos atos praticados em seu nome.
(E) presunção de veracidade dos fatos afirmados pelo autor.

Art. 37, parágrafo único, do CPC. Nesse sentido também vide Súmula nº 115 do STJ. Gabarito "D".

(Procurador do Município/Florianópolis-SC – 2010 – FEPESE) A respeito da ação de natureza meramente declaratória, assinale a alternativa **correta**.

(A) Não é cabível para reconhecimento de tempo de serviço com fins previdenciários.
(B) É inadmissível para obter certeza quanto à interpretação de cláusula contratual.
(C) O interesse do autor não pode se limitar à declaração de existência de relação jurídica.
(D) É admissível ainda que tenha ocorrido a violação do direito.
(E) A autenticidade ou falsidade de documento não pode constituir o objeto de interesse do autor.

A: incorreta (Súmula 242 do STJ); B: incorreta (Súmula 181 do STJ); C: incorreta (art. 4º, I, CPC); D: correta (art. 4º, parágrafo único, do CPC); E: incorreta (art. 4º, II, CPC). Gabarito "D".

(Procurador do Município/Florianópolis-SC – 2010 – FEPESE) O fenômeno processual, identificado como a morte da ação em decorrência de ter havido três extinções de processos iguais por abandono, denomina-se:

(A) Inépcia.
(B) Preclusão.
(C) Perempção.
(D) Coisa julgada.
(E) Carência de ação.

O enunciado transcreve o conceito de perempção. Logo, está correta a alternativa "C". Gabarito "C".

(Advogado da União/AGU – CESPE – 2009) No que concerne à teoria da ação, à inicial e ao pedido, julgue os seguintes itens.

(1) Conforme raciocínio possível a partir da teoria eclética da ação, adotada pelo CPC, no caso de ação de conhecimento ajuizada com o fim de obter a condenação de alguém ao pagamento de quantia já expressa em título executivo extrajudicial válido e vencido, existe carência de ação por ausência do interesse de agir, e não improcedência do pedido por falta de direito à tutela requerida.
(2) Afirmar que o CPC adotou a teoria da substanciação do pedido em detrimento da teoria da individuação significa dizer que, para a correta identificação do pedido, é necessário que constem da inicial os fundamentos de fato e de direito, também identificados como causa de pedir próxima e remota.

1: Correta, porque interesse de agir se caracteriza pela presença do binômio necessidade/utilidade. É preciso que aquele que pede uma tutela jurisdicional demonstre que precisa da medida pleiteada e que esta, uma vez concedida, ser-lhe-á útil de alguma forma. Ora, aquele que detém título executivo válido e vencido não precisa propor ação de cobrança, uma vez que a finalidade desta seria exatamente a de conferir ao autor título executivo da obrigação. Se o título já existe, falta interesse de agir, o que acarreta a extinção do processo por carência da ação; 2: Correta. Pela teoria da substanciação, exige-se a explicitação da causa de pedir que é composta de dois elementos: fato e fundamentos jurídicos do pedido. Pela teoria da individuação, basta a indicação dos fundamentos jurídicos do pedido para que fique satisfeita a exigência de menção à causa de pedir. Gabarito 1C, 2C

(Magistratura do Trabalho – 3ª Região – 2009) Sobre o direito processual civil, é incorreto afirmar:

(A) Segundo a Teoria da Asserção, as condições da ação são aferidas consoante o alegado pelo autor na petição inicial.

(B) A presença das condições da ação deverá ser verificada em abstrato, considerando-se, por hipótese, que as assertivas do demandante em sua inicial são verdadeiras.
(C) Na demanda proposta por quem se diz credor do réu, em se provando, no curso do processo, que o demandante não é titular do crédito, a hipótese é de improcedência do pedido e não de carência de ação.
(D) A relação jurídica processual deve ser composta pelas mesmas partes que compõem a relação jurídica de direito material que originou a lide, salvo os casos de legitimação extraordinária previstos em lei, nos quais uma parte pleiteia, em nome alheio, direito próprio, a exemplo dos casos de substituição processual.
(E) As condições da ação são matéria de ordem pública a respeito da qual o juiz deve se pronunciar de ofício, a qualquer tempo e grau de jurisdição, sendo a matéria insuscetível de preclusão.

A: correta, porque as condições da ação devem ser aferidas de acordo com o lide, como proposta pelo autor, sem que se questione, nesse plano, se ele tem ou não o direito invocado; basta que tenha afirmado ser o seu titular para que sua legitimidade fique reconhecida; B: correta (reler o comentário sobre a assertiva anterior); C: correta, pelos mesmos motivos já expostos, ou seja, se o autor afirmou ser ele o credor, isso já é suficiente para que se considere ele parte legítima para demandar sobre o crédito, ainda que no final se verifique que ele não tinha esse direito; D: incorreta, pois na substituição processual alguém demanda em nome próprio direito alheio; E: correta, pois, de fato, as condições da ação são matérias de ordem pública e devem ser alegadas de ofício. Gabarito "D".

(Magistratura do Trabalho – 3ª Região – 2009) Analise as proposições abaixo e, considerando o Código de Processo Civil, assinale a alternativa correta:

I. O pedido será alternativo, quando, pela natureza da obrigação, o devedor puder cumprir a prestação de mais de um modo.
II. Segundo o Código de Processo Civil, a petição inicial deverá indicar: a) o juiz ou tribunal, a que é dirigida; b) os nomes, prenomes, estado civil, profissão, domicílio e residência do autor e réu; c) o fato e os fundamentos jurídicos do pedido; d) o pedido, com suas especificações, e) o valor da causa; f) as provas com que o autor pretende demonstrar a verdade dos fatos alegados; g) o requerimento para citação do réu.
III. Se a petição inicial, no processo civil, não preencher os requisitos legais, deve o juiz, regra geral, declarar extinto o processo, sem resolução do mérito, salvo na hipótese em que esteja patente a falta de prejuízo ao réu.
IV. Para que seja possível a cumulação válida de pedidos, devem ser observados os seguintes requisitos: a) que os pedidos sejam compatíveis entre si; b) que seja competente para conhecer deles o mesmo juízo, ainda que sujeitos a procedimentos distintos.
V. A petição inicial será inepta quando: a) faltar pedido ou causa de pedir, b) da narração dos fatos não decorrer conclusão lógica, c) o pedido for juridicamente impossível, d) contiver pedidos incompatíveis entre si, e) a parte for manifestamente ilegítima.

(A) São falsas as proposições II, III, IV e V.
(B) São falsas as proposições III, VI e V.
(C) São falsas as proposições II, III e IV.
(D) Apenas a proposição I é verdadeira e as demais são falsas.
(E) Apenas a proposição IV é verdadeira e as demais são falsas.

I: verdadeira (art. 288 do CPC); II: verdadeira (art. 282 do CPC); III: falsa, porque ao invés de extinguir o processo, compete ao juiz dar oportunidade para que o autor a emende em 10 dias; IV: falsa, pois a cumulação também depende da compatibilidade procedimental (art. 292 do CPC); V: falsa, porque, embora a ilegitimidade de parte seja motivo para o indeferimento da petição inicial, não acarreta ela a inépcia da inicial, nos termos do parágrafo único do art. 295 do CPC. Gabarito "B".

(Magistratura do Trabalho – 8ª Região – 2009) Marque a única opção incorreta:

(A) São pressupostos processuais objetivos: um pedido formulado ao juiz; a citação do réu; a imparcialidade do juiz.
(B) O processo começa com a iniciativa da parte e se completa com a citação do réu.
(C) Saneado o processo, nenhuma modificação pode ser feita no pedido, mesmo com o consentimento do réu.
(D) O processo será suspenso quando a sentença de mérito tiver por pressuposto o julgamento de questão de estado, requerido como declaração incidente.
(E) O falecimento da parte suspende o processo, salvo se já tiver sido iniciada a audiência de instrução e julgamento.

A alternativa incorreta é a A, porque imparcialidade do juiz é pressuposto subjetivo; as demais alternativas estão corretas. Gabarito "A".

(Magistratura do Trabalho – 23ª Região – 2009) Analise os itens abaixo e marque a alternativa CORRETA:

I. O processo é o instrumento da jurisdição.
II. O processo possui objeto formal e material.
III. Os tipos de processo nem sempre correspondem às tutelas jurisdicionais pretendidas pela parte autora.
IV. As teorias do contrato, do quase contrato, da situação jurídica e da instituição dizem respeito à natureza jurídica da ação.

(A) Apenas os itens I e II são verdadeiros.
(B) Apenas os itens III e IV são verdadeiros..
(C) Todos itens são verdadeiros.
(D) Apenas os itens II e IV são verdadeiros.
(E) Todos os itens são falsos.

I e II: verdadeiras; III: falsa, porque o tipo de processo corresponde ao tipo de tutela que o autor pretende; IV: falsa, porque não se trata de teorias que buscam explicar o direito de ação. Gabarito "A".

(Delegado Federal – 2004 – CESPE) Julgue os itens seguintes.

(1) O cônjuge que pretende desfazer seu casamento em razão de ser o outro adúltero propôs ação de anulação de casamento. Nessa situação, ocorreu carência de ação por falta de interesse de agir.
(2) Um locador que pretende recuperar a posse do imóvel locado propôs ação de reintegração de posse para postular o despejo do locatário. Nessa situação, ocorreu carência de ação por ilegitimidade ad causam ativa e passiva.

1: certo, pois, de fato, quando o cônjuge pretender desfazer seu casamento em razão de adultério deverá propor ação de separação, carecendo-lhe interesse para ingressar com ação de anulação (art. 1.556 do CC); 2: errado. Na verdade não é o caso de ilegitimidade de parte, mas sim de inadequação da via eleita, eis que, conforme disposto no art. 5º da Lei 8.245/91, é cabível ação de despejo. Gabarito 1C, 2E.

6. FORMAÇÃO, SUSPENSÃO E EXTINÇÃO DO PROCESSO. NULIDADES

(Magistratura/AL – 2008 – CESPE) Paulo ajuizou ação ordinária em face de Raimundo, visando à sua condenação em danos morais e materiais, decorrentes de acidente de trânsito provocado por pessoa que conduzia o veículo do réu; pediu, ainda, antecipação dos efeitos da tutela para que o réu passasse a pagar, de imediato, as despesas médicas do autor. O juiz, sem citar o réu, indeferiu a inicial sob o fundamento de que restava caracterizada a ilegitimidade passiva *ad causam*. Com base nessa situação hipotética, assinale a opção correta.

(A) Trata-se de decisão interlocutória, portanto o recurso cabível será o agravo de instrumento.
(B) Como não se trata de inexatidões materiais ou erros de cálculo, não é dado ao juiz retratar-se da decisão ao despachar o recurso, pois não pode mais inovar no processo.
(C) Considerando a possibilidade de ser provido o recurso interposto, o tribunal deverá mandar citar o réu para apresentar resposta.
(D) É possível o entendimento de que o tribunal poderá não só deferir a inicial como também conceder a antecipação dos efeitos da tutela.
(E) Ante o fenômeno da preclusão, a causa que levou ao indeferimento da inicial não pode ser novamente argüida pelo réu em defesa.

A: incorreta, pois a decisão que coloca fim ao processo, como é o caso de decisão que indefere a petição inicial, é uma sentença e o recurso cabível é o de apelação; B: incorreta (art. 463, I, do CPC); C: incorreta, pois não há necessidade de citação, por ora, do réu, eis que, caso o recurso fosse provido o tribunal devolveria os autos ao juiz para dar regular andamento ao processo; D: correta, pois, de fato, é cabível sim a concessão, se o caso, da antecipação dos efeitos da tutela diretamente pelo tribunal. A antecipação de tutela pode ser requerida e deferida estando o processo em grau de recurso, sendo então o pedido (mais frequentemente pela incidência do art. 273, II, CPC) formulado ao relator; E: incorreta, pois a sentença que indefere petição inicial por ilegitimidade de parte faz coisa julgada, e não preclusão. Gabarito "D".

(Magistratura/AL – 2007 – FCC) "Primeiro e fundamental requisito para a existência de um processo sempre foi, é, e sempre será, a citação do réu, para que possa ser ouvido em suas defesas. Audiatur et altera pars. É com a citação que se instaura o processo. Sem esse ato essencial não há verdadeiramente processo, nem pode valer a sentença que vai ser proferida. Um cidadão não pode ser posto em face de uma sentença que o condena, quando não teve oportunidade de se defender. Sempre foi assim e façamos votos para que sempre assim seja". (Enrico Tullio Liebman. Estudos sobre o processo civil brasileiro com notas da Dra. Ada Pellegrini Grinover. São Paulo: José Bushatsky. 1976. p. 179) Os subsídios doutrinários acima são

(A) inválidos, porque o Código de Processo Civil não contempla expressamente a nulidade referida no texto doutrinário transcrito.
(B) inválidos, porque todos os processos se sujeitam à preclusão.
(C) inválidos, porque as nulidades processuais ficam sempre acobertadas pelo trânsito em julgado da sentença.
(D) válidos no sistema processual civil brasileiro vigente.
(E) válidos, entretanto essa nulidade depois do trânsito em julgado da sentença, só pode ser argüida em ação rescisória.

Art. 219 do CPC. Gabarito "D".

(Magistratura/DF – 2011) Assinale a alternativa correta, considerando as disposições legais, bem como a doutrina e a jurisprudência prevalentes, na questão a seguir:
Consoante o artigo 267, inciso III, do Código de Processo Civil, "extingue-se o processo, sem resolução do mérito, quando, por não promover os atos e diligências que lhe competir, o autor abandonar a causa por mais de trinta (30) dias". Proposta ação, citado o réu, o autor não promove os atos e diligências que lhe competem, abandonando a causa por mais de trinta (30) dias. Neste caso:

(A) cabe ao juiz, de ofício, proferir sentença de extinção do processo sem julgamento do mérito, independentemente de intimação prévia pessoal do autor para suprir a falta em quarenta e oito (48) horas;
(B) cabe ao juiz, a requerimento do réu, proferir sentença de extinção do processo sem julgamento do mérito, independentemente de intimação prévia pessoal do autor para suprir a falta em quarenta e oito (48) horas;
(C) cabe ao juiz, de ofício, proferir sentença de extinção do processo sem julgamento do mérito, se o autor, intimado prévia e pessoalmente, não suprir a falta em quarenta e oito (48) horas;
(D) cabe ao juiz, a requerimento do réu, proferir sentença de extinção do processo sem julgamento do mérito, se o autor, intimado prévia e pessoalmente, não suprir a falta em quarenta e oito (48) horas.

A: incorreta, porque a jurisprudência do STJ está consolidada no sentido de que "a extinção do processo, por abandono da causa pelo autor, depende de requerimento do réu" (Sumula 240), além do o § 1º do art. 267 exigir a prévia intimação pessoal do autor para suprir a falta em 48 horas; B: incorreta (art. 267, § 1º); C: incorreta, em razão da súmula 240 do STJ; D: correta (reler o comentário sobre a alternativa A). Gabarito "D".

(Magistratura/MG – 2009 – EJEF) Sobre a Formação, Suspensão e Extinção do Processo é CORRETO afirmar:

(A) Sobrevindo a morte ou perda da capacidade processual de qualquer das partes, ou de seu representante legal, provado o falecimento ou a incapacidade, se iniciados os atos de instrução e julgamento, a suspensão do processo apenas ocorrerá a partir da publicação da sentença ou do acórdão.
(B) Realizada a audiência de instrução e julgamento, o pedido poderá ser alterado, desde que haja anuência das partes.
(C) O processo pode ser suspenso, por convenção das partes, por prazo não superior a 01 (um) ano.
(D) Acolhida preliminar de carência de ação (art. 267, VI, do CPC), o processo será declarado extinto sem resolução do mérito. Porém, desde que quitadas as custas, poderá o pleito ser novamente intentado.

A: correta (art. 265, § 1º, b, do CPC); B: incorreta, porque o saneador corresponde à estabilização objetiva da lide, ou seja, após a sua prolação não se admite mais qualquer alteração do pedido ou da causa de pedir, ainda que ambas as partes estejam de acordo; C: incorreta, porque a suspensão por convenção das partes não poderá exceder seis meses; D: incorreta, pois a extinção por carência, em regra, impede a renovação do pedido. Gabarito "A".

(Magistratura/MS – 2008 – FGV) Na ausência de documento indispensável à propositura de ação, o juízo determinará, em relação à exordial, que ela seja:

(A) emendada.
(B) regularizada.
(C) alterada.
(D) completada.
(E) substituída.

Realmente é o caso de completar a documentação acostada com a inicial, eis que no bojo da petição nada será alterado. Gabarito "D".

(Magistratura/PE – 2011 – FCC) No tocante às nulidades processuais, é INCORRETO afirmar:

(A) Sob pena de preclusão, a nulidade dos atos processuais deve ser alegada na primeira oportunidade em que couber à parte manifestar-se nos autos, mesmo quando deva o juiz decretá-la de ofício.
(B) Em ação na qual haja interesse de incapaz, a não intervenção do Ministério Público acarreta a nulidade do processo.
(C) Pelo princípio da instrumentalidade das formas, realizado o ato processual de modo diverso ao previsto em lei, sem nulidade estabelecida, o juiz terá tal ato como válido se alcançar sua finalidade.
(D) Ao pronunciar a nulidade, o juiz declarará os atos atingidos, ordenando as providências necessárias para que sejam repetidos ou retificados.
(E) São nulas as citações e intimações, quando feitas sem observância das prescrições legais.

A: incorreta, porque quando se trata de nulidade que o juiz deve reconhecer de ofício, não há preclusão (art. 245, parágrafo único, CPC); B: correta (arts. 246 e 82, I, do CPC); C: correta (art. 244 do CPC); D: correta (art. 249 do CPC); E: correta (art. 247 do CPC). Gabarito "A".

(Magistratura/RS – 2009) Considere as assertivas abaixo sobre extinção do processo.

I. O juiz ordenará o imediato arquivamento dos autos, declarando a extinção do processo que ficar parado durante mais de um ano por negligência das partes.
II. O juiz ordenará o imediato arquivamento dos autos, declarando a extinção do processo quando, por não promover os atos e diligências que lhe competirem, o réu abandonar a causa por mais de trinta dias.
III. O juiz extinguirá o processo, sem resolução do mérito, quando a ação for considerada intransmissível por disposição legal.

Quais são corretas?
(A) Apenas I
(B) Apenas II
(C) Apenas III
(D) Apenas I e III
(E) I, II e II

I: incorreta, porque, antes de extinguir o processo, o juiz deverá determinar a intimação pessoal das partes para sanar a omissão em 48 horas; II: incorreta pelo mesmo motivo; III: correta (art. 267, IX, CPC). Gabarito "C".

(Magistratura/SC – 2009) Observadas as proposições abaixo, assinale a alternativa correta:

I. A citação por edital não é possível nas ações de estado, naquelas em que se discuta direito indisponível ou ainda na ação de procedimento especial monitório.

II. Ainda que presente nulidade, ela deve ser desconsiderada se for possível, no mérito, julgamento a favor da parte a quem seu reconhecimento aproveitaria.

III. Haverá nulidade se o Ministério Público, intimado, não se manifestar em processo no qual deva funcionar.

IV. É obrigatório, sob pena de nulidade, o envio pelo escrivão de carta ao réu dando ciência da citação por hora certa; mas o prazo de resposta tem início da juntada aos autos do respectivo mandado cumprido, sendo irrelevante a data do recebimento da carta de ciência.

(A) Somente as proposições I e III estão corretas.
(B) Somente a proposição II está correta.
(C) Somente as proposições II e IV estão corretas.
(D) Somente as proposições I, III e IV estão corretas.
(E) Somente a proposição I está correta.

I: incorreta, porque a citação por edital é cabível também nesses casos; II: correta, em razão do princípio segundo o qual só há nulidade se houver prejuízo; III: incorreta, porque obrigatório é que se dê oportunidade para que o MP se manifeste, mas não é obrigatória a manifestação em si; IV: correta (art. 229 do CPC). Gabarito "C."

(Magistratura/SP – 2011 – VUNESP) Assinale a alternativa correta.

(A) Quando a lei prescrever determinada forma, sob pena de nulidade, o juiz deverá decretá-la, se for requerida pela parte que lhe deu causa.
(B) A nulidade de uma parte do ato não prejudicará as outras, que dela sejam dependentes.
(C) Pelo princípio da instrumentalidade, quando a lei prescrever determinada forma, sem cominação de nulidade, o juiz considerará válido o ato se, realizado de outro modo, lhe alcançar a finalidade.
(D) Pelo princípio da preclusão, um ato nulo será considerado sanado se a parte deixar de manifestar-se contra o modo como foi praticado.
(E) Em caso de nulidade, o juiz deverá pronunciá-la e mandar repetir o ato ou suprir-lhe a falta, mesmo que possa decidir o mérito a favor da parte a quem aproveite a declaração da nulidade.

A: incorreta, porque a parte que deu causa à nulidade não pode requerer a sua decretação (art. 243 do CPC); B: incorreta (art. 248 do CPC); C: correta (art. 244 do CPC); D: incorreta, porque não há preclusão em relação à nulidades que o juiz deva decretar de ofício (art. 245, parágrafo único, CPC); E: incorreta (art. 249, § 2°, do CPC). Gabarito "C."

(Magistratura/SP – 2007) Assinale a alternativa incorreta.

(A) O processo civil começa por iniciativa da parte, mas se desenvolve por impulso oficial. Sua extinção pressupõe a inatividade do autor quanto à tomada de quaisquer providências referentes ao seu prosseguimento.
(B) Considera-se proposta a ação, tanto que a petição inicial seja despachada pelo juiz, ou simplesmente distribuída, onde houver mais de uma vara. A propositura da ação, todavia, só produz, quanto ao réu, os efeitos mencionados no art. 219 do CPC, depois que for validamente citado.
(C) É de se considerar ressalva ao art. 264 do CPC quando, apresentada a petição inicial, se lhe altera a causa de pedir, não se opondo o réu ao seu fundamento, consentindo implicitamente com a alteração proposta.
(D) Feita a citação, é defeso ao autor modificar o pedido ou a causa de pedir, sem o consentimento do réu, mantendo-se as mesmas partes, salvo as substituições permitidas por lei. A alteração do pedido, porém, será permitida após o saneamento do processo.

A: correta (art. 262 e 267, III, do CPC); B: correta (art. 263 do CPC); C e D: art. 264, parágrafo único, do CPC. Gabarito "D."

(Magistratura/SP – 2007) Sobre a taxa judiciária, é correto afirmar que

(A) tem por fato gerador a prestação de serviços públicos de natureza forense nas ações de conhecimento, na execução, nas ações cautelares, nos procedimentos de jurisdição voluntária e nos recursos.
(B) na taxa judiciária estão incluídas as publicações de editais, os serviços de partidor e contador, as despesas postais com citações e intimações, as consultas de andamento dos processos por via eletrônica ou informática.
(C) na taxa judiciária estão incluídas as publicações de editais, as consultas de andamento dos processos por via eletrônica ou da informática e os serviços de distribuição.
(D) abrange os serviços de distribuidor, contador, partidor, as publicações de editais e as consultas de andamento dos processos por via eletrônica ou da informática.

Art. 1º da Lei 11.608/2003. Gabarito "A."

(Magistratura/TO – 2007 – CESPE) Em relação à formação, ao desenvolvimento e à extinção do processo, assinale a opção correta.

(A) Considera-se proposta a ação a partir do momento em que o réu for validamente citado, pois, como o processo é relação jurídica triangular, somente depois da citação é que surge a litispendência e torna-se prevento o juízo, além de ser o devedor constituído em mora.
(B) Ocorrendo a morte de uma das partes no curso de ação de natureza transmissível, interrompe-se a relação processual e o mandato ao advogado é automaticamente revogado. Durante a interrupção da relação processual, o processo fica suspenso até que ocorra a habilitação dos herdeiros.
(C) Se tiver ocorrido a perempção sobre o litígio que é objeto do processo, o autor perde não só o direito de ação, mas também o direito material que é objeto da controvérsia. Assim, a perempção faz que o titular do direito de ação não mais possa exercê-lo ativa e passivamente em juízo, deduzindo pretensão ou defendendo-se em ação em face dele ajuizada.
(D) Ocorrendo litispendência, ou seja, quando se reproduz ação anteriormente ajuizada e que ainda esteja em curso, pendendo de julgamento, o juiz deve determinar a junção dos processos, por conexão, passando ambos a tramitar em conjunto.

A: incorreta (art. 263 do CPC); B: correta (art. 265, § 1°, do CPC); C e D: incorretas (art. 267, V, do CPC). Gabarito "B."

(Ministério Público/AM – 2008 – CESPE) Acerca da formação, suspensão e extinção do processo, assinale a opção correta.

(A) O falecimento de uma das partes e a sucessão entre vivos de bem litigioso são causas obrigatórias de substituição da parte por seu sucessor. Nesses casos, não pode ser recusada a substituição, sob pena de extinção do processo sem resolução do mérito, por perda da capacidade superveniente de uma das partes.
(B) A perempção atinge o direito de ação, mas não o direito material que dela poderia ter sido objeto. Assim, a extinção do processo não impede que o autor volte a propor a mesma ação, em uma nova relação processual.
(C) Extingue-se o processo sem resolução de mérito pela renúncia ao direito em que se funda a ação, com a expressa concordância do réu. Nesse caso, a desistência da ação não impede a reabertura de processo com a mesma lide, em razão da inexistência da eficácia da coisa julgada material.
(D) A ilegitimidade passiva da parte para a causa implica a extinção do processo por carência da ação. A comprovação da inexistência das condições da ação conduz à extinção do processo sem resolução do mérito, que pode ocorrer por provocação da parte ou por iniciativa do juiz a qualquer tempo, enquanto não houver sentença de mérito, ainda mesmo que o saneador reste irrecorrido.
(E) Ocorre a transação entre as partes quando o réu reconhece como procedente em parte o pedido, desde que o autor renuncie a parte desse pedido. Nessa situação, o juiz decide a lide com resolução do mérito, declarando procedente o pedido e, se essa decisão transitar em julgado, inicia-se a fase do cumprimento da sentença.

A: incorreta (art. 43 do CPC); B: incorreta (art. 267, V, do CPC); C: incorreta (art. 269, V, do CPC); D: correta (art. 267, VI, § 3º, do CPC); E: incorreta (art. 269, III, do CPC). A sentença que homologa acordo não julga o pedido, mas simplesmente homologa o acordo celebrado pelas partes, sendo que somente se falará em cumprimento de sentença se uma das partes não cumprir o acordo celebrado. "Gabarito D".

(Ministério Público/DF – 2009) Analise os itens abaixo e assinale a alternativa correta.

I. A ação de investigação de paternidade *post mortem* deve ser proposta contra os herdeiros, os quais são litisconsortes passivos necessários. No caso de improcedência da ação, deverá ser reconhecida a nulidade em favor do herdeiro não citado.

II. Quando não puder decidir do mérito a favor da parte a quem aproveite a declaração da nulidade, o juiz não a pronunciará nem mandará repetir o ato, ou suprir-lhe a falta.

III. As sentenças condenatória, declaratória e mandamental são nulas à míngua de fundamentação.

IV. É nulo o processo, quando o Ministério Público não for intimado a acompanhar o feito em que deva intervir.

V. Quando a lei prescrever determinada forma, sob pena de nulidade, a decretação desta não pode ser requerida pela parte que lhe deu causa.

(A) Os itens I, IV e V estão corretos.
(B) Os itens II, III e V estão incorretos.
(C) Os itens III, IV e V estão corretos.
(D) Os itens I, II e III estão incorretos.
(E) Os itens II, IV e V estão incorretos.

I: incorreta, porque se não foi citado um dos herdeiros do suposto pai, mas o pedido foi julgado procedente, não se pode falar em nulidade pela ausência de um dos réus, precisamente porque para ele não houve qualquer prejuízo; II: incorreta, porque é exatamente o contrário o que o juiz deve fazer; III: correta, porque todos os atos judiciais, inclusive as sentenças, devem ser fundamentados, sob pena de nulidade; IV: correta (arts. 84 e 246 do CPC); V: correta (art. 243 do CPC). "Gabarito C".

(Ministério Público/GO – 2005) Constatando, pelo simples exame da petição inicial e documentos apresentados, a ocorrência da decadência convencional, o juiz deverá:

(A) proferir de plano, sentença de extinção do processo com julgamento do mérito
(B) ordenar a citação do réu para apresentar resposta
(C) proferir de plano sentença de extinção do processo sem julgamento do mérito
(D) reconhecer de ofício a decadência e, por conseqüência, indeferir a petição inicial

A decadência convencional é aquela que surge por acordo entre as partes e não por disposição legal. Assim, não cabe ao juiz reconhecer de ofício a decadência convencional (art. 211 do CC). "Gabarito B".

(Ministério Público/GO – 2005) Indique a resposta correta:

I. Questão, segundo Luiz Rodrigues Wambier, "é um ponto a respeito do qual não estão de acordo autor e réu". Partindo desse conceito é correto afirmar que as questões podem ser preliminares e prejudiciais

II. É correto afirmar que questão prejudicial é uma relação jurídica cuja existência ou inexistência condiciona a decisão da questão principal

III. Pode-se afirmar que, o magistrado, verificando a existência de questão prejudicial não fica impedido de julgar o mérito

IV. É correto afirmar que, se a questão preliminar não for ultrapassada, o julgamento do mérito fica impossibilitado

V. É certo dizer que as questões prejudiciais, desde que se consubstanciem em relação jurídica, podem ser objeto de ação declaratória incidental

(A) as alternativas I e III estão incorretas
(B) todas as alternativas estão corretas
(C) as alternativas I, II e IV estão corretas
(D) somente a alternativa I está correta

I: correta, pois, de fato, as questões prévias são classificadas em preliminares e prejudiciais; II: correta, pois realmente, a questão principal fica condicionada à análise da questão prejudicial; III: correta. As questões prejudiciais muitas vezes influenciarão o mérito, mas não implicarão impedimento. Exemplo disso é uma ação reivindicatória em que o réu alegue ser o único proprietário do bem, negando a titularidade do autor. É uma questão prejudicial que não impedirá o juiz de decidir o mérito, mas influenciará diretamente em sua decisão; IV: correto o entendimento, porquanto, caso seja acolhida a questão preliminar, o mérito não será analisado e o processo será extinto; V: correta. As questões prejudiciais podem, nesse caso, ser objeto de ação declaratória incidental para que a parte tenha segurança acerca da decisão sobre esse ponto, eis que caso seja objeto de ação incidental fará coisa julgada; caso contrário será parte do fundamento da sentença e não será atingida pela coisa julgada (art. 469, III, do CPC). "Gabarito B".

(Ministério Público/MG – 2007) Em matéria de prescrição é CORRETO afirmar que

(A) a interrupção da prescrição opera-se a partir da citação.
(B) efetuando a citação, haver-se-á por interrompida a prescrição.
(C) o juiz pronunciará, de ofício, a prescrição.
(D) a citação válida torna prevento o juízo, induz litispendência e faz litigiosa a coisa; e, ainda, quando ordenada por juiz incompetente, constitui em mora o devedor e não interrompe a prescrição.
(E) não haverá solução de mérito quando o juiz pronunciar a prescrição (IV, art. 269).

Art. 295, IV, do CPC. "Gabarito C".

(Ministério Público/MG – 2007) Quanto à extinção do processo é INCORRETO afirmar que

(A) haverá solução de mérito quando o juiz pronunciar a decadência.
(B) o juiz conhecerá diretamente do pedido, proferindo sentença quando a questão de mérito for unicamente de direito, ou, sendo de direito e de fato, não houver necessidade de produzir prova em audiência.
(C) quando a matéria controvertida for unicamente de direito e no juízo já houver sido proferida sentença de total improcedência em outros casos idênticos, poderá ser dispensada a citação e proferida sentença, reproduzindo-se o teor da anteriormente prolatada.
(D) no caso de julgamento improcedente *in limine*, se o autor apelar, é facultado ao juiz decidir, no prazo de 15 (quinze) dias, não manter a sentença e determinar o prosseguimento da ação.
(E) a sentença deve ser certa, ainda quando decida relação jurídica condicional.

A: correta (art. 269, IV, do CPC); B: correta (art. 330, I, do CPC); C: correta (art. 285-A do CPC); D: incorreta (art. 285-A, §1º, do CPC); E: correta (art. 460, parágrafo único, do CPC). "Gabarito D".

(Ministério Público/PR – 2009) Dentre as proposições que seguem, assinale a alternativa correta:

(A) ao renunciar, o autor abdica da apreciação do pedido apresentado à função jurisdicional do Estado, mas conserva o direito material, o qual poderá ser reclamado posteriormente, mediante a repropositura da ação;
(B) a perempção constitui-se na perda do próprio direito material, decorrente do autor ter dado causa à extinção do processo, sem julgamento do mérito, por três vezes;
(C) o pedido de desistência da ação somente pode efetivar-se, após a citação válida, com a concordância do réu, servindo a simples resistência da parte passiva, ainda que carente de qualquer fundamentação, como óbice ao seu deferimento;
(D) através do reconhecimento jurídico do pedido, o réu reconhece a propriedade, o acerto da pretensão do autor, podendo verificar-se tanto diante de direitos disponíveis, quanto indisponíveis;
(E) a intransmissibilidade do direito material alegado em juízo, por disposição legal, decorrente da morte de uma das partes, ao invés de constituir-se em causa de suspensão do feito, gera a extinção do processo, sem julgamento do mérito.

A: incorreta, uma vez que a renúncia recai precisamente sobre o direito objeto do processo, e a sentença que a homologa faz coisa julgada material, o que impede a repropositura da ação; B: incorreta, pois a perempção, que é a perda do direito de ação, por ter dado causa o autor a três extinções do processo sem resolução do mérito, por abandono, não atinge o direito material, que poderá ser utilizado em outro processo como defesa; C: incorreta, porque a discordância do réu quanto ao pedido de desistência formulado pelo autor deve ser fundamentada; D: incorreta, porque quando se trata de direito indisponível não são admitidos os atos de autocomposição, dentre os quais se inclui o reconhecimento jurídico do pedido; E: correta (art. 267, IX, do CPC). Gabarito "E".

(Ministério Público/PR – 2009) Dentre as proposições abaixo, assinale a correta:

(A) a sentença proferida na ausência de pressuposto processual de validade é incapaz de ser atingida pelo manto da coisa julgada material;

(B) antes da citação válida, o processo está impedido de servir de instrumento para a produção de efeitos capazes de atingir o réu;

(C) a suspeição do juiz constitui-se causa impeditiva do desenvolvimento válido e regular do processo;

(D) a ausência insanável de pressuposto processual acarretará a extinção do processo, sem julgamento do mérito, quando constatada até a apresentação de contestação pelo réu;

(E) verificada a incapacidade processual, o processo será suspenso para, em prazo razoável, ser sanado o vício. Se, conquanto intimado, o autor não sanar a impropriedade apurada, o juiz decretará a nulidade dos atos processuais praticados, extinguindo o processo, na sequência, sem julgamento do mérito.

A: incorreta, uma vez que a coisa julgada material será formada, ainda que no processo tenha faltado algum pressuposto processual de validade. Tanto que, em casos como esse, só por meio de ação rescisória é que se pode buscar desconstituir a coisa julgada já formada; B: incorreta, pois a citação é pressuposto processual de existência do processo em relação ao réu, logo, antes dela, o processo não pode gerar efeitos que o atinjam negativamente; C: incorreta, porque a suspeição do juiz não é considerada como ofensa a um pressuposto processual de validade do processo, tanto que, se não alegada pela parte oportunamente, fica preclusa e não é motivo suficiente para a propositura de ação rescisória; D: incorreta, porque a consequência será a mesma se o vício for verificado depois da apresentação da resposta; E: correta (art. 13, I, do CPC). Gabarito "E".

(Procurador do Estado/PB – 2008 – CESPE) Com relação à formação, suspensão e extinção do processo, assinale a opção correta.

(A) Estabilizada a relação processual, não pode o autor modificar unilateralmente os elementos objetivos da demanda; entretanto, com a aquiescência do réu, é possível modificar o pedido e a causa de pedir, mesmo depois da fase de saneamento do processo.

(B) Caso seja reconhecida a perempção, o autor fica privado de propor ação contra o réu com o mesmo pedido e a mesma causa de pedir da ação perempta; entretanto, o direito material pode ser suscitado em defesa, pois a perempção atinge o direito de ação e, não, o direito material, que poderia ser alegado por meio da ação.

(C) As partes podem convencionar a suspensão do processo pelo prazo máximo de seis meses, mas esta ficará condicionada à aquiescência do juiz, que poderá deferir ou não o acordo, visto que o impulso do procedimento é oficial, isto é, o andamento do processo não fica na dependência da vontade ou colaboração das partes.

(D) O fato de o autor deixar, por mais de 30 dias, de atender despacho judicial que determine manifestação sobre as preliminares argüidas pelo réu em contestação, caracteriza a contumácia processual, o que autoriza a extinção do processo sem resolução do mérito.

(E) O autor poderá, com a anuência do réu, desistir da ação, renunciando, com isso, ao direito material sobre o que se funda a sua pretensão; no entanto, poderá o autor, futuramente, propor nova ação contra o mesmo réu, com o mesmo pedido e causa de pedir, posto que, no caso, inexiste a eficácia da coisa julgada.

A: incorreta (art. 264, parágrafo único, do CPC); B: correta (art. 268, parágrafo único, do CPC); C: incorreta (art. 265, §3º, do CPC); D: incorreta, pois não se trata, nesse caso, de contumácia processual pelo autor, eis que não é obrigado a se manifestar acerca das preliminares apresentadas pelo réu, não sendo o caso de deixar de dar andamento ao feito; E: incorreta (art. 269, V, do CPC). Gabarito "B".

(Procurador do Estado/PE – CESPE – 2009) Com relação à suspensão do processo, julgue os itens seguintes.

I. A morte do representante legal da pessoa jurídica não acarreta a suspensão do processo.

II. A morte do único advogado constituído acarreta a suspensão imediata do processo.

III. Falecido o único advogado do réu, a inércia em nomear outro patrono no prazo estabelecido acarreta a extinção do processo.

IV. Por convenção das partes, o processo pode ser suspenso por qualquer prazo, desde que não exceda um ano.

V. A suspensão do processo com base na prejudicialidade ocorre quando se tratar de prejudicial externa.

Estão certos apenas os itens

(A) I, II e V.
(B) I, III e IV.
(C) I, III e V.
(D) II, III e IV.
(E) II, IV e V.

I: certa, porque essa não é nenhuma das hipóteses descritas no art. 265 do CPC; II: certa (art. 265, I, do CPC); III: errada, porque nesse caso o processo prossegue à sua revelia; IV: errada, porque a suspensão por convenção das partes não poderá exceder seis meses; V: certa. Gabarito "A".

(Procurador do Estado/RR – 2006 – FCC) O processo será extinto com apreciação do mérito quando

(A) ocorrer a renúncia do autor ao direito em que se funda a ação ou a perempção.

(B) houver reconhecimento pelo réu da procedência do pedido ou a ilegitimidade de parte.

(C) ocorrer o acolhimento da alegação de coisa julgada ou o acolhimento de decadência.

(D) acolher a alegação de prescrição ou ocorrer a rejeição do pedido do autor.

(E) ocorrer a desistência da ação pelo autor ou a transação das partes.

A, B, C, D e E: Art. 269, I e IV, do CPC. Gabarito "D".

(Defensoria/PA – 2009 – FCC) Dentro do prazo fixado, em lei, para interposição da apelação, as partes ingressaram com petição requerendo a suspensão do processo para tentativa de acordo. Nesse caso,

(A) o pedido de suspensão independe do assentimento do juiz, e é admissível até o prazo máximo de seis meses.

(B) cabe o pedido de suspensão, ainda que não haja o acordo.

(C) o pedido de suspensão depende do assentimento do juiz, e é admissível até o prazo máximo de seis meses.

(D) o pedido de suspensão não é correto, sem ou com o assentimento do juiz.

(E) o pedido de suspensão é correto, mas deverá ser provada a realização do acordo.

A, B, C, D e E: Nos termos do art. 182 do CPC, as partes não podem fazer qualquer tipo de convenção que reduza ou prorrogue prazos peremptórios, como o é o prazo para a apelação. Por isso, se fluindo o curso do prazo para a interposição do recurso, não seria eficaz a pretendida suspensão. Por este motivo, todas as alternativas que consideram possível a suspensão nesse caso são incorretas. A única que pode ser apontada como adequada é a "D". Gabarito "D".

(Defensoria/SP – 2007 – FCC) "Todas as hipóteses extintivas do processo, previstas no art. 267 do CPC, permitem a repropositura da ação". Esta afirmação está

(A) correta, pois essas extinções processuais são sem resolução do mérito, e, portanto, não geram a coisa julgada material.

(B) incorreta, porque no caso de ilegitimidade de parte a ação não poderá mais ser proposta.

(C) incorreta.

(D) correta, pois desde que recolha as custas o autor poderá repropor a ação novamente.

(E) incorreta, pois só no caso da ocorrência de perempção a parte não mais poderá repropor a demanda.

Art. 268 do CPC. Gabarito "C".

(Procuradoria Federal – 2007 – CESPE) Com relação à prescrição, julgue os itens subseqüentes.

(1) O despacho do juiz que ordenar a citação, mesmo quando este for incompetente para tanto, interrompe a prescrição, se o interessado promovê-la no prazo e na forma da lei processual.

(2) No Código Civil de 2002, está previsto o princípio da unicidade da interrupção e da suspensão da prescrição.

1: certo (art. 219, §2º, do CPC); 2: errado (vide Seções II e III, do Capítulo I, do Título IV, do CC). Gabarito 1C, 2E

(Procurador do Município/Aracaju – 2008 – CESPE) Quanto a formação, suspensão e extinção do processo, julgue os itens a seguir.

(1) No caso de suspensão do processo, nenhum prejuízo sofrem os atos processuais já praticados, e os prazos iniciados antes da suspensão têm a fluência restabelecida apenas pelo restante necessário a completar o prazo legal.

(2) O juiz pode, de ofício, sustar o curso de ação de indenização por danos materiais e morais por ato ilícito e determinar o apensamento de ação ao processo criminal para julgamento simultâneo, em razão da conexão por prejudicialidade, caso a defesa do réu seja fundamentada na alegação de legítima defesa. Nessa hipótese, ocorrerá a suspensão da ação cível.

1: Certo, pois, de fato, em caso de suspensão, diferentemente da interrupção, os prazos voltam a correr pelo tempo que faltava no momento em que se iniciou a suspensão. 2: Errado, porque não há falar em apensamento da ação de indenização e da ação criminal, eis que se trata de competência material, ou seja, absoluta. No mais, existe, no caso, uma questão prejudicial e poderia o juiz, de acordo com o disposto no artigo 110 do CPC, determinar o sobrestamento do andamento do processo até pronunciamento da justiça criminal. Gabarito 1C, 2E

(Delegado/PB – 2009 – CESPE) Extingue-se o processo com apreciação do mérito quando

(A) o juiz verificar, desde logo, a prescrição ou a decadência.
(B) o autor desistir da ação.
(C) não concorrer qualquer das condições da ação.
(D) ocorrer a morte do procurador e não houver a nomeação de outro em seu lugar.
(E) o juiz acolher a alegação de coisa julgada.

Com exceção da alternativa "A", todas as demais dizem respeito a hipóteses de extinção do processo sem resolução do mérito (art. 267 do CPC). Gabarito "A".

(Magistratura Federal – 3ª Região – XIII) Entre duas causas há relação de prejudicialidade quando:

(A) o julgamento de uma delas exclui a possibilidade de julgar a outra;
(B) o julgamento de uma delas influi no teor do julgamento da outra;
(C) uma delas só pode ser julgada se a outra for improcedente;
(D) uma delas só pode ser julgada se a outra não tiver julgamento de mérito.

Art. 265, IV, a, do CPC. Gabarito "B".

(Magistratura Federal/5ª Região – 2009 – CESPE) Realizada a citação em ação processada sob o rito comum ordinário, a autora da ação, antes de apresentada a resposta do réu, notou que havia deixado de incluir um pedido de seu interesse, vindo a requerer o aditamento desse novo pedido à inicial ou a desistência da ação, caso o réu não concordasse com o primeiro requerimento. Ouvido a respeito do assunto, o réu se manifestou contrário a ambos os requerimentos da autora. Em face da situação hipotética apresentada, assinale a opção correta.

(A) É viável o acolhimento dos pedidos de aditamento ou de desistência somente se os interesses tratados na ação forem patrimoniais e disponíveis.
(B) Dada a estabilidade da lide e realizada a citação do réu, não é viável o acolhimento de qualquer dos pedidos, uma vez que importaria inovação indevida ou ato de disposição incompatível com o interesse do réu em ver dirimida a lide.
(C) Sendo a cumulação de pedidos uma opção à disposição do autor, tal como ocorre na hipótese do litisconsórcio facultativo, o juiz pode limitar o número de pedidos caso entenda restar comprometida a defesa ou a rápida solução do pedido, independentemente da oposição do réu.
(D) Com a citação, torna-se inviável acolher o aditamento ao pedido sem o consentimento do réu, dada a estabilidade da lide. Contudo, o pedido de desistência pode ser acolhido, desde que isso ocorra antes de a resposta do réu ser apresentada.
(E) É direito do réu, após a citação, ver a lide dirimida, de modo que não seria possível deferir o pedido de extinção da ação. Entretanto, nada pode se opor ao pedido de aditamento, visto que não se esgotou o prazo de defesa, sendo viável a resistência do réu a essa nova pretensão do autor.

A: incorreta, porque a viabilidade dos pedidos está ligada à anuência do réu, e não à natureza dos interesses discutidos no processo; B: incorreta, porque a citação acarretou apenas a estabilização subjetiva da lide (a objetiva só surgiria com o saneador); C: incorreta, porque não há qualquer previsão legal que pudesse possibilitar ao juiz a limitação dos pedidos cumulados apresentados pelo autor; D: correta, porque a desistência da ação só depende de concordância do réu se este já tiver apresentado defesa; E: incorreta (reler o comentário sobre a assertiva anterior). Gabarito "D".

(Magistratura do Trabalho – 3ª Região – 2009) Leia as afirmações abaixo e, em seguida, assinale a alternativa correta:

I. Há litispendência quando se repete ação que está em curso; há coisa julgada, quando se repete ação que já foi decidida por sentença de que não caiba recurso. As ações são idênticas quanto têm os mesmos elementos: partes, causa de pedir e pedido. Como a segunda ação é mais recente, a primeira não poderá prosseguir, devendo ser extinto o processo sem resolução do mérito.

II. Quando ocorre morte de qualquer das partes ou de seu representante legal, o processo é suspenso, e o procurador, em qualquer caso, somente poderá atuar quando apresentar procuração dos sucessores legais.

III. O autor deverá juntar com a inicial os documentos indispensáveis à propositura da ação. Autor e réu deverão juntar com a inicial e a resposta todos os documentos destinados a provar-lhes as alegações, somente podendo juntar documentos posteriormente se forem novos ou relativos a fatos supervenientes ou, no caso do autor, para contrapor as preliminares opostas pelo réu.

IV. São matérias de ordem pública, sujeitas ao exame de ofício os pressupostos processuais, as condições da ação, a litispendência, a coisa julgada e a convenção de arbitragem.

V. Decorrido o prazo para a resposta, o autor não poderá, sem o consentimento do réu, desistir da ação, renunciar ao direito sobre que ela se funda ou modificar o pedido ou a causa de pedir.

(A) Somente uma afirmativa está correta.
(B) Somente duas afirmativas estão corretas.
(C) Somente três afirmativas estão corretas.
(D) Somente quatro afirmativas estão corretas.
(E) Todas as afirmativas estão corretas.

I: incorreta, porque na parte final constou que se duas ações idênticas estão em curso, a mais recente deve prosseguir, extinguindo-se a mais antiga, quando, na verdade, é o contrário que deve acontecer; II: incorreta, porque se já iniciada a audiência de instrução, o advogado continuará no processo até o encerramento da audiência (art. 265, §1º, do CPC); III: incorreta por dois motivos: primeiro, porque a juntada de documentos que se prestem a contrapor as alegações do adversário é direito tanto do autor (não só em relação às preliminares), mas também do réu. Além disso, é admitida a juntada a qualquer tempo de documentos, sejam novos ou não, desde que seja possível o exercício do contraditório em relação a eles; IV: incorreta, porque a convenção de arbitragem é matéria de direito dispositivo, e não matéria de ordem pública. Logo, depende de alegação por parte do réu e se sujeita à preclusão; V: incorreta, pois o autor pode renunciar ao direito em que se funda a ação, a qualquer tempo, sem necessidade de concordância do réu. Gabarito oficial "A"/ Gabarito nosso "Anulada"

(Magistratura do Trabalho – 8ª Região – 2009) Marque a opção certa:

(A) A extinção do processo sem resolução de mérito: (i) Por abandono da causa pelo autor, depende de requerimento do réu; (ii) Por inépcia da petição inicial, pode ser declarada de ofício pelo juiz; (iii) Não faz coisa julgada material, salvo quando o juiz acolhe alegação de perempção, litispendência ou coisa julgada.

(B) Quando o juiz decide pela decadência: (i) Extingue o processo sem resolução do mérito; (ii) Sua decisão faz coisa julgada material; (iii) Outra ação não pode ser intentada, com o mesmo objeto e causa de pedir.

(C) A desistência da ação: (i) Importa na renúncia do direito; (ii) Só pode ocorrer com o expresso consentimento do réu, se este já a contestou; (iii) Quando houver litisconsórcio passivo, só tem eficácia quando todos os réus concordam.

(D) A extinção do processo com resolução de mérito: (i) Faz coisa julgada formal e material; (ii) Não inibe o autor de repetir a ação com a mesma causa de pedir; (iii) Impõe os ônus da sucumbência às partes, pro rata.

(E) Suspende-se o processo: (i) pela perda da capacidade processual da parte ou de seu advogado; (ii) se a decisão de mérito depender do julgamento de qualquer recurso pendente no tribunal; (iii) se a sentença não puder ser proferida senão depois de verificado determinado ato ou produzida certa prova requisitada por outro juízo.

A: correta em todas as afirmações; B: incorreta, porque o reconhecimento da decadência acarreta sentença de mérito; C: incorreta, pois desistência da ação (ou do processo) não implica renúncia ao direito; D: incorreta, uma vez que a extinção do processo com resolução do mérito impede a repetição da ação, em razão da coisa julgada material; E: incorreta, porque a dependência de julgamento de recurso pendente no tribunal não é motivo para a suspensão do processo. Gabarito "A".

(Magistratura do Trabalho – 8ª Região – 2007) Reproduzindo-se ação anteriormente ajuizada, decidida por sentença da qual não caiba mais recurso, havendo entre ambas identidade de partes, de causa de pedir e de pedido, de acordo com a nova redação dada aos artigos 267 e 269 do Código de Processo Civil, pela Lei 11.232/2005, nessa segunda ação:

(A) O processo deverá ser extinto, sem julgamento do mérito, por ausência de pressupostos de constituição e desenvolvimento válido e regular.

(B) O processo deverá ser extinto, com julgamento do mérito, em razão da existência de coisa julgada.

(C) O processo deverá ser extinto, sem resolução de mérito, por falta de interesse processual do autor.

(D) O processo deverá ser extinto, sem resolução de mérito, em face da existência de coisa julgada.

(E) Rejeitando o pedido do autor, o juiz extingue o processo, com resolução de mérito.

Art. 267, V, do CPC. Gabarito "D".

(Magistratura do Trabalho – 9ª Região – 2009) Considere as seguintes proposições:

I. O acolhimento, pelo Juízo, da alegação de incompetência material formulada pelo réu, enseja a extinção do feito, sem resolução do mérito, com arquivamento dos autos.

II. O juiz pronunciará de ofício a prescrição, o que ensejará a extinção do feito sem resolução de mérito.

III. Nos termos do CPC, feita a citação, o autor não poderá, sem o consentimento do réu, desistir da ação.

IV. A extinção do feito, sem resolução de mérito, em razão do reconhecimento de perempção, não obsta a que o autor intente de novo a ação.

(A) somente as proposições I e III são corretas
(B) somente as proposições II e IV são corretas
(C) somente as proposições I, II e IV são corretas
(D) somente as proposições II e III são corretas
(E) todas as proposições são incorretas

I: incorreta, porque a consequência do acolhimento da alegação de incompetência absoluta acarreta a remessa dos autos ao juízo competente; II: incorreta, porque embora o juiz possa de ofício pronunciar a prescrição, a sentença, nesse caso, será de extinção do processo com resolução do mérito; III: incorreta, porque a limitação à desistência da ação surge com a apresentação de resposta por parte do réu, e não da simples citação; IV: incorreta, porque a perempção é a perda do direito de ação, motivo pelo qual fica vedada a repropositura da demanda. Gabarito "E".

(Advogado da União/AGU – CESPE – 2009) Acerca da formação, suspensão e extinção do processo, julgue os itens a seguir.

(1) Considere que, conferido prazo para apresentação de réplica ante a alegação, pelo réu, de fato modificativo do direito apontado na inicial, o autor tenha se quedado inerte e deixado de se manifestar nos autos por mais de 30 dias. Nessa situação hipotética, fica caracterizado caso de contumácia, que autoriza a extinção do processo sem resolução do mérito.

(2) A estabilização da relação processual por meio da citação é essencial à própria existência do processo, considerando-se proposta a ação a partir do momento em que ocorre citação válida, o que também implica a litispendência, torna prevento o juízo e faz litigiosa a coisa.

(3) O CPC permite que as partes, mediante convenção, suspendam o processo por prazo que não exceda seis meses, o que revela a existência de um direito à suspensão do processo, a qual independe da declinação de motivo.

1: errada, porque a inércia do autor na apresentação da réplica não é providência indispensável ao andamento do feito. Assim, não há qualquer motivo para sua extinção, devendo o juiz, em razão do princípio do impulso oficial, dar andamento ao processo, embora preclusa a possibilidade de o autor apresentar a réplica pela perda do respectivo prazo; 2: errada, porque a ação se considera proposta quando a petição inicial é distribuída (quando houver mais de um juízo) ou despachada, quando se tratar de juízo único. A citação é essencial para que o processo passe a existir em relação ao réu, mas em relação ao autor ele já existe desde que proposta a ação; 3: correta, de acordo com o que estabelece o art. 265, II, do CPC. Gabarito 1E, 2E, 3C

(Cartório/MS – 2009 – VUNESP) Analise as afirmações referentes ao processo:

I. A alteração do pedido ou da causa de pedir será permitida após o saneamento do processo.

II. Suspende-se o processo pela convenção das partes.

III. Durante a suspensão não é defeso praticar qualquer ato processual; todavia, poderá o juiz determinar a realização de atos urgentes, a fim de evitar dano irreparável.

IV. Extingue-se o processo, sem resolução do mérito, quando o juiz acolher a alegação de perempção, litispendência ou coisa julgada.

V. Haverá resolução do mérito quando o autor renunciar ao direito sobre que se funda a ação.

É verdadeiro o contido apenas nas assertivas

(A) I, II e III.
(B) II, III e V.
(C) I, III e IV.
(D) II, IV e V.
(E) I, IV e V.

I: falsa, porque após o saneador não se admite alteração do pedido ou da causa de pedir (estabilização objetiva da lide); II: verdadeira (art. 265, II, do CPC); III: falsa (art. 266 do CPC); IV: verdadeira (art. 267, V, do CPC); V: verdadeira (art. 269, V, CPC). Gabarito "D".

7. TUTELA ANTECIPADA E LIMINAR EM CAUTELAR

(Magistratura/AL – 2008 – CESPE) A respeito da antecipação dos efeitos da tutela, assinale a opção correta.

(A) Para a concessão da tutela antecipatória, resposta do legislador aos males que podem ser acarretados pela demora do processo, basta que a parte interessada consiga demonstrar o risco de dano irreparável ou de difícil reparação.
(B) Suponha que, ajuizada ação ordinária na qual se pede a condenação ao pagamento de reparação por danos materiais e danos morais, o réu tenha apresentado contestação, se insurgindo apenas quanto aos danos morais. Nessa hipótese, se houvesse pedido do autor, seria tecnicamente correto que o juiz, antes de julgar o pedido relativo aos danos morais, concedesse antecipadamente a reparação pelos danos materiais.
(C) Caso o autor requeira, a título de tutela antecipatória, providência que se revista de natureza cautelar, o juiz deverá proferir despacho determinando a emenda da inicial.
(D) Concedida a antecipação dos efeitos da tutela, o processo ficará suspenso pelo tempo necessário ao cumprimento da decisão, após o que prosseguirá até final julgamento.
(E) A tutela antecipatória pode ser concedida em qualquer momento processual, à exceção daquela requerida com base em fundado receio de dano irreparável ou de difícil reparação, que deve ser concedida assim que o juiz despachar a inicial.

Art. 273, § 6º, do CPC. Gabarito "B".

(Magistratura/AL – 2007 – FCC) Se o autor, a título de antecipação de tutela, requerer providência de natureza cautelar, o juiz

(A) terá de mandar o autor emendar a petição inicial, para adaptar o pedido aos requisitos da antecipação de tutela, entre os quais a identificação com o pedido definitivo.
(B) indeferirá a petição inicial.
(C) mandará processar o pedido cautelar em autos apartados, apensando-os.
(D) rejeitará liminarmente o pedido.
(E) poderá, quando presentes os respectivos pressupostos, deferir a medida cautelar em caráter incidental do processo ajuizado.

Art. 273, § 7º, do CPC. Gabarito "E".

(Magistratura/BA – 2006 – CESPE) Acerca da tutela antecipada, julgue os próximos itens.

(1) É cabível o pedido de antecipação dos efeitos da tutela na petição inicial, com fundamento no abuso do direito de defesa ou nos atos protelatórios do réu.
(2) Tem legitimidade para pleitear a antecipação de tutela a parte que postula medida concreta a ser decretada, em caráter definitivo, pela sentença, contra o outro sujeito do processo. No entanto, os efeitos da tutela pretendida no pedido inicial abrangem também as hipóteses de reconvenção ou da resposta em ação de natureza dúplice.

1: errado. Por óbvio, no momento da propositura da ação, quando ainda sequer o réu foi citado, não pode se falar em abuso do direito de defesa ou ato protelatório pelo réu; 2: certo (art. 273 do CPC); é cabível para qualquer pedido deduzido nos autos, seja pela petição inicial, seja pela reconvenção ou pedido contraposto. Gabarito 1E, 2C

(Magistratura/MG – 2009 – EJEF) Sobre a concessão da tutela específica, marque a opção CORRETA.

(A) O juiz fixará a multa diária no caso de descumprimento e o prazo razoável para cumprimento do preceito, desde que a parte credora assim o requeira.
(B) Na obrigação de fazer ou não fazer, desde que seja relevante o fundamento da demanda e haja justificado receio de ineficácia do provimento final, o juiz concederá a tutela liminar ou designará audiência de justificação, citando o réu, em ambos os casos.
(C) O juiz julgará o pedido tomando em consideração, inclusive de ofício, fatos supervenientes, mesmo na obrigação de fazer ou não fazer.
(D) O juiz não poderá de ofício modificar o valor e a periodicidade da multa fixada a pedido do credor.

A: incorreta, porque a fixação de multa para a obtenção da tutela específica é providência que o juiz pode determinar de ofício; B: incorreta, porque o juiz pode conceder a tutela liminar antes mesmo da citação do réu; C: correta (art. 462, CPC); D: incorreta, em razão do que dispõe o § 6º do art. 461 do CPC. Gabarito "C".

(Magistratura/PA – 2008 – FGV) O despacho liminar positivo, em feito judicial, tem a natureza de:

(A) decisão interlocutória.
(B) sentença terminativa.
(C) sentença definitiva.
(D) despacho de mero expediente.
(E) acórdão.

Trata-se de despacho que recebe a petição inicial e determina a citação do réu e que não possui conteúdo decisório, sendo, portanto, despacho de mero expediente. Gabarito "D".

(MAGISTRATURA/PB – 2011 – CESPE) Após a aquisição de determinado imóvel, o comprador ajuizou contra o vendedor ação de imissão na posse. Realizada a citação, mas ainda antes de a resposta ser apresentada, o comprador soube que a situação financeira do vendedor sofrera rápida e severa deterioração, o que tornava improvável que este pudesse reparar qualquer dano causado ao imóvel no curso da ação.

Considerando essa situação hipotética, assinale a opção correta.

(A) Deverá o autor aguardar a apresentação da réplica à contestação para pedir a antecipação da tutela jurisdicional.
(B) Por ser certa a incapacidade do réu de arcar com as consequências negativas da manutenção de sua posse sobre o bem, justifica-se o julgamento antecipado da lide.
(C) Não será possível a antecipação da tutela jurisdicional, porque, diante da possibilidade de imissão na posse, ocorre a irreversibilidade jurídica da medida.
(D) Dada a situação econômica do réu, o autor poderá requerer a antecipação da tutela jurisdicional mediante petição fundada no receio de dano de difícil reparação.
(E) Não será possível pedido de antecipação da tutela jurisdicional, por ser de rito especial a ação de imissão na posse.

A: incorreta, porque diante da situação de risco de dano irreparável ou difícil reparação, o autor pode requerer a antecipação dos efeitos da tutela jurisdicional a qualquer tempo, independentemente de apresentação de réplica; B: incorreta, porque o julgamento antecipado da lide só é admitido nos casos do art. 330 do CPC, sendo que nenhum deles está caracterizado na hipótese em questão; C: incorreta, porque a medida não é irreversível; D: correta, pois a alternativa traz motivo para o autor requerer a antecipação de tutela jurisdicional; E: incorreta, porque a ação de imissão na posse não se sujeita a rito especial, o que, ademais, seria irrelevante para a concessão da tutela antecipada. Gabarito "D".

(Magistratura/PR – 2008) Assinale a alternativa correta:

(A) a tutela inibitória tem, entre seus pressupostos, a ameaça da ocorrência de dano e a existência de culpa lato sensu.
(B) a tutela inibitória tem como único pressuposto positivo a ameaça da ocorrência de um ilícito.
(C) a tutela inibitória tem natureza preponderantemente cautelar.
(D) a tutela inibitória é espécie da qual a tutela antecipada é gênero.

Art. 461, § 3º, do CPC. Gabarito "B".

(Magistratura/SP – 2009 – VUNESP) A antecipação de efeitos da tutela jurisdicional

(A) é admissível somente em demanda condenatória.
(B) é inadmissível em demanda constitutiva.
(C) é provisória, revogável, e eventual recurso contra a respectiva decisão, em princípio, não tem efeito suspensivo.
(D) depende de caução e não pode ser deferida antes da citação ou da sentença.

A: incorreta, porque é possível a antecipação nas demandas em que se busque outros tipos de tutela (constitutiva, declaratória, mandamental ou executiva *lato sensu*); B: incorreta, o que se percebe claramente quando se pensa em antecipação da tutela em ação rescisória; C: correta (art. 273 do CPC); D: incorreta, porque não está condicionada à prestação de caução e pode ser deferida antes da citação ou da sentença. Gabarito "C".

(Magistratura/TO – 2007 – CESPE) Acerca da antecipação dos efeitos da tutela, assinale a opção correta.

(A) O agravo de instrumento interposto da decisão que concedeu a antecipação de tutela perde o objeto quando sobrevém sentença de mérito que julga procedente a pretensão do autor e confirma a antecipação da tutela.

(B) O recurso de agravo contra a decisão que defere a antecipação de tutela é cabível, ainda que na sentença, por se tratar de resolução de incidente processual, portanto, decisão interlocutória.

(C) A antecipação da tutela deve ser concedida quando o juiz se convencer da verossimilhança das alegações da parte, bem como do perigo da demora, a fim de impedir o perecimento do direito, ou para assegurar ao titular a possibilidade de exercê-lo no futuro.

(D) A antecipação dos efeitos da tutela recursal se destina apenas a conceder efeito suspensivo ao recurso interposto. Para o seu deferimento, exige-se a constatação de risco de dano irreparável ou a demonstração de plano da probabilidade de êxito da pretensão do recorrente. Essa medida será concedida pelo juiz a quo, a requerimento da parte, quando o recurso for recebido tão-somente no efeito devolutivo.

Encontra-se consolidado na jurisprudência dos Tribunais, inclusive do STJ, o entendimento de que perde o objeto o recurso de agravo de instrumento interposto contra decisão que defere tutela antecipada quando sobrevém sentença de mérito que, ao julgar procedente o pedido, confirma a antecipação da tutela (STJ - AGA 200300734823 - (520480 RJ) - 2ª T. - Rel. Min. Francisco Peçanha Martins - DJU 24.10.2005 - p. 00242). Gabarito "A".

(Ministério Público/DF – 2009) A propósito da antecipação da tutela, assinale a alternativa incorreta.

(A) É vedado ao juiz conceder *ex officio* a antecipação da tutela.
(B) A tutela antecipatória não se confunde com o julgamento antecipado da lide.
(C) Admite-se a tutela antecipada quer a demanda trate de direitos disponíveis, quer de indisponíveis.
(D) A antecipação da tutela não tem cabimento quando a ação for processada pelo rito sumário.
(E) Verificando a presença dos requisitos ensejadores, pode o juiz, em sede de antecipação de tutela, deferir medida cautelar em caráter incidental.

A: correta, porque a tutela antecipada depende de requerimento do autor (exceto em matéria previdenciária, em que se admite a sua concessão de ofício); B: correta, porque a antecipação representa o simples adiantamento dos efeitos práticos do provimento final, enquanto o julgamento antecipado da lide é a prolação da própria sentença de mérito, nos casos em que não houver necessidade de produção de provas; C: correta, pois ambos direitos podem ser objeto de tutela antecipada; D: incorreta, porque não há nenhum óbice à sua concessão em razão do tipo de procedimento; E: correta (art. 273, § 7º do CPC). Gabarito "D".

(Ministério Público/MS – 2006) Tratando-se de tutela jurisdicional antecipatória, é CORRETO afirmar:

(A) O juiz poderá de ofício antecipar os efeitos da tutela pretendida no pedido inicial, desde que, haja fundado receio de dano irreparável ou de difícil reparação.
(B) Na decisão que antecipar a tutela, o juiz não precisará indicar as razões de seu convencimento.
(C) Será concedida ainda que haja perigo de irreversibilidade de fato do provimento antecipado.
(D) A tutela antecipada também poderá ser concedida quando um ou mais dos pedidos cumulados, ou parcela deles, mostrar-se incontroverso.

Art. 273, § 6º, do CPC. Gabarito "D".

(Ministério Público/PR – 2008) A partir da tutela antecipatória e da tutela cautelar, mostra-se INCORRETO afirmar:

(A) A tutela antecipatória destina-se a conferir, total ou parcialmente, aquilo que se busca através do pedido formulado na ação de conhecimento, com o objetivo de conceder antecipadamente o próprio provimento jurisdicional ou seus efeitos, apresentando o caráter satisfativo.

(B) A tutela cautelar, por sua vez, visa a afastar situação de perigo, com o propósito de garantir o resultado útil do processo ou, ainda, a frutuosidade do direito afirmado pelo requerente na ação principal.

(C) Ao propiciar imediata execução, a tutela antecipatória promove a superação do princípio da "nulla executio sine titulo", suprimindo a separação entre conhecimento e execução.

(D) Na hipótese do demandado pleitear na petição inicial o deferimento liminar de providência que apontou como antecipatória, mas que, na realidade, apresenta natureza cautelar, mesmo quando presentes os respectivos pressupostos, o juiz está impedido de conhecê-la, ante a presença de expressa vedação legal em nosso ordenamento jurídico.

(E) A tutela cautelar pode ser requerida antes ou no curso do processo principal e deste é sempre dependente.

A: correta (art. 273 do CPC); B: correta (art. 798 do CPC); C: correta, pois, de fato, a tutela antecipada possibilita a execução da decisão sem a existência do título (sentença com trânsito em julgado); D: incorreta (art. 273, § 7º, do CPC); E: correta (art. 796 do CPC). Gabarito "D".

(Ministério Público/SE – 2010 – CESPE) João, menor absolutamente incapaz representado por José, seu pai, ajuizou ação declaratória de inexistência de relação jurídica contra a Escola Arco-íris Ltda., tendo como causa de pedir o pagamento regular de todas as mensalidades do ano letivo, injustamente cobradas pela instituição de ensino. O autor postulou, a título de antecipação da tutela jurisdicional, a sustação liminar do protesto das cambiais vinculadas ao contrato, pois, segundo ele, já teriam sido pagas. Com base nessa situação hipotética, assinale a opção correta.

(A) A providência liminar requerida pelo autor tem nítido conteúdo cautelar e, com esse fundamento, deve ser indeferida pelo juiz.
(B) A antecipação da tutela deve ser indeferida com o fundamento de que, nesse caso, há perigo de irreversibilidade.
(C) A antecipação da tutela deve ser indeferida com o fundamento de que, nesse caso, não há fundado receio de dano irreparável ou de difícil reparação.
(D) Se o autor não tivesse postulado a antecipação da tutela, o MP, ao intervir obrigatoriamente no processo como custos legis, também não poderia fazê-lo.
(E) É cabível ao juiz conceder a antecipação da tutela nesse caso, ainda que o pedido final seja de sentença meramente declaratória.

A: incorreta, não só porque a medida tem natureza antecipatória, mas também porque, em razão da fungibilidade entre as tutelas de urgência, o juiz poderia conceder a medida, ainda que tivesse natureza cautelar (art. 273, § 7º do CPC); B: incorreta, porque não há que se falar em irreversibilidade nesse caso, já que protesto poderá ser renovado, caso a liminar venha a ser cassada; C: incorreta, porque é evidente que o protesto indevido representa risco de dano irreparável ou de difícil reparação; D: incorreta, porque o MP, como fiscal da lei, também pode formular pedido de antecipação; E: correta, porque está superado o entendimento no sentido de que seria incabível a antecipação em processo cujo pedido final fosse declaratório ou constitutivo. Gabarito "E".

(Ministério Público/SP – 2008) Assinale a alternativa que não contempla requisito para a antecipação da tutela.

(A) Verossimilhança da alegação e fundado receio de dano irreparável ou de difícil reparação.
(B) Verossimilhança da alegação e abuso do direito de defesa.
(C) Verossimilhança da alegação e manifesta intenção protelatória do réu.
(D) Verossimilhança da alegação e autor beneficiário da assistência judiciária gratuita.
(E) Ausência de controvérsia em torno de um ou mais dos pedidos cumulados.

Art. 273 do CPC. Gabarito "D".

(Procurador do Estado/PE – CESPE – 2009) Quanto ao instituto da tutela antecipada, assinale a opção correta.

(A) O provimento que a concede ou a nega possui feição de sentença, sujeitando-se ao recurso de apelação.
(B) A função precípua do referido instituto é assegurar o resultado prático do processo.
(C) Esse instituto destina-se a assegurar a viabilidade da realização do direito afirmado pelo autor.
(D) Caso o juiz conceda tutela antecipada, seja initio litis, seja ao prolatar sentença de mérito, eventual recurso interposto contra sentença definitiva não suspende os seus efeitos em relação à antecipação da tutela.
(E) Esse tipo de tutela pode ser concedido de ofício.

A: incorreta, porque a tutela antecipada (exceto quando concedida na própria sentença) é apreciada por meio de decisão interlocutória, passível, por isso, de agravo de instrumento; B: incorreta, porque a função precípua do instituto é assegurar a efetividade do processo, e não garantir o seu resultado prático (função essa que é própria das cautelares); C: incorreta, porque não é essa a finalidade da antecipação; D: correta, em razão do que dispõe o art. 520, inciso VII, do CPC; E: incorreta, porque a tutela antecipada depende de requerimento pelo autor (ressalva feita aos processos que versam sobre benefícios previdenciários em que se tem admitido a concessão de ofício). "Gabarito D".

(Procurador do Estado/PR – 2007) Assinale a alternativa correta:

(A) concedida a antecipação de tutela, o processo extingue-se imediatamente a seguir, com julgamento de mérito favorável ao autor;
(B) não cabe a antecipação de tutela nas ações que versam sobre direitos indisponíveis;
(C) não cabe antecipação de tutela contra a Fazenda Pública.
(D) Tendo havido prévio pleito do autor, e presentes os específicos requisitos, o juiz pode antecipar a tutela ao proferir sentença de procedência do pedido.
(E) não cabe antecipação de tutela quando o processo já está em segundo grau de jurisdição.

A única alternativa correta é a D (Art. 273 do CPC). "Gabarito D".

(Procurador do Estado/SC – 2009) Assinale a alternativa correta:

(A) A fazenda pública possui prerrogativas no âmbito do direito processual.
(B) As multas decorrentes da prática de atos atentatórios à dignidade da jurisdição são cobradas em favor da parte.
(C) A boa-fé processual é uma obrigação das partes.
(D) Não existem regras específicas para antecipação da tutela contra a fazenda pública.
(E) A antecipação da tutela e as medidas cautelares possuem os mesmos requisitos legais.

A: correta, porque são inúmeras as prerrogativas da fazenda pública em juízo; B: incorreta, porque a multa reverte em proveito do exequente (art. 601, parte final, CPC); C: incorreta, porque boa-fé processual não é obrigação propriamente dita, mas dever das partes; D: incorreta, porque há regras próprias sobre a tutela antecipada em face da fazenda pública; E: incorreta, porque a antecipação da tutela sujeita-se à presença de prova inequívoca da verossimilhança do direito invocado, somada ao perigo de dano irreparável ou de difícil reparação, ou do abuso do direito de defesa ou manifesto propósito protelatório do réu, enquanto as cautelares dependem de fumaça do bom direito e perigo na demora. "Gabarito A".

(Defensoria/MT – 2009 – FCC) Pode-se conceder a tutela antecipada quando

(A) ocorrerem indícios do direito do autor.
(B) se procure assegurar o resultado prático do processo.
(C) for hipótese de julgamento antecipado.
(D) existam verossimilhança da alegação e prova inequívoca em favor do autor.
(E) o juiz, de ofício, verificar abuso de direito de defesa do réu.

A: incorreta, porque a lei exige prova inequívoca da verossimilhança do direito invocado, o que não se confunde com indícios; B: incorreta, porque esse é o papel próprio das cautelares (com a tutela antecipada o que se busca é garantir a efetividade do processo); C: incorreta, porque julgamento antecipado da lide não se confunde com antecipação dos efeitos práticos do provimento final; D: correta, porque a antecipação da tutela sujeita-se à presença de prova inequívoca da verossimilhança do direito invocado, somada ao perigo de dano irreparável ou de difícil reparação, ou do abuso do direito de defesa ou manifesto propósito protelatório do réu; E: incorreta, porque mesmo no caso de abuso do direito de defesa, há necessidade de requerimento do autor. "Gabarito D".

(Defensoria/PI – 2009 – CESPE) Um cidadão juridicamente necessitado procurou a DPE/PI para o ajuizamento de ação declaratória de inexistência de relação jurídica em face de determinada empresa de telefonia fixa. No atendimento inicial, o cidadão alegou urgência em razão da possível inclusão de seu nome em cadastros restritivos de crédito e alegou ter pagado toda a dívida. Considerando essa situação hipotética e a jurisprudência do STJ, é correto afirmar que o DP

(A) não pode pleitear a tutela antecipada, porque a certificação de um direito ou de uma relação jurídica não pode ser antecipada.
(B) não pode pleitear a tutela antecipada, por expressa vedação legal nessa situação.
(C) deve pleitear a tutela antecipada, já que é possível sua concessão em qualquer ação de conhecimento, seja ela declaratória, constitutiva ou mandamental, desde que presentes os requisitos e pressupostos legais.
(D) deve pleitear a tutela antecipada, já que estaria vinculado ao pedido formulado pelo necessitado.
(E) somente poderia pleitear a tutela antecipada caso o necessitado postulasse também a condenação da empresa de telefonia em danos morais.

A: incorreta, porque nada impede que a tutela antecipada seja concedida com o fim exclusivo de evitar que haja a inclusão do nome do autor em cadastros restritivos de crédito; B: incorreta, porque não há qualquer vedação expressa na lei para essa hipótese; C: correta, pois, de fato, é possível sua concessão em qualquer ação de conhecimento; D: incorreta, porque o Defensor Público, se não convencido da viabilidade do pedido feito pelo assistido, tem liberdade de não o formular em juízo; E: incorreta, porque as pretensões não estão relacionadas. "Gabarito C".

(Magistratura Federal/5ª Região – 2009 – CESPE) Ajuizada ação em desfavor da fazenda pública, o autor realizou pedido de antecipação da tutela jurisdicional para suspender a exigibilidade do crédito tributário que pretende ver anulado. Com referência a essa situação hipotética, assinale a opção correta.

(A) Ausente vedação expressa à antecipação dos efeitos da tutela jurisdicional nessa hipótese, aplica-se a regra geral, de modo que, presentes os requisitos constantes no Código de Processo Civil, o juiz pode deferir o pedido para desconstituir antecipadamente o crédito.
(B) É legalmente vedada a emissão de liminares que esgotem o objeto da ação, por isso será impossível a concessão de tutela antecipatória dos efeitos do provimento final almejado ante a irreversibilidade do provimento de suspensão da exigibilidade do crédito tributário.
(C) Não é viável a concessão de qualquer tipo de decisão liminar em desfavor da fazenda pública que implique, direta ou indiretamente, vantagem pecuniária para a outra parte, conforme interpretação corrente da Lei n.º 9.494/1997.
(D) Se, além de provado o risco de dano irreparável correspondente à demora na entrega da prestação jurisdicional, restar também provada a verossimilhança da alegação por prova que indique claramente o direito do autor, será possível a concessão da medida em caráter irreversível.
(E) Em princípio, não é viável provimento antecipatório que desconstitua uma situação jurídica, mas é viável provimento que adiante somente os efeitos da tutela pretendida, o que autorizaria o juiz, no caso hipotético, a suspender antecipadamente a exigibilidade do crédito, se provados os requisitos necessários.

A: incorreta, embora não haja vedação expressa, o juiz não pode antecipadamente desconstituir o crédito, mas poderia suspender a sua exigibilidade, como apontado na alternativa "E"; B: incorreta, porque não há qualquer irreversibilidade do provimento de suspensão da exigibilidade do crédito tributário; C: incorreta, porque tal restrição não consta da Lei 9.494/97 (o que a lei veda é a antecipação que implique vantagens pecuniárias para servidores); D: incorreta, porque a antecipação é sempre revogável; E: correta (reler o comentário sobre a assertiva A). "Gabarito E".

(Magistratura do Trabalho – 8ª Região – 2007) Sobre a disciplina legal da tutela antecipada, assinale a alternativa incorreta:

(A) A tutela antecipada poderá ser revogada ou modificada, a qualquer tempo, em decisão fundamentada.
(B) A tutela antecipada também poderá ser concedida quando um ou mais dos pedidos cumulados, ou parcela deles, mostrar-se incontroverso.
(C) Não se concederá a antecipação da tutela quando houver perigo de irreversibilidade do provimento antecipado, salvo se prestada caução suficiente e idônea.
(D) O juiz poderá, a requerimento da parte, antecipar, total ou parcialmente, os efeitos da tutela pretendida no pedido inicial, desde que observados os requisitos legais.
(E) Verificando, ao longo da marcha processual, o manifesto intuito protelatório do réu, e estando presentes os demais requisitos legais, o juiz poderá antecipar os efeitos da tutela pretendida.

A: correta (art. 273, § 4º, do CPC); B: correta (art. 273, § 6º, do CPC); C: incorreta (art. 273, § 2º, do CPC); D: correta (art. 273, *caput*, do CPC); E: correta (art. 273, II, do CPC). Gabarito "C".

(Magistratura do Trabalho – 9ª Região – 2009) Analise as seguintes proposições:

I. Não é possível conceder liminar em sede de antecipação de tutela de mérito, quando um ou mais dos pedidos cumulados, ou parcela deles, mostrar-se incontroverso.
II. As liminares concedidas em sede de antecipação de tutela de mérito contra a Administração Pública e cumpridas ou executadas à luz do disposto nos artigos 273 e 461 do CPC, não estão sujeitas ao pedido de suspensão previsto no art. 4º da Lei 8.437/1992, ainda que o pedido, emanado por parte legítima, esteja amparado em caso de manifesto interesse público calcado em violação à ordem e à economia públicas.
III. Segundo entendimento doutrinário dominante, a regra da irreversibilidade do provimento antecipado como óbice à concessão da tutela mandamental é absoluta e não pode ser desconsiderada nem mesmo nos casos em que manifesta a prova inequívoca da verossimilhança da alegação e haja fundado receio de dano irreparável ou de difícil reparação.
IV. A cominação de multa diária - mesmo nos casos em que se mostrarem relevantes os fundamentos da demanda; havendo justificado receio de ineficácia do provimento final e que, por isso, for concedida a tutela liminarmente - só será possível se a parte interessada a houver pedido de forma certa e determinada, já que vedada a fixação *ex officio* das *astreintes*.

(A) somente as proposições I e II estão corretas
(B) somente as proposições II e III estão corretas
(C) somente as proposições II e IV estão corretas
(D) todas as proposições estão corretas
(E) todas as proposições estão incorretas

I: incorreta, porque o contrário está previsto no art. 273, § 6º, do CPC; II: incorreta, porque todas as decisões contra a Fazenda Pública capazes de gerar efeitos imediatos (sejam de antecipação da tutela, cautelares, ou até sentenças com eficácia imediata) podem ser objeto do pedido de suspensão; III: incorreta, porque também em matéria de irreversibilidade deve ser aplicado o princípio da proporcionalidade, ou seja, quando o provimento antecipatório for capaz de gerar efeitos irreversíveis, mas também forem irreversíveis os danos decorrentes da não concessão, poderá o juiz comparar os interesses em jogo e conceder a tutela mesmo assim, desde que se convença de que o prejuízo será menor se concedida a providência; IV: incorreta, porque a multa diária pode ser imposta pelo juiz de ofício. Gabarito "E".

(Magistratura do Trabalho – 23ª Região – 2009) Analise os itens abaixo e marque a alternativa CORRETA:

I. O instituto da antecipação dos efeitos da tutela de mérito não é compatível com a providência de natureza cautelar, uma vez que, cabível a segunda, não é pertinente a primeira, e vice-versa.
II. A tutela antecipada poderá ser concedida quando um ou mais dos pedidos cumulados, ou parcela deles, mostrar-se incontroverso.
III. A antecipação da tutela tem a mesma natureza e o objeto da decisão definitiva.

(A) Apenas o item I é falso.
(B) Apenas o item II é falso.
(C) Apenas o item III é falso.
(D) Todos os itens são verdadeiros.
(E) Todos os itens são falsos.

I: falso, porque é possível que num mesmo processo sejam concedidas, ao mesmo tempo, medida de tutela antecipada e medida cautelar, com conteúdos obviamente diferentes; II: verdadeira (§ 6º do art. 273 do CPC); III: correta, ainda que se faça uma ressalva: o objeto da tutela antecipada pode ser mais restrito do que o objeto da decisão definitiva. Gabarito "A".

(Ministério Público do Trabalho – 13º) Assinale a alternativa CORRETA:

(A) na ação que tenha por objeto o cumprimento de obrigação de fazer ou não fazer, a obrigação só se converte em perdas e danos se o autor requerer ou se impossível a tutela específica ou a obtenção do resultado prático correspondente;
(B) na ação que tenha por objeto o cumprimento de obrigação de fazer ou não fazer, não pode o juiz, de ofício, modificar o valor ou a periodicidade da multa, mesmo que se observe que se tornou insuficiente;
(C) a tutela antecipada pode ser modificada a qualquer tempo, em decisão fundamentada, mas não pode ser revogada;
(D) só pode ser concedida a antecipação dos efeitos da tutela se, ao mesmo tempo, houver receio de dano irreparável, e ficar caracterizado o abuso do direito de defesa do réu;
(E) não respondida.

A: correta (art. 461, § 1º, do CPC); B: incorreta (art. 461, § 6º, do CPC); C: incorreta (art. 273, § 4º, do CPC); D: incorreta (art. 273, I e II, do CPC) - atentar para a expressão OU. Gabarito "A".

(Procurador do Município/Aracaju – 2008 – CESPE) Quanto à antecipação da tutela, julgue os itens subseqüentes.

(1) Ao apreciar o pedido de antecipação da tutela, o julgador procede a um juízo de probabilidade pelo qual o autor terá direito ao provimento jurisdicional definitivo. A tutela antecipada tem como limite o pedido inicial, e tem como objetivo conceder, de forma antecipada, total ou parcialmente, a própria pretensão deduzida em juízo ou os seus efeitos.
(2) Não obstante indeferida na fase postulatória do processo, a tutela antecipada pode ser concedida na própria sentença. O recurso interposto contra essa decisão será recebido apenas no efeito devolutivo, o que enseja a eficácia imediata da decisão.

1: certo (art. 273 do CPC); 2: certo (art. 520, VII, do CPC). Gabarito 1C, 2C.

(Cartório/DF – 2008 – CESPE) A respeito da tutela antecipada, julgue os itens subseqüentes.

(1) Segundo jurisprudência do STF, é vedada a concessão de tutela antecipada contra a fazenda pública em questões previdenciárias.
(2) A reversibilidade do provimento é um dos requisitos para a concessão da tutela antecipada.
(3) Após preclusa a decisão que confere a tutela antecipada, esta só poderá ser revogada ou alterada na sentença.

1: errado. A vedação legal à concessão de tutela antecipada contra a Fazenda Pública limita-se às hipóteses de reclassificação ou equiparação de servidores públicos, ou a concessão de aumento ou extensão de vantagens, sendo perfeitamente possível a concessão de tutela antecipada em questões previdenciárias; 2: certo (art. 273, § 2º, do CPC); 3: errado (art. 273, § 4º, do CPC). Gabarito 1E, 2C, 3E.

8. PROCESSO DE CONHECIMENTO. RITOS SUMÁRIO E ORDINÁRIO

(Magistratura/AL – 2008 – CESPE) Considerando as regras atinentes aos pedidos encaminhados pelo autor na inicial, assinale a opção correta.

(A) Por ficção legal, admite-se que o pedido condenatório abranja prestações futuras, que ainda não se vencerem ou não foram adimplidas.
(B) Como exceção à regra de que o pedido deve ser certo e determinado, admite-se que o pedido imediato seja genérico.

(C) Se o devedor puder cumprir sua obrigação de mais de um modo, o autor deverá formular pedido sucessivo, de forma que seja permitido ao devedor escolher o modo pelo qual deseja cumpri-la.

(D) É possível a cumulação, em um único processo, de vários pedidos contra o mesmo réu, desde que haja conexão.

(E) Na cumulação alternativa, o pedido formulado em segundo lugar somente deve ser apreciado na hipótese de procedência do primeiro, ou seja, quando o primeiro pedido for prejudicial ao segundo.

A: correta (art. 290 do CPC); B: incorreta, pois admite-se que o pedido mediato seja genérico (art. 286 do CPC); C: incorreta (art. 288 do CPC); D: incorreta (art. 292 do CPC); E: incorreta (art. 289 do CPC). Gabarito "A".

(Magistratura/AL – 2008 – CESPE) Quanto às regras concernentes à resposta do réu, assinale a opção correta.

(A) Dependendo das circunstâncias, o prazo para oferecimento da resposta do réu no procedimento sumário pode ser maior ou menor que aquele previsto no procedimento ordinário.

(B) Se caracterizada a revelia, será dispensada a nova citação do réu revel diante da alteração objetiva da demanda por parte do autor.

(C) Caso o réu reconheça o pedido, cabe ao juiz extinguir o processo sem julgamento de mérito por perda superveniente de uma das condições da ação.

(D) Contestação e reconvenção devem ser apresentadas simultaneamente, de modo que, se o demandado não apresentar contestação, não poderá apresentar reconvenção.

(E) O autor somente pode renunciar ao direito material, sem consentimento do réu, até o decurso do prazo para resposta.

A: correta, pois no procedimento sumário o réu deverá apresentar sua contestação em audiência, sendo certo que deverá ser citado e intimado da designação da audiência de conciliação com antecedência mínima de 10 (dez) dias (art. 277 do CPC). Assim, por consequência lógica, dependendo da data da audiência, o réu poderá ter mais ou menos que 15 (quinze) dias para apresentar a contestação, prazo para defesa no procedimento ordinário; B: incorreta (art. 321 do CPC); C: incorreta (art. 269, II, do CPC); D: incorreta (arts. 299 e 315, ambos do CPC); E: incorreta (art. 269, V, do CPC). Gabarito "A".

(Magistratura/AL – 2008 – CESPE) No que concerne à prova no processo civil, assinale a opção correta.

(A) O depoimento pessoal da parte é meio de prova, de forma que cada parte pode requerer o depoimento pessoal da outra; no entanto, se houver tal requerimento, não haverá lugar para a aplicação da pena de confissão caso a parte intimada se recuse a depor, uma vez que as partes já terão exposto suas versões em suas peças.

(B) Nos procedimentos de jurisdição voluntária, não é aplicável de forma estrita a regra da distribuição do ônus da prova.

(C) A confissão judicial espontânea não admite mandatário com poderes especiais: a própria parte deverá fazê-la, sob pena de nulidade.

(D) A apresentação de documento que contenha, sem ressalvas, rasura ou entrelinhas determinará a sua rejeição como meio de prova.

(E) Caso a parte requeira expedição de carta precatória para ouvir testemunha que resida em outra cidade, o curso do processo deverá ficar suspenso até o retorno da carta, cumprida ou não.

A: incorreta (art. 343, § 2º, do CPC); B: correta (art. 1.107 do CPC); não há ônus, mas faculdade das partes em provar o alegado; C: incorreta (art. 349, parágrafo único, do CPC); D: incorreta, pois não existe tal vedação legal, sendo admissível, desde que não contestada, nos termos do art. 388 do CPC; E: incorreta (art. 338 do CPC). Gabarito "B".

(Magistratura/AL – 2007 – FCC) Em procedimento sumário

(A) não se admite a intervenção de terceiro fundada em contrato de seguro.

(B) admite-se a denunciação da lide, sempre para assegurar o direito de regresso contra causador de dano, se o pedido fundar-se na responsabilidade civil.

(C) o recurso de apelação não terá revisor.

(D) admite-se a reconvenção, mas não se admite ação declaratória incidental.

(E) não se admite o pedido contraposto, mas se admite a reconvenção.

A e B: incorretas (art. 280 do CPC); C: correta (art. 551, § 3º, do CPC); D e E: incorretas, embora tenha sido suprimido o § 2º do art. 315, que previa ser inadmissível a reconvenção no procedimento sumário, continua não sendo possível pela própria natureza do procedimento, mais célere, e com possibilidade de pedido contraposto (art. 278, §1º, do CPC). Gabarito "C".

(Magistratura/DF – 2011) Assinale a alternativa correta, considerando as disposições legais, bem como a doutrina e a jurisprudência prevalentes, na questão a seguir:

Tício propõe ação subordinada ao procedimento ordinário contra Caio, pedindo a condenação deste ao pagamento de indenização por dano moral no valor de R$50.000,00 (cinquenta mil reais). O pedido é resolvido por sentença de mérito em que Caio é condenado a pagar a Tício indenização por dano moral no valor de R$20.000,00 (vinte mil reais). Neste caso:

(A) a condenação em indenização de valor inferior ao pleiteado na inicial não implica sucumbência recíproca, devendo Caio pagar a totalidade das custas processuais e os honorários advocatícios, estes considerado o valor da condenação;

(B) a condenação em indenização de valor inferior ao pleiteado na inicial implica sucumbência recíproca, equivalente, devendo cada parte arcar com os honorários do seu advogado e com metade das custas processuais;

(C) a condenação em indenização de valor inferior ao pleiteado na inicial implica sucumbência proporcional, majoritária de Tício, que deverá pagar a maior parte das custas processuais (60%) e os honorários advocatícios, estes considerada a sucumbência havida de 60%;

(D) nenhuma das alternativas anteriores (a, b, c) é correta.

A alternativa "A" está correta, porque é aquela que está de acordo com o verbete de n. 326 do STJ ("na ação de indenização por dano moral, a condenação em montante inferior ao postulado na inicial não implica sucumbência recíproca"). Gabarito "A".

(Magistratura/GO – 2009 – FCC) No tocante à revelia processual,

(A) implica presunção absoluta de veracidade quanto aos fatos alegados pelo autor.

(B) uma vez caracterizada, não poderá mais o réu manifestar-se nos autos.

(C) os fatos afirmados pelo autor são tidos como verdadeiros, bem como sua subsunção ao direito por ele alegado.

(D) será configurada qualquer que seja a natureza do direito sobre o qual verse o litígio.

(E) ainda que esta ocorra, o autor não poderá alterar o pedido nem a causa de pedir, salvo promovendo nova citação do réu, que terá o prazo de quinze dias para resposta.

A: incorreta, porque a presunção de veracidade decorrente da revelia é relativa (e não absoluta); B: incorreta, porque o revel pode ingressar nos autos a qualquer momento, assumindo o processo no estado em que ele se encontrar; C: incorreta, porque a revelia não acarreta qualquer presunção quanto aos fundamentos jurídicos do pedido (ela atinge, quando muito, os fatos); D: incorreta, desde que se considere que o examinador quis dizer que o que não se configura quando o direito for indisponível é a presunção de veracidade, porque, de fato, a revelia, nesses casos, não gera qualquer presunção de veracidade (embora ela, a revelia, esteja caracterizada pela ausência de contestação); E: correta (art. 321 do CPC). Gabarito "E".

(Magistratura/GO – 2009 – FCC) Quanto às provas:

(A) a expedição de carta precatória sempre suspende o processo até a colheita da prova correspondente.

(B) não dependem de demonstração, em princípio, os fatos em cujo favor milita presunção legal de existência ou de veracidade.

(C) somente os meios legalmente previstos são admitidos como tal.

(D) o ônus da prova é matéria cogente, que não admite convenção que o distribua de modo diverso, em nenhuma hipótese.

(E) cabe ao juiz verificar o teor e a vigência do direito alegado pela parte, qualquer que seja sua natureza.

A: incorreta, porque o art. 338 do CPC estabelece que só haverá suspensão se a expedição da carta precatória tiver sido requerida antes da decisão de saneamento, e a prova nela solicitada for considerada imprescindível; B: correta (art. 334, IV, CPC); C: incorreta, porque também são admitidas as provas não previstas expressamente, desde que "moralmente legítimas" (art. 332, CPC); D: incorreta, em razão do que prevê o parágrafo único do art. 333 do CPC; E: incorreta (art. 337 do CPC, ao contrário). Gabarito "B".

(Magistratura/MG – 2009 – EJEF) É cabível ao réu assumir no mesmo processo a figura de autor quando, ao invés de apenas contestar, apresenta reconvenção. Sobre aludido instituto, assinale a opção CORRETA.

(A) O juiz dará trâmite ao pedido reconvencional mesmo que o autor desista da ação principal.
(B) A ação e a reconvenção poderão ser julgadas por sentenças diversas, em casos excepcionais.
(C) Ofertada a reconvenção, o reconvindo apresentará contestação no prazo de 10 (dez) dias.
(D) A ausência de contestação à reconvenção autoriza a aplicação dos efeitos da revelia em face do reconvindo.

A: correta (art. 317 do CPC); B: incorreta (art. 318 do CPC); C: incorreta, pois o prazo é de 15 dias (art. 316 do CPC); D: incorreta, porque embora o autor reconvindo seja réu na reconvenção, e embora a ausência de contestação também nessa sede caracterize a revelia, o fato é que os efeitos da revelia ficam, quase sempre, inibidos em relação à reconvenção. Em primeiro lugar, a revelia do autor reconvindo não faz com que fique dispensada a sua intimação para os atos processuais. Além disso, se os fatos tratados na reconvenção estiverem contrariados pelos elementos dos autos, também ficará afastado o efeito da revelia, que consiste na presunção de veracidade dos fatos afirmados pelo autor da reconvenção. Gabarito "A".

(Magistratura/MG – 2009 – EJEF) No que tange à produção de provas, marque a opção CORRETA.

(A) As repartições públicas fornecerão os documentos requisitados sempre em cópia reprográfica.
(B) É lícito às partes, em qualquer tempo, juntar aos autos documentos essenciais ao julgamento do feito, em face do direito de acesso ao Judiciário e da ampla defesa.
(C) A lei processual impõe ao juiz o dever de requisitar certidões junto às repartições públicas para que a parte possa provar fato por ela alegado.
(D) De ofício, o juiz não poderá requisitar procedimentos administrativos pertencentes à administração indireta.

A: incorreta, porque as repartições públicas fornecerão os documentos originais, como se pode extrair do art. 399 do CPC; B: incorreta, ao menos no que diz respeito ao texto expresso da lei, porque o art. 397 (parcialmente transcrito pelo examinador) prevê a juntada a qualquer tempo apenas dos documentos novos, embora na jurisprudência seja firme o entendimento de que os documentos, novos ou não, podem ser juntados a qualquer tempo; C: correta (art. 399, I, CPC); D: incorreta, porque a lei não exige provocação para que o juiz requisite os procedimentos administrativos pertencentes à administração indireta (art. 399, II, CPC). Gabarito "C".

(Magistratura/MG - 2007) Quanto à exceção oferecida como resposta pela parte ré, conforme dispõe o CPC, é CORRETO afirmar que:

(A) no processamento da exceção de incompetência será possível o deferimento e a produção de prova testemunhal.
(B) as exceções de impedimento e de suspeição contra o Juiz serão dirigidas ao Tribunal competente com petição instruída com os documentos necessários, bem como rol de testemunhas.
(C) a exceção deverá ser sempre argüida dentro do prazo de 15 (quinze) dias, contado para a contestação.
(D) a exceção, como direito processual da parte ré, deverá sempre ser processada; não podendo a sua petição inicial ser indeferida, em qualquer hipótese.

A: correta (art. 309 do CPC); B: incorreta (art. 312 do CPC); C: incorreta (art. 305 do CPC); D: incorreta (art. 310 do CPC). Gabarito "A".

(Magistratura/MS – 2008 – FGV) Na petição inicial deverá ser indicada a causa de pedir, inclusive a imediata, que se consubstancia:

(A) no fato.
(B) na lesão.
(C) na regra.
(D) no preceito.
(E) na pretensão.

De fato, a causa de pedir imediata equivale à própria lesão, é a violação do direito que se pretende proteger em juízo. Gabarito "B".

(Magistratura/MT – 2009 – VUNESP) Em tema de resposta no processo civil,

(A) quando o réu propõe reconvenção, o autor deve ser pessoalmente citado para contestá-la, sob pena de nulidade.
(B) é lícito ao réu formular pedido em seu favor no Juizado Especial Estadual, desde que fundado no mesmo direito objeto da controvérsia.
(C) admite-se a resposta escrita ou oral no rito dos Juizados Especiais Estaduais, o mesmo não se podendo afirmar em relação aos ritos ordinário e sumário, os quais apenas admitem resposta escrita.
(D) a existência de qualquer causa que extinga a ação principal obsta o prosseguimento da reconvenção.
(E) é certo que mesmo não contestada a ação, caso o réu seja revel, ao autor não é dado alterar livremente o pedido ou a causa de pedir sem a renovação da citação do demandado.

A: incorreta, porque para a reconvenção, o autor reconvindo será intimado, na pessoa do advogado, para contestá-la em 15 dias (art. 316, CPC); B: incorreta, pois o pedido contraposto no JEC só será admitido quando a pretensão do réu em face do autor for fundada nos mesmos fatos (e não no mesmo direito) objeto da controvérsia (art. 31 da Lei 9.099/95); C: incorreta, porque no rito sumário é possível a apresentação de contestação oral (art. 278, CPC); D: incorreta (art. 317, CPC); E: correta (art. 321, CPC). Gabarito "E".

(Magistratura/PA – 2008 – FGV) As provas apuradas pelo juízo de experiência são designadas de presunções:

(A) indiciárias.
(B) comuns.
(C) erísticas.
(D) legais.
(E) fictas.

Art. 335 do CPC. Gabarito "B".

(Magistratura/PA – 2009 – FGV) Caio Túlio propõe ação condenatória, por meio do procedimento sumário, em face de B e B S/A, buscando indenização, por dano moral e material, dando à causa o valor de R$ 100.000,00, sendo a audiência de conciliação designada para o dia 02 de abril de 2009, não sendo possível qualquer acordo. A audiência de instrução e julgamento restou designada para o dia 30.06.2009, às 14:00 horas. Aberta a audiência, presidida pelo ilustre magistrado Mévio da Silva, houve contradita pelas partes em relação a três testemunhas arroladas, sendo o requerimento rejeitado, por falta de comprovação de qualquer circunstância de incapacidade, impedimento ou suspeição dos depoentes, sendo interposto recurso retido nos autos, consoante disposição legal. Após, o ato realizou-se, com a oitiva das testemunhas arroladas e com o depoimento pessoal das partes. Pelo adiantado da hora, foi designado o dia 14.07.2009, às 14:00 horas para o término do ato. Caio Túlio, inconformado com o teor dos depoimentos de suas testemunhas, anexa aos autos, aos 07.07.2009, rol com nome, qualificação e endereço de duas novas testemunhas, requerendo sua oitiva no dia 14.07.2009. Diante de tal enunciado, analise as afirmativas a seguir.

I. Pelo teor da matéria discutida, o valor da causa é critério irrelevante para a escolha do procedimento.
II. Mantido o procedimento sumário, o procedimento foi realizado corretamente.
III. A audiência é una, mas seus atos podem ser realizados em momentos temporais distintos, sendo certo que as audiências posteriores são designadas como de continuação.
IV. A oitiva de novas testemunhas requeridas pelo autor seria possível uma vez que foi apresentado o rol no prazo legal.
V. Finda a audiência, poderá o magistrado proferir sentença.

Assinale:

(A) se nenhuma afirmativa estiver correta.
(B) se somente a afirmativa I estiver correta.
(C) se somente as afirmativas III e IV estiverem corretas.
(D) se somente as afirmativas I, II e III estiverem corretas.
(E) se somente as afirmativas II, III e V estiverem corretas.

I: incorreta, porque o valor supera os 60 salários-mínimos previstos para o rito sumário. Por isso, é relevante que se indague a causa dos danos morais e materiais; II: correta (reler o comentário sobre a assertiva anterior); III: correta, pois sempre que preciso serão realizadas audiências posteriores; IV: incorreta, primeiro, porque o prazo legal para o depósito do rol de testemunhas, na falta de outro fixado pelo juiz, é de 10 dias de antecedência da audiência, o que não foi respeitado no caso da questão, em segundo lugar, porque no procedimento sumário não há prazo para o depósito do rol de testemunhas, cabendo ao autor arrolá-las na inicial e o réu na contestação; V: correta (art. 281, CPC). Gabarito "E".

(MAGISTRATURA/PB – 2011 – CESPE) Lauro ajuizou contra Elias ação sob o procedimento comum ordinário, com o objetivo de anular contrato que este assinara com Júlio para a construção de uma casa. Afirmou, na peça inicial, que, sendo sócio de Júlio, a execução dos serviços poderia levar seu sócio a dificuldades financeiras capazes de prejudicar sua atividade empresarial. Alegou, ainda, que o contrato seria nulo por erro substancial.

Nessa situação hipotética,

(A) o juiz deve ordenar a emenda da inicial, para que se substitua Lauro por Júlio.
(B) a inicial deve ser indeferida, visto que Lauro carece de legitimidade ad causam.
(C) o juiz deve determinar a inclusão de Júlio no polo ativo da ação.
(D) a inicial deve ser indeferida por ausência de possibilidade jurídica do pedido.
(E) a inicial não apresenta defeitos e deverá ser recebida, e o réu, citado.

A questão deve ser resolvida com tendo em vista a legitimidade de parte, que é uma das condições da ação. De acordo com e enunciado, quem celebrou o contrato com o réu Elias foi Júlio. Logo, somente ele é que seria parte legítima para propor a ação anulatória do negócio. Logo, Lauro é parte ilegítima, exceto se houvesse previsão legal expressa de substituição processual (ou legitimação extraordinária) para a hipótese, que autorizasse Lauro a agir em nome próprio para a defesa do interesse de Júlio (art. 6º do CPC). A falta de uma das condições da ação deve ser verificada de ofício pelo juiz. Por isso, está correta a alternativa "B". Gabarito "B".

(MAGISTRATURA/PB – 2011 – CESPE) Em determinada ação judicial, o réu, ao apresentar contestação, juntou aos autos laudo emitido pelo departamento de engenharia civil de conceituada instituição privada de ensino superior.

Nessa situação, o referido laudo é considerado

(A) prova pericial, garantindo a lei processual ao julgador a possibilidade de dispensar o procedimento para produção da perícia, conforme seu juízo.
(B) documento particular que simplesmente prova que as declarações nele contidas são verdadeiras em relação aos signatários.
(C) prova ilícita, por ferir a regra processual de produção de provas, devendo, por isso, ser desentranhado.
(D) prova pericial, devido ao fato de ter sido elaborado por instituição de ensino superior, e não, por perito particular.
(E) tão somente prova testemunhal dos fatos nele relatados, visto que foi apresentado em momento inapropriado à produção de prova técnica.

Não se pode dizer que o laudo seja prova pericial. Não foi produzido de acordo com as regras previstas pelos artigos 420 e seguintes, e não houve, em particular, observância ao princípio do contraditório. É irrelevante o fato de se tratar de instituição de ensino superior. Trata-se, por isso, de documento particular (art. 368, CPC). A única alternativa correta é a "B". Gabarito "B".

(MAGISTRATURA/PB – 2011 – CESPE) Com relação às exceções, assinale a opção correta.

(A) É possível a sua apresentação pelo autor, inclusive no que se refere à incompetência relativa.
(B) Por serem defesas processuais típicas, as exceções podem pôr termo prematuro à relação processual.
(C) As exceções referem-se a pressupostos processuais subjetivos Atinentes à pessoa do juiz ou à sua competência.
(D) Como são formas de resposta típicas do réu, o autor pode recorrer a elas apenas na hipótese de reconvenção.
(E) Sua apresentação deve ocorrer no prazo da resposta, sob pena de preclusão.

A: incorreta, porque é o autor que define a competência territorial no ato do ajuizamento da demanda. Logo, não tem ele interesse, ou legitimidade, para opor exceção de incompetência; B: incorreta, uma vez que a finalidade das exceções nunca será a extinção do processo. Através delas, busca-se o reconhecimento da incompetência relativa do juízo, impedimento ou suspeição do juiz; C: correta, em termos, uma vez que a incompetência é do juízo, e não do juiz propriamente (embora passível de crítica, foi essa a alternativa considerada como correta); D: incorreta, porque o autor pode fazer uso das exceções de impedimento ou suspeição; E: incorreta, porque a exceção de impedimento pode ser oferecida a qualquer tempo, inclusive por ação rescisória. Gabarito "C".

(MAGISTRATURA/PB – 2011 – CESPE) Em ação iniciada sob o rito ordinário, o autor requereu a condenação do réu ao pagamento do preço previamente ajustado pela entrega de uma máquina agrícola. De acordo com a inicial, fora firmado contrato para venda da máquina e de um automóvel. No entanto, mesmo após a entrega do primeiro objeto, o comprador não teria cumprido a obrigação de pagar o preço.

Com base nessa situação hipotética, assinale a opção correta.

(A) Como o contrato envolve prestação periódica, o juiz pode incluir na condenação o pagamento do valor ajustado pela venda do automóvel.
(B) Se não houver, na inicial, pedido de condenação a pagamento de juros legais, não pode o juiz incluir tal condenação na sentença.
(C) Dada a natureza da obrigação, o juiz deve assegurar ao réu a possibilidade de cumprir sua prestação de outro modo.
(D) Trata-se de situação de descumprimento de obrigação contratual, e o juiz pode proferir sentença ilíquida, por lhe ser impossível prever as consequências da inadimplência.
(E) Diante do pedido, o juiz deve, em caso de procedência, ater-se à condenação do réu ao pagamento do valor ajustado.

A: incorreta, porque em razão do princípio da adstrição da sentença ao pedido, o juiz não poderia incluir na condenação o cumprimento de prestação que o autor não pretendeu na inicial, sob pena de proferir sentença "ultra petita"; B: incorreta, porque os juros legais podem ser incluídos na sentença, mesmo que não pleiteados expressamente pelo autor (art. 293, CPC), uma vez que se consideram pedidos implícitos; C: incorreta, porque não se trata de hipótese em que poderia ser formulado pedido alternativo (art. 288 do CPC); D: incorreta, porque não se trata de caso em que seria possível o pedido genérico (art. 286 do CPC); E: correta (reler o comentário sobre a assertiva C). Gabarito "E".

(Magistratura/PE – 2011 – FCC) É correto afirmar:

(A) Verificando o juiz que a petição inicial não preenche os requisitos legais, ou que apresenta defeitos e irregularidades que possam dificultar o julgamento de mérito, deverá o juiz indeferi-la de imediato.
(B) Sendo a matéria controvertida unicamente de direito, se no juízo já houver sido proferida sentença de total procedência em casos idênticos, poderá ser dispensada a citação e proferida sentença que reproduza o teor da anteriormente prolatada.
(C) Ordenada a citação do réu, para responder ao pedido inicial, do mandado constará que, não sendo contestada a ação, presumir-se-ão aceitos pelo réu, como verdadeiros, os fatos e o direito alegados pelo autor.
(D) O pedido deve ser sempre certo ou determinado.
(E) Consistindo a obrigação em prestações periódicas, considerar-se-ão elas incluídas no pedido, independentemente de declaração expressa do autor.

A: incorreta, porque se trata de hipótese em que é cabível a ordem de emenda à inicial (art. 284, CPC); B: incorreta, porque só é possível a improcedência de plano do pedido, prevista no art. 285-A do CPC, mas não a procedência dele nessas circunstâncias; C: incorreta, porque a presunção de veracidade que pode decorrer da revelia atinge exclusivamente os fatos, e nunca o direito; D: incorreta, porque embora em regra o pedido deva ser certo e determinado, há casos em se admite o pedido genérico (art. 286 do CPC); E: correta (art. 290 do CPC). Gabarito "E".

(Magistratura/PE – 2011 – FCC) Ocorrendo a revelia,

(A) poderá o autor alterar o pedido, ou a causa de pedir, bem como demandar declaração incidente, independentemente de nova citação do réu.
(B) poderá o réu intervir no processo em qualquer fase, recebendo-o no estado em que se encontrar.
(C) reputar-se-ão verdadeiros, de modo absoluto, os fatos afirmados pelo autor.
(D) não poderá o réu participar da audiência de instrução e julgamento que venha a ser designada.
(E) deverá o juiz, necessariamente, julgar o processo antecipadamente, dada a veracidade presumida dos fatos alegados pelo autor.

A: incorreta (art. 321, CPC); B: correta (art. 322, parágrafo único, CPC); C: incorreta, porque a presunção de veracidade, quando verificada, será relativa, e não absoluta; D: incorreta (reler o comentário sobre a assertiva B); E: incorreta, porque mesmo diante da revelia, o juiz pode determinar que o autor faça prova dos fatos por ele alegados. Gabarito "B".

(Magistratura/PR – 2010 – PUC/PR) Dadas as assertivas abaixo, escolha a alternativa CORRETA:

I. Na hipótese do art. 285-A (Quando a matéria controvertida for unicamente de direito e no juízo já houver sido proferida sentença de total improcedência em outros casos idênticos, poderá ser dispensada a citação e proferida sentença, reproduzindo-se o teor da anteriormente prolatada), o juiz, ao receber o recurso do autor, decidindo manter sua decisão, deverá citar o réu para que no prazo de 15 dias apresente contestação.
II. Em caso de ajuizamento de ação rescisória, a antecipação de tutela é o único meio processual para pleitear a suspensão do cumprimento da sentença ou acórdão rescindendo.
III. Haverá repercussão geral sempre que o recurso impugnar decisão contrária à súmula ou jurisprudência dominante do tribunal, independentemente da matéria tratada.
IV. Fica dispensada a remessa do recurso especial ao Plenário, quando a Turma decidir pela existência da repercussão geral por, no mínimo, 4 (quatro) votos.

(A) Apenas as assertivas I, II e III estão corretas.
(B) Apenas as assertivas I, III e IV estão corretas.
(C) Apenas a assertiva III está correta.
(D) Todas as assertivas estão corretas.

I: incorreta, porque nesse caso o réu será citado para apresentar contrarrazões à apelação (e não contestação); II: incorreta, porque também a cautelar pode ser utilizada com essa finalidade; III: correta (art. 543-A, § 3º, CPC); IV: incorreta, porque a repercussão geral é requisito próprio do recurso extraordinário (e não do especial). Gabarito "C".

(Magistratura/PR – 2010 – PUC/PR) Sobre petição inicial, é CORRETO afirmar:

I. Quando a petição inicial não vier acompanhada dos documentos indispensáveis à propositura da ação de plano, o juiz a indeferirá.
II. Indeferida a petição inicial, o autor poderá apelar, sendo vedada ao juiz a reforma da sua decisão.
III. Quando a obrigação consistir em prestações periódicas, elas serão consideradas incluídas no pedido se houver declaração expressa do autor.
IV. O juiz, ao pronunciar de ofício a prescrição, indeferirá a petição inicial.

(A) Apenas a assertiva II está correta.
(B) Apenas a assertiva III está correta.
(C) Apenas a assertiva IV está correta.
(D) Apenas a assertiva I está correta.

I: incorreta, porque o autor tem direito à emenda da inicial quando ausente algum de seus requisitos; II: incorreta, porque o art. 296 prevê a possibilidade do exercício do direito de retratação em 48 horas; III: incorreta, pois a inclusão é automática e não depende de declaração expressa do autor; IV: correta (art. 295, IV, do CPC). Gabarito "C".

(Magistratura/PR – 2010 – PUC/PR) Com relação à defesa do réu:

I. A exceção será processada em apenso aos autos principais.
II. Compete ao réu, antes de discutir o mérito, alegar a falta de caução ou de outra prestação que a lei exige como preliminar.
III. O réu poderá reconvir ao autor sempre que a reconvenção seja conexa com a ação principal ou com o fundamento da defesa.
IV. A desistência da ação obsta ao prosseguimento da reconvenção.

(A) Apenas as assertivas I, II e III estão corretas.
(B) Apenas as assertivas I, III e IV estão corretas.
(C) Apenas as assertivas I, II e IV estão corretas.
(D) Todas as assertivas estão corretas.

I: correta; II: correta (art. 301, XI, do CPC); III: correta (art. 315 do CPC); IV: incorreta (art. 317 do CPC). Gabarito "A".

(Magistratura/PR – 2010 – PUC/PR) Marque se as frases a seguir são falsas (F) ou verdadeiras (V) e assinale a opção CORRETA:

( ) A confissão extrajudicial, feita por escrito à parte ou a quem a represente, tem a mesma eficácia probatória da judicial.
( ) A confissão, quando emanar de erro, dolo ou coação, pode ser revogada por ação anulatória, se pendente o processo em que foi feita.
( ) A parte não é obrigada a depor de fatos a cujo respeito, por estado, deva guardar sigilo.
( ) Incumbe o ônus da prova, quando se tratar de falsidade de documento, à parte que a juntou aos autos.

(A) V, V, V, F
(B) V, V, V, V
(C) V, F, V, V
(D) F, F, V, V

1: Verdadeira (art. 353 do CPC); 2: Verdadeira (art. 352 do CPC); 3: Verdadeira (art. 347, II, do CPC); 4: Falsa. O ônus da prova será de quem juntou o documento quando for contestada a assinatura do documento particular. No caso de falsidade documental, o ônus da prova é de quem a alega. Gabarito "A".

(Magistratura/PR – 2008) Assinale a alternativa correta:

(A) o juiz deve indeferir o pedido de produção de prova testemunhal quando já houver prova documental apta a provar a (in)veracidade da alegação de fato feita pela parte.
(B) não é lícito à parte inocente provar com testemunhas nos contratos em geral, os vícios de consentimento.
(C) as declarações constantes em documento particular geram presunção absoluta de veracidade em relação aos signatários.
(D) dependem de prova os fatos em cujo favor milita presunção legal absoluta de existência ou de veracidade.

A: correta (art. 400, I, do CPC); B: incorreta (art. 404, II, do CPC); C: incorreta (art. 368 do CPC); D: incorreta (art. 334, IV, do CPC). Gabarito "A".

(Magistratura/RO – 2011 – PUCPR) Dadas as assertivas abaixo, assinale a única CORRETA.

(A) Mesmo quando o autor tiver formulado pedido certo, é permitido ao magistrado proferir sentença ilíquida.
(B) É lícito formular pedido genérico quando não for possível determinar, de modo definitivo, as consequências do ato ou fato ilícito.
(C) Em casos de acolhimento de prescrição e decadência, deverá o magistrado proferir a sentença sem resolução do mérito, com fulcro no art. 267 do CPC.
(D) Não cumprida a obrigação de entrega de coisa no prazo estabelecido, deverá o magistrado expedir o mandado de busca e apreensão, quando se tratar de coisa imóvel ou a imissão de posse, quando se tratar de bens móveis.
(E) No procedimento comum sumário não se admite a produção de prova pericial.

A: incorreta (art. 458, parágrafo único, CPC); B: correta (286, II, CPC); C: incorreta (art. 269, IV, CPC); D: incorreta, porque a imissão na posse é destinada aos bens imóveis e a busca e apreensão aos móveis (art. 461-A, § 2º, do CPC); E: incorreta (art. 276, CPC). Gabarito "B".

(Magistratura/RO – 2011 – PUCPR) Dadas as assertivas abaixo, assinale a única **CORRETA**.

(A) São espécies de resposta do demandado no processo cautelar: contestação, exceção e reconvenção.
(B) Em regra, o juiz deverá conceder medidas cautelares sem a audiência das partes, por se tratar de tutelas de urgência.
(C) Não se pode cogitar a formação, em nenhuma hipótese, de coisa julgada material no processo cautelar.
(D) A matéria veiculada na defesa em uma demanda de homologação de penhor legal é restrita, podendo apenas alegar: nulidade do processo, extinção da obrigação e não estar a dívida compreendida entre as previstas em lei ou não estarem os bens sujeitos a penhor legal.
(E) Se por qualquer motivo cessar a medida cautelar, é permitido à parte repetir o pedido com os mesmos fundamentos.

A: incorreta, porque "não cabe reconvenção em processo cautelar" (JTA 106/251); B: incorreta, porque a concessão da medida liminar sem a audiência do réu é excepcional (art. 804 do CPC); C: incorreta, porque se forma a coisa julgada no processo cautelar quando o juiz pronuncia prescrição ou decadência (art. 810 do CPC); D: correta (art. 875 do CPC); E: incorreta (art. 808, parágrafo único, do CPC: "se por qualquer motivo cessar a medida, é defeso à parte repetir o pedido, salvo se por novo fundamento"). Gabarito "D".

(Magistratura/RO – 2011 – PUCPR) Considere as assertivas abaixo e assinale a única **CORRETA**.

(A) Pode o réu, em seu próprio nome, reconvir ao autor, quando este demandar em nome de outrem.
(B) O prazo para o autor promover a ação declaratória incidental é de 15 dias a contar da juntada do mandado de citação devidamente cumprido aos autos.
(C) Não poderá o juiz conhecer, de ofício, o compromisso arbitral.
(D) Oferecida a reconvenção, o autor reconvindo será citado por mandado para contestá-la no prazo de 15 dias.
(E) Contra o réu revel que possui patrono constituído nos autos correrão os prazos independentemente de intimação.

A: incorreta (art. 315, parágrafo único, CPC); B: incorreta, porque o prazo para o autor promover a ação declaratória incidental é o mesmo da réplica, ou seja, 10 dias (art. 325 do CPC); C: correta (art. 301, § 4º, CPC); D: incorreta, porque o autor reconvindo é intimado da reconvenção através do seu advogado (art. 316 do CPC); E: incorreta, porque se o revel tiver patrono nos autos, será obrigatória sua intimação (art. 322, CPC, ao contrário). Gabarito "C".

(Magistratura/RS – 2009) Considerando que a revelia é a falta de resposta do réu ao pedido formulado pelo autor, assinale a assertiva correta.

(A) Ocorrendo a revelia, onde os fatos deduzidos na inicial são presumivelmente verdadeiros, o juiz deverá conhecer diretamente do pedido e pronunciar julgamento de mérito acolhendo a pretensão inicial.
(B) A revelia não produz efeito quando, havendo pluralidade de réus em litisconsórcio necessário, algum deles oferecer contestação.
(C) Vencido o prazo da resposta sem contestação e configurados os efeitos da revelia, o autor em nenhuma hipótese poderá modificar o pedido.
(D) Ao réu revel, citado por edital, os prazos fluem independentemente de intimação.
(E) Não ocorre a revelia se o réu, no prazo da resposta, apresentar somente reconvenção.

A: incorreta, porque a revelia, ainda que gere a presunção de veracidade dos fatos afirmados pelo autor, não implica necessária procedência do pedido, pois é possível que os fatos presumidamente verdadeiros não tenham sido aptos a gerar qualquer efeito jurídico relevante; B: correta, embora fosse mais adequado que o examinador tivesse feito menção ao litisconsórcio unitário; C: incorreta, porque mesmo diante da revelia o autor poderá alterar o pedido, só que, nesse caso, será exigida nova citação do revel (art. 321, CPC); D: incorreta, porque ao revel citado por edital será dado curador especial, e será obrigatória a intimação dele para os atos do processo; E: incorreta, porque a revelia é ausência de contestação, e se o réu só apresenta reconvenção, é revel na ação originária. Gabarito "B".

(Magistratura/SC – 2008) Sobre o procedimento sumário, observadas as proposições abaixo, assinale a alternativa correta:

I. Em um processo de ação de reparação de danos por acidente de trânsito, é vedado ao juiz proferir sentença ilíquida, podendo se for o caso, fixar de plano, a seu prudente arbítrio, o valor devido.
II. Pode o réu, na contestação, formular pedido em seu favor, desde que fundado nos mesmos fatos referidos na inicial.
III. A citação do réu deve ser feita com antecedência mínima de 15 (quinze) dias da audiência.
IV. A apelação interposta nas causas de procedimento sumário deverá ser julgada nos Tribunais dentro de 40 (quarenta) dias, sem a necessidade de nomeação de revisor.

(A) Somente as proposições I, II e III estão corretas.
(B) Todas as proposições estão corretas
(C) Somente as proposições II e IV estão corretas.
(D) Somente as proposições II, III e IV estão corretas.
(E) Somente as proposições I, II e IV estão corretas.

I: correta (art.475-A, § 3º, do CPC); II: correta (art. 278, § 1º, do CPC); III: incorreta (art. 277 do CPC); IV: correta (arts. 550 e 551, § 3º, do CPC). Gabarito "E".

(Magistratura/SP – 2011 – VUNESP) Assinale a alternativa correta.

(A) O pedido poderá ser genérico quando a determinação do valor da condenação depender de ato a ser praticado pelo autor.
(B) O pedido será subsidiário quando feito cumulativamente com um principal e que só poderá ser concedido se este o for.
(C) O pedido será sucessivo quando o autor formula um primeiro, pedindo que o juiz conheça de um segundo, se não puder acolher o anterior.
(D) O pedido será alternativo quando, pela natureza da obrigação, o devedor puder cumprir a prestação de mais de um modo.
(E) O pedido deverá ser expresso quando a obrigação consistir em prestações periódicas.

A: incorreta, uma vez que se admite o pedido genérico quando o valor da condenação depender de ato a ser praticado pelo réu, e não pelo autor (art. 286, III, CPC); B: incorreta, porque o pedido subsidiário é aquele que é formulado para a hipótese de rejeição do principal (art. 289); C: incorreta, porque sucessivo é o pedido que tem uma relação de prejudicialidade com outro, ou seja, a rejeição do primeiro torna prejudicado o pedido subsidiário; D: correta (art. 288); E: incorreta, porque consideram-se incluídas no pedido, de forma implícita, as prestações que se vencerem no curso do processo (art. 290). Gabarito "D".

(Magistratura/SP – 2011 – VUNESP) Assinale a alternativa correta.

(A) É possível o aditamento do pedido, antes da citação do réu, sem custas para o autor.
(B) É possível a alteração do pedido após o saneamento do processo, com o consentimento do réu.
(C) Os pedidos poderão ser cumulados, num único processo, contra o mesmo réu, desde que entre eles haja conexão.
(D) É admissível a cumulação de pedidos incompatíveis entre si.
(E) É possível a cumulação, num único processo, contra o mesmo réu, de vários pedidos, ainda que de procedimentos diversos, se o autor empregar o rito ordinário.

A: incorreta, uma vez que o autor arca com eventuais custas acrescidas pelo aditamento do pedido (art. 294 do CPC); B: incorreta, porque após o saneamento fica proibida a alteração do pedido, ainda que houvesse concordância do réu, em razão da estabilização objetiva da lide (art. 264, parágrafo único, CPC); C: incorreta, porque a conexão entre os pedidos não é requisito para a cumulação (art. 292 do CPC); D: incorreta (art. 292, § 1º, I, CPC); E: correta (art. 292, § 2º, do CPC). Gabarito "E".

(Magistratura/SP – 2009 – VUNESP) Na formação do conjunto probatório, a iniciativa do juiz

(A) é limitada a determinados meios de prova e ao 1.º grau.
(B) é vedada, por força do princípio dispositivo.
(C) é admitida por expressa disposição legal e implica limitação ao princípio dispositivo.
(D) encontra óbice na regra de distribuição do ônus da prova.

A: incorreta, porque o julgador, em qualquer grau, pode determinar de ofício a produção de qualquer prova; B: incorreta (art. 130, CPC); C: correta (art. 130, CPC): D: incorreta, uma vez que o ônus da prova em nada se relaciona com a iniciativa judicial na produção de provas. Gabarito "C".

(Magistratura/SP – 2009 – VUNESP) Segundo a regra da estabilização da demanda, tal como adotada pelo legislador brasileiro, os elementos

(A) da ação podem ser alterados após o saneamento, com a concordância do réu.
(B) objetivos da ação podem ser alterados após o saneamento, com a concordância do réu.
(C) da ação não podem ser alterados após a citação.
(D) objetivos da ação não podem ser alterados após o saneamento do processo.

A: incorreta, porque com o saneamento ocorre a estabilização objetiva da lide, o que impede qualquer alteração nos elementos da causa, ainda que estivessem de acordo as partes; B: incorreta, pelos mesmos motivos; C: incorreta, porque após a citação, mas antes do saneamento, é possível a alteração dos elementos objetivos da ação, desde que o réu consinta; D: correta (reler o comentário sobre a assertiva A). Gabarito "D".

(Magistratura/SP – 2008) Havendo regras sobre distribuição dos ônus da prova no processo, assinale a resposta correta, em um caso de comercialização de produto, proposta ação contra o fornecedor.

(A) Embora caiba ao autor, em regra, o ônus da prova do fato constitutivo de seu direito, e ao réu o de fato impeditivo, modificativo ou extintivo do direito do autor, se vier a se tornar excessivamente difícil a qualquer uma das partes o exercício do direito, pode se dar a inversão do encargo, dispensado o litigante menos forte economicamente de verificação, pelo juiz, de satisfação de qualquer requisito.
(B) Não compete ao juiz suprir as omissões ou dificuldades excessivas da parte, vindo a atentar com isso contra os ônus de cada uma delas no processo, sob pena de ofensa à igualdade de tratamento devida e ao princípio da imparcialidade.
(C) É do direito das partes verem produzidas as provas por elas reputadas pertinentes relativamente aos fatos alegados, não podendo o magistrado se recusar a vê-las produzidas, sob motivo de considerá-las inúteis.
(D) Movido pela intenção de alcançar a verdade real, é cabível que o juiz, na instrução do processo, determine, independentemente de requerimento da parte, prova por ele tida como necessária à instrução do processo.

A, B, C e D: Art. 130 do CPC. De fato, no processo civil moderno há uma busca constante pela verdade real, em especial quando envolvido direito indisponível, parte hipossuficiente e jurisdição voluntária. A melhor doutrina, a propósito, caminha neste sentido. Humberto Theodoro Júnior sustenta que o juiz, no processo moderno, deixou de ser simples árbitro diante do duelo judiciário travado entre os litigantes e assumiu poderes de iniciativa para pesquisar a verdade real e bem instruir a causa. Gabarito "D".

(Magistratura/SP – 2008) Em uma demanda pelo procedimento sumário, no juízo comum, determinada empresa comercial pedira a resolução de compromisso de venda e compra de unidade em condomínio edilício, em construção, por falta de pagamento das prestações vencidas pelo compromissário comprador que, na contestação, se limitara a negar o valor da dívida constante da notificação prévia. Posteriormente, na audiência de instrução e julgamento, nas razões finais apresentadas, o réu se limitou a solicitar a devolução dos valores pagos. Assinale a alternativa que estaria a se mostrar mais em consonância com a efetiva realização dos direitos, sem prejuízo de atendimento aos princípios processuais.

(A) A sentença decreta a resolução do contrato e diz não conhecer o pedido de devolução dos valores pagos, ante o princípio da adstrição do juiz ao pedido, porque não foi apresentada reconvenção pelo réu, que é encaminhado à via própria.
(B) O juiz, depois das razões finais apresentadas na audiência, abre oportunidade à autora para se manifestar sobre o pedido feito pelo réu, do qual ela discorda e, na sentença, acolhe o pedido da construtora, mas a condena na devolução dos valores pagos, porque o contrato está sob o manto de proteção do Código de Defesa do Consumidor. Faz constar do dispositivo o total a ser depositado pela empreendedora e, por fim, dá definição a custas e honorários advocatícios.
(C) A sentença não conhece o pedido de devolução, porque a envolver questão não objeto do contraditório, apresentada de modo a surpreender a parte na audiência de instrução e julgamento, que termina com decreto de procedência da ação de resolução do contrato, simplesmente.
(D) A sentença conhece o pedido do réu, que rejeita, porque causadora sua mora de prejuízos à construtora, servindo os valores pagos como indenização à qual com direito.

Art. 53 do CDC. O entendimento dos Tribunais Superiores é no sentido de determinar a devolução dos valores pagos pelo consumidor, fixando, em casos, uma taxa de administração que varia de 10% a 20% do valor pago, valor este que já deverá constar da sentença, determinando-se que a empreendedora deposite a diferença em favor do consumidor, arbitrando a respeito da sucumbência ao final do dispositivo. Gabarito "B".

(Ministério Público/BA – 2010) É certo afirmar que:

(A) Na fase instrutória, o princípio inquisitivo permeia os poderes do magistrado, independentemente da (in)disponibilidade do bem da vida em disputa.
(B) O sistema tarifado de provas não encontra ressonância no sistema jurídico pátrio.
(C) É válida a distribuição diversa do ônus da prova, ainda que incida sobre direito indisponível.
(D) A parte que alegar direito municipal, estadual, estrangeiro ou consuetudinário deverá, necessariamente, provar os respectivos teor e vigência.
(E) Os fatos notórios não prescindem de provas, se contestados pela parte contrária.

A: correta (art. 130 do CPC); B: incorreta, porque há alguns resquícios de tal sistema (p. ex.: arts. 366 e 401 do CPC); C: incorreta (art. 333, parágrafo único, I, CPC); D: incorreta, porque compete ao juiz exigir, ou não, a prova da norma jurídica invocada (art. 337, CPC); E: incorreta (art. 334, I, CPC). Gabarito "A".

(Ministério Público/CE – 2009 – FCC) No procedimento comum ordinário, sobre a ordem em que as provas serão produzidas em audiência, aplica-se a seguinte regra:

(A) o juiz tomará os depoimentos pessoais, primeiro do autor e depois do réu, serão inquiridas as testemunhas arroladas pelo réu e pelo autor, finalmente o perito e os assistentes técnicos responderão aos quesitos de esclarecimentos.
(B) o perito e os assistentes técnicos responderão aos quesitos de esclarecimentos, o juiz tomará os depoimentos pessoais, primeiro do autor e depois do réu, finalmente serão inquiridas as testemunhas arroladas pelo autor e pelo réu.
(C) o juiz tomará os depoimentos pessoais, primeiro do autor e depois do réu, serão inquiridas as testemunhas arroladas pelo autor e pelo réu, finalmente o perito e os assistentes técnicos responderão aos quesitos de esclarecimentos.
(D) o juiz tomará os depoimentos pessoais, primeiro do autor e depois do réu; o perito e os assistentes técnicos responderão aos quesitos de esclarecimentos, finalmente serão inquiridas as testemunhas arroladas pelo autor e pelo réu.
(E) o juiz tomará os depoimentos pessoais, primeiro do réu e depois do autor; o perito e os assistentes técnicos responderão aos quesitos de esclarecimentos, finalmente serão inquiridas as testemunhas arroladas pelo réu e pelo autor.

A: incorreta, porque antes da colheita do depoimento pessoal das partes e da oitiva das testemunhas, serão ouvidos perito e assistentes técnicos sobre os quesitos de esclarecimento; B: correta, pois essa é a ordem a ser seguida no procedimento comum ordinário; C: incorreta, pelo mesmo motivo da alternativa "A"; D e E: incorretas, pois não apresentam a ordem correta (reler a assertiva B). Gabarito "B".

(Ministério Público/DF – 2009) Assinale a alternativa incorreta.

(A) A prova pericial consiste em exame, vistoria ou avaliação. No entanto, o juiz indeferirá a perícia quando for desnecessária em vista de outras provas produzidas, mesmo que se trate de ação de obrigação de fazer para internação em UTI.
(B) Se o réu, reconhecendo o fato em que se fundou a ação, outro lhe opuser impeditivo, modificativo ou extintivo do direito do autor, este será ouvido no prazo da lei, facultando-lhe o juiz a produção de prova documental.

(C) FULANA DE TAL ingressa pela Assistência Judiciária do DF com ação de obrigação de fazer para compelir o DF a fornecer-lhe tratamento em UTI, diante da falta momentânea de vaga em leito de UTI de hospital da rede pública do DF, vez que necessitava com toda a urgência do dito tratamento em razão de grave doença e risco de morte. A tutela é antecipada e FULANA é internada em UTI da rede privada, onde permanece internada por dez (10) dias e morre. Neste caso, a habilitação pode ser requerida pela parte, em relação aos sucessores da falecida e, pelos sucessores da falecida, em relação à parte. Uma vez requerida a habilitação, o requerido será citado para contestar o pedido, indicando as provas que pretende produzir. No entanto, se a habilitação for requerida por herdeiro necessário, independerá de sentença.

(D) Em uma ação de obrigação de fazer contra o DF, para o recebimento de medicação para o tratamento de câncer, o autor vem a falecer no curso do processo. Cabível, em razão do falecimento, a substituição da parte falecida por seu sucessor, na forma da habilitação.

(E) Nas ações ordinárias e nas de obrigação de fazer sentenciadas com julgamento de mérito, tendo o juiz acolhido apenas um dos pedidos apresentados pelos autores, a apelação devolverá ao tribunal o conhecimento dos demais não examinados.

A: correta (art. 420, II, do CPC); B: correta (art. 326, CPC); C: correta (arts. 1.056 e 1.060 do CPC); D: incorreta, porque a ação, nesse caso é intransmissível e, morto o autor, perdeu-se o objeto da demanda, devendo o processo ser extinto sem resolução do mérito; E: correto (art. 515, §§ 1º e 2º, CPC). Gabarito "D."

(Ministério Público/ES – 2010 – CESPE) Em processo que tramita sob o rito comum ordinário, após a citação do réu e passados dez dias da juntada do mandado devidamente cumprido aos autos, o autor protocolou petição na qual manifestou sua desistência do prosseguimento do feito. Com relação a essa situação hipotética, assinale a opção correta.

(A) Nessa situação, o réu não precisa ser ouvido, mesmo porque não apresentou defesa ainda, apesar de citado.

(B) Nesse caso, não é possível desistir do processo após a citação.

(C) A desistência posterior à citação deve ser entendida como renúncia.

(D) No caso em tela, após a citação, o réu necessariamente deve ser ouvido sobre a desistência.

(E) A desistência, nessa situação, não demanda a oitiva do réu porque é ato unilateral.

A alternativa A é a única correta, porque só se exige a concordância do réu para a desistência da ação se já apresentada contestação. As demais alternativas, porque incompatíveis com tal regra, estão incorretas. Gabarito "A."

(Ministério Público/ES – 2010 – CESPE) Em ação que tramita sob o rito comum ordinário, o autor pretende cobrar de dois réus, com o mesmo procurador, o cumprimento das obrigações contratuais que alega existir entre as partes e que determinariam a cada um destas a realização de serviços atinentes aos seus ofícios de pedreiro e pintor, respectivamente. Com a fase postulatória encerrada, o juiz designou data para a realização de audiência de instrução e julgamento, intimando as partes dessa decisão. Considerando essa situação hipotética, assinale a opção correta.

(A) Caso não arrolem suas testemunhas no prazo correto, as partes terão de trazê-las no dia da audiência, independentemente de intimação.

(B) O prazo para arrolamento das testemunhas é de dez dias contado em dobro para os réus, já que são litisconsortes passivos.

(C) Considerada a espécie de litisconsórcio existente, cada um dos réus pode arrolar até dez testemunhas.

(D) O arrolamento deve-se sujeitar ao prazo mínimo de dez dias, caso o juiz não determine outro, contado da data da intimação da decisão que designou a audiência.

(E) Os réus podem arrolar juntos, no máximo, dez testemunhas, considerando que são litisconsortes passivos.

A: incorreta, porque o prazo para o depósito em cartório do rol de testemunhas é preclusivo, o que significa dizer que se não forem elas arroladas oportunamente, perde a parte o direito de produzir a prova oral; B: incorreta, porque o prazo para a apresentação do rol de testemunhas será aquele que o juiz fixar, e, no silêncio, 10 dias, mas no caso em questão não há prazos em dobro, primeiro porque não se trata de ato que dependa de vista dos autos para ser praticado, e, segundo, porque os réus têm advogado comum; C: correta, porque houve cúmulo de demandas, e cada litisconsorte tem direito a utilizar o número máximo de testemunhas previsto em lei para a demonstração de suas alegações; D: incorreta, porque o prazo para a apresentação do rol de testemunhas é contado da data designada para a audiência; E: incorreta, porque se trata de litisconsórcio simples, tendo cada um dos réus direito de arrolar 10 testemunhas. Gabarito "C."

(Ministério Público/ES – 2010 – CESPE) Considerando que, ao examinar uma inicial, o juiz tenha detectado a ausência de uma das condições da ação e indeferido seu processamento, antes mesmo de levar ao conhecimento do réu a existência do pedido, e que o autor tenha interposto apelação a essa sentença no prazo legal, assinale a opção correta.

(A) Somente após juízo de admissibilidade positivo o juiz prolator da decisão recorrida pode exercer o juízo de retratação.

(B) A interposição do recurso cabível, por si só, já autoriza o juiz prolator da decisão recorrida a proceder ao juízo de retratação.

(C) Admitido o recurso, o relator pode afastar a causa do indeferimento da inicial e julgar o mérito da ação.

(D) A interposição da apelação determina necessariamente a citação do réu para apresentação de contrarrazões.

(E) O prazo de 48 horas que o juiz prolator da decisão recorrida tem para exercer o juízo de retratação é próprio, de modo que ele não pode mais se retratar se esse prazo for ultrapassado.

A: correta, porque se o juiz considerar inadmissível a apelação, não haverá espaço para o juízo de retratação; B: incorreta, porque é necessário que o recurso preencha os requisitos de admissibilidade para que surja a possibilidade de retratação; C: incorreta, porque a previsão de julgamento *per saltum* (art. 515, § 3, do CPC) requer que a causa esteja em condições de julgamento (causa madura), e se ainda não houve o implemento do contraditório, não é possível que o tribunal já aprecie o mérito da causa; D: incorreta, porque não se exige a citação do réu para responder a apelação contra a sentença de indeferimento da petição inicial; E: incorreta, porque se trata de prazo impróprio, ou seja, não preclusivo. Gabarito "A."

(Ministério Público/MA – 2009) Considere a seguinte situação hipotética.

Como se sabe, o demandado (requerido, réu), não apresentando contestação pode ter decretada a sua revelia, reputando-se verdadeiros, de conseqüência, os fatos afirmados pelo demandante (requerente, autor).

No caso que ora se examina, o demandante Caio, solteiro, com vinte e oito (28) anos de idade e capaz, aforou, em face de Túlio, também solteiro, com trinta e três (33) anos de idade e capaz, ação relativa à propriedade de um bem imóvel, não acostando à respectiva petição inicial o documento comprobatório da propriedade desse sobredito imóvel (a escritura pública).

Túlio, de sua vez, devida e regularmente citado pessoalmente no processo, todavia, não contestou.

O Escrivão, já tendo decorrido por inteiro o prazo para a resposta, exarou nos autos termo de conclusão ao Juiz, a este encaminhando a seguir o processado.

Nessa oportunidade ao examinar o processo, deverá o Juiz:

(A) nomear "curador especial" a Túlio;

(B) impor a Caio, de ofício, a penalidade por litigância de má-fé;

(C) proferir ato tendente a viabilizar a subseqüente efetivação da necessária instrução processual, na forma procedimental pertinente;

(D) em face da ocorrência da revelia de Túlio, conhecer diretamente do pedido, proferindo sentença de mérito favorável a Caio;

(E) julgar extinto o processo sem resolução do mérito, por superveniente perecimento de seu objeto.

A: incorreta, porque só se nomeia curador especial ao revel citado com hora certa, por edital, ou ao preso; B: incorreta, pois a ausência do documento comprobatório da propriedade não caracteriza, por si só, litigância de má-fé; C: correta, porque o juiz, diante da situação descrita, não poderia considerar verdadeiros os fatos narrados na inicial, em razão do que dispõe o art. 320, III, CPC, daí ser interessante que determine que o autor traga aos autos o documento que comprove o seu direito; D: incorreta, porque a revelia não gerou presunção de veracidade (art. 320, III, CPC); E: incorreta, pois não há qualquer motivo para que se afirme que houve perecimento do objeto da ação. Gabarito "C".

(Ministério Público/MA – 2009) Examine atentamente as afirmativas que seguem.

I. O procedimento ordinário é supletivo do sumário.

II. O *"Inventário e Partilha"* é procedimento especial de jurisdição voluntária.

III. O procedimento ordinário é comum, enquanto que o sumário é especial.

IV. O procedimento sumário deve ser sempre observado quando a causa possuir valor excedente a sessenta (60) vezes o valor do salário mínimo.

V. A *"Alienação Judicial"* é procedimento especial de jurisdição contenciosa.

(A) As afirmativas "II" e "V" supra são corretas, sendo incorretas todas as demais.
(B) Somente a afirmativa "II" supra é correta, sendo incorretas todas as demais.
(C) As afirmativas "II", "III" e "V" supra são corretas, sendo incorretas as afirmativas "I" e "IV".
(D) Somente a afirmativa "V" supra é correta, sendo incorretas todas as demais.
(E) Somente a afirmativa "I" supra é correta, sendo incorretas todas as demais.

I: correta, uma vez que só se aplica o rito ordinário se não presente uma das hipóteses do rito sumário; II: incorreta, porque se trata de procedimento especial de jurisdição contenciosa; III: incorreta, porque o procedimento comum é sumário ou ordinário; IV: incorreta, porque é o oposto que estabelece o art. 275, I, CPC; E: incorreta, porque se trata de procedimento especial de jurisdição voluntária. Gabarito "E".

(Ministério Público/MG – 2010 – FUNDEP) Ao tomar conhecimento de que determinado fornecedor pretende fabricar e colocar no mercado de consumo produto com composição considerada nociva à saúde do consumidor, o Ministério Público ingressa com ação judicial contra o tal fornecedor.

Essa ação terá por finalidade a obtenção de tutela

(A) de remoção de ilícito.
(B) Inibitória.
(C) de adimplemento da prestação não cumprida.
(D) de ressarcimento na forma específica.

Tutela inibitória é aquela pela qual se busca impedir a prática, a repetição ou a continuação do ato ilícito. Trata-se de tutela que visa prevenir a lesão de um direito que se encontra ameaçado. Logo, é correta a alternativa "B". Gabarito "B".

(Ministério Público/MG – 2010.2) A respeito da confissão (meio de prova previsto nos artigos 348 e seguintes do CPC), é INCORRETO afirmar

(A) que, quando extrajudicial, ainda que feita por escrito à parte ou a quem a represente, não terá a mesma eficácia probatória da confissão judicial.
(B) que faz prova contra o confitente, não prejudicando, todavia, os litisconsortes.
(C) que, nas ações que versarem sobre bens imóveis ou direitos sobre imóveis alheios, a confissão de um cônjuge não valerá sem a do outro.
(D) que pode ser feita por mandatário com poderes especiais.

A: incorreta (art. 353 do CPC); B: correta (art. 350 do CPC); C: correta (art. 350, parágrafo único, do CPC); D: incorreta (art. 349, parágrafo único, do CPC). Gabarito "A".

(Ministério Público/MS – 2006) A respeito da inspeção judicial, é CORRETO afirmar que:

(A) O juiz, somente a requerimento da parte, pode, em qualquer fase do processo, inspecionar pessoas ou coisas, a fim de se esclarecer sobre fato, que interesse a decisão da causa.
(B) Ao realizar a inspeção direta, o juiz poderá ser assistido de um ou mais peritos.
(C) O juiz irá ao local, onde se encontre a coisa, ainda que esta possa ser apresentada em juízo, sem consideráveis despesas ou graves dificuldades.
(D) As partes têm sempre direito a assistir à inspeção, desde que não façam qualquer observação.

Art. 441 do CPC. Gabarito "B".

(Ministério Público/MS – 2006) Assinale a alternativa CORRETA

(A) A confissão judicial faz prova contra o confitente, prejudicando os litisconsortes.
(B) A parte e o terceiro não se escusam de exibir, em juízo, o documento ou a coisa, se concernente a negócios da própria vida da família.
(C) Quando a lei exigir, como da substância do ato, o instrumento público, nenhuma outra prova, por mais especial que seja, pode suprir-lhe a falta.
(D) O juiz sempre que determinar a realização de nova perícia, considera-se que a segunda substitui a primeira.

A: incorreta (art. 350 do CPC); B: incorreta (art. 363, I, do CPC); C: correta (art. 366 do CPC); D: incorreta (art. 439, parágrafo único, do CPC). Gabarito "C".

(Ministério Público/PR – 2011) Acerca da propositura da demanda e da petição inicial no processo civil, assinale a alternativa correta:

(A) É defeso ao autor formular pedidos incompatíveis entre si;
(B) Integram a causa de pedir a qualificação jurídica dada pelo autor ao fato em que se apóia sua pretensão e a norma jurídica aplicável à espécie;
(C) É defeso ao juiz corrigir de ofício o valor atribuído pelo autor à causa;
(D) Contra o despacho liminar negativo (indeferimento total da inicial), cabe recurso de apelação com a possibilidade de juízo de retratação.
(E) É nula a sentença que condenar o réu ao pagamento de juros, correção monetária e honorários advocatícios de sucumbência, sem que tais pedidos constem expressamente da petição inicial.

A: incorreta, porque é possível que o autor formule pedidos alternativos (art. 288 do CPC) ou subsidiários (art. 289 do CPC), mesmo que sejam eles incompatíveis entre si; B: incorreta, porque a norma jurídica aplicável à espécie não faz parte da causa de pedir; C: incorreta, porque o juiz pode corrigir de ofício o valor da causa; D: correta (art. 296 do CPC); E: incorreta, porque se trata de pedidos implícitos. Gabarito "D".

(Ministério Público/PR – 2011) Acerca das exceções no processo civil, analise as assertivas abaixo e assinale a alternativa correta:

I. a alegação de prescrição é exemplo de exceção substancial indireta;
II. a alegação de pagamento é exemplo de exceção substancial indireta;
III. a alegação de compensação é exemplo de exceção substancial indireta;
IV. a alegação de coisa julgada é exemplo de exceção substancial direta;
V. a alegação de exceção de contrato não cumprido é exemplo de exceção substancial direta.

(A) apenas as assertivas I, II e III estão corretas;
(B) apenas as assertivas III, IV e V estão corretas;
(C) apenas as assertivas I, III e V estão corretas;
(D) apenas as assertivas I, II, IV estão corretas;
(E) todas as alternativas estão corretas.

I, II e III: corretas, pois são exemplos de exceção substancial indireta (fato impeditivo do direito do autor); IV: incorreta, porque coisa julgada é objeção processual (e não exceção substancial); V: incorreta, porque se trata de exceção substancial indireta (fato impeditivo do direito do autor). Gabarito "A".

(Ministério Público/PR – 2011) Acerca da prova no processo civil, assinale a alternativa correta:

(A) as presunções absolutas de veracidade têm como efeito prático a inversão do ônus da prova;
(B) nas demandas que versem sobre relação de consumo, o juiz, sempre a requerimento da parte, poderá inverter o ônus da prova em favor do consumidor;
(C) a existência de prova documental comprobatória da veracidade de uma determinada alegação de fato torna desnecessária a produção de prova pericial com o mesmo propósito;
(D) nos processos em que funciona como fiscal da lei, a iniciativa probatória do Ministério Público é subsidiária à das partes;
(E) o juiz apreciará livremente a prova obtida por meios ilícitos.

A: incorreta. A afirmação seria correta se dissesse respeito às presunções relativas; B: incorreta, porque a inversão do ônus em favor do consumidor poderá se dar por ato de ofício do juiz (art. 6º, VIII, do CDC); C: correta (art. 420, parágrafo único, II, CPC); D: incorreta, porque a iniciativa probatória do Ministério Público é autônoma; E: incorreta, porque é proibida pela Constituição a utilização de provas obtidas por meios ilícitos. Gabarito "C".

(Ministério Público/SC – 2010)

I. Quando a obrigação consistir em prestações periódicas, considerar-se-ão elas incluídas no pedido, independentemente de declaração expressa do autor.
II. Sempre que na sentença de primeiro grau se reconhecer a paternidade, nela se fixarão os alimentos provisionais ou definitivos do reconhecido que deles necessite.
III. Se, após a propositura da ação, algum fato constitutivo, modificativo ou extintivo do direito influir no julgamento da lide, é vedado ao juiz tomá-lo em consideração no momento de proferir a sentença.
IV. Nos termos do Código de Processo Civil, a revelia não induz a verossimilhança das afirmações do autor, no caso de haverem diversos réus e qualquer um deles contestar a ação.
V. Seguem o procedimento sumário as causas que versem sobre revogação de doação, independente do valor atribuído a causa.

(A) Apenas as assertivas I, II, IV e V estão corretas.
(B) Apenas as assertivas II, III e IV estão corretas.
(C) Apenas as assertivas I, IV e V estão corretas.
(D) Apenas as assertivas II e III estão corretas.
(E) Todas as assertivas estão corretas.

I: correta (art. 290 do CPC); II: correta (art. 7º da Lei 8.560/92); III: incorreta (art. 462 do CPC); IV: correta (art. 320, I, CPC); V: correta (art. 275, II, "g", CPC). Gabarito "A".

(MINISTÉRIO PÚBLICO/SE – 2010 – CESPE) À luz da jurisprudência do STJ, assinale a opção correta quanto ao procedimento de emenda da petição inicial.

(A) Só é possível a emenda da petição inicial, por determinação do juiz, antes da citação do réu.
(B) A emenda da petição inicial por determinação do juiz é vedada, por afrontar o princípio constitucional da inércia, da demanda ou da ação.
(C) Contestada a ação, a petição inicial já não pode ser emendada, quer por iniciativa da parte, quer por determinação do juiz.
(D) É possível a emenda da petição inicial enquanto não forem realizadas todas as citações, desde que com o consentimento dos litisconsortes já citados.
(E) A emenda à petição inicial pode ser determinada pelo juiz mesmo após a contestação e ainda que acarrete alteração no pedido ou na causa de pedir.

A: incorreta, porque é admita a emenda da inicial até mesmo depois de apresentada a contestação (STJ, REsp 239.561; REsp 101.013, dentre outros); B: incorreta (art. 284 do CPC); C: a alternativa está incorreta, de acordo com os julgados apontados. Porém, foi considerada como sendo correta, uma vez que existem julgados nos quais foi adotado entendimento divergente, como por exemplo, STJ, REsp. 674.215. A questão, portanto, não foi bem formulada, porque trata de assunto controvertido; D: incorreta, uma vez que não se exige o consentimento dos litisconsortes já citados, porque sequer iniciado o prazo para as respostas; E: incorreta, porque no caso de alteração do pedido ou da causa de pedir, é exigida a concordância do réu. Gabarito "C".

(Ministério Público/SE – 2010 – CESPE) Com relação aos atos processuais, ao processo, aos procedimentos de cognição e à fase probatória, assinale a opção correta.

(A) O fato negativo não pode ser objeto de prova.
(B) A prova pericial trasladada para os autos de outro processo pela parte interessada, como prova emprestada, não pode ser admitida pelo juiz.
(C) Ao juiz é defeso, em qualquer hipótese, com base no art. 399 do CPC, requisitar informações sujeitas a sigilo bancário ou fiscal, como quanto ao endereço para localização do devedor ou quanto às contas bancárias e aos bens penhoráveis que lhe pertencem e que podem submeter-se à execução.
(D) A existência, em um contrato, de cláusula que preveja a cobrança de juros sobre juros, ou anatocismo, é matéria de direito e, como tal, não pode ser objeto de prova.
(E) O prazo de cinco dias previsto no art. 421, § 1.º, do CPC, para que as partes indiquem assistente técnico e formulem quesitos, não é preclusivo, podendo estas fazê-lo até o momento do início da realização da perícia.

A: incorreta, porque o que não se admite é prova sobre fato incerto, indeterminado; fato negativo pode ser provado através da demonstração de um fato positivo que, por lógica, exclua a possibilidade de ocorrência do fato negado; B: incorreta, porque a prova emprestada, se observado o contraditório quando de sua produção, ao menos em relação à parte contra quem se pretende utilizar a prova, pode ser admitida, ainda que se trata de perícia; C: incorreta, porque sobre esse assunto deve ser aplicado o princípio da proporcionalidade, o que permite que, em certos casos, sejam solicitadas tais informações; D: incorreta, porque a previsão de tal disposição no contrato deve ser provada, ainda que a prova em questão seja a documental; E: correta (STJ, AI 381.069-AgRg). Gabarito "E".

(Ministério Público/SP – 2011) O poder instrutório do Juiz no processo civil

(A) depende de requerimento e iniciativa da parte exclusivamente.
(B) é restrito à prova de fatos afirmados por uma parte e confessados pela parte contrária.
(C) é limitado à prova de fatos a cujo favor milita presunção legal de existência e de veracidade.
(C) está adstrito à prova de fatos admitidos, no processo, como incontroversos.
(E) é amplo, cabendo-lhe determinar de ofício as provas necessárias à instrução do processo.

A: incorreta (art. 130 do CPC); B: incorreta, porque tais fatos não dependem de prova (art. 334, II, do CPC); C: incorreta, porque tais fatos não dependem de prova (art. 334, IV, do CPC); D: incorreta (art. 334, III, do CPC); E: correta (art. 130 do CPC). Gabarito "E".

(Ministério Público/SP – 2011) Não constando do mandado de citação a advertência de presunção de aceitação pelo réu de veracidade dos fatos articulados pelo autor, se não contestada a ação, versando a lide sobre direitos disponíveis,

(A) o réu não está obrigado, em sua resposta, a contestar especificamente os fatos narrados na petição inicial.
(B) desatendido pelo réu o ônus da impugnação especificada dos fatos, não ocorrerá o efeito da revelia.
(C) a falta de impugnação precisa sobre os fatos afirmados na petição inicial induz à revelia e a seus efeitos.
(D) decretada a revelia, por falta de contestação precisa dos fatos narrados na petição inicial, o Juiz julgará antecipadamente a lide, conhecendo diretamente do pedido.
(E) reconhecida a revelia, pela confissão ficta, o autor poderá alterar o pedido ou a causa de pedir sem promover nova citação do réu.

A: incorreta, porque o ônus da impugnação especificada, previsto no art. 302 do CPC, não depende de advertência constante do ato citatório; B: correta, porque a falta de impugnação precisa não caracteriza a revelia, uma vez que esta é a falta de contestação; C: incorreta, porque o réu não pode sofrer os efeitos da revelia, se não deles previamente advertido; D: incorreta (reler o comentário sobre a assertiva B); E: incorreta, porque ainda que houvesse revelia, o autor deveria promover nova citação para alterar o pedido ou causa de pedir (art. 321 do CPC). Gabarito "B".

(Ministério Público/SP – 2010) Assinale a alternativa correta:

(A) O juiz deve indeferir o pedido de produção de prova testemunhal quando já houver prova documental apta a provar a veracidade da alegação de fato feita pela parte.
(B) Não é lícito à parte inocente provar com testemunhas, nos contratos em geral, os vícios de consentimento.
(C) As declarações constantes em documento particular geram presunção absoluta de veracidade em relação aos signatários.
(D) Dependem de prova os fatos em cujo favor milita presunção legal absoluta de existência ou de veracidade.
(E) Nenhuma delas é verdadeira.

A: correta, nos termos do art. 400, I, do CPC; B: incorreta (art. 404, II, CPC); C: incorreta, porque a presunção é relativa; D: incorreta (art. 334, IV, CPC); E: incorreta, pois a alternativa A é correta. Gabarito "A".

(Ministério Público/SP – 2010) Assinale a alternativa correta. João teve negada ação de usucapião por não demonstrado o tempus necessário para a aquisição dominial:

(A) O caso é de carência de ação, não podendo reiterar o pedido.
(B) O caso é de improcedência da ação, o que opera coisa julgada impedindo reproposição da ação.
(C) O caso é de improcedência da ação, que poderá ser reproposta se completado ulteriormente o decurso do tempo.
(D) O caso é de improcedência da ação, podendo ser ajuizada ação rescisória caso, no período de dois anos, se complete o período de tempo aquisitivo.
(E) O caso é de carência da ação, cabendo ação rescisória, caso se complete o período de tempo aquisitivo.

A: incorreta, porque se trata de matéria de mérito e não de falta de uma das condições da ação; além disso, a carência não impede a reiteração do pedido; B: incorreta, porque embora seja caso de improcedência, não fica inibida a repropositura da ação, desde que com base em fatos novos, ou seja, quando se alegar – e provar – que o prazo foi cumprido; C: correta (reler o comentário sobre a assertiva anterior); D: incorreta, porque não será exigida a rescisória quando implementado o prazo; E: incorreta, porque se fosse o caso de carência – não é, como dito – não seria cabível a rescisória, porque a sentença não teria sido de mérito. Gabarito "C".

(Ministério Público/SP – 2010) Assinale a alternativa incorreta:

(A) A petição inicial deve indicar o juiz ou tribunal a que é dirigida.
(B) A petição inicial deve indicar o fato e os fundamentos jurídicos do pedido.
(C) Nas ações declaratórias, deve constar na petição inicial o respectivo pedido de condenação.
(D) Na petição inicial, é indispensável o requerimento de citação do réu.
(E) A petição inicial poderá conter pedidos alternativos.

A: correta (art. 282, I, CPC); B: correta (art. 282, III, CPC); C: incorreta; D: correta (art. 282, VII, CPC); E: correta (art. 288, CPC). Gabarito "C".

(Defensoria/ES – 2009 – CESPE) No que se refere ao processo de conhecimento, julgue os itens a seguir.

(1) Oposta exceção de incompetência de juízo, o processo ficará suspenso até o trânsito em julgado da decisão que o apreciar.
(2) Quando a causa apresentar questões complexas de fato ou de direito, podem-se substituir os debates orais, na audiência de instrução e julgamento, pelos memoriais, que serão oferecidos em dia e hora designados pelo magistrado.
(3) A petição inicial será considerada inepta quando contiver pedidos incompatíveis entre si, mas o mesmo não se pode afirmar quando o tipo de procedimento escolhido pelo autor não corresponder à natureza da causa.
(4) Não obtida a conciliação na audiência preliminar, o procedimento do juiz se limitará a fixar os pontos controvertidos, decidir as questões prejudiciais pendentes e, se necessário, designar audiência de instrução e julgamento.
(5) A complementação de prova, na hipótese de perplexidade probatória, poderá ser feita em qualquer fase, uma vez que a iniciativa probatória do juiz não se sujeita à preclusão.
(6) O juiz proferirá a sentença, julgando procedente ou improcedente, no todo ou em parte, o pedido formulado pelo autor. Nos casos de extinção sem resolução de mérito, o juiz decidirá de forma concisa. Quando o autor tiver formulado pedido certo, será vedado ao juiz proferir sentença ilíquida.

1: Errada, porque a suspensão do processo dura até que a exceção seja julgada, ainda que caiba recurso contra tal decisão. É que o recurso cabível (agravo) não terá efeito suspensivo, o que possibilita a imediata retomada do curso do processo; 2: Correta (art. 454, § 3º, CPC); 3: Correta (art. 295, parágrafo único, CPC); 4: Errada, porque o juiz decidirá as questões processuais pendentes, e não as questões prejudiciais pendentes (art. 331, CPC); 5: Correta, pois, de fato, a iniciativa probatória do juiz não se sujeita à preclusão; 6: Correta (art. 459, *caput* e parágrafo único, do CPC). Gabarito 1E, 2C, 3C, 4E, 5C, 6C.

(Defensoria/MG – 2006) O juiz determinou, de ofício, a realização de segunda perícia.

É CORRETO afirmar que o juiz, ao sentenciar, considerará:

(A) Válida somente a primeira perícia porque, na segunda, não se identificou qualquer falta no cumprimento do múnus público do perito autor do laudo da primeira perícia.
(B) Válida somente a segunda perícia porque, na primeira, a matéria não foi suficientemente esclarecida.
(C) Válida somente a segunda perícia se constatado que esta se realizou com a presença de assistentes técnicos indicados pelas partes.
(D) Válida a primeira e segunda perícias e estas serão apreciadas pelo livre convencimento do juiz de forma motivada.
(E) Válidas a primeira e segunda perícias, mas somente a segunda se prestará a formar-lhe a convicção.

Art. 439, parágrafo único, do CPC. Gabarito "D".

(Defensoria/MT – 2009 – FCC) Em relação à prova processual:

(A) apenas os meios legais são hábeis para demonstrar a verdade dos fatos.
(B) o ônus probatório não pode ser objeto de convenção que o distribua de maneira diversa à legal.
(C) a mera presunção legal de existência ou de veracidade dos fatos não isenta a parte de prová-los.
(D) o momento de sua produção é determinado por lei de modo cogente, não podendo ser alterado judicialmente em qualquer hipótese.
(E) se assim for determinado pelo juiz, a parte que alegar direito municipal, estadual, estrangeiro ou a aplicação de usos e costumes, deverá provar seu teor e vigência.

A: incorreta (art. 332 do CPC); B: incorreta (art. 333, parágrafo único, CPC); C: incorreta (art. 334, IV, CPC); D: incorreta, pois pode ser alterado; E: correta (art. 337, CPC). Gabarito "E".

(Defensoria/MT – 2007) Analisando as afirmativas abaixo, referentes ao pedido, é incorreto afirmar:

(A) Através da demanda, a parte formula um pedido, cujo teor determinará o objeto do litígio, e, em consequência, o âmbito dentro do qual toca ao órgão judicial decidir a lide.
(B) A ampliação do pedido somente será permitida antes da citação do réu, mediante aditamento do petitório exordial, correndo por conta do autor as custas acrescidas.
(C) O objeto mediato é a providência jurisdicional solicitada e o objeto imediato é o bem que o autor pretende conseguir por meio dessa providência.
(D) Há cumulação de pedidos, em sentido estrito, quando o autor formula contra o réu mais de um pedido, visando ao acolhimento conjunto de todos eles.
(E) Cada fato ou conjunto de fatos suscetíveis de produzir, por si, o efeito jurídico pretendido pelo autor, constitui um causa petendi.

A: correta (art. 459 do CPC); B: correta (art. 294 do CPC); C: incorreta, pois a definição colocada na alternativa está trocada, ou seja, o pedido mediato é o bem da vida e o imediato é a providência jurisdicional solicitada; D: correta (art. 292 e 259, II, ambos do CPC); E: correta, pois, de fato, a causa de pedir é o fato que causou o efeito jurídico pretendido, ou seja, o que deu causa ao pedido. Gabarito "C".

(Defensoria/PA – 2009 – FCC) A prova pericial

(A) é renovável se a matéria não estiver suficientemente esclarecida.
(B) é obrigatória quando houver controvérsia sobre a matéria de fato discutida no processo.
(C) vincula o juiz ao resultado da perícia, salvo quando ocorrer corrupção do perito.
(D) é sempre dispensável quando ocorrer a revelia.
(E) não se compatibiliza com o procedimento sumário.

A: correta (art. 437, CPC); B: incorreta, pois só se realiza a perícia quando a apreciação do fato depender de conhecimentos técnicos ou científicos; C: incorreta (art. 436, CPC): D: incorreta, porque é possível que a revelia não tenha gerado a presunção de veracidade (por exemplo: direito indisponível), hipótese em que a perícia será obrigatória; E: incorreta, porque também no sumário pode haver perícia, mas se a prova técnica for de maior complexidade, caberá a conversão para o rito ordinário. Gabarito "A".

(Defensoria/PI – 2009 – CESPE) A DP assistiu juridicamente a parte autora de uma ação que tramitou pelo rito comum ordinário. Na fase do julgamento conforme o estado do processo, o juiz proferiu julgamento antecipado da lide e rejeitou o pedido inicial, sob o argumento de ausência de documento indispensável à propositura da demanda. Diante dessa situação hipotética e à luz da jurisprudência do STJ, em suas razões de apelação, o DP deve alegar

(A) *error in procedendo*, pois o estado do processo comportava a realização de audiência preliminar.
(B) *error in procedendo*, pois o estado do processo comportava a extinção sem julgamento de mérito.
(C) *error in procedendo*, pois o juiz deveria ter saneado o processo.
(D) ocorrência de preclusão *pro iudicato*.
(E) cerceamento de defesa, pois o juiz deveria ter oportunizado a juntada do documento tido como essencial antes de rejeitar o pedido inicial.

A: incorreta, porque a audiência preliminar seria inútil no caso em questão; B: incorreta, porque não seria interessante para a parte que o processo fosse extinto sem resolução do mérito; C: incorreta, pois o saneamento não seria suficiente para solucionar o problema da parte; D: incorreta, porque não há preclusão *pro iudicato*, em especial no que diz respeito à produção de provas; E: correta, pois, de fato, o juiz deveria ter permitido a juntada do documento antes de rejeitar o pedido inicial. Gabarito "E".

(Defensoria/PI – 2009 – CESPE) José, cidadão juridicamente necessitado, procurou a DPE/PI para ajuizar, contra Manoel, ação pleiteando indenização por danos materiais no valor de R$ 1.000,00 e indenização por danos morais no valor de R$ 15.000,00. Entendendo juridicamente viável a pretensão, o DP deverá elaborar a petição inicial do caso. Nessa situação hipotética, deve-se atribuir à causa o valor de

(A) R$ 1.000,00, pois, sendo alternativos os pedidos, o valor da causa corresponderá ao pedido de menor valor.
(B) R$ 15.000,00, pois, sendo alternativos os pedidos, o valor da causa corresponderá ao pedido de maior valor.
(C) R$ 16.000,00 pois, havendo cumulação de pedidos, o valor da causa corresponderá à soma dos valores de todos eles.
(D) R$ 15.000,00, pois, se houver pedido subsidiário, o valor da causa corresponderá ao pedido principal.
(E) R$ 16.000,00, já que a causa não tem conteúdo econômico imediato.

A, B, C, D e E: O valor da causa deve corresponder ao benefício econômico pretendido pelo autor através do processo. Se houver cumulação de pedidos, o valor da causa será a soma dos valores de cada um deles. Assim, se o autor pretende obter as indenizações que somadas equivalem a R$16.000,00, esse será o valor da causa. Por isso, estão incorretas as alternativas "A", "B", "D" e "E" (esta em razão da menção à suposta ausência de conteúdo econômico imediato). Gabarito "C".

(Defensoria/SE – 2006 – CESPE) Julgue o item seguinte.

(1) A petição inicial, peça inaugural do processo civil na qual o autor narra os fatos, estabelece seu pedido e a causa de pedir, não necessita ser instruída com documentos. Estes, referindo-se à prova dos fatos articulados, somente deverão ser juntados após o despacho saneador, quando se inaugura a fase instrutória do feito.

1: errado (art. 283 do CPC). Gabarito 1E.

(Defensoria/SE – 2006 – CESPE) Julgue os itens seguintes.

(1) O oferecimento de reconvenção pelo réu faz instaurar uma relação processual nova, distinta e paralela à que se fez inaugurar com a propositura da ação pelo autor contra aquele réu. Trata-se de ação distinta, em que, se for extinta a relação processual inaugurada com o ajuizamento da ação, prossegue o juiz no julgamento da reconvenção.
(2) Na contestação, ainda que o réu compareça em juízo para alegar invalidade da citação, no mesmo momento, deverá apresentar todo o restante das matérias de defesa, pois se a referida alegação não for acolhida, não se abre novo prazo para resposta.

1: certo (art. 317 do CPC); 2: certo (art. 214, § 2º e 301, I, ambos do CPC0. Gabarito 1C, 2C.

(Defensoria/SE – 2006 – CESPE) Com referência a prova, julgue os seguintes itens.

(1) Na apreciação da prova, no sistema jurídico brasileiro, vigora o princípio da persuasão racional, ou do livre convencimento fundamentado. Assim, na valoração da prova, prevalece a convicção do juiz sobre a certeza dos fatos que interessam à solução do litígio.
(2) O sistema jurídico brasileiro adota a premissa básica de que quem alega deve provar a veracidade do fato. Dessa forma, impõe-se ao autor a comprovação dos fatos constitutivos de seu direito, ainda que esses fatos sejam notórios ou admitidos como incontroversos no processo. Entretanto, a lei dispensa, por desnecessária, a prova relativa aos fatos afirmados por uma parte e confessado pela parte contrária, ou seja, a confissão real ou fictícia, seja por meio dos efeitos da revelia ou inobservância da impugnação específica.
(3) Para o autor, a prova deve ser requerida na inicial e para o réu, na contestação. Assim, quando é trazido fato novo em contestação ou há o surgimento de fato superveniente no curso do processo, surge a atividade probatória do juiz no processo, passando ele a agir de ofício na atividade probatória.

1: certo (art. 131 do CPC); 2: errado (art. 334 do CPC); 3: errado, pois com a apresentação de fato novo por uma das partes não surge a atividade probatória, eis que esta é ônus daquele que alegou o fato novo (art. 397 do CPC). Gabarito 1C, 2E, 3E.

(Defensoria/SP – 2009 – FCC) A confissão é tratada na Seção III do Capítulo VI do Código de Processo Civil, inerente às provas. Seu conceito está no artigo 348, que estabelece: "Há confissão, quando a parte admite a verdade de um fato, contrário ao seu interesse e favorável ao adversário. A confissão é judicial ou extrajudicial." É correto afirmar que a confissão

(A) judicial espontânea não pode ser feita por mandatário, mesmo que tenha poderes especiais. Porém, a confissão judicial espontânea feita diretamente pela parte confitente, pode versar sobre qualquer fato ou direito, inclusive os indisponíveis, desde que o confitente seja plenamente capaz.
(B) emanada de erro, dolo ou coação pode ser revogada por ação anulatória ou rescisória, conforme a fase processual em que for intentada, revestindo-se tais ações de natureza personalíssima e somente podem ser promovidas pelo próprio confitente. Serão legitimados os sucessores apenas se o autor falecer após iniciada a demanda.
(C) judicial tem valor probatório absoluto e a confissão extrajudicial feita por escrito à parte tem valor probatório relativo. Cabe à parte destinatária da confissão extrajudicial e que se beneficiou dela, trazer aos autos outros elementos para a formação da convicção do juízo.
(D) judicial de caráter vinculativo absoluto, também fará prova contra o litisconsorte, ao qual caberá tão somente demonstrar em juízo que o ato foi praticado com vício de consentimento.
(E) é considerada pela doutrina e jurisprudência como a "rainha das provas". Feita a confissão judicial espontânea pelo réu, o juiz deverá julgar procedente o pedido do autor, independentemente do conjunto probatório produzido nos autos.

A: incorreta, porque a confissão espontânea pode ser manifestada por procurador com poderes especiais (parágrafo único do art. 349 do CPC), e, além disso, a confissão é ineficaz se relativa a direito indisponível, ainda que manifestada pela parte capaz; B: correta (art. 352, CPC); B: correta (art. 352 do CPC); C: incorreta, pois a confissão é prova, e as provas não têm valor absoluto, sendo irrelevante, nesse ponto, o fato de a confissão ser judicial ou extrajudicial; D: incorreta, porque a confissão, judicial ou extrajudicial, não tem caráter vinculativo, e quando manifestada por um dos litisconsortes, não pode prejudicar os demais; E: incorreta, porque em razão do princípio do livre convencimento motivado, ou persuasão racional, não há hierarquia entre os meios de prova, devendo a confissão ser analisada pelo juiz de acordo com o conjunto probatório produzido nos autos. Gabarito "B".

(Defensoria/SP – 2009 – FCC) Assinale a assertiva INCORRETA.

(A) Para o autor ajuizar pedido declaratório incidental em face do réu, o prazo é de 10 dias no procedimento sumário, contado da audiência em que for ofertada a contestação.
(B) A ação declaratória incidental pode ser ajuizada tanto pelo autor, quanto pelo réu, sendo que, no caso do réu, por motivo superveniente ao prazo da contestação.
(C) Para contestar, começa a correr o prazo, quando houver vários réus, da data de juntada aos autos do último mandado citatório.
(D) Para oferecer embargos à execução, começa a correr o prazo para cada um dos executados, desde que não sejam cônjuges, a partir da juntada do respectivo mandado citatório.
(E) Para o autor apresentar pedido declaratório incidental em face do réu, o prazo é de 10 dias no procedimento ordinário, contado da apresentação da contestação.

A: incorreta, porque no procedimento sumário é vedada a ação declaratória incidental (art. 280 do CPC); B: correta, embora não faça muito sentido a parte final da sentença ("... por motivo superveniente ao prazo da contestação"); C: correta (art. 241, III, CPC); D: correta (§1º do art. 739-A, CPC); E: correta, em termos, porque o prazo para o autor ajuizar ação declaratória incidental é mesmo de 10 dias, mas não da apresentação da contestação, e sim da intimação do autor acerca desse fato. Gabarito "A".

(Defensoria/SP – 2007 – FCC) Em determinada demanda o réu, no corpo de sua contestação, impugnou a concessão dos benefícios da assistência judiciária ao autor, alegando não ser ele pessoa hipossuficiente, que não fazia jus ao benefício. Juntou documentos. O juiz, ao sanear o processo, acolheu a impugnação e revogou os benefícios da gratuidade processual ao autor, determinando a normal continuidade do feito sem os efeitos do questionado benefício. Sob o aspecto formal, essa decisão judicial está

(A) incorreta, pois a impugnação do direito à assistência judiciária deveria ser processada em autos apartados.
(B) incorreta, pois, uma vez concedidos, os benefícios da gratuidade processual são irrevogáveis.
(C) correta, pois, havendo provas documentais, o juiz pode revogar o benefício em qualquer momento processual.
(D) correta, pois a concessão ou revogação dos benefícios da assistência judiciária fica ao livre critério do juiz.
(E) incorreta, pois a revogação jamais poderia se dar através de decisão interlocutória, e sim por sentença.

Inadequada e merece ser rejeitada a impugnação ao pedido de justiça gratuita da parte contrária, se feita na contestação, porque o § 2º do art. 4º da Lei n. 1.060/50 impõe seja em incidente apartado. Gabarito "A".

(Procuradoria Distrital – 2007) Cabe ao juiz, como destinatário da prova, determinar a produção das provas necessárias à instrução do processo, bem como indeferir as diligências inúteis ou meramente protelatórias. Sobre os chamados "poderes instrutórios" do juiz, assinale a afirmativa incorreta.

(A) Não dependem de prova os fatos afirmados por uma parte e confessados pela parte contrária.
(B) O depoimento pessoal das partes pode ser determinado de ofício pelo juiz.
(C) O juiz pode, de ofício, determinar a acareação de duas ou mais testemunhas ou de alguma delas com a parte.
(D) A prova pericial, que consiste em exame, vistoria ou avaliação, não pode ser determinada de ofício pelo juiz e necessita de requerimento expresso da parte interessada, até porque o seu deferimento impõe, como regra, o pagamento de honorários periciais, que devem ser suportados pela parte interessada na produção da prova.
(E) O juiz pode decidir contrariamente ao laudo pericial, devendo expor os fundamentos da divergência.

A: correta (art. 334, II, do CPC); B: correta (art. 342 do CPC); C: correta (art. 418, II, do CPC); D: incorreta, pois não há necessidade de requerimento expresso da parte eis que, nos termos do art. 130 do CPC, o juiz pode determinar a produção de prova pericial se assim entender necessário, mesmo porque não há tal vedação no art. 420 do CPC; E: correta (art. 436 do CPC). Gabarito "D".

(Procuradoria Distrital – 2007) Sobre o tema "resposta do réu", assinale a afirmativa incorreta.

(A) Se não contestar a reconvenção, o autor reconvindo fica revel.
(B) Apesar de o art. 297, do CPC, estabelecer que o réu pode, no prazo de quinze dias, oferecer contestação, reconvenção e exceção, essa última também pode ser oferecida pelo autor.
(C) Havendo ação e reconvenção, e caso o autor desista da ação, o juiz deverá prosseguir rumo ao julgamento da reconvenção.
(D) Caso o tribunal acolha a exceção de suspeição do juiz, mandará remeter os autos ao seu substituto legal, condenando o juiz nas custas.
(E) Oferecida exceção de suspeição ou de impedimento do perito, suspende-se o curso do processo.

A: correta (art. 316 do CPC); B: correta, pois, de fato, em casos de suspeição e impedimento, a exceção pode ser apresentada também pelo autor (art. 304 do CPC); C: correta (art. 317 do CPC); D: correta (arts. 313 e 314, ambos do CPC); E: incorreta (art. 265, III, do CPC); somente a exceção do juízo implica a suspensão do processo. Gabarito "E".

(Procuradoria Distrital – 2007) Paulo de Tarso ajuizou ação em desfavor do Distrito Federal, postulando obter declaração de inexistência de determinado débito tributário anotado contra si. O feito seguiu o rito ordinário. Devidamente citado, o Distrito Federal deixou fluir em branco o prazo para contestação. A vista desses fatos, assinale a afirmativa correta.

(A) Ocorreu a revelia do Distrito Federal.
(B) O juiz deve reabrir o prazo para resposta, em face da indisponibilidade do direito versado no processo.
(C) No caso de sentença desfavorável ao Distrito Federal, esse não poderá interpor recurso de apelação, diante da ocorrência de preclusão lógica.
(D) O feito deveria ter seguido o rito sumário, daí porque, apesar de o Distrito Federal não ter contestado, incumbe ao juiz anular o processo desde o início.
(E) Mesmo não tendo contestado, o Distrito Federal pode, ainda assim, intervir no feito, sendo-lhe vedado, contudo, postular a produção de provas.

Arts. 319, 320 e 322, parágrafo único, do CPC. Gabarito "A".

(Procuradoria Distrital – 2007) A petição inicial não será imediatamente indeferida quando:

(A) lhe faltar pedido ou causa de pedir.
(B) a parte for manifestamente ilegítima.
(C) o autor carecer de interesse processual.
(D) o tipo de procedimento, escolhido pelo autor, não corresponder à natureza da causa, ou ao valor da ação.
(E) o pedido for juridicamente impossível.

Art. 295, V, do CPC. Gabarito "D".

(Procurador do Estado/PB – 2008 – CESPE) Assinale a opção correta acerca do processo de conhecimento.

(A) A exceção de impedimento ou de suspeição pode ser exercida em qualquer tempo ou grau de jurisdição, respeitado o prazo preclusivo de quinze dias, contado do fato que ocasionou o impedimento ou a suspeição.
(B) Por meio da transação, as partes decidem extinguir o litígio deduzido em juízo, dispensando-se, assim, o pronunciamento do juiz sobre o mérito da lide, negócio que só produz efeitos depois de homologado por sentença, que extinguirá o processo sem resolução do mérito.
(C) A relação processual não terá existência válida quando ausente a capacidade processual das partes, ou quando esta não for devidamente integrada; constatado o defeito da capacidade, o juiz deverá ensejar sua regularização, marcando prazo razoável, com a suspensão do processo.

(D) Admite-se a reconvenção apenas no caso de haver conexão entre ela e a ação principal, e a desistência da ação impede o prosseguimento da reconvenção, ou seja, a ação acessória tem o mesmo destino da ação principal.

(E) Citado o réu, a lide se estabiliza e ao autor não é mais permitido alterar os elementos da causa, sem o consentimento do réu, salvo quando ocorrer a revelia, pois, nesse caso, dispensa-se a intimação do réu para a prática de qualquer ato processual subseqüente à decretação da revelia.

A: incorreta (art. 313 do CPC); B: incorreta (art. 269, III, do CPC); C: correta (art. 13 do CPC); D: incorreta (art. 317 do CPC); E: incorreta (art. 321 do CPC). Gabarito "C".

(Procurador do Estado/PE – CESPE – 2009) Durante depoimento prestado no curso de ação movida por José para obter condenação de João a reparar determinados danos, uma testemunha acabou declarando que havia sido firmado um contrato posterior entre as partes. Mais tarde, José ajuizou outra ação contra João, exigindo o cumprimento de cláusula daquele contrato cuja existência foi informada no depoimento. A respeito da situação hipotética acima, assinale a opção correta.

(A) Independentemente do valor do contrato, deve ser bastante à prova de sua existência o depoimento prestado no outro processo, já que as partes são as mesmas.

(B) Ainda que seja possível a José utilizar a prova emprestada, extraindo dos autos originais cópia do termo, essa prova não perde o caráter de prova oral.

(C) Caso o contrato ultrapasse o valor de dez salários mínimos à época de sua celebração, apenas a prova documental é suficiente à prova de sua existência, sem que se admita prova testemunhal.

(D) A extração do termo de depoimento do processo anterior e sua juntada ao novo feito, além de ser admissível como prova emprestada, constitui prova documental bastante ao intento do autor.

(E) Todo contrato cujo valor ultrapasse o limite de dez salários mínimos à época de sua celebração somente deve ser provado pela apresentação de seu instrumento, servindo a prova oral apenas de complemento.

A: incorreta, tendo em vista que dispõe o art. 401 do CPC que não será admitida prova exclusivamente testemunhal nos contratos de valor superior a 10 vezes o salário-mínimo; B: correta, uma vez que a prova emprestada mantém no processo destinatário a mesma característica que tinha no processo originário; C: incorreta, porque há casos em que a prova testemunhal pode ser admitida ainda que o contrato tenha valor superior aos 10 salários-mínimos (v. art. 402 do CPC); D: incorreta, porque o depoimento testemunhal emprestado continua a ter natureza de prova testemunhal (e não documental); E: incorreta, porque há entendimento jurisprudencial no sentido de que, se pelos costumes, aquele tipo de contratação, seja qual for o seu valor, não for feita por escrito, a prova testemunhal será amplamente admitida. Gabarito "B".

(Procurador do Estado/PE – CESPE – 2009) O servidor público Renato, maior, casado, foi citado pessoalmente para responder a ação proposta contra si pelo comerciário André, maior, solteiro. Com base nessa situação hipotética, assinale a opção correta.

(A) Em sede de contestação, Renato deve alegar todas as defesas diretas e indiretas, desde que não sejam contraditórias entre si.

(B) Caso não possua provas para impugnar cada um dos fatos narrados por André, Renato poderá apresentar contestação por negação geral.

(C) Ainda que não haja prova inequívoca, pode o juiz deferir a antecipação dos efeitos da tutela quanto a um dos pedidos formulados por André, caso Renato não se insurja quanto a esse pedido.

(D) Se Renato não apresentar resposta, ficará configurada a revelia, cuja consequência será a procedência do pedido de André, salvo se se tratar de direitos indisponíveis.

(E) Se Renato pretender oferecer reconvenção ao pedido, deve fazê-lo no mesmo prazo fixado para a contestação, independentemente do momento de apresentação desta, sob pena de preclusão.

A: incorreta, porque em razão do princípio da eventualidade, compete ao réu alegar todas as teses de defesa na contestação, ainda que se trate de teses contraditórias entre si; B: incorreta, porque a contestação por negação geral só é deferida para alguns sujeitos do processo (MP, advogado dativo, curador especial e fazenda pública), mas não há previsão para a situação descrita na questão; C: correta (art. 273, § 6º do CPC); D: incorreta, porque a revelia em si fica caracterizada mesmo que o objeto do processo seja direito indisponível (o que não se verifica nesse caso é o efeito da revelia consistente na presunção de veracidade, embora revelia haja); E: incorreta, porque é amplamente majoritário o entendimento no sentido de que a apresentação de uma das respostas apenas (contestação ou reconvenção) acarreta preclusão consumativa em relação a outra. Gabarito "C".

(Procurador do Estado/PR – 2007) Em processo de procedimento ordinário, houve deferimento de produção de prova pericial, requerida pelo autor. Após o perito indicar o valor dos seus honorários, que foi aceito pelo juiz, o autor foi intimado para depositá-lo, não o fazendo no prazo marcado (cinco dias), nem nos trinta dias subseqüentes ao término do prazo. Nesse caso:

(A) o juiz deverá extinguir o processo sem julgamento do mérito;

(B) o juiz deverá determinar a intimação pessoal da parte e, caso esta não deposite o valor dos honorários periciais, extinguirá o processo sem julgamento do mérito;

(C) o juiz deverá considerar precluso o direito à produção, determinando o regular prosseguimento do processo;

(D) o juiz deverá aguardar a provocação da parte e, caso esta não requeira a extinção do processo no prazo de um ano, deverá extingui-lo de ofício;

(E) o juiz deverá determinar ao perito que realize a prova, para receber seus honorários ao final, em execução, se for o caso.

Preclui a oportunidade para a realização da prova pericial quando a parte que a requereu, embora devidamente intimada, não realiza o depósito prévio dos respectivos honorários. Precedente do STJ: REsp 328193/MG, Rel. Min. Aldir Passarinho Junior, DJ 28.3.2005. Gabarito "C".

(Procurador do Estado/RO – 2011 – FCC) Sobre o pedido, no procedimento comum ordinário, conforme estabelece o Código de Processo Civil, é correto afirmar:

(A) Se o devedor, pela natureza da obrigação, puder cumprir a prestação de mais de um modo, quando, pela lei ou contrato, a escolha couber ao devedor, o juiz lhe assegurará o direito de cumprir a prestação de um ou de outro modo, ainda que o autor não tenha formulado pedido alternativo.

(B) Quando a obrigação consistir em prestações periódicas, considerar-se-ão elas incluídas no pedido apenas se houver declaração expressa do autor.

(C) Quando, para cada pedido, corresponder tipo diverso de procedimento, não será admitida, em qualquer hipótese, a cumulação.

(D) Enquanto não decorrido o prazo para contestação, após regular citação, o autor poderá, sem o consentimento do réu, aditar o pedido, correndo à sua conta as custas acrescidas em razão dessa iniciativa.

(E) Só é permitida a cumulação, num único processo, contra o mesmo réu, de vários pedidos se houver conexão entre eles.

A: correta (art. 288, parágrafo único, do CPC); B: incorreta, porque se trata de pedido implícito (art. 290 do CPC); C: incorreta, porque ainda assim a cumulação poderá ser admitida se o autor optar pelo rito ordinário para todos (art. 292, § 2º, do CPC); D: incorreta, porque a limitação ao direito do autor de alterar o pedido é determinada pela realização da citação, e não pelo decurso do prazo para a resposta; E: incorreta, porque não se exige conexão entre os pedidos para que haja cumulação (art. 292 do CPC). Gabarito "A".

(Procurador do Estado/RR – 2006 – FCC) A respeito da petição inicial no processo de conhecimento, é INCORRETO afirmar:

(A) Independentemente de manifestação do réu, poderá o juiz indeferir a petição inicial se verificar desde logo a decadência legal.

(B) O não atendimento à determinação judicial para promover a emenda da petição inicial, poderá acarretar o seu indeferimento.

(C) É facultado ao autor não indicar qualquer valor para a causa, quando não tiver condições de estabelecê-la inicialmente.

(D) Havendo pedidos incompatíveis entre si, a petição inicial será inepta.
(E) Poderá o autor alterar o pedido antes de citado o réu, desde que pagas eventuais custas acrescidas por conta da alteração.

A: correta (art. 295, IV, do CPC); B: correta (art. 267, I, do CPC); C: incorreta (art. 258 e 282, V, ambos do CPC); D: correta (art. 295, parágrafo único, IV, do CPC); E: correta (art. 294 do CPC). Gabarito "C".

(Procurador do Estado/RR – 2006 – FCC) NÃO é matéria discutível em preliminar da contestação a
(A) inépcia da petição inicial.
(B) litispendência e a coisa julgada.
(C) incompetência em razão do território.
(D) ilegitimidade do autor.
(E) convenção de arbitragem.

Art. 301 do CPC. Gabarito "C".

(Procurador do Estado/RR – 2006 – FCC) Nas ações dúplices
(A) é necessária a reconvenção para que o réu se torne autor em sua pretensão.
(B) o réu formulará pretensão contra o autor independentemente de reconvenção.
(C) não se admite ação declaratória incidental.
(D) sempre haverá cumulação de pedidos do autor contra o réu.
(E) não se admitem exceção e reconvenção, devendo toda a matéria de defesa ser deduzida na contestação.

Art. 278, § 1º, do CPC. Gabarito "B".

(Procurador do Estado/RR – 2006 – FCC) A respeito da prova no processo civil, é INCORRETO afirmar:
(A) Independem de prova os fatos incontroversos e aqueles em favor dos quais milita a presunção legal de veracidade.
(B) O fato não será tido por provado se fundado em direito municipal e a parte não atender à determinação judicial para comprovar-lhe o teor e a vigência.
(C) A intimação será pessoal da parte para prestar depoimento em audiência, sendo-lhe aplicada a pena de confissão caso se recuse a depor sem motivo justo.
(D) O documento público faz prova de todos os fatos que o tabelião declarar terem ocorrido em sua presença.
(E) O incidente de falsidade não suspende o andamento do processo principal.

A: correta (art. 334, III e IV, do CPC); B: correta (art. 337 do CPC); C: correta (art. 343, § 2º, do CPC); D: correta (art. 364 do CPC); E: incorreta (art. 394 do CPC). Gabarito "E".

(Procurador do Estado/SC – 2009) Assinale a alternativa incorreta:
(A) O julgamento antecipado da lide se dá mediante decisão interlocutória.
(B) O juiz decide a lide nos limites em que foi proposta, conforme a delimitação constante do pedido.
(C) A sentença ultra petita, ao invés de ser integralmente anulada pelo tribunal, deve, por este, ser reduzida aos limites do pedido.
(D) Na audiência de instrução e julgamento também há lugar para a conciliação, antes de se iniciar a respectiva instrução.
(E) A inspeção judicial pode ser determinada de ofício pelo magistrado.

A: incorreta, porque o julgamento antecipado da lide se dá por meio de sentença; B: correta (art. 128, CPC); C: correta, pois essa é a procedência a ser tomada; D: correta (art. 448, CPC); E: correta (art. 440, CPC). Gabarito "A".

(Procurador do Estado/SP – FCC – 2009) No que tange a ação de reparação de danos por acidente de veículo de rito sumário, é INCORRETO afirmar:
(A) É vedada a liquidação de sentença, se necessária para apuração do valor devido.
(B) Deverá o juiz da causa, *ex officio*, converter o rito em ordinário, quando houver necessidade de produção de prova técnica ou científica de alta complexidade.
(C) A apelação interposta deve ser julgada dentro de 40 (quarenta) dias, sem a figura do revisor, nem tampouco a possibilidade de sustentação oral.
(D) Na audiência de conciliação, caso não seja obtido acordo entre as partes, o réu poderá contestar o mérito por escrito e apresentar pedido contraposto oralmente.
(E) No despacho inicial, não sendo hipótese de indeferimento ou aditamento da petição inicial, o juiz designará audiência de conciliação a ser realizada no prazo de 60 (sessenta) dias, citando-se a Fazenda Pública, com a antecedência mínima de 20 (vinte) dias.

A: correta, desde que se considere como vedação ao uso da liquidação a regra do art. 475-A, § 3º, do CPC, embora o dispositivo em questão não vede a liquidação, mas a prolação de sentença ilíquida. O problema vai se verificar se o juiz tiver deixado de observar a regra citada e proferir sentença ilíquida. Não se poderá dizer, nesse caso, que ficou vedada a liquidação. A questão não foi bem elaborada; B: correta (art. 277, § 5º, CPC); C: incorreta, porque não se exclui a possibilidade de sustentação oral no procedimento sumário; D: correta (art. 278, CPC); E: correta (art. 277, CPC). Gabarito "C".

(Procurador do Estado/SP – FCC – 2009) No procedimento comum ordinário, considere as seguintes afirmações:

I. Considera-se inconstitucional a coisa julgada prolatada contra a Fazenda Pública, quando fundada em lei declarada inconstitucional pelo Supremo Tribunal Federal, seja no controle difuso ou abstrato de constitucionalidade, desde que formada após a entrada em vigor da MP no 2.180-35, ou seja 24/08/2001.

II. Considera-se como termo inicial do prazo para a contestação, a data da juntada aos autos do aviso de recebimento da correspondência a que alude o art. 229 do CPC, comunicando ao réu que a sua citação nos autos foi feita por hora certa.

III. A parte que se recusa a se submeter ou que impede a produção de prova pericial não pode pleitear posteriormente, no curso do processo ou em fase de recurso, a conversão do julgamento em diligência para a realização daquela mesma prova a que se negou anteriormente.

IV. Os documentos digitalizados juntados em processo eletrônico estarão disponíveis para acesso por meio da rede externa a qualquer interessado, respeitado o disposto em lei para as situações de sigilo e de segredo de justiça.

V. Quando o incidente de falsidade documental é apresentado pelo autor, fundamentado em falsidade da sua assinatura aposta em escritura pública de compra e venda de imóvel juntada aos autos pelo réu, o ônus da prova caberá a este último.

Estão corretas SOMENTE as afirmações:
(A) II, III e IV.
(B) III, IV e V.
(C) I, II e III.
(D) I, III e V.
(E) I, IV e V.

I: correta ("PROCESSUAL CIVIL (...) TRÂNSITO EM JULGADO DO TÍTULO EXEQUENDO EM DATA ANTERIOR À VIGÊNCIA DO ART. 741, PARÁGRAFO ÚNICO, DO CPC (INTRODUZIDO PELA MP. 2.180-35, DE 24/8/2001). PRECEDENTES (...) 3. Entendimento deste Tribunal de que as sentenças transitadas em julgado em data anterior à vigência do art. 741, parágrafo único, do CPC, não são alcançadas pela referida norma. 4. Confira-se: - Esta c. Corte entende que estão fora do alcance do parágrafo único do art. 741 do CPC as sentenças transitadas em julgado anteriormente a sua vigência, ainda que eivadas de inconstitucionalidade. (EREsp 806.407/RS, Rel. Min. Felix Fischer, Corte Especial, DJ de 14/8/2008). - Também estão fora do alcance do parágrafo único do art. 741 do CPC as sentenças, ainda que eivadas da inconstitucionalidade nele referida, cujo trânsito em julgado tenha ocorrido em data anterior à da sua vigência. (REsp 833.769/SC, Rel. Min. Teori Albino Zavascki, DJ de 3/8/2006)" (AgRg no REsp 1031092/AL, Rel. Ministro BENEDITO GONÇALVES, PRIMEIRA TURMA, julgado em 18/08/2009, DJe 31/08/2009); II: incorreta, porque quando o réu é citado com hora certa, o prazo para a apresentação da resposta se inicia com a juntada aos autos do mandado cumprido; III: correta, pois existe tal impossibilidade; IV: incorreta (art. 11, § 6º, da Lei 11.419/2006); V: correta segundo o gabarito oficial que não foi modificado, embora devesse ter sido. O examinador considerou como aplicável à hipótese por ele proposta a regra legal segundo a qual é de quem juntou um documento o ônus de demonstrar que ele é autêntico, caso a outra parte negue a assinatura. Ocorre, porém, que essa regra não incide quando se trata de documento público, como no caso da questão. Os documentos públicos gozam de fé pública, ou seja, de presunção de que tenham sido formados regularmente, inclusive no que tange à identificação daqueles que figuram como partes na celebração de uma escritura. Se uma parte alega que não assinou a escritura, que, repita-se, goza de fé pública, deverá, então, ela provar que a assinatura é falsa. Diversa seria a conclusão quando se tratasse de documento particular, mas, lamentavelmente, o examinador não atentou para esse detalhe, que faz toda a diferença para a solução da questão. Gabarito "D".

(Procurador do Município/Boa Vista-RR – 2010 – CESPE) Na contestação, um instrumento de defesa por meio do qual pode suscitar questões de ordem processual e(ou) de mérito, o réu deve apresentar toda a matéria de defesa, bem como especificar as provas que pretende produzir, sob pena de preclusão. A respeito desse assunto, julgue os itens a seguir.

(1) Configurada a revelia, o réu poderá intervir no processo em qualquer fase, caso em que o receberá no estado em que se encontre, podendo, inclusive, produzir provas se ingressar no decurso da instrução. Além disso, ainda que o réu se habilite no processo após a publicação da sentença, será admissível a interposição de recurso de apelação, desde que não tenha transcorrido o prazo recursal.

(2) Se o réu deixar de contestar a ação, configurar-se-ão revelia e presunção de veracidade dos fatos articulados pelo autor na petição inicial. Nesse caso, o efeito processual será sempre o julgamento antecipado da lide.

(3) Independentemente da natureza da lide e das partes envolvidas, se o réu deixar de contestar a ação, o juiz deverá julgar a lide antecipadamente, proferindo sentença de total procedência, em decorrência da presunção de veracidade dos fatos constitutivos do direito do autor.

1: Correta (art. 322, parágrafo único, do CPC); 2: Errada, porque é possível que a revelia, que se caracteriza pela falta de contestação, não gere presunção de veracidade dos fatos afirmados pelo autor. Nesse caso, embora o réu seja revel, não haverá julgamento antecipado da lide; 3: Errada, porque se o direito objeto do processo for indisponível, mesmo diante da revelia não será cabível o julgamento antecipado da lide, porque, nesse caso, não terá havido presunção de veracidade. Gabarito 1C, 2E, 3E.

(Procurador do Município/Florianópolis-SC – 2010 – FEPESE) No que tange à disciplina da fase instrutória ou probatória do procedimento do processo cognitivo civil, assinale a alternativa **correta**.

(A) A gravação clandestina de conversa telefônica é meio idôneo e moralmente legítimo de prova.
(B) O depoimento pessoal, embora constitua ato personalíssimo, pode ser prestado por terceira pessoa a quem se concede o poder de praticar o ato processual.
(C) É inadmissível como meio de prova a confissão de fatos que dão fundamento existencial a direito indisponível.
(D) O advogado atuante em causa própria, mesmo antes de prestar depoimento pessoal, poderá assistir ao interrogatório da parte contrária.
(E) É lícito às partes, em qualquer tempo, juntar aos autos documentos novos, quando destinados a fazer prova de fatos ocorridos antes ou depois dos articulados.

A: incorreta, porque se trata de prova ilícita, cuja admissibilidade é vedada pela ordem constitucional; B: incorreta, porque se o ato é considerado personalíssimo, não pode ser prestado por terceiro; C: correta (art. 351, CPC); D: incorreta (art. 344, parágrafo único, do CPC); E: incorreta (art. 397 do CPC). Gabarito "C".

(Procurador do Município/Teresina-PI – 2010 – FCC) Quanto às provas,

(A) podem ser produzidas as previstas em lei e todas as demais que não firam o ordenamento jurídico pátrio.
(B) só se podem produzir aquelas expressamente previstas em lei.
(C) podem ser produzidas aquelas previstas em lei, mais as baseadas nos usos e costumes, exclusivamente.
(D) se ilícitas, geram efeitos se disponíveis aos direitos das partes.
(E) podem ser produzidas as previstas em lei, mais aquelas admitidas judicialmente em cada caso concreto, somente.

A: correta (art. 332 do CPC); B, C e E: incorretas (reler o comentário anterior); D: incorreta, porque não é admitida a utilização de provas obtidas por meio ilícito. Gabarito "A".

(Procurador do Município/Teresina-PI – 2010 – FCC) É INCORRETO afirmar:

(A) A existência e vigência das leis federais não precisam ser provadas pela parte, cabendo ao juiz conhecê-las.
(B) Os fatos notórios não dependem de prova.
(C) Fatos incontroversos não precisam ser provados.
(D) Podem ser aplicadas máximas de experiência à falta de normas jurídicas particulares.
(E) A ocorrência de presunção da existência de um fato não interfere na produção de sua prova.

A: correta (art. 337 do CPC, ao contrário); B: correta (art. 334, I, CPC); C: correta (art. 334, II, CPC); D: correta (art. 335 do CPC); E: incorreta (art. 334, IV, CPC). Gabarito "E".

(Procurador do Município/Teresina-PI – 2010 – FCC) A prova pericial

(A) depende de pedido da parte, em princípio, mas pode ser determinada também pelo juiz, de ofício, se assim entender necessário.
(B) pode ser dispensada pelo juiz se ele próprio tiver os conhecimentos técnicos que seriam necessários.
(C) é realizada por perito que é considerado auxiliar do Judiciário, como também o são os assistentes técnicos das partes.
(D) destina-se ao juiz e não está sujeita ao contraditório.
(E) vincula o juiz, pois o perito é de sua confiança.

A: correta, pois o juiz pode sim determinar a feitura de prova pericial; B: incorreta, porque mesmo nesse caso será necessária a sua realização; C: incorreta, porque os assistentes das partes não são auxiliares do judiciário; D: incorreta, porque a perícia, como qualquer outra prova, fica sujeita ao contraditório; E: incorreta, porque o juiz não fica vinculado às conclusões do perito. Gabarito "A".

(Magistratura Federal/1ª Região – 2009 – CESPE) Assinale a opção correta em relação às regras que disciplinam a resposta do réu.

(A) Dispensa-se procuração com poderes especiais para o advogado do excipiente opor exceção de impedimento.
(B) As exceções constituem modalidade de resposta do réu, razão pela qual é incabível que sejam também opostas pelo autor.
(C) Ocorrendo a revelia, o autor pode alterar o pedido sem promover nova citação.
(D) Pacificou-se na doutrina que, havendo mais de um réu no polo passivo da ação principal, pode um réu sozinho ajuizar reconvenção, ainda que exista necessidade litisconsorcial ativa na demanda reconvencional.
(E) Se acolhida a exceção de incompetência, os autos deverão ser remetidos para o juízo competente e deverão ser anuladas todas as decisões proferidas pelo juízo relativamente incompetente, inclusive a que determinou a citação do réu.

A: correta, porque a procuração para o foro em geral habilita o advogado a praticar todos os atos judiciais, em qualquer juízo ou instância, salvo os que exijam poderes especiais (§ 2º do art. 5º da Lei 8.906/1994 – EA); B: incorreta, porque o autor também tem o direito a julgamento proferido por juiz imparcial, motivo pelo qual também pode apresentar exceções de impedimento ou suspeição (art. 304, CPC); C: incorreta (art. 321, CPC); D: incorreta, porque se houver necessidade de formação de litisconsórcio ativo na reconvenção (questão que é bastante polêmica na doutrina), não poderá esta ser ajuizada apenas por um dos titulares do direito objeto da demanda reconvencional; E: incorreta, porque a incompetência relativa não acarreta a invalidação dos atos até então praticados pelo juízo perante o qual a demanda foi proposta. Gabarito "A".

(Magistratura Federal – 4ª Região – XIII – 2008) Dadas as assertivas abaixo, assinalar a alternativa correta.

I. O pedido mediato, no processo comum ordinário, pode ser genérico quando a determinação do valor da condenação dependa de ato a ser praticado pelo réu, hipótese em que o juiz fica autorizado a proferir sentença ilíquida.
II. Quando o devedor puder cumprir a prestação de mais de um modo, o pedido poderá ser sucessivo.
III. Na cumulação sucessiva, o segundo pedido somente será apreciado se improcedente o primeiro; na cumulação alternativa, o segundo pedido somente será apreciado se for acolhido o primeiro.
IV. É permitida a cumulação, contra réus diversos, em um único processo, de vários pedidos, ainda que entre eles não haja conexão.

(A) Está correta apenas a assertiva I.
(B) Estão corretas apenas as assertivas II e III.
(C) Estão incorretas apenas as assertivas II e IV.
(D) Estão incorretas todas as assertivas.

I: correta (art. 286, III, e 459, parágrafo único, ambos do CPC); II: incorreta (art. 288 do CPC); III: incorreta (art. 289 do CPC); IV: incorreta (art. 292 do CPC). Gabarito "A."

(MAGISTRATURA DO TRABALHO – 1ª REGIÃO – 2010 – CESPE) A tutela inibitória
(A) existe em função do ilícito; portanto, tem sempre caráter repressivo.
(B) pressupõe risco de dano grave e irreversível, porque é preventiva.
(C) requer prova da culpa ou dolo, já que existe em função do ilícito.
(D) é admitida para determinar tanto um fazer quanto um não fazer.
(E) não é voltada para prevenir a repetição do ilícito, mas apenas para evitá-lo.

A: incorreta, porque a tutela inibitória existe diante da presença de mero risco de prática de ato ilícito, o que demonstra que tem ela caráter preventivo, e não repressivo; B: incorreta, porque é admitida tutela inibitória ainda que se trate de risco de dano reversível; C: incorreta, porque não se exige prova do elemento subjetivo para que se possa buscar a tutela inibitória; D: correta (art. 461 do CPC); E: incorreta, porque tutela inibitória é aquela que se destina a impedir a prática, a repetição ou a continuação do ato ilícito. Gabarito "D."

(MAGISTRATURA DO TRABALHO – 1ª REGIÃO – 2010 – CESPE) Considere que, durante tentativa de conciliação das partes, precedente à coleta dos depoimentos na audiência de instrução e julgamento, por mútuo consentimento, tenha havido transação do objeto da lide e de tema estranho a esta, que envolvia os interessados. Acerca dessa situação, assinale a opção correta.
(A) Após o saneamento, não é possível a inclusão do tema estranho ao processo.
(B) Diante da transação, é viável a inclusão de objeto diferente, ainda que nessa etapa do procedimento.
(C) A inclusão pretendida somente seria viável se anterior à apresentação da defesa.
(D) A inclusão do tema estranho é viável desde que, a critério do juiz, não importe em inconveniente ao processo.
(E) Desde que possibilitasse a defesa do réu, a inclusão de objeto novo poderia ocorrer em qualquer momento.

A: incorreta, porque embora não se admita alteração do pedido após o saneamento, na hipótese proposta não foi isso que se verificou. O que houve foi uma transação entre as partes, o que é admitido; B, C, D e E: corretas (art. 475-N, III, CPC). Gabarito "B."

(Magistratura do Trabalho – 3ª Região – 2009) Assinale a assertiva ("a" a "e") correta em relação aos enunciados de I a V, observada a legislação pertinente:

I. Para o desempenho de sua função, podem o perito e os assistentes técnicos utilizar-se de todos os meios necessários, ouvindo testemunhas, obtendo informações, solicitando documentos que estejam em poder de parte ou em repartições públicas, bem como instruir o laudo com plantas, desenhos, fotografia e quaisquer outras peças.
II. São requisitos essenciais da sentença: a ementa, o relatório, os fundamentos e o dispositivo.
III. A parte responderá pessoalmente sobre os fatos articulados, não podendo servir-se de escritos adrede preparados; o juiz lhe permitirá, todavia, a consulta a notas breves, desde que objetivem completar esclarecimentos.
IV. Prescinde de autorização do juiz o adiamento de audiência convencionado pelas partes, o que se admite por uma única vez.
V. No processo civil, da decisão de liquidação caberá apelação, no prazo de quinze dias.

(A) somente um enunciado é verdadeiro
(B) somente dois enunciados são verdadeiros
(C) somente três enunciados são verdadeiros
(D) somente quatro enunciados são verdadeiros
(E) todos os enunciados são verdadeiros

I: verdadeira (art. 429, CPC); II: falsa (ementa não é requisito essencial da sentença, mas dos acórdãos); III: verdadeira (art. 346, CPC); IV: verdadeira (art. 453, I, CPC); V: falsa, porque cabe agravo de instrumento da decisão que resolve a liquidação de sentença (art. 475-H). Gabarito "C."

(Magistratura do Trabalho – 8ª Região – 2009) Sobre prova documental, é incorreto afirmar:
(A) O incidente de falsidade, em qualquer tempo ou grau de jurisdição, correrá em apenso aos autos principais e, no tribunal, processar-se-á perante o relator.
(B) Os extratos digitais de bancos de dados, públicos e privados, fazem a mesma prova que os originais, desde que atestado pelo seu emitente, sob as penas da lei, que as informações conferem com o que consta na origem.
(C) A data do documento particular, quando a seu respeito surgir dúvida entre os litigantes, provar-se-á por todos os meios de direito. Porém, relativamente a terceiros, considerar-se-á datado o documento particular: no dia em que foi registrado; desde a morte de algum dos signatários; a partir da impossibilidade física, que sobreveio a qualquer dos signatários; da sua apresentação em repartição pública ou em juízo; do ato ou fato que estabeleça, de modo certo, a anterioridade da formação do documento.
(D) O juiz ordenará a realização de exame pericial em documento cuja autenticidade seja impugnada por aquele contra quem foi produzida a prova.
(E) Os livros comerciais provam contra o seu autor, admitindo-se a demonstração, por todos os meios permitidos em direito, de que os lançamentos não correspondem à verdade dos fatos.

A: incorreta, porque se o incidente for suscitado antes de encerrada a instrução, correrá nos próprios autos (art. 391, CPC); B: correta (art. 365, V, CPC); C: correta (art. 370, CPC); D: correta (art. 392, CPC); E: correta (art. 378, CPC). Gabarito "A."

(Magistratura do Trabalho – 8ª Região – 2009) Marque a alternativa que corresponde ao conceito completo de resposta do réu:
(A) Após citado e no prazo de 15 dias, pode o demandado oferecer contestação alegando as preliminares prejudiciais do mérito e toda a matéria de defesa que tiver, juntando as provas de que dispor e protestando pela produção de outras que sejam pertinentes.
(B) Além de opor-se à ação por meio de simples defesa, pode a parte ré, na mesma oportunidade, excepcionar o juízo quanto a sua competência relativa ou sua imparcialidade e ainda oferecer reação estruturada em nova ação contra o autor.
(C) Além da matéria útil a sua defesa, poderá o réu propor, no mesmo prazo, no mesmo feito e perante o mesmo juízo, ação autônoma contra o autor.
(D) Após regulamente citado, a parte ré deve contestar o pedido do autor estabelecendo o contraditório, traçando os limites da lide e requerendo a produção das provas que entender necessárias.
(E) Mesmo sem ser citado, a parte pode comparecer espontaneamente e, suprindo a citação, contestar a ação.

A: incorreta. Incompleto o conceito, porque não se refere o conceito às outras modalidades de resposta (reconvenção e exceções); B: correta, pois apresenta o conceito completo de resposta do réu; C: incorreta, porque não há menção às exceções; D: incorreta, pelo mesmo motivo (ausência de menção às exceções e à reconvenção); E: incorreta. Incompleto, porque, mais uma vez, contestação foi apontada como sinônimo de resposta, o que não corresponde à realidade, porque a contestação é apenas uma das espécies do gênero respostas do réu. Gabarito "B."

(Magistratura do Trabalho – 8ª Região – 2009) Marque a opção certa, conforme a dicção do CPC:
(A) A revelia não induz o efeito de confissão ficta: (i) se houver pluralidade de réus e algum deles contestar a ação; (ii) se a demanda versar sobre direitos indisponíveis; (iii) Se a petição inicial não estiver acompanhada de escritura pública que a lei considere essencial à prova do ato.
(B) Quando ocorre a revelia: (i) A presunção de veracidade dos fatos articulados na inicial é absoluta; (ii) Continua o juiz com a liberdade e responsabilidade de aplicar aos fatos a correta norma legal, porque nem sempre dos fatos alegados na inicial decorre a consequência jurídica perseguida na ação; (iii) O juiz está desobrigado de realizar a audiência de conciliação.

(C) Para que produza o efeito de confissão ficta: (i) Não é necessário que conste expressamente no mandado de citação a respectiva cominação, caso a ação não seja contestada; (ii) É necessário que o curador especial, no caso de citação por edital, seja intimado pessoalmente a contestar a ação; (iii) Não há necessidade de expressa declaração pelo juiz, na audiência.

(D) Na contestação: (i) É defeso ao réu argüir a incompetência absoluta do juiz; (ii) O requerimento de provas deve vir acompanhado da respectiva justificativa quanto a sua utilidade; (iii) O réu deve argüir toda a matéria de defesa que tiver, sendo-lhe possível tais alegações diante de fato novo superveniente.

(E) Na reconvenção: (i) A desistência da ação não obsta o seu prosseguimento; (ii) a conexão como fundamento da defesa é que justifica sua interposição; (iii) O réu pode, em seu próprio nome, opor-se a direito de outrem quando o autor demandar em nome de terceiro.

A: correta, porque de acordo com o que estabelece o art. 320 do CPC; B: incorreta, porque a presunção de veracidade não é absoluta (é relativa); C: incorreta, porque a advertência no mandado é obrigatória; D: incorreta, porque a incompetência absoluta é matéria que pode ser alegada como preliminar na contestação (art. 301, II, CPC); E: incorreta, porque a conexão que autoriza o uso da reconvenção pode se dar tanto em relação à ação principal, quanto em relação ao fundamento da defesa. Além disso, não se admite a reconvenção quando houver no processo a figura de legitimação extraordinária. Gabarito "A".

(Magistratura do Trabalho – 8ª Região – 2009) Escolha a alternativa correta:

(A) As partes podem inverter o ônus da prova e distribuí-las livremente no contrato, desde que não recaia sobre direitos indisponíveis ou torne o seu exercício excessivamente difícil a uma delas.

(B) Não dependem de prova os fatos admitidos, por qualquer meio e em qualquer ocasião, como incontroversos.

(C) A parte que alegar direito estrangeiro, deverá provar o teor e a vigência da respectiva norma, inclusive com a tradução oficial do seu texto.

(D) Todo aquele que, mesmo não sendo parte no processo, detiver coisa ou documento relativo aos fatos discutidos, está obrigado a exibi-los, desde que intimado a fazê-lo podendo excusar-se apenas se o documento redundar em desonra para o terceiro.

(E) As provas devem ser sempre produzidas em audiência.

A: correta (art. 333, parágrafo único, CPC); B: incorreta, porque há fatos incontroversos que podem depender de prova (por exemplo, quando dizem respeito a direito indisponível); C: incorreta, porque a comprovação do teor e da vigência da norma estrangeira só será obrigatória se determinada pelo juiz; D: incorreta, porque os motivos para a recusa à exibição são mais amplos, conforme estabelece o art. 363 do CPC; E: incorreta, porque só as provas orais devem ser produzidas em audiência. Gabarito "A".

(Magistratura do Trabalho – 8ª Região – 2009) Marque a alternativa incorreta relativamente à exibição de documento em poder de terceiro:

(A) O incidente é processado em apartado ao processo principal.
(B) O prazo do terceiro para contestar é de 15 dias
(C) Quando processado de modo incidental, cabe apelação da decisão que a indefere liminarmente.
(D) O terceiro paga custas.
(E) Se o terceiro negar a obrigação de exibi-lo, o juiz designará audiência especial, tomando-lhe o depoimento, bem como das partes e até de testemunhas.

A: correta, porque o "incidente" em face de terceiro tem natureza de ação e dá origem a outro processo, apartado do processo principal; B: incorreta, porque o prazo em questão é de 10 dias (art. 360 do CPC); C: correta, porque se o pedido é feito em face de terceiro, será sentença o ato do juiz que extinguir esse processo que surgiu pela apresentação do pedido; D: correta, porque o terceiro é réu na ação de exibição; E: correta (art. 361 do CPC). Gabarito "B".

(Magistratura do Trabalho – 8ª Região – 2009) Marque a alternativa certa:

(A) O documento público faz prova de sua formação e de seu conteúdo, se este for declarado pelo tabelião.
(B) As reproduções digitalizadas de quaisquer documentos só podem ser aceitas como prova, iguais aos respectivos originais, se produzidas por órgão público.
(C) Os originais dos documentos digitalizados, apresentados como prova judicial, devem ficar preservados até o termo final do prazo para interposição de ação rescisória.
(D) Mesmo que feito por oficial público, mas sem a observância das formalidades legais, o documento público perde a eficácia probatória.
(E) Quando a lei exigir como substância do ato o instrumento público e este não puder ser exibido, pode ser substituído por outra prova idônea.

A: incorreta, porque nos termos do artigo 364 do CPC, "o documento público faz prova não só da sua formação, mas também dos fatos que o escrivão, o tabelião, ou o funcionário declarar que ocorreram na sua presença"; B: incorreta, porque o inciso VI do art. 365 também se refere aos advogados privados; C: correta (art. 365, § 1º, CPC); D: incorreta, pois o art. 367 estabelece que o documento, nesse caso, terá a mesma eficácia probatória do documento particular; E: incorreta, porque nenhuma outra prova poderá ser admitida nesse caso, nos termos do que prescreve o art. 366 do CPC. Gabarito "C".

(Magistratura do Trabalho – 8ª Região – 2007) A respeito da matéria probatória em direito processual civil, é lícito afirmar:

(A) É nula a convenção que dispuser sobre o ônus da prova.
(B) O juiz poderá aplicar as regras de experiência comum subministradas pela observação do que ordinariamente acontece, além das regras de experiência técnica, na falta de normas jurídicas particulares.
(C) A carta rogatória e a precatória não possuem o condão de suspender o andamento do feito. Caso não sejam devolvidas dentro do prazo, poderão ser juntas aos autos até o julgamento.
(D) Nas ações de estado, a parte deverá responder pessoalmente sobre os fatos articulados, não sendo obrigada a depor de fatos: criminosos ou torpes, que lhe forem imputados; ou a cujo respeito, por estado ou profissão, deva guardar sigilo.
(E) Há confissão quando a parte admite a verdade de um fato, contrário ao seu interesse e favorável ao adversário, podendo assumir a modalidade judicial ou extrajudicial. Todavia, quando a confissão emanar de erro, dolo ou coação, apenas poderá ser revogada por Ação Rescisória.

A: incorreta (art. 333, parágrafo único, do CPC); B: correta (art. 335 do CPC); C: incorreta (art. 338, *caput* e parágrafo único, do CPC); D: incorreta (arts. 346 e 347, I e II, ambos do CPC); não é somente nas ações de estado; E: incorreta (arts. 348 e 352, I e II, ambos do CPC). Gabarito "B".

(Magistratura do Trabalho – 8ª Região – 2007) Sobre o aspecto probatório do processo, assinale a alternativa incorreta:

(A) Quanto à prova das alegações, a parte que alegar direito municipal, estadual, estrangeiro ou consuetudinário, provar-lhe-á o teor e a vigência, se assim o determinar o juiz.
(B) Quanto ao depoimento pessoal, a parte responderá pessoalmente sobre os fatos articulados, não podendo se servir de escritos adrede preparados. Todavia, excepcionalmente, o juiz permitirá a consulta a notas breves, desde que objetivem completar esclarecimentos.
(C) Quanto à confissão, esta é, de regra, indivisível, não podendo a parte, que a quiser invocar como prova, aceitá-la no tópico que a beneficiar e rejeitá-la no que lhe for desfavorável. Contudo, excepcionalmente, cindir-se-á quando o confitente lhe aduzir fatos novos, suscetíveis de constituir fundamento de defesa de direito material ou de reconvenção.
(D) Quanto às declarações constantes do documento particular, escrito e assinado, ou somente assinado, presumem-se verdadeiros em relação ao signatário. Quando, todavia, contiver declaração de ciência, relativa a determinado fato, o documento particular prova a declaração, mas não o fato declarado, competindo ao interessado em sua veracidade o ônus de provar o fato.
(E) Quanto à produção da prova testemunhal, prestado o compromisso, é lícito à parte contraditar a testemunha, argüindo-lhe a incapacidade, o impedimento ou a suspeição.

A: correta (art. 337 do CPC); B: correta (art. 346 do CPC); C: correta (art. 354 do CPC); D: correta (art. 368, *caput* e parágrafo único, do CPC); E: incorreta (arts. 414, § 1º, e 415, ambos do CPC). A parte deverá contraditar a testemunha logo após a sua qualificação e antes do compromisso. Gabarito "E".

(Magistratura do Trabalho – 9ª Região – 2009) Analise as proposições a seguir:

I. Na contestação o réu deverá deduzir toda a matéria de defesa, mas antes deverá alegar as exceções. Portanto, na hipótese de citação por Carta Precatória, a exceção de incompetência relativa pode ser protocolizada no juízo de domicílio do réu, com requerimento de sua imediata remessa ao juízo que determinou a citação.

II. A compensação pode constituir matéria de defesa, como o pagamento e a prescrição. Ainda, o réu poderá se valer da reconvenção para pleitear a compensação, quando o seu crédito for superior ao do autor e pretender tê-lo condenado no saldo. Portanto, se a compensação for alegada em defesa, o credor só pode compensar com o devedor o que este lhe dever.

III. Há litispendência quando se repete ação que está em curso; há coisa julgada quando se repete ação já decidida por sentença, de que não caiba recurso. Arguindo-as o réu, importarão em extinção do processo com resolução de mérito.

IV. Mesmo depois de encerrada a instrução processual, se o juiz entender insuficiente a prova para formação de seu convencimento, poderá ordenar, de ofício, a produção de nova perícia ou a realização de inspeção judicial.

(A) nenhuma das proposições está correta
(B) todas as proposições estão corretas
(C) somente três proposições estão corretas
(D) somente duas proposições estão corretas
(E) somente uma proposição está correta

I: incorreta, porque as exceções de suspeição ou impedimento podem ser apresentadas depois da contestação; II: correta; III: incorreta, porque o acolhimento da alegação de litispendência ou coisa julgada acarretam a extinção do processo sem resolução do mérito; IV: correta. Gabarito "D".

(Magistratura do Trabalho – 9ª Região – 2009) Analise as proposições a seguir:

I. O artigo 131 do CPC estatui que "o juiz apreciará livremente a prova, atendendo aos fatos e circunstâncias constantes dos autos, ainda que não alegados pelas partes; mas deverá indicar, na sentença, os motivos que lhe formaram o convencimento". Para a avaliação das provas são conhecidos três sistemas: o do critério dispositivo ou legal; o da livre convicção e o da persuasão racional. Portanto, observa-se que o Código de Processo Civil se filia ao sistema da livre convicção.

II. O artigo 363 do CPC, em seu inciso III, dispõe que "a parte ou o terceiro se escusam de exibir, em juízo, o documento ou a coisa (...) se a publicidade do documento redundar em desonra à parte ou ao terceiro, bem como a seus parentes consanguíneos ou afins até o terceiro grau; ou lhes representar perigo de ação penal." Nesta hipótese, o juiz poderá determinar a exibição do documento desde que decrete segredo de justiça, nos termos do artigo 155 do mesmo *Codex*.

III. Nos termos do artigo 158 do CPC, "os atos das partes, consistentes em declarações unilaterais ou bilaterais de vontade, produzem imediatamente a constituição, a modificação ou a extinção de direitos processuais". Portanto, se as partes peticionarem demonstrando a formalização de acordo celebrado extrajudicialmente em data posterior à propositura da demanda, não há necessidade da sua homologação judicial, porque equivalente à desistência da ação.

IV. Não produzem coisa julgada as sentenças proferidas em processos cautelares, exceto nas hipóteses de reconhecimento de prescrição ou decadência.

V. Conforme as causas de que provém, a preclusão se diz temporal, lógica e consumativa. Preclusão consumativa se dá quando a prática de um ato se faz incompatível com a prática de outro, como, por exemplo, valendo-se a parte de um documento como fundamento do seu direito, arguir a sua nulidade por coação na sua formação.

(A) todas as proposições estão corretas
(B) somente quatro proposições estão corretas
(C) somente três proposições estão corretas
(D) somente duas proposições estão corretas
(E) somente uma proposição está correta

I: incorreta, porque foi adotado o sistema da persuasão racional; II: incorreta, porque não há previsão legal dessa solução; III: incorreta, porque o acordo extrajudicial celebrado após a propositura da ação depende de homologação judicial para que se coloque fim ao processo; IV correta, pois no caso de reconhecimento de prescrição ou decadência se formará a coisa julgada; V: incorreta, porque preclusão consumativa é aquela que decorre da efetiva prática do ato processual (aquela que o examinador apontou na proposição é a preclusão lógica). Gabarito "E".

(Magistratura do Trabalho – 23ª Região – 2009) Analise os itens abaixo e marque a alternativa CORRETA:

I. Em razão da incidência do princípio da proporcionalidade, e mesmo do caráter não-absoluto do comando constitucional que veda a utilização em juízo de provas obtidas por meios ilícitos, é viável a sua aceitação em determinadas situações concretas, sobretudo quando evidenciado que sua formação ilícita ocorreu porque não havia outra maneira de demonstrar os fatos em juízo.

II. Prova obtida por força de escuta ambiental autorizada judicialmente, para fins de investigação criminal, não pode depois ser utilizada em procedimento administrativo de caráter disciplinar.

III. Decisão judicial fundada em prova obtida por meio ilícito é passível de nulidade relativa, uma vez que tal reconhecimento depende da insurgência, neste sentido, apresentada pela parte interessada na primeira oportunidade que teve para se manifestar nos autos quando da exibição da gravação resultado de interceptação telefônica.

(A) Apenas o item I é verdadeiro.
(B) Apenas o item II é verdadeiro.
(C) Apenas os itens I e II são verdadeiros.
(D) Apenas os itens I e III são verdadeiros.
(E) Todos os itens são verdadeiros.

I: verdadeiro, porque tem sido aceita a aplicação do princípio da proporcionalidade em matéria de provas obtidas por meios ilícitos, em particular quando o valor que se quer tutelar através do uso da prova for considerada mais relevante do que aquele que fora ofendido com a produção da prova; II: incorreta ("Dados obtidos em interceptação de comunicações telefônicas e em escutas ambientais, judicialmente autorizadas para produção de prova em investigação criminal ou em instrução processual penal, podem ser usados em procedimento administrativo disciplinar, contra a mesma ou as mesmas pessoas em relação às quais foram colhidos, ou contra outros servidores cujos supostos ilícitos teriam despontado à colheita dessa prova") (STF, Inq-QO-QO 2424/RJ - Relator: Min. CEZAR PELUSO Julgamento: 20/06/2007 Órgão Julgador: Tribunal Pleno DJ 24-08-2007)"; III: incorreta, porque não há preclusão no que diz respeito à ofensa aos princípios constitucionais que integram o devido processo legal, como o caso da vedação à utilização das provas obtidas por meio ilícito. Gabarito "A".

(Magistratura do Trabalho – 23ª Região – 2009) Analise os itens abaixo e marque a alternativa CORRETA:

I. O juiz interrogará a testemunha sobre os fatos articulados, cabendo, primeiro à parte, que a arrolou, e depois à parte contrária, formular perguntas tendentes a esclarecer ou completar o depoimento.

II. É admissível a ação declaratória, ainda que tenha ocorrido a violação do direito.

III. A procuração geral para o foro não pode ser assinada digitalmente.

(A) Apenas os itens I e II são verdadeiros.
(B) Apenas os itens II e III são verdadeiros.
(C) Apenas os itens I e III são verdadeiros.
(D) Todos os itens são verdadeiros.
(E) Todos os itens são falsos.

I: correta (art. 416 do CPC); II: correta (art. 4º, parágrafo único, CPC); III: incorreta, porque todos os atos processuais do processo eletrônico serão assinados eletronicamente (art. 8º, parágrafo único, da Lei 11.419/2006). Gabarito "A".

(Magistratura do Trabalho – 24ª Região – 2007) Considere as proposições abaixo:

I. Para o réu reconvir ao autor no mesmo processo, é necessário que a reconvenção seja conexa com a ação principal ou com o fundamento da defesa.

II. Não pode o réu, em seu próprio nome, reconvir ao autor, quando este demandar em nome de outrem.

III. Julgar-se-ão na mesma sentença a ação e a reconvenção. A desistência da ação, ou a existência de qualquer causa que a extinga, obsta ao prosseguimento da reconvenção.

IV. Oferecida a reconvenção, o autor reconvindo será intimado, na pessoa do seu procurador, para contestá-la no prazo de 15 (quinze) dias.

V. A contestação e a reconvenção serão oferecidas simultaneamente, em peças autônomas.

RESPONDA:
(A) Todas as proposições estão corretas.
(B) Apenas as proposições II e III estão incorretas.
(C) Apenas as proposições III e IV estão incorretas
(D) Apenas a proposição III está incorreta.
(E) Apenas a proposição I está incorreta.

I: correta (art. 315, caput, do CPC); II: correta (art. 315, parágrafo único, do CPC); III: incorreta (art. 317 do CPC); IV: correta (art. 316 do CPC); V: correta (art. 299 do CPC). Gabarito "D".

(Magistratura do Trabalho – 24ª Região – 2007) Assinale a alternativa INCORRETA:

(A) É permitida a cumulação, num único processo, contra o mesmo réu, de vários pedidos, desde que entre eles haja conexão.
(B) Quando a obrigação consistir em prestações periódicas, considerar-se-ão elas incluídas no pedido, independentemente de declaração expressa do autor; se o devedor, no curso do processo, deixar de pagá-las ou de consigná-las, a sentença as incluirá na condenação, enquanto durar a obrigação.
(C) Na obrigação indivisível com pluralidade de credores, aquele que não participou do processo receberá a sua parte, deduzidas as despesas na proporção de seu crédito.
(D) Os pedidos são interpretados restritivamente, compreendendo-se, entretanto, no principal os juros legais.
(E) Antes da citação, o autor poderá aditar o pedido, correndo à sua conta as custas acrescidas em razão dessa iniciativa.

A: incorreta (art. 292 do CPC); B: correta (290 do CPC); C: correta (art. 291 do CPC); D: correta (art. 293 do CPC); E: correta (art. 294 do CPC). Gabarito "A".

(Magistratura do Trabalho – 24ª Região – 2007) Assinale a alternativa INCORRETA:

(A) Todos os meios legais, bem como os moralmente legítimos, ainda que não especificados no Código de Processo Civil, são hábeis para provar a verdade dos fatos, em que se funda a ação ou a defesa.
(B) É anulável a convenção que distribui de maneira diversa o ônus da prova quando tornar excessivamente difícil a uma parte o exercício do direito.
(C) Em falta de normas jurídicas particulares, o Juiz aplicará as regras de experiência comum subministradas pela observação do que ordinariamente acontece e ainda as regras da experiência técnica, ressalvado, quanto a esta, o exame pericial.
(D) A carta precatória e a carta rogatória, não devolvidas dentro do prazo ou concedidas sem efeito suspensivo, poderão ser juntas aos autos até o julgamento final.
(E) Compete ao terceiro, em relação a qualquer pleito, exibir coisa ou documento, que esteja em seu poder.

A: correta (art. 332 do CPC); B: incorreta (art. 333, parágrafo único, do CPC); é nula a convenção que assim proceder; C: correta (art. 335 do CPC); D: correta (art. 338, parágrafo único, do CPC); E: correta (art. 341, II, do CPC). Gabarito "B".

(Ministério Público do Trabalho – 14º) Com relação às provas é INCORRETO afirmar:

(A) A prova emprestada constitui uma modalidade de prova atípica ou inominada, por não estar expressamente regulada no sistema processual brasileiro. Está, porém, inserida no contexto do princípio da economia processual;
(B) Com relação às máximas de experiência, pode-se dizer que o juiz, existindo ou não prova nos autos, estará autorizado a decidir com fundamento na sua observação acerca daquilo que ordinariamente acontece;
(C) A lei processual civil não autoriza ao juiz ouvir as testemunhas impedidas, mesmo que os depoimentos sejam prestados sem compromisso. Já as testemunhas suspeitas, sendo estritamente necessário, serão inquiridas independentemente de compromisso e o juiz lhes atribuirá o valor que possam merecer;
(D) É nula a convenção que distribui de maneira diversa o ônus da prova quando tornar excessivamente difícil a uma parte o exercício do direito;
(E) Não respondida

A: correta, pois, de fato, a prova emprestada, que nada mais é do que o transporte de produção probatória de um processo ao outro, embora não conste no CPC, encontra amparo no princípio da economia processual e no princípio constitucional da duração razoável do processo; B: correta (art. 335 do CPC); C: incorreta (art. 405, § 4º, do CPC); D: correta (art. 333, parágrafo único, do CPC). Gabarito "C".

(Ministério Público do Trabalho – 15º) A propósito dos procedimentos previstos no Código de Processo Civil, assinale a alternativa INCORRETA:

(A) as regras do procedimento comum ordinário são aplicáveis subsidiariamente ao procedimento comum sumário;
(B) a antecipação dos efeitos da tutela é aplicável em caráter excepcional nas ações submetidas ao procedimento sumário, caso em que não deve o magistrado considerar a existência de risco à irreversibilidade do provimento antecipado;
(C) independentemente do valor da causa, o procedimento sumário deve ser observado nas ações de ressarcimento por danos causados em acidente de veículo de via terrestre;
(D) nas ações submetidas ao procedimento ordinário, quando a matéria controvertida for unicamente de direito e no juízo já houver sido proferida sentença de total improcedência em outros casos idênticos, poderá ser dispensada a citação e proferida sentença, reproduzindo-se o teor da anteriormente prolatada;
(E) não respondida.

A: correta, pois na falta de regra específica do procedimento sumário, utiliza-se regra do ordinário; B: incorreta, porque não há nada de excepcional, no que tange à concessão de tutela antecipada, no procedimento sumário, nem mesmo no que diz respeito ao requisito da reversibilidade do provimento antecipado; C: correta (art. 275, II, d, do CPC); D: correta (art. 285-A do CPC). Gabarito "B".

(Advogado da União/AGU – CESPE – 2009) Com relação à disciplina das provas no CPC, julgue os itens a seguir.

(1) A regra geral da distribuição do ônus da prova é a de que cabe ao autor provar o fato constitutivo de seu direito, enquanto ao réu cabe provar a existência de fato impeditivo, modificativo ou extintivo do direito do autor. Contudo, em determinada hipótese, se o próprio réu contribuiu de forma definitiva para a comprovação do fato constitutivo do direito do autor, nada impede que o juiz julgue procedente o pedido deste último, visto que as regras de distribuição dos ônus da prova não determinam quem deve produzir a prova, mas apenas quem deve arcar com as consequências de sua não-produção.

(2) No CPC, admite-se a prova emprestada, visto que não há proibição de meios que sejam legais e moralmente legítimos. Exige-se, por outro lado, que seja respeitado o contraditório, de modo que a prova emprestada deve ter sido produzida entre as partes envolvidas no novo processo, até porque vincula o juiz, nesse caso, à conclusão alcançada em processo anterior que tenha sido encerrado por sentença transitada em julgado.

1: Correta. Ônus da prova é uma regra de julgamento dirigida ao juiz para a hipótese de dúvida invencível sobre a veracidade das teses oferecidas pelas partes. Nesse caso, perde aquele que tinha o ônus. Por outro lado, em matéria de prova vigora o princípio da aquisição, ou da comunhão, segundo o qual a prova, uma vez produzida por iniciativa de qualquer das partes, é do processo e pode ser utilizada inclusive contra aquele que a produziu; 2: Errada em razão da afirmação de que a prova emprestada vincula o juiz. No processo destinatário, o juiz tem total liberdade para apreciar e valorar a prova emprestada, sendo possível, inclusive, que chegue à conclusão oposta àquela que foi alcançada em processo anterior. Gabarito 1C, 2E

(Procurador da Fazenda Nacional – 2007.2 – ESAF) Quanto ao oferecimento da contestação, é incorreto afirmar que:

(A) há preclusão das razões de defesa não alegadas na contestação, salvo quando: relativas ao direito superveniente; as questões sujeitas a conhecimento ex officio pelo órgão judicial ou admitidas em qualquer tempo por expressa disposição de lei.

(B) há presunção de verdade quanto aos fatos narrados pelo autor e não impugnados especificamente pelo réu exceto: se não for admissível, a seu respeito, a confissão; se com a inicial não se houver juntado instrumento público que a lei considerar da substância do ato ou se os fatos forem incompatíveis com a defesa, considerada em seu conjunto.

(C) há possibilidade de o autor apresentar ação declaratória incidental se na contestação oferecida pelo réu for nela argüida questão prejudicial à questão principal posta.

(D) há responsabilidade do réu pelas custas a partir do saneamento do processo, e perda do direito a haver do autor porventura vencido honorários advocatícios, se a contestação for omissa quanto ao fato impeditivo, modificativo ou extintivo do direito postulado e tal omissão retardar o julgamento da lide.

(E) há responsabilidade integral do réu pelas custas de retardamento se não alegar na primeira oportunidade em que lhe caiba falar nos autos as matérias relacionadas às condições da ação e pressupostos processuais, salvo se apresentar o justo motivo.

A e B: corretas (art. 302 do CPC); C: correta (art. 325 do CPC); D: correta (art. 22 do CPC); E: incorreta (art. 267, § 3º, do CPC); haverá apenas responsabilidade pelas custas de retardamento. Gabarito "E".

(Procurador da Fazenda Nacional – 2007 – ESAF) "A" ajuíza ação de ressarcimento de danos causados em acidente de veículo em face de "B", que compareceu à audiência e apresentou como defesa contestação e impugnação ao valor da causa. Argüiu, na contestação, a conversão do procedimento sumário em ordinário, em razão de o valor indicado à causa ser superior a setenta salários-mínimos. Postulou, na impugnação ao valor da causa, que o valor fosse corrigido por nele constar o valor aproximado de quarenta salários-mínimos. Assinale a opção correta aplicável ao caso.

(A) Defiro o pedido formulado na impugnação ao valor da causa apresentada pelo réu para que o valor atribuído à causa seja ajustado ao valor do pedido, embora o deferimento não gere a conversão do procedimento sumário em ordinário.

(B) Indefiro o pedido formulado na impugnação ao valor da causa pelo fato de a ação ter sido ajuizada com base na natureza da causa, sendo, assim, irrelevante o valor atribuído à causa.

(C) Defiro o pedido formulado na impugnação ao valor da causa, convertendo-se, por conseqüência, o procedimento sumário em ordinário.

(D) Indefiro o pedido formulado na impugnação ao valor da causa, mantendo-se a causa sob o procedimento sumário considerando que a matéria discutida refere-se à ação de ressarcimento.

(E) A impugnação ao valor da causa, no procedimento sumário, suspende a audiência até que o magistrado decida acerca da conversão do procedimento sumário em ordinário.

A, B, C, D e E: De fato, o valor atribuído à causa deve corresponder ao valor pretendido pelo autor (art. 259, I, do CPC). De qualquer forma, tratando-se de ação de ressarcimento de danos causados em acidente de veículo, independentemente do valor, o procedimento a ser adotado é o sumário (art. 275, II, d, do CPC). Gabarito "A".

(Procurador da Fazenda Nacional – 2007 – ESAF) Quanto à reconvenção, é incorreto afirmar que:

(A) a reconvenção é inadmissível no procedimento sumário em razão da incompatibilidade procedimental e também pela possibilidade, no procedimento sumário, de se formular o pedido contraposto.

(B) a reconvenção é admissível em ação rescisória desde que se cumpra o prazo decadencial de dois anos e busque rescindir a mesma decisão judicial de mérito, objeto da ação rescisória.

(C) a citação na pessoa do procurador do autor reconvindo dispensa procuração com poderes especiais para receber citação, não produzindo os efeitos da revelia.

(D) o réu, em nome próprio, poderá reconvir ao autor que esteja atuando na qualidade de substituto processual, não estendendo tal raciocínio para os casos de representação por não ser parte.

(E) a reconvenção é admitida na ação monitória, após a conversão do procedimento em ordinário.

A: correta, embora tenha sido suprimido o § 2º do art. 315 que previa ser inadmissível a reconvenção no procedimento sumário, continua não sendo possível pela própria natureza do procedimento, mais célere, e com possibilidade de pedido contraposto (art. 278, § 1º, do CPC); B: correta, pois, de fato, é possível desde que o objeto da reconvenção seja rescindir a mesma sentença ou acórdão; C: correta (art. 316 do CPC); D: incorreta. Realmente, quem atua em nome alheio não é parte, apenas representa a parte, sendo possível a reconvenção do réu em face do autor, na pessoa de seu representante (art. 315, parágrafo único, do CPC); E: correta (Súmula 292 do STJ). Gabarito "D".

(Defensoria Pública da União – 2007 – CESPE) Julgue os seguintes itens.

(1) Se o juiz da causa indeferir a produção de prova pericial, por considerar a prova documental contida nos autos suficiente ao deslinde da controvérsia, e julgar antecipadamente a lide, haverá cerceamento de defesa e conseqüente nulidade do processo, a partir da referida decisão.

(2) A norma jurídica disposta no art. 302 do CPC explicita um aspecto particular do ônus imposto ao réu pelo art. 300 da lei processual civil. A exceção à aplicação do princípio do ônus da impugnação específica dos fatos alcança ao defensor público da União quando exerce o múnus de curador especial.

1: errado (arts. 130 e 330, I, ambos do CPC); 2: errado (art. 302, parágrafo único, do CPC). Gabarito 1E, 2E

(Cartório/AP – 2011 – VUNESP) A data do documento particular, quando a seu respeito surgir dúvida ou impugnação entre os litigantes, provar-se-á por todos os meios de direito. Em relação a terceiros, considerar-se-á datado o documento particular

(A) no dia em que foi subscrito.
(B) desde a morte de todos os signatários.
(C) a partir da impossibilidade física, que sobreveio a qualquer das testemunhas do ato.
(D) do ato ou fato que estabeleça, de modo provável, a anterioridade da formação do documento.
(E) da sua apresentação em repartição pública ou em juízo.

De acordo com o que prevê o art. 370 do CPC, está correta apenas a alternativa "E". Gabarito "E".

(Cartório/AP – 2011 – VUNESP) O pedido ou a causa de pedir NÃO poderá mais ser alterado após

(A) o recebimento da inicial.
(B) a citação do réu.
(C) o oferecimento de contestação por parte do réu.
(D) o despacho saneador.
(E) a réplica.

De acordo com o prevê o parágrafo único do art. 264 do CPC, só é correta a alternativa "D". Gabarito "D".

(Cartório/DF – 2008 – CESPE) Com relação ao réu e sua resposta ao processo, julgue os itens que se seguem.

(1) A revelia é espécie do gênero contumácia.
(2) Depois da contestação, é lícito ao réu deduzir novas alegações quando competir ao juiz conhecer delas, de ofício.
(3) Qualquer que seja a modalidade de incompetência, deve o réu argüi-la por meio de exceção.

1: certo, pois, de fato muitos doutrinadores definem revelia como espécie de contumácia, que nada mais é do que a contumácia do réu; 2: certo (art. 303, II, do CPC); 3: errado (art. 113 do CPC). Gabarito 1C, 2C, 3E

(Cartório/MS – 2009 – VUNESP) No que se refere à prova, é correto afirmar que

(A) no depoimento pessoal, quem ainda não depôs não pode assistir ao interrogatório da outra parte.
(B) o documento subscrito pelas partes, feito por oficial público incompetente, ou sem a observância das formalidades legais, não tem eficácia probatória.
(C) é lícito às partes, em qualquer tempo, juntar aos autos documentos novos, quando destinados a fazer prova de fatos ocorridos depois dos articulados, ou para contrapôlos aos que foram produzidos nos autos.
(D) vale como confissão a admissão, em juízo, de fatos relativos a direitos indisponíveis.
(E) o perito e assistentes técnicos são sujeitos a impedimento ou suspeição.

A: correta, porque se trata de transcrição do parágrafo único do art. 344 do CPC; B: incorreta, porque contraria o que dispõe o art. 367 que estabelece que o documento público nesse caso terá eficácia probatória do documento particular; C: também está correta (art. 397, CPC); D: incorreta, porque a confissão é ineficaz se relativa a direito indisponível; E: incorreta, porque embora o perito esteja sujeito a impedimento e suspeição, os assistentes técnicos, por serem naturalmente parciais, não podem eles ser considerados impedidos ou suspeitos. Embora o gabarito oficial tenha considerado apenas a alternativa "C" como correta, não se pode ignorar que a alternativa "A" também está correta, porque reproduz o texto legal já citado. Gabarito oficial "C"/ Gabarito nosso Anulada

(Cartório/SP – 2008) A reconvenção

(A) deverá ser extinta na hipótese de desistência da ação.
(B) deverá ser extinta na hipótese de extinção da ação por qualquer causa.
(C) deverá ser extinta na hipótese de extinção por carência ou desistência da ação.
(D) poderá ter prosseguimento, mesmo nas hipóteses de desistência ou extinção da ação.

Art. 317 do CPC. Gabarito "D".

(Cartório/SP – 2008) Sobre a confissão extrajudicial, é correto afirmar que

(A) se feita por escrito à parte ou a quem a represente, bem como, se contida em testamento, será livremente apreciada pelo juiz, mas tem a mesma eficácia probatória da judicial.
(B) se feita por escrito ou oralmente à parte ou a quem a represente, tem a mesma eficácia probatória da judicial.
(C) se feita por escrito à parte ou a quem a represente, tem a mesma eficácia probatória da judicial, mas feita a terceiro ou contida em testamento, será livremente apreciada pelo juiz.
(D) se feita por escrito à parte ou a quem a represente ou contida em testamento, tem a mesma eficácia probatória da judicial, mas feita a terceiro será livremente apreciada pelo juiz.

Art. 353 do CPC. Gabarito "C".

(Cartório/SP – 2008) É lícito à parte inocente provar com testemunhas

(A) nos contratos simulados, a divergência entre a vontade real e a vontade declarada, nos contratos cujo valor não exceder ao décuplo do salário mínimo vigente.
(B) nos contratos cujo valor não exceder ao décuplo do salário mínimo vigente, os vícios do consentimento.
(C) nos contratos realizados por escritura pública, os vícios do consentimento.
(D) todas as alternativas estão corretas.

Art. 404, I e II, do CPC. Gabarito "D".

(Cartório/SP – 2008) Quanto à eficácia preclusiva da decisão de saneamento do processo,

(A) é absoluta, tendo em vista as disposições processuais que vedam ao juiz decidir novamente no processo as questões já decididas relativas à mesma lide, e às partes de tornarem a matéria velha, a cujo respeito já se tenha operado a preclusão.
(B) só não ocorre nos processos em que há interesses de incapazes, onde obrigatória a intervenção do Ministério Público como custos legis.
(C) é relativa, pois embora se trate de decisão interlocutória, a sugerir que as questões nela decididas, se não impugnadas por recurso de agravo, ficam cobertas pela preclusão, há exceção no que tange às questões de ordem pública decididas no saneador, a cujo respeito, mesmo depois de transitada em julgado a decisão de saneamento, o juiz poderá decidir novamente.
(D) é inexistente, pois o juiz poderá, na sentença, redecidir a respeito de toda e qualquer questão incidente apreciada no saneador, uma vez que é a sentença o ato pelo qual o juiz compõe definitivamente a lide e entrega a prestação jurisdicional do Estado.

Art. 267, § 3º, do CPC. Gabarito "C".

9. SENTENÇA. LIQUIDAÇÃO. CUMPRIMENTO DE SENTENÇA. COISA JULGADA

(Magistratura/AC – 2008 – CESPE) A respeito da sentença no processo civil, assinale a opção correta.

(A) Nas ações de reparação de danos provocados por acidente de veículos em via terrestre, pelo procedimento sumário, ainda que o pedido do autor seja genérico, compete ao juiz proferir a condenação em valor determinado, segundo a prova disponível, ou quando seja difícil ou dispendiosa a dita prova, cabendo, portanto, ao sentenciante fixar o valor devido a seu prudente critério.
(B) A liquidação de sentença condenatória genérica tem natureza jurídica de ação, e a decisão que resolve a pretensão de liquidação contém julgamento de mérito, na parte ainda não resolvida, ou seja, a extensão da obrigação e a apuração do valor quantitativo da condenação fazem coisa julgada material e são impugnáveis por apelação, que será recebida no efeito devolutivo.
(C) A execução de sentença que reconheça a existência de obrigação de fazer ou de não fazer e a de entregar coisa será realizada no mesmo processo. No entanto, essa execução não é imediata, visto que depende de requerimento do credor.
(D) O julgamento será extra petita quando o juiz deixar de examinar pretensões expressamente formuladas ou quando examinar causa de pedir diversa daquela deduzida na inicial. Em ambos os casos, tais vícios podem ser corrigidos em embargos de declaração ou em apelação, bastando, para tanto, que o tribunal ad quem faça a devida adequação da decisão ao pedido do autor.

A: correta (art. 475-A, § 3º, do CPC); B: incorreta (art. 475-H do CPC); C: incorreta (art. 461 do CPC); D: incorreta, pois segundo Marcus Vinicius Rios Gonçalves: "a sentença é extra petita, e nula, sempre que o juiz aprecia pedido ou causa de pedir distintos daqueles apresentados pelo autor na inicial", de outro lado, são sentenças infra (ou citra) petita aquelas em que o juiz não apreciou um dos pedidos formulados. Gabarito "A".

(Magistratura/BA – 2006 – CESPE) No que se refere ao reexame necessário, julgue os itens que se seguem.

(1) A sentença que julga procedentes embargos à execução contra a fazenda pública não está sujeita ao duplo grau obrigatório de jurisdição.
(2) O reexame necessário devolve ao tribunal a apreciação de toda a matéria que se refira à sucumbência da fazenda pública. É procedimento obrigatório que não se sujeita ao princípio do *quantum devolutum quantum appelatum*.
(3) Em decisão monocrática, poderá o relator negar seguimento a remessa obrigatória por considerá-la manifestamente improcedente, tendo em vista que a decisão de primeira instância encontra-se em consonância com a jurisprudência do respectivo tribunal.

(4) A sentença concessiva do mandado de segurança no qual o valor controvertido não ultrapassar a 60 salários mínimos não está sujeita ao reexame obrigatório.

1: certo (art. 475, II, do CPC); 2: certo (art. 475, I, do CPC); 3: certo (art. 557 do CPC); 4: errado (art. 14, § 1º, da Lei 12.016/2009). Gabarito 1C, 2C, 3C, 4E

(Magistratura/GO – 2009 – FCC) É INCORRETO afirmar:

(A) Procede-se à liquidação quando a sentença não determinar desde logo o valor devido.
(B) Da decisão de liquidação caberá agravo de instrumento.
(C) Como regra, a impugnação ao cumprimento de sentença não terá efeito suspensivo.
(D) Far-se-á liquidação por arbitramento quando, para determinar o valor da condenação, houver necessidade de alegar e provar fato novo.
(E) É vedado, na liquidação, discutir de novo a lide ou modificar a sentença que a julgou.

A: correta (art. 475-A do CPC); B: correta (art. 475-H do CPC); C: correta (art. 475-M, do CPC); D: incorreta, porque a necessidade de alegação e prova de fato novo está relacionada com a liquidação por artigos; E: correta (art. 475-G, do CPC). Gabarito "D".

(Magistratura/GO – 2009 – FCC) É correto afirmar:

(A) Atribuído efeito suspensivo à impugnação, o prosseguimento da execução ficará sobrestado, necessariamente, até seu julgamento meritório.
(B) Na execução provisória da sentença, o levantamento de depósito em dinheiro e a prática de atos que importem alienação de propriedade dependem sempre de caução suficiente e idônea.
(C) Se o devedor alegar excesso na execução, com o exequente pleiteando valor superior ao resultante da sentença, deverá declarar de imediato o valor que entende correto, sob pena de rejeição liminar dessa impugnação.
(D) Não efetuado o pagamento pelo devedor, em cumprimento de sentença, expedir-se-á desde logo mandado de penhora e avaliação, procedendo-se a esta, como regra, por perito da confiança do Juízo.
(E) Após a condenação, se em seis meses não for requerida a execução o juiz extinguirá o processo por abandono da lide.

A: incorreta, porque é possível que o exequente requeira o prosseguimento da execução, oferecendo e prestando caução suficiente e idônea arbitrada pelo juiz e prestada nos próprios autos (§ 1º do art. 475-M, do CPC); B: incorreta, porque há casos em que a caução poderá ser dispensada (art. 475-O, § 2º, do CPC); C: correta (art. 475-L, § 2º, do CPC); D: incorreta, porque a avaliação deve ser feita, em regra, pelo oficial de justiça, e não por perito; E: incorreta, porque a lei prevê o arquivamento do processo para a hipótese de não ser iniciada a fase de cumprimento em 6 meses (art. 475-J, § 5º, do CPC). Gabarito "C".

(Magistratura/MG – 2009 – EJEF) O art. 128 do CPC estabelece que "O juiz decidirá a lide nos limites em que foi proposta, sendo-lhe defeso conhecer de questões, não suscitadas, a cujo respeito a lei exige a iniciativa da parte". Trata-se, portanto, o pedido, da limitação da prestação jurisdicional. Sobre o tema, é CORRETO afirmar que:

(A) O pedido poderá ser sucessivo quando a natureza da obrigação autorizar o devedor a cumprir a prestação de mais de um modo.
(B) Quando a escolha couber ao devedor, o juiz decidirá de forma a lhe conceder o direito de cumprir a prestação de um ou de outro modo, até mesmo se o credor não formular pedido neste sentido.
(C) É ilícito formular mais de um pedido em ordem sucessiva, para que o juiz acolha um ou outro.
(D) Sendo obrigação periódica, a ausência de inclusão no pedido obsta que o Juiz determine o seu cumprimento.

A: incorreta, porque quando o devedor puder cumprir a prestação de mais de um modo, os pedidos serão alternativos (e não sucessivos); B: correta (art. 288, parágrafo único do CPC); C: incorreta, porque cumulação em ordem sucessiva é aquela que se verifica quando o autor apresenta um pedido principal e já formula outros subsidiários para que sejam apreciados na hipótese de rejeição do primeiro; D: incorreta, porque em se tratando de obrigação periódica, "considerar-se-ão elas incluídas no pedido, independentemente de declaração expressa do autor" (art. 290 do CPC). Gabarito "B".

(Magistratura/MG – 2009 – EJEF) Acerca do instituto da Coisa Julgada, é CORRETA a afirmativa:

(A) A decisão sobre questão prejudicial decidida incidentalmente no processo integra o conceito de coisa julgada.
(B) Ocorrendo a coisa julgada formal, a sentença torna-se imutável e indiscutível.
(C) Os motivos que compõem a fundamentação da decisão, nos termos da Carta Constitucional, e que determinam o alcance da parte dispositiva da sentença integram o conceito de coisa julgada.
(D) Se o juiz for competente em razão da matéria e constituir pressuposto necessário para o julgamento da lide, e desde que requerida pela parte, faz coisa julgada a resolução de questão prejudicial.

A: incorreta, em razão do que dispõe o art. 469, III, do CPC; B: incorreta, porque o fenômeno da coisa julgada formal (ou preclusão máxima) implica a impossibilidade de que a sentença seja modificada no processo em que foi proferida, mas não impede, na maior parte dos casos, que seja novamente proposta a demanda; C: incorreta, porque não há na Constituição qualquer regra a esse respeito, e porque no CPC há expressa menção ao fato de que a motivação não integra a coisa julgada (art. 469, I e II, do CPC); D: correta (art. 470 do CPC). Gabarito "D".

(Magistratura/MG – 2009 – EJEF) Acerca do cumprimento de sentença, instituído pela Lei n. 11.232, de 2005, assinale a opção CORRETA.

(A) Uma única sentença pode ser objeto de execução e de liquidação ao mesmo tempo.
(B) Poderá ser provisoriamente executada a sentença impugnada mediante recurso ao qual foi atribuído efeito suspensivo.
(C) O processo de execução não subsiste após as reformas no Código de Processo Civil.
(D) Na nova ordem processual, a expedição de mandado de penhora e avaliação é ato de ofício do juiz.

A: correta (art. 475-I, § 2º, CPC); B: incorreta, porque a execução provisória pressupõe que o recurso pendente só tenha sido recebido no efeito devolutivo; C: incorreta, porque ainda há processo de execução para títulos executivos extrajudiciais, bem como para títulos executivos judiciais contra a fazenda pública e execução de alimentos; D: incorreta, porque o início da fase de cumprimento de sentença depende, em qualquer caso, de requerimento por parte do credor. Gabarito "A".

(Magistratura/MG – 2008) Todas as normas processuais constantes do Livro II do CPC:

(A) nunca podem ser utilizadas de modo subsidiário.
(B) sempre são subsidiárias para o cumprimento de sentença.
(C) são subsidiárias para o cumprimento de sentença no que couber.
(D) serão utilizadas para o cumprimento de sentença quando o juiz entender conveniente.

Art. 475-R do CPC. Gabarito "C".

(Magistratura/MG – 2008) É CORRETO afirmar, em cumprimento de sentença no procedimento comum ordinário ou sumário, que o princípio da *perpetuatio iurisdictionis*:

(A) será o cumprimento promovido na comarca indicada pelo devedor.
(B) deve o cumprimento sempre ser promovido perante o juízo de primeiro grau de jurisdição que processou a causa.
(C) pode o cumprimento ser promovido em qualquer comarca onde o credor entender conveniente.
(D) foi relativizado, podendo o cumprimento ser requerido, por opção do credor, no juízo do local onde se encontram os bens sujeitos à expropriação ou do atual domicílio do devedor.

Art. 475-P, parágrafo único, do CPC. Gabarito "D".

(Magistratura/MG – 2008) A falta de cumprimento voluntário da sentença no procedimento comum ordinário e sumário:

(A) nunca gera pagamento de multa.
(B) sempre gera aplicação da multa de 10%.
(C) gera 10% de multa na obrigação de pagar quantia certa.
(D) somente gera aplicação de multa se esta constar, expressamente, da sentença.

Art. 475-J do CPC. Gabarito "C".

(Magistratura/MG – 2008) O destinatário de provimento mandamental descumprido, excetuado o advogado:

(A) está sujeito a multa, em favor da outra parte, a ser fixada segundo a gravidade da conduta, limitada a 20% do valor da causa.
(B) está sujeito a multa, em favor do Estado, a ser fixada segundo a gravidade da conduta, limitada a 20% do valor da causa.
(C) está sujeito a multa, em favor do Estado, a ser fixada segundo a gravidade da conduta, limitada a 10% do valor da causa.
(D) está isento de multa, porém, sujeito às sanções criminais, civis e processuais cabíveis.

Art. 14, parágrafo único, do CPC. Gabarito "B".

(Magistratura/MG – 2008) Na liquidação de sentença, é INCORRETO afirmar que:

(A) a liquidação por arbitramento é feita através de perícia.
(B) o juiz poderá valer-se do contador judicial para conferir a memória de cálculo apresentada pelo credor se, aparentemente, exceder os limites da decisão exeqüenda ou nos casos de assistência judiciária.
(C) a liquidação por artigos será feita quando houver necessidade de alegar e provar fato novo.
(D) o juiz nunca poderá determinar a conferência, pelo contador judicial, da memória de cálculo apresentada pelo credor.

A: correta (art. 475-D do CPC); B e D: art. 475-B, § 3º, do CPC; C: correta (art. 475-E do CPC). Gabarito "D".

(Magistratura/MT – 2009 – VUNESP) Leia as proposições sobre o cumprimento de sentença.

I. O devedor condenado ao pagamento de quantia certa deve efetuá-lo no prazo de 15 (quinze) dias, sob pena de multa de 10% sobre o montante da condenação. Para a fluência desse prazo, prevê expressamente o CPC a necessidade de intimação pessoal do devedor.
II. A rejeição liminar é medida que se impõe ao devedor que alega em sua impugnação o excesso de execução, sem declarar o valor que entende correto.
III. A caução para os casos de levantamento de depósito em dinheiro poderá ser dispensada nos casos de execução provisória em que penda recurso extraordinário junto ao STF ou especial junto ao STJ.
IV. Também estão dispensadas de caução as execuções que versem sobre créditos de natureza alimentar, independentemente dos valores envolvidos, até porque tais verbas são irrepetíveis.

Está correto o contido em

(A) II, apenas.
(B) IV, apenas.
(C) II e III, apenas.
(D) II, III e IV, apenas.
(E) I, II, III e IV.

I: incorreta, porque não se exige a prévia intimação do devedor para que comece a correr o prazo de 15 dias para o pagamento da dívida; II: correta (art. 475-L, § 2º, do CPC); III: incorreta, porque só se dispensa a caução quando estiver pendente o recurso de agravo (agora agravo nos próprios autos) contra o despacho denegatório de recurso especial ou extraordinário; IV: incorreta, porque só se dispensa a caução se o crédito não for superior a 60 salários-mínimos. Gabarito "A".

(Magistratura/PA – 2008 – FGV) Na liquidação de sentença estrangeira, homologada pelo Superior Tribunal de Justiça, o Juízo Cível expedirá ordem de:

(A) citação.
(B) notificação.
(C) intimação.
(D) citação-intimação.
(E) publicação.

Art. 475-N, VI, e 484, ambos do CPC. Gabarito "A".

(Magistratura/PA – 2008 – FGV) Na hipótese em que a Fazenda Pública seja condenada ao cumprimento de obrigação pecuniária de trato sucessivo e por tempo indeterminado, a base de cálculo da verba honorária será o somatório das prestações:

(A) vencidas.
(B) vencidas, mais um ano das vincendas.
(C) vincendas.
(D) vencidas, mais um semestre das vincendas.
(E) contemporâneas.

É pacífico no Superior Tribunal de Justiça o entendimento de que, na hipótese de condenação a prestações periódicas, é possível delimitar-se a incidência dos honorários advocatícios sobre as parcelas vencidas mais doze prestações vincendas, nos termos do art. 260 do Código de Processo Civil. Gabarito "B".

(MAGISTRATURA/PB – 2011 – CESPE) Lucas, advogado de Leila, requereu em juízo o cumprimento de sentença que condenara Paulo a lhe pagar honorários advocatícios de 20% do valor da condenação em ação de reparação de danos movida por Leila. No requerimento, Lucas fez referência ao valor pretendido e apontou a desnecessidade de cálculos em planilha, por ser o valor apurável mediante simples operação matemática.

Considerando a situação hipotética acima, assinale a opção correta.

(A) O pedido de Lucas deve ser deferido mesmo sem cálculos em planilha, porque o valor pretendido foi explicitado na sentença favorável a Leila.
(B) O juiz deve determinar que Lucas apresente a planilha de cálculos, documento necessário ao procedimento.
(C) O juiz deve indeferir o pedido de Lucas devido à ausência da planilha de cálculos, já que não é possível emendar o pedido nessa etapa do processo.
(D) O juiz deve conferir a Lucas prazo para requerimento de prévia liquidação da sentença proferida em favor de Leila.
(E) O requerimento de cumprimento de sentença é inapropriado, pois esse tipo de ação não se presta à cobrança de honorários advocatícios.

Nos termos do art. 475-B, "quando a determinação do valor da condenação depender apenas de cálculo aritmético, o credor requererá o cumprimento da sentença, na forma do art. 475-J desta Lei, instruindo o pedido com a memória discriminada e atualizada do cálculo". Por isso, a única alternativa correta é a "B". Gabarito "B".

(MAGISTRATURA/PB – 2011 – CESPE) Um locador ajuizou contra seu locatário ação com o objetivo de revisão dos aluguéis previstos no contrato. Após obter êxito na sentença, da qual não foi interposto recurso, o locador vendeu o imóvel para outra pessoa, que, tão logo assumiu a posse indireta do bem, propôs nova ação revisional contra o locatário, sob a alegação de que o índice apontado na primeira sentença não resultara em correção economicamente interessante do aluguel.

Em face dessa situação hipotética, assinale a opção correta.

(A) A nova demanda não é admissível, porque não é fundamentada em modificação capaz de justificar revisão dos aluguéis.
(B) A admissibilidade da nova demanda justifica-se pelo fato de o autor ser terceiro em relação ao julgado anterior.
(C) A pretensão de nova revisão não pode ser deferida, porque deveria ter sido feita por simples petição anexada aos autos da primeira ação.
(D) A nova demanda não encontra óbice na coisa julgada, porque se trata de relação de trato sucessivo.
(E) A nova demanda será impossível se já tiverem decorrido mais de dois anos do trânsito em julgado da primeira sentença.

Como regra geral, a formação da coisa julgada impede que aquilo que a decisão de mérito proferida em uma demanda venha a ser rediscutida em outra. Há exceções, contudo. Uma delas é a que diz respeito às ações que versam sobre relação jurídica continuativa, como é o caso do contrato de locação. Ocorre, no entanto, que só fica autorizada, nesses casos, a propositura de nova demanda com o objetivo de se buscar a revisão do que foi estatuído na sentença, se após esta sobrevier modificação no estado de fato ou de direito (art. 471 do CPC). É necessário, portanto, que os fundamentos da nova demanda sejam relativos a fatos posteriores à sentença já proferida. No hipótese da questão, o que se pretende através da segunda demanda é a discussão sobre a eventual injustiça do que foi decidido, sob o argumento de que teria sido aplicado índice incorreto. Não se trata, como se vê, de fato novo. Logo, a coisa julgada não pode ser afetada por ação nova, exceto por rescisória, se ainda não esgotado o prazo de 2 anos do trânsito em julgado. Assim, está correta apenas a alternativa "A". Gabarito "A".

(Magistratura/PE – 2011 – FCC) No tocante à liquidação, é correto afirmar que

(A) de sua decisão caberá apelação.
(B) quando esta se der por artigos, haverá necessidade de alegar e provar fato novo para determinar o valor da condenação.
(C) é sempre necessária, quando haja condenação em pecúnia.
(D) é defensável que nela se discuta novamente a lide ou que se modifique a sentença que a julgou.
(E) seu requerimento pressupõe a formação anterior e necessária de coisa julgada.

A: incorreta, porque cabe agravo de instrumento da decisão que julga a liquidação (art. 475-H do CPC); B: correta (art. 475-E, CPC); C: incorreta, porque será incabível quando o valor da condenação já constar da sentença; D: incorreta (art. 475-G, CPC); E: incorreta, porque pode ser iniciada na pendência de recurso (art. 475-A, § 2º, do CPC). Gabarito "B".

(Magistratura/PE – 2011 – FCC) Em relação à coisa julgada, é correto afirmar:

(A) forma-se pela verdade dos fatos, desde que estabelecida como fundamento da sentença.
(B) se ocorreu preclusão, pode-se discutir no curso do processo as questões já decididas, desde que em Primeira Instância.
(C) uma vez formada, com resolução de mérito, ter-se-ão como deduzidas e repelidas todas as alegações e defesas, que a parte poderia opor tanto ao acolhimento como à rejeição do pedido.
(D) a resolução da questão prejudicial não a forma em nenhum caso.
(E) o julgamento da relação jurídica continuativa, da qual sobreveio modificação no estado de fato ou de direito, é imutável pela formação de coisa julgada material.

A: incorreta, porque não faz coisa julgada "a verdade dos fatos, estabelecida como fundamento da sentença" (art. 469, II, CPC); B: incorreta (art. 473, CPC); C: correta (art. 474 do CPC); D: incorreta, porque é possível que seja instaurada a ação declaratória incidental, hipótese em que a coisa julgada também atingirá a apreciação da questão prejudicial; E: incorreta (art. 471, I, do CPC). Gabarito "C".

(Magistratura/PI – 2008 – CESPE) A respeito da sentença cível e da coisa julgada, assinale a opção correta.

(A) Se as partes não recorrem da decisão que, ao sanear o processo, considerar as partes legítimas, mesmo estando presentes as demais condições da ação e os pressupostos processuais, não poderá tal matéria ser objeto de qualquer outra decisão dentro desse mesmo processo. Assim, não poderá o juiz, ao proferir a sentença, reconhecer a carência da ação.
(B) Se as ações repetitivas versarem sobre questão exclusivamente de direito, desde que existam precedentes do mesmo juízo referentes a casos idênticos, julgando totalmente improcedente o pedido, o juiz, ao receber a inicial, já sentenciará o feito, reproduzindo o teor da sentença paradigma, sem que seja necessária a citação do réu para o oferecimento da contestação.
(C) Quando ocorrer o processo com pluralidade de lides será considerado que todos os pedidos e todas as questões suscitadas pelas partes foram resolvidos, ainda que implicitamente, pois a coisa julgada atinge as alegações e defesas que as partes deduziram. Assim, ocorrendo a coisa julgada, o autor somente poderá renovar o pedido rejeitado com novas alegações e o réu pretender a rejeição do pedido com defesa diversa da anteriormente manifestada.
(D) As decisões que resolvem as questões incidentes discutidas no curso processual fazem coisa julgada material, portanto, operando-se a preclusão, não sendo lícito à parte reabrir qualquer discussão ou deduzir pretensão sobre a questão decidida.
(E) A autoridade da coisa julgada prevalece somente entre as partes do processo no qual a sentença foi proferida, não podendo beneficiar ou prejudicar aquele que não integrou a relação processual. O terceiro prejudicado, ou seja, o sucessor na coisa litigiosa, a título singular ou universal de uma das partes, em qualquer fase do processo ou grau de jurisdição, pode manejar embargos de terceiro ou mandado de segurança para fugir às conseqüências do julgado.

A: incorreta (art. 267, § 3º, do CPC); B: correta (art. 285-A do CPC); C: incorreta (art. 469 do CPC); D: incorreta (art. 469, III, do CPC); E: incorreta (art. 42, § 3º, do CPC). Gabarito "B".

(Magistratura/PR – 2008) Assinale a alternativa correta:

(A) caso o devedor, condenado ao pagamento de quantia certa ou já fixada em liquidação, não o efetue no prazo de 15 (quinze) dias, será expedido mandado de citação para, no prazo de 24 (vinte e quatro) horas, pagar ou nomear bens à penhora.
(B) caso o devedor, condenado ao pagamento de quantia certa ou já fixada em liquidação, não o efetue no prazo de 15 (quinze) dias, a critério discricionário do juiz, o montante da condenação será acrescido de multa no percentual de 10% (dez por cento).
(C) o cumprimento de sentença que ordena um fazer, um não fazer e a entrega de coisa, far-se-á pelo mesmo procedimento da sentença que ordena o pagamento de quantia em dinheiro.
(D) não dependendo de conhecimentos especializados, incumbe ao próprio oficial de justiça efetuar a avaliação dos bens penhorados.

A e B: incorretas (art. 475-J, do CPC); C: incorreta (art. 475-I, do CPC); D: correta (art. 475-J, § 2º, do CPC). Gabarito "D".

(Magistratura/SC – 2010) Em tema de cumprimento de sentença, assinale a alternativa **correta:**

I. O prazo para a impugnação à execução de obrigação pecuniária prevista em sentença transitada em julgado é de 10 dias, contado, em qualquer caso, da citação.
II. A multa de 10% pela impontualidade no pagamento da condenação pecuniária é devida tanto na execução definitiva quanto na provisória.
III. A multa de 10% pela impontualidade no pagamento incide em relação a toda a dívida, ainda que haja pagamento parcial.
IV. São devidos honorários de advogado na fase de cumprimento de sentença, independentemente daqueles devidos em decorrência da fase condenatória.

(A) Somente as proposições I e III estão corretas.
(B) Somente as proposições II e IV estão corretas.
(C) Somente a proposição IV está correta.
(D) Somente a proposição II está correta.
(E) Somente a proposição I está correta.

I: incorreta, porque o prazo para impugnação é de 10 dias; II: incorreta, porque a multa de 10% é inaplicável à execução provisória; III: incorreta, porque se houver pagamento parcial, a multa incide apenas sobre o montante que não foi pago; IV: correta, pois o advogado faz jus aos honorários correspondentes às duas fases, condenatória e de cumprimento da sentença. Gabarito "C".

(Magistratura/SC – 2009) Sobre o cumprimento da sentença, assinale a alternativa correta:

(A) É inexigível o título judicial fundado em interpretação de ato normativo considerado pelo Supremo Tribunal Federal incompatível com a Carta Magna.
(B) É definitiva a execução quando se trata de sentença impugnada mediante recurso ao qual não foi atribuído efeito suspensivo.
(C) A decisão que resolver a impugnação e extinguir a execução é recorrível mediante agravo de instrumento.
(D) Quando na sentença houver uma parte ilíquida, o credor deverá promover a sua liquidação antes da execução da outra parte líquida.
(E) A impugnação pode versar sobre qualquer causa impeditiva ou extintiva da obrigação anterior à sentença.

A: correta (art. 475-L, § 1º, CPC); B: incorreta, porque se houver recurso pendente contra o título executivo que fora recebido apenas no efeito devolutivo, a execução será provisória; C: incorreta, porque se a execução for extinta pelo acolhimento da impugnação, terá sido prolatada sentença, passível, portanto, de apelação; D: incorreta, porque nesse caso o credor pode tomar as duas providências (execução e liquidação) ao mesmo tempo; E: incorreta, porque em razão do princípio da eventualidade, ficam preclusas as causas impeditivas ou extintivas da obrigação anteriores à sentença. Gabarito "A".

(Magistratura/SC – 2009) Sobre a coisa julgada, assinale a alternativa INCORRETA:

(A) O reconhecimento da prescrição gera coisa julgada material.
(B) A imutabilidade apregoada pelo Código de Processo Civil à coisa julgada material é relativa, não obstando que as partes, após o trânsito em julgado, pactuem de forma diversa.
(C) Os procedimentos de jurisdição voluntária não produzem coisa julgada e, assim, as decisões neles proferidas não podem ser objeto de ação rescisória.
(D) Em relação jurídica continuativa, o juiz poderá revisar a sentença quando sobrevier modificação do estado de direito.
(E) A resolução de questão prejudicial fará coisa julgada somente quando a parte o requerer e o juiz for competente em razão da matéria.

A: correta (art. 269, IV, do CPC); B: correta, porque é possível que as partes deixem de observar aquilo que ficou estabelecido na sentença e celebrem algum negócio em sentido diverso; C: correta (art. 1.111 do CPC); D: correta (art. 471, I, do CPC); E: incorreta, pois também é necessário que constitua pressuposto necessário para o julgamento da lide (art. 470 do CPC). Gabarito "E".

(Magistratura/SC – 2008) Nos termos da mais recente jurisprudência do Superior Tribunal de Justiça, a multa de 10% (dez por cento) referente ao cumprimento da obrigação definida na decisão (art. 475-J do Código de Processo Civil), incide após decorridos 15 (quinze) dias:

(A) Da data da decisão.
(B) Do momento em que o processo retorna ao juízo a quo.
(C) Da intimação pessoal do devedor para cumprimento da obrigação.
(D) Da intimação pessoal das partes para cumprimento da obrigação.
(E) Do trânsito em julgado da decisão ou do momento em que ela se tornar exigível.

Tal tese foi sufragada pelo STJ no Resp nº 954859, primeira manifestação do Tribunal sobre a questão, no qual foi dito: "O termo inicial dos quinze dias previstos no Art. 475-J do CPC, deve ser o trânsito em julgado da sentença. Passado o prazo da lei, independente de nova intimação do advogado ou da parte para cumprir a obrigação, incide a multa de 10% sobre o valor da condenação. Se o credor precisar pedir ao juízo o cumprimento da sentença, já apresentará o cálculo, acrescido da multa. Esse o procedimento estabelecido na Lei, em coerência com o escopo de tornar as decisões judiciais mais eficazes e confiáveis. Complicá-lo com filigranas é reduzir à inutilidade a reforma processual." (Resp 954859). Gabarito "E".

(Magistratura/SE – 2008 – CESPE) Acerca da coisa julgada, assinale a opção correta.

(A) A sentença que dispõe sobre uma relação jurídica de trato sucessivo ou continuativa não faz coisa julgada, podendo, por isso, ser revista a qualquer tempo.
(B) A coisa julgada material tem como limites objetivos a lide e as questões que foram decididas no processo. A coisa julgada alcança a parte dispositiva da sentença, a causa de pedir e a verdade dos fatos contidos na lide e estabelecidos como premissa para o julgamento.
(C) A questão prejudicial decidida *incidenter tantum* não faz coisa julgada, salvo quando ela for declarada por sentença em ação declaratória incidental, mediante requerimento expresso do interessado.
(D) A sentença proferida na ação cautelar antecipatória não faz coisa julgada material, tem natureza meramente declaratória incidente e deverá ser confirmada ou revogada na sentença que julgar a ação principal.
(E) Os fatos modificativos de direito que constituem a causa de pedir e que são adotados pela sentença para fundamentar sua conclusão fazem coisa julgada e são atingidos pela preclusão. Por isso, em caso de novo debate judicial a respeito daquela questão, poderá a parte ré argüir a exceção de coisa julgada.

Arts. 469 e 470, ambos do CPC. Gabarito "C".

(Magistratura/SP – 2011 – VUNESP) A impugnação, na fase de cumprimento da sentença:

(A) terá efeito suspensivo, em regra.
(B) não impedirá o prosseguimento da execução, mesmo que tenha efeito suspensivo, se o credor demonstrar que a paralisação poderá lhe causar grave dano de difícil ou incerta reparação.
(C) será sempre instruída e decidida nos próprios autos.
(D) será rejeitada liminarmente quando o executado alegar excesso de execução e não declarar de imediato o valor que entende correto.
(E) admite somente agravo de instrumento da decisão que a julgar.

A: incorreta, porque a regra é a de que a impugnação não tenha efeito suspensivo (art. 475-M do CPC); B: incorreta, porque basta ao credor prestar caução suficiente e idônea para que a execução prossiga (art. 457-M, § 1º, do CPC); C: incorreta, porque se não for atribuído efeito suspensivo, deverá ser instruída e decidida em autos apartados (§ 2º do art. 475-M); D: correta (art. 475-L, § 2º, CPC); E: incorreta, porque será cabível apelação, caso o julgamento da impugnação acarrete a extinção da execução (§ 2º do art. 475-M do CPC). Gabarito "D".

(Magistratura/SP – 2009 – VUNESP) Segundo a regra da correlação ou adstrição,

(A) o juiz, ao proferir a sentença, deve ater-se aos limites objetivos e subjetivos da demanda.
(B) o juiz, ao proferir a sentença, deve ater-se exclusivamente aos limites subjetivos da demanda.
(C) compete exclusivamente ao autor fixar os limites da demanda.
(D) o réu pode, em qualquer processo, ampliar os limites da demanda na contestação ou mediante reconvenção.

A: correta, pois a assertiva expõe corretamente a regra da correlação ou adstrição; B: incorreta (reler o comentário sobre a assertiva anterior); C: incorreta, porque o réu também pode agregar ao processo elementos da demanda a serem observados pelo juiz; D: incorreta, porque nem sempre é admissível o uso da reconvenção ou do pedido contraposto. Gabarito "A".

(Magistratura/SP – 2009 – VUNESP) A eficácia preclusiva da coisa julgada

(A) não atinge matéria de ordem pública e impede a propositura de ação rescisória.
(B) não impede o reexame da sentença, se o fundamento não foi deduzido no processo.
(C) impede o reexame dos fundamentos da sentença, mesmo que o pedido seja diverso.
(D) impede o reexame do dispositivo da sentença, ainda que por fundamento de defesa não deduzido no processo.

A: incorreta, porque a eficácia preclusiva da coisa julgada, prevista no art. 474 do CPC, não se relaciona com as matérias de ordem pública ou com a possibilidade de ser proposta ação rescisória; B: incorreta, porque é exatamente o oposto que a eficácia preclusiva acarreta, ou seja, os temas que não foram, mas que poderiam ter sido alegados, ficam preclusos e não podem mais voltar a ser discutidos; C: incorreta, porque a eficácia preclusiva da coisa julgada não diz respeito à mutabilidade, ou não, dos fundamentos da sentença; D: correta, pois traz o efeito correto da eficácia preclusiva da coisa julgada. Gabarito "D".

(Magistratura/SP – 2009 – VUNESP) No cumprimento de sentença por execução, a defesa do executado é exercida

(A) incidentalmente e pode suspender o processo.
(B) mediante demanda autônoma, que suspende o processo.
(C) incidentalmente e suspende o processo.
(D) incidentalmente e não suspende o processo.

A: correta, uma vez que a impugnação é defesa incidental à execução e, embora não tenha como regra efeito suspensivo, esse pode ser concedido pelo juiz; B e C: incorretas (reler o comentário sobre a assertiva anterior); D: incorreta, porque é possível que seja deferido o pedido de suspensão. Gabarito "A".

(Magistratura/TO – 2007 – CESPE) Quanto à liquidação e ao cumprimento da sentença proferida no processo civil, assinale a opção correta.

(A) A liquidação de sentença, por ser um incidente processual, é unificada procedimentalmente à ação condenatória genérica e tem o mesmo objeto litigioso da ação onde a sentença liquidanda foi proferida. São passíveis de liquidação as sentenças que não discriminem a coisa devida ou o fato exigível e, ainda, aquelas que não determinem o objeto ou o valor da condenação.

(B) O recurso cabível contra a decisão de liquidação de sentença é o agravo, que será interposto como regra na forma retida ou por instrumento quando o executado demonstrar que a referida decisão poderá lhe causar lesão grave e de difícil reparação.

(C) A competência para o cumprimento da sentença que condena o réu ao pagamento de quantia certa será do juízo que processou a causa no primeiro grau de jurisdição. Por se tratar de competência funcional, portanto, absoluta, não pode ser modificada por acordo entre as partes ou conveniência do credor.

(D) A liquidação da sentença por artigos será necessária quando, para se determinar o valor correspondente à obrigação fixada na sentença condenatória, houver necessidade de alegar e provar fato novo. Por fato novo deve-se entender aquele que, embora resultante da obrigação julgada na sentença, não foi objeto da condenação, porque foi deixado de fora ou porque somente surgiu depois desta.

A: incorreta (art. 475-A, do CPC); B: incorreta (art. 475-H, do CPC); C: incorreta (art. 475-P, parágrafo único, do CPC); D: correta (art. 475-E, do CPC). Gabarito "D".

(Magistratura/TO – 2007 – CESPE) Ainda acerca da sentença civil, assinale a opção correta.

(A) Na fundamentação da sentença, são resolvidas as questões incidentais, isto é, aquelas que devem ser analisadas para que o objeto litigioso do processo possa ser solucionado. A decisão dessas questões faz coisa julgada material e vincula os sujeitos parciais da relação jurídica.

(B) Depois de proferido o despacho saneador, ocorre a preclusão consumativa no que se refere às condições da ação e pressupostos processuais. Portanto, se o magistrado vislumbrou a legitimidade da parte quando da prolação da decisão de saneamento, não poderá, quando da prolação da sentença, considerá-la ilegítima.

(C) A sentença declaratória positiva vale apenas como preceito, tendo eficácia imperativa exclusivamente no tocante à declaração da existência ou inexistência da relação jurídica entre as partes, ou do conflito de interesses retratado na lide e questões a ela agregadas. Para exigir a satisfação do direito que a sentença declaratória tornou certo, o interessado terá de fazê-lo por ação própria, de natureza condenatória.

(D) Se o juiz se convencer da inutilidade ou da falsidade da prova, no uso da discricionariedade judicial, deverá desconsiderá-la e julgar por equidade, isto é, decidir segundo as circunstâncias do caso concreto e do seu convencimento, encontrando uma solução justa para o litígio entre as partes, dispensando-se a prova produzida nos autos.

A: incorreta (art. 469, III, do CPC); B: incorreta (art. 267, § 3º, do CPC); C: correta, pois, de fato, na ação declaratória o juiz estará limitado a declarar a existência ou não do direito alegado pela parte. Para exigir o cumprimento de determinada obrigação a parte terá que ingressar com outra ação (art. 4º do CPC); D: incorreta (arts. 127, 130 e 131, do CPC). Gabarito "C".

(Magistratura/TO – 2007 – CESPE) Quanto à coisa julgada, assinale a opção correta.

(A) Ocorre a coisa julgada material quando a sentença de mérito não mais sujeitar-se a recurso ordinário ou extraordinário nem a ação rescisória. A coisa julgada tem como efeito submeter as partes à sua autoridade e sanar os vícios porventura ocorridos durante o procedimento ou existentes na sentença.

(B) O objeto da coisa julgada material é a sentença de mérito e, dentro da sentença, somente o dispositivo é acobertado pela autoridade da coisa julgada. No entanto, a eficácia preclusiva dessa coisa julgada atinge argumentos e provas que sirvam para embasar a causa de pedir deduzida pelo autor, reputando-se argüidas e repelidas todas as alegações e defesas que poderiam ter sido formuladas para o acolhimento ou rejeição do pedido.

(C) A coisa julgada material tem como limites objetivos a lide e as questões que foram decididas no processo. A coisa julgada alcança a parte dispositiva da sentença, a causa de pedir e a verdade dos fatos contidos na lide e estabelecidos como premissa para o julgamento. Transitada em julgado a sentença de mérito, torna-se imutável e indiscutível entre as partes o comando emergente da parte dispositiva da decisão.

(D) A sentença que acolhe ou rejeita, pelo mérito, ainda que por insuficiência de provas, a pretensão deduzida na ação popular faz coisa julgada formal e material, com eficácia erga omnes, segundo as provas existentes nos autos. Assim, por iniciativa de qualquer legitimado, poderá ser proposta outra ação popular, com idêntico fundamento, apoiando-se em nova prova.

A: incorreta (art. 467 do CPC); B: correta (arts. 469 e 474, do CPC); C: incorreta (arts. 468 e 469, do CPC); D: incorreta (art. 18 da Lei 4.717/65). Gabarito "B".

(Ministério Público/BA – 2010) Examine cada uma das definições acerca das teorias da coisa julgada, postas abaixo, estabelecendo, em seguida, a respectiva correspondência, para concluir qual das alternativas está correta.

I. Segundo esta teoria, tendo em vista que toda sentença possui um conteúdo declaratório, apenas sobre este incide a autoridade da coisa julgada.

II. Por esta teoria, a autoridade da coisa julgada está no fato de provir do Estado. A sentença contém imperatividade, por constituir um ato estatal.

III. Por meio desta teoria, a coisa julgada criaria um direito novo. Portanto, seria sempre constitutiva de direito.

IV. Esta teoria vê na coisa julgada uma qualidade especial da sentença a reforçar a sua eficácia, consistente na imutabilidade da sentença como ato processual, e na imutabilidade dos seus efeitos.

V. Conforme esta teoria, que teve Rocco como expositor, o conceito de sentença e, pois, de coisa julgada, prende-se, necessariamente, aos conceitos de ação e jurisdição.

1. Teoria de Liebman ( )
2. Teoria da Extinção da Obrigação Jurisdicional ( )
3. Teoria da Eficácia da Declaração ( )
4. Teoria de Canelutti ( )
5. Teoria da Força Legal ou Substancial ( )

(A) I-2; II-1; III-4; IV-5; V-3.
(B) I-3; II-4; III-5, IV-1; V-2.
(C) I-3; II-2; III-5; IV-1; V-4.
(D) I-2; II-5; III-3; IV-1; V-4.
(E) I-4; II-3, III-5, IV-1; V-2

A, B, C, D e E: I-3; II-4; III-5; IV-1; V-2. Gabarito "B".

(Ministério Público/CE – 2009 – FCC) É defesa a sentença ilíquida nos processos sob procedimento comum sumário, cumprindo ao juiz, se for o caso, fixar de plano, a seu prudente critério, o valor devido, nas causas de

(A) ressarcimento por danos em prédio urbano.
(B) cobrança de seguro, relativamente aos danos causados em acidente de veículo.
(C) cobrança ao condômino de quaisquer quantias devidas ao condomínio.
(D) cobrança de honorários de profissionais liberais.
(E) ressarcimento por danos em prédio rústico.

Art. 475-A, § 3º, CPC. Gabarito "B".

(Ministério Público/MS – 2006) Assinale a alternativa INCORRETA:

(A) Do requerimento de liquidação de sentença será a parte intimada pessoalmente.
(B) Far-se-á a liquidação por artigos, quando, para determinar o valor da condenação, houver necessidade de alegar e provar fato novo.

(C) Da decisão de liquidação caberá agravo de instrumento.
(D) Quando na sentença houver uma parte líquida e outra ilíquida, ao credor é lícito promover simultaneamente a execução daquela e, em autos apartados, a liquidação desta.

A: incorreta (art. 475-A, § 1º, do CPC); B: correta (art. 475-E, do CPC); C: correta (art. 475-H, do CPC); D: correta (art. 475-I, § 2º, do CPC). *Gabarito "A".*

(Ministério Público/PR – 2011) Acerca da coisa julgada e da ação rescisória, assinale a alternativa correta:

(A) nas sentenças com múltiplos capítulos, o prazo decadencial para a propositura da ação rescisória conta-se a partir do trânsito em julgado de cada um deles;
(B) as exceções substanciais indiretas não alegadas pelo réu numa determinada demanda poderão, posteriormente ao trânsito em julgado, ser objeto de demanda autônoma com as mesmas partes da anterior;
(C) todos aqueles que no processo intervierem ficam sujeitos à coisa julgada material que nele se formar;
(D) a questão prejudicial, decidida incidentemente no processo, não faz coisa julgada material;
(E) a interposição de recurso intempestivo impede o trânsito em julgado da decisão atacada.

A: incorreta (Súmula 401 do STJ); B: incorreta, em razão da chamada eficácia preclusiva da coisa julgada, prevista no art. 474 do CPC; C: incorreta, porque a coisa julgada só atinge quem foi parte, e não todos os que tiverem intervindo no processo; D: correta (art. 469, III, do CPC); E: incorreta, pois apenas a interposição de recurso tempestivo tem o condão de impedir o trânsito em julgado da decisão atacada. *Gabarito "D".*

(Ministério Público/PR – 2009) Assinale a alternativa INCORRETA:

(A) em ação que tenha por objeto o cumprimento de obrigação de fazer ou não fazer, a conversão em perdas e danos somente ocorrerá em último caso, diante da verificação da impossibilidade material ou jurídica da tutela específica ou de providências que assegurem o resultado prático equivalente ou, se assim o próprio credor fizer a opção;
(B) quando o cumprimento da sentença que trate de obrigação por quantia certa contiver uma parte líquida e outra ilíquida, para o fim de garantir efetividade ao seu cumprimento, permite-se ao credor promover nos mesmos autos, simultaneamente, a execução daquela e a liquidação desta;
(C) o valor da multa diária estabelecida por dia de atraso poderá, de ofício, ser modificado pelo juiz, quando restar concluído que se tornou insuficiente ou excessivo;
(D) o juiz, liminarmente ou na sentença poderá definir multa diária ao réu, ainda que de ofício, se for suficiente ou compatível com a obrigação, fixando-lhe prazo razoável ao cumprimento do preceito, sem que a providência prejudique o direito do autor ao cumprimento específico da obrigação que pretende ver satisfeita;
(E) em homenagem à economia processual, em sede de cumprimento da sentença, no caso do devedor condenado ao pagamento de quantia certa ou já fixada em liquidação não efetuá-lo, no prazo de quinze dias, possibilita-se ao credor apresentar requerimento, instruído com demonstrativo do débito atualizado, indicando, desde logo, os bens a serem penhorados, com o escopo de tornar possível a expedição de mandado de penhora e avaliação.

A: correta (art. 461, § 1º, do CPC); B: incorreta, porque a lei fala em autos apartados para cada uma das medidas (art. 475-I, § 2º, do CPC); C: correta (§ 6º do art. 461 do CPC); D: correta (art. 461, § 4º, do CPC); E: correta (art. 475-J e §§, do CPC). *Gabarito "B".*

(Ministério Público/RR – 2008 – CESPE) Julgue os itens seguintes, quanto à sentença e à coisa julgada.

(1) Depois de publicar a sentença de mérito e fazer a entrega da prestação jurisdicional, o juiz não pode, de ofício, alterá-la, salvo para sanar omissões ou contradições.
(2) As questões prejudiciais decididas incidentalmente fazem coisa julgada, se a parte o requerer, o juiz for competente em razão da matéria e constituir pressuposto necessário para o julgamento da lide.

1: errado (art. 463 do CPC); 2: certo (art. 470 do CPC). *Gabarito 1E, 2C*

(Ministério Público/SE – 2010 – CESPE) Acerca do instituto da coisa julgada, assinale a opção correta.

(A) Para a doutrina majoritária, a eficácia preclusiva da coisa julgada, prevista no art. 474 do CPC, abrange todas as possíveis causas de pedir que poderiam ter embasado o pedido formulado.
(B) Pela nova sistemática, estabelecida pela Lei n.º 12.016/2009, a sentença proferida no mandado de segurança coletivo faz coisa julgada erga omnes.
(C) Para a jurisprudência do STJ, havendo conflito entre duas coisas julgadas, prevalece a que se formou em primeiro lugar.
(D) Não são extensíveis ao condomínio edilício os efeitos da coisa julgada formada em ação reivindicatória de que foi ou foram parte apenas um ou alguns dos condôminos.
(E) A liquidação por forma diversa da estabelecida na sentença ofende a garantia da coisa julgada.

A: incorreta, porque a eficácia preclusiva da coisa julgada só atinge a causa de pedir que fora apresentada pelou autor na demanda; B: incorreta, porque "no mandado de segurança coletivo, a sentença fará coisa julgada limitadamente aos membros do grupo ou categoria substituídos pelo impetrante" (art. 22, "caput", da Lei 12.016/2009); C: incorreta, "porque no conflito de sentenças, ambas produzindo coisa julgada, deve prevalecer a segunda, enquanto não rescindida esta" (STJ, REsp 598.148 – com a ressalva de que existem decisões em sentido de que deveria prevalecer a primeira); D: correta (STJ, REsp 1.015.652); E: incorreta (Súmula 344 do STJ). *Gabarito "D".*

(Ministério Público/SP – 2011) A autoridade da *res judicata* material

(A) é restrita à parte dispositiva da sentença, na qual o Juiz resolve as questões que as partes lhe submetem.
(B) é extensiva à questão prejudicial, decidida incidentemente no processo.
(C) é limitada à *causa petendi*, próxima e remota, contida na petição inicial.
(D) compreende a verdade dos fatos, estabelecida como fundamento da sentença.
(E) abrange os motivos importantes para determinar o alcance da parte dispositiva da sentença.

A: correta (art. 469 do CPC); B: incorreta (art. 469, III, do CPC); C: incorreta, porque a coisa julgada também se estende sobre tudo aquilo que o autor poderia ter alegado para o acolhimento do pedido, em razão da sua eficácia preclusiva prevista no art. 474; D: incorreta (art. 469, II, do CPC); E: incorreta (art. 469, I, do CPC). *Gabarito "A".*

(Ministério Público/SP – 2008) O juiz pode cassar a própria sentença e determinar o regular prosseguimento do processo em primeira instância diante de apelação interposta contra

(A) a sentença que indefere a petição inicial e a sentença que a qualquer momento extingue o processo sem julgamento do mérito.
(B) a sentença que indefere a petição inicial e a sentença liminar de improcedência da demanda.
(C) a sentença que indefere a petição inicial e a sentença de julgamento antecipado da lide.
(D) a sentença que a qualquer momento extingue o processo sem julgamento do mérito e a sentença liminar de improcedência da demanda.
(E) a sentença liminar de improcedência da demanda e a sentença de julgamento antecipado da lide.

Arts. 296 e 285-A, § 1º, do CPC. *Gabarito "B".*

(Ministério Público/SP – 2008) Assinale a alternativa correta.

(A) Nenhum título executivo judicial depende da instauração de um novo processo para a sua execução.
(B) É de valor fixo e invariável a multa coercitiva prevista para estimular o cumprimento de sentença condenatória que tem por objeto obrigação de fazer, não fazer ou entregar coisa.
(C) O juiz não pode impor de ofício a multa coercitiva prevista para o cumprimento da sentença condenatória que tem por objeto obrigação de fazer, não fazer ou entregar coisa.
(D) Não é possível condenação ao pagamento de honorários advocatícios em cumprimento de sentença nem em impugnação.
(E) Independe de embargos e pode ser feita por meio de simples petição a defesa do executado diante do cumprimento de sentença que tem por objeto obrigação de fazer, não fazer ou entregar coisa.

A: incorreta, pois há algumas hipóteses em que ainda haverá necessidade de instauração de um processo de execução, como é o caso de sentença penal condenatória, acordo extrajudicial, sentença estrangeira e sentença arbitral, conforme disposto no art. 475-N do CPC; B e C: incorretas (art. 461, § 6º, do CPC); D: incorreta. Há grande divergência a respeito do tema, porém a jurisprudência majoritária entende que, caso o devedor tenha apresentado resistência ao pagamento, tendo o causídico atuado no processo buscando bens a serem penhorados, apresentado defesa à eventual impugnação, caberá, sim, a fixação de honorários ao patrono da parte vencedora; E: correta. Antes da vigência da Lei 11.232/2005, a defesa do executado deveria ser efetivada por ação de conhecimento, autônoma e incidente sobre o processo de execução, chamada de embargos à execução. Atualmente, para se defender, basta o executado apresentar, nos próprios autos, uma impugnação (art. 475-J, § 1º, do CPC). Gabarito "E".

(Ministério Público/SP – 2006) A tese da desconsideração da coisa julgada:

(A) Tem previsão claramente estabelecida no art. 467 do Código de Processo Civil.

(B) Tem previsão claramente estabelecida no art. 103, I da Lei nº 8.078/90.

(C) Tem previsão claramente estabelecida no art. 16 da Lei nº 7.347/95.

(D) Tem previsão claramente estabelecida no art. 18 da Lei nº 4.717/65.

(E) Tinha previsão na Lei para a Intervenção do Ministério Público no Processo Civil assinada em 15 de julho de 1941 por Adolf Hitler dando poderes ao *parquet* para dizer se a sentença seria justa ou não, se atendia aos fundamentos do Reich alemão e aos anseios do povo alemão.

Vide nota 27 ao art. 467 do *Código de Processo Civil Comentado*, de autoria de Nelson Nery Junior e Rosa Maria de Andrade Nery, 10ª ed, p. 687, RT. Gabarito "E".

(Ministério Público/SP – 2006) A ação prevista no art. 461 do Código de Processo Civil:

(A) É condenatória sem caráter inibitório.

(B) É condenatória com caráter inibitório não tendo eficácia executivo-mandamental.

(C) É condenatória com caráter inibitório autorizando a emissão de mandado para execução específica e provisória da tutela de mérito ou de seus efeitos.

(D) É condenatória sem caráter inibitório autorizando a emissão de mandado para execução específica e provisória da tutela de mérito ou de seus efeitos.

(E) Não é condenatória, mas tem caráter inibitório autorizando a emissão de mandado para execução específica e provisória da tutela de mérito e seus efeitos.

Art. 461, *caput* e § 3º, do CPC. Gabarito "C".

(Defensoria/ES – 2009 – CESPE) No que concerne ao direito processual civil, julgue os itens:

(1) Quando a matéria controvertida for unicamente de direito, e no juízo já houver sido proferida sentença de total improcedência em outros casos idênticos, poderá ser dispensada a citação e proferida a sentença, reproduzindo-se o teor da sentença anteriormente prolatada. Essa regra será aplicável apenas quando o juiz prolator da sentença for também o autor da sentença que será reproduzida, visando manter uniforme o entendimento para os casos repetitivos.

(2) Sem caracterizar ofensa ao princípio do juiz natural, admite-se que o cumprimento da sentença seja requerido no juízo do local onde se encontram bens sujeitos à expropriação ou no atual domicílio do executado.

1: Errada, porque o art. 285-A do CPC menciona o fato de já ter sido proferida sentença de total improcedência em casos semelhantes pelo juízo, e não pelo juiz; 2: Correta, nos termos do art. 475-P, parágrafo único, do CPC. Gabarito 1E, 2C.

(Defensoria/ES – 2009 – CESPE) Acerca do processo civil brasileiro, julgue o item subsequente.

(1) A sentença faz coisa julgada para as partes entre as quais é dada, podendo beneficiar ou prejudicar terceiros, à semelhança do que ocorre nas causas relativas ao estado das pessoas, em que a sentença produz coisa julgada em relação a terceiros, desde que tenham sido citados no processo, em litisconsórcio necessário.

1: Errada, porque a regra do art. 472 é da eficácia apenas entre as partes da coisa julgada. Por isso, a coisa julgada, como regra geral, não beneficia ou prejudica terceiros. Gabarito 1E.

(Defensoria/MA – 2009 – FCC) Em matéria de condenação em honorários, multa e custas, no processo de conhecimento, está correto dizer:

(A) quando forem dois ou mais os litigantes de má-fé, o juiz condenará cada um na proporção do seu respectivo interesse na causa, a pagar à parte contrária multa mais os honorários advocatícios.

(B) o réu que, por não arguir na sua resposta fato impeditivo do direito do autor, dilatar o julgamento da lide, será condenado nas custas, mas, se vencedor na causa, não perderá o direito de haver do vencido honorários advocatícios.

(C) se o processo é julgado extinto antes da citação do réu, e o autor não recorre, cabem honorários advocatícios.

(D) é devida a verba honorária se o tribunal anula a sentença e determina o retorno dos autos ao primeiro grau de jurisdição, para a prolação de outra sentença.

(E) verificando que a exceção de impedimento tem fundamento legal, o tribunal condenará o juiz nas custas e nos honorários advocatícios, mandando remeter os autos ao seu substituto legal.

A: correta (art. 23 do CPC); B: incorreta, porque nesse caso ele será condenado nas custas a partir do saneamento, e, se vencedor, perderá o direito de haver do vencido honorários de advogado (art. 22 do CPC); C: incorreta, porque se o réu não foi citado, não há que se falar em pagamento de honorários; D: incorreta, porque se o tribunal anula a sentença e determina que em primeiro grau outra seja proferida, nesta é que serão fixados honorários, se for o caso; E: incorreta, porque o juiz, nesse caso, é condenado exclusivamente nas custas do incidente, mas não em honorários de advogado. Gabarito "A".

(Defensoria/MA – 2009 – FCC) A liquidação de sentença

(A) é expediente processual necessário para atribuir certeza ao título judicial.

(B) não pode ser requerida na pendência de recurso.

(C) não é admitida nas ações de cobrança de honorários dos profissionais liberais.

(D) é admitida nos casos de ressarcimento por danos causados em acidente de veículo de via terrestre.

(E) é admitida nas ações de ressarcimento por danos em prédio urbano.

A: incorreta, porque o atributo do título que se busca alcançar pela liquidação é precisamente a liquidez (e não a certeza ou exigibilidade); B: incorreta, porque há expressa previsão legal em sentido contrário (art. 475-A, § 2º, CPC); C: incorreta, porque tal vedação não existe; D: incorreta (art. 475-A, § 3º, CPC); E: correta, uma vez que não há qualquer proibição para essa hipótese. Gabarito "E".

(Defensoria/MG – 2006) A respeito do cumprimento do provimento jurisdicional, nos termos da legislação processual civil em vigor, é CORRETO afirmar que o procedimento será iniciado.

(A) Exclusivamente de ofício e poderá o devedor, ao ser intimado, nomear bens à penhora.

(B) Por exclusiva iniciativa da parte.

(C) De ofício ou a requerimento e permite que o devedor, ao ser intimado, nomeie bens à penhora.

(D) De ofício ou por iniciativa da parte, e a penhora de bens, de ofício ou a requerimento, ocorrerá se o devedor não cumprir o determinado na sentença.

(E) De ofício ou por iniciativa da parte, e a penhora de bens, a requerimento, ocorrerá se o devedor não cumprir o determinado na sentença.

Art. 262 do CPC. Gabarito "B".

(Defensoria/MT – 2009 – FCC) "A parte, que aceitar expressa ou tacitamente a sentença ou a decisão, não poderá recorrer". Esse enunciado, de texto legal, implica a ocorrência de

(A) coisa julgada.

(B) preclusão consumativa.

(C) perempção.
(D) preclusão lógica.
(E) contumácia.

Trata-se de preclusão lógica, que é a perda de uma faculdade processual pela prática de um ato incompatível com aquele que poderia ter sido praticado. Não se confunde com os outros institutos apresentados na questão. Coisa julgada é a qualidade da sentença de mérito que se traduz na imutabilidade de seu dispositivo e que surge com o trânsito em julgado da decisão. Preclusão consumativa é a perda de uma faculdade processual que surge em razão da efetiva prática do ato em questão. Perempção é a perda do direito de ação, por ter dado causa o autor a três extinções do processo sem resolução do mérito. E contumácia é qualquer ato das partes que implique inércia em relação a alguma providência processual. Gabarito "D".

(Defensoria/PA – 2009 – FCC) A sentença que julga procedente o pedido formulado em ação de conhecimento, aplicando fundamentos legais diversos daqueles apresentados na petição inicial, é

(A) inexistente.
(B) válida.
(C) ultra petita.
(D) extra petita.
(E) infra petita.

Em razão do princípio dispositivo, o juiz está obrigado a apreciar com base exclusivamente nos fatos que foram alegados pelas partes. Os fatos trazidos pelo autor na petição inicial como sua causa de pedir são vinculativos e o juiz não pode levar em conta outros fatos que não foram utilizados pelo demandante para embasar o seu pedido. Ocorre, porém, que a fundamentação jurídica que o autor obrigatoriamente indicará na inicial não vincula o juiz, que é livre para acolher o pedido (desde que seja o pedido que o autor formulou, com base nos fatos que ele alegou, e em relação às efetivas partes do processo) com base em fundamentação jurídica diversa da que foi apontada na inicial. Logo, a sentença no caso proposto é válida. Gabarito "B".

(Defensoria/RN – 2006) No processo civil a sentença pode ser alterada pelo juiz que a proferiu quando

(A) existir no juízo decisão anterior de total improcedência sobre a mesma matéria.
(B) julgar extinto o processo sem julgamento de mérito.
(C) decidir relação jurídica de trato sucessivo.
(D) decidir relação jurídica condicional.

Art. 285-A, § 1º, do CPC. Gabarito "A".

(Defensoria/SE – 2006 – CESPE) A respeito da sentença cível, julgue os itens a seguir.

(1) A concessão do benefício da assistência judiciária isenta o litigante sob pálio da justiça gratuita do pagamento de custas processuais e honorários advocatícios. Assim, é defeso condenar a parte que sucumbiu ao pagamento das custas e dos honorários advocatícios.
(2) Em observância ao princípio da eventualidade, se o juiz reconhecer que o autor é carecedor de ação, ainda assim deve prosseguir no exame do mérito da causa, proferindo sentença que julgue procedente ou improcedente o pedido do autor.

1: errado. Ante a redação do art. 12 da Lei 1.060/50, o vencido é sempre condenado, mas fica com a sua obrigação suspensa enquanto perdurar o seu estado de pobreza, durante o prazo de 5 anos, quando, ao final, a obrigação ficará prescrita; 2: errado. Ora, se o juiz acolher a alegação de carência de ação, deverá extinguir o processo com fulcro no art. 267 do CPC, sem apreciação do mérito da causa. Gabarito 1E, 2E.

(Defensoria/SP – 2009 – FCC) É correto afirmar que da decisão de liquidação

(A) quando por arbitramento cabe agravo e quando por artigo cabe apelação.
(B) não cabe recurso.
(C) cabe recurso apelação.
(D) quando por arbitramento cabe apelação e quando por artigo cabe agravo.
(E) cabe agravo de instrumento.

Em qualquer caso, nos termos do art. 475-H, contra a decisão que julga a liquidação de sentença caberá agravo de instrumento. Logo, a única alternativa correta é a "E". Gabarito "E".

(Defensoria/SP – 2007 – FCC) Na fase de cumprimento da sentença, para os fins previstos no caput do art. 475-J do CPC, o juiz ordena a pessoal intimação do Defensor Público, que atuou no processo como Curador Especial ao réu, citado por edital, para que o devedor, por ele "representado", venha a efetuar o pagamento do débito, em 15 dias, sob pena de sujeição à multa de 10% do valor da dívida. Essa intimação, ordenada pelo juiz, é

(A) inválida, pois não atuando por instrumento de mandato, o Defensor Público não reúne condições para representar o devedor e o acréscimo do débito afrontará o princípio do contraditório.
(B) inválida, pois não atuando por instrumento de mandato, o Defensor Público não reúne condições para representar o devedor e o ato de intimação, no todo, mostra-se nulo por violar o princípio do devido processo legal.
(C) válida, pois pelo regramento do art. 236 do CPC a intimação da parte representada poderá se dar na pessoa de seu procurador constituído nos autos.
(D) válida, pois tal intimação constitui-se em ato assemelhado à citação pessoal.
(E) válida, por ter sido suprimida do ordenamento processual a execução de títulos judiciais.

Nesse sentido a jurisprudência do TJ/SP: "CUMPRIMENTO DE SENTENÇA - INTIMAÇÃO PARA PAGAMENTO VOLUNTÁRIO NA PESSOA DO DEFENSOR PÚBLICO - parte revel citada por edital, representada por Defensor Público, deve ser intimada através dos meios legais - Defensor Público nomeado como curador especial para defender os interesses de réu citado por edital, não possui contato com a parte - justificável a reforma da decisão, para determinar a intimação da devedora através dos meios legais. RECURSO DA RÉ PARCIALMENTE PROVIDO" (Agravo de Instrumento nº 1.193.698-00/5, j. em 14/01/09). Gabarito "B".

(Procuradoria Distrital – 2007) Sobre a responsabilidade por dano processual, assinale a afirmativa correta.

(A) A multa e a indenização decorrentes da litigância de má-fé dependem de requerimento da parte prejudicada.
(B) Responde por perdas e danos aquele que pleitear de má-fé, seja ele autor, réu ou interveniente.
(C) O valor da multa pode ser liquidado por arbitramento.
(D) Considera-se litigante de má-fé aquele que opõe resistência justificada ao andamento do processo.
(E) As sanções impostas em conseqüência de má-fé serão contadas como custas e reverterão em benefício do Estado.

A: incorreta (art. 18, caput, do CPC); B: correta (art. 16 do CPC); C: incorreta (art. 18, § 2º, do CPC); D: incorreta (art. 17, IV, do CPC); E: incorreta (art. 18, caput, do CPC). Gabarito "B".

(Procuradoria Distrital – 2007) O art. 162, § 1º, com a redação dada pela Lei n. 11.232/05, redefiniu a sentença, que, agora, não é mais o ato que põe termo ao processo, decidindo ou não o mérito da causa. Agora, o processo — o mesmo processo — prossegue depois da sentença e entra no que se convencionou chamar "fase de cumprimento". Sobre o cumprimento da sentença, assinale a afirmativa correta.

(A) Tratando-se de obrigação por quantia certa, o cumprimento da sentença faz-se por meio de execução.
(B) Citado para o cumprimento, o devedor tem o prazo de quinze dias para efetuar o pagamento do valor devido, sob pena de multa de dez por cento do montante da condenação.
(C) Caso não seja concedido efeito suspensivo à impugnação, essa será decidida nos próprios autos.
(D) A sentença arbitral, dada a sua natureza, não é título executivo judicial.
(E) Se o impugnante, que alegar excesso de execução, não declarar de imediato o valor que entende correto, ficará sujeito a multa de vinte por cento sobre o montante devido.

A: correta (art. 475-I do CPC); B: incorreta (art. 475-J do CPC); C: incorreta (art. 475-M, § 2º, do CPC); D: incorreta (art. 475-N, IV, do CPC); E: incorreta (art. 475-L, § 2º, do CPC). Gabarito "A".

(Procurador do Estado/PB – 2008 – CESPE) A respeito da sentença e da coisa julgada no processo civil, assinale a opção correta.

(A) A resolução de questão prejudicial, por ser motivo da fundamentação da sentença, não faz coisa julgada material, salvo quando o réu requer essa questão mediante reconvenção ou quando decidida incidentalmente no processo.
(B) Nas ações genéricas, o juiz poderá proferir, liminarmente, sentença com resolução de mérito julgando procedente ou improcedente a pretensão do autor sem a oitiva da parte ré, quando a causa proposta for idêntica a uma anteriormente julgada por aquele juízo, reproduzindo-se o teor da anteriormente prolatada.
(C) A sentença que dispõe sobre relação jurídica continuativa não faz coisa julgada material, podendo ser revista, a qualquer tempo, na mesma ação e no mesmo processo, integrando-se a sentença proferida à decisão anterior, em nova situação jurídica.
(D) Não estão sujeitas ao reexame necessário as sentenças proferidas contra a União, o estado, o DF, o município e as respectivas autarquias e fundações de direito público, quando a condenação, ou o direito controvertido, for de valor certo não excedente a sessenta salários mínimos, bem como no caso de procedência dos embargos do devedor na execução de dívida ativa do mesmo valor.
(E) A proibição de inovar veda ao juiz a prática de qualquer ato no processo depois da publicação da sentença; entretanto, quando verificada a ocorrência de nulidade da sentença proferida, poderá o juiz anulá-la e determinar o prosseguimento regular do processo.

A: incorreta (arts. 469 e 470, do CPC); B: incorreta (art. 285-A do CPC); C: incorreta (art. 471, I, do CPC); D: correta (art. 475, § 2º, do CPC); E: incorreta (art. 463 do CPC). Gabarito "D".

(Procurador do Estado/PB – 2008 – CESPE) No que diz respeito à tutela específica das obrigações de fazer, não fazer e entregar coisa, assinale a opção correta.

(A) Na ação que tenha por objeto obrigação de fazer, caso seja deferida tutela específica que não seja cumprida no prazo fixado, o juiz, para a obtenção de resultado pecuniário equivalente ao do adimplemento, converterá a obrigação em perdas e danos e fixará multa pelos dias de atraso, ou seja, pela mora.
(B) Na ação que tenha por objeto a entrega da coisa, deferida a tutela específica e não cumprida a obrigação no prazo fixado, em razão da alienação da coisa, o credor poderá optar entre pleitear a conversão da prestação em perdas e danos ou pleitear que se expeça ordem para que o terceiro entregue a coisa, sob pena de busca e apreensão ou imissão na posse, conforme se trate de coisa móvel ou imóvel.
(C) A conversão da obrigação de fazer será convertida em perdas e danos, independentemente da vontade do credor, quando a prestação se tornar impossível por causa superveniente e for decorrente de fato alheio à vontade e à conduta do devedor.
(D) A multa coercitiva, que pode ser utilizada contra a Fazenda Pública em caso de descumprimento de ordem judicial ou com o objetivo de servir de instrumento à efetivação de decisão judicial, tem caráter indenizatório e punitivo, por isso o seu valor não pode cumular-se ao das perdas e danos.
(E) Nas obrigações de dar ou restituir coisa incerta, a perda ou deterioração da coisa, antes da sua individualização, com culpa do devedor, acarreta a conversão da obrigação em perdas e danos, ou, ainda, no caso de ter-se ela deteriorado, o credor poderá exigir o abatimento do preço.

A: incorreta (art. 461, § 1º, do CPC); B: correta (art. 626 do CPC); C: incorreta (art. 461, § 1º, do CPC); D: incorreta (art. 461, § 2º, do CPC); E: incorreta (arts. 631 e 627, do CPC). Gabarito "B".

(Procurador do Estado/PB – 2008 – CESPE) Quanto à liquidação e ao cumprimento da sentença, assinale a opção correta.

(A) A liquidação de sentença por cálculo do credor é feita incidentalmente nos autos da ação principal; quando os elementos contábeis estão em poder do devedor, o juiz determinará a sua apresentação, fixando data e impondo multa diária pelo descumprimento da ordem judicial.
(B) A liquidação de sentença deve guardar estrita consonância com o decidido na fase cognitiva, portanto, se a sentença for omissa em relação à condenação em juros moratórios e correção monetária, esses índices não podem ser incluídos na liquidação, por ofensa ao princípio da imutabilidade da coisa julgada.
(C) Caso a apuração do montante da dívida ou a individuação do objeto da prestação dependam de alegação e comprovação de fato novo, podem as partes convencionar que a liquidação seja feita por arbitramento, bem como decidir quanto à indicação do perito.
(D) A execução provisória da sentença compreende os atos executivos de transferência e adjudicação do bem ou dinheiro penhorado, ficando a satisfação do credor subordinada ao trânsito em julgado da sentença exeqüenda objeto de recurso.
(E) A competência para a execução de decisão judicial de primeiro grau de jurisdição é do juízo que processou a causa, mas admite-se que o credor faça opção pelo foro do domicílio do devedor ou do local onde se encontram bens sujeitos à expropriação.

A: incorreta (art. 475-B, caput e §§ 1º e 2º, do CPC); B: incorreta (art. 293 do CPC). Assim, apesar de os juros e correção monetária não estarem expressos na condenação, entende-se que devem acompanhar o principal (STJ, Ag. 46319, Rel. Min. Eduardo Ribeiro); C: incorreta (art. 475-E do CPC); D: incorreta (art. 475-O, III, do CPC); E: correta (art. 475-P, II e parágrafo único, do CPC). Gabarito "E".

(Procurador do Estado/PI – 2008 – CESPE) Acerca da sentença e da coisa julgada, assinale a opção correta.

(A) Os motivos de fato e de direito contidos na sentença, e a verdade desses fatos — estabelecida como motivo ou fundamentação na qual o juiz decide o pedido, proferindo um comando que deve ser obedecido pelos litigantes — tornam-se indiscutíveis e fazem coisa julgada material.
(B) A sentença proferida por juiz absolutamente incompetente, uma vez transitada em julgado e transcorrido o prazo para a rescisória, é válida e eficaz para todos os efeitos.
(C) O julgamento será *extra petita* quando o juiz deixar de examinar pretensões expressamente formuladas ou quando examinar causa de pedir diversa daquela deduzida na inicial. Tal vício pode ser corrigido pelo tribunal ad quem, desde que faça a devida adequação da sentença ao pedido do autor.
(D) A sentença que cria, modifica ou extingue um estado ou relação jurídica produz efeitos retroativos à época em que se formou a relação jurídica reconhecida naquela decisão ou em que se modificou ou extinguiu a situação jurídica declarada.
(E) Proferida a sentença de mérito, o juiz fica impedido de praticar qualquer ato decisório no processo. No entanto, essa proibição não atinge as sentenças terminativas, em virtude da inexistência da autoridade da coisa julgada material.

A: incorreta (art. 469, I e II, do CPC); B: correta (art. 485, II, do CPC); C: incorreta, pois sentença extra petita é aquela que decide fora do que foi pedido (art. 460 do CPC) e a sua consequência é a nulidade; D: incorreta, porque a sentença constitutiva tem eficácia ex nunc, ou seja, a nova situação passa a valer a partir do presente, sem retroagir; E: incorreta, pois não há impedimento ao juiz de emitir atos decisórios após a prolação da sentença de mérito. Poderá o magistrado deixar de receber recurso de apelação, se o caso, acolher embargos de declaração, iniciar a fase de cumprimento, se assim requerido. Gabarito "B".

(Procurador do Estado/PR – 2007) Gumercindo propôs ação contra Abílio, pleiteando a indenização dos danos materiais que sofreu em decorrência de acidente de trânsito. O pedido foi julgado improcedente, uma vez que não ficou demonstrada a culpa do réu. Após o trânsito em julgado de sentença, Gumercindo propôs ação contra Abílio, visando a indenização do dano moral decorrente do mesmo acidente. Sobre esta segunda ação, assinalar a alternativa correta.

(A) o processo deverá ser extinto sem julgamento do mérito, por força da coisa julgada material;
(B) o pedido deverá ser julgado improcedente, como consequência da sentença transitada em julgado no processo anterior;
(C) se o autor fizer prova da culpa do réu, o pedido deverá ser julgado procedente, pois isso não é obstado pela coisa julgada material que se formou em relação à sentença anterior;

(D) o pedido nela formulado deveria ter constado da petição inicial do processo anterior; como não constou, não pode ser formulado em outro processo;

(E) o pedido deve ser julgado improcedente, porque o dano moral só pode ser indenizado juntamente com o material.

Art. 469, I, do CPC. "C." Gabarito

(Procurador do Estado/PR – 2007) Fulano e Beltrano estavam no interior de um automóvel, que trafegava regularmente, quando foi colhido por um caminhão que, sem as devidas cautelas, cruzou um via preferencial. Fulano, que dirigia o automóvel, propôs ação indenizatória, que foi julgada procedente, tendo a sentença transitado em julgado. Nesse caso: ALTERNATIVAS:

(A) se for proposta ação por Beltrano, visando a indenização que ele sofreu, por decorrência do mesmo acidente, a culpa do réu não poderá ser mais discutida, por força da coisa julgada material que se operou em relação à sentença proferida na ação proposta por Fulano;

(B) Beltrano poderá aproveitar a sentença proferida no processo da ação proposta por Fulano e, simplesmente, após promover a liquidação dos danos que sofreu, requer a respectiva execução;

(C) Na ação proposta por Beltrano, se o réu provar que não foi o culpado pelo acidente, a sentença poderá julgar o pedido improcedente, pois a tanto não impede a coisa julgada material formada no processo da ação proposta por Fulano;

(D) Se Beltrano propuser ação, contra o mesmo réu, visando a indenização dos danos que sofreu, como conseqüência do mesmo acidente, o processo deverá ser extinto sem julgamento do mérito, pela existência de coisa julgada material no processo de ação proposta por Fulano;

(E) Beltrano deveria ter proposto a sua ação de indenização juntamente com a de Beltrano; como não o fez, não poderá pleitear a indenização em ação futura;

Art. 469 do CPC. "C." Gabarito

(Procurador do Estado/PR – 2007) Faz coisa julgada material:

(A) o reconhecimento, pelo juiz, de que o autor era filho do de cujus, na ação em que se pleiteia participação na herança;

(B) o reconhecimento, pelo juiz, de que o autor estava em excesso de velocidade, na ação em que se pede indenização por acidente de trânsito;

(C) o reconhecimento, pelo juiz, de que não há litispendência, desde que tenha sido proposta ação declaratória incidental para tal fim;

(D) a narrativa dos eventos do processo, constante no relatório da sentença;

(E) a declaração de validade da relação contratual, no processo em que se cobra apenas uma das parcelas do preço estabelecido no contrato – desde que tenha sido proposta ação declaratória incidental relativamente a tal validade.

Art. 470 do CPC. "E." Gabarito

(Procurador do Estado/RO – 2011 – FCC) NÃO haverá resolução de mérito, nos termos preconizados pelo Código de Processo Civil, quando

(A) a ação for considerada intransmissível por disposição legal.
(B) as partes transigirem.
(C) o juiz pronunciar a decadência.
(D) o autor renunciar ao direito sobre que se funda a ação.
(E) o réu reconhecer a procedência do pedido.

A: correta (art. 267, IX, do CPC); B, C, D e E: incorretas porque tratam de hipóteses em que há resolução do mérito (art. 269 do CPC). "A." Gabarito

(Procurador do Estado/RR – 2006 – FCC) Considera-se inexigível o título judicial

(A) fundado em aplicação ou interpretação de lei tidas por incompatíveis com a Constituição Federal.
(B) sempre que a sentença não houver transitado em julgado.
(C) se a sentença houver sido proferida por Juiz absoluta ou relativamente incompetente.
(D) sempre que houver matéria para impugná-lo, inclusive quanto ao excesso do valor pretendido.
(E) se decorrer de acordo homologado pelo Juiz, tendo uma das partes se arrependido da transação.

Art. 475-L, § 1º, do CPC. "A." Gabarito

(Procurador do Estado/SP – FCC – 2009) Quanto ao cumprimento de título executivo judicial, que imponha obrigação de pagar ao devedor,

(A) o credor, prestando caução suficiente e idônea, pode dar prosseguimento na execução, ainda que isso cause grave dano ao executado e à impugnação tenha sido concedido efeito suspensivo.
(B) com o trânsito em julgado da sentença ou acórdão, não havendo cumprimento voluntário, é necessária a intimação do devedor para a aplicação da multa prevista no artigo 475-J do Código de Processo Civil.
(C) o deferimento da penhora on line de quantias depositadas em instituição financeira está condicionado à comprovação do exaurimento da busca pelo credor por outros bens do devedor, livres e desembaraçados, sobre os quais possa recair a constrição.
(D) é sempre descabida a citação do executado.
(E) é cabível a fixação de honorários advocatícios em desfavor do executado, ainda que haja cumprimento voluntário da obrigação.

A: correta (art. 475-M, § 1º, do CPC); B: incorreta, porque se tem entendido que é dispensável a intimação do devedor para que passe a fluir o prazo de 15 dias para o pagamento da obrigação; C: incorreta, porque a lei não faz essa exigência; D: incorreta, porque nos casos em que o título executivo judicial não for proveniente do processo de conhecimento (por exemplo, sentença penal condenatória), será necessária a citação do devedor para a fase de cumprimento; E: incorreta, pois não é cabível nesse caso. "A." Gabarito

(Procurador do Município/Aracaju – 2008 – CESPE) Julgue os itens que se subseguem, acerca da sentença e da coisa julgada.

(1) A sentença terminativa que encerra o processo sem julgamento do mérito, por reconhecimento de litispendência, faz coisa julgada formal, por isso não impede o autor de renovar a propositura de idêntica ação.

(2) A coisa julgada pode ser conhecida de ofício em qualquer grau de jurisdição, e a sua violação enseja a propositura de ação rescisória.

1: errado (art. 268 do CPC); 2: certo (art. 267, V, § 3º, e 485, IV, do CPC). Gabarito 1E, 2C

(Procurador do Município/Aracaju – 2008 – CESPE) Julgue os itens seguintes, acerca da tutela específica das obrigações de fazer e de não fazer.

(1) A tutela específica das obrigações de fazer e de não fazer pode ser concedida liminarmente ou mediante justificação prévia, hipótese em que o juiz poderá fixar prazo para o seu cumprimento, cominando multa diária e outras medidas coercitivas ao réu, independentemente de pedido do autor.

(2) Para a concessão da tutela específica nas ações que tenham por objeto o cumprimento de obrigação de fazer ou de não fazer, exige-se que seja relevante o fundamento da demanda e haja justificado receio da ineficácia do provimento final.

1: certo (art. 461, § 3º, do CPC); 2: errado, pois não há, nesses casos de tutela específica, tais requisitos, exigidos apenas para a concessão de tutela antecipada (art. 273 do CPC). Gabarito 1C, 2E

(Procurador do Município/Florianópolis-SC – 2010 – FEPESE) Assinale a alternativa **correta**.

(A) Publicada a sentença, o juiz não poderá alterá-la.
(B) Os fundamentos constituem requisito essencial da sentença, em que o juiz resolve as questões que as partes lhe submetem.
(C) Está sujeita ao duplo grau de jurisdição, não produzindo efeito senão depois de confirmada pelo tribunal, a sentença que julgar improcedentes os embargos à execução de dívida ativa da Fazenda Pública.
(D) A audiência será pública, inclusive nos processos que dizem respeito a casamento, filiação, alimentos e guarda de menores.
(E) Enquanto depuserem as partes e as testemunhas, os advogados não podem intervir ou apartear, salvo com licença do juiz.

A: correta, com a ressalva de que pode haver alteração nos casos em que se admite o juízo de retratação, bem como de acolhimento dos embargos de declaração ou para corrigir erro material ou de cálculo (art. 463 do CPC); B: incorreta, porque a alternativa se refere ao dispositivo; C: incorreta, porque não corresponde a qualquer das hipóteses do art. 475 do CPC; D: incorreta, porque nesses casos a audiência ocorrerá às portas fechadas; E: correta, porque de acordo com o que prevê o parágrafo único do art. 446 do CPC. Atente-se, contudo, para o fato de que no gabarito oficial foi considerada como correta a alternativa "A". Gabarito oficial "A"/ Gabarito nosso "E"

(Procurador do Município/Teresina-PI – 2010 – FCC) A sentença

(A) quando resolver o processo sem julgamento do mérito não necessita de fundamentação.
(B) é o momento processual em que o juiz age por sua livre convicção, mas adstrito a oferecer as razões de sua persuasão.
(C) deverá conter sempre relatório, fundamentação e parte dispositiva, nunca podendo o juiz decidir de forma concisa.
(D) é nula quando proferida *ultra petita*, isto é, além do pedido inicial.
(E) não pode condenar o vencido em juros moratórios se não forem pedidos pela parte vencedora.

A: incorreta, porque nesse caso a fundação poderá ser concisa, mas ainda assim é exigida; B: correta (reler o comentário sobre a assertiva anterior); C: incorreta, porque nos casos de extinção do processo sem resolução do mérito, admite-se que a decisão seja concisa; D: incorreta, porque a nulidade só atinge o excesso; E: incorreta, porque juros legais representam pedido implícito. Gabarito "B".

(Procurador do Município/Teresina-PI – 2010 – FCC) No cumprimento de sentença

(A) não é possível pagamento parcial do valor da condenação.
(B) o devedor será intimado pessoalmente para o cumprimento do julgado.
(C) cabe a oposição de embargos do devedor, em quinze dias após a intimação do devedor.
(D) cabe o acréscimo de multa no percentual de 10% ao montante da condenação transitada em julgado em quantia certa, se o devedor não efetuar espontaneamente seu pagamento, em quinze dias.
(E) não se requerendo a execução no prazo de seis meses, pelo credor, será julgado extinto o processo, por abandono.

A: incorreta, porque se houver pagamento parcial, a execução será realizada em relação ao montante que não foi pago, inclusive com a incidência da multa de 10% sobre ele; B: incorreta, porque a regra é a de que a intimação se dê através de seu advogado; C: incorreta, porque o prazo para a apresentação da defesa, que é denominada pela lei de impugnação, é de 15 dias; D: correta, pois o acréscimo é possível; E: incorreta, porque nessa hipótese haverá arquivamento dos autos, mas não extinção do processo. Gabarito "D".

(Procurador do Município/Teresina-PI – 2010 – FCC) A coisa julgada

(A) só se forma quando o juiz julgar o mérito da causa.
(B) é formada pela fundamentação e pela parte dispositiva, em conjunto.
(C) uma vez formada, impede a revisão de questões que se protraiam no tempo, haja vista sua imutabilidade.
(D) é formal ou material; o princípio constitucional de sua proteção refere-se à segunda espécie.
(E) pode ser relativizada sempre que houver interesse da União ou do Estado membro da federação.

A: incorreta, porque não basta o julgamento do mérito para a formação da coisa julgada. Além dele, também é necessário o trânsito em julgado da decisão; B: incorreta, porque a coisa julgada, em regra, não atinge a fundamentação da sentença, mas só o dispositivo; C: incorreta, porque quando o objeto da sentença for uma relação jurídica continuativa, a alteração na situação fática ou de direito autoriza a revisão daquilo que a sentença contiver; D: correta, pois a coisa julgada formal não impede a reapresentação do pedido; E: incorreta, porque o requisito para a relativização é a grave violação a algum valor protegido pela ordem constitucional, e não o simples interesse da Fazenda Pública. Gabarito "D".

(Procurador do Município/Teresina-PI – 2010 – FCC) A liquidação da sentença

(A) não abre ensejo à realização de perícia.
(B) é determinada de ofício pelo juiz, após a condenação no processo de conhecimento.
(C) pode ser feita pelo próprio credor, independentemente de cálculo do contador judicial, nas hipóteses em que o valor da condenação for facilmente determinável.
(D) dá-se por artigos quando houver necessidade de perícia e prova em audiência.
(E) é julgada também por sentença, sendo recorrível por apelação.

A: incorreta, porque na liquidação por arbitramento é necessária a realização de perícia; B: incorreta, porque só se inicia por provocação da parte; C: correta, pois existe tal possibilidade (art. 475-B, CPC); D: incorreta, por o cabimento da liquidação por artigos está relacionado à necessidade de se alegar e provar fatos novos; E: incorreta, porque o recurso cabível contra o seu julgamento é o agravo de instrumento (art. 475-H, CPC). Gabarito "C".

(Procurador do Município/Teresina-PI – 2010 – FCC) As chamadas *astreintes*

(A) devem ser fixadas contratualmente.
(B) são determinadas pelo juiz sempre em caráter liminar, como decisão interlocutória.
(C) são cabíveis em sentenças de qualquer natureza, inclusive as de condenação em pecúnia.
(D) têm natureza de compensação à parte contrária.
(E) possuem natureza inibitória, de desestímulo, mas não podem ser consideradas como pena a quem deva cumprir a ordem judicial.

A: incorreta, porque são fixadas pelo juiz, de ofício ou a requerimento, nas demandas que tenham por objeto as obrigações de fazer ou não fazer; B: incorreto, porque podem ser fixadas na sentença; C: incorreta, porque só serão admitidas nas obrigações de fazer ou não fazer; D: incorreta, porque têm natureza de meio de coerção para o cumprimento da ordem judicial; E: correta (reler o comentário sobre a assertiva anterior). Gabarito "E".

(Procurador do Município/Teresina-PI – 2010 – FCC) Assinale a alternativa INCORRETA.

(A) A hipoteca judiciária produzida pela sentença condenatória somente será inscrita após o seu trânsito em julgado.
(B) A sentença pode produzir os efeitos de uma vontade não exteriorizada, substituindo-a.
(C) O juiz pode agir de ofício na imposição de multa diária ao réu, para compeli-lo ao cumprimento de ordem judicial.
(D) Como regra, é possível executar provisoriamente a sentença, se recebido o recurso de apelação somente no efeito devolutivo.
(E) Mesmo de ofício o juiz pode alterar a sentença, em certas circunstâncias legalmente previstas.

A: incorreta (art. 466 do CPC); B: correta (arts. 466-A, 466-B e 466-C, todos do CPC); C: correta (art. 461 do CPC); D: correta, pois apenas o efeito suspensivo impediria a execução provisória da sentença; E: correta (art. 463 do CPC). Gabarito "A".

(Magistratura Federal/1ª Região – 2009 – CESPE) A respeito da sentença, da coisa julgada e da ação rescisória, assinale a opção correta.

(A) O MP, quando atua como fiscal da lei, não tem legitimidade para propor ação rescisória.
(B) Considera-se a sentença *extra petita* quando, em qualquer caso, o juiz reconhece abusiva uma cláusula contratual e declara sua nulidade, sem o pedido da parte.
(C) Ação rescisória é o instrumento apropriado para desconstituir sentença proferida por juizado especial federal e acobertada pela autoridade da coisa julgada.
(D) Em caso de julgamento de apelação cuja causa de pedir verse acerca de reforma de decisão proferida em face de lei posteriormente declarada inconstitucional pelo STF, não é admissível que o tribunal julgue o mérito e afaste preliminar de coisa julgada, haja vista o princípio maior da estabilidade e segurança das relações jurídicas.
(E) É cabível ao autor de ação rescisória postular a antecipação da tutela para suspender os efeitos da sentença rescindenda, em caso de dano irreparável ou de difícil reparação e se demonstrar a verossimilhança do fundamento da ação.

A: incorreta, porque o MP, mesmo quando atua como fiscal da lei, pode propor rescisória; B: incorreta, porque a nulidade é matéria que o juiz pode apreciar de ofício, sem qualquer ofensa ao princípio da congruência; C: incorreta, porque há previsão expressa no art. 59 da Lei 9.099/05 de que não cabe ação rescisória contra as sentenças proferidas pelo juizado especial. Como há previsão de que as regras estabelecidas pela Lei 9.099/95 também são aplicáveis aos juizados especiais federais, também nesse âmbito fica vedado o uso da rescisória; D: incorreta, porque no caso de decisões baseadas em lei posteriormente declarada inconstitucional pelo STF, há uma mitigação ao instituto da coisa julgada e essa pode ser desconsiderada em razão da previsão legal expressa; E: correta (art. 489 do CPC). Gabarito "E".

(Magistratura Federal – 3ª Região – XIII) Em regra, as sentenças:

(A) condenatórias e declaratórias têm eficácia *ex nunc*;
(B) constitutivas e declaratórias têm eficácia *ex nunc*;
(C) constitutivas e declaratórias têm eficácia *ex tunc*;
(D) condenatórias e declaratórias têm eficácia *ex tunc*.

De fato, as sentenças condenatórias e declaratórias retroagem, porém, as constitutivas, por constituírem ou desconstituírem uma relação jurídica não têm efeito retroativo em obediência ao princípio da segurança jurídica. Gabarito "D".

(Magistratura Federal-5ª Região – 2011) Considerando os limites objetivos da coisa julgada, assinale a opção correta.

(A) Em ação condenatória, não há empecilho legal à alegação de pagamento anterior à sentença durante a impugnação ao seu cumprimento.
(B) Proposta ação que vise rescindir contrato por falta de pagamento, será inviável pretender a mesma rescisão pelo posterior encerramento do prazo contratual.
(C) Não existe óbice ao fato de o autor, após insucesso na pretensão de reaver um bem, pleitear o seu equivalente.
(D) Se não houver exata identidade entre o pedido e a causa de pedir das ações examinadas, não será possível identificar a ocorrência da coisa julgada.
(E) A ação de usucapião encontra óbice na coisa julgada em face de anterior ação reivindicatória cuja sentença já tenha transitado em julgado e na qual não tenha havido alegação da usucapião como defesa.

A: incorreta (arts. 474 e 475-L, VI, do CPC); B: incorreta, porque as demandas terão causas de pedir distintas; C: incorreta, por conta do princípio da eficácia preclusiva da coisa julgada (art. 474 do CPC); D: incorreta, porque é possível que o objeto da coisa julgada apareça em outro processo, cujos elementos identificadores são distintos da demanda em que a coisa julgada se formou, na forma de uma questão prejudicial. Nesse caso, é possível que a coisa julgada seja ofendida, caso a questão prejudicial não seja decidida de acordo com a decisão anterior, ainda que pedido e causa de pedir sejam diferentes em ambas as ações; E: correta, em razão da eficácia preclusiva da coisa julgada (art. 474 do CPC). Gabarito "E".

(Magistratura do Trabalho – 8ª Região – 2009) Com relação à sentença: seu trânsito em julgado, sua liquidação e o seu cumprimento, consoante as normas do CPC, assinale a alternativa incorreta:

(A) A impugnação ao cumprimento da sentença somente poderá versar sobre: penhora incorreta ou avaliação errônea; ilegitimidade das partes; falta ou nulidade da citação, nos casos de revelia; inexigibilidade do título; excesso de execução; qualquer causa impeditiva, modificativa ou extintiva da obrigação, como pagamento, novação, compensação, transação ou prescrição, desde que superveniente à sentença. Quando o executado alegar que o exeqüente pleiteia quantia superior à resultante da sentença, cumprir-lhe-á declarar de imediato o valor que entende correto, sob pena de rejeição liminar dessa impugnação.
(B) Far-se-á a liquidação por artigos, quando, para determinar o valor da condenação, houver necessidade de alegar fato novo. Na liquidação por artigos, observar-se-á, no que couber, o procedimento comum, sendo vedado, na liquidação, modificar a sentença que a julgou. Da decisão de liquidação caberá agravo.
(C) A sentença faz coisa julgada às partes entre as quais é dada, não beneficiando, nem prejudicando terceiros. Nas causas relativas ao estado de pessoa, se houverem sido citados no processo, em litisconsórcio necessário, todos os interessados, a sentença produz coisa julgada em relação a terceiros. É defeso à parte discutir, no curso do processo, as questões já decididas, a cujo respeito se operou a preclusão. Passada em julgado a sentença de mérito, reputar-se-ão repelidas todas as alegações, que a parte poderia opor à rejeição do pedido.
(D) A sentença que condenar o réu no pagamento de uma prestação, consistente em dinheiro ou em coisa, valerá como título constitutivo de hipoteca judiciária, cuja inscrição será ordenada pelo juiz na forma prescrita na Lei de Registros Públicos. A sentença condenatória produz a hipoteca judiciária: embora a condenação seja genérica; pendente seqüestro de bens do devedor; ainda quando o credor possa promover a execução provisória da sentença.
(E) Na ação cujo objeto seja o cumprimento de obrigação de fazer ou não fazer, o juiz concederá a tutela específica da obrigação ou, se procedente o pedido, determinará providências que assegurem o resultado prático equivalente ao do adimplemento. A obrigação somente se converterá em perdas e danos se o autor o requerer ou se se impossível a tutela específica ou a obtenção do resultado prático correspondente. Para a efetivação da tutela específica, poderá o juiz, a requerimento, determinar as medidas necessárias, tais como a imposição de multa por tempo de atraso, busca e apreensão, desfazimento de obras e impedimento de atividade nociva.

A: correta (art. 475-L, do CPC); B: correta (arts. 475-E, 475-F, 475-G e 475-H, todos do CPC); C: correta (arts. 472, 473 e 474, todos do CPC); D: incorreta, porque o sequestro não é mencionado pelo legislador no art. 466, que fala exclusivamente em arresto dos bens do devedor; E: correta (art. 461 do CPC). Gabarito "D".

(Magistratura do Trabalho – 8ª Região – 2007) Assinale a alternativa incorreta:

(A) A sentença extra petita ocorre quando o Juiz soluciona pedido diverso do postulado, gravando de nulidade a sentença.
(B) A sentença ultra petita ocorre quando o juiz decide o pedido, mas vai para além dele, dando ao autor mais do que o pleiteado, incidindo em nulidade parcial, afastando-se aquilo que ultrapassou o pedido.
(C) A sentença citra petita ocorre quando não são examinadas todas as questões apresentadas pelas partes, sendo apenas passível de anulação quando a matéria omitida pelo decisório de origem não esteja compreendida na devolução que o recurso de apelação faz operar para o conhecimento do Tribunal.
(D) Está sujeita ao duplo grau de jurisdição, não produzindo efeito senão depois de confirmada pelo tribunal, a sentença: I - proferida contra a União, o Estado, o Distrito Federal, o Município, e as respectivas autarquias e fundações de direito público; II - que acolher ou rejeitar, no todo ou em parte, os embargos à execução de dívida ativa da Fazenda Pública.
(E) Não fazem coisa julgada: I - os motivos, ainda que importantes para determinar o alcance da parte dispositiva da sentença; II - a verdade dos fatos, estabelecida como fundamento da sentença; III - a apreciação da questão prejudicial, decidida incidentemente no processo, salvo se constituir pressuposto necessário para o julgamento da lide, o juiz for competente para a matéria a e parte o requerer.

A, B e C: as definições estão corretas; D: incorreta (art. 475 do CPC); E: correta (art. 469 do CPC). Gabarito "D".

(Magistratura do Trabalho – 8ª Região – 2007) Quanto à disciplina legal do cumprimento da sentença, assinale a alternativa incorreta:

(A) Caso o devedor, condenado ao pagamento de quantia certa ou já fixada em liquidação, não o efetue no prazo de quinze dias, o montante da condenação será acrescido de multa no percentual de dez por cento, expedindo-se de imediato mandado de penhora e avaliação, sem necessidade de ato citatório.
(B) Há expresso amparo legal para que o juiz, na fase de cumprimento da sentença, a requerimento do exeqüente e com vistas à penhora de dinheiro em depósito ou aplicação financeira, requisite à autoridade supervisora do sistema bancário, preferencialmente por meio eletrônico, informações sobre a existência de ativos em nome do executado, podendo no mesmo ato determinar sua indisponibilidade, até o valor indicado na execução.
(C) Do auto de penhora e de avaliação será de imediato intimado o executado, na pessoa de seu advogado, ou, na falta deste, o seu representante legal, ou pessoalmente, por mandado ou pelo correio, podendo oferecer impugnação, querendo, no prazo de quinze dias.

(D) A impugnação ofertada pelo executado não terá efeito suspensivo, podendo o juiz atribuir-lhe tal efeito desde que relevantes seus fundamentos e o prosseguimento da execução seja manifestamente suscetível de causar ao executado grave dano de difícil ou incerta reparação.

(E) Ainda que atribuído efeito suspensivo à impugnação, é lícito ao exeqüente requerer o prosseguimento da execução, oferecendo e prestando caução suficiente e idônea, arbitrada pelo juiz e prestada nos próprios autos.

A: incorreta (art. 475-J do CPC); B: correta (art. 655-A do CPC); C: correta (art. 475-J, § 1º, do CPC); D: correta (art. 475-M do CPC); E: correta (art. 475-M, § 1º, do CPC). Gabarito "A".

(Magistratura do Trabalho – 23ª Região – 2009) Analise os itens abaixo e marque a alternativa CORRETA:

I. No caso da substituição processual, há efeitos *extra partes* da coisa julgada.

II. Nas causas relativas ao estado de pessoa, se houverem sido citados no processo, em litisconsórcio necessário, todos os interessados, a sentença produz coisa julgada em relação a terceiros.

III. A coisa julgada formal decorre simplesmente da imutabilidade da sentença dentro do processo em que foi proferida pela impossibilidade de interposição de recursos.

IV. No caso de decisão judicial transitada em julgado em dezembro de 2000 que, à época da execução, se demonstre em desacordo com decisão proferida, em janeiro de 2005, pelo Supremo Tribunal Federal em ação direta de inconstitucionalidade, cujas repercussões foram definidas como *ex nunc*, pode ser considerada título inexigível, porquanto fundado em lei declarada inconstitucional em sede de controle concentrado, que possui eficácia contra todos e efeito vinculante, o que deverá ser suscitado pela Fazenda Pública em juízo até o momento do pagamento do montante atualizado da dívida.

(A) Apenas os itens I e II são verdadeiros.
(B) Apenas os itens II e III são verdadeiros.
(C) Apenas os itens III e IV são verdadeiros.
(D) Apenas os itens I, II e III são verdadeiros.
(E) Apenas os itens I e IV são verdadeiros.

I: verdadeira, porque o substituído, embora não tenha sido parte formal no processo, como é o titular do direito discutido em juízo, será atingido pelos efeitos da coisa julgada; II: verdadeira (art. 472 do CPC); III: verdadeira, pois traz a definição correta de coisa julgada formal; IV: falsa, porque já se assentou o entendimento de que a regra do parágrafo único do art. 741 só pode ser aplicada quanto às sentenças proferidas depois da entrada em vigor da referida norma, o que se deu em 24/08/2001 ("PROCESSUAL CIVIL (...) TRÂNSITO EM JULGADO DO TÍTULO EXEQUENDO EM DATA ANTERIOR À VIGÊNCIA DO ART. 741, PARÁGRAFO ÚNICO, DO CPC (INTRODUZIDO PELA MP 2.180-35, DE 24/8/2001). PRECEDENTES (...) 3. Entendimento deste Tribunal de que as sentenças transitadas em julgado em data anterior à vigência do art. 741, parágrafo único, do CPC, não são alcançadas pela referida norma. 4. Confira-se: - Esta c. Corte entende que estão fora do alcance do parágrafo único do art. 741 do CPC as sentenças transitadas em julgado anteriormente a sua vigência, ainda que eivadas de inconstitucionalidade. (EREsp 806.407/RS, Rel. Min. Felix Fischer, Corte Especial, DJ de 14/8/2008). - Também estão fora do alcance do parágrafo único do art. 741 do CPC as sentenças, ainda que eivadas da inconstitucionalidade nele referida, cujo trânsito em julgado tenha ocorrido em data anterior à sua vigência. (REsp 833.769/SC, Rel. Min. Teori Albino Zavascki, DJ de 3/8/2006)" (AgRg no REsp 1031092/AL, Rel. Ministro BENEDITO GONÇALVES, PRIMEIRA TURMA, julgado em 18/08/2009, DJe 31/08/2009). Gabarito "D".

(Magistratura do Trabalho – 24ª Região – 2007) No processo civil, a impugnação à liquidação de sentença somente poderá versar sobre:

I. Falta ou nulidade da citação, se o processo correu à revelia.
II. Inexigibilidade do título.
III. Penhora incorreta ou avaliação errônea.
IV. Ilegitimidade das partes.
V. Excesso de execução.

RESPONDA:

(A) Todas as proposições estão corretas.
(B) Apenas a proposição IV está incorreta.
(C) Apenas as proposições I e II estão corretas.
(D) Apenas as proposições I e III estão incorretas.
(E) Todas as proposições estão incorretas.

Art. 475-L do CPC. Gabarito "A".

(Magistratura do Trabalho – 24ª Região – 2007) Assinale a alternativa CORRETA:

(A) Nos casos de extinção do processo sem julgamento do mérito, o Juiz decidirá em forma concisa.

(B) A sentença será condicional, quando decidir relação jurídica condicional.

(C) Se, depois da propositura da ação, algum fato constitutivo, modificativo ou extintivo do direito do autor influir no julgamento da lide, caberá ao Juiz tomá-lo em consideração, a requerimento da parte, no momento de proferir a sentença, sendo vedado ao Juiz fazê-lo de ofício.

(D) A apreciação da questão prejudicial, decidida incidentemente no processo, não faz coisa julgada. Faz, todavia, coisa julgada a resolução de questão prejudicial se constituir pressuposto necessário para o julgamento da lide, caso em que o Juiz apreciará a questão de ofício.

(E) A sentença faz coisa julgada às partes entre as quais é dada, não beneficiando, nem prejudicando terceiros. Nas causas relativas ao estado de pessoas, a sentença sempre produz coisa julgada em relação a terceiros.

A: correta (art. 459 do CPC); B: incorreta (art. 460, parágrafo único, do CPC); C: incorreta (art. 462 do CPC); D: incorreta (arts. 469, III, e 470, do CPC); E: incorreta (art. 472 do CPC). Gabarito "A".

(Ministério Público do Trabalho – 14º) Analise as seguintes assertivas:

I. A lei processual civil conceitua sentença como o ato pelo qual o juiz põe termo ao processo, decidindo ou não o mérito da causa.

II. A sentença condenatória valerá como título constitutivo de hipoteca judiciária, exceto quando a condenação for genérica.

III. O juiz, de ofício, não poderá modificar o valor ou periodicidade da multa diária imposta para a efetivação da tutela específica, caso verifique que se tornou insuficiente.

IV. Publicada a sentença, o juiz só poderá alterá-la para lhe corrigir, de ofício ou a requerimento da parte, inexatidões materiais, ou lhe retificar erros de cálculo; por embargos de declaração.

Assinale a alternativa CORRETA:

(A) apenas uma das assertivas está correta;
(B) apenas duas das assertivas estão corretas;
(C) apenas três das assertivas estão corretas;
(D) todas as assertivas estão corretas;
(E) não respondida.

I: incorreta (arts. 162, 267 e 269, do CPC); II: incorreta (art. 466, parágrafo único, I, do CPC); III: incorreta (art. 461, § 6º, do CPC); IV: correta (art. 463 do CPC). Gabarito "A".

(Ministério Público do Trabalho – 14º) Analise as seguintes assertivas:

I. Na liquidação por arbitramento e na liquidação por artigos, a citação do réu far-se-á na pessoa de seu advogado constituído nos autos.

II. Quando a indenização por ato ilícito incluir prestação de alimentos, o juiz, quanto a esta parte, poderá ordenar ao devedor a constituição de capital, representado por imóveis, títulos da dívida pública ou aplicações financeiras em banco oficial, capital esse inalienável e impenhorável durante a vida da vítima.

III. São títulos executivos judiciais, dentre outros: a sentença no processo civil que reconheça a existência de obrigação de fazer, não fazer; a sentença arbitral e o acordo extrajudicial, de qualquer natureza, homologado judicialmente.

IV. Na hipótese de o devedor, condenado ao pagamento de quantia certa, não o efetue no prazo de quinze dias, o montante da condenação será acrescido de multa no percentual de dez por cento.

Assinale a alternativa CORRETA:

(A) somente as assertivas I e II estão corretas;
(B) somente as assertivas I, III e IV estão corretas;
(C) somente as assertivas II, III e IV estão corretas;
(D) somente as assertivas III e IV estão corretas;
(E) não respondida.

I: incorreta (art. 475-A, § 1º, do CPC); II: incorreta (art. 475-Q do CPC); III: correta (art. 475-N do CPC); IV: correta (art. 475-J do CPC). Gabarito "D".

(Ministério Público do Trabalho – 14º) Analise as seguintes assertivas:

I. não sendo requerida a execução por quantia certa no prazo de seis meses, o juiz mandará arquivar os autos, sem prejuízo de seu desarquivamento a pedido da parte.
II. do auto de penhora e de avaliação será de imediato intimado o executado, na pessoa de seu advogado, podendo oferecer impugnação, no prazo de dez dias.
III. O recebimento da impugnação suspende os atos executivos.
IV. a decisão que acolhe totalmente a impugnação é recorrível por meio da apelação.

Assinale a alternativa CORRETA:

(A) somente as assertivas I e II estão corretas;
(B) somente as assertivas II e III estão corretas;
(C) somente as assertivas I e IV estão corretas;
(D) somente as assertivas III e IV estão corretas;
(E) não respondida.

I: correta (art. 475-J, § 5º, do CPC); II: incorreta (art. 475-J, § 1º, do CPC); III: incorreta (art. 475-M do CPC); IV: correta (art. 475-M, § 3º, do CPC). Gabarito "C".

(Ministério Público do Trabalho – 15º) A propósito da sentença e da coisa julgada, assinale a alternativa INCORRETA:

(A) ainda que genérica a condenação, a sentença condenatória produz a hipoteca judiciária;
(B) ao proferir sentença que resolve o processo sem exame do mérito, o juiz deve decidir de forma concisa;
(C) os motivos, ainda que importantes para determinar o alcance da parte dispositiva da sentença, e a verdade dos fatos estabelecida como fundamento da sentença, não fazem coisa julgada;
(D) salvo se fundada em súmula vinculante do Supremo Tribunal Federal, a sentença proferida contra a União apenas produzirá efeitos, alcançando a eficácia da coisa julgada, depois de confirmada pelo tribunal competente;
(E) não respondida.

A: correta (art. 466 do CPC); B: correta (art. 459 do CPC); C: correta (art. 469 do CPC); D: incorreta, porque as exclusões do reexame necessário previstas nos parágrafos do art. 475 do CPC são mais amplas do que as que constam da alternativa. Gabarito "D".

(Procurador da Fazenda Nacional – 2007.2 – ESAF) "A" ajuíza ação reparatória em face de "B", alegando que o réu deveria ser condenado no pagamento da indenização derivada de erro médico. "A" não traz valor certo para a condenação, por não saber em definitivo as conseqüências do ato que entende ilícito. Ao sentenciar, o magistrado reconhece que houve erro médico no sentido de que o profissional não atuou com a diligência que sua profissão lhe impunha e que o valor relativo a este erro médico será apurado assim que todas as conseqüências do ilícito sejam passíveis de constatação derradeira. A qualificação das conseqüências do ato reconhecido será discutido pelas partes "em fase de liquidação". Assinale a opção incorreta.

(A) do requerimento de liquidação de sentença será a parte intimada, na pessoa do seu advogado, sendo desnecessário novo instrumento de mandato para passar a receber as intimações relativas à "fase de liquidação" e, oportunamente, à fase de cumprimento de sentença.
(B) a liquidação poderá ser requerida na pendência de recurso, processando-se em autos apartados, no juízo de origem, cumprindo ao liquidante instruir o pedido com cópias das peças processuais pertinentes.
(C) nos casos em que a apelação for recebida no efeito suspensivo, é possível ao credor da obrigação proceder a "liquidação" independentemente de poder ou não dar início à fase de "cumprimento da sentença", posto que a "liquidação provisória" não tem o condão de trazer nenhum prejuízo para a parte contrária.
(D) nos processos sob procedimento comum sumário é defesa a sentença ilíquida, cumprindo ao juiz, se for o caso, fixar de plano, a seu prudente critério, o valor devido.
(E) a ausência de alguma peça indispensável para instruir o pedido de "liquidação" gerará vício ou nulidade processual, não comportando, em razão da preclusão, providenciar cópia dos autos que estão na instância superior para suprir a lacuna.

A: correta (art. 475-A, § 1º, do CPC); B: correta (art. 475-A, § 2º, do CPC); C: correta, pois, de fato, na fase de liquidação de sentença nenhum prejuízo será causado às partes, mas apenas conferirá liquidez ao título antes ilíquido; D: correta (art. 475-A, § 3º, do CPC); E: incorreta, pois não há falar em nulidade ou vício em razão de ausência de peça indispensável, porquanto o pedido de liquidação deve ser feito por simples petição e não há no Código de Processo Civil a penalidade referida, mesmo em caso de se tratar de sentença em grau de recurso. Gabarito "E".

(Defensoria Pública da União – 2007 – CESPE) Julgue os seguintes itens.

(1) Na impugnação ao cumprimento da sentença, o réu poderá alegar que a sentença fundamentou-se em texto legal declarado inconstitucional pelo STF ou que se baseou em texto legal interpretado ou aplicado de forma considerada inconstitucional por esse tribunal.
(2) Após a entrada em vigor da Lei n.º 11.232/2005, a natureza jurídica da liquidação de sentença modificou-se, tornando-se uma simples fase, um incidente do próprio processo em que a sentença foi proferida, fase essa posterior à prolação da sentença e anterior à fase de cumprimento da sentença.

1: certo (art. 475-L, § 1º, do CPC); 2: certo, pois com a recente alteração houve uma pacificação acerca da natureza jurídica do instituto da liquidação de sentença; atualmente, outra visão não é possível acerca deste instituto senão enxergá-lo como mera fase do processo de conhecimento servindo como um elo cognitivo entre a fase de conhecimento e a fase de cumprimento da sentença. Gabarito 1C, 2C.

(Advogado da União/AGU – CESPE – 2009) Acerca da impugnação ao cumprimento da sentença, julgue o item a seguir.

(1) Ultrapassado o prazo para impugnação do cumprimento da sentença, não será mais possível manejá-la para alegar prescrição; contudo, essa defesa poderá ser alegada via objeção de executividade, independentemente de segurança do juízo.

1: Correta, porque embora não prevista expressamente pela lei, a objeção de executividade pode ser manejada pelo executado, desde que pretenda ele alegar matéria relacionada com a admissibilidade da execução, e desde que não haja necessidade de produção de provas, como ocorre com a prescrição. Gabarito 1C.

(Procurador Federal – 2010 – CESPE) Acerca da liquidação da sentença, do cumprimento da sentença e da execução, julgue os itens subsequentes.

(1) Apesar de haver limitação expressa à possibilidade de expedição de precatório antes do trânsito em julgado, pode ser admitida a liquidação imediata da sentença condenatória contra a fazenda pública, apesar de pendente recurso contra essa decisão.
(2) Ao impugnar o valor da execução por excesso, o executado deve indicar o valor que entende devido, o que revela a aplicação do princípio da menor onerosidade da execução, mas não do princípio da cooperação.

1: Correta, porque a liquidação da sentença, nos termos do § 2º do art. 475-A pode ser requerida na pendência de recurso (é a chamada liquidação provisória – que não se confunde com execução provisória) e que pode ser iniciada, inclusive, em face da fazenda pública, independentemente de o recurso pendente ter sido recebido no efeito suspensivo; 2: Errada, porque a exigência em questão decorre do princípio da lealdade e da boa-fé. Gabarito 1C, 2E.

(Procurador de Contas TCE/ES – CESPE – 2009) No curso do cumprimento de sentença homologatória de acordo entre as partes, o juiz determinou a expedição de carta precatória para penhora de veículo em outra comarca. Considerando essa situação hipotética, assinale a opção correta.

(A) A situação descrita configura hipótese em que foi excepcionado o princípio da indelegabilidade da jurisdição.
(B) Na situação em questão, já que a ordem emitida pelo juiz deverá ser cumprida em comarca diversa, existe exceção à territorialidade da jurisdição.

(C) Em acordos realizados pelas partes, mesmo que homologados judicialmente, é possível a qualquer uma delas fugir à chamada inevitabilidade da jurisdição.
(D) Na situação descrita, não há delegação da jurisdição, mas, sim, exceção ao princípio do juiz natural ante o estabelecimento de poder de comissão.
(E) Uma vez que o juiz não pode atuar fora do território de sua jurisdição, não se configura qualquer hipótese de delegação na situação apresentada.

A: incorreta, porque o uso de cartas precatórias não significa que o juízo deprecante tenha delegado poderes ao deprecado, ao contrário, significa que o deprecante reconhece que não teria competência para praticar os atos deprecados; B: incorreta, porque haverá prática de atos processuais pelo juízo competente para praticá-los no território de sua jurisdição; C: incorreta, porque o acordo homologado torna-se obrigatório e pode haver execução forçada do que fora pactuado; D: incorreta, porque não se trata de exceção, mas de confirmação, do princípio do juiz natural; E: correta, pois, de fato, não se configura qualquer hipótese de delegação (reler o comentário sobre a assertiva A). Gabarito "E".

(Cartório/AP – 2011 – VUNESP) São requisitos essenciais da sentença, dentre outros,

(A) os fundamentos em que o juiz analisará apenas as questões de fato.
(B) os fundamentos, em que o juiz analisará as questões de fato e de direito.
(C) os fundamentos em que conterão os nomes da partes, a suma do pedido e da resposta do réu, bem como o registro das principais ocorrências havidas no andamento do processo.
(D) o relatório, em que o juiz analisará e resolverá as questões de fato e de direito.
(E) o dispositivo em que o juiz analisará as questões de fato e de direito.

A: incorreta, porque na fundamentação o juiz também analisa as questões de direito; B: correta (reler o comentário sobre a assertiva anterior); C: incorreta, porque a alternativa se refere ao relatório da sentença; D: incorreta; E: incorreta. Gabarito "B".

(Cartório/AP – 2011 – VUNESP) O processo extingue-se com resolução de mérito quando

(A) o juiz pronunciar a decadência ou a prescrição.
(B) o autor desistir da ação, por implicar em renúncia ao direito material.
(C) o juiz acolher a alegação de perempção, litispendência ou de coisa julgada.
(D) ocorrer confusão entre autor e réu.
(E) ficar parado durante mais de 1 (um) ano por negligência das partes.

A: correta (art. 269, IV); B, C, D e E: incorretas, pois dizem respeito à situações previstas no art. 267 do CPC, em que a extinção do processo se dá sem resolução do mérito. Gabarito "A".

(Cartório/MS – 2009 – VUNESP) É correto afirmar sobre a sentença que

(A) condenado o devedor a emitir declaração de vontade, a sentença, uma vez transitada em julgado, produzirá todos os efeitos da declaração não emitida.
(B) o juiz pode proferir sentença ilíquida quando o autor tiver formulado pedido certo.
(C) é defeso ao juiz proferir sentença, a favor do autor, de natureza diversa da pedida, porém vedado condenar o réu em quantidade superior ou em objeto diverso do que lhe foi demandado.
(D) a sentença condenatória não produz a hipoteca judiciária quando pendente arresto de bens do devedor.
(E) quando decidida relação jurídica condicional, a sentença pode ser incerta.

A: correta (art. 466-A, do CPC); B: incorreta (art. 459, parágrafo único, do CPC); C: incorreta, porque não foi fiel o examinador ao que dispõe o art. 460 do CPC; D: incorreta, porque não há previsão legal de tal restrição (art. 466 do CPC); E: incorreta (parágrafo único do art. 460 do CPC). Gabarito "A".

(Cartório/SP – 2008) A liquidação de sentença por artigos

(A) comporta prova técnica se cumulada com arbitramento.
(B) comporta prova técnica sempre que necessário.
(C) não comporta prova técnica, reservada ao arbitramento.
(D) comporta prova técnica, se houver referência expressa quanto à sua necessidade na sentença.

Arts. 475-E e 475-F, do CPC. Gabarito "B".

(Cartório/SP – 2008) Assinale a alternativa correta.

(A) Quando o juiz decidir relação jurídica sujeita a condição suspensiva, poderá o credor executar a sentença independentemente de prova da ocorrência do evento futuro e incerto.
(B) Quando o juiz decidir relação jurídica sujeita a encargo, poderá o credor executar a sentença independentemente de prova do cumprimento da obrigação.
(C) Quando o juiz decidir relação jurídica sujeita a condição ou termo, o credor não poderá executar a sentença sem provar que se realizou a condição ou que ocorreu o termo.
(D) Quando o juiz decidir relação jurídica sujeita a termo, o credor não poderá executar a sentença sem provar que ocorreu o termo, mas, se sujeita a relação a condição suspensiva ou resolutiva, o credor poderá executar a sentença, independentemente da prova de realização do evento futuro e incerto.

Art. 572 do CPC. Gabarito "C".

(Cartório/SP – 2008) A respeito da tutela antecipatória dos efeitos da sentença de mérito, assinale a alternativa correta.

(A) Confunde-se com o julgamento antecipado da lide, pois o juiz julga o próprio mérito da causa antecipadamente, entregando ao autor a sua pretensão.
(B) Quando a antecipação é dada a propósito de parte incontrovertida do pedido, deixa de ser provisória e revogável, ficando sujeita à coisa julgada material.
(C) Por ser fundada na urgência, tem natureza cautelar, pois visa, ao adiantar os efeitos da tutela de mérito, assegurar o resultado útil do processo de conhecimento ou execução ou, ainda, a viabilidade do direito afirmado pelo autor.
(D) É espécie do gênero tutelas de urgência, consistente em providência que tem natureza jurídica mandamental, que se efetiva mediante execução *lato sensu*, com o objetivo de entregar ao autor, total ou parcialmente, a própria pretensão deduzida em juízo ou os seus efeitos, de forma antecipada, sem assumir o caráter de irreversibilidade da coisa julgada material.

Art. 273 do CPC. Gabarito "D".

(Cartório/SP – 2008) A conversão do julgamento da apelação em diligência, para produção de novas provas,

(A) implica julgamento ultra ou extra petita, uma vez que a ordenação processual civil não possibilita aos Tribunais a prerrogativa de determinarem a produção de provas, reabrindo instrução encerrada sem recurso das partes.
(B) induz nulidade absoluta porque, uma vez declarada encerrada a instrução pelo juízo de primeiro grau, sem recurso das partes, não cabe ao Tribunal, de ofício, reabri-la, posto bafejada pela preclusão a matéria, certo que nenhum juiz decidirá novamente as questões já decididas, relativas à mesma lide, a cujo respeito tenha-se operado a preclusão.
(C) não caracteriza julgamento extra ou ultra petita e nem induz nulidade, relativa ou absoluta, pois a lei processual civil faculta também aos Tribunais a prerrogativa de determinarem a produção de prova, desde que o façam com imparcialidade e sem ensejar injustificado favorecimento de uma das partes, uma vez que o dever de julgar segundo a verdade real, quando esta se ache ao alcance do julgador, supera as regras da distribuição do ônus da prova e da oportunidade processual da sua produção.
(D) só se placita, aos Tribunais, nos procedimentos de jurisdição voluntária, em que é permitido ao julgador, ex legis, investigar livremente os fatos e ordenar de ofício a realização de quaisquer provas.

Art. 517 do CPC. Gabarito "C".

10. AÇÕES ANULATÓRIA E RESCISÓRIA

(Magistratura/AC – 2008 – CESPE) Quanto à ação rescisória, assinale a opção correta.

(A) São cabíveis embargos infringentes contra a decisão que, por maioria, julga improcedente a ação rescisória por ofensa a literal disposição de lei, sob o entendimento de que a decisão rescindenda se baseou em texto legal de interpretação controvertida nos tribunais superiores.

(B) O termo inicial do prazo decadencial para a propositura da ação rescisória é contado da publicação da última decisão da causa, salvo em caso de o recurso não ter sido conhecido por intempestividade ou por absoluta falta de previsão legal.

(C) Na ação rescisória, o autor poderá formular pedido de desconstituição da sentença, e não, do acórdão que confirmou a decisão e julgou improcedente a apelação, desde que fundamente o seu pedido na existência de provas e documentos que não foram analisados quando da prolação da sentença e requeira, além da rescisão, o retorno dos autos à instância de origem para novo julgamento da causa.

(D) Na ação rescisória de decisão por violação a literal disposição de lei, não é autorizado o reexame dos fatos e das provas que lastrearam a decisão, devendo restar demonstrado, claramente, que a interpretação dada pela referida decisão rescindenda violou o dispositivo legal em sua literalidade, independentemente das divergências e controvérsias que existirem sobre o correto entendimento da lei.

A: incorreta (art. 530 do CPC); B: incorreta (art. 495 do CPC); o dies a quo é do trânsito em julgado da decisão rescindenda; C: incorreta, pois é possível ação rescisória visando desconstituição do acórdão, desde que ele tenha conhecido do recurso, negando-lhe ou dando-lhe provimento, eis que ele substitui a sentença (art. 512 do CPC); D: correta, pois, de fato, a má apreciação da prova ou a injustiça da sentença não autorizam o exercício de ação rescisória. Gabarito "D".

(Magistratura/PI – 2008 – CESPE) Quanto à ação rescisória, julgue os itens a seguir.

I. Se a rescisória é proposta contra acórdão proferido por tribunal de justiça, contra o qual se havia interposto recurso especial, que foi conhecido para confirmar a decisão a quo, mantendo-a em todos os seus termos, a competência para o seu julgamento é do próprio tribunal que proferiu a decisão confirmada.

II. Na ação rescisória julgada improcedente por maioria, são cabíveis embargos infringentes para prevalecer a decisão do voto minoritário que julgou procedente a ação rescisória.

III. Na ação rescisória, é indispensável a citação de todos os integrantes da relação processual originária cujo julgado se pretende desconstituir, uma vez que a decisão proferida pelo juízo rescindendo atingirá a todos indistintamente, formando-se, no pólo passivo da rescisória, litisconsórcio passivo necessário unitário.

IV. O autor da ação rescisória deverá, na petição inicial, cumular ao pedido de rescisão da sentença de primeiro grau pleito específico para que o feito seja julgado novamente. Se, para isso, alegar a existência de documento novo, este deve ser entendido como aquele que, mesmo existindo na época da instrução probatória da ação principal, não foi utilizado por desconhecimento da parte ou, embora conhecido, não foi possível à parte dele fazer uso, apesar de ele apresentar-se bastante para alterar o resultado da causa.

V. Somente as causas expressamente arroladas em lei ensejam o ajuizamento da rescisória, na qual se pretende a modificação da sentença transitada em julgado, para sanar vícios da sentença ou erros do juízo, seja com fundamento na má apreciação da prova ou do direito ou na injustiça da sentença proferida na ação originária.

Estão certo apenas os itens

(A) I e II.
(B) I e V.
(C) II e III.
(D) III e IV.
(E) IV e V.

I: incorreta, pois a competência para julgar a ação rescisória, nesse caso, é do STJ, porque conheceu do recurso e o acórdão proferido tem efeito substitutivo (art. 512 do CPC); II: incorreta (art. 530 do CPC); III: correta, pois, de fato é necessária a citação de todos que participaram da relação jurídica rescindenda, uma vez que não pode o autor escolher contra qual dos réus irá demandar, já que a coisa julgada é una e, para ser desconstituída, todos os envolvidos deverão ser citados, para que não se proceda à rescisão sem que algum tenha podido se defender. Assim, na ação rescisória, o litisconsórcio é necessário quanto ao polo passivo; IV: correta (art. 488, I, do CPC); V: incorreta (art. 485 do CPC). Gabarito "D".

(Magistratura/SE – 2008 – CESPE) Assinale a opção correta quanto à ação rescisória.

(A) O autor poderá postular tutela antecipatória para suspender os efeitos da decisão rescindenda, desde que demonstre a verossimilhança do fundamento da ação rescisória e que o cumprimento da sentença rescindenda poderá causar-lhe dano irreparável ou de difícil reparação.

(B) É carecedor de ação o autor de rescisória que pretende rescindir a sentença definitiva por mera violação de norma de cunho processual ou de questão preliminar, pois somente questões relativas ao mérito podem dar ensejo à rescisória.

(C) A ação rescisória pode ser proposta pela parte prejudicada, pelo terceiro juridicamente interessado, ou ainda pelo Ministério Público nas causas em que intervém como fiscal da lei. O autor, ainda que beneficiário da justiça gratuita, deverá, concomitantemente com a propositura da ação, fazer o depósito prévio da multa, que será revertida em favor do réu caso a ação seja declarada inadmissível ou improcedente.

(D) Contra a decisão proferida pelo STJ que, por maioria de votos, indefira a petição inicial de ação rescisória, é admissível a interposição de embargos infringentes.

(E) O prazo para o ajuizamento da ação rescisória será contado em dobro quando esta for proposta pela fazenda pública, pelo Ministério Público, ou ainda quando os litisconsortes tiverem diferentes procuradores, dispensando-se o depósito prévio quando a ação for ajuizada pela União, pelo estado, pelo município ou pelo Ministério Público.

A: correta (art. 489 do CPC); B: incorreta (art. 485, V, do CPC); C: incorreta (art. 487 do CPC); D: incorreta (art. 530 do CPC); E: incorreta, pois mesmo quando o autor da rescisória for a fazenda pública o prazo será comum de dois anos. A previsão de prazo em dobro para a propositura de ação rescisória contida no artigo 188, I, do CPC, foi revogado porque o STF entendeu inconstitucional o privilégio unilateral concedido à fazenda pública (STF, Pleno, ADIn 1910-1, Rel. min. Sepúlveda Pertence, j. 23/04/1999). Gabarito "A".

(Magistratura/TO – 2007 – CESPE) A respeito da ação rescisória, assinale a opção correta.

(A) A decisão de mérito proferida em ação ajuizada em litisconsórcio facultativo será totalmente rescindida apenas em face de um dos autores, pois inexistem as razões que ensejariam a formação do litisconsórcio necessário. Se a ação rescisória for julgada procedente, o acórdão que será nela proferido não repercutirá na coisa julgada em face do outro autor da ação originária.

(B) A ação rescisória pode ser ajuizada com fundamento em violação a texto constitucional expresso ou, ainda, por ofensa a princípio constitucional não positivado. No caso de decisão inconstitucional, não é exigida a observância do prazo decadencial para a propositura da rescisória, em face da inexistência de trânsito em julgado da mencionada decisão.

(C) A sentença de mérito transitada em julgado pode ser rescindida com fundamento em erro de fato resultante de atos ou de documentos da causa, desde que não tenha havido controvérsia, nem pronunciamento judicial sobre o fato. Exige-se, ainda, que o erro seja apurável mediante o exame dos documentos e demais peças existentes nos autos e que sentença nele seja fundada.

(D) O documento novo que autoriza a rescisão da sentença é aquele que a parte autora deixou de apresentar na ação em que foi proferida a sentença rescindenda, em virtude da inexistência do referido documento, ou por conveniência de sua defesa processual.

Art. 485, IX, §§ 1º e 2º, do CPC. Gabarito "C".

(Ministério Público/BA – 2010) Sobre ação rescisória, ação anulatória e *querela nulitatis*, assinale o que se tem por correto.

(A) O ajuizamento de ação rescisória não prescinde do esgotamento das vias recursais ordinárias.
(B) A competência originária dos Tribunais, no trâmite da ação rescisória, justifica o impedimento de delegação de atos instrutórios ao Juízo de 1ª instância.
(C) Em se tratando de ação rescisória, o prazo para apresentação de defesa é variável, nunca inferior a 15(quinze) dias nem superior a 30(trinta) dias.
(D) O prazo de 2(dois) anos para ajuizamento da *querela nulitatis* começa a correr a partir do trânsito em julgado da decisão.
(E) Quando a decisão que se pretende rescindir estiver amparada em regra legal de interpretação controvertida dos Tribunais, cabe ação rescisória, por ofensa a literal disposição de lei.

A: incorreta, porque não é requisito para a rescisória que tenha havido prévia interposição dos recursos cabíveis contra a decisão rescindenda; B: incorreta, porque é possível a delegação dos atos instrutórios ao juízo de primeiro grau (art. 492 do CPC); C: correta (art. 491 do CPC); D: incorreta, porque a *querela nulitatis* não se sujeita ao prazo previsto em lei para a propositura da ação rescisória; E: incorreta (Súmula 343 do STF). Gabarito "C".

(Ministério Público/DF – 2009) Relativamente à ação rescisória, assinale a alternativa correta.

(A) Cabem embargos infringentes quando o acórdão não unânime houver julgado improcedente a ação rescisória.
(B) Tratando-se de rescisão de acórdão, a ação rescisória não poderá ser distribuída a desembargador que tenha participado do julgamento da ação ou recurso.
(C) A rescisória não será distribuída a desembargador que em 1o grau houver proferido sentença de mérito relativa à causa rescindenda, não participando do julgamento o desembargador por tal motivo impedido.
(D) Sendo desnecessária a produção de provas, o Relator determinará a remessa dos autos à Procuradoria de Justiça, que exercerá o juízo da conveniência da intervenção ou não, de acordo com o interesse público.
(E) O incidente de Impugnação ao valor da causa será julgado pelo órgão colegiado, juntamente com o exame do mérito.

A: incorreta, porque os embargos infringentes só serão cabíveis se a ação rescisória for julgada procedente por maioria de votos; B: incorreta, porque não há qualquer restrição legal a esse respeito; C: correta, porque nesse caso, haverá impedimento do desembargador para funcionar na rescisória; D: incorreta, porque a intervenção do MP em ação rescisória só será obrigatória quando houver interesse de incapaz ou nas causas de família; E: incorreta, porque a impugnação ao valor, se apresentada, deverá ser decidida monocraticamente pelo relator, e não pelo colegiado. Gabarito "C".

(Ministério Público/PB – 2010) Analise as proposições que se seguem e assinale a alternativa correta:

I. A Fazenda Pública não dispõe de prazo diferenciado para o ajuizamento de ações rescisórias, salvo nos casos relativos aos processos que digam respeito à transferência de terras públicas rurais, em que o prazo é de quatro anos.
II. O relator poderá, monocraticamente, dar provimento ao recurso, desde que a decisão recorrida esteja em desarmonia com súmula ou com jurisprudência dominante do Supremo Tribunal Federal, mas não na hipótese de reexame necessário.
III. Exige-se, para o cabimento da ação rescisória, que tenha havido exceção de impedimento no curso da ação originária.
IV. A norma processual civil confere legitimidade superveniente tanto ao sub-rogado legal quanto ao convencional para promover execução ou nela prosseguir em substituição ao credor, bastando ao sub-rogado demonstrar a existência da subrogação.

(A) I, II, III e IV estão erradas.
(B) Apenas I e IV estão corretas.
(C) Apenas III e IV estão erradas.
(D) Apenas I, II e III estão erradas.
(E) I, II, III e IV estão corretas.

I: incorreta, porque o prazo é de oito anos, nesse caso (art. 8º-C da Lei 6.739/79); II: incorreta (Súmula 253 do STJ); III: incorreta, pois não é necessário que tenha havido exceção de impedimento; IV: incorreta, porque a legitimidade do sub-rogado, quando promove a execução, não é superveniente. Gabarito "A".

(Defensoria/MG – 2009 – FURMARC) Quanto à ação rescisória, é correto afirmar, EXCETO:

(A) Suspende o cumprimento da sentença ou do acórdão rescindendo quando deferida medida antecipatória de tutela.
(B) É cabível contra decisão de mérito transitada em julgado proferida por juiz suspeito ou absolutamente incompetente.
(C) Pode ser ajuizada pelo Ministério Público quando a decisão rescindenda decorrer de colusão das partes.
(D) O prazo de dois anos para sua propositura é decadencial, fluindo do trânsito em julgado da decisão.
(E) É requisito da petição inicial o depósito da importância de 5% (cinco por cento) sobre o valor da causa.

A: correta (art. 489 do CPC); B: incorreta, porque a suspeição do juiz não é motivo para a rescisória; C: correta (art. 487, III, *b*, do CPC); D: correta (art. 495 do CPC); E: correta (art. 488, II, do CPC). Gabarito "B".

(Defensoria/SP – 2009 – FCC) Assinale a alternativa INCORRETA.

(A) Das hipóteses previstas no Código de Processo Civil de cabimento da ação rescisória nem todas têm a incidência do *iudicium rescissorium*.
(B) Cabe ação rescisória contra decisão definitiva de mérito que desconsiderou no caso concreto a função social do contrato ou da função social da propriedade.
(C) Cabe ação rescisória contra acórdão transitado em julgado há menos de dois anos, conhecido e que teve provimento para declarar nula a perícia realizada em ação de conhecimento.
(D) A ação rescisória no ordenamento brasileiro não tem natureza de recurso.
(E) São inerentes à ação rescisória a desconstituição da coisa julgada, o rejulgamento da causa, exceto no caso de ofensa à coisa julgada, e a taxatividade dos fundamentos que a ensejam.

A: correta. *Iudicium rescissorium* é o pedido de novo julgamento da causa, o que não existe, por exemplo, quando se alega que a sentença rescindenda ofendeu a coisa julgada; B: correta, porque uma das hipóteses de cabimento da ação rescisória é a de ter havido violação a literal disposição de lei, e como os princípios em questão constam do direito positivo, a rescisória será possível por esse motivo; C: incorreta, porque nesse caso não se trata de decisão de mérito, mas decisão que diz respeito a matéria puramente processual, motivo pelo qual não haverá possibilidade de rescisória; D: correta, porque rescisória tem natureza de ação autônoma de impugnação; os recursos representam um meio de impugnação utilizado dentro do processo em que a decisão foi proferida, enquanto a rescisória dá origem a outro processo; E: correta (art. 485 do CPC). Gabarito "C".

(Procuradoria Distrital – 2007) Sobre o tema "ação rescisória", assinale a afirmativa correta.

(A) A sentença pode ser rescindida quando tiver sido proferida por juiz impedido ou absolutamente incompetente.
(B) O terceiro, mesmo que demonstre ser juridicamente interessado, não tem legitimidade para propor a ação.
(C) O prazo para resposta deve ser fixado, pelo relator, entre o mínimo de quinze e o máximo de trinta dias.
(D) Não cabe concessão de medida de natureza cautelar que impeça o cumprimento da sentença ou do acórdão rescindendo.
(E) O direito de propor ação rescisória extingue-se em dois anos, contados da publicação da decisão.

A: incorreta (art. 485, II, do CPC); B: incorreta (art. 487, II, do CPC); C: correta (art. 491 do CPC); D: incorreta (art. 489 do CPC); E: incorreta (art. 495 do CPC). Gabarito "C".

(Procurador do Estado/ES – 2008 – CESPE) Em relação à ação rescisória, julgue os itens seguintes.

(1) Impedimento, suspeição e incompetência do juiz são hipóteses de cabimento de ação rescisória. Em todos esses casos, autoriza-se a revisão da decisão proferida que se tornou imprestável em razão da atuação do juiz no processo em caso de violação a disposição expressa em lei.

(2) Uma sentença de mérito somente pode ser rescindida em razão de violação de norma de natureza material, não se admitindo rescisão em razão de violação de norma processual.
(3) Para que uma ação rescisória seja processada e julgada, exige-se a ocorrência de coisa julgada material sobre a sentença rescindenda e que o autor tenha utilizado todos os recursos admissíveis contra a sentença, antes de seu trânsito em julgado.

1: errado (art. 485, I e II, do CPC); 2: errado (art. 485, V, do CPC). O artigo não faz a ressalva acima; 3: errado (art. 485, *caput*, do CPC). Não há necessidade que o autor tenha utilizado todos os recursos admissíveis, mas somente o trânsito em julgado da sentença. Gabarito 1E, 2E, 3E.

(Procurador do Estado/PE – CESPE – 2009) Acerca da ação rescisória, assinale a opção correta.
(A) A sentença transitada em julgado, resultante de colusão entre as partes, com o escopo de fraudar a lei não pode ser objeto de rescisória, haja vista a ausência do dolo específico.
(B) A ação rescisória por violação de súmula do STJ exige que esta tenha sido mencionada na decisão que se pretende rescindir.
(C) É admissível a ação rescisória quando um documento não utilizado, por ser desconhecido ou por não ter sido utilizado anteriormente, for relevante para alterar a concepção dos fatos envolvidos no litígio, ainda que não possua o condão de gerar resultado favorável ao autor da ação rescisória.
(D) A ação rescisória visa obter a anulação da coisa julgada material ou formal constituída sobre decisão judicial (sentença ou acórdão) transitada em julgado, permitindo, assim, a revisão do julgamento.
(E) A ação rescisória, tendo por finalidade elidir a coisa julgada, não é meio idôneo para desfazer decisões proferidas em processos de jurisdição graciosa, não suscetíveis de trânsito em julgado.

A: incorreta (art. 485, III, do CPC); B: incorreta, porque violação de súmula do STJ não é motivo para a propositura de rescisória; C: incorreta, porque a prova nova que autoriza a rescisória é exclusivamente aquela que seria capaz, por si só, de assegurar ao autor um provimento favorável; D: incorreta, porque pela rescisória o que se busca é desconstituir a coisa julgada material (e não a formal); E: correta, pois, de fato, as decisões proferidas em sede de jurisdição graciosa não podem transitar em julgado. Gabarito "E".

(Procurador do Estado/PI – 2008 – CESPE) Em relação à ação rescisória, assinale a opção correta.
(A) Para que seja cabível ação rescisória com fundamento em erro de fato, é necessário, entre outros pressupostos, que o erro seja apurável independentemente da produção de novas provas e que, sobre o fato, não tenha havido controvérsia entre as partes nem pronunciamento judicial.
(B) Embora presentes os pressupostos necessários para o seu deferimento, não é admissível a antecipação de tutela em ação rescisória, sob pena de se afrontar a coisa julgada e de se desvirtuar a referida ação, tornando-a uma espécie de recurso.
(C) O ajuizamento da ação rescisória suspende a execução ou o cumprimento da sentença rescindenda. No entanto, essa sentença poderá ser objeto de execução provisória, desde que o exeqüente preste caução em caso de eventual desconstituição do título, para assegurar a reparação de danos ao executado, autor da rescisória.
(D) Em se tratando de ação rescisória, a demanda deve ser proposta contra todos os que participaram da ação originária, a ausência da citação de um dos litisconsortes acarreta a nulidade da ação e a revelia de qualquer um dos litisconsortes opera seus efeitos, dispensando o autor do ônus de provar o fato constitutivo da rescindibilidade.
(E) A ação rescisória constitui meio de impugnação da coisa julgada e tem por objetivo a apreciação da justiça e da correção da decisão rescindenda, bem como da interpretação dos fatos ou da valoração da prova que o juiz empregou para formar o seu juízo de convencimento.

Art. 485, IX, §§ 1º e 2º, do CPC. Gabarito "A".

(Procurador do Estado/SC – 2010 – FEPESE) Conforme disposto no Código de Processo Civil, a sentença de mérito, transitada em julgado, pode ser rescindida, **exceto** quando:
(A) ofender a coisa julgada.
(B) violar literal disposição de lei.
(C) proferida por juiz suspeito ou absolutamente incompetente.
(D) fundada em erro de fato, resultante de atos ou de documentos da causa.
(E) se verificar que foi dada por prevaricação, concussão ou corrupção do juiz.

De acordo com o que prevê o art. 485 do CPC, a única hipótese diante da qual não se admite ação rescisória é da alternativa "C", uma vez que a suspeição do juiz não é motivo para a desconstituição da sentença de mérito. Gabarito "C".

(Procurador de Contas TCE/ES – CESPE – 2009) Marcos foi condenado, por sentença transitada em julgado, a restituir a outra pessoa veículo que, agora, se encontra na posse de terceiro. Por entender preenchido um dos requisitos necessários, Marcos ajuizou ação rescisória do julgado. Nessa situação hipotética,
(A) existe interesse de agir, pois a necessidade do provimento está *in re ipsa*.
(B) não há interesse de agir, uma vez que, diante do trânsito em julgado, não está presente a necessidade.
(C) está presente o interesse de agir, pois, apesar de não haver necessidade, há utilidade e adequação.
(D) não há interesse de agir, pois, em razão de o bem estar na posse de terceiro, não há utilidade da jurisdição.
(E) está presente o interesse de agir, pois, mesmo não havendo utilidade, estão presentes a necessidade e a adequação.

A: correta; B: incorreta, porque é exatamente o trânsito em julgado da sentença de mérito que faz surgir o interesse para a rescisória; C: incorreta, porque está presente a necessidade da tutela rescisória; D: incorreta, porque mesmo estando o bem em poder de terceiro, será útil a decisão que desconstitua a sentença; E: incorreta, porque há utilidade da medida. Gabarito "A".

(Magistratura Federal – 5ª Região – 2007 – CESPE) Julgue o seguinte item.
(1) A sentença transitada em julgado adquire eficácia, tornando-se imutável e, para se preservar o princípio da segurança jurídica, não se admite a ação rescisória quando a questão nela decidida contrariar literal disposição de súmula vinculante ou violar lei inconstitucional ou, ainda, quando o STF declarar a inconstitucionalidade da lei aplicada pela decisão.

1: certo (Súmula 343 do STF). Gabarito "C".

(Defensoria Pública da União – 2007 – CESPE) Julgue os itens que se seguem, acerca da ação rescisória.
(1) O valor da causa na ação rescisória deve ser o valor da ação originária, monetariamente corrigido, se este corresponder, efetivamente, ao benefício econômico pretendido pelo autor.
(2) Considere que sentença penal absolutória tenha reconhecido que determinado fato não constituía infração penal ou fundada na falta de provas desse fato por parte do réu. Considere, ainda, que essa sentença tenha sido proferida posteriormente ao trânsito em julgado da decisão rescindenda. Nessa situação, a referida sentença configura documento novo apto a instruir ação rescisória, objetivando o reconhecimento de que a decisão do juízo criminal é causa superveniente extintiva da obrigação de indenizar que foi imposta ao réu pela sentença rescindenda.
(3) A legitimidade ativa para a propositura da ação rescisória é conferida não apenas a quem foi parte no processo originário ou a seu sucessor, ainda que o processo tenha corrido à revelia do réu, mas também ao Ministério Público ou a terceiro juridicamente interessado. Esse terceiro, quando promove a ação, deve trazer ao processo os partícipes da relação originária.

1: certo, pois, de fato, o STJ já firmou entendimento nesse sentido: "Ação rescisória. Valor da causa. Benefício patrimonial a ser obtido em caso de procedência do pedido rescisório" (EDcl no REsp nº 230555/MA); 2: errado (art. 935 do CC); 3: certo (art. 487 do CPC). Gabarito 1C, 2E, 3C.

(Analista Judiciário/STF – 2008 – CESPE) Acerca da ação rescisória, julgue os itens que se seguem.

(1) A legitimidade ativa para a propositura da ação rescisória é conferida não apenas a quem foi parte no processo originário ou seu sucessor, ainda que o processo tenha corrido à revelia do réu, mas também ao Ministério Público ou ao terceiro juridicamente interessado.

(2) O cabimento da ação rescisória com fundamento em erro de fato, é necessário, entre outros pressupostos, que o erro seja apurável independentemente da produção de novas provas; que sobre o fato não tenha havido controvérsia entre as partes nem pronunciamento judicial.

1: certo (art. 487 do CPC); 2: certo (art. 485, IX, §§ 1º e 2º, do CPC). Gabarito 1C, 2C

(Cartório/DF – 2008 – CESPE) Acerca de ação rescisória, julgue os seguintes itens.

(1) O terceiro juridicamente interessado e o Ministério Público têm legitimidade para propor ação rescisória.

(2) Em regra, o autor de ação rescisória deve depositar a importância de 5% do valor da causa, a título de multa, caso a ação seja, por unanimidade de votos, declarada inadmissível ou improcedente.

1: certo (art. 487, II e III, do CPC); 2: certo (art. 488, II, do CPC). Gabarito 1C, 2C

(Cartório/SP – 2008) A sentença de mérito, transitada em julgado, pode ser rescindida quando

I. se verificar que foi dada por prevaricação, concussão ou corrupção do juiz;
II. houver fundamento para invalidar confissão, desistência ou transação;
III. fundada em erro de fato, resultante de atos ou de documentos da causa quando a sentença admitir um fato inexistente ou quando considerar inexistente um fato efetivamente ocorrido;
IV. depois da sentença, o autor obtiver documento novo, cuja existência ignorava, ou de que não pôde fazer uso, capaz, por si só, de lhe assegurar pronunciamento favorável.

Quanto às proposições acima, é correto afirmar que

(A) apenas as assertivas I e IV são verdadeiras.
(B) apenas as assertivas II, III e IV são verdadeiras.
(C) apenas as assertivas I e II são verdadeiras.
(D) todas as assertivas são verdadeiras.

I: correta (art. 485, I, do CPC); II: correta (art. 485, VIII, do CPC); III: correta (art. 485, IX, § 1º, do CPC); IV: correta (art. 485, VII, do CPC). Gabarito "D".

11. RECURSOS

(Magistratura/AC – 2008 – CESPE) A respeito dos recursos, assinale a opção incorreta.

(A) A cognição na fase recursal é feita em duas etapas: juízo de admissibilidade e juízo de mérito. Na primeira, o órgão julgador aprecia se estão presentes os requisitos intrínsecos e extrínsecos; sendo verificada a presença de todos eles, o órgão passa à segunda etapa, na qual a cognição volta à pretensão recursal do recorrente.
(B) Cabe o recurso de agravo contra as decisões interlocutórias proferidas pelo juízo de primeiro grau, sob o regime do instrumento ou da retenção. A parte recorrente deve optar pela retenção quando não houver urgência, e pode o relator, feita equivocadamente a opção, converter o agravo de instrumento em retido por meio de decisão da qual cabe agravo interno ou regimental.
(C) Não serão cabíveis embargos infringentes se o acórdão proferido no julgamento da apelação, embora por maioria, mantiver sentença definitiva recorrida, confirmar ou anular sentença terminativa ou não conhecer o recurso.
(D) Para que sejam cabíveis os embargos declaratórios, a decisão judicial, ainda que interlocutória, deve ser obscura, contraditória ou omissa e, uma vez interpostos, tais embargos suspendem o prazo recursal.

A: correta, pois, de fato, antes de apreciar o mérito dos recursos, é preciso que sejam examinados os requisitos de admissibilidade, que são pressupostos indispensáveis para que o recurso possa ser conhecido; B: incorreta (art. 522 do CPC); C: correta (art. 530 do CPC); D: correta (arts. 535 e 538, do CPC). Gabarito "B".

(Magistratura/AC – 2008 – CESPE) Ainda a respeito dos recursos contra as decisões proferidas no processo civil, assinale a opção correta.

(A) É cabível recurso extraordinário ou especial, na forma retida, contra decisão interlocutória proferida em agravo de instrumento, em medida cautelar, em cumprimento de sentença ou em processo de execução. Esse recurso somente será processado se for reiterado pela parte no momento da interposição do recurso contra a decisão final.
(B) Quando o dispositivo do acórdão contiver julgamento por maioria de votos e julgamento unânime e, embora cabíveis, não forem interpostos embargos infringentes, será da data do trânsito em julgado da decisão proferida por maioria de votos que começará o prazo comum para a interposição dos recursos de natureza extraordinária. Havendo decisão sobre questão constitucional e federal no acórdão, a parte deverá interpor, simultaneamente, os recursos extraordinário e especial.
(C) Para que o recurso especial pela divergência seja admitido, exige-se a demonstração da existência de decisões divergentes, na mesma turma, acerca da mesma tese jurídica. Para tal admissão, exige-se, ainda, que os acórdãos paradigma e recorrido sejam oriundos do julgamento de recurso especial, mandado de segurança ou recurso ordinário constitucional.
(D) Compete ao presidente do tribunal a quo exercer o juízo de admissibilidade dos recursos extraordinários, devendo ele analisar todos os requisitos legais, inclusive quanto à repercussão geral, ou seja, verificar se os efeitos da decisão são capazes de atingir os interesses jurídico e social da coletividade. No entanto, para que seja negada a existência desse requisito, exige-se a manifestação de dois terços dos membros integrantes daquele tribunal.

A: incorreta (art. 542, § 3º, do CPC); B: correta (art. 498, caput e parágrafo único, do CPC); C: incorreta (art. 541, parágrafo único, do CPC); D: incorreta (art. 543-A do CPC). O juízo acerca da existência de repercussão geral é exercido pelo STF. Gabarito "B".

(Magistratura/AL – 2008 – CESPE) Suponha que, durante audiência de instrução e julgamento, o juiz condutor do feito tenha indeferido a oitiva de determinada testemunha sob o argumento de que era desnecessária a produção de prova oral para o deslinde da causa. Considerando que a testemunha cujo depoimento tenha sido indeferido seja pessoa idosa e gravemente enferma, assinale a opção correta quanto ao recurso cabível.

(A) Por ter sido a decisão que indeferiu a oitiva da testemunha proferida em audiência, o recurso cabível é necessariamente o agravo na forma retida, que deverá ser interposto de forma imediata e oral.
(B) Interposto o agravo, o juiz, se assim estiver convencido, deverá reformar sua decisão, independentemente da oitiva da outra parte, já que esta também poderá interpor agravo à decisão de reforma.
(C) A possibilidade da ocorrência de lesão de difícil reparação confere ao agravante a possibilidade de requerer, no prazo de dez dias, a conversão do agravo na forma retida em agravo por instrumento, caso em que o juiz deverá providenciar a formação do instrumento e a remessa deste ao tribunal.
(D) A parte atingida pela decisão de indeferimento poderá interpor agravo por instrumento cujas razões deverão ser declinadas na própria audiência, sob pena de preclusão, cabendo ao juiz condutor do feito apreciar sua admissibilidade.
(E) Como está configurada situação em que a parte pode sofrer lesão de difícil reparação, caberá agravo por instrumento no prazo de dez dias contados da audiência em que foi proferida a decisão, o qual deve ser dirigido diretamente ao tribunal competente.

Art. 522 do CPC. Gabarito "E".

(Magistratura/BA – 2006 – CESPE) A respeito dos recursos, julgue os próximos itens.

(1) São cabíveis embargos infringentes contra decisão que julga procedente, por maioria de votos, ação cautelar de competência originária do tribunal.
(2) Considere a seguinte situação hipotética. Ao proferir a sentença e julgar procedente o pedido, o juiz concedeu a antecipação da tutela, reconhecendo a presença dos pressupostos essenciais exigidos para sua concessão. Inconformada, a parte adversa interpôs o recurso de apelação. Nessa situação, o recurso é próprio e deverá ser recebido em ambos os efeitos.
(3) Cabe agravo retido contra decisão que recebe a apelação e declara os efeitos em que o recurso foi recebido. Na hipótese de haver juízo de retratação, a parte contrária deverá, nas contra-razões do recurso principal, ofertar sua resposta.
(4) Os embargos de declaração suspendem o prazo para a interposição de outros recursos, e o efeito suspensivo valerá tanto para o embargante quanto para a parte contrária e para terceiros prejudicados.
(5) Suponha que o estado de Santa Catarina, na qualidade de assistente simples de empresa pública estadual, recorreu de sentença proferida pelo juízo. Nessa situação, a parte recorrente não terá o prazo em dobro para recorrer, uma vez que o benefício legal se estende à parte recorrente e a figura do assistente simples não se enquadra na definição legal de parte.

1: errado (art. 530 do CPC); 2: errado (art. 520, VII, do CPC); 3: errado, pois nesses casos caberá agravo de instrumento (art. 522 do CPC); nos casos de retratação o juiz ouvirá primeiramente o agravado e, após, proferirá a decisão (art. 523, § 2º, do CPC); 4: errado, pois os embargos de declaração *interrompem* o prazo para interposição de outros recursos e não *suspendem*; vide art. 538 do CPC; 5: errado, pois o assistente simples exercerá os mesmos poderes que as partes; vide art. 52 do CPC. Gabarito 1E, 2E, 3E, 4E, 5E

(Magistratura/BA – 2006 – CESPE) Julgue o item a seguir, a respeito da tutela específica das obrigações de fazer, não fazer e entregar coisa:

(1) Proferida a sentença final condenatória, ainda que interposta apelação com o duplo efeito, a sentença, por ter caráter mandamental, será exeqüível de plano, inclusive com apoio de força policial, se necessário.

1: errado. Quando a apelação é recebida em seu duplo efeito, ou seja, devolutivo e suspensivo, não poderá ser executada a sentença, ainda que se trate de caráter mandamental. Gabarito 1E

(Magistratura/GO – 2009 – FCC) O agravo retido:

(A) é interposto mediante o pagamento do respectivo preparo, sob pena de deserção.
(B) sua interposição é exceção, pois a regra continua sendo a interposição de agravo de instrumento.
(C) uma vez interposto, seu conhecimento é automático por ocasião do julgamento da apelação.
(D) deve ser interposto oral e imediatamente das decisões interlocutórias proferidas em audiência de instrução e julgamento.
(E) não existe juízo de retratação em relação a tal recurso, já que não há exame imediato pelo Tribunal.

A: incorreta, porque o agravo retido não se sujeita a preparo, por expressa exclusão legal; B: incorreta, porque a regra do sistema processual civil é a do cabimento do agravo retido, sendo o agravo de instrumento a exceção; C: incorreta, porque o conhecimento do agravo retido depende de expressa reiteração nas razões ou contrarrazões de apelação; D: correta (art. 523, § 3º, CPC); E: incorreta, porque é ínsito ao recurso de agravo, em qualquer de suas modalidades, o juízo de retratação. Gabarito "D".

(Magistratura/GO – 2009 – FCC) Em relação à apelação,

(A) recebida só no efeito devolutivo, poderá o apelado promover desde logo a execução definitiva da sentença, extraindo a respectiva carta.
(B) quando o pedido ou a defesa tiver mais de um fundamento e o juiz acolher apenas um deles, devolve-se ao tribunal somente o conhecimento do fundamento acolhido.
(C) serão objeto de apreciação e julgamento pelo tribunal todas as questões suscitadas e discutidas no processo, ainda que a sentença não as tenha julgado por inteiro.
(D) nos casos de extinção do processo sem julgamento do mérito, o tribunal, ao afastar a extinção, determinará sempre o retorno dos autos para novo julgamento, em obediência ao duplo grau de jurisdição.
(E) a regra é seu recebimento apenas no efeito devolutivo.

A: incorreta, porque nesse caso é cabível apenas a execução provisória da sentença; B: incorreta (§ 2º do art. 515 do CPC); C: correta (§ 1º do art. 515 do CPC); D: incorreta, em razão do que dispõe o § 3º do art. 515 do CPC; E: incorreta, porque a regra é a apelação ser recebida no duplo efeito. Gabarito "C".

(Magistratura/MG – 2009 – EJEF) Sobre o recurso de apelação é CORRETO afirmar:

(A) A apelação devolverá ao tribunal o conhecimento da matéria julgada pelo Juiz.
(B) Ainda que a sentença não as tenha apreciado por inteiro, todas as questões suscitadas e discutidas serão apreciadas pelo Tribunal.
(C) Quando o pedido ou a defesa tiver mais de um fundamento, e o juiz acolher apenas um deles, o recurso apenas nesta parte será conhecido e julgado pelo Tribunal.
(D) As questões de fato não propostas no juízo inferior não poderão ser suscitadas na apelação, mesmo que provado motivo de força maior.

A: incorreta, porque não só aquilo que o juiz julgou, mas também tudo aquilo que foi debatido e discutido no processo fica devolvido ao tribunal; B: correta (art. 515, § 1º, CPC); C: incorreta (§ 2º do art. 515 do CPC); D: incorreto (art. 517 do CPC). Gabarito "B".

(Magistratura/MG – 2008) É CORRETO afirmar, no julgamento de processos repetitivos, que:

(A) interposta a apelação, o juiz mandará citar o réu para responder o recurso no caso de ser mantida a sentença.
(B) interposta a apelação, o juiz não pode se retratar porque está esgotado o ofício jurisdicional.
(C) interposta a apelação, o juiz não mandará citar o réu para responder porque a sentença foi favorável para ele.
(D) a apelação interposta pelo autor será recebida somente no efeito devolutivo.

Art. 285-A, § 2º, do CPC. Gabarito "A".

(Magistratura/MG – 2008) No âmbito dos Juizados Especiais Cíveis estaduais são cabíveis os seguintes recursos:

(A) recurso inominado, embargos de declaração e recurso extraordinário.
(B) recurso inominado, agravo de instrumento e embargos de declaração.
(C) recurso inominado, embargos de declaração e recurso especial.
(D) recurso inominado, embargos de declaração e embargos infringentes.

De fato, somente são cabíveis, no âmbito do Juizado Especial Cível, o recurso inominado (art. 41 da Lei nº 9.099/95), os embargos de declaração (art. 48 da Lei nº 9.099/95) e o recurso extraordinário (STF, Pleno, Recl. 1025-2-SC, Rel. Min. Celso de Mello, j. 03/10/2003). Não cabe recurso especial (Súmula 203 do STJ), agravo de instrumento e embargos infringentes. Gabarito "A".

(Magistratura/MG – 2009 – EJEF) É CORRETO afirmar que os embargos infringentes:

(A) São cabíveis quando o acórdão unânime houver reformado a sentença em sentido contrário a outros julgamentos da Câmara.
(B) São próprios para que a Câmara julgadora possa redefinir o julgamento não unânime que tenha reformado a sentença em seu mérito.
(C) Propiciam aos desembargadores que participaram da turma julgadora do acórdão conhecer de toda a matéria deste constante e, aos demais, a matéria embargada.
(D) São incabíveis em face de julgamento, não unânime, que acolhe o pedido rescindendo.

A: incorreta, porque essa não corresponde a nenhuma das hipóteses de cabimento do recurso de embargos infringentes; B: correto (art. 530, CPC); C: incorreta, pois a devolução que se opera através dos embargos infringentes é limitada aos temas objeto da divergência; D: incorreta, porque julgada procedente a rescisória por maioria de votos são cabíveis os embargos infringentes. Gabarito "B".

(Magistratura/MG - 2007) Conforme disposição expressa do CPC, quando for indeferida a petição inicial por ausência de emenda do autor, embora devidamente intimado, é CORRETO afirmar que caberá:

(A) apelação, processada independente da citação do réu, sendo possível a retratação da decisão pelo Juiz.
(B) agravo de instrumento, independente da citação do réu, sendo possível a retratação pelo Juiz.
(C) apelação, processada com a determinação de citação do réu e sem possibilidade de retratação pelo Juiz.
(D) agravo retido, com a determinação de citação do réu, sendo possível a retratação pelo Juiz.

Art. 296 do CPC. Gabarito "A."

(Magistratura/MG - 2007) Quanto à decisão judicial que, em audiência de instrução e julgamento, indefere pergunta da parte ao depoente, é CORRETO dizer que dela caberá o recurso de:

(A) agravo de instrumento, com pedido de imediato efeito suspensivo.
(B) agravo retido, com pedido de imediato efeito suspensivo.
(C) agravo retido, interposto na forma oral e imediatamente.
(D) agravo retido, ouvida a parte agravada no prazo legal, com pedido de conhecimento preliminar e preferencial ao julgamento da apelação, podendo o próprio Juiz reformar a decisão.

Art. 523, § 3º, do CPC. Gabarito "C."

(Magistratura/MS – 2008 – FGV) As atuais Súmulas do Supremo Tribunal Federal somente produzirão efeito vinculante após sua confirmação por:

(A) maioria absoluta.
(B) maioria simples.
(C) 3/5.
(D) 2/3.
(E) 4/5.

Art. 2º, § 3º, da Lei 11.417/06. Gabarito "D."

(Magistratura/MS – 2008 – FGV) Em matéria de direito processual civil intertemporal, o recurso da sentença é regido pela lei vigente ao tempo da:

(A) distribuição.
(B) citação.
(C) intimação.
(D) notificação.
(E) publicação.

De fato, a interposição do recurso deve obedecer à lei vigente na data da publicação da decisão que se pretende reformar. Gabarito "E."

(Magistratura/MS – 2008 – FGV) Julgado deserto o agravo de instrumento de decisão que inadmitiu recurso extraordinário, pelo Tribunal a quo, dessa decisão caberá para o Supremo Tribunal Federal:

(A) recurso extraordinário.
(B) reclamação.
(C) recurso ordinário.
(D) apelação.
(E) agravo de instrumento.

Art. 545 do CPC. Gabarito "E."

(Magistratura/PA – 2009 – FGV) Caio Túlio, brasileiro, casado, comerciante, residente à Rua do Bispo nº 100, Belém/PA, estabelece contrato de compra e venda de um bem imóvel, mediante o pagamento de cinquenta prestações, mensais e sucessivas, com Marco Aurelio Comodo, brasileiro, casado, advogado, residente à Rua da Matriz nº 1000, Belém/PA. Em uma das cláusulas contratuais ficou estabelecido o pagamento da prestação até o quinto dia útil de cada mês subsequente. Surgem dúvidas quanto ao local do pagamento, não ocorrendo a conciliação extrajudicial. Orientado por advogado, o adquirente do imóvel propõe ação de Consignação em Pagamento, com o fito de depositar todos os valores devidos em Juízo. O depósito inicial é realizado, bem como os pertinentes aos seis meses subsequentes à distribuição da peça exordial. Após tal período, não mais existem depósitos apresentados. O réu foi regularmente citado e apresentou contestação, não formulando reconvenção e nem propondo ação de cobrança ou de rescisão contratual. Após a constatação de que o autor havia paralisado os depósitos das prestações vincendas, requereu o réu a extinção do processo, sem exame de mérito, caracterizada a falta de interesse, o que foi rejeitado pelo magistrado, que, a seguir, proferiu sentença de procedência do pedido. Houve recurso, improvido. Em seguida, novo recurso, inadmitido na origem e provido mediante agravo, por decisão proferida por Ministro do Superior Tribunal de Justiça. Observadas tais circunstâncias, analise as afirmativas a seguir.

I. No caso concreto, o recurso ofertado contra sentença seria recebido no duplo efeito, impedindo a execução provisória.
II. O recurso indicado no texto e adequado contra a decisão que negou provimento ao recurso que atacou a sentença seria o especial ou o extraordinário.
III. A inadmissão do recurso especial na origem implica a formação de coisa julgada.
IV. Na ação de consignação em pagamento os depósitos das prestações vincendas não acarretam falta de interesse.
V. Pendente recurso especial, é possível a execução provisória do julgado.

Assinale:

(A) se nenhuma afirmativa estiver correta.
(B) se somente a afirmativa I estiver correta.
(C) se somente as afirmativas III e V estiverem corretas.
(D) se somente as afirmativas I, II e V estiverem corretas.
(E) se somente as afirmativas I, IV e V estiverem corretas.

I: correta, porque em regra a apelação tem efeito suspensivo, e não há nenhuma regra legal que retire tal efeito em situações como aquela descrita na questão; II: incorreta, porque não há qualquer indicativo de que teria havido alegação de ofensa à Constituição. Ao contrário, o texto menciona expressamente o fato de o recurso em questão ter sido provido por um dos Ministros do STJ. Logo, o recurso é o especial; III: incorreta, porque contra o despacho denegatório de recurso especial cabe o recurso de agravo (agora agravo nos próprios autos) e enquanto este não for julgado, não há coisa julgada; IV: correta, pois, de fato, não possuem tal consequência; V: correta, porque o recurso especial não tem efeito suspensivo. Gabarito "E."

(Magistratura/PE – 2011 – FCC) Em relação aos recursos no processo civil,

(A) a insuficiência no valor do preparo recursal implicará deserção imediata.
(B) o recorrente pode desistir do recurso, desde que com a anuência do recorrido ou dos litisconsortes necessários.
(C) o não conhecimento do recurso principal não tem influência em relação ao recurso adesivo, que nesse ponto torna-se autônomo.
(D) com exceção dos embargos de declaração, o prazo para recorrer no processo civil será sempre de quinze dias.
(E) a renúncia ao direito de recorrer independe da aceitação da outra parte.

A: incorreta, porque o § 2º do art. 511 do CPC prevê que o recorrente tem o direito à concessão do prazo de 5 dias para a complementação do preparo insuficiente; B: incorreta, porque a desistência do recurso não depende de anuência do recorrido ou dos litisconsortes necessários (art. 501 do CPC); C: incorreta, porque o recurso adesivo só será admitido se o for o principal (art. 500, III, do CPC); D: incorreta, porque há outros recursos que devem ser interpostos em prazos diversos (p. ex.: 10 dias para o agravo contra as interlocutórias proferidas em primeiro grau ou contra o despacho denegatório de recurso especial ou extraordinário; 5 dias para o agravo contra as decisões monocráticas); E: correta (art. 502 do CPC). Gabarito "E."

(Magistratura/PI – 2008 – CESPE) Quanto aos recursos interpostos contra as decisões proferidas no processo civil, assinale a opção correta.

(A) De acordo com o princípio da proibição de reforma para pior, o recurso interposto poderá beneficiar ao recorrente, sem, contudo, agravar a situação de quem não recorreu, sob pena de violação do princípio dispositivo.
(B) Os agravos, na forma retida ou por instrumento, passaram a ser interpostos diretamente perante o juízo ad quem, por isso não mais subsiste a possibilidade do juízo de retratação, isto é, de se rever a decisão agravada, antes de determinar a remessa dos autos à instância superior.

(C) A interposição dos embargos de declaração, ainda que não sejam conhecidos por serem intempestivos ou inadmissíveis, interrompe os prazos para a interposição de outros recursos, inclusive para que a outra parte intente embargos de declaração contra o mesmo acórdão, até o trânsito em julgado da decisão nele proferida.

(D) Os embargos infringentes são cabíveis para fazer prevalecer a conclusão do voto vencido, podendo o embargante utilizar-se de outro fundamento além ou diferente daquele que embasou o referido voto. Os limites de sua devolução são aferidos a partir da diferença havida entre a conclusão dos votos vencedores e do vencido no julgamento da apelação ou da ação rescisória.

(E) Com fundamento no princípio da celeridade processual, quando houver sucumbência recíproca, poderá o pedido de reforma parcial da decisão ser feito na mesma peça de contra-razões da parte contrária. Nesse caso, deve o recorrente requerer, além da reforma da decisão, sua manifestação como recurso adesivo.

A: incorreta. Ora, quando o Tribunal dá provimento ao recurso, em tese, beneficia o recorrente, o que traz, em consequência, agravamento da situação daquele que não recorreu, não sendo o caso de *reformatio in pejus*; B: incorreta (art. 523, § 2º, do CPC); C: incorreta (art. 538 do CPC), mas não com relação à interposição de embargos de declaração contra a mesma decisão pela parte contrária; D: correta (art. 530 do CPC); E: incorreta (art. 500 do CPC); deverá a outra parte lançar mão do recurso adesivo feito em peça autônoma. Gabarito "D".

(Magistratura/PR – 2008) Assinale a alternativa correta:

(A) dos despachos cabe recurso de agravo na forma retida.
(B) da decisão de liquidação de sentença cabe recurso de apelação.
(C) da decisão que indefere a petição inicial cabe recurso de agravo de instrumento.
(D) a decisão que resolver a impugnação ao cumprimento da sentença é recorrível mediante agravo de instrumento, salvo quando importar extinção da execução, caso em que caberá apelação.

A: incorreta (art. 504 do CPC); B: incorreta (art. 475-H do CPC); C: incorreta (art. 296 do CPC); D: correta (art. 475-M, § 3º, do CPC). Gabarito "D".

(Magistratura/RO – 2011 – PUCPR) Considere as assertivas abaixo. Em seguida, marque a única **CORRETA**.

(A) A apelação interposta contra sentença que julga embargos à arrematação tem efeito meramente devolutivo.
(B) No recurso especial, deverá o recorrente demonstrar, em preliminar, para apreciação do STF, a existência da repercussão geral.
(C) Os embargos de declaração suspendem o prazo para a interposição de outros recursos, de qualquer das partes.
(D) Recebido o agravo de instrumento no tribunal e distribuído incontinenti, o relator poderá requisitar informações ao juiz da causa, que prestará no prazo de 15 dias.
(E) Não cabe juízo de retratação, nos casos de interposição de recurso de apelação contra sentença que indefere a petição inicial.

A: correta (Súmula 331 do STJ); B: incorreta, porque a repercussão geral é requisito do recurso extraordinário (e não do especial); C: incorreta, porque os embargos de declaração interrompem o prazo para a interposição dos demais recursos (art. 538 – ressalva feita aos Juizados Especiais, nos quais os embargos suspendem o prazo para o recurso inominado, nos termos do art. 50 da Lei 9.099/95); D: incorreta, porque o prazo para as informações será de 10 dias (art. 527, IV, CPC); E: incorreta (art. 296, CPC). Gabarito "A".

(Magistratura/RS – 2009) Considere as assertivas abaixo sobre recursos.

I. A admissibilidade do recurso interposto pelo terceiro interessado depende da demonstração do nexo de interdependência entre o seu interesse de intervir e a relação jurídica submetida à apreciação judicial.
II. Estando em termos a petição inicial, sendo a matéria controvertida unicamente de direito e se, no juízo, já houver sido proferida sentença de total improcedência em outros casos idênticos, poderá ser dispensada a citação e proferida sentença, reproduzindo-se o teor da anterior, hipótese em que, se o autor apelar, é facultado ao juiz decidir, no prazo de cinco dias, não manter a sentença e determinar o prosseguimento da ação.
III. Nas hipóteses de prisão civil, adjudicação, interdição, remição de bens e em outros casos dos quais possa resultar lesão grave e de difícil reparação, sendo relevante a fundamentação, poderá o relator, a requerimento do apelante, suspender o cumprimento da sentença até o pronunciamento definitivo da turma ou câmara.

Quais são corretas?

(A) Apenas I
(B) Apenas II
(C) Apenas III
(D) Apenas I e III
(E) I, II e III

I: correta, porque considera-se terceiro prejudicado aquele que poderia ter ingressado nos autos na qualidade de assistente simples de uma das partes, o que depende, como se sabe, da demonstração de interesse jurídico na sua vitória; II: correta (art. 285-A, *caput* e § 1º, do CPC); III: correta (art. 558 CPC). Gabarito "E".

(Magistratura/RS – 2009) Assinale a assertiva incorreta sobre preparo.

(A) Será declarado deserto o recurso cujo preparo, quando devido, não for comprovado no ato de sua interposição.
(B) Não sendo a parte beneficiária da Assistência Judiciária Gratuita, deverá prover as despesas dos atos que realizar ou requerer no processo, antecipando-lhes o pagamento desde o início até a sentença final e, inclusive, na execução.
(C) Será cancelada a distribuição do feito que, em trinta dias, não for preparado no cartório em que deu entrada.
(D) Ao recurso adesivo se aplicam as mesmas regras do recurso independente, quanto ao preparo.
(E) Em se tratando de despesas relativas a atos, cuja realização o juiz determinar de ofício ou a requerimento do Ministério Público, ao réu compete o seu adiantamento.

A: correta (art. 511 do CPC); B: correta (art. 19); C: incorreta, porque não se exige preparo para a propositura de demandas. O que se pode exigir é o pagamento de custas e taxas judiciárias, mas que não se confundem com preparo; D: correta (art. 500, parágrafo único, do CPC); E: incorreta, porque, nesse caso, cabe ao autor o adiantamento (art. 19, § 2º, CPC). Gabarito oficial "E"/Gabarito nosso C e E

(Magistratura/SC – 2009) De acordo com o Código de Processo Civil, assinale a alternativa correta:

(A) A insuficiência no valor do preparo implicará deserção independentemente de intimação.
(B) Cabe agravo na forma retida da decisão que não admite a apelação.
(C) Das decisões interlocutórias proferidas na audiência de instrução e julgamento caberá agravo, imediatamente, na forma retida ou por instrumento no prazo de dez dias, quando se tratar de decisão suscetível de causar lesão grave e de difícil reparação.
(D) O recorrente poderá, a qualquer tempo, sem a anuência do recorrido, desistir do recurso.
(E) Decisão além ou fora do pedido é passível de interposição de embargos de declaração apenas quando resultar contradição.

A: incorreta, porque o recorrente tem o direito à oportunidade para complementação do preparo (art. 511, § 2º, CPC); B: incorreta, porque contra as decisões posteriores à sentença, o recurso de agravo retido é inadequado, devendo ser utilizado o agravo de instrumento (art. 522, CPC); C: incorreta, porque na redação do § 3º do art. 523 não consta a ressalva quanto ao agravo de instrumento; D: correta, pois a desistência do recurso não se sujeita ao mesmo regramento da desistência da ação, motivo pelo qual não se exige concordância do recorrido; E: incorreta, porque os embargos de declaração também são admitidos nos casos de evidente equívoco por parte do julgador. Gabarito "D".

(Magistratura/SC – 2008) Assinale a alternativa INCORRETA, nos termos do Código de Processo Civil:

(A) A desistência do recurso interposto por um dos litisconsortes depende da anuência dos outros litisconsortes.
(B) O recurso interposto por um dos litisconsortes a todos aproveita, salvo se distintos ou opostos os seus interesses.
(C) Quanto ao termo "repercussão geral", considera-se a existência, ou não, de questões relevantes do ponto de vista econômico, político, social ou jurídico, que ultrapassem os interesses subjetivos da causa.

(D) Da decisão do Tribunal que releva a pena de deserção e fixa prazo para efetuar o preparo não cabe recurso.
(E) Em sede recursal, o Tribunal, constatando a ocorrência de nulidade sanável, poderá determinar a realização ou renovação do ato processual, intimadas as partes; cumprida a diligência, sempre que possível prosseguirá o julgamento da apelação.

A: incorreta (art. 501 do CPC); B: correta (art. 509 do CPC); C: correta (art. 543-A, § 1º, do CPC); D: correta (art. 519, parágrafo único, do CPC); E: correta (art. 515, § 4º, do CPC). Gabarito "A".

(Magistratura/SE – 2008 – CESPE) Assinale a opção correta a respeito dos recursos contra as decisões proferidas no processo civil.

(A) São incabíveis embargos de declaração utilizados com a finalidade de instaurar nova discussão acerca de controvérsia jurídica já apreciada ou com o escopo de rever decisão anterior, reexaminando ponto sobre o qual já houve pronunciamento, com inversão, em conseqüência, do resultado final.
(B) O princípio da proibição da reforma para pior não se aplica ao julgamento dos recursos de sentença na qual ocorre a sucumbência recíproca dos litigantes, pois, nesses casos, toda matéria é devolvida ao tribunal, que pode reformar a decisão para pior contra o único recorrente.
(C) O autor, o réu e o Ministério Público, nos feitos em que atue como parte ou como fiscal da lei, têm interesse recursal para interpor apelação, ainda que a sentença seja terminativa.
(D) Na ação de acidente de trabalho, em que o segurado estiver assistido por advogado, o Ministério Público não tem legitimidade para recorrer da sentença de procedência proferida nessa ação.
(E) Em decisão irrecorrível, o relator negará seguimento a recurso manifestamente inadmissível, improcedente, prejudicado ou em confronto com súmula ou com jurisprudência dominante do respectivo tribunal, do STF ou de tribunal superior.

A: correta, pois, de fato, a infringência pode ser apenas a consequência do julgamento dos embargos declaratórios e não seu pedido principal, que é restrito às hipóteses previstas no art. 535 do CPC; B: incorreta, pois somente é cabível a reforma para pior nos casos de questão de ordem pública em que o relator poderia, a qualquer tempo, reconhece-la; C: incorreta, porque aquele que saiu vencedor não tem interesse em recorrer; D: incorreta (Súmula 226 do STJ); E: incorreta (art. 557, § 1º-A, do CPC). Gabarito "A".

(Magistratura/TO – 2007 – CESPE) Julgue os itens que se seguem, relativos aos recursos no processo civil.

I. Mesmo que não tenha sido ventilada em qualquer momento processual a existência de nulidades processuais absolutas, a parte poderá interpor embargos infringentes, objetivando a análise não só do ponto divergente, como também da matéria de ordem pública.
II. O recurso rege-se pela lei do tempo em que é proferida a decisão, isto é, o dia do julgamento. No primeiro grau, o dia do julgamento é aquele em que o juiz publicou a decisão, seja em audiência, na presença das partes e seus procuradores, seja em cartório, nas mãos do escrivão.
III. Quando, na sentença ou na decisão de um órgão colegiado, se verificar contradição entre o que ficou decidido e a jurisprudência prevalente naquele tribunal, poderá a parte sucumbente requerer a reforma da referida decisão pela via dos embargos declaratórios.
IV. No reexame das questões de fato e de direito que foram solucionadas pelo juiz de primeiro grau, o órgão *ad quem*, tanto no recurso voluntário quanto na remessa necessária, está limitado ao exame da controvérsia nos limites da matéria impugnada pelos mesmos fundamentos jurídicos adotados na sentença e suscitados pelas partes.

Estão certos apenas os itens

(A) I e II.
(B) I e III.
(C) II e IV.
(D) III e IV.

I: correta, pois, de fato, quando se tratar de matéria de ordem pública que tem como consequência a nulidade absoluta, poderá ser, mesmo que não tenha sido objeto de devolução, decretada no julgamento dos embargos infringentes; II: correta, pois, realmente, a interposição do recurso deve obedecer à lei vigente na publicação da decisão que se pretende reformar; III: incorreta (art. 535 do CPC); IV: incorreta. "O princípio da proibição da *reformatio in pejus* é manifestação direta do princípio dispositivo. A remessa necessária (art. 475 do CPC) é informada pelo princípio inquisitório, oposto ao dispositivo, de sorte que a ele não se aplica a regra aqui analisada. Não há efeito devolutivo na remessa necessária, mas *efeito translativo*" (vide nota 10 ao Título X, do *CPC Comentado*, de autoria de Nelson Nery Junior e Rosa Maria de Andrade Nery, p. 810, 10ª edição, RT). Gabarito "A".

(Ministério Público/BA – 2010) Em uma ação civil de mandado de segurança, da decisão do relator que deferir a medida liminar, é cabível qual recurso:

(A) Apelação.
(B) Recurso especial.
(C) Agravo de instrumento.
(D) Agravo.
(E) Recurso de ofício.

A alternativa correta é a "D", uma vez que a decisão monocrática do relator, que defere a medida liminar em mandado de segurança, desafia recurso de agravo interno, no prazo de 5 dias. Gabarito "D".

(Ministério Público/BA – 2010) Levando em consideração a teoria geral dos recursos, analise as proposições abaixo consignadas.

I. A desistência do recurso é admissível a partir do momento da sua interposição, até o início da respectiva sessão de julgamento, podendo, inclusive, essa manifestação ocorrer oralmente.
II. O cumprimento da decisão extingue o direito de recorrer, por restar caracterizada a preclusão lógica.
III. O reexame necessário tem natureza de recurso, traduzindo exceção ao princípio da voluntariedade.
IV. A ausência de preparo do recurso é defeito sanável que, não sendo corrigido, importa deserção.
V. É requisito do recurso adesivo a sucumbência recíproca e a interposição de recurso pela parte *ex adversa*. Além disso, a desistência do recurso principal importa, necessariamente, a desistência do recurso adesivo.

São consideradas corretas as seguintes afirmações:

(A) I, II e III.
(B) II, III e IV.
(C) III, IV e V.
(D) I, III e IV.
(E) I, II e V.

I: correta (art. 501 do CPC e STJ, REsp 433.290-AgRg); II correta (art. 503 do CPC); III: incorreta. O reexame necessário não é recurso, porque não atende aos princípios da voluntariedade, taxatividade e dialética. Além disso, não está sujeito aos pressupostos recursais, como regularidade formal, tempestividades e preparo. O reexame necessário tem natureza de condição de eficácia de certas sentenças; IV: incorreta, porque a ausência de preparo acarreta a deserção, e a consequente inadmissibilidade do recurso. O recolhimento insuficiente do preparo é que pode ser sanado no prazo de 5 dias; V: correta (art. 500 do CPC). Gabarito "E".

(Ministério Público/BA – 2010) Pode-se afirmar que recurso é o meio pelo qual se provoca o reexame da decisão recorrida, ante a presença de defeitos formais (*error in procedendo*) ou por questões de justiça da decisão (*error in judicando*).

Sobre recursos em espécie, assinale a proposição certa.

(A) Os embargos de declaração têm natureza de recurso de fundamentação livre.
(B) É causa de invalidade o julgamento de agravo de instrumento sem as informações do prolator da decisão recorrida.
(C) Embargos de declaração interpostos com claro propósito de prequestionamento têm caráter protelatório a ensejar a sanção legal preconizada no art. 538, §único, do CPC.

(D) Admite-se recurso especial quanto à questão que, a despeito de oposição de embargos de declaração, não foi apreciada pelo tribunal *a quo*.
(E) É inadmissível recurso especial quando o acórdão recorrido assenta-se em fundamentos constitucional e infraconstitucional, qualquer deles suficiente, por si só, para mantê-lo, e a parte vencida não manifesta recurso extraordinário.

A: incorreta, porque nos embargos de declaração a fundamentação é vinculada. Neles, só se pode alegar omissão, contradição ou obscuridade na decisão; B: incorreta, porque o relator do agravo de instrumento tem discricionariedade para requisitar ou não as informações; C: incorreta (Súmula 98 do STJ); D: incorreta (Súmula 211 do STJ); E: correta (Súmula 126 do STJ). Gabarito "E".

(Ministério Público/BA – 2010) A apelação, no direito processual civil brasileiro, é o recurso que, por excelência, é interposto contra a sentença proferida por juiz de primeiro grau. Acerca dessa espécie recursal, analise as afirmativas a seguir formuladas.

I. Os recursos de apelação interpostos contra sentença que decreta interdição e julga procedente pedido formulado em mandado de segurança não são dotados de efeito suspensivo.
II. Nos casos de extinção do processo sem julgamento do mérito (art. 267), é vedado ao Tribunal julgar desde logo a lide, cabendo-lhe apenas, na hipótese de provimento recursal, determinar o retorno dos autos ao juízo de origem, para rejulgamento.
III. Constatando a ocorrência de nulidade sanável, o Tribunal poderá determinar a realização ou renovação do ato processual, intimadas as partes; cumprida a diligência, sempre que possível prosseguirá o julgamento da apelação.
IV. A fundamentação livre ínsita à apelação autoriza que questões não alegadas na instância originária sejam deduzidas nesta via recursal, fazendo-se necessária apenas a observância do contraditório e da ampla defesa.
V. A execução provisória da sentença só é permitida quando o recurso de apelação for recebido apenas no efeito devolutivo.

Desse modo, assinale o número de proposição(ões) correta(s)?
(A) 1.
(B) 2.
(C) 3.
(D) 4.
(E) 5.

I: correta (art. 1184 do CPC e § 3º do art. 14 da Lei 12/016/2009); II: incorreta (art. 515, § 3º do CPC); III: correta (art. 515, § 4º do CPC); IV: incorreta (art. 517 do CPC); V: correta, pois apenas o efeito suspensivo impede a execução provisória da sentença. Gabarito "C".

(Ministério Público/BA – 2005) Sobre agravo de instrumento assinale a alternativa correta:
(A) É facultativa, nesta modalidade de recurso, a juntada da cópia da decisão agravada.
(B) É facultativa, quando de sua interposição, a juntada de cópias das procurações outorgadas aos advogados do agravante e do agravado.
(C) O agravante requererá, em três (03) dias, a juntada aos autos do processo, de cópia da petição de agravo de instrumento e o comprovante de sua interposição, assim como dos documentos que instruíram o recurso.
(D) O Ministério Público será ouvido em cinco (05) dias.
(E) É recurso que nada obsta seja interposto no juízo a quo.

A e B: incorretas (art. 525, I, do CPC); C: correta (art. 526 do CPC); D: incorreta (art. 527, VI, do CPC); E: incorreta (art. 524 do CPC). Gabarito "C".

(Ministério Público/BA – 2005) Sobre recursos é correto afirmar-se:
(A) O recorrente poderá, a qualquer tempo, desistir do recurso, entretanto, fica condicionado à anuência do recorrido.
(B) O recurso interposto por um dos litisconsortes não tem o condão de aproveitar os demais.
(C) A insuficiência no valor do preparo não importa em deserção, ainda que o recorrente seja intimado para supri-lo.
(D) Os Estados, o Ministério Público, a União, os Municípios, assim como as respectivas autarquias, não estão dispensados de preparar seus recursos.
(E) O julgamento proferido pelo tribunal substituirá a sentença ou a decisão recorrida, mas somente no que tiver sido objeto do recurso.

A: incorreta (art. 501 do CPC); B: incorreta (art. 509 do CPC); C: incorreta (art. 511, § 2º, do CPC); D: incorreta (art. 511, § 1º, do CPC); E: correta (art. 512 do CPC). Gabarito "E".

(Ministério Público/BA – 2005) Assinale a alternativa correta:
(A) A apelação que decidir o processo cautelar será recebida no efeito suspensivo.
(B) Uma vez interposto o agravo, o juiz poderá reformar seu decisum, não havendo necessidade da oitiva da parte contrária.
(C) Cabem embargos de declaração, no prazo de dois (02) dias, quando houver, na sentença ou acórdão, obscuridade ou contradição.
(D) O agravo retido não está condicionado ao preparo.
(E) É de dez (10) dias o prazo para interposição do agravo que inadmitir os embargos.

A: incorreta (art. 520, IV, do CPC); B: incorreta (art. 523, § 2º, do CPC); C: incorreta (art. 536 do CPC); D: correta (art. 522, parágrafo único, do CPC); E: incorreta (art. 532 do CPC). Gabarito "D".

(Ministério Público/CE – 2009 – FCC) Publicado o acórdão do Superior Tribunal de Justiça que julga em definitivo recurso especial repetitivo, escolhido dentre aqueles que tratam de idêntica questão de direito,
(A) os agravos de instrumento serão julgados pelo Presidente do STJ, se ainda não distribuídos.
(B) os recursos especiais deverão ser encaminhados ao STJ, independentemente do resultado do acórdão recorrido coincidir ou não com a orientação do STJ.
(C) na hipótese de o acórdão recorrido divergir da orientação do STJ, não poderá o tribunal examinar a admissibilidade do recurso especial, que será remetido ao STJ.
(D) o Presidente do STJ não terá competência para julgar os recursos especiais encaminhados após a referida publicação e ainda não distribuídos.
(E) os recursos sobrestados serão novamente examinados pelo tribunal de origem na hipótese de o acórdão recorrido coincidir com a orientação do STJ.

A: correta (art. 5º, II, da Resolução n. 8, de 7/08/2008, do STJ); B: incorreta, porque os recursos especiais sobrestados na origem ou terão seguimento denegado na hipótese de acórdão recorrido coincidir com a orientação do STJ, ou serão novamente examinados pelo tribunal de origem na hipótese de o acórdão recorrido divergir da orientação do STJ (art. 543-C, § 7º, CPC); C: incorreta, em razão do dispositivo citado; D: incorreta, em razão do que dispõe a Resolução n. 8 do STJ acima mencionada; E: incorreta, porque na hipótese de o acórdão recorrido coincidir com a orientação do STJ, os recursos sobrestados terão seguimento denegado. Gabarito "A".

(Ministério Público/CE – 2009 – FCC) O apelante deduziu, como única matéria do recurso, a inconstitucionalidade de lei federal aplicada na sentença. A Câmara julgadora, por maioria de votos, reconheceu a inconstitucionalidade da lei, embora sem declarar expressamente sua inconstitucionalidade e o recurso foi provido, em parte. Nesse caso,
(A) a decisão da Câmara, embora não declare expressamente a inconstitucionalidade da lei, é nula porque viola a cláusula de reserva de plenário.
(B) como o único fundamento do recurso é a inconstitucionalidade de texto de lei, a Câmara tem competência para decidir desde logo o feito, sem declarar a inconstitucionalidade.
(C) a decisão é nula porque não foi unânime.
(D) a Câmara tem a competência e o dever de declarar expressamente a inconstitucionalidade parcial da lei aplicada na sentença.
(E) a decisão é válida, porque se o único fundamento do recurso é a inconstitucionalidade de texto de lei, inexistindo matéria remanescente a ser decidida, a Câmara deve julgar de imediato para evitar procrastinações.

A Súmula Vinculante n. 10 do STF assim dispõe: "Viola a cláusula de reserva de plenário (CF, artigo 97) a decisão de órgão fracionário de tribunal que, embora não declare expressamente a inconstitucionalidade de lei ou ato normativo do poder público, afasta sua incidência, no todo ou em parte"; portanto, a assertiva A está correta e as demais alternativas estão incorretas em razão da Súmula em questão. Gabarito "A".

(Ministério Público/DF – 2009) A respeito de recursos, assinale a alternativa correta.

(A) Uma vez proferida a sentença com julgamento de mérito e apresentado o recurso voluntário pela parte sucumbente, é incabível a desistência do recurso sem a anuência da parte contrária.

(B) O Ministério Público tem legitimidade para recorrer nos processos em que é parte e nas ações em que atua como fiscal da lei.

(C) Quanto ao recurso de apelação, pelo princípio do *tantum devolutum quantum apelatum*, ficam submetidas ao tribunal as questões anteriores à sentença e ainda não decididas.

(D) Após a publicação da sentença, o juiz só poderá alterá-la, mesmo que para corrigir inexatidões materiais, por meio de embargos de declaração.

(E) Em caso de litisconsórcio, para que o recurso interposto por um aproveite a todos, hão de ser distintos e opostos os interesses objetos da interposição.

A: incorreta, pois a desistência do recurso – ao contrário do que ocorre com a desistência da ação – não depende de concordância do adversário; B: correta (art. 499, § 2º, do CPC); C: incorreta, porque, embora seja verdadeira a afirmação de que a apelação devolve ao tribunal as questões anteriores à sentença e ainda não decididas, essa regra não está relacionada com o princípio do *tantum devolutum quantum apelatum*; D: incorreta, porque os erros de cálculo ou as inexatidões materiais não dependem de embargos de declaração para que sejam corrigidos pelo juiz; E: incorreta, porque o efeito expansivo subjetivo dos recursos só será verificado quando a matéria decidida no recurso interposto por um dos litisconsortes for comum aos demais. Gabarito "B".

(Ministério Público/MA – 2009) Atente para as seguintes afirmativas.

I. O recurso de apelação, cujo prazo de interposição, de regra, é de quinze (15) dias, somente é cabível de sentença definitiva, vale dizer, daquela que corporifica julgamento do processo com resolução de mérito.

II. os denominados *"embargos de declaração"* não são providos de efeito devolutivo.

III. interposta a apelação, o juiz, após declarar os efeitos em que a recebe e determinar a abertura de vista ao apelado para a resposta, depois de apresentada esta (resposta), não mais poderá reexaminar os pressupostos de admissibilidade daquela (apelação por ele recebida em momento procedimental anterior).

IV. à vista do princípio da taxatividade, pode-se afirmar que são recursos: a apelação, o agravo de instrumento, os embargos infringentes, a correição parcial e o reexame necessário.

V. são pressupostos de admissibilidade recursal a *"singularidade"* e a *"irresignação"*.

(A) Somente a afirmativa "I" supra é correta, sendo incorretas todas as demais.

(B) Somente são corretas as afirmativas "IV" e "V" supra, sendo incorretas as demais.

(C) Somente a afirmativa "II" supra é correta, sendo incorretas todas as demais.

(D) As afirmativas "I", "II" e "III" supra são corretas, sendo incorretas todas as demais.

(E) São incorretas as afirmativas "I", e "III" supra e corretas as demais.

I: incorreta, porque apelação é o recurso cabível contra sentença, pouco importando se esta foi definitiva ou terminativa; II: correta, desde que se adote uma corrente doutrinária segundo a qual o efeito devolutivo só existiria nos casos em que o recurso é dirigido para órgão jurisdicional diverso daquele que proferiu a decisão. Para essa corrente, como os embargos de declaração são dirigidos ao próprio prolator da decisão embargada, não haveria, de acordo com essa corrente, efeito devolutivo. Sem dúvida, foi a ela que se filiou o examinador nessa questão. Não se pode ignorar, contudo, que existe expressiva quantidade de processualistas que afirma que todos os recursos, sem exceção, têm efeito devolutivo, já que por eles a matéria impugnada é devolvida ao próprio Judiciário, o que não seria diferente no caso dos embargos de declaração; III: incorreta, porque o juiz pode – e deve – reapreciar o juízo de admissibilidade da apelação após a apresentação da resposta; IV: incorreta, porque correição parcial e reexame necessário não são recursos. A primeira tem natureza de medida administrativo-disciplinar, e o segundo é condição de eficácia das sentenças proferidas contra a fazenda pública; V: incorreta, porque singularidade é um dos princípios recursais, e não pressuposto de admissibilidade. Gabarito "C".

(Ministério Público/MG – 2010 – FUNDEP) Analise as seguintes afirmativas e assinale a alternativa **INCORRETA**.

(A) A sentença sujeita ao reexame necessário (art. 475 do CPC), mesmo quando em conformidade com jurisprudência do plenário do Supremo Tribunal Federal, deverá ser confirmada pelo segundo grau de jurisdição para que produza efeitos válidos e eficazes.

(B) Mesmo depois de recebida a apelação e declarados os seus efeitos, pode o juiz, enquanto os autos não forem remetidos ao tribunal, reexaminar os pressupostos de admissibilidade do recurso e, se for o caso, retificar a sua anterior decisão.

(C) Por meio de decisão singular, o Desembargador Relator, constatando que a apelação confronta com jurisprudência dominante do próprio tribunal, negará seguimento ao recurso.

(D) O juiz de primeiro grau de jurisdição deixará de receber recurso de apelação quando a sentença impugnada estiver em conformidade com súmula do Superior Tribunal de Justiça.

A: incorreta (art. 475, § 3º do CPC); B: correta (art. 518, § 2º do CPC); C: correta (art. 557 do CPC); D: correta (art. 518, § 1º do CPC). Gabarito "A".

(Ministério Público/MG – 2010 – FUNDEP) Analise as seguintes afirmativas e assinale a alternativa **CORRETA**.

(A) Concedido efeito suspensivo ou deferida a tutela recursal no agravo de instrumento, o juiz de primeiro grau não mais poderá exercer o direito de retratação.

(B) Contra ato judicial que julga liquidação de sentença cabe recurso de agravo de instrumento.

(C) Contra a decisão do relator que defere ou indefere antecipação de tutela no recurso de agravo de instrumento cabe recurso ao órgão colegiado do tribunal.

(D) O agravo retido contra decisão proferida em audiência poderá ser interposto de imediato, oralmente, ou no prazo de 10 dias, por meio de petição ao juiz da causa.

A: incorreta, porque o juízo de retratação pode ser exercido enquanto não julgado o recurso de agravo de instrumento; B: correta (art. 475-H do CPC); C: incorreta, porque se trata de decisão contra a qual não cabe recurso (art. 527, parágrafo único, CPC); D: incorreta, porque a interposição oral é obrigatória, sob pena de preclusão (art. 523, § 3º, CPC). Gabarito "B".

(Ministério Público/MG – 2010.2) Analise as seguintes afirmativas e assinale a alternativa INCORRETA.

(A) A sentença sujeita ao reexame necessário (art. 475 do CPC), mesmo quando em conformidade com jurisprudência do plenário do Supremo Tribunal Federal, deverá ser confirmada pelo segundo grau de jurisdição para que produza efeitos válidos e eficazes.

(B) Mesmo depois de recebida a apelação e declarados os seus efeitos, pode o juiz, enquanto os autos não forem remetidos ao tribunal, reexaminar os pressupostos de admissibilidade do recurso e, se for o caso, retificar a sua anterior decisão.

(C) Por meio de decisão singular, o Desembargador Relator, constatando que a apelação confronta com jurisprudência dominante do próprio tribunal, negará seguimento ao recurso.

(D) O juiz de primeiro grau de jurisdição deixará de receber recurso de apelação quando a sentença impugnada estiver em conformidade com súmula do Superior Tribunal de Justiça.

A: incorreta, porque essa é uma hipótese de dispensa expressa ao reexame necessário (art. 475, § 3º, do CPC); B: correta (art. 518, § 2º, do CPC); C: correta (art. 557 do CPC); D: correta (art. 518, § 1º, do CPC). Gabarito "A".

(Ministério Público/MG – 2010.2) Analise as seguintes afirmativas e assinale a alternativa CORRETA.

(A) Concedido efeito suspensivo ou deferida a tutela recursal no agravo de instrumento, o juiz de primeiro grau não mais poderá exercer o direito de retratação.

(B) Contra ato judicial que julga liquidação de sentença cabe recurso de agravo de instrumento.

(C) Contra a decisão do relator que defere ou indefere antecipação de tutela no recurso de agravo de instrumento cabe recurso ao órgão colegiado do tribunal.

(D) O agravo retido contra decisão proferida em audiência poderá ser interposto de imediato, oralmente, ou no prazo de 10 dias, por meio de petição ao juiz da causa.

A: incorreta, porque o exercício do juízo de retratação no agravo só não poderá ser exercido após o julgamento do mérito do recurso; B: correta (art. 475-H, CPC); C: incorreta, porque se trata de decisão irrecorrível, nos termos do art. 527, parágrafo único, CPC; D: incorreta, porque nesse caso só é admitida a interposição oral do recurso, na própria audiência, sob pena de preclusão (art. 523, § 3º, CPC). Gabarito "B".

(Ministério Público/MG – 2010.1) Assinale a alternativa CORRETA.

(A) Os embargos de declaração intempestivos, se conhecidos e julgados, interrompem o prazo para a interposição de outros recursos.

(B) Os embargos de declaração considerados protelatórios não interrompem o prazo para a interposição de outros recursos.

(C) Os embargos de declaração não interrompem o prazo para a oposição de embargos declaratórios à decisão já embargada pela parte contrária.

(D) Os embargos de declaração interrompem o prazo para a interposição de outros recursos, mas a interrupção favorece apenas a parte embargante.

(E) Os embargos de declaração suspendem o prazo para a interposição de outros recursos.

A: incorreta, porque a interposição dos embargos de declaração interrompe o prazo para os demais recursos, mas tal efeito não está condicionado ao conhecimento dos embargos; B: incorreta, porque o efeito interruptivo será verificado ainda que os embargos sejam protelatórios, mas, nesse caso, ao embargante poderá ser imposta multa; C: correta, opostos os declaratórios por uma das partes, fica interrompido o prazo para os demais recursos, para ambas as partes, mas não para a interposição dos próprios embargos pelo adversário do embargante; D: incorreta, porque esse efeito beneficia ambas as partes; E: incorreta, já que ocorre interrupção do prazo, com a ressalva de que haverá suspensão caso se trate de JEC. Gabarito "C".

(Ministério Público/MG – 2010.1) Assinale a alternativa CORRETA.

(A) Dada a celeridade exigida para o processamento do mandado de segurança e a ausência de previsão de agravo de instrumento na respectiva lei, não se admite a interposição de tal recurso contra decisão que concede ou denega liminar na ação mandamental.

(B) Embora a Lei de Mandado de Segurança não preveja o cabimento de agravo, a doutrina e a jurisprudência, alicerçadas no princípio do duplo grau de jurisdição, admitem a interposição desse recurso contra decisão que concede ou denega liminar, aplicando supletivamente o Código de Processo Civil.

(C) Na Lei de Mandado de Segurança há previsão expressa de cabimento do recurso de agravo, restrito, porém, à hipótese de concessão de liminar.

(D) Mesmo não havendo previsão de recurso de agravo em mandado de segurança, a decisão concessiva de liminar pode ser impugnada por meio de pedido de suspensão ao Presidente do Tribunal.

(E) Há previsão expressa na Lei de Mandado de Segurança do cabimento de agravo contra decisão que concede ou denega liminar.

Está correta a alternativa "E", porque o art. 7º, § 1º, da Lei 12.016/2009 prevê expressamente que "da decisão do juiz de primeiro grau que conceder ou denegar a liminar caberá agravo de instrumento". Em razão disto, estão incorretas as demais alternativas. Gabarito "E".

(Ministério Público/MG – 2007) Quanto aos recursos NÃO é verdadeiro afirmar que

(A) os prazos para interposição do recurso contar-se-ão da publicação do dispositivo do acórdão no órgão oficial.

(B) no prazo para a interposição do recurso, a petição será protocolada em cartório ou segundo a norma de organização judiciária, ressalvado em caso de Agravo de Instrumento em que poderá ser protocolada no tribunal, ou postada no correio.

(C) constatando a ocorrência de nulidade sanável, o tribunal poderá determinar a realização ou renovação do ato processual, intimadas as partes; cumprida a diligência, sempre que possível prosseguirá o julgamento da apelação.

(D) o juiz receberá o recurso de apelação quando a sentença estiver em conformidade com súmula do Superior Tribunal de Justiça ou do Supremo Tribunal Federal, cabendo ao 1º Vice-Presidente do tribunal de origem realizar o juízo de admissibilidade.

(E) apresentada a resposta, é facultado ao juiz, em cinco dias, o reexame dos pressupostos de admissibilidade do recurso.

A: correta (art. 506, III, do CPC); B: correta (art. 506, parágrafo único, do CPC); C: correta (art. 515, § 4º, do CPC); D: incorreta (art. 518, § 1º, do CPC); E: correta (art. 518, § 2º, do CPC). Gabarito "D".

(Ministério Público/MS – 2011 – FADEMS) Em relação a recursos, aponte a alternativa **correta**.

I. Nos casos em que a sentença trouxer em seu conteúdo algo mais do que a resolução exauriente do mérito ou a extinção do processo, por exemplo, deliberação sobre a antecipação de tutela, a parte deve impugnar tudo por meio de um só recurso, qual seja, a apelação. Não se concebe que a parte concomitantemente se insurja contra um mesmo pronunciamento por meio de agravo e de apelação. Ainda que tencione se insurgir apenas contra aquele algo mais, ela também deve lançar mão de apelação.

II. Pode a parte, mesmo que já tenha interposto o recurso, 'complementar' as razões recursais, adicionando elementos ao inconformismo, pois ainda não transcorreu totalmente o prazo recursal.

III. Deve-se distinguir entre a extensão do efeito devolutivo da apelação, limitada pelo pedido daquele que recorre, e a sua profundidade, que abrange os antecedentes lógico-jurídicos da decisão impugnada. Estabelecida a extensão do objeto do recurso pelo requerimento formulado pelo apelante, todas as questões surgidas no processo, que possam interferir no seu acolhimento ou rejeição, devem ser levadas em conta pelo Tribunal.

IV. A rejeição unânime dos embargos de declaração apaga os efeitos do julgamento proferido por maioria de votos no âmbito do recurso de apelação.

V. O recurso especial foi interposto antes do julgamento dos embargos de declaração da parte contrária sem posterior ratificação. É extemporâneo o recurso especial tirado antes do julgamento dos embargos de declaração, anteriormente opostos, sem que ocorra a necessária ratificação.

(A) As alternativas II e V estão corretas;
(B) Todas as alternativas estão incorretas;
(C) As alternativas II e IV estão corretas;
(D) As alternativas I, III e V estão corretas;
(E) Todas as alternativas estão corretas.

I: correta, porque mesmo que a sentença contenha mais de um capítulo decisório, o recurso cabível em relação a todos eles é a apelação, ainda que os efeitos dela sejam diversos em relação a cada um dos capítulos; II: incorreta, em razão do princípio da consumação, ou da preclusão consumativa (uma vez interposto o recurso, não pode a parte mais modificá-lo ou o alterar); III: correta (art. 515, §§ 1º e 2º, do CPC); IV incorreta, porque os embargos de declaração não substituem a decisão embargada, mas apenas a complementam; V: correta (Súmula 418 do STJ). Gabarito "D".

(Ministério Público/MS – 2006) Assinale a alternativa CORRETA:

(A) No direito processual civil o termo objeção indica a defesa que só pode ser conhecida quando alegada pela parte.

(B) A desistência do recurso formulado por um dos litisconsortes unitários faz cessar os efeitos da interposição apenas em relação ao desistente.

(C) A renúncia ao direito de recorrer independe da aceitação da outra parte.

(D) A petição de agravo de instrumento será instruída facultativamente, com cópias da decisão agravada, da certidão da respectiva intimação e das procurações outorgadas aos advogados do agravante e do agravado.

A: incorreta. No direito processual civil, "objeção" tem por objeto matéria de ordem pública, podendo, inclusive, ser decretada de ofício pelo juiz; B: incorreta (art. 501 do CPC); C: correta (art. 502 do CPC); D: incorreta (art. 525 do CPC). Gabarito "C".

(Ministério Público/MS – 2006) Assinale a alternativa CORRETA:

(A) A apelação devolverá ao tribunal o conhecimento da matéria impugnada. Serão, porém, objeto de apreciação e julgamento pelo tribunal todas as questões suscitadas e discutidas no processo, ainda que a sentença não as tenha julgado por inteiro.

(B) No caso de reexame necessário não cabe ao relator, com respaldo no artigo 557 do Código de Processo Civil, decidi-lo isoladamente.

(C) A apelação será incluída em pauta antes do agravo de instrumento interposto no mesmo processo.

(D) Os embargos de declaração não interrompem o prazo para a interposição de outros recursos, por qualquer das partes.

A: correta (art. 515, *caput* e § 1º, do CPC); B: incorreta (art. 557 do CPC); C: incorreta (art. 559 do CPC); D: incorreta (art. 538 do CPC). Gabarito "A".

(Ministério Público/PB – 2010) No que pertine aos recursos, analise as proposições que se seguem e assinale alternativa correta:

I. A interposição do recurso especial ou extraordinário não impede a execução provisória do julgado, contudo, se a execução provisória puder causar lesão grave ou de difícil reparação ao recorrente, este poderá ajuizar medida cautelar destinada a dar efeito suspensivo ao recurso excepcional.

II. Nas causas que envolvem estado estrangeiro ou organismo internacional *versus* município ou pessoa residente ou domiciliada no país, decididas por juiz federal, cabe recurso ordinário constitucional perante o Supremo Tribunal Federal, independentemente do tipo da decisão hostilizada e do seu teor.

III. Nos juizados especiais, em nenhuma hipótese, admite-se o recurso adesivo por ser incompatível com os princípios da oralidade, informalidade e celeridade que regem o procedimento sumaríssimo.

IV. A apelação será apreciada nos limites especificados pelo recorrente, contudo a norma permite que o tribunal, reformando a sentença que extinguiu o processo sem exame do mérito, possa avançar na análise do próprio mérito da ação, desde que não haja mais necessidade de dilação probatória e a apelação tenha por fundamento o *error in procedendo*.

(A) Apenas III e IV estão corretas.
(B) Apenas I, II e III estão corretas.
(C) Apenas I e II estão corretas.
(D) Apenas I é correta.
(E) Todas as proposições estão incorretas.

I: correta (art. 542, § 2º do CPC); II: incorreta, porque o recurso ordinário será de competência do STJ para esse caso (art. 105, II, "c" da CF); III: incorreta, porque o motivo da inadmissibilidade do recurso adesivo nos juizados especiais é a falta de previsão legal para a interposição adesiva do recurso inominado, e não a incompatibilidade com os princípios apontados; IV: incorreta, porque a aplicação da regra do art. 515, § 3º, do CPC (julgamento "per saltum" da lide madura) só pode ser admitida quando a questão de mérito for exclusivamente de direito e a causa estiver em condições de imediato julgamento, não estando sujeita a se tratar de "error in procedendo". Gabarito "D".

(Ministério Público/PB – 2010) No que pertine aos recursos, analise as proposições que se seguem e assinale alternativa correta:

I. A interposição do recurso especial ou extraordinário não impede a execução provisória do julgado, contudo, se a execução provisória puder causar lesão grave ou de difícil reparação ao recorrente, este poderá ajuizar medida cautelar destinada a dar efeito suspensivo ao recurso excepcional.

II. Nas causas que envolvem estado estrangeiro ou organismo internacional versus município ou pessoa residente ou domiciliada no país, decididas por juiz federal, cabe recurso ordinário constitucional perante o Supremo Tribunal Federal, independentemente do tipo da decisão hostilizada e do seu teor.

III. Nos juizados especiais, em nenhuma hipótese, admite-se o recurso adesivo por ser incompatível com os princípios da oralidade, informalidade e celeridade que regem o procedimento sumaríssimo.

IV. A apelação será apreciada nos limites especificados pelo recorrente, contudo a norma permite que o tribunal, reformando a sentença que extinguiu o processo sem exame do mérito, possa avançar na análise do próprio mérito da ação, desde que não haja mais necessidade de dilação probatória e a apelação tenha por fundamento o *error in procedendo*.

(A) Apenas III e IV estão corretas.
(B) Apenas I, II e III estão corretas.
(C) Apenas I e II estão corretas.
(D) Apenas I é correta.
(E) Todas as proposições estão incorretas.

I: correta (art. 497 do CPC); II: incorreta, porque o recurso ordinário, nesse caso, é de competência do STJ e só será admitido quando se tratar de sentença (contra as decisões interlocutórias proferidas pelo juiz federal nas causas internacionais, caberá o recurso de agravo também dirigido ao STJ); III: incorreta, porque o recurso adesivo não é admitido no JEC, por ausência de previsão legal, e não pelos motivos indicados; IV: incorreta, porque os requisitos para que o tribunal passe à análise do mérito são outros (que a questão seja exclusivamente de direito e que esteja em condições de julgamento imediato), sendo irrelevante o fato de ter sido alegado o *error in procedendo* ou *in judicando*. Gabarito "D".

(Ministério Público/PR – 2011) Acerca dos recursos cíveis, assinale a alternativa correta:

(A) cabe recurso extraordinário dirigido ao Supremo Tribunal Federal contra a decisão do Tribunal de Justiça que decidir o incidente de declaração de inconstitucionalidade;

(B) a autenticação das peças trasladadas não é pressuposto de admissibilidade do agravo de instrumento que ataca decisão interlocutória do juiz de primeiro grau;

(C) cabe recurso especial contra a decisão da turma recursal dos juizados especiais cíveis estaduais que contrariar tratado ou lei federal, ou negar-lhes vigência;

(D) cabe recurso de embargos infringentes quando o acórdão não unânime houver reformado, em grau de apelação, a sentença de mérito no mandado de segurança.

(E) cabe recurso de agravo contra a decisão do Supremo Tribunal Federal que não conhecer do recurso extraordinário por ausência de repercussão geral.

A: incorreta, porque eventual recurso extraordinário será interposto contra o acórdão que julgar o recurso no bojo do qual a inconstitucionalidade foi alegada, e não contra a decisão que resolveu o incidente em si mesmo; B: correta (STJ, REsp 1.111.001); C: incorreta, porque não se admite recurso especial contra decisão de turma recursal (embora o recurso extraordinário seja cabível); D: incorreta (art. 25 da Lei 12.016/2009); E: incorreta, porque se trata de decisão irrecorrível (art. 543-A do CPC). Gabarito "B".

(Ministério Público/PR – 2009) Registre a alternativa INCORRETA:

(A) as questões de fato surgidas supervenientemente à prolação e publicação da sentença, poderão ser suscitadas, conhecidas e apreciadas pelo Tribunal na apelação interposta, mas somente se a parte lograr provar que não as apresentou anteriormente por motivo de força maior;

(B) quando o dispositivo do acórdão contiver julgamento por maioria de votos e julgamento unânime, e forem interpostos embargos infringentes, o prazo para recurso extraordinário ou recurso especial, relativamente ao julgamento unânime, ficará sobrestado até a intimação da decisão nos embargos;

(C) o agravo, na sua forma retida, apenas será conhecido pelo Tribunal, caso a parte assim o requeira expressamente nas razões ou na resposta da apelação, indicando possuir o recurso a função de evitar a preclusão da matéria questionada, objeto da decisão interlocutória;

(D) a oposição de embargos de declaração não gera efeito devolutivo e interrompe, para ambas as partes, o transcorrer do prazo concedido para a interposição de outros recursos;

(E) indeferida liminarmente a petição inicial e interposto recurso de apelação, o juiz concederá vista ao apelado para responder, com o intuito de, na sequência, exercer o juízo de retratação, quando, então, aceitará a exordial indeferida ou, inexistindo reconsideração, encaminhará os

A: correta, nos termos do art. 517 do CPC; B: correta (art. 498 do CPC); C: correta (art. 523 do CPC); D: correta, desde que adotada a corrente doutrinária (não unânime) que defende que os embargos de declaração não teriam efeito devolutivo, já que dirigidos ao mesmo órgão que proferiu a decisão; E: incorreta, porque indeferida a petição e tendo o autor apelado dessa sentença, se o juiz não se retratar, remeterá os autos ao tribunal sem que o réu seja citado ou intimado para acompanhar o recurso. Gabarito "E".

(Ministério Público/PR – 2008) Em matéria de recursos é correto afirmar:

(A) O efeito translativo opera-se independente da expressa manifestação de vontade do recorrente ou do recorrido, permitindo ao tribunal julgar fora do que consta nas razões ou contra-razões e apreciar matéria não decidida pelo juízo a quo, posto que referente a questões de ordem pública.

(B) A renúncia ao direito de recorrer depende da aceitação da parte contrária e, portanto, diante de tal característica, deixa o ato de disposição de poder ser considerado potestativo.

(C) Os prazos recursais, ao contrário dos demais, não se sujeitam a causas de suspensão e de interrupção.

(D) O efeito devolutivo adia a produção imediata dos efeitos da decisão, pois impede a eficácia do pronunciamento judicial até que a decisão ou o próprio recurso dele interposto transite em julgado.

(E) O efeito suspensivo consiste em transferir ao órgão *ad quem* o conhecimento da matéria julgada em grau inferior de jurisdição.

A: correta, pois efeito translativo diz respeito exatamente às questões de ordem pública, ainda que não apreciadas pelo juízo *a quo*; B: incorreta (art. 502 do CPC); C: incorreta (arts. 179 e 180 do CPC). Os prazos recursais, da mesma forma que os demais prazos processuais, estão sujeitos à suspensão e interrupção; D: incorreta. O efeito devolutivo diz respeito ao princípio dispositivo, eis que o recurso interposto devolve ao Tribunal a matéria efetivamente impugnada; E: incorreta, pois o efeito suspensivo consiste em adiar a produção dos efeitos da decisão recorrida até o seu trânsito em julgado. Gabarito "A".

(MINISTÉRIO PÚBLICO/RO – 2010 – CESPE) No que se refere ao duplo grau de jurisdição obrigatório — remessa de ofício, recurso de ofício, reexame necessário ou recurso obrigatório —, assinale a opção correta.

(A) Esse instituto não é admitido no sistema processual brasileiro por violar o princípio da igualdade processual das partes.

(B) Esse instituto não se aplica quando a sentença estiver em conformidade com súmula do STF.

(C) Nos processos em que é parte pessoa jurídica de direito público interno, os acórdãos sujeitam-se ao duplo grau de jurisdição obrigatório.

(D) O duplo grau de jurisdição obrigatório é cabível nas sentenças com resolução de mérito, e incabível nas sentenças sem resolução de mérito.

(E) O duplo grau de jurisdição obrigatório depende da interposição do recurso de apelação para ser submetido ao tribunal.

A: incorreta (art. 475 do CPC); B: correta (art. 475, § 3º, do CPC); C: incorreta, porque só as sentenças (e não os acórdãos) ficam sujeitas ao reexame necessário; D: incorreta, porque ele é aplicável em ambos os casos; E: incorreta, porque não existe tal dependência. Gabarito "B".

(Ministério Público/RO – 2008 – CESPE) Ainda no que tange a recursos, assinale a opção correta.

(A) É permitida a reformatio in pejus no reexame necessário.

(B) Segundo o entendimento do STF, admite-se a interposição de embargos infringentes no processo de reclamação constitucional quando a decisão de mérito não for unânime.

(C) A apelação interposta contra sentença que julgar procedente o pedido de instituição de arbitragem tem efeito suspensivo.

(D) Segundo o entendimento do STJ, não cabem embargos de divergência contra acórdão que, em sede de agravo regimental, decide recurso especial.

(E) O acórdão proferido em mandado de segurança, decidido em única ou última instância pelos tribunais regionais federais ou pelos tribunais de justiça dos estados ou do DF, que simplesmente negue o pedido liminar, confirmando a decisão monocrática do relator, em julgamento de agravo regimental, não pode ser impugnado por recurso ordinário.

A: incorreta, pois no reexame necessário é admitida a plena atividade cognitiva do tribunal e, como não há, na verdade, uma parte recorrente, não há falar em *reformatio in pejus*; B: incorreta (art. 530 do CPC); C: incorreta (art. 520, VI, do CPC); D: incorreta (súmula 316 do STJ); E: incorreta (art. 539 do CPC). Gabarito "E".

(Ministério Público/RR – 2008 – CESPE) A respeito dos recursos no processo civil, julgue os itens a seguir.

(1) É cabível recurso especial pela forma retida contra acórdão que julga improcedente agravo interposto contra a decisão que concedeu a antecipação de tutela em ação civil pública. O requerente pode, ainda, ajuizar ação cautelar perante o STJ, objetivando destrancar o recurso, com fundamento no *periculum in mora*, que se traduz na urgência da prestação, bem como no *fumus boni juris* consistente na plausibilidade do direito alegado.

(2) Começa a correr o prazo para recorrer da sentença proferida em audiência no dia útil seguinte ao da audiência em que foi proferida a decisão.

(3) Caso seja indeferida liminarmente a petição inicial, por falta de interesse processual, e o autor apele da sentença, pode o tribunal julgar o mérito, se a causa versar sobre questão exclusivamente de direito.

(4) É possível interpor recurso ordinário ao STJ contra acórdão do tribunal estadual que, julgando improcedente apelação, confirmou sentença de primeiro grau, denegatória de mandado de segurança.

1: certo (art. 542, § 3º, do CPC). Contudo, entende o STJ que, nesses casos, quando se tratar de antecipação dos efeitos da tutela (concedendo ou denegando, frise-se), há que se processar imediatamente o recurso especial, para evitar o esvaziamento da prestação jurisdicional, presentes os requisitos típicos da medida cautelar, exatamente o *fumus boni juris* e o *periculum in mora*. Nesse sentido: "Medida cautelar. Recurso especial. Retenção. Art. 542, § 3º, do Código de Processo Civil. Tutela antecipada. Indisponibilidade total de bens. 1. Na hipótese de requerimento de tutela antecipada, o pedido de mérito pode ser deferido, ou não, prematuramente, antes do resultado final da demanda. Nesse caso, o recurso especial interposto em decorrência do indeferimento, ou não, da referida tutela deve ser apreciado de imediato, também antecipadamente. Não tem aplicação, no caso, a regra do art. 542, § 3º, do Código de Processo Civil, que disciplina a retenção de recurso especial relativa à decisão interlocutória. 2. Presente, ainda, no caso dos autos, o *periculum in mora*, que não pode ser totalmente descartado, já que o não processamento, imediato, do recurso especial, relacionado à reintegração de posse, poderá causar eventuais prejuízos ao requerente. 3. Medida cautelar procedente em parte" (MC n. 3.638/SP); 2: certo (art. 506, I e 184, § 2º, do CPC); 3: errado (art. 515, § 3º, do CPC); 4: errado (art. 539, II, *a*, do CPC). Gabarito 1C, 2C, 3E, 4E.

(Ministério Público/RS – 2009) Considere as afirmações abaixo, relativas aos recursos no processo civil:

I. Do acórdão que, por maioria, julgar improcedente a ação rescisória, são cabíveis embargos infringentes.

II. É ônus do recorrente, em preliminar formal e explícita da petição recursal, demonstrar a repercussão geral do recurso extraordinário, exceto nos casos de demonstração implícita da repercussão geral, como, por exemplo, na hipótese de já existir, no Supremo Tribunal Federal, ação direta pendente de julgamento pelo Plenário, versando sobre a mesma matéria.

III. Se o juiz extinguir o processo sem resolução de mérito, pode o tribunal desde logo julgar a lide, se a causa versar questão exclusivamente de direito ou se, versando sobre questão de fato, o tribunal converter o julgamento em diligência, para que a prova seja produzida em primeiro grau.

IV. Não é lícito ao juiz, após ter recebido a apelação, reexaminar, à vista das contrarrazões apresentadas, os pressupostos de admissibilidade do recurso, pois, proferida a sentença, o juiz cumpre e encerra o ofício jurisdicional.

Quais estão INCORRETAS?

(A) I, II, III e IV.
(B) Apenas I.
(C) Apenas II.
(D) Apenas III.
(E) Apenas IV.

I: incorreta, porque não cabem embargos infringentes no caso de votação não unânime que julga improcedente ação rescisória; II: incorreta, porque não há previsão legal ou constitucional da ressalva mencionada na proposição em questão; III: incorreta, porque se o tribunal tiver que converter o julgamento em diligência para a produção de provas, deverá determinar que o juízo de primeiro grau profira nova sentença após a diligência em questão (a aplicação do § 3º do art. 515 pressupõe a desnecessidade de produção de provas); IV: incorreta, porque o juiz não só pode, mas deve, reapreciar a admissibilidade do recurso após a apresentação de resposta. Gabarito "A".

(Ministério Público/SC – 2008)

I. O efeito translativo dos recursos se opera ainda que sem expressa manifestação de vontade do recorrente.

II. Dos recursos enumerados no artigo 496 do Código de Processo Civil, apenas os embargos de declaração e os embargos de divergência em recurso especial e em recurso extraordinário não comportam o efeito devolutivo.

III. Ainda que verse sobre direitos indisponíveis, não se conhecerá do agravo se a parte não requerer expressamente, nas razões ou na resposta da apelação, sua apreciação pelo Tribunal.

IV. Das decisões interlocutórias proferidas na audiência de instrução e julgamento caberá agravo na forma retida, devendo ser interposto oral e imediatamente, bem como constar do respectivo termo, nele expostas sucintamente as razões do agravante e a resposta do agravado.

V. É possível a interposição do recurso extraordinário em relação à parcela unânime do acórdão, ainda que haja voto vencido em relação à outra, da qual não se interpôs os embargos infringentes.

(A) apenas II e IV estão corretos.
(B) apenas I e II estão corretos.
(C) apenas IV está correto.
(D) apenas I, III e V estão corretos
(E) apenas III e IV estão corretos.

I: correta, pois, de fato, o efeito translativo diz respeito exatamente às questões de ordem pública, ainda que não apreciadas pelo juízo *a quo*; II: incorreta, pois todos os recursos, sem exceção, tem efeito devolutivo, que é consequência do princípio da demanda, ou seja, o órgão *ad quem* fica limitado a apreciar somente o que foi objeto do recurso; III: correta (art. 523, § 1º, do CPC); IV: incorreta (art. 523, § 3º, do CPC); V: correta (art. 498 do CPC). Gabarito "D".

(Ministério Público/SE – 2010 – CESPE) Assinale a opção correta acerca do sistema recursal do CPC.

(A) Segundo a jurisprudência do STJ e do STF, nas instâncias extraordinárias, o recurso interposto sem a assinatura do advogado é considerado inexistente.
(B) Segundo entendimento do STJ e do STF, não se conhecerá do recurso extraordinário ou especial quando inexistir, respectivamente, a alegada violação ao texto constitucional ou à legislação federal.
(C) Para a jurisprudência do STJ e do STF, é possível apreciar, em recurso extraordinário ou especial, matéria de ordem pública não prequestionada, ainda que ultrapassado o juízo de admissibilidade por outro fundamento.
(D) O STJ tem entendimento pacífico no sentido de que o tribunal pode agravar a condenação imposta à fazenda pública na remessa necessária, já que sua natureza jurídica é não recursal, de condição de eficácia da sentença.
(E) Na linha do entendimento jurisprudencial do STJ, contra a antecipação de tutela deferida na sentença, é cabível a interposição simultânea do recurso de agravo, do capítulo da antecipação, e de apelação, relativamente às outras matérias.

A: correta (STJ, AI 660.368-AgRg; STF, AI 486.564-AgRg, com a ressalva de que há decisões, no STF, no sentido que se trata de mero erro material, sanável, portanto – v. STF-RT 865/1323); B: incorreta, porque se trata de hipótese de improvimento do mérito, ou seja, de apreciação do mérito recursal; C: incorreta, porque o STF ainda exige o prequestionamento, inclusive para as matérias de ordem pública, embora no STJ a jurisprudência tenha sido alterada para se admitir a aplicação do efeito translativo ao recurso especial; D: incorreta (Súmula 45 do STJ); E: incorreta, porque se entende que é cabível apenas o recurso de apelação contra ambos os capítulos da sentença. Gabarito "A".

(Ministério Público/SE – 2010 – CESPE) Assinale a opção correta acerca do sistema recursal do CPC.

(A) Segundo a jurisprudência do STJ e do STF, nas instâncias extraordinárias, o recurso interposto sem a assinatura do advogado é considerado inexistente.
(B) Segundo entendimento do STJ e do STF, não se conhecerá do recurso extraordinário ou especial quando inexistir, respectivamente, a alegada violação ao texto constitucional ou à legislação federal.
(C) Para a jurisprudência do STJ e do STF, é possível apreciar, em recurso extraordinário ou especial, matéria de ordem pública não prequestionada, ainda que ultrapassado o juízo de admissibilidade por outro fundamento.
(D) O STJ tem entendimento pacífico no sentido de que o tribunal pode agravar a condenação imposta à fazenda pública na remessa necessária, já que sua natureza jurídica é não recursal, de condição de eficácia da sentença.
(E) Na linha do entendimento jurisprudencial do STJ, contra a antecipação de tutela deferida na sentença, é cabível a interposição simultânea do recurso de agravo, do capítulo da antecipação, e de apelação, relativamente às outras matérias.

A: correta (STJ: "consoante entendimento desta Corte, na instância especial, é inexistente o recurso interposto sem a assinatura do advogado" - EDcl no AgRg no REsp 594.130/SP); STF: A jurisprudência majoritária desta Suprema Corte continua firme no sentido de que a ausência de assinatura do advogado na petição do recurso acarreta a sua inexistência, não configurando mera irregularidade sanável. (AI 743595); B: incorreta, porque nesses casos o recurso deve ser conhecido, mas a ele deve ser negado provimento (a violação à lei federal ou à Constituição representa o mérito de tais recursos); C: incorreta, porque para o STF não há efeito translativo no recurso extraordinário, motivo pelo qual as matérias de ordem pública não prequestionadas não podem ser apreciadas ("1. Ausência de prequestionamento do dispositivo constitucional tido como violado (...) Súmulas STF 282 e 356. 2. Exigência do cumprimento desse requisito recursal, ainda que a questão suscitada seja de ordem pública. Precedentes - RE 567165 AgR, Relator(a): Min. ELLEN GRACIE, Segunda Turma, julgado em 28/09/2010). No STJ, a questão tem sido decidida de modo diferente ("Em sede de recurso especial, é possível examinar, de ofício, questões que envolvam a declaração de nulidade absoluta do processo, ainda que tal exame esteja subordinado ao conhecimento do recurso especial, dado o efeito translativo dos recursos. Nesse sentido: REsp 609.144/SC, 1ª Turma, Rel. Min. Teori Albino Zavascki, *RDR*, vol. 30, p. 333; REsp 701.185/RS, 2ª Turma, Rel. Min. Castro Meira, DJ de 3.10.2005, p. 210'" - REsp 1195441/SP, Rel. Ministro MAURO CAMPBELL MARQUES, SEGUNDA TURMA, julgado em 24/08/2010, DJe 30/09/2010); D: incorreta, porque é o contrário que estabelece a Súmula 45 do STJ; E: incorreta, porque, nesse caso, cabe um único recurso, que é a apelação. Gabarito "A".

(Ministério Público/SE – 2010 – CESPE) Acerca da repercussão geral, da súmula vinculante e dos recursos repetitivos, assinale a opção correta.

(A) Para os recursos anteriores à aplicação do regime da repercussão geral ou para aqueles que tratem de matéria cuja repercussão geral ainda não tenha sido examinada, a jurisdição cautelar do STF firma-se com a simples interposição.
(B) O advogado-geral da União é um dos legitimados a propor a edição, a revisão ou o cancelamento de enunciado de súmula vinculante.
(C) O STF não pode iniciar de ofício o procedimento de edição de enunciado de súmula vinculante.
(D) No âmbito dos recursos repetitivos no STJ, é viável o acolhimento de pedido de desistência recursal até o início do julgamento do recurso especial representativo da controvérsia.
(E) Aplica-se o regime da repercussão geral às questões constitucionais já decididas pelo STF cujos julgados sucessivos tenham ensejado a formação de súmula ou jurisprudência dominante.

A: incorreta, porque "para os recursos anteriores à aplicação do regime da repercussão geral ou para aqueles que tratem de matéria cuja repercussão geral ainda não foi examinada, a jurisdição cautelar deste Supremo Tribunal somente estará firmada com a admissão do recurso extraordinário ou, em caso de juízo negativo de admissibilidade, com o provimento do agravo de instrumento, não sendo suficiente a sua simples interposição. Precedentes" (AC 2177 MC-QO, Relator(a): Min. ELLEN GRACIE, Tribunal Pleno, julgado em 12/11/2008,); B: incorreta, porque não se trata de autoridade apontada pelo art. 3º da Lei 11.417/2006; C: incorreta (art. 2º da Lei 11.417/2006); D: incorreta, porque "é inviável o acolhimento de pedido de desistência recursal formulado quando já iniciado o procedimento de julgamento do Recurso Especial representativo da controvérsia, na forma do art. 543-C do CPC c/c Resolução n.º 08/08 do STJ. Precedente: QO no REsp. n.1.063.343-RS, Corte Especial, Rel. Min. Nancy Andrighi, julgado em 17.12.2008" (REsp 1111148/SP, Rel. Ministro MAURO CAMPBELL MARQUES, PRIMEIRA SEÇÃO, julgado em 24/02/2010, DJe 08/03/2010); E: correta, porque nesse caso há previsão expressa de que é presumida a repercussão geral (art. 543-A, § 3º, CPC). Gabarito "E".

(Ministério Público/SP – 2011) Da decisão que julgar a liquidação de sentença caberá

(A) embargos do devedor, seguro o Juízo.
(B) recurso de apelação.
(C) exceção de executividade.
(C) objeção de executividade.
(E) recurso de agravo de instrumento.

De acordo com o art. 475-H, o recurso cabível contra a decisão que julga a liquidação de sentença é o agravo de instrumento. Correta, portanto, a alternativa "E". Gabarito "E".

(Ministério Público/SP – 2011) Interposto recurso de apelação pelo vencido,

(A) é facultado ao Juiz declarar os efeitos em que o recebe.
(B) será recebido quando a sentença estiver em conformidade com súmula do Superior Tribunal de Justiça ou do Supremo Tribunal Federal.
(C) apresentada a resposta, é incabível o reexame dos pressupostos de sua admissibilidade.
(C) não será recebido quando a sentença estiver em conformidade com súmula do Superior Tribunal de Justiça ou do Supremo Tribunal Federal.
(E) apresentada a resposta do recorrido, é irretratável a decisão que o recebeu.

A: incorreta, porque os efeitos da apelação são previstos pela lei, não havendo qualquer discricionariedade do juiz a esse respeito; B: incorreta, porque é o oposto que prevê o art. 518, § 1º, do CPC; C: incorreta (art. 518, § 2º, do CPC); D: correta (art. 518, § 1º, do CPC); E: incorreta (§ 2º, já referido). Gabarito "D".

(Ministério Público/SP – 2010) Sobre recursos é correto afirmar-se:

(A) O recorrente poderá, a qualquer tempo, desistir do recurso, entretanto, fica condicionado à anuência do recorrido.
(B) O recurso interposto por um dos litisconsortes não tem condão de aproveitar aos demais.
(C) A insuficiência no valor do preparo não importa em deserção, ainda que o recorrente seja intimado para supri-lo.
(D) Os Estados, o Ministério Público, a União, os Municípios, assim como as respectivas autarquias, não estão dispensados de preparar seus recursos.
(E) O julgamento proferido pelo tribunal substituirá a sentença ou a decisão recorrida, mas somente no que tiver sido objeto do recurso.

A: incorreta, porque a desistência do recurso, enquanto este não tiver sido julgado, não depende da concordância do recorrido; B: incorreta, porque se o litisconsórcio for unitário, ou mesmo simples, mas nesse caso a matéria impugnada pelo recorrente for comum aos demais, o julgamento do recurso terá o chamado efeito expansivo subjetivo, o que quer dizer que a decisão nele proferida poderá atingir outros sujeitos do processo, além do recorrente; C: incorreta, porque se o recorrente intimado para tanto não suprir o preparo insuficiente, haverá deserção; D: incorreta, porque há dispensa expressa; E: correta, com a ressalva de que o efeito substitutivo só será verificado se o recurso for conhecido e a decisão recorrida não tiver sido invalidada pelo tribunal. Gabarito "E".

(Ministério Público/SP – 2010) É correto afirmar em sede de embargos declaratórios:

(A) Que a decisão proferida em decorrência de sua interposição não se integra à decisão omissa, porquanto a natureza jurídica desse recurso é tão somente a de esclarecer a decisão embargada.
(B) Que a sua interposição não interrompe o prazo de apelação.
(C) Podem, casualmente, deter caráter infringente, de molde a permitir a impressão de efeitos modificativos no bojo da decisão omissa, contraditória ou materialmente incorreta.
(D) Se manejados com o intuito de suscitar prequestionamento, na eventualidade de o órgão julgador insistir na omissão, é cabível a imposição da multa de que trata o parágrafo único do artigo 538, do Código de Processo Civil.
(E) O Ministério Público não detém a prerrogativa discriminada no artigo 188 do Código de Processo Civil (prazo em dobro), quando agitar embargos declaratórios com a finalidade de aviar recursos especial e/ou extraordinário, eis que a dilação do prazo recursal reside apenas nas instâncias ordinárias.

A: incorreta, porque a decisão proferida nos embargos integra a decisão embargada; B: incorreta, porque a interposição dos embargos de declaração interrompe o prazo para os demais recursos, inclusive para a apelação; C: correta, pois existe tal possibilidade; D: incorreta, pois em conformidade com a redação do parágrafo único do art. 538 do CPC; E: incorreta, porque o MP tem prazo em dobro para interpor qualquer recurso, inclusive embargos de declaração, inclusive com finalidade de prequestionamento. Gabarito "C".

(Ministério Público/SP – 2010) A apelação contra sentença que decreta a improcedência de ação declaratória de título e improcedência dos embargos à execução tem os seguintes efeitos, quanto aos recursos:

(A) Suspensivo e devolutivo para ambos os recursos.
(B) Efeito apenas devolutivo quanto à declaratória e devolutivo/suspensivo quanto aos embargos.
(C) Apenas efeito devolutivo quanto aos dois recursos.
(D) Efeito devolutivo/suspensivo quanto à declaratória e apenas devolutivo quanto aos embargos.
(E) Apenas efeito suspensivo quanto aos dois recursos.

Em regra, a apelação terá duplo efeito. Só se afasta o efeito suspensivo quando houver expressa previsão legal. No caso da apelação contra a sentença proferida em ação declaratória de título, como não há regra especial, conclui-se pelo duplo efeito do recurso. Como no caso da rejeição dos embargos existe a regra do art. 520, V, do CPC, a apelação será recebida apenas no efeito devolutivo, motivo pelo qual é correta a alternativa "D". Gabarito "D".

(Ministério Público/SP – 2008) Assinale a alternativa em que todas as matérias podem ser oportunamente conhecidas de ofício pelo tribunal no julgamento da apelação.

(A) Ilegitimidade de parte, convenção de arbitragem e litispendência.
(B) Impossibilidade jurídica da demanda, nulidade de cláusula de eleição de foro em contrato de adesão e nulidade da citação.
(C) Coisa julgada, convenção de arbitragem e prescrição.
(D) Prescrição, incompetência absoluta e coisa julgada.
(E) Incompetência absoluta, incompetência relativa e ilegitimidade de parte.

Art. 267, § 3º, do CPC. Gabarito "D".

(Ministério Público/SP – 2006) São princípios fundamentais dos recursos previstos no Código de Processo Civil:

(A) o duplo grau de jurisdição, a taxatividade, a singularidade, a infungibilidade e a garantia da reformatio in peius.
(B) o duplo grau de jurisdição, a taxatividade, a singularidade, a fungibilidade e a proibição da reformatio in peius.
(C) o duplo grau necessário de jurisdição, a taxatividade, a singularidade, a fungibilidade e a garantia da reformatio in peius.
(D) o duplo grau necessário de jurisdição, a ausência de taxatividade, a singularidade, a infungibilidade e a garantia da reformatio in peius.
(E) o duplo grau de jurisdição, a ausência de taxatividade, a singularidade, a infungibilidade e a proibição da reformatio in peius.

O princípio do duplo grau de jurisdição está presente em nossa história há séculos e na Constituição Federal de 1988 está previsto implicitamente, como garantia fundamental da prestação jurisdicional, respeitando o contraditório, a ampla defesa e a igualdade processual. Existem somente os recursos previstos em lei, no caso, o art. 496 do CPC enumera os cabíveis, além daqueles previstos em legislação especial, como o recurso inominado no Juizado Especial Cível e os embargos infringentes na Lei de Execução Fiscal. Equivalente ao princípio da unirrecorribilidade, o princípio da singularidade significa dizer que para cada espécie de ato judicial é cabível uma espécie de recurso, com algumas exceções. O princípio da fungibilidade é aquele segundo o qual é permitido ao juiz conceder determinada medida diferente daquela postulada, sem que incorra em uma decisão *extra* ou *ultra petita*. No caso dos recursos, embora o CPC não tenha previsto expressamente a aplicação da fungibilidade, é possível ao magistrado, sem que haja erro grosseiro pela parte, receber um recurso como outro quando houver dúvida objetiva, o que ocorre em geral entre apelação e agravo. A proibição da *reformatio in pejus* é consequência do efeito devolutivo dos recursos, segundo o qual cabe ao órgão *ad quem* apreciar apenas a matéria impugnada. Gabarito "B".

(Defensoria/ES – 2009 – CESPE) Acerca do processo civil brasileiro, julgue o item subsequente.

(1) O juiz receberá o recurso de apelação quando a sentença estiver em conformidade com súmula do STJ ou do STF, cabendo ao 1.o vice-presidente do tribunal de origem realizar o juízo de admissibilidade.

1: Errada, porque o § 1º do art. 518 estabelece que nesse caso o recurso não deverá ser recebido pelo juiz. Em razão dessa regra é que se tem falado em "súmula impeditiva de recurso". Gabarito 1E.

(Defensoria/MA – 2009 – FCC) O prazo para o Defensor Público interpor recurso adesivo é de

(A) trinta dias, contados da mesma data do termo inicial para as contrarrazões do recurso principal.
(B) dez dias, contados da publicação do despacho que admitiu o recurso principal.
(C) vinte dias, contados da publicação do despacho que admitiu o recurso principal.
(D) dez dias, contados da mesma data do termo inicial para as contrarrazões do recurso principal.
(E) quinze dias, contados da mesma data do termo inicial para as contrarrazões do recurso principal.

O defensor público tem prazo em dobro para praticar os atos processuais, e o recurso adesivo só é admitido em relação à apelação, embargos infringentes, recurso especial ou extraordinário, e o prazo legal para tais recursos é de 15 dias. Portanto, a alternativa A é correta e as demais alternativas estão incorretas. Gabarito "A".

(Defensoria/MA – 2009 – FCC) Relativamente ao agravo de instrumento e à reclamação está correto afirmar que

(A) não cabe reclamação, se não houver o encaminhamento ao Supremo Tribunal Federal de agravo de instrumento interposto da decisão que não admite recurso extraordinário, no âmbito dos juizados especiais.
(B) cabe novo agravo de instrumento se o magistrado deixa de encaminhar ao Supremo Tribunal Federal o agravo de instrumento interposto da decisão que não admite recurso extraordinário, se referente à causa instaurada no âmbito dos juizados especiais.
(C) cabe reclamação para o Superior Tribunal de Justiça de decisão do tribunal "a quo" que recebeu, no duplo efeito, recurso ordinário constitucional, em mandado de segurança, de competência originária do Tribunal de Justiça, que foi denegado.
(D) cabe reclamação ao Supremo Tribunal Federal, se o Presidente do Tribunal de Justiça suspende a liminar deferida por desembargador, em mandado de segurança de competência originária do Tribunal de Justiça, unicamente com invocação de preceito da Constituição Federal.
(E) não se admite o cabimento de reclamação no âmbito de outros tribunais, matéria restrita ao Supremo Tribunal Federal.

A: incorreta, porque a reclamação é cabível nesse caso, porque o não encaminhamento do agravo de instrumento (hoje agravo nos próprios autos – art. 544, CPC) representa ofensa à competência do Supremo, o que justifica o uso da medida; B: incorreta, porque nesse caso é a reclamação a medida cabível; C: incorreta, porque o recurso ordinário deve ser recebido no duplo efeito; D: correta, porque, nesse caso, a competência para a suspensão da segurança é do presidente do próprio STF, motivo pelo qual houve usurpação da competência, o que justifica o uso da reclamação; E: incorreta, porque há previsão constitucional de cabimento de reclamação para os demais tribunais superiores, e, além disso, é possível que na Constituição estadual também seja ela prevista para os tribunais de justiça. Gabarito "D".

(Defensoria/MG – 2009 – FURMARC) Quanto ao recurso de agravo, no código de processo civil, assinale a opção INCORRETA.

(A) O efeito devolutivo, na modalidade de agravo retido, será diferido.
(B) A ausência de peças obrigatórias implica o não conhecimento do agravo de instrumento.
(C) A decisão do relator que lhe nega seguimento pela intempestividade é irrecorrível.
(D) O agravo contra a inadmissão de recurso especial independe de preparo.
(E) Será cabível na modalidade retida e oral quando interposto de decisão proferida em audiência de instrução e julgamento.

A: correta, porque, para uma parcela da doutrina, verifica-se o efeito devolutivo diferido quando o conhecimento de um recurso fica subordinado à prática de algum ato pelo recorrente, posterior à interposição, o que ocorre nos recursos retidos, já que se exige reiteração deles (anote-se, porém, que existem opiniões no sentido de que efeito devolutivo diferido é sinônimo de juízo de retratação, o que também se verifica no agravo retido); B: correta (art. 525 do CPC); C: incorreta, porque a decisão em questão pode ser atacada pelo recurso de agravo interno; D: correta (§ 2º do art. 544 do CPC); E: correta (§ 3º do art. 523 do CPC). Gabarito "C".

(Defensoria/MG – 2006) Sobre recurso no Código de Processo Civil, analise as seguintes afirmativas.

I. Os Embargos de Declaração, tradicionalmente, são processados sem oportunidade de resposta pelo embargo, por se destinarem ao erro aperfeiçoado na forma de expressão do julgado, sem possibilidade de alterar-lhe o conteúdo.
II. A jurisprudência tem admitido a prescindibilidade da intimação da parte contrária quando os embargos de declaração são interpostos com propósito modificativos.
III. Embargos de declaração manifestados com notório propósitos de prequestionamento têm caráter protelatório
IV. Viola o princípio da *reformatio in pejus* o tribunal que conhecer *ex officio* de questões de ordem pública e decidir contrariamente ao recorrente.
V. O juiz não receberá o recurso de apelação quando a sentença estiver em conformidade com súmula do Superior Tribunal de Justiça ou Supremo Tribunal Federal.

A partir da análise, pode-se concluir que:

(A) Apenas as afirmativas I e V estão corretas.
(B) Apenas as afirmativas II e V estão corretas.
(C) Apenas as afirmativas I, II, III e V estão corretas.
(D) Todas as afirmativas estão corretas.
(E) Todas as afirmativas estão incorretas.

I: correta (arts. 536 e 537, ambos do CPC); II: incorreta. Pelo contrário, a jurisprudência, nos casos em que possa ser atribuído efeito modificativo aos embargos de declaração, tem admitido que deverá ser observado o contraditório, intimando-se, para tanto, a parte embargada; III: incorreta, pois não são consideradas protelatórios os embargos de declaração com finalidade de prequestionamento (vide Súmulas 356 do STF e 98 do STJ); IV: incorreta (art. 267, § 3º, do CPC); V: correta (art. 518, § 1º, do CPC). Gabarito "A".

(Defensoria/MG – 2006) Considerando o ato judicial que, na audiência de instrução e julgamento, indefere a produção de prova requerida pela autora, assinale a alternativa CORRETA.

(A) É impugnável por meio de mandado de segurança por ofender direito líquido e certo da parte de demonstrar os fatos constitutivos do seu direito.
(B) É impugnável via de instrumento, pó se tratar de decisão interlocutória suscetível de causar à parte lesão grave e de difícil reparação.
(C) É impugnável via agravo retido, por se tratar de decisão interlocutória proferida em audiência de instrução e julgamento.
(D) É irrecorrível por se tratar de despacho.
(E) É irrecorrível por se tratar de prerrogativa do juiz, na qualidade de destinatário da prova que considere inúteis.

Art. 523, § 3º, do CPC. Gabarito "C".

(Defensoria/MT – 2009 – FCC) O recurso adesivo

(A) subsiste mesmo se houver desistência do recurso principal.
(B) será admissível na apelação, no agravo de instrumento, nos embargos infringentes, no recurso especial e no recurso extraordinário.
(C) por aderir ao recurso principal não está sujeito a preparo.
(D) possui condições de admissibilidade próprias em relação ao recurso independente.
(E) não será conhecido se, em relação ao recurso principal, houver desistência ou for ele declarado inadmissível ou deserto.

A: incorreta, porque o recurso adesivo é dependente do principal, motivo pelo qual, manifestada a desistência deste, ficará prejudicado aquele; B: incorreta, porque não se admite recurso de agravo de instrumento adesivo (art. 500, CPC); C: incorreta, porque o recurso adesivo fica sujeito às mesmas exigências que são feitas para a interposição autônoma do recurso; D: incorreta, pelo mesmo motivo apontado na alternativa anterior; E: correta, em razão do seu caráter dependente, subordinado ao recurso principal. Gabarito "E".

(Defensoria/MT – 2007) Concernente ao juízo de admissibilidade dos recursos, no Processo Civil, assinale a afirmativa correta.

(A) Ao Ministério Público não é conferida legitimidade para interpor recurso, nos processos em que oficie como fiscal da lei.
(B) A aceitação da decisão (ou aquiescência) é um fato impeditivo ao direito de recorrer.
(C) Existem pronunciamentos judiciais que não comportam recurso.
(D) A tempestividade é considerada requisito intrínseco ao direito de recorrer.
(E) O juízo de admissibilidade dos recursos constitui-se em juízo de delibação.

A: incorreta (art. 499, § 2º, do CPC); B: incorreta (art. 503, parágrafo único, do CPC); C: correta (art. 504 do CPC); D: incorreta. A tempestividade é um requisito extrínseco do recurso; E: incorreta. O juízo de admissibilidade é feito antes de analisar o mérito e, portanto, é um juízo de prelibação. Gabarito "C".

(Defensoria/PA – 2009 – FCC) No Tribunal de Justiça, o relator, em decisão unipessoal, poderá

(A) dar provimento ao recurso, se a decisão recorrida estiver contrária à súmula do próprio Tribunal.
(B) dar provimento ao recurso, se a decisão recorrida estiver contrária à jurisprudência predominante do próprio Tribunal.
(C) negar provimento ao recurso, se este estiver contrário à jurisprudência do próprio Tribunal.
(D) negar provimento ao recurso, se este estiver em confronto com a jurisprudência predominante de outros Tribunais de Justiça.
(E) negar provimento ao recurso, se este estiver contrário à súmula de outro Tribunal de Justiça.

A: incorreta, porque o § 1º-A do art. 557 do CPC prevê a possibilidade de provimento monocrático do recurso, quando a decisão recorrida estiver em confronto com súmula, ou jurisprudência dominante, do STF ou do STJ, e não com a súmula ou jurisprudência dominante do próprio Tribunal; B: incorreta, pelos mesmos motivos; C: correta (art. 557, caput, CPC); D: incorreta, porque o art. 557 do CPC não prevê essa possibilidade; E: incorreta, também por falta de previsão legal. Gabarito "C".

(Delegado/PA – 2009 – MOVENS) Para impugnar decisão de um juiz que, no curso do processo em primeiro grau de jurisdição, resolveu questão incidente sem analisar o mérito, é cabível a interposição de

(A) apelação.
(B) agravo.
(C) embargos de divergência.
(D) embargos infringentes.

A alternativa "B" é a única correta, porque se trata de decisão interlocutória, agravável, portanto. Gabarito "B".

(Defensoria/PI – 2009 – CESPE) A 1.ª Câmara Especializada Cível do TJ/PI, em acórdão não unânime, reformou, em grau de apelação, sentença de mérito que julgou improcedente o pedido de indenização por danos morais proposto por João em face de Caio. O voto vencido entendia pela manutenção da sentença de improcedência, em razão da contundência da prova testemunhal. Após a intimação do acórdão, Caio interpôs recurso de embargos infringentes, e as câmaras reunidas cíveis, ultrapassando o juízo de admissibilidade recursal, decidiram de ofício por extinguir o processo, sem julgamento de mérito, pela falta de uma das condições da ação. Nessa situação hipotética, as câmaras reunidas cíveis

(A) podem analisar de ofício as condições da ação, apesar de o recurso de embargos infringentes possuir efeito devolutivo limitado ao voto vencido, desde que ultrapassado o juízo de admissibilidade, em razão do efeito translativo do recurso.
(B) não podem analisar de ofício as condições da ação, uma vez que os embargos infringentes têm extensão limitada ao voto vencido.
(C) não poderiam ultrapassar o juízo de admissibilidade do recurso interposto, uma vez que os embargos infringentes só têm cabimento quando o acórdão não unânime houver julgado procedente ação rescisória.
(D) não poderiam ultrapassar o juízo de admissibilidade do recurso interposto, uma vez que a espécie recursal cabível seria o recurso extraordinário.
(E) não poderiam ultrapassar o juízo de admissibilidade do recurso interposto, uma vez que a espécie recursal cabível seria o recurso especial.

A: correta, pois a alternativa traz um exemplo típico do efeito translativo do recurso; B: incorreta, porque o efeito translativo permite ao tribunal, mesmo nos casos de embargos infringentes, a análise das matérias de ordem pública; C: incorreta (art. 530 do CPC); D e E: incorretas, porque era caso mesmo de embargos infringentes. Gabarito "A".

(Defensoria/RN – 2006) Assinale a alternativa incorreta.

(A) Recebido o agravo de instrumento no tribunal, o relator converterá em retido, mandando remeter os autos ao juiz da causa, exceto se tratar de decisão suscetível de causar à parte lesão grave e de difícil reparação, bem como nos casos de inadmissão da apelação e nos relativos aos efeitos em que a apelação é recebida.
(B) Cabem embargos infringentes quando o acórdão unânime houver reformado, em grau de apelação, a sentença de mérito, ou houver julgado procedente ação rescisória.
(C) No julgamento da apelação, constatando a ocorrência de nulidade sanável, o tribunal poderá determinar a realização ou renovação do ato processual, intimadas as partes; cumprida a diligência, sempre que possível prosseguirá o julgamento da apelação.
(D) O prazo para a interposição de recurso especial e extraordinário fica sobrestado quando interpostos embargos infringentes do acórdão decidido por maioria de votos e unânime.

A: correta (art. 527, II, do CPC); B: incorreta (art. 530 do CPC - não unânime); C: correta (art. 515, § 4º, do CPC); D: correta (art. 498 do CPC). Gabarito "B".

(Defensoria/RN – 2006) Os recursos especial e extraordinário

(A) quando interpostos simultaneamente e admitidos serão encaminhados ao Supremo Tribunal Federal, diante da primazia da questão constitucional.
(B) exigem a sucumbência e a ofensa da decisão recorrida ao direito positivo para legitimar o recorrente.

(C) são admitidos também das decisões interlocutórias, bem como daquelas oriundas dos juizados especiais.

(D) suspendem a execução do acórdão recorrido.

A: incorreta (art. 543 do CPC); B: correta, pois a ofensa da decisão recorrida está ligada ao interesse recursal e não a legitimidade; C: incorreta, pois no âmbito do juizado especial cível não é cabível recurso especial (Súmula 203 do STJ); D: incorreta (art. 497 do CPC). Gabarito "B".

(Defensoria/SE – 2006 – CESPE) Julgue os seguintes itens.

(1) O objeto do juízo de admissibilidade são os requisitos necessários para que o órgão *ad quem* possa apreciar o mérito do recurso, a fim de dar-lhe ou negar-lhe provimento.

(2) Sendo a decisão favorável em parte a um dos litigantes e em parte ao outro, podem ambos recorrer no prazo comum. Se, porém, um dos litigantes se houver abstido de recorrer no prazo comum, disporá ainda de outra oportunidade, interpondo o recurso adesivo. No entanto, para que o recurso adesivo seja apreciado pelo órgão julgador, é necessário que também o recurso principal seja conhecido.

1: certo, pois, de fato, o juízo de admissibilidade é feito antes de apreciar o mérito do recurso; 2: certo (art. 500 do CPC). Gabarito 1C, 2C.

(Defensoria/SE – 2006 – CESPE) Julgue os itens seguintes.

(1) Se, após o julgamento da demanda, surgir novo fato capaz de modificar a situação jurídica de um dos litigantes, este pode interpor embargos de declaração com a finalidade de instaurar uma nova discussão sobre a controvérsia jurídica já apreciada.

(2) É cabível o recurso de agravo contra a decisão que recebe a apelação sem o regular preparo.

1: errado (art. 535 do CPC); 2: errado (art. 522 do CPC). Somente caberá agravo quando não for recebida a apelação. Gabarito 1E, 2E.

(Defensoria/SP – 2007 – FCC) O relator de Mandado de Segurança de competência originária do Tribunal de Justiça do Estado, por decisão monocrática, indeferiu a petição inicial do *mandamus*, por reputar incabível o pleito de segurança. Inconformado, o advogado do impetrante, ancorado no artigo 105, II, "b" da CF, interpôs recurso ordinário contra tal decisão, dirigido ao STJ, que também teve seu seguimento denegado pelo mesmo relator, por inadmissível. Quanto ao recurso acima considerado, o relator agiu

(A) corretamente, pois, nessa hipótese, o recurso cabível seria o agravo de instrumento, no prazo de 10 dias.

(B) corretamente, pois nessa hipótese o recurso cabível seria o agravo regimental, também chamado de agravo interno, no prazo de 5 dias.

(C) incorretamente, pois o recurso interposto estava de acordo com o permissivo constitucional.

(D) incorretamente, já que tolheu ao impetrante o direito de acesso à Câmara julgadora.

(E) incorretamente, pois, na hipótese em exame, o recurso interposto era o único cabível.

Segundo redação do art. 539, II, *a*, do CPC, seria cabível o recurso ordinário caso o Tribunal de Justiça tivesse denegado a segurança. Ocorre que, na hipótese, o Tribunal indeferiu a petição inicial e, por isso, o único recurso cabível é o agravo regimental (vide redação do art. 568 do RITJSP: *"Caberá agravo regimental, para o Órgão Especial, no prazo de cinco dias, da decisão do relator que: a) rejeitar liminarmente a inicial, por motivo de inépcia manifesta"*, e art. 557, § 1º, do CPC. Gabarito "B".

(Defensoria/SP – 2007 – FCC) Cabem embargos infringentes contra acórdão

(A) unânime proferido em agravo de instrumento.

(B) unânime proferido em grau de apelação.

(C) unânime que acolhe ação rescisória.

(D) não unânime que rejeita ação rescisória.

(E) não unânime que acolhe ação rescisória.

Art. 530 do CPC. Gabarito "E".

(Procurador do Estado/CE – 2008 – CESPE) Quanto aos recursos no processo civil, assinale a opção correta.

(A) É possível a convalidação das nulidades sanáveis, por decisão do colegiado, no âmbito recursal, admitindo-se a determinação da correção de tais nulidades, além da apelação, no julgamento de outros recursos, inclusive nos recursos especial e extraordinário.

(B) Para a admissibilidade dos recursos extraordinários, exige-se, além dos demais requisitos legais, a demonstração da repercussão geral das questões constitucionais discutidas. A existência da repercussão geral deve ser demonstrada, em preliminar do recurso extraordinário, para apreciação exclusiva do STF.

(C) Cabe juízo de retratação, bem como o denominado agravinho ou agravo regimental, contra decisão monocrática do relator que determine a conversão do agravo de instrumento em retido ou a concessão de efeito suspensivo ao recurso.

(D) São cabíveis embargos de declaração com caráter infringente quando o recurso for utilizado com a finalidade de prequestionamento ou para rever decisão anterior, reexaminando ponto sobre o qual já houve pronunciamento, com inversão, em conseqüência, do resultado final.

(E) No exame de recurso especial, não poderá ser apreciada questão de inconstitucionalidade de lei federal ou local a ser aplicada na solução do caso concreto, devendo-se, caso ocorra dúvida quanto à constitucionalidade de lei, suspender o julgamento, remetendo-se os autos ao STF.

A: incorreta (art. 515, § 4º, do CPC); B: correta (art. 543-A, *caput*, e § 2º, do CPC); C: incorreta (art. 527 do CPC); D: incorreta (art. 535 do CPC); E: incorreta, pois qualquer juiz ou tribunal tem competência para exercer o controle de constitucionalidade difuso ao apreciar, incidentalmente, de ofício ou mediante provocação da parte, questão relacionada à constitucionalidade ou inconstitucionalidade de lei. Gabarito "B".

(Procurador do Estado/CE – 2008 – CESPE) Acerca da reclamação perante o STF e o STJ, assinale a opção correta.

(A) Cabe embargo infringente contra decisão não-unânime proferida em ação de reclamação. Contra a referida decisão, cabem embargos de declaração quando houver, no acórdão, omissão, obscuridade ou contradição.

(B) O procedimento da reclamação prevê a concessão de medida preventiva pelo relator, que, para evitar dano irreparável, determinará a suspensão do processo ou do ato impugnado, podendo, ainda, no uso do poder geral de cautela, ordenar a providência liminar adequada ao caso concreto.

(C) A legitimidade ativa para propor reclamação contra ato judicial ou administrativo que atentar contra a competência do STF ou do STJ ou que descumprir o conteúdo dos julgados proferidos por esses tribunais é exclusiva do procurador geral da República.

(D) A reclamação para o STF é cabível contra decisão de segundo grau de jurisdição, para assegurar o efeito vinculante das decisões proferidas no recurso extraordinário, não se admitindo o referido incidente na defesa de decisões proferidas em ação declaratória de constitucionalidade nem na ação direta de inconstitucionalidade.

(E) Julgada procedente a reclamação, o STF ou o STJ cassará a decisão impugnada para preservar a competência daqueles tribunais ou para garantir a autoridade das suas decisões, mesmo que o ato impugnado já tenha transitado em julgado.

A: incorreta (art. 530 do CPC); B: incorreta (art. 14, II, da Lei nº 8.038/90); C: incorreta (art. 13 da Lei nº 8.038/90); D: incorreta (art. 103-A, § 3º, da CF); E: correta (art. 17 da Lei nº 8.038/90). Gabarito "E".

(Procurador do Estado/ES – 2008 – CESPE) Quanto a recursos e a outros meios de impugnação das decisões judiciais, julgue os itens que se seguem.

(1) Todos os meios de impugnação de decisões judiciais são voluntários, internos em relação processual em que se forma o ato judicial atacado e objetivam a anulação, a reforma ou o aprimoramento do ato recorrido.

(2) No recurso especial, não é possível o novo exame da prova da causa, ou seja, a formação de nova convicção sobre os fatos, pois tal recurso tem âmbito restrito, permitindo apenas o reexame da solução que pode ter violado a lei federal.

(3) Contra decisão que indefere uma petição inicial é cabível recurso de apelação, cujo processamento se dá independentemente de citação do réu e com possibilidade de retratação do decidido pelo juiz sentenciante.
(4) Se for suscitado incidente de argüição de inconstitucionalidade de lei ou ato normativo federal, e sendo ele julgado procedente, pelo pleno ou pelo órgão especial do respectivo tribunal, com a respectiva declaração de inconstitucionalidade, contra essa decisão é cabível interposição de recurso extraordinário no STF.

1: errado, pois há no ordenamento jurídico a previsão de recurso de ofício (art. 475 do CPC); 2: certo (Súmula nº 7 do STJ); 3: certo (art. 296 do CPC); 4: errado (art. 102, III, da CF). Gabarito 1E, 2C, 3C, 4E

(Procurador do Estado/PB – 2008 – CESPE) A respeito do recurso no processo civil, assinale a opção correta.

(A) O prazo recursal para o revel que não tenha advogado constituído começa a correr a partir de sua intimação, isto é, da publicação da sentença no órgão oficial, sendo assegurado àquele, intimado por edital, o prazo em dobro para recorrer.
(B) Segundo o princípio da unitariedade, não é possível a interposição de mais de um recurso contra a mesma decisão; por isso, não será admitida a interposição simultânea de agravo e de pedido de suspensão da segurança contra decisões liminares em mandado de segurança.
(C) Com a interposição dos embargos de declaração, todos os demais prazos recursais são suspensos, e essa suspensão valerá para o embargante, para a parte contrária e para terceiros prejudicados.
(D) Cabe agravo contra decisão que defira pedido de relevação de pena de deserção e fixe novo prazo para o recorrente efetuar o preparo, acolhendo-se a justificativa de justo impedimento.
(E) A retenção de recurso especial interposto contra acórdão proferido no agravo de instrumento, deduzido em face de decisão interlocutória de primeiro grau, impõe ao recorrente reiterá-lo no prazo para a interposição do recurso contra a decisão final, ou para as contra-razões.

A: incorreta (art. 322 do CPC); B: incorreta, pois segundo o princípio da unitariedade a regra é de que é cabível apenas um recurso em face de um determinado ato judicial, o que comporta exceções, como a referida no enunciado da assertiva B; C: incorreta, pois os embargos de declaração *interrompem* o prazo para interposição de outros recursos e não *suspendem*, vide art. 538 do CPC; D: incorreta (art. 519, parágrafo único, do CPC); E: correta (art. 542, § 3º, do CPC). Gabarito "E".

(Procurador do Estado/PB – 2008 – CESPE) Ainda acerca dos recursos, assinale a opção correta.

(A) O relator pode converter em retido o agravo de instrumento, salvo quando se tratar de medida de urgência ou houver perigo de lesão e de difícil ou incerta reparação; contra essa decisão cabe agravo regimental interposto no órgão colegiado competente ou pedido de reconsideração.
(B) Na hipótese de o juiz verificar que os embargos de declaração possam acarretar a modificação do julgado em sua substância, ele deverá indeferir liminarmente o recurso, pois tais embargos não admitem efeitos infringentes, em virtude da violação do princípio do contraditório e da caracterização do cerceamento de defesa.
(C) A parte que já tenha interposto recurso pela via principal pode recorrer adesivamente ao recurso da outra parte, desde que a impugnação recaia sobre a parte da decisão que não tenha sido objeto do recurso autônomo.
(D) O recurso de apelação contra sentença denegatória de mandado de segurança possui apenas efeito devolutivo, ficando revogada a liminar, ainda que o juiz não declare expressamente essa revogação na sentença.
(E) No julgamento do recurso de apelação, não pode o órgão ad quem manter a sentença de extinção do processo sem resolução do mérito, modificando, entretanto, a fundamentação adotada pelo juiz a quo.

A: incorreta (art. 527, II, do CPC); B: incorreta. De fato, se os embargos de declaração funcionam com efeito modificativo, possibilitando a substituição de uma decisão por outra, às vezes diametralmente oposta, fica evidente que não pode a parte contrária à embargante, ou seja, a parte embargada, ser privada de integrar os embargos, de oferecer contrarrazões, e, desta forma, de influir, ou, pelo menos, tentar influir, na convicção dos julgadores; C: incorreta (art. 500 do CPC); D: correta (art. 14, § 3º, da Lei nº 12.016/09); E: incorreta, pois não há tal impedimento na legislação. Gabarito "D".

(Procurador do Estado/PE – CESPE – 2009) Com relação aos princípios fundamentais dos recursos, assinale a opção correta.

(A) O princípio do duplo grau de jurisdição, por ser de aplicação ilimitada, não sofre exceções.
(B) Em respeito ao princípio da proibição da reformatio in pejus, a prescrição do direito do autor, se não manifestada pelo réu em seu recurso, não pode ser conhecida de ofício pelo tribunal julgador.
(C) Se o autor recorrer da sentença de extinção do processo sem resolução do mérito, objetivando sua cassação e, posteriormente, julgamento da lide em seu favor, nada obsta a que o tribunal julgue improcedente o pedido formulado na inicial, sem que isso venha a ferir o princípio da proibição da reformatio in pejus.
(D) É possível a interposição dos recursos de agravo e de apelação no caso de a sentença que resolve em uma mesma relação processual conter uma parte agravável — na qual se decidiu questão incidente — e outra apelável — na qual se decidiu a lide.
(E) Pelo princípio da taxatividade, consideram-se recursos aqueles designados por lei federal ou criados pelos tribunais brasileiros.

A: incorreta, porque o duplo grau de jurisdição, que é um princípio constitucional implícito, não corresponde a uma garantia constitucional, motivo pelo qual pode sofrer limitações pela lei infraconstitucional; B: incorreta, porque em havendo recurso do réu é perfeitamente possível que haja piora da situação do autor. Além disso, a prescrição é matéria que o tribunal pode conhecer de ofício; C: correta, porque a aplicação do § 3º do art. 515 do CPC (como no caso proposto) é uma exceção ao princípio da proibição da *reformatio in pejus*; D: incorreta, porque se na sentença o juiz resolveu outras questões, além do mérito, que seriam objeto de decisão interlocutória, se houvessem sido resolvidas em separado, isso é de todo irrelevante para determinar o recurso cabível, que será, em qualquer caso, a apelação, não havendo que se falar em interposição simultânea de apelação e agravo; E: incorreta, porque pelo princípio da taxatividade só são recursos aqueles que foram previstos como tais por lei federal; os tribunais brasileiros não podem criar recursos. Gabarito "C".

(Procurador do Estado/PI – 2008 – CESPE) Quanto aos meios de impugnação das decisões judiciais, assinale a opção correta.

(A) Os embargos de declaração não se caracterizam como um recurso de fundamentação vinculada, podendo-se neles exigir a manifestação do julgador sobre todos os argumentos trazidos pela parte, bem como as razões de seu convencimento, salvo quando se destinarem ao prequestionamento.
(B) É cabível o recurso especial na forma retida contra acórdão que julga improcedente agravo interposto contra a decisão que concedeu a antecipação de tutela em ação civil pública. No entanto, é admissível o ajuizamento de ação cautelar diretamente no STJ, com o objetivo de destrancar o recurso, requerendo a sua remessa imediata ao destinatário.
(C) Se o recorrente pede apenas a anulação da decisão que é caso de reforma, o órgão jurisdicional ad quem poderá reformá-la, ainda que a matéria discutida no recurso seja de fato e de direito, pois, no âmbito recursal, os pedidos não são interpretados restritivamente, permitindo-se assim uma interpretação extensiva ou ampliativa ao que foi pedido pelo recorrente.
(D) No julgamento de um recurso interposto por ambas as partes de um processo, o tribunal não poderá piorar a condição de qualquer um dos recorrentes, trazendo para eles, por exemplo, uma situação mais prejudicial do que aquela existente antes da interposição do recurso.
(E) No caso de ser interposto agravo de instrumento, o recorrente deverá comunicar o fato ao juízo prolator da decisão impugnada e requerer a juntada de cópia da petição do agravo aos autos do processo de origem, sob pena de o relator, de ofício, não conhecer do recurso.

A: incorreta, pois a jurisprudência já firmou entendimento de que o juiz não está obrigado a responder todas as questões das partes, bastando que sua decisão esteja fundamentada; B: correta, pois, de fato, o Superior Tribunal de Justiça tem se posicionado no sentido de admitir o destrancamento do recurso especial retido por força do disposto no art. 542, § 3º, do CPC, quando há a possibilidade de ocorrer dano de difícil ou incerta reparação (MC 8273 MT 2004/0068739-0, Min. Luiz Fux, j. 13.09.2004); C: incorreta, pois os pedidos, no âmbito recursal, também são interpretados restritivamente, em especial respeitando o princípio do efeito devolutivo; D: incorreta, pois quando há recurso de ambas as partes não há falar em *reformatio in pejus*; E: incorreta (art. 526, parágrafo único, do CPC). Gabarito "B".

(Procurador do Estado/PR – 2007) Cabe agravo retido: ALTERNATIVAS:

(A) contra qualquer decisão interlocutória de primeiro grau;
(B) contra a decisão do relator que nega conhecimento, liminarmente, à apelação;
(C) contra a decisão de saneamento do processo que rejeita a alegação de prescrição;
(D) contra decisão que, no início do processo, indefere pedido de tutela antecipada, formulado na petição inicial;
(E) contra a decisão que, no processo executivo, rejeita a impugnação feita pelo exeqüente à nomeação de bem à penhora pelo executado.

Arts. 475-M, § 3º, e 522, ambos do CPC. Gabarito "C".

(Procurador do Estado/PR – 2007) Considerando que a Lei nº 10352/2001, entrou em vigor no dia 28 de março de 2002, assinalar a alternativa correta: ALTERNATIVAS:

(A) todos os embargos infringentes ainda não julgados, mesmo que interpostos em data anterior à vigência da referida lei, contra acórdão que, por maioria, julgou apelação que impugnava sentença terminativa, não deverão ser conhecidos, por incabíveis;
(B) se a ação rescisória foi julgada improcedente, por maioria, em sessão do dia 26 de março de 2001 e o respectivo acórdão publicado no Diário Oficial da Justiça do dia 05 de abril do mesmo ano, os embargos infringentes serão cabíveis;
(C) o agravo de instrumento interposto no dia 22 de março de 2002, contra decisão proferida em audiência de instrução e julgamento realizada no procedimento ordinário, não deverá ser conhecido, porque, nos termos da lei vigente no dia do seu julgamento (Lei nº 10352/2001), o caso era de agravo obrigatoriamente retido;
(D) das sentença proferidas contra a União, o Estado o Distrito Federal, o Município e as respectivas autarquias e fundações de direito público, que foram publicadas no Diário Oficial da Justiça após o dia 28 de março de 2002, embora tenham sido juntadas aos autos em data anterior, cujo valor da condenação for inferior a 60 (sessenta) salários mínimos, não será cabível o reexame necessário;
(E) a referida lei deve ser aplicada a todos os recursos interpostos após a sua vigência, ainda que impugnem decisões proferidas e publicadas no Diário Oficial da Justiça quando ela ainda não estava em vigor;

Considerando que a lei aplicável aos recursos no processo civil é aquela vigente na data da publicação da decisão, em 05 de abril de 2001 ainda não estava em vigor a Lei 10.352/2001, que alterou a redação do art. 530 do CPC e, portanto, ainda eram cabíveis embargos infringentes contra sentença que julgou improcedente ação rescisória. Gabarito "B".

(Procurador do Estado/PR – 2007) Assinale a alternativa correta: ALTERNATIVAS:

(A) pode ser invocado, para se demonstrar dissídio jurisprudencial autorizador do recurso especial, outro acórdão do mesmo tribunal que proferiu a decisão recorrida.
(B) o recurso extraordinário nunca poderá ser interposto contra decisão de juiz de primeiro grau.
(C) Cabe recurso extraordinário contra a decisão de tribunal que, em último ou única instância, der a uma norma constitucional interpretação divergente da que lhe haja atribuído outro tribunal.
(D) Cabendo contra uma mesma decisão recurso especial e recurso extraordinário, deverá ser interposto apenas o primeiro. Só depois de julgado o recurso especial terá início o prazo para o ajuizamento do recurso extraordinário.
(E) Não sendo unânime o acórdão que julga a apelação, devem ser interpostos embargos infringentes antes dos recursos especial e extraordinário.

A: incorreta (art. 105, III, *c*, da CF); B: incorreta, pois será possível quando se tratar de única instância (art. 102, III, da CF); C: incorreta (art. 102, III, da CF); D: incorreta (art. 543 do CPC); E: correta (art. 498 do CPC). Gabarito "E".

(Procurador do Estado/RO – 2011 – FCC) Considere uma ação de indenização que tramita perante a Justiça Estadual de Rondônia. Da decisão monocrática do Relator que dá provimento ao recurso de apelação interposto contra sentença que está em manifesto confronto com jurisprudência dominante do Supremo Tribunal Federal caberá

(A) reclamação ao Presidente do Tribunal de Justiça.
(B) agravo, no prazo de cinco dias, ao órgão competente para julgamento do recurso.
(C) agravo, no prazo de dez dias, ao órgão competente para julgamento do recurso.
(D) agravo, no prazo de dez dias, ao Presidente do Tribunal de Justiça.
(E) agravo, no prazo de cinco dias, ao Presidente do Tribunal de Justiça.

É correta a alternativa "B". Contra as decisões monocráticas proferidas pelos integrantes de um órgão colegiado nos tribunais, cabe, em regra, recurso de agravo interno, no prazo de 5 dias, que será julgado pelo colegiado do qual o prolator da decisão faz parte. Gabarito "B".

(Procurador do Estado/RO – 2011 – FCC) No que se refere à edição, revisão e cancelamento de enunciado de Súmula Vinculante pelo Supremo Tribunal Federal, é correto afirmar que

(A) a proposta de edição, revisão ou cancelamento de enunciado de súmula vinculante autoriza a suspensão dos processos em que se discuta a mesma questão.
(B) para a aprovação de súmula vinculante, é necessária, em sessão plenária do Supremo Tribunal Federal, decisão da maioria absoluta de seus membros.
(C) a manifestação prévia do Procurador-Geral da República à edição, revisão ou cancelamento de enunciado de súmula vinculante não será exigida nas propostas que ele não houver formulado.
(D) a súmula com efeito vinculante tem eficácia imediata, mas o Supremo Tribunal Federal, por decisão de 2/3 (dois terços) dos seus membros, poderá restringir os efeitos vinculantes ou decidir que só tenha eficácia a partir de outro momento, tendo em vista razões de segurança jurídica ou de excepcional interesse público.
(E) no procedimento de edição, revisão ou cancelamento de enunciado da súmula vinculante, o relator poderá admitir, por decisão recorrível através de agravo ao Pleno do Supremo Tribunal Federal, a manifestação de terceiros na questão, nos termos do Regimento Interno do Supremo Tribunal Federal.

A: incorreta, porque é o oposto que prevê o art. 6º da Lei 11.417/2006; B: incorreta, porque se exige que a decisão seja tomada por 2/3 (dois terços) dos membros do STF; C: incorreta (art. 2º, § 2º, da Lei 11.417/2006); D: correta (art. 4º da referida lei); E: incorreta, porque não cabe recurso contra tal decisão (art. 3º, § 2º, da mencionada lei). Gabarito "D".

(Procurador do Estado/RO – 2011 – FCC) NÃO admitido o recurso especial ou o extraordinário, caberá agravo

(A) nos próprios autos, no prazo de cinco dias, e se os dois recursos não forem admitidos, o agravante terá a faculdade de interpor apenas um agravo para ambos.
(B) de instrumento, no prazo de dez dias, instruído com as peças obrigatórias indicadas por lei.
(C) nos próprios autos, no prazo de dez dias, e se os dois recursos não forem admitidos, o agravante terá a faculdade de interpor apenas um agravo para ambos.

(D) de instrumento, no prazo de cinco dias para o Superior Tribunal de Justiça e no prazo de dez dias para o Supremo Tribunal Federal, conforme o caso, instruído com as peças obrigatórias indicas por lei.

(E) nos próprios autos, no prazo de dez dias, e o agravante deverá interpor um agravo para cada recurso não admitido.

A: incorreta, porque o prazo para o recurso é de 10 dias (art. 544 do CPC); B: incorreta, porque a nova redação do art. 544 do CPC prevê o agravo nos próprios autos; C: incorreta, porque nesse caso será necessária a interposição de dois agravos; D: incorreta (art. 544 do CPC); E: correta, pois está em consonância com o art. 544 do CPC. Gabarito "E".

(Procurador do Estado/RR – 2006 – FCC) A respeito dos recursos cíveis, considere as seguintes afirmações:

I. O recurso adesivo independe de preparo quando preparado estiver o recurso principal e o seu prazo para interposição será o mesmo das contra-razões do recurso principal.

II. O recorrente poderá desistir do recurso sem anuência do recorrido.

III. O recurso cabível contra decisão que indefere a petição inicial é a apelação e permite ao juiz prolator a reforma da decisão.

IV. Poderá o Tribunal, em sede de apelação, ao afastar a sentença que extinguiu o processo sem julgamento do mérito, neste adentrar para julgar desde já a lide, se a causa versar questão de direito e estiver em condições de julgamento.

V. Cabem embargos infringentes contra acórdão não unânime que reformar sentença que extinguiu o processo com fundamento na perempção.

SOMENTE estão corretas as afirmações

(A) I, II e IV.
(B) I, III e IV.
(C) I, III e V.
(D) II, III e IV.
(E) II, IV e V.

I: incorreta (art. 500, parágrafo único, do CPC); II: correta (art. 502 do CPC); III: correta (art. 296 do CPC); IV: correta (art. 515, § 3º, do CPC); V: incorreta (art. 530 e 267, V, do CPC). Gabarito "D".

(Procurador do Estado/SC – 2010 – FEPESE) De acordo com o Regimento Interno do Supremo Tribunal Federal, é **correto** afirmar:

(A) Não cabem embargos infringentes de decisão não unânime do Plenário ou da Turma que julgar a ação rescisória.

(B) Não serão admitidas medidas cautelares nos recursos interpostos perante o Supremo Tribunal Federal.

(C) Ao recurso extraordinário será atribuído efeito devolutivo e suspensivo.

(D) Caberá agravo regimental de despacho de Presidente de Tribunal que não admitir recurso da competência do Supremo Tribunal Federal.

(E) Quando meramente protelatórios, assim declarados expressamente, os embargos declaratórios não suspendem o prazo para interposição de outro recurso.

A: incorreta (art. 530 do CPC); B: incorreta (Súmula 635 do STF); C: incorreta (art. 497 do CPC); D: correta (art. 317); E: correta (art. 339, "caput" e § 2º). Gabarito oficial "D"/Gabarito nosso "Anulada"

(Procurador do Estado/SC – 2009) Assinale a alternativa correta:

(A) Conforme o CPC, os embargos de declaração são cabíveis em caso de erro de fato.

(B) Os recursos interpostos pelos Estados são dispensados de preparo.

(C) A renúncia ao direito de recorrer depende da aceitação da outra parte.

(D) O recorrente não pode desistir dos recursos que interpôs se não obtiver a anuência do recorrido.

(E) Para ser realizado, o reexame necessário depende de requerimento expresso e fundamentado da fazenda pública.

A: incorreta, porque o CPC prevê os embargos de declaração apenas para três situações (omissão, obscuridade ou contradição), dentre as quais não se encontra o erro de fato (embora a jurisprudência tenha admitido o uso do recurso para sanar esse tipo de vício); B: correta (art. 511, § 1º, do CPC; C: incorreta, porque não há exigência de autorização para a renúncia ao direito de recorrer; D: incorreta, porque também não se exige anuência do adversário para desistir de recurso interposto; E: incorreta, porque o reexame necessário é providência que o juiz deve tomar de ofício, sendo desnecessário requerimento da fazenda pública. Gabarito "B".

(Procurador do Estado/SC – 2009) Assinale a alternativa incorreta, a respeito dos embargos de declaração:

(A) Não dependem de preparo.
(B) Excepcionalmente, podem adquirir efeito modificativo.
(C) Sua interposição suspende o prazo para a interposição dos demais recursos.
(D) Podem ser interpostos em face de decisões interlocutórias.
(E) São interpostos em caso de omissão, contradição ou obscuridade da decisão recorrida.

A: correta (art. 536 do CPC); B: correta, pois isso pode acontecer; C: incorreta, porque os embargos têm efeito interruptivo em relação ao prazo para os demais recursos cabíveis; D: correta (art. 535, II, CPC); D: correta (art. 535 do CPC). Gabarito "C".

(Procurador do Estado/SC – 2009) Assinale a alternativa incorreta:

(A) O agravo retido independe de preparo.
(B) O agravo de instrumento é protocolado diretamente no tribunal
(C) Em sede de agravo de instrumento, é possível pleitear-se a antecipação da tutela recursal.
(D) Contra as decisões proferidas em audiência de instrução de julgamento, o recurso cabível é o agravo retido.
(E) O recurso de apelação interposto contra a sentença que indefere a petição inicial não comporta juízo de retratação.

A: correta, o preparo é necessário no agravo de instrumento; B: correta (art. 524 do CPC); C: correta, uma vez que se a decisão agravada for de conteúdo negativo, de nada adiantaria o efeito suspensivo. Por isso, pode o agravante pleitear que o relator conceda a providência que fora negada pela decisão agravada; D: correta, desde que se entenda que o examinador quis se referir às decisões interlocutórias proferidas em audiência (porque a sentença, que também pode ser proferida em audiência, é passível de apelação); E: incorreta (art. 296 do CPC). Gabarito "E".

(Procurador do Estado/SP – FCC – 2009) No que diz respeito ao tema recursos, é INCORRETO afirmar:

(A) É cabível a apresentação de embargos de declaração para dirimir dúvida constante em acórdão prolatado por Turma de Colégio Recursal de Juizado Especial Cível Estadual.

(B) É defeso negar seguimento a recurso especial interposto pela Fazenda Pública, face a falta de comprovação de depósito prévio do valor referente à multa aplicada pela apresentação de agravo inominado, ofertado contra a decisão de relator que monocraticamente nega seguimento a apelação, reputado manifestamente infundado.

(C) Cabe a interposição de embargos infringentes contra acórdão que reforma sentença de mérito, por maioria de votos, apenas para modificar o percentual de condenação em honorários advocatícios.

(D) Na apelação contra as sentenças de indeferimento liminar da petição inicial e improcedência liminar, pode o órgão prolator exercer o juízo de retratação e deve ocorrer a citação do réu para responder o recurso.

(E) Cabe a impetração de mandado de segurança contra a decisão do relator no Tribunal de Justiça, que converte o agravo de instrumento em retido.

A: correta (art. 48 da Lei 9.099/95); B: correta (STJ, ED no REsp 695.001 e ED no Resp 808.525); C: correta, uma vez que houve reforma, ainda que parcial, da sentença de mérito por maioria de votos; D: incorreta, porque a citação do réu, caso o juiz não se retrate, só será exigida no caso de improcedência liminar (art. 285-A, CPC). No caso de indeferimento da petição inicial, o réu não participa do recurso (art. 296, CPC); E: correta, porque a decisão nesse caso é irrecorrível (art. 527, CPC), e o único instrumento para afastar eventual ilegalidade praticada pelo relator é a impetração do mandado de segurança. Gabarito "D".

(Magistratura Federal – 3ª Região – XIII) A apelação pode ser interposta a partir do momento em que:

(A) a parte toma ciência inequívoca, ainda sem publicação pela imprensa;
(B) a parte toma ciência inequívoca, desde que feita essa publicação;
(C) a sentença é lançada nos autos;
(D) a sentença é assinada pelo juiz, mesmo sem juntada aos autos.

De fato, não há necessidade de publicação, bastando, para tanto, que a parte tenha tomado ciência da sentença recorrida (art. 506 do CPC). Gabarito "A".

(Magistratura Federal-4ª Região – 2010) Assinale a alternativa correta.

Determinada a suspensão do andamento de recursos no âmbito do Superior Tribunal de Justiça, em virtude da instauração de procedimento do art. 543-C do Código de Processo Civil ("Recursos Repetitivos"):

(A) Fica obstada qualquer apreciação da mesma matéria em qualquer órgão ou instância até que se pronuncie o Superior Tribunal de Justiça.
(B) Publicado o acórdão do Superior Tribunal de Justiça, os recursos especiais sobrestados não poderão mais ser examinados pelo tribunal de origem.
(C) Os juízes apreciarão normalmente os pedidos de medidas de urgência mesmo nos processos com andamento suspenso.
(D) Os Recursos Especiais relativos à mesma matéria serão normalmente admitidos ou não, mas terão seguimento suspenso até decisão final do Superior Tribunal de Justiça quanto ao caso líder.
(E) Nenhuma das alternativas anteriores está correta.

A: incorreta, porque não há previsão legal de tal consequência; B: incorreta (art. 543-A, II: "serão novamente examinados pelo tribunal de origem na hipótese de o acórdão recorrido divergir da orientação do STJ"); C: correta; D: incorreta, porque o juízo de admissibilidade só será feito após o pronunciamento do STJ sobre o tema. E: incorreta. Gabarito "C".

(Magistratura Federal-4ª Região – 2010) Quanto à formação e ao processamento do Agravo, é INCORRETO afirmar que:

(A) Há necessidade de autenticação das cópias que instruem o traslado na instância local (art. 522 do Código de Processo Civil).
(B) O agravo retido independe de preparo.
(C) É inviável o agravo do art. 545 do Código de Processo Civil (negativa de seguimento de REsp) que deixa de atacar especificamente os fundamentos da decisão agravada.
(D) Seu prazo de interposição é de 10 dias, na forma retida.
(E) O agravo de instrumento será dirigido diretamente ao tribunal competente.

A: incorreta, pois não existe tal necessidade; B: correta, pois, de fato, independe de preparo; C: correta, porque todo e qualquer recurso deve vir acompanhado das razões do inconformismo; D: correta; E: correta. Gabarito "A".

(Magistratura Federal – 4ª Região – XIII – 2008) Dadas as assertivas abaixo, assinalar a alternativa correta quanto ao agravo.

I. Contra a decisão interlocutória que indefere a produção de uma prova, o recurso de agravo somente pode ser deduzido na forma retida.
II. Será de instrumento apenas nas hipóteses previstas no art. 522 cujo rol é taxativo.
III. Não admite agravo regimental a decisão que defere ou indefere a antecipação dos efeitos da tutela recursal.
IV. Conforme entendimento doutrinário dominante haurido de interpretação sistemática, as decisões interlocutórias proferidas na audiência serão sempre impugnáveis por meio do agravo retido, deduzido na forma oral, não sendo admitido o agravo de instrumento.

(A) Está correta apenas a assertiva III.
(B) Estão corretas apenas as assertivas I e IV.
(C) Estão corretas apenas as assertivas II e IV.
(D) Estão incorretas todas as assertivas.

I: incorreta (art. 522 do CPC); II: incorreta (art. 475-H, 475-M, § 3º, e 544, todos do CPC); III: correta (art. 527, III, parágrafo único, do CPC); IV: incorreta (art. 522 do CPC). Será admitido agravo de instrumento quando se tratar de decisão suscetível de causar à parte lesão grave e de difícil reparação. Gabarito "A".

(Magistratura Federal-5ª Região – 2011) Ao julgar antecipadamente uma lide, o juiz apontou, de forma equivocada, a prescrição da pretensão do autor de obter do réu reparação por danos materiais e proferiu sentença de mérito sem ouvir testemunhas ou deliberar acerca de perícia requerida. Contra a sentença foi interposta apelação, conhecida e provida.

Com relação à situação hipotética apresentada acima, assinale a opção correta.

(A) Ainda que não ocorra, na hipótese, o chamado efeito desobstrutivo, o tribunal deve determinar o retorno dos autos ao primeiro grau, para a devida instrução.
(B) Por força do efeito obstrutivo, o tribunal não poder julgar toda a demanda, devendo remeter os autos ao primeiro grau para a coleta de provas.
(C) Dada a ocorrência do efeito translativo, o tribunal pode julgar toda a pretensão reparatória após o afastamento da prescrição.
(D) Em razão do efeito devolutivo do recurso e afastada a ocorrência da prescrição, o tribunal deverá julgar todo o mérito da demanda.
(E) Ao julgar o mérito do recurso, o tribunal deve apresentar, por força do efeito substitutivo, solução para a pretensão reparatória.

A: correta, tendo em vista a necessidade de produção de provas. A causa, por esse motivo, não está madura para que o tribunal aprecie diretamente o mérito; B: incorreta, porque não há efeito obstrutivo, já que a sentença de primeiro grau apreciou o mérito da causa, o que permitiria, em tese, que o tribunal afastasse a prescrição e apreciasse as demais questões discutidas entre as partes; C: incorreta, porque o efeito translativo diz respeito à possibilidade de apreciação, pelo tribunal, das matérias de ordem pública, o que não se relaciona com a questão; D: incorreta, em razão da necessidade de instrução; E: incorreta, porque nesse caso o tribunal deverá cassar a sentença, porque o processo não dispõe de elementos de prova suficientes para que seja proferida decisão que resolva a pretensão reparatória. Gabarito "A".

(Magistratura Federal/5ª Região – 2009 – CESPE) Proferida sentença em que o juiz acolheu a preliminar de impossibilidade jurídica de um dos pedidos e julgou parcialmente procedentes os demais, o autor interpôs apelação, no prazo legal, fazendo que constassem, na peça, seu nome, a referência aos fundamentos da inicial como razões de recurso e o pedido de reforma, tendo sido os autos remetidos ao magistrado para exame. Com base na situação hipotética apresentada, assinale a opção correta.

(A) Caso o juiz entenda que estão presentes os pressupostos de admissibilidade, será conferida vista dos autos ao apelado para oferecimento de contrarrazões, hipótese em que lhe compete o mesmo ônus da impugnação especificada dos fatos imposto ao réu quando da sua resposta.
(B) Tratando-se de sentença que acolheu preliminar de ausência de uma das condições da ação, motivo também suficiente para o indeferimento da inicial, é dado ao juiz prolator retratar-se e até mesmo julgar desde logo o mérito, estando a causa madura para tanto.
(C) Apesar de a lei exigir como requisito formal da apelação que, na peça de interposição, constem o nome e a qualificação das partes, a falta de qualificação pode ser considerada mera irregularidade quando a interposição é feita por uma delas, o que não ocorre se o apelante for um terceiro prejudicado.
(D) Se o recorrente for a União, em vista da natureza do interesse discutido e das prerrogativas processuais da fazenda pública, pode ser dispensada a apresentação das razões da apelação quando houver referência expressa às razões de uma peça anterior, o que não se aplica no caso de o apelante ser ente de direito privado.
(E) A arguição de tema novo pelo apelante não será permitida pelo juiz prolator da decisão recorrida, de modo que a eventual alteração da qualificação jurídica de qualquer um dos fatos já apresentados poderá redundar no não recebimento do recurso.

A: incorreta, porque não há ônus da impugnação especificada em relação à resposta dos recursos; B: incorreta, porque não houve propriamente indeferimento da petição inicial, e, por isso, não se pode falar em juízo de retratação por parte do prolator da sentença apelada; C: correta, porque a apelação é encartada aos próprios autos e neles consta, obrigatoriamente, a qualificação das partes, aplicando-se o princípio da instrumentalidade das formas; D: incorreta, porque a exigência de apresentação das razões, que decorre do princípio da dialeticidade dos recursos, aplica-se também em relação à Fazenda Pública; E: incorreta, porque a arguição de tema novo pelo apelante é matéria de mérito do recurso, o que cabe exclusivamente ao tribunal analisar, além do que, a alteração na qualificação jurídica dos fatos já apresentados não é proibida. O que se proíbe, em regra, é a alegação de fatos novos no recurso. Gabarito "C".

(Magistratura Federal – 5ª Região – 2007 – CESPE) Para a admissibilidade dos recursos extraordinário e especial exige-se, além dos demais requisitos legais, a demonstração de que o tema discutido no recurso, seja norma constitucional ou lei federal, respectivamente, tenha repercussão geral, isto é, que os efeitos da decisão sejam capazes de atingir os interesses jurídico e social da coletividade.

O requisito de demonstração da existência de repercussão geral somente existe no caso de recurso extraordinário (art. 543-A do CPC). Gabarito "E".

(Magistratura Federal – 5ª Região – 2007 – CESPE) A súmula com efeito vinculante produz, como regra, efeitos imediatos, portanto, *ex nunc*. Os órgãos do Poder Judiciário e a administração pública, direta e indireta, municipal, estadual e federal, têm de adotar o entendimento previsto na súmula nos exatos limites, em vista dos quais a súmula foi editada.

Arts. 2º e 4º, da Lei nº 11.417/2006. Gabarito "C".

(Magistratura Federal – 5ª Região – 2007 – CESPE) No julgamento de apelação interposta contra sentença que tenha julgado antecipadamente a lide, em razão de ter havido cerceamento de defesa, se o recurso for provido, serão anulados não só a sentença, mas todos os atos processuais decorrentes do ato viciado. Nesse caso, o julgamento da apelação deve prosseguir perante o juízo de segundo grau, podendo o relator determinar a realização de diligências para sanar as irregularidades existentes no processo.

Art. 515, § 4º, do CPC. Gabarito "C".

(Magistratura Federal – 5ª Região – 2007 – CESPE) É irrecorrível a decisão monocrática do relator que determine a conversão do agravo de instrumento em agravo retido e que decida sobre a antecipação dos efeitos da tutela recursal ou a concessão de efeito suspensivo ao recurso.

Cabível agravo de instrumento contra a decisão relativa aos efeitos em que a apelação é recebida (art. 522 do CPC). Gabarito "E".

(MAGISTRATURA DO TRABALHO – 1ª REGIÃO – 2010 – CESPE) Considerando que, durante o julgamento de embargos infringentes, um dos desembargadores, cujo voto foi vencido, tenha enfrentado questão de ordem pública não suscitada pelas partes e que não integrou o pronunciamento da maioria, assinale a opção correta.

(A) Quando ocorre situação como a descrita, é sempre possível interpor recurso especial fundado na questão levantada no voto vencido.
(B) Somente será viável a interposição de recurso especial fundado na questão enfrentada no voto vencido porque se trata, nesse caso, de questão de ordem pública.
(C) Não será possível interpor recurso especial para abordar a referida questão, pois ela integra apenas o voto vencido.
(D) É impossível a interposição de recurso especial fundado na questão, porque ela não foi suscitada pelas partes.
(E) A impossibilidade da interposição do recurso especial, nesse caso, decorre da ausência do esgotamento das vias ordinárias.

De acordo com a Súmula 320 do STJ, "a questão federal somente ventilada no voto vencido não atende ao requisito do prequestionamento" (CORTE ESPECIAL, julgado em 05/10/2005, DJ 18/10/2005 p. 103). Assim, só está correta a alternativa "C", já que as demais são incompatíveis com o entendimento sumulado. Gabarito "C".

(Magistratura do Trabalho – 3ª Região – 2009) Assinale a assertiva ("a" a "e") correta em relação aos enunciados de I a V, que tratam do procedimento para o julgamento de recursos repetitivos no âmbito do Superior Tribunal de Justiça, conforme a Lei nº 11672, de 8 de maio de 2008:

I. Constitui faculdade do Relator a solicitação de informações a tribunais federais ou estaduais a respeito da controvérsia veiculada no recurso especial repetitivo, no prazo de quinze dias.
II. O julgamento do recurso repetitivo prefere os demais feitos, ressalvados os que envolvam réu preso, pedidos de *habeas corpus* e de mandado de segurança.
III. A critério do Relator do Recurso Especial Repetitivo, observado o regimento interno do STJ, considerada a relevância da matéria, admitir-se-á manifestação de pessoas, órgãos ou entidades com interesse na controvérsia.
IV. Publicado o acórdão no Superior Tribunal de Justiça, os recursos especiais sobrestados na origem serão avocados à instância superior para imediato julgamento em massa.
V. Quando houver multiplicidade de recursos com fundamento em idêntica questão de direito, caberá ao presidente do tribunal de origem admitir um ou mais recursos representativos da controvérsia, os quais serão encaminhados ao STJ, ficando suspensos os demais recursos especiais até o pronunciamento definitivo do STJ.

(A) somente um enunciado é verdadeiro
(B) somente dois enunciados são verdadeiros
(C) somente três enunciados são verdadeiros
(D) somente quatro enunciados são verdadeiros
(E) todos os enunciados são verdadeiros

I: correta (§ 3º do art. 543-C do CPC); II: incorreta, porque o mandado de segurança não se enquadra nas hipóteses que excepcionam a prioridade (§ 6º do art. 543-C do CPC); III: correta (§ 4º do art. 543-C do CPC); IV: incorreta, porque as soluções previstas pela lei são diversas (§ 7º do art. 543-C do CPC: "Publicado o acórdão do Superior Tribunal de Justiça, os recursos especiais sobrestados na origem: I – terão seguimento denegado na hipótese de o acórdão recorrido coincidir com a orientação do Superior Tribunal de Justiça; ou II – serão novamente examinados pelo tribunal de origem na hipótese de o acórdão recorrido divergir da orientação do Superior Tribunal de Justiça"); V: correta (art. 543-C, § 1º, do CPC). Gabarito "C".

(Magistratura do Trabalho – 3ª Região – 2009) Assinale a assertiva ("a" a "e") correta em relação aos enunciados de I a V, que tratam do procedimento para o julgamento de recursos extraordinários, considerando a exigência da repercussão geral como pressuposto de admissibilidade, conforme a Emenda Constitucional 45/2004 e a Lei nº 11418, de dezembro de 2006:

I. Para efeito de repercussão geral, será considerada a existência, ou não, de questões relevantes do ponto de vista econômico, político, social ou jurídico, que ultrapassem os interesses subjetivos da causa.
II. Negada a existência da repercussão geral, a decisão valerá para todos os recursos sobre matéria idêntica, que serão indeferidos liminarmente, salvo revisão da tese, tudo nos termos do regimento interno do STF.
III. Julgado o mérito do recurso extraordinário, os recursos extraordinários sobrestados na origem serão avocados à instância superior para imediato julgamento em massa.
IV. Lei ordinária disporá sobre as atribuições dos Ministros do Supremo Tribunal Federal, das suas Turmas e de seus outros órgãos, na análise da repercussão geral.
V. Nos processos trabalhistas submetidos ao rito sumaríssimo, não se admitirá recurso extraordinário em face de presunção legal absoluta de ausência de repercussão geral.

(A) somente um enunciado é verdadeiro
(B) somente dois enunciados são verdadeiros
(C) somente três enunciados são verdadeiros
(D) somente quatro enunciados são verdadeiros
(E) todos os enunciados são verdadeiros

I: verdadeira (art. 543-A, § 1º, CPC); II: verdadeira (art. 543-A, § 5º, CPC); III: falsa, porque a solução prevista pela lei para essa hipótese é a de que os recursos sobrestados considerar-se-ão automaticamente não admitidos (art. 543-B, § 2º, CPC); IV: falsa, porque cabe ao Regimento Interno do STF dispor sobre tais questões (art. 543-B, § 5º, CPC); V: falsa, porque não há qualquer previsão legal de exclusão da repercussão geral no caso de causas trabalhistas submetidas ao rito sumaríssimo. Gabarito "B".

(Magistratura do Trabalho – 8ª Região – 2009) Sobre recursos, é correto afirmar:

(A) A apelação devolverá ao tribunal o conhecimento da matéria impugnada. Havendo questões anteriores à sentença ainda não decididas, os autos baixarão ao juízo a quo, para a devida apreciação, antes do julgamento da apelação.
(B) É irrecorrível a decisão do juiz que releva a pena de deserção, cabendo ao tribunal, entretanto, apreciar-lhe a legitimidade.
(C) Caberá agravo, no prazo de dez dias, na forma retida, das decisões interlocutórias proferidas na audiência de instrução e julgamento.
(D) Cabe agravo da decisão que não admitir os embargos infringentes, em dez dias, para o órgão competente para o julgamento do recurso.
(E) Os embargos declaratórios serão opostos no prazo de cinco dias, em petição dirigida ao juiz ou relator, e por eles serão julgados no prazo de cinco dias.

A: incorreta (art. 516 do CPC); B: correta, porque não há interesse recursal, uma vez que a matéria pode ser alegada em contrarrazões do recurso; C: incorreta, porque a lei prevê agravo retido com interposição oral, na própria audiência, para essa hipótese (art. 523, § 3º, CPC); D: incorreta, porque das decisões monocráticas do relator cabe agravo interno, no prazo de 5 dias; E: incorreta, porque se os embargos foram interpostos contra acórdão, não haverá propriamente prazo para o seu julgamento, cabendo ao relator apresentar os embargos em mesa na sessão subsequente, proferindo voto (art. 537 do CPC). Gabarito "B".

(Magistratura do Trabalho – 8ª Região – 2007) A respeito da Uniformização de Jurisprudência, é incorreto afirmar:

(A) Constitui pressuposto para o incidente a situação de: divergência de interpretação do direito ou quando, no julgamento recorrido, for-lhe dada interpretação diversa da que lhe haja dado outra turma, câmara, grupo de câmaras ou câmaras cíveis reunidas.
(B) Sem embargo de o incidente ser de iniciativa do juiz, a parte poderá requerer, fundamentadamente e com a demonstração necessária da divergência, que o julgamento do feito de seu interesse seja precedido do incidente de uniformização.
(C) A primeira apreciação do incidente será do órgão fracionário que poderá reconhecer ou não a divergência e, em aquiescendo com sua ocorrência, procederá à remessa do feito ao Presidente do Tribunal, que designará relator do incidente, dentre os membros do Tribunal Pleno ou do Órgão Especial encarregado da uniformização.
(D) O Tribunal, reconhecendo a divergência, fixará a interpretação a ser aplicada, sendo que o julgamento deverá observar o quorum qualificado da maioria absoluta dos membros que integram o Tribunal.
(E) A decisão proferida será objeto de súmula e constituirá precedente na uniformização da jurisprudência do Tribunal, devendo ser retomado o julgamento do processo pelo órgão fracionário original, que observará o decidido no incidente.

A: correta (art. 476, II, do CPC); B: correta (art. 476, parágrafo único, do CPC); C: incorreta (arts. 477 e 478, do CPC); D: correta (arts. 478 e 479, do CPC); E: correta (art. 479 do CPC). Gabarito "C".

(Magistratura do Trabalho – 9ª Região – 2009) Considere as seguintes proposições:

I. O princípio recursal do duplo grau de jurisdição é postulado constitucional, assim como o devido processo legal, pelo que a lei ordinária não pode restringir o cabimento de recursos e suas hipóteses de incidência.
II. O princípio recursal da taxatividade restringe os recursos àqueles denominados e regulados pelo Código de Processo Civil e por leis processuais esparsas, enquanto o princípio recursal da singularidade veda a interposição de mais de um recurso contra a mesma decisão, embora permita mais de uma espécie de recurso a cada decisão recorrível.
III. O princípio recursal da fungibilidade permite ao tribunal superior conhecer de um recurso erroneamente interposto se houver erro grosseiro na eleição do recurso errôneo pela parte interessada e se não houver dúvida objetiva a respeito da espécie de recurso cabível contra a decisão atacada.
IV. O princípio recursal da proibição da *reformatio in pejus* é decorrência do efeito translativo do recurso, que advém do princípio dispositivo, pelo que não se opõe ao efeito dispositivo do recurso, decorrente do princípio inquisitório, o que permite a reforma da decisão recorrida em prejuízo da parte interessada nas hipóteses de remessa necessária e questões de ordem pública.
V. O juízo de admissibilidade recursal é feito, num primeiro momento, pelo juiz ou tribunal de origem, que verifica o cabimento do recurso, a legitimidade para recorrer, o interesse em recorrer, a tempestividade, a regularidade formal e a inexistência de fato impeditivo ou extintivo do poder de recorrer, enquanto o juízo de mérito recursal analisa a pretensão recursal, que pode ou não se confundir com o mérito da ação, sendo de competência do tribunal superior, exceto no caso de competência funcional diferida no juízo de retratação do agravo.

(A) somente a proposição V está correta
(B) somente a proposição I está correta
(C) somente as proposições I e V estão corretas
(D) somente as proposições II e III estão corretas
(E) somente as proposições IV e V estão corretas

I: incorreta, porque o princípio do duplo grau de jurisdição, ao contrário do devido processo legal, é implícito e não constitui uma garantia constitucional, motivo pelo qual pode sofrer restrições pela legislação infraconstitucional; II: incorreta, porque, pelo princípio da singularidade, para cada decisão recorrível será cabível um recurso apenas; III: incorreta, porque fica prejudicada a aplicação do princípio da fungibilidade se houver erro grosseiro na interposição do recurso; IV: incorreta, porque a proibição da *reformatio in pejus* decorre do princípio dispositivo (e não do translativo, esse sim é que advém do princípio inquisitório); V: correta, pois traz um panorama correto acerca do juízo de admissibilidade recursal e do juízo de mérito recursal. Gabarito "A".

(Magistratura do Trabalho – 9ª Região – 2009) Considere as seguintes proposições:

I. O recurso adesivo fica subordinado ao recurso principal e será interposto perante a autoridade competente para admitir o recurso principal, no prazo de que a parte dispõe para responder, sendo admissível no Processo Civil na apelação, nos embargos de declaração, nos embargos infringentes, no recurso extraordinário e no recurso especial, com as mesmas regras do recurso independente, quanto às condições de admissibilidade, preparo e julgamento no tribunal superior, mas não será conhecido se houver desistência do recurso principal, ou se for este declarado inadmissível ou deserto.
II. Os embargos de declaração são o único recurso no Processo Civil que permite ao juiz alterar a sentença de mérito depois de publicá-la e interrompem o prazo para interposição de outros recursos por qualquer das partes, inclusive aquela desinteressada na pretensão recursal.
III. A multa por interposição de embargos de declaração protelatórios é elevada de 1% para até 10% do valor da causa em caso de reiteração dessa conduta processual e, neste caso, a interposição de outros recursos fica condicionada ao depósito do valor da multa elevada.
IV. O recurso especial, assim como o recurso extraordinário, é um recurso de fundamentação vinculada, com pretensão recursal baseada em violação de direito federal de natureza constitucional, enquanto a pretensão recursal baseada em violação de direito federal de natureza infra constitucional é reservada ao recurso extraordinário, mas se existirem as duas pretensões recursais a parte interessada deverá interpor simultaneamente os dois recursos.
V. Quando houver multiplicidade de recursos extraordinários com fundamento em idêntica controvérsia, caberá ao tribunal de origem selecionar um ou mais recursos representativos da

controvérsia e encaminhá-los ao Supremo Tribunal Federal, sobrestando os demais até o pronunciamento definitivo dessa Corte. Negada a existência de repercussão geral, os recursos sobrestados considerar-se-ão automaticamente não admitidos. Julgado o mérito do recurso extraordinário, os recursos sobrestados serão apreciados pelos Tribunais, Turmas de Uniformização ou Turmas Recursais, que poderão declará-los prejudicados ou retratar-se. Mantida a decisão e admitido o recurso, poderá o Supremo Tribunal Federal, nos termos do Regimento Interno, cassar ou reformar, liminarmente, o acórdão contrário à orientação firmada.

(A) somente uma proposição está correta
(B) somente duas proposições estão corretas
(C) somente três proposições estão corretas
(D) somente quatro proposições estão corretas
(E) todas as proposições estão corretas

I: correta (art. 500 do CPC); II: incorreta, porque há casos em que a apelação vem acompanhada do juízo de retratação (ou efeito regressivo), o que permite ao juiz prolator da sentença modificá-la (por exemplo, art. 285-A e art. 296 do CPC); III: correta (art. 538, parágrafo único, do CPC); IV: incorreta, porque estão invertidas as funções de cada um dos recursos mencionados; V: correta (art. 543-B do CPC). Gabarito "C".

(Magistratura do Trabalho – 24ª Região – 2007) Em tema de incidente de uniformização de jurisprudência, o Código de Processo Civil regula o procedimento. Considere as assertivas abaixo:

I. Compete a qualquer Juiz, ao dar voto na turma, câmara, ou grupo de câmaras, solicitar o pronunciamento prévio do tribunal acerca da interpretação do direito quando verificar que, a seu respeito, ocorre divergência.
II. Compete a qualquer Juiz, ao dar voto na turma, câmara, ou grupo de câmaras, solicitar o pronunciamento prévio do tribunal acerca da interpretação do direito quando, no julgamento recorrido, a interpretação for diversa da que lhe haja dado outra turma, câmara, grupo de câmaras ou câmaras cíveis reunidas.
III. O tribunal, reconhecendo a divergência, dará a interpretação a ser observada, cabendo a cada Juiz emitir o seu voto em exposição fundamentada.
IV. O julgamento, tomado pelo voto da maioria absoluta dos membros que integram o tribunal, será objeto de súmula e constituirá precedente na uniformização da jurisprudência.

RESPONDA:

(A) Todas as proposições estão corretas.
(B) Apenas a proposição IV está incorreta.
(C) Apenas as proposições I e II estão corretas.
(D) Apenas as proposições I e III estão incorretas.
(E) Todas as proposições estão incorretas.

I: correta (art. 476, I, do CPC); II: correta (art. 476, II, do CPC); III: correta (art. 478 do CPC); IV: correta (art. 479 do CPC). Gabarito "A".

(Magistratura do Trabalho – 24ª Região – 2007) Considerando as disposições do Código de Processo Civil, assinale a alternativa INCORRETA:

(A) O terceiro prejudicado pode interpor recurso, cabendo-lhe demonstrar o nexo de interdependência entre o seu interesse de intervir e a relação jurídica submetida à apreciação judicial.
(B) A renúncia ao direito de recorrer independe da aceitação da outra parte, mas, tratando-se de litisconsórcio, uma vez interposto o recurso, o recorrente somente pode dele desistir com a anuência dos litisconsortes.
(C) O recurso interposto por um dos litisconsortes a todos aproveita, salvo se distintos ou opostos os seus interesses.
(D) Havendo solidariedade passiva, o recurso interposto por um devedor aproveitará aos outros, quando as defesas opostas ao credor lhes forem comuns.
(E) O recurso adesivo será admissível na apelação, nos embargos infringentes, no recurso extraordinário e no recurso especial.

A: correta (art. 499, § 1º, do CPC); B: incorreta (arts. 501 e 502, do CPC); C: correta (art. 509 do CPC); D: correta (art. 509, parágrafo único, do CPC); E: correta (art. 500, II, do CPC). Gabarito "B".

(Magistratura do Trabalho – 24ª Região – 2007) Há uma preocupação com a insegurança jurídica decorrente da incerteza de decisões contrastantes no Poder Judiciário. Para tanto, o ordenamento jurídico prevê meios/mecanismos processuais adequados para a uniformização da interpretação do direito pelos Juízes. Marque a alternativa CORRETA, identificando os meios/mecanismos que possuem o escopo de preservar a segurança jurídica na interpretação uniforme do direito:

(A) Incidente de uniformização de jurisprudência; embargos de divergência; recurso especial; composição de divergência.
(B) Incidente de uniformização de jurisprudência; embargos de divergência; conflito de competência; composição de divergência.
(C) Incidente de uniformização de jurisprudência; recurso especial; ação rescisória; embargos de divergência.
(D) Incidente de uniformização de jurisprudência; composição de divergência; conflito de competência; recurso especial.
(E) Incidente de uniformização de jurisprudência; ação rescisória; conflito de competência; recurso especial.

De fato, os mecanismos extraídos do ordenamento jurídico e previstos na assertiva A tem a função de preservar a segurança jurídica na interpretação uniforme. Não servem para esse objetivo o conflito de competência que, como o próprio nome já diz, refere-se à discussão acerca do juízo competente para a questão; pode ser negativo ou positivo, e a ação rescisória tem seu alcance descrito no art. 485 do CPC. Gabarito "A".

(Ministério Público do Trabalho – 15º) A propósito dos recursos, assinale a alternativa INCORRETA:

(A) por aplicação do princípio do duplo grau de jurisdição, a apelação interposta pela parte sucumbente, no prazo legal, com advogado regularmente habilitado nos autos, deverá ser recebida pelo juízo de primeiro grau, ainda que a sentença recorrida esteja em conformidade com súmula do Supremo Tribunal Federal ou do Superior Tribunal de Justiça;
(B) a apelação interposta contra sentença que rejeita liminarmente embargos à execução, ou que os julga improcedentes, será recebida apenas no efeito devolutivo;
(C) nas hipóteses em que a decisão interlocutória for suscetível de causar à parte lesão grave e de difícil reparação, será admissível a interposição do agravo por instrumento, dispensada a forma retida;
(D) não serão admissíveis embargos infringentes quando o acórdão proferido de forma não unânime houver reformado, em grau de apelação, sentença de natureza terminativa;
(E) não respondida.

A: incorreta, porque nesse caso incide a chamada "súmula impeditiva de recursos" (art. 518, § 1º, do CPC); B: correta (art. 520, V, CPC); C: correta (art. 522, CPC); D: correta, se levada em conta a interpretação literal do art. 530 (na jurisprudência, no entanto, vigora o entendimento de que se o tribunal, no julgamento de apelação contra sentença terminativa, afasta a extinção do processo e julga o mérito da causa por maioria de votos, são cabíveis os embargos infringentes – a esse respeito, confira-se: STJ, REsp nº 832.370/MG). Gabarito "A".

(Ministério Público do Trabalho – 15º) A propósito dos incidentes de uniformização de jurisprudência e de inconstitucionalidade, assinale a alternativa INCORRETA:

(A) sendo obrigatória a intervenção do Ministério Público, os incidentes de uniformização resolvidos com o voto da maioria absoluta dos membros do tribunal deverão ser objeto de súmula;
(B) compete a qualquer magistrado, integrante de órgão fracionário de tribunal, suscitar o incidente de uniformização de jurisprudência quando verificar a existência de divergência acerca da interpretação do direito aplicável ou ainda quando constatar no julgamento recorrido interpretação diversa da que lhe haja dado outra turma, câmara, grupo de câmaras ou câmaras cíveis reunidas;
(C) a declaração de inconstitucionalidade de lei ou ato normativo do poder público, reconhecida por órgão fracionário de tribunal, depende de ratificação do órgão plenário ou do órgão especial, com o voto da maioria absoluta de seus membros, ainda quando existir prévio pronunciamento destes órgãos sobre a questão;

(D) na condução do incidente de inconstitucionalidade o relator, considerando a relevância da matéria e a representatividade dos postulantes, poderá admitir, por despacho irrecorrível, a manifestação de outros órgãos ou entidades;
(E) não respondida.

A: correta (arts. 478 e 479 do CPC); B: correta (art. 476 do CPC); C: incorreta, porque o órgão fracionário não poderá se pronunciar sobre o tema, em razão da cláusula de reserva de plenário (arts. 480 a 482 do CPC); D: correta (§ 3º do art. 482 do CPC). Gabarito "C".

(Procuradoria Federal – 2007 – CESPE) A prova da autenticidade do acórdão parâmetro de dissídio nos embargos de divergência, por consequência de recentes reformas do CPC, pode dar-se pela citação de repositório de jurisprudência, oficial ou credenciado, inclusive em mídia eletrônica, em que tiver sido publicada a decisão divergente, ou, ainda, pela reprodução de julgado disponível na Internet, com a indicação da respectiva fonte.

Art. 541, parágrafo único, do CPC. Gabarito "C".

(Procuradoria Federal – 2007 – CESPE) Conforme a jurisprudência atual, tanto do STF quanto do STJ, esses embargos são oponíveis, respeitados os demais pressupostos de admissibilidade, em face de acórdão proferido em julgamento de agravo interposto contra decisão monocrática em recurso extraordinário e especial, respectivamente.

Nesse sentido: "PROCESSUAL CIVIL – EMBARGOS DE DIVERGÊNCIA – CABIMENTO – AGRAVO REGIMENTAL – SÚMULA N. 599 DO STF – PORTE DE REMESSA E RETORNO DOS AUTOS – SÚMULA N. 187 DO STJ.
1 Antes das reformas processuais impostas, notadamente pelas Leis ns. 9.139/95 e 9.756/98, não havia julgamento monocrático do mérito do recurso especial. Daí a plena aplicação do enunciado da Súmula n. 599/STF.
2 Atualmente, pode o Relator do STJ julgar, monocraticamente, o mérito do recurso especial, cuja decisão poderá ser revista pelo colegiado, via agravo regimental.
3 A aplicação da Súmula n. 599 do STF merece temperamentos. São cabíveis os embargos de divergência contra acórdão proferido em agravo regimental, se julgado o mérito do recurso especial em agravo de instrumento ou interposto o mesmo contra decisão monocrática do Relator em recurso especial.
4 A Súmula n. 187 do STJ só deve incidir após a regulamentação da cobrança de custas, com a definição de valores a serem pagos pelos recorrentes.
5 Embargos de divergência recebidos" (STJ – 1ª Seção, EREsp 133451-SP, Rel. Min. Eliana Calmon, j. 10.04.2000, DJU 21.08.2000, p. 00089). Gabarito "C".

(Procuradoria Federal – 2007 – CESPE) Julgue os seguintes itens.
(1) Das decisões interlocutórias proferidas na audiência de instrução e julgamento caberá agravo na forma retida, que deve ser interposto oral e imediatamente e deve constar do respectivo termo, neste expostas sucintamente as razões do agravante.
(2) Compete ao STJ julgar, em recurso ordinário, os mandados de segurança decididos em única instância pelos TRFs, quando essa decisão for denegatória.
(3) Compete ao STJ julgar, em recurso especial, as causas decididas em única ou última instância, pelos TRFs, quando a decisão recorrida julgar válida lei local contestada em face de lei federal.
(4) O juiz não receberá o recurso de apelação quando a sentença estiver em conformidade com súmula do STF, do STJ ou do TST.
(5) Enquanto no STF é cabível a reclamação para a preservação de sua competência e garantia de suas decisões, no STJ é cabível apenas para a preservação de sua competência.

1: certo (art. 523, § 3º, do CPC); 2: certo (art. 539, II, a, do CPC); 3: errado (art. 105, III, da CF); 4: errado (art. 518, § 1º, do CPC – não inclui súmula do TST); 5: errado. A reclamação perante o Supremo Tribunal Federal e o Superior Tribunal de Justiça possui previsão constitucional, legal e regimental; a Constituição Federal de 1988, nos seus artigos 102, I, l e 105, I, f, dispõe sobre o processo e julgamento, em instância originária, da reclamação para a preservação da competência dos respectivos tribunais e para a garantia da autoridade de suas decisões; vide também arts. 13 e 18 da Lei nº 8.038/90. Gabarito 1C, 2C, 3E, 4E, 5E.

(Procurador da Fazenda Nacional – 2007.2 – ESAF) Quanto ao agravo retido, é incorreto afirmar que:
(A) o agravo retido deve ser interposto no prazo de dez dias e, uma vez interposto, deverá a parte contrária ser ouvida sobre ele. O juiz, estabelecendo o contraditório, poderá redecidir, hipótese na qual o agravado poderá interpor um novo agravo desta nova decisão.
(B) da decisão que determina a retenção do agravo de instrumento em retido, caberá a interposição de recurso especial, por ser tal decisão considerada de última instância por não comportar o manejo do agravo interno.
(C) as decisões interlocutórias proferidas nas audiências de instrução e julgamento serão agraváveis na forma retida e sua interposição deverá ser feita oral e imediatamente na própria audiência, constando do respectivo termo as razões sucintas de sua reforma, mas toda vez que a decisão interlocutória tiver o condão de "causar à parte lesão grave e de difícil reparação", mesmo quando proferida em audiência de instrução e julgamento, a hipótese é de agravo de instrumento.
(D) da decisão que determina a retenção do agravo de instrumento em retido não caberá recurso mas, de acordo com a jurisprudência dominante do Tribunal Regional Federal da 1ª Região, comportará a impetração do mandado de segurança.
(E) será retido o agravo interposto de qualquer decisão interlocutória que não seja: a inadmissão de apelação; relativa aos efeitos em que a apelação foi recebida; casos de urgência ou, como quer a lei, "decisão suscetível de causar à parte lesão grave e de difícil reparação".

A: correta (arts. 522 e 523, § 2º, do CPC); B: incorreta (art. 527, II, parágrafo único, do CPC); C: correta (arts. 522 e 523, § 3º, do CPC); D: correta. "PROCESSUAL CIVIL - MANDADO DE SEGURANÇA - CONVERSÃO DO INSTRUMENTO EM AGRAVO RETIDO APÓS EXAME DO EFEITO SUSPENSIVO: ILEGALIDADE - ERRO PROCEDIMENTAL - CERCEAMENTO DE DEFESA - EFEITO SUSPENSIVO AO AGRAVO DE INSTRUMENTO: AUSÊNCIA DE DANO.1. A conversão do agravo de instrumento em agravo retido, prevista no art. 527, II, do CPC, somente pode ocorrer quando não se a decisão agravada for insuscetível de causar à parte imediata lesão grave e de difícil reparação, sem que o Relator exponha qualquer juízo de valor sobre a decisão agravada. 2. Quando, ao contrário, o relator expressa juízo de valor (suspende ou mantém a decisão agravada) e, ao mesmo tempo, converte o agravo de instrumento em retido, pratica ilegalidade, porque submete a parte ao jugo da sua decisão, sem que ela possa exercer qualquer irresignação, uma vez que a decisão monocrática passa a ter efeitos definitivos sem que possível o pronunciamento do colegiado. 3. Efeito suspensivo ao agravo de instrumento negado à míngua de demonstração de dano irreparável ou de difícil/impossível reparação. 4. Segurança concedida: decotada da decisão impugnada a conversão em agravo retido, para que o AG retome seu regular processamento." (MS 2007.01.00.037740-0/PI, Corte Especial, TRF 1ª Região, Des. Fed. Luciano Tolentino Amaral, j. 18.09.2008); E: correta (art. 522 do CPC). Gabarito "B".

(Procurador da Fazenda Nacional – 2007.2 – ESAF) Quanto ao instituto da repercussão geral, é incorreto afirmar que:
(A) a decisão que não se conhece o recurso extraordinário é irrecorrível, quando a questão constitucional nela versada não oferecer repercussão geral.
(B) quando houver multiplicidade de recursos com fundamento em idêntica controvérsia, caberá ao Tribunal de origem selecionar um ou mais recursos representativos da controvérsia e, negada a existência de repercussão geral pelo Supremo Tribunal Federal, os recursos sobrestados considerar-se-ão automaticamente não admitidos.
(C) haverá repercussão geral quando o recurso impugnar decisão contrária à súmula ou jurisprudência dominante do Tribunal.
(D) caberão inicialmente ao Tribunal de origem, ao exercer o primeiro juízo de admissibilidade, e, em seguida, ao Supremo Tribunal Federal analisar a existência de repercussão geral, argüida pelo recorrente em preliminar de recurso extraordinário.
(E) o Relator poderá admitir, na análise da repercussão geral, a manifestação de terceiros, subscrita por procurador habilitado, nos termos do Regimento Interno do Supremo Tribunal Federal.

A: correta (art. 543-A do CPC); B: correta (art. 543-B, §§ 1º e 2º, do CPC); C: correta (art. 543-A, § 3º, do CPC); D: incorreta, pois a questão da existência ou não de repercussão geral caberá somente ao Supremo Tribunal Federal (art. 543-A do CPC); E: correta (art. 543-A, § 6º, do CPC). Gabarito "D".

(Procurador da Fazenda Nacional – 2007 – ESAF) Quanto ao recurso de agravo interposto em face da decisão de primeiro grau, é correto afirmar que:

(A) pode-se utilizar a forma de interposição de recurso pelo correio com aviso de recebimento nas hipóteses de agravos de instrumento interposto em face de decisão de primeiro grau e de decisão que não admite recursos especial e extraordinário.
(B) após a análise dos requisitos de admissibilidade do recurso de apelação, o tribunal analisará o agravo retido, sendo que o seu provimento gerará a nulidade da sentença proferida pelo magistrado de primeiro grau.
(C) o magistrado poderá de ofício, por ser matéria relativa à admissibilidade do recurso, não conhecer do recurso de agravo de instrumento quando o agravante não tiver cumprido o requisito da lei, que determina a comunicação e a comprovação ao juízo de primeiro grau acerca da interposição do agravo de instrumento, assim como dos documentos que instruíram o referido recurso.
(D) da decisão que o magistrado converter o agravo de instrumento em retido, por não se aplicar ao caso a possibilidade de lesão grave ou de difícil reparação, caberá a interposição do agravo interno no prazo de cinco dias.
(E) das decisões proferidas em audiência de instrução, nos procedimentos ordinário e no sumário, caberá a interposição do agravo de forma retida, que deve ser interposto de forma oral e imediata sob pena de preclusão, salvo quando se tratar de decisão suscetível de causar à parte lesão grave e de difícil reparação.

A: incorreta (art. 525, § 2º, do CPC); B: incorreta (art. 523 do CPC); C: incorreta (art. 526, parágrafo único, do CPC); D: incorreta (art. 527, II, parágrafo único, do CPC); E: correta (arts. 522 e 523, § 3º, do CPC). Gabarito "E".

(Procurador da Fazenda Nacional – 2007 – ESAF) Quanto ao recurso de embargos de divergência, é incorreto afirmar que:

(A) não cabem embargos de divergência no âmbito do agravo de instrumento que não admite recurso especial.
(B) cabem embargos de divergência contra acórdão que, em agravo "regimental", decide recurso especial.
(C) cabem embargos de divergência da decisão que deu provimento ao agravo "regimental", afastando-se a possibilidade de julgamento monocrático pelo Ministro Relator por não se enquadrar a hipótese em jurisprudência dominante do Tribunal.
(D) cabem embargos de divergência contra acórdão que, em agravo "regimental", decide recurso extraordinário.
(E) não cabem embargos de divergência, quando a jurisprudência do tribunal se firmou no mesmo sentido do acórdão embargado.

A, B, C, D e E: Os embargos de divergência estão submetidos a requisitos específicos de admissibilidade; um dos requisitos específicos é a necessidade de a decisão recorrida ser colegiada, ou seja, proveniente de turma. Os embargos não são admissíveis contra decisão monocrática de relator, ainda que se tenha analisado o mérito do recurso especial nas hipóteses previstas nos arts. 544, § 3º, e 557, § 1º-A, do CPC. Quando o relator, monocraticamente, decidir o recurso especial, necessária será a interposição de agravo regimental a fim de submeter o feito ao respectivo órgão colegiado, para que se cumpra a exigência legal e regimental de uma "decisão de turma", vale dizer, colegiada. Vide Súmulas 315 e 316 do STJ. Gabarito "C".

(Defensoria Pública da União – 2010 – CESPE) Acerca dos recursos e da ação rescisória, julgue o próximo item.

(1) O direito processual civil acolhe o princípio da vedação à reformatio in pejus, mas, na hipótese de a apelação interposta pelo autor evidenciar, por exemplo, a ausência de condição da ação, o órgão ad quem poderá extinguir o processo, sem julgamento do mérito, o que é decorrência do chamado efeito translativo dos recursos.

1: Correta, porque o reconhecimento de uma matéria de ordem pública, pelo Tribunal, ainda que em prejuízo do recorrente, decorre mesmo do efeito translativo dos recursos, efeito esse que está baseado no princípio inquisitório, ao contrário da regra da vedação à reformativo in pejus que surge em razão do princípio dispositivo. Gabarito 1C.

(Defensoria Pública da União – 2007 – CESPE) Considerando os recursos e outros meios de impugnação das decisões proferidas no processo civil, julgue os itens a seguir.

(1) Cabe recurso ordinário contra decisão denegatória de mandado de segurança proferida por tribunal superior ou por tribunais de segunda instância, mesmo quando não se aprecia o mérito da causa. Assim, não cabe recurso para o STF de decisão monocrática que, em tribunal superior, negue seguimento a recurso ordinário contra indeferimento liminar de pedido de mandado de segurança.
(2) A oposição de embargos declaratórios com caráter modificativo se faz apropriada quando o pronunciamento judicial padece de ambigüidade, de obscuridade, de contradição ou de omissão. Quando ocorre a modificação de entendimento jurisprudencial, com efeito vinculativo, admite-se o manejo desse recurso com pretensão de efeitos infringentes.
(3) Perde objeto o recurso relativo à decisão de antecipação da tutela quando a sentença superveniente revoga a liminar concedida, ou quando, sendo de procedência integral ou parcial, tem aptidão para, por si só, irradiar os mesmos efeitos da medida antecipatória. Assim, os fundamentos da sentença se sobrepõem aos da decisão da antecipação da tutela, restando superada a impugnação dirigida à decisão interlocutória.

1: certo (art. 102, II, a, da CF); 2: errado, pois a infringência do julgado pode ser apenas consequência do provimento dos embargos declaratórios, mas não o seu pedido principal, que se restringe à correção de erro material, suprimento de omissão e extirpação de contradição; para a simples modificação do julgado existem os recursos próprios; 3: certo, pois, de fato, se a sentença revogou a tutela antecipada anteriormente concedida, o recurso de agravo interposto perde o seu objeto e a parte poderá, se o caso, ingressar com recurso próprio para atacar os fundamentos da sentença. Gabarito 1C, 2E, 3C.

(Advogado da União/AGU – CESPE – 2009) Acerca dos recursos e da ação rescisória previstos no CPC, julgue os itens que se seguem.

(1) No caso de julgamento realizado por órgão colegiado em sede de apelação, o crime de prevaricação cometido por um dos membros componentes desse órgão viciará o acórdão mesmo que o voto do citado membro tenha sido vencido, independentemente da interposição de embargos infringentes.
(2) Diz-se na doutrina que existe presunção da existência de repercussão geral nos recursos extraordinários, o que se comprova pela necessidade de quorum diferenciado para o não-conhecimento do recurso com base na ausência de tal requisito e na dispensa da demonstração da sua presença na peça de interposição do recurso, cabendo ao recorrido demonstrar a ausência.
(3) Em regra, não existe contraditório nos embargos de declaração, uma vez que é recurso destinado a suprir omissão, obscuridade ou contradição da decisão recorrida. Parte majoritária da doutrina e da jurisprudência, entretanto, entende pela necessidade de intimação da outra parte para apresentação de contrarrazões, caso os embargos tenham sido interpostos visando a efeitos modificativos, também chamados infringentes.

1: Errrado, porque, nesse caso, o vício referente à pessoa de um dos julgadores não foi capaz de influenciar no julgamento do recurso, motivo pelo qual o acórdão não restou viciado; 2: Errada, porque a repercussão geral só será presumida nos casos apontados pelo § 3º do art. 543-A do CPC; 3: Correta (arts. 530 e 535, ambos do CPC). Gabarito 1E, 2E, 3C.

(Procurador de Contas TCE/ES – CESPE – 2009) Em ação promovida por três pessoas contra outras duas, em que o MP atuou em razão do evidente interesse público envolvido, foi proferida sentença de procedência parcial. Considerando essa situação hipotética, assinale a opção correta quanto à interposição dos recursos cabíveis.

(A) Mesmo que haja litisconsórcio necessário e unitário entre as partes que compõem o polo passivo, o fato de uma parte ser representada pela defensoria pública e outra por advogado não dobra o prazo recursal para ambas as partes.
(B) Protocolizado o recurso dentro do prazo correto, a devolução dos autos em momento posterior não é razão suficiente para que se deixe de admitir como tempestivo o recurso.

(C) Será em dobro o prazo recursal para os autores da ação, ainda que tenham o mesmo procurador, pois a contagem desse modo depende da existência de mais de uma parte sucumbente no mesmo polo.

(D) Falecendo uma das partes depois de prolatada a sentença, mas ainda durante o prazo recursal, a manutenção do mesmo procurador pelos sucessores fará que não se devolva a estes o prazo para interposição do recurso cabível.

(E) Em razão da possibilidade de qualquer das partes interpor embargos de declaração, mesmo que apenas um dos autores tenha sucumbido, o prazo será contado em dobro, se todos tiverem procuradores diversos.

A: incorreta, porque quando os litisconsortes estiverem representados por advogados distintos, como no caso proposto, haverá dobra de prazos (art. 191, CPC); B: correta ("protocolado o recurso com as razões, no prazo legal, a demora na devolução dos autos pelo advogado acarreta apenas as sanções do art. 195 do CPC, entre as quais não se inclui a de intempestividade do recurso" – *RTJ* 93/699; STF-*RT* 486/229); C: incorreta, porque só haverá prazos em dobro se os procuradores forem diversos (art. 191, CPC); D: incorreta (art. 507, CPC); E: incorreta, porque se há sucumbência apenas de um dos autores, e só ele tem interesse recursal, o prazo para sua interposição é simples (Súmula 641 do STF: "não se conta em dobro o prazo para recorrer, quando um só dos litisconsortes haja sucumbido"). Gabarito "B".

(Procurador de Contas TCE/ES – CESPE – 2009) Acerca do juízo de mérito dos recursos, assinale a opção correta.

(A) Diz-se haver error in procedendo quando ocorre infração a norma de procedimento em prejuízo das partes, de modo que o recurso de agravo é o mais adequado a sua correção, sendo, inclusive, inviável pretender corrigir error in iudicando por meio dessa modalidade recursal.

(B) O fato de o recurso abordar decisão acerca da legitimidade ad causam de uma das partes do processo determina que não haverá questão de mérito do recurso, já que esse tema é pertinente à admissibilidade da causa.

(C) Ao realizar julgamento rescindente, o órgão julgador do recurso acolhe alegação de error in procedendo e determina que o órgão a quo profira novo julgamento, o que não ocorre quando se verifica julgamento extra ou ultra petita.

(D) No que tange ao juízo de mérito recursal, diz-se ser regra do benefício comum a possibilidade de o órgão julgador examinar a decisão recorrida naquilo que contraria a expectativa das duas partes; no direito nacional, essa regra vige desde o CPC de 1939.

(E) A vedação à reformatio in pejus atinge os recursos, de modo que institutos apenas similares, como é o caso do reexame necessário, a ela não se vinculam, tanto que é possível ao órgão responsável pelo reexame decidir agravando a posição da fazenda pública.

A: incorreta, porque o tipo de erro cometido pelo juiz é irrelevante para a identificação do recurso cabível, já que o importante é verificar a natureza da decisão a ser impugnada; B: incorreta, porque se a questão relativa à legitimidade de uma das partes foi alegado no recurso representa ela o mérito recursal; C: correta, porque no caso de sentença *ultra petita*, cabe ao tribunal cancelar o excesso verificado na sentença, e no caso de sentença *extra petita*, o tribunal pode reformar a sentença para adequar o julgamento aos elementos da causa, sem necessidade de ser determinada a prolação de nova sentença pelo julgado; D: incorreta, porque não vigora no direito brasileiro a regra do benefício comum no julgamento dos recursos; o tribunal só está autorizado a apreciar as matérias que tenham sido alegadas pelo recorrente, e está proibido, em regra, de proferir decisão que seja mais gravosa à parte que recorreu, caso haja recurso exclusivamente seu; E: incorreta (Súmula 45 do STJ: "no reexame necessário, é defeso, ao Tribunal, agravar a condenação da Fazenda Pública"). Gabarito "C".

(Procurador do Município/Florianópolis-SC – 2010 – FEPESE) De acordo como o artigo 519 do Código de Processo Civil, provando o apelante justo impedimento, o juiz relevará a pena de deserção, fixando-lhe prazo para efetuar o preparo.

Diante dessa decisão interlocutória, que releva a pena de deserção, é **correto** afirmar:

(A) A decisão é irrecorrível.
(B) Cabe o recurso de apelação.
(C) Cabe o agravo de instrumento.
(D) É cabível o recurso ordinário.
(E) É cabível o agravo retido.

O tribunal, quando do julgamento do recurso, poderá rever a decisão. Logo, o adversário do recorrente não tem interesse na interposição de outro recurso contra tal decisão. Gabarito "A".

(Procurador do Município/Teresina-PI – 2010 – FCC) O recurso de agravo é cabível

(A) quando for preciso forçar a parte contrária à abstenção de um ato.
(B) de sentenças.
(C) de atos processuais de mero expediente.
(D) de quaisquer decisões interlocutórias, havendo ou não prejuízo às partes.
(E) de decisões interlocutórias, desde que haja gravame à parte recorrente.

A: incorreta, pois não é esse o objetivo do recurso de agravo; B: incorreta, já que sentenças desafiam apelação; C: incorreta, porque são eles irrecorríveis; D: incorreta, porque é inadmissível qualquer recurso contra decisão que não tenha causado prejuízo, por falta de interesse recursal; E: correta (reler o comentário sobre a assertiva anterior). Gabarito "E".

(Analista Judiciário/STF – 2008 – CESPE) Com base na legislação disciplinadora das súmulas vinculantes, julgue os itens que se seguem.

(1) O STF poderá, de ofício ou por provocação, após reiteradas decisões sobre matéria constitucional, editar enunciado de súmula que, a partir de sua publicação na imprensa oficial, terá efeito vinculante apenas em relação aos órgãos do Poder Judiciário.

(2) No procedimento de edição, revisão ou cancelamento de enunciado da súmula vinculante, o relator poderá admitir, por decisão irrecorrível, a manifestação de terceiros na questão, nos termos do Regimento Interno do STF.

(3) São legitimados a propor a edição, a revisão ou o cancelamento de enunciado de súmula vinculante os mesmos legitimados a propor ação direta de inconstitucionalidade.

1: errado (art. 2º da Lei nº 11.417/2006); 2: certo (art. 3º, § 2º, da Lei nº 11.417/2006); 3: errado (art. 3º da Lei nº 11.417/2006 e art. 103 da CF). Gabarito 1E, 2C, 3E.

(Analista Judiciário/STF – 2008 – CESPE) A respeito dos recursos para o STF, julgue os itens subsequentes.

(1) Os requisitos de admissibilidade do recurso ordinário para o STF contra decisão que denegue ação de mandado de segurança, de habeas data ou de mandado de injunção são comuns aos exigidos para o recurso extraordinário.

(2) É cabível recurso extraordinário, desde que preenchidos os demais pressupostos de admissibilidade, contra sentença terminativa proferida em causa decidida, em única instância, por ofensa a norma expressa da CF.

(3) A decisão da turma recursal do juizado especial pode ser impugnada por recurso extraordinário quando violar norma expressa da CF.

1: errado. Realmente os requisitos de admissibilidade para o recurso ordinário e extraordinário são diversos; tome-se como exemplo a questão da repercussão geral, que é exigida somente nos casos de recurso extraordinário (art. 543-A do CPC); 2: certo (art. 102, III, *a*, da CF); 3: certo, pois a jurisprudência tem admitido o recurso extraordinário contra decisões preferidas pelas Turmas Recursais, pois não se poderia deixar de submeter ao STF questões em que houvesse a possibilidade de violação da norma constitucional, e, ao contrário do que acontece com o recurso especial, o legislador constituinte não especificou qual o órgão responsável pelas decisões que seriam objeto de recurso extraordinário, pelo que, podem ser elas oriundas das Turmas Recursais dos Juizados Especiais. Gabarito 1E, 2C, 3C.

(Analista Judiciário/STF – 2008 – CESPE) Julgue o próximo item, relativo aos recursos contra as decisões proferidas no processo civil.

(1) O autor da ação rescisória julgada improcedente poderá interpor embargos infringentes se a decisão se der por maioria de votos.

1: errado, pois somente são cabíveis embargos infringentes quando julgar procedente ação rescisória por maioria de votos (art. 530 do CPC). Gabarito 1E.

(Cartório/AP – 2011 – VUNESP) Das decisões interlocutórias caberá agravo de instrumento

(A) no prazo de 15 dias, quando se tratar de decisão suscetível de causar à parte lesão grave e de difícil reparação, bem como nos casos de inadmissão da apelação, dentre outras hipóteses.
(B) no prazo de 10 dias, salvo quando se tratar de decisão suscetível de causar à parte lesão grave e de difícil reparação, bem como nos casos de inadmissão da apelação, dentre outras hipóteses.
(C) no prazo de 15 dias, salvo quando se tratar de decisão suscetível de causar à parte lesão grave e de difícil reparação, bem como nos casos de inadmissão da apelação, dentre outras hipóteses.
(D) no prazo de 10 dias, quando se tratar de decisão suscetível de causar à parte lesão grave e de difícil reparação, bem como nos casos de inadmissão da apelação, dentre outras hipóteses.
(E) no prazo de 8 dias, quando se tratar de decisão suscetível de causar à parte lesão grave e de difícil reparação, bem como nos casos de inadmissão da apelação, dentre outras hipóteses.

A: incorreta, porque o prazo para o agravo é de 10 dias; B: incorreta, porque é nessas circunstâncias em que cabe a interposição na forma de instrumento; C: incorreta, porque o prazo para o agravo é de 10 dias; D: correta (reler o comentário sobre a assertiva A); E: incorreta, porque o prazo para o agravo é de 10 dias. Gabarito "D".

(Cartório/DF – 2008 – CESPE) Acerca de recursos, julgue os seguintes itens.

(1) Quando o pedido ou a defesa tiver mais de um fundamento e o juiz acolher apenas um deles, a apelação devolverá ao tribunal o conhecimento dos demais.
(2) Cabem embargos infringentes contra acórdão não-unânime que, em grau de recurso extraordinário, reformar o resultado da apelação.
(3) Em regra, os recursos especial e extraordinário são recebidos no efeito suspensivo quando interpostos contra a fazenda pública.
(4) O prazo para a interposição dos embargos de declaração é o mesmo previsto para a apelação.

1: certo (art. 515, § 2º, do CPC); 2: errado (art. 530 do CPC); 3: errado (art. 542, § 2º, do CPC); 4: errado (art. 536 do CPC). Gabarito 1C, 2E, 3E, 4E.

(Cartório/MS – 2009 – VUNESP) Quanto aos recursos, é correto afirmar que

(A) o recurso extraordinário e o recurso especial impedem a execução de sentença.
(B) a parte que aceitar expressa ou tacitamente a sentença ou a decisão não poderá recorrer.
(C) recebida a apelação em ambos os efeitos, o juiz poderá inovar no processo; recebida no efeito devolutivo, o apelado não poderá promover a execução provisória da sentença.
(D) o recurso adesivo é admissível no agravo de instrumento.
(E) não se conhecerá o agravo retido se a parte não requerer, expressamente nos embargos de declaração, sua apreciação pelo Tribunal.

A: incorreta, porque os recursos mencionados não têm efeito suspensivo, motivo pelo qual é admitido, na sua pendência, o início da execução provisória; B: correta (art. 503, CPC); C: incorreta, porque uma vez publicada a sentença, o juiz não poderá inovar no processo, salvo para acolher embargos de declaração ou corrigir erro material ou de cálculo; D: incorreta, porque recurso adesivo só é admitido em relação à apelação, embargos infringentes, recurso especial e recurso extraordinário; E: incorreta, porque a reiteração do agravo retido deve ser feita nas razões ou contrarrazões de apelação. Gabarito "B".

(Cartório/SC – 2008) Assinale a alternativa correta:

I. A apelação será recebida no efeito suspensivo quando interposta de sentença que condenar à prestação de alimentos.
II. A apelação será recebida no efeito devolutivo quando rejeitar liminarmente os embargos à execução ou julgá-los improcedentes.
III. Das decisões interlocutórias caberá agravo no prazo de dez dias.
IV. Não se conhecerá do agravo retido se a parte não requerer expressamente, nas razões ou na resposta da apelação, sua apreciação pelo tribunal.

(A) Todas as proposições estão corretas.
(B) As proposições III e IV estão corretas.
(C) Todas as proposições estão incorretas.
(D) As proposições I e III estão corretas.
(E) Só a proposição II está incorreta.

I: incorreta (art. 520, II, do CPC); II: incorreta (art. 520, V, do CPC); III: correta (art. 522 do CPC); IV: correta (art. 523, § 1º, do CPC). Gabarito "B".

(Cartório/SE – 2007 – CESPE) Com relação aos recursos no processo civil, julgue os itens seguintes.

(1) Tem legitimidade para interpor recurso de apelação contra a sentença proferida no processo de dúvida registrária, além do apresentante do título, o terceiro prejudicado, o Ministério Público e o notário ou o registrador que suscitou a dúvida.
(2) O efeito devolutivo do recurso importa devolver ao órgão revisor da decisão a matéria impugnada com seus limites e fundamentos. A extensão desse efeito compreende a própria impugnação, pois aplica-se ao órgão ad quem o princípio da adstrição, segundo o qual não lhe é lícito ultrapassar os limites da impugnação.
(3) O recorrente pode desistir do recurso interposto, com a anuência do recorrido, ainda que se trate de recurso voluntário ou oficial, isto é, aquele interposto pelo representante do Ministério Público. Essa desistência importa em extinção do procedimento recursal, por perda superveniente do objeto.

1: errado (art. 499 do CPC); 2: certo, pois, de fato, essa é a definição de efeito devolutivo dos recursos; 3: errado (art. 501 do CPC). Gabarito 1E, 2C, 3E.

12. EXECUÇÃO

(Magistratura/DF – 2011) Assinale a alternativa correta, considerando as disposições legais, bem como a doutrina e a jurisprudência prevalentes, na questão a seguir:

Citado o executado por carta precatória, seu prazo para ingressar com embargos à execução, fundamentados na nulidade da execução, por não ser executivo o título apresentado, conta-se a partir:

(A) da juntada aos autos, no juízo deprecante, da comunicação, feita pelo juízo deprecado, da citação do executado;
(B) da juntada aos autos, no juízo deprecante, da carta precatória cumprida;
(C) da juntada aos autos, no juízo deprecado, do mandado de citação;
(D) da juntada aos autos, no juízo deprecado, do mandado de intimação da penhora.

A alternativa correta é a A (art. 738, § 2º do CPC – "nas execução por carta precatória, a citação do executado será imediatamente comunicada pelo juiz deprecado ao juiz deprecante, inclusive por meios eletrônicos, contando-se o prazo para embargos da juntada aos autos de tal comunicação"). As demais alternativas estão incorretas, porque em desacordo com o dispositivo transcrito. Gabarito "A".

(Magistratura/PE – 2011 – FCC) São títulos executivos extrajudiciais, EXCETO

(A) o contrato de abertura de crédito, desde que acompanhado de extrato da conta-corrente.
(B) a letra de câmbio, a nota promissória, a duplicata, a debênture e o cheque.
(C) o crédito decorrente de foro e laudêmio.
(D) o crédito, documentalmente comprovado, decorrente de aluguel de imóvel, bem como de encargos acessórios, tais como taxas e despesas de condomínio.
(E) os contratos garantidos por hipoteca, penhor, anticrese e caução, bem como os de seguro de vida.

A: incorreta (Súmula 233 do STJ: "o contrato de abertura de crédito, ainda que acompanhado de extrato da conta-corrente, não é título executivo"); B: correta (art. 585, I, do CPC); C: correta (art. 585, IV, do CPC); D: correta (art. 585, V, do CPC); E: correta (art. 585, III, do CPC). Gabarito "A".

(Magistratura/PE – 2011 – FCC) Os embargos do devedor

(A) referem-se à defesa a ser oferecida no cumprimento de sentença.
(B) serão oferecidos no prazo de quinze dias, contados da data da citação do devedor.
(C) se opostos quando garantido o Juízo, como regra serão recebidos no duplo efeito.
(D) serão rejeitados liminarmente quando intempestivos, quando inepta a petição inicial ou quando manifestamente protelatórios.
(E) recebidos com efeito suspensivo, não impedirão a efetivação dos atos de penhora, avaliação e alienação dos bens.

A: incorreta, porque quando se trata de cumprimento de sentença, a defesa deve ser veiculada por meio de impugnação; B: incorreta, porque o prazo é contado da juntada aos autos do mandado de citação (art. 738 do CPC); C: incorreta, porque não é exigida a garantia do juízo, e os embargos não têm efeito suspensivo (arts. 736 e 739-A do CPC); D: correta (art. 739 do CPC); E: incorreta (art. 739-A, § 6º, do CPC). Gabarito "D".

(Magistratura/RO – 2011 – PUCPR) Dadas as assertivas abaixo, assinale a única **CORRETA**.

(A) De acordo com o entendimento do STJ, o contrato de abertura de conta de crédito, acompanhado do extrato da conta corrente, é um título executivo.
(B) Não cabe citação por edital no processo de execução.
(C) O encargo do depositário de bens penhorados não pode ser recusado.
(D) Quando o valor dos bens exceder 60 vezes o valor do salário mínimo vigente na data da avaliação, será dispensada a publicação de editais para a realização da hasta pública.
(E) No prazo para embargos, reconhecendo o crédito do exequente e comprovando o depósito de 30% (trinta por cento) do valor em execução, inclusive custas e honorários de advogado, poderá o executado requerer que seja admitido a pagar o restante em até 06 (seis) parcelas mensais, acrescidas de correção monetária e juros de 1 % (um por cento) ao mês.

A: incorreta (Súmula 233 do STJ); B: incorreta (art. 654, CPC); C: incorreta (Súmula 319 do STJ: "o encargo de depositário de bens penhorados pode ser expressamente recusado"); D: incorreta, porque a dispensa de publicação está prevista apenas para a hipótese em que o valor dos bens não exceda 60 vezes o salário mínimo (art. 686, § 3º, CPC); E: correta (art. 745-A, CPC). Gabarito "E".

(Ministério Público/SP – 2011) O compromisso de ajustamento de conduta elaborado nos autos de inquérito civil, instaurado e sob a presidência do Ministério Público, será executado, se inadimplida pelo devedor obrigação certa, líquida e exigível

(A) em ação autônoma de execução de título extrajudicial.
(B) na fase de cumprimento de sentença, com efeito suspensivo.
(C) em ação de liquidação de sentença.
(C) em execução provisória de sentença, sem efeito suspensivo.
(E) em execução definitiva de sentença, sem efeito suspensivo.

Trata-se de título executivo extrajudicial, por isso, está correta a alternativa "A". Gabarito "A".

(Cartório/AP – 2011 – VUNESP) São títulos executivos extrajudiciais:

(A) os acordos extrajudiciais, de qualquer natureza, ainda que homologado judicialmente.
(B) as sentenças arbitrais.
(C) a escritura pública ou outro documento público assinado pelo devedor; o documento particular assinado pelo devedor e por, no mínimo, duas testemunhas; o instrumento de transação referendado pelo Ministério Público, pela Defensoria Pública ou pelos advogados dos transatores.
(D) a escritura pública ou outro documento público assinado pelo devedor; o documento particular assinado pelo devedor e por, no mínimo, três testemunhas; o instrumento de transação referendado pelo Ministério Público, pela Defensoria Pública ou pelos advogados dos transatores.
(E) o formal e a certidão de partilha, exclusivamente em relação ao inventariante, aos herdeiros e aos sucessores a título singular ou universal.

De acordo com o que prevê o art. 585 do CPC, só está correta a alternativa "C". As demais apontam hipóteses de títulos executivos judiciais (art. 475-N, CPC). Gabarito "C".

(Magistratura Federal-5ª Região – 2011) No que se refere à arrematação de bens penhorados, assinale a opção correta.

(A) Se duas pessoas arrematarem o mesmo bem em processos distintos, prevalecerá o direito da que oferecer o maior lance.
(B) O credor não exequente está desobrigado de depositar o preço do bem arrematado até o limite de seu crédito.
(C) O devedor não pode ser admitido como arrematante do bem penhorado.
(D) O credor exequente é admitido como arrematante ainda que possa requerer a adjudicação do bem.
(E) O mandatário pode ser arrematante desde que não ofereça lance menor que o da avaliação.

A: incorreta, porque nesse caso prevalece o direito de quem arrematou em primeiro lugar; B: incorreta, porque só o credor exequente é que se beneficia da dispensa (art. 690-A, parágrafo único, CPC); C: incorreta, porque não há qualquer proibição legal nesse sentido; D: correta, pois pode tanto arrematar como requerer a adjudicação do bem; E: incorreta (art. 690-A, II, CPC). Gabarito "D".

(Magistratura Federal-4ª Região – 2010) Assinale a alternativa correta.

Uma vez ajuizada Execução Fiscal pela Fazenda Nacional:

(A) O meio próprio e insubstituível de defesa do contribuinte é a propositura de embargos de devedor.
(B) Para promover sua defesa, o contribuinte pode discutir toda a matéria objeto da execução em "exceção de pré-executividade".
(C) O contribuinte pode discutir a matéria em ação anulatória de lançamento fiscal, proposta antes ou depois da execução, dispensando-se nesse caso os embargos do devedor.
(D) Fica inibida a discussão de qualquer matéria não cabível em embargos do devedor e, portanto, prejudicada eventual ação anulatória de lançamento fiscal, naquilo em que exceda tais limites da lide.
(E) Somente a nulidade da CDA pode ser discutida judicialmente.

A: incorreta, porque é possível o uso da exceção de pré-executividade, além dos embargos; B: incorreta, porque tal instrumento só presta à alegação de matérias que tornem inadmissível a execução, desde que não dependam de produção de provas; C: correta, pois é possível ajuizar ação anulatória de lançamento fiscal; D e E: incorretas (reler o comentário sobre a assertiva C). Gabarito "C".

(Procurador do Estado/SC – 2010 – FEPESE) De acordo com o Código de Processo Civil, **não** é título executivo extrajudicial:

(A) a debênture.
(B) o crédito decorrente de laudêmio.
(C) os contratos garantidos por anticrese.
(D) a certidão de dívida ativa da Fazenda Pública.
(E) os contratos de acidentes pessoais de que resulte morte ou incapacidade.

De acordo com o rol do art. 585 do CPC, só não se considera como título executivo extrajudicial o contrato de acidentes pessoais (a lei fala em contrato de seguro de vida, mas não de acidentes pessoais). Gabarito "E".

(MINISTÉRIO PÚBLICO/RO – 2010 – CESPE) Assinale a opção correta com referência à execução.

(A) O depositário, por exercer uma função pública, não pode ser responsabilizado criminalmente pelos atos praticados em detrimento da execução e de seus objetivos.
(B) A objeção de pré-executividade é um incidente processual que pode ser utilizado para arguir a falta de uma das condições da ação ou a ausência de pressupostos processuais.
(C) A sentença arbitral, por ser um título executivo extrajudicial, ocorre fora do Poder Judiciário.
(D) O que formaliza e aperfeiçoa a adjudicação é o auto de adjudicação, que somente será extraído após a sentença de adjudicação.
(E) Quando a nomeação dos bens é feita em juízo, por petição deferida pelo juiz, não há a diligência do oficial de justiça para realizar a penhora. Nessa hipótese, o ato processual será realizado pelo escrivão, que lavrará o auto de penhora e, posteriormente, providenciará a sua juntada.

A: incorreta, pois o depositário pode sim ser responsabilizado criminalmente; B: correta, pois, de fato, a objeção de pré-executividade pode ser utilizada nas situações explicitadas na assertiva; C: incorreta, porque a sentença arbitral é considerada pela lei como título executivo judicial; D: incorreta, porque o auto de adjudicação não depende de sentença para que seja extraído; E: incorreta, porque nesse caso haverá termo (e não auto) de penhora. Gabarito "B".

(Ministério Público/ES – 2010 – CESPE) Assinale a opção correta com referência à execução de pensão alimentícia.

(A) Para provocar a suspensão da ordem de prisão, o devedor deve depositar apenas o montante devido até a data da citação.
(B) Se fundado em título extrajudicial, o processo tramita sob o rito especial, mas sem a possibilidade de o devedor justificar-se no prazo de três dias.
(C) Apenas se a pensão alimentícia for fixada em percentual dos rendimentos do devedor, autoriza-se o desconto direto na folha de pagamento do empregador.
(D) Qualquer que seja a quantidade de meses devidos, será possível a execução pelo rito da prisão civil, condicionando-se a suspensão da ordem ao depósito integral.
(E) A justificativa do devedor que prova não ter condições temporárias de pagar o débito não tem a eficácia de encerrar a execução, mesmo que acolhida pelo juiz.

A: incorreta, porque, de acordo com a Súmula 309 do STJ, para evitar a ordem de prisão, caberá ao devedor depositar as três últimas parcelas anteriores ao ajuizamento da execução, bem com aquelas que se vencerem no curso do processo; B: incorreta, porque o entendimento jurisprudencial é no sentido de que não será cabível a prisão quando se tratar de título extrajudicial (*RSTJ* 165/288), o que afasta a incidência do rito especial para a execução; C: incorreta, porque o desconto em folha também pode ser determinado quando se tenha fixado valor fixo para a pensão; D: incorreta, porque a suspensão da ordem de prisão decorrerá do depósito das 3 últimas parcelas anteriores ao ajuizamento da execução e as que se vencerem no seu curso; E: correta, porque o efeito do acolhimento da justificativa é tão só de afastar a possibilidade de prisão civil do executado. Gabarito "E".

(Ministério Público/SP – 2010) Os embargos do devedor, na ação de execução por título extrajudicial contra devedor solvente:

(A) Podem ser opostos independentemente de segurança do juízo.
(B) Podem ser opostos somente após seguro o juízo.
(C) Em regra, terão efeito suspensivo.
(D) Nunca terão efeito suspensivo.
(E) Nenhuma das anteriores.

A: correta (art. 736, CPC); B: incorreta (reler o comentário sobre a assertiva anterior); C: incorreta (art. 739-A, CPC); D: incorreta, porque o juiz poderá concedê-lo quando for relevante a fundamento e o prosseguimento da execução for capaz da causar grave dano ao executado. Gabarito "A".

(Defensoria Pública/SP – 2010 – FCC) Têm força de título executivo extrajudicial, por disposição expressa de lei ou enunciado de súmula do STJ, os documentos abaixo, EXCETO:

(A) contrato de abertura de crédito.
(B) boleto bancário de despesa condominial originada em contrato verbal de locação, para execução pelo locador.
(C) contrato de honorários advocatícios, sem assinatura de duas testemunhas.
(D) instrumento de confissão de dívida assinado por duas testemunhas.
(E) instrumento de transação referendado pela Defensoria Pública sem assinatura de duas testemunhas.

A alternativa A é a incorreta, em razão do que prevê a Súmula 233 do STJ. As demais alternativas correspondem a títulos executivos extrajudiciais previstos no art. 585 do CPC. Gabarito "A".

(Magistratura/PR – 2010 – PUC/PR) Marque se as frases a seguir são falsas (F) ou verdadeiras (V) e assinale a opção CORRETA:

I. Quando, em fase de liquidação por sentença, para determinar o valor da condenação houver necessidade de alegar e provar fato novo, far-se-á a liquidação por artigos.
II. Da decisão que julga a liquidação de sentença caberá apelação no prazo de 15 dias.
III. No cumprimento de sentença, quando na sentença houver uma parte líquida e outra ilíquida, o credor deverá primeiramente requerer a liquidação desta e, após, promover a execução integral.
IV. Contra a decisão que resolve a impugnação no cumprimento de sentença, que importar na extinção da execução, caberá apelação.

(A) F, F, V, V
(B) V, F, F, V
(C) V, F, V, V
(D) F, V, F, V

I: verdadeira (art. 475-E, CPC); II: falsa, porque cabe agravo de instrumento (art. 475-H, CPC); III: falsa, porque as duas providências podem ser tomadas simultaneamente (art. 475-I, § 2º, CPC); IV: verdadeira (art. 513 do CPC). Gabarito "B".

(Magistratura/GO – 2009 – FCC) Na execução por quantia certa, a expropriação de bens do devedor consiste

(A) em dois modos: alienação por iniciativa particular e em hasta pública.
(B) em três modos: adjudicação em favor do exequente, alienação por iniciativa particular e alienação em hasta pública.
(C) em dois modos: adjudicação em favor do exequente e alienação em hasta pública.
(D) em alienação em hasta pública, somente, na qual terá o credor preferência na adjudicação do bem constrito.
(E) em quatro modos: adjudicação em favor do exequente, alienação por iniciativa particular, alienação em hasta pública e no usufruto de bem móvel ou imóvel.

É correta apenas a alternativa "E", nos termos do art. 647 do CPC. Gabarito "E".

(Magistratura/GO – 2009 – FCC) Quanto aos embargos do executado,

(A) independentemente de penhora, depósito ou caução, sua suspensividade depende da relevância dos fundamentos e da possibilidade de grave dano de difícil ou incerta reparação ao devedor.
(B) seu efeito suspensivo depende de requerimento do embargante, da relevância dos fundamentos e da possibilidade de grave dano de difícil ou incerta reparação ao devedor; além disso, a execução deve estar garantida por penhora, depósito ou caução.
(C) a concessão do efeito suspensivo não impede a efetivação dos atos de penhora, mas obsta a avaliação e a alienação dos bens do devedor.
(D) uma vez garantida a execução por penhora, depósito ou caução, bastará ao executado requerer sua suspensividade para que o juiz deva concedê-la.
(E) poderá o juiz conceder efeito suspensivo de ofício.

A: incorreta (art. 739-A, *caput* e § 1º, do CPC); B: correta (art. 739-A, § 1º, do CPC); C: incorreta (§ 6º do art. 739-A do CPC); D: incorreta, porque a lei exige a presença de dois requisitos, além da garantia do juízo, para que seja deferida a suspensão da execução, quais sejam: relevância dos fundamentos e risco de dano de difícil ou incerta reparação; E: incorreta, porque o efeito suspensivo sempre depende de requerimento do devedor. Gabarito "B".

(Magistratura/MG – 2009 – EJEF) Na Execução por Quantia Certa é CORRETO afirmar que:

(A) Os vencimentos e subsídios, bem assim soldos, salários e proventos de aposentadoria podem ser penhorados para pagamento de prestação alimentícia.
(B) São impenhoráveis apenas bens inalienáveis.
(C) A pequena propriedade rural, definida em lei, qualquer que seja a forma de sua utilização, pode ser objeto de penhora.
(D) É penhorável o depósito em caderneta de poupança, até 60 (sessenta) salários mínimos.

A: correta (art. 649, § 2º, do CPC); B: incorreta, porque há outras categorias de bens impenhoráveis, conforme estabelece o art. 649 do CPC; C: incorreta (art. 649, VIII, do CPC); D: incorreta (art. 649, X, do CPC). Gabarito "A".

(Magistratura/PA – 2009 – FGV) Caio Túlio realiza, no ano de 1996, contrato de abertura de conta corrente com o Banco do Povo S/A, incluído no contrato empréstimo, mediante concessão de crédito automático, denominado de cheque especial. Durante longos anos, o correntista recebeu o empréstimo e realizou sua quitação. Em fevereiro de 2009, tendo o valor da dívida atingido R$ 20.000,00, não mais quitou a dívida o correntista, tendo se desligado da empresa PEÇAS E PEÇAS Ltda., que depositava o seu pagamento em conta-corrente, por ter sido dela dispensado. Baldados foram os esforços no sentido de obter o pagamento da dívida. Diante das circunstâncias, a instituição financeira atualizou o valor da dívida e requereu a execução extrajudicial, postulando a citação do devedor e a realização de penhora on line. O réu foi regularmente citado e apresentou exceção de pré-executividade. Observados tais fatos, analise as afirmativas a seguir.

I. A dívida originária do denominado cheque especial deve ser cobrada mediante execução baseada em título extrajudicial.
II. O contrato de abertura de crédito é um documento que exprime o valor certo da dívida, permitindo a ação monitória.
III. A ação monitória permite a apresentação de embargos, como ato de resposta, para impugnar o postulado na peça exordial.
IV. Não cabe exceção de pré-executividade em execução lastreada em título extrajudicial.
V. O trâmite da ação monitória ocorre através de procedimento especial de jurisdição contenciosa.

Assinale:

(A) se nenhuma afirmativa estiver correta.
(B) se somente a afirmativa I estiver correta.
(C) se somente as afirmativas III e V estiverem corretas.
(D) se somente as afirmativas II, III e V estiverem corretas.
(E) se somente as afirmativas II, IV e V estiverem corretas.

I: incorreta, porque, nos termos da Súmula 233 do STJ, "o contrato de abertura de crédito, ainda que acompanhado de extrato de conta-corrente, não é título executivo"; II: correta (Súmula 247 do STJ: "o contrato de abertura de crédito em conta-corrente, acompanhado do demonstrativo de débito, constitui documento hábil para o ajuizamento da ação monitória"; III: correta (art. 1102-C, CPC); IV: incorreta, porque a exceção de pré-executividade pode ser admitida independentemente da espécie de título que fundamenta a execução; V: correta, pois, de fato, a monitória ocorre pelo procedimento especial de jurisdição contenciosa. Gabarito "D".

(Magistratura/PA – 2009 – FGV) Túlio da Silva, brasileiro, solteiro, engenheiro, residente à Rua Madre de Deus nº 100, Belém/PA, propôs ação indenizatória, por danos materiais e morais, por meio do procedimento ordinário, postulando a condenação do Estado do Pará tendo em vista a prática de ato ilícito por seu preposto, agente fazendário, por cobrar, indevidamente, imposto estadual plenamente quitado. Postulou a ré integração do agente fiscal no processo, como litisconsorte, ou, ao menos, admitir a sua denunciação à lide. Ambos os pedidos foram indeferidos, havendo agravo retido nos autos. Efetuada a instrução, restou comprovado o nexo causal, estabelecida a responsabilidade objetiva. A sentença condenou o Estado do Pará ao pagamento de R$ 100.000,00 (cem mil reais), a título de danos materiais, devidamente comprovados, e R$ 30.000,00 (trinta mil reais), a título de danos morais. A condenação ocorreu em 2004, em valores certos, não mencionando critérios de correção monetária e nem condenação em honorários advocatícios. O autor requereu a citação da Fazenda Nacional para, querendo, no prazo legal, apresentar embargos à execução, instruindo sua petição com memória atualizada dos cálculos. Não foram opostos embargos. Diante da ausência de peça defensiva, houve a expedição de precatório, regularmente incluído no orçamento do Estado, mas que não foi pago, uma vez que, diante da situação econômica precária, há precatórios pendentes de pagamento desde o exercício de 2003. Observados tais fatos, analise as afirmativas a seguir.

I. Na execução especial em face da Fazenda Pública, a ausência de embargos implica na expedição do precatório.
II. Omissa a sentença quanto aos critérios de correção monetária, ela incidirá uma vez que se trata de mera atualização da moeda.
III. Não havendo referência aos honorários advocatícios, na sentença condenatória, sua cobrança não se revela possível na execução, quando a mesma não for embargada.
IV. O não pagamento do precatório pelo Estado, por si só, autoriza o requerimento de sequestro da quantia devida.
V. A Fazenda Pública possui prazo em quádruplo para apresentar embargos à execução.

Assinale:

(A) se somente as afirmativas I, II e III estiverem corretas.
(B) se somente as afirmativas I, III e IV estiverem corretas.
(C) se somente as afirmativas I, II e V estiverem corretas.
(D) se somente as afirmativas II, III e V estiverem corretas.
(E) se somente as afirmativas II, IV e V estiverem corretas.

I: correta (art. 730 do CPC); II e III: corretas; IV: incorreta, porque só se admite o sequestro quando for preterida a ordem dos precatórios; V: incorreta, porque o prazo para a Fazenda Pública embargar é de 30 dias, conforme prevê o art. 1º-B da Lei 9.594. Gabarito "A".

(Magistratura/RS – 2009) José, menor de 15 anos, filho de João, devidamente representado por sua mãe, ingressou com ação de execução de alimentos contra o pai, pelo rito expropriatório, visando cobrar parcelas de alimentos inadimplidas há oito anos. Diante deste caso, assinale a assertiva correta.

(A) A execução é viável, podendo ser cobradas todas as parcelas vencidas.
(B) O credor somente poderá executar as últimas três parcelas vencidas à data do ajuizamento da execução.
(C) As últimas três parcelas vencidas somente podem ser cobradas pelo rito coercitivo, sob pena de prisão, não podendo ser somadas às demais, para fins de execução expropriatória.
(D) A execução somente poderá prosperar em relação às parcelas vencidas nos últimos dois anos, pois as demais estão prescritas.
(E) A execução somente poderá prosperar em relação às parcelas vencidas nos últimos cinco anos, pois as demais estão prescritas.

A: correta, porque embora as prestações alimentícias prescrevam em dois anos, a contar do vencimento, não corre prescrição contra o absolutamente incapaz, como é o caso de José; B: incorreta, pois as três últimas parcelas são aquelas que admitem a prisão civil do devedor, mas isso não quer dizer que as demais, em relação às quais a prisão não é admitida, não possam ser objeto de execução; C: incorreta, porque mesmo em relação ao débito atual, a execução pode ser feita pela via expropriatória, a critério do credor; D: incorreta, pelo que se disse acima; E: incorreta (reler o comentário sobre a assertiva A). Gabarito "A".

(Ministério Público/CE – 2009 – FCC) Em execução de título extrajudicial, o cônjuge do executado poderá

(A) remir o bem penhorado, em qualquer prazo, desde que deposite o preço, juntamente com as despesas havidas na avaliação do bem.
(B) remir o bem penhorado, exercendo este direito no prazo de vinte e quatro horas, respeitando a preferência do ascendente e do descendente.
(C) adjudicar o bem penhorado, mas no caso de igualdade de oferta em procedimento de licitação judicial não terá preferência em relação ao descendente e ao ascendente.
(D) remir o bem penhorado, exercendo este direito no prazo de cinco dias, em igualdade de preferência com o ascendente e com o descendente.
(E) adjudicar o bem penhorado, e no caso de igualdade de oferta em procedimento de licitação judicial, terá preferência em relação ao descendente e ao ascendente.

A: incorreta, porque o cônjuge pode adjudicar o bem penhorado, nos termos do § 2º do art. 685-A do CPC, não existindo mais previsão legal para o instituto da remição; B: incorreta (reler o comentário sobre a assertiva anterior); C: incorreta, porque o cônjuge tem preferência sobre os descendentes e ascendentes (art. 685-A, § 3º, do CPC); D: incorreta (reler o comentário sobre a assertiva A); E: correta (art. 685-A, § 2º, do CPC). Gabarito "E".

(Ministério Público/DF – 2009) Sobre a execução por quantia certa, analise os itens abaixo e assinale a alternativa correta.

I. É admitido a lançar todo aquele que estiver na livre administração de seus bens, com exceção, entre outras, do juiz, membro do Ministério Público e da Defensoria Pública, escrivão e demais servidores e auxiliares da Justiça.

II. Pode o executado, a todo tempo, remir a execução, pagando ou consignando a importância atualizada da dívida, mais juros, custas e honorários advocatícios.

III. Podem ser penhorados, à falta de outros bens, os frutos e rendimentos dos bens inalienáveis, salvo se destinados à satisfação de prestação alimentícia.

IV. O executado pode, no prazo da lei, após intimado da penhora, requerer a substituição do bem penhorado, desde que comprove cabalmente que a substituição não trará prejuízo algum ao exequente e será menos onerosa para ele devedor.

V. O juiz pode conceder ao exequente o usufruto de imóvel, mas não de móvel, quando o reputar eficiente para o recebimento do crédito.

(A) Os itens I, IV e V estão corretos.
(B) Os itens I, II e IV estão incorretos.
(C) Os itens II, III e V estão incorretos.
(D) Os itens I, III e IV estão corretos.
(E) Os itens III, IV e V estão corretos.

I: correta (art. 690-A, III, CPC); II: incorreta, porque o direito à remição da execução só pode ser exercido enquanto não adjudicados ou alienados os bens penhorados (art. 651 do CPC); III: correta (art. 650 do CPC); IV: correta (art. 668 do CPC); V: incorreta, uma vez que o usufruto pode recair sobre imóveis ou móveis, nos termos do art. 716 do CPC. Gabarito "D."

(Ministério Público/RS – 2009) Assinale a alternativa correta.

(A) A ação declaratória pressupõe a violação do direito que lhe corresponde.
(B) Não realizada, com êxito, a alienação por iniciativa particular, assiste ao credor a faculdade de adjudicar, em execução, os bens penhorados.
(C) São absolutamente impenhoráveis os recursos públicos do fundo partidário recebidos, nos termos da lei, por partido político.
(D) São absolutamente impenhoráveis os frutos e rendimentos dos bens inalienáveis.
(E) Na execução fundada em título judicial por quantia certa, se o devedor, no prazo de três dias, não nomear bens à penhora, caberá ao credor fazê-lo.

A: incorreta, porque a ação declaratória se presta à certificação da existência de uma relação ou situação jurídica controvertida, ou ao reconhecimento da falsidade ou autenticidade de um documento (art. 4º do CPC); B: incorreta, porque a solução para esse caso será a alienação em hasta pública (art. 686 do CPC); C: correta (inciso XI do art. 649 do CPC); D: incorreta (art. 650 do CPC); E: incorreta, porque o direito do credor de fazê-lo não depende da inércia do devedor. Gabarito "C."

(Procurador do Estado/PE – CESPE – 2009) Com relação à execução, assinale a opção correta.

(A) Na execução de título extrajudicial, o prazo para oposição de embargos inicia-se com a juntada aos autos do mandado de citação, de cada um dos executados, incluindo de seus cônjuges.
(B) Constituem títulos executivos extrajudiciais o crédito documentalmente comprovado, decorrente de aluguel de imóvel, bem como de encargos acessórios, tais como taxas e despesas de condomínio, e os créditos decorrentes de foro e laudêmio.
(C) Quando há requerimento de liquidação de sentença, que não pode ser feito na pendência de recurso, a parte deve ser intimada na pessoa de seu advogado.
(D) É penhorável um saldo de R$ 10.000 depositado em caderneta de poupança.
(E) Os títulos executivos extrajudiciais oriundos de país estrangeiro dependem de homologação pelo STJ para serem aqui executados, devendo satisfazer os requisitos de formação pela lei do lugar de sua celebração e indicar o Brasil como lugar de cumprimento da obrigação.

A: incorreta, porque em se tratando de cônjuges executados, o prazo para os embargos será comum, contado da juntada aos autos do último mandado de citação (art. 738, § 1º, CPC); B: correta (art. 585 do CPC); C: incorreta, porque a liquidação pode ser iniciada na pendência de recurso; D: incorreta, porque é impenhorável o dinheiro depositado em caderneta de poupança até 40 salários-mínimos; E: incorreta (art. 585, § 2º, CPC). Gabarito "B."

(Procurador do Estado/PE – CESPE – 2009) A respeito dos embargos de devedor, assinale a opção correta.

(A) É possível a efetivação de atos de penhora e avaliação dos bens, ainda que tenha sido atribuído efeito suspensivo aos embargos.
(B) Em regra, os embargos não têm efeito suspensivo. Contudo, o juiz pode, a requerimento do embargante, atribuir efeito suspensivo aos embargos quando, sendo relevantes seus fundamentos, o prosseguimento da execução manifestamente possa causar ao executado grave dano de difícil ou incerta reparação, sem que, para isso, seja necessário que a execução já esteja garantida por penhora, depósito ou caução suficiente.
(C) A decisão relativa aos efeitos dos embargos pode, de ofício, ser modificada ou revogada a qualquer tempo, em decisão fundamentada, cessando as circunstâncias que a motivaram.
(D) Os embargos à execução são distribuídos por dependência, autuados em apartado e instruídos com cópias de todas as peças processuais.
(E) A execução deve ficar suspensa por completo, ainda que o efeito suspensivo atribuído diga respeito a apenas uma parte do objeto daquela execução.

A: correta (art. 739-A, § 6º, do CPC); B: incorreta, uma vez que a garantia da execução é requisito para que seja atribuído efeito suspensivo aos embargos; C: incorreta, porque há necessidade de requerimento da parte para que o juiz modifique ou revogue a decisão relativa aos efeitos dos embargos (art. 739-A, § 2º, CPC); D: incorreta, porque os embargos só serão instruídos com as peças processuais relevantes (art. 736, parágrafo único, CPC); E: incorreta, porque, "quando o efeito suspensivo atribuído aos embargos disser respeito apenas a parte do objeto da execução, essa prosseguirá quanto à parte restante" (art. 739-A, § 3º, CPC). Gabarito "A."

(Procurador do Estado/SP – FCC – 2009) Na execução contra a Fazenda Pública Paulista perante a Justiça Estadual de São Paulo, quando expedida requisição para pagamento de obrigação de pequeno valor,

(A) havendo litisconsórcio multitudinário no pólo ativo devem ser somados os créditos de todos os exequentes para fins de classificação do requisitório como de pequeno valor.
(B) os honorários advocatícios devem ser incluídos, como parcela integrante do valor devido para fins de classificação do requisitório como de pequeno valor.
(C) no seu descumprimento, eventual decretação de sequestro deve ser realizada pelo juízo a quo da execução.
(D) o crédito do exequente devidamente atualizado está sujeito ao limite de 60 (sessenta) salários mínimos.
(E) é possível seu pagamento, quando se tratar de execução provisória, durante a pendência de recurso especial, que discuta a íntegra do mérito da demanda.

A: incorreta, porque, nesse caso, os créditos devem ser considerados em separado para fins de classificação do requisitório como de pequeno valor; B: correta, pois é necessária a citada inclusão; C: incorreta, porque é do Presidente do Tribunal a competência para determinar o sequestro; D: incorreta; E: incorreta, porque não se admite execução provisória contra a Fazenda Pública, ainda que se trate de dívida de pequeno valor. Gabarito "B."

(Procurador do Estado/SP – FCC – 2009) No processo de execução de título executivo extrajudicial

(A) aplicada multa por ato atentatório à dignidade da justiça, o juiz relevará a pena, se o devedor se comprometer a não mais realizar quaisquer práticas dessa natureza e der garantia real, que responda ao credor pela dívida principal, juros, despesas e honorários advocatícios.
(B) a alegação de impenhorabilidade do bem de família pode ser feita a qualquer tempo, antes da arrematação, devendo observar a via da exceção de pré-executividade, não sofrendo os efeitos da preclusão.

(C) é definitiva a execução, porém provisória enquanto pendente apelação da sentença de improcedência dos embargos do executado, quando recebidos com efeito suspensivo.
(D) não é possível a desconsideração da personalidade jurídica, em sentido inverso.
(E) a apresentação de embargos observará o prazo de 20 (vinte) dias, quando manejados pela Fazenda Pública.

A: incorreta, porque a lei prevê a garantia fidejussória, e não real, como suficiente para que seja relevada a pena (art. 601, parágrafo único, do CPC); B: incorreta, porque se a impenhorabilidade não for alegada antes da arrematação, terá havido preclusão sobre o tema; C: correta (art. 587 do CPC); D: incorreta, porque tem sido admitida a desconsideração inversa, em especial em causas de família, a fim de que os bens da empresa respondam por obrigação do sócio; E: incorreta, porque é de 30 dias o prazo para a Fazenda Pública apresentar embargos (art. 1º-A da Lei 9.494/97). Gabarito "C".

(Defensoria/ES – 2009 – CESPE) Acerca do processo civil brasileiro, julgue o item subsequente.

(1) Considere a seguinte situação hipotética. Aluísio é réu em processo de execução de pensão alimentícia, que corre pelo rito do art. 732 do CPC, cuja autora é Patrícia, sua filha mais velha. Citado para efetuar o pagamento em três dias, Aluísio não o fez. Patrícia, então, indicou à penhora parte dos vencimentos de Aluísio, que é servidor público. O juiz, contudo, não aceitou a indicação feita por Patrícia, com base no argumento de que o inciso IV do art. 649 do CPC considera os vencimentos impenhoráveis. Nesse caso, o juiz agiu corretamente, haja vista o comando expresso do citado artigo.

1: Errado, porque o § 2º do art. 649 do CPC contém expressa ressalva à impenhorabilidade dos salários no caso de execução de alimentos. Logo, a penhora deveria ter sido deferida. Gabarito 1E.

(Defensoria/MG – 2009 – FURMARC) Sobre a execução por quantia certa contra devedor solvente fundada em título extrajudicial, assinale a alternativa CORRETA:

(A) A desistência do processo de execução pelo exeqüente depende do consentimento do executado que ofereceu embargos.
(B) É requisito obrigatório da petição inicial a indicação pelo exeqüente dos bens a serem penhorados.
(C) O cônjuge do executado é ilegítimo para requerer a adjudicação dos bens penhorados.
(D) A averbação da penhora no ofício imobiliário gera presunção relativa de seu conhecimento por terceiros.
(E) O pagamento integral da dívida pelo executado, no prazo de três dias de sua citação, reduz a verba honorária à metade.

A: incorreta, porque a desistência da execução não depende, em hipótese nenhuma, do consentimento do executado. Contudo, se houver embargos de mérito, a extinção destes, e não da execução, ficará subordinada à concordância do exequente; B: incorreta, porque a indicação de bens pelo credor é facultativa, e não obrigatória; C: incorreta, porque o cônjuge pode requerer a adjudicação dos bens penhorados; D: incorreta, porque a averbação da penhora no registro imobiliário gera presunção absoluta de publicidade; E: correta (art. 652-A, parágrafo único, CPC). Gabarito "E".

(Defensoria/MG – 2009 – FURMARC) Sobre a penhora no processo de execução, assinale a alternativa INCORRETA:

(A) Na execução de crédito hipotecário, a penhora recairá preferencialmente sobre a coisa dada em garantia.
(B) Realiza-se a renovação da penhora quando, executados os bens, o produto da alienação não bastar para o pagamento do credor.
(C) Penhorado bem indivisível, a meação do cônjuge, alheio à execução, recairá sobre o produto da alienação.
(D) A decretação da prisão civil do depositário judicial infiel far-se-á através de ação de depósito.
(E) Na execução por carta, a penhora, avaliação e alienação serão realizadas no foro da situação dos bens.

A: correta (art. 655, § 1º, CPC); B: correta (art. 667, II, CPC); C: correta (art. 655-B, CPC); D: incorreta, porque, de acordo com a Súmula Vinculante 25, "é ilícita a prisão civil do depositário infiel, qualquer que seja a modalidade do depósito" (também a Súmula 419 do STJ: "descabe a prisão civil do depositário infiel"); E: correta (art. 658 do CPC). Gabarito "D".

(Defensoria/MG – 2009 – FURMARC) Sobre os embargos de devedor, assinale a alternativa INCORRETA:

(A) A concessão de efeito suspensivo não impede a realização da penhora e a avaliação dos bens.
(B) Na execução por carta, serão julgados pelo juízo deprecante quando versarem, exclusivamente, sobre vício de citação do executado.
(C) Conta-se em dobro o prazo para sua oposição, quando se tratarem de executados com procuradores diferentes.
(D) Opostos pelo executado embargos à alienação de seus bens, poderá o adquirente desistir da aquisição.
(E) Serão opostos no prazo de 15 (quinze) dias, independentemente da segurança do juízo.

A: correta (art. 739-A, § 6º, CPC); B: correta (art. 747, CPC); C: incorreta (art. 738, § 3º, CPC); D: correta (art. 746, § 1º, CPC); E: correta (art. 738, CPC). Gabarito "C".

(Defensoria/SP – 2009 – FCC) Os menores João (12 anos), Maria (09 anos) e José (05 anos), obtiveram provimento judicial favorável em ação de alimentos. O pai das crianças, não se conformando com a condenação de pagar pensão alimentícia no valor mensal de 03 salários mínimos, apelou tempestivamente. Os menores apelados postularam a extração de carta de sentença e promoveram a execução provisória dos alimentos vencidos desde a citação, inclusive dos alimentos provisórios. Citado para o procedimento do artigo 733 do Código de Processo Civil, o executado ofertou justificativa e, simultaneamente, pretendendo elidir o risco de prisão civil, efetuou o depósito integral do débito apontado, atingindo o montante de R$ 20.520,00, requerendo que o valor ficasse retido nos autos até o julgamento do seu recurso. Os exequentes, demonstrando situação de necessidade, postularam o levantamento do depósito independentemente de caução, pedido esse deferido pelo juízo da execução na mesma decisão que não acolheu a justificação. A liberação do dinheiro aos exequentes foi

(A) correta, pois a caução pode ser dispensada na execução provisória de crédito de natureza alimentar até 60 vezes o valor do salário mínimo, mediante demonstração da situação de necessidade dos exequentes.
(B) incorreta, pois se houver provimento ao recurso de apelação do executado, com sensível diminuição do encargo alimentar, haverá dano irreparável ao devedor, pois os alimentos são irrepetíveis.
(C) correta, pois o juiz, em questões de família, está obrigado a decidir por equidade, aplicando seus critérios pessoais de justiça e, no caso concreto, ele considerou que o julgamento do recurso de apelação poderá demorar vários meses, colocando em risco a subsistência dos menores.
(D) incorreta, pois ao conceder o levantamento o juiz deveria ter condicionado a liberação do dinheiro à oportuna e circunstanciada prestação de contas pela representante legal dos menores, atento à irrepetibilidade dos alimentos.
(E) incorreta, pois se trata apenas de execução provisória e o artigo 475-O, inciso III do C.P.C. prevê expressamente que o levantamento de depósito em dinheiro depende de caução suficiente e idônea, arbitrada de plano pelo juiz e prestada nos próprios autos.

A alternativa correta é a A, porque nos exatos termos do inciso I do § 2º do art. 475-O do CPC. As demais alternativas estão incorretas, porque contrárias ao que o dispositivo legal em questão estabelece. Gabarito "A".

(Cartório/MS – 2009 – VUNESP) No processo de execução, pode-se afirmar sobre os títulos executivos que

(A) dependem de homologação pelo Supremo Tribunal Federal, para serem executados, os títulos executivos extrajudiciais, oriundos de país estrangeiro.
(B) a propositura de qualquer ação relativa ao débito constante do título executivo inibe o credor de promover-lhe a execução.
(C) são títulos executivos judiciais o crédito de serventuário de justiça, de perito, de intérprete, ou tradutor, quando as custas, emolumentos ou honorários forem aprovados por decisão judicial.

(D) a execução para cobrança de crédito poderá fundar-se em título de obrigação ilíquida.

(E) é definitiva a execução fundada em título extrajudicial; é provisória enquanto pendente apelação da sentença de improcedência dos embargos do executado, quando recebidos com efeito suspensivo.

A: incorreta (art. 585, § 2º, CPC); B: incorreta (art. 585, § 1º, CPC); C: incorreta, porque se trata de título extrajudicial (inciso VI do art. 585 do CPC); D: incorreta, porque a liquidez é um dos requisitos da obrigação para que seja possível a execução; E: correta (art. 587, CPC). Gabarito "E".

(Cartório/MS – 2009 – VUNESP) Sobre os embargos do devedor, é correto afirmar que

(A) o executado poderá opor-se à execução por meio de embargos, desde que fundamentado em penhora, depósito ou caução.

(B) quando houver mais de um executado, o prazo para embargar conta-se a partir da juntada do último mandado citatório.

(C) quando os executados litisconsortes tiverem diferentes procuradores, ser-lhes-ão contados em dobro os prazos para falar nos autos.

(D) quando o efeito suspensivo atribuído aos embargos disser respeito apenas a parte do objeto da execução, esta prosseguirá quanto à parte restante.

(E) a concessão de efeito suspensivo impedirá a efetivação dos atos de penhora e de avaliação dos bens.

A: incorreta, porque a apresentação dos embargos não depende de garantia do juízo; B: incorreta, porque a lei estabelece que o prazo para cada um deles será independente, salvo se forem cônjuges, contando-se a partir da juntada de cada um dos mandados de citação; C: incorreta, porque em matéria de embargos, por expressa exclusão legal, não se aplica o art. 191 do CPC; D: correta (art. 739-A, § 3º, CPC); E: incorreta (art. 739-A, § 6º, CPC). Gabarito "D".

(Magistratura Federal/1ª Região – 2009 – CESPE) Assinale a opção correta a respeito do processo de execução.

(A) A fraude de execução somente se caracteriza quando o devedor aliena bens durante o processo de execução.

(B) O devedor de obrigação de entrega de coisa pode opor-se ao pedido de efetivação da respectiva sentença judicial, valendo-se da impugnação, por simples petição, ou da exceção ou objeção de pré-executividade.

(C) A legislação processual civil estabelece regime especial para a execução contra a fazenda pública, quando o objeto é o pagamento de quantia certa, o cumprimento de obrigação de fazer e não fazer ou entrega de coisa.

(D) Caso o exequente proponha execução fundada em título extrajudicial, mas a petição inicial não esteja acompanhada dos documentos indispensáveis à sua propositura, o juiz deverá indeferi-la de plano, pois é incabível emenda à petição inicial no processo de execução.

(E) A ação de homologação de sentença estrangeira, bem como a respectiva execução da sentença estrangeira, é da competência originária do STJ.

A: incorreta, porque a fraude de execução fica caracterizada pela alienação de bens na pendência de processo (de execução, de conhecimento, ou até mesmo processo criminal) capaz de reduzir o alienante à insolvência; B: correta, pois, de fato, pode lançar mão dos dois meios para se defender; C: incorreta, porque o regime especial da execução contra a fazenda pública só se aplica à execução por quantia certa; D: incorreta, porque nesse caso caberá ao juiz determinar o aditamento da inicial em 10 dias (art. 616, CPC); E: incorreta, porque o STJ é competente para homologar a sentença estrangeira, mas a competência para a sua execução é do juízo federal de primeira instância (art. 109, X, CR). Gabarito "B".

(Magistratura Federal/5ª Região – 2009 – CESPE) Realizada a alienação dos bens penhorados em uma execução, com o depósito da importância obtida, verificou-se a instalação de um concurso singular de credores. Considerando essa situação hipotética, assinale a opção correta.

(A) Garantida a preferência daqueles que possuem em seu favor garantias gerais ou especiais, entre os credores quirografários deve ser observada ordem de preferência conforme a penhora ou mesmo o arresto executivo.

(B) Por servir como garantia ao pagamento do crédito, o arresto cautelar gera, para o credor quirografário, preferência em relação aos demais da mesma categoria.

(C) Para fim de estabelecimento de preferência no recebimento do valor apurado pela venda dos bens penhorados, independentemente da ordem das penhoras, vale a data em que cada exequente tenha proposto a respectiva execução.

(D) Instaurado o incidente para definição da ordem de pagamento, se o valor apurado for insuficiente para o pagamento de todos os exequentes, o juiz decretará de ofício a insolvência civil do executado.

(E) Sendo atrelado à decisão do direito de preferência e à ordem das penhoras, o incidente instaurado entre os diversos credores que pretendem o recebimento do valor depositado se encerra por sentença da qual caberá apelação.

A: correta, tendo em vista a conjugação dos arts. 613 e 711 do CPC; B: incorreta, porque o arresto cautelar não gera direito de preferência; C: incorreta, porque incompatível com o art. 711 do CPC; D: incorreta, porque não é essa a solução legal; E: incorreta, porque a decisão que o juiz proferir a esse respeito será interlocutória, e não sentença. Gabarito "A".

(Magistratura do Trabalho – 8ª Região – 2009) Assinale a alternativa incorreta:

(A) Liquidada a massa sem que tenha sido efetuado o pagamento integral a todos os credores, o devedor insolvente continua obrigado pelo saldo, respondendo pelo pagamento dos saldos os bens penhoráveis que o devedor adquirir, até que sejam extintas as obrigações, sendo possível a arrecadação dos bens do devedor nos autos do mesmo processo, a requerimento de qualquer credor incluído no quadro geral de credores, procedendo-se à sua alienação e à distribuição do respectivo produto aos credores, na proporção dos seus saldos.

(B) Consideram-se extintas todas as obrigações do devedor, decorrido o prazo de 5 (cinco) anos, contados da data do encerramento do processo de insolvência, sendo lícito ao devedor requerer ao juízo da insolvência a extinção das obrigações; em tal hipótese, o juiz mandará publicar edital, com o prazo de 30 (trinta) dias, no órgão oficial ou em outro jornal de grande circulação. No prazo retro, qualquer credor poderá opor-se ao pedido, alegando que não transcorreram 5 (cinco) anos da data do encerramento da insolvência; ou que o devedor adquiriu bens, sujeitos à arrecadação.

(C) O credor requererá a declaração de insolvência do devedor, instruindo o pedido com título executivo judicial ou extrajudicial. Sendo citado o devedor e não oferecendo embargos, o juiz proferirá, em 10 (dez) dias, a sentença. Nos embargos pode o devedor alegar: nulidade da execução por não ser executivo o título apresentado; excesso de execução; retenção de benfeitorias necessárias ou úteis; exceção de incompetência do juízo, bem como que o seu ativo é superior ao passivo. É lícito também ao devedor, a qualquer tempo, requerer a declaração de insolvência.

(D) Quando o reputar menos gravoso ao executado e eficiente para o recebimento do crédito, o juiz pode conceder ao exeqüente o usufruto de bem móvel. Decretado o usufruto, perde o executado o gozo do bem, até que ocorra o pagamento do principal, juros, custas e honorários advocatícios ao credor, tendo eficácia o usufruto em relação ao executado e a terceiros, a partir da publicação da decisão que o conceda.

(E) O executado poderá opor-se à execução por meio de embargos independentemente de penhora, depósito ou caução, sendo os embargos distribuídos por dependência e instruídos com cópias das peças processuais relevantes. Os embargos serão oferecidos no prazo de 15 (quinze) dias, contados da data da juntada aos autos do mandado de citação. Na hipótese de haver mais de um executado, o prazo para cada um deles embargar conta-se a partir da juntada do respectivo mandado de citação, sendo que, nas execuções por carta precatória, a citação do executado será imediatamente comunicada pelo juiz deprecado ao juiz deprecante, inclusive por meios eletrônicos, contando-se o prazo para embargos a partir da juntada aos autos de tal comunicação.

A: correta (arts. 774 a 776 do CPC); B: correta (arts. 778 a 780 do CPC); C: correta (arts. 754 e seguintes do CPC); D: incorreta, porque também é possível o usufruto do imóvel (art. 716 do CPC); E: correta (arts. 736 do CPC). Gabarito "D".

(Magistratura do Trabalho – 9ª Região – 2009) Considere as seguintes proposições:

I. São exemplos de títulos executivos judiciais: a sentença arbitral, o acordo extrajudicial, de qualquer natureza, homologado judicialmente, e o formal e a certidão de partilha.
II. A homologação judicial de conciliação ou transação contendo matéria não posta em juízo importa em julgamento "extra petita", o que impede a execução da decisão no que diz respeito a esta parte.
III. Títulos executivos extrajudiciais firmados no estrangeiro independem de homologação pelo STF. Não obstante, para ter eficácia executiva, devem satisfazer aos requisitos de formação exigidos pela lei do lugar de sua celebração e indicar o Brasil como o lugar de cumprimento da obrigação.
IV. Exige-se a penhora, o depósito ou a caução do executado para oposição de embargos do devedor.
V. O Juiz pode rejeitar liminarmente os embargos quando entender que são manifestamente protelatórios.

(A) somente as proposições I, II e IV são corretas
(B) somente as proposições I, III e V são corretas
(C) somente as proposições II, IV e V são corretas
(D) somente as proposições II, III e V são corretas
(E) todas as proposições são corretas

I: correta (art. 475-N); II: incorreta (art. 475-N, III, CPC); III correta (art. 585, § 2º, CPC); IV: incorreta (art. 736, CPC); V: correta (art. 746, § 3º, CPC). Gabarito "B".

(Magistratura do Trabalho – 9ª Região – 2009) Considere as seguintes proposições:

I. O executado pode requerer o parcelamento da execução em até 7 parcelas, acrescidas de correção monetária e juros de 1% ao mês, dentro do prazo para embargos, mediante reconhecimento da dívida e comprovação de parcela inicial correspondente a 30% do valor total da execução.
II. Compete ao juízo deprecante o julgamento dos embargos à execução, ainda que oferecidos no juízo deprecado, salvo se versarem unicamente vícios ou defeitos da penhora, avaliação ou alienação dos bens.
III. Se por qualquer dos motivos previstos em lei cessar a eficácia da medida cautelar, a parte pode repetir o pedido com os mesmos fundamentos, desde que observe o prazo de 30 dias daquela decisão.
IV. A sentença condenatória, ainda que ilíquida e pendente de julgamento, serve de prova literal da dívida líquida e certa, para efeito de concessão do arresto.
V. Em termos de responsabilidade patrimonial, o sócio demandado pelo pagamento da dívida da sociedade, para exercer o benefício de ordem, deverá nomear bens da executada, livres e desembargados, de qualquer localidade, tantos quantos bastem para pagar o débito.

(A) somente as proposições I, III e IV são corretas
(B) somente as proposições II, IV e V são corretas
(C) somente as proposições III, IV e V são corretas
(D) somente as proposições I, II e IV são corretas
(E) todas as proposições são corretas

I: incorreta, porque é seis o número das parcelas previstas no art. 745-A do CPC; II: correta (art. 747 do CPC); III: incorreta, porque "se por qualquer motivo cessar a medida, é defeso à parte repetir o pedido, salvo por novo fundamento (art. 808, parágrafo único, CPC); IV: correta (interpretação do art. 814, parágrafo único, CPC); V: incorreta, porque a lei exige a indicação de bens da sociedade na própria comarca (art. 596, § 1º, CPC). Embora a proposição I esteja incorreta, porque contrária ao que prevê o art. 745-A do CPC, o examinador, no gabarito oficial da prova, considerou como correto o seu conteúdo. Gabarito oficial "D"/ Gabarito nosso "Anulada".

(Magistratura do Trabalho – 23ª Região – 2009) Marque a alternativa CORRETA:

Nos termos do CPC, são títulos executivos extrajudiciais:

(A) os honorários ajustados entre a parte e o perito assistente nos autos do processo judicial;
(B) o instrumento de transação referendado pelos advogados dos transatores;
(C) o documento particular assinado pelo devedor e uma testemunha;
(D) o crédito do serventuário da justiça.
(E) todas as alternativas anteriores estão corretas.

A: incorreta, porque não há previsão legal de que se trate de título executivo; B: correta (art 585, II, CPC); C: incorreta, porque a lei exige duas testemunhas, nesse caso; D: incorreta, porque há necessidade de homologação judicial para que tal crédito tenha força de título executivo. Gabarito "B".

(Magistratura do Trabalho – 23ª Região – 2009) Marque a alternativa CORRETA:

São absolutamente impenhoráveis, nos termos do CPC:

(A) o anel nupcial, os retratos de família e o seguro de vida;
(B) o imóvel rural, até um módulo, desde que seja o único de que disponha o devedor;
(C) qualquer quantia depositada em caderneta de poupança;
(D) os recursos públicos recebidos por instituições privadas para aplicação compulsória em educação, saúde ou assistência social;
(E) todas as alternativas anteriores estão corretas.

A: incorreta, porque anel nupcial e retratos de família não constam mais do rol dos bens impenhoráveis (art. 649 do CPC); B: incorreta, porque a pequena propriedade rural, assim definida em lei, será impenhorável se trabalhada pela família, e não se for o único imóvel de que disponha o devedor (inciso VIII do art. 649 do CPC); C: incorreta (inciso X do art. 649 do CPC); D: correta (inciso IX do art. 649 do CPC). Gabarito "D".

(Magistratura/AC – 2008 – CESPE) A respeito do processo de execução, assinale a opção correta.

(A) Nas execuções de títulos extrajudiciais que não sejam embargadas, o juiz imporá ao devedor a obrigação de pagar os honorários de advogado em favor do credor bem como todas as demais despesas delas decorrentes. No entanto, caso o credor desista da execução embargada e a desistência seja homologada, ele deve suportar as despesas processuais e os honorários advocatícios.
(B) Para a caracterização da fraude à execução, exige-se a demonstração, no momento da alienação do bem, de pendente lide e estado de insolvência do devedor. Para tal caracterização, exige-se, ainda, a demonstração da existência do acordo prévio entre o devedor e o adquirente ou a presença do elemento subjetivo da fraude na conduta do devedor, ou seja, a alteração de sua situação patrimonial com o fim de frustrar o pagamento de eventual débito.
(C) O credor pode requerer a remição do bem objeto da execução, depois de sua arrematação em praça ou leilão, oferecendo maior preço do que o que foi pago na alienação judicial. Efetivada a remição, há transferência da propriedade, passando o bem remido a integrar o patrimônio do credor e extinguindo-se a obrigação do devedor.
(D) Tratando-se de execução por título extrajudicial contra a fazenda pública ou contra sociedades de economia mista, ainda que decorrente de crédito de natureza alimentícia, a sentença que rejeitar os embargos do devedor não adquire eficácia enquanto não for submetida à revisão obrigatória.

A: correta (art. 569, parágrafo único, a, do CPC); B: incorreta (art. 593 do CPC); no caso de fraude à execução não há necessidade de demonstração da alteração da situação patrimonial do devedor com o fim de frustrar o pagamento de eventual débito; C: incorreta. A Lei nº 11.382/2006 revogou os artigos que tratavam da remição no CPC. Agora, o executado, e não o credor como constou da alternativa, que quiser pagar voluntariamente o débito, poderá fazê-lo na forma do cumprimento de sentença; D: incorreta (art. 475, § 2º, do CPC). Gabarito "A".

(Magistratura/AL – 2008 – CESPE) Quanto à suspensão da execução, assinale a opção correta.

(A) Recebidos os embargos à execução, esta permanecerá suspensa até o trânsito em julgado da decisão que julgá-los.
(B) Na hipótese de o devedor não possuir bens penhoráveis, não ocorrerá suspensão, mas extinção do feito por perda superveniente do interesse de agir, já que a ação ter-se-á tornado inútil à satisfação do direito.

(C) A suspensão da execução por convenção das partes não está sujeita a limite temporal traçado pela lei processual, mas ao prazo concedido pelo credor ao devedor para que este cumpra a obrigação.
(D) No que diz respeito à execução do patrimônio do executado, a morte deste não será causa bastante para a suspensão da execução.
(E) Caso seja concedido efeito suspensivo aos embargos oferecidos por um dos executados, a execução permanecerá suspensa quanto aos demais, independentemente dos fundamentos manejados pelo embargante.

A: incorreta (art. 739-A do CPC); B: incorreta (art. 791, III, do CPC); C: correta (art. 792 do CPC); D: incorreta (art. 791, II, do CPC); E: incorreta, pois o caso trata de suspensão parcial que, na verdade, é apenas uma redução das medidas executivas a serem realizadas, quando apenas um dos sujeitos executados entra com embargos, sendo que somente ele pode ser beneficiado. A execução contra os outros continua, ou seja, não há suspensão do processo, mas apenas uma limitação temporária (até o julgamento dos embargos) no polo passivo. Gabarito "C".

(Magistratura/MG – 2008) A alienação de bens na execução por quantia certa contra devedor solvente, prioritariamente, ocorrerá:

(A) pelo modo que o juiz determinar.
(B) por iniciativa particular.
(C) em hasta pública.
(D) mediante adjudicação ao credor.

Art. 647 do CPC. Gabarito "C".

(Magistratura/MG – 2008) Os embargos do devedor, na ação de execução por título extrajudicial contra devedor solvente:

(A) podem ser opostos independentemente de segurança do juízo.
(B) podem ser opostos somente após seguro o juízo.
(C) em regra, terão efeito suspensivo.
(D) nunca terão efeito suspensivo.

Art. 736 do CPC. Gabarito "A".

(Magistratura/MG – 2008) Na penhora de dinheiro, é INCORRETO afirmar que:

(A) é a primeira espécie na ordem legal de bens penhoráveis.
(B) pode ser efetivada por meio eletrônico, desde que requerida pelo credor.
(C) o juiz, de ofício, utilizando meio eletrônico, determinará a constrição de dinheiro depositado em contas bancárias ou aplicações financeiras.
(D) compete ao devedor provar que o dinheiro depositado é absolutamente impenhorável porque são honorários de profissional liberal.

A: correta (art. 655, I, do CPC); B e C: art. 655-A do CPC; há necessidade de requerimento da parte interessada; D: correta (art. 649, IV, do CPC). Gabarito "C".

(Magistratura/PI – 2008 – CESPE) Quanto à execução, assinale a opção correta.

(A) Na execução por quantia certa contra devedor solvente, o bem penhorado poderá ser adjudicado por preço não inferior ao da avaliação, não só pelo exeqüente, pelo credor com garantia real ou pelos credores concorrentes que tenham penhorado o mesmo bem, mas, também, pelo cônjuge e pelos descendentes ou ascendentes do executado.
(B) O devedor poderá opor embargos fundados em nulidade da execução, ou em causa extintiva da obrigação, desde que garanta o juízo com o depósito de 30% do valor em execução, requerendo a suspensão dos atos executivos.
(C) A execução de título extrajudicial é definitiva, mesmo enquanto pendente recurso contra a sentença que julgou improcedentes os embargos do executado, recebidos no efeito devolutivo. Todavia, a concessão de duplo efeito aos embargos impedirá o prosseguimento da execução e a efetivação dos atos de penhora e dos demais atos executórios.
(D) O devedor, ou responsável, ou o terceiro interessado poderão requerer a substituição do bem penhorado por dinheiro ou aplicação financeira, a qualquer tempo antes da arrematação ou da adjudicação, desde que reste comprovado que, para a penhora do bem, não se observou a ordem legal estabelecida e que a substituição não trará prejuízo ao exeqüente e será menos onerosa para o devedor.
(E) Se o devedor não tiver bens no foro da causa, a execução será feita por carta precatória, penhorando-se, avaliando-se e alienando-se os bens no foro da situação. Também, os embargos do devedor, a exceção de incompetência do juízo, bem como a de suspeição ou impedimento do juiz deprecante, serão oferecidos, impugnados e decididos pelo juízo deprecado.

A: correta (art. 647, I, do CPC); B: incorreta (art. 736 do CPC); C: incorreta (art. 587 do CPC); D: incorreta (art. 668 do CPC); E: incorreta (art. 747 do CPC). Gabarito "A".

(Magistratura/PR – 2008) Assinale a alternativa correta:

(A) a nota promissória vinculada a contrato de abertura de crédito em conta corrente goza de autonomia e configura título executivo extrajudicial.
(B) o contrato de honorários advocatícios tem de estar assinado por duas testemunhas para que configure título executivo extrajudicial.
(C) é cabível execução por título extrajudicial contra a Fazenda Pública.
(D) a cédula de crédito bancário não configura título executivo extrajudicial.

A: incorreta (Súmula nº 258 do STJ); B: incorreta, pois nesse sentido a 4ª Turma do STJ, relator o Min. ALDIR PASSARINHO JÚNIOR, ressaltou que tanto o antigo estatuto da OAB, no art. 100, como o art. 24 do novo estatuto (Lei 8.906/94) dispõe sobre a executividade do contrato de honorários, não exigindo, para sua validade, a assinatura de duas testemunhas, sendo bastante o contrato firmado entre as partes. A regra geral do art. 585, II, do CPC não pode sobrepor-se à norma especial do Estatuto dos Advogados, que privilegiou o advogado. (Rec. Esp. 400.687); C: correta (art. 730 do CPC); D: incorreta. A cédula de crédito bancário possui natureza de título de crédito, líquido, certo e exigível, reconhecido como tal pela MP 2160-25/2001, em seu art. 1º, e representa promessa de pagamento em dinheiro e, de acordo com o disposto no art. 585, VIII, do CPC, é um título executivo extrajudicial. Gabarito "C".

(Magistratura/PR – 2008) Analise as afirmativas abaixo e assinale a alternativa correta:

I. é definitiva a execução de título extrajudicial, ainda que pendente apelação contra sentença que julgue improcedentes os embargos.
II. o credor tem a faculdade de desistir de toda a execução, sendo vedada, contudo, a desistência de apenas algumas medidas executivas.
III. recaindo a penhora sobre direito, que tenha por objeto prestação ou restituição de coisa determinada, o devedor será intimado para, no vencimento, depositá-la, correndo sobre ela a execução.

(A) apenas as afirmativas I e II estão corretas.
(B) apenas as afirmativas I e III estão corretas.
(C) apenas as afirmativas II e III estão corretas.
(D) todas as afirmativas estão corretas.

I: correta (art. 587 do CPC); II: incorreta (art. 569 do CPC); III: correta (art. 676 do CPC). Gabarito "B".

(Magistratura/SC – 2008) Assinale a alternativa INCORRETA, de acordo com o Código de Processo Civil:

(A) Ao iniciar o processo de execução o credor poderá indicar na sua petição inicial os bens a serem penhorados.
(B) A extinção do processo de execução somente produz efeito quando declarada por sentença.
(C) Ocorrerá a suspensão do processo de execução em caso de morte do executado.
(D) No processo de execução é absolutamente impenhorável o depósito em caderneta de poupança, até o limite de 60 (sessenta) salários mínimos.
(E) O oficial de justiça pode efetuar as avaliações de bens penhorados no processo de execução.

A: correta (art. 652, § 2º, do CPC); B: correta (art. 795 do CPC); C: correta (art. 791, II, do CPC); D: incorreta (art. 649, X, do CPC - até o limite de 40 salários-mínimos); E: correta (art. 652, § 1º, do CPC). Gabarito "D".

(Magistratura/SE – 2008 – CESPE) No que concerne à execução e aos embargos à execução, assinale a opção correta.

(A) Na execução por quantia certa contra devedor solvente, o bem penhorado poderá ser adjudicado por preço não inferior ao da avaliação, não só pelo exeqüente, pelo credor com garantia real ou pelos credores concorrentes que tenham penhorado o mesmo bem, mas, também, pelo cônjuge e pelos descendentes ou ascendentes do executado.
(B) Na execução por quantia certa contra devedor solvente, para que sejam admitidos os embargos à execução e concedido o efeito suspensivo, exige-se a garantia do juízo pela penhora, o depósito ou a caução suficiente e a demonstração da relevância dos fundamentos apontados nos embargos.
(C) Na execução contra a fazenda pública, os embargos à execução serão recebidos no duplo efeito, não se admitindo, portanto, o prosseguimento da execução, ainda que os embargos sejam parciais.
(D) Na execução contra a fazenda pública fundada em título judicial, a sentença que julga improcedente os embargos opostos pela executada está sujeita a remessa necessária.
(E) Os alimentos provisórios subsistem em favor do alimentado desde a sua fixação até o trânsito em julgado da decisão final proferida na ação de alimentos. Por isso, é possível a execução desses alimentos mesmo quando proferida sentença de mérito, que julgou improcedente a pretensão do autor.

A: correta (art. 685-A, § 2º, do CPC); B: incorreta (art. 739-A, § 1º, do CPC). Além da possibilidade de grave dano de difícil ou incerta reparação; C: incorreta (arts. 739-A e 741 do CPC); D: incorreta, pois quando se tratar de execução fundada em título judicial, ou seja, de cumprimento de sentença, cabível é a impugnação (art. 475-J do CPC), e não os embargos; E: incorreta, pois no caso de a sentença julgar improcedente e revogar a decisão que havia fixado os alimentos provisórios, terá ela efeito imediato e caso a parte interponha recurso de apelação, o recurso terá apenas efeito devolutivo nesse ponto. Gabarito "A".

(Ministério Público/SC – 2008)

I. o juiz pode, de ofício, declarar nula a execução, ainda que sem a incidência de embargos. A nulidade da execução pode ser reconhecida mesmo depois de extinto o processo executório.
II. Os embargos do executado terão efeito suspensivo. O juiz poderá, a requerimento do embargado, negar o efeito suspensivo dos embargos quando esses forem manifestamente protelatórios.
III. A competência para a execução dos títulos extrajudiciais é a mesma que se estabelece no processo de conhecimento, admitindo a prorrogação.
IV. Indeferido o efeito suspensivo, a impugnação à execução será instruída e decidida nos próprios autos e, caso contrário, em autos apartados.
V. A execução, contra a Fazenda Pública, de título extrajudicial, é inconstitucional.

(A) apenas I e III estão corretos
(B) apenas I e II estão corretos
(C) apenas II, IV e V estão corretos
(D) apenas II e V estão corretos
(E) apenas V está correto

I: correta, pois, de fato a nulidade pode ser reconhecida a qualquer tempo, de ofício, pelo juiz; II: incorreta (art. 739-A do CPC); III: correta (art. 576 do CPC); IV: incorreta (art. 475-M, § 2º, do CPC); V: incorreta (art. 730 do CPC e art. 100 da CF). Gabarito "A".

(Procurador do Estado/ES – 2008 – CESPE) Quanto ao processo de execução, julgue os próximos itens.

(1) A contagem do prazo para os embargos do devedor, em qualquer modalidade de execução de título extrajudicial, inicia-se com a citação do executado. O termo inicial é determinado pela juntada aos autos do mandado com que se cumpriu a citação.
(2) No processo de execução, quando a citação ocorrer por meio de carta precatória, conta-se o prazo para o oferecimento dos embargos a partir da juntada da carta precatória aos autos.
(3) Quando, no processo de execução, a penhora, a avaliação ou a alienação de bens forem feitas por meio de carta precatória, os embargos poderão ser oferecidos tanto no juízo deprecante quanto no juízo deprecado; e a competência para processar e julgar os embargos é distribuída segundo a origem do ato impugnado. Assim, o juízo deprecado é competente para julgar os embargos que tratem de impugnação da penhora, avaliação ou alienação de bens.

1: certo (art. 738 do CPC); 2: errado (art. 738, § 2º, do CPC); 3: certo (art. 747 do CPC). Gabarito 1C, 2E, 3C.

(Cartório/SC – 2008) Assinale a afirmativa INCORRETA. São títulos executivos extrajudiciais:

(A) O cheque, a duplicata, a nota promissória e a escritura pública assinada pelo devedor.
(B) A duplicata e o instrumento de transação referendado pelo Ministério Público, pela Defensoria Pública ou pelos advogados dos transatores.
(C) A letra de câmbio, a duplicata, a nota promissória, a debênture e o cheque.
(D) Os contratos garantidos por hipoteca, penhor e anticrese bem como os de seguro de vida.
(E) A letra de câmbio, a duplicata e o documento particular assinado pelo devedor.

A, B, C e D: corretas (art. 585 do CPC); E: incorreta (art. 585, II, do CPC); o documento particular deverá estar assinado por duas testemunhas para ser título executivo extrajudicial. Gabarito "E".

(Cartório/SP – 2008) Na hipótese de alienação em hasta pública de bem imóvel hipotecado ou emprazado,

(A) é facultativa a intimação do credor hipotecário ou senhorio direto, exceto se forem partes na execução.
(B) é obrigatória a intimação relativamente ao credor pignoratício, hipotecário ou anticrético e ao usufrutuário, sob pena de ineficácia da alienação.
(C) é obrigatória a intimação do credor hipotecário ou senhorio direto, desde que sejam partes na execução, sob pena de nulidade da alienação.
(D) é obrigatória a intimação do credor pignoratício, hipotecário ou anticrético, mas é facultativa a intimação do usufrutuário, que figurará obrigatoriamente como parte na execução.

Art. 619 do CPC. Gabarito "B".

(Cartório/SP – 2008) A penhora de bens de funcionário que esteja em repartição pública

(A) depende de prévia comunicação ao chefe da repartição.
(B) depende de comunicação judicial e autorização do chefe da repartição.
(C) depende de autorização do chefe da repartição.
(D) independe de comunicação ou autorização prévias.

De fato, não há necessidade de autorização ou comunicação em casos de penhora de bens de funcionário em repartição pública, nem mesmo a citação é vedada ao funcionário na repartição em que trabalhar, eis que o dispositivo que assim previa foi revogado pela Lei nº 8.952/94. Gabarito "D".

(Magistratura Federal – 4ª Região – XIII – 2008) Dadas as assertivas abaixo, assinalar a alternativa correta.

I. O exeqüente deve necessariamente requerer ao juízo da execução que determine seja a certidão de distribuição da execução averbada nos registros de bens do executado.
II. Na execução provisória, embora não esteja vedada a alienação de bens do executado, mediante caução idônea, não cabe o levantamento de dinheiro pelo exeqüente.
III. A defesa contra a execução de sentença, chamada de impugnação, pressupõe a realização de penhora.
IV. Vigora em nosso sistema processual a regra da autonomia dos Embargos de cada co-executado quanto ao prazo para oposição, exceto na situação do litisconsórcio passivo entre cônjuges.

(A) Está incorreta apenas a assertiva I.
(B) Estão corretas apenas as assertivas III e IV.
(C) Estão corretas apenas as assertivas I, III e IV.
(D) Estão corretas todas as assertivas.

I: incorreta (art. 615-A do CPC); II: incorreta (art. 475-O, III, do CPC); III: correta (art. 475-J, § 1º, do CPC); IV: correta (art. 738, § 1º, do CPC). Gabarito "B".

(Magistratura Federal – 4ª Região – XIII – 2008) Dadas as assertivas abaixo, assinalar a alternativa correta.

I. A execução de título extrajudicial, que inicia definitiva, passa a ser provisória enquanto pendente apelação contra sentença que julgue improcedentes os embargos recebidos com efeito suspensivo.

II. A fase de cumprimento de sentença condenatória de obrigação de pagar ocorre de forma automática, no mesmo processo em que foi proferida a decisão judicial, dispensando-se, assim, o requerimento do credor.

III. Na execução por título extrajudicial, a segurança do juízo não é condição para oposição dos Embargos do Devedor.

IV. Segundo a jurisprudência do Superior Tribunal de Justiça, existe prejudicialidade, a ensejar o *simultaneus processus*, entre a ação anulatória previamente ajuizada e a execução, opostos ou não, em relação a esta, os embargos do devedor.

(A) Estão corretas apenas as assertivas I e IV.
(B) Estão corretas apenas as assertivas II e III.
(C) Estão corretas apenas as assertivas I, III e IV.
(D) Estão corretas todas as assertivas.

I: correta (art. 587 do CPC); II: incorreta, pois há necessidade de requerimento do credor (art. 475-J do CPC); III: correta (art. 736 do CPC); IV: correta. Nesse sentido: "PROCESSUAL CIVIL. PROCESSO JUDICIAL TRIBUTÁRIO: EXACIONAL (EXECUÇÃO FISCAL) X ANTIEXACIONAL (AÇÃO ANULATÓRIA DO DÉBITO FISCAL). CONEXÃO. ARTIGO 103, DO CPC. REGRA PROCESSUAL QUE EVITA A PROLAÇÃO DE DECISÕES INCONCILIÁVEIS.
1. Dispõe a lei processual, como regra geral, que é título executivo extrajudicial a certidão de dívida ativa da Fazenda Pública da União, do Estado, do Distrito Federal, do Território e do Município, correspondente aos créditos inscritos na forma da lei (artigo 585, VI, do CPC). 2. Acrescenta, por oportuno, que a propositura de qualquer ação relativa ao débito constante do título executivo não inibe o credor de promover-lhe a execução (§ 1º, do artigo 585, do CPC). 3. A finalidade da regra é não impedir a execução calcada em título da dívida líquida e certa pelo simples fato da propositura da ação de cognição, cujo escopo temerário pode ser o de obstar o processo satisfativo desmoralizando a força executória do título executivo. 4. À luz do preceito e na sua exegese teleológica, colhe-se que a recíproca não é verdadeira, vale dizer: proposta a execução torna-se despicienda e, portanto, falece interesse de agir a propositura de ação declaratória porquanto os embargos cumprem os desígnios de eventual ação autônoma. 5. Conciliando-se os preceitos, tem-se que, precedendo a ação anulatória à execução, aquela passa a exercer perante esta inegável influência prejudicial a recomendar o *simultaneus processus*, posto conexas pela prejudicialidade, forma expressiva de conexão a recomendar a reunião das ações, como expediente apto a evitar decisões inconciliáveis. 6. O juízo único é o que guarda a mais significativa competência funcional para verificar a verossimilhança do alegado na ação de conhecimento e permitir prossiga o processo satisfativo ou se suspenda o mesmo. 7. Refoge à razoabilidade permitir que a ação anulatória do débito caminhe isoladamente da execução calcada na obrigação que se quer nulificar, por isso que, exitosa a ação de conhecimento, o seu resultado pode frustrar-se diante de execução já ultimada (Recentes precedentes desta Corte sobre o tema: REsp 887607/SC, Rel. Ministra Eliana Calmon, Segunda Turma, publicado no DJ de 15.12.2006; REsp 722303/RS, desta relatoria, Primeira Turma, publicado no DJ de 31.08.2006; REsp 754586/RS, Rel. Ministro Teori Albino Zavascki, Primeira Turma, publicado no DJ de 03.04.2006). 8. *In casu*, incontroverso na instância ordinária que a ação anulatória foi ajuizada antes da propositura do executivo fiscal: '... vê-se que a efetiva citação da ora excipiente nos autos da execução ocorreu somente oito meses após a excipiente ter ingressado com a ação ordinária' (decisão de fls. 208/209 que acolheu exceção de incompetência, determinando a remessa dos autos da execução para o juízo federal em que tramita a ação antiexacional). 9. Recurso especial provido." (REsp 774.030/RS, Rel. Ministro LUIZ FUX, PRIMEIRA TURMA, julgado em 15/03/2007, DJ 09/04/2007 p. 229). Gabarito "C".

(Magistratura/AL – 2008 – CESPE) Um juiz recebeu pedido de execução de prestação alimentícia fixada em sentença, na qual o exeqüente expôs que se encontravam pendentes a pensão do mês do ajuizamento e as duas anteriores, razão pela qual pediu que o executado fosse citado para pagar o débito apurado e mais as prestações vincendas, tudo sob pena de prisão. Em face da situação hipotética narrada, assinale a opção correta.

(A) O juiz deverá determinar a citação do executado para que este pague não só o mês vencido no mês do ajuizamento da execução, mas também os dois meses anteriores e as parcelas vincendas, pois este é o limite traçado pela jurisprudência dominante.
(B) Por se tratar de excepcional hipótese em que é possível a constrição pessoal por dívida, o juiz só poderá admitir a execução, sob essa pena, da prestação vencida no mês do ajuizamento.
(C) As parcelas vincendas não poderão ser cobradas no mesmo processo, de modo que o juiz deverá determinar a citação do executado para pagar apenas as parcelas vencidas.
(D) Uma vez citado, o executado poderá eximir-se da pena de prisão se apresentar bem à penhora e ajuizar embargos à execução, nos quais poderá discutir a existência da obrigação alimentar.
(E) Permanecendo preso pelo prazo determinado na decisão judicial, o executado não poderá mais ser cobrado pelas parcelas que justificaram a constrição pessoal, garantindo-se ao exeqüente a cobrança das prestações vincendas.

Súmula 309 do STJ. Gabarito "A".

(Procurador do Estado/ES – 2008 – CESPE) Quanto à execução em face da fazenda pública, julgue os itens a seguir.

(1) Em execuções movidas contra a fazenda pública, ainda que não-embargadas, são devidos honorários advocatícios ao exeqüente, salvo quando se tratar de obrigação de dar coisa certa, por não se submeter ao regime do precatório.

(2) Uma sentença que rejeita embargos à execução, seja ela fundada em título judicial ou extrajudicial oposto pela fazenda pública, não está sujeita ao reexame necessário.

1: errado, pois de acordo com o entendimento do Superior Tribunal de Justiça, nos casos de execução de título judicial embargada ou não, era cabível a condenação de pagamento dos honorários de advogado, mesmo que a devedora fosse a Fazenda Pública. Entretanto, a Medida Provisória (MP) 2.180-35, de agosto de 2001, acrescentou à Lei n. 9.494/97 um artigo estabelecendo que a Fazenda Pública não deve arcar com o ônus do processo nas execuções não embargadas. O STJ, então, passou a aplicar essa nova legislação somente aos casos ajuizados em data posterior à edição da MP. Nas demais ações em que se necessita da expedição de precatórios (artigo 100 da Constituição Federal) e, concomitantemente, não sejam de natureza individual ou proveniente de sentença proferida em ação civil pública/ação coletiva movida por sindicato/entidade de classe, não cabe condenar a Fazenda Pública ao pagamento de verba honorária se a execução não estiver embargada; 2: certo. A jurisprudência do Superior Tribunal de Justiça já firmou entendimento de que não é cabível o reexame necessário de sentença que julgar improcedentes embargos à execução opostos pela Fazenda Pública (REsp. 197455/SP, Rel. Min. Maria Thereza de Assis Moura, j. 08/11/2006). Gabarito 1E, 2C.

(Procurador do Estado/PB – 2008 – CESPE) Assinale a opção correta quanto à execução fiscal.

(A) Na execução fiscal, caso os bens oferecidos à penhora pelo executado sejam de difícil alienação, o credor pode recusar a nomeação, com a conseqüente indicação à penhora de dinheiro existente em conta-corrente do devedor.
(B) A taxa sistema especial de liquidação e custódia (SELIC) pode ser incluída na liquidação de sentença condenatória com trânsito em julgado que tenha fixado correção monetária e juros de mora, pois essa taxa fixa tão-somente os índices dos juros convencionais cobrados pelo mercado. Por isso, ela pode ser cumulada com correção monetária e juros de mora.
(C) Na execução fiscal, a intervenção do Ministério Público, na qualidade de fiscal da lei, é obrigatória, em razão do interesse público, no caso, consubstanciado no crédito da Fazenda Pública.

(D) Os embargos do devedor, na execução fiscal, só serão admitidos com a garantia do juízo. Por isso, a insuficiência da penhora para garantir a satisfação integral do credor acarreta a extinção liminar dos embargos do devedor e o prosseguimento da execução.

(E) Na execução fiscal, o despacho que determinar a citação interrompe a prescrição e, caso o executado não seja citado no prazo fixado em lei, e a ação ficar paralisada por mais de cinco anos, o juiz, de ofício, decretará a extinção da execução.

A: correta (art. 15, II, da Lei de Execução Fiscal); B: incorreta. A SELIC não poderá ser incluída no cálculo de sentença condenatória, eis que esse deverá respeitar exatamente os termos da sentença no que respeita a forma de correção monetária e juros, caracterizando excesso de execução se além dos índices previstos, o exequente fizer incidir a SELIC; C: incorreta (Súmula 189 do STJ); D: incorreta, pois não se exige a garantia total do débito; a jurisprudência entende que, ainda que a garantia seja parcial, os embargos serão recebidos (art. 16, § 1º, da Lei de Execução Fiscal); E: incorreta (art. 8º, § 2º e art. 40, ambos da Lei de Execução Fiscal). Gabarito "A".

(Procurador do Estado/PI – 2008 – CESPE) Quanto ao processo de execução, assinale a opção correta.

(A) As execuções contra a fazenda pública, nelas incluídas as execuções contra as empresas públicas, autarquias e empresas de economia mista, processa-se mediante precatório. Nessa ação, a defesa se faz por meio de embargos, que, apesar de constituírem ação incidental desconstitutiva, com motivação restrita, suspende a execução até a solução definitiva da causa.

(B) Nas ações de execução movidas contra a fazenda pública, não são devidos honorários advocatícios, por se tratar de ação necessária, e a executada não pode solver a obrigação de modo espontâneo, exceto em se tratando de obrigação de fazer.

(C) Não tendo o devedor bens no foro da execução, a penhora será feita por carta precatória e os embargos poderão ser oferecidos no juízo deprecado, mas a competência para julgá-los é exclusiva do juízo deprecante.

(D) Nas execuções propostas contra a fazenda pública, o prazo para o oferecimento dos embargos é de vinte dias. Opostos os embargos, suspende-se a execução até a definitiva solução da questão posta em juízo.

(E) Na execução por título extrajudicial, o oferecimento dos embargos à execução não exige a prévia segurança do juízo. Porém, o executado só poderá pleitear a atribuição de efeito suspensivo aos embargos, quando o juízo estiver garantido por penhora, depósito ou caução suficiente.

A: incorreta. As execuções contra a fazenda pública processam-se mediante precatório, porém os embargos não suspendem a execução; B: incorreta, pois não há exceção de honorários em execuções contra a fazenda pública; C: incorreta (art. 747 do CPC); D: incorreta (art. 730 do CPC - 10 dias); E: correta (arts. 736 e 739-A, § 1º, do CPC). Gabarito "E".

(Magistratura/MG - 2007) Nas execuções embargadas, quando for vencida a Fazenda Pública, conforme disposto no CPC, é CORRETO dizer que os honorários serão fixados:

(A) entre o mínimo de 10% e o máximo de 20% sobre o valor da condenação.
(B) entre o mínimo de 5% e o máximo de 10% sobre o valor da condenação.
(C) entre o mínimo de 10% e o máximo de 20% sobre o valor da causa.
(D) conforme apreciação eqüitativa do Juiz, atendidos o grau de zelo do profissional, o trabalho realizado, natureza e importância da causa, o lugar da prestação do serviço.

Art. 20, § 4º, do CPC. Gabarito "D".

(Magistratura/TO – 2007 – CESPE) Quanto à execução fiscal, assinale a opção correta.

(A) Na execução fiscal, é obrigatória a intervenção do Ministério Público, na qualidade de fiscal da lei e da regularidade do processo. Essa atuação não é vinculada tão somente aos interesses da pessoa jurídica de direito público, velará o parquet pela exata aplicação da lei, podendo promover todos os atos de impulso processual e requerer diligências para efetivar a satisfação do crédito ou o reconhecimento da prescrição ou da nulidade da certidão da dívida ativa.

(B) Na ação de execução fiscal, o juiz, de ofício, indeferirá a petição inicial quando a certidão de dívida ativa não indicar expressamente a lei embasadora da exigência e não apresentar a planilha demonstrativa da dívida, com os critérios utilizados na elaboração do cálculo. Nessa hipótese, a petição inicial será indeferida porque, além de o título executivo ser nulo por não preencher os requisitos de liquidez e certeza, o credor não instruiu devidamente o processo.

(C) Os embargos à execução fiscal deverão ser opostos no prazo de trinta dias da intimação da penhora. Sua admissibilidade é condicionada à garantia do juízo com a penhora de bens bastantes para garantir a satisfação total do credor. A insuficiência da penhora para garantia do juízo acarreta a extinção liminar dos embargos do devedor e o prosseguimento da execução.

(D) A intimação ao representante da fazenda pública, nas execuções fiscais, será feita pessoalmente ou mediante vista dos autos, com imediata remessa ao representante judicial da fazenda pública, pelo cartório ou secretaria. Se a fazenda não tem representante judicial lotado na sede do juízo, a sua intimação será promovida por carta registrada.

A: incorreta (Súmula 189 do STJ); B: incorreta (art. 2º, §§ 5º e 6º, e art. 6º, ambos da Lei de Execução Fiscal); C: incorreta, pois não se exige a garantia total do débito; a jurisprudência entende que, ainda que a garantia seja parcial, os embargos serão recebidos (art. 16, § 1º, da Lei de Execução Fiscal; D: correta (art. 25 da Lei de Execução Fiscal e súmula 240 do TRF). Gabarito "D".

(Procurador da Fazenda Nacional – 2007.2 – ESAF) Quanto à execução fiscal, é incorreto afirmar que:

(A) na execução fiscal, processada perante a Justiça Estadual, cumpre à Fazenda Pública antecipar o numerário destinado ao custeio das despesas com o transporte dos oficiais de justiça.
(B) na execução fiscal, não é permitida a arrematação de bem penhorado, em leilão único. A dupla licitação é indispensável no praceamento dos bens penhorados em execução fiscal, mas não sendo imprescindível constar do edital as duas licitações.
(C) proposta a execução fiscal, a posterior mudança de domicílio do executado não desloca a competência já fixada.
(D) o depósito somente suspende a exigibilidade do crédito tributário se for integral e em dinheiro.
(E) a desistência da execução fiscal, após o oferecimento dos embargos, não exime o exeqüente dos encargos da sucumbência.

A: correta (Súmula nº 190 do STJ); B: incorreta (art. 22 da Lei 6.830/1980); C: correta (art. 87 do CPC); D: correta (Súmula nº 112 do STJ); E: correta (Súmula nº 153 do STJ). Gabarito "B".

(Procurador da Fazenda Nacional – 2007 – ESAF) Quanto à execução fiscal, é incorreto afirmar que:

(A) na execução fiscal, o devedor deverá ser intimado, pessoalmente, do dia e hora da realização do leilão, sob pena de nulidade deste;
(B) a interrupção da prescrição na execução fiscal ocorrerá, com a citação válida, sendo retroativa ao dia do ajuizamento da ação e não ao despacho do juiz que determina a citação;
(C) na execução fiscal, quando a ciência da penhora for pessoal, o prazo para a oposição dos embargos do devedor inicia no dia seguinte ao da intimação deste.
(D) a desistência da execução fiscal, após o oferecimento dos embargos, não exime o exeqüente dos encargos da sucumbência.
(E) é desnecessária a intervenção do Ministério Público nas execuções fiscais.

A: correta (art. 22, § 2º, da Lei nº 6.830/1980); B: incorreta (art. 8º, § 2º, da Lei nº 6.830/1980); C: correta (Súmula nº 12 do TRF); D: correta (Súmula nº 153 do STJ); E: correta (Súmula nº 189 do STJ). Gabarito "B".

(Defensoria Pública da União – 2007 – CESPE) Julgue o seguinte item:

(1) Na ação ajuizada contra a fazenda pública que tenha por objeto a restauração de benefícios previdenciários anteriormente concedidos, se o pedido for julgado procedente, é possível a execução provisória da sentença.

1: certo. Nesse sentido: "PROCESSUAL CIVIL. ADMINISTRATIVO. SERVIDOR PÚBLICO ESTADUAL. EXECUÇÃO PROVISÓRIA DE SENTENÇA CONTRA FAZENDA PÚBLICA. NÃO INCIDÊNCIA DA VEDAÇÃO DO ART. 2.º-B DA LEI N.º 9.494/97. HIPÓTESE NÃO PREVISTA. 1. Esta Corte Superior, no desempenho da sua missão constitucional de interpretação da legislação federal, deu uma exegese restritiva ao art. 2.º-B da Lei n.º 9.494/97, no sentido de que a vedação de execução provisória de sentença contra a Fazenda Pública deve se ater às hipóteses expressamente elencadas no referido dispositivo. Precedentes. 2. Em face da referida interpretação restritiva, tem-se afastado a aplicação do art. 2.º-B da Lei n.º 9.949/97 aos casos de revisão de pensões, bem como nos casos de restauração de benefícios previdenciários anteriormente percebidos, por não se enquadrarem nas hipóteses elencadas no dispositivo em questão. Precedentes. 3. Aplica-se, por analogia, a Súmula n.º 729/STF: 'A decisão na ADC-4 não se aplica à antecipação de tutela em causa de natureza previdenciária.' 4. Agravo regimental desprovido". (STJ. 5ª Turma. AgRg no REsp 658518 / RS. Rel. Min. Laurita Vaz. Julgado em 21.11.2006. Publicado no DJ em 05.02.2007). Gabarito 1C

(Magistratura Federal – 5ª Região – 2007 – CESPE) Julgue os seguintes itens.

(1) A execução por título extrajudicial é provisória no caso de pendência de julgamento de recurso contra sentença que tenha julgado improcedentes os embargos do devedor quando recebidos com efeito suspensivo. No entanto, a concessão de efeito suspensivo não impede a efetivação dos atos de penhora e de avaliação dos bens.

(2) No processo de execução, um terceiro poderá opor os embargos no prazo de até cinco dias após a arrematação. Se o terceiro for credor hipotecário, esse prazo somente incide no caso de ter havido a regular intimação da penhora e da realização da praça do bem hipotecado. Assim, a sentença que julgar procedentes os embargos de terceiro por ausência de intimação do credor hipotecário deverá anular a alienação judicial, ainda que tenha ocorrido a assinatura da carta de arrematação.

(3) A contagem do prazo para os embargos do devedor, em qualquer modalidade de execução de título extrajudicial, é feita a partir da citação do executado. O termo inicial é determinado pela juntada aos autos do mandado com que se cumpriu a citação. Nos casos em que os cônjuges são originariamente executados, o prazo para a apresentação dos embargos é comum, contando-se a partir da juntada do último mandado de citação devidamente cumprido.

1: errado (art. 475-O, III, do CPC); 2: errado (art. 1.048 do CPC); 3: certo (art. 738, § 1º, do CPC). Gabarito 1E, 2E, 3C

(Procuradoria Federal – 2007 – CESPE) Julgue os seguintes itens.

(1) A jurisprudência é peremptória em negar o caráter de bem de família a bens imóveis de pessoas solteiras.

(2) Consoante dispõe o CPC, é impenhorável a pequena propriedade rural, assim definida em lei, desde que trabalhada pela família.

1: errado (Súmula 364 do STJ); 2: certo (art. 649, VIII, do CPC). Gabarito 1E, 2C

(Procurador da Fazenda Nacional – 2007 – ESAF) Quanto à averbação da certidão de distribuição de execução, é incorreto afirmar que:

(A) presume-se em fraude à execução a alienação e oneração de bens efetuadas após a averbação, não se exigindo que o processo executivo em curso tenha aptidão para levar o executado à insolvência.
(B) o exeqüente que promover a averbação indevida responderá por litigância de má-fé, indenizando a parte contrária no valor máximo de 20% (vinte por cento) do valor atribuído à causa.
(C) para fins de averbação, torna-se necessária certidão comprobatória do ajuizamento da execução, indicando nela o nome das partes e o valor da causa, sendo estendida também a averbação ao registro de veículos ou registro de outros bens sujeitos à penhora ou arresto.
(D) quanto à averbação da certidão de distribuição de execução, tem-se que se trata de prerrogativa do exeqüente, embora competirá ao magistrado indeferir o seu pleito no caso de ausência de periculum in mora.
(E) o exeqüente deverá comunicar ao juízo as averbações efetivas no prazo de dez dias de sua concretização.

A: correta (art. 615-A, § 3º, do CPC); B: correta (art. 615-A, § 4º, do CPC); C: correta (art. 615-A, caput, do CPC); D: incorreta, pois não há possibilidade de o magistrado indeferir em caso de ausência de periculum in mora porquanto para a averbação basta simples certidão de distribuição de execução (art. 615-A do CPC); E: correta (art. 615-A, § 1º, do CPC). Gabarito "D".

(Magistratura do Trabalho – 24ª Região – 2007) Assinale a alternativa INCORRETA. Na conformidade do artigo 649 do Código de Processo Civil, com a nova redação conferida pela Lei 11.382/06, são absolutamente impenhoráveis:

(A) Os móveis, pertences e utilidades domésticas que guarnecem a residência do executado, salvo os de elevado valor ou que ultrapassem as necessidades comuns correspondentes a um médio padrão de vida.
(B) Os vestuários, bem como os pertences de uso pessoal do executado, salvo se de elevado valor.
(C) A pequena propriedade rural, assim definida em lei, desde que trabalhada pela família.
(D) Os recursos públicos recebidos por instituições privadas para aplicação compulsória em educação, saúde ou assistência social.
(E) A quantia depositada em caderneta de poupança.

A, B, C e D: corretas (art. 649 do CPC); E: incorreta (art. 649, X, do CPC). Gabarito "E".

(Magistratura do Trabalho – 8ª Região – 2007) Quanto ao executado, são atos atentatórios à dignidade da Justiça, conforme a dicção do Código de Processo Civil, salvo:

(A) Fraudar a execução.
(B) Opor-se maliciosamente à execução, empregando ardis e meios artificiosos.
(C) Resistir injustificadamente às ordens judiciais.
(D) Intimado, não indicar ao juiz, em cinco dias, quais são e onde se encontram os bens sujeitos à penhora e seus respectivos valores.
(E) Dificultar ou embaraçar a realização da penhora.

Art. 600 do CPC. Gabarito "E".

(Magistratura do Trabalho – 8ª Região – 2007) Quanto à disciplina legal da execução provisória, assinale a alternativa incorreta:

(A) Corre por iniciativa, conta e responsabilidade do exeqüente, que se obriga, se a sentença for reformada, a reparar os danos que o executado haja sofrido.
(B) Fica sem efeito, sobrevindo acórdão que modifique ou anule a sentença objeto da execução, restituindo-se as partes ao estado anterior e liquidados eventuais prejuízos nos mesmos autos, por arbitramento.
(C) O levantamento de depósito em dinheiro e a prática de atos que importem alienação de propriedade ou dos quais possa resultar grave dano ao executado dependem de caução suficiente e idônea, arbitrada de plano pelo juiz e prestada nos próprios autos.
(D) A caução mencionada pela lei poderá ser dispensada, dentre outras hipóteses, nos casos de execução provisória em que penda agravo de instrumento junto ao Supremo Tribunal Federal ou ao Superior Tribunal de Justiça, até o limite de sessenta vezes o valor do salário mínimo e demonstrando o exeqüente situação de necessidade.
(E) A execução provisória da sentença far-se-á, no que couber, do mesmo modo que a definitiva, observadas as normas estabelecidas na lei.

A: correta (art. 475-O, I, do CPC); B: correta (art. 475-O, II, do CPC); C: correta (art. 475-O, III, do CPC); D: incorreta (art. 475-O, § 2º, II, do CPC); E: correta (art. 475-O, caput, do CPC). Gabarito "D".

(Defensoria/MT – 2007) Sobre o processo de execução, assinale a afirmativa correta.

(A) Da mesma forma como ocorre com as sentenças proferidas por tribunal estrangeiro, dependem de homologação, para terem eficácia em nosso território, os títulos executivos extrajudiciais oriundos de país estrangeiro.

(B) É provisória a execução quando iniciada por título judicial transitado em julgado ou por título extrajudicial.
(C) A execução definitiva, em qualquer caso, será processada nos autos principais.
(D) Constitui-se título executivo judicial a sentença homologatória de transação ou de conciliação, ainda que verse sobre matéria não posta em juízo.
(E) Judicial ou extrajudicial, a execução para cobrança de crédito fundar-se-á sempre em título ilíquido, certo e inexigível.

A: incorreta (art. 585, § 2º, do CPC); B: incorreta (art. 587 do CPC); C: incorreta (art. 475-M, § 2º, do CPC); D: correta (art. 475-N, III, do CPC); E: incorreta (art. 586 do CPC). Gabarito "D".

(Cartório/SE – 2007 – CESPE) Em relação ao processo de execução e aos embargos do devedor, julgue os itens subseqüentes.

(1) Na execução contra devedores solidários em que são penhorados bens de apenas um deles, fica garantido o juízo, o que enseja a qualquer um desses devedores, isoladamente ou em conjunto, a apresentação de embargos à execução.
(2) Se, na ação de execução por título extrajudicial, depois de efetivado o arresto, o devedor não for encontrado, e, permanecer inviável sua localização, admite-se a citação por edital.

1: certo. Nesse sentido: "PROCESSO CIVIL - EMBARGOS A EXECUÇÃO - LEGITIMIDADE ATIVA – PRAZO - CODEVEDOR QUE NÃO SOFREU A CONSTRIÇÃO PATRIMONIAL E NÃO FOI INTIMADO DA PENHORA - ARTIGOS 736/738, CPC - PRECEDENTES DA CORTE E DO SUPREMO TRIBUNAL FEDERAL - AGRAVO DESPROVIDO - I - Nos termos da jurisprudência desta Corte e da orientação firmada no Supremo Tribunal Federal na vigência do sistema constitucional anterior, o codevedor ostenta legitimidade para opor Embargos à Execução, mesmo que não tenha sofrido constrição em qualquer de seus bens, desde que seguro o juízo por algum dos co-obrigados. II - Havendo no título exequendo vários devedores, mesmo que ajuizada a Execução contra apenas um deles, salvo se exercitada a faculdade prevista no artigo 569, CPC, devem ser todos intimados da penhora, uma vez que a todos assiste o direito de embargar. III - O prazo para oferecimento dos Embargos é singular, iniciando-se, para cada devedor, na data em que intimado da penhora. IV - Para os co-obrigados não intimados da penhora o prazo só começa a fluir da data em que comparecerem voluntariamente aos autos, desde que compatível seu exame com o estágio em que se ache o processo, e evidenciada a ausência de má-fé." (STJ 4ª T.; Ag. Reg. em Ag. de Instr. nº 27.981-3-RN; Rel. Min. Sálvio de Figueiredo; j. 08.02.1993; v.u.); 2: certo (arts. 653 e 654, do CPC). Gabarito 1C, 2C.

(Magistratura/SP – 2007) Assinale a afirmativa falsa acerca dos títulos executivos extrajudiciais.

(A) São títulos executivos extrajudiciais a escritura pública ou outro documento público assinado pelo devedor; o documento particular assinado pelo devedor e por duas testemunhas; o instrumento de transação referendado pelo Ministério Público, pela Defensoria Pública ou pelos advogados dos transatores.
(B) Os títulos executivos extrajudiciais oriundos de país estrangeiro dependem de homologação pelo STJ para serem aqui executados, devendo satisfazer os requisitos de formação exigidos pela lei do lugar de sua celebração e indicar o Brasil como o lugar de cumprimento da obrigação.
(C) Constituem títulos executivos extrajudiciais o crédito, documentalmente comprovado, decorrente de aluguel de imóvel, bem como de encargos acessórios, tais como taxas e despesas de condomínio, e os créditos decorrentes de foro e laudêmio.
(D) A propositura de qualquer ação relativa ao débito constante de título executivo não inibe o credor de promover-lhe a execução.

A: verdadeira (art. 585, II, do CPC); B: falsa (art. 585, § 2º, do CPC); C: verdadeira (art. 585, V, do CPC); D: verdadeira (art. 585, § 1º, do CPC). Gabarito "B".

(Magistratura/TO – 2007 – CESPE) Acerca da execução de títulos extrajudiciais, assinale a opção correta.

(A) Na petição inicial da ação de execução por título extrajudicial, o credor poderá indicar bens a serem penhorados, bem como pedir ao juiz que, ao despachar a inicial, fixe, de plano, os honorários de advogado a serem pagos pelo executado. Não se trata de requisito da petição inicial, mas de faculdade do exeqüente, pois, caso o devedor, citado, não realize o pagamento, incumbe ao oficial de justiça realizar a penhora.

(B) Procedida a citação, independentemente de qualquer garantia do juízo, o devedor deverá opor embargos à execução, no prazo de 15 dias, contados da juntada aos autos do mandado de citação. Quando houver mais de um executado e estes tiverem procuradores diferentes, o prazo será contado em dobro, mas contado individualmente para cada um dos executados.
(C) Uma vez feita a penhora, inicia-se a realização de atos de expropriação do bem penhorado, que será feita preferencialmente com a sua adjudicação ao exeqüente ou aos credores concorrentes que tenham penhorado o mesmo bem, por preço não inferior à dívida executada. Caso o interesse em adjudicar seja manifestado por mais de uma pessoa, instaura-se entre elas um concurso, observando-se, em igualdade de oferta do credor, a preferência do credor em cuja execução ocorreu a primeira penhora.
(D) Da sentença, quer de rejeição liminar, quer proferida após o contraditório e audiência que julgue procedente ou improcedente os embargos do devedor, caberá apelação sem efeito suspensivo. Assim, a execução por título extrajudicial prosseguirá como definitiva enquanto a apelação se mantiver pendente, ainda que os embargos tenham sido recebidos com efeito suspensivo.

A: correta (arts. 652, § 2º, 652-A e 653, do CPC); B: incorreta (arts. 736 e 738, parágrafo único, do CPC); C: incorreta (art. 685-A, §§ 2º e 3º, do CPC); D: incorreta (art. 520, V, do CPC). Gabarito "A".

(Ministério Público/MG – 2007) IDENTIFIQUE os princípios que norteiam a penhora on-line normatizada pela recente reforma processual.

(A) Ubiqüidade e instrumentalidade.
(B) Instrumentalidade e efetividade.
(C) Piso vital mínimo e efetividade.
(D) Ubiqüidade e piso vital mínimo.
(E) Efetividade e ubiqüidade.

De fato, a penhora on line visa à efetividade da execução com a garantia de um piso mínimo ao executado, ou seja, caso o executado comprove que os valores existentes em conta são fruto de seu salário mensal o bloqueio será imediatamente liberado. Gabarito "C".

(Ministério Público/MG – 2007) Ao ser citado, o executado deverá efetuar o pagamento da dívida, não o fazendo CABERÁ

(A) ao Juiz proceder à penhora de bens e a sua avaliação, lavrando-se o respectivo auto e de tais atos intimando, na mesma oportunidade, o executado.
(B) ao oficial de justiça de imediato proceder à penhora das quantias depositadas em conta corrente referentes a vencimentos, soldos ou salários.
(C) ao juiz, de ofício ou a requerimento do exeqüente, determinar, a qualquer tempo, a intimação do executado para indicar bens passíveis de penhora.
(D) ao credor, na inicial da execução, não indicar bens a serem penhorados.
(E) ao oficial de justiça, não encontrando o devedor, arrestar-lhe todos os seus bens.

Art. 652, § 3º, do CPC. Gabarito "C".

(Defensoria/MG – 2006) Contra o inadimplente das verbas alimentícias, foi ajuizada a execução por pensões alimentícias, sob o rito especial do processo de execução de prestação alimentícia, com pedido de prisão do devedor. Citado, o devedor não pagou nem justificou o inadimplemento, motivando, assim, a expedição de mandado de prisão, que foi devidamente cumprido.

A respeito do cumprimento da prisão pelo prazo estabelecido pelo juiz, é CORRETO afirmar:

(A) Que a execução, após o cumprimento da pena, prosseguirá sob o rito de execução por quantia certa.
(B) Que, cumprida a pena e não paga a pensão alimentícia, o juiz decretará nova pena de prisão, como forma coercitiva de obrigar o pagamento.
(C) Que o cumprimento da pena é causa anômala de extinção do processo de execução.

(D) Que o cumprimento da pena é causa de elisão da obrigação de pagar o valor da pensão alimentícia executada, e o processo será extinto.
(E) Que o devedor terá a sua insolvência civil declarada pelo juiz.

De fato, após cumprido o prazo do mandado de prisão a execução deverá prosseguir, porém agora como execução por quantia certa, eis que o executado não poderá ser novamente preso em razão do mesmo débito. "A." Gabarito

(Defensoria/SE – 2006 – CESPE) Julgue os seguintes itens.

(1) A execução de alimentos pelo rito da coerção pessoal prevista no art. 733 do Código de Processo Civil (CPC) tem como pressuposto a atualidade do débito, ou seja, é referente às três últimas parcelas anteriores ao ajuizamento do processo executivo, não se incluindo, portanto, parcelas que vencerem no curso do processo, que serão cobradas na forma do artigo 732 do CPC, ou seja, execução por quantia certa.
(2) Considere a seguinte situação hipotética. Ajuizada execução alimentícia sob o rito de execução por quantia certa contra devedor solvente, o devedor foi citado e teve penhorado veículo de sua propriedade. O executado reconheceu parcela da dívida, no entanto, questionou que alguns dos créditos seriam inexigíveis, quais sejam aqueles referentes ao pagamento de mensalidades de cursos extracurriculares, ou seja, discussão sobre os limites do título, da qual possa decorrer eventual excesso de execução. Nessa situação, o executado poderá defender-se, apresentando exceção de pré-executividade.
(3) Quando se tratar de execução de alimentos com rito de execução por quantia certa contra devedor solvente, no saldo devedor não poderão ser incluídas as parcelas vencidas no curso da execução, pois haverá a perda da liquidez da dívida e será violado o pressuposto da certeza e da exigibilidade da quantia executada.
(4) Considere que foi ajuizada execução de alimentos, fixados em percentual sobre o salário mensal do alimentante. O executado apresentou como justificativa para o inadimplemento o fato de ter seu contrato de trabalho rescindido e que atualmente desenvolvia pequenos e eventuais serviços, razão pela qual não tinha condições financeiras para cumprir a obrigação anteriormente assumida com criação e educação dos filhos menores. Nessa situação, o juiz deverá extinguir o processo de execução, pois a rescisão do contrato de trabalho do devedor de alimentos retira a liquidez do título executivo judicial e não existe base de cálculo para apurar a quantia devida.

1: errado. O rito previsto no art. 733 do CPC é cabível para execução das três últimas prestações mais as que se vencerem no curso da demanda; esse é o entendimento atual dos tribunais superiores; 2: errado. A jurisprudência ainda tem admitido a exceção de pré-executividade, porém em situações que gerariam a nulidade ou inexistência do título; no caso, a alegação de excesso de execução teria que, necessariamente, ser deduzida por meio de embargos à execução; 3: errado, pois não há qualquer motivo plausível para a vedação da inclusão das prestações vencidas no curso da demanda, sendo certo que se trata de opção do exequente que preza o princípio da economia processual, evitando, em caso de inadimplência do devedor, a propositura de outra ação de execução para se executar as prestações vencidas no curso daquela demanda; 4: errado, pois o entendimento atual da jurisprudência é no sentido de que, mesmo em caso de a sentença que fixou a verba alimentar não ter previsto o valor dos alimentos em caso de desemprego ou de emprego informal, ainda persistirá a obrigação no valor da média que vinha sendo paga até que o alimentante ingresse com eventual ação revisional, não tirando, portanto, a liquidez do título o fato de ter rescindido o contrato de trabalho. Gabarito "1E, 2E, 3E, 4E"

(Defensoria/RN – 2006) Em termos de execução, o Código de Processo Civil estabelece as seguintes normas:

(A) A morte de quaisquer das partes suspende a execução.
(B) Na execução de alimentos o devedor será citado para pagar ou oferecer bens a penhora.
(C) Na ordem da penhora os imóveis antecedem os móveis.
(D) A decisão que rejeita a exceção de pré-executividade é recorrível através de apelação.

A: correta (art. 791, II, do CPC); B: incorreta (art. 733 do CPC); C: incorreta (art. 655 do CPC); D: incorreta, pois a decisão que rejeita exceção de pré-executividade é interlocutória e não coloca fim ao processo, razão pela qual o recurso cabível é o de agravo." Gabarito "A."

(Ministério Público/BA – 2005) Em matéria de execução, o Código de Processo Civil não admite:

(A) Que se extinga os embargos do devedor, em caso de desistência da ação, se estes versarem apenas sobre questões processuais.
(B) Que na execução fiscal, seja a ação proposta no foro do lugar em que se praticou o ato que deu origem à dívida, quando nele não mais resida o réu.
(C) Como título executivo judicial, a sentença homologatória de conciliação, ainda que verse sobre matéria não posta em juízo.
(D) Que o juiz, para a satisfação de obrigação de fazer, assinale prazo ao devedor, tendo em vista a não determinação no título executivo.
(E) A redução da penhora aos bens suficientes à execução, sem a oitiva da parte contrária.

A: incorreta (art. 569, parágrafo único, a, do CPC); B: incorreta (art. 578, par. único, do CPC); C: incorreta (art. 475-N, III, do CPC); D: incorreta (art. 632 do CPC); E: correta (art. 685, I, do CPC). Gabarito "E."

(Ministério Público do Trabalho – 14°) Quanto à execução provisória, é INCORRETO afirmar:

(A) na hipótese de acórdão superveniente alterar a sentença exeqüenda, eventuais prejuízos experimentados pelo executado serão liquidados por artigos;
(B) a prática de atos que importem alienação de propriedade ou dos quais possa resultar grave dano ao executado dependem de caução suficiente e idônea, a ser arbitrada de plano pelo juiz e prestada nos próprios autos;
(C) a dispensa da caução dar-se-á em situação de necessidade, quando o crédito tiver natureza alimentar ou for decorrente de ato ilícito, observando-se, ainda, o limite de 60 (sessenta) salários mínimos;
(D) é dispensada a caução quando tiver início (ou prosseguimento) a execução provisória enquanto pender agravo de instrumento perante o Supremo Tribunal Federal ou perante o Superior Tribunal de Justiça, excetuada expressamente a hipótese de a execução, neste último estágio recursal, possa resultar risco de grave dano, de difícil ou incerta reparação ao executado;
(E) não respondida.

A: incorreta (art. 475-O, II, do CPC); a liquidação será por arbitramento; B: correta (art. 475-O, III, do CPC); C: correta (art. 475-O, § 2°, I, do CPC); D: correta (art. 475-O, § 2°, II, do CPC). Gabarito "A."

(Magistratura Federal – 3ª Região – XIII) A objeção de pré-executividade:

(A) suspende a execução e sua propositura impede a penhora;
(B) não suspende a execução nem impede a penhora;
(C) se improcedente, não impede embargos pelo mesmo fundamento;
(D) depende da segurança do juízo.

Na verdade, não há nem mesmo a previsão legal da objeção de pré-executividade. Assim, não existe a regra de suspensão da execução em caso de apresentação de objeção." Gabarito "B."

13. CAUTELAR

(Magistratura/AL – 2008 – CESPE) A respeito do procedimento comum das cautelares estabelecido no CPC, assinale a opção correta.

(A) A interposição de agravo por instrumento contra decisão interlocutória tomada no curso de um processo desloca a competência para julgamento da eventual cautelar incidental para o tribunal.
(B) Proferida sentença no processo cautelar, esta é, em geral, incapaz de alcançar a estabilidade da coisa julgada material, porque não declara a existência ou inexistência de um direito substancial, baseando-se em um juízo de probabilidade.
(C) A não-apresentação de defesa não importa revelia nas cautelares, porque estas se baseiam no exame de um juízo de probabilidade acerca do direito afirmado pelas partes, que será alvo, ainda, de investigação profunda no processo principal.

(D) Em razão da função precípua da ação cautelar, sempre será requisito essencial da petição inicial desta espécie a descrição da demanda principal cuja eficácia se visa preservar.
(E) Havendo pedido de concessão de medida liminar, o juiz poderá determinar a realização de justificação prévia, que seguirá o rito definido pela lei para esta medida, impondo-se sempre a citação do réu para preservação do contraditório.

A: incorreta (art. 800 do CPC); B: correta, pois, de fato, na sentença proferida na ação cautelar, em regra, não há um juízo de mérito propriamente dito, mas uma análise superficial acerca dos requisitos para a concessão da medida que poderão, após a instrução necessária, ser revista e cassada ou confirmada conforme o caso; C: incorreta (art. 803 do CPC); D: incorreta (art. 801, parágrafo único, do CPC); E: incorreta (art. 804 do CPC). Gabarito "B".

(Magistratura/MG - 2007) Conforme disposto no CPC, é CORRETO afirmar que a concessão liminar da medida cautelar, sem audiência do réu, restringe-se e condiciona-se à hipótese de:

(A) realização de prévia audiência de justificação.
(B) verificação de que o réu, sendo citado, poderá tornar a medida ineficaz.
(C) prestação de caução real ou fidejussória por parte do autor.
(D) impossibilidade de localização do réu, por estar em local incerto e não sabido.

Art. 804 do CPC. Gabarito "B".

(MAGISTRATURA/PB – 2011 – CESPE) Ao propor ação cautelar de arresto, o requerente argumentou que o requerido tentava ausentar-se furtivamente do domicílio.
Com base nessa situação hipotética, assinale a opção correta.

(A) Além de comprovar a tentativa do requerido de ausentar-se de seu domicílio, o requerente deve apresentar prova de estar em curso demanda executiva contra aquele.
(B) A medida cautelar de arresto impede a alienação dos bens atingidos, pois retira a sua disponibilidade.
(C) Por estar fundado em uma das hipóteses legais de deferimento da medida, que é a transferência furtiva do domicílio, a procedência do pedido não depende da prova do risco da demora.
(D) Embora se verifique que a transferência de domicílio por parte do requerido é motivada por caso fortuito ou força maior, não há óbice ao deferimento da medida cautelar.
(E) Caso seja deferida a medida cautelar, o requerente terá a fruição plena dos bens arrestados até que se encerre a ação principal ou que ocorra fato novo.

A: incorreta, porque a existência de execução em curso não é requisito para a ajuizamento do arresto cautelar; B: incorreta, porque a alienação do bem arrestado é considerada apenas ineficaz em relação ao exequente (JTA 105/79); C: incorreta, porque o arresto é cautelar típica e, por isso, fica sujeito ao requisito do "periculum in mora" para que seja concedida; D: correta, pois, de fato, não se configura óbice ao deferimento da medida cautelar; E: incorreta, porque ao arresto aplicam-se as disposições referentes à penhora (art. 821 do CPC), e a penhora não garante ao credor a fruição dos bens penhorados. Gabarito "D".

(Magistratura/PI – 2008 – CESPE) A respeito do processo cautelar, assinale a opção correta.

(A) Tratando-se de cautelar preparatória, o seu pressuposto é a existência do perigo da demora, servindo essa pretensão como tutela do direito pretendido pelo autor. A autonomia das condições dessa medida, que têm um fim em si mesmas, permite ao autor deixar de fazer qualquer menção quanto à eventual ação principal, fundamentando o seu pedido somente no periculum in mora.
(B) Se a ação principal e a cautelar forem julgadas na mesma sentença, a apelação que impugnar a sentença relativamente a ambas as ações deve ser interposta em peça única e será recebida no duplo efeito.
(C) Quando restar demonstrado, além do perigo da demora, a probabilidade do êxito da pretensão do requerente, será concedida a antecipação dos efeitos da tutela, inclusive a recursal, com a finalidade de impedir o perecimento do direito, ou de assegurar a efetividade da tutela pretendida. No entanto, por ter caráter provisório, não é possível antecipar totalmente a prestação jurisdicional que se pretende obter em definitivo.
(D) Nas causas que tenham por objeto direito indisponível, não se admite a antecipação dos efeitos da tutela, porque eventuais danos serão irreparáveis e, portanto, irreversíveis. No entanto, se o juiz conceder a tutela antecipada, seja initio litis, seja ao prolatar sentença, contra essa parte da decisão é cabível o recurso de agravo, por se tratar de decisão interlocutória e ter natureza de incidente processual.
(E) A medida cautelar e a tutela antecipatória representam providências de natureza emergencial e são adotadas de caráter provisório. A sentença cautelar ou antecipatória não produz a coisa julgada material, porque o juiz nada declara, limitando-se, em casos de procedência, a afirmar a probabilidade de um direito e a ocorrência da situação de perigo. Assim, proposta a ação principal, e aprofundada a cognição do juiz sobre o direito afirmado, o enunciado de sentença sumária poderá ser revisto.

A: incorreta (art. 801, parágrafo único, do CPC); B: incorreta (art. 520, IV, do CPC); C: incorreta (art. 273 do CPC - "total ou parcialmente"); D: incorreta. A tutela antecipada também é cabível em ações que tenham por objeto direitos indisponíveis, desde que presentes os requisitos legais. Acerca do recurso cabível em caso de tutela antecipada no bojo de sentença, há grande debate doutrinário. Alguns entendem que se trata, embora no corpo da sentença, de decisão interlocutória, cabível recurso de agravo. Outros são da opinião de que, sendo deferida no corpo da sentença, será cabível recurso de apelação; E: correta, pois, de fato, a semelhança entre a tutela antecipada e a medida cautelar é a urgência do provimento e, nos casos de urgência não há um juízo de mérito propriamente dito, mas uma análise superficial acerca dos requisitos para a concessão da medida que poderão, após a instrução necessária, ser revista e cassada a medida de urgência ou confirmada, conforme o caso. Gabarito "E".

(Magistratura/RS – 2009) Assinale a assertiva incorreta sobre processo cautelar, tendo presente o que trata o Livro III do Código de Processo Civil.

(A) O juiz poderá antecipar, total ou parcialmente, os efeitos da tutela pretendida no pedido inicial, desde que, existindo prova inequívoca, se convença da verossimilhança da alegação e haja fundado receio de dano irreparável ou de difícil reparação; ou fique caracterizado o abuso de direito de defesa ou o manifesto propósito protelatório do réu.
(B) A título de providência cautelar, poderá o juiz determinar as medidas provisórias que julgar adequadas, quando houver fundado receio de que uma parte, antes do julgamento da lide, cause ao direito da outra lesão grave e de difícil reparação.
(C) Cabe à parte propor a ação, no prazo de trinta dias, contados da data da efetivação da medida cautelar, quando esta for concedida em procedimento preparatório. Em não o fazendo, a medida perde a eficácia.
(D) É cabível o pedido de arresto quando o devedor sem domicílio certo intenta ausentar-se ou alienar os bens que possui, ou deixa de pagar a obrigação no prazo estipulado; ou, possuindo domicílio certo, se ausenta ou tenta ausentar-se furtivamente.
(E) Os direitos autorais podem ser objeto de medida cautelar de busca e apreensão.

A: incorreta, uma vez que se trata de transcrição parcial do art. 273 do CPC, mas o examinador suprimiu a referência ao pedido do autor para que o juiz conceda a tutela antecipada; B: correta (art. 798, CPC); C: correta (art. 808, I, CPC); D: correta (art. 813, CPC); E: correta (art. 842, § 3º, CPC). Gabarito "A".

(Magistratura/SC – 2009) Sobre o processo cautelar, assinale a alternativa INCORRETA:

(A) A prorrogação da competência relativa para a ação cautelar, por não ter sido oposta exceção, determina a competência para a ação principal, em razão da prevenção.
(B) O juiz poderá determinar medidas provisórias de ofício quando houver fundado receio de que uma das partes, antes do julgamento da lide, cause ao direito da outra lesão grave e de difícil reparação.
(C) Cessa a eficácia da medida cautelar se o juiz declarar extinto o processo principal.
(D) As medidas cautelares conservativas de direito, como a produção antecipada de provas, previnem a competência para a ação principal.
(E) O processo cautelar não admite reconvenção, nem denunciação da lide.

A: correta; B: correta (art. 798, CPC); C: correta (art. 808, III, CPC); D: incorreta (STJ, CC 40.451-EDcl); E: correta (JTA 106/251). Gabarito "D".

(Magistratura/SE – 2008 – CESPE) Julgue os itens abaixo, relativos ao processo cautelar.

I. Ao conceder a liminar no curso do procedimento cautelar, o juiz poderá determinar que o requerente preste caução real ou fidejussória a fim de garantir a efetiva indenização dos prejuízos que eventualmente o requerido venha a sofrer.

II. O poder geral de cautela do juiz significa a permissão legal de determinar providência cautelar ainda que a parte não a tenha requerido, quando presentes nos autos os requisitos autorizadores, ou seja, a probabilidade do direito alegado por uma das partes e o perigo da demora.

III. O arrolamento de bens destina-se a documentar a existência e o estado de bens sempre que houver fundado receio de extravio ou de dissipação, com o objetivo de conservá-los, até a partilha ou a resolução da demanda.

IV. O atentado é medida que se destina a evitar que a parte possa inovar no estado da causa, a fim de prejudicar a perfeita análise dos fatos envolvidos ou para frustrar a efetividade de decisões judiciais.

V. Se a ação principal e a cautelar forem julgadas na mesma sentença, a apelação que impugnar a sentença relativamente a ambas as ações deve ser interposta em peça única e será recebida no duplo efeito.

Estão certos apenas os itens

(A) I, II e III.
(B) I, II e V.
(C) I, III e IV.
(D) II, IV e V.
(E) III, IV e V.

I: certo (art. 804 do CPC); II: errado. O poder geral de cautela consiste na possibilidade de o juiz determinar as medidas provisórias (medidas cautelares atípicas ou inominadas, ou seja, medidas que não estão previstas nominalmente no CPC) que julgar adequadas, quando houver fundado receio de que uma parte, antes do julgamento da lide, cause ao direito da outra lesão grave ou de difícil reparação; III: certo (art. 855 do CPC); IV: certo (art. 879 do CPC); V: errado (art. 520, IV, do CPC). Gabarito "C".

(Magistratura/SP – 2011 – VUNESP) Assinale a alternativa correta.

(A) A dívida deve estar vencida para que o credor possa requerer o arresto de bens, quando o devedor, sem domicílio certo, intenta alienar os bens que possui.
(B) A sentença ilíquida, ainda pendente de recurso, que condena o devedor ao pagamento de dinheiro, pode ser admitida para fins de concessão de arresto.
(C) A decisão proferida no arresto que decreta a decadência ou prescrição do direito do autor não prejudica o julgamento da ação principal.
(D) O juiz concederá o arresto, mediante justificação prévia, se o credor prestar caução.
(E) Cessa o arresto se o devedor prestar caução para garantir a dívida, honorários do advogado do requerente e custas.

A: incorreta, pois "a exigibilidade da dívida não é requisito indispensável à concessão do arresto" (Simpósio de Curitiba, conclusão LXXII, em RT 482/273): B: correta (parágrafo único do art. 814 do CPC); C: incorreta, porque o reconhecimento de prescrição ou decadência na cautelar faz coisa julgada para a principal (art. 810 do CPC); D: incorreta, porque a caução prestada pelo autor substitui a justificação prévia (art. 816, II, CPC); E: incorreta, porque nesse caso fica apenas suspensa a execução do arresto (art. 819, II, CPC). Gabarito "B".

(Magistratura/SP – 2007) Indique a afirmativa que não está de acordo com as normas processuais em vigor.

(A) A produção antecipada da prova pode consistir em interrogatório e, após a sentença homologatória, os autos serão entregues ao requerente. A sentença proferida nessa ação não é declaratória e não faz coisa julgada material, havendo apenas documentação judicial de fatos.
(B) Nos procedimentos cautelares, a caução pode ser real ou fidejussória. Quando a lei não determinar a espécie de caução, esta poderá ser prestada mediante depósito em dinheiro, papéis de crédito, títulos da União ou dos Estados, pedras e metais preciosos, hipoteca, penhor e fiança.
(C) Cessa a eficácia da medida cautelar: se a parte não intentar a ação no prazo de 30 dias, contados da efetivação da medida cautelar; se não for executada dentro de 30 dias ou se o juiz declarar extinto o processo principal, com ou sem julgamento do mérito. E, se por qualquer motivo cessar a medida, é defeso à parte repetir o pedido, salvo por novo fundamento.
(D) Comete atentado a parte que, no curso do processo, viola penhora, arresto, seqüestro ou imissão na posse; prossegue em obra embargada ou pratica qualquer outra inovação ilegal no estado de fato.

A: incorreta (art. 851 do CPC); B: correta (arts. 826 e 827, do CPC); C: correta (art. 808 do CPC); D: correta (art. 879 do CPC). Gabarito "A".

(Ministério Público/ES – 2010 – CESPE) Carlos deseja separar-se judicialmente de seu cônjuge e, já afastado do lar, teve notícia de que os bens amealhados pelo casal correm o risco de dilapidação.

Nessa situação hipotética, para proteger-se contra o referido risco, a medida adequada a ser tomada por Carlos será

(A) o sequestro.
(B) o arrolamento.
(C) o arresto.
(D) a busca e apreensão.
(E) a justificação.

A única alternativa correta é a "B" (art. 855 do CPC). Gabarito "B".

(Ministério Público/MG – 2010 – FUNDEP) Sobre a medida cautelar de alimentos provisionais, é **INCORRETO** afirmar

(A) que a competência para o aforamento do pedido será sempre do juiz de primeiro grau, ainda que a causa principal penda de julgamento no tribunal.
(B) que, por ser exigida prova pré-constituída da relação de parentesco como pressuposto para o deferimento de alimentos provisionais, não há possibilidade de cumulação desse pedido com a ação de reconhecimento de paternidade.
(C) que os alimentos provisionais deferidos e não pagos podem ser executados mesmo depois de proferida sentença de improcedência na ação principal.
(D) que, não obtidos os alimentos provisionais, sobrevém, ulteriormente, sentença concessiva de alimentos definitivos. Nesse caso, em razão do caráter *ex tunc* do direito a alimentos, expresso no artigo 13, § 2º, da Lei de Alimentos (Lei n. 5.478/68), os efeitos da sentença devem retroagir à data da citação na medida de alimentos provisionais e, não, à citação na ação principal.

A: correta (art. 853 do CPC); B: incorreta, porque somente é exigida prova pré-constituída do vínculo familiar para a propositura da ação de alimentos pelo rito especial, que prevê a fixação dos alimentos provisórios. Os provisionais não dependem de tal requisito. Por isso, a cumulação é possível, e frequente, diga-se de passagem; C: correta, porque a cassação dos alimentos provisionais tem eficácia não retroativa, e, por isso, continuam exigíveis as parcelas até então devidas; D: correta, pois em consonância com a redação do at. 13, § 2º, da Lei de Alimentos. Gabarito "D".

(Ministério Público/MG – 2010.2) Levando-se em consideração as medidas cautelares específicas previstas no Código de Processo Civil, marque a resposta CORRETA. Para indisponibilizar o patrimônio do réu, de modo a assegurar futura realização de créditos monetários ou de outras prestações que devam converter-se em prestações pecuniárias, a medida apropriada será

(A) sequestro.
(B) busca e apreensão.
(C) arrolamento de bens.
(D) arresto.

A: incorreta (art. 822, CPC); B: incorreta (art. 839, CPC); C: incorreta (art. 855, CPC); D: correta (art. 813, CPC). Gabarito "D".

(Ministério Público/MS – 2011 – FADEMS) Aponte a alternativa **correta**.

(A) Um dos limites a adstringir o poder geral de cautela do magistrado está em que, havendo um dispositivo legal específico, prevendo determinada medida com feição cautelar para conter uma ameaçadora lesão a direito, não se há de deferir cautela inominada. Se for o caso de deferi-la, devem ser observadas todas as exigências contidas naquela medida específica;

(B) Equipara-se à prova literal da dívida liquida e certa, para efeito de concessão de arresto, a sentença já liquidada, condenando o devedor ao pagamento de dinheiro;
(C) A cautelar de produção antecipada de provas, por si só, previne a competência para a ação principal;
(D) Tendo a mulher obtido a concessão de alimentos provisionais, através de medida cautelar, a superveniência de sentença favorável ao alimentante, na ação principal de separação judicial lhe afeta o direito de executar as prestações vencidas e não pagas;
(E) A medida cautelar inominada que visa ao afastamento do companheiro do lar conjugal tem caráter satisfativo, tanto que, não precisa ser ajuizada no prazo legal a ação principal, já que não há a necessidade de se preservar o exercício dos direitos e obrigações dos companheiros, como se casados fossem.

A: correta (RSTJ 53/155); B: foi considerada incorreta no gabarito oficial, porque no parágrafo único do art. 814 há menção à "sentença líquida ou ilíquida, pendente de recurso". Porém, não se pode dizer que a afirmação contida na questão esteja errada; C: incorreta (Súmula 263 do TRF e RSTJ 67/481); D: incorreta, porque continuam exigíveis as parcelas dos alimentos provisionais não adimplidas (RSTJ 63/381); E: a alternativa foi considerada incorreta, tendo em vista o seguinte julgado: RT 808/234: "a medida cautelar inominada que visa ao afastamento do companheiro do lar conjugal não pode ter caráter satisfativo, devendo, destarte, ser ajuizada no prazo legal ação principal, uma vez que há necessidade de se preservar o exercício dos direitos e obrigações dos companheiros, como se casados fosse". A questão, no entanto, não é pacífica, havendo uma corrente doutrinária e jurisprudencial no sentido de que "não perde a eficácia a separação de corpos concedida, se não for proposta no prazo de trinta dias a ação de separação judicial" (Súmula 10 do TJRS, RJTJERGS 133/425 e RT 824/220). Gabarito oficial "A"/ Gabarito nosso "Anulada"

(MINISTÉRIO PÚBLICO/SE – 2010 – CESPE) Assinale a opção correta com relação às medidas cautelares específicas e aos procedimentos especiais de jurisdição contenciosa, seguindo a orientação jurisprudencial do STJ.
(A) Na ação cautelar de exibição de documentos, é cabível a aplicação da multa cominatória prevista no art. 461, § 4.º, do CPC.
(B) O arresto cautelar não assegura ao credor que o efetiva, providenciando o devido registro, direito de preferência em relação ao credor que posteriormente penhora o mesmo imóvel.
(C) É cabível ação de depósito para entrega de bens fungíveis em contrato de depósito clássico.
(D) O direito de retenção por benfeitorias, no procedimento especial das ações possessórias, pode ser pleiteado tanto na resposta ao pedido inicial, quanto na fase executiva, pela via dos embargos.
(E) Na ação cautelar de exibição de documentos, aplica-se a presunção de veracidade prevista no art. 359 do CPC, respeitante à confissão ficta quanto aos fatos afirmados.

A: incorreta (Súmula 372 do STJ): B: incorreta, porque o art. 821 do CPC prevê que são aplicáveis ao arresto as disposições referentes à penhora, e uma de tais disposições é aquela que estabelece o direito de preferência em favor do credor que tiver realizado a penhora (art. 612 do CPC); C: correta (RSTJ 106/313); D: incorreta, porque, "nas possessórias, o pedido de indenização por benfeitorias deve ser feito quando da contestação, sob pena de preclusão" (RJTAMG 40/107 e STJ, REsp 424.300); E: incorreta, pois "na ação cautelar de exibição, não cabe aplicar a pena prevista no art. 359 do CPC, respeitante à confissão ficta quanto aos fatos afirmados, uma vez que ainda não há ação principal em curso e não se revela admissível, nessa hipótese, vincular o respectivo órgão judiciário, a quem compete a avaliação da prova, com o presumido teor do documento (STJ, REsp 1.094.846). Gabarito "C"

(Defensoria/MG – 2009 – FURMARC) Sobre o processo cautelar, assinale a alternativa INCORRETA:
(A) A citação do requerido para a audiência de justificação prévia não é obrigatória.
(B) Será requerida ao juiz da causa, quando em trâmite recurso contra sentença da ação principal.
(C) O indeferimento da medida cautelar por motivo de prescrição impede que a parte intente a ação principal.
(D) Não sendo contestado o pedido, o juiz proferirá decisão no prazo impróprio de 05 (cinco) dias.
(E) A medida cautelar pode ser substituída de ofício ou a requerimento da parte pela prestação de caução.

A: correta (art. 461, § 3º, do CPC); B: incorreta, porque a competência para a medida cautelar, nesse caso, será do tribunal; C: correta, porque nesse caso a sentença proferida na cautelar faz coisa julgada material, o que impede a propositura da principal; D: correta (art. 803, CPC); E: correta (art. 805, CPC). Gabarito "B".

(Defensoria/MT – 2009 – FCC) É INCORRETO afirmar:
(A) O procedimento cautelar pode ser instaurado antes ou no curso do processo principal, tendo caráter acessório.
(B) A tutela cautelar não fica restrita às medidas típicas, podendo o juiz conceder outras em nome de seu poder geral de cautela.
(C) Não existem os efeitos da revelia nas medidas cautelares não contestadas.
(D) Deve-se propor a ação principal no prazo de trinta dias, que fluem da data de efetivação da medida cautelar, se concedida em procedimento preparatório.
(E) Cessa a eficácia da medida cautelar, se o juiz declarar extinto o processo principal, com ou sem julgamento do mérito.

A: correta, porque há cautelares preparatórias e incidentais; B: correta (art. 798 do CPC); C: incorreta, porque é o oposto que estabelece o art. 803 do CPC; D: correta (art. 806 do CPC); E: correta (art. 808 do CPC). Gabarito "C".

(Defensoria/MT – 2007) Com relação aos procedimentos cautelares específicos, assinale a afirmativa correta.
(A) O juiz poderá decretar busca e apreensão de pessoas ou de coisas.
(B) É admissível recurso no processo de justificação.
(C) Julgada procedente ação principal, o arresto se resolve pela compensação.
(D) A caução fidejussória não pode ser prestada por terceiro.
(E) A prova testemunhal e o depoimento pessoal admitem produção antecipada, o que não ocorre com a prova pericial.

A: correta (art. 839 do CPC); B: incorreta (art. 865 do CPC); C: incorreta (art. 818 do CPC); D: incorreta (art. 828 do CPC); E: incorreta (art. 846 do CPC). Gabarito "A".

(Defensoria/PA – 2009 – FCC) Efetivada a medida cautelar, concedida liminarmente, a parte tem
(A) sessenta dias para propor a ação principal, se o autor for o Ministério Público.
(B) trinta dias para propor a ação principal, sob pena de perempção.
(C) trinta dias para propor a ação principal, sob pena de prescrição.
(D) trinta dias para propor a ação principal, sob pena de preclusão.
(E) sessenta dias para propor a ação principal, se o autor for pessoa jurídica de direito público.

De acordo com o art. 806 do CPC, correta é a alternativa "D". As demais que apontam o mesmo prazo, contêm o erro de mencionar perempção e prescrição, quando, na verdade, a ausência de propositura da principal acarreta mera preclusão da medida. Além disso, não há qualquer previsão de prazo em dobro para a Fazenda Pública ou o Ministério Público proporem a ação principal. Gabarito "D".

(Procurador do Estado/ES – 2008 – CESPE) Quanto ao processo cautelar, julgue os itens a seguir.
(1) Caso o juiz julgue uma ação cautelar e uma principal na mesma sentença, e caso seja interposta apelação única que impugne a sentença relativamente a ambas as ações, esta apelação deve ser recebida com efeitos distintos. Quanto à cautelar, o apelo deve ser recebido no efeito devolutivo. Quanto à parte que impugnar a ação principal, nos efeitos legais, o apelo pode ser suspensivo e devolutivo ou apenas devolutivo.
(2) A cessação de eficácia de medida liminar acarreta extinção do direito de propor uma ação principal, pois a decadência de medida cautelar implica perda da pretensão material a ser deduzida na ação principal.
(3) O processo cautelar preparatório visa assegurar a eficácia e a utilidade de futura prestação jurisdicional satisfativa perseguida no processo principal. São requisitos obrigatórios da petição inicial da medida cautelar preparatória: indicação da ação principal a ser proposta e o seu fundamento.

1: certo, pois, de fato, de acordo com o disposto no art. 520, IV, do CPC. A apelação da sentença que decide processo cautelar será recebida apenas no efeito devolutivo; assim, para não haver prejuízo, quanto à ação principal, se for o caso de ser recebida em ambos os efeitos, a parte da sentença relativa ao processo principal assim será, ou seja, ficará suspensa até julgamento do recurso; 2: errado (art. 810 do CPC); 3: certo (art. 801, III, do CPC). Gabarito 1C, 2E, 3C.

(Procurador do Estado/PI – 2008 – CESPE) A respeito do processo cautelar, assinale a opção correta.

(A) O indeferimento de medida cautelar não impede que o autor ajuíze a ação principal — mesmo quando tenha sido acolhida naquela a alegação de prescrição ou decadência — nem influi em seu julgamento, pois, conquanto dependentes no plano da existência, guardam autonomia no que vier a ser decidido acerca do mérito de ambas as demandas.
(B) A tutela cautelar deve ser objeto de processo distinto, não sendo permitida a introdução de pedidos cautelares em processos que tenham outro objeto. Por isso, não se pode postular medidas cautelares nos próprios autos da execução ou de procedimentos ordinário ou sumário.
(C) O requerente da execução da medida cautelar, se a sentença lhe for desfavorável no processo principal, responde objetivamente pelos prejuízos que a medida causar ao réu. Nesse caso, a indenização será a mais ampla possível e será liquidada nos autos do procedimento cautelar.
(D) Concedida a liminar na ação cautelar preparatória, a parte deve propor a ação principal em até trinta dias, contados da juntada aos autos do mandado de citação devidamente cumprido, sob pena de extinção do processo por perda da eficácia da liminar concedida.
(E) O arresto é medida cautelar que garante a execução para entrega de coisa certa. O arresto assegura, também, a viabilidade da futura penhora e consiste no desapossamento judicial de determinado bem, com o objetivo de preservá-lo de danos, de depreciação ou de deterioração por parte do devedor.

A: incorreta (art. 810 do CPC); B: incorreta (art. 273, § 7º, do CPC); C: correta (art. 811, I, e parágrafo único, do CPC); D: incorreta (arts. 806 e 808, II, do CPC); E: incorreta (art. 813 do CPC). Gabarito "C".

(Procurador de Contas TCE/ES – CESPE – 2009) O arresto é uma das ações cautelares típicas previstas no CPC e destina-se a assegurar pretensões creditícias ante o risco da impossibilidade de sua efetivação no plano material. Diante do que a lei determina e acerca dessa ação cautelar, assinale a opção correta.

(A) Pessoa que é titular de pretensão indenizatória pode ajuizar ação cautelar de arresto, se já estiver comprovada por inquérito policial a ocorrência do dano.
(B) Ao autor da ação cautelar de arresto incumbe provar o elemento subjetivo da intenção de furtar-se à possível execução nos casos em que aponte a tentativa de o insolvente alienar bens.
(C) A lei processual, ao exigir que o autor exiba prova literal da dívida líquida e certa, aponta que o arresto é via possível somente a quem tenha título executivo.
(D) O fiador, embora não seja credor ou devedor principal, também pode ocupar o polo ativo ou passivo de uma ação cautelar de arresto.
(E) Aquele que tem em seu favor título executivo judicial ou extrajudicial não tem interesse em propor ação cautelar de arresto, já que tem acesso à via executiva.

A: incorreta, porque o inquérito policial não é suficiente para demonstrar a existência da dívida, e a lei exige prova literal da dívida líquida e certa (art. 814, CPC); B: incorreta, porque a lei não faz tal exigência; C: incorreta, porque não se exige que tenha o requerente título executivo; basta a prova literal da dívida; D: correta, pois existe tal possibilidade; E: incorreta ("a existência de título capaz de alicerçar ação executiva não constitui óbice a que o seu titular venha a utilizar-se da ação cautelar de arresto" – RJ 220/51). Gabarito "D".

(Magistratura Federal-5ª Região – 2011) Com relação à possibilidade de o juiz conceder, de ofício, medida cautelar, assinale a opção correta.

(A) Dado o fato de a cautelar de ofício existir para garantir a autoridade da jurisdição, dispensa-se o fumus boni iuris.
(B) Em face da excepcionalidade da situação, pode-se dispensar a instauração da ação em que se pede a tutela do direito ameaçado.
(C) Em princípio, é impossível a medida se o fato que a justificar for do conhecimento da parte interessada.
(D) Admite-se a cautelar de ofício somente nas situações hipotéticas descritas em lei.
(E) É possível a concessão de cautelar de ofício se fato grave chegar ao conhecimento do juiz por iniciativa da parte.

A: incorreta, porque os requisitos das cautelares ("fumus boni iuris" e "periculum in mora") devem estar presentes também no caso de cautelares de ofício; B: incorreta (art. 796, CPC); C: correta, porque nesse caso caberia à parte requerer a medida; D: incorreta (art. 798, CPC); E: incorreta, porque nesse caso cabe à parte requerer a medida. Gabarito "C".

(Magistratura Federal – 5ª Região – 2007 – CESPE) Julgue os seguintes itens.

(1) Concedida a liminar na ação cautelar preparatória, a contagem do prazo para o ajuizamento da ação principal deve ser feita a partir da efetivação da medida cautelar, ou seja, a partir do cumprimento do mandado judicial em que se concedeu a liminar de caráter restritivo de direitos ou de constrição de bens. Findo o prazo sem que o autor tenha proposto a ação, a liminar concedida perde a sua eficácia.
(2) O juiz, ao constatar a presença de atos protelatórios ou abusivos do réu, pode conceder, ainda que o autor não requeira, medida acautelatória que assegure a providência de mérito pretendida e a efetividade do cumprimento da decisão a ser proferida. Em seguida, ainda no uso do poder geral de cautela, o juiz deve determinar a abertura de ação cautelar incidental, que deve ser autuada em apartado ou em apenso ao processo principal.

1: certo (art. 806 do CPC); 2: certo (art. 798 do CPC). Gabarito 1C, 2C.

(Magistratura do Trabalho – 24ª Região – 2007) Considerando as disposições do Código de Processo Civil acerca do processo cautelar, assinale a alternativa INCORRETA:

(A) O requerente do procedimento cautelar responde ao requerido pelo prejuízo que lhe causar a execução da medida se a sentença no processo principal lhe for desfavorável.
(B) Se não for executada dentro de 30 (trinta) dias, cessa a eficácia da medida cautelar.
(C) Se, por qualquer motivo, cessar a medida cautelar, a parte só pode repetir o pedido se invocar novo fundamento.
(D) Se a parte não intentar a ação no prazo de 30 (trinta) dias, contados da efetivação da data da medida cautelar concedida em procedimento preparatório, o Juiz declarará extinto o processo cautelar, sem resolução do mérito.
(E) O indeferimento da medida não obsta a que a parte intente a ação, nem influi no julgamento desta, salvo se o Juiz, no procedimento cautelar, acolher a alegação de decadência ou de prescrição do direito do autor.

A: correta (art. 811, I, do CPC); B e D: art. 808, II, do CPC; C: correta (art. 808, parágrafo único, do CPC); E: correta (art. 810 do CPC). Gabarito "D".

(Ministério Público do Trabalho – 14º) Analise as seguintes assertivas:

I. o arresto tem lugar quando o devedor, que tem domicílio, caindo em insolvência põe ou tenta pôr os seus bens em nome de terceiros ou comete outro qualquer artifício fraudulento, a fim de frustrar a execução ou lesar credores.
II. o bem litigioso (móvel, imóvel ou semovente) pode ser seqüestrado quando houver fundado receio de rixas ou danificações.
III. a produção antecipada da prova pode consistir em interrogatório da parte, inquirição de testemunhas e exame pericial. Não se lhe aplica o prazo de eficácia das medidas cautelares, de maneira que mesmo que a ação principal seja proposta, além de trinta dias da realização da medida preparatória, ainda assim, a vistoria ou a inquirição continuará útil e eficaz para servir ao processo de mérito.
IV. a ação de exibição está regulada entre as medidas cautelares, como procedimento preparatório e compreende a pretensão de exigir a exibição em juízo de documento próprio ou comum, em poder de sócio ou condômino ou devedor; da escrituração comercial por inteiro, balanços e documentos de arquivo, nos casos expressos em lei.

Assinale a alternativa CORRETA:

(A) apenas uma das assertivas está correta;
(B) apenas duas das assertivas estão corretas;
(C) apenas três das assertivas estão corretas;
(D) todas as assertivas estão corretas;
(E) não respondida.

I: correta (art. 813, II, b, do CPC); II: correta (art. 822, I, do CPC); III: correta (art. 846 do CPC). A cautelar de produção antecipada de prova é meramente homologatória e não se sujeita ao prazo legal para propositura da ação principal, nesse sentido: "O prazo de trinta dias previsto no art. 806 do CPC só se aplica às cautelares que importarem em restrição de direitos. A produção antecipada de provas é medida conservativa de direito, portanto, não está obrigado o autor a propor a ação principal no referido prazo de modo a ter como válidas as provas antes produzidas" (STJ, REsp 59507/SP, 5ª Turma, Rel. Min. Edson Vidigal, j. 10.11.1997, p. 62767); IV: correta (art. 844, II, do CPC). Gabarito "D".

(Procuradoria Federal – 2007 – CESPE) Julgue os itens seguintes.

(1) Enquanto o seqüestro se caracteriza por garantir futura execução por quantia certa, seqüestrando-se o suficiente para a satisfação de dado crédito, o arresto tem por fito conservar determinada coisa litigiosa, recaindo, assim, sobre coisa certa.

(2) A ação de atentado presta-se a manter o *status quo* de situação fática litigiosa.

(3) De acordo com o procedimento da ação de posse em nome do nascituro, a mulher que, para garantia dos direitos do filho nascituro, quiser provar seu estado de gravidez, requererá ao juiz que, ouvido o órgão do Ministério Público, mande examiná-la por um médico nomeado pelo magistrado.

1: errado. A definição contida no enunciado está trocada. Arresto visa garantir futura execução, e sequestro tem por fito conservar determinada coisa litigiosa; 2: certo (art. 879 do CPC); 3: certo (art. 877 do CPC). Gabarito 1E, 2C, 3C.

(Procurador da Fazenda Nacional – 2007 – ESAF) É incorreto afirmar que, no que se refere à responsabilidade objetiva do requerente de medida cautelar, ele responde pelo prejuízo que causar ao requerido na execução da referida medida, quando:

(A) a parte não ajuizar a ação no prazo de 30 (trinta) dias, contados da data da efetivação da medida cautelar, quando esta for concedida em procedimento preparatório.
(B) independentemente do deferimento ou não da liminar, o prazo de trinta dias, que é peremptório, começa a fluir da efetivação da medida cautelar e não da intimação da sentença.
(C) a sentença no processo principal for desfavorável.
(D) o juiz declarar extinto o processo principal, com ou sem resolução do mérito.
(E) o juiz acolher, no procedimento cautelar, a alegação de decadência ou prescrição do direito do autor.

Art. 811 do CPC. Gabarito "B".

(Procurador do Município/Florianópolis-SC – 2010 – FEPESE) Assinale a alternativa **correta**.

(A) Os autos do processo cautelar permanecerão apartados dos autos do processo principal.
(B) Se o juiz se dá por incompetente na ação principal, torna-se também incompetente para a cautelar.
(C) O processo cautelar tem por finalidade obter segurança que torna útil e possível a prestação jurisdicional de conhecimento, mas não do processo de execução.
(D) Compete ao Supremo Tribunal Federal conceder medida cautelar para dar efeito suspensivo a recurso extraordinário que ainda não foi objeto de juízo de admissibilidade na origem.
(E) É terminantemente proibida a concessão de medidas cautelares *ex officio* pelo magistrado.

A: incorreta, porque haverá apensamento (art. 809, CPC); B: correta; C: incorreta, porque também é possível que o processo cautelar seja utilizado para garantir a eficácia de um provimento executivo; D: incorreta (Súmulas 635 e 636 do STF); E: incorreta (art. 797 do CPC). Gabarito "B".

(Cartório/MS – 2009 – VUNESP) Sobre as cautelares nominadas, é correto afirmar que

(A) o sequestro tem lugar quando o devedor, que tem domicílio, ausenta-se ou tenta ausentar-se furtivamente.
(B) o juiz, a requerimento da parte, pode decretar o arresto dos frutos e rendimentos do imóvel reivindicando, se o réu, depois de condenado por sentença ainda sujeita a recurso, os dissipar.
(C) se procede ao arrolamento sempre que há fundado receio de extravio ou de dissipação de bens.
(D) a produção antecipada de provas tem lugar, como procedimento preparatório, no caso de documento próprio ou comum, em poder de co-interessado, sócio, condômino, credor ou devedor; ou em poder de terceiro que o tenha em sua guarda, como inventariante, testamenteiro, depositário ou administrador de bens alheios.
(E) todo aquele que desejar prevenir responsabilidade, prover a conservação e ressalva de seus direitos ou manifestar qualquer intenção de modo formal, poderá fazer por escrito a sua justificação, em petição dirigida ao juiz e requerer que da mesma se intime a quem de direito.

A: incorreta, porque esta é uma das hipóteses para o arresto cautelar; B: incorreta, porque essa é uma das hipóteses do sequestro cautelar; C: correta (art. 855 do CPC); D: incorreta, porque essa é uma das hipóteses de cabimento da exibição cautelar (art. 844 do CPC); E: incorreta, porque essa é uma hipótese de protesto cautelar (art. 867 do CPC). Gabarito "C".

14. PROCEDIMENTOS ESPECIAIS

(Magistratura/AC – 2008 – CESPE) Acerca dos embargos de terceiro, segundo a jurisprudência do STJ, assinale a opção correta.

(A) Aquele que sofrer turbação na posse de seus bens por ato de apreensão judicial determinada no processo de conhecimento ou de execução do qual não seja parte poderá opor embargos de terceiros, visando à liberação do bem constrito. Esses embargos têm natureza repressiva, não se prestando, portanto, como interdito proibitório contra ato judicial. Por isso, o terceiro terá de demonstrar a efetiva apreensão judicial para, só depois, ajuizar a ação.
(B) O credor hipotecário poderá, a qualquer tempo, no processo de execução, opor embargos de terceiro contra a arrematação de imóvel gravado com hipoteca; portanto, poderá fazê-lo mesmo depois da assinatura da respectiva carta, desde que comprove que não foi intimado da realização da praça.
(C) Aquele que exercer a posse sobre o imóvel objeto de ação de reintegração de posse dispõe da ação de embargos de terceiros para se opor ao cumprimento do mandado. O prazo para a oposição dos embargos de terceiro que não fez parte do processo nem tinha conhecimento dele inicia-se na data da efetiva turbação de sua posse sobre o referido bem.
(D) Nos embargos de terceiro, são discutidas as questões referentes à defesa da posse ou da propriedade de coisa do embargante que seja objeto litigioso de uma relação jurídica discutida em processo pendente ou contra execuções alheias. Pode, para isso, o terceiro requerer o reconhecimento de seu direito sobre a coisa disputada pelos litigantes e, ainda, a nulidade da sentença que determinou o esbulho e a liberação do bem da apreensão judicial.

A: incorreta, pois não só o esbulho ou a turbação autorizam a propositura de embargos de terceiro, mas também a ameaça, desde que séria e referente a uma constrição iminente, ocasião em que os embargos de terceiros terão função preventiva (STJ, *RT*, 659:184); B: incorreta (art. 1.048 do CPC); C: correta, pois a ação de embargos de terceiro é atribuída àquele que não é parte no processo com o objetivo de fazer cessar a constrição judicial que indevidamente recaiu sobre bem de sua propriedade; D: incorreta, pois nos embargos de terceiro o embargante busca apenas afastar a constrição judicial que recaiu indevidamente sobre bem que lhe pertence. O acolhimento dos embargos não implica improcedência da ação principal e entre elas não existe relação de prejudicialidade. Gabarito "C".

(Magistratura/AC – 2008 – CESPE) Acerca dos juizados especiais cíveis (JECs), assinale a opção incorreta de acordo com a Lei nº 9.099/1995.

(A) Nos procedimentos submetidos a julgamento pelo JEC, o autor poderá formular pedido genérico e o juiz poderá, se não for possível definir o valor da condenação, proferir sentença ilíquida e determinar a liquidação por arbitramento ou por artigos.
(B) A execução da sentença condenatória transitada em julgado será feita nos próprios autos e na mesma relação jurídica processual, desde que haja solicitação do credor, dispensando-se nova citação do requerido.
(C) Se o autor deixar de comparecer a qualquer das audiências, o juiz extinguirá o processo e, se não for provado que a ausência decorreu de força maior, o condenará ao pagamento das custas processuais.
(D) Caso o devedor seja condenado ao pagamento de quantia certa e não o efetue no prazo legal, o montante da condenação será acrescido de multa no percentual de 10%. A multa moratória incide na execução, ainda que o total ultrapasse o valor de 40 salários mínimos.

A: incorreta (art. 38, parágrafo único, da Lei 9.099/95); B: correta (art. 52 da Lei 9.099/95); C: correta (art. 51, I, § 2º, da Lei 9.099/95); D: correta, pois, de fato, a multa prevista no art. 475-J do CPC, quando somada ao valor da execução, poderá ultrapassar o valor de alçada do Juizado Especial. Gabarito "A".

(Magistratura/AL – 2008 – CESPE) Com base nas disposições legais relativas aos juizados especiais cíveis (Lei n.º 9.099/1995), assinale a opção correta.

(A) Caso a sentença transitada em julgado não seja cumprida voluntariamente, proceder-se-á à sua execução, mediante nova citação, se houver solicitação da parte interessada.
(B) Considerando-se os princípios da celeridade e economicidade, a arguição de suspeição ou impedimento do juiz deverá ser deduzida na peça de contestação.
(C) Os embargos contra execução de título executivo extrajudicial deverão ser opostos na audiência de conciliação, após efetuada a penhora.
(D) Ante a complexidade inerente ao seu exame, não é possível a formulação de pedido genérico nas causas de competência do juizado especial cível.
(E) Considerando-se a presença das partes em todos os atos processuais, admite-se a outorga de mandato verbal ao advogado, ainda que seja com poderes especiais.

A: incorreta (art. 52, III, da Lei 9.099/95); B: incorreta (art. 30 da Lei 9.099/95); C: correta (art. 53, § 1º, da Lei 9.099/95); D: incorreta (art. 14, § 2º, da Lei 9.099/95); E: incorreta (art. 9º, § 3º, da Lei 9.099/95). Gabarito "C".

(Magistratura/AL – 2008 – CESPE) Quanto à legitimidade para propor ação sob o rito especial estabelecida para promover interdição ou levantá-la, assinale a opção correta.

(A) O MP detém legitimidade para propor a interdição independentemente da existência ou inércia dos demais legitimados, já que se trata de interesse público evidente.
(B) O CPC se refere especificamente ao cônjuge como legitimado a propor a interdição, de modo que não está legitimado o companheiro por se tratar de situação excepcional que afasta interpretação extensiva.
(C) Apesar de referido pela lei como parte legítima, o tutor não detém interesse de agir necessário ao ajuizamento da interdição, porque tem sob seu poder pessoa que já é incapaz de praticar por si os atos da vida civil.
(D) O pedido de levantamento da interdição pode ser ajuizado a qualquer momento, estando legitimado para tanto o próprio interditado, que poderá constituir validamente procurador apesar de sua condição de incapaz para a prática dos atos da vida civil.
(E) Parente próximo só poderá ajuizar pedido de interdição se comprovar que os pais e o cônjuge do requerido estão impedidos de fazê-lo, pois a lei estabeleceu uma ordem de preferência na relação de legitimados.

Art. 1.186, § 1º, do CPC. Gabarito "D".

(Magistratura/AL – 2007 – FCC) As ações possessórias são dúplices e fungíveis PORQUE o réu nas ações possessórias pode, na contestação, alegando que foi o ofendido em sua posse demandar a proteção possessória, e a ação de reintegração de posse cuja sentença de improcedência transitou em julgado não impede a propositura de ação reivindicatória.

(A) As duas afirmações são verdadeiras e a segunda justifica parcialmente a primeira.
(B) As duas afirmações são falsas.
(C) As duas afirmações são verdadeiras mas a segunda em nada justifica a primeira.
(D) As duas afirmações são parcialmente verdadeiras.
(E) As duas afirmações são verdadeiras e a segunda justifica integralmente a primeira.

De fato, as ações possessórias são dúplices porque o réu pode, em sua contestação, deduzir pedido em face do autor. As ações possessórias também são fungíveis porque poderá o magistrado conceder o provimento jurisdicional de uma espécie de possessória mesmo que a parte tenha, na verdade, ingressado com espécie inadequada. Gabarito "A".

(Magistratura/AL – 2007 – FCC) Nos procedimentos de jurisdição voluntária

(A) os interessados serão citados apenas por edital e deverão responder no prazo de trinta (30) dias.
(B) não é necessária a citação dos interessados, porque inexiste lide, mas é obrigatória a participação do Ministério Público.
(C) o juiz não é obrigado a observar critério de legalidade estrita, podendo adotar em cada caso a solução que reputar mais conveniente ou oportuna.
(D) cabe ao juiz dar início ao processo de ofício.
(E) o Ministério Público não tem legitimidade para lhes dar início em nenhuma hipótese, só podendo atuar como fiscal da lei.

A: incorreta (art. 1.106 do CPC); B: incorreta (art. 1.105 do CPC); C: correta (art. 1.109 do CPC); D e E: incorretas (art. 1.104 do CPC). Gabarito "C".

(Magistratura/AL – 2007 – FCC) Em ação de investigação de paternidade, a recusa do suposto pai à perícia médica ordenada pelo juiz

(A) não gera qualquer presunção e nada impede o réu de alegar a falta do exame em seu benefício.
(B) firma presunção absoluta de paternidade.
(C) autoriza a condução coercitiva do réu para a realização do exame.
(D) poderá suprir a prova que se pretendia obter com o exame.
(E) acarreta, necessariamente, a prolação de sentença por julgamento antecipado da lide.

Súmula 301 do STJ. Gabarito "D".

(Magistratura/DF – 2011) Assinale a alternativa correta, considerando as disposições legais, bem como a doutrina e a jurisprudência prevalentes, na questão a seguir:

Nas ações possessórias a participação do cônjuge do autor ou do réu:

(A) é sempre dispensável;
(B) é sempre indispensável;
(C) somente é indispensável nos casos de compose ou de ato por ambos praticado;
(D) nenhuma das alternativas anteriores (a, b, c) é correta.

É correta a alternativa "C", porque é a que corresponde ao que prevê o parágrafo 2º do art. 10 do Código de Processo Civil ("nas ações possessórias, a participação do cônjuge do autor ou do réu somente é indispensável nos casos de compose ou de ato praticado por ambos"). Gabarito "C".

(Magistratura/DF – 2011) Assinale a alternativa correta, considerando as disposições legais, bem como a doutrina e a jurisprudência prevalentes, na questão a seguir:

Na ação monitória:

(A) não cabe citação por edital;
(B) cabe citação por edital e, no caso de revelia, formar-se-á, automaticamente, o título executivo;

(C) cabe citação por edital e, no caso de revelia, nomear-se-á curador especial para exercer a defesa do réu através de embargos;
(D) cabe citação por edital e, no caso de revelia, suspender-se-á, automaticamente, o processo, até que seja localizado o réu.

A: incorreta (Súmula 282 do STJ: "cabe a citação por edital em ação monitória"); B: incorreta, porque se o réu citado por edital não oferecer embargos, a ele será nomeado curador especial para exercer a sua defesa (STJ-3ªT, REsp. 211.146); C e D: reler comentário sobre assertiva anterior. Gabarito "C".

(Magistratura/DF – 2011) Assinale a alternativa correta, considerando as disposições legais, bem como a doutrina e a jurisprudência prevalentes, na questão a seguir:

O embargo extrajudicial, feito pelo prejudicado em caso de urgência, notificando verbalmente, perante duas testemunhas, quem de direito para não continuar a obra, com prazo de três dias para ratificação em juízo, é pertinente:

(A) à ação de manutenção de posse;
(B) à ação de reintegração de posse;
(C) à ação de nunciação de obra nova;
(D) ao interdito proibitório.

É correta a alternativa "C" (art. 935 do CPC). Gabarito "C".

(Magistratura/MG – 2008) A sentença que, na ação de consignação em pagamento, acolhe alegação do réu no sentido de ser insuficiente o depósito, ausente a complementação pelo autor, tem natureza:

(A) somente condenatória quanto à diferença devida pelo autor.
(B) somente declaratória, liberando o devedor quanto à parcela incontroversa.
(C) declaratória, para liberar o devedor quanto à parcela incontroversa, e condenatória pela diferença devida.
(D) somente mandamental quanto à diferença devida pelo autor.

Art. 899, § 1º, do CPC do CPC. Gabarito "C".

(Magistratura/MG – 2008) Dentre as alternativas abaixo, é INCORRETO afirmar que:

(A) o inventário e a partilha sempre serão judiciais, mesmo que não exista testamento ou interessado incapaz.
(B) o inventário e a partilha poderão ser feitos através de escritura pública se não houver testamento ou interessado incapaz e com assistência de advogado comum ou de advogados de cada uma das partes.
(C) o inventário judicial deve ser promovido no prazo de sessenta dias a contar da abertura da sucessão.
(D) o inventário judicial, em regra, deve ser ultimado em doze meses a contar de sua abertura.

A e B: art. 982 do CPC; C e D: corretas (art. 983 do CPC). Gabarito "A".

(Magistratura/MG - 2007) Quando a ação de consignação em pagamento se fundar em dúvida sobre quem deva legitimamente receber e comparecendo apenas um pretendente, conforme disposição no CPC, é CORRETO afirmar que o Juiz:

(A) determinará a conversão do depósito em arrecadação de bens de ausentes.
(B) declarará efetuado o depósito e extinta a obrigação.
(C) decidirá de plano.
(D) declarará efetuado o depósito, extinta a obrigação, continuando o processo a correr unicamente entre os credores.

Art. 898 do CPC. Gabarito "C".

(Magistratura/MG - 2007) Na ação interposta por aquele que pretende exigir a prestação de contas, conforme a disposição do CPC, se o réu não negar a obrigação de prestar as contas, é INCORRETO afirmar que, em conseqüência:

(A) o Juiz conhecerá diretamente do pedido, proferindo sentença.
(B) a sentença que julgar procedente a ação condenará o réu a prestar as contas no prazo de quarenta e oito (48) horas.

(C) as contas serão, desde logo, apresentadas pelo autor, em dez (10) dias, sendo julgadas segundo o prudente arbítrio do Juiz.
(D) a sentença que julgar procedente a ação, condenando o réu a prestar as contas, também, imporá a este a pena de não lhe ser lícito impugnar as que o autor apresentar, caso não cumpra a condenação no prazo fixado.

Art. 915, § 1º, do CPC. Gabarito "C".

(Magistratura/MG - 2007) Conforme disposto no CPC, no capítulo específico, interposta a ação possessória, se o réu alegar ter sido ele o ofendido pelo autor em sua posse e pretender demandar a proteção possessória e a indenização pelos prejuízos, é CORRETO dizer que:

(A) somente poderá fazê-lo através de outra ação possessória conexa.
(B) poderá fazê-lo somente através de reconvenção.
(C) poderá fazê-lo na própria contestação da ação em que é demandado.
(D) poderá fazê-lo através da denunciação à lide.

As ações possessórias são dúplices e não há necessidade de reconvenção, eis que o pedido poderá ser deduzido na própria defesa (art. 922 do CPC). Gabarito "C".

(Magistratura/MG - 2007) Quanto aos procedimentos especiais de jurisdição voluntária, conforme dispõe o CPC, é INCORRETO dizer que:

(A) o Juiz não está obrigado a observar o critério de legalidade estrita, podendo adotar em cada caso a solução que reputar mais conveniente ou oportuna.
(B) a sentença poderá ser modificada, sem prejuízo dos efeitos já produzidos, se ocorrerem circunstâncias supervenientes.
(C) ao Juiz é lícito investigar livremente os fatos e ordenar de ofício a realização de quaisquer provas.
(D) o prazo para responder é de quinze (15) dias.

A: correta (art. 1.109 do CPC); B: correta (art. 1.111 do CPC); C: correta (art. 1.107 do CPC); D: incorreta (art. 1.106 do CPC). Gabarito "D".

(Magistratura/MG - 2007) De acordo com o disposto no CPC, no arrolamento de bens do espólio, é INCORRETO afirmar que:

(A) a taxa judiciária, se devida, será calculada com base no valor atribuído pelos herdeiros.
(B) o imposto de transmissão será objeto de lançamento administrativo.
(C) não serão conhecidas ou apreciadas questões relativas ao lançamento, ao pagamento ou quitação de taxas judiciárias e de tributos incidentes sobre a transmissão da propriedade dos bens do espólio.
(D) a existência de credores do espólio impedirá a homologação da partilha.

A: correta (art. 1.034, § 1º, do CPC); B: correta (art. 1.034, § 2º, do CPC); C: correta (art. 1.034, caput, do CPC); D: incorreta (art. 1.035 do CPC). Gabarito "D".

(Magistratura/MG - 2007) Em relação à extinção do processo sem julgamento do mérito, no Juizado Especial Cível, é CORRETO dizer que:

(A) dar-se-á no caso de o processo ficar parado por mais de um ano por negligência das partes, somente se a parte negligente, depois de intimada pessoalmente, não suprir a falta em cinco (5) dias.
(B) em qualquer hipótese, dependerá da intimação pessoal da parte, para suprir a falta em 48 (quarenta e oito) horas.
(C) dar-se-á no caso de a parte autora, por não promover os atos e diligências que lhe competir, abandonar a causa por mais de 30 (trinta) dias, e, intimada pessoalmente, não suprir a falta em 48 (quarenta e oito) horas.
(D) em qualquer hipótese, não dependerá de prévia intimação pessoal das partes.

Art. 51, § 1º, da Lei 9.099/95. Gabarito "D".

(Magistratura/MG - 2007) Em relação ao comparecimento das partes à audiência, no Juizado Especial Cível, é INCORRETO dizer que:

(A) não comparecendo o demandado, reputar-se-ão verdadeiros os fatos alegados na petição inicial, salvo se o contrário resultar da convicção do Juiz.
(B) não comparecendo o demandante, extinguir-se-á o processo.
(C) não comparecendo o demandante, o Juiz dispensará a produção das provas por ele requerida.
(D) não comparecendo a testemunha intimada, o Juiz poderá determinar a sua imediata condução.

Art. 51, I, da Lei 9.099/95. *Gabarito "C".*

(Magistratura/MG - 2007) Quanto aos requisitos da sentença proferida no Juizado Especial Cível, é CORRETO afirmar que são:

(A) o relatório, os fundamentos, o dispositivo, vedado ao Juiz proferir sentença ilíquida quando o autor tiver formulado pedido certo.
(B) os elementos de convicção do Juiz, com breve resumo dos fatos relevantes ocorridos em audiência, dispensado o relatório, devendo o Juiz proferir sempre sentença líquida, ainda que genérico o pedido.
(C) os elementos de convicção do Juiz, com breve resumo dos fatos relevantes ocorridos em audiência, dispensado o relatório, vedado ao Juiz proferir sentença ilíquida, quando o pedido for certo.
(D) o relatório, os fundamentos, o dispositivo, devendo o Juiz proferir sempre sentença líquida, ainda que genérico o pedido.

Art. 38, *caput* e parágrafo único, da Lei 9.099/95. *Gabarito "B".*

(Magistratura/MS – 2008 – FGV) O título paraexecutivo, no procedimento monitório, deve permitir, na fase executiva, a obtenção de:

(A) coisa infungível.
(B) bem imóvel.
(C) bem divisível.
(D) coisa móvel.
(E) bem indivisível.

Art. 1.102-A do CPC. *Gabarito "D".*

(Magistratura/MS – 2008 – FGV) Incluem-se na competência dos Juizados Especiais Cíveis:

(A) causas cujo valor não exceda a quarenta vezes o salário mínimo e ações possessórias sobre bens imóveis sem qualquer limitação de valor da causa.
(B) ação de despejo para uso próprio e causas enumeradas no art. 275, I, do CPC.
(C) causas cujo valor não exceda a quarenta vezes o salário mínimo e ação de despejo para uso próprio.
(D) causas enumeradas no art. 275, II, do CPC e ações possessórias sobre bens imóveis de valor excedente a quarenta salários mínimos.
(E) causas enumeradas no art. 275, I, do CPC e ações possessórias sobre bens imóveis de valor não excedente a vinte salários mínimos.

Art. 3º, I e III, da Lei 9.099/95. *Gabarito "C".*

(Magistratura/MS – 2008 – FGV) Quanto aos atos processuais no âmbito dos Juizados Especiais Cíveis, assinale a alternativa correta.

(A) Os atos processuais serão públicos e somente se realizarão em horário de expediente forense.
(B) Apenas os atos considerados essenciais serão gravados em fita magnética ou equivalente, quanto aos demais atos registrados resumidamente em notas manuscritas, datilografadas, taquigrafadas ou estenotipadas.
(C) À luz do princípio da economia processual, os atos processuais serão válidos sempre que preencherem as finalidades a que se propõem.
(D) Os atos processuais serão públicos, sendo possível a realização em horário noturno.
(E) A fita magnética ou equivalente em que gravados os atos processuais será inutilizada após finda a fase instrutória.

A e D: art. 12 da Lei 9.099/95; B: incorreta (art. 13, § 3º, da Lei 9.099/95); C: incorreta (art. 13, *caput*, da Lei 9.099/95); E: incorreta (art. 13, §§ 3º e 4º, da Lei 9.099/95). *Gabarito "D".*

(Magistratura/MS – 2008 – FGV) Quanto ao procedimento dos Juizados Especiais Cíveis, assinale a afirmativa incorreta.

(A) No âmbito da Lei 9099/95, é possível a formulação de pedido oralmente.
(B) Não é possível a citação editalícia.
(C) O mandato ao advogado poderá ser verbal.
(D) É cabível a realização de inspeção em pessoas ou coisas.
(E) Não se admitirá reconvenção nem a formulação de pedido genérico.

A: correta (art. 14, § 3º, da Lei 9.099/95); B: correta (art. 18, § 2º, da Lei 9.099/95); C: correta (art. 9º, § 3º, da Lei 9.099/95); D: correta (art. 35, parágrafo único, da Lei 9.099/95); E: incorreta (art. 14, § 2º e 31 da Lei 9.099/95). *Gabarito "E".*

(Magistratura/MS – 2008 – FGV) Assinale a alternativa correta.

(A) Da sentença, ainda que homologatória de conciliação, caberá recurso para o próprio Juizado.
(B) O preparo do recurso será feito em 48 horas seguintes à interposição mediante intimação.
(C) Os embargos de declaração serão interpostos por escrito ou oralmente, no prazo máximo de dez dias.
(D) Interpostos contra sentença, os embargos de declaração interrompem prazo para recurso.
(E) É causa de extinção do processo sem resolução do mérito falecido o autor, a habilitação depender de sentença ou não se der no prazo de trinta dias.

A: incorreta (art. 41 da Lei 9.099/95); B: incorreta (art. 42, § 1º, da Lei 9.099/95); C: incorreta (art. 49 da Lei 9.099/95); D: incorreta (art. 50 da Lei 9.099/95); E: correta (art. 51, V, da Lei 9.099/95). *Gabarito "E".*

(Magistratura/MT – 2009 – VUNESP) Sobre a matéria de inventário e partilha, assinale a proposição correta.

(A) O Código de Processo Civil prevê expressamente o inventário negativo, para os casos em que os herdeiros e o cônjuge necessitem de uma declaração judicial de que o de cujus não deixou bens.
(B) A obrigatoriedade de se proceder ao inventário judicial decorre de estarem presentes cumulativamente dois fatores: o testamento do de cujus, mais a figura do interessado incapaz.
(C) Existe, ainda, a possibilidade de se fazer o inventário e a partilha por escritura pública quando todos os interessados forem capazes e concordes, constituindo título hábil para os atos da vida civil, exceto para o registro imobiliário, cujo ato dependerá da outorga judicial.
(D) Alguns bens não necessitam ser inventariados, tais como os saldos das contas de caderneta de poupança e fundos de investimento até certo valor, bem assim os saldos das contas individuais do FGTS e do Fundo de Participação PIS-PASEP, sendo competente para o respectivo alvará judicial a Justiça Estadual.
(E) O inventário e a partilha deverão ser requeridos dentro de um prazo máximo de 30 dias a contar da abertura da sucessão, sob pena de imposição de multa sobre o imposto a recolher.

A: incorreta, porque o inventário negativo não conta com previsão legal; B: incorreta, porque são alternativos (e não cumulativos) os fatores que tornam obrigatório o inventário judicial; C: incorreta, porque o inventário por escritura pública é título hábil, inclusive, para o registro imobiliário; D: correta (Lei 6.858/1980); E: incorreta, porque o prazo legal para a abertura do inventário é de 60 dias a contar da abertura da sucessão. *Gabarito "D".*

(Magistratura/PA – 2008 – FGV) A tutela diferenciada do procedimento monitório se harmoniza com o pleito:

(A) reconvencional.
(B) dúplice.
(C) contraposto.
(D) injuntivo.
(E) objetivo-subjetivo.

Súmula nº 292 do STJ. *Gabarito "A".*

(Magistratura/PA – 2008 – FGV) Na ação de usucapião, os confinantes figuram como litisconsortes:

(A) plúrimos.
(B) necessário-unitários.
(C) unitários.
(D) necessários.
(E) objetivos.

Art. 942 do CPC. Gabarito "D".

(Magistratura/PE – 2011 – FCC) É correto afirmar que

(A) caberá liminar em ação de despejo, ao término do prazo da locação não residencial, se proposta ação em até trinta dias do termo ou do cumprimento de notificação comunicando a intenção da retomada.
(B) a sentença proferida na ação de alimentos forma coisa julgada material, por isso possibilitando a revisão do valor fixado.
(C) a ação de imissão na posse segue o rito ordinário e tem natureza possessória.
(D) não encontrado o bem alienado fiduciariamente, o credor hipotecário poderá requerer a conversão do pedido de busca e apreensão em ação de depósito, que sujeitará o devedor fiduciante à prisão civil.
(E) a obrigação de fazer constante da ação respectiva pode converter-se em perdas e danos por iniciativa e escolha do réu.

A: correta (art. 59, § 1º, VIII, da Lei 8.245/91); B: incorreta, porque é possível a revisão do valor, se houver alteração da situação fática que existia ao tempo em que a sentença foi proferida, uma vez que sentença de alimentos não faz coisa julgada material; C: incorreta, porque a ação de imissão na posse tem natureza petitória, e não possessória; D: incorreta, porque "é ilícita a prisão civil do depositário infiel, qualquer que seja a modalidade de depósito" (STF, Súmula vinculante n. 25); E: incorreta, porque compete ao autor formular o pedido de conversão da obrigação de fazer em perdas e danos (art. 461, § 1º, CPC). Gabarito "A".

(Magistratura/PR – 2010 – PUC/PR) Considerando as disposições aplicadas aos Juizados Especiais Cíveis, julgue as assertivas abaixo:

I. Não se admitirá, no processo, qualquer forma de intervenção de terceiro nem de assistência.
II. Incluem-se na competência dos Juizados Especiais Cíveis as causas de natureza alimentar não excedentes a 40 (quarenta) salários mínimos.
III. Dos atos praticados na audiência, considerar-se-ão desde logo cientes as partes.
IV. A sentença de primeiro grau não condenará o vencido em custas e honorários de advogado, ressalvados os casos de litigância de má-fé.

(A) Apenas as assertivas I, II e III estão corretas.
(B) Apenas as assertivas I, III e IV estão corretas.
(C) Apenas as assertivas II, III e IV estão corretas.
(D) Todas as assertivas estão corretas.

I: correta (art. 10 da Lei 9.099/05); II: incorreta, porque as causas alimentares ficam excluídas da competência do JEC (§ 2º do art. 3º da Lei 9.099/95); III: correta (art. 19, § 1º, da Lei 9.099/95); IV: correta (art. 55 da Lei 9.099/95). Gabarito "B".

(Magistratura/PR – 2010 – PUC/PR) Quanto às disposições concernentes aos procuradores e sua atuação nos Juizados Especiais Cíveis, avalie as seguintes assertivas e marque a alternativa CORRETA:

I. Sendo facultativa a assistência, se uma das partes comparecer assistida por advogado, ou se o réu for pessoa jurídica ou firma individual, terá a outra parte, se quiser, assistência judiciária prestada por órgão instituído junto ao Juizado Especial, na forma da lei local.
II. O mandato ao advogado poderá ser verbal, inclusive quanto aos poderes especiais.
III. O juiz alertará as partes da conveniência do patrocínio por advogado, quando a causa o recomendar.
IV. O réu, sendo pessoa jurídica ou titular de firma individual, poderá ser representado por preposto que acumulará sua função com a de advogado.

(A) Apenas as assertivas I e III estão corretas.
(B) Apenas as assertivas I, II e III estão corretas.
(C) Apenas a assertiva I está correta.
(D) Todas as assertivas estão corretas.

I: correta (art. 9º, § 1º, da Lei 9.099/95); II: incorreta, porque o mandato pode ser verbal, salvo quanto aos poderes especiais (§ 3º do art. 9º da Lei 9.099/95); III: correta (§ 2º do art. 9º da Lei 9.099/95); IV: incorreta, porque o preposto não pode acumular sua função com a de advogado. Gabarito "A".

(Magistratura/PR – 2010 – PUC/PR) No que diz respeito à produção de provas em processo que está tramitando no Juizado Especial Cível, avalie se as frases a seguir são falsas (F) ou verdadeiras (V) e assinale a opção CORRETA:

( ) Todas as provas serão produzidas na audiência de instrução e julgamento, desde que requeridas previamente, podendo o juiz limitar ou excluir as que considerar excessivas, impertinentes ou protelatórias.
( ) As testemunhas, até o máximo de 3 (três) para cada parte, comparecerão à audiência de instrução e julgamento levadas pela parte que as tenha arrolado, independentemente de intimação, ou mediante esta, se assim for requerido.
( ) Quando a prova do fato exigir, o juiz poderá inquirir técnicos de sua confiança, permitida às partes a apresentação de parecer técnico.
( ) A prova oral será reduzida a escrito, devendo a sentença referir, no essencial, os informes trazidos nos depoimentos.

(A) V, V, F, V
(B) V, F, V, V
(C) F, V, V, F
(D) F, F, F, V

Falsa (art. 33 da Lei 9.099/95); Verdadeira (art. 34 da Lei 9.099/95); Verdadeira (art. 35 da Lei 9.099/95); Falsa (art. 36 da Lei 9.099/95). Gabarito "C".

(Magistratura/PR – 2010 – PUC/PR) Acerca dos atos processuais nos Juizados Especiais Cíveis, assinale a alternativa CORRETA:

I. Todos os atos deverão ser registrados em notas manuscritas, datilografadas, taquigrafadas ou estenotipadas.
II. Os atos processuais serão públicos e poderão realizar-se em horário noturno.
III. É vedada a prática de atos processuais em outras comarcas.
IV. Não se pronunciará qualquer nulidade sem que tenha havido prejuízo.

(A) Apenas as assertivas II e IV estão corretas.
(B) Apenas as assertivas I e II estão corretas.
(C) Apenas as assertivas I e III estão corretas.
(D) Todas as assertivas estão corretas.

I: incorreta (art. 13, § 3º, da Lei 9.099/95); II: correta (art. 12 da Lei 9.099/95); III: incorreta (art. § 2º do art. 13 da Lei 9.099/95); IV: correta (art. 13, § 1º, da Lei 9.099/95). Gabarito "A".

(Magistratura/PR – 2010 – PUC/PR) Sobre as sentenças proferidas e os recursos interpostos nos Juizados Especiais Cíveis, assinale a assertiva CORRETA:

I. A sentença mencionará os elementos de convicção do juiz, com breve resumo dos fatos relevantes ocorridos em audiência, dispensada a fundamentação.
II. Não se admitirá sentença condenatória por quantia ilíquida, salvo se genérico o pedido.
III. O recurso interposto terá efeito devolutivo e suspensivo.
IV. Quando interpostos contra sentença, os embargos de declaração suspenderão o prazo para recurso.

(A) Somente a assertiva II está correta.
(B) Somente a assertiva IV está correta.
(C) Somente as assertivas I, II e III estão corretas.
(D) Todas as assertivas estão corretas.

I: incorreta, porque o que se dispensa na sentença é o relatório, não a fundamentação; II: incorreta, porque a sentença ilíquida não é admitida, ainda que o pedido seja genérico; III: incorreta, porque em regra o recurso inominado terá só efeito devolutivo; IV: correta (art. 50 da Lei 9.099/95). Gabarito "B".

(Magistratura/PR – 2008) Assinale a alternativa correta:

(A) Nos Juizados Especiais o processo orientar-se-á pelos critérios da oralidade, simplicidade, formalidade, economia processual e celeridade, buscando, sempre que possível, a conciliação ou a transação.
(B) O Juizado Especial Cível tem competência para conciliação, processo e julgamento das causas cíveis de menor complexidade, assim consideradas as causas cujo valor não exceda a sessenta vezes o salário mínimo.
(C) Compete ao Juizado Especial promover a execução das causas de natureza alimentar, falimentar desde que não excedam a sessenta vezes o salário mínimo.
(D) A opção pelo procedimento dos Juizados Especiais importará em renúncia ao crédito excedente ao limite legal estabelecido, excetuada a hipótese de conciliação.

A: incorreta (informalidade - art. 2º da Lei 9.099/95); B: incorreta (art. 3º, I, da Lei 9.099/95); C: incorreta (art. 3º, § 2º, da Lei 9.099/95); D: correta (art. 3º, §3º, da Lei 9.099/95). Gabarito "D".

(Magistratura/PR – 2008) Assinale a alternativa correta:

(A) Segundo a Lei 9.099/95, é competente o Juizado do foro do domicílio do autor nas ações para reparação de dano de qualquer natureza.
(B) As pessoas jurídicas de direito público, as empresas públicas da União somente poderão ser partes em processo que tramita nos Juizados Especiais quando seus representantes estiverem dotados de procuração específica.
(C) Nas causas de valor até sessenta salários mínimos, as partes comparecerão pessoalmente, podendo ser assistidas por advogado; nas de valor superior, a assistência é obrigatória.
(D) Segundo a Lei 9.099/95, o réu, sendo pessoa jurídica ou titular de firma individual, não poderá ser representado por preposto credenciado.

A: correta (art. 4º, III, da Lei 9.099/95); B: incorreta (art. 8º da Lei 9.099/95); C: incorreta (art. 9º, caput, da Lei 9.099/95); D: incorreta (art. 9º, § 4º, da Lei 9.099/95). Gabarito "A".

(Magistratura/PR – 2008) Assinale a alternativa correta:

(A) Os atos processuais serão públicos, excetuando-se os que tratarem de direito de família, e poderão realizar-se em horário noturno, conforme dispuserem as normas de organização judiciária.
(B) Só se pronunciará nulidade, no âmbito dos Juizados Especiais, se houver prejuízo.
(C) O processo instaurar-se-á com a apresentação do pedido, escrito ou oral, à Secretaria do Juizado sendo ilícito formular pedido genérico quando não for possível determinar a extensão da obrigação.
(D) Registrado o pedido, a Secretaria do Juizado designará, após a distribuição e a autuação, a sessão de conciliação, a realizar-se no prazo de trinta dias.

A: incorreta (art. 12 da Lei 9.099/95); B: correta (art. 13, § 1º, da Lei 9.099/95); C: incorreta (art. 14, § 2º, da Lei 9.099/95); D: incorreta (art. 16 da Lei 9.099/95). Gabarito "B".

(Magistratura/RO – 2011 – PUCPR) Analise as assertivas abaixo. Assinale a única **CORRETA**.

(A) Opostos os embargos de terceiros, tem o embargado o prazo de 15 dias para apresentar a sua contestação.
(B) Cabe ação monitória para haver saldo remanescente oriundo de venda extrajudicial de bem alienado fiduciariamente em garantia.
(C) Nas demandas possessórias em face das pessoas jurídicas de direito público, poderá ser deferida a manutenção ou reintegração liminar independentemente da audiência dos respectivos representantes judiciais.
(D) Na demanda de prestação de contas, tem apenas a legitimidade ativa aquele que tem o direito de exigi-la.
(E) Nas demandas demarcatórias, o prazo comum para o réus apresentarem a contestação é de 15 dias a contar da juntada do mandado de citação devidamente cumprido aos autos.

A: incorreta, pois é de 10 dias o prazo para contestação dos embargos de terceiro (art. 1.053, CPC); B: correta (Súmula 384 do STJ); C: incorreta (art. 928, parágrafo único, CPC); D: incorreta, porque também pode ser proposta a ação de prestação de contas por quem tem o dever de prestá-las (art. 914, CPC); E: incorreta, uma vez que o prazo é de 20 dias (art. 954, CPC). Gabarito "B".

(Magistratura/SC – 2009) Sobre a ação de consignação em pagamento, assinale a alternativa INCORRETA:

(A) Na dúvida sobre quem deva receber o pagamento, o devedor requererá o depósito e a citação de todos os que disputam o pagamento.
(B) Tratando-se de obrigação em dinheiro, poderá o devedor ou terceiro optar pelo depósito da quantia devida em estabelecimento bancário oficial.
(C) O foro de eleição prevalece sobre o do lugar do pagamento.
(D) Uma vez consignada a primeira, as prestações periódicas vincendas podem ser depositadas nos mesmos autos, no prazo de cinco dias, contados da data do vencimento.
(E) Na consignação de aluguel e encargos da locação, o foro competente é o do local do imóvel.

A: correta (art. 895, CPC); B: correta (art. 890 e §§, CPC); C: incorreta, porque "requerer-se-á a consignação no lugar do pagamento", nos termos do art. 891 do CPC, e "sobre a cláusula genérica relativa à eleição de foro prevalece a norma especial do art. 891 do CPC" (RSTJ 27/52); D: correta (art. 892 do CPC); E: incorreta, porque também nesse caso será competente o local do pagamento Gabarito oficial "C"/ Gabarito nosso "C e E"

(Magistratura/SC – 2009) Em relação aos procedimentos especiais, assinale a alternativa correta:

(A) No arrolamento, não serão conhecidas ou apreciadas questões relativas ao lançamento, pagamento ou quitação de tributos incidentes sobre a transmissão da propriedade dos bens do espólio.
(B) Admite-se antecipação de tutela em ação possessória apenas quando a agressão à posse deu-se há menos de ano e dia.
(C) Os embargos de terceiro podem ser opostos até cinco dias após a assinatura da carta de arrematação.
(D) Não se admite a citação editalícia no procedimento monitório.
(E) Não é cabível ação monitória contra a Fazenda Pública.

A: correta (art. 1.034 do CPC); B: incorreta, porque é possível a antecipação também nos casos de agressão à posse ocorrida há mais de ano e dia, só que, nesse caso, o autor terá que demonstrar o preenchimento dos requisitos do art. 273 do CPC; C: incorreto, porque "os embargos podem ser opostos a qualquer tempo no processo de conhecimento enquanto não transitada em julgado a sentença; e, no processo de execução, até 5 (cinco) dias depois da arrematação, adjudicação ou remição, mas sempre antes da assinatura da respectiva carta" (art. 1.048 do CPC); D: incorreta, porque não há qualquer óbice à citação por edital na ação monitória, e a Súmula 282 do STJ estabelece que "cabe a citação por edital no procedimento monitório"; E: incorreta, porque "é cabível ação monitória contra a Fazenda Pública" (Súmula 339 do STJ). Gabarito "A".

(Magistratura/SC – 2008) Observadas as proposições abaixo, assinale a alternativa correta. Sobre o procedimento da ação de usucapião:

I. O prazo para contestar ação de usucapião é de 15 (quinze) dias para a parte e para a Fazenda Pública quando esta for confrontante.
II. A usucapião especial de imóvel urbano poderá ser invocada como matéria de defesa em ação possessória, valendo a sentença que a reconhecer como título para registro no cartório de registro de imóveis.
III. O Ministério Público deverá ser intimado para intervir em todos os atos do processo.
IV. Na ação judicial de usucapião especial de imóvel urbano, o rito processual a ser observado é o sumário.

(A) Somente as proposições I, III e IV estão corretas.
(B) Somente as proposições I, II e IV estão corretas.
(C) Somente as proposições II e III estão corretas
(D) Somente as proposições II, III e IV estão corretas.
(E) Todas as proposições estão corretas

I: incorreta (art. 188 do CPC); II: correta, pois, realmente, embora não seja possível, na pendência de ação possessória, intentar o réu ação de reconhecimento de domínio, a doutrina e jurisprudência atual tem entendido ser possível ao réu arguir usucapião do imóvel na própria defesa da ação possessória (art. 13 do Estatuto da Cidade); III: correta (art. 944 do CPC); IV: correta (art. 14 do Estatuto da Cidade). Gabarito "D".

(Magistratura/SC – 2008) Sobre o processo de inventário e partilha, assinale a alternativa correta.

(A) Feito o esboço da partilha, dirão sobre ele as partes no prazo sucessivo de 10 (dez) dias.
(B) É vedado ao juiz a abertura de inventário *ex officio*, mesmo que os legitimados para requerer a abertura do inventário e da partilha não o tenham feito.
(C) A argüição de sonegação ao inventariante pode ser feita em qualquer momento do processo de inventário e partilha.
(D) Havendo testamento deixado pelo autor da herança, não poderá ser realizado o inventário e a partilha por escritura pública.
(E) É vedado ao herdeiro requerer, durante a avaliação dos bens, a presença do juiz.

A: incorreta (art. 1.024 do CPC); B: incorreta (art. 989 do CPC); C: incorreta (art. 994 do CPC); D: correta (art. 982 do CPC); E: incorreta (art. 1.005 do CPC). Gabarito "D".

(Magistratura/SC – 2008) Nos termos da Lei n.º 9.099/95 é INCORRETO afirmar:

(A) A contestação poderá ser feita de forma oral na audiência de conciliação.
(B) A instrução processual poderá ser dirigida por juiz leigo, sob a supervisão do juiz togado.
(C) Não é permitida a citação por edital.
(D) O acordo extrajudicial, de qualquer valor, poderá ser homologado, no juízo competente, independentemente de termo, valendo a sentença como título executivo judicial.
(E) Caberá recurso especial e/ou extraordinário da decisão proferida pela Turma de Recursos em recurso inominado.

A: correta (art. 30 da Lei 9.099/95); B: correta (art. 37 da Lei 9.099/95); C: correta (art. 18, § 2º, da Lei 9.099/95); D: correta (art. 57 da Lei 9.099/95); E: incorreta, pois não é cabível recurso especial de decisão proferida em Juizado Especial Cível (Súmula 203 do STJ). Gabarito "E".

(Magistratura/SE – 2008 – CESPE) Com referência ao juizado especial cível (JEC), instituído pela Lei n.º 9.099/1995, assinale a opção correta.

(A) Contra a decisão proferida em última instância pelo JEC que afronta a lei infraconstitucional, é cabível o recurso especial para o STJ.
(B) O recurso contra a sentença será recebido somente no efeito devolutivo e, como consequência, a decisão só será efetivada ao final, após o trânsito em julgado da decisão, mesmo quando se tratar de causa de natureza alimentar.
(C) Os embargos de declaração, no âmbito do JEC, interrompem o prazo para apresentação de eventual recurso contra sentença. Ocorrendo causa de interrupção de prazo, e uma vez cessada a causa, o mesmo recomeça do início, como se nunca tivesse começado a fluir.
(D) Compete ao JEC homologar acordo extrajudicial, de qualquer natureza ou valor, independentemente de termo, valendo a sentença como título executivo judicial. Sendo de valor superior a quarenta salários mínimos, optando a parte pela execução no JEC, terá que renunciar ao excedente do crédito.
(E) Segundo os princípios da simplicidade e da informalidade que regem o julgamento nos JECs, qualquer que seja o valor da causa, a parte vencida, ainda que não possua capacidade postulatória, poderá recorrer da decisão monocrática e requerer a sua revisão pela turma recursal.

A: incorreta, pois não é cabível recurso especial contra decisão do Juizado Especial (súmula 203 do STJ); B: incorreta, pois, de fato o recurso terá apenas efeito devolutivo (art. 43 da Lei 9.099/95) e, como consequência, a parte poderá executar o seu comando independentemente do trânsito em julgado; C: incorreta (art. 50 da Lei 9.099/95); D: correta (art. 57 da Lei 9.099/95); E: incorreta (art. 41, § 2º, da Lei 9.099/95). Gabarito "D".

(Magistratura/SE – 2008 – CESPE) No que concerne aos procedimentos especiais de jurisdição contenciosa, assinale a opção correta.

(A) Na ação de consignação em pagamento, o credor não é obrigado a receber prestação menor pela qual se obrigou o devedor. Por isso, a insuficiência do depósito efetuado pelo autor da consignatória acarreta a improcedência do pedido.
(B) Na ação de depósito, a oferta da coisa pelo réu obriga o autor a sua aceitação, com a conseqüente decretação da extinção do processo sem resolução do mérito.
(C) Na ação de consignação em pagamento, a sentença de procedência do pedido tem eficácia declaratória de que o depósito preenche e satisfaz os requisitos legais para substituir o pagamento e para liberação do devedor.
(D) A ação de depósito será proposta contra aquele que esteja na posse da coisa sujeita à custódia do depositário. Assim, o legitimado passivo é o depositário infiel, aquele a quem se confiou a guarda da coisa e que não a entregou no momento oportuno, ou contra a pessoa que esteja na posse do bem, quando ocorrer a sua alienação.
(E) Não é cabível a ação consignatória quando houver divergência das partes quanto à interpretação de cláusulas contratuais acerca de índices ou reajustes de parcelas de obrigações por elas assumidas.

A: incorreta (art. 899, § 2º, do CPC); B: incorreta (art. 902 do CPC); C: correta (art. 897 do CPC); D: incorreta. A parte legítima em caso de ação de depósito é o depositário, e não quem eventualmente esteja na posse da coisa dada em depósito; E: incorreta, porque é possível a consignação quando houver litígio sobre a prestação (art. 335, V, do CC). Gabarito "C".

(Magistratura/SP – 2007) Sobre as ações possessórias, é correto afirmar que

(A) é defeso ao autor cumular ao pedido possessório o de desfazimento de construção ou plantação feita em detrimento de sua posse.
(B) na dependência do processo possessório é lícito, assim ao autor como ao réu, intentar ação de reconhecimento do domínio.
(C) incumbe ao autor provar a continuação da posse, embora turbada, na ação de manutenção; a perda da posse, na ação de reintegração.
(D) contra as pessoas jurídicas de direito público será deferida a manutenção ou a reintegração liminar sem prévia audiência dos respectivos representantes judiciais.

A: incorreta (art. 921, III, do CPC); B: incorreta (art. 923 do CPC); C: correta (art. 927, IV, do CPC); D: incorreta (art. 928, parágrafo único, do CPC). Gabarito "C".

(Magistratura/SP – 2007) Assinale o arresto correto segundo o disposto na Lei dos Juizados Especiais Cíveis.

(A) Na hipótese de conciliação, a opção pelo procedimento previsto nesta lei importará em renúncia ao crédito excedente a 40 vezes o salário mínimo.
(B) Os processos orientar-se-ão pelos critérios da oralidade, simplicidade, informalidade, economia processual e celeridade, admitindo-se a assistência e o litisconsórcio.
(C) O Juizado Especial Cível possui competência para processamento das causas cíveis de menor complexidade, cujo valor não exceda a 40 salários mínimos, abrangendo aquelas enumeradas no art. 275, inc. I, do Código de Processo Civil, também a ação de despejo para uso próprio e de seu companheiro.
(D) Nas causas de valor até 20 salários mínimos, as partes poderão comparecer pessoalmente, e nas de valor superior deverão estar assistidas por advogado.

A: incorreta (art. 3º, § 3º, da Lei 9.099/95); B: incorreta (arts. 2º e 10 da Lei 9.099/95); C: incorreta (art. 3º, II, da Lei 9.099/95); D: correta (art. 9º da Lei 9.099/95). Gabarito "D".

(Magistratura/SP – 2007) Relativamente ao processo de inventário, assinale o assertório incorreto.

(A) O legatário é parte ilegítima para manifestar-se sobre as dívidas do espólio quando toda herança for dividida em legados.
(B) O incidente de remoção do inventariante correrá em apenso aos autos do inventário.

(C) Apresentadas as primeiras declarações, o juiz mandará citar, para os termos do inventário e partilha, o cônjuge, os herdeiros, os legatários, a Fazenda Pública, o Ministério Público, se houver herdeiro incapaz ou ausente e o testamenteiro, se o falecido deixou testamento.

(D) Incumbe ao inventariante trazer à colação os bens recebidos pelo herdeiro ausente, renunciante ou excluído.

A: incorreta (art. 1.020 do CPC); B: correta (art. 996, parágrafo único, do CPC); C: correta (art. 999 do CPC); D: correta (art. 991, VI, do CPC). Gabarito "A".

(Ministério Público/BA – 2010) Em relação à concessão de medida liminar na ação civil de mandado de segurança, é incorreto afirmar que:

(A) É vedada a concessão de liminar na ação civil de mandado de segurança que tenha como mérito a compensação de créditos tributários.

(B) No *mandamus* de âmbito coletivo, a medida liminar só poderá ser deferida após a oitiva da pessoa jurídica de direito público.

(C) É vedado deferimento de liminar na ação civil de mandado de segurança que tenha por objeto a reclassificação de servidores públicos.

(D) A liminar perderá os seus efeitos se o impetrante deixar, por mais de 5(cinco) dias úteis, de promover atos processuais do seu mister.

(E) É vedada a concessão de liminar na ação civil de mandado de segurança que tenha como mérito a entrega de mercadorias e bens oriundos do exterior.

A: correta (art. 7º, § 2º, da Lei 12.016/2009); B: correta (art. 22, § 2º da Lei 12.016/2009); C: correta (art. 7º, § 2º, da Lei 12.016/2009); D: incorreta, porque o prazo previsto em lei é 3 dias (art. 8º da Lei 12.016/2009)); E: correta (art. 7º, § 2º, da Lei 12.016/2009). Gabarito "D".

(Ministério Público/BA – 2010) João, detentor de considerável patrimônio, formado por fazendas, automóveis e valores aplicados em conta poupança, conviveu em regime de união estável com Maria, durante 06(seis) anos, advindo desse vínculo o nascimento de Pedro, Francisco e José, todos menores impúberes. Em 24 de novembro de 2006, João veio a falecer, vítima de acidente automobilístico. Após sua morte, a companheira sobrevivente aforou inventário dos bens deixados pelo *de cujus*. No curso do procedimento, os interessados foram surpreendidos com a argüição de Rodrigo, de que o falecido seria seu suposto pai, razão pela qual requereu a devida declaração do vínculo, com a respectiva participação na herança. Requerido o inventário, e passado longo período sem que Maria, a inventariante nomeada, cumprisse com os encargos a si impostos por lei, determinou-se sua intimação pessoal, para manifestar o interesse no prosseguimento do feito. Cumprida a diligência intimatória, e persistindo a omissão, o juiz da Comarca, em inspeção, extinguiu o processo sem destrame do mérito, por ausência de interesse de agir, bem assim por inação da parte autora em adimplir os atos necessários, com base no art. 267, II, III, VI, do CPC. Diante do caso descrito, assinale a assertiva incorreta:

(A) A discussão acerca da paternidade deve ser remetida às vias ordinárias, por se tratar de questão de fato de alta indagação.

(B) Na hipótese, o Ministério Público não está legitimado a requerer o inventário, tendo em conta que os incapazes não se encontram em situação de risco, estando devidamente representados por sua genitora.

(C) A legislação processual é transparente no sentido de atribuir como efeito da desídia do Inventariante sua remoção, nunca a extinção do processo, dado que sua atuação não determina o prosseguimento ou desfecho da causa, mas importa apenas sua eventual mudança.

(D) Considerando o interesse jurídico da Fazenda Pública para cobrar o tributo que lhe é devido, encontra-se esta dotada de legitimidade recursal.

(E) É deferida ao magistrado a possibilidade de determinar, de ofício, a abertura do inventário, circunstância que caracteriza exceção ao princípio da inércia da jurisdição.

A: correta, uma vez que não é possível que no procedimento de inventário sejam produzidas as provas necessárias à demonstração do vínculo de filiação e paternidade; B: incorreta, porque para a legitimidade do Ministério Público é irrelevante a situação de risco dos incapazes; C: correta, em especial quando se verifica que no inventário estão em jogo direitos de outros sujeitos, e não só do inventariante; D: correta, pois, de fato, a Fazenda Pública possui legitimidade recursal; E: correta (art. 989 do CPC). Gabarito "B".

(Ministério Público/BA – 2010) Doutrinariamente, entende-se por interdição o procedimento destinado a retirar a capacidade de pessoa maior para a prática de determinados atos da vida civil, e para a regência de si mesma e de seus bens. Sobre o procedimento especial da interdição, é correto afirmar:

(A) A realização de exame pericial do interditando constitui faculdade do magistrado, na empreitada de formar seu convencimento.

(B) Uma vez requerida a interdição pelo órgão do Ministério Público, compete ao juiz designar audiência de justificação prévia para ouvida do interditando.

(C) É vedada a constituição de advogado pelo interditando, já que o objeto litigioso diz respeito à sua capacidade para a prática dos atos da vida civil.

(D) A legitimação do Ministério Público para requerer a interdição é considerada subsidiária, nos termos do art. 1.178, II, do Código de Processo Civil, quando os legitimados ordinários permanecerem inertes ou inexistirem.

(E) A sentença que acolhe o pedido de interdição desafia recurso de apelação, dotado do duplo efeito (suspensivo e devolutivo), ensejando sua inscrição no Registro de Pessoas Naturais, após o trânsito em julgado.

A: incorreta, porque o exame pericial do interditando está previsto pela lei como providência obrigatória nesse tipo de procedimento (art. 1.183, CPC); B: incorreta, porque não há previsão de tal providência para a hipótese; C: incorreta, porque é possível que constitua ele advogado (art. 1.182, § 2º, CPC); D: correta, pois em conformidade com o art. 1178, II, do CPC; E: incorreta, porque a apelação não tem efeito suspensivo nesse caso (art. 1.184, CPC). Gabarito "D".

(Ministério Público/CE – 2009 – FCC) Em ação reivindicatória, o réu, em defesa, argüiu a usucapião especial de terras rurais, denominada usucapião pro labore, e pleiteou, ainda na contestação, o reconhecimento do domínio. Neste caso, a intervenção do Ministério Público

(A) não é obrigatória, porque a sentença em relação ao pedido de usucapião não fará coisa julgada material.

(B) não é obrigatória por tratar-se de usucapião argüida em defesa.

(C) é obrigatória, porque é inegável o interesse público.

(D) não é obrigatória, em razão da ausência de interesse público.

(E) é obrigatória, porque se o pedido do autor for improcedente a alegação de usucapião servirá como fundamentação da sentença.

A: incorreta, porque há exigência legal expressa de sua presença (art. 5º, § 5º, da Lei 6.969/81) e também porque a sentença faz coisa julgada (art. 7º do mesmo diploma legal); B: incorreta, pelos mesmos motivos; C e D: reler o comentário sobre a alternativa A; E: incorreta, porque o motivo apontado para a intervenção ministerial é inadequado. Gabarito "C".

(Ministério Público/DF – 2009) No que respeita às ações possessórias, assinale a alternativa correta.

(A) A propositura de uma ação possessória em vez de outra obstará a que o juiz conheça do pedido.

(B) É lícito ao réu, em ação possessória, cumular ao pedido possessório o de reconhecimento do domínio.

(C) O possuidor tem direito a ser mantido na posse em caso de esbulho e reintegrado no de turbação.

(D) Contra as pessoas jurídicas de direito público não será deferida a manutenção ou a reintegração liminar sem prévia audiência dos respectivos representantes judiciais.

(E) No caso das ações de manutenção e reintegração, o procedimento da justificação prévia é requisito indispensável para concessão de liminar.

A: incorreta, porque nas ações possessórias vigora a fungibilidade, o que permite que formulado determinado pedido de proteção possessória, o juiz poderá conceder medida diversa que considerar mais adequada (art. 920 do CPC); B: incorreta, porque não se admite a discussão de domínio em ação possessória; C: incorreta, porque no caso de esbulho surge o direito à reintegração, e no caso de turbação surge o direito à manutenção; D: correta (art. 928, parágrafo único, do CPC); E: incorreta, porque a justificação prévia da posse pode ser determinada, apenas na hipótese em que a petição inicial não esteja instruída suficientemente (art. 928 do CPC). "Gabarito "D".

(Ministério Público/DF – 2009) No que respeita às ações de separação consensual e de guarda, assinale a alternativa incorreta.

(A) Na ação de separação consensual, a petição inicial conterá a descrição dos bens e a respectiva partilha; o acordo sobre a guarda dos filhos menores e o regime de visitas.

(B) Convencendo-se o juiz que os cônjuges, livremente e sem hesitações, desejam a separação consensual, mandará reduzir a termo as declarações, ouvirá o Ministério Público e a homologará.

(C) A guarda, unilateral ou compartilhada, poderá ser requerida, por consenso, pelo pai e pela mãe, ou por qualquer deles, em ação autônoma de separação, de divórcio, de dissolução de união estável ou em medida cautelar.

(D) Na audiência de conciliação, o juiz colherá do pai e da mãe o significado da guarda compartilhada, a sua importância, a similitude de deveres e direitos atribuídos aos genitores e as sanções que ambos estabelecerem pelo descumprimento de suas cláusulas.

(E) É lícito às partes, a qualquer tempo, no curso da separação judicial, requererem a conversão em separação consensual.

A: correta (art. 1.121, I e II, do CPC); B: correta (art. 1.122, § 1º, CPC); C: correta, pois em todas essas ações o pai e a mãe podem requerer a guarda, por consenso ou individualmente; D: incorreta, porque o § 1º do art. 1.584 do CC estabelece que o juiz deve informar os pais, e não colher deles, o significado da guarda compartilhada; E: correta (art. 1.123 do CPC). Gabarito "D".

(Ministério Público/ES – 2010 – CESPE) Com relação ao recurso inominado, previsto na Lei dos Juizados Especiais, assinale a opção correta.

(A) Não se coaduna à finalidade dos juizados especiais a possibilidade do recurso à sentença terminativa, razão pela qual não cabe recurso inominado a essa espécie de sentença.

(B) Por se tratar de verdadeira apelação aplicada ao procedimento dos juizados, admite-se recurso inominado interposto adesivamente.

(C) Diante da inexistência de recurso a eventual lesão de direito causada por decisão interlocutória no curso do procedimento dos juizados, é admitida a interposição de recurso inominado a decisão dessa espécie.

(D) É cabível o recurso inominado não só à sentença do processo de conhecimento, mas também à sentença nos embargos do processo de execução.

(E) Toda sentença proferida no procedimento dos juizados é passível de recurso inominado, incluindo-se a sentença que homologa conciliação e a que homologa laudo arbitral.

A: incorreta, porque o recurso inominado é admissível para a sentença, seja ela terminativa ou definitiva; B: incorreta, por falta de previsão legal; C: incorreta, por falta de previsão legal; D: correta (art. 41 da Lei 9.099/95); E: incorreta (art. 41 da Lei 9.099/95). Gabarito "D".

(Ministério Público/MG – 2010.2) De acordo com as disposições do Código de Processo Civil sobre os procedimentos especiais (Livro IV), são considerados de jurisdição contenciosa, EXCETO,

(A) consignação em pagamento.
(B) inventário e partilha.
(C) remoção de tutor ou curador.
(D) juízo arbitral.

Apenas a remoção de tutor ou curador é que se trata de procedimento especial de jurisdição voluntária (arts. 1.194 a 1.198 do CPC). Os demais são de jurisdição contenciosa. Gabarito "C".

(Ministério Público/MS – 2011 – FADEMS) Assinale a afirmação **falsa**.

(A) A aquisição da posse se dá também pela cláusula *constituti* inserida em escritura pública de compra e venda de imóvel, o que autoriza o manejo dos interditos possessórios pelo adquirente, mesmo que nunca tenha exercido atos de posse direta sobre o bem;

(B) É cabível a ação de usucapião por titular de domínio que encontra dificuldade, em razão de circunstância ponderável, para unificar as transcrições ou precisar área adquirida escrituralmente;

(C) A ordem de nomeação de inventariante, prevista na lei, apresenta caráter absoluto, inclusive, não pode ser alterada mesmo em situação excepcional, quando o juiz tiver fundadas razões para desconsiderá-la, forte na existência de patente litigiosidade entre as partes;

(D) A sentença que se limita a homologar a partilha amigável não pode ser desconstituída por meio de recurso de apelação, pois não possui cunho decisório e há necessidade de produção de prova acerca do vício alegado, sendo necessário o ajuizamento da ação anulatória;

(E) O fato de o devedor principal, não haver figurado no pólo passivo do processo de execução, movido tão somente contra o avalista, não lhe atribui a condição de terceiro, uma vez que este, para efeitos da lei, deve ser entendido como alguém que não está juridicamente obrigado a suportar as conseqüências da relação material litigiosa.

A: verdadeira (RSTJ 36/473 e 115/378); B: verdadeira (STJ, REsp 292.356); C: falsa (STJ, REsp 1.055.633); D: verdadeira (STJ, REsp 695.140); E: verdadeira (STJ-RT 867/154). Gabarito "C".

(Ministério Público/MS – 2006) Assinale a alternativa INCORRETA:

(A) Falecendo o cônjuge meeiro supérstite depois da partilha dos bens do pré-morto, as duas heranças serão cumulativamente inventariadas e partilhadas, se os herdeiros de ambos forem os mesmos.

(B) A sobrepartilha correrá nos autos de inventário do autor da herança.

(C) O testamenteiro será removido e perderá o prêmio se lhe forem glosadas as despesas por ilegais ou em discordância com o testamento.

(D) Os bens com valor de afeição, como retratos, objetos de uso pessoal, livros e obras de arte, só serão alienados depois de declarada a vacância da herança.

A: incorreta (art. 1.043 do CPC); B: correta (art. 1.041, parágrafo único, do CPC); C: correta (art. 1.140, I, do CPC); D: correta (art. 1.156 do CPC). Gabarito "A".

(Ministério Público/PB – 2010) Relativamente a inventário, analise as proposições que se seguem e assinale a alternativa correta:

I. Os bens da herança vacante são incorporados ao patrimônio dos estados e do Distrito Federal.

II. O juiz poderá ordenar, liminarmente, o sequestro dos bens sujeitos à colação, quando o donatário deixar de cumprir tal obrigação depois de ter sido legalmente intimado a fazê-lo.

III. Antes da declaração da vacância é admissível ao credor reclamar seus direitos, por meio de habilitação, nos próprios autos de arrecadação.

(A) Apenas I e II estão corretas.
(B) I, II e III estão corretas.
(C) Apenas a III está correta.
(D) Apenas a I está errada.
(E) Todas as proposições estão erradas.

I: incorreta, porque a incorporação dar-se-á em favor do município e do Distrito Federal onde localizados os bens; II: incorreta, porque a providência só poderá ser tomada após a improcedência da oposição apresentada pelo herdeiro (art. 1.016, § 1º, CPC); III: correta (art. 1.154 do CPC). Gabarito "C".

(MINISTÉRIO PÚBLICO/RO – 2010 – CESPE) Com relação aos procedimentos especiais, julgue os itens abaixo.

I Configura aplicação do princípio da fungibilidade a propositura de uma ação petitória, no lugar de outra que não obste a que o juiz conheça do pedido e outorgue a proteção legal correspondente àquela, cujos requisitos estejam provados.

II Pelo princípio da exclusividade do juízo, na pendência do processo possessório, é defeso tanto ao autor como ao réu intentar a ação de reconhecimento de domínio.

III É possível ao autor cumular ao pedido possessório a cominação de pena para caso de nova turbação ou esbulho.

IV Caso seja concedido o mandado de liminar de manutenção da posse, o autor deve promover, nos dez dias subsequentes, a citação do réu para contestar a ação.

Estão certos apenas os itens

(A) I e II.
(B) I e IV.
(C) II e III.
(D) III e IV.
(E) II, III e IV.

I: errada, porque são as ações possessórias – e não as petitórias – que se sujeitam ao princípio da fungibilidade; II: certa (art. 923 do CPC); III: certa (art. 921, II, CPC); IV: errada, porque o prazo é de 5 dias (art. 930 do CPC). Gabarito "C".

(Ministério Público/RO – 2008 – CESPE) Acerca dos procedimentos especiais no processo civil, julgue os seguintes itens.

I. Se a causa principal estiver no tribunal, em grau de recurso, a medida cautelar será interposta perante o juízo de segundo grau, e não, perante o juízo *a quo* que tenha decidido a causa.

II. A ação de prestação de contas pode ser proposta pelo titular de conta-corrente bancária.

III. Segundo o entendimento do STJ, a apelação interposta contra sentença que julga embargos à arrematação tem efeito meramente devolutivo.

IV. Segundo o entendimento do STF, é imprescritível a ação de investigação de paternidade, mas o mesmo não ocorre em relação à ação de petição de herança.

V. Segundo o entendimento do STJ, os embargos de terceiro não constituem meio idôneo para o reconhecimento de eventual fraude contra credores.

A quantidade de itens certos é igual a

(A) 1.
(B) 2.
(C) 3.
(D) 4.
(E) 5.

I: correta (art. 800, parágrafo único, do CPC); II: correta (Súmula nº 259 do STJ); III: correta (Súmula nº 331 do STJ); IV: correta (Súmula nº 149 do STF); V: correta (Súmula nº 195 do STJ). Gabarito "E".

(Ministério Público/SP – 2010) Marque a alternativa correta:

(A) O possuidor tem direito à retenção por benfeitorias necessárias, úteis e voluptuárias.
(B) O possuidor tem direito a ser mantido na posse em caso de esbulho e reintegrado no de turbação.
(C) Na pendência do processo possessório, é permitido, assim ao autor como ao réu, intentar ação de reconhecimento do domínio.
(D) Para efeitos de concessão de liminar, o Código de Processo Civil não faz distinção entre posse nova e posse velha.
(E) Cabe liminar na ação possessória intentada no prazo de seis meses da violação.

A: incorreta, porque é necessário que se investigue a natureza da posse – se de boa ou de má-fé – para que se possa falar sobre o direito de retenção; B: incorreta, porque o esbulho autoriza a reintegração e a turbação é que justifica o pedido de manutenção; C: incorreta, porque há expressa vedação legal; D: incorreta, porque se a posse a esbulhar for velha (esbulho ocorrido há mais de ano e dia), não caberá liminar; E: correta, porque, nesse caso (posse nova), como a agressão ocorreu há menos de ano e dia, cabe liminar. Gabarito "E".

(Ministério Público/SP – 2008) Considere as assertivas seguintes:

I. A pensão alimentícia do filho é automaticamente cancelada com o alcance da maioridade, independentemente de decisão judicial.

II. A prisão civil do alimentante não é possível no caso de inadimplemento de parcelas vencidas após o ajuizamento da execução de prestação alimentícia.

III. O Ministério Público não pode requerer a prisão do alimentante nos processos em que atua como fiscal da lei.

Assinale a alternativa correta.

(A) Somente III é verdadeira.
(B) Somente I e II são verdadeiras.
(C) Somente I e III são verdadeiras.
(D) Somente II e III são verdadeiras.
(E) Todas as assertivas são falsas.

I: incorreta (Súmula nº 358 do STJ); II: incorreta. A prisão do alimentante é cabível quando inadimplente com as três parcelas vencidas anteriormente à propositura da execução e as que se vencerem no curso do processo; III: correta, pois, de fato, caberá somente à parte requerer a prisão civil do alimentante e ao Ministério Público emitir parecer a respeito da questão quando atuar como fiscal da lei. Gabarito "A".

(Ministério Público/SP – 2006) A decretação da prisão civil do devedor de alimentos:

(A) É permitida pelo art. 5.º, LXVII da Constituição Federal sendo meio coercitivo de forma a obrigá-lo a adimplir a obrigação.
(B) Só pode ser decretada uma única vez.
(C) É sempre decretada de ofício pelo juiz.
(D) Não está autorizada no Pacto de San José da Costa Rica.
(E) Está autorizada pelo Pacto de San José da Costa Rica mas não tem qualquer eficácia em nosso sistema jurídico na medida em que referido pacto não foi subscrito pelo Brasil.

De fato, é cabível a decretação de prisão civil do devedor de alimentos, de acordo com o texto constitucional e pode ser decretada sempre que o devedor estiver inadimplente, observando o procedimento previsto no art. 733 do CPC. O Pacto de San José da Costa Rica foi sim subscrito e dispõe que: *"Ninguém deve ser detido por dívidas. Este princípio não limita os mandados de autoridade judiciária competente, expedidos em virtude de inadimplemento de obrigação alimentar"* (art. 7º, 7). Gabarito "A".

(Ministério Público/SP – 2006) A ação de usucapião ambiental metaindividual prevista no Estatuto da Cidade:

(A) Visa transformar os chamados bairros "espontâneos" em realidade jurídica sendo instrumento jurídico destinado a ordenar o pleno desenvolvimento das funções sociais da cidade.
(B) Tem como legitimados ativos somente os possuidores em estado de composse.
(C) Tem como legitimados ativos somente as associações de moradores da comunidade.
(D) Autoriza a intervenção do Ministério Público de forma facultativa.
(E) É idêntica à ação de usucapião de terras particulares prevista nos arts. 941 a 945 do Código de Processo Civil.

A: correta (arts. 2º e 4º, do Estatuto da Cidade); B e C: incorretas (art. 12 do Estatuto da Cidade); D: incorreta (art. 12, § 1º, do Estatuto da Cidade); E: incorreta (art. 14 do Estatuto da Cidade). Gabarito "A".

(Defensoria/ES – 2009 – CESPE) Acerca do processo civil brasileiro, julgue os itens subsequentes.

(1) No que tange à usucapião especial urbana, é correto afirmar que, via de regra, o condomínio instituído por força da ação de usucapião especial coletiva é indivisível, não sendo passível de extinção.

(2) Para a concessão da liminar na ação possessória de força nova, submetida ao procedimento especial, dispensa-se a comprovação do *periculum in mora*.

1: É correta a afirmação, tendo em vista a regra do art. 10, § 4º, da Lei 10.257/2001 (Estatuto da Cidade); 2: Correta, porque essa é uma hipótese de tutela antecipada cuja concessão não se sujeita ao requisito da urgência. Gabarito 1C, 2C.

(Defensoria/MA – 2009 – FCC) Em ação monitória

(A) é incabível a citação com hora certa.
(B) a Fazenda Pública não tem legitimidade passiva.
(C) o autor pode pretender a entrega de bem imóvel.
(D) cabe a citação do réu por edital.
(E) o cheque prescrito não constitui documento hábil para o ajuizamento da ação.

A: incorreta (Súmula 282 do STJ); B: incorreta (Súmula 339 do STJ); C: incorreta, porque só se pode pretender o pagamento de dívida através da monitória; D: correta (Súmula 282 do STJ); E: incorreta (Súmula 299 do STJ). Gabarito "D".

(Defensoria/MA – 2009 – FCC) Paulo ajuizou ação de reintegração de posse de imóvel contra André. Na contestação, André alegou ser possuidor legítimo e negou o esbulho. Comprovadas as alegações da contestação, o juiz julgou improcedente o pedido. A sentença transitou em julgado. Posteriormente, Paulo promoveu ação reivindicatória do mesmo imóvel contra André, sem provar o pagamento das custas e dos honorários da ação de reintegração de posse. Na contestação, André alegou, em preliminar, coisa julgada da ação de reintegração de posse para a ação reivindicatória e que não houve pagamento das custas e dos honorários decorrentes da ação de reintegração de posse. No mérito, André sustentou que era titular de posse justa. Acolhidas as preliminares o juiz extinguiu o processo sem a resolução do mérito. A sentença proferida na ação reivindicatória está

(A) correta por haver identidade dos elementos das ações possessória e reivindicatória e por falta do recolhimento das verbas de sucumbência do processo possessório.
(B) incorreta, porque não há identidade dos elementos das ações possessória e reivindicatória, e descabe o recolhimento das custas e honorários do processo possessório para a parte promover a ação reivindicatória.
(C) incorreta, somente por não haver identidade dos elementos das ações possessória e reivindicatória.
(D) correta porque a ação de reintegração de posse foi julgada favoravelmente a André, o que revela que ele tem posse justa.
(E) correta, porque não houve fato novo que justificasse decisão diversa da sentença que foi proferida na ação de reintegração de posse.

A: incorreta, porque o juiz não agiu bem, pois não havia motivos para acolher a preliminar de coisa julgada ou de falta de recolhimento das custas referentes ao processo de reintegração, porque a ação reivindicatória é diversa da possessória que fora ajuizada anteriormente, seja quanto ao pedido, seja quanto à causa de pedir; B: correta (reler o comentário sobre a assertiva anterior); C: errada (reler o comentário sobre a assertiva A); D: errada, porque a procedência da ação de reintegração não se relaciona com as preliminares propostas; E: errada, porque a ação de reintegração de posse não pode ser confundida com a reivindicatória. Gabarito "B".

(Defensoria/MT – 2009 – FCC) Nos procedimentos especiais de jurisdição voluntária:

(A) a sentença proferida forma coisa julgada material.
(B) o juiz pode decidir por equidade, não estando preso a critérios de legalidade estrita.
(C) como não há lide, as partes são simplesmente intimadas a compor o processo instaurado.
(D) como o interesse é privado, não pode o juiz investigar os fatos ou ordenar a produção de provas de ofício.
(E) a decisão final proferida não tem natureza de sentença, dela cabendo agravo de instrumento.

A: incorreta (art. 1.111 do CPC); B: correta (art. 1.109 do CPC); C: incorreta, porque embora não haja lide, as partes devem ser citadas para compor o processo instaurado (art. 1.105 do CPC); D: incorreta, porque a iniciativa probatória do juiz não sofre qualquer limitação nos procedimentos especiais de jurisdição voluntária (art. 1.107 do CPC); E: incorreta, porque também na jurisdição voluntária o juiz encerra o processo por sentença, passível, portanto, de apelação (art. 1.110 do CPC). Gabarito "B".

(Defensoria/MT – 2009 – FCC) A ação monitória

(A) não é cabível a quem possua contrato de abertura de crédito em conta corrente, que já configura título executivo.
(B) pode ser proposta, ainda que o documento a instruí-la tenha emanado exclusivamente do credor.
(C) é indicada apenas para as ações que visem ao pagamento de soma em dinheiro.
(D) é admissível quando alicerçada em cheque prescrito.
(E) não admite a defesa por meio de reconvenção.

A: incorreta (Súmula 247 do STJ – "o contrato de abertura de crédito em conta-corrente, acompanhado do demonstrativo de débito, constitui documento hábil para o ajuizamento da ação monitória"); B: incorreta, porque "não há como instaurar procedimento monitório com base em demonstrativo ou extrato unilateral do débito, não se podendo caracterizar tal documento como prova escrita hábil a tal procedimento" (*RJTAMG* 67/321); C: incorreta (art. 1.102-A do CPC); D: correta (Súmula 299 do STJ); E: incorreta (Súmula 292 do STJ). Gabarito "D".

(Defensoria/PA – 2009 – FCC) Há possibilidade de o réu obter tutela jurisdicional ativa favorável, sem necessidade de valer-se da reconvenção, nas ações

(A) de prestação de contas e demarcatória.
(B) de depósito e divisória.
(C) de prestação de contas e depósito.
(D) monitória e demarcatória.
(E) divisória e monitória.

A: correta, porque ambas são exemplos de ações dúplices; B: incorreta, porque a ação de depósito não é dúplice; C: incorreta, pelo mesmo motivo; D: incorreta, porque a monitória não é ação dúplice; E: incorreta, pelo mesmo motivo. Gabarito "A".

(Defensoria/PI – 2009 – CESPE) Segundo o art. 892 do CPC, no procedimento especial da consignação em pagamento, sendo o caso de prestações periódicas, uma vez consignada a primeira, pode o devedor continuar a consignar, no mesmo processo e sem mais formalidades, as que se forem vencendo. O direito previsto nesse dispositivo poderá ser exercido

(A) somente no primeiro grau de jurisdição.
(B) desde que os depósitos sejam efetuados em até trinta dias, contados da data do vencimento de cada prestação.
(C) desde que os depósitos sejam efetuados em até quinze dias, contados da data do vencimento de cada prestação.
(D) mesmo após a publicação da sentença e até o seu trânsito em julgado.
(E) independentemente de autorização judicial.

A: incorreta, porque "os depósitos das prestações periódicas podem ser feitos até o trânsito em julgado da decisão final" (*RSTJ* 82/275); B: incorreta, porque o prazo para o depósito previsto em lei é de 5 dias, contados da data do vencimento (art. 892 do CPC); C: incorreta, pelo mesmo motivo; D: correta (reler o comentário sobre a alternativa A); E: incorreta. Gabarito "D".

(Defensoria/PI – 2009 – CESPE) No procedimento especial das ações possessórias, à luz da jurisprudência do STJ, o direito de retenção por benfeitorias

(A) deve ser exercido já na resposta ao pedido inicial, sob pena de preclusão.
(B) somente pode ser exercido no início da fase executiva.
(C) pode ser exercido a qualquer tempo e grau de jurisdição, antes do trânsito em julgado.
(D) não pode ser exercido, devido à natureza especial do procedimento.
(E) não pode ser exercido, já que as defesas do réu, nesse procedimento especial, são aquelas taxativamente previstas.

A alternativa A é a correta, porque "nas ações possessórias, o pedido de indenização por benfeitorias deve ser pleiteado já na resposta ao pedido inicial, sob pena de preclusão" (STJ, REsp 424.300). As demais alternativas, porque contrárias ao entendimento transcrito, estão incorretas. Gabarito "A".

(Defensoria/RN – 2006) Sobre a curatela de interditos não é correto afirmar que

(A) o Ministério Público não tem legitimidade para promover o processo de interdição que pertence aos pais, tutores ou cônjuges do interditando.
(B) a apelação da sentença que declarar a interdição tem efeito suspensivo.
(C) o interditando poderá impugnar o pedido e constituir advogado para defender-se.
(D) o Ministério Público poderá requerer a interdição fundamentada em anomalia psíquica.

A: correta (art. 1.178, II, do CPC); B: incorreta (art. 1.184 do CPC); C: correta (art. 1.182, § 2º, do CPC); D: correta (art. 1.178, I, do CPC). Gabarito "B".

(Defensoria/SE – 2006 – CESPE) Julgue os seguintes itens.

(1) É carecedor de ação o credor que, dispondo de cheque prescrito, título executivo extrajudicial, venha a propor ação monitória com base naquele título.

(2) Na ação monitória, não opostos embargos, formar-se-á o título executivo judicial, e, por via de conseqüência, o mandado de pagamento ou de entrega inicialmente deferido converte-se em mandado de citação válido para todos os atos executivos. Assim, prossegue-se na ação como no processo de execução.

1: errado (Súmula 299 do STJ); 2: certo (art. 1.102-C do CPC). Gabarito 1E, 2C

(Defensoria/SE – 2006 – CESPE) Julgue os seguintes itens.

(1) Considere que o juiz fixou alimentos provisionais no curso do processo da ação cautelar e que a referida decisão foi, posteriormente, revogada na sentença que julgou improcedente a ação principal e a ação cautelar. A conseqüente revogação da liminar concedida, portanto, desconstituiu o direito a alimentos. Nessa situação, o credor dos alimentos poderá pleitear a execução de alimentos referente ao período compreendido entre a concessão da liminar e a sentença.

(2) Sobrevindo mudança na situação financeira das partes, é possível a revisão de alimentos fixados em sentença com trânsito em julgado, independentemente do ajuizamento de ação rescisória, bastando o ajuizamento de ação revisional, na qual se demonstre a modificação da situação financeira das partes.

(3) Considere que foi ajuizada uma ação de revisão de alimentos, objetivando a majoração do valor pago, na qual restou provado o aumento das necessidades da alimentada, em razão de despesas com instrução. Ficou provado que o alimentante teve modificação para melhor em sua situação econômica e, também, que a guardiã do menor possui excelente situação financeira. Nessa situação, a ação deverá ser julgada procedente, pois a situação financeira de um dos genitores do alimentado não é motivo de exclusão da responsabilidade do outro em prestar alimentos.

1: certo, pois, realmente, enquanto perdurou a decisão que fixou os alimentos provisionais esses eram devidos, razão pela qual, em não sendo pagos, poderá o credor ingressar com ação de execução de alimentos; 2: certo, pois, de fato, a ação revisional de alimentos pode ser reproposta sempre que houver alteração fática por parte do alimentante ou do alimentando; 3: certo. Na verdade, a obrigação de prestar alimentos do genitor ao filho é fixada de acordo com o binômio necessidade (do alimentando) e possibilidade (do alimentante), não levando em consideração as possibilidades do outro genitor; assim, nesse caso, aumentada a necessidade do filho em idade escolar e também a situação financeira do alimentante, a pensão deverá sim ser modificada para aumentar a contribuição mensal, independentemente da melhoria da situação do outro genitor. Gabarito 1C, 2C, 3C

(Defensoria/SE – 2006 – CESPE) No tocante aos juizados especiais cíveis, nos termos da Lei n.º 9.099/1995, julgue os seguintes itens.

(1) Não comparecendo o réu à audiência de conciliação e julgamento ou à de instrução e julgamento, os fatos narrados na inicial deverão ser considerados verdadeiros, mesmo que o juiz esteja convicto do contrário.

(2) A citação no juizado especial cível se fará por correspondência, não se admitindo a citação por edital ou por mandado a ser cumprido por oficial de justiça, em razão do princípio da celeridade que norteia os processos regulados pela mencionada lei.

(3) Os direitos indisponíveis não podem ser discutidos no juizado especial cível, uma vez que o interesse público exige a discussão deles por meio de procedimentos em que é possível produzir provas de maior complexidade.

(4) Pedido contraposto pode ser deduzido na resposta do réu. No entanto, ele não poderá ter objeto maior do que o pedido feito pelo autor e deverá respeitar a limitação de competência do juizado especial.

1: errado (art. 20 da Lei 9.099/95); 2: errado (art. 18 da Lei 9.099/95); 3: certo (art. 3º, § 2º, da Lei 9.099/95); 4: certo (art. 31 da Lei 9.099/95). Gabarito 1E, 2E, 3C, 4C

(Procuradoria Distrital – 2007) João, casado com Maria, decide ajuizar ação de reintegração de posse para recuperar a posse da Fazenda Santa Mônica — onde morava com sua família há mais de dez anos —, situada na zona rural de Brazlândia, Distrito Federal, que foi invadida por grupo formado por integrantes do Movimento dos Trabalhadores Rurais sem Terra – MST. João não sabe os dados de qualificação de nenhum dos invasores. À vista desses fatos, assinale a afirmativa correta.

(A) Quem deve figurar no pólo passivo da relação processual é o Movimento dos Trabalhadores Rurais sem Terra – MST.
(B) A ação deverá ser endereçada a uma das Varas da Fazenda Pública do Distrito Federal.
(C) A participação de Maria como co-autora é indispensável.
(D) Não é necessária a intervenção do Ministério Público no feito.
(E) Como se trata de posse velha, não cabe a propositura de ação de força nova.

A: incorreta. O MST não tem personalidade jurídica, razão pela qual, em geral, nas ações contra os ocupantes do MST consta no polo passivo "os ocupantes da área x"; B: incorreta, pois não se trata de competência da Vara da Fazenda e sim da Vara Cível comum; C: correta (art. 10, § 2º, do CPC). Como o caso relata que João morava com a família na fazenda invadida, é o caso de composse e há necessidade da outorga uxória; D: incorreta. A intervenção do Ministério Público nesse caso é obrigatória, tendo em vista o interesse público evidenciado pela natureza da lide e suficientemente caracterizado pela repercussão social trazida no bojo do movimento de reforma agrária; E: incorreta (art. 924 do CPC). No caso a questão não relata há quanto tempo a posse foi agredida, razão pela qual não temos como definir se se trata de ação possessória pelo procedimento ordinário ou especial. Gabarito "C".

(Procurador do Estado/PB – 2008 – CESPE) A respeito dos procedimentos especiais, assinale a opção correta.

(A) As questões relativas à validade de casamento e ao reconhecimento de filiação comportam decisão judicial no processo de inventário, em razão da via atrativa desse juízo.
(B) Na ação de reintegração de posse ajuizada, antes de um ano e dia contados da turbação da posse, será concedida a proteção possessória; depois desse prazo, o possuidor perderá tal proteção, podendo, no entanto, valer-se de ação reivindicatória ou petitória.
(C) A ação de interdito proibitório é de preceito cominatório, tem por fundamento a ameaça de turbação ou esbulho da posse, capazes de causar no possuidor justo receio de que sua posse venha a ser molestada. Para essa ação, exige-se, ainda, que a ameaça seja de agressão iminente.
(D) Na desapropriação direta por utilidade pública, a indenização, em juízo, deve ser feita em dinheiro, devendo o valor ser corrigido monetariamente até o efetivo pagamento, sendo devidos, ainda, juros compensatórios e moratórios desde a perda da posse, quando se tratar de imóvel produtivo.
(E) Na inicial da ação possessória, o autor pode cumular o pedido possessório com perdas e danos e, caso seja proposta, equivocadamente, ação possessória em vez de ação reivindicatória, o juiz pode aceitar uma pela outra e outorgar a proteção legal correspondente àquela, desde que presentes os requisitos legais.

A: incorreta (art. 984 do CPC); B: incorreta (art. 926 do CPC); C: correta (art. 932 do CPC); D: incorreta, pois somente os juros compensatórios são devidos desde a perda da posse; E: incorreta, pois o dispositivo legal fala de fungibilidade entre as ações possessórias, e não de possessória com reivindicatória, ação em que se discute propriedade (arts. 920 e 921 do CPC). Gabarito "C".

(Procurador do Estado/PE – CESPE – 2009) No que tange aos procedimentos especiais, assinale a opção correta.

(A) A ação de prestação de contas pressupõe a possibilidade da ocorrência de duas sentenças de conhecimento: uma relativa à primeira fase, que decide sobre o dever de prestar, ou não, as contas; outra relativa ao julgamento das contas prestadas ou oferecidas, em que é apurada a existência, ou não, de saldo credor. Em algumas hipóteses, é possível que essas duas fases sejam decididas em uma única sentença.

(B) Na ação monitória, mesmo que o réu cumpra voluntariamente o mandado, deve arcar com o pagamento das custas e dos honorários advocatícios.
(C) Para a concessão de liminar nas ações possessórias de força nova, submetidas ao procedimento especial, é necessária a comprovação do periculum in mora.
(D) Opostos os embargos de terceiro, o juiz deve determinar o prosseguimento do processo principal até a eventual alienação dos bens apreendidos.
(E) No arrolamento de bens do espólio, a existência de credores impede a homologação da partilha.

A: correta, porque cada uma das fases do procedimento da ação de prestação de contas é encerrada por sentença; B: incorreta, porque "cumprindo o réu o mandado, ficará isento de custas e honorários advocatícios" (art. 1.102-C, § 1º, do CPC); C: incorreta, porque não se exige a comprovação de urgência para a concessão de liminar nas possessórias propostas há menos de ano e dia do ato de agressão à posse; D: incorreta, porque a oposição dos embargos de terceiro acarreta a suspensão do processo principal, nos termos do art. 1.052 do CPC; E: incorreta (art. 1.035 do CPC). Gabarito "A".

(Procurador do Estado/SC – 2010 – FEPESE) De acordo com a legislação processual civil, é **correto** afirmar:
(A) É vedado ao autor cumular ao pedido possessório o de condenação em perdas e danos.
(B) Na pendência do processo possessório, é admitido, tanto ao autor quanto ao réu, intentar a ação de reconhecimento do domínio.
(C) O possuidor tem direito a ser mantido na posse em caso de esbulho e reintegrado no de turbação.
(D) A propositura de uma ação possessória em vez de outra impedirá o juiz de conhecer do pedido e outorgar a proteção legal.
(E) A propositura de ação de nunciação de obra nova compete ao condômino, para impedir que o co-proprietário execute alguma obra com prejuízo ou alteração da coisa comum.

A: incorreta (art. 921, I, CPC); B: incorreta (art. 923, CPC); C: incorreta (art. 926, CPC). Na alternativa estão invertidas as hipóteses esbulho e turbação); D: incorreta (art. 920, CPC); E: correta (art. 934, II, CPC). Gabarito "E".

(Magistratura Federal/1ª Região – 2009 – CESPE) Com relação aos procedimentos especiais, assinale a opção correta.
(A) A decisão concessiva de medida liminar na ação possessória é irrecorrível.
(B) Sob o enfoque da legitimidade, é incabível ao réu postular a antecipação dos efeitos da tutela de mérito em ação possessória.
(C) O procedimento extrajudicial para o depósito em consignação previsto na legislação processual civil é válido também para as consignações de débitos fiscais, por se tratar de obrigação em dinheiro.
(D) A sentença, nos procedimentos de jurisdição voluntária, assim como na jurisdição contenciosa, deve basear-se na estrita legalidade, não sendo facultado ao juiz decidir por equidade, ante a inexistência de previsão legal.
(E) Na ação monitória, ao réu é cabível, além dos embargos monitórios, propor ação de reconvenção.

A: incorreta, porque tal decisão fica sujeita ao recurso de agravo de instrumento; B: incorreta, porque o réu pode, por expressa previsão legal, formular pedidos em face do autor na própria contestação da ação possessória, e, pode, em razão disso, requerer a concessão imediata de liminar que antecipe, total ou parcialmente, sua pretensão; C: incorreta (a esse respeito, confira-se: "A impossibilidade de depósito extrajudicial envolvendo crédito da Fazenda Pública" – Roque Antônio Carrazza – RTJE 160/9, Just. 172/85); D: incorreta, porque na jurisdição voluntária o juiz não é obrigado a observar a legalidade estrita (art. 1.109 do CPC); E: correta, porque de acordo com a Súmula 292 do STJ, "a reconvenção é cabível na ação monitória, após a conversão do procedimento em ordinário". Gabarito "E".

(Magistratura Federal – 3ª Região – XIII) Proposta ação de usucapião de terras da União:
(A) o juiz julgará ou não o mérito, conforme a espécie do usucapião;
(B) o juiz indagará se a União está de acordo;
(C) o juiz deve extinguir o processo por impossibilidade jurídica;
(D) o juiz remeterá o processo ao Superior Tribunal de Justiça.

Art. 183, § 3º, da CF. Gabarito "C".

(Magistratura Federal – 3ª Região – XIII) Os embargos de terceiro são a via processual adequada quando:
(A) é penhorado bem do sócio, não havendo ele sido citado;
(B) é penhorado bem do sócio, havendo ele sido citado;
(C) é penhorada a casa residencial do devedor;
(D) a execução for movida contra parte ilegítima.

De fato, quando a ação é proposta em face da empresa, o sócio é terceiro no processo e se for atingido bem particular seu será o caso de embargos de terceiro para defesa da constrição judicial que recaia indevidamente sobre bem de sua propriedade. Gabarito "A".

(Magistratura Federal – 4ª Região – XIII – 2008) Dadas as assertivas abaixo, assinalar a alternativa correta quanto a Juizado Especial Federal.

I. Não cabe pedido de uniformização contra decisão recursal que julga agravo interposto em face de decisão concessória de antecipação de tutela.

II. Segundo o entendimento dominante, são admitidos o pedido contraposto e a ação rescisória no rito dos juizados especiais federais.

III. As pretensões cautelares no rito dos juizados especiais federais serão deduzidas incidentalmente, não tendo autonomia procedimental.

IV. A Lei nº 10.259/2001, apesar de prever a aplicação subsidiária da Lei nº 9.099/1995, não autoriza a arbitragem no âmbito dos juizados especiais federais.

(A) Estão incorretas apenas as assertivas I e II.
(B) Estão corretas apenas as assertivas II e IV.
(C) Estão corretas apenas as assertivas I, III e IV.
(D) Estão corretas todas as assertivas.

I: correta (art. 14 da Lei 10.259/01); II: incorreta (art. 1º da Lei 10.259/01 e art. 59 da Lei 9.099/95); III: correta (art. 4º da Lei 10.259/01); IV: correta, pois, de fato, a arbitragem não é cabível no âmbito do Juizado Especial Federal em virtude das pessoas que figuram no polo passivo, que podem ser a União, autarquias, fundações e empresas públicas federais, não se submeterem à arbitragem. Gabarito "C".

(Magistratura Federal/5ª Região – 2009 – CESPE) No que se refere aos embargos de terceiro, assinale a opção correta.
(A) Os honorários advocatícios devidos ao embargante serão pagos por ambas as partes do processo em que tenha ocorrido a penhora, independentemente de quem tenha dado causa à constrição indevida.
(B) Os embargos de terceiro, forma de intervenção de terceiros, permitem a qualquer pessoa estranha ao processo discutir a titularidade dos direitos disputados pelas partes.
(C) Será sempre do juízo deprecado a competência para processar os embargos de terceiro opostos à penhora realizada sob sua jurisdição.
(D) Ainda que intimado da penhora, o cônjuge poderá opor embargos de terceiro em defesa de sua meação no bem penhorado de propriedade do casal.
(E) Não existe hipótese em que um terceiro não possuidor possa utilizar os embargos de terceiro, dado o nítido caráter possessório dessa ação.

A: incorreta (Súmula 303 do STJ: "em embargos de terceiro, quem deu causa à constrição indevida deve arcar com os honorários advocatícios"); B: incorreta, porque os embargos de terceiro têm natureza jurídica de ação, e não de intervenção de terceiros; C: incorreta, porque "o juízo deprecado, na execução por carta, é o competente para julgar os embargos de terceiro, salvo se o bem apreendido foi indicado pelo juízo deprecante" (Súmula 33 do TRF; no mesmo sentido, STJ-RT 653/213); D: correta (Súmula 134 do STJ); E: incorreta, porque são admitidos os embargos, por exemplo, do doador "na defesa do direito de ver declarada a nulidade da penhora incidente sobre bem por ele gravado com cláusula de inalienabilidade" (STJ, REsp 856.699). Gabarito "D".

(Magistratura Federal – 5ª Região – 2007 – CESPE) Julgue o item abaixo:

(1) Os embargos de terceiro objetivam a reintegração ou a manutenção do terceiro na posse da coisa apreendida, razão pela qual eles se restringem à questão possessória, sendo-lhes estranha qualquer discussão sobre o domínio da coisa apreendida por determinação judicial.

1: errado. Ao contrário do que se verifica na dinâmica dos interditos, a sistemática dos embargos de terceiro abrange expressamente o domínio ou qualquer outro direito, real ou pessoal, que assegure ao embargante a posse sobre o bem indevidamente atingido por execução alheia. Gabarito 1E.

(Magistratura do Trabalho – 8ª Região – 2009) É correto afirmar, sobre embargos de terceiro:

(A) Os embargos podem ser opostos antes de encerrada a instrução, no processo de conhecimento, e, no processo de execução, até cinco dias depois da arrematação, adjudicação ou remição, mas sempre antes de assinatura da respectiva carta.

(B) Os embargos poderão ser contestados no prazo de 15 dias, findo o qual, não havendo resposta, presumir-se-ão aceitos pelo requerido, como verdadeiros, os fatos alegados pelo requerente.

(C) Caso julgue suficientemente provada a posse, o juiz deferirá liminarmente os embargos e ordenará a expedição de mandado de manutenção ou restituição em favor do embargante.

(D) No caso de deferimento liminar dos embargos, uma vez provada a posse, o embargante receberá os bens, independentemente de prestação de caução.

(E) Os embargos de terceiro podem versar sobre todos os bens ou sobre alguns deles. Em ambos os casos, uma vez opostos os embargos, o juiz determinará a suspensão do processo principal.

A: incorreta, porque "os embargos podem ser opostos a qualquer tempo no processo de conhecimento enquanto não transitada em julgado a sentença", conforme a dicção do art. 1.048 do CPC, sendo, portanto, inadequada a menção, na alternativa, ao encerramento da instrução como sendo o marco final para o exercício de tal direito; B: incorreta, porque é de 10 dias o prazo para a contestação (art. 1.053 do CPC); C: correta (art. 1.051 do CPC); D: incorreta, porque o art. 1.051 exige a caução para que o embargante receba a posse do bem; E: incorreta, porque se os embargos versarem sobre alguns dos bens tratados no processo principal, este prosseguirá em relação aos bens não embargados (art. 1.052 do CPC). Gabarito "C".

(Procuradoria Federal – 2007 – CESPE) Com respeito aos juizados especiais federais, julgue os itens a seguir.

(1) No foro onde estiver instalada vara do juizado especial federal, a competência deste é absoluta.

(2) Pessoa jurídica que seja empresa de pequeno porte não poderá ser autora nos juizados especiais federais.

(3) Nas causas de competência dos juizados especiais federais, quando a fazenda pública for condenada, não haverá reexame necessário.

(4) Compete ao advogado-geral da União expedir instruções referentes à atuação da AGU dos órgãos jurídicos das autarquias e fundações nas causas de competência dos juizados especiais federais, bem como fixar as diretrizes básicas para conciliação, transação e desistência do pedido e de recurso interposto.

1: certo (art. 20 da Lei 10.259/01); 2: errado (art. 6º, I, da Lei 10.259/01); 3: certo (art. 13 da Lei 10.259/01); 4: certo (art. 2º do Decreto 4.250/02). Gabarito 1C, 2E, 3C, 4C.

(Procurador da Fazenda Nacional – 2007.2 – ESAF) Com relação à consignação em pagamento, é incorreto afirmar que:

(A) o credor que comparece em juízo e recebe o pagamento, aceitando-se o depósito efetuado, responde proporcionalmente pelas custas e honorários, sendo julgado o pedido da consignatória procedente liberando-se o devedor da obrigação.

(B) se a causa da consignação for dúvida sobre quem legitimamente deva receber o objeto do pagamento, o credor, ou os supostos credores, serão citados para fazer prova do seu direito.

(C) cabe a consignação se o credor for incapaz de receber o pagamento e dar quitação válida, não tendo quem o assista ou o represente, sendo neste caso necessária a participação do Ministério Público para pleitear a citação do réu.

(D) se o autor protesta pelo depósito de prestações vincendas, o valor da causa deve corresponder ao equivalente a doze vezes a primeira prestação.

(E) o lugar do pagamento, foro competente para a consignatória, em regra, é o domicílio do devedor – dívida quérable, podendo as partes pactuar de maneira diferente – dívida portable.

A: incorreta (art. 897, parágrafo único, do CPC); B: correta (art. 895 do CPC); C: correta (art. 82, I, do CC); D: correta (Súmula 449 do STF); E: correta, pois tratando-se de ação de consignação em pagamento regida pelo Código de Processo Civil, deverá ela ser proposta no foro do *lugar de pagamento* (art. 891, *caput*, do CPC), assim entendido, sendo a dívida de natureza *portável*, aquele onde se situa o domicílio do credor (réu) ou o *contratualmente eleito* (foro de eleição), tendo a dívida natureza *quesível*, o foro competente é o do *domicílio do autor* (devedor) e, finalmente, competente será o foro onde se encontra a *coisa certa* objeto da prestação devida (CPC, art. 891, parágrafo único). Gabarito "A".

(Procurador da Fazenda Nacional – 2007 – ESAF) "A", menor e representada por sua mãe, ajuíza ação de alimentos em face de "B". Após ser citado, "B" apresenta contestação, na qual suscita que não é pai do menor, sendo, por consequência, indevidos os alimentos postulados. Assinale a única opção que não seja adequada ao caso.

(A) No prazo de dez dias, "A" poderá apresentar ação declaratória incidental para que a questão prejudicial suscitada por "B" na contestação seja acobertada pelo manto da coisa julgada.

(B) Se nenhuma das partes apresentar ação declaratória incidental, poderá o magistrado decidir acerca da questão prejudicial, sem violar o princípio da congruência.

(C) Como o réu suscitou questão prejudicial na contestação, não poderá o autor, no prazo decenal, apresentar ação declaratória incidental sob pena de caracterizar litispendência.

(D) Por se considerar o julgamento questão de estado, a apresentação de ação declaratória incidental por qualquer das partes suspenderá o processo, com base no art. 265 do Código de Processo Civil.

(E) A questão prejudicial deverá ser analisada pelo magistrado independentemente da apresentação da ação declaratória incidental pelas partes.

A: correta (art. 5º e 470 do CPC); B: correta (art. 469, III, do CPC); C: incorreta (art. 5º do CPC); D: correta (art. 265, IV, c, do CPC); E: correta (art. 469, III, do CPC). Gabarito "C".

(Procurador da Fazenda Nacional – 2007.2 – ESAF) "A" ajuíza ação ordinária em face de "B" postulando a condenação do réu a cumprir uma cláusula contratual. Ao ser citado, "B" contesta o pedido e, ao mesmo tempo, questiona a validade do próprio contrato no qual a cláusula está inserida. Assinale a opção incorreta.

(A) As partes devem ser ativa e passivamente legitimadas à causa em que se discute a existência e inexistência da relação jurídica, tanto que deveriam sê-lo se a demanda de declaração fosse proposta em caráter autônomo e não incidental.

(B) Se o réu não apresentar ação declaratória incidental, devolve-se ao autor a faculdade de fazê-lo, tendo ele para tanto o prazo de dez dias a partir de quando seu defensor tiver sido intimado do teor da contestação apresentada pelo réu.

(C) Como causa proposta incidentemente a um processo já iniciado, a ação declaratória é da competência absoluta funcional do juiz desta, o qual está prevento.

(D) A ação declaratória incidental é privativa do processo de conhecimento, porque como se traduz em pedido de tutela jurisdicional mediante sentença, não teria como se acomodar no executivo, no monitório, na cautelar e no de jurisdição voluntária.

(E) Não se admite ação declaratória incidental no procedimento sumário, nos juizados especiais cíveis e nas ações possessórias, sendo que nesta última hipótese sob o argumento de que o pedido de declaração incidente colide com a expressa autorização de formular pedido contraposto.

A: correta (art. 3º do CPC); B: correta (art. 325 do CPC); C: correta (art. 109 do CPC); D: correta, pois, de fato, somente é cabível ação declaratória incidental em processo de conhecimento porquanto há necessidade de prolação de uma sentença, incabível nas outras modalidades de procedimentos como monitório, executivo, voluntário e cautelar; E: incorreta (art. 280 do CPC e art. 31 da Lei 9.099/95). Quanto à ação possessória, a atual jurisprudência tem admitido o questionamento da ilegalidade das cláusulas contratuais nos próprios autos. Gabarito "E".

(Advogado da União/AGU – CESPE – 2009) No que diz respeito à ação discriminatória, julgue os itens subsequentes.

(1) O processo discriminatório pode ser administrativo ou judicial, sendo certo que, frustrado o processo administrativo por presumida ineficácia, será intentada a ação discriminatória, que deverá seguir o rito sumário previsto no art. 275 do CPC e se encerrará por sentença cuja eventual apelação não será recebida com efeito suspensivo.

(2) As ações sob o rito especial da divisão e da demarcação revestem-se de natureza real e cabem, prioritariamente, aos proprietários, sendo via possível também aos possuidores, desde que tenham posse atual, justa e de boa-fé.

1: Correta, porque de acordo com os arts. 1º, 20 e 21 da Lei 6.383/76 que regula a ação discriminatória de terras devolutas; 2: Errada, porque não se reconhece o direito do mero possuidor à propositura das ações de divisão e demarcação. Trata-se de ações que só poderão ser ajuizadas por quem é proprietário do bem. *Gabarito 1C, 2E*

(Defensoria Pública da União – 2010 – CESPE) Acerca da consignação em pagamento, julgue os itens a seguir.

(1) Se, citado para apresentar resposta em ação de consignação em pagamento, o credor alegar que não há litígio a respeito da coisa devida e que o depósito não foi integral, o juiz condutor do feito não poderá conhecer do primeiro fundamento, pois a lei enumera, taxativamente, os temas que podem ser abordados na defesa, e a inexistência de litígio não é um deles.

(2) Estão à disposição do credor, na ação de consignação em pagamento, todas as respostas previstas na lei processual, exceto a reconvenção, visto que não existe a possibilidade de esse tipo de procedimento assumir caráter dúplice.

1: Errada, porque o rol das matérias que o réu pode alegar na contestação, previsto no art. 896 do CPC, é exemplificativo; 2: Errada, porque "a reconvenção é cabível na consignatória, desde que atendido o disposto no art. 315" (RT548/161). *Gabarito 1E, 2E*

(Defensoria Pública da União – 2010 – CESPE) Acerca das ações possessórias, julgue os próximos itens.

(1) Se, no curso de ação de reintegração de posse, deferida liminar ao autor, o réu possuir prova de que o autor não detém idoneidade financeira para suportar perdas e danos diante de eventual sucumbência, ele poderá requerer ao juiz, até mesmo antes da sentença, independentemente de ação cautelar, que exija caução, sob pena de depósito do bem.

(2) Na hipótese de haver mais de uma pessoa apontada como responsável pelo esbulho de uma posse, sendo impossível ou extremamente difícil a individualização de cada um dos esbulhadores, o pólo passivo da possessória será ocupado pelo eventual líder, ainda que informal, sem a necessidade da citação editalícia dos demais.

1: Correta, porque nos termos do art. 925 do CPC; 2: Errada, porque, nesse caso, será requerida na inicial a citação como réus de todos aqueles que forem encontrados no imóvel. *Gabarito 1C, 2E*

(Defensoria Pública da União – 2010 – CESPE) Acerca da ação de usucapião, julgue o item a seguir.

(1) Serão obrigatoriamente intimadas, na ação de usucapião, as fazendas públicas (federal, estadual e municipal). Apenas no caso de efetiva intervenção de uma das pessoas jurídicas de direito público citadas ou de incapazes, o Ministério Público deverá intervir nos atos do processo.

1: Errada, porque o Ministério Público sempre intervém nas ações de usucapião (art. 944 do CPC). *Gabarito 1E*

(Defensoria Pública da União – 2010 – CESPE) Acerca dos juizados especiais federais cíveis, julgue os itens subsequentes.

(1) Ajuizada ação de consignação em pagamento em juizado especial federal, este será incompetente se, na consignatória, além das prestações vencidas, estiverem sendo cobradas as prestações vincendas que, no curso da lide, possam vir a superar o limite de 60 salários-mínimos.

(2) As leis que disciplinam os juizados especiais vedam o acesso das partes à ação rescisória, mas essa vedação não atinge a possibilidade de ajuizamento de ação declaratória da inexistência de ato processual. Por causa disso, diante de vício grave e de tal natureza, a parte prejudicada terá acesso à "querella nullitatis".

1: Errada, porque nesse caso o que não pode exceder o valor de 60 salários-mínimos é a soma de 12 parcelas, e não a soma dos valores das prestações vencidas e das vincendas; 2: Correta, porque é possível a utilização da ação de *querella nullitatis*, ainda que se trate de processo que tramitou perante os juizados especiais. *Gabarito 1E, 2C*

(Defensoria Pública da União – 2007 – CESPE) Julgue os seguintes itens.

(1) Não se incluem na competência dos juizados especiais federais cíveis as ações referidas no art. 109, incs. I, II e XI, da Constituição Federal, as ações de mandado de segurança, de desapropriação, de divisão e demarcação, populares, indenizatórias, execuções fiscais e por improbidade administrativa e, ainda, as demandas sobre direitos ou interesses difusos, coletivos ou individuais homogêneos.

(2) Uma empresa de pequeno porte sofreu dano patrimonial, no importe de R$ 11.500,00, em razão do inadimplemento de contrato firmado com uma multinacional fabricante de produtos derivados do petróleo. Nessa situação, assim como as pessoas físicas capazes, a empresa de pequeno porte poderá ajuizar ação de reparação de danos perante o juizado especial cível.

1: errado (art. 3º, § 1º, I, da Lei 10.259/01); 2: certo (art. 3º, I, da Lei 9.099/95). *Gabarito 1E, 2C*

(Procurador de Contas TCE/ES – CESPE – 2009) Ajuizados embargos de terceiro, o juiz deixou de apreciar de imediato o pedido de manutenção da posse e determinou a realização de audiência preliminar para que o embargante pudesse comprovar a alegada situação de possuidor e a citação do embargado. Considerando essa situação hipotética, assinale a opção correta quanto ao tempo adequado para a prática dos atos processuais.

(A) Se a ameaça à posse do embargante tiver ocorrido em data que anteceda feriado forense e se não houver interesse público envolvido, então será necessário aguardar a passagem do feriado para que os atos desse processo possam ser praticados.
(B) A eventual medida judicial de manutenção da posse do embargante somente será cumprida por ato do oficial de justiça se houver risco de perecimento do direito reconhecido na decisão que a determinar.
(C) Independentemente da natureza do pedido encaminhado pela referida ação, será válida a citação, mesmo que ela ocorra entre 6 h e 20 h de sábado.
(D) Considerada a exceção legal quanto à prática de atos processuais nos embargos de terceiro, o eventual cumprimento de ordens emanadas desse processo poderá ocorrer em horário superior às 20 h, que é o limite, já que se pressupõe autorização judicial para tanto.
(E) Havendo expressa autorização legal para a prática de atos processuais em embargos de terceiro durante os feriados forenses, o prazo para a resposta do réu correrá da data da juntada do mandado, mesmo que essa data ocorra em feriado.

A: incorreta, porque não há nada que justifique a espera pela passagem do feriado para a concessão de liminar em favor do embargante, e, além disso, o inciso II do art. 173 do CPC estabelece que os embargos de terceiro como exceção à regra de que os atos processuais não podem ser praticados nos feriados; B: incorreta, porque não se exige prova de risco de perecimento do direito como requisito para o cumprimento da medida de manutenção da posse do embargante; C: correta (art. 172 do CPC); D: incorreta, porque os atos cuja prática, por autorização judicial, pode ocorrer depois das 20 horas são citação e penhora, apenas (art. 172, § 2º do CPC); E: incorreta, porque o prazo para a resposta do réu somente começará a correr depois do feriado. *Gabarito "C"*

(Analista Judiciário/STF – 2008 – CESPE) Julgue os seguintes itens, acerca dos juizados especiais cíveis.

(1) O civilmente incapaz, desde que regularmente representado por seus genitores, poderá ser parte no juizado especial cível.
(2) É lícito ao réu, na contestação, formular pedido em seu favor, desde que fundado nos mesmos fatos que constituem objeto da controvérsia, mas não se admitirá a reconvenção.

1: errado (art. 8º da Lei 9.099/95); 2: certo (art. 31 da Lei 9.099/95). *Gabarito 1E, 2C*

(Cartório/AP – 2011 – VUNESP) A separação consensual e o divórcio consensual poderão ser realizados sem a intervenção judicial

(A) desde que não haja filhos menores ou incapazes do casal e, observados os requisitos legais, por meio de escritura pública, da qual constarão as disposições relativas à descrição e à partilha dos bens comuns e à pensão alimentícia e, ainda, ao acordo quanto à retomada pelo cônjuge de seu nome de solteiro ou à manutenção do nome adotado quando se deu o casamento.
(B) por meio de escritura pública, desde que não haja filhos menores ou incapazes, ainda que haja discussão quanto à destinação do patrimônio do casal.
(C) desde que observados os requisitos legais quanto aos prazos, por meio de escritura pública, da qual constarão as disposições relativas à descrição e à partilha dos bens comuns e à pensão alimentícia dos filhos menores ou incapazes e, ainda, ao acordo quanto à retomada pelo cônjuge de seu nome de solteiro ou à manutenção do nome adotado quando se deu o casamento.
(D) se houver expressa anuência do órgão do Ministério Público e seja o acordo elaborado por meio de escritura pública, da qual constarão as disposições relativas à descrição e à partilha dos bens comuns e à pensão alimentícia dos filhos menores ou incapazes e, ainda, ao acordo quanto à retomada pelo cônjuge de seu nome de solteiro ou à manutenção do nome adotado quando se deu o casamento.
(E) por meio de escritura particular, firmada pelos separandos ou divorciandos, com firma reconhecida.

De acordo com o prevê o art. 1.124-A do CPC, está correta a alternativa "A". Gabarito "A".

(Cartório/MS – 2009 – VUNESP) A ação que o Município deve propor a fim de impedir que o particular construa em contravenção da lei, do regulamento ou de postura é

(A) interdito proibitório.
(B) usucapião de terras particulares.
(C) divisão de terras particulares.
(D) demarcação de terras particulares.
(E) nunciação de obra nova.

A: incorreta, porque o interdito proibitório é ação possessória que tem cabimento na hipótese de ameaça de esbulho ou de turbação; B: incorreta, porque usucapião é a ação destinada ao reconhecimento da aquisição da propriedade; C: incorreta, porque a ação de divisão é ação que o condômino tem para obrigar os demais a partilhar a coisa comum; D: incorreta, pois a ação de demarcação é aquela que cabe ao proprietário para obrigar o seu confinante a estremar os prédios, fixando-se novos limites entre eles ou aviventando-se os já apagados; E: correta, porque, nos termos do art. 934, III, do CPC, compete a ação de nunciação de obra nova "ao Município, a fim de impedir que o particular construa em contravenção da lei, do regulamento ou de postura". Gabarito "E".

(Cartório/MS – 2009 – VUNESP) Sobre as ações possessórias, é correto afirmar que

(A) a propositura de uma ação possessória em vez de outra obstará a que o juiz conheça do pedido e outorgue a proteção legal correspondente àquela, cujos requisitos estejam provados.
(B) o possuidor direto ou indireto, que tenha justo receio de ser molestado na posse, poderá impetrar ao juiz que o segure da turbação ou esbulho iminente, mediante mandado proibitório, em que se comine ao réu determinada pena pecuniária, caso transgrida o preceito.
(C) contra as pessoas jurídicas de direito público será deferida a manutenção ou reintegração liminar sem prévia audiência dos respectivos representantes judiciais.
(D) na pendência do processo possessório não é defeso ao réu intentar com ação de reconhecimento de domínio.
(E) o réu pode demandar proteção possessória e indenização, pelos prejuízos resultantes da turbação ou esbulho cometido pelo autor, porém deverá fazê-lo através de reconvenção.

A: incorreta, porque o art. 920 do CPC estabelece que "a propositura de uma ação possessória em vez de outra não obstará que o juiz conheça do pedido e outorgue a proteção legal correspondente àquela, cujos requisitos estejam provados". Esta é a característica da fungibilidade entre as ações possessórias; B: correta (art. 932, CPC); C: incorreta (928, parágrafo único, CPC); D: incorreta (art. 923, CPC); E: incorreta (art. 922, CPC). Gabarito "B".

(Cartório/MS – 2009 – VUNESP) Quem sofrer turbação ou esbulho na posse de seus bens por ato de apreensão judicial, não sendo parte no processo, poderá requerer lhes sejam manutenidos ou restituídos por meio de

(A) busca e apreensão.
(B) reintegração de posse.
(C) usucapião.
(D) embargos de terceiro.
(E) interdito proibitório.

De acordo com o que prevê o art. 1.046 do CPC, a ação cabível para esta hipótese é a de embargos de terceiro. Em razão disso, está correta unicamente a alternativa "D", excluídas as demais. Gabarito "D".

15. LEGISLAÇÃO EXTRAVAGANTE

(Magistratura/MG – 2009 – EJEF) Com relação à declaração de inconstitucionalidade, assinale a opção CORRETA.

(A) Outros órgãos ou entidades não poderão se manifestar no incidente, mesmo considerando relevância e representatividade deles.
(B) Os órgãos fracionários dos tribunais submeterão ao plenário ou ao órgão especial a argüição de inconstitucionalidade, mesmo quando já houver pronunciamento deste, para evitar decisão conflitante.
(C) A pessoa jurídica de direito público que editou o ato apontado inconstitucional obrigatoriamente será parte e participará do incidente.
(D) O juiz de primeiro grau poderá deixar de aplicar lei arguindo sua inconstitucionalidade. Todavia, em grau recursal, a Câmara não procederá ao julgamento do recurso, encaminhando-o ao órgão especial ou pleno, conforme for do regimento interno.

A: incorreta, porque "o relator, considerando a relevância da matéria e a representatividade dos postulantes, poderá, por despacho irrecorrível, admitir a manifestação de outros órgãos ou entidades", na qualidade de *amicus curiae* (art. 482, § 3º, do CPC); B: incorreta, porque é o contrário que estabelece o parágrafo único do art. 481 do CPC; C: incorreta, porque o art. 482, § 1º, do CPC, prevê a possibilidade de sua intervenção voluntária no incidente; D: correta, porque em primeiro grau de jurisdição, os juízes têm liberdade para apreciar, em caráter incidental, a questão relativa à inconstitucionalidade de lei, mas o mesmo não ocorre nos órgãos fracionários dos tribunais (art. 97 da CR e art. 480 do CPC). Gabarito "D".

(Magistratura/MG – 2009 – EJEF) Na Execução Fiscal, regida pela Lei nº 6.830, de 1980, é correto afirmar, EXCETO:

(A) Das sentenças proferidas em execuções de valor igual ou inferior a 50 (cinqüenta) - ORTN, só se admitirão apelação e embargos infringentes.
(B) A Dívida Ativa regularmente inscrita goza da presunção iuris tantum de certeza e liquidez.
(C) A Dívida Ativa da Fazenda Pública, compreendendo a tributária e a não tributária, abrange atualização monetária, juros e multa de mora e demais encargos previstos em lei ou contrato.
(D) A execução fiscal poderá ser promovida, dentre outros, contra os sucessores a qualquer título.

A: incorreta, porque nesse caso são cabíveis apenas os embargos infringentes (art. 34 da Lei 6.830/80); B: correta (art. 3º da Lei 6.830/80); C: correta (art. 2º, § 2º da Lei 6.830/80; D: correta (art. 4º, VI, da Lei 6.830/80). Gabarito "A".

(Magistratura/MT – 2009 – VUNESP) Tício é beneficiário da gratuidade de justiça, nos termos da Lei n.º 1.060/50 Tendo sido condenado a pagar determinada quantia ao autor e estando o processo a iniciar sua fase de cumprimento de sentença, Tício invocou o princípio da dignidade da pessoa humana (CF, Art. 1.º, III) e postulou fosse suspenso o feito diante da hipossuficiência declarada. Nesse caso, pode-se afirmar que a

(A) falta de condições econômicas para arcar com os custos processuais faz presumir a insolvabilidade do réu, devendo ficar arquivado o processo até que o credor indique bens suficientes à satisfação da obrigação.

(B) Lei de Assistência Judiciária não permite a suspensão do cumprimento da sentença quanto aos valores da condenação, todavia quanto às custas e honorários de sucumbência a ação pode ser suspensa por cinco anos, findos os quais, o débito será inscrito na dívida ativa do Estado.
(C) Lei de Assistência Judiciária não permite a suspensão do cumprimento da sentença quanto aos valores da condenação, todavia quanto às custas e honorários de sucumbência a ação pode ser suspensa por cinco anos, findos os quais, o débito será considerado prescrito.
(D) Lei de Assistência Judiciária não permite a suspensão do cumprimento da sentença quanto aos valores da condenação, todavia quanto às custas e honorários de sucumbência a ação deve ser suspensa pelo mesmo prazo de prescrição de que trata o direito tutelado, findo o qual, a dívida será considerada prescrita.
(E) Lei de Assistência Judiciária permite a suspensão do cumprimento da sentença quanto aos valores da condenação, todavia quanto às custas e honorários de sucumbência a ação pode ser arquivada por cinco anos, findos os quais, o débito será considerado prescrito.

A: incorreta, porque a falta de condições econômicas para arcar com os custos do processo não implica a presunção de insolvência e consequente suspensão da execução quanto aos valores da condenação (apenas das custas e honorários) contra aquele que foi beneficiário da justiça gratuita; B: incorreta, porque o art. 12 da Lei 1.060/50 prevê que haverá prescrição do débito relativo às custas e honorários nesse caso, e não inscrição em dívida ativa; C: correta (art. 12 da Lei 1.060/50); D: incorreta, porque o prazo é de cinco anos, em qualquer caso, nos termos do dispositivo já citado; E: incorreta, pelos motivos já expostos. Gabarito "C".

(Magistratura/PA – 2009 – FGV) Caio Túlio, brasileiro, casado, economista, residente à Rua do Bispo nº 01, Belém/PA, pretende candidatar-se ao cargo de Procurador da República, sem ter concluído o tempo de atividade jurídica exigido após a Emenda Constitucional nº 45, que incluiu tal requisito. O edital do concurso foi redigido em obediência à decisão do Conselho Nacional do Ministério Público. A autoridade coatora indicada foi o Procurador-Geral da República. A medida liminar foi deferida e o candidato obteve aprovação em todas as fases do concurso público. A decisão final do Tribunal competente concluiu que não houve a caracterização de ato abusivo ou ilegal por parte da autoridade indicada no *mandamus*. Observado o enunciado acima, analise as afirmativas a seguir.

I. Sendo a autoridade impetrada o Procurador-Geral da República, o órgão competente para julgamento seria o Supremo Tribunal Federal.
II. A norma do edital do concurso pode ser atacada por meio de Mandado de Segurança, sem vinculação a caso concreto.
III. Mandado de Segurança depende, regra geral, de prova pré-constituída.
IV. No Mandado de Segurança, a liminar deve sempre ser deferida.
V. O tempo de atividade jurídica exigido pela Constituição, após a emenda constitucional nº 45, pode ser comprovado, no Mandado de Segurança, por testemunhas.

Assinale:
(A) se somente as afirmativas I e III estiverem corretas.
(B) se somente as afirmativas I e IV estiverem corretas.
(C) se somente as afirmativas IV e V estiverem corretas.
(D) se somente as afirmativas I, III e IV estiverem corretas.
(E) se somente as afirmativas II, III e IV estiverem corretas.

I: correta, porque nos termos da alínea *d* do inciso I do art. 102 da CR; II: incorreta, porque não se admite mandado de segurança contra ato lei ou ato administrativo, em tese; III: correta, porque a exigência de direito líquido e certo para impetração do mandado de segurança significa precisamente a prova pré-constituída do direito violado, ou a ser violado; IV: incorreta, porque o deferimento da liminar depende da verificação pelo juiz da existência de fundamento relevante e de risco de ineficácia da medida, caso deferida ao final (art. 7º, III, da Lei 12.016/2009); V: incorreta, porque a prova documental é a única admitida no processo de mandado de segurança. Gabarito "A".

(Magistratura/PA – 2009 – FGV) Caio da Silva, agricultor, durante vinte anos, mantém a posse de terreno localizado no Município de Belém/PA. Desejoso de regularizar sua situação fundiária, contata advogado que indica, como adequada, a propositura de ação de usucapião. A petição inicial é apresentada, instruída com a planta do local e do imóvel, bem como com as certidões negativas e com a certidão vintenária, esta oriunda do Registro Geral de Imóveis. Aduz o autor ser possuidor, com *animus domini*, do imóvel descrito na exordial e exercer nele atividade de exploração, para fins de subsistência, por meio de plantação de milho e criação de animais. Sustenta preencher os requisitos da usucapião *pro labore* ou especial. O imóvel está registrado como de domínio do Estado do Pará, sendo o mesmo citado como réu. A União Federal e o Município de Belém, regularmente cientificados, manifestam sua falta de interesse no litígio. Os lindeiros são citados e não apresentam contestação. Ocorre a publicação do edital convocando terceiros e o magistrado nomeia Curador Especial para defender os réus incertos citados por edital. Após, os autos são remetidos ao Ministério Público, que apresenta parecer. O Estado do Pará apresenta, por dependência, ação reivindicatória, postulando a tutela antecipada, que restou indeferida, havendo recurso retido nos autos. O réu é citado e apresenta contestação, reiterando a usucapião. Na fase instrutória, o magistrado determina a produção de prova pericial, rejeitando as preliminares aduzidas de inépcia e de impossibilidade jurídica do pedido, diante da natureza pública do bem, o que tornaria inviável a usucapião. O autor entende ser despicienda a perícia diante da descrição adequada do bem que, inclusive, não foi contestada pela ré, sendo o seu requerimento indeferido. A Fazenda Estadual apresenta novo recurso retido nos autos. A esse respeito, analise as afirmativas a seguir.

I. Na ação de usucapião de terras particulares a intervenção do Ministério Público se revela obrigatória, para defender a regularidade do registro imobiliário, por determinação legal.
II. Havendo réus citados por edital, deverá o magistrado nomear Curador Especial.
III. A perícia na ação de usucapião se revela imprescindível.
IV. Os recursos retidos referidos no texto deverão ser reiterados quando da apresentação do recurso de apelação.
V. A competência para o conhecimento da ação de usucapião é, regra geral, do local do imóvel, sendo o *foro rei sitae*.

Assinale:
(A) se nenhuma afirmativa estiver correta.
(B) se somente as afirmativas I e III estiverem corretas.
(C) se somente as afirmativas I e V estiverem corretas.
(D) se somente as afirmativas I, IV e V estiverem corretas.
(E) se somente as afirmativas I, II, IV e V estiverem corretas.

A: correta (art. 944 do CPC); II: correta, nos termos do art. 9º, II, do CPC (desde que os réus citados por edital não tenham contestado); III: incorreta, porque nem sempre é necessária a realização de prova técnica; IV: correta (art. 523 do CPC); V: correta (art. 95 do CPC). Gabarito "E".

(Magistratura/PA – 2009 – FGV) A ONG Tarta Magna propôs ação civil pública em face da empresa P e P S/A, com o intuito de compeli-la a diminuir o preço da gasolina, em descompasso com os valores pagos nas transações internacionais da companhia. O pedido é julgado procedente e a ré condenada a pagar dez bilhões de reais pelos prejuízos causados aos consumidores e dez por cento de honorários advocatícios, incidentes sobre o valor da condenação. Houve recurso improvido. A decisão transitou em julgado. Em comunicação publicada em jornal de circulação nacional, a ONG autora da ação convocou todos os consumidores lesionados pela ação da ré a postular a execução do julgado. Observados tais fatos, analise as afirmativas a seguir.

I. Na ação civil pública, os valores da condenação revertem para um fundo que deverá ser utilizado, primacialmente, para compor os danos causados.
II. As execuções dos consumidores podem ser individuais no Juízo dos seus domicílios, bastando requerer certidão do inteiro teor da sentença e certificação do trânsito em julgado.

III. A coisa julgada que se forma na ação civil pública é *inter partes*.
IV. O não pagamento da dívida impõe a execução civil mediante aplicação das regras do cumprimento de sentença.
V. O consumidor que ajuizou ação individual pode requerer a sua suspensão, assim que tomar ciência da propositura da ação coletiva, e submeter-se aos efeitos da coisa julgada dela decorrente e requerer a execução baseada na coisa julgada que deflui da ação civil pública.

Assinale:

(A) se somente as afirmativas I, II e III estiverem corretas.
(B) se somente as afirmativas I, IV e V estiverem corretas.
(C) se somente as afirmativas I, III e IV estiverem corretas.
(D) se somente as afirmativas I, II e V estiverem corretas.
(E) se somente as afirmativas II, III e V estiverem corretas.

A: correta (art. 13 da Lei 7.347/85); II: incorreta, porque será necessário que os consumidores vítimas promovam, antes da execução, a liquidação de seus danos, sendo competente para a execução, o juízo da liquidação da sentença; III: incorreta, porque a coisa julgada nas ações coletivas forma-se *erga omnes* ou *ultra partes*, a depender da natureza do interesse nela defendido (art. 103 do CDC); IV: correta, já que se trata de título executivo judicial; V: correta (art. 104 do CDC). Gabarito "B".

(Magistratura/SP – 2007) Assinale a alternativa incorreta a respeito da Lei n.º 1.060/50.

(A) A assistência judiciária compreende a isenção das taxas judiciárias e dos selos; das despesas com as publicações indispensáveis no jornal encarregado da divulgação dos atos oficiais; dos honorários de advogado e peritos e das despesas com a realização do exame de código genético – DNA que for requisitado pela autoridade judiciária nas ações de investigação de paternidade ou maternidade.
(B) A parte contrária poderá, em qualquer fase do processo, requerer a revogação dos benefícios de assistência, desde que prove a inexistência ou o desaparecimento dos requisitos essenciais à sua concessão.
(C) Os benefícios da assistência judiciária compreendem todos os atos do processo até decisão final do litígio, em todas as instâncias, transmitindo-se referidos benefícios ao cessionário de direito, não se extinguindo em caso de morte do beneficiário.
(D) A parte beneficiada pela isenção do pagamento das custas ficará obrigada a pagá-las, desde que possa fazê-lo, sem prejuízo do sustento próprio ou da família. Se, dentro de 05 (cinco) anos, a contar da sentença final, o assistido não puder satisfazer tal pagamento, a obrigação ficará prescrita.

A: correta (art. 3º da Lei 1.060/50); B: correta (art. 7º da Lei 1.060/50); C: incorreta (arts. 9º e 10 da Lei 1.060/50); D: correta (art. 12 da Lei 1.060/50). Gabarito "C".

(Ministério Público/BA – 2010) Como sabido, o Mandado de Segurança é uma garantia cabível em circunstâncias nas quais a ilegalidade, o desrespeito à razoabilidade e à proporcionalidade contaminam o ato administrativo. Sobre referida ação constitucional, pode-se asseverar.

I. Cabe Mandado de Segurança contra decisão judicial transitada em julgado.
II. De acordo com a inovação introduzida pelo art. 5º da Lei 12.016/2009, é incabível mandado de segurança quando a impetração destinar-se a questionar ato disciplinar.
III. O pedido de mandado de segurança poderá ser renovado dentro do prazo decadencial, se a decisão denegatória não lhe houver apreciado o mérito.
IV. A decisão proferida em mandado de segurança de competência originária do Tribunal, que aprecia pedido liminar, é irrecorrível.
V. Nos termos da novel legislação sobre o Mandado de Segurança, a autoridade coatora não é legitimada para recorrer.

Desse modo, assinale o número de alternativa(s) correta(s).

(A) 1.
(B) 2.
(C) 3.
(D) 4.
(E) 5.

I: incorreta (art. 5º, III, Lei 12.016/2009); II: incorreta, porque o dispositivo em questão não prevê tal restrição; III: correta (art. 6º, § 6º, da Lei 12.016/2009); IV: incorreta, porque tal decisão desafia agravo interno (art. 16, parágrafo único, da Lei 12.016/2009); V: incorreta (art. 14, § 2º da Lei 12.16/2009). Gabarito "A".

(Ministério Público/CE – 2009 – FCC) Ação de improbidade administrativa.

I. No caso de a ação de improbidade ser proposta pelo Ministério Público, a pessoa jurídica de direito público, cujo ato seja objeto de impugnação, poderá atuar ao lado do autor.
II. Tem legitimidade para propor a ação de improbidade a pessoa jurídica de direito público, cujo ato seja objeto de impugnação.
III. Não caberá recurso da decisão que receber a petição inicial.
IV. Recebida a petição inicial, não pode o juiz extinguir o processo sem a resolução do mérito.
V. A propositura de ação de improbidade administrativa não prevenirá a jurisdição do juízo.

(A) Somente III, IV e V estão corretas.
(B) Somente II, IV e V estão corretas.
(C) Somente III e IV estão corretas.
(D) Somente I e II estão corretas.
(E) I, II, III, IV e V estão corretas.

I: correta (art. 17, § 3º, da Lei 8.429/92, c.c. art. 6º, § 3º, da Lei 4.717/65); II: correta (art. 17 da Lei 8.429/92); III: incorreta, porque contra essa decisão cabe agravo de instrumento (art. 17, § 10, da Lei 8.429/92); IV: incorreta (art. 17, § 11, da Lei 8.429/92); V: incorreta (art. 17, § 5º, da Lei 8.429/92). Gabarito "D".

(Ministério Público/CE – 2009 – FCC) Reclamação.

I. A reclamação pode ser prevista na Constituição do Estado, para a correção de decisões contrárias à súmula vinculante.
II. A reclamação para garantir a autoridade da decisão do STF será dirigida ao Presidente do Tribunal de Justiça.
III. Qualquer interessado poderá impugnar o pedido do reclamante.
IV. É ônus, do reclamante, instruir a reclamação com prova documental.
V. É lícito ao relator conceder a suspensão do ato impugnado.

(A) Somente III, IV e V estão corretas.
(B) Somente II, IV e V estão corretas.
(C) Somente III e IV estão corretas.
(D) Somente I e II estão corretas.
(E) I, II, III, IV e V estão corretas.

I: incorreta, porque, embora seja possível a previsão, na Constituição do Estado, de reclamação dirigida ao Tribunal de Justiça, não se pode conceber que o texto local se refira à competência do STF, que é consagrada pela Constituição da República; II: incorreta, porque a reclamação deve ser dirigida ao Presidente do próprio STF, nesse caso (art. 13 da Lei 8.038/90); III: correta (art. 15 da Lei 8.038/90); IV: correta, porque na reclamação não é admitida a produção de outras provas, além da documental (art. 13, parágrafo único, da Lei 8.038/90); V: correta (art. 14, II, da Lei 8.038/90). Gabarito "A".

(Ministério Público/CE – 2009 – FCC) A sentença que concluir pela procedência de ação popular, em que o Município figura, juntamente com o prefeito, como réus,

(A) não está sujeita ao duplo grau de jurisdição obrigatório.
(B) está sujeita ao duplo grau de jurisdição obrigatório, não produzindo efeito senão depois de confirmada pelo tribunal.
(C) pode ser recorrida pelo Ministério Público.
(D) está sujeita a recurso de apelação, sem efeito suspensivo.
(E) está sujeita a agravo de instrumento, com efeito suspensivo.

A: correta, porque só há reexame necessário na ação popular quando a sentença concluir pela carência ou pela improcedência da ação (art. 19 da Lei 4.717/65), e não aquela em que o pedido foi julgado procedente; B incorreta (reler o comentário sobre a assertiva anterior); C: incorreta, porque o MP só está legitimado a recorrer contra as decisões contrárias ao autor da ação popular, e, como no caso proposto, a ação foi julgada procedente, não há que se falar em legitimidade do recurso do órgão ministerial (art. 19, § 2º, da Lei 4.717/65); D: incorreta (parte final do *caput* do art. 19 da Lei 4.717/65); E: incorreta, porque contra sentença é cabível apelação, e porque o recurso de agravo não tem, como regra, efeito suspensivo. Gabarito "A".

(Ministério Público/CE – 2009 – FCC) "A", servidor público do Estado, praticou ilícito penal, causando prejuízo ao erário. A Administração promoveu a respectiva ação de ressarcimento quando o prazo de prescrição, estabelecido em lei para o ilícito penal, havia decorrido sem o exercício da pretensão penal contra ele. Em contestação, o servidor alegou a prescrição do direito ao ressarcimento e pediu a extinção do processo com resolução do mérito. Neste caso,

(A) o prazo da ação de ressarcimento de ato ilícito que cause prejuízo ao erário é de decadência e corre juntamente com o de prescrição do ato ilícito, podendo ser declarada de ofício.
(B) a ação de ressarcimento não está prescrita.
(C) a ação de ressarcimento está prescrita, porque o prazo de prescrição para o ilícito praticado já decorreu, mas a prescrição não pode ser declarada de ofício.
(D) a ação de ressarcimento está prescrita, porque o prazo de prescrição para ilícito praticado já decorreu e a prescrição da ação pode ser declarada de ofício.
(E) a ação de ressarcimento somente fica sujeita à decadência que não foi alegada nem pode ser decretada de ofício.

A: incorreta, porque eventual prazo para o ressarcimento dos prejuízos seria prescricional, já que a procedência do pedido acarretaria uma sentença condenatória (só se fala em prazo de decadência quando o exercício bem-sucedido da pretensão, no prazo, acarretasse uma sentença constitutiva ou desconstitutiva); B: correta, porque não prescreve a ação de ressarcimento da Fazenda Pública contra o servidor (§ 5º do art. 37 da CR); C e D: incorretas (reler o comentário sobre a alternativa anterior); E: incorreta (reler o comentário sobre a assertiva A). Gabarito "B".

(Ministério Público/DF – 2009) Sobre o mandado de segurança, assinale a alternativa correta.

(A) A sentença que conceder a segurança fica sujeita ao duplo grau de jurisdição podendo, entretanto, ser executada provisoriamente.
(B) O pedido de mandado de segurança poderá ser renovado sempre que a decisão que pôs fim ao processo for denegatória.
(C) Cabem as formas de intervenção de terceiros no mandado de segurança.
(D) O erro na indicação da autoridade apontada como coatora leva à extinção do feito com julgamento de mérito.
(E) Embora na ação de mandado de segurança, a legitimidade recursal na apelação seja da pessoa jurídica a cujos quadros pertence a autoridade impetrada, há de ser conhecida a apelação interposta pela Câmara Legislativa do DF.

A: correta (art. 14, §§ 1º e 3º, da Lei 12.016/2009); B: incorreta, porque se o mérito da impetração foi apreciado, a decisão faz coisa julgada material, o que impede a renovação do pedido, com base no mesmo fundamento (art. 6, § 6º, da Lei 12.016/2009); C: incorreta, pois não existe tal possibilidade; D: incorreta, porque a extinção do processo por erro na indicação da autoridade coatora (que nem sempre é decretada) não implicará a resolução do mérito; E: incorreta. Gabarito "A".

(Ministério Público/DF – 2009) Acerca da ação de usucapião, assinale a alternativa correta.

(A) Compete a ação de usucapião ao possuidor e ao comodatário para que se lhes declare, nos termos da lei, o domínio do imóvel ou a servidão predial.
(B) Em ação de usucapião, serão intimados por publicação na imprensa oficial, para que manifestem interesse na causa, os representantes da Fazenda Pública da União, dos Estados, do Distrito Federal e dos Municípios.
(C) O autor requererá a citação daquele em cujo nome estiver registrado o imóvel usucapiendo e, por edital, dos confinantes, réus em lugar incerto e eventuais interessados.
(D) A atuação do Ministério Público na ação de usucapião, enquanto fiscal da lei, corresponde à de curador ao vínculo, considerando-se como vínculo existente entre as partes, a relação de posse e propriedade.
(E) Intervirá obrigatoriamente em todos os atos do processo o Ministério Público.

A: incorreta, porque o comodatário, por não ter posse com ânimo de dono, não pode ajuizar ação de usucapião; B: incorreta, porque a intimação das Fazendas Públicas é feita pela via postal (art. 943 do CPC); C: incorreta, porque os confinantes serão citados pessoalmente, e não por edital; D: incorreta, porque a figura do "curador do vínculo" era própria das ações de invalidade do casamento, o que não existe mais no sistema brasileiro, e nunca foi aplicável ao processo de usucapião; E: correta (art. 944 do CPC). Gabarito "E".

(Ministério Público/DF – 2009) Ainda sobre o mandado de segurança, assinale a alternativa incorreta.

(A) O erro na indicação da autoridade apontada como coatora leva ao indeferimento da inicial por ilegitimidade passiva.
(B) O mandado de segurança pode fazer as vezes de ação de cobrança.
(C) Não cabe mandado de segurança contra lei em tese.
(D) Se a sentença no mandado de segurança declara a invalidade de cláusula editalícia, a empresa proclamada vencedora no certame deve integrar a relação processual como litisconsorte necessária.
(E) A autoridade coatora é quem pratica o ato e não apenas quem estabelece sua prática, desde que tenha poderes para desfazê-lo. No entanto, se a autoridade impetrada responder à notificação e apresentar a defesa do ato, considera-se legitimada por força de encampação.

A: correta (STJ CC 38.008-EDcl.); B: incorreta (Súmula 269 do STF); C: correta (Súmula 266 do STF); D: correta ("PROCESSUAL CIVIL. LICITAÇÃO PARA A REALIZAÇÃO DE OBRAS. MANDADO DE SEGURANÇA. VISANDO ANULAR A LICITAÇÃO. AUSÊNCIA DE CITAÇÃO DA EMPRESA VENCEDORA DA LICITAÇÃO COMO LITISCONSORTE NECESSÁRIA. NULIDADE DO PROCESSO (ART. 19 DA LEI N. 1.533/51 E ART. 47 DO CPC). A EMPRESA DECLARADA VENCEDORA, POR DECISÃO ADMINISTRATIVA, EM PROCESSO LICITATÓRIO, PARA A REALIZAÇÃO DE OBRAS PÚBLICAS DETÉM LEGÍTIMO INTERESSE NA MANUTENÇÃO DO CERTAME. UMA VEZ IMPETRADA SEGURANÇA VISANDO A DECLARAÇÃO DA NULIDADE DA LICITAÇÃO, A EMPRESA VENCEDORA SERÁ, ACASO DEFERIDO O 'MANDAMUS', DIFERENTE ATINGIDA EM SEU DIREITO, DEVENDO, POR ISSO MESMO, INTEGRAR A RELAÇÃO PROCESSUAL, COM A DEVIDA OPORTUNIDADE DE FORMULAR DEFESA. A JURISPRUDÊNCIA DESTA CORTE TEM PROCLAMADO, VEZES SEGUIDAS, SER NULO O PROCESSO EM QUE NÃO FOI CITADO O LITISCONSORTE NECESSÁRIO" - REsp 56.124/MT, Rel. Ministro DEMÓCRITO REINALDO, PRIMEIRA TURMA, julgado em 05/02/1995, DJ 26/02/1996, p. 3938); E: correta, pois a teoria da encampação no mandado de segurança se aplica nas hipóteses em que a autoridade hierarquicamente superior não se limita a informar sua ilegitimidade passiva, mas adentra no mérito da ação, tornando-se legítima para figurar no polo passivo da demanda. Gabarito "B".

(Ministério Público/DF – 2009) Considerando-se a ação popular, a ação civil pública e a ação de improbidade, assinale a alternativa incorreta.

(A) Existe divergência doutrinária e jurisprudencial acerca da natureza da legitimidade para a causa em relação ao autor popular. Considerando-se que a legitimidade em questão seja do tipo extraordinária, correndo ações populares conexas em juízos de mesma competência territorial, torna-se competente pela prevenção aquele que despachou em primeiro lugar. No entanto, se as ações foram intentadas contra as mesmas partes, sob os mesmos fundamentos e com o mesmo pedido, a citação válida vai induzir a litispendência, ainda que os autores populares sejam nominalmente diversos.
(B) A ação popular é um instrumento de natureza coletiva e se destina a controlar a atividade administrativa. Sendo a moralidade um princípio da administração pública, o Constituinte de 1988 acrescentou a moralidade administrativa e o meio ambiente como bens a serem tutelados por via de ação popular, já que este último está insculpido na Carta Magna como bem de uso comum do povo e essencial à sadia qualidade de vida.
(C) Em caso de ação civil pública, qualquer pessoa poderá e o servidor público deverá provocar a iniciativa do Ministério Público, ministrando-lhe informações sobre fatos que constituam objeto da ação civil pública e indicando-lhe os elementos de convicção.

(D) Existe divergência doutrinária e jurisprudencial acerca da natureza da legitimidade para a causa do autor popular. Considerando-se que a legitimidade em questão seja do tipo ordinária, tem-se que a propositura da ação popular previne a jurisdição do juízo para todas as ações posteriormente intentadas contra as mesmas partes e sob os mesmos fundamentos.

(E) Em caso de ação de improbidade, a ação principal terá rito especial e será proposta pelo Ministério Público ou pela pessoa jurídica interessada consoante a lei especial que a regula.

A: correta (art. 219, c.c. art. 106 do CPC); B: correta (art. 5º, LXXIII, da CF); C: correta (art. 6º da Lei 7.347/85); D: correta (reler o comentário sobre a assertiva A); E: incorreta, porque a ação terá rito ordinário (art. 17 da Lei 8.429/92). Gabarito "E".

(Ministério Público/MA – 2009) Atente para as afirmativas que seguem.

I. Os beneficiários da denominada *"assistência judiciária"* (Lei nº 1.060/1950), quando sucumbentes na causa, jamais poderão ser condenados pela respectiva sentença ao pagamento das custas processuais.

II. Os benefícios da "assistência judiciária" (Lei 1.060/1950), uma vez concedidos pelo juiz, não mais poderão ser revogados.

III. Quando impugnado pela parte contrária o pedido de concessão da *"assistência judiciária"* (Lei nº 1.060/1950), ainda que processado em autos apartados, impõe a necessária suspensão do processo principal, até final decisão, vale dizer, a que deva ser proferida acerca do *"pedido de assistência judiciária"*.

IV. Os benefícios da *"assistência judiciária"* compreendem todos os atos do processo e, portanto, também isentam o beneficiário, quando sucumbente, de efetivar o respectivo preparo do recurso que vier a interpor.

V. Os benefícios da *"assistência judiciária"*, no caso de morte do beneficiário, transmitem-se de direito e automaticamente aos herdeiros deste, independentemente de quaisquer outras providências processuais.

(A) Somente as alternativas "I" e "V" supra são corretas, sendo incorretas todas as demais.

(B) Somente a afirmativa "IV" supra é correta, sendo incorretas todas as demais.

(C) Somente a afirmativa "V" supra é correta, sendo incorretas todas as demais.

(D) Somente a afirmativa "I" supra é correta, sendo incorretas todas as demais.

(E) As afirmativas "I", "II" e "V" supra são corretas, sendo incorretas todas as demais.

I: incorreta, porque há condenação, mas a execução fica suspensa enquanto não for alterada a situação patrimonial do sucumbente (art. 12 da Lei 1.060/50); II: incorreta, porque o benefício pode ser revogado a qualquer tempo (art. 7º da Lei 1.060/50); III: incorreta (art. 6º da Lei 1.060/50); IV: correta (art. 9º da Lei 1.060/50); V: incorreta (art. 10 da Lei 1.060/50). Gabarito "B".

(Ministério Público/MA – 2009) Examine as seguintes afirmativas.

I. O *"Juizado Especial Cível"* tem competência para conciliação, processo e julgamento de ações possessórias sobre bens imóveis de valor não excedente a sessenta vezes o salário mínimo.

II. A sentença de primeiro grau proferida pelo Juizado Especial Cível, em nenhuma hipótese, poderá condenar o vencido ao pagamento de custas processuais e honorários advocatícios.

III. As sentenças de mérito proferidas no Juizado Especial, sob pena de absoluta nulidade, deverão possuir, como requisitos essenciais a sua validade, circunstanciado e exaustivo *"relatório"*, *"fundamentos precisos"* e *"conclusão final"*.

IV. No Juizado Especial Cível, a decisão proferida pelo juiz leigo que houver dirigido a instrução poderá ser homologada pelo juiz togado, mas não obrigatoriamente.

V. No Juizado Especial Cível, o Ministério Público, sob pena de nulidade absoluta, intervirá em todos os processos.

(A) Somente a afirmativa "IV" supra é correta, sendo incorretas todas as demais.

(B) Somente a afirmativa "V" supra é incorreta, sendo corretas todas as demais.

(C) São corretas as afirmativas "I" e "II" supra e incorretas todas as demais.

(D) As afirmativas "III" e "V" supra são incorretas e corretas todas as demais.

(E) Somente a afirmativa "I" supra é correta, sendo incorretas todas as demais.

I: incorreta, porque o valor do imóvel não pode exceder 40 salários--mínimos; II: incorreta, porque há ressalva para os casos de litigância de má-fé (art. 55 da Lei 9.099/95); III: incorreta, porque é dispensado o relatório (art. 38 da Lei 9.099/95); IV: correta (art. 40 da Lei 9.099/95); V: incorreta, porque o MP só intervirá nos casos previstos em lei (art. 11 da Lei 9.099/95). Gabarito "A".

(Ministério Público/MG – 2010 – FUNDEP) Em relação ao mandado de segurança, é **CORRETO** afirmar que

(A) o ingresso de litisconsorte ativo facultativo será admitido enquanto não vencido o prazo para a autoridade impetrada apresentar informações.

(B) a notificação da autoridade impetrada para prestar informações supre a necessidade de se dar ciência do feito ao órgão de representação judicial da pessoa jurídica interessada.

(C) a sentença concessiva em mandado de segurança de competência originária dos tribunais estaduais está sujeita a reexame necessário pelo Superior Tribunal de Justiça.

(D) a interposição de agravo de instrumento em face da decisão que concede liminar não prejudica a formulação de pedido para a suspensão do respectivo cumprimento, dirigida ao presidente do tribunal ao qual caiba conhecer do recurso.

A: incorreta, porque não se admite o ingresso de litisconsorte ativo facultativo após o despacho da petição inicial (art. 10, § 2º, da Lei 12.016/2009); B: incorreta, porque ambas as providências são obrigatórias (art. 7º, I e II, da Lei 12.016/2009); C: incorreta, uma vez que só se submetem ao reexame necessário as sentenças que concedem mandado de segurança (art. 14, § 1º, da Lei 12.016/2009). "Os acórdãos concessivos de segurança em processo de competência originária do Tribunal não estão sujeitos ao reexame ex officio por Tribunal superior (RTJ 129/1.069); D: correta (art. 15, § 3º, da Lei 12.016/2009). Gabarito "D".

(Ministério Público/MG – 2010.2) Analise a seguinte proposição e assinale a alternativa INCORRETA em relação ao enunciado. Em ação direta de inconstitucionalidade, proposta pelo Procurador-Geral da República, em face da Lei estadual que diminui a extensão das áreas de preservação permanente às margens dos cursos d'água de domínio do Estado, caso o Supremo Tribunal Federal declare a inconstitucionalidade da norma estadual, observa-se-á o seguinte:

(A) terá eficácia imediata quando o STF, por maioria de dois terços dos seus membros, tendo em vista razões de segurança jurídica ou de excepcional interesse social, assim o declarar, afastando-se, no caso, a necessidade de trânsito e julgado da decisão;

(B) terá efeito vinculante em relação aos órgãos da administração ambiental federal, dos estados e dos municípios;

(C) somente será declarada inconstitucional a norma estadual se, pelo menos, seis Ministros tiverem manifestações nesse sentido. Não atingindo a maioria, em caso de ausência, será suspenso o julgamento até que atinja o número necessário à declaração de inconstitucionalidade;

(D) a declaração de inconstitucionalidade pelo STF terá eficácia erga omnes. Devem ser observadas as formalidades legais, inclusive a comunicação à autoridade ou órgão responsável pela expedição do ato, no caso, os representantes legais dos Poderes Executivo e Legislativo do Estado.

A: correta (art. 27 da Lei 9.868/99); B: incorreta, porque o efeito vinculante se verifica em relação aos órgãos do Poder Judiciário e à Administração Pública federal, estadual e municipal (art. 28 da Lei 9.868/99); C: incorreta, porque só se suspende o julgamento se houver ausência de Ministros em número que possa influir no julgamento; D: incorreta, porque a comunicação deverá ser feita exclusivamente ao órgão responsável pela expedição do ato, ou seja, o legislativo estadual. Gabarito "A".

(Ministério Público/MG – 2010.2) Em relação ao mandado de segurança, é CORRETO afirmar que

(A) o ingresso de litisconsorte ativo facultativo será admitido enquanto não vencido o prazo para a autoridade impetrada apresentar informações.
(B) a notificação da autoridade impetrada para prestar informações supre a necessidade de se dar ciência do feito ao órgão de representação judicial da pessoa jurídica interessada.
(C) a sentença concessiva em mandado de segurança de competência originária dos tribunais estaduais está sujeita a reexame necessário pelo Superior Tribunal de Justiça.
(D) a interposição de agravo de instrumento em face da decisão que concede liminar não prejudica a formulação de pedido para a suspensão do respectivo cumprimento, dirigida ao presidente do tribunal ao qual caiba conhecer do recurso.

A: incorreta, porque "o ingresso de litisconsorte ativo não será admitido após o despacho da petição inicial" (art. 10, § 2º, da Lei 12.016/1009); B: incorreta (art. 7º, II, da Lei 12.016/1009); C: incorreta (art. 18 da Lei 12.016/1009); D: correta (art. 15, § 3º, da Lei 12.016/1009). Gabarito "D".

(Ministério Público/PB – 2010) Sobre antecipação dos efeitos da tutela em ação de improbidade, analise as seguintes assertivas.

I. A antecipação recairá sobre os efeitos mandamentais e condenatórios, mas não sobre os desconstitutivos.
II. O Presidente do Tribunal, em sede de pedido de suspensão, limitar-se-á a avaliar a presença dos riscos previstos em lei, não podendo analisar a juridicidade da decisão antecipatória, o que será objeto de agravo de instrumento.
III. Em ação de improbidade administrativa, não cabe a concessão de tutela antecipada *inaudita altera pars*.

(A) Apenas I e III são verdadeiras.
(B) Apenas I é falsa.
(C) Apenas a II é verdadeira.
(D) Apenas I e II são verdadeiras.
(E) I, II e III são falsas.

I: falsa, porque também é possível antecipar os efeitos da desconstituição dos atos de improbidade; II: verdadeira; III: falsa, porque não existe qualquer vedação legal nesse sentido. Gabarito "C".

(Ministério Público/PB – 2010) Avalie as proposições seguintes e assinale a alternativa correta:

I. Produto de indenização do fundo previsto na Lei de Ação Civil Pública jamais se presta à reparação de lesões individuais diferenciadas.
II. O Ministério Público promoverá a liquidação da sentença oriunda de ação civil pública ajuizada por associação civil que tenha abandonado ou desistido da liquidação ou da execução, desde que o objeto da ação não seja relacionado a direito individual homogêneo.
III. Na instrução do inquérito civil público não cabe, em qualquer hipótese, quebra de sigilo de dados telefônicos, porque constitui grave violência ao direito de privacidade e, por conseguinte, prova ilícita.

(A) Apenas I e II são verdadeiras.
(B) Apenas I é verdadeira.
(C) Apenas II é verdadeira.
(D) Apenas I e III são verdadeiras.
(E) I, II e III são verdadeiras.

I: verdadeira (art. 13 da Lei 7.347/85); II: falsa (art. 15 da Lei 7.347/85); III: falsa, porque pode ser admitida a quebra do sigilo telefônico "em nome do interesse público ou do interesse social e para a regular administração da justiça" (STJ, AgRg no Ag 445996 / PR). Gabarito "B".

(Ministério Público/PB – 2010) Considere as proposições abaixo, assinalando, sucessivamente, a alternativa que sobre elas contenha o devido julgamento:

I. Não cabe Mandado de Segurança contra ato de administrador de concessionária de serviço público, ainda que o ato impugnado seja relacionado ao serviço essencial prestado pela empresa.
II. A legitimação para impetrar habeas data tanto pode recair na pessoa física como na pessoa jurídica, e o respectivo processamento é isento de custas e despesas processuais, tendo prioridade sobre os demais procedimentos judiciais, exceto habeas corpus.
III. Compete ao Superior Tribunal de Justiça processar e julgar originariamente Mandado de Injunção quando a elaboração da norma regulamentadora for atribuição de qualquer órgão, entidade ou autoridade federal da administração direta ou indireta.

(A) Apenas II e III estão incorretas.
(B) Apenas I e III estão incorretas.
(C) I, II e III estão corretas.
(D) I, II e III estão incorretas.
(E) Apenas I e II estão incorretas.

I: incorreta, porque a impetração é cabível nesse caso (art. 1º, § 1º, da Lei 12.016/2009); II: incorreta, porque a ressalva à prioridade também alcança o mandado de segurança, além do *habeas corpus* (art. 19 da Lei 9.507/1997); III: correta (art. 105, I, *h*, CF). Gabarito "E".

(Ministério Público/PB – 2010) Acerca de sentença em sede de ação de improbidade administrativa, julgue as proposições abaixo:

I. Ao julgar procedente o pedido inicial, deve o magistrado, independentemente de pleito expresso, quando cabível, condenar o réu ao pagamento de honorários periciais e advocatícios.
II. Deverá a sentença fixar, em observância ao princípio do dispositivo, os juros legais e a correção monetária incidentes sobre o valor do dano causado ao patrimônio público.
III. A sentença que julga procedente o pedido da ação civil de improbidade está sujeita ao duplo grau obrigatório de jurisdição.

(A) Apenas I é falsa.
(B) Apenas I e II são verdadeiras.
(C) Apenas I é verdadeira.
(D) Apenas III é verdadeira.
(E) I, II e III são falsas.

I: verdadeira, porque se trata de pedido implícito em qualquer demanda; II: falsa, porque não se trata de decorrência do princípio dispositivo, mas do princípio inquisitório; III: falsa, por falta de previsão legal. Gabarito "C".

(Ministério Público/PB – 2010) Analise as alternativas que se seguem:

I. A legitimação das associações para propor ação civil pública é extraordinária, em se tratando de representação de interesses ou direitos individuais homogêneos de associados e não associados, exigindo-se, para tanto, que o objeto da ação esteja incluído entre suas finalidades.
II. O sistema processual das ações coletivas possibilita também a tutela individual, entre outras hipóteses, pela habilitação dos interessados em fase de execução
III. Os partidos políticos têm legitimidade ativa para a ação civil pública.

(A) Apenas I é falsa.
(B) Apenas I e II são verdadeiras.
(C) Apenas II é verdadeira.
(D) I, II e III são verdadeiras.
(E) Apenas II e III são verdadeiras.

I: verdadeira (art. 5º, V, *b*, da Lei 7.347/85); II: verdadeira, pois essa é uma das hipóteses de tutela individual; III: verdadeira, porque se equiparam, para esse fim, às associações. Gabarito "D".

(Ministério Público/PR – 2009) Dentre as proposições que seguem, registre a alternativa INCORRETA:

(a) por se mostrarem incompatíveis, diante do mesmo título executivo judicial obtido após o ajuizamento de ação civil pública

para a tutela de interesses individuais homogêneos, veda-se a coexistência entre execuções individuais e a execução coletiva;
(B) a legitimidade para o ajuizamento da ação civil pública é concorrente e disjuntiva, pois qualquer dos legitimados pode exercitá-la, sem que, para tanto, precise contar com a participação ou permissão dos demais;
(C) em determinadas hipóteses pode o Ministério Público deixar de propor a ação civil pública. Porém, ao ajuizá-la na busca da tutela de interesse difuso ou coletivo e uma vez obtido título executivo judicial, carente de satisfação, cumpre obrigatoriamente à Instituição dar impulso à execução, não podendo dela desistir;
(D) diversamente do que se verifica no regime recursal disposto no Código de Processo Civil, no sistema da Lei da Ação Civil Pública a apelação deixa de ser recebida, como regra, com efeito devolutivo e suspensivo, posto que o recebimento ordinariamente ocorre na forma meramente devolutiva;
(E) proferido condenação genérica em ação civil pública ajuizada pelo Ministério Público para a tutela de interesses individuais homogêneos, fixando a responsabilidade do réu pelos danos causados, uma vez efetuada sua liquidação, o juízo competente para a execução será o da ação condenatória, quando a tutela executiva apresentar feição transindividual.

A: incorreta, porque há previsão legal das duas modalidades de execução (art. 98 do CDC); B: correta (art. 82 do CDC); C: correta (arts. 92 e 100 do CDC); D: correta (art. 14 da Lei 7.347/85); E: correta (art. 98, § 2º, II, do CDC). Gabarito "A".

(MINISTÉRIO PÚBLICO/RO – 2010 – CESPE) A assistência judiciária gratuita
(A) independe de decisão judicial.
(B) não isenta a parte do pagamento de custas cabíveis nos recursos.
(C) é definida em razão do valor da causa, que não pode ultrapassar vinte salários mínimos.
(D) não isenta a parte assistida do pagamento de honorários advocatícios sucumbenciais em caso de derrota.
(E) pode ser requerida no curso da ação.

A: incorreta (art. 5º da Lei 1.060/1950); B: incorreta, porque o benefício abrange todas e quaisquer custas, inclusive o preparo; C: incorreta (art. 4º da Lei 1.060/1950); D: incorreta, porque a assistência judiciária não isenta a parte assistida de condenação nos honorários de advogado, mas o pagamento deles é inexigível enquanto perdurar a situação de necessidade; E: correta (art. 6º da Lei 1.060/1950). Gabarito "E".

(Ministério Público/RS – 2009) A respeito da ação popular de que trata a Lei nº 4.717/65, assinale a alternativa correta.
(A) Os servidores públicos, mesmo que tenham ratificado o ato nela impugnado, são partes passivas ilegítimas para figurarem no pólo passivo da demanda.
(B) Se o beneficiário do ato lesivo for desconhecido, o autor deverá requerer a sua citação editalícia.
(C) Os partidos políticos, regularmente constituídos, são legitimados a ajuizar ação popular.
(D) São devidos honorários advocatícios em caso de procedência, mas não na hipótese de improcedência da ação popular, salvo, neste caso, comprovada má fé.
(E) A sentença que nela for proferida terá eficácia de coisa julgada oponível erga omnes.

A: incorreta (art. 6º, caput, da Lei 4.717/65); B: incorreta, porque nesse caso, a ação será proposta contra as demais pessoas legitimadas (art. 6º, § 1º, da Lei 4.717/65); C: incorreta, porque a ação popular só pode ser proposta por cidadão (art. 1º da Lei 4.717/65); D: correta (art. 12 da Lei 4.717/65); E: incorreta porque, no caso de improcedência por deficiência de provas, não haverá coisa julgada (art. 18 da Lei 4.717/65). Gabarito "D".

(Ministério Público/SP – 2011) É correto afirmar que, na ação civil constitucional de mandado de segurança,
(A) pode ser impetrado coletivamente, por entidade de classe ou associação legalmente constituída e em funcionamento há menos de 1 (um) ano, em defesa dos interesses de seus membros ou associados.
(B) a controvérsia sobre matéria de direito não impede a sua concessão.
(C) a ação mandamental coletiva induz litispendência para as impetrações individuais.
(D) a controvérsia sobre matéria de fato não impede a sua concessão.
(E) no mandado de segurança coletivo, a medida liminar pode ser concedida *inaudita altera pars*.

A: incorreta, porque a lei fala em "funcionamento há pelo menos um ano", e não há menos de um ano (art. 21 da Lei 12.016/2009); B: correta (Súmula 625 do STF); C: incorreta (art. 22 da Lei 12.016/2009); D: incorreta, porque no mandado de segurança, por ser exigida a demonstração do direito líquido e certo do impetrante, não se admite a produção de provas acerca dos fatos alegados; E: incorreta (art. 22, § 2º, da Lei 12.016/2009). Gabarito "B".

(Ministério Público/SP – 2010) Na chamada "Ação de desapropriação indireta", o desapossado:
(A) Não pode invocar defesa possessória como reintegração de posse, apenas podendo reclamar indenização.
(B) Pode reclamar indenização pela ocupação ilícita decorrente do esbulho feito por autoridade pública.
(C) Pode invocar defesa possessória, vedado reclamar indenização.
(D) Não pode optar entre utilizar a via possessória ou a indenizatória.
(E) Deve aguardar ajuizamento de ação expropriatória pelo poder público, para nela se defender.

A: incorreta, porque é possível o manejo do pedido de proteção possessória; B: correta, pois, de fato, pode reclamar indenização; C: incorreta, porque não se pode excluir o direito a se buscar a indenização; D: incorreta, porque existe essa possibilidade em favor do particular; E: incorreta, porque a iniciativa pode ser do particular. Gabarito "B".

(Defensoria/MA – 2009 – FCC) O locador, na contestação da ação renovatória, NÃO poderá alegar que
(A) o locatário não preenche os requisitos estabelecidos na lei de locação, para promover ação renovatória.
(B) a proposta do locatário não atende o valor locativo real do imóvel na época da renovação, excluída a valorização trazida por aquele ao ponto ou lugar.
(C) tem proposta de terceiro para a locação, em condições melhores.
(D) por determinação do Poder Público tem que realizar no imóvel obras que importam sua radical transformação, e assim não está obrigado a renovar o contrato.
(E) deve ser elevada a multa ao locatário, prevista no contrato, se não devolver o imóvel findo o prazo contratual.

A: incorreta (art. 72, I, da Lei 8.245/91); B: incorreta (art. 72, II, da Lei 8.245/91); C: incorreta (art. 72, III, da Lei 8.245/91); D: incorreta (art. 72, IV e § 3º, da Lei 8.245/91); E: correta, em razão da ausência de previsão legal. Gabarito "E".

(Defensoria/MA – 2009 – FCC) Em ações de improbidade administrativa aplica-se a seguinte regra:
(A) corre sempre em segredo de justiça em razão do interesse particular do agente público envolvido no ato de improbidade administrativa.
(B) em qualquer fase do processo, reconhecida a inadequação da ação de improbidade promovida por interessado, o juiz assegurará ao Ministério Público promover o prosseguimento da ação.
(C) a sentença que julgar improcedente a ação de improbidade condenará sempre o autor da demanda nas custas e nos honorários advocatícios.
(D) da decisão que receber a petição inicial, na ação de improbidade, caberá agravo de instrumento.
(E) a sentença que decretar a perda dos bens havidos ilicitamente, pela prática de atos de improbidade, determinará a reversão dos bens a um fundo gerido por Conselho Estadual, de que participará necessariamente o Ministério Público.

A: incorreta, pois não há previsão genérica de segredo de justiça para os processos de improbidade; B: incorreta, porque a solução legal para tal hipótese é a extinção do processo, sem resolução do mérito; C: incorreta, porque só haverá condenação em honorários de advogado se houver má-fé na propositura da ação; D: correta (art. 17, § 10, da Lei 8.429/92); E: incorreta, porque a sentença deverá determinar a reversão dos bens em favor da pessoa jurídica prejudicada pelo ilícito. Gabarito "D".

(Defensoria/MG – 2009 – FURMARC) Sobre os alimentos provisionais, assinale a alternativa FALSA:

(A) Ainda que a causa principal esteja pendente de julgamento no Tribunal, o pedido de alimentos será processado e julgado no primeiro grau de jurisdição.
(B) Quando cumulados com pedido de divórcio, a prestação alimentícia pode abranger, além das despesas necessárias ao sustento do cônjuge/requerente, aquelas destinadas a custear a demanda.
(C) Na ação de alimentos provisionais, é cabível a concessão de liminar, sem audiência do requerido, ao ser despachada a petição inicial, fixando-se uma mensalidade para mantença do requerente.
(D) São admissíveis nas ações de alimentos, desde a citação do réu.
(E) Podem ser pleiteados por quem não tem prova pré-constituída da qualidade de credor.

A: correta (art. 853 do CPC); B: correta (art. 852, I e parágrafo único, do CPC); C: correta (art. 854, parágrafo único, do CPC); D: incorreta, porque na ação de alimentos, o juiz fixará os alimentos provisórios, e não provisionais; E: correta, porque a prova pré-constituída da qualidade de credor só é exigida para que seja utilizado o procedimento especial previsto na lei de alimentos. Gabarito "D".

(Defensoria/MT – 2009 – FCC) No tocante à ação de alimentos:

(A) somente quando se tratar de alimentos definitivos é cabível a prisão civil do alimentante inadimplente.
(B) o débito alimentar que autoriza a prisão civil do alimentante é o relativo às três prestações anteriores ao ajuizamento da ação, mais as que se vencerem no curso do processo.
(C) a pena de prisão civil só pode ser aplicada uma vez, ainda que o alimentante volte a inadimplir a obrigação.
(D) o cancelamento de pensão alimentícia de filho que atingiu a maioridade dá-se pelo mero implemento da idade.
(E) não é mais cabível a prisão civil do inadimplente, em razão do Pacto de San José da Costa Rica, ratificado pelo Brasil.

A: incorreta, porque não importa a natureza da decisão que fixou os alimentos para se determinar a possibilidade de prisão civil do devedor. Basta que se trate de alimentos devidos em razão de vínculos de direito de família; B: correta (Súmula 309 do STJ); C: incorreta, porque é possível a renovação da prisão pelo inadimplemento das parcelas posteriores; D: incorreta (Súmula 358 do STJ); E: incorreta, porque o que não é mais possível é a prisão civil do depositário infiel, mas a do devedor de alimentos continua sendo possível. Gabarito "B".

(Defensoria/PA – 2009 – FCC) No âmbito da Justiça Federal, desde que respeitado o limite de sessenta salários mínimos, inclui-se na competência do Juizado Especial Cível, a ação

(A) para anulação de ato administrativo federal de lançamento fiscal.
(B) de desapropriação promovida pela União.
(C) popular, em que for parte passiva a União.
(D) de mandado de segurança impetrado contra ato de autoridade federal.
(E) por improbidade administrativa voltada contra servidor público federal.

A: correta (art. 3º, III, da Lei 10.259/2001); B: incorreta (inciso I do art. 3º da Lei 10.259/2001); C: incorreta (mesmo dispositivo); D: incorreta (mesmo dispositivo); E: incorreta (idem). Gabarito "A".

(Defensoria/PA – 2009 – FCC) A reclamação

(A) não é cabível nos tribunais dos Estados-membros, ainda que a Constituição estadual a preveja.
(B) é cabível para o fim de obter a tutela jurisdicional negada no Tribunal de Justiça.
(C) não está prevista para determinar medidas adequadas à preservação da competência do Superior Tribunal de Justiça.
(D) é cabível quando a decisão do Tribunal de Justiça for contrária à jurisprudência não sumulada do Supremo Tribunal Federal.
(E) comporta liminar para suspender o ato impugnado.

A: incorreta, porque é possível que, em razão do princípio da simetria, os Estados-membros prevejam, em suas Constituições, o instrumento da reclamação; B: incorreta, porque as finalidades da reclamação são restritas à preservação da competência dos tribunais, das autoridades de suas decisões, bem como a observância do disposto em súmula vinculante; C: incorreta, porque há previsão para esse fim; D: incorreta (reler comentário sobre a assertiva B); E: correta (art. 14, II, da Lei 8.038/90). Gabarito "E".

(Defensoria/PA – 2009 – FCC) A ação civil pública

(A) pode ser promovida por quem tem legitimidade para propor a ação popular.
(B) comporta a formulação de pedido declaratório de inconstitucionalidade.
(C) pode ser promovida pelo Ministério Público em caso de ilegalidade do reajuste de mensalidades escolares.
(D) deve ser precedida necessariamente de inquérito civil, se ajuizada pelo Ministério Público.
(E) pode veicular pretensão que envolva contribuições previdenciárias.

A: incorreta, pois a ação popular pode apenas ser promovida pelo cidadão; B: incorreta, porque só por meio de ação direta é que se pode alcançar esse resultado; C: correta (art. 5º, I, da Lei 7.347/85); D: incorreta, porque é possível que mesmo sem o inquérito civil existam elementos suficientes para embasar a ação; E: incorreta (art. 1º, parágrafo único, da Lei 7.347/85). Gabarito "C".

(Defensoria/PI – 2009 – CESPE) A decisão de turma recursal que define os juizados especiais como competentes para o processo e julgamento de determinada demanda

(A) não está sujeita a qualquer tipo de controle recursal ou formas não recursais de impugnação.
(B) somente pode ser impugnada por recurso especial.
(C) somente pode ser impugnada por recurso extraordinário.
(D) pode ser impugnada por recurso extraordinário ou mandado de segurança, dirigido ao TJ local.
(E) somente pode ser impugnada por meio de mandado de segurança, dirigido ao TJ local.

A: incorreta, porque é possível, em tese, o uso do recurso extraordinário; B: incorreta, porque só há previsão de cabimento de recurso especial contra decisões proferidas por tribunais; C: incorreta, porque também é possível o uso dos embargos de declaração e, também, por meio de mandado de segurança; D: correta (reler o comentário sobre a assertiva anterior); E: incorreta (reler o comentário sobre a assertiva C). Gabarito "D".

(Defensoria/PI – 2009 – CESPE) Com relação aos aspectos processuais do benefício da gratuidade de justiça, previsto na Lei n.º 1.060/1950, assinale a opção correta.

(A) Uma vez deferido pelo juiz, o benefício pode ser estendido aos cessionários de direito ou aos sucessores do beneficiário.
(B) A impugnação à gratuidade de justiça não é o único meio de que a parte dispõe para obter a revogação do benefício. É também possível a interposição, desde logo, de agravo de instrumento contra a decisão concessiva.
(C) O beneficiário da gratuidade tem direito à isenção da condenação nas verbas sucumbenciais.
(D) O ato do juiz que decide quanto à gratuidade de justiça somente pode ser impugnado pelo recurso de apelação.
(E) Em nenhuma hipótese pode o juiz, de ofício, revogar a concessão do benefício por ele deferido.

A: incorreta (art. 10 da Lei 1.060/50); B: correta, pois é possível a interposição do agravo de instrumento com tal objetivo; C: incorreta (art. 12 da Lei 1.060/50); D: incorreta, porque se o pedido for decidido nos próprios autos do processo em que formulado o pedido para a sua concessão, ela é impugnável por agravo; E: incorreta (art. 8º da Lei 1.060/50). Gabarito "B".

(Defensoria/RN – 2006) Na ação de mandado de segurança é incorreto dizer que

(A) não é passível de mandado de segurança despacho quando haja recurso previsto na legislação.
(B) sendo denegatória a decisão, o pedido não poderá ser renovado, ainda que a decisão não tenha apreciado o mérito.

(C) a complexidade dos fatos discutidos não pode ser causa de indeferimento da petição inicial, vez que não implica necessariamente em dilação probatória.

(D) da sentença que indeferir a inicial por falta de requisito legal cabe recurso de apelação.

A: correta (art. 5º, I, da Lei 12.016/09); B: correta (art. 6, § 6º, da Lei12.016/09); C: correta, não sendo cabível o mandado de segurança apenas quando for necessária dilação probatória; D: correta (art. 10, § 1º, da 12.016/09). Gabarito "B".

(Defensoria/RN – 2006) A Lei 1.060/1950 que estabelece as normas para a concessão de assistência judiciária determina que

(A) o pedido de revogação do benefício da assistência gratuita durante a instrução não suspende o curso da ação.

(B) a impugnação do direito à assistência judiciária será feita nos autos do processo, não sendo suspenso o seu curso.

(C) o defensor público deverá ser intimado pessoalmente, em ambas as instâncias, contando-se-lhes em dobro o prazo para defesa e em quádruplo o prazo para recurso.

(D) os seus benefícios exigem a apresentação de atestado de pobreza do requerente.

A e B: art. 4º, § 2º, da Lei 1.060/50; C: incorreta (art. 5º, § 5º, da Lei 1.060/50); D: incorreta (art. 4º, caput, da Lei 1.060/50). Gabarito "A".

(Defensoria/SE – 2006 – CESPE) Julgue os seguintes itens.

(1) Caso ocorra o indeferimento da petição inicial do mandado de segurança por não ter sido impetrado dentro do prazo legal, sendo reconhecida, portanto, a decadência, ficará a parte impedida de discutir a questão em outras vias, pois, nesse caso, a ocorrência do prazo extintivo acarreta a perda do direito pleiteado pelo impetrante e os respectivos efeitos patrimoniais.

(2) Concedida a liminar e posteriormente denegada a segurança, sem que o juiz expressamente casse a liminar que concedera, havendo recurso voluntário, a liminar prevalece até o julgamento definitivo do recurso.

(3) No mandado de segurança, o direito líquido e certo é condição da ação e a sua finalidade. Assim, a sentença que nega a existência do direito líquido e certo é decisão de mérito.

1: errado. O que se extingue é o direito de ingressar com o mandado de segurança, e não o direito pleiteado; 2: errado (Súmula 405 do STF); 3: certo, pois, de fato, a sentença que denega a segurança afirmando que o autor não tem o direito líquido e certo que alega analisa o próprio mérito do mandamus. Gabarito 1E, 2E, 3C.

(Defensoria Pública/SP – 2010 – FCC) As pessoas com idade acima de 60 anos têm fixada a competência absoluta pelo seu domicílio no Estatuto do Idoso, prevalecendo, todavia, as regras de competência do Código de Processo Civil ou de outra lei especial nas ações

(A) de responsabilidade por omissão no acesso aos serviços de saúde.

(B) de natureza alimentar.

(C) de proteção aos direitos individuais homogêneos.

(D) de responsabilidade pelo oferecimento insatisfatório de serviço de abrigamento do idoso.

(E) decorrentes da negativa de atendimento especializado ao idoso portador de gripe suína.

O art. 79 do Estatuto do Idoso prevê as ações que podem ser manejadas em defesa de seus interesses, e o artigo seguinte estabelece que a competência para tais demandas será do foro do domicílio do idoso. Das alternativas apontadas acima, a única que não está incluída no rol do art. 79 é a de natureza alimentar, motivo pelo qual deve ser apontada a alternativa "B" como correta. Gabarito "B".

(Defensoria Pública/SP – 2010 – FCC) Há amparo legal ao pedido de liminar "inaudita altera parte" em ação de despejo que tenha por fundamento exclusivo

(A) o descumprimento de mútuo acordo celebrado por escrito e assinado pelas partes e por duas testemunhas, com prazo mínimo de 90 dias para desocupação, contado da assinatura do instrumento.

(B) o fim da locação residencial, se a ação for proposta em 30 dias do termo ou cumprimento de notificação comunicando a intenção de retomada.

(C) o término do prazo da locação para temporada, tendo sido proposta a ação de despejo em 90 dias após o vencimento do contrato.

(D) a permanência do sublocatário no imóvel, extinta a locação, celebrada com o locatário.

(E) a falta de pagamento dos acessórios da locação, independentemente de motivo, com quitação do aluguel no vencimento, quando o contrato estiver desprovido de qualquer das garantias previstas na lei, porque apresentado pedido de exoneração dela.

De todas as alternativas, a única que encontra amparo no art. 59 da Lei 8.245/1991 é a da "D". Gabarito "D".

(Defensoria Pública/SP – 2010 – FCC) A Lei no 11.804/2008 disciplina o direito aos alimentos gravídicos. Um dos aspectos processuais tratado é o que regula o momento inicial do exercício do direito de defesa. Assim, a contestação deve ser apresentada

(A) na audiência de instrução e julgamento, que é designada na mesma decisão que fixa os alimentos provisórios.

(B) no prazo de 15 dias, contados a partir da juntada do mandado.

(C) no prazo de 15 dias, contados a partir da audiência de conciliação, que é designada na mesma decisão que fixa os alimentos provisórios.

(D) no prazo de 5 dias, contados a partir da juntada do mandado.

(E) no prazo de 5 dias, contados a partir da audiência de conciliação designada na mesma decisão que fixa os alimentos provisórios.

De acordo com o art. 7º da Lei 11.804/2008, "o réu será citado para apresentar resposta em 5 (cinco) dias". Logo, está correta a alternativa "D" apenas. Gabarito "D".

(Defensoria/SP – 2007 – FCC) Quanto ao processamento e julgamento das ações direta de inconstitucionalidade e declaratória de constitucionalidade, de competência do STF, é correto afirmar:

(A) as decisões de mérito nas ações declaratórias de inconstitucionalidade de lei ou ato normativo ostentam, em regra, efeito ex nunc.

(B) eventual medida cautelar deferida nessas ações terá, em regra, efeito retroativo e eficácia contra todos.

(C) eventual medida cautelar deferida nessas ações terá, em regra, efeito ex nunc, mas eficácia restrita aos sujeitos da ação.

(D) é admitida a intervenção de terceiros nessas ações de jurisdição constitucional.

(E) ao julgar improcedente pedido formulado numa ação declaratória de constitucionalidade o STF, automaticamente, estará declarando a inconstitucionalidade do ato normativo que foi objeto da rejeitada ação.

A: incorreta (art. 26 da Lei 9.868/99); B e C: incorretas (art. 11, § 1º, da Lei 9.868/99); D: incorreta (art. 7º da Lei 9.868/99); E: correta (art. 24 da Lei 9.868/99). Gabarito "E".

(Procurador do Estado/PE – CESPE – 2009) Acerca de procedimentos dos juizados especiais, assinale a opção correta.

(A) Estando o incapaz devidamente representado por seus pais e observada a necessária intervenção do MP, é viável que proponha ação perante o juizado especial.

(B) Tratando-se de causa que envolva valor compatível, é possível ajuizar ação do juizado especial contra entidades componentes do sistema financeiro, sejam elas privadas ou públicas, como, por exemplo, a Caixa Econômica Federal.

(C) Considerando que é vedado às pessoas jurídicas propor ação nos juizados cíveis, uma microempresa que se veja nas condições de ré em ação processada nesta sede não pode fazer pedido contraposto, sob pena de burlar a citada proibição.

(D) Nada impede que uma pessoa física seja cessionária de um crédito de pessoa jurídica para o fim específico de viabilizar o ingresso de ação nos juizados especiais, desde que se respeite o limite de valor que determina o conceito de causa de menor complexidade.

(E) Ainda que se verifique no juizado especial ser de alta complexidade a matéria discutida entre autor pessoa física e réu entidade bancária, o juiz não pode determinar ao primeiro a assistência de um advogado.

A: incorreta, porque o incapaz não pode ser parte no JEC (art. 8º da Lei 9.099/95); B: incorreta, porque não podem figurar como parte no JEC as empresas públicas da União (art. 8º da Lei 9.099/95); C: incorreta, porque "é admitido o pedido contraposto no caso de ser a parte pessoa jurídica" (Enunciado 31, FPJC); D: incorreta, porque esse expediente seria uma forma de burlar as regras sobre a legitimidade ativa no JEC; E: correta, porque cabe ao juiz alertar as partes da conveniência do patrocínio por advogado, quando a causa o recomendar (art. 9º, § 2º, da Lei 9.099/95), mas não determinar que o autor seja assistido por advogado. Gabarito "E".

(Procurador do Estado/PE – CESPE – 2009) Acerca do mandado de segurança, assinale a opção correta.

(A) O impetrante pode valer-se de todos os meios de prova em direito admitidos para comprovar suas alegações.

(B) No mandado de segurança, é lícito ao impetrante postular — e, ao juiz, deferir — providência liminar de natureza assecuratória do objeto pretendido na impetração.

(C) O juiz pode deixar de determinar a remessa dos autos ao MP, quando verificar que o tema versado nos autos é objeto de súmula dos tribunais superiores.

(D) A decisão do mandado de segurança impede que o impetrante, por ação própria, pleiteie os seus direitos e respectivos efeitos patrimoniais.

(E) O pedido de mandado de segurança pode ser renovado, mesmo quando a decisão denegatória lhe apreciar o mérito.

A: incorreta, porque no processo de mandado de segurança só se admite a produção de prova documental; B: correta (art. 7º, § 1º, da Lei 12.016/2009); C: incorreta, porque a intervenção ministerial é obrigatória nos processos de mandado de segurança, sendo irrelevante, nesse ponto, o fato de haver súmula a respeito do tema tratado nos autos; D: incorreta, porque não é vedada, ao contrário, a propositura de ação própria pelo impetrante, depois de julgado o mandado de segurança; E: incorreta, porque só será possível a renovação do pedido, quando na decisão denegatória não houver sido apreciado o mérito da impetração. Gabarito "B".

(Procurador do Estado/PI – 2008 – CESPE) Com relação ao processo e julgamento da ADI, assinale a opção correta.

(A) A revogação da lei cuja validade se discute em controle abstrato de constitucionalidade não impede, para o fim de afastar a aplicação da lei impugnada no período de sua vigência, a declaração da sua inconstitucionalidade.

(B) A concessão da medida cautelar em ADI suspende provisoriamente a eficácia, mas não a vigência da lei impugnada. No entanto, se, no julgamento do mérito dessa ação, for reconhecida a inconstitucionalidade da norma impugnada, essa decisão produz efeito retroativo à data de origem da lei, suspendendo a sua vigência.

(C) A decisão que declara a inconstitucionalidade da lei ou do ato normativo em ação direta é irrecorrível, podendo, no entanto, ser objeto de ação rescisória, desde que preenchidos os seus requisitos legais.

(D) Somente a parte dispositiva da decisão do STF, proferida no controle abstrato de constitucionalidade, tem efeito vinculante quanto aos demais órgãos do Poder Judiciário e à administração pública direta e indireta, nas esferas federal, estadual e municipal.

(E) Na ADI, a causa de pedir é aberta, e a decisão de mérito proferida nessa ação tem natureza dúplice, ou seja, produz eficácia jurídica, seja quando é dado provimento à ação, seja quando lhe é negado provimento.

A: incorreta. A revogação do dispositivo legal ocorrido após o ajuizamento da ação direta de inconstitucionalidade, mas anterior ao seu julgamento, prejudica a sua análise, independentemente da verificação dos efeitos concretos que o ato haja produzido. Nesse sentido, não discrepa a jurisprudência: "AÇÃO DIRETA DE INCONSTITUCIONALIDADE – REVOGAÇÃO DO ATO NORMATIVO – PREJUÍZO. Uma vez revogado o ato normativo atacado mediante ação direta de inconstitucionalidade tem-se o prejuízo do pedido nela formulado" (STF – ADIn n. 1.153-7/DF, Rel. Min. Marco Aurélio, publ. no DJU n. 100, em 24-5-96, p. 17.412); B: incorreta (art. 11, § 1º, da Lei 9.868/99); C: incorreta (art. 26 da Lei 9.868/99); D: incorreta (art. 28, parágrafo único, da Lei 9.868/99); E: correta (art. 24 da Lei 9.868/99). Gabarito "E".

(Procurador do Estado/RO – 2011 – FCC) No que se refere à disciplina da Ação Popular é correto afirmar que é considerado nulo o ato lesivo ao patrimônio da União, dos Estados, dos Municípios, e das outras entidades previstas na Lei nº 4.717/85, por motivo de ilegalidade do objeto, quando

(A) o agente pratica o ato visando a fim diverso daquele previsto, explícita ou implicitamente, na regra de competência.

(B) o ato não se incluir nas atribuições legais do agente que o praticou.

(C) há observância incompleta de formalidades indispensáveis à existência ou seriedade do ato.

(D) o resultado do ato importar em violação de lei, regulamento ou outro ato normativo.

(E) a matéria de fato ou de direito, em que se fundamenta o ato, é materialmente inexistente ou juridicamente inadequada ao resultado obtido.

De acordo com o que prevê o item "c" do parágrafo único do art. 2º da Lei 4.717/65, correta é a alternativa "D". Gabarito "D".

(Procurador do Estado/RO – 2011 – FCC) No procedimento estabelecido para a ação direta de inconstitucionalidade

(A) cabe agravo da decisão que indeferir a petição inicial.

(B) a desistência é admitida, ainda que após a propositura da ação direta.

(C) é admissível a intervenção de terceiros no processo de ação direta de inconstitucionalidade.

(D) decorrido o prazo das informações serão ouvidos, sucessivamente, o Procurador-Geral da República e o Advogado Geral da União, que deverão manifestar-se, cada qual, no prazo de quinze dias.

(E) a petição inicial, ainda que manifestamente improcedente, não poderá ser liminarmente indeferida pelo relator.

A: correta (art. 4º, parágrafo único, da Lei 9.868/99); B: incorreta (art. 5º da referida lei); C: incorreta (art. 7º da Lei 9.868/99); D: incorreta, porque na alternativa houve inversão da ordem (art. 8º da Lei 9.868/99); E: incorreta (art. 4º, "caput", da Lei 9.868/99). Gabarito "A".

(Procurador do Estado/RR – 2006 – FCC) Na ação de Mandado de Segurança,

(A) contra acórdão não unânime que der provimento à apelação cabem embargos infringentes.

(B) o pedido não poderá ser renovado se a decisão denegatória tiver por fundamento a falta de liquidez do direito do impetrante.

(C) haverá ampla dilação probatória.

(D) somente a autoridade coatora tem legitimidade para recorrer da sentença que conceder a segurança.

(E) não é possível concessão de liminar que tenha por objeto aumento de vencimentos de funcionário público.

A: incorreta (Súmulas 169 do STJ e 597 do STF); B: incorreta, pois o art. 6º, § 6º, da Lei 12.016/09 admite a renovação do mandado de segurança se a decisão denegatória não lhe houver apreciado o mérito; no caso, a ausência de direito líquido e certo, ou seja, a ausência de direito comprovado de plano (com prova documental), não significa que os fatos constitutivos de tal direito não possam vir a ser comprovados de plano em mandado de segurança futuro; C: incorreta. O procedimento do mandado de segurança não admite a dilação probatória, eis que tem como objeto a defesa de direito líquido e certo que não necessita de produção de prova; D: incorreta. Embora seja a autoridade coatora que presta informações, não tem ela legitimidade para recorrer da sentença, e sim a pessoa jurídica que sucumbiu, nesse sentido: "No Mandado de Segurança, ajuizado em primeira instância, não obstante as informações sejam prestadas pela autoridade coatora, quem tem legitimidade para interpor os recursos cabíveis é o representante da União, razão pela qual deve ser intimado pessoalmente da sentença" (AgRg no REsp 869.448/SP, Rel. Ministro LUIZ FUX, PRIMEIRA TURMA, julgado em 10/04/2007, DJ 07/05/2007 p. 291); E: correta (art. 7º, § 2º, da Lei 12.016/09). Gabarito "E".

(Procurador do Estado/SC – 2010 – FEPESE) De acordo com a Lei no 12.016, de 07 de agosto de 2009, que disciplina o mandado de segurança individual e coletivo, assinale a alternativa **correta**:

(A) É cabível mandado de segurança contra os atos de gestão comercial praticados pelos administradores de empresas públicas.
(B) O direito de requerer mandado de segurança extinguir-se-á decorridos 180 (cento e oitenta) dias, contados da ciência, pelo interessado, do ato impugnado.
(C) Os processos de mandado de segurança e os respectivos recursos terão prioridade sobre todos os atos judiciais, salvo habeas corpus e habeas data.
(D) Não se concederá mandado de segurança quando se tratar de decisão judicial da qual caiba recurso com efeito suspensivo.
(E) Não é permitida a impetração de mandado de segurança por telegrama.

A: incorreta (art. 1º, § 2º, da Lei 12.016/2009); B: incorreta, porque o prazo é de 120 dias (art. 23 da Lei 12.016/2009); C: incorreta, pois o habeas data não se inclui na ressalva legal à prioridade (art. 20 da Lei 12.016/2009); D: correta (art. 5º, II, da Lei 12.016/2009); E: incorreta (art. 4º da Lei 12.016/2009). Gabarito "D".

(Magistratura Federal-4ª Região – 2010) Assinale a alternativa correta.

Quanto ao recurso cabível na negativa de liminar em Mandado de Segurança, é correto afirmar:

(A) O agravo é recurso incompatível com a índole do mandado de segurança, cabendo da negativa de liminar novo mandado de segurança para discutir tal decisão.
(B) Cabe agravo de instrumento da decisão que negue ou defira liminar em mandado de segurança em primeira instância.
(C) A partir da nova lei do mandado de segurança (Lei 12.016/09) não cabe agravo regimental da decisão que conceda ou negue liminar em mandado de segurança no âmbito do Supremo Tribunal Federal.
(D) Não cabe agravo regimental da decisão que conceda ou negue liminar no Tribunal Regional Federal da 4ª Região.
(E) Todas as alternativas anteriores estão incorretas.

De acordo com o que está previsto nos arts. 7º, § 1º, e 16, parágrafo único, da Lei 12.016/2009, está correta apenas a alternativa "B". Gabarito "B".

(Analista Judiciário/STF – 2008 – CESPE) Julgue os seguintes itens, sobre as ações direta de inconstitucionalidade e declaratória de constitucionalidade.

(1) Admitir-se-á intervenção de terceiros no processo de ação direta de inconstitucionalidade, na modalidade chamamento ao processo, quando a lei ou ato normativo impugnado for réplica de norma editada por outro ente da Federação.
(2) Salvo no período de recesso, a medida cautelar na ação direta será concedida por decisão da maioria absoluta dos membros do Tribunal, sendo facultada sustentação oral aos representantes judiciais do requerente e das autoridades ou órgãos responsáveis pela expedição do ato, na forma regimental.
(3) A decisão sobre a constitucionalidade ou a inconstitucionalidade da lei ou do ato normativo somente será tomada se presentes na sessão pelo menos oito Ministros e, efetuado o julgamento, proclamar-se-á a constitucionalidade ou a inconstitucionalidade da disposição ou da norma impugnada se em um ou em outro sentido se tiverem manifestado pelo menos seis ministros, quer se trate de ação direta de inconstitucionalidade ou de ação declaratória de constitucionalidade.

1: errado (art. 7º da Lei 9.868/99); 2: certo (art. 10 da Lei 9.868/99); 3: certo (arts. 22 e 23 da Lei 9.868/99). Gabarito 1E, 2C, 3C.

(Cartório/AP – 2011 – VUNESP) É parte legítima para a propositura de ação civil pública

(A) o Ministério Público e a Defensoria Pública, apenas.
(B) a União, os Estados, o Distrito Federal e os Municípios, apenas.
(C) a associação que, concomitantemente, esteja constituída há pelo menos 1 (um) ano nos termos da lei civil e inclua, entre suas finalidades institucionais, a proteção ao meio ambiente, ao consumidor, à ordem econômica, à livre concorrência ou ao patrimônio artístico, estético, histórico, turístico e paisagístico.
(D) a autarquia, empresa pública, fundação ou sociedade de economia mista, desde que esteja constituída há pelo menos 6 (seis) meses nos termos da lei civil e inclua, entre suas finalidades institucionais, a proteção ao meio ambiente, ao consumidor, à ordem econômica, à livre concorrência ou ao patrimônio artístico, estético, histórico, turístico e paisagístico.
(E) a associação ou sociedade que, concomitantemente, esteja constituída há pelo menos 6 (seis) meses nos termos da lei civil e inclua, entre suas finalidades institucionais, a proteção ao meio ambiente, ao consumidor, à ordem econômica, à livre concorrência ou ao patrimônio artístico, estético, histórico, turístico e paisagístico.

De acordo com o que prevê o art. 5º da Lei 7.347/85, somente é correta a proposição constante da alternativa "C". Gabarito "C".

(Cartório/SP – 2008) Na ação renovatória de contrato de locação, desejando o proprietário exercer o direito de retomada do imóvel para seu próprio uso, deverá fazê-lo

(A) mediante pedido contraposto de retomada deduzido na própria contestação, dada a natureza dúplice da ação.
(B) por intermédio de reconvenção.
(C) ajuizando ação própria, distribuída livremente.
(D) mediante o ajuizamento, por dependência, de ação própria.

De fato, a defesa nas ações renovatórias tem natureza dúplice, permitindo ao locador deduzir em pedido contraposto na própria contestação, pedido de retomada do imóvel. Gabarito "A".

16. TEMAS COMBINADOS

(Magistratura/PA – 2009 – FGV) C e D Ltda. apresenta ação, pelo procedimento ordinário, em face da empresa HXO S/A, com domicílio em Belém/PA, aduzindo a quebra de contrato para fornecimento de materiais a serem utilizados em planta industrial, sendo o valor da causa de R$ 10.000.000,00 (dez milhões de reais). O réu, regularmente citado, apresenta defesa, aduzindo contestação, exceção de incompetência e reconvenção, além de peça autônoma, impugnando o valor da causa. Aduziu, como questões preliminares, a inépcia da exordial e a prescrição da pretensão autoral. O processo foi suspenso para decidir a exceção de incompetência e a impugnação ao valor da causa. Após os trâmites de estilo, a exceção foi rejeitada, mantida a competência do Juízo, e a impugnação foi acolhida, fixado o novo valor em R$ 100.000.000,00 (cem milhões de reais), sendo recolhida a diferença de custas. As partes recorreram das decisões proferidas. Após o processamento dos recursos, o processo tramitou normalmente, sendo proferida nova decisão, agora sobre as preliminares, que foram rejeitadas. A parte ré apresentou recurso retido nos autos. O magistrado identificou a necessidade de prova pericial, nomeando perito, tendo a prova seguido os trâmites normais O processo prossegue, sendo prolatada sentença de procedência do pedido, havendo recurso, pendente de exame pelo órgão judiciário responsável pela revisão do julgado. Diante de tal enunciado, analise as afirmativas a seguir.

I. A apresentação de exceção de incompetência e de impugnação ao valor da causa tem condão de suspender o processo.
II. O recurso da decisão que julga a exceção de incompetência é o agravo de instrumento.
III. As decisões que julgam a impugnação ao valor da causa e a exceção de incompetência são consideradas sentenças.
IV. A prescrição não está arrolada no Código de Processo Civil como matéria preliminar.

Assinale:

(A) se nenhuma afirmativa estiver correta.
(B) se somente a afirmativa I estiver correta.
(C) se somente a afirmativa III estiver correta.
(D) se somente as afirmativas II e IV estiverem corretas.
(E) se somente as afirmativas I, II e III estiverem corretas.

I: incorreta, porque embora a exceção de incompetência suspenda o processo (art. 306 do CPC), a impugnação ao valor da causa não tem esse efeito, como expressamente prevê o art. 261 do CPC; II: correta, porque faltaria interesse recursal para o agravo retido, em razão da urgência de se ver reapreciada a matéria; III: incorreta, porque em ambos os casos haverá decisão interlocutória; IV: correta, porque preliminares são questões puramente processuais e estão arroladas no art. 301 do CPC. Em tal rol não se encontra a prescrição, uma vez que se trata de matéria de mérito. Gabarito "D".

(Magistratura/RO – 2011 – PUCPR) Avalie as assertivas abaixo. Em seguida, assinale a única **CORRETA**.

(A) Intervindo como fiscal da lei, o Ministério Público terá vista dos autos antes das partes sendo intimado de todos os atos do processo.
(B) O Ministério Público só terá legitimidade para recorrer no processo em que oficiou como fiscal da lei, quando existirem recursos das partes.
(C) Caberá ao juiz, somente a requerimento da parte, determinar as provas necessárias à instrução do processo.
(D) Responderá por perdas e danos o juiz, quando no exercício de suas funções, proceder com dolo ou fraude.
(E) É defeso ao juiz exercer as suas funções no processo contencioso ou voluntário quando cônjuge, parente, consanguíneo ou afim, de alguma das partes, em linha reta ou na linha colateral, até o quarto grau.

A: incorreta, uma vez que o Ministério Público, quando intervém como fiscal da lei, tem vista dos autos depois da partes (art. 83, I, CPC); B: incorreta, porque a legitimidade recursal do Ministério Público não depende da vontade de interposição de recurso pelas partes (art. 499 do CPC); C: incorreta, porque o juiz tem ampla liberdade quanto à iniciativa probatória (art. 130 do CPC); D: correta (art. 133, I, CPC); E: incorreta, porque, na linha colateral, o parentesco do juiz com a parte que o torna impedido é aquele que existe até o terceiro grau (art. 134, V, CPC). Gabarito "D".

(Magistratura/SC – 2010) Assinale a alternativa correta:

I. O processo civil brasileiro adota a regra da eventualidade ao impor ao demandado o dever de alegar na contestação, a um mesmo tempo, todas as defesas que tiver contra o pedido do autor, ainda que sejam incompatíveis ou contraditórias entre si, pois na eventualidade de o juiz não acolher uma delas, passa a examinar a outra.
II. A convenção de arbitragem não é pressuposto processual por ser matéria de direito dispositivo que, para ser examinada, não dispensa a iniciativa do réu. Caso o réu não a alegue o processo prossegue e é julgado perante a jurisdição estatal. A ausência de alegação do réu torna a justiça estatal competente para julgar a lide e, por inexistir qualquer invalidade, o processo não será extinto.
III. A competência absoluta do juízo é matéria de ordem pública sobre a qual não se opera a preclusão pois não está ligada ao princípio dispositivo uma vez que não se trata de direito disponível. A incompetência absoluta pode ser alegada em qualquer grau de jurisdição, compreendidos os graus de instâncias ordinárias, a saber, primeiro grau de jurisdição, apelação, embargos infringentes, recurso ordinário para o Supremo Tribunal Federal e para o Superior Tribunal de Justiça.
IV. Em ação de reparação de danos por ato ilícito permite-se ao autor que formulara pedido de reparação de danos patrimoniais acrescer, até a citação do réu, sem audiência deste, ou depois da citação, com a aquiescência deste, o pedido de indenização por dano moral, desde que resultante do mesmo ato ilícito.

(A) Somente as proposições I e III estão corretas.
(B) Somente a proposição III está correta.
(C) Somente as proposições I e IV estão corretas.
(D) Somente as proposições II e IV estão corretas.
(E) Todas as proposições estão corretas.

I: correta (art. 300 do CPC); II: correta, com a ressalva de que há opiniões no sentido de que a convenção de arbitragem, embora dependa de alegação pelo réu, seria pressuposto processual negativo (art. 301, § 4º, do CPC); III: correta (art. 113 do CPC); IV: correta (art. 294 do CPC). Gabarito "E".

(Magistratura/SC – 2010) Assinale a alternativa correta:

I. O comparecimento espontâneo do réu, desde que se dê por citado, acarreta o suprimento do vício da inexistência ou invalidade da citação. Se o réu impugna a existência ou a validade da citação, considera-se citado apenas no momento em que seu advogado for intimado da decisão que reconhece o vício, hipótese todavia em que não se opera a devolução de todo o prazo para contestar mas apenas do termo que sobejar.
II. Quando a matéria controvertida for unicamente de direito e no juízo já houver sido proferida sentença de total improcedência em outros casos idênticos, poderá ser dispensada a citação e proferida sentença, reproduzindo-se o teor da anteriormente prolatada. Se o autor apelar é facultado ao juiz decidir, no prazo de cinco dias, por não manter a sentença e determinar o prosseguimento da ação.
III. A convenção de arbitragem é o conjunto formado pela cláusula compromissória e pelo compromisso arbitral. A simples existência de cláusula compromissória pode ensejar a arguição da preliminar em contestação. O réu pode alegar que a demanda não pode ser submetida ao juízo estatal, quer diante apenas da cláusula ou compromisso, quer esteja em curso o procedimento arbitral.
IV. A incompetência absoluta, em razão da matéria ou funcional (hierárquica) é tema passível de arguição como preliminar de contestação; é matéria de ordem pública não sujeita a preclusão; é alegável por qualquer das partes, a qualquer tempo e grau de jurisdição, sob qualquer forma, a saber, petição simples, exceção, preliminar de contestação, razões, contrarrazões de recurso.

(A) Somente as proposições I e IV estão incorretas.
(B) Somente a proposição IV está incorreta.
(C) Somente as proposições II e III estão incorretas.
(D) Somente a proposição I está incorreta.
(E) Todas as proposições estão incorretas.

I: incorreta, porque haverá devolução integral do prazo, nesse caso; II: correta (art. 285-A, *caput* e § 1º, CPC); III: correta (art. 301, IX, do CPC); IV: correta (arts. 301, II, e 113 do CPC). Gabarito "D".

(Magistratura/SC – 2010) Assinale a alternativa correta:

I. A nulidade de cláusula de eleição do foro, mesmo em contrato de adesão, não pode ser declarada de ofício pelo juiz, por tratar-se de competência em razão do território e portanto relativa. A única exceção, em tema de competência relativa, a permitir a manifestação do juiz sem provocação da parte é a hipótese de ações fundadas em direito real sobre imóveis, em que a competência será sempre do foro da situação da coisa.
II. O indeferimento liminar da petição inicial por inadequação de procedimento sem que se dê oportunidade ao autor para emenda da inicial caracteriza cerceamento de jurisdição. Apenas se sanável o vício ou irregularidade é que o juiz deve dar oportunidade ao autor para emendar a inicial. O juiz deve intimá-lo para que emende a inicial no prazo de 10 (dez) dias e apenas depois dessa providência, no silêncio do autor, é que o juiz indefere a inicial.
III. Os fundamentos de fato compõem a causa de pedir remota: é o que mediatamente autoriza o pedido; é o direito, o título; os fundamentos jurídicos compõem a causa de pedir próxima: é o inadimplemento, a ameaça ou a violação do direito.
IV. O rótulo que se dá à causa é irrelevante perante a ciência processual. Não tem importância a indicação do *nomen juris* uma vez que a qualificação jurídica que emana da argumentação encetada pelo autor não tem o condão de pré-fixar a atuação judicial quanto ao direito aplicável.

(A) Todas as proposições estão corretas.
(B) Somente as proposições II e IV estão corretas.
(C) Somente a proposição II está correta.
(D) Somente as proposições I e IV estão corretas.
(E) Somente as proposições I e III estão corretas.

I: incorreta (art. 112, parágrafo único, CPC); II: correta (art. 284, CPC); III: incorreta, porque os fundamentos de fato não são o direito; IV: correta, pois a indicação pelo autor não vincula o juiz, que poderá embasar sua decisão com diferente fundamentação legal. Gabarito "B".

(Magistratura/SC – 2010) Assinale a alternativa correta:

I. Dá-se a litispendência quando se repete ação idêntica a uma que se encontra em curso, isto é, quando a ação proposta tem as mesmas partes, a mesma causa de pedir (próxima e remota) e o mesmo pedido (mediato e imediato). A segunda ação tem que ser extinta sem resolução do mérito. A litispendência é instituto que alcança os processos contenciosos e os procedimentos de jurisdição voluntária.

II. A conexão é causa de modificação da competência relativa. Duas ou mais ações serão conexas quando lhes for comum o pedido ou a causa de pedir (próxima ou remota). O acolhimento desta preliminar faz com que o juiz remeta os autos ao juízo prevento, ou, se ele for o prevento, que requisite os autos do outro juízo por onde corre a ação conexa. O objetivo da conexão é a reunião das ações para receberem julgamento conjunto, evitando-se decisões conflitantes.

III. A ação declaratória incidental pode ser provocada apenas pelo autor para que seja decidida questão relativa a outro estado ou relação jurídica que se apresenta no processo como mero antecedente lógico da questão principal mas que não poderia ser, por si só, objeto de processo autônomo. A ação declaratória incidental é ação distinta da ação principal mas que se desenvolve no mesmo processo; sua finalidade principal é a economia processual; forma a coisa julgada sobre a questão prejudicial e evita que esta (a prejudicial) seja objeto de nova discussão, novas provas e nova decisão, em demanda futura, entre as mesmas partes.

IV. Ao proclamar a ilegitimidade passiva do réu indicado pelo autor, pode o juiz, no exercício de seus poderes discricionários de direção e desenvolvimento do processo e em observância ao princípio da instrumentalidade, determinar a inclusão no processo de quem, segundo o seu entendimento, seja parte legítima para a ação proposta.

(A) Somente as proposições II e IV estão incorretas.
(B) Somente as proposições I, III e IV estão incorretas.
(C) Somente as proposições I, II e III estão incorretas.
(D) Somente as proposições III e IV estão incorretas.
(E) Todas as proposições estão incorretas.

I: incorreta, porque não se pode falar em litispendência em jurisdição voluntária, uma vez que nela não há lide; II: correta, pois traz definição correta do instituto conexão; III: incorreta, porque a ação declaratória incidental também pode ser promovida pelo réu; IV: incorreta, porque o juiz não pode, de ofício, incluir no pólo passivo quem não tenha sido indicado como tal pelo autor. Gabarito "B".

(Magistratura/SC – 2010) Assinale a alternativa correta:

I. Coisa julgada material é a qualidade que torna imutável e indiscutível o comando que emerge da parte dispositiva da sentença de mérito não mais sujeita a recurso ordinário ou extraordinário, nem à remessa necessária (duplo grau de jurisdição necessário). No processo civil, não se pode ajuizar ação contra coisa julgada, exceto nos casos expressamente autorizados pelo sistema, como por exemplo ação rescisória, impugnação ao cumprimento de sentença e embargos do devedor.

II. Não dependem de prova os fatos: notórios; afirmados por uma parte e confessados pela parte contrária; admitidos, no processo, como incontroversos; em cujo favor milita presunção legal de existência ou de veracidade. A critério do juiz, pode ser admitida a confissão em juízo acerca de estado familiar e cidadania da pessoa. Excepcionalmente, nas ações que versem sobre bens imóveis, a confissão de um cônjuge vale sem a do outro.

III. O autor precisa demonstrar em juízo a existência do ato ou fato por ele descrito na inicial como ensejador de seu direito. Ao réu, por seu turno, incumbe o ônus da prova quanto à existência de fato impeditivo, modificativo ou extintivo do direito do autor, como por exemplo a exceção do contrato não cumprido; a novação; o pagamento e a prescrição.

IV. O juiz, em qualquer tempo ou grau de jurisdição, requisitará às repartições públicas as certidões necessárias à prova das alegações das partes, desde que se apresente razoável a iniciativa do juiz, demonstrada a impossibilidade de a parte obter pessoalmente a informação.

(A) Somente as proposições II e IV estão incorretas.
(B) Somente a proposição IV está incorreta.
(C) Somente a proposição II está incorreta.
(D) Somente as proposições I e III estão incorretas.
(E) Somente as proposições II e III estão incorretas.

I: correta, pois traz a definição correta de coisa julgada material; II: incorreta, porque é ineficaz a confissão relativa a direito indisponível, como o são o estado da pessoa natural e a cidadania; III: correta (art. 333 do CPC); IV: correta (art. 399, CPC). Gabarito "C".

(Magistratura/SC – 2010) Sobre os Juizados Especiais Cíveis (Lei n. 9.099/1995), assinale a alternativa correta:

I. Podem processar-se, dentre outras, ações de despejo para uso próprio, de indenização por acidentes de veículos de via terrestre, de cobrança ao condômino de quaisquer quantias devidas ao condomínio.

II. A sentença condenatória será ineficaz na parte que exceder a alçada estabelecida na lei; a sentença condenatória ilíquida, desde que genérico o pedido, será submetida a liquidação de sentença por arbitramento ou artigos; o recurso, no qual a parte vencida é obrigatoriamente representada por advogado, será interposto no prazo de quinze dias, contados da ciência da sentença, e será julgado por três juízes de primeiro grau de jurisdição.

III. A pessoa física, cessionária de direito da pessoa jurídica, pode figurar como autora; admite-se a intervenção de terceiros na modalidade de assistência e permite-se o litisconsórcio; o réu é autorizado na contestação a formular em seu favor pedido contraposto, dentro dos limites fáticos da lide e da competência do Juizado.

IV. A decisão proferida por juiz leigo em sede de Juizado Especial deverá ser imediatamente submetida ao juiz togado, que poderá homologá-la, proferir outra sentença em substituição ou determinar a realização de atos probatórios indispensáveis.

(A) Somente as proposições I e IV estão corretas.
(B) Somente as proposições I e III estão corretas.
(C) Somente as proposições II e IV estão corretas.
(D) Somente as proposições II e III estão corretas.
(E) Todas as proposições estão corretas.

I: correta (art. 3º da Lei 9.099/95); II: incorreta, porque não se admite sentença ilíquida, ainda que genérico o pedido (art. 38, parágrafo único, da Lei 9.099/95); III: incorreta (art. 8º, § 1º, I, Lei 9.099/95); IV: correta (art. 40 da Lei 9.099/95). Gabarito "A".

(Magistratura/SC – 2010) Assinale a alternativa correta:

I. Constitui ato atentatório ao exercício da jurisdição o não cumprimento, com exatidão, de provimentos mandamentais ou a criação de embaraços à efetivação de provimentos jurisdicionais de natureza antecipatória ou final a ensejar às partes e a todos aqueles que de qualquer forma participam do processo, sanções criminais, civis, processuais e pecuniárias.

II. O litisconsórcio multitudinário caracteriza-se quando há número muito grande de litisconsortes no processo. O juiz pode limitá-lo, nas hipóteses de litisconsórcio facultativo ou necessário, quando houver comprometimento da rápida solução do litígio ou dificuldade de defesa. A determinação de desmembramento, no caso de dificuldade de defesa, depende de pedido expresso do réu, que deve fazê-lo no prazo de resposta.

III. O juiz pode determinar, de ofício ou a requerimento da parte, a realização de nova perícia, quando a matéria não lhe parecer suficientemente esclarecida. A determinação de segunda perícia pressupõe que a já realizada seja inválida ou deva ser descartada.

IV. O autor fixa os limites da lide e da causa de pedir na petição inicial e cabe ao juiz decidir de acordo com esse limite. É proibido ao juiz proferir sentença a favor do autor, para condenar o réu em quantidade superior (*extra petita*), condená-lo em objeto diverso do que lhe foi demandado (*ultra petita*) ou abaixo do pedido (*citra* ou *infra petita*). A regra da congruência ou correlação entre pedido e sentença é decorrência do princípio dispositivo.

(A) Somente as proposições I e III estão corretas.
(B) Somente a proposição III está correta.
(C) Somente as proposições I e IV estão corretas.
(D) Somente as proposições II e III estão corretas.
(E) Somente a proposição I está correta.

I: correta (art. 14, V, CPC); II: incorreta, porque a limitação ao litisconsórcio multitudinário não se aplica nos casos de litisconsórcio necessário; III: incorreta (arts. 427 a 439 do CPC); IV: incorreta, porque houve inversão dos termos "ultra" e "extra petita". Gabarito "E".

(Magistratura/SC – 2010) **Assinale a alternativa correta:**

I. A decisão do juízo *a quo* que releva a deserção é preclusiva e agravável.
II. A liquidação de sentença pode ser requerida mesmo se pendente apelação com efeito suspensivo.
III. A citação para a liquidação de sentença pode ser realizada por mandado ou por correio, exigindo-se do advogado, para recebê-la, poderes especiais no mandato.
IV. Não concordando com o cálculo realizado pelo contador judicial, o credor poderá promover a execução pelo valor que originalmente apresentou, cabendo ao devedor apresentar impugnação por excesso de execução.

(A) Somente as proposições I e II estão corretas.
(B) Somente as proposições II e IV estão corretas.
(C) Somente as proposições III e IV estão corretas.
(D) Somente as proposições I e III estão corretas.
(E) Somente as proposições II, III e IV estão corretas.

I: incorreta, porque não há interesse recursal contra a decisão que releva a pena de deserção, logo, ela é irrecorrível, nos termos do art. 519, parágrafo único, do CPC; II: correta (art. 475-A, § 2º, CPC); III: incorreta, porque o devedor será intimado da liquidação pelo advogado (art. 475-A, § 1º, CPC); IV: correta (art. 475-B, § 4º, CPC). Gabarito "B".

(Magistratura/SC – 2009) Observadas as proposições abaixo, assinale a alternativa correta:

I. A *substituição processual* ocorre pela morte de uma das partes e consequente habilitação do respectivo espólio.
II. Transações extrajudiciais levadas a conhecimento do juízo por meio de petição são renunciáveis até a respectiva homologação.
III. Os atos atentatórios ao exercício da jurisdição são equivalentes e sancionados da mesma maneira que os atos de litigância de má-fé.
IV. São devidos honorários de advogado assim na fase condenatória quanto na de cumprimento de sentença, na hipótese de inadimplemento.

(A) Somente a proposição II está correta.
(B) Somente as proposições III e IV estão corretas.
(C) Somente a proposição IV está correta.
(D) Somente as proposições II, III e IV estão corretas.
(E) Somente as proposições I e II estão corretas.

I: incorreta, porque a morte de uma das partes acarreta o fenômeno da sucessão da parte, ou, nos termos da lei, da substituição da parte. Substituição processual é o que se verifica quando alguém é autorizado pela lei para demandar, em nome próprio, direito alheio (é o mesmo que legitimação extraordinária); II: incorreta, porque "os atos das partes, consistentes em declarações unilaterais ou bilaterais de vontade, produzem imediatamente a constituição, modificação ou a extinção de direitos processuais", independentemente de homologação judicial, o que impede que um dos transatores volte atrás depois de celebrado o negócio; III: incorreta, porque as hipóteses de cada uma das espécies de atos são diversas e as penas também, como se observa pela comparação dos arts. 17/18 e 600/601 do CPC; IV: correta, porque embora o cumprimento de sentença seja uma fase processual, e não um novo processo, ainda assim, em razão do princípio da causalidade, que governa a imposição dos honorários, há que se reconhecer sua incidência nessa fase. Gabarito "C".

(Magistratura/SC – 2009) Observadas as proposições abaixo, assinale a alternativa correta:

I. A denunciação da lide é possível de ser manejada pelo réu chamado a responder pela dívida isoladamente, a fim de que os demais coobrigados solidários fiquem sujeitos aos efeitos da sentença.
II. A litispendência entre ações que tramitem simultaneamente no Brasil e em outro país implica em prevenção do juízo que primeiramente ordenou a citação válida.
III. É presumidamente válida a intimação enviada ao endereço da parte ou do procurador, constante dos autos.
IV. Anotam-se na distribuição a reconvenção e a intervenção de terceiros.

(A) Somente as proposições II e III estão corretas.
(B) Somente a proposição IV está correta.
(C) Somente as proposições I e II estão corretas.
(D) Somente as proposições II, III e IV estão corretas.
(E) Somente as proposições III e IV estão corretas.

I: incorreta, porque essa hipótese autorizaria o chamamento ao processo, e não a denunciação; II: incorreta, porque não há litispendência entre uma mesma demanda que corre no exterior e outra que for ajuizada no Brasil (art. 90 do CPC); III: correta, nos termos do parágrafo único do art. 238 do CPC; IV: correta (parágrafo único do art. 253 do CPC). Gabarito "E".

(Magistratura/SC – 2009) Observadas as proposições abaixo, assinale a alternativa correta:

I. Havendo pluralidade passiva e desistência da ação em relação a um dos réus ainda não citados, a intimação da homologação da desistência não influirá no curso do prazo de resposta.
II. O revel não é intimado dos atos do processo enquanto não constituir patrono.
III. A exceção de incompetência deve ser protocolizada no juízo em que tramita o feito, com requerimento de sua remessa ao juízo competente.
IV. Havendo prova documental sobre o fato, o juiz deve indeferir a oitiva de testemunhas.

(A) Somente as proposições II e IV estão corretas.
(B) Somente as proposições I, II e III estão corretas.
(C) Nenhuma das proposições está correta.
(D) Somente as proposições I, III e IV estão corretas.
(E) Todas as proposições estão corretas.

I: incorreta, porque é a partir de tal intimação que o prazo para os réus já citados passará a fluir (art. 298, parágrafo único, CPC); II: correta (art. 322 do CPC); III: incorreta, porque ela pode ser protocolizada no juízo do domicílio do réu, com pedido de remessa ao juízo que determinou a citação (art. 305, parágrafo único, do CPC). Gabarito "A".

(Magistratura/SP – 2011 – VUNESP) Assinale a alternativa correta.

(A) A verdade dos fatos, estabelecida como fundamento da sentença, faz coisa julgada.
(B) A resolução de questão prejudicial faz coisa julgada, se a parte o requerer, o juiz for competente e constituir pressuposto para o julgamento da lide.
(C) A sentença produz coisa julgada apenas em relação às partes entre as quais é dada.
(D) Na apelação, serão objeto de apreciação e julgamento pelo tribunal somente as questões julgadas na sentença.
(E) As questões de fato, não propostas no juízo inferior, não poderão ser suscitadas na apelação.

A: incorreta (art. 469, II, CPC); B: correta (art. 470, CPC); C: como regra geral, a coisa julgada só se forma em relação a quem foi parte no processo, mas há exceções. Uma delas é a que diz respeito às ações de estado, em que a sentença produz coisa julgada em relação a terceiros (art. 472, parte final, CPC). Por esse motivo, considerou-se incorreta a alternativa em questão; D: incorreta, porque também são devolvidas ao tribunal todas as questões suscitadas e discutidas no processo, ainda que a sentença não as tenha decidido por inteiro. Além disso, "quando o pedido ou a defesa tiver mais de um fundamento e o juiz acolher apenas um deles, a apelação devolverá ao tribunal o conhecimento dos demais" (§§ 1º e 2º do art. 515 do CPC). Por fim, de acordo com o art. 516, também ficam submetidas ao tribunal as questões anteriores à sentença, ainda não decididas; E: incorreta, porque é possível que questões de fato sejam suscitadas pela primeira vez na apelação, se provar que não as alegou antes por motivo de força maior (art. 517, CPC). Gabarito "B".

(Ministério Público/BA – 2010) Sobre competência, citação e resposta do réu, assinale a assertiva incorreta:

(A) Em se tratando de citação realizada através de carta de ordem, o prazo para apresentação de defesa começa a fluir a partir de sua juntada aos autos principais.

(B) A demora na realização do ato citatório, por circunstâncias atribuíveis à deficiência judiciária, não justifica o acolhimento da alegação de prescrição e decadência.

(C) Não se aplicam os efeitos da revelia se, havendo pluralidade de réus, algum deles contestar a ação, desde que o interesse do litisconsorte contestante seja comum ao do revel.

(D) O foro do domicílio ou da residência do alimentando é o competente para a ação de investigação de paternidade, quando cumulada com a de alimentos.

(E) O princípio do ônus da impugnação especificada proíbe a oferta de resposta por negativa geral, cabendo ao acionado confrontar um a um os fatos articulados na peça inaugural, não devendo o Promotor de Justiça descurar-se desse inarredável encargo, sob pena de aplicação dos efeitos da revelia.

A: correta (art. 241, IV, CPC); B: correta (art. 219, § 2º, CPC); C: correta (art. 320, I, CPC); D: correta (Súmula 1 do STJ); E: incorreta, porque o Ministério Público pode contestar por negativa geral (art. 302, parágrafo único, CPC). Gabarito "E".

(Ministério Público/BA – 2010) Avalie as proposições abaixo, e assinale o número de assertiva(s) correta(s).

I. Caso o incidente de falsidade documental seja suscitado depois de encerrada a instrução, será autuado em apartado, suspendendo-se o processo principal até o julgamento do incidente, e a decisão que o julga, deferindo-o ou não, tem natureza interlocutória, cujo recurso cabível, portanto, é o agravo de instrumento.

II. A intimação pessoal da sentença e a participação no processo no estado em que ele se encontra são os únicos benefícios a que faz *jus* o réu revel.

III. A eficácia da revelia é *ex tunc*, nascendo no momento em que o indivíduo deixa de contestar tempestivamente a pretensão autoral.

IV. A decisão que indefere a petição reconvencional é interlocutória e, como tal, desafia recurso de agravo retido.

V. Não pode o curador à lide (art. 9º do CPC) reconvir em favor do revel citado por edital ou por hora certa, visto que é seu substituto processual.

(A) 1.
(B) 2.
(C) 3.
(D) 4.
(E) 5.

I: incorreta, porque se o incidente for autuado em apartado, será resolvido por meio de sentença, que é passível de apelação; II: incorreta, porque o revel não é intimado pessoalmente da sentença; III: incorreta, pois a definição dada é de eficácia *ex nunc*; IV: incorreta, porque deve ser interposto agravo de instrumento, em razão da incompatibilidade da sistemática do agravo retido com a hipótese; V: correta, pois, de fato, existe tal impossibilidade. Gabarito "A".

(Ministério Público/MS – 2011 – FADEMS) Assinale a alternativa **correta**.

(A) No litisconsórcio multitudinário, a limitação do número de litigantes, que só incide no facultativo, dependerá, de pedido do réu, quando ocorrer dificuldade da defesa;

(B) No sistema brasileiro de jurisdição una, não há conflito de atribuições entre entidade administrativa e autoridade judiciária, quanto estiver esta no exercício pleno de sua função jurisdicional;

(C) O ajuizamento da ação declaratória incidental enseja uma nova autuação. Tanto é verdade que, primeiramente, o juiz resolverá a questão prejudicial por intermédio de uma sentença; e, em outra decidirá a questão principal;

(D) O juízo do domicílio do menor não é competente para apreciar ação de guarda proposta por um dos pais contra o outro. A regra de competência definida pela necessidade de proteger o interesse da criança não é absoluta;

(E) O pedido será alternativo quando o autor cumular, sucessivamente, o pedido principal com outro sucessivo.

A: incorreta, porque a providência pode ser tomada de ofício pelo juiz (art. 46, parágrafo único, CPC); B: correta, pois a competência da autoridade judiciária está detalhadamente traçada; C: incorreta, porque a ação declaratória incidental corre no mesmo processo em que foi levantada a questão prejudicial; D: incorreta, porque nesse caso será competente o foro daquele que detém a guarda (RSTJ 114/187); E: incorreta, porque pedido alternativo (art. 288, CPC) não se confunde com pedido sucessivo (quando há entre dois pedidos uma relação de prejudicialidade). Gabarito "B".

(Ministério Público/MS – 2011 – FADEMS) Atente para os seguintes enunciados.

I. As *astreintes* podem ser fixadas pelo juiz de ofício, mesmo sendo contra pessoa jurídica de direito público, que ficará obrigada a suportá-las caso não cumpra a obrigação de fazer no prazo estipulado.

II. Não há preclusão para o juiz em matéria probatória, razão pela qual não viola a lei o julgado do mesmo Tribunal que, ao julgar apelação, conhece e dá provimento a agravo retido, para anular a sentença e determinar a produção de prova testemunhal requerida pelo autor desde a inicial, ainda que, em momento anterior, tenha negado agravo de instrumento sobre o assunto.

III. A execução provisória da sentença constitui quebra de hierarquia ou ato de desobediência a anterior decisão do Tribunal que deferira à liminar. Assim, a decisão que defere ou indefere liminar, mesmo quando proferida por tribunal, inibe a prolação e condiciona o resultado da sentença definitiva, como também retira dela a eficácia executiva conferida em lei.

IV. A ação rescisória pode ser utilizada para a impugnação de decisões com conteúdo de mérito e que tenham adquirido a autoridade da coisa julgada material. Em que pese incomum, é possível que tais decisões sejam proferidas incidentalmente no processo, antes da sentença, como por exemplo, nos processos regulados pelo CPC em que, por algum motivo, um dos capítulos da sentença a respeito do mérito é antecipadamente decidido de maneira definitiva.

V. A cláusula de reserva de plenário não é aplicável na hipótese de controle difuso, se aplicando aos casos em que se reputam revogadas ou não recepcionadas normas anteriores à Constituição vigente.

Assinale a alternativa **correta**.

(A) Todas as alternativas estão incorretas;
(B) As alternativas I, II e IV estão corretas;
(C) Somente a alternativa III está correta;
(D) As alternativas III, IV e V estão corretas;
(E) Todas as alternativas estão corretas.

I: correta (art. 461 do CPC); II: correta, tendo em vista o princípio inquisitório em matéria probatória; III: incorreta, porque as decisões liminares são sempre provisórias, e não condicionam o julgamento do mérito, ainda que proferidas por tribunal; IV: correta (art. 485 do CPC); V: incorreta, porque é exatamente para a hipótese de controle difuso pelos Tribunais que se exige a observância da cláusula de reserva de plenário (art. 97 da CF). Gabarito "B".

(Ministério Público/MS – 2011 – FADEMS) Observe os seguintes enunciados.

I. É admissível a oposição de embargos de terceiro fundados em alegação de posse advinda do compromisso de compra e venda de imóvel, ainda que desprovido do registro.

II. A causa de pedir na ação monitória terá por conteúdo a afirmada relação jurídica de direito material que vincula autor e réu e a situação de inadimplemento decorrente da conduta comissiva do último.

III. A mulher que renunciou aos alimentos na separação judicial tem direito à pensão previdenciária por morte do ex-marido, comprovada a necessidade econômica superveniente.
IV. O testamenteiro tem direito a um prêmio, tendo como base de cálculo o total da herança líquida, ainda que haja herdeiros necessários, e não apenas a metade disponível, ou os bens de que dispôs em testamento o *de cujus*. Pelo pagamento, entretanto, não responderão as legítimas dos herdeiros necessários, deduzindo-se o prêmio da metade disponível.
V. Para resguardo da boa-fé de terceiros e segurança do comércio jurídico, o reconhecimento da nulidade dos atos praticados anteriormente à sentença de interdição reclama prova inequívoca, robusta e convincente da incapacidade do contratante.

Assinale a alternativa **correta**.

(A) As alternativas III e IV estão incorretas;
(B) Todas as alternativas estão incorretas;
(C) Somente a questão V está correta;
(D) Todas as questões estão corretas;
(E) Somente as questões I e II estão incorretas.

I: correta (Súmula 84 do STJ); II correta (art. 1.102-A do CPC); III: correta (Súmula 336 do STJ); IV: correta (art. 1.138, *caput* e § 1º, do CPC); V: correta (STJ, REsp 9.077). Gabarito "D".

(Ministério Público/MS – 2011 – FADEMS) Assinale a alternativa **correta**.

(A) É da competência do STJ o julgamento de ação popular em que se tem um conflito entre a União e Estado-membro, onde os autores pretendem agir no interesse do Estado, postulando a anulação de decreto do Presidente da República, ou seja, de ato imputável à União;
(B) Julgada procedente a investigação de paternidade, os alimentos são devidos a partir do trânsito em julgado da sentença que reconheceu a paternidade e não da citação;
(C) Tanto a doutrina como a jurisprudência superaram a complexa construção do direito antigo acerca da prova dos fatos negativos, razão pela qual a afirmação dogmática de que o fato negativo nunca se prova é inexata, pois há hipóteses em que uma alegação negativa traz, inerente, uma afirmativa que pode ser provada. Desse modo, sempre que for possível provar uma afirmativa ou um fato contrário àquele deduzido pela outra parte, tem-se como superada a alegação de prova negativa, ou impossível;
(D) O advogado do beneficiário da assistência judiciária também é alcançado pelo benefício da assistência judiciária concedido ao seu cliente. Assim, se ele recorre em nome próprio para defender seu direito autônomo aos honorários advocatícios, não deve recolher o respectivo preparo;
(E) O divórcio modificará os direitos e deveres dos pais em relação aos filhos. Como também o novo casamento de qualquer dos pais ou de ambos importará em restrição a esses direitos e deveres.

A: incorreta, porque nesse caso já se decidiu que a competência é do STF (STJ-RT 738/206); B: incorreta, porque a Súmula 277 do STJ estabelece que é a citação o marco inicial dos alimentos, no caso de procedência da ação investigatória de paternidade; C: correta, pois, de fato, a doutrina e a jurisprudência chegaram a tal conclusão; D: incorreta, porque o benefício da gratuidade diz respeito à pessoa da parte, e não de seu patrono; E: incorreta (art. 1.579 do CC). Gabarito "C".

(Ministério Público/MS – 2011 – FADEMS) Analise as seguintes afirmações e assinale a alternativa **correta**.

I. O inadimplemento de obrigação alimentícia assumida pelo cônjuge varão quando da separação judicial impede a transformação em divórcio.
II. A lei adotou procedimento semelhante ao do mandado de segurança, exigindo, para o cabimento do *habeas data*, prova pré-constituída do direito do impetrante. Não cabe, portanto, dilação probatória. Em razão da necessidade de comprovação de plano do direito do demandante, mostra-se inviável a pretensão de que, em um mesmo *habeas data*, se assegure o conhecimento de informações e se determine a sua retificação.
III. Pode o magistrado deixar de encaminhar ao Supremo Tribunal Federal o agravo de instrumento interposto da decisão que não admitiu o recurso extraordinário manejado contra sentença proferida no âmbito dos juizados especiais.
IV. O mandado de segurança não se qualifica como sucedâneo da ação direta de inconstitucionalidade, não podendo ser utilizado, em conseqüência, como instrumento de controle abstrato da validade constitucional das leis e dos atos normativos em geral.
V. O titular de direito líquido e certo decorrente de direito, em condições idênticas, de terceiro não poderá impetrar mandado de segurança a favor do direito originário, se o seu titular não o fizer no prazo legal, quando notificado. E, isso acontece, porque na legislação do mandado de segurança não se permite a figura da substituição processual.
VI. A suspensão da liminar em mandado de segurança, salvo determinação em contrário da decisão que a deferir, vigorará até o trânsito em julgado da decisão definitiva de concessão da segurança ou, havendo recurso, até a sua manutenção pelo Supremo Tribunal Federal, desde que o objeto da liminar deferida coincida, total ou parcialmente, com o da impetração.

(A) As alternativas I, IV e V estão corretas;
(B) Todas as alternativas estão corretas;
(C) Somente as alternativas I e III estão corretas;
(D) As alternativas II, IV e VI estão corretas;
(E) Nenhuma das alternativas estão corretas.

I: incorreta, uma vez que a obtenção do divórcio é direito potestativo e incondicional de qualquer dos cônjuges. Eventual inadimplemento de obrigações assumidas deve ser objeto de execução pelos credores, mas não impede o decreto de divórcio; II: correta (STJ, HD 160); III: incorreta (Súmula 727 do STF – ressalva feita ao fato de que, de acordo com a nova redação do art. 544 do CPC, o recurso atualmente cabível contra a inadmissibilidade de recurso extraordinário, bem como especial, é o agravo nos próprios autos, e não mais agravo de instrumento); IV: correta (Súmula 266 do STF); V: incorreta (art. 3º da Lei 12.016/2009); VI: correta (Súmula 626 do STF). Gabarito "A".

(Ministério Público/PB – 2010) Analise as proposições que se seguem e assinale a alternativa **correta**:

I. A Fazenda Pública não dispõe de prazo diferenciado para o ajuizamento de ações rescisórias, salvo nos casos relativos aos processos que digam respeito à transferência de terras públicas rurais, em que o prazo é de quatro anos.
II. O relator poderá, monocraticamente, dar provimento ao recurso, desde que a decisão recorrida esteja em desarmonia com súmula ou com jurisprudência dominante do Supremo Tribunal Federal, mas não na hipótese de reexame necessário.
III. Exige-se, para o cabimento da ação rescisória, que tenha havido exceção de impedimento no curso da ação originária.
IV. A norma processual civil confere legitimidade superveniente tanto ao sub-rogado legal quanto ao convencional para promover execução ou nela prosseguir em substituição ao credor, bastando ao sub-rogado demonstrar a existência da subrogação.

(A) I, II, III e IV estão erradas.
(B) Apenas I e IV estão corretas.
(C) Apenas III e IV estão erradas.
(D) Apenas I, II e III estão erradas.
(E) I, II, III e IV estão corretas.

I: errada, porque quando se trata de transferência de terras públicas rurais, o prazo para a Fazenda Pública propor ação rescisória é de 8 anos (art. 8º-C da Lei 6.739/1979); II: errada (art. 557 do CPC e Súmula 253 do STJ); III: errada, porque não se exige que tenha sido alegado o impedimento no curso da ação originária; IV: errada, porque "compete [ao sub-rogado] demonstrar a existência, validade e eficácia da sub-rogação (Araken de Assis, "Manual da Execução", 11ª Ed., p. 393). Gabarito "A".

(Ministério Público/PB – 2010) Analise as proposições que se seguem e assinale a alternativa correta:

I. O Ministério Público, que detém legitimidade exclusiva para propor ação rescisória quando a sentença é efeito de colusão das partes visando fraudar a lei, deve observar prazo decadencial que começa a fluir a partir do momento em que tiver ciência da fraude.

II. Não promovida pelo autor ou terceiro, no prazo legal, a execução da sentença condenatória transitada em julgado em ação popular, o Ministério Público, revestido de legitimidade extraordinária autônoma concorrente, promoverá a execução devida no prazo de trinta dias.

III. Tem legitimidade o Ministério Público para promover e acompanhar todas as ações e procedimentos em que se discutem direitos individuais dos idosos, em razão da presunção absoluta de sua hipossuficiência.

(A) Apenas III está errada.
(B) Apenas I e III estão erradas.
(C) Apenas I e II estão erradas.
(D) I, II e III estão corretas.
(E) I, II e III estão erradas.

I: errada, porque o prazo corre do trânsito em julgado, e não da ciência da fraude; II: correta (art. 16 da Lei 4.717/65); III: errada, porque a legitimidade do Ministério Público está restrita às hipóteses do art. 74, II e III, da Lei 10.741/2003). Gabarito "B".

(Ministério Público/PB – 2010) Considere as proposições abaixo, assinalando, sucessivamente, a alternativa que sobre elas contenha o devido julgamento:

I. Não cabe Mandado de Segurança contra ato de administrador de concessionária de serviço público, ainda que o ato impugnado seja relacionado ao serviço essencial prestado pela empresa.

II. A legitimação para impetrar *habeas data* tanto pode recair na pessoa física como na pessoa jurídica, e o respectivo processamento é isento de custas e despesas processuais, tendo prioridade sobre os demais procedimentos judiciais, exceto *habeas corpus*.

III. Compete ao Superior Tribunal de Justiça processar e julgar originariamente Mandado de Injunção quando a elaboração da norma regulamentadora for atribuição de qualquer órgão, entidade ou autoridade federal da administração direta ou indireta.

(A) Apenas II e III estão incorretas.
(B) Apenas I e III estão incorretas.
(C) I, II e III estão corretas.
(D) I, II e III estão incorretas.
(E) Apenas I e II estão incorretas.

I: incorreta (STJ, CC 40.060); II: correta (arts. 19 e 21 da Lei 9.507/97); III: incorreta, porque há casos em que a competência para o mandado de injunção será do STF (v. art. 102, I, "q", c.c. art. 105, I, "h", da CF). Gabarito "B".

(Ministério Público/PB – 2010) Dentre as proposições que se seguem, assinale a alternativa correta:

I. A exceção de pré-executividade é inadmissível na execução fiscal em razão de a natureza da lide não comportar dilação probatória.

II. Não obstante as pessoas formais não gozarem de personalidade jurídica, são admitidas a figurar em relações processuais como parte ativa ou passiva.

III. A não integração do litisconsorte passivo necessário autoriza a intervenção iussu iudicis, sob pena de ineficácia da sentença.

(A) I, II e III estão corretas.
(B) I, II e III estão incorretas.
(C) Apenas I e II estão incorretas.
(D) Apenas II e III estão incorretas.
(E) Apenas I e III estão incorretas.

I: incorreta, porque a exceção de pré-executividade, que é defesa informal que o executado apresenta no bojo da execução, e na qual se alega matéria ligada à inadmissibilidade da execução, não admite produção de provas, seja na execução fiscal, ou não. Além disso, é pacífico o entendimento de que é cabível essa modalidade de defesa no executivo fiscal; II: correta, porque as pessoas formais (massa falida, espólio, herança jacente) não têm personalidade jurídica, mas podem ser partes no processo; III: incorreta, porque a integração do litisconsórcio necessário depende sempre de iniciativa do autor, ainda que provocado pelo juiz. Em nenhuma hipótese é admitida a intervenção *iussu iudicis*, ou seja, a convocação dos litisconsortes faltantes por iniciativa de ofício do próprio juiz. A proibição decorre dos princípios da inércia e da demanda. Gabarito "E".

(MINISTÉRIO PÚBLICO/RO – 2010 – CESPE) Assinale a opção correta quanto à litispendência e à coisa julgada; à competência; aos prazos; à atuação do MP no processo civil e aos requisitos de admissibilidade dos recursos.

(A) É cabível a pretensão de revisão de contrato findo, mesmo que as partes tenham celebrado, em juízo, termo aditivo de renegociação da dívida, o qual tenha sido homologado por sentença da qual não caiba mais recurso.

(B) A autoridade judiciária brasileira será incompetente para processar e julgar o divórcio se os cônjuges atualmente residirem no exterior, mesmo que o casamento tenha sido celebrado em território nacional.

(C) A ação reivindicatória movida por condômino de condomínio edilício, em caso de assenhoreamento por terceiro de área comum de uso exclusivo seu, induzirá litispendência ou fará coisa julgada em relação a outra, com idêntico pedido e causa de pedir, movida pelo condomínio.

(D) A competência para processar e julgar as ações conexas de interesse de menor é, em princípio, do foro do domicílio do detentor de sua guarda.

(E) É inaplicável a contagem em dobro do prazo recursal quando o MP oficia no processo na qualidade de fiscal da lei.

A: incorreta, porque nesse caso, prevalece a coisa julgada; B: incorreta (art. 88, III, CPC); C: incorreta, porque não há identidade dos elementos identificadores das demandas (as causas de pedir e os pedidos são distintos); D: correta (Súmula 383 do STJ); E: incorreta (art. 188 do CPC). Gabarito "D".

(MINISTÉRIO PÚBLICO/RO – 2010 – CESPE) No que concerne aos princípios processuais, aos poderes instrutórios do juiz, aos direitos fundamentais processuais, à atuação do MP no processo civil, aos requisitos e vícios da sentença, aos recursos em espécie, ao ônus da prova e ao processo de execução, aos sujeitos da relação processual e à ação rescisória, assinale a opção correta.

(A) Na fase instrutória, o juiz pode excepcionar o princípio dispositivo quando tratar de causa que tenha por objeto direito indisponível ou na qual haja significativa desproporção econômica ou sociocultural entre as partes.

(B) A sentença que apenas transcreve, em sua fundamentação, trecho do parecer do MP como fiscal da lei ofende os princípios da ampla defesa e da motivação das decisões judiciais.

(C) Conforme exigência do CPC, a parte deve juntar, em primeiro grau, a relação dos documentos que instruíram o recurso de agravo de instrumento. Assim, é imprescindível também, sob pena de não conhecimento, a juntada de cópias de todas as peças e documentos que acompanharam o recurso.

(D) O ônus de provar a penhorabilidade, decorrente da natureza não salarial, dos depósitos em conta-corrente do executado é do autor da execução.

(E) Para propor ação rescisória, o advogado pode se valer da procuração que lhe foi outorgada para propor a ação original do feito em que foi sucumbente.

A: correta, com a ressalva de que não só nesses casos o juiz pode determinar de ofício a produção de provas (art. 130 do CPC); B: incorreta, pois não é verdade o dito na alternativa; C: incorreta, porque o agravo, acompanhado dos documentos, deve ser interposto diretamente no tribunal; D: incorreta, porque será do executado o ônus de provar a natureza salarial dos valores depositados, e sua consequente impenhorabilidade; E: incorreta, pois é necessário uma nova procuração. Gabarito "A".

(MINISTÉRIO PÚBLICO/RO – 2010 – CESPE) Com relação ao processo cautelar, ao processo de execução e aos procedimentos especiais de jurisdição contenciosa, assinale a opção correta.

(A) Como a execução provisória realiza-se, no que couber, do mesmo modo que a definitiva, é aplicável ao devedor, em seu bojo, a multa prevista no CPC, de 10% sobre o valor da condenação para a hipótese de atraso no pagamento.

(B) A ausência de ajuizamento da ação principal no prazo legal de trinta dias implica, necessariamente, a extinção do processo cautelar.

(C) É incompatível com o procedimento especial da ação monitória o oferecimento, pelo réu, de reconvenção concomitante aos embargos.

(D) A propositura da ação de usucapião pelo cônjuge masculino depende do consentimento do cônjuge feminino, sob pena de nulidade do processo.

(E) Sob o argumento de aplicação da fungibilidade, não pode o juiz modificar a medida cautelar postulada pela parte autora ou eleger a medida que julgar adequada diante do caso concreto, sob pena de violação do princípio da inércia.

A: incorreta, porque não incide a multa de 10% nas execuções provisórias; B: incorreta, porque a consequência da não observância do prazo é a perda da eficácia da medida cautelar, mas não necessariamente a extinção do processo cautelar; C: incorreta (Súmula 292 do STJ); D: correta, desde que se trate de bem imóvel; E: incorreta (art. 798 do CPC). Gabarito "D".

(MINISTÉRIO PÚBLICO/RO – 2010 – CESPE) Assinale a opção correta em relação aos recursos cíveis e ao procedimento do mandado de segurança individual e coletivo.

(A) A remessa necessária prevista no CPC tem natureza jurídica recursal, a ela se aplicando os princípios da teoria geral dos recursos cíveis.
(B) É inadmissível o recurso especial interposto antes da publicação do acórdão dos embargos de declaração, sem posterior ratificação.
(C) A fundamentação levantada pela parte para a demonstração da repercussão geral da questão constitucional debatida no recurso extraordinário vincula o STF, não podendo esse tribunal admiti-lo por fundamento diverso.
(D) A gravidade do ato coator pode determinar o cabimento de mandado de segurança contra ato judicial, mesmo que seu conteúdo não seja teratológico.
(E) O pedido de segurança não pode ser renovado, mesmo que dentro do prazo decadencial de cento e vinte dias e nos casos em que a decisão denegatória não lhe houver apreciado o mérito.

A: incorreta, porque a natureza da remessa necessária é de condição de eficácia da sentença, e não recursal; B: correta (Súmula 418 do STJ); C: incorreta (art. 543-A do CPC); D: incorreta, porque o que autoriza o uso do mandado de segurança contra ato judicial é, além da ilegalidade, o fato de não haver recurso previsto para a sua impugnação; E: incorreta.(art. 6º, § 6º, da Lei 12.016/2009). Gabarito "B".

(MINISTÉRIO PÚBLICO/RO – 2010 – CESPE) A respeito da assistência judiciária, do procedimento comum sumário, da execução da prestação alimentícia, do pedido, da coisa julgada, do princípio da publicidade e da comunicação dos atos processuais, assinale a opção correta.

(A) Imposta multa à parte como forma de forçar o cumprimento de medida liminar, é desnecessário que conste do mandado de intimação o prazo assinalado para o atendimento da ordem, já que os autos do processo são públicos e estão à disposição dos advogados para carga.
(B) Para que sejam deferidos à pessoa jurídica os benefícios da assistência judiciária gratuita, basta que a interessada declare não ter condições de arcar com as despesas inerentes ao exercício da jurisdição.
(C) É desnecessária a presença do advogado na audiência de conciliação do procedimento sumário, podendo a parte ré, nessa ocasião, ofertar a contestação elaborada e assinada pelo seu defensor.
(D) É cabível a prisão civil por inadimplemento de pensão alimentícia estabelecida por acordo extrajudicial entre as partes.
(E) Com o trânsito em julgado de decisão omissa em relação à fixação dos honorários sucumbenciais, pode o advogado da parte vencedora valer-se ainda de ação própria para pleiteá-los.

A: incorreta, porque a parte tem o direito a ser pessoalmente informada do prazo para o cumprimento da ordem; B: incorreta, porque no que toca às pessoas jurídicas, é exigida a prova de tal alegação; C: incorreta, porque não se dispensa a presença do advogado para a apresentação da contestação em audiência no rito sumário; D: correta, desde que se trate de verba fundada no direito de família; E: incorreta ("o trânsito em julgado da decisão omissa quanto à questão dos honorários advocatícios impede que estes venham a ser estabelecidos pelo juízo da execução" - REsp 886178/RS, Rel. Ministro Luiz Fux, Corte Especial, julgado em 2.12.2009, DJe 25.2.2010). Gabarito "D".

(Ministério Público/SC – 2010)

I. Considera-se atentatório à dignidade da Justiça o ato do executado que frauda a execução, se opõe maliciosamente à execução e resiste injustificadamente às ordens judiciais.
II. O juiz ou Tribunal, de ofício ou a requerimento, condenará o litigante de má-fé a pagar multa não excedente a um por cento sobre o valor da causa e a indenizar a parte contrária dos prejuízos que esta sofreu, mais os honorários advocatícios e todas as despesas que efetuou.
III. Mesmo diante de um defeito que gera nulidade absoluta do processo, o magistrado está autorizado a desconsiderá-la, quando puder decidir do mérito a favor da parte a quem aproveite a nulificação.
IV. A ação denominada *querela nullitatis* é imprescritível e deve ser proposta no juízo que proferiu a decisão.
V. É possível a declaração incidental de inconstitucionalidade de lei ou ato normativo do Poder Público, em ação civil pública, desde que a controvérsia constitucional não figure como pedido, mas sim como causa de pedir, fundamento ou simples questão prejudicial, indispensável à resolução do litígio principal.

(A) Apenas as assertivas I, II, III e V estão corretas.
(B) Apenas as assertivas I, II, III estão corretas.
(C) Apenas as assertivas III, IV e V estão corretas.
(D) Apenas as assertivas I, II, IV estão corretas.
(E) Todas as assertivas estão corretas.

I: correta (art. 600 do CPC); II: correta (art. 18 do CPC); III: correta (art. 249, § 2º, do CPC); IV: correta, porque se trata de ação de natureza declaratória, logo, imprescritível; V: correta, pois, de fato, existe tal possibilidade. Gabarito "E".

(Ministério Público/SC – 2010)

I. Pode ser concedida a antecipação de tutela quando fique caracterizado o abuso do direito de defesa ou o manifesto propósito protelatório do réu, desde que exista prova inequívoca da verossimilhança da alegação.
II. A tutela antecipada poderá ser concedida quando um ou mais dos pedidos cumulados, ou parcela deles, mostrar-se incontroverso.
III. O juiz extinguirá o processo, com resolução de mérito, quando acolher a alegação de coisa julgada.
IV. Na ação que tenha por objeto o cumprimento de obrigação de fazer ou não fazer, é lícito ao juiz conceder a tutela liminarmente, desde que seja relevante o fundamento da demanda e havendo justificado receio de ineficácia do provimento final, podendo impor multa diária ao réu, independentemente de pedido do autor.
V. Far-se-á a liquidação de sentença por arbitramento quando, para determinar o valor da condenação, houver necessidade de alegar e provar fato novo.

(A) Apenas as assertivas III, IV e V estão corretas.
(B) Apenas as assertivas I, II, III estão corretas.
(C) Apenas as assertivas I, II e IV estão corretas.
(D) Apenas as assertivas I, II, IV e V estão corretas.
(E) Todas as assertivas estão corretas.

I: correta (art. 273 do CPC); II: correta (art. 273, § 6º, do CPC); III: incorreta, porque se trata de hipótese de extinção do processo sem resolução do mérito (art. 267, V, CPC); IV: correta (art. 461 do CPC); V: incorreta, porque essa é a hipótese de liquidação por artigos. Gabarito "C".

(Ministério Público/SC – 2010)

I. Na visão do STJ, formulado pedido certo e determinado, somente o autor tem interesse recursal em argüir o vício da sentença ilíquida.
II. Quando o dispositivo do acórdão contiver julgamento por maioria de votos e julgamento unânime, e forem interpostos embargos infringentes, o prazo para recurso extraordinário ou recurso especial, relativamente ao julgamento unânime, ficará sobrestado até a intimação da decisão nos embargos.
III. O Ministério Público tem legitimidade para recorrer assim no processo em que é parte, como naqueles em que oficiou como fiscal da lei, ainda que não haja recurso da parte.
IV. Os recursos extraordinário e especial serão recebidos nos efeitos devolutivo e suspensivo.
V. O recurso extraordinário, ou o recurso especial, quando interpostos contra decisão interlocutória em processo de conhecimento, cautelar, ou embargos à execução ficará retido nos autos e somente será processado se o reiterar a parte, no prazo para a interposição do recurso contra a decisão final, ou para as contrarrazões.

(A) Apenas as assertivas III e V estão corretas.
(B) Apenas as assertivas I, II, III e V estão corretas.
(C) Apenas as assertivas I, II e IV estão corretas.
(D) Apenas as assertivas I, II e III estão corretas.
(E) Todas as assertivas estão corretas.

I: correta (Súmula 318 do STJ); II: correta (art. 498 do CPC); III: correta (art. 499, § 2º, do CPC); IV: incorreta, porque tais recursos não têm efeito suspensivo (ressalva feita à sua concessão através de medida cautelar); V: correta (art. 542, § 3º, do CPC). Gabarito "B".

(MINISTÉRIO PÚBLICO/SE – 2010 – CESPE) Em atenção à disciplina jurídica da lei processual no tempo, do regime de cumprimento da sentença e da execução de títulos extrajudiciais, assinale a opção correta.

(A) A multa de 10% sobre o montante da condenação, prevista no art. 475-J do CPC, aplica-se também às sentenças condenatórias transitadas em julgado antes da sua vigência, pois as leis processuais têm aplicação imediata.
(B) A superveniência de sentença fixando alimentos definitivos em montante inferior ao dos provisórios não prejudica o direito à execução destes, tal como anteriormente arbitrados.
(C) O fato de se ter alterado a natureza da execução de sentença, que deixou de ser tratada como processo autônomo e passou a ser mera fase complementar do mesmo processo em que o provimento é assegurado, importou em que não são devidos honorários advocatícios na fase de cumprimento da sentença.
(D) O novel art. 655, I, do CPC, com a redação dada pela Lei n.º 11.382/2006, exige que o credor comprove haver procurado outros bens penhoráveis para, só então, requerer a penhora de depósito ou aplicação em instituição financeira.
(E) Na execução de título extrajudicial, a concessão, pelo juiz, de efeito suspensivo aos embargos do executado impede a efetivação dos atos de penhora e de avaliação dos bens.

A: incorreta (STJ, REsp 1.019.057, dentre outros); B: correta, porque a sentença tem eficácia "ex nunc" nesse caso; C: incorreta, porque os honorários são devidos na fase de cumprimento da sentença; D: incorreta, porque tal exigência não consta da lei; E: incorreta (art. 739-A, § 6º, do CPC). Gabarito "B".

(MINISTÉRIO PÚBLICO/SE – 2010 – CESPE) Com relação aos atos processuais, ao processo, aos procedimentos de cognição e à fase probatória, assinale a opção correta.

(A) O fato negativo não pode ser objeto de prova.
(B) A prova pericial trasladada para os autos de outro processo pela parte interessada, como prova emprestada, não pode ser admitida pelo juiz.
(C) Ao juiz é defeso, em qualquer hipótese, com base no art. 399 do CPC, requisitar informações sujeitas a sigilo bancário ou fiscal, como quanto ao endereço para localização do devedor ou quanto às contas bancárias e aos bens penhoráveis que lhe pertencem e que podem submeter-se à execução.
(D) A existência, em um contrato, de cláusula que preveja a cobrança de juros sobre juros, ou anatocismo, é matéria de direito e, como tal, não pode ser objeto de prova.
(E) O prazo de cinco dias previsto no art. 421, § 1.º, do CPC, para que as partes indiquem assistente técnico e formulem quesitos, não é preclusivo, podendo estas fazê-lo até o momento do início da realização da perícia.

A: incorreta, porque é possível provar um fato negativo através da demonstração de um fato positivo que, por lógica, exclua a possibilidade de ocorrência do fato negado; B: incorreta, porque é possível que seja aceita como prova emprestada, desde que no processo em que foi realizada a perícia tenha sido observado o contraditório contra quem se pretende utilizar a prova; C: incorreta, porque o juiz deve levar em conta o princípio da proporcionalidade para admitir a requisição de dados sob sigilo; D: incorreta, porque pode haver necessidade de perícia contábil para que se demonstre o anatocismo; E: correta (STJ, AI 381.069). Gabarito "E".

(Defensoria/ES – 2009 – CESPE) Com relação ao processo, ao procedimento, aos juizados especiais, ao pedido e à resposta do réu no direito processual civil, julgue os itens seguintes.

(1) É indispensável que a litispendência, que pode ser conhecida de ofício e a qualquer momento e grau de jurisdição, tenha sido apreciada nos juízos ordinários, para que possa constituir matéria a ser examinada em recurso especial.
(2) Não é cabível no procedimento sumário o provimento antecipatório da tutela pretendida pelo autor.
(3) Em ação que corra perante o juizado especial cível, a extinção do processo sem julgamento de mérito, depende de prévia intimação pessoal das partes, em qualquer hipótese.
(4) A cumulação de pedidos é admissível desde que os pedidos sejam sempre conexos, compatíveis entre si e dirigidos ao mesmo réu. É necessário, ainda, que o mesmo juízo seja competente para conhecer deles.
(5) A intimação do autor reconvindo para contestar a reconvenção pode ocorrer na pessoa de seu procurador, mediante publicação de nota de expediente, sendo necessária a citação pessoal.

1: Correta, em termos. Litispendência é matéria de ordem e, por isso, pode ser reconhecida de ofício pelo juiz e não se sujeita à preclusão. Mesmo que não alegada pelo réu, e mesmo que não apreciado o tema em primeiro grau, pode ser reconhecida no julgamento de um recurso, em razão do chamado efeito translativo. É tradicional a lição de que o efeito translativo não existiria nos recursos de natureza extraordinária, quais sejam, especial e extraordinário, em razão da falta de prequestionamento. Foi por esse motivo que o examinador considerou correta a afirmação constante desse item. Ocorre que o posicionamento do STJ a respeito do tema tem sido modificado recentemente, e tem sido reconhecida a possibilidade de que as matérias de ordem pública, ainda que não prequestionadas, venham a ser apreciadas de ofício no recurso especial, desde que ele seja conhecido por outro fundamento. Nesse sentido: "em sede de recurso especial, é possível examinar, de ofício, questões que envolvam a declaração de nulidade absoluta do processo, ainda que tal exame esteja subordinado ao conhecimento do recurso especial, dado o efeito translativo dos recursos. Nesse sentido: REsp 609.144/SC, 1ª Turma, Rel. Min. Teori Albino Zavascki, *RDR*, vol. 30, p. 333; REsp 701.185/RS, 2ª Turma, Rel. Min. Castro Meira, DJ de 3.10.2005, p. 210." REsp 1195441/SP, Rel. Ministro MAURO CAMPBELL MARQUES, SEGUNDA TURMA, julgado em 24/08/2010, DJe 30/09/2010); 2: Errada, porque não há nada que impeça a concessão de tutela antecipada no procedimento sumário; 3: Errada, porque é dispensada a intimação prévia das partes em qualquer caso (art. 51, § 1º, da Lei 9.099/95); 4: Errada, porque dentre os requisitos para a cumulação de pedidos (art. 292 do CPC) não se encontra a conexão entre eles; 5: Errada, porque a intimação se faz através do advogado, mas por publicação na imprensa (arts. 316 e 236 do CPC). Gabarito 1C, 2E, 3E, 4E, 5E.

(Delegado/PB – 2009 – CESPE) Acerca dos recursos e suas espécies, da ação rescisória, do juiz, do MP e do defensor, assinale a opção incorreta.

(A) Dá-se a desistência quando, já interposto o recurso, a parte manifesta que não pretende o seu prosseguimento, procedimento esse que independe de aquiescência do recorrido e do litisconsorte.
(B) Na hipótese de provimento do recurso para a invalidação da decisão impugnada, não ocorre a substituição da decisão recorrida, mas anulação ou cassação desta.
(C) A sentença que homologa o pedido de desistência da ação não pode ser rescindida por meio da ação rescisória.
(D) Na ação de improbidade promovida pelo MP, torna-se obrigatória a integração à lide da pessoa jurídica de direito público interessada, de modo a configurar hipótese de litisconsórcio necessário.
(E) Não se aplica o princípio da identidade física do juiz aos procedimentos de jurisdição voluntária, aos mandados de segurança e às justificações de posse.

A: correta (art. 501 do CPC); B: correta, porque o efeito substitutivo dos recursos não se verifica quando se trata de reconhecimento de *error in procedendo* e consequente anulação da decisão recorrida; C: correta, pois a ação rescisória se presta à desconstituição de sentenças de mérito, e a desistência da ação acarreta uma sentença de extinção do processo sem resolução do mérito; D: incorreta, porque o litisconsórcio, nesse caso, é facultativo (art. 17, § 3º, da Lei 8.429/1992); E: correta (confira-se: *RT* 502/76; *RT* 467/88 e *RJTJESP* 46/215). Gabarito "D".

(Procurador do Estado/SC – 2010 – FEPESE) Com fundamento na Lei no 5.869/1973, que instituiu o Código de Processo Civil, assinale a alternativa **correta**:

(A) Despacho é o ato pelo qual o juiz, no curso do processo, resolve questão incidente.
(B) Os conflitos de competência, positivos ou negativos, somente serão suscitados pelas partes ou pelo juiz.
(C) A incompetência absoluta deve ser declarada de ofício e pode ser alegada, por meio de exceção, em qualquer tempo e grau de jurisdição.
(D) Quando o autor e o réu não tiverem domicílio nem residência no Brasil, a ação será proposta em qualquer foro.
(E) No julgamento da lide caberá ao juiz aplicar as normas legais; não as havendo, recorrerá à analogia, aos costumes, aos princípios gerais de direito e à equidade.

A: incorreta, porque esse é o conceito de decisão interlocutória; B: incorreta, porque o Ministério Público também tem legitimidade para tanto (art. 116 do CPC); C: incorreta, porque a incompetência absoluta não depende de exceção para que seja alegada; D: correta (art. 94, § 3º, CPC); E: incorreta, porque o julgamento por equidade não está previsto na regra do art. 126 do CPC. "D". Gabarito

(Procurador do Estado/SC – 2010 – FEPESE) Conforme dispõe a Lei no 5.869/1973, que institui o Código de Processo Civil, assinale a alternativa **correta**:

(A) A citação será feita por meio de oficial de justiça quando for réu pessoa incapaz.
(B) Quando a citação ou intimação for realizada pelo correio, o prazo começa a correr a partir da data consignada no aviso de recebimento.
(C) A petição inicial conterá pedido certo ou determinado do autor, sendo ilícito formular pedido genérico.
(D) Indeferida a petição inicial, caberá agravo de instrumento pelo autor, facultado ao juiz, no prazo de 48 (quarenta e oito) horas, reformar sua decisão.
(E) A contestação, a reconvenção e a exceção serão oferecidas simultaneamente, em peças autônomas.

A: correta (art. 222, "b", do CPC); B: incorreta, porque o prazo começa a correr da juntada aos autos do aviso de recebimento (art. 241, I, do CPC); C: incorreta (art. 286 do CPC); D: incorreta, porque o recurso cabível é apelação (art. 296 do CPC); D: incorreta, porque não se exige que a exceção seja apresentada simultaneamente com a contestação. "A". Gabarito

(Procurador do Estado/SC – 2009) Assinale a alternativa incorreta:

(A) Aos entes despersonalizados o sistema processual reconhece a capacidade de ser parte.
(B) Tramitando uma causa entre duas ou mais pessoas, o terceiro que possua interesse jurídico em que a sentença seja favorável a uma delas poderá intervir no processo para assisti-la.
(C) Em processos de execução por título extrajudicial, são admissíveis os embargos do devedor antes mesmo de estar seguro o juízo pela penhora.
(D) Só se pode recorrer adesivamente em algumas espécies de recursos, quais sejam: apelação, recurso especial, recurso extraordinário e agravo de instrumento.
(E) A medida cautelar assegura o resultado útil do provimento jurisdicional final de mérito do processo principal.

A: correta (é o caso, por exemplo, do espólio e da massa falida); B: correta (art. 50 do CPC); C: correta (art. 736 do CPC); D: incorreta, porque não se admite recurso de agravo de instrumento adesivo (admite-se nos embargos infringentes – art. 500 do CPC): E: correta, em razão do caráter instrumental que a medida cautelar tem. "D". Gabarito

(Procurador do Estado/SC – 2009) Assinale a alternativa incorreta:

(A) A complexidade do procedimento comum ordinário coaduna-se com a profundidade da cognição processual exauriente.
(B) As regras de competência territorial se referem, via de regra, a normas de competência relativa.
(C) Há situações excepcionais em que o juiz inicia os feitos processuais de ofício.
(D) A incompetência absoluta é analisada de ofício pelo magistrado, bem como alegada como preliminar da contestação.
(E) A legislação processual expressamente prevê o termo inicial para a execução das multas cominatórias fixadas liminarmente em execução de obrigação de fazer e não fazer (CPC, art. 461 § 4º).

As quatro primeiras alternativas estão corretas. Assim, a alternativa a ser assinalada é a E, porque nesses casos, caberá ao juiz fixar prazo razoável para o cumprimento da obrigação, findo o qual incidirá a multa. Logo, o termo inicial das multas cominatórias é fixado pelo juiz, e não pela lei. "E". Gabarito

(Procurador do Estado/SC – 2009) Assinale a alternativa correta:

(A) Em direito processual civil, as ações podem ser declaratórias, constitutivas ou indenizatórias.
(B) Pretensões meramente declaratórias podem ser atingidas pela prescrição.
(C) Os prazos previstos em normas de natureza cogente não podem sofrer alteração por convenção das partes.

(D) Dá-se a continência entre duas ou mais ações quando lhes for comum o objeto ou a causa de pedir.
(E) Extingue-se o processo sem resolução do mérito nos casos em que o magistrado reconhece ter havido prescrição ou decadência.

A: incorreta, porque ainda que acolhida a classificação ternária das ações (ou das sentenças), não se pode dizer que uma delas é a ação indenizatória (correta estaria a inclusão da ação condenatória); B: incorreta, porque pretensões meramente declaratórias são imprescritíveis; C: correta (art. 182 do CPC); D: incorreta, porque para a continência é necessário que sejam comuns as partes, a causa de pedir e que o pedido de uma causa englobe o da outra; E: incorreta, porque o reconhecimento de prescrição ou decadência acarreta a extinção do processo com resolução do mérito (art. 269, IV, CPC). "C". Gabarito

(Procurador do Estado/SC – 2009) Assinale a alternativa correta:

(A) O objeto da ação identifica-se pelo pedido.
(B) A nomeação à autoria é admissível no procedimento sumário.
(C) O nascituro não pode ser parte em uma ação.
(D) A oposição, caso seja oferecida antes da audiência de instrução e julgamento, será processada nos próprios autos principais.
(E) A denunciação da lide provoca a substituição do réu, alterando o pólo passivo da demanda.

A: correta, pois dessa forma que se identifica o objeto da ação; B: incorreta, porque no sumário só se admitem assistência e intervenção de terceiros fundada em contrato de seguro; C: incorreta, porque embora haja divergência doutrinária sobre ter, ou não, o nascituro personalidade jurídica, reconhece-se que ele, ainda assim, pode ser parte no processo; D: incorreta, porque nesse caso a oposição será autuada em apenso (art. 59 do CPC); E: incorreta, porque a denunciação da lide não faz com o que o réu seja substituído por outra pessoa (essa característica é própria da nomeação à autoria). "A". Gabarito

(Procurador do Estado/SC – 2009) Assinale a alternativa correta:

(A) A competência relativa pode ser prorrogada apenas pela continência e pela conexão.
(B) A extinção do processo sem resolução do mérito faz coisa julgada formal.
(C) No ato da citação, as pessoas que tenham entre 16 e 21 anos e idade serão representadas por seus pais, tutores ou curadores.
(D) Na citação por hora certa, o prazo de resposta se inicia a partir do momento em que o réu é cientificado.
(E) De acordo com o CPC, na citação por edital o juiz pode fixar o prazo do referido edital entre 50 e 60 dias.

A: incorreta, porque há outras causas de prorrogação (por exemplo, o não oferecimento pelo réu de exceção de incompetência); B: correta, pois a coisa julgada material provém da extinção com resolução do mérito; C: incorreta, porque a maioridade civil se dá aos 18 anos, e a partir dela a citação será dirigida ao próprio réu; D: incorreta, porque também nessa modalidade de citação, o prazo para resposta é iniciado com a juntada aos autos do mandado de citação devidamente cumprido; E: incorreta, porque o prazo de dilação a ser fixado pelo juiz varia entre 20 e 60 dias. "B". Gabarito

(Procurador do Estado/SC – 2009) Assinale a alternativa correta:

(A) A citação do militar em serviço será sempre efetuada na unidade em que estiver servindo.
(B) Nem mesmo o juiz pode alterar os prazos peremptórios.
(C) Para efeito forense, os sábados e os domingos são considerados feriados.
(D) O foro do domicílio do alimentando é competente para o julgamento da ação de investigação de paternidade, quando cumulada com alimentos.
(E) As nulidades podem ser reconhecidas em juízo a fim de anular atos praticados em desacordo com a norma processual, ainda que delas não decorra qualquer prejuízo para as partes e para o processo.

A: incorreta, porque essa solução só será aplicada se não for reconhecida sua residência ou nela não for encontrado (parágrafo único do art. 216 do CPC); B: incorreta, porque nas comarcas em que for difícil o transporte, o juiz pode prorrogar quaisquer prazos (art. 182 do CPC); C: incorreta, porque os sábados não são considerados feriados (art. 175 do CPC); D: correta, porque o foro especial da ação de alimentos também será competente para a demanda cumulada; E: incorreta, porque só se proclama a nulidade quando houver prejuízo. "D". Gabarito

(Magistratura Federal/3ª Região – 2010) Assinale a alternativa incorreta

(A) Entre as finalidades da medida cautelar pode ser destacada sua função "litisregulardora", assim entendida como a obtenção do equilíbrio entre as partes litigantes;
(B) O art. 131 do CPC consagra o princípio do livre convencimento motivado ou da persuasão racional do Juiz, o qual se situa entre dois extremos: o da íntima convicção (que dispensa fundamentação) e o do critério legal (que adota critérios positivos de valoração, inclusive tarifando a prova);
(C) As expressões latinas "ne procedat judex ex officio" e "nemo judex sino actore" consagram o princípio dispositivo no processo civil e a inércia da jurisdição;
(D) Os litisconsortes nas ações contra a União Federal, possuindo domicílios diferentes, não podem optar pela propositura da ação no domicílio de qualquer deles, sendo de rigor a propositura da ação na capital do Estado ou no Distrito Federal.

A: correta. Litisregulação é o tratamento provisório de uma situação de fato que se encontra *sub judice*, o que, de fato, se verifica nas medidas cautelares. Essa finalidade está, de uma certa forma, relacionada com o equilíbrio entre as partes litigantes, porque através das tutelas de urgência, dentre as quais se encontram as cautelares, busca-se, dentre outras coisas, distribuir entre os litigantes, de um modo equilibrado, os ônus decorrentes do decurso do tempo necessário para a tramitação do processo; B: correta, pois em conformidade com o citado dispositivo legal; C: correta, pois foi indicado corretamente o sentido das duas expressões latinas; D: incorreta, porque a competência, nesse caso, de acordo com o art. 109, § 2º, da CF, será a seção judiciária em que for domiciliado o autor (ou qualquer um deles, como no caso em apreço). Por isso, está parcialmente revogado o art. 99 do CPC. "D". Gabarito

(Magistratura Federal/3ª Região – 2010) Assinale a alternativa correta:

(A) Tratando-se de hipótese de litisconsórcio passivo necessário é indispensável a citação de ambos os cônjuges na ação de investigação de paternidade;
(B) O relator pode decidir monocraticamente a remessa de ofício, nos mesmos casos em que poderia decidir a apelação;
(C) O contrato bancário de crédito rotativo (cheque especial) constitui executivo apenas quando assinado por duas testemunhas;
(D) Admite-se a oposição de embargos infringentes de decisão não unânime proferida pela turma recursal.

A: incorreta, porque réu na investigatória de paternidade é o suposto pai, e sua esposa não faz parte da relação jurídica, seja material ou processual, motivo pelo qual não será incluída no polo passivo da demanda; B: correta (Súmula 253 do STJ: "o art. 557 do CPC, que autoriza o relator a decidir o recurso, alcança o reexame necessário": C: incorreto (Súmula 233 do STJ: "o contrato de abertura de crédito, ainda que acompanhado de extrato de conta-corrente, não é título executivo", sendo irrelevante a assinatura de duas testemunhas; D: incorreta, porque somente em recurso de apelação, ou no julgamento de ação rescisória, é que, em alguns casos, será admissível o uso dos embargos infringentes. Tal recurso é incabível quando se trata de decisão proferida em sede de recurso inominado. "B". Gabarito

(Magistratura do Trabalho – 3ª Região – 2009) Assinale a assertiva ("a" a "e") correta em relação aos enunciados de I a V, observada a legislação processual civil pertinente:

I. As medidas cautelares serão requeridas ao juiz da causa; e, quando preparatórias, ao juiz competente para conhecer da ação principal. Interposto o recurso, a medida cautelar será requerida diretamente ao tribunal.
II. Cessada a eficácia da medida cautelar por não ter a parte interessada proposto no prazo legal a ação principal, poderá ela novamente intentar pretensão de prestação acautelatória, com os mesmos fundamentos da anterior. O mesmo não pode se dar se a cessação da eficácia da medida cautelar decorrer de decisão do juiz que declare extinto o processo principal, com ou sem resolução de mérito.
III. No processo civil, tratando-se de execução provisória de sentença, nos casos de crédito de natureza alimentar ou decorrente de ato ilícito, até o limite de sessenta vezes o valor do salário mínimo, desde que o exequente demonstre situação de necessidade, poderá o juiz dispensar caução para levantamento de depósito em dinheiro e a prática de atos que importem em alienação de propriedade ou dos quais possa resultar grave dano ao executado.
IV. Não sendo requerida a execução no prazo de doze meses, o juiz mandará arquivar os autos, sem prejuízo de seu desarquivamento a pedido da parte.
V. São absolutamente impenhoráveis, dentre outros: o seguro de vida; os vestuários, bem como os pertences de uso pessoal do executado, salvo se de elevado valor; a quantia aplicada em títulos de dívida pública do Tesouro Nacional, até o limite de 40 (quarenta) salários mínimos; e, a pequena propriedade rural, assim definida em lei, desde que trabalhada pela família.

(A) somente um enunciado é verdadeiro
(B) somente dois enunciados são verdadeiros
(C) somente três enunciados são verdadeiros
(D) somente quatro enunciados são verdadeiros
(E) todos os enunciados são verdadeiros

I: correta (art. 800, *caput* e parágrafo único, do CPC); II: incorreta, porque nesse caso só poderá ser ajuizado novamente o pedido com base em novo fundamento (parágrafo único do art. 808 do CPC); III: correta (art. 475-O, § 2º, do CPC); IV: incorreta, pois não é esse o prazo estipulado; V: incorreta, porque o prazo para o arquivamento é de 6 meses (art. 475-J, § 5º); V: incorreta, porque é impenhorável a quantia de até 40 salários-mínimos aplicada em caderneta de poupança (e não em títulos da dívida pública). "B". Gabarito

(Procurador Federal – 2010 – CESPE) A respeito dos institutos da repercussão geral e da tutela antecipada, julgue os itens seguintes.

(1) Decisão que antecipe os efeitos da tutela jurisdicional pretendida pela parte confere-lhe a imediata fruição do bem jurídico reclamado, o que importa dizer que essa espécie de tutela de urgência é interina, mas não limitada.
(2) A repercussão geral exigida para o exame do recurso extraordinário possui definição legal atrelada à noção de transcendência, ou seja, uma aptidão para transbordar os interesses individuais da causa. Por isso, a identificação desse pressuposto sempre importará avaliação subjetiva do julgador, não sendo admitida sua verificação por critério objetivo.

1: Errada. Tutela interina, ou interinal, é aquela que é concedida no curso do processo, o que importa reconhecer que, nesse ponto, está correta a afirmação sobre ser a decisão de tutela antecipada uma decisão com essa característica. No entanto, não é correto considerar que a decisão de tutela antecipada seja ilimitada, uma vez que nem tudo aquilo que o demandante pretende pode ser obtido através da decisão de antecipação. Basta lembrar que os provimentos que gerem efeitos irreversíveis não podem, em regra, ser obtidos através de tutela antecipada. Além disso, também não se pode, pela via antecipatória, alcançar uma decisão que tenha por efeito a desconstituição definitiva de uma relação ou situação jurídica, o que demonstra que a antecipação é uma espécie de tutela de urgência limitada; 2: Errada, porque a caracterização da repercussão geral, segundo o § 1º do art. 543-A do CPC, depende da presença de questões relevantes do ponto de vista econômico, social ou jurídico, que ultrapassem os interesses subjetivos da causa, o que demonstra que o próprio legislador apontou os critérios objetivos para a sua verificação. Daí o desacerto da afirmação nesse ponto. Gabarito 1E, 2E

(Advogado da União/AGU – CESPE – 2009) Relativamente ao processo de execução, ao cumprimento da sentença e aos embargos de terceiro, julgue os próximos itens.

(1) Após o trânsito em julgado da sentença de procedência proferida em ação de despejo cumulada com cobrança de aluguéis na qual foram parte o locador e o locatário, o fiador do contrato de locação regularmente constituído é parte passiva no procedimento de cumprimento dessa sentença quanto aos valores nela apurados.
(2) Considere que o adquirente de determinado bem, visando à proteção de sua posse, tenha ajuizado embargos de terceiro para afastar ato de constrição judicial decorrente de sentença de procedência proferida em ação reivindicatória. Nessa situação hipotética, o embargado poderá, nos próprios embargos e independentemente do ajuizamento de outra ação, demonstrar que a venda ocorreu enquanto pendente a demanda reivindicatória, fato que importa fraude à execução, sendo ineficaz diante do cumprimento do julgado.

1: Errada, porque "o fiador que não integrou a relação processual na ação de despejo não responde pela execução do julgado" (Súmula n. 268 do STJ); 2: Correta, porque a fraude à execução, quando verificada, acarreta a simples ineficácia do negócio, o que pode ser reconhecido de forma incidental, inclusive por meio dos embargos de terceiro. Gabarito 1E, 2C

3. DIREITO PENAL

Eduardo Dompieri

1. CONCEITO, FONTES E PRINCÍPIOS

(Magistratura/AC – 2008 – CESPE) As proibições penais somente se justificam quando se referem a condutas que afetem gravemente a direitos de terceiros; como conseqüência, não podem ser concebidas como respostas puramente éticas aos problemas que se apresentam senão como mecanismos de uso inevitável para que sejam assegurados os pactos que sustentam o ordenamento normativo, quando não existe outro modo de resolver o conflito.

Oscar Emilio Sarrule. In: La crisis de legitimidad del sistema jurídico penal (Abolicionismo o justificación).
Buenos Aires: Editorial Universidad, 1998, p. 98.

Em relação ao princípio da lesividade, tratado no texto acima, assinale a opção incorreta.

(A) De acordo com parte da doutrina, o tipo penal relativo ao uso de substância entorpecente viola apenas a saúde individual e não, a pública, em oposição ao que recomenda o princípio da lesividade.
(B) Exemplo de aplicação do princípio da lesividade foi a entrada em vigor da lei que aboliu o crime de adultério do ordenamento jurídico-penal.
(C) Uma das vertentes do princípio da lesividade tem por objetivo impedir a aplicação do direito penal do autor, isto é, impedir que o agente seja punido pelo que é, e não pela conduta que praticou.
(D) Com base no princípio da lesividade, o suicídio não é uma figura típica no Brasil.

Pelo **princípio da lesividade**, é inconcebível a incriminação de uma conduta não lesiva ou geradora de ínfima lesão. Ou seja: o legislador só está credenciado a criar tipos penais capazes de causar lesão a bens jurídicos alheios. No caso do adultério, que deixou de ser crime com o advento da Lei 11.106/05, que revogou o art. 240 do CP e gerou *abolitio criminis*, deve-se levar em consideração o **princípio da intervenção mínima**, na medida em que as regras previstas na legislação civil atinentes à matéria vinham se mostrando suficientes e apropriadas, sendo desnecessário, portanto, recorrer-se ao direito penal, que deve sempre ser visto, dada sua **fragmentariedade**, como a última opção do legislador para dirimir conflitos na sociedade. O **direito penal do autor**, por sua vez, consiste na norma que leva em conta o que o agente é. O *direito penal do fato*, ao contrário, preocupa-se com os fatos perpetrados pelo agente. Este último está em harmonia com o sistema constitucional vigente. Por fim, o suicídio ou mesmo sua tentativa não constitui crime pelo fato de essa conduta não exceder o âmbito do próprio autor, o que representa um desdobramento o postulado da lesividade, além de razões de política criminal. Gabarito "B".

(Magistratura/AL – 2007 – FCC) Pela regra da consunção

(A) o crime-fim absorve o crime-meio.
(B) a norma especial afasta a geral.
(C) as condutas intermediárias absorvem as finais.
(D) a norma principal exclui a subsidiária.
(E) a norma subsidiária afasta a especial.

A regra (princípio) da consunção refere-se ao conflito (concurso) aparente de normas. Além do princípio da consunção, é necessário recorrer a outros princípios com o objetivo de dirimir o conflito de normas, que, saliente-se, é aparente. São eles: princípio da especialidade; da subsidiariedade; e da alternatividade. Aplicar-se-á o princípio da consunção sempre que o crime-meio atuar como fase de preparação ou de execução do crime-fim (mais grave). Ou seja, o crime-fim absorve o crime-meio. A esse respeito, vide Súmula 17 do STJ. Gabarito "A".

(Magistratura/DF - 2006) O princípio da adequação social, admitido num caso concreto, pode constituir causa supralegal de exclusão da:

(A) culpabilidade;
(B) tipicidade;
(C) punibilidade;
(D) antijuridicidade.

Concebido por Hans Welzel, o **princípio da adequação social** preconiza que não se pode reputar criminosa uma conduta tolerada pela sociedade, ainda que se enquadre em uma descrição típica. Trata-se de condutas que, embora formalmente típicas, porquanto subsumidas num tipo penal, são materialmente atípicas, porque socialmente adequadas, isto é, estão em consonância com a ordem social. Diante deste tipo de conduta, a sociedade se mostra, por vezes, indiferente, como é o caso da tatuagem. Outros exemplos: a circuncisão praticada na religião judaica; o furo na orelha para colocação de brinco etc. Gabarito "B".

(Magistratura/GO – 2009 – FCC) Pela regra da consunção,

(A) a norma especial afasta a geral.
(B) é admissível a combinação de normas favoráveis ao agente.
(C) a norma incriminadora de fato que constitui meio necessário para a prática de outro crime fica excluída pela que tipifica a conduta final.
(D) a norma subsidiária é excluída pela principal.
(E) o concurso material prevalece ao formal, se favorável ao agente.

A regra (princípio) da *consunção* refere-se ao conflito (concurso) aparente de normas. Além dele, é necessário recorrer a outros princípios com o objetivo de dirimir o conflito de normas, que, saliente-se, é aparente. São eles: princípio da *especialidade*; princípio da *subsidiariedade* e princípio da *alternatividade*. Aplicar-se-á o princípio da consunção sempre que o crime-meio atuar como fase de preparação ou de execução do crime-fim (mais grave). Ou seja, o crime-fim absorve o crime-meio. A esse respeito, vide Súmula 17 do STJ. Gabarito "C".

(Magistratura/MG – 2008) Em relação aos princípios norteadores do Direito Penal, aponte a afirmativa INCORRETA.

(A) O princípio da legalidade ou da reserva legal constitui efetiva limitação ao poder punitivo estatal.
(B) O princípio da insignificância refere-se à aplicação da pena.
(C) Pelo princípio da fragmentariedade, a proteção penal limita-se aos bens jurídicos relevantes.
(D) Pelo princípio da individualização da pena, a sanção a ser aplicada deve considerar todas as circunstâncias da conduta do agente.

A: o **princípio da legalidade** ou **da reserva legal**, contido no art. 5º, XXXIX, da CF, bem como no art. 1º do Código Penal, preconiza que os tipos penais só podem ser criados por lei em sentido formal. É vedado, pois, ao legislador fazer uso de decretos ou outras formas legislativas para criar tipos penais. Alguns doutrinadores consideram o **princípio da legalidade** gênero, do qual são espécies os princípios **da reserva legal** e **da anterioridade**; B: o **princípio da insignificância** (delito de bagatela) constitui causa supralegal de exclusão da tipicidade; C: o **princípio da fragmentariedade** preconiza que o Direito Penal deve sempre ser visto como a *ultima ratio*, ou seja, somente deve ocupar-se das condutas mais graves; D: arts. 5º, XLVI, da CF e 59 do CP. Gabarito "B".

EDUARDO DOMPIERI

(Magistratura/PA – 2009 – FGV) Relativamente aos princípios de direito penal, analise as afirmativas a seguir.

I. Os crimes praticados na vigência da leis temporárias, quando criadas por estas, não se sujeitam a *abolitio criminis* em razão do término de sua vigência.
II. Considera-se praticado o crime no lugar em que ocorreu a ação ou omissão, no todo ou em parte, bem como onde se produziu ou deveria produzir-se o resultado. Considera-se praticado o crime no momento da ação ou omissão, ainda que outro seja o momento do resultado.
III. A pena será cumprida em estabelecimentos distintos, de acordo com a natureza do delito, a idade e o sexo do apenado, sendo asseguradas às presidiárias condições para que possam permanecer com seus filhos durante o período de amamentação.

Assinale:

(A) se nenhuma afirmativa estiver correta.
(B) se somente as afirmativas I e II estiverem corretas.
(C) se somente as afirmativas I e III estiverem corretas.
(D) se somente as afirmativas II e III estiverem corretas.
(E) se todas as afirmativas estiverem corretas.

I: o *postulado da retroatividade benéfica* não se aplica às leis de vigência temporária, isso em razão do que preleciona o art. 3º do CP. Lei de vigência temporária é gênero, da qual *leis excepcional* e *temporária* são espécies; II: o Código Penal, em seu art. 6º, acolheu, no que toca ao *lugar do crime*, a **teoria mista ou da ubiquidade**, já que é considerado lugar do crime tanto o da conduta quanto o do resultado. Com relação a esse tema, é importante que se diga que o *lugar do crime*, estabelecido no CP, somente tem aplicação no chamado *crime a distância* ou *de espaço máximo*, que é aquele em que a execução tem início em um país e o resultado é produzido em outro. Esse dispositivo, portanto, não estabelece o foro competente, fixado nos moldes dos arts. 69 de seguintes do CPP. No que diz respeito ao *tempo do crime*, reputa-se praticada a infração penal no momento da ação ou omissão, ainda que outro seja o do resultado. É a chamada *teoria da ação* ou *atividade*, presente no art. 4º do CP; III: arts. 5º, XLVIII e L, da CF. Vide, também, art. 83, § 2º, da Lei 7.210/84." Gabarito "E".

(Magistratura/SP – 2007) Um profissional faz numa pessoa furo na orelha, ou coloca um piercing em parte de seu corpo, ou, ainda, faz-lhe uma tatuagem. Tais práticas, em tese, caracterizam lesão corporal, mas não são puníveis. Assinale a alternativa correta pela qual assim são consideradas.

(A) Por força do princípio da insignificância.
(B) Pelo princípio da disponibilidade do direito à integridade física.
(C) Pelo princípio da adequação social.
(D) Por razão de política criminal.

Trata-se de condutas, comportamentos amplamente tolerados, aceitos pela sociedade. São condutas formalmente típicas, mas que carecem de tipicidade material. Constitui excludente supralegal de tipicidade. Gabarito "C".

(Magistratura/TO – 2007 – CESPE) Assinale a opção correta no que diz respeito ao entendimento do STJ acerca do princípio da insignificância e sua aplicação ao direito penal.

(A) O fato de o réu possuir antecedentes criminais impede a aplicação do princípio da insignificância.
(B) O pequeno valor da *res furtiva*, por si só, autoriza a aplicação do princípio da insignificância.
(C) Uma quantidade mínima de cocaína apreendida, em hipótese alguma, pode constituir causa justa para trancamento da ação penal, com base no princípio da insignificância.
(D) São sinônimas as expressões "bem de pequeno valor" e "bem de valor insignificante", sendo a conseqüência jurídica, em ambos os casos, a aplicação do princípio da insignificância, que exclui a tipicidade penal.

A: o fato de o réu ser portador de antecedentes criminais não obsta a aplicação do princípio da insignificância, cujo reconhecimento está condicionado a outros requisitos. Nesse sentido: STF, RE 514.531-RS, 2ª T., rel. Min. Joaquim Barbosa, 21.10.08; B: o pequeno valor da *res furtiva* não é motivo bastante para justificar a incidência do princípio. São requisitos necessários à sua incidência: mínima ofensividade da conduta; nenhuma periculosidade social da ação; reduzido grau de reprovabilidade do comportamento; e inexpressividade da lesão jurídica provocada (STF, HC 98.152-MG, 2ª T., rel. Min. Celso de Mello, 19.05.09); C: "A quantidade mínima de cocaína apreendida em hipótese alguma pode constituir causa justa para trancamento da ação penal, com base no princípio da insignificância (...)" (STJ, HC 11.695-RJ, 6ª T., Rel. Min. Fernando Gonçalves, j. 9.05.2000); D: somente o bem de valor insignificante, preenchidos os demais requisitos, enseja a aplicação do princípio da insignificância (STJ, REsp. 984.723-RS, 6ª T., Rel. Min. Og Fernandes, j. 11.11.2008). Gabarito "C".

(Ministério Público/CE – 2009 – FCC) Em decorrência de garantias formalizadas ou não na Constituição Federal, o Direito Penal

(A) é regido pelos princípios da fragmentariedade e da subsidiariedade, não se submetendo à regra de taxatividade.
(B) admite responsabilidade que não seja pessoal.
(C) não está submetido ao princípio da intervenção mínima.
(D) constitui instrumento de controle social regido pela característica da fragmentariedade.
(E) deve obedecer ao princípio da proporcionalidade da pena, sem atentar, porém, para a perspectiva da subsidiariedade.

A: o Direito Penal é regido - é verdade - pelos *princípios da fragmentariedade* e *subsidiariedade*. Preconiza o primeiro que o Direito Penal deve sempre ser visto como a *ultima ratio*, isto é, somente deve ocupar-se das condutas mais graves. Representa, por isso, um *fragmento*, uma pequena parcela do ordenamento jurídico. De outro lado, afirmar que o Direito Penal tem *caráter subsidiário* significa dizer que ele somente terá lugar na hipótese de outros ramos do direito se revelarem ineficazes no controle de conflitos gerados no meio social. Da mesma forma, submete-se, sim, ao *princípio da taxatividade*, postulado este vinculado ao da *legalidade*, consagrado nos arts. 5º, XXXIX, da CF e 1º do CP. O **princípio da taxatividade** impõe ao legislador o dever de descrever as condutas típicas de forma pormenorizada e clara, de forma a não deixar dúvidas por parte do aplicador da norma; B: o art. 5º, XLV, segunda parte, da CF consagrou o *princípio da responsabilidade pessoal*: "nenhuma pena passará da pessoa do condenado (...)". A segunda parte do dispositivo assegura à vítima do crime indenização civil, bem assim autoriza o Estado a confiscar o produto do crime, o que poderá ser estendido aos sucessores, até o limite do valor do patrimônio transferido; C: é do *princípio da intervenção mínima*, ao qual se submete o Direito Penal, que este deve interferir o mínimo na vida do indivíduo. Com isso, deve-se, tão somente em último caso, recorrer a este ramo do direito com o fito de solucionar conflitos surgidos em sociedade. Desta feita, se determinadas condutas podem ser contidas por meio de outros mecanismos de controle, deve-se evitar o Direito Penal, reservando-o àqueles comportamentos efetivamente nocivos; D: vide comentário à alternativa "A"; E: deve obediência a ambos. Gabarito "D".

(Ministério Público/DF – 2005) Examine as afirmações abaixo, referentes aos princípios constitucionais de Direito Penal, e assinale a alternativa incorreta:

(A) O legislador penal, em atenção ao princípio da intervenção mínima, deverá evitar a criminalização de condutas que possam ser contidas satisfatoriamente por outros meios de controle, formais ou informais, menos onerosos ao indivíduo.
(B) A proibição de decretação do perdimento de bens em desfavor dos sucessores do condenado, independentemente do montante de patrimônio transferido por ele, atende ao princípio constitucional da responsabilidade penal pessoal.
(C) Como decorrência do princípio da ofensividade ou lesividade, não devem ser incriminados meros estados existenciais do indivíduo, inaptos a atingirem bens jurídicos alheios.
(D) O princípio da legalidade, em sua compreensão atual, constitui-se também em alerta ao legislador contra o abuso de expressões imprecisas e obscuras, naquilo que se convencionou denominar de princípio ou postulado da taxatividade.
(E) O repúdio à responsabilidade penal objetiva, a necessidade de reprovação da conduta ao agente e a limitação da resposta penal ao grau dessa reprovação integram o conteúdo do princípio da culpabilidade.

A: preconiza o **princípio da intervenção mínima** que o Direito Penal deve interferir o mínimo possível na vida do indivíduo. Por conta disso, deve-se, tão só em último caso, recorrer à lei penal para dirimir os conflitos gerados na sociedade. Dessa forma, se determinadas condutas podem ser contidas por meio de outros mecanismos de controle, deve-se evitar o Direito Penal, reservando-o àqueles comportamentos efetivamente nocivos, deletérios; B: art. 5º, XLV, da CF. O **princípio da responsabilidade pessoal** está contido na primeira parte do dispositivo: "nenhuma pena passará da pessoa do condenado (...)". A segunda parte do dispositivo constitucional assegura à vítima do crime indenização civil, como autoriza o Estado a confiscar o produto do crime; C: pelo **princípio da ofensividade**, o legislador só pode criar tipos penais capazes de causar lesão a bens jurídicos alheios; D: o **princípio da taxatividade** impõe ao legislador o dever de descrever as condutas típicas de forma pormenorizada e clara, de forma a não deixar dúvidas por parte do aplicador da norma; E: art. 18 do CP. Preconiza o **princípio da culpabilidade** que ninguém será punido se não houver agido com dolo ou culpa, rechaçando, dessa forma, a responsabilidade penal objetiva. Gabarito "B".

(Ministério Público/ES – 2005) Assinale a alternativa correta:

(A) Nos crimes permanentes, considera-se praticado o delito no momento em que cessa a permanência e não no instante em que se inicia a execução da conduta proibida;
(B) O princípio da taxatividade é exigência constitucional que não se estende à cominação de penas;
(C) Na sucessão de leis penais excepcionais, cujo fato incriminado seja o mesmo, aplica-se o princípio da retroatividade benéfica.
(D) O crime de lesões corporais dolosas (art. 129, "caput", do CP) é expressamente subsidiário do crime de homicídio (art. 121, "caput", do CP);
(E) A "abolitio criminis" não é uma causa pessoal de extinção da punibilidade; deve ser argüida antes do trânsito em julgado da sentença penal condenatória; não extingue os efeitos extrapenais da condenação; é extra-ativa, ou seja, é retro e ultra-ativa e também alcança aqueles que se encontram submetidos ao cumprimento de medida de segurança;

A: crime permanente é aquele cuja consumação se protrai no tempo por vontade do agente. No crime de sequestro e cárcere privado, capitulado no art. 148 do Código Penal, a consumação se opera no momento em que a vítima é privada de sua liberdade. Essa consumação, que teve início com a privação da liberdade da vítima, prolongar-se-á no tempo; B: o *princípio da taxatividade* tem incidência na cominação de penas; C: art. 3º do CP. Lei excepcional é aquela destinada a vigorar durante períodos de anormalidade (calamidade, guerra etc.). Mesmo depois de revogada, continua a produzir efeitos em relação aos fatos ocorridos durante a sua época de vigência. Constitui, pois, exceção ao princípio da retroatividade benéfica. Havendo, entretanto, sucessão de leis penais excepcionais, cujo fato incriminado seja o mesmo, a lei excepcional posterior, mais benéfica, pode alterar, para melhor, lei excepcional anterior; D: verificar-se-á a subsidiariedade expressa sempre que lei fizer alusão à norma como sendo subsidiária de outra. Para tanto, o legislador faz uso de expressões como "se o fato não constitui crime mais grave", o que não se verifica em relação aos arts. 121, *caput*, e 129, *caput*, ambos do CP; E: ocorre a *abolitio criminis* (art. 2º, *caput*, do CP) sempre que uma lei nova deixa de considerar crime determinado fato até então criminoso. É, por força do que dispõe o art. 107, III, do CP, causa de extinção da punibilidade, que pode ser arguida e reconhecida a qualquer tempo, mesmo no curso da execução da pena. Além disso, tem o condão de fazer cessar a execução e os efeitos penais da sentença condenatória. Os efeitos extrapenais subsistem (art. 2º, *caput*, do CP). Gabarito "C".

(Ministério Público/GO – 2005) O Direito Penal não serve para a tutela da moral ou para a realização de pretensões pedagógicas. Essa afirmação está intimamente vinculada a qual princípio constitucional penal?

(A) princípio da legalidade
(B) princípio da razoabilidade
(C) princípio da exclusiva proteção de bens jurídicos
(D) princípio da proporcionalidade

O Direito Penal se presta a tutelar os bens jurídicos mais importantes, mais relevantes. Por conta disso, não é missão do Direito Penal conferir tutela para a moral, para uma determinada religião etc. Gabarito "C".

(Ministério Público/MG - 2008) Modernamente, o chamado direito penal do inimigo pode ser entendido como um direito penal de:

(A) primeira velocidade.
(B) garantias.
(C) segunda velocidade.
(D) terceira velocidade.
(E) quarta geração.

A Teoria do Direito Penal do Inimigo, idealizada por Günther Jakobs, constitui um direito penal que pune o sujeito pelo que ele é. Na sua concepção, inimigo é aquele que se afasta de forma permanente da norma. É o criminoso contumaz. A este, segundo esta teoria, não deve ser conferido tratamento de cidadão. O Estado não pode deferir-lhe direitos processuais. Gabarito "D".

(Ministério Público/MG – 2007) O princípio da insignificância atua como instrumento de

(A) mensuração da ilicitude da conduta.
(B) interpretação restritiva do tipo penal.
(C) limitação da culpabilidade do agente.
(D) extinção da punibilidade.
(E) diminuição da pena.

Fala-se em interpretação restritiva do tipo penal porquanto, em determinadas situações, a despeito de a conduta se amoldar a certo tipo penal (tipicidade formal), à míngua de relevante ofensa ao bem jurídico tutelado, não há que se falar em relevância material, tipicidade material. É causa supralegal de exclusão da tipicidade material. Gabarito "B".

(Ministério Público/MS – 2011 – FADEMS) Em que consiste o conflito aparente de normas?

(A) Conflito aparente de normas é a situação que ocorre quando ao mesmo fato parecem ser aplicáveis duas ou mais normas, formando um conflito aparente entre elas.
(B) O conflito aparente de normas consiste na aplicação de duas regras distintas para fatos delituosos diversos..
(C) O conflito aparente de normas consiste em se aplicar uma só norma para fatos distintos.
(D) O conflito aparente de normas consiste na aplicação de regras semelhantes no caso de concurso de delitos.
(E) O conflito aparente de normas consiste na aplicação simultânea de penas para delitos diferentes.

O chamado **concurso** ou **conflito aparente de normas** se estabelece quando várias normas são *aparentemente* aplicáveis ao mesmo fato criminoso. Diz-se que o conflito é aparente porque, na realidade, apenas uma das normas, dentre as aparentemente aplicáveis, deverá disciplinar o fato. Para tanto, é necessário lançar mão dos princípios (regras) que visam solucionar esse conflito, a saber: princípio da *consunção*; princípio da *especialidade*; princípio da *subsidiariedade* e princípio da *alternatividade*. Gabarito "A".

(Ministério Público/PR – 2008) Assinale a alternativa INCORRETA:

(A) a criação dos tipos incriminadores e de suas respectivas penas está submetida à lei formal anterior, elaborada na forma constitucionalmente prevista, sendo inconstitucional fazê-lo, por violação ao princípio da legalidade ou da reserva legal (art. 5º, XXXIX, CF), mediante a utilização de medida provisória.
(B) em decorrência da aplicação do princípio da extratividade, a lei nova que incrimina fato não previsto na anterior não retroagirá (irretroatividade); contudo, a lei posterior que não mais criminaliza fato anteriormente punível observará a retroatividade favorável (*abolitio criminis*), enquanto que a lei posterior que pune o mesmo fato mais gravemente que a anterior cede vigência a esta pelo princípio da ultratividade.
(C) quanto ao tempo do crime, a lei penal brasileira acolheu a teoria da ação ou da atividade, critério indicativo de que nos delitos permanentes a conduta se protrai no tempo pela vontade do agente e o tempo do crime é o de sua duração, como se dá no crime de seqüestro e cárcere privado.
(D) deduz-se do art. 6º do Código Penal que o direito pátrio adotou, quanto ao lugar do delito, a teoria da ação ou da atividade, estabelecendo-o como sendo aquele onde se realizou a ação ou a omissão.
(E) segundo o critério da especialidade, utilizável para a resolução do concurso aparente de leis, consagrado expressamente no art. 12 do Código Penal, a lei especial derroga, para o caso concreto, a lei geral. Entre a norma geral e a especial, há uma relação hierárquica de subordinação que estabelece a prevalência da última, visto que contém todos os elementos daquela e ainda alguns ditos especializantes, acrescentando elementos próprios à descrição típica prevista na norma geral, ora estabelecendo uma circunstância qualificadora ou agravante, ora prevendo um privilégio.

A: o princípio da legalidade, consagrado nos arts. 1º do CP e 5º, XXXIX, da CF, prescreve que somente a lei, em seu sentido formal, pode descrever condutas criminosas e cominar penas; dessa forma, ficam excluídas outras formas legislativas, entre as quais a **medida provisória**, ex vi do art. 62, § 1º, I, b, da CF; B: a lei penal, conforme preceitua o art. 5º, XL, da CF, não projeta os seus efeitos para o passado (não retroage), salvo em uma hipótese: para beneficiar o réu; a *abolitio criminis* e seus efeitos têm previsão no art. 2º, *caput*, do CP; a lei posterior que pune o mesmo fato mais gravemente que a anterior cede vigência a esta porque, caso contrário, configuraria retroatividade em prejuízo do réu, o que violaria o art. 5º, XL, da CF; deve, pois, obedecer ao princípio da ultratividade, projetando seus efeitos para o futuro; C: art. 4º do Código Penal; D: o Código Penal adotou, em seu art. 6º, no que concerne ao lugar do crime, a **teoria mista ou da ubiquidade**, já que é considerado lugar do crime tanto o da conduta quanto o do resultado (dispositivo com incidência nos chamados crimes a distância ou de espaço máximo); E: o chamado **concurso** ou **conflito aparente de normas** se estabelece quando várias normas são aparentemente aplicáveis ao mesmo fato criminoso. Reputa-se especial a norma que contém todos os elementos da geral mais os denominados **especializantes**. Gabarito "D".

(MINISTÉRIO PÚBLICO/RO – 2010 – CESPE) Com relação às normas penal e processual penal, assinale a opção correta.

(A) O dispositivo que trata do crime de uso de documento falso é norma imperfeita em seu preceito primário, porque remete o intérprete a outros tipos penais para conceituar os papéis falsificados, e norma penal em branco em seu preceito secundário, por remeter a outro artigo para apurar a pena cominada.
(B) A lei penal e a lei processual penal observam o princípio da irretroatividade, excepcionando os casos em que a lei retroage para beneficiar o réu.
(C) A lei penal e a lei processual penal observam o princípio da territorialidade absoluta em razão de a prestação jurisdicional ser uma função soberana do Estado, que só pode ser exercida nos limites do território nacional.
(D) O dispositivo legal que prevê o estado de necessidade é uma norma penal não incriminadora permissiva justificante porque tem por finalidade afastar a ilicitude da conduta do agente.
(E) Caso haja antinomia entre duas leis penais, devem ser observados os seguintes critérios: especialidade, subsidiariedade, consunção, alternatividade e exclusão.

A: o uso de documento falso, previsto no art. 304 do CP, é delito *remetido*, já que faz referência a outro dispositivo de lei que o integra; B: art. 5º, XL, da CF e art. 2º do CPP. O dispositivo constitucional que estabelece que a lei não retroagirá faz alusão tão somente à lei penal. A lei processual penal, conforme preceitua o art. 2º do CPP, terá aplicação imediata, disciplinando o restante do processo. Não tem, pois, efeito retroativo. Vale, entretanto, fazer uma ressalva. Quando se tratar de uma norma processual dotada de caráter material, há quem entenda que a sua eficácia no tempo deverá seguir o regramento do art. 2º, parágrafo único, do CP; C: no que toca à lei penal, o CP adotou, em seu art. 5º, a *territorialidade temperada*. Significa, portanto, que, aos crimes perpetrados em território brasileiro, será aplicada a lei local, ressalvadas as convenções, tratados e regras de direito internacional. No que se refere à lei processual, em vista do disposto no art. 1º do CPP, esta terá incidência em todo território nacional, ressalvadas eventuais exceções decorrentes de tratado, convenções ou regras de direito internacional (princípio da territorialidade); D: assertiva correta. As normas penais podem ser classificadas em incriminadoras e não incriminadoras. As primeiras definem as infrações e estabelecem as respectivas sanções. As segundas podem ser divididas em permissivas e explicativas. Estas são as que, como o próprio nome diz, explicam o significado de determinada norma. Exemplo sempre lembrado é o do art. 327 do CP, que traz a definição, para efeitos penais, de funcionário público. Por fim, permissivas são as que conferem licitude a certos comportamentos. Exemplos: legítima defesa, exercício regular de direito etc; E: antinomia é a incompatibilidade (contrariedade) entre normas que se estabelece no plano real, que não deve, por isso, ser confundida com o conflito *aparente* de normas, solucionável por meio dos princípios contidos na assertiva. Gabarito "D".

(Ministério Público/SC – 2008):

I. O prazo penal conta-se de maneira diversa do prazo processual penal. Enquanto naquele não se inclui o dia do começo, mas sim o do vencimento, neste é incluído o primeiro dia, desprezando-se o último.
II. Dentro dos crimes próprios encontram-se, ainda, os crimes "de mão própria", (ou de conduta infungível), que exigem sujeito ativo qualificado, devendo este cometer direta e pessoalmente a conduta típica. Assim, neste último caso, não admitem coautoria, mas somente participação.
III. Em face do princípio da consunção, se um sujeito é agredido em um boteco e, jurando vingança, dirige-se ao seu domicílio ali nas proximidades, arma-se e retorna ao local, logo em seguida, para matar seu algoz, não responderá pelo porte ilegal e disparo de arma de fogo em concurso com o homicídio doloso.
IV. Se um larápio perambula a noite inteira com um revólver pelas ruas, até que, ao nascer do sol, encontra uma desafortunada vítima, a qual vem a assaltar, haverá concurso de crimes entre o porte ilegal e o roubo, dada a diversidade dos momentos consumativos e dos contextos em que os delitos foram cometidos.
V. Pela aplicação do princípio da consunção, se o agente importa heroína, transporta maconha e vende ópio, não há dúvida de que cometeu apenas um crime e vai responder por ele nos termos da Lei Antitóxico.

(A) apenas II e III e V estão corretos.
(B) apenas I, III e IV estão corretos.
(C) apenas III, IV e V estão corretos.
(D) apenas I, II e IV estão corretos.
(E) apenas II, III e IV estão corretos

I: o prazo penal é contado nos moldes do art. 10 do CP; o processual, na forma do art. 798, § 1º, do CPP; II: crime *próprio* ou *especial* é aquele que exige uma qualidade especial do sujeito ativo; crime *de mão própria* é aquele que exige uma atuação pessoal do agente, ou seja, o sujeito ativo não pode fazer uso de interposta pessoa. Não admite, em regra, coautoria; III: o princípio da consunção (conflito aparente de normas), neste caso, incidirá porque o crime-fim (homicídio) irá absorver os crimes de porte e disparo de arma; IV: o princípio da consunção terá aplicação desde que os fatos definidos como crime ocorram no mesmo contexto fático; V: o princípio a ser aplicado, por se tratar de um tipo misto alternativo (de conteúdo variado ou plurinuclear), é o da *alternatividade*, que, em verdade, visa a solucionar um conflito dentro da mesma norma. Gabarito "E".

(Ministério Público/SC – 2008)

I. O chamado "princípio da insignificância" pode ser admitido quando reduzido o grau de reprovabilidade da conduta, assim considerado pelo valor da "res furtiva" somado a ausência de periculosidade do agente.
II. Pode se dizer que o "crime de bagatela" tem como fundamento teórico o caráter retributivo do direito penal.
III. O Abolicionismo Penal consiste em movimento expressivo no campo da criminologia, cuja formulação teórica e política reside no "encolhimento" da legislação penal.
IV. O Movimento "Lei e Ordem", cuja ideologia é estabelecida pela repressão, fulcrada no velho regime punitivo-retributivo, orienta como solução para o controle da criminalidade, a criação de programas do tipo "tolerância zero".
V. Programas do tipo "tolerância zero" são estimulados pelo fracasso das políticas públicas de ressocialização dos apenados, uma vez que os índices de reincidência a cada dia estão mais altos.

(A) apenas I e IV estão corretos.
(B) apenas II e III estão corretos.
(C) apenas I, IV e V estão corretos.
(D) apenas II e IV estão corretos.
(E) apenas IV e V estão corretos.

I e II: lesões ínfimas, desprezíveis a bens jurídicos tutelados não podem ter o condão de tipificar condutas. Dessa forma, o fundamento do crime de bagatela repousa no fato de o Direito Penal ser subsidiário, atuando, por essa razão, como *ultima ratio*; III: o Abolicionismo Penal preconiza a abolição total do Direito Penal, substituindo-o por outro mecanismo de controle social; IV e V: surgido na década de 70, nos Estados Unidos, trata-se de expediente bastante utilizado pelo Poder Público quando se faz necessário dar uma satisfação à sociedade (Lei dos Crimes Hediondos, por exemplo), notadamente quando se verifica recrudescimento nos índices de criminalidade. Gabarito "C".

(Ministério Público/SP – 2010) Assinale a alternativa correta:

(A) ocorre a chamada adequação típica mediata quando o fato se amolda ao tipo legal sem a necessidade de qualquer outra norma.
(B) o princípio da insignificância incide diretamente sobre a punibilidade do agente.
(C) a exigência de um conteúdo material do crime não se satisfaz com a simples subsunção formal das condutas humanas.
(D) a ultratividade *in mellius* da lei penal significa que a lei posterior aplica-se a eventos passados, salvo quando ela beneficia o réu.

A: ao contrário, fala-se em adequação típica mediata sempre que, para que o fato se encaixe no tipo legal, seja necessário o uso de uma *norma de extensão*; B: o princípio da insignificância (delito de bagatela) constitui causa supralegal de exclusão da tipicidade material; C: é imperativo que a tipicidade penal seja concebida não só no sentido formal, mas também no material, o que significa atribuir ao tipo penal, *grosso modo*, o que é penalmente relevante; D: no fenômeno denominado ultratividade *in mellius*, a lei penal, já revogada, projeta seus efeitos para o futuro, visto que a nova, posterior, é prejudicial ao réu. Dito de outro modo, sendo a lei nova prejudicial, ela não retroage, isto é, não alcança os fatos passados. De outro lado, a lei posterior aplicar-se-ia a eventos passados no caso de ser mais benéfica ao acusado. Seria, então, a hipótese de retroatividade em benefício do agente. Tanto um quanto o outro caso constituem espécies do gênero extratividade da lei penal. Gabarito "C".

(Ministério Público/SP – 2006) Em relação à responsabilidade penal das pessoas jurídicas, analise as seguintes afirmações e assinale a alternativa correta.

I. Não é admitida no Direito Brasileiro, em face da adoção pela lei dos princípios da pessoalidade e da culpabilidade, e da assertiva *societas delinquere non potest*.
II. O reconhecimento da responsabilidade penal de pessoa jurídica por crime de poluição implica, pela impossibilidade de *bis in idem*, na não responsabilização penal pessoal dos diretores da sociedade, pelos mesmos fatos.
III. O Direito Penal Brasileiro admite a responsabilização penal da pessoa jurídica, prevendo a aplicação, exclusivamente, das penas de multa e prestação de serviços à comunidade.

(A) Apenas a afirmação I é incorreta.
(B) Apenas a afirmação II é incorreta.
(C) Todas as afirmações são incorretas.
(D) Apenas a afirmação III é correta.
(E) Apenas as afirmações II e III são corretas.

I: art. 225, § 3º, da CF; art. 3º da Lei 9.605/98 (define sanções penais e administrativas derivadas de condutas e atividades lesivas ao meio ambiente). Embora ainda haja alguma divergência na doutrina, fato é que o texto constitucional e a legislação ordinária que disciplina a matéria atribuíram à pessoa jurídica a capacidade para ser sujeito ativo de crime ambiental; II: art. 3º, parágrafo único, da Lei 9.605/98; III: art. 21 da Lei 9.605/98. Gabarito "C".

(Ministério Público/SP – 2006) Em relação ao princípio da insignificância ou de bagatela, assinale a alternativa incorreta:

(A) seu reconhecimento exclui a tipicidade, constituindo-se em instrumento de interpretação restritiva do tipo penal.
(B) somente pode ser invocado em relação a fatos que geraram mínima perturbação social.
(C) sua aplicação não é prevista no Código Penal, mas é amplamente admitida pela doutrina e jurisprudência.
(D) somente tem aplicabilidade em crimes contra o patrimônio.
(E) exige, para seu reconhecimento, que as conseqüências da conduta tenham sido de pequena relevância.

A: de fato constitui causa supralegal de exclusão da tipicidade (material), atuando como instrumento de interpretação restritiva do tipo penal. Nesse sentido: STJ, REsp. 1171091-MG, 5ª T., rel. Min. Arnaldo Esteves Lima, 16.03.10; B: ou seja, a sua incidência está condicionada ao requisito "nenhuma periculosidade social da ação"; C: o princípio da insignificância não é positivado, porquanto não se encontra previsto na CF tampouco no Código Penal; no entanto, doutrina e jurisprudência já o consagraram; D: há decisões de tribunais reconhecendo o delito de bagatela em crime de contrabando; há, inclusive, incidência do princípio em crimes relacionados a tóxicos, onde o tema gera bastante polêmica; E: trata-se de outro requisito imposto para o reconhecimento do delito de bagatela. Gabarito "D".

(Ministério Público/TO – 2006 – CESPE) Sobre os princípios do direito penal, aplicáveis ao conflito aparente de normas, assinale a opção correta.

(A) Se um sujeito tem o dolo de causar lesão leve em outra pessoa, mas, após a consumação do ato, resolve causar-lhe lesões graves e, após a consumação desse crime, resolve ainda matar a vítima, também consumando o crime, haverá progressão criminosa, devendo o agente responder por todos os crimes em concurso material, haja vista a diversidade de desígnios.
(B) Quando o falso se exaure no estelionato, sem mais potencialidade lesiva, ele é por este absorvido, aplicando-se o princípio da consunção, na modalidade *antefactum* não punível.
(C) No conflito aparente entre os crimes de constrangimento ilegal e seqüestro, aplica-se o princípio da especialidade, *lex specialis derrogat generali*, devendo, portanto, o agente responder apenas pelo crime de constrangimento ilegal, haja vista ser norma mais benéfica ao réu.
(D) Considere que um indivíduo furte o som de um automóvel e posteriormente o venda a terceiro, que sabe da origem ilícita do bem. Nessa situação, o autor do furto responderá pelo furto e por participação na receptação.

A: a *progressão criminosa* constitui hipótese de incidência do princípio da consunção. O caso narrado de fato trata da chamada *progressão criminosa*, que, entretanto, tem como consequência a absorção dos crimes de lesão leve e lesão grave pelo crime-fim, o homicídio. Não há, pois, por essa razão, que se falar em concurso material de crimes; B: aqui terá aplicação a Súmula 17 do STJ, cujo teor é o seguinte: "Quando o falso se exaure no estelionato, sem mais potencialidade lesiva, é por este absorvido"; C: trata-se de hipótese de incidência do princípio da subsidiariedade; D: o autor do furto somente responderá por este. A ele não poderá ser atribuída responsabilidade pelo crime de receptação. Gabarito "B".

(Procurador do Estado/PE – CESPE – 2009) A respeito dos princípios constitucionais penais, assinale a opção correta.

(A) Fere o princípio da legalidade, também conhecido por princípio da reserva legal, a criação de crimes e penas por meio de medida provisória.
(B) A lei penal mais favorável ao réu tem efeito extra-ativo relativo, pois, apesar de ser aplicada a crimes ocorridos antes de sua vigência, não se aplica a crimes ocorridos durante a sua vigência caso seja posteriormente revogada.
(C) A responsabilidade pela indenização do prejuízo que foi causado pelo condenado ao cometer o crime não pode ser estendida aos seus herdeiros, sem que, com isso, seja violado o princípio da personalidade da pena.
(D) Em razão do princípio da presunção de inocência, não é possível haver prisão antes da sentença condenatória transitada em julgado.
(E) No Brasil vige, de forma absoluta, o princípio da vedação à pena de morte, inexistindo exceções.

A: o *princípio da legalidade*, consagrado nos arts. 1º do CP e 5º, XXXIX, da CF, prescreve que somente a lei, em seu sentido formal, pode descrever condutas criminosas e cominar penas; dessa forma, ficam excluídas outras formas legislativas, entre as quais a **medida provisória**, *ex vi* do art. 62, § 1º, I, *b*, da CF; B: a lei penal mais benéfica ao réu (*lex mitior*) tem incidência retroativa e ultrativa; não há que se falar, portanto, em extratividade relativa; C: vige, no Direito Penal, o *princípio da pessoalidade* ou *personalidade* ou *da responsabilidade pessoal*, que prescreve que a pena não pode passar da pessoa do delinquente, podendo, entretanto, a obrigação de reparar o dano e a decretação de perdimento de bens ser, nos termos da lei, estendidas aos sucessores e contra eles executadas até o limite do valor do patrimônio transferido (art. 5º, XLV, CF); D: a Súmula nº 9 do STJ estabelece que a prisão provisória não ofende o princípio constitucional da presunção de inocência, consagrado no art. 5º, LVII, da CF; E: o Código Penal Militar (Decreto-Lei 1.001/69), em seus arts. 55 a 57, faz alusão à pena de morte, representando, portanto, exceção à regra contida no art. 5º, XLVII, a, da CF. Gabarito "A".

(Defensor Público/AM – 2010 – I. Cidades) Sobre os princípios da legalidade e da anterioridade (artigo 1º do Código Penal) é correto afirmar:

(A) pelo princípio da legalidade compreende-se que ninguém responderá por um fato que a lei penal preveja como crime e, pelo princípio da anterioridade compreende-se que alguém somente responderá por crime devidamente previsto em lei que tenha entrado em vigor um ano anteriormente à prática da conduta;
(B) os princípios da legalidade e da anterioridade pressupõem a existência de lei anterior à prática de uma determinada conduta para que esta possa ser considerada como crime;
(C) tais princípios são sinônimos e significam a necessidade da existência de lei para que uma conduta seja considerada crime;
(D) são incompatíveis um com o outro, já que pressupõem circunstâncias diversas;
(E) pelo princípio da anterioridade compreende-se a previsão anterior de determinada conduta como criminosa independentemente de definição por lei em sentido estrito.

A: assertiva incorreta. O *princípio da legalidade* ou da *reserva legal*, estampado no art. 5º, XXXIX, da CF, bem como no art. 1º do CP, preconiza que os tipos penais só podem ser criados por lei em sentido formal. É vedado, pois, ao legislador fazer uso de decretos ou outras formas legislativas para conceber tipos penais. Alguns doutrinadores consideram o princípio da legalidade *gênero*, do qual são espécies os princípios da reserva legal e o da anterioridade. Este, por sua vez, significa que a lei deve ser *anterior* ao fato que se pretende punir (não há crime sem lei *anterior* que o defina – art. 5º, XXXIX, da CF). No mais, o legislador não estabeleceu o prazo mencionado na assertiva. O período de vacância ficará a critério do legislador em cada caso, que julgará o interregno necessário ao conhecimento e adaptação à nova lei; B: assertiva correta. Para que determinado comportamento humano seja considerado criminoso, é de rigor que a lei que o reputar como tal seja anterior ao cometimento da conduta. Mais: os tipos penais só podem ser veiculados por meio de lei em sentido estrito, formal; C: incorreta, pois o postulado da legalidade se refere à necessidade de lei em sentido formal, ao passo que o da anterioridade exige que a lei seja anterior ao fato. Pode-se dizer que o princípio da anterioridade constitui um desdobramento do princípio da legalidade; D: além de constituir um desdobramento, eles devem coexistir; E: incorreta, pois os dois postuladores devem coexistir. Gabarito "B".

(Defensor Público/GO – 2010 – I. Cidades) Raskolnikov subtraiu seis vales-transporte (R$13,50), para si, mediante grave ameaça exercida com arma de brinquedo. Penalmente, a conduta de Raskolnikov configura

(A) crime de roubo.
(B) fato típico não punível pelo princípio da insignificância.
(C) fato atípico pelo princípio da proporcionalidade penal.
(D) crime de estelionato.
(E) crime de furto mediante fraude.

É firme a jurisprudência dos tribunais superiores no sentido de que é inaplicável o princípio da insignificância nas hipóteses de cometimento de crime de roubo, ainda que se trate de valor ínfimo. Sucede que, por se tratar de delito complexo, o roubo atinge, além do patrimônio, a integridade física e a liberdade da vítima. Nesse sentido: Informativos 567 e 595 do STF. Gabarito "A".

(Defensoria/MA – 2009 – FCC) Na consideração de que o crime de falso se exaure no estelionato, responsabilizando-se o agente apenas por este crime, o princípio aplicado para o aparente conflito de normas é o da

(A) subsidiariedade.
(B) consunção.
(C) especialidade.
(D) alternatividade.
(E) instrumentalidade.

Aqui terá incidência a Súmula nº 17 do STJ, cujo teor é o seguinte: "Quando o falso de exaure no estelionato, sem mais potencialidade lesiva, é por este absorvido". Gabarito "B".

(Defensoria/MG – 2006) São princípios informadores do direito penal mínimo ou minimalismo penal:

(A) Fragmentariedade, culpabilidade, legalidade e intervenção mínima.
(B) Humanidade, intervenção mínima, individualização da pena e adequação social.
(C) Insignificância, intervenção mínima, adequação social e fragmentariedade.
(D) Intervenção mínima, legalidade, insignificância e adequação social.
(E) Irretroatividade, humanidade, individualização da pena e intervenção mínima.

Trata-se de princípios, implicitamente insertos no texto constitucional (art. 5º), que se prestam a orientar a atuação do legislador e do operador do direito, estabelecendo um sistema de controle penal, sobretudo no que se refere ao conteúdo da norma. Gabarito "C".

(Defensoria/MT – 2009 – FCC) O crime de furto, com arrombamento em casa habitada, absorve os delitos de dano e invasão de domicílio. Nesse caso, o conflito aparente de normas foi solucionado pelo princípio da

(A) consunção.
(B) especialidade.
(C) subsidiariedade.
(D) alternatividade.
(E) legalidade.

O *princípio da consunção* refere-se ao conflito aparente de normas. Além dele, necessário se faz recorrer a outros princípios com o fito de solucionar esse conflito. Terá lugar o princípio da consunção sempre que o crime-meio atuar como fase de preparação ou de execução do crime-fim (mais grave). Gabarito "A".

(Defensoria/MT – 2007) O princípio que impõe a verificação da compatibilidade entre os meios empregados pelo elaborador da norma e os fins que busca atingir, aferindo a legitimidade destes últimos, de forma que somente presentes estas condições poder-se-á admitir a limitação a algum direito individual, denomina-se princípio da

(A) proporcionalidade.
(B) individualização da pena.
(C) intervenção mínima.
(D) culpabilidade.

A aferição do respeito ao princípio da proporcionalidade passa pela necessidade e adequação da providência legislativa; deve-se, portanto, perquirir se aquela providência guarda adequada relação custo-benefício para o destinatário da norma e também para o ordenamento jurídico. Gabarito "A".

(Defensoria/MT – 2007) Existem hipóteses em que parece haver concorrência de vários tipos penais, mas que, observadas com mais atenção, revelam que o fenômeno é apenas aparente, porque na interpretação adequada dos tipos a concorrência acaba descartada. É o que a doutrina usualmente denomina de conflito aparente de normas ou concurso aparente de leis. Nesse contexto, o infanticídio prevalece sobre o homicídio em face da aplicação do princípio da

(A) consunção.
(B) especialidade.
(C) subsidiariedade.
(D) alternatividade.
(E) atividade.

É hipótese de incidência do *princípio da especialidade* na medida em que o delito de infanticídio, capitulado no art. 123 do CP, por ser norma especial, contém todos os elementos da norma geral (homicídio – art. 121, CP) mais os chamados *especializantes*. Gabarito "B".

(Defensor Público/PA – 2006 – UNAMA) Afirma-se que o Direito Penal moderno é concebido como uma instância de controle social formalizado, cuja intervenção deve ser a última alternativa utilizada quando das lesões graves a bens jurídicos penalmente protegidos. Face a essa afirmativa marque, nas proposições abaixo, aquela que contém os princípios relacionados ao texto.

(A) Princípio da Lesividade e Princípio da Adequação Social.
(B) Princípio da Intervenção Mínima e Princípio da Lesividade.
(C) Princípio da Legalidade e Princípio da Fragmentariedade.
(D) Princípio da Insignificância e Princípio da Lesividade.

Pelo princípio da intervenção mínima, o direito penal deve interferir o mínimo possível na vida das pessoas, já que não deixa de representar uma forma de violência, com repercussão no campo da liberdade. Desse modo, somente se deve lançar mão desse ramo do direito quando os demais se revelarem insuficientes para dirimir conflitos na sociedade. Cito aqui um exemplo: no caso do adultério, que deixou de ser crime com o advento da Lei 11.106/05, que revogou o art. 240 do CP e gerou *abolitio criminis*, as regras previstas na legislação civil atinentes à matéria vinham se mostrando suficientes e apropriadas, sendo desnecessário, portanto, recorrer-se ao direito penal, que deve sempre ser visto como a *ultima ratio*. Pelo postulado da lesividade, é inconcebível a incriminação de uma conduta não lesiva ou geradora de ínfima lesão. Ou seja, o legislador somente está credenciado a criar tipos penais capazes de causar lesão a bens jurídicos alheios. Gabarito "B".

(Defensoria Pública/SP – 2010 – FCC) A absorção do crime-meio pelo crime-fim configura aplicação do princípio da

(A) consunção.
(B) especialidade.
(C) subsidiariedade.
(D) sucessividade.
(E) alternatividade.

Súmula nº 17 do STJ. Gabarito "A".

(Defensoria Pública/SP – 2010 – FCC) O postulado da fragmentariedade em matéria penal relativiza

(A) a função de proteção dos bens jurídicos atribuída à lei penal.
(B) o caráter estritamente pessoal que decorre da norma penal.
(C) a proporcionalidade entre o fato praticado e a conseqüência jurídica.
(D) a dignidade humana como limite material à atividade punitiva do Estado.
(E) o concurso entre causas de aumento e diminuição de penas.

Por este princípio, o Direito Penal deve sempre ser visto como a *ultima ratio*, ou seja, deve ocupar-se tão-só das condutas mais deletérias, mais graves. Representa, por isso, um *fragmento*, uma pequena parcela do ordenamento jurídico. Gabarito "A".

(Defensoria/SP – 2007 – FCC) A corrente pós-positivista empresta caráter normativo aos princípios constitucionais penais. Estas normas, portanto, deixam de ser informadoras e assumem a natureza de direito positivo, possibilitando ao defensor público este manejo. Encontram-se na Constituição Federal os seguintes princípios constitucionais penais:

(A) legalidade dos delitos e das penas, culpabilidade, proporcionalidade, individualização da pena e da execução e personalidade da pena.
(B) legalidade dos delitos e das penas, proporcionalidade, individualização e presunção de inocência.

(C) anterioridade e irretroatividade da lei, individualização da pena e da execução, proporcionalidade e personalidade da pena.
(D) reserva legal, culpabilidade, imprescritibilidade, individualização e personalidade da pena.
(E) legalidade dos delitos e das penas, individualização da pena e da execução e personalidade da pena.

Art. 5º, XXXIX, da CF (princípio da legalidade); art. 1º, III, da CF (princípio da culpabilidade como corolário do da dignidade da pessoa humana); art. 5º, XLVI, da CF (princípio da proporcionalidade como corolário do da individualização); art. 5º, XLVI, da CF (princípio da individualização da pena); art. 5º, XLV, da CF (princípio da personalidade da pena). Gabarito "A".

(Defensoria/SP – 2007 – FCC) A diferença entre crime e contravenção penal está estabelecida
(A) pelo Código Penal.
(B) pela Lei de Contravenções Penais.
(C) pela Lei nº 9.099/95 (Juizados Especiais).
(D) pela Lei de Introdução ao Código Penal.
(E) pela Constituição Federal.

A distinção entre as duas espécies de infração penal, que não reside no aspecto ontológico, está contida no art. 1º da Lei de Introdução ao Código Penal (Decreto-Lei 3.914/41). Gabarito "D".

(Defensoria/SP – 2006 – FCC) Considerando a adoção do princípio da culpabilidade pelo Código Penal, é correto afirmar que a
(A) culpabilidade não interfere na medida da pena.
(B) culpabilidade se refere ao autor.
(C) culpabilidade se refere ao fato.
(D) análise da culpabilidade compete ao juiz do processo de conhecimento e ao juiz do processo de execução.
(E) análise da culpabilidade não é essencial para a individualização da pena

Do princípio da culpabilidade decorrem três consequências, a saber: a responsabilidade penal não é pelo autor, e sim pelo fato; a culpabilidade é a medida da pena; não há se falar em responsabilidade objetiva pelo mero resultado. Gabarito "C".

(Delegado/PI – 2009 – UESPI) Com relação aos princípios penais, assinale a opção correta.
(A) O princípio da humanidade das penas proíbe, em qualquer hipótese, a pena de morte no ordenamento jurídico brasileiro.
(B) O princípio da especialidade consagra que a lei penal geral deve afastar a lei penal especial naquilo em que elas forem conflitantes.
(C) O princípio da legalidade permite a criação de tipos penais incriminadores através da edição de medidas provisórias.
(D) Segundo o princípio da intervenção mínima, o direito penal deve atuar como regra e não como exceção.
(E) Segundo o princípio da intranscendência, a pena não pode passar da pessoa do condenado.

A: a pena de morte é permitida em caso de guerra declarada, nos termos do estatuído no art. 5º, XLVII, a, da CF. Vide, também, arts. 55 a 57 do Código Penal Militar; B: ao revés, pelo princípio da especialidade, a lei penal especial deve ser aplicada em detrimento da lei geral (conflito aparente de normas); C: o *princípio da legalidade*, consagrado nos arts. 1º do CP e 5º, XXXIX, da CF, prescreve que somente a lei, em seu sentido formal, pode descrever condutas criminosas e cominar sanções penais; dessa forma, ficam excluídas outras formas legislativas, entre as quais a **medida provisória**, ex vi do art. 62, § 1º, I, b, da CF; D: pelo *postulado da intervenção mínima*, o Direito Penal deve interferir o mínimo possível na vida do indivíduo; E: art. 5º, XLV, da CF. Gabarito "E".

(Delegado/RJ – 2009 – CEPERJ) Costuma-se afirmar que o direito penal das sociedades contemporâneas é regido por princípios sobre crimes, penas e medidas de segurança, nos níveis de criminalização primária e de criminalização secundária, fundamentais para garantir o indivíduo em face do poder penal do Estado. Analise as proposições abaixo:

I. O princípio da insignificância revela uma hipótese de atipicidade material da conduta.
II. O princípio da lesividade (ou ofensividade) proíbe a incriminação de uma atitude interna.
III. Por força do princípio da lesividade não se pode conceber a existência de qualquer crime sem ofensa ao bem jurídico protegido pela norma penal.
IV. No direito penal democrático só se punem fatos. Ninguém pode ser punido pelo que é, mas apenas pelo que faz.
V. O princípio da coculpabilidade reconhece que o Estado também é responsável pelo cometimento de determinados delitos, praticados por cidadãos que possuem menor âmbito de autodeterminação diante das circunstâncias do caso concreto, principalmente no que se refere às condições sociais e econômicas do agente.

Pode-se afirmar que:
(A) todas as assertivas estão corretas.
(B) somente duas das assertivas estão corretas.
(C) somente duas das assertivas estão erradas.
(D) estão erradas as de número II e III.
(E) somente a de número I está errada.

I: com efeito, a incidência do *princípio da insignificância* gera a exclusão da tipicidade material da conduta; II e III: pelo *princípio da lesividade* ou *ofensividade*, é inconcebível a incriminação de uma conduta não lesiva ou geradora de ínfima lesão. Ou seja: o legislador só está credenciado a criar tipos penais capazes de causar lesão a bens jurídicos alheios. A atitude interna, que não constitui conduta e integra a fase de cogitação do *iter criminis*, é impunível; IV: O **direito penal do autor** consiste na norma que leva em conta o que o agente é. O *direito penal do fato*, ao contrário, preocupa-se com os fatos perpetrados pelo agente. Esta teoria está em harmonia com o sistema constitucional vigente; V: são hipóteses nas quais a reprovação é exercida de forma compartilhada sobre o Estado e sobre o autor da infração penal, isso porque, segundo é sustentado, o Estado falhou, deixando de proporcionar a todos igualdade de oportunidades. Por essa razão, alguns tendem ao crime por falta de opção. Há autores que defendem, para esses casos, a aplicação da atenuante contida no art. 66 do Código Penal. Gabarito "A".

(Delegado/SC – 2008) Ocorre conflito aparente de normas penais quando ao mesmo fato parecem ser aplicáveis duas ou mais normas (ou tipos). A solução do conflito aparente de normas dá-se pelo emprego de alguns princípios (ou critérios), os quais, ao tempo em que afastam a incidência de certas normas, indicam aquela que deverá regulamentar o caso concreto. Os princípios que solucionam o conflito aparente de normas, segundo a doutrina penal são: o da especialidade, o da subsidiariedade, o da consunção e o da alternatividade. Acerca do princípio da especialidade, todas as alternativas estão corretas, exceto a:
(A) O princípio da especialidade determina que o tipo penal especial prevaleça sobre o tipo penal de caráter geral afastando, desta forma, o bis in idem, pois a conduta do agente só é enquadrada na norma incriminadora especial, embora também estivesse descrita na geral.
(B) Para se saber qual norma é geral e qual é especial é preciso analisar o fato concreto praticado, não bastando que se comparem abstratamente as descrições contidas nos tipos penais.
(C) A comparação entre as leis não se faz da mais grave para a menos grave, nem da mais completa para a menos completa. A norma especial pode descrever tanto um crime mais leve quanto um mais grave.
(D) O princípio da especialidade é o único previsto expressamente no Código Penal.

A: vigora o brocardo *lex specialis derrogat generali*, ou seja, a norma especial deve ser aplicada em detrimento da geral; B: as normas devem ser comparadas abstratamente, isto é, deve-se proceder a um exame dos tipos penais; C: aplicar-se o princípio da especialidade de fato não implica perquirir qual das leis é mais ou menos grave. Deve-se buscar a norma que contém todos os elementos da outra (geral) mais alguns (especializantes), seja ela mais ou menos grave; D: o princípio da especialidade está consagrado no art. 12 do CP. Gabarito "B".

(Delegado/SP – 2008) Dentre os fatores condicionantes da criminalidade, no aspecto psicológico, alcança projeção, hoje em dia, nas favelas, um modelo consciente ou inconsciente, com qual o indivíduo gosta de se identificar, sendo atraente o comportamento do bandido, pois é "valente, tem dinheiro e prestígio na comunidade". A esse comportamento dá-se o nome de

(A) carência afetiva.
(B) ego abúlico.
(C) insensibilidade moral.
(D) mimetismo.
(E) telurismo.

Trata-se do fenômeno segundo o qual jovens, inclusive crianças, reproduzem comportamentos delitivos com o objetivo de angariar poder, dinheiro e prestígio na comunidade. Gabarito "D".

(Cartório/SP – VI – VUNESP) Considerando os princípios que regem a aplicação da lei penal, analise as afirmativas.

I. Não há crime sem lei anterior que o defina, nem pena sem prévia imposição legal.
II. A lei penal não pode retroagir para prejudicar o réu.
III. É vedado o uso de qualquer tipo de analogia para interpretação das leis penais.
IV. Ninguém pode ser punido duas vezes pelo mesmo fato.

São corretas apenas as afirmativas

(A) II e III.
(B) I e II.
(C) II, III e IV.
(D) I, II e IV.

I: corresponde ao prescrito nos arts. 5º, XXXIX, da CF e 1º do CP (princípio da legalidade); II: a lei penal somente projetará seus efeitos para o passado se for para favorecer o agente, nos exatos termos do art. 5º, XL, da CF. É dizer, a retroatividade da lei penal somente operará em benefício do réu; em seu prejuízo, nunca; III: em matéria penal, é permitido o emprego de analogia *in bonam partem* (em favor do réu), sendo vedada sua aplicação em prejuízo do agente, em obediência ao princípio da legalidade; IV: princípio da vedação do *bis in idem*. Gabarito "D".

(Magistratura Federal – 1ª Região – 2005) O conflito aparente de normas penais é resolvido:

(A) pelos princípios da especialidade, da subsidiariedade e da consunção, alguns autores incluindo também o princípio da alternatividade;
(B) pelos princípios da especialidade e da consunção, não dizendo respeito à questão o princípio da subsidiariedade, que é relativo à ação penal;
(C) exclusivamente pelo princípio da especialidade;
(D) pelos princípios da especialidade e da subsidiariedade.

Os princípios da especialidade, da subsidiariedade e da consunção visam a dirimir o conflito que se estabelece entre normas; já o princípio da alternatividade, cuja inclusão entre eles é bastante criticada por alguns autores, visa a solucionar o conflito surgido dentro da mesma norma. Gabarito "A".

(Magistratura Federal – 4ª Região – XIII – 2008) Dadas as assertivas abaixo, assinalar a alternativa correta.

I. Os novos paradigmas da sociedade moderna, com riscos técnicos ou não, desconhecidos e incontroláveis, trazem a sensação coletiva de insegurança, em fenômeno designado por Ulrich Beck como da sociedade do risco.
II. O funcionalismo serve como forma de satisfação às valorações da sociedade de risco.
III. Na tutela dos grandes e novos riscos que ameaçam a sociedade presente e as gerações futuras têm surgido legislações penais de diferenciado e gravoso tratamento, penal e processual-penal, em crimes econômico-tributários, ambientais e os imputáveis a organizações criminosas.
IV. O direito administrativo-penal é proposta de tratamento dos grandes riscos com medidas administrativas, dentro de um processo penal.

(A) Estão corretas apenas as assertivas I e IV.
(B) Estão corretas apenas as assertivas I, II e III.
(C) Estão corretas apenas as assertivas II, III e IV.
(D) Estão corretas todas as assertivas.

Trata-se de utilizar o Direito Penal como instrumento de segurança contra os riscos da sociedade moderna, baseado no princípio da máxima intervenção. Gabarito "B".

(Magistratura Federal – 5ª Região – 2005 – CESPE) Julgue os itens seguintes.

(1) A autoridade policial instaurou inquérito policial contra Manoel pela prática do crime de descaminho, por ter ingressado no território nacional com mercadoria estrangeira, iludindo o pagamento do respectivo imposto devido, avaliado em R$ 900,00. Nessa situação, de acordo com o entendimento do STJ, não é cabível a aplicação do princípio da insignificância ou bagatela.
(2) Se a falsidade ou o uso de documento falso é o meio empregado para a prática do estelionato, de acordo com o entendimento do STF, o agente responde somente pelo crime de estelionato, com a absorção dos crimes de falsidade ou de uso de documento falso.

1: o princípio da insignificância vem sendo amplamente reconhecido pelos juízes e tribunais no delito de descaminho (STJ, Resp 235.151, Rel. Min. Gilson Dipp, DJU de 8.05.00); 2: entende o STF que se a falsidade ou o uso de documento falso constituir meio para a prática do estelionato, aplica-se o concurso formal (STF, RHC 83.990/MG, Rel. Min. Eros Grau, j. 10.08.2004; STF, HC 77.721/SP, Rel. Min. Moreira Alves, j. 14.12.1998). Gabarito 1E, 2E.

(Analista Judiciário/STF – 2008 – CESPE) Acerca do tratamento dado ao princípio da insignificância e seus consectários pela jurisprudência mais recente do STF, julgue os seguintes itens.

(1) Em caso de *habeas corpus* impetrado perante o STF com a finalidade de ver trancada a ação penal pela prática de crime de furto, se o julgador verificar que o crime está prescrito, deverá analisar o pedido de aplicação do princípio da insignificância, o qual, por gerar atipicidade da conduta, é mais benéfico ao réu. Nesse caso, não cabe, então, falar-se em prejudicialidade do pedido principal pela ocorrência de extinção da punibilidade.
(2) É cabível a aplicação do princípio da insignificância para fins de trancamento de ação penal em que se imputa ao acusado a prática de crime de descaminho.
(3) Uma vez aplicado o princípio da insignificância, que deve ser analisado conjuntamente com os postulados da fragmentariedade e da intervenção mínima do Estado, a própria tipicidade penal, examinada na perspectiva de seu caráter material, é afastada ou excluída.

1: com base no que dispõe o art. 61 do CPP, o juiz, se reconhecer extinta a punibilidade, deverá declará-lo de ofício; neste caso, o pedido de aplicação do princípio da insignificância restará prejudicado, consoante precedentes do STF: HC 93.337/RS, Rel. Min. Cármen Lúcia, j. 19.02.2008; HC 91.356/SP, Rel. Min. Ellen Gracie, j. 24.06.08; 2: há, no STF, precedentes de trancamento de ação penal em sede de *habeas corpus* em que se imputa ao paciente a prática do crime de descaminho, tendo em vista o princípio da insignificância (HC 92.740/PR, Rel. Min. Cármen Lúcia, j. 19.02.2008); 3: o princípio da insignificância, que constitui instrumento de interpretação restritiva do tipo penal, gera exclusão da tipicidade material. Gabarito 1E, 2C, 3C.

(Magistratura do Trabalho – 16ª Região – 2006) As regras de irretroatividade de lei penal e da taxatividade, decorrem de qual princípio:

(A) Igualdade;
(B) Legalidade;
(C) Culpabilidade;
(D) Proporcionalidade;
(E) Subsidiariedade.

Arts. 1º do CP e 5º, XXXIX, da CF. Gabarito "B".

(CESPE – 2008) Assinale a opção correta com base nos princípios de direito penal na CF.

(A) O princípio básico que orienta a construção do direito penal é o da intranscendência da pena, resumido na fórmula *nullum crimen, nulla poena, sine lege*.
(B) Segundo a CF, é proibida a retroação de leis penais, ainda que estas sejam mais favoráveis ao acusado.
(C) Nenhuma pena passará da pessoa do condenado, podendo a obrigação de reparar o dano e a decretação de perdimento de bens ser, nos termos da lei, estendidas até os sucessores e contra eles executadas, mesmo que ultrapassem o limite do valor do patrimônio transferido.
(D) O princípio da humanidade veda as penas de morte, salvo em caso de guerra declarada, bem como as de caráter perpétuo, de trabalhos forçados, de banimento e as cruéis.

A: a fórmula, em latim, corresponde ao *princípio da legalidade*, contido no art. 1º do CP; B: o art. 5º, XL, da CF estabelece uma exceção à não retroatividade da lei penal, autorizando que a norma penal projete seus efeitos para o passado para beneficiar o réu; C: art. 5º, XLV, da CF; D: art. 5º, XLVII, da CF. Pelo *princípio da humanidade*, o Estado tem o dever de proporcionar tratamento digno aos condenados, assegurando respeito à integridade física e moral do preso (art. 5º, XLIX, CF). Gabarito "D".

(CESPE – 2006) O princípio da insignificância considera necessária, na aferição do relevo material da tipicidade penal, a presença de certos vetores, entre os quais não se inclui

(A) A mínima ofensividade da conduta do agente.
(B) Nenhuma periculosidade social da ação.
(C) Reduzidíssimo grau de reprovabilidade do comportamento.
(D) Expressividade da lesão jurídica provocada.

Quando da aplicação do *princípio da insignificância*, necessário se faz observar alguns requisitos, entre os quais a inexpressividade da lesão jurídica provocada, conforme tem entendido o Supremo Tribunal Federal, além dos requisitos contidos nas demais alternativas. Gabarito "D".

2. APLICAÇÃO DA LEI NO TEMPO

(Magistratura/DF - 2006) Caio, membro de uma quadrilha voltada para a subtração de veículos, mediante furtos e roubos à mão armada, adquire e mantém, ilegalmente, em depósito, em sua residência, ainda sob a égide da Lei nº 9.437/1997, arma de fogo de uso restrito. A Lei nº 9.437/1997 previa para tal delito, em seu art. 10, § 2º, a pena de reclusão de 2 (dois) a 4 (quatro) anos, e multa. Entra em vigor a Lei nº 10.826/2003, que prevê, para o mesmo delito, em seu art. 16, a pena de reclusão de 3 (três) a 6 (seis) anos, e multa. Caio mantém o depósito ilegal da arma, com esta sendo flagrado poucos dias após o início da vigência da Lei nº 10.826/2003. Denunciado por ter em depósito arma de fogo de uso restrito, Caio está sujeito às penas:

(A) da lei antiga, mais benéfica, porque em sua vigência teve início a ação típica e a lei nova, mais grave, não pode retroagir para prejudicar o agente;
(B) da lei nova, que pode ser aplicada no caso, porque a tipicidade não foi alterada, mas somente a pena;
(C) da lei nova, que pode ser aplicada no caso, porque sua vigência é anterior à cessação da permanência do crime;
(D) Nenhuma das opções acima ("a", "b" e "c") é correta.

Súmula 711 do STF, que também será aplicada em se tratando de crime continuado. Gabarito "C".

(Magistratura/MG – 2009 – EJEF) Sobre as fontes do Direito Penal, a interpretação da Lei Penal, bem como seu âmbito de eficácia e sua aplicação no tempo e no espaço, marque a alternativa CORRETA.

(A) Em razão do caráter fragmentário do Direito Penal, este deverá ser preferencialmente observado para a solução de conflitos, devendo abranger a tutela do maior número de bens jurídicos possível.
(B) O princípio da Legalidade obriga a que toda deliberação referente ao Direito Penal, incriminador ou não incriminador, seja feita por meio de lei.
(C) O nosso Código Penal, quanto ao tempo do crime, acolheu a teoria do resultado.
(D) A lei penal nova mais benéfica retroage para abarcar também os fatos ocorridos antes de sua vigência, devendo aplicar-se inclusive aos processos com decisão já transitada em julgado, cabendo ao juízo da execução a sua aplicação.

A: ao contrário. Em vista do seu caráter fragmentário, somente se deve fazer uso do Direito Penal em último caso, ou seja, quando os outros ramos do direito falharem na contenção dos conflitos gerados em sociedade; B: é verdade que a medida provisória não pode, em princípio, veicular matéria penal, isso em razão do disposto no art. 62, § 1º, I, b, da CF. Pode, entretanto, ser editada medida provisória que traga benefício penal para o réu (norma penal não incriminadora); C: quanto ao *tempo do crime*, o art. 4º do CP acolheu a *teoria da ação* ou *da atividade*, segundo a qual considera-se praticado o crime no momento da ação ou omissão, ainda que outro seja o do resultado; D: art. 2º, parágrafo único, do CP. Vide Súmula nº 611 do STF e art. 66, I, da LEP. Gabarito "D".

(Magistratura/MG – 2008) Com relação à aplicação da lei penal, é INCORRETO afirmar:

(A) A *lex mitior* é inaplicável à sentença condenatória que se encontra em fase de execução.
(B) A *abolitio criminis* faz desaparecer todos os efeitos penais, inclusive quanto àqueles relativos aos fatos definitivamente julgados.
(C) A *novatio legis* incriminadora aplica-se a fatos posteriores à sua vigência.
(D) A lei excepcional, embora cessadas as circunstâncias que a determinaram, aplica-se ao fato praticado durante sua vigência.

A: art. 2º, parágrafo único, do CP; B: art. 2º, *caput*, do CP; C: art. 5º, XL, da CF; D: art. 3º do CP. Gabarito "A".

(Magistratura/MG - 2007) A abolitio criminis, também chamada novatio legis, faz cessar:

(A) os efeitos secundários da sentença condenatória, mas não a sua execução.
(B) a execução da pena e também os efeitos secundários da sentença condenatória.
(C) somente a execução da pena.
(D) a execução da pena em relação ao autor do crime. Entretanto, tratando-se de benefício pessoal, não se estende aos co-autores do delito.

A *abolitio criminis* faz desaparecer todos os efeitos penais, principais e secundários; subsistem, entretanto, os civis (extrapenais), por força do que dispõe o art. 2º, *caput*, parte final, do CP. Gabarito "B".

(Magistratura/MG - 2006) José Pedro foi processado e condenado por rapto para fins libidinosos como incurso no art. 220 do Código Penal a uma pena de dois anos de detenção, que foi substituída por duas restritivas de direito, quais sejam, prestação de serviço à comunidade e multa. Em 25 de dezembro de 2004, a sentença condenatória transitou em julgado e o sentenciado passou ao cumprimento da pena imposta. Agora, José Pedro requereu a extinção da punibilidade com base no art. 107 do Código Penal. É CORRETO afirmar que:

(A) diante da sentença condenatória com trânsito em julgado e iniciada a execução, o pedido formulado será indeferido;
(B) a sentença será mantida, vez que a lei nova só retroage para beneficiar o réu;
(C) diante dos princípios que regem os conflitos de direito intertemporal e ausente a prescrição da pretensão executória, o pedido de extinção de punibilidade será indeferido;
(D) será decretada a extinção de punibilidade em face da *abolitio criminis*.

Os crimes contidos no Capítulo III do Título VI da Parte Especial do Código Penal, dentre outros, foram revogados por força da Lei 11.106/05. Dessa forma, em todos os processos em andamento, ainda que decididos por sentença com trânsito em julgado (art. 2º, parágrafo único, do CP), será decretada extinta a punibilidade do agente, tendo como causa ensejadora a *abolitio criminis* (art. 107, III, do CP). Gabarito "D".

(Magistratura/PR – 2010 – PUC/PR) Dadas as assertivas abaixo, escolha a alternativa CORRETA.

I. A lei posterior, que de qualquer modo favorecer o agente, aplica-se aos fatos anteriores, inclusive sobre os afetados por leis temporárias ou excepcionais.
II. Considera-se tempo do crime o momento da ação ou omissão, porém se o resultado ocorrer em outro momento, nesta ocasião considerar-se-á o mesmo praticado.
III. A lei posterior que, de qualquer modo, favorecer o agente, aplica-se aos fatos anteriores, mesmo tendo sido decididos por sentença irrecorrível.
IV. A lei excepcional ou temporária, depois de decorrido o tempo de sua duração ou cessadas as circunstâncias que a determinaram, não mais se aplica ao fato praticado durante a sua vigência.

(A) Apenas a assertiva III está correta.
(B) Apenas as assertivas III e IV estão corretas.
(C) Apenas a assertiva I está correta.
(D) Apenas as assertivas I e III estão corretas.

I: as leis de vigência temporária (leis temporárias e excepcionais) são ultra-ativas e autorrevogáveis, nos moldes do art. 3º do CP; II: em consonância com o disposto no art. 4º do CP, que adotou a *teoria da ação* ou da *atividade*, reputa-se praticado o crime no momento da ação ou da omissão, mesmo que outro seja o momento do resultado; III: art. 2º, parágrafo único, do CP. Vide, a esse respeito, Súmula 611 do STF e art. 66, I, da LEP; IV: a assertiva não corresponde ao teor do art. 3º do CP. As leis de vigência temporária são ultra-ativas. Significa, portanto, dizer que tudo o que ocorrer na vigência de uma lei temporária ou excepcional será por ela regido, ainda que a sua vigência tenha cessado. Gabarito "A".

(Magistratura/RO – 2011 – PUCPR) No que tange ao tempo do crime, assinale a única alternativa **CORRETA**.

(A) Considera-se praticado o ato criminoso no momento em que ocorre o seu resultado.
(B) Considera-se praticado o ato criminoso quando o agente dá início ao planejamento de sua execução.
(C) Considera-se praticado o ato criminoso no exato momento da ação ou omissão, desde que o resultado almejado ocorra concomitantemente.
(D) Considera-se praticado o ato criminoso no exato momento da ação ou omissão, ainda que o resultado lesivo ocorra em momento diverso.
(E) Considera-se praticado o ato criminoso no momento da ação ou omissão, independentemente da ocorrência ou não do resultado.

No que se refere ao *tempo do crime*, o Código Penal acolheu, em seu art. 4º, a *teoria da ação* ou da *atividade*, que considera praticado o crime no momento da ação ou da omissão, mesmo que outro seja o momento do resultado. Gabarito "D".

(Magistratura/RS – 2009) Considere as assertivas abaixo sobre aplicação da lei penal.

I. Aplicável é a lei penal em vigor quando da libertação da vítima de sequestro, ainda que mais grave do que a lei penal em vigor quando iniciado o cometimento do crime.
II. Fica sujeito ao Código Penal, e não às normas estabelecidas na legislação especial do Estatuto da Criança e do Adolescente, o agente que, com dezessete anos e onze meses de idade, a tiros de revólver, atinge a região abdominal de seu desafeto, vindo o ofendido a falecer quarenta e cinco dias após em consequência das lesões recebidas.
III. A lei penal temporária, embora decorrido o período de sua duração, aplica-se ao fato praticado durante sua vigência.

Quais são corretas?

(A) Apenas I
(B) Apenas II
(C) Apenas III
(D) Apenas I e III
(E) I, II e II

I: nos termos da Súmula nº 711 do STF, que também faz alusão ao crime continuado, a lei penal mais grave será aplicada ao crime permanente, se a sua vigência é anterior à cessação da permanência; II: o art. 4º do CP determina que seja considerado como momento do crime o da ação ou da omissão, pouco importando em que momento se deu o resultado - *teoria da ação* ou *da atividade*. Dessa forma, deve ser considerado como o momento do crime, neste caso, aquele em que a vítima foi alvejada. O agente, aqui, ficará sujeito às normas estabelecidas no Estatuto da Criança e do Adolescente – Lei 8.069/90. Vide, também, art. 104, parágrafo único, do ECA; III: a assertiva está em consonância com o disposto no art. 3º do CP. Gabarito "D".

(Magistratura/RS – 2003) Assinale a assertiva correta.

(A) é punível a conduta do agente quando licita a ação por ocasião de sua realização e ilícita quando do resultado.
(B) é punível a conduta do agente quando ilícita a ação por ocasião de sua realização e lícita quando do resultado.
(C) é punível, com base na lei em vigor quando da libertação da vítima, a conduta do sequestrador, ainda que menos rigorosa a lei em vigor quando iniciada a prática do crime.
(D) é isento de pena o agente que pratica o fato em legítima defesa.
(E) é licita a conduta do agente que pratica o fato acometido de doença mental que lhe retira completamente a capacidade intelectiva.

Súmula 711 do STF. Gabarito "C".

(Magistratura/SP – 2011 – VUNESP) Antônio, quando ainda em vigor o inciso VII, do art. 107, do Código Penal, que contemplava como causa extintiva da punibilidade o casamento da ofendida com o agente, posteriormente revogado pela Lei n.º 11.106, publicada no dia 29 de março de 2005, estuprou Maria, com a qual veio a casar em 30 de setembro de 2005. O juiz, ao proferir a sentença, julgou extinta a punibilidade de Antônio, em razão do casamento com Maria, fundamentando tal decisão no dispositivo revogado (art. 107, VII, do Código Penal). Assinale, dentre os princípios adiante mencionados, em qual deles fundamentou-se tal decisão.

(A) Princípio da isonomia.
(B) Princípio da proporcionalidade.
(C) Princípio da retroatividade da lei penal benéfica.
(D) Princípio da ultratividade da lei penal benéfica.
(E) Princípio da legalidade.

Com o advento da Lei 11.106/2005, que revogou o art. 107, VII, do CP, não mais existe a possibilidade de extinguir-se a punibilidade do agente pelo casamento deste com a vítima, nos crimes contra os costumes, atualmente denominados crimes contra a dignidade sexual. Sucede que, neste caso, os fatos se deram quando ainda estava em vigor o art. 107, VII, do CP, que reconhecia o casamento da ofendida com o agente como causa extintiva da punibilidade, impondo-se que a lei revogada, mais benéfica ao réu, projete seus efeitos para o futuro (ultra-atividade da lei penal benéfica). Gabarito "D".

(Ministério Público/BA – 2005) João da Silva foi denunciado, no ano de 1989, pelo crime cometido no mesmo ano, tipificado no artigo 279 do Código Penal Brasileiro ("vender, ter em depósito para vender ou expor a venda ou, de qualquer forma, entregar a consumo substância alimentícia ou medicinal avariada – pena: detenção de um (01) a três(03) anos, ou multa") e que foi revogado pela Lei nº 8.137/90 (Crimes contra a Ordem Tributária, Econômica e contra as Relações de Consumo). Em 1995, o Juiz, considerando que o artigo 279 fora revogado, mas que tal conduta está descrita no artigo 7º, inciso IX, da Lei nº 8.137/90, cuja pena é de detenção de "dois (02) a cinco (05) anos ou multa", condenou João da Silva à pena-base de "quatro (04) anos de detenção" que tornou definitiva, na ausência de atenuantes, agravantes e de causas de aumento e diminuição de pena. Marque a alternativa correta:

(A) O juiz agiu corretamente, pois o artigo 279 do Código Penal, que estabelecia a sanção em abstrato de um (01) a três (03) anos, fora revogado.
(B) O juiz incidiu em erro, porque já havia ocorrido a prescrição da pretensão punitiva.
(C) O juiz agiu corretamente, porque a nova lei, em vigor quando da condenação, estabeleceu sanção superior a do artigo 279, do Código Penal.
(D) Houve equívoco do magistrado, pois deveria ter condenado João da Silva nas penas do artigo 279 do Código Penal, em vigor na época do fato.
(E) O juiz errou, pois deveria ter absolvido o acusado, eis que o artigo 279 do Código Penal foi revogado.

Art. 5º, XL, da CF. Trata-se da chamada *novatio legis in pejus*, em que a lei posterior ao fato foi a ele aplicada em prejuízo do réu, o que é absolutamente vedado. Ou seja, a *lex gravior* não pode ser aplicada a fatos ocorridos antes de sua vigência. Sendo, portanto, a lei em vigor à época dos fatos mais favorável ao réu, deveria o magistrado tê-la aplicado. Gabarito "D".

(Ministério Público/PR – 2011) Sobre a teoria da lei penal, assinale a alternativa correta:

(A) a analogia in bonam partem não possui restrições em matéria penal, sendo admissível, por exemplo, em causas de justificação, causas de exculpação e situações de extinção ou redução da punibilidade, e a analogia in malan partem possui menor nível de aceitabilidade em matéria penal, sendo admissível apenas em casos excepcionais;
(B) a proibição da retroatividade da lei penal, como um dos fundamentos do princípio constitucional da legalidade, não admite exceções;
(C) o princípio da insignificância está diretamente relacionado ao princípio da lesividade e sua aplicação exclui a própria culpabilidade;
(D) os crimes de tráfico de drogas (Lei 11.343/06, art. 33), de porte ilegal de arma de fogo de uso restrito (Lei 10.826/03, art. 16, caput) e de destruição de floresta considerada de preservação permanente (Lei 9.605/98, art. 38, caput), são exemplos típicos de normas penais em branco;
(E) segundo a sistemática adotada pelo art. 3º do Código Penal brasileiro, as leis excepcionais e temporárias não possuem ultra-atividade.

A: a analogia, em direito penal, só pode ser aplicada em benefício do réu (*in bonam partem*); veda-se, portanto, em matéria penal, a analogia *in malan partem*; B: o art. 5º, XL, da CF estabelece que a lei penal não retroagirá, salvo em benefício do agente; C: a incidência do princípio da insignificância (crime de bagatela) gera a exclusão da tipicidade material; D: norma penal em branco é aquela cujo conteúdo, por ser incompleto, necessita ser integralizado por outra norma; E: as leis excepcionais e temporárias são, ao contrário, ultra-ativas, já que disciplinam os atos realizados durante sua vigência, mesmo após sua revogação. Gabarito "D".

(Ministério Público/SP – 2011) Assinale a alternativa que estiver totalmente correta.

(A) Em face do princípio da legalidade constitucionalmente consagrado, a lei penal é sempre irretroativa, nunca podendo retroagir.
(B) Se entrar em vigor lei penal mais severa, ela será aplicável a fato cometido anteriormente a sua vigência, desde que não venha a criar figura típica inexistente.
(C) Sendo a lei penal mais favorável ao réu, aplica-se ao fato cometido sob a égide de lei anterior, desde que ele ainda não tenha sido decidido por sentença condenatória transitada em julgado.
(D) A lei penal não pode retroagir para alcançar fatos ocorridos anteriormente a sua vigência, salvo no caso de *abolitio criminis* ou de se tratar de lei que, de qualquer modo, favoreça o agente.
(E) Se a lei nova for mais favorável ao réu, deixando de considerar criminosa a sua conduta, ela retroagirá mesmo que o fato tenha sido definitivamente julgado, fazendo cessar os efeitos civis e penais da sentença condenatória.

A: regra geral, a lei penal é irretroativa, podendo, todavia, projetar seus efeitos para o passado se for em benefício do réu (art. 5º, XL, da CF). Dessa forma, é incorreta a afirmação segundo a qual a lei penal nunca pode retroagir; B: a lei penal mais severa (*novatio legis in pejus*), que é aquela que de alguma forma prejudica a situação do réu, é irretroativa – art. 5º, XL, da CF. É dizer, não pode ser aplicada a fato cometido anteriormente à sua vigência. A solução, neste caso, é projetar os efeitos da lei revogada (mais benéfica) para o futuro e aplicá-la aos fatos (ultratividade da lei penal mas benéfica); C: a lei penal mais benéfica será aplicada ao fato cometido sob a égide de lei anterior, ainda que decidido por sentença condenatória transitada em julgado – art. 2º, parágrafo único, do CP; D: o art. 2º do CP estabelece as duas hipóteses em que a lei penal poderá retroagir: *abolitio criminis* e *novatio legis in mellius*. De todo modo, a norma penal só pode atingir fatos passados se for em benefício do réu, na forma estatuída no art. 5º, XL, da CF; E: a ocorrência do *abolitio criminis* faz desaparecer todos os efeitos penais, principais e secundários; subsistem, no entanto, os civis (extrapenais), por força do que dispõe o art. 2º, *caput*, parte final, do CP. Gabarito "D".

(Ministério Público/SP – 2008) Se em 1º de dezembro de 2008 entrar em vigor uma nova lei penal, alterando as disposições contidas na Parte Geral do Código Penal (arts. 14, parágrafo único, 15, 16, 19 e 26, parágrafo único), qual das normas introduzidas pelo novo diploma, mencionadas nas alternativas a seguir, não se aplicará aos crimes cometidos até 30 de novembro de 2008?

(A) Art. 14, parágrafo único – "Salvo disposição em contrário, pune-se a tentativa com a pena correspondente ao crime consumado, diminuída de metade a dois terços."
(B) Art. 15 – "É isento de pena o agente que, voluntariamente, desiste de prosseguir na execução ou impede que o resultado se produza."
(C) Art. 16 – "Nos crimes cometidos sem violência ou grave ameaça à pessoa, reparado o dano ou restituída a coisa, até o recebimento da denúncia ou da queixa, por ato voluntário do agente, a pena será reduzida de metade até dois terços."
(D) Art. 19 – "Pelo resultado que agrava especialmente a pena, não responde o agente se o houver causado culposamente."
(E) Art. 26, parágrafo único. "A pena pode ser reduzida de um terço a metade se o agente, em virtude de perturbação da saúde mental ou por desenvolvimento mental incompleto ou retardado, não era inteiramente capaz de entender o caráter ilícito do fato ou de determinar-se de acordo com esse entendimento."

A norma contida na alternativa "E" não se aplicará aos crimes cometidos até 30 de novembro de 2008 na medida em que representa *novatio legis in pejus*, porquanto estabelece novos patamares de redução da pena, menos favoráveis ao agente. Não poderá, portanto, projetar seus efeitos para o passado (art. 5º, XL, da CF). Ao contrário, as normas contidas nas outras alternativas estabelecem situações mais favoráveis ao agente, representando autêntica *novatio legis in mellius*. Gabarito "E".

(Defensor Público/AM – 2010 – I. Cidades) Em relação à novatio legis incriminadora, a novatio legis in pejus, abolitio criminis e a novatio legis in mellius, assinale o que for errado.

(A) dá-se a novatio legis incriminadora quando a lei penal definir nova conduta como infração penal;
(B) caracteriza-se a novatio legis in pejus quando a lei penal redefinir infrações penais, dando tratamento mais severo a condutas já punidas pelo direito penal, quer criminalizando o que antes era contravenção penal, quer apenas conferindo disciplina mais gravosa;
(C) ocorre a abolitio criminis quando, por exemplo, a lei penal abolir uma contravenção penal, como foi o caso da revogação do artigo 60 da Lei das Contravenções Penais;
(D) tem-se a novatio legis in mellius quando a lei penal definir fatos novos como infração penal, também denominada "neocriminalização".
(E) as situações de novatio legis e abolitio criminis são tratadas pelo artigo 2º do Código Penal e dizem respeito à disciplina da lei penal no tempo.

A: *novatio legis* incriminadora é a lei que passa a considerar determinada conduta, até então atípica, como criminosa. Desnecessário dizer que a lei nova incriminadora não retroage, pois, antes dela, o fato era atípico; B: *novatio legis in pejus* é a lei nova que de alguma forma é prejudicial à situação do réu. Esta lei, por conta dessa característica (*lex gravior*), é irretroativa – art. 5º, XL, da CF. A solução, neste caso, é projetar os efeitos da lei revogada (mais benéfica) para o futuro e aplicá-la aos fatos (ultratividade da lei penal mas benéfica); C: configurada estará a *abolitio criminis* sempre que a lei posterior deixar de considerar determinado fato como crime (art. 2º, *caput*, do CP). Sua ocorrência faz desaparecer todos os efeitos penais, principais e secundários; subsistem, no entanto, os civis (extrapenais), por força do que dispõe o art. 2º, *caput*, parte final, do CP. A revogação do art. 60 da LCP (mendicância) é típico exemplo de *abolitio criminis*, isso porque o termo "crime", do art. 2º, *caput*, do CP, tem sentido amplo, abrangendo as duas modalidades de infração penal (crime e contravenção); D: incorreta, já que *novatio legis in mellius* pressupõe a existência de uma lei em relação à qual a lei nova (mais benéfica) produziu uma melhora na situação do réu. Sendo assim, a lei posterior, mais benéfica, retroagirá, na forma dos arts. 5º, XL, da CF e 2º, parágrafo único, do CP; E: as situações de *novatio legis* e *abolitio criminis* de fato são disciplinadas no art. 2º do CP, mas encontram seu fundamento no art. 5º, XL, da CF. A assertiva está correta. Gabarito "D".

(Defensoria/MA – 2009 – FCC) Sobre a aplicação da lei penal e da lei processual penal no tempo, desde que não sejam de natureza mista,

(A) vigora apenas o mesmo princípio da irretroatividade.
(B) vigora apenas o mesmo princípio da ultratividade da lei mais benéfica.
(C) vigoram princípios diferentes em relação a cada uma das leis.
(D) vigoram princípios diferentes em relação a cada uma das leis, salvo ultratividade da lei mais benéfica.
(E) vigoram os mesmos princípios da irretroatividade e da ultratividade da lei mais benéfica.

Art. 5º, XL, da CF e art. 2º do CPP. O dispositivo constitucional que estabelece que a lei não retroagirá faz alusão tão somente à lei penal. A lei processual penal, conforme preceitua o art. 2º do CPP, terá aplicação imediata, disciplinando o restante do processo. Não tem, pois, efeito retroativo. Vale, entretanto, fazer uma ressalva. Quando se tratar de uma norma processual dotada de caráter material, há quem entenda que a sua eficácia no tempo deverá seguir o regramento do art. 2º, *caput* e parágrafo único, do CP. Gabarito "C".

(Defensoria/MG – 2009 – FURMARC) "A Lei posterior, que de qualquer modo favorecer o agente, aplica-se aos fatos anteriores, ainda que decididos por sentença condenatória transitada em julgado". Este dispositivo legal:

(A) Deve ser declarado inconstitucional, porque viola a garantia constitucional da imutabilidade da coisa julgada.
(B) É conhecido na doutrina brasileira como *abolitio criminis*, mas não é recepcionado pela jurisprudência.
(C) Trata-se de norma penal extravagante, que só tem aplicação em casos excepcionais.
(D) É uma das poucas hipóteses em que se admite a retroatividade da norma penal.
(E) Não é adequado ao modelo conhecido como "garantismo penal".

Arts. 5º, XL, da CF e 2º, parágrafo único, do CP. Gabarito "D".

(Defensoria/RN – 2006) Sobre a aplicação da lei no tempo e no espaço, o Código Penal brasileiro adotou, respectivamente, as teorias da (do)

(A) ubiqüidade e do resultado.
(B) ubiqüidade e da ambigüidade.
(C) resultado e da ubiqüidade.
(D) atividade e da ubiqüidade.

Arts. 4º e 6º do CP, respectivamente. *Gabarito "D".*

(Defensoria/RN – 2006) Sérgio foi condenado pelo crime de sedução e durante a execução da pena sobreveio lei que revogou o dispositivo penal que previa tal conduta. Nessa situação pode-se afirmar que

(A) a sentença permanece intacta, pois o fato era típico à época em que proferida, devendo Sérgio cumprir integralmente a pena aplicada.
(B) cessará a execução da pena de Sérgio, embora sejam mantidos os efeitos da sentença.
(C) cessará a execução da pena e os efeitos da sentença penal condenatória.
(D) suspende-se a execução da pena e os efeitos da sentença condenatória.

Em relação à sedução, a Lei 11.106/05 revogou, dentre outros, o art. 217 do CP, ocorrendo autêntica *abolitio criminis*, que, por força do que dispõe o art. 2º, parágrafo único, do CP, faz cessar todos os efeitos penais da condenação (execução da pena e os efeitos da sentença penal condenatória); permanecerão, todavia, os efeitos civis. *Gabarito "C".*

(Defensoria/SE – 2006 – CESPE) Julgue o item seguinte.

(1) A lei posterior que, de qualquer modo, favorecer o agente configura a *abolitio criminis*, que, de regra, somente não é aplicável aos fatos anteriores definitivamente decididos por sentença transitada em julgado.

Art. 2º, parágrafo único, parte final, do CP. *Gabarito 1E.*

(Cartório/DF – 2008 – CESPE) Julgue o item seguinte.

(1) Segundo o princípio da ultra-atividade, quando o crime é praticado na vigência de lei penal mais benéfica, o agente do delito responde pelos fatos cometidos em seus termos, ainda que, posteriormente, essa lei seja revogada, introduzindo-se no seu lugar outra mais gravosa.

Art. 5º, XL, da CF. A lei penal posterior que de qualquer modo agravar a situação do agente não retroagirá. *Gabarito 1C.*

(Delegado/PI – 2009 – UESPI) Com relação à lei penal no tempo, assinale a alternativa correta.

(A) A lei penal mais benéfica é portadora da retroatividade, mas não da ultratividade.
(B) A lei penal mais benéfica é portadora da ultratividade, mas não da retroatividade.
(C) Uma lei penal em prejuízo do réu só poderá retroagir antes de iniciado o processo penal.
(D) A lei penal incriminadora é portadora da ultratividade.
(E) A lei penal descriminalizadora é portadora da extratividade.

A e B: a lei penal mais benéfica é portadora tanto de retroatividade quanto de ultratividade; C: nos termos do art. 5º, XL, da CF, a lei penal não retroagirá, a não ser que seja para beneficiar o réu; D: a lei penal incriminadora somente terá efeito ultra-ativo se for mais benéfica ao réu; E: art. 2º, *caput*, do CP. *Gabarito "E".*

(Delegado/SC – 2008) Analise as alternativas e assinale a correta.

(A) Os prazos de natureza penal são improrrogáveis e insuscetíveis de interrupção ou suspensão.
(B) Os prazos do Código Penal são computados incluindo-se o dia do começo. Esta regra, entretanto, não se aplica aos prazos prescricionais ou decadenciais. Estes, por terem natureza processual, são contados conforme o Código de Processo Penal, isto é, excluindo-se o dia do começo.
(C) Na contagem dos prazos de natureza penal deve ser utilizado o calendário comum. O mês é contado de determinado dia à véspera do mesmo dia do mês seguinte. O ano é contado de certo dia até a véspera de dia de idêntico número do mesmo mês do ano seguinte, não importando seja bissexto qualquer deles.
(D) Não são desprezadas, nas penas privativas de liberdade, nem nas restritivas de direito, as frações de dia.

A: os prazos penais são improrrogáveis; B: conforme art. 10 do CP, o dia do começo inclui-se no cômputo do prazo. Os prazos prescricionais e decadenciais são de natureza penal; C: art. 10 do CP; D: art. 11 do CP. *Gabarito "C".*

(Delegado/SP – 2008) Com relação ao tempo do crime, o Código Penal Brasileiro adotou a teoria da

(A) relatividade.
(B) consumação.
(C) atividade.
(D) ubiqüidade.
(E) habitualidade.

Art. 4º do CP. Considera-se praticado o crime no momento da ação ou omissão, ainda que outro seja o momento do resultado. Chamada também de teoria da *ação*. *Gabarito "C".*

(Magistratura Federal-4ª Região – 2010) Dadas as assertivas abaixo, assinale a alternativa correta.

I. Poderá haver imposição de pena de multa por fato que lei posterior deixar de considerar crime.
II. Segundo a jurisprudência predominante do Supremo Tribunal Federal, a lei penal mais grave aplica-se ao crime continuado ou ao crime permanente se a sua vigência é anterior à cessação da continuidade ou da permanência.
III. A lei temporária, decorrido o período de sua duração, não mais se aplicará aos fatos praticados durante a sua vigência.
IV. Considera-se praticado o crime no momento do seu resultado, ainda que diverso tenha sido o tempo da ação ou omissão que lhe deu causa.
V. Para os efeitos penais, consideram-se extensão do território nacional as embarcações e aeronaves brasileiras, de natureza pública ou a serviço do governo brasileiro, onde quer que se encontrem.

(A) Está correta apenas a assertiva IV.
(B) Está correta apenas a assertiva V.
(C) Estão corretas apenas as assertivas II e IV.
(D) Estão corretas apenas as assertivas II e V.
(E) Estão corretas apenas as assertivas I, II, IV e V.

I: não poderá haver, com o advento da *abolitio criminis*, a imposição de qualquer espécie de sanção; II: correta, nos termos da Súmula nº 711 do STF; III: incorreta, nos termos do art. 3º do CP; IV: em vista do que dispõe o art. 4º do CP, reputa-se praticado o crime no momento da ação ou omissão, ainda que outro seja o do resultado. Acolheu-se a teoria da ação ou atividade; V: correta, pois em consonância com o que prescreve o art. 5º, § 1º, do CP. *Gabarito "D".*

(Procurador da Fazenda Nacional – 2007 – ESAF) À luz da aplicação da lei penal no tempo, dos princípios da anterioridade, da irretroatividade, retroatividade e ultratividade da lei penal, julgue as afirmações abaixo relativas ao fato de Mévio ter sido processado pelo delito de adultério em dezembro de 2004, sendo que a Lei n. 11.106, de 28 de março de 2005, aboliu o crime de adultério:

I. Caso Mévio já tenha sido condenado antes de março de 2005, permanecerá sujeito à pena prevista na sentença condenatória.
II. A lei penal pode retroagir em algumas hipóteses.
III. Caso Mévio não tenha sido condenado no primeiro grau de jurisdição, poderá ocorrer a extinção de punibilidade desde que a mesma seja provocada pelo réu.
IV. Na hipótese, ocorre o fenômeno da *abolitio criminis*.

(A) Todas estão corretas.
(B) Somente I está incorreta.
(C) I e IV estão corretas.
(D) I e III estão corretas.
(E) II e IV estão corretas.

I: art. 2º, *caput*, do CP; II: art. 5º, XL, da CF; art. 2º, *caput* e parágrafo único, do CP (a lei penal retroagirá para beneficiar o réu); III: art. 61 do CPP (cabe ao juiz, em qualquer fase do processo, se reconhecer extinta a punibilidade, declará-la de ofício); IV: fala-se em *abolitio criminis* quando a lei posterior deixa de considerar crime fato que antes era tipificado como ilícito penal. É o que ocorreu com o adultério, que, hodiernamente, somente tem repercussão no campo do direito de família. *Gabarito "E".*

(Delegado Federal – 2004 – CESPE) No dia 1º/3/1984, Jorge foi preso em flagrante por ter vendido lança-perfume (cloreto de etila), substância considerada entorpecente por portaria do Ministério da Saúde de 27/1/1983. Todavia, no dia 4/4/1984, houve publicação de nova portaria daquele Ministério excluindo o cloreto de etila do rol de substâncias entorpecentes. Posteriormente, em 13/3/1985, foi publicada outra portaria do Ministério da Saúde, incluindo novamente a referida substância naquela lista. Nessa situação, de acordo com o entendimento do STF, ocorreu a chamada abolitio criminis, e Jorge, em 4/4/1984, deveria ter sido posto em liberdade, não havendo retroação da portaria de 13/3/1985, em face do princípio da irretroatividade da lei penal mais severa.

É, segundo o STF, hipótese de *abolitio criminis*, entendimento esse consubstanciado no HC 68.904/SP, Rel. Min. Carlos Velloso, j. 17.12.1991. "C". Gabarito

(Advogado da União/AGU – CESPE – 2009) A respeito da aplicação da lei penal, dos princípios da legalidade e da anterioridade e acerca da lei penal no tempo e no espaço, julgue os seguintes itens.

(1) Ocorrendo a hipótese de *novatio legis in mellius* em relação a determinado crime praticado por uma pessoa definitivamente condenada pelo fato, caberá ao juízo da execução, e não ao juízo da condenação, a aplicação da lei mais benigna.

(2) O princípio da legalidade, que é desdobrado nos princípios da reserva legal e da anterioridade, não se aplica às medidas de segurança, que não possuem natureza de pena, pois a parte geral do Código Penal apenas se refere aos crimes e contravenções penais.

(3) A lei processual penal não se submete ao princípio da *retroatividade in mellius*, devendo ter incidência imediata sobre todos os processos em andamento, independentemente de o crime haver sido cometido antes ou depois de sua vigência ou de a inovação ser mais benéfica ou prejudicial.

1: Súmula 611 do STF e art. 66, I, da LEP; 2: as medidas de segurança - *internação e tratamento ambulatorial* -, previstas no art. 96, I e II, do CP, devem, sim, obediência ao *princípio da legalidade*. A esse respeito, vide: STF, 1ª T., HC 84.219/SP, Rel. Min. Marco Aurélio, j. 16.8.2005; 3: o art. 2º do CPP estabelece que a lei processual penal terá aplicação imediata, sem prejuízo da validade dos atos realizados sob a égide da lei anterior. Não tem, pois, efeito retroativo. Vale, entretanto, fazer uma ressalva. Quando se tratar de uma norma processual dotada de caráter material, há quem entenda que a sua eficácia no tempo deverá seguir o regramento do art. 2º, parágrafo único, do CP. Gabarito "1C, 2E, 3C".

(CESPE – 2007) Sobre a aplicação da lei penal e da lei processual penal, assinale a opção incorreta.

(A) Os atos processuais realizados sob a vigência de lei processual anterior são considerados válidos, mesmo após a revogação da lei.
(B) As normas processuais têm aplicação imediata, ainda que o fato que deu origem ao processo seja anterior à entrada em vigor dessas normas.
(C) O dispositivo constitucional que estabelece que a lei não retroagirá, salvo para beneficiar o réu, aplica-se à lei penal e à lei processual penal.
(D) Lei penal que substitua outra e que favoreça o agente aplica-se aos fatos anteriores à sua entrada em vigor, ainda que decididos por sentença condenatória transitada em julgado.

Art. 5º, XL, da CF; art. 2º do CPP. O dispositivo constitucional que estabelece que a lei não retroagirá faz alusão tão somente à lei penal. A lei processual penal, conforme preceitua o art. 2º do CPP, terá aplicação imediata, disciplinando o restante do processo. Não tem, pois, efeito retroativo. Vale, entretanto, fazer uma ressalva. Quando se tratar de uma norma processual dotada de caráter material, há quem entenda que a sua eficácia no tempo deverá seguir o regramento do art. 2º, p. único, do CP. Gabarito "C".

(CESPE – 2004) Com relação à aplicação da lei penal, assinale a opção incorreta.

(A) Quanto ao tempo do crime, o Código Penal adotou a teoria da ubiquidade, pela qual considera-se praticado o crime no momento da ação ou do resultado.
(B) A lei posterior, que de qualquer modo favoreça o agente, aplica-se aos fatos anteriores, ainda que decididos por sentença condenatória transitada em julgado.
(C) Ocorre a *abolitio criminis* quando a lei nova deixa de considerar determinado fato como crime, ocasionando a extinção da punibilidade dos fatos ocorridos anteriormente à edição da lei nova.
(D) Ficam sujeitos à lei brasileira, embora cometidos no estrangeiro, os crimes contra a administração pública, por quem estiver a seu serviço.

A: art. 4º, CP. Adotou-se, quanto ao *tempo do crime*, a *teoria da ação* ou *da atividade*; B: art. 2º, parágrafo único, do CP. É o chamado *princípio da retroatividade benéfica ao réu*; C: art. 2º, *caput*, do CP; D: art. 7º, I, *c*, do CP. Gabarito "A".

3. APLICAÇÃO DA LEI NO ESPAÇO

(Magistratura/PA – 2008 – FGV) A organização não-governamental holandesa "Women on the waves", dirigida pelo médico holandês Marco Van Basten, possui um barco de bandeira holandesa que navega ao redor do mundo recebendo gestantes que desejam realizar aborto. Quando passou pelo Brasil, o navio holandês recebeu a bordo mulheres que praticaram a interrupção de sua gestação, dentre elas Maria da Silva, jovem de 25 anos. Na ocasião em que foi interrompida a gravidez, o barco estava em alto-mar, além do limite territorial brasileiro ou de qualquer outro país. Sabendo que a lei brasileira pune o aborto (salvo em casos específicos, não aplicáveis à situação de Maria) ao passo que a Holanda não pune o aborto, assinale quais foram os crimes praticados por Marco e Maria, respectivamente.

(A) Nenhum dos dois praticou crime.
(B) Provocar aborto sem o consentimento da gestante e provocar aborto em si mesma.
(C) Provocar aborto com o consentimento da gestante e provocar aborto em si mesma.
(D) Provocar aborto em si mesma e provocar aborto sem o consentimento da gestante.
(E) Provocar aborto em si mesma e provocar aborto com o consentimento da gestante.

A interrupção da gravidez se deu em alto-mar, além do limite territorial brasileiro, fora, portanto, do âmbito de aplicação da lei penal brasileira. O mar territorial é fixado em doze milhas marítimas, contadas a partir da baixa-mar, consoante reza o art. 1º da Lei 8.617/93 (faixa dentro da qual a lei penal tem incidência). Gabarito "A".

(Magistratura/RO – 2011 – PUCPR) Ficam sujeitos à lei brasileira, ainda que praticados no estrangeiro, os crimes:

I. Praticados contra a vida ou liberdade do Presidente e Vice-Presidente da República.
II. Contra a Administração Pública, por quem está a seu serviço.
III. Que, por tratado ou convenção, o Brasil obrigou a reprimir.
IV. Contra o patrimônio ou a fé pública da União, do Distrito Federal, de Estado, de Território, de Município, de empresa pública, sociedade de economia mista, autarquia ou fundação instituída pelo Poder Público, ou ainda contra a vida de seus representantes legais.

Está(ão) CORRETA(S):

(A) Todas as assertivas.
(B) Somente as assertivas I e III.
(C) Somente as assertivas II, III e IV.
(D) Somente a assertiva II.
(E) Somente as assertivas II e III.

I: em vista do que dispõe o art. 7º, I, *a*, do CP, sujeita-se à lei brasileira, embora cometido no estrangeiro, o crime praticado contra a vida ou liberdade do presidente da República (hipótese de extraterritorialidade). De outro lado, o delito praticado, nas mesmas condições, contra o vice-presidente da República não tem o condão de provocar a incidência da lei penal brasileira, já que o dispositivo supracitado faz menção tão somente ao *presidente*. A proposição, portanto, estão incorreta; II: assertiva correta, pois reflete o contido no art. 7º, I, *c*, do CP (hipótese de extraterritorialidade); III: proposição correta, visto que em consonância com o disposto no art. 7º, II, *a*, do CP (hipótese de extraterritorialidade); IV: assertiva incorreta, pois o art. 7º, I, *b*, do CP não contemplou, como hipótese de extraterritorialidade, o crime praticado contra a vida dos representantes legais das pessoas ali elencadas. Gabarito "E".

(Magistratura/RS – 2003) Assinale a assertiva correta.

(A) em relação à determinação do lugar do crime, o Código Penal adotou a teoria da ubiquidade, só aplicável, no entanto, às infrações penais consumadas.
(B) furtos praticados em continuidade delitiva, parte em território argentino, não ficam sujeitos à lei penal brasileira.
(C) aplica-se a lei penal brasileira ao brasileiro que, fora do território nacional, pratique fato contravencional contra brasileiro.
(D) a lei nº 9.099/95, em relação ao tempo do crime, adotou a teoria do resultado.
(E) o Cônsul uruguaio acreditado junto ao Governo Brasileiro, quando em missão diplomática, goza de imunidade de jurisdição penal no Brasil.

A: a teoria *mista* ou *da ubiquidade*, consagrada no art. 6º do CP, aplica-se tanto às infrações penais tentadas quanto às consumadas. Com relação a esse tema, é importante que se diga que o *lugar do crime*, estabelecido no CP, somente tem aplicação no chamado *crime a distância* ou *de espaço máximo*, que é aquele em que a execução tem início em um país e o resultado é produzido em outro. Esse dispositivo, portanto, não estabelece o foro competente, fixado nos moldes dos arts. 69 de seguintes do CPP; B: art. 7º, II, *b*, do CP; C: art. 7º, I e II, do CP. A extraterritorialidade em hipótese alguma alcança as contravenções penais (art. 2º da LCP); D: a Lei 9.099/95 não faz menção ao tempo do crime; E: a Convenção de Viena, promulgada no Brasil pelo Decreto 56.435/65, confere ao agente diplomático imunidade de jurisdição penal, que tem como natureza jurídica *causa pessoal de exclusão de pena*. Gabarito "E".

(Magistratura/SC – 2008) Observadas as proposições abaixo, assinale a alternativa correta.

I. Ficam sujeitos à lei brasileira, embora cometidos no estrangeiro, os crimes contra o patrimônio de empresa pública, sociedade de economia mista, autarquia ou fundação instituída pelo Poder Público.
II. O crime de genocídio, sendo o agente brasileiro ou domiciliado no Brasil, fica sujeito à lei brasileira, mesmo quando cometido no estrangeiro.
III. Cometido crime a bordo de aeronave brasileira, em espaço aéreo correspondente ao alto-mar, compete seu julgamento à Justiça Federal brasileira do Estado-Membro em cujo aeroporto primeiro pousar o avião.
IV. A lei excepcional ou temporária, decorrido o período de sua duração ou cessadas as circunstâncias que a determinaram, não mais se aplica aos fatos praticados durante sua vigência.
V. Em crime cometido no estrangeiro, contra o patrimônio de sociedade de economia mista, o agente não pode mais ser punido pela lei brasileira quando já foi condenado no estrangeiro.

(A) Somente as proposições I, III e V estão corretas.
(B) Somente as proposições II, IV e V estão corretas.
(C) Somente as proposições II, III e V estão corretas.
(D) Somente as proposições II, III e IV estão corretas.
(E) Somente as proposições I, II e III estão corretas.

I: art. 7º, I, *b*, do CP; II: art. 7º, I, *d*, do CP; III: art. 90 do CPP; IV: art. 3º do CP; V: art. 7º, § 1º, do CP. Gabarito "E".

(Magistratura/SP – 2009 – VUNESP) O Código Penal Brasileiro, em seu art. 6º, como lugar do crime, adota a teoria

(A) da atividade ou da ação.
(B) do resultado ou do evento.
(C) da ação ou do efeito.
(D) da ubiquidade.

De fato, o Código Penal, em seu art. 6º, acolheu a chamada *teoria mista* ou *da ubiquidade*, já que considera como lugar do crime tanto o da conduta quanto o do resultado. Com relação a esse tema, é importante que se diga que o *lugar do crime*, estabelecido no CP, somente tem aplicação no chamado *crime a distância* ou *de espaço máximo*, que é aquele em que a execução tem início em um país e o resultado é produzido em outro. Esse dispositivo, portanto, não estabelece o foro competente, fixado nos moldes dos arts. 69 de seguintes do CPP. Gabarito "D".

(Magistratura/SP – 2009 – VUNESP) A norma inserida no art. 7º, inciso II, alínea "b", do Código Penal – Ficam sujeitos à lei brasileira, embora cometidos no estrangeiro (...) os crimes (...) praticados por brasileiro – encerra o princípio

(A) da universalidade ou da justiça mundial.
(B) da territorialidade.
(C) da nacionalidade ou da personalidade ativa.
(D) real, de defesa ou da proteção de interesses.

Aplica-se, neste caso, o *princípio da nacionalidade ativa*, segundo o qual incide a lei nacional do autor da infração penal, qualquer que seja o local do crime. Gabarito "C".

(Ministério Público/SE – 2010 – CESPE) De acordo com a lei penal brasileira, o território nacional estende-se a

(A) embarcações e aeronaves brasileiras de natureza pública ou a serviço do governo brasileiro, onde quer que se encontrem.
(B) embarcações e aeronaves brasileiras de natureza pública, desde que se encontrem no espaço aéreo brasileiro ou em alto-mar.
(C) aeronaves e embarcações brasileiras, mercantes ou de propriedade privada, onde quer que se encontrem.
(D) embarcações e aeronaves brasileiras de natureza pública, desde que se encontrem a serviço do governo brasileiro.
(E) aeronaves e embarcações brasileiras, mercantes ou de propriedade privada, desde que estejam a serviço do governo do Brasil e se encontrem no espaço aéreo brasileiro ou em alto-mar.

Art. 5º do CP. Aplica-se, neste caso, o *princípio da territorialidade*, segundo o qual a lei penal terá incidência no território do Estado que a editou. Gabarito "A".

(Procurador do Estado/CE – 2008 – CESPE) Fernando falsificou, na França, selos brasileiros com intenção de usá-los no Brasil e, assim, obter lucro.
A respeito dessa situação hipotética, assinale a opção correta.

(A) Nesse caso, aplica-se o princípio da extraterritorialidade condicionada, de forma que Fernando só poderá ser processado e julgado conforme as leis brasileiras, quando e se entrar no território nacional.
(B) Fernando somente poderá ser processado e julgado no Brasil se o fato for punível também na França.
(C) Fernando poderá ser punido no Brasil somente se a extradição estiver prevista na lei brasileira para o crime por ele cometido.
(D) Se Fernando tiver sido absolvido, na França, pela prática delitiva, não poderá ser processado e julgado no Brasil.
(E) Embora praticado no estrangeiro, o crime praticado por Fernando fica sujeito à lei penal brasileira, ainda que ele seja absolvido ou condenado na França.

Art. 7º, I, *b*, do CP. O inciso I do art. 7º enuncia as hipóteses em que a aplicação da lei penal brasileira fora do território nacional não se sujeita a nenhuma condição. É a chamada *extraterritorialidade incondicionada*. A prática do crime, portanto, nesses casos, é o bastante à incidência da lei penal brasileira fora do território nacional. O art. 7º, II, do CP, por seu turno, enumera as situações em que a aplicação da lei penal brasileira fora do território nacional submete-se a determinadas condições. Estamos a falar, agora, da *extraterritorialidade condicionada*. Gabarito "E".

(Cartório/AP – 2011 – VUNESP) Um navio mercante brasileiro de propriedade privada naufragou em alto mar. Os tripulantes passaram para barcos salva-vidas. Num desses barcos, houve uma briga, tendo um tripulante inglês matado um tripulante francês e ferido um colombiano. A competência para processar julgar esses delitos é da justiça

(A) francesa, por ter sido o francês a vítima do crime mais grave.
(B) brasileira, por tratar-se de barco remanescente do navio mercante.
(C) do país em cujo porto o barco salva-vidas aportar.
(D) da Inglaterra, por ter sido o tripulante inglês o autor dos delitos.
(E) da Inglaterra ou da França, a ser definida pela prevenção.

Os barcos salva-vidas são considerados remanescentes do navio naufragado, razão por que deve ser aplicada a lei do país deste (navio mercante), no caso a brasileira. Gabarito "B".

(Cartório/MS – 2009 – VUNESP) Assinale a alternativa incorreta.

(A) A *abolitio criminis* configura exceção ao princípio da irretroatividade da lei penal.
(B) Em relação ao lugar do crime, o Código Penal adotou a teoria do resultado.
(C) Ao crime praticado por brasileiro em território estrangeiro pode ser aplicada a lei brasileira.
(D) Leis temporárias são aquelas que têm vigência por um período predeterminado.
(E) A lei penal pátria pode ser aplicada ao estrangeiro que comete crime fora do território nacional, sendo a vítima brasileira.

A: arts. 5º, XL, da CF e 2º, *caput*, do CP; B: no que se refere ao *lugar do crime*, o CP adotou, em seu art. 6º, a *teoria mista* ou *da ubiquidade*, que tem aplicação nos chamados crimes a distância ou de espaço máximo; C: art. 7º, II, *b*, do CP; D: *temporárias* são as leis destinadas a vigorar por período determinado, estabelecido na própria lei - art. 3º do CP; E: art. 7º, § 3º, do CP. Gabarito "B".

(Magistratura Federal-4ª Região – 2010) Dadas as assertivas abaixo, assinale a alternativa correta.

I. Fica sujeito à lei brasileira o crime ocorrido no estrangeiro contra o patrimônio da Caixa Econômica Federal ou do Banco do Brasil S.A.
II. Crime comum praticado por brasileiro em território estrangeiro é punível por meio da aplicação da lei brasileira mesmo em caso de ter sido perdoado no exterior.
III. A pena cumprida no estrangeiro atenua a pena diversa imposta no Brasil pelo mesmo crime.
IV. Aplica-se a lei brasileira aos crimes que por tratado o Brasil se obrigou a reprimir, ainda que o agente não entre no território nacional.
V. As regras gerais do Código Penal não se aplicam às leis especiais que disponham de modo diverso.

(A) Está correta apenas a assertiva I.
(B) Estão corretas apenas as assertivas I, III e V.
(C) Estão corretas todas as assertivas.
(D) Está incorreta apenas a assertiva I.
(E) Está incorreta apenas a assertiva V.

I: assertiva correta, nos termos do art. 7º, I, *b*, do CP. Cuida-se de hipótese de extraterritorialidade incondicionada. A lei brasileira, neste caso, será aplicada ao crime cometido no estrangeiro contra o patrimônio ou a fé pública da Administração Pública por quem está a seu serviço independente de qualquer condição; II: para que ao crime comum praticado por brasileiro em território estrangeiro seja aplicada a lei brasileira é necessário que certas condições sejam satisfeitas (extraterritorialidade condicionada), entre as quais não ter sido o agente perdoado no estrangeiro (art. 7º, § 2º, *e*, do CP). O art. 7º, II, do CP contempla as hipóteses de extraterritorialidade condicionada; já o art. 7º, I, do CP reúne as situações em que a aplicação da lei penal brasileira em território estrangeiro não se sujeita a nenhuma condição (extraterritorialidade incondicionada); III: proposição correta, nos termos do art. 8º do CP; IV: incorreta, pois o fato de o agente ingressar em território nacional constitui, a teor do art. 7º, § 2º, a, do CP, condição à incidência da lei brasileira (extraterritorialidade condicionada); V: assertiva em consonância com o disposto no art. 12 do CP. Gabarito "B".

(Delegado Federal – 2004 – CESPE) Julgue o ítem abaixo:

(1) Laura, funcionária pública a serviço do Brasil na Inglaterra, cometeu, naquele país, crime de peculato. Nessa situação, o crime praticado por Laura ficará sujeito à lei brasileira, em face do princípio da extraterritorialidade.

Art. 7º, I, *c*, do CP. Neste caso, por força do que dispõe o § 1º do art. 7º, o crime perpetrado por Laura ficará sujeito à lei penal brasileira, ainda que absolvida ou condenada na Inglaterra. Gabarito 1C.

(Auditor Fiscal/RJ) A, de nacionalidade espanhola, funcionário da Embaixada do Brasil na Espanha, desviou para a loja de um irmão diversas obras de arte do acervo da embaixada, ali sendo as mesmas vendidas. Descoberto o crime, instauraram-se processos criminais para apuração do fato, no Brasil e na Espanha, tendo sido A condenado pela justiça espanhola e pela brasileira a três anos de reclusão. O advogado de A apelou da sentença condenatória proferida no Brasil, alegando que, de acordo com os artigos 5º e 6º do Código Penal Brasileiro, o fato ocorreu na Espanha e o réu é estrangeiro, portanto, não seria aplicável a lei brasileira, sustentando, ainda, que, mesmo se admitindo pudesse ser ele julgado no Brasil, a decisão não poderia ser condenatória, pois fora igualmente condenado na Espanha pelo mesmo fato. Em relação aos fundamentos do recurso de apelação manifestado por A, pode-se afirmar que:

(A) são improcedentes, porque, em caso de tutela do patrimônio público, a aplicação extraterritorial da lei penal brasileira se opera de forma incondicionada.
(B) são improcedentes, pois somente a absolvição pela justiça espanhola poderia impedir que ele fosse processado no Brasil pelo mesmo fato.
(C) são procedentes, pois a aplicação extraterritorial da lei penal brasileira somente é possível aos brasileiros natos ou naturalizados.
(D) são procedentes, pois a lei penal brasileira somente pode ser aplicada no âmbito do território nacional.

Art. 7º, I, *b*, do CP. É hipótese de extraterritorialidade incondicionada. A propósito, o art. 7º, I, do CP reúne as situações em que a aplicação da lei penal brasileira em território estrangeiro não se sujeita a qualquer condição (extraterritorialidade incondicionada). O art. 7º, II, do CP, por sua vez, contempla as hipóteses de extraterritorialidade condicionada. Neste caso, a incidência da lei penal brasileira somente terá lugar se satisfeitas as condições listadas no dispositivo. Gabarito "A".

(CESPE – 2007) O Código Penal brasileiro,

(A) quanto ao lugar do crime, adotou a teoria mista ou da ubiqüidade.
(B) quanto ao lugar do crime, adotou a teoria da atividade ou da ação.
(C) quanto ao tempo do crime, adotou a teoria mista ou da ubiqüidade.
(D) quanto ao tempo do crime, adotou a teoria do resultado.

A e B: art. 6º, CP (o Código Penal de fato adotou a *teoria mista ou da ubiquidade*, já que é considerado lugar do crime tanto o da conduta quanto o do resultado); C e D: art. 4º, CP (no que se refere ao tempo do crime, o Código adotou a *teoria da ação* ou *da atividade*, segundo a qual considera-se praticado o crime no momento da ação ou omissão, ainda que outro seja o momento do resultado). Alternativa "a". Gabarito "A".

4. CONCEITO E CLASSIFICAÇÃO DOS CRIMES

(Magistratura/DF - 2006) Crime vago é o que:

(A) Tem como sujeito passivo pessoa jurídica não identificada;
(B) Tem como sujeito passivo entidade sem personalidade jurídica;
(C) Não tem sujeito passivo;
(D) Atinge mais de um bem jurídico.

O sujeito passivo do delito é uma coletividade destituída de **personalidade jurídica**. São exemplos: violação de sepultura (art. 210 do CP); vilipêndio a cadáver (art. 212 do CP); aborto com consentimento da gestante (art. 126 do CP) etc. Gabarito "B".

(Magistratura/MG - 2007) Pode alguém, simultaneamente, ser sujeito ativo e passivo do mesmo crime?

(A) Não pode.
(B) Pode, na lesão do próprio corpo com intuito de receber seguro.
(C) Pode, no crime de incêndio, quando o agente ateia fogo à própria casa.
(D) Pode, no crime de rixa.

É inconcebível que alguém seja, ao mesmo tempo, sujeito ativo e passivo do mesmo crime. A conduta daquele que lesa o próprio corpo com o intuito de obter indenização ou valor de seguro (autolesão) configura, em princípio, o crime capitulado no art. 171, § 2º, V, do CP (fraude contra seguradora). Já aquele que atribui a si, perante a autoridade, crime inexistente ou praticado por outrem comete delito em que a vítima é o Estado (art. 341 do CP). Ademais disso, no crime de rixa o agente não pode ser sujeito ativo e passivo de sua própria conduta. É ativo em face dos outros e passivo dos outros. Gabarito "A".

(Magistratura/PI – 2008 – CESPE) Acerca da teoria do crime, assinale a opção incorreta.

(A) Crime biprório é aquele que exige uma especial qualidade, tanto do sujeito ativo como do sujeito passivo do delito.
(B) Crime vago é aquele que tem como sujeito passivo pessoa jurídica não-identificada.
(C) O crime de ímpeto é o delito praticado sem premeditação.
(D) O crime gratuito e o crime praticado por motivo fútil são tipos de crimes diferentes.
(D) Crime transeunte é aquele que não deixa vestígios.

A: exemplo de crime biprório é o infanticídio, em que é exigida uma qualidade especial tanto do sujeito ativo (mãe) quanto do passivo (filho nascente ou recém-nascido); B: crime vago é aquele que tem como sujeito passivo uma coletividade destituída de **personalidade jurídica**; C: chamado também de **crime de curto-circuito**, é o delito repentino, cometido de forma não premeditada; D: gratuito é o crime cometido sem motivo; crime cometido por motivo fútil, de outro lado, em se tratando de homicídio, é qualificado (que significa matar por motivo de pequena importância); E: exemplo de crime transeunte é a injúria verbal. Crimes não transeuntes, ao contrário, são aqueles que deixam vestígios. Gabarito "B".

(Magistratura/RS – 2003) O crime previsto no art. 122 do Código Penal ("induzir ou instigar alguém a suicidar-se ou prestar-lhe auxilio para que o faça") é delito

(A) de forma vinculada-cumulativa
(B) multitudinário
(C) de ação múltipla
(D) complexo
(E) progressivo

Crime de ação múltipla (ou de conteúdo variado ou plurinuclear) é aquele em que a lei descreve várias condutas, dispostas pela conjunção alternativa "ou". Por força do **princípio da alternatividade**, diante de um mesmo contexto fático, se o agente realiza mais de uma conduta, responderá por crime único. Exemplos de incidência: art. 33 da Lei 11.343/06 (Lei de Tóxicos); arts. 12 e 14 da Lei 10.826/03 (Estatuto do Desarmamento). Gabarito "C".

(Magistratura/SP – 2006) Assinale a alternativa incorreta.

(A) Crimes materiais descrevem a conduta e o resultado naturalístico exigido.
(B) Crimes formais descrevem a conduta do agente e o resultado, que não é exigido para a consumação do tipo penal.
(C) Crimes de mera conduta são aqueles sem resultado naturalístico, mas com resultado jurídico.
(D) Crimes de mera conduta são de consumação antecipada.

A: **crimes materiais** são aqueles em que a lei descreve uma ação e um resultado naturalístico, sendo imprescindível a ocorrência deste para a consumação do crime. A não ocorrência do resultado, neste caso, representa mera tentativa; B: já os **crimes formais**, a exemplo dos materiais, também descrevem uma conduta e um resultado, mas, diferentemente, este não é exigido para a consumação do delito. São também chamados crimes de consumação antecipada ou de resultado cortado. Por exemplo, a extorsão (art. 158 do CP); C: **crimes de mera conduta** são aqueles que se consumam no exato instante em que esta é praticada. A lei, neste caso, não faz qualquer menção a resultado naturalístico; D: crimes de consumação antecipada, assim chamados pela doutrina, são, como dito, os crimes formais. Gabarito "D".

(Magistratura/SP – 2006) Assinale a alternativa incorreta.

(A) Crime progressivo e progressão criminosa são a mesma coisa.
(B) No crime progressivo, o agente, para alcançar um resultado mais grave, passa por outro menos grave.
(C) O crime progressivo é espécie do gênero crime complexo *lato sensu*.
(D) A progressão criminosa *stricto sensu* se realiza quando o crime progressivo se desvincula na sua realização no tempo, ocorrendo delitos em seqüência.

Tanto o crime progressivo quanto a progressão criminosa constituem hipótese de incidência do princípio da consunção (conflito aparente de normas). São institutos que não se confundem, ou seja, crime progressivo não é a mesma coisa que progressão criminosa. Verifica-se o **crime progressivo** sempre que o agente busca, desde o início, produzir resultado mais gravoso, praticando sucessivas violações ao bem jurídico. Aqui, o agente responderá tão somente pelo resultado final, mais grave. Os atos anteriores, menos graves, ficarão absorvidos. Já na **progressão criminosa** o agente quer praticar o crime menos grave e pratica; após, decidido a cometer crime mais grave, assim o faz, tudo dentro do mesmo contexto fático. Responderá, por incidência do princípio da consunção, tão só pelo crime mais grave, ficando, destarte, o menos grave absorvido. Houve, portanto, substituição do dolo, fenômeno que não ocorre no crime progressivo. Gabarito "A".

(Ministério Público/MA – 2002) O infanticídio é espécie de delito:

(A) Qualificado pelo resultado;
(B) Unissubsistente;
(C) De mão própria;
(D) Próprio;
(E) Complexo.

Diz-se que o infanticídio, previsto no art. 123 do CP, é **crime próprio** (ou especial) visto que somente pode ser praticado pela mãe da vítima (nascente ou recém-nascido). O tipo penal exige, portanto, uma qualidade especial do sujeito ativo. Gabarito "D".

(Ministério Público/MS – 2011 – FADEMS) Em que consiste o crime de mão própria?

(A) O crime de mão própria pode ser praticado por qualquer pessoa;
(B) O crime de mão própria somente pode ser praticado mediante paga ou promessa de recompensa;
(C) O crime de mão própria somente pode ser praticado contra criança ou adolescente;
(D) O crime de mão própria é aquele que somente pode ser praticado pela pessoa expressamente indicada no tipo penal;
(E) O crime de mão própria só pode ser praticado por pessoas de certa faixa etária.

A conduta, no chamado *crime de mão própria*, somente pode ser executada por pessoa determinada no tipo penal, isto é, exige-se, nesta modalidade de crime, uma atuação pessoal do sujeito ativo. É por essa razão que o crime de mão própria não comporta coautoria. A doutrina, para ilustrar, normalmente faz referência ao crime capitulado no art. 342 do CP – falso testemunho ou falsa perícia. Gabarito "D".

(Ministério Público/MS – 2011 – FADEMS) O que vem a ser a norma penal em branco?

(A) Norma penal em branco é aquela que não prevê a sanção a ser aplicada no caso de condenação do autor do delito;
(B) Norma penal em branco é aquela que não descreve expressamente os elementos do tipo;
(C) Norma penal em branco é aquela cujo preceito primário (descrição da conduta) é indeterminado quanto a seu conteúdo, porém determinável, e o preceito sancionador é sempre certo;
(D) Norma penal em branco é aquela que não faz menção à dosagem da pena a ser aplicada;
(E) Norma penal em braço é aquela que não descreve a conduta do co-autor do delito em se tratando de crime que admite co-autoria.

De fato, norma penal em branco é aquela cujo preceito primário, por ser incompleto, necessita ser integralizado por outra norma, do mesmo nível ou de nível diferente. No primeiro caso, fala-se em *norma penal em branco em sentido lato* ou amplo (a norma é complementada por outra de igual nível); se, no entanto, o complemento consistir numa norma de nível diverso (uma portaria, por exemplo), a norma penal em branco será *em sentido estrito*. Gabarito "C".

(Ministério Público/PB – 2010) Analise as proposições abaixo, assinalando a alternativa que contém o correto julgamento acerca delas:

I. Ocorre crime falho quando o agente é interrompido durante a prática dos atos de execução, sem que tenha esgotado tudo aquilo que entenda necessário à consumação do crime.
II. No Estado Democrático de Direito, sob o aspecto da proteção penal, não há nenhuma preponderância do bem jurídico transindividual, de titularidade de caráter não pessoal, de massa ou universal, sobre o individual, de titularidade do particular que o controla e dele dispõe conforme sua vontade.
III. O crime de evasão mediante violência contra a pessoa traduz hipótese de crime de empreendimento.
IV. Não se admite a aplicação do arrependimento posterior no crime de furto qualificado pela destruição ou rompimento de obstáculo, em razão da violência empregada pelo agente na subtração.

(A) Apenas as proposições I e IV estão erradas.
(B) Apenas a proposição I está errada.
(C) Apenas as proposições II e III estão erradas.
(D) Todas as proposições estão erradas.
(E) Nenhuma das proposições está errada.

I: também chamado de tentativa *acabada, perfeita* ou *frustrada*, é a situação em que o agente lança mão de todos os meios à sua disposição para atingir a consumação do crime, que não sobrevém por circunstâncias alheias à sua vontade. Entenda bem: o sujeito ativo esgota, sim, tudo aquilo que julgava necessário à consumação da infração penal, ao contrário do que se afirma na assertiva. Difere, portanto, da tentativa *imperfeita* ou *inacabada*, em que o agente não chega a praticar tudo o que queria para atingir a consumação. Em comum, nas duas modalidades de tentativa, temos que a consumação do crime não ocorre por circunstâncias alheias à vontade do agente. Dessa forma, podemos concluir que a assertiva está incorreta porque se referiu à tentativa *imperfeita* ou *inacabada*, em que a empreitada criminosa sofre solução de continuidade sem que os atos de execução tenham sido concluídos; II: de fato inexiste tal preponderância; III: trata-se de crimes em que o tipo penal equipara a pena da tentativa com a pena do crime consumado. Exemplo sempre lembrado é o crime do art. 352 do CP – evasão mediante violência contra a pessoa. Esta modalidade de crime também é chamada de *delito de atentado*; IV: o requisito à incidência do art. 16 do CP diz respeito somente à violência ou grave ameaça exercida contra a pessoa. Se esta for empregada conta a coisa, como no caso do furto previsto no art. 155, § 4º, I, do CP, o agente fará jus a esta causa de diminuição de pena, desde que preenchidos os demais requisitos estampados no dispositivo. "Gabarito "A".

(Ministério Público/PB – 2010) Analise as assertivas abaixo, assinalando, em seguida, a alternativa que sobre elas contenha o correto julgamento:

I. O crime de apropriação de coisa achada é exemplo do que a Doutrina denomina de crime a prazo.
II. Os crimes condicionados não admitem tentativa.
III. Crimes vagos são aqueles que não possuem objeto material determinado.
IV. A ameaça praticada verbalmente constitui hipótese de crime não transeunte.

(A) Todas as assertivas estão erradas.
(B) Estão corretas apenas as assertivas I e II.
(C) Nenhuma das assertivas está errada.
(D) Estão corretas apenas as assertivas I e IV.
(E) Apenas a assertiva III está errada.

I: *crime a prazo* é aquele cuja consumação está condicionada ao transcurso de um interregno. É o caso do delito tipificado no art. 169, II, do CP (apropriação de coisa achada), em que o legislador introduziu um elemento temporal, necessário ao aperfeiçoamento do crime. Dessa forma, o agente que encontrar coisa perdida dispõe do prazo de quinze dias para devolvê-la ao proprietário ou possuidor, ou ainda para entregá-la à autoridade; não o fazendo neste prazo, estará consumado o crime; II: *condicionados* são os crimes que impõem uma condição objetiva de punibilidade. Não comportam tentativa; III: *crimes vagos* são aqueles cujo sujeito passivo é uma coletividade destituída de *personalidade jurídica*; IV: *não transeunte* é o crime que deixa vestígios. Não é o caso da ameaça praticada de forma verbal, que constitui *crime transeunte*, já que não deixa vestígios. "Gabarito "B".

(Ministério Público/SP – 2010) Assinale a alternativa correta:

(A) crime putativo por erro de tipo pressupõe a suposição errônea do agente sobre a existência da norma penal.
(B) relativamente à tentativa, o Código Penal brasileiro adotou a teoria subjetiva.
(C) crimes funcionais impróprios são aqueles que podem revestir-se de parcial atipicidade.
(D) crimes subsidiários são aqueles para cuja caracterização se faz imprescindível outra norma definidora de suas elementares.
(E) dá-se a ocorrência de crime falho quando o agente, por interferência externa, não consegue praticar todos os atos executórios necessários à consumação.

A: no *crime putativo por erro de tipo*, o agente deseja praticar o delito, mas, por uma falsa percepção da realidade, realiza uma conduta atípica. O erro não se refere à *norma*, mas, sim, ao *fato*; B: no que toca à tentativa, adotou-se a *teoria objetiva*, segundo a qual o autor de crime tentado receberá pena inferior à do autor de crime consumado, nos termos do art. 14, parágrafo único, do CP. A *teoria subjetiva*, ao contrário, que foi acolhida tão somente de forma excepcional, determina que a pena do crime tentado seja a mesma do crime consumado. Leva-se em conta, neste caso, a intenção do sujeito; C: há determinados crimes funcionais em que a ausência da condição de funcionário público leva à absoluta atipicidade da conduta. Neste caso não há crime. São os chamados *crimes funcionais próprios*. Exemplo desta modalidade de crime é a prevaricação. De outro lado, a ausência da qualidade de funcionário público, no caso concreto, pode gerar a inexistência do crime funcional, configurando, no entanto, a conduta uma outra infração penal (parcial atipicidade). São os denominados *crimes funcionais impróprios*, como, por exemplo, o peculato; D: a norma subsidiária é menos ampla do que a primária, já que representa, em relação à norma primária, um grau menor de violação do bem jurídico. Assim, a lei primária deve ser aplicada em detrimento da subsidiária; E: também chamada *acabada, perfeita* ou *frustrada*, é a hipótese na qual o agente faz tudo o que está ao seu alcance para atingir a consumação do crime, que não sobrevém por circunstâncias alheias à sua vontade. Difere, portanto, da tentativa *imperfeita* ou *inacabada*, em que o agente não chega a praticar tudo o que queria para atingir a consumação. "Gabarito "C".

(Ministério Público/SP – 2008) Assinale a alternativa correta.

(A) Os crimes instantâneos não admitem tentativa.
(B) Nos crimes de ação múltipla, a pluralidade de agentes integra o tipo.
(C) É possível a tentativa em crimes comissivos por omissão.
(D) O crime de exercício arbitrário das próprias razões é crime de mão própria.
(E) Os crimes unissubjetivos não admitem co-autoria.

A: *instantâneo* é o crime que se consuma num instante determinado, certo. A consumação, neste caso, não se protrai no tempo, como ocorre com o delito permanente. A tentativa é perfeitamente compatível com os crimes instantâneos; B: *crime de ação múltipla* (plurinuclear ou de conteúdo variado) é aquele em que a lei descreve várias condutas (vários verbos). Incide, aqui, o princípio da alternatividade; C: *crime comissivo por omissão* (crime omissivo impróprio ou impuro) é aquele em que o sujeito ativo, por uma omissão inicial, gera um resultado posterior, que ele, por força do art. 13, § 2º, do CP, tinha o dever de evitar. A tentativa, neste caso, é perfeitamente possível. Clássico exemplo é o da mãe que deixa de alimentar o filho, o que vem a lhe causar a morte; D: o crime de exercício arbitrário das próprias razões (art. 345 do CP) é *delito comum*. O tipo penal, portanto, não exige nenhuma qualidade especial por parte do sujeito ativo, tampouco sua atuação pessoal; E: *unissubjetivo* é o crime que pode ser praticado por um só agente. Os *crimes unissubjetivos* admitem coautoria. Exemplos: homicídio, roubo, estelionato etc. "Gabarito "C".

(Ministério Público/SP – 2005) Aponte a única alternativa na qual todas as quatro classificações são apropriadas ao delito definido no art. 269, do CP – Deixar o médico de denunciar à autoridade pública doença cuja notificação é compulsória.

(A) Crime omissivo impróprio, norma penal em branco, crime de perigo e crime que admite tentativa.
(B) Crime omissivo puro, crime que não admite tentativa, crime de consumação antecipada, crime de ação múltipla.
(C) Crime omissivo puro, crime próprio, norma penal em branco e crime de mera conduta.
(D) Crime próprio, crime formal, crime de ação única e crime comissivo por omissão.
(E) Crime que não admite nenhuma forma de concurso de pessoas, crime que não admite tentativa, crime permanente e crime formal.

Trata-se de crime omissivo puro (ou próprio) porque o tipo penal cuidou de descrever a omissão. Dessa forma, o crime se perfaz com a mera abstenção, independente de qualquer resultado naturalístico. De outro lado, está-se diante de crime próprio na medida em que somente pode ser praticado por médico (qualidade especial exigida do sujeito ativo). É norma penal em branco, já que o preceito primário deve ser complementado por outra norma (*doença cuja notificação é compulsória*). Constitui, por fim, crime de mera conduta porquanto no tipo penal não consta nenhuma alusão a resultado naturalístico. "Gabarito "C".

(Procurador do Estado/PE – 2004 – FCC) São denominados "crimes plurissubjetivos" aqueles em que

(A) mais de um bem jurídico é atingido.
(B) há necessária participação de mais de um sujeito ativo.
(C) mediante uma só ação são atingidos dois ou mais sujeitos passivos.
(D) há pluralidade de elementos subjetivos a animar a conduta do agente.
(E) há participação eventual de mais de um sujeito ativo.

Crime plurissubjetivo (ou de concurso necessário) é aquele que exige o concurso de, no mínimo, duas pessoas. Dito de outro modo, são os crimes cuja tipificação está condicionada à pluralidade de agentes. Exemplos: quadrilha ou bando, associação para o tráfico e rixa. "Gabarito "B".

(Defensoria/MA – 2009 – FCC) O argumento do Defensor Público ao requerer a desclassificação para a figura da tentativa do crime patrimonial de roubo, mantendo o ofendido o seu bem, levando-se em conta o seu resultado naturalístico, será a de que se trata de crime

(A) material, consumando-se apenas no momento da produção do resultado.
(B) formal, bastando a simples ameaça por parte do agente.
(C) qualificado pelo resultado, distinguindo-se o dolo direto e indireto.
(D) de mera conduta, devendo mencionar explicitamente o resultado da ação.
(E) material qualificado pelo resultado.

Trata-se, de fato, de *crime material*, já que a lei descreve uma ação e um resultado naturalístico (lesão patrimonial), sendo imprescindível a ocorrência deste para a consumação do delito. A não ocorrência do resultado, portanto, representa mera tentativa. Registre-se, todavia, que os tribunais superiores, notadamente o STF, têm entendido que o crime de roubo se consuma no momento em que o agente se apossa do bem da vítima, independente de esta posse ser pacífica e desvigiada. Vide, nesse sentido: STF, HC 96.696, Rel. Min. Ricardo Lewandowski; já os *crimes formais*, a exemplo dos materiais, também descrevem uma conduta e um resultado, mas, diferentemente, este não é exigido para a consumação do delito. É também chamado crime de consumação antecipada ou de resultado cortado. Por exemplo, a extorsão (art. 158 do CP); *crimes de mera conduta* são aqueles que se consumam no exato instante em que esta é praticada. A lei, neste caso, não faz qualquer menção a resultado naturalístico. Gabarito "A".

(Defensoria/MG – 2009 – FURMARC) Dentre as hipóteses abaixo, qual pode ser citada como exemplo de crime permanente?

(A) Homicídio.
(B) Peculato.
(C) Latrocínio.
(D) Cárcere privado.
(E) Mediação para servir à lascívia de outrem.

O crime do art. 148 do CP – sequestro e cárcere privado – é permanente, visto que seu momento consumativo, a contar da privação da liberdade da vítima, se prolonga no tempo por vontade do agente. Gabarito "D".

(Defensor Público/RO – 2007) A atividade criminosa é uma ação ou omissão típica, antijurídica e culpável. Este enunciado traduz o conceito de crime:

(A) sociológico
(B) pretoriano
(C) analítico
(D) positivo
(E) dinâmico

O conceito analítico de crime comporta duas concepções, a saber: concepção bipartida (Damásio E. de Jesus, Julio Fabbrini Mirabete, Luiz Flávio Gomes, entre outros), segundo a qual crime é um fato típico e antijurídico; e concepção tripartida (Guilherme de Souza Nucci, entrre outros), para a qual crime é um fato típico, antijurídico e culpável. Gabarito "C".

(Defensor Público/RO – 2007) Os denominados crimes de mão própria são aqueles em que a execução é:

(A) transferível e delegável
(B) intransferível e delegável
(C) transferível e compartilhável
(D) intransferível e indelegável
(E) intransferível e compartilhável

Crime de mão própria é o que exige do agente uma atuação pessoal. Nesta modalidade de crime, não se admite que outra pessoa pratique o delito no lugar do agente. Daí se dizer que a execução, neste caso, é instransferível e indelegável. Exemplos: falso testemunho ou falsa perícia (art. 342, CP) e autoacusação falsa (art. 341, CP). Difere, portanto, do crime próprio (especial), em que o tipo penal exige uma qualidade do sujeito ativo. Exemplos: infanticídio (art. 123, CP) e peculato (art. 312, CP). Por fim, se o tipo penal não exigir do sujeito ativo uma atuação pessoal tampouco uma qualidade especial, o crime será *comum*, isto é, poderá ser praticado por qualquer pessoa. Gabarito "D".

(Defensoria/SP – 2007 – FCC) Admitem a forma culposa os seguintes crimes no Código Penal:

(A) homicídio, lesão corporal, dano, receptação e incêndio.
(B) receptação, incêndio, explosão, perigo de inundação e desabamento.
(C) difusão de doença ou praga, apropriação indébita, lesão corporal e perigo de desastre ferroviário.
(D) homicídio, lesão corporal, explosão, uso de documento falso e ato obsceno.
(E) receptação, incêndio, explosão, desabamento e difusão de doença ou praga.

A: não há, no CP, previsão de dano culposo; B: não há, no CP, previsão de perigo de inundação culposo; C: não há, no CP, previsão de apropriação indébita culposa, tampouco perigo de desastre ferroviário culposo; D: não há, no CP, uso de documento falso culposo, bem assim ato obsceno culposo; E: receptação culposa (art. 180, § 3º, do CP); incêndio culposo (art. 250, § 2º, do CP); desabamento culposo (art. 256, parágrafo único, do CP); difusão de doença ou praga (art. 259, parágrafo único, do CP). Gabarito "E".

(Delegado/SC – 2008) Em relação à classificação doutrinária dos crimes, marque V ou F, conforme as afirmações a seguir sejam verdadeiras ou falsas.

( ) Nos chamados "delitos de resultado" o tipo penal prevê um resultado típico, natural ou material vinculado à conduta pelo nexo causal.
( ) "Delitos vagos" são aqueles que têm por sujeito passivo entidades sem personalidade jurídica, como a família, o público ou a sociedade.
( ) O "crime falho" é também denominado "quase-crime".
( ) "Crime multitudinário" é o praticado por uma multidão em tumulto, espontaneamente organizada no sentido de um comportamento comum contra pessoas ou coisas.
( ) "Crime transeunte" é o que deixa vestígios; "crime não transeunte" é o que não deixa vestígios.

A seqüência correta, de cima para baixo, é:

(A) V - F - V - V - V
(B) V - V - F - V - F
(C) F - V - V - F - V
(D) F - F - V - V - F

Delitos de resultado são os crimes materiais (também chamados de resultado naturalístico); *delitos vagos* de fato são aqueles em que o sujeito passivo é uma entidade destituída de personalidade jurídica; *crime falho* (ou tentativa perfeita) é aquele em que o sujeito, mesmo tendo exaurido o processo de execução do crime, não logra consumá-lo. Difere, pois, do *quase-crime*, que se dá nas hipóteses de crime impossível (art. 17 do CP); *crime multitudinário* é de fato aquele praticado sob influência de multidão; *transeunte* é o crime que não deixa vestígios (injúria verbal); não transeunte, ao contrário, é o delito que deixa vestígios. Gabarito "B".

(Delegado/SC – 2008) Um exemplo de crime complexo em sentido estrito é o de:

(A) corrupção ativa.
(B) homicídio simples.
(C) denunciação caluniosa.
(D) extorsão mediante seqüestro.

Crime complexo em sentido estrito é o resultado da união de dois tipos penais, ou seja, é o que contém, na sua definição, dois *crimes* reunidos numa só descrição típica. A extorsão mediante sequestro (art. 159 do CP) é consequência da fusão dos crimes de sequestro (art. 148 do CP) e extorsão (art. 158 do CP). Gabarito "D".

(Delegado/SP – 2008) No crime de rixa em que os agentes cometem condutas contra pessoa, que, por sua vez, comporta-se da mesma maneira e é também sujeito ativo do delito, fala-se doutrinariamente em

(A) crime de condutas paralelas.
(B) crime de condutas convergentes.
(C) crime de condutas contrapostas.
(D) crime de condutas dependentes.
(E) crime de condutas monossubjetivas.

O crime de rixa, capitulado no art. 137 do CP, consiste numa briga tumultuada entre três ou mais pessoas, em que os participantes trocam agressões de forma recíproca e indistinta. Não é possível, por essa razão, definir grupos de agressores. Daí por que a doutrina classifica como crime de condutas contrapostas. Gabarito "C".

(Delegado/SP – 2008) O crime de evasão mediante violência contra a pessoa (art. 352 do CP), em que a pena da tentativa é a mesma do crime consumado, sem qualquer redução, recebe em doutrina o *nomem iuris* de

(A) crime de ensaio.
(B) crime de encontro.
(C) crime de empreendimento.
(D) crime bipróprio.
(E) crime de conteúdo variado.

Trata-se de crimes em que o tipo penal equipara a pena da tentativa com a pena do crime consumado. São também chamados de crime de atentado. "C". Gabarito

(Procuradoria Federal – 2007 – CESPE) Julgue o item seguinte.

(1) Crime próprio impuro é aquele que, se for cometido por outro sujeito ativo que não aquele indicado pelo tipo penal, transforma-se em figura típica diversa.

1: os *crimes próprios* (ou especiais) classificam-se em **puros** e **impuros**. Puros são aqueles que, não tendo sido cometidos pelo sujeito apontado no tipo penal, deixam de ser crime; impuros, aqueles que, não cometidos pelo sujeito indicado no tipo penal, transformam-se em outra figura típica. Exemplo: a mãe que mata o próprio filho após o parto, sob a influência do estado puerperal, comete o crime de infanticídio (delito próprio **impuro**); se um terceiro o fizer, sem que a mãe tenha do ato participado, responderá por homicídio. 1C Gabarito

(Delegado Federal – 2004 – CESPE) Julgue o item seguinte.

(1) Rômulo seqüestrou Lúcio, exigindo de sua família o pagamento de R$ 100.000,00 como resgate. Nessa situação, o crime de extorsão mediante seqüestro praticado por Rômulo é considerado crime habitual.

1: *crime habitual* é aquele constituído pela reiteração de atos. Um ato, isoladamente considerado, não tem o condão de produzir lesão ao bem jurídico tutelado. É o caso, por exemplo, do delito de curandeirismo (art. 284 do CP). O crime de extorsão mediante sequestro (art. 159 do CP) não exige, para sua configuração, a reiteração de atos. Trata-se de **crime permanente**, em que o momento consumativo, a contar da privação da liberdade da vítima, se prolonga no tempo por vontade do agente. 1E Gabarito

(CESPE – 2009) Em relação à classificação das infrações penais, assinale a opção correta.

(A) Crimes hediondos são os previstos como tal na lei específica, e crimes assemelhados a hediondos são todos aqueles delitos que, embora não estejam previstos como tal na lei, causem repulsa social, por sua gravidade e crueldade.
(B) Crime próprio é sinônimo de crime de mão própria.
(C) Crime unissubsistente é o que se consuma com a simples criação do perigo para o bem jurídico protegido, sem produzir dano efetivo.
(D) No crime comissivo por omissão, o agente responde pelo resultado, e não, pela simples omissão, uma vez que esta é o meio pelo qual o agente produz o resultado.

A: adotamos o *sistema legal*, por meio do qual somente a lei pode indicar quais crimes são considerados hediondos. Este rol – taxativo – encontra-se contemplado no art. 1º da Lei 8.072/90. De outro lado, o Constituinte, no art. 5º, XLIII, da CF, tratou de indicar quais crimes merecem tratamento mais severo: tortura, tráfico de drogas e terrorismo. São os chamados *delitos equiparados a hediondo*; B: *crime próprio* é o que exige do agente uma qualidade especial; *crime de mão própria*, diferentemente, é aquele que impõe ao sujeito ativo uma atuação pessoal; C: *crime unissubsistente* é aquele cuja conduta é constituída de um único ato. Esta modalidade de delito não comporta tentativa, na medida em que a conduta não pode ser fracionada; D: a responsabilidade do agente, no crime omissivo impróprio (comissivo por omissão), surge porque este deixou de evitar o resultado que podia ou devia ter evitado. Sua obrigação está consubstanciada no art. 13, § 2º, do CP. Esta é a proposição correta. "D". Gabarito

(CESPE – 2008) Assinale a opção correta acerca da classificação dos crimes.

(A) O crime é qualificado quando, ao tipo básico, ou fundamental, o legislador agrega circunstâncias que elevam ou majoram a pena, tal como ocorre com o homicídio.
(B) O delito de ameaça pode ser classificado como crime material.
(C) Os crimes de quadrilha e rixa são unissubjetivos.
(D) O delito de infanticídio pode ser classificado como crime comum.

A: diz-se qualificado o crime quando a lei acrescenta circunstâncias que acabam por alterar a pena em abstrato, elevando-a. Assertiva, portanto, correta; B: a ameaça é crime formal, já que a consumação ocorre com a realização do ato ameaçador. Não depende, portanto, da produção de qualquer resultado naturalístico. É dizer, pouco importa, à consumação do crime, que a vítima se sinta ameaçada com a intimidação feita; C: os crimes de quadrilha e rixa são *plurissubjetivos* (de concurso necessário), porquanto só podem ser cometidos por mais de um; D: trata-se de crime próprio, na medida em que a conduta só pode ser praticada pela genitora do recém-nascido ou do nascente. "A". Gabarito

(CESPE – 2008) Assinale a opção correta quanto às formas de exteriorização da conduta típica.

(A) O crime de seqüestro exige uma conduta omissiva.
(B) O crime de omissão de socorro é classificado como omissivo impróprio.
(C) A apropriação de coisa achada é delito de conduta omissiva e comissiva ao mesmo tempo.
(D) A apropriação indébita previdenciária é crime de conduta comissiva, apenas.

A: o delito de sequestro e cárcere privado, capitulado no art. 148 do Código Penal, é, em regra, comissivo; B: o crime do art. 135 do CP é *omissivo próprio*, pois se perfaz pela mera abstenção, consubstanciada na ausência de socorro; C: diz-se que o crime do art. 169, II, do CP (apropriação de coisa achada) é, ao mesmo tempo, de conduta omissiva e comissiva porquanto a consumação se opera com a não devolução da coisa ao proprietário ou a não entrega à autoridade dentro no prazo de quinze dias (omissão), não bastando à consumação do delito o encontro da *res*. Esta deve, portanto, vir acompanhada da inércia do agente; D: o crime do art. 168-A do CP consuma-se no momento em que o agente deixa de repassar a quantia devida ao INSS. Trata-se, portanto, de *delito omissivo*. "C". Gabarito

(CESPE – 2007) Assinale a opção correta acerca do direito penal.

(A) O crime de extorsão é considerado crime de mera conduta e se consuma independentemente de o agente auferir a vantagem indevida almejada.
(B) O crime de cárcere privado constitui espécie de delito instantâneo.
(C) O princípio da consunção pressupõe a existência de um nexo de dependência das condutas ilícitas, para que se verifique a possibilidade de absorção da menos grave pela mais danosa.
(D) Nos delitos instantâneos de efeitos permanentes, a atividade criminosa se prolonga no tempo, tendo o agente a possibilidade de cessar ou não a sua conduta e seus efeitos.

A: o crime de que trata o art. 158 do CP é *formal*, sendo, pois, desnecessária a produção do resultado naturalístico para sua consumação. Súmula 96, STJ: "O crime de extorsão consuma-se independentemente da obtenção da vantagem indevida"; B: é delito permanente, uma vez que o momento consumativo se protrai no tempo por vontade do agente; C: aplicar-se-á o *princípio da consunção* a situações em que um fato definido como crime constitua fase de preparação ou de execução de outro mais grave. Neste caso o fato menos grave restará absorvido pelo mais grave. Hipóteses de incidência do princípio: crime progressivo; progressão criminosa; crime complexo; D: a alternativa contida nesta alternativa corresponde ao *crime permanente* (sequestro e cárcere privado, por exemplo). No *delito instantâneo de efeitos permanentes*, os efeitos são irreversíveis (homicídio, por exemplo). "C". Gabarito

5. FATO TÍPICO E TIPO PENAL

(Magistratura/AC – 2008 – CESPE) Roberto, com intenção de matar Marcelo, acelerou seu veículo automotor em direção à vítima, que, em conseqüência, sofreu traumatismo crânioencefálico. Internado em hospital particular, Marcelo, no decurso do tratamento, veio a falecer em virtude de uma broncopneumonia que contraiu nesse período. Com referência a essa situação hipotética, assinale a opção que apresenta, respectivamente, a natureza da causa superveniente da morte de Marcelo e o tipo de homicídio doloso pelo qual Roberto deverá responder.

(A) relativamente independente – consumado
(B) relativamente independente – tentado
(C) absolutamente independente – consumado
(D) absolutamente independente – tentado

A broncopneumonia contraída por Marcelo constitui causa superveniente relativamente independente. As concausas (atropelamento e broncopneumonia) conduziram à produção do evento e dentro da esfera de *previsibilidade* do agente, que responderá por homicídio doloso consumado, não tendo incidência, por essa razão, o disposto no art. 13, § 1º, do CP (tem como requisito a imprevisibilidade, a justificar a quebra do nexo causal). Gabarito "A".

(Magistratura/MG – 2009 – EJEF) Sobre a tipicidade penal, marque a alternativa CORRETA.

(A) No crime omissivo, o dever jurídico de agir inexiste àquele que apenas criou riscos para a ocorrência do resultado.

(B) O erro de tipo, se inescusável, apesar de excluir o dolo, permite, em qualquer hipótese, a punição a título culposo.

(C) A tipicidade material surgiu para limitar a larga abrangência formal dos tipos penais, impondo que, além da adequação formal, a conduta do agente gere também relevante lesão ou perigo concreto de lesão ao bem jurídico tutelado.

(D) No dolo eventual, a pessoa vislumbra o resultado que pode advir de sua conduta, acreditando que, com as suas habilidades, será capaz de evitá-lo.

A: incumbe o dever de agir e, dessa forma, evitar o resultado a quem criou o risco da ocorrência desse resultado – art. 13, § 2º, c, do CP; B: o *erro de tipo*, escusável ou inescusável, exclui o dolo; permite, todavia, a punição a título de culpa se houver previsão nesse sentido – art. 20, *caput*, do CP; C: com efeito, não basta que o fato seja formalmente típico. É necessário ir além. Dentro de uma concepção constitucionalista, não é suficiente que a conduta se amolde ao tipo penal, sendo também imprescindível que o fato seja materialmente típico, o que abrange um juízo de desaprovação da conduta bem como a questão atinente à ofensa ao bem jurídico tutelado; D: no *dolo eventual*, a postura do agente em relação ao resultado é de indiferença. Sua vontade não está dirigida à obtenção do resultado. Ele, em verdade, deseja outra coisa, mas, prevendo a possibilidade de o resultado ocorrer, revela-se indiferente e dá sequência à sua empreitada, assumindo o risco de causá-lo. Ele não o deseja, mas se acontecer, aconteceu. **Atenção**: o *dolo eventual* não deve ser confundido com a *culpa consciente*. Nesta, embora o agente tenha a previsão do resultado ofensivo, espera sinceramente que ele não ocorra. A alternativa "D" contempla hipótese de culpa consciente. Gabarito "C".

(Magistratura/PA – 2008 – FGV) Caio dispara uma arma objetivando a morte de Tício, sendo certo que o tiro não atinge um órgão vital. Durante o socorro, a ambulância que levava Tício para o hospital é atingida violentamente pelo caminhão dirigido por Mévio, que ultrapassara o sinal vermelho. Em razão da colisão, Tício falece. Responda: quais os crimes imputáveis a Caio e Mévio, respectivamente?

(A) Tentativa de homicídio e homicídio doloso consumado.
(B) Lesão corporal seguida de morte e homicídio culposo.
(C) Homicídio culposo e homicídio culposo.
(D) Tentativa de homicídio e homicídio culposo.
(E) Tentativa de homicídio e lesão corporal seguida de morte.

A colisão que vitimou Tício constitui *causa superveniente relativamente independente* que por si só gerou o resultado. O nexo causal, nos termos do art. 13, § 1º, do CP, é interrompido (há imprevisibilidade). Caio, por isso, responderá por homicídio na forma tentada; Mévio, que ultrapassou o sinal vermelho (agiu com imprudência), deverá ser responsabilizado por homicídio culposo. Gabarito "D".

(Magistratura/PA – 2008 – FGV) Maria da Silva é médica pediatra, trabalhando no hospital municipal em regime de plantão. De acordo com a escala de trabalho divulgada no início do mês, Maria seria a única médica pediatra com obrigação de trabalhar no plantão que se iniciava no dia 5 de janeiro, às 20h e findava no dia 6 de janeiro, às 20h. Contudo, depois de passar toda a noite do dia 5 sem nada para fazer, Maria resolve sair do hospital para participar da comemoração do aniversário de uma prima sua, um churrasco que se realizaria em uma casa a poucas quadras do hospital. Maria deixa o hospital às 12h do dia 6 de janeiro sem, contudo, avisar onde estaria. Maria deixou o número de seu telefone celular, mas o papel que o continha se extraviou do quadro de avisos. Maria não retornou mais ao hospital até o final do plantão. Ocorre que, às 14h do dia 6 de janeiro, Manoel de Souza, criança de apenas 6 anos, é levado ao hospital por parentes precisando de socorro médico imediato. Embora houvesse outros médicos de plantão (um cardiologista e uma ortopedista), ambos se recusam a examinar Manoel, alegando que não eram especialistas e que a responsável pelo plantão da emergência era Maria da Silva. Manoel de Souza morre de meningite cerca de oito horas depois, na porta do hospital, sem ter sido atendido.

Qual foi o crime praticado por Maria?

(A) Homicídio culposo.
(B) Nenhum crime.
(C) Omissão de socorro.
(D) Homicídio doloso, na modalidade de ação comissiva por omissão.
(E) Homicídio doloso, na modalidade de ação omissiva.

Para que à médica pudesse ser imputado o crime de homicídio (omissivo impróprio), seu *dever de agir* devia estar previsto no art. 13, § 2º, do CP. No mais, a presença de outros médicos no plantão do hospital elide a prática do crime de omissão de socorro. Gabarito "B".

(Magistratura/PR – 2008) Que critérios da teoria da imputação objetiva são utilizados para resolver os casos das chamadas causas supervenientes?

(A) Criação do risco não permitido e realização do risco no resultado.
(B) Criação do risco não permitido e princípio da confiança.
(C) Proibição de regresso e realização do risco no resultado.
(D) Criação do risco e alcance do tipo.

Criação do risco não permitido ou proibido constitui um dos componentes da imputação objetiva que nos permite verificar se a conduta criou um risco efetivamente relevante. *Realização do risco no resultado*, por sua vez, significa que o resultado deve ter conexão direta com o risco criado. É o nexo de imputação. Gabarito "A".

(Magistratura/PR – 2008) Indique a alternativa CORRETA:

(A) A adoção da teoria da imputação objetiva implica em ignorar a relação de causalidade.
(B) A teoria da imputação objetiva é incompatível com o finalismo.
(C) A imputação objetiva é um tema tratado a partir dos anos 70 do século XX, com o advento do funcionalismo.
(D) Jakobs e Roxin propõem diferentes critérios de imputação objetiva.

A *teoria da imputação objetiva* constitui um conjunto de regras limitadoras do nexo de causalidade, que de forma alguma é ignorado. A rigor, a imputação objetiva complementa a teoria do nexo causal (art. 13 do CP). A teoria da imputação objetiva, embora seja uma alternativa ao finalismo, é com ele compatível. Trata-se de teoria não recente. Com efeito, Hegel a ela já fazia referência em 1821. É bem verdade que ganhou força com Roxin, depois da Segunda Guerra Mundial, que de fato propõe critério de imputação objetiva diferente do de Jakobs. Gabarito "D".

(Magistratura/RO – 2011 – PUCPR) A prática do crime e seu resultado lesivo exigem a relação de causalidade, tema de grande relevância para a questão da imputabilidade penal. Dado o enunciado, marque a única alternativa **CORRETA**.

(A) O resultado, de que depende a existência do crime, somente é imputável a quem lhe deu causa, sendo esta considerada como a ação ou omissão sem a qual o resultado não teria ocorrido.
(B) A superveniência de causa relativamente independente não exclui a imputação quando esta, por si só, produziu o resultado; os fatos anteriores, entretanto, imputam-se a quem os praticou.
(C) A omissão é penalmente irrelevante quando o omitente devia e podia agir para evitar o resultado.
(D) A superveniência de causa relativamente independente exclui a imputação quando, por si só, produziu o resultado; no entanto, os fatos anteriormente praticados são desconsiderados pela legislação penal.
(E) Nenhuma das alternativas anteriores está correta.

A: a assertiva – correta – reproduz a redação do art. 13, *caput*, do CP; B: incorreta, pois em desacordo com o que prescreve o art. 13, § 1º, primeira parte, do CP; C: incorreta, pois em desacordo com o que prescreve o art. 13, § 2º, do CP; D: incorreta, pois em desacordo com o que preceitua o art. 13, § 1º, segunda parte, do CP. Gabarito "A".

(Magistratura/RS – 2003) Antônio, em decorrência de atropelamento, sofre múltiplas lesões graves que determinam sua internação no Hospital de Pronto-Socorro, onde permanece vários dias imobilizado. Em razão do acontecido, Antônio contrai broncopneumonia que acaba por matá-lo. Pedro, o motorista causador do atropelamento por imprudência, responderá processo criminal por

(A) homicídio culposo, pois a morte de Antônio, determinada por causa relativamente independente, situa-se na linha de desdobramento físico do atropelamento
(B) lesões corporais culposas, pois a broncopneumonia é considerada causa absolutamente independente.
(C) lesões corporais culposas, pois a broncopneumonia é considerada causa relativamente independente, não figurando a morte da vítima, no entanto, na linha de desdobramento físico do atropelamento.
(D) lesões corporais seguidas de morte, não incidindo, no caso, a regra geral da relação de causalidade prevista no Código Penal.
(E) tentativa de homicídio, absorvidas as lesões, porque, no caso, a broncopneumonia é reputada causa superveniente relativamente independente.

A broncopneumonia é causa superveniente relativamente independente que se encontra na linha de desdobramento natural da conduta do agente, razão pela qual o nexo causal não é quebrado, não havendo, por isso, incidência do art. 13, § 1°, do CP. Gabarito "A".

(Magistratura/TO – 2007 – CESPE) Geraldo, na festa de comemoração de recém-ingressos na Faculdade de Direito da Universidade Federal do Tocantins, foi jogado, por membros da Comissão de Formatura, na piscina do clube em que ocorria a festa, junto com vários outros calouros. No entanto, como havia ingerido substâncias psicotrópicas, Geraldo se afogou e faleceu. Considerando a situação hipotética acima e com base no direito penal e processual penal, assinale a opção incorreta.

(A) Tratando-se de crime de autoria coletiva, não é inepta a denúncia que assim narra os fatos: "a vítima foi jogada dentro da piscina por seus colegas, assim como tantos outros que estavam presentes, fato que ocasionou seu óbito".
(B) À luz da teoria da imputação objetiva, a ingestão de substâncias psicotrópicas caracteriza uma autocolocação em risco, circunstância excludente da responsabilidade criminal, por ausência do nexo causal.
(C) Nesse caso, é necessária a demonstração da criação pelos agentes de uma situação de risco não permitido, segundo a teoria da imputação objetiva, fato que não ocorreu na situação hipotética mencionada, visto que é inviável exigir-se de uma comissão de formatura rigor na fiscalização das substâncias ingeridas pelos participantes da festa.
(D) De acordo com a teoria da imputação objetiva, vigora o princípio da confiança, o que não ocorreu no caso em apreço, pois a vítima se afogou em virtude de ter ingerido substâncias psicotrópicas, comportando-se, assim, de forma contrária aos padrões esperados

A: arts. 41 e 395, I, do CPP; B e C: a atitude dos membros da Comissão de Formatura não gerou um risco juridicamente intolerável, exigência da teoria da imputação objetiva para atribuir ao agente responsabilidade por conduta que desenvolveu. Além disso, Geraldo, ao fazer uso de substâncias psicotrópicas, gerou ele próprio uma situação de risco; D: **princípio da confiança** é aquele segundo o qual não se pode exigir de alguém a previsão de ações descuidadas de terceiros. Gabarito "A".

(Ministério Público/AP – 2005) Joaquim atropela Raimundo que veio a falecer em decorrência da ingestão de veneno, tomado pouco antes de ser atropelado. Do enunciado é certo aduzir:

(A) Joaquim deve ser punido por crime de homicídio culposo.
(B) Há a exclusão da causalidade decorrente da conduta – causa absolutamente independente – mas responderá pela lesão corporal sofrida pelo Raimundo.
(C) Independente do resultado aplica-se a teoria do evento mais gravoso.
(D) É o genuíno caso do crime preterdoloso.

O envenenamento é **causa preexistente absolutamente independente**, uma vez que, por si só, produz o resultado, ou seja, não se inclui no desdobramento natural da conduta. O nexo causal, por essa razão, é rompido, e Joaquim responderá tão somente pelas lesões corporais decorrentes do atropelamento. Gabarito "B".

(Ministério Público/BA – 2010) A doutrina brasileira, em matéria de consentimento do ofendido, sinaliza para a existência de dois enfoques possíveis, no que concerne à função dogmática desempenhada pelo mencionado instituto, reportando-se ao cognominado "acordo" ou aquiescência em alguns casos, e simplesmente, ao consentimento em outras situações. Nessa linha de princípio, poderíamos afirmar:

I. Que o acordo ou aquiescência ocorre quando o "consentimento" exclui a tipicidade, enquanto as demais situações são designadas apenas por consentimento do ofendido e excluem a ilicitude da conduta.
II. Que o chamado acordo ou aquiescência exclui também a culpabilidade.
III. O consentimento é, na sistemática brasileira, induvidosamente, uma causa legal de exclusão da tipicidade.
IV. O consentimento, em seu sentido amplo, é, na sistemática brasileira, uma causa supralegal de exclusão da tipicidade e da ilicitude, conforme o caso.
V. O consentimento é, na sistemática brasileira, conforme o caso, uma causa supralegal de exclusão da culpabilidade.

(A) Apenas a alternativa I é verdadeira.
(B) Apenas a alternativa II é verdadeira.
(C) Apenas a alternativa III é verdadeiramente.
(D) As alternativas I e IV são verdadeiras.
(E) A alternativa II e V são verdadeira.

Há de fato duas situações. Se se tratar de bem disponível em que a vítima for capaz, o consentimento funcionará como **causa supralegal de exclusão da antijuridicidade**; de outro lado, há crimes que só se tipificam diante do dissenso da vítima. Assim, havendo o consentimento do ofendido, opera-se a exclusão da tipicidade. É o caso do crime de violação de domicílio, previsto no art. 150, CP. O consentimento do morador, neste exemplo, exclui a própria tipicidade. Gabarito "D".

(Ministério Público/BA – 2010) Relacionar a parte geral com a parte especial do código penal é uma importante habilidade prática para um Promotor de Justiça. Levando isso em consideração, examinemos o exemplo a seguir: "Em determinado edifício, observa-se defeito contínuo nos elevadores, a ponto de o assessorista alertar o síndico para o problema, enfatizando que alguém ali ainda ficaria preso, obtendo, no entanto, como resposta de que tudo não passara de mera fantasia e que nada disso iria acontecer. Certo dia, um profissional liberal, que possui consultório no prédio, precisou trabalhar até mais tarde, vindo a deixar o serviço após 22h, quando no local apenas permanecia um vigia. Toma o elevador e este para no meio dos andares. Imediatamente, aciona o alarme e desperta o vigia. Este, contudo, apesar de sua boa vontade, não sabe como mover o elevador, nem como abrir suas portas. O profissional liberal pede-lhe, então que se comunique com o síndico pelo telefone da portaria, o que é feito. O síndico lhe diz, porém, que nada poderia fazer, que esperasse até o outro dia, de manhã, quando chegasse o assessorista, ademais, não poderia ir até ao local, porque estaria de saída para uma festa".

Em relação a hipótese acima, seria correto afirmar:

I. O síndico, como administrador do prédio, tem a responsabilidade pelas fontes de perigo nele existentes e, portanto, o dever de impedir os resultados que advierem do seu uso, como forma de ingerência.
II. O síndico, embora administrador do prédio, não tem a responsabilidade pelas fontes de perigo nele existentes, e portanto, não possui o dever de impedir os resultados que advierem do seu uso.
III. A conduta do síndico é atípica.
IV. O síndico cometeu o crime de sequestro por omissão.
V. Todas as alternativas acima são falsas.

(A) Somente a alternativa V é correta.
(B) As alternativas I e IV são corretas.
(C) As alternativas II e II são corretas.
(D) Somente a alternativa II é correta.
(E) Somente a alternativa III é correta.

A inércia do síndico, a quem incumbe o dever jurídico de agir, equipara-se a uma ação (crime omissivo impróprio ou comissivo por omissão). Ele foi alertado sobre o problema no elevador bem assim acerca de seu possível desdobramento, mas nada fez. A omissão do síndico, no caso narrado no enunciado, dado o disposto no art. 13, § 2°, do CP, acarretará sua responsabilização pelo crime de sequestro ou cárcere privado. Gabarito "B".

(Ministério Público/BA – 2010) No trato de tema de intenso interesse prático, como é o caso dos crimes omissivos, a doutrina brasileira colaciona o seguinte exemplo: "dois irmãos, sem qualquer acordo prévio, estão nadando em águas profundas. Um deles, de repente, acometido de câimbras, começa a afogar-se. O outro nada faz para ajudá-lo. Ao avaliar um caso desta natureza, verifica-se que:

I. Seria o irmão sobrevivente responsável pelo resultado morte.
II. O irmão omitente deve ser responsabilizado somente por omissão de socorro.
III. A simples relação de parentesco, nos termos do art. 13, § 2°, torna o agente garantidor.
IV. A relação entre irmãos gera um vínculo social de proteção maior, mas não o torna garantidor.
V. O irmão omitente cometeu homicídio qualificado.

(A) Apenas a alternativa I está correta.
(B) As alternativas II e IV estão corretas.
(C) Apenas a alternativa V está correta.
(D) As alternativas I, III e V estão corretas.
(E) As alternativas III e V estão corretas.

I: incorreta, na medida em que um irmão não tem em relação ao outro o dever de cuidado e proteção que têm os pais em relação aos filhos; II: correta, pois o crime de *omissão de socorro* (art. 135, CP) é comum e tem como fundamento o dever de solidariedade entre as pessoas, os irmãos inclusive; III: incorreta, pois a posição de *garante* pode ser assumida por um familiar ou ainda por um terceiro. A simples relação de parentesco não torna o agente *garantidor*; IV: a relação entre irmãos, que sabidamente é marcada por vínculos afetivos fortes e duradouros, difere, no que toca à responsabilidade, daquela entre pais e filhos, decorrente do poder familiar; V: teria cometido se tivesse o dever jurídico de evitar o resultado. Gabarito "B".

(Ministério Público/DF – 2009) Analise os itens abaixo e responda:

I. O finalismo e o causalismo divergem entre si principalmente quanto ao conteúdo da ação, com reflexos imediatos dirigidos à antijuridicidade da conduta.
II. A voluntariedade pertence ao conceito de conduta humana nas duas teorias, finalismo e causalismo, sendo que o reconhecimento desta como único requisito subjetivo configura o denominado dolo normativo.
III. A culpabilidade, enquanto mero juízo de reprovação, segundo a teoria causalista, não é considerada parte integrante do conceito formal de crime.
IV. A verificação do nexo causal do crime omissivo é feita através da eliminação hipotética.
V. O crime omissivo impróprio não admite a forma tentada.

O número de itens corretos é:

(A) Cinco.
(B) Quatro.
(C) Três.
(D) Dois.
(E) Um.

I: o tipo penal, para a *teoria causalista*, era eminentemente objetivo (formal). O nexo de causalidade era o que bastava para justificar a tipicidade da conduta. A vontade do agente era irrelevante para o fim de caracterizar um fato como típico. A análise do dolo e da culpa era relegada para um momento posterior, o da culpabilidade, que fazia parte do conceito de crime. Ausente, por exemplo, o dolo, o fato, embora típico, não era culpável. Com o *finalismo* de Welzel, o tipo penal passou a ser composto de duas dimensões, a saber: objetiva e subjetiva. Esta última de fato integrada pelo dolo ou culpa, deslocados da culpabilidade (causalismo) para a tipicidade. A culpabilidade não mais abrange o dolo e a culpa. Passa a ser (a culpabilidade), a partir de então, pressuposto da aplicação da pena. Com o advento do *funcionalismo*, o tipo penal passou a contar com três dimensões, a saber: objetiva; normativa; e subjetiva. No que toca à antijuridicidade, não foram implementadas na teoria finalista modificações em relação à teoria causalista; II: dolo normativo é aquele que contém a consciência da ilicitude. É o dolo da teoria causalista; III: a culpabilidade, segundo a teoria causalista, é um dos elementos que integram o crime na sua concepção analítica. Crime, pois, é uma fato típico, antijurídico e culpável; IV: art. 13 do CP; V: o *crime omissivo impróprio* comporta, sim, a forma tentada. Não admite a tentativa o *crime omissivo próprio*, já que a consumação, neste caso, se dá com a mera abstenção do agente. Gabarito "E".

(Ministério Público/GO – 2005) Penalmente, durante o séc. 20 foram elaborados vários conceitos de crime: causalista, neokantista, finalista, funcionalista. No Brasil, até a década de 1970 predominou a teoria causalista; depois, a teoria finalista que ainda é predominante, embora cambaleante. Neste início do séc. 21, no Brasil, está sendo elaborado um novo conceito de crime com a teoria constitucionalista do delito. Segundo essa teoria, a imputação objetiva da conduta e do resultado são elementos da:

(A) tipicidade
(B) antijuridicidade
(C) culpabilidade
(D) punibilidade

O campo de atuação da imputação objetiva é notadamente o nexo causal, gerador da *tipicidade*. Sustenta, em síntese, que um resultado só pode ser atribuído ao agente quando o seu comportamento houver criado, efetivamente, um risco não permitido ao bem jurídico. Gabarito "A".

(Ministério Público/GO – 2005) Pacífico, pretendendo matar Felizardo, seu colega de faculdade, ministra veneno em seu café, aproveitando-se de um momento de distração deste. Felizardo ingere a bebida mas, antes que o veneno faça efeito, morre em decorrência do desabamento do teto da sala de aula, que lhe esmaga o crânio. Pacífico, neste caso:

(A) responderá por homicídio qualificado pelo emprego de veneno (artigo 121, parágrafo 2°, inciso III do Código Penal)
(B) responderá por tentativa de homicídio qualificado pelo emprego de veneno (artigo 121, parágrafo 2°, inciso III c/c 14, inciso II do Código Penal)
(C) responderá por lesões corporais graves pelo perigo de vida (artigo 129, parágrafo 1°, inciso III do Código Penal)
(D) não responderá por crime algum, vez que não praticou qualquer fato típico

O desabamento do teto da sala de aula constitui *causa superveniente absolutamente independente*, apta a romper o nexo causal, já que o resultado decorreu dessa causa independente e não do envenenamento. Assim, Pacífico responderá por tentativa de homicídio qualificado pelo emprego de veneno. Gabarito "B".

(Ministério Público/MG – 2010 – FUNDEP) Considerando as funções que o consentimento do ofendido desempenha na área penal, assinale a alternativa **INCORRETA**.

(A) Elemento essencial do tipo
(B) Causa de exclusão da tipicidade
(C) Causa de exclusão da ilicitude
(D) Causa de extinção da punibilidade

Há de fato duas situações. Se se tratar de bem disponível em que a vítima for capaz, o consentimento funcionará como *causa supralegal de exclusão da antijuridicidade*; de outro lado, há crimes que só se tipificam diante do dissenso da vítima. Assim, havendo o consentimento do ofendido, opera-se a exclusão da tipicidade. É o caso do crime de violação de domicílio, previsto no art. 150, CP. O consentimento do morador, neste exemplo, exclui a própria tipicidade. Gabarito "D".

(Ministério Público/MG – 2010.2) Sobre a moderna teoria da imputação objetiva, elaborada sob a ótica do funcionalismo penal, assinale a afirmativa INCORRETA.

(A) Denomina-se objetiva por resolver a questão da imputação livre de fundamentos normativos ou subjetivos, a partir de uma base ontofenomenológica para o conceito de ação e para as demais categorias do crime.
(B) A tipicidade é analisada em três níveis de imputação, cujos requisitos podem ser reunidos na criação de um risco juridicamente desaprovado, na realização do risco no resultado e no alcance do tipo.
(C) A tipicidade e as demais categorias jurídicas do crime são analisadas de acordo com as tarefas político-criminais do sistema.
(D) A tipicidade é reformulada, com forte carga axiológica, a partir da ideia central de risco.

O *funcionalismo*, a rigor, agregou, no que concerne à teoria do tipo penal, a *imputação objetiva*, que integra a segunda dimensão (normativa) do tipo penal. Dessa forma, para que se estabeleça a adequação típica, é insuficiente, pois, o "causar a morte de alguém" (segundo o causalismo), tampouco causá-la dolosa ou culposamente (finalismo). O funcionalismo vai além. Como dito, a imputação objetiva passou a integrar o tipo penal, exigindo, em suma, que tão só seja atribuída ao agente a conduta que cria um risco juridicamente proibido. Esta teoria tem como propósito, a rigor, limitar o alcance da teoria da equivalência dos antecedentes. Constitui um conjunto de regras cujo escopo é servir de complemento à teoria do nexo causal, presente no art. 13 do CP. Frise-se que não se trata de um modelo alternativo ao finalismo, mas, sim, um complemento seu. Ademais disso, a teoria da imputação objetiva leva em consideração, além da relação de causa e efeito, o aspecto normativo. Gabarito "A".

(Ministério Público/MG – 2010.1) Com lastro na teoria finalista da ação, é CORRETO afirmar

(A) O dolo é elemento subjetivo e a culpa é elemento normativo do juízo de culpabilidade da conduta que se coloca em desconformidade com o ordenamento jurídico em vigor. Age dolosamente aquele que podia e devia comportar-se de maneira diversa.

(B) A culpabilidade abarca o dolo ou culpa e a potencial consciência da ilicitude do fato, pressupondo que o agente seja plenamente imputável no momento da ação ou da omissão.

(C) O dolo pertence à conduta, tendo como seus componentes a intencionalidade (elemento volitivo) e a previsão do resultado (elemento intelectual). A potencial consciência da ilicitude, que é um dos elementos normativos da culpabilidade, não integra o dolo.

(D) A culpabilidade encerra juízo de valor sobre a ação ou omissão relevantes, razão pela qual não se pune a conduta daquele que mata outrem no estrito cumprimento do dever legal, pois atua sem consciência potencial da ilicitude.

(E) O Código Penal acatou tanto a teoria psicológica quanto a teoria normativa pura da culpabilidade. A primeira tem incidência quando se cuida da análise da ilicitude e esta tem relevância no estudo do conceito normativo da tipicidade.

O tipo penal, para a *teoria causalista*, era eminentemente objetivo (formal). O nexo de causalidade era o que bastava para justificar a tipicidade da conduta. A vontade do agente era irrelevante para o fim de caracterizar um fato como típico. A análise do dolo e da culpa era relegada para um momento posterior, o da culpabilidade, que fazia parte do conceito de crime. Ausente, por exemplo, o dolo, o fato, embora típico, não era culpável. Com o *finalismo* de Welzel, o tipo penal passou a ser composto de duas dimensões, a saber: objetiva e subjetiva. Esta última de fato integrada pelo dolo ou culpa, deslocados da culpabilidade (causalismo) para a tipicidade. A culpabilidade não mais abrange o dolo e a culpa. Passa a ser (a culpabilidade), a partir de então, pressuposto da aplicação da pena. Para esta teoria, o dolo e a culpa, portanto, integram a conduta; ausentes estes, o fato é atípico, já que a conduta é um dos elementos do fato típico. A culpabilidade, com os novos contornos conferidos pelo finalismo, passou a ser integrada pelos seguintes elementos: imputabilidade, exigibilidade de conduta diversa e potencial consciência da ilicitude. Com o advento do *funcionalismo*, o tipo penal passou a contar com três dimensões, a saber: objetiva; normativa; e subjetiva. Vige, atualmente, a teoria normativa pura da culpabilidade (doutrina majoritária). Aquele que age em estrito cumprimento do dever legal incorre em uma causa excludente de ilicitude (art. 23, III, 1ª parte, do CP). Não há crime na conduta do agente. Gabarito "C".

(Ministério Público/PR – 2009) Sobre o tipo dos crimes de omissão de ação, assinale a alternativa correta:

(A) a omissão de ação própria se fundamenta na posição de garantidor do bem jurídico.

(B) os tipos de omissão de ação próprios e impróprios, em razão de sua estrutura subjetiva, não admitem figuras culposas.

(C) na omissão de ação imprópria, o omitente responde pelo resultado de lesão do bem jurídico.

(D) os tipos de omissão de ação próprios são incompatíveis com os delitos de perigo abstrato, realizáveis por simples atividade.

(E) o crime de omissão de socorro, previsto no art. 135 do Código Penal, só pode ser praticado por aquele que se encontra na posição de garantidor do bem jurídico protegido pela norma.

A: cabe, aqui, fazer uma distinção: *crime omissivo próprio* ou *puro* é aquele que se consuma com a mera abstenção, com o deixar de fazer, sendo desnecessário, pois, um resultado naturalístico posterior (art. 135, CP – omissão de socorro). O próprio tipo penal faz menção à omissão. Já a obrigação de agir do *garantidor* está contemplada no art. 13, § 2º, *b*, do CP, que somente tem incidência nos chamados crimes *omissivos impróprios* (comissivos por omissão), que são aqueles que não estão em tipos específicos, fazendo-se necessário, portanto, uma norma de extensão para estabelecer a tipicidade (relevância da omissão); B: as duas espécies de crime omissivo podem se exteriorizar tanto na modalidade culposa quanto na dolosa; C: de fato, no crime omissivo impróprio, impuro ou comissivo por omissão (art. 13, § 2º, do CP), o agente responde pelo resultado naturalístico produzido, indispensável nesta modalidade de crime omissivo; D: o art. 269 do CP – omissão de notificação de doença – constitui exemplo de crime omissivo próprio de perigo abstrato, modalidade de delito rechaçada por parte da doutrina e jurisprudência; E: o crime de omissão de socorro, de outro lado, por estar contemplado em um tipo específico (art. 135, CP), constitui delito omissivo puro, não sendo o caso, pois, de recorrer-se à norma geral do art. 13, § 2º, do CP, que faz menção ao dever de agir do *garante*. Gabarito "C".

(Ministério Público/RN – 2004) A respeito da teoria do crime, é incorreto afirmar:

(A) Pela teoria da tipicidade conglobante, a pequena relevância da ofensa a bem jurídico protegido pela norma penal, é um fato penalmente atípico;

(B) De acordo com a teoria da imputação objetiva, para caracterizar o nexo de causalidade entre o resultado e a conduta do agente, dentre outros fatores, é preciso que este tenha criado uma situação de risco juridicamente proibido;

(C) Uma das diferenças entre crimes qualificados pelo resultado e preterdolosos é que os primeiros podem ocorrer, a partir de uma conduta antecedente dolosa e de um resultado doloso, ao passo que os segundos ocorrem, a partir de uma conduta antecedente dolosa e um resultado culposo;

(D) Culpa imprópria é aquela, na qual o legislador atribui uma pena por crime culposo a agente que pratica um crime doloso, como no erro de tipo vencível;

(E) Em caso de embriaguez acidental completa, exclui-se a imputabilidade do agente pela aplicação da teoria da *actio libera in causa*.

A: a *tipicidade conglobante* é integrada pela lesividade e pela imputação objetiva. É um corretivo da tipicidade legal; B: para a *teoria da imputação objetiva*, para que se possa atribuir responsabilidade penal, é imprescindível a criação de uma situação de risco juridicamente intolerável ao bem jurídico tutelado; C: a rigor, o *crime preterdoloso* constitui tão só uma das espécies dos chamados *crimes qualificados pelo resultado*. De fato, o *crime preterdoloso* verificar-se sempre que ocorrer dolo no antecedente e culpa no consequente; D: culpa imprópria (culpa com previsão, por extensão, por assimilação, por equiparação) é aquela em que o agente, apesar de a ação ser dolosa, responde por crime culposo, uma vez que teve falsa percepção da realidade (equivocou-se acerca da situação fática); E: a teoria da *actio libera in causa* não se aplica às hipóteses de embriaguez acidental (art. 28, § 1º, do CP). Gabarito "E".

(Ministério Público/SP – 2006) Tendo em vista que, segundo Aníbal Bruno, "o tipo é por definição a fórmula descritiva das circunstâncias objetivas do crime", os tipos anormais:

(A) são os que contêm elementos normativos, como a expressão "sem justa causa".

(B) são os que contêm termos jurídicos, como "cheque".

(C) são os que contêm expressões que exigem juízo de valoração, como "dignidade".

(D) são os que contêm termos relativos a outras ciências, como "saúde".

(E) todas as alternativas acima são hipóteses de tipos anormais.

Tipo normal é o constituído tão somente por elementos descritivos. Anormal é aquele ao qual se acrescentam elementos normativos ou subjetivos. Gabarito "E".

(Ministério Público/TO – 2006 – CESPE) Bruno, dono de uma loja de armas, em conduta lícita, vendeu um revólver, sem saber das intenções relativas ao uso da arma, a Daniel, que possui porte legal de arma em razão de se cargo. Com a arma comprada, Daniel, intencionalmente, matou a tiros sua ex-mulher Letícia.

Com base na situação hipotética apresentada, assinale a opção correta.

(A) Pela teoria da equivalência das condições, a conduta de Bruno não é causa do resultado morte de Letícia.

(B) Pela teoria da causalidade adequada, a conduta de Bruno é considerada causa idônea à produção do resultado.

(C) Pela imputação objetiva, difundida especialmente por Günte Jakobs e adotada na Alemanha e Espanha, Bruno responder pelo resultado morte como partícipe do crime.

(D) O Código Penal brasileiro adota a teoria da equivalência das condições, desde que presente o elemento subjetivo o normativo do tipo.

A teoria da equivalência das condições (*conditio sine qua non*), contida no art. 13, *caput*, do CP, prescreve que quaisquer das circunstâncias que integram a totalidade dos antecedentes é causa do resultado. Dessa forma, o dono da loja de armas seria, em princípio, responsabilizado pela morte de Letícia. Ocorre que Bruno (assim como o fabricante da arma) somente seria punido se houvesse agido com dolo ou culpa em relação à provocação do resultado, o que não ocorreu. Gabarito "D".

(Procurador do Estado/CE – 2008 – CESPE) Denis desferiu cinco facadas em Henrique com intenção de matar. Socorrido imediatamente e encaminhado ao hospital mais próximo, Henrique foi submetido a cirurgia de emergência, em razão da qual contraiu infecção e, finalmente, faleceu. Acerca dessa situação hipotética, assinale a opção correta, com base no entendimento do STF.

(A) Trata-se de causa absolutamente independente superveniente, que rompeu o nexo causal, devendo Denis responder por tentativa de homicídio.
(B) Trata-se de causa relativamente independente e superveniente que rompeu o nexo causal, devendo Denis responder por tentativa de homicídio.
(C) Não houve rompimento do nexo de causalidade, devendo Denis responder por homicídio doloso consumado.
(D) Trata-se de causa relativamente independente e superveniente que rompeu o nexo causal, devendo Denis responder por lesão corporal seguida de morte.
(E) Não houve rompimento do nexo causal, mas Denis deve responder apenas por tentativa de homicídio.

A infecção contraída por Henrique é considerada *causa superveniente relativamente independente* que se encontra na linha de desdobramento natural da conduta. Não há se falar, pois, em rompimento do nexo causal. A esse respeito: STF, HC 78.049-8, Rel. Min. Maurício Corrêa, DJU 9.04.99. Gabarito "C".

(Procurador do Estado/RR – 2006 – FCC) Em matéria de tipicidade,

(A) o uso de expressões "indevidamente", "sem justa causa" representa a presença, no tipo, de um elemento normativo.
(B) o uso da expressão "para o fim de ..." representa a presença, no tipo, de um elemento objetivo especial.
(C) no caso de tentativa, há tipicidade direta anormal.
(D) considera-se tipo permissivo a descrição abstrata de uma ação proibida.
(E) considera-se tipo anormal o que descreve as hipóteses de inimputabilidade total ou parcial.

A: *elemento normativo* é o componente do tipo cujo significado é extraído por meio de um juízo de valoração, de um exercício de interpretação; B: o uso da expressão "para o fim de..." se faz presente nos tipos em que se exige alguma finalidade específica do agente. É o chamado *elemento subjetivo do tipo*; C: a tentativa (art. 14, II, do CP) tem como natureza jurídica norma de extensão cujo objetivo é viabilizar a punição do agente por meio de uma *adequação típica indireta* ou *mediata*; D: *tipo permissivo* é o que prevê a licitude de determinado comportamento (aborto legal, legítima defesa etc.); E: *anormal* é o tipo constituído por elementos objetivos mais os normativos ou subjetivos. Gabarito "A".

(Defensor Público/BA – 2006) A superveniência de causa relativamente independente

(A) exclui a imputação quando, por si só, produziu o resultado; os fatos anteriores, entretanto, imputam-se a quem os praticou.
(B) não exclui a imputação quando, por si só, tenha produzido o resultado lesivo.
(C) exclui a imputação quando, por si só, produziu o resultado; os fatos anteriores, por se situarem na linha do desdobramento causal, isentam o agente de pena.
(D) exclui a imputação somente quando acompanhada de outra concausa que tenha se manifestado na linha do desdobramento objetivo causal.
(E) exclui a imputação quando, por si só, produziu o resultado; os fatos anteriores, entretanto, não devem ser imputados a quem os tenha praticado.

Para ilustrar: suponhamos que "A", desejando a morte de "B", dispare contra este dois projéteis de arma de fogo. Atingido em órgão vital, "B", ainda com vida, é socorrido e, a caminho do hospital, a ambulância que o levava é violentamente atingida por veículo desgovernado, do que decorre a morte de "B". Pois bem, a colisão que vitimou (causou a morte) "B" constitui *causa superveniente relativamente independente* que por si só gerou o resultado. O nexo causal, nos termos do art. 13, § 1º, do CP, é interrompido (há imprevisibilidade). "A", por isso, responderá por homicídio na forma tentada. Gabarito "A".

(Defensoria/MA – 2009 – FCC) No trajeto do transporte de dois presos para o foro criminal por agentes penitenciários um deles saca de um instrumento perfurante e desfere diversos golpes contra o outro preso. Os agentes da lei presenciaram a ação desde o início e permaneceram inertes. Na conduta dos agentes

(A) há amparo pela excludente de ilicitude do exercício regular do direito, deixando de agir por exposição do risco às próprias vidas.
(B) a omissão é penalmente irrelevante porque a causalidade é fática.
(C) não há punição porque o Estado criou o risco da ocorrência do resultado.
(D) a omissão é penalmente relevante porque a causalidade é normativa.
(E) a omissão é penalmente relevante porque a causalidade é fática-normativa.

A inércia dos agentes, diante da agressão sofrida pelo preso que estava sob sua responsabilidade, equipara-se a uma ação (crime omissivo impróprio). Os agentes constataram a situação de perigo e o resultado naturalístico decorrente e, ainda assim, nada fizeram. A causalidade de fato é normativa porque amparada no art. 13, § 2º, do CP. Gabarito "D".

(Defensoria/MT – 2007) O Código Penal vigente, em seu artigo 13, encampou a teoria da conditio sine qua non, eis que a delimitação entre condutas típicas e atípicas foi historicamente função da causalidade. Na atualidade, sabe-se que a necessidade de uma relação de causalidade entre ação e resultado e a determinação da ação típica enfrentam uma profunda crise, surgindo novas teorias da tipicidade penal. Nesse contexto, em relação às principais características das teorias da evolução da tipicidade, assinale a afirmativa correta.

(A) O finalismo, que surgiu em contrapartida à concepção causalista da tipicidade, tem como suporte preponderante o desvalor da ação e do resultado.
(B) Pela teoria do finalismo, o tipo penal passou a ser composto de três dimensões: normativa, subjetiva e objetiva, sendo esta última integrada pelo dolo ou culpa, deslocados da culpabilidade para a tipicidade.
(C) O tipo penal, no tempo do causalismo, era puramente objetivo ou formal. Bastava o nexo de causalidade entre a conduta e o resultado para se concluir pela tipicidade da conduta.
(D) No causalismo, a culpabilidade foi afastada do conceito de crime, dele não pertencendo. Constituía-se em pressuposto da aplicação da pena, com análise da existência do dolo ou culpa.
(E) O tipo penal, com o advento do funcionalismo, conta com duas dimensões, a formal-objetiva e a subjetiva.

O tipo penal, para a *teoria causalista*, era eminentemente objetivo (formal). O nexo de causalidade era o que bastava para justificar a tipicidade da conduta. A vontade do agente era irrelevante para o fim de caracterizar um fato como típico. A análise do dolo e da culpa era relegada para um momento posterior, o da culpabilidade, que fazia parte do conceito de crime. Ausente, por exemplo, o dolo, o fato, embora típico, não era culpável. Com o *finalismo* de Welzel, o tipo penal passou a ser composto de duas dimensões, a saber: objetiva e subjetiva. Esta última de fato integrada pelo dolo ou culpa, deslocados da culpabilidade (causalismo) para a tipicidade. A culpabilidade não mais abrange o dolo e a culpa. Passa a ser (a culpabilidade), a partir de então, pressuposto da aplicação da pena. Com o advento do *funcionalismo*, o tipo penal passou a contar com três dimensões, a saber: objetiva; normativa; e subjetiva. Gabarito "C".

(Defensoria/PA – 2009 – FCC) Para formação do nexo de causalidade, no sistema legal brasileiro, a superveniência de causa relativamente independente

(A) não exclui a imputação do resultado superveniente.
(B) exclui a imputação quando, por si só, produziu o resultado, imputando-se os fatos anteriores a quem os praticou.
(C) exclui a imputação quando em concurso com outra concausa produz o resultado, atenuando-se a responsabilidade do autor pelo fato anterior.
(D) exclui a imputação quando produz o resultado com restrição da responsabilidade de quem praticou o fato subjacente ao limite de sua responsabilidade material.
(E) exclui parcialmente a imputação, tornando os autores responsáveis pelo fato subjacente no limite de suas responsabilidades.

Art. 13, § 1º, do CP. Gabarito "B".

(Defensoria/SP – 2009 – FCC) Assinale a alternativa correta.

(A) A lei penal em branco é inconstitucional por conter delegação de competência.
(B) Bens jurídicos relevantes são penalmente tutelados independentemente de tipo penal.
(C) Os tipos penais são criados pelo legislador, excepcionalmente, entretanto, o juiz pode, usando analogia, criar tipos penais.
(D) Nos tipos penais abertos a conduta não é totalmente individualizada.
(E) O tipo penal define condutas e personalidades criminosas.

A: a grande maioria da doutrina entende que não há inconstitucionalidade na norma penal em branco, pois o seu complemento é extraído de outra norma, ainda que de grau inferior (portaria, regulamento); B: os bens jurídicos considerados relevantes somente serão dignos de tutela penal se houver lei que assim o considere (princípio da legalidade). Além disso, pelo *princípio da exclusiva proteção de bens jurídicos*, o Direito Penal deve tutelar tão somente bens jurídicos contemplados na ordem constitucional, sendo-lhe defeso, pois, ocupar-se com lesões ínfimas; C: é defeso o uso de analogia com o propósito de incriminar condutas não previstas em lei. Só é possível, em Direito Penal, o emprego da analogia em favor do réu; D: *tipo penal aberto* é aquele que exige do magistrado um juízo de valoração, por meio do qual procede-se à individualização da conduta; *tipo fechado*, ao contrário, é o que não exige juízo de valoração algum do magistrado; E: tipo penal é a norma que contempla condutas criminosas e estabelece as respectivas penas. Não faz menção à personalidade do agente. Gabarito "D".

(Cartório/AP – 2011 – VUNESP) João, com a intenção de matar, golpeou José com uma faca, ferindo-o. Em condições normais, o ferimento teria configurado apenas lesão corporal leve. No entanto, por ser a vítima diabética, a lesão se agravou e esta veio a falecer em razão do ocorrido. Nesse caso, João responderá por

(A) homicídio doloso.
(B) tentativa de homicídio.
(C) lesões corporais graves.
(D) lesões corporais leves.
(E) homicídio culposo.

O fato de a vítima ser diabética constitui causa preexistente relativamente independente. É fato que o ferimento à faca sofrido por José não seria, em princípio, suficiente para causar-lhe a morte, o que somente se deu em razão do agravamento da lesão decorrente de doença preexistente (diabetes) de que padecia. Neste caso, João responde pelo crime de homicídio doloso na medida em que não há rompimento do nexo causal. Gabarito "A".

(Cartório/MT – 2005 – CESPE) José, querendo a morte de Paulo, efetuou contra ele 10 certeiros disparos. Paulo foi socorrido por uma ambulância, que o conduziu ao hospital. Durante o trajeto, a ambulância se envolveu em acidente, e Paulo veio a falecer em virtude dos ferimentos adquiridos devido à colisão. Considerando essa situação hipotética, assinale a opção correta.

(A) José não responderá pelo crime de porte ilegal de arma.
(B) José não responderá pelo crime de homicídio consumado.
(C) Restará extinta a punibilidade de José.
(D) José será beneficiado com o perdão judicial.

A colisão da qual resultou a morte de Paulo é *causa superveniente relativamente independente* que não se encontra na linha de desdobramento natural da conduta de José, razão por que, em vista do que dispõe o art. 13, § 1º, do CP, o nexo causal será rompido e José não responderá pelo resultado, tão somente pelos atos até então praticados (tentativa de homicídio). Gabarito "B".

(Delegado/SC – 2008) "Alpha", com intenção de matar, põe veneno na comida de "Beta", seu desafeto. Este, quando já está tomando a refeição envenenada, vem a falecer exclusivamente em consequência de um desabamento do teto. No exemplo dado, é correto afirmar que "Alpha" responderá tão-somente por tentativa de homicídio, porquanto:

(A) o desabamento é causa concomitante relativamente independente da conduta de "Alpha", que exclui o nexo causal entre esta e o resultado "morte".
(B) o desabamento é causa superveniente relativamente independente da conduta de "Alpha", que exclui o nexo causal entre esta e o resultado "morte".
(C) o desabamento do teto é causa superveniente absolutamente independente da conduta de "Alpha", que exclui o nexo causal entre esta e o resultado "morte".
(D) o desabamento é causa concomitante absolutamente independente da conduta de "Alpha", que exclui o nexo causal entre esta e o resultado "morte".

É *causa absolutamente independente* porque tem origem diversa da da conduta. "Alpha" será responsabilizado tão só pela tentativa porquanto o fato que efetivamente causou a morte de "Beta" foi o desabamento do teto (causa absolutamente independente). Gabarito "C".

(Delegado/SP – 2008) Sobre o funcionalismo penal, nascido na década de 1970, no seio da doutrina alemã, não é correto afirmar que essa concepção doutrinária

(A) implica o enriquecimento da teoria de tipicidade com adoção da moderna teoria da imputação objetiva.
(B) vincula as causas legais de justificação ao tipo e trata as demais como causas simplesmente excludentes.
(C) prega que a função da teoria do injusto não é identificar condutas proibidas, mas sim condutas merecedoras de pena.
(D) questiona a utilidade do conceito de ação desenvolvido pelo finalismo e causalismo.
(E) concebe que o direito, como regulador social, delimita o âmbito das expectativas normativas de conduta.

O *funcionalismo*, a rigor, agregou, no que concerne à teoria do tipo penal, a *imputação objetiva*, que integra a segunda dimensão (normativa) do tipo penal. Dessa forma, para que se estabeleça a adequação típica, é insuficiente, pois, o "causar a morte de alguém" (segundo o causalismo), tampouco causá-la dolosa ou culposamente (finalismo). O funcionalismo vai além. Como dito, a imputação objetiva passou a integrar o tipo penal, exigindo, em suma, que tão só seja atribuída ao agente a conduta que cria um risco juridicamente proibido. Gabarito "C".

(Magistratura Federal – 5ª Região – 2007 – CESPE) Julgue o item seguinte.

(1) A teoria da imputação objetiva tem aplicação nos crimes de mera conduta, formais e materiais.

A teoria da imputação objetiva é aplicada indistintamente aos crimes de mera conduta, formais e materiais, classificação que leva em conta o resultado do delito como fator condicionante de sua consumação. Gabarito 1C.

(Procuradoria Federal – 2007 – CESPE) Julgue o item seguinte.

(1) Segundo a teoria da causalidade adequada, adotada pelo Código Penal, o resultado, de que depende a existência do crime, somente é imputável a quem lhe deu causa. Considera-se causa a ação ou omissão sem a qual o resultado não teria ocorrido.

A *teoria da causalidade adequada* prescreve que um evento só será produto da ação humana quando esta tiver sido idônea a produzir o resultado. O Código Penal, em seu art. 13, *caput*, adotou a *teoria da equivalência dos antecedentes* (*conditio sine qua non*), segundo a qual reputa-se causa toda circunstância antecedente, sem a qual o resultado não teria ocorrido. Gabarito 1E.

(Magistratura do Trabalho – 18ª Região – 2006) Considerando a teoria finalista da ação, é incorreto afirmar:

(A) Ausentes o dolo e a culpa, o fato não é culpável.
(B) O dolo e a culpa são elementos do tipo.
(C) A exigibilidade de conduta diversa é pressuposto de aplicação da pena (culpabilidade).
(D) A potencial consciência da ilicitude e a imputabilidade são elementos da culpabilidade.
(E) A antijuridicidade na doutrina finalista da ação é a mesma da doutrina tradicional.

A: para a *teoria finalista da ação*, o dolo e a culpa integram a conduta; ausentes estes, o fato é atípico, já que a conduta é um dos elementos do fato típico; B: o dolo e a culpa, que na teoria clássica integravam a culpabilidade, passaram a fazer parte da conduta e, portanto, do fato típico; C e D: com o advento do finalismo, a *culpabilidade*, com novos contornos, passou a ser integrada pelos seguintes elementos: imputabilidade, exigibilidade de conduta diversa e potencial consciência da ilicitude; E: no que se refere à antijuridicidade, de fato não fora implementada nenhuma modificação em relação à doutrina tradicional. Gabarito "A".

(Ministério Público do Trabalho – 13°) Assinale a afirmativa INCORRETA, quanto à omissão em matéria penal:

(A) a figura do "garantidor" ou "garante" é aplicável aos crimes omissivos impróprios;
(B) crimes omissivos impróprios são aqueles objetivamente descritos com uma conduta negativa de não fazer o que a lei determina;

(C) a causalidade nos crimes omissivos impróprios é normativa, estabelecendo-se entre o resultado e o comportamento que o agente estava juridicamente obrigado a fazer e do qual se omitiu;
(D) o crime de omissão de socorro é exemplo de crime omissivo próprio;
(E) não respondida.

A: a obrigação de agir do "garantidor" ou "garante" está contida no art. 13, § 2º, b, do CP. De fato, o § 2º do art. 13 somente tem aplicação nos chamados crimes *omissivos impróprios* (comissivos por omissão), que são aqueles que não estão em tipos específicos, fazendo-se necessário, portanto, uma norma de extensão para estabelecer a tipicidade (relevância da omissão); B: como dito, os *crimes omissivos impróprios* não estão objetivamente descritos em tipos específicos. Os *omissivos próprios* (puros), ao contrário, descrevem a omissão daquele que tinha o dever de agir (exemplo: omissão de socorro – art. 135 do CP); C: art. 13, § 2º, do CP; D: o crime de omissão de socorro se perfaz pela mera abstenção do agente, sendo desnecessário qualquer resultado posterior. O tipo penal descreveu no que consistia a omissão. Gabarito "B".

(CESPE – 2009) Ana e Bruna desentenderam-se em uma festividade na cidade onde moram e Ana, sem intenção de matar, mas apenas de lesionar, atingiu levemente, com uma faca, o braço esquerdo de Bruna, a qual, ao ser conduzida ao hospital para tratar o ferimento, foi vítima de acidente de automóvel, vindo a falecer exclusivamente em razão de traumatismo craniano. Acerca dessa situação hipotética, é correto afirmar, à luz do CP, que Ana

(A) não deve responder por delito algum, uma vez que não deu causa à morte de Bruna.
(B) deve responder apenas pelo delito de lesão corporal.
(C) deve responder pelo delito de homicídio consumado.
(D) deve responder pelo delito de homicídio na modalidade tentada.

O acidente de automóvel do qual resultou a morte de Bruna constitui, conforme reza o art. 13, § 1º, do CP, *causa superveniente relativamente independente*, que tem o condão de cortar o nexo causal, fazendo com que Ana responda tão somente pela lesão corporal. Embora o acidente automobilístico tenha sido gerado pela lesão experimentada por Ana (causas relativamente independentes), ele, acidente, foi capaz, por si só, de produzir o resultado. Alternativa "B". Gabarito "B".

(CESPE – 2008) Constitui crime omissivo próprio

(A) o abandono intelectual.
(B) a mediação para servir a lascívia de outrem.
(C) a falsidade de atestado médico.
(D) o atentado ao pudor mediante fraude.

Crime omissivo próprio ou puro é aquele que se consuma com a mera abstenção do agente, não se exigindo um resultado posterior. O delito de abandono intelectual (art. 246, CP) se perfaz no instante em que os pais deixam de tomar as providências que seriam necessárias para proporcionar instrução primária aos filhos. Alternativa "A". Gabarito "A".

6. CRIMES DOLOSOS, CULPOSOS E PRETER-DOLOSOS

(Magistratura/DF – 2011) Diz-se o crime: I – doloso, quando o agente quis o resultado ou assumiu o risco de produzi-lo. Daí,

(A) Quando o agente pratica a conduta típica, sem qualquer finalidade especial, denomina-se dolo específico;
(B) Quando o agente pratica a conduta típica, destinada a uma finalidade especial denomina-se dolo genérico;
(C) Quando a vontade do agente é dirigida a um resultado determinado, porém vislumbrando a possibilidade de um segundo resultado não desejado, denomina-se dolo eventual;
(D) Quando o agente pratica a conduta dirigida especificamente a produzir um resultado típico, denomina-se dolo direto de segundo grau.

A: incorreta, pois age com *dolo genérico* o agente que pratica a conduta típica desprovido de qualquer finalidade específica; B: incorreta, visto que o agente que realiza a conduta descrita no tipo visando a um fim especial age com *dolo específico* (a finalidade específica deve estar descrita no tipo penal); C: no *dolo eventual*, a vontade do agente não está dirigida à obtenção do resultado lesivo. Ele, em verdade, deseja outra coisa, mas, prevendo a possibilidade de o resultado ocorrer, revela-se indiferente e dá sequência à sua empreitada, assumindo o risco de causá-lo. Ele não o deseja, mas se acontecer, aconteceu. O *dolo eventual* não deve ser confundido com a *culpa consciente*. Nesta, embora o agente tenha a previsão do resultado ofensivo, espera sinceramente que ele não ocorra. Ele não o deseja (dolo direto) tampouco assumi o risco de produzi-lo (dolo eventual). Assertiva correta; D: incorreta, pois dolo direto de segundo grau (ou indireto) é o que se refere às consequências secundárias, decorrentes dos meios escolhidos pelo autor para a prática da conduta. Gabarito "C".

(Magistratura/DF - 2006) Caracteriza-se a culpa consciente quando:

(A) O agente não prevê o resultado, malgrado seja previsível;
(B) O agente admite e aceita o risco de produzir o resultado;
(C) O agente prevê o resultado, mas espera, sinceramente, que ele não aconteça.
(D) O agente prevê o resultado, não se importando que venha ele a acontecer.

Fala-se em *culpa consciente* sempre que o agente, embora preveja o resultado ofensivo, espera, sinceramente, que ele não ocorra. A rigor, o sujeito ativo, diante do caso concreto, confia em sua habilidade. Embora tenha a previsão do resultado, ele não o deseja, tampouco assume o risco de produzi-lo. Gabarito "C".

(Magistratura/PR – 2008) George Shub, conhecido terrorista, pretendendo matar o Presidente da República de Quiare, planta uma bomba no veículo em que ele sabe que o político é levado por um motorista e dois seguranças até uma inauguração de uma obra. A bomba é por ele detonada à distância, durante o trajeto, provocando a morte de todos os ocupantes do veículo. Com relação à morte do motorista, George Shub agiu com:

(A) Dolo direto de primeiro grau
(B) Dolo direto de segundo grau
(C) Dolo eventual
(D) Imprudência consciente

Existem três modalidades de dolo, a saber: dolo direto de primeiro grau; dolo direto de segundo grau; e dolo eventual. Dolo direto de primeiro grau (ou imediato) é aquele que se refere ao objetivo principal almejado pelo agente. Dolo direto de segundo grau (ou indireto) é o que se refere às consequências secundárias, decorrentes dos meios escolhidos pelo autor para a prática da conduta. Dolo eventual, por sua vez, ocorre sempre que o agente assume o risco de produzir determinado resultado. Gabarito "B".

(Magistratura/PR – 2008) A culpa que decorre de erro culposo sobre a legitimidade da ação realizada denomina-se:

(A) Culpa própria
(B) Culpa imprópria
(C) Culpa inconsciente
(D) Culpa consciente

Na *culpa imprópria* (por extensão ou assimilação ou equiparação), o agente, envolvido por erro vencível, o que o faz ter uma falsa percepção da realidade, deseja atingir determinado resultado. O que se dá, a rigor, é uma conduta dolosa, malgrado o desejo do agente esteja contaminado por uma visão distorcida da realidade. É o caso do pai que, supondo ter sua casa invadida por ladrões, atira, de forma açodada, contra o invasor, que, depois vem a saber, é seu filho. Gabarito "B".

(Ministério Público/BA – 2010) A questão da *actio libera in causa* é um tema, ainda hoje, de grande repercussão dogmática, e cujo tratamento e solução relacionam-se modernamente com os princípios:

(A) Da coincidência e da igualdade.
(B) Da lesividade e culpabilidade.
(C) Da insignificância e ofensividade.
(D) Da culpabilidade e da insignificância.
(E) Da efetividade e subsidiariedade.

Segundo a teoria da *actio libera in causa* (ação livre na causa), a imputabilidade do agente deve ser analisada no momento em que este, antes da prática da infração penal, faz uso de álcool ou de substância de efeitos análogos. O que se dá, a rigor, é o deslocamento do momento de aferição da imputabilidade do momento da ação ou omissão para o instante em que o agente se coloca em estado de inimputabilidade, o que ocorre com a ingestão de álcool ou substância de efeitos análogos. Gabarito "A".

(Ministério Público/DF – 2005) Em face das seguintes assertivas, assinale a alternativa incorreta:

(A) O dolo direto de segundo grau versa sobre as conseqüências secundárias, decorrentes dos meios elegidos pelo autor para a prática da conduta, desde que por ele representadas como certas ou necessárias, ainda que não desejadas.
(B) O comportamento típico culposo apresenta os seguintes elementos: conduta voluntária; inobservância do dever de cuidado objetivo; produção de resultado naturalístico, não desejado nem consentido; nexo de causalidade; previsão ou previsibilidade objetiva; subsunção a norma penal expressa.
(C) O preenchimento do tipo penal doloso pode exigir, ao lado do dolo, a verificação de outros elementos de natureza subjetiva, sem os quais a conduta será desclassificada para outro tipo penal ou simplesmente considerada atípica.

(D) A combinação entre o dolo (no precedente) e a culpa (no conseqüente) é essencial para a caracterização dos crimes qualificados pelo resultado.

(E) O Código Penal brasileiro acolheu, no *caput* de seu artigo 13, a teoria da equivalência dos antecedentes causais, admitindo, todavia, o rompimento do nexo causal por causa superveniente relativamente independente (artigo 13, § 1º), o que representa limite à amplitude da teoria elegida pelo legislador para regular a causalidade natural no Direito Penal.

A combinação entre o dolo (no precedente) e a culpa (no consequente) é essencial à caracterização do chamado crime **preterdoloso**. Este, por sua vez, é tão somente uma das espécies dos chamados **crimes qualificados pelo resultado**. Gabarito "D".

(Ministério Público/MA – 2002) Quando o sujeito ativo não age com dolo contemporâneo à ação, porquanto embriagado voluntariamente, mas tem a previsibilidade da ocorrência do fato delituoso agindo dolosamente no início da série causal de eventos que se encerra com o resultado danoso, deve responder pelo resultado que produzir. Tal afirmação encontra respaldo na seguinte teoria:

(A) *Versare in re illicita;*
(B) *Actio libera in causa;*
(C) *Conditio sine qua non;*
(D) *Nullun crimen sine conducta;*
(E) *Error júris nocet.*

Neste caso, por ter feito uso de bebida alcoólica ou droga com o propósito de se colocar em estado de inimputabilidade, o elemento subjetivo, manifestado quando da ingestão da bebida ou da substância, é projetado para o instante da conduta criminosa. A teoria da *actio libera in causa* repousa no princípio *"causa da causa também é causa do que foi causado"*. Gabarito "B".

(Ministério Público/MS – 2011 – FADEMS) No crime preterdoloso a culpa pode ser reconhecida por presunção?

(A) Sim. No crime preterdoloso a culpa pode ser reconhecida por presunção;
(B) Não, porque no crime preterdoloso a conduta do agente é sempre preordenada;
(C) A culpa no crime preterdoloso não pode ser presumida, deve ser provada;
(D) Não, porque no crime preterdoloso o resultado é sempre almejado pelo agente;
(E) Sim, desde que o agente tenha almejado o resultado.

o crime **preterdoloso**, espécie dos chamados **crimes qualificados pelo resultado**, é formado pela combinação entre o dolo (no precedente) e a culpa (no consequente). No mais, o direito penal é informado pelo *princípio da culpabilidade* ou da *responsabilidade subjetiva*, segundo o qual ninguém pode ser punido se não houver agido com dolo ou culpa. É vedada, portanto, em direito penal, a responsabilidade objetiva. Gabarito "C".

(Ministério Público/PR – 2011) Sobre o tipo dos crimes dolosos de ação, assinale a alternativa incorreta:

(A) a imputação do resultado pressupõe, além da relação de causalidade, a criação de risco para o bem jurídico pela ação do autor e a realização do risco criado pelo autor no resultado de lesão do bem jurídico;
(B) o dolo direto de 2º grau abrange os efeitos colaterais representados como certos ou necessários pelo autor, determinantes de lesões a bens jurídicos, ainda que lamentados ou indesejados por este;
(C) o erro de tipo pode ter por objeto elementos descritivos ou normativos do tipo objetivo e, quanto ao tipo subjetivo, não pode incidir sobre o dolo, mas pode ter por objeto elementos subjetivos especiais, diversos do dolo;
(D) o tipo subjetivo dos delitos de homicídio e lesões corporais é composto somente pelo dolo, e o tipo subjetivo dos delitos de furto, extorsão, falsidade ideológica e prevaricação é composto pelo dolo e por elementos subjetivos especiais, diversos do dolo;
(E) o erro de tipo inevitável sobre elementos objetivos do tipo de homicídio (CP, art. 121, caput) e o erro de tipo evitável sobre elementos objetivos do tipo de aborto simples provocado pela gestante (CP, art. 124) não resultam em qualquer responsabilidade penal ao seu autor.

A: trata-se de componentes da imputação objetiva que nos permite verificar se a conduta e o resultado geraram risco efetivamente relevante ao bem jurídico; B: *dolo direto de segundo grau* (ou indireto) é o que se refere às consequências secundárias, decorrentes dos meios escolhidos pelo autor para a prática da conduta; C: é verdadeira a afirmação contida na primeira parte da assertiva de que o erro de tipo – art. 20, *caput*, CP – pode ter por objeto elementos descritivos ou normativos do tipo objetivo, mas é incorreto o trecho em que se faz referência ao tipo subjetivo, visto que em hipótese alguma o erro de tipo alcança o elemento subjetivo do tipo; D: no furto, o elemento subjetivo é representando pelo dolo e também pela intenção do agente de apossar-se da coisa subtraída de forma definitiva (*animus rem sibi abendi* ou *animus furandi*); na extorsão, temos que o elemento subjetivo é representado pelo dolo e também pelo elemento especial consistente em "obter para si ou para outrem indevida vantagem econômica"; na falsidade ideológica, por sua vez, o especial fim de agir do agente consiste em "com o fim de prejudicar direito, criar obrigação ou alterar a verdade sobre fato juridicamente relevante"; o crime de prevaricação somente resta caracterizado se o agente realizar as condutas previstas no tipo com o propósito de satisfazer interesse ou sentimento pessoal (elemento especial do tipo subjetivo). Nos crimes de homicídio e lesão corporal, o elemento subjetivo é representando pelo dolo. Na corrente tradicional, o dolo genérico (o agente pratica a conduta típica desprovido de qualquer finalidade específica); E: o erro de tipo inevitável, invencível ou escusável elide qualquer responsabilidade penal do autor do erro, visto que tem o condão de excluir o dolo e a culpa. O erro de tipo evitável ou vencível sobre elementos objetivos do tipo de aborto simples provocado pela gestante não resulta em responsabilidade para esta porque, embora pudesse, em princípio, haver punição a título de culpa, já que nesta modalidade de erro o dolo é afastado mas a culpa subsiste, inexiste aborto culposo em nosso ordenamento. Gabarito "C".

(Ministério Público/PR – 2009) Sobre o tipo dos crimes dolosos de ação, assinale a alternativa correta:

(A) o legislador penal brasileiro adotou a teoria da adequação para explicar o nexo de causalidade entre ação e resultado.
(B) o tipo subjetivo de todos os crimes dolosos de ação é constituído por consciência e vontade, que compõem o dolo, e por elementos subjetivos especiais, diversos do dolo.
(C) o autor A faz explodir eletronicamente bomba previamente instalada no veículo do motorista B, com a finalidade de matá-lo, e a explosão da bomba produz, também, a morte de C, que o autor sabia que estava no veículo: a morte de B é atribuível ao autor a título de dolo direto de 1º grau, e a morte de C, representada como necessária pelo autor, é atribuível a este a título de dolo direto de 2º grau.
(D) o erro de tipo não pode recair sobre elementos normativos do tipo objetivo.
(E) a *aberratio ictus* ocorre quando o agente, por acidente ou erro no uso dos meios de execução, atinge pessoa diversa daquela que pretendia, hipótese em que as condições ou qualidades pessoais da pessoa atingida são penalmente relevantes.

A: no que tange ao *nexo de causalidade*, o Código Penal adotou, no art. 13, *caput*, a teoria da equivalência dos antecedentes (*conditio sine qua non*); B: o tipo subjetivo dos crimes dolosos deve abranger a *consciência* e a *vontade* de concretizar os requisitos objetivos do tipo que levam ao resultado. Os elementos subjetivos especiais, todavia, só integrarão a dimensão subjetiva da tipicidade penal quando exigidos pelo tipo penal; C: existem, basicamente, três modalidades de dolo, a saber: dolo direto de primeiro grau; dolo direto de segundo grau; e dolo eventual. *Dolo direto de primeiro grau* (ou imediato) é aquele que se refere ao objetivo principal almejado pelo agente. *Dolo direto de segundo grau* (ou indireto) é o que se refere às consequências secundárias, decorrentes dos meios escolhidos pelo autor para a prática da conduta. *Dolo eventual*, por sua vez, ocorre sempre que o agente assume o risco de produzir determinado resultado; D: o *erro de tipo* pode, sim, recair sobre elementos normativos do tipo, o que ensejará a exclusão do dolo e, consequentemente, da conduta e do fato típico; E: na *aberratio ictus* ou erro na execução, o agente, de fato, por acidente ou erro no uso dos meios de execução, no lugar de atingir a pessoa que pretendia, atinge pessoa diversa. Neste caso, em consonância com o disposto no art. 73 do CP, serão levadas em consideração as características da pessoa contra a qual o agente queria investir mas não conseguiu. Gabarito "C".

(MINISTÉRIO PÚBLICO/RO – 2010 – CESPE) A respeito da teoria do crime adotada pelo CP, assinale a opção correta.

(A) A ausência de previsão é requisito da culpa inconsciente, pois, se o agente consegue prever o delito, trata-se de conduta dolosa e não culposa.
(B) O CP limitou-se a adotar a teoria do assentimento em relação ao dolo ao dispor que age dolosamente o agente que aceita o resultado, embora não o tenha visado como fim específico.

(C) A conduta do agente que, após iniciar a execução de crime por iniciativa própria, impede a produção do resultado caracteriza arrependimento posterior e tem a mesma consequência jurídica da desistência voluntária.
(D) Na desistência voluntária, o agente poderá responder pelos atos já praticados, pelo resultado ocorrido até o momento da desistência ou pela tentativa do crime inicialmente pretendido.
(E) A previsibilidade subjetiva é um dos elementos da culpa e consiste na possibilidade de ser antevisto o resultado nas circunstâncias específicas em que o agente se encontrava no momento da infração penal.

A: na *culpa inconsciente*, embora o resultado lesivo seja previsível, o agente não o prevê (ausência de previsão). Entenda bem: o sujeito, nesta modalidade de culpa, não prevê o que é previsível. A propósito, a previsibilidade objetiva constitui um dos requisitos do crime culposo. Fala-se, de outro lado, em *culpa consciente* sempre que o agente, embora preveja o resultado ofensivo, espera, sinceramente, que ele não ocorra. A rigor, o agente, diante do caso concreto, confia em sua habilidade. Embora tenha a previsão do resultado, ele não o deseja, tampouco assume o risco de produzi-lo. Agora, se o agente consegue ter a previsão do resultado, mas pouco se importa com ele (assumi o risco de causá-lo), dando sequência ao seu propósito inicial, é caso então de dolo eventual. A segunda parte da assertiva, a nosso ver, não deixa claro se a previsão se refere à culpa consciente ou ao dolo eventual; B: incorreta, visto que, em relação ao dolo, o Código Penal acolheu – art. 18, I – as teorias da *vontade* (dolo direto) e do *assentimento* (dolo eventual), e não somente esta; C: a situação descrita nesta assertiva se refere ao instituto contemplado no art. 15, segunda parte, do CP (arrependimento eficaz), em que o agente, uma vez realizados todos os atos considerados necessários à consumação do crime, passa a agir para que o resultado não se produza. Assim como na *desistência voluntária*, este somente terá lugar antes da consumação do crime, razão pela qual tem natureza jurídica de *causa excludente de tipicidade*. O arrependimento posterior, que, como a própria nomenclatura sugere, deve ser posterior à consumação do crime, tem como natureza jurídica de *causa obrigatória de diminuição de pena*. Sua disciplina está no art. 16 do CP; D: na desistência voluntária e no arrependimento eficaz (art. 15, CP), o agente somente responderá pelos atos então praticados. A tentativa fica afastada na medida em que a consumação não se concretizou por circunstâncias relacionadas à vontade do agente. Como já dito, a natureza jurídica dos dois institutos aqui tratados consiste em *causa excludente de tipicidade*, subsistindo a responsabilidade tão somente pelos atos praticados; E: cuida-se da capacidade de o agente, em face de suas condições pessoais (educação, inteligência etc), antever o resultado. Esta é a previsibilidade subjetiva, que não constitui elemento (requisito) do fato típico culposo. Sua incidência se dá no campo da culpabilidade. Gabarito "A".

(Procurador de Contas TCE/ES – CESPE – 2009) Com relação aos crimes culposos, assinale a opção correta.

(A) A culpa consciente ocorre quando o agente assume ou aceita o risco de produzir o resultado. Nesse caso, o agente não quer o resultado, caso contrário, ter-se-ia um crime doloso.
(B) A culpa imprópria ou culpa por extensão é aquela em que a vontade do sujeito dirige-se a um ou outro resultado, indiferentemente dos danos que cause à vítima.
(C) A compensação de culpas no direito penal, aceita pela doutrina penal contemporânea e acolhida pela jurisprudência pátria, diz respeito à possibilidade de compensar a culpa da vítima com a culpa do agente da conduta delituosa, de modo a assegurar equilíbrio na relação penal estabelecida.
(D) São elementos do fato típico culposo: conduta humana voluntária (ação/omissão), inobservância do cuidado objetivo (imprudência/negligência/imperícia), previsibilidade objetiva, ausência de previsão, resultado involuntário, nexo de causalidade e tipicidade.
(E) A autoria dos crimes culposos é basicamente atribuída àquele que causou o resultado. Com isso admite-se a participação culposa em delito doloso, participação dolosa em crime culposo e participação culposa em fato típico culposo.

A: fala-se em *culpa consciente* sempre que o agente, embora preveja o resultado ofensivo, espera, sinceramente, que ele não ocorra. A rigor, o agente, diante do caso concreto, confia em sua destreza. Embora tenha a previsão do resultado, ele não o deseja, tampouco assume o risco de produzi-lo. Se, no entanto, o agente, com a sua conduta, assume o risco de produzir determinado resultado, ainda que a sua vontade não seja a ele dirigida, está-se então diante do chamado *dolo eventual*; B: na *culpa imprópria* (por extensão ou assimilação ou equiparação), o agente, envolvido por erro vencível, o que o faz ter uma falsa percepção da realidade, deseja atingir determinado resultado. O que se dá, a rigor, é uma conduta dolosa, malgrado o desejo do agente esteja contaminado por uma visão distorcida da realidade. De outro lado, se a vontade do agente é dirigida a um ou outro resultado, fala-se em *dolo alternativo*;

C: a *compensação de culpas* não foi acolhida pela doutrina penal, tampouco pela jurisprudência; D: para que se possa falar em crime culposo, devem, portanto, estar presentes os requisitos (elementos) acima; à falta de um deles, o fato será atípico; E: inexiste participação culposa em delito doloso, bem assim participação dolosa em crime culposo. Da mesma forma, não há que se falar em participação culposa em fato típico culposo. O que pode haver é *coautoria* em delito culposo. Gabarito "D".

(Defensoria/MG – 2006) A respeito dos delitos culposos, assinale a alternativa CORRETA.

(A) A teoria do incremento do risco, utilizada para estabelecer e limitar o conceito de "dever objetivo de cuidado" determina que, se o dano ocorreu em virtude de atividade arriscada, mas socialmente tolerada, não poderá haver a imputação do resultado.
(B) Na culpa inconsciente, o resultado naturalístico não é previsível.
(C) Na denominada culpa imprópria, o agente pratica conduta dolosa sobre a qual, por motivos de política criminal, aplicar-se-á pena de crime culposo, desde que prevista tal modalidade em lei.
(D) O código penal distingue culpa consciente e inconsciente, dando lhes tratamento jurídico diferenciado.
(E) Segundo a doutrina brasileira, pode haver tanto co-autoria quanto participação em delitos culposos.

A: a *teoria do incremento do risco* prescreve que tão só pode ser atribuído ao agente o resultado que deriva de forma direta do risco criado; B: na *culpa inconsciente*, embora o resultado lesivo seja previsível, o agente não o prevê; C: na denominada *culpa imprópria* o agente persegue determinado resultado (atua com dolo), mas atua em razão de erro vencível; D: o Código Penal não faz distinção entre as duas modalidades de culpa; E: a coautoria em crime culposo é admitida; a participação, não. Gabarito "C".

(Defensoria/MT – 2007) O Código Penal, no artigo 18, inciso II, descreve a modalidade de crime culposo. Sobre a matéria, é correto afirmar:

(A) O delito culposo advém de uma conduta involuntária.
(B) O fato típico culposo é, em geral, aberto.
(C) Nos delitos culposos, é prescindível a produção do resultado naturalístico involuntário.
(D) A ausência de previsibilidade subjetiva exclui a culpa.
(E) Nos delitos culposos, a culpabilidade não apresenta os mesmos elementos dos crimes dolosos.

A: o delito culposo pressupõe uma *conduta humana voluntária*. O resultado naturalístico, no crime culposo, de outro lado, deve ser *involuntário*; B: de fato os crimes culposos têm o *tipo aberto*, pois exigem juízo valorativo por parte do juiz, uma vez que a conduta não está descrita na lei, tão só o resultado; C: como dito, nos crimes culposos é imprescindível conduta humana voluntária e resultado naturalístico involuntário; D: a ausência de previsibilidade subjetiva – aquela que leva em conta as condições pessoais do agente – não exclui a culpa porquanto o fato típico culposo não tem como um de seus elementos integrantes a previsibilidade subjetiva, e sim a objetiva. A ausência desta implica a atipicidade da conduta. No mais, a previsibilidade subjetiva tem repercussão somente no campo da culpabilidade (reprovabilidade); E: a culpabilidade, nos crimes culposos, apresenta os mesmos elementos dos crimes dolosos. Gabarito "B".

(Defensor Público/MS – 2008 – VUNESP) Admite a figura culposa o crime de

(A) dano (CP, art. 163).
(B) corrupção ou poluição de água potável (CP, art. 271).
(C) infração de medida sanitária preventiva (CP, art. 268).
(D) excesso de exação (CP, art. 316, § 1.º).

A: inexiste forma culposa do crime de dano (art. 163 do CP); B: a modalidade culposa do crime de corrupção ou poluição de água potável está capitulada no art. 271, parágrafo único, do CP; C: não há modalidade culposa do crime previsto no art. 268 do CP; D: não há previsão de modalidade culposa para o crime de excesso de exação – art. 316, § 1.º, do CP. Não podemos nos esquecer da chamada *excepcionalidade do crime culposo*, presente no art. 18, parágrafo único, do CP, que significa que o crime só será culposo se houver expressa menção, no tipo penal, a esse respeito; caso contrário, será doloso. Gabarito "B".

(Delegado/GO – 2009 – UEG) Sobre o dolo, é CORRETO afirmar:

(A) o dolo direto de segundo grau compreende os meios de ação escolhidos para realizar o fim, incluindo os efeitos secundários representados como certos ou necessários, independentemente de serem esses efeitos ou resultados desejados ou indesejados pelo autor.
(B) age com culpa consciente aquele químico que manipula fórmulas para produção de alimentos sem as devidas cautelas relativas à contaminação; no entanto, sabedor do perigo, continua a atuar e acaba, desse modo, causando lesão à saúde dos consumidores.

(C) no dolo de primeiro grau, o agente busca indiretamente a realização do tipo legal.

(D) o Código Penal pátrio, no artigo 18, inciso I, adotou somente a teoria da vontade.

A: *dolo direto de segundo grau* ou *indireto* é o que se refere às consequências secundárias, decorrentes dos meios escolhidos pelo autor para a prática da conduta, ao passo que o *de primeiro grau* ou *imediato* é aquele que diz respeito ao objetivo principal almejado pelo agente; B: na *culpa consciente*, o agente prevê o resultado, mas espera sinceramente que ele não ocorra, já que acredita que, com a sua habilidade, poderá evitá-lo. Aqui, o químico mostra-se indiferente, pois, sabedor do perigo gerado com a sua atividade, continua a manipular as fórmulas necessárias à produção de alimentos. Sua vontade, é bem verdade, não está voltada para a geração do perigo tampouco para a produção de lesão à saúde dos consumidores, mas a sua postura revela indiferença em relação à ocorrência desse resultado, que lhe é previsível. Está-se, então, diante do chamado *dolo eventual*; C: ao contrário, no *dolo de primeiro grau*, também chamado *dolo imediato*, o agente visa diretamente à realização do tipo legal; D: o Código Penal acolheu – art. 18, I – as teorias da *vontade* (dolo direto) e do *assentimento* (dolo eventual). Gabarito "A".

(Cartório/DF – 2008 – CESPE) Julgue o item seguinte.

(1) O nexo causal que resulta da omissão é de natureza normativa, e não, naturalística. A omissão, portanto, é erigida pelo direito como causa do resultado, ocorrendo quando quem tem o dever legal de evitar o resultado não o faz.

De fato, toda omissão penalmente relevante é normativa, pois exige a presença de uma norma que estabeleça o dever de agir. Assim, o sujeito é punido porque deixou de fazer o que a norma determinava. Gabarito 1C.

(Magistratura do Trabalho – 3ª Região – 2009) José, estudante de curso de pós-graduação em Direito, estava dirigindo um automóvel por uma estrada, quando percebeu, à sua direita, um ciclista. Apesar de ter verificado a possibilidade de ocorrência de atropelamento, José não reduziu a velocidade e pensou: "existe risco de atropelamento, mas sou muito hábil no volante e não haverá acidente". Na hipótese de vir a ocorrer o acidente, José poderia ter agido:

(A) com dolo eventual
(B) com dolo direto
(C) com culpa consciente
(D) com culpa inconsciente
(E) em legítima defesa

Trata-se de hipótese de *culpa consciente*. José teve a previsão do resultado (não desejado) e agiu convicto de que poderia, com a sua destreza, evitá-lo. Sua postura não foi de indiferença em relação ao resultado previsto, mas de certeza de que ele não iria ocorrer. Não há que se falar, portanto, em *dolo eventual*, que exige que o agente haja consentido no resultado. Gabarito "C".

(Magistratura do Trabalho – 7ª Região – 2005) No crime qualificado pelo resultado, tem-se:

(A) dolo e dolo.
(B) culpa e dolo.
(C) culpa e culpa.
(D) dolo e culpa.
(E) responsabilidade objetiva.

A questão é polêmica, pois, para grande parte da doutrina, crime qualificado pelo resultado é gênero, do qual *crime preterdoloso* (dolo e culpa) é espécie. Gabarito "D".

(CESPE – 2009) Com relação ao dolo e à culpa, assinale a opção correta.

(A) A conduta culposa poderá ser punida ainda que sem previsão expressa na lei.

(B) Caracteriza-se a culpa consciente caso o agente preveja e aceite o resultado de delito, embora imagine que sua habilidade possa impedir a ocorrência do evento lesivo previsto.

(C) Caracteriza-se a culpa própria quando o agente, por erro de tipo inescusável, supõe estar diante de uma causa de justificação que lhe permite praticar, licitamente, o fato típico.

(D) Considere que determinado agente, com intenção homicida, dispare tiros de pistola contra um desafeto e, acreditando ter atingido seu objetivo, jogue o suposto cadáver em um lago. Nessa situação hipotética, caso se constate posteriormente que a vítima estava viva ao ser atirada no lago, tendo a morte ocorrido por afogamento, fica caracterizado o dolo geral do agente, devendo este responder por homicídio consumado.

A: art. 18, p. único, do CP (excepcionalidade do crime culposo); B: na *culpa consciente* o agente prevê o resultado, mas espera sinceramente que ele não ocorra. O agente, neste caso, não aceita a ocorrência do resultado. Tal postura (de aceitação do resultado) é compatível com o *dolo eventual*, em que o sujeito assume o risco de produzir o resultado, conforma-se com ele, mostra-se, enfim, indiferente em relação a ele, resultado; C: *culpa própria*: o agente não deseja o resultado tampouco assume o risco de produzi-lo; D: também chamado de *erro sucessivo* ou *aberratio causae*. Gabarito "D".

(CESPE – 2008) Acerca do dolo e da culpa, assinale a opção correta.

(A) Quando o agente comete erro sobre elemento constitutivo do tipo legal de crime, exclui-se o dolo, embora seja permitida a punição por crime culposo, se previsto em lei.

(B) Quando o agente, embora não querendo diretamente praticar a infração penal, não se abstém de agir e, com isso, assume o risco de produzir o resultado que por ele já havia sido previsto e aceito, há culpa consciente.

(C) Quando o agente deixa de prever o resultado que lhe era previsível, fica caracterizada a culpa imprópria e o agente responderá por delito preterdoloso.

(D) Quando o agente, embora prevendo o resultado, não deixa de praticar a conduta porque acredita, sinceramente, que esse resultado não venha a ocorrer, caracteriza-se a culpa inconsciente.

A: art. 20 do CP; B: art. 18, I, segunda parte, CP. Trata-se do *dolo eventual*, e não da *culpa consciente*; C: na *culpa inconsciente*, o agente não prevê o resultado que era previsível. *Culpa imprópria* (por equiparação ou assimilação), por sua vez, é aquela na qual o agente, envolvido por erro vencível, o que o faz ter uma falsa percepção da realidade, deseja atingir determinado resultado, supondo estar agindo acobertado por uma descriminante; D: trata-se da *culpa consciente*, na medida em que o agente previu o resultado, mas, ainda assim, achou por bem agir, porque acreditava que, com sua habilidade, poderia evitá-lo. Gabarito "A".

(CESPE – 2007) É elemento do crime culposo

(A) A observância de um dever objetivo de cuidado.
(B) O resultado lesivo não querido, mas assumido, pelo agente.
(C) A conduta humana voluntária, sempre comissiva.
(D) A previsibilidade.

O crime culposo encontra previsão no art. 18, II, do CP. Além da *previsibilidade*, a doutrina aponta os seguintes elementos: conduta; dever de cuidado objetivo; resultado involuntário; ausência de previsão (culpa inconsciente); tipicidade; e nexo causal. Gabarito "D".

(CESPE – 2007) Com relação aos crimes culposos, é correto afirmar que se denomina

(A) imprudência a conduta do atirador de elite que mata a vítima em vez de acertar o criminoso.

(B) Culposa a conduta do motorista que foge, omitindo socorro após provocar um acidente de trânsito.

(C) Imperícia a conduta do motorista que desrespeita um sinal vermelho em um cruzamento.

(D) Negligência a conduta do pai que deixa sua arma de fogo ao alcance de seus filhos menores.

Art. 18, II, do CP. *Negligência* é a conduta do agente que deixa de agir quando deveria; é a omissão que dá causa ao resultado. Difere, pois, da *imprudência*, que é sempre uma conduta positiva, um comportamento sem cautela. Não deve, da mesma forma, ser confundida com *imperícia*, que é a falta de aptidão técnica, teórica ou prática para o exercício de arte ou ofício. Gabarito "D".

(CESPE – 2004) Assinale a opção correta.

(A) No crime preterdoloso, há resultado diverso do pretendido, havendo dolo direto no antecedente e dolo eventual no consequente.

(B) O dolo eventual ocorre quando o agente não assume o risco de produzir o resultado do crime, mas age com imprudência.

(C) Ocorre culpa consciente quando o agente, embora preveja o resultado do crime, acredita sinceramente que ele não se produzirá.

(D) O dolo eventual é punido com a pena do tipo doloso, reduzida de um a dois terços.

A: espécie do gênero *crime qualificado pelo resultado*, em que há dolo no antecedente (conduta) e culpa no consequente (resultado). O *crime preterdoloso* não comporta tentativa, já que o resultado final não é querido, desejado; B: no *dolo eventual*, o agente, ao contrário, assume o risco de produzir o resultado; C: art. 18, II, do CP. O agente, na *culpa consciente*, prevê o resultado e acredita na sua não ocorrência, confia plenamente na sua atuação. Ele espera poder evitá-lo; D: art. 18, I, do CP. A lei não faz qualquer distinção entre dolo direto e eventual no que concerne à aplicação da pena. Gabarito "C".

7. ERRO DE TIPO, DE PROIBIÇÃO E DEMAIS ERROS

(Magistratura/MG – 2009 – EJEF) Marque a alternativa CORRETA. O erro de proibição escusável, como excludente da potencial consciência da ilicitude, leva à absolvição por exclusão da:

(A) Imputabilidade
(B) Tipicidade
(C) Punibilidade
(D) Culpabilidade

O *erro de proibição* incide sobre a ilicitude do fato, gerando a exclusão da culpabilidade (art. 21, *caput*, CP), desde que escusável; se inescusável, constituirá causa de redução de pena. Gabarito "D".

(Magistratura/RS – 2009) Considere as assertivas abaixo relativamente a erro sobre a ilicitude do fato.

I. O desconhecimento da lei penal é inescusável; no entanto, nesta hipótese, deve o juiz atenuar a pena do condenado.
II. O erro de proibição, quando inevitável, isenta o agente de pena; se evitável, pode o juiz diminuí-la de um sexto a um terço.
III. Considera-se evitável o erro de proibição quando o agente atua ou se omite por não ter se informado sobre a ilicitude do fato, sendo-lhe isso possível, nas circunstâncias.

Quais são corretas?

(A) Apenas I
(B) Apenas II
(C) Apenas III
(D) Apenas I e III
(E) I, II e III

I: é verdade que o desconhecimento da lei não isenta de pena tampouco constitui causa de diminuição (art. 21, *caput*, CP). Cuida-se, todavia, de *atenuante genérica*, nos termos do disposto no art. 65, II, do CP; II: art. 21, *caput*, do CP; III: art. 21, parágrafo único, do CP. Gabarito "E".

(Magistratura/RS – 2003) A e B caçavam marrecas. Em dado momento, A aponta sua espingarda na direção de uma marreca e dispara um tiro, vindo a atingir B que estava agachada a sua frente e que, apesar de alertado por A, levantou-se no momento do tiro. Concluída a instrução, o juiz condena A por homicídio culposo, sustentando ter ocorrido

(A) aberratio criminis
(B) erro de proibição
(C) erro do tipo essencial
(D) crime putativo por erro de tipo
(E) aberratio ictus

Art. 74 do CP (resultado diverso do pretendido). Gabarito "A".

(Magistratura/SE – 2008 – CESPE) Acerca do erro na lei penal brasileira, assinale a opção correta.

(A) O erro inescusável sobre elemento constitutivo do tipo legal de crime exclui o dolo e a culpa, se prevista em lei.
(B) O erro quanto à pessoa contra a qual o crime é praticado não isenta o agente de pena, sendo consideradas as condições ou qualidades da pessoa contra quem o agente queria praticar o crime.
(C) O erro sobre a ilicitude do fato é escusável, sendo que o desconhecimento da lei deve ser considerado como circunstância agravante no momento da dosimetria da pena.
(D) É inimputável quem, por erro plenamente justificado pelas circunstâncias, supõe situação de fato que, se existisse, tornaria a ação legítima.
(E) Quando, por erro na execução do crime, sobrevém resultado diverso do pretendido, o agente responde por dolo eventual.

A: o erro inescusável ou vencível, consistente naquele em que o agente, se houvesse agido com o necessário cuidado, o teria, dessa forma, evitado, exclui o dolo, mas o agente responde por crime culposo (se houver previsão nesse sentido); B: art. 20, § 3º, do CP (erro sobre a pessoa); C: o erro sobre a ilicitude do fato pode ser escusável ou não. O desconhecimento da lei, por sua vez, constitui circunstância atenuante, nos termos do art. 65, II, do CP; D: art. 20, § 1º, 1ª parte, do CP. Trata-se de excludente de ilicitude imaginária. No que tange à sua natureza jurídica, não há consenso na doutrina. Para alguns, trata-se de *erro de tipo permissivo* (teoria limitada da culpabilidade), o que ensejaria, portanto, a exclusão do dolo; para outros, seria um autêntico *erro de proibição* (teoria extremada da culpabilidade). Não há se falar, neste último caso, em exclusão do dolo; E: art. 74 do CP (resultado diverso do pretendido). Gabarito "B".

(Magistratura/SP – 2011 – VUNESP) Analise as proposições seguintes.

I. O erro sobre elemento constitutivo do tipo legal de crime exclui o dolo, mas não permite a punição por crime culposo, ainda que previsto em lei.
II. Responde pelo crime o terceiro que determina o erro.
III. O desconhecimento da lei é inescusável, mas o erro sobre a ilicitude do fato, se inevitável, poderá diminuir a pena de um sexto a um terço.
IV. O desconhecimento da lei é considerado circunstância atenuante.
V. Se o fato é cometido sob coação irresistível, só é punível o autor da coação.

Assinale as proposições corretas.

(A) I, II e V, apenas.
(B) II, III e IV, apenas.
(C) II, IV e V, apenas.
(D) I, II e III, apenas.
(E) II, III e V, apenas.

I: o equívoco do agente que recai sobre elemento integrante do tipo sempre exclui o dolo, subsistindo, no entanto, a punição por crime culposo, desde que haja previsão nesse sentido – art. 20, *caput*, do CP; II: assertiva correta, nos termos do art. 20, § 2º, do CP; III: o desconhecimento da lei é, de fato, inescusável. O erro sobre a ilicitude do fato (erro de proibição), se inevitável, acarreta a isenção de pena, nos termos do art. 21, *caput*, primeira parte, do CP; se evitável, reduz a pena de 1/6 a 1/3; IV: correto, em vista do que dispõe o art. 65, II, do CP; V: a coação irresistível (art. 22 do CP) constitui hipótese de causa de exclusão da culpabilidade. Importante: a coação aqui referida é a moral irresistível, em que o sujeito conserva um resquício de liberdade, mas dele não é razoável exigir conduta diversa, diferente. Gabarito "C".

(Magistratura/SP – 2009 – VUNESP) Depois de haver saído do restaurante onde havia almoçado, Tício, homem de pouco cultivo, percebeu que lá havia esquecido sua carteira e voltou para recuperá-la, mas não mais a encontrou. Acreditando ter o direito de fazer justiça pelas próprias mãos, tomou para si objeto pertencente ao dono do referido restaurante, supostamente de valor igual ao seu prejuízo. Esse fato pode configurar

(A) erro determinado por terceiro.
(B) erro de tipo.
(C) erro de permissão.
(D) erro de proibição.

Art. 21 do CP. Tício, dadas as suas condições pessoais, não poderia imaginar que a sua conduta poderia afrontar uma norma de direito penal. Gabarito "D".

(Magistratura/SP – 2008) Após a morte da mãe, A recebeu, durante um ano, a pensão previdenciária daquela, depositada mensalmente em sua conta bancária, em virtude de ser procuradora da primeira. Descoberto o fato, A foi denunciada por apropriação indébita. Se a sentença concluir que a acusada (em razão de sua incultura, pouca vivência, etc.) não tinha percepção da antijuricidade de sua conduta, estará reconhecendo

(A) erro sobre elemento do tipo, que exclui o dolo.
(B) erro de proibição.
(C) descriminante putativa.
(D) ignorância da lei.

Art. 21 do CP. Gabarito "B".

(Ministério Público/BA – 2010) Um dos temas mais delicados da dogmática criminal é o Erro. Vejamos, a propósito, o seguinte exemplo da nossa jurisprudência: "Inspetor de quarterão que, supondo injusta agressão de multidão que fugindo da policia corria em sua direção, saca revólver e atira para o alto projetil que vem acertar menor que se encontrava postado na sacada de apartamento, provocando a sua morte". A hipótese ventilada merece ser equacionada no âmbito da figura:

I. Do erro de tipo invencível.
II. Do erro de tipo vencível.
III. Das descriminantes putativas fáticas.
IV. Do erro de proibição indireto.
V. Do erro de proibição evitável.

(A) Apenas a alternativa I é verdadeira.
(B) Apenas a alternativa II é verdadeira.
(C) Apenas a alternativa III é verdadeira.
(D) Apenas a alternativa V é verdadeira.
(E) Apenas as alternativas II é III são verdadeiras.

O inspetor de quarteirão somente sacou o revólver e com ele efetuou um disparo para o alto porque teve uma falsa percepção da realidade, consubstanciada na suposição de iminente agressão injusta que sofreria de multidão que fugia da polícia e corria em sua direção. A hipótese se amolda à chamada legítima defesa putativa (art. 20, § 1º, CP), modalidade de descriminante putativa. Gabarito "C".

(Ministério Público/ES – 2005) Assinale a alternativa INCORRETA:

(A) para a teoria dos elementos negativos do tipo toda vez que não for ilícita a conduta do agente não haverá o próprio fato típico.
(B) para a doutrina de Liszt o dolo é normativo ao passo que para a doutrina de Welzel o dolo é natural.
(C) na chamada culpa imprópria o resultado é previsto e querido pelo agente, que age em erro de tipo inescusável.
(D) O erro de tipo essencial desculpável exclui o dolo, mas permite a punição por crime culposo, se previsto em lei.
(E) ocorre o dolo geral quando o agente, julgando ter obtido o resultado intencionado, pratica segunda ação com diverso propósito e só então é que efetivamente o dito resultado se produz.

O erro de tipo essencial (incide sobre os elementos constitutivos do tipo) desculpável (inevitável) gera o afastamento do dolo e, quando o caso, da culpa. Neste caso, o agente tomou os cuidados exigíveis nas circunstâncias em que se encontrava. Não poderá, portanto, responder por crime doloso tampouco culposo; o erro evitável, entretanto, malgrado tenha o condão de afastar o dolo, permite a punição por crime culposo, se previsto em lei. Aqui o agente poderia ter evitado seu erro, caso tomasse os cuidados necessários. Gabarito "D".

(Ministério Público/ES – 2005) Dentre as afirmativas abaixo, assinale a falsa:

(A) Descriminantes putativas ocorrem quando o agente supõe que está agindo licitamente, imaginando que se encontra presente uma das causas excludentes de ilicitude previstas em lei;
(B) O erro de proibição ocorre quando o homem não incorre em qualquer falsa apreciação da realidade, mas acredita que o fato não é contrário à ordem jurídica;
(C) Erro invencível ou escusável é aquele no qual o sujeito não age dolosa ou culposamente, motivo pelo qual não responde por crime doloso ou culposo;
(D) O erro de tipo, que incide sobre as elementares ou circunstâncias da figura típica, exclui o dolo;
(E) Erro vencível ou inescusável é o que emana do dolo do agente, pois, para evitá-lo, bastaria a atenção normal do "homem médio".

A: art. 20, § 1º, do CP. Trata-se de excludentes de ilicitude imaginárias, com aparência de realidade; B: art. 21 do CP; C: de fato, se o sujeito incorreu em erro escusável (inevitável), é porque se cercou de todos os cuidados necessários na situação na qual se achava, razão pela qual não se afigura razoável imputar-lhe sequer a prática de crime culposo (quando previsto em lei); D: art. 20, *caput*, do CP; E: não há que se falar em dolo no **erro vencível** ou **inescusável**. O agente, se agisse com mais cuidado e fosse mais diligente, teria dessa forma evitado seu erro. Responderá, portanto, por crime culposo, desde que previsto em lei. Gabarito "E".

(Ministério Público/MA – 2002) Assinale a alternativa incorreta:

(A) O erro de tipo afeta o dolo enquanto o erro de proibição afeta a compreensão da antijuridicidade;
(B) O erro de tipo elimina a tipicidade dolosa e o erro de proibição invencível elimina a culpabilidade;
(C) Erro de proibição direto é aquele que recai sobre o conhecimento da norma proibitiva;
(D) Erro de proibição indireto é aquele que recai sobre a permissão da conduta e que pode consistir na falsa suposição de existência de uma permissão que a lei não outorga, ou na falsa admissão de uma situação de justificação que não existe;
(E) Não se admite a existência de erro de tipo nos crimes omissivos impróprios.

A e B: o erro de tipo gera a exclusão do dolo e, em consequência, da tipicidade penal (art. 20, *caput*, CP); já o erro de proibição incide sobre a ilicitude do fato, gerando a exclusão da culpabilidade (art. 21, *caput*, CP), desde que escusável; se inescusável, constituirá causa de redução de pena; C e D: erro de proibição direto é de fato o que incide sobre a norma proibitiva; indireto é o erro de proibição que incide sobre uma norma justificante; E: o desconhecimento do agente acerca de elemento constitutivo do tipo legal pode se dar inclusive em crimes omissivos impróprios (art. 13, § 2º, do CP). Gabarito "E".

(Ministério Público/MG – 2006) Assinale a alternativa FALSA.

(A) Pela teoria psicológica da culpabilidade, o erro de tipo permissivo afeta o dolo.
(B) O erro de tipo permissivo evitável implica a punição do agente por crime culposo, se previsto em lei.
(C) O erro de permissão afeta a consciência da ilicitude.
(D) Na teoria dos elementos negativos do tipo, o erro de tipo permissivo é tratado como erro de tipo excludente do dolo.
(E) Pela teoria da culpabilidade que remete à conseqüência jurídica, o erro de tipo permissivo afeta o dolo.

A: a natureza jurídica do erro de tipo permissivo tem gerado bastante controvérsia. A esse respeito foram formuladas várias teorias. De fato, a teoria psicológica da culpabilidade sustenta que o erro nas descriminantes putativas fáticas (erro de tipo permissivo) exclui o dolo; B: art. 20, § 1º, parte final, do CP; C: art. 21 do CP; D: as causas excludentes da ilicitude constituem, para essa teoria, elementos negativos do tipo; dessa forma, todo erro que recair sobre essas causas é considerado erro de tipo (que exclui o dolo); E: para essa teoria, em se tratando de erro invencível, deve-se excluir a culpabilidade; se se tratar de erro vencível, o agente responde por crime culposo, se previsto em lei. Gabarito "E".

(Ministério Público/MG – 2008) Supondo ser a sua, o agente retira da esteira de um aeroporto a mala pertencente a outra pessoa. Quando aguardava a chegada de um táxi, o proprietário da mala a reconhece e busca socorro junto à autoridade policial, que prende o agente em flagrante pelo crime de furto. Nesse caso, o agente:

(A) atuou em erro de tipo, afastando-se o dolo e, conseqüentemente, a tipicidade do fato.
(B) atuou em erro de proibição, pois não tinha conhecimento sobre a ilicitude do fato, afastando-se, outrossim, a sua culpabilidade.
(C) praticou o crime de furto.
(D) praticou o crime de apropriação indébita.
(E) responderá por tentativa de furto simples.

Art. 20, *caput*, 1ª parte, do CP. O equívoco do sujeito recaiu sobre a elementar "coisa *alheia* móvel"; agiu achando tratar-se da sua mala. A doutrina é praticamente unânime: exclui-se o dolo e, consequentemente, a tipicidade penal. Gabarito "A".

(Ministério Público/PR – 2008) Examine os enunciados abaixo e assinale a resposta integralmente correta:

I. "A" aciona uma arma que crê descarregada, mas está carregada e causa a morte de "B".
II. "A" crê que vai ser morto por um ladrão e nele dispara para defender-se. Na realidade, era seu amigo "B".
III. Uma mulher grávida ingere um tranqüilizante que tem propriedades abortivas e acaba provocando em si própria um aborto.
IV. Uma mulher grávida, proveniente de um país em que o aborto não é crime, ingere um abortivo, crendo que não é proibido fazê-lo.
V. Um sujeito leva o casaco de uma outra pessoa pensando ser seu.

(A) as situações descritas em todos os itens acima constituem exemplos de "erros de tipo".
(B) as situações descritas nos itens I, II e III constituem exemplos de "erros de proibição".
(C) as situações descritas nos itens II e IV constituem "erros de tipo".
(D) as situações descritas nos itens I, II, III e V constituem "erros de tipo".
(E) as situações descritas nos itens I, III e V constituem erros de tipo.

I: art. 20, *caput*, do CP. "A", embora não tenha agido com intenção de matar "B", atuou com imprudência. Responderá, portanto, por crime culposo (art. 20, *caput*, última parte, do CP); II: art. 20, § 1º, do CP. Há na doutrina divergência acerca da natureza jurídica da descriminante putativa: para uns, trata-se de *erro de tipo permissivo*; para outros, *erro de proibição*; III: art. 20, *caput*, do CP. A gestante desconhecia as propriedades abortivas do medicamento que ingerira. Inexiste a forma culposa do crime capitulado no art. 124 do CP (aborto provocado pela gestante ou com seu consentimento); IV: art. 21 do CP (erro de proibição); V: art. 20, *caput*, do CP. Gabarito "E".

(Ministério Público/SP – 2008) Assinale a alternativa correta.

(A) O erro sobre a ilicitude do fato, se inevitável, determina a redução da pena de um sexto a um terço.
(B) O erro sobre elemento constitutivo do tipo penal não exclui o dolo.
(C) O erro quanto à pessoa contra a qual o crime é praticado determina que se considerem as condições ou qualidades da vítima da infração.
(D) Nas descriminantes putativas, se o erro deriva de culpa, responde o agente por crime culposo, se previsto em lei.
(E) Considera-se evitável o erro se o agente atua ou se omite com consciência da ilicitude do fato, quando não lhe era possível, nas circunstâncias, agir de forma diversa.

A: o erro sobre a ilicitude do fato (erro de proibição), se inevitável, acarreta a isenção de pena, nos termos do art. 21, *caput*, primeira parte, do CP; B: o erro sobre elemento constitutivo do tipo penal exclui, sim, o dolo, permitindo a punição por delito culposo, se previsto em lei, conforme preceitua o art. 20, *caput*, do CP; C: art. 20, § 3º, do CP. Devem-se levar em consideração as condições ou qualidades da pessoa contra quem o agente queria praticar o crime (erro sobre a pessoa); D: art. 20, § 1º, do CP; E: art. 21, parágrafo único, do CP. Gabarito "D".

(Defensoria/MT – 2007) No tocante ao erro de tipo, previsto no artigo 20 do Código Penal, assinale a afirmativa correta.

(A) Admite-se que o erro de tipo incida sobre elementares do tipo permissivo.
(B) "Erro sobre situação descrita no tipo" não corresponde ao "erro de tipo", contido no art. 20, do Código Penal.
(C) O acadêmico que leva para casa um Código Penal de um colega, pensando tratar-se do seu código, não comete delito de furto em face da aplicabilidade das regras do erro de proibição.
(D) O erro de tipo não é aplicável, em se tratando de circunstâncias do tipo penal.
(E) O agente que intencionalmente destrói seu próprio e valioso aparelho de telefone celular, imaginando tratar-se de aparelho de um desafeto, comete crime de dano na modalidade tentada, não incidindo, no caso, a regra do erro de tipo.

A: de fato, o erro de tipo, capitulado no art. 20 do CP, pode, sim, incidir sobre elementares do tipo permissivo. É a chamada *descriminante putativa*, prevista no § 1º do mesmo art. 20 do CP; B: "erro sobre situação descrita no tipo" equivale a "erro de tipo". O erro a que se refere o art. 20, *caput*, do CP incide sobre elementos descritivos e normativos do tipo penal, bem como sobre outros elementos, causas e circunstâncias que qualificam o crime ou aumentam sua pena; C: o acadêmico incorreu em erro de tipo (art. 20, *caput*, do CP); D: o erro de tipo incide sobre as elementares ou circunstâncias da figura típica; E: o equívoco do agente (erro de tipo) incidiu sobre o elemento "alheio", contido no art. 163 do CP. Ele destruiu seu próprio celular pensando tratar-se do aparelho de seu desafeto. Não poderá ser responsabilizado por destruir seu próprio patrimônio. Gabarito "A".

(Defensor Público/RO – 2007) Quem ao cometer o crime por erro plenamente escusável, que pelas circunstâncias, supõe situação de fato legitimante da conduta, terá em seu favor:

(A) isenção de pena
(B) inimputabilidade
(C) exclusão do ilícito
(D) atenuação do dolo
(E) circunstâncias atenuantes

É a chamada *descriminante putativa*, prevista no art. 20, § 1º, do CP. Gabarito "A".

(Defensor Público/RS – 2011 – FCC) Sobre a teoria geral do delito, é correto afirmar:

(A) O erro de tipo afeta a compreensão da tipicidade subjetiva culposa, enquanto o erro de proibição afeta o entendimento sobre a ilicitude do agente que praticou o injusto penal, podendo levar à sua exclusão.
(B) O erro de tipo tem como consequência jurídica a exclusão do dolo e, portanto, a exclusão da tipicidade dolosa da conduta, podendo, no caso penal concreto, ser vencível ou invencível.
(C) O fato de um consumidor de uma loja de joias tocar um abajur sem saber que serve de apoio a uma prateleira, que despenca e quebra uma rara peça de arte é exemplo de erro de proibição.
(D) Havendo orientação da Autoridade Administrativa acerca da legitimidade da conduta, a prática da ação realiza-se coberta pela boa-fé de que não é a mesma ilegal, atuando o agente em erro de tipo permissivo.

A: no *erro de tipo*, o equívoco do agente recai sobre elemento integrante do tipo, excluindo-se o dolo e a culpa, se houver previsão nesse sentido; o *erro de proibição*, por sua vez, se inevitável, gera a exclusão da culpabilidade, com a consequente isenção de pena, nos termos do art. 21, *caput*, primeira parte, do CP; B: o erro de tipo gera a exclusão do dolo e, em consequência, da tipicidade penal (art. 20, *caput*, do CP). No mais, pode ser vencível (inescusável), em que o agente, se houvesse agido com o necessário cuidado, teria evitado o resultado antijurídico; ou invencível (desculpável, inevitável), em que o agente tomou todos os cuidados exigíveis nas circunstâncias em que se encontrava. Neste caso, ficam excluídos o dolo e a culpa, se o caso; C: o *erro de proibição* (erro sobre a ilicitude do fato) consiste na errônea, equivocada compreensão da lei. Na hipótese narrada na assertiva, não há que se falar em erro de proibição na medida em que o comportamento do consumidor não se enquadra em nenhum tipo penal; D: se o agente pratica uma ação ilícita pensando tratar-se de uma conduta lícita (sem consciência da ilicitude), incorrerá em *erro de proibição* – art. 21 do CP. Gabarito "B".

(Defensoria/SP – 2007 – FCC) "Luquinha" Visconti, homem simples da periferia de São Paulo, adquiriu carteira de habilitação acreditando na desnecessidade da realização de exames de habilitação. Está sendo processado por falsidade ideológica e uso de documento falso. Em sua defesa deverá ser argüido:

(A) erro sobre o elemento constitutivo do tipo penal, que exclui o dolo.
(B) erro sobre o elemento constitutivo do tipo penal, porém vencível, sendo punível pela culpa.
(C) estado de necessidade exculpante.
(D) erro sobre a ilicitude do fato, excluindo-se a culpabilidade pela exigibilidade de conduta diversa.
(E) erro sobre a ilicitude do fato, excluindo-se a culpabilidade pela falta desta consciência.

Art. 21 do CP. É o chamado *erro de proibição*. Gabarito "E".

(Delegado/PI – 2009 – UESPI) Juan, 19 anos, argentino residente em Córdoba/Argentina, recebeu um convite de seu amigo Pedro, brasileiro, residente em Teresina, para passar as férias no Delta do Parnaíba. Juan, entusiasmado com a possibilidade de conhecer o Brasil, aceitou o convite. Porém, Pedro, quando convidou o amigo, solicitou que trouxesse consigo 10 vidros de lança-perfume (cloreto de etila), e Juan, tendo total desconhecimento de que esta substância fosse proibida no Brasil, pois na Argentina tal substância circula livremente, prontamente atendeu ao pedido. Sendo Juan, em tese, apreendido com tal mercadoria, que excludente é possível alegar ao seu favor?

(A) A excludente é o erro de tipo inevitável, que afasta o dolo e a culpa.
(B) A excludente é o erro de tipo evitável, que afasta o dolo, mas permite a punição por culpa.
(C) A excludente é o erro de proibição, que afasta a ilicitude do fato.
(D) A excludente é o erro de proibição, que afasta o potencial conhecimento da ilicitude do fato.
(E) A excludente é o erro na execução, que também é chamado de aberratius ictus.

Art. 21 do CP. Gabarito "D".

(Delegado/SC – 2008) Sobre o erro de tipo essencial, que recai sobre elemento constitutivo do tipo legal de crime, é correto afirmar que:

(A) exclui o dolo somente quando for evitável.
(B) permite a redução da pena, se for inevitável.
(C) sempre exclui o dolo, seja evitável, seja inevitável, mas permite a punição por crime culposo, se houver previsão legal dessa modalidade.
(D) sempre exclui o dolo e a culpa quer seja inevitável ou evitável.

Art. 20, *caput*, do CP. Erro essencial é o que incide sobre elementos ou circunstâncias do tipo penal; acidental, por outro lado, é o erro que se refere a dados secundários do crime. Este não tem o condão de afastar o dolo; aquele, no entanto, sempre exclui o dolo, mas permite a punição por crime culposo, desde que previsto em lei. Gabarito "C".

(Delegado/SP – 2008) Imaginando morto seu desafeto que tentara esganar, o agente dá causa à precipitação da vítima do alto de uma montanha. No entanto, os laudos técnico-periciais vêm atestar que a vítima encontrava-se apenas inconsciente por força das manobras asfícticas e que o êxito letal decorrera, na realidade, dos politraumatismos produzidos pela queda livre. Tem-se, nessa situação,

(A) dolo direto de primeiro grau quanto à lesão e dolo direto de segundo grau no tocante ao homicídio.
(B) *aberratio ictus* (erro na execução).
(C) dolo geral.
(D) lesão corporal dolosa seguida de morte.
(E) erro sobre elemento do tipo incriminador.

O dolo geral também é chamado de erro sucessivo ou *aberratio causae*. O que ocorre, em verdade, é um equívoco por parte do agente quanto ao meio de execução, à causalidade. O erro, assim, não incide sobre os elementos do tipo. Na hipótese narrada acima, o agente responderá normalmente pelo resultado almejado (homicídio consumado). A divergência havida no nexo causal, neste caso, não tem o condão de elidir a responsabilidade do agente; é, pois, irrelevante. Gabarito "C".

(Procurador da Fazenda Nacional – 2007 – ESAF) Adalberto, desejando matar Belina, dispara contra a mesma. Erra o alvo e atinge Cardozo, desconhecido que passava pelo local sem ter sido percebido por Adalberto. Fere Cardozo levemente no braço esquerdo. À luz da parte geral do Código Penal, julgue os itens abaixo e assinale o correto.

(A) Adalberto deverá responder por homicídio na forma tentada.
(B) Adalberto deverá responder por homicídio tentado e lesões corporais leves em concurso formal.
(C) Adalberto deverá responder por lesão corporal leve.
(D) Adalberto deverá responder por lesão corporal culposa e homicídio tentado.
(E) Adalberto deverá responder por lesão corporal culposa.

Art. 73 do CP (erro na execução ou *aberratio ictus*). Neste caso, o sujeito deseja atingir certa pessoa, mas, por acidente ou erro no uso dos meios de execução, acaba por atingir outra. O *erro na execução* não deve ser confundido com o *erro sobre a pessoa* (art. 20, § 3º, CP), em que há equívoco de representação, isto é, o agente investe em determinada pessoa acreditando tratar-se de outra. Nos dois casos, o agente responderá como se tivesse atingido a vítima pretendida. Gabarito "A".

(Defensoria Pública da União – 2007 – CESPE) Julgue o item seguinte.

(1) No caso de *aberratio ictus* com unidade complexa, aplica-se a regra do concurso formal de crimes, isto é, aplica-se-lhe a mais grave das penas cabíveis ou, se iguais, somente uma delas, mas aumentada, em qualquer caso, de um sexto até metade da pena.

Art. 73 do CP (*aberratio ictus* ou erro na execução); e art. 70 do CP (concurso formal). Gabarito 1C.

(Delegado Federal – 2004 – CESPE) Julgue o item seguinte.

(1) O médico Caio, por negligência que consistiu em não perguntar ou pesquisar sobre eventual gravidez de paciente nessa condição, receita-lhe um medicamento que provoca o aborto. Nessa situação, Caio agiu em erro de tipo vencível, em que se exclui o dolo, ficando isento de pena, por não existir aborto culposo.

Art. 20, *caput*, do CP. De fato, Caio, embora tenha agido com negligência ao não perquirir eventual gravidez da paciente, em nenhum momento desejou interromper a gestação e, dessa forma, provocar o abortamento. Responderia, sim, por aborto na modalidade culposa se acaso houvesse tal previsão no Código Penal. Gabarito 1C.

8. TENTATIVA, CONSUMAÇÃO, DESISTÊNCIA, ARREPENDIMENTO E CRIME IMPOSSÍVEL

(Magistratura/AL – 2008 – CESPE) Admite tentativa o crime

(A) de atentado.
(B) unissubsistente.
(C) de mera conduta.
(D) omissivo próprio.
(E) habitual.

A: *crime de atentado* é aquele cuja modalidade tentada é sancionada com a mesma pena do crime consumado (art. 352 do CP). Não há, portanto, que se falar em tentativa de crime de atentado; B: os *crimes unissubsistentes* não comportam tentativa porquanto constituídos por ato único. A conduta, por essa razão, não é passível de fracionamento; C: *crimes de mera conduta*, que em princípio comportam a forma tentada, são aqueles em que o resultado naturalístico é inviável. O tipo penal nenhuma alusão faz a ele; D: a conduta descrita no *tipo omissivo próprio* (que constitui um *não fazer*) não comporta fracionamento; E: os atos isolados são penalmente irrelevantes. Se, no entanto, vierem a ser praticados de forma reiterada, consumado estará o crime habitual. Não há, pois, meio-termo. Gabarito "C".

(Magistratura/MG – 2009 – EJEF) Fulano de tal, decidido a matar Cicrano, carrega o seu revólver e parte em seu encalço. Localiza-o em lugar deserto e, em perseguição, atira e o acerta apenas de raspão. Fulano consegue alcançá-lo, chega ao seu lado e, com o revólver dispondo ainda de 6 (seis) tiros, decide não disparar a arma, deixando de consumar o seu intento inicial. Marque a alternativa CORRETA.

(A) Fulano responderá por tentativa de homicídio.
(B) Fulano responderá por lesões corporais.
(C) Fulano não responderá criminalmente por tratar-se de arrependimento eficaz, pois, com sua conduta, evitou a morte de Cicrano.
(D) Fulano não responderá criminalmente, pois voluntariamente desistiu do seu intento, beneficiando-se, com isso, da regra do art. 15 do CP.

Fulano de Tal responderá tão somente por lesões corporais porque, tendo dado início à execução do crime que pretendia consumar (homicídio) e podendo prosseguir até o final, já que dispunha de meios para tanto, desiste de fazê-lo, deixando de concretizar o seu intento inicial. Ele podia agir, mas se absteve, poupando, dessa forma, a vida de Cicrano. Como o acertara de raspão, responderá pelos atos praticados (lesão corporal), conforme determina o art. 15, 1ª parte, do CP, que trata da *desistência voluntária*. Gabarito "B".

(Magistratura/MG – 2007) O filho intervém, energicamente, a favor da mãe, diante das ameaças que o pai, embriagado, fazia à esposa. O pai, bêbado, não se conforma. Vai até ao guarda-roupa, retira de lá uma pistola e, pelas costas, aciona várias vezes o gatilho, sem que nada acontecesse, pois a mãe, pressentindo aquele desfecho, havia retirado todas as balas da arma. Que delito o pai cometeu?

(A) Tentativa imperfeita.
(B) Crime hipotético.
(C) Crime impossível.
(D) Crime falho.

Art. 17 do CP. O *meio* (pistola desmuniciada) é absolutamente ineficaz para alcançar o resultado almejado pelo pai. O fato, por conta disso, é atípico. Gabarito "C".

(Magistratura/MS – 2008 – FGV) Qual das seguintes condutas não constitui crime impossível?

(A) O furto de dinheiro guardado, cujas cédulas haviam sido marcadas para descobrir quem ia tentar a subtração.
(B) A tentativa de homicídio com revólver descarregado.
(C) A apresentação ao banco de cheque para sacar determinado valor, se a vítima já determinara a sustação do pagamento do cheque furtado.
(D) Quando o agente pretendia furtar um bem que estava protegido por aparelho de alarme que tornava absolutamente ineficaz o meio empregado para a subtração.
(E) Quando o agente deu veneno à vítima, mas a quantidade não foi suficiente para matá-la.

A: trata-se, de fato, de crime impossível (TACrSP, *RT* 520/405); B: a tentativa de homicídio com revólver desmuniciado constitui crime impossível (TJSP, *RT*514/336); C: trata-se, da mesma forma, de crime impossível, segundo entende a jurisprudência (TACrSP, *RT* 611/380); D: crime impossível (TACrSP, *RT* 545/373); E: cuida-se de meio **relativamente** ineficiente, ineficaz, razão pela qual não há se falar em crime impossível, em que se exige, por imposição do art. 17 do CP, a ineficácia **absoluta** do meio empregado. O agente, portanto, responderá por tentativa de homicídio (TJSP, *RT* 613/303). Gabarito "E".

(Magistratura/MT – 2009 – VUNESP) Com relação à tentativa, analise as seguintes afirmações:

I. os crimes unissubsistentes, os crimes omissivos próprios e as contravenções penais, entre outros, não admitem a figura da tentativa;

II. nosso Código Penal adotou a teoria objetiva como fundamento para a punição do crime tentado conforme se observa no art. 14, parágrafo único: "pune-se a tentativa com a pena correspondente ao crime consumado, diminuída de um a dois terços";

III. o crime de cárcere privado é um exemplo de crime que não admite a tentativa.

Está correto o contido em

(A) I, somente.
(B) I e II, somente.
(C) I e III, somente.
(D) II e III, somente.
(E) I, II e III.

I: os *crimes unissubsistentes* não admitem a forma tentada porque constituídos por ato único. A conduta, por tal razão, não pode ser fracionada. O *crime omissivo próprio*, cuja conduta constitui *um não fazer*, também não comporta a tentativa, já que, da mesma forma, não pode ser fracionada. Já a tentativa de contravenção penal, por imposição do art. 4º da LCP, não é passível de punição; II: adotamos, de fato, a *teoria objetiva*, segundo a qual o autor de crime tentado receberá pena inferior à do autor de crime consumado, nos termos do art. 14, parágrafo único, do CP; III: o crime de sequestro e cárcere privado, previsto no art. 148 do CP, classificado como delito material e permanente, comporta, sim, o *conatus*. Gabarito "B".

(Magistratura/PA – 2008 – FGV) Maria da Silva, esposa do Promotor de Justiça Substituto José da Silva, mantém um caso extraconjugal com o serventuário do Tribunal de Justiça Manoel de Souza. Passado algum tempo, Maria decide separar-se de José da Silva, contando a ele o motivo da separação. Inconformado com a decisão de sua esposa, José da Silva decide matá-la, razão pela qual dispara três vezes contra sua cabeça. Todavia, logo depois dos disparos, José da Silva coloca Maria da Silva em seu carro e conduz o veículo até o hospital municipal. No trajeto, José da Silva imprime ao veículo velocidade bem acima da permitida e "fura" uma barreira policial, tudo para chegar rapidamente ao hospital. Graças ao pouco tempo decorrido entre os disparos e a chegada ao hospital, os médicos puderam salvar a vida de Maria da Silva. Maria sofreu perigo de vida, atestado por médicos e pelos peritos do Instituto Médico Legal, mas recuperou-se perfeitamente vinte e nove dias após os fatos. Qual crime praticou José da Silva?

(A) Tentativa de homicídio.
(B) Nenhum crime, pois agiu em legítima defesa.
(C) Lesão corporal grave.
(D) Lesão corporal leve.
(E) Lesão corporal seguida de morte.

Art. 15, segunda parte, do CP (arrependimento eficaz). José da Silva, após ter esgotado os meios que reputou suficientes para atingir seus objetivos (levar sua esposa à morte), arrependeu-se do que fez, agiu conforme esse arrependimento, atuando para impedir a ocorrência do resultado letal, e, dessa forma, conseguiu evitá-lo. Responderá, portanto, tão só pelos atos praticados (lesão corporal de natureza grave), ficando afastada a tentativa de homicídio, uma vez que o crime não se consumou por circunstâncias relacionadas à vontade do agente. Gabarito "C".

(Magistratura/PI – 2008 – CESPE) Acerca dos tipos de crime e contravenções e das respectivas penas, assinale a opção correta.

(A) Quanto à punibilidade da tentativa, o Código Penal adotou a teoria objetiva temperada, segundo a qual a pena para a tentativa deve ser, salvo expressas exceções, menor que a pena prevista para o crime consumado.

(B) Nas contravenções penais, a tentativa é punida com a pena da contravenção consumada diminuída de um a dois terços.

(C) A consumação dos crimes formais ocorre com a prática da conduta descrita no núcleo do tipo, independentemente do resultado naturalístico, que, caso ocorra, será causa de aumento de pena.

(D) Nenhum ato preparatório de crime é punível no direito penal brasileiro.

(E) Nos casos de crimes omissivos próprios, que são aqueles que produzem resultado naturalístico, admite-se a tentativa.

A: por esta teoria, acolhida pelo Código Penal em seu art. 14, II, a redução da pena para o crime tentado é obrigatória; B: o art. 4º da Lei das Contravenções Penais prescreve não ser punível a tentativa de contravenção; C: nos crimes formais, a ocorrência do resultado naturalístico, ao contrário do que ocorre com os delitos materiais, constitui mero exaurimento, não configurando, portanto, causa de aumento de pena; D: regra geral, o ato preparatório não é punido no Direito Penal brasileiro. Em caráter excepcional, entretanto, em face da relevância de determinadas condutas, pode o legislador tipificar um comportamento que faça parte da fase de preparação de certo crime. Trata-se, neste caso, de tipicidade autônoma; E: a conduta, no tipo omissivo próprio, não admite fracionamento. Não há, por essa razão, que se falar em tentativa. Gabarito "A".

(Magistratura/PR – 2010 – PUC/PR) Assinale a alternativa CORRETA:

I. Na tentativa de homicídio, incide o princípio da subsidiariedade.
II. É cabível o arrependimento posterior no crime de roubo.
III. Na desistência voluntária o agente que praticou o ato responde por tentativa.
IV. Pode acontecer de um crime tentado ser punido com a mesma pena do consumado.

(A) Apenas as assertivas I e IV estão corretas.
(B) Apenas as assertivas II e IV estão corretas.
(C) Todas as assertivas estão corretas.
(D) Somente a assertiva I está correta.

I: fala-se em *subsidiariedade* quando uma norma (primária) estabelece um grau de violação do bem jurídico mais intenso, ao passo que a outra (subsidiária) estabelece um grau de violação menos intenso, de menor gravidade. Dessa forma, deve-se, em primeiro lugar, lançar mão da norma primária (tentativa de homicídio); não sendo isso possível, recorre-se à norma subsidiária (lesão corporal); II: a redução a que alude o art. 16 do CP – *arrependimento posterior* – só alcança os crimes cometidos sem violência ou grave ameaça à pessoa. Não se aplica, pois, ao crime de roubo (art. 157, CP), em relação ao qual a violência e a grave ameaça exercidas contra a pessoa constituem elemento essencial; III: tanto na *desistência voluntária* quanto no *arrependimento eficaz* – art. 15 do CP – o agente responde tão somente pelos atos até então praticados. Não tem lugar a tentativa; IV: adotamos, como regra, a *teoria objetiva*, consagrada no art. 14, parágrafo único, do CP, já que o autor de crime tentado receberá pena inferior à do autor de crime consumado. Ocorre que, em determinados crimes, o legislador estabeleceu a mesma pena para o delito consumado e para o tentado. É o que se dá, por exemplo, com o crime do art. 352 do CP – evasão mediante violência contra a pessoa. A doutrina chama essa modalidade de crime de *delito de atentado* ou de *empreendimento*. Gabarito "A".

(Magistratura/PR – 2010 – PUC/PR) Assinale a alternativa CORRETA:

I. O agente que, voluntariamente, desiste de prosseguir na execução ou impede que o resultado se produza só responde pelos atos já praticados, ocorrendo assim a hipótese de arrependimento posterior.
II. A pena para o crime tentado é a mesma aplicada para o crime consumado diminuída de 1/6 a 1/3.
III. Ocorre tentativa quando, antes de iniciar a execução, o agente é impedido de levar adiante a ideia de praticar o delito por circunstâncias alheias à sua vontade.
IV. O agente que impede a produção dos efeitos de sua ação faz, agindo assim, com que, o crime não se consume. Ocorre, desse modo, o arrependimento eficaz.

(A) As alternativas I e II estão corretas.
(B) As alternativas III e IV estão corretas.
(C) Somente a alternativa II está errada.
(D) Somente a alternativa IV está correta.

I: a assertiva descreve os institutos da *desistência voluntária* e do *arrependimento eficaz*, ambos contidos no art. 15 do CP; o *arrependimento posterior* está previsto no art. 16 do CP; II: a diminuição a ser aplicada é da ordem de um a dois terços, conforme preceitua o art. 14, parágrafo único, do CP; III: nos termos do art. 14, II, do CP, configura tentativa a execução *já iniciada* de um delito, que não atinge sua consumação por circunstâncias alheias à vontade do agente. É indispensável, portanto, à caracterização da tentativa, que haja *início de execução*; IV: o arrependimento eficaz, previsto no art. 15, segunda parte, do CP, somente terá aplicação antes da consumação do crime, em que o agente, uma vez realizados todos os atos necessários, passa a agir para que o resultado não se produza. Gabarito "D".

(Magistratura/SC – 2009) Assinale a alternativa correta:

(A) O arrependimento posterior, causa obrigatória de diminuição de pena, ocorre nos crimes cometidos sem violência ou grave ameaça à pessoa, em que o agente, voluntariamente, repara o dano ou restitui a coisa até o oferecimento da denúncia ou queixa.
(B) "Não se pune a tentativa quando, por ineficácia absoluta do meio ou por absoluta impropriedade do objeto, é impossível consumar-se o crime." O excerto transcrito se refere ao crime impossível, causa de isenção de pena.
(C) No crime contra as relações de consumo previsto no art. 7º, inciso III, da Lei nº 8.137/90, consistente em "misturar gêneros e mercadorias de espécies diferentes, para vendê-los ou expô-los à venda como puros", a modalidade culposa não é punível.
(D) A desistência voluntária e o arrependimento eficaz, espécies de tentativa abandonada ou qualificada, não exigem a espontaneidade do agente para que possam ser reconhecidos, bastando a voluntariedade.
(E) Comete o crime de furto, previsto no art. 155 do Código Penal, o condômino que subtrai, para si ou para outrem, a quem legitimamente a detém, a coisa comum.

A: o *arrependimento posterior* somente terá incidência até o *recebimento* da denúncia ou da queixa, conforme impõe o art. 16 do CP. Neste ponto reside o erro da assertiva; B: o *crime impossível*, tratado no art. 17 do CP, torna-se fato atípico. Trata-se de uma causa excludente da tipicidade; C: o art. 7º, parágrafo único, da Lei 8.137/90 estabelece punição para a modalidade culposa, aplicável, inclusive, ao inciso III do dispositivo; D: de fato, exige-se tão somente a *voluntariedade*, isto é, tanto a desistência quanto o arrependimento eficaz devem ser movidos por vontade própria do agente, ainda que gerado por vergonha ou outro motivo menos nobre; E: art. 156 do CP. Gabarito "D".

(Magistratura/SE – 2008 – CESPE) Acerca da conduta do agente, assinale a opção correta.

(A) O agente que, voluntariamente, desiste de prosseguir na execução responde pelo crime pretendido na modalidade tentada.
(B) O agente que, depois de esgotar todos os meios de que dispunha para consumar a infração penal, se arrepende e impede que o resultado ocorra, só responde pelos atos praticados.
(C) O agente que, voluntariamente, repara o dano decorrente de crime apenado com detenção, até o recebimento da denúncia ou queixa, terá sua pena atenuada.
(D) Segundo entendimento do STF, há crime de latrocínio tentado quando o homicídio se consuma, ainda que não realize o agente a subtração de bens da vítima.
(E) As contravenções penais e os crimes preterdolosos admitem a modalidade tentada, uma vez que é possível fracionar o *iter criminis*.

A: art. 15, primeira parte, do CP (desistência voluntária); B: art. 15, segunda parte, do CP (arrependimento eficaz); C: art. 16 do CP (arrependimento posterior); D: havendo homicídio consumado, ainda que o agente não tenha concretizado a subtração, responderá por latrocínio consumado. É a posição consagrada na Súmula 610 do STF; E: a tentativa de contravenção não é punível, *ex vi* do art. 4 da LCP. Os crimes preterdolosos, a exemplo dos culposos, não comportam a tentativa. Gabarito "B".

(Magistratura/SP – 2011 – VUNESP) Antônio, durante a madrugada, subtrai, com o emprego de chave falsa, o automóvel de Pedro. Depois de oferecida a denúncia pela prática de crime de furto qualificado, mas antes do seu recebimento, por ato voluntário de Antônio, o automóvel furtado é devolvido à vítima. Nesse caso, pode-se afirmar a ocorrência de

(A) arrependimento posterior.
(B) desistência voluntária.
(C) arrependimento eficaz.
(D) circunstância atenuante.
(E) causa de extinção da punibilidade.

Como o crime já se consumara, não é mais o caso de se aplicar os institutos previstos no art. 15 do CP – *desistência voluntária* e *arrependimento eficaz*. Seria o caso se o agente, com o propósito, por exemplo, de subtrair determinado objeto que estivesse no interior de veículo, quebrasse o vidro deste e, antes de apossar-se dele (objeto), desistisse e fosse embora. Note que o *iter criminis* foi interrompido por iniciativa do agente, o que afasta, de plano, a figura da tentativa. Neste exemplo, o sujeito, depois de dar início à execução do crime, desiste, de forma voluntária, antes de atingir a sua consumação (art. 15, primeira parte, CP). Voltando ao crime consumado, restará ao agente, neste caso, o *arrependimento posterior* (art. 16, CP), desde que a denúncia ou queixa ainda não tenha ainda sido recebida. Mais: que o crime tenha sido cometido sem violência ou grave ameaça contra a pessoa. Atenção aqui: a violência ou grave ameaça empregada contra a coisa não afasta a incidência desta causa de diminuição de pena, como no caso do furto qualificado pelo rompimento ou destruição de obstáculo à subtração da *res*. Outros requisitos contidos no art. 16 do CP: é necessário que o ato seja voluntário, bem assim, como já dito, que a reparação do dano ou restituição do objeto material do crime seja efetivada até o recebimento da peça acusatória – queixa ou denúncia. Gabarito "A".

(Ministério Público/AM – 2008 – CESPE) Admite-se tentativa nos crimes

(A) de mera conduta.
(B) culposos puros.
(C) unissubsistentes.
(D) habituais.
(E) omissivos próprios.

Crimes de mera conduta, que comportam a tentativa, são aqueles em que o resultado naturalístico é impossível, inviável. Gabarito "A".

(Ministério Público/BA – 2010) O artigo 17 do CP versa sobre crime impossível, que, no direito penal brasileiro, é tratado sob o amparo:

(A) Da teoria subjetiva pura, exigindo apenas a ineficácia absoluta do objeto.
(B) Da teoria da modalidade, exigindo a adequação da modalidade do meio empregada.
(C) Da teoria da moderação, exigindo a moderação no emprego dos meios.
(D) Da teoria objetiva pura, exigindo a ineficácia relativa dos meios e impropriedade absoluta do objeto.
(E) Da teoria objetiva temperada, exigindo a ineficácia absoluta dos meios ou impropriedade absoluta do objeto.

O meio *relativamente* ineficaz (ineficiente) e o objeto *relativamente* impróprio não são aptos a configurar o *crime impossível* (chamado também de quase crime, tentativa impossível, inidônea ou inadequada), em que se exige, por imposição do art. 17 do CP, a ineficácia *absoluta* do meio empregado e a impropriedade *absoluta* do objeto. Dizemos, dessa forma, que o CP, em seu art. 17, acolheu a teoria **objetiva temperada** na medida em que somente haverá o chamado crime impossível se a ineficácia do meio e a impropriedade do objeto forem *absolutas*. Se se tratar de ineficácia ou impropriedade relativa, estaremos diante de *crime tentado*. Gabarito "E".

(Ministério Público/DF – 2009) A respeito do crime tentado, analise os itens abaixo e responda:

I. Com o objetivo de delimitar o início da execução criminosa, que assinala o começo da punibilidade da ação típica, separando-se das meras ações preparatórias, ainda impuníveis, surgiram as teorias da tentativa, dentre as quais destacam-se as teorias objetiva formal, objetiva material, a subjetiva e a objetivo-subjetiva.
II. Como não há crime culposo sem que ocorra a produção de um resultado naturalístico, não é possível sua prática na forma tentada.
III. Tampouco admitem a tentativa os crimes omissivos próprios e impróprios.
IV. A punibilidade da tentativa se funda no perigo colocado ao bem jurídico, daí não ser punível a tentativa inidônea, a qual sequer chega a impor risco ao bem jurídico.
V. Como o crime tentado não chega a reunir todos os elementos presentes no tipo, não é possível aplicar a respectiva pena em patamar idêntico ao do crime consumado.

O número de itens corretos é:

(A) Cinco.
(B) Quatro.
(C) Três.
(D) Dois.
(E) Um.

I: trata-se, de fato, das principais teorias que procuram estabelecer a distinção entre o começo de execução do crime e os atos preparatórios; II: o crime culposo não comporta tentativa, tendo em conta que o resultado naturalístico não é desejado pelo agente. Não se pode tentar fazer o que não quer. Trata-se, por essa razão, de institutos incompatíveis; III: o crime *omissivo próprio* de fato não admite a forma tentada, porquanto sua conduta não pode ser fracionada. Já o crime *omissivo impróprio*, em que há a produção de resultado naturalístico, admite, sim, a forma tentada; IV: termina a preparação e tem início a execução do crime com a prática de ato considerado idôneo e inequívoco para chegar à consumação. Reputa-se idôneo aquele ato apto, capaz de gerar o resultado contido no tipo penal. A tentativa inidônea é aquela cuja conduta é incapaz de fazer o delito chegar à consumação (art. 17 do CP); V: como regra (art. 14, parágrafo único, do CP), o autor de crime tentado receberá pena inferior à do autor de crime consumado. Em determinados casos, porém, o legislador estabeleceu a mesma pena para o delito consumado e tentado. É o que se dá, por exemplo, com o crime do art. 352 do CP – evasão mediante violência contra a pessoa. "Gabarito "C".

(Ministério Público/ES – 2005) Crime falho é:

(A) O mesmo que tentativa inadequada ou inidônea, na qual o crime não pode ser consumado por ineficácia absoluta do meio ou por absoluta impropriedade do objeto;

(B) Aquele no qual o agente acredita que está praticando um crime, que não existe, pois o fato não é típico;

(C) Aquele no qual alguém, insidiosamente, provoca uma situação que leva o agente à prática do crime, mas, antes, toma as devidas providências para que o mesmo não se consume;

(D) Aquele no qual a polícia efetua a detenção do agente no momento da prática delitiva, pois avisada pela vítima, a qual sabia previamente que o crime iria acontecer.

(E) O mesmo que tentativa perfeita, na qual o crime não se consuma por circunstâncias alheias à vontade do agente, embora este pratique todos os atos necessários para a consumação do crime;

Também chamada **acabada** ou **frustrada**, é a hipótese na qual o agente faz tudo que está à sua disposição para atingir a consumação do crime, isto é, lança mão de todos os recursos de que dispõe, mas, ainda assim, o resultado não sobrevém por circunstâncias alheias à sua vontade. Difere, portanto, da tentativa **imperfeita** ou **inacabada**, em que o agente não chega a praticar tudo o que queria para atingir a consumação. Gabarito "E".

(Ministério Público/GO – 2005) Marque a alternativa certa:

(A) a tentativa idônea ocorre quando por ineficácia absoluta do meio ou por absoluta impropriedade do objeto, também conhecida como "crime impossível"

(B) ocorre o *conatus* (tentativa) quando iniciada a execução o crime não se consuma por circunstâncias ligadas à vontade do agente

(C) o agente que desiste voluntariamente de prosseguir na execução ou impede que o resultado se produza não responde pelos atos já praticados. É a chamada "ponte de ouro" de Von Liszt

(D) o delito putativo, ocorre quando há erro no campo normativo, concebido por Hans Welzel como "erro de proibição ao revés", ou seja, a crença errônea não pode produzir punibilidade

A: o crime impossível, previsto no art. 17 do CP, é também chamado quase crime, tentativa impossível, inadequada ou *inidônea*; B: a tentativa (art. 14, II, CP) ocorre quando, iniciada a execução, o crime não se consuma por circunstâncias *alheias* à vontade do agente; C: art. 15 do CP: o agente que, voluntariamente, desiste de prosseguir na execução ou impede que o resultado se produza só responde pelos atos já praticados; D: é o chamado *delito putativo por erro de proibição*, em que o sujeito acha que sua conduta está proibida pelo ordenamento quando, na verdade, não está. Gabarito "D".

(Ministério Público/MA – 2009) O arrependimento posterior constitui:

(A) causa extintiva de punibilidade;
(B) causa de atipicidade da conduta;
(C) causa facultativa de diminuição de pena;
(D) causa de inculpabilidade;
(E) causa obrigatória de redução da pena.

Cuida-se de norma introduzida pela Reforma de 1984 que constitui *causa especial de diminuição de pena*. Sua disciplina está no art. 16 do CP e não deve ser confundida com a atenuante a que alude o art. 65, III, *b*, do CP. Gabarito "E".

(Ministério Público/MG – 2010) Não admitem a tentativa, EXCETO

(A) os crimes omissivos impróprios.
(B) os crimes culposos próprios.
(C) as contravenções penais.
(D) os crimes preterdolosos.
(E) os crimes unissubsistentes.

A: admitem o *conatus*, já que, nestes crimes, a omissão constitui meio para se chegar ao *resultado naturalístico*, cuja consumação depende deste para ocorrer, diferente, portanto, da *omissão própria*, em que a mera abstenção por si só já é apta a consumar o crime, não comportando, por isso mesmo, a tentativa; B: nos *crimes culposos*, o agente não deseja o resultado, que só é produzido por negligência, imprudência ou imperícia; C: a tentativa de contravenção penal, a teor do art. 4º da LEP, não é punível; D: porque, neste caso, o agente não deseja gerar o resultado agravador, produzido a título de culpa; E: por serem constituídos por ato único, a conduta, nos *crimes unissubsistentes*, não pode ser fracionada; não é admitida, portanto, a tentativa. Gabarito "A".

(Ministério Público/MG – 2007) Assinale a alternativa FALSA.

(A) A pessoa que, tendo um revólver com capacidade de seis projéteis, dá cinco tiros em seu desafeto, sem acertar nenhum, e vai embora, pratica desistência voluntária, não respondendo por qualquer delito.

(B) A pessoa que, tendo um revólver com capacidade de seis projéteis, dá cinco tiros em seu desafeto, acertando um tiro, porém se arrepende e vai embora sendo que a vítima, de fato, não morre, pratica arrependimento eficaz, respondendo apenas pelos atos já praticados como as lesões corporais.

(C) A pessoa que, após subtrair uma televisão de uma residência, chega à sua casa e se arrepende, retornando ao local do crime e devolvendo a *res furtiva* incide em arrependimento posterior; respondendo normalmente pelo crime.

(D) A pessoa que, após se envolver em crime de lesões corporais culposas no trânsito, arrepende-se do ocorrido e realiza acordo cível de quitação integral dos danos da vítima tem sua punibilidade extinta.

(E) A pessoa que, após realizar furto de uma televisão em casa de vizinho, chega à sua casa e percebe que a *res furtiva* era, na verdade, sua, comete crime impossível, não sendo cabível a tentativa.

A: art. 15, primeira parte, do CP. O agente desistiu de prosseguir na execução porque, mesmo dispondo de meios (um cartucho íntegro) para dar sequência ao seu intento, não o fez (desistiu). Responderia, se fosse o caso, pelos atos até então praticados; B: se o agente ainda dispuser de um cartucho íntegro e, arrependido, desistir de prosseguir na execução do crime, terá incidência o art. 15, primeira parte, do CP (desistência voluntária), respondendo tão somente pelos atos que efetivamente praticou; C: art. 16 do CP; D: art. 89 da Lei 9.099/95; E: art. 17 do CP. Gabarito "B".

(Ministério Público/MG – 2007) Assinale a alternativa FALSA.

(A) A tentativa configura-se pelo início dos atos de execução do crime, que não chega a se consumar por circunstâncias alheias à vontade do agente.

(B) É possível a previsão de delito em que a punição da tentativa seja a mesma do crime consumado.

(C) Há delitos em que a consumação do crime é antecipada para abranger os atos de cogitação (*cogitatio* – delitos de consumação antecipada).

(D) A teoria objetivo-formal indica que os atos de execução são caracterizados pelo início da realização do núcleo do tipo, ou seja, do verbo central previsto no delito.

(E) Algumas infrações não admitem tentativa como os crimes culposos, os preterdolosos, os omissivos próprios, os habituais e as contravenções penais.

A: art. 14, II, do CP; B: é o chamado **crime de atentado**, cujo exemplo sempre lembrado é o do crime do art. 352 do CP; C: a fase de cogitação é impunível. Trata-se da fase interna do crime. O pensamento, por força do *princípio da materialização do fato*, jamais pode ser punido pelo Direito Penal; D: de fato, sustenta a **teoria objetivo-formal** ou **formal-objetiva** que há ato executório quando o agente realiza a conduta correspondente ao verbo contido no tipo; E: com efeito, as infrações **supra** não comportam a forma tentada. Gabarito "C".

(Ministério Público/MS – 2011 – FADEMS) Qual a diferença entre desistência voluntária e arrependimento eficaz?

(A) Na desistência voluntária o que ocorre é a desistência no prosseguimento dos atos executórios do crime, feita de modo voluntário, respondendo o agente somente pelo que praticou. No arrependimento eficaz a desistência ocorre entre o término dos atos executórios e a consumação. O agente, neste caso, já fez tudo o que podia para atingir o resultado, mas resolve interferir para evitar a sua concretização.

(B) Entre a desistência voluntária e o arrependimento eficaz, em verdade, não há nenhuma diferença, porquanto em ambas as situações o que se busca é impedir o resultado.
(C) A diferença entre a desistência voluntária e o arrependimento eficaz está em que, na primeira, o agente é impedido de consumar o delito, já no arrependimento eficaz a consumação não ocorre porque o próprio agente a impede.
(D) A diferença entre a desistência voluntária e o arrependimento eficaz reside no fato de que, na desistência voluntária, o agente não chega a iniciar a execução do delito. Já no arrependimento eficaz a execução iniciada é interrompida, impedindo-se a consumação do delito.
(E) A diferença entre a desistência voluntária e o arrependimento eficaz está em que, na primeira, a execução do delito é interrompida por circunstâncias alheias ao domínio do agente. Já no arrependimento eficaz o delito não se consuma em razão da impropriedade dos meios de execução.

No *arrependimento eficaz*, presente no art. 15, segunda parte, do CP, o agente, já tendo realizado tudo que julgava necessário para atingir a consumação do crime, arrepende-se e passa a *agir* para evitar a produção do resultado. Se obtiver sucesso, responde somente pelos atos praticados. Na *desistência voluntária* (presente no art. 15, primeira parte, do CP), diferentemente, o agente, no curso da execução do crime, ainda dispondo de meios para chegar à consumação, desiste, interrompe sua ação. O agente, no primeiro caso, consegue, depois de realizar todos os atos de execução necessários a atingir a consumação do delito, evitar a produção do resultado, visto que, de forma voluntária, agiu para tanto. Note que o **arrependimento eficaz** pressupõe, por parte do agente, uma *ação, um fazer*. Na **desistência voluntária** a situação é diferente. Os atos de execução, neste caso, não são levados a termo. E não são porque o agente, no curso do processo, ainda dispondo de meios para chegar à consumação do crime, desiste. Diz-se, pois, que a desistência voluntária pressupõe um *não fazer*. Aqui, o agente também responde somente pelos atos praticados. Gabarito "A".

(Ministério Público/PR – 2009) Sobre o tema tentativa e consumação, assinale a alternativa INCORRETA:

(A) a causa de diminuição de pena do arrependimento posterior é aplicável somente aos crimes praticados sem violência ou grave ameaça à pessoa, desde que reparado o dano ou restituída a coisa, até o recebimento da denúncia ou da queixa, por ato voluntário do agente.
(B) a desistência voluntária pode se materializar em hipóteses de tentativa acabada ou de tentativa inacabada.
(C) a tentativa inidônea, também conhecida como crime impossível, pode ocorrer por ineficácia absoluta do meio ou por absoluta impropriedade do objeto.
(D) os crimes culposos não admitem tentativa.
(E) o arrependimento eficaz ocorre quando o autor, após realizar todos os atos necessários à produção do resultado, mediante nova ação impede que este resultado se concretize.

A: são os requisitos do instituto, previstos no art. 16 do CP; B: a *desistência voluntária*, segundo a doutrina dominante, é incompatível com a tentativa acabada, sendo, contudo, compatível com a inacabada (imperfeita); C: art. 17 do CP; D: não admitem porque o agente não pode tentar fazer aquilo que ele não deseja; buscar um resultado não querido; E: art. 15, 2ª parte, do CP. Gabarito "B".

(Ministério Público/SP – 2011) Para que se reconheça a incidência do chamado arrependimento posterior, previsto em nossa lei penal, é indispensável que

(A) a reparação do dano, ainda que não voluntária, seja do conhecimento do agente.
(B) a reparação do dano ou a restituição da coisa seja feita até o recebimento da denúncia ou da queixa.
(C) o crime cometido seja de natureza patrimonial e sem violência à coisa.
(D) a reparação do dano ou a restituição da coisa seja feita até o trânsito em julgado da sentença.
(E) a reparação do dano ou a restituição da coisa seja feita por ato espontâneo do agente ou de terceiro.

No *arrependimento posterior*, previsto no art. 16 do CP, que constitui causa obrigatória de redução de pena, é imprescindível que a reparação do dano ou a restituição da coisa seja efetivada até o recebimento da denúncia ou da queixa. Gabarito "B".

(Ministério Público/SP – 2011) Em relação ao crime culposo, é correto afirmar que:

(A) é sempre possível a tentativa.
(B) só é possível a tentativa na chamada culpa consciente.
(C) nunca é possível a tentativa.
(D) é possível a tentativa na culpa imprópria.
(E) é possível a tentativa na culpa inconsciente.

A: o crime culposo não comporta o *conatus*, uma vez que, nesta modalidade de crime, o resultado antijurídico não é desejado pelo agente; B: a culpa consciente e a inconsciente não admitem a tentativa; C: incorreta, pois a culpa imprópria (art. 20, § 1º, CP) comporta a tentativa; D: culpa imprópria (culpa com previsão, por extensão, por assimilação, por equiparação) é aquela em que o agente, apesar de a ação ser dolosa, responde por crime culposo, uma vez que teve falsa percepção da realidade (equivocou-se acerca da situação fática). Neste caso, é admitida a tentativa, o que não ocorre em relação à culpa própria; D: não é admitida. Gabarito "D".

(Ministério Público/SP - 2005) É unicamente correto afirmar que

(A) o delito de quadrilha só se consuma com a prática de qualquer delito pelo bando ou por alguns de seus integrantes.
(B) ao dispor sobre crimes tentados, o Código Penal prevê possibilidade de casos com resposta penal equivalente à dos consumados.
(C) em se tratando de contravenção penal, a punibilidade da tentativa segue as regras do Código Penal.
(D) crime falho é outra designação dada à tentativa imperfeita.
(E) o Código Penal condiciona o reconhecimento da modalidade tentada de determinado crime à existência, na Parte Especial, de previsão específica quanto à sua admissibilidade.

A: o crime de **quadrilha ou bando**, previsto no art. 288 do Código Penal, consuma-se com a efetiva associação dos componentes, independentemente do cometimento de algum crime pela quadrilha. É por essa razão que se diz este crime é autônomo; B: é o que ocorre com os chamados **crimes de atentado** (art. 352, CP); C: a tentativa de contravenção não é punível, conforme dispõe o art. 4º da LCP; D: **crime falho** é outra designação dada à **tentativa perfeita** (acabada, frustrada); E: a assertiva não procede, na medida em que o Código Penal não faz previsão, para cada delito, da correspondente modalidade tentada, embora a grande maioria, não todos, comporte a modalidade tentada. O legislador optou por usar uma **fórmula de extensão**: aplica-se a figura do crime consumado em associação com o art. 14, II, da Parte Geral (norma de extensão). Gabarito "B".

(Procurador do Estado/SC – 2010 – FEPESE) Considere a seguinte conduta e indique que instituto que ela corresponde no Direito Penal.

O agente que, voluntariamente, impede que o resultado do crime se produza pratica...

(A) crime falho
(B) crime impossível
(C) desistência voluntária
(D) arrependimento eficaz
(E) arrependimento posterior

A conduta contida no enunciado corresponde ao instituto previsto no art. 15, segunda parte, do CP - arrependimento eficaz, em que o agente, depois de realizar todos os atos de execução para chegar à consumação do crime, arrependido, pratica a conduta positiva necessária para evitar a produção do resultado. Se obtiver sucesso na sua empreitada, responderá somente pelos atos praticados. Gabarito "D".

(Defensor Público/AM – 2010 – I. Cidades) Sobre a desistência voluntária e o arrependimento eficaz, assinale a alternativa correta:

(A) o agente que, voluntariamente, impede que o resultado do crime se produza não responde pelos seus atos, porque incide na hipótese de desistência voluntária;
(B) o agente que, voluntariamente, desiste de prosseguir na execução do crime, não responde pelos atos praticados, desde que tais atos não configurem, isoladamente, crime ou contravenção penal, sendo o caso de desistência voluntária;
(C) o agente que, voluntariamente, repare o dano ou restitua a coisa ao proprietário, até o recebimento da denúncia, não responde pelos seus atos, estando configurada a hipótese de arrependimento eficaz;

(D) considera-se arrependimento eficaz quando o agente, iniciada a execução do crime, por ineficácia absoluta do meio, não consegue consumá-lo, não respondendo pelos atos praticados;

(E) é caso de desistência voluntária quando o agente, por absoluta impropriedade do objeto, impede que o resultado se produza, só responde pelos atos já praticados.

A: o agente que, de forma voluntária, impede que o resultado se produza responde somente pelos atos praticados. Este é o *arrependimento eficaz*, presente no art. 15, segunda parte, do CP. Na *desistência voluntária*, diferentemente, o agente, no curso da execução do crime, ainda dispondo de meios para chegar à consumação, desiste, interrompe sua ação. Note que, no arrependimento eficaz, o agente, já tendo realizado tudo que julgava necessário para atingir a consumação do crime, arrepende-se e passa a *agir* para evitar a consumação; B: assertiva correta. O agente, tanto na desistência voluntária quanto no arrependimento eficaz, responde pelos atos praticados, salvo se esses atos não chegam a constituir crime tampouco contravenção; C: a assertiva contém trecho extraído do instituto do *arrependimento posterior*, previsto no art. 16 do CP, cuja natureza jurídica é *causa obrigatória de diminuição de pena*, pois sua incidência somente se dá após a consumação do delito; D: a assertiva não corresponde ao arrependimento eficaz, previsto no art. 15, segunda parte, do CP; E: a assertiva não corresponde à desistência voluntária, prevista no art. 15, primeira parte, do CP. Gabarito "B".

(Defensoria/MG – 2006) Iter criminis representa as diversas fases que o agente deve percorrer, desde a cogitação até a consumação, para que se realize o delito doloso de maneira completa. Nesse percurso, podem ocorrer algumas situações, todas previstas no Código Penal, que impedem a consumação do crime.

NÃO constitui uma dessas situações:

(A) Arrependimento eficaz
(B) Arrependimento posterior
(C) Crime impossível
(D) Desistência voluntária
(E) tentativa

A causa de diminuição de pena contida no art. 16 do CP só tem lugar depois de o crime consumar-se, desde que preenchidos alguns requisitos. Não tem, portanto, qualquer repercussão na consumação do delito, ao contrário dos outros institutos. Gabarito "B".

(Defensoria/MT – 2009 – FCC) O art. 14, § único, do Código Penal dispõe que "salvo disposição em contrário, pune-se a tentativa com a pena correspondente ao crime consumado, diminuída de um a dois terços". O percentual de diminuição de pena a ser considerado levará em conta

(A) o *inter criminis* percorrido pelo agente.
(B) a periculosidade do agente.
(C) a reincidência.
(D) os antecedentes do agente.
(E) a intensidade do dolo.

A redução aplicada pelo juiz deve levar em conta o caminho percorrido pelo agente na prática criminosa, isto é, se a empreitada foi impedida logo no seu início, deverá o magistrado aplicar uma diminuição maior; ao revés, se o caminho desenvolvido foi maior, o que possibilitou ao agente chegar bem próximo à consumação do delito, a diminuição será, obviamente, menor. Gabarito "A".

(Defensoria/MT – 2009 – FCC) O agente iniciou a execução de um delito, cuja consumação não ocorreu pela:

I. Ineficácia relativa do meio empregado.
II. Impropriedade absoluta do objeto.
III. Reação da vítima.
IV. Ineficácia absoluta do meio empregado.
V. Impropriedade relativa do objeto.

Haverá tentativa punível na(s) hipótese(s) indicada(s) SOMENTE em

(A) III.
(B) I e V.
(C) II e IV.
(D) I, II e IV.
(E) I, III e V.

O meio *relativamente* ineficaz (ineficiente) e o objeto *relativamente* impróprio não são aptos a configurar o *crime impossível*, em que se exige, por imposição do art. 17 do CP, a ineficácia *absoluta* do meio empregado e a impropriedade *absoluta* do objeto. Em razão disso, haverá tentativa punível nos itens I, III e V. Nos demais, a tentativa é impunível (crime impossível). Gabarito "E".

(Defensoria/MT – 2007) Tentativa é a execução iniciada de um crime, que não se consuma por circunstâncias alheias à vontade do agente, segundo o artigo 14 do Código Penal Brasileiro. Sobre a matéria, assinale a afirmativa correta.

(A) A lei penal efetua distinção entre tentativa perfeita e imperfeita, recebendo tratamento diferenciado no que tange à aplicação da pena em abstrato.
(B) O Código Penal adotou a teoria subjetiva ou voluntarista, que se contenta com a exteriorização da vontade através da prática de atos preparatórios.
(C) Os denominados crimes unissubsistentes admitem o *conatus*.
(D) Os crimes qualificados pelo resultado – dentre eles o preterdoloso – não admitem a figura da tentativa.
(E) O *conatus* constitui ampliação temporal da figura típica, além de ser um dos casos de adequação típica de subordinação mediata.

A: a lei penal não faz qualquer distinção entre tentativa **perfeita** e **imperfeita**. Quem o faz é a doutrina. Diz-se perfeita (crime falho) a tentativa em que o agente consegue praticar todos os atos necessários à consumação, a qual, por circunstâncias alheias à sua vontade, não ocorre. **Imperfeita**, por seu turno, é aquela na qual o agente não chega a praticar todos os atos necessários à consumação. O *iter criminis* é interrompido também por circunstâncias alheia à vontade do agente; B: art. 14, II, do CP: adotamos a **teoria objetiva** (realística), segundo a qual a tentativa é punível tão somente quando iniciados os atos executórios; C: não comportam a tentativa na medida em que os delitos unissubsistentes são constituídos de **ato único**. Ex.: ameaça feita verbalmente; D: os crimes qualificados pelo resultado (gênero), exceção feita à espécie **preterdolosa** (espécie), comportam, em princípio, a forma tentada; E: é fato que o legislador não cuidou de criar *tipos penais tentados*, mas viabilizou a punição da tentativa na grande maioria dos crimes, o que se faz utilizando-se a pena correspondente ao crime consumado, conjugando-a com a previsão legal da tentativa (art. 14, II, CP), que constitui a chamada **adequação típica de subordinação mediata**. Gabarito "E".

(Defensor Público/RO – 2007) Em caso de arrependimento posterior haverá, em relação à pena, a ocorrência de:

(A) isenção
(B) comutação
(C) diminuição
(D) manutenção
(E) sobrestamento

Cuida-se de norma introduzida pela Reforma de 1984 que constitui *causa obrigatória de diminuição de pena*. Sua disciplina está no art. 16 do Código Penal e não deve ser confundida com a atenuante a que alude o art. 65, III, *b*, do CP. Gabarito "C".

(Defensor Público/RS – 2011 – FCC) Miro, em mera discussão com Geraldo a respeito de um terreno disputado por ambos, com a intenção de matá-lo, efetuou três golpes de martelo que atingiram seu desafeto. Imediatamente após o ocorrido, no entanto, quando encerrados os atos executórios do delito, Miro, ao ver Geraldo desmaiado e perdendo sangue, com remorso, passou a socorrer o agredido, levando-o ao hospital, sendo que sua postura foi fundamental para que a morte do ofendido fosse evitada, pois foi providenciada a devida transfusão de sangue. Geraldo sofreu lesões graves, uma vez que correu perigo de vida, segundo auto de exame de corpo de delito. Nesse caso, é correto afirmar:

(A) Miro responderá pelo crime de lesão corporal gravíssima previsto no art. 129, § 2º, do Código Penal, em vista da sua vontade inicial de matar a vítima e da quantidade de golpes, circunstâncias que afastam a validade do auto de exame de corpo de delito.
(B) Incidirá a figura do arrependimento eficaz e Miro responderá por lesões corporais graves.
(C) Incidirá a figura do arrependimento posterior, com redução de eventual pena aplicada.
(D) Incidirá a figura da desistência voluntária e Miro responderá por lesões corporais graves.
(E) Miro responderá por tentativa de homicídio simples, já que o objetivo inicial era a morte da vítima.

Art. 15, segunda parte, do CP (arrependimento eficaz). Miro, após ter esgotado os atos de execução que considerou suficientes para atingir seus objetivos (levar Geraldo à morte), arrependeu-se do que fez, agiu conforme esse sentimento, atuando para impedir a ocorrência do resultado letal e, com isso, conseguiu evitá-lo. Responderá, portanto, tão só pelos atos praticados (lesão corporal de natureza grave, já que a vítima foi exposta a perigo de vida – art. 129, § 1º, II, do CP). Note que, neste caso, não há que se falar em desistência voluntária (art. 15, primeira parte, CP) na medida em que Miro levou a execução do crime que pretendia cometer até o final, lançando mão de todos os recursos de que dispunha para atingir sua consumação. Conseguiu evitá-la porque agiu a tempo. A desistência voluntária, diferentemente, pressupõe interrupção, por iniciativa do agente, do *iter criminis*. Ele dispõe de meios para prosseguir e concretizar seu propósito, mas desiste no "meio do caminho". Gabarito "B".

(Defensoria/SP – 2007 – FCC) O juiz, ao distinguir atos preparatórios e atos executórios, considera a decisão e o plano do agente criminoso, além dos elementos descritivos do tipo penal. O critério é

(A) meramente objetivo.
(B) objetivo-formal.
(C) objetivo-material.
(D) subjetivo-objetivo.
(E) ataque ao bem jurídico.

Art. 14, II, CP. Adotamos, no que concerne à distinção entre atos preparatórios e de execução, o critério exclusivamente objetivo, em oposição ao subjetivo. Gabarito "A".

(Delegado/SP – 2008) De acordo com a doutrina, ocorre a tentativa imperfeita quando

(A) a vítima não é atingida pelo agente.
(B) o agente pratica todos os atos executórios de que dispunha, mas, por circunstancia alheias à sua vontade, não alcança a consumação.
(C) o agente é impedido de praticar todos os atos executórios de que dispunha.
(D) o agente atinge a vítima, mas, voluntariamente, resolve não prosseguir com os atos executórios.
(E) o agente atinge pessoa diversa daquela que pretendia lesionar.

Na tentativa **imperfeita** ou **inacabada**, o sujeito não esgota o processo de execução possível, não chega a fazer uso de todos os meios de que dispõe. Gabarito "C".

(Cartório/AP – 2011 – VUNESP) Admite-se a tentativa

(A) nas contravenções.
(B) nos crimes omissivos puros.
(C) nos crimes culposos.
(D) nos crimes unisubsistentes.
(E) nos crimes comissivos por omissão.

A: o art. 4º da Lei das Contravenções Penais reza que a tentativa de contravenção não é punível; B: o *crime omissivo puro* ou *próprio* não comporta a tentativa na medida em que a sua consumação se opera com a mera abstenção do agente; o *crime omissivo impróprio* (comissivo por omissão), por sua vez, que é aquele em que a consumação se dá com a produção do resultado naturalístico, comporta a forma tentada; C: os *crimes culposos*, exceção feita à culpa imprópria, não admitem a forma tentada, visto que o resultado, nestes crimes, é involuntário, não querido; D: não comportam o *conatus* porque, sendo constituídos por ato único, não podem ser fracionados; E: assertiva correta. Os crimes *comissivos por omissão* (omissão imprópria) admitem a forma tentada, já que a consumação, neste caso, se dá com a produção do resultado naturalístico. Gabarito "E".

(Cartório/MS – 2009 – VUNESP) A praticou manobras abortivas em B, a pedido desta. Ao terminar o procedimento, verificou que B não se encontrava grávida como supunha. A conduta de A configura

(A) erro sobre elemento constitutivo do tipo.
(B) arrependimento eficaz.
(C) tentativa imperfeita.
(D) crime impossível.
(E) desistência voluntária.

Esta é uma hipótese de *delito putativo por erro de tipo*, em que o agente acredita na existência de um requisito típico que, na verdade, existe somente no seu imaginário. Sua vontade é dirigida ao cometimento de um delito, no caso o aborto, manobras abortivas são realizadas, mas, após, constata-se que inexiste o objeto do crime que os agentes pretendiam praticar. O crime, por isso, é impossível – art. 17 do CP. Gabarito "D".

(Magistratura Federal-5ª Região – 2011) No que concerne à teoria geral do crime, assinale a opção correta.

(A) O fato de o agente estar sendo vigiado por fiscal de estabelecimento comercial, assim como a existência de sistema eletrônico de vigilância, impede de forma completamente eficaz a consumação do delito pretendido, de modo a se reconhecer caracterizado crime impossível, pela absoluta eficácia dos meios empregados.

(B) Em relação à punibilidade do chamado crime impossível, adota-se no CP a teoria sintomática, segundo a qual só haverá crime impossível quando a ineficácia do meio e a impropriedade do objeto jurídico forem absolutas; sendo elas relativas, fica caracterizada a tentativa.

(C) Quanto à punição na modalidade tentada de crime, adota-se no CP a teoria subjetiva, segundo a qual a tentativa, por produzir mal menor, deve ser punida de forma mais branda que o crime consumado, reduzindo-se de um a dois terços a pena prevista.

(D) Não se admite desistência voluntária em relação à prática de delito unissubsistente, admitindo-se arrependimento eficaz apenas com relação à prática de crimes materiais. Para beneficiar-se dessas espécies de tentativa qualificada, que, por si sós, não beneficiam os partícipes, o agente deve agir de forma voluntária, mas não necessariamente de forma espontânea.

A: o furto sob vigilância pode, em determinadas situações, a depender do caso concreto, caracterizar crime impossível pela *ineficácia absoluta do meio* (art. 17 do CP). A assertiva – incorreta – faz referência à *absoluta eficácia dos meios empregados*; B: somente haverá o chamado crime impossível se a ineficácia do meio e a impropriedade do objeto forem *absolutas*. Acolheu-se, aqui, a teoria **objetiva temperada**. Se se tratar de ineficácia ou impropriedade relativa, estaremos diante de *crime tentado*; C: no que toca à tentativa, adotou-se a *teoria objetiva*, segundo a qual o autor de crime tentado receberá pena inferior à do autor de crime consumado, nos termos do art. 14, parágrafo único, do CP. A *teoria subjetiva*, ao contrário, que foi acolhida tão somente de forma excepcional, determina que a pena do crime tentado seja a mesma do consumado. Leva-se em conta, neste caso, a intenção do sujeito; D: é que, nos crimes unissubsistentes, a conduta se desenvolve em ato único, o que inviabiliza a desistência. A existência de resultado naturalístico é pressuposto do arrependimento eficaz. Ou ainda: o agente somente fará jus ao benefício contido no dispositivo se de fato lograr impedir a produção do resultado. Ademais, exige-se somente voluntariedade, que quer dizer *atuar de forma livre, sem coação*. Gabarito "D".

(Magistratura Federal – 4ª Região – XIII – 2008) Dadas as assertivas abaixo, assinalar a alternativa correta.

I. No Código Penal Brasileiro, a tentativa do crime é marcada pelo início da realização do tipo, tomando-se em consideração sobretudo a expressão que emprega a lei para designar a conduta proibida.

II. Não admitem tentativa os crimes habituais e de atentado, os omissivos próprios, os unissubsistentes, os culposos e os preterintencionais, não incluídos aqueles tecnicamente qualificados pelo resultado.

III. No crime putativo imagina o agente proibida uma conduta que em verdade lhe é permitida, não cabendo punição.

IV. A Súmula 145 do Supremo Tribunal Federal ("Não há crime, quando a preparação do flagrante pela polícia torna impossível a sua consumação") passou, pela mesma Corte, a ser interpretada como a dar validade ao flagrante esperado; de outro lado, negando validade ao flagrante provocado pelo agente da prisão.

(A) Estão corretas apenas as assertivas III e IV.
(B) Estão corretas apenas as assertivas I, II e III.
(C) Estão corretas apenas as assertivas I, II e IV.
(D) Estão corretas todas as assertivas.

I: teoria objetiva ou realística (adotada pelo art. 14, II, do CP); II: de fato, os crimes mencionados não comportam o **conatus**; os **qualificados pelo resultado**, com exceção dos **preterdolosos**, que não admitem a forma tentada, comportam a tentativa; III: se é putativo, imaginário o delito, não há que se falar em crime. Exemplo: mulher, acreditando estar grávida, pratica manobras abortivas e, em seguida, descobre não haver gravidez; IV: regra geral, não há que se falar em agente provocador no chamado **flagrante esperado**. Não se trata, portanto, de **crime impossível**, na medida em que pode consumar-se. Situação diferente a do flagrante **preparado** ou **provocado** (crime de ensaio), em que a consumação é impossível, conforme entendimento esposado pela Súmula **supra**. Gabarito "D".

(Magistratura do Trabalho – 23ª Região – 2009) Analise os itens abaixo e marque a alternativa CORRETA:

Sobre a desistência voluntária e o arrependimento eficaz:

I. para determinada corrente doutrinária ambos os institutos penais têm a natureza jurídica de causa pessoal de exclusão de tipicidade.

II. distinguem-se porque a desistência voluntária envolve tentativa inacabada e o arrependimento eficaz tentativa perfeita.

III. uma das vertentes doutrinárias sustenta que apenas a desistência voluntária tem natureza jurídica de causa pessoal de exclusão de tipicidade, uma vez que o arrependimento eficaz encerra causa pessoal de exclusão de punibilidade.
IV. parte da doutrina afirma que ambas as figuras traduzem causa pessoal de exclusão de punibilidade.

(A) Apenas os itens I, II e IV são verdadeiros.
(B) Apenas os itens II e III são verdadeiros.
(C) Apenas os itens II, III e IV são falsos.
(D) Todos os itens são verdadeiros.
(E) Todos os itens são falsos.

De fato, para parte da doutrina, ambos os institutos têm como natureza jurídica *causa de exclusão da punibilidade*; para outros, os institutos têm como natureza jurídica *causa de exclusão da tipicidade*. De outro lado, a *desistência voluntária* guarda certa semelhança com a *tentativa imperfeita* (inacabada), visto que, aqui, o agente não esgota o processo de execução. Da mesma maneira, o *arrependimento eficaz* tem certa similitude com a *tentativa perfeita* (acabada ou crime falho), já que, neste caso, o agente esgota o processo de execução. Gabarito "A".

(Analista Judiciário/STF – 2008 – CESPE) Com base na parte geral do direito penal, julgue o item abaixo.

(1) Ocorre tentativa incruenta quando o agente dispara seis tiros em direção à vítima sem, no entanto, causar qualquer lesão na vítima ou em qualquer outra pessoa, por erro na execução.

1: mais conhecida como **tentativa branca**, é aquela em que a vítima não é atingida fisicamente. **Tentativa vermelha** ou **cruenta**, ao contrário, é aquele na qual a vítima é atingida, mas, ainda assim, o crime não se consuma. Gabarito 1C

(CESPE – 2009) De acordo com o art. 14, inciso II, do CP, diz-se tentado o crime quando, iniciada a execução, este não se consuma por circunstâncias alheias à vontade do agente. Em relação ao instituto da tentativa (*conatus*) no ordenamento jurídico brasileiro, assinale a opção correta.

(A) A tentativa determina a redução da pena, obrigatoriamente, em dois terços.
(B) As contravenções penais não admitem punição por tentativa.
(C) O crime de homicídio não admite tentativa branca.
(D) Considera-se perfeita ou acabada a tentativa quando o agente atinge a vítima, vindo a lesioná-la.

A: art. 14, p. único, do CP; B: o art. 4º da Lei das Contravenções Penais reza que a tentativa de contravenção não é punível; C: *tentativa branca* ou *incruenta* é aquela em que a vítima não é atingida fisicamente. Exemplo: o sujeito descarrega sua arma contra a vítima, mas esta não chega a ser atingida (tentativa branca de homicídio); D: *perfeita* ou *acabada* (crime falho) é a tentativa em que o agente pratica todos os atos executórios que estão à sua disposição e, ainda assim, o crime não se consuma. Gabarito "B".

(CESPE – 2009) Acerca dos institutos da desistência voluntária, do arrependimento eficaz e do arrependimento posterior, assinale a opção correta.

(A) O agente que, voluntariamente, desiste de prosseguir na execução ou impede que o resultado se produza responderá pelo crime consumado com causa de redução de pena de um a dois terços.
(B) A desistência voluntária e o arrependimento eficaz, espécies de tentativa abandonada ou qualificada, passam por três fases: o início da execução, a não consumação e a interferência da vontade do próprio agente.
(C) Crimes de mera conduta e formais comportam arrependimento eficaz, uma vez que, encerrada a execução, o resultado naturalístico pode ser evitado.
(D) A natureza jurídica do arrependimento posterior é a de causa geradora de atipicidade absoluta da conduta, que provoca a adequação típica indireta, de forma que o autor não responde pela tentativa, mas pelos atos até então praticados.

A: o art. 15 do CP, que cuida da *desistência voluntária* e do *arrependimento eficaz*, dispõe que o agente que, voluntariamente, desiste de prosseguir na execução do crime (desistência voluntária) ou impede que o resultado se produza (arrependimento eficaz) responde tão somente pelos atos até então praticados; B: parte da doutrina faz uso da terminologia *tentativa abandonada* ou *qualificada* para se referir à desistência voluntária e ao arrependimento eficaz. Tais institutos de fato devem conter início de *execução e ausência de consumação por vontade do agente*. Se a ausência de consumação se der por circunstâncias alheias à vontade do agente, estaremos diante de delito tentado; C: crimes de mera conduta não admitem resultado naturalístico; delitos formais admitem, mas não exigem que ele ocorra para que o crime atinja sua consumação. São chamados crimes de consumação antecipada ou de resultado cortado; D: é causa obrigatória de redução de pena contida no art. 16 do Código Penal. Gabarito "B".

(CESPE – 2006) O ato em que o sujeito esgota, segundo seu entendimento, todos os meios, a seu alcance, de consumar a infração penal, que somente deixa de ocorrer por circunstâncias alheias à sua vontade, é denominado

(A) Tentativa imperfeita.
(B) Crime consumado.
(C) Crime falho.
(D) Tentativa branca.

A: na tentativa *imperfeita* ou *inacabada*, o processo de execução é interrompido, sofre solução de continuidade; B: art. 14, I, CP. O agente, no crime consumado, realiza integralmente o tipo penal; C: art. 14, II, do CP. É a chamada *tentativa perfeita* ou *acabada*, em que o agente exaure os meios executórios de que dispõe; D: fala-se em tentativa *branca* ou *incruenta* quando o objeto material do crime não sofre lesão. Gabarito "C".

(CESPE – 2006) Considere-se que, depois de esgotar todos os meios disponíveis para chegar à consumação da infração penal, o agente arrependa-se e atue em sentido contrário, evitando a produção do resultado inicialmente por ele pretendido. Nessa hipótese, configura-se

(A) arrependimento eficaz.
(B) desistência voluntária.
(C) crime impossível.
(D) Arrependimento posterior.

A: art. 15, segunda parte, do CP; B: a *desistência voluntária* (art. 15, primeira parte, do CP) pressupõe que o agente não tenha esgotado os meios executórios, porque só assim ele poderá *desistir* de prosseguir na execução. Há, portanto, interrupção do *iter criminis*, anterior à consumação. Se o agente, no entanto, já tendo realizado todos os atos de execução, antes da consumação, agir para que o resultado não se produza, responderá tão só pelos atos praticados. É o chamado *arrependimento eficaz*; C: art. 17 do CP (crime impossível); D: art. 16 do CP (arrependimento posterior). Gabarito "A".

(CESPE – 2006) Se, durante os atos de execução do crime, mas sem esgotar todo o processo executivo do delito, o agente desiste, voluntariamente, de nele prosseguir, ocorre

(A) Arrependimento eficaz.
(B) Desistência voluntária.
(C) Arrependimento posterior.
(D) Tentativa perfeita.

A: art. 15, segunda parte, do CP; B: art. 15, primeira parte, do CP; C: art. 16 do CP; D: *tentativa perfeita* ou *crime falho*: mesmo tendo realizado todos os atos de execução, o agente, ainda assim, não consegue atingir a consumação do crime. Gabarito "B".

9. ANTIJURIDICIDADE E CAUSAS EXCLUDENTES

(Magistratura/AL – 2008 – CESPE) Roberto, que se encontrava próximo à entrada do banheiro localizado no interior de um bar, percebeu que Pedro, dando mostras de irritação, caminhava em sua direção. Supondo que seria agredido por Pedro, a quem sequer conhecia, Roberto sacou o revólver que trazia consigo e o matou. Na realidade, Pedro não tinha intenção de agredir Roberto, somente de dirigir-se ao banheiro. Nessa situação hipotética, Roberto praticou a conduta em situação de

(A) legítima defesa.
(B) culpa imprópria.
(C) culpa consciente.
(D) culpa inconsciente.
(E) dolo direto de segundo grau.

Roberto, embora tenha agido com intenção de atingir Pedro e causar-lhe a morte (dolo), só o fez porque teve uma falsa percepção da realidade, consubstanciada na suposição de que Pedro iria investir contra sua pessoa. Avaliou mal, portanto, a situação, incorrendo em erro. Tratando-se de erro escusável, configurada estará a legítima defesa putativa (art. 20, § 1º, CP); se se tratar de erro inescusável, haverá punição por crime culposo. Gabarito "B".

(Magistratura/MG – 2008) As situações abaixo caracterizam o estado de necessidade, EXCETO

(A) Médico que deixa de atender um paciente para salvar outro, não tendo meios de atender a ambos.
(B) Bombeiro que deixa de atender um incêndio de pequenas proporções para atender outro de maior gravidade.
(C) "A" que dolosamente põe fogo num barco e depois mata outro passageiro para se salvar.
(D) Mãe miserável que subtrai gêneros alimentícios para alimentar filho faminto.

Art. 24 do CP. Aquele que gera a situação de perigo não pode invocar o estado de necessidade. As situações contidas nas outras alternativas caracterizam à perfeição a excludente de antijuridicidade. Gabarito "C".

(Magistratura/MG – 2008) Em relação à legítima defesa, assinale a alternativa INCORRETA.

(A) Pela legítima o agente pode repelir agressão injusta a direito seu ou de outrem que pode ser qualquer pessoa física, mesmo que um criminoso.
(B) Através da legítima defesa pode-se proteger qualquer bem jurídico.
(C) Na legítima defesa o agente pode escolher qualquer meio à sua disposição para repelir o injusto.
(D) Na legítima defesa o agente não pode empregar o meio além do que é preciso para evitar a lesão do bem jurídico próprio ou de terceiro.

A: art. 25 do CP. A lei não faz qualquer distinção quanto ao terceiro; B: de fato, pode-se invocar a legítima defesa para defender qualquer bem juridicamente protegido; C: deverá o agente utilizar-se dos meios necessários, assim entendidos os eficazes e suficientes para rechaçar a agressão ao direito, conforme dispõe o art. 25 do CP; D: se o agente repele a agressão excedendo-se na repulsa, empregando o meio além do que é preciso, estará caracterizado o chamado *excesso punível*, previsto no art. 23, parágrafo único, do CP. Gabarito "C".

(Magistratura/SP – 2007) Um ladrão pula o muro de uma casa para furtar. É morto, todavia, por ataque de cães bravios. Em tais condições, o proprietário da casa

(A) deve ser inocentado por legítima defesa preordenada.
(B) responde por homicídio culposo.
(C) deve ser inocentado, pela excludente de estado de necessidade.
(D) responde por homicídio doloso.

Ofendículo é o obstáculo posicionado para dificultar ou impedir a agressão ao patrimônio, entre eles está o cão de guarda. Quanto à natureza jurídica desses dispositivos, há na doutrina duas posições, prevalecendo a que entende tratar-se de *legítima defesa preordenada*. A outra corrente, minoritária, entende tratar-se de *exercício regular de direito*. Gabarito "A".

(Ministério Público/MG – 2007) Assinale a alternativa FALSA.

(A) Há entendimento no sentido de considerar os ofendículos como exercício regular do direito.
(B) O excesso em legítima defesa do agredido pode gerar situação de legítima defesa sucessiva do anteriormente agressor.
(C) O estrito cumprimento do dever legal é causa excludente de ilicitude que se destina primariamente a agentes públicos.
(D) O estado de necessidade exculpante afeta a culpabilidade, e não a ilicitude da conduta.
(E) Há a possibilidade de ocorrência de legítima defesa real em face de outra legítima defesa real anteriormente iniciada.

A: é posição minoritária na doutrina. Prevalece o entendimento que sustenta que os *ofendículos* têm como natureza jurídica *legítima defesa preordenada*; B: legítima defesa sucessiva é a repulsa contra o excesso de legítima defesa. Assim, é perfeitamente possível que o agressor original se defenda do excesso de legítima defesa praticada pelo agredido; C: são ações praticadas em cumprimento de um dever imposto por lei. Regra geral, são realizadas por agentes públicos; D: é a hipótese na qual o agente sacrifica bem de maior valor para preservar outro de valor menor. Aplica-se a teoria da inexigibilidade de conduta diversa, excluindo-se, por conseguinte, a culpabilidade, e não a ilicitude; E: não é possível legítima defesa real contra agressão justa. É factível, entretanto, legítima defesa real contra legítima defesa putativa. Gabarito "E".

(Ministério Público/MG - 2008) Em cumprimento a uma diligência que visava a cumprir um mandado de prisão, determinado policial é recebido a tiros por aquele que, por ele, deveria ser preso. Ato contínuo, sacou sua arma e efetuou um disparo, que atingiu mortalmente o agressor. Nesse caso, podemos afirmar ter o policial agido em:

(A) homicídio simples.
(B) estrito cumprimento do dever legal.
(C) legítima defesa real.
(D) estado de necessidade.
(E) exercício regular de direito.

Art. 25 do CP. O policial, fazendo uso moderado dos meios que julgou necessários (efetuou um único disparo), repeliu a agressão que sofrera. Não há que se falar em estrito cumprimento de dever legal na medida em que a lei não impõe o dever de rechaçar a agressão sofrida. Gabarito "C".

(Ministério Público/PR – 2011) Sobre as causas de justificação, assinale a alternativa incorreta:

(A) a legítima defesa pode ser utilizada para repelir injusta agressão, atual ou iminente, a bem jurídico próprio ou de terceiro, derivada de ações dolosas ou culposas;
(B) a agressão injusta, atual ou iminente, a bem jurídico, praticada por inimputável portador de doença mental, não autoriza a legítima defesa, mas pode autorizar o estado de necessidade;
(C) o erro de tipo permissivo constitui erro sobre os pressupostos fáticos de uma causa de justificação;
(D) para a teoria dos elementos negativos do tipo, assim como para a teoria bipartida de fato punível, matar alguém em situação de legítima defesa constitui fato atípico;
(E) a ação do guarda penitenciário que mata, com certeiro disparo de arma de fogo, um preso que fugia em direção à mata, após transpor o muro externo da unidade prisional, não é justificável pelo estrito cumprimento do dever legal.

A: assertiva correta, nos termos do art. 25 do CP; B: incorreta, pois a agressão injusta perpetrada por inimputável portador de doença mental autoriza, sim, a legítima defesa, uma vez que não é razoável exigir que alguém se sujeite a tal investida sem nada fazer; C: art. 20, § 1º, do CP; D: a *teoria dos elementos negativos do tipo* nega autonomia às causas excludentes de antijuridicidade. Devem, por conta disso, estar agregadas ao tipo de delito (*tipos provisórios do injusto* ou *tipos incriminadores*) como requisitos negativos; E: a ação do guarda penitenciário revela-se exagerada. Não é o caso de se invocar, por isso, qualquer excludente de ilicitude. Gabarito "B".

(Ministério Público/PR – 2009) Sobre o tema antijuridicidade e justificação, assinale a alternativa correta:

(A) nem todas as hipóteses legais de justificação admitem o excesso na ação justificada.
(B) o legislador penal brasileiro adotou a teoria diferenciadora para disciplinar o estado de necessidade.
(C) se A desfere golpe mortal no cão feroz de B, para proteger criança do ataque furioso do animal, a ação de A é justificável por legítima defesa de terceiro.
(D) o consentimento do ofendido pode ter natureza de excludente da tipicidade ou de justificação supra legal da ação típica.
(E) o excesso, na legítima defesa, por uso imoderado de meio necessário, só pode ser imputado ao autor a título de dolo.

A: todas as hipóteses legais de justificação comportam, por força do disposto no parágrafo único do art. 23 do CP, o excesso na ação justificada; B: se o bem sacrificado for de valor maior do que o bem preservado, estaremos diante do chamado *estado de necessidade exculpante*, em que ficará excluída a culpabilidade, e não a ilicitude. Se, entretanto, se tratar de bens de valor equivalente ou do sacrifício de um bem de menor valor para preservar outro de maior valor, estaremos diante do chamado *estado de necessidade justificante*, no qual ficará excluída a ilicitude. Para a *teoria diferenciadora*, não acolhida por nosso Código, que adotou a *teoria unitária* (o estado de necessidade constitui sempre uma causa excludente da antijuridicidade), coexistem o estado de necessidade exculpante e o justificante; C: a legítima defesa pressupõe uma agressão gerada e perpetrada por um ser humano. Ataques de animais, por isso, não dão margem a esta excludente de ilicitude. Aquele que mata um cão feroz que estava prestes a investir contra determinada criança age em *estado de necessidade*. Mas atenção: se o cão é instigado a atacar, é cabível, neste caso, a legítima defesa; D: se se tratar de bem disponível em que a vítima for capaz, o consentimento funcionará como *causa supralegal de exclusão da antijuridicidade*; de outro lado, há crimes que só se tipificam diante do dissenso da vítima. Assim, havendo o consentimento do ofendido, opera-se a exclusão da tipicidade. É o caso do crime de violação de domicílio, previsto no art. 150, CP. O consentimento do morador, neste exemplo, exclui a própria tipicidade; E: o excesso será imputado ao autor, na forma do art. 23, parágrafo único, do CP, a título de dolo, se se tratar de excesso doloso, ou de culpa, caso o excesso constitua delito culposo e o agente tenha nele incorrido. "Gabarito "D".

(Procurador do Estado/SC – 2010 – FEPESE) Não há crime quando o agente pratica o fato:

(A) em estado de necessidade; em legítima defesa; e sob o domínio de emoção ou paixão.
(B) em estado de embriaguez; em estado de necessidade; em legítima defesa; e sob coação.
(C) em estado de necessidade; em legítima defesa; e em estrito cumprimento de dever legal ou no exercício regular de direito.
(D) em legítima defesa; em estrito cumprimento de dever legal; em estado de necessidade; e sob coação moral.
(E) sob o domínio de emoção ou paixão; em legítima defesa; e em estado de embriaguez ou no exercício regular de direito.

A: dizemos que não comete crime o agente que atua sob o manto do *estado de necessidade* ou da *legítima defesa* porque a infração penal pressupõe o cometimento de um fato ilícito (contrário ao direito). Aquele que atua em legítima defesa o faz porque a lei assim autoriza. Condutas desse tipo não podem ser consideras criminosas. Até aqui a assertiva está correta. Incorreta está quando afirma que não há crime quando o agente pratica o fato sob o domínio de emoção ou paixão. É que esses estados psíquicos não têm o condão de afastar a imputabilidade penal, notadamente a ocorrência do crime – art. 28, I, do CP; B: somente a embriaguez nas condições estabelecidas no art. 28, § 1º, do CP exclui a imputabilidade do agente, que constitui um dos elementos da culpabilidade. De qualquer forma, se considerarmos o crime como um fato típico e antijurídico, excluída a imputabilidade pela embriaguez, a estrutura do crime permanece íntegra (fato típico e antijurídico). Agora, se o agente praticar o fato típico sob o pálio do estado de necessidade ou da legítima defesa, podemos afirmar que, neste caso, não há crime, pois este pressupõe a prática de um fato ilícito (antijurídico). A coação moral irresistível, prevista no art. 22, primeira parte, do CP, gera a exclusão da culpabilidade. Há crime porquanto o fato é típico e antijurídico (concepção bipartida); C: a proposição contempla as excludentes de ilicitude previstas na Parte Geral do CP (art. 23). Assertiva correta. Diz-se que não há crime porque, quando o sujeito atua sob o pálio de qualquer das excludentes de ilicitude, embora sua conduta seja típica, não há contrariedade entre ela – conduta - e o direito, já que o fato está acobertado por uma excludente de antijuridicidade. Se o fato é típico, mas não é antijurídico, não há que se falar em crime; D: a coação moral irresistível, prevista no art. 22, primeira parte, do CP, gera a exclusão da culpabilidade; E: art. 28, I, do CP. "Gabarito "C".

(Procurador do Município/Florianópolis-SC – 2010 – FEPESE) Quem pratica o fato para salvar de perigo atual, que não provocou por sua vontade, nem podia de outro modo evitar, direito próprio ou alheio, cujo sacrifício, nas circunstâncias, não era razoável exigir-se, incide na prática de:

(A) Legítima defesa.
(B) Estado de necessidade.
(C) Exercício regular do direito.
(D) Obediência hierárquica.
(E) Erro de tipo.

O enunciado da assertiva corresponde ao *caput* do art. 24 do CP, que disciplina o *estado de necessidade*. "Gabarito "B".

(Defensor Público/AL – 2009 – CESPE) Em relação às causas excludentes de ilicitude, julgue os itens a seguir.

(1) Quanto ao estado de necessidade, o CP brasileiro adotou a teoria da diferenciação, que só admite a incidência da referida excludente de ilicitude quando o bem sacrificado for de menor valor que o protegido.
(2) Considere a seguinte situação hipotética. Célio chegou inconsciente e gravemente ferido à emergência de um hospital particular, tendo o chefe da equipe médica determinado o imediato encaminhamento do paciente para se submeter a procedimento cirúrgico, pois o risco de morte era iminente. Luiz, irmão de Célio, expressamente desautorizou a intervenção cirúrgica, uma vez que seria necessária a realização de transfusão de sangue, fato que ia de encontro ao credo religioso dos irmãos. Nessa situação, o consentimento de Luiz com relação à intervenção cirúrgica seria irrelevante, pois os profissionais médicos estariam agindo no exercício regular de direito.

1: no que toca ao estado de necessidade, o Código Penal acolheu, em oposição à *teoria diferenciadora*, a *teoria unitária*, segundo a qual esta excludente de ilicitude restará caracterizada na hipótese de o bem sacrificado ser de valor igual ou inferior ao do bem preservado. Se o bem sacrificado for de valor superior ao do bem preservado, aplica-se a diminuição do art. 24, § 2º, do CP. Para a teoria diferenciadora, o estado de necessidade pode ser *justificante* (o bem sacrificado é de valor inferior ou equivalente ao do bem preservado) ou *exculpante* (o bem sacrificado é de valor superior ao do bem preservado). Neste último caso, o estado de necessidade constitui uma causa supralegal de exclusão da culpabilidade, pela inexigibilidade de conduta diversa; II: estabelece o art. 146, § 3º, I, do CP não constituir crime de constrangimento ilegal a conduta do médico que, diante de iminente risco de morte, realiza ato cirúrgico contra a vontade do paciente ou de seu representante legal. Ainda que o Código não contivesse norma a esse respeito, o médico teria agido sob o manto do estado de necessidade. Gabarito 1E, 2C.

(Delegado/PA – 2009 – MOVENS) Em relação às excludentes de ilicitude, assinale a opção correta.

(A) Pode alegar estado de necessidade quem tinha o dever legal de enfrentar o perigo.
(B) Entende-se em legítima defesa quem, usando dos meios necessários, repele agressão, apenas atual, a direito seu; não existindo legítima defesa de terceiros.
(C) O agente, na hipótese de estado de necessidade, responderá pelo excesso doloso ou culposo.
(D) O estrito cumprimento de dever legal e o exercício regular de direito são excludentes de culpabilidade e não de ilicitude.

A: aquele a quem incumbia o dever legal de enfrentar o perigo não pode invocar a excludente do estado de necessidade. É o que impõe o art. 24, § 1º, do CP; B: a assertiva está em desconformidade com a redação do art. 25 do CP, que traça os requisitos da legítima defesa; C: o excesso punível, que pode ser doloso ou culposo, se aplica a todas as causas de exclusão de ilicitude – art. 23, parágrafo único, CP; D: o *estrito cumprimento de dever legal* e o *exercício regular de direito* constituem excludentes de ilicitude – art. 23, III, do CP. "Gabarito "C".

(Delegado/SC – 2008) Analise as alternativas a seguir e assinale a correta.

(A) São requisitos da legítima defesa: a) existência de um perigo atual, b) perigo que ameace direito próprio ou alheio, c) conhecimento da situação justificante e d) não provocação voluntária da situação de perigo pelo agente.
(B) O Código Penal adotou a teoria diferenciadora para definir a excludente de ilicitude do "estado de necessidade". Assim sendo, se alguém pratica o fato para salvar de perigo atual, que não provocou por sua vontade, nem podia de outro modo evitar, direito próprio ou alheio de valor superior que o sacrificado exclui-se a ilicitude. Entretanto, se os bens em conflito forem equivalentes, ou se o bem preservado for de valor inferior ao sacrificado, não incidirá a excludente.
(C) São elementos da culpabilidade, segundo a Teoria Finalista da Ação: a) imputabilidade, b) potencial consciência da ilicitude e c) exigibilidade de conduta diversa.
(D) O oficial de justiça que executa uma ordem judicial de despejo age no exercício regular de um direito.

A: são requisitos da legítima defesa: agressão atual ou iminente; agressão contra direito próprio ou de terceiro; agressão injusta; utilização dos meios necessários para a repulsa; moderação da reação; proporcionalidade na legítima defesa; e vontade de defender-se (requisito subjetivo); B: se o bem sacrificado for de valor maior do que o bem preservado, estaremos diante do chamado **estado de necessidade exculpante**, em que ficará excluída a culpabilidade, e não a ilicitude. Se, entretanto, se tratar de bens de valor equivalente ou do sacrifício de um bem de menor valor para preservar outro de maior valor, estaremos diante do chamado **estado de necessidade justificante**, no qual ficará excluída a ilicitude. Esta classificação é da chamada *teoria diferenciadora*, não acolhida pelo Código Penal, que se filiou à *teoria unitária*; C: de fato, são esses os elementos da culpabilidade, segundo a teoria finalista da ação; D: oficial de Justiça que executa uma ordem de despejo age no estrito cumprimento do dever legal. "Gabarito "C".

(Magistratura Federal – 5ª Região – 2007 – CESPE) Julgue o item seguinte.

(1) Para a teoria unitária, diferentemente do que ocorre com a teoria diferenciadora, todo estado de necessidade é justificante, inexistindo estado de necessidade exculpante.

Se o bem sacrificado for de valor maior do que o bem preservado, estaremos diante do chamado **estado de necessidade exculpante**, em que ficará excluída a culpabilidade, e não a ilicitude. Se, entretanto, se tratar de bens de valor equivalente ou do sacrifício de um bem de menor valor para preservar outro de maior valor, estaremos diante do chamado **estado de necessidade justificante**, no qual ficará excluída a ilicitude. Para a *teoria diferenciadora*, não acolhida por nosso Código, que adotou a *teoria unitária* (o estado de necessidade constitui uma causa excludente da antijuridicidade), coexistem o estado de necessidade exculpante e o justificante. "Gabarito 1C

(Magistratura do Trabalho – 23ª Região – 2009) Analise os itens abaixo e marque a alternativa CORRETA:

I. Não há crime quando o sujeito pratica o ato em estado de necessidade ou em legítima defesa, mas responde pelo excesso culposo ou doloso.
II. O estado de necessidade pode ser alegado por qualquer pessoa.
III. A legítima defesa, pela sua natureza jurídica, deve ser comprovada pelo acusado.

(A) Apenas os itens I e II são verdadeiros.
(B) Apenas os itens I e III são verdadeiros.
(C) Todos os itens são verdadeiros.
(D) Apenas os itens II e III são verdadeiros.
(E) Todos os itens são falsos.

I: diz-se que não há crime porque, quando o sujeito atua sob o pálio de qualquer das excludentes de ilicitude, embora sua conduta seja típica, não há contrariedade entre ela – conduta - e o direito, já que o fato está acobertado por uma excludente de antijuridicidade. Se o fato é típico, mas não é antijurídico, não há que se falar em crime. De outro lado, se o sujeito, ao invocar a excludente, incorrer em excesso culposo ou doloso, assim responderá, na forma do art. 23, parágrafo único, do CP; II: está impedido de alegar o estado de necessidade aquele que tinha o dever legal de enfrentar o perigo (art. 24, § 1º, CP); III: art. 156 do CPP. "Gabarito "B".

(Defensoria Pública da União – 2010 – CESPE) Acerca das causas excludentes da ilicitude, julgue o próximo item.

(1) A responsabilidade penal do agente nos casos de excesso doloso ou culposo aplica-se às hipóteses de estado de necessidade e legítima defesa, mas o legislador, expressamente, exclui tal responsabilidade em casos de excesso decorrente do estrito cumprimento de dever legal ou do exercício regular de direito.

O excesso, que pode ser doloso ou culposo, é aplicável a todas as excludentes de ilicitude. É o que impõe o art. 23, parágrafo único, do CP. "Gabarito 1E

(CESPE – 2008) Com relação às causas excludentes de ilicitude (ou antijuridicidade), assinale a opção correta.

(A) Agem em estrito cumprimento do dever legal policiais que, ao terem de prender indiciado de má fama, atiram contra ele para dominá-lo.
(B) O exercício regular do direito é compatível com o homicídio praticado pelo militar que, em guerra externa ou interna, mata o inimigo.
(C) Considera-se em estado de necessidade quem pratica o fato para salvar-se de perigo atual ou iminente que não provocou por sua vontade ou era escusável.
(D) Supondo o agente, equivocadamente, que está sendo agredido, e repelindo a suposta agressão, configura-se a legítima defesa putativa, considerada na lei como caso *sui generis* de erro de tipo, o denominado erro de tipo permissivo.

A: atirar contra um indiciado de má fama com o objetivo de dominá-lo não constitui ação praticada em cumprimento de um dever imposto por lei (art. 23, III, primeira parte, CP); B: é hipótese de *estrito cumprimento de dever legal*; C: art. 24 do CP; D: art. 20, § 1º, do CP. "Gabarito "D".

(CESPE – 2008) Um delegado de polícia, querendo vingar-se de um desafeto, prendeu-o sem qualquer justificativa, amedrontando-o com o seu cargo. Descobriu, posteriormente, que já existia mandado de prisão preventiva contra aquele cidadão, cabendo a ele, delegado, cumpri-lo.
Nessa situação, a conduta do delegado

(A) Está amparada pelo estrito cumprimento do dever legal.
(B) Está acobertada pelo exercício regular de direito.
(C) Está amparada pelo estrito cumprimento do dever legal putativo.
(D) Não está acobertada por qualquer excludente de ilicitude.

A conduta acima descrita não está amparada por qualquer das excludentes de antijuridicidade na medida em que estas, contidas no art. 23 do CP, trazem como requisito subjetivo o fato de o agente ter conhecimento da situação justificante, ou seja, além dos requisitos objetivos da causa excludente, deve o sujeito invocar a consciência da necessidade de valer-se dela. "Gabarito "D".

(CESPE – 2007) É imprescindível para que se caracterize a legítima defesa:

(A) Consciência de atuar nessa condição.
(B) Agressão passada, atual ou iminente.
(C) Agressão justa a direito próprio ou de terceiro.
(D) Repulsa com os meios necessários, ainda que imoderados.

A: trata-se do *requisito subjetivo*, necessário a todas as excludentes; B: a agressão há de ser *atual* ou *iminente*; C: a agressão a direito próprio ou de terceiro deve, também, ser *injusta*; D: os meios necessários para rechaçar a agressão devem ser empregados de forma *moderada*. A *legítima defesa* tem sua disciplina no art. 25 do CP. "Gabarito "A".

10. AUTORIA E CONCURSO DE PESSOAS

(Magistratura/MG – 2009 – EJEF) Deoclides e Odilon deliberam a prática conjunta de furto a uma residência. Sem o conhecimento de Odilon, Deoclides, para a segurança de ambos, arma-se de um revólver carregado com 02 cartuchos. Os dois entram na casa. Enquanto Odilon furtava os bens que se encontravam na área externa, Deoclides é surpreendido com a presença de um morador que reage e acaba sendo morto por Deoclides. Marque a alternativa CORRETA.

(A) Deoclides responderá pelo latrocínio e pelo furto, enquanto Odilon apenas pelo furto.
(B) Os dois responderão por latrocínio.
(C) Deoclides responderá por latrocínio e Odilon pelo crime de furto.
(D) Deoclides responderá pelo latrocínio, pelo furto e pelo porte ilegal de arma, enquanto Odilon apenas pelo furto.

O fato de Deoclides ingressar na residência armado não era do conhecimento de seu comparsa, Odilon, razão por que este, que desejava, desde o início, a prática de crime menos grave, o furto, por ele deve ser responsabilizado, nos termos do art. 29, § 2º, 1ª parte, do CP. Já Deoclides deverá ser responsabilizado por latrocínio. "Gabarito "C".

(Magistratura/MG - 2007) Fulgêncio, com animus necandi, coloca na xícara de chá servida a Arnaldo certa dose de veneno. Batista, igualmente interessado na morte de Arnaldo, desconhecendo a ação de Fulgêncio, também coloca uma dose de veneno na mesma xícara. Arnaldo vem a falecer pelo efeito combinado das duas doses de veneno ingeridas, pois cada uma delas, isoladamente, seria insuficiente para produzir a morte, segundo a conclusão da perícia. Fulgêncio e Batista agiram individualmente, cada um desconhecendo o plano, a intenção e a conduta do outro. Pergunta-se:

(A) Fulgêncio e Batista respondem por tentativa de homicídio doloso qualificado.
(B) Fulgêncio e Batista respondem, cada um, por homicídio culposo.
(C) Fulgêncio e Batista respondem por lesão corporal, seguida de morte.
(D) Fulgêncio e Batista respondem, como co-autores, por homicídio doloso, qualificado, consumado.

Está-se diante do que a doutrina convencionou chamar de **autoria colateral**, que, a rigor, não constitui modalidade de **concurso de pessoas**, já que os agentes desconhecem a conduta um do outro (ausente o liame subjetivo, requisito necessário à caracterização do concurso de pessoas). Não há, pela mesma razão, que se falar em **coautoria**. Sendo a morte de Arnaldo decorrente da ingestão das duas doses combinadas de veneno, Fulgêncio e Batista responderão por tentativa de homicídio qualificado (art. 121, § 2º, III, c/c o art. 14, II, CP). "Gabarito "A".

(Magistratura/MT – 2009 – VUNESP) Para solucionar os vários problemas referentes ao concurso de pessoas, Roxin, jurista alemão, idealizou a teoria do domínio do fato, que

(A) entende como autor quem domina a realização do fato, quem tem poder sobre ele, bem como quem tem poder sobre a vontade alheia; partícipe é quem não domina a realização do fato, mas contribui de qualquer modo para ele.
(B) entende como autores todos aqueles que intervenham no processo causal de realização do tipo, independentemente da importância que a sua colaboração possua dentro da totalidade do fato, questão que só tem interesse no momento da fixação da pena.

(C) distingue a autoria da participação em função da prática dos atos executórios do delito.
(D) é aceita pelos doutrinadores nacionais embora não seja aceita pela jurisprudência.
(E) não tem aplicação prática no direito penal brasileiro.

Desenvolvida por **Hans Welzel** e aperfeiçoada por **Claus Roxin**, sustenta a **teoria do domínio do fato** que autor é quem realiza o verbo contido no tipo penal. Mas não é só. É também autor quem tem o domínio organizacional da ação típica (quem, embora não tenha realizado o núcleo do tipo, planeja, organiza etc.). Além disso, é considerado autor aquele que domina a vontade de outras pessoas ou ainda participa funcionalmente da execução do crime. O partícipe, para esta teoria, não dispõe do domínio do fato, mas contribui para ele. O mandante, neste caso, é coautor. "A". olɹɐqɐƃ

(Magistratura/PE – 2011 – FCC) Nos chamados crimes de mão própria, é
(A) incabível o concurso de pessoas.
(B) admissível apenas a participação.
(C) admissível a coautoria e a participação material.
(D) incabível a participação moral.
(E) admissível apenas a coautoria.

Esta modalidade de crime, por exigir do sujeito ativo uma atuação pessoal, não comporta a coautoria, mas somente a participação. É que a conduta descrita no tipo só pode ser realizada pela pessoa ali designada. "B". olɹɐqɐƃ

(MAGISTRATURA/PB – 2011 – CESPE) A respeito do concurso de pessoas, assinale a opção correta.
(A) É aplicável a teoria do domínio do fato para o estabelecimento da distinção entre coautoria e participação, considerando-se coautor aquele que presta contribuição independente, essencial à prática do delito, não obrigatoriamente em sua execução.
(B) A teoria do domínio do fato, segundo doutrina majoritária, prevalece atualmente no ordenamento jurídico brasileiro, especialmente por explicar satisfatoriamente o concurso de agentes nos crimes culposos e dolosos.
(C) Segundo entendimento da doutrina majoritária, o concurso eventual de delinquentes só é compatível com os chamados delitos plurissubjetivos.
(D) Em relação à autoria, consoante a teoria unitária, todos os participantes do evento delituoso são considerados autores, não existindo a figura do partícipe.
(E) No CP, é adotada, em relação ao estudo da autoria, a teoria restritiva, na sua específica vertente objetivo-material, segundo a qual somente é considerado autor aquele que pratica o núcleo do tipo.

A: para a **teoria do domínio do fato**, autor não é só quem realiza o verbo-núcleo contido no tipo penal. É também aquele que presta contribuição essencial ao cometimento do delito, consistente em deter o domínio organizacional da ação típica (quem, embora não tenha realizado o núcleo do tipo, planeja, organiza etc.). Além disso, presta contribuição essencial sem realizar o núcleo do tipo aquele que domina a vontade de outras pessoas ou ainda participa funcionalmente da execução do crime. É, por isso, considerado autor, na concepção da teoria do domínio do fato. O mandante, para esta teoria, é coautor; B: a teoria acolhida pelo CP é a formal-objetiva (restritiva), segundo a qual autor é aquele que executa o verbo-núcleo do tipo penal; C: incorreta, visto que o concurso eventual de delinquentes (crimes unissubjetivos ou monossubjetivos) se refere aos crimes que podem ser praticados por uma única pessoa. Já os plurissubjetivos (de concurso necessário ou coletivos) são os que só podem ser praticados por um número mínimo de agentes. A pluralidade de agentes, neste caso, faz parte do tipo penal. É o caso da rixa e da quadrilha ou bando. Impende ressaltar que a norma de extensão do art. 29 do CP somente tem aplicação nos delitos de concurso eventual, já que a pluralidade de agentes é inerente (faz parte do tipo) aos crimes de concurso necessário, o que torna, neste caso, desnecessária a incidência da norma do art. 29 do CP; D: incorreta, pois a teoria monista (unitária) não sustenta a inexistência da figura do partícipe; E: a teoria acolhida pelo CP é a formal-objetiva (restritiva), segundo a qual autor é aquele que executa o verbo-núcleo do tipo penal. "A". olɹɐqɐƃ

(Magistratura/PI – 2008 – CESPE) No concurso de pessoas, há quatro teorias que explicam o tratamento da acessoriedade na participação. De acordo com a teoria da hiperacessoriedade, para se punir a conduta do partícipe, é preciso que o fato principal seja I típico. II antijurídico. III culpável. IV punível. A quantidade de itens certos é igual a
(A) 0.
(B) 1.
(C) 2.
(D) 3.
(E) 4.

No Brasil vige a teoria da **acessoriedade limitada**, segundo a qual, para punir o partícipe, é suficiente apurar que o autor praticou um fato típico e antijurídico; para a **acessoriedade mínima**, basta que o autor tenha praticado um fato típico; já para a **hiperacessoriedade**, mister que o fato principal seja típico, antijurídico, culpável e punível; há, por fim, a **acessoriedade máxima**, em que o fato principal precisa ser típico, antijurídico e culpável. "E". olɹɐqɐƃ

(Magistratura/RS – 2009) Considere as assertivas abaixo sobre concurso de agentes.

I. Quando um dos concorrentes quis participar de crime menos grave, a pena é diminuída até a metade, na hipótese de ter sido previsível o resultado mais grave, não podendo, porém, ser inferior ao mínimo da cominada ao crime cometido.
II. Quando o agente, no cometimento de um crime, ostentar atuação que o identifique como líder dentre os demais participantes, sua pena deverá ser agravada de um sexto a um terço.
III. Quando a participação do agente no cometimento de um crime for de menor importância, a pena poderá ser reduzida de um sexto a um terço.

Quais são corretas?
(A) Apenas I
(B) Apenas II
(C) Apenas III
(D) Apenas I e II
(E) I, II e II

I: prescreve o art. 29, § 2º, 1ª parte, do CP que, se algum dos concorrentes quis participar de crime menos grave, a ele será aplicada a pena correspondente (cooperação dolosamente distinta); já o art. 29, § 2º, 2ª parte determina que essa pena, no entanto, será aumentada até a metade na hipótese de ter sido previsível o resultado mais grave; II: não há previsão legal nesse sentido; III: assertiva em consonância com a redação do art. 29, § 1º, do CP. "C". olɹɐqɐƃ

(Magistratura/RS – 2009) Considere as assertivas abaixo sobre concurso de pessoas.

I. Na doutrina nacional, os crimes funcionais próprios constituem infrações penais em que a qualidade de funcionário público do agente é elementar do tipo legal de delito, assim como ocorre na concussão ou na corrupção passiva.
II. Os crimes funcionais impróprios são identificáveis porque o fato punível é incriminado, mesmo quando não praticado por funcionário público, como acontece com o delito de peculato.
III. Sabendo-se que não se comunicam as circunstâncias e as condições de caráter pessoal, salvo quando elementares do crime, segue-se que o particular que se beneficia do desvio de rendas públicas praticado pelo Prefeito Municipal não responde pelo crime de peculato definido no Decreto-Lei nº 201/1967, mas sim por peculato previsto no Código Penal.

Quais são corretas?
(A) Apenas I
(B) Apenas II
(C) Apenas III
(D) Apenas I e II
(E) I, II e II

I: crimes funcionais próprios são aqueles em que a ausência da condição de funcionário público leva à absoluta atipicidade da conduta. Neste caso não há crime. Exemplo desta modalidade de ilícito é a prevaricação; II: já nos chamados crimes funcionais impróprios, a ausência da qualidade de funcionário público, no caso concreto, pode gerar a inexistência do crime funcional, configurando, no entanto, a conduta uma outra infração penal (parcial atipicidade). É o caso do peculato; III: art. 30 do CP. As elementares se comunicam aos partícipes, desde que por eles conhecidas. "D". olɹɐqɐƃ

(Magistratura/SP – 2007) Assinale a alternativa correta.
(A) O peculato-furto pode ser praticado em co-autoria com pessoa que não seja funcionário público.
(B) O crime plurissubjetivo compatibiliza-se com a norma prevista no art. 29 do Código Penal.
(C) Ao crime tentado pode corresponder a pena do crime consumado.
(D) Crime plurissubjetivo e crime de participação necessária são idênticos.

A: no peculato-furto pode haver coautoria ou participação de pessoas desprovidas da qualidade de funcionário (art. 30 do CP); B: crimes plurissubjetivos (de concurso necessário) são os que exigem a participação de vários agentes. O art. 29 do CP, que trata da coautoria e participação, refere-se ao concurso eventual de pessoas, aos chamados crimes monossubjetivos, que são aqueles em que a conduta pode ser praticada por uma única pessoa; C: em casos excepcionais, é possível (art. 352, CP), mesmo porque o art. 14, parágrafo único, do CP tratou de fazer a ressalva: "Salvo disposição em contrário (...)"; D: são idênticos os crimes plurissubjetivos e de concurso necessário. Gabarito "C".

(Magistratura/TO – 2007 – CESPE) Julgue os itens subseqüentes, quanto à natureza jurídica do concurso de agentes.

I. Segundo a teoria monista, adotada como regra pelo Código Penal brasileiro, todos os co-autores e partícipes devem responder por um crime único.

II. De acordo com a teoria dualista, que em nenhuma situação é adotada pelo Código Penal brasileiro, os co-autores devem responder por crime doloso e os partícipes, por crime culposo, na medida de sua culpabilidade.

III. Consoante a teoria pluralística, excluída totalmente do sistema jurídico brasileiro, cada participante do crime responde por um crime diferente.

Assinale a opção correta.

(A) Apenas o item I está certo.
(B) Apenas o item II está certo.
(C) Apenas os itens I e III estão certos.
(D) Todos os itens estão certos.

I: para a *teoria monista* (unitária ou monística), acolhida, como regra, pelo Código Penal, há, no concurso de pessoas, um só crime; II: a *teoria dualística* sustenta haver um crime em relação aos autores e outro em relação aos partícipes; III: na hipótese de haver vários agentes, com diversidade de condutas, um único resultado produzido, cada qual responde por um delito. Embora o Código Penal tenha se filiado à *teoria monista*, adotou, como exceção, a *teoria pluralista* ao disciplinar, por exemplo, o crime de aborto (arts. 124 e 126 do CP), em que a gestante que permitir em si mesma a prática do aborto responde nos moldes do art. 124 do CP, ao passo que o agente que nela provocá-lo estará incurso no art. 126 do CP, e não como coautor do crime capitulado no art. 124, CP. Gabarito "A".

(Ministério Público/AM – 2008 – CESPE) A respeito do concurso de pessoas, assinale a opção incorreta.

(A) É possível haver participação de participação.
(B) Não há participação dolosa em crime culposo.
(C) É possível haver participação culposa em crime doloso.
(D) É possível haver participação sucessiva.
(E) Admite-se co-autoria em crime culposo.

A: é a chamada *participação em cadeia*. Exemplo: "A" induz "B" a induzir "C". Deve haver início de execução; B: admite-se a coautoria em crime culposo, mas não a participação. O crime culposo tem o seu tipo aberto, razão pela qual não se afigura razoável afirmar-se que alguém auxiliou, instigou ou induziu uma pessoa a ser imprudente, sem também sê-lo; C: não há que se falar em participação culposa em crime doloso por falta de *liame subjetivo*, ou seja, o partícipe deve ter ciência da sua colaboração; D: dá-se a chamada *participação sucessiva* quando o autor é induzido ou estimulado a praticar o ato criminoso e, posteriormente, por outro partícipe é mais uma vez induzido ou estimulado a praticá-lo; E: tal possibilidade já constava da Exposição de Motivos do Código Penal de 1940. Reitere-se: não se admite, todavia, a participação em crimes culposos. Gabarito "C".

(Ministério Público/CE – 2009 – FCC) Nos chamados crimes monossubjetivos,

(A) o concurso de pessoas é eventual.
(B) o concurso de pessoas só ocorre no caso de autoria mediata.
(C) o concurso de pessoas é necessário.
(D) não há concurso de pessoas.
(E) há concurso de pessoas apenas na forma de participação.

Nesta modalidade de crime, o concurso é *eventual*, isto é, o tipo penal não exige a presença de dois ou mais agentes. A coautoria ou a participação constituem mera eventualidade. Diferente, portanto, do crime de concurso necessário (plurissubjetivo ou coletivo), em que a presença de dois ou mais agentes constitui característica do tipo penal, ou seja, o crime só pode ser praticado por duas ou mais pessoas. Gabarito "A".

(Ministério Público/MG – 2007) Assinale a alternativa FALSA.

(A) O Código Penal adota a teoria monista do concurso de agentes, eis que, geralmente, considera que há apenas um crime nos casos praticados em concurso de pessoas.
(B) A teoria do domínio do fato no concurso de pessoas define o autor como aquele que tem poder decisório e é fundamental à realização adequada da empreitada criminosa.
(C) O conceito extensivo de autor implica que os partícipes, vez que contribuem à realização da conduta, não devem diferenciar-se do autor.
(D) O *pactum sceleris* é desnecessário à configuração da co-autoria, bastando a confluência subjetiva conjunta ao mesmo objetivo final, ainda que fragmentado.
(E) O vínculo subjetivo é necessário no concurso de agentes em crimes culposos, enquanto o vínculo normativo é característico dos crimes dolosos.

A: trata-se da teoria adotada pelo Código Penal, que, entretanto, comporta exceções, existentes tanto na Parte Geral quanto na Parte Especial do Estatuto Repressivo; B: desenvolvida por *Hans Welzel* e aperfeiçoada por *Claus Roxin*, sustenta a **teoria do domínio do fato** que o autor é aquele que domina a realização do fato, que exerce poder sobre ele; diferente, portanto, da situação do partícipe, que não dispõe do domínio do fato, mas contribui para ele; C: a punição, na participação, se dá por meio de uma norma de extensão (art. 29 do CP), já que, a rigor, o partícipe não comete nenhuma conduta típica, mas contribui, de qualquer modo, para o crime; D: o *pactum sceleris* (acordo do crime, prévio ajuste) é de fato desnecessário à caracterização da coautoria, sendo suficiente o *liame subjetivo* (conhecimento da colaboração), além dos outros requisitos; E: o vínculo subjetivo é necessário no concurso de pessoas. É um de seus requisitos. Gabarito "E".

(Ministério Público/MS – 2011 – FADEMS) No concurso de pessoas há necessidade de ajuste prévio entre os colaboradores para a prática do delito?

(A) Sim, pois para que se configure o concurso de pessoas há necessidade do prévio ajuste entre os colaboradores para a prática do delito;
(B) Não, pois havendo convergência de vontade entre os colaboradores estará configurado o concurso;
(C) Basta a convergência de vontade de no mínimo 4(quatro) pessoas para se configurar o concurso;
(D) Basta a convergência de alguns dos colaboradores para se configurar o concurso;
(E) Basta a convergência, de natureza moral, entre 2(dois) colaboradores para se configurar o concurso.

O ajuste prévio (*pactum sceleris*), embora possa estar presente, é desnecessário à caracterização do concurso de pessoas, sendo suficiente o *liame subjetivo* (ciência da colaboração), além dos demais requisitos. Gabarito "B".

(Ministério Público/MS – 2011 – FADEMS) Admite-se a participação em crime culposo?

(A) O crime culposo admite a participação, desde que comprovada a colaboração.
(B) O crime culposo admite a participação em caso de negligência.
(C) O crime culposo admite a participação em caso de imprudência.
(D) O crime culposo admite a participação em caso de imperícia.
(E) O crime culposo não admite a participação.

Não se admite a participação no âmbito do crime culposo na medida em que o tipo penal, nesta modalidade de delito, é aberto. De outro lado, admite-se a coautoria em crime culposo. Gabarito "E".

(Ministério Público/MS – 2006) Assinale a alternativa CORRETA:

I. Em sintonia com o princípio da exclusiva tutela de bens jurídicos, imanente ao Direito Penal do fato próprio do Estado democrático de direito, a tônica exegética passou a recair sobre a afetação do bem jurídico.

II. A participação por omissão somente é possível se o agente tivesse o dever jurídico de evitar o perigo.

III. O crime plurissubjetivo não demanda a aplicação da norma de extensão do artigo 29, do Código Penal.

IV. Basta à configuração da co-autoria a colaboração do agente para o evento, auxiliando a atuação dos executores diretos, não se exigindo hajam todos os partícipes consumado atos típicos de execução.

(A) Somente as assertivas II e III estão corretas.
(B) Somente as assertivas III e IV estão corretas.
(C) Somente as assertivas I, II e III estão corretas.
(D) Todas as assertivas estão corretas.

I: a missão do Direito Penal é tutelar os bens jurídicos mais relevantes. II: é o caso do bombeiro que, tendo o dever imposto por lei de agir para combater o incêndio, omite-se. Nesse caso, responde como partícipe do crime de incêndio (participação por omissão); III: o art. 29 do CP (concurso de pessoas) aplica-se aos chamados crimes monossubjetivos (concurso eventual), que são as infrações que podem ser praticadas por uma única pessoa; os crimes plurissubjetivos (crimes de concurso necessário), por essa razão, são incompatíveis com a norma de extensão contida no art. 29, CP; IV: art. 29 do CP. Gabarito "D".

(Ministério Público/PR – 2009) Sobre o tema autoria e participação, assinale a alternativa correta:

(A) ocorre a autoria colateral quando ações paralelas de agentes diversos lesionam um mesmo bem jurídico, como resultado de prévio planejamento conjunto.
(B) na autoria mediata, o terceiro utilizado como instrumento pelo autor mediato para a prática do crime, pode ser um sujeito inimputável ou imputável, conforme a hipótese concreta.
(C) no crime de peculato (Código Penal, art. 312), a qualidade de funcionário público do autor não se comunica ao partícipe que não é funcionário público, ainda que aquela qualidade seja de pleno conhecimento deste último.
(D) A, B e C resolvem praticar furto noturno em residência, quando então A, por decisão e execução exclusiva, pratica estupro contra a vítima D, que acordara durante a execução do crime patrimonial. Assim, a prática do crime sexual também é imputável a B e C, ainda que não tenha ingressado na esfera de previsibilidade destes últimos.
(E) a punibilidade da participação, segundo a teoria da acessoriedade limitada, exige que a ação principal, além de típica e antijurídica, também seja culpável.

A: inexiste *liame subjetivo* na *autoria colateral*, que, a rigor, não constitui hipótese de concurso de pessoas, porquanto ausente um de seus requisitos. É a hipótese em que duas pessoas praticam um mesmo crime sem que uma saiba da intenção da outra. Não há, pois, "prévio planejamento conjunto"; B: se um médico (autor mediato) utiliza uma enfermeira (autora imediata), que atua como instrumento do crime, está-se diante de um caso de *autoria mediata* em que o terceiro utilizado como instrumento do delito é imputável. A enfermeira, por ter sido induzida a erro pelo médico, autor mediato, não é responsabilizada (salvo se agir com culpa). Não se trata de concurso de pessoas, porque ausente entre autor mediato e imediato o *liame subjetivo*. Da mesma forma, pode figurar como autor imediato um sujeito inimputável (desprovido de capacidade em razão de menoridade ou doença mental). Desta feita, é possível, sim, na autoria mediata ou por determinação, que o terceiro utilizado como instrumento do crime seja inimputável ou imputável, a depender do caso concreto; C: a qualidade de "funcionário público" constitui elementar do crime de peculato. Reza o art. 30 do CP que as elementares se comunicam aos partícipes, desde que sejam de conhecimento destes. Assim, se o crime de peculato é praticado por um funcionário em concurso por quem não integra os quadros do funcionalismo, ambos responderão pelo crime do art. 312 do CP. É dizer, a condição de caráter pessoal, por ser elementar do crime, comunica-se ao partícipe; D: o crime de estupro deve ser atribuído exclusivamente a "A", visto que "B" e "C" queriam, desde o início da ação, praticar o crime de furto noturno, pelo que devem responder, fugindo totalmente da esfera de previsibilidade destes a prática do crime sexual; E: adotamos a teoria da *acessoriedade limitada*, segundo a qual, para punir o partícipe, é suficiente apurar que o autor praticou um *fato típico* e *antijurídico*. Gabarito "B".

(Ministério Público/SE – 2010 – CESPE) Marcelo, Rubens e Flávia planejaram praticar um crime de roubo. Marcelo forneceu a arma e Rubens ficou responsável por transportar em seu veículo os corréus ao local do crime e dar-lhes fuga. A Flávia coube a tarefa de atrair e conduzir a vítima ao local ermo onde foi praticado o crime. Nessa situação hipotética, conforme entendimento do STJ, Rubens

(A) foi partícipe e não coautor do crime de roubo, considerando que não executou o núcleo do tipo.
(B) foi coautor do crime, mas sua atuação foi de somenos importância, donde fazer jus às benesses legais respectivas.
(C) não responderá pelo crime de roubo, mas somente por favorecimento pessoal.
(D) foi partícipe do crime, pois não possuía o controle da conduta, conforme a teoria do domínio do fato, adotada pelo CP.
(E) foi coautor funcional ou parcial do crime, não sendo a sua participação de somenos importância.

O motorista que leva os coautores ao local do crime e ali os aguarda para auxiliá-los na eventual fuga realiza com a sua conduta o quadro que se denomina coautoria funcional, não se tratando de participação de somenos importância. A esse respeito: STJ, 5ª T., HC 20.819/MS, Rel. Min. Felix Fischer, j. 02.05.2002. Gabarito "E".

(Ministério Público/SP – 2011) Aquele que encoraja a gestante a praticar um aborto, acompanhando-a à clínica médica, mas sem participar fisicamente das manobras abortivas, responde por:

(A) participação em aborto provocado por terceiro, com o consentimento da gestante.
(B) participação na modalidade própria do aborto consensual ou consentido.
(C) participação na modalidade própria do chamado auto-aborto.
(C) participação no aborto qualif1cado, desde que a vítima venha a sofrer lesão grave ou morte.
(E) participação em aborto provocado por terceiro, sem o consentimento da gestante.

Aquele que somente instiga ou ainda induz a gestante a praticar o aborto, acompanhando-a até à clínica onde o ato será realizado, deverá ser responsabilizado como coautor do crime do art. 124 do CP, e não do art. 126 do CP. Neste crime deve incorrer o agente que prestar auxílio ao autor da execução material do aborto. É o caso, por exemplo, da enfermeira. Gabarito "B".

(Procurador do Estado/CE – 2008 – CESPE) Com relação ao concurso de pessoas, assinale a opção correta.

(A) As circunstâncias objetivas se comunicam, desde que o partícipe tenha conhecimento delas.
(B) As circunstâncias objetivas se comunicam, mesmo quando o partícipe não tiver conhecimento delas.
(C) As circunstâncias subjetivas nunca se comunicam.
(D) As elementares objetivas sempre se comunicam, ainda que o partícipe não tenha conhecimento delas.
(E) As elementares subjetivas nunca se comunicam.

A e B: as **circunstâncias objetivas** se comunicam, desde que todos delas tenham conhecimento, inclusive o partícipe (art. 30, CP); C: as **circunstâncias subjetivas**, por seu turno, não se comunicam aos partícipes, salvo quando forem elementares do crime, ou seja, integrarem o próprio tipo penal (art. 30, CP); D e E: a elementares comunicam-se, desde que todos delas tenham conhecimento (art. 30 do CP). Gabarito "A".

(Defensor Público/AM – 2010 – I. Cidades) Sobre o concurso de pessoas, marque a alternativa correta:

(A) para a teoria pluralística ou da autonomia da participação, cada qual realiza uma ação, havendo um vínculo psicológico próprio, sendo que cada partícipe é considerado de forma autônoma como autor;
(B) para a teoria monística ou unitária (igualitária) cada partícipe é considerado de forma autônoma e única, havendo distinção entre autor e partícipe;
(C) a teoria pluralística é adotada pelo Código Penal brasileiro, a partir da reforma ocorrida em 1984;
(D) para a teoria dualística cada partícipe é tratado de igual forma, não havendo distinção entre a participação primária e a participação secundária.
(E) nenhuma das anteriores.

A: correta, pois, para a teoria pluralística, não acolhida pelo Código Penal, que adotou, como regra, a teoria monista (unitária), cada agente envolvido no concurso de pessoas comete um crime próprio, autônomo. Vide, a esse respeito, Informativo 554 do STF; B: incorreta, visto que a teoria monista (art. 29, CP) não faz distinção entre autor e partícipe. Para esta teoria, havendo concurso de pessoas, na forma de coautoria ou participação, o crime será único; já a teoria dualista estabelece que há um crime para os autores e outro para os partícipes; C: o Código Penal adotou, como regra, a teoria unitária ou monista, segundo a qual o crime, no concurso de pessoas, é único – art. 29 do CP; D: sustenta a teoria dualística que, no concurso de pessoas, há um crime para os autores e outro para os partícipes. Gabarito "A".

(Defensoria/MA – 2009 – FCC) Os requisitos para a ocorrência do concurso de pessoas no cometimento de crime são:

(A) pluralidade de comportamentos, nexo de causalidade entre o comportamento do partícipe e o resultado do crime e vínculo objetivo-subjetivo entre autor e partícipe.
(B) presença física de autor e partícipe, nexo de causalidade entre o comportamento do coautor e o resultado do crime; vínculo subjetivo entre autor e partícipe e identidade do crime.

(C) presença física de autor e partícipe, pluralidade de comportamentos, nexo de causalidade entre o comportamento do partícipe e o resultado do crime; vínculo subjetivo entre autor e partícipe e identidade do crime.
(D) pluralidade de comportamentos, nexo de causalidade entre o comportamento do partícipe e o resultado do crime; vínculo objetivo entre autor e partícipe e identidade do crime.
(E) pluralidade de comportamentos, nexo de causalidade entre o comportamento do partícipe e o resultado do crime; vínculo subjetivo entre autor e partícipe e identidade do crime.

São requisitos para a existência do **concurso de pessoas**: pluralidade de condutas; relevância causal de cada conduta; vínculo subjetivo (liame subjetivo); infração única para todos (identidade de crime). O **acordo prévio** entre os agentes, embora possa existir, é desnecessário. Gabarito "E".

(Defensoria/MT – 2009 – FCC) A respeito do concurso de pessoas, é correto afirmar que
(A) é necessário o ajuste prévio no concurso de pessoas.
(B) o Direito Penal brasileiro adotou a teoria unitária.
(C) o concurso de agentes pode verificar-se após a consumação do delito.
(D) pode ocorrer coautoria sem vínculo subjetivo entre os coautores.
(E) é necessária a presença no local do comparsa para a configuração do concurso de agentes.

A: o ajuste prévio (*pactum sceleris*), embora possa estar presente, é desnecessário à caracterização do concurso de pessoas, sendo suficiente o *liame subjetivo*, além dos demais requisitos; B: para a *teoria unitária* ou *monista*, adotada pelo Código Penal, há, no concurso de pessoas, um só crime; C: o concurso de agentes não pode se dar após a consumação do crime; D: o *vínculo subjetivo* constitui requisito do concurso de pessoas; E: a presença do comparsa no local do crime é dispensável. Gabarito "B".

(Defensoria/MT – 2007) Os crimes permitem, na sua grande maioria, pluralidade de sujeitos ativos, ou seja, concurso de pessoas, cuja matéria está estampada no artigo 29 do Código Penal Brasileiro. Sobre o tema, assinale a afirmativa correta.
(A) Para a teoria do domínio do fato, a relevância está em o agente praticar efetivamente a ação descrita no tipo penal.
(B) A autoria colateral ou acessória integra o concurso de agentes, posto que existe liame psicológico entre os agentes.
(C) Os delitos omissivos, como delitos de dever, não dão lugar ao concurso de pessoas.
(D) O Código Penal adota a teoria extensiva, onde autor não é apenas aquele que realiza o núcleo do tipo penal, mas também concorre de qualquer modo para o crime.
(E) Para a configuração do concurso de pessoas, dentre outros requisitos, exige-se um prévio liame subjetivo ou concurso de vontades entre os agentes.

A: para a **teoria do domínio do fato**, autor é quem realiza o verbo contido no tipo penal. Mas não é só. É também autor quem detém o controle pleno da situação (quem, embora não tenha realizado o núcleo do tipo, planeja, organiza etc.); B: inexiste **liame subjetivo** na autoria colateral, que, a rigor, não constitui hipótese de concurso de pessoas, porquanto ausente um de seus requisitos. É o caso em que duas pessoas praticam um mesmo crime sem que uma saiba da intenção da outra; C: a **participação por omissão** é, sim, admissível, como no caso do bombeiro que, tendo o dever imposto por lei de combater o incêndio, se omite (dever jurídico de evitar o resultado); quanto à **coautoria em crime omissivo**, há posição doutrinária nos dois sentidos. Assim, há quem entenda ser possível duas pessoas serem coautoras da conduta tipificada no art. 135 do CP (omissão de socorro), desde que preenchidos os requisitos imanentes ao **concurso de pessoas**; D: a **teoria extensiva**, fundada na **teoria da equivalência dos antecedentes causais**, prescreve que todos que concorrem para o crime são autores, não havendo, pois, distinção entre autor e partícipe. Não acolhida pelo Código Penal; E: o ajuste prévio (*pactum sceleris*) não é necessário à configuração do concurso de pessoas. Gabarito "C".

(Defensoria/PA – 2009 – FCC) A previsibilidade do resultado mais grave do crime na hipótese de concurso de pessoas, quando um dos agentes quis participar de crime menos grave conduz, em relação a esse, à
(A) diminuição da pena de 1/6 a 1/3 por se tratar de participação de menor importância desde que o resultado possa lhe ser imputado a título de culpa.
(B) aplicação da pena prevista para o resultado do crime na exata medida de sua culpabilidade.
(C) diminuição da pena de 1/6 a 1/3 por se tratar de participação de menor importância qualquer que seja o resultado.
(D) aplicação da pena prevista para o crime de que queria participar.
(E) aplicação da pena prevista para o crime de que queria participar, aumentada até a metade.

É o que determina o art. 29, § 2º, 2ª parte, do CP. Gabarito "E".

(Defensoria/PI – 2009 – CESPE) Em relação ao concurso de pessoas e ao crime continuado, assinale a opção correta.
(A) A jurisprudência do STJ e do STF é firme quanto à impossibilidade de se admitir a participação do advogado que ilicitamente instrui a testemunha no crime de falso testemunho, por se tratar de delito de mão própria, devendo a punição do causídico limitar-se à esfera administrativa junto ao Conselho Seccional da OAB.
(B) Em face do art. 29, *caput*, segundo o qual, quem, de qualquer modo, concorre para o crime incide nas penas a este cominadas, na medida de sua culpabilidade, é correto afirmar que o CP, em relação à natureza jurídica do concurso de pessoas, adotou, em regra, a teoria dualista.
(C) Se algum dos agentes quis participar de crime menos grave, deve ser-lhe aplicada a pena deste, exceto na hipótese de ter sido previsível o crime mais grave, situação em que todos os agentes respondem por este delito.
(D) Em relação à unidade de desígnios para o reconhecimento da figura do crime continuado, o CP, adotando a teoria subjetiva, exige que o agente tenha atuado com a intenção de praticar todos os delitos em continuidade.
(E) O crime continuado é uma ficção jurídica, pois há uma pluralidade de delitos, mas o legislador presume que eles constituem um só crime, apenas para efeito de sanção penal.

A: ainda que se trate de *crime de mão própria*, que, por isso mesmo, exige atuação pessoal do agente, é perfeitamente plausível o concurso de pessoas na modalidade **participação**, uma vez que nada obsta que o advogado induza ou instigue a testemunha a mentir em juízo ou na polícia. Vide, a esse respeito: STF, RHC 81.327-SP, 1ª T., Rel. Min. Ellen Gracie, DJ 5.4.2002; B: o Código Penal adotou, como regra, a *teoria monista* ou *unitária*, que considera que há um crime único para todos os coautores e partícipes. A ela contrapõe-se a *teoria dualista*, para a qual há um crime em relação aos coautores e outro em relação aos partícipes; C: se o agente quis participar de crime menos grave, a ele deve ser atribuída a pena deste; se, todavia, o resultado mais grave era previsível, a pena do crime inicialmente pretendido pelo agente será aumentada até a metade, consoante dispõe o art. 29, § 2º, do CP; D: o Código Penal não se filiou à teoria subjetiva, não exigindo, por isso, que o agente atue com unidade de propósito no crime continuado. Basta, pois, a homogeneidade objetiva. Aderimos, portanto, à teoria objetiva pura; E: de fato, quanto à natureza do crime continuado (art. 71 do CP), o Código Penal adotou a *teoria da ficção jurídica*. Gabarito "E".

(Defensoria/SE – 2006 – CESPE) Considere a seguinte situação hipotética. Um médico, dolosa e insidiosamente, entregou uma injeção de morfina, em dose demasiadamente forte, para uma enfermeira, que, sem desconfiar de nada, aplicou-a no paciente, o que causou a morte do enfermo. Nessa situação, o médico é autor mediato de homicídio doloso, ao passo que a enfermeira é partícipe do delito e responde pelo mesmo crime doloso.

Está-se diante da chamada **autoria mediata** (autoria por determinação), em que o autor mediato, no caso o médico, utiliza outra pessoa, a enfermeira, que atua como instrumento do crime. A enfermeira, por ter sido induzida a erro pelo médico, autor mediato, não é responsabilizada (salvo se agir com culpa). Não se trata, a rigor, de concurso de pessoas, porque ausente entre autor mediato e imediato o *liame subjetivo*. Gabarito "E".

(Cartório/AP – 2011 – VUNESP) José estava numa mesa de bar, onde Pedro lhe contou que, no dia seguinte, iria cometer um roubo numa determinada residência. Mesmo tendo conhecimento prévio do crime que Pedro iria cometer, José se omitiu na prática de atos tendentes a impedir o resultado. Nessa situação, José
(A) não responderá por nenhum delito.
(B) responderá por coautoria do roubo.
(C) responderá por participação no roubo.
(D) responderá por favorecimento pessoal.
(E) responderá por favorecimento real.

A José não poderá ser atribuída nenhuma responsabilidade no crime praticado por Pedro porque ele (José) não tem o dever jurídico de evitar o resultado. A omissão, em Direito Penal, somente tem relevância quando o agente deve e pode evitar o resultado, na forma estatuída no art. 13, § 2º, do CP. Se a omissão de José não se amolda a nenhuma das hipóteses listadas no dispositivo, sua conduta é atípica. Gabarito "A".

(Cartório/SP – 2008) Em relação à comunicabilidade das circunstâncias e condições pessoais na hipótese de concurso de agentes, assinale a alternativa incorreta.

(A) Não se comunicam em hipótese alguma.
(B) Quando elementares do crime, as circunstâncias de caráter pessoal podem se comunicar.
(C) Quando elementares do crime, as condições pessoais podem se comunicar.
(D) Via de regra não se comunicam, ficando a exceção para aquelas que integram o tipo penal como elementares.

Por força do que dispõe o art. 30 do CP, as circunstâncias e condições de caráter pessoal não se comunicam, salvo quando elementares do crime. "A". Gabarito

(Delegado/PA – 2009 – MOVENS) Quanto ao concurso de pessoas, assinale a opção correta.

(A) Se a participação no delito for de menor importância, a pena pode ser diminuída de um sexto a um terço.
(B) Não se comunicam as circunstâncias e as condições de caráter pessoal, mesmo quando elementares do crime.
(C) O ajuste, a determinação ou instigação e o auxílio são puníveis em qualquer situação.
(D) Se restar comprovado que algum dos concorrentes quis participar de crime menos grave, será absolvido.

A: art. 29, § 1º, do CP; B: art. 30 do CP; C: art. 31 do CP; D: art. 29, § 2º, 1ª parte, do CP. "A". Gabarito

(Delegado/SP – 2008) Não configura requisito para existência do concurso de agentes

(A) a infração única para todos os concorrentes.
(B) a pluralidade de condutas.
(C) a relevância causal de cada conduta.
(D) o vínculo subjetivo.
(E) o acordo prévio entre os agentes.

São requisitos para a existência do **concurso de pessoas**: pluralidade de condutas; relevância causal de cada conduta; vínculo subjetivo (*liame subjetivo*); infração única para todos (identidade de crime). O **acordo prévio** entre os agentes, embora possa existir, é desnecessário. "E". Gabarito

(Analista Judiciário/STF – 2008 – CESPE) Com base na parte geral do direito penal, julgue o item abaixo.

(1) Em caso de concurso de pessoas para a prática de crime, se algum dos concorrentes participar apenas do crime menos grave, será aplicada a ele a pena relativa a esse crime, mesmo que seja previsível o resultado mais grave.

Reza a 1ª parte do § 2º do art. 29 do Código Penal que, se algum dos concorrentes quis participar de crime menos grave, a ele será aplicada a pena correspondente (cooperação dolosamente distinta); a 2ª parte do mesmo dispositivo determina que essa pena, no entanto, será aumentada até a metade na hipótese de ter sido previsível o resultado mais grave. 1E. Gabarito

(CESPE – 2006) Relativamente à participação, a doutrina majoritária brasileira adotou a teoria da

(A) acessoriedade mínima.
(B) acessoriedade máxima.
(C) hiperacessoriedade.
(D) acessoriedade limitada.

Para esta teoria, o fato praticado pelo autor há de ser *típico* e *antijurídico*. Só assim o partícipe poderá ser responsabilizado. Para a *teoria da acessoriedade mínima*, exige-se que o autor tenha praticado tão só um fato típico. Já para a *teoria da acessoriedade máxima*, o autor, para viabilizar a punição do partícipe, há de ter praticado um fato típico, antijurídico e culpável. "D". Gabarito

11. CULPABILIDADE E CAUSAS EXCLUDENTES

(Magistratura/AL – 2007 – FCC) No que se refere aos elementos do crime, é correto afirmar que

(A) o exercício regular de direito exclui a tipicidade.
(B) a obediência hierárquica afasta a ilicitude da conduta.
(C) a participação de menor importância exclui a imputabilidade.
(D) o erro sobre a ilicitude do fato afasta a culpabilidade.
(E) o arrependimento posterior exclui a punibilidade.

A: o exercício regular de direito (art. 23, III, 2ª parte, CP) constitui causa de exclusão da ilicitude (não há crime); B: a obediência hierárquica gera a exclusão da culpabilidade (art. 22 do CP); C: trata-se de causa especial de diminuição de pena (art. 29, § 1º, do CP); D: art. 21 do CP (erro de proibição); E: é causa obrigatória de diminuição de pena (art. 16 do CP). "D". Gabarito

(Magistratura/DF – 2006) A inexigibilidade de outra conduta é causa:

(A) De exclusão de condição de punibilidade;
(B) De exclusão de tipicidade;
(C) De exclusão da culpabilidade;
(D) Nenhuma das opções acima ("a", "b" e "c") é correta.

A exigibilidade de conduta diversa, que constitui um dos pressupostos da culpabilidade, pode ser excluída em dois casos: coação irresistível e obediência hierárquica (art. 22 do CP). "C". Gabarito

(Magistratura/DF – 2006) Pela teoria *actio libera in causa*:

(A) Considera-se o momento da ingestão da substância causadora da embriaguez e não o da prática delituosa, não se excluindo a imputabilidade do agente, completa ou incompleta a sua embriaguez;
(B) Considera-se o momento da prática delituosa e não o da ingestão da substância causadora da embriaguez, excluindo-se a imputabilidade do agente, se completa a sua embriaguez;
(C) Considera-se o momento da prática delituosa e não o da ingestão da substância causadora da embriaguez, reduzindo-se a pena do agente, se incompleta a sua embriaguez;
(D) As opções "b" e "c" acima estão corretas.

Segundo a teoria da *actio libera in causa* (ação livre na causa), a imputabilidade do agente deve ser analisada no momento em que este, antes da prática da infração penal, faz uso de álcool ou de substância de efeitos análogos. O que se dá, a rigor, é o deslocamento do momento de aferição da imputabilidade do momento da ação ou omissão para o instante em que o agente se coloca em estado de inimputabilidade, o que ocorre com a ingestão de álcool ou substância de efeitos análogos. A teoria da *actio libera in causa* repousa no princípio "causa da causa também é causa do que foi causado". "A". Gabarito

(Magistratura/GO – 2009 – FCC) Há exclusão da culpabilidade em função de não se poder exigir conduta diversa do agente no caso de

(A) coação moral irresistível.
(B) doença mental ou desenvolvimento mental incompleto ou retardado.
(C) erro sobre a ilicitude do fato.
(D) embriaguez completa proveniente de força maior.
(E) menoridade.

A exigibilidade de conduta diversa, que constitui um dos pressupostos da culpabilidade, pode ser excluída em dois casos: coação irresistível e obediência hierárquica (art. 22 do CP). "A". Gabarito

(Magistratura/MG – 2008) Dentre as situações abaixo assinale a que apresenta APENAS causas excludentes de culpabilidade:

(A) Erro de proibição, coação moral irresistível e obediência hierárquica.
(B) Inimputabilidade por menoridade e estrito cumprimento do dever legal.
(C) Inimputabilidade por doença mental ou desenvolvimento mental incompleto ou retardado e exercício regular de direito.
(D) Erro de tipo e inimputabilidade por embriaguez incompleta.

A: erro de proibição (art. 21 e parágrafo único do CP); coação irresistível e obediência hierárquica (art. 22 do CP). Trata-se de hipóteses de causas de exclusão da culpabilidade; B: inimputabilidade por menoridade é uma das causas de exclusão da culpabilidade (art. 27 do CP). O estrito cumprimento do dever legal, por sua vez, constitui causa de exclusão da antijuridicidade (art. 23, III, 1ª parte, do CP); C: inimputabilidade por doença ou desenvolvimento mental incompleto é causa de exclusão da culpabilidade (art. 26, *caput*, do CP). O exercício regular de direito, por seu turno, é causa de exclusão da ilicitude (art. 23, III, 2ª parte, do CP); D: o erro de tipo exclui sempre o dolo, mas permite, quando o caso, a punição por crime culposo (art. 20, *caput*, do CP). Excluído o dolo, excluída, por conseguinte, estará a tipicidade. A embriaguez está disciplinada no art. 28 do CP. "A". Gabarito

(Magistratura/PI – 2008 – CESPE) A respeito da imputabilidade, julgue os itens abaixo.

I. O Código Penal adotou o critério biológico para aferição da imputabilidade do agente.
II. A emoção e a paixão, de acordo com o Código Penal, não servem para excluir a imputabilidade penal nem para aumentar ou diminuir a pena aplicada.

III. A embriaguez preordenada não exclui a culpabilidade do agente, mas pode reduzir a sua pena de um a dois terços.
IV. A embriaguez involuntária incompleta do agente não é causa de exclusão da culpabilidade nem de redução de pena. A quantidade de itens certos é igual a

(A) 0.
(B) 1.
(C) 2.
(D) 3.
(E) 4.

I: no que concerne à aferição da imputabilidade do agente, o critério adotado foi o *biopsicológico*, conforme se depreende do art. 26 do CP, que representa uma conjugação dos critérios *biológico* e *psicológico*; II: a emoção e a paixão de fato não excluem a imputabilidade penal, conforme preceitua o art. 28, I, do CP. Todavia, constitui circunstância atenuante o fato de o agente ter cometido o crime sob influência de violenta emoção, provocada por ato injusto da vítima (art. 65, III, *c*, do CP); III: a *embriaguez preordenada* atua, nos termos do art. 61, II, *l*, do CP, como agravante genérica; IV: art. 28, § 2º, do CP. Gabarito "A".

(Magistratura/SP – 2009 – VUNESP) Com relação à coação moral irresistível, é correto afirmar que

(A) exclui a culpabilidade.
(B) exclui a tipicidade.
(C) exclui a antijuridicidade.
(D) o coato age sem vontade.

A coação moral irresistível, prevista no art. 22 do CP, tem como natureza *causa de exclusão da culpabilidade*. Gabarito "A".

(Magistratura/SP – 2009 – VUNESP) O pai que, tendo o filho sequestrado e ameaçado de morte, é coagido por seqüestradores armados e forçado a dirigir-se a certa agência bancária para efetuar um roubo a fim de obter a quantia necessária para o pagamento do resgate e livrar o filho do cárcere privado em que se encontra pode, em tese, lograr a absolvição com base na alegação de

(A) inexigibilidade de conduta diversa.
(B) legítima defesa.
(C) exercício regular de direito.
(D) estrito cumprimento de dever legal.

Está-se, aqui, diante da chamada *coação moral irresistível* (art. 22, 1ª parte, do CP), apta a excluir a culpabilidade do agente, visto que não lhe é razoável exigir outra conduta no caso concreto. Desse modo, em face da ameaça insuportável, não pode ser exigido do coato que resista de forma heroica. Vale lembrar que a coação moral irresistível pressupõe, em regra, a existência de três partes, a saber: o *coator* (sequestrador), o *coato* (pai) e a *vítima* (filho). Neste caso, deverá responder pelo crime somente o coator. Gabarito "A".

(Procurador do Estado/CE – 2008 – CESPE) Há crime quando o sujeito ativo pratica fato típico em função de

(A) estado de necessidade.
(B) coação moral irresistível.
(C) legítima defesa.
(D) estrito cumprimento do dever legal.
(E) exercício regular do direito.

A *coação moral irresistível* constitui, por força do que dispõe o art. 22, 1ª parte, do CP, causa de exclusão da culpabilidade. Há crime porquanto o coagido, embora ameaçado, conserva sua liberdade de ação do ponto de vista físico. Há, a rigor, um resquício de vontade. As outras alternativas cuidam de causas de exclusão da ilicitude. Ocorrendo uma delas, não há que se falar em crime (art. 23 do CP). Gabarito "B".

(Procurador do Estado/PE – CESPE – 2009) Tarso, embriagado, colidiu o veículo que dirigia, vindo a lesionar gravemente uma pessoa. Nessa situação hipotética, a respeito da imputabilidade penal de Tarso, assinale a opção correta.

(A) Pela teoria da *actio libera in causa*, Tarso não poderá responder pelo crime, pois não era capaz de se autodeterminar no momento da ação criminosa.
(B) A responsabilidade de Tarso depende de a embriaguez ser voluntária ou culposa.
(C) Caso a embriaguez de Tarso tenha sido preordenada, ele responderá pelo crime, mas de forma atenuada.
(D) Caso seja comprovado que Tarso sofre da doença do alcoolismo, sua pena será apenas o tratamento médico.
(E) Se Tarso estava completamente embriagado por ter sido obrigado a ingerir uma garrafa inteira de uísque por um desafeto seu, que lhe apontava uma arma e intencionava humilhá-lo, então, nesse caso, Tarso será isento de pena.

Art. 28, § 1º, do CP. Gabarito "E".

(Procurador do Estado/RR – 2006 – FCC) NÃO exclui a culpabilidade

(A) a embriaguez fortuita completa.
(B) a doença mental.
(C) o erro inevitável sobre a ilicitude do fato.
(D) a obediência à ordem, manifestamente ilegal, de superior hierárquico.
(E) a coação moral irresistível.

A: art. 28, § 1º, do CP; B: art. 26, *caput*, do CP; C: art. 21, *caput* e parágrafo único, do CP; D: a 2ª parte do art. 22 do CP faz alusão a ordem não manifestamente ilegal; se se tratar desse tipo de comando, ambos responderão pelo crime, o superior hierárquico de quem emanou a ordem ilegal e o subordinado que a recebeu; E: art. 22, 1ª parte, do CP. Gabarito "D".

(Defensor Público/AC – 2006 – CESPE) No tocante à imputabilidade penal, assinale a opção **incorreta**.

(A) O sistema adotado no Brasil para aplicação de pena ou medida de segurança é o denominado vicariante.
(B) A oligofrenia leve é considerada doença mental para efeitos penais.
(C) Não exclui a imputabilidade quando a paixão é elemento condutor do crime.
(D) A periculosidade é pressuposto da medida de segurança.

A: assertiva correta. O *sistema vicariante* determina o cumprimento de medida de segurança (na hipótese de periculosidade) ou de pena privativa de liberdade (se houver culpabilidade), não sendo permitido que o agente cumpra as duas espécies de sanção penal ao mesmo tempo, pelo mesmo fato, o que ocorria no *sistema do duplo binário*, vigente até a reforma do Código Penal em 1984; B: assertiva incorreta, visto que a *oligofrenia* não há de ser confundida com a *esquizofrenia*. Esta sim constitui hipótese de doença mental. A oligofrenia, diferentemente, constitui hipótese de desenvolvimento mental retardado, assim como os surdos-mudos (a depender do caso) – art. 26, *caput*, do CP; C: tanto a emoção quanto a paixão não são aptas a excluir a imputabilidade penal – art. 28, I, do CP. Frise-se que, a despeito de a emoção não excluir o crime, pode atuar como atenuante genérica, conforme prevê o art. 65, III, *c*, ou mesmo como causa de diminuição de pena, nos moldes do art. 121, § 1º, ambos do CP; D: assertiva correta, na medida em que a função primordial da medida de segurança é prevenir crimes que possam vir a ser praticados pelo sujeito tido por perigoso. Gabarito "B".

(Defensor Público/AL – 2009 – CESPE) Quanto à culpabilidade e à imputabilidade penal, julgue o próximo item.

(1) Considere a seguinte situação hipotética. Em uma festividade de calouros de determinada faculdade, João foi obrigado por vários veteranos, mediante coação física, a ingerir grande quantidade de bebida alcoólica, ficando completamente embriagado, uma vez que não tinha costume de tomar bebida com álcool. Nesse estado, João praticou lesões corporais e atentado violento ao pudor contra uma colega que também estava na festa. Nessa situação, trata-se de embriaguez acidental decorrente de força maior, devendo ser excluída a imputabilidade de João, que fica isento de pena pelos delitos que praticou.

Preceitua o art. 28, II, § 1º, do CP que, decorrendo a embriaguez acidental (não voluntária nem culposa) e completa de força maior (o agente foi obrigado a ingerir álcool, por exemplo) ou de caso fortuito (agente desconhece o fato de ter-se embriagado), a imputabilidade do sujeito estará excluída se, ao tempo da ação ou omissão, ele era inteiramente incapaz de entender o caráter ilícito do fato ou de autodeterminar-se de acordo com esse entendimento. Gabarito: C.

(Defensor Público/BA – 2006) Apresentam-se como causas excludentes da culpabilidade:

(A) A legítima defesa e o estado de necessidade.
(B) O estrito cumprimento do dever legal e o erro de tipo.
(C) A coação moral irresistível e a inimputabilidade.
(D) O exercício regular de direito e o erro de proibição.
(E) O crime de bagatela e a obediência hierárquica à ordem manifestamente ilegal.

A: incorreta, pois a *legítima defesa* e o *estado de necessidade* constituem, a teor do art. 23 do CP, causa excludente da ilicitude (chamada também de causa de justificação ou descriminante); B: assertiva incorreta, visto que o *estrito cumprimento do dever legal* está enunciado no art. 23 do CP como causa excludente da ilicitude; já o *erro de tipo*, previsto no art. 20 do CP, exclui o dolo e, por conseguinte, o fato típico. Inexiste, portanto, crime; C: esta é a assertiva correta. A *coação moral irresistível* constitui causa excludente da culpabilidade quanto ao elemento exigibilidade de conduta diversa. A *inimputabilidade*, por sua vez, também constitui causa excludente da culpabilidade; D: o *exercício regular de direito* integra o rol do art. 23 do CP. Assim sendo, cuida-se de causa excludente da antijuridicidade. O *erro de proibição*, cuja disciplina está no art. 21 do CP, é causa que exclui do agente sua potencial consciência da ilicitude (gera, portanto, a exclusão da culpabilidade); E: a aplicação do princípio da insignificância (crime de bagatela), amplamente reconhecido pela doutrina e jurisprudência, gera a exclusão da tipicidade material. A obediência hierárquica a ordem manifestamente ilegal gera a responsabilização do superior hierárquico e do subordinado. No entanto, se se tratar de ordem não manifestamente ilegal, somente responderá, nos moldes do art. 22 do CP, o superior hierárquico, já que o subordinado ficará isento de pena (sua culpabilidade ficará excluída). Gabarito "C".

(Defensor Público/BA – 2006)

A pena pode ser reduzida de um a dois terços, se o agente:

I. por embriaguez, proveniente de caso fortuito ou força maior, não possuía, ao tempo da ação ou da omissão, a plena capacidade de entender o caráter ilícito do fato ou de determinar-se de acordo com esse entendimento

II. desconhece a lei, no caso concreto; todavia, caso o desconhecimento seja inevitável, estará o agente isento de pena.

III. comete o fato sob coação irresistível ou em estrita obediência a ordem, não manifestamente ilegal, de superior hierárquico.

Analisando as assertivas acima, verifica-se que:

(A) Apenas a I está correta.
(B) Apenas a II está correta.
(C) Apenas I e II estão corretas.
(D) Apenas II e III estão corretas.
(E) Todas estão incorretas.

I: a assertiva – correta - está contemplada no art. 28, § 2º, do CP; II: reza o art. 21, *caput*, primeira parte, do CP que o desconhecimento da lei é inescusável. O *erro de proibição* (erro sobre a ilicitude do fato), previsto no mesmo dispositivo, não se refere ao desconhecimento da lei. Diz respeito, sim, à ilicitude do fato em si. Explico: o agente, no erro de proibição, conhece a lei, mas, por erro de interpretação, acha que a sua conduta não se amolda àquela lei. No mais, se o erro de proibição for evitável, o agente fará jus a uma diminuição da ordem de um sexto a um terço, a teor do art. 21, *caput, in fine*, do CP; III: na situação descrita neste inciso, somente será punível o autor da coação ou da ordem, ficando afastada a responsabilidade do coagido e do subordinado (exclusão da culpabilidade - art. 22, CP). Gabarito "A".

(Defensor Público/GO – 2010 – I. Cidades) Um determinado grupo de meliantes sequestra a mulher e os dois filhos de "A", gerente de banco, e exige que o mesmo os auxilie num roubo que farão contra a agência bancária em que trabalha. Visando proteger sua família, "A" acaba auxiliando no referido roubo. Neste caso, porém, "Ali deve ser absolvido, em virtude da existência manifesta de causa excludente da

(A) ilicitude do fato, qual seja, o estado de necessidade de terceiros.
(B) ilicitude do fato, qual seja, a legítima defesa de terceiros.
(C) culpabilidade do agente, qual seja, a inimputabilidade.
(D) culpabilidade do agente, qual seja, a falta de consciência da ilicitude.
(E) culpabilidade do agente, qual seja, a inexigibilidade de conduta diversa.

A culpabilidade é constituída de três elementos, a saber: imputabilidade, potencial consciência da ilicitude e exigibilidade de conduta diversa. Esta, por sua vez, pode ser afastada em duas situações: coação moral irresistível e obediência hierárquica, ambas disciplinadas no art. 22 do CP. O gerente de banco, que tem a esposa e filhos sequestrados por uma quadrilha disposta a tudo para ver seu objetivo atingido, não tem outra alternativa senão ceder à vontade dos agentes e curvar-se às suas ordens. Note que o gerente conserva sua liberdade de escolha, ao menos do ponto de vista físico, ao contrário do que se dá na coação física. Mas, diante da gravidade da ameaça que a ele é impingida, não se mostra razoável exigir-lhe outro comportamento senão o de colaborar com os assaltantes. Dito de outro modo, não é possível exigir-lhe, nesta situação, conduta diversa. Por isso, "A", o gerente, deve ser absolvido em vista da existência de causa excludente de culpabilidade consubstanciada na inexigibilidade de conduta diversa. Gabarito "E".

(Defensor Público/MS – 2008 – VUNESP) De acordo com regra da Parte Geral do Código Penal, a pena pode ser reduzida de um a dois terços se o agente, por embriaguez

(A) culposa, por álcool ou substância análoga, era inteiramente incapaz de compreender o caráter ilícito do ato.
(B) completa, decorrente de força maior, era, ao tempo da ação ou omissão, inteiramente incapaz de entender o caráter ilícito do fato ou de comportar-se de acordo com esse entendimento.
(C) proveniente de caso fortuito, não possuía, ao tempo da ação ou omissão, a plena capacidade de entender o caráter ilícito do fato ou de comportar-se de acordo com esse entendimento.
(D) preordenada, por álcool ou substância análoga, não era inteiramente capaz de entender o caráter ilícito do fato ou de comportar-se de acordo com esse entendimento.

A: a *embriaguez culposa* não gera a exclusão da imputabilidade, nos moldes do art. 28, II, do CP; B: neste caso, o agente faz jus à exclusão da imputabilidade, conforme preleciona o art. 28, § 1º, do CP; C: correta, pois o art. 28, § 2º, do CP prevê a hipótese de redução de pena da ordem de 1/3 a 2/3 no caso de o agente, por embriaguez decorrente de caso fortuito ou força maior, não possuir, ao tempo da conduta, capacidade plena de entender o caráter ilícito do fato ou de determinar-se de acordo com esse entendimento; D: a *embriaguez preordenada* constitui agravante genérica (art. 61, II, l, do CP). Gabarito "C".

(Defensoria/SE – 2006 – CESPE) Julgue os itens seguintes.

(1) Após a reforma penal de 1984, o imputável que praticar conduta punível deve sujeitar-se somente à pena correspondente; o inimputável, à medida de segurança, excluídos os menores de 18 anos, e o semi-imputável deve sujeitar-se à pena ou à medida de segurança.

(2) Considere a seguinte situação hipotética. Marcelo, sob coação moral irresistível, foi forçado a assinar um documento falso. Nessa situação, o fato reveste-se de tipicidade, pois a ação é juridicamente relevante, todavia Marcelo deverá ser isento de pena, pois está presente uma causa excludente da culpabilidade.

(3) Considere a seguinte situação hipotética. Um portador de síndrome paranóide furtou de uma grande loja um colar de ouro adornado com valiosos diamantes e foi processado em razão do crime. O juiz da causa determinou a realização de exame psicológico/psiquiátrico, por meio do qual se constou que, ao tempo do crime, o réu apresentava plena capacidade de entender o ilícito, mas faltava-lhe capacidade para atuar de acordo com esse entendimento. Nessa situação, admissível será a absolvição de réu, em face da ausência de culpabilidade em razão da inimputabilidade do agente.

1: de fato, após a reforma de 1984, não cabe mais a aplicação de pena e medida de segurança (abolição do duplo binário). Os menores de 18 anos ficam sujeitos às normas estabelecidas na legislação especial (art. 27, CP); 2: a coação moral irresistível conduz à **não exigibilidade de conduta diversa**. Marcelo, embora ameaçado, coagido, tinha liberdade de escolha, ao menos do ponto de vista físico, o que, frise-se, não lhe era razoável exigir. Está-se diante de uma causa excludente da culpabilidade (art. 22, 1ª parte, do CP); 3: art. 26, *caput*, do CP. Gabarito 1C, 2C, 3C.

(Cartório/DF – 2008 – CESPE) Julgue o item seguinte.

(1) No estabelecimento da inimputabilidade (ou semi-imputabilidade), vigora o critério biopsicológico normativo, o que significa que deve existir prova de que o transtorno mental afetou a capacidade de compreensão do agente quanto ao caráter ilícito da sua ação (requisito intelectual) ou a sua capacidade de determinação segundo esse conhecimento (requisito volitivo) à época do fato, não bastando, portanto, apenas a existência da enfermidade.

Do art. 26 do Código Penal, que acolheu o **critério biopsicológico**, consubstanciado na conjugação dos critérios **biológico** e **psicológico**, é possível extrair a ideia de que não é suficiente que haja tão somente um transtorno mental. É mister que exista prova de que tal transtorno afetou de forma efetiva a capacidade de compreensão do caráter ilícito do fato ou de determinação segundo esse conhecimento. Gabarito 1C.

(Delegado/PB – 2009 – CESPE) Assinale a opção correta relacionada à imputabilidade penal, considerando um caso em que o laudo de exame médico-legal psiquiátrico não foi capaz de estabelecer o nexo causal entre o distúrbio mental apresentado pelo periciado e o comportamento delituoso.

(A) O diagnóstico de doença mental é suficiente para tornar o agente inimputável.
(B) A doença mental seria atenuante quando considerada a dosimetria da pena, devendo o incriminado cumprir de um sexto a um terço da pena.
(C) Trata-se de caso de aplicação de medidas de segurança.
(D) Deverá ser realizada nova perícia.
(E) O agente deve ser responsabilizado criminalmente.

No que concerne à aferição da imputabilidade do agente, o critério adotado foi o **biopsicológico**, conforme se depreende do art. 26 do CP, que representa uma conjugação dos critérios **biológico** e **psicológico**. Por tal critério, é considerado inimputável aquele que, por força do distúrbio mental de que padece, era, no momento da conduta, totalmente incapaz de compreender o caráter ilícito do fato ou de determinar-se de acordo com esse entendimento. À falta de elementos que demonstrem o nexo entre o distúrbio e a conduta criminosa, o agente deverá ser responsabilizado. "E". Gabarito

(Delegado/PB – 2009 – CESPE) Um jovem religioso, fervoroso e abstêmio, durante uma comemoração de casamento, ingeriu aguardente. Transtornado e embriagado, agrediu sua companheira com golpes de faca, completamente descontrolado. A situação acima descreve um exemplo de embriaguez

(A) por força maior.
(B) dolosa.
(C) preterdolosa.
(D) proveniente de caso fortuito.
(E) acidental.

Art. 28, II, do CP. "D". Gabarito

(Delegado/PB – 2009 – CESPE) Acerca das excludentes de culpabilidade, da imputabilidade e do concurso de pessoas, assinale a opção correta.

(A) Exclui a culpabilidade do crime, por inexigibilidade de conduta diversa, a coação física irresistível ou vis absoluta.
(B) Na prática de crime em obediência hierárquica, se a ordem não for manifestamente ilegal, o subordinado e o superior hierárquico não respondem por crime algum.
(C) Dividem-se os crimes em monossubjetivo e plurisubjetivo, sendo que somente neste último pode ocorrer concurso de pessoas.
(D) A participação de menor importância configura exceção à teoria monista, adotada pelo CP quanto ao concurso de pessoas.
(E) Ocorrendo coação moral resistível, não se afasta a culpabilidade, havendo simplesmente reconhecimento de atenuante genérica.

A: exclui a culpabilidade do crime, por inexigibilidade de conduta diversa, a *coação moral irresistível* (art. 22, 1ª parte, do CP); a coação física irresistível (*vis absoluta*) retira a voluntariedade da ação. Inexiste, neste caso, conduta; B: não sendo a ordem manifestamente ilegal, responderá pelo crime tão somente o superior hierárquico. A culpabilidade do subordinado será excluída, nos termos do art. 22, 2ª parte, do CP; se, entretanto, a ordem for manifestamente ilegal, responderão pelo delito o *superior hierárquico* e o *subordinado*; C: os crimes monossubjetivos (concurso eventual) podem ser praticados por um único agente. Constituem a grande maioria dos crimes, já que comportam o concurso de pessoas (art. 29, CP). Já nos crimes plurisubjetivos (concurso necessário), a pluralidade de agentes representa elemento constitutivo do tipo; D: não se trata de exceção à *teoria monista*, já que aquele que tiver participação considerada de menor importância fará jus à diminuição de pena prevista no art. 29, § 1º, do CP, incorrendo no mesmo crime; E: cuida-se da atenuante genérica prevista no art. 65, III, c, do CP. "E". Gabarito

(Delegado/PI – 2009 – UESPI) Com relação às excludentes da tipicidade, da ilicitude e da culpabilidade, marque, à luz da legislação penal, a opção correta.

(A) O estrito cumprimento do dever legal e a obediência hierárquica são excludentes da ilicitude.
(B) A coação moral irresistível e a legítima defesa são excludentes da culpabilidade.
(C) A embriaguez voluntária e a menoridade penal são excludentes da imputabilidade.
(D) A coação moral irresistível e o erro de proibição são excludentes da culpabilidade.
(E) O princípio da insignificância exclui a ilicitude.

A: o estrito cumprimento do dever legal constitui causa excludente da ilicitude (art. 23, III, do CP); a obediência hierárquica, por sua vez, exclui a culpabilidade (art. 22, 2ª parte, do CP); B: a coação moral irresistível (art. 22, 1ª parte, do CP) exclui a culpabilidade; já a legítima defesa é causa de exclusão da ilicitude (art. 23, II, do CP); C: a embriaguez voluntária, nos termos do art. 28, II, do CP, não exclui a imputabilidade; os menores de 18 anos são inimputáveis, conforme reza o art. 27 do CP; D: o erro de proibição (art. 21, 2ª parte, do CP) e a coação moral irresistível (art. 22, 1ª parte, do CP) constituem de fato excludentes de culpabilidade; E: o princípio da insignificância constitui causa supralegal de exclusão da tipicidade. "D". Gabarito

(Delegado/SP – 2008) Determinada construção teórica, ao considerar a existência de pessoas que têm um menor âmbito de autodeterminação – assim tendendo ao crime por carências crônicas de fundo social – prega que a reprovação decorrente da prática de uma infração penal seja dirigida conjuntamente ao Estado e ao agente, se verificada, no caso concreto, tal desigualdade de oportunidade de vida. Trata-se da idéia central da

(A) co-culpabilidade.
(B) tipicidade conglobante.
(C) imputação objetiva.
(D) teoria de confiança.
(E) teoria dos elementos negativos do tipo.

São hipóteses nas quais a reprovação é exercida de forma compartilhada sobre o Estado e sobre o autor da infração penal, isso porque, segundo é sustentado, o Estado falhou, deixando de proporcionar a todos igualdade de oportunidades. Por essa razão, alguns tendem ao crime por falta de opção. Há autores que defendem, para esses casos, a aplicação da atenuante contida no art. 66 do Código Penal. "A". Gabarito

(Magistratura do Trabalho – 16ª Região – 2006) A coação moral irresistível exclui:

(A) Ilicitude
(B) Antijuridicidade
(C) Tipicidade
(D) Culpabilidade
(C) Conduta

Art. 22 do CP. É causa de exclusão da culpabilidade. "D". Gabarito

(CESPE – 2004) Assinale a opção incorreta, levando em consideração os elementos da culpabilidade.

(A) O Código Penal brasileiro adotou o critério biopsicológico para aferição da imputabilidade do agente.
(B) É isento de pena o agente que, por embriaguez completa, proveniente de caso fortuito ou força maior, era, ao tempo da ação ou da omissão, inteiramente incapaz de entender o caráter ilícito do fato ou de determinar-se de acordo com esse entendimento.
(C) A emoção ou a paixão não excluem a imputabilidade penal.
(D) O erro de proibição, ainda que evitável, exclui a potencial consciência da ilicitude, isentando de pena, por consequência, o agente.

A: art. 26, *caput*, do CP; B: art. 28, § 1º, do CP; C: art. 28, I, do CP; D: art. 21, parte final, do CP. "D". Gabarito

12. PENAS E EFEITOS DAS PENAS

(Magistratura/AL – 2007 – FCC) A pena de prestação pecuniária

(A) é cabível apenas em favor da vítima ou de seus dependentes.
(B) não pode ser deduzida de eventual condenação em ação de reparação civil, ainda que coincidentes os beneficiários.
(C) não pode exceder a trezentos e sessenta salários mínimos.
(D) não é substitutiva da pena privativa de liberdade.
(E) é fixada em dias-multa.

A: em vista do que dispõe o art. 45, § 1º, do CP, a prestação pecuniária consiste no pagamento em dinheiro à vítima, a seus dependentes ou a entidade pública ou privada com destinação social; B: se coincidentes os beneficiários, o valor pago será deduzido do montante de eventual condenação em ação de reparação civil, conforme reza o art. 45, § 1º, do CP; C: a importância fixada pelo juiz não será inferior a um salário mínimo nem superior a trezentos e sessenta (art. 45, § 1º, do CP); D: art. 54 do CP; E: art. 45, § 1º, do CP. Não se deve confundir a **prestação pecuniária** (pena restritiva de direitos) com a **pena de multa** (art. 49, CP), esta sim fixada em dias-multa. "C". Gabarito

(Magistratura/DF – 2011) Sendo a detração penal operação aritmética por meio da qual é computada no tempo de duração da condenação definitiva, a parcela temporal correspondente à correta aplicação de uma medida cautelar ou a efetiva internação em hospital de custódia e tratamento psiquiátrico, conclui-se:

(A) Nos delitos culposos resultantes de acidente de trânsito em que se impõe ao motorista pena corporal fixada no mínimo, é impossível substituí-la por obrigação de frequentar curso do DETRAN, ou restritiva de direitos, por não se enquadrarem dentre as penas possíveis de compensação;

(B) Cabe ao juiz singular, ao estabelecer o regime inicial de cumprimento da pena privativa de liberdade decidir sobre a detração;

(C) Nas penas restritivas de direitos e na prisão civil não comporta a aplicação da detração;

(D) Em havendo fatos diversos no mesmo processo, comporta deduzir a prisão preventiva ou provisória decorrente de outro processo, ainda que não haja conexão ou continência.

A: nos delitos culposos resultantes de acidente de trânsito em que é impingida ao motorista sanção corporal fixada no mínimo, é inviável a substituição desta por obrigação de frequentar curso do Detran, visto que esta última não encontra amparo legal, por não se enquadrar dentre as penas restritivas de direito contempladas no art. 43 do CP; B: a detração não tem influência na operação de fixação do regime inicial de cumprimento da pena, que deve ser levada a efeito pelo juiz da condenação. A decisão sobre a detração cabe ao juízo da execução (STJ, HC 37.107-SP, 6ª T., rel. Min. Hamilton Carvalhido, 1.4.08); C: admite-se a detração em relação às penas restritivas de direito e também em relação à prisão civil; D: predomina na jurisprudência a posição de que a prisão computável deve ter relação com o fato que é objeto da condenação. Gabarito "A".

(Magistratura/MG – 2009 – EJEF) Sobre o regime inicial de cumprimento de pena, marque a alternativa CORRETA.

(A) É possível a imposição do regime fechado para o início do cumprimento da pena ao condenado à pena de detenção.

(B) A gravidade do crime em abstrato, por si só, não se presta à adoção de regime inicial diverso do sugerido em lei.

(C) A circunstância agravante da reincidência não guarda correlação com a estipulação do regime inicial para o cumprimento de pena.

(D) Ao condenado à prisão simples, pela prática de contravenção penal, é vedada, regra geral, a adoção do regime inicialmente fechado, o que, todavia, poderá ocorrer excepcionalmente, desde que devidamente fundamentado pelo juiz.

A: art. 33, *caput*, do CP; B: Súmula 718 do STF; C: art. 33, § 2º, *b* e *c*, do CP; D: a prisão simples só pode ser cumprida nos regimes semiaberto ou aberto. Gabarito "B".

(Magistratura/MG – 2009 – EJEF) Sobre a substituição das penas privativas de liberdade por penas restritivas de direitos e suspensão condicional da pena, marque a alternativa CORRETA.

(A) Àquele, reincidente em crime doloso, que já foi condenado à pena privativa de liberdade, é terminantemente vedada a substituição da sanção corporal por penas restritivas de direito.

(B) Sobrevindo condenação a pena privativa de liberdade, por outro crime, o juiz da execução poderá deixar de converter a sanção restritiva de direitos anteriormente aplicada, desde que o seu cumprimento seja compatível com o da nova sanção penal.

(C) Se a medida for socialmente recomendável e o condenado não for reincidente específico, caberá a suspensão condicional da pena, nos moldes das regras do art. 77 e seguintes do CP.

(D) A prestação de serviços, como sanção restritiva de direitos, pode ser aplicada independentemente do *quantum* da pena privativa de liberdade aplicada.

A: art. 44, § 3º, do CP; B: art. 44, § 5º, do CP; C: os requisitos da *suspensão condicional da pena* estão no art. 77 do CP, entre os quais: que o condenado não seja reincidente em crime doloso; e que a culpabilidade, os antecedentes, a conduta social e personalidade do agente, bem como os motivos e as circunstâncias autorizem a concessão do benefício; D: a prestação de serviços à comunidade ou a entidades públicas, disciplinada no art. 46 do CP, só tem cabimento quando o réu for condenado a pena privativa de liberdade superior a seis meses. Gabarito "B".

(Magistratura/MG - 2006) Quanto à detração penal é CORRETO afirmar que:

(A) na detração penal computa-se na pena privativa de liberdade e na medida de segurança o tempo de prisão, no Brasil ou no estrangeiro, o de prisão administrativa e o de internação em hospital ou manicômio;

(B) detração penal é o cômputo na pena privativa de liberdade do tempo da prisão provisória ou administrativa, não abrangendo a medida de segurança;

(C) admite-se a aplicação da detração penal quando o fato criminoso pelo qual houve condenação tenha sido praticado posteriormente ao delito que trouxe a prisão provisória e a absolvição;

(D) tendo em vista que a lei penal é elaborada para viger dentro dos limites em que o Estado exerce a sua soberania, na pena privativa de liberdade e na medida de segurança computa-se o tempo de prisão provisória, à exceção da cumprida no estrangeiro, o de prisão administrativa e o de internação em hospitais ou manicômio.

Art. 42 do CP. Gabarito "A".

(Magistratura/PE – 2011 – FCC) No tocante às penas privativas de liberdade,

(A) é possível a fixação do regime fechado para cumprimento de pena de detenção, se reincidente o condenado e a agravante decorrer da prática da mesma infração.

(B) é inadmissível a adoção do regime prisional semiaberto ao reincidente condenado a pena igual ou inferior a quatro anos, ainda que favoráveis as circunstâncias judiciais.

(C) a prática de falta grave não interrompe o prazo para obtenção de livramento condicional, segundo posição do Superior Tribunal de Justiça.

(D) é incabível a determinação de exame criminológico para análise de pedido de progressão, mesmo que motivada a decisão, consoante entendimento dos Tribunais Superiores.

(E) a gravidade abstrata do delito permite o estabelecimento de regime mais gravoso do que o cabível em razão da sanção imposta, conforme jurisprudência do Superior Tribunal de Justiça.

A: o regime inicial nos crimes apenados com detenção deve ser o aberto ou o semiaberto, consoante preconiza o art. 33, *caput*, do CP; B: neste caso, é admissível, sim, o regime inicial semiaberto, nos termos da Súmula nº 269 do STJ; C: é o teor da Súmula nº 441 do STJ; D: incorreta, nos termos da Súmula nº 439, STJ; E: incorreta, conforme Súmula nº 718 do STF. Gabarito "C".

(Magistratura/PE – 2011 – FCC) A pena de prestação pecuniária

(A) é sempre incabível para o condenado reincidente.

(B) deve ser fixada em dias-multa.

(C) só pode ser estabelecida em favor da vítima ou de seus dependentes.

(D) é autônoma e, nos crimes culposos, substitui a privativa de liberdade não superior a quatro anos.

(E) pode consistir em prestação de outra natureza, se houver aceitação do beneficiário.

Em vista do que dispõe o art. 45, § 1º, do CP, a prestação pecuniária consiste no pagamento em dinheiro à vítima, a seus dependentes ou a entidade pública ou privada com destinação social. Esta modalidade de pena restritiva de direitos não deve ser confundida com a ***pena de multa*** (art. 49, CP), esta sim fixada em dias-multa. Pode, no mais, consistir em prestação de outra natureza, a teor do § 2º do art. 45. Gabarito "E".

(Magistratura/PI – 2008 – CESPE) Acerca da substituição da pena privativa de liberdade por penas restritivas de direito, assinale a opção incorreta.

(A) É cabível a substituição mencionada quando aplicada pena privativa de liberdade de até quatro anos e o crime não for cometido com violência ou grave ameaça à pessoa.

(B) Quando se trata de crime culposo, será cabível a referida substituição para os casos a que se aplicar pena privativa de liberdade de até oito anos.

(C) Na condenação igual ou inferior a um ano, a referida substituição não pode ser feita por duas penas restritivas de direitos.

(D) Se o condenado for reincidente, o juiz poderá aplicar a substituição citada, desde que, em face de condenação anterior, a medida seja socialmente recomendável.
(E) A pena restritiva de direitos converte-se em privativa de liberdade quando ocorrer o descumprimento injustificado da restrição imposta.

A: art. 44, I, 1ª parte, do CP; B: art. 44, I, 2ª parte, do CP. Em se tratando de crime culposo, é cabível a substituição qualquer que seja a pena aplicada; C: art. 44, § 2º, do CP. A substituição por duas restritivas de direito é possível no caso de a condenação ser superior a um ano, sendo também possível optar-se pela substituição por uma restritiva de direitos e multa; D: art. 44, § 3º, do CP; E: art. 44, § 4º, 1ª parte, do CP. Gabarito "B".

(Magistratura/RO – 2011 – PUCPR) Em relação às penas e medidas de segurança, avalie se as assertivas a seguir são verdadeiras (V) ou falsas (F), e, na sequência, assinale a única alternativa cuja sequência, de cima para baixo, está **CORRETA**.

( ) A pena de reclusão deve ser cumprida em regime fechado, semiaberto ou aberto, enquanto a pena de detenção deve ser cumprida em regime semiaberto ou aberto, sendo vedado seu cumprimento em regime fechado.
( ) O condenado por crime contra a Administração Pública terá a sua progressão de regime condicionada à reparação do dano causado, ou então, à devolução do produto do ilícito praticado, com os acréscimos legais.
( ) Ao condenado em regime fechado é vedada a realização de serviço externo ao estabelecimento penal.
( ) O trabalho do preso não será remunerado, sendo-lhe, no entanto, garantidos os benefícios da Previdência Social.
( ) Se o agente for inimputável, o juiz determinará sua internação. No entanto, se o fato previsto como crime for punível com detenção, poderá o juiz submetê-lo a tratamento ambulatorial, sendo em ambas as hipóteses, o prazo mínimo fixado de 01 (um) a 03 (três) anos.

(A) F,F,V,V,F
(B) F,V,F,F,V
(C) F,V,V,V,F
(D) V,F,V,V,F
(E) V,V,F,F,V

1ª) assertiva incorreta, visto que é possível, em caráter excepcional, nos termos do art. 33, *caput*, do CP, a transferência para o regime fechado do condenado que cumpre pena de detenção; 2ª) correta, conforme dispõe o art. 33, § 4º, do CP; 3ª) assertiva incorreta, visto que, no regime fechado, o trabalho externo é permitido, desde que em serviços ou obras públicas – art. 34, § 3º, CP; 4ª) em conformidade com o estabelecido no art. 39 do CP, o trabalho do preso será sempre remunerado; 5º) art. 97 do CP. Gabarito "B".

(Magistratura/PR – 2008) Constitui característica da teoria da prevenção geral positiva relativa à pena:

(A) A consideração da pena como imperativo categórico.
(B) O propósito de reeducação e ressocialização do condenado.
(C) A proposta de utilização de tanta pena quanta seja necessária para intimidar as pessoas para que não cometam delitos.
(D) A pretensão de afirmar a validade da norma desafiada pela prática criminosa.

Consiste tal teoria na reação estatal a fatos puníveis, reforçando a vigência da norma, fazendo com que as pessoas sejam lembradas da necessidade de aderir ao bom funcionamento do sistema. Gabarito "D".

(Magistratura/RS – 2009) Considere as assertivas abaixo sobre penas.

I. São penas restritivas de direitos previstas no Código Penal, além da prestação pecuniária e da perda de bens, a prestação de serviços à comunidade ou a entidades públicas, a interdição temporária de direitos, como a proibição de frequentar determinados lugares, e a limitação de fim de semana.
II. O recolhimento domiciliar poderá ser imposto em substituição à pena privativa de liberdade inferior a quatro anos imposta ao condenado por crime ambiental.
III. A pena restritiva de direitos reverte à pena de prisão, quando ocorrer o descumprimento injustificado da restrição imposta.

Quais são corretas?
(A) Apenas I
(B) Apenas II
(C) Apenas III
(D) Apenas II e III
(E) I, II e III

I: art. 43 do CP; II: arts. 7º, I, e 8º, V, da Lei 9.605/98; III: art. 44, § 4º, do CP. Gabarito "E".

(Magistratura/SC – 2008) Assinale a alternativa correta.

(A) O tempo de internação em hospital de custódia e tratamento psiquiátrico não pode ser computado na pena privativa de liberdade para efeito de detração.
(B) Aplicada pena substitutiva de prestação de serviços à comunidade ou a entidades públicas inferior a um ano, é facultado ao condenado cumpri-la em menor tempo.
(C) Na condenação igual ou inferior a um ano, a pena privativa de liberdade pode ser substituída por multa ou por uma pena restritiva de direitos.
(D) Nos crimes culposos, aplicada pena privativa de liberdade superior a quatro anos, não é possível sua substituição por restritiva de direitos.
(E) O condenado reincidente pela prática do mesmo crime poderá ter a pena privativa de liberdade substituída por restritivas de direitos, desde que lhe sejam favoráveis as circunstâncias do art. 59 do Código Penal e a medida seja socialmente recomendável.

A: art. 42 do CP; B: art. 46, § 4º, do CP; C: art. 44, § 2º, 1ª parte, do CP; D: art. 44, I, do CP; E: art. 44, § 3º, do CP. Gabarito "C".

(Magistratura/SE – 2008 – CESPE) Assinale a opção correta a respeito das penas.

(A) O princípio da transcendência estabelece que nenhuma pena passará da pessoa do condenado, contudo a obrigação de reparar o dano se estende aos sucessores ilimitadamente.
(B) Não haverá pena de morte, salvo em caso de guerra declarada.
(C) Não haverá penas de caráter perpétuo, de banimento, cruéis ou pecuniárias.
(D) A pena será cumprida preferencialmente em estabelecimentos distintos, de acordo com a natureza do delito e as condições socioeconômicas do apenado.
(E) É assegurado aos presos o respeito à integridade física, moral e material, sendo vedada pena que implique perda ou privação de bens.

A: o ***princípio da pessoalidade*** ou ***personalidade*** ou ***da responsabilidade pessoal*** prescreve que a pena não pode passar da pessoa do delinquente, podendo, entretanto, a obrigação de reparar o dano e a decretação de perdimento de bens ser, nos termos da lei, estendidas aos sucessores e contra eles executadas até o limite do valor do patrimônio transferido (art. 5º, XLV, CF); B: art. 5º, XLVII, *a*, da CF; C: as penas de caráter perpétuo, de banimento e cruéis estão contidas no dispositivo constitucional (art. 5º, XLVII), que, por sua vez, não faz alusão à ***pena pecuniária***; D: arts. 5º e 6º da Lei 7.210/84 (Lei de Execução Penal); E: arts. 3º, 10 e 11 da Lei de Execução Penal. Art. 43, II, do CP (pena de perda de bens e valores). Gabarito "B".

(Magistratura/SP – 2011 – VUNESP) Antônio foi condenado definitivamente pela prática de crime de estelionato e, depois de decorridos mais de cinco anos desde o cumprimento da pena então imposta, comete novo crime, desta feita furto qualificado pelo rompimento de obstáculo, pelo qual vem a ser condenado à pena de dois anos e quatro meses de reclusão. Assinale a alternativa correta, em face do art. 44, do Código Penal, que dispõe sobre a substituição da pena privativa de liberdade, por restritivas de direito.

(A) A substituição não pode ser aplicada a Antônio, por ser a pena imposta de reclusão.
(B) A substituição não pode ser aplicada a Antônio, por ser ele reincidente em crime doloso.
(C) A substituição não pode ser aplicada a Antônio, por serem ambas as condenações por crimes contra o patrimônio.
(D) A substituição pode ser aplicada a Antônio, pois a reincidência não é pela prática do mesmo crime.
(E) A substituição pode ser aplicada a Antônio, pois ele não é reincidente.

Sendo Antônio primário (aquele que não é reincidente é primário), visto que entre o cumprimento da pena imposta pelo crime anterior e o crime posterior decorreu período superior a cinco anos (art. 64, I, CP), ele faz jus à substituição da pena privativa de liberdade por restritiva de direito, uma vez que, além de atendida a exigência relativa à primariedade (crime doloso), o que vem estampado no art. 44,II, do CP, o crime de furto qualificado pelo rompimento de obstáculo é desprovido de violência ou grave ameaça à pessoa (requisito contido no art. 44, I). No mais, deverá o magistrado verificar se, com base nos elementos contidos no inciso III do dispositivo, a substituição é suficiente para a prevenção do crime. Gabarito "E".

(Magistratura/SP – 2008) O cumprimento da pena em presídio fechado pelo condenado em regime semi-aberto, por falta de vaga em estabelecimento adequado, acarreta

(A) excesso de execução.
(B) execução provisória imprópria.
(C) execução provisória passível de oportuna detração.
(D) desvio de execução.

Art. 185 da Lei 7.210/84 (Lei de Execução Penal). Gabarito "A e D".

(Magistratura/SP – 2008) No tocante ao regime aberto, é incorreto afirmar:

(A) a regressão de regime pela prática de crime no curso da execução (art. 118, I, da LEP) pressupõe o trânsito em julgado da sentença condenatória como corolário do princípio constitucional da não-culpabilidade.
(B) a lei não prevê a remição em regime aberto.
(C) a lei estabelece rol taxativo das hipóteses de regime aberto em residência particular (prisão albergue domiciliar).

A: basta a prática de crime doloso, sendo desnecessário o trânsito em julgado da condenação (art. 118, I, da LEP); B: o art. 126 da Lei de Execução Penal faz menção tão somente ao condenado que cumpre a pena em regime fechado ou semiaberto. Este dispositivo foi alterado por força da Lei 12.433/11, que inseriu a possibilidade de remir parte do tempo de execução da pena *pelo estudo*, prática que já era consagrada na jurisprudência. De toda forma, a assertiva, com a alteração implementada, continua correta, visto que o dispositivo somente autoriza a remição nos regimes fechado ou semiaberto; C: art. 117 da LEP. Trata-se de situações excepcionais. Gabarito "A".

(Ministério Público/CE – 2009 – FCC) No que concerne à remição, correto afirmar que

(A) cabível apenas para o caso de trabalho do sentenciado, inexistindo decisões que o estendam para o estudo.
(B) admissível para o sentenciado que cumpra pena em regime aberto, semi-aberto ou fechado.
(C) também pode obtê-la o condenado que trabalhar durante o livramento condicional.
(D) deve ser declarada por sentença, dispensada a oitiva do Ministério Público.
(E) o tempo remido será computado para a concessão de indulto.

A: ao tempo em que esta questão foi elaborada, a LEP (arts. 126) não contemplava a remição pelo estudo, somente pelo trabalho. A despeito disso, é bom frisar que os tribunais superiores vinham firmando posicionamento no sentido de estender tal possibilidade para a remição pelo estudo, inclusive com a edição, pelo STJ, da Súmula nº 341. Pois bem. Recentemente, atendendo aos anseios da jurisprudência, foi editada a Lei 12.433/11, que instituiu e disciplinou, finalmente, a remição pelo estudo, alterando o dispositivo da LEP que rege o tema (art. 126). Hoje, portanto, a remição se opera tanto pelo trabalho quanto pelo estudo, nos moldes do dispositivo supracitado; B: a remição somente é admissível para o sentenciado que cumpre a pena em regime fechado ou semiaberto (art. 126, *caput*, da LEP). A propósito, esta realidade não sofreu alteração com a edição da *novel* lei; C: não se aplica ao condenado que trabalhar durante o livramento condicional; D: art. 126, § 8º, da LEP; E: art. 128 da LEP. Gabarito "E".

(Ministério Público/ES – 2005) Diante da falência da reprimenda de prisão, foram inseridas no Código Penal sanções alternativas, denominadas pelo legislador pátrio de restritivas de direitos. Assinale a alternativa adiante que não é classificada pelo mencionado diploma como pena restritiva de direitos.

(A) prestação pecuniária
(B) interdição temporária de direitos
(C) perda de bens e valores
(D) multa
(E) limitação de fins de semana

Art. 43 do CP. Gabarito "D".

(Ministério Público/GO – 2005) Entre as principais teorias relativas ou preventivas ou utilitárias sobre a pena, a teoria da prevenção especial positiva sustenta que a pena tem por finalidade:

(A) reforçar a norma violada assim como a autoridade do Direito
(B) intimidar todos os potenciais delinqüentes
(C) reintegrar o condenado no meio social
(D) eliminar o condenado do convívio social

A *teoria da prevenção especial positiva* sustenta que a pena se presta a evitar futuros delitos por meio da ressocialização do delinquente. Gabarito "C".

(Ministério Público/MA – 2009) O condenado que ficou preso provisoriamente no Brasil ou no estrangeiro, ou internado para tratamento psiquiátrico, tem direito a um desconto na contagem do cumprimento de pena privativa de liberdade ou medida de segurança, que se denomina:

(A) detração;
(B) remição;
(C) reversão;
(D) progressão;
(E) regressão.

Art. 42 do CP. Gabarito "A".

(Ministério Público/MG – 2010) Sobre as penas restritivas de direitos, de conformidade com a disciplina do Código Penal, assinale a alternativa CORRETA.

(A) São cabíveis em se tratando de crimes culposos, desde que a pena aplicada não exceda a dois anos.
(B) A prestação de serviços à comunidade somente é aplicável às condenações inferiores a dois anos de privação de liberdade.
(C) Podem ser aplicadas nas contravenções penais e nos crimes punidos com detenção, vedada sua admissão se o crime for punido com reclusão.
(D) Se a condenação for a reprimenda superior a um ano, a sanção privativa de liberdade poderá ser substituída por duas penas restritivas de direitos.

A: art. 44, I, 2ª parte, do CP; B: esta modalidade de pena restritiva de direitos é aplicável às condenações superiores a seis meses de privação de liberdade; C: a lei não faz qualquer restrição nesse sentido; D: art. 44, § 2º, do CP. Gabarito "D".

(Ministério Público/MG – 2006) Assinale a alternativa FALSA.

(A) Para as teorias relativas, a pena não se justifica por si mesma, mas somente na medida em que se cumprem os fins legitimadores do controle da delinqüência.
(B) As denominadas teorias absolutas entendem que a pena só pode se justificar por razões de justiça ou necessidade moral, figurando Kant e Hegel como dois de seus principais defensores.
(C) As teorias mistas preconizam que a pena estatal é retribuição proporcionada ao delito, com vista a evitar futuros delitos e a propiciar a ressocialização do autor.
(D) A concepção da pena como prevenção geral positiva é defendida pelas teorias de origem funcionalista e sistêmica.
(E) Os postulados teóricos abraçados pela escola positivista levam-na a adotar a teoria da prevenção geral.

A: para as chamadas *teorias relativas*, a pena deve ser vista como um instrumento necessário para prevenir o crime, para controlar a delinquência. Não se trata, pois, de uma retribuição, uma compensação; B: as *teorias absolutas*, ao contrário, sustentam que pena é castigo, e não meio de prevenção do delito. A pena, na concepção de Kant, representa uma "necessidade absoluta", um imperativo; C: as *teorias mistas* (ou ecléticas) afirmam que a pena tem dúplice finalidade: presta-se tanto a reprimir quanto a prevenir; D: de fato, os postulados contidos na **teoria da prevenção geral positiva** já constavam das **teorias funcionalista e sistêmica**; E: a Escola Positivista (Lombroso, Garófalo e Ferri) adotou a **teoria da prevenção especial**. Gabarito "E".

(Ministério Público/RS – 2009) Petronildo, condenado por furto simples (art. 155, caput, do Código Penal), recebeu a pena reclusiva de 01 (um) ano, acrescida de multa (10 dias-multa, sendo a unidade no valor unitário legal.). Considerando-se que todas as circunstâncias judiciais foram favoráveis, não se tratando, também, de réu reincidente em crime doloso, a pena privativa de liberdade, nesse caso, tendo em vista especialmente o disposto no art. 44, do Código Penal (trata das penas restritivas de direitos; hipóteses de substituição e conversão), e acolhido, ainda, o entendimento que permite a cumulação de duas penas da mesma espécie, poderá ser substituída por:

(A) multa ou uma pena restritiva de direitos (prestação de serviços à comunidade, verbi gratia), podendo ser cumprida (restritiva de direitos) em menor tempo da pena que foi substituída.

(B) pena pecuniária ou uma pena restritiva de direitos (prestação de serviços à comunidade, verbi gratia), a ser cumprida (restritiva de direitos) no mesmo tempo da pena corporal que foi substituída.

(C) uma pena restritiva de direitos (prestação de serviços à comunidade, verbi gratia), cumulada com multa, devendo a primeira ter a mesma duração da pena substituída.

(D) duas penas restritivas de direitos (prestação de serviços à comunidade e limitação de fim de semana, verbi gratia), a serem cumpridas no mesmo prazo da pena que foi substituída.

(E) duas penas restritivas de direitos (prestação de serviços à comunidade limitação de fim de semana, verbi gratia), cumuladas com pena pecuniária, sendo que, na primeira hipótese, o tempo de cumprimento da pena substitutiva dependerá, exclusivamente" das condições pessoais do sentenciado, a serem verifica das pelo juízo da execução.

Art. 44, § 2º, do CP. "Gabarito "B".

(Ministério Público/SP – 2006) Considere os seguintes enunciados, relacionados com o regime das penas privativas da liberdade, aplicadas a autor de crime que não seja hediondo ou a ele equiparado, e assinale a alternativa correta.

I. O condenado a pena igual a 8 anos, ainda que primário, deverá começar a cumpri-la em regime fechado.

II. O condenado, cuja pena seja superior a 4 anos e não exceda a 8 anos, poderá, desde o princípio, cumpri-la em regime semi-aberto, ainda que reincidente.

III. O condenado cuja pena seja igual ou inferior a 4 anos, poderá, desde o princípio, cumpri-la em regime semi-aberto, salvo se reincidente.

(A) Todas as afirmações estão corretas.
(B) Nenhuma das afirmações está correta.
(C) Apenas as afirmações I e II estão corretas.
(D) Apenas as afirmações I e III estão corretas.
(E) Apenas as afirmações II e III estão corretas.

I: art. 33, § 2º, *a* e *b*, do CP. Deverá iniciar o cumprimento da pena em regime fechado o condenado a reprimenda *superior* a oito anos; o condenado a pena *igual* a oito anos, não reincidente, poderá, desde o início, cumpri-la em regime semiaberto; II: art. 33, § 2º, *b*, do CP. Somente o condenado não reincidente é contemplado com o benefício; III: art. 33, § 2º, *c*, do CP. Gabarito "B".

(Procurador do Estado/CE – 2008 – CESPE) Assinale a opção correta com relação à pena de multa criminal, após o trânsito em julgado da sentença penal condenatória.

(A) A multa é considerada dívida ativa de valor, aplicando-se as normas da legislação relativa à dívida ativa da fazenda pública.

(B) No que concerne às causas interruptivas da prescrição, aplicam-se as normas do Código Penal (CP).

(C) No que se refere às causas suspensivas da prescrição, aplicam-se as normas do CP.

(D) A multa pode ser convertida em prisão, caso o condenado não a pague.

(E) Cabe *habeas corpus* contra decisão condenatória à pena exclusivamente de multa.

A **execução da pena de multa** foi sobremaneira alterada pela edição da Lei 9.268/96. Além de ter conferido nova redação ao *caput* do dispositivo, revogou os §§ 1º e 2º, deixando, assim, de existir a possibilidade de conversão da multa em prisão. Passada em julgado a sentença condenatória, a multa será considerada dívida de valor, aplicando-se-lhe as normas da legislação relativa à dívida ativa da Fazenda Pública, inclusive no que concerne às causas interruptivas e suspensivas da prescrição (art. 51, CP). Gabarito "A".

(Procurador do Município/Florianópolis-SC – 2010 – FEPESE) Em relação aos regimes de cumprimento da pena privativa de liberdade:

1. No regime fechado, o condenado fica sujeito a trabalho no período diurno e a isolamento durante o repouso noturno.
2. O trabalho externo é admissível, no regime fechado, em serviços ou obras apúblicas.
3. No regime aberto, o condenado fica sujeito a trabalho em comum durante o período diurno, em colônia agrícola, industrial ou estabelecimento similar.

Assinale a alternativa que indica todas as afirmativas **corretas**.

(A) É correta apenas a afirmativa 1.
(B) É correta apenas a afirmativa 2.
(C) É correta apenas a afirmativa 3.
(D) São corretas apenas as afirmativas 1 e 2.
(E) São corretas as afirmativas 1, 2 e 3.

1: assertiva correta, visto que em consonância com o disposto no art. 34, § 1º, do CP; 2: proposição correta, pois em consonância com o que dispõe o art. 34, § 3º, do CP; 3: assertiva incorreta, visto que se refere a regra do regime semiaberto (art. 35, § 1º). Gabarito "D".

(Defensor Público/AL – 2009 – CESPE) Julgue os itens subsequentes, acerca do instituto da pena.

(1) É inadmissível a substituição de pena privativa de liberdade por restritiva de direitos ao réu reincidente, ainda que a substituição seja socialmente recomendável e se trate de reincidência genérica.

(2) Quanto às suas finalidades, segundo a teoria eclética ou conciliatória, a pena tem dupla função: punir o criminoso e prevenir a prática do crime.

1: assertiva incorreta, visto que, ainda que se trate de réu reincidente, pode o magistrado proceder à substituição, desde que a medida revele-se socialmente recomendável e a reincidência não se tenha operado em virtude da prática do mesmo crime (reincidência específica), na forma estatuída no art. 44, § 3º, do CP; 2: assertiva correta. De fato, segundo a chamada teoria eclética, conciliatória ou mista, a pena tem dúplice finalidade: presta-se tanto a reprimir quanto a prevenir. Gabarito 1E, 2C.

(Defensor Público/BA – 2006) As penas restritivas de direitos são autônomas e substituem as privativas de liberdade, quando:

I. Aplicada pena privativa de liberdade não superior a quatro anos e o crime não for cometido com violência ou grave ameaça à pessoa.

II. Qualquer que seja a pena aplicada, se o crime for culposo.

III. O condenado for reincidente; hipótese em que o juiz poderá aplicar a substituição, desde que, em face de condenação anterior, a medida seja socialmente recomendável e a reincidência não se tenha operado em virtude da prática do mesmo crime.

IV. A culpabilidade, os antecedentes, a conduta social e a personalidade do condenado, bem como os motivos e as circunstâncias indicarem que essa substituição seja suficiente.

Observando-se as assertivas acima, tem-se que:

(A) Todas são incorretas.
(B) Apenas a I é incorreta.
(C) Apenas a III e a IV são incorretas.
(D) Apenas a alternativa II é incorreta.
(E) Todas são corretas.

I: a assertiva – correta – está em consonância com o que dispõe o art. 44, I, primeira parte, do CP; II: a assertiva – correta – está em consonância com o que dispõe o art. 44, I, *in fine*, do CP; III: a assertiva – correta – está em consonância com o que dispõe o art. 44, § 3º, do CP; IV: a assertiva – correta – está em consonância com o que dispõe o art. 44, III, do CP. Gabarito "E".

(Defensoria/ES – 2009 – CESPE) Julgue os próximos itens, acerca das penas e dos efeitos da condenação.

(1) Cabe substituição da pena privativa de liberdade por pena restritiva de direitos, se forem preenchidos os demais requisitos legais, mesmo que o condenado seja reincidente, desde que, em face da condenação anterior, a medida seja socialmente recomendável e a reincidência não tenha sido motivada pela prática do mesmo crime.

(2) A condenação tem como efeito genérico tornar certa a obrigação de reparar o dano. Esse efeito é automático, não precisa ser expressamente pronunciado pelo juiz na sentença condenatória e destina-se a formar título executivo judicial para a propositura de ação civil *ex delicto*.

1: art. 44, § 3º, do CP; 2: art. 91, I, do CP. *Gabarito 1C, 2C*

(Defensoria/MG – 2006) Sobre as sanções substitutivas da pena privativa de liberdade, é INCORRETO afirmar que:

(A) A pena de perda de bens e valores é considerada, doutrinariamente, verdadeiro confisco.

(B) A pena restritiva de direitos pode ser convertida em pena de prisão quando ocorrer descumprimento injustificado da restrição imposta, mas a multa substitutiva, mesmo não satisfeita, jamais poderá transmudar-se para pena privativa de liberdade.

(C) A prestação de serviços à comunidade é gratuita, ou seja, não se remunera o condenado, pois esse é o ônus por ele suportado, o que dá a pena o caráter de retribuição.

(D) O condenado reincidente em crime doloso jamais poderá ter a pena privativa de liberdade substituída por pena restritiva de direito.

(E) O *sursis* não se aplica às penas restritivas de direitos e à multa.

A: é sanção penal de **caráter confiscatório** que possibilita a apreensão de bens e valores de origem lícita do condenado (art. 45, § 3º, do CP), que, por sua vez, não deve ser confundida com o confisco do art. 91, II, do CP, que consiste na perda dos instrumentos e produtos do crime em favor do Estado; B: art. 44, § 4º, do CP; art. 60, § 2º, do CP; C: trata-se, conforme preceitua o art. 46, § 2º, do CP, de conferir ao condenado a execução de serviços gratuitos em entidades assistenciais, hospitais, escolas, orfanatos e outros estabelecimentos congêneres; D: art. 44, § 3º, do CP; E: art. 80 do CP. *Gabarito "D".*

(Defensoria/MT – 2009 – FCC) NÃO se inclui dentre as penas restritivas de direito a

(A) multa.
(B) perda de bens e valores.
(C) prestação de serviços à comunidade.
(D) interdição temporária de direitos.
(E) limitação de fim de semana.

As penas restritivas de direitos estão listadas no art. 43 do CP, entre as quais não está a *pena de multa*, que constitui valor a ser revertido em favor do Estado (art. 49 do CP). *Gabarito "A".*

(Defensoria/PA – 2009 – FCC) As penas restritivas de direitos, postas em relação às penas privativas de liberdade, no sistema adotado pelo Código Penal brasileiro são

(A) subsidiárias e de aplicação cumulativa para os crimes culposos punidos com pena de reclusão até 4 anos.

(B) autônomas e aplicam-se cumulativamente quando a culpabilidade, os antecedentes, a conduta social e a personalidade do condenado indicarem que essa cumulação seja necessária para prevenir e reprimir o crime.

(C) subsidiárias e substitutivas pelo tempo da pena aplicada não superior a 6 anos de reclusão para os crimes cometidos sem violência ou grave ameaça à pessoa.

(D) autônomas e substitutivas qualquer que seja a pena aplicada para os crimes culposos.

(E) autônomas e substitutivas pelo tempo da pena aplicada não superior a 4 anos de reclusão.

Art. 44, *caput* e I, do CP. *Gabarito "D".*

(Defensor Público/RS – 2011 – FCC) A respeito dos entendimentos sumulados é INCORRETO afirmar:

(A) Para o Superior Tribunal de Justiça, inquéritos policiais e ações penais em curso não podem agravar a pena-base.

(B) Segundo o Superior Tribunal de Justiça, o aumento da pena na terceira fase nas hipóteses de roubo majorado exige fundamentação concreta, não sendo suficiente a mera alusão ao número de majorantes.

(C) Segundo o Supremo Tribunal Federal, a lei penal mais grave aplica-se ao crime continuado ou ao delito permanente, se sua vigência é anterior à cessação da continuidade ou da permanência.

(D) De acordo com súmula vinculante do Supremo Tribunal Federal, é direito do defensor, no interesse do representado, ter acesso amplo aos elementos de prova que, já documentados em procedimento investigatório realizado por órgão com competência de polícia judiciária, digam respeito ao exercício do direito de defesa.

(E) De acordo com o Superior Tribunal de Justiça, é possível aplicar ao delito de furto qualificado pelo concurso de agentes aumento idêntico ao previsto para o roubo majorado pelo concurso de agentes, visto que mais benéfico.

A: proposição em consonância com o contido na Súmula nº 444 do STJ; B: a assertiva corresponde ao teor da Súmula nº 443 do STJ; C: a redação da assertiva corresponde ao teor da Súmula nº 711 do STF; D: a proposição refere-se à Súmula Vinculante nº 14; E: tendo em conta o entendimento firmado na Súmula nº 442 do STJ, não é possível aplicar-se, no furto qualificado pelo concurso de pessoas, a majorante prevista para o crime de roubo. A alternativa, portanto, está incorreta. *Gabarito "E".*

(Defensor Público/RS – 2011 – FCC) No que toca ao sistema de aplicação da pena, é correto afirmar:

(A) Há previsão no art. 44 do Código Penal de substituição da pena privativa de liberdade para condenados reincidentes, ainda que a reincidência tenha se operado em virtude da prática do mesmo crime, desde que o segundo delito não envolva violência ou grave ameaça à pessoa.

(B) Segundo o Código Penal, na hipótese de sobrevir condenação definitiva à pena privativa de liberdade por outro crime durante a execução de pena restritiva de direito, a conversão da pena substitutiva, em sede de execução, será obrigatória, mesmo que seu cumprimento seja compatível com o regime de cumprimento da pena definido na segunda sentença condenatória.

(C) Nas hipóteses relativas à Lei nº 11.340/06, conhecida como Lei Maria da Penha, há vedação legal de substituição da pena privativa de liberdade por prestação de serviço à comunidade.

(D) Ao agente primário e de conduta social satisfatória que é condenado à pena de dois anos de reclusão por roubo tentado, com todas as circunstâncias previstas no art. 59 do Código Penal reconhecidas como favoráveis na sentença, é possível aplicar-se a suspensão condicional da pena prevista no art. 77 do Código Penal.

(E) A substituição da pena privativa de liberdade por penas restritivas de direito prevista no art. 44 do Código Penal não é possível para delitos culposos nas hipóteses de condenações superiores a quatro anos.

A: a substituição, a teor do art. 44, § 3º, do CP, somente será admitida na hipótese de a medida ser socialmente recomendável e a reincidência não se ter operado em virtude do cometimento do mesmo crime (reincidência específica), sendo irrelevante o fato de o segundo delito ter ou não envolvido a prática de violência ou grave ameaça contra a pessoa; B: assertiva incorreta, pois não reflete o contido no art. 44, § 5º, do CP; C: incorreta, visto que, pelo disposto no art. 17 da Lei Maria da Penha, veda-se a aplicação, no âmbito dos crimes que envolvem violência doméstica e familiar contra a mulher, as penas de cesta básica, as de prestação pecuniária e a substituição que implique o pagamento isolado de multa; D: não sendo o caso de substituir a pena privativa de liberdade pela restritiva de direitos, dado que o crime de roubo, ainda que tentado, pressupõe o emprego de violência ou grave ameaça à pessoa (art. 44, I, do CP), o que representa óbice à conversão, preenchidos os requisitos objetivos e subjetivos estampados no art. 77 do CP, é de rigor a suspensão condicional da pena ("sursis"), direito subjetivo do réu; E: no caso dos crimes culposos, a substituição é possível qualquer que seja a pena aplicada – art. 44, I, *in fine*, do CP. *Gabarito "D".*

(Defensoria/SE – 2006 – CESPE) Julgue o item seguinte.

(1) A pena de multa, cominada como principal ou substitutiva, caso não seja paga no prazo de 10 dias após o trânsito em julgado da sentença condenatória, deve ser convertida em pena privativa de liberdade.

A pena de multa, que pode ser aplicada juntamente com a pena privativa de liberdade ou em substituição a ela, deve ser paga dentro de dez dias a contar do trânsito em julgado da sentença condenatória (art. 50, *caput*, do CP); depois do trânsito, a multa será considerada dívida de valor, aplicando-se-lhe as normas da legislação relativa à dívida ativa da Fazenda Pública. Com o advento da Lei 9.268/96, que alterou o art. 51 do CP, não há mais que se falar em conversão da pena de multa em privativa de liberdade. *Gabarito 1E*

(Delegado/SC – 2008) Detração é:

(A) o restabelecimento da vigência de uma lei revogada pela revogação da lei que a tinha revogado. Ex: a lei "A" é revogada pela lei "B"; advém a lei "C", que revoga a lei "B" e diz que a lei "A" volta a viger.
(B) a inclusão no cálculo da pena privativa de liberdade e na medida de segurança, o tempo de prisão provisória, no Brasil ou no estrangeiro, o de prisão administrativa e o de internação em hospital de custódia e tratamento psiquiátrico ou outro estabelecimento adequado.
(C) o resgate pelo condenado, que cumpre pena em regime fechado ou semi-aberto, de parte do tempo de execução da pena, pelo trabalho. A contagem do tempo para o fim de detração é feita à razão de um dia de pena por três de trabalho.
(D) a conversão da pena privativa de liberdade não superior a 2 (dois) anos em pena restritiva de direitos, desde que o condenado a esteja cumprindo em regime aberto, tenha sido cumprido pelo menos um quarto da pena e os antecedentes e a personalidade do condenado indiquem ser a medida recomendável.

Art. 42 do CP. Gabarito "B".

(Cartório/MS – 2009 – VUNESP) A, primário, foi condenado por tentativa de roubo qualificado à pena de 2 anos e 8 meses de reclusão e multa. O juiz, ao aplicar a pena,

(A) deverá fixar o regime fechado para o cumprimento inicial por tratar-se de crime praticado com violência contra a pessoa.
(B) poderá substituir a pena privativa de liberdade por uma pena restritiva de direitos.
(C) poderá substituir a pena privativa de liberdade por duas penas restritivas de direitos.
(D) poderá conceder a suspensão condicional da pena privativa de liberdade por até 4 anos.
(E) poderá fixar o regime aberto para o cumprimento inicial da pena privativa de liberdade.

Art. 33, § 2º, c, do CP. Gabarito "E".

(CESPE – 2009) Com relação à finalidade das sanções penais, assinale a opção correta.

(A) Segundo entendimento doutrinário balizador das normas aplicáveis à espécie, as teorias tidas por absolutas advogam a tese da aplicação das penas para a prevenção de futuros delitos.
(B) As teorias tidas por relativas advogam a tese da retribuição do crime, justificada por seu intrínseco valor axiológico, que possui, em si, seu próprio fundamento.
(C) O ordenamento jurídico brasileiro não reconheceu somente a função de retribuição da pena, sendo certo que a denominada teoria mista ou unificadora da pena é a mais adequada ao regime adotado pelo CP.
(D) As medidas de segurança têm finalidade essencialmente retributiva.

A: as teorias absolutas sustentam que a pena constitui mera retribuição, compensação pelo mal causado. Ela não é idealizada para objetivos práticos; B: as teorias relativas, diferentemente, enxergam na pena um instrumento preventivo, um meio de se evitar um futuro delito; C: a adoção da teoria mista pelo ordenamento jurídico brasileiro está no art. 59 do Código Penal; D: a função primordial das medidas de segurança é prevenir crimes que possam vir a ser praticados pelo sujeito tido por perigoso. Gabarito "C".

13. APLICAÇÃO DA PENA

(Magistratura/AL – 2007 – FCC) O concurso formal

(A) ocorre quando o agente, mediante mais de uma ação, pratica dois ou mais crimes, idênticos ou não.
(B) não permite que se fixe a pena acima do máximo legal.
(C) deve levar a aumento proporcional de acordo com o número de vítimas ou de crimes cometidos, segundo construção jurisprudencial amplamente aceita.
(D) pode conduzir à imposição de pena superior à que resultaria do concurso material.
(E) pode provocar a elevação da pena em até dois terços.

Prescreve o art. 70 do CP que haverá **concurso formal** "quando o agente, mediante uma só ação ou omissão, praticar dois ou mais crimes, idênticos ou não". A conduta única, portanto, constitui um dos requisitos desse tipo de concurso. Se se tratar do chamado **concurso formal homogêneo** (crimes idênticos), aplica-se uma só pena, aumentada de um sexto até metade; e se tratando de **concurso formal heterogêneo** (crimes não idênticos), aplica-se a maior pena, fazendo incidir o mesmo aumento. O magistrado, para fazer incidir o aumento da pena, leva em consideração o caso concreto, isto é, quanto maior o número de infrações, maior será o aumento, entendimento de fato contemplado na jurisprudência. A ocorrência do concurso formal de forma alguma pode levar à imposição de pena superior à que resultaria do concurso material, conforme dispõe o art. 70, parágrafo único, do CP. Gabarito "C".

(Magistratura/DF - 2006) Qual critério se deve adotar para o acréscimo de pena de um sexto a dois terços pela continuidade delitiva?

(A) A gravidade dos crimes;
(B) As circunstâncias judiciais do art. 59 do Código Penal;
(C) A livre apreciação do magistrado;
(D) O número de crimes.

Deve-se levar em consideração, ao aplicar o acréscimo de pena, o número de infrações praticadas (STF, **RTJ** 143/215). Gabarito "D".

(Magistratura/DF - 2007) Analise as proposições e assinale a única alternativa correta:

I. O concurso formal imperfeito ocorre quando os desígnios não são autônomos.
II. Crime progressivo e progressão criminosa são a mesma coisa.
III. No crime continuado, devem ser aplicadas distintas e cumulativamente as penas de multa.

(A) Todas as proposições são verdadeiras.
(B) Todas as proposições são falsas.
(C) Apenas uma das proposições é verdadeira.
(D) Apenas uma das proposições é falsa.

I: no **concurso formal imperfeito** o agente atua com desígnios autônomos; as penas, por isso, se somam; II: trata-se de hipóteses de incidência do **princípio da consunção** (conflito aparente de normas). No **crime progressivo**, o agente, desde o início da empreitada criminosa, age com o mesmo desígnio; na **progressão criminosa**, diferentemente, ocorre uma mudança na intenção do agente, que, no início, desejava um resultado, e, depois de alcançá-lo, passa a perseguir outro resultado, mais grave; III: art. 72 do CP. Gabarito "C".

(Magistratura/GO – 2009 – FCC) Em relação ao crime continuado,

(A) é inaplicável a lei penal mais grave, ainda que a sua vigência seja anterior à cessação da continuidade, consoante posição do Superior Tribunal de Justiça.
(B) é cabível a suspensão condicional do processo, ainda que a soma da pena mínima da infração mais grave com o aumento mínimo de um sexto seja superior a um ano, de acordo com entendimento sumulado do Superior Tribunal de Justiça.
(C) é possível a identificação de sua modalidade específica, prevista no art. 71, parágrafo único, do Código Penal, com o aumento da pena de uma das infrações até o triplo, se cometidas contra a mesma vítima.
(D) o aumento da pena, no caso do art. 71, caput, do Código Penal, deve levar em conta o número de infrações cometidas, segundo majoritário entendimento jurisprudencial.
(E) é inadmissível o seu reconhecimento nos crimes dolosos contra a vida.

A: vide Súmula 711 do STF; B: vide Súmulas 243, do STJ, e 723, do STF; C: se estiverem presentes todos os requisitos listados no art. 71, parágrafo único, do CP, mas ausente estiver o requisito da diversidade de vítimas, o crime praticado será o do caput do dispositivo; D: o parâmetro a ser aplicado é o número de infrações cometidas; E: pode haver entre homicídios (STF, RT 617/410). Gabarito "D".

(Magistratura/PA – 2009 – FGV) Com relação à aplicação da pena, analise as afirmativas a seguir:

I. São circunstâncias que sempre agravam a pena, quando não constituem ou qualificam o crime, dentre outras, as seguintes: a gravidade do crime praticado, ter o agente cometido o crime por motivo fútil ou torpe e ter o agente cometido o crime contra criança, maior de 60 (sessenta) anos, enfermo ou mulher grávida.

II. São circunstâncias que sempre atenuam a pena, dentre outras, as seguintes: ser o agente menor de 21 (vinte e um) anos na data do fato, ter o agente cometido o crime por motivo de relevante valor social ou moral e ter o agente cometido o crime em estado de embriaguez preordenada.

III. A pena será ainda agravada em relação ao agente que promove ou organiza a cooperação no crime ou dirige a atividade dos demais agentes, ao passo que a pena será ainda atenuada em relação ao agente que induz outrem à execução material do crime.

Assinale:

(A) se nenhuma afirmativa estiver correta.
(B) se somente as afirmativas I e II estiverem corretas.
(C) se somente as afirmativas I e III estiverem corretas.
(D) se somente as afirmativas II e III estiverem corretas.
(E) se todas as afirmativas estiverem corretas.

I: a *gravidade do crime praticado* não está contemplada no rol do art. 61 do CP; II: o fato de o agente ter cometido o delito em estado de embriaguez preordenada constitui a circunstância agravante contida no art. 61, II, *l*, do CP; III: nas duas situações a pena do agente será agravada, conforme determina o art. 62, I e II, do CP ("agravantes no caso de concurso de pessoas"). "A". Gabarito

(Magistratura/PE – 2011 – FCC) De acordo com entendimento sumulado do Superior Tribunal de Justiça, o aumento na terceira fase de aplicação da pena no crime de roubo circunstanciado exige fundamentação concreta e não pode decorrer unicamente da indicação

(A) da gravidade abstrata do delito.
(B) da circunstância de o acusado responder a outras ações penais.
(C) da reincidência do réu.
(D) da consumação ou não do delito.
(E) do número de majorantes.

Súmula nº 443 do STJ. "E". Gabarito

(Magistratura/PI – 2008 – CESPE) Com relação ao concurso de crimes, assinale a opção correta.

(A) No concurso formal de crimes, aplica-se ao agente a mais grave das penas cabíveis ou, se iguais, somente uma delas, mas aumentada, em qualquer caso, de um sexto até metade. As penas de multa são aplicadas distinta e integralmente.
(B) Ocorre o concurso formal perfeito quando a ação ou a omissão é dolosa e os crimes concorrentes resultam de desígnios autônomos, caso em que as penas são aplicadas cumulativamente.
(C) No crime continuado qualificado, o juiz, considerando as circunstâncias judiciais, poderá aumentar a pena de um só dos crimes, se idênticas, ou a mais grave, se diversas, até o quádruplo.
(D) No concurso formal imperfeito, a pena poderá exceder a que seria cabível caso fossem aplicadas as regras do concurso material.
(E) Não se admite a existência de crime habitual em continuidade delitiva.

A: arts. 70, *caput*, e 72, ambos do CP; B: no **concurso formal perfeito**, o agente não tem autonomia de desígnios em relação aos resultados produzidos (é aplicada uma pena aumentada de 1/6 a 1/2); C: art. 71, parágrafo único, do CP. Nesse caso, o juiz poderá aumentar até o triplo a pena de um dos crimes (se se tratar de delito idêntico) ou a mais grave (se penas diferentes); D: **no concurso formal imperfeito** as penas se somam, não podendo exceder o limite estabelecido no art. 70, parágrafo único, CP; E: inexiste compatibilidade entre habitualidade e continuidade delitiva (STJ, REsp 21.111, DJU 33.11.93). "A". Gabarito

(Magistratura/PR – 2010 – PUC/PR) Antônio sentou-se ao lado de João, em ônibus coletivo, e subtraiu dele, sem que João percebesse, certa importância em dinheiro. Após deslocar-se para outro lugar do coletivo, saca de uma arma de fogo, ameaça Pedro e Paulo, subtraindo de cada um deles 1 (um) celular e 1 (um) relógio de ouro. Avalie o contexto e assinale a alternativa CORRETA:

I. Há roubo em concurso formal com furto em continuidade delitiva.
II. Cometeu furto em concurso material com roubo continuado.
III. Há concurso formal de furto e roubo.
IV. Há furto em concurso material com roubos em concurso formal.

(A) Apenas a assertiva I está correta.
(B) Apenas a assertiva IV está correta.
(C) As assertivas II e IV estão corretas.
(D) Apenas a assertiva II está correta.

No crime de roubo, se as subtrações que vulneraram o patrimônio de duas ou mais pessoas se deram no mesmo contexto, fala-se em concurso formal de crimes (art. 70 do CP). De outro lado, entre o furto e os roubos haverá concurso material de crimes, na forma do art. 69 do CP. "B". Gabarito

(Magistratura/RS – 2003) Assinale a assertiva incorreta

(A) no concurso material, aplicam-se cumulativamente as penas privativas de liberdade em que haja o agente incorrido.
(B) no concurso formal heterogêneo, aplica-se a pena privativa de liberdade do crime mais grave, aumentada de 1/6 (um sexto) até a metade, não podendo exceder, no entanto, a que seria cabível se o concurso fosse material.
(C) no crime continuado, as penas de multa deverão ser aplicadas distinta e cumulativamente.
(D) quando forem aplicadas penas privativas de liberdade e restritivas de direitos, o condenado as cumprirá simultaneamente, se compatíveis entre si.
(E) a proibição temporária do exercício do cargo público é espécie de pena restrita de direito e não efeito de condenação.

A: art. 69, *caput*, do CP; B: art. 70, *caput* e parágrafo único, do CP; C: art. 72 do CP; D: art. 44, *caput*, do CP; E: art. 47, I, do CP. "D". Gabarito

(Magistratura/SC – 2008) Observadas as proposições abaixo, assinale a alternativas correta.

I. Réu condenado por crime militar próprio não pode ser considerado reincidente na justiça comum.
II. Verifica-se a reincidência quando o agente comete novo crime depois de condenado por crime anterior.
III. O desconhecimento da lei é uma circunstância atenuante
IV. Quem comete crime sob influência de multidão em tumulto pode ter sua pena atenuada.
V. No concurso de causas de aumento previstas na Parte Especial do Código Penal, pode o juiz limitar-se a um só aumento, prevalecendo, todavia, a causa que mais aumente, não podendo a pena resultante exceder o máximo legal cominado ao crime.

(A) Somente as proposições I, IV e V estão corretas.
(B) Somente as proposições I, III e IV estão corretas.
(C) Somente as proposições II, III e V estão corretas.
(D) Somente as proposições III, IV e V estão corretas.
(E) Somente as proposições III e IV estão corretas.

I: *próprios* são os crimes militares previstos tão só no Código Penal Militar. Só podem, pois, ser praticados por militares (art. 64, II, do CP); II: art. 63, *caput*, do CP; III: art. 65, II, do CP; IV: art. 65, III, *e*, do CP; V: art. 68, parágrafo único, do CP. Nada impede que, no concurso de causas de aumento previstas na Parte Especial do Código Penal, o juiz aplique pena superior à máxima prevista em abstrato. "B". Gabarito

(Magistratura/SE – 2008 – CESPE) A respeito do concurso de crimes, assinale a opção correta.

(A) Na hipótese de *aberratio ictus* com unidade complexa, pode ser aplicada a regra do concurso material benéfico.
(B) No concurso formal, as penas aplicam-se cumulativamente se a ação é dolosa e os crimes concorrentes resultam de um único desígnio.
(C) No concurso material de crimes, é cabível a substituição por pena restritiva de direito em relação a um deles, ainda que em relação ao outro não tenha sido suspensa a pena privativa de liberdade.
(D) No concurso material heterogêneo, as penas privativas de liberdade não se aplicam cumulativamente.
(E) A lei penal mais grave não se aplica ao crime continuado, se a sua vigência é anterior à cessação da continuidade.

A: o **concurso material benéfico** encontra previsão no art. 70, parágrafo único, do CP, que determina sua incidência na hipótese de ser mais favorável que o **concurso formal**. A *aberratio ictus* com unidade complexa (resultado duplo) está prevista no art. 73, segunda parte, do CP; B: art. 70, segunda parte, do CP. O dispositivo faz menção a *desígnios autônomos*; C: art. 69, § 1º, do CP; D: o art. 69 do CP prescreve que o agente deve ser punido pela soma das penas privativas de liberdade quando pratica dois ou mais crimes idênticos (concurso material homogêneo) ou não idênticos (concurso material heterogêneo). As penas, portanto, aplicam-se cumulativamente; E: Súmula 711 do STF. Gabarito "A".

(Magistratura/SP – 2011 – VUNESP) Analise as proposições que seguem e assinale a correta, inclusive, se o caso, consoante jurisprudência sumulada dos Tribunais Superiores (STbJ e STF).

(A) Para praticar o aborto necessário, o médico não necessita do consentimento da gestante.
(B) No caso do crime continuado, a prescrição é regulada pela pena imposta, computando-se o aumento decorrente da continuidade.
(C) A existência de circunstância atenuante autoriza a fixação da pena abaixo do mínimo legal.
(D) Na fixação da pena, o juiz deve considerar condenação, ainda não transitada em julgado para o réu, como circunstância judicial desfavorável, a título de maus antecedentes.
(E) O agente que imputa a alguém fato ofensivo à sua reputação comete o crime de injúria.

A: o art. 128 do CP contemplou duas modalidades de aborto legal, que constituem causa especial de exclusão da ilicitude. Trata-se do aborto necessário (inciso I), que é aquele praticado por médico com o objetivo de salvar a vida da gestante; e o aborto sentimental (inciso II), que é a interrupção da gravidez, também realizada por médico, resultante de estupro. Necessário, neste último caso, o consentimento da gestante ou, sendo ela incapaz, de seu representante legal, o que não ocorre no aborto necessário, já que o médico, para preservar a vida da gestante, não precisa do consentimento desta. Mesmo porque a lei, neste caso, não fez menção alguma ao consentimento da gestante como condição para o aborto; B: art. 119 do CP; C: a existência de circunstância atenuante (arts. 65 e 66 do CP), embora tenha o condão de reduzir a pena, não pode fazer com que ela fique abaixo do mínimo legal. De outro lado, o reconhecimento de uma causa de diminuição de pena pode fazer com que o juiz aplique pena inferior à mínima prevista em abstrato, o que ocorre na terceira fase de fixação da pena; D: a assertiva contraria o disposto na Súmula nº 444 do STJ; E: o agente que imputa a alguém fato ofensivo à sua reputação comete o crime de difamação, capitulado no art. 139 do CP. Injúria, crime previsto no art. 140 do CP, é o xingamento, a adjetivação ofensiva e pejorativa. É a ofensa à honra subjetiva. Não há, neste crime contra a honra, imputação de fato, como se dá na difamação e na calúnia. Gabarito "A".

(Magistratura/SP – 2007) Um suposto integrante de facção criminosa, ocupando a garupa de uma motocicleta, passa defronte a um Fórum da Capital e dispara contra pessoas que estão em seu interior. Duas delas são feridas gravemente; as restantes não sofrem lesão alguma. Em face de sua conduta criminosa, o agente responderá por tentativa de homicídio em concurso

(A) formal de delitos por dolo direto.
(B) formal por dolo indireto ou eventual.
(C) material de delitos, por dolo direto.
(D) material por dolo indireto ou eventual.

Art. 70, segunda parte, do CP. Trata-se do chamado **concurso formal imperfeito**, em que as penas devem ser aplicadas cumulativamente (sistema do cúmulo material), já que a conduta é dolosa e os delitos resultam de desígnios autônomos. Gabarito "B".

(Magistratura/SP – 2008) A premeditação, no ordenamento penal:

(A) constitui qualificadora do homicídio.
(B) não tem previsão específica, mas pode atuar como fator de individualização da pena.
(C) constitui agravante genérica.
(D) constitui qualificadora do crime de perigo de contágio venéreo (CP, art. 130, § 1º).

Informativo 538 do STF. Gabarito "B".

(Ministério Público/ES – 2005) Na fixação da pena (art. 59 do Código Penal), deverão ser observados os seguintes critérios, exceto:

(A) intensidade do dolo.
(B) antecedentes, conduta social e personalidade do agente.
(C) motivos, circunstâncias e conseqüências do crime.
(D) comportamento da vítima.
(E) culpabilidade do agente.

A **intensidade do dolo** não está contida no rol do art. 59 do CP, que estabelece as chamadas **circunstâncias judiciais**. Gabarito "A".

(Ministério Público/GO – 2005) Tratando-se de hipótese de concurso de crimes da mesma espécie, sem violência à pessoa, praticados nas mesmas condições de tempo, lugar, maneira de execução e outras semelhantes, em comarcas diversas e apurados em processos autônomos, tendo sido proferidas decisões condenatórias em todos, com aplicação de pena, a disciplina relativa à execução penal será:

(A) unificação das penas, aplicando-se a regra do concurso material de crimes, ou seja, somam-se as penas e a execução penal seguirá em qualquer dos juízos
(B) unificação das penas pelo juízo da execução da pena mais grave, aplicando-se a regra do concurso formal de crimes, ou seja, toma-se a pena de um só dos crimes e aumenta-se de 1/6 a 2/3
(C) unificação das penas pelo juízo da execução de qualquer das comarcas, se idênticas as penas, ou pelo juízo da execução da pena mais grave, aplicando-se a regra do concurso formal de crimes (artigo 71, do CP – crime continuado), tomando-se a pena de um só dos crimes, se idênticas, ou a mais grave, se diversas, aumentando-se em qualquer caso de 1/6 a 2/3
(D) não é cabível a unificação das penas, devendo o condenado cumprir cada condenação de forma subseqüente ao trânsito em julgado da sentença respectiva

De fato, aplicar-se-á a regra contida no *caput* do art. 71 do CP – crime continuado simples, unificando-se as penas. Gabarito "C".

(Ministério Público/MA – 2009) O réu pode ser tido como reincidente quando:

(A) comete novo crime, apesar de ainda não julgado pelo primeiro;
(B) comete novo crime depois de transitar em julgado a sentença que o tenha condenado por crime anterior;
(C) o processo relacionado ao crime anterior, necessariamente, esteja em grau de recurso;
(D) comete novo crime antes de passar cinco anos do cometimento do primeiro independente do trânsito em julgado da primeira condenação;
(E) a prática do novo crime deve resultar da mesma qualidade da pena.

Art. 63 do CP. Gabarito "B".

(Ministério Público/PR – 2008) Examine as afirmativas abaixo e responda:

I. Na fixação da pena-base, além da culpabilidade, dos antecedentes, da conduta social, da personalidade do agente, dos motivos, circunstâncias e conseqüências do crime, o juiz deverá atender também ao comportamento da vítima.
II. Para efeito de reincidência não prevalece a condenação anterior, se entre a data do cumprimento ou extinção da pena e a infração posterior tiver decorrido período de tempo superior a 5 (cinco) anos, computado o período de prova da suspensão ou do livramento condicional, se não ocorrer revogação.
III. A prescrição superveniente é espécie de prescrição executória porque regulada pela pena *in concreto*, sendo também chamada de intercorrente ou subseqüente, e constitui-se em hipótese excepcional, tendo seu marco final, a teor do art. 110 do Código Penal, no trânsito em julgado para a acusação ou no improvimento de seu recurso.
IV. Quando, por acidente ou erro no uso dos meios de execução, o agente, ao invés de atingir a pessoa que pretendia ofender, atinge pessoa diversa, responde como se tivesse praticado o crime contra aquela, não se considerando as condições ou qualidades da vítima, senão as da pessoa contra quem o agente queria praticar o crime, respondendo, entretanto, por concurso formal no caso de atingir também a pessoa que pretendia ofender.
V. A proibição do exercício do cargo, função, atividade pública ou mandato eletivo" e "tornar certa a obrigação de indenizar o dano causado pelo crime", são considerados efeitos secundários extrapenais específicos da condenação e, diversamente dos efeitos genéricos, não são automáticos e devem, em razão disso, ser motivados na sentença.

(A) todas as afirmativas estão corretas.
(B) apenas as afirmativas I, III e V estão corretas.
(C) as afirmativas III e V são as únicas incorretas.
(D) as afirmativas II e III são as únicas incorretas.
(E) todas as afirmativas são incorretas.

I: são as chamadas *circunstâncias judiciais* (art. 59, CP), que servem de norte para o juiz dar cumprimento ao *princípio da individualização da pena*, este consagrado no art. 5º, XLVI, da CF; II: art. 64, I, do CP; III: a *prescrição subsequente ou superveniente* à condenação (art. 110, § 1º, do CP) não constitui espécie de prescrição executória, visto que esta exige o trânsito em julgado de sentença condenatória, inexistente naquela. Trata-se, a rigor, de espécie de *prescrição da pretensão punitiva*, uma vez que tal modalidade ocorre antes do trânsito em julgado da sentença final. O art. 110 do CP foi modificado pela Lei 12.234/2010; IV: art. 73 do CP. Está-se diante do chamado erro na execução ou *aberratio ictus*; V: arts. 91 e 92 do CP. "Gabarito "C".

(Ministério Público/RO – 2008 – CESPE) Com relação às penas, assinale a opção correta.

(A) De acordo com o CP, a pena restritiva de direitos não pode ser convertida em pena privativa de liberdade, mas constitui título executivo judicial, podendo ser executada pela fazenda pública ou pela vítima e seus representantes legais.
(B) As medidas de segurança são previstas no CP para os inimputáveis, podendo ser detentivas (internação) ou consistirem em tratamento ambulatorial. Em relação aos semi-imputáveis, o CP prevê a redução da pena de um a dois terços, vedada a conversão da pena em medida de segurança.
(C) Segundo recente entendimento do STF, aplica-se a analogia *in bonam partem* para aplicar às penas restritivas de direito o mesmo lapso prescricional previsto no CP para a pena de multa, isto é, dois anos, desde que a pena restritiva de direito seja de natureza pecuniária e seja a única cominada.
(D) Réu condenado definitivamente a pena de detenção superior a oito anos, reincidente e com maus antecedentes, deverá iniciar o cumprimento da pena em regime fechado.
(E) De acordo com o entendimento mais recente do STJ, se o sistema prisional mantido pelo Estado não possui meios para manter, em estabelecimento apropriado, o condenado a pena de detenção em regime aberto, deve-se autorizar, excepcionalmente, que a pena seja cumprida em prisão domiciliar.

A: art. 44, § 4º, do CP; B: se o semi-imputável (art. 26, parágrafo único, CP) necessitar de internação ou tratamento ambulatorial, o juiz, em vez de aplicar a diminuição na pena privativa de liberdade, poderá, nos termos do art. 98 do CP, proceder à substituição; C: art. 109, parágrafo único, do CP; D: art. 33, *caput*, do CP; E: onde não houver estabelecimento adequado ao cumprimento de pena em regime aberto (casa do albergado ou estabelecimento apropriado), o condenado passa para o regime domiciliar, segundo entendimento jurisprudencial dominante. "Gabarito "E".

(Ministério Público/SP – 2011) Existe o chamado concurso formal imperfeito ou impróprio:

(A) quando o agente, mediante mais de uma ação ou omissão, pratica crimes idênticos e subsequentes contra a mesma vítima.
(B) quando o agente, mediante uma única ação ou omissão culposa, pratica crimes não resultantes de desígnios autônomos.
(C) quando o agente, mediante uma única ação ou omissão culposa, pratica crimes resultantes de desígnios autônomos.
(C) quando o agente, mediante uma única ação ou omissão dolosa, pratica crimes não resultantes de desígnios autônomos.
(E) quando o agente, mediante uma única ação ou omissão dolosa, pratica crimes resultantes de desígnios autônomos.

Nos termos do art. 70 do CP, o concurso formal poderá ser *próprio* (perfeito) ou *impróprio* (imperfeito). No primeiro caso (primeira parte do *caput*), temos que o agente, por meio de uma única ação ou omissão (um só comportamento), pratica dois ou mais crimes, idênticos ou não, com *unidade de desígnio*; já no concurso formal impróprio ou *imperfeito* (segunda parte do *caput*), a situação é diferente. Aqui, a conduta única decorre de desígnios autônomos, vale dizer, o agente, no seu atuar, deseja os resultados produzidos. Como consequência, as penas serão somadas, aplicando-se o critério ou sistema do *cúmulo material*. No concurso formal perfeito, diferentemente, se as penas previstas forem idênticas, aplica-se somente uma; se diferentes, aplica-se a maior, acrescida, em qualquer caso, de um sexto até metade (sistema da exasperação). "Gabarito "E".

(Ministério Público/SP – 2010) A exposição de motivos da Parte Geral do Código Penal Brasileiro, ao referir-se à finalidade da individualização da pena, à vista de sua necessidade e eficácia para reprovação e prevenção do crime, afirma que "nesse conceito se define a Política Criminal preconizada no Projeto, da qual se deverão extrair todas as suas lógicas conseqüências". A partir de tal afirmativa, assinale a alternativa correta:

(A) o Código Penal Brasileiro adotou a concepção da pena como imperativo categórico, a qual se amolda à teoria da prevenção geral negativa.
(B) o procedimento de aplicação da pena adotado pelo Código Penal (art. 59) tem como fundamento único o princípio da retribuição.
(C) a concepção da pena como medida de prevenção de delitos, acolhida pelo Código Penal (art. 59), amolda-se às chamadas teorias absolutas.
(D) o procedimento de aplicação da pena adotado pelo Código Penal (art. 59) tem como fundamento único o princípio da prevenção especial.
(E) o Código Penal adotou como um dos fundamentos da aplicação da pena o princípio da prevenção geral (art. 59), preconizado pelas teorias relativas.

Para as chamadas *teorias relativas*, a pena deve ser vista como um instrumento necessário para prevenir o crime, para controlar a delinquência. Não se trata, pois, de uma retribuição, uma compensação. As *teorias absolutas*, ao contrário, sustentam que pena é castigo, e não meio de prevenção do delito. Já as *teorias mistas* (ou ecléticas) afirmam que a pena tem dúplice finalidade: presta-se tanto a reprimir quanto a prevenir. "Gabarito "E".

(Ministério Público/SP – 2010) Assinale a alternativa correta:

(A) a pena de detenção não pode ser cumprida em regime inicialmente fechado.
(B) o condenado, não reincidente, a pena superior a oito anos de reclusão pode começar a cumpri-la em regime semi-aberto.
(C) na hipótese de concurso formal imperfeito, aplica-se ao agente a pena mais grave das cabíveis ou, se iguais, só uma delas, aumentada de 1/6 até ½.
(D) a prescrição intercorrente tem como baliza a pena aplicada na sentença condenatória, podendo abranger o período entre a sentença e o recebimento da denúncia.
(E) é facultado ao juiz substituir a pena privativa de liberdade não superior a quatro anos, imposta ao réu reincidente pela prática do mesmo crime ou de diversa espécie, se constituir medida socialmente recomendável.

A: preleciona o art. 33, *caput*, do CP que a pena de *reclusão* pode ser cumprida em qualquer dos regimes: fechado, semiaberto ou aberto; já a pena de *detenção* será inicialmente cumprida nos regimes prisionais semiaberto ou aberto, salvo a hipótese de transferência, em caráter excepcional, para o fechado; B: art. 33, § 2º, *a*, do CP; C: diante do concurso formal *imperfeito* ou *impróprio*, previsto no art. 70, *caput*, 2ª parte, do CP, a regra a ser aplicada com relação à pena é a do concurso material (art. 69 do CP), isto é, incidirá, aqui, a regra da cumulação de penas; D: art. 110, § 1º, do CP, dispositivo esse que teve sua redação alterada pela Lei 12.234/2010; E: determina o art. 44, § 3º, do CP - que constitui exceção ao disposto no inciso II do dispositivo - que, ainda que se trate de réu reincidente, pode o magistrado proceder à substituição, desde que a medida revele-se socialmente recomendável e a reincidência não se tenha operado em virtude da prática do mesmo crime. "Gabarito "A".

(Ministério Público/SP – 2006) Em relação à aplicação da pena, assinale a alternativa incorreta:

(A) a presença da reincidência não é levada em conta na análise das chamadas circunstâncias judiciais (art. 59 do Código Penal).
(B) os motivos do crime podem constituir uma agravante.
(C) a presença de circunstâncias agravantes não autoriza a aplicação de pena acima do máximo cominado.
(D) o comportamento da vítima não interfere na análise das circunstâncias judiciais (art. 59 do Código Penal).
(E) as conseqüências do crime são levadas em conta na análise das circunstâncias judiciais (art. 59 do Código Penal).

A: o art. 59 do CP não faz alusão à reincidência, contida no art. 61, I, do CP; B: art. 61, II, *a* e *b*, do CP; C: de fato, o magistrado, ao fazer incidir a agravante, deverá ficar circunscrito ao limite máximo previsto no tipo penal, sendo a ele defeso ultrapassar tal teto; D: o *comportamento da vítima* é um dos elementos que compõem o rol do art. 59 do CP (circunstâncias judiciais). Deve, pois, ser levada em conta pelo juiz a forma de agir do ofendido; E: as *consequências do crime*, a exemplo do comportamento da vítima, estão no art. 59 do CP e representam os efeitos decorrentes da prática do delito. "Gabarito "D".

(Ministério Público/SP – 2008) Assinale a alternativa incorreta.

(A) Promover, ou organizar a cooperação no crime ou dirigir a atividade dos demais agentes é circunstância agravante genérica.
(B) O desconhecimento da lei é circunstância atenuante genérica.
(C) Ter o agente cometido o crime em estado de embriaguez pre-ordenada é circunstância agravante genérica.
(D) No concurso de agravantes e atenuantes, as circunstâncias preponderantes são as que resultam dos motivos determinantes do crime, da personalidade e da conduta social do agente.
(E) No concurso de causas de aumento ou de diminuição de pena previstas na parte especial, pode o juiz, na fixação da pena, limitar-se a um só aumento ou a uma só diminuição, prevalecendo, porém, a causa que mais aumente ou diminua.

A: art. 62, I, do CP; B: art. 65, II, do CP; C: art. 61, II, *l*, do CP; D: art. 67 do CP; E: art. 68, parágrafo único, do CP. Gabarito "C".

(Ministério Público/TO – 2006 – CESPE) À luz dos dispositivos da Lei nº 7.210/1984, assinale a opção correta.

(A) O tempo de isolamento ou inclusão preventiva no regime disciplinar diferenciado não será computado no período de cumprimento da sanção disciplinar.
(B) Constituem sanções disciplinares: advertência verbal, repreensão, suspensão e restrição de direitos, isolamento na própria cela ou em local adequado e inclusão no regime disciplinar diferenciado, sendo que as duas primeiras serão aplicadas por ato motivado do diretor do estabelecimento e a demais, somente por prévio e fundamentado despacho do juiz da execução criminal.
(C) As faltas disciplinares previstas na lei de execução penal classificam-se em leves, médias e graves, punindo-se a tentativa com a mesma sanção correspondente à falta consumada.
(D) O condenado a pena privativa de liberdade comete falta média ao provocar acidente de trabalho.

A: art. 60, parágrafo único, da Lei 7.210/84; B: arts. 53 e 54 da Lei 7.210/84; C: art. 49, *caput* e parágrafo único, da Lei 7.210/84; D: art. 50, IV, da Lei 7.210/84. Gabarito "C".

(Procurador do Estado/SC – 2010 – FEPESE) Com relação ao concurso de crimes, assinale a alternativa **correta**.

(A) No crime continuado simples, aplicar-se-á a pena de um só dos crimes, se idênticas, ou a mais grave, se diversas, aumentada, em qualquer caso, de um sexto a dois terços.
(B) O agente que, mediante mais de uma ação ou omissão, pratica dois ou mais crimes da mesma espécie, sem violência ou grave ameaça à pessoa, pratica crime continuado qualificado.
(C) O concurso material, que pode ser homogêneo ou heterogêneo, ocorre quando o agente, mediante uma só ação ou omissão, pratica dois ou mais crimes, idênticos ou não. Nesse caso, as penas correspondentes aos crimes devem ser somadas.
(D) Verifica-se o fenômeno do concurso material quando o agente, mediante mais de uma ação ou omissão, pratica dois ou mais crimes da mesma espécie e, pelas condições de tempo, lugar, maneira de execução e outras semelhantes, devem os subsequentes ser havidos como continuação do primeiro.
(E) No concurso formal imperfeito aplica-se-á a mais grave das penas cabíveis ou, se iguais, somente uma delas, mas aumentada, em qualquer caso, de um sexto até metade.

A: assertiva correta. O *caput* do art. 71 do CP contempla a figura do *crime continuado simples*, em que é aplicada a pena do crime mais grave exasperada em 1/6 a 2/3; o parágrafo único do dispositivo, por sua vez, prevê a figura do *crime continuado qualificado*. Neste caso, o juiz poderá aumentar a pena de um só dos crimes, se idênticas, ou a mais grave, se diversas, até o triplo, observadas as especificidades do caso concreto; B: incorreta, nos termos do art. 71, parágrafo único, do CP; C: o concurso material, previsto no art. 69 do CP, pressupõe a prática, por parte do agente, de mais de uma ação ou omissão; D: a assertiva se refere ao crime continuado – art. 71 do CP; E: no *concurso formal impróprio* ou *imperfeito* (segunda parte do *caput* do art. 70 do CP), em que a conduta única decorre de desígnios autônomos, as penas são somadas, aplicando-se o critério ou sistema do *cúmulo material*. Gabarito "A".

(Defensor Público/AM – 2010 – I. Cidades) Acerca do concurso de crimes, marque a alternativa correta:

(A) ocorre o concurso formal quando for o caso, dentre outras hipóteses, de prática de dois ou mais crimes idênticos ou não, mediante uma só ação ou omissão;
(B) aplica-se a regra relativa à pena (pena mais grave das cabíveis, ou se iguais, somente uma delas, mas aumentada em qualquer caso de um sexto até metade) no concurso formal de crimes quando, dentre outros casos, o agente pratica dois ou mais crimes, mediante uma só ação ou omissão dolosa, resultante de desígnios autônomos;
(C) é caso de concurso material de crimes quando o agente, mediante uma ação ou omissão, pratica dois ou mais crimes, idênticos ou não;
(D) considera-se crime continuado quando o agente, mediante mais de uma ação ou omissão, pratica dois ou mais crimes, de espécie diversa, nas mesmas condições de tempo, lugar, maneira de execução e outras semelhantes;
(E) nenhuma das anteriores.

A: nos termos do art. 70 do CP, o concurso formal poderá ser *próprio* (perfeito) ou *impróprio* (imperfeito). No primeiro caso (primeira parte do *caput*), temos que o agente, por meio de uma única ação ou omissão (um só comportamento), pratica dois ou mais crimes, idênticos ou não, com *unidade de desígnio*; já no *concurso formal impróprio* ou *imperfeito* (segunda parte do *caput*), a situação é diferente. Aqui, a conduta única decorre de desígnios autônomos, vale dizer, o agente, no seu atuar, deseja os resultados produzidos. Como consequência, as penas serão somadas, aplicando-se o critério do *cúmulo material*. No concurso formal perfeito, diferentemente, se as penas previstas forem idênticas, aplica-se somente uma; se diferentes, aplica-se a maior, acrescida, em qualquer caso, de um sexto até metade (sistema da exasperação); B: a assertiva – incorreta – refere-se ao concurso formal impróprio ou imperfeito, na medida em que faz menção à conduta dolosa como consequência de desígnios autônomos, incompatível com o sistema da exasperação da pena, que terá lugar somente no chamado concurso formal próprio ou perfeito. No concurso formal imperfeito, como dito acima, as penas serão somadas (sistema do cúmulo material); C: o concurso material (art. 69, CP) pressupõe a prática de *mais* de uma ação ou omissão. Em outras palavras, a pluralidade de condutas, além da pluralidade de crimes, constitui requisito do concurso material; D: impõe o art. 71 do CP que, na continuidade delitiva, os crimes sejam da mesma espécie. Gabarito "A".

(Defensor Público/BA – 2006) O juiz, atendendo à culpabilidade, aos antecedentes, à conduta social, à personalidade do agente, aos motivos, às circunstâncias e consequências do crime, bem como ao comportamento da vítima, estabelecerá, conforme seja necessário e suficiente para reprovação e prevenção do crime:

I. As penas aplicáveis dentre as cominadas.
II. A quantidade de pena aplicável, dentro dos limites previstos.
III. O regime inicial de cumprimento da pena privativa de liberdade.
IV. A substituição da pena privativa da liberdade aplicada, por outra espécie de pena, se cabível.

Analisando as assertivas acima, pode-se concluir que:

(A) Todas estão corretas.
(B) Apenas I e II estão corretas.
(C) Apenas I e II e III estão corretas.
(D) Apenas a I está correta.
(E) Apenas II e III estão corretas.

O enunciado da assertiva corresponde exatamente ao que prescreve o art. 59 e seus incisos. Este dispositivo traz as regras que devem servir de norte para o magistrado no momento de concretizar o caro postulado da individualização da pena. Gabarito "A".

(Defensoria/MG – 2006) Considerando-se as diretrizes a que o magistrado deve ficar atento, na aplicação da pena ou medida de segurança, é INCORRETO afirmar que:

(A) O juiz, na fixação da pena de multa, percorre duas etapas: de acordo com a situação econômica do réu, determina a quantidade de dias-multa e, analisando a sua culpabilidade e a gravidade do crime, determina o valor de cada dia-multa.
(B) O juiz, de acordo com o sistema vicariante, aplica somente pena ao imputável, somente medida de segurança ao inimputável e pena ou medida de segurança o semi-imputável, mas, jamais, as duas modalidades.

(C) O juiz utiliza a forma qualificada do delito para fixar a pena-base, mas a causa de aumento de pena só é verificada na terceira fase de sua fixação.
(D) Todas as circunstancias agravantes estão expressamente elencadas em lei, em rol taxativo, o que não ocorre com as atenuantes.

A: na fixação da pena de multa, o juiz deve superar duas etapas, a saber: num primeiro momento, estabelece-se o número de dias-multa, levando-se em consideração, para tanto, as circunstâncias judiciais, contidas no art. 59 do CP; feito isso, passa-se ao valor de cada dia-multa, o que será feito com base na situação econômica do réu (art. 60, CP); B: desde a Reforma de 1984, prevalece entre nós o **sistema vicariante**, que aboliu a possibilidade do condenado ser submetido a pena e a medida de segurança ao mesmo tempo (**sistema do duplo binário**). Dessa forma, se o réu é considerado imputável à época dos fatos, a ele será aplicada tão somente **pena**; se inimputável, receberá **medida de segurança**; se, por fim, tratar-se de réu semi-imputável, será submetido a uma ou outra; C: de fato, em se tratando de delito qualificado, o juiz ficará, na fixação da pena base, adstrito aos limites legais impostos no tipo penal qualificado. Fixada a pena base, o que se faz com supedâneo nos elementos contidos no art. 59 do CP, passa-se à segunda etapa (circunstâncias agravantes e atenuantes), e, em seguida, à terceira fase (causas de aumento ou de diminuição da pena); D: o rol do art. 61 do CP é restrito. Não pode, pois, ser ampliado. Art. 66 do CP (atenuante inominada). "A". Gabarito

(Defensoria/MT – 2009 – FCC) João matou seu desafeto com vinte golpes de faca. Nesse caso,

(A) ocorreu concurso formal de infrações.
(B) responderá por vinte crimes de homicídio em concurso material.
(C) deve ser reconhecido o crime continuado.
(D) responderá por um crime de homicídio.
(E) responderá por crime de homicídio tentado e consumado em concurso material.

é hipótese de crime progressivo, em que o agente, para atingir seu objetivo (morte de seu desafeto), deve necessariamente realizar agressões (golpes de faca) que constituam violações menores, tudo com o propósito de atingir o resultado final. Aqui, o agente responde tão somente pelo resultado final – homicídio, ficando os atos anteriores absorvidos. O crime progressivo constitui hipótese de incidência do princípio da consunção. "D". Gabarito

(Defensoria/MT – 2007) Concernente à aplicação da pena, o artigo 68 do Código Penal prevê o sistema trifásico. Sobre a matéria analise os itens.

I. O primeiro passo constitui em aplicar a pena-base prevista sempre no *caput* do artigo, observando-se, para tanto, as circunstâncias judiciais contidas no artigo 59 do Código Penal.
II. Na primeira fase, a operação da dosagem tem por parâmetro a pena em abstrato prevista para o delito.
III. Fixada a pena-base, devem ser analisadas as circunstâncias atenuantes e agravantes.
IV. A terceira fase constitui na aplicação das causas especiais de aumentos e diminuições, não sendo permitido ultrapassar o limite mínimo e máximo da pena cominada para o delito.
V. Havendo concurso entre causas de aumento de pena da Parte Geral e Parte Especial do Código Penal, aplica-se apenas a maior causa de aumento.

Estão corretos os itens:

(A) II, IV e V
(B) II e III
(C) I, III e V
(D) I, II e IV
(E) III e IV

I: a pena base pode ser extraída, por exemplo, do tipo qualificado, que não é encontrada no *caput* do artigo; II: nesta fase, deve o juiz observar os limites legais impostos pela pena em abstrato, utilizando-se dos critérios contidos no art. 59 do CP (circunstâncias judiciais); III: a análise das circunstâncias atenuantes e agravantes constitui a segunda fase de fixação da pena; IV: causas de aumento ou de diminuição da pena, que permitem a pena além do máximo e aquém do mínimo, respectivamente, encontram-se previstas na Parte Geral do Código Penal ou na Parte Especial, bem como em legislação especial; V: os dois aumentos devem ser aplicados, ou seja, há incidência cumulativa. "B". Gabarito

(Defensoria/PA – 2009 – FCC) A pena unificada para atender ao limite de trinta anos de cumprimento determinado pelo art. 75 do Código Penal

(A) obriga o cumprimento integral em regime fechado da pena unificada independentemente do total das penas aplicadas.
(B) é considerada para a concessão livramento condicional.
(C) é considerada para o cálculo da prescrição da pretensão executória em caso de evasão do sentenciado.
(D) não é considerada para a concessão de progressão ao regime mais favorável na execução da pena.
(E) não deve ser considerada porque este artigo foi declarado inconstitucional pelo Supremo Tribunal Federal e não há limite para o cumprimento de pena privativa de liberdade.

Súmula 715 do STF. "D". Gabarito

(Defensoria/RN – 2006) No cálculo da pena, havendo concurso de agravantes e atenuantes, prepondera sobre todas as demais, a circunstância da (dos)

(A) reincidência.
(B) confissão espontânea.
(C) motivos do crime.
(D) menoridade.

De fato, a menoridade é a circunstância que mais prepondera. Isso ocorre porque o agente nessa fase está com a personalidade ainda em desenvolvimento, em formação. "D". Gabarito

(Defensoria/SE – 2006 – CESPE) Julgue os itens seguintes.

(1) Quando verificada a ocorrência de crime continuado, o magistrado deve aplicar, cumulativamente, as penas privativas de liberdade correspondentes a cada um dos delitos praticados.
(2) Considere a seguinte situação hipotética. Aldo, de 20 anos de idade, entrou em uma residência habitada e, após subtrair pertences e valores de seus moradores, estuprou a filha dos proprietários, mediante grave ameaça perpetrada com arma de fogo. Nessa situação, sendo Aldo processado, julgado e condenado pelos crimes praticados, deverão ser somadas as penas correspondentes ao roubo e ao estupro.
(3) No caso de uma pessoa imputável dirigir seu veículo imprudentemente e, em conseqüência, atropelar três pessoas, provocando-lhes lesões corporais de natureza grave, o responsável pela conduta delituosa deverá ser apenado com uma única pena, aumentada de um sexto até a metade.

1: art. 71, *caput* e parágrafo único, do Código Penal; 2: art. 69 do CP – concurso material heterogêneo; 3: art. 70 do CP – concurso formal homogêneo. Gabarito 1E, 2C, 3C

(Defensoria/SP – 2009 – FCC) Em razão da prática de roubo duplamente qualificado, o juiz fixou a pena-base no mínimo legal e, após, aumentou-a em razão da gravidade do crime. O aumento é

(A) admissível porque implica em punição em razão da culpabilidade do fato.
(B) admissível porque a gravidade do delito explicita a intensidade do dolo.
(C) inadmissível porque a gravidade abstrata do delito já foi considerada pelo legislador para cominação das penas mínima e máxima.
(D) inadmissível porque implica aumento de pena em razão da culpabilidade do autor, segundo a qual se pune pelo que se é e não pelo que se fez.
(E) admissível porque em razão do próprio caráter retributivo da pena, quanto mais grave o fato, maior deve ser o aumento da pena base.

As circunstâncias judiciais presentes no art. 59 do CP representam fatos exteriores ao tipo penal. A gravidade do crime, como característica que lhe é peculiar, constitui objeto de repreenda pelo legislador, quando este estabelece a pena em abstrato. Não cabe ao juiz, pois, usurpando a função legislativa, aplicar aumento em razão da gravidade do crime. "C". Gabarito

(Defensoria/SP – 2007 – FCC) A circunstância agravante da reincidência, inclusive como preponderante no caso de concurso entre circunstâncias agravantes e atenuantes, representa a adoção da teoria

(A) do direito penal do fato, em detrimento à teoria do direito penal do autor.
(B) da discricionariedade regrada.
(C) causalista como diretriz da individualização da pena.
(D) finalista como diretriz da individualização da pena.
(E) do direito penal do autor, em detrimento à teoria do direito penal do fato.

Art. 67 do CP. O *direito penal do autor* consiste na norma que leva em conta o que o agente é. O direito penal do fato, ao contrário, preocupa-se com os fatos perpetrados pelo agente. Esta teoria está em harmonia com o sistema constitucional vigente. Gabarito "E".

(Cartório/MG – 2009 – EJEF) Assinale a assertiva FALSA. No que tange à imposição de penas, as leis brasileiras estabelecem:

(A) O tempo de cumprimento das penas privativas de liberdade não pode ser superior a 30 (trinta) anos.
(B) Quando o agente for condenado a penas privativas de liberdade cuja soma seja superior a 30 (trinta) anos, elas devem ser unificadas para atender ao limite máximo previsto em lei.
(C) O juiz dará à autoridade administrativa competente conhecimento da sentença transitada em julgado, que impuser ou de que resultar a perda da função pública ou a incapacidade temporária para investidura em função pública ou para exercício de profissão ou atividade.
(D) O réu que sofrer condenação em caráter perpétuo no Brasil não poderá ser submetido a tortura, nem a tratamento desumano ou degradante.

A: art. 75, *caput*, do CP; B: art. 75, § 1°, do CP; C: art. 691 do CPP; D: vige, no Brasil, o *princípio da vedação da pena de caráter perpétuo*, presente no art. 5°, XLVII, *b*, da CF. Gabarito "D".

(Cartório/MT – 2005 – CESPE) Um agente de polícia, usando arma de fogo, efetuou propositadamente disparos contra Pedro, causando a sua morte e, acidentalmente, a de Cláudio. Nessa situação, esse agente deve responder por

(A) lesões corporais, em concurso material.
(B) um único crime de homicídio doloso consumado.
(C) homicídio doloso consumado, em concurso formal.
(D) homicídio doloso consumado em relação a Pedro, e por homicídio culposo consumado em relação a Cláudio.

Art. 70 do CP. Gabarito "C".

(Cartório/SP – 2008) Na hipótese do concurso de agravantes e atenuantes na mesma infração penal, a pena deve aproximar-se do limite indicado pelas circunstâncias preponderantes, conforme expressa disposição legal. Para tanto, o Código Penal enumera as circunstâncias preponderantes. Assinale a alternativa que não descreve uma circunstância preponderante.

(A) Personalidade do agente.
(B) Motivos determinantes do crime.
(C) Reincidência.
(D) Comportamento da vítima.

Art. 67 do CP. Gabarito "D".

(Cartório/SP – 2008) Pretendendo praticar crime de roubo, João arma-se e sai à rua para subtrair os bens de qualquer pessoa que encontrar. Depara-se, entretanto, com Mário, seu desafeto de longa data, e, aproveitando a situação, dele subtrai para si mediante grave ameaça exercida com o emprego da arma de fogo, o relógio, a pulseira, e dinheiro, tudo pertencente a Mário que, ante a ameaça, entrega todos os bens exigidos sem oferecer resistência. Já de posse mansa e tranquila dos objetos, não satisfeito e lembrando-se da antiga desavença, João agride violentamente Mário mediante coronhadas, só cessando a agressão quando se certifica de que seu desafeto estava morto. Qual ou quais crimes João cometeu?

(A) Latrocínio.
(B) Furto e homicídio.
(C) Roubo e homicídio.
(D) Furto, lesão corporal e homicídio.

Art. 69 do CP – concurso material heterogêneo. No latrocínio – art. 157, § 3°, do CP –, é imprescindível que a violência tenha sido empregada para o fim de subtração. Em se tratando de outra motivação, haverá homicídio em concurso com roubo. Gabarito "C".

(Magistratura Federal – 1ª Região – 2005) Sobre as causas especiais de aumento ou diminuição de pena é correto afirmar:

(A) que, independentemente de sua situação no texto do Código Penal, o juiz deve sempre limitar-se a um só aumento ou a uma só diminuição, prevalecendo, todavia, a causa que mais aumente ou diminua;
(B) que o juiz, se pode aplicar um só aumento ou uma só diminuição, também pode, independentemente de motivação, aplicar mais de um aumento ou de uma diminuição;
(C) as causas de aumento e de diminuição de pena permitem, respectivamente, elevação acima da pena máxima ou diminuição abaixo da pena mínima prevista, em tese, para o crime;
(D) as causas de diminuição permitem diminuição abaixo do mínimo legal, mas as de aumento não podem elevar a pena acima do limite previsto, em tese, para o crime.

De fato, a *causa de aumento de pena*, ao contrário da *circunstância agravante*, permite elevar a pena além do máximo; a *causa de diminuição*, da mesma forma, ao contrário da *circunstância atenuante*, permite diminuir a pena aquém do mínimo. Gabarito "C".

(Magistratura Federal-4ª Região – 2010) Dadas as assertivas abaixo, assinale a alternativa correta.

I. Estar o ofendido sob a imediata proteção da autoridade é circunstância que sempre agrava a pena, quando não constituir ou qualificar o crime.
II. O desconhecimento da lei é circunstância que sempre atenua a pena.
III. A perda, em favor da União, de bem que constitua proveito auferido pelo agente com a prática do ato criminoso, ressalvado o direito do lesado ou de terceiro de boa-fé, é efeito automático da condenação.
IV. A incapacidade para o exercício do pátrio poder, nos casos de crimes dolosos apenados com reclusão cometidos contra filhos, é efeito automático da condenação.
V. Concorrer para a realização de crime mediante participação de menor importância sujeita às mesmas penas.

(A) Está correta apenas a assertiva III.
(B) Estão corretas apenas as assertivas III e V.
(C) Estão corretas apenas as assertivas I, II e III.
(D) Estão corretas todas as assertivas.
(E) Nenhuma assertiva está correta.

I: correta, nos termos do art. 61, II, *i*, do CP; II: correta, nos termos do art. 65, II, do CP; III: correta, nos termos do art. 91, II, *b*, do CP; IV: incorreta, nos termos do art. 92, II, do CP; V: incorreta, nos termos do art. 29, § 1°, do CP. Gabarito "C".

(Magistratura Federal – 5ª Região – 2007 – CESPE) Julgue o item seguinte.

(1) Somente haverá reincidência se o sujeito ativo houver praticado dois crimes, não se considerando reincidente, assim, a pessoa que tiver sido anteriormente condenada definitivamente por prática de contravenção e posteriormente tenha praticado crime.

Será considerado reincidente: réu definitivamente condenado por crime que vem a cometer novo crime; réu condenado definitivamente por crime que vem a praticar contravenção; réu condenado definitivamente por contravenção que vem a praticar nova contravenção. Réu condenado por contravenção (com trânsito) que vem a praticar crime *não* é reincidente. Gabarito 1E.

(Defensoria Pública da União – 2007 – CESPE) Julgue o item seguinte.

(1) Para efeito de reincidência, não se consideram os crimes militares impróprios nem os crimes políticos.

Art. 64, II, do CP. Gabarito 1E.

14. *SURSIS*, LIVRAMENTO CONDICIONAL, REABILITAÇÃO E MEDIDAS DE SEGURANÇA

(Magistratura/AC – 2008 – CESPE) Acerca de aspectos relacionados à aplicação da pena, assinale a opção correta.

(A) O condenado, para fazer jus ao livramento condicional, deve atender a requisitos objetivos e subjetivos previstos na legislação ordinária. No que tange ao requisito da reparação civil do dano, previsto no Código Penal, entende o STF que, para o livramento condicional, basta a apresentação da certidão negativa em favor do condenado, provando que inexiste ação indenizatória da vítima postulando a reparação.

(B) A pena de 30 anos de reclusão, resultante da unificação autorizada pelo Código Penal, deve servir de parâmetro ao magistrado para a concessão do benefício do livramento condicional, segundo entendimento do STF.

(C) A perda da arma utilizada para a prática de um delito pelo qual o réu é condenado é efeito da condenação, sendo necessário, todavia, pronunciamento expresso do juiz nesse sentido.

(D) De acordo com precedentes do STF, é lícito ao juiz criminal denegar a suspensão condicional da pena em face da existência de outra ação penal em curso contra o réu, o que caracterizaria maus antecedentes. Nessa hipótese, caso o réu seja, posteriormente, absolvido na segunda ação penal, ele poderá requerer o *sursis* na instância própria, com base no novo fato.

A: nos termos do art. 83, IV, do CP, é imprescindível que o condenado tenha indenizado o prejuízo causado à vítima. Se não pôde fazê-lo, há de ***demonstrar*** tal impossibilidade; B: Súmula 715 do STF; C: art. 91, II, *a*, do CP. A perda é automática, sendo desnecessário, portanto, pronunciamento do juiz na sentença; D: *Informativo* 390 do STF. Para alguns, trata-se de uma visão flagrantemente inconstitucional, violadora do **princípio da não culpabilidade**. Gabarito "D".

(Magistratura/MG - 2006) José João foi processado e condenado como incurso no art. 129, § 1º, I, do Código Penal (lesão corporal grave) a pena privativa de liberdade de 1 (um) ano de reclusão em regime aberto. Consta que o mesmo não é reincidente em crime doloso e lhe são favoráveis os motivos e circunstâncias do crime, bem como culpabilidade, antecedentes, conduta social e personalidade. Terá José João direito a:

(A) substituição da pena privativa de liberdade por 2 (duas) restritivas de direito;

(B) substituição da pena privativa de liberdade por 1 (uma) restritiva de direito;

(C) suspensão condicional do processo;

(D) suspensão condicional da pena.

Art. 77, I e II, do CP. Gabarito "D".

(Magistratura/MG – 2008) No que tange à medida de segurança, é INCORRETO afirmar:

(A) A medida de segurança difere da pena, dentre outros motivos, por ter prazo indeterminado.

(B) Mesmo que esteja caracterizada uma excludente de ilicitude é aplicável a medida de segurança.

(C) Aos semi-imputáveis pode ser aplicada a medida de segurança.

(D) A periculosidade do agente é presumida no caso dos inimputáveis.

A: com efeito, as medidas de segurança, providências de cunho preventivo, são aplicadas pelo juiz por prazo indeterminado, até a cessação da periculosidade; B: por se tratar de uma forma restritiva de direitos (modalidade de sanção penal), ao lado da pena, é imperioso que o agente tenha praticado um ***fato típico*** e ***antijurídico***, respeitando-se, ademais, o ***devido processo legal***; C: o juiz, em vez de aplicar a diminuição prevista no art. 26, parágrafo único, do CP para o semi-imputável, pode substituir a pena por internação ou tratamento ambulatorial, nos termos do art. 98 do CP; D: a periculosidade é presumida nas hipóteses contidas no *caput* do art. 26 do CP. O juiz, portanto, está dispensado de demonstrá-las. Gabarito "B".

(Magistratura/PB – 2011 – CESPE) A respeito das penas e das medidas de segurança, assinale a opção correta.

(A) Não se admite a concessão do trabalho externo desde o início do cumprimento da pena a condenado em regime semiaberto, ainda que verificadas condições pessoais favoráveis, no caso concreto, pelo juízo das execuções penais, sendo necessário o cumprimento de percentual mínimo da pena antes da concessão da benesse ao sentenciado.

(B) Medida de segurança não constitui espécie do gênero sanção penal, sendo sua finalidade exclusivamente preventiva, ou seja, destina-se a evitar que o agente que demonstre periculosidade volte a delinquir.

(C) No CP, adota-se, em relação à aplicação das penas, o chamado sistema duplo binário, sendo indevida a aplicação cumulativa e simultânea de pena tipicamente criminal e medida de segurança ao mesmo réu.

(D) Se o réu estiver cumprindo pena no regime semiaberto e este se tornar incompatível em razão da soma de nova pena por outro crime, deverá o magistrado proceder à regressão do acusado ao regime fechado e, ao unificar as penas, deve abater do tempo efetivamente cumprido pelo réu o lapso temporal para a concessão da progressão.

(E) Na falta de vagas em estabelecimento compatível ao regime fixado na condenação, não configura constrangimento ilegal a submissão do réu ao cumprimento de pena em regime mais gravoso, devendo ele cumprir a reprimenda sob esse regime até o surgimento de vaga em outro regime compatível com o decreto condenatório.

A: o STJ firmou entendimento segundo o qual é admitido o trabalho externo já no início do cumprimento da pena ao condenado em regime semiaberto. Nesse sentido: STJ, HC 92.320, DJU 7.4.08; B: medida de segurança constitui, sim, ao lado da pena, espécie do gênero *sanção penal*. Sua função é a de prevenir crimes que possam ser cometidos pelo sujeito considerado perigoso; C: assertiva incorreta, pois adotamos o *sistema vicariante*, que determina o cumprimento de medida de segurança (na hipótese de periculosidade) ou de pena privativa de liberdade (se houver culpabilidade), não sendo permitido que o agente cumpra as duas espécies de sanção penal ao mesmo tempo, pelo mesmo fato, o que ocorria no *sistema do duplo binário*, vigente até a reforma do Código Penal em 1984; D: correta, nos termos do art. 118, II, da LEP; E: a jurisprudência do STJ firmou entendimento no sentido de que não pode o condenado ser submetido a regime prisional mais gravoso do que aquele estabelecido na sentença (HC 8.158-SP, 5ª T., rel. Min. Felix Fischer, j. 1.6.99). Gabarito "D".

(Magistratura/SC – 2009) Assinale a alternativa INCORRETA:

(A) A condenação anterior a pena de multa não impede a concessão da suspensão condicional da pena.

(B) É admissível a suspensão condicional da pena, mesmo em se tratando de condenado reincidente em crime culposo.

(C) É vedado ao juiz especificar outras condições a que fica subordinada a suspensão da pena, além daquelas previstas no Código Penal.

(D) Uma das diferenças entre a suspensão condicional da pena e o livramento condicional refere-se ao período de prova, que para a primeira dura de dois a quatro ou de quatro a seis anos, enquanto que para o segundo corresponde ao restante da pena a ser cumprida.

(E) Em determinados casos, é possível a concessão de livramento condicional ainda que o crime tenha sido cometido mediante violência ou grave ameaça à pessoa.

A: art. 77, § 1º, do CP; B: o *sursis* é vedado somente ao condenado reincidente em crime doloso, nos termos do art. 77, I, do CP. Assim, tratando a primeira condenação de delito culposo, poderá o condenado obter o benefício da suspensão condicional da pena; C: art. 79 do CP; D: o período de prova do *sursis* está contido nos arts. 77, *caput* e § 2º, do CP; no que toca ao livramento condicional, seu tempo de prova de fato corresponde ao restante da pena a ser executada; E: art. 83, parágrafo único, do CP. Gabarito "C".

(Magistratura/SC – 2008) Assinale a alternativa correta.

(A) A imposição, ao inimputável, de medida de segurança consistente em internação, deve ser por tempo determinado.

(B) É efeito automático da condenação a perda de cargo ou função pública quando aplicada pena privativa de liberdade por tempo superior a 4 (quatro) anos.

(C) Revogado o livramento condicional por crime cometido durante a vigência do benefício este não poderá ser novamente concedido.
(D) A reabilitação extingue os efeitos da condenação.
(E) A condenação por crime anterior não autoriza a revogação do livramento condicional.

A: art. 97, § 1º, do CP. A medida de segurança consistente em *internação* ou *tratamento ambulatorial* será por tempo indeterminado, perdurando enquanto não for averiguada, por perícia médica, a cessação de periculosidade; B: art. 92, parágrafo único, do CP; C: art. 88 do CP; D: art. 93, parágrafo único, do CP; E: art. 86, II, do CP. Gabarito "C".

(Magistratura/SE – 2008 – CESPE) Assinale a opção correta em relação aos efeitos da condenação e da reabilitação.

(A) A perda de cargo público decorrente da condenação à pena privativa de liberdade superior ao prazo previsto em lei é efeito automático da condenação.
(B) A incapacidade para o exercício da tutela é efeito específico da condenação por crime doloso ou culposo cometido contra o tutelado.
(C) A reabilitação alcança quaisquer penas aplicadas em sentença definitiva e poderá atingir os efeitos da condenação, por exemplo, restaurando a habilitação para dirigir veículo.
(D) Negada a reabilitação, esta poderá ser requerida novamente após o decurso do prazo previsto em lei e desde que o pedido seja instruído com novos elementos de prova.
(E) A reabilitação será revogada em caso de nova condenação transitada em julgado à pena privativa de liberdade ou de multa.

A: art. 92, parágrafo único, do CP (cuida-se de efeito não automático); B: o art. 92, II, do CP só tem incidência aos condenados por crimes dolosos; C: art. 93, *caput* e parágrafo único, do CP; D: negada, a reabilitação poderá ser novamente requerida a qualquer tempo, desde que o pedido tenha lastro em novos elementos de prova, nos termos do art. 94, parágrafo único, do CP; E: art. 95 do CP. Gabarito "C".

(Magistratura/SP – 2008) Deferido o livramento condicional com a concordância do Ministério Público, a ausência do condenado à cerimônia solene, prevista no art. 137 da LEP, terá como conseqüência

(A) a não-implantação do benefício.
(B) a revogação obrigatória do benefício.
(C) a irrevogabilidade do benefício, que se tornou definitivo em virtude da não-interposição de agravo em execução da sentença concessiva do livramento.
(D) a revogação do benefício desde que comprovado o descumprimento injustificado das condições impostas na sentença de livramento.

A ausência do condenado à cerimônia de concessão de que trata o art. 137 da Lei de Execução Penal torna sem efeito o benefício, que não chega sequer a ser implementado. Gabarito "A".

(Magistratura/TO – 2007 – CESPE) Assinale a opção correta no que se refere a reabilitação.

(A) Considere que Marcelo tenha sido condenado por crime de furto qualificado e que tenha sido reabilitado após regular cumprimento da pena e decurso do prazo legal. Considere, ainda, que, após a reabilitação, ele tenha cometido novo crime, nessa vez, de estupro. Nessa situação, o juiz, ao proferir sentença condenatória contra Marcelo pela prática do crime de estupro, não poderá considerá-lo reincidente por causa do furto qualificado anteriormente praticado.
(B) Para fins de reabilitação, é desnecessária, em caso de crime contra o patrimônio, a análise de ressarcimento do dano causado pelo crime.
(C) A prescrição da pretensão punitiva do Estado não impede o pedido de reabilitação.
(D) Sendo o reabilitado condenado exclusivamente a pena de multa, a reabilitação não será revogada.

A: a reabilitação não elide a reincidência, cujos efeitos desaparecem depois de cinco anos do cumprimento da pena (art. 64 do CP); B: art. 94, III, do CP; C: a reabilitação, por conta de sua natureza, só tem lugar na hipótese de ter havido sentença condenatória com trânsito em julgado, sendo inadmissível, portanto, se foi decretada a extinção da punibilidade por meio da prescrição; D: art. 95 do CP. Gabarito "D".

(Ministério Público/MA – 2009) O livramento condicional para condenado por crime hediondo poderá ser concedido:

(A) pelo Juiz de Execução Penal, ouvidos o Ministério Público e o Conselho Penitenciário, após o cumprimento de metade da pena;
(B) pelo Juiz de Execução Penal, ouvido o Conselho de Comunidade, após o cumprimento de dois terços da pena;
(C) pelo Juiz que prolatou a sentença condenatória, necessariamente, ouvido o Ministério Público, após o cumprimento de dois terços da pena;
(D) pelo Juiz de Execução Penal, após o cumprimento de metade da pena, a pedido do Diretor do estabelecimento penal, desde que comprovados os requisitos estabelecidos em Lei;
(E) pelo Juiz de Execução Penal, desde que, dentre outras condições, haja o réu cumprido mais de dois terços da pena e não for reincidente específico em crimes dessa natureza.

Art. 83, V, do CP; art. 131 da Lei 7.210/84 (Lei de Execução Penal). Gabarito "E".

(Ministério Público/SP – 2011) Com relação às chamadas medidas de segurança, é correto afirmar que:

(A) a desinternação ou a liberação será sempre de forma condicional, ficando restabelecida a situação anterior se o agente, antes do decurso de um ano, vier a praticar qualquer fato indicativo da persistência de sua periculosidade.
(B) têm caráter retributivo e preventivo, decorrem do reconhecimento da culpabilidade do agente, podendo ser aplicadas, em certos casos, juntamente com as penas privativas de liberdade.
(C) são indeterminadas no tempo, não são aplicáveis aos inimputáveis, pressupondo a sua aplicação a prática de um fato típico e antijurídico, reconhecido em sentença condenatória.
(D) podem ser aplicadas em face de qualquer espécie de crime, punível com reclusão ou detenção, exigindo para sua incidência a existência de uma sentença condenatória que reconheça a existência do crime e a prova da inimputabilidade absoluta do agente.
(E) são aplicadas por tempo indeterminado, com a especificação do prazo mínimo de sua duração, pelo Juiz na sentença, não sendo permitida a realização do exame de cessação de periculosidade antes do término do prazo mínimo fixado.

A: a proposição reflete com exatidão o que prescreve o art. 97, § 3º, do CP. Com efeito, se a perícia médica, ao término do prazo mínimo estabelecido na sentença de absolvição imprópria, concluir pela cessação da periculosidade do inimputável, caberá ao juiz da execução determinar a sua *desinternação*, sempre em caráter condicional. Significa que, se o agente, no período de um ano, praticar fato indicativo de persistência de sua periculosidade, deverá retornar à situação anterior, ou seja, será, mais uma vez, internado; de outro lado, se o agente, dentro do período de prova, nenhum fato praticar que seja indicativo de persistência de sua periculosidade, a medida de segurança será extinta em definitivo; B: a medida de segurança tem caráter eminentemente preventivo, pois é voltada a evitar a prática de crimes por sujeitos considerados perigosos. Com o advento da Reforma do Código Penal de 1984, filiamo-nos ao *sistema vicariante*, que determina o cumprimento de medida de segurança (na hipótese de periculosidade) ou de pena privativa de liberdade (se houver culpabilidade), sendo vedado que o agente cumpra as duas espécies de sanção penal ao mesmo tempo, pelo mesmo fato, o que ocorria no *sistema do duplo binário*, não mais em vigor; C: as medidas de segurança são aplicadas, sim, aos inimputáveis e aos semi-imputáveis, por prazo indeterminado (até a cessação da periculosidade). Vale, aqui, fazer uma observação. Se levássemos em conta tão somente a redação do art. 97, § 1º, do CP, chegaríamos à conclusão de que a medida de segurança poderia ser eterna. Em vista da regra que veda as penas de caráter perpétuo, esta não é a melhor interpretação do dispositivo. Tanto que o STF firmou posicionamento no sentido de que o prazo máximo de duração da medida de segurança não pode ser superior a 30 anos (analogia ao art. 75 do CP). O STJ, numa concepção ainda mais garantista, entende que a medida de segurança deve ter por limite o máximo da pena em abstrato cominada para o crime (STJ, HC 125.342-RS, 6ª T., rel. Min. Maria Thereza de Assis Moura, j. 19.11.09). A aplicação da medida de segurança tem como pressuposto a prática de um fato típico e antijurídico (ocorrência de crime), reconhecido em sentença absolutória imprópria (o inimputável é absolvido, mas a ele será aplicada medida de segurança); D: podem ser aplicadas em face de qualquer espécie de crime, punível com reclusão ou detenção, exigindo para a sua incidência, no entanto, segundo doutrina consagrada, a existência de uma sentença absolutória imprópria que reconheça a existência do crime e a prova da periculosidade do agente; E: em vista do disposto nos art. 97, § 2º, do CP e 176 da LEP, pode o juiz da execução, no decorrer do prazo mínimo estabelecido na sentença, determinar a realização de exame a fim de verificar a cessação da periculosidade. Gabarito "A".

(Ministério Público/SP – 2011) Há previsão legal para a revogação obrigatória da suspensão condicional da pena:

(A) se o réu sofrer condenação recorrível a pena privativa de liberdade, pela prática de crime doloso, praticado no curso do benefício.

(B) se o réu sofrer condenação irrecorrível a pena privativa de liberdade, pela prática de crime culposo, praticado no curso do benefício.

(C) se o réu vier a ser condenado, no curso do benefício, em sentença irrecorrível, a pena privativa de liberdade, pela prática de crime doloso.

(C) se o réu vier a ser condenado irrecorrivelmente por crime culposo a pena privativa de liberdade ou restritiva de direitos, cometido no curso do benefício.

(E) se o réu vier a ser condenado por crime doloso ou culposo, anterior à concessão do benefício, a pena de multa, tendo a condenação transitado em julgado, após o curso do prazo do benefício.

Art. 81, I, do CP. Gabarito "C".

(Procurador do Estado/CE – 2008 – CESPE) Assinale a opção correta acerca dos efeitos da condenação e da reabilitação.

(A) É efeito da condenação a perda, em favor da União, independentemente do direito de terceiro de boa-fé, de qualquer valor que constitua proveito auferido pelo agente com a prática do fato criminoso.

(B) É efeito automático da condenação a perda do cargo público, quando for aplicada a servidor público pena privativa de liberdade por tempo superior a quatro anos.

(C) De acordo com o CP, constitui efeito não-automático da condenação, devendo ser motivadamente declarada na sentença, a inabilitação para dirigir veículo, quando utilizado como meio para a prática de crime doloso.

(D) A reabilitação alcança a pena privativa de liberdade e a restritiva de direitos aplicadas em sentença definitiva, e não cabe tal pedido em caso de condenação a pena exclusivamente de multa.

A: art. 91, II, b, do CP; B: art. 92, parágrafo único, do CP; C: art. 92, III e parágrafo único, do CP; D: art. 93, caput, do CP. Gabarito "C".

(Defensor Público/CE – 2007 – CESPE) Em cada um dos itens seguintes, é apresentada uma situação hipotética, seguida de uma assertiva a ser julgada conforme o disposto no Código Penal acerca das medidas de segurança.

(1) Felipe, inimputável em decorrência de doença mental, foi submetido a medida de segurança de internação, pelo prazo mínimo de três anos, devido à prática de crime de estelionato. Após esse prazo, foi realizada perícia médica, em que se constatou a cessação da periculosidade. Em conseqüência disso, após oitiva do Ministério Público e do defensor público, Felipe foi liberado. Nessa condição, a situação anterior poderá ser restabelecida se Felipe, antes do decurso de um ano, praticar fato indicativo de sua periculosidade.

(2) José foi denunciado pela prática de lesão corporal de natureza grave. No decorrer do processo, foi instaurado incidente de insanidade mental, cuja conclusão foi no sentido de que o réu, ao tempo do fato, era plenamente incapaz de entender o caráter ilícito de seu ato ou de determinar-se de acordo com esse entendimento, devido à doença mental. Quando da prolação da sentença, constatou-se que, entre a data da denúncia e a data da sentença, ocorreu a prescrição com base na pena máxima abstratamente cominada ao crime. Nessa situação, é lícito ao juiz aplicar medida de segurança a José, tendo em vista o caráter curativo, e não repressor, da medida de segurança.

1: a proposição reflete com exatidão o que prescreve o art. 97, § 3º, do CP. Com efeito, se a perícia médica, ao término do prazo mínimo estabelecido na sentença de absolvição imprópria, concluir pela cessação da periculosidade do inimputável, caberá ao juiz da execução determinar a sua *desinternação*, sempre em caráter condicional. Significa que, se o agente, no período de um ano, praticar fato indicativo de persistência de sua periculosidade, deverá retornar à situação anterior, ou seja, será, mais uma vez, internado; de outro lado, se o agente, dentro do período de prova, nenhum fato praticar que seja indicativo de persistência de sua periculosidade, a medida de segurança será extinta em definitivo; 2: ainda que se tenha apurado a insanidade mental do acusado, sendo, portanto, o caso, em princípio, de aplicar-lhe medida de segurança consistente, por exemplo, em internação, operando-se qualquer causa extintiva da punibilidade do agente, entre as quais a prescrição, é vedada a aplicação de medida de segurança, sendo, ademais, de rigor a cessação da medida de segurança imposta, pois aqui teve fim a pretensão punitiva do Estado (art. 96, p. único, do CP). Gabarito 1C, 2E.

(Magistratura Federal – 5ª Região – 2007 – CESPE) Genival, que está preso há dois anos em centro de detenção provisória, aguardando vaga em hospital de custódia e tratamento psiquiátrico, foi, por sentença penal transitada em julgado, submetido a medida de segurança de internação. Nessa situação, conforme orientação do STJ, há constrangimento ilegal na manutenção de Genival em prisão comum, cabendo, assim, habeas corpus, para que ele seja submetido a tratamento ambulatorial até que surja vaga em estabelecimento adequado.

É pacífico no STJ o entendimento segundo o qual, imposta medida de segurança de internação e ante a ausência de vaga em hospital de custódia e tratamento psiquiátrico ou estabelecimento adequado, deverá o réu ser submetido a regime de tratamento ambulatorial. A manutenção do réu em presídio comum constitui patente constrangimento ilegal, a ser combatido por meio do *habeas corpus* (STJ, HC 108.517-SP, 5ª T., Rel. Min. Arnaldo Esteves Lima, j. 16.9.2008). Gabarito "E".

(Defensoria Pública da União – 2007 – CESPE) Julgue o item seguinte.

(1) É impossível o réu ser beneficiado com suspensão condicional da pena mediante *sursis* simultâneos, isto é, dois *sursis* cumpridos ao mesmo tempo.

O fato de o condenado já ser beneficiário de um *sursis* não o impede de ser agraciado com outro, pois se exige tão somente a não reincidência em crime doloso. Gabarito 1E.

(Advogado da União/AGU – CESPE 2009) No que se refere a efeitos da condenação e reabilitação, julgue os itens subsequentes.

(1) Nos termos do Código Penal, a perda de cargo, função pública ou mandato eletivo ocorrerá quando, nos crimes praticados com abuso de poder ou violação de dever para com a administração pública, for aplicada pena privativa de liberdade por tempo igual ou superior a um ano.

(2) A reabilitação atinge a pena principal aplicada ao condenado, não alcançando os efeitos da condenação.

1: art. 92, I, a, do CP; 2: art. 93, parágrafo único, do CP. Gabarito 1C, 2E.

(CESPE – 2008) À luz do que dispõe o CP acerca da reabilitação, assinale a opção correta.

(A) Caso o condenado seja reabilitado, terá assegurado o sigilo dos registros sobre o seu processo e a condenação.

(B) Após o decurso de dois anos do dia em que for extinta, de qualquer modo, a pena ou terminar sua execução, o condenado poderá requerer a reabilitação, não se computando o período de prova da suspensão e o do livramento condicional.

(C) Caso o reabilitado seja condenado, como reincidente, por decisão definitiva, à pena de multa, o Ministério Público pode requerer a revogação da reabilitação.

(D) A reabilitação não pode ser revogada de ofício.

A: art. 93, *caput*, do CP; B: art. 94, *caput*, do CP; C: art. 95 do CP; D: art. 95 do CP. Gabarito "A".

15. AÇÃO PENAL

(Magistratura/MS – 2008 – FGV) O prazo para o ajuizamento da queixa-crime é:

(A) de seis meses, iniciando a fluência desse prazo no dia seguinte ao dia em que o ofendido vem a saber quem é o autor do crime.

(B) de dois meses, iniciando a fluência desse prazo no dia seguinte ao dia em que o ofendido vem a saber quem é o autor do crime.

(C) de seis meses, iniciando a fluência desse prazo no dia em que o ofendido vem a saber quem é o autor do crime.

(D) de dois meses, iniciando a fluência desse prazo no dia em que o ofendido vem a saber quem é o autor do crime.

(E) enquanto não estiver prescrito o crime praticado.

Art. 103 do CP; art. 38 do CPP. Gabarito "C".

(Magistratura/SC – 2008) No curso de ação penal privada, se o ofendido aceita receber indenização do dano causado pelo crime, pode-se dizer que tal fato, a teor do Código Penal:

(A) Configura perdão expresso.
(B) Não caracteriza renúncia ao direito de queixa.
(C) Acarreta a extinção da ação penal privada.
(D) Caracteriza renúncia tácita ao direito de queixa.
(E) Pode ser interpretado como perdão tácito.

Renúncia (art. 104, CP) consiste na desistência de propor a ação penal privada; *perdão* (arts. 105 e 106 do CP) é o ato por meio do qual o querelante desiste de prosseguir na ação penal privada. Só há que se falar em perdão, portanto, após o início da ação penal. No curso da ação penal, de outro lado, não há que se falar em renúncia. Gabarito "B".

(Ministério Público/MA – 2002) Considerando os delitos previstos no Código Penal, assinale a alternativa que não contempla um crime de ação penal privada:

(A) Dano simples (art. 163, *caput*);
(B) Estupro com violência presumida (art.213, c/c 224);
(C) Patrocínio infiel (art. 355);
(D) Exercício arbitrário das próprias razões, sem emprego de violência (art. 345, parágrafo único);
(E) Calúnia (art. 138, *caput*)

A: art. 167 do CP; B: antes, a ação penal, em se tratando de crime sexual, era, em regra, de iniciativa privada. Era o que estabelecia a norma contida no *caput* do art. 225 do Código Penal. As exceções ficavam por conta do § 1º do dispositivo. Com o advento da Lei 12.015/09, que introduziu uma série de modificações no âmbito desses crimes, agora chamados *crimes contra a dignidade sexual*, nomenclatura, a nosso ver, mais adequada aos tempos atuais, a ação penal deixa de ser privativa do ofendido para ser pública condicionada à representação. Será, entretanto, pública incondicionada se se tratar de vítima menor de 18 anos ou pessoa vulnerável, tudo nos exatos termos do art. 225 do CP. O art. 224 do Código Penal, que tratava da presunção de violência, foi expressamente revogado pelo art. 7º da Lei 12.015/09; C: o delito capitulado no art. 355 do CP é próprio e a ação penal é pública incondicionada; D: art. 345, parágrafo único, do CP; E: art. 145, *caput*, do CP. Gabarito "C".

(Ministério Público/PR – 2011) Sobre ação penal, assinale a alternativa correta:

(A) o princípio da obrigatoriedade, informador da modalidade de ação penal pública incondicionada, não comporta exceções em sua aplicação;
(B) a ação penal do crime de estupro, em sua forma simples (CP, art. 213, *caput*), é de natureza privada;
(C) a jurisprudência atualmente dominante do Superior Tribunal de Justiça considera a lesão corporal de natureza leve, praticada mediante violência doméstica, como delito de ação penal pública condicionada, admitindo retratação ou renúncia ao direito de representação em audiência perante o Juiz (art. 16 da Lei 11.340\06), anteriormente ao recebimento da denúncia;
(D) os crimes previstos na Lei 10.741/03 (Estatuto do Idoso) admitem modalidades de ação penal pública incondicionada e condicionada à representação;
(E) a renúncia expressa ao direito de queixa, manifestada pelo ofendido em relação a um dos ofensores, não impede o exercício do direito de queixa, por parte do mesmo ofendido contra os outros ofensores, relativamente ao fato comum.

A: o princípio da obrigatoriedade (legalidade), que tem incidência na ação penal pública (condicionada ou incondicionada), prescreve que, preenchidos os requisitos legais, o Ministério Público está obrigado a propor a ação penal. Diz-se que este postulado comporta exceção (sofre mitigação) porque, no âmbito do Juizado Especial Criminal, preenchidos os requisitos contidos no art. 76 da Lei 9.099/95, o membro do MP, no lugar de oferecer denúncia, deve propor a transação penal; B: atualmente, dadas as modificações implementadas no âmbito dos crimes sexuais pela Lei 12.015/09, a ação penal, nesses delitos, é pública condicionada à representação, nos moldes da nova redação conferida ao art. 225, *caput*, do CP. As exceções ficam por conta dos crimes cuja vítima seja pessoa vulnerável ou menor de 18 anos, em que a ação será pública incondicionada (art. 225, p. único, do CP). Aboliu-se, pois, para esses crime, a ação penal de iniciativa privada (exclusiva); C: vide: STJ, HC 157.416-MT, 5ª T., rel. Min. Arnaldo Esteves Lima, *DJE* 10.5.10; D: incorreta, nos termos do art. 95 do Estatuto do Idoso; E: incorreta, nos termos do art. 49 do CPP. Gabarito "C".

(Defensor Público/AM – 2010 – I. Cidades) Os princípios a seguir regem a ação penal pública incondicionada, exceto:

(A) o Princípio da Obrigatoriedade.
(B) o Princípio da Indisponibilidade.
(C) o Princípio da Oficiosidade.
(D) o Princípio da Transcendência.
(E) o Princípio da Indivisibilidade.

A: a ação penal pública é informada pelo *princípio da obrigatoriedade* na medida em que, preenchidos os requisitos legais, o Ministério Público, seu titular, está obrigado a propô-la; B: é informada pelo *princípio da indisponibilidade* porquanto, uma vez proposta, é defeso ao Ministério Público dela desistir, nos exatos termos do art. 42 do CPP; C: pelo *princípio da oficiosidade*, os órgãos incumbidos da persecução penal devem atuar de ofício, ressalvadas as hipóteses de ação penal pública condicionada à representação ou à requisição do ministro da Justiça; D: adotamos, ao contrário, o *princípio da intranscendência*, segundo o qual a ação penal será proposta exclusivamente em face do autor do delito. O princípio contido nesta alternativa não rege, portanto, a ação penal pública incondicionada; E: em princípio, o *postulado da indivisibilidade* é aplicável tanto à ação penal pública quanto à ação penal de iniciativa privada, mesmo porque em relação a esta há expressa previsão nesse sentido (art. 48 do CPP). No que se refere à ação penal pública, seria inconcebível imaginar que o MP pudesse escolher contra quem ele iria propor a ação penal. É nesse sentido que incorporamos o postulado da indivisibilidade. Mas o STF não compartilha dessa lógica. Para a nossa Corte Suprema, a indivisibilidade não se aplica à ação penal pública (somente à ação privada). Dito de outro modo, o art. 48 do CPP somente tem incidência na ação penal de iniciativa privada. Sustenta o STF que a divisibilidade da ação penal pública reside no fato de o MP ter a liberdade de não ofertar a denúncia contra alguns autores de crime contra os quais ainda não há elementos suficientes e, assim que esses elementos forem reunidos, aditar a denúncia. Assim, a ação penal deixa de ser indivisível pelo simples fato de a denúncia comportar aditamento posterior. Com a devida vênia, a indivisibilidade, a nosso ver, consiste na impossibilidade de o membro do MP escolher contra quem a denúncia será oferecida. Se houver elementos, a ação deverá ser promovida contra todos. Gabarito ANULADA

(Defensoria/MG – 2009 – FURMARC) Se o crime de estelionato é praticado em prejuízo de um irmão, a ação penal será:

(A) Pública, mas condicionada à representação.
(B) Pública plena.
(C) Privada.
(D) Pública plena, mas poderá ser privada subsidiária excepcionalmente.
(E) Pública e iniciada por representação da vítima

Art. 182, II, do CP. Gabarito "A".

(Defensoria/MT – 2009 – FCC) A extinção da punibilidade pela perempção

(A) pode ocorrer antes da instauração da ação penal.
(B) só pode ocorrer na ação penal privada exclusiva.
(C) só pode ocorrer na ação penal privada subsidiária da pública.
(D) aplica-se à ação penal pública.
(E) pode ocorrer na ação penal privada exclusiva e na subsidiária da pública.

A perempção - arts. 107, IV, do CP e 60 do CPP - é instituto exclusivo da ação penal privada, que constitui uma sanção aplicada ao querelante consubstanciada na perda do direito de continuar na ação penal, o que se dá em razão de sua desídia processual. Gabarito "B".

16. EXTINÇÃO DA PUNIBILIDADE EM GERAL

(Magistratura/PA – 2008 – FGV) José da Silva é um viúvo que possui dois filhos, Maria e Manoel. Passados três anos da morte de sua mulher, José decide casar-se novamente com a advogada Messalina, mulher mal afamada na cidade, que contava vinte e cinco anos de idade, trinta a menos do que José. Informados de que o casamento ocorreria dentro de dois meses e inconformados com a decisão de seu pai, Maria e Manoel ofendem seu pai publicamente, na presença de várias testemunhas, com expressões como "otário", "burro" e "tarado", entre outras. José decide processar criminalmente os filhos, mas somente após a celebração de sua boda. Ocorre que Maria comparece ao casamento e se reconcilia com o pai, que lhe perdoa. Quatro meses depois do dia em que sofreu as ofensas, José da Silva ajuíza então a queixa-crime unicamente contra Manoel. A advogada que assina a petição é Messalina. A inicial é rejeitada pelo Juiz de Direito. Qual fundamento jurídico o juiz poderia ter alegado para justificar sua decisão?

(A) Manoel tinha razão ao xingar o pai, já que estava clara a estupidez de seu genitor, razão pela qual a conduta é atípica.
(B) Houve a extinção da punibilidade de Manoel, em virtude do perdão concedido por José a Maria.
(C) Houve decadência do direito de queixa, porque se passaram mais de três meses entre a data do fato e a data do oferecimento da inicial por José da Silva.
(D) Houve peremptção, porque José da Silva não poderia constituir Messalina como advogada no processo que moveria contra o filho.
(E) Nenhum fundamento. A decisão está errada e a queixa deveria ter sido recebida.

Art. 107, V, do CP. A reconciliação havida entre José e Maria constitui autêntica **renúncia** ao direito de aquele oferecer queixa em face desta, que, nos termos do art. 49 do CPP, deverá ser estendida a Manoel, regra que é corolário do **princípio da indivisibilidade da ação penal privada** (art. 48 do CPP). Gabarito "B".

(Magistratura/PE – 2011 – FCC) Em matéria de extinção da punibilidade, é possível assegurar que

(A) as causas de aumento ou de diminuição, com exceção do concurso material, do concurso formal e do crime continuado, devem ser computadas no prazo prescricional.
(B) as medidas de segurança não se sujeitam à prescrição.
(C) a reincidência não interfere na prescrição da pretensão executória.
(D) a prescrição admite interrupção, mas não suspensão.
(E) é admissível pela prescrição da pretensão punitiva com fundamento em pena hipotética, independentemente da existência ou sorte do processo penal, segundo súmula do Superior Tribunal de Justiça.

A: assertiva correta. Com efeito, exceção feita ao concurso de crimes, entende-se que as causas de aumento e de diminuição devem ser computadas no prazo prescricional (STF, *RT* 591/405); B: incorreta, já que a medida de segurança, assim como a pena, submete-se à prescrição; C: art. 110, *caput*, parte final, do CP; D: as hipóteses de interrupção da prescrição estão contempladas no art. 117 do CP. Existem também hipóteses de suspensão da prescrição. Exemplo: art. 116, II, do CP (a suspensão não corre enquanto o agente cumpre pena no estrangeiro). Aqui, o prazo volta a correr apenas pelo período que sobrar; E: a proposição contraria o teor da Súmula nº 438 do STJ. Gabarito "A".

(Magistratura/SE – 2008 – CESPE) No que se refere à extinção da punibilidade, assinale a opção correta.

(A) Na ação penal privada, admite-se o perdão do ofendido após o trânsito em julgado da sentença penal condenatória, em face do princípio da disponibilidade.
(B) A renúncia e a preclusão extinguem a punibilidade do agente nos crimes em que se procede mediante ação penal privada, exceto no caso de ação penal privada subsidiária da pública.
(C) A extinção da punibilidade de crime que é pressuposto ou elemento constitutivo de outro crime a este se estende.
(D) A decisão que julga extinta a punibilidade do agente não impede a propositura da ação civil reparatória.
(E) A concessão de indulto é de competência do presidente da República, pode ocorrer antes ou depois da sentença penal condenatória e sempre retroage em benefício do agente.

A: o perdão do ofendido (arts. 105 e 106 do CP) só terá lugar a partir do início da ação penal e desde que não tenha havido trânsito em julgado da sentença penal condenatória; B: para boa parte da doutrina, a renúncia é cabível, sim, na ação penal subsidiária da pública (Julio Fabbrini Mirabete). Nada obsta, entretanto, o Ministério Público de ajuizar a ação penal. Preclusão, por sua vez, é uma perda de uma faculdade processual, pela inércia da parte no prazo respectivo; C: art. 108, primeira parte, do CP; D: é o caso, por exemplo, da *abolitio criminis*, em que são excluídos tão somente os efeitos penais decorrentes do crime, subsistindo os civis. Embora o fato não seja mais crime, operou-se um ilícito civil; E: art. 84, XII, CF. É de competência do presidente da República. É dominante o entendimento segundo o qual é possível a concessão do indulto se já houve trânsito em julgado para a acusação. Gabarito "D".

(MINISTÉRIO PÚBLICO/SE – 2010 – CESPE) De acordo com o CP, o curso da prescrição interrompe-se

(A) em virtude da reincidência.
(B) pelo início, mas não pela continuação do cumprimento da pena.
(C) pelo oferecimento da denúncia ou da queixa.
(D) se houver prolação de sentença absolutória.
(E) pela superveniência da confissão do acusado em juízo.

As causas interruptivas da prescrição estão contempladas no art. 117 do CP. Gabarito "A".

(Ministério Público/TO – 2006 – CESPE) Acerca das causas de extinção da punibilidade, assinale a opção correta.

(A) De acordo com o entendimento do STF, é possível revogação da decisão que extinguiu a punibilidade do réu, com base em certidão de óbito falsa, por inexistência de coisa julgada em sentido estrito, visto que tal decisão é meramente declaratória, não subsistindo se seu pressuposto for falso.
(B) O decreto de indulto coletivo é auto-executável, isto é, produz efeitos por si mesmo, prescindindo de avaliação judicial e oitiva do MP.
(C) No caso de indulto condicional, o condenado deve apresentar bom comportamento durante certo período, que normalmente é de dois anos, sob pena de não ser reconhecido o perdão concedido, situação em que o indulto perde a eficácia e o condenado volta a cumprir a pena. No período determinado como condição, a superveniência de decisão condenatória que imponha pena restritiva de direitos impede o aperfeiçoamento do indulto.
(D) A anistia ocorre apenas após a condenação definitiva, pode ser condicionada ou não
(E) destina-se a crimes políticos e comuns, sendo vedada para crimes hediondos, tortura, tráfico ilícito de entorpecentes e terrorismo.

A: com efeito, para essa jurisprudência, a decisão de extinção de punibilidade é meramente **interlocutória**. Não tem, pois, o condão de gerar coisa julgada material. Ademais disso, se morte não houve, ausente o pressuposto da declaração de extinção da punibilidade. Parte da doutrina, no entanto, entende que o réu poderia ser punido, quando muito, pela falsidade, não havendo, pois, a possibilidade de reabrir a demanda penal, o que equivaleria a revisão *pro societate*; B: os decretos presidenciais, por terem condições objetivas e subjetivas, devem ser submetidos a avaliação judicial (juiz da execução), ouvido o Ministério Público. Não são, portanto, auto-executáveis; C: Decreto 3.667, de 21 de novembro de 2000; Decreto 5.620, de 15 de dezembro de 2005; D: a anistia pode se dar antes ou depois da condenação definitiva. É aplicada, primordialmente, a crimes políticos, nada impedindo que seja concedida a crimes comuns. É inaplicável, nos termos do art. 5º, XLIII, da CF, a crimes hediondos, tortura, tráfico de entorpecentes e terrorismo. Gabarito "A".

(Defensoria/MG – 2009 – FURMARC) No crime de peculato culposo, a reparação do dano antes do trânsito em julgado da sentença, deve ser considerada como:

(A) Causa especial de diminuição de pena.
(B) Circunstância atenuante.
(C) Excludente de ilicitude.
(D) Excludente de imputabilidade.
(E) Causa de extinção de punibilidade.

No peculato culposo – art. 312, § 2º, do CP, a reparação do dano, quando anterior à sentença irrecorrível, extingue a punibilidade; se, no entanto, lhe é posterior, reduz de metade a pena imposta, conforme prescreve o art. 312, § 3º, do CP. Gabarito "E".

(Defensoria/MT – 2007) Em matéria de causas extintivas de punibilidade, assinale a afirmativa que apresenta uma sentença verdadeiramente correta.

(A) A renúncia ao exercício do direito de queixa por um dos ofendidos obsta a propositura da ação penal dos demais.
(B) O oferecimento da denúncia ou queixa interrompe a contagem do prazo prescricional.
(C) O marco inicial da prescrição superveniente é a publicação da sentença condenatória, e o marco final o trânsito em julgado para a defesa.
(D) Admite-se a renúncia em se tratando de ação penal privada subsidiária, o que por si só não obstará o Ministério Público de oferecer a denúncia.
(E) O prazo de quatro anos regulará a ocorrência da prescrição intercorrente retroativa para o condenado à pena privativa de liberdade fixada em dois anos de reclusão, por fato cometido quando o agente contava com vinte anos de idade.

A: se o direito de queixa é titularizado por dois ofendidos, a renúncia de um não elide o direito do outro, ou seja, este continua legitimado a ajuizar a queixa; B: art. 117, I, do CP. A prescrição é interrompida, dentre outras causas, pelo *recebimento* da denúncia ou queixa; C: art. 110, § 1º, do CP (prescrição superveniente, subsequente ou intercorrente). O marco inicial desta modalidade de prescrição é a publicação da sentença condenatória; o marco final é representado pelo momento em que a decisão se torna definitiva para a acusação e para a defesa; D: é a posição majoritária na doutrina; E: art. 110, § 1º, do CP. Gabarito "D".

(Delegado/PB – 2009 – CESPE) Não leva à extinção da punibilidade do agente

(A) a retroatividade de lei que não mais considera o fato como criminoso.
(B) a prescrição, a decadência ou a perempção.
(C) a renúncia do direito de queixa ou o perdão aceito, nos crimes de ação privada.
(D) o casamento do agente com a vítima, nos crimes contra os costumes.
(E) a retratação do agente, nos casos em que a lei a admite.

A: art. 107, III, do CP; B: art. 107, IV, do CP; C: art. 107, V, do CP; D: com o advento da Lei 11.106/2005, que revogou o art. 107, VII, do CP, dentre outras mudanças implementadas, não mais existe a possibilidade de extinguir-se a punibilidade do agente pelo casamento deste com a vítima, nos crimes contra os costumes, atualmente denominados crimes contra a dignidade sexual; E: art. 107, VI, do CP. Gabarito "D".

(Defensoria Pública da União – 2007 – CESPE) Julgue o item seguinte.

(1) Nos crimes conexos, a extinção da punibilidade de um deles não impede, quanto aos outros, a agravação da pena resultante da conexão.

Art. 108 do CP. Gabarito 1C.

(Advogado da União/AGU – CESPE – 2009) Acerca da extinção da punibilidade, julgue os itens a seguir.

(1) Caso a pena de multa seja alternativa ou cumulativamente cominada ou cumulativamente aplicada, aplicam-se a ela os mesmos prazos previstos para as respectivas penas privativas de liberdade.
(2) No caso de concurso de crimes, a extinção da punibilidade incidirá sobre a pena de cada um deles, isoladamente.

1: art. 114, II, do CP; 2: art. 119 do CP. Gabarito 1C, 2C.

(CESPE – 2007) Extingue a punibilidade do agente

(A) A decadência, nos crimes de ação penal privada e pública incondicionada.
(B) A renúncia, nos crimes de ação penal privada subsidiária da pública.
(C) A perempção, nos crimes de ação penal privada.
(D) O perdão, nos crimes de ação penal pública condicionada à representação.

A: na ação penal privada, o não oferecimento da queixa dentro do prazo legal gera a extinção da punibilidade do agente. Na ação penal pública incondicionada, no entanto, o não oferecimento da queixa subsidiária não acarreta a extinção da punibilidade, já que o Ministério Público pode, a qualquer tempo, dar início à ação penal; B: para parte da doutrina, a renúncia pode ser aplicada à ação penal privada subsidiária da pública; C: art. 107, IV, do CP. Trata-se de instituto que tem aplicação exclusiva à ação penal privada; D: é instituto exclusivo da ação penal privada. Gabarito "C".

17. PRESCRIÇÃO

(Magistratura/AL – 2007 – FCC) Em 25 de abril de 2004, José, de 20 anos de idade, foi preso em flagrante por tentativa de furto. Recebida a denúncia em 27 de maio de 2004, o réu acabou condenado, por sentença publicada em 28 de março de 2005, a quatro meses de reclusão. Houve recurso apenas da defesa e, em 15 de fevereiro de 2006, o Tribunal de Justiça do Estado, por maioria de votos, negou provimento ao recurso, vencido Desembargador que o acolhia para absolver o acusado. Interpostos embargos infringentes, em janeiro de 2007 aguardava-se o julgamento de tal recurso. No caso,

(A) ocorreu a prescrição da pretensão punitiva, que não gera futura reincidência.
(B) ocorreu a prescrição da pretensão executória, que gera futura reincidência.
(C) ocorreu a prescrição da pretensão executória, que não gera futura reincidência.
(D) ocorreu a prescrição da pretensão punitiva, que gera futura reincidência.
(E) não ocorreu qualquer forma de prescrição.

Está-se diante da chamada *prescrição superveniente ou subsequente*, baseada na pena aplicada (quatro meses de reclusão), prevista no art. 110, § 1º, do CP, modalidade de prescrição da pretensão punitiva (não houve ainda trânsito em julgado). Por se tratar de réu menor, o prazo prescricional será reduzido de metade, na forma do art. 115 do CP. São afastados, ademais, todos os efeitos da condenação, principais e secundários, penais e extrapenais. Gabarito "A".

(Magistratura/DF – 2011) Prescrição é a perda do direito de punir do Estado, pelo não exercício em determinado lapso temporal. Por isso,

(A) Sendo a prescrição causa de extinção da punibilidade, a mesma ocorre com a morte do agente no decurso do inquérito ou do processo;
(B) Quando ainda não há condenação, a prescrição da ação penal regula-se pela pena máxima cominada ao delito;
(C) Nos crimes de sonegação fiscal a prescrição ocorre pelo pagamento do tributo antes do oferecimento da denúncia;
(D) A prescrição constitui causa de extinção da punibilidade.

A: tanto a prescrição quanto a morte do agente constituem, a teor do art. 107 do CP, causas extintivas da punibilidade. É incorreto, portanto, dizer que a morte do agente constitui hipótese de prescrição. Mesmo porque a prescrição corresponde à perda do direito de punir do Estado em razão do decurso do tempo; B: art. 109 do CP; C: não se trata de prescrição, que consiste, como já dissemos, na perda do direito de punir de que é titular o Estado em razão do decurso do tempo. Nos crimes de sonegação fiscal, o pagamento do tributo feito antes do recebimento da denúncia gera a extinção da punibilidade, na forma estatuída no art. 34 da Lei 9.249/95. Acrescente-se que vem ganhando força o entendimento segundo o qual, com base no art. 9º, § 2º, da Lei 10.684/03, o pagamento do tributo levado a efeito mesmo depois do recebimento da denúncia tem o condão de extinguir a punibilidade, em qualquer fase do processo; D: de fato, a prescrição constitui uma das causas extintivas da punibilidades (art. 107 do CP). Gabarito "B".

(Magistratura/PA – 2009 – FGV) Assinale a causa que não interrompe o curso da prescrição.

(A) Reincidência.
(B) Oferecimento da denúncia ou da queixa.
(C) Publicação da sentença condenatória recorrível.
(D) Publicação do acórdão condenatório recorrível.
(E) Decisão confirmatória da pronúncia.

As hipóteses de interrupção do lapso prescricional estão listadas no art. 117 do CP, entre as quais estão a reincidência, a publicação da sentença ou acórdão condenatórios recorríveis e a decisão confirmatória da pronúncia. Além desses, o dispositivo reza que a interrupção se dará com a decisão de recebimento da denúncia ou queixa, e não com o seu oferecimento, como consta da assertiva "B". Gabarito "B".

(Magistratura/RS – 2009) Assinale a alternativa que completa de forma incorreta a frase abaixo. O prazo de prescrição da pretensão punitiva dos crimes hediondos contra a vida se interrompe

(A) pelo recebimento da queixa, quando possível, ou da denúncia.
(B) pela pronúncia.
(C) pelo início ou pela continuação do cumprimento da pena privativa de liberdade.
(D) pela publicação da sentença ou do acórdão condenatório recorríveis.
(E) pelo acórdão confirmatório da pronúncia.

A: art. 117, I, do CP; B: art. 117, II, do CP; C: hipótese não contemplada como causa interruptiva; D: art. 117, IV, do CP; E: art. 117, III, do CP. Gabarito "C".

(Magistratura/SP – 2007) Assinale a alternativa correta.

(A) A prescrição virtual, também dita prescrição em perspectiva, está prevista no Código Penal.
(B) Os prazos prescricionais, configurados antes de a sentença transitar em julgado, devem ser exasperados diante da reincidência do agente.
(C) A detração penal é computada na contagem do prazo prescricional.
(D) Há delitos imprescritíveis em nosso ordenamento jurídico.

A: tal modalidade de prescrição, baseada na pena que virtualmente seria aplicada ao réu em caso de condenação, não encontra amparo no Código Penal. Embora alguns julgados a reconheçam, grande parte da jurisprudência não aceita esta forma de prescrição, visto que representa verdadeiro pré-julgamento. A propósito, a Súmula nº 438 do STJ não admite a prescrição calcada em pena hipotética; B: art. 109, *caput*, do CP. As agravantes e atenuantes contidas nos arts. 61, 62 e 65 do Código Penal não influenciam na contagem do prazo prescricional, exceção feita àquelas do art. 65, I, do CP, por força do que dispõe o art. 115 do mesmo diploma (menor de 21 e maior de 70); C: trata-se de institutos incompatíveis: STF, HC 69.865-PR, 1ª T., Rel. Min. Celso de Mello, 2.2.1993; D: art. 5º, XLII e XLIV, da CF, que correspondem, respectivamente, aos crimes de racismo e terrorismo. Gabarito "D".

(Magistratura/SP – 2008) Por furto qualificado acontecido em 10 de janeiro de 2004, A e B foram processados (denúncia recebida em 03 de fevereiro de 2005), sobrevindo, em 24 de maio de 2006, sentença que condenou o primeiro às penas de 02 (dois) anos de reclusão e 10 dias-multa, sem recurso das partes. Quanto a B, menor de 21 anos à data do crime, o processo foi desmembrado para a instauração de incidente de insanidade mental que, ao final, o considerou plenamente imputável. B, então, foi condenado, pelo mesmo delito, às penas de 02 (dois) anos de reclusão e 10 dias-multa, por sentença publicada em 21 de março de 2007, que se tornou definitiva para as partes em abril do mesmo ano. É correto afirmar, quanto a B, que

(A) ocorreu a prescrição da pretensão punitiva em face da pena aplicada e de sua menoridade relativa à data do delito.
(B) ocorreu a prescrição da pretensão executória em face da pena aplicada e de sua menoridade relativa à data do crime.
(C) não ocorreu a extinção da punibilidade, em qualquer dessas modalidades, em razão da interrupção do curso da prescrição pela instauração de incidente de insanidade mental.
(D) não ocorreu a extinção da punibilidade, em qualquer dessas modalidades, em razão da interrupção do curso da prescrição pela sentença condenatória proferida contra A.

Art. 117, IV e § 1º, do CP. Gabarito "D".

(Ministério Público/CE – 2009 – FCC) No caso de concurso de crimes, a prescrição incidirá

(A) sobre a pena de cada um, isoladamente, apenas na hipótese de prescrição da pretensão executória.
(B) sempre sobre o total da pena.
(C) sobre o total da pena, se o concurso for material, e sobre a pena de cada um, isoladamente, se formal.
(D) sobre a pena de cada um, isoladamente, se corresponder a crime continuado, e sobre total, se o concurso for material ou formal.
(E) sempre sobre a pena de cada um, isoladamente.

Art. 119 do CP. Gabarito "E".

(Ministério Público/MA – 2009) No caso de concurso de crimes a prescrição se opera:

(A) sobre o total da pena aplicada cumulativamente aos delitos;
(B) somente sobre o *quantum* relativo às agravantes reconhecidas;
(C) somente sobre a pena mais grave aplicada;
(D) sobre a pena de cada um dos crimes, isoladamente;
(E) sobre a pena do primeiro crime praticado.

Art. 119 do CP. Gabarito "D".

(Ministério Público/SE – 2010 – CESPE) De acordo com o CP, o curso da prescrição interrompe-se

(A) em virtude da reincidência.
(B) pelo início, mas não pela continuação do cumprimento da pena.
(C) pelo oferecimento da denúncia ou da queixa.
(D) se houver prolação de sentença absolutória.
(E) pela superveniência da confissão do acusado em juízo.

Somente a assertiva contida na alternativa "A" contempla uma *causa interruptiva da prescrição* – art. 117, VI, do CP. Gabarito "A".

(Ministério Público/SP – 2011) De acordo com a legislação penal vigente, a prescrição, depois da sentença condenatória com trânsito em julgado para a acusação ou depois de improvido seu recurso, regula-se:

(A) pela pena aplicada. não podendo ter por termo inicial data anterior à do recebimento da denúncia ou queixa.
(B) pela pena em abstrato cominada em seu máximo legal ao delito, não podendo ter por termo inicial data anterior à do recebimento da denúncia.
(C) pela pena aplicada. podendo ter por termo inicial o dia em que o crime se consumou.
(C) pela pena em abstrato cominada em seu mínimo legal ao delito, não podendo ter por termo inicial data anterior à da denúncia ou queixa.
(E) pela pena aplicada, não podendo ter por termo inicial data anterior à da denúncia ou queixa.

Art. 110, § 1º, do CP, cuja redação foi alterada pela Lei 12.234/10. Gabarito "E".

(Ministério Público/SP - 2005) Considere os seguintes enunciados, relacionados com prescrição:

I. O art. 89, § 6º, da Lei nº 9.099/95, estabelece causa interruptiva de prescrição ao dispor que "não correrá a prescrição" durante o prazo da suspensão condicional do processo.
II. Reconhecida a prescrição da pretensão punitiva, não prevalece nenhum efeito da sentença condenatória eventualmente existente.
III. Reconhecido crime continuado na sentença condenatória, não se computa o acréscimo da pena decorrente da continuação no cálculo da prescrição retroativa ou intercorrente.

Estão corretos

(A) todos os três.
(B) nenhum dos três.
(C) apenas I e II.
(D) apenas I e III.
(E) apenas II e III.

I: o art. 89, § 6º, da Lei 9.099/95 cuida de uma causa impeditiva da prescrição (não há perda do tempo já computado); II: de fato, uma vez reconhecida a prescrição da pretensão punitiva, serão afastados todos os efeitos da condenação; III: Súmula 497 do STF. Gabarito "E".

(Defensoria/MG – 2009 – FURMARC) A prescrição da pretensão punitiva é regulada:

(A) Pela pena aplicada na sentença condenatória recorrível.
(B) Pela pena máxima prevista para o tipo penal.
(C) Pela pena aplicada na sentença condenatória transitada em julgado.
(D) Pelo prazo de 30 anos, quando se tratar de crime hediondo.
(E) Pela pena hipotética, nos crimes de menor potencial ofensivo.

Art. 109, *caput*, do CP (com redação alterada pela Lei 12.234/10). Gabarito "B".

(Defensoria/MG – 2009 – FURMARC) Se a existência de crime depender de solução que o juiz criminal repute séria e fundada, relacionado ao estado civil das pessoas, ficará suspenso o curso do processo até que no juízo civil seja a questão resolvida por sentença transitada em julgado (artigo 92 do CPP). Ocorrendo a situação acima descrita, em relação à prescrição, é CORRETO afirmar:

(A) Não corre a contagem do prazo prescricional.
(B) Não sofre qualquer interrupção ou suspensão, porque o Ministério Público torna-se legitimado para propor a ação civil.
(C) Se não houver recurso da acusação contra a decisão que suspendeu o curso do processo, não haverá suspensão do prazo prescricional.
(D) A responsabilidade civil é independente da criminal, por isso não há a interrupção do prazo prescricional.
(E) As normas de direito processual penal são independentes e não guardam relação com as normas de prescrição que são de direito material.

Art. 116, I, do CP. Gabarito "A".

(Defensor Público/PA – 2006 – UNAMA) Considerando o instituto da prescrição, são causas exclusivamente interruptivas:

I. A sentença de pronúncia.
II. Enquanto o agente cumpre pena no estrangeiro.
III. Enquanto não resolvida a questão incidental.
IV. A sentença condenatória recorrível.

Somente está correto o que se afirma em:

(A) I e III.
(B) II e IV.
(C) II e III.
(D) I e IV.

As causas interruptivas da prescrição estão contempladas no art. 117 do CP. Gabarito "D".

(Defensoria/RN – 2006) Sobre a prescrição penal é incorreto afirmar que

(A) a multa quando for cominada cumulativamente com pena privativa de liberdade, prescreve no mesmo prazo desta.
(B) nos crimes conexos, a prescrição quanto a um deles impede o reconhecimento de agravação da pena resultante da conexão quanto aos subsistentes.
(C) a interrupção da prescrição pelo recebimento da denúncia produz efeitos quanto a todos os autores do crime.
(D) aplica-se às penas restritivas de direito os mesmos prazos previstos para as privativas de liberdade.

A: art. 114, II, do CP; B: art. 108, 2ª parte, do CP; C: art. 117, § 1º, do CP; D: art. 109, parágrafo único, do CP. Gabarito "B".

(Delegado/SP – 2008) A prescrição que se baseia na falta de interesse de agir do Estado e cujo escopo é evitar que eventual condenação não tenha função alguma, desprestigiando a Justiça Pública, denomina-se

(A) retroativa.
(B) da pretensão executória.
(C) intercorrente.
(D) antecipada.
(E) da pretensão punitiva.

Prescrição **antecipada** ou **virtual** é aquela baseada na pena que seria, em tese, aplicada ao réu em caso de condenação. Grande parte da jurisprudência rechaça tal modalidade de prescrição, na medida em que implica verdadeiro pré-julgamento (o juiz estaria utilizando-se de uma pena ainda não aplicada). Ressalte-se que o STJ, por meio da Súmula nº 438, não admite a prescrição baseada em pena hipotética. Gabarito "D".

(Magistratura Federal – 1ª Região – 2005) Regra geral, a prescrição, antes de transitar em julgado a sentença final:

(A) começa a correr do dia da ação ou omissão, incluindo-se no cômputo do prazo o dia do começo, pois o Código Penal seguiu a teoria da atividade ao estabelecer o momento do crime;
(B) começa a correr do dia do resultado, levando-se em conta a regra do art. 798, §1º, do Código de Processo Penal, pois prescrição, embora em parte disciplinada no Código Penal, é matéria eminentemente processual;
(C) começa a correr do dia da ação ou omissão apenas se o agente era, ao tempo do crime, menor de vinte e um anos de idade;
(D) regula-se pelo máximo da pena privativa de liberdade cominada ao crime, computando-se nesse prazo as causas especiais de aumento e de diminuição de pena, com exceção do concurso e da continuidade.

A e B: o art. 111, I, do CP leva em conta, para fixar o termo inicial da prescrição, o dia em que o crime se **consumou**. Se se tratar de crime material, do dia em que se verificou o resultado naturalístico; em se tratando de crime formal ou de mera conduta, da data da atividade. O prazo prescricional deve ser contado na forma estabelecida no art. 10 do Código Penal, razão pela qual o dia do começo deve ser incluído no seu cômputo; C: art. 115 do CP; D: art. 109 do CP. Gabarito "D".

(Magistratura Federal – 5ª Região – 2007 – CESPE) Julgue o item seguinte.

(1) A prescrição da pena de multa ocorre em dois anos, quando a multa for a única pena aplicada, ou no mesmo prazo estabelecido para a prescrição da pena privativa de liberdade, quando a multa for alternativa ou cumulativamente cominada ou cumulativamente aplicada.

Art. 114 do CP. Gabarito 1C.

(CESPE – 2007) Acerca do instituto da prescrição penal e seus efeitos, assinale a opção correta.

(A) A partir do trânsito em julgado da sentença penal condenatória, começa a correr o prazo da prescrição da pretensão punitiva.
(B) O reconhecimento da prescrição da pretensão punitiva significa que o réu pode ser considerado reincidente caso pratique novo crime.
(C) Ocorrendo a prescrição da pretensão executória, o título executório é formado com o trânsito em julgado; entretanto, o Estado perde o direito de executar a sentença penal condenatória.
(D) Ocorrendo a prescrição da pretensão executória, a vítima não tem à sua disposição o título executivo judicial para promover a liquidação e execução cível.

A: a prescrição da pretensão punitiva somente ocorre antes do trânsito em julgado da sentença condenatória; B: a prescrição da pretensão punitiva tem o condão de afastar todos os efeitos, principais e secundários, penais e extrapenais, da condenação, ou seja, se acaso o réu vier a praticar novo crime, não poderá ser considerado reincidente; C: se o Estado não conseguir dar início à execução da pena dentro do prazo fixado, terá lugar a prescrição da pretensão executória, que atinge tão somente a pena principal; subsistem, portanto, os demais efeitos condenatórios; D: a vítima tem, sim, à sua disposição o título executivo judicial, já que a prescrição, como dito, só atinge a pena principal. Gabarito "C".

(CESPE – 2006) Assinale a opção correta a respeito da prescrição.

(A) O prazo de prescrição da pretensão punitiva é regulado pela quantidade de pena imposta na sentença condenatória.
(B) No caso de evadir-se o condenado, a prescrição é regulada pelo tempo que resta da pena.
(C) Se, entre a data da sentença e a data do recebimento da denúncia, houver ocorrido o lapso de tempo de prescrição regulado pela pena *in concreto*, dar-se-á a prescrição intercorrente.
(D) O curso da prescrição é suspenso pela reincidência.

A: o prazo é regulado nos moldes do art. 109 do CP (máximo da pena privativa de liberdade cominada ao crime); B: art. 113, CP. Cuida-se, aqui, da *prescrição da pretensão executória*; C: a *prescrição intercorrente* está contida no § 1º do art. 110 do CP, que teve sua redação alterada por força da Lei 12.234/10; D: art. 117, VI, do CP. A reincidência constitui causa interruptiva da prescrição. A propósito, a única causa suspensiva da prescrição da pretensão executória está contida no parágrafo único do art. 116 do CP. Gabarito "B".

18. CRIMES CONTRA A PESSOA

(Magistratura/BA – 2006 – CESPE) Acerca dos crimes contra a vida e das lesões corporais, julgue os itens que se seguem.

(1) De acordo com o posicionamento do STJ, não há incompatibilidade, em tese, na coexistência de qualificadora objetiva do crime de homicídio, como, por exemplo, a forma de executá-lo — à traição, de emboscada, ou mediante dissimulação ou outro recurso que dificulte ou torne impossível a defesa do ofendido — com a sua forma privilegiada — impelido por motivo de relevante valor social ou moral, ou sob o domínio de violenta emoção, logo em seguida a injusta provocação da vítima.

(2) Considere a seguinte situação hipotética. Durante uma acalorada discussão, Oto agrediu a sua companheira com uma faca, desferindo-lhe golpes na cavidade torácica, que vieram atingir o pulmão esquerdo, posteriormente extraído em uma intervenção cirúrgica. Nessa situação, Oto praticou o crime de lesão corporal de natureza grave, que terá a pena aumentada em um terço, por ter sido praticado contra a companheira.

1: a doutrina e a jurisprudência têm aceitado, de forma pacífica, a existência do chamado homicídio qualificado-privilegiado, desde que se trate de qualificadora de caráter objetivo. Isso se dá porque as hipóteses legais de privilégio são de caráter subjetivo, incompatíveis, portanto, com as qualificadoras de caráter subjetivo (ligadas ao motivo do crime). Esta modalidade de crime, segundo doutrina e jurisprudência, não pode ser considerada como delito hediondo, pois o fator preponderante, neste caso, é o que se refere à motivação do crime (art. 67 do CP) ; 2: art. 129, §§ 1º, III, e 10, do CP. Gabarito 1C, 2C.

(Magistratura/DF – 2011) Dos crimes contra a honra. Calúnia, Difamação e Injúria. A honra, objetiva (julgamento que a sociedade faz do indivíduo) e subjetiva (julgamento que o indivíduo faz de si mesmo), é um direito fundamental do ser humano, protegido constitucional e penalmente. Destarte:

(A) Do almoxarifado de empresa de energia elétrica foi subtraído 1.300 quilogramas de fio de cobre. Ao Almoxarife Francinaldo, falecido dois meses antes de descoberta a falta, Tiburcio, seu substituto, atribuiu-lhe a autoria. Procedidas às investigações, resultou constatado ter sido um dos motoristas quem efetuou a subtração. Por ser punível a calúnia contra os mortos, Francinaldo é o sujeito passivo do crime;

(B) Ainda que falsa a imputação atribuída por Tiburcio ao morto, por ser admitido na lei penal a *exceptio veritatis*, está ele, via do instituto, compelido a provar ser ela verdadeira;

(C) Por Márcio haver dito em assembléia estudantil que Maurício, seu colega de faculdade, é afeminado e desonesto, por este foi interposta ação penal privada, a qual, ao ser julgada, absolveu o agressor por não haver a vítima provado ser falsa a imputação;

(D) No crime de calúnia, o querelado ou réu não pode ingressar com a *exceptio veritatis*, pretendendo demonstrar a verdade do que falou, quando o fato imputado à vítima constitua crime de ação privada e não houve condenação definitiva sobre o assunto.

A: é verdade que a lei penal previu a calúnia contra os mortos (art. 138, § 2º, do CP), mas, neste caso, o sujeito passivo do crime não é o falecido, que deixou de ser titular de direitos a partir de sua morte, e sim os seus familiares, interessados que são no respeito ao nome do parente falecido; B: a exceção da verdade (art. 138, § 3º, do CP) consiste na faculdade – não no dever – atribuída ao ofensor de provar que a imputação é verdadeira. Assim é porque a falsidade da imputação constitui pressuposto do crime de calúnia; C: ao se afirmar que alguém é *afeminado* e *desonesto*, está-se atribuindo característica negativa, ofensiva à honra subjetiva do ofendido. Não há, neste caso, imputação de fato determinado, como se dá na calúnia e na difamação (em que a honra atingida é a objetiva); D: correto, nos termos do art. 138, § 3º, I, do CP. Sucede que, no crime de calúnia, a exceção da verdade é, em regra, admitida, salvo nas hipóteses contidas no dispositivo supracitado. Gabarito "D".

(Magistratura/DF – 2011) Dos crimes contra a vida. Homicídio simples, privilegiado e qualificado (Art. 121, §§ 1º e 2º) – Matar alguém; Pena - Reclusão, de 6 (seis) a 20 (vinte) anos. Logo:

(A) A causa especial de redução da pena, "sob o domínio de violenta emoção, logo em seguida à injusta provocação da vítima", prevista no §1º, do artigo 121, do Código Penal, é aplicável mesmo não estando o agente completamente dominado pela emoção;

(B) Ainda que o homicídio seja praticado friamente dias após a injusta provocação da vítima, a simples existência da emoção por parte do acusado, é bastante para que o mesmo possa ser considerado privilegiado;

(C) Configura traição que qualifica o homicídio a conduta do agente que de súbito ataca a vítima pela frente;

(D) Configura traição que qualifica o homicídio a conduta do agente que colhe a vítima por trás, sem que esta tenha qualquer visualização do ataque.

A: é necessário, ao reconhecimento do homicídio privilegiado, que o agente aja completamente dominado, envolvido por violenta emoção. Se assim não for, o benefício não será reconhecido; B: constitui requisito da causa de diminuição da pena (homicídio privilegiado) a *imediatidade da reação*, é dizer, o homicídio deve ocorrer logo em seguida à provocação. No mais, a emoção, pura e simples, não afasta a imputabilidade penal (art. 28 do CP); C e D: a hipótese descrita na assertiva não se amolda à traição na medida em que esta deve ser entendida como a qualificadora quanto ao modo de execução que consiste na investida sorrateira, inesperada, sem que a vítima tenha qualquer visualização do ataque. O ataque de súbito, pela frente, pode caracterizar *surpresa*. Gabarito "D".

(Magistratura/DF – 2007) Analise as proposições e assinale a única alternativa a correta:

I. Na morte da companheira infiel há legítima defesa da honra.
II. O parentesco não qualifica o homicídio, funcionando como agravante.
III. O portador de AIDS que contamina outra pessoa, com intenção de matá-la, responde por homicídio doloso, desde que ocorra morte.

(A) Todas as proposições são verdadeiras.
(B) Todas as proposições são falsas.
(C) Apenas uma das proposições é verdadeira.
(D) Apenas uma das proposições é falsa.

I: a questão é sobremaneira tormentosa e polêmica, mas aqueles que sustentam a impossibilidade de se invocar a legítima defesa da honra no caso de adultério argumentam que a honra não pode ser compartilhada entre os cônjuges. Cada qual possui a sua. Além disso, a honra atingida é a do infiel, do traidor. Sustentam, por fim, a falta de atualidade da agressão, condição indispensável à caracterização da excludente. Argumentam que a agressão se deu com o início da relação extraconjugal; II: o *parentesco*, de fato, não está contido no rol do art. 121, § 2º, do CP (homicídio qualificado); está, todavia, no art. 61, II, *e*, do CP (circunstância agravante); III: agindo o sujeito com *animus necandi* e ocorrendo o evento morte, responderá por homicídio doloso (art. 121 do CP). Gabarito "D".

(Magistratura/MG – 2009 – EJEF) Sobre os delitos contra a vida, marque a alternativa CORRETA.

(A) Tem-se por inadmissível a figura do homicídio qualificado-privilegiado.

(B) Uma determinada pessoa decide agredir fisicamente seu desafeto, conseguindo causar-lhe diversos ferimentos. Contudo, durante o entrevero, muda o seu intento e decide matá-lo, disparando com uma arma de fogo contra a vítima, sem conseguir acertá-la. Responderá por lesões corporais consumadas e homicídio tentado.

(C) Uma mulher, em estado puerperal, mata, com a ajuda da enfermeira, o seu filho que acabara de nascer. As duas responderão por infanticídio.

(D) Em face da adoção, em nosso Código Penal, da teoria monista, aquele que auxilia a gestante a praticar aborto, responderá, em concurso material com ela, pelo mesmo crime, qual seja: art. 124 do CP (provocar aborto em si mesma ou consentir que outrem lho provoque).

A: ao contrário. Doutrina e jurisprudência têm aceitado, de forma pacífica, a existência do chamado homicídio qualificado-privilegiado (homicídio híbrido), desde que se trate de qualificadora de caráter objetivo. Isso se dá porque as hipóteses legais de privilégio são de caráter subjetivo, incompatíveis, portanto, com as qualificadoras de caráter subjetivo (ligadas ao motivo do crime); B: o caso narrado trata da chamada *progressão criminosa*, que constitui hipótese de incidência do princípio da consunção e tem como consequência a absorção dos crimes de lesão leve corporal pelo crime-fim, a tentativa de homicídio ou mesmo o homicídio consumado, conforme o caso. Não há, pois, por essa razão, que se falar em concurso material de crimes; C: em vista da regra do art. 30 do CP, tanto coautores quanto partícipes respondem pelo crime de infanticídio. Embora não seja a solução mais justa, esta é a posição amplamente dominante na doutrina e jurisprudência; D: há de ser feita uma distinção: aquele que auxilia a gestante na execução material do aborto incorrerá nas penas do art. 126 do CP. É o caso da enfermeira. Se, no entanto, o auxílio à gestante foi pagando, acompanhando etc., neste caso o agente responderá como partícipe do crime do art. 124 do CP. Gabarito "C".

(Magistratura/MG - 2006) Gertrudes, moça pacata, com 20 anos de idade, residente no sítio Pica Pau, filha de pai rude e violento, às escondidas, manteve um relacionamento amoroso com Vivaldo Borba, engravidando. Envergonhada, com medo de seu pai e em respeito à sua família e conhecidos, conseguiu manter a gravidez em segredo até que, depois de muito esforço, provocou o parto dando à luz uma criança do sexo masculino. Ainda no estado puerperal, para ocultar sua desonra, levou a criança para local diverso deixando-a debaixo de uma árvore, sem prestar-lhe a assistência devida, razão pela qual veio esta a falecer. Gertrudes praticou o crime de:

(A) infanticídio;
(B) aborto provocado pela própria gestante;
(C) homicídio privilegiado, impelido por relevante valor social, moral;
(D) abandono de recém-nascido.

Gertrudes abandou seu filho recém-nascido com o propósito específico de ocultar desonra própria, devendo, portanto, ser responsabilizada pelo crime capitulado no art. 134, § 2º, do Código Penal – exposição ou abandono de recém-nascido (qualificado pelo resultado morte). Gabarito "D".

(Magistratura/MG - 2007) Virginia, com 17 anos, foi estuprada e ficou grávida. Constatada a gravidez, pediu a Sérgio Roberto, enfermeiro com curso superior, que lhe praticasse um aborto. Esse pedido foi também corroborado pelos pais de Virginia e outros amigos comuns de Sérgio e de Virginia, que sabiam do seu drama, tendo Sérgio concordado e praticado o aborto. Ocorre que o feto de quase cinco meses, em vez de morrer dentro do ventre da mãe, veio, em razão de sua imaturidade, a morrer fora do ventre. Sérgio Roberto responderá criminalmente por:

(A) aceleração de parto;
(B) aborto consentido pela gestante;
(C) aborto sentimental ou humanitário;
(D) homicídio.

Somente o médico está credenciado, nos termos do art. 128, II, do CP, a proceder à interrupção da gravidez. Assim, Sérgio Roberto, que realizou as manobras abortivas com o consentimento de Virginia e de seus pais, responderá como incurso nas penas do art. 126, *caput*, do CP (aborto provocado por terceiro com consentimento). Gabarito "B".

(Magistratura/MG - 2007) Assinale as assertivas CORRETAS. 1. A eutanásia pode ser citada como exemplo de homicídio privilegiado, uma vez que o autor do crime age para abreviar o sofrimento da vítima portadora de doença incurável e desenganada pela medicina. 2. O homicídio praticado contra velho ou criança torna-o qualificado pela maior dificuldade de defesa da vítima. 3. A premeditação, que em muitos casos revela maldade de espírito, não é qualificadora do crime de homicídio.

(A) 1, 2, e 3.
(B) 1 e 2, apenas.
(C) 1 e 3, apenas.
(D) 2 e 3, apenas.

1: a eutanásia constitui um *motivo de relevante valor moral*, ou seja, diz respeito a interesse pessoal do agente (art. 121, § 1º, CP); 2: não se trata de *qualificadora*, porquanto não prevista no art. 121, § 2º, do CP e sim de *circunstância agravante*, conforme disposto no art. 61, II, *h*, do CP; 3: a *premeditação* não integra o rol do art. 121, § 2º, do CP. Gabarito "C".

(Magistratura/MS – 2008 – FGV) Josefina Ribeiro é médica pediatra, trabalhando no hospital municipal em regime de plantão. De acordo com a escala de trabalho divulgada no início do mês, Josefina seria a única médica no plantão que se iniciava no dia 5 de janeiro, às 20h, e findava no dia 6 de janeiro, às 20h. Contudo, depois de passar toda a noite do dia 5 sem nada para fazer, Josefina resolve sair do hospital um pouco mais cedo para participar da comemoração do aniversário de uma prima sua. Quando se preparava para deixar o hospital às 18h do dia 6 de janeiro, Josefina é surpreendida pela chegada de José de Souza, criança de apenas 06 anos, ao hospital precisando de socorro médico imediato. Josefina percebe que José se encontra em estado grave, mas decide deixar o hospital mesmo assim, acreditando que Joaquim da Silva (o médico plantonista que a substituiria às 20h) chegaria a qualquer momento, já que ele tinha o hábito de se apresentar no plantão sempre com uma ou duas horas de antecedência. Contudo, naquele dia, Joaquim chega ao hospital com duas horas de atraso (às 22h) porque estava atendendo em seu consultório particular. José de Souza morre em decorrência de ter ficado sem atendimento por quatro horas. Que crime praticaram Josefina e Joaquim, respectivamente?

(A) Homicídio culposo e homicídio culposo.
(B) Homicídio doloso e homicídio doloso.
(C) Omissão de socorro e omissão de socorro.
(D) Homicídio doloso e nenhum crime.
(E) Homicídio doloso e homicídio culposo.

Não há nenhuma relevância penal na conduta de Joaquim da Silva, que, sem ter ciência do que se passava, apenas se atrasou para o plantão. Quanto a Josefina, a situação é bem diferente. Ciente da chegada da criança e de seu grave estado de saúde, abandonou o plantão para ir a uma festa de aniversário, atitude no mínimo repugnante. Nos termos do art. 13, § 2º, do CP, a médica tinha o dever de agir para evitar o resultado. Como assim não o fez, responderá por homicídio doloso (crime omissivo impróprio). Gabarito "D".

(Magistratura/PA – 2009 – FGV) Jorge é uma pessoa má e sem caráter, que sempre que pode prejudica outra pessoa. Percebendo que Ivete está muito triste e deprimida porque foi abandonada por Mateus, Jorge inventa uma série de supostas traições praticadas por Mateus que fazem Ivete sentir-se ainda mais desprezível, bem como deturpa várias histórias de modo que Ivete pense que nenhum de seus amigos realmente gosta dela. Por causa das conversas que mantém com Jorge, Ivete desenvolve o desejo de autodestruição. Percebendo isso, Jorge continua estimulando seu comportamento autodestrutivo. Quando Ivete já está absolutamente desolada, Jorge se oferece para ajudá-la a suicidar-se, e ensina Ivete a fazer um nó de forca com uma corda para se matar. No dia seguinte, Ivete prepara todo o cenário do suicídio, deixando inclusive uma carta para Mateus, acusando-o de causar sua morte. Vai até a casa de Mateus, amarra a corda na viga da varanda, sobe em um banco, coloca a corda no pescoço e pula para a morte. Por causa do seu peso, a viga de madeira onde estava a corda se quebra e Ivete apenas cai no chão. Como consequência da tentativa frustrada de suicídio, Ivete sofre apenas arranhões leves. Assinale a alternativa que indique a pena a que, por esse comportamento, Jorge está sujeito.

(A) Tentativa de homicídio.
(B) Lesão corporal leve.
(C) Induzimento ou instigação ao suicídio.
(D) Auxílio ao suicídio.
(E) Esse comportamento não é punível.

O art. 122 do CP (participação em suicídio) prevê punição somente nos casos de morte e lesão grave. Não haverá este crime na hipótese de a vítima não chegar a investir contra a própria vida ou ainda se sofrer tão somente lesões leves. Gabarito "E".

(Ministério Público/PB – 2010) Joana e Jasão, namorados, inconformados com o fato de suas famílias não admitirem o seu romance, resolvem fazer um pacto de morte, optando por fazê-lo por asfixia de gás carbônico. Combinam, então, que Jasão deve abrir o bico de gás, enquanto Joana se responsabiliza pela vedação total do compartimento por eles utilizado. A partir de tal caso empírico, analise as assertivas abaixo, assinalando, em seguida, a alternativa que sobre elas contém o devido julgamento:

I. Se apenas Joana sobreviver, deverá responder pelo crime de homicídio qualificado consumado.
II. Se ambos sobreviverem, deverão responder por tentativa de homicídio.
III. Se apenas Jasão tivesse vedado o compartimento e aberto o bico de gás, responderia, na hipótese de sobrevivência de ambos, por tentativa de homicídio, e Joana, nesse caso, responderia unicamente por instigação a suicídio, desde que ocorresse lesão corporal grave do namorado.

(A) Todas as assertivas estão corretas.
(B) Apenas as assertivas I e II estão corretas.
(C) Apenas as assertivas I e III estão corretas.
(D) Apenas as assertivas II e III estão corretas.
(E) Não há assertiva correta.

Na hipótese de um deles sobreviver, o outro responderá por homicídio na medida em que o ato realizado colaborou de forma direta na morte do parceiro (abertura do bico do gás e vedação do compartimento). Ou seja, se a colaboração se der por meio de ato de execução, o agente incorrerá no crime de homicídio. Assim, se Joana não realizar qualquer ato de execução, responderá somente pelo crime do art. 122 do CP (participação em suicídio), isso se o seu namorado sofrer, no mínimo, lesão corporal grave, pois este crime, que não admite tentativa, comporta dois momentos consumativos: morte da vítima ou ocorrência de lesão corporal grave. No mais, incide, no homicídio, a qualificadora em razão do meio empregado (asfixia). Gabarito "A".

(Magistratura/RO – 2011 – PUCPR) Considera-se a vida humana como um direito fundamental garantido pela Constituição Federal e ainda objeto de proteção pela legislação penal vigente.

Dado esse enunciado, assinale a única alternativa **CORRETA**.

(A) Se o agente comete o crime de homicídio (simples ou qualificado) impelido por motivo de relevante valor social ou moral, ou sob a influência de violenta emoção, logo em seguida a injusta provocação da vítima, o juiz pode reduzir a pena de um sexto a um terço.

(B) Aumentam-se da metade (1/2) até dois terços (2/3) as penas aplicadas ao crime de aborto, se este resultar à gestante lesão corporal de natureza grave ou na hipótese de lhe sobrevir a morte.
(C) A legislação penal vigente não permite a redução de pena em crimes de lesão corporal na hipótese de o agente ter cometido o crime impelido por motivo de relevante valor social ou moral ou sob o domínio de violenta emoção, logo em seguida à injusta provocação da vítima.
(D) Aquele que expõe a perigo a vida ou a saúde de pessoa sob sua autoridade, guarda ou vigilância, para fim de educação, ensino, tratamento ou custódia, quer privando-a de alimentação ou cuidados indispensáveis, quer sujeitando-a a trabalho excessivo ou inadequado, quer abusando de meios de correção ou disciplina responde pelo delito de homicídio na forma omissiva.
(E) O crime de perigo de contágio venéreo previsto no artigo 130 do Código Penal é de ação penal pública condicionada à representação do ofendido.

A: para a concessão do benefício a que alude o art. 121, § 1º, do CP, exige-se que o agente pratique o crime sob o *domínio* de violenta emoção, não sendo suficiente a mera *influência*; B: o que se afirma na assertiva não reflete o disposto no art. 127 do CP, que trata das causas de aumento de pena do aborto; C: incorreto, visto que o Código Penal, em seu art. 129, § 4º, prevê a possibilidade de o juiz reduzir a pena do agente nas hipóteses mencionadas na assertiva; D: incorreto, pois a assertiva contempla o preceito primário do crime do art. 136 do CP – maus-tratos; E: correto, nos termos do art. 130, § 2º, do CP. Gabarito "E".

(Magistratura/SC – 2008) Em relação aos crimes de calúnia, difamação e injúria é INCORRETO afirmar que:
(A) Na calúnia não se admite exceção da verdade se do crime imputado o ofendido foi absolvido por sentença irrecorrível.
(B) A difamação só se consuma com sua divulgação a outrem.
(C) A injúria e a calúnia admitem a prova da verdade.
(D) O perdão judicial pode ser aplicado à injúria.
(E) Na difamação só se admite exceção da verdade se o ofendido é funcionário público e a ofensa é relativa ao exercício de suas funções.

A: parece lógico não se admitir a exceção da verdade quando o assunto já foi julgado em definitivo. Não seria razoável conferir a alguém a oportunidade de provar a verdade de algo que estaria a afrontar a coisa julgada; B: opera-se a consumação no momento em que um terceiro tem ciência da imputação (crime contra a honra objetiva); C: a calúnia comporta a exceção da verdade (art. 138, § 3º, I, do CP); a injúria não admite, pois seria ilógico desmentir um insulto ou um xingamento; D: art. 140, § 1º, I, do CP (causa de extinção da punibilidade); E: art. 139, parágrafo único, do C.P. Gabarito "C".

(Magistratura/SP – 2011 – VUNESP) Antônio, depois de provocado por ato injusto de Pedro, retira-se e vai para sua casa, mas, decorridos cerca de trinta minutos, ainda influenciado por violenta emoção, resolve armar-se e voltar ao local do fato, onde reencontra Pedro, no qual desfere um tiro, provocando-lhe a morte. Nesta hipótese, Antônio pode invocar em seu favor a
(A) excludente da legítima defesa real.
(B) excludente da legítima defesa putativa.
(C) existência de causa de diminuição de pena (art. 121, § 1.º, do Código Penal).
(D) existência de circunstância atenuante (art. 65, III, "c", do Código Penal).
(E) excludente da inexigibilidade de conduta diversa.

Não é o caso de se invocar a excludente da legítima defesa (art. 25 do CP) porquanto *injusta provocação* não corresponde a *agressão injusta* (requisito da excludente). Da mesma forma, para se invocar a causa de diminuição de pena do art. 121, § 1º, do CP (homicídio privilegiado), é necessário que o agente, sob o domínio de violenta emoção, aja logo em seguida à injusta provocação (imediatidade da reação). Na hipótese acima, Antônio, influenciado (e não sob o domínio) por violenta emoção, depois de provocado por ato de Pedro, retorna depois de trinta minutos e neste desfere disparo de arma de fogo. Inexiste, neste caso, a necessária imediatidade na reação a caracterizar o privilégio. Resta, portanto, a circunstância atenuante presente no art. 65, III, c, do CP. Gabarito "D".

(Magistratura/SP – 2011 – VUNESP) Durante reunião de condomínio, com a presença de diversos moradores, inicia-se discussão acalorada, durante a qual Antônio, um dos condôminos, que era acusado de fazer barulho durante a madrugada, diz ao síndico que ele deveria se preocupar com sua própria família, porque a filha mais velha dele, que não estava presente na reunião, era prostituta, pois sempre era vista em casa noturna suspeita da cidade. Assinale a alternativa correta dentre as adiante mencionadas.
(A) Antônio cometeu crime de calúnia, a não ser que prove o que disse (exceção da verdade).
(B) Antônio cometeu crime de calúnia, que não admite a exceção da verdade.
(C) Antônio não cometeu crime algum, pois a ofendida (filha do síndico) não estava presente na reunião.
(D) Antônio cometeu crime de difamação, a não ser que prove o que disse (exceção da verdade).
(E) Antônio, independentemente de o fato narrado ser, ou não, verdadeiro, cometeu crime de difamação.

Ao imputar à filha do síndico fato desabonador à sua reputação, Antônio cometeu o crime de *difamação*, previsto no art. 139 do CP. Note que o fato imputado por Antônio à vítima não é criminoso. Se fosse, o crime em que incorreria seria o do art. 138 do CP – calúnia. A honra aqui atingida é a objetiva (conceito que o sujeito tem diante do grupo no qual está inserido). Gabarito "E".

(Magistratura/SP – 2009 – VUNESP) Agindo dolosamente, Fulano referiu-se a Sicrano, dizendo tratar-se de indivíduo que exercia atividade contravencional como banqueiro do jogo do bicho, diretamente envolvido com essa prática ilícita. Supondo-se que tal imputação seja falsa, a conduta de Fulano, em tese, pode configurar
(A) injúria.
(B) calúnia.
(C) difamação.
(D) fato atípico.

A imputação de fato definido como *contravenção penal* caracteriza, em princípio, crime de difamação (art. 139 do CP), tendo em vista que o delito de calúnia somente se configura diante da falsa atribuição de fato definido como *crime* (art. 138 do CP). Gabarito "C".

(Magistratura/SP – 2009 – VUNESP) Pode constituir exemplo de homicídio qualificado por motivo torpe o crime praticado
(A) com o propósito de vingança.
(B) por motivação insignificante.
(C) com extrema crueldade contra a pessoa da vítima.
(D) por vários agentes para subtrair bens de pessoa idosa.

Torpe é o motivo vil, repugnante, abjeto, que causa repulsa. A vingança *pode* constituir motivo torpe, a depender do fato que a originou. Gabarito "A".

(Magistratura/SP – 2007) Qual dos crimes contra a vida inadmite tentativa ou punição se as lesões ao ofendido forem leves?
(A) Infanticídio.
(B) Induzimento, instigação ou auxílio ao suicídio.
(C) Homicídio.
(D) Aborto.

O art. 122 do CP (participação em suicídio) prevê punição somente nos casos de morte e lesão grave. Não haverá este crime na hipótese de a vítima não chegar a investir contra a própria vida ou ainda se sofrer tão somente lesões leves. Gabarito "B".

(Magistratura/SP – 2007) Numa pequena cidade do interior paulista, em época de eleições, foi armado um palanque na praça central e o então Prefeito, candidato à reeleição, profere um discurso. O candidato adversário, aproximando-se do palanque, brada em voz alta: "Pervertido", "você é pedófilo e foi visto nesta mesma praça abusando do Nenê, filho do vereador Basílio, duas semanas atrás". Tais expressões caracterizam, em tese, crimes contra a honra (injúria e calúnia). Em face do concurso de infrações, o candidato ofensor responderia
(A) por ambos os crimes, em concurso material.
(B) só por calúnia, aplicada, porém, em seu detrimento, a continuidade delitiva.
(C) só pelo crime de calúnia, por configurar-se a progressão criminosa e tratar-se de delito único.
(D) por ambos os crimes, em concurso formal de delitos.

O ofensor responderá tão somente pelo crime capitulado no art. 138 do CP – calúnia –, ficando o crime menos grave – injúria (art. 140, CP) – absorvido por incidência do fenômeno da **progressão criminosa**, que configura uma das hipóteses de aplicação do princípio da consunção (conflito aparente de normas). "C".

(Magistratura/SP – 2008) O agente que mata a dona de bar, porque esta lhe recusou servir fiado um copo de pinga e, percebendo a existência de dinheiro na caixa registradora, o subtrai, responde

(A) por homicídio qualificado pelo motivo torpe em concurso material com furto.
(B) por latrocínio.
(C) por homicídio qualificado pelo motivo fútil em concurso material com furto.
(D) por homicídio simples em concurso com furto.

A recusa da dona do bar em servir fiado um copo de pinga ao agente constitui **motivo fútil**, porque insignificante, desproporcionado em relação ao crime, nos termos do art. 121, § 2º, II, do CP. Mediante outra ação, no mesmo contexto, o agente praticou outro crime (art. 155 do CP), configurando o concurso material heterogêneo (art. 69 do CP). "C".

(Magistratura/SP – 2008) A, decidido a matar B, sua namorada, leva-a a passeio de barco. No decorrer deste, B tropeça num banco, desequilibra-se, cai no lago e morre afogada, ante a inércia de A, que se abstém de qualquer socorro, não obstante saber nadar, dispor de bote salva-vida na embarcação e não correr risco pessoal. Assinale a alternativa correta.

(A) A deve responder por homicídio doloso por omissão.
(B) A deve responder por homicídio culposo agravado pela omissão de socorro.
(C) A não pode ser punido em decorrência da atipicidade da conduta.
(D) A deve responder por crime de omissão de socorro, qualificado pela morte da vítima.

Art. 135, parágrafo único, do CP. "A" somente responderia por homicídio doloso (crime omissivo impróprio) se o seu dever de agir estivesse previsto no art. 13, § 2º, do CP. "D".

(Ministério Público/CE – 2009 – FCC) O reconhecimento do homicídio privilegiado é incompatível com a admissão da qualificadora

(A) do motivo fútil.
(B) do emprego de explosivo.
(C) do meio cruel.
(D) do emprego de veneno.
(E) da utilização de meio que possa resultar em perigo comum.

Haverá compatibilidade desde que a qualificadora seja de caráter objetivo. Isso se dá porque as hipóteses legais de privilégio são de caráter subjetivo, incompatíveis, portanto, com as qualificadoras de caráter subjetivo, aquelas ligadas ao motivo do crime (motivo torpe e fútil). As outras alternativas contemplam qualificadoras de caráter objetivo, que, por essa razão, são compatíveis com o homicídio privilegiado. "A".

(Ministério Público/MG - 2008) Após discutir com Lúcia, sua namorada, Augusto perdeu o controle e desferiu-lhe um violento soco no rosto, que a fez cair, batendo com a cabeça no meio fio de uma calçada. Ao perceber que sua namorada havia desmaiado, desesperado, levou-a imediatamente ao pronto-socorro mais próximo. Após ficar internada por uma semana, Lúcia veio a falecer devido ao traumatismo crânio-encefálico sofrido. Neste caso, Augusto teria cometido o delito de:

(A) homicídio culposo.
(B) lesão corporal seguida de morte.
(C) homicídio doloso.
(D) lesão corporal simples.
(E) homicídio privilegiado.

Art. 129, § 3º, do CP. Aquele que desfere um soco no rosto de alguém não deseja, em regra, causar-lhe a morte. Trata-se de crime **preterdoloso**, em que o agente deseja tão só lesionar a vítima, mas, por culpa, acaba por provocar sua morte. Delito preterdoloso é espécie do gênero **crime qualificado pelo resultado**. "B".

(Ministério Público/MS – 2011 – FADEMS) O crime de rixa na forma tentada quando ocorre?

(A) O crime de rixa na forma tentada ocorre quando um dos rixosos desiste de participar do conflito;
(B) O crime de rixa na forma tentada ocorre quando a maioria dos rixosos propõe a cessação do conflito;
(C) O crime de rixa na forma tentada ocorre quando os rixosos não conseguem consumá-lo por circunstâncias alheias à sua vontade;
(D) O crime de rixa na forma tentada ocorre quando todos os rixosos desistem de prosseguir no conflito;
(E) O crime de rixa na forma tentada ocorre quando os rixosos abandonam o local do conflito.

Seria possível a tentativa na hipótese de a rixa ser preordenada. Exemplo: um grupo combina uma briga em determinado local e a certa hora. A polícia, ciente disso, se antecipa e, antes de a violência ter início, consegue evitá-la. "C".

(Ministério Público/MS – 2011 – FADEMS) Em que circunstância o crime de injúria admite a exceção da verdade?

(A) A exceção da verdade será admitida em crime de injúria se o ofendido for funcionário público;
(B) A exceção da verdade será admitida em crime de injúria no caso de tentativa de tal delito;
(C) A exceção da verdade será admitida em crime de injúria quando ocorrer o perdão judicial;
(D) A exceção da verdade não será admitida em crime de injúria em nenhuma circunstância, porquanto incompatível com tal delito;
(E) A exceção da verdade será admitida em crime de injúria quando o ofendido for menor de idade.

De fato, o delito de injúria não admite a exceção da verdade, pois seria ilógico desmentir um xingamento ou um insulto. Há, portanto, flagrante incompatibilidade entre a exceção da verdade e o crime de injúria. "D".

(Ministério Público/RS – 2009) Tício, com 21 anos de idade e dotado de pleno discernimento, decide dar cabo a sua vida. Por tal, dirige-se até local ermo a fim de viabilizar o propósito preconcebido. Contudo, no trajeto, e antes de cometer o ato, encontra Caio, verbalizando a sua intenção. Caio, então, verificando naquele momento derradeiro, ínfima hesitação de Tício, instiga e reforça o propósito inicial já existente, alcançando-lhe. inclusive. uma corda destinada a auxiliar no ato originariamente pretendido. Caio, embora nas circunstâncias pudesse demover Tício da idéia preconcebida, não faz qualquer esforço nesse sentido, máxime porque, ambos, tinham um pequeno comércio de eletrodomésticos na localidade, sendo concorrentes e rivais (a morte de Tício, inclusive, acarretará vantagem financeira em favor dele Caio). Em decorrência, Tício, utilizando-se inclusive da corda recebida, acabou consumando o intento destinado ao extermínio pessoal, vindo, em decorrência, a falecer, conforme auto de necropsia (enforcamento). Diante disso, Caio deverá responder por:

(A) homicídio simples (artigo 121, caput, do Código Penal).
(B) crime único de participação em suicídio (artigo 122, caput, do Código Penal), porém, presente causa de aumento de pena.
(C) crime único de participação em suicídio (art. 122, caput, do Código Penal).
(D) homicídio qualificado (motivo torpe).
(E) dois crimes, em concurso, de participação em suicídio, já que, no decorrer da execução, foram praticadas duas ações, as quais constituem elementares do tipo penal respectivo.

A conduta praticada por Caio está capitulada no art. 122, caput, do CP, já que instigou Tício a levar adiante seu propósito suicida, vislumbrando, inclusive, vantagem financeira que poderia lhe proporcionar esta morte, o que fará com que a pena seja duplicada, nos moldes do inciso I do parágrafo único do dispositivo. "B".

(Ministério Público/SC – 2008)

I. Se admite o aborto necessário, previsto no Código Penal, quando se comprova que o feto nascerá com deformação permanente.

II. A ocupação habitual prevista no artigo 129, § 1ª, I, é aquela que possui conotação econômica.

III. O crime de perigo de contágio venéreo, artigo 130 do Código Penal é de perigo individual e abstrato.
IV. O delito previsto no artigo 4º, "a", da lei 4.898/65, "ordenar ou executar medida privativa da liberdade individual, sem as formalidades legais ou com abuso de poder", admite tentativa.
V. O crime de injuria se consuma, somente quando a vítima toma conhecimento do fato.

(A) apenas II, III e V, estão corretos;
(B) apenas I, II e III, estão corretos;
(C) apenas II, III e IV, estão corretos;
(D) apenas III, IV e V, estão corretos;
(E) apenas I, II e IV, estão corretos;

I: em conformidade com o disposto no art. 128 do CP, somente é admitido o aborto quando não houver outro meio de salvar a vida da gestante (aborto necessário) e quando a gravidez resultar de estupro e o aborto for precedido de consentimento da gestante ou de seu representante legal (aborto sentimental). O Código Penal não contempla outra forma de aborto; II: a ocupação habitual, a que se refere o art. 129, § 1º, I, do CP, não tem conotação econômica. Ela diz respeito a qualquer atividade rotineira, podendo, dessa forma, atingir aposentados e crianças; III: nos **crimes de perigo abstrato** há uma presunção absoluta de que o bem jurídico, com a prática da conduta, foi exposto a uma situação de risco. O crime do art. 130 do CP se consuma com a prática da relação sexual ou outro ato libidinoso, independentemente de resultado naturalístico (crime formal). A exposição ao risco de contágio é presumida de forma absoluta; IV: art. 4º, a, da Lei 4.898/65 (Abuso de Autoridade); V: trata-se de delito formal (independe da produção de resultado naturalístico) que atinge a honra subjetiva, consumando-se, de fato, no instante em que a ofensa chega ao conhecimento da vítima. Gabarito "D".

(MINISTÉRIO PÚBLICO/SE – 2010 – CESPE) Assinale a opção correta acerca do homicídio privilegiado.

(A) A natureza jurídica do instituto é de circunstância atenuante especial.
(B) Estando o agente em uma das situações que ensejem o reconhecimento do homicídio privilegiado, o juiz é obrigado a reduzir a pena, mas a lei não determina o patamar de redução.
(C) O relevante valor social não enseja o reconhecimento do homicídio privilegiado.
(D) A presença de qualificadoras impede o reconhecimento do homicídio privilegiado.
(E) A violenta emoção, para ensejar o privilégio, deve ser dominante da conduta do agente e ocorrer logo após injusta provocação da vítima.

A: a natureza jurídica do instituto é de *causa obrigatória de diminuição de pena*; B: embora a lei diga que o juiz *pode* diminuir a pena, é consagrado na doutrina e na jurisprudência o entendimento segundo o qual o juiz está obrigado a proceder à redução, desde que preenchidos os requisitos contidos no art. 121, § 1º, do CP. Estamos, portanto, a falar de um direito subjetivo do réu. Não é verdade, por fim, que a lei não estabeleça o patamar de redução. Tais limites vêm explicitados na parte final do dispositivo; C: o relevante valor moral está contemplado no art. 121, § 1ª, do CP como hipótese de privilégio; D: não impede se a qualificadora for de ordem objetiva, dando origem ao chamado homicídio qualificado-privilegiado, que não é, conforme doutrina e jurisprudência amplamente majoritárias, delito hediondo; E: assertiva correta, visto que em consonância com o disposto no art. 121, § 1ª, do CP. Gabarito "E".

(Ministério Público/SE – 2010 – CESPE) Getúlio, a fim de auferir o seguro de vida do qual era beneficiário, induziu Maria a cometer suicídio, e, ainda, emprestou-lhe um revólver para que consumasse o crime. Maria efetuou um disparo, com a arma de fogo emprestada, na região abdominal, mas não faleceu, tendo sofrido lesão corporal de natureza grave. Em relação a essa situação hipotética, assinale a opção correta.

(A) Como o suicídio não se consumou, a conduta praticada por Getúlio é considerada atípica.
(B) Apesar de a conduta praticada por Getúlio ser típica, pois configura induzimento, instigação ou auxílio ao suicídio, ele é isento de pena, porque Maria não faleceu.
(C) Getúlio deve responder por crime de induzimento, instigação ou auxílio ao suicídio, por uma única vez, com pena duplicada pela prática do crime por motivo egoístico.
(D) Getúlio deve responder por crime de lesão corporal grave.
(E) Por ter induzido e auxiliado Maria a praticar suicídio, Getúlio deve responder por crime de induzimento, instigação ou auxílio ao suicídio, por duas vezes em continuidade delitiva, com pena duplicada pela prática do crime por motivo egoístico.

Getúlio cometeu o crime de *participação em suicídio*, previsto no art. 122 do CP, ficando sujeito a uma pena, em razão do resultado, de um a três anos de reclusão, que deverá ser duplicada em virtude do motivo que o levou a praticá-lo. Este crime não comporta a modalidade tentada, somente havendo punição diante dos eventos *morte* ou *lesão corporal de natureza grave*. Entenda bem: este crime comporta dois momentos consumativos possíveis, a saber: morte da vítima ou lesão corporal de natureza grave. Significa que, se a vítima, auxiliada, instigada ou induzida, tentar da fim à própria vida e, com isso, sofrer lesão corporal de natureza leve, não haverá sequer tentativa do crime do art. 122 do CP. Gabarito "C".

(Ministério Público/SP – 2011) Pratica o crime de omissão de socorro, previsto no art. 135 do Código Penal:

(A) aquele que deixar de prestar socorro à vítima ferida, ainda que levemente, e desde que seja o causador da situação de perigo a título de dolo ou culpa.
(B) aquele que deixar de prestar socorro à vítima em situação de perigo por ele criada a título de culpa e desde que não haja risco pessoal.
(C) aquele que deixar de prestar socorro à vítima em face de uma situação de perigo a que ele deu causa, sem dolo ou culpa e desde que não haja risco pessoal.
(C) aquele que, por imprudência, der causa à situação de perigo, tendo praticado uma conduta típica culposa e que tenha deixado de atuar sem risco pessoal.
(E) aquele que der causa a uma situação de perigo, por meio da chamada culpa consciente, e tiver deixado de prestar socorro à vítima por perceber que ela poderia ser socorrida por terceiros.

Grosso modo, este crime se verifica em duas situações: quando o agente, podendo prestar o socorro diretamente sem se colocar em situação de risco, se omite; ou quando o agente, impedido, por qualquer razão, de prestar pessoalmente o socorro, deixa de solicitar o auxílio das autoridades. Gabarito "C".

(Ministério Público/SP – 2008) Com relação ao crime de rixa, descrito no art. 137, caput, do Código Penal ("Participar de rixa, salvo para separar os contendores"), assinale a alternativa incorreta.

(A) É crime plurissubjetivo ou de concurso necessário.
(B) Há presunção de perigo, que decorre da simples existência material da contenda.
(C) É possível uma pessoa ser sujeito ativo e passivo do mesmo crime.
(D) É infração de forma livre, podendo ser cometida por qualquer meio eleito pelo agente.
(E) Quem provoca a rixa por imprudência, sem dela participar, responde também pelo crime.

O elemento subjetivo do crime de rixa é o **dolo de perigo**. Não é admitida, pois, a forma culposa. Gabarito "E".

(Defensor Público/AC – 2006 – CESPE) No que se refere aos crimes dolosos contra a vida, especificamente ao suicídio, considerando que tal hipótese, isoladamente, constitui fato atípico, embora, na visão sociológica, seja classificado como fato social normal, assinale a opção incorreta.

(A) A tentativa de suicídio é impunível, já que, do ponto de vista da política criminal, seria um estímulo punir o suicida nessa modalidade.
(B) A autolesão é punível quando o iter criminis percorrido pelo agente se aproximar da hipótese de lesão grave ou gravíssima.
(C) A hipótese de autodestruição na forma consumada deve ser sempre objeto de investigação em inquérito policial, visando-se apurar a participação de terceira pessoa.
(D) Devem ser objeto de denúncia somente as hipóteses de instigação, induzimento ou auxílio ao suicídio.

A: assertiva correta. Nosso ordenamento jurídico não prevê responsabilização no âmbito penal àquele que investe contra a própria vida e não consegue atingir seu objetivo ao argumento de que a punição, nestas circunstâncias, teria somente o efeito de reforçar o propósito suicida. Ademais, a pena não teria efeito preventivo algum, pois aquele que deseja a morte não está preocupado com a sanção a que estará submetido. Note que o legislador considera como crime a conduta consistente em participar de fato não criminoso, induzindo ou instigando alguém a suicidar-se, ou prestando-lhe auxílio material para que o faça (art. 122, CP); B: a autolesão, em princípio, não configura crime (princípio da alteridade), salvo se o agente dela se valer para a violação de outro bem jurídico. Exemplo sempre lembrado pela doutrina é do sujeito que fere o próprio corpo com o fito de obter indenização ou valor de seguro. Neste caso, estará incurso nas penas do art. 171, § 2º, V, do CP; C: assertiva correta, pois devem ser investigadas as circunstâncias em que ocorreu a autodestruição; D: por razões de política criminal, a prática de tentativa de suicídio configura fato atípico. Constitui, no entanto, objeto de interesse do direito penal algumas formas de colaboração no suicídio de outrem. Essas modalidades de colaboração, representadas pelos núcleos do tipo alternativo *induzir, instigar* e *auxiliar*, estão contidas no art. 122 do CP. A denúncia somente pode ser ofertada nessas hipóteses. Gabarito "B".

(Defensor Público/AC – 2006 – CESPE) Na hipótese de crime de lesão corporal, assinale a opção correta.

(A) Admite-se no, Código Penal (CP) brasileiro, a lesão na modalidade levíssima.
(B) A lesão corporal é de natureza grave caso resulte em incapacidade da vítima para as ocupações habituais, por mais de um mês.
(C) Se a lesão for culposa, a ação penal fica condicionada à representação do ofendido, admitindo-se, ainda, a possibilidade de concessão de perdão judicial, nos termos da lei penal vigente.
(D) Fica excluído o dolo direto e indireto se a lesão corporal for seguida de morte.

A: o Código Penal não previu essa modalidade de lesão corporal; contemplou, sim, a lesão corporal dolosa simples ou leve (art. 129, *caput*, CP); a lesão corporal dolosa de natureza grave (art. 129, §§ 1º e 2º, do CP); a lesão corporal seguida de morte (art. 129, § 3º, do CP); a lesão corporal culposa (art. 129, § 6º, do CP); e a lesão dolosa qualificada pela violência doméstica (art. 129, § 9º, do CP). A doutrina se refere às modalidades de lesão corporal listadas no § 2º do art. 129 como *gravíssimas*, dado que a pena cominada, neste caso, é superior àquela estabelecida no § 1º do dispositivo; B: incorreta, pois a lesão corporal somente será de natureza grave se dela resultar incapacidade para as ocupações habituais por mais de 30 (trinta) dias – art. 129, § 1º, I, do CP. A doutrina classifica este delito como *crime a prazo*, já que sua configuração está condicionada ao decurso de certo prazo (mais de trinta dias); C: assertiva correta. Reza o art. 88 da Lei 9.099/95 (Juizados Especiais) que, sendo culposa a lesão corporal, a ação penal será pública condicionada a representação. Além disso, estabelece o art. 129, § 8º, do CP que o art. 121, § 5º, do CP, que trata do perdão judicial no homicídio, tem incidência na lesão corporal culposa; D: a lesão corporal seguida de morte (art. 129, § 3º, CP), delito necessariamente preterdoloso, pressupõe, por isso mesmo, um antecedente doloso e um consequente culposo. É chamado pela doutrina de *homicídio preterdoloso* ou *preterintecional*. Gabarito "C".

(Defensor Público/AL – 2009 – CESPE) Julgue os itens que se seguem com relação aos crimes contra a vida, contra o patrimônio e contra a administração pública.

(1) A premeditação, apesar de não ser considerada qualificadora do delito de homicídio, pode ser levada em consideração para agravar a pena, funcionando como circunstância judicial.
(2) Considere a seguinte situação hipotética. Ana subtraiu maliciosamente determinada peça de roupa de alto valor de uma amiga, com a intenção tão só de utilizá-la em uma festa de casamento. Após o evento, Ana, tendo atingido seu objetivo, devolveu a vestimenta. Nessa situação, Ana não responderá pelo delito de furto, uma vez que o CP não tipifica a figura do furto de uso.
(3) Na hipótese de peculato culposo, a reparação do dano, se precedente à sentença irrecorrível, extingue a punibilidade.

1: a *premeditação*, conquanto não faça parte do rol do art. 121, § 2º, do CP (qualificadora), será, na primeira fase de fixação da pena (pena-base), considerada no exame das *circunstâncias do crime*; 2: o elemento subjetivo do crime de furto, representando pelo dolo, consiste na vontade livre e consciente de apossar-se clandestinamente de coisa alheia móvel de forma definitiva, não transitória (*animus furandi* ou *animus rem sibi habendi*). Inexiste, portanto, por parte do agente, intenção de devolvê-la ao proprietário ou possuidor. Por isso, constitui fato atípico a conduta do sujeito que, depois de apossar-se de coisa alheia móvel, a restitui à vítima (furto de uso); 3: é o que prescreve o art. 312, § 3º, primeira parte, do CP. Se a reparação do dano se der depois da sentença irrecorrível, a pena imposta será reduzida de metade, nos moldes do art. 312, § 3º, *in fine*, do CP. Gabarito 1C, 2C, 3C.

(Defensor Público/BA – 2006) Nos crimes contra a honra, a exceção da verdade relativamente ao crime de:

I. difamação, somente se admite se o ofendido é funcionário público e a ofensa é relativa ao exercício de suas funções.
II. calúnia, é admissível, se do crime imputado, embora de ação pública, o ofendido foi absolvido por sentença irrecorrível.
III. injúria, haverá de ser admitida, no caso de retorsão imediata, que consista em outra injúria.

Analisando os itens acima, verifica-se que:

(A) Apenas a item I está correto.
(B) Apenas o item II está correto.
(C) Apenas o item III está correto.
(D) Apenas os itens I e II estão corretos.
(E) Apenas os itens II e III estão corretos.

I: de fato, em vista do que dispõe o art. 139, parágrafo único, do CP, o crime de difamação somente comporta a exceção da verdade se o ofendido é funcionário público e a ofensa é relativa ao exercício de suas funções; II: incorreta, nos termos do que dispõe o art. 138, § 3º, III, do CP. Parece lógico não se admitir a exceção da verdade quando o assunto já foi julgado em definitivo. Não seria razoável conferir a alguém a oportunidade de provar a verdade acerca de algo que estaria a afrontar a coisa julgada; III: o delito de injúria não admite a exceção da verdade, pois seria ilógico desmentir um xingamento ou um insulto. Gabarito "A".

(Defensor Público/GO – 2010 – I. Cidades) O homicídio é qualificado pela conexão quando é cometido

(A) mediante paga ou promessa de recompensa, ou por outro motivo torpe.
(B) por motivo fútil.
(C) com emprego de veneno, fogo, explosivo, asfixia, tortura ou outro meio insidioso ou cruel, ou de que possa resultar perigo comum.
(D) à traição, de emboscada, ou mediante dissimulação ou outro recurso que dificulte ou torne impossível a defesa do ofendido.
(E) para assegurar a execução, a ocultação, a impunidade ou vantagem de outro crime.

A: esta assertiva contém qualificadoras que se referem aos *motivos do crime* (art. 121, § 2º, I, CP); B: esta assertiva contém qualificadora que também se refere aos *motivos do crime* (art. 121, § 2º, II, CP); C: esta assertiva contém qualificadoras que se referem aos *meios empregados* para a prática do crime (art. 121, § 2º, III, CP); D: esta assertiva contém qualificadoras que se referem ao *modo de execução* do crime (art. 121, § 2º, IV, CP); E: esta assertiva – correta - contém qualificadoras por *conexão* (art. 121, § 2º, V, CP). Gabarito "E".

(Defensor Público/GO – 2010 – I. Cidades) "A" afirma, na presença de várias pessoas, que "B" trai seu marido "C" com o vizinho. Nesses termos, é correto afirmar que "A" cometeu crime de

(A) calúnia, admitindo-se a exceção da verdade.
(B) calúnia, não se admitindo a exceção da verdade.
(C) difamação, admitindo-se a exceção da verdade.
(D) difamação, não se admitindo a exceção da verdade.
(E) injúria. não se admitindo a exceção da verdade.

A conduta atribuída por "A" a "B", com o advento da Lei 11.106/05, que revogou o art. 240 do CP, que previa o delito de adultério, deixou de ser crime. Ainda assim, embora não constitua crime de calúnia, que exige que o fato imputado seja crime, a conduta de "A" é ofensiva à reputação de "B", que, por isso, foi vítima de difamação. Não cabe, neste caso, a exceção da verdade na medida em que na difamação esta somente terá lugar se o ofendido é funcionário público e a ofensa é relativa ao exercício de suas funções – art. 139, parágrafo único, CP. Gabarito "D".

(Defensoria/MG – 2006) A respeito dos crimes contra a honra, é INCORRETO afirmar:

(A) Que a injuria estará consumada no momento em que a vítima tiver ciência da ofensa, independentemente de terceiros tomarem conhecimento da mesma.
(B) Que a interpretação judicial (art.144, CP) pode ser intentada, tão-somente, quando houver duvida quanto à intenção de se macular a honra por parte do suposto agente. Quando a intenção foi inequívoca, o juiz indeferirá, de plano, o pedido de explicações.
(C) Que haverá o delito de calunia se o fato falso imputado à vitima for definido como infração penal, ou seja, crime ou contravenção.
(D) Que, para que exista crime de difamação (art.139, CP), o fato imputado pode ser verdadeiro, vale dizer, desde que ofensivo a honra da vítima, existirá o delito mesmo que esta, realmente, tenha praticado a conduta narrada pelo agente.
(E) Que, quando houver a imputação de fato único, pode existir calunia ou difamação, mas nunca os dois crimes.

A: trata-se de crime formal, cuja consumação se opera no exato instante em que o ofendido toma conhecimento da imputação ofensiva. Desnecessário, portanto, qualquer resultado naturalístico; B: o art. 144 do CP faz alusão ao *pedido de explicações*, instrumento por meio do qual a vítima pode pedir explicações em juízo, a fim de esclarecer o real significado daquilo que contra ela foi dito; C: o tipo penal faz menção tão somente a *crime*. Assim, aquele que atribui a alguém fato definido como contravenção penal responde, em princípio, por difamação (art. 139, CP), e não por calúnia; D: para a caracterização do crime de difamação, é irrelevante saber se o fato imputado é verdadeiro ou falso, bastando que ele seja apto a macular a reputação do ofendido; E: progressão criminosa (hipótese de incidência do princípio da consunção). Gabarito "C".

(Defensor Público/MS – 2008 – VUNESP) Considere as seguintes assertivas e assinale a alternativa que corresponde ao texto do Código Penal.

I. Não se pune o aborto praticado por médico, se há consentimento da gestante e o feto é comprovadamente inviável.

II. Quando o aborto é provocado por terceiro com o consentimento da gestante, a pena para o terceiro é maior, se comparada à atribuída ao terceiro que o pratica sem consentimento.

III. A pena do aborto para a gestante é aumentada de um terço, se do ato lhe resulta lesão corporal de natureza grave.

(A) Todas são erradas.
(B) Apenas I é correta.
(C) Apenas II é errada.
(D) Apenas III é correta.

I: assertiva incorreta, pois o Código Penal não contemplou o aborto de feto inviável, entre eles o anencefálico; II: assertiva incorreta. O agente que provoca aborto sem o consentimento da gestante comete a forma mais grave desse crime, pois se sujeitará à pena de 3 a 10 anos de reclusão (art. 125, CP); diferente é a situação do agente que provoca aborto com o consentimento da gestante (art. 126, CP), que ficará sujeito a uma pena de reclusão de 1 a 4 anos. A razão disso não é difícil de entender. O legislador estabeleceu no preceito secundário da norma incriminadora do art. 125 pena significativamente maior do que a do art. 126 porque a conduta do terceiro que interrompe o processo de gravidez sem o consentimento da gestante merece do direito penal um tratamento mais rígido do que a do sujeito que o faz com o consentimento válido da gestante; III: incorreta, pois a causa de aumento de pena prevista no art. 127 do CP, impropriamente denominada *forma qualificada*, somente se aplica ao terceiro que realiza o aborto com ou sem o consentimento da gestante, isto é, só tem incidência nos delitos dos arts. 125 e 126 do CP. Ficam, portanto, excluídas as modalidades de crime de aborto praticadas pela gestante (art. 124, CP): autoaborto e aborto consentido. Gabarito "A".

(Defensoria/MT – 2009 – FCC) NÃO se inclui dentre as qualificadoras do crime de homicídio a

(A) premeditação.
(B) traição.
(C) surpresa.
(D) emboscada.
(E) asfixia.

A: a premeditação não constitui qualificadora porquanto não há previsão legal nesse sentido; B: art. 121, § 2º, IV, do CP; C: art. 121, § 2º, IV, do CP; D: art. 121, § 2º, IV, do CP; E: art. 121, § 2º, III, do CP. Gabarito "A".

(Defensoria/MT – 2007) O fator essencial para a caracterização da violação de domicílio (Código Penal, art. 150), em detrimento do delito de furto (Código Penal, art. 155), quando o agente é surpreendido por terceiros no interior da residência da vítima, sem estar na posse de qualquer pertence alheio, constitui-se no(a)

(A) análise do elemento subjetivo implícito, ou também denominado elemento subjetivo injusto do tipo, na conduta do agente.
(B) arrombamento de obstáculo (porta ou janela) para o ingresso no interior da residência, o que caracterizaria o furto qualificado.
(C) análise se o crime foi cometido durante a noite, ou por duas ou mais pessoas.
(D) análise dos elementos normativos do tipo contidos respectivamente nos artigos 150 e 155, do Código Penal.
(E) ausência ou presença dos moradores: a ausência implicará o reconhecimento do delito de furto, ao passo que a presença importa em reconhecer a violação de domicílio.

O dolo do crime capitulado no art. 150 do CP está consubstanciado na vontade de ingressar ou permanecer na casa contra a vontade de quem de direito, o que serve de parâmetro para diferenciá-lo do crime de furto, em que o ingresso em domicílio alheio constitui etapa necessária à consumação do crime capitulado no art. 155 do CP (crime progressivo). Gabarito "A".

(Defensor Público/PA – 2006 – UNAMA) Antônio, acometido de uma doença incurável, decide pôr fim a própria vida, mas, sem coragem para tanto, pede a Pedro, seu amigo, que lhe aplique uma injeção que lhe será letal. Pedro, condoído pela situação do amigo e querendo aliviar-lhe o sofrimento, agiu de acordo com o que lhe fora pedido, vindo Antônio a falecer. Diante do fato relatado, podermos afirmar que houve:

(A) participação em crime de homicídio.
(B) autoria no crime de auxílio ao suicídio.
(C) participação no crime de auxílio ao suicídio.
(D) autoria no crime de homicídio.

A prática do suicídio pressupõe que o ato de execução seja levado a efeito pela própria vítima. Assim, o auxílio de terceiro, quando houver, deve ser secundário, indireto. O agente que, a pedido da vítima, que deseja dar cabo da própria vida, aplica-lhe uma injeção letal ou lhe desfere vários tiros, responde por homicídio, pois o auxílio não foi secundário; ele praticou, neste caso, atos típicos de execução. O fato de o agente ter cometido o crime a pedido da vítima e movido por motivo de relevante valor moral poderá dar ensejo ao reconhecimento do homicídio privilegiado – presente no art. 121, § 1º, do CP. Gabarito "D".

(Defensoria/SE – 2006 – CESPE) Julgue os itens seguintes.

(1) A distinção entre injúria e difamação é que, nesta, o agente atribui fato ofensivo à reputação da vítima, por exemplo: "Vi a moça X saindo às altas horas da madrugada da casa de Fulano de Tal, homem casado", enquanto, na injúria, o agente não atribui ao ofendido a prática de um fato determinado, mas, sim, de uma qualidade negativa.

(2) Considere a seguinte situação hipotética. Fábio, por motivo de relevante valor social, praticou um crime de homicídio com a participação de Pedro, que desconhecia o motivo determinante do crime. Nessa situação, o homicídio privilegiado, causa de diminuição da pena descrita no CP, se estenderá ao partícipe Pedro, pois trata-se de circunstância de caráter pessoal que se comunica aos demais participantes.

(3) Na hipótese de homicídio culposo, o juiz pode deixar de aplicar a pena, se as consequências da infração atingirem o próprio agente de forma tão grave que a sanção penal se torne desnecessária. Trata-se do instituto do perdão judicial, que constitui causa extintiva da punibilidade.

(4) O CP somente pune o crime de participação em suicídio quando há produção do resultado morte. Se o sujeito induz a vítima a suicidar-se e esta sofre apenas lesões corporais de natureza grave, não há crime a punir.

(5) Autora de infanticídio só pode ser a mãe, conforme expressa o CP. Sendo assim, trata-se de crime próprio, que não pode ser cometido por qualquer autor. No entanto, essa qualificação, conforme entende a melhor doutrina, não afasta a possibilidade de concurso de pessoas.

(6) O aborto necessário, previsto no CP, não constitui crime, em face da exclusão da culpabilidade, considerando-se que a gestante é favorecida pelo estado de necessidade.

1: *difamar* consiste em atribuir a alguém *fato* ofensivo à sua reputação (art. 139, CP). *Injúria* é a manifestação ofensiva pejorativa (art. 140, CP). Nesta, não há, de fato, como ocorre na calúnia e na difamação, imputação de fato determinado; há, em verdade, atribuição de uma qualidade ofensiva; 2: art. 30 do CP; 3: art. 121, § 5º, do CP; 4: art. 122, *caput*, do CP. O dispositivo prevê punição em duas situações: morte e lesões graves. Se a vítima sofre lesões leves, não há o crime de *participação em suicídio*; 5: a doutrina amplamente predominante entende, com base no que dispõe o art. 30 do CP, ser possível o reconhecimento da *coautoria* e *participação* no infanticídio. Isso porque o fato de *ser mãe* e *estar sob a influência do estado puerperal* são condições de caráter pessoal que fazem parte do tipo penal (elementares). Para alguns, a incidência do art. 30 do CP representa patente injustiça; 6: o aborto necessário, previsto no art. 128, I, do CP, constitui uma *causa especial de exclusão da ilicitude*. Gabarito 1C, 2E, 3C, 4E, 5C, 6E.

(Cartório/AP – 2011 – VUNESP) No crime de homicídio,

(A) não podem subsistir duas qualificadoras objetivas.
(B) a superioridade de armas constitui qualificadora objetiva.
(C) a superioridade de agentes constitui qualificadora objetiva.
(D) a premeditação constitui qualificadora subjetiva.
(E) a qualificadora da surpresa é incompatível com o dolo eventual.

A: se houver mais de uma qualificadora, a primeira qualifica e as demais funcionam como agravantes; B: a superioridade de armas, por si só, não constitui qualificadora; C: da mesma forma, a superioridade de agentes, por si só, não constitui qualificadora; D: incorreta, visto que a *premeditação* não integra o rol do art. 121, § 2º, do CP; E: assertiva correta. Nesse sentido: STF, HC 86.163-6-SP, 2ª T., rel, Min. Gilmar Mendes, j. 21.11.05. Gabarito "E".

(Delegado/GO – 2009 – UEG) Sobre o crime de homicídio, é CORRETO afirmar:

(A) a natureza jurídica da sentença concessiva do perdão judicial, no homicídio culposo, segundo orientação sumulada do Superior Tribunal de Justiça, é condenatória, não subsistindo efeitos secundários.
(B) existe a possibilidade da coexistência entre o homicídio praticado por motivo de relevante valor moral e o homicídio praticado com emprego de veneno.
(C) a conexão teleológica que qualifica o homicídio ocorre quando é praticado para ocultar a prática de outro delito ou para assegurar a impunidade dele.
(D) a futilidade para qualificar o homicídio deve ser apreciada subjetivamente, ou seja, pela opinião do sujeito ativo.

A: segundo orientação esposada na Súmula nº 18, do STJ, a sentença concessiva do perdão judicial tem natureza *declaratória da extinção da punibilidade*, não subsistindo qualquer efeito condenatório; B: há compatibilidade na medida em que o *emprego de veneno* (veneficio) constitui qualificadora de caráter objetivo; C: *teleológica* é a conexão em que o homicídio é praticado com o fim de assegurar a execução de outro crime. Se o homicídio é cometido com o fito de ocultar o cometimento de outro delito ou para assegurar a impunidade dele, está-se então diante da chamada *conexão consequencial*; D: a futilidade, ao contrário, deve ser apreciada em caráter objetivo. Gabarito "B".

(Delegado/PA – 2009 – MOVENS) No que se refere aos crimes contra a pessoa e contra o sentimento religioso, assinale a opção correta.

(A) A mulher que abandona seu filho recém-nascido na portaria de um prédio, para ocultar sua própria desonra, comete o delito de abandono de incapaz.
(B) A conduta de violar ou profanar sepultura é criminosa; no entanto, perturbar cerimônia funerária é fato atípico.
(C) A conduta de vilipendiar cadáver ou suas cinzas é considerada de menor potencial ofensivo.
(D) No delito de homicídio, se o agente comete o crime impelido por motivo de relevante valor social ou moral, ou sob o domínio de violenta emoção, logo em seguida à injusta provocação da vítima, o juiz pode reduzir a pena de um sexto a um terço.

A: art. 134, *caput*, do CP; B: arts. 209 e 210 do CP; C: o crime de *vilipêndio a cadáver*, previsto no art. 212 do CP, não se submete à disciplina da Lei 9.099/95, visto que a pena máxima cominada é de três anos. Cabe, entretanto, a suspensão condicional do processo – art. 89 da Lei 9.099/95; D: art. 121, § 1º, do CP. Gabarito "D".

(Delegado/PI – 2009 – UESPI) Com relação aos crimes contra a honra, assinale a opção correta.

(A) Segundo o Código Penal, é possível o instituto da exceção da verdade no crime de calúnia e no crime de injúria.
(B) O crime de injúria, segundo o Código Penal, não admite os institutos da retratação e do perdão judicial.
(C) Quando a injúria consiste na utilização de elementos referentes à raça e à cor deve ser afastado o Código Penal e aplicada a lei específica que trata do crime de racismo.
(D) Segundo o Código Penal, quando da injúria real (ou qualificada) resulta lesão corporal, a ação penal passa a ser pública incondicionada.
(E) Não constitui calúnia, difamação ou injúria a ofensa irrogada em juízo, na discussão da causa, pela parte ou por seu procurador.

A: o delito de *injúria* (art. 140, CP) não admite a *exceção da verdade*; a *calúnia* (art. 138, CP) e a *difamação* (art. 139, CP), por sua vez, comportam o instituto, previsto, respectivamente, nos arts. 138, § 3º, e 139, parágrafo único, ambos do CP, ressaltando-se que na *difamação* somente é admitida a *exceção da verdade* se o ofendido é funcionário público e a ofensa é relativa ao exercício de suas funções; B: *retratação* de fato não é admitida, conforme dispõe o art. 143 do CP; já o *perdão judicial* é admitido (art. 140, § 1º, I e II, do CP); C: se a injúria consiste na utilização de elementos relativos à raça, à cor, entre outros, deve incidir o art. 140, § 3º, do CP; D: art. 145, *caput*, do CP; E: a exclusão a que alude o art. 142, I, do CP abrange somente os crimes de injúria e difamação, não alcançando a calúnia. Gabarito "D".

(Delegado/SC – 2008) Analise as alternativas a seguir. Todas estão corretas, exceto a:

(A) Na tentativa perfeita ou acabada de homicídio o agente esgota o processo de execução desse crime, fazendo tudo o que podia para matar, exaurindo sua capacidade de vulneração da vítima.
(B) O homicídio é delito formal.
(C) O homicídio privilegiado não é considerado crime hediondo.
(D) No homicídio, a vingança por si só não leva necessariamente ao reconhecimento da qualificadora da torpeza.

A: é o chamado *crime falho*, em que o agente lança mão de todos os meios à sua disposição para atingir a consumação do crime, que não sobrevém por circunstâncias alheias à sua vontade. Entenda bem: o sujeito ativo esgota tudo aquilo que julgava necessário à consumação da infração penal, mas, mesmo assim, não consegue alcançar o resultado desejado; B: o homicídio é delito material, já que a lei descreve um resultado (morte) e exige que este ocorra para que o crime atinja sua consumação; C: são hediondos, nos termos do art. 1º, I, da Lei 8.072/90, o homicídio simples, quando praticado em atividade típica de grupos de extermínio, ainda que por um só agente, e o homicídio qualificado. Para não esquecer: o homicídio qualificado-privilegiado não é considerado hediondo; D: a doutrina entende que tudo depende do motivo que deu origem à vingança. Se a vingança foi originada por um *motivo torpe*, caracterizada estará a qualificadora. Gabarito "B".

(Delegado/SC – 2008) Analise as alternativas e assinale a correta.

(A) Tentativa cruenta de homicídio é aquela que causa sofrimento desnecessário à vítima ou revela uma brutalidade incomum, em contraste com o mais elementar sentimento de piedade humana.
(B) O latrocínio (roubo qualificado com resultado morte) é uma modalidade especial de homicídio.
(C) O crime de homicídio não pode ser causado por omissão.
(D) As circunstâncias legais contidas na figura típica do homicídio privilegiado são de natureza subjetiva.

A: *cruenta* é a tentativa em que a vítima é atingida; B: o latrocínio está capitulado no art. 157, § 3º, segunda parte, do CP (roubo qualificado pelo resultado morte), que tem como característica a presença de *dolo* na conduta antecedente (subtração) e *dolo* ou *culpa* na subsequente (morte). É crime contra o patrimônio a ser julgado pelo juízo comum; C: o homicídio comporta as formas comissiva e omissiva. A relevância penal da omissão, em se tratando de crime omissivo impróprio, como é o caso do homicídio, está no art. 13, § 2º, do CP; D: art. 121, § 1º, do CP (caso de diminuição de pena). Gabarito "D".

(Delegado/SP – 2008) Professor que, falando ao telefone, assiste impassível ao afogamento de seu instruendo adolescente, durante sessão prática de natação, comete crime

(A) omissivo impróprio.
(B) omissivo próprio.
(C) omissivo por comissão.
(D) comissivo impróprio.
(E) comissivo próprio.

Art. 13, § 2º, do CP. O professor tem o dever jurídico de evitar o resultado. Gabarito "A".

(Delegado/SP – 2008) Sobre os crimes contra a vida previstos no Código Penal brasileiro, está incorreto afirmar que (,)

(A) não pratica conduta típica a gestante que, por imprudência, dá causa à interrupção da gravidez.
(B) não se admite a figura tentada no crime de participação em suicídio.
(C) respondem por infanticídio, não por homicídio, tanto a mãe que, em estado puerperal, presta auxílio, quanto o terceiro que, auxiliado por aquela, pratica atos executórios de homicídio sobre o recém-nascido.
(D) no crime de homicídio doloso, existe perfeita compatibilidade entre as circunstâncias legais do privilégio e as qualificadoras de ordem subjetiva.

A: não há, no ordenamento jurídico, previsão de aborto culposo; B: não há tentativa do crime de *participação em suicídio* porque só há punição com a ocorrência de morte ou lesões graves, hipóteses em que o crime já é considerado consumado. Se a vítima sofre, em decorrência da tentativa de suicídio, lesões leves, o fato é atípico; C: é consenso na doutrina que, no infanticídio, as condições de *ser mãe* e de *estar sob a influência do estado puerperal*, por força do art. 30 do CP, comunicam-se aos coautores e partícipes, fazendo com que todos respondam pelo crime capitulado no art. 123 do CP; D: somente é possível compatibilizar as circunstâncias legais do privilégio, que são de *caráter subjetivo*, com as qualificadoras de *ordem objetiva*. É o chamado *homicídio qualificado-privilegiado*. Gabarito "D".

(Delegado/SP – 2008) Agente que, perante uma autoridade policial, declara, mentirosamente, que sua colega de trabalho, casada, honesta, cometeu adultério consigo, durante recente viagem conjunta de serviço, pratica o crime de

(A) calúnia
(B) difamação.
(C) auto-acusação falsa.
(D) falsa comunicação de crime.
(E) denunciação caluniosa.

Art. 139 do CP. O art. 240, que previa o crime de adultério, foi revogado pela Lei 11.106/05. Gabarito "B".

(Magistratura do Trabalho – 9ª Região – 2009) Assinale a proposição incorreta:

(A) É punível a calúnia contra os mortos.
(B) No delito de difamação, a exceção da verdade somente se admite se o ofendido é funcionário público e a ofensa é relativa ao exercício de suas funções.
(C) A ofensa irrogada em juízo, na discussão da causa, pela parte ou por seu procurador, não constitui injúria ou difamação punível.
(D) A legislação penal admite a retratação nos crimes de calúnia e difamação.
(E) A injúria preconceituosa confunde-se com o crime de racismo.

A: art. 138, § 2º, do CP; B: art. 139, parágrafo único, do CP; C: art. 142, I, do CP; D: art. 143 do CP; E: a *injúria preconceituosa*, prevista no art. 140, § 3º, do CP, consiste na atribuição de qualidade que contenha elementos relacionados à raça, cor, etnia etc. Já a Lei 7.716/89 – crime de racismo - pune as condutas das quais resultam discriminação ou preconceito de raça, cor, etnia, religião ou procedência nacional. Gabarito "E".

(Magistratura do Trabalho – 24ª Região – 2007) A respeito do crime previsto no artigo 149 do Código Penal (Redução a Condição Análoga à de Escravo: Pena - reclusão, de dois a oito anos, e multa, além da pena correspondente à violência), considere as assertivas abaixo:

I. Conduta: reduzir alguém à condição análoga à de escravo, quer submetendo-o a trabalhos forçados ou a jornada exaustiva, quer sujeitando-o a condições degradantes de trabalho, quer restringindo, por qualquer meio, sua locomoção em razão de dívida contraída com o empregador ou preposto.
II. Nas mesmas penas do crime supracitado, incorre quem cerceia o uso de qualquer meio de transporte por parte do trabalhador, com o fim de retê-lo no local de trabalho.
III. Nas mesmas penas do crime supracitado, incorre quem mantém vigilância ostensiva no local de trabalho ou se apodera de documentos ou objetos pessoais do trabalhador, com o fim de retê-lo no local de trabalho.
IV. A pena é aumentada de metade, se o crime é cometido contra criança, adolescente e idosos acima de 70 (setenta) anos.
V. A pena é aumentada de metade, se o crime é cometido por motivo de preconceito de raça, cor, etnia, religião ou origem.

RESPONDA:

(A) Apenas as proposições I, II, III e V estão corretas.
(B) Apenas as proposições II, III e IV estão corretas.
(C) Apenas as proposições III e IV estão incorretas.
(D) Apenas as proposições III, IV e V estão incorretas.
(E) Todas as proposições estão corretas.

I: art. 149, *caput*, do CP; II: art. 149, § 1º, I, do CP; III: art. 149, § 1º, II, do CP; IV: o art. 149, § 2º, do CP não contempla os idosos acima de 70 anos; faz menção, tão só, a criança ou adolescente; V: art. 149, § 2º, II, do CP. Gabarito "A".

(Magistratura do Trabalho – 14ª Região – 2006) Sobre os crimes contra a honra é CORRETO afirmar:

(A) Calúnia praticada contra pessoa morta constitui crime impossível;
(B) Injúria é a imputação a alguém de fato ofensivo a sua reputação;
(C) O querelado que, antes do recebimento da denúncia, se retrata cabalmente da calúnia ou da difamação, fica isento de pena;
(D) A injúria real admite concurso com o crime de lesões corporais;
(E) Na calúnia, a exceção da verdade somente se admite se o ofendido é funcionário público e a ofensa é relativa ao exercício de suas funções.

A: art. 138, § 2º, do CP. Note-se que o morto, por não ser mais titular de direito, não é o sujeito passivo do crime, mas, sim, seus familiares; B: injúria não é a imputação de *fato*, como ocorre na calúnia e na difamação, e sim a *manifestação ofensiva pejorativa*. É o xingamento; C: art. 143 do CP. A retratação, que constitui uma causa extintiva da punibilidade, deve ser exercida antes da sentença; D: no cometimento da injúria real (art. 140, § 2º, do CP), é possível que o agente lesione a vítima. Nesse caso responderá pela injúria em concurso com o crime de lesão corporal; E: art. 138, § 3º, do CP. Gabarito "D".

(Ministério Público do Trabalho – 13º) Com relação ao crime de redução à condição análoga a de escravo, é INCORRETO afirmar:

(A) a ação penal é pública incondicionada;
(B) tem como objetividade jurídica a organização do trabalho;
(C) o tipo é presidido pelo chamado dolo genérico;
(D) o sujeito passivo pode ser qualquer pessoa, independentemente de raça, idade ou sexo;
(E) não respondida.

O objeto jurídico é a liberdade individual (o crime está inserido no Capítulo VI: "Dos Crimes Contra a Liberdade Individual"). Gabarito "B".

(Auditor Fiscal/RJ) Dentre os crimes contra a honra, admitem a retratação como forma de isenção de pena:

(A) calúnia e injúria
(B) desacato e calúnia
(C) difamação e injúria
(D) calúnia e difamação

Art. 143 do CP. Gabarito "D".

(CESPE – 2009) A respeito do crime de omissão de socorro, assinale a opção correta.

(A) O crime de omissão de socorro é admitido na forma tentada.
(B) É impossível ocorrer participação, em sentido estrito, em crime de omissão de socorro.
(C) A omissão de socorro classifica-se como crime omissivo próprio e instantâneo.
(D) A criança abandonada pelos pais não pode ser sujeito passivo de ato de omissão de socorro praticado por terceiros.

A: por se tratar de *crime omissivo puro*, não comporta a forma tentada; B: art. 29 do CP; C: é *crime omissivo próprio* (puro), na medida em que a lei descreve a omissão. Diz-se *instantâneo* porque a consumação se dá em um só instante, em um só momento. Não há continuidade temporal; D: dispõe o art. 135 do CP que a *criança abandonada* por seus responsáveis pode, sim, ser sujeito passivo do ato praticado por terceiros (deixar de prestar assistência). Gabarito "C".

(CESPE – 2009) Acerca dos crimes contra a honra, assinale a opção correta.

(A) Não constituem injúria ou difamação punível a ofensa não excessiva praticada em juízo, na discussão da causa, pela parte ou por seu advogado e a opinião da crítica literária sem intenção de injuriar ou difamar.
(B) Em regra, a persecução criminal nos crimes contra a honra processa-se mediante ação pública condicionada à representação da pessoa ofendida.
(C) Caracterizado o crime contra a honra de servidor público, em razão do exercício de suas funções, a ação penal será pública incondicionada.
(D) O CP prevê, para os crimes de calúnia, de difamação e de injúria, o instituto da exceção da verdade, que consiste na possibilidade de o acusado comprovar a veracidade de suas alegações, para a exclusão do elemento objetivo do tipo.

A: art. 142, I e II, do CP; B: a ação penal, nos crimes contra a honra, em consonância com o que dispõe o art. 145, *caput*, do CP, em regra, cabe à vítima, ou seja, é de iniciativa privada; C: segundo entendimento firmado na Súmula 714 do STF, em se tratando de ação penal por crime contra honra de servidor público em razão do exercício de suas funções, será concorrente a legitimidade do ofendido, mediante queixa, e do Ministério Público, condicionada à representação do ofendido; D: o crime de injúria (art. 140, CP) não admite a *exceção da verdade*; a calúnia (art. 138, CP) e a difamação (art. 139, CP) comportam o instituto, previsto, respectivamente, nos arts. 138, § 3º, e 139, p. único, ambos do Código Penal. Gabarito "A".

(CESPE – 2008) Acerca dos crimes contra a honra, assinale a opção correta.

(A) Considere que Pedro pratique crime contra a honra de José, imputando-lhe, falsamente, fato definido como crime e que Eduardo, sabendo falsa a imputação, a propale e divulgue. Nessa situação hipotética, Eduardo incorre na mesma pena de Pedro.
(B) A imputação vaga, imprecisa ou indefinida de fatos ofensivos à reputação caracteriza difamação.
(C) É impunível a calúnia contra os mortos.
(D) No delito de injúria, o juiz deve aplicar a pena ainda que o ofendido, de forma reprovável, tenha provocado diretamente a injúria.

A: art. 138, § 1º, do CP; B: art. 139, *caput*, do CP. Difamar consiste em imputar a alguém fato determinado e ofensivo à sua reputação; C: art. 138, § 2º, do CP; D: art. 140, § 1º, do CP. „Gabarito "A".

(CESPE – 2008) Suponha que Bárbara tenha se suicidado após ter sido induzida e instigada por Mercedes. Nessa situação hipotética, segundo o CP, a pena de Mercedes será duplicada

(A) Se ela deixar de prestar socorro imediato à vítima.
(B) Caso o crime tenha sido praticado por motivo egoístico.
(C) Se ela fugir para evitar prisão em flagrante.
(D) Caso o crime tenha resultado de inobservância de regra técnica de profissão, arte ou ofício.

Art. 122, parágrafo único, I, do CP. O legislador estabeleceu, para o crime de *participação em suicídio*, duas hipóteses de aumento de pena. Além do motivo egoístico, a pena também será duplicada se a vítima for menor ou tiver diminuída sua capacidade de resistência (art. 122, parágrafo único, II, CP). „Gabarito "B".

(CESPE – 2008) O médico que, durante um plantão, realizar uma intervenção cirúrgica justificada por iminente perigo à vida, mas sem o consentimento do paciente ou de seu representante legal, praticará, segundo o CP,

(A) Constrangimento ilegal, visto que o paciente não era obrigado a submeter-se a cirurgia.
(B) Lesão corporal, em razão das manobras cirúrgicas.
(C) Conduta não-criminosa, pois o paciente corria risco de morte.
(D) Perigo para a vida ou saúde de outrem, dado que o médico expôs a vida do paciente a perigo direto e iminente.

Art. 146, § 3º, I, do CP. Trata-se de uma excludente de ilicitude prevista na Parte Especial do Código Penal. „Gabarito "C".

(CESPE – 2008) Maria, ao encontrar, abandonado, na porta de sua residência, um recém-nascido desconhecido, deixou de prestar-lhe assistência, quando podia tê-lo feito sem risco pessoal. Além da vontade de omitir-se e consciente da situação de perigo em que a vítima se encontrava, Maria sequer pediu socorro à autoridade pública. Na situação hipotética apresentada, a conduta de Maria pode ser tipificada como

(A) Abandono de incapaz.
(B) Exposição ou abandono de recém-nascido.
(C) Omissão de socorro.
(D) Maus-tratos.

A: art. 133 do CP. É crime próprio, razão pela qual só pode ser praticado por quem tem o dever de zelar pela vítima. Não é, pois, o caso de Maria; B: art. 134 do CP. Também é crime próprio. Só pode ser praticado pelo pai ou pela mãe do recém-nascido com o objetivo de esconder a gravidez havida fora do casamento; C: art. 135 do CP. Não se exige, neste caso, qualquer vínculo com a vítima. Pode ser praticado por qualquer pessoa; D: art. 136 do CP. O crime de que trata este dispositivo é próprio, na medida em que somente pode ser praticado por quem tem a vítima sob sua autoridade, guarda ou vigilância. „Gabarito "C".

(CESPE – 2008) Acerca dos crimes contra a honra, assinale a opção correta.

(A) O agente que atribui a alguém a autoria de um estupro, ciente da falsidade da imputação, comete o crime de calúnia.
(B) O agente que imputa a alguém a conduta de mulherengo, no intuito de ofender sua reputação, comete o crime de injúria.
(C) O agente que designa alguém como ladrão, no intuito de ofender sua dignidade, comete o crime de difamação.
(D) O agente que preconceituosamente se refere a alguém como velho surdo, ciente da idade e deficiência da pessoa, comete uma das modalidades do crime de racismo.

A: art. 138, CP. Consiste a calúnia em atribuir falsamente a alguém fato capitulado como crime. A honra atingida é a objetiva (conceito que o sujeito tem diante do grupo no qual está inserido); B: injúria (art. 140 do CP) é a adjetivação pejorativa ofensiva. Atinge a honra subjetiva; C: difamar alguém significa divulgar fatos infamantes à sua honra objetiva. Designar alguém como *ladrão* implica ofensa à sua honra subjetiva (crime de injúria); D: a conduta está tipificada no art. 140, § 3º, do CP, cuja pena cominada é bem superior à do *caput*. A ação penal, neste crime, passou a ser pública condicionada à representação do ofendido. Tal se deu com a edição da Lei 12.033/09, de 29 de setembro de 2009, que modificou a redação do p. único do art. 145 do Código Penal. „Gabarito "A".

(CESPE – 2008) Com base na legislação penal, não se impõe o dever de agir

(A) Ao pai que deixa de prover ao filho em idade escolar a instrução primária, porque deseja que este o ajude no trabalho.
(B) Ao médico que, em face de pedido do paciente, deixa de denunciar à autoridade pública doença cuja notificação seja obrigatória.
(C) Ao servidor público que deixa de praticar, indevidamente, ato de ofício, para satisfazer sentimento pessoal de comiseração.
(D) Ao condutor do veículo que, por motivo de segurança, deixa de prestar socorro à vítima de acidente, mas solicita auxílio da autoridade pública.

A: art. 246 do CP (crime de abandono intelectual); B: art. 269 do CP (crime de omissão de notificação de doença); C: art. 319 do CP (crime de prevaricação); D: art. 135, CP; e art. 304, Lei n. 9.503/1997 (Código de Trânsito Brasileiro). „Gabarito "D".

(CESPE – 2007) Leonardo, indignado por não ter recebido uma dívida referente a venda de cinco cigarros, desferiu facadas no devedor, que, em razão dos ferimentos, faleceu. Logo após o fato, Leonardo escondeu o cadáver em uma gruta. Com base na situação hipotética acima, é correto afirmar que

(A) A ocultação de cadáver é crime permanente.
(B) Há concurso formal entre o homicídio e a ocultação de cadáver.
(C) Leonardo praticou crime de homicídio qualificado por motivo torpe.
(D) O fato de Leonardo ter cometido o crime por não ter recebido uma dívida é circunstância que agrava a pena.

A: o crime previsto no art. 211 do CP contém três núcleos (tipo misto alternativo, de ação múltipla ou plurinuclear). Nas modalidades "destruir" e "subtrair", o crime será instantâneo; já na forma "ocultar", o delito será permanente, na medida em que a sua consumação se prolonga no tempo, condicionada à vontade do sujeito; B: o art. 70 do CP, que trata do *concurso formal*, fala em *ação ou omissão* única; C: torpe é o motivo vil, repugnante, abjeto. Ao que parece, Leonardo matou por motivo insignificante, de pequena importância, por motivo fútil (art. 121, § 2º, II, do CP); D: a circunstância não está contida no rol do art. 61 do CP (circunstâncias agravantes). „Gabarito "A".

(CESPE – 2006) Considere que uma gestante, sóbria, estando na direção de seu veículo automotor, colida, culposamente, com um poste, causando, em razão do impacto sofrido, o aborto. Nessa situação, a conduta da gestante

(A) Corresponde ao delito de homicídio.
(B) Corresponde ao delito de lesão corporal culposa.
(C) Corresponde ao delito de aborto provocado pela gestante.
(D) Não gera responsabilidade, haja vista a inexistência de previsão legal para a modalidade culposa de aborto.

O art. 18, parágrafo único, do CP estabelece a chamada *excepcionalidade do crime culposo*, ou seja, só há que se falar em crime culposo se houver previsão legal expressa nesse sentido. Além disso, o crime previsto no art. 129, § 2º, V, do CP (lesão corporal da qual resulta aborto) é preterdoloso, já que é constituído por um antecedente doloso (lesão corporal) e um consequente culposo (aborto). „Gabarito "D".

(CESPE – 2006) Fábio induziu Marília, portadora de desenvolvimento mental retardado — síndrome de Down — a praticar suicídio. Posteriormente, após Marília ter aderido à idéia, Fábio emprestou-lhe um revólver, vindo ela a se matar. Nessa situação, Fábio responderá por

(A) Induzimento a suicídio.
(B) Instigação a suicídio.
(C) Auxílio a suicídio.
(D) Homicídio.

Art. 121, CP. O crime do art. 122 do CP (participação em suicídio) exige que a vítima disponha de alguma capacidade de discernimento e resistência; do contrário, como é o caso, o crime será o de homicídio. „Gabarito "D".

(CESPE – 2004) Acerca da parte especial do direito penal, assinale a opção incorreta.

(A) O furto é qualificado quando cometido com destruição ou rompimento de obstáculo à subtração da coisa.
(B) Ocorre o chamado homicídio privilegiado quando o agente comete o crime impelido por motivo de relevante valor social ou moral, ou sob o domínio de violenta emoção, logo depois de injusta provocação da vítima.
(C) De acordo com a legislação vigente, não se pune o aborto praticado por médico, em caso de anencefalia do feto.
(D) Na lesão corporal leve, a ação penal é pública e condicionada à representação.

A: art. 155, § 4º, I, do CP; B: art. 121, § 1º, do CP; C: art. 128, I e II, do CP. As hipóteses de aborto legal, que constituem causas especiais de exclusão da ilicitude, estão contidas no mencionado dispositivo. Trata-se do aborto necessário (inciso I), que é aquele praticado por médico com o objetivo de salvar a vida da gestante; e o aborto sentimental (inciso II), que é a interrupção da gravidez, também realizada por médico, resultante de estupro. Necessário, nesse caso, o consentimento da gestante ou, sendo ela incapaz, de seu representante legal. A legislação não contemplou o aborto na hipótese de anencefalia. Registre-se que juízes e tribunais têm concedido alvará para que gestantes possam interromper a gestação nos casos de fetos portadores de anencefalia, desde que provada de forma cabal a inviabilidade da vida após o nascimento; D: art. 88 da Lei n. 9.099/1995 (Lei dos Juizados Especiais Cíveis e Criminais). Gabarito "C".

19. CRIMES CONTRA O PATRIMÔNIO

(Magistratura/AL – 2007 – FCC) O crime de roubo

(A) só se configura se a violência ou a grave ameaça preceder a subtração.
(B) não é complexo.
(C) tem por sujeito passivo apenas o proprietário da coisa subtraída.
(D) só será qualificado pelo concurso de duas ou mais pessoas se todas forem imputáveis.
(E) não será qualificado se da violência resultar lesão corporal de natureza leve.

A: no **roubo impróprio** (art. 157, § 1º, do CP), a violência ou grave ameaça é posterior à subtração; B: é complexo porque resulta da fusão de dois tipos penais (constrangimento ilegal e furto); C: além do proprietário, podem também figurar como sujeito passivo o possuidor e o terceiro que sofrer a violência; D: incide a causa de aumento do art. 157, § 2º, II, do CP ainda que se trate de inimputáveis; E: a lesão corporal leve fica absorvida. Gabarito "E".

(Magistratura/GO – 2009 – FCC) Determinada pessoa recebeu em proveito próprio coisa alheia móvel cuja subtração específica previamente encomendara a outrem. Assim, cometeu o delito de

(A) furto simples.
(B) receptação dolosa.
(C) furto qualificado pelo concurso.
(D) favorecimento real.
(E) favorecimento pessoal.

Art. 155, § 4º, IV, do CP. Gabarito "C".

(Magistratura/MG - 2007) Carlos desceu do carro para acompanhar a noiva Beatriz até a porta do prédio, quando foram abordados por Leôncio de Tal, que, de revólver em punho, exigiu que Carlos lhe entregasse a carteira e o relógio, no que foi prontamente atendido. Quando se preparava para fugir, ainda de arma em punho, vendo o celular nas mãos de Beatriz, tomou-lhe o referido telefone e saiu a passos largos do local. Entretanto, o assalto foi percebido por transeuntes que gritaram "pega ladrão", sendo Leôncio preso, logo em seguida, por policial civil que ouviu os gritos, e os bens restituídos aos proprietários. Qual a capitulação CORRETA para a denúncia na hipótese acima?

(A) A que imputa a Leôncio a prática do delito previsto no art. 157, § 2º, inciso I, do CP (por duas vezes) em concurso material.
(B) A que imputa a Leôncio a prática do delito previsto no art. 157, § 2º, inciso I, do CP (por duas vezes) em concurso formal.
(C) A que imputa a Leôncio a prática do delito previsto no art. 157, § 2º, inciso I, c/c art. 14, II, ambos do CP (por duas vezes) em concurso material.
(D) A que imputa a Leôncio a prática do delito previsto no art. 157, § 2º, inciso I, c/c art. 14, II, ambos do CP (por duas vezes) em concurso formal.

Hodiernamente, há uma tendência da jurisprudência, notadamente do STF e do STJ, em considerar o momento consumativo do crime de roubo o do apossamento do bem, independentemente da inversão tranquila da posse. A esse respeito: STF, 1ª T., HC 92.450-DF, Rel. Min. Ricardo Lewandowski, j. 16.9.08. Gabarito "B".

(Magistratura/MG - 2007) Nestor, auxiliar da tesouraria de uma empresa, em decorrência de dívidas de jogo, resolve subtrair dinheiro do pagamento dos empregados, convidando a namorada Jussara para auxiliá-lo na subtração. Acerta com ela todos os detalhes da empreitada, cabendo à Jussara a vigília da porta. Nestor ingressa na empresa, utilizando a chave original que deixara de entregar ao tesoureiro, e tenta abrir o cofre. Entretanto, ao escutar o estouro de um foguete, pensando serem tiros, foge por uma porta dos fundos, deixando sua comparsa e namorada, que vem a ser presa por policiais chamados por um vigilante de outra empresa que desconfiou das atitudes da dupla. Por qual(ais) delito(s) Nestor e Jussara respondem?

(A) Nestor responde por tentativa de furto duplamente qualificado e Jussara, por tentativa de furto qualificado pelo concurso de pessoas.
(B) Ambos respondem por violação de domicílio.
(C) Nestor responde por invasão de domicílio e Jussara, por tentativa de furto.
(D) Ambos respondem por tentativa de furto duplamente qualificado.

Art. 155, § 4º, II e IV, c.c. o art. 14, II, do CP. A chave original, obtida de forma fraudulenta ou em confiança, não configura a qualificadora do art. 155, § 4º, III, do CP. Gabarito "D".

(Magistratura/MG - 2007) Que delito praticam os estudantes de Direito com o chamado "pendura", nas comemorações da instalação dos cursos jurídicos no País?

(A) Nenhum crime foi praticado, por se tratar de fato atípico.
(B) Crime de dano qualificado, por motivo egoístico.
(C) Delito de fraude, consistente em tomar refeições em restaurante, sem dispor de recursos para pagar as despesas.
(D) Estelionato privilegiado, devido ao pequeno valor do prejuízo causado à vítima.

Art. 176 do CP. Gabarito "C".

(Magistratura/MG – 2008) Inocêncio contratou os serviços profissionais de um advogado para propor ação trabalhista a qual foi julgada procedente, mas a quantia paga pela empresa ré, apesar de recebida pelo advogado, não foi entregue a Inocêncio. Procurado, o advogado alega que precisou do dinheiro, mas pretende devolvê-lo a Inocêncio quando puder. Quanto à conduta do advogado, assinale a alternativa CORRETA.

(A) Não se trata de infração penal, mas mero descumprimento contratual.
(B) Restou caracterizado o delito de furto qualificado pelo abuso de confiança.
(C) A inversão do título da posse exercida sobre a quantia caracteriza a apropriação indébita.
(D) Mesmo tendo utilizado a quantia recebida da empresa na ação trabalhista para fins pessoais, caso o advogado a restitua a Inocêncio, o crime permanece na esfera da tentativa.

Art. 168 do CP. Gabarito "C".

(Magistratura/MG - 2008) Sizenando pediu a arma de um amigo emprestada dizendo que precisava cobrar uma dívida de um funcionário de sua empresa. No dia seguinte a esposa de Sizenando encontrou o corpo do funcionário com duas perfurações à bala na altura do peito e percebeu que o salário recebido por este no dia anterior havia desaparecido do bolso de sua calça. Encontrada a arma do crime na posse de Sizenando, ele alegou que havia matado o funcionário para defender a sua honra, pois tinha descoberto o envolvimento deste com sua esposa. Considerando a conduta de Sizenando, marque a alternativa CORRETA.

(A) Na hipótese de Sizenando ter efetuado disparos de arma de fogo contra o funcionário com *animus necandi*, estaria caracterizado o crime de latrocínio.
(B) Se Sizenando na verdade possuía *animus furandi*, o delito praticado seria homicídio.

(C) Caso o amigo que emprestou a arma soubesse que a intenção de Sizenando era praticar um latrocínio, não responderia sequer como partícipe.

(D) A morte do funcionário caracteriza a consumação na hipótese de delito de latrocínio, independentemente da efetiva subtração da quantia encontrada no bolso da calça.

Súmula 610 do Supremo Tribunal Federal: "Há crime de latrocínio, quando o homicídio se consuma, ainda que não realize o agente a subtração de bens da vítima". Gabarito "D".

(Magistratura/MS – 2008 – FGV) São crimes contra o patrimônio:

(A) roubo, furto, estelionato e lesão corporal.
(B) roubo, furto, estelionato e usurpação de águas.
(C) roubo, furto, estelionato e peculato.
(D) roubo, furto, estelionato e moeda falsa.
(E) roubo, furto, estelionato e injúria.

Roubo, furto, estelionato e *usurpação de águas* constituem crimes contra o patrimônio (Título II do Código Penal). O crime de *lesão corporal* está inserido no Título I (Dos Crimes contra a Pessoa). O delito de *peculato* integra o Título XI (Dos Crimes contra a Administração Pública). O crime de *moeda falsa*, por sua vez, encontra previsão no art. 289 do CP, que faz parte do Título X (Dos Crimes contra a Fé Pública). Já o crime de *injúria*, capitulado no art. 140 do CP, está inserido no Título I (Dos Crimes contra a Pessoa). Gabarito "B".

(Magistratura/PA – 2009 – FGV) Há meses José Pereira vinha insistindo com seu pai para que lhe comprasse roupas novas de grifes da moda. Seu pai, Manoel Pereira, negava todos esses pedidos sob o argumento de que as roupas pretendidas por José eram muito mais caras do que outras equivalentes. Manoel dizia que, se José desejasse roupas caras, criasse vergonha na cara e conseguisse um emprego, pois já tinha quase trinta anos de idade e ainda dependia economicamente de seus pais. Indignado com a insensibilidade de seu pai, José arranca uma folha do talão de cheques de seu pai, falsifica a assinatura deste e saca todo o dinheiro que havia na conta – o salário do mês inteiro –, utilizando-o para adquirir as roupas desejadas. Assinale a alternativa que indique a pena a que, por esse ato, José está sujeito.

(A) Detenção, de quinze dias a um mês, ou multa, pois praticou o crime de exercício arbitrário das próprias razões.
(B) Reclusão, de um a cinco anos, e multa, pois praticou o crime de falsificação de documento particular.
(C) Reclusão de um a três anos, e multa, pois praticou o crime de falsidade ideológica em documento particular.
(D) Reclusão, de um a cinco anos, e multa, pois praticou o crime de estelionato.
(E) Não está sujeito a pena alguma.

é isento de pena, nos termos do art. 181 do CP, aquele que comete delito contra o patrimônio em detrimento, entre outros, de ascendente, não se aplicando tal imunidade, segundo impõe o art. 183 do CP, se o crime é de roubo ou de extorsão ou, em geral, quando houver emprego de grave ameaça ou violência à pessoa. Gabarito "E".

(Magistratura/PR – 2010 – PUC/PR) A respeito do crime previsto no artigo 159, CP (extorsão mediante sequestro), assinale a alternativa CORRETA:

I. A consumação ocorrerá quando houver o recebimento do resgate.
II. Se outra pessoa, que não seja a privada de sua liberdade, sofrer a lesão patrimonial, cuida-se de outro delito, mas não o de extorsão mediante sequestro.
III. Trata-se de um crime de consumação antecipada, não se exigindo que o agente obtenha vantagem econômica, o que, se ocorrer, será o exaurimento do crime.
IV. É delito continuado, prolongando-se no tempo o seu momento consumativo.

(A) Apenas as assertivas I e II estão corretas.
(B) Apenas a assertiva II está correta.
(C) Apenas as assertivas II e IV estão corretas.
(D) Apenas a assertiva III está correta.

I: a consumação, neste crime, opera-se no instante em que ocorre a privação da liberdade do ofendido, independente do efetivo recebimento do resgate. É, portanto, *delito formal*; II: tanto a que é privada de sua liberdade quanto a que sofre lesão no seu patrimônio é considerada vítima no crime de *extorsão mediante sequestro*; III: com efeito, cuida-se de *crime de consumação antecipada*, *crime formal* ou *delito de resultado cortado*, em que a obtenção da vantagem econômica não é exigida para a consumação do crime, bastando, para tanto, a privação da liberdade da vítima; IV: é *delito permanente*, prolongando seu momento consumativo no tempo por vontade do agente. Gabarito "D".

(Magistratura/SC – 2008) Assinale a alternativa correta:

(A) No crime de extorsão são aplicáveis todas as circunstâncias de aumento de pena do crime de roubo.
(B) Se o agente pratica roubo com emprego de arma e mediante grave ameaça subtrai valores da vítima, a qual, em razão do ato praticado, vem a sofrer ataque cardíaco e morrer, pode-se dizer que não ocorreu latrocínio porque a morte da vítima não decorreu de violência física.
(C) No roubo de veículo automotor é aumentada a pena do agente que o transporta para outra cidade do Estado.
(D) Na extorsão mediante violência, a gravidade da lesão não interfere na aplicação da pena, como ocorre no crime de roubo com violência.
(E) Na extorsão mediante seqüestro existe a possibilidade de redução de pena, desde que o crime não tenha sido praticado em concurso de pessoas e o agente indique o local onde está o seqüestrado, facilitando sua liberação.

A: ao crime de extorsão aplicam-se as causas de aumento de pena contidas no art. 158, § 1º, do CP; ao delito de roubo incidem aquelas do art. 157, § 2º, I a V, do CP (rol mais amplo); B: a violência mencionada no art. 157, § 3º, do CP deve ser física. Não basta, pois, que seja moral; C: o art. 157, § 2º, IV, do CP faz menção a subtração de veículo automotor que venha a ser transportado para *outro Estado* ou para o *exterior*, D: art. 158, § 2º, do CP; E: art. 159, § 4º, do CP. O concurso de pessoas é imprescindível à caracterização desta causa de diminuição de pena. É hipótese de *delação premiada*. Gabarito "B".

(Magistratura/SP – 2011 – VUNESP) Antônio e Pedro, agindo em concurso e mediante o emprego de arma de fogo, no mesmo contexto fático, subtraem bens de José e, depois, constrangem-no a fornecer o cartão bancário e a respectiva senha, com o qual realizam saque de dinheiro. Assinale, dentre as opções adiante mencionadas, qual delas é a correta, consoante a jurisprudência pacificada dos Tribunais Superiores (STJ e STF).

(A) Os agentes cometeram crime único, no caso, roubo.
(B) Os agentes cometeram dois crimes, no caso, roubo e extorsão, em concurso formal.
(C) Os agentes cometeram dois crimes, no caso, roubo e extorsão, em continuidade.
(D) Os agentes cometeram crime único, no caso, extorsão.
(E) Os agentes cometeram dois crimes, no caso, roubo e extorsão, em concurso material.

De fato, se os agentes subtraem bens da vítima, empregando, para tanto, grave ameaça exercida por meio de arma de fogo, e, em seguida, passam a obrigar o ofendido a lhes fornecer cartão bancário e a respectiva senha, com o que realizam saque em agência bancária, praticam os crimes de roubo e extorsão em concurso material. Nesse sentido, conferir: STJ, HC 10.375-MG, 6ª T., rel. Min. Fernando Gonçalves, DJ 29.11.1999. Gabarito "E".

(Magistratura/SP – 2009 – VUNESP) A e B, agindo de comum acordo, apontaram revólveres para C exigindo a entrega de seus bens. Quando B encostou sua arma no corpo de C, este reagiu entrando em luta corporal com A e B, recusando a entrega da "res furtiva". Nesse entrevero, a arma portada por B disparou e o projétil atingiu C, que veio a falecer, seguindo-se a fuga de A e B, todavia, sem levar coisa alguma de C. Esse fato configura

(A) roubo tentado e lesão corporal seguida de morte.
(B) roubo tentado e homicídio consumado.
(C) latrocínio.
(D) homicídio consumado.

Súmula 610 do STF: "Há crime de latrocínio, quando o homicídio se consuma, ainda que não realize o agente a subtração de bens da vítima". Gabarito "C".

(Magistratura/SP – 2008) Por qual crime deve responder o agente que se aproxima sorrateiramente, bate a carteira do bolso traseiro da calça da vítima e empreende fuga, se esta, pressentindo a subtração, põe-se em perseguição àquele na tentativa de reaver a res, acaba atropelada e morre em conseqüência dos ferimentos suportados?

(A) Furto qualificado pela destreza.
(B) Furto simples.
(C) Furto agravado pela dissimulação.
(D) Latrocínio.

Art. 155 do CP. Não há, aqui, que se falar em roubo, já que não houve emprego de violência para viabilizar a subtração da res, que foi retirada do bolso traseiro da calça da vítima. Se destreza tivesse havido, a vítima não teria percebido a ação do batedor. Outrossim, é imprescindível, para a caracterização do latrocínio, que a violência tenha sido exercida para viabilizar a subtração, ou, após esta, para garantir a impunidade ou a detenção da res. Trata-se, portanto, de furto simples. Gabarito "B".

(Magistratura/SP – 2008) O agente que recebe de terceiro desconhecido motor de procedência indeterminada, com o número adulterado, ciente dessa circunstância, e o instala em seu veículo, responde

(A) por receptação dolosa.
(B) por receptação dolosa em concurso material com o crime de adulteração de sinal identificador de veículo automotor.
(C) pelos delitos referidos na alínea anterior, em concurso formal.
(D) somente pelo crime de adulteração de sinal identificador de veículo automotor por ser apenado mais gravemente que a receptação.

Art. 180, caput, do CP. Gabarito "A".

(Magistratura/SP – 2008) No intuito de furtarem casa de veraneio, que parecia deserta, dois ladrões dividem as tarefas. A permanece nas imediações do imóvel visado, em atitude de observação e vigilância, enquanto B, depois de arrombar a porta da frente, ingressa na casa. Nesse momento, B percebe a presença de caseira num dos cômodos e, apanhando faca na cozinha, subjuga a vítima e a submete à prática de conjunção carnal. Antes de se retirar, B, com a caseira ainda rendida pela grave ameaça, subtrai objetos da residência, que partilha com A. Por quais crimes devem responder os agentes?

(A) Ambos por roubo qualificado e estupro.
(B) Ambos por roubo qualificado e B, também por estupro.
(C) B por roubo qualificado e estupro e A pelo furto qualificado.
(D) B por roubo qualificado e estupro e A pelo furto qualificado, com pena aumentada até da metade em razão do resultado ocorrido (CP, art. 29, § 2º, última parte).

"B" deverá responder por roubo e estupro (concurso de crimes); já "A", que quis participar de crime menos grave, nos termos do art. 29, § 2º, primeira parte, do CP, responderá tão somente pelo furto qualificado – art. 155, § 4º, I e IV, do CP. Gabarito "C".

(Magistratura/TO - 2007 – CESPE) Suponha que Bernardo tenha subtraído, via Internet, valores da conta-corrente de titularidade de Andréa, utilizando-se, para tanto, dos dados relativos a número de conta, agência e senha bancária que obtivera ao acessar ilicitamente o computador da referida correntista. Nesse caso, Bernardo deve responder pelo crime de

(A) furto simples.
(B) estelionato.
(C) apropriação indébita.
(D) furto mediante fraude.

Art. 155, § 4º, II, do CP. Bernardo, fazendo uso de uma manobra enganosa, um ardil (meio fraudulento), acessou de forma ilícita o computador de Andréa e, com isso, conseguiu ter contato com os dados bancários da vítima para viabilizar seu intento: subtrair valores de sua conta-corrente via internet. Este crime não deve ser confundido com o estelionato, capitulado no art. 171 do CP, já que neste a coisa é entregue pela própria vítima, iludida que foi por conta da fraude. Gabarito "D".

(Ministério Público/AP – 2005) Dona Tícia subtraiu um aparelho de som de uma residência e Tácio de Tal, Oficial de Justiça da 21ª Vara de Família da Comarca de Macapá, adquiriu a res furtiva por preço justo, entretanto, era sabedor de que se tratava de objeto subtraído de outrem e que Dona Tícia era inimputável, pois foi interditada na referida 21ª Vara de Família. Em face do enunciado acima, marque a opção correta:

(A) O delito praticado por Tício é de alçada Pública e depende de representação.
(B) O Crime perpetrado por Tício é de natureza eminentemente privada.
(C) Sucedeu o crime de receptação e este é autônomo em relação ao crime de furto.
(D) Não praticou Tício nenhum crime, somente será responsabilizado no Juízo Cível, apesar da autonomia do crime de receptação, pois deve ser levada em conta a inimputabilidade da Dona Tícia, como autora do crime de Furto.

Nos termos do art. 180, § 4º, do CP, é irrelevante, para a punição da receptação, o fato de a autora do crime de furto ser inimputável ou não, pouco importando, da mesma forma, se o autor do crime de receptação tinha conhecimento dessa circunstância ou não. Este, embora tenha pagado o preço justo, sabia da procedência criminosa do aparelho de som. Deve, pois, ser responsabilizado pelo crime previsto no art. 180, caput, do CP (receptação dolosa). Gabarito "C".

(Ministério Público/BA – 2010) A nova redação do CP, decorrente da Lei 11.923/2009, no que pertine à "colaboração"da vítima, e de acordo com os comentadores do novo diploma legal, seria correto afirmar:

I. No roubo, a colaboração da vítima é dispensável.
II. No roubo, a colaboração da vítima é indispensável.
III. Na extorsão, é indispensável.
IV. Na extorsão mediante sequestro, é dispensável.
V. Na extorsão mediante sequestro, é indispensável.

(A) As alternativas I, III e IV são verdadeiras.
(B) As alternativas II, III e IV são verdadeiras.
(C) Somente a alternativa III é falsa.
(D) As alternativas I, II e V são verdadeiras.
(E) As alternativas II, III e V são verdadeiras.

A extorsão (art. 158, CP) pressupõe uma participação da vítima, que deverá fazer algo (entregar a carteira, por exemplo), tolerar que se faça ou deixar de fazer alguma coisa. No roubo (art. 157, CP), a situação é diferente. Aqui, a atuação do agente não está condicionada à da vítima. O objeto material do crime é tirado (subtraído) da vítima. Na extorsão, ele é, grosso modo, entregue pela vítima. É por isso que se fala que no roubo a colaboração da vítima é dispensável, irrelevante; na extorsão, ao contrário, é indispensável. No âmbito da extorsão mediante sequestro (art. 159, CP), a colaboração da vítima é dispensável na medida em que a consumação deste crime se dá com a privação da liberdade do ofendido (o que não envolve sua participação ativa). Gabarito "A".

(Ministério Público/MG - 2008) Em um parque de exposição, um policial, do interior de sua guarita onde se encontrava de plantão, presencia o início da prática de um crime de roubo. Ao perceber que a vítima era um antigo desafeto, mesmo tendo plenas condições de evitar a prática do delito, dolosamente, omite-se, permitindo a consumação da infração penal, com a subtração dos bens pertencentes àquela. Nesse caso, qual o delito praticado pelo policial?

(A) Prevaricação.
(B) Roubo por omissão.
(C) Fato atípico.
(D) Roubo impróprio.
(E) Omissão de socorro.

O policial, em conformidade com o que reza o art. 13, § 2º, do CP, tinha, por dever de ofício, a obrigação legal de agir e evitar o resultado. Assim não o fez. Responderá, dessa forma, por roubo (crime omissivo impróprio). Gabarito "B".

(Ministério Público/MG - 2008) Fazendo-se passar por um manobrista, o agente faz com que a própria vítima lhe entregue as chaves do carro, oportunidade em que se retira tranqüilamente do local, fugindo com o veículo. Nesse caso, podemos afirmar que o agente praticou o delito de:

(A) furto mediante fraude.
(B) furto qualificado pelo abuso de confiança.
(C) estelionato.
(D) apropriação indébita.
(E) furto simples.

Trata-se do crime capitulado no art. 171 do CP (estelionato), na medida em que a vítima, ludibriada, entregou as chaves do veículo. O crime do art. 155 do CP – furto – pressupõe subtração. Já na apropriação indébita – art. 168 do CP – inexiste subtração ou fraude. O agente, depois de adquirir a posse da coisa, passa a agir como se dono dela fosse. Ocorre, a rigor, uma inversão da posse. Gabarito "C".

(Ministério Público/MG - 2008) Em conversa com Augusto, Ricardo confessa que tinha um plano de subtrair os bens móveis que guarneciam determinada residência, com a finalidade de vendê-los, posteriormente, mas que somente não levaria o plano a efeito em virtude de não ter encontrado, ainda, um local para acondicionar a res furtiva após a subtração. Nesse instante, Augusto oferece-lhe um galpão, dizendo, no entanto, que o espaço deveria estar desocupado em 30 dias, quando seria entregue ao futuro locatário do imóvel. Em virtude dessa promessa, Ricardo coloca em prática o plano criminoso, tendo sucesso na subtração dos bens e, ato contínuo, acondiciona-os no local cedido por Augusto. Nesse caso, podemos afirmar que Augusto:

(A) praticou o crime de furto, em concurso com Ricardo.
(B) praticou o crime de favorecimento real.
(C) praticou o crime de favorecimento pessoal.
(D) praticou o crime de receptação.
(E) NDA

Ricardo é autor do crime, já que realizou a figura típica (ação nuclear) do art. 155 do CP; já Augusto, que lhe prestou auxílio material, cedendo-lhe local no qual seria acondicionada a *res furtiva*, é partícipe do mesmo delito, devendo, portanto, incidir nas penas a ele cominadas, na medida de sua culpabilidade, conforme determina o art. 29 do CP. "A." Gabarito

(Ministério Público/RO – 2008 – CESPE) Julgue os itens subseqüentes, relativos a crimes contra o patrimônio.

I. Segundo entendimento mais recente do STJ, para caracterizar a causa de aumento de pena prevista no CP no que concerne ao emprego de arma no crime de roubo, não há a necessidade de se apreender e realizar perícia na arma para constatar sua potencialidade lesiva, podendo o seu emprego ser demonstrado pela prova testemunhal.
II. Responde por furto mediante fraude, e não por estelionato, o agente que transfere valores da conta-corrente da vítima para a sua, por intermédio da Internet, após ter conseguido acessar ilicitamente dados da conta.
III. Conforme previsão legal, somente se admitirá a delação premiada no crime de extorsão mediante seqüestro se o crime for cometido em concurso e o delator facilitar a libertação do seqüestrado. Nesse caso, o delator terá sua pena reduzida de um a dois terços.
IV. A jurisprudência do STF quanto à consumação do furto é mais rígida que a do STJ, pois exige a saída da coisa da chamada esfera de vigilância da vítima.
V. Se cheques pré-datados emitidos como garantia de dívida forem devolvidos por falta de fundos ao serem apresentados antes da data combinada, o emitente responde por crime de estelionato, na modalidade prevista no CP como emissão de cheque sem suficiente provisão de fundos. Estão certos apenas os itens

(A) I e II.
(B) I e IV.
(C) II e III.
(D) III e IV.
(E) IV e V.

I: sem a apreensão e a perícia na arma, não há como se apurar a sua lesividade e, portanto, o maior risco para a integridade física: STJ, 6ª T., AgRg no HC 112.957-RS, Rel. Min. Celso Limongi, j. 19.2.09; STJ, 6ª T., HC 113.050-SP, Ministra Maria Thereza de Assis Moura, j. 20.11.08; II: STJ, 5ª T., HC 56978-GO, Rel. Min. Gilson Dipp, j. 1.6.06; III: art. 159, § 4º, do CP; IV: a jurisprudência do STF e do STJ dispensa, para a consumação do furto e do roubo, o critério da saída da coisa da *esfera de vigilância da vítima* e se contenta com a constatação de que, cessada a clandestinidade ou a violência, o agente tenha tido a posse da *res*, mesmo que retomada, em seguida, pela perseguição imediata: STF, HC 92450-DF, 1ª T., Rel. Min. Ricardo Lewandowski, 16.9.08; STJ, REsp 1059171-RS, 5ª T., Rel. Min. Felix Fischer, j. 2.12.08; V: cheque emitido em garantia de dívida (pré-datado) representa mera *promessa de pagamento*, como se *nota promissória* fosse. Eventual falta de fundos quando da sua apresentação não caracteriza o estelionato na modalidade *fraude no pagamento por meio de cheque* (art. 171, § 2º, VI, CP). No caso narrado não há crime, já que os cheques foram apresentados antes da data combinada. "C." Gabarito

(Ministério Público/SC – 2008)

I. A extorsão é crime formal e se consuma, quando o sujeito ativo recebe a vantagem exigida.
II. O depósito necessário miserável, quando se constitui em figura criminosa, é aquele previsto no artigo 168, I, (necessário) do CP.
III. A figura prevista, no artigo 171, V, do CP, Fraude para recebimento de indenização ou valor de seguro é crime formal.
IV. A receptação na modalidade imprópria não admite tentativa.
V. A escusa relativa prevista nas disposições gerais dos crimes contra o patrimônio, extingue a punibilidade do agente ativo do crime.

(A) apenas III, IV e V, estão corretos;
(B) apenas I, II e III, estão corretos;
(C) apenas II, III e IV, estão corretos;
(D) apenas II, III e V, estão corretos;
(E) apenas I, IV e V, estão corretos;

I: a extorsão – art. 158 do CP – é crime formal e se consuma independentemente da obtenção da vantagem indevida, conforme entendimento esposado na Súmula 96 do STJ; II: art. 168, § 1º, I, do CP (depósito necessário); III: trata-se, de fato, de crime formal, que se consuma com a prática das condutas *destruir, ocultar, lesar* ou *agravar*, independentemente do prejuízo causado ao segurador; IV: a chamada *receptação imprópria*, que não comporta a forma tentada (crime formal), está consubstanciada nos seguintes termos: "(...) *ou influir para que terceiro, de boa-fé, a adquira, receba ou oculte*" (art. 180, *caput*, 2ª parte, do CP); V: o art. 181 do CP cuida das chamadas *imunidades penais absolutas* (causas pessoais de exclusão de pena); já o art. 182 do mesmo diploma trata das *imunidades relativas*, que não têm o condão de elidir a punibilidade do fato praticado. Limitam-se a estabelecer um obstáculo ao exercício da ação penal, nos casos em que o crime patrimonial tenha sido perpetrado em detrimento do cônjuge separado judicialmente; irmão, legítimo ou não; tio ou sobrinho com quem o agente coabita. "C." Gabarito

(Ministério Público/SP – 2011) Aquele que, após haver realizado a subtração de bens, ministra narcótico na bebida do vigia local para dali sair com sucesso de posse de alguns dos objetos subtraídos, responde por:

(A) furto consumado.
(B) roubo impróprio.
(C) tentativa de furto.
(C) roubo impróprio tentado.
(E) estelionato.

Não se trata de roubo impróprio (art. 157, § 1º, do CP), visto que este, diferentemente do roubo próprio, somente comporta, em seguida à subtração, o emprego de violência ou grave ameaça contra a pessoa. "A." Gabarito

(Ministério Público/SP – 2010) Assinale a alternativa correta:

(A) o ato de ter em depósito, no interior da própria residência, no exercício de atividade comercial, coisa que deve saber ser produto de crime de estelionato constitui crime de receptação na modalidade dolosa do art. 180, "caput", do Código Penal.
(B) o crime de receptação, nas modalidades dolosa ou culposa, pressupõe, por expressa disposição legal, a anterior prática de crime contra o patrimônio.
(C) no crime de receptação, a modalidade privilegiada (art. 180, § 5º, c.c. art. 155, § 2º, do CP) só pode ser reconhecida quando se tratar da figura culposa do delito.
(D) o crime de receptação imprópria implica necessariamente que o terceiro que adquire ou recebe a coisa esteja de boa-fé.
(E) o perdão judicial aplica-se à receptação culposa, mesmo na hipótese de o réu ser reincidente.

A: art. 180, § 1º, do CP; B: o crime original pode ou não ser contra o patrimônio; C: o art. 155, § 2º, do CP aplica-se à receptação dolosa (art. 180, *caput* e § 1º, do CP); D: a receptação imprópria está na segunda parte do *caput* do art. 180 do CP: "(...) influir para que terceiro, de boa-fé, a adquira, receba ou oculte."; E: o perdão judicial do art. 180, § 5º, do CP somente terá lugar se se tratar de agente primário. "D." Gabarito

(Defensor Público/GO – 2010 – I. Cidades) Na situação de roubo, se ocorrer homicídio e subtração consumados, há latrocínio consumado e, se ocorrer homicídio e subtração tentados, há latrocínio tentado. Nessas hipóteses, o entendimento é pacífico. Entretanto, no caso de homicídio consumado e subtração tentada, há diversas correntes doutrinárias. Para o Supremo Tribunal Federal, Súmula 610, há, nessa última hipótese,

(A) tentativa de latrocínio.
(B) homicídio consumado em concurso formal com tentativa de furto.
(C) homicídio qualificado consumado em concurso material com tentativa de roubo.
(D) latrocínio consumado.
(E) somente homicídio qualificado.

De fato, se a subtração permanecer na esfera da tentativa, mas o agente matar a vítima, prevalece o entendimento firmado na Súmula 610 do STF: "Há crime de latrocínio, quando o homicídio se consuma, ainda que não realize o agente a subtração de bens da vítima". O latrocínio (art. 157, § 3º, segunda parte, CP) é crime hediondo (art. 1º da Lei 8.072/90) cuja competência para o julgamento é do juiz singular (Súmula nº 603, STF). Gabarito "D".

(Defensor Público/GO – 2010 – I. Cidades) Fulano de Tal falsificou a assinatura em um cheque e utilizou-o na compra de um rádio. Posteriormente, descoberta a fraude, Fulano de Tal deverá responder pelo(s) crime(s) de:

(A) estelionato em concurso com falsificação de documento.
(B) estelionato em concurso com uso de documento falso.
(C) estelionato em concurso com falsificação e uso de documento falso.
(D) exclusivamente estelionato.
(E) furto mediante fraude.

Embora existam, sobre esse tema, quatro correntes na doutrina e na jurisprudência, prevalece, atualmente, a posição consagrada na Súmula 17 do STJ: "Quando o falso se exaure no estelionato, sem mais potencialidade lesiva, é por este absorvido". Assim, se o agente falsifica a assinatura em um cheque e o utiliza na compra de um rádio, fazendo-se passar pelo correntista, responde somente pelo estelionato, visto que o crime de falso nele se exauriu. Entenda bem: o cheque falsificado, ao ser entregue ao vendedor do rádio (vítima do crime de estelionato), esgotou sua potencialidade lesiva, isto é, somente serviu de meio para a prática do delito de estelionato. Gabarito "D".

(Defensoria/MA – 2009 – FCC) Há previsão legal de escusa absolutória nos delitos patrimoniais desde que seja cometido contra cônjuge, na constância da sociedade conjugal,

(A) ascendente, excluídos os crimes de roubo ou de extorsão, ou, em geral, quando haja emprego de violência ou grave ameaça somente contra a pessoa.
(B) ascendente, descendente, excluídos os crimes de roubo ou de extorsão, ou, em geral, quando haja emprego de violência ou grave ameaça somente contra a pessoa.
(C) ascendente, excluídos os crimes de roubo ou de extorsão, ou, em geral, quando haja emprego de violência ou grave ameaça contra a pessoa e ao estranho que participa do crime.
(D) ascendente, descendente, excluídos os crimes de roubo, extorsão e latrocínio.
(E) ascendente, descendente, excluídos os crimes de roubo ou de extorsão, ou, em geral, quando haja emprego de violência ou grave ameaça contra a pessoa e ao estranho que participa do crime.

Arts. 181 e 183 do CP. Gabarito "E".

(Defensoria/MT – 2009 – FCC) O funcionário público que, mediante grave ameaça com arma de fogo, subtrai um automóvel de um particular, utiliza-o para viagem de turismo e depois o abandona em frente à residência da vítima, comete

(A) roubo de uso.
(B) roubo simples.
(C) peculato.
(D) roubo qualificado.
(E) violência arbitrária.

Art. 157, § 2º, I, do CP. Gabarito "D".

(Defensoria/RN – 2006) Cleomar e Ricardo acordaram previamente a prática de um roubo contra um taxista, tendo simulado o interesse em fazer uma corrida, e já no veículo o primeiro anunciou o assalto empunhando um estilete, quando a vítima entregou a carteira com dinheiro e documentos pessoais a Ricardo. Este saiu correndo e Cleomar permaneceu no veículo por mais alguns instantes, momento em que com estocadas feriu gravemente a vítima a qual veio a falecer. Os dois foram denunciados pelo crime de latrocínio. De acordo com a legislação penal vigente sobre a situação, é correto afirmar que

(A) Ricardo será punido pelo crime de latrocínio, pois a morte do taxista era resultado previsível da ação.
(B) comprovado que Ricardo quis participar do roubo na sua forma simples, o juiz poderá reduzir a pena do latrocínio até a metade.
(C) Ricardo, comprovado que desejou participar apenas do roubo, mas sendo previsível o resultado, será condenado na pena do roubo na forma simples, a qual poderá ser aumentada até a metade.
(D) Ricardo deverá ser punido pelo crime de latrocínio, tendo em vista que, considerando a relação natural entre o acordo para o roubo e a morte da vítima, independente se houve ou não prévio acordo sobre este último resultado.

A pena do crime de roubo – art. 157 do CP –, delito do qual quis participar Ricardo, será aumentada até a metade, na medida em que o resultado letal lhe era previsível, uma vez que tinha ciência de que Cleomar portava um estilete e permaneceu no interior do veículo na companhia da vítima. Trata-se da chamada **cooperação dolosamente distinta**, prevista no art. 29, § 2º, 2ª parte, do CP. Gabarito "C".

(Defensoria/SE – 2006 – CESPE) Julgue os itens seguintes.

(1) Considere a seguinte situação hipotética. Carlos, com 20 anos de idade, subtraiu do pai, um senhor de 60 anos de idade, considerável quantia em dinheiro. Descoberta a subtração, o fato foi noticiado na delegacia de polícia e a autoridade policial declinou pela impossibilidade de instauração de inquérito policial, em face da aplicabilidade da imunidade penal prevista no artigo 181 do CP. Nessa situação, está correta a fundamentação da autoridade policial, pois Carlos é isento de pena, em razão de ter cometido o crime em prejuízo de seu ascendente.

(2) Considere a seguinte situação hipotética. Caio adquiriu de uma loja de motocicletas vários acessórios pela quantia de R$ 400,00, mediante a emissão de um cheque produto de furto, preenchido e assinado na presença do vendedor. A cártula foi devolvida pelo banco sacado, em razão de sua origem ilícita. Nessa situação, devido a sua conduta, Caio deve responder por estelionato em seu tipo fundamental, visto que o cheque, objeto de falsificação, foi empregado como meio de induzir alguém em erro.

(3) Considere a seguinte situação hipotética. Um indivíduo, a pretexto de consertar um computador, apresentou-se em uma residência como técnico de informática e, mediante engodo, subtraiu as jóias da dona da casa. Nessa situação, o indivíduo deverá responder pelo crime de estelionato, pois utilizou-se de ardil para iludir a vítima.

1: arts. 181, II, e 183, III, do CP; não se aplicam as **imunidades** de que tratam os arts. 181 e 182 do Código Penal quando se tratar de crime contra o patrimônio praticado em detrimento de pessoa com 60 anos ou mais; 2: Súmula 17 do STJ: "Quando o falso se exaure no estelionato, sem mais potencialidade lesiva, é por este absorvido"; 3: no estelionato, a vítima, iludida, ludibriada, **entrega** a coisa ao agente; não é o caso; está-se aqui diante do crime capitulado no art. 155, § 4º, II, do CP – furto mediante fraude, em que o ardil é empregado com o intuito de iludir a atenção da vítima e, dessa forma, viabilizar a **subtração** da res. Gabarito: 1E, 2C, 3E.

(Cartório/AP – 2011 – VUNESP) Mara, empregada doméstica, subtraiu joias de sua empregadora Dora, colocando-as numa caixa que enterrou no quintal da residência. No dia seguinte, porém, Dora deu pela falta das joias e chamou a polícia que realizou busca no imóvel e encontrou o esconderijo onde Mara as havia guardado. Nesse caso, Mara responderá por

(A) apropriação indébita.
(B) furto tentado.
(C) furto consumado.
(D) roubo.
(E) estelionato.

A *posse tranquila* não é adquirida somente no local para o qual a *res* deve ser removida e ali permanecer em definitivo. Não é porque Mara ocultou o produto de seu crime em local provisório que este não se consumou, ainda que este local seja a residência da vítima do delito. Não estamos aqui a considerar a corrente jurisprudencial que se contenta, para a consumação do crime de furto, com a mera posse da *res*. "C" otirabaG

(Cartório/DF – 2008 – CESPE) Julgue o item seguinte.

(1) No caso de prática do crime de estelionato, em sua forma fundamental, a reparação do dano, antes do recebimento da denúncia, obsta o prosseguimento da ação penal.

O *estelionato privilegiado* encontra previsão no art. 171, § 1º, do CP. Já o art. 16 do CP prescreve que, nos crimes cometidos sem violência ou grave ameaça à pessoa, reparado o dano ou restituída a coisa até o recebimento da denúncia ou da queixa, por ato voluntário do agente, a pena será reduzida de um a dois terços. É o *arrependimento posterior*, que tem como natureza jurídica *causa pessoal de redução da pena*. Gabarito: 1E

(Cartório/MT – 2005 – CESPE) Augusto, logo após furtar um veículo, desferiu coronhadas na cabeça de seu proprietário, que ficou desacordado e foi arremessado para fora do veículo, mas sobreviveu. Nessa situação, Augusto praticou o crime de

(A) roubo impróprio.
(B) roubo em concurso formal com o crime de lesão corporal grave.
(C) roubo em concurso material com o crime de lesão corporal grave.
(D) furto em concurso formal com o crime de lesão corporal grave.

Art. 157, § 1º, do CP. "A" otirabaG

(Cartório/MS – 2009 – VUNESP) B sempre deixa seu carro no mesmo estacionamento. C, querendo apossar-se do automóvel, vai a esse estacionamento e diz ao manobrista que foi buscar o carro a pedido de B. O manobrista lhe entrega o veículo; C assume a direção e deixa o local. Sobre a conduta de C, é correto afirmar tratar-se de

(A) estelionato.
(B) furto mediante fraude.
(C) apropriação indébita.
(D) furto qualificado pelo abuso de confiança.
(E) apropriação de coisa havida por erro.

No crime de estelionato, a vítima, ludibriada, enganada, induzida em erro pelo agente, acaba por entregar o bem por este desejado, perseguido. Neste caso, o manobrista só fez a entrega do veículo de B a C porque foi levado a erro por este. Importante notar que não houve subtração do bem, razão pela qual não há que se falar do crime de *furto mediante fraude*, em que a fraude é empregada com o fito de viabilizar a subtração do bem. Aqui não houve subtração, já que o veículo foi entregue pelo manobrista. Da mesma forma, não houve crime de *apropriação indébita* – art. 168, CP – , visto que, neste, o dolo é subsequente à posse; no estelionato é antecedente. Ademais disso, os outros requisitos do crime do art. 171 do CP se fazem presentes, a saber: emprego de ardil ou outro meio fraudulento; obtenção de vantagem ilícita; e prejuízo alheio. "A" otirabaG

(Cartório/DF – 2008 – CESPE) Julgue o item seguinte.

(1) No caso de prática do crime de estelionato, em sua forma fundamental, a reparação do dano, antes do recebimento da denúncia, obsta o prosseguimento da ação penal.

O *estelionato privilegiado* encontra previsão no art. 171, § 1º, do CP. Já o art. 16 do CP prescreve que, nos crimes cometidos sem violência ou grave ameaça à pessoa, reparado o dano ou restituída a coisa até o recebimento da denúncia ou da queixa, por ato voluntário do agente, a pena será reduzida de um a dois terços. É o *arrependimento posterior*, que tem como natureza jurídica *causa pessoal de redução da pena*. Gabarito: 1E

(Delegado/SC – 2008) Analise as alternativas e assinale a correta.

(A) No crime de estelionato dois podem ser os sujeitos passivos: a pessoa induzida ou mantida em erro e terceira pessoa que sofre a lesão patrimonial.
(B) Quem mata o dono da coisa, sem poder consumar a subtração patrimonial que almejava, responde, segundo orientação predominante da jurisprudência, por homicídio simples consumado, em concurso com tentativa de roubo.
(C) Sendo o agente primário e de pequeno valor a coisa roubada, poderá o juiz substituir a pena de reclusão aplicável por detenção, diminuí-la de um a dois terços, ou sujeitar o condenado somente à pena pecuniária.
(D) O crime de furto de coisa comum é de ação penal pública incondicionada.

A: é possível nas hipóteses em que a pessoa enganada é diversa da que experimenta o prejuízo; B: segundo entendimento esposado na Súmula 610 do STF, há latrocínio consumado, ainda que a subtração tenha permanecido na esfera da tentativa, visto que a vida humana está acima dos interesses patrimoniais; C: tal benesse somente tem incidência aos autores dos crimes de furto, apropriação indébita e estelionato, conforme rezam os arts. 155, § 2º, 170 e 171, § 1º, do CP; D: art. 156, § 1º, do CP (ação penal pública condicionada a representação). "A" otirabaG

(Delegado/SC – 2008) "Ariel", com 21 anos de idade, arromba a joalheria de seu pai, "Benoir", com 60 anos de idade, de madrugada, levando bens avaliados em R$ 5.000,00 (cinco mil reais). Preso, após o fato, "Ariel" responderá por:

(A) crime de furto de coisa comum.
(B) crime de furto qualificado pelo rompimento de obstáculo à subtração da coisa.
(C) crime de apropriação indébita.
(D) nenhum crime, pois é isento de pena (imunidade penal absoluta).

Art. 155, § 4º, I, do CP. Não incide a imunidade a que alude o art. 181, II, do CP porquanto o ofendido conta com 60 anos de idade, nos termos do art. 183, III, do CP. "B" otirabaG

(Delegado/SP – 2008) O estelionato é qualificado, com aumento de pena de um terço (art. 171, §3º, CP), se cometido em detrimento de

(A) entidade de direito público.
(B) pessoa maior de 60 (sessenta) anos.
(C) pessoa incapaz.
(D) ascendente ou descendente.
(E) companhia de seguros.

A pena também é aumentada de um terço se o crime é cometido em detrimento de instituto de economia popular, assistência social ou beneficência. A esse respeito, Súmula 24 do STJ. "A" otirabaG

(Magistratura Federal – 5ª Região – 2007 – CESPE) Julgue o item seguinte.

(1) O dolo do crime de apropriação indébita previdenciária é a consciência e a vontade de não repassar à previdência, dentro do prazo e na forma da lei, as contribuições recolhidas, não se exigindo a demonstração de especial fim de agir ou o dolo específico de fraudar a previdência social como elemento essencial do tipo penal. Ademais, ao contrário do que ocorre na apropriação indébita comum, não se exige o elemento volitivo consistente no *animus rem sibi habendi* para a configuração do tipo. Trata-se de crime omissivo próprio, em que o tipo objetivo é realizado pela simples conduta de deixar de recolher as contribuições previdenciárias aos cofres públicos no prazo legal, após a retenção do desconto.

O tema é polêmico. O STF tem se posicionado pela exigência tão somente do dolo genérico, consubstanciado na vontade consciente de *deixar de repassar* à previdência social as contribuições recolhidas dos contribuintes. É crime omissivo próprio, já que sua consumação se opera com a mera abstenção de comportamento (não exige resultado naturalístico). Gabarito: 1C

(Defensoria Pública da União – 2007 – CESPE) Julgue os itens seguintes.

(1) Cláudio, com intenção de furtar, entrou no carro de Vagner, cuja porta estava destravada, e acionou o motor por meio de uma chave falsa na ignição do veículo, assim logrando êxito em subtrair o veículo. Nessa situação, e de acordo com a jurisprudência do STJ, Cláudio responde por crime de furto simples.

(2) Marcelo, simulando portar arma de fogo, subtraiu para si dois aparelhos celulares, pertencentes a pessoas diversas, amedrontando as vítimas. Nessa situação, Marcelo deve responder por crime de roubo, em concurso formal.

1: só se verifica a qualificadora contida no art. 155, § 4º, III, do CP quando a **chave falsa** é empregada externamente à *res*, vencendo o agente o obstáculo propositadamente colocado para guarnecê-la (STJ, REsp 43.047-SP, 5ª T., Rel. Min. Edson Vidigal, j. 10.12.96); 2: a prática do crime de roubo, cometido nas mesmas circunstâncias fáticas, contra vítimas diversas, configura concurso formal (STJ, AgRg no REsp 989600-RS, 5ª T., Rel. Min. Napoleão Nunes Maia Filho, j. 29.5.08); incidência do art. 70 do CP. Gabarito: 1C, 2C

(Delegado Federal – 2004 – CESPE) Julgue o item seguinte.

(1) Com a utilização de uma arma de brinquedo, João subtraiu de uma pessoa o relógio e a carteira contendo documentos pessoais, cartões de crédito e R$ 300,00 em espécie. Nessa situação, de acordo com o entendimento do Superior Tribunal de Justiça (STJ), João responderá por crime de roubo qualificado pelo emprego de arma.

O emprego de arma de brinquedo não constitui a causa de aumento de pena do art. 157, § 2º, I, do CP. A propósito, a Súmula 174 do STJ foi cancelada. Gabarito "E".

(Magistratura do Trabalho – 16ª Região – 2006) Quanto ao crime de furto é INCORRETO afirmar:

(A) A pena é aumentada se cometida durante o repouso noturno;
(B) Se o criminoso é primário, e é de pequeno valor a coisa furtada, o juiz pode aplicar somente a pena de multa;
(C) A coisa furtada deve ser móvel, mas pode haver configuração do crime de furto de energia elétrica ou outra que tenha valor econômico;
(D) Não é isento de pena o ascendente ou descendente da vítima;
(E) É isento de pena o cônjuge na constância do casamento.

A: art. 155, § 1º, do CP; B: art. 155, § 2º, do CP; C: art. 155, § 3º, do CP; D: art. 181, II, do CP. As exceções estão contidas no art. 183 do CP; E: art. 181, I, do CP. Gabarito "D".

(Magistratura do Trabalho – 14ª Região – 2006) Com relação ao crime consistente em deixar de recolher contribuição previdenciária, ou importância, descontadas do pagamento feito aos segurados, a terceiros ou arrecadadas do público (art. 168/A, § 1º, I, do Código Penal), pode-se afirmar corretamente que se extingue a punibilidade:

(A) quando, antes do início da ação fiscal, o agente, espontaneamente, declare e confesse a dívida previdenciária, desde que o pagamento se efetue antes do oferecimento da denúncia;
(B) quando, antes do início da ação fiscal, o agente, espontaneamente, confesse e efetue o pagamento das contribuições e valores devidos e, ainda, preste as informações devidas à Previdência Social;
(C) quando o agente, após o início da ação fiscal, deposite pelo menos a metade do total das contribuições devidas, inclusive os acessórios;
(D) quando, após o início da ação fiscal, e antes do oferecimento da denúncia, o agente efetue o pagamento da contribuição social previdenciária devida, inclusive os acessórios;
(E) quando o agente, espontaneamente, confesse e pague a dívida previdenciária, e, ainda, preste as informações devidas à Previdência Social, desde que antes da sentença condenatória.

Art. 168-A, § 2º, do CP. Gabarito "B".

(Auditor Fiscal/RJ) C, para saldar dívida de jogo, subtraiu algumas jóias de sua mãe, com quem mora, e as vendeu a um negociante de ouro. Sobre a conduta de C, pode-se dizer que:

(A) tipifica o crime de furto qualificado por abuso de confiança
(B) não é punível, pois o agente é isento de pena, neste caso
(C) tipifica o delito de furto de coisa comum
(D) é típica de furto privilegiado

Art. 181, II, do CP (imunidade penal absoluta). Gabarito "B".

(CESPE – 2009) Acerca dos crimes contra o patrimônio, assinale a opção correta.

(A) O crime de latrocínio só se consuma quando o agente, após matar a vítima, realiza a subtração dos bens visados no início da ação criminosa.
(B) O crime de extorsão é consumado quando o agente, mediante violência ou grave ameaça, obtém, efetivamente, vantagem econômica indevida, constrangendo a vítima a fazer alguma coisa ou a tolerar que ela seja feita.
(C) Quem falsifica determinado documento exclusivamente para o fim de praticar um único estelionato não responderá pelos dois delitos, mas apenas pelo crime contra o patrimônio.
(D) O crime de apropriação indébita de contribuição previdenciária é delito material, exigindo-se, para a consumação, o fim específico de apropriar-se da coisa para si (animus rem sibi habendi).

A: Súmula 610 do STF: "Há crime de latrocínio, quando o homicídio se consuma, ainda que não realize o agente a subtração de bens da vítima"; B: o crime de extorsão é formal, consumando-se independentemente da obtenção de vantagem indevida por parte do agente. É a posição esposada na Súmula 96 do STJ; C: é o entendimento consagrado na Súmula 17 do STJ, posição não compartilhada pelo STF; D: o crime do art. 168-A do CP é formal, consumando-se com a mera omissão do agente, consubstanciada em deixar de repassar a quantia devida ao INSS. Gabarito "C".

(CESPE – 2008) Viviane esteve em uma locadora de filmes e, fazendo uso de documento falso, preencheu o cadastro e locou vários DVDs, já com a intenção de não devolvê-los. Nessa situação hipotética, por ter causado à casa comercial prejuízo equivalente ao valor dos DVDs, Viviane praticou, segundo o CP, o delito de

(A) Uso de documento falso.
(B) Estelionato.
(C) Furto mediante fraude.
(D) Apropriação indébita.

A: art. 304 do CP. O crime praticado por Viviane está capitulado no caput do art. 171 do CP. Não responderá pelo crime de falso porque este serviu de meio para a prática da fraude. É o entendimento consagrado na Súmula 17 do STJ: "Quando o falso se exaure no estelionato, sem mais potencialidade lesiva, é por este absorvido". Trata-se de hipótese de incidência do princípio da consunção; B: art. 171, caput, do CP; C: art. 155, § 4º, II, do CP. No caso narrado acima, não houve subtração dos DVDs; pelo contrário, eles foram entregues espontaneamente; D: art. 168 do CP. Poderíamos falar em crime de apropriação indébita se a intenção de Viviane em não mais restituir os DVDs tivesse surgido posteriormente. Na apropriação, portanto, é necessário que preexista a posse justa, é dizer, que a coisa tenha sido entregue sem fraude ao agente. Gabarito "B".

(CESPE – 2007) Durante uma festa, na noite de Natal, em sua casa, Lauro permitiu que Marcelo entrasse em seu quarto para ter acesso ao banheiro, oportunidade em que Marcelo subtraiu uma máquina fotográfica de propriedade de Lauro. Marcelo foi preso em flagrante, oportunidade em que o objeto foi apreendido, juntamente com uma arma de fogo, da qual tinha porte. O inquérito policial que apurava o fato foi concluído e encaminhado ao Ministério Público. A partir dessa situação hipotética, assinale a opção correta.

(A) Caso o Ministério Público requeira o arquivamento do inquérito policial, Lauro deve mover a ação penal privada subsidiária da pública.
(B) Ainda que Lauro perdoe Marcelo pela subtração da máquina fotográfica, por se tratar de crime que procede mediante ação pública incondicionada, o trâmite da ação penal terá continuidade.
(C) Marcelo deve responder pelo crime de apropriação indébita com o aumento de pena referente ao fato de o crime ter sido praticado à noite.
(D) Marcelo deve responder pelo crime de roubo, visto que, apesar de não ter utilizado a arma, ele a estava portando no dia dos fatos.

O crime capitulado no art. 155 do Código Penal (furto) é de ação penal pública incondicionada, já que somente está legitimado a agir, em regra, o Ministério Público, que não depende de nenhuma manifestação de vontade do ofendido. Logo, o perdão deste é irrelevante; não tem, pois, o condão de evitar o início tampouco elidir o prosseguimento da ação penal. Em relação ao Ministério Público, vigoram os princípios da oficialidade, da obrigatoriedade e da indisponibilidade. Gabarito "B".

20. CRIMES CONTRA A DIGNIDADE SEXUAL

(Magistratura/BA – 2006 – CESPE - adaptada) O item que se segue apresenta uma situação hipotética concernente a crime contra a liberdade sexual, seguida de uma assertiva a ser julgada.

(1) Mário, mediante o emprego de violência e grave ameaça exercida com o emprego de uma faca, constrangeu sua prima a fazer sexo oral (felação) e, em seguida, a manter conjunção carnal com ele. Nessa situação, não se consubstanciando o ato libidinoso em praeludia coiti, Mário praticou o crime de atentado violento ao pudor em concurso material com o crime de estupro.

Os tribunais, até a edição da Lei 12.015/09, tinham como consolidado o entendimento segundo o qual, quando o **atentado violento ao pudor** não constituísse meio natural para a prática do **estupro**, caracterizado estaria o concurso material de crimes: STJ, HC 102.362-SP, 5ª T., Rel. Min. Felix Fischer, j. 18.11.08. Com a Lei 12.015/09, que promoveu uma série de mudanças na disciplina dos crimes sexuais, o estupro – art. 213, CP –, que incriminava tão somente a conjunção carnal realizada com mulher, mediante violência ou grave ameaça, passou a incorporar, também, a conduta antes contida no art. 214 do CP – dispositivo hoje revogado (art. 7º, Lei 12.015/09). Dito de outro modo, constitui estupro, na sua nova forma, toda modalidade de violência sexual levada a efeito para qualquer fim libidinoso, incluída, por óbvio, a conjunção carnal. Dessa forma, o crime do art. 213 do CP, com a mudança implementada pela Lei 12.015/09, passa a comportar, além da conduta consubstanciada na conjunção carnal violenta, contra homem ou mulher, também o comportamento consistente em obrigar alguém a praticar ou permitir que com o sujeito ativo se pratique outro ato libidinoso que não a conjunção carnal. Criou-se, assim, um tipo misto alternativo, razão pela qual a prática de *sexo oral* e *conjunção carnal* no mesmo contexto fático implica o cometimento de crime único. Incide, no caso, o *princípio da alternatividade*. Nesse sentido, conferir: STJ, HC 144.870-DF, 6ª T., rel. Min. Og Fernandes, j. 9.2.10. Gabarito "E".

(Magistratura/DF – 2011) Dos crimes contra a liberdade sexual. Estupro: Constranger alguém mediante violência ou grave ameaça, a ter conjunção carnal ou a praticar ou permitir que com ele se pratique outro ato libidinoso. Por isso:

(A) Quando o agente mantém conjunção carnal com a vítima e pratica beijo lascivo, não consentidos, comete um único estupro;
(B) Não comete crime de estupro, agente que por ausência de ereção que o incapacita manter cópula vaginal, para obter orgasmo pelo estímulo cerebral, sem o consentimento da vítima introduz pênis artificial em seu ânus;
(C) Quando o agente, com violência, obriga a vítima a praticar dois atos libidinosos de uma só vez, comete dois estupros, pois a liberdade sexual foi lesada duas vezes;
(D) Não comete crime de estupro, mas posse sexual mediante fraude, agente que por vingança ou para humilhar e constranger moralmente a vítima, com ela mantém relação sexual não consentida.

A: a conjunção carnal realizada em conjunto com outros atos libidinosos contra a mesma vítima e no mesmo contexto fático implica, por força do princípio da alternatividade, o reconhecimento de crime único de estupro (art. 213 do CP); B: a introdução, na vagina, de pênis artificial à revelia da vítima implica o cometimento do crime de estupro (art. 213, CP); C: por incidência do princípio da alternatividade (tipo misto alternativo), o agente, neste caso, deverá responder por crime único de estupro; D: o agente, neste caso, comete, sim, crime de estupro. O crime de violação sexual mediante fraude (art. 215 do CP) incorporou os crimes de posse sexual mediante fraude e atentado ao pudor mediante fraude. Gabarito "A".

(Magistratura/MG – 2009 – EJEF) Sobre os delitos contra a liberdade sexual, marque a alternativa CORRETA.

(A) A ação penal no caso de estupro de vítima menor de 18 anos é pública condicionada, já que a vontade da vítima em processar o sujeito ativo, bem como as conseqüências da exposição decorrente da instauração de um processo penal, na visão do legislador, devem ser levadas em consideração.
(B) Pratica assédio sexual (art. 216-A do CP) a mulher que obriga qualquer homem a manter com ela conjunção carnal.
(C) Há presunção de violência na hipótese de crime de estupro (previsto no art. 213 do CP) praticado contra menor de 14 anos, consoante regra expressa no art. 224 do CP.
(D) Constitui qualificadora do crime de estupro, o fato de a vítima ser menor de 18 e maior de 14 anos.

A: com o advento da Lei 12.015/09, a ação penal, nos crimes sexuais, que antes era privativa do ofendido, passa a ser, a partir de então, pública condicionada à representação, nos termos do art. 225, *caput*, do CP. Em se tratando, entretanto, de vítima menor de 18 anos ou de pessoa vulnerável, a ação penal será pública incondicionada, nos termos do parágrafo único do art. 225; B: em face da nova realidade instaurada pela Lei 12.015/09, a mulher que obrigar qualquer homem a com ela manter conjunção carnal cometerá crime de estupro – art. 213 do CP. Antes, esta conduta era tipificada no art. 146 do CP (constrangimento ilegal); C: o art. 224 do CP foi revogado pela Lei 12.015/09. Aquele que tiver conjunção carnal ou praticar outro ato libidinoso com menor de 14 anos incorrerá nas penas no art. 217-A do CP – estupro de vulnerável; D: art. 213, § 1º, do CP. Gabarito "D".

(Magistratura/MG - 2007) Ao término de uma festa Junina, Márcia e sua amiga Solange, ambas com 14 (quatorze) anos, completamente embriagadas, aceitaram carona de Guilherme e Leonardo, que se desviaram do caminho de casa e rumaram para um local ermo, onde cada um manteve relações sexuais, dentro do carro. Guilherme com Solange e Leonardo com Márcia. Qual o delito, em tese, praticado por Guilherme e Leonardo?

(A) Guilherme e Leonardo praticaram o delito de estupro (art. 213/ CP), cumulado com a presunção de violência prevista no art. 224, letra c, do C. Penal.
(B) Guilherme e Leonardo praticaram o delito de estupro (art. 213/ CP), cumulado com a causa de aumento do concurso de pessoas previsto no art. 226, I, do C. Penal.
(C) Guilherme e Leonardo praticaram o delito de estupro e de atentado violento ao pudor (art. 213 e 214, do CP), cumulados com a presunção de violência prevista no art. 224, letra c, do C. Penal.
(D) Guilherme e Leonardo praticaram o delito de atentado violento ao pudor (art. 214/CP), cumulado com a causa de aumento do concurso de pessoas previsto no art. 226, I, do C. Penal.

A *presunção de violência* foi abolida, com a expressa revogação do art. 224 do Código Penal pela Lei 12.015/09. Atualmente, a conduta praticada por Guilherme e Leonardo está prevista no art. 217-A, § 1º, do CP (estupro de vulnerável). Gabarito "A".

(Magistratura/PE – 2011 – FCC) Nos crimes contra a liberdade sexual, NÃO constitui causa de aumento da pena a circunstância de

(A) resultar gravidez.
(B) o agente ser casado.
(C) o agente ser empregador da vítima.
(D) o crime ser cometido com concurso de duas ou mais pessoas.
(E) o agente transmitir doença sexualmente transmissível de que sabe ser portador.

A: art. 234-A, III, do CP; B: não constitui causa de aumento de pena; C: art. 226, II, do CP; D: art. 226, I, do CP; E: art. 234-A, IV, do CP. Gabarito "B".

(Magistratura/RO – 2011 – PUCPR) Recentemente, o legislador pátrio alterou o enfoque dado aos chamados Crimes Contra os Costumes, passando a denominá-los de Crimes Contra a Dignidade Sexual, através da edição da Lei Ordinária n°. 12.015/2009.

A respeito do assunto, assinale a única alternativa **CORRETA**.

I. A conduta de constranger alguém, mediante violência ou grave ameaça, a ter conjunção carnal ou a praticar ou permitir que com ele se pratique outro ato libidinoso, configura o delito de estupro.
II. O tipo penal denominado "estupro de vulnerável" exige como condição do sujeito passivo do delito a idade inferior a 14 anos de idade ou ser possuidor de enfermidade ou doença mental capaz de reduzir sua capacidade de discernimento para a prática do ato, ou ainda, por qualquer outra causa, não possa oferecer resistência.
III. Pratica o delito de corrupção de menores (artigo 218 do Código Penal) o agente que induz alguém menor de 14 (catorze) anos a satisfazer a lascívia de outrem.
IV. O delito de estupro previsto no artigo 213 do Código Penal, com a nova redação dada pela lei n°. 12.015/2009 é de ação penal pública incondicionada, independentemente da condição pessoal da ofendida.

(A) Somente as proposições I e III são verdadeiras.
(B) Somente a proposição IV é falsa.
(C) Somente as proposições I e II são verdadeiras.
(D) Todas as proposições são falsas.
(E) Todas as proposições são verdadeiras.

I: corresponde à nova redação do art. 213 do CP; II: art. 217, *caput* e § 1º, do CP; III: corresponde à nova redação dada ao art. 218 do CP; IV: com o advento da Lei 12.015/09, a ação penal, nos crimes sexuais, aqui incluído o estupro (art. 213, CP), que antes era privativa do ofendido, passa a ser, a partir de então, pública condicionada à representação, e não incondicionada, nos termos do art. 225, *caput*, do CP. Em se tratando, entretanto, de vítima menor de 18 anos ou de pessoa vulnerável, a ação penal será pública incondicionada, nos termos do *caput* do art. 225. Gabarito "B".

(Magistratura/SP – 2009 – VUNESP) Pode constituir, em tese, ato obsceno, na figura típica do art. 233 do Código Penal,

(A) a exposição de cartazes, em lugar aberto ao público, mostrando corpos nus.
(B) a exposição à venda de revista com fotografias de cunho pornográfico em lugar aberto ao público.
(C) o ato de urinar em lugar público com exibição do pênis.
(D) a exposição pública de fotografias de crianças nuas.

O crime do art. 233 do CP pressupõe a prática efetiva, a realização de ato de conotação sexual, com movimentação corpórea, em local público, ou aberto ou exposto ao público. No mais, urinar é ato natural, mas, quando praticado em via pública e com a exibição ostensiva do pênis, tem, sim, o condão de ofender o pudor público e, portanto, caracterizado estará o crime de ato obsceno.". "C." Gabarito

(Magistratura/TO – 2007 – CESPE) Plínio estuprou sua filha Laís, de 4 anos de idade, restando comprovado pelo laudo de exame de corpo de delito que a vítima sofreu lesões corporais graves. Considerando essa situação hipotética, assinale a opção correta.

(A) Não incide, no caso, a majorante do art. 9º da Lei dos Crimes Hediondos — acréscimo de metade da pena do crime, sendo a vítima menor de 14 anos, sob pena de se incorrer em *bis in idem* —, pois a violência, ainda que presumida, já integra o tipo penal do crime de estupro.
(B) Plínio cumprirá a pena em regime integralmente fechado.
(C) Se for réu primário e tiver sido condenado a regime inicialmente fechado, Plínio terá direito a progressão de regime após o cumprimento de dois quintos da pena e, se for reincidente, após o cumprimento de três quintos dela.
(D) A prisão temporária de Plínio, caso decretada, terá o prazo de 15 dias, prorrogável por igual período em caso de extrema e comprovada necessidade.

Plínio, em razão das modificações introduzidas pela Lei 12.015/09, incorrerá nas penas do art. 217-A, § 3º, do CP, que prevê o crime de estupro de vulnerável, sem prejuízo do aumento de pena a que alude o art. 226, II, do CP. Em vista da revogação expressa do art. 224 do CP, a majorante do art. 9º da Lei 8.072/90 não poderá, a nosso ver, ter mais incidência. De outro lado, por se tratar de crime hediondo, em vista do disposto no art. 2º, § 2º, da Lei de Crimes Hediondos, alterada que foi pela Lei 11.464/07, a progressão dar-se-á nos seguintes termos: após o cumprimento de dois quintos da pena, em se tratando de apenado primário; e de três quintos, se o apenado for reincidente. "C." Gabarito

(Magistratura/TO – 2007 – CESPE) Com relação a crime de corrupção de menores e a crimes contra os costumes, julgue os itens seguintes.

I. O crime de corrupção de menores, previsto no art. 218 do Código Penal, é delito material, isto é, exige resultado naturalístico para a sua consumação.
II. No crime de assédio sexual, apenas pode ser sujeito ativo pessoa que seja superior hierárquico ou que tenha ascendência, inerentes ao exercício de emprego, cargo ou função, sobre o sujeito passivo.
III. Apenas a mulher honesta é considerada sujeito passivo no crime de posse sexual mediante fraude.

A quantidade de itens certos é igual a

(A) 0.
(B) 1.
(C) 2.
(D) 3.

Os comportamentos típicos do art. 218 do CP (corrupção de menores) foram abolidos por força da Lei 12.015/09. Hoje o art. 218 do CP conta com a seguinte redação: "Induzir alguém menor de 14 anos a satisfazer a lascívia de outrem: Pena – reclusão, de dois a cinco anos". Vide art. 218-B do CP , também introduzido pela Lei 12.015/09, cujo objeto jurídico é a liberdade sexual da pessoa menor de 18 e maior de 14 anos, enferma ou deficiente mental. De outro lado, as condutas descritas nos arts. 215 e 216 do CP foram, por força da Lei 12.015/09, reunidas em um único tipo penal, denominado violação sexual mediante fraude (art. 215, CP), que tem como sujeito passivo qualquer pessoa. O gabarito da questão, cuja elaboração é anterior à edição da lei, corresponde à alternativa "C". "C." Gabarito

(Ministério Público/BA – 2010) Com o advento da Lei 12.015/2009, seria correto afirmar:

I. A prática da conjunção carnal seguida da prática de outros atos libidinosos não caracteriza, necessariamente, concurso material de crimes.
II. A nova lei operou uma espécie de fusão de figuras penais anteriormente autônomas na antiga redação.
III. A nova lei implicou algumas inovações benéficas para os acusados, devendo, por conseguinte, retroagir no particular.
IV. A nova lei inovou sempre para prejudicar os acusados, não devendo, por conseguinte, retroagir.
V. O estupro passou a ser uma figura bi-comum no que tange aos sujeitos, após a nova lei.

(A) Apenas a alternativa I é falsa.
(B) Apenas a alternativa II é falsa.
(C) Apenas alternativa III é falsa.
(D) Apenas a alternativa IV é falsa.
(E) Apenas a alternativa V é falsa.

I: desde que no mesmo contexto fático, o crime será único; II: é o caso do estupro/atentado violento ao pudor; posse sexual mediante fraude/atentado ao pudor mediante fraude; III: um exemplo: o fato de a Lei 12.015/09 ter promovido a união dos crimes de estupro e atentado violento ao pudor, transformando-o em delito de ação múltipla, segundo doutrina dominante, faz com que ela retroaja e atinja fatos ocorridos anteriormente a sua vigência; IV: assertiva incorreta, conforme afirmado na proposição anterior; V: bicomum é o crime em que não se exige condição especial para assumir a posição de sujeito ativo tampouco a de sujeito passivo do crime. É o caso, a partir da Lei 12.015/09, do estupro. Antes disso, era crime próprio. "D." Gabarito

(MINISTÉRIO PÚBLICO/RO – 2010 – CESPE) Acerca dos crimes contra a dignidade sexual, assinale a opção correta.

(A) O crime de estupro de vítima menor de dezoito anos de idade é processado mediante ação penal pública incondicionada.
(B) De acordo com o ordenamento jurídico pátrio, constranger vítima maior de dezoito anos de idade para que ela permita que se pratique nela ato libidinoso somente caracteriza crime sexual se do ato resultarem lesões.
(C) Nos crimes contra a dignidade sexual, a pena será agravada se o ato for cometido com o concurso de duas ou mais pessoas ou se dele resultar gravidez.
(D) A prática de conjunção carnal mediante violência caracteriza crime de estupro, sendo irrelevante a idade exata da vítima para a tipificação do crime.

A: correta, nos termos do art. 225, parágrafo único, do CP; B: constranger alguém, maior de dezoito anos, mediante violência ou grave ameaça, a permitir que nela se pratique ato libidinoso caracteriza crime de estupro (art. 213, CP), ainda que do ato não resulte lesão corporal; C: o aumento de pena previsto no art. 226, I, do CP (concurso de duas ou mais pessoas) refere-se aos crimes contra a liberdade sexual; já o aumento de pena previsto no art. 234-A, III, do CP (se do crime resultar gravidez) refere-se aos crimes contra a dignidade sexual; D: se a vítima for menor de 14 anos, o crime será o do art. 217-A – estupro de vulnerável. "A." Gabarito

(Ministério Público/SE – 2010 – CESPE) Túlio praticou ato libidinoso, ao tocar os seios de Cida, e, nesse momento, decidiu estuprá-la. Túlio acabou, então, consumando ambas as condutas contra a mesma vítima e no mesmo contexto. Nessa situação hipotética, Túlio deverá responder

(A) pelos crimes de estupro e atentado violento ao pudor em concurso formal.
(B) pelos crimes de estupro e atentado violento ao pudor em concurso material.
(C) pelos crimes de estupro e atentado violento ao pudor em continuidade delitiva.
(D) por crime único de estupro.
(E) por crime único de atentado violento ao pudor.

A questão é emblemática, já que, com a edição da Lei 12.015/09, fez surgir na doutrina grande polêmica acerca do tema. Atualmente, predomina na jurisprudência e na doutrina o entendimento segundo o qual a conjunção carnal e os atos libidinosos ocorridos no mesmo contexto fático constituem crime único (incidência do princípio da alternatividade). "D." Gabarito

(Defensor Público/AM – 2010 – I. Cidades) Sobre o conceito de vulnerável, nos crimes contra a dignidade sexual, marque a alternativa correta:

(A) ter conjunção carnal ou praticar outro ato libidinoso contra pessoa com idade igual ou menor de 14 anos se enquadra no conceito de prática de crime sexual contra vulnerável;
(B) considera-se vulnerável, nos termos do Código Penal, pessoa menor de 14 anos, ou que, por enfermidade ou deficiência mental, não tenha o necessário discernimento para a prática do ato, bem como por qualquer outra causa não possa oferecer resistência;
(C) considera-se vulnerável, nos crimes contra a dignidade sexual, pessoa com idade igual ou inferior a 14 anos e desde que por enfermidade ou deficiência mental não tenha o necessário discernimento para a prática do ato, bem como por qualquer outra causa não possa oferecer resistência;

(D) praticar ato libidinoso ou ter conjunção carnal com pessoa menor de 14 anos não é crime, desde que haja o consentimento e desde que não se trate de pessoa que por enfermidade ou deficiência mental não tenha o necessário discernimento para a prática do ato, bem como por qualquer outra causa não possa oferecer resistência.

(E) nenhuma das anteriores.

São considerados vulneráveis os *menores* de 14 anos (art. 217-A, *caput*, do CP), bem como aqueles que, por enfermidade ou deficiência mental, não têm o necessário discernimento para a prática do ato, ou que, por qualquer outra causa, não podem oferecer resistência (art. 217-A, § 1º, do CP). Com o advento da Lei 12.015/09, que introduziu no âmbito dos crimes sexuais uma série de mudanças, se o crime for cometido no dia do 14º aniversário da vítima, esta não mais é considerada vulnerável, já que a lei hoje em vigor reputa vulnerável somente aquele que conta com idade inferior a 14 anos. Há ainda outras hipóteses de crime praticado contra vulnerável: arts. 218, 218-A e 218-B, *caput*, segunda parte, do CP. Gabarito "B".

(Defensor Público/AM – 2010 – I. Cidades) Sobre os crimes contra a dignidade sexual, marque a alternativa certa:

(A) ocorre o estupro quando um homem constranger uma mulher à conjunção carnal, mediante violência ou grave ameaça;

(B) há estupro quando alguém constranger outro alguém, mediante violência ou grave ameaça, a praticar ou permitir que com ele se pratique um ato libidinoso qualquer ou a ter conjunção carnal;

(C) há atentado violento ao pudor quando alguém constranger outro alguém, mediante violência ou grave ameaça, a praticar ou permitir que com ele se pratique um ato libidinoso qualquer ou a ter conjunção carnal;

(D) ocorre o estupro somente quando alguém constranger outro alguém, mediante violência ou grave ameaça, a praticar ou permitir que com ele se pratique um ato libidinoso;

(E) considera-se praticado um estupro somente quando alguém constranger outro alguém, mediante violência ou grave ameaça, a ter conjunção carnal.

A: assertiva correta, pois descreve uma das formas pelas quais é possível praticar o crime de estupro. Antes da Lei 12.015/09, o crime previsto no art. 213 do CP, que era próprio, somente podia ser praticado pelo homem contra a mulher e mediante conjunção carnal. Hodiernamente, dada a nova redação conferida ao tipo penal pela Lei 12.015/09, configura estupro, além da conduta consistente em constranger mulher a conjunção carnal mediante violência ou grave ameaça, também aquela conduta até então tipificada no revogado art. 214 do CP (atentado violento ao pudor); B: assertiva correta. Com a edição da Lei 12.015/09, que promoveu uma série de mudanças na disciplina dos crimes sexuais, o estupro (art. 213, CP), que incriminava tão somente a conjunção carnal realizada com mulher, mediante violência ou grave ameaça, passou a incorporar, também, a conduta antes contida no art. 214 do CP – dispositivo hoje revogado (art. 7º da Lei 12.015/09). Dito de outro modo, constitui estupro, na sua nova forma, toda modalidade de violência sexual levada a efeito para qualquer fim libidinoso, incluída, por óbvio, a conjunção carnal. Dessa forma, o crime do art. 213 do CP, com a mudança implementada pela Lei 12.015/09, passa a comportar, além da conduta consubstanciada na conjunção carnal violenta, também o comportamento consistente em obrigar alguém a praticar ou permitir que com o sujeito ativo se pratique outro ato libidinoso que não a conjunção carnal; C: o crime de atentado violento ao pudor, antes previsto no art. 214 do CP, foi revogado pela Lei 12.015/09; D: o estupro pode ocorrer em outras situações; E: o estupro pode ocorrer em outras situações. Gabarito ANULADA - Gabarito "D"

(Defensoria/PI – 2009 – CESPE) Acerca do crime contra a dignidade sexual e da Lei das Contravenções Penais, assinale a opção correta.

(A) Considere a seguinte situação hipotética. Antônio convidou Bruna, 25 anos de idade, para ir a uma festa. De forma dissimulada, Antônio colocou determinada substância na bebida de Bruna, que, após alguns minutos, ficou totalmente alucinada. Aproveitando-se do estado momentâneo de Bruna, que não poderia oferecer resistência, Antônio levou-a para o estacionamento da festa, onde com ela manteve conjunção carnal. Passado o efeito da substância, Bruna de nada se lembra. Nessa situação, Antônio praticou o delito de estupro comum, e não o de estupro de vulnerável.

(B) Aquele que mendiga, por ociosidade ou cupidez, pratica contravenção penal, ficando sujeito à pena de prisão simples.

(C) Aquele que pratica tentativa de contravenção penal deve ser punido, no entanto fará jus à causa de redução de pena prevista no CP em seu limite máximo.

(D) A mulher pode ser coautora do delito de estupro.

(E) A lei brasileira é aplicável a contravenção penal praticada fora do território nacional.

A: Antônio praticou o crime de estupro de vulnerável, previsto no art. 217-A, § 1º, parte final, do CP, tendo em conta que Bruna, em razão da substância por ele adicionada em sua bebida, ficou impossibilitada de oferecer resistência; B: o art. 60 da Lei das Contravenções Penais, que previa a contravenção de *mendicância*, foi revogado pela Lei 11.983/2009; C: em consonância com o que dispõe o art. 4º da LCP, a tentativa de contravenção não é punível; D: atualmente, pode ser sujeito ativo do crime de estupro tanto o homem quanto a mulher, como *coautor* ou na qualidade de *partícipe*; E: determina o art. 2º da LCP que a lei brasileira somente é aplicável à contravenção praticada no território nacional. Gabarito "D".

(Delegado/PI – 2009 – UESPI) João, 19 anos de idade, manteve conjunção carnal com Maria, 13 anos de idade. Em nenhum momento, João empregou violência ou grave ameaça contra Maria, porém fez uso de fraude para persuadi-la a praticar conjunção carnal. Diante desse fato e de acordo com o Código Penal, marque a alternativa correta.

(A) João praticou o crime de estupro presumido, pois praticou relação sexual com menor de 14 anos, não sendo este crime considerado hediondo.

(B) João praticou o crime de estupro presumido, pois praticou relação sexual com menor de 14 anos, sendo este crime considerado hediondo.

(C) João praticou o crime de violação sexual mediante fraude, pois o crime foi praticado sem violência ou grave ameaça à pessoa.

(D) João praticou o crime de estupro de vulnerável, que apresenta pena mais grave do que o crime de estupro na sua forma tradicional, e é considerado crime hediondo.

(E) João praticou o crime de estupro de vulnerável, que apresenta a mesma pena do crime estupro na sua forma tradicional, e é considerado crime hediondo.

Art. 217-A do CP. O estupro de vulnerável é crime hediondo, nos termos do art. 1º, VI, da Lei 8.072/90, que foi alterada pela Lei 12.015/2009, tanto na sua forma simples quanto na qualificada. Gabarito "D".

21. CRIMES CONTRA A FÉ PÚBLICA

(Magistratura/BA – 2006 – CESPE) O item que se segue apresenta uma situação hipotética concernente a crime contra a fé pública, seguida de uma assertiva a ser julgada.

(1) Daniel adulterou a data de seu nascimento contida na certidão de nascimento, fazendo uso do documento, posteriormente, ao tomar posse em um cargo público que exigia limitação etária (idade limite — mínima e máxima) na legislação e no edital do certame. Nessa situação, e de acordo com o entendimento do STJ, Daniel praticou o crime de falsificação de documento público em concurso material com o uso de documento falso.

O crime de falsidade absorve o de uso, respondendo o agente por crime único. Neste caso, o uso funciona como *post factum* impunível (hipótese de incidência do princípio da consunção). Gabarito "E".

(Magistratura/SC – 2009) Assinale a alternativa correta:

(A) A publicação da sentença absolutória é uma das causas interruptivas da prescrição explicitamente previstas no Código Penal.

(B) A Lei nº 8.072/90, com as alterações introduzidas pela Lei nº 11.646/07, prevê o regime inicial fechado para o cumprimento das penas por crimes hediondos e equiparados, estabelecendo que a progressão de regime, no caso dos condenados a tais delitos, dar-se-á após o cumprimento de dois quintos da pena, se o apenado for primário, e de três quintos, se reincidente.

(C) A conduta de alterar documento público verdadeiro, segundo o Código Penal, não configura o crime de falsificação de documento público.

(D) De acordo com o Código Penal, a prescrição da pena de multa ocorrerá em dois anos, ainda que seja alternativa ou cumulativamente cominada com pena privativa de liberdade sujeita a prazo prescricional diverso.

(E) Pratica o delito de falsidade ideológica o agente que atribui a si ou a terceiro falsa identidade para obter vantagem, em proveito próprio ou alheio, ou para causar dano a outrem.

A: as causas interruptivas da prescrição estão listadas no art. 117 do CP, entre as quais não figura a *publicação da sentença absolutória*, e sim, entre outras, a *publicação da sentença condenatória recorrível*; B: a alteração implementada pela Lei 11.464/07 na Lei 8.072/90 (Crimes Hediondos), que introduziu o § 2º no art. 2º, passou a admitir a possibilidade de progressão de regime aos condenados por crime hediondo, nos seguintes termos: a progressão dar-se-á após o cumprimento de dois quintos da pena, em se tratando de apenado primário; e de três quintos, se o apenado for reincidente; C: o art. 297, *caput*, do CP (falsificação de documento público) pune duas condutas: *falsificar*, no todo ou em parte, documento público; e *alterar* documento público verdadeiro; D: art. 114, I e II, do CP; E: art. 307 do CP (falsa identidade). Gabarito "B".

(Ministério Público/SP – 2010) Relativamente às assertivas abaixo, assinale, em seguida, a alternativa correta:

I. o crime de falsidade ideológica comporta modalidades comissivas e omissivas;

II. é possível a modalidade culposa do crime de falsificação de documento público;

III. constitui crime de falsidade ideológica inserir dados inexatos em certidão de casamento verdadeira obtida junto ao cartório competente, mediante alteração dos dizeres, com o fim de prejudicar direito de terceiro;

IV. o objeto material do crime de uso de documento falso constitui-se de papéis materialmente ou ideologicamente falsos.

(A) somente a III é verdadeira.
(B) somente a I e III são verdadeiras.
(C) somente a III e IV são verdadeiras.
(D) somente a I e IV são verdadeiras.
(E) somente a II e IV são verdadeiras.

I: o tipo penal faz alusão a três modalidades: omitir, que constitui conduta omissiva; inserir declaração falsa ou diversa da que devia ser escrita; e fazer inserir declaração falsa ou diversa da que devia ser escrita. Estas últimas duas representam condutas comissivas; II: o crime do art. 297 do CP somente comporta a modalidade dolosa; III: art. 297 do CP; IV: art. 304 do CP. Gabarito "D".

(Ministério Público/SP – 2008) Diante do que dispõe o art. 297, § 2º, do Código Penal, não se equiparam a documento público, para efeitos penais,

(A) as ações de sociedade comercial.
(B) os títulos não mais transmissíveis por endosso.
(C) os livros mercantis.
(D) os testamentos hológrafos.
(E) os documentos emanados de entidade paraestatal.

O § 2º do art. 297 faz menção, dentre outros, a *título transmissível por endosso*. Gabarito "B".

(Defensoria/RN – 2006) Nos crimes contra a fé pública

(A) constitui causa de aumento de pena no crime de falsidade ideológica, a alteração de assentamento de registro civil.
(B) a intenção de lucro é elemento do tipo do crime de falsidade de atestado médico.
(C) constitui causa de aumento de pena no crime de falsificação de documento público, ser o agente funcionário público, mesmo que não cometa o crime prevalecendo-se do cargo.
(D) não é punível aquele que sendo funcionário público contribui para o licenciamento ou registro do veículo remarcado ou adulterado, fornecendo indevidamente material ou informação oficial.

A: art. 299, parágrafo único, do CP; B: a *intenção de lucro*, presente no parágrafo único do art. 302 do CP, configura forma majorada; C: somente será reconhecida a causa especial de aumento de pena do § 1º do art. 297 do CP se o agente for funcionário público e cometer o crime prevalecendo-se do cargo; D: o funcionário incorrerá nas penas do art. 311, § 2º, do CP. Gabarito "A".

(Cartório/AP – 2011 – VUNESP) Ao ser parado numa *blitz*, Tício, em razão de seus antecedentes criminais, apresentou aos policiais a carteira de identidade de Élvio, na qual havia inserido a sua fotografia.

A conduta de Tício caracterizou o delito de

(A) falsificação de documento particular.
(B) falsidade ideológica.
(C) falsificação de documento público.
(D) falsa identidade.
(E) uso de documento falso.

A questão é polêmica. Há julgados e também respeitados autores que entendem que não há crime na conduta do agente que atribui a si falsa identidade com o propósito de se furtar à ação da polícia e com isso evitar sua prisão. Gabarito "D".

(Cartório/DF – 2008 – CESPE) Julgue o item seguinte.

(1) Considere a seguinte situação hipotética. Na qualidade de advogado de determinada empresa em uma causa cível, Wagner havia solicitado ao juiz que oficiasse ao Banco Central para a localização do endereço dos réus. Como o pedido foi indeferido, Wagner expediu, por sua própria conta, um documento assinado com o seu próprio nome, na forma de um ofício judicial, requisitando o endereço. Nessa situação, Wagner praticou o crime de falsidade ideológica.

Wagner cometeu o crime de *falsificação de documento público*, previsto no art. 297 do CP. Trata-se de uma falsidade material, já que o vício incide sobre o aspecto físico do documento, a sua forma. Já a falsidade ideológica – art. 299, CP – incide sobre o conteúdo do documento, que é formalmente perfeito. Gabarito "E".

(Cartório/MG – 2005 – EJEF) É CORRETO afirmar que o Tabelião ou Registrador, ao inserir na Carteira de Trabalho e Previdência Social de empregado seu declaração diversa da que deveria ter sido escrita, comete crime de

(A) estelionato.
(B) falsidade ideológica.
(C) falsificação de documento particular.
(D) falsificação de documento público.

Art. 297, § 3º, II, do CP. Gabarito "D".

(Cartório/SC – 2008) Assinale a alternativa correta:

(A) O Código Penal, em relação ao delito de falsificação de selo ou sinal público, prevê uma circunstância de aumento de pena aplicável ao agente que é funcionário público, ainda que cometa o crime sem se prevalecer do cargo que exerça.
(B) O agente que altera documento verdadeiro emanado de entidade paraestatal deve responder pelo crime de falsificação de documento particular.
(C) Pratica a modalidade privilegiada do delito de falsificação de moedas quem, sem fabricá-la ou alterá-la, introduz moeda falsa, por conta própria ou alheia, na circulação.
(D) O agente que reconhece, como verdadeira, no exercício de função pública, firma ou letra que não o seja, comete crime contra a fé pública e, independentemente de o documento ser público ou particular, sujeita-se a idêntica pena.
(E) Para a caracterização do delito de falsidade ideológica, é imprescindível a demonstração de que o agente possuía a intenção de prejudicar direito, criar obrigações ou alterar a verdade sobre fato juridicamente relevante.

A: art. 296, § 2º, do CP; B: art. 297, § 2º, do CP; C: art. 289, § 2º, do CP; D: art. 300 do CP; E: art. 299, *caput*, do CP. Gabarito "E".

(Cartório/SC – 2008) Para caracterização do crime de falsificação de papéis públicos, previsto no art. 293 do Código Penal, podemos dizer que não pode ser considerado como papel público:

(A) Papel-moeda de curso legal.
(B) Passe de empresa de transporte administrada pelo município.
(C) Vale postal.
(D) Cautela de penhor da Caixa Econômica Federal.
(E) Selo destinado a controle tributário.

A: o delito de *moeda falsa*, que tem como um de seus objetos materiais *papel-moeda de curso legal*, está previsto no art. 289 do CP; B: art. 293, VI, do CP; C: art. 293, III, do CP; D: art. 293, IV, do CP; E: art. 293, I, do CP. Gabarito "A".

(Procurador do Município/Aracaju – 2008 – CESPE) Com relação aos crimes contra a fé pública, julgue os itens que se seguem.

(1) Pratica o crime de uso de documento falso o agente que tem o mencionado documento apreendido por autoridade incompetente.

(2) Não pratica crime de falsa identidade o agente que se atribui falsa identidade para escapar da ação policial, evitando assim sua prisão.

(3) Considere a seguinte situação hipotética. Kátia, proprietária de uma lanchonete, recebeu, de boa-fé, uma moeda falsa. Após constatar a falsidade da moeda, para não ficar no prejuízo, Kátia restituiu a moeda à circulação. Nessa situação, a conduta de Kátia é atípica, pois ela recebeu a moeda falsa de boa-fé.

(4) No crime de falsificação de documento público, se o agente é funcionário público e comete o delito prevalecendo-se do cargo, sua pena será aumentada em um sexto.

(5) Não comete o crime de falsidade ideológica o agente que declara falsamente ser pobre, assinando declaração de pobreza para obter os benefícios da justiça gratuita, pois a declaração não pode ser considerada documento para fins de consumar o crime mencionado.

(6) O crime de falsidade material de atestado ou certidão prevê pena de detenção ao agente que o pratica. No entanto, se o crime for praticado com o fim de lucro, aplica-se, além da pena privativa de liberdade, a pena de multa.

1: é necessário à caracterização do crime do art. 304 do CP que o documento falso seja efetivamente utilizado em sua destinação específica; 2: não comete o crime do art. 307 do CP o agente que atribui a si falsa identidade com o propósito de escapar da ação policial e, dessa forma, evitar sua prisão. Está, a rigor, procurando preservar sua liberdade. De toda sorte, cuida-se de questão polêmica; 3: embora Kátia tenha recebido a moeda de boa-fé, constatou, logo em seguida, tratar-se de moeda falsa, e, mesmo assim, restitui-a à circulação. Incorrerá por conta disso nas penas do art. 289, § 2º, do CP, que estabelece uma forma privilegiada; 4: art. 297, § 1º, do CP; 5: de fato a declaração de pobreza para obtenção dos benefícios da justiça gratuita não pode ser considerada documento para o fim de consumar o crime do art. 299 do CP na medida em que provas podem ser produzidas acerca da alegada pobreza daquele que pede o benefício; 6: art. 301, §§ 1º e 2º, do CP. Gabarito 1E, 2C, 3E, 4C, 5C, 6C.

(Defensoria Pública da União – 2007 – CESPE) Julgue o item seguinte.

(1) A ofensividade mínima no caso do crime de falsificação de moeda, que leva à aplicação da medida descriminalizadora, não está diretamente ligada ao montante total contrafeito, mas sim à baixa qualidade do produto do crime.

STJ, HC 56.620-MG, 5ª T., Rel. Min. Napoleão Nunes Maia Filho, j. 7.8.07. Gabarito 1C.

(Magistratura do Trabalho – 16ª Região – 2006) Considere os itens abaixo:

I. Falsificar no todo ou em parte, documento público ou alterar documento público verdadeiro é crime de falsificação de documento público;

II. Omitir em documento público declaração que dele deveria constar com o fim de prejudicar direito, criar obrigação ou alterar a verdade sobre fato juridicamente relevante configura crime de falsidade ideológica;

III. Inserir ou fazer inserir declaração falsa ou diversa da que devia ser escrita em documento particular com o fim de prejudicar direito, criar obrigação ou alterar a verdade sobre fato juridicamente relevante configura crime de falsidade ideológica.

IV. Falsificar no todo ou em parte documento particular ou alterar documento particular verdadeiro configura crime de falsificação de documento particular.

Marque a alternativa CORRETA:

(A) Somente I e II;
(B) Somente II e III;
(C) I, II, III e IV;
(D) Somente I, II e III;
(E) Somente I, II e IV.

I: art. 297 do CP; II e III: art. 299 do CP; IV: art. 298 do CP. Gabarito "C".

(CESPE – 2006) A conduta do réu que, diante da autoridade policial, atribui a si mesmo falsa identidade, em atitude de autodefesa, consiste em

(A) Falsa identidade.
(B) Falsidade ideológica.
(C) Falsificação de documento público.
(D) Fato atípico.

A: art. 307 do CP; B: art. 299 do CP; C: art. 297 do CP; D: art. 5º, LXIII e § 2º, da CF. Aquele que atribui a si mesmo falsa identidade não incorre nos crimes acima porquanto ninguém pode ser obrigado a prestar informação, ainda que seja a sua identidade, em seu próprio prejuízo. Trata-se aqui do direito ao silêncio. Gabarito "D".

22. CRIMES CONTRA A ADMINISTRAÇÃO PÚBLICA

(Magistratura/GO – 2009 – FCC) Em relação aos crimes praticados por funcionário público contra a administração em geral,

(A) a pena será aumentada da terça parte se o autor for ocupante de função de direção de órgão de sociedade de economia mista.
(B) o sujeito ativo é apenas aquele que exerce cargo, emprego ou função remunerado.
(C) é inadmissível o concurso de particular.
(D) é incabível, em qualquer infração, a extinção da punibilidade no caso de reparação de dano.
(E) apenas são puníveis as condutas dolosas.

A: art. 327, § 2º, do CP; B: considera-se funcionário público, para os efeitos penais, quem, ainda que transitoriamente ou *sem remuneração*, exerça cargo, emprego ou função pública – art. 327, *caput*, do CP; C: o particular pode ser coautor ou partícipe, a ele comunicando-se a circunstância elementar de ser o agente funcionário público; D: segundo dispõe o art. 312, § 3º, do CP, no caso do *peculato culposo*, reparado o dano antes da sentença irrecorrível, extinta estará a punibilidade do agente. Sendo-lhe posterior, a pena será reduzida de metade; E: o art. 312, § 2º, do CP define o crime de *peculato culposo*. Gabarito "A".

(Magistratura/MG – 2007) Assinale a alternativa INCORRETA.

(A) A perda de cargo, função pública ou mandato eletivo não é efeito automático da condenação, sendo necessário declará-lo explicitamente na sentença condenatória.
(B) No caso de peculato culposo, a reparação do dano, se precede à sentença irrecorrível, extingue a punibilidade; se o ressarcimento for posterior, reduz de metade a pena imposta.
(C) Pratica o delito de corrupção passiva o funcionário público que exige vantagem indevida para si ou para outrem, direta ou indiretamente, ainda que fora da função ou antes de assumi-la, mas em razão dela.
(D) O delito de concussão, embora considerado pela doutrina como crime próprio, admite a participação ou, até mesmo, a co-autoria entre o particular e o funcionário público.

A: art. 92, I e parágrafo único, do CP; B: art. 312, § 3º, do CP: C: a conduta acima descrita configura o crime do art. 316 do CP – concussão; D: o particular pode de fato ser *coautor* ou *partícipe* do crime de concussão, a ele comunicando-se a circunstância elementar de ser o agente funcionário público. Gabarito "C".

(Magistratura/MG – 2008) Nos crimes contra a administração pública, é CORRETO afirmar:

(A) No crime de peculato doloso, o funcionário que reparar o dano até a publicação de sentença condenatória tem extinta sua punibilidade.
(B) Solicitar, para si ou para outrem, direta ou indiretamente, ainda que fora da função ou antes de assumi-la, mas em razão dela, vantagem indevida, configura-se o crime de corrupção ativa.
(C) O Diretor de Penitenciária que deixa de cumprir seu dever de vedar ao preso o acesso a aparelho telefônico que permita a comunicação com outros presos comete o crime de prevaricação.
(D) Comete o crime de desobediência quem se opõe à execução de ato legal, mediante violência ou ameaça a funcionário competente para executá-lo ou a quem lhe esteja prestando auxílio.

A: faz jus à extinção da punibilidade, na forma do art. 312, § 3º, do CP, o agente que, antes da sentença irrecorrível, proceder à reparação do dano, isso se se tratar do peculato na forma culposa (art. 312, § 2º, do CP); B: art. 317 do CP – corrupção passiva; C: art. 319 do CP; D: art. 329 do CP – resistência. Gabarito "C".

(Magistratura/MS – 2008 – FGV) Maria de Souza devia R$ 500,00 (quinhentos reais) a José da Silva e vinha se recusando a fazer o pagamento havia meses. Cansado de cobrar a dívida de Maria pelos meios amistosos, José decide obter a quantia que lhe é devida de qualquer forma. Ao encontrar Maria fazendo compras no centro da cidade, José retira a bolsa das mãos de Maria puxando-a com força. A fivela da alça causa uma lesão leve no braço de Maria. José abre a bolsa de Maria, constatando que ela levava consigo R$ 2.000,00 (dois mil reais), e pega R$ 500,00 (quinhentos reais), deixando a bolsa com os pertences de Maria no chão. Qual será a punição para o crime praticado por José?

(A) Incidirá na pena de roubo simples.
(B) Incidirá na pena de furto simples.
(C) Incidirá nas penas de exercício arbitrário das próprias razões.

(D) Incidirá nas penas de exercício arbitrário das próprias razões, além da pena correspondente à violência.
(E) Incidirá nas penas de exercício arbitrário das próprias razões, além da pena de furto simples.

Art. 345 do CP. Haverá concurso material entre este crime e o de lesão corporal. A ação penal, por conta da violência empregada, é pública incondicionada. Não fosse a lesão, seria privativa do ofendido, nos termos do art. 345, parágrafo único, do CP. Gabarito "D".

(Magistratura/PA – 2008 – FGV) Assinale a alternativa que reúne exclusivamente os crimes próprios de funcionário público.

(A) prevaricação, concussão, corrupção passiva e usurpação de função pública
(B) peculato, excesso de exação, falsificação de documento público e corrupção ativa
(C) desacato, peculato culposo, corrupção ativa e prevaricação
(D) facilitação de contrabando ou descaminho, advocacia administrativa, peculato e tráfico de influência
(E) prevaricação, abandono de função, concussão e modificação não autorizada de sistema de informações

A: a prevaricação (art. 319, CP), a concussão (art. 316, CP) e a corrupção passiva (art. 317, CP) são crimes praticados por funcionário público (crimes próprios); já a usurpação de função pública, capitulada no art. 328 do CP, pode ser praticada por qualquer pessoa (crime comum); B: o peculato (art. 312, CP) e o excesso de exação (art. 316, § 1º, do CP) são crimes próprios de funcionário público; a falsificação de documento público (art. 297, CP) e a corrupção ativa (art. 333, CP) não exigem nenhuma qualidade especial do sujeito ativo, tratando-se, portanto, de delito comum; C: o peculato culposo (art. 312, § 2º, do CP) constitui crime próprio de funcionário público; o desacato (art. 331, CP), por sua vez, é delito comum (pode ser praticado por qualquer pessoa); D: a facilitação de contrabando ou descaminho (art. 318, CP), a advocacia administrativa (art. 321, CP) e o peculato (art. 312, CP) são crimes que só podem ser praticados pelo funcionário público (crime próprio); o tráfico de influência (art. 332, CP) pode ser praticado por qualquer pessoa (crime comum); E: a prevaricação (art. 319, CP), o abandono de função (art. 323, CP), a concussão (art. 316, CP) e a modificação não autorizada de sistema de informações (art. 313-B, CP) constituem delitos próprios de funcionário público. Gabarito "E".

(Magistratura/PR – 2010 – PUC/PR) Relativamente aos crimes contra a Administração Pública, analise as assertivas abaixo e marque a alternativa CORRETA.

I. O sujeito que atribui a si mesmo a prática de crime inexistente ou que foi cometido por terceiro, pratica comunicação falsa de crime.
II. O agente que visa a tornar seguro o proveito do delito, fora dos casos de co-autoria ou de recepção, pratica o crime de favorecimento pessoal.
III. Deixar a autoridade policial, por indulgência, de responsabilizar agente policial que cometeu infração no exercício do cargo, comete prevaricação.
IV. O funcionário público que solicitar para si, diretamente, em razão de sua função, vantagem indevida, comete corrupção passiva.

(A) Apenas as assertivas I e III estão corretas.
(B) Apenas as assertivas I e IV estão corretas.
(C) Apenas a assertiva IV está correta.
(D) Apenas a assertiva II está correta.

I: o sujeito que atribui a si mesmo a prática de crime inexistente ou que foi perpetrado por outrem comete o crime de *autoacusação falsa*, capitulado no art. 341 do CP; II: o agente, neste caso, incorrerá nas penas do crime de *favorecimento real*, previsto no art. 349 do CP; III: a autoridade policial, por ter deixado de responsabilizar seu subordinado que cometera infração no exercício do cargo, incorrerá nas penas do art. 320 do CP - *condescendência criminosa*; IV: art. 317 do CP. Gabarito "C".

(Magistratura/PR – 2008) No caso em que um funcionário público que não dispõe da posse de determinado bem, porém se vale da facilidade que sua condição de funcionário proporciona para subtraí-lo, para si ou para outrem, o crime é de:

(A) Peculato-desvio
(B) Furto qualificado
(C) Peculato-furto
(D) Peculato culposo

A conduta está tipificada no art. 312, § 1º, do CP. Gabarito "C".

(Magistratura/PR – 2008) Chicão foi abordado em uma blitz de trânsito por um policial militar que ia aplicar-lhe uma multa, porque, embora estivesse conduzindo regularmente, em sua mão de direção e seguindo as regras de trânsito, Chicão, instado a apresentar seus documentos, entregou ao miliciano uma carteira de habilitação com data de validade expirada. Na iminência de sofrer a multa, Chicão ofereceu cinqüenta reais ao policial para que este não lavrasse a multa. Que crime(s) Chicão cometeu?

(A) Somente corrupção ativa consumada.
(B) Somente corrupção passiva consumada.
(C) Direção inabilitada de veículo automotor consumada e corrupção ativa consumada.
(D) Uso de documento falso consumado, direção inabilitada de veículo automotor consumada e corrupção ativa tentada.

Chicão cometeu o crime previsto no art. 333 do Código Penal – corrupção ativa consumada. Trata-se de delito formal, cujo **momento consumativo** se opera no exato instante em que o agente **oferece** vantagem indevida ao policial, independentemente de efetivo prejuízo para a administração. Se porventura o policial aceitar a oferta feita por Chicão, incorrerá nas penas do crime previsto no art. 317 do CP – corrupção passiva. Gabarito "A".

(Magistratura/SP – 2011 – VUNESP) Antônio, funcionário público, exige de Pedro, para si, em razão da função, vantagem indevida, consistente em certa quantia em dinheiro. Pedro concorda com a exigência e combina com Antônio um local para a entrega do dinheiro, mas Antônio é preso por policiais, previamente avisados do ocorrido, no momento em que ia recebê-lo.

Assinale a alternativa correta.

(A) Antônio cometeu crime de extorsão consumado.
(B) Antônio cometeu crime de concussão consumado.
(C) Antônio cometeu crime de extorsão tentado.
(D) Antônio cometeu crime de concussão tentado.
(E) Trata-se de crime impossível, em razão de flagrante preparado.

Antônio cometeu o crime de concussão (art. 316, caput, do CP), cujo momento consumativo se dá com a imposição do pagamento indevido, isto é, com a exigência, não sendo necessário que se concretize o recebimento da vantagem, que configura mero *exaurimento*. Trata-se, portanto, de delito formal. Gabarito "B".

(Magistratura/SP – 2009 – VUNESP) Depois de ter praticado a subtração de certo bem, Fulano obteve ajuda eficaz de Sicrano para que o produto da subtração fosse escondido em lugar seguro para futura comercialização a cargo de Fulano. A conduta de Sicrano, nesse caso, em tese, configura

(A) receptação dolosa.
(B) favorecimento pessoal.
(C) coautoria.
(D) favorecimento real.

Art. 349 do CP. Gabarito "D".

(Magistratura/SP – 2009 – VUNESP) Tício, funcionário público, convida Mévio, que trabalha em empresa privada, para ajudá-lo a subtrair um computador, pertencente à repartição, que se encontra na sala de trabalho de Tício, para seu uso diário, e que se acha sob sua guarda. Ciente da condição de funcionário público de Tício, Mévio ajuda-o a transportar esse bem até sua casa. Nessa situação hipotética, é correto afirmar-se que

(A) Tício e Mévio respondem por peculato.
(B) Tício responde por peculato e Mévio responde por furto.
(C) Tício e Mévio respondem por furto.
(D) Tício responde por peculato e a conduta de Mévio é atípica.

De fato, Tício e Mévio devem ser responsabilizados por *peculato doloso*. Embora Mévio não seja funcionário público, esta condição, por ser elementar do crime, a ele se comunica, devendo, portanto, assim como Tício, responder pelo crime do art. 312, caput, do CP, nos exatos termos do art. 30 do CP (circunstâncias incomunicáveis). Gabarito "A".

(Magistratura/SP – 2007) Marisa, arrolada como testemunha de uma das partes em litígio cível, apresenta versão isolada e totalmente dissonante da prova em seu conjunto. Antes mesmo da sentença, ela se retrata, dando nova versão aos fatos, atribuindo a Renato, advogado de uma das partes, orientação e induzimento para que fizesse declaração falsa em Juízo. Em face da retratação, é correto dizer que

(A) o juiz criminal, caso venha a condená-la, interpretará a retratação como circunstância atenuante.
(B) Renato poderá ser processado pelo mesmo delito.

(C) a retratação opera como condição extintiva da punibilidade.
(D) nenhum dos dois responderá por falso testemunho.

Art. 342, § 2º, do CP. "Gabarito "D".

(Ministério Público/BA – 2005) Oferecer ou prometer vantagem indevida a funcionário público, para determiná-lo a praticar, omitir ou retardar ato de ofício, conduta tipificada no Código Penal, é a definição de:
(A) Concussão.
(B) Corrupção passiva.
(C) Corrupção ativa.
(D) Peculato.
(E) Prevaricação.

Art. 333 do CP. Este crime contém dois núcleos alternativos (tipo misto alternativo ou plurinuclear): *oferecer* e *prometer*. Cuida-se de crime formal, já que a consumação se dá no instante em que a oferta ou a promessa chega ao conhecimento do funcionário. "Gabarito "C".

(Ministério Público/CE – 2009 – FCC) NÃO constitui crime contra a administração da justiça:
(A) favorecimento real.
(B) patrocínio infiel.
(C) denunciação caluniosa.
(D) exploração de prestígio.
(E) desobediência.

O crime de *desobediência* – art. 330, CP – está inserido no Capítulo II do Título XI: Dos Crimes praticados por Particular contra a Administração em Geral; os demais fazem parte do Capítulo III: Dos Crimes contra a Administração da Justiça. Gabarito "E".

(Ministério Público/RN – 2004) Mévio, que não é funcionário público, solicitou a Tício, interessado no licenciamento de um projeto de carcinicultura, a quantia de R$ 5.000,00 (cinco mil reais), a pretexto de usar de sua ascendência junto a determinado técnico de uma autarquia ambiental estadual, a fim de que seu projeto fosse liberado de qualquer forma e de maneira urgente. Neste caso, Mévio cometeu crime de:
(A) Tráfico de influência;
(B) Corrupção ativa;
(C) Exploração de prestígio;
(D) Advocacia administrativa;
(E) Exercício funcional ilegalmente antecipado.

Art. 332 do CP. Gabarito "A".

(Ministério Público/RS – 2009) Fugêncio comete um crime de furto. Na sequência, dirige-se até a casa de seu pai Genilvado, comunicando, nesse momento, o fato ilícito praticado, permanecendo depois e sob a orientação dele Genilvado, no interior daquela residência. O genitor, então, verificando a presença de viatura policial nas imediações, informa falsamente aos milicianos envolvidos na operação de captura que o agente criminoso não passou pelo local, confundindo, assim, a diligência empreendida. Nessa conformidade, deverá o pai do larápio ser enquadrado e receber a pena correspondente ao crime de:
(A) favorecimento pessoal.
(B) favorecimento real.
(C) favorecimento pessoal privilegiado.
(D) furto qualificado (concurso de agentes).
(E) nenhuma das respostas.

Art. 348, § 2º, do CP. Gabarito "E".

(Ministério Público/SC – 2010)
I. Aquele que trabalha para uma empresa particular que mantém convênio com o Poder Público, e para este presta serviço, para efeitos penais é considerado funcionário público.
II. O inventariante judicial, nomeado pelo juiz, que se apropria de valores que lhe são confiados, comete o crime de peculato.
III. Corrupção própria é aquela em que o servidor público, em troca de alguma vantagem, pratica ou deixa de praticar ato de ofício para beneficiar alguém.
IV. O suborno de perito oficial, configura o crime previsto no artigo 343 do CP, "Corrupção ativa de testemunha, perito, contador, tradutor ou intérprete.

V. Comete o crime de "Assunção de obrigação no último ano de mandato ou legislatura", artigo 359 C do CP, o prefeito que, nos dois últimos quadrimestre do último mandato, assume despesa para ser paga no exercício seguinte, mesmo havendo disponibilidade de caixa.

(A) Apenas as assertivas I e II estão corretas.
(B) Apenas as assertivas I e III estão corretas.
(C) Apenas as assertivas I, II e IV estão corretas.
(D) Apenas as assertivas II, III e IV estão corretas.
(E) Apenas as assertivas IV e V estão corretas.

I: correta, nos termos do art. 327, § 1º, do CP; II: o inventariante judicial não é considerado funcionário público para os fins penais; III: *própria* é a corrupção em que o ato funcional visado é ilícito, isto é, a vantagem é oferecida ao funcionário para a prática de um ato ilegal (é o que pressupõe a violação de uma dever funcional); na corrupção *imprópria*, ao contrário, o ato funcional visado pela corrupção é lícito. A assertiva, portanto, está correta; IV: a conduta consistente em subornar perito está capitulada no art. 343 do CP; V: incorreta, nos termos do art. 359-C do CP. Gabarito "B".

(Ministério Público/SP – 2008) Não é modalidade de peculato prevista no Código Penal:
(A) peculato-apropriação.
(B) peculato-furto.
(C) peculato-concussão.
(D) peculato culposo.
(E) peculato mediante erro de outrem.

A: peculato apropriação (art. 312, *caput*); B: peculato-furto (art. 312, § 1º); C: peculato concussão (forma não prevista no Código Penal); D: peculato culposo (art. 312, § 2º); E: peculato mediante erro de outrem (art. 313). Gabarito "C".

(Ministério Público/TO – 2006 – CESPE) Assinale a opção correta no que se refere à teoria da pena e aos crimes contra a administração pública.
(A) No peculato doloso, é causa de redução da pena, nos limite de um terço até a metade, a reparação do dano até a sentença penal condenatória transitada em julgado.
(B) No peculato culposo, a reparação do dano antes do trânsito em julgado da sentença penal condenatória é causa de extinção da punibilidade do agente.
(C) No peculato culposo, a reparação do dano após o trânsito e julgado da sentença penal condenatória não interfere na pena imposta ao agente.
(D) O benefício do arrependimento posterior não se aplica aos crimes contra a administração pública, em face do caráter indisponível dos bens públicos.

Segundo dispõe o art. 312, § 3º, do CP, no caso do *peculato culposo*, reparado o dano antes da sentença irrecorrível, extinta estará a punibilidade do agente. Sendo-lhe posterior, a pena será reduzida de metade. O *arrependimento posterior*, que tem previsão no art. 16 do CP, tem incidência, em princípio, a todos os crimes, salvo aqueles perpetrados com violência ou grave ameaça contra a pessoa. É *causa de diminuição de pena* a que faz jus o agente desde que preenchidos os requisitos contidos no dispositivo, a saber: crime praticado sem violência ou grave ameaça à pessoa; reparação do dano ou restituição da coisa; existência de efeito patrimonial e voluntariedade do agente na reparação ou restituição. Gabarito "B".

(Ministério Público/TO – 2006 – CESPE) Considerando os crimes contra a administração pública, assinale a opção correta.
(A) O crime de concussão é formal, não se exigindo, para a sua consumação, a efetiva obtenção da indevida vantagem pelo agente.
(B) No crime de modificação ou alteração não autorizada de sistema de informações, a ocorrência de dano à administração pública é mero exaurimento, configurando-se assim *pos factum* impunível.
(C) Configura-se o crime de advocacia administrativa quando o funcionário público patrocina, direta ou indiretamente, interesse privado perante a administração pública, valendo-se de sua função. Em relação à pena aplicada, a legitimidade de interesse patrocinado é indiferente.
(D) Todos os crimes contra a administração pública admitem tentativa e a modalidade culposa.

A: a concussão se consuma com a imposição do pagamento indevido, isto é, com a exigência, não sendo necessário que se concretize o recebimento da vantagem, que configura mero *exaurimento*; B: a ocorrência de dano para a Administração Pública constitui, nos termos do art. 313-B, parágrafo único, do CP, causa de aumento de pena; C: em se tratando de interesse ilegítimo a ser patrocinado pelo funcionário público, o parágrafo único do art. 321 estabelece uma forma qualificada de advocacia administrativa; D: não comportam tentativa, por exemplo, os crimes de condescendência criminosa (art. 320, CP) e abandono de função (art. 323, CP). Os crimes contra a Administração Pública culposos estão previstos nos arts. 312, § 2º, e 351, § 4º, do CP. Gabarito "A".

(Ministério Público/TO – 2006 – CESPE) Anderson foi abordado por um policial militar encarregado de vistoria de trânsito e recusou-se a exibir seus documentos e os do veículo automotor que dirigia.

Com base nessa situação, assinale a opção correta.

(A) Anderson praticou crime de desacato.
(B) Anderson não praticou crime, visto que não é obrigado a produzir provas contra si mesmo.
(C) A conduta de Anderson está sujeita apenas à sanção prevista no art. 238 do Código de Trânsito Brasileiro, a qual se refere à recusa de entrega à autoridade de trânsito ou a seus agentes, mediante recibo, dos documentos de habilitação, de registro, de licenciamento de veículo e outros exigidos por lei, par averiguação de sua autenticidade.
(D) Anderson praticou crime de desobediência.

É pacífico na doutrina e na jurisprudência o entendimento segundo o qual, para configurar o crime do art. 330 do CP (desobediência), é imprescindível que não exista outro tipo de sanção. Vale dizer, não há que se falar em desobediência se a norma extrapenal, no caso a administrativa, já impõe uma penalidade (art. 238 do CTB) sem ressalvar sua cumulação com a cominada no art. 330 do Código Penal. De outro lado, a conduta de Anderson não se amolda ao tipo do art. 331 do CP (desacato), cuja ação consiste em menosprezar funcionário público no exercício da função ou em razão dela. Gabarito "C".

(Procurador do Estado/PE – 2004 – FCC) João, oficial de justiça, solicitou a um advogado determinada quantia em dinheiro para deixar de realizar diligência de que estava incumbido. Cometeu, em tese, o crime de

(A) peculato.
(B) prevaricação.
(C) concussão.
(D) corrupção ativa.
(E) corrupção passiva.

Art. 317 do CP. A consumação se deu com a solicitação da vantagem indevida pelo serventuário. É crime formal (a consumação não está vinculada ao atendimento da solicitação por parte do *extraneus*, tampouco é necessário que este manifeste concordância). Gabarito "E".

(Procurador do Estado/PR – 2007) "A inserção de dados em sistema de informações por parte de funcionário autorizado visando obter vantagem indevida para si ou para outrem ou para causar dano (art. 313-A do Código Penal), prevê a figura de:"

(A) apropriação indébita de bem público;
(B) apropriação indébita de bem público infungível;
(C) peculato simples;
(D) peculato eletrônico;
(E) falso ideológico agravado pelo resultado.

A Lei 9.983/2000 introduziu, além de outros, este crime, que pune o funcionário público autorizado que, dentre outras condutas, insere informações falsas em sistemas informatizados da Administração Pública, tendo como escopo obter vantagem indevida para si ou para outrem, ou para causar dano. Gabarito "D".

(Procurador do Estado/RR – 2006 – FCC) Assinale a alternativa que contém dois crimes praticados por funcionário público contra a Administração em geral e um crime praticado por particular contra a Administração em geral.

(A) Prevaricação, corrupção passiva e tráfico de influência.
(B) Desobediência, corrupção ativa e inutilização de edital ou sinal.
(C) Inserção de dados falsos em sistema de informações, excesso de exação e condescendência criminosa.
(D) Desacato, resistência e advocacia administrativa.
(E) Concussão, advocacia administrativa e facilitação de contrabando ou descaminho.

A: a prevaricação (art. 319, CP) e a corrupção passiva (art. 317, CP) são crimes praticados por funcionário público contra a Administração em geral (crime próprio); o tráfico de influência (art. 332, CP) é crime praticado por particular contra a Administração em geral (crime comum); B: estão todos inseridos no capítulo "Dos Crimes Praticados por Particular contra a Administração em Geral"; C: estão todos inseridos no capítulo "Dos Crimes Praticados por Funcionário Público contra a Administração em Geral"; D: o desacato (art. 331, CP) e a resistência (art. 329, CP) são crimes praticados por particular contra a Administração em geral (crime comum); a advocacia administrativa (art. 321, CP) é crime próprio; E: trata-se de crimes praticados por funcionário público contra a Administração em geral (delito próprio). Gabarito "A".

(Procurador do Estado/RR – 2006 – FCC) Em caso de peculato culposo,

(A) a reparação do dano, desde que anterior à denúncia, extingue a punibilidade.
(B) a reparação do dano, desde que anterior ao recebimento da denúncia, extingue a punibilidade.
(C) a reparação do dano, desde que anterior à decisão irrecorrível, extingue a punibilidade.
(D) a reparação do dano posterior à denúncia e anterior à sentença condenatória irrecorrível permite redução da pena pela metade.
(E) a reparação do dano posterior ao recebimento da denúncia permite redução da pena em dois terços.

Art. 312, § 3º, do CP. Gabarito "C".

(Procurador do Estado/SC – 2010 – FEPESE) Considere a seguinte conduta típica:

"Se o funcionário pratica, deixa de praticar ou retarda ato de ofício, com infração de dever funcional, cedendo a pedido ou influência de outrem".

Assinale a alternativa que indica o crime a que ela corresponde.

(A) exploração de prestígio
(B) trafico de influência
(C) prevaricação
(D) corrupção passiva
(E) condescendência criminosa

Art. 317, § 2º, do CP. Trata-se de modalidade privilegiada de corrupção passiva. Gabarito "D".

(Procurador do Município/Florianópolis-SC – 2010 – FEPESE) Quando deixar o funcionário público, por indulgência, de responsabilizar subordinado que cometeu infração no exercício do cargo ou, quando lhe falte competência, não levar o fato ao conhecimento da autoridade competente, ele incide na prática do crime de:

(A) Prevaricação.
(B) Corrupção passiva.
(C) Tráfico de Influência.
(D) Prevaricação privilegiada.
(E) Condescendência criminosa.

Art. 320 do CP. Gabarito "E".

(Procurador do Município/Florianópolis-SC – 2010 – FEPESE) Quando o funcionário público exigir, para si ou para outrem, direta ou indiretamente, ainda que fora da função ou antes de assumi-la, mas em razão dela, vantagem indevida, incide na prática do crime de:

(A) Concussão.
(B) Corrupção ativa.
(C) Corrupção passiva.
(D) Extorsão qualificada.
(E) Extorsão.

Art. 316, *caput*, do CP. Gabarito "A".

(Procurador do Município/Florianópolis-SC – 2010 – FEPESE) O funcionário público que apropriar-se de dinheiro, valor ou qualquer outro bem móvel, público ou particular, de que tem a posse em razão do cargo, ou desviá-lo, em proveito próprio ou alheio, incide na prática do crime de:

(A) Corrupção ativa.
(B) Apropriação indébita.
(C) Furto qualificado pelo exercício da função.
(D) Advocacia administrativa.
(E) Peculato.

Art. 312, caput, do CP. Gabarito "E".

(Procurador do Município/Florianópolis-SC – 2010 – FEPESE) Aquele que se opuser à execução de ato legal, mediante violência ou ameaça a funcionário competente para executá-lo ou a quem lhe esteja prestando auxílio, incide na prática do crime de:

(A) Ameaça.
(B) Resistência.
(C) Lesão corporal.
(D) Desobediência.
(E) Desacato.

Art. 329 do CP. Gabarito "B".

(Defensoria/MG – 2009 – FURMARC) Determinado diretor de um presídio, deixando de cumprir com os deveres de seu ofício, acabou por permitir que um preso, recolhido no estabelecimento prisional que dirige, tivesse em seu poder um aparelho celular que permitia a comunicação com outros presos e com o ambiente externo. Entretanto, no inquérito policial instaurado, restou evidenciado que o mencionado diretor não agiu para satisfazer interesse ou sentimento pessoal. Pergunta-se: como deve ser considerada a conduta do diretor deste presídio?

(A) Apenas como transgressão administrativa por ausência de dolo específico.
(B) Como crime de facilitação à fuga.
(C) Como crime de condescendência criminosa.
(D) Como uma espécie de crime de prevaricação.
(E) Como excesso ou desvio de execução.

Art. 319-A do CP. Gabarito "D".

(Defensoria/SE – 2006 – CESPE) Julgue o item seguinte.

(1) A prevaricação é descrita no Código Penal (CP) como o não-cumprimento das obrigações inerentes ao dever de ofício, movido o agente por interesse ou sentimento pessoal. Assim considerando, a conduta de funcionário público que aja por mera indolência ou negligência na omissão ou retardamento de ato de ofício não configura esse crime, pois está ausente o dolo, tratando-se, portanto, de fato atípico.

Não basta que o agente deixe de cumprir obrigações inerentes ao dever de ofício, ou, ainda, que execute o ato a que está obrigado contra disposição expressa de lei. É imprescindível que aja, para que fique caracterizado o crime, com o intuito de satisfazer interesse ou sentimento pessoal (elemento subjetivo especial do tipo). Caso contrário, sua conduta pode configurar, quando muito, uma infração na esfera administrativa. Gabarito 1C.

(Cartório/DF – 2008 – CESPE) Julgue o item seguinte.

(1) A pessoa que exerce função em empresa controlada indiretamente pelo poder público de país estrangeiro não se equipara a funcionário público estrangeiro. No CP está previsto que essa equiparação ocorre apenas quando a pessoa exerce função em empresa controlada diretamente pelo poder público de país estrangeiro.

Art. 337-D, parágrafo único, do CP. Gabarito 1E.

(Cartório/MG – 2009 – EJEF) Marque a assertiva CORRETA. Considera-se funcionário público, para efeitos penais,

(A) quem exerce cargo, emprego ou função pública, ainda que transitoriamente ou sem remuneração.
(B) somente quem ocupe cargo efetivo e possua estabilidade.
(C) o funcionário concursado, exceto o comissionado.
(D) apenas quem exerce cargo, emprego ou função em entidade estatal, sob remuneração.

Art. 327 do CP. Gabarito "A".

(Cartório/MS – 2009 – VUNESP) Funcionário público que contribui culposamente para a prática de apropriação de dinheiro público, mas repara o dano antes da sentença penal irrecorrível,

(A) terá a pena reduzida de metade.
(B) terá a pena reduzida de um a dois terços.
(C) terá a seu favor apenas circunstância atenuante.
(D) terá extinta a punibilidade.
(E) poderá obter o perdão judicial.

Art. 312, § 3º, 1ª parte, do CP. Gabarito "D".

(Cartório/MT – 2005 – CESPE) Considere que João imputou a alguém crime de que o sabe inocente. Nesse caso, então ele pode ser responsabilizado criminalmente se houver dado causa à instauração de I investigação policial. II processo judicial. III investigação administrativa. IV ação de improbidade administrativa. A quantidade de itens certos é igual a

(A) 1.
(B) 2.
(C) 3.
(D) 4.

Art. 339 do CP – denunciação caluniosa. Gabarito "D".

(Cartório/SP – VI – VUNESP) Apropriar-se o funcionário público de dinheiro, valor ou qualquer outro bem móvel, público ou particular, de que tem a posse em razão do cargo, ou desviá-lo, em proveito próprio ou alheio é a descrição do Código Penal para o crime de

(A) peculato.
(B) apropriação indébita de verbas ou rendas públicas.
(C) concussão.
(D) emprego irregular de verbas ou rendas públicas.

Art. 312, caput, do CP. Gabarito "A".

(Cartório/SP – VI – VUNESP) Considerando o conceito de funcionário público para fins penais, indique a alternativa incorreta.

(A) Funcionário público é apenas aquele que exerce cargo público, criado por lei, com atribuição própria e remunerado pelos cofres públicos.
(B) Funcionário público é aquele que exerce cargo, emprego ou função pública, ainda que transitoriamente e sem remuneração.
(C) É funcionário público aquele que exerce cargo, emprego ou função pública em entidade paraestatal.
(D) É funcionário público aquele que trabalha para empresa prestadora de serviço ou conveniada para a execução de atividade típica da Administração Pública.

Art. 327 do CP. Gabarito "A".

(Cartório/SP – VI – VUNESP) A conduta do funcionário público que exige tributo que sabe ou deveria saber indevido configura o delito de

(A) excesso de exação.
(B) concussão.
(C) corrupção passiva.
(D) prevaricação.

Art. 316, § 1º, 1ª parte, do CP. Gabarito "A".

(Procurador do Município/Aracaju – 2008 – CESPE) Julgue os itens subsequentes, a respeito dos crimes contra a administração pública.

(1) No peculato culposo, se o sujeito ativo do delito repara o dano após a sentença penal definitiva, sua pena será reduzida de metade.
(2) Considere que um funcionário público competente para tanto empregue, na cobrança de contribuição social devida, meio vexatório, não-autorizado pela lei. Nessa situação, o funcionário pratica crime de concussão.
(3) No peculato doloso, se o sujeito ativo do delito repara o dano antes da sentença penal definitiva, fica extinta a sua punibilidade.
(4) No crime de advocacia administrativa, se o interesse privado patrocinado pelo funcionário público, valendo-se de tal qualidade, perante a administração pública, for ilegítimo, a pena é mais grave.

1: art. 312, § 3º, 2ª parte, do CP; 2: art. 316, § 1º, do CP – excesso de exação; 3: o benefício contido no art. 312, § 3º, primeira parte, do CP só se aplica ao **peculato culposo** (art. 312, § 2º, CP); 4: art. 312, parágrafo único, do CP. Sendo o interesse ilegítimo, a pena é de detenção, de três meses a um ano, sem prejuízo da multa (forma qualificada). Gabarito 1C, 2E, 3E, 4C

(Delegado/PA – 2009 – MOVENS) A respeito dos crimes contra a administração pública, assinale a opção correta.

(A) Aquele que exige vantagem indevida para si ou para outrem, direta ou indiretamente, ainda que fora da função ou antes de assumi-la, mas em razão dela, comete o delito de corrupção ativa.
(B) No delito de peculato culposo, a reparação do dano, se precede à sentença irrecorrível, extingue a punibilidade; se lhe é posterior, reduz de metade a pena imposta.
(C) Quem solicitar ou receber vantagem indevida para si ou para outrem, direta ou indiretamente, ainda que fora da função ou antes de assumi-la, mas em razão dela, ou aceitar promessa de tal vantagem comete o delito de concussão.
(D) Aquele que retarda ou deixa de praticar, indevidamente, ato de ofício, ou pratica-o contra disposição expressa de lei, para satisfazer interesse ou sentimento pessoal, comete o delito de condescendência criminosa.

A: art. 316 do CP; B: art. 312, § 3º, do CP; C: art. 317 do CP; D: art. 319 do CP. Gabarito "B".

(Delegado/SC – 2008) O objeto material do crime de peculato-apropriação pode ser:

(A) dinheiro, valor ou qualquer outro bem móvel, de natureza pública ou privada, de que tem o funcionário público a posse em razão do cargo.
(B) dinheiro, valor ou qualquer outro bem imóvel ou móvel, de natureza pública ou privada, de que tem o funcionário público a posse em razão do cargo.
(C) dinheiro, valor ou qualquer outro bem móvel, sempre de natureza pública, de que tem o funcionário público a posse em razão do cargo.
(D) dinheiro, valor ou qualquer outro bem imóvel ou móvel, sempre de natureza pública, de que tem o funcionário público a posse em razão do cargo.

No peculato apropriação (art. 312, *caput*, do CP), o agente ingressa na posse do bem de forma legítima, como ocorre no crime de apropriação indébita. Num dado momento, opera-se o *assenhoramento*, é dizer, o agente passa a agir como se dono fosse da coisa pública móvel, inverte a natureza da posse. Gabarito "A".

(Delegado/SP – 2008) A conduta de agente que, após ter sido abandonado por policiais, abaixa cinicamente as calças em público, chamando-os para revista-lo em tom jocoso, demonstrando efetivo intuito de menosprezo, pretendendo constrangê-lo e ridicularizá-los diante de populares que presenciam o ato, caracteriza o crime de

(A) injúria.
(B) ato obsceno.
(C) resistência.
(D) desobediência.
(E) desacato.

Art. 331 do CP. *Desacatar* significa manifestar desprezo, pouco caso, desdém pela figura do funcionário público que está no exercício da função ou em razão dela. Gabarito "E".

(Delegado/SP – 2008) Quem solicita para si vantagem econômica de outrem, a pretexto de influir em ato praticado por funcionário público no exercício da função, pratica o crime de

(A) exploração de prestígio
(B) corrupção ativa.
(C) corrupção passiva.
(D) tráfico de influência.
(E) concussão.

Art. 332 do CP (é crime comum). Gabarito "D".

(Magistratura Federal-4ª Região – 2010) Dadas as assertivas abaixo, assinale a alternativa correta.

I. Inovar, artificiosamente, na pendência de processo civil ou administrativo, o estado de lugar, de coisa ou de pessoa, com o fim de induzir a erro o juiz ou o perito, constitui o delito de fraude processual, previsto no artigo 347 do Código Penal, sendo apenado com detenção, de 3 (três) meses a 2 (dois) anos, e multa.
II. O delito de fraude processual, quando cometido com o objetivo de produzir efeito em processo penal, terá pena aplicada em dobro.
III. Caso a inovação artificiosa seja realizada com o objetivo de produzir efeito em processo penal, as penas previstas para a fraude serão aplicadas em dobro mesmo que o processo penal ao qual se destina ainda não se tenha iniciado.
IV. O favorecimento pessoal, na modalidade de auxílio à subtração à ação de autoridade pública autora de crime, previsto no artigo 348 do Código Penal, fica isento de pena se quem presta o auxílio é irmão do criminoso.
V. Destruir ou danificar coisa própria não é crime mesmo quando se ache a coisa em poder de terceiro por determinação judicial ou contrato.

(A) Está correta apenas a assertiva V.
(B) Estão corretas apenas as assertivas I, II e IV.
(C) Estão corretas apenas as assertivas I, II, III e IV.
(D) Estão corretas todas as assertivas.
(E) Nenhuma assertiva está correta.

I: assertiva correta, nos moldes do *caput* do art. 347 do CP; II: correta, nos termos do art. 347, parágrafo único, do mesmo dispositivo; III: correta, nos termos do art. 347, parágrafo único, do mesmo dispositivo; IV: proposição correta, visto que em consonância com o disposto no art. 348, § 2º, do CP; V: assertiva incorreta, visto que em desacordo com a prescrição contida no art. 346 do CP. Gabarito "C".

(Magistratura Federal-4ª Região – 2010) Dadas as assertivas abaixo, assinale a alternativa correta.

I. Constitui crime funcional contra a ordem tributária, previsto na Lei 8.137/90, a conduta do servidor que, com violação do dever, exigir vantagem pecuniária para deixar de lançar tributo devido.
II. Constitui crime de concussão, previsto no artigo 316 do Código Penal Brasileiro, o fato de o policial rodoviário exigir, para si, no exercício da função, vantagem pecuniária para deixar de lavrar auto de infração em desfavor de motorista que foi flagrado cometendo infração de trânsito.
III. O servidor público que, com infração do dever funcional, facilita o descaminho ou o contrabando incide nas penas previstas no artigo 334 do Código Penal Brasileiro, na medida da sua culpabilidade, por participação ou coautoria.
IV. Incide nas penas previstas no artigo 318 do Código Penal, que prevê o crime de facilitação do contrabando ou descaminho, o servidor que, com infração de dever funcional, facilita a prática de contrabando ou descaminho por terceiro.
V. A corrupção passiva terá a pena aumentada se, em consequência da vantagem recebida, o funcionário retardar ou deixar de praticar qualquer dever de ofício ou o praticar infringindo dever funcional.

(A) Está correta àapenas a assertiva III.
(B) Estão corretas apenas as assertivas III e V.
(C) Estão corretas apenas as assertivas I, II, e IV.
(D) Estão corretas apenas as assertivas I, II, IV e V.
(E) Estão corretas todas as assertivas.

I: correto, visto que a conduta se amolda ao tipo prefigurado no art. 3º da Lei 8.137/90; II: o ato do policial consubstanciado em impor vantagem indevida (ilícita) no exercício da função pública caracteriza o crime de *concussão* – art. 316, *caput*, do CP; III: incorreta, pois o servidor que assim agir estará incurso nas penas do crime próprio de *facilitação de contrabando ou descaminho*, previsto no art. 318 do CP, que consiste em o *intraneus* viabilizar (tornar mais fácil) o cometimento do delito do art. 334 do CP (contrabando ou descaminho) pelo particular; IV: correta, conforme comentário à questão anterior; V: assertiva correta, nos termos do art. 317, § 1º, do CP. Gabarito "D".

(Procurador da Fazenda Nacional – 2007.2 – ESAF) Petrônio, na qualidade de Prefeito Municipal, se apropria de determinadas rendas públicas, temporariamente em seu poder, para proveito próprio, antes de encaminhá-las ao Secretário da Fazenda da Municipalidade, responsável pela posse do numerário público. O fato é investigado e conclui-se pela autoria e materialidade do delito. A respeito dos fatos narrados, Petrônio terá cometido o crime de

(A) emprego irregular de verbas ou rendas públicas.
(B) peculato culposo.
(C) desvio de verbas municipais.
(D) apropriação indébita.
(E) peculato furto.

Art. 312, § 1º, do CP. Gabarito "E".

(Delegado Federal – 2004 – CESPE) Julgue o item seguinte.

(1) Mário, delegado de polícia, com o intuito de proteger um amigo, recusa-se a instaurar inquérito policial requisitado por promotor de justiça contra o referido amigo. Nessa hipótese, Mário praticou crime de desobediência.

Art. 319 do CP – prevaricação. Gabarito 1E

(Delegado Federal – 2004 – CESPE) Célio, arrolado como testemunha em processo criminal em que se imputava ao réu crime de homicídio culposo, é instigado pelo advogado de defesa a fazer afirmações falsas acerca dos fatos, a fim de inocentar o réu, o que efetivamente vem a fazer. Com base na situação hipotética acima apresentada, julgue os itens que se seguem.

(1) Célio praticou crime de falso testemunho qualificado, pois foi cometido com o fim de obter prova destinada a produzir efeito em processo penal.
(2) De acordo com o entendimento dominante do Supremo Tribunal Federal (STF), como o delito praticado é de mão própria, não se admite co-autoria ou participação, sendo atípica a conduta do advogado de defesa.

1: art. 342, § 1º, do CP (causa de aumento de pena); 2: embora se trate de crime de mão própria, é perfeitamente possível o concurso de pessoas na modalidade *participação*, uma vez que nada obsta que o advogado induza ou instigue a testemunha a mentir em juízo ou na polícia. A esse respeito: STF, RHC 81.327-SP, 1ª T., rel. Min. Ellen Gracie, DJ 5.4.2002; STJ, 5ª T., HC 36.287-SP, rel. Min. Felix Fischer, j. 17.7.05. Gabarito 1C, 2E

(Magistratura do Trabalho – 9ª Região – 2009) Considere as seguintes proposições:

I. O crime de denunciação caluniosa consiste em dar causa à instauração de investigação policial, de processo judicial, instauração de investigação administrativa, inquérito civil ou ação de improbidade administrativa contra alguém, imputando-lhe crime de que o sabe inocente.
II. O perito nomeado pelo Juízo, ao fazer afirmação falsa em processo judicial, comete crime de falso testemunho ou de falsa perícia.
III. No crime de falso testemunho, o fato deixa de ser punível se, antes da sentença no processo em que ocorreu o ilícito, o agente se retrata ou declara a verdade.
IV. A prática por advogado de ato processual simultâneo ou sucessivo ao interesse de partes contrárias se constitui no delito de patrocínio simultâneo ou tergiversação, cuja pena é de detenção de seis meses a três anos e multa.

(A) todas as proposições estão corretas
(B) somente as proposições I, II e IV estão corretas
(C) somente a proposição III está correta
(D) somente as proposições I e IV estão corretas
(E) nenhuma proposição está correta

I: art. 339 do CP; II: art. 342 do CP; III: art. 342, § 2º, do CP; IV: art. 355, parágrafo único, do CP. Gabarito "A"

(Magistratura do Trabalho – 18ª Região – 2006) São crimes contra a administração da Justiça, exceto :

(A) Exploração de prestígio.
(B) Advocacia administrativa.
(C) Reingresso de estrangeiro expulso.
(D) Exercício arbitrário ou abuso de poder.
(E) Tergiversação.

A: art. 357, CP; B: art. 321, CP – é crime praticado por funcionário público contra a Administração; C: art. 338, CP; D: art. 350, CP; E: art. 355, parágrafo único, do CP. Gabarito "B"

(Magistratura do Trabalho – 16ª Região – 2006) Dar causa à instauração de investigação policial, ou de processo judicial contra alguém imputando-lhe crime de que sabe inocente, configura o crime de:

(A) Calúnia;
(B) Comunicação falsa de crime;
(C) Denunciação caluniosa;
(D) Falso testemunho;
(E) Não é conduta punível.

Art. 339 do CP. O crime de denunciação caluniosa não deve ser confundido com o do art. 340 do CP, comunicação falsa de crime ou de contravenção, em que se provoca a ação da autoridade, a esta comunicando crime ou contravenção que se sabe não se ter verificado. Difere, também, do tipo prefigurado no art. 138 do CP – calúnia – na medida em que, neste delito, atribui-se falsamente a alguém fato definido como crime. Sua consumação se opera no momento em que o fato chega ao conhecimento de terceiro (a honra atingida é a objetiva). Aqui, o agente não dá causa à instauração de investigação ou processo. Gabarito "C"

(Magistratura do Trabalho – 14ª Região – 2006) Diretor de Secretaria recebe valores em dinheiro, repassados pelo TRT, para fazer frente às despesas emergenciais da Vara, retarda a entrega de prestação de contas para encobrir seu próprio desfalque. Pratica o crime de:

(A) apropriação indébita;
(B) sonegação de documentos;
(C) corrupção passiva;
(D) peculato;
(E) prevaricação.

Art. 312, *caput*, do CP. Gabarito "D"

(Magistratura do Trabalho – 14ª Região – 2006) Uma das testemunhas ouvidas em juízo, compareceu na Secretaria da Vara do Trabalho e pediu para se retratar do depoimento prestado em dias anteriores, se dizendo arrependida, eis que falseara deliberadamente a verdade. Para fins de extinção da punibilidade no juízo criminal, é CORRETO afirmar:

(A) A testemunha poderá se retratar após a sentença trabalhista declarar que houve falso testemunho até antes do oferecimento da denúncia no juízo criminal;
(B) A testemunha não pode mais se retratar, eis que o crime de falso testemunho ficou caracterizado no momento de em que ela falseou a verdade, estando compromissada a dizer a verdade;
(C) A testemunha não pode ainda se retratar pelo fato de que não sabe se será declarado, na sentença trabalhista, que houve falso testemunho;
(D) A testemunha pode se retratar, mas somente antes do Juiz do Trabalho proferir a sentença;
(E) No juízo trabalhista não cabe mais a retratação, faculdade que poderá ser exercida no juízo criminal até antes do oferecimento da denúncia.

Art. 342, § 2º, do CP. Gabarito "D"

(Auditor Fiscal/RJ) A, beneficiada pelo transporte que a Prefeitura lhe proporcionou, levando-a a tratamento médico na capital do Estado, supondo ser de sua obrigação, entregou a B, motorista da viatura oficial, o valor gasto com o combustível, que ele recebeu e embolsou em proveito próprio. A conduta de B configura:

(A) peculato mediante erro de outrem
(B) peculato culposo
(C) peculato-furto
(D) peculato

Art. 313 do CP. Gabarito "A"

(CESPE – 2008) Segundo o Código Penal (CP), aquele que patrocina, direta ou indiretamente, interesse privado perante a administração pública, valendo-se da qualidade de funcionário público, pratica o crime de

(A) Prevaricação.
(B) Condescendência criminosa.
(C) Tráfico de influência.
(D) Advocacia administrativa.

A: art. 319 do CP; B: art. 320 do CP; C: art. 332 do CP; D: art. 321 do CP. Gabarito "D"

(CESPE – 2007) No que se refere aos crimes contra as finanças públicas, previstos no Código Penal, assinale a opção correta.

(A) A prestação de garantia graciosa em operação de crédito sem contragarantia de valor igual ou superior ao da garantia prestada só será criminosa se a operação de crédito não for honrada.
(B) Responde criminalmente o funcionário público que ordenar despesa não autorizada por dispositivo legal.

(C) O Código Penal incrimina o aumento de despesa total de pessoal a partir dos 365 dias finais do mandato ou da legislatura do funcionário público.

(D) Aquele que ordena a colocação, no mercado financeiro, de títulos da dívida pública em desacordo com as normas legais responde como partícipe. Autor é aquele que efetivamente coloca, no mercado financeiro, os títulos da dívida pública em comento.

A: art. 359-E do CP (prestação de garantia graciosa); B: art. 359-D, CP; C: art. 359-G do CP (aumento de despesa total no último ano do mandato ou legislatura); D: art. 359-H do CP (oferta pública ou colocação de títulos no mercado). Gabarito "B".

(CESPE – 2006) Considerando os crimes contra a administração pública, assinale a opção correta.

(A) O agente que, valendo-se das atribuições de um assessor de funcionário público, lhe promete ou oferece vantagem indevida, para determiná-lo a praticar, omitir ou retardar ato de ofício, comete crime de corrupção ativa.

(B) O sujeito que atribui a si mesmo a prática de crime inexistente ou que foi cometido por terceiro pratica denunciação caluniosa.

(C) Há corrupção ativa no caso de o sujeito, sem oferecer ou prometer qualquer utilidade ao funcionário público, pedir-lhe que "dê um jeitinho" em sua situação perante a Administração Pública.

(D) No favorecimento pessoal, o sujeito visa tornar seguro o proveito do delito; no real, o objetivo é tornar seguro o autor do crime antecedente.

A: art. 333, CP; B: art. 341 do CP (autoacusação falsa); C: o crime de corrupção ativa, previsto no art. 333 do CP, tem dois núcleos alternativos, *oferecer* e *prometer*. Se o agente, dessa forma, sem *oferecer* ou *prometer* vantagem ao funcionário público, tão só pede a ele que dê um "jeitinho", não incorrerá no crime do art. 333 do CP; D: art. 348 do CP (favorecimento pessoal); art. 349 do CP (favorecimento real). Gabarito "A".

(CESPE – 2004) Marília exigiu de Luciana, para si, em razão da função pública que exercia, vantagem consistente em R$ 10.000,00. Nessa situação hipotética, Marília cometeu o crime de

(A) Corrupção ativa.
(B) Corrupção passiva.
(C) Excesso de exação.
(D) Concussão.

A: art. 333 do CP; B: art. 317 do CP; C: art. 316, § 1º, do CP; D: art. 316, CP. Gabarito "D".

23. OUTROS CRIMES DO CÓDIGO PENAL

(Magistratura/DF – 2007) Analise as proposições e assinale a única alternativa correta:

I. Não descaracteriza o crime de quadrilha a circunstancia de um dos quadrilheiros não conhecer os demais.

II. O participante que denunciar o quadrilheiro, permitindo seu desmantelamento, terá direito à redução da pena.

III. Quadrilha é crime formal, consumando-se independentemente da concretização do fim visado.

(A) Todas as proposições são verdadeiras.
(B) Todas as proposições são falsas.
(C) Apenas uma das proposições é verdadeira.
(D) Apenas uma das proposições é falsa.

I: não constitui condição indispensável à caracterização do crime de **quadrilha ou bando**, prefigurado no art. 288 do CP, o fato de um dos componentes da quadrilha não conhecer os demais, sendo suficiente a união em caráter permanente de mais de três pessoas com o fito de cometer crimes; II: art. 8º, parágrafo único, da Lei 8.072/90 (Lei de Crimes Hediondos); III: o crime do art. 288 do CP consuma-se com a mera **associação** de mais de três pessoas para o cometimento de crimes, ainda que estes não venham a ser praticados. Gabarito "A".

(MINISTÉRIO PÚBLICO/SE – 2010 – CESPE) Assinale a opção correta acerca dos crimes de perigo comum.

(A) Tratando-se de crime de explosão, se a substância utilizada não for dinamite ou explosivo de efeitos análogos, o agente será menos severamente punido.

(B) No que concerne a crime de incêndio, a intenção de obter vantagem pecuniária com a conduta constitui fato não punível, pois pertence à fase de cogitação do crime e não pode, assim, ser punida.

(C) Não se pune o incêndio culposo, a menos que o sujeito ativo possua o dever legal de evitar o perigo.

(D) Para que o crime de incêndio se consume, é necessário que haja ao menos lesão corporal leve em uma das vítimas.

(E) O crime de inundação é punido mesmo que a vida, a integridade física ou o patrimônio de outrem não sejam expostos a perigo.

A: assertiva correta, visto que o art. 251, § 1º, do CP prevê figura privilegiada do delito; B: assertiva incorreta, pois o propósito de obter vantagem pecuniária constitui, a teor do art. 250, § 1º, I, do CP, causa de aumento de pena, a incidir no incêndio doloso; C: assertiva incorreta, já que a figura culposa vem expressamente prevista no art. 251, § 2º, do CP; D: a consumação se opera no instante em que um número indeterminado de pessoas, em razão do incêndio, é submetido a uma situação de perigo; E: o crime de inundação, do art. 255 do CP, exige, para a sua consumação, a criação de uma situação de perigo concreto. Gabarito "A".

(Defensor Público/GO – 2010 – I. Cidades) Quatro indivíduos reúnem-se, de forma estável e permanente, com o fim de cometer crimes de estelionato. Todavia, tendo cometido um único estelionato, o grupo é desmantelado em virtude de uma denúncia anônima. Nesses termos, todos os quatro devem responder penalmente por

(A) estelionato, apenas.
(B) quadrilha ou bando e estelionato, em concurso formal próprio.
(C) quadrilha ou bando e estelionato, em concurso formal impróprio.
(D) quadrilha ou bando e estelionato, em concurso material.
(E) quadrilha ou bando, apenas.

O crime de quadrilha ou bando, capitulado no art. 288 do CP, consuma-se no instante em que se dá a efetiva associação de mais de três pessoas para o fim de cometer crimes, ainda que nenhum venha a ser praticado. Cuida-se, portanto, de crime formal e autônomo. Quando do cometimento do crime de estelionato, o delito de quadrilha ou bando já estava praticado. Entenda bem: por se tratar de crime permanente, sua consumação se prolonga no tempo por vontade de seus integrantes. No mais, haverá concurso material entre o crime do art. 288 do CP e o delito que vier a ser praticado pela quadrilha ou bando. Gabarito "D".

(Cartório/MG – 2007) É CORRETO afirmar que, à luz do Código Penal, contrair alguém, sendo casado, novo casamento, cometerá crime de:

(A) Bigamia.
(B) Monogamia.
(C) Poliginia.
(D) Poliandria.

Art. 235 do CP. Este crime está inserido no Capítulo I (Dos Crimes contra do Casamento) do Título VII (Dos Crimes contra a Família). Gabarito "A".

(Cartório/SC – 2008) Relativamente aos crimes contra o estado de filiação, assinale a alternativa correta:

(A) Pratica o crime previsto no parágrafo único do art. 242 do Código Penal (supressão ou alteração de direito inerente ao estado civil de recém-nascido) quem, mesmo que por motivo nobre, registra em nome próprio filho de outrem.

(B) A conduta de "promover no registro civil a inscrição de nascimento inexistente", disposta no art. 241 do Código Penal, admite a forma culposa como elemento subjetivo do tipo.

(C) Uma das formas de transgressão da tipificação descrita no art. 242 do Código Penal consiste na prática do "parto suposto", isto é, "dar parto próprio como alheio".

(D) Comete o ilícito penal de sonegação de estado de filiação aquele que deixa em asilo de expostos ou outra instituição de assistência filho próprio ou alheio, ocultando-lhe a filiação ou atribuindo-lhe outra, mesmo que inexista a vontade de prejudicar direito inerente ao estado civil.

(E) Os crimes contra o estado de filiação, previstos nos arts. 241, 242 e 243 do Código Penal, são todos de ação penal pública incondicionada e não admitem a modalidade tentada.

A: art. 242, parágrafo único, do CP; B: a conduta tipificada no art. 241 do CP, consistente em promover no registro civil a inscrição de nascimento inexistente, não comporta a modalidade culposa, tão somente a dolosa; C: a conduta tipificada no art. 242 do CP consiste em *dar parto alheio como próprio*, *registrar como seu o filho de outrem* ou *ocultar recém-nascido ou substituí-lo*. A prática de *dar parto próprio como alheio* não está contemplada no tipo penal; D: o fim de prejudicar direito inerente ao estado civil constitui elemento subjetivo especial do tipo, imprescindível à adequação típica; E: a ação penal é pública incondicionada e a tentativa é, em princípio, possível nos três crimes. Gabarito "A".

(Cartório/SP – VI – VUNESP) Dentre os crimes contra o casamento previstos no Código Penal, não mais se encontra tipificada a conduta consistente em

(A) adultério.
(B) conhecimento prévio de impedimento.
(C) induzimento a erro essencial e ocultação de impedimento.
(D) simulação de autoridade para celebração de casamento.

O art. 240, que previa o crime de adultério, foi revogado pela Lei 11.106/05. Gabarito "A".

(Magistratura Federal – 3ª Região – XIII) Com relação ao crime do artigo 288 do Código Penal (quadrilha ou bando) assinale a alternativa que seja incorreta:

(A) É inadmissível a mera tentativa pois a infração se aperfeiçoa no momento associativo, no instante mesmo em que convergem as vontades de mais de três pessoas para cometer indeterminados crimes;
(B) Sendo infrações que atingem objetividades jurídicas diversas, não há *bis in idem* no reconhecimento de concurso entre o delito de quadrilha ou bando e o crime patrimonial qualificado pela prática em concurso de agentes;
(C) A pena deve ser aplicada em dobro sempre que a quadrilha ou bando for armado; cabe essa exasperação ainda que se trate de instrumento extraordinariamente empregado como arma, ou que um único quadrilheiro esteja armado com anuência dos demais;
(D) Tratando-se de crime formal e plurissubjetivo que exige a participação de pelo menos quatro agentes, haverá atipicidade se um ou alguns forem inimputáveis, tiverem extinta a punibilidade ou não puderem ser adequadamente identificados.

A: a tentativa é absolutamente inadmissível, na medida em que se trata de crime de mera atividade, que se consuma no instante em que a quadrilha se torna estável, permanente; B: com efeito, trata-se de delitos perpetrados contra objetos jurídicos diversos, razão pela qual não há que se falar em dupla punição pelo mesmo fato; C: o parágrafo único do dispositivo de fato não faz qualquer restrição, podendo, pois, configurar a causa de aumento de pena tanto a arma *própria* quanto a *imprópria*. Além disso, se somente um dos componentes da quadrilha estiver armado, desde que com a anuência dos demais, deverá incidir a causa de aumento em questão; D: a maior parte da doutrina entende que o tipo penal do art. 288 do CP não exige que todos os componentes da quadrilha sejam imputáveis e adequadamente identificados. Gabarito "D".

(Magistratura do Trabalho – 16ª Região – 2006) Constituem condutas típicas passíveis de configuração de crime contra a organização do trabalho:

I. Constranger alguém, mediante violência ou grave ameaça a exercer ou não exercer profissão, ou a trabalhar ou não trabalhar durante certo período ou em determinado dias;
II. Constranger alguém, mediante violência ou grave ameaça, a celebrar contrato de trabalho;
III. Frustrar, mediante fraude, direito assegurado pela legislação do trabalho;
IV. Exercer atividade para a qual está impedido por decisão administrativa. É CORRETO afirmar:

(A) Somente I e II;
(B) Somente II e III;
(C) I, II, III e IV;
(D) I, II e III;
(E) I, II e IV.

I: art. 197, I, do CP; II: art. 198 do CP; III: art. 203, *caput*, do CP; IV: art. 205 do CP. Gabarito "C".

(CESPE – 2007) Assinale a opção correta a respeito de curandeirismo e charlatanismo.

(A) Charlatanismo não é crime, mas contravenção penal.
(B) Curandeirismo e charlatanismo são sinônimos; portanto são tratados em um único dispositivo legal do Código Penal.
(C) No crime de curandeirismo, o agente ilicitamente exerce atividade de diagnosticar e prescrever substâncias ao paciente.
(D) No curandeirismo, o crime se consuma com o prejuízo financeiro da vítima.

A: o crime de charlatanismo está capitulado no art. 283 do Código Penal; B: os crimes de charlatanismo e curandeirismo estão previstos, respectivamente, nos arts. 283 e 284, ambos do Código Penal; C: art. 284, I e III, do CP; D: trata-se de crime habitual, razão pela qual a consumação somente ocorre quando restar demonstrada a habitualidade das condutas descritas no tipo. Gabarito "C".

24. CRIMES DA LEI ANTIDROGAS

(Magistratura/GO – 2009 – FCC) No crime de tráfico de drogas, NÃO constitui causa de aumento da pena

(A) a transnacionalidade do delito.
(B) o concurso de pessoas.
(C) o emprego de arma de fogo.
(D) o transporte entre Estado da Federação e o Distrito Federal.
(E) o custeio da prática do delito.

A: art. 40, I, da Lei 11.343/06; B: o concurso de pessoas não constitui causa de aumento prevista no art. 40 da Lei; C: art. 40, IV, da Lei 11.343/06; D: art. 40, V, da Lei 11.343/06; E: art. 40, VII, da Lei 11.343/06. Gabarito "B".

(Magistratura/MG – 2008) Nos termos da Lei de Tóxicos (Lei n. 11.343, de 23 de agosto de 2006), é CORRETO afirmar:

(A) Aquele que oferece droga, eventualmente e sem objetivo de lucro, a pessoa de seu relacionamento, para juntos a consumirem, deve ser considerado como usuário.
(B) É vedada a progressão de regime do réu condenado pela prática de tráfico de drogas.
(C) É permitida a conversão da pena privativa de liberdade em restritivas de direito quando o agente adquire droga com o objetivo de revendê-la.
(D) Justifica-se o aumento da pena se ocorrer tráfico interestadual de drogas.

A: a cessão gratuita e eventual, com o advento da Lei 11.343/06, passou a ter tipificação própria (art. 33, § 3º), o que não ocorria na legislação anterior. As condutas contidas no art. 33 estão relacionadas ao *tráfico de entorpecente*; B: a Lei de Tóxicos não vedou a progressão de regime. Atualmente, o art. 2º, §§ 1º e 2º, da Lei 8.072/90 (Crimes Hediondos), alterada que foi pela Lei 11.464/07, autoriza a progressão de regime para delitos hediondos e equiparados; C: arts. 33, § 4º, e 44 da Lei 11.343/06; D: art. 40, V, da Lei 11.343/06. Gabarito "D".

(Magistratura/MT – 2009 – VUNESP) Pode-se afirmar que a Lei nº 11.343/06, no que diz respeito à conduta de trazer consigo ou adquirir para uso pessoal drogas,

(A) descriminalizou a conduta.
(B) despenalizou a conduta com a supressão da pena.
(C) transformou a conduta em contravenção penal.
(D) abrandou a punição, todavia a conduta continua prevista como crime.
(E) agravou a punição da conduta, que agora deve ser cumprida inicialmente em regime fechado, não podendo ser substituída por pena restritiva de direitos.

A teor do art. 28 da Lei 11.343/06, aquele que *adquire, guarda, tem em depósito, transporta* ou *traz consigo*, para consumo pessoal, drogas sem autorização ou em desacordo com determinação legal ou regulamentar será submetido às seguintes penas: advertência sobre os efeitos das drogas; prestação de serviços à comunidade; e medida educativa de comparecimento a programa ou curso educativo. Não será mais aplicável ao usuário, doravante, a pena de prisão. A natureza jurídica do art. 28 da Lei 11.343/06 tem gerado polêmica na doutrina. Para a 1ª Turma do STF, o dispositivo tem natureza de crime, e o usuário é um "tóxico delinquente" (RE 430.105-9-RJ, Rel. Min. Sepúlvida Pertence, j. 13.2.2007). Gabarito "D".

(Magistratura/PA – 2008 – FGV) A respeito da Lei 11.343/2006, assinale a afirmativa incorreta.

(A) Prevê a redução de pena de um sexto a um terço para os crimes definidos no caput e no parágrafo primeiro do art. 33, quando o agente for primário, de bons antecedentes e não se dedique às atividades criminosas nem integre organização criminosa.
(B) Tipifica em separado, no art. 37, a conduta de quem colabora, como informante, com grupo criminoso destinado ao tráfico de drogas (art. 33).
(C) Prevê o aumento de pena de um sexto a dois terços para o crime de tráfico (art. 33) quando o agente financiar a prática do crime.

(D) Criminaliza a conduta de quem conduz aeronave após o consumo de drogas, expondo a dano potencial a incolumidade alheia no art. 39.
(E) Permite que o condenado por tráfico de drogas (art. 33) obtenha livramento condicional após o cumprimento de dois terços da pena, se não for reincidente específico.

A: o 4º do art. 33 da Lei 11.343/06 estabelece redução de pena de 1/6 a 2/3; B: a conduta do chamado *informante colaborador* encontra-se agora em um tipo autônomo: art. 37 da Lei 11.343/06; C: art. 40, VII, da Lei 11.343/06; D: é a conduta daquele que, sob efeito de drogas, dirige embarcação ou aeronave. O parágrafo único do dispositivo prevê uma forma qualificada para a hipótese de o agente praticar o crime na condução de embarcação ou aeronave de transporte coletivo de passageiros; E: art. 83, V, do CP. Gabarito "A".

(Magistratura/PE – 2011 – FCC) O crime de associação para o tráfico
(A) exige o concurso de mais de três pessoas.
(B) permite a concessão do livramento condicional após o cumprimento de 1/3 (um terço) da pena, se primário o condenado, ou de 1/2 (metade), se reincidente em crime doloso.
(C) admite a redução da pena de 1/6 (um sexto) a 2/3 (dois terços), desde que o agente seja primário, de bons antecedentes, não se dedique às atividades criminosas nem integre organização criminosa.
(D) admite redução da pena em caso de semi-imputabilidade do acusado.

A: incorreta, visto que o tipo penal exige o número mínimo de duas pessoas (delito plurissubjetivo ou de concurso necessário); B: incorreta, visto que não reflete o disposto no art. 44, parágrafo único, da Lei 11.343/06; C: o redutor em questão, contido no art. 33, § 4º, do CP, somente tem incidência nos crimes definidos no caput e no § 1º do mesmo dispositivo. Não se aplica, portanto, ao crime de associação para o tráfico, previsto no art. 35 da Lei de Drogas; D: art. 46 da Lei 11.343/06. Gabarito "D".

(Magistratura/RS – 2009) Considere as assertivas abaixo, formuladas com apoio na Lei nº 11.343/2006 (Lei de Entorpecentes).

I. Fica sujeito à advertência sobre os efeitos das drogas, à prestação de serviços comunitários ou ao comparecimento a programa ou curso educativo o agente que oferece droga, eventualmente e sem objetivo de lucro, a pessoa de seu relacionamento, para juntos a consumirem.
II. O condenado por tráfico ilícito de droga fica sempre sujeito ao cumprimento da pena privativa de liberdade sob regime inicial fechado, podendo, no entanto, dele progredir, após o cumprimento de dois quintos da pena imposta, se primário, desde que atendidos os demais requisitos legais.
III. Definitivamente condenado duas vezes por tráfico de droga (reincidente específico), o réu não tem direito ao livramento condicional.

Quais são corretas?
(A) Apenas I
(B) Apenas II
(C) Apenas III
(D) Apenas II e III
(E) I, II e II

I: cuida-se de inovação introduzida pela Lei 11.343/06. É a chamada *cessão gratuita e eventual*, que, a teor do art. 33, § 3º, da Lei de Drogas, traz os seguintes requisitos: eventualidade no oferecimento da droga; ausência de objetivo de lucro; intenção de consumir a droga em conjunto; e oferecimento da droga a pessoa de relacionamento do agente. Embora se trate de crime de menor potencial ofensivo, o agente está sujeito à pena prevista no art. 33, § 3º, da Lei de Drogas; II: atualmente, o art. 2º, §§ 1º e 2º, da Lei 8.072/90, alterada que foi pela Lei 11.464/07, autoriza a progressão de regime para delitos hediondos e equiparados, nos termos seguintes: se o apenado for primário, deverá cumprir, para fazer jus à progressão, dois quintos da pena; se reincidente for, deverá cumprir, para progredir de regime, três quintos da pena; III: art. 44, parágrafo único, da Lei 11.343/06. Gabarito "D".

(Magistratura/SP – 2008) A Lei nº 11.343/06, que afastou a incidência de pena privativa de liberdade e de multa quanto ao crime de porte de substância entorpecente para uso próprio (cominadas na Lei nº 6.368/76) e estabeleceu, em seu lugar, a aplicação de outras medidas (advertência, prestação de serviços à comunidade, etc.), configura hipótese de
(A) abolitio criminis.
(B) novatio legis in pejus.
(C) novatio legis incriminadora.
(D) novatio legis in mellius.

A Lei 11.343/06, incontestavelmente mais benéfica ao réu do que a revogada Lei 6.368/76, notadamente no que se refere ao tratamento conferido ao usuário, faz com que aquela retroaja em benefício do agente, projetando seus efeitos para o passado. É o que determina o art. 2º, parágrafo único, do CP (regra da retroatividade da lei penal mais favorável). Gabarito "D".

(Magistratura/SP – 2008) O agente que, em ensejo único, prepara e mantém em depósito para vender, algumas porções de cocaína, sem autorização legal ou em desacordo com determinação legal ou regulamentar, mas é preso em flagrante antes da prática do ato de comércio, comete crime de
(A) tráfico consumado.
(B) tráfico em concurso formal impróprio (ou imperfeito).
(C) tentativa de tráfico.
(D) concurso material de delitos.

O tráfico de drogas, capitulado no art. 33 da Lei 11.343/06, é classificado como *crime de ação múltipla* (conteúdo variado ou plurinuclear), isto é, ainda que o agente pratique, no mesmo contexto fático, mais de uma ação típica (cada qual representada por um núcleo), responderá por um único crime (incidência do *princípio da alternatividade*). Gabarito "A".

(Ministério Público/MG – 2007) Em relação à Lei nº 11.343/06 (Nova Lei de Tóxicos), assinale a alternativa ERRADA.
(A) A posse de drogas ilícitas para consumo próprio prevê como penas primárias a advertência, a prestação de serviços à comunidade e a medida educativa de comparecimento a programa ou curso educativo.
(B) Há a previsão, na referida lei, de delitos autônomos destinados à repressão à produção não autorizada e ao tráfico ilícito de drogas não previstos na Lei nº 6.368/76, como a prescrição culposa de drogas, o financiamento do tráfico e a condução de embarcação ou aeronave após o consumo de drogas.
(C) Há a previsão, na referida lei, de figuras autônomas destinadas à repressão à produção não autorizada e ao tráfico ilícito de drogas não previstos na Lei nº 6.368/76, como a figura da indução ou auxílio ao uso de drogas e o oferecimento eventual e sem objetivo de lucro para consumo conjunto.
(D) O prazo das penalidades previstas para a posse de substância entorpecente para consumo pessoal não pode ultrapassar cinco meses, exceto nos casos de reincidência, em que as penas podem ser aplicadas pelo prazo máximo de dez meses.
(E) No caso de descumprimento das penas primárias da posse de substância entorpecente para uso próprio, poderá o Juiz convertê-las em admoestação verbal ou multa. Havendo descumprimento em reincidência específica, poderá o Juiz aplicar a pena privativa de liberdade.

A: art. 28, I, II e III, da Lei 11.343/06; B: art. 38, *caput*, da Lei 11.343/06 (prescrição culposa); art. 36 da Lei 11.343/06 (financiamento do tráfico); e art. 39, *caput*, da Lei 11.343/06 (condução de embarcação ou aeronave sob efeito de drogas); C: art. 33, § 2º, da Lei 11.343/06 (indução, instigação ou auxílio ao uso de drogas); art. 33, § 3º, da Lei 11.343/06 (oferecimento eventual e sem objetivo de lucro para consumo conjunto ou cessão gratuita e eventual); D: art. 28, §§ 3º e 4º, da Lei 11.343/06; E: art. 28, § 6º, da Lei 11.343/06. Não há possibilidade de o juiz, havendo descumprimento em reincidência específica, aplicar a pena privativa de liberdade. Gabarito "E".

(Ministério Público/PR – 2008) O artigo 33, § 3º, da Lei Federal nº 11.343/06, fez distinção entre o traficante e o fornecedor eventual de droga, abrandando a punição deste em relação àquele. Todavia, além da dita eventualidade no oferecimento da droga, tal dispositivo considerou também elementos necessários para o reconhecimento do mencionado tipo penal privilegiado:
(A) a ausência de objetivo de lucro, a intenção do consumo conjunto e o oferecimento da droga a pessoa de seu relacionamento, independentemente do autor da conduta dispor de antecedentes criminais por delitos da mesma natureza.
(B) a ausência de objetivo de lucro e a intenção do consumo conjunto, independentemente do oferecimento da droga se dar a pessoa de seu relacionamento e independentemente do autor da conduta dispor de antecedentes criminais por delitos da mesma natureza.

(C) a ausência de objetivo de lucro e o oferecimento da droga a pessoa de seu relacionamento, independentemente da intenção ou efetivo consumo conjunto e independentemente do autor da conduta dispor de antecedentes criminais por delitos da mesma natureza.

(D) o efetivo consumo conjunto, o oferecimento da droga a pessoa de seu relacionamento e a ausência de antecedentes criminais por delitos da mesma natureza. E, caso existente o objetivo de lucro, deve ter caráter eventual.

(E) a ausência de objetivo de lucro, a intenção de consumo conjunto, o oferecimento da droga a pessoa do seu relacionamento e a ausência de antecedentes criminais por delito da mesma natureza.

Trata-se de inovação introduzida pela Lei 11.343/06. É a chamada *cessão gratuita e eventual*, que, a teor do art. 33, § 3º, da Lei de Drogas, traz os seguintes requisitos: eventualidade no oferecimento da droga; ausência de objetivo de lucro; intenção de consumir a droga em conjunto; e oferecimento da droga a pessoa de relacionamento do agente. É crime de menor potencial ofensivo. Gabarito "A".

(Ministério Público/SP – 2011) Não constitui causa especial de aumento de pena a prática do tráfico de drogas

(A) dentro de estabelecimento hospitalar.
(B) nas imediações de delegacia de polícia.
(C) nas dependências de complexo penitenciário.
(D) entre municípios de um mesmo Estado.
(E) no exercício de atividade educativa.

A hipótese descrita na assertiva "D" não está contemplada no rol do art. 40 da Lei 11.343/06, que estabelece as causas de aumento de pena a serem aplicadas aos crimes definidos nos arts. 33 a 37 da Lei de Drogas. Gabarito "D".

(Defensor Público/AM – 2010 – I. Cidades) Acerca dos crimes previstos pela lei 11.343/06 (que define os crimes de posse para uso e tráfico ilícito de drogas), marque a alternativa errada:

(A) nos casos de prática de conduta de adquirir, guardar, ter em depósito, transportar ou trazer consigo, para consumo pessoal, drogas sem autorização ou em desacordo com determinação legal ou regulamentar, será submetido à pena privativa de liberdade que poderá ser substituída por advertência sobre os efeitos das drogas, prestação de serviços à comunidade ou uma medida educativa de comparecimento a um programa ou curso educativo;
(B) o crime de oferecer droga, eventualmente, e sem objetivo de lucro, a pessoa de seu relacionamento, para juntos a consumirem é de competência do Juizado Especial Criminal;
(C) o crime de associação para o tráfico exige, para a sua configuração, que duas ou mais pessoas se associem para o fim de praticar, reiteradamente ou não, qualquer dos crimes previstos pelos artigos 33, caput e § 1º, 34 e 36 da Lei 11.343/06;
(D) o agente que colaborar como informante, com grupo, organização ou associação destinados á prática de qualquer dos crimes previstos pelos artigos 33, caput e § 1º e 34 da Lei 11.343/06 estará sujeito a uma pena menor, ou seja, a uma pena de reclusão de dois a seis anos e pagamento de multa;
(E) os crimes de tráfico ilícito (artigos 33, caput e § 1º e 34) e de colaboração com o tráfico (artigo 37) são inafiançáveis e insuscetíveis de sursis, graça, indulto e anistia e liberdade provisória.

A: proposição incorreta, visto que, a teor do art. 28 da Lei 11.343/06, aquele que *adquire, guarda, tem em depósito, transporta* ou *traz consigo*, para consumo pessoal, drogas sem autorização ou em desacordo com determinação legal ou regulamentar será submetido às seguintes penas: advertência sobre os efeitos das drogas; prestação de serviços à comunidade; e medida educativa de comparecimento a programa ou curso educativo. Não será mais aplicável ao usuário a pena de prisão. A natureza jurídica do art. 28 da Lei de Drogas tem gerado polêmica na doutrina. Para a 1ª Turma do STF, o dispositivo tem natureza de crime, e o usuário é um "tóxico-delinquente" (RE 430.105-9-RJ, rel. Min. Sepúlvida Pertence, j. 13.2.2007); B: a cessão gratuita, com o advento da Lei 11.343/06, passou a ter tipificação própria (art. 33, § 3º). Dado que a pena máxima cominada é de 1 ano, a competência é do Juizado Especial Criminal; C: correta, nos termos do art. 35 da Lei 11.343/06; D: correta, nos termos do art. 37 da Lei de Drogas; E: correta, nos termos do art. 44, caput, da Lei de Drogas. Gabarito "A".

(Defensoria/PA – 2009 – FCC) O agente que oferece droga, eventualmente e sem objetivo de lucro, à pessoa de seu relacionamento, para juntos consumirem

(A) está sujeito a aplicação de pena de detenção de 6 meses a 1 ano, pagamento de 700 a 1.500 dias-multa, sem prejuízo de advertência, prestação de serviços à comunidade e medida educativa de comparecimento a programa ou curso.
(B) não pratica crime de natureza alguma.
(C) pode ter a pena reduzida de 1/3 a 2/3 desde que primário e de bons antecedentes.
(D) equipara-se para todos os efeitos a quem adquire, guarda, tem em depósito, transporta ou traz consigo para consumo pessoal a droga.
(E) equipara-se a quem adquire, guarda, tem em depósito, transporta ou traz consigo para entregar a droga a consumo, ainda que gratuitamente, sem autorização ou em desacordo com determinação legal ou regulamentar.

Art. 33, § 3º, da Lei 11.343/06. É a chamada cessão gratuita, que, com o advento da Lei 11.343/06, passou a contar com tipificação própria. Dado que a pena máxima cominada é de 1 ano, a competência é do Juizado Especial Criminal. Gabarito "A".

(Defensor Público/RS – 2011 – FCC) A respeito da Lei nº 11.343/06, é correto afirmar:

(A) Há previsão de delito culposo no rol de crimes.
(B) Na hipótese do delito previsto no *caput* do art. 33, o indivíduo primário, com bons antecedentes, que não se dedique às atividades criminosas nem integre organização criminosa, poderá ter sua pena reduzida, desde que confesse a autoria delitiva, de um sexto a dois terços.
(C) O condenado pelo delito previsto no art. 28 não poderá receber pena privativa de liberdade, salvo se reincidente e demonstrar resistência ao tratamento contra dependência química.
(D) O delito de associação para o tráfico consignado no art. 35 exige a mesma quantidade de agentes prevista para o crime de quadrilha ou bando disposto no art. 288 do Código Penal.
(E) O agente que em única ocasião oferece gratuitamente para um amigo vinte pedras de substância conhecida como *crack*, ainda que com única intenção de juntos consumirem, responde pelo crime previsto no *caput* do art. 33, delito equiparado a hediondo.

A: a assertiva está correta, pois o elemento subjetivo do crime previsto no art. 38 da Lei de Drogas é representando pela culpa; B: a confissão não constitui pressuposto à incidência do redutor presente no art. 33, § 4º, da Lei de Drogas; C: no caso de reincidência específica (porte de drogas para consumo próprio), a solução está no art. 28, § 4º, isto é, as penas restritivas de direitos poderão ser impostas pelo prazo de até 10 meses. Não terá lugar, em hipótese alguma, a pena de prisão. Pelo descumprimento das medidas restritivas de direitos impostas pelo juiz na sentença, caberá *admoestação verbal* e *multa*, conforme estabelece o art. 28, § 6º; D: incorreta, visto que o crime do art. 35 da Lei de Drogas configura-se com a associação de duas ou mais pessoas com o propósito de praticar os crimes previstos nos arts. 33, caput e § 1º, 34 e 36 da Lei 11.343/06, ao passo que o do art. 288 do CP (quadrilha ou bando) configura-se com a associação de mais de três pessoas com o fito de cometer crimes; E: a conduta descrita na alternativa está capitulada no art. 33, § 3º, da Lei de Drogas (cessão gratuita). Gabarito "A".

(Defensoria/SP – 2009 – FCC) A Lei nº 11.343/06 (lei de drogas) dispõe que o crime de tráfico ilícito de entorpecentes é insuscetível de anistia, graça, indulto e que ao condenado pela prática desse crime dar-se-á livramento condicional, após o cumprimento de 2/3 da pena, vedada a concessão ao reincidente específico. Ante o silêncio desta lei quanto à possibilidade de progressão de regime de cumprimento de pena para o crime de tráfico, assinale a alternativa correta.

(A) A lei de crimes hediondos permite, de forma diferenciada, a progressão de cumprimento de pena e, consequentemente, os condenados por crime de tráfico podem progredir após o cumprimento de 2/5 da pena, se primários e 3/5, se reincidente.
(B) A omissão contida na lei de drogas é inconstitucional, já que fere o princípio da individualização da pena e, consequentemente, os condenados por crime de tráfico podem progredir de regime de cumprimento de pena nos termos da Lei de Execução Penal, ou seja, após o cumprimento de 1/6 da pena, se primários e 2/5, se reincidentes.

(C) A lei de drogas não permite a progressão de regime de cumprimento de pena já que, por ser o crime de tráfico assemelhado a hediondo, a pena deve ser cumprida integralmente em regime fechado.
(D) A lei de drogas não permite a progressão de regime de cumprimento de pena, pois, por ser lei especial, prevalece o silêncio sobre determinação de lei geral.
(E) Após ter o STF declarado a inconstitucionalidade e a consequente invalidade da vedação de progressão de regime de cumprimento de pena contida na lei de crimes hediondos, a única norma existente, vigente e válida, no que tange à progressão de regime de cumprimento de pena, é a contida no art. 112 da Lei de Execução Penal, aplicando-se, portanto, o lapso de 1/6 para progressão de regime de cumprimento de pena, também ao crime de tráfico.

Art. 2º, § 2º, da Lei 8.072/90, com redação alterada pela Lei 11.464/07: se se tratar de apenado primário, a progressão de regime dar-se-á após o cumprimento de dois quintos da pena; se reincidente, depois de cumpridos três quintos. De todo modo, a pena será sempre cumprida em regime inicialmente fechado, conforme determina o § 1º do art. 2º. Gabarito "A".

(Delegado/GO – 2009 – UEG) A Lei n. 11.343/2006, nova Lei de Drogas, inovou, em alguns aspectos, no tratamento penal do traficante e no do usuário, sendo CORRETO afirmar:

(A) é vedada expressamente a todos os delitos tipificados na Lei n. 11.343 a substituição da pena privativa de liberdade por restritiva de direitos.
(B) a recusa injustificada do agente em submeter-se ao cumprimento das medidas educativas previstas no art. 28 da Lei n. 11.343, ensejará, de pronto, a aplicação da pena de multa.
(C) a previsão na Lei n. 11.343 da causa de diminuição da pena para o traficante primário, de bons antecedentes e sem ligações criminosas, não exclui a aplicação das restrições contidas na Lei de Crimes Hediondos.
(D) segundo decisão do Supremo Tribunal Federal, as sanções do art. 28 da Lei n. 11.343 (posse para consumo pessoal) não são consideradas de natureza penal propriamente dita, inserindo-se no chamado direito penal sancionador.

A: a conversão das penas privativas de liberdade em restritiva de direitos é vedada para os crimes tipificados nos arts. 33, *caput* e § 1º, e 34 a 37 da Lei de Drogas. Contudo, tribunais estaduais e Cortes Superiores vêm admitindo a possibilidade de essa substituição ocorrer; B: em caso de recusa injustificada ao cumprimento das medidas educativas, o juiz poderá primeiro submeter o agente a admoestação verbal; C: art. 33, § 4º; D: a natureza jurídica do art. 28 da Lei de Drogas tem gerado polêmica na doutrina. Para a 1ª Turma do STF, o dispositivo tem natureza de crime, e o usuário é um "tóxico-delinquente" (RE 430.105-9-RJ, rel. Min. Sepúlvida Pertence, j. 13.2.07). Gabarito "C".

(Delegado/PA – 2006 – CESPE) Com relação à Lei n.º 6.368/1976 (Lei de Tóxicos) e à Lei n.º 7.210/1984 (Lei de Execução Penal), assinale a opção correta.

(A) Se um farmacêutico injeta drogas em uma pessoa sem que haja prescrição médica para tanto, pratica tráfico ilícito de entorpecentes, consubstanciado na conduta típica ministrar.
(B) Não constitui tráfico ilícito de entorpecente a cessão gratuita e eventual de pequena quantidade de substância entorpecente.
(C) Nos termos da Lei de Execução Penal, o condenado que cometer falta grave não perde o direito ao tempo remido.
(D) Aquele que, no mesmo contexto fático e sucessivamente, importa, transporta, mantém em depósito, expõe e, finalmente, vende a mesma substância entorpecente, responderá por concurso material de delitos.

A: o art. 33, *caput*, da Lei nº 11.343/06, atualmente em vigor, prevê como uma das condutas que tipifica o tráfico a de *ministrar* droga; B: o art. 33, § 3º, estabelece que *oferecer* droga, eventualmente e sem objetivo de lucro, a pessoa de seu relacionamento, para juntos a consumirem, constitui crime, o chamado tráfico eventual de droga (forma privilegiada de tráfico). Contudo, se o fornecimento da droga, ainda que gratuito, fora das condições mencionadas, atingir pessoa que não seja do relacionamento do agente, configurado estará o crime de tráfico (art. 33, *caput*); C: o art. 127 da LEP, com a recentíssima inovação trazida pela Lei 12.433, de 30 de junho de 2011, estabelece que, em caso de cometimento de falta grave, o sentenciado perderá, no máximo, um terço dos dias remidos. Com isso, a Súmula Vinculante nº 9 perde sua razão de ser; D: o tráfico de drogas é um crime de ação múltipla (plurinuclear) e, por assim ser, ainda que o agente cometa mais de uma conduta, desde que no mesmo contexto fático, estará caracterizado crime único, sendo possível que o julgador, no momento da dosimetria da pena, considere o número de ações para fixar a reprimenda proporcional às condutas perpetradas pelo agente. Incide, neste caso, o princípio da alternatividade. Gabarito "A".

(Delegado/SC – 2008) "A", depois de consumir cocaína e sob o efeito dessa substância, conduziu uma pequena embarcação a motor de sua propriedade, na praia, expondo a risco a incolumidade de outrem, com as manobras perigosas que fazia. Pode-se afirmar que, assim agindo, "A" praticou:

(A) crime de "direção perigosa", previsto na Lei n. 9.503/97 (Código de Trânsito Brasileiro).
(B) contravenção penal de "direção perigosa".
(C) crime previsto na Lei n. 11.343/06 (Lei sobre Drogas).
(D) mera infração administrativa.

A conduta de "A" se amolda à perfeição ao tipo penal do art. 39 da Lei 11.343/06 (Lei de Drogas), já que, depois de fazer uso de cocaína e sob o seu efeito, conduziu embarcação expondo a perigo de dano a incolumidade de terceiros. Os crimes definidos na Lei 9.503/97 somente têm incidência quando se trata de veículos automotores de via terrestre. Não é o caso. No mais, a parte do art. 34 da Lei das Contravenções Penais que dizia respeito às embarcações (conduzida por quem fizesse uso de drogas) foi parcialmente revogada pelo art. 39 a Lei 11.343/06. Gabarito "C".

(Delegado/SC – 2008) "Juanito Camiñero", paraguaio, trouxe para o Brasil, no interior da porta de seu automóvel, 4 kg de maconha e 1 kg de cocaína. Ele deve ser responsabilizado por crime de _____ e deve ser processado e julgado na Justiça_____. A alternativa correta que completa as lacunas da frase acima é:

(A) tráfico de drogas e contrabando - Estadual
(B) tráfico de drogas e contrabando - Federal
(C) tráfico de drogas - Federal
(D) tráfico de drogas - Estadual

A conduta praticada por "Juanito Camiñero" configura o crime de tráfico de drogas, tipificado no art. 33 da Lei de Drogas, e, pelo fato de a droga ter sido levada de um país a outro, está caracterizada a transnacionalidade, que implica a incidência da causa de aumento prevista no art. 40, I, e a competência da Justiça Federal. Gabarito "C".

(Delegado/SC – 2008) O policial civil "Tício", visando à prisão de "Mévio", conhecido traficante da Capital, se passou por consumidor e dele comprou 10 papelotes de cocaína, provocando a negociação (venda da droga). Quando o traficante retirou a droga e a entregou para o policial, outros dois policiais civis, "Caio" e "Linus", efetuaram a prisão de "Mévio" em flagrante delito. Nesse caso, é correto afirmar que:

(A) a prisão em flagrante do traficante é ilegal, pois a negociação (venda) configura delito putativo por obra do agente provocador, configurando, portanto, crime impossível.
(B) a prisão em flagrante do traficante é lícita e não se dá pela compra e venda simulada, mas sim pelo fato de o traficante, espontaneamente, trazer consigo droga, que é uma modalidade permanente do crime em questão.
(C) a prisão em flagrante do traficante é lícita, mas o policial civil "Tício" deverá também responder por crime de tóxico, pois adquiriu ilicitamente substância entorpecente.
(D) a prisão em flagrante do traficante é ilícita, pois os agentes induziram a prática criminosa, devendo os policiais civis "Tício", "Caio" e "Linus" responder por crime de abuso de autoridade.

Art. 53 da Lei nº 11.343/06. Gabarito "B".

(Delegado/SP – 2008) Com relação aos usuários de drogas a Lei de Entorpecentes (Lei nº.11.343/2006), não prevê a

(A) criação de duas novas figuras típicas, o transportar e ter em depósito.
(B) substituição da expressão substância entorpecente ou que determine dependência física ou psíquica por drogas.
(C) incriminação da semeadura e cultivo de plantas relacionadas às drogas para consumo pessoal.
(D) conversão de prestação de serviços à comunidade em pena de detenção, em caso de descumprimento injustificado.
(E) instituição de medida educativa de comparecimento a programa educacional.

A: as duas condutas estão contidas no art. 28 da Lei 11.343/06; B: a expressão *drogas* foi utilizada no art. 28 da Lei 11.343/06 em substituição à expressão *substância entorpecente ou que determine dependência física ou psíquica*, empregada no revogado art. 16 da Lei 6.368/76; C: art. 28, § 1º, da Lei 11.343/06; D: em caso de descumprimento injustificado, poderá o juiz submeter o usuário a *admoestação verbal* e *multa*, nos termos do art. 28, § 6º, da Lei 11.343/06. Não há a menor possibilidade de o juiz, na hipótese de recusa do usuário em submeter-se às medidas listadas no art. 28 da Lei de Drogas, decretar-lhe a prisão; E: art. 28, III, da Lei 11.343/06. Gabarito "D."

(Magistratura Federal – 5ª Região – 2007 – CESPE) Ernani foi condenado pela prática do delito de uso de entorpecente, ainda sob a égide da Lei nº 6.368/1976, antiga Lei de Tóxicos. Após o cumprimento de metade da pena à qual fora condenado, superveio a Lei nº 11.343/2006. Nessa situação, a lei nova não se aplica ao fato praticado por Ernani, visto que ela contém expressa disposição nesse sentido.

A lei nova, por ser mais favorável ao agente, nos termos do art. 2º, parágrafo único, do CP, deve retroagir para beneficiá-lo. Ernani, pela prática do crime de uso de entorpecente, ainda sob a égide da legislação anterior, teve sancionada a pena, o que não ocorreria no regime estabelecido pela legislação nova, que, por conta disso, lhe é mais favorável e, assim, deve retroagir e ser aplicada neste caso. Trata-se da regra da **retroatividade da lei penal mais favorável**. Em consonância com entendimento esposado na Súmula 611 do STF, competirá ao juízo das execuções, depois do trânsito em julgado da sentença condenatória, a aplicação da lei mais benigna. Gabarito "E."

(Analista Judiciário/STF – 2008 – CESPE) Com relação ao sistema nacional de políticas públicas sobre drogas, julgue os itens abaixo.

(1) A legislação descriminalizou a conduta de quem adquire, guarda, tem em depósito, transporta ou traz consigo, para consumo pessoal, drogas sem autorização ou em desacordo com determinação legal ou regulamentar. Atualmente, o usuário de drogas será isento da aplicação de pena e submetido a tratamento para recuperação e reinserção social.

(2) É atípica a conduta do agente que semeia plantas que constituam matéria-prima para a preparação de drogas, ainda que sem autorização ou em desacordo com determinação legal ou regulamentar.

1: para o STF, embora o art. 28 da Lei 11.343/06 tenha afastado a possibilidade de aplicação da pena de prisão ao usuário de drogas, o dispositivo manteve íntegro o *caráter de crime*. Não há que se falar, portanto, em descriminalização das condutas do art. 28 ante o abandono da pena de prisão; 2: a conduta está tipificada no art. 33, § 1º, II, da Lei 11.343/06. Gabarito 1E, 2E.

(Analista Judiciário/STJ – 2008 – CESPE) Julgue o item subseqüente.

(1) Quem tiver em depósito, para consumo pessoal, drogas sem autorização ou em desacordo com determinação legal ou regulamentar poderá ser submetido à prestação de serviços à comunidade, a qual, em prol da dignidade da pessoa humana, a fim de não causar situação vexatória ao autor do fato, não poderá ser cumprida em entidades que se destinem à recuperação de usuários e dependentes de drogas.

Art. 28, § 5º, da Lei 11.343/06. Gabarito 1E.

(CESPE – 2009) Considere que Júlio, usuário de droga, tenha oferecido pela primeira vez, durante uma festa, a seu amigo Roberto, sem intuito de lucro, pequena quantidade de maconha para consumirem juntos. Nessa situação hipotética, Júlio

(A) praticou conduta típica, entretanto, como a lei em vigor despenalizou a conduta, ele deve ser apenas submetido a admoestação verbal.
(B) praticou tráfico ilícito de entorpecentes e, de acordo com a legislação em vigor, a pena abstratamente cominada será a mesma do traficante regular de drogas.
(C) deverá ser submetido à pena privativa de liberdade, diversa e mais branda que a prevista abstratamente para o traficante de drogas.
(D) praticou conduta atípica, dada a descriminalização do uso de substância entorpecente.

Art. 33, § 3º, da Lei 11.343/06. É o chamado *tráfico eventual de drogas* ou *cessão gratuita e eventual*. Gabarito "C."

(CESPE – 2008) Com relação à legislação referente ao combate às drogas, assinale a opção correta.

(A) O agente que, para consumo pessoal, semeia plantas destinadas à preparação de pequena quantidade de substância capaz de causar dependência psíquica pode ser submetido à medida educativa de comparecimento a programa ou curso educativo.
(B) O agente que tiver em depósito, para consumo pessoal, drogas sem autorização poderá ser submetido à pena de reclusão.
(C) O agente que transportar, para consumo pessoal, drogas em desacordo com determinação legal poderá ser submetido à pena de detenção.
(D) O agente que entregar a consumo drogas, ainda que gratuitamente, em desacordo com determinação legal, pode ser submetido à pena de advertência sobre os efeitos das drogas.

A: art. 28, III e § 1º, da Lei 11.343/06; B: o agente que tiver em depósito, para consumo pessoal, drogas, sem autorização, estará sujeito às penas contidas nos incisos do art. 28 da Lei 11.343/06, a saber: advertência sobre os efeitos das drogas; prestação de serviços à comunidade; e medida educativa de comparecimento a programa ou curso educativo. O legislador não previu pena de prisão para esses casos; C: da mesma forma, serão aplicadas as medidas relacionadas nos incisos do art. 28 da Lei 11.343/06. Também não será aplicada pena de prisão; D: a conduta está tipificada no art. 33, *caput*, da Lei 11.343/06, cuja pena prevista é reclusão de 5 a 15 anos, além do pagamento de 500 a 1500 dias-multa. Gabarito "A."

25. CRIMES CONTRA O MEIO AMBIENTE

(Magistratura/MT – 2009 – VUNESP) A ação de pichar a Basílica do Senhor Bom Jesus de Cuiabá tipifica

(A) o crime de dano previsto no Código Penal.
(B) o crime de dano qualificado, previsto no Código Penal, tendo em vista que o bem jurídico protegido é bem público.
(C) o crime de dano em coisa de valor artístico, arqueológico ou histórico previsto no art. 165 do Código Penal.
(D) em função do princípio da especialidade, o crime previsto no art. 65 da Lei de Crimes Ambientais consistente em grafitar ou por outro meio conspurcar monumento urbano.
(E) em função do princípio da subsidiariedade, contravenção penal não punida com pena de reclusão.

Art. 65 da Lei 9.605/98 (Meio Ambiente). Gabarito "D."

(Magistratura/SE – 2008 – CESPE) As penas restritivas de direito especificamente aplicáveis aos crimes ambientais, previstas na Lei nº 9.605/1998, não incluem

(A) o recolhimento domiciliar.
(B) a prestação pecuniária à vítima ou à entidade pública ou privada com fim social.
(C) a prestação de serviços à comunidade junto a parques públicos.
(D) a suspensão total de atividade que não obedecer à prescrição legal.
(E) a proibição de participar de licitação por prazo indeterminado.

Arts. 8º, 9º e 10 da Lei 9.605/98. Gabarito "E."

(Ministério Público/CE – 2009 – FCC) A pena de multa nos crimes ambientais poderá ser aumentada até

(A) quatro vezes, ainda que aplicada no valor máximo, em virtude da situação econômica do réu.
(B) cinco vezes, ainda que aplicada no valor máximo, tendo em vista o valor da vantagem econômica auferida.
(C) três vezes, ainda que aplicada no valor máximo, tendo em vista o valor da vantagem econômica auferida.
(D) três vezes, se não aplicada no valor máximo, em virtude da situação econômica do réu.
(E) cinco vezes, ainda que aplicada no valor máximo, em virtude da situação econômica do réu.

Art. 18 da Lei 9.605/98. Gabarito "C."

(Ministério Público/SP – 2008) Indique a conduta que não está descrita na Lei nº 9.605/98 como crime contra o meio ambiente.

(A) Extrair de florestas de domínio público ou consideradas de preservação permanente, sem prévia autorização, pedra, areia, cal ou qualquer espécie de minerais.
(B) Causar dano direto ou indireto às Unidades de Conservação e às áreas de que trata o artigo 27 do Decreto nº 99.274, de 6 de junho de 1990, independentemente de sua localização.
(C) Introduzir espécime animal no País, sem parecer técnico oficial favorável e licença expedida por autoridade competente.
(D) Fazer ou usar fogo, por qualquer modo, em floresta ou nas demais formas de vegetação, ou em sua borda, sem tomar as precauções necessárias para evitar propagação.
(E) Comercializar motosserra ou utilizá-la em florestas e nas demais formas de vegetação, sem licença ou registro da autoridade competente.

A: art. 44 da Lei 9.605/98; B: art. 40, *caput*, da Lei 9.605/98; C: art. 31 da Lei 9.605/98; D: a conduta consubstanciada em fazer ou usar fogo, por qualquer modo, em floresta ou nas demais formas de vegetação sem os devidos cuidados não constitui crime ambiental. No entanto, o ato de provocar incêndio em mata ou floresta, ainda que culposamente, configura o delito capitulado no art. 41, *caput* e parágrafo único, da Lei 9.605/98; E: art. 51 da Lei 9.605/98. "D". Gabarito

(Defensor Público/AM – 2010 – I. Cidades) Sobre os crimes contra o meio ambiente definidos pela Lei 9.605/98, assinale o que for correto:

(A) as penas privativas de liberdade podem ser substituídas pelas penas restritivas de direitos quando se tratar de crime culposo ou quando a pena privativa de liberdade aplicada for inferior a 4 anos e quando a culpabilidade, os antecedentes, a conduta social e a personalidade do condenado, bem como os motivos e as circunstâncias indicarem que a substituição seja suficiente para efeitos de reprovação e prevenção do crime;
(B) cabe a suspensão condicional da pena nos crimes definidos pela lei 9.605/98 quando a pena aplicada não for superior a 4 anos;
(C) a prestação de serviços à comunidade somente será admitida na modalidade de desempenho de tarefas gratuitas junto a parques e jardins públicos e unidades de conservação, mesmo nos casos de danos em bens particulares;
(D) a Lei 9.605/98 prevê a responsabilização das pessoas jurídicas apenas no âmbito civil e administrativo.
(E) não há possibilidade de desconsideração de personalidade da pessoa jurídica, quando houver obstáculo ao ressarcimento de prejuízos causados à qualidade do meio ambiente.

A: assertiva correta, pois em consonância com o art. 7º da Lei 9.605/98; B: incorreta, nos termos do art. 16 da Lei 9.605/08; C: incorreta, nos termos do art. 9º da Lei 9.605/08; D: incorreta, pois contraria o que dispõem os arts. 225, § 3º, da CF e 3º da Lei 9.605/08; E: incorreta, pois não reflete o que prescreve o art. 4º da Lei 9.605/08. "A". Gabarito

(Cartório/SP – 2008) Assinale a alternativa que contempla apenas reprimendas previstas pela legislação ambiental (Lei nº 9.605/98) a serem impostas à pessoa jurídica.

(A) Multa, restritivas de direitos, prestação de serviços à comunidade e liquidação forçada.
(B) Multa, restritivas de direitos, prisão dos administradores e liquidação forçada.
(C) Suspensão parcial das atividades, proibição de contratar com o poder público, interdição temporária de estabelecimento e demolição de seus imóveis.
(D) Suspensão total de atividades, interdição permanente de estabelecimentos, obra ou atividade e multa a ser arcada pelos administradores responsáveis pelo dano ambiental.

Arts. 21 a 24 da Lei 9.605/98. "A". Gabarito

(Delegado/SP – 2008) De acordo com a Lei de Crimes Ambientais (Lei nº. 9.605/98), não é pena restritiva de direito

(A) a prestação de serviços à comunidade.
(B) a interdição temporária de direitos.
(C) a suspensão parcial ou total de atividades.
(D) o recolhimento domiciliar.
(E) a apreensão e o perdimento de bens.

Art. 8º da Lei 9.605/98. "E". Gabarito

(Delegado/SP – 2008) É correto afirmar que a pessoa jurídica, na qualidade de sujeito ativo, pode ser denunciada, processada e condenada criminalmente por

(A) crime de imprensa.
(B) crime de corrupção ativa.
(C) crime ambiental.
(D) crime de lavagem de dinheiro.
(E) crime de abuso de autoridade.

Art. 225, § 3º, da CF; e art. 3º, *caput*, da Lei 9.605/98. "C". Gabarito

(Magistratura do Trabalho – 14ª Região – 2006) É CORRETO afirmar que a pessoa jurídica, na qualidade de sujeito ativo, pode ser denunciada, processada e condenada criminalmente por crime:

(A) ambiental;
(B) de corrupção ativa e passiva;
(C) de lavagem de dinheiro;
(D) falimentar;
(E) de imprensa.

Art. 225, § 3º, da CF; e art. 3º, *caput*, da Lei 9.605/98. "A". Gabarito

26. CRIMES CONTRA A ORDEM TRIBUTÁRIA

(Magistratura/MS – 2008 – FGV) Assinale a afirmativa incorreta.

(A) A Lei 8.137/90 prevê que as penas de detenção ou reclusão previstas nos arts. 4º, 5º, 6º e 7º poderão ser convertidas em multa.
(B) A Lei 8.137/90 prevê que, se o crime ocasionar grave dano à coletividade, a pena poderá ser agravada, salvo no caso dos crimes previstos no art. 3º.
(C) Constitui crime contra a ordem econômica, previsto na Lei 8.137/90, vender mercadorias abaixo do preço de custo, com o fim de impedir a concorrência.
(D) É possível iniciar a ação penal nos crimes previstos no art. 1º da Lei 8.137/90, antes do término do procedimento fiscal.
(E) Constitui crime contra a ordem econômica, previsto na Lei 8.137/90, abusar do poder econômico, dominando o mercado ou eliminando, total ou parcialmente, a concorrência mediante ajuste ou acordo de empresas.

A: art. 9º da Lei 8.137/90; B: art. 12, I, da Lei 8.137/90; C: art. 4º, VI, da Lei 8.137/90; D: Súmula Vinculante nº 24; E: art. 4º, I, *a*, da Lei 8.137/90. "D". Gabarito

(Procurador do Estado/PR – 2007) "Nos crimes de sonegação fiscal referentes a tributos estaduais, a respectiva ação penal." ALTERNATIVAS:

(A) é pública condicionada à representação da autoridade fiscal;
(B) é pública condicionada à representação da autoridade fiscal e ao julgamento final do conselho de contribuintes;
(C) é pública condicionada à requisição do Secretário da Fazenda;
(D) é pública incondicionada não dependendo de representação ou requisição;
(E) é pública condicionada ao respectivo parcelamento perante a autoridade administrativa.

A ação penal, nos crimes de sonegação fiscal, é sempre pública incondicionada. "D". Gabarito

(Delegado/GO – 2009 – UEG) Agente fiscal que solicita de contribuinte vantagem para deixar de lançar contribuição social devida comete

(A) crime de corrupção passiva.
(B) crime contra a ordem tributária.
(C) crime de excesso de exação.
(D) crime de prevaricação.

Art. 3º, II, da Lei 8.137/90. "B". Gabarito

(Delegado/MS – 2006) João da Silva, proprietário de uma rede de postos de gasolina, pretende suprimir o pagamento de tributos, e para tanto deixa de lançar operações comerciais de venda de derivados de petróleo que realizou em livro fiscal obrigatório. O Delegado Cláudio recebe a *notitia criminis* dessa conduta de João, e instaura o competente inquérito policial para cabal apuração dos fatos. A conduta de João resta provada, inclusive com perícias fiscais e contábeis, não restando dúvida da atividade criminosa de João. O Delegado Cláudio deverá indiciar João pela prática de crime:

(A) Previsto no art. 1º da Lei 8137/90, que constitui crime contra a ordem tributária.
(B) Previsto no art. 2º da Lei 8176/1991, que define crime contra o patrimônio, na modalidade de usurpação, produzir bens ou explorar matérias primas pertencentes à União.
(C) Previsto no art. 1º da Lei 8176/1991, que define crime contra a ordem econômica e cria o Sistema de Estoque de Combustíveis.
(D) Previsto no art. 7º da Lei 8137/90, que constitui crime contra as relações de consumo.
(E) Previsto no art. 4º da Lei 8137/90, que constitui crime contra a ordem econômica.

A conduta de João da Silva está prevista no art. 1º, II, da Lei 8.137/90, visto que suprimiu o pagamento de imposto mediante a omissão no lançamento de operações comerciais de venda de derivados de petróleo que realizou em livro fiscal obrigatório. Gabarito "A".

(Delegado/PB – 2009 – CESPE) Considerando a legislação acerca dos crimes contra a ordem tributária, julgue a assertiva:

Nos crimes contra a ordem tributária, a delação premiada não é prevista como causa de redução da pena.

Art. 16, parágrafo único, da Lei 8.137/90. Gabarito "E".

(Analista Judiciário/STF – 2008 – CESPE) No que concerne aos crimes contra a ordem tributária, julgue os seguintes itens, com base no entendimento do STF.

(1) Dispõe o art. 1º da Lei nº 8.137/1990 que constitui crime contra a ordem tributária suprimir ou reduzir tributo, ou contribuição social e qualquer acessório, mediante determinadas condutas ali descriminadas. Em tais casos, se o crédito não houver sido lançado definitivamente, o crime não se tipifica, pois o delito é material.
(2) O delito de falsificação de contrato social é absorvido por crime contra a ordem tributária, desde que tenha servido de meio para a sua prática.

1: STF, HC 90.957-RJ, 2ª T., Rel. Min. Celso de Mello, j. 19.10.2007. Vide, a esse respeito, Súmula Vinculante nº 24; 2: STF, HC 91.542-RJ, 2ª T., Rel. Min. Cezar Peluso, j. 15.2.2008. Para o STF, o delito de falsificação de contrato social, ainda que tenha servido de meio para a prática do crime contra a ordem tributária, não será por este absorvido. Gabarito 1C, 2E.

27. CRIMES CONTRA A ORDEM ECONÔMICA

(Magistratura/PA – 2009 – FGV) Assinale a alternativa que indique a conduta que não constitui crime contra a ordem econômica.

(A) Abusar do poder econômico, dominando o mercado ou eliminando, total ou parcialmente, a concorrência mediante coalizão, incorporação, fusão ou integração de empresas.
(B) Formar acordo, convênio, ajuste ou aliança entre ofertantes, visando ao controle regionalizado do mercado por empresa ou grupo de empresas.
(C) Favorecer ou preferir, sem justa causa, comprador ou freguês, ressalvados os sistemas de entrega ao consumo por intermédio de distribuidores ou revendedores.
(D) Subordinar a venda de bem ou a utilização de serviço à aquisição de outro bem, ou ao uso de determinado serviço.
(E) Aplicar fórmula de reajustamento de preços ou indexação de contrato proibida, ou diversa daquela que for legalmente estabelecida, ou fixada por autoridade competente.

Os crimes contra a ordem econômica estão previstos nos arts. 4º, 5º e 6º da Lei 8.137/90; a conduta descrita na alternativa "C" constitui crime contra as relações de consumo previsto no art. 7º, I, da mesma Lei. Gabarito "C".

(Magistratura/PA – 2008 – FGV) José da Silva e Manoel de Souza são empresários do ramo têxtil e detêm, respectivamente, 45% e 50% do mercado de produção de fantasias infantis no Estado do Pará. Tomando conhecimento de que a empresa cearense "Rapadura" de propriedade da executiva Maria de Jesus abriu uma filial na cidade de Belém e iniciou sua produção, José e Manoel decidem ajustar a fixação artificial do preço de seus produtos, além de fazerem uma aliança para controlar os fornecedores de matéria-prima indispensável (tinta atóxica) em toda a Região Norte, tudo com vistas a impedir o funcionamento e desenvolvimento da empresa concorrente. Que crime praticaram José e Manoel?

(A) Crime de estelionato (art. 171 do Código Penal).
(B) Crime contra as relações de consumo (art. 7º da Lei 8.137/90).
(C) Crime contra a ordem econômica (art. 4º da Lei 8.137/90).
(D) Crime de fraude no comércio (art. 175 do Código Penal).
(E) Não praticaram crime algum. A conduta é atípica.

A conduta praticada por José e Manuel está prevista no art. 4º, II, a, da Lei 8.137/90. Gabarito "C".

(Procurador do Estado/PR – 2007) "O crime descrito no art. 7º, inciso II, da Lei 8.137/90: "Vender ou expor a venda mercadoria cuja embalagem, tipo, especificação, peso ou composição esteja em desacordo com as prescrições legais, ou que não corresponda à respectiva classificação oficial", é considerado."

(A) crime material;
(B) crime de perigo abstrato;
(C) crime da dano;
(D) crime preterdoloso;
(E) crime habitual.

Trata-se, de fato, de delito de perigo abstrato, em que a probabilidade de ocorrer dano independe de prova, já que está presumida no tipo penal. No crime de perigo concreto, ao contrário, a probabilidade de ocorrer dano há de ser provada, demonstrada. Gabarito "B".

28. CRIMES DE TRÂNSITO

(Magistratura/SC – 2010) Assinale a alternativa correta:

I. Na aplicação das causas especiais de diminuição, a pena final pode ser fixada aquém da pena mínima cominada.
II. O delito de lesão corporal culposa no trânsito admite a forma tentada.
III. A direção de veículo automotor, em via pública, sob o efeito de álcool ou de qualquer outra substância psicoativa, exige para a sua configuração a exposição da incolumidade de outrem a dano potencial.
IV. Os delitos de trânsito consistentes em homicídio culposo, a critério do Ministério Público, podem ser processados perante o Juizado Especial Criminal.

(A) Somente as proposições I, III e IV estão incorretas.
(B) Somente as proposições II, III e IV estão incorretas.
(C) Somente as proposições II e III estão incorretas.
(D) Somente as proposições I, II e III estão incorretas.
(E) Todas as proposições estão incorretas.

I: a pena-base é extraída a partir dos critérios contidos no art. 59 do CP (circunstâncias judiciais). Nesta primeira fase de fixação da pena, deve o juiz observar os limites legais impostos pela pena em abstrato (pena cominada). A análise das circunstâncias atenuantes e agravantes constitui a segunda fase de fixação da pena. Nesta etapa, o magistrado também não poderá, ao fazer incidir a circunstância atenuante, levar a pena abaixo do mínimo legal (pena cominada). Vide, nesse sentido, a Súmula nº 231 do STJ. Já as causas de aumento e de diminuição da pena podem conduzi-la além do máximo e aquém do mínimo, respectivamente. Estão previstas na Parte Geral do Código Penal ou na Parte Especial, bem como em legislação especial. Assertiva, portanto, correta; II: os crimes culposos não comportam a forma tentada. Não é possível tentar fazer algo não desejado, não querido. São institutos, enfim, incompatíveis; III: a maior parte da doutrina e da jurisprudência firmou entendimento no sentido de que o crime do art. 306, com a redação que lhe conferiu a Lei 11.705/08, passou a ser de perigo abstrato, sendo, portanto, desnecessário que a conduta do motorista exponha a dano potencial a incolumidade de terceiro; IV: incorreta, visto que a pena máxima cominada a este crime, que é de quatro anos (art. 302, Lei 9.503/97 – Código de Trânsito Brasileiro), supera o limite estabelecido no art. 61 da Lei 9.099/95 – Juizados Especiais). Gabarito "B".

(Ministério Público/MG – 2010 – FUNDEP) Analise as seguintes afirmativas sobre as normas penais previstas no Código Brasileiro de Trânsito (Lei n. 9.503/97) e assinale com **V** as **verdadeiras** e com **F** as **falsas**.

( ) Em qualquer fase da persecução penal, a pedido do Ministério Público ou da polícia, poderá o juiz decretar a suspensão da habilitação para dirigir veículo automotor, vedada a concessão de ofício da cautelar.

( ) Se o Ministério Público não oferecer a denúncia no prazo legal, o ofendido poderá oferecer queixa em qualquer Delegacia de Polícia com atribuição para apuração de delitos de trânsito, a fim de impedir a extinção da punibilidade pela decadência.

( ) A proibição de se obter a permissão para dirigir veículo automotor pode ser imposta cumulativamente com outras penalidades, mas não isoladamente, como penalidade principal.

( ) A penalidade de suspensão da habilitação para dirigir veículo automotor terá a mesma duração da pena privativa de liberdade.

Assinale a alternativa que apresenta a sequência de letras **CORRETA**.

(A) (V) (V) (F) (V)
(B) (F) (F) (F) (F)
(C) (V) (F) (V) (V)
(D) (F) (V) (V) (F)

1ª) assertiva falsa, em razão do que estabelece o art. 294 da Lei 9.503/97 – Código de Trânsito Brasileiro; 2ª) a queixa subsidiária, que tem lugar na hipótese de desídia do membro do Ministério Público, deverá ser oferecida em juízo, já que constitui a peça inaugural da ação penal privada subsidiária da pública. Assertiva, portanto, falsa; 3ª) assertiva falsa, em razão do que estabelece o art. 292 da Lei 9.503/97 – Código de Trânsito Brasileiro; 4ª) assertiva falsa, em razão do que estabelece o art. 293 da Lei 9.503/97 – Código de Trânsito Brasileiro. Gabarito "B".

(Ministério Público/SP – 2011) Assinale a alternativa em que ambas as situações constituam circunstâncias que sempre agravam as penas no crime de trânsito:

(A) a utilização de veículo sem placas e que esteja trafegando pela contramão de direção.
(B) não possuir permissão para dirigir ou carteira de habilitação e utilizar veículo com placas adulteradas.
(C) imprimir velocidade excessiva ao veículo e não possuir permissão para dirigir ou carteira de habilitação.
(D) praticá-lo perto de faixa de trânsito temporária destinada a pedestres e com a carteira de habilitação vencida.
(E) praticá-lo sobre faixa de trânsito permanentemente destinada a pedestres e sem estar utilizando cinto de segurança.

A: assertiva incorreta, pois, aqui, somente o fato de o agente conduzir o veículo sem placas constitui circunstância agravante, prevista no art. 298, I, Lei 9.503/97. A outra circunstância contida na assertiva não foi contemplada no dispositivo; B: assertiva correta, visto que as duas circunstâncias estão contempladas no art. 298 do CTB como agravantes; C: assertiva incorreta, pois, aqui, somente o fato de o agente não possuir permissão para dirigir ou carteira de habilitação constitui circunstância agravante, prevista no art. 298, III, Lei 9.503/97. A outra circunstância não foi contemplada no dispositivo; D: assertiva incorreta, pois, neste caso, nenhuma das duas circunstâncias está contemplada como circunstância agravante. O art. 298, VII, da Lei 9.503/97 impõe como agravante o fato de o condutor ter cometido o crime *sobre* a faixa, e não *perto* dela. Além disso, cometer infração de trânsito com a carteira de habilitação vencida é diferente de cometê-la sem ser habilitado. No primeiro caso, não incide a agravante; no segundo, incide, conforme dispõe o art. 298, III; E: assertiva incorreta, pois, aqui, somente o fato de o agente praticar o delito sobre a faixa de trânsito permanentemente destinada a pedestres constitui circunstância agravante, prevista no art. 298, VII, Lei 9.503/97. A outra circunstância não foi contemplada pelo dispositivo. Gabarito "B".

(Ministério Público/SP – 2008) Não é causa de aumento de pena, de um terço até metade, no crime de homicídio culposo praticado na direção de veículo automotor, a circunstância de o agente

(A) não possuir Permissão para dirigir ou Carteira de Habilitação.
(B) praticá-lo em faixa de pedestres ou na calçada.
(C) deixar de prestar socorro, quando possível fazê-lo sem risco pessoal, à vítima do acidente.
(D) estar sob influência de álcool ou substância tóxica ou entorpecente de efeitos análogos.
(E) no exercício de sua profissão ou atividade, estar conduzindo veículo de transporte de passageiros.

A: art. 302, parágrafo único, I, da Lei 9.503/97 (Código de Trânsito Brasileiro); B: art. 302, parágrafo único, II, da Lei 9.503/97; C: art. 302, parágrafo único, III, da Lei 9.503/97; D: não constitui causa de aumento de pena do homicídio culposo na direção de veículo automotor; E: art. 302, parágrafo único, IV, da Lei 9.503/97. Gabarito "D".

(Defensoria Pública/SP – 2010 – FCC) Nos delitos do Código de Trânsito Brasileiro, a penalidade de suspensão ou proibição de se obter a permissão ou habilitação para conduzir veículo automotor

(A) tem prazo mínimo de um mês.
(B) é cumprida concomitantemente à pena de prisão.
(C) é imposta apenas para o delito de embriaguez ao volante.
(D) é imposta obrigatoriamente para o reincidente específico.
(E) tem a mesma duração da pena privativa de liberdade substituída.

Art. 296 da Lei 9.503/96 (Código de Trânsito Brasileiro). Gabarito "D".

(Delegado/AP – 2010) José da Silva dirigia seu automóvel em velocidade acima da permitida e de forma imprudente. Ao passar por um cruzamento, José não percebe que o sinal estava vermelho e atropela Maria de Souza, que vem a sofrer uma fratura exposta na perna direita e fica mais de 30 dias impossibilitada de desenvolver suas ocupações habituais. A fim de socorrer a vítima, José da Silva para o carro, sai do veículo e retira Maria do meio da via. Contudo, ao ver um grupo de pessoas vociferando e gritando "assassino!", "pega!" e "lincha!", José retorna para seu veículo e se evade do local, sendo parado alguns metros adiante por uma patrulha de policiais militares que o levam preso em flagrante à Delegacia de Polícia.

Com base no relato acima, analise as afirmativas a seguir:

I. Segundo a lei 9.503/97 (Código Nacional de Trânsito), José não poderia ser preso em flagrante porque prestou socorro à vítima e só não permaneceu no local porque corria risco pessoal.
II. José praticou o crime de lesão corporal culposa grave na direção de veículo automotor.
III. José praticou o crime do art. 305, da Lei 9.503/97 (Afastar-se o condutor do veículo do local do acidente, para fugir à responsabilidade penal ou civil que lhe possa ser atribuída).

Assinale:
(A) se somente a afirmativa I estiver correta.
(B) se somente a afirmativa II estiver correta.
(C) se somente a afirmativa III estiver correta.
(D) se somente as afirmativas I e II estiverem corretas.
(E) se todas as afirmativas estiverem corretas.

I: a assertiva está correta. Embora tenha dado causa ao acidente do qual resultou a lesão corporal culposa na vítima (art. 303 da Lei 9.503/97 – CTB), a José não poderia ser atribuída a causa de aumento de pena contemplada no art. 302, parágrafo único, III, do CTB, haja vista que não seria possível, nas circunstâncias, prestar integral socorro sem se colocar em situação de risco pessoal. Assim, não é o caso de se impor ao condutor a prisão em flagrante, nos termos do art. 301 do CTB; II: a classificação da lesão corporal, no Código Penal, em *leve* (art. 129, *caput*) e *grave* (art. 129, §§ 1º e 2º), corresponde à lesão dolosa; a lesão culposa não comporta essa classificação; III: o tipo penal do art. 305 do CTB, cuja constitucionalidade é atualmente bastante discutida na doutrina e jurisprudência, não pode ser aplicado no caso em questão, já que não havia, por parte do condutor, o propósito de fugir à responsabilidade penal ou civil. Gabarito "A".

(Delegado/AP – 2006 – UFAP) Analise as assertivas e assinale a alternativa correta:

I. A penalidade de suspensão ou de proibição de se obter a permissão ou a habilitação, para dirigir veículo automotor, tem a duração de seis meses a cinco anos.
II. A lesão corporal culposa praticada na direção de veículo automotor tem a pena aumentada de até dois terços, se o agente não possuir carteira de habilitação.
III. Como o Código de Trânsito impôs pena distinta ao homicídio culposo em relação ao homicídio culposo do Código Penal, sendo o primeiro, lei posterior, a pena aplicável a todos os homicídios culposos passa a ser a dele.

(A) Estão corretas todas as alternativas.
(B) Estão erradas todas as alternativas.
(C) Estão corretas apenas as alternativas II e III.

(D) Está correta apenas a alternativa I.
(E) Está correta apenas a alternativa III.

I: assertiva incorreta, tendo em conta que, em conformidade com o disposto no art. 293, *caput*, do CTB, esta modalidade de penalidade durará pelo período de 2 meses a 5 anos; II: nesta hipótese, por incidência do art. 302, parágrafo único, I, a pena será majorada de 1/3 a 1/2 (art. 303, parágrafo único, CTB); III: o Código de Trânsito Brasileiro foi editado com o propósito de disciplinar situações especiais, peculiares. No caso do art. 302 do CTB, pune-se a conduta daquele que comete homicídio culposo *na direção de veículo automotor*. Cuida-se, pois, de uma legislação posterior especial, que, por conta disso, deve conviver harmonicamente com o homicídio culposo do Código Penal. Gabarito "B".

(Delegado/DF – 2004) Quando conduzia veículo automotor, sem culpa, Fulano atropela um pedestre, deixando de prestar-lhe socorro, constituindo tal conduta, em tese, a prática de:

(A) omissão de socorro, prevista no art. 135 do Código Penal;
(B) lesão corporal culposa, com o aumento de pena previsto no artigo 129, § 7º, do Código Penal;
(C) expor a vida de outrem a perigo, previsto no artigo 132, do Código Penal;
(D) omissão de socorro, prevista no artigo 304, da Lei n. 9.503/97;
(E) lesão corporal culposa na condução de veículo automotor, com o aumento de pena previsto no artigo 303, § único, da Lei n. 9.503/97.

Se não agiu com culpa no momento do atropelamento, Fulano não poderá responder pelo crime de lesão corporal culposa (art. 303, CTB), já que ausente o elemento subjetivo do tipo. Quanto ao mais, não seria o caso de imputar-lhe o crime de *omissão de socorro*, previsto no art. 135 do CP, visto que Fulano, mesmo não tendo culpa, envolvera-se no acidente; da mesma forma, a ele não poderia ser atribuída a causa de aumento de pena decorrente da omissão de socorro, prevista no art. 303, parágrafo único, do CTB, porquanto não agiu com culpa. Dessa forma, a Fulano deverá ser imputado o crime do art. 304 do CTB – omissão de socorro, na medida em que ele não agiu com culpa, mas envolveu-se em acidente com vítima e omitiu socorro. Esta é a posição consagrada na doutrina e na jurisprudência. Incorre nas penas do art. 135 do CP – crime de omissão de socorro – o condutor que, não tendo se envolvido no fato, omite socorro. Gabarito "D".

(Delegado/PA – 2009 – MOVENS) Acerca dos crimes cometidos na condução de veículo automotor, da Lei nº 11.340/2006 (violência doméstica), dos crimes contra o meio ambiente e do Estatuto do Idoso, assinale a opção correta.

(A) Configura violência doméstica e familiar contra a mulher apenas a ação ou omissão baseada no gênero que cause a morte da vítima, excluindo-se as situações de lesão corporal.
(B) Tratando-se de delitos contra o meio ambiente, a responsabilidade das pessoas jurídicas exclui a das pessoas físicas, autoras, coautoras ou partícipes do mesmo fato.
(C) Não constitui crime humilhar, menosprezar ou discriminar pessoa idosa, por qualquer motivo.
(D) Quando o agente estiver sob a influência de álcool ou qualquer outra substância psicoativa que determine dependência e, nessas condições, praticar lesão corporal culposa no trânsito, deverá ser instaurado inquérito policial para a investigação da infração penal.

Art. 291, § 2º, do CTB. Gabarito "D".

(Delegado/PI – 2009 – UESPI) No homicídio culposo cometido na direção de veículo automotor, a pena é aumentada de um terço à metade, se o agente:

(A) afastar-se do veículo do local do acidente, para fugir à responsabilidade penal ou civil que lhe possa ser atribuída.
(B) praticá-lo enquanto estiver fazendo uso de aparelho telefônico celular.
(C) deixar de prestar socorro, quando possível fazê-lo, sem risco pessoal, à vítima do acidente.
(D) no exercício de sua profissão ou atividade, estiver conduzindo veículo de transporte de passageiros ou de carga.
(E) estiver sob a influência de álcool ou substância tóxica ou entorpecente de efeitos análogos.

Art. 302, parágrafo único, III, do CTB. Gabarito "C".

(Delegado/SP – 2008) O Código de Trânsito Brasileiro (Lei nº 9.503/97) incrimina a conduta de "trafegar em velocidade incompatível nas proximidades de escolas". Neste caso, a objetividade jurídica protege

(A) a segurança viária na face da concentração de pessoas.
(B) apenas a integridade corporal das pessoas.
(C) a administração da justiça.
(D) a vida e saúde das pessoas.
(E) a incolumidade pública e privada.

Este crime está previsto no art. 311 do CTB e tem como objeto jurídico, de fato, a segurança viária. Gabarito "A".

(Delegado/SP – 2000) Estudando o crime de dirigir veículo automotor na via pública sem a devida habilitação previsto no Código de Trânsito Brasileiro (Lei n. 9.503/97) verifica-se que a circunstância de essa conduta estar "gerando perigo de dano"

(A) passou a ser uma exigência doutrinária e até jurisprudencial, embora ausente nesse dispositivo legal.
(B) não é uma exigência expressa do tipo legal e nem de cunho doutrinário ou jurisprudencial, bastando a mera conduta do agente.
(C) é uma exigência expressa nesse tipo penal.
(D) por não estar prevista no tipo penal tem gerado diversos posicionamentos doutrinários até conflitantes.

De fato, ao final da redação do tipo penal, consta a expressão "gerando perigo de dano", que nenhuma dúvida deixa quanto à necessidade de restar comprovada a existência de perigo concreto para a segurança viária, objeto jurídico do delito. Nesse sentido, a Súmula 720 do STF: "O art. 309 do Código de Trânsito Brasileiro, que reclama decorra do fato perigo de dano, derrogou o art. 32 da Lei das Contravenções Penais no tocante à direção sem habilitação em vias terrestres". Gabarito "C".

29. ESTATUTO DO DESARMAMENTO

(Ministério Público/SP – 2011) No crime de comércio ilegal de arma de fogo, a natureza jurídica do fato de ser a arma ou munição de uso proibido ou restrito constitui:

(A) circunstância agravante genérica.
(B) circunstância judicial.
(C) causa especial de aumento de pena.
(C) circunstância qualificadora.
(E) circunstância agravante específica.

Estabelece o art. 19 da Lei 10.826/03 – Estatuto do Desarmamento que, sendo a arma de fogo, o acessório ou ainda a munição de uso proibido ou restrito, a pena será aumentada de metade. Este incremento na reprimenda incidirá nos crimes previstos nos arts. 17 (comércio ilegal de arma de fogo) e 18 (tráfico internacional de arma de fogo) do Estatuto. Gabarito "C".

(Ministério Público/SP – 2006) Em relação ao estatuto do desarmamento, Lei nº 10.826/03, assinale a alternativa correta:

(A) não prevê a criminalização da posse de arma de fogo de uso permitido, desde que no interior de residência.
(B) prevê a criminalização da posse irregular de arma de fogo em residência, desde que se trate de arma de uso privativo das Forças Armadas.
(C) equipara a conduta de porte de arma de fogo de uso restrito à de porte de arma de fogo de uso permitido que tenha seus sinais identificadores suprimidos ou alterados.
(D) o porte ilegal de arma de fogo de uso permitido é punível com penas mais graves que as cominadas para a posse de munição destinada à arma de fogo de uso permitido.
(E) pune mais severamente o tráfico internacional de armas de fogo que o comércio ilegal de armas de fogo.

A e B: art. 12 da Lei 10.826/03; C: art. 16, *caput* e parágrafo único, IV, da Lei 10.826/03; D: art. 14 da Lei 10.826/03; E: arts. 17, *caput*, e 18 da Lei 10.826/03. Gabarito "C".

(Delegado/PA – 2009 – MOVENS) No que se refere à Lei nº 10.826/2003 (Estatuto do Desarmamento), assinale a opção correta.

(A) As armas de fogo de uso restrito devem ser registradas nos departamentos de polícia civil dos estados.
(B) Caberá à polícia federal autorizar, excepcionalmente, a aquisição de armas de fogo de uso restrito, exceto em relação às aquisições pelas polícias civis estaduais.

(C) O Sistema Nacional de Armas tem circunscrição em todo o território nacional.

(D) Os auditores-fiscais da Receita Federal do Brasil estão proibidos de portar arma de fogo no território nacional.

Art. 1º da Lei 10.826/03. Gabarito "C".

(Delegado/SC – 2008) "Caio", proprietário da empresa de segurança e transporte de valores "Vaisegur", deixou de registrar ocorrência policial e de comunicar à Polícia Federal a perda de uma arma de fogo utilizada na atividade típica da empresa, nas primeiras 24 horas depois de constatado o "sumiço" deste objeto. Considere o enunciado acima e assinale a alternativa correta.

(A) Se "Caio" agiu culposamente responderá pela modalidade fundamental do crime de omissão de cautela, previsto na Lei n. 10.826/03 (Estatuto do Desarmamento).

(B) "Caio" não cometeu crime algum, pois o fato é penalmente atípico.

(C) Se "Caio" se omitiu dolosamente, deve responder por modalidade equiparada ao crime de omissão de cautela, prevista na Lei n. 10.826/03 (Estatuto do Desarmamento). Se a omissão foi culposa não haverá crime.

(D) "Caio" somente responderá pelo crime de omissão de cautela se terceiro, que tenha se apoderado da arma de fogo, passar a utilizá-la indevidamente, e desde que ele não tenha nas as primeiras 24 horas depois de constatado o "sumiço" da arma, registrado boletim de ocorrência a respeito.

Art. 13, parágrafo único, da Lei 10.826/03. Gabarito "C".

(Delegado/SP – 2008) "A" disparou sua arma de fogo, que estava devidamente registrada e com o porte, em lugar ermo e desabitado. Assim sendo, sua conduta em face do Estatuto do Departamento (Lei nº.10.826/03)

(A) é crime de disparo de arma de fogo.
(B) é contravenção de disparo de arma de fogo.
(C) é crime de disparo de arma de fogo e infração administrativa.
(D) é apenas infração administrativa.
(E) é fato atípico.

O disparo deve ser feito, para configurar o crime do art. 15 do Estatuto, em lugar habitado ou em suas adjacências, em via pública ou em direção a ela. Gabarito "E".

30. CRIME ORGANIZADO

(Magistratura/PA – 2009 – FGV) Com relação ao crime organizado, analise as afirmativas a seguir.

I. A lei 9.034/95, que dispõe sobre a utilização de meios operacionais para a prevenção e repressão de ações praticadas por organizações criminosas, não se aplica às ações praticadas por quadrilha ou bando, apenas às ações praticadas por organizações criminosas.

II. Os condenados por crimes decorrentes de organização criminosa iniciarão o cumprimento da pena em regime fechado.

III. Na apuração de crimes praticados por organizações criminosas, em qualquer fase de persecução criminal, são permitidos, sem prejuízo dos já previstos em lei, os seguintes procedimentos de investigação e formação de provas: ação controlada; captação e interceptação ambiental; infiltração por agentes de polícia.

Assinale:

(A) se nenhuma afirmativa estiver correta.
(B) se somente as afirmativas II e III estiverem corretas.
(C) se somente as afirmativas I e II estiverem corretas.
(D) se somente a afirmativa III estiver correta.
(E) se todas as afirmativas estiverem corretas.

I: a Lei 9.034/95 define e regula meios de prova e procedimentos investigatórios que versem sobre infrações penais decorrentes de ações praticadas por quadrilha ou bando ou organizações ou associações criminosas de qualquer tipo – art. 1º da Lei; II: com efeito, o art. 10 da Lei 9.034/95 determina que o condenado por crime decorrente de organização criminosa inicie o cumprimento da pena no regime fechado; III: art. 2º da Lei 9.034/95. Gabarito "B".

(Delegado/PB – 2009 – CESPE) A respeito do crime organizado e com base na legislação respectiva, assinale a opção correta.

(A) O réu pode apelar em liberdade, se for primário e portador de bons antecedentes.

(B) Os condenados por crime decorrente de organização criminosa iniciam o cumprimento da pena em regime fechado.

(C) O civilmente identificado não deve ser submetido a identificação criminal.

(D) O participante de organização criminosa tem sua pena reduzida em um a dois terços, ainda que sua colaboração não tenha sido espontânea.

(E) Não se concede liberdade provisória, com ou sem fiança, a qualquer participante de organização criminosa.

A: segundo reza o art. 9º da Lei 9.034/95, o réu não poderá apelar em liberdade. A constitucionalidade deste dispositivo é bastante questionada; B: é o que determina o art. 10 da Lei 9.034/95; C: ainda que civilmente identificadas, as pessoas envolvidas com a ação praticada por organizações criminosas serão submetidas a identificação criminal, conforme impõe o art. 5º da Lei 9.034/95; D: art. 6º da Lei 9.034/95; E: art. 7º da Lei 9.034/95. Gabarito "B".

(CESPE – 2007) A respeito dos crimes praticados por organizações criminosas, assinale a opção correta.

(A) Os condenados por crimes decorrentes de organização criminosa poderão iniciar o cumprimento da pena em regime semi-aberto ou aberto.

(B) Poderá ser concedida liberdade provisória, com ou sem fiança, aos agentes que tenham tido intensa e efetiva participação na organização criminosa.

(C) A identificação criminal de pessoas envolvidas com a ação praticada por organizações criminosas não será realizada se elas já possuírem identificação civil.

(D) Nos crimes praticados em organização criminosa, a pena será reduzida de um a dois terços, quando a colaboração espontânea do agente levar ao esclarecimento de infrações penais e sua autoria.

A: art. 10 da Lei n. 9.034/1995; B: art. 7º da Lei n. 9.034/1995; C: art. 5º da Lei n. 9.034/1995. Trata-se, portanto, de exceção à regra contida no art. 5º, LVIII, da CF; D: art. 6º, Lei n. 9.034/1995. Gabarito "D".

31. CRIMES RELATIVOS A LICITAÇÃO

(Ministério Público/CE – 2009 – FCC) O autor de crime envolvendo licitação, quando servidor público, está sujeito à perda

(A) do cargo, mas não da função, ainda que se trate de delito tentado.
(B) do cargo, da função ou do emprego, ainda que se trate de delito tentado.
(C) do cargo apenas se o delito alcançar a consumação.
(D) da função, mas não do mandato eletivo, ainda que se trate de delito tentado.
(E) do emprego no caso exclusivo de o delito atingir a consumação.

Art. 83 da Lei 8.666/93. Gabarito "B".

(Procurador do Município/Boa Vista-RR – 2010 – CESPE) Julgue os itens subsequentes.

(1) Nos casos de sentença condenatória por prática de algum dos crimes previstos na Lei nº 8.666/1993, a pena de multa deverá ser fixada em percentual, cuja base deverá corresponder ao valor da vantagem obtida ou potencialmente auferível pelo agente.

(2) A autoridade competente que, fora das hipóteses previstas em lei, determinar dispensa ou inexigibilidade de licitação incorrerá em crime previsto na Lei nº 8.666/1993.

1: art. 99 da Lei 8.666/93; 2: art. 89, caput, da Lei 8.666/93. Gabarito 1C, 2C.

(Advogado da União/AGU – CESPE – 2009) Acerca dos crimes relativos à licitação, julgue os itens que se seguem.

(1) Os crimes definidos na lei de licitações sujeitam os seus autores, quando servidores públicos, à perda de cargo, emprego, função ou mandato eletivo, ainda que o crime não tenha sido consumado.

(2) Não interfere na pena aplicada ao agente o fato de ser ele ocupante de cargo em comissão ou de função de confiança em órgão da administração direta, autarquia, empresa pública, sociedade de economia mista, fundação pública ou em outra entidade controlada direta ou indiretamente pelo poder público.

1: art. 83 da Lei 8.666/93; 2: art. 84, § 2º, da Lei 8.666/93. Gabarito 1C, 2E

32. CRIME DE TORTURA

(Magistratura/DF – 2006) No crime de tortura, a condenação acarretará a perda do cargo, função ou emprego público:

(A) Qualquer que seja a pena privativa de liberdade;
(B) Quando a pena privativa de liberdade for superior a 1 (um) ano;
(C) Quando a pena privativa de liberdade for superior a 2 (dois) anos;
(D) Quando a pena privativa de liberdade for superior a 4 (quatro) anos.

Art. 1º, § 5º, da Lei 9.455/97. Gabarito "A".

(Ministério Público/PR – 2008) Analise as proposições seguintes e, na seqüência, assinale a opção correta:

I. Constranger alguém com emprego de violência ou grave ameaça, causando-lhe sofrimento físico ou mental, em razão de discriminação racial ou religiosa, configura crime de tortura, delito esse equiparado a hediondo.
II. Submeter alguém, sob sua guarda, poder ou autoridade, com emprego de violência ou grave ameaça, a sofrimento físico ou mental, como forma de aplicar castigo pessoal ou medida de caráter preventivo, configura crime de tortura, delito esse que admite a progressão de regime de cumprimento de pena.
III. Nos crimes de tortura incide causa de aumento de pena quando o crime é cometido por agente público.
IV. Aquele que se omite em face das condutas tipificadas como tortura, quando tinha o dever de evitá-las ou apurá-las, incide nas mesmas penas a ele cominadas.
V. Nos crimes de tortura incide exceção ao princípio-regra da territorialidade, pois a Lei Federal nº 9.455/97 expressamente determinou a aplicação de suas disposições mesmo quando o crime não tenha sido cometido em território nacional, sendo a vítima brasileira ou encontrando-se o agente em local sob jurisdição brasileira.

(A) todas as afirmativas estão corretas.
(B) as afirmativas I, II, III e V estão corretas.
(C) as afirmativas I, III e V estão corretas.
(D) as afirmativas II, III e V estão corretas.
(E) as afirmativas II, III e IV estão corretas.

I: art. 1º, I, c, da Lei 9.455/97. É crime equiparado a hediondo nos termos do art. 5º, XLIII, da CF, e art. 2º da Lei 8.072/90; II: o art. 1º, II da Lei 9.455/97 exige que o sofrimento físico ou mental seja *intenso*; III: art. 1º, § 4º, I, da Lei 9.455/97; IV: art. 1º, § 2º, da Lei 9.455/97; V: art. 2º da Lei 9.455/97. Gabarito "C".

(Ministério Público/SP – 2006) Nos termos do que prevê a Lei n.o 9.455/97, que define os crimes de tortura, é correto afirmar que:

(A) a prática de tortura mediante seqüestro qualifica o crime.
(B) o homicídio praticado mediante tortura passou a ser disciplinado por esse estatuto legal.
(C) somente se caracteriza a tortura quando dela resultar lesão corporal.
(D) quando a lesão decorrente da tortura for de natureza leve, somente se procede mediante representação da vítima.
(E) o agente ativo do crime deve ser, obrigatoriamente, agente público.

A: a rigor, o sequestro na tortura constitui *causa de aumento de pena*, nos termos do art. 1º, § 4º, III, da Lei 9.455/97; B: temos, atualmente, duas situações: homicídio qualificado pela tortura (art. 121, § 2º, III, do CP). Neste caso, a tortura é empregada como meio para causar a morte, que é desejada, querida; pode ocorrer, entretanto, de o agente, ao torturar a vítima, exceder-se e causar, de forma culposa, sua morte (art. 1º, § 3º, da Lei 9.455/97). Trata-se de figura preterdolosa. Dessa forma, pode-se afirmar que o homicídio praticado mediante tortura (art. 121, § 2º, III, do CP) continua a ser disciplinado pelo Código Penal; C: a ocorrência de lesão corporal não é necessária à caracterização do crime de tortura; em ocorrendo lesão de natureza grave ou gravíssima, resultante da tortura, a pena é de reclusão de quatro a dez anos; D: em todas as figuras delituosas, com ou sem lesão corporal, a ação penal é pública incondicionada. Trata-se de crime equiparado a hediondo; E: basicamente há quatro figuras delituosas contempladas na Lei de Tortura. A contida no inciso I do art. 1º constitui delito comum. As outras figuras constituem crime próprio, já que exigem alguma condição especial do sujeito ativo. Gabarito "A".

(Procurador do Estado/SC – 2010 – FEPESE) Sobre a Lei de Tortura, assinale a alternativa **incorreta**.

(A) O crime de tortura é inafiançável e insuscetível de graça ou anistia.
(B) O regime inicial de cumprimento da pena pela prática de crime previsto na Lei de Tortura será, obrigatoriamente, o regime fechado.
(C) A condenação acarretará a perda do cargo, função ou emprego público e a interdição para seu exercício pelo dobro do prazo da pena aplicada.
(D) Constitui crime de tortura submeter alguém, sob sua guarda, poder ou autoridade, com emprego de violência ou grave ameaça, a intenso sofrimento físico ou mental, como forma de aplicar castigo pessoal ou medida de caráter preventivo.
(E) A Lei de Tortura aplica-se ainda quando o crime não tenha sido cometido em território nacional, sendo a vítima brasileira ou encontrando-se o agente em local sob jurisdição brasileira.

A: assertiva correta, visto que reflete o que se afirma no art. 1º, § 6º, da Lei 9.455/97; B: assertiva incorreta, pois não corresponde ao que estabelece o art. 1º, § 7º, da Lei 9.455/97; C: assertiva correta, visto que corresponde ao que prescreve o art. 1º, § 5º, da Lei 9.455/97; D: assertiva correta, pois corresponde ao que prescreve o art. 1º, II, da Lei 9.455/97; E: é o teor do art. 2º da Lei 9.455/97 (extraterritorialidade incondicionada). Gabarito "B".

(Defensoria/SP – 2006 – FCC) A Lei nº 9.455, de 7 de abril de 1997, estabelece que pratica crime de tortura

(A) qualquer pessoa que submete alguém, sob sua guarda, poder ou autoridade, com emprego de violência ou grave ameaça, a intenso sofrimento físico ou mental, como forma de aplicar castigo pessoal ou medida de caráter preventivo.
(B) o agente público que submete pessoa presa ou sujeita a medida de segurança, a sofrimento físico ou mental, ainda que por intermédio da prática de ato previsto em lei ou resultante de medida legal.
(C) qualquer pessoa que constrange alguém com emprego de violência ou grave ameaça, causando-lhe sofrimento físico ou mental, em razão de discriminação de qualquer natureza.
(D) o agente público que constrange alguém, com emprego de violência ou grave ameaça, com o fim de provocar ação ou omissão de qualquer natureza.
(E) qualquer pessoa que se omita diante de constrangimento ou submissão a ato de tortura.

A: art. 1º, II, da Lei 9.455/97; B: art. 1º, § 1º, da Lei 9.455/97; C: art. 1º, I, c, da Lei 9.455/97; D: art. 1º, I, b, da Lei 9.455/97; E: art. 1º, § 2º, da Lei 9.455/97. Gabarito "A".

(Delegado/PB – 2009 – CESPE) Quanto à legislação a respeito do crime de tortura, assinale a opção correta.

(A) A condenação por crime de tortura acarreta a perda do cargo, função ou emprego público, mas não a interdição para seu exercício.
(B) Não se aplica a lei de tortura se do fato definido como crime de tortura resultar a morte da vítima.
(C) O condenado por crime previsto na lei de tortura inicia o cumprimento da pena em regime semiaberto ou fechado, vedado o cumprimento da pena no regime inicial aberto.
(D) Aquele que se omite em face de conduta tipificada como crime de tortura, tendo o dever de evitá-la ou apurá-la, é punido com as mesmas penas do autor do crime de tortura.
(E) Pratica crime de tortura a autoridade policial que constrange alguém, mediante emprego de grave ameaça e causando-lhe sofrimento mental, com o fim de obter informação, declaração ou confissão da vítima ou de terceira pessoa.

A: art. 1º, § 5º, da Lei 9455/97 (Tortura); B: art. 1º, § 3º, segunda parte, da Lei 9455/97 (Tortura); C: art. 1º, § 7º, da Lei 9.455/97; D: art. 1º, § 2º, da Lei 9455/97 (Tortura); E: conduta tipificada no art. 1º, I, a, da Lei 9455/97 (Tortura). Gabarito "E".

33. CRIMES DE ABUSO DE AUTORIDADE

(Magistratura/AC – 2008 – CESPE) Acerca dos crimes previstos nas leis penais especiais, assinale a opção correta.

(A) Com relação ao crime de abuso de autoridade, inexiste condição de procedibilidade para a instauração da ação penal correspondente.
(B) A nova Lei de Drogas (Lei nº 11.343/2006) estabelece um rol de penas possíveis para a pessoa que adquirir, guardar, tiver em depósito, transportar ou trouxer consigo, para uso pessoal, drogas ilícitas. Para determinar se a droga se destinava ao consumo pessoal, o juiz observará apenas a natureza e a quantidade da droga.
(C) O STF admite, em casos excepcionais, a fixação de regime integralmente fechado para o cumprimento da pena de condenados por crimes hediondos.
(D) Sendo crime próprio, o crime de tortura é caracterizado por seu sujeito ativo, que deve ser funcionário público.

A: prescreve a Lei 5.249/67 que "a falta de representação do ofendido, nos casos de abuso previstos na Lei 4.898/65, não obsta a iniciativa ou o curso da ação penal pública"; B: art. 28, I, II, III, e § 2º, da Lei 11.343/06; C: com a disciplina estabelecida pela Lei 11.464/07, que alterou a redação do § 2º do art. 2º da Lei de Crimes Hediondos, a progressão de regime, em se tratando de condenado a crime hediondo ou a delito a ele equiparado, se primário for o apenado, se dará após o cumprimento de dois quintos da pena; se for reincidente, de três quintos; D: o art. 1º da Lei 9.455/97 contempla quatro figuras delituosas. A primeira delas, contida no art. 1º, I, trata de crime comum, já que não se exige do sujeito ativo nenhuma condição especial. A outras figuras são delitos próprios. Gabarito "A".

(Defensor Público/PA – 2006 – UNAMA) Considerando a Lei 4898/65, que trata do Abuso de Autoridade, é correto afirmar:

I. É considerada autoridade qualquer pessoa que exerça função pública remunerada.
II. O crime de abuso de autoridade obedece ao disposto no art. 30 do CP, que trata da comunicabilidade das circunstâncias.
III. Nos crimes de abuso de autoridade a ação penal é pública incondicionada, independente do disposto no art. 2º da Lei 4898/65.
IV. As instâncias administrativas e penal não são totalmente independentes, considerando que a decisão administrativa depende da proferida na esfera criminal e vice-versa.

Somente está correto o que se afirma em:

(A) I e III.
(B) II e IV.
(C) III e IV.
(D) II e III.

I: para os efeitos da Lei 4.898/65, considera-se autoridade, a teor de seu art. 5º, aquele que exerce cargo, emprego ou função pública, de natureza civil ou militar, ainda que transitoriamente e sem remuneração. Incorreta, portanto, a assertiva, pois se refere tão somente àquele que exerce função pública remunerada. O conceito, como vimos, é mais abrangente; II: assertiva correta. Aplica-se normalmente o art. 30 do CP, uma vez que o conceito de autoridade integra o tipo penal. Dessa forma, é perfeitamente possível, nos crimes de abuso de autoridade, que o concurso de pessoas se estabeleça entre um particular e uma autoridade; III: prescreve o art. 1º da Lei 5.249/67: "A falta de representação do ofendido, nos casos de abuso previstos na Lei 4.898/65, não obsta a iniciativa ou o curso da ação penal pública". A esse respeito, vide art. 12 da Lei 4.898/65; IV: art. 6º da Lei de Abuso de Autoridade. Gabarito "D".

(Delegado/PI – 2009 – UESPI) Constitui abuso de autoridade (Lei 4.898/65):

(A) ordenar ou executar medida privativa da liberdade individual, com as formalidades legais.
(B) submeter pessoa sob sua guarda ou custódia a qualquer tipo de vexame ou constrangimento.
(C) deixar de comunicar, imediatamente, ao juiz competente a prisão ou detenção de qualquer pessoa.
(D) deixar o Juiz de ordenar o relaxamento de prisão ou detenção legal que lhe seja comunicada.
(E) levar à prisão e nela deter quem quer que se proponha a prestar fiança, não permitida em lei;

Art. 4º, c, da Lei 4.898/65. Gabarito "C".

(Auditor Fiscal/RJ) Em relação aos crimes de abuso de autoridade, tipificados na Lei nº 4.898, de 09.12.65, pode-se afirmar que representação, de que trata seu artigo 2°:

(A) constitui condição objetiva de procedibilidade
(B) é indispensável à propositura da ação penal pública
(C) equivale à queixa, sendo a peça inicial da propositura da ação penal privada
(D) conforma mera notícia de fato criminoso, dela podendo prescindir o Ministério Público para propor a ação penal

Ou seja, os crimes de que trata a Lei de Abuso de Autoridade são todos de ação penal pública incondicionada. Gabarito "D".

34. CONTRAVENÇÕES PENAIS

(Magistratura/MT – 2009 – VUNESP) Assinale a alternativa que aponta contravenção penal recentemente revogada.

(A) Mendicância.
(B) Vadiagem.
(C) Jogo do bicho.
(D) Importunação ofensiva ao pudor.
(E) Perturbação da tranquilidade.

O art. 60 da Lei das Contravenções Penais (Decreto-Lei 3.688/41), que definia a contravenção de *mendicância*, foi revogado pela Lei 11.983/09. Gabarito "A".

(Ministério Público/MA – 2009) Consideram-se infrações de menor potencial ofensivo:

(A) as contravenções penais e os crimes a que a lei comine pena máxima não superior a um ano, excetuados os casos em que a lei preveja procedimento especial;
(B) as contravenções penais e os crimes a que a lei comine pena máxima não superior a dois anos, excetuados os casos em que a lei preveja procedimento especial;
(C) as contravenções penais e os crimes a que a lei comine pena máxima não superior a um ano, não se excetuando os casos em que a lei preveja procedimento especial;
(D) as contravenções penais e os crimes a que a lei comine pena máxima não superior a dois anos, cumulada ou não com multa;
(E) as contravenções penais e os crimes a que a lei comine a pena máxima não superior a quatro anos, cumulada ou não com multa.

Com o advento da Lei 10.259/01, que instituiu o Juizado Especial Federal, alargou-se o conceito de infração de menor potencial ofensivo (todas as contravenções penais, os crimes a que a lei comine pena máxima igual ou inferior a dois anos, bem como os crimes a que a lei comine exclusivamente pena de multa, qualquer que seja o procedimento previsto para eles), aplicável tanto para a Justiça Federal quanto para a Estadual. Ainda, com a edição da Lei 11.313/06, afastou-se qualquer dúvida a respeito da unificação do conceito de infração de menor potencial ofensivo, alterando-se a redação do art. 61 da Lei 9.099/95. Gabarito "D".

(Ministério Público/PR – 2008) Sobre as contravenções penais, previstas no Decreto-lei nº 3.688/41, é correto afirmar:

(A) o princípio da territorialidade tem aplicação exclusiva em se tratando de contravenção penal e, pois, não comporta a aplicação das regras previstas no art. 7º do Código Penal (extraterritorialidade). Ainda, em matéria de contravenção penal, pune-se a tentativa com a pena correspondente à infração consumada, diminuída de um a dois terços, conforme previsão do art. 14, parágrafo único, do Código Penal.
(B) o princípio da territorialidade tem aplicação em se tratando de contravenção penal, mas a regra da extraterritorialidade se impõe, em caráter excepcional, apenas em relação às infrações cometidas contra o Presidente da República. Ainda, em matéria de contravenção, existe previsão expressa de que não é punível a tentativa.
(C) o princípio da territorialidade tem aplicação exclusiva em se tratando de contravenção penal e, pois, não comporta a aplicação das regras previstas no art. 7º do Código Penal (extraterritorialidade). Ainda, em matéria de contravenção, existe previsão expressa de que não é punível a tentativa.

(D) o princípio da territorialidade não tem aplicação exclusiva em se tratando de contravenção penal e, pois, comporta a aplicação das regras previstas no art. 7º do Código Penal (extraterritorialidade). E, em matéria de contravenção penal, pune-se a tentativa com a pena correspondente à infração consumada, diminuída de um a dois terços, conforme previsão do art. 14, parágrafo único, do Código Penal.

(E) a aplicação da lei no espaço e a tentativa não são matérias tratadas de forma específica no decreto-lei que versa sobre as contravenções penais.

Arts. 2º e 4º do Decreto-lei 3.688/1941 (Lei das Contravenções Penais). Gabarito "C".

(Ministério Público/SP – 2008) Considerando as disposições contidas na Parte Geral da Lei das Contravenções Penais, assinale a alternativa incorreta.

(A) A lei brasileira só é aplicável à contravenção praticada no território nacional.
(B) Não é punível a tentativa de contravenção.
(C) Nas contravenções, as penas principais são prisão simples e multa.
(D) Verifica-se a reincidência quando o agente pratica uma contravenção depois de passar em julgado a sentença que o tenha condenado, no Brasil ou no estrangeiro, por qualquer crime, ou, no Brasil, por motivo de contravenção.
(E) Nas contravenções, em caso de ignorância ou de errada compreensão da lei, quando inescusáveis, a pena pode deixar de ser aplicada.

A: art. 2º do Dec.-lei 3.688/41; B: art. 4º do Dec.-lei 3.688/41; C: art. 5º, I e II, do Dec.-lei 3.688/41; D: art. 7º do Dec.-lei 3.688/41; E: nos termos do art. 8º da LCP, no caso de ignorância ou errada compreensão da lei, quando *escusáveis*, a pena pode deixar de ser aplicada. Gabarito "E".

(CESPE – 2007) A respeito das contravenções penais, assinale a opção correta.

(A) As penas privativas de liberdade tratadas na lei das contravenções penais são de prisão simples.
(B) A lei das contravenções penais foi revogada, tendo algumas das condutas sido transformadas em infrações administrativas e outras, em infrações criminais.
(C) A contravenção penal de porte de arma não foi revogada pela lei de armas de fogo — Lei n.º 10.826/2003.
(D) As contravenções penais de vadiagem e mendicância foram revogadas após a ratificação do Brasil à Convenção Americana de Direitos Humanos.

A: art. 1º, Decreto-Lei n. 3.914/1941 (Lei de Introdução ao Código Penal); art. 5º, Decreto-Lei n. 3.688/1941 (Lei das Contravenções Penais). Crime é a infração penal que comporta as penas de reclusão ou de detenção; contravenção, a infração que admite as penas de prisão simples ou multa, ou ambas, alternativa ou cumulativamente; B: o Decreto-Lei n. 3.688/1941 (Lei das Contravenções Penais) está em vigor, tendo sido recepcionado pela Carta de 1988 como lei ordinária; C: a contravenção de porte de arma foi revogada pela Lei n. 9.437/1997; D: com o advento da Lei 11.983/09, que revogou o art. 60 da Lei das Contravenções Penais, a *mendicância* deixou de ser infração penal (Dec.-lei 3.688/41), operando-se autêntica *abolitio criminis*. A *vadiagem* permanece como contravenção penal, capitulado no art. 59 do Dec.-lei 3.688/41. Gabarito "A".

35. VIOLÊNCIA DOMÉSTICA

(Magistratura/RO – 2011 – PUCPR) O legislador pátrio editou uma lei penal específica à proteção das mulheres, assegurando a criação de mecanismos voltados a coibir a violência doméstica e familiar contra elas - Lei Ordinária n°. 11.340/2006. Dado esse contexto, avalie as alternativas e marque a única **CORRETA**.

(A) Não haverá o aumento de pena se o agente pratica lesões corporais contra ascendente, descendente, irmão, cônjuge ou companheiro, ou com quem conviva ou tenha convivido, ou, ainda, prevalecendo-se o agente das relações domésticas, de coabitação ou de hospitalidade, se qualquer um desses acima citados seja portador de deficiência.
(B) Nos casos de violência doméstica contra a mulher, em sede de execução de pena, o juiz deverá determinar o comparecimento obrigatório do agressor a programas de recuperação e reeducação.
(C) Por alteração no dispositivo correspondente, passou a ser considerada como circunstância agravante de pena, se o agente cometer o crime com abuso de autoridade ou prevalecendo-se de relações domésticas, de coabitação ou de hospitalidade, ou com violência contra a mulher.
(D) De acordo com a sistemática adotada pela Lei n°. 11.340/2006 é facultado ao juiz nos casos de violência doméstica e familiar contra a mulher, a aplicação de penas de cesta básica ou outras de prestação pecuniária, bem como a substituição de pena que implique o pagamento isolado de multa.
(E) Nas ações penais públicas condicionadas à representação da ofendida disciplinadas pela Lei n°. 11.340/2006, em sendo formulada a representação, é vedada a retratação da vítima.

A: assertiva incorreta, já que o art. 44 da Lei 11.340/06 – Lei Maria da Penha - introduziu no Código Penal a chamada lesão dolosa qualificada pela violência doméstica (art. 129, § 9º, do CP) e também a lesão qualificada pelo fato de o crime ter como vítima pessoa portadora de deficiência (art. 129, § 11, do CP), aumentando, portanto, a pena nas circunstâncias mencionadas na assertiva; B: o art. 152, parágrafo único, da Lei de Execuções Penais, introduzido pela Lei Maria da Penha, estabelece que, *nos casos de violência doméstica contra a mulher, o juiz poderá determinar o comparecimento obrigatório do agressor a programas de recuperação e reeducação*; C: assertiva correta, pois em conformidade com o art. 61, II, f, do CP - dispositivo introduzido pela Lei Maria da Penha; D: incorreta, visto que esta modalidade de sanção é vedada no âmbito da violência doméstica – art. 17 da Lei Maria da Penha; E: a retratação da vítima (renúncia ao direito de representação), embora seja possível, deve, neste caso, atender a uma formalidade. Estabelece o art. 16 da Lei Maria da Penha que a renúncia à representação deverá ser feita perante o juiz, em audiência especialmente designada para esse fim, e antes do recebimento da denúncia. A jurisprudência, com relação a este tema, não é unânime, pois há julgados que entendem que a ação penal, nos crimes que envolvem violência doméstica, é pública incondicionada. Gabarito "C".

(Ministério Público/MG – 2007) Em relação à Lei nº 11.340/06 ("Lei Maria da Penha"), assinale a alternativa ERRADA.

(A) A violência doméstica e familiar contra a mulher pode ser classificada como física, psicológica, sexual, patrimonial ou moral, independente da orientação sexual da vítima.
(B) Ao tomar conhecimento de violência doméstica e familiar contra a mulher, deve a autoridade policial ouvir a ofendida, tomar a representação a termo, colher provas, determinar que se proceda a exame de corpo de delito, ouvir o agressor e testemunhas e remeter, no prazo de 48 horas, expediente apartado ao juiz com o pedido da ofendida, para a concessão de medidas protetivas de urgência.
(C) Aos crimes e contravenções praticados com violência doméstica e familiar contra a mulher, independentemente da pena prevista, não se aplica a Lei nº 9.099/95.
(D) A partir da Lei Maria da Penha, há corrente que entende que o delito de lesões corporais com violência doméstica contra a mulher é de ação penal pública incondicionada.
(E) Enquanto não estruturados os juizados de violência doméstica e familiar contra a mulher, as varas criminais acumularão as competências cível e criminal para conhecer e julgar as causas decorrentes da prática de violência doméstica e familiar contra a mulher.

A: art. 7º da Lei 11.340/06; B: art. 12 da Lei 11.340/06; C: o art. 41 da Lei 11.340/06 faz alusão tão somente a crime; D: STJ, HC 106.805-MS, 6ª T., Rel. Ministra Jane Silva, j. 3.2.2009; E: art. 33 da Lei 11.340/06. Gabarito "C".

(Ministério Público/SP – 2008) Nos termos da Lei nº 11.340/06 (Lei contra a violência doméstica e familiar contra a mulher), assinale a alternativa incorreta.

(A) A lei compreende o dano patrimonial à mulher.
(B) A lei compreende o dano moral à mulher.
(C) A coabitação entre os sujeitos ativo e passivo é condição para a aplicação da lei.
(D) A empregada doméstica pode ser sujeito passivo.
(E) O parentesco entre os sujeitos ativo e passivo não é condição para a aplicação da lei.

A: art. 7º, IV, da Lei 11.340/06; B: art. 7º, V, da Lei 11.340/06; C: art. 5º, III, da Lei 11.340/06; D: art. 5º, I, da Lei 11.340/06; E: art. 5º, II, da Lei 11.340/06. Gabarito "C".

(Delegado/SP – 2008) Não é forma de violência contra a mulher, estampada na Lei Maria da Penha (Lei n°.11.340/06),

(A) violência física, que ofenda sua integridade.
(B) violência psicológica, que lhe cause dano emocional.
(C) violência sexual, consistente na conjunção carnal não desejada mediante coação.
(D) violência moral, consistente na pratica de calúnia, difamação ou injúria.
(E) violência digital, consistente na exclusão eletrônica.

A: art. 7°, I, da Lei 11.340/06; B: art. 7°, II, da Lei 11.340/06; C: art. 7°, III, da Lei 11.340/06; D: art. 7°, V, da Lei 11.340/06; E: esta modalidade de violência não integra o rol do art. 7° da Lei Maria da Penha. Gabarito "E".

36. OUTROS CRIMES E CRIMES COMBINADOS DA LEGISLAÇÃO EXTRAVAGANTE

(Magistratura/MS – 2008 – FGV) Relativamente à legislação penal extravagante, assinale a afirmativa incorreta.

(A) A lei de combate ao crime organizado admite a infiltração de agentes de polícia ou de inteligência na quadrilha investigada.
(B) Constitui crime de tortura constranger alguém com emprego de grave ameaça, causando-lhe sofrimento mental, em razão de discriminação religiosa.
(C) Constitui crime previsto no Estatuto da Criança e do Adolescente submeter criança ou adolescente sob sua autoridade, guarda ou vigilância a tortura.
(D) Constitui crime previsto no Estatuto da Criança e do Adolescente submeter criança ou adolescente sob sua autoridade, guarda ou vigilância a vexame ou a constrangimento.
(E) A pena do crime de tortura é aumentada se o crime é cometido mediante seqüestro.

A: art. 2°, V, da Lei 9.034/95; B: art. 1°, I, c, da Lei 9.455/97; C: aquele que submete criança ou adolescente sob sua autoridade, guarda ou vigilância a tortura comete o crime capitulado no art. 1°, II, da Lei 9.455/97, devendo, ainda, incidir o aumento de pena do § 4° do mesmo dispositivo. Registre-se que o art. 4° da Lei 9.455/97 revogou o art. 233 do Estatuto da Criança e do Adolescente, que previa o crime de tortura contra menores; D: art. 232 da Lei 8.069/90; E: art. 1°, § 4°, III, da Lei 9.455/97. Gabarito "C".

(Magistratura/PE – 2011 – FCC) A suspensão condicional do processo prevista no art. 89 da Lei n° 9.099/95

(A) é aplicável tão-somente às infrações de menor potencial ofensivo.
(B) é cabível na desclassificação do crime e na procedência parcial da pretensão punitiva, segundo entendimento sumulado do Superior Tribunal de Justiça.
(C) exige necessariamente a reparação do dano.
(D) é cabível no crime continuado, ainda que a soma da pena mínima da infração mais grave com o aumento mínimo de um sexto seja superior a um ano, conforme súmula do Supremo Tribunal Federal.
(E) conduz à absolvição se expirado o prazo sem revogação.

A: a suspensão condicional do processo, a teor do art. 89, caput, da Lei 9.099/95, engloba os crimes cuja pena mínima cominada seja igual ou inferior a um ano. O âmbito de incidência do sursis processual, portanto, é mais amplo do que a competência do JECRIM (art. 61 da Lei 9.099/95), podendo, dessa forma, ser aplicado, também, a crimes de médio potencial ofensivo; B: assertiva correta, visto que em conformidade com a Súmula n° 337 do STJ; C: a reparação do dano somente será exigível se for possível de ser implementada pelo acusado – art. 89, § 1°, I, da Lei 9.099/95; D: assertiva incorreta, pois contraria o teor da Súmula n° 723 do STF; E: neste caso, cabe ao juiz declarar extinta a punibilidade – art. 89, § 5°, da Lei 9.099/95. Gabarito "B".

(Magistratura/PE – 2011 – FCC) No que concerne aos crimes hediondos e equiparados, é correto afirmar que

(A) os condenados por crime de tortura, em qualquer modalidade, deverão iniciar o cumprimento da pena em regime fechado.
(B) a progressão de regime dar-se-á após o cumprimento de 2/5 (dois quintos) da pena, se o apenado for primário, e de 2/3 (dois terços), se reincidente específico em crime da mesma natureza.
(C) o livramento condicional poderá ser concedido após o cumprimento de 3/5 (três quintos) da pena.
(D) entre eles não se inclui o estupro de vulnerável e o homicídio simples.
(E) não pode ser classificado como de tal natureza a extorsão qualificada pela lesão grave.

A: é incorreto afirmar-se que o condenado por crime de tortura, em qualquer modalidade, deverá iniciar o cumprimento da pena em regime fechado. Isso porque o art. 1°, § 7°, da Lei 9.455/97 faz uma ressalva. Dessa forma, não estará sujeito ao regime mais rígido de cumprimento da reprimenda aquele que incorrer nas penas do crime omissivo previsto no art. 1°, § 2°, desta Lei, visto que o preceito secundário da norma incriminadora estabelece a pena de 1 a 4 anos de detenção, bem inferior às outras penas previstas para o crime de tortura na forma comissiva; B: atualmente, o art. 2°, §§ 1° e 2°, da Lei 8.072/90 (Crimes Hediondos), alterada que foi pela Lei 11.464/07, autoriza a progressão de regime para delitos hediondos e equiparados, nos termos seguintes: se o apenado for primário, deverá cumprir, para fazer jus à progressão, dois quintos da pena; se reincidente for, deverá cumprir, para progredir de regime, três quintos da pena, e não dois terços, como consta da assertiva, que está, portanto, incorreta; C: assertiva incorreta, visto que o art. 83, V, do CP estabelece que o condenado a crime hediondo ou equiparado deve cumprir mais de dois terços da pena imposta; D: o estupro de vulnerável (art. 217-A do CP) é crime hediondo, nos termos do art. 1°, VI, da Lei 8.072/90, que foi alterada pela Lei 12.015/2009, tanto na sua forma simples quanto na qualificada. No mais, o homicídio simples será hediondo, nos termos do art. 1°, I, da Lei 8.072/90, quando praticado em atividade típica de grupos de extermínio, ainda que por um só agente; E: assertiva correta, na medida em que o art. 1° da Lei 8.072/90 somente contemplou, como crime hediondo, a extorsão qualificada pela morte (art. 158, § 2°, do CP) e a extorsão mediante sequestro e na forma qualificada (art. 159, caput e §§ 1°, 2° e 3°, do CP). Gabarito "E".

(Magistratura/RO – 2011 – PUCPR) Além das disposições expressas no Código Penal, existem inúmeras legislações penais extravagantes, as quais disciplinam uma série de condutas delituosas e suas respectivas sanções.

A esse respeito, assinale a única alternativa CORRETA.

(A) No crime de tráfico ilícito de substância entorpecente, previsto no artigo 33, caput da Lei n°. 11.343/2006, as penas poderão ser reduzidas de um sexto a dois terços, desde que o agente seja primário, de bons antecedentes, não se dedique às atividades criminosas nem integre organização criminosa.
(B) A pena por crime previsto na Lei n°. 8.072/1990 será cumprida inicialmente em regime fechado, sendo permitida a progressão de regime aos condenados reincidentes após o cumprimento de 2/5 da pena aplicada.
(C) Ao agente condenado com sentença transitada em julgado pela prática de crime de responsabilidade de Prefeito Municipal não acarreta a perda de cargo e a inabilitação, pelo prazo de 5 (cinco) anos, para o exercício de cargo ou função pública, eletivo ou de nomeação.
(D) Comete o crime de disparo de arma de fogo (artigo 15 da Lei n°. 10.826/2003), o agente que disparar arma de fogo ou aciona munição em lugar habitado ou em suas adjacências, em via pública ou em direção a ela, independentemente dessa conduta ter como finalidade a prática de outro crime.
(E) A conduta de omitir sinais ostensivos sobre a nocividade ou periculosidade de produtos, nas embalagens, nos invólucros, recipientes ou publicidades não constitui crime segundo disciplina a Lei n°. 8.078/1990.

A: assertiva correta, visto que em conformidade com o estabelecido no art. 33, § 4°, da Lei 11.343/06; B: assertiva incorreta, pois, com a atual redação conferida ao art. 2°, §§ 1° e 2° da Lei 8.072/90 (Crimes Hediondos) pela Lei 11.464/07, a progressão de regime nos delitos hediondos e equiparados dar-se-á nos termos seguintes: se o apenado for primário, deverá cumprir, para fazer jus à progressão, dois quintos da pena; se reincidente for, deverá cumprir, para progredir de regime, três quintos da pena. De qualquer maneira, a pena será cumprida inicialmente em regime fechado; C: assertiva incorreta, pois contraria o art. 1°, § 2°, do Dec.-Lei n° 201/67; D: assertiva incorreta, pois contraria o disposto no art. 15, caput, parte final, da Lei 10.826/03 (Estatuto do Desarmamento); E: trata-se do crime previsto no art. 63, caput, da Lei 8.078/90 (Código de Defesa do Consumidor). Gabarito "A".

(Ministério Público/MG – 2010 – FUNDEP) Do ponto de vista objetivo, fará jus à suspensão condicional do processo (art. 89, Lei n. 9.099/95):

(A) o funcionário público que, por imprudência, brincando com uma arma de fogo, mata uma criança com disparo na cabeça.
(B) o comerciante que, por imprudência, conduzindo automóvel em velocidade superior à permitida e sob a influência de álcool, provoca colisão no trânsito e causa a morte de passageiro de outro veículo, único dos envolvidos que se encontrava sem o cinto de segurança.

(C) o funcionário público que compra uma CNH falsa, mediante expectativa de que é produzida com papel autêntico e com prontuário registrado no órgão de trânsito, apresentando-a a policial rodoviário numa *blitz*.
(D) o comerciante que expõe à venda, numa banca do *shopping* Oiapoque, em Belo Horizonte, 400 *CD's piratas*, cópias não autorizadas de álbum fonográfico de músico estrangeiro, com violação de direito de autor.

O único crime que comporta, em tese, dada a pena mínima cominada (art. 121, § 3º, do CP), a suspensão condicional do processo é o homicídio culposo em que incorreu o funcionário público que, por imprudência, ao manusear arma de fogo, veio a atingir a criança com um disparo na cabeça (art. 89, *caput*, da Lei 9.099/95). Gabarito "A".

(Ministério Público/PR – 2011) Analise as assertivas relacionadas a crimes previstos na legislação penal especial, e assinale a alternativa incorreta:

(A) o benefício de redução da pena previsto no art. 33, § 4º da Lei 11.343/06 (Lei Antidrogas), aplicável ao delito de tráfico de substância entorpecente, não se aplica ao delito de associação ao tráfico, previsto no art. 35, caput, da mesma Lei;
(B) de acordo com disposições da Lei 11.340/06 (Lei Maria da Penha), a lesão corporal de natureza leve, praticada pelo agente contra sua mulher, prevalecendo-se de relações domésticas e de coabitação, constitui circunstância agravante do delito definido no art. 129, caput, do Código Penal;
(C) a conduta de portar, simultaneamente, 3 (três) armas de fogo de uso permitido, sem autorização legal, constitui prática de crime único de porte ilegal, previsto no art. 14 da Lei 10.826/03 (Estatuto do Desarmamento), não caracterizando concurso de crimes: a pluralidade de armas de fogo de uso permitido, nesta hipótese, deve ser valorada nas circunstâncias judiciais do art. 59 do Código Penal;
(D) segundo a Lei 9.503/97 (Código de Trânsito Brasileiro), o crime de homicídio culposo no trânsito (art. 302, *caput*) não admite os benefícios da transação penal e da suspensão condicional do processo, e o crime de embriaguez ao volante (art. 306) admite apenas o benefício da suspensão condicional do processo;

A: correta a proposição, eis que o redutor em questão, contido no art. 33, § 4º, do CP, somente tem incidência nos crimes definidos no *caput* e no § 1º do mesmo dispositivo. Não se aplica, portanto, ao crime de associação para o tráfico, previsto no art. 35 da Lei de Drogas; B: assertiva incorreta, já que o art. 44 da Lei 11.340/06 – Lei Maria da Penha - introduziu no Código Penal a chamada lesão dolosa qualificada pela violência doméstica (art. 129, § 9º, do CP); C: assertiva correta. Possuir ou mesmo portar mais de uma arma de fogo, desde que no mesmo contexto, constitui crime único; D: assertiva correta. No caso do homicídio de trânsito (art. 302, CTB), não se admite, por conta da pena cominada (detenção de 2 a 4 anos e suspensão...), a transação tampouco o *sursis* processual. Já o crime de embriaguez ao volante (art. 306, CTB), que estabelece como pena detenção de 6 meses a três anos (...), comporta somente o *sursis* processual, já que a pena mínima cominada não é superior a um ano. Não comporta, todavia, a transação, visto que a pena máxima é superior a dois anos (art. 61, Lei 9.099/95). Gabarito "B".

(Ministério Público/PR – 2008) Para classificar um crime como hediondo ou assemelhado, a Lei Federal nº 8.072/90:

(A) atribuiu ao órgão julgador a possibilidade de, em virtude da gravidade do fato ou em decorrência da maneira de execução do crime, emoldurar um delito como hediondo ou a ele equiparado.
(B) elencou os delitos considerados hediondos de forma taxativa. Entretanto, em relação aos crimes a eles assemelhados, atribuiu ao órgão julgador a possibilidade da análise do caso concreto para o enquadramento do delito como equiparado a hediondo.
(C) atribuiu ao órgão julgador, em virtude da gravidade do fato ou em decorrência da maneira de execução do crime, a possibilidade de emoldurar um delito como hediondo ou assemelhado, desde que observado o conceito acerca da hediondez previamente estabelecido na própria lei.
(D) elencou os delitos considerados hediondos e assemelhados de forma taxativa. Entretanto, permitiu expressamente ao magistrado, diante do caso concreto, excluir determinados crimes do rol previamente estabelecido na própria lei.
(E) elencou os delitos considerados hediondos e aqueles a eles equiparados de forma taxativa, deixando de fazer qualquer previsão expressa que permita ao magistrado excluir, a partir do caso concreto, determinado crime do rol previamente estabelecido na própria lei.

De acordo com a sistemática adotada, somente a lei pode indicar, em rol taxativo, quais são os crimes considerados hediondos. Dessa forma, não cabe ao magistrado, em vista da gravidade concreta do crime, a ele atribuir o rótulo de hediondo; também é defeso ao juiz deixar de considerar hediondo um crime que faça parte do rol legal. Não adotamos, pois, o chamado *sistema judicial*, e sim o *sistema legal*, em que cabe à lei, e somente a ela, definir quais crimes são hediondos. Gabarito "E".

(MINISTÉRIO PÚBLICO/RO – 2010 – CESPE) Em relação à Lei de Proteção a Vítimas e Testemunhas, assinale a opção correta.

(A) Ao acusado que tenha colaborado efetiva e voluntariamente com a investigação e com o processo criminal, desde que dessa colaboração tenha resultado identificação dos demais coautores ou partícipes da ação criminosa, o juiz poderá conceder o perdão judicial, independentemente dos antecedentes criminais do beneficiário desse perdão.
(B) O indiciado ou acusado que colaborar voluntariamente com a investigação e com o processo criminal na recuperação total ou parcial do produto do crime ficará isento de pena.
(C) A proteção oferecida pelo programa de proteção a vítimas e testemunhas terá a duração máxima de quatro anos, prorrogável por igual período, quando perdurarem os motivos que autorizaram a admissão do protegido no programa.
(D) O programa de proteção a vítimas e testemunhas compreende, entre outras medidas, ajuda financeira mensal em valor compatível com os ganhos percebidos pelo indivíduo ou pela família antes da sua admissão, até que possa desenvolver atividade laboral regularmente.
(E) Estão excluídos da proteção os indivíduos cuja personalidade seja incompatível com as restrições de comportamento exigidas pelo programa de proteção a vítimas e testemunhas, os condenados que estejam cumprindo pena e os submetidos a prisão cautelar, sendo possível eventual medida de preservação de sua integridade física pela polícia.

A: o art. 13, *caput*, da Lei 9.807/99 estabelece que o perdão judicial, neste caso, será deferido tão somente ao réu primário; B: o perdão judicial, cuja concessão tem como consequência a extinção da punibilidade, será deferido pelo juiz se a colaboração do agente permitir a recuperação total ou parcial do produto do crime, por exemplo (art. 13, III, da Lei 9.807/99). Trata-se, portanto, de causa extintiva da punibilidade, na forma estatuída no art. 107, IX, do CP; C: a proteção oferecida terá a duração máxima de *dois anos*, conforme estabelece o art. 11 da Lei 9.807/99, admitindo-se prorrogação do prazo em circunstâncias excepcionais, conforme autoriza o parágrafo único do dispositivo; D: incorreta, pois contraria o teor do art. 7º, V e parágrafo único, da Lei 9.807/99; E: assertiva correta, pois de acordo com a redação do art. 1º, § 2º, da Lei 9.807/99. Gabarito "E".

(MINISTÉRIO PÚBLICO/SE – 2010 – CESPE) Valter, ocupante de cargo cujas atribuições incluem fornecer declaração de nascimento, não forneceu esse documento a Gabriela, quando ela recebeu alta médica, após dar à luz seu filho.

Nessa situação hipotética, a conduta de Valter

(A) é atípica.
(B) constitui crime preceituado no ECA, que pode ser punido a título de dolo ou culpa.
(C) constitui crime preceituado no ECA, punido apenas na modalidade dolosa.
(D) constituirá crime se ele puder ser considerado funcionário público, para fins penais.
(E) constitui crime de prevaricação, previsto no CP.

Valter, com a sua conduta, incorreu no crime do art. 228 da Lei 8.069/90 – Estatuto da Criança e do Adolescente. Gabarito "B".

(MINISTÉRIO PÚBLICO/SE – 2010 – CESPE) No que tange às leis penais especiais, assinale a opção correta.

(A) Tratando-se de crimes praticados contra os idosos, não se admite a aplicação do procedimento da Lei dos Juizados Especiais Criminais, por expressa vedação contida no Estatuto do Idoso.
(B) A simples omissão das cautelas necessárias para que menor de dezoito anos de idade se apodere de arma de fogo de propriedade do agente é conduta atípica, de acordo com o Estatuto do Desarmamento.

(C) Em recente decisão, o STF entendeu que é possível a instauração de inquérito policial para apuração de crime contra a ordem tributária, antes do encerramento do processo administrativo-fiscal, quando isso for imprescindível para viabilizar a fiscalização.

(D) Se uma mulher, após ter seu terceiro filho, fizer esterilização cirúrgica, sem comunicar a seu marido, considerar-se-á atípica a conduta do médico que realizar o procedimento sem o consentimento do cônjuge.

A: assertiva incorreta, visto que foi adotado, para os crimes praticados contra idosos, o procedimento previsto na Lei 9.099/95 (procedimento sumariíssimo), conforme estabelece o art. 94 da Lei 10.741/03 (Estatuto do Idoso); B: proposição incorreta, uma vez que o art. 13 do Estatuto do Desarmamento prevê o crime de omissão de cautela, que consiste em *deixar de observar as cautelas necessárias para impedir que menor de 18 anos ou pessoa portadora de deficiência mental se apodere de arma de fogo que esteja sob sua posse ou que seja de sua propriedade*; C: assertiva correta. A instauração de inquérito policial, nos crimes contra a ordem tributária, pode se dar antes do encerramento do procedimento administrativo-fiscal. Nesse sentido: STF, 2ª T., HC 95.443-SC, rel. Min. Ellen Gracie, j. 2.2.10; D: conduta prevista como crime no art. 15 da Lei 9.263/96. Gabarito "C".

(Ministério Público/SP – 2011) Realizar interceptação de comunicações telefônicas sem autorização judicial constitui crime. De acordo com a legislação vigente, tal autorização judicial será possível

(A) em qualquer tipo de infração penal, desde que a ela seja cominada pena privativa de liberdade.
(B) se o pedido for feito verbalmente ao Juiz com os pressupostos que a autorizem.
(C) em decisão fundamentada, não havendo necessidade de ficar indicada a forma de execução da diligência nem a ciência dos procedimentos ao Ministério Público.
(D) nos próprios autos do inquérito policial ou do processo criminal, pelo prazo não renovável de quinze dias.
(E) mesmo que inexistam indícios razoáveis de autoria ou de participação, desde que a infração penal esteja por ocorrer.

A: incorreta, pois somente será admitida se o fato sob investigação constituir infração penal punida com reclusão (art. 2º, III, da Lei 9.296/96); B: assertiva correta, pois em consonância com o que prescreve o art. 4º, § 1º, da Lei 9.296/96; C: incorreta, nos termos do art. 5º da Lei 9.296/96; D: incorreta, nos termos do art. 8º, *caput*, da Lei 9.296/96; E: incorreta, pois contraria o disposto no art. 2º, I, da Lei 9.296/96. Gabarito "B".

(Ministério Público/SP – 2011) Praticar o pichardismo para a obtenção de ganhos ilícitos em detrimento de um número indeterrninado de pessoas é crime contra

(A) a ordem tributária.
(B) o meio ambiente.
(C) o sistema financeiro.
(C) a propriedade imaterial.
(E) a economia popular.

A conduta está tipificada no art. 2º, IX, da Lei 1.521/51. Gabarito "E".

(Ministério Público/SP – 2008) Propaganda eleitoral em língua estrangeira é

(A) expressão da garantia do livre exercício da propaganda eleitoral e do voto.
(B) crime previsto no Código Eleitoral.
(C) atividade que depende de autorização da Justiça Eleitoral.
(D) contravenção penal.
(E) liberdade de expressão assegurada constitucionalmente.

Art. 335 do Código Eleitoral. Gabarito "B".

(Ministério Público/SP – 2008) Aponte qual das condutas não está descrita como crime contra a criança e o adolescente, nos termos da Lei nº 8.609/90 (Estatuto da Criança e do Adolescente).

(A) Descumprir, dolosa ou culposamente, os deveres inerentes ao pátrio poder ou decorrentes de tutela ou guarda, bem assim determinação da autoridade judiciária ou Conselho Tutelar.
(B) Impedir ou embaraçar a ação de autoridade judiciária, membro do Conselho Tutelar ou representante do Ministério Público no exercício de função prevista em lei.
(C) Descumprir, injustificadamente, prazo fixado nessa Lei, em benefício de adolescente privado de liberdade.
(D) Submeter criança ou adolescente sob sua autoridade, guarda ou vigilância a vexame ou constrangimento.
(E) Deixar o encarregado de serviço ou dirigente de estabelecimento de atenção à saúde de gestante de manter registro das atividades desenvolvidas, na forma e prazo referidos no art. 10 dessa Lei, bem como de fornecer à parturiente ou a seu responsável, por ocasião da alta médica, declaração de nascimento, onde constem as intercorrências do parto e do desenvolvimento do neonato.

A: o comportamento descrito, embora não constitua crime, é tipificado como ***infração administrativa*** no art. 249 do ECA, sujeitando o infrator a multa de três a vinte salários de referência, aplicando-se o dobro em caso de reincidência; B: art. 236 do ECA; C: art. 235 do ECA; D: art. 232 do ECA; E: art. 228, *caput*, do ECA. Gabarito "A".

(Procurador do Estado/RR – 2006 – FCC) Constitui crime de responsabilidade dos prefeitos, sujeito ao julgamento do Poder Judiciário, independentemente do pronunciamento da Câmara dos Vereadores,

(A) nomear, admitir ou designar servidor, contra disposição de lei, expressa ou tácita.
(B) deixar de cumprir ordem judicial, sem dar o motivo da recusa ou da impossibilidade à autoridade judiciária, por escrito ou verbalmente, no prazo de lei.
(C) captar recursos a título de antecipação de receita de tributo ou contribuição social, cujo fato gerador tenha ocorrido a menos de 30 (trinta) dias.
(D) deixar de prestar contas mensais da administração financeira do Município à Câmara dos Vereadores.
(E) antecipar ou inverter a ordem de pagamento a credores do Município, sem vantagem para o erário.

Art. 1º, XII, do Dec.-lei 201/67. Gabarito "E".

(Defensor Público/AM – 2010 – I. Cidades) Em relação aos crimes cometidos contra crianças e adolescentes definidos pela Lei 8.069/90, marque a opção correta:

(A) os crimes definidos pela Lei 8069/90 são de ação penal pública condicionada à representação;
(B) o crime de descumprir injustificadamente prazo fixado na Lei 8069/90 quando em benefício de adolescente privado de liberdade pode ser cometido por qualquer pessoa;
(C) os crimes definidos pela Lei 8069/90 são de ação penal pública incondicionada;
(D) o crime de embaraçar ou impedir a ação de autoridade judiciária, membro do Conselho Tutelar ou representante do Ministério Público no exercício de função prevista pela Lei 8069/90 pode ser praticado somente por funcionário público;
(E) o crime de submissão de criança ou adolescente que esteja sob a guarda, autoridade ou vigilância a vexame ou a constrangimento somente pode ser praticado pelo juiz, delegado de polícia, promotor de justiça e membro do Conselho Tutelar.

A e C: reza o art. 227 do ECA que os crimes ali definidos são de ação penal pública incondicionada. É de se ressaltar que somente seria diferente (ação penal pública condicionada à representação ou ação penal de iniciativa privada) caso o tipo penal fizesse menção expressa nesse sentido. Como os tipos penais previstos na Lei 8.069/90 silenciaram a esse respeito, caso o legislador nada dissesse acerca da ação penal nesses delitos (art. 227), ainda assim a ação penal seria pública incondicionada; B: o crime capitulado no art. 235 do ECA é próprio, porquanto somente pode ser praticado pela autoridade a quem incumbe fazer cumprir o prazo estabelecido no ECA; D: o crime previsto no art. 236 do ECA é comum, pois não exige do sujeito ativo qualquer qualidade especial; E: o crime do art. 232 do ECA também pode ser praticado pelo particular que exerça sobre a criança ou adolescente os mesmos poderes. De toda sorte, trata-se de crime próprio, pois somente pode ser praticado por quem, representante do Estado ou particular, exerça sobre o menor autoridade, guarda ou vigilância. Gabarito "C".

(Defensor Público/GO – 2010 – I. Cidades) "A" foi condenado a 6 (seis) anos de reclusão pelo crime de estupro. Sabendo-se que "A" é reincidente específico em crimes dessa natureza, é correto afirmar que o mesmo poderá

(A) iniciar o cumprimento de sua pena de reclusão no regime semiaberto.
(B) progredir de regime, após o cumprimento de 3/5 (três quintos) da pena.

(C) obter livramento condicional, cumpridos mais de 2/3 (dois terços) da pena.
(D) ter extinta a sua punibilidade em virtude de concessão de anistia.
(E) requerer sua reabilitação, decorrido 1 (um) ano da extinção de sua pena.

Atualmente, o art. 2º, §2º, da Lei 8.072/90 (Crimes Hediondos), alterada que foi pela Lei 11.464/07, autoriza a progressão de regime para autores de delitos hediondos e equiparados, nos termos seguintes: se o apenado for primário, deverá cumprir, para fazer jus à progressão, dois quintos da pena; se reincidente for, deverá cumprir, para progredir de regime, três quintos da pena. Gabarito "B".

(Defensoria/RN – 2006) Constitui crime hediondo segundo a legislação vigente
(A) causar epidemia.
(B) envenenar água potável de uso comum ou particular.
(C) falsificar produto destinado a fins terapêuticos.
(D) manter em depósito água ou substância envenenada.

Nos termos do art. 1º, VII-B, da Lei 8.072/90 – Lei de Crimes Hediondos –, constitui crime hediondo a *falsificação, corrupção, adulteração ou alteração de produto destinado a fins terapêuticos ou medicinais* (art. 273, *caput* e § 1º, § 1º-A e § 1º-B, do CP). As outras condutas não integram o rol do art. 1º da Lei 8.072/90. Gabarito "C".

(Defensoria/SP – 2007 – FCC) Jean-Luc Godard beneficiou-se com a suspensão condicional do processo, nos termos do art. 89 da Lei nº 9099/95, por um período de dois anos. No curso deste prazo foi processado por um furto qualificado. Findo aquele período, o juiz não revogou a suspensão. O defensor público deverá requerer
(A) a revogação da suspensão.
(B) a prorrogação da suspensão.
(C) a extinção da punibilidade.
(D) a prescrição retroativa.
(E) silenciar-se em benefício do réu.

Art. 89, § 5º, da Lei 9.099/95. Gabarito "C".

(Cartório/DF – 2008 – CESPE) Julgue o item seguinte.

(1) A autoridade judiciária pode suspender temporariamente a visita, inclusive de pais ou responsável, de adolescente que esteja cumprindo medida socioeducativa de internação, se existirem motivos sérios e fundados da prejudicialidade dessas visitas aos interesses do adolescente.

Art. 124, § 2º, do ECA. Gabarito 1C.

(Delegado/AC – 2008 – CESPE) Acerca das leis penais especiais, julgue o item abaixo:

Em caso de crime hediondo, a prisão temporária será cabível, mediante representação da autoridade policial, pelo prazo de 30 dias, prorrogável por igual período em caso de extrema e comprovada necessidade.

Em vista do que dispõe o art. 2º, § 4º, da Lei 8.072/90 (Crimes Hediondos), nos chamados crimes hediondos e também nos assemelhados (tráfico de drogas, tortura e terrorismo) a prisão temporária, disciplinada na Lei 7.960/89, será decretada pelo juiz (sempre), mediante representação da autoridade policial ou a requerimento do MP, pelo prazo de até 30 dias, prorrogável por igual período em caso de extrema e comprovada necessidade. O prazo estabelecido pelo legislador, de trinta dias, corresponde somente a um limite. Nada impede – e isso tem sido comum no dia a dia forense – que o juiz, em face das peculiaridades do caso concreto, decrete 10, 15 ou 20 dias. Enfim, o prazo que julgar mais adequado. Gabarito "C".

(Delegado/AP – 2010) Relativamente ao Estatuto do Idoso (Lei nº 10.741/2003), analise as afirmativas a seguir:

I. O Estatuto do Idoso é destinado a regular os direitos assegurados às pessoas com idade igual ou superior a 65 (sessenta e cinco) anos.
II. Os crimes definidos no Estatuto do Idoso são de ação penal pública incondicionada, não se lhes aplicando os arts. 181 e 182 do Código Penal.
III. Aos crimes previstos no Estatuto do Idoso, cuja pena máxima privativa de liberdade não ultrapasse 2 (dois) anos, aplica-se o procedimento previsto na Lei nº 9.099, de 26 de setembro de 1995, e, subsidiariamente, no que couber, as disposições do Código Penal e do Código de Processo Penal.

Assinale:
(A) se somente a afirmativa I estiver correta.
(B) se somente a afirmativa II estiver correta.
(C) se somente a afirmativa III estiver correta.
(D) se somente as afirmativas II e III estiverem corretas.
(E) se todas as afirmativas estiverem corretas.

I: incorreta (art. 1º da Lei 10.741/03); II: correta (art. 95 da Lei 10.741/03); III: incorreta (art. 94 da Lei 10.741/03). Gabarito "B".

(Delegado/AP – 2010) De acordo com a Lei 8.072/90, assinale a alternativa que não apresenta um crime considerado hediondo.
(A) latrocínio (art. 157, § 3º, in fine); extorsão qualificada pela morte (art. 158, § 2º) e envenenamento de água potável ou de substância alimentícia ou medicinal (art. 270).
(B) epidemia com resultado morte (art. 267, § 1º); homicídio qualificado (art. 121, § 2º, I, II, III, IV e V) e extorsão qualificada pela morte (art. 158, § 2º).
(C) latrocínio (art. 157, § 3º, in fine); epidemia com resultado morte (art. 267, § 1º); e homicídio qualificado (art. 121, § 2º, I, II, III, IV e V).
(D) latrocínio (art. 157, § 3º, in fine); falsificação, corrupção, adulteração ou alteração de produto destinado a fins terapêuticos ou medicinais (art. 273, caput e § 1º, § 1º-A e § 1º-B; e homicídio qualificado (art. 121, § 2º, I, II, III, IV e V).
(E) latrocínio (art. 157, § 3º, in fine); epidemia com resultado morte (art. 267, § 1º); falsificação, corrupção, adulteração ou alteração de produto destinado a fins terapêuticos ou medicinais (art. 273, caput e § 1º, § 1º-A e § 1º-B e homicídio qualificado (art. 121, § 2º, I, II, III, IV e V).

O crime de *envenenamento de água potável ou de substância alimentícia ou medicinal*, previsto no art. 270 do CP, embora já tenha feito parte do rol do art. 1º da Lei 8.072/90, deixou de integrar essa lista com o advento da Lei 8.930/94. Portanto, não se trata mais de delito hediondo. Logo, os outros delitos contidos nas outras alternativas, inclusive os que estão inseridos na própria alternativa "A", exceção feita a este do art. 270 do CP, são hediondos. Gabarito "A".

(Delegado/AP – 2006 – UFAP) Analise as assertivas e assinale a alternativa correta:

I. Caracteriza crime resultante de preconceito, estabelecido pela Lei n.º 7.716/89, impedir ou obstar, por qualquer meio ou forma, o casamento ou a convivência familiar e social.
II. Constitui efeito da condenação da Lei n.º 7.716/89, para o servidor público, a inabilitação para o exercício do cargo pelo prazo de três anos.
III. A promessa ou efetiva entrega de filho ou pupilo a terceiro, mediante paga ou recompensa, é crime previsto no Estatuto da Criança de do Adolescente e está sujeito a ação penal pública condicionada.

(A) Estão corretas todas as alternativas.
(B) Estão erradas todas as alternativas.
(C) Estão corretas apenas as alternativas II e III.
(D) Está correta apenas a alternativa I.
(E) Está correta apenas a alternativa III.

I: correta (art. 14 da Lei 7.716/89); II: incorreta (art. 16 Lei 7.716/89); III: o crime está capitulado no art. 238 do ECA - Lei 8.069/90, mas este, bem assim como todos os delitos nesta lei previstos são de ação penal pública incondicionada. Gabarito "D".

(Delegado/PB – 2009 – CESPE) Os crimes hediondos ou a eles assemelhados não incluem

(A) o atentado violento ao pudor.
(B) a extorsão mediante sequestro.
(C) a falsificação de produto destinado a fins terapêuticos.
(D) a associação permanente para o tráfico ilícito de substância entorpecente.
(E) a tentativa de genocídio.

Art. 1º da Lei 8.072/90. O art. 214 do CP, que previa o crime de atentado violento ao pudor, foi revogado pela Lei 12.015/09. Esta norma alterou a redação dos incisos V e VI do art. 1º da Lei de Crimes Hediondos, considerando como tal o *estupro*, que agregou a conduta antes prevista no revogado art. 214 do CP, e o *estupro de vulnerável*, bem assim suas formas qualificadas. Gabarito "D".

(Delegado/PI – 2009 – UESPI) Marque a afirmação correta que se aplica seja aos crimes hediondos (Lei 8.072/90), seja ao tráfico ilícito e ao uso indevido de substâncias entorpecentes (Lei 11.343/2006), seja aos crimes de tortura (Lei 9.455/97).

(A) As penas aplicadas ao usuário de substâncias entorpecentes são: a advertência sobre os efeitos das drogas, a prestação de serviços à comunidade e a medida educativa de comparecimento a programa ou curso educativo. Estas, nos casos de descumprimento injustificado, podem ser convertidas em pena privativa de liberdade.
(B) O crime de associação para o tráfico ilícito de entorpecente é um crime de concurso necessário, devendo ter no mínimo 2 (dois) sujeitos ativos.
(C) Os crimes de tortura, assim como os crimes hediondos, não admitem a anistia, a graça e o indulto.
(D) O roubo qualificado pelo resultado (lesão corporal grave e morte), estabelecido no art. 157 § 3°, é crime hediondo.
(E) Quem, sendo usuário de substância entorpecente, oferece droga, eventualmente e sem objetivo de lucro, a pessoa de seu relacionamento, para juntos a consumirem, pratica o crime de uso de substância entorpecente, com uma causa especial de aumento de pena pelo oferecimento da droga a terceira pessoa.

A: ainda que em caso de descumprimento, as penas impostas ao condenado pelo crime tipificado no art. 28 da Lei n° 11.343/06 não poderão ser convertidas em privativas de liberdade; B: o delito de associação para o tráfico, previsto no art. 35 da Lei 11.343/06, é autônomo e plurissubjetivo (de concurso necessário), já que o tipo penal exige o número mínimo de dois agentes para a concretização do crime; C: não há vedação à concessão de indulto para o crime de tortura (art. 5°, XLIII, da CF e art. 1°, § 6°, da Lei 9.455/97); D: o crime de latrocínio, previsto no art. 157, § 3°, in fine, do CP, é que está inserido no rol dos crimes hediondos. Nas hipóteses em que da violência resultar lesão corporal grave, não estará caracterizado crime hediondo; E: a conduta descrita configura o crime de tráfico eventual de droga (forma privilegiada deste delito), previsto no art. 33, § 3°, da Lei n° 11.343/06, cuja pena cominada será de detenção de seis meses a um ano, e pagamento de 700 a 1500 dias-multa, sem prejuízo das penas previstas no art. 28 da mesma Lei. Gabarito "B".

(Delegado/RJ – 2009 – CEPERJ) Relativamente à legislação penal extravagante, assinale a afirmativa incorreta.

(A) Considera-se autoridade, para os efeitos da Lei n° 4898/65, o serventuário da justiça.
(B) Constitui crime de tortura constranger alguém com emprego de grave ameaça, causando-lhe sofrimento mental, em razão de discriminação religiosa.
(C) Constitui crime previsto no Estatuto da Criança e do Adolescente submeter à tortura criança ou adolescente sob sua autoridade, guarda ou vigilância.
(D) De acordo com a doutrina, os sistemas de definição dos crimes hediondos são o legal, o misto e o judicial, sendo certo que o ordenamento jurídico brasileiro adotou o sistema legal.
(E) A pena do crime de tortura é aumentada se o crime é cometido mediante sequestro.

A: o art. 5° prevê que "considera-se autoridade, para efeitos da Lei 4.898/65, quem exerce cargo, emprego ou função pública, de natureza civil, ou militar, ainda que transitoriamente e sem remuneração", hipóteses na qual se insere o serventuário da justiça; B: art. 1°, I, "c", da Lei n° 9.455/97; C: incorreta – o crime está tipificado no art. 1°, com a incidência da causa de aumento prevista no § 4°, II, da Lei de Tortura; D: de acordo com a sistemática adotada, somente a lei pode indicar, em rol taxativo, quais são os crimes considerados hediondos. Dessa forma, não cabe ao magistrado, em vista da gravidade concreta do crime, a ele atribuir o rótulo de hediondo; também é defeso ao juiz deixar de considerar hediondo um crime que faça parte do rol legal. Não adotamos, pois, o chamado sistema judicial, e sim o sistema legal, em que cabe à lei, e somente a ela, definir quais crimes são hediondos; E: art. 1°, § 4°, III, da Lei n° 9.455/97. Gabarito "C".

(Delegado/SC – 2008) Analise as alternativas a seguir e assinale a correta.

(A) O crime de injúria qualificado pelo preconceito de raça, cor, etnia, religião, origem ou condição de pessoa idosa ou portadora de deficiência, por se assemelhar aos crimes resultantes de preconceito de raça ou de cor, é de ação penal pública incondicionada e imprescritível.
(B) Constitui crime de racismo a conduta de constranger alguém com emprego de violência ou grave ameaça, causando-lhe sofrimento físico ou mental em razão de discriminação racial.
(C) A Lei n. 7.716/89, que define os crimes resultantes de preconceito de raça ou de cor, não prevê figuras típicas que incriminem o preconceito em razão de sexo, estado civil e opção sexual.
(D) Se o indivíduo é impedido ou obstado de exercer algum direito seu em função de sua religião, o crime será de constrangimento ilegal e não de racismo, pois não há preceito na Lei n. 7.716/89 incriminando este tipo de discriminação.

A: a ação penal, no crime de injúria qualificada pelo preconceito de raça, cor, etnia, religião, origem ou condição de pessoa idosa ou portadora de deficiência, previsto no art. 140, § 3°, do CP, cuja pena cominada é bem superior à do caput, é pública condicionada a representação. Antes, a ação penal, neste crime, era de iniciativa privativa do ofendido. Esta mudança se deu por força da Lei 12.033/09, que modificou a redação do parágrafo único do art. 145 do Código Penal. Este crime não é imprescritível. Somente são imprescritíveis o crime de racismo (Lei 7.716/89) e a ação de grupos armados, civis e militares, contra a ordem constitucional e o Estado Democrático; B: cuida-se da conduta descrita no art. 1°, I, c, da Lei 9.455/97 (Lei de Tortura); C: correta, nos termos do art. 1° da Lei 7.716/89; D: incorreta, nos termos do art. 1° da Lei 7.716/89. Gabarito "C".

(Delegado/SC – 2008) Um Delegado de Polícia, depois de lavrado o termo de apreensão de um adolescente apreendido em situação de flagrante ato infracional (crime de homicídio), de propósito, deixou de fazer imediata comunicação à autoridade judiciária competente e à família do apreendido, como ele lhe pedira. O Delegado praticou:

(A) nenhum crime, pois não tinha obrigação de fazer tais comunicações.
(B) crime comissivo por omissão, previsto no Estatuto da Criança e do Adolescente.
(C) crime omissivo, previsto no Estatuto da Criança e do Adolescente (Lei n. 8.069/90).
(D) crime de abuso de autoridade, previsto na Lei n. 4.898/65.

Art. 231 do ECA. Gabarito "C".

(Delegado/SC – 2008) Analise o seguinte caso: "Tulius", reincidente em crime doloso, partícipe de crime de seqüestro ou cárcere privado, interrogado no inquérito pela autoridade policial, além de assumir seu envolvimento no ilícito, indicou o local onde se achava a vítima, o que permitiu a sua libertação com a integridade física preservada. No mesmo interrogatório "Tulius" delatou os seus comparsas – autores executores do crime, os quais foram identificados e posteriormente presos preventivamente. Ele poderá obter perdão judicial por força da delação premiada?

(A) Sim, pois ele preenche todos os requisitos exigidos pela Lei n. 9.807/99.
(B) Não, pois "Tulius" não é primário.
(C) Sim, porque não se trata de delito patrimonial praticado com violência ou grave ameaça à pessoa.
(D) Não, pois se trata de crime contra a liberdade da pessoa.

Art. 13, caput, da Lei 9.807/99. Gabarito "B".

(Delegado/SC – 2008) "Tício" ocultou bens e valores provenientes de uma série de vultosos estelionatos que ele sozinho praticara e os converteu em ativos lícitos. Esta conduta, isoladamente:

(A) configura crime de "lavagem" de bens e valores (Lei n. 9.613/98), visto que é suficiente para configuração deste delito que haja lesão ao sistema financeiro nacional.
(B) configura crime de "lavagem" de bens e valores (Lei n. 9.613/98), pois o rol constante do referido tipo penal é meramente exemplificativo.
(C) configura modalidade especial de receptação de bens e valores - Código Penal.
(D) não configura crime de "lavagem" de bens e valores (Lei n. 9.613/98), pois o crime de estelionato não está relacionado no referido tipo penal entre os crimes antecedentes à lavagem.

São, em conformidade com o art. 1° da Lei 9.613/98, crimes antecedentes da lavagem: o tráfico de drogas, o terrorismo, o contrabando ou tráfico de armas, a extorsão mediante sequestro, os crimes contra a Administração Pública, contra o sistema financeiro nacional, os praticados por organização criminosa e aqueles praticados por particular contra a Administração Pública estrangeira. Gabarito "D".

(Delegado/SP – 2008) Para efeito de tipificação de crime de lavagem de dinheiro (lei nº. 9.613/98), não é considerado crime antecedente o

(A) terrorismo.
(B) roubo de cargas.
(C) tráfico de drogas.
(D) contrabando.
(E) contrabando de armas.

O rol dos crimes antecedentes está no art. 1º da Lei 9.613/98. Gabarito "B".

(Delegado/SP – 2008) O Código de Defesa do Consumidor (Lei nº 8.078/90) tipifica a conduta de "omitir informação relevante sobre a natureza de produto" (art. 66) como crime

(A) formal, independente do resultado lesivo.
(B) material, porque produz resultado lesivo.
(C) permanente.
(D) habitual, que exige um *modus vivendi* do autor.
(E) formal, que exige resultado naturalístico.

Trata-se dos chamados crimes de **consumação antecipada**, em que o resultado lesivo não é necessário à consumação do crime, configurando, na hipótese de ele ocorrer, mero exaurimento (desdobramento típico). Gabarito "A".

(Delegado/TO – 2008 – CESPE) De acordo com a legislação especial pertinente, julgue o item seguinte.

Considere a seguinte situação hipotética. Em 28/7/2007, Maria foi presa e autuada em flagrante delito pela prática de um crime hediondo. Concluído o inquérito policial e remetidos os autos ao Poder Judiciário, foi deferido pelo Juízo pedido de liberdade provisória requerido pela defesa da ré. Nessa situação, procedeu em erro a autoridade judiciária, pois os crimes hediondos são insuscetíveis de liberdade provisória.

Em se tratando de crime hediondo ou delito a ele equiparado, é vedada, por força do disposto no art. 2º, II, da Lei de Crimes Hediondos, a concessão de fiança. Com a edição da Lei 11.464/07, que alterou este dispositivo e passou a admitir a liberdade provisória sem fiança (CF, art. 5º, XLIII), o juiz está autorizado a conceder liberdade provisória - sem fiança – nos crimes hediondos, desde que não presentes os requisitos da prisão preventiva – art. 312, CPP. Gabarito "C".

(Defensoria Pública da União – 2007 – CESPE) Julgue os itens seguintes.

(1) Não se estende ao crime de tortura a admissibilidade de progressão no regime de execução da pena aplicada aos demais crimes hediondos.
(2) Os condenados por crime decorrente de organização criminosa iniciarão o cumprimento da pena em regime fechado.
(3) Carece de justa causa a ação penal quanto ao crime contra a ordem tributária, caso a denúncia não esteja lastreada em decisão administrativa conclusiva concernente à investigação de sonegação fiscal, sendo cabível, na espécie, *habeas corpus* com o fim de trancamento da ação penal.

1: art. 2º, § 2º, da Lei 8.072/90; 2: art. 10 da Lei 9.034/95; 3: STJ, HC 48.063-SP, 5ª T., Rel. Ministra Jane Silva, j. 23.8.2007. *Vide* a Súmula Vinculante nº 24, que pacificou a questão. Gabarito 1E, 2C, 3C.

(Analista Judiciário/STJ – 2008 – CESPE) Acerca dos crimes hediondos, julgue o item que se segue.

(1) De acordo com a nova redação da Lei dos Crimes Hediondos, a pena será sempre cumprida em regime inicialmente fechado, cabendo a progressão de regime após o cumprimento de dois quintos da pena, se o apenado for primário.

Art. 2º, §§ 1º e 2º, da Lei 8.072/90. Gabarito 1C.

(CESPE – 2009) Antônio, réu primário, sofreu condenação já transitada em julgado pela prática do crime previsto no art. 273 do CP, consistente na falsificação de produto destinado a fins terapêuticos, praticado em janeiro de 2009. Em face dessa situação hipotética e com base na legislação e na jurisprudência aplicáveis ao caso, assinale a opção correta.

(A) Antônio cometeu crime hediondo, mas poderá progredir de regime de pena privativa de liberdade após o cumprimento de um sexto da pena, caso ostente bom comportamento carcerário comprovado pelo diretor do estabelecimento prisional.

(B) Antônio cometeu crime hediondo, de forma que só poderá progredir de regime de pena privativa de liberdade após o cumprimento de dois quintos da pena, caso atendidos os demais requisitos legais.
(C) Antônio cometeu crime hediondo e, portanto, não poderá progredir de regime.
(D) Antônio não cometeu crime hediondo e poderá progredir de regime de pena privativa de liberdade após o cumprimento de um sexto da pena, caso ostente bom comportamento carcerário comprovado pelo diretor do estabelecimento prisional, mediante decisão fundamentada precedida de manifestação do MP e do defensor.

O crime capitulado no art. 273 do CP é hediondo, nos exatos termos do art. 1º, VII-B, da Lei 8.072/90. Com a modificação legislativa implementada pela Lei 11.464/07, que alterou a redação do § 2º do art. 2º da Lei 8.072/90 (Crimes Hediondos), a progressão de regime, no caso de condenado a crime hediondo, dar-se-á após o cumprimento de dois quintos da pena, se se tratar de apenado primário; e de três quintos, se reincidente. Gabarito "B".

(CESPE – 2008) Assinale a opção correta no que concerne à legislação acerca de crimes hediondos.

(A) A nova Lei dos Crimes Hediondos prevê, como requisito objetivo para a progressão de regime, o cumprimento de um sexto da pena caso o réu seja primário.
(B) Em caso de sentença condenatória, o réu não poderá apelar em liberdade, haja vista a gravidade dos crimes elencados na referida legislação.
(C) É previsto, para a prisão temporária, nos crimes hediondos, o prazo, improrrogável, de trinta dias.
(D) A nova Lei dos Crimes Hediondos afasta a obrigatoriedade de cumprimento de pena em regime integralmente fechado.

A: art. 2º, § 2º, da Lei 8.072/90. Se primário o condenado, fará jus à progressão de regime depois de cumprir 2/5 da pena; em se tratando de apenado reincidente, deverá cumprir 3/5 da sanção imposta. Trata-se de modificação introduzida pela Lei 11.464/07, que pôs fim à celeuma existente a respeito da matéria; B: art. 2º, § 3º, da Lei 8.072/90; C: art. 2º, § 4º, da Lei 8.072/90. A custódia temporária está disciplinada na Lei 7.960/89; D: art. 2º, §§ 1º e 2º, da Lei 8.072/90. Gabarito "D".

37. TEMAS COMBINADOS DE DIREITO PENAL

(Magistratura/AL – 2008 – CESPE) A respeito dos crimes, assinale a opção correta.

(A) O crime de estupro é classificado pela doutrina como crime de ação livre.
(B) Crimes vagos são aqueles em relação aos quais o CP descreve várias condutas, como o crime de participação em suicídio.
(C) O crime de violação de domicílio é classificado como crime formal, pois não é necessária a ocorrência do resultado para a consumação do delito.
(D) Crime plurilocal é aquele em que a execução ocorre em um país e o resultado, em outro.
(E) O crime de apropriação de coisa achada é classificado como crime a prazo, tendo em vista que somente se aperfeiçoa se o agente não devolver o bem à vítima depois de 15 dias do achado.

A: a doutrina classificava o crime de estupro, até a mudança implementada pela Lei 12.015/09, como de *ação vinculada,* na medida em que só admitia se *conjunção carnal.* Ocorre que, no panorama atual, instaurado a partir desta nova legislação, este crime passou a ser de ação livre, tendo em conta que pode ser praticado tanto por meio de conjunção carnal quanto por qualquer outro ato libidinoso; B: crimes em relação aos quais a lei descreve várias condutas, como o crime de participação em suicídio, são os chamados crimes de ação múltipla ou de conteúdo variado (ou ainda crime plurinuclear). Crime vago é aquele em que o sujeito passivo é uma coletividade desprovida de personalidade jurídica; C: trata-se de *delito de mera conduta;* D: *delito plurilocal* é aquele em que a conduta se inicia em uma comarca e a consumação se opera em outra; E: crime a prazo é aquele cuja consumação está condicionada ao transcurso de um interregno. É o caso do delito tipificado no art. 169, II, do CP, em que o legislador introduziu um elemento temporal, necessário ao aperfeiçoamento do crime. Dessa forma, o agente que encontrar coisa perdida dispõe do prazo de quinze dias para devolvê-la ao proprietário ou possuidor. Gabarito "E".

(Magistratura/MS – 2008 – FGV) Assinale a afirmativa incorreta.

(A) Sempre que o agente, por ato voluntário, reparar o dano ou restituir a coisa, antes do recebimento da denúncia ou da queixa, a pena será reduzida de um a dois terços.
(B) O erro sobre elemento constitutivo do tipo legal de crime exclui o dolo, mas permite a punição por crime culposo, se previsto em lei.
(C) Não se pune a tentativa quando, por ineficácia absoluta do meio ou por absoluta impropriedade do objeto, é impossível consumar-se o crime.
(D) A omissão é penalmente relevante quando o omitente devia e podia agir para evitar o resultado, sendo o dever de agir descrito no Código Penal.
(E) Salvo disposição em contrário, pune-se a tentativa com a pena correspondente ao crime consumado, diminuída de um a dois terços.

A: o art. 16 do Código Penal cuida do *arrependimento posterior*, aplicável exclusivamente aos crimes cometidos sem violência ou grave ameaça contra a pessoa; B: art. 20, *caput*, do CP – erro sobre elementos do tipo; C: art. 17 do CP – crime impossível; D: art. 13, § 2º, do CP – relevância da omissão; E: art. 14, parágrafo único, do CP – pena da tentativa. Gabarito "A".

(Magistratura/SE – 2008 – CESPE) Com relação às infrações penais, assinale a opção correta.

(A) Não são crimes dolosos contra a vida a tentativa de homicídio, a instigação ao suicídio e o aborto provocado com o consentimento da gestante.
(B) São crimes sujeitos ao procedimento do tribunal do júri o latrocínio, a ocultação de cadáver e a lesão corporal seguida de morte.
(C) Os crimes de posse sexual mediante fraude e sedução foram revogados e, portanto, não são mais condutas típicas.
(D) O agente que reduz alguém a condição análoga à de escravo, sujeitando-o a condições degradantes de trabalho, terá sua pena aumentada se o crime for cometido por motivo de preconceito de raça ou cor.
(E) O agente que reconhece como verdadeira, no exercício da função pública, firma ou letra que sabe ser falsa pratica crime contra a administração pública.

A e B: são crimes dolosos contra a vida e, portanto, de competência do Tribunal do Júri: homicídio doloso; participação em suicídio; infanticídio; e aborto. Do Capítulo I da Parte Especial do Código Penal, dessa forma, tão somente o homicídio culposo não é da competência do Tribunal Popular; C: o art. 217, que definia o crime de sedução, foi revogado. A conduta ali capitulada, portanto, deixou de ser típica. De outro lado, as condutas descritas nos arts. 215 e 216 do CP foram, por força da Lei 12.015/09, reunidas em um único tipo penal, denominado *violação sexual mediante fraude* (art. 215, CP). Houve, em verdade, a integração de dois crimes em uma única figura delitiva; D: art. 149, § 2º, II, do CP; E: o crime do art. 300 do CP está inserido no Título X: "Dos Crimes contra a Fé Pública". Gabarito "D".

(Ministério Público/MG – 2010) Assinale a alternativa INCORRETA.

(A) O direito penal não admite a compensação de culpas.
(B) No erro de tipo essencial, o sujeito não age dolosamente.
(C) É admitido o uso da analogia no direito penal.
(D) A embriaguez completa não exclui a ilicitude do fato.
(E) O arrependimento eficaz é causa de diminuição de pena.

A: de fato, inexiste, no direito penal, compensação de culpas, isto é, uma conduta culposa não anula a outra; B: o erro de tipo exclui o dolo – art. 20, CP; C: a analogia em matéria penal só é admitida em benefício do réu (*in bonam partem*); D: a embriaguez completa do art. 28, § 1º, do CP constitui causa de exclusão da imputabilidade; E: o arrependimento eficaz, presente no art. 15, 2ª parte, do CP, tem natureza de excludente de tipicidade. Gabarito "E".

(Ministério Público/SC – 2010)

I. É impossível a participação mediante omissão no crime de furto.
II. O crime de induzimento à especulação é aquele em que bem jurídico tutelado, é o patrimônio da pessoa simplória, ignorante, que induzida em erro, é levada à prática de jogo ou aposta, ou a especular com títulos ou mercadorias.
III. O crime tipificado no artigo 1º, II, da lei 8.137/90, que incrimina a omissão de operação de qualquer natureza em documento ou livro exigido pela lei fiscal é crime formal.
IV. A lesão corporal, qualificada pelo aborto, artigo 129 § 2º, IV, do CP, é crime preterdoloso.
V. O artigo 218 - B, do Código Penal, "Favorecimento da Prostituição ou outra forma de exploração sexual de vulnerável", na hipótese de condenação do crime mencionado do proprietário ou gerente do local, em que se verifique a prática delituosa, a lei criou um efeito obrigatório da condenação: a cassação da licença de localização e funcionamento do estabelecimento.

(A) Apenas as assertivas I, II e III estão corretas.
(B) Apenas as assertivas I, III e IV estão corretas.
(C) Apenas as assertivas II, III e V estão corretas.
(D) Apenas as assertivas II, IV e V estão corretas.
(E) Todas as assertivas estão corretas.

I: incorreta, pois é possível, sim, a participação por omissão em crime comissivo; II: assertiva correta. Conduta prevista no art. 174 do CP; III: assertiva incorreta, visto que as condutas previstas no art. 1º da Lei 8.137/90 constituem crime material, na medida em que se exige, à sua consumação, prejuízo efetivo para o Estado, representado pela supressão ou redução do tributo. Este é o entendimento firmado na Súmula Vinculante nº 24; IV: se a morte do feto foi provocada a título de culpa e o agente tinha ciência da gravidez, incorrerá este no crime do art. 129, § 2º, V, do CP, que de fato é preterdoloso (dolo na lesão e culpa na interrupção da gravidez – aborto). De outro lado, se o agente, além de causar a lesão na gestante, queria, também, interromper a gravidez desta, o crime em que ele irá incorrer é outro, pois, neste caso, resta evidente que ele agiu com dolo, e não com culpa. Seria o caso, então, de responsabilizá-lo por crime de aborto sem o consentimento da gestante – art. 125, CP; V: assertiva correta, nos termos do art. 218-A, § 3º, do CP. Gabarito "D".

(Procurador do Estado/CE – 2008 – CESPE) Em cada uma das opções abaixo é apresentada uma situação hipotética, seguida de uma assertiva a ser julgada com base na parte geral do direito penal e na jurisprudência do STJ e do STF. Assinale a opção que contém a assertiva correta.

(A) Thales deu início à execução de crime de estupro, empregando grave ameaça à vítima e com ela mantendo contato físico. Todavia, em virtude de momentânea falha fisiológica, a conjunção carnal não se consumou. Nessa situação, deve ser reconhecida a desistência voluntária em favor de Thales, que só responderá pelos atos já praticados.
(B) Wagner, instado a se identificar, por solicitação de agente policial, exibiu cédula de identidade que sabe falsificada, com o nome de Geraldo. Como o policial conhecia Wagner, imediatamente constatou a falsidade na identificação. Nessa situação, não se configura o crime de uso de documento falso, pois se trata de hipótese de crime impossível.
(C) Fátima, funcionária pública, praticou crime de peculato doloso contra a administração pública, apropriando-se de dinheiro do qual tinha a posse em razão do cargo. Antes, porém, do oferecimento da denúncia, ressarciu integralmente o dano. Nessa situação, o ressarcimento antes do oferecimento da denúncia não extingue a punibilidade de Fátima nem caracteriza o arrependimento eficaz.
(D) Érico, mediante grave ameaça exercida com emprego de arma de fogo, subtraiu o relógio e o computador portátil de Flávia. Nessa situação, se o dano for reparado até o recebimento da denúncia por ato voluntário de Érico, a pena poderá ser reduzida de um a dois terços.
(E) Caio praticou crime de homicídio em estrita obediência a ordem manifestamente ilegal de seu superior hierárquico Roberto. Nessa situação, somente Roberto é punível.

A: na desistência voluntária – art. 15, 1ª parte, CP –, o agente, que já deu início à execução do crime, resolve, por ato voluntário, interromper o *iter criminis*. Ele pode dar sequência à execução e chegar à consumação, mas acha por bem suspender, desistir. Se o agente é acometido por falha fisiológica, é evidente que o *iter* foi interrompido por circunstâncias alheias à sua vontade. A assertiva, dessa forma, está incorreta; B: STF, HC 70.422-RJ, 1ª T., Rel. Min. Sydney Sanches, DJU de 24.6.94; C: a extinção da punibilidade a que alude o art. 312, § 3º, do CP só tem incidência no peculato culposo, previsto no § 2º do mesmo art. 312. No que concerne ao arrependimento eficaz, previsto no art. 15, 2ª parte, do CP, somente terá aplicação antes da consumação do crime, em que o agente, uma vez realizados todos os atos necessários, passa a agir para que o resultado não se produza; D: o arrependimento posterior – art. 16 do CP – somente terá lugar se se tratar de crime praticado sem violência ou grave ameaça à pessoa; E: em se tratando de ordem manifestamente ilegal, responderão pelo crime superior e subordinado. Gabarito "C".

(Procurador do Estado/SC – 2009) Assinale a alternativa correta:

(A) O arrependimento eficaz nos crimes cometidos sem violência ou grave ameaça à pessoa, reparado o dano ou restituída a coisa por ato voluntário do agente, até o oferecimento de denúncia, determina a redução da pena aplicável de um a dois terços.
(B) O erro sobre a ilicitude do fato, se inevitável, exclui o dolo; se evitável, poderá determinar a diminuição da pena de um sexto a um terço.
(C) A teoria da ubiquidade significa que se considera lugar do crime tanto o lugar do comportamento como o do resultado.
(D) A pena restritiva de direito de limitação de fim de semana consiste na permanência por período integral, aos sábados e domingos, em casa de albergado ou outro estabelecimento adequado.
(E) O ajuste, a determinação ou instigação e o auxílio não são puníveis se o crime não chega a ser tentado.

A: o arrependimento eficaz, que só tem lugar antes de o crime se consumar, tem seus requisitos traçados no art. 15, 2ª parte, do CP; B: art. 21 do CP; C: a teoria da ubiquidade está consagrada no art. 6º do Código Penal; D: art. 48 do CP; E: art. 31 do CP. Gabarito "C".

(Defensoria/RN – 2006) Em matéria de excludentes é correto afirmar que

(A) o erro sobre elemento constitutivo do tipo legal exclui a punibilidade.
(B) atuando sob a excludente da legítima defesa, o agente será responsabilizado pelos excessos, inclusive quando decorrentes de culpa.
(C) o erro sobre a pessoa exclui o dolo.
(D) no crime que resulta de estrita obediência à ordem, não manifestamente ilegal, de superior hierárquico, serão puníveis o executor do ato e o autor da ordem.

A: art. 20 do CP; B: art. 23, parágrafo único, do CP; C: art. 20, § 3º, do CP; D: art. 22 do CP. Gabarito "B".

(CESPE – 2009) Constitui conduta criminosa

(A) deixar o pai de prover, sem justa causa, a instrução primária do filho em idade escolar.
(B) cometer adultério.
(C) emitir cheque pré-datado, sabendo-o sem provisão de fundos.
(D) destruir culposamente a vidraça de prédio pertencente ao departamento de polícia civil.

A: a conduta dos pais que deixam de providenciar, sem justa causa, a educação primária do filho em idade escolar está descrita no art. 246 do CP – abandono intelectual; B: o art. 240 do CP, que definia o crime de adultério, foi revogado pela Lei 11.106/05. Suas implicações atualmente estão limitadas ao direito de família; C: cheque é ordem de pagamento à vista. Se alguém aceita o cheque para futura compensação, configurada estará uma promessa de pagamento. Nesse caso, não sendo o título compensado por falta de provisão de fundos, estaremos diante de um ilícito civil; D: não há, no CP, previsão de dano culposo. O art. 163 do CP não faz qualquer menção à modalidade culposa desse crime. Gabarito "A".

(CESPE – 2006) Relativamente ao direito penal, assinale a opção correta.

(A) Admite-se a responsabilidade penal da pessoa jurídica em crimes ambientais desde que haja a imputação simultânea do ente moral e da pessoa física que atua em seu nome ou em seu benefício, uma vez que não se pode compreender a responsabilização do ente moral dissociada da atuação de uma pessoa física, que age com elemento subjetivo próprio.
(B) O crime de omissão de socorro qualifica-se como crime omissivo impróprio, bastando, para que se repute consumado, que o agente tenha se omitido quando deveria ter agido.
(C) O princípio da insignificância pode ser aplicado ao delito de contrabando de munição de arma de fogo.
(D) O reconhecimento da atenuante da confissão espontânea tem o condão de reduzir a pena aquém do mínimo legal.

A: art. 225, § 3º, da CF; art. 3º, parágrafo único, da Lei n. 9.605/1998 (Lei de Crimes Ambientais); B: o crime de omissão de socorro (art. 135, CP) é *omissivo próprio* (omissivo puro), já que se consuma com a mera abstenção do agente; C: o princípio da insignificância, para ser aplicado, conforme tem entendido o STF, deve atender a alguns requisitos, a saber: mínima ofensividade da conduta; nenhuma periculosidade social da ação; reduzidíssimo grau de reprovabilidade do comportamento; e inexpressividade da lesão jurídica provocada; D: a confissão espontânea está no art. 65, III, *d*, do CP. Quanto à possibilidade de o magistrado, diante da confissão espontânea, romper o mínimo legal, a despeito de parte da doutrina – minoritária – defender tal posicionamento, a Súmula n. 231 do STJ é clara: "A incidência da circunstância atenuante não pode conduzir a redução da pena abaixo do mínimo legal". Gabarito "A".

4. DIREITO PROCESSUAL PENAL

Eduardo Dompieri

1. FONTES, PRINCÍPIOS GERAIS, EFICÁCIA DA LEI PROCESSUAL NO TEMPO E NO ESPAÇO

(Magistratura/MG – 2008) São implicações do principio do devido processo legal, EXCETO:

(A) Favor rei, Imparcialidade do Juiz, Legalidade das formas.
(B) Estado de inocência, Juiz Natural, Identidade física do Juiz.
(C) Publicidade, Indisponibilidade da Ação Penal Pública, Oficialidade.
(D) Verdade real, Assistência Judiciária, Iniciativa da parte.

A Lei 11.719/08 introduziu no art. 399 do CPP o § 2°, conferindo-lhe a seguinte redação: "O juiz que presidiu a instrução deverá proferir a sentença". O princípio da identidade física do juiz, antes exclusivo do processo civil, doravante será também aplicável ao processo penal. Como as restrições não foram disciplinadas no Código de Processo Penal, deve-se aplicar, quanto a estas, o que estabelece o art. 132 do Código de Processo Civil. Conferir: STJ, HC 163.425-RO, DJ 18.3.10. Gabarito "B".

(Magistratura/SP – 2008) Em face da garantia (CF, art. 5°, LVIII) de que "o preso será informado de seus direitos, entre os quais o de permanecer calado, sendo assegurada a assistência de família e de advogado, assinale a alternativa correta.

(A) É imprescindível a assistência de advogado, na delegacia de polícia, ao preso.
(B) É suficiente garantir ao preso, na delegacia de polícia, a possibilidade de ser assistido por advogado.
(C) Não é permitida a assistência de advogado ao preso, na delegacia, uma vez que na fase policial vigora o princípio inquisitivo.
(D) Somente é necessária a assistência de advogado ao preso, se maior de 18 (dezoito) e menor de 21 (vinte e um) anos.

Reza o art. 6°, V, do CPP que a autoridade policial deverá, quando do interrogatório, aplicar as regras do interrogatório judicial no que couber. Seria inviável condicionar o interrogatório do preso à presença de seu advogado, sendo, pois, suficiente que a autoridade a ele garanta a possibilidade de ser assistido por seu patrono. Gabarito "B".

(Ministério Público/CE – 2009 – FCC) Quanto à eficácia temporal, a lei processual penal

(A) aplica-se somente aos fatos criminosos ocorridos após a sua vigência.
(B) vigora desde logo, tendo sempre efeito retroativo.
(C) tem aplicação imediata, sem prejuízo da validade dos atos já realizados.
(D) tem aplicação imediata nos processos ainda não instruídos.
(E) não terá aplicação imediata, salvo se para beneficiar o acusado.

Via de regra, a lei processual penal, em vista do disposto no art. 2° do CPP, terá aplicação imediata (*tempus regit actum*). Há, entretanto, normas jurídicas que possuem natureza mista (normas híbridas), isto é, são dotadas de natureza processual e material ao mesmo tempo. Dessa forma, se se tratar de uma norma processual de caráter material penal, deverá prevalecer, em detrimento do regramento estabelecido no art. 2° do CPP, as normas contidas no art. 5°, XL, da CF e art. 2°, parágrafo único, do Código Penal. Em se tratando de uma norma mais favorável ao réu, deverá retroagir em seu benefício; se prejudicial a lei nova, aplica-se a lei já revogada (*lex mitior*). Gabarito "C".

(Defensor Público/GO – 2010 – I. Cidades) Em relação ao princípio da celeridade e razoável duração do processo, o Brasil adotou o critério

(A) da fixação de prazo determinado para o término do processo penal, prevendo consequências materiais para o descumprimento.
(B) do não prazo, possibilitando a flexibilização justificada da duração do processo de acordo com a complexidade do caso, número de acusados, número de testemunhas, número de vítimas, testemunhas residentes em outras localidades, entre outros.
(C) da fixação do prazo certo para o processo tramitar, atribuindo consequências aos sujeitos processuais pelo descumprimento do tempo ideal fixado pela lei.
(D) do não prazo, possibilitando a flexibilização discricionária do tempo do processo, sem consequências paras os sujeitos processuais pelo descumprimento do razoável.
(E) do prazo certo, seguindo o modelo paraguaio de atribuir consequências materiais ao descumprimento, como a extinção da punibilidade e arquivamento do processo.

O *princípio da celeridade e razoável duração do processo* está contemplado no art. 5°, LXXVIII, da CF, em relação ao qual o critério utilizado foi o de não se adotar prazo certo. Anote-se que os prazos a que aludem os arts. 400 (ordinário), 412 (júri) e 531 (sumário), todos do CPP, dizem respeito ao interregno dentro do qual deve realizar-se a audiência. Trata-se de prazos impróprios, isto é, seu descumprimento não acarreta sanção alguma. No mais, a extrapolação destes prazos e, por conseguinte, a duração do processo hão de ser analisadas caso a caso, a depender da complexidade de cada feito. Gabarito "B".

(Defensoria/MG – 2009 – FURMARC) O princípio processual que impede que o cidadão venha a ser preso de forma desnecessária é conhecido como:

(A) Correlação.
(B) Juízo natural.
(C) Ampla defesa.
(D) Não-culpabilidade.
(E) Publicidade.

Art. 5°, LVII, da CF. A *prisão provisória* ou *processual* somente se justifica dentro do ordenamento jurídico quando necessária ao processo. Na atual ordem constitucional, é inconcebível que a custódia cautelar decorra de *automatismo legal*, sem que haja qualquer demonstração de necessidade na decretação da prisão. Ademais, tendo em conta as mudanças implementadas pela recente Lei 12.403/11, que instituiu as medidas cautelares alternativas à *prisão provisória*, esta, além de absolutamente necessária, somente terá lugar diante da impossibilidade de se recorrer àquelas. Dessa forma, a custódia provisória, como medida excepcional, deve também ser vista como instrumento subsidiário, supletivo. Gabarito "D".

(Defensor Público/MS – 2008 – VUNESP) O princípio da publicidade

(A) não tem aplicabilidade no direito processual penal brasileiro, visto que não está previsto na Constituição Federal.
(B) é aquele que garante à imprensa acesso a todas as informações processuais, em nome do interesse público.
(C) é regra geral no sistema processual do tipo acusatório.
(D) manifesta-se claramente nos atos praticados durante a feitura do inquérito policial, em razão da natureza inquisitiva da referida peça informativa.

A: incorreta, na medida em que o processo penal é, sim, informado pelo *princípio da publicidade* – arts. 5º, LX, e 93, IX, da CF; B: é verdade que a publicidade dos atos processuais constitui a regra, mas a própria CF autoriza a restrição à publicidade desses atos sempre que se revelar necessária a *preservação da intimidade ou do interesse social* (art. 93, IX, da CF); C: correta, visto que o sistema acusatório, aqui acolhido, contempla, entre outras características, a *publicidade*; D: incorreta, pois o inquérito policial é, em vista do que dispõe o art. 20 do CPP, sigiloso. Ocorre que, a teor do art. 7º, XIV, da Lei 8.906/94 (Estatuto da Advocacia), constitui direito do advogado, entre outros: "examinar em qualquer repartição policial, mesmo sem procuração, autos de flagrante e de inquérito, findos ou em andamento, ainda que conclusos à autoridade, podendo copiar peças e tomar apontamentos". Sobre este tema, a propósito, o STF editou a Súmula Vinculante nº 14, a seguir transcrita: "É direito do defensor, no interesse do representado, ter acesso amplo aos elementos de prova que, já documentados em procedimento investigatório realizado por órgão com competência de polícia judiciária, digam respeito ao exercício do direito de defesa". Ademais, afirmar-se que o inquérito é inquisitivo implica dizer que a ele não se aplicam o *contraditório* e a *ampla defesa*. Gabarito "C".

(Defensoria/RN – 2006) O Direito Processual Penal pátrio consagra os seguintes princípios, exceto a (o)

(A) publicidade dos atos processuais, tendo em vista a proteção da intimidade do acusado.
(B) indisponibilidade do processo, salvo na ação penal privada e na ação penal pública condicionada a representação.
(C) identidade física do juiz inclusive nos processos sumários onde há concentração dos atos processuais.
(D) princípio do impulso oficial na produção das provas.

O princípio da identidade física do juiz, antes exclusivo do Processo Civil, foi incorporado ao Direito Processual Penal a partir do advento da Lei 11.719/08, que introduziu o § 2º no art. 399 do CPP. Gabarito "C".

(Defensoria/SP – 2006 – FCC) O caráter instrumental do processo penal significa

(A) a regra da oficialidade dos órgãos incumbidos da persecutio criminis.
(B) um instrumento ético e político de atuação da justiça substancial e garantia das liberdades.
(C) um instrumento autônomo do direito material.
(D) o aproveitamento dos atos processuais.
(E) que o Estado prestará assistência jurídica integral e gratuita aos que comprovarem insuficiência de recursos.

O Processo Penal constitui autêntico meio para fazer atuar o direito material. Ressalte-se por oportuno que a instrumentalidade do Direito Processual Penal revela-se mais evidente na medida em que o Direito Penal não é de coação direta, dependendo, portanto, do processo para ver aplicada a pena. Gabarito "B".

(Defensoria/SP – 2007 – FCC) Uma lei que atribuísse à Defensoria Pública, obrigatoriamente, a defesa dos acusados de envolvimento em ações de organização criminosa, tráfico ilícito de entorpecentes, entre outros delitos, salvo se pudessem comprovar a origem lícita dos recursos destinados ao pagamento de honorários advocatícios,

(A) violaria as garantias constitucionais da ampla defesa e da presunção de inocência.
(B) atenderia ao interesse de repressão à criminalidade organizada, impedindo que recursos financeiros oriundos de crime fossem utilizados para a contratação de advogados, compatibilizando-se com as garantias constitucionais.
(C) ratificaria a importância da Defensoria Pública, como instituição essencial à função jurisdicional do Estado.
(D) seria compatível com as garantias constitucionais do processo, diante do caráter não absoluto dos direitos fundamentais e da aplicação do princípio da proporcionalidade.
(E) desvirtuaria a atuação da Defensoria Pública na esfera penal, que tem como pressuposto obrigatório a hipossuficiência financeira do acusado.

Art. 5º, LV e LVII, da CF. Gabarito "A".

(Defensoria/SP – 2007 – FCC) Lei nova, ampliando o prazo de duração da prisão temporária, incidirá

(A) nos inquéritos policiais em curso, podendo atingir as prisões temporárias decretadas antes da vigência da lei, por se tratar de norma processual (*tempus regit actum*).
(B) nos inquéritos policiais em curso, apenas nos casos em que a prisão temporária do indiciado ainda não houver sido prorrogada.
(C) apenas nos processos penais instaurados após a sua entrada em vigor, por se tratar de lei processual penal material.
(D) apenas em relação aos fatos ocorridos após a sua entrada em vigor, por se tratar de lei processual penal material.
(E) em nenhuma situação, face à inconstitucionalidade dessa modalidade de prisão processual.

Em regra, a lei processual penal terá aplicação imediata, conforme estabelece o art. 2º do CPP. Há, entretanto, normas jurídicas que possuem natureza mista (normas, por isso, híbridas), isto é, são dotadas de natureza processual e material ao mesmo tempo. Dessa forma, se se tratar de uma norma processual de caráter material penal, deverá prevalecer, em detrimento do regramento estabelecido no art. 2º do CPP, as normas contidas nos arts. 5º, XL, da CF e 2º, parágrafo único, do Código Penal. Em se tratando de uma norma mais favorável ao réu, deverá retroagir em seu benefício; se prejudicial a lei nova, aplica-se a lei já revogada (*lex mitior*). Gabarito "D".

(Cartório/DF – 2008 – CESPE) Julgue o item seguinte.

(1) A exigência de defesa técnica, para a observância do devido processo legal, impõe a presença do profissional da advocacia na audiência de interrogatório do acusado, sendo essa uma formalidade de cunho nitidamente constitucional.

Art. 5º, LIV e LV, da CF; art. 185 do CPP. Gabarito "C".

(Cartório/DF – 2008 – CESPE) Julgue o item seguinte.

(1) A CF assegura aos acusados o contraditório e a ampla defesa, com os meios e recursos a ela inerentes. Entre tais meios, inclui-se o Pacto de São José da Costa Rica, que prevê garantia judicial da comunicação prévia e pormenorizada da imputação. Em consonância com essa orientação constitucional, o CPP determina que a acusação deve conter a exposição do fato criminoso, com todas as suas circunstâncias, a qualificação do acusado ou esclarecimentos pelos quais se possa identificá-lo, a classificação do crime e, quando necessário, o rol de testemunhas.

Art. 41 do CPP. Gabarito "C".

(Delegado/AM) A alternativa incorreta, quanto à eficácia temporal da lei processual penal, é:

(A) com fundamento no CPP, a lei processual penal propriamente dita terá, salvo disposição em contrário, aplicação imediata, independentemente de ser ou mais severa ou mais benéfica para o indiciado ou acusado
(B) em regra, a lei processual penal propriamente dita não retroage, preservando-se, portanto, os atos já praticados na vigência da lei anterior
(C) em regra, a lei processual penal propriamente dita retroage para beneficiar o acusado, acarretando a modificação dos atos já praticados
(D) a nova lei processual penal propriamente dita aplica-se aos atos futuros

Via de regra, a lei processual penal, em vista do disposto no art. 2º do CPP, terá aplicação imediata (*tempus regit actum*). Há, entretanto, normas jurídicas que possuem natureza mista, isto é, são dotadas de natureza processual e material ao mesmo tempo. Dessa forma, se se tratar de uma norma de caráter material penal, deverá prevalecer, em detrimento do regramento estabelecido no art. 2º do CPP, a norma contida no art. 2º, parágrafo único, do CP. Em se tratando de uma norma mais favorável ao réu, deverá retroagir em seu benefício; se prejudicial a nova lei, aplica-se a lei revogada (*lex mitior*). Gabarito "C".

(Delegado/BA – 2008 – CEFETBAHIA) Sobre Sistemas Processuais, pode-se afirmar que o

(A) Acusatório prega o respeito incondicional ao contraditório, à publicidade, à imparcialidade, à ampla defesa, bem como distribui a órgãos distintos as funções de acusar, defender e julgar.
(B) Inquisitivo fixa que o Contraditório deve sempre ser observado, havendo separação de poderes entre a autoridade policial, o juiz e o promotor.
(C) Inquisitivo, adotado pelo Brasil, determina que basta o Inquérito Policial para julgar alguns crimes ou contravenções, dispensando-se, nesses casos, o processo penal.

(D) Misto, apesar de ser uma fusão dos dois outros, prescreve que, em nenhum momento, as garantias constitucionais sejam observadas, daí porque a doutrina tece severas críticas.
(E) Acusatório confere mais poderes e prerrogativas ao Ministério Público do que ao réu, visto como objeto da relação processual.

São características imanentes ao *sistema acusatório*: além de uma nítida separação nas funções de acusar, julgar e defender, o processo é público e contraditório; ademais, há imparcialidade do órgão julgador e a ampla defesa é assegurada. O *sistema inquisitivo*, por seu turno, constitui a antítese do acusatório, em que, *grosso modo*, as funções de acusar, defender e julgar reúnem-se em uma única pessoa. Além disso, o processo é sigiloso e nele não vige o contraditório. No *sistema misto*, por fim, há uma fase inicial inquisitiva, ao final da qual tem início uma etapa em que são asseguradas todas as garantias inerentes ao acusatório. "A". Gabarito

(Delegado/SC – 2008) Quanto à eficácia da lei processual no tempo, assinale a alternativa correta.

(A) A lei processual penal nova aplica-se retroativamente ao processo iniciado sob a égide de lei processual anterior, devendo ser retificados todos os atos com ela incompatíveis, realizados sob a vigência daquela.
(B) A lei processual penal nova aplica-se ao processo em andamento, ainda que o fato que motivou a ação penal (crime ou contravenção) tenha sido cometido antes de sua entrada em vigor e mesmo que sua aplicação se dê em prejuízo do agente.
(C) A lei processual penal revogada mais benéfica ao agente tem extra-atividade; é aplicável aos processos iniciados sob a sua égide.
(D) A lei processual revogada mais benéfica ao agente tem extra-atividade quando o fato que originou a ação penal tenha sido praticado sob a sua égide.

Art. 2º do CPP. Adotou-se, quanto à eficácia da lei processual penal no tempo, o *princípio da aplicação imediata*, preservando-se os atos até então praticados. Faz-se uma ressalva. Quando se tratar de uma norma processual dotada de caráter penal material, a sua eficácia no tempo deverá seguir o regramento estabelecido nos arts. 5º, XL, da CF e 2º, parágrafo único, do Código Penal. "B". Gabarito

(Delegado/SC – 2008) Acerca do "princípio do estado de inocência", é correto afirmar que:

(A) a exigência da prisão provisória, para apelar, ofende o "princípio do estado de inocência".
(B) o "princípio do estado de inocência" impede a prisão cautelar do réu.
(C) o "princípio do estado de inocência" obsta que se recolha o réu à prisão antes do trânsito em julgado da sentença condenatória.
(D) o "princípio do estado de inocência" obsta que, na sentença de pronúncia, o juiz determine o lançamento do réu no rol dos culpados.

A: o art. 594 do CPP foi revogado pela Lei 11.719/08; B e C: a Súmula 9 do STJ estabelece que a prisão provisória não ofende o princípio constitucional do estado de inocência, consagrado no art. 5º, LVII, da CF; D: o lançamento do nome do réu no rol dos culpados antes do trânsito em julgado da sentença penal condenatória constitui flagrante violação ao princípio do estado de inocência, contido no art. 5º, LVII, da CF. "D". Gabarito

(Delegado/SP – 2008) O Código de Processo Penal pátrio, no campo de eficácia da lei penal no espaço, adotou, como regra, o princípio da

(A) legalidade.
(B) territorialidade relativa.
(C) extraterritorialidade.
(D) territorialidade.
(E) territorialidade condicionada.

Acolhemos, de fato, no que toca à eficácia da lei processual no espaço, o *princípio da territorialidade*, consagrado no art. 1º do CPP. Implica dizer, portanto, que ao crime ocorrido em território nacional será aplicada a lei processual penal brasileira. "D". Gabarito

(Procuradoria Federal – 2007 – CESPE) Julgue o item seguinte.

(1) Em relação à lei processual penal no tempo, vigora o princípio do efeito imediato, segundo o qual *tempus regit actum*. De acordo com tal princípio, as normas processuais penais têm aplicação imediata, mas consideram-se válidos os atos processuais realizados sob a égide da lei anterior.

Art. 2º do Código de Processo Penal. "1C". Gabarito

(Procurador da Fazenda Nacional – 2007.2 – ESAF) No sistema processual penal acusatório, adotado pelo legislador brasileiro, pode-se apontar os seguintes elementos:

(A) processo judicial sigiloso, inquisitivo e sistema de provas tarifado.
(B) processo judicial público e juizado de instrução.
(C) processo judicial público, contraditório e defesa restrita.
(D) separação entre as funções de acusar, julgar e defender.
(E) processo judicial público, preferência para o órgão acusador e sistema de provas do livre convencimento.

São características imanentes ao sistema acusatório: além de uma nítida separação nas funções de acusar, julgar e defender, o processo é público e contraditório; além disso, há imparcialidade e a ampla defesa é assegurada. O sistema inquisitivo constitui a antítese do acusatório, em que, *grosso modo*, as funções de acusar, defender e julgar reúnem-se na mesma pessoa. O processo é sigiloso e não vige o contraditório. No sistema misto, por fim, há uma fase inicial inquisitiva, ao final da qual tem início uma etapa em que são asseguradas todas as garantias inerentes ao acusatório. "D". Gabarito

(Defensoria Pública da União – 2010 – CESPE) Acerca da aplicação da lei processual penal no tempo, julgue os itens que se seguem.

(1) O direito processual brasileiro adota o sistema do isolamento dos atos processuais, de maneira que, se uma lei processual penal passa a vigorar estando o processo em curso, ela será imediatamente aplicada, sem prejuízo dos atos já realizados sob a vigência da lei anterior.
(2) Em caso de leis processuais penais híbridas, o juiz deve cindir o conteúdo das regras, aplicando, imediatamente, o conteúdo processual penal e fazendo retroagir o conteúdo de direito material, desde que mais benéfico ao acusado.

1: conforme reza o art. 2º do CPP, a lei processual penal terá aplicação imediata, preservando-se os atos realizados sob a égide da lei anterior; 2: há normas processuais penais que possuem natureza mista, híbrida, isto é, são dotadas de natureza processual e material ao mesmo tempo. Nesse caso, deverá prevalecer, em detrimento do regramento estabelecido no art. 2º do CPP, a norma contida no art. 2º, parágrafo único, do Código Penal (art. 5º, XL, da CF). Em se tratando de norma mais favorável ao réu, deverá retroagir em seu benefício; se prejudicial a lei nova, aplica-se a lei já revogada. Não poderá o juiz, entretanto, cindir o conteúdo da norma, fazendo com que parte dela retroaja e outra seja de imediato aplicada. "1C, 2E". Gabarito

(CESPE – 2009) A lei processual penal

(A) não admite aplicação analógica, em obediência ao princípio da legalidade estrita ou tipicidade expressa.
(B) admite interpretação extensiva e o suplemento dos princípios gerais de direito, por expressa disposição legal.
(C) tem aplicação imediata, devendo os atos praticados sob a vigência de lei anterior revogada ser renovados e praticados sob a égide na nova lei, sob pena de nulidade absoluta.
(D) não retroagirá, salvo para beneficiar o réu, não vigorando, no direito processual penal, o princípio *tempus regit actum*.

A e B: art. 3º do CPP; C e D: art. 2º do CPP. Adotou-se, quanto à eficácia da lei processual no tempo, o *princípio da aplicação imediata* (*tempus regit actum*), preservando-se os atos até então praticados. Vale, aqui, fazer uma ressalva. Quando se tratar de uma norma processual dotada de caráter penal material, a sua eficácia no tempo deverá seguir o regramento do art. 2º, p. único, do Código Penal (art. 5º, XL, da CF), ou seja, a lei processual penal material poderá retroagir em benefício do réu. "A". Gabarito

(CESPE – 2008) Assinale a opção correta de acordo com o CPP.

(A) Com a aplicação imediata da lei processual penal, os atos realizados sob a vigência da lei anterior perdem sua validade.
(B) A lei processual penal não admite interpretação extensiva.
(C) Caso a autoridade policial tome conhecimento de um crime de ação penal privada, ela poderá instaurar, de ofício, o inquérito policial.
(D) Caso a autoridade policial tome conhecimento da prática de infração penal, ela deve averiguar a vida pregressa do indiciado, sob o ponto de vista individual, familiar e social, sua condição econômica, sua atitude e estado de ânimo antes e depois do crime e durante ele, bem como quaisquer outros elementos que contribuírem para a apreciação do seu temperamento e caráter.

A: art. 2º do CPP. A lei processual penal é aplicada desde logo e os atos realizados sob a vigência da lei anterior são preservados. Não perdem, pois, sua validade; B: a lei processual penal admite, nos termos do art. 3º do CPP, interpretação extensiva;

C: a autoridade policial depende, para proceder a inquérito, em crime de ação penal privada, de requerimento formulado pelo ofendido ou por quem tenha legitimidade para ajuizar a ação respectiva - art. 5º, § 5º, do CPP; D: assertiva correta, visto que em conformidade com o que estabelece o art. 6º, IX, do CPP. "D". Gabarito

(CESPE – 2008) Com base na CF, assinale a opção correta.

(A) O Estado indenizará o condenado por erro judiciário, a pessoa que ficar presa além do tempo fixado na sentença bem como o preso provisório.
(B) Concede-se *habeas corpus* sempre que o indivíduo sofrer ou se achar em iminente perigo de sofrer violência ou coação em relação a qualquer de seus direitos individuais, por ilegalidade ou abuso de poder.
(C) Aos acusados são assegurados o contraditório e a ampla defesa, não sendo possível restringir determinado recurso a apenas uma das partes, como a defesa, por exemplo.
(D) Assegura-se ao acusado a gratuidade do habeas corpus, a razoável duração do processo e os meios que garantam a celeridade de tramitação processual.

A: art. 5º, LXXV, da CF; B: art. 5º, LXVIII, da CF; C: art. 5º, LV, da CF; D: art. 5º, LXXVII, da CF (gratuidade do *habeas corpus)*; art. 5º, LXXVIII, da CF (razoável duração do processo e os meios que garantam a celeridade de sua tramitação). "D". Gabarito

(CESPE – 2008) Acerca do princípio da inocência, assinale a opção correta.

(A) Com a decisão de pronúncia, que reconhece a existência de crime e indícios de autoria, o nome do réu pode ser incluído no rol dos culpados.
(B) A restrição à liberdade do acusado antes da sentença definitiva deve ser admitida sempre que se verificar o fumus boni iuris, independentemente da existência de periculum in mora.
(C) O juiz deve ter plena convicção de que o acusado é responsável pelo delito, bastando a dúvida a respeito da sua culpa para absolvê-lo.
(D) O réu tem o dever de provar sua inocência e cabe ao acusador apresentar indícios de autoria e materialidade.

Corolário do *princípio do estado de inocência*, havendo dúvida quanto à culpa do agente, é de rigor a absolvição (*in dubio pro reo*). A condenação só terá lugar se restar comprovada sua culpa. É com base no mesmo princípio que a prisão processual, nas suas diversas modalidades, somente é decretada em caso de absoluta necessidade. Tem caráter, pois, excepcional. O mesmo ocorre em relação à acusação, à qual incumbe o ônus de provar a culpa do réu. "C". Gabarito

(CESPE – 2008) Assinale a opção correta à luz dos princípios regentes do processo penal.

(A) O juiz pode abster-se de julgar os casos que lhe forem apresentados, independentemente de causa de suspeição, impedimento ou incompetência.
(B) As partes, se entrarem em acordo, podem subtrair ao juízo natural o conhecimento de determinada causa na esfera criminal.
(C) Pode o juiz transmitir o poder jurisdicional a quem não o possui.
(D) No processo penal, o juiz tem o dever de investigar como os fatos se passaram na realidade, não devendo se conformar com a verdade formal constante dos autos.

A: *princípio da indeclinabilidade*; B: *princípio da inevitabilidade*; C: *princípio da indelegabilidade*; D: art. 156, I e II, do CPP. No processo penal, onde vige o *princípio da verdade real*, ao contrário do que ocorre no processo civil, o juiz não é um mero espectador da produção de provas. A lei lhe confere, com algumas limitações, a iniciativa de descobrir a verdade dos fatos, a verdade substancial. "D". Gabarito

(CESPE – 2007) Acerca das garantias constitucionais referentes aos direitos processual e penal, assinale a opção correta.

(A) São imprescritíveis, entre outros, os crimes de racismo, tortura, tráfico ilícito de entorpecentes, terrorismo e os definidos como hediondos.
(B) Os princípios do contraditório, ampla defesa, devido processo legal, vedação das provas ilícitas e publicidade têm expressa previsão constitucional.
(C) A violação do sigilo das comunicações telefônicas pode ocorrer por ordem judicial, para fins de investigação criminal, instrução processual penal ou civil.
(D) A busca e apreensão em domicílio podem ocorrer durante o dia ou à noite, desde que mediante determinação judicial.

A: art. 5º, XLII, XLIII e XLIV, da CF; B: art. 5º, LV, da CF (contraditório e ampla defesa); art. 5º, LIV, da CF (devido processo legal); art. 5º, LVI, da CF (vedação das provas ilícitas); e art. 5º, LX, da CF (publicidade); C: art. 5º, XII, da CF; D: art. 5º, XI, da CF. "B". Gabarito

(CESPE – 2007) Esse princípio refere-se aos fatos, já que implica ser ônus da acusação demonstrar a ocorrência do delito e demonstrar que o acusado é, efetivamente, autor do fato delituoso. Portanto, não é princípio absoluto. Também decorre desse princípio a excepcionalidade de qualquer modalidade de prisão processual. (...) Assim, a decretação da prisão sem a prova cabal da culpa somente será exigível quando estiverem presentes elementos que justifiquem a necessidade da prisão.

Edilson Mougenot Bonfim. **Curso de processo penal**. 2ª ed. São Paulo: Saraiva, 2007, p. 46 (com adaptações).

O princípio específico de que trata o excerto acima é o do(a)

(A) livre convencimento motivado.
(B) inocência.
(C) contraditório e ampla defesa.
(D) devido processo legal.

Art. 5º, LVII, da CF. "B". Gabarito

(CESPE – 2006) Com referência às características do sistema processual acusatório, assinale a opção correta.

(A) O sistema de provas adotado é o do livre convencimento.
(B) As funções de acusar, defender e julgar concentram-se nas mãos de uma única pessoa.
(C) O processo é regido pelo sigilo.
(D) Não há contraditório nem ampla defesa.

É o sistema por nós adotado. Outras características: o processo é público; ampla defesa e contraditório assegurados; imparcialidade do órgão julgador; e funções de acusar, defender e julgar atribuídas a pessoas distintas. "A". Gabarito

2. INQUÉRITO POLICIAL

(Magistratura/DF - 2006) 1º – É recorrível o despacho do delegado que indefere requerimento do ofendido para a abertura de inquérito. – Nos crimes de ação privada a autoridade somente poderá proceder a inquérito a requerimento de quem tenha qualidade para intentá-la. 2º – Tratando-se de ação penal privativa do ofendido, prescindível, em qualquer caso, a prévia instauração de inquérito policial para a apuração dos fatos e dos indícios da autoria, pois ao querelante é imposto o ônus de provar em juízo as alegações feitas na queixa. – O habeas corpus é via inidônea para o trancamento de inquérito policial, por não implicar sua instauração em cerceamento ao direito de locomoção do indiciado. 3º – Há flagrante esperado quando a autoridade, informada do plano criminoso do agente, aguarda que ele dê início à sua execução para prendê-lo. – Considera-se em flagrante, no sentido próprio, quem está cometendo a infração penal.

(A) Todos os conjuntos estão corretos.
(B) Somente o 2º conjunto está correto.
(C) Somente o 3º conjunto está correto.
(D) O 1º e o 3º conjunto são os corretos.

1º conjunto: nos termos do art. 5º, § 2º, do CPP, do despacho da autoridade policial que indeferir o requerimento de abertura de inquérito, caberá recurso para o chefe de Polícia; em conformidade com o que dispõe o art. 5º, § 5º, do CPP, o delegado somente estará credenciado a instaurar inquérito nos crimes de ação penal privada a requerimento de quem tiver legitimidade para ajuizá-la; 2º conjunto: o inquérito policial não é imprescindível ao oferecimento da queixa ou denúncia (art. 12 do CPP), desde que o titular da ação penal disponha de elementos suficientes para ajuizá-la; se não dispuser de tais elementos, eles deverão ser reunidos por meio de inquérito policial. O *habeas corpus* constitui, sim, via idônea para o trancamento de inquérito policial (arts. 647 e 648 do CPP); 3º conjunto: não há qualquer atividade de induzimento. A autoridade, comunicada do fato, aguarda e acompanha o seu desfecho. Não há, portanto, que se falar em crime impossível. De outro lado, flagrante próprio, real ou verdadeiro é aquele no qual o agente é surpreendido cometendo uma infração ou quando acaba de cometê-la (art. 302, I e II, do CPP). "D". Gabarito

(Magistratura/DF – 2007) O prazo de conclusão do inquérito policial instaurado para apurar a prática dos crimes de entorpecentes (artigos 33, 34, 35, 36 e 37 da Lei nº 11.343/2006) será:

(A) de 10 (dez) dias, se o indiciado estiver preso, e de 60 (sessenta) dias, se estiver solto, podendo o juiz, ouvido o Ministério Público, mediante pedido justificado da autoridade policial, triplicar os prazos;

(B) de 10 (dez) dias, se o indiciado estiver preso, e de 60 (sessenta) dias, se estiver solto, podendo o juiz, ouvido o Ministério Público, mediante pedido justificado da autoridade policial, duplicar os prazos;

(C) de 30 (trinta) dias, se o indiciado estiver preso, e de 90 (noventa) dias, se estiver solto, podendo o juiz, ouvido o Ministério Público, mediante pedido justificado da autoridade policial, triplicar os prazos;

(D) de 30 (trinta) dias, se o indiciado estiver preso, e de 90 (noventa) dias, se estiver solto, podendo o juiz, ouvido o Ministério Público, mediante pedido justificado da autoridade policial, duplicar os prazos;

Art. 51, *caput* e parágrafo único, da Lei 11.343/06. Gabarito "D".

(Magistratura/MG – 2008) Concluído o inquérito policial, determinou o MM. Juiz que o inquérito fosse remetido ao Dr. Promotor de Justiça para oferecimento da denúncia, tendo este requerido o seu arquivamento. Discordando da conclusão do Promotor, que providência deve o Juiz adotar:

(A) devolver os autos à Delegacia de Polícia para novas diligências.
(B) insistir junto ao Promotor de Justiça quanto ao oferecimento da denúncia.
(C) remeter o inquérito ao Procurador-Geral de Justiça.
(D) remeter o inquérito ao Presidente do Tribunal de Justiça.

Se o juiz não concordar com o pleito do MP, e isso é perfeitamente possível, remeterá os autos, na forma estatuída no art. 28 do CPP, ao procurador-geral de Justiça, a quem incumbirá apreciar se a razão está com o promotor ou com o magistrado. Se entender o chefe do Ministério Público que razão assiste ao promotor, o juiz então estará obrigado a determinar o arquivamento dos autos de inquérito. Neste caso, outra opção não lhe resta. Se, de outro lado, o procurador-geral entender que é caso de denúncia, poderá ele mesmo oferecê-la, ou ainda designar outro membro da instituição para fazê-lo, o que é mais comum.. Gabarito "C".

(Magistratura/MG – 2008) O prazo para conclusão do inquérito policial instaurado para apurar a prática dos delitos relacionados ao tráfico de entorpecentes, previstos na Lei n. 11.343, de 23 de agosto de 2006, é de:

(A) 30 (trinta) dias, se o indiciado estiver preso, e de 90 (noventa) dias, se estiver solto, podendo o juiz, ouvido o Ministério Público, mediante pedido justificado da autoridade policial, duplicar os prazos.

(B) 30 (trinta) dias, se o indiciado estiver preso, e de 90 (noventa) dias, se estiver solto, podendo o juiz, ouvido o Ministério Público, mediante pedido justificado da autoridade policial, triplicar os prazos.

(C) 10 (dez) dias, se o indiciado estiver preso, e de 60 (sessenta) dias, se estiver solto, podendo o juiz, ouvido o Ministério Público, mediante pedido justificado da autoridade policial, duplicar os prazos.

(D) 10 (dez) dias, se o indiciado estiver preso, e de 60 (sessenta) dias, se estiver solto, podendo o juiz, ouvido o Ministério Público, mediante pedido justificado da autoridade policial, triplicar os prazos.

Art. 51, *caput* e parágrafo único, da Lei 11.343/06. Gabarito "A".

(Magistratura/MG – 2008) Concluído o inquérito policial instaurado para apurar a prática dos delitos previstos na Lei n. 11.343, de 23 de agosto de 2006, deu-se vista ao Ministério Público para, no prazo de 10 (dez) dias, adotar uma das seguintes providências, EXCETO

(A) requerer o arquivamento.
(B) requerer a notificação do acusado para oferecer defesa prévia.
(C) requisitar diligências que entender necessárias.
(D) oferecer denúncia, arrolar até 5 (cinco) testemunhas e requerer as demais provas que entender pertinentes.

A notificação do acusado para oferecimento de defesa prévia não está contemplada no art. 54 da Lei 11.343/06. As outras providências, ao contrário, estão contidas no referido dispositivo. Gabarito "B".

(Magistratura/MS – 2008 – FGV) Relativamente ao inquérito policial, é correto afirmar que:

(A) a autoridade assegurará no inquérito o sigilo necessário à elucidação do fato, aplicando, porém, em todas as suas manifestações, os princípios do contraditório e da ampla defesa.
(B) a autoridade policial poderá mandar arquivar autos de inquérito por falta de base para a denúncia.
(C) o inquérito deverá terminar no prazo de 30 dias, se o indiciado estiver preso, ou no prazo de 60 dias, quando estiver solto.
(D) o inquérito policial não acompanhará a denúncia ou queixa quando servir de base a uma ou outra.
(E) o indiciado poderá requerer à autoridade policial a realização de qualquer diligência.

A: o inquérito policial é *inquisitivo*, isto é, nele não se aplicam os princípios do *contraditório* e da *ampla defesa* (art. 107 do CPP); B: a autoridade policial não está credenciada a determinar o arquivamento de autos de inquérito policial (art. 17 do CPP), somente podendo fazê-lo o juiz a requerimento do Ministério Público (arts. 18 e 28 do CPP); C: o art. 10, *caput*, do CPP estabelece o prazo geral de 30 dias para conclusão do inquérito, quando o indiciado não estiver preso; se se tratar de indiciado preso, o inquérito deve terminar em 10 dias. Na Justiça Federal, se o indicado estiver preso, o prazo para conclusão do inquérito é de quinze dias, podendo haver uma prorrogação por igual período, conforme dispõe o art. 66 da Lei 5.010/66; D: art. 12 do CPP; E: art. 14 do CPP. Gabarito "E".

(Magistratura/PE – 2011 – FCC) Se o crime for de alçada privada, a instauração de inquérito policial

(A) não interrompe o prazo para o oferecimento de queixa.
(B) é indispensável para a propositura da ação penal.
(C) constitui causa de interrupção da prescrição.
(D) suspende o prazo para o oferecimento de queixa.
(E) não pode ocorrer de ofício, admitindo-se, porém, requisição da autoridade judiciária.

A: assertiva correta. Sendo o crime de ação penal de iniciativa privada, a instauração de inquérito policial não tem o condão de interromper o prazo decadencial de que dispõe o ofendido para a propositura da queixa-crime – art. 38, CPP; B: o inquérito policial não é indispensável ao oferecimento da queixa ou denúncia (art. 12 do CPP), desde que o titular da ação penal disponha de elementos suficientes para propô-la; se não dispuser desses elementos, eles deverão ser reunidos por meio de inquérito; C: a instauração de inquérito policial, sendo o crime de ação penal de iniciativa privada, não constitui causa interruptiva da prescrição – art. 117 do CP; D: não interrompe tampouco suspende o prazo decadencial para oferecimento da queixa-crime; E: a instauração de inquérito, nos crimes de ação penal privada, depende sempre de requerimento a ser formulado por quem tenha qualidade para ajuizar a ação penal respectiva – art. 5º, § 5º, do CPP. Gabarito "A".

(MAGISTRATURA/PB – 2011 – CESPE) No que se refere ao inquérito policial, assinale a opção correta.

(A) Não se pode negar o acesso de advogado constituído pelo indiciado aos autos de procedimento investigatório, ainda que nele esteja decretado o sigilo, estendendo-se tal prerrogativa a atos que, por sua própria natureza, não dispensem a mitigação da publicidade.
(B) Nas comarcas em que houver mais de uma circunscrição policial, a autoridade com exercício em uma delas poderá, nos inquéritos que conduza, ordenar diligências em circunscrição de outra, desde que por intermédio de carta precatória.
(C) Permite-se a utilização de inquéritos policiais em curso para agravar a pena-base do agente reincidente que responda a processo criminal.
(D) Consoante a jurisprudência do STF, ainda que não se permita ao MP a condução do inquérito policial propriamente dito, não há vedação legal para que este órgão proceda a investigações e colheita de provas para a formação da opinio delicti.
(E) O arquivamento do inquérito por falta de embasamento para a denúncia pode ser ordenado pela autoridade judiciária ou policial; nesse caso, a polícia judiciária, se de outras provas tiver notícia, poderá proceder a novas pesquisas.

A: o inquérito policial é, em vista do que estabelece o art. 20 do CPP, sigiloso. Ocorre que, a teor do art. 7º, XIV, da Lei 8.906/94 (Estatuto da Advocacia), constitui direito do advogado, entre outros: "examinar em qualquer repartição policial, mesmo sem procuração, autos de flagrante e de inquérito, findos ou em andamento, ainda que conclusos à autoridade, podendo copiar peças e tomar apontamentos". Sobre este tema, o STF editou a Súmula Vinculante nº 14, a seguir transcrita: "É direito do defensor, no interesse do representado, ter acesso amplo aos elementos de prova que, já documentados em procedimento investigatório realizado por órgão com competência de polícia judiciária, digam respeito ao exercício do direito de defesa"; B: incorreta, já que, neste caso, é desnecessária a expedição de carta precatória ou mesmo requisições, estando a autoridade policial autorizada a determinar diretamente as diligências que se fizerem necessárias – art. 22 do CPP; C: a assertiva contraria o teor da Súmula nº 444 do STJ, segundo a qual é vedada a utilização de inquéritos policiais e ações penais em curso para agravar a pena-base; D: assertiva correta. Nesse sentido, conferir: STF, HC 89.837-DF, rel. Min. Celso de Mello, j. 20.10.09; E: é defeso à autoridade policial determinar o arquivamento de autos de inquérito policial (art. 17 do CPP), somente podendo fazê-lo o juiz a requerimento do Ministério Público (arts. 18 e 28 do CPP). No mais, uma vez ordenado o arquivamento do inquérito policial pelo juiz de direito, por falta de base para a denúncia, nada obsta que a autoridade policial proceda a novas pesquisas, desde que de outras provas tenha conhecimento – art. 18 do CPP. Isso porque a decisão que determina o arquivamento do inquérito policial não gera, em regra, coisa julgada material. Registre-se, no entanto, que as "outras provas" a que faz alusão o art. 18 do CPP devem ser entendidas como *provas substancialmente novas*, ou seja, aquelas que até então não eram de conhecimento das autoridades. Veja, a propósito, o teor da Súmula nº 524 do STF: "Arquivado o inquérito policial, por despacho do juiz, a requerimento do Promotor de Justiça, não pode a ação penal ser iniciada, sem novas provas". Agora, se o arquivamento do inquérito se der por ausência de tipicidade, a decisão, neste caso, tem efeito preclusivo, é dizer, produz coisa julgada material, impedindo, dessa forma, o desarquivamento do inquérito. A esse respeito, *Informativo STF* 375. Gabarito "D".

(Magistratura/PI – 2008 – CESPE) Acerca do inquérito policial (IP), assinale a opção incorreta.

(A) O réu não é obrigado a participar da reconstituição do crime, pois ninguém é obrigado a produzir prova contra si.
(B) Entende a doutrina majoritária que, se o promotor detém elementos suficientes para denunciar, não cabe o pedido de prisão preventiva do acusado simultaneamente ao pedido de retorno do IP à delegacia para novas diligências.
(C) Em nenhuma situação, a autoridade policial poderá mandar arquivar autos de IP.
(D) Em caso de réu preso, a regra geral é a de que o prazo de conclusão do IP seja de 10 dias, salvo em caso de necessidade de diligências complementares, quando o juiz poderá conceder dilação do prazo, fundamentando a decisão, independentemente da soltura do réu.
(E) Segundo o Código de Processo Penal, é cabível a incomunicabilidade do indiciado, que dependerá sempre de despacho nos autos e somente será permitida quando o interesse da sociedade ou a conveniência da investigação o exigir.

A: se o indiciado/réu se opuser a participar da reprodução simulada do crime, nenhuma infração cometerá, uma vez que não é obrigado a acusar a si próprio, a produzir prova contra si (*nemo tenetur se detegere*); B: sustenta a doutrina que, se o Ministério Público requereu a devolução dos autos de inquérito para diligências complementares, porque ainda não há indícios de autoria suficientes para embasar a denúncia, também não há para justificar a decretação da custódia preventiva; C: art. 17 do CPP; D: o decêndio contido no art. 10, *caput*, do CPP deve ser cumprido à risca, não comportando qualquer espécie de dilação, isso porque se trata de restrição ao direito à liberdade; E: embora a maioria da doutrina entenda que a incomunicabilidade do indiciado no inquérito policial, prevista no art. 21 do CPP, esteja revogada, porquanto incompatível com a atual ordem constitucional, há autores que pensam de forma diferente. Fato é que, para aqueles que sustentam a sua incompatibilidade à CF/88 (Guilherme de Souza Nucci, Damásio E. de Jesus, Vicente Greco Filho, entre outros), se a incomunicabilidade do preso não pode ser decretada durante o Estado de Defesa - art. 136, § 3º, IV, da CF, que constitui um *período de anormalidade*, com muito mais razão não haveria por que decretar a incomunicabilidade do indiciado em pleno período de normalidade. Gabarito "D".

(Magistratura/SP – 2006) Assinale a alternativa incorreta.

(A) O inquérito policial é procedimento administrativo, cautelar, dispensável.
(B) O inquérito policial pode ser instaurado de ofício (mediante portaria do Delegado de Polícia, ou auto de prisão em flagrante), por requisição do Juiz ou do Ministério Público, ou por requerimento do ofendido ou de seu representante legal.
(C) A Autoridade Policial tem jurisdição na sua área de atuação.
(D) A Autoridade Policial, quando receber de qualquer do povo notícia verbal ou por escrito da ocorrência de ilícito penal, só instaurará inquérito policial após verificar a procedência das informações.

A: o inquérito tem natureza administrativa. Além disso, constitui peça meramente informativa. Se o titular da ação penal dispuser de informações suficientes para exercê-la em juízo, poderá abrir mão do inquérito policial, que é, portanto, dispensável (art. 12 do CPP); B: art. 5º do CPP; C: art. 4º, *caput*, do CPP. Onde hoje se lê *circunscrições* antes se lia equivocadamente *jurisdições*. A imprecisão terminológica foi corrigida pela Lei 9.043/95; D: art. 5º, § 3º, do CPP. Gabarito "C".

(Magistratura/SP – 2006) Assinale a alternativa incorreta.

(A) O prazo para conclusão de inquérito pelo Código de Processo Penal, em regra, é de 10 dias, estando o indiciado preso.
(B) Na nova Lei de Drogas (Lei nº 11.343/2006), o prazo para conclusão de inquérito policial para apuração de delito de tráfico, estando o indiciado preso, é de 30 dias.
(C) Quando se tratar de crime de competência federal, o prazo para conclusão do inquérito policial é de 15 dias, estando o indiciado preso.
(D) O prazo para a conclusão do inquérito policial, estando o indiciado preso, é de 5 dias.

A: art. 10, *caput*, 1ª parte, do CPP; B: art. 51, *caput*, da Lei 11.343/06; C: art. 66 da Lei 5.010/66; D: art. 10, *caput*, do CPP. Gabarito "D".

(Ministério Público/BA – 2005) Considere as assertivas abaixo, que podem ser falsas ou verdadeiras. Sobre o inquérito policial, é correto afirmar que:

I. Nos crimes de ação pública condicionada à representação do ofendido, o inquérito policial poderá ser iniciado, mesmo sem ela, em casos de grande repercussão social.
II. O inquérito deverá terminar no prazo de 10 (dez) dias, se o indiciado tiver sido preso em flagrante, ou estiver preso preventivamente, contado o prazo, nesta hipótese, a partir do dia em que se executar a ordem de prisão, ou no prazo de 30 (trinta) dias, quando estiver solto, mediante fiança ou sem ela.
III. Do despacho da autoridade policial, que indeferir o pedido de abertura de inquérito policial, não caberá qualquer recurso.

(A) I, II e III são verdadeiras.
(B) I e II são verdadeiras e a III é falsa.
(C) I e III são falsas.
(D) II e III são verdadeiras.
(E) Todas são falsas.

I: art. 5º, § 4º, do CPP; II: art. 10, *caput*, do CPP; III: art. 5º, § 2º, do CPP. Gabarito "C".

(Ministério Público/MG – 2010.1) De conformidade com a disciplina do Código de Processo Penal quanto ao inquérito policial, assinale a alternativa INCORRETA.

(A) Não se observa o contraditório no inquérito, mas deve ficar assegurado ao cidadão o direito à ampla defesa com a assistência de advogado.
(B) Recebidos os autos do inquérito, o Ministério Público poderá requerer diligências, mesmo que o indiciado tenha sido preso em flagrante delito.
(C) O exame de insanidade mental do indiciado poderá ser determinado na fase de inquérito mediante representação da autoridade policial ao juiz competente.
(D) Nos crimes de ação privada, a autoridade policial somente poderá proceder a inquérito a requerimento de quem tenha qualidade para intentá-la.
(E) Se o réu estiver solto, o inquérito policial deverá terminar no prazo de trinta dias; se estiver preso em flagrante, em dez dias.

A: o inquérito policial é *inquisitivo*, isto é, nele não se aplicam os princípios do *contraditório* e da *ampla defesa* (art. 107 do CPP) B: art. 16 do CPP; C: art. 149, § 1º, do CPP; D: art. 5º, § 5º, do CPP; E: o art. 10, *caput*, do CPP estabelece o prazo geral de 30 dias para conclusão do inquérito, quando o indiciado não estiver preso; se se tratar de indiciado preso, o inquérito deve terminar em 10 dias. Gabarito "A".

(Ministério Público/PR – 2008) Assinale a alternativa INCORRETA:

(A) Nos crimes de ação penal pública o inquérito policial será iniciado de ofício.
(B) Nos crimes de ação penal pública o inquérito policial será iniciado mediante requisição da autoridade judiciária ou do Ministério Público, ou a requerimento do ofendido ou de quem tiver qualidade para representá-lo.
(C) O Ministério Público pode requerer a devolução do inquérito policial para novas diligências imprescindíveis ao oferecimento da denúncia.
(D) A autoridade policial poderá mandar arquivar autos de inquérito policial.
(E) A autoridade policial assegurará no inquérito policial o sigilo necessário à elucidação do fato ou exigido pelo interesse da sociedade.

A: art. 5º, I, do CPP; B: art. 5º, II, do CPP; C: art. 16 do CPP; D: art. 17 do CPP; E: art. 20, *caput*, do CPP; "D". Gabarito

(MINISTÉRIO PÚBLICO/RO – 2010 – CESPE) Assinale a opção correta com referência ao IP e suas providências.

(A) Com o advento da CF, que assegurou o contraditório e a ampla defesa nos procedimentos administrativos, o IP atual deve observar tais princípios, apesar da ausência de previsão no CPP.
(B) De acordo com a Lei de Falências, cabe ao juiz responsável pelo processo falimentar presidir o inquérito de apuração dos crimes falimentares e, após a conclusão, remetê-lo ao MP para, se for o caso, este oferecer a denúncia.
(C) O IP é um procedimento sigiloso, não se estendendo o sigilo ao advogado, que poderá ter amplo acesso aos elementos de prova que já estiverem documentados nos autos e se refiram ao exercício do direito de defesa.
(D) A oitiva do indiciado durante o IP deve observar o mesmo procedimento do interrogatório judicial, sendo-lhe assegurado o direito ao silêncio e a assistência de advogado, que poderá fazer perguntas durante a inquirição e acompanhar a oitiva das testemunhas.
(E) A prova pericial, apesar de colhida durante o IP, é prova técnica e se submete ao contraditório diferido, razão pela qual tem valor probatório absoluto e não pode ser desconsiderada pelo juiz no momento da sentença.

A: assertiva incorreta. Não há que se falar em contraditório na fase pré-processual; não há, nessa etapa, acusação; há tão somente investigação; B: o inquérito judicial foi extinto pela Lei n. 11.101/1995. A atribuição para apurar crimes falimentares, antes do juiz de direito, passou para a Polícia Judiciária; C: o inquérito policial é, em vista do que estabelece o art. 20 do CPP, sigiloso. Ocorre que, a teor do art. 7º, XIV, da Lei 8.906/94 (Estatuto da Advocacia), constitui direito do advogado, entre outros: "examinar em qualquer repartição policial, mesmo sem procuração, autos de flagrante e de inquérito, findos ou em andamento, ainda que conclusos à autoridade, podendo copiar peças e tomar apontamentos". Sobre este tema, o STF editou a Súmula Vinculante nº 14, a seguir transcrita: "É direito do defensor, no interesse do representado, ter acesso amplo aos elementos de prova que, já documentados em procedimento investigatório realizado por órgão com competência de polícia judiciária, digam respeito ao exercício do direito de defesa"; D: estabelece o art. 6º, V, do CPP que a autoridade policial deverá, quando do interrogatório, aplicar as regras do interrogatório judicial no que couber. Seria inviável condicionar o interrogatório do preso à presença de seu advogado, sendo, pois, suficiente que a autoridade a ele garanta a possibilidade de ser assistido por seu patrono; E: é verdade que a prova pericial, a despeito de ser colhida no curso do inquérito, é submetida ao contraditório diferido ou postergado. Mas não é verdade que ela ostenta valor probatório absoluto, visto que o juiz, fazendo uso da prerrogativa que lhe confere o art. 182 do CPP, poderá rejeitar o laudo elaborado a partir dela, no todo ou em parte. "C". Gabarito

(Ministério Público/SP – 2010) Assinale a afirmativa incorreta, em relação ao inquérito policial:

(A) nos crimes de ação penal privada, a autoridade policial somente pode instaurar o inquérito policial a requerimento do ofendido.
(B) o inquérito policial é imprescindível para instruir o oferecimento da denúncia.
(C) a autoridade policial não pode determinar o arquivamento do inquérito policial.
(D) a autoridade policial pode indeferir o pedido de instauração de inquérito policial feito pelo ofendido.
(E) segundo entendimento do Supremo Tribunal Federal, consolidado em Súmula Vinculante, o defensor do investigado pode ter acesso aos elementos de convencimento já documentados em procedimento investigatório realizado por órgão da polícia judiciária, desde que digam respeito ao exercício da defesa e no interesse do seu representado.

A: em conformidade com o que dispõe o art. 5º, § 5º, do CPP, a autoridade policial somente estará credenciada a instaurar inquérito nos crimes de ação penal de iniciativa privada a requerimento de quem tiver legitimidade para ajuizá-la; B: o inquérito policial não é imprescindível ao oferecimento da queixa ou denúncia (art. 12 do CPP), desde que o titular da ação penal disponha de elementos suficientes para propô-la; se não dispuser de tais elementos, eles deverão ser reunidos por meio de inquérito policial; C: é defeso à autoridade policial determinar o arquivamento de autos de inquérito policial (art. 17 do CPP), somente podendo fazê-lo o juiz a requerimento do Ministério Público (arts. 18 e 28 do CPP); D: de fato, o pedido pode ser indeferido e do respectivo despacho caberá recurso ao chefe de polícia (art. 5º, § 2º, do CPP); E: Súmula Vinculante nº 14. "B". Gabarito

(Ministério Público/SP – 2008) Assinale a alternativa correta.

(A) O inquérito policial não é indispensável à propositura da ação penal nos crimes em que se procede mediante queixa do ofendido.
(B) No caso de infração de menor potencial ofensivo, a peça inaugural do inquérito policial é o termo circunstanciado.
(C) Como regra geral, não deve a autoridade policial determinar o indiciamento do autor da infração se este já se identificou civilmente.
(D) Na hipótese de decretação da prisão temporária por crime hediondo ou a este equiparado, a incomunicabilidade do preso não poderá exceder a 30 (trinta) dias, salvo se prorrogada a prisão, por igual prazo, por nova decisão judicial.
(E) Da decisão judicial que determina o arquivamento de autos de inquérito policial, a pedido do Ministério Público, cabe recurso em sentido estrito.

A: art. 12 do CPP. O inquérito policial, seja na ação penal pública, seja na privada, é dispensável; B: arts. 69, *caput* e parágrafo único, e 77, § 1º, da Lei 9.099/95; C: como regra, não deve a autoridade determinar a identificação criminal do autor da infração se este já se identificou civilmente. A identificação constitui mero desdobramento do indiciamento; D: a incomunicabilidade do indiciado, cuja compatibilidade ao texto constitucional é atualmente bastante controvertida, está prevista no art. 21, *caput* e parágrafo único, do CPP; E: contra o despacho que determinar o arquivamento de inquérito policial não cabe recurso. "A". Gabarito

(Ministério Público/TO – 2006 – CESPE) Sobre o inquérito policial, assinale a opção incorreta.

(A) No caso de crime sujeito à ação penal pública condicionada, a requisição do ministro da Justiça ou a representação do ofendido para instauração do inquérito é condição de procedibilidade: sem ela, a autoridade policial não pode dar início ao inquérito.
(B) Nos casos de crimes de tráfico de entorpecentes, o prazo de conclusão do inquérito policial é de quinze dias se o indiciado estiver preso. Esse prazo pode ser duplicado pelo juiz, mediante pedido justificado da autoridade policial.
(C) É possível o desarquivamento do inquérito policial caso haja notícias de novas provas. No entanto, para dar início à ação penal, em tal caso, exige o STF a efetiva produção de novas provas.
(D) O inquérito policial tem como característica a oficialidade, o que significa dizer que os órgãos da persecução criminal agem de ofício, exceto nos casos de crimes sujeitos a ações penais públicas condicionadas ou privadas.

A: de fato, a requisição do ministro da Justiça e a representação do ofendido constituem condição de procedibilidade. O Código de Processo Penal, no art. 5º, § 4º, reza que o inquérito não poderá ser instaurado sem o oferecimento da representação por parte do ofendido; no que concerne à requisição ministerial, o CPP, no entanto, nada disse. Tem a doutrina entendido que o membro do Ministério Público, titular da ação penal pública condicionada, ao dirigir a requisição de instauração de inquérito à autoridade policial, deverá encaminhar em anexo a requisição ministerial, peça indispensável à instauração do inquérito; B: pela disciplina estabelecida no art. 51, *caput*, da Lei 11.343/06 (atual Lei de Tóxicos), o inquérito, estando o indiciado preso, será concluído

491

no prazo de 30 dias; se solto estiver, o prazo será de 90 dias. O parágrafo único do mesmo artigo dispõe que os prazos aludidos no *caput* podem ser duplicados mediante pedido justificado da autoridade policial, sempre ouvido o MP. A assertiva dada como certa refere-se aos prazos da Lei 10.409/02, em vigor quando da aplicação do certame; C: segundo entendimento esposado na Súmula 524 do STF, não se pode dar início à ação penal sem novas provas que alterem de forma significativa o anterior panorama probatório; D: atribuir ao inquérito policial a característica da *oficialidade* implica dizer que os órgãos encarregados de realizá-lo, elaborá-lo são oficiais, ou seja, é defeso a um particular a elaboração de um inquérito policial, ainda que se trate de ação penal de iniciativa privada. Gabarito "D".

(Procurador do Estado/PE – 2004 – FCC) De acordo com o disposto no Código de Processo Penal, nos crimes de ação pública condicionada à representação, o inquérito policial

(A) não pode ser instaurado sem ela.
(B) pode ser instaurado pela autoridade policial independentemente da representação, desde que haja requisição judicial.
(C) pode ser instaurado pela autoridade policial independentemente da representação, desde que haja requisição do Ministério Público.
(D) pode ser instaurado pela autoridade policial independentemente da representação que será, porém, necessária ao oferecimento da denúncia.
(E) independe de qualquer formalidade pois o contraditório e a ampla defesa somente serão exercidos em juízo.

Art. 5º, § 4º, do CPP. Gabarito "A".

(Defensor Público/GO – 2010 – I. Cidades) No caso de crime de tráfico ilícito de entorpecentes o inquérito policial será concluído em 30 ou 60 dias e em 90 ou 180 dias, respectivamente nas situações de

(A) investigado solto e investigado preso.
(B) investigado preso e investigado solto a critério da autoridade policial e de acordo com a complexidade do caso.
(C) investigado preso e investigado solto, bem como quando houver pedido justificado da autoridade de polícia judiciária ao juiz competente que ouvirá previamente o Ministério Público.
(D) investigado preso e solto, a critério do Ministério Público e da Defensoria Pública.
(E) investigado solto e investigado preso, a critério da Defensoria Pública.

O prazo de conclusão do inquérito policial nos crimes de tráfico de drogas está disciplinado no art. 51 da Lei 11.343/06. Se preso estiver o indiciado, o inquérito deverá ser concluído no prazo de 30 dias; se solto, no prazo de 90 dias. Esses prazos comportam dilação (podem ser duplicados por decisão judicial), correspondendo, respectivamente, a 60 e 180 dias. Gabarito "A".

(Defensor Público/MS – 2008 – VUNESP) Assinale a alternativa que justifica corretamente qual o prazo para o ofendido ou o seu representante legal requerer a instauração de inquérito policial, quando o crime for de alçada privada.

(A) O Código de Processo Penal não disciplina expressamente a respeito e, assim, entende-se que o direito de requerimento de instauração de inquérito policial deve ser exercido no mesmo prazo do direito de queixa, ou seja, 3 meses, contados da data dos fatos.
(B) O Código de Processo Penal não disciplina expressamente a respeito e, assim, entende-se que o direito de requerimento de instauração de inquérito policial deve ser exercido no mesmo prazo do direito de queixa, ou seja, 6 meses, contados da data em que se souber quem foi o autor do crime.
(C) O Código de Processo Penal dispõe expressamente que o direito de requerimento de instauração de inquérito policial deve ser exercido no prazo de 3 meses, contados da data dos fatos.
(D) O Código de Processo Penal dispõe expressamente que o direito de requerimento de instauração de inquérito policial deve ser exercido no prazo de 6 meses, contados da data em que o crime ocorreu.

De fato, o legislador não estabeleceu nenhum prazo dentro do qual o ofendido ou o seu representante legal deva requerer a instauração de inquérito policial. Em razão disso, por se tratar de ação penal de iniciativa privada, a vítima ou quem a represente deve ficar atenta ao prazo decadencial de seis meses (art. 38, caput, do CPP), cujo marco inicial é representado pelo dia em que a vítima vem a saber quem é o autor do crime, pois, uma vez escoado esse interregno sem a propositura da ação penal, operada estará a decadência e, por conseguinte, extinta estará a punibilidade, nos exatos termos do art. 107, IV, do CP. Gabarito "B".

(Defensoria/MT – 2009 – FCC) O inquérito policial

(A) referente a crime cuja ação penal é exclusivamente privada pode ser instaurado sem representação da vítima, porque a representação é condição de procedibilidade da ação penal e não do inquérito.
(B) instaurado pela autoridade policial não pode ser por ela arquivado, ainda que não fique apurado quem foi o autor do delito.
(C) só pode ser instaurado por requisição do Ministério Público quando a vítima de crime de ação pública for doente mental, menor de 18 anos ou incapaz para os atos da vida civil.
(D) pode ser presidido por membro do Ministério Público especialmente designado pelo Procurador-Geral de Justiça, quando a apuração do delito for de interesse público.
(E) é mero procedimento preliminar preparatório e, por isso, o indiciado só poderá defender-se em juízo, não podendo requerer diligências à autoridade policial.

A: art. 5º, § 5º, do CPP; B: a autoridade policial não pode promover o arquivamento de autos de inquérito policial, ainda que esteja convencida de que o fato apurado é atípico - art. 17 do CPP (indisponibilidade do IP); somente poderá fazê-lo o juiz a requerimento do Ministério Público (arts. 18 e 28 do CPP); C: o art. 5º, II, 1ª parte, do CPP não estabelece tais condições; D: a presidência do inquérito policial constitui atribuição exclusiva da autoridade policial; outras autoridades, entretanto, entre elas o representante do Ministério Público, podem conduzir investigação criminal; E: estabelece o art. 14 do CPP que o indiciado poderá requerer à autoridade policial, no curso do inquérito, a realização de qualquer diligência que repute útil à busca da verdade real. A autoridade, por sua vez, poderá deferir ou não o pedido, sem necessidade de fundamentar sua resposta ao pleito. Gabarito "B".

(Defensoria/SE – 2006 – CESPE) Julgue os itens seguintes.

(1) De regra, não vigora, no inquérito policial, o princípio do contraditório, todavia, tratando-se de provas não renováveis, a exemplo do exame de corpo de delito, é admitido o contraditório, pois tal prova não pode ser renovada em juízo para que o réu possa contraditá-la.
(2) O auto de prisão em flagrante presidido, lavrado e assinado por um escrivão de polícia não perde o seu caráter coercitivo, visto que o inquérito policial, peça meramente informativa, não se sujeita aos requisitos do ato administrativo.

1: não há, de fato, que se falar em contraditório na fase pré-processual; não há, nessa fase, acusação; há tão somente investigação; tratando-se de provas não renováveis, aplica-se o chamado contraditório diferido ou postergado, em que o exame de corpo de delito é feito na fase de inquérito e a oportunidade de impugná-lo é postergada; 2: a inobservância das formalidades legais torna o auto de prisão em flagrante imprestável como peça coercitiva, conservando, entretanto, seu valor como peça meramente informativa. Gabarito 1E, 2E.

(Defensoria/SP – 2006 – FCC) O juiz, a requerimento do Ministério Público, decretou a incomunicabilidade do indiciado preso através de despacho fundamentado, como determina a Constituição Federal e o Código de Processo Penal. O defensor público

(A) não poderá proceder entrevista pessoal e reservada com o acusado.
(B) não poderá proceder entrevista pessoal e reservada com o acusado somente pelo prazo de três dias, período máximo da incomunicabilidade.
(C) poderá proceder entrevista pessoal e reservada com o acusado.
(D) poderá proceder entrevista pessoal e reservada, desde que obtida a autorização judicial.
(E) poderá proceder entrevista pessoal, todavia com escuta ambiental.

Art. 21, parágrafo único, do CPP. Embora a maioria da doutrina entenda que a incomunicabilidade do indiciado no inquérito policial, prevista no art. 21 do CPP, esteja revogada, porquanto incompatível com a atual ordem constitucional, há autores que pensam de forma diferente. Fato é que, para aqueles que sustentam a sua incompatibilidade à CF/88 (Guilherme de Souza Nucci, Damásio E. de Jesus, Vicente Greco Filho, entre outros), se a incomunicabilidade do preso não pode ser decretada durante o Estado de Defesa - art. 136, § 3º, IV, da CF, que constitui um *período de anormalidade*, com muito mais razão não haveria por que decretar a incomunicabilidade do indiciado em pleno período de normalidade. Gabarito "C".

(Cartório/AP – 2011 – VUNESP) Nos crimes de ação exclusivamente privada, o inquérito policial deverá ser instaurado

(A) a requerimento escrito de qualquer pessoa que tiver conhecimento do fato.
(B) pela autoridade policial, de ofício.
(C) a requerimento de quem tenha qualidade para intentá-la.
(D) através de requisição do Ministro da Justiça.
(E) a requerimento verbal de qualquer pessoa que tiver conhecimento do fato.

A autoridade policial depende, para proceder a inquérito, em crime de ação penal privada, de requerimento formulado pelo ofendido ou por quem tenha legitimidade para ajuizar a ação respectiva, na forma estabelecida no art. 5º, § 5º, do CPP. Gabarito "C".

(Cartório/MS – 2009 – VUNESP) O procedimento relativo ao inquérito policial, em razão das reformas implantadas no código de processo penal pela Lei n.º 11.719/08,

(A) não sofreu alterações.
(B) tornou-se indispensável para o oferecimento da denúncia.
(C) deixou de ter previsão legal e passará a seguir as normas da polícia judiciária.
(D) passou a ser de exclusividade do Ministério Público.
(E) passou a ser de iniciativa exclusiva do ofendido ou de quem tenha legitimidade para representá-lo.

As alterações implementadas pela Lei 11.719/08 não atingiram o inquérito policial. Gabarito "A".

(Cartório/MT – 2005 – CESPE) Considerando o arquivamento de inquérito policial em decorrência de atipicidade do fato imputado ao indiciado, fundamento essencial, permanente e não-passageiro da decisão judicial, assinale a opção correta.

(A) Produzidas novas provas que modifiquem a matéria de fato, pode-se desarquivar o inquérito para o oferecimento da denúncia ou queixa.
(B) Arquivado o inquérito policial, ainda assim pode ser iniciada a ação penal correspondente.
(C) A lei impossibilita que a autoridade policial, diante da notícia de existência de novas provas, efetue de ofício diligências a respeito do fato que foi objeto do inquérito arquivado.
(D) Não há a possibilidade do desarquivamento do inquérito policial.

Regra geral, se a autoridade policial tiver notícia de provas outras (substancialmente novas), poderá proceder a novas investigações, nos termos do art. 18 do CPP e da Súmula 524 do STF. Agora, se o arquivamento do inquérito se der por ausência de tipicidade, a decisão, nesse caso, tem efeito preclusivo (produz coisa julgada material), impedindo o desarquivamento do inquérito. A esse respeito, *Informativo STF* 375. Gabarito "D".

(Delegado/AC – 2008 – CESPE) Com relação ao inquérito policial, julgue os itens subseqüentes.

(1) Para verificar a possibilidade de a infração ter sido praticada de determinado modo, a autoridade policial poderá proceder à reprodução simulada dos fatos, da qual o indiciado ou suspeito não poderá se negar a participar.
(2) Uma vez ordenado o arquivamento do inquérito policial pela autoridade judiciária, por falta de base para a denúncia, a autoridade policial não poderá proceder a novas pesquisas sem autorização judicial para tanto.
(3) As partes poderão, no curso do inquérito policial, opor exceção de suspeição da autoridade policial, nas mesmas situações previstas no Código de Processo Penal em relação ao juiz.

1: poderá a autoridade policial proceder à *reprodução simulada dos fatos* ou *reconstituição do crime* para verificar a possibilidade de a infração ter sido cometida de determinado modo, da qual o indiciado ou suspeito não poderá ser obrigado a participar, na medida em que ninguém é obrigado a produzir prova contra si mesmo (*nemo tenetur se detegere*); 2: a assertiva é incorreta, visto que, uma vez ordenado o arquivamento do inquérito policial pelo juiz de direito, por falta de base para a denúncia, nada obsta que a autoridade policial proceda a novas pesquisas, desde que de outras provas tenha conhecimento, independente de autorização judicial – art. 18 do CPP; 3: incorreta, nos termos do art. 107 do CPP. Gabarito 1E, 2E, 3E.

(Delegado/AM) Quanto ao Inquérito Policial, a alternativa correta é:

(A) ciente de que um promotor de justiça praticou uma infração penal, o delegado de polícia poderá investigá-lo normalmente, em inquérito policial, tendo em vista o princípio da igualdade
(B) compete ao delegado de polícia apurar, em inquérito policial, crimes praticados contra empresas públicas da União
(C) em geral, os vícios do inquérito policial não anulam o processo penal
(D) o princípio do contraditório é aplicável ao inquérito policial

A: quando, no curso de uma investigação, surgirem indícios de envolvimento de membro do Ministério Público na prática de infração penal, o delegado de polícia deverá encaminhar os autos, imediatamente, ao procurador-geral de Justiça, a quem cabe continuar nas investigações. Os promotores de justiça gozam de foro por prerrogativa de função. São julgados, por isso, pelo Tribunal de Justiça respectivo; B: art. 144, § 1º, I, da CF; C: alternativa correta. Vícios porventura existentes no inquérito não têm o condão de acarretar nulidades processuais; D: assertiva errada. O *princípio do contraditório* não se aplica no inquérito policial, que tem caráter inquisitivo, o que fica evidenciado nos arts. 14 e 107 do CPP. Gabarito "C".

(Delegado/AP – 2010) Maria tem seu veículo furtado e comparece à Delegacia de Polícia mais próxima para registrar a ocorrência. O Delegado de Polícia instaura inquérito policial para apuração do fato.

Esgotadas todas as diligências que estavam a seu alcance, a Autoridade Policial não consegue identificar o autor do fato ou recuperar a *res furtiva*.

Assinale a alternativa que indique a providência que o Delegado deverá tomar.

(A) Relatar o inquérito policial e encaminhar os autos ao Ministério Público para que este promova o arquivamento.
(B) Promover o arquivamento do inquérito policial, podendo a vítima recorrer ao Secretário de Segurança Pública.
(C) Relatar o inquérito policial e encaminhar os autos ao Secretário de Segurança Pública para que este promova o arquivamento.
(D) Manter os autos do inquérito policial com a rotina suspenso, até que surja uma nova prova.
(E) Prosseguir na investigação, pois o arquivamento só é possível quando transcorrer o prazo prescricional.

Esgotadas todas as diligências que podiam ser empreendidas no curso do inquérito, somente restava à autoridade policial elaborar o relatório final e encaminhar os autos ao Ministério Público para que este promovesse o arquivamento. Não cabia ao delegado de polícia promover, ele próprio, o arquivamento dos autos de inquérito, conforme reza o art. 17 do CP. Somente o juiz poderia determiná-lo a requerimento do MP, decisão contra a qual, a propósito, não cabe recurso. Gabarito "A".

(Delegado/AP – 2010) A respeito do *inquérito policial*, analise as afirmativas a seguir:

I. se o investigado estiver sob prisão cautelar, o prazo para encerramento do inquérito policial é de dez dias, contado o prazo do dia em que se executar a ordem de prisão. Concluído tal prazo, nada obsta que a autoridade policial requeira sua prorrogação para realização de diligências imprescindíveis. Contudo, acolhido tal requerimento pelo Ministério Público, o juiz deverá relaxar a prisão cautelar, por excesso de prazo.

II. a instauração de inquérito policial para apuração de fatos delituosos decorre da garantia de que ninguém será processado criminalmente sem que tenham sido reunidos previamente elementos probatórios que apontem seu envolvimento na prática criminosa. Assim, não há possibilidade no sistema brasileiro de que seja ajuizada ação penal contra alguém, sem que a denúncia esteja arrimada em inquérito policial.

III. Nos crimes de ação penal pública, quando o ministério público recebe da autoridade policial os autos do inquérito policial já relatado, deve tomar uma das seguintes providências: 1. oferecer denúncia; 2. baixar os autos, requisitando à autoridade policial novas diligências que considerar imprescindíveis à elaboração da denúncia; 3. promover o arquivamento do inquérito policial, na forma do art. 28 do CPP.

Assinale:
(A) se somente as alternativas I e III estiverem corretas.
(B) se somente as alternativas I e II estiverem corretas.
(C) se somente as alternativas II e III estiverem corretas.
(D) se somente a alternativa III estiver correta.
(E) se todas as alternativas estiverem corretas.

I: o decêndio contido no art. 10, *caput*, do CPP deve ser cumprido à risca, não comportando qualquer espécie de dilação, isso porque se trata de restrição ao direito de liberdade. Este prazo, de fato, deve ser contato da data da efetivação da prisão, e não da data de sua decretação, na hipótese da custódia preventiva (art. 312. CPP). Ademais, tratando-se de prazo improrrogável, havendo necessidade de diligências suplementares a serem realizadas fora do prazo de dez dias, é possível a impetração de *habeas corpus*, pois caracterizado estará o constrangimento ilegal; II: de fato o inquérito policial não constitui fase imprescindível da persecução criminal, podendo, portanto, o titular da ação penal dele abrir mão se dispuser de elementos suficientes para lastrear a peça exordial (arts. 12, 39, § 5º, e 46, § 1º, do CPP); III: assertiva em conformidade com os arts. 16 e 28 do CPP. Gabarito "A".

(Delegado/BA – 2008 – CEFETBAHIA) Quanto à instauração do Inquérito Policial, a

(A) autoridade policial, nos crimes de ação penal pública incondicionada, poderá instaurar o Inquérito Policial de ofício.
(B) autoridade policial, nos crime de ação penal pública condicionada, necessita de requisição ministerial ou do juiz para instaurar o Inquérito Policial.
(C) autoridade policial, nos crimes de ação penal privada, tem a atribuição de instaurar o Inquérito Policial, mesmo sem requerimento da vítima ou de seu representante legal, tendo em vista que a ocorrência de um crime não pode ficar sem investigação.
(D) *delatio criminis* é o meio pelo qual o membro do Ministério Público noticia um crime à autoridade policial.

A: alternativa correta, nos termos do art. 5º, I, do CPP; B: a *requisição do ministro da Justiça* e a *representação do ofendido* constituem condição de procedibilidade (ação penal pública condicionada). O CPP, no seu art. 5º, § 4º, estabelece que o inquérito não poderá ser instaurado sem o oferecimento da *representação* por parte do ofendido; no que concerne à *requisição ministerial*, o CPP, no entanto, nada disse. Tem a doutrina entendido que o membro do Ministério Público, titular da ação penal pública condicionada, ao dirigir a requisição de instauração de inquérito à autoridade policial, deverá encaminhar em anexo a requisição ministerial, peça indispensável à instauração do inquérito; C: alternativa incorreta, pois, em conformidade com o que dispõe o art. 5º, § 5º, do CPP, a autoridade policial somente estará credenciada a instaurar inquérito nos crimes de ação penal de iniciativa privada a requerimento de quem tiver legitimidade para promovê-la; D: *delatio criminis* é, na verdade, a denúncia de ocorrência de infração penal formulada à autoridade policial por qualquer pessoa do povo. Está prevista no art. 5º, § 3º, do CPP e comporta a forma verbal e também a escrita. Gabarito "A".

(Delegado/BA – 2008 – CEFETBAHIA) Identifique com V as afirmativas verdadeiras e com F, as falsas.

( ) O Inquérito Policial é presidido, necessariamente, por uma autoridade policial que exercerá a sua competência nos limites da sua jurisdição territorial, previamente estabelecidos.
( ) O Inquérito Policial é sigiloso e, como tal, é defeso ao delegado de polícia permitir o acesso de advogados, seja da vítima ou do investigado, aos autos do Inquérito.
( ) O Inquérito Policial é um procedimento administrativo investigatório que visa à obtenção de indícios e provas para definição de autoria e materialidade do crime, a fim de munir o titular da ação penal pública ou privada para que este possa propô-la contra o provável autor da infração investigada.
( ) A natureza jurídica do Inquérito Policial é de procedimento administrativo e inquisitorial, presidido pela autoridade policial na fase pré-processual.

A alternativa que apresenta a seqüência correta, de cima para baixo, é a

(A) V V F V
(B) V F V F
(C) F F V V
(D) F V V F
(E) F F V F

1ª assertiva: reza o art. 4º, *caput*, do CPP que a Polícia Judiciária (Polícia Federal e Polícia Civil dos Estados e do Distrito Federal) será exercida pelas autoridades policiais no território de suas respectivas *circunscrições* e terá por fim a apuração das infrações penais e da sua autoria. Onde hoje se lê *circunscrições* antes se lia, equivocadamente, *jurisdições*. Esta imprecisão terminológica foi corrigida pela Lei 9.043/95; 2ª assertiva: é verdade que o inquérito policial é, a teor do art. 20, *caput*, do CPP, procedimento administrativo *sigiloso*. Ocorre que, em consonância com o disposto no art. 7º, XIV, da Lei 8.906/94 (Estatuto da Advocacia), constitui direito do advogado, entre outros: "examinar em qualquer repartição policial, mesmo sem procuração, autos de flagrante e de inquérito, findos ou em andamento, ainda que conclusos à autoridade, podendo copiar peças e tomar apontamentos". Trata-se de sigilo, pois, relativo. Da mesma forma, este sigilo, imanente ao inquérito, não se estende, por óbvio, ao membro do Ministério Público tampouco ao magistrado. Sobre este tema, *vide* Súmula Vinculante 14; 3ª assertiva: correta. Inquérito policial é o procedimento investigatório prévio cuja finalidade é reunir provas de autoria e materialidade acerca de uma infração penal para que o titular da ação penal possa ajuizá-la em face do provável autor do crime; 4ª assertiva: é administrativo porquanto presidido pela autoridade policial; é inquisitorial porque no inquérito não vigora o princípio do contraditório. Gabarito "C".

(Delegado/BA – 2008 – CEFETBAHIA) Identifique com V as afirmativas verdadeiras e com F, as falsas.

( ) O delegado de polícia, em virtude da característica da oficiosidade, possui discricionariedade para instaurar Inquérito Policial em caso de crimes de Ação Penal Pública Incondicionada, caso entenda necessário.
( ) Os inquéritos policiais que envolvam investigação relativa a organizações criminosas são os únicos que têm sigilo absoluto, inclusive com relação a advogados.
( ) São peças iniciais para a instauração de Inquérito Policial a Portaria e o Auto de Prisão em Flagrante.
( ) A investigação preliminar não é exclusiva, embora o Inquérito Policial seja atribuição específica das polícias judiciárias, sendo que tais investigações são chamadas de extra-policiais.

A alternativa que contém a seqüência correta, de cima para baixo, é a

(A) V V V F
(B) V F F V
(C) F V V F
(D) F F V V
(E) F F V F

1ª assertiva: corolário do *princípio da obrigatoriedade*, o da *oficiosidade* significa que os procedimentos do inquérito devem ser impulsionados de ofício pela autoridade que o preside, independente de provocação do ofendido ou de quem quer que seja. O delegado, por força do *princípio da obrigatoriedade* (legalidade), não dispõe de discricionariedade, a ele cabendo, sempre que tiver conhecimento da ocorrência de crime, proceder à instauração de inquérito. No mais, a *oficiosidade* não deve ser confundida com a *oficialidade*. Atribuir ao inquérito esta característica implica dizer que os órgãos encarregados de realizá-lo, elaborá-lo são oficiais, ou seja, é defeso a um particular a elaboração de um inquérito policial, ainda que se trate de ação penal de iniciativa privada; 2ª assertiva: não há que se falar em investigação cujo sigilo seja absoluto. Vide art. 7º, XIV, da Lei 8.906/94 (Estatuto da Advocacia) e Súmula Vinculante 14; 3ª assertiva: correta. Uma das formas de instauração de inquérito policial é de *ofício* (art. 5º, I, do CPP). Assim, sempre que a autoridade policial tiver conhecimento da prática de uma infração penal, deve baixar a chamada *portaria*, que constitui a peça inaugural do inquérito policial. Outra forma de instauração de inquérito é o *auto de prisão em flagrante*. Neste caso, após a lavratura do auto, o inquérito é instaurado; 4ª assertiva: correta. A presidência do inquérito policial constitui atribuição exclusiva da autoridade policial; outras autoridades, entretanto, entre elas o representante do Ministério Público, podem conduzir investigação criminal (extrapoliciais). Gabarito "D".

(Delegado/BA – 2008 – CEFETBAHIA) Chegou ao conhecimento da autoridade policial, através de um telefonema anônimo, a notícia de que havia um corpo, sem vida, à beira de uma estrada vicinal, próxima à sede do município.

As providências iniciais a serem tomadas pela autoridade policial, na devida ordem cronológica, são as seguintes:

(A) Instaurar Inquérito Policial através de Portaria; registrar a devida Ocorrência Policial; expedir Ordem de Missão Policial para a equipe de agentes realizar diligências a fim de identificar o autor do delito.

(B) Instaurar Inquérito Policial através de Portaria; expedir Guia Pericial de local; realizar o levantamento cadavérico.
(C) Realizar o levantamento cadavérico; registrar a devida Ocorrência Policial; instaurar o Inquérito Policial através de Portaria.
(D) Realizar o levantamento cadavérico; expedir Ordem de Missão Policial; proceder a oitiva da vítima.
(E) Instaurar Inquérito Policial através da Ocorrência Policial lavrada após o fato, como peça inicial e juntando, logo após despacho, a Portaria.

Embora existam decisões do Superior Tribunal de Justiça que entendem de forma diversa (HC 106.040/SP, rel. Min. Jane Silva, Des. Convocada do TJ/MG, 6ª T., DJ de 8.9.08), é recomendável, em casos como estes, que a autoridade policial, antes de determinar a instauração de inquérito, promova diligências informais com o propósito de verificar se o fato noticiado de forma apócrifa existiu ou não. Apurada, então, a existência do fato, aí sim, instaura-se o inquérito para estabelecer a autoria do crime, se é que este existiu. Vide, a esse respeito, Informativo STF 387. Gabarito "C"

(Delegado/BA – 2008 – CEFETBAHIA) Identifique com V as afirmativas verdadeiras e com F, as falsas.

O delegado de uma delegacia municipal tomou conhecimento da existência de um cadáver do sexo masculino, com vestígios de perfuração provocada por projéteis de arma de fogo sobre uma mesa de sinuca, num bairro de Salvador.

São providências adotadas pelo delegado de polícia:

( ) Dirigir-se imediatamente ao local, providenciando para que não se altere o estado de conservação das coisas, até a chegada dos peritos criminais.
( ) Apreender os objetos que tiverem relação com o fato, após liberados pelos peritos criminais.
( ) Colher todas as provas que servirem para o esclarecimento do fato e suas circunstâncias.
( ) Permanecer na delegacia e encaminhar as guias de solicitação dos exames periciais por intermédio dos agentes aos peritos, sem ter-se dirigido ao local do crime.

A alternativa que contém a seqüência correta, de cima para baixo, é a

(A) F F V V
(B) V V F F
(C) F F F F
(D) V V V V
(E) V V V F

1ª assertiva: art. 6º, I, do CPP; 2ª assertiva: art. 6º, II, do CPP; 3ª assertiva: art. 6º, III, do CPP; 4ª assertiva: providência não contemplada no art. 6º do CPP. Gabarito "E".

(Delegado/BA – 2006 – CONSULPLAN) Marque a única alternativa correta. A autoridade policial, tomando conhecimento da ocorrência de um crime de homicídio, deve adotar as seguintes providências:

(A) Instaurar inquérito policial regular, visando a apuração da autoria e materialidade do fato, por intermédio de portaria.
(B) Exigir que a vítima ou seu representante legal apresente, no prazo, a representação.
(C) Lavrar, obrigatoriamente, o Termo Circunstanciado da ocorrência, encaminhando-o ao Juizado Especial Criminal.
(D) Determinar o arquivamento da notícia chegada ao seu conhecimento.
(E) Exigir o comparecimento da vítima, acompanhada de advogado ou de defensor público.

Assim que toma conhecimento da prática de crime de ação penal pública incondicionada, a autoridade policial deve promover a instauração de inquérito policial com vistas a apurar a autoria e materialidade do fato (art. 5º, I, CPP). Por razões óbvias, não haveria como exigir o comparecimento da vítima. Já o termo circunstanciado, a que alude o art. 69, caput, da Lei 9.099/95, somente terá lugar no âmbito das infrações penais de menor potencial ofensivo, assim entendidas aquelas cuja pena máxima cominada não seja superior a dois anos, conforme estatui o art. 61 da Lei dos Juizados Especiais. Gabarito "A".

(Delegado/BA – 2006 – CONSULPLAN) "A" e "B", percebendo que seu filho "C", de apenas quatro anos, mudou de comportamento depois da chegada da babá "D", que permanecia sozinha na casa com a criança, instalaram uma câmera no interior da residência, visando comprovar fatos de que suspeitavam. Retornando à noite, constataram a prática de atos libidinosos, praticados pela babá "D" contra a criança "C". No dia seguinte, "A" e "B" foram à delegacia de polícia requerer que a autoridade policial adotasse as providências pertinentes, visando o processo e julgamento de "D". Marque a única alternativa correta:

(A) A autoridade policial deve prender "D" em flagrante, com a simples notícia contida na fita.
(B) A autoridade policial instaura o inquérito policial regular, colhe provas e considera a fita um dado relevante como fundamentação para a prisão preventiva de "D", representando por sua decretação.
(C) A autoridade policial indefere, fundamentadamente, o pedido de "A" e "B".
(D) A autoridade policial determina que seus agentes de serviço naquele dia prendam "D" para averiguações.
(E) A autoridade policial solicita informações ao Juiz Criminal e ao Promotor de Justiça da comarca como deveria proceder.

Em princípio, a babá praticou contra a criança de quatro anos o crime do art. 217-A, caput, do CP – estupro de vulnerável. A ação penal, neste caso, a teor do art. 225, parágrafo único, do CP, é pública incondicionada. Assim sendo, correta é a proposição "B", já que cabe à autoridade, diante da notícia da prática de crime de ação penal pública incondicionada, notadamente instruída com provas materiais, determinar a instauração de inquérito com vistas a colher outras provas que repute necessárias e, se entender que seja o caso, representar à autoridade judiciária pela decretação da prisão preventiva, nos moldes do art. 312 do CPP, lembrando que a recente Lei 12.403/11 introduziu no CPP uma série de medidas cautelares como alternativa à decretação da prisão preventiva, que, frise-se, não deixou, por isso, de existir. Por fim, não é admitida em nosso ordenamento jurídico a chamada prisão para averiguação. Gabarito "B".

(Delegado/BA – 2006 – CONSULPLAN) "Z" praticou o crime de latrocínio. Houve instauração de inquérito policial regular, ficando demonstrada a autoria e a materialidade do referido delito. Durante o curso do inquérito policial, "Z", participando de um assalto, trocou tiros com uma quadrilha oponente, vindo a falecer em razão disto. Fato comprovado mediante a certidão de óbito e laudo cadavérico, incontestavelmente evidenciado, juntados aos autos. Diante desta situação, assinale a única alternativa correta:

(A) A autoridade policial, em face da extinção da punibilidade pela morte do agente, encerrou a apuração e determinou o arquivamento do inquérito.
(B) Com a comprovação do óbito, deu continuidade às investigações.
(C) Concluiu o inquérito, elaborou o relatório, remetendo-o para o Juiz Criminal.
(D) Notificou os parentes da vítima para, querendo, manifestarem interesse na continuidade das investigações.
(E) Requisitou diligências ao DPT, visando melhor esclarecimento do laudo cadavérico.

Em hipótese alguma poderá a autoridade policial promover o arquivamento dos autos de inquérito – art. 17 do CPP. Diante da notícia – comprovada por certidão de óbito – de que o indiciado/investigado faleceu, deve a autoridade policial concluir o inquérito, relatando-o, e encaminhá-lo ao juiz criminal – art. 10, § 2º, do CPP. Gabarito "C".

(Delegado/BA – 2006 – CONSULPLAN) Assinale a única alternativa correta:

(A) Arquivado o inquérito policial pelo Juiz, é possível a interposição de recurso em sentido estrito.
(B) Em hipótese alguma, o inquérito policial, uma vez arquivado, poderá ser desarquivado.
(C) Se o Promotor de Justiça requerer o arquivamento do inquérito policial, ao Juiz não resta outra alternativa senão atendê-lo.
(D) Sendo indeferido o pedido de arquivamento formulado pelo Promotor, o Juiz remete os autos para o Procurador-Geral de Justiça, que não poderá oferecer diretamente a denúncia, bem como não poderá designar outro Promotor para oferecê-la e nem insistir no arquivamento.
(E) Mesmo arquivado o inquérito policial, surgindo fatos novos indicando outras provas, a autoridade policial poderá proceder a novas investigações.

A: a decisão judicial que determina o arquivamento dos autos de inquérito não comporta recurso; B: em vista do comando contido no art. 18 do CPP, pode, sim, ser desarquivado o inquérito policial, desde que cheguem ao conhecimento da autoridade policial provas *substancialmente novas*. Nesse sentido, Súmula 524 do STF; C e D: incorreto, já que o juiz não está obrigado a atender ao pleito do MP. Se discordar, e isso é perfeitamente possível, remeterá os autos, na forma estatuída no art. 28 do CPP, ao procurador-geral de Justiça, a quem incumbirá apreciar se a razão está com o promotor ou com o magistrado. Se entender o chefe do Ministério Público que razão assiste ao promotor, o juiz então estará obrigado a determinar o arquivamento dos autos de inquérito. Neste caso, outra opção não lhe resta. Se, de outro lado, o procurador-geral entender que é caso de denúncia, poderá ele mesmo oferecê-la, ou ainda designar outro membro da instituição para fazê-lo, o que é mais comum; E: alternativa correta, nos termos do art. 18 do CPP. Com efeito, mesmo depois de arquivado o inquérito policial, se surgirem fatos novos indicando outras provas, estas substancialmente novas, isto é, aptas a alterar o panorama probatório, a autoridade policial poderá proceder a novas investigações. Gabarito "E".

(Delegado/BA – 2006 – CONSULPLAN) A Constituição Federal, expressamente:

(A) nada prevê a respeito do órgão ao qual incumbe a apuração de infrações penais e a atividade de investigação.
(B) prevê que o Ministério Público realize diretamente investigação em crimes organizados e crimes hediondos.
(C) prevê que às polícias civis, dirigidas por delegados de polícia de carreira, incumbem as funções de polícia judiciária e a apuração de infrações penais.
(D) prevê que, como regra, às polícias civis, dirigidas por delegados de polícia de carreira, incumbem as funções de polícia judiciária e a apuração de infrações penais, mas admite que possa o Ministério Público realizar investigações diretamente em caso de crimes organizados e crimes hediondos.
(E) dispõe que o Ministério Público possa instaurar inquérito policial, requisitando agentes policiais para a realização de quaisquer diligências.

A: assertiva incorreta, nos termos do art. 144 da CF; B: não há essa previsão no texto constitucional; C: proposição em consonância com o que dispõe o art. 144, § 4º, da CF; D: não há essa previsão no texto constitucional; E: a Constituição Federal não contém este dispositivo. O inquérito *policial* é de atribuição exclusiva da autoridade policial. O membro do Ministério Público pode requisitar à autoridade policial, na ação penal pública, a instauração de inquérito policial – art. 5º, II, CPP, bem assim conduzir inquérito criminal (não policial). Gabarito "C".

(Delegado/CE – 2006 – CEV/UECE) Marque a opção verdadeira.

(A) O inquérito policial sempre poderá ser iniciado de ofício pela autoridade policial já que o direito penal é essencialmente público e deverá sempre buscar a verdade real, independente da vontade da vítima.
(B) Negado o pedido de instauração de inquérito policial feito pela parte, caberá recurso de natureza administrativa dirigido ao Juiz criminal que teria competência para processar o crime em tese cometido.
(C) O prazo para a conclusão do inquérito é em regra de 10 (dez) dias estando o réu preso e 30 (trinta) dias, se solto. Estando o réu solto tal prazo poderá ser renovado pelo Juiz caso exista a necessidade de novas investigações.
(D) Dentre as características fundamentais do inquérito policial podemos apontar, corretamente, ser ele escrito, presidido por autoridade policial, inquisitorial e contraditório.

A: o inquérito policial somente será iniciado pela autoridade policial de ofício quando se tratar de ação penal pública incondicionada, a teor do art. 5º, I, do CPP. De se ver que, se se tratar de ação penal pública *condicionada* a representação, o inquérito não poderá sem ela ser iniciado, conforme prevê o art. 5º, § 4º, do CPP. Da mesma forma, o inquérito não poderá ser instaurado de ofício pela autoridade, nos moldes do art. 5º, § 5º, na ação penal privada. Aqui é imprescindível o *requerimento* de quem tenha qualidade para ajuizá-la; B: negado o pedido de instauração de inquérito policial, caberá recurso para o chefe de polícia, em conformidade com o que estabelece o art. 5º, § 2º, do CPP; C: proposição correta, nos termos do art. 10, *caput* e § 3º, do CPP; D: as características contidas na proposição estão corretas, exceção feita àquela que qualifica o inquérito como *contraditório*, já que, por ser inquisitivo, nele não vigoram o *contraditório* tampouco a *ampla defesa*, inerentes à fase processual. Gabarito "C".

(Delegado/CE – 2006 – CEV/UECE) Marque a opção verdadeira.

(A) A autoridade policial poderá determinar a incomunicabilidade do preso que estiver sob sua custódia se tal medida for indispensável para a efetiva apuração dos fatos, desenvolvimento do inquérito policial ou ainda se houver comprometimento da ordem pública.
(B) Ao concluir o inquérito a autoridade policial deverá elaborar relatório, no qual indicará se entender ser caso de indiciamento; não sendo, determinará o arquivamento imediato dos autos, dando, em seguida, ciência ao titular da ação penal.
(C) O atual entendimento do Supremo Tribunal Federal é o de que o inquérito policial é obrigatoriamente sigiloso, sendo permitido seu acesso apenas ao Juiz processante, uma vez que é peça fundamental para a persecução penal do Estado.
(D) O Delegado de Polícia que preside o inquérito policial poderá produzir livremente as provas que desejar, inclusive não realizando aquelas que sejam solicitadas pelo indiciado se entender que não são relevantes.

A: a incomunicabilidade não pode ser determinada pela autoridade policial. Em princípio, poderia o juiz, a teor do art. 21 do CPP, decretar a incomunicabilidade do indiciado preso, sempre que o interesse da sociedade ou a conveniência da investigação o exigir. De se ver, entretanto, que inúmeros autores consagrados sustentam que este dispositivo não foi recepcionado pela CF/88; B: pela disciplina estabelecida no art. 17 do CPP, é defeso ao delegado de polícia arquivar autos de inquérito policial, somente podendo fazê-lo o juiz a requerimento do MP, em consonância com o que dispõem os arts. 18 e 28 do CPP; C: é fato que o inquérito policial é sigiloso (art. 20, CPP), mas este sigilo não pode ser estendido ao advogado, nos termos do art. 7º, XIV, da Lei 8.906/94 (Estatuto da Advocacia) e da Súmula Vinculante 14; D: o Código de Processo Penal não estabeleceu para o inquérito policial um rito, sendo lícito à autoridade policial que o presidir tomar as providências que julgar necessárias ao bom andamento das investigações, podendo, inclusive, nos termos do art. 14 do CPP, indeferir, a seu juízo, diligências requeridas pelo ofendido, seu representante legal, ou mesmo pelo indiciado. Gabarito "D".

(Delegado/GO – 2009 – UEG) Sobre o inquérito policial, é CORRETO afirmar:

(A) a decisão que concorda com o pedido de arquivamento do inquérito policial formulado pelo Ministério Público por atipicidade do fato possui eficácia preclusiva típica de coisa julgada formal; nesse caso, somente podem ser reabertas as investigações a partir do surgimento de elementos probatórios não integrantes do acervo colhido durante o inquérito.
(B) se o juiz se dá por competente e o membro do Ministério Público se manifesta no sentido de que não quer oferecer denúncia por considerá-lo incompetente, ocorre, por parte do Ministério Público, um pedido de arquivamento indireto.
(C) segundo o Código de Processo Penal, se o juiz discordar do pedido de arquivamento do inquérito policial formulado pelo Ministério Público deve enviar os autos ao procurador-geral do respectivo Ministério Público que, entendendo tratar de hipótese de denúncia, deverá designar outro membro para apresentá-la, mas não poderá, sob pena de supressão de instância, oferecê-la diretamente.
(D) segundo a tese do arquivamento implícito, acolhida pelo Supremo Tribunal Federal e pelo Superior Tribunal de Justiça, este ocorre quando o titular da ação penal deixa de pedir o arquivamento do inquérito policial em relação a determinado indiciado, mas justifica em sua peça acusatória os motivos do não oferecimento da denúncia contra o imputado e, com base nas justificativas ministeriais, o juiz determina o arquivamento do inquérito policial.

A: assertiva incorreta, pois esta decisão possui eficácia preclusiva e produz, por isso, coisa julgada *material*, impedindo o desarquivamento do inquérito. Conferir, a esse respeito, *Informativo STF* 375; B: alternativa correta. É a hipótese em que o procurador da República, no lugar de oferecer denúncia ou requerer o arquivamento do inquérito, requer ao Juízo Federal que decline sua competência para a Justiça Estadual, já que o membro do MP entende que lhe falta atribuição para o processamento do crime em questão, que é de competência, no seu entender, da Justiça do Estado; C: nesta hipótese, poderá o chefe do *parquet*, nos termos do art. 28 do CPP, oferecer a denúncia, designar outro membro do MP para fazê-lo ou insistir no pedido de arquivamento; D: a decisão de arquivamento do inquérito há de ser sempre explícita. Gabarito "B".

(Delegado/GO – 2009 – UEG) Tripa Seca é investigado por prática de furto. Após o término das investigações, o delegado, presidente do inquérito policial, o relata, mas não indicia Tripa Seca, apesar de todas as evidências o apontarem como autor do delito. Chegando os autos ao Ministério Público, o promotor de justiça requer ao juiz de direito o retorno do inquérito policial à autoridade policial para que indicie o investigado. Assim:

(A) não agiu corretamente o promotor de justiça, uma vez que o próprio membro do Ministério Público poderá indiciar o investigado e, posteriormente, providenciar o lançamento de seu nome como autor da infração no instituto de identificação pertinente.
(B) não agiu corretamente o promotor de justiça, uma vez que o Ministério Público não poderá requerer a devolução do inquérito policial à autoridade policial, senão para novas diligências indispensáveis ao oferecimento da denúncia.
(C) agiu corretamente o promotor de justiça, uma vez que, somente com o indiciamento, Tripa Seca teria seu nome lançado como autor da infração penal no instituto de identificação pertinente.
(D) agiu corretamente o promotor de justiça, uma vez que o indiciamento é imprescindível ao oferecimento da denúncia.

Nos termos do art. 16 do CPP, somente terá lugar a devolução dos autos de inquérito à autoridade policial para diligências imprescindíveis à formação da chamada *opinio delicti*. Assim, parece ilógico que o titular da ação penal requeira o retorno dos autos de inquérito à unidade de Polícia Judiciária tão somente para que se proceda ao indiciamento do acusado, medida que em nada irá contribuir para a formação da *opinio delicti*. Gabarito "B".

(Delegado/GO – 2009 – UEG) Tripa Seca é investigado por suposta prática de crime de roubo. Com a conclusão do inquérito, o delegado de polícia elabora minucioso relatório, emitindo seu juízo de valor e tecendo considerações acerca da culpabilidade do investigado e ilicitude da conduta, bem como realizando um estudo jurídico sobre o delito investigado, trazendo, inclusive, teses para auxiliar a defesa. Assim:

(A) agiu corretamente a autoridade policial, uma vez que o Ministério Público se vinculará, para o oferecimento da denúncia, às teses desenvolvidas pelo delegado de polícia, porquanto o relatório é inevitavelmente utilizado como alicerce para a elaboração da denúncia.
(B) agiu corretamente a autoridade policial, uma vez que, além de subsidiar o Ministério Público, a polícia deve subsidiar o investigado, indicando elementos probatórios e teses jurídicas que poderão ser utilizados em sua defesa.
(C) não agiu corretamente a autoridade policial, uma vez que o relatório policial deve conter elementos probatórios e teses jurídicas que sirvam de subsídios apenas ao Ministério Público.
(D) não agiu corretamente a autoridade policial, uma vez que o relatório policial precisa conter apenas a narrativa isenta dos fatos apurados, indicando seus pontos cruciais.

Finda a investigação, deve a autoridade policial confeccionar um relatório descrevendo de forma pormenorizada tudo quanto foi apurado no curso do inquérito. Trata-se da peça final das investigações, sua conclusão, dela não podendo o delegado fazer qualquer menção ao *mérito* da prova coligida, sob pena de usurpar a área de atuação do titular da ação penal, a quem cabe formar a *opinio delicti*. O relatório a ser elaborado pela autoridade policial está previsto no art. 10, §§ 1º e 2º, do CPP. Gabarito "D".

(Delegado/PB – 2009 – CESPE) Assinale a opção correta com referência ao inquérito policial (IP).

(A) Sendo o crime de ação penal pública incondicionada, se o promotor de justiça com atribuições para tanto requisitar a instauração do IP, a autoridade policial pode deixar de instaurá-lo, se entender descabida a investigação, ante a presença de causa excludente de antijuridicidade.
(B) O IP possui a característica da indisponibilidade, que significa que, uma vez instaurado, não pode a autoridade policial, por sua própria iniciativa, promover seu arquivamento, exceto nos crimes de ação penal privada.
(C) No IP instaurado por requisição do ministro da Justiça, objetivando a expulsão de estrangeiro, o contraditório é obrigatório.
(D) O IP possui a característica da oficialidade, que significa que, ressalvadas as hipóteses de crimes de ação penal pública condicionada à representação ou de ação penal privada, o IP deve ser instaurado de ofício pela autoridade policial sempre que tiver conhecimento da prática de um delito.
(E) Ocorrendo nulidade no IP, por inobservância das normas procedimentais estabelecidas para realização de determinado ato, a autoridade policial deve declarar a nulidade por escrito, repetindo-se o ato.

A: em vista de *requisição* formulada por membro do MP, não resta à autoridade policial outra alternativa senão atendê-la, providenciando a instauração do inquérito policial – art. 5º, II, do CPP; B: uma vez instaurado o inquérito, é vedado à autoridade policial, ainda que se trate de crime de ação penal de iniciativa privada, promover o arquivamento dos autos, na forma do art. 17 do CPP; C: assertiva correta, visto que, no inquérito que visa à expulsão de estrangeiro, o contraditório é obrigatório (Lei 6.815/80); D: atribuir ao inquérito a característica da *oficialidade* implica dizer que os órgãos encarregados de confeccioná-lo hão de ser oficiais, ou seja, é defeso a um particular a elaboração do inquérito policial, ainda que se trate de ação penal de iniciativa privada ou mesmo condicionada a representação; E: não há esta imposição legal. Gabarito "C".

(Delegado/SC – 2008) Analise as alternativas e assinale a correta.

(A) Nos crime de ação penal privada, encerrado o inquérito policial, a autoridade policial determinará que sejam mantidos os autos no cartório da Delegacia de Polícia, onde aguardarão a iniciativa do ofendido ou de seu representante legal, ou serão entregues, ao requerente, se o pedir, mediante traslado.
(B) O inquérito policial pode ser arquivado diretamente pelo juiz, mediante decisão fundamentada, sem provocação do Ministério Público, desde que seja evidente a inocência do investigado.
(C) O inquérito policial é indispensável à propositura da ação penal pública.
(D) Após a sua instauração, o inquérito policial não pode ser arquivado pela autoridade policial.

A: art. 19 do CPP; B: art. 28 do CPP; C: art. 12 do CPP; D: art. 17 do CPP. Gabarito "D".

(Delegado/SP – 2008) A comunicação que qualquer pessoa do povo faz à Autoridade Policial acerca da ocorrência de infração penal em que caiba ação penal pública incondicionada recebe o nome de

(A) requerimento.
(B) requisição.
(C) representação.
(D) delatio criminis.
(E) notitia criminis coercitiva.

Trata-se da denúncia de ocorrência de infração penal formulada à autoridade policial por qualquer pessoa do povo. Está prevista no art. 5º, § 3º, do CPP e comporta a forma verbal e também a escrita. Gabarito "D".

(Analista Judiciário/TJRJ – 2008 – CESPE) Julgue os itens a seguir, relativos ao inquérito policial.

I. Se a ação penal for de iniciativa privada, o inquérito será instaurado a requerimento da vítima ou de seu representante legal.
II. Como o inquérito policial é procedimento administrativo, deverá a autoridade policial garantir o contraditório e a ampla defesa, com os meios e recursos a ela inerentes, sob pena de haver nulidade na ação penal subseqüente.
III. O inquérito policial pode ser arquivado, de ofício, pelo juiz, por membro do Ministério Público ou pelo delegado de polícia, desde que fique comprovado que o indiciado agiu acobertado por causa excludente da antijuridicidade ou da culpabilidade.
IV. Uma vez relatado o inquérito policial, o Ministério Público não poderá requerer a devolução dos autos à autoridade policial, ainda que entenda serem necessárias novas diligências, imprescindíveis ao oferecimento da denúncia. Nesse caso, deverá oferecer a denúncia desde já, requerendo ao juiz que as provas sejam produzidas no curso da instrução processual.
V. De acordo com o Código de Processo Penal (CPP), a autoridade policial poderá decretar a incomunicabilidade do indiciado, pelo prazo máximo de três dias.

A quantidade de itens certos é igual a
(A) 1.
(B) 2.
(C) 3.
(D) 4.
(E) 5.

I: art. 5º, § 5º, do CPP (item correto); II: o inquérito policial é inquisitivo; nele não vigoram o contraditório e a ampla defesa; III: o inquérito policial só pode ser arquivado pelo juiz, a requerimento do Ministério Público, nos termos do que dispõe o art. 18 do CPP; IV: reza o art. 16 do CPP que, uma vez relatado (concluído) o inquérito, o MP poderá requerer a devolução dos autos à autoridade policial, desde que para novas diligências imprescindíveis ao oferecimento da denúncia; V: somente o juiz poderá decretar a incomunicabilidade a que alude o parágrafo único do art. 21 do CPP. Tal providência é combatida por vários autores, que alegam que este dispositivo não foi recepcionado pela Carta de 1988. Gabarito "A".

(Magistratura Federal-4ª Região – 2010) Dadas as assertivas abaixo, assinale a alternativa correta.

I. O prazo previsto para término do inquérito policial, no Código de Processo Penal, é de 10 (dez) dias, se o indiciado estiver preso. Em caso de indiciado solto, é de 30 (trinta) dias.
II. Quando se tratar de indiciado preso preventivamente, o prazo para término do inquérito será contado da data em que for executada a ordem de prisão, segundo o Código de Processo Penal.
III. O prazo para término do inquérito em caso de crime contra a economia popular, na forma da Lei 1.521/1951, esteja o indiciado preso ou solto, é de 10 (dez) dias.
IV. Em caso de indiciado preso por ordem da Justiça Federal, o prazo para término do inquérito é de 15 (quinze) dias, prorrogáveis por igual tempo.
V. Em se tratando de tráfico ilícito de drogas, previsto na Lei 11.343/2006, o prazo para o término do inquérito é de 30 (trinta) dias em caso de acusado preso e de 90 (noventa) dias em caso de acusado solto, podendo os prazos ser duplicados por decisão judicial, ouvido o Ministério Público, se houver pedido justificado da autoridade policial.

(A) Está correta apenas a assertiva I.
(B) Estão corretas apenas as assertivas II e V.
(C) Estão corretas apenas as assertivas I, III e IV.
(D) Estão corretas apenas as assertivas I, IV e V.
(E) Estão corretas todas as assertivas.

I: assertiva correta. O art. 10, caput, do CPP estabelece o prazo geral de 30 dias para conclusão do inquérito, quando o indiciado não estiver preso; se se tratar de indicado preso, o inquérito deve terminar em 10 dias; II: assertiva correta, visto que em conformidade com o que estabelece o art. 10, caput, do CPP; III: assertiva correta, nos termos do art. 10, § 1º, da Lei 1.521/51; IV: assertiva correta. Na Justiça Federal, se o indicado estiver preso, o prazo para conclusão do inquérito é de quinze dias, podendo haver uma prorrogação por igual período, conforme dispõe o art. 66 da Lei 5.010/66; V: no crime de tráfico de drogas, o inquérito deverá ser ultimado no prazo de 30 dias, se preso estiver o indiciado; e em 90 dias, no caso de o indiciado encontrar-se solto. É o teor do art. 51 da Lei 11.343/06. Assertiva, portanto, correta. Gabarito "E".

(Magistratura Federal – 5ª Região – 2005 – CESPE) Julgue o seguinte item.

(1) De acordo com o entendimento do STF, a decisão que determina o arquivamento do inquérito policial, a pedido do Ministério Público, quando o fato nele apurado não constituir crime (atípico), produz, mais que preclusão, coisa julgada material, impedindo ulterior instauração de processo que tenha por objeto o mesmo episódio, ainda que a denúncia se baseie em novos elementos de prova.

Informativo STF 375. Gabarito 1C

(Defensoria Pública da União – 2007 – CESPE) Julgue o seguinte item.

(1) Caso o Ministério Público requeira o arquivamento de inquérito policial, em ação penal pública incondicionada, com o qual concorde o magistrado, nessa situação, poderá o ofendido (vítima) impugnar judicialmente, via mandado de segurança, em matéria criminal, a manifestação do órgão acusatório, a fim de ver aplicado o disposto no artigo 28 (remessa ao procurador-geral) do CPP.

O despacho que determina o arquivamento de inquérito policial é irrecorrível. Gabarito 1E

(Delegado Federal – 2004 – CESPE) Julgue o seguinte item.

(1) No inquérito policial em que figure como indiciado um inimigo do delegado de polícia responsável pelas investigações, o Ministério Público oporá exceção de suspeição em relação a esse delegado.

Art. 107 do CPP. Gabarito 1E

(CESPE – 2009) Em relação ao inquérito policial, assinale a opção incorreta.

(A) Caso as informações obtidas por outros meios sejam suficientes para sustentar a inicial acusatória, o inquérito policial torna-se dispensável.
(B) O MP não poderá requerer a devolução do inquérito à autoridade policial, senão para que sejam realizadas novas diligências, dado que imprescindíveis ao oferecimento da denúncia.
(C) Nas hipóteses de ação penal pública, condicionada ou incondicionada, a autoridade policial deverá instaurar, de ofício, o inquérito, sem que seja necessária a provocação ou a representação.
(D) A autoridade policial não poderá mandar arquivar autos de inquérito, uma vez que tal arquivamento é de competência da autoridade judicial.

A: de fato o inquérito policial não constitui fase imprescindível da persecução criminal, podendo, portanto, o titular da ação penal dele abrir mão se dispuser de elementos suficientes para lastrear a peça exordial (arts. 12, 39, § 5º, e 46, § 1º, do CPP); B: art. 16 do CPP; C: art. 5º, § 4º, do CPP. Em se tratando de crime de ação penal pública condicionada à representação do ofendido ou de seu representante legal, é imprescindível o oferecimento desta para a instauração do inquérito policial; na hipótese de ação penal pública incondicionada, a autoridade policial tem a obrigação de instaurar o inquérito, independente de provocação do ofendido; D: arts. 17 e 18 do CPP. Gabarito "C".

(CESPE – 2008) Com base no CPP, assinale a opção correta acerca do inquérito policial.

(A) O MP, caso entenda serem necessárias novas diligências, por considerá-las imprescindíveis ao oferecimento da denúncia, poderá requerer a devolução do inquérito à autoridade policial.
(B) Se o órgão do MP, em vez de apresentar a denúncia, requerer o arquivamento do inquérito policial, o juiz determinará a remessa de oficio ao tribunal de justiça para que seja designado outro órgão de MP para oferecê-la.
(C) A autoridade policial, caso entenda não estarem presentes indícios de autoria de determinado crime, poderá mandar arquivar autos de inquérito.
(D) Depois de ordenado o arquivamento do inquérito pela autoridade judiciária, por falta de base para a denúncia, a autoridade policial não poderá proceder a novas pesquisas, ainda que tome conhecimento de outras provas.

A: art. 16 do CPP; B: art. 28 do CPP; C: art. 17 do CPP; D: art. 18 do CPP. Gabarito "A".

(CESPE – 2008) O inquérito é um procedimento investigativo que pode ser realizado pela polícia judiciária ou por outras autoridades. Nesse contexto, assinale a opção correta acerca dos inquéritos.

(A) As comissões parlamentares de inquérito têm poderes de investigação próprios das autoridades judiciais para a apuração de fato determinado e por prazo certo, sendo suas conclusões encaminhadas à respectiva mesa do Senado ou da Câmara para promover a responsabilidade civil e criminal.
(B) O poder de polícia da Câmara dos Deputados e do Senado Federal, em caso de crime cometido nas suas dependências, compreende a prisão em flagrante do agente e a realização do inquérito.
(C) Quando, no curso das investigações, surgir indício da prática de infração penal por parte de membro da magistratura, após a conclusão do inquérito, a denúncia deve ser remetida ao tribunal ou órgão especial competente para o julgamento.
(D) O inquérito judicial ocorre nos casos das infrações falimentares e deve ser presidido pelo juiz de direito da vara em que esteja tramitando o processo de falência.

A: art. 58, § 3º, da CF; B: Súmula n. 397, do STF; C: art. 33, parágrafo único, da Lei Complementar n. 35/1979 (Lei Orgânica da Magistratura). Os autos do inquérito devem ser remetidos ao tribunal competente assim que surgirem indícios da prática de infração penal por parte de membro da Magistratura; D: o inquérito judicial foi extinto pela Lei n. 11.101/ 1995. A atribuição para apurar crimes falimentares, antes do juiz de direito, passou para a Polícia Judiciária. Gabarito "B".

(CESPE – 2008) Assinale a opção correta acerca do inquérito policial e da ação penal.

(A) O despacho que indefere o requerimento de abertura de inquérito policial é irrecorrível.
(B) Caso seja instaurado um inquérito policial para a apuração de um crime de roubo e, por não haver provas da autoria, seja arquivado o inquérito, é possível reabrir a investigação, independentemente de novas provas, se houver pressão da imprensa.
(C) Qualquer pessoa pode encaminhar ao promotor de justiça uma petição requerendo providências e fornecendo dados e documentos, para que seja, se for o caso, instaurado inquérito policial.
(D) Considere a seguinte situação hipotética. Célia, pessoa comprovadamente carente de recursos financeiros, foi vítima de estupro e fez a comunicação do crime à autoridade competente, solicitando providências para apurá-lo e punir seu autor. Apurada a autoria do crime e confirmada a materialidade, o promotor ofereceu a denúncia. Nessa situação, a representação pode ser retratada até a sentença condenatória recorrível.

A: art. 5º, § 2º, do CPP; B: art. 18 do CPP; C: art. 27, CPP; D: art. 25 do CPP. Gabarito "C".

(CESPE – 2007) Com relação ao inquérito policial, assinale a opção correta.

(A) É indispensável a assistência de advogado ao indiciado, devendo ser observadas as garantias constitucionais do contraditório e da ampla defesa.
(B) A instauração de inquérito policial é dispensável caso a acusação possua elementos suficientes para a propositura da ação penal.
(C) Trata-se de procedimento escrito, inquisitivo, sigiloso, informativo e disponível.
(D) A interceptação telefônica poderá ser determinada pela autoridade policial, no curso da investigação, de forma motivada e observados os requisitos legais.

A: art. 5º, LV e LXIII, da CF. O contraditório e a ampla defesa só se aplicam ao processo; o inquérito policial é inquisitivo. Além disso, a assistência de advogado constitui direito do preso/indiciado. Incumbe à autoridade policial dar-lhe ciência disso; B: arts. 12, 39, § 5º, e 46, § 1º, do CPP. O inquérito policial não é essencial ao oferecimento da denúncia ou queixa, desde que a inicial contenha elementos suficientes (existência do crime e indícios suficientes de autoria); C: de fato, o inquérito policial é escrito, inquisitivo, sigiloso e informativo, mas, por força do que dispõe o art. 17 do CPP, é indisponível, na medida em que a autoridade policial não poderá determinar o seu arquivamento; D: art. 5º, XII, da CF; Lei n. 9.296/1996. Gabarito "B".

(CESPE – 2006) Com relação ao inquérito policial, considerando a legislação pertinente, a doutrina e a jurisprudência do STJ, assinale a opção correta.

(A) Quando se trata de ação penal privada, a autoridade policial pode tomar a iniciativa para instauração do inquérito policial se tiver presenciado o crime.
(B) Projetam-se na ação penal eventuais irregularidades praticadas no respectivo inquérito policial.
(C) O inquérito policial tem natureza de peça informativa, de cunho inquisitivo, e contém o resultado das investigações, para a formação da opinio delicti.
(D) O princípio do contraditório se aplica ao inquérito policial.

A: a autoridade policial depende, para proceder a inquérito que vise a apurar crime de ação penal privada, de requerimento formulado pelo ofendido ou por quem tenha legitimidade para ajuizar a ação respectiva, na forma estatuída no art. 5º, § 5º, do CPP; B: vícios porventura existentes no inquérito não têm o condão de acarretar nulidades no âmbito do processo; C: a natureza inquisitiva do inquérito policial está contida nos arts. 14 e 107 do CPP (não vigora o contraditório); ademais disso, trata-se de peça meramente informativa, segundo doutrina e jurisprudência pacíficas; D: o *princípio do contraditório* não se aplica ao inquérito policial, que tem caráter inquisitivo, o que fica evidenciado nos arts. 14 e 107 do CPP. Gabarito "C".

(CESPE – 2004) Com referência a inquérito policial (IP), assinale a opção correta.

(A) É peça indispensável à propositura da ação penal, tendo em vista que se destina a apurar a autoria e a materialidade do crime.
(B) Os vícios existentes no IP acarretam nulidades no processo subseqüente.
(C) No IP, devem ser observadas as garantias constitucionais do contraditório e da ampla defesa, sendo indispensável a assistência de advogado ao indiciado.
(D) Arquivado o IP por falta de provas, a autoridade policial poderá, enquanto não se extinguir a punibilidade pela prescrição, proceder a novas pesquisas e diligências, desde que surjam novas provas.

A: o inquérito não é essencial ao oferecimento da denúncia ou queixa, desde que o titular da ação disponha de elementos suficientes para sua propositura; B: não acarretam, por se tratar de peça meramente informativa; C: o inquérito policial é procedimento inquisitivo, no qual, portanto, não vigoram o contraditório e a ampla defesa; D: art. 18, CPP. Gabarito "D".

3. AÇÃO PENAL

(Magistratura/AL – 2007 – FCC) Corresponde a uma súmula do Supremo Tribunal Federal, a seguinte afirmação:

(A) Admite-se a suspensão condicional do processo por crime continuado, se, em relação a cada crime, a pena não é superior a um ano.
(B) A opinião do julgador sobre a gravidade em abstrato do crime pode ser motivação idônea para a imposição de regime mais severo do que o permitido segundo a pena aplicada.
(C) Não se admite a progressão de regime de cumprimento de pena ou a aplicação imediata de regime menos severo nela determinado, antes do trânsito em julgado da sentença condenatória.
(D) Pode ser determinado o desaforamento de processo de competência do Júri sem a audiência da defesa.
(E) É concorrente a legitimidade do ofendido mediante queixa, e do Ministério Público, condicionada à representação do ofendido, para a ação penal por crime contra a honra de servidor público em razão do exercício de suas funções.

A assertiva corresponde à Súmula 714 do STF. Gabarito "E".

(Magistratura/MG – 2009 – EJEF) Marque a opção INCORRETA. Tratando-se de ação penal de natureza privada, prevalecem as seguintes normas, princípios e fundamentos:

(A) Da indivisibilidade.
(B) Da indisponibilidade.
(C) Da oportunidade.
(D) Da conveniência.

A *ação penal privada*, ao contrário da pública, é regida pelo *princípio da disponibilidade*, na medida em que pode o seu titular desistir de prosseguir na demanda por ele ajuizada. O princípio da indisponibilidade – art. 42, CPP – é exclusivo da ação penal pública. Os outros constituem princípios informadores da ação penal de iniciativa privada, ressaltando-se que *oportunidade* e *conveniência* constituem o mesmo postulado. O princípio da indivisibilidade da ação penal privada, por sua vez, está consagrado no art. 48 do CPP. Embora não haja disposição expressa de lei, o *postulado da indivisibilidade*, em princípio, é também aplicável à ação penal pública. No que se refere a esta modalidade de ação, seria inconcebível imaginar que o MP pudesse escolher contra quem ele iria propor a ação penal. É nesse sentido que incorporamos o postulado da indivisibilidade no âmbito da ação penal pública. Mas o STF não compartilha dessa lógica. Para a nossa Corte Suprema, a indivisibilidade não se aplica à ação penal pública (somente à ação privada). Dito de outro modo, o art. 48 do CPP somente tem incidência na ação penal de iniciativa privada. Sustenta o STF que a indivisibilidade da ação penal pública reside no fato de o MP ter a liberdade de não ofertar a denúncia contra alguns autores de crime contra os quais ainda não há elementos suficientes e, assim que esses elementos forem reunidos, aditar a denúncia. Assim, a ação deixa de ser indivisível pelo simples fato de a denúncia comportar aditamento posterior. Com a devida vênia, a indivisibilidade, a nosso ver, consiste na impossibilidade de o membro do MP escolher contra quem a denúncia será oferecida. Se houver elementos, a ação deverá ser promovida contra todos. Gabarito "B".

(Magistratura/MT – 2009 – VUNESP) Nos crimes de ação privada, se comparecer mais de uma pessoa com direito de queixa, terá preferência, numa ordem legal estabelecida pelo artigo 31 do Código de Processo Penal,

(A) o parente mais próximo na ordem de vocação sucessória.
(B) o cônjuge, que poderá prosseguir na ação penal.
(C) a figura do ascendente, em face dos vínculos fraternos.
(D) a figura do descendente, com o direito de apenas prosseguir.
(E) o representante legalmente constituído para o fim.

Nos crimes de ação penal privada, o art. 31 do CPP estabelece uma ordem que deve ser seguida na hipótese de o ofendido morrer ou mesmo ser considerado ausente por força de decisão judicial. Em primeiro lugar, o cônjuge; depois, o ascendente, descendente e irmão. Se houver discordância, deve prevalecer a vontade daquele que deseja ajuizar a ação. Gabarito "B".

(Magistratura/MT – 2009 – VUNESP) Considerando-se o art. 28 do Código de Processo Penal, se o órgão do Ministério Público, ao invés de apresentar a denúncia, requerer o arquivamento do inquérito policial ou de quaisquer peças de informação, o juiz, no caso de considerar improcedentes as razões invocadas, fará remessa do inquérito ou das peças de informação ao procurador-geral, e este

(A) oferecerá a requisição para o oferecimento da denúncia, designando outro órgão do Ministério Público para oferecê-la, ou insistirá no pedido de arquivamento, ao qual só então estará o juiz obrigado a atender.
(B) determinará ao órgão do Ministério Público o oferecimento da denúncia e, se este se recusar, designará outro órgão do Ministério Público para declará-la, ou insistirá no pedido de desistência, ao qual só então estará o Ministério Público obrigado a atender.
(C) solicitará revisão da posição ao órgão do Ministério Público e, se este se recusar, designará outro órgão do Ministério Público para declará-la, podendo este insistir no pedido de arquivamento, ao qual só então estará o juiz obrigado a atender.
(D) determinará ao órgão do Ministério Público a revisão da denúncia e, se este se recusar, designará outro órgão do Ministério Público para declará-la, ou insistirá no pedido de desistência, ao qual só então estará o Ministério Público obrigado a atender.
(E) oferecerá a denúncia, designará outro órgão do Ministério Público para oferecê-la, ou insistirá no pedido de arquivamento, ao qual só então estará o juiz obrigado a atender.

Se o juiz não concordar com o pleito do MP, e isso é perfeitamente possível, remeterá os autos, na forma estatuída no art. 28 do CPP, ao procurador-geral de Justiça, a quem incumbirá apreciar se a razão está com o promotor ou com o magistrado. Se entender o chefe do Ministério Público que não é caso de denúncia, o juiz então estará obrigado a determinar o arquivamento dos autos de inquérito. Neste caso, outra opção não lhe resta. Se, de outro lado, o procurador-geral entender que é caso de denúncia, poderá ele mesmo oferecê-la, ou ainda designar outro membro da instituição para fazê-lo, o que é mais comum. De qualquer forma, não poderá o chefe da instituição impor ao promotor que ofereça a denúncia. Gabarito "E".

(Magistratura/MT – 2009 – VUNESP) Nos casos em que somente se procede mediante queixa, considerar-se-á perempta a ação penal quando, tendo-se por perspectiva as hipóteses a seguir, o querelante

(A) deixar de promover o andamento do processo durante 90 (noventa) dias.
(B) renunciar a pedir a punição do corréu.
(C) deixar de promover o andamento do processo durante 30 (trinta) dias.
(D) não souber do perdão extraprocessual concedido.
(E) expressamente deixar de pedir a notificação do réu.

A perempção (art. 107, IV, do CP), instituto exclusivo da ação penal privada, constitui um castigo aplicado ao querelante que deixa de promover o bom andamento processual, mostrando-se negligente e desidioso. Suas hipóteses estão contidas no art. 60 do CPP. A hipótese tratada na assertiva "C" está contemplada no art. 60, I, do CPP. Gabarito "C".

(Magistratura/PI – 2008 – CESPE) Os princípios da ação penal privada não incluem

(A) legalidade.
(B) conveniência e oportunidade.
(C) disponibilidade.
(D) indivisibilidade.
(E) intranscendência.

O princípio da legalidade (art. 1º do CP) não tem incidência na ação penal privada. Gabarito "A".

(Magistratura/RO – 2011 – PUCPR) Se o querelante, nos crimes de ação penal privada, deixar de formular o pedido de condenação nas alegações finais, o juiz deverá:

(A) Extinguir desde logo o processo, em face da renúncia tácita.
(B) Extinguir desde logo o processo, em face do perdão tácito.
(C) Absolver desde logo o querelado.
(D) Julgar extinta a punibilidade pela decadência.
(E) Julgar extinta a punibilidade pela perempção.

A perempção (art. 107, IV, do CP), instituto exclusivo da ação penal privada, constitui uma sanção aplicada ao querelante que deixa de promover o bom andamento processual, mostrando-se negligente e desidioso. Suas hipóteses estão contidas no art. 60 do CPP. A hipótese tratada no enunciado está contemplada no art. 60, III, do CPP. Gabarito "E".

(Magistratura/RS – 2003) João, foi preso em flagrante pela prática de furto qualificado. O promotor de Justiça, 48 (quarenta e oito) horas após receber o inquérito policial, requer ao Juíz diligências imprescindíveis. Tomando conhecimento deste pedido, o ofendido apresentou, imediatamente, queixa-crime contra João. O Juiz, corretamente,

(A) recebe a queixa-crime e indefere as diligências do Promotor.
(B) defere as diligências, não recebendo a queixa-crime.
(C) defere as diligências e também recebe a queixa-crime, porque o querelado está preso.
(D) não recebe a queixa-crime por se tratar de réu preso por crime contra o patrimônio.
(E) devolve o inquérito ao Promotor para a denúncia por ter a queixa-crime sido apresentada

A ação penal privada subsidiária da pública, prevista nos arts. 29 do CPP e 100, § 3º, do CP, somente terá lugar na hipótese de inércia, desleixo do membro do Ministério Público, o que não ficou caracterizado no caso acima. Gabarito "B".

(Magistratura/SC – 2010) A representação é retratável desde que manifestada

(A) antes do oferecimento da denúncia.
(B) antes do recebimento da denúncia.
(C) antes da primeira manifestação da defesa.
(D) antes da sentença.
(E) antes da ouvida das testemunhas.

Em vista da disciplina estabelecida nos arts. 25 do CPP e 102 do CP, a *representação* é retratável até o oferecimento da denúncia; depois disso, ela se torna, portanto, irretratável. Gabarito "A".

(Magistratura/SP – 2011 – VUNESP) Analise as proposições seguintes.

I. A lei processual penal tem aplicação imediata, alcançando, inclusive, os processos em andamento.
II. A lei processual penal admite interpretação extensiva e aplicação analógica, bem como o suplemento dos princípios gerais de direito.
III. Na ação penal pública condicionada, a representação do ofendido pode ser retratada até o recebimento da denúncia.
IV. Na ação penal privada subsidiária da pública, o Ministério Público pode aditar a queixa, intervir em todos os termos do processo e interpor recurso.
V. No caso de morte do ofendido, somente o cônjuge tem o direito de oferecer queixa ou prosseguir na ação penal privada.

As proposições corretas são, apenas,

(A) I, II e III.
(B) III, IV e V.
(C) II, III e IV.
(D) I, IV e V.
(E) I, II e IV.

I: adotou-se, quanto à eficácia da lei processual penal no tempo, o *princípio da aplicação imediata* ou *da imediatidade*, preservando-se os atos até então praticados, *ex vi* do art. 2º do CPP; II: a assertiva correta, visto que em conformidade com o que estabelece o art. 3º do CPP; III: na ação penal pública condicionada, a *representação*, a teor dos arts. 25 do CPP e 102 do CP, é retratável até o *oferecimento* da denúncia; portanto, entre o oferecimento e o recebimento da inicial, a representação é irretratável; IV: correta, nos termos do art. 29 do CPP; V: incorreta, visto que o art. 31 do CPP estabelece uma ordem que deve ser seguida na hipótese de o ofendido morrer ou mesmo ser considerado ausente por força de decisão judicial. Em primeiro lugar, o cônjuge; depois, o ascendente, descendente e irmão. Se houver discordância, deve prevalecer a vontade daquele que deseja ajuizar a ação. Gabarito "E".

(Magistratura/SP – 2009 – VUNESP) Assinale a alternativa correta, considerando a hipótese de ter havido o falecimento do querelante durante o andamento de ação penal privada, antes da sentença.

(A) A companheira, embora vivesse em união estável com o falecido, não tem legitimidade ativa para prosseguir na ação.
(B) A companheira, que vivia em união estável com o falecido, tem legitimidade ativa para prosseguir na ação.
(C) O falecimento do querelante acarreta, necessariamente, o trancamento da ação penal privada.
(D) O falecimento do querelante só acarreta o trancamento da ação penal privada se o querelado assim o requerer.

Embora haja entendimento no sentido contrário, a legitimidade de que trata o art. 31 do CPP pode, sim, ser estendida ao companheiro ou companheira, desde que comprovada a união estável. Gabarito "B".

(Magistratura/SP – 2007) Airton ajuíza contra Roberto uma queixa-crime. Designada audiência, e intimado pessoalmente para depoimento pessoal, o querelante, imotivadamente, deixa de comparecer, sequer tendo comunicado a ausência a seu advogado, também ausente. Para a extinção de punibilidade de Roberto, o juiz considerará que

(A) houve renúncia de Airton.
(B) ocorreu o perdão judicial.
(C) houve perempção.
(D) configurou-se preclusão consumativa.

A perempção (art. 107, IV, do CP), instituto exclusivo da ação penal privada, constitui uma sanção aplicada ao querelante que deixa de promover o bom andamento processual, mostrando-se negligente e desidioso. Suas hipóteses estão contidas no art. 60 do CPP. Gabarito "C".

(Ministério Público/AM – 2008 – CESPE) A respeito de denúncia, assinale a opção correta.

(A) Denúncia alternativa é aquela que omite a descrição de comportamento típico e sua atribuição a cada autor individualizado.
(B) Se o promotor denuncia o autor de crime de homicídio por crime qualificado por motivo fútil ou torpe, trata-se de denúncia genérica.
(C) O acórdão que provê recurso contra rejeição da denúncia vale, desde logo, por seu recebimento, se não for nula a decisão de primeiro grau.
(D) É inepta a denúncia que, nos crimes societários, não descreve e individualiza a conduta de cada um dos sócios.
(E) Rejeitada a denúncia por falta de condição da ação, fica obstado posterior exercício da ação penal, em face da coisa julgada material.

A: denúncia alternativa consiste na possibilidade conferida ao titular da ação penal de atribuir, em face da dúvida decorrente das provas coligidas em inquérito policial, duas condutas ao réu de forma alternada, isto é, o órgão acusador pugna pela condenação em determinado tipo penal, que, se acaso não ficar comprovado, poderá ser condenado subsidiariamente pela outra; B: denúncia genérica é a que deixa de especificar, individualizar a conduta dos agentes no concurso de pessoas; C: art. 581, I, do CPP (recurso em sentido estrito); D: há julgados do STF que admitem, nos chamados crimes societários, a narração genérica da conduta dos coautores e partícipes; E: a rejeição, neste caso, não faz coisa julgada material. Gabarito "C".

(Ministério Público/BA – 2010) É incorreto afirmar-se que:

(A) A ação penal de iniciativa privada subsidiária da pública tem previsão na Constituição Federal.
(B) No processo penal brasileiro, a ação penal *ex officio* é possível em um único caso.
(C) Quando se tratar de violência doméstica e familiar contra a mulher, nas ações penais públicas condicionadas à representação da ofendida, só será admitida a renúncia ou a retratação da representação perante o Juiz de Direito, em audiência especialmente designada com tal finalidade, antes do recebimento da denúncia e ouvido o Ministério Público.
(D) Se a injúria consiste na utilização de elementos referentes à raça, cor, etnia, religião, origem ou à condição de pessoa idosa ou portadora de deficiência, a ação penal procede-se mediante representação do ofendido.
(E) A decisão que julga extinta a punibilidade não impede a propositura da ação civil *ex delicto*.

A: a *ação penal privada subsidiária da pública* ou *substitutiva*, que encontra previsão nos arts. 5º, LIX, da CF, 100, § 3º, do CP e 29 do CPP, somente terá lugar na hipótese de inércia, desídia do membro do Ministério Público. Assertiva, portanto, correta; B: assertiva incorreta, pois a ação penal *ex officio* é incompatível com a atual ordem constitucional; C: em consonância com o disposto no art. 16 da Lei 11.340/06 (Lei Maria da Penha), a renúncia à representação somente poderá ser feita perante o magistrado, em audiência especialmente designada para essa finalidade e até o recebimento da denúncia; D: a conduta está tipificada no art. 140, § 3º, do CP, cuja pena cominada é bem superior à do *caput*. A ação penal, neste crime, passou a ser pública condicionada à representação do ofendido. Tal se deu com a edição da Lei 12.033/09, de 29 de setembro de 2009, que modificou a redação do p. único do art. 145 do Código Penal; E: correta, nos termos do art. 67, II, do CPP. Gabarito "B".

(Ministério Público/CE – 2009 – FCC) Avaliando inquérito policial instaurado para apurar eventual crime de roubo cometido por João, o promotor de justiça decide por requerer o arquivamento, sendo o pedido homologado pelo juiz. Menos de seis meses depois, o ofendido oferece queixa-crime. O juiz deverá

(A) receber a queixa, pois em caso de arquivamento de inquérito é possível ser reaberto com novas provas.
(B) receber a queixa, porque ainda não houve decadência.
(C) rejeitar a queixa, porque o crime de roubo é de ação penal pública e nunca ensejaria queixa subsidiária.
(D) receber a queixa, porque se trata de hipótese de ação penal privada subsidiária da pública e foi ajuizada no prazo legal.
(E) rejeitar a queixa, com o fundamento de que a queixa subsidiária somente é cabível em caso de inércia do promotor, não quando este pede o arquivamento.

Depreende-se do art. 29 do CPP que a *ação penal privada subsidiária da pública* somente terá lugar na hipótese de desídia do membro do Ministério Público. Pedido de arquivamento de autos de inquérito não corresponde a desídia, omissão. Gabarito "E".

(Ministério Público/PR – 2009) Aponte a opção correta. Se o Promotor de Justiça, de comarca de entrância inicial, promove o arquivamento do inquérito policial, o juiz discorda e remete os autos à Procuradoria-Geral de Justiça:

(A) caso não confirme a promoção de arquivamento, o Procurador-Geral designará outro agente que poderá, assim que receber os autos, ratificar o arquivamento ou oferecer denúncia;
(B) caso ratifique a promoção de arquivamento, o Procurador-Geral submeterá seu pronunciamento ao exame do Tribunal de Justiça;
(C) se o Procurador-Geral insistir no arquivamento, o juiz deverá homologá-lo;
(D) discordando do arquivamento, o Procurador-Geral designará outro representante do Ministério Público, que só poderá oferecer denúncia com base em novas provas;
(E) se o Procurador-Geral discordar da promoção de arquivamento determinará o retorno dos autos ao próprio Promotor de Justiça que obrigatoriamente oferecerá denúncia.

A: na hipótese de o procurador-geral não confirmar a promoção de arquivamento e designar outro promotor para oferecer denúncia, este, por atuar em nome do chefe da instituição, não poderá se recusar a ajuizar a ação penal. Deve, pois, oferecer a denúncia; B e C: se o procurador-geral insistir no pleito de arquivamento, o juiz, neste caso, ficará obrigado a acatá-lo, homologando-o, sendo desnecessário submeter o pronunciamento do procurador a exame do Tribunal de Justiça; D: o promotor designado prescinde de novas provas para oferecer denúncia; E: se discordar da promoção de arquivamento, o procurador-geral oferecerá denúncia ou designará *outro* promotor para que o faça; não poderá jamais determinar que a denúncia seja oferecida pelo mesmo membro do Ministério Público que requereu o arquivamento dos autos. Gabarito "C".

(Ministério Público/PR – 2008) Sobre a denúncia, assinale a alternativa correta.

(A) Havendo erro na classificação jurídica do fato imputado ao acusado a denúncia deve ser rejeitada.
(B) Desconhecida a identidade física dos demais participantes do fato delituoso, a denúncia do único indiciado conhecido não se apresenta, por essa circunstância, viciada, de sorte a ensejar nulidade.
(C) A denúncia deve trazer, necessariamente, o rol de testemunhas.
(D) A denúncia deve, necessariamente, estar acompanhada do inquérito policial.
(E) É inepta a denúncia que contém erro gráfico quanto ao patronímico do acusado, ainda que na exposição do fato delituoso ou em outras peças do inquérito policial seja declinado o nome correto do acusado, pois a denúncia é acusação formal feita pelo Estado contra uma pessoa, razão pela qual esta deve estar corretamente identificada.

A: a classificação jurídica equivocada do fato imputado ao acusado não tem o condão de invalidar a denúncia, que não poderá, por essa razão, ser rejeitada, uma vez que o juiz não está vinculado à classificação do crime formulada na peça acusatória (art. 383 do CPP – princípio do *jura novit curia*); B: embora não haja previsão expressa, a ação penal pública é informada pelo princípio da indivisibilidade. O promotor de justiça, por conta disso, está obrigado a denunciar todos aqueles que cometeram a infração penal. O fato de o promotor oferecer denúncia em relação a um agente e deixar de fazê-lo em relação a outro que até então não havia sido identificado não implica violação ao princípio da indivisibilidade da ação penal, tampouco qualquer sorte de nulidade; C: reza o art. 41 do CPP: "A denúncia ou queixa conterá...e, quando necessário, o rol das testemunhas"; D: incorreta, nos termos do art. 12 do CPP; E: o erro gráfico quanto ao patronímico do acusado não tem o condão de anular a denúncia, desde que a peça acusatória contenha elementos que permitam sua perfeita qualificação. Gabarito "B".

(Ministério Público/PR – 2008) Sobre a queixa-crime, assinale a alternativa INCORRETA.

(A) A queixa contra qualquer dos autores do crime obrigará ao processo de todos, e o Ministério Público velará pela sua indivisibilidade.
(B) O princípio da indivisibilidade da ação penal refere-se aos crimes de ação privada, não alcançando a ação pública, eis que o Ministério Público pode denunciar posteriormente os demais autores do crime.
(C) A renúncia ao exercício da queixa, em relação a um dos autores do crime, a todos se estenderá.
(D) A renúncia do representante legal do menor que houver completado 18 (dezoito) anos não privará este do direito de queixa, nem a renúncia do último excluirá o direito do primeiro.
(E) A queixa poderá ser aditada pelo Ministério Público apenas quando se tratar de queixa-crime subsidiária; quando a ação penal for privativa do ofendido o Ministério Público não poderá aditá-la, pois não tem legitimidade ativa para propositura de ação penal privada.

A: art. 48 do CPP, que proclama o *princípio da indivisibilidade da ação penal privada*; B: embora não haja disposição expressa de lei, entendemos que o *princípio da indivisibilidade* é também aplicável à ação penal pública, uma vez que o promotor de justiça tem o dever de promover a ação penal contra todos os agentes identificados que cometeram a infração penal; C: art. 49 do CPP; D: art. 50, parágrafo único, do CPP; E: art. 45 do CPP. Gabarito "E".

(Ministério Público/RR – 2008 – CESPE) Julgue o item que se segue, relativo à ação penal.

(1) Considere a seguinte situação hipotética. Foi instaurado inquérito policial contra Sérgio, visando apurar a prática de crime contra as relações de trabalho. O inquérito foi encaminhado ao promotor de justiça, que promoveu o arquivamento do feito, considerando que o fato em apuração não era típico, argumentação que foi acolhida pelo juiz. Posteriormente, o fato foi levado ao conhecimento do procurador da República, que entendeu ter-se configurado crime, sendo a competência da justiça federal, uma vez que teria havido ofensa a direitos coletivos do trabalho. Assim sendo, ofereceu denúncia contra Sérgio. Nessa situação, a denúncia deverá ser recebida, uma vez que o arquivamento foi determinado por juiz absolutamente incompetente.

A decisão que determina o arquivamento de inquérito policial por ausência de tipicidade tem efeito preclusivo (produz coisa julgada material), impedindo, dessa forma, o desarquivamento do feito. A esse respeito, *Informativo STF* 375. Gabarito 1E.

(Ministério Público/SC – 2010)

I. De acordo com o Código de Processo Penal, a suspensão do curso da ação penal em face de questões prejudiciais dependerá de requerimento das partes, não podendo ser decretada de ofício pelo juiz.
II. O perdão concedido a um dos querelados aproveitará a todos, produzindo efeito, inclusive, em relação ao que o recusar.
III. Nos casos de exclusiva ação privada, o querelante poderá preferir o foro de domicílio ou da residência do réu, ainda quando conhecido o lugar da infração.
IV. Os crimes sexuais contra pessoa vulnerável são de ação penal pública condicionada à representação.
V. As exceções serão processadas em autos apartados e não suspenderão, em regra, o andamento da ação penal.

(A) Apenas as assertivas I, IV e V estão corretas.
(B) Apenas as assertivas II e III estão corretas.
(C) Apenas as assertivas III e V estão corretas.
(D) Apenas as assertivas I, II e IV estão corretas.
(E) Apenas as assertivas I, II, III e V estão corretas.

I: assertiva incorreta, em vista do que dispõe o art. 94 do CPP; II: o *perdão* constitui ato por meio do qual o querelante desiste de prosseguir na ação penal privada. Ao contrário da *renúncia*, somente gerará a extinção da punibilidade se aceito for pelo querelado. Trata-se, portanto, de ato bilateral, na forma estatuída no art. 51 do CPP. Assertiva, portanto, incorreta; III: ainda que conhecido o lugar da infração, o querelante, na ação penal privada exclusiva, poderá preferir o foro do domicílio ou da residência do réu – art. 73 do CPP. Assertiva correta; IV: atualmente, dadas as modificações implementadas no âmbito dos crimes sexuais pela Lei 12.015/09, a ação penal, nesses delitos, é pública condicionada à representação, nos moldes da nova redação conferida ao art. 225, *caput*, do CP. As exceções ficam por conta dos crimes cuja vítima seja pessoa vulnerável ou menor de 18 anos, em que a ação será pública incondicionada (art. 225, p. único, do CP). Aboliu-se, pois, para esses crimes, a ação penal de iniciativa privada (exclusiva). Assertiva, portanto, incorreta; V: correta, pois em consonância com o que estabelece o art. 111 do CPP. Gabarito "C".

(Ministério Público/SC – 2008)

I. A titularidade da ação penal pública pelo Ministério Público e a imparcialidade do Juiz são corolários diretos do denominado "Processo Penal Acusatório", modelo adotado pela legislação brasileira.
II. Discordando do Juiz e acatando a manifestação de arquivamento do Promotor de Justiça (art. 28 do CPP), deverá o Procurador-Geral de Justiça oficiar ao Tribunal de Justiça para que designe outro Juiz para conduzir o processo.
III. Tárcio, Guilherme e Joelito, são ofendidos por vizinho que os define como "motoqueiros arruaceiros". No curso da ação penal privada, Tárcio perdoa o vizinho, que o aceita, manifestação essa que se estende a Cássio e Mário, extinguindo-se a punibilidade, e conseqüentemente o processo contra o vizinho.
IV. O Juiz poderá rejeitar a denúncia quando perceber que a investigação criminal foi desenvolvida não pela autoridade policial, mas pelo próprio Ministério Público.
V. Mesmo tendo sido aditada a queixa pelo Ministério Público, ainda assim poderá o querelante dela dispor, através do perdão ou de sua omissão, caracterizando-se nessa última hipótese a perempção.

(A) apenas I e V estão corretos.
(B) apenas I, II e III estão corretos.
(C) apenas I, IV e V estão corretos.
(D) apenas II e IV estão corretos.
(E) apenas IV e V estão corretos.

I: o processo penal acusatório, sistema por nós adotado, apresenta, dentre outras, as seguintes características: há nítida distribuição das funções de acusar, defender e julgar a órgãos diferentes (o que favorece a imparcialidade do julgador); há contraditório e ampla defesa; e o processo é público. O sistema inquisitivo representa a antítese do acusatório; II: se o procurador-geral concordar com as razões invocadas pelo promotor, insistirá no pedido de arquivamento do inquérito policial, ao qual estará o juiz obrigado a atender, nos termos do art. 28 do CPP; III: art. 51 do CPP; IV: a 2ª Turma do STF, em decisão unânime, de 10.03.09, ao analisar o HC 91.661, decidiu que a Constituição Federal confere poderes ao Ministério Público para presidir investigação criminal; V: arts. 45, 51 e 60 do CPP. Gabarito "A".

(Ministério Público/SP – 2010) São princípios que regem a ação penal privada:

(A) disponibilidade e indivisibilidade.
(B) obrigatoriedade e intranscendência.
(C) indivisibilidade e obrigatoriedade.
(D) oportunidade e indisponibilidade.
(E) intranscendência e indisponibilidade.

Prescreve o *princípio da disponibilidade*, informador da ação penal privada, que o querelante tem a faculdade de desistir da ação por ele já proposta. O *princípio da indivisibilidade*, por sua vez, está consagrado no art. 48 do CPP. Embora não haja disposição expressa de lei, há autores que sustentam que este princípio é também aplicável à ação penal pública, uma vez que o promotor de justiça tem o dever de promover a ação penal contra todos os agentes identificados que cometeram a infração penal. O *princípio da obrigatoriedade* é exclusivo da ação penal pública, porquanto, preenchidos os requisitos legais, o Ministério Público, seu titular, está obrigado a propô-la. Na ação penal privada vige o *princípio da conveniência* ou *oportunidade*. Pelo *princípio da intranscendência*, a ação penal só será proposta contra quem praticou a infração penal. Gabarito "A".

(Ministério Público/SP - 2005) Os princípios da ação penal pública são:

(A) obrigatoriedade, indisponibilidade, oficialidade, indivisibilidade e intranscendência.
(B) obrigatoriedade, disponibilidade, oficialidade, indivisibilidade e intranscendência.
(C) oportunidade, disponibilidade, oficialidade, indivisibilidade e transcendência.
(D) oportunidade, disponibilidade, iniciativa da parte, indivisibilidade e transcendência.
(E) oportunidade, indisponibilidade, iniciativa da parte, individualidade e intranscendência.

A ação penal pública é *obrigatória* porquanto, preenchidos os requisitos legais, o Ministério Público, seu titular, está obrigado a propô-la; é *indisponível* na medida em que, uma vez proposta, é defeso ao Ministério Público dela desistir, nos exatos termos do art. 42 do CPP; a *oficialidade* consiste no fato de os órgãos incumbidos da persecução penal serem oficiais, públicos; diz-se que a ação penal pública é *indivisível* porque não pode o membro do MP escolher contra quem será ajuizada a denúncia; pelo *princípio da intranscendência*, a ação penal só será proposta contra quem praticou a infração penal. Gabarito "A".

(Procurador do Estado/CE – 2008 – CESPE) Nos casos em que somente se procede mediante queixa, não será considerada perempta a ação penal quando o querelante

(A) deixar de promover, após iniciada a ação penal privada, o andamento do processo durante trinta dias seguidos.
(B) deixar de comparecer, sem motivo justificado, a qualquer ato do processo a que deva estar presente.
(C) deixar de formular o pedido de condenação nas alegações finais.
(D) deixar de apresentar o rol de testemunhas na queixa-crime.
(E) for pessoa jurídica e esta se extinguir sem deixar sucessor.

A: art. 60, I, do CPP; B: art. 60, III, 1ª parte, do CPP; C: art. 60, III, 2ª parte, do CPP; D: art. 41 do CPP; E: art. 60, IV, do CPP. Gabarito "D".

(Procurador do Estado/RR – 2006 – FCC) Sobre ação penal, é INCORRETO afirmar:

(A) Tanto na ação penal pública condicionada à representação do ofendido quanto na condicionada à requisição do Ministro da Justiça, admite-se a retratação até o recebimento da denúncia.
(B) A renúncia ao exercício do direito de queixa, em relação a um dos autores do crime, a todos se estenderá, conforme disposição expressa do Código de Processo Penal.
(C) Nos casos em que somente se procede mediante queixa, considerar-se-á perempta a ação penal quando o querelante deixar de formular o pedido de condenação em alegações finais.
(D) Em caso de ação penal privada subsidiária da pública, o Ministério Público poderá oferecer denúncia substitutiva.
(E) Segundo o Código de Processo Penal, em regra, o ofendido decairá do direito de queixa, se não o exercer dentro do prazo de 6 (seis) meses, contado do dia em que vier a saber quem é o autor do crime.

A: a *retratação* somente é admitida na ação penal condicionada à representação do ofendido, conforme preleciona o art. 25 do CPP; B: art. 49 do CPP; C: art. 60, III, 2ª parte, do CPP; D: art. 29 do CPP; E: art. 38, *caput*, do CPP. Gabarito "A".

(Procurador do Município/Florianópolis-SC – 2010 – FEPESE) Assinale a alternativa **correta**, de acordo com o Código de Processo Penal.

(A) A qualquer momento pode a vítima exercer o juízo de retração e desistir da representação oferecida.
(B) O Ministério Público, na ação penal pública condicionada, poderá, após ouvida a vítima, desistir da ação penal.
(C) No caso de morte do ofendido ou quando declarado ausente por decisão judicial, decai o direito de oferecer representação ou queixa.
(D) O direito de representação poderá ser exercido, pessoalmente ou por procurador com poderes especiais, mediante declaração, escrita ou oral, feita ao juiz, ao órgão do Ministério Público, ou à autoridade policial.
(E) Após apresentada a representação pelo ofendido para a deflagração de ação penal pública condicionada, deverá o Ministério Público, antes de oferecer a denúncia, mandar instaurar inquérito policial.

A: incorreta, pois o ofendido está credenciado a exercer tal direito somente até o oferecimento da denúncia; depois disso, a representação se torna irretratável – arts. 25 do CPP e 102 do CP; B: é vedado ao Ministério Público, em vista do que preconiza o postulado da indisponibilidade, desistir da ação penal que haja proposto (art. 42 do CPP), seja esta pública incondicionada ou condicionada à representação do ofendido; C: nos crimes de ação penal privada, o art. 31 do CPP estabelece uma ordem que deve ser seguida na hipótese de o ofendido morrer ou mesmo ser considerado ausente por força de decisão judicial. Em primeiro lugar, o cônjuge; depois, o ascendente, descendente e irmão. Se houver discordância, deve prevalecer a vontade daquele que deseja ajuizar a ação; D: correta, nos termos do art. 39, *caput*, do CPP; E: incorreta, pois contraria o teor do art. 39, § 5º, do CPP. Gabarito "D".

(Defensor Público/AL – 2009 – CESPE) Julgue os itens seguintes quanto à ação penal, à ação civil *ex delicto*, à jurisdição e à competência.

(1) Considera-se perempta a ação penal pública condicionada quando, após seu início, o MP deixa de promover o andamento do processo durante trinta dias seguidos.
(2) Com o trânsito em julgado da sentença penal condenatória, o ofendido deve promover a liquidação do dano para fins de propositura da ação civil *ex delicto*, pois é vedado ao juiz fixar valor para reparação dos danos causados pela infração.
(3) No mandado de segurança impetrado pelo MP contra decisão proferida em processo penal, é obrigatória a citação do réu como litisconsorte passivo.

1: a *perempção* (art. 107, IV, do CP), instituto exclusivo da ação penal privada, constitui uma sanção aplicada ao querelante que deixa de promover o bom andamento processual, mostrando-se negligente e desidioso. Suas hipóteses estão listadas no art. 60 do CPP. Portanto, não há que se falar em perempção no âmbito da ação penal pública, tampouco no da ação penal privada subsidiária da pública, pois, neste caso, uma vez constatada a desídia do querelante, a titularidade é retomada pelo MP; 2: assertiva em desacordo com o que estabelece o art. 63, parágrafo único, do CPP; 3: a assertiva – correta - corresponde ao teor da Súmula nº 701 do STF. Gabarito 1E, 2E, 3C.

(Defensoria/MA – 2009 – FCC) O Defensor Público que por atribuição institucional agir no interesse da vítima poderá, após o representante do Ministério Público receber o auto de prisão em flagrante devidamente relatado e concluído e não oferecer a denúncia no prazo legal,

(A) requerer o relaxamento da prisão em flagrante.
(B) requerer a liberdade provisória.
(C) intentar ação penal privada subsidiária.
(D) requerer a revogação da prisão preventiva.
(E) representar ao Juiz de Direito para designação de outro Promotor de Justiça.

Desde que fique caracterizada a desídia do membro do Ministério Público, poderá o defensor, nos crimes de ação penal pública, intentar ação penal privada subsidiária, nos termos dos arts. 29 do CPP e 100, § 3º, do CP. Gabarito "C".

(Defensoria/MT – 2009 – FCC) A denúncia

(A) não precisa expor o fato criminoso com todas as suas circunstâncias, porque isso já consta do inquérito e do relatório da autoridade policial.
(B) só poderá ser oferecida pelo Ministério Público se estiver embasada em inquérito policial.
(C) pode ser rejeitada liminarmente pelo juiz.

(D) pode ser substituída por portaria judicial quando ocorrer inércia do Ministério Público e houver risco de prescrição da pretensão punitiva.
(E) nos crimes de ação pública condicionada à representação da vítima, deve ser subscrita pelo advogado desta.

A: art. 41 do CPP; B: o inquérito policial não é obrigatório – art. 12 do CPP. A *denúncia* ou *queixa* pode ser ofertada com base em outras peças de informação, desde que o titular da ação penal disponha de elementos suficientes para tanto (indícios de autoria e prova da materialidade); C: art. 395 do CPP; D: o art. 26 do CPP não foi recepcionado pela CF/88; E: a lei não impõe essa exigência. Gabarito "C".

(Defensoria/MT – 2007) Concernente à ação penal, assinale a afirmativa correta.

(A) Na ação penal privada propriamente dita, sendo a vítima pobre nos termos da lei, o Ministério Público pode propor a queixa.
(B) Na ação penal pública condicionada à representação do ofendido, a legitimidade para propor a ação é do Ministério Público.
(C) O princípio da legalidade ou da obrigatoriedade da ação penal pública incondicionada é de natureza absoluta.
(D) No Brasil, adota-se o princípio da transcendência da ação penal.
(E) Na ação penal privada, o Estado deixa de ser o titular da pretensão punitiva.

A: art. 32 do CPP; B: arts. 24, *caput*, do CPP, e 129, I, da CF; C: o *princípio da obrigatoriedade* ou da *legalidade*, que informa a ação penal pública, foi mitigado com o advento do instituto da *transação penal*, disciplinado no art. 76 da Lei 9.099/95; D: adotamos, ao revés, o *princípio da intranscendência*, segundo o qual a ação penal será proposta exclusivamente em face do autor do delito; E: o Estado nunca deixa de ser o titular exclusivo do direito de punir. Em se tratando de ação penal privada, o Estado tão somente delega à vítima a legitimidade para deflagrar o processo. Em momento algum o Estado abre mão do seu *jus puniendi*. Gabarito "B".

(Defensoria/PA – 2009 – FCC) Nos casos em que somente se procede mediante queixa, considera-se perempta a ação penal

(A) quando houver perdão judicial.
(B) quando, iniciada esta, o querelante deixar de promover o andamento do processo durante 60 dias seguidos.
(C) quando, falecendo o querelante, ou sobrevindo sua incapacidade, não comparecer em juízo, para prosseguir no processo, dentro do prazo de 30 dias, qualquer das pessoas a quem couber fazê-lo.
(D) quando o querelante deixar de comparecer, sem motivo justificado, a qualquer ato do processo a que deva estar presente, ou deixar de formular o pedido de condenação nas alegações finais.
(E) quando, sendo o querelante pessoa jurídica, esta se extinguir.

Art. 60, III, do CPP. Gabarito "D".

(Defensoria/PI – 2009 – CESPE) Caberá ação penal privada subsidiária da pública se o representante do *parquet*

(A) determinar o arquivamento das peças de informação.
(B) determinar o arquivamento do inquérito policial.
(C) requisitar as diligências necessárias à obtenção de dados informativos que aperfeiçoem o acervo que contém a *informatio delicti*.
(D) excluir algum indiciado da denúncia.
(E) se mantiver inerte, não oferecendo a denúncia, no prazo legal, desde que não tenha ele, tempestivamente, pugnado pela necessidade de novas diligências a serem realizadas pela autoridade policial, nem tenha se manifestado pelo arquivamento dos autos.

A *ação penal privada subsidiária da pública* ou *substitutiva*, que encontra previsão nos arts. 5º, LIX, da CF, 100, § 3º, do CP e 29 do CPP, somente terá lugar na hipótese de inércia, desídia do membro do Ministério Público. Pedido de arquivamento de inquérito policial ou mesmo de peças de informação não corresponde a inércia. No mais, somente ao juiz é dado determinar o arquivamento de inquérito policial, o que só poderá ser feito a pedido do MP, consoante arts. 18 e 28 do CPP. Gabarito "E".

(Defensoria/RN – 2006) A ação penal

(A) poderá, em caso de crime de ação pública, ser promovida diretamente pelo ofendido quando o Ministério Público requerer o arquivamento do inquérito policial.
(B) será considerada perempta quando, em crime de ação penal pública, o Ministério Público deixar de comparecer a qualquer ato processual, sem justificativa.
(C) prosseguirá contra o réu remanescente, quando, em crime de ação privada, o ofendido renunciar ao direito de queixa contra o outro.
(D) será considerada perempta quando, em crime de ação privada, o querelante deixar de promover atos durante trinta dias seguidos.

A: conforme se infere do art. 29 do CPP, a ação penal privada subsidiária da pública somente terá lugar na hipótese de desídia do membro do Ministério Público. Pedido de arquivamento de autos de inquérito não corresponde a desídia, omissão; B: a perempção, cujas hipóteses estão contempladas no art. 60 do CPP, é instituto exclusivo da ação penal privada; C: art. 49 do CPP; D: art. 60, I, do CPP. Gabarito "D".

(Defensoria/SE – 2006 – CESPE) Julgue o seguinte item.

(1) Nos casos de ação penal pública condicionada, o Ministério Público deve dispensar o inquérito policial se, com a representação, forem oferecidos os elementos que o habilitem à ação penal, devendo, nesse caso, oferecer a denúncia no prazo de 15 dias.

Art. 39, § 5º, do CPP. Gabarito "C".

(Defensoria/SP – 2009 – FCC) Existe previsão legal de prioridade no julgamento de ação penal se

(A) o acusado for pessoa idosa, desde que requeira ao juiz.
(B) o acusado for integrante de organização criminosa.
(C) alguma das partes for mulher em situação de violência, a requerimento do Defensor Público.
(D) forem discutidos direitos relativos a criança ou adolescente vítima de abuso sexual, sem necessidade de requerimento ao juiz.
(E) for decretado segredo de justiça, a pedido do Ministério Público.

Art. 71 da Lei 10.741/03 – Estatuto do Idoso. Gabarito "A".

(Cartório/DF – 2008 – CESPE) Julgue o item seguinte.

(1) Faltará justa causa para a ação penal nas seguintes situações: quando o fato narrado na acusação não se enquadrar no tipo legal; quando a acusação não tiver sido formulada por quem tenha legitimidade para fazê-lo ou perante quem deva o pedido ser feito; e quando inexistir o interesse de agir.

O inciso III (falta de justa causa) abrange o disposto nos demais incisos (I e II) do art. 395 do CPP. Poderia o legislador, por essa razão, ter inserido tão somente o inciso III no dispositivo. Não o fez. De toda sorte, a modificação implementada pela Lei 11.719/08 parece-nos salutar em relação ao revogado art. 43 do CPP. Gabarito "C".

(Cartório/SP – VI – VUNESP) No que concerne à legitimidade para a propositura de ação penal nos crimes contra a honra cometidos contra funcionário público em razão da função, tem-se que

(A) é concorrente entre o ofendido, mediante queixa, e o Ministério Público, condicionada à representação do ofendido.
(B) é exclusiva do Ministério Público, mediante ação penal pública incondicionada.
(C) é apenas privativa do ofendido, mediante queixa.
(D) é apenas privativa do Ministério Público, condicionada à representação do ofendido.

Súmula nº 714 do STF. Gabarito "A".

(Cartório/SP – 2008) Assinale a alternativa que não descreve uma causa de perempção da ação penal de iniciativa privada.

(A) Quando o querelante deixar de formular o pedido de condenação nas alegações finais.
(B) Quando, iniciada a ação, o querelante, pessoa física ou jurídica, deixar de promover o andamento do processo durante 30 dias seguidos.
(C) Quando o querelante, pessoa jurídica, se extinguir por fusão ou incorporação.
(D) Quando o querelante, pessoa física ou jurídica, a primeira pessoalmente e a segunda por seu representante legal, deixar de comparecer sem motivo justificado a qualquer ato do processo a que deva estar presente.

A: art. 60, III, 2ª parte, do CPP; B: art. 60, I, do CPP; C: art. 60, IV, do CPP; D: art. 60, III, 1ª parte, do CPP. Gabarito "C".

(Cartório/SP – 2008) Em ação penal de iniciativa privada, movida por um querelante em face de 4 querelados (A, B, C, D), durante a instrução o querelado A faz juntar aos autos declaração lançada em documento particular, na qual o querelante o perdoa dos fatos descritos na exordial acusatória. Na declaração se vê menção expressa do querelante no sentido de que o perdão não aproveita aos demais querelados (B, C, D). Em relação à conduta a ser adotada pelo magistrado, assinale a alternativa correta.

(A) Por ser o perdão mera liberalidade do querelante, e por ser também ato unilateral, a clemência concedida atingirá tão só o querelado A, sem que haja necessidade de sua anuência, seja ela tácita ou expressa, processual ou extraprocessual.

(B) Por ser o perdão ato unilateral que a todos aproveita, o Magistrado, desde logo, irá julgar extinta a punibilidade em relação a todos os querelados (A, B, C e D).

(C) Por ser o perdão mera liberalidade do querelante, apesar de ato bilateral, seus efeitos só atingirão o querelado perdoado A que, ao juntar aos autos a declaração, anuiu tacitamente com a clemência do querelante, motivo pelo qual o Magistrado julgará extinta a punibilidade tão só em relação ao querelado perdoado.

(D) Por ser o perdão ato bilateral, o Magistrado deverá notificar os demais querelados (B, C, D) para se manifestarem no sentido de aceitação ou não do perdão, que a todos aproveitará no caso de anuência. Quanto ao querelado A, a simples juntada da declaração de perdão, por ele providenciada, equivale à anuência tácita do perdão.

Arts. 106, I, III e § 1º, do CP, e 58 do CPP. Se o querelante manifestar o desejo de perdoar um dos querelados, estará dando oportunidade para que os demais também sejam beneficiados. Ocorre que o perdão está condicionado à aceitação do querelado (é ato bilateral). Dessa forma, só produzirá efeito em relação àquele que aceitar o perdão. Gabarito "C".

(Delegado/AP – 2010) Rosa Margarida é uma conhecida escritora de livros de autoajuda, consolidada no mercado já há mais de 20 anos, com vendas que alcançam vários milhares de reais. Há cerca de dois meses, Rosa Margarida descobriu a existência de um sistema que oferece ao público, mediante fibra ótica, a possibilidade do usuário realizar a seleção de uma obra sobre a qual recaem seus (de Rosa Margarida) direitos de autor, para recebê-la em um tempo e lugar previamente determinados por quem formula a demanda. O sistema também indica um telefone de contato caso o usuário tenha problemas na execução do sistema.

O marido de Rosa Margarida, Lírio Cravo instala no telefone um identificador de chamadas e descobre o número do autor do sistema que permitia a violação dos direitos autorais de Rosa Maria. De posse dessa informação, Lírio Cravo vai à Delegacia de Polícia registrar a ocorrência de suposta prática do crime previsto no art. 184, §3º, do Código Penal (violação de direitos autorais). O Delegado instaura inquérito e de fato consegue identificar o autor do crime.

Considerando a narrativa acima, assinale a alternativa correta.

(A) O Delegado agiu corretamente. Encerrado o inquérito policial, deve encaminhá-lo ao Ministério Público para que adote as providências cabíveis.

(B) O Delegado agiu incorretamente. O marido da ofendida não poderia ter obtido o número do telefone do autor das ameaças sem prévia autorização judicial, pois tal informação é sigilosa.

(C) O Delegado agiu incorretamente. A instauração do inquérito nesse caso depende de representação da ofendida, não podendo ser suprida por requerimento de seu marido.

(D) O Delegado agiu incorretamente. A instauração do inquérito policial nesse caso depende de requisição do Ministério Público, pois a interceptação telefônica é imprescindível à apuração dos fatos.

(E) O Delegado agiu corretamente. Encerrado o inquérito policial, deve entregar os autos à vítima, mediante recibo, para que a mesma possa oferecer queixa crime.

A ação penal é, nos termos do art. 186, IV, do CP, pública condicionada a representação. Gabarito "C".

(Delegado/PI – 2009 – UESPI) David, com apenas 15 anos de idade, foi vítima de crime de ação penal pública condicionada à representação. Nesse caso, pode-se dizer que:

(A) a representação deve ser oferecida por seu representante legal, mas apenas na forma escrita, a teor do que prescreve o art. 39 do Código de Processo Penal.

(B) a jurisprudência dominante entende que basta a demonstração inequívoca do interesse na persecução criminal para que se entenda por exercido o direito de representação.

(C) sendo a vítima menor de idade, deverá seu representante legal oferecer queixa, em razão do strepitus iudicii, isto é, do escândalo provocado pelo ajuizamento da ação penal.

(D) a representação é retratável até a citação do réu, porque este, a partir de então, passa a ter o direito de obter um pronunciamento judicial sobre a acusação.

(E) o oferecimento de representação é condição necessária ao ajuizamento da ação penal pelo Ministério Público, em nada condicionando a instauração de inquérito policial pelo Delegado de Polícia.

A e B: a *representação* não exige qualquer formalidade, sendo tão somente necessário que o ofendido manifeste de forma inequívoca sua vontade em ver processado seu ofensor, podendo ser ofertada por meio de *declaração escrita* ou *oral*. Neste caso, será reduzida a termo (art. 39, § 1º, CPP); C: se se tratar de vítima menor de 18 anos, o *direito de representação* será exercido por seu representante legal. Queixa é a peça inicial da ação penal privada; na ação penal pública, ainda que condicionada a representação, a peça inicial é a *denúncia*, a ser ofertada pelo Ministério Público, seu titular; D: a representação é retratável até o momento de o promotor oferecer a denúncia; depois disso, ela se torna irretratável. É o teor do art. 25 do CPP; E: art. 5º, § 4º, do CPP. Gabarito "B".

(Delegado/SC – 2008) Complete a lacuna da frase a seguir e assinale a alternativa correta. A _____ é causa extintiva da punibilidade na ação penal privada, que ocorre pela desídia do querelante, como quando, por exemplo, iniciada a ação, ele deixa de promover o andamento do processo durante 30 (trinta) dias seguidos.

(A) prescrição
(B) renúncia
(C) perempção
(D) decadência

Art. 60, I, do CPP. Gabarito "C".

(Delegado/SP – 2008) Quando por omissão do Ministério Público, a ação penal pública não é intentada no prazo legal, nem requer o arquivamento do inquérito policial consentâneo ou sua devolução à polícia para diligências complementares, é cabível ação penal

(A) pública subsidiária.
(B) privada exclusiva.
(C) privada dependente.
(D) privada supletiva.
(E) pública condicionada.

Também denominada **subsidiária da pública** ou **substitutiva** – art. 29, CPP; art. 100, § 3º, do CP; e art. 5º, LIX, da CF. Gabarito "D".

(Delegado/SP – 2008) Os princípios da ação penal pública são

(A) obrigatoriedade, indisponibilidade, oficialidade, indivisibilidade e intranscendência.

(B) obrigatoriedade, disponibilidade, oficialidade, indivisibilidade e intranscendência.

(C) oportunidade, disponibilidade, oficialidade, indivisibilidade, e intranscendência.

(D) oportunidade, disponibilidade, iniciativa da parte, indivisibilidade e transcendência.

(E) oportunidade, indisponibilidade, iniciativa a parte, individualidade e intranscendência.

O **princípio da obrigatoriedade** ou **legalidade** está contido no art. 28 do CPP. Já o art. 42 do CPP abriga o **princípio da indisponibilidade**. A **oficialidade** refere-se aos órgãos incumbidos da persecução penal, que devem ser oficiais. O Ministério Público, por força do **princípio da indivisibilidade**, está obrigado a propor a ação contra todos os autores do crime, não podendo escolher contra quem a demanda será proposta. Por fim, a ação penal será promovida tão somente contra quem praticou o crime (**intranscendência**). Gabarito "A".

(Analista Judiciário/TJRJ – 2008 – CESPE) Quanto à ação penal, assinale a opção correta.

(A) Salvo disposição em contrário, em caso de ação penal pública condicionada à representação, o direito de representação prescreve, para o ofendido, se ele não o exercer dentro do prazo de seis meses, contado do dia em que o crime foi praticado.
(B) A representação é ato formal, exigindo a lei forma especial, isto é, deve ser feita por procurador especial, em documento em que conste o crime, o nome do autor do fato e da vítima, além da assinatura do representante e do advogado legalmente habilitado.
(C) Nos crimes sujeitos à ação penal pública incondicionada, se o Ministério Público não oferecer a denúncia no prazo legal ou se requerer o arquivamento do inquérito policial e o juiz não concordar com o pedido, será admitida ação penal privada.
(D) A queixa, ainda quando a ação penal for privativa do ofendido, poderá ser aditada pelo Ministério Público, a quem caberá intervir em todos os termos subseqüentes do processo.
(E) Ainda que a representação contenha elementos que habilitem o Ministério Público a promover a ação penal, não poderá o promotor oferecer denúncia imediatamente, devendo remeter a representação à autoridade policial para que esta proceda ao inquérito.

A: o prazo a que se refere o art. 38 do CPP é *decadencial* e começa a correr do dia em que o ofendido ou seu representante legal vem a saber quem é o autor da infração penal; B: a *representação* não exige rigor formal, sendo suficiente que o ofendido ou seu representante legal exteriorize o desejo de ver processado o autor do crime. Nesse sentido: STJ, RHC 8.826-SP, 5ª T., Rel. Min. Edson Vidigal, 14.12.1999; C: a ação penal privada subsidiária só será admitida na hipótese de desídia, inércia do membro do Ministério Público. O pedido de arquivamento de autos de inquérito policial por parte do promotor não pode ser entendido como desídia, ainda que com ele não concorde o magistrado, caso em que terá incidência o art. 28 do CPP; D: art. 45 do CPP; E: art. 39, § 5º, do CPP. "D".

(Magistratura Federal – 1ª Região – 2005) Se o Ministério Público requer o arquivamento do inquérito policial:

(A) não cabe ação penal privada subsidiária da pública, pois o pedido de arquivamento não pode ser equiparado a omissão;
(B) cabe ação penal privada subsidiária da pública, pelo ofendido ou por quem tenha qualidade para representá-lo, no prazo decadencial de seis meses;
(C) cabe ação penal privada subsidiária da pública, desde que proposta pelo ofendido ou por quem tenha qualidade para representá-lo, enquanto não ocorrer a prescrição;
(D) cabe ação penal privada subsidiária da pública apenas em relação a elemento ou circunstância do crime complexo que, por si mesmo, constitua crime de ação privada.

A ação penal privada supletiva somente terá lugar na hipótese de desídia, inércia do promotor de justiça, o que não se verifica com o pedido de arquivamento de autos de inquérito policial. "A".

(Procuradoria Federal – 2007 – CESPE) Julgue os seguintes itens.

(1) Diversamente do que ocorre em relação ao processo civil, no processo penal não se admite que, em caso de morte da vítima, os familiares assumam o lugar dela, no pólo ativo da ação penal privada, para efeito de apresentação de queixa.
(2) A renúncia ao exercício do direito de queixa e o perdão do ofendido, em relação a um dos autores do crime, a todos se estenderá, sem que produza, todavia, efeito em relação ao que o recusar.

1: art. 31 do CPP; 2: art. 49 do CPP (renúncia); arts. 106, I e III, do CP, e 58 do CPP (perdão). "E, E".

(Defensoria Pública da União – 2007 – CESPE) Julgue o seguinte item.

(1) A desistência da ação penal privada pode ocorrer a qualquer momento, somente surgindo óbice intransponível quando já existente decisão condenatória transitada em julgado.

O ofendido, na ação penal privada, pode, a qualquer momento, até o trânsito em julgado da sentença penal condenatória, dispor do conteúdo do processo, lançando mão do **perdão** ou da **peremção**, previstos, respectivamente, nos arts. 51 e 60 do CPP. "C".

(Analista Judiciário/STF – 2008 – CESPE) Acerca das ações penais, julgue os itens que se seguem.

(1) Nas ações penais privadas, considerar-se-á perempta a ação penal quando, iniciada esta, o querelante deixar de promover o andamento do processo durante 30 dias seguidos.
(2) Nas ações penais privadas, a renúncia ao exercício do direito de queixa em relação a um dos autores do crime aproveitará a todos, sem que produza, todavia, efeito em relação ao que o recusar.
(3) Nas ações penais públicas condicionadas à representação, será esta irretratável, depois de oferecida a denúncia.

1: art. 60, I, do CPP; 2: art. 49 do CPP; 3: art. 25 do CPP. "C, E, C".

(CESPE – 2008) Assinale a opção correta de acordo com o que dispõe o CPP acerca da perempção.

(A) Na ação penal pública, a perempção é causa extintiva da punibilidade.
(B) A perempção se aplica à ação penal privada subsidiária da pública.
(C) Considera-se perempta a ação penal privada quando, iniciada esta, o querelante deixa de promover o andamento do processo durante trinta dias seguidos.
(D) A ausência de pedido de condenação, nas alegações finais, por parte do querelante, não enseja a perempção.

A: art. 60, *caput*, do CPP. Trata-se de instituto exclusivo da ação penal privada; B: não há que se falar em perempção no âmbito da ação penal privada subsidiária da pública. Isso porque, nos termos do art. 29 do CPP, se o querelante agir com inércia ou negligência, pode o Ministério Público retomar a titularidade da ação; C: art. 60, I, do CPP; D: art. 60, III, parte final, do CP. "C".

(CESPE – 2008) Assinale a opção correta acerca da ação penal.

(A) Se, em qualquer fase do processo, o juiz reconhecer extinta a punibilidade, deverá aguardar o requerimento do MP, do querelante ou do réu, apontando a causa de extinção da punibilidade, para poder declará-la.
(B) A renúncia ao exercício do direito de queixa, em relação a um dos autores do crime, não se estende aos demais agentes.
(C) A queixa contra qualquer dos autores do crime obrigará ao processo de todos, e o MP velará pela sua indivisibilidade.
(D) O perdão concedido a um dos querelados aproveitará a todos, inclusive ao querelado que o recusar.

A: art. 61 do CPP; B: art. 49 do CPP; C: art. 48, CPP. O ofendido pode optar entre ajuizar ou não a queixa; não poderá, todavia, escolher contra quem irá propor a ação penal (princípio da indivisibilidade); D: art. 51 do CPP. "C".

(CESPE – 2008) A respeito das condições de procedibilidade, assinale a opção correta.

(A) Nos crimes comuns e de responsabilidade praticados pelo presidente da República, é condição de procedibilidade a autorização do Senado Federal para ser instaurado o processo.
(B) Havendo vestígios nos crimes contra a propriedade imaterial, o exame pericial é condição de procedibilidade para a ação penal.
(C) Nos crimes contra a honra do presidente da República, a requisição do ministro da Justiça é condição de procedibilidade para a ação penal, que deve ser providenciada no prazo legal de seis meses a contar da data do fato.
(D) Nos crimes cometidos fora do território nacional, são condições de procedibilidade a entrada do agente no território nacional e o fato de os crimes não serem puníveis no país em que foram praticados.

A: arts. 51, I, 52, I, e 86, da CF; B: art. 525, CPP; C: o CPP não fixa prazo. Dessa forma, o ministro da Justiça não estará limitado ao prazo de seis meses, podendo, portanto, oferecer a requisição enquanto não estiver extinta a punibilidade; D: art. 7º, § 2º, *b*, do CP. "B".

(CESPE – 2006) Assinale a opção correta acerca da ação penal.

(A) Em se tratando de crime de ação penal pública condicionada, exige-se rigor formal na representação do ofendido ou de seu representante legal.
(B) O perdão do ofendido, seja ele expresso ou tácito, pode ser causa de extinção da punibilidade nos crimes que se apuram por ação penal pública condicionada.
(C) A representação será retratável depois de oferecida a denúncia.
(D) Nos crimes contra os costumes, uma vez atestada a pobreza da vítima pela autoridade policial ou por outros meios de prova, a ação penal passa a ser pública condicionada à representação, tendo o Ministério Público legitimidade para oferecer a denúncia.

A: a representação (art. 39, *caput* e §§ 1º e 2º, do CPP) não tem rigor formal. Os tribunais, inclusive o STF, já se manifestaram nesse sentido. É suficiente, desse modo, que a vítima demonstre a intenção de ver processado o suspeito; B: o perdão do ofendido (art. 107, V, do CP) é instituto que só se aplica à ação penal privada; C: art. 25 do CPP; D: outra relevante modificação produzida pela Lei 12.015/09 diz respeito à ação penal nos crimes sexuais. Antes, a ação penal nesses crimes era, em regra, de iniciativa privada (art. 225, *caput*, do CP). Hoje, ao revés, a ação penal é, em regra, pública condicionada à representação. Será, entretanto, pública incondicionada em duas situações: se a vítima é menor de 18 anos; ou se é pessoa vulnerável. Gabarito "D".

(CESPE – 2004) Assinale a opção correta quanto à ação penal.

(A) Na ação penal pública condicionada, a representação será retratável até a prolação da sentença de primeiro grau.
(B) A ação penal é pública, salvo quando a lei expressamente a declare privativa do ofendido.
(C) O direito de queixa, nas ações penais privadas, não pode ser renunciado, pois é direito personalíssimo.
(D) Admite-se o perdão do ofendido, nos crimes de ação penal privada, em qualquer tempo e grau de jurisdição.

A: incorreta, já que a representação será retratável até o oferecimento da denúncia - art. 25 do CPP e 102 do CP; B: art. 100, *caput*, do CP; C: a ação penal privada é informada pelos princípios da *oportunidade* e *disponibilidade*. Significa que o ofendido tem a *faculdade* - não a obrigação - de promover a ação (oportunidade), bem como tem ele, ofendido, a prerrogativa de prosseguir ou não até o término do processo (disponibilidade). São princípios que não se aplicam à ação penal pública, regida que é pelos postulados da obrigatoriedade e indisponibilidade; D: o perdão do ofendido só terá lugar a partir do início da ação penal e antes do trânsito em julgado da sentença condenatória. Gabarito "B".

(CESPE – 2006) Com relação à ação penal, é correto afirmar que

(A) A Constituição da República deferiu ao Ministério Público o monopólio da ação penal pública.
(B) O inquérito policial é obrigatório e indispensável para o exercício da ação penal.
(C) O princípio da indivisibilidade aplica-se à ação penal pública, já que o oferecimento da denúncia contra um dos acusados impossibilita posterior acusação de outro envolvido.
(D) O prazo para a ação penal privada é de seis meses, estando sujeito a interrupções e suspensões.

A: art. 129, I, da CF; art. 100, § 1º, do CP; e art. 24, CPP; B: arts. 12 e 39, § 5º, do CPP; C: o princípio da indivisibilidade da ação penal privada está consagrado no art. 48 do CPP. Embora não haja disposição expressa de lei, o *postulado da indivisibilidade*, em princípio, é também aplicável à ação penal pública. No que se refere a esta modalidade de ação, seria inconcebível imaginar que o MP pudesse escolher contra quem ele iria propor a ação penal. É nesse sentido que incorporamos o postulado da indivisibilidade no âmbito da ação penal pública. Mas o STF não compartilha dessa lógica. Para a nossa Corte Suprema, a indivisibilidade não se aplica à ação penal pública (somente à ação privada). Dito de outro modo, o art. 48 do CPP somente tem incidência na ação penal de iniciativa privada. Sustenta o STF que a divisibilidade da ação penal pública reside no fato de o MP ter a liberdade de não ofertar a denúncia contra alguns autores de crime contra os quais ainda não há elementos suficientes e, assim que esses elementos forem reunidos, aditar a denúncia. Assim, a ação deixa de ser indivisível pelo simples fato de a denúncia comportar aditamento posterior. Com a devida vênia, a indivisibilidade, a nosso ver, consiste na impossibilidade de o membro do MP escolher contra quem a denúncia será oferecida. Se houver elementos, a ação deverá ser promovida contra todos; D: é prazo decadencial (art. 38 do CPP), não sujeito, pois, a interrupção e suspensão. Gabarito "A".

4. SUSPENSÃO CONDICIONAL DO PROCESSO

(Magistratura/PR – 2010 – PUC/PR) Estando diante de crimes em que a pena mínima cominada seja igual ou inferior a 1 (um) ano, a suspensão condicional do processo poderá vir a ser aplicada nos Juizados Especiais Criminais. Partindo desse contexto, julgue os itens a seguir:

I. Durante o prazo de suspensão do processo não correrá a prescrição.
II. A suspensão será revogada se, no curso do prazo, o beneficiário vier a ser processado por outro crime ou não efetuar, sem motivo justificado, a reparação do dano.
III. A suspensão poderá ser revogada se o acusado vier a ser processado, no curso do prazo, por contravenção, ou descumprir qualquer outra condição imposta.
IV. Expirado o prazo sem revogação da suspensão condicional do processo, o juiz declarará a extinção da punibilidade.

(A) Somente as assertivas I, II e IV estão corretas.
(B) Somente as assertivas I, III e IV estão corretas.
(C) Somente as assertivas I e IV estão corretas.
(D) Todas as assertivas estão corretas.

I: art. 89, § 6º, da Lei 9.099/95; II: art. 89, § 3º, da Lei 9.099/95; III: art. 89, § 4º, da Lei 9.099/95; IV: art. 89, § 5º, da Lei 9.099/95. Gabarito "D".

(Magistratura/RS – 2009) Acerca da suspensão condicional do processo penal, prevista no art. 89 da Lei nº 9.099/1995, assinale a assertiva correta.

(A) Nos crimes em que a pena máxima cominada não for superior a um ano, preenchidos os demais requisitos legais, o Ministério Público poderá propor a suspensão condicional do processo.
(B) Quando, em consequência de definição jurídica diversa, em razão da *emendatio libelli*, houver possibilidade de proposta de suspensão condicional do processo, mesmo já tendo sido recebida a denúncia e produzida a prova, o juiz deve viabilizá-la.
(C) As condições são propostas pelo Ministério Público na ação penal pública, sem que o magistrado possa especificar outras condições a que fica subordinada a suspensão.
(D) Durante o prazo de suspensão condicional do processo, a prescrição correrá normalmente, pois a lei determina somente a suspensão do processo silenciando acerca do que ocorre com a prescrição.
(E) A suspensão condicional do processo aplica-se somente no Juizado Especial Criminal.

A: preleciona o art. 89, *caput*, da Lei 9.099/95 que a suspensão condicional do processo terá cabimento nos crimes cuja pena *mínima* cominada for igual ou inferior a um ano; B: art. 383, § 1º, do CPP; C: art. 89, § 2º, da Lei 9.099/95; D: art. 89, § 6º, da Lei 9.099/95; E: a suspensão condicional do processo aplica-se aos crimes cuja pena mínima cominada seja igual ou inferior a um ano, ainda que não abrangidos pela Lei 9.099/95. É o teor do art. 89, *caput*, desta Lei. Gabarito "B".

(Magistratura/SP – 2011 – VUNESP) Antônio foi denunciado por receptação simples (art. 180, *caput*, do Código Penal), e o juiz, verificando que seria caso, em tese, da apresentação de proposta de suspensão condicional do processo (art. 89, da Lei n.º 9.099/95), determina a abertura de vista dos autos ao Promotor de Justiça para tal finalidade. O Promotor, porém, recusa-se a oferecer a proposta de suspensão, alegando que o crime de receptação é incompatível com o benefício, pois incentiva a prática de furtos, roubos e até mesmo de latrocínios, e requer o prosseguimento do feito. Qual a medida que o juiz, caso discorde do posicionamento do Promotor, deve tomar, inclusive, se o caso, consoante jurisprudência sumulada dos Tribunais Superiores (STJ e STF).

(A) Remeter os autos à apreciação do Procurador Geral de Justiça, mediante aplicação analógica do art. 28, do Código de Processo Penal.
(B) Designar data para apresentação, de ofício, da proposta de suspensão, pois se trata de matéria de ordem pública e direito subjetivo do acusado, que atende a todos os requisitos legais.

(C) Determinar o prosseguimento do processo, pois, segundo o art. 89, *caput*, da Lei n.º 9.099/95, a apresentação de proposta de suspensão é faculdade do Promotor de Justiça e não direito subjetivo do acusado.

(D) Conceder *habeas corpus* de ofício, para trancar o processo, diante do evidente constrangimento ilegal imposto ao réu com o prosseguimento do feito sem a oferta da proposta de suspensão.

(E) Remeter os autos a outro Promotor de Justiça para que ele apresente a proposta de suspensão, com base no princípio da independência funcional dos membros do Ministério Público.

Cabe ao magistrado, neste caso, ante o que estabelece a Súmula n° 696 do STF, aplicar, por analogia, o comando contido no art. 28 do CPP, remetendo a questão para apreciação do procurador-geral de Justiça. Gabarito "A".

(Magistratura/SP – 2008) Quanto ao *sursis* processual (Lei n.º 9.099/95), assinale a alternativa correta.

(A) Os requisitos previstos para a concessão da suspensão condicional da pena (CP, art. 77), também subordinam a proposta de suspensão condicional do processo.

(B) O benefício é incogitável após o encerramento da instrução criminal, pois, nos crimes em que a pena mínima cominada for igual ou inferior a 1 (um) ano, abrangidas ou não por esta Lei, o Ministério Público, ao oferecer denúncia, poderá propor a suspensão condicional do processo (art. 89, caput, da Lei nº 9.099/95).

(C) O descumprimento das condições legais do sursis processual (Lei nº 9.099/95, § 1º), constitui causa de revogação obrigatória do benefício.

(D) A aceitação do sursis processual impede que o acusado conteste, por qualquer meio, durante o período de prova, a falta de justa causa para a ação penal.

Art. 89 da Lei 9.099/95. Gabarito "A".

(Ministério Público/RN – 2004) De acordo com o art. 89 da Lei nº 9.099/95 (Lei dos Juizados Especiais), nos crimes em que a pena mínima cominada for igual ou inferior a um ano, o Ministério Público, ao oferecer a denúncia, poderá propor a suspensão do processo por dois a quatro anos, desde que o acusado não esteja sendo processado ou não tenha sido condenado por outro crime, presentes os demais requisitos que autorizariam a suspensão condicional da pena. Sobre o referido instituto, é incorreto afirmar:

(A) O benefício da suspensão do processo não é aplicável em relação às infrações penais cometidas em concurso material, concurso formal ou continuidade delitiva, quando a pena mínima cominada, seja pelo somatório, seja pela incidência da majorante, ultrapassar o limite de um 1 ano;

(B) Reunidos os pressupostos legais permissivos da suspensão condicional do processo, mas se recusando o promotor de justiça a propô-la, o juiz, dissentindo, remeterá a questão ao Procurador-Geral, aplicando-se, por analogia, o art. 28 do Código de Processo Penal;

(C) A suspensão será revogada se, no curso do prazo, o beneficiário vier a ser processado por outro crime ou não efetuar, sem motivo justificado, a reparação do dano;

(D) Durante o prazo de suspensão condicional do processo, a prescrição ficará interrompida;

(E) O magistrado não está adstrito à proposta apresentada pelo Ministério Público e nem às condições estabelecidas na lei, pois poderá especificar outras condições, desde que adequadas ao fato e à situação pessoal do acusado.

A: Súmula 243 do STJ; B: Súmula 696 do STF; C: art. 89, § 3º, da Lei 9.099/95; D: art. 89, § 6º, da Lei 9.099/95; E: art. 89, § 2º, da Lei 9.099/95. Gabarito "D".

(Ministério Público/SP – 2008) É correto afirmar, em relação à suspensão condicional do processo, que

(A) não se admite a suspensão se, em razão do acréscimo de um sexto decorrente da continuidade delitiva, a pena máxima cominada para a infração excede a dois anos.

(B) a anterior condenação irrecorrível por contravenção penal impede a sua concessão.

(C) a instauração de novo processo por contravenção penal no curso do prazo da suspensão é causa de revogação obrigatória.

(D) o descumprimento injustificado da condição de reparação do dano é causa de revogação obrigatória da suspensão.

(E) a concessão da suspensão é causa interruptiva da prescrição.

A: Súmula 723 do STF; B: art. 89, *caput*, da Lei 9.099/95; C: art. 89, § 4º, da Lei 9.099/95; D: art. 89, § 3º, da Lei 9.099/95; E: art. 89, § 6º, da Lei 9.099/95. Gabarito "D".

(Magistratura Federal – 5ª Região – 2005 – CESPE) Julgue o item seguinte.

É cabível a suspensão condicional do processo no caso de desclassificação, operada em sede de sentença condenatória, do crime capitulado na vestibular acusatória pelo procurador da República. Nesse caso, o juiz deve ouvir previamente o órgão do Ministério Público acerca do sursis processual.

Súmula 337 do STJ. Gabarito "C".

(CESPE – 2007) Assinale a opção correta quanto à suspensão condicional do processo.

(A) Corre prescrição durante o prazo de suspensão do processo.

(B) O juiz pode especificar condições não-expressas em lei a que fica submetida a suspensão, desde que adequadas ao fato e à situação do acusado.

(C) O não-cumprimento da condição de reparação do dano, sendo possível ao réu fazê-lo, é causa de revogação facultativa.

(D) A instauração de processo por suposta prática de outro crime no período de prova é causa de revogação facultativa.

A: art. 89, § 6º, da Lei n. 9.099/1995; B: art. 89, § 2º, da Lei n. 9.099/1995 (Lei dos Juizados Especiais Cíveis e Criminais); C e D: art. 89, § 3º, da Lei n. 9.099/1995. Gabarito "B".

5. AÇÃO CIVIL

(Magistratura/PA – 2008 – FGV) Assinale a afirmativa incorreta.

(A) Intentada a ação penal, o juiz da ação civil, visando ao ressarcimento do dano, poderá suspender o curso do processo civil.

(B) Não faz coisa julgada no cível a sentença penal que reconhecer ter sido o ato praticado em estrito cumprimento de dever legal.

(C) É cabível a indenização ao dono de animal que é morto em quintal da casa do seu proprietário por pessoa que invade o mencionado quintal para fugir de roubo.

(D) A decisão que julga extinta a punibilidade do crime não impede a propositura da ação civil.

(E) Não obstante a sentença absolutória no juízo criminal, a ação civil poderá ser proposta quando não tiver sido, categoricamente, reconhecida a inexistência material do fato.

A: art. 64, parágrafo único, do CPP; B: art. 65 do CPP; C: art. 65 do CPP e arts. 188, II, 929 e 930 do Código Civil; D: art. 67, II, do CPP; E: art. 66 do CPP. Gabarito "B".

(Magistratura/SP – 2007) Das hipóteses relacionadas, assinale aquela em que a decisão penal absolutória impede a propositura de ação civil.

(A) Não constituir o fato infração penal.

(B) Não haver provas da existência do fato.

(C) Militar uma excludente de antijuridicidade.

(D) Estar provada a inexistência do fato.

Art. 66 do CPP. Gabarito "D".

(Defensor Público/GO – 2010 – I. Cidades) Adão Desafortunado, vítima de crime de lesões corporais e hipossuficiente, procurou o Promotor de Justiça específico da Comarca de Goiânia-GO, local do crime, a quem solicitou o ajuizamento de ação civil *ex delicto*. Compete ao Promotor de Justiça

(A) ajuizar a ação referida, se for o caso, pois ainda dispõe de legitimidade extraordinária para a causa, devendo prosseguir no polo ativo até final julgamento, mesmo que no curso da ação venham a entrar em exercício os defensores públicos aprovados no presente concurso.

(B) informar à vítima que nada pode fazer, pois, atualmente, apenas a Defensoria Pública tem legitimidade extraordinária para a referida ação, por força do disposto no art. 4°, 11I, LC 80/94 e art. 134 da Constituição) Federal, sendo inconstitucional o art. 68 do CPP.
(C) ajuizar a ação, porém haverá a perda da legitimidade no momento que entrarem em exercício os Defensores Públicos do Estado de Goiás.
(D) ajuizar a ação e comunicar à Defensoria Pública, após entrarem em exercício os seus membros, podendo continuar no polo ativo, até final julgamento. se a Defensoria portar-se inerte.
(E) deixar de ajuizar a ação, mesmo presentes todos os elementos e prestes a prescrever a pretensão do autor, sob o fundamento de que já se encontra em andamento concurso da Defensoria Pública, o que é suficiente para interromper o prazo prescricional.

O art. 68 do CPP conferiu legitimidade ao MP para promover a ação civil *ex delicto* quando se tratar de pessoa pobre, na acepção extraída do art. 32, § 1°, do mesmo Estatuto. Esta legitimidade, todavia, perde sua razão de ser a partir do momento em que a Defensoria Pública passa a ser organizada de forma efetiva. Nesse sentido: STF, 1ª T., RE 147.776-SP, rel. Min. Sepúlvida Pertence, 19.5.1998. Gabarito "C".

(Defensoria/SE – 2006 – CESPE) Julgue os itens seguintes.

(1) Confere-se à sentença condenatória irrecorrível a natureza de título executório no tocante à indenização civil, todavia, no juízo cível, o interessado, para obter a reparação do dano causado pelo ilícito penal, é obrigado a comprovar a materialidade, a autoria e a ilicitude do fato.

(2) Faz coisa julgada no cível a sentença absolutória quando reconhecida categoricamente a inexistência material do fato, não podendo, nessa hipótese, ser proposta ação civil para o reconhecimento do fato objeto da sentença penal.

(3) Conforme orientação do STF, a sentença que concede o perdão judicial é condenatória, entretanto, não vale como título executivo, visto que a extinção da punibilidade, por qualquer causa, exclui a obrigação do sujeito à reparação do dano.

1: com o trânsito em julgado da sentença condenatória no juízo criminal, pode esta ser levada ao juízo cível para que a vítima obtenha a reparação do dano porventura experimentado. Não serão discutidos, no juízo cível, materialidade, autoria e ilicitude do fato, temas já superados no juízo criminal. A discussão limitar-se-á ao *quantum debeatur*, isto é, ao montante que deverá ser pago à vítima a título de indenização; 2: art. 66 do CPP; 3: segundo posição adotada pelo Supremo Tribunal Federal, cuida-se de **decisão de natureza condenatória**; vale salientar que o Superior Tribunal de Justiça, por meio da Súmula 18, consagrou entendimento diverso, segundo o qual a sentença concessiva de perdão judicial tem **natureza meramente declaratória**; de qualquer forma, pode ela ser executada como título no juízo cível. Gabarito 1E, 2C, 3E.

(Cartório/DF – 2008 – CESPE) Julgue o item seguinte.

(1) Caso o motorista de determinada empresa seja condenado pelo juiz penal por ter praticado homicídio culposo no exercício de seu trabalho, a sentença penal condenatória constituirá título executivo contra o responsável civil — distinto do autor material do crime — pelos danos decorrentes do ilícito, ainda que não tenha feito parte da relação jurídico-processual.

A responsabilidade civil, na ação civil *ex delicto*, somente recairá sobre aquele que figurou no processo criminal. Trata-se de tema polêmico, uma vez que o art. 64, *caput*, do CPP reza que a ação para ressarcimento do dano poderá ser proposta no juízo cível, contra o autor do crime e, se for o caso, **contra o responsável civil**. Gabarito 1E.

(CESPE – 2008) Segundo o CPP, não faz coisa julgada no cível a sentença penal que reconhecer ter sido o ato praticado em

(A) Estrita obediência à ordem, não manifestamente ilegal, de superior hierárquico.
(B) Estado de necessidade.
(C) Legítima defesa.
(D) Estrito cumprimento de dever legal.

Art. 65, CPP. Gabarito "A".

6. JURISDIÇÃO E COMPETÊNCIA. CONEXÃO E CONTINÊNCIA

(Magistratura/AC – 2008 – CESPE) Natália foi denunciada por ter cometido os crimes de dano, disposto no art. 163 do Código Penal, e de furto qualificado pelo concurso de pessoas e emprego de chave falsa, nos termos do art. 155, § 4.°, incisos III e IV, em situação de conexão, pois a prova de uma infração ou de qualquer de suas circunstâncias elementares influi na prova da outra infração. Com base nessa situação, assinale a opção correta.

(A) Deve-se aplicar a regra do forum attractionis, prevalecendo a competência do órgão jurisdicional da infração penal com pena mais grave, isto é, o juízo criminal comum.
(B) A conexão de crime da competência do juizado especial criminal (JEC) com crime da competência do juízo criminal comum não determina a competência deste juízo, em razão da prevalência da norma constitucional, institucionalizadora dos JECs. Nesse caso, Natália deverá ser processada e julgada por ambos os crimes no JEC.
(C) Na hipótese, deverá haver desmembramento, isto é, Natália deverá ser processada e julgada pelo crime de dano perante o JEC e pelo crime de furto qualificado perante o juízo criminal comum.
(D) É competente o juízo criminal comum, não havendo aplicação dos institutos da transação penal, suspensão condicional do processo e composição civil dos danos.

Art. 78, II, *a*, do CPP. Gabarito "A".

(Magistratura/AL – 2007 – FCC) Um juiz estadual do Rio de Janeiro e sua esposa, engenheira civil, são acusados de, em coautoria, terem cometido homicídio doloso simples na cidade de Maceió, em Alagoas. A respeito do(s) órgão(s) competente(s) para o processo e o julgamento do juiz e de sua esposa, pode-se afirmar que

(A) os dois serão julgados pelo Tribunal de Justiça do Estado do Rio de Janeiro.
(B) os dois serão julgados pelo Tribunal de Justiça do Estado de Alagoas.
(C) os dois serão julgados pelo Tribunal de Júri de Maceió.
(D) o juiz de direito será julgado pelo Tribunal de Justiça do Rio de Janeiro e sua esposa pelo Tribunal do Júri de Maceió.
(E) o juiz de direito será julgado pelo Tribunal de Justiça de Alagoas e sua esposa pelo Tribunal do Júri de Maceió.

Tanto o foro por prerrogativa de função quanto o Tribunal do Júri são contemplados na Constituição Federal. Jurisprudência e doutrina são unânimes em afirmar que, neste caso, prevalece o foro por prerrogativa de função. Assim, o magistrado, ainda que tenha cometido um crime doloso contra a vida, será julgado pelo Tribunal de Justiça ao qual está vinculado. Sua esposa será julgada pelo Tribunal popular de Maceió. Gabarito "D".

(Magistratura/DF – 2011) Da competência pelo lugar da infração. Juiz de Direito Substituto do Distrito Federal, em férias na cidade de Fortaleza/CE, que se envolvendo em acidente de trânsito abate a tiros seu antagonista causando-lhe a morte, foi preso em flagrante. Anote a opção correta:

(A) Em razão da competência do júri para julgamento dos crimes dolosos contra a vida (Const. Fed. Art. 5°, XXXVIII), tendo sido preso em flagrante, o magistrado deve ser processado e julgado pelo Tribunal do Júri de Fortaleza;
(B) Por haver sido preso em flagrante, o magistrado deve ser processado e julgado pelo Tribunal de Justiça do Estado do Ceará - TJCE;
(C) Por haver sido preso em flagrante, o magistrado deve ser processado e julgado pelo Tribunal de Justiça do Distrito Federal e Territórios - TJDFT;
(D) Por haver sido preso em flagrante e o delito ocorrido em unidade da federação diversa daquela que exerce seu múnus, o magistrado deve ser processado e julgado pelo Superior Tribunal de Justiça – STJ.

Tanto o foro por prerrogativa de função quanto o Tribunal do Júri são contemplados na Constituição Federal. Jurisprudência e doutrina são unânimes em afirmar que, neste caso, prevalece a competência em razão do foro privilegiado. No entanto, se acaso a competência por prerrogativa de função não estiver contemplada na Carta Magna, o julgamento deverá ocorrer perante o Tribunal Popular. Dessa forma, o juiz estadual é sempre julgado pelo Tribunal de Justiça de seu Estado, conforme preleciona o art. 96, III, da CF, mesmo que o crime tenha sido praticado em outra unidade da federação. Gabarito "C".

(Magistratura/DF – 2007) Lavrado termo circunstanciado em que é imputada a Mevius pela autoridade policial a conduta do artigo 331 do Código Penal (crime de desacato, a que é cominada pena de detenção de 6 meses a 2 anos, ou multa), há o encaminhamento ao 2º Juizado Especial Criminal de Brasília. O promotor de justiça que neste atua entende, todavia, também caracterizado, em concurso material, o crime do artigo 330 do Código Penal (desobediência, a que é cominada a pena de detenção de 15 dias a 6 meses e multa) e, em seu pronunciamento, conclui pela incompetência do Juizado Especial Criminal, em face de, somadas as penas máximas, conduzirem à pena privativa de liberdade superior a 2 anos. O juiz do 2º Juizado Especial Criminal de Brasília endossa tal entendimento e declina da competência para uma das Varas Criminais de Brasília. Feita a distribuição à 4ª Vara Criminal, o promotor de justiça que nesta atua, discordando do seu colega, entende caracterizado, apenas, o crime de desacato, pois absorvido por este estaria o de desobediência, e assim oficia, indicando competente o 2º Juizado Especial Criminal de Brasília, por não caber pena privativa de liberdade superior a 2 anos. O juiz da 4ª Vara Criminal, endossando a posição do promotor de justiça que nela atua, afirma-se, também, incompetente e suscita conflito de competência perante a Câmara Criminal do Tribunal de Justiça do Distrito Federal. De acordo com a posição prevalente nesta, no Superior Tribunal de Justiça e no Supremo Tribunal Federal:

(A) está caracterizado um conflito positivo de competência;
(B) está caracterizado um conflito negativo de competência;
(C) está caracterizado um conflito positivo de atribuições;
(D) está caracterizado um conflito negativo de atribuições.

Dá-se o conflito negativo de competência quando dois ou mais juízes recusam sua competência para julgar determinado caso; o conflito positivo, ao contrário, surge quando dois ou mais juízes se dizem competentes para julgar o caso. Gabarito "B".

(Magistratura/DF – 2007) Na hipótese de conexão entre uma infração penal de menor potencial ofensivo, resistência (artigo 329, caput, do Código Penal, que estabelece a pena de detenção de 2 meses a 2 anos), e um crime, roubo (artigo 157, caput, do Código Penal, que fixa pena de reclusão de 4 a 10 anos e multa):

(A) desmembra-se o processo, cabendo ao Juizado Especial Criminal a infração penal de menor potencial ofensivo e à Vara Criminal o crime de roubo;
(B) não se desmembra o processo, que terá curso, inicialmente, no Juizado Especial Criminal, onde, quanto à infração penal de menor potencial ofensivo, serão observados os institutos da transação penal e da composição dos danos civis, seguindo, depois, os autos à Vara Criminal, onde prosseguirá o processo;
(C) não se desmembra o processo, em face das regras de conexão, competindo à Vara Criminal tanto a resistência como o roubo, observando, quanto à infração penal de menor potencial ofensivo, os institutos da transação penal e da composição dos danos civis;
(D) não se desmembra o processo, em face das regras de conexão, competindo à Vara Criminal tanto a resistência como o roubo, não se aplicando, quanto à infração penal de menor potencial ofensivo, os institutos da transação penal e da composição dos danos civis.

Art. 60, caput e parágrafo único, da Lei 9.099/95.

(Magistratura/GO – 2009 – FCC) De acordo com entendimento sumulado do Superior Tribunal de Justiça, NÃO compete à Justiça Comum Estadual processar e julgar

(A) o crime de falsa anotação na Carteira de Trabalho e Previdência Social, atribuído à empresa privada.
(B) o crime de falso testemunho cometido no processo trabalhista.
(C) os crimes de falsificação e uso de documento falso relativo a estabelecimento particular de ensino.
(D) o crime em que indígena figure como autor ou vítima.
(E) o crime praticado em detrimento de sociedade de economia mista.

A: Súmula nº 62 do STJ; B: Súmula nº 165 do STJ; C: Súmula nº 104 do STJ; D: Súmula nº 140 do STJ; E: Súmula nº 42 do STJ. Gabarito "B".

(Magistratura/MG - 2007) Tendo em mira as disposições do Código de Processo Penal (Título V) relativas às causas determinantes da competência, assinale a alternativa CORRETA.

(A) A competência será, de regra, determinada pelo lugar em que se iniciar a infração penal, ou, no caso de tentativa, pelo lugar em que for praticado o último ato de execução.
(B) Quando incerto o limite territorial entre duas ou mais jurisdições, ou quando incerta a jurisdição por ter sido a infração consumada ou tentada nas divisas de duas ou mais jurisdições, a competência firmar-se-á pela precedência da distribuição.
(C) Nos casos de exclusiva ação privada, a queixa-crime poderá ser apresentada no foro do domicílio ou da residência do ofendido, ainda quando conhecido o lugar da infração.
(D) A competência será determinada pela conexão se, ocorrendo duas ou mais infrações, houverem sido praticadas, ao mesmo tempo, por várias pessoas reunidas, ou por várias pessoas em concurso, embora diverso o tempo e o lugar, ou por várias pessoas, umas contra as outras.

A: art. 70, caput, do CPP; B: art. 70, § 3º, do CPP; C: art. 73 do CPP; D: art. 76, I, do CPP. Gabarito "D".

(Magistratura/PI – 2008 – CESPE) Quanto a jurisdição e competência, assinale a opção correta.

(A) Ocorre conexão intersubjetiva por simultaneidade quando vários agentes cometem crimes, uns contra os outros.
(B) Em caso de crimes continuados ou permanentes, cuja execução se prolonga no tempo, podendo atingir o território de mais de uma jurisdição, a competência será da justiça federal.
(C) Compete à justiça federal o julgamento de contravenção penal praticada em detrimento de bens, serviços ou interesses da União ou de suas entidades.
(D) Para processo e julgamento de um crime de homicídio praticado a bordo de uma embarcação brasileira que esteja em alto-mar, vindo da França para o Brasil, é competente o foro do lugar de nascimento do autor do crime.
(E) Em caso de conexão entre crime de competência do juizado especial criminal e crime de competência do juízo comum, prevalecerá a competência deste último, que deverá aplicar os institutos da transação penal e da composição dos danos civis.

Art. 60, caput e parágrafo único, da Lei 9.099/95. Gabarito "E".

(Magistratura/PR – 2008) Quanto o conteúdo de Competência assinale a alternativa correta:

(A) O crime de falsidade ideológica por falsa anotação de tempo de serviço em Carteira de Trabalho e Previdência Social, atribuída à empresa privada é de competência da Justiça Estadual por não haver lesão direta a direitos e interesses da União.
(B) O crime de falsificação e uso de documento relativamente a estabelecimento de ensino particular é de competência da Justiça Federal, pois viola direitos e interesses da União.
(C) Nos casos de conexão entre competência de Justiça Estadual e Federal, predomina a competência Estadual na hipótese de processamento e julgamento do crime de sua competência ser o mais grave, na forma do artigo 78, II, 'a', do CPP.
(D) Compete a Justiça Federal processar e julgar crime de estelionato praticado mediante falsificação das guias de recolhimento das contribuições previdenciárias, ainda que não ocorra lesão direta à autarquia Federal.

A: Súmula 62 do STJ; B: Súmula 104 do STJ; C: Súmula 122 do STJ; D: Súmula 107 do STJ. Gabarito "A".

(Magistratura/PR – 2008) Indique a alternativa correta quanto ao problema abaixo apresentado: Os réus C.S.F. e L.H.M. são denunciados no Juízo Criminal da Comarca de Curitiba/PR pelo tipo do artigo 159 do CP, extorsão mediante seqüestro. Segundo o Ministério Público, os acusados teriam, em 24 de maio de 2006, seqüestrado L.B., na cidade de Curitiba/PR quando esse chegava em sua residência. No decorrer das investigações, restou demonstrado que esse foi mantido em cativeiro na cidade de Guarapuava/PR durante cinco meses. A investigação demonstrou ainda que o resgate foi cobrado em ligações telefônicas que partiram de um telefone público localizado na cidade de Londrina/PR. O cativeiro foi descoberto a partir de interceptações telefônicas deferidas legalmente pelo Juízo da Vara Criminal da Comarca de Londrina/PR. Dessa forma, a Polícia Civil estourou o cativeiro liberando a vítima e prendendo em flagrante delito os réus C.S.F. e L.H.M., tendo a prisão sido comunicada e homologada pelo Juízo Criminal da Comarca de Guarapuava/PR. O processo foi julgado procedente, tendo sido os acusados condenados a uma pena de 11 anos de reclusão em regime fechado. A defesa apelou da decisão. Em Sessão de julgamento, a Câmara Criminal do TJ/PR decretou de ofício a nulidade do processo penal por incompetência do Juízo de Curitiba/PR.

(A) A decisão do Tribunal está incorreta, pois a competência para processar e julgar a ação penal é do Juízo Criminal da Comarca de Curitiba/PR, já que a infração penal se consumou nessa Comarca na forma do artigo 70 do CPP.
(B) A decisão do Tribunal está correta, pois a competência para processar e julgar a ação penal é do Juízo Criminal da Comarca de Guarapuava/PR, pois esse juízo se tornou prevento na forma dos artigos 83 c/c 71, ambos do CPP, ficando prevento em decorrência da decisão que homologou as prisões em flagrante.
(C) A decisão do Tribunal está correta, pois a competência para processar e julgar a ação penal é do Juízo Criminal da Comarca de Londrina/PR, pois esse juízo se tornou prevento na forma dos artigos 83 c/c 71, ambos do CPP, ficando prevento em decorrência da decisão que deferiu as interceptações telefônicas.
(D) A decisão do Tribunal está incorreta, pois se incompetência existe, essa é considerada relativa, devendo ser alegada em momento próprio, não podendo ser decretada de ofício pelo Tribunal.

Art. 71 do CPP. Tratando-se de delito permanente, a competência firma-se pela prevenção. No caso, por se tratar de incompetência relativa (já que comporta prorrogação), não alegada no momento oportuno, não poderá ser reconhecida de ofício pelo Tribunal. Gabarito "D".

(Magistratura/SE – 2008 – CESPE) Segundo entendimento dos tribunais superiores sobre competência, assinale a opção correta.

(A) Viola as garantias do juiz natural, da ampla defesa e do devido processo legal a atração por continência do processo do co-réu ao foro por prerrogativa de função do outro denunciado.
(B) A competência do tribunal de justiça para julgar prefeitos restringe-se aos crimes de competência da justiça comum estadual.
(C) A competência constitucional do tribunal do júri não prevalece sobre o foro por prerrogativa de função estabelecida exclusivamente pela Constituição estadual.
(D) o processo e julgamento dos crimes conexos de competência federal, eleitoral e estadual compete à justiça federal, uma vez que prevalece a justiça especial em relação à comum.
(E) O processo por contravenção penal praticada em detrimento de bens da União compete à justiça federal.

O privilégio a que alude o art. 29, X, da CF diz respeito tão somente aos crimes comuns. Os delitos de responsabilidade, capitulados no Dec.-lei 201/67, serão julgados pela Câmara de Vereadores, conforme jurisprudência pacífica. Gabarito "B".

(Magistratura/SP – 2009 – VUNESP) No caso de depoimento de testemunha ouvida por meio de carta precatória, assinale a alternativa correta.

(A) A competência para a ação penal por crime de falso testemunho é do Juízo deprecado.
(B) A competência para a ação ação penal por crime de falso testemunho é do Juízo deprecante.
(C) A competência para a ação penal por crime de falso testemunho é concorrente, do Juízo deprecante ou do Juízo deprecado.
(D) A competência para a ação penal por crime de falso testemunho é definida pelo interesse do titular da ação penal.

Art. 70 do CPP. O crime de falso testemunho (art. 342, CP), que é formal, consuma-se com o encerramento do depoimento no qual a testemunha faltou com a verdade. Desta feita, prestado o depoimento por carta precatória, sua consumação se opera no juízo deprecado, sendo, pois, este o foro competente para a ação penal por este delito. Gabarito "A".

(Magistratura/SP – 2009 – VUNESP) Assinale a alternativa que completa corretamente a lacuna da frase: A inobservância da competência penal por prevenção.

(A) constitui nulidade relativa
(B) constitui nulidade absoluta
(C) não constitui nulidade
(D) pode constituir nulidade absoluta em circunstâncias especiais

Súmula nº 706 do STF. Gabarito "A".

(Magistratura/SP – 2009 – VUNESP) Em única denúncia, em aparente conexão, foi imputada a José a prática de três furtos ocorridos em Campinas e de um roubo ocorrido em Americana, este em maio e aqueles em abril do corrente ano. Nessa hipótese, a competência para decidir sobre o eventual recebimento da denúncia e instauração da respectiva ação penal é

(A) do Juízo Criminal da Comarca de Campinas.
(B) do Juízo Criminal da Comarca de Americana.
(C) determinada pela prevenção.
(D) do Juízo Criminal a quem a denúncia for endereçada.

A regra contida no art. 78, II, a, do CPP estabelece como competente o foro em que foi cometida a infração à qual é cominada a pena mais grave, no caso o roubo. Gabarito "B".

(Magistratura/SP – 2009 – VUNESP) No caso de roubo praticado na cidade de São Paulo contra agência bancária da Caixa Econômica Federal, em que tenha havido a subtração de dinheiro do caixa, a competência para a ação penal é da

(A) Justiça Federal.
(B) Justiça Estadual.
(C) Justiça Federal ou da Justiça Estadual, observada a regra da prevenção.
(D) Justiça Federal ou da Justiça Estadual, conforme o inquérito tenha sido conduzido pela Polícia Federal ou pela Polícia Estadual.

Art. 109, IV, da CF. Gabarito "A".

(Magistratura/SP – 2007) Pedro, num curto espaço de tempo, furtou, mediante arrombamento, três lojas situadas em S. Bernardo do Campo e Diadema (comarcas vizinhas), separadas por quarteirões. As duas primeiras lojas situam-se em S. Bernardo do Campo, ao passo que a terceira, em Diadema. Quanto à ação criminosa, tem-se por certo que ultrapassou a esfera de competência de mais de um Juízo. Assinale qual seria o competente.

(A) O de S. Bernardo, local do primeiro crime.
(B) O de Diadema, por tratar-se de crime continuado e a última infração veio ali a ser cometida.
(C) O de S. Bernardo, tendo em vista que ali foi cometido um número maior de infrações penais.
(D) Define-se a competência por prevenção.

Em vista do que dispõe o art. 71 do CPP, tratando-se de crime continuado, cujos requisitos estão contemplados no art. 71 do CP, em que a ação tenha se desenvolvido em diversos locais, com repercussão no âmbito de competência de vários juízes, a competência para o processamento e julgamento firmar-se-á pela prevenção, já que, em princípio, todos são competentes. Gabarito "D".

(Magistratura/SP – 2007) Concomitantemente, diversas pessoas saquearam um estabelecimento comercial, sem se conhecerem umas às outras. Trata-se de

(A) continência de ações, em razão do concurso de pessoas.
(B) conexão intersubjetiva por reciprocidade.

(C) conexão intersubjetiva por simultaneidade.
(D) conexão objetiva.

Art. 76, I, 1ª parte, do CPP. Gabarito "C".

(Ministério Público/BA – 2005) Renato e Cícero, portando dois revólveres, roubaram um veículo de marca Fiat, tipo Palio, na Av. Paralela, em Salvador, que se encontrava na posse de sua proprietária. Fazendo uso desse automóvel, se dirigiram à agência do Banco do Brasil, situada em Camaçari e, utilizando-se das mesmas armas de fogo, subtraíram todo o dinheiro que se encontrava no cofre e nos caixas, no importe de R$ 30.000,00 (trinta mil reais), ferindo gravemente um dos vigilantes que reagiu ao assalto. Após saírem da agência bancária, roubaram de duas senhoras, que transitavam na mesma rua da agência bancária, suas bolsas e relógios. Ingressaram no Palio, e viajaram para Feira de Santana, com o objetivo de vender o veículo para uma oficina de "desmanche". Porém, antes de procederem à venda do automóvel, foram presos, em flagrante, em Feira de Santana, pelo crime de porte ilegal de arma de fogo, tipificado no artigo 12, da Lei nº 10.826, de 22.12.2003. O respectivo auto de prisão foi enviado a um dos Juízes Criminais dessa última Comarca, o qual indeferiu o pedido de fiança formulado pelos flagranteados. Recebendo os autos de inquérito com a denúncia, asseverou ser incompetente para o processo e julgamento do feito, enviando-os para o Juízo que entendeu ser competente. Sobre a competência ratione loci, no caso em apreço, marque a alternativa correta:

(A) Cada crime deverá ser julgado no foro da Comarca em que foi cometido, atendendo-se ao artigo 70, do Código de Processo Penal, o qual estabelece que a competência será determinada, em regra, pelo lugar em que se consumar a infração.
(B) O juízo competente para processar e julgar o feito será o de Feira de Santana, segundo o critério da prevenção, estabelecido no artigo 83, do Código de Processo Penal.
(C) Será competente para processar e julgar todos os delitos a Vara Crime da Comarca de Camaçari, onde fora cometida a infração cuja pena cominada é mais grave, em face da correta aplicação do artigo 78, inciso II, letra "a", do Código de Processo Penal.
(D) A competência é da Justiça Federal, pois um dos roubos foi perpetrado contra o Banco do Brasil, sendo todas as infrações conexas, utilizando-se da inteligência dos artigo 76, do Código de Processo Penal.
(E) Salvador, através de uma de suas Varas Criminais, por distribuição, é o Juízo competente, pois ambos os agentes residem nesta capital, aplicando-se o artigo 72, do Código de Processo Penal.

Por se tratar de infrações penais conexas, é de rigor a junção dos processos. Aqui, será competente, por força do que dispõe o art. 78, II, a, do CPP, o foro do lugar onde foi cometida a infração mais grave. Gabarito "C".

(Ministério Público/GO – 2005) Em relação à competência jurisdicional decorrente de prerrogativa de função e à competência jurisdicional do Tribunal do Júri, marque a alternativa correta:

(A) caso um Prefeito Municipal venha a cometer um crime de homicídio no exercício do seu mandato deverá ser julgado pelo tribunal do júri do lugar do crime, já que este último é o órgão competente constitucionalmente para o julgamento
(B) um Promotor de Justiça de Goiás que comete um crime de tentativa de homicídio simples no Estado do Acre deverá ser julgado pelo Tribunal de Justiça do Estado de Goiás, já que tem foro por prerrogativa de função
(C) um Juiz de Direito de São Paulo que comete um crime de homicídio no Estado de Goiás deverá ser julgado pelo Tribunal de Justiça de Goiás, já que tem foro por prerrogativa de função
(D) um Deputado Federal de Goiás que comete um crime de homicídio em Brasília deverá ser julgado pelo tribunal do júri do Distrito Federal

A: os prefeitos municipais serão julgados, pela prática de crimes comuns e dolosos contra a vida, pelo Tribunal de Justiça (art. 29, X, da CF). Serão, no entanto, submetidos a julgamento pelo Poder Legislativo municipal nos casos de cometimento de crime de responsabilidade, previstos no Dec.-lei 201/67; B: a competência originária estabelecida no art. 96, III, da CF se sobrepõe à competência do Júri, ainda que esta também esteja consagrada na Lei Maior; C: o juiz estadual é sempre julgado pelo Tribunal de Justiça de seu Estado, conforme estabelece o art. 96, III, da CF, mesmo que o crime tenha sido praticado em outra unidade da federação; D: os deputados federais, em consonância com o disposto no art. 102, I, b, da CF, pela prática de crime comum, serão submetidos a julgamento perante o STF. Gabarito "B".

(Ministério Público/MG – 2006) Determinado cidadão, logo depois de ter cometido delito de estupro, é perseguido por Policial Militar. Para assegurar a impunidade do crime praticado, o indivíduo efetua diversos disparos de arma de fogo contra seu perseguidor, produzindo-lhe lesões que dão causa à sua morte. Nesse caso, identificando-se a prática de duas infrações penais cometidas nas circunstâncias retratadas, a competência será determinada pela: Assinale a alternativa CORRETA.

(A) Conexão objetiva, lógica ou material.
(B) Conexão intersubjetiva concursal.
(C) Conexão intersubjetiva por simultaneidade.
(D) Continência por cumulação subjetiva.
(E) Continência por cumulação objetiva.

Art. 76, II, do CPP. Gabarito "A".

(Ministério Público/MG - 2008) Quanto às regras de competência estabelecidas na Constituição Federal e no Código de Processo Penal, assinale a alternativa CORRETA.

(A) A competência é determinada pela continência quando duas ou mais infrações houverem sido praticadas, ao mesmo tempo, por várias pessoas em concurso.
(B) Nos crimes permanentes, praticados em território de mais de uma jurisdição, a competência firmar-se-á pela regra da distribuição.
(C) A exceção de incompetência do juízo poderá ser oposta, verbalmente ou por escrito, até a prolação da sentença.
(D) Nos conflitos de competência não se faz necessário que as autoridades conflitantes pertençam à estrutura do mesmo Poder estatal.
(E) A competência constitucional do Tribunal do Júri prevalece sobre o foro por prerrogativa de função instituída pela Magna Carta.

A: art. 77 do CPP. Verifica-se a continência no concurso de pessoas (art. 29 do CP) e no concurso formal de crimes (art. 70 do CP). Há, nessas hipóteses de incidência da continência, uma única infração penal, ora praticada em concurso de pessoas, ora perpetrada por meio de uma única ação que gera mais de um resultado (concurso formal); B: em vista do que dispõe o art. 71 do CPP, tratando-se de *crime continuado ou permanente*, em que a ação tenha se desenvolvido em diversos locais, com repercussão no âmbito da competência de vários juízes, a competência para o processamento e julgamento firmar-se-á pela *prevenção*, já que, em princípio, todos são competentes; C: art. 108, caput, do CPP; D: arts. 113 e 114 do CPP; E: ao contrário, tratando-se de competência de índole constitucional, prevalece, segundo a jurisprudência, a do foro por prerrogativa de função. Gabarito "D".

(Ministério Público/PR – 2008) Entre os critérios de fixação de competência jurisdicional previstos no Código de Processo Penal, não se inclui:

(A) o lugar da infração.
(B) a conexão ou continência.
(C) a prerrogativa de função.
(D) prevenção.
(E) a nacionalidade do réu.

A: art. 69, I, do CPP; B: art. 69, V, do CPP; C: art. 69, VII, do CPP; D: art. 69, VI, do CPP; E: a nacionalidade do réu não constitui critério de fixação de competência estabelecido no art. 69 do CPP. Gabarito "E".

(Ministério Público/RS – 2009) Durante o inquérito policial, o Juiz da 2a Vara Criminal de Caxias do Sul determinou o sequestro de valores relativos à venda de um bem do investigado. Mais tarde, finalizado, o inquérito policial foi distribuído ao Juiz da 1ª Vara Criminal que, entretanto, não concordando com a sua competência, remeteu-o de volta à origem. O Magistrado da 2a Vara, então, suscitou o conflito de competência. Neste caso, o suscitante

(A) tem razão, porque a fase pré-processual não induz a competência.
(B) não tem razão, porque houve a prevenção.

(C) tem razão, porque a urgência da medida cautelar não afeta a posterior livre distribuição dos autos.

(D) tem razão, porque tanto o Código de Organização Judiciária do Estado, como o Código de Processo Penal, determinam que a distribuição fixará a competência quando na mesma comarca houver mais de um Juiz igualmente competente.

(E) não tem razão, porque é próprio do sistema processual brasileiro perpetuar a jurisdição a partir da abertura do inquérito policial, em face do princípio constitucional do juiz natural.

O fato de o magistrado da 2ª Vara, no curso da investigação, haver determinado medida consistente no sequestro de valores relativos à venda de um bem do investigado o torna prevento para julgar o caso, razão por que não deveria suscitar o conflito de competência. Gabarito "B".

(Ministério Público/RS – 2009) Leia o relato abaixo. Demóstenes, funcionário público federal, quando voltava para casa, praticou crime de lesão corporal culposa com veículo automotor em Novo Hamburgo, cuja pena é detenção de seis meses a dois anos. Como não possuía carteira de habilitação, a sanção pode ser aumentada de um terço à metade. Considerando-se os dados apresentados, é correto afirmar que a ação penal no caso relatado deverá correr

(A) na Vara Criminal da Justiça Comum.
(B) na Vara Criminal da Justiça Federal.
(C) no Juizado Especial Criminal Estadual.
(D) no Juizado Especial Criminal Federal.
(E) no Tribunal Regional Federal da 4a Região, face o conflito de jurisdição.

O servidor público federal que cometer algum delito no âmbito de competência da Justiça Estadual não contará com *foro por prerrogativa de função*. A competência será determinada pelo lugar da consumação do crime, nos termos do art. 70, *caput*, do CPP, sendo, pois, competente para o julgamento o foro do lugar onde se produziu a lesão corporal culposa, isto é, o processo deverá tramitar na Vara Criminal da Comarca de Novo Hamburgo. Gabarito "A".

(Ministério Público/SP - 2005) Haverá conexão material quando

(A) a prova de uma infração ou de qualquer circunstância influir na prova de outra.
(B) os crimes forem praticados para facilitar ou ocultar outros, ou para se conseguir vantagem ou impunidade de outros.
(C) duas ou mais infrações forem praticadas por várias pessoas reunidas.
(D) uma única conduta delituosa gerar pluralidade de eventos típicos.
(E) houver pluralidade de agentes e unidade de infração.

Art. 76, II, do CPP. Gabarito "B".

(Ministério Público/SP - 2005) Assinale a alternativa incorreta.

(A) Tratando-se de infração permanente, praticada em diversas comarcas, a competência firmar-se-á pela prevenção.
(B) A regra de competência, quando se tratar de crime tentado, é o local onde foi praticado o último ato de execução.
(C) Não sendo conhecido o lugar da infração, a competência regular-se-á pelo domicílio ou residência da vítima.
(D) Tratando-se de infração continuada, praticada em diversas comarcas, a competência firmar-se-á pela prevenção.
(E) Nos crimes a distância, se, iniciada a execução no território nacional, a infração se consumar fora dele, a competência será determinada pelo lugar em que tiver sido praticado, no Brasil, o último ato de execução.

A: art. 71 do CPP; B: art. 70, *caput*, 2ª parte, do CPP; C: art. 72, *caput*, do CPP; D: art. 71 do CPP; E: art. 70, § 1º, do CPP. Gabarito "C".

(Ministério Público/SP - 2006) Assinale a afirmação incorreta.

(A) Compete à Justiça Estadual processar e julgar crime de roubo contra agência do Banco do Brasil estabelecida neste Estado.
(B) O desaforamento é causa modificativa da competência.
(C) Compete à Justiça Comum Estadual o julgamento de policial militar pelo crime de abuso de autoridade cometido no exercício de função de policiamento civil.
(D) Compete ao Tribunal de Justiça o julgamento de crime contra a administração pública imputado a ex-Prefeito Municipal, se proposta a ação penal ainda no curso do mandato eletivo.
(E) Os incidentes da execução são julgados pelo juiz competente do local em que está sendo cumprida a pena.

A: o STJ já pacificou entendimento segundo o qual compete à Justiça comum estadual julgar crime contra agência do Banco do Brasil; B: o desaforamento, disciplinado nos arts. 427 e 428 do CPP, constitui de fato causa que altera, modifica a competência fixada nos termos do art. 69 do CPP; C: Súmula 172 do STJ; D: a Súmula 394 do STF foi cancelada pelo Pleno do próprio tribunal. Além disso, o STF declarou a inconstitucionalidade da Lei 10.628/02, que acrescentou os §§ 1º e 2º ao art. 84 do CPP; E: arts. 2º, 65 e 66 da Lei 7.210/84 (Lei de Execução Penal). É a posição adotada no STJ. Gabarito "D".

(Procurador do Estado/CE – 2008 – CESPE) Acerca de jurisdição e competência, assinale a opção correta.

(A) Tratando-se de infração continuada ou permanente, praticada em território de duas ou mais jurisdições, a competência será determinada pelo lugar em que tiver sido praticado o último ato de execução.
(B) Não sendo conhecido o lugar da infração, a competência será firmada pela prevenção.
(C) A competência será determinada pela conexão quando duas ou mais pessoas forem acusadas pela mesma infração.
(D) A distribuição realizada para o efeito da concessão de fiança ou da decretação de prisão preventiva ou de qualquer diligência anterior à denúncia ou queixa não torna o juízo prevento para a futura ação penal relativa a tais diligências.
(E) Verificada a reunião dos processos por conexão ou continência, ainda que, no processo da sua competência própria, o juiz profira sentença absolutória ou que desclassifique a infração para outra que não se inclua na sua competência, ele continuará competente em relação aos demais processos.

A: art. 71 do CPP; B: art. 72, *caput*, do CPP; C: a conexão pressupõe a existência de duas ou mais infrações penais ligadas de alguma maneira entre si; na continência, diferentemente, uma causa está contida na outra; D: art. 83 do CPP. A prevenção constitui critério supletivo de fixação de competência. O juízo ficará prevento sempre que tomar alguma medida relativa ao processo antes do oferecimento da denúncia ou da queixa; E: art. 81, *caput*, do CPP. Gabarito "E".

(Procurador do Estado/SC – 2010 – FEPESE) Em se tratando de competência jurisdicional em matéria processual penal:

(A) A ação de improbidade deve ser processada e julgada de acordo com a prerrogativa de foro em razão do exercício da função pública.
(B) No crime a distância, quando o último ato de execução for praticado fora do território nacional, a competência firmar-se-á pela prevenção.
(C) É concorrente a legitimidade do ofendido, mediante queixa, e do Ministério Público, condicionada à representação do ofendido, para a ação penal por crime contra a honra de servidor público em razão do exercício de suas funções.
(D) Tratando-se de infração continuada ou permanente, praticada em território de duas ou mais jurisdições, a competência será fixada pelo domicílio ou residência do réu.
(E) No caso de ação privada exclusiva, de regra, a competência será determinada pela residência do réu.

A: incorreta, pois o foro por prerrogativa de função não é extensível às ações de natureza cível; B: assertiva incorreta, nos termos do art. 70, § 2º, do CPP; C: assertiva correta, pois corresponde ao teor da Súmula nº 714 do STF; D: em vista do que dispõe o art. 71 do CPP, tratando-se de *crime continuado ou permanente*, em que a ação tenha se desenvolvido em diversos locais, com repercussão no âmbito de competência de vários juízes, a competência para o processamento e julgamento firmar-se-á pela *prevenção*, já que, em princípio, todos são competentes; E: incorreta, nos termos do art. 73 do CPP. Gabarito "C".

(Procurador do Município/Florianópolis-SC – 2010 – FEPESE) Assinale a alternativa **correta**, de acordo com o Código de Processo Penal.

(A) Não sendo conhecido o local da infração, a competência será fixada pela prevenção.
(B) Nos casos de ação privada exclusiva, a competência regular-se-á pela residência do réu.

(C) A competência será, de regra, determinada pelo lugar em que se consumar a infração, ou, no caso de tentativa, pelo lugar em que for praticado o último ato de execução.

(D) Tratando-se de infração continuada ou permanente, praticada em território de duas ou mais jurisdições, a competência firmar-se-á pelo lugar em que se consumar a infração.

A: neste caso, a competência será regulada pelo domicílio ou residência do réu, na forma estatuída no art. 72, *caput*, do CPP; B: ainda que conhecido o lugar da infração, o querelante, na ação penal privada exclusiva, poderá preferir o foro de domicílio ou da residência do réu – art. 73 do CPP; C: assertiva correta, visto que em conformidade com a regra contida no art. 70, caput, do CPP;D: incorreta, pois, neste caso, a competência será determinada em razão da prevenção, de acordo com a regra presente no art. 71 do CPP. Gabarito "C".

(Procurador do Município/Florianópolis-SC – 2010 – FEPESE) Analise as afirmativas abaixo, de acordo com o Código de Processo Penal:

A fixação da competência pela conexão ocorre quando:

1. a prova de uma infração ou de qualquer de suas circunstâncias elementares influir na prova de outra infração.
2. duas ou mais pessoas forem acusadas pela mesma infração.
3. a ação for privada.

Assinale a alternativa que indica todas as afirmativas **corretas**.

(A) É correta apenas a afirmativa 1.
(B) É correta apenas a afirmativa 2.
(C) São corretas apenas as afirmativas 1 e 2.
(D) São corretas apenas as afirmativas 1 e 3.
(E) São corretas as afirmativas 1, 2 e 3.

1: assertiva correta, pois se trata de hipótese contemplada no art. 76, III, do CPP; 2: incorreta, pois a assertiva trata de hipótese de continência – art. 77, I, do CPP; 3: incorreta, pois não se trata de critério a ser adotado para estabelecer a competência em razão da conexão. Gabarito "A".

(Defensor Público/AM – 2010 – I. Cidades) A respeito de competência, julgue as assertivas abaixo e assinale a alternativa correta.

I. A Lei 9.099/95 adotou a Teoria da Atividade para os casos de crimes de menor potencial ofensivo sujeitos ao seu procedimento.
II. A competência será firmada pelo domicílio do réu se não for conhecido o lugar da infração penal.
III. Sendo o domicílio do réu o critério de fixação da competência, ela será firmada pela prevenção se o réu tiver mais de um domicílio.
IV. O concurso formal de crimes é apontado pela doutrina como hipótese de conexão intersubjetiva por simultaneidade.
V. Nos casos de crimes continuados ou permanentes, praticados em território de mais de uma jurisdição, a competência será firmada pela prevenção.

(A) todas assertivas estão corretas.
(B) apenas a assertiva IV está incorreta.
(C) as assertivas I e III estão incorretas.
(D) as assertivas I, II, III e IV estão corretas.
(E) todas as assertivas estão incorretas.

I: em conformidade com o disposto no art. 63 da Lei 9.099/95, *a competência do Juizado será determinada pelo lugar em que foi praticada a infração penal*. Cuidado: não há consenso na doutrina a respeito da teoria (atividade, resultado ou mista) que teria sido acolhida em relação à fixação da competência no âmbito do Juizado Especial. Tal se deve porque o legislador não foi feliz quando fez uso do termo *praticada*, cujo significado não se sabe se faz referência à *ação* ou *omissão* (teoria da atividade) ou ao *resultado* (teoria do resultado), ou ainda aos dois (teoria mista ou da ubiquidade); II: assertiva correta, pois em conformidade com o que prescreve o art. 72, *caput*, do CPP; III: proposição correta, nos termos do art. 72, § 1°, do CPP; IV: assertiva incorreta, visto que o concurso formal de crimes (art. 70, CP) constitui, juntamente com o concurso de pessoas (art. 29, CP), hipótese de continência (art. 77, CPP), não de conexão, cujas hipóteses estes listadas no art. 76 do CPP; V: correta, pois em consonância com o disposto no art. 71 do CPP. Gabarito "B".

(Defensor Público/GO – 2010 – I. Cidades) Pedro Mão-Ligeira e João Tostão, no dia 30 de julho de 2010, após ingerirem cerveja nesta Capital, resolveram praticar vários roubos contra postos de combustíveis, sendo que cinco ocorreram nesta Capital; três em Aparecida de Goiânia-GO, onde houve a morte de um frentista que foi atingido ao reagir ao "assalto". e um, na forma tentada, em Hidrolândia-GO.

Todos os crimes foram praticados na noite daquele dia e com o uso das mesmas armas e motocicletas.

O Delegado de Polícia de Goiânia-GO instaurou inquérito policial para apurar os roubos no dia 04 de agosto de 2010. Também foi instaurado inquérito no dia 05 de agosto de 2010 em Aparecida de Goiânia-GO, visando apurar os referidos crimes. Já o Delegado de Polícia de Hidrolândia-GO instaurou inquérito para apurar os referidos fatos no dia 06 de agosto de 2010, o qual representou, na mesma data, pela quebra de sigilo telefônico de todas as ligações realizadas por celular naquela cidade e no horário em que se deu a tentativa de roubo, pois os frentistas informaram que os "assaltantes" usaram o celular minutos antes de praticarem o "assalto".

O Juiz de Direito de Hidrolândia-GO deferiu, parcialmente, o pedido de quebra do sigilo telefônico, no mesmo dia.

Em todos os inquéritos instaurados já se tinha conhecimento da autoria, pois os "assaltantes" foram identificados nas câmeras de vigilância e já eram conhecidos da Polícia.

Diante do enunciado supra, é de se concluir que:

(A) Os julgamentos dos fatos devem ocorrer separadamente e nas respectivas comarcas.
(B) Os fatos devem ser julgados perante a Comarca de Goiânia-GO, pois foi onde houve a prática do maior número de crimes e onde se instaurou o primeiro inquérito.
c) Os fatos devem ser julgados na Comarca de Aparecida de Goiânia-GO, por ser o lugar em que foi praticado o crime qualificado pelo resultado "morte".
(D) A competência para julgar os fatos é do Tribunal do Júri da Comarca de Aparecida de Goiânia-GO, uma vez que ali houve uma morte, por isso trata-se de competência do júri. que atrai a competência para os demais crimes.
(E) A competência para julgar os fatos é do Juízo da Comarca de Hidrolândia-GO, uma vez que se trata de crime continuado, tornando-se aquele juízo prevento em razão de ter antecedido aos demais juízos competentes na prática de ato judicial.

Em vista do que dispõe o art. 71 do CPP, tratando-se de crime continuado, cujos requisitos estão contemplados no art. 71 do CP, em que a ação tenha se desenvolvido em diversos locais, com repercussão no âmbito de competência de vários juízes, a competência para o processamento e julgamento firmar-se-á pela prevenção, já que, em princípio, todos são competentes. No caso aqui tratado, a providência levada a efeito pelo Juízo de Direito de Hidrolândia (concessão parcial de quebra do sigilo telefônico) tem o condão de torná-lo prevento. Gabarito "E".

(Defensoria/MA – 2009 – FCC) A competência fixada pela circunstância de duas ou mais pessoas serem acusadas pela mesma infração é determinada

(A) pela prevenção.
(B) por conexão.
(C) pela natureza da infração.
(D) pela continência.
(E) por distribuição.

Art. 77 do CPP. Verifica-se a continência no *concurso de pessoas* (art. 29 do CP) e no *concurso formal de crimes* (art. 70 do CP). Há, nessas hipóteses de incidência da continência, uma única infração penal, ora praticada em concurso de pessoas, ora perpetrada por meio de uma única ação que gera mais de um resultado (concurso formal). Gabarito "D".

(Defensoria/MT – 2009 – FCC) A respeito dos critérios de determinação e modificação da competência, é correto afirmar que

(A) o querelante, nos casos de exclusiva ação penal, não poderá preferir o foro do domicílio ou da residência do réu, quando conhecido o lugar da infração.
(B) no concurso entre a jurisdição comum e a especial, prevalecerá a competência da jurisdição comum.

(C) a competência será determinada pelo lugar em que ocorreu a consumação, quando, iniciada a execução no território nacional, a infração se consumar fora dele.
(D) a competência será determinada pelo local em que tiver sido iniciada a continuação quando se tratar de infração continuada praticada em território de duas ou mais jurisdições.
(E) compete à Justiça Federal o processo e o julgamento unificado dos crimes conexos de competência federal e estadual.

A: ainda que conhecido o lugar da infração, o querelante, na ação penal privada exclusiva, poderá preferir o foro do domicílio ou da residência do réu – art. 73 do CPP; B: no concurso entre a jurisdição comum e a especial, prevalecerá esta última – art. 78, IV, do CPP; C: neste caso, em vista do que dispõe o art. 70, § 1°, do CPP, a competência será determinada em função do lugar em que tiver sido praticado, no Brasil, o último ato de execução; D: aplica-se, aqui, a prevenção, *ex vi* do art. 71 do CPP; E: a assertiva corresponde ao teor da Súmula n° 122 do STJ. Gabarito "E".

(Defensoria/MT – 2009 – FCC) A incompetência do juízo anula
(A) a ação penal, desde o inquérito policial.
(B) o processo, desde o recebimento da denúncia.
(C) somente os atos decisórios.
(D) a prova colhida na instrução.
(E) o processo, desde a citação do acusado.

Art. 567 do CPP. Gabarito "C".

(Defensoria/PA – 2009 – FCC) Na determinação da competência por conexão ou continência, no concurso de jurisdições da mesma categoria, será observada a seguinte regra:
(A) preponderará a do lugar da infração, à qual for cominada a pena mais grave.
(B) no concurso entre a competência do júri e a de outro órgão da jurisdição comum, prevalecerá a competência do júri.
(C) no concurso entre a justiça militar e a comum prevalecerá a da justiça castrense.
(D) prevalecerá a do lugar em que houver ocorrido o maior número de infrações.
(E) firmar-se-á a competência pela prevenção, em qualquer caso.

Art. 78, II, *a*, do CPP. Gabarito "A".

(Defensor Público/PA – 2006 – UNAMA) Quanto à competência, é correto afirmar:
I. Nos crimes permanentes, praticados em território de mais de uma jurisdição, a competência firmar-se-á pela prevenção.
II. Nos crimes de competência do tribunal do júri, quando do julgamento, havendo desclassificação da infração para outra de competência do juiz singular, a este serão os autos remetidos.
III. A competência do júri tem prevalência sobre a de outro órgão da jurisdição comum.
IV. Nos crimes cometidos por autoridade detentora de foro privilegiado, a competência especial prevalecerá ainda que esta deixe o cargo no curso da ação penal.

Somente é correto o que se afirma em:
(A) I e III.
(B) II e III.
(C) II e IV.
(D) I e IV.

I: quando a prática do crime permanente, assim entendido aquele cuja consumação se protrai no tempo por vontade do agente, envolver locais correspondentes a vários foros, todos competentes, o critério a ser aplicado, em conformidade com o art. 71 do CPP, é o da *prevenção*. Assertiva, portanto, correta; II: incorreta, já que, neste caso, por força do que dispõe o art. 492, § 1°, do CPP, incumbirá ao juiz presidente do Tribunal do Júri proferir, de imediato, a sentença. Cuidado: ao proferir a decisão de *desclassificação* (art. 419, CPP), ainda na primeira fase do procedimento – *sumário de culpa*, os autos serão remetidos ao juízo competente. Note, aqui, que o examinador quis confundir a desclassificação operada no sumário de culpa com aquela que se dá por meio de votação no Conselho de Sentença. Nesta, como já dito, o julgamento caberá ao juiz presidente do Tribunal Júri; III: correta, nos termos do art. 78, I, do CPP. Mas atenção: se houver concurso entre crime doloso contra a vida e crime de competência da Justiça especializada (Eleitoral, Militar), impõe-se a separação dos feitos; IV: incorreta, visto que, uma vez cessado o cargo/função/mandato, a autoridade deixa de ter foro privilegiado, sendo julgada pelas instâncias ordinárias. No mais, a Súmula 394 do STF, que assegurava a perpetuação do foro por prerrogativa de função, foi cancelada pelo Pleno do próprio Supremo. Além disso, o STF declarou a inconstitucionalidade da Lei 10.628/02, que acrescentou os §§ 1° e 2° ao art. 84 do CPP. Gabarito "A".

(Defensoria/RN – 2006) A competência será determinada
(A) pela prevenção quando o juízo tiver decretado a prisão preventiva do acusado antes do oferecimento da ação penal.
(B) em regra estabelecida pela natureza da infração.
(C) pelo lugar do domicílio do réu quando praticadas infrações em diversas comarcas.
(D) pela conexão na hipótese da ocorrência de crime formal.

A: art. 83 do CPP; B: art. 70, *caput*, do CPP; C: art. 72, *caput*, do CPP; D: art. 77, II, do CPP. Gabarito "A".

(Defensoria/SP – 2006 – FCC) No que se refere à aplicação das regras de conexão e continência, os institutos da transação penal e da composição dos danos civis, aplicam-se na reunião de processos
(A) tanto perante o juízo comum quanto o tribunal do júri.
(B) exclusivamente perante o juízo comum.
(C) exclusivamente perante o juízo comum, exceto na jurisdição federal.
(D) exclusivamente perante o tribunal do júri.
(E) decorrente de crime continuado.

Art. 60, parágrafo único, da Lei 9.099/95. Gabarito "A".

(Cartório/AP – 2011 – VUNESP) Tratando-se de infração permanente, praticada em território de duas ou mais jurisdições, a competência
(A) será determinada pelo local em que foi praticado o último ato de execução antes da prisão do agente.
(B) será determinada pelo local em que tiver sido praticado o maior número de atos de execução.
(C) será determinada pelo local em que ocorreu a consumação.
(D) firmar-se-á pela prevenção.
(E) será determinada pelo local do domicílio ou residência da vítima.

Quando a prática do crime permanente, assim entendido aquele cuja consumação se protrai no tempo por vontade do agente, envolver locais correspondentes a vários foros, todos competentes, o critério a ser aplicado, em conformidade com o art. 71 do CPP, é o da *prevenção*. Gabarito "D".

(Delegado/AM) Mévio praticou um roubo simples na Comarca A. Quinze dias depois, para garantir a impunidade do anterior crime de roubo, matou uma das testemunhas na Comarca B. Segundo interpretação literal do CPP, trata-se de:
(A) latrocínio, para o qual é competente o juízo singular da Comarca A
(B) latrocínio, para o qual é competente o juízo singular da Comarca B
(C) conexão entre roubo e homicídio, para o que é competente o tribunal do júri da Comarca A
(D) conexão entre roubo e homicídio, para o que é competente o tribunal do júri da Comarca B

Trata-se, aqui, da chamada *conexão consequencial, teleológica* ou *objetiva*, prevista no art. 76, II, do CPP, em que o agente pratica uma infração penal com o propósito de facilitar ou ocultar outra ou ainda para assegurar a sua impunidade. Outrossim, a competência do júri sempre prevalecerá sobre a de outro órgão da jurisdição comum, nos termos do art. 78, I, do CPP. Gabarito "D".

(Delegado/AP – 2010) Após surpreender Manoel Cunha mantendo relações sexuais com sua esposa, o deputado federal Paulo Soares persegue Manoel até uma cidade vizinha. Nessa cidade, dá três tiros em Manoel, que vem a falecer em decorrência das lesões provocadas pela ação de Paulo. No curso do inquérito policial instaurado para apurar os fatos, o mandato de Paulo chega ao fim e o mesmo não consegue se reeleger.

Considerada tal narrativa, assinale a alternativa que indique quem tem competência para processar e julgar Paulo por homicídio.
(A) o Supremo Tribunal Federal, já que na época dos fatos o mesmo era deputado federal.
(B) o tribunal de júri da comarca em que a vítima faleceu.

(C) o tribunal de júri federal com jurisdição na comarca em que a vítima faleceu.
(D) o Superior Tribunal de Justiça, já que na época dos fatos o mesmo era deputado federal.
(E) o tribunal de júri da comarca em que a vítima residia.

A Súmula 394 do STF, que assegurava à autoridade a prerrogativa de foro mesmo depois de cessado o exercício de cargo ou mandato, foi cancelada pelo Pleno do próprio tribunal. O legislador, com o propósito de restabelecer o foro por prerrogativa de função nos moldes anteriores, editou a Lei 10.628/02, a qual foi declarada inconstitucional pelo STF. Assim, cessado o exercício funcional ou o mandato, cessa também a competência por prerrogativa de função. Vide Súmula 451 do STF. Gabarito "B".

(Delegado/AP – 2010) Relativamente ao tema *Jurisdição e Competência*, analise as afirmativas a seguir:

I. A competência será, de regra, determinada pelo lugar em que se consumar a infração, ou, no caso de tentativa, pelo lugar em que for praticado o último ato de execução. Se, iniciada a execução no território nacional, a infração se consumar fora dele, a competência será determinada pelo lugar em que tiver sido praticado, no Brasil, o último ato de execução.

II. Quando o último ato de execução for praticado fora do território nacional, será competente o juiz do lugar em que o crime, embora parcialmente, tenha produzido ou devia produzir seu resultado.

III. Quando incerto o limite territorial entre duas ou mais jurisdições, ou quando incerta a jurisdição por ter sido a infração consumada ou tentada nas divisas de duas ou mais jurisdições, ou tratando-se de infração continuada ou permanente, praticada em território de duas ou mais jurisdições, a competência firmar-se-á pela prevenção.

Assinale:
(A) se somente a afirmativa I estiver correta.
(B) se somente a afirmativa II estiver correta.
(C) se somente a afirmativa III estiver correta.
(D) se somente as afirmativas II e III estiverem corretas.
(E) se todas as afirmativas estiverem corretas.

I: a proposição está em perfeita consonância com o que dispõe o art. 70, *caput* e § 1º, do CPP; II: assertiva em consonância com o que dispõe o art. 70, § 2º, do CPP; III: arts. 70, § 3º, e 71 do CPP. Gabarito "E".

(Delegado/SC – 2008) Em caso de infração permanente, cometida em território de duas ou mais jurisdições, a competência se firmará:
(A) pela prevenção.
(B) pela continência.
(C) pela distribuição.
(D) pelo domicílio do réu.

Art. 71 do CPP. Gabarito "A".

(Delegado/SC – 2008) O promotor de Justiça, autor de crime de homicídio doloso, em unidade da Federação onde não exerce a sua função, será processado e julgado originariamente pelo:
(A) Tribunal do Júri da Comarca onde ocorreu o homicídio.
(B) Tribunal do Júri da Capital do Estado onde ele exerce a sua função.
(C) Tribunal de Justiça do Estado onde ele exerce a sua função.
(D) Tribunal de Justiça do Estado onde ocorreu o homicídio.

Art. 96, III, da CF. Gabarito "C".

(Delegado/SC – 2008) Analise as alternativas a seguir e assinale a correta.
(A) Compete à justiça militar processar e julgar o crime de abuso de autoridade praticado por policial militar em serviço.
(B) Compete à justiça comum federal processar e julgar o crime de falsificação e uso de documento relativo a estabelecimento particular de ensino.
(C) Compete ao juízo do local da obtenção da vantagem ilícita processar e julgar crime de estelionato cometido mediante falsificação de cheque.
(D) Compete à justiça federal processar e julgar o crime de falsa anotação de carteira de trabalho e Previdência Social, atribuído à entidade privada.

A: Súmula 172 do STJ; B: Súmula 104 do STJ; C: Súmula 48 do STJ; D: Súmula 62 do STJ. Gabarito "C".

(Delegado/SC – 2008) A conexão instrumental se verifica quando:
(A) ocorrendo duas ou mais infrações houverem sido praticadas, ao mesmo tempo, por várias pessoas reunidas.
(B) a prova de uma infração ou de qualquer de suas circunstâncias elementares influir na prova de outra infração.
(C) duas ou mais infrações tenham sido praticadas por várias pessoas em concurso ou por várias pessoas, umas contra as outras.
(D) duas ou mais infrações tenham sido praticadas umas para facilitar ou ocultar as outras, ou para conseguir impunidade ou vantagem em relação a qualquer delas.

É a modalidade de conexão prevista no art. 76, III, do CPP. Gabarito "B".

(Magistratura Federal – 1ª Região – 2005) Contravenção contra bem, serviço ou interesse da União, suas autarquias e empresas públicas:
(A) será objeto de processo sumário, na Justiça Estadual, iniciando-se por auto de prisão em flagrante ou por portaria expedida pela autoridade policial ou pelo juiz, de ofício ou a requerimento do Ministério Público;
(B) será objeto de processo sumário, na Justiça Estadual, iniciando-se por denúncia do Ministério Público;
(C) será objeto de processo sumário, na Justiça Federal, iniciando-se por auto de prisão em flagrante ou por portaria expedida pela autoridade policial ou pelo juiz, de ofício ou a requerimento do Ministério Público;
(D) será objeto de processo sumário, na Justiça Federal, iniciando-se por denúncia do Ministério Público.

Art. 109, IV, da CF e Súmula 38 do STJ. Gabarito "B".

(Magistratura Federal – 5ª Região – 2005 – CESPE) Julgue o item seguinte.
(1) A homologação de sentenças estrangeiras e a concessão de exequatur às cartas rogatórias é de competência originária do STJ, abrangendo todos os pedidos ainda em curso de processamento no STF.

Art. 105, I, *i*, da CF e Res. STJ 9/2005. Gabarito 1C.

(Magistratura Federal – 5ª Região – 2007 – CESPE) Julgue o item seguinte.
(1) Compete ao STF conhecer originariamente de habeas corpus contra ato de turma recursal do juizado especial federal criminal.

O STF já consolidou entendimento no sentido de que não cabe àquela Corte apreciar *habeas corpus* impetrado contra decisões de colegiados recursais. A competência, neste caso, é do Tribunal Regional Federal da região respectiva. A esse respeito: STF, HC 85.240-SP, Tribunal Pleno, Rel. Min. Carlos Britto, j. 14.2.2008. Gabarito 1E.

(Procuradoria Federal – 2007 – CESPE) Julgue o item seguinte.
(1) Competem à justiça estadual o processo e o julgamento dos crimes contra a economia popular.

Súmula 498 do STF. Gabarito 1C.

(Procurador da Fazenda Nacional – 2007 – ESAF) Antônio, domiciliado em Goiânia, comete crime contra Pedro, domiciliado em São Paulo. No caso, houve impossibilidade de determinação do local da infração. Assim, é correto afirmar que:
(A) A referida ação deve ser proposta em Brasília pelo Ministério Público Federal, pois se desconhece o local da infração e Brasília é a sede dos Tribunais Superiores.
(B) A referida ação deve ser proposta em São Paulo.

(C) A referida ação deve ser proposta em Goiânia pelo Ministério Público do Estado de Goiás.
(D) A referida ação deve ser proposta no local da infração, devendo ser dada baixa ao inquérito para determinação do local do delito.
(E) No Direito Processual Penal, a regra é a competência pelo domicílio da vítima.

Art. 72 do CPP. Gabarito "C".

(CESPE – 2009) Determinada rede de lanchonetes estabelecida nos Estados Unidos da América utiliza navios próprios para fornecer mercadorias aos seus franqueados fora daquele país. A bordo de um desses navios, em águas pertencentes ao mar territorial brasileiro, paralelas ao estado de Pernambuco, houve um crime contra o patrimônio e, algumas horas após esse fato, a embarcação atracou no porto de Santos – SP, onde, de acordo com o respectivo plano de viagem, seria sua primeira e última parada no território brasileiro.

Em face dessa situação hipotética, assinale a opção correta no que se refere à competência para processar e julgar o mencionado delito, de acordo com a CF, o CP e o CPP.

(A) A competência para processar e julgar o referido crime será da justiça federal de Pernambuco.
(B) A competência para processar e julgar o referido crime será da justiça federal de Santos.
(C) A justiça brasileira não tem competência para processar e julgar tal crime, pois a lei penal pátria não se aplica aos delitos cometidos a bordo de navios estrangeiros.
(D) O mencionado crime deve ser processado e julgado pela justiça do DF.

Art. 109, IX, da CF; art. 89 do CPP; e art. 5º, § 2º, do CP. É hipótese de territorialidade. Nesse sentido: STF, 1ª T., RHC 86.998-SP, rel. Min. Marco Aurélio Mello, j. 13.2.2007. Gabarito "B".

(CESPE – 2008) No que se refere às disposições do CPP acerca da competência por conexão ou continência, assinale a opção incorreta.

(A) No concurso entre a competência do júri e de outro órgão da jurisdição comum, prevalecerá a competência do júri.
(B) No concurso entre a jurisdição comum e a especial, prevalecerá a jurisdição especial.
(C) A conexão e a continência importarão unidade de processo e julgamento, inclusive no concurso entre a jurisdição comum e a militar.
(D) A conexão e a continência no concurso entre a jurisdição comum e a do juízo de menores importarão separação de processos e de julgamento.

A: art. 78, I, do CPP; B: art. 78, IV, do CPP; C: art. 79, I, do CPP; D: art. 79, II, do CPP. Gabarito "C".

(CESPE – 2008) Compete à justiça federal processar e julgar

(A) Crime contra a organização do trabalho.
(B) Crime de transporte de eleitores no dia da votação.
(C) Furto de bem de sociedade de economia mista.
(D) Crime de deserção praticado por bombeiro militar.

Art. 109, VI, da CF. Gabarito "A".

(CESPE – 2008) Em relação à delimitação da competência no processo penal, às prerrogativas de função e ao foro especial, assinale a opção correta.

(A) No caso de conexão entre um crime comum e um crime eleitoral, este deve ser processado perante a justiça eleitoral e aquele, perante a justiça estadual, visto que, no concurso de jurisdições de diversas categorias, ocorre a separação dos processos.
(B) Não viola a garantia do juiz natural a atração por continência do processo do co-réu ao foro especial do outro denunciado, razão pela qual um advogado e um juiz de direito que pratiquem crime contra o patrimônio devem ser processados perante o tribunal de justiça.
(C) O militar que, no exercício da função, pratica crime doloso contra a vida de um civil deve ser processado perante a justiça militar.
(D) Membro do Ministério Público estadual que pratica crime doloso contra a vida deve ser processado perante o tribunal do júri e, não, no foro por prerrogativa de função ou especial, visto que a competência do tribunal do júri está expressa na Constituição Federal.

A: art. 78, IV, do CPP; B: art. 96, III, da CF; e art. 78, III, do CPP; C: art. 125, § 4º, da CF; D: prevalece o foro por prerrogativa de função (art. 96, III, da CF), uma vez que a própria Constituição estabelece a exceção à competência do Tribunal do Júri. No entanto, se acaso a competência por prerrogativa de função não estiver contida na Carta Magna, o julgamento deverá ocorrer perante o Tribunal Popular. Gabarito "B".

(CESPE – 2008) Com base no CPP, assinale a opção correta acerca da competência.

(A) Levando-se em consideração apenas delitos praticados integralmente dentro do território brasileiro, aplica-se a teoria da atividade.
(B) O foro competente no caso de tentativa é o local onde o agente praticou o primeiro ato executório.
(C) Reserva-se a teoria da ubiqüidade para a hipótese do delito que tenha se iniciado em um país estrangeiro e findado no Brasil ou vice-versa.
(D) Nos casos de exclusiva ação privada, o foro competente corresponde ao do lugar da infração, não cabendo à vítima optar pelo domicílio ou residência do réu.

A: o art. 70, caput, do CPP adotou a teoria do resultado; B: em se tratando de crime tentado, por força do que dispõe o art. 70, caput, segunda parte, do CPP, competente será o foro do lugar onde se deu o derradeiro ato executório; C: art. 70, §§ 1º e 2º, do CPP. São os chamados crimes a distância ou de espaço máximo; D: art. 73 do CPP. Gabarito "C".

(CESPE – 2007) A competência jurisdicional não é determinada em função

(A) Do lugar da infração.
(B) Do domicílio ou residência da vítima.
(C) Da prevenção.
(D) Da distribuição.

Art. 69, II, do CPP. A competência é determinada em função do domicílio ou residência do réu, e não da vítima. Gabarito "B".

7. QUESTÕES E PROCESSOS INCIDENTES

(Magistratura/AL – 2008 – CESPE) Com relação à competência, exceções e incidente de falsidade, julgue os itens a seguir.

I. A exceção de incompetência do juízo poderá ser oposta, verbalmente ou por escrito, a qualquer momento.
II. As exceções processuais penais são processadas em autos apartados e sempre suspendem o andamento da ação penal.
III. A argüição de falsidade de documento constante dos autos não precisa ser feita por procurador com poderes especiais.
IV. A decisão do juiz criminal acerca da argüição de falsidade documental faz coisa julgada em ulterior processo civil.
V. É incabível a oposição de suspeição às autoridades policiais nos atos do inquérito.

A quantidade de itens certos é igual a

(A) 1.
(B) 2.
(C) 3.
(D) 4.
(E) 5.

I: art. 108, caput, do CPP; II: art. 111 do CPP; III: art. 146 do CPP; IV: art. 148 do CPP; V: art. 107 do CPP. Gabarito "A".

(Magistratura/DF – 2007) Constitui exceção peremptória:

(A) incompetência do juízo;
(B) litispendência;
(C) suspeição;
(D) nenhuma das alternativas acima (A, B, C) é correta.

Art. 95, III, do CPP. **Peremptórias** são as exceções que têm o condão de pôr fim ao processo; **dilatórias** são as exceções que protelam a decisão de mérito da causa, até que se resolva uma questão processual pendente. Gabarito "B".

(Magistratura/DF – 2007) Oposta exceção de incompetência pelo réu:

(A) tanto se for aceita como se for recusada pelo juiz, cabe recurso em sentido estrito;

(B) tanto se for aceita como se for recusada pelo juiz, não cabe qualquer recurso;

(C) se for aceita pelo juiz, cabe apelação, e, se for recusada, cabe recurso em sentido estrito;

(D) se for aceita pelo juiz, cabe recurso em sentido estrito, e, se for recusada, não cabe qualquer recurso.

Art. 581, III, do CPP, já que o inciso II do dispositivo se refere ao reconhecimento de incompetência levado a efeito de ofício pelo juiz. Gabarito "D".

(Magistratura/MG - 2007) Quando a decisão sobre a existência da infração penal depender do reconhecimento do estado civil das pessoas, o juiz de direito determinará a suspensão:

(A) da ação penal, até que no juízo cível seja a controvérsia dirimida por sentença passada em julgado.

(B) da ação penal pelo prazo máximo de 1 (um) ano, período em que ficará suspenso o prazo prescricional.

(C) do inquérito policial, sem prejuízo, entretanto, da inquirição das testemunhas e de outras provas de natureza urgente.

(D) do inquérito policial ou da ação penal, por meio de decisão irrecorrível.

Art. 92, *caput*, do CPP. Gabarito "A".

(Magistratura/PA – 2008 – FGV) Configura hipótese de questão prejudicial homogênea:

(A) a questão sobre a declaração da nulidade de registro ou patente em processo penal por crime contra a propriedade imaterial.

(B) a questão sobre a declaração da validade do casamento em processo penal por crime de bigamia.

(C) a questão sobre a declaração da quota parte a que tem direito o condômino em processo penal por crime de furto de coisa comum fungível.

(D) a questão sobre a declaração da existência do crime de que proveio a coisa em processo penal por delito de receptação.

(E) a questão sobre a declaração da posse e propriedade de coisa móvel em processo penal por crime de apropriação indébita fundada em inversão da posse.

Questão prejudicial homogênea é a que integra o mesmo ramo do direito da questão principal ou prejudicada. Gabarito "D".

(Magistratura/PR – 2010 – PUC/PR) O juiz dar-se-á por suspeito e, se não o fizer, poderá ser recusado por qualquer das partes:

I. Se ele próprio ou seu cônjuge ou parente, consanguíneo ou afim, em linha reta ou colateral até o terceiro grau, inclusive, for parte ou diretamente interessado no feito.

II. Se ele, seu cônjuge, ascendente ou descendente, estiver respondendo a processo por fato análogo, sobre cujo caráter criminoso haja controvérsia.

III. Se ele, seu cônjuge, ou parente, consanguíneo, ou afim, até o terceiro grau, inclusive, sustentar demanda ou responder a processo que tenha de ser julgado por qualquer das partes.

IV. Ele próprio houver desempenhado qualquer dessas funções (defensor ou advogado, órgão do Ministério Público, autoridade policial, auxiliar da justiça ou perito) ou servido como testemunha.

Avalie as assertivas acima e marque a alternativa CORRETA.

(A) Apenas as assertivas I e IV estão corretas.
(B) Apenas as assertivas I, II e III estão corretas.
(C) Apenas as assertivas II e III estão corretas.
(D) Todas as assertivas estão corretas.

I: esta assertiva, que corresponde ao teor do art. 252, IV, do CPP, constitui hipótese de impedimento, e não de suspeição, cujas causas estão listadas no art. 254 do CPP; II: art. 254, II, do CPP; III: art. 254, III, do CPP; IV: a assertiva contempla hipótese de impedimento – art. 252, I e II, do CPP. Gabarito "C".

(Ministério Público/AM – 2008 – CESPE) Poderá ser levantado o seqüestro de bens

I. se a ação penal não for intentada no prazo de 60 dias, a contar da data da conclusão da diligência.

II. se o terceiro, a quem tiverem sido transferidos os bens, prestar caução idônea.

III. se for extinta a punibilidade do réu, por sentença definitiva.

IV. se o réu for absolvido por sentença definitiva.

A quantidade de itens certos é igual a

(A) 0.
(B) 1.
(C) 2.
(D) 3.
(E) 4.

I: art. 131, I, do CPP; II: art. 131, II, do CPP; III: art. 131, III, 1ª parte, do CPP; IV: art. 131, III, 2ª parte, do CPP. Gabarito "E".

(Ministério Público/ES – 2005) A respeito das questões e processos incidentes, assinale a alternativa INCORRETA:

(A) Enquanto o curso da ação penal estiver suspenso, em virtude da argüição de questão prejudicial, de que dependa o reconhecimento da existência do crime, a prescrição não corre.

(B) A argüição de suspeição precederá a qualquer outra, inclusive a de incompetência, salvo se fundada em motivo superveniente.

(C) Não tem cabimento legal a restituição de coisas apreendidas na fase de inquérito policial.

(D) Tratando-se de crime de ação penal pública, oposta questão prejudicial à solução do processo principal, cuja competência para apreciação seja do juízo cível, cumpre ao órgão do Ministério Público, o próprio que estiver atuando no crime, diligenciar no cível a rápida solução do litígio, podendo propor ou fazer prosseguiria ação cível.

(E) No processo penal, todas as chamadas "exceções processuais" podem ser alegadas pelo réu, como também ser conhecidas "ex officio".

A: art. 116, I, do Código Penal; B: art. 96 do CPP; C: art. 120, *caput*, do CPP; D: art. 93, § 3º, do CPP; E: as **exceções processuais** estão contidas no art. 95 do CPP. A doutrina as classifica em dilatórias e peremptórias. Registre-se que parte da doutrina lança críticas sobre a nomenclatura **exceções processuais**. O mais apropriado seria **objeção processual**, já que podem ser conhecidas de ofício pelo juiz. Gabarito "C".

(Ministério Público/MA – 2002) Qual a exceção cuja argüição precederá a qualquer outra?

(A) incompetência de juízo;
(B) litispendência;
(C) suspeição;
(D) ilegitimidade de parte;
(E) coisa julgada.

Art. 96 do CPP. Gabarito "C".

(Ministério Público/MG – 2010.2) O Juiz dar-se-á por suspeito no processo em que ele

(A) houver servido como testemunha.
(B) tiver funcionado como juiz de outra instância, pronunciando-se, de fato ou de direito, sobre a questão.
(C) tiver aconselhado qualquer das partes.
(D) tiver parente consanguíneo na condição de parte interessada.

A: cuida-se de hipótese de *impedimento* - art. 252, II, do CPP; B: trata-se, da mesma forma, de hipótese de *impedimento* – art. 252, III, do CPP; C: constitui, esta sim, hipótese de *suspeição* – art. 254, IV, do CPP; D: é *impedimento*, nos moldes do art. 252, IV, do CPP. Gabarito "C".

(Ministério Público/MG – 2010.1) No curso do processo de rito ordinário, realizado o exame pericial para aferir a inimputabilidade do agente (exame de insanidade mental) e verificando-se que a doença mental sobreveio à data da consumação da infração penal versada nos autos, o Juiz de Direito DEVERÁ

(A) proferir decisão de absolvição sumária, quando essa for a única tese sustentada na defesa preliminar.

(B) deliberar que o processo prossiga com a presença do defensor e do curador acusado.
(C) determinar que o processo fique suspenso até que o acusado se restabeleça.
(D) remeter os autos ao Conselho Penitenciário para que seja emitido parecer quanto à inimputabilidade do agente.
(E) se o crime for de competência do Júri, pronunciará o acusado para que o Conselho de Sentença delibere quanto à inimputabilidade.

Art. 152 do CPP. *Gabarito "C".*

(Ministério Público/PR – 2008) Assinale a alternativa INCORRETA:

(A) Antes de transitar em julgado a sentença final, as coisas apreendidas que tiverem relação com o fato delituoso, não poderão ser restituídos enquanto interessarem ao processo.
(B) O seqüestro de bens imóveis poderá ser embargado, pelo terceiro, a quem houverem os bens sido transferidos a título oneroso ou gratuito, sob o fundamento de tê-los adquirido de boa-fé.
(C) Sobre o pedido de restituição das coisas apreendidas será sempre ouvido o Ministério Público.
(D) Para a decretação do seqüestro de bens imóveis, bastará a existência de indícios veementes da proveniência ilícita dos bens.
(E) Caberá o seqüestro dos bens imóveis, adquiridos pelo indiciado com os proventos da infração, ainda que tenham sido transferidos a terceiro.

A: art. 118 do CPP; B: art. 130, II, do CPP; C: art. 120, § 3º, do CPP; D: art. 126 do CPP; E: art. 125 do CPP. *Gabarito "B".*

(Ministério Público/RO – 2008 – CESPE) No que se refere a restituição de coisas apreendidas, medidas assecuratórias, exame de insanidade mental do acusado, questões e processos incidentes, assinale a opção incorreta.

(A) De acordo com o CPP, caberá o seqüestro dos bens imóveis, adquiridos pelo indiciado com os proventos da infração, ainda que já tenham sido transferidos a terceiro, bastando, para isso, a existência de indícios veementes da proveniência ilícita dos bens. Poderá o seqüestro ser decretado pelo juiz, de ofício, a requerimento do MP ou do ofendido, ou mediante representação da autoridade policial, em qualquer fase do processo ou mesmo antes de oferecida a denúncia ou queixa.
(B) O incidente de falsidade de documento constante dos autos poderá ser requerido por quaisquer das partes, mas o juiz não poderá, de ofício, proceder à verificação da falsidade. Reconhecida a falsidade por decisão irrecorrível, o juiz mandará desentranhar o documento e remetê-lo-á, com os autos do processo incidente, ao MP, fazendo essa decisão coisa julgada em relação a ulterior processo penal ou civil.
(C) Se os peritos concluírem que o acusado era, ao tempo da infração, inimputável por doença mental, o processo-crime prosseguirá, com a presença do curador. Por outro lado, se ficar constatado que a doença mental sobreveio à infração, o processo continuará suspenso até que o acusado se restabeleça, podendo o juiz, nesse caso, ordenar a internação do acusado em manicômio judiciário ou em outro estabelecimento adequado.
(D) Antes de transitar em julgado a sentença final, as coisas apreendidas não poderão ser restituídas enquanto interessarem ao processo.
(E) Com relação ao pedido de restituição de coisa apreendida, em caso de dúvida sobre quem seja o verdadeiro dono, o juiz remeterá as partes para o juízo cível, ordenando o depósito das coisas em mãos de depositário ou do próprio terceiro que as detinha, se for pessoa idônea.

A: arts. 125, 126 e 127 do CPP; B: arts. 147 e 148 do CPP; C: arts. 151 e 152, § 1º, do CPP; D: art. 118 do CPP; E: art. 120, § 4º, do CPP. *Gabarito "B".*

(Defensoria/SP – 2009 – FCC) Em ação penal para o julgamento de crime de bigamia, a existência de ação civil relativa à validade do casamento, constitui

(A) questão prejudicial facultativa heterogênea.
(B) litispendência.
(C) questão prejudicial obrigatória homogênea.
(D) questão prejudicial obrigatória heterogênea.
(E) questão prejudicial facultativa mista.

Prevista no art. 92 do CPP, **obrigatória** é a questão prejudicial que necessariamente enseja a suspensão do processo, sendo tão somente suficiente que o magistrado do juízo criminal a repute séria e fundada. Aqui, o juiz deverá determinar a paralisação do feito até que o juízo cível emita sua manifestação. Envolvem questões atinentes à própria existência do crime. Preleciona o art. 116, I, do CP que o curso da prescrição ficará suspenso. Já na questão prejudicial **facultativa**, contida no art. 93 do CPP, o magistrado tem a faculdade - não a obrigação - de suspender o processo. Trata-se, aqui, de questões diversas do estado das pessoas. Diz-se *heterogênea* porque diz respeito a matéria de outra área do direito da questão prejudicada; a *homogênea*, ao contrário, integra o mesmo ramo do direito da questão principal ou prejudicada. *Gabarito "D".*

(Cartório/SP – 2008) Em inquérito policial instaurado para apuração de crime que causou grande clamor social, foi designado membro do Ministério Público para acompanhar as investigações. No que pertine a impedimento ou suspeição para propositura da ação penal e acompanhamento de seus ulteriores atos, considerada a designação mencionada, é correto afirmar que o Promotor de Justiça que acompanhou as investigações

(A) é suspeito e, portanto, não pode oferecer denúncia nem acompanhar o feito em seus ulteriores atos, uma vez que não mais possui a indispensável imparcialidade para tanto.
(B) está impedido de oferecer denúncia e acompanhar o feito em seus ulteriores atos, uma vez que passou a ter conhecimento pessoal dos fatos.
(C) pode oferecer denúncia e acompanhar o feito em seus ulteriores atos, não sendo suspeito ou impedido para tanto.
(D) pode oferecer denúncia, porém não pode acompanhar o feito em seus ulteriores atos, estando na posição de impedido para tanto.

Em decisão unânime, a Segunda Turma do STF, ao analisar o HC 91.661, em julgamento realizado no dia 10.3.09, decidiu que a Constituição Federal confere legitimidade ao Ministério Público para presidir investigação criminal. Por conta disso e com muito mais razão, pode o membro do MP acompanhar as investigações e, ao final, oferecer denúncia e acompanhar o feito em seus ulteriores atos, não sendo suspeito ou impedido para tanto. *Gabarito "C".*

(Delegado/AP – 2010) Relativamente ao tema *medidas assecuratórias*, analise as afirmativas a seguir:

I. Caberá o sequestro dos bens imóveis, adquiridos pelo indiciado com os proventos da infração, ainda que já tenham sido transferidos a terceiro.
II. O sequestro será levantado se a ação penal não for intentada no prazo de sessenta dias, contado da data em que ficar concluída a diligência.
III. O juiz poderá ordenar o sequestro ainda antes de oferecida a denúncia ou queixa mediante representação da autoridade policial.

Assinale:

(A) se somente a afirmativa I estiver correta.
(B) se somente a afirmativa II estiver correta.
(C) se somente a afirmativa III estiver correta.
(D) se somente as afirmativas II e III estiverem corretas.
(E) se todas as afirmativas estiverem corretas.

I: proposição correta, nos termos do art. 125 do CPP; II: correta, nos termos do art. 131, I, do CPP; III: assertiva em conformidade com o art. 127 do CPP. *Gabarito "E".*

(Delegado/AP – 2010) Relativamente ao tema *medidas assecuratórias*, analise as afirmativas a seguir:

I. O depósito e a administração dos bens arrestados ficam sujeitos ao regime do processo civil.
II. Quando os bens arrestados forem coisas fungíveis e facilmente deterioráveis, serão avaliados e levados a leilão público, depositando-se o dinheiro apurado, ou entregues as coisas ao terceiro que as detinha, se este for pessoa idônea e assinar termo de responsabilidade.
III. Das rendas dos bens móveis arrestados poderão ser fornecidos recursos arbitrados pelo juiz para a manutenção do indiciado e de sua família.

Assinale:

(A) se somente a afirmativa I estiver correta.
(B) se somente a afirmativa II estiver correta.
(C) se somente a afirmativa III estiver correta.
(D) se somente as afirmativas II e III estiverem corretas.
(E) se todas as afirmativas estiverem corretas.

I: art. 139 do CPP; II: art. 137, § 1º, do CPP; III: art. 137, § 2º, do CPP. Gabarito "E".

(Delegado/AP – 2010) Relativamente ao tema *incidente de insanidade*, analise as afirmativas a seguir:

I. O exame de sanidade mental somente poderá ser ordenado após iniciada a ação penal.
II. O juiz nomeará curador ao acusado, quando determinar o exame, ficando suspensa a ação penal já iniciada, salvo quanto às diligências que possam ser prejudicadas pelo adiamento.
III. Quando houver dúvida sobre a integridade mental do acusado, o juiz ordenará, de ofício ou a requerimento do Ministério Público, do defensor, do curador, do ascendente, descendente, irmão ou cônjuge do acusado, seja este submetido a exame médico-legal.

Assinale:

(A) se somente a afirmativa I estiver correta.
(B) se somente a afirmativa II estiver correta.
(C) se somente a afirmativa III estiver correta.
(D) se somente as afirmativas II e III estiverem corretas.
(E) se todas as afirmativas estiverem corretas.

I: o exame de insanidade mental poderá ser levado a efeito ainda na fase de inquérito policial, mediante representação formulada pela autoridade policial ao juiz de direito competente – art. 149, § 1º, do CPP; II: correta, nos termos do art. 149, § 2º, do CPP; III: proposição em consonância com o que dispõe o art. 149, *caput*, do CPP. Gabarito "D".

(Delegado/GO – 2009 – UEG) Sobre os processos incidentes, é CORRETO afirmar:

(A) a mera gravidade do delito já induz à necessidade de instauração de incidente de insanidade mental.
(B) a argüição de falsidade de documento constante nos autos da ação penal poderá ser feita por advogado constituído pelo acusado, independentemente de poderes especiais para tanto.
(C) configura cerceamento de defesa o indeferimento do requerimento de instauração de incidente de insanidade mental do investigado, uma vez que, assim como o exame de corpo de delito, o exame de sanidade mental é de realização obrigatória.
(D) a finalidade do incidente de falsidade documental é unicamente a de constatar a idoneidade do documento como elemento probatório; não é seu objeto a apuração de possível delito de falsidade.

A: o incidente de insanidade mental destina-se a verificar se se trata de acusado *inimputável* ou *semi-imputável*. Assim, o incidente terá lugar sempre que houver fundadas suspeitas em relação à higidez mental do réu, isto é, se este, ao tempo da conduta, tinha capacidade de compreensão do ilícito ou de determinar-se de acordo com esse entendimento. Tal realidade nenhuma relação tem com a gravidade do delito perpetrado, ou seja, a instauração do incidente não está condicionada à natureza tampouco à gravidade da infração, e sim à existência de elementos de convicção que justifiquem a realização do exame médico-legal; B: em vista do que dispõe o art. 146 do CPP, a argüição de falsidade de documento constante nos autos da ação penal somente poderá ser feita por procurador com poderes especiais para tanto; C: o incidente de insanidade mental, que não é obrigatório, somente será instaurado quando houver dúvida acerca da integridade mental do acusado – art. 149, *caput*, do CPP; D: alternativa correta. Visa-se, com o incidente de falsidade, preservar a formação da prova no processo principal, buscando-se atingir a verdade real. O objetivo, aqui, não é apurar o crime de falso praticado. Apesar disso, em vista do disposto no art. 145, IV, do CPP, uma vez reconhecida a falsidade documental, os autos do incidente devem ser remetidos, juntamente com o documento falsificado, para o Ministério Público. A este caberá oferecer denúncia, se dispuser de elementos suficientes para tanto; ou, se não, requisitar instauração de inquérito com o propósito de reunir elementos para futuro ajuizamento de ação penal. Gabarito "D".

(Delegado/PI – 2009 – UESPI) De acordo com o que dispõe o Código de Processo Penal, a medida assecuratória de sequestro:

(A) pode ser determinada provando-se simplesmente a existência de indícios veementes da proveniência ilícita dos bens.
(B) atinge os bens adquiridos pelo indiciado com os proventos da infração, mas não pode ser decretada se esses bens já tiverem sido transferidos para terceiros.
(C) não pode ser determinada antes do oferecimento da denúncia ou da queixa.
(D) será levantada se a ação penal não for intentada no prazo de trinta dias.
(E) pode ser embargada pelo terceiro de boa-fé, a quem houverem os bens sido transferidos a título oneroso, caso em que a decisão poderá ser pronunciada antes mesmo da sentença penal condenatória.

A: com efeito, é suficiente, para a decretação da medida assecuratória de sequestro, a existência de indícios veementes da proveniência ilícita dos bens, conforme impõe o art. 126 do CPP; B: art. 125 do CPP; C: terá lugar o sequestro, determinado pelo juiz, no curso do processo ou mesmo *antes* de oferecida a denúncia ou queixa – art. 127 do CPP; D: o prazo estabelecido no art. 131, I, do CPP é de *60 dias*; E: art. 130, parágrafo único, do CPP. Gabarito "A".

(Delegado/SP – 2008) Imagine-se a hipótese de o agente subtrair significativa quantidade de dinheiro da vítima e usar parte dele para a compra de um carro. Neste caso, após o regular inquérito policial e a instauração na instancia penal, o veículo devera ser

(A) objeto de apreensão.
(B) objeto de arresto.
(C) objeto de seqüestro.
(D) objeto de gravame.
(E) restituído a vitima da subtração do dinheiro.

Art. 132 do CPP. Só se procederá ao sequestro quando os bens não forem passíveis de busca e apreensão (art. 240 do CPP). Ou seja, o sequestro somente terá incidência quando se tratar de coisas adquiridas com o rendimento gerado pela prática da infração penal. Gabarito "C".

(Delegado/SP – 2008) Contra a decisão judicial que defere ou indefere o incidente de falsidade cabe

(A) recurso em sentido estrito.
(B) agravo de instrumento.
(C) habeas corpus.
(D) mandado de segurança.
(E) reclamação.

Art. 581, XVIII, do CPP. Gabarito "A".

(Delegado/SP – 2008) Não se pode opor exceção de suspeição ao

(A) ministério público.
(B) jurado.
(C) perito criminal.
(D) delegado de polícia.
(E) intérprete.

Art. 107 do CPP. Gabarito "D".

(Magistratura Federal – 4ª Região – XIII – 2008) Dadas as assertivas abaixo, assinalar a alternativa correta.

I. A discussão sobre matéria referente à idade da vítima, quando interferir na própria existência do crime, é considerada questão prejudicial obrigatória.
II. A discussão sobre matéria referente à constitucionalidade do tributo sonegado, por interferir na própria existência do crime, é questão prejudicial obrigatória.
III. A questão prejudicial obrigatória faz suspender a ação criminal até solução no cível da matéria controversa sobre estado de pessoa, suspenso também o curso da prescrição.
IV. A questão prejudicial facultativa faz com que possa o magistrado criminal suspender o processo até solução da matéria prejudicial em ação a ser proposta no cível.

(A) Estão corretas apenas as assertivas I e II.
(B) Estão corretas apenas as assertivas I e III.
(C) Estão corretas apenas as assertivas III e IV.
(D) Estão corretas apenas as assertivas I, II e IV.

Prevista no art. 92 do CPP, **obrigatória** é a questão prejudicial que necessariamente enseja a suspensão do processo, sendo tão somente suficiente que o magistrado do juízo criminal a repute séria e fundada. Aqui, o juiz deverá determinar a paralisação do feito até que o juízo cível emita sua manifestação. Envolvem questões atinentes à própria existência do crime. Preleciona o art. 116, I, do CP que o curso da prescrição ficará suspenso. Já na questão prejudicial **facultativa**, contida no art. 93 do CPP, o magistrado tem a faculdade, não a obrigação, de suspender o processo. Trata-se, aqui, de questões diversas do estado das pessoas. Gabarito "E".

(Magistratura Federal – 5ª Região – 2005 – CESPE) Julgue o item seguinte.

(1) O exame de insanidade mental, que objetiva à demonstração da higidez psíquica do réu no momento da prática da infração penal, deve ser deferido pelo juiz sempre que houver requerimento da defesa, sob pena de cerceamento de defesa e constrangimento ilegal.

O juiz somente ordenará o exame de insanidade mental do acusado se houver **dúvida razoável** acerca de sua integridade mental, conforme determina o art. 149, caput, do CPP. Não há recurso contra o indeferimento da instauração do incidente. Se se tratar, no entanto, de réu nitidamente doente, é possível, em princípio, impetrar habeas corpus. Gabarito 1E.

(Procuradoria Federal – 2007 – CESPE) Julgue o item seguinte.

(1) Considere a seguinte situação hipotética. Rubens foi denunciado pelo Ministério Público por ter praticado crime de tentativa de homicídio simples contra seu pai. Nessa situação, existindo ação civil negatória de paternidade em curso, trata-se de questão prejudicial obrigatória, devendo o juiz suspender o feito até a sentença cível definitiva, tendo em vista que a confirmação da paternidade é circunstância agravante.

A agravante genérica presente no art. 61, II, e, do CP não constitui prejudicial obrigatória, já que a solução a ela relativa não repercutirá na tipicidade ou atipicidade do fato criminoso. O magistrado, segundo seu prudente critério, poderá ou não suspender o feito (art. 93 do CPP). Gabarito 1E.

(Defensoria Pública da União – 2010 – CESPE) Julgue o item subsequente, que versa sobre questões e processos incidentes.

(1) Vigora, no Brasil, o sistema eclético ou misto, segundo o qual, em relação às questões prejudiciais heterogêneas relativas ao estado civil das pessoas, aplica-se o sistema da prejudicialidade obrigatória, de forma que compete ao juízo cível resolver a questão, ao passo que, no que concerne às demais questões heterogêneas, utiliza-se o sistema da prejudicialidade facultativa.

Arts. 92 e 93 do CPP. Gabarito 1C.

(Advogado da União/AGU – CESPE – 2009) Julgue os itens que se seguem acerca da restituição das coisas apreendidas e do perdimento de bens.

(1) A restituição, por constituir ato privativo da autoridade judicial, não poderá ser ordenada pela autoridade policial, ainda que não exista dúvida quanto ao direito do reclamante.
(2) Mesmo que haja dúvida sobre a titularidade do bem apreendido, compete ao juiz criminal decidir sobre o incidente.

1: art. 120, caput, do CPP; 2: art. 120, § 4º, do CPP. Gabarito 1E, 2E.

(CESPE – 2009) Assinale a opção correta a respeito da exceção de suspeição.

(A) Sempre que houver arguição de suspeição de jurado no procedimento do tribunal do júri, deverá o juiz determinar a suspensão do processo principal até que se decida o incidente.
(B) As partes não poderão arguir de suspeição os serventuários ou funcionários da justiça e os peritos não oficiais, pois tais servidores exercem atividade meramente administrativa.
(C) Caso seja arguida a suspeição de membro do MP, a decisão caberá ao próprio juiz criminal que conduz o processo principal.
(D) Julgada procedente a exceção de suspeição do juiz pelo tribunal competente, o processo deverá ser remetido ao seu substituto, com aproveitamento dos atos já praticados no processo principal.

A: art. 106 do CPP; B: art. 105 do CPP; C: art. 104 do CPP; D: art. 101 do CPP. Gabarito "C".

(CESPE – 2009) Acerca de exceções, assinale a opção correta.

(A) Podem ser opostas exceções de suspeição, incompetência de juízo, litispendência, ilegitimidade de parte e coisa julgada e, caso a parte oponha mais de uma, deverá fazê-lo em uma só petição ou articulado.
(B) Tratando-se da exceção de incompetência do juízo, uma vez aceita a declinatória, o feito deve ser remetido ao juízo competente, onde deverá ser declarada a nulidade absoluta dos atos anteriores, não se admitindo a ratificação.
(C) A exceção de incompetência do juízo, que não pode ser oposta verbalmente, deve ser apresentada, no prazo de defesa, pela parte interessada.
(D) A parte interessada pode opor suspeição às autoridades policiais nos atos do inquérito, devendo fazê-lo na primeira oportunidade em que tiver vista dos autos.

A: arts. 95 e 110, § 1º, do CPP; B: art. 108, § 1º, do CPP; C: art. 108, caput, do CPP; D: art. 107 do CPP. Gabarito "A".

(CESPE – 2008) Com relação ao sequestro como medida assecuratória, assinale a opção correta, de acordo com o CPP.

(A) Se o indiciado tiver adquirido bens imóveis utilizando os proventos da infração, caberá o sequestro desses bens, desde que não tenham sido transferidos a terceiro.
(B) Para a decretação de sequestro, é necessária a existência de certeza acerca da proveniência ilícita dos bens.
(C) O sequestro pode ser embargado pelo acusado, mas não, por terceiro a quem os bens tenham sido transferidos a título oneroso.
(D) Se for julgada extinta a punibilidade ou absolvido o réu, por sentença transitada em julgado, o sequestro será levantado.

A: art. 125 do CPP; B: art. 126 do CPP; C: art. 130, II, do CPP; D: art. 131, III, do CPP. Gabarito "D".

(CESPE – 2008) Assinale a opção correta acerca do sequestro de bens, segundo o CPP.

(A) Caberá o sequestro dos bens imóveis adquiridos pelo indiciado com os proventos da infração, salvo se já tiverem sido transferidos a terceiro.
(B) O sequestro será levantado se for julgada extinta a punibilidade ou absolvido o réu, por sentença transitada em julgado.
(C) Para a decretação do sequestro, exige-se a certeza acerca da proveniência ilícita dos bens.
(D) O juiz, de ofício, poderá ordenar o sequestro, desde que já tenha sido oferecida a denúncia ou queixa.

A: art. 125 do CPP; B: art. 131, III, do CPP; C: art. 126 do CPP; D: art. 127 do CPP. Gabarito "B".

(CESPE – 2008) Assinale a opção correta acerca do processo penal.

(A) É vedado ao magistrado, na busca da verdade real, determinar, de ofício, a oitiva de testemunhas.
(B) Se a decisão sobre a existência da infração depender da solução de controvérsia, que o juiz repute séria e fundada, sobre o estado civil das pessoas, o curso da ação penal ficará suspenso até que no juízo cível seja a controvérsia dirimida por sentença passada em julgado, sem prejuízo, entretanto, da inquirição das testemunhas e de outras provas de natureza urgente.
(C) Verificar-se-á a competência por prevenção toda vez que, concorrendo dois ou mais juízes igualmente competentes ou com jurisdição cumulativa, um deles tiver antecedido aos outros na prática de algum ato do processo ou de medida a este relativa, desde que não seja anterior ao oferecimento da denúncia ou da queixa.
(D) Antes de a sentença final transitar em julgado, as coisas apreendidas poderão ser restituídas mesmo se interessarem ao processo.

A: arts. 156, II, e 209 do CPP; B: art. 92, CPP; C: art. 83 do CPP; D: art. 118, CPP. Gabarito "B".

(CESPE – 2008) Assinale a opção correta acerca das exceções no processo penal.

(A) A exceção de incompetência, quando oposta, põe fim ao processo.
(B) No tribunal do júri, a suspeição dos jurados deve ser argüida após os debates orais da acusação e da defesa.

(C) Quando constatar que alguma das circunstâncias legais está presente, o juiz deve declarar-se suspeito ou impedido de julgar a causa, remetendo o processo ao seu substituto legal, conforme dispõe a organização judiciária.
(D) A exceção de litispendência é dilatória.

A: arts. 108 e 109 do CPP; B: art. 106 do CPP; C: art. 97, CPP (hipótese de afirmação de suspeição de ofício); art. 254, CPP (causas que tornam o juiz suspeito); art. 112, CPP (o juiz deve declarar-se impedido; se não o fizer, o obstáculo ao exercício da função jurisdicional poderá ser arguido pelas partes); arts. 251, 252 e 253, CPP (hipóteses geradoras de impedimento); D: a exceção de litispendência não é dilatória, e sim peremptória, na medida em que ela elide o exercício da pretensão. "C".

(CESPE – 2007) A propósito da restituição de bens apreendidos no processo penal, assinale a opção correta.

(A) Tratando-se de coisas facilmente penhoráveis, não se admite a realização de leilão público, pois a aplicação da lei processual civil é subsidiária.
(B) Não se admite a tutela de interesse de terceiros de boa-fé no bem apreendido.
(C) Antes do trânsito em julgado de decisão inserta em sentença, os bens apreendidos só podem ser restituídos se não mais interessarem ao processo e aos efeitos penais de uma condenação.
(D) Em caso de dúvida sobre quem seja o verdadeiro dono do bem apreendido, o juízo criminal é o competente para solucioná-la.

A: se se tratar de coisas facilmente deterioráveis, a lei (art. 120, § 5º, CPP) autoriza sejam avaliadas e levadas a leilão público, depositando-se o dinheiro apurado, ou entregues ao terceiro que as detinha; B: o interesse de terceiro de boa-fé é tutelado em diversos dispositivos: arts. 119, 120, § 2º, e 122, parágrafo único, todos do CPP; C: art. 118, CPP; D: art. 120, § 4º, do CPP. "C".

(CESPE – 2007) Assinale a opção correta acerca do processo penal.

(A) Caberá o seqüestro dos bens imóveis, adquiridos pelo indiciado com os proventos da infração, salvo se já tiverem sido transferidos a terceiro.
(B) Pode-se opor suspeição às autoridades policiais nos atos do inquérito.
(C) A argüição de suspeição precederá a qualquer outra, salvo quando fundada em motivo superveniente.
(D) Antes de transitar em julgado a sentença final, as coisas apreendidas poderão ser restituídas, ainda que interessem ao processo.

A: art. 125 do CPP; B: art. 107 do CPP; C: art. 96, CPP; D: art. 118 do CPP. "C".

(CESPE – 2006) No que diz respeito às exceções no processo penal, de acordo com a legislação processual penal e a doutrina pátria, assinale a opção correta.

(A) A litispendência visa impedir que, por um mesmo fato punível, o réu responda em mais de um processo. Para tanto, esse instituto reclama o reconhecimento inequívoco dos seguintes requisitos: identidade de pessoas, de pedido e de causa de pedir.
(B) Se, sendo ilegítima a parte, for instaurada a ação penal, pode ser argüida exceção de suspeição.
(C) A argüição das exceções constitui incidente processual próprio da defesa, não sendo possível que também o autor possa opô-la.
(D) São peremptórias as exceções de suspeição, incompetência e ilegitimidade da parte.

A: arts. 95, III, 110 e 111, do CPP. Ninguém pode ser julgado duas vezes pelo mesmo fato. É esse o fundamento desta exceção, cujos elementos que a identificam são: pedido, causa de pedir e partes. À falta de um deles, não há se falar em *exceção de litispendência*; B: legitimidade de parte é uma das condições da ação. Estas devem ser analisadas pelo juiz quando do recebimento da peça acusatória; C: arts. 98 e 105, CPP; D: as exceções de suspeição, incompetência e ilegitimidade de parte são dilatórias. "A".

(CESPE – 2008) De acordo com o CPP, considera-se impedido o juiz

(A) Que seja amigo íntimo ou inimigo capital de qualquer das partes.
(B) Cujo cônjuge ou parente, consanguíneo ou afim, em linha reta ou colateral até o terceiro grau, inclusive, tenha funcionado como defensor ou advogado, órgão do Ministério Público, autoridade policial, auxiliar da justiça ou perito.

(C) Que tenha aconselhado qualquer das partes.
(D) Que esteja respondendo a processo por fato análogo, sobre cujo caráter criminoso haja controvérsia.

A: art. 254, I, do CPP. É hipótese de exceção de suspeição; B: art. 252, I, do CPP; C: art. 254, IV, do CPP. Outra hipótese de suspeição; D: art. 254, II, do CPP. Também é causa geradora de suspeição. "B".

8. PRERROGATIVAS DO ACUSADO

(Ministério Público/PR – 2009) Numa ação penal, com imputação de crime de estupro (art. 213, "caput", do CP), o denunciado é citado por hora certa e não se faz presente nos autos. Conforme previsão do Código de Processo Penal, na fase processual seguinte:

(A) se não for oferecida defesa no prazo legal, decreta-se a revelia do acusado e nomeia-se defensor dativo para representá-lo na audiência de instrução e julgamento;
(B) suspende-se o processo e o prazo de prescrição, não se praticando nenhum ato processual até que o acusado se faça presente nos autos, diretamente ou por meio de seu defensor;
(C) se não for apresentada defesa no prazo legal, o juízo nomeará defensor dativo para oferecer defesa escrita, prosseguindo o processo à revelia do acusado;
(D) suspende-se o prazo de prescrição, eventualmente será produzida prova antecipada a pedido do Ministério Público, mas o processo ficará suspenso até que o denunciado se faça presente nos autos, pessoalmente ou por meio de defensor;
(E) faz-se a citação do denunciado por edital e se não for oferecida defesa no prazo legal, nomeia-se defensor dativo para fazer a defesa escrita, prosseguindo o processo à revelia do acusado.

A Lei 11.719/08 alterou a redação do art. 362 do CPP e introduziu no processo penal a *citação por hora certa*, a ser realizada por oficial de Justiça na hipótese de ocultação do réu. Se o denunciado, citado por hora certa, não comparecer, deverá o juiz, em vista do disposto no art. 362, parágrafo único, do CPP, nomear-lhe defensor dativo ou remeter o caso para patrocínio da defensoria pública. "C".

(MINISTÉRIO PÚBLICO/RO – 2010 – CESPE) Assinale a opção correta no tocante às garantias individuais do cidadão no processo penal.

(A) Será constitucional e, portanto, não violará o princípio da publicidade dispositivo de regimento interno de tribunal que preveja sessão secreta para o julgamento de autoridade com foro por prerrogativa de função.
(B) A busca e apreensão domiciliar pode ser realizada durante o dia ou a noite quando houver autorização judicial.
(C) A proibição das penas de morte, de caráter perpétuo, de trabalhos forçados, de banimento e cruéis é excepcionada pela própria CF, que admite em caso de guerra declarada, dispõe que o trabalho do condenado é obrigatório, e permite a extradição e o regime disciplinar diferenciado.
(D) O brasileiro, nato ou naturalizado, não pode ser extraditado. Entretanto, o Brasil poderá requerer a extradição de brasileiro a outro país, o que caracteriza a chamada extradição passiva.
(E) O mandado de segurança em processo penal — ao contrário do habeas corpus, que dispensa advogado — deve ser impetrado por advogado e tutela direito líquido e certo, como no caso de decisão arbitrária que não admita a habilitação do assistente de acusação.

A: os julgamentos dos órgãos do Poder Judiciário serão públicos, podendo a lei restringir a presença, em determinadas situações, às partes e aos seus advogados em casos nos quais a *preservação da intimidade* do interessado no sigilo não prejudique o interesse público à informação (art. 93, IX, da CF). Não é este o caso retratado na assertiva, que, portanto, está incorreta; B: por força do que dispõe o art. 5º, XI, da CF, sendo a casa asilo inviolável o indivíduo, nela somente poderá se ingressar, a fim de dar cumprimento a mandado de busca e apreensão domiciliar, durante o dia; C: não há, na CF/88, exceção às penas de caráter perpétuo, de trabalhos forçados, de banimento e cruéis. O Código Penal Militar (Decreto-Lei 1.001/69), em seus arts. 55 a 57, faz alusão à pena de morte, representando, portanto, exceção à regra contida no art. 5º, XLVII, *a*, da CF. No mais, a pena de trabalhos forçados (não admitida em nosso sistema) não deve ser confundida com o *trabalho obrigatório* (art. 28 da LEP). O fato de o legislador estabelecer sanções àquele que se entrega ao ócio, recusando-se a exercer uma atividade laborativa, não o submete à situação de trabalho forçado. Pelo contrário, o condenado tem o livre arbítrio para optar em trabalhar ou não; D: assertiva incorreta, pois não corresponde ao teor do art. 5º, LI, da CF; E: art. 5º, LXIX, da CF. "E".

(Defensoria/MA – 2009 – FCC) O direito ao silêncio do acusado e o valor da confissão harmonizam-se, segundo a sistemática atual do Código de Processo Penal, com fundamento nas seguintes regras:

(A) o valor da confissão se aferirá pelos critérios adotados para os outros elementos de prova, e para a sua apreciação o juiz deverá confrontá-la com as demais provas do processo, estabelecendo escala de preponderância para as provas periciais e verificando se entre ela e estas existe compatibilidade ou concordância, sendo que o silêncio do acusado não importará confissão e nem poderá constituir elemento para a formação do convencimento do juiz.

(B) o silêncio, que não importará em confissão, não poderá ser interpretado em prejuízo da defesa, sendo ao juiz vedada qualquer alusão ao silêncio do acusado na sentença que venha a proferir.

(C) o valor da confissão se aferirá pelos critérios adotados para os outros elementos de prova, e para a sua apreciação o juiz deverá confrontá-la com as demais provas do processo, verificando se entre ela e estas existe compatibilidade ou concordância, sendo que o silêncio do acusado não importará confissão, mas poderá constituir elemento para a formação do convencimento do juiz.

(D) o valor da confissão deverá ser compatibilizado exclusivamente com a prova colhida sob princípio do contraditório, sendo vedada qualquer alusão a eventual silêncio do réu na sentença condenatória.

(E) o princípio constitucional da presunção de inocência impede que o juiz faça qualquer consideração na sentença a interrogatório e/ou confissão extrajudicial, não podendo nem mesmo tal circunstância interferir na sua livre apreciação das provas.

Arts. 197 e 198 do CPP. Gabarito "C".

(Defensoria/PI – 2009 – CESPE) Segundo entendimento do STF, os senadores e deputados federais

(A) não dispõem da prerrogativa processual de serem inquiridos em local, dia e hora previamente ajustados entre eles e a autoridade competente, quando arrolados como testemunhas.

(B) dispõem da prerrogativa de serem inquiridos em local, dia e hora previamente ajustados entre eles e a autoridade competente, mesmo quando indiciados em inquérito policial ou quando figurarem como réus em processo penal.

(C) que ostentarem a condição formal de indiciado ou de réu poderão sofrer condução coercitiva, se deixarem de comparecer ao ato de seu interrogatório.

(D) dispõem da prerrogativa processual de serem inquiridos em local, dia e hora previamente ajustados entre eles e a autoridade competente, quando ostentarem a condição de ofendidos.

(E) não dispõem de garantia constitucional que lhes assegure o estado de relativa incoercibilidade pessoal.

Informativo nº 563 do STF. Gabarito "D".

(Delegado/AP – 2010) João Batista foi preso em flagrante acusado de tráfico de drogas. Na delegacia, a autoridade policial inicia uma conversa informal com João, que confessa a prática do crime. Todavia, quando o delegado informa que iniciará o seu interrogatório policial, João exige a presença de um advogado dativo ou defensor público (já que não tem recursos para contratar um advogado particular), o que lhe é negado pelo Delegado ao argumento de que não há previsão legal para essa assistência gratuita. João decide permanecer em silêncio.

Contudo, o delegado gravara a confissão de João durante a conversa informal. Oferecida e recebida a denúncia, não havendo testemunhas a serem inquiridas, é designado interrogatório judicial. Minutos antes de iniciar o interrogatório, João pede ao juiz que indique um advogado ou defensor, o que lhe é negado ao argumento de que o interrogatório é ato de auto-defesa e não de defesa técnica.

Considerando a narrativa acima, analise as afirmativas a seguir:

I. É válida a gravação da conversa informal mantida pelo delegado com João.

II. João tem direito de exigir a assistência de um advogado dativo ou um defensor público no momento de seu interrogatório judicial, tendo o delegado dado causa à nulidade do interrogatório.

III. Caso o juiz permitisse que João fosse assistido por um defensor público antes de seu interrogatório judicial, João e o defensor público poderiam conversar de forma reservada antes do interrogatório.

Assinale:

(A) se somente a afirmativa II estiver correta.
(B) se somente as afirmativas I e III estiverem corretas.
(C) se somente as afirmativas II e III estiverem corretas.
(D) se somente as afirmativas I e II estiverem corretas.
(E) se todas as afirmativas estiverem corretas.

I: a gravação da conversa mantida pela autoridade policial com João Batista, sem as formalidades legais e sem que o conduzido tenha sido advertido quanto ao seu direito constitucional de permanecer silente, configura prova ilícita, visto que obtida de forma sub-reptícia; II: arts. 185, *caput*, e 261, *caput*, do CPP; III: art. 185, § 5º, do CPP. Gabarito "C".

9. PROVAS

(Magistratura/AL – 2007 – FCC) A respeito de prova ilícita, a Constituição Federal

(A) não contém dispositivos expressos sobre a produção de prova derivada de prova ilícita e sobre a aplicação do princípio da proporcionalidade para a solução de questões sobre a ilicitude da prova.

(B) determina, expressamente, a aplicação do princípio da proporcionalidade para a solução de questões concretas sobre a ilicitude de prova.

(C) determina, expressamente, a aplicação do princípio da proporcionalidade em matéria de prova ilícita apenas em favor do acusado.

(D) veda, expressamente, a produção de prova derivada de prova ilícita.

(E) não contém dispositivo expresso sobre a prova ilícita.

Vide, a esse respeito, os *Informativos STF* 30 (15.5.1996) e 36 (21.6.1996). A Lei 11.690/08 promoveu algumas alterações no Código de Processo Penal, entre as quais introduziu no art. 157 o **princípio proibitivo das provas ilícitas**, fazendo alusão, no seu § 1º, às chamadas **provas derivadas das ilícitas**, considerando-as inadmissíveis, salvo quando não evidenciado o nexo de causalidade. O § 2º do mesmo dispositivo traz a definição de fonte independente. O critério da proporcionalidade tornou-se, dessa forma, prejudicado, em vista do novo regramento implementado pela Lei 11.690/08. Gabarito "A".

(Magistratura/DF - 2006) Assinale a assertiva correta.

(A) Depois da réplica e da tréplica não será permitida a reinquirição das testemunhas ouvidas em plenário.

(B) Na pronúncia o juiz declarará o dispositivo legal em cuja sanção julgar o réu incurso, bem como a incidência de eventual causa especial de aumento ou de diminuição de pena.

(C) O álibi, prova indiciária negativa da autoria, cujo ônus compete à defesa, pode ter sua veracidade averiguada em diligências determinadas de ofício pelo juiz.

(D) A confissão será indivisível e irretratável, sem prejuízo do livre convencimento do juiz, fundado no exame das provas em conjunto.

É a alegação do réu, colimando provar sua inocência, de que estava em outro local que não o do crime. Não poderia, por essa razão, tê-lo cometido. Nada obsta que o magistrado, fazendo uso da prerrogativa que lhe confere o art. 156, II, do CPP, a fim de esclarecer dúvida acerca de ponto relevante, determine, em caráter supletivo, diligências com o fito de se atingir a verdade real. Gabarito "C".

(Magistratura/GO – 2009 – FCC) No tocante ao interrogatório por videoconferência, é correto afirmar:

(A) Independe de prévia intimação das partes, ante a excepcionalidade da medida.

(B) É garantido ao réu o direito de entrevista prévia com o defensor, como em qualquer outra modalidade do ato, mas não o de contato reservado com o advogado.

(C) Pode ser determinado por ato discricionário do juiz, independentemente de decisão fundamentada.

(D) É cabível nos casos em que o réu responder a gravíssima questão de ordem pública.

(E) Não garante ao preso o direito de acompanhar, pelo mesmo sistema tecnológico, a realização dos anteriores atos da audiência de instrução e julgamento.

A: art. 185, § 3º, do CPP; B: art. 185, § 5º, do CPP; C: art. 185, § 2º, do CPP; D: assertiva correta, visto que em consonância com o disposto no art. 185, § 2º, IV, do CPP; E: art. 185, § 4º, do CPP. "Gabarito: D".

(Magistratura/GO – 2009 – FCC) O exame de corpo de delito e outras perícias serão realizados por

(A) perito oficial e, na sua falta, por duas pessoas idôneas, ainda que não portadoras de diploma de curso superior.
(B) perito oficial portador de diploma de curso superior.
(C) dois peritos oficiais.
(D) perito oficial, ainda que não portador de diploma de curso superior.
(E) perito oficial e, na sua falta, por pessoa idônea portadora de diploma de curso superior.

A redação anterior do art. 159 do CPP estabelecia que a perícia fosse realizada por *dois* profissionais. Atualmente, com a modificação implementada na redação do dispositivo pela Lei 11.690/08, a perícia será levada a efeito por *um* perito oficial portador de diploma de curso superior. À falta deste, determina o § 1º do art. 159 que o exame seja feito por duas pessoas idôneas, detentoras de diploma de curso superior preferencialmente na área específica, dentre aquelas que tiverem habilitação técnica relacionada com a natureza do exame. "Gabarito: B".

(Magistratura/MG – 2009 – EJEF) Em se tratando da prova no processo penal, marque a opção CORRETA.

(A) Se o ofendido for intimado para prestar declarações e não comparecer, ficará sujeito ao pagamento de multa.
(B) Se o ofendido for intimado para prestar declarações poderá eximir-se de fazê-lo, desde que o queira, sem conseqüências nocivas para a sua pessoa.
(C) Se o ofendido for intimado para prestar declarações e não comparecer, sem motivo justo, poderá ser conduzido coercitivamente.
(D) Nenhuma das hipóteses é verdadeira.

Art. 201, § 1º, do CPP. "Gabarito: C".

(Magistratura/MG – 2009 – EJEF) Marque a opção CORRETA.

(A) O Código de Processo Penal permite ao Juiz determinar diligências apenas antes do encerramento da instrução.
(B) O Código de Processo Penal permite ao Juiz determinar diligências, de ofício, no curso do processo ou antes de proferir sentença, desde que seja para dirimir dúvida sobre ponto relevante ao julgamento da causa.
(C) O Código de Processo Penal não permite ao Juiz, de ofício, determinar diligências.
(D) Nenhuma das hipóteses é verdadeira.

De fato, nada obsta que o magistrado, fazendo uso da prerrogativa que lhe confere o art. 156, II, do CPP, com o propósito de esclarecer dúvida acerca de ponto relevante, determine, no curso da instrução ou antes de proferir sentença, de ofício e em caráter supletivo, diligências com o fito de se atingir a verdade real. "Gabarito: B".

(Magistratura/MG - 2007) Marque a alternativa INCORRETA. Sobre a prova e sua produção no processo penal, o juiz de direito deverá assegurar a observância:

(A) do princípio da auto-responsabilidade das partes.
(B) do princípio da liberdade probatória irrestrita.
(C) do princípio da aquisição ou comunhão.
(D) do princípio da audiência contraditória.

O *princípio da liberdade probatória* constitui regra no processo penal, uma vez que as partes têm direito às provas, o que não significa que tal direito é irrestrito, ilimitado. Há, sim, limitações: provas ilícitas, por exemplo. "Gabarito: B".

(Magistratura/PA – 2008 – FGV) Em tema de prova penal, é correto afirmar que:

(A) em regra vigora o sistema da íntima convicção, pelo qual o juiz formará sua convicção pela livre apreciação da prova, estando dispensado de motivá-la.
(B) não sendo possível o exame de corpo de delito, por haverem desaparecido os vestígios, a confissão poderá suprir-lhe a falta.

(C) em crime que deixa vestígios, o juiz não ficará adstrito ao laudo, podendo aceitá-lo ou rejeitá-lo, no todo ou em parte.
(D) as provas requeridas pela Defesa deverão ser deferidas pelo juiz independentemente da pertinência que guardem com o objeto do processo.
(E) são inadmissíveis no processo as provas produzidas por meios ilícitos, salvo quando servirem para esclarecer dúvida sobre ponto relevante.

A: adotamos, como regra, o *sistema da persuasão racional* ou *livre convencimento motivado*, em que o magistrado decidirá com base no seu livre convencimento. Deverá, todavia, fundamentar sua decisão (art. 93, IX, da CF). O *sistema da íntima convicção* é o que vige no Tribunal do Júri, onde o jurado não motiva seu voto. Existe ainda o *sistema da prova legal*: o juiz fica adstrito ao valor atribuído à prova pelo legislador; B: arts. 158 e 167 do CPP. À falta do exame de corpo de delito, a solução está no art. 167 do CPP, com a colheita de depoimentos de testemunhas. A confissão jamais poderá suprir tal falta; C: art. 182 do CPP; D: as provas consideradas impertinentes deverão ser indeferidas; E: art. 157, *caput* e § 1º, do CPP. "Gabarito: C".

(Magistratura/PE – 2011 – FCC) No tocante à prova, o juiz

(A) formará sua convicção pela livre apreciação da produzida nos autos, sem qualquer restrição.
(B) poderá, de ofício, ordenar a produção antecipada de provas consideradas urgentes e relevantes, mas apenas depois de iniciada a ação penal.
(C) formará sua convicção pela livre apreciação da prova produzida em contraditório judicial, não podendo fundamentar sua decisão em provas cautelares, não repetíveis e antecipadas.
(D) observará a necessidade, adequação e proporcionalidade da produção antecipada de provas, mesmo antes de iniciada a ação penal.
(E) não poderá determinar, de ofício, no curso da instrução, a realização de diligências para dirimir dúvida sobre ponto relevante.

A: o juiz – é fato – formará sua convicção pela livre apreciação da prova produzida em contraditório, não podendo, no entanto, fundamentar sua decisão exclusivamente nos elementos de informação colhidos na investigação, exceção feita às provas cautelares, não repetíveis e antecipadas (art. 155, *caput*, do CPP); B: assertiva incorreta, visto que o art. 156, I, do CPP confere ao juiz a prerrogativa de ordenar, de ofício, mesmo antes de iniciada a ação penal, a produção antecipada de provas consideradas urgentes e relevantes, observando a necessidade, adequação e proporcionalidade da medida; C: incorreta, nos termos do art. 155, *caput*, do CPP; D: correta, nos moldes do art. 156, I, do CPP; E: incorreta, pois ao juiz é lícito determinar, de ofício, no curso da instrução, a realização de diligências com o propósito de dirimir dúvida sobre ponto relevante – art. 156, II, CPP. "Gabarito: D".

(Magistratura/PR – 2010 – PUC/PR) Considerando a matéria de provas no processo penal brasileiro, analise as proposições abaixo:

I. O juiz formará sua convicção pela livre apreciação da prova produzida em contraditório judicial, podendo fundamentar sua decisão exclusivamente nos elementos informativos colhidos na investigação, ressalvadas as provas cautelares, não repetíveis e antecipadas.
II. São inadmissíveis as provas derivadas das ilícitas, salvo quando não evidenciado o nexo de causalidade entre umas e outras, ou quando as derivadas puderem ser obtidas por uma fonte independente das primeiras.
III. Toda pessoa poderá ser testemunha.
IV. Na falta de perito oficial, o exame será realizado por uma pessoa idônea, portadora de diploma de curso superior, preferencialmente na área específica, entre as que tiverem habilitação técnica relacionada com a natureza do exame, sendo denominado perito *ad hoc*.

Escolha a alternativa CORRETA.

(A) Apenas as assertivas II e III estão corretas.
(B) Apenas as assertivas II, III e IV estão corretas.
(C) Apenas as assertivas I, II e IV estão corretas.
(D) Todas as assertivas estão incorretas.

I: a assertiva está em desconformidade com o disposto no art. 155, *caput*, do CPP, visto que é defeso ao juiz fundamentar sua decisão *exclusivamente* nos elementos trazidos da investigação. Este dispositivo somente retratou posicionamento consagrado na doutrina e na jurisprudência; II: assertiva em consonância com o disposto no art. 157, § 1º, do CPP; III: art. 202 do CPP; IV: na falta de perito oficial, o exame será feito por *duas* pessoas idôneas, conforme impõe o art. 159, § 1º, do CPP. É dizer, se houver a nomeação de peritos que não sejam oficiais, serão obrigatoriamente dois. "Gabarito: A".

(Magistratura/RS – 2009) Segundo o Código de Processo Penal, acerca das provas, assinale a assertiva correta.

(A) Na falta de perícia oficial, o magistrado poderá utilizar, na sentença penal condenatória, para demonstrar a materialidade do delito que deixou vestígios, a perícia realizada e firmada por uma pessoa idônea, portadora de diploma de curso superior, com conhecimento e habilitação técnicos relacionados à natureza do exame.
(B) A prova ilícita inadmissível, uma vez constante nos autos, neles permanecerá para que o magistrado e o Tribunal a valorizem ou não, ao proferirem as suas decisões.
(C) É vedado ao próprio magistrado proferir sentença quando tomar conhecimento do conteúdo da prova declarada inadmissível.
(D) A previsão do interrogatório do réu por videoconferência afastou a possibilidade de tomada do depoimento das testemunhas por essa metodologia de busca da prova.
(E) São admitidas provas derivadas das ilícitas quando não evidenciado o nexo de causalidade entre umas e outras, ou quando as derivadas puderem ser obtidas por uma fonte independente das primeiras.

A: a perícia, neste caso, por força do que dispõe o art. 159, § 1º, do CPP, deverá ser realizada por *duas* pessoas idôneas portadoras de diploma de curso superior preferencialmente na área específica, dentre as que tiverem habilitação técnica relacionada com a natureza do exame; B: art. 157, *caput*, do CPP; C: este dispositivo, que tinha como propósito preservar a imparcialidade do magistrado e que integrava o art. 157, § 4, foi vetado pelo presidente da República; D: art. 222, § 3º, do CPP; E: art. 157, § 1º, do CPP. Gabarito "E".

(Magistratura/RS – 2003) Padre Alberto ouviu, em confissão, Paulo admitir que cometeu o crime pelo qual está sendo processado. É a única testemunha existente e, embora desobrigado pelo réu, não quis dar seu testemunho. Alegando proibição. O juiz, corretamente,

(A) deve obrigá-lo a depor, porque toda pessoa poderá ser testemunha
(B) não deve obrigá-lo a depor, porque ele não prestaria o compromisso do art. 203 do Código de Processo Penal.
(C) deve obrigá-lo a depor, porque foi desobrigado pelo réu.
(D) deve obrigá-lo a depor, porque, sendo a única testemunha, aplica-se o final do art. 206 do Código de Processo Penal.
(E) não deve obrigá-lo a depor, porque ouviu o relato em confissão.

Art. 207 do CPP. Gabarito "E".

(Magistratura/SC – 2010) Assinale a alternativa correta:

I. O interrogatório do réu preso será realizado em sala própria, no estabelecimento em que estiver recolhido, desde que estejam garantidas a segurança do juiz, do membro do Ministério Público e dos auxiliares bem como a presença do defensor e a publicidade do ato.
II. Excepcionalmente, o juiz, por decisão fundamentada, de ofício, ou a requerimento das partes, poderá realizar o interrogatório do réu preso por sistema de videoconferência ou outro recurso tecnológico de transmissão de sons e imagens em tempo real, desde que a medida seja necessária para atender as finalidades descritas na lei.
III. O abandono do defensor em relação ao processo será comunicado à Ordem dos Advogados do Brasil, com incidência de multa de 10 (dez) a 50 (cinquenta) salários mínimos.
IV. O defensor não poderá abandonar o processo senão por motivo imperioso, comunicado previamente o juiz, sob pena de multa de 10 (dez) a 100 (cem) salários mínimos, sem prejuízo das demais cominações cabíveis.
V. As perguntas das partes serão requeridas ao juiz, que as formulará à testemunha. O juiz não poderá recusar as perguntas da parte, salvo se não tiverem relação com o processo ou importarem em repetição de outra já respondida.

(A) Somente as proposições III e V estão corretas.
(B) Somente as proposições I, III e IV estão corretas.
(C) Somente as proposições I, II e IV estão corretas.
(D) Somente as proposições II e V estão corretas.
(E) Somente as proposições II, III e V estão corretas.

I: estabeleceu o legislador – art. 185, § 1º, do CPP, como regra, que o interrogatório do réu preso será realizado no estabelecimento prisional em que este se encontrar. Não nos esqueçamos que, com a audiência única introduzida pela Lei 11.719/08, tal providência torna-se praticamente inviável, já que seria necessário que fossem deslocados para o estabelecimento prisional ofendido, testemunhas, juiz, promotor, serventuários etc.; II: correta, nos termos do art. 185, § 2º, do CPP; III: incorreta, pois contraria o teor do art. 265, *caput*, do CPP; IV: correta, pois em consonância com art. 265, *caput*, do CPP; V: incorreta, pois em desacordo com o art. 212, *caput*, do CPP. Gabarito "C".

(Magistratura/SE – 2008 – CESPE) Assinale a opção correta acerca da prova criminal.

(A) Quanto ao estado das pessoas, a observância das restrições à prova previstas na lei civil é uma limitação à liberdade probatória do processo penal.
(B) A busca pessoal inclui bolsas e malas, bem como o veículo que esteja na posse da pessoa, sendo indispensável o mandado judicial.
(C) Os menores de quatorze anos não podem ser testemunhas em juízo uma vez que, por não prestarem compromisso de dizer a verdade, não respondem por ato infracional correspondente a falso testemunho.
(D) A interceptação telefônica só será admitida em crimes apenados com reclusão e desde que não exista outro meio de se produzir a prova para instruir processo criminal ou cível.
(E) O conselho de sentença do tribunal do júri adota o sistema da livre convicção e tem liberdade para apreciar a prova, desde que respeite critérios legais de valoração da prova.

A: art. 155, parágrafo único, do CPP; B: a busca pessoal de fato inclui bolsas e malas, bem como o veículo que esteja na posse da pessoa, sendo dispensável, em regra, o mandado judicial, nos termos do disposto no art. 244 do CPP; C: preleciona o art. 208 do CPP que os menores de 14 anos serão ouvidos como informantes, já que a eles não se deferirá o compromisso a que alude o art. 203 do mesmo Estatuto; D: art. 5º, XII, da CF e arts. 1º e 2º da Lei 9.296/96; E: o sistema que prevalece no Tribunal popular é o da íntima convicção, no qual os jurados estão dispensados de motivar suas decisões. O sistema da prova legal, que tem aplicação bastante restrita no nosso ordenamento, não é aplicado pelos jurados. Gabarito "A".

(Magistratura/SP – 2011 – VUNESP) A respeito da prova no processo penal, analise as proposições seguintes.

I. O juiz formará sua convicção pela livre apreciação da prova produzida em juízo, mas também pode fundamentar sua decisão exclusivamente nos elementos informativos colhidos na investigação.
II. As provas cautelares antecipadas podem ser consideradas pelo juiz na formação da sua convicção, ainda que não reproduzidas perante o contraditório.
III. O ônus da prova cabe a quem fizer a alegação, sendo vedado ao juiz determinar a produção de provas de ofício, diante do princípio da inércia da jurisdição.
IV. As provas ilícitas e as delas derivadas são inadmissíveis, devendo ser desentranhadas do processo, salvo quando as derivadas puderem ser obtidas por uma fonte independente das primeiras.
V. Quando a infração deixar vestígios, será indispensável o exame de corpo de delito, direto ou indireto, não podendo supri-lo a confissão do acusado.

Estão corretas somente as proposições

(A) I, III e IV.
(B) II, IV e V.
(C) III, IV e V.
(D) I, II e III.
(E) I, II e V.

I: assertiva incorreta, pois em desacordo com o que preleciona o art. 155, *caput*, do CPP; II: as provas cautelares submetem-se ao chamado contraditório diferido ou postergado; III: é fato que o ônus da prova incumbe a quem fizer sua alegação (art. 156, *caput*, do CPP). De outro lado, em nome do princípio da verdade real, está o juiz autorizado a determinar a produção de provas de ofício, mesmo antes de ter início a ação penal, desde que se trate de provas urgentes e relevantes (art. 156, I, do CPP). No mais, pode o juiz, também de ofício, no curso da instrução, determinar diligências para dirimir dúvida sobre ponto relevante – art. 156, II, CPP. Frise-se que a atuação do magistrado, nessas circunstâncias, somente poderá se dar em caráter supletivo, subsidiário; IV: correta, nos termos do art. 157, *caput* e § 1º, do CPP; V: será indispensável, quando a infração deixar vestígios, a verificação da prova da existência do crime (exame de corpo de delito); não sendo possível tal verificação, em vista do desaparecimento dos vestígios do delito, a *prova testemunhal* poderá suprir-lhe a falta; a confissão, nunca. É o teor dos arts. 158 e 167 do CPP. Gabarito "B".

(Ministério Público/BA – 2010) À luz do Código de Processo Penal, deve-se afirmar que:

(A) A prova testemunhal não pode suprir a falta do exame de corpo de delito, ainda que tenham desaparecidos os vestígios do crime.
(B) A confissão será indivisível e retratável, sem prejuízo do livre convencimento do Juiz de Direito, fundado no exame das provas em conjunto.
(C) O ofendido não deve ser comunicado da sentença e respectivos acórdãos que a mantenham ou modifiquem.
(D) As pessoas proibidas de depor em razão da profissão, poderão fazê-lo se, desobrigadas pela parte interessada, quiserem dar o seu testemunho; neste caso, porém, não deverão prestar compromisso.
(E) Todas as afirmativas estão incorretas.

A: proposição incorreta, na medida em que a prova testemunhal poderá, sim, suprir a falta do exame de corpo de delito decorrente do desaparecimento dos vestígios do crime – art. 167, CPP; B: incorreta, pois em desconformidade com o disposto no art. 200 do CPP; C: incorreta, pois contraria o disposto no art. 201, § 2º, do CPP; D: assertiva incorreta, pois, neste caso, a testemunha prestará o compromisso de dizer a verdade. Se mentir ou omitir, incorrerá nas penas do crime de falso testemunho – art. 342, CP. Gabarito "E".

(Ministério Público/ES – 2010 – CESPE) Assinale a opção correta a respeito das provas no processo penal, considerando os posicionamentos doutrinário e jurisprudencial dominantes.

(A) Nas infrações penais que deixem vestígios, o exame de corpo de delito será indispensável e, se realizado na fase inquisitiva, deverá ser renovado em juízo em observância ao princípio do contraditório.
(B) Considerando que, em determinado processo, após a apresentação das alegações finais pelas partes, os autos tenham sido conclusos ao juiz para sentença, e que o juiz, no entanto, tenha tido dúvidas quanto à autoria do delito de falsificação de documento particular em razão de não ter sido realizado exame grafotécnico, caberá ao referido juiz proferir sentença absolutória, obedecendo ao princípio in dubio pro reo.
(C) No interrogatório do réu, assegura-se a presença das partes, que podem fazer reperguntas logo após a inquirição pela autoridade judiciária. No entanto, o mesmo princípio não encontra aplicação na fase policial em que o procedimento é inquisitivo, pois, nessa fase, não se aplica o princípio do contraditório.
(D) Havendo indícios razoáveis de autoria ou participação e não podendo a prova ser produzida por outros meios, a interceptação telefônica pode ser deferida pelo juízo criminal em qualquer delito, o que inclui os crimes apenados com detenção e as contravenções penais.

A: o exame de corpo de delito (exame necroscópico, por exemplo) é uma prova não repetível, isto é, uma prova que não precisa ser renovada em juízo, embora deva ser submetida a contraditório (diferido, postergado); B: incorreta, visto que, neste caso, deve o juiz, fazendo uso da prerrogativa que lhe confere o art. 156, II, do CPP, determinar a realização de exame grafotécnico; C: correta, nos termos do art. 188 do CPP. Esta regra, no entanto, não se aplica ao interrogatório prestado no âmbito do inquérito policial, já que neste não vigora o contraditório; D: incorreta, visto que a interceptação telefônica somente será deferida se o fato investigado constituir infração penal punida com pena de reclusão – art. 2º, III, da Lei 9.296/96. Gabarito "C".

(Ministério Público/ES – 2005) Para que a prova emprestada para o processo no qual se quer fazer a prova tenha a mesma eficácia que teve no processo do qual é originária, há que se exigir alguns requisitos, EXCETO:

(A) Que tenha sido colhida em processo entre as mesmas partes.
(B) Que tenham sido observadas, no processo anterior, as formalidades previstas em lei durante a produção da prova.
(C) Que o fato probando seja o mesmo.
(D) Que tenha havido o contraditório no processo do qual a prova será transferida.
(E) A prova emprestada produzida em processo declarado nulo, por não ter sido a defesa notificada para ofertar alegações finais, não é válida.

Prova emprestada é aquela gerada em um processo e transladada para outro pendente de decisão. Sua eficácia, à luz do princípio do contraditório e da ampla defesa, está a depender de sua passagem pelo crivo do contraditório. Gabarito "E".

(Ministério Público/MA – 2002) Quanto à forma, a prova penal classifica-se em:

(A) direta ou indireta;
(B) pessoal ou real;
(C) testemunhal, documental e material;
(D) lícita, ilícita, legítima e ilegítima;
(E) nenhuma das alternativas

Com efeito, no que concerne à sua forma ou aparência, a prova pode ser *testemunhal*, *documental* e *material* (instrumento do crime, exames etc.). Gabarito "C".

(Ministério Público/MG – 2010.2) Salvo quando não for possível, por outro modo, obter-se ou integrar-se a prova do fato e de suas circunstâncias, poderá(ao) recusar a obrigação de prestar depoimento

(A) as pessoas que, em razão de seu ministério, devam guardar segredo.
(B) o menor de dezoito anos.
(C) o filho adotivo do acusado.
(D) o cônjuge do ofendido.

Art. 206 do CPP. Gabarito "C".

(MINISTÉRIO PÚBLICO/RO – 2010 – CESPE) Assinale a opção correta a respeito da prova criminal.

A Na falta de perito oficial, o exame de corpo delito deverá ser realizado por um profissional idôneo, indicado pelo juiz, que tenha habilitação técnica relacionada com a natureza do exame.
(B) O juiz penal está adstrito ao laudo, não podendo rejeitar suas conclusões em face do princípio da persuasão racional.
(C) O interrogatório é ato privativo do juiz, que, durante sua realização, assegurará o direito do réu ao silêncio e ao privilégio de não ser obrigado a produzir prova contra si, razão pela qual é vedada à acusação e à defesa a elaboração de perguntas.
(D) De acordo com o CPP, os doentes mentais e os menores de quatorze anos de idade podem ser testemunhas não compromissadas.
(E) No reconhecimento de pessoa, aquele que for submetido a reconhecimento deve ser colocado ao lado de, pelo menos, outros dois indivíduos que tenham as mesmas características físicas, sob pena de nulidade do ato.

A: a redação anterior do art. 159 do CPP estabelecia que a perícia fosse realizada por *dois* profissionais. Atualmente, com a modificação implementada no dispositivo pela Lei 11.690/08, a perícia será levada a efeito por *um* perito oficial portador de diploma de curso superior. À falta deste, determina o § 1º do art. 159 que o exame seja feito por duas pessoas idôneas, detentoras de diploma de curso superior preferencialmente na área específica, dentre aquelas que tiverem habilitação técnica relacionada com a natureza do exame; B: o juiz, fazendo uso da prerrogativa que lhe confere o art. 182 do CPP, poderá aceitar ou rejeitar o laudo, no todo ou em parte, isto é, o magistrado não ficará vinculado ao laudo; C: incorreta, visto que contraria o teor do art. 188 do CPP; D: correta, nos moldes dos arts. 202 e 208 do CPP; E: incorreta, nos termos do art. 226 do CPP. Gabarito "D".

(Ministério Público/RS – 2009) A nova legislação processual penal permite que

(A) as partes façam perguntas diretamente às testemunhas.
(B) o detector de mentiras (polígrafo) seja usado em todos os inquéritos.
(C) o réu seja obrigado a dizer a verdade no interrogatório depois da instrução.
(D) o exame de corpo de delito e outras perícias sejam feitas por um só perito, oficial ou não oficial.
(E) se simplifique a quesitação no Júri com a introdução do seguinte quesito: "O jurado condena o acusado?".

Art. 212 do CPP. Gabarito "A".

(Ministério Público/SP - 2005) Assinale a alternativa correta.

(A) O incidente de insanidade mental do acusado não poderá ser instaurado a pedido do Ministério Público.
(B) Tratando-se de lesões corporais, a realização do exame complementar só poderá ser determinada pela autoridade policial.
(C) O juiz não pode, no curso da instrução ou antes de proferir sentença, determinar, de ofício, diligências.
(D) O exame de corpo de delito é obrigatório, mas quanto às demais perícias, há uma faculdade da autoridade policial ou judiciária na sua realização.
(E) O suposto autor do delito está obrigado a participar da reconstituição simulada dos fatos.

A: art. 149, *caput*, do CPP; B: art. 168, *caput*, do CPP; C: art. 156, II, do CPP; D: art. 158 do CPP; E: ninguém é obrigado a produzir prova contra si mesmo. Gabarito "D".

(Ministério Público/SP – 2006) Assinale a afirmação correta.

(A) O princípio da persuasão racional ou livre convicção do juiz não sofre qualquer limitação no processo penal brasileiro.
(B) A imparcialidade do juiz é incompatível com sua iniciativa na produção de prova.
(C) O exame necroscópico é a única prova admissível da materialidade do crime de homicídio.
(D) A incapacidade para as ocupações habituais por mais de trinta dias, para o fim do art. 129, § 1.o, I, do Código Penal só pode ser provada por exame complementar realizado no trigésimo primeiro dia após o fato.
(E) O estado das pessoas deve ser provado por certidão do assento do registro civil.

A: o princípio está consagrado no *caput* do art. 155 do CPP, com a nova redação que lhe deu a Lei 11.690/08. Prescreve que é defeso ao magistrado fazer uso de elementos que não façam parte do processo. Visa-se, dessa forma, impedir julgamentos parciais. Além disso, a fundamentação é de rigor. Constitui verdadeira limitação imposta à atuação do juiz (art. 93, IX, da CF); B: as modificações implementadas pela Lei 11.690/08 no art. 156 do CPP ampliaram sobremaneira os poderes do juiz de determinar de ofício a produção da prova. Pode o magistrado, agora, agir antes mesmo de iniciada a ação penal. Não há que se falar em comprometimento da sua parcialidade na medida em que esta faculdade a que alude o dispositivo só o autoriza a atuar em casos excepcionais, em caráter supletivo; C: art. 162, parágrafo único, do CPP; D: art. 168, §§ 2º e 3º, do CPP; E: art. 155, parágrafo único, do CPP. Gabarito "E".

(Ministério Público/SP – 2008) De acordo com o que dispõe o Código de Processo Penal, é correto afirmar que

(A) as provas ilícitas são inadmissíveis, salvo se constatado que poderiam ter sido obtidas a partir de uma fonte independente.
(B) no interrogatório em plenário do tribunal do júri, as partes e os jurados podem formular perguntas diretamente ao acusado.
(C) o ascendente e o descendente do ofendido podem se recusar a depor como testemunhas.
(D) em caso de lesões corporais, a falta de exame pericial complementar pode ser suprida pela prova testemunhal.
(E) os documentos em idioma estrangeiro somente devem ser juntados aos autos após a sua tradução por tradutor público, ou, na falta, por pessoa idônea nomeada pela autoridade.

A: art. 157 do CPP; B: art. 474, § 2º, do CPP; C: o ascendente e o descendente do ofendido não integram o rol do art. 206 do CPP; D: art. 168, § 3º, do CPP; E: art. 236 do CPP. Gabarito "D".

(Procurador do Estado/SC – 2010 – FEPESE) Com relação à produção probatória em matéria processual penal, assinale a alternativa **incorreta**.

(A) Na falta de perito oficial, o exame será realizado por 2 (duas) pessoas idôneas, portadoras de diploma de curso superior preferencialmente na área específica, dentre as que tiverem habilitação técnica relacionada com a natureza do exame.
(B) Na audiência de instrução, as perguntas serão formuladas pelo Juiz diretamente à testemunha, podendo as partes intervir, unicamente, naquelas que puderem induzir a resposta, não tiverem relação com a causa ou importarem na repetição de outra já respondida.
(C) São inadmissíveis as provas derivadas das ilícitas, salvo quando não evidenciado o nexo de causalidade entre umas e outras, ou quando as derivadas puderem ser obtidas por uma fonte independente das primeiras.
(D) Se várias pessoas forem chamadas a efetuar o reconhecimento de pessoa ou de objeto, cada uma fará a prova em separado, evitando-se qualquer comunicação entre elas.
(E) A confissão será divisível e retratável, sem prejuízo do livre convencimento do juiz, fundado no exame das provas em conjunto.

A: assertiva correta. A perícia, atualmente, deve ser realizada por *um* perito oficial, portador de diploma de curso superior. À falta deste, estabelece o § 1º do art. 159 que o exame será feito por duas pessoas idôneas, detentoras de diploma de curso superior preferencialmente na área específica, dentre as que tiverem habilitação técnica relacionada com a natureza do exame; B: assertiva incorreta, pois em desconformidade com o que estabelece o art. 212 do CPP; C: correta, pois de acordo com o teor do art. 157, § 1º, do CPP; D: assertiva correta, nos moldes do art. 228 do CPP; E: correta (art. 200, CPP). Gabarito "B".

(Defensor Público/GO – 2010 – I. Cidades) Pedro Fuscão, policial civil, foi denunciado por ter exigido pagamento de Rutibum Dornozela para não cumprir mandado de prisão contra a sua pessoa. Rutibum gravou o diálogo telefônico que teve com Pedro Fuscão, sem que este tivesse conhecimento. No diálogo, ficou clara a exigência do pagamento para que não fosse executada a prisão. Diante do enunciado supra, conclui-se que a prova é

(A) nula, uma vez que produzida com violação da garantia constitucional da inviolabilidade da intimidade.
(B) válida, por ter sido gravada pela vítima e em estado de legítima defesa de seu patrimônio.
(C) nula, por se tratar de "gravação clandestina", por isso contaminada por vício de ilicitude.
(D) válida, desde que não existam outras no processo, a fim de que o infrator não fique impune.
(E) válida, desde que o acusado confirme em juízo o teor da conversa gravada.

A jurisprudência dos tribunais firmou entendimento segundo o qual inexiste ilicitude na gravação telefônica de diálogo realizada por um dos interlocutores. Não há que se falar, neste caso, em interceptação. A esse respeito: STF, 2ª T., RE 402717-PR, rel. Min. Cezar Peluso, DJ 12.2.09. Gabarito "B".

(Defensoria/MA – 2009 – FCC) Para prolação de sentença condenatória o juiz formará sua convicção, de acordo com o teor de nova regra processual penal trazida pela Lei nº 11.719, de 20/06/2008, segundo

(A) livre apreciação da prova produzida em contraditório judicial onde se garanta a ampla defesa do acusado.
(B) apreciação controlada da prova produzida em contraditório judicial com desprezo ao teor de eventual confissão prestada no inquérito policial.
(C) livre apreciação da prova produzida, não podendo fundamentar sua decisão exclusivamente nos elementos informativos colhidos na investigação.
(D) apreciação discricionária da prova produzida em contraditório judicial, não podendo fundamentar sua decisão exclusivamente nos elementos informativos colhidos na investigação.
(E) livre apreciação da prova produzida em contraditório judicial, não podendo fundamentar sua decisão exclusivamente nos elementos informativos colhidos na investigação, ressalvadas as provas cautelares, não repetíveis e antecipadas.

Art. 155, *caput*, do CPP. Gabarito "E".

(Defensoria/MT – 2007) Em matéria de prova no Processo Penal, não é aceito

(A) que a confissão do acusado supra a ausência do exame de corpo de delito, quando o crime deixar vestígios.
(B) o exame de corpo de delito, em cadáver exumado.
(C) a confissão do acusado, para efeitos de condenação, quando a vítima não foi ouvida em juízo.
(D) que o exame de corpo de delito possa, eventualmente, ser realizado por pessoa que não seja perito oficial.
(E) que a autoridade policial ou judiciária ordene a realização de um segundo exame pericial, complementar ao primeiro, sem requerimento de qualquer das partes.

A: art. 158 do CPP; B: art. 163 do CPP; C: arts. 197 e 201 do CPP; D: art. 159, § 1º, do CPP; E: art. 168, *caput*, do CPP. Gabarito "A".

(Defensoria/RN – 2006) As provas seguem as seguintes regras:

(A) Observam-se no âmbito processual penal as mesmas restrições à sua produção existentes no direito processual civil.
(B) Prevalece o princípio da livre convicção, dispensando o juiz de motivar sua decisão.
(C) O exame de corpo de delito pode ser suprido pela confissão do acusado quando os vestígios tiverem desaparecido.
(D) A confissão será divisível e retratável.

A: art. 155, parágrafo único, do CPP; B: adotamos, como regra, o *sistema da persuasão racional* (art. 93, IX, CF), em que o juiz decide com base no seu livre convencimento, devendo, todavia, fundamentar sua decisão; C: art. 158 do CPP; D: art. 200 do CPP. Gabarito "D".

(Defensor Público/RS – 2011 – FCC) Sobre provas ilícitas, é INCORRETO afirmar:

(A) A vedação da utilização de provas ilícitas pode ser excepcionalmente afastada em favor do acusado.
(B) A doutrina processual penal faz uma distinção conceitual entre a prova ilícita e a prova ilegítima, sendo aquela a obtida com violação ao direito substantivo e esta a obtida com violação ao direito adjetivo.
(C) As provas derivadas das ilícitas não se considerarão contaminadas quando puderem ser obtidas de uma fonte independente destas, ou quando não evidenciado o nexo de causalidade entre umas e outras, segundo o disposto na norma processual penal.
(D) Consoante previsto no Código de Processo Penal, preclusa a decisão de desentranhamento da prova declarada inadmissível, esta será inutilizada por decisão judicial.
(E) Contra a decisão interlocutória que não reconhece a ilicitude de prova cabe recurso em sentido estrito.

A: com efeito, o Supremo Tribunal Federal, em diversos julgados, e a doutrina têm aceitado o uso da prova ilícita em benefício do acusado, com supedâneo no *postulado da proporcionalidade*; B: assertiva correta. Consideram-se *ilícitas* as provas que violam normas de direito material (substantivo) e *ilegítimas* as obtidas com desrespeito a norma de direito processual (adjetivo). Tanto uma quanto a outra é inadmissível, devendo, por força do disposto no art. 157, *caput*, do CPP, ser desentranhada dos autos. Vide art. 5º, LVI, da CF; C: alternativa correta, nos termos do art. 157, § 1º, do CPP; D: a assertiva – correta - corresponde ao teor do art. 157, § 3º, do CPP; E: assertiva incorreta, já que a decisão que não reconhece a ilicitude da prova é irrecorrível. Gabarito "E".

(Defensoria/SE – 2006 – CESPE) Julgue o item seguinte.

(1) O artigo do Código de Processo Penal (CPP) que estabelece que a confissão não supre o exame de corpo de delito guarda nítida ligação com o sistema de prova tarifada ou da certeza moral do legislador.

Quando o legislador estabelece, no art. 158 do CPP, que a confissão do acusado não supre o exame de corpo de delito, está, a rigor, atribuindo a essa prova (confissão) um valor determinado. Gabarito 1C.

(Defensoria/SP – 2009 – FCC) De acordo com a lei processual, o interrogatório do réu preso será realizado, em regra,

(A) pessoalmente, devendo o interrogando ser requisitado e escoltado ao juízo.
(B) por carta precatória, devendo o interrogando ser requisitado e escoltado ao juízo deprecado.
(C) através de recurso tecnológico de transmissão de sons e imagens em tempo real.
(D) através do telefone, com linha reservada, desde que não haja outro meio.
(E) pessoalmente, com o comparecimento do juiz no estabelecimento onde estiver o interrogando recolhido

De fato, estabeleceu o legislador – art. 185, § 1º, do CPP –, como regra, que o interrogatório do réu preso será realizado no estabelecimento prisional em que este se encontrar. Não nos esqueçamos que com a audiência única introduzida pela Lei 11.719/08 tal providência torna-se praticamente inviável, já que seria necessário que fossem deslocados para o estabelecimento prisional ofendido, testemunhas, juiz, promotor, serventuários etc. Gabarito "E".

(Defensoria/SP – 2007 – FCC) O processo penal contemporâneo contempla três modelos de avaliação ou valoração da prova: o sistema legal; o da íntima convicção; e o da persuasão racional. Sobre tais sistemas probatórios pode-se afirmar:

(A) O sistema legal, também conhecido como tarifado, é típico do procedimento acusatório, em que a intensa participação das partes na produção da prova pressupõe o prévio estabelecimento de valores definidos a cada um dos elementos probatórios considerados válidos.
(B) O sistema da íntima convicção é inaplicável no direito processual-penal brasileiro, em razão do que dispõe o artigo 93, IX, da Constituição Federal ("todos os julgamentos dos órgãos do Poder Judiciário serão públicos, e fundamentadas todas as decisões, sob pena de nulidade...").
(C) O sistema da persuasão racional ou do livre convencimento encontra respaldo no método inquisitório, em que o magistrado tem ampla liberdade para avaliar as questões de fato, devendo apenas motivar as questões de direito.
(D) Os sistemas da íntima convicção e da persuasão racional têm em comum a impossibilidade de utilização, na valoração da prova pelo magistrado, de máximas de experiência ou da notoriedade do fato.
(E) O que distingue o sistema da persuasão racional é a liberdade do magistrado na valoração dos elementos probatórios, que, embora exista, é contida pela obrigatoriedade de justificação das escolhas adotadas, diante da prova legitimamente obtida, com a explicitação do caminho percorrido até a decisão.

Art. 93, IX, da CF. Gabarito "E".

(Defensoria/SP – 2006 – FCC) Sobre o depoimento judicial de ascendente ou descendente do acusado, é correto afirmar:

(A) como testemunha, não poderá se eximir da obrigação de depor.
(B) uma vez prestado o compromisso, pratica crime de falso testemunho se faltar com a verdade.
(C) são proibidos de depor como testemunha.
(D) não se deferirá o compromisso de dizer a verdade do que souber.
(E) poderão se recusar a depor em qualquer caso.

Art. 206 do CPP. Gabarito "D".

(Cartório/AP – 2011 – VUNESP) A norma processual que permite ao juiz converter o julgamento em diligência e ouvir testemunhas referidas nos autos não arroladas pelas partes funda-se no princípio

(A) do contraditório.
(B) do impulso oficial.
(C) da verdade real.
(D) da instrumentalidade do processo.
(E) do juiz natural.

Arts. 209, *caput* e § 1º, e 404, *caput*, do CPP. Gabarito "C".

(Cartório/DF – 2008 – CESPE) Julgue os itens seguintes.

(1) A doutrina da ilicitude por derivação — também conhecida como teoria dos frutos da árvore envenenada — repudia, por serem constitucionalmente inadmissíveis, os meios probatórios que, não obstante produzidos validamente em momento ulterior, acham-se afetados pelo vício da ilicitude originária, que a eles se transmite, contaminando-os, por efeito de repercussão causal.
(2) Os elementos informativos de uma investigação criminal, ou as provas colhidas no bojo de instrução processual penal, desde que obtidos mediante interceptação telefônica devidamente autorizada por juiz competente, podem ser compartilhados para fins de instruir procedimento administrativo disciplinar.

1: art. 5º, LVI, da CF; art. 157, § 1º, do CPP; 2: desde que a interceptação tenha se realizado por meio de ordem judicial, é perfeitamente possível, sim, que haja o empréstimo dessa prova para fins administrativos, em especial para lastrear procedimento administrativo disciplinar. Gabarito 1C, 2C.

(Cartório/MS – 2009 – VUNESP) A confissão do réu

(A) é a rainha das provas e dispensa o exame de corpo de delito.
(B) supre somente o exame de corpo de delito indireto.

(C) somente se obtida durante a fase judicial dispensa o exame de corpo de delito.
(D) não pode suprir o exame de corpo de delito, direto ou indireto.
(E) deixou de ser rainha das provas no processo penal, tendo em vista que inúmeras razões podem levar a uma confissão, todavia, o exame de corpo de delito, caso a confissão seja considerada válida, torna-se dispensável.

Será indispensável, quando a infração deixar vestígios, a verificação da prova da existência do crime (exame de corpo de delito); não sendo possível tal verificação, em vista do desaparecimento dos vestígios do delito, a *prova testemunhal* poderá suprir-lhe a falta; a confissão, nunca. É o teor dos arts. 158 e 167 do CPP. Gabarito "D".

(Delegado/AP – 2010) Relativamente ao tema *prova*, analise as afirmativas a seguir:

I. O juiz que conhecer do conteúdo da prova declarada inadmissível não poderá proferir a sentença ou acórdão.
II. O juiz formará sua convicção pela livre apreciação da prova produzida em contraditório judicial, não podendo fundamentar sua decisão exclusivamente nos elementos informativos colhidos na investigação, ressalvadas as provas cautelares, não repetíveis e antecipadas.
III. A lei autoriza a produção antecipada de provas consideradas urgentes e relevantes, mesmo antes de iniciada a ação penal, observando a necessidade, adequação e proporcionalidade da medida.

Assinale:

(A) se somente a afirmativa I estiver correta.
(B) se somente a afirmativa II estiver correta.
(C) se somente a afirmativa III estiver correta.
(D) se somente as afirmativas II e III estiverem corretas.
(E) se todas as afirmativas estiverem corretas.

I: a lei processual penal não impõe essa vedação. Assertiva, portanto, incorreta; II: art. 155, *caput*, do CPP; III: art. 156, I, do CPP. Gabarito "D".

(Delegado/AP – 2010) Relativamente ao tema *prova*, analise as afirmativas a seguir:

I. Quando a infração deixar vestígios, será indispensável o exame de corpo de delito, direto ou indireto, realizado por perito oficial, portador de diploma de curso superior. Na falta de perito oficial, o exame será realizado por duas pessoas idôneas, portadoras de diploma de curso superior preferencialmente na área específica, dentre as que tiverem habilitação técnica relacionada com a natureza do exame. Na falta do exame, poderá supri-lo a confissão do acusado.
II. Serão facultadas ao Ministério Público, ao assistente de acusação, ao ofendido, ao querelante e ao acusado a formulação de quesitos e indicação de assistente técnico, que atuará durante a perícia e antes da conclusão dos exames e elaboração do laudo pelos peritos oficiais.
III. Durante o curso do processo judicial, é permitido às partes, quanto à perícia, requerer a oitiva dos peritos para esclarecerem a prova ou para responderem a quesitos, desde que o mandado de intimação e os quesitos ou questões a serem esclarecidas sejam encaminhados com antecedência mínima de 10 (dez) dias, podendo apresentar as respostas em laudo complementar.

Assinale:

(A) se somente a afirmativa I estiver correta.
(B) se somente a afirmativa II estiver correta.
(C) se somente a afirmativa III estiver correta.
(D) se somente as afirmativas II e III estiverem corretas.
(E) se todas as afirmativas estiverem incorretas.

I: é fato que, sempre que a infração deixar *vestígios*, é de rigor que se proceda ao exame de corpo de delito – direto ou indireto. Em hipótese alguma a *confissão* poderá supri-lo, não levado a cabo em razão de haverem desaparecido os vestígios do crime – art. 158, CPP. A ausência do exame direto poderá, entretanto, ser suprida, a teor do art. 167 do CPP, pela *prova testemunhal*; II: nos termos do art. 159, § 4º, do CPP, a atuação do assistente técnico terá lugar depois de findo o trabalho do perito oficial. Assim, o trabalho levado a efeito pelo perito oficial não será acompanhado pelo assistente técnico, que, repita-se, somente atuará após o término do trabalho daquele; III: assertiva correta, conforme o que dispõe o art. 159, § 5º, I, do CPP. Gabarito "C".

(Delegado/AP – 2010) Relativamente ao tema *prova*, analise as afirmativas a seguir:

I. Em caso de lesões corporais, se o primeiro exame pericial tiver sido incompleto, proceder-se-á a exame complementar por determinação da autoridade policial ou judiciária, de ofício, ou a requerimento do Ministério Público, do ofendido ou do acusado, ou de seu defensor.
II. No exame para o reconhecimento de escritos, por comparação de letra, quando não houver escritos para a comparação ou forem insuficientes os exibidos, a autoridade mandará que a pessoa escreva o que lhe for ditado, não podendo o indiciado recusar-se sob pena de crime de desobediência.
III. O juiz ficará adstrito ao laudo, não podendo aceitá-lo ou rejeitá-lo apenas em parte.

Assinale:

(A) se somente a afirmativa I estiver correta.
(B) se somente a afirmativa II estiver correta.
(C) se somente a afirmativa III estiver correta.
(D) se somente as afirmativas II e III estiverem corretas.
(E) se todas as afirmativas estiverem corretas.

I: correta, nos moldes do art. 168, *caput*, do CPP; II: neste caso, o indiciado não incorrerá nas penas do crime de desobediência – art. 330, CP – na medida em que não é lícito exigir-lhe que produza prova contra si mesmo (incidência do postulado *nemo tenetur se detegere*). Assim, poderia, na condição de suspeito ou indiciado, recusar-se a fornecer material caligráfico para confrontação; III: incorreta, nos termos do art. 182 do CPP. Gabarito "A".

(Delegado/GO – 2009 – UEG) Segundo o Código de Processo Penal,

(A) os exames de corpo de delito e outras perícias serão feitos por dois peritos oficiais; não havendo peritos oficiais, o exame será realizado por duas pessoas idôneas, portadoras de diploma de curso superior, que deverão prestar compromisso de bem e fielmente desempenharem o encargo.
(B) se qualquer testemunha houver de ausentar-se, ou, por enfermidade, inspirar receio de que ao tempo da instrução criminal, já não exista, o juiz poderá, de ofício ou a requerimento de qualquer das partes, tomar-lhe antecipadamente o depoimento.
(C) são inadmissíveis no processo as provas ilícitas, assim entendidas as obtidas em violação a normas constitucionais, mas serão admissíveis as provas ilegítimas, estas entendidas como as provas obtidas em violação a normas legais.
(D) se for verificado que o réu se oculta para não ser citado, proceder-se-á a citação por edital.

A: embora a assertiva esteja em consonância com o disposto no art. 159, §§ 1º e 2º, do CPP, está em desconformidade com o que prescreve o *caput* do dispositivo, visto que as perícias atualmente são feitas por um só perito oficial; B: art. 225 do CPP; C: art. 157, *caput*, do CPP; D: em face da ocultação do réu, determina o art. 362 do CPP que o oficial de Justiça proceda à citação com hora certa. Esta modalidade de citação, antes exclusiva do processo civil, agora também é admitida no âmbito do processo penal, dada a mudança introduzida na redação do dispositivo legal pela Lei 11.719/08. Gabarito "B".

(Delegado/GO – 2009 – UEG) Merendão, sabendo da prática habitual de crimes contra o patrimônio perpetrados por Tripa Seca, bem como de seu costume exibicionista de filmar e fotografar suas peripécias criminosas, adentrou no local de trabalho de Tripa Seca, dali subtraindo diversas fotografias de furtos e roubos. De posse do material incriminador, Merendão passou a exigir de Tripa Seca dinheiro, sob a ameaça de entregar os materiais ao Ministério Público. Recusada a exigência, as fotos foram entregues ao promotor de justiça que, de imediato, requisitou a instauração de inquérito policial. Tripa Seca impetrou, então, habeas corpus requerendo o trancamento do inquérito policial. Nesse caso:

(A) a autoridade coatora é o delegado de polícia que instaurou o inquérito policial e, portanto, o magistrado competente para apreciar o pedido de habeas corpus é o juiz monocrático.
(B) a autoridade coatora é o promotor de justiça que requisitou o inquérito policial, devendo o habeas corpus ser impetrado perante o procurador-geral do respectivo Ministério Público que decidirá se a requisição é ilegal, decisão esta que vinculará os órgãos de persecução.

(C) as fotografias e filmagens são elementos probatórios ilícitos e, conseqüentemente, inadmissíveis no processo penal.

(D) é facultada à autoridade policial o atendimento da requisição do Ministério Público, podendo, caso entender não cabível a instauração de inquérito policial, simplesmente arquivá-la, cabendo recurso, por parte do promotor de justiça, ao secretário de segurança.

O art. 5º, LVI, da CF veda, de forma expressa, a utilização, no processo, das provas obtidas por meios ilícitos. No âmbito do processo penal, a Lei 11.690/98 previu, também de forma expressa, o fato de ser ilícita a prova obtida em violação a normas constitucionais ou legais (art. 157, *caput*, do CPP), reputando inadmissíveis (art. 157, § 1º) aquelas derivadas das ilícitas, salvo quando não evidenciado o nexo de causalidade entre umas e outras, ou quando as derivadas puderem ser obtidas por uma fonte independente das primárias. As provas entregues por Merendão ao promotor de justiça são ilícitas porquanto obtidas por intermédio do cometimento do crime de furto, com violação, pois, de direitos fundamentais. Não podem, portanto, ser utilizadas no inquérito tampouco no processo a ser instaurado. A denúncia a ser oferecida pelo Ministério Público, se calcada nessas provas, não tem validade. Pela mesma razão, Tripa Seca não poderá ser condenado com base nas provas entregues por Merendão ao representante do MP. Gabarito "C".

(Delegado/PB – 2009 – CESPE) Assinale a opção correta com base na legislação sobre interceptação telefônica.

(A) A interceptação das comunicações telefônicas pode ser determinada pelo juiz, a requerimento da autoridade policial, na investigação criminal ou na instrução processual penal.

(B) O pedido de interceptação das comunicações telefônicas deve ser feito necessariamente por escrito.

(C) Não se admite interceptação das comunicações telefônicas quando o fato investigado constituir infração penal punida, no máximo, com pena de detenção.

(D) Somente após o trânsito em julgado da sentença penal pode a gravação ser inutilizada, mediante decisão judicial, ainda que não interesse à prova.

(E) Ainda que a diligência possibilite a gravação da comunicação interceptada, é dispensada a transcrição da gravação.

A: art. 3º, I, da Lei 9.296/96; B: art. 4º, § 1º, da Lei 9.296/96; C: art. 2º, III, da Lei 9.296/96; D: art. 9º da Lei 9.296/96; E: art. 6º, § 1º, da Lei 9.296/96. Gabarito "C".

(Delegado/SC – 2008) Havendo dúvida sobre a identidade do cadáver exumado, o reconhecimento se procederá:

(A) pelo promotor de Justiça.
(B) por pessoa idônea nomeada pelo delegado de polícia.
(C) pelo Instituto de Identificação ou repartição congênere ou pela inquirição de testemunhas.
(D) por dois médicos residentes na comarca.

Art. 166 do CPP. Gabarito "C".

(Delegado/SC – 2008) Na instrução criminal o juiz não permitirá que a testemunha manifeste suas apreciações pessoais, exceto quando:

(A) tais apreciações forem inseparáveis da narrativa dos fatos.
(B) a testemunha for amiga íntima da vítima.
(C) a testemunha for inimiga do réu.
(D) a testemunha for menor e 18 anos.

Art. 213 do CPP. Gabarito "A".

(Delegado/SP – 2008) A diligência de busca efetuada em trailer rebocado por automóvel, que se destina à habitação do motorista,

(A) prescinde de mandado judicial por se equiparar à busca pessoal.
(B) prescinde de mandado judicial, porém necessita de ordem escrita de autoridade policial.
(C) não prescinde de mandado judicial e simultaneamente de auto de busca policial.
(D) não prescinde de auto policial de apossamento e constrição.

Trata-se de local destinado a habitação (art. 241 do CPP). Gabarito "C".

(Delegado/SP – 2008) Na chamada "reprodução simulada dos fatos", o indiciado

(A) está obrigado a comparecer e participar, sob pena de lhe ser decretada a revelia.
(B) não será mais intimado para nenhum ato do processo ou do inquérito policial, se não participar.

(C) só está obrigado a comparecer pessoalmente quando se trate de reprodução simulada de crime contra os costumes.
(D) não está obrigado a comparecer e a sua ausência não lhe trará qualquer conseqüência desfavorável no inquérito ou no processo penal.
(E) terá sua ausência considerada em seu desfavor e interpretada em desprestigio à justiça.

O réu tem direito ao silêncio (art. 5º, LXIII, da CF), não sendo, ademais, obrigado a produzir prova contra si mesmo (*nemo tenetur se detegere*). Gabarito "D".

(Magistratura Federal – 5ª Região – 2007 – CESPE) Julgue o item seguinte.

(1) Os fatos axiomáticos são objetos de prova no processo penal.

Fatos axiomáticos ou intuitivos são os evidentes, que não precisam ser provados; não constituem, por essa razão, objeto de prova, que diz respeito a tudo aquilo que deve ser provado. Gabarito 1E.

(Defensoria Pública da União – 2007 – CESPE) Julgue o item seguinte.

(1) Dados obtidos em interceptação de comunicações telefônicas e em escutas ambientais, judicialmente autorizadas para produção de prova em investigação criminal ou em instrução processual penal, podem ser usados em procedimento administrativo disciplinar, contra a mesma ou as mesmas pessoas em relação às quais foram colhidos, ou contra outros servidores cujos supostos ilícitos teriam despontado à colheita dessa prova.

Tal utilização tem sido aceita pela jurisprudência, desde que a interceptação tenha sido feita por meio de ordem judicial. Gabarito 1C.

(Analista Judiciário/STF – 2008 – CESPE) Com base no CPP, julgue os itens a seguir, relativos a provas.

(1) Quando a infração deixar vestígios, será indispensável o exame de corpo de delito, direto ou indireto. Não sendo possível sua realização em decorrência de os vestígios terem desaparecido, a prova testemunhal ou a confissão poderão suprir-lhe a falta.

(2) Em caso de lesões corporais, se o primeiro exame pericial tiver sido incompleto, proceder-se-á a exame complementar por determinação da autoridade policial ou judiciária, de ofício, ou a requerimento do MP, ou do ofendido ou do acusado, ou de seu defensor. A falta desse exame poderá ser suprida pela prova testemunhal.

1: arts. 158 e 167 do CPP; 2: art. 168, *caput* e § 3º, do CPP. Gabarito 1E, 2C.

(CESPE – 2008) Com relação ao processo em geral, assinale a opção correta de acordo com o CPP.

(A) Considera-se álibi a circunstância conhecida e provada que, tendo relação com o fato, autorize, por indução, concluir-se a existência de outra ou outras circunstâncias.
(B) Com exceção dos casos expressos em lei, as partes podem apresentar documentos em qualquer fase do processo.
(C) A fotografia do documento, mesmo que devidamente autenticada, não possui o mesmo valor do documento original.
(D) Não é permitida a apreensão de documento em poder do defensor do acusado, mesmo quando constituir elemento do corpo de delito.

A: art. 239 do CPP; B: art. 231 do CPP; C: art. 232, parágrafo único, do CPP; D: art. 243, § 2º, do CPP. Gabarito "B".

(CESPE – 2008) Assinale a opção correta quanto às provas ilícitas, de acordo com o Código de Processo Penal (CPP), segundo recentes alterações legislativas.

(A) São entendidas como provas ilícitas apenas as que forem obtidas em violação a normas constitucionais, devendo tais provas ser desentranhadas do processo.
(B) São, em regra, admissíveis as provas derivadas das ilícitas.
(C) Considera-se fonte independente aquela que, por si só, seguindo os trâmites típicos e de praxe, próprios da investigação ou instrução criminal, seja capaz de conduzir ao fato objeto da prova.
(D) As cartas particulares, ainda que interceptadas ou obtidas por meios criminosos, são, em regra, admitidas em juízo.

A: art. 157, *caput*, do CPP; B: art. 157, § 1º, do CPP; C: art. 157, § 2º, do CPP; D: art. 233 do CPP. Gabarito "C".

(CESPE – 2008) No que se refere à prova testemunhal, assinale a opção correta de acordo com o CPP.

(A) As testemunhas serão inquiridas uma de cada vez, de forma que umas não saibam nem ouçam os depoimentos das outras, devendo o juiz, na ocasião da oitiva, adverti-las das penas cominadas ao falso testemunho.
(B) As perguntas devem ser formuladas pelas partes, por intermédio do juiz e não diretamente à testemunha.
(C) Admite-se que as partes formulem perguntas que possam induzir a resposta das testemunhas.
(D) São admissíveis perguntas que não tenham relação com a causa.

A: art. 210, *caput*, do CPP; B C e D: art. 212, *caput*, do CPP. Gabarito "A".

(CESPE – 2008) Assinale a opção correta acerca do exame de corpo de delito e das perícias em geral, segundo o CPP.

(A) Se a perícia requerida pelas partes não for necessária ao esclarecimento da verdade, o juiz ou a autoridade policial negará a perícia, exceto na hipótese de exame de corpo de delito.
(B) Se não for possível o exame de corpo de delito por haverem desaparecido os vestígios, a prova testemunhal não poderá suprir-lhe a falta.
(C) O juiz ficará adstrito ao laudo.
(D) Se a infração deixar vestígios, a confissão do acusado poderá suprir o exame de corpo de delito, direto ou indireto.

A: art. 184, CPP; B: art. 167 do CPP; C: art. 182 do CPP; D: art. 158 do CPP. Gabarito "A".

(CESPE – 2008) Assinale a opção correta acerca da prova no processo penal.

(A) A prova, ainda que produzida por iniciativa de uma das partes, pertence ao processo e pode ser utilizada por todos os participantes da relação processual, destinando-se à apuração da verdade dos fatos alegados.
(B) O sistema da livre convicção, adotado majoritariamente no processo penal brasileiro, com fundamento na Constituição Federal, significa a permissão dada ao juiz para decidir a causa de acordo com seu livre entendimento, devendo o magistrado, no entanto, cuidar de fundamentá-lo, nos autos, e buscar persuadir as partes e a comunidade em abstrato.
(C) O sistema da persuasão racional é o que prevalece no tribunal do júri.
(D) O juiz fica adstrito ao laudo pericial, não podendo decidir, de acordo com sua convicção, a matéria que lhe é apresentada.

A: trata-se do *princípio da aquisição* ou *comunhão da prova*, segundo o qual as provas produzidas pertencem ao processo, não às partes, porquanto destinam-se à formação da convicção do juiz; B: *livre convicção* é o sistema relativo à valoração livre, desvinculada de motivação, não adotado entre nós. O sistema acolhido pelo processo penal brasileiro é o da *persuasão racional* (art. 93, IX, CF); C: no Tribunal do Júri prevalece o sistema da *íntima convicção*, na medida em que os jurados não podem declarar o voto. É exceção à regra; D: art. 182 do CPP. Gabarito "A".

10. SUJEITOS PROCESSUAIS

(Magistratura/SP – 2007) Assinale a alternativa correta.

(A) Pode ser colhida prova criminal no gabinete do Promotor de Justiça, sob sua presidência.
(B) Em ação penal privada, admite-se a assistência de acusação.
(C) O assistente da acusação pode recorrer de sentença absolutória se não o houver feito o Promotor de Justiça.
(D) O assistente de acusação pode arrolar e ouvir testemunhas mesmo que já se tenha verificado o limite máximo de depoentes.

Nos termos do art. 268 do CPP, será admitida, em se tratando de ação penal pública, a intervenção do assistente de acusação, que poderá, na dicção do art. 271, *caput*, parte final, do CPP, recorrer de sentença absolutória de forma autônoma. É lícito, ainda, ao assistente arrolar testemunhas, cujo número, entretanto, estará limitado ao máximo legal. Gabarito "C".

(Magistratura/SP – 2008) É correto afirmar que a impossibilidade de identificar o acusado com o seu nome e outros dados qualificativos

(A) impede o oferecimento de denúncia.
(B) obsta a prolação da sentença.
(C) constitui obstáculo à execução da sentença.
(D) não retarda a ação penal quando certa a identidade física do acusado.

Art. 259, 1ª parte, do CPP. Gabarito "D".

(Ministério Público/MA – 2002) No processo penal, a figura do curador, em relação ao curatelado, é tecnicamente denominada:

(A) Interveniente;
(B) substituto processual;
(C) representante;
(D) assistente;
(E) opoente.

Parte da doutrina defende que, ante o comando contido no art. 5º do novo Código Civil, o art. 262 do CPP, que manda dar curador ao acusado menor de 21 anos, perdeu sua aplicação. Gabarito "B".

(Ministério Público/MG – 2010 – FUNDEP) O Juiz dar-se-á por suspeito no processo em que ele

(A) houver servido como testemunha.
(B) tiver funcionado como juiz de outra instância, pronunciando-se, de fato ou de direito, sobre a questão.
(C) tiver aconselhado qualquer das partes.
(D) tiver parente consanguíneo na condição de parte interessada.

A: trata-se de hipótese de impedimento (art. 252, II, CPP); B: trata-se de hipótese de impedimento (art. 252, III, CPP); C: correta, nos termos do art. 254, IV, CPP; D: trata-se de hipótese de impedimento (art. 252, IV, CPP). Gabarito "C".

(Ministério Público/SP – 2008) Assinale a alternativa incorreta.

(A) Admite-se a intervenção do assistente do Ministério Público após a sentença absolutória, na ausência do trânsito em julgado.
(B) Na ausência de recurso do Ministério Público, pode o assistente de acusação recorrer da decisão que rejeita a denúncia por inépcia.
(C) Não cabe recurso em sentido estrito da decisão que admitir ou não admitir o assistente de acusação.
(D) Pode o ofendido, particular, habilitar-se como assistente do Ministério Público em crimes contra a Administração Pública.
(E) Não se aplicam ao assistente de acusação os impedimentos previstos em lei para o juiz e o órgão do Ministério Público.

A: art. 269 do CPP; B: é defeso ao assistente recorrer da decisão que rejeita a denúncia, na medida em que a sua habilitação não foi até então deferida, o que só ocorrerá após o recebimento da exordial; C: art. 273 do CPP; D: art. 268 do CPP; E: com efeito, o assistente de acusação não se submete aos impedimentos previstos para o juiz e para o órgão do MP. Gabarito "B".

(Defensor Público/MS – 2008 – VUNESP) Leia as afirmações quanto ao acusado no processo penal brasileiro.

I. O acusado, na relação jurídica processual, pode ser chamado de sujeito do processo.
II. O acusado possui direitos no processo penal, entre eles: de ser processado e julgado por autoridade competente, à assistência jurídica gratuita no caso de não dispor de recursos e de não ser submetido à identificação criminal, quando civilmente identificado.
III. O acusado será declarado revel e terá seu processo suspenso, sempre que não seja encontrado para a citação pessoal.

Está correto o contido em

(A) I e II, apenas.
(B) I e III, apenas.
(C) II e III, apenas.
(D) I, II e III.

I: são sujeitos da *relação processual*, segundo a doutrina dominante: juiz, acusador e acusado (réu), chamada, por isso, de *tríplice relação processual*; II: art. 5º, LIII, LXXIV e LVIII, da CF; III: alternativa incorreta. Na hipótese de o réu não ser encontrado, deverá o juiz determinar a sua citação por edital, depois de esgotados os meios disponíveis para a sua localização. Se o réu, depois de citado por edital, não comparecer tampouco constituir defensor, o processo e o prazo prescricional ficarão, em vista da disciplina estabelecida no art. 366 do CPP, suspensos. Há autores que entendem que a *revelia*, no sentido em que é empregada no processo civil, não pode ser aplicada no processo penal, visto constitui dever do magistrado assegurar ao réu, ainda que ausente, defesa técnica. Gabarito "A".

11. CITAÇÃO, INTIMAÇÃO E PRAZOS

(Magistratura/MG – 2009 – EJEF) Marque a alternativa CORRETA. A intimação da testemunha funcionária pública, para fins de audiência, será efetivada:

(A) Através de requisição ao seu superior hierárquico.
(B) Pessoalmente, via mandado.
(C) Pelo correio, via AR (aviso de recebimento).
(D) Pessoalmente, via mandado, com comunicação ao chefe da repartição em que servir.

Arts. 359 e 370 do CPP. Gabarito "D".

(Magistratura/PA – 2009 – FGV) Antônio Pereira é denunciado por crime de roubo. Recebendo a denúncia, o juiz determina a citação do réu para oferecimento de resposta escrita preliminar, no endereço indicado pelo próprio réu em seu interrogatório policial. O mandado de citação é negativo, tendo o oficial de justiça certificado que Antônio não reside naquele local há um mês, sendo que o atual morador não soube informar seu novo endereço. Assinale a alternativa que indique como deve agir o juiz.

(A) O juiz, como o réu mudou de endereço sem comunicar o juízo, deve decretar sua revelia e nomear-lhe um advogado dativo para apresentar a resposta escrita preliminar, prosseguindo-se nos demais termos do processo.
(B) O juiz deve esgotar os meios disponíveis para localizar o réu. Frustrada sua localização, deve citá-lo por edital, com prazo de quinze dias. Se o réu não comparecer e não constituir advogado, o juiz deve decretar sua revelia e suspender o processo e o curso da prescrição pelo prazo máximo de 90 dias, devendo decretar sua prisão preventiva.
(C) O juiz deve citar o réu por edital, com prazo de quinze dias. Se o réu não comparecer e não constituir advogado, o juiz deve decretar sua revelia e suspender o processo e o curso da prescrição, podendo decretar sua prisão preventiva.
(D) O juiz deve esgotar os meios disponíveis para localizar o réu. Frustrada sua localização, deve citá-lo por edital, com prazo de quinze dias. Se o réu não comparecer e não constituir advogado, o juiz deve decretar sua revelia e nomear-lhe um defensor dativo para apresentar a resposta escrita preliminar, prosseguindo-se nos demais termos do processo.
(E) O juiz deve esgotar os meios disponíveis para localizar o réu. Frustrada sua localização, deve citá-lo por edital, com prazo de quinze dias. Se o réu não comparecer e não constituir advogado, o juiz deve decretar sua revelia e suspender o processo e o curso da prescrição, podendo decretar sua prisão preventiva.

Não encontrado o réu, deve o juiz determinar sua *citação por edital*, o que constitui providência de natureza excepcional, dela só podendo lançar mão o magistrado depois de esgotados todos os meios para localizar o acusado. Essa tem sido a posição consagrada na jurisprudência. Se, ainda assim, o réu não comparecer tampouco constituir defensor, ficarão suspensos, nos termos do art. 366 do CPP, o processo e o curso do prazo prescricional, podendo o juiz determinar a produção antecipada das provas que repute urgentes e, presentes os requisitos do art. 312 do CPP, decretar a prisão preventiva. *Vide*, a esse respeito, Súmulas nº 415 e 455 do STJ. Gabarito "E".

(Magistratura/PE – 2011 – FCC) A citação

(A) é admissível por hora certa, estabelecendo a legislação processual penal forma específica e determinada.
(B) do réu preso é dispensável, bastando a requisição.
(C) procedida por edital de réu preso em outra unidade da federação é nula, segundo entendimento sumulado do Supremo Tribunal Federal.
(D) é inadmissível por carta precatória.

A: assertiva incorreta, pois, embora a citação por hora certa tenha sido introduzida no âmbito do processo penal pela Lei 11.719/08, o procedimento a ser adotado para a sua realização, segundo estabelece o art. 362, *caput*, do CPP, é aquele previsto nos arts. 227 a 229 do CPC; B: o réu preso será citado pessoalmente, em vista do que dispõe o art. 360 do CPP; C: assertiva incorreta, visto que somente é nula, conforme entendimento firmado na Súmula nº 351 do STF, a citação por edital de réu preso na mesma unidade da Federação em que o juiz exerce a sua jurisdição; D: a citação realizar-se-á mediante carta precatória sempre que o réu estiver fora do território sujeito à jurisdição do juiz processante - art. 353 do CPP. Gabarito "D".

(Magistratura/SC – 2010) Sendo o acusado citado por edital na forma do Código de Processo Penal, não comparecendo e nem constituindo advogado:

(A) Ficarão suspensos o processo e o curso do prazo prescricional, com a produção de todas as provas, de forma antecipada, com a presença do Ministério Público e do defensor dativo imediatamente nomeado.
(B) Ficarão suspensos o processo e o curso do prazo prescricional, podendo o juiz determinar a produção das provas consideradas urgentes, assim reconhecidas, e, se for o caso, decretar a sua prisão preventiva, na forma do Código de Processo Penal.
(C) Ficarão suspensos o processo e o curso do prazo prescricional, com o decreto de prisão preventiva do réu, na forma do Código de Processo Penal.
(D) O juiz decreta a revelia do acusado e nomeia-lhe prontamente defensor dativo para apresentar resposta, por escrito, em dez dias, com a designação de audiência de instrução e julgamento, determinando a intimação das testemunhas arroladas pelas partes para regular ouvida.
(E) A suspensão é automática e não necessita de pronunciamento judicial.

Na hipótese de o réu não ser encontrado, deverá o juiz determinar a sua citação por edital, depois de esgotados os meios disponíveis para a sua localização. Se o réu, depois de citado por edital, não comparecer tampouco constituir defensor, o processo e o prazo prescricional ficarão, em vista da disciplina estabelecida no art. 366 do CPP, suspensos. Quanto ao período durante o qual o prazo prescricional deverá permanecer suspenso, prevalece o entendimento de que tal deverá ocorrer pelo interregno correspondente ao prazo máximo em abstrato previsto para o crime narrado na peça acusatória. A esse respeito, Súmulas nº 415 e 455 do STJ. Gabarito "B".

(Magistratura/SC – 2008) Quanto à Carta Rogatória, é correto afirmar-se:

(A) Estando o acusado no estrangeiro, em lugar sabido, será citado mediante carta rogatória, suspendendo-se o curso do prazo de prescrição desde o recebimento da denúncia.
(B) Estando o acusado no estrangeiro, em lugar sabido, será citado mediante carta rogatória, suspendendo-se o curso do prazo de prescrição até seu cumprimento.
(C) Estando o acusado no estrangeiro, em lugar sabido, será citado por edital, sem suspensão do curso do prazo de prescrição.
(D) Estando o acusado no estrangeiro, em lugar sabido, será citado mediante carta rogatória, não se suspendendo o curso do prazo de prescrição.
(E) Estando o acusado no estrangeiro, em lugar sabido, será citado por edital, suspendendo-se o curso do prazo de prescrição desde a sua publicação.

Art. 368 do CPP. Gabarito "B".

(Magistratura/SC – 2008) À luz da Lei n.º 9.271, de 17/04/96, que versa sobre a suspensão do processo e do curso do prazo prescricional, assinale, dentre as alternativas, a correta:

(A) Por fato criminoso ocorrido antes da sua vigência, somente tem aplicação aos réus soltos.
(B) Traz em seu bojo normas de natureza exclusivamente material.
(C) Por fato criminoso ocorrido antes da sua vigência, somente tem aplicação aos réus citados pessoalmente.

(D) Quanto à suspensão do processo, por fato criminoso ocorrido antes da sua vigência, não tem aplicação imediata.
(E) Quanto à prescrição, por fato criminoso ocorrido antes da sua vigência, não tem aplicação por maléfica ao réu.

Por se tratar de norma de conteúdo misto (penal e processual penal), a jurisprudência pacificou entendimento no sentido de que o art. 366 do CPP, modificado pela Lei 9.271/96, não pode retroagir porquanto implicaria prejuízo ao réu. O aludido conteúdo penal está no fato de a norma impedir o curso da prescrição. Gabarito "E".

(Magistratura/SE – 2008 – CESPE) Acerca da citação do réu no processo penal, assinale a opção correta.

(A) O réu será considerado revel se, apesar de pessoalmente citado, deixar de comparecer injustificadamente, sendo que o processo seguirá sem a sua presença e haverá confissão ficta.
(B) É válida a citação, por edital, de réu preso na mesma unidade da Federação em que o juiz exerce a sua jurisdição.
(C) O acusado que, citado por edital, não comparecer nem constituir advogado terá seu processo suspenso, bem como interrompido o curso do prazo prescricional, devendo o juiz determinar a produção antecipada das provas consideradas urgentes e a prisão preventiva.
(D) A citação válida torna prevento o juízo criminal, interrompe o curso do prazo prescricional e causa litispendência.
(E) A falta da citação estará sanada desde que o acusado compareça, antes de o ato consumar-se, embora declare que o faz para o único fim de argüi-la. Contudo, o juiz ordenará o adiamento do ato, quando reconhecer que a irregularidade poderá prejudicar direito da parte.

A: art. 367 do CPP. Não há que se falar, no processo penal, em confissão ficta. No processo civil, conforme preleciona o art. 319 do CPC, não contestada a ação, quando citado o réu, reputar-se-ão verdadeiros os fatos articulados na exordial, o que não ocorre no processo penal; B: art. 363, § 1º, do CPP e Súmula 351 do STF; C: art. 366 do CPP; D: a citação válida não tem o condão de tornar prevento o juízo criminal, tampouco de interromper o curso do prazo prescricional, o que ocorre com o recebimento da denúncia ou da queixa, nos exatos termos do art. 117, I, do CP. Também não induz litispendência, uma vez que a lide é considerada pendente com o ajuizamento da demanda; E: art. 570 do CPP. Gabarito "E".

(Magistratura/SP – 2007) O vigente art. 366 do CPP admite tanto a suspensão do processo como do lapso prescricional ao réu que, citado por editais, torna-se ausente e deixa de constituir advogado. Aponte a alternativa válida para regular-se a contagem do prazo prescricional.

(A) A prescrição ocorrerá no prazo máximo previsto no Código Penal.
(B) Será válido, para tanto, o prazo máximo em abstrato pertinente ao crime narrado na denúncia.
(C) A prescrição coincidirá com a pena de maior duração, ou seja, trinta anos.
(D) A prescrição deve ser regulada pela pena mínima prevista para o crime.

O legislador não previu o tempo durante o qual o prazo prescricional deverá permanecer suspenso. Tem prevalecido o entendimento de que a suspensão do período prescricional deverá levar em conta a pena máxima em abstrato prevista para o crime narrado na peça acusatória (art. 109, CP). Vide Súmula nº 415 do STJ. Gabarito "B".

(Magistratura/SP – 2008) No tocante ao acusado que, citado pessoalmente, muda de residência e, sem motivo justificado, não comunica ao juiz o novo endereço, é correto afirmar que:

(A) a revelia torna desnecessária a intimação do acusado para os demais atos do processo até a sentença.
(B) a revelia irradia seus efeitos após a sentença condenatória, autorizando a intimação do acusado por edital sem nova procura pessoal.
(C) a revelia não dispensa a intimação do acusado para os demais atos do processo.
(D) a revelia somente dispensa a intimação para os demais atos do processo do acusado que tiver defensor constituído.

Art. 367 do CPP. Gabarito "A".

(Magistratura/TO – 2007 – CESPE) Kátia foi denunciada pelo Ministério Público pela prática de crime de receptação, supostamente cometido no dia 10/3/1997, cuja pena varia de 1 a 4 anos de reclusão e multa. Recebida a denúncia no dia 10/3/1998, a ré foi citada por edital, mas não compareceu na data designada para o interrogatório, nem constituiu advogado. No dia 10/4/1998, o processo e o curso prescricional foram suspensos com base no art. 366 do CPP. No dia 10/4/2006, os autos vieram conclusos ao juiz. Nessa situação hipotética, estaria de acordo com entendimento mais recente do STF a atitude do juiz que

(A) determinasse a continuidade da suspensão do processo e a retomada do curso do prazo prescricional, considerando-se como prazo de suspensão de que trata o art. 366 do CPP o tempo da prescrição em abstrato.
(B) determinasse a continuidade da suspensão do processo e do prazo prescricional.
(C) determinasse a retomada do curso do processo e do prazo prescricional.
(D) decretasse a prisão preventiva da ré, com fundamento no art. 366 do CPP e na conveniência da instrução criminal e na aplicação da lei penal.

Prevalece o entendimento de que o prazo prescricional deverá permanecer suspenso pelo interregno correspondente ao prazo máximo em abstrato previsto para o crime narrado na peça acusatória (art. 109, CP). A esse respeito, Súmula nº 415 do STJ. Gabarito "B".

(Ministério Público/AM – 2008 – CESPE) Dispõe o art. 366 do CPP, com a redação dada pela Lei n.º 9.271/1996: Se o acusado, citado por edital, não comparecer, nem constituir advogado, ficarão suspensos o processo e o curso do prazo prescricional, podendo o juiz determinar a produção antecipada das provas consideradas urgentes e, se for o caso, decretar prisão preventiva, nos termos do disposto no art. 312. Com referência a esse dispositivo, assinale a opção correta.

(A) O STF pacificou o entendimento de que, no caso, é inconstitucional a suspensão da prescrição por prazo indeterminado.
(B) Constitui constrangimento ilegal a determinação de produção de prova testemunhal antecipada pelo juiz.
(C) A decretação da prisão preventiva do acusado decorre de aplicação automática do art. 366 do CPP, independentemente dos demais requisitos da custódia cautelar.
(D) Em caso de necessidade de produção de provas antecipadas consideradas urgentes, dispensa-se a presença do MP e do defensor dativo, pois, uma vez localizado o réu, as provas serão repetidas.
(E) A regra do art. 366 do CPP somente pode ser aplicada aos fatos praticados após a vigência da Lei nº 9.271/1996.

A regra do art. 366 constitui norma de conteúdo misto (penal e processual penal), razão penal qual, assim tem entendido a jurisprudência, não pode retroagir em prejuízo do réu. Gabarito "E".

(Ministério Público/BA – 2010) Assinale a afirmação incorreta:

(A) No processo penal, contam-se os prazos da data da juntada aos autos do mandado ou da carta precatória ou de ordem.
(B) O réu preso deverá ser necessariamente citado pessoalmente, ainda que esteja custodiado em outra unidade da federação.
(C) Na hipótese de aplicação do art. 366 do Código de Processo Penal (réu revel citado por edital), o período de suspensão do prazo prescricional é regulado pelo máximo da pena cominada.
(D) Os jurados sorteados para a sessão do Tribunal do Júri poderão ser convocados pelo correio para comparecer no dia e hora designados para a reunião.
(E) Em caso de citação mediante carta rogatória, suspende-se o curso do prazo prescricional até o seu cumprimento.

A: de acordo com entendimento esposado na Súmula 710 do STF, os prazos, no processo penal, contam-se da data da intimação, e não da juntada aos autos do mandado ou da carta precatória ou de ordem; B: estando o réu preso, será citado pessoalmente, em vista do que dispõe o art. 360 do CPP; C: prevalece o entendimento firmado na Súmula nº 415 do STJ (prazo máximo em abstrato previsto para o crime); D: assertiva correta, nos termos do art. 434, caput, do CPP; E: em vista do que estabelece o art. 368 do CPP, estando o acusado no estrangeiro, em local conhecido, será citado por carta rogatória, devendo ser suspenso o curso do prazo prescricional até o seu cumprimento. Gabarito "A".

(Ministério Público/ES – 2010 – CESPE) O MP ofereceu denúncia contra Cláudio, imputando-lhe a prática dos crimes de desacato e falsa identidade, ambos do CP. Em face de não ter sido localizado, o denunciado foi citado por meio de edital. Cláudio não compareceu ao interrogatório nem indicou advogado para a sua defesa. Na situação hipotética acima apresentada, ocorrerá

(A) o arquivamento do processo até a localização do réu.
(B) a suspensão do processo e do curso do prazo prescricional.
(C) apenas a suspensão do processo.
(D) o prosseguimento regular do feito à revelia do autor.
(E) apenas a suspensão do curso do prazo prescricional, o que possibilitará a produção de provas.

Art. 366 do CPP. Vide Súmula nº 415 do STJ, que trata do período durante o qual deve durar a suspensão do prazo prescricional. Gabarito "B".

(Ministério Público/MS – 2011 – FADEMS) Acerca das citações e intimações no Direito Processual Penal, assinale a alternativa **correta**.

(A) O fato de o réu não ter sido localizado no endereço declinado para sua citação pessoal é motivo suficiente, por si só, para ensejar sua citação por edital.
(B) O juiz pode determinar a citação por edital de réu que não foi localizado nos endereços constantes nos autos do processo e está preso em unidade federativa diversa da que o magistrado exerce jurisdição.
(C) A citação por edital é admitida no rito dos Juizados Especiais Criminais.
(D) É obrigatória a intimação das partes para a audiência de oitiva de testemunhas a ser realizada no juízo deprecado, mesmo quando já tenham sido notificadas sobre a expedição da carta precatória para tal ato.

A: o fato de o réu não ter sido localizado no endereço fornecido para citação não constitui motivo bastante a justificar sua citação por edital, visto que esta modalidade de citação ficta (art. 363, § 1º, do CPP) constitui providência de natureza excepcional, dela só podendo lançar mão o magistrado depois de esgotados os meios para localizar o réu. Essa tem sido a posição consagrada na jurisprudência; B: assertiva correta, visto que somente é nula, conforme entendimento firmado na Súmula nº 351 do STF, a citação por edital de réu preso na mesma unidade da Federação em que o juiz exerce a sua jurisdição; C: no âmbito do juizado, não se procederá à citação por edital. Na hipótese de o autor não ser encontrado para citação pessoal, o juiz encaminhará as peças ao juízo comum para adoção do procedimento previsto em lei – art. 66, parágrafo único, da Lei 9.099/95; D: incorreta, pois contraria entendimento firmado na Súmula nº 273 do STJ; E: Gabarito "B".

(Ministério Público/PR – 2008) Assinale a alternativa INCORRETA:

(A) A citação inicial far-se-á por mandado, quando o réu estiver no território sujeito à jurisdição do juiz que a houver ordenado.
(B) Quando o réu estiver fora do território da jurisdição do juiz processante, será citado por precatória.
(C) A citação do militar far-se-á por intermédio do chefe do respectivo serviço.
(D) A citação será feita por edital quando inacessível, em virtude de epidemia, de guerra ou por outro motivo de força maior, o lugar em que estiver o réu.
(E) Verificando-se que o réu se oculta para não ser citado, a citação far-se-á com hora certa.

A: art. 351 do CPP; B: art. 353 do CPP; C: art. 358 do CPP; D: art. 361 do CPP. Antes, as hipóteses eram especificadas; agora, com a alteração legislativa implementada, é suficiente que o réu não seja encontrado (generalizou-se); E: art. 362 do CPP. A alternativa está correta, na medida em que a Lei 11.719/08 alterou a redação do art. 362 do CPP e introduziu no processo penal a *citação por hora certa*, a ser realizada por oficial de Justiça na hipótese de ocultação do réu. Gabarito "E".

(Ministério Público/RR – 2008 – CESPE) Acerca dos atos processuais, julgue o item subsequente.

Considere a seguinte situação hipotética.

Cristiano, ao ser indiciado em inquérito policial, compareceu para prestar depoimento acompanhado de seu advogado, que apresentou procuração, que foi juntada aos autos do procedimento de investigação. Cristiano foi denunciado e o oficial de justiça, ao comparecer no endereço indicado no interrogatório realizado na delegacia, apurou que o acusado havia se mudado. O promotor de justiça, então, requereu a citação do réu por edital, o que foi deferido pelo juiz.

Nessa situação, é correto afirmar que a citação editalícia foi nula.

A citação por edital (art. 363, § 1º, do CPP) constitui providência de natureza excepcional, dela só podendo lançar mão o magistrado depois de esgotados os meios para localizar o réu. Essa tem sido a posição consagrada na jurisprudência. Gabarito "C".

(Ministério Público/SP - 2005) O ato de comunicação processual que convoca as testemunhas para depor e a ciência dos atos processuais que se dá ao réu preso intitulam-se, respectivamente:

(A) intimação e requisição.
(B) notificação e intimação.
(C) notificação e citação.
(D) deliberação e intimação.
(E) convocação e requisição.

Notificação é o conhecimento que se dá à parte ou a terceiro de ato a ser praticado; *intimação*, por seu turno, é a ciência que se dá à parte de um ato já praticado. Gabarito "B".

(Ministério Público/SP – 2008) Considere as seguintes assertivas:

I. Admitem-se no processo penal a citação com hora certa e a citação por meio eletrônico.
II. É nula a citação por edital se este indica o dispositivo da lei penal, mas não transcreve a denúncia ou queixa nem resume os fatos em que se baseia a imputação.
III. A Lei n.º 9.099, de 26.09.1995, não prevê a possibilidade de citação por correspondência, com aviso de recebimento pessoal, do autor de infração de menor potencial ofensivo.

Assinale, agora, a alternativa correta.

(A) Somente I é verdadeira.
(B) Somente II é verdadeira.
(C) Somente III é verdadeira.
(D) Somente I e II são verdadeiras.
(E) Somente II e III são verdadeiras.

I: somente a citação com hora certa é admitida (art. 362 do CPP); II: Súmula 366 do STF; III: art. 66 da Lei 9.099/95. Gabarito "C".

(Defensor Público/AC – 2006 – CESPE) É regra, quanto à contagem de prazos, nos termos da lei processual penal, que todos os prazos correrão em cartório e serão contínuos e peremptórios, não se interrompendo por férias, domingo ou dia feriado. Acerca desse tema, assinale a opção correta.

(A) O dia do começo inclui-se no cômputo do prazo, excluindo-se o termo final.
(B) Os prazos judiciais que se iniciarem ou vencerem aos sábados serão prorrogados por um dia útil.
(C) O prazo decadencial cujo termo final vença em dia em que não haja expediente forense deve ser prorrogado para o primeiro dia subsequente.
(D) Feita a intimação, conta-se o prazo a partir da juntada do mandado aos autos principais.

A: incorreta, pois em desacordo com a regra estabelecida no art. 798, § 1º, do CPP; B: deve-se considerar o sábado, para esse fim, como feriado, aplicando-se, por analogia, o art. 798, § 3º, do CPP; C: errado. A contagem do prazo decadencial deve obedecer ao estabelecido no art. 10 do Código Penal, que traça regras diferentes daquelas previstas no art. 798 do CPP (prazo processual). Sendo, portanto, o prazo decadencial de natureza penal, o dia do fato que deu origem ao cômputo deve ser incluído no prazo. Além disso, o prazo penal é improrrogável, é dizer, se o seu termo final cair num sábado ou domingo, não haverá prorrogação para o primeiro dia útil seguinte, como ocorre com o prazo processual. Assim, a providência que haveria de ser tomada pelo ofendido ou seu representante, titular do direito de representação ou queixa, tinha como data-limite o dia útil anterior àquele em que não houve expediente forense. Depois disso, decadência e a consequente extinção da punibilidade; D: incorreta, nos termos da Súmula 710 do STF. Gabarito "B".

(Defensor Público/AL – 2009 – CESPE) Em relação aos prazos no âmbito do processo penal, julgue os itens que se seguem.

(1) O prazo para a interposição de agravo contra decisão do juiz da execução penal é de dez dias.
(2) No processo penal, contam-se os prazos da data da intimação, e não da juntada aos autos do mandado ou da carta precatória ou de ordem.

1: o agravo de execução segue o rito do recurso em sentido estrito. O prazo para a sua interposição é de cinco dias, nos termos da Súmula 700 do STF: "É de cinco dias o prazo para interposição de agravo contra decisão do juiz da execução penal"; 2: correta, nos termos da Súmula 710 do STF. Gabarito 1E, 2C.

(Defensor Público/AM – 2010 – I. Cidades) Assinale a opção incorreta.

(A) A relação processual penal se completa com a citação do acusado.
(B) Segundo o Código de Processo Penal, o juiz que presidiu a instrução deverá proferir a sentença, consagrando, assim, o Princípio da Identidade Física do Juiz.
(C) O réu que se oculta será citado por hora certa e, caso não compareça em juízo, ser-lhe-á nomeado defensor dativo, permanecendo o processo penal em curso sem suspensão, a despeito da natureza ficta da citação por hora certa.
(D) As exceções no processo penal deverão ser processadas em apartado.
(E) A vítima poderá ser intimada dos atos processuais relativos ao ingresso e à saída do acusado da prisão, à designação de data para a audiência e à sentença ou ao acórdão que a mantenha ou a modifique, caso o juiz entenda que esses atos processuais são de interesse da vítima.

A: correta, pois do art. 363, *caput*, do CPP depreende-se que, feita a citação, a relação processual está formada, completa; B: assertiva correta. A Lei 11.719/08 introduziu no art. 399 do CPP o § 2º, conferindo-lhe a seguinte redação: "O juiz que presidiu a instrução deverá proferir a sentença". O princípio da identidade física do juiz, antes exclusivo do processo civil, doravante será também aplicável ao processo penal; C: a alternativa está correta, na medida em que a Lei 11.719/08 alterou a redação do art. 362 do CPP e introduziu no processo penal a *citação por hora certa*, modalidade de citação ficta até então exclusiva do processo civil, a ser realizada por oficial de Justiça na hipótese de ocultação do réu; D: correta, pois em conformidade com o art. 111 do CPP; E: incorreta, pois em desacordo com a redação do art. 201, § 2º, do CPP. Gabarito "E".

(Defensor Público/GO – 2010 – I. Cidades) Sobre a citação no Processo Penal, é correto afirmar que:

(A) Na citação por hora certa, caso o réu não constitua advogado nem compareça em juízo, deverão o processo e o prazo prescricional ser suspensos.
(B) Havendo citação por edital, se o réu estiver foragido mas o defensor público estiver encarregado da defesa, poderá o processo prosseguir normalmente, sem suspensão.
(C) Havendo citação por edital, se o réu estiver foragido mas houver advogado constituído nos autos, o processo seguirá normalmente, sem suspensão.
(D) No procedimento ordinário, o réu será citado para responder à acusação no prazo de 15 dias.
(E) O Supremo Tribunal Federal entende ser inconstitucional a citação por hora certa, por afrontar o princípio da ampla defesa.

A: o processo e o prazo prescricional serão suspensos na hipótese de o acusado, citado por edital, não comparecer nem constituir defensor (art. 366, CPP). Se o réu, citado por hora certa, não oferecer defesa no prazo de dez dias, deverá o juiz, neste caso, nomear-lhe defensor, para apresentação de defesa escrita no mesmo prazo, conforme dispõem os arts. 362, parágrafo único, e 396-A do CPP. Não há que se falar, portanto, neste caso, em suspensão do processo nem do prazo prescricional; B e C: pela dicção do art. 366 do CPP, o processo e o curso do prazo prescricional serão suspensos sempre que o acusado, citado por edital, não comparecer ao interrogatório nem constituir, contratar advogado para patrocinar sua defesa. Fica evidente, portanto, que a defesa promovida por defensor público não elide a incidência do dispositivo, pois não se trata de profissional contratado pelo réu; D: assertiva incorreta, visto que tanto no procedimento ordinário quanto no sumário o prazo para oferecimento da defesa prévia ou resposta escrita é de dez dias – art. 396 do CPP; E: embora a doutrina minoritária tenha reservas em relação à citação por hora certa no âmbito no processo penal, não é verdade que o STF entende ser inconstitucional esta modalidade de citação presumida. Gabarito "C".

(Defensor Público/GO – 2010 – I. Cidades) Quando o réu se oculta para não ser citado, o procedimento para a efetivação do ato será o seguinte:

(A) O oficial de justiça certificará a ocorrência e o juiz determinará a citação por edital com prazo de cinco dias.
(B) O oficial certificará o ocorrido e o juiz fará a citação por edital com prazo de 30 dias.
(C) O oficial de justiça insistirá na citação pessoal e, após três tentativas frustradas, certificará a ocorrência, ao que o juiz poderá determinar a citação editalícia.
(D) O oficial de justiça certificará a ocorrência e procederá à citação com hora certa, na forma do Código de Processo Civil.
(E) O juiz determinará a citação editalícia com prazo de 90 dias.

A citação por hora certa (362, CPP) constitui inovação introduzida no processo penal pela Lei 11.719/08, até então exclusiva do processo civil. Será feita por oficial de Justiça sempre que se verificar que o réu se oculta com o propósito de inviabilizar o ato citatório. Gabarito "D".

(Defensoria/MG – 2009 – FURMARC) Verificando-se que o réu se oculta para não ser citado, o oficial de justiça deverá proceder a:

(A) Citação por hora certa.
(B) Citação por mandado.
(C) Citação por edital.
(D) Citação por precatória.
(E) Citação por carta rogatória.

A Lei 11.719/08 alterou a redação do art. 362 do CPP e, com isso, passou-se a admitir a *citação com hora certa* no âmbito do processo penal. Gabarito "A".

(Defensoria/MG – 2006) Analise as afirmativas que se seguem

I. A interpelação judicial (art. 144, CP) suspende o prazo decadencial da ação privada.
II. Na contagem dos prazos no processo penal, diferentemente do que dispõe o Código Penal, exclui-se o dia do começo e inclui-se o do vencimento.
III. Segundo o entendimento sumulado do Supremo Tribunal Federal, contam-se os prazos da data da intimação e, não, da juntada aos autos do mandato ou da carta precatória ou de ordem.

A partir dessa análise, pode-se concluir que

(A) Apenas as afirmativas I e II estão corretas.
(B) Apenas as afirmativas I e III estão corretas.
(C) Apenas as afirmativas II e III estão corretas.
(D) Todas as afirmativas estão corretas.
(E) Todas as afirmativas estão incorretas.

I: o instrumento previsto no art. 144 do CP não suspende o prazo decadencial; II: art. 10 do CP e art. 798, § 1º, do CPP; III: Súmula 710 do STF. Gabarito "C".

(Defensoria/RN – 2006) Considera-se revel o réu que

(A) citado por edital, não comparece e não constitui advogado, devendo o juiz nomear-lhe curador e dar prosseguimento ao feito.
(B) citado pessoalmente, não comparece e não constitui advogado, devendo o juiz nomear-lhe defensor dativo, dando prosseguimento ao feito, podendo inclusive decretar-lhe a prisão preventiva.
(C) citado por edital não comparece e não constitui advogado, devendo o juiz suspender o curso do processo e da prescrição.
(D) citado pessoalmente é interrogado, mas não constitui advogado para apresentar defesa preliminar.

Art. 367 do CPP. Gabarito "B".

(Defensoria/SP – 2009 – FCC) Com relação aos efeitos da citação no processo penal, a citação válida

(A) interrompe a prescrição. O fato é sempre litigioso. A litispendência e a prevenção são definidas na distribuição. A relação processual se completa com o recebimento da denúncia ou queixa.
(B) torna prevento o juízo. A formação da relação processual, a litispendência, prescrição e litigiosidade não dependem da citação.
(C) induz litispendência, torna prevento o juízo, faz litigioso o fato imputado e completa a formação do processo. A prescrição é interrompida pelo recebimento da denúncia ou queixa.
(D) torna litigioso o fato imputado. Prevenção, litispendência, interrupção da prescrição e a formação da relação processual não dependem da citação.
(E) completa a formação do processo. Litispendência, prevenção, interrupção da prescrição e litigiosidade não dependem da citação.

Em vista do disposto no art. 363, *caput*, do CPP, o processo de fato terá aperfeiçoada sua formação quando realizada a citação do acusado. De outro lado, a citação válida não tem o condão de tornar prevento o juízo criminal, tampouco de interromper o curso do prazo prescricional, o que ocorre com o recebimento da denúncia ou da queixa, nos exatos termos do art. 117, I, do CP. Também não induz litispendência, uma vez que a lide é considerada pendente com o ajuizamento da demanda. Gabarito "E".

(Defensoria/SP – 2006 – FCC) A intimação do defensor público para o julgamento de recurso em segunda instância será

(A) facultativa se se tratar de réu solto.
(B) obrigatória, pela imprensa oficial.
(C) obrigatória, pessoal e com antecedência mínima de 10 dias da data do julgamento.
(D) feita pela imprensa oficial nos casos de réu preso.
(E) obrigatória e pessoal.

Art. 5º, § 5º, da Lei 1.060/50. *Vide*, a esse respeito: STF, RHC 85.443-SP, 1ª T., Rel. Min. Sepúlvida Pertence, j. 19.4.05. *Gabarito "E".*

(Cartório/AP – 2011 – VUNESP) Se o acusado, citado por edital, não comparecer, nem constituir advogado,

(A) o processo será arquivado e será extinto quando se expirar o prazo prescricional.
(B) será decretada a revelia e o processo prosseguirá com a nomeação de defensor dativo.
(C) o processo será julgado extinto sem julgamento do mérito.
(D) será obrigatoriamente decretada a sua prisão preventiva.
(E) ficarão suspensos o processo e o curso do prazo prescricional.

Se o réu, depois de citado por edital, não comparecer tampouco constituir defensor, o processo e o prazo prescricional ficarão, em vista da disciplina estabelecida no art. 366 do CPP, suspensos. *Gabarito "E".*

(Delegado/AP – 2010) Com relação ao tema *citações*, assinale a afirmativa incorreta.

(A) No processo penal o réu que se oculta para não ser citado poderá ser citado por hora certa na forma estabelecida no Código de Processo Civil.
(B) Estando o acusado no estrangeiro, em lugar sabido, a citação far-se-á por carta ou qualquer meio hábil de comunicação.
(C) Se o acusado, citado por edital, não comparecer, nem constituir advogado, ficarão suspensos o processo e o curso do prazo prescricional.
(D) O processo seguirá sem a presença do acusado que, citado ou intimado pessoalmente para qualquer ato, deixar de comparecer sem motivo justificado.
(E) Se o réu estiver preso, será pessoalmente citado.

A: correta (art. 362, CPP); B: incorreta (art. 368, CPP); C: correta (art. 366, CPP); D: correta (art. 367, CPP); E: correta (art. 360, CPP). *Gabarito "B".*

(Delegado/AP – 2010) Com relação ao tema *intimação*, assinale a afirmativa incorreta.

(A) A intimação do defensor constituído feita por publicação no órgão incumbido da publicidade dos atos judiciais da comarca deve, necessariamente, conter o nome do acusado, sob pena de nulidade.
(B) A intimação do Ministério Público e do defensor nomeado será pessoal.
(C) No processo penal, contam-se os prazos da juntada aos autos do mandado ou da carta precatória ou de ordem, e não da data da intimação.
(D) Quando não houver órgão de publicação dos atos judiciais na comarca, a intimação far-se-á diretamente pelo escrivão, por mandado, ou via postal com comprovante de recebimento, ou por qualquer outro meio idôneo.
(E) Adiada, por qualquer motivo, a instrução criminal, o juiz marcará desde logo, na presença das partes e testemunhas, dia e hora para seu prosseguimento, do que se lavrará termo nos autos.

A: correta (art. 370, §1º, CPP); B: correta (art. 370, §4º, CPP); C: incorreta (Súmula 710, STF); D: correta (art. 370, §2º, CPP); E: correta (art. 372, CPP). *Gabarito "C".*

(CESPE – 2009) No que se refere a citações e intimações, assinale a opção correta.

(A) É inadmissível no processo penal a citação por hora certa.
(B) Tratando-se de processo penal, a citação inicial deve ser feita pelo correio.
(C) Tratando-se de processo penal, não se admite a citação de acusado por edital.
(D) O réu preso deve ser citado pessoalmente.

A: a Lei 11.719/08 alterou a redação do art. 362 do CPP e introduziu no processo penal a *citação por hora certa*, a ser realizada por oficial de Justiça na hipótese de ocultação do réu; B: no processo penal, a citação inicial far-se-á por mandado, nos termos do art. 351 do CPP; C: arts. 364, 365 e 366 do CPP; D: art. 360 do CPP. *Gabarito "D".*

12. PRISÃO, MEDIDAS CAUTELARES E LIBERDADE PROVISÓRIA

(Magistratura/AL – 2007 – FCC) Em matéria de prisão, é INCORRETO afirmar que, conforme dispõe o Código de Processo Penal,

(A) nas infrações permanentes, entende-se o agente em flagrante delito enquanto não cessar a permanência.
(B) não será concedida fiança nos crimes punidos com reclusão em que a pena aplicada for igual ou inferior a 2 (dois) anos.
(C) em qualquer fase do inquérito policial ou da instrução criminal, caberá a prisão preventiva, decretada pelo juiz, de ofício, a requerimento do Ministério Público ou do querelante, ou mediante representação da autoridade policial.
(D) a autoridade policial somente poderá conceder fiança nos casos de infração punida com detenção ou prisão simples.
(E) o juiz poderá revogar a prisão preventiva se verificar a falta de motivos para que subsista, bem como de novo decretá-la, se sobrevierem razões que a justifiquem.

A: art. 303 do CPP; B: com o advento da Lei 12.403/11, o panorama da fiança mudou sobremaneira no Código de Processo Penal. As vedações que antes havia no art. 323 do CPP não mais existem. Doravante, a fiança terá lugar em qualquer crime (exceção àqueles em relação aos quais a CF/88 veda a fiança e o próprio art. 323 tratou de listar), e o valor será estabelecido de forma proporcional à gravidade do crime e também à situação econômica do indiciado/réu; C: também por força da Lei 12.403/11, a redação do art. 311 do CPP foi modificada. A prisão preventiva continua a ser decretada em qualquer fase da investigação policial ou do processo penal, mas o juiz, que antes podia determiná-la de ofício também na fase de inquérito, somente poderá fazê-lo, a partir de agora, no curso da ação penal. É dizer, para que a custódia preventiva seja decretada no curso da investigação, é necessário que haja provocação da autoridade policial, mediante representação, ou do Ministério Público, por meio de requerimento. Atenção: a prisão temporária, destinada a viabilizar investigações de crimes graves, somente pode ser decretada na fase de inquérito. Aqui, nada mudou; D: outra novidade trazida pela Lei 12.403/11 é que a autoridade policial, agora, pode arbitrar fiança em qualquer infração penal cuja pena máxima cominada não seja superior a quatro anos (reclusão ou detenção). Pela redação anterior do art. 322 do CPP, o delegado somente estava credenciado a arbitrar fiança nas contravenções e nos crimes apenados com detenção; E: art. 316 do CPP. *Gabarito "B".*

(Magistratura/DF – 2007) A prisão temporária não é admissível:

(A) nos crimes contra o sistema financeiro;
(B) no crime de terrorismo;
(C) no crime de epidemia com resultado de morte;
(D) nenhuma das alternativas acima (A, B, C) é correta.

Art. 1º, III, da Lei 7.960/89. *Gabarito "D".*

(Magistratura/GO – 2009 – FCC) A prisão preventiva

(A) pode ser decretada como garantia da ordem pública, mas não da econômica.
(B) é obrigatória no caso de réu citado por edital e que não constituiu defensor, nos termos do art. 366 do Código de Processo Penal.
(C) não admite revogação por excesso de prazo para o término da instrução, medida cabível apenas para o relaxamento de flagrante.
(D) não é cabível se houver apresentação espontânea do acusado à autoridade.
(E) pode recair sobre acusado primário e de bons antecedentes.

A: art. 312 do CPP; B: não há que se falar em prisão preventiva obrigatória, automática. Somente será decretada se necessária ao processo. A mera ausência do réu ao interrogatório não é motivo bastante a justificar a decretação de sua custódia preventiva, que somente será determinada se presentes os requisitos dos arts. 312 e 313 do CPP; C: a prisão preventiva também pode ser relaxada por excesso de prazo para o término da instrução; a revogação se opera na hipótese do art. 316 do CPP; D: o art. 317 do CPP, que previa a apresentação espontânea do acusado, foi modificado pela Lei 12.407/11. A despeito disso, a apresentação espontânea do acusado não elide a possibilidade de o juiz decretar-lhe a prisão preventiva, desde que presentes os requisitos legais; E: ainda que se trate de acusado primário e de bons antecedentes, em seu desfavor pode ser decretada a custódia preventiva, desde que preenchidos os requisitos a que alude o art. 312 do CPP. *Gabarito "E".*

(Magistratura/MG – 2009 – EJEF) Marque a alternativa CORRETA. A liberdade provisória pode ser concedida no caso de:

(A) Prisão em flagrante.
(B) Prisão preventiva.
(C) Prisão em flagrante viciado.
(D) Prisão temporária.

O art. 310 do CPP, com a redação alterada pela Lei 12.403/11, impõe ao magistrado, quando do recebimento do auto de prisão em flagrante, o dever de manifestar-se *fundamentadamente* acerca da prisão que lhe é comunicada. Pela novel redação do dispositivo, abrem-se para o juiz as seguintes opções: se se tratar de prisão ilegal, deverá o magistrado relaxá-la e determinar a soltura imediata do preso; se a prisão estiver em ordem, deverá o juiz, desde que entenda necessário ao processo, converter a prisão em flagrante em preventiva, sempre levando-se em conta os requisitos do art. 312 do CPP. Ressalte-se que, tendo em vista o *postulado da proporcionalidade*, a custódia preventiva somente terá lugar se as medidas cautelares diversas da prisão revelarem-se inadequadas. Disso inferimos que a prisão em flagrante perdeu sua autonomia, já que não mais poderá perdurar até o final do processo como modalidade de prisão cautelar; poderá, por fim, o juiz conceder a liberdade provisória, com ou sem fiança, substituindo, assim, a prisão em flagrante. Daí podemos afirmar que, neste novo panorama, a prisão em flagrante poderá ser substituída pela liberdade provisória, que constitui um sucedâneo seu, ou mesmo pela prisão preventiva, dado que o infrator não poderá permanecer preso provisoriamente, como antes ocorria, "em flagrante". Para alguns autores, a prisão em flagrante deixou de constituir modalidade de prisão cautelar, restando, com isso, somente duas modalidades de custódia processual em nosso sistema: preventiva e temporária. Gabarito "A".

(Magistratura/MG - 2007) Marque a alternativa INCORRETA. O acusado NÃO poderá recorrer, validamente, à garantia da inviolabilidade domiciliar quando se tratar de:

(A) prisão preventiva ordenada por autoridade competente e efetivada durante o dia.
(B) prisão temporária ordenada por autoridade competente e efetivada durante o período noturno, depois de colhido o consentimento do morador.
(C) prisão decorrente de sentença condenatória que transitou em julgado, independentemente do horário de sua efetivação.
(D) prisão decorrente de sentença de pronúncia efetivada durante o dia, independentemente do consentimento do morador.

Art. 283 do CPP e art. 5º, XI, da CF. Gabarito "C".

(Magistratura/MG - 2006) No processo penal, o Juiz, de ofício, NÃO pode:

(A) decretar a prisão preventiva;
(B) proceder à verificação da falsidade;
(C) revogar a reabilitação;
(D) decretar a prisão temporária.

A: dada a modificação implementada no art. 311 do CPP pela Lei 12.403/11, não mais poderá o juiz, de ofício, decretar a prisão preventiva no curso da investigação policial. Somente estará credenciado a fazê-lo no decorrer da ação penal; B: art. 147 do CPP; C: art. 95 do CP; D: art. 2º, *caput*, da Lei 7.960/89. Gabarito "D".

(Magistratura/MG - 2006) Quanto à prisão, é INCORRETO afirmar que:

(A) ainda que o crime seja inafiançável, não pode a autoridade policial telefonar à outra, de diferente circunscrição, solicitando a prisão de alguém, anunciando que tem em mãos um mandado de prisão emitido pela autoridade competente;
(B) enquanto não sobrevier sentença condenatória, nas infrações penais comuns, o Presidente da República não estará sujeito à prisão;
(C) o cidadão que efetivamente tenha exercido a função de jurado tem direito à prisão especial antes da condenação definitiva, mesmo depois de ter sido excluído da lista de jurados, salvo se a exclusão se deu por incapacidade moral ou intelectual para o exercício da função;
(D) quando se tratar de uma organização criminosa, a autoridade policial pode retardar a realização da prisão em flagrante de seus membros, desde que mantidos sob observação e acompanhamento para que a medida legal se concretize no momento mais eficaz do ponto de vista da formação de provas e fornecimento de informações.

A: art. 299 do CPP (com redação modificada pela Lei 12.403/11); B: art. 86, § 3º, da CF; C: art. 295, X, do CPP; D: art. 2º da Lei 9.034/95. É o chamado **flagrante retardado** ou **diferido**. Gabarito "A".

(Magistratura/MS – 2008 – FGV) Quais os tipos de prisões cautelares que existem no ordenamento processual penal brasileiro?

(A) Temporária, administrativa, preventiva e decorrente de pronúncia.
(B) Flagrante, temporária, preventiva e decorrente de sentença (ou acórdão) condenatória recorrível e decorrente de pronúncia.
(C) Preventiva, temporária, decorrente de pronúncia e decorrente de sentença (ou acórdão) condenatória recorrível.
(D) Flagrante, temporária, administrativa, preventiva, decorrente de sentença (ou acórdão) condenatória recorrível, decorrente de pronúncia.
(E) Temporária, preventiva, decorrente de sentença (ou acórdão) condenatória recorrível e decorrente de pronúncia.

Com o advento da Lei 12.403/11, a *prisão em flagrante*, para parte da doutrina, deixou de constituir modalidade de prisão cautelar (processual ou provisória). Passamos a contar, nessa ótica, com duas modalidades de prisão cautelar, a saber: *prisão preventiva* e *prisão temporária*. Só para lembrar: a *prisão decorrente de pronúncia* e a *prisão decorrente de sentença recorrível* deixaram de integrar o rol das prisões processuais com a entrada em vigor das Leis 11.689/08 e 11.719/08. Gabarito "B".

(Magistratura/MS – 2008 – FGV) Qual dos elementos abaixo não está previsto no art. 312 do Código de Processo Penal como um dos requisitos para a decretação da prisão preventiva?

(A) Quando necessária para assegurar a aplicação da lei penal.
(B) Quando conveniente para a instrução criminal.
(C) Quando imprescindível para apaziguar o clamor público.
(D) Quando houver prova da existência do crime e indício suficiente de autoria.
(E) Quando necessária para garantir a ordem econômica.

O **clamor público**, por si só, além de não estar inserto no art. 312 do CPP, não é apto a justificar a prisão preventiva. Gabarito "C".

(Magistratura/MT – 2009 – VUNESP) Dentro de 24h (vinte e quatro horas) depois da prisão, será encaminhado ao juiz competente o auto de prisão em flagrante acompanhado de todas as oitivas colhidas e, caso o autuado não informe o nome de seu advogado, cópia integral para

(A) a Defensoria Pública.
(B) o Ministério Público.
(C) a Procuradoria Geral do Estado.
(D) a Ordem dos Advogados do Brasil.
(E) a Procuradoria Geral da União.

Art. 306, § 1º, do CPP (dispositivo com redação modificada pela Lei 12.403/11). Gabarito "A".

(Magistratura/PA – 2009 – FGV) Manoela de Jesus foi presa em flagrante, quando estava em sua casa assistindo à televisão, porque supostamente teria jogado um bebê recém nascido no rio. Os responsáveis pela prisão foram dois policiais civis que realizavam diligências no local a partir de uma denúncia anônima. Ao realizar a prisão os policiais identificaram Manoela a partir da descrição fornecida pela denúncia anônima. A esse respeito, assinale a alternativa correta.

(A) Trata-se de flagrante próprio, previsto no art. 302, I, do Código de Processo Penal.
(B) Trata-se de flagrante próprio, previsto no art. 302, II, do Código de Processo Penal.
(C) A prisão é ilegal, pois não está presente nenhuma das situações autorizadoras da prisão em flagrante.
(D) Trata-se de flagrante presumido, previsto no art. 302, IV, do Código de Processo Penal.
(E) Trata-se de flagrante impróprio, previsto no art. 302, III, do Código de Processo Penal.

Manoela não foi presa no momento em que cometia ou quando acabava de cometer o crime a ela atribuído. Se assim fosse, estaríamos diante do chamado *flagrante próprio, real* ou *perfeito*, presente no art. 302, I e II, do CPP. Da mesma forma, não é o caso do chamado *flagrante impróprio, imperfeito* ou *quase flagrante*, em que o sujeito é perseguido, logo após, em situação que faça presumir ser o autor da infração (art. 302, III). Manoela sequer foi perseguida. Também não se está diante do denominado *flagrante ficto* ou *presumido* (art. 302, IV), em que o agente, sem que houvesse perseguição, é encontrado depois do crime na posse de instrumentos, armas, objetos ou papéis em circunstâncias que revelem ser ele o autor da infração penal. Manoela, ao ser presa em sua residência, não estava na posse de nenhum instrumento que a ligasse ao crime que a ela foi imputado. Assim, ausente qualquer das situações autorizadoras da prisão em flagrante, a detenção de Manuela é ilegal." Gabarito "C".

(Magistratura/PA – 2008 – FGV) Preso em flagrante, Jota é acusado da prática de crime de furto tentado. Jota tem vinte e três anos de idade. Juntando prova da primariedade do acusado, assim como de residência e bons antecedentes, a Defesa requer a liberdade provisória do réu, que é negada ao argumento de que Jota, quando era adolescente, praticara outro furto, pelo qual cumpriria medida socioeducativa. A esse respeito, assinale a alternativa correta.

(A) A decisão judicial viola o princípio da presunção de inocência e não se caracteriza, também, pela homogeneidade que constitui elemento das medidas cautelares privativas de liberdade.

(B) A decisão judicial viola a regra que não admite prisão em flagrante em infração penal de menor potencial ofensivo.

(C) A decisão judicial está devidamente fundamentada na garantia da ordem pública e deve ser mantida.

(D) A decisão judicial viola a regra que determina que em semelhante hipótese não se dispensa a prévia decretação da prisão temporária do acusado.

(E) A decisão judicial está correta porque se trata de crime equiparado a hediondo.

Art. 5º, LVII e LXVI, da CF. Gabarito "A".

(MAGISTRATURA/PB – 2011 – CESPE) Assinale a opção correta com referência a prisões e liberdade provisória.

(A) Conforme a jurisprudência do STJ, mesmo com o advento da Lei n.º 11.464/2007, que alterou a lei que trata dos crimes hediondos, não se tornou possível a liberdade provisória nos crimes hediondos ou equiparados, ainda no caso de não estarem presentes os requisitos da prisão preventiva.

(B) A prisão temporária, regulada pela Lei n.º 7.960/1989, é prevista no caso de ela ser imprescindível para as investigações e de haver fundadas razões, de acordo com prova cabal, de autoria ou participação do investigado nos crimes listados na referida lei, entre os quais não se inclui o crime de quadrilha.

(C) Conforme a pacífica jurisprudência dos tribunais superiores, a vedação legal da liberdade provisória ao acusado de tráfico ilícito de entorpecentes não é motivo suficiente para impedir a sua concessão ao réu preso em flagrante pela prática daquele delito.

(D) Conforme entendimento do STJ, é imprescindível, mesmo no caso de crimes hediondos, a demonstração, com base em elementos concretos, da necessidade da custódia preventiva do acusado, incluindo-se os de tráfico ilícito de entorpecentes presos em flagrante, não obstante a vedação da Lei n.º 11.343/2006 — Lei de Drogas.

A: o art. 5º, XLIII, da Constituição Federal veda, nos crimes hediondos e assemelhados, tão somente a concessão de fiança. Com o advento da Lei 11.464/07, que modificou a redação da Lei de Crimes Hediondos, que antes vedava a concessão de fiança e liberdade provisória, passou a ser possível a sua concessão sem fiança, já que foi extraída do dispositivo (art. 2º, II, da Lei 8.072/90). Mais recentemente, a Lei 12.403/11 promoveu uma série de alterações no âmbito da prisão e da liberdade provisória, entre elas alterou a redação do art. 323 do CPP, que passou a prever que os crimes hediondos e os delitos a eles equiparados são *inafiançáveis*. Pois bem, tal prescrição é inquestionável, inclusive em perfeita harmonia com o texto da CF/88 (art. 5º, XLIII). A questão que se coloca, todavia, é saber se a liberdade provisória *sem fiança* pode ser aplicada aos crimes hediondos e assemelhados. A despeito de haver divergências, notadamente na jurisprudência, entendemos, s.m.j., que a CF/88 proibiu tão somente a liberdade provisória com fiança. Se quisesse de fato proibir a liberdade provisória sem fiança, teria por certo feito menção a ela. Não o fez. Logo, a liberdade provisória vedada pelo constituinte nos crimes hediondos e equiparados é somente a *com fiança*. Assim entende a 2ª Turma do STF: HC 100.185-PA, rel. Min. Gilmar Mendes, DJ 6.8.10; STJ, HC 109.451-SP, 6ª T, DJ de 11.11.08; B: assertiva incorreta, pois o crime de quadrilha ou bando (art. 288, CP) faz parte do rol contemplado no art. 1º, III, *l*, da Lei 7.960/90; C: este tema é bastante polêmico na jurisprudência. Atualmente, a 1ª Turma do STF e a 5ª do STJ julgam de acordo com a vedação do art. 44 da Lei 11.343/06 (não cabe liberdade provisória); já a 2ª Turma do STF e a 6ª do STJ não compartilham dessa vedação (cabe liberdade provisória). Com estes últimos está a doutrina; D: correta a assertiva. A decretação ou manutenção da prisão cautelar, assim entendida aquela que antecede a condenação definitiva, deve conter a explicitação da necessidade da medida, apontando as razões que a tornam indispensável (art. 312 do CPP). Gabarito "E".

(Magistratura/PR – 2010 – PUC/PR) Sabemos que o instituto da prisão e da liberdade provisória tem sido objeto de muito debate e aprofundamento do tema no mundo jurídico. Diante dessa matéria, analise as questões e marque a alternativa CORRETA.

I. João Tergino roubou uma agência do Banco do Brasil no centro de Curitiba. Perseguido, passou para o município de Araucária, e, nesta cidade, fora preso em flagrante delito. Sendo apresentado imediatamente à autoridade local, não poderá ser autuado em flagrante em Araucária, pois o crime ocorreu em Curitiba, para onde deve ser encaminhado nos termos do Código de Processo Penal e pela teoria do resultado.

II. Considera-se em flagrante presumido quem é perseguido, logo após, pela autoridade, pelo ofendido ou por qualquer pessoa, em situação que faça presumir ser autor da infração.

III. Em qualquer fase do inquérito policial ou da instrução criminal, caberá a prisão temporária decretada pelo juiz, de ofício, a requerimento do Ministério Público, ou do querelante, ou mediante representação da autoridade policial.

IV. A apresentação espontânea do acusado à autoridade não impedirá a decretação da prisão preventiva nos casos em que a lei a autoriza.

(A) Apenas a assertiva IV está correta.
(B) Apenas as assertivas II e III estão corretas.
(C) Apenas as assertivas I e II estão corretas.
(D) Apenas as assertivas III e IV estão corretas.

I: arts. 290 e 304, § 1º, do CPP. Terá atribuição para a lavratura do auto de prisão em flagrante a autoridade policial da circunscrição onde foi efetuada a prisão, e não a do local do delito; II: inexiste, no *flagrante presumido* (art. 302, IV), perseguição; neste, o agente, logo depois de praticar o crime, é surpreendido com instrumentos, armas, objetos ou papéis que revelem ser ele o autor da infração. A perseguição se dá no flagrante impróprio (art. 302, III); III: a *custódia temporária* não pode ser decretada de ofício pelo juiz, que deverá determiná-la diante da representação formulada pela autoridade policial ou de requerimento do Ministério Público – art. 2º, caput, da Lei 7.960/89. Além disso, conforme preleciona o art. 1º, I, desta lei, trata-se de modalidade de prisão provisória destinada a viabilizar as investigações acerca de crimes considerados graves durante a fase de inquérito policial; IV: o art. 317 do CPP, que previa a apresentação espontânea do acusado, foi modificado pela Lei 12.403/11. Apesar disso, a apresentação espontânea do acusado não elide a possibilidade de o juiz decretar-lhe a prisão preventiva, desde que presentes os requisitos legais. Gabarito "A".

(Magistratura/RO – 2011 – PUCPR) O flagrante presumido consiste na prisão do agente que:

(A) É encontrado logo depois do fato, com instrumentos, armas ou objetos que estejam relacionados com o fato.
(B) É surpreendido na prática efetiva do crime.
(C) É surpreendido logo depois do fato.
(D) É perseguido e encontrado logo depois do fato.
(E) É preso logo após o fato e reconhecido por testemunhas.

flagrante presumido ou *ficto* (art. 302, IV, do CPP) é aquele em que o agente, sem ter havido perseguição, é encontrado logo depois do crime na posse de instrumentos, armas, objetos ou papéis em circunstâncias que revelem ser ele o autor da infração penal. Gabarito "A".

(Magistratura/RS – 2003) Por ter Antônio difamado-o, Manoel ingressou com ação penal privada por crime de difamação, requerendo, além da condenação, sua prisão preventiva. Antônio, empresário conhecido na cidade, já responde a outros 6(seis) processos pela prática dos crimes dos arts. 129, caput, do Código Penal (três) e 139 do Código Penal (três), tendo sido, no dia anterior ao pedido, condenado por um deles. Pode o Juiz decretar a prisão?

(A) sim, porque a soma das penas máximas dos 6(seis) delitos. Imputados era igual a 6(seis) anos, e ele já estava condenado.
(B) não, porque se tratava de ação penal privada.
(C) sim, porque o querelado já responde a 6(seis) processos por crime doloso.
(D) não, porque o querelado era pessoa conhecida e trabalhava na comunidade.
(E) sim, porque o querelado era uma pessoa agressiva e difamadora.

Trata-se de delito de menor potencial ofensivo. A sanção porventura a ele imposta não acarretará pena de prisão. Gabarito "D".

(Magistratura/SC – 2008) Conforme a Lei Maria da Penha:

(A) Se o crime envolver violência doméstica e familiar contra a mulher, nos termos da lei específica, não é cabível a decretação da prisão preventiva, considerando que os crimes são punidos com pena de detenção.
(B) Se o crime envolver violência doméstica e familiar contra a mulher, nos termos da lei específica, a fim de garantir a execução das medidas protetivas de urgência, apenas será admitida a decretação da preventiva se o caso versar sobre crime de homicídio.
(C) Se o crime envolver violência doméstica e familiar contra a mulher, nos termos da lei específica, a fim de garantir a execução das medidas protetivas de urgência, será admitida a decretação da prisão preventiva.
(D) Se o crime envolver violência doméstica e familiar contra a mulher, nos termos da lei específica, a fim de garantir a execução das medidas protetivas de urgência, somente será admitida a decretação da prisão preventiva se houver a aproximação do agente em relação àquela.
(E) Todas as alternativas estão incorretas.

O art. 313, IV, do CPP, que disciplinava a matéria, foi revogado. A Lei 12.403/11 alterou a redação do art. 313, III, do CPP e estabeleceu que, na hipótese de o crime envolver violência doméstica e familiar contra a mulher, criança, adolescente, idoso, enfermo ou pessoa com deficiência, será admitida a decretação da prisão preventiva, desde que para assegurar a execução das medidas protetivas de urgência. Note que, neste caso, o crime em relação ao qual será decretada a medida extrema poderá não obedecer às hipóteses de admissibilidade contempladas nos incisos I e II do mesmo dispositivo. Dessa forma, é possível que a prisão preventiva seja decretada diante da prática de crime de lesão corporal leve contra a mulher. Gabarito "C".

(Magistratura/SE – 2008 – CESPE) No que se refere à liberdade provisória, assinale a opção correta.

(A) É inafiançável o crime doloso punido com pena privativa de liberdade, independentemente de o réu ser ou não reincidente.
(B) A liberdade provisória com fiança pode ser concedida independentemente de oitiva do Ministério Público.
(C) Da decisão que concede ou nega o pedido de liberdade provisória cabe o recurso de agravo.
(D) O réu que quebrar a fiança no processo não poderá mais ser solto.
(E) A autoridade policial somente pode conceder fiança nos casos de infração penal punida com prisão simples.

A: com a modificação a que foi submetido o art. 323 do CPP, operada pela Lei 12.403/11, somente são inafiançáveis os crimes ali listados e também aqueles contidos em leis especiais, tais como o art. 31 da Lei 7.492/86 (Sistema Financeiro) e o art. 7º da Lei 9.034/05 (Crime Organizado); B: art. 333 do CPP; C: da decisão que conceder liberdade provisória cabe recurso em sentido estrito (art. 581, V, do CPP); agora, se o réu tem negado o seu pedido de liberdade provisória, resta-lhe impetrar *habeas corpus*; D: art. 342 do CPP; E: outra alteração implementada pela Lei 12.403/11 é que a autoridade policial, agora, pode arbitrar fiança em qualquer infração penal cuja pena máxima cominada não seja superior a quatro anos (reclusão ou detenção). Pela redação anterior do art. 322 do CPP, o delegado somente estava credenciado a arbitrar fiança nas contravenções e nos crimes apenados com detenção. Gabarito "B".

(Magistratura/SE – 2008 – CESPE) Assinale a opção incorreta acerca da prisão no processo penal.

(A) A recaptura do réu evadido não depende de prévia ordem judicial e poderá ser efetuada por qualquer pessoa.
(B) Havendo consentimento do morador, o mandado de prisão poderá ser cumprido em domicílio durante a noite.
(C) Entre as hipóteses legais de decretação da prisão preventiva estão a garantia da ordem pública, a conveniência da instrução criminal e o clamor público.
(D) Em geral, a prisão especial somente poderá ser concedida durante o processo ou inquérito policial, cessando o benefício após o trânsito em julgado.
(E) A prisão temporária não pode ser decretada de ofício pelo juiz, que terá o prazo de 24 horas, a partir do recebimento do requerimento das partes, para decidir fundamentadamente.

Art. 312 do CPP. Gabarito "C".

(Magistratura/SP – 2011 – VUNESP) Analise as proposições seguintes, a respeito da prisão em flagrante.

I. Quem, logo após o cometimento de furto, é encontrado na posse do bem subtraído, pode ser preso em flagrante delito, ainda que inexistam testemunhas da infração.
II. Nos crimes permanentes, entende-se que o agente está em flagrante delito enquanto não cessar a permanência.
III. Qualquer do povo deverá prender quem quer que seja encontrado em flagrante delito.
IV. Na falta ou impedimento do escrivão, qualquer pessoa designada pela autoridade policial lavrará o auto de prisão em flagrante, depois de prestado o compromisso legal.
V. Apresentado o preso, a autoridade competente deverá interrogá-lo e entregar-lhe a nota de culpa, e em seguida proceder à ouvidas do condutor e das testemunhas que o acompanham, colhendo, no final, as assinaturas de todos.

Estão corretas somente as proposições

(A) I, III e IV.
(B) I, II e IV.
(C) I, II e V.
(D) III, IV e V.
(E) II, III e V.

I: proposição correta. Esta é a situação contemplada no art. 302, IV, do CPP (*flagrante presumido* ou *ficto*); II: assertiva correta (art. 303, CPP); III: tal obrigação incumbe tão somente às autoridades policiais e aos seus agentes (flagrante compulsório); qualquer do povo *poderá* efetuar a prisão de quem quer que se encontre em situação flagrancial (flagrante facultativo). É o teor do art. 301 do CPP. Assertiva, portanto, incorreta; IV: assertiva correta (art. 305, CPP); V: incorreta, já que a ordem de inquirição estabelecida no art. 304, *caput*, do CPP prevê que o condutor seja ouvido em primeiro lugar; depois dele, as testemunhas; após e por último, o indiciado (conduzido). Gabarito "B".

(Magistratura/SP – 2006) Considere a situação a seguir. Mévio e Tício roubam banco na cidade de Três Corações, no Estado de Minas Gerais. Quando se veem cercados pela polícia, mantêm vários reféns no interior do estabelecimento, ameaçando matá-los caso não lhes seja entregue um carro forte para fuga. A situação se prolonga e, temendo um desate mais grave, a polícia cede e entrega o carro forte com o compromisso da liberação imediata dos reféns, o que ocorre. Os roubadores são perseguidos por policiais a distância, que recebem contínuas informações fidedignas sobre o trajeto percorrido na estrada pelos roubadores, em perseguição ininterrupta, após originário contato visual. Após dois dias de perseguição, o carro forte ingressa no Estado de São Paulo, onde uma barreira policial logra pará-lo, na cidade de Serra Negra/SP, culminando com a detenção dos infratores. Pode-se dizer que

(A) a situação, quando da prisão dos roubadores, é de flagrância, e o auto de prisão em flagrante será lavrado na cidade de Serra Negra/SP.
(B) a situação não é de flagrância, em razão de terem decorrido dois dias após a prática do delito.
(C) a situação, quando da detenção dos roubadores, é de flagrância, e o auto de prisão em flagrante deve ser lavrado na cidade de Três Corações/MG.
(D) a situação não é de flagrância, mas pode ser decretada a prisão temporária dos infratores.

Arts. 290 e 302, III, do CPP. Trata-se do chamado *flagrante impróprio* ou *imperfeito*. Gabarito "A".

(Magistratura/SP – 2008) Quanto à prisão em flagrante, assinale a alternativa correta.

(A) A falta de testemunha da infração impede a lavratura do auto de prisão em flagrante.
(B) A omissão de interrogatório do conduzido no auto de prisão em flagrante não acarreta, necessariamente, a nulidade do ato, dependendo do motivo da abstenção.
(C) A nomeação de curador não advogado ao preso maior de 18 (dezoito) e menor de 21 (vinte e um) anos no auto de flagrante constitui causa de nulidade absoluta do ato.
(D) A apresentação do conduzido obriga à lavratura da prisão em flagrante, não podendo a autoridade policial, em nenhum caso, determinar a soltura do preso.

A: art. 304, § 2º, do CPP; B: é comum, por vezes, o interrogatório do conduzido ser inviável porque este se encontra hospitalizado, por exemplo. Nesses casos, tal circunstância, que não ensejará a nulidade do ato, deverá ser consignada no auto pela autoridade policial; C: desnecessário nomeação de curador ao indicado menor de 21 anos (art. 5º do Código Civil); D: art. 304, *caput* e § 1º, do CPP. "B". Gabarito

(Magistratura/SP – 2006) Assinale a alternativa correta.

(A) A prisão temporária poderá ser executada antes da expedição do mandado de prisão.
(B) O prazo para recebimento da nota de culpa pelo indiciado é de até 24 horas após a lavratura do auto de prisão em flagrante.
(C) Os deputados e senadores podem ser presos em flagrante por crimes afiançáveis e inafiançáveis.
(D) Quando se tratar de infração inafiançável, a falta de exibição do mandado não obstará a prisão, desde que o preso seja imediatamente apresentado ao Juiz que expediu a ordem de prisão.

A: a custódia temporária, que tem como base a Lei 7.960/89, só poderá ser executada depois da expedição do mandado judicial respectivo, conforme reza o art. 2º, § 5º, da Lei; B: art. 306, § 2º, do CPP; C: art. 53, § 2º, da CF; D: art. 287 do CPP. "D". Gabarito

(Magistratura/SP – 2006) Analise a situação apresentada. Delegado de Polícia, na posse de mandado de prisão preventiva, dirige-se ao endereço nele constante para efetuar prisão. Ao chegar ao local, verifica que o acusado, ao perceber a presença de policiais, por volta das 21:00 horas, ingressa em residência de terceiros, na mesma rua. Dirigindo-se a essa residência, informa ao morador da existência do mandado de prisão e solicita autorização para ingresso na casa, a fim de cumprir a ordem judicial, o que lhe é negado pelo citado morador. Indique a providência que a autoridade policial deve tomar.

(A) Ingressa na residência à força e cumpre a ordem de prisão, prendendo o morador em flagrante, por favorecimento pessoal.
(B) Dirige-se ao Juiz de plantão para obter outro mandado de busca domiciliar, a fim de cumprir a ordem de prisão.
(C) Convoca duas testemunhas e ingressa à força na casa para efetuar a prisão.
(D) Torna a casa incomunicável, guardando todas as saídas, e às 06:00 horas, arromba as portas e efetua a prisão.

Art. 293 do CPP. "D". Gabarito

(Magistratura/TO – 2007 – CESPE) Os crimes para os quais está prevista prisão temporária não incluem

(A) os crimes contra o sistema financeiro.
(B) o homicídio culposo.
(C) o envenenamento de água potável ou substância alimentícia ou medicinal qualificado pela morte.
(D) o crime de quadrilha.

O homicídio culposo não está incluído no rol do art. 1º, III, da Lei 7.960/89. "B". Gabarito

(Ministério Público/BA – 2010) Sobre a prisão provisória, devemos afirmar que:

(A) Em caso de perseguição pela polícia, após a prisão em flagrante, deve o executor da medida providenciar a imediata remoção do preso, a fim de que seja lavrado o auto de prisão em flagrante pela autoridade policial do lugar onde se consumou o delito, ou, no caso de tentativa, pelo lugar em que foi praticado o último ato de execução.
(B) A prisão temporária poderá ser decretada, nos termos da lei, pelo Juiz de Direito, de ofício, a requerimento do Ministério Público ou em face de representação da autoridade policial.
(C) É possível a decretação da prisão preventiva no crime culposo que envolve violência doméstica e familiar contra a mulher, para garantir a execução das medidas protetivas de urgência, decretadas nos termos da lei específica.
(D) A apresentação espontânea do indiciado à autoridade policial impede a decretação da prisão preventiva nos casos em que a lei a autoriza.
(E) Nenhuma das alternativas anteriores pode ser afirmada.

A: tal medida, em vista do que estabelecem os arts. 290 e 304, § 1º, do CPP, é desnecessária e incorreta, pois terá atribuição para a lavratura do auto de prisão em flagrante a autoridade policial da circunscrição onde foi efetuada a prisão, e não a do local onde o delito se consumou ou mesmo onde foi praticado o último ato de execução; B: a custódia temporária, em face do que dispõe o art. 2º, *caput*, da Lei 7.960/89, somente pode ser decretada por juiz de direito, que o fará diante de representação formulada pela autoridade policial ou de requerimento do Ministério Público. É defeso ao juiz, na prisão temporária, determinar a custódia de ofício; C: a prisão preventiva não será admitida no âmbito do crime culposo (art. 313, CPP); D: apesar de o art. 317 do CPP ter sido modificado pela Lei 12.403/11, a apresentação espontânea do acusado não impede a possibilidade de o juiz decretar-lhe a prisão preventiva, desde que presentes os requisitos legais. "E". Gabarito

(Ministério Público/MG – 2006) Sobre o tema "prisão e liberdade provisória", é CORRETO afirmar:

(A) Lavrado o auto de prisão em flagrante e constatando-se que o agente praticou o fato em situação evidente de legítima defesa, deverá o Delegado de Polícia conceder ao conduzido o direito de livrar-se solto.
(B) O Ministério Público deverá ser ouvido nos autos antes da concessão da liberdade provisória vinculada, exigência dispensável em se tratando de hipótese de pedido de liberdade provisória com fiança.
(C) A Liberdade Provisória assenta-se em fundamento inserto na Constituição Federal, que consagra garantia deferida ao cidadão, segundo a qual toda prisão ilegal deverá ser relaxada pela autoridade competente.
(D) Nos processos por crime de competência do Júri, a prisão preventiva, expedida com fundamento na conveniência da instrução criminal, deverá ser relaxada logo depois de concluída a instrução criminal.
(E) Mesmo em face da proibição legal de concessão liberdade provisória vinculada ao autor de crime hediondo, ela poderá ser concedida em decorrência do excesso de prazo na formação da culpa.

A: cabe à autoridade policial realizar tão somente um juízo de tipicidade. Constitui, dessa forma, incumbência do magistrado verificar se o conduzido praticou a conduta a ele imputada sob o manto protetor de alguma das excludentes de ilicitude, para, em caso afirmativo, conceder-lhe liberdade provisória, nos termos no art. 310, parágrafo único, do CPP (dispositivo modificado pela Lei 12.403/11); B: art. 333 do CPP; C: o fundamento da liberdade provisória encontra-se no art. 5º, LXVI, da CF; D: concluída a fase de coleta de provas e não havendo mais necessidade em se manter a custódia do réu, deverá ser ela revogada porque não mais interessa ao processo. Não há por que manter-se a prisão (art. 316, CPP); E: aqui, fala-se em relaxamento da prisão. Súmula 697 do STF: "A proibição de liberdade provisória nos processos por crimes hediondos não veda o relaxamento da prisão processual por excesso de prazo". "B". Gabarito

(Ministério Público/PB – 2010) Considere as proposições abaixo e, em seguida, indique a alternativa que contenha julgamento devido sobre elas:

I. É incabível a concessão de liberdade provisória com fiança nos crimes punidos com reclusão em que a pena mínima cominada for igual ou superior a 2(dois) anos.
II. Fixado o valor da fiança, se assim recomendar a situação econômica do réu, poderá ser reduzido até o máximo de dois terços ou aumentada, pelo juiz, até o décuplo. Nos casos de prisão em flagrante pela prática de crime contra a economia popular ou de crime de sonegação fiscal, poderá ser reduzido em até nove décimos ou aumentada até o décuplo.
III. Será declarada quebrada a fiança quando reconhecida a existência de crime inafiançável, no caso de inovação na classificação do delito.

(A) Apenas a proposição I está correta.
(B) Apenas a proposição II está correta.
(C) Apenas a proposição III está correta.
(D) Todas as proposições estão corretas.
(E) Todas as proposições estão incorretas.

I: com a modificação a que foi submetido o art. 323 do CPP, operada pela Lei 12.403/11, somente são inafiançáveis os crimes ali listados e também aqueles contidos em leis especiais; II: o art. 325 do CPP, que trata do valor da fiança, foi alterado pela Lei 12.403/11; III: assertiva incorreta, visto que tal hipótese não está contemplada nos arts. 328 e 341 do CPP. "B". Gabarito

(Ministério Público/PR – 2011)

I. A proibição de liberdade provisória nos processos por crimes hediondos não veda o relaxamento da prisão processual por excesso de prazo.
II. É válida a prisão em flagrante se chega à polícia a informação da iminente prática de um delito e esta se desloca para o local onde ocorrerá a suposta infração e aguarda o início da realização dos atos de execução, impedindo sua consumação e exaurimento.
III. A comunicação extemporânea de prisão em flagrante à autoridade judiciária, sujeita a autoridade policial à responsabilização criminal e administrativa, mas não nulifica o auto de prisão em flagrante.

Considerando as assertivas acima se afirma que:

(A) Apenas as assertivas I e II são corretas.
(B) Apenas as assertivas II e III são corretas.
(C) Apenas as assertivas I e III são corretas.
(D) Apenas uma assertiva está correta.
(E) Todas as assertivas são corretas.

I: Súmula 697 do STF: "A proibição de liberdade provisória nos processos por crimes hediondos não veda o relaxamento da prisão processual por excesso de prazo"; II: neste caso, está-se diante do chamado *flagrante esperado*, em que a polícia aguarda o momento de agir. Constitui hipótese viável de flagrante porquanto, aqui, inexiste induzimento ou instigação, mas mero monitoramento, acompanhamento; III: depois de efetuada a prisão em flagrante de alguém, incumbe a autoridade policial que presidiu o auto respectivo providenciar, no prazo máximo de 24 horas, a comunicação ao juiz de direito competente. Além do magistrado, devem ser comunicados o MP e a família do preso ou outra pessoa que ele indicar. Não é só. Por imposição da Lei 12.403/12, que alterou o art. 306, § 1º, do CPP, também deve ser comunicada, caso o autuado não informe o nome de seu advogado, a Defensoria Pública, com remessa de cópia integral das peças (todas as oitivas). Dessa forma, o juiz, ao receber o auto de prisão em flagrante e após examiná-lo, deverá relaxar a prisão se constatar qualquer ausência de formalidade ou mesmo ilegalidade na prisão do autuado. São exemplos: inversão na ordem de inquirição entre condutor/testemunha/conduzido, estabelecida no art. 304, caput, do CPP; flagrante preparado ou provocado (Súmula nº 145, STF); não entrega da nota de culpa; entrega da nota de culpa em prazo superior ao estabelecido em lei (24 horas após a prisão-captura); comunicação extemporânea etc. Gabarito "E".

(Ministério Público/PR – 2008) Assinale a alternativa INCORRETA: Quando houver prova da existência do crime e indício suficiente de autoria, a prisão preventiva poderá ser decretada:

(A) Como garantia da ordem pública.
(B) Por conveniência da instrução criminal.
(C) Para assegurar a aplicação da lei penal.
(D) Como garantia da ordem econômica.
(E) Como garantia da ordem tributária.

Art. 312 do CPP. Gabarito "E".

(MINISTÉRIO PÚBLICO/RO – 2010 – CESPE) Considere que Paulo tenha sido denunciado pela prática de latrocínio e se encontre submetido à prisão cautelar. Nessa situação hipotética, caso Paulo tenha sido preso

(A) de ofício pelo juiz após o recebimento da denúncia, ele está submetido à prisão temporária.
(B) por ordem judicial a requerimento da autoridade policial durante as investigações, exclui-se a possibilidade de prisão temporária.
(C) de ofício pelo juiz durante o IP, ele está submetido a prisão preventiva.
(D) em flagrante preparado, a defesa poderá requerer a revogação da prisão ou a concessão de liberdade provisória.
(E) em flagrante presumido, a defesa poderá requerer o relaxamento da prisão ou a concessão de liberdade provisória.

dadas as modificações promovidas pela Lei 12.403/11 no âmbito da prisão e da liberdade provisória, o juiz, a partir de agora, não mais poderá decretar de ofício, no curso do inquérito policial, a prisão preventiva. Sem provocação, a custódia preventiva somente poderá ser decretada no decorrer da ação penal, conforme estabelece a nova redação do art. 311 do CPP. Ao tempo em que esta questão foi aplicada, ainda não estava em vigor o dispositivo supracitado. Gabarito "C".

(Ministério Público/RS – 2009) Leia o relato abaixo. Hermenegildo, funcionário público estadual, foi indiciado em inquérito policial na comarca de São Sebastião do Caí, pela prática do delito do art. 213, do Código Penal. A denúncia foi apresentada com a mesma capitulação (estupro). No pé da inicial, o Promotor de Justiça requereu a segregação do denunciado por 15 (quinze) dias para aprofundamento da investigação acerca da autoria e da materialidade, ante indícios da existência de provas ainda ocultas. A postulação foi deferida nos termos do pleito. Considerando-se os dados apresentados, é correto afirmar que se trata de prisão

(A) temporária, que pode ser decretada a qualquer tempo no nosso sistema processual; portanto, é legal.
(B) preventiva, mas que não obedeceu aos pressupostos do art. 312 do CPP; portanto, é ilegal.
(C) administrativa, dada a sua condição de servidor público.
(D) preventiva, que obedeceu aos pressupostos do art. 312 do CPP; portanto, é legal.
(E) temporária, mas que só tem previsão durante o inquérito policial; portanto, é ilegal.

A prisão temporária, cuja disciplina está na Lei 7.960/89, poderá, em se tratando de crime hediondo ou a ele equiparado, ser decretada pelo prazo de 30 dias, prorrogável por igual período, no caso de comprovada e extrema necessidade. É o teor do art. 2º, § 4º, da Lei 8.072/90 (Crimes Hediondos). Ocorre que esta modalidade de prisão provisória presta-se a viabilizar as investigações do inquérito policial. Com a conclusão deste, não há mais que se falar em prisão temporária, que, se perdurar, passa a ser ilegal. Gabarito "E".

(Ministério Público/RS - 2002) Prova do crime, indícios de autoria, conveniência da instrução criminal, garantia da ordem pública e aplicação da lei penal são pressupostos de:

(A) Prisão temporária.
(B) Prisão em flagrante.
(C) Custódia domiciliar.
(D) Prisão preventiva.
(E) Medida de segurança.

Art. 312 do CPP. Gabarito "D".

(Ministério Público/SC – 2010)

I. O juiz formará sua convicção pela livre apreciação da prova produzida em contraditório judicial, não podendo fundamentar sua decisão exclusivamente nos elementos informativos colhidos na investigação, ressalvadas as provas cautelares, não repetíveis e antecipadas.
II. A reforma processual operada através da Lei nº 11.690/2008 vedou a utilização no processo penal das provas ilícitas por derivação, não prevendo qualquer ressalva para sua admissibilidade.
III. Os crimes culposos não admitem prisão preventiva
IV. Nos casos de prisão em flagrante, a falta de testemunhas da infração não impedirá a lavratura do auto. Neste caso, no entanto, com o condutor deverão assiná-lo pelos menos duas pessoas que hajam testemunhado a apresentação do preso à autoridade.
V. Segundo o Código de Processo Penal, a fiança que se reconheça não ser cabível na espécie será quebrada em qualquer fase do processo.

(A) Apenas as assertivas II e V estão corretas.
(B) Apenas as assertivas III e IV estão corretas.
(C) Apenas as assertivas II, IV e V estão corretas.
(D) Apenas as assertivas I e III estão corretas.
(E) Apenas as assertivas I, III e IV estão corretas.

I: assertiva correta, visto que corresponde ao teor do 155, caput, do CPP; II: a Lei 11.690/08 fez, em relação às provas ilícitas por derivação (no art. 157, § 1º, do CPP), a seguinte ressalva: (...) *salvo quando não evidenciado o nexo de causalidade entre umas e outras, ou quando as derivadas puderem ser obtidas por uma fonte independente das primeiras*; III: a prisão preventiva não terá lugar nos crimes culposos tampouco nas contravenções penais (art. 313, CPP); IV: correta, nos termos do art. 304, § 2º, do CPP; V: incorreta, pois contraria o estabelecido no art. 338 do CPP. Gabarito "E".

(Ministério Público/SP – 2010) Assinale a afirmativa incorreta, em relação à prisão preventiva:

(A) a prisão preventiva não é admitida nas contravenções penais e nos delitos culposos.
(B) a prisão preventiva pode ser decretada, quando houver prova da existência do crime e indício suficiente de autoria.
(C) a apresentação espontânea do acusado à autoridade policial não impede a decretação da prisão preventiva.
(D) admite-se a prisão preventiva nos crimes que envolvem violência doméstica e familiar contra a mulher, desde que a infração penal seja dolosa e para garantir a execução das medidas urgentes para a proteção da mulher.
(E) admite-se nos crimes dolosos, punidos com reclusão, desde que a pena mínima cominada seja igual ou superior a dois anos.

A: art. 313 do CPP; B: art. 312, parte final, do CPP; C: apesar de o art. 317 do CPP ter sido modificado pela Lei 12.403/11, a apresentação espontânea do acusado não afasta a possibilidade de em seu desfavor ser decretada a prisão preventiva, desde que esta se revele necessária ao processo – art. 312, CPP; D: art. 313, III, do CPP; E: a assertiva não está em conformidade com a nova redação do art. 313, I, do CPP. Gabarito "E".

(Ministério Público/SP – 2008) Assinale a alternativa correta.

(A) A caracterização do flagrante presumido não prescinde da perseguição ao agente logo depois da infração.
(B) Não se admite a prisão em flagrante nas infrações de menor potencial ofensivo.
(C) O quebramento da fiança importará a perda de metade do seu valor e a obrigação do acusado de se recolher à prisão.
(D) Admite-se a decretação da prisão preventiva nos casos de contravenção penal e crime culposo se o réu é vadio.
(E) Cabe recurso em sentido estrito da decisão que nega a fiança e da que indefere pedido de revogação da prisão preventiva.

A: assertiva incorreta, visto que, nesta modalidade de flagrante (art. 302, IV, do CPP), inexiste perseguição, na medida em que o agente, logo depois do crime, é encontrado na posse de instrumentos, armas, objetos ou papéis em circunstâncias que revelem ser ele o autor da infração penal. O elemento **perseguição** é imprescindível no chamado **flagrante impróprio, imperfeito** ou **quase flagrante**, em que o sujeito é perseguido, logo após, em situação que faça presumir ser o autor da infração (art. 302, III); B: art. 69, p. único, da Lei 9.099/95; C: em vista da nova redação conferida ao art. 343 do CPP pela Lei 12.403/11, o quebramento **injustificado** da fiança implicará a perda de metade do seu valor, devendo o juiz, neste caso, antes de decretar a prisão preventiva, que constitui medida excepcional, verificar se é cabível a imposição de outras medidas cautelares, à luz do disposto no art. 282, § 6º, do CPP; D: art. 313 do CPP. O dispositivo afasta a possibilidade de se decretar a prisão preventiva quando se tratar de crime culposo ou contravenção penal; E: da decisão que nega a fiança cabe recurso em sentido estrito (art. 581, V, do CPP); e da que indefere pedido de revogação da prisão preventiva cabe habeas corpus. Gabarito "C".

(Ministério Público/SP - 2005) Assinale a alternativa incorreta.

(A) A fiança será concedida sem a prévia audiência do Ministério Público.
(B) Não será concedida fiança nos crimes punidos com reclusão em que a pena mínima cominada for superior a dois anos.
(C) Não será concedida fiança quando presentes os motivos que autorizam a prisão preventiva.
(D) A autoridade policial somente poderá conceder fiança nos casos de infração punida com detenção ou prisão simples.
(E) A fiança só poderá ser prestada até o oferecimento da denúncia.

A: art. 333 do CPP; B: esta alternativa, dada a modificação ocorrida por força da Lei 12.403/11, está incorreta, visto que, em razão dela, a nova redação do art. 313 do CPP estabelece que somente são inafiançáveis os crimes de racismo, os delitos definidos como hediondos (Lei 8.072/90) e os a eles equiparados, aqueles cometidos por grupos armados, civis ou militares, contra a ordem constitucional e o Estado Democrático e também os previstos em leis especiais; C: art. 324, IV, do CPP; D: termos aqui outra alteração promovida pela Lei 12.403/11. A autoridade policial poderá, agora, conceder fiança nas infrações cuja pena privativa de liberdade não seja superior a quatro anos; nos demais casos, somente o juiz; E: a fiança pode ser prestada desde a prisão em flagrante até o trânsito em julgado da sentença condenatória. Gabarito "E".

(Ministério Público/SP - 2005) A prisão temporária (Lei n.º 7.960/89) não poderá ser decretada no crime de

(A) tráfico de drogas.
(B) seqüestro ou cárcere privado.
(C) epidemia com resultado morte.
(D) genocídio.
(E) perigo de desastre ferroviário.

Art. 1º, III, da Lei 7.960/89. Gabarito "E".

(Procurador do Estado/SC – 2010 – FEPESE) Analise as afirmativas abaixo em matéria Processual Penal:

1. Se a infração for inafiançável, a falta de exibição do mandado não obstará à prisão, e o preso, em tal caso, será imediatamente apresentado ao juiz que tiver expedido o mandado.
2. Ocorre quase flagrante quando o agente é encontrado, logo depois, com instrumentos, armas, objetos ou papéis que façam presumir ser ele autor da infração.
3. Não há crime, quando a preparação do flagrante pela polícia torna impossível a sua consumação.
4. A prisão preventiva somente pode ser decretada no curso do inquérito policial, sendo em regra, pelo prazo de 5 (cinco) dias, prorrogáveis, uma única vez, pelo mesmo período.

Assinale a alternativa que indica todas as afirmativas **corretas**.

(A) São corretas apenas as afirmativas 1 e 3.
(B) São corretas apenas as afirmativas 2 e 3.
(C) São corretas apenas as afirmativas 2 e 4.
(D) São corretas apenas as afirmativas 1, 2 e 3.
(E) São corretas apenas as afirmativas 1, 3 e 4.

1ª) assertiva correta, pois corresponde à redação do art. 287 do CPP; 2ª) o quase flagrante corresponde ao flagrante impróprio ou imperfeito (art. 302, III). A modalidade de flagrante retratada na assertiva é o chamado presumido ou ficto (art. 302, IV). Neste, não existe perseguição. O sujeito é encontrado, logo depois da infração, com instrumentos, armas etc.; naquele, o agente, logo após a prática do crime, é perseguido em situação que faça presumir ser ele o autor da infração; 3ª) assertiva correta. Corresponde à Súmula nº 145 do STF; 4ª) a proposição estaria correta se se referisse à prisão temporária, que só pode ser decretada no curso do inquérito policial e tem como prazo de duração, não se tratando de crime hediondo ou assemelhado, cinco dias, prorrogáveis, uma vez, por igual período, nos termos do art. 2º, caput, da Lei 7.960/89. Gabarito "A".

(Defensor Público/AC – 2006 – CESPE) Assinale a opção correta no tocante à prisão no curso do processo.

(A) O ordenamento jurídico brasileiro admite a prisão para averiguação como medida cautelar temporária.
(B) Somente em flagrante delito ou mediante ordem escrita e fundamentada da autoridade judiciária competente, é lícito prender alguém como medida cautelar, conforme o texto constitucional vigente.
(C) Em casos de crimes punidos com prisão cautelar, não se admite liberdade provisória.
(D) A prisão temporária afasta a possibilidade de prisão preventiva, uma vez que uma exclui a outra.

A: a prisão para averiguação não tem lugar em nosso ordenamento jurídico. Constitui, dessa forma, crime de abuso de autoridade, tipificado no art. 4º, a, da Lei 4.898/65; B: a assertiva está em consonância com o art. 5º, LXI, da CF e também com a nova redação do art. 283, caput, do CPP, dada pela Lei 12.403/11, que alterou o CPP e inseriu no universo da prisão diversas modificações, além desta; C: a prisão cautelar, como as medidas cautelares em geral, não se presta a punir crime; serve, isto sim, para garantir o regular desenvolvimento do processo e também para assegurar a sua efetividade; D: não é verdade. Embora tenham fundamentos diversos, é comum a prisão temporária ser decretada no curso do inquérito, já que esta se presta a viabilizar a investigação acerca de crimes graves, e, uma vez concluída a fase investigatória, ser decretada a custódia preventiva, desde que presentes os requisitos do art. 312 do CPP. Gabarito "B".

(Defensor Público/AC – 2006 – CESPE) Determinada pessoa foi submetida a julgamento, perante o tribunal do júri da comarca de Xapuru, pela prática do crime previsto no artigo 121, § 2.º, incisos II e IV do CP. Após os debates na sessão de julgamento, tendo sido os quesitos submetidos à apreciação soberana dos jurados, foi o réu condenado. Proferida a sentença que julgou procedente o libelo-crime acusatório, o juiz presidente condenou o réu a uma pena de dezoito anos de reclusão. Na análise das circunstâncias judiciais, o magistrado consignou que o acusado era primário e de bons antecedentes. Foi estabelecido o regime integralmente fechado para o cumprimento da pena, oportunidade em que o juiz determinou que o réu fosse recolhido à prisão.

Sabendo que a sentença judicial deve obedecer ao texto constitucional vigente e às regras estabelecidas no Código de Processo Penal (CPP), assinale a opção correta acerca da decisão proferida nessa situação hipotética.

(A) A sentença não atende ao princípio da proporcionalidade no tocante à aplicação da pena.
(B) O acusado deve ser preso imediatamente para que possa apelar da sentença.
(C) É desnecessário o recolhimento do acusado em razão do princípio da presunção de inocência; deve este aguardar, em liberdade, o processamento de eventual recurso.
(D) A decisão do juiz foi acertada, à luz do CPP.

A prisão decorrente de sentença penal condenatória recorrível constituía modalidade de prisão cautelar. Era uma prisão automática, já que, com a prolação da sentença condenatória, o réu era recolhido ao cárcere. O acusado era, portanto, presumidamente culpado. Com as modificações introduzidas pela Lei 11.719/08 e também em razão da atuação dos tribunais, esta modalidade de prisão cautelar deixou de existir, consagrando, assim, o postulado da presunção de inocência. Gabarito "C".

(Defensor Público/CE – 2007 – CESPE) Em relação a prisão e liberdade provisória, julgue os próximos itens.

(1) Embora sem testemunhas presenciais do fato, deverá o delegado prender em flagrante, lavrando o respectivo auto e tomando as demais providências legalmente previstas, a pessoa encontrada, logo depois da prática do delito, com instrumentos, armas, objetos ou papéis que façam presumir ser ela autora da infração.
(2) A autoridade policial pode conceder fiança nos casos de infração punida com prisão simples, com detenção ou com reclusão por período inferior a um ano.
(3) Para a concessão da fiança, o juiz deve, necessariamente, ouvir o Ministério Público antes de sua decisão.

1: trata-se do chamado *flagrante presumido* ou *ficto* (art. 302, IV, do CPP), em que o agente é encontrado logo depois do crime na posse de instrumentos, armas, objetos ou papéis em circunstâncias que revelem ser ele o autor da infração penal. Note que, nesta modalidade de flagrante, inexiste perseguição, pois o agente é encontrado ocasionalmente. Diferente, portanto, do que se dá no *flagrante impróprio* (quase-flagrante), em que se exige, desde o início, perseguição ininterrupta; 2: com o advento da Lei 12.403/11, o panorama da fiança mudou sobremaneira. Com efeito, doravante a autoridade policial poderá arbitrar fiança em qualquer infração penal cuja pena máxima cominada não seja superior a *quatro anos* (reclusão ou detenção). Pela redação anterior do art. 322 do CPP, o delegado somente estava credenciado a arbitrar fiança nas contravenções e nos crimes apenados com detenção; 3: a lei não exige, nos termos do art. 333 do CPP, prévia oitiva do MP; deve-se tão somente dar vista dos autos ao membro do MP após a decisão. Gabarito 1C, 2E, 3E

(Defensor Público/GO – 2010 – I. Cidades) Agentes da Polícia Civil cumpriram mandado de prisão temporária às 23h50m de uma terça-feira. A referida prisão fora decretada com prazo de cinco dias. Assim,

(A) os policiais responsáveis pela guarda do preso não poderão liberá-lo, mesmo se expirado o prazo de cinco dias, sem alvará de soltura emitido pelo juiz.
(B) a prisão vigorará até às 18 horas do domingo, após o que os policiais responsáveis pela guarda do preso deverão liberá-lo.
(C) a prisão vigorará até a meia-noite do sábado, após o que os policiais responsáveis pela guarda do preso deverão liberá-lo.
(D) a prisão vigorará até as 23h50m do sábado, após o que os policiais responsáveis pela guarda do preso deverão liberá-lo.
(E) a prisão vigorará até a meia-noite do domingo, . após o que os policiais responsáveis pela guarda do preso deverão liberá-lo.

Na contagem do prazo de prisão temporária, o dia em que seu deu o cumprimento do mandado deve ser incluído no cômputo do prazo, ainda que a detenção tenha ocorrido minutos antes de o dia esvair-se. Gabarito "C".

(Defensoria/MA – 2009 – FCC) A Constituição Federal estipula várias disposições pertinentes ao processo penal, com eficácia imediata. A natureza jurídica da necessidade do decreto de uma prisão cautelar, sob este viés, é o de

(A) pena antecipada, sendo considerada, em caso de condenação, no seu tempo de cumprimento.
(B) medida excepcional.
(C) instrumentalidade do processo penal justo.
(D) medida necessária, ainda que não esteja previsto o requisito do periculum in mora.
(E) medida necessária, ainda que não esteja previsto o requisito do fumus boni juris.

A prisão provisória ou cautelar somente se justifica dentro do ordenamento jurídico quando necessária ao processo; devemos, dessa forma, concebê-la como um *instrumento* do processo, a ser utilizado em situações *excepcionais*. Hodiernamente, tendo em conta as mudanças implementadas pela Lei 12.403/11, que instituiu as medidas cautelares alternativas à prisão provisória, esta somente terá lugar diante da impossibilidade de se recorrer às medidas cautelares. Dessa forma, a prisão, como medida excepcional, deve também ser vista como instrumento subsidiário, supletivo. De outro lado, se a prisão cautelar decorrer de automatismo legal, sem que haja qualquer demonstração de necessidade na decretação da custódia, estaremos antecipando o cumprimento da pena antes do trânsito em julgado, com inevitável violação ao princípio da presunção de inocência, postulado esse de índole constitucional □ art. 5º, LVII. Gabarito "B".

(Defensoria/MA – 2009 – FCC) A decretação da prisão preventiva apenas poderá ter fundamento nas seguintes hipóteses:

(A) como garantia da ordem pública, da ordem econômica, por conveniência da instrução criminal, ou para assegurar a aplicação da lei penal, quando houver prova da existência do crime e indício suficiente de autoria.
(B) como garantia da ordem pública, por conveniência da instrução criminal, ou para assegurar a aplicação da lei penal, quando houver prova da existência do crime e indício suficiente de autoria.
(C) como garantia da ordem pública, da ordem econômica, por conveniência da instrução criminal, ou para assegurar a aplicação da lei penal.
(D) como garantia da ordem pública, por conveniência da instrução criminal, ou para assegurar a aplicação da lei penal.
(E) como garantia da ordem pública, da ordem econômica, ou para assegurar a aplicação da lei penal, quando houver prova da existência do crime e indício suficiente de autoria.

Art. 312 do CPP. O *caput* do dispositivo permanece inalterado, mas nele foi inserido, por força da Lei 12.403/11, um parágrafo único, que introduziu nova hipótese de decretação da prisão preventiva (caso de descumprimento de qualquer das obrigações impostas por força de outras medidas cautelares). Gabarito "A".

(Defensoria/MA – 2009 – FCC) O Defensor Público que por atribuição institucional agir no interesse da vítima poderá, após o representante do Ministério Público receber o auto de prisão em flagrante devidamente relatado e concluído e não oferecer a denúncia no prazo legal,

(A) requerer o relaxamento da prisão em flagrante.
(B) requerer a liberdade provisória.
(C) intentar ação penal privada subsidiária.
(D) requerer a revogação da prisão preventiva.
(E) representar ao Juiz de Direito para designação de outro Promotor de Justiça.

Desde que fique caracterizada a desídia do membro do Ministério Público, poderá o defensor, nos crimes de ação penal pública, intentar ação penal privada subsidiária, nos termos dos arts. 29 do CPP e 100, § 3º, do CP. Gabarito "C".

(Defensoria/MG – 2006) Pode-se afirmar que a prisão preventiva.

(A) Deverá ser relaxada se ausentes os motivos que a autorizam.
(B) E a liberdade provisória é institutos de tal forma antagônica que, expedido o decreto preventivo, não cabe a concessão da liberdade provisória, ainda que cessados os fundamentos da prisão preventiva.

(C) Não pode ser determinada nos crimes punidos com detenção.
(D) Pode ter como fundamento a garantia da ordem pública, desde que consubstanciada na concomitante existência de grande clamor público causado pela conduta criminosa e a extrema gravidade do delito.

A e B: cessados os motivos que ensejaram a decretação da custódia preventiva, caberá ao juiz revogá-la, nos termos do art. 316 do CPP, dispositivo não alterado pela Lei de Reforma; C: tendo em conta a nova redação conferida ao art. 313, I, do CPP, a prisão preventiva será decretada nos crimes punidos com pena privativa de liberdade máxima superior a quatro anos, seja a pena de reclusão ou detenção; D: basta, para justificar o decreto de prisão preventiva, a garantia da ordem pública, não sendo necessário que o delito imputado ao investigado/acusado tenha adquirido grande destaque na mídia, tampouco que se trate de delito de extrema gravidade. "B". Gabarito

(Defensoria/MT – 2009 – FCC) A prisão preventiva poderá ser decretada

(A) nos crimes culposos, para conveniência da instrução criminal.
(B) nas contravenções, quando for necessária para garantia da ordem pública.
(C) nos crimes punidos com detenção, se envolverem violência doméstica ou familiar contra a mulher.
(D) nos crimes punidos com reclusão, se o juiz verificar pelas provas constantes dos autos ter o agente praticado o fato em legítima defesa.
(E) pelo Ministério Público, na fase pré-processual, quando imprescindível para as investigações do inquérito policial.

Art. 313, III, do CPP (redação alterada pela Lei 12.403/11). "C". Gabarito

(Defensoria/MT – 2009 – FCC) A decisão que decreta a prisão preventiva do acusado classifica-se doutrinariamente como

(A) interlocutória mista terminativa.
(B) interlocutória simples.
(C) interlocutória mista não terminativa.
(D) definitiva.
(E) despacho de mero expediente.

Interlocutórias simples são as decisões que servem para solucionar questão atinente à marcha processual, sem, contudo, ingressar no mérito da causa; as *interlocutórias mistas*, por seu turno, têm força de definitiva, já que trancam a relação processual sem julgar o mérito da causa. "B". Gabarito

(Defensoria/MT – 2007) Chang-Lang, primário e de bons antecedentes, com residência e emprego fixo, foi preso preventivamente pela prática do crime de furto simples, na modalidade continuada (por seis vezes), invocando o juiz, genericamente, os requisitos do art. 312 do Código de Processo Penal como fundamento da medida constritiva da liberdade. Nesse caso, é possível ser impetrado habeas corpus em seu favor para

(A) conceder-lhe fiança.
(B) relaxar-lhe a prisão, por ser primário e de bons antecedentes.
(C) anular o despacho de prisão preventiva, por falta de fundamentação.
(D) conceder-lhe liberdade provisória, sem fiança.
(E) relaxar-lhe a prisão, por ter emprego e residência fixos.

Toda decisão judicial deve ser fundamentada. É o que impõe o art. 93, IX, da CF. Constitui constrangimento ilegal o decreto de custódia preventiva quando o magistrado se limita a reproduzir os termos genéricos contidos no art. 312 do CPP. Assim tem se posicionado a jurisprudência. Ademais, em se tratando de furto simples, cuja pena máxima cominada é de quatro anos (art. 155, CP), não é admitida, conforme a nova redação do art. 313, I, do CPP, a custódia preventiva. "C". Gabarito

(Defensor Público/PA – 2006 – UNAMA) A prisão é ato de constrição da liberdade, com previsão constitucional restrita pelas Leis processuais penais.
Assim:

I. A autoridade policial e seus agentes têm a faculdade de prender quem se encontre em estado de flagrante.
II. A prisão preventiva pode ser decretada em qualquer fase do inquérito ou da instrução criminal, como garantia da ordem pública, da ordem econômica, por conveniência da instrução criminal ou para assegurar a aplicação da lei penal, somente nos crimes dolosos.
III. A prisão temporária poderá ser decretada de ofício pelo juiz
IV. A prisão decorrente da decisão de pronúncia está vinculada à primariedade e aos bons antecedentes do réu.

Somente é correto o que se afirma em:

(A) II e IV.
(B) I, II e III.
(C) I e II.
(D) III e IV.

I: assertiva incorreta. A autoridade policial e seus agentes têm o dever, e não a faculdade, sob pena de responsabilização criminal e funcional, de prender quem quer que se encontre em situação flagrancial – art. 301, segunda parte, CPP. A doutrina chama esta modalidade de flagrante de *obrigatório*; diferentemente, qualquer pessoa do povo, inclusive a vítima da infração penal, tem a prerrogativa, conferida pelo art. 301, primeira parte, do CPP, de prender aquele que se acha em situação de flagrante. Este é o *flagrante facultativo*; II: correta. De acordo com a nova redação dos arts. 313 e 314 do CPP, conferida pela Lei 12.403/11, a prisão preventiva não terá lugar quando se tratar de delito culposo, contravenção penal e também quando houver prova de que o acusado agiu sob o manto de uma causa excludente de ilicitude. No mais, dada a mudança levada a efeito na redação do art. 311 do CPP, a prisão preventiva, que antes podia ser decretada de ofício pelo juiz em qualquer fase do inquérito policial ou da instrução criminal, doravante somente poderá ser decretada de ofício pelo magistrado no curso da ação penal. Significa, pois, que, no decorrer do inquérito policial, o juiz somente decretará a custódia preventiva a requerimento do MP ou por representação da autoridade policial; III: incorreta, já que, no que concerne à *custódia temporária*, nada mudou, pois, conforme rezam os arts. 1º, I, e 2º, caput, da Lei 7.960/89, somente será decretada no curso das investigações do inquérito policial, e só poderá ocorrer a requerimento do Ministério Público ou mediante representação da autoridade policial. O magistrado, assim, não está credenciado a decretá-la de ofício; IV: a prisão decorrente de pronúncia e a prisão por força de sentença condenatória recorrível não mais fazem parte de nosso ordenamento. "A". Gabarito

(Defensor Público/RS – 2011 – FCC) Para responder à questão abaixo, use a seguinte chave:

Está correto o que se afirma APENAS em

(A) I.
(B) I e II.
(C) III.
(D) I e III.
(E) II e III.

Sobre prisão e liberdade, considere as seguintes assertivas:

I. Crimes envolvendo violência doméstica contra a mulher, ainda que punidos com detenção, poderão ensejar a decretação de prisão preventiva, desde que presentes elementos concretos que a autorizem.
II. A prolação de sentença condenatória no Tribunal do Júri não impede a revogação da prisão preventiva do condenado, mesmo tendo este sido mantido preso durante a instrução do feito.
III. Não se concede fiança nos crimes punidos com reclusão em que a pena mínima cominada for superior a 2 (dois) anos, devendo esta ser computada separadamente a cada delito na hipótese de concurso material.

I: art. 313, III, do CPP (redação alterada pela Lei 12.403/11); II: correta, pois é perfeitamente possível que, com a prolação de sentença condenatória, deixe de existir o motivo ensejador da prisão preventiva, que, neste caso, deverá ser revogada, a teor do art. 316 do CPP; III: com a modificação a que foi submetido o art. 323 do CPP, operada pela Lei 12.403/11, somente são inafiançáveis os crimes ali listados (racismo, tortura, tráfico, terrorismo, crimes hediondos e delitos praticados por grupos armados, civis ou militares, contra a ordem constitucional e o Estado Democrático) e também aqueles contidos em leis especiais, tais como o art. 31 da Lei 7.492/86 (Sistema Financeiro); art. 7º da Lei 9.034/05 (Crime Organizado). "B". Gabarito

(Defensoria/SE – 2006 – CESPE) Julgue os seguintes itens.

(1) A prisão provisória ou cautelar antecipa a análise da culpabilidade do réu, uma vez que se trata de privação de liberdade destinada a assegurar, antes da sentença definitiva, a eficácia da decisão judicial.
(2) O relaxamento de prisão tem como causa uma prisão em flagrante ilegal, ou seja, em desconformidade com o que determina o CPP, enquanto a liberdade provisória tem como causa uma prisão em flagrante legal e, como conseqüência, a liberdade vinculada do autor do fato.

1: a prisão provisória ou cautelar somente se justifica dentro do ordenamento jurídico quando necessária ao processo; se concebermos a prisão provisória como um instrumento do processo, utilizado em situações excepcionais, não estaremos, dessa forma, executando a pena privativa de liberdade antes do trânsito em julgado; de outro lado, se a prisão cautelar decorrer de automatismo legal, sem que haja qualquer demonstração de necessidade na decretação da custódia, aí, sim, estaremos antecipando o cumprimento da pena antes do trânsito; 2: art. 5º, LXV e LXVI, da CF. Gabarito 1E, 2C

(Defensoria/SP – 2009 – FCC) Decretada a prisão preventiva com fundamento na revelia do acusado citado por edital, o Defensor Público poderá utilizar a seguinte argumentação para rechaçá-la:

(A) Há uma súmula do Supremo Tribunal Federal editada sobre o tema.
(B) A revelia somente poderá ser decretada após a intimação do Defensor Público.
(C) A revelia não gera por si só presunção de que o acusado pretenda se furtar à aplicação da lei penal.
(D) O Defensor Público deverá ser notificado da decretação da prisão preventiva em até 24 horas.
(E) Há um tratado internacional do qual o Estado brasileiro é signatário que prevê expressamente a impossibilidade de prisão preventiva.

A prisão preventiva não deve ser decretada de forma automática, ante a revelia do acusado citado por edital. O juiz somente deverá fazê-lo em face da presença dos requisitos do art. 312 do CPP. Gabarito "C".

(Defensoria/SP – 2007 – FCC) Na véspera do Natal, no plantão judiciário, o defensor público recebe a cópia de um auto de prisão em flagrante de furto tentado (art. 155, c.c. o art. 14, II, do CP). Após atenta leitura, constata que o autuado, recém egresso do sistema prisional, onde cumpriu pena por furto, foi detido pelo segurança de um supermercado quando inseria, dentro de um isopor exposto para a venda, sete "DVD's". Qual a medida a ser requerida ao juiz de plantão?

(A) A liberdade provisória do autuado, diante da ausência de qualquer das hipóteses autorizadoras da prisão preventiva.
(B) O arbitramento de fiança, por se tratar de crime com pena mínima inferior a dois anos de reclusão.
(C) O relaxamento do flagrante, tendo em vista a sua ilegalidade, diante do não desenvolvimento dos atos executórios da infração penal.
(D) O relaxamento do flagrante, sob o fundamento da insignificância do valor da res furtiva.
(E) A liberdade provisória, em razão da ilegalidade de sua prisão, efetuada por segurança do estabelecimento comercial.

A conduta do segurança e da autoridade policial que presidiu o flagrante foi equivocada, já que o comportamento do conduzido não se amolda ao tipo prefigurado no art. 155 do Código Penal. Quanto ao delegado, deveria ter procedido na forma do art. 304, § 1º, do CPP, relaxando a prisão em flagrante. Gabarito "C".

(Defensoria/SP – 2006 – FCC) A liberdade provisória poderá ser concedida sem o pagamento da fiança àqueles que, por motivo de pobreza, não tiverem condições de prestá-la. Obriga-se o beneficiário

(A) ao comparecimento a todos os atos a que for convocado e proibição de alteração da residência sem prévia comunicação, somente.
(B) ao comparecimento a todos os atos a que for convocado, proibição de freqüentar determinados lugares e proibição da ausência de mais de oito dias da residência sem comunicação à autoridade.
(C) somente proibição de freqüentar determinados lugares e comunicação prévia à autoridade da alteração de residência.
(D) ao comparecimento pessoal e obrigatório a juízo, mensalmente, para informar e justificar suas atividades.
(E) ao comparecimento a todos os atos a que for convocado, à proibição de alteração da residência sem prévia comunicação e a proibição da ausência de mais de oito dias da residência sem comunicação à autoridade.

Art. 350 do CPP (com redação alterada pela Lei 12.403/11). Gabarito "E".

(Defensoria/SP – 2006 – FCC) A falta de testemunhas da infração penal

(A) impede a lavratura da prisão em flagrante, impondo-se o seu relaxamento.
(B) não impede a lavratura da prisão em flagrante.
(C) não impede a lavratura da prisão em flagrante, mas é necessária a assinatura de duas pessoas que tenham testemunhado a apresentação do preso.
(D) não impede a lavratura da prisão em flagrante, devendo o condutor prestar o compromisso legal para o ato.
(E) impede a lavratura da prisão em flagrante, devendo a autoridade policial instaurar inquérito, ouvindo o acusado e os condutores.

Art. 304, § 2º, do CPP. Gabarito "C".

(Cartório/AP – 2011 – VUNESP) A prisão preventiva

(A) poderá ser decretada quando se tratar de crime culposo.
(B) poderá ser decretada nos crimes punidos com detenção quando se apurar que o indiciado é vadio.
(C) poderá ser decretada quando se tratar de ilícito contravencional.
(D) poderá ser decretada mesmo se o juiz verificar pela prova dos autos que o agente praticou o fato em legítima defesa.
(E) não poderá ser decretada pelo juiz de ofício.

A e C: art. 313 do CPP. O dispositivo afasta a possibilidade de se decretar a prisão preventiva quando se tratar de crime culposo ou contravenção penal; B: com as mudanças implementadas no CPP (art. 313) pela Lei 12.403/11, não mais se admite a prisão preventiva do indiciado/réu vadio; permanece, todavia, a possibilidade de ser decretar essa modalidade de custódia quando houver dúvida acerca da identidade civil da pessoa e esta se recusar a colaborar no seu esclarecimento (art. 313, parágrafo único); D: a prisão preventiva não será decretada se o juiz verificar que o agente praticou o fato sob o manto de uma das excludentes de ilicitude – art. 314, CPP (dispositivo modificado por força da Lei de Reforma); E: a prisão preventiva somente será decretada pelo juiz, de ofício, no curso da ação penal; para ser decretada no curso das investigações do inquérito, é necessário, a partir de agora, provocação da autoridade policial (representação) ou do Ministério Público (requerimento) – art. 311, CPP. Gabarito "B".

(Delegado/AC – 2008 – CESPE) No que se refere a prisão e liberdade provisória, julgue os próximos itens.

(1) A própria autoridade policial poderá conceder fiança, nos casos de infração punida com detenção ou prisão simples.
(2) Mesmo sem o consentimento do morador, poder-se-á efetuar a prisão dentro da sua residência em caso de situação de flagrante delito em curso, naquele momento, no interior da residência.

1: a Lei 12.403/11 mudou sobremaneira o panorama da fiança. Antes da reforma por ela implementada, a autoridade policial, em vista da revogada redação do art. 322 do CPP, somente estava credenciada a concedê-la nas hipóteses de infração punida com *detenção* ou *prisão simples*. Dito de outro modo, não podia o delegado de polícia arbitrar fiança nos crimes punidos com *reclusão*, tarefa exclusiva do magistrado. Pela nova redação dada ao art. 322 do CPP, a autoridade policial passa a conceder fiança nos casos de infração cuja pena privativa de liberdade máxima não seja superior a quatro anos, independentemente de ser o crime apenado com reclusão ou detenção (qualidade da pena). Naqueles casos em que a pena máxima superar os quatro anos, somente o magistrado poderá estabelecer a fiança; 2: a prisão de uma pessoa que se encontra em situação flagrancial e dentro de uma residência prescinde do consentimento do morador e pode ser levada a cabo a qualquer hora do dia. O dispositivo constitucional que trata da inviolabilidade do domicílio (art. 5º, XI) excepciona, dentre outras, a situação de flagrante. Gabarito 1C, 2C.

(Delegado/AM) A alternativa correta é:

(A) a autoridade policial poderá mandar arquivar inquérito policial.
(B) o pai do indiciado não presta compromisso legal e também pode recusar a depor, salvo quando não for possível, por outro modo, obter-se ou integrar-se a prova do fato e de suas circunstâncias.
(C) quando o acusado se recusar a assinar, não souber ou não puder fazê-lo, o auto de prisão em flagrante será assinado por uma testemunha, que lhe tenha ouvido a leitura na presença do acusado, do condutor e da testemunha.
(D) a falta de testemunhas da infração impedirá o auto de prisão em flagrante, devendo a autoridade policial baixar portaria, para instaurar o inquérito e investigar posteriormente, inclusive para localizar testemunhas do fato delituoso.

A: por força do que dispõe o art. 17 do CPP, a autoridade policial não está credenciada a determinar o arquivamento de autos de inquérito. Somente poderá fazê-lo o juiz de direito, desde que a requerimento do MP (arts. 18 e 28 do CPP); B: art. 206 do CPP; C: na hipótese de o conduzido se recusar a assinar, não souber ou não puder fazê-lo, o auto de prisão em flagrante será assinado por *duas* testemunhas, que tenham ouvido sua leitura na presença deste – art. 304, § 3º, do CPP; D: a falta de testemunhas do fato delituoso não representa óbice à lavratura do auto de prisão em flagrante, mas, neste caso, o art. 304, § 2º, do CPP exige que, além do condutor, o auto seja assinado por pelo menos duas testemunhas que hajam presenciado a apresentação do preso à autoridade policial. Gabarito "B".

(Delegado/AM) Quanto ao crime de homicídio qualificado (art. 121, § 2º, I, do CP), é incorreto, em tese, afirmar-se que:

(A) é cabível a prisão temporária, se satisfeitos os "requisitos" legais
(B) é cabível a prisão preventiva, se satisfeitos os "requisitos" legais
(C) é cabível a liberdade provisória, concedida apenas pelo juiz
(D) é crime hediondo

A: cuida-se de crime hediondo, nos termos do art. 1º, I, da Lei 8.072/90, em que a prisão temporária é admitida por prazo mais dilatado, isto é, por até trinta dias, além de uma prorrogação, também por até trinta dias, em caso de extrema e comprovada necessidade – art. 2º, § 4º, da Lei de Crimes Hediondos; B: é cabível desde que preenchidos os requisitos dos arts. 312 e 313 do CPP; C: prescreve a nova redação do art. 323 do CPP que os crimes definidos como hediondos e os delitos a eles equiparados são *inafiançáveis*. Tal prescrição é inquestionável, já que em perfeita harmonia com o texto da CF/88 (art. 5º, XLIII). A questão que se coloca, todavia, é saber se a liberdade provisória *sem fiança* pode ser aplicada aos crimes hediondos e assemelhados. A despeito de haver divergências, entendemos, s.m.j., que a CF/88 proibiu tão somente a liberdade provisória com fiança. Se quisesse de fato proibir a liberdade provisória sem fiança, teria por certo feito menção a ela. Não o fez. Logo, a liberdade provisória vedada pelo constituinte nos crimes hediondos e equiparados é somente a *com fiança*. Assim entende a 2ª Turma do STF: HC 100.185-PA, rel. Min. Gilmar Mendes, DJ 6.8.10; D: é crime hediondo, nos termos do art. 1º, I, da Lei 8.072/90. Gabarito "C".

(Delegado/AM) A alternativa correta é:

(A) em crime de latrocínio, a autoridade policial poderá representar ao juiz pela prisão temporária e pela prisão preventiva, e a prisão temporária terá prazo de 30 (trinta) dias, prorrogável por igual período em caso de extrema e comprovada necessidade
(B) em crime de furto simples, a autoridade policial poderá representar ao juiz pela prisão temporária, mas não pela prisão preventiva, e a prisão temporária terá prazo de 5 (cinco) dias, prorrogável por igual período em caso de extrema e comprovada necessidade
(C) em crime de furto qualificado, a autoridade policial poderá representar ao juiz pela prisão preventiva, e pela prisão temporária, e a prisão temporária terá prazo de 10 (dez) dias, prorrogável por igual período em caso de extrema e comprovada necessidade
(D) em crime de estupro, a prisão temporária terá prazo de 5 (cinco) dias, prorrogável por igual período em caso de extrema e comprovada necessidade, e a autoridade policial poderá representar ao juiz pela prisão temporária e pela prisão preventiva

A: assertiva correta. A prisão preventiva será decretada se estiverem presentes os requisitos dos arts. 312 e 313 do CPP. A pena privativa de liberdade máxima fixada para o crime de latrocínio (art. 157, § 3º, *in fine*, CP) é bem superior ao patamar estabelecido no art. 313, I, CPP – mais de quatro anos (modificação implementada pela Lei 12.403/11). Não devemos perder de vista que a prisão preventiva, em vista da reforma a que foi submetida a *prisão*, somente terá lugar, dado o seu caráter subsidiário, se outras medidas cautelares diversas da prisão não forem cabíveis (art. 282, § 6º, CPP). Por se tratar de crime hediondo (art. 1º, II, da Lei 8.072/90), a prisão temporária, nos termos do art. 2º, § 4º, da Lei 8.072/90 (Crimes Hediondos), terá o prazo máximo de duração de 30 dias, prorrogável por igual período em caso de extrema e comprovada necessidade; B: não poderá a autoridade representar pela decretação da custódia temporária, pois o crime de furto simples (art. 155, *caput*, do CP) não integra o rol do art. 1º, III, da Lei 7.960/89. Antes do advento da Lei 12.403/11, a autoridade policial podia representar e o juiz decretar a prisão preventiva no caso de furto simples, cuja pena cominada é reclusão de 1 a 4 anos e multa (art. 155, *caput*, do CP). Agora, não mais. Sucede que a prisão preventiva somente será admitida, conforme impõe o art. 313, I, do CPP, nos crimes dolosos punidos com pena privativa de liberdade *máxima* superior a *quatro* anos, salvo se o indiciado/réu tiver sido condenado por outro crime doloso, em sentença transitada em julgado, ressalvado o disposto no inciso I do *caput* do art. 64 do CP, isto é, se o réu for reincidente em crime doloso, ou ainda se o crime envolver violência doméstica e familiar contra a mulher, criança, adolescente, idoso, enfermo ou pessoa com deficiência, para garantir a execução das medidas protetivas de urgência (art. 313, III); C: o crime de furto qualificado, dada a pena privativa de liberdade máxima cominada (oito anos), comporta, desde que preenchidos os demais requisitos, a prisão preventiva. A custódia temporária, no entanto, não terá lugar, já que o crime de furto qualificado – art. 155, § 4º, do CP – não está contemplado no rol do art. 1º, III, da Lei 7.960/89; em se tratando de crime de estupro (art. 213, CP), poderá, neste caso, ser decretada tanto a prisão preventiva quanto a temporária, sendo ainda certo que quanto a esta, por se tratar de delito hediondo, na forma estatuída no art. 1º, V, da Lei 8.072/90, o prazo de prisão poderá, por isso, ser de até 30 dias, prorrogável por igual período em caso de extrema e comprovada necessidade. Gabarito "A".

(Delegado/AM) A prisão preventiva não é admissível:

(A) nos crimes culposos
(B) nos crimes de ação penal privada
(C) quando o indiciado se apresenta espontaneamente
(D) quando o acusado é primário e de bons antecedentes

descabe a prisão preventiva em crime culposo – art. 313 do CPP. Gabarito "A".

(Delegado/AM) Quanto ao crime comum de ameaça, é incorreto afirmar-se que:

(A) em regra, é sujeito à prisão temporária; entretanto não é sujeito à prisão preventiva
(B) em regra, é de ação penal pública condicionada à representação; entretanto, também poderá ser de ação penal privada subsidiária da pública
(C) em regra é infração penal de menor potencial ofensivo; entretanto, poderá não ser, como, por exemplo, no caso de o autor do fato ter prerrogativa de função
(D) em regra, é sujeito a "composição do dano civil", à aplicação imediata da pena não privativa de liberdade e à suspensão condicional do processo; entretanto, do ponto de vista constitucional, ainda há divergência se os dois primeiros seriam aplicáveis em qualquer juízo ou tribunal

A: o crime de ameaça, capitulado no art. 147 do CP, estabelece como pena, em seu preceito secundário, detenção de um a seis meses ou multa. Embora se trate de crime doloso, contra o autor deste delito não poderá ser decretada a custódia preventiva porque a pena privativa de liberdade máxima prevista não é superior a quatro anos (art. 313, I). Ademais, não seria razoável decretar-se a prisão cautelar de autor de infração de menor potencial ofensivo. Quanto à prisão temporária, o art. 1º, III, da Lei 7.960/89 não contemplou em seu rol o crime de ameaça; B: correta, nos termos dos arts. 147, parágrafo único, do CP, 29 do CPP e 100, § 3º, do CP; C: art. 61 da Lei 9.099/95; D: arts. 74, 76 e 89 da Lei 9.099/95. Gabarito "A".

(Delegado/AP – 2010) Roberto entra em uma agência bancária e efetua o saque de quinhentos reais da conta corrente de terceiro, utilizando um cheque falsificado. De posse do dinheiro, Roberto se retira da agência. Quinze minutos depois, o caixa do banco observa o cheque com mais cuidado e percebe a falsidade. O segurança da agência é acionado e consegue deter Roberto no ponto de ônibus próximo à agência. O segurança revista Roberto e encontra os quinhentos reais em seu bolso. Roberto é conduzido pelo segurança à Delegacia de Polícia mais próxima.

Considerando a narrativa acima, assinale a alternativa correta.

(A) O Delegado de Polícia deve baixar a portaria de instauração do inquérito policial, tomar o depoimento de Roberto, lavrar termo de apreensão do dinheiro que havia sido sacado por ele na agência bancária, e liberá-lo, já que a situação narrada não caracterizou flagrante delito. Encerradas as investigações, deve remeter os autos do inquérito policial ao Ministério Público para que ofereça denúncia.
(B) O Delegado de Polícia a quem Roberto é apresentado deve lavrar o auto de prisão em flagrante, sendo-lhe vedado tomar o depoimento do preso sem que esteja assistido por advogado. Se o autuado não informar o nome de seu advogado, o Delegado deverá solicitar a presença de um defensor público ou nomear um advogado dativo para proceder à oitiva. Após a lavratura do auto, deve comunicar a prisão ao juiz competente e entregar nota de culpa ao preso.
(C) O Delegado de Polícia a quem Roberto é apresentado deve lavrar o auto de prisão em flagrante, comunicar a prisão imediatamente ao juiz competente e à família do preso ou à pessoa por ele indicada, bem como entregar a nota de culpa ao preso. Se o juiz constatar a desnecessidade da decretação de prisão

cautelar, deverá conceder liberdade provisória ao preso, com ou sem fiança, independentemente de manifestação do Ministério Público ou da defensoria pública.

(D) O Delegado de Polícia a quem Roberto é apresentado deve lavrar o auto de prisão em flagrante, comunicar a prisão imediatamente ao juiz competente e à família do preso ou à pessoa por ele indicada, devendo ainda remeter, em vinte e quatro horas, o auto de prisão em flagrante acompanhado de todas as oitivas colhidas ao juiz competente e, caso o autuado não informe o nome de seu advogado, cópia integral do auto à Defensoria Pública, e entregar nota de culpa ao preso.

(E) O Delegado de Polícia a quem Roberto é apresentado deve lavrar o auto de prisão em flagrante, comunicar a prisão imediatamente ao juiz competente e à família do preso ou à pessoa por ele indicada, devendo ainda remeter, em vinte e quatro horas, o auto de prisão em flagrante acompanhado de todas as oitivas colhidas ao juiz competente e entregar nota de culpa ao preso. Caberá ao juiz abrir vista dos autos de comunicação de prisão ao Ministério Público e, caso o preso tenha declarado não possuir advogado, à defensoria pública.

Roberto foi preso logo em seguida à pratica delituosa ainda na posse do numerário auferido. Estamos aqui diante, portanto, do que a doutrina denomina *flagrante ficto* ou *presumido* (art. 302, IV, do CPP). Deverá, pois, a autoridade policial a quem foi apresentado o conduzido providenciar para que contra ele seja lavrado o auto de prisão em flagrante, com a imediata comunicação de sua prisão ao juiz competente, ao Ministério Público e à família do preso ou a pessoa por ele indicada (a obrigatoriedade de comunicar o MP foi inserida pela Lei 12.403/11, que alterou a redação do art. 306, *caput*, do CPP). Além disso, por imposição do art. 306, § 1º, do CPP, cuja redação também foi alterada por força da mesma lei, "em até vinte e quatro horas após a realização da prisão, será encaminhado ao juiz competente o auto de prisão em flagrante e, caso o autuado não informe o nome de seu advogado, cópia integral para a Defensoria Pública". Ao final, será entregue ao autuado a *nota de culpa*, da qual constarão o motivo da prisão, o nome do condutor e também os das testemunhas (art. 306, § 2º, CPP). Impende consignar que o magistrado, ao tomar conhecimento da prisão em flagrante, se entender que não é o caso de concessão de liberdade provisória, nem de relaxamento da prisão, deverá, necessariamente e de forma fundamentada, converter a prisão em flagrante em prisão preventiva, à luz dos requisitos estampados nos arts. 312 e 313 do CPP. A prisão em flagrante, destarte, não mais perdurará ao longo do processo como modalidade de custódia provisória. Se necessária ao processo, o juiz deverá justificá-la e convertê-la em preventiva. "D." Gabarito

(Delegado/AP – 2010) Relativamente ao tema *prisão temporária*, analise as afirmativas a seguir:

I. A prisão temporária será decretada pelo Juiz, em face da representação da autoridade policial ou de requerimento do Ministério Público, e terá o prazo de 5 (cinco) dias. A prorrogação dispensará nova decisão judicial, devendo entretanto a autoridade policial colocar o preso imediatamente em liberdade findo o prazo da prorrogação.

II. Ao decretar a prisão temporária, o Juiz poderá, de ofício, determinar que o preso lhe seja apresentado, solicitar esclarecimentos da autoridade policial e submeter o preso a exame de corpo de delito.

III. Os presos temporários deverão permanecer, obrigatoriamente, separados dos demais detentos.

Assinale:

(A) se somente a afirmativa I estiver correta.
(B) se somente a afirmativa II estiver correta.
(C) se somente a afirmativa III estiver correta.
(D) se somente as afirmativas II e III estiverem corretas.
(E) se todas as afirmativas estiverem corretas.

I: assertiva incorreta, haja vista que a prorrogação da prisão temporária pressupõe nova ordem judicial – art. 2º, *caput*, da Lei 7.960/89; II: correta, nos termos do art. 2º, § 3º, da Lei 7.960/89; III: correta, nos termos do art. 3º da Lei 7.960/89. "D." Gabarito

(Delegado/BA – 2008 – CEFETBAHIA) No que concerne à prisão preventiva, pode-se afirmar:

(A) Um dos requisitos da prisão preventiva é facilitar a investigação da polícia.
(B) A prisão preventiva somente pode ser decretada mediante requerimento do Ministério Público.
(C) A garantia da ordem pública, a conveniência da instrução criminal, assegurar a aplicação da lei e garantia da ordem econômica são hipóteses que autorizam a decretação da prisão preventiva.
(D) A prisão preventiva é cabível para os crimes culposos.
(E) A prisão preventiva, uma vez decretada, não é possível ser revogada.

A: não constitui requisito da prisão preventiva; a prisão temporária, sim, destina-se a facilitar, viabilizar investigações acerca de crimes considerados graves (art. 1º, III, da Lei 7.960/89); B: a prisão preventiva será decretada pelo juiz, de ofício, mediante representação da autoridade policial, a requerimento do MP, do querelante ou do assistente. A novidade, aqui, fica por conta da possibilidade de o assistente requerer a decretação da prisão preventiva; C: proposição correta, nos termos do art. 312 do CPP; D: não cabe a prisão preventiva para os crimes culposos – art. 313, CPP; E: em face de sua desnecessidade, deve ser revogada - art. 316 do CPP. "C." Gabarito

(Delegado/BA – 2008 – CEFETBAHIA) Sobre prisões, é incorreto o que se afirma em

(A) A prisão temporária só pode ser decretada por autoridade judiciária, em face da representação da autoridade policial ou de requerimento do Ministério Público.
(B) A prisão temporária pode ser decretada por ser imprescindível para as investigações durante a fase inquisitorial.
(C) A soltura do investigado, findo o prazo da prisão temporária, será imediata, independentemente de ordem judicial.
(D) O prazo da prisão temporária é de cinco dias não prorrogáveis.
(E) O despacho que decretar ou denegar a prisão preventiva será sempre fundamentado.

A: proposição em consonância com o disposto no art. 2º, *caput*, da Lei 7.960/89; B: assertiva correta, nos termos do art. 1º, I, da Lei 7.960/89; C: proposição correta, conforme dispõe o art. 2º, § 7º, da Lei 7.960/89; D: incorreta, pois o prazo de prisão temporária poderá, sim, ser prorrogado por decisão judicial, em caso de extrema e comprovada necessidade – art. 2º, *caput*, da Lei 7.960/89; E: art. 315 do CPP. "D." Gabarito

(Delegado/BA – 2008 – CEFETBAHIA) Homem, pedreiro, casado, pai de dois filhos, com carteira assinada, morando no mesmo endereço há mais de 20 anos, foi preso em flagrante delito pelo crime previsto no Art. 155, *caput* do Código Penal (furto). Levado à presença da autoridade policial, o delegado presidiu a lavratura do auto de prisão em flagrante, entregando-lhe a respectiva nota de culpa e comunicando o fato, imediatamente ao juiz da comarca. Esse homem nunca havia sido preso ou processado antes.

Com base nesse relato, pode-se afirmar:

(A) A lavratura do flagrante, tendo em vista que o infrator é pai de família, primário, e possui emprego definido, poderia deixar de ser presidida pelo delegado.
(B) A nota de culpa poderia deixar de ser entregue, considerando que, para o crime, tal medida é dispensável.
(C) O juiz é o único que poderia conceder a liberdade provisória a esse homem, sob o argumento de que se trata de réu primário, com bons antecedentes, família constituída, emprego determinado e residência fixa.
(D) O promotor de Justiça também poderia conceder a liberdade provisória, uma vez que se trata de réu primário, com bons antecedentes, família constituída, emprego determinado e residência fixa.
(E) O réu deverá aguardar preso até o julgamento da ação penal, por se tratar de crime grave contra o patrimônio.

A: a lavratura do auto de prisão em flagrante não constitui ato discricionário da autoridade policial, à qual incumbe fazer um juízo de tipicidade, verificar os requisitos legais e proceder à confecção do auto; B: após a lavratura do auto de prisão em flagrante, é de rigor a entrega da nota de culpa – art. 306, § 2º, do CPP, independente da natureza da infração penal em que incorreu o autuado; C: ao tempo em que foi elaborada a questão, esta era a assertiva correta. No entanto, de acordo com a nova redação dada ao art. 322, *caput*, do CPP pela Lei 12.403/11, a autoridade policial está credenciada a conceder fiança nos crimes em que a pena máxima cominada não for superior a quatro anos. É o caso do furto simples (art. 155, *caput*, CP), cuja pena máxima cominada corresponde a quatro anos; D: o promotor de justiça não está credenciado a conceder liberdade provisória; E: o furto simples não é considerado crime grave contra o patrimônio, já que, na sua prática, não é empregada violência contra a pessoa tampouco grave ameaça. "C." Gabarito

(Delegado/BA – 2008 – CEFETBAHIA) Dois agentes policiais extremamente competentes, tomando conhecimento de que um homem vendia drogas em determinado local, fizeram-se passar por usuários e encomendaram ao traficante um quilo de maconha. No local e no dia aprazados, quando o homem entregou a droga aos agentes disfarçados, estes deram-lhe voz de prisão, conduzindo-o à autoridade policial para que fosse lavrado o auto de prisão em flagrante.

Com base nessa narrativa, é correto afirmar:

(A) O delegado deve determinar a lavratura do auto de prisão em flagrante, por se tratar de tráfico ilícito de drogas, caracterizando a figura do flagrante esperado.
(B) A prisão é ilegal, pois se trata de flagrante forjado.
(C) A prisão é ilegal, pois se trata de flagrante preparado.
(D) O delegado, por ser hipótese em que o preso se livra solto, deve lavrar o Termo Circunstanciado e liberá-los em seguida.
(E) O flagrante é válido, porquanto estão presentes os requisitos para a decretação da prisão preventiva.

Cuida-se do chamado flagrante preparado ou provocado (crime de ensaio), em que a polícia ou mesmo terceiro induz, instiga o agente a prática de determinado crime. Por força do que estabelece a Súmula 145 do STF, a atuação da polícia ou de terceiro, levando o agente à prática delituosa, por inviabilizar a consumação do delito, faz com que este configure hipótese de crime impossível – art. 17, CP. "C". Gabarito

(Delegado/BA – 2006 – CONSULPLAN) Sobre o tema prisão em flagrante, assinale a única alternativa correta:

(A) Considera-se flagrante presumido aquele em que o agente é perseguido logo após a prática de um ilícito penal.
(B) Considera-se flagrante impróprio quando o agente é preso logo depois da ocorrência de uma infração penal, com instrumentos, armas ou papéis que o apontem como autor do ilícito.
(C) Em nenhuma hipótese, a perseguição poderá ultrapassar o prazo legal de 24 horas.
(D) Considera-se flagrante preparado ou provocado aquele em que o agente é induzido à prática da infração penal, caracterizando a hipótese de crime impossível, ante a impossibilidade de sua consumação.
(E) Somente a autoridade policial poderá prender alguém em flagrante delito.

A: no **flagrante presumido** ou **ficto** (art. 302, IV, CPP) inexiste **perseguição**; nesta modalidade de flagrante, o agente, logo depois do crime, é encontrado com instrumentos, armas, objetos ou papéis que façam presumir ser ele autor da infração. A **perseguição** é inerente ao **flagrante impróprio** (art. 302, III); B: a alternativa descreve hipótese de **flagrante presumido** ou **ficto** (art. 302, IV, CPP); C: a perseguição, no flagrante impróprio, não está limitada ao prazo de 24 horas, podendo durar horas ou mesmo dias, desde que seja ininterrupta; D: Súmula 145 do STF; E: art. 301 do CPP (o flagrante pode ser compulsório ou facultativo, este levado a efeito por qualquer do povo). "D". Gabarito

(Delegado/GO – 2009 – UEG) Sobre as prisões, é CORRETO afirmar:

(A) a autoridade policial deve comunicar a prisão em flagrante ao juiz que, caso seja ilegal ou nula, deve, de ofício, conceder a liberdade provisória sob compromisso; caso não cumprido o compromisso, a prisão em flagrante será restabelecida.
(B) a custódia cautelar preventiva não pode ser imposta a autor de prática de infração contravencional.
(C) o clamor público é, por si só, fundamento válido, conforme entende o Supremo Tribunal Federal, para a decretação da prisão preventiva sob a alegação de violação à ordem pública.
(D) por ser medida cautelar própria da fase investigativa, a prisão temporária poderá ser decretada pelo juiz somente mediante representação da autoridade policial, mas, antes de decidir, o magistrado deve, necessariamente, ouvir o Ministério Público.

A: diante de uma prisão em flagrante *ilegal*, deve o magistrado, em vista do que dispõe o art. 5º, LXV, da CF, relaxá-la incontinenti, independente de compromisso a ser prestado pelo agente; B: de fato, não há a menor possibilidade de ser decretada nas contravenções penais - art. 313 do CPP; C: o *clamor público*, por si só, além de não estar inserto no art. 312 do CPP, não é apto a justificar a prisão preventiva; D: a *custódia temporária* pode, também, ser decretada a requerimento do Ministério Público, conforme prescreve o art. 2º, caput, da Lei 7.960/89. "B". Gabarito

(Delegado/PA – 2009 – MOVENS) A respeito das prisões em flagrante, preventiva e temporária, assinale a opção correta.

(A) A prisão temporária será decretada de ofício pelo juiz, ou em face da representação da autoridade policial ou de requerimento do Ministério Público, e terá o prazo de cinco dias, prorrogável por igual período em caso de extrema e comprovada necessidade.
(B) Em até 24 horas após a prisão em flagrante, será encaminhado ao juiz competente o auto de prisão acompanhado de todas as oitivas colhidas e, caso o autuado não informe o nome de seu advogado, cópia integral para a Defensoria Pública.
(C) É inadmissível a decretação de prisão preventiva em crimes culposos e em infrações punidas, no máximo, com pena de detenção.
(D) Uma vez revogada a prisão preventiva no curso do processo, é vedado ao juiz decretá-la novamente antes do trânsito em julgado da sentença penal condenatória, exceto nas hipóteses de delitos hediondos, quando a decretação será admitida mais de uma vez.

A: a *prisão temporária* não pode ser decretada de ofício pelo juiz, que depende, para ordená-la, de *requerimento* do Ministério Público ou de *representação* do delegado de polícia; B: a Lei 12.403/11 deu ao art. 306, § 1º, do CPP a seguinte redação: "Em até 24 (vinte e quatro) horas após a realização da prisão, será encaminhado ao juiz competente o auto de prisão em flagrante e, caso o autuado não informe o nome de seu advogado, cópia integral para Defensoria Pública"; C: é de fato inadmissível sua decretação nos crimes culposos. Com a nova redação dada ao art. 313 do CPP, a prisão preventiva é admitida em todos os crimes dolosos punidos com pena máxima superior a quatro anos, independente de a pena ser de reclusão ou de detenção; D: art. 316 do CPP. "B". Gabarito

(Delegado/PI – 2009 – UESPI) A apresentação espontânea do acusado:

(A) não impede que a autoridade policial represente pela decretação de sua prisão preventiva.
(B) é o único meio de impedir que a apelação interposta contra sentença absolutória tenha efeito suspensivo.
(C) é causa de revogação imediata de prisão preventiva anteriormente decretada.
(D) impede o indiciamento e garante ao acusado o direito de não ser recolhido à prisão durante o curso do inquérito e da instrução criminal.
(E) enseja o trancamento do inquérito por falta de justa causa, uma vez que foi demonstrado o intuito colaborativo do acusado.

O art. 317 do CPP foi modificado pela Lei 12.403/11. A despeito disso, a apresentação espontânea do acusado não impede que a autoridade policial represente pela sua prisão preventiva, que será decretada pela autoridade judiciária se presentes estiverem os requisitos legais. "A". Gabarito

(Delegado/SC – 2008) Ocorre o chamado "flagrante facultativo" quando (...) Assinale a alternativa correta que completa a frase acima.

(A) A prisão em flagrante se dá no momento em que alguém está no cometimento da infração penal.
(B) A prisão em flagrante é efetuada por qualquer do povo.
(C) A prisão em flagrante é efetuada pela autoridade policial ou por seus agentes.
(D) A prisão em flagrante se dá por crime a que a lei comina pena de detenção.

Art. 301, 1ª parte, do CPP. "B". Gabarito

(Delegado/SC – 2008) Nos crimes permanentes o agente poderá ser preso em flagrante delito:

(A) já nas fases de cogitação e preparação do crime.
(B) depois de cessada a permanência.
(C) no instante do cometimento da primeira infração.
(D) enquanto não cessar a permanência.

Art. 303 do CPP. "D". Gabarito

(Delegado/SC – 2008) Analise as alternativas e assinale a correta.

(A) o Presidente da República, durante o seu mandato, nas infrações penais comuns, não está sujeito a nenhuma modalidade de prisão provisória.
(B) Dentro de vinte e quatro horas depois da lavratura do auto de prisão em flagrante será dada ao preso nota de culpa assinada pela autoridade policial competente, constando o motivo da prisão, o nome do condutor e os das testemunhas.

(C) Em qualquer fase da persecução criminal relativa ao crime de tráfico de drogas será permitido, mediante autorização judicial, o "flagrante protelado".

(D) A "prisão para averiguação" consiste na privação momentânea à liberdade de alguém, fora das hipóteses de flagrante e sem ordem escrita do juiz competente, com a finalidade de investigação. Segundo a lei processual penal brasileira, a autoridade policial pode determiná-la diretamente, pelo prazo de 24 horas, desde que estejam preenchidos os mesmos requisitos para a decretação da prisão preventiva.

A: art. 86, § 3º, da CF; B: art. 306, § 2º, do CPP. O termo inicial do prazo é a prisão do conduzido; C: art. 53, II, da Lei 11.343/06; D: art. 5º, LXI, da CF; e art. 283 do CPP (redação dada pela Lei 12.403/11). Gabarito "A".

(Delegado/SC – 2008) Correlacione a segunda coluna de acordo com a primeira, considerando as modalidades de flagrante com os seus respectivos conceitos.

(1) Flagrante próprio
(2) Flagrante impróprio
(3) Flagrante ficto ou assimilado
(4) Flagrante esperado
(5) Flagrante preparado

( ) Ocorre quando o agente é preso, logo depois de cometer a infração, com instrumentos, armas, objetos ou papéis que façam presumir ser ele o autor da infração.

( ) Ocorre quando a ação policial aguarda o momento da prática delituosa, valendo-se de investigação anterior, para efetivar a prisão, sem utilização de agente provocador.

( ) Ocorre quando o agente é perseguido, logo após cometer o delito, pelo ofendido ou por qualquer pessoa, em situação que faça presumir ser autor da infração.

( ) Ocorre quando alguém provoca o agente à prática de um crime, ao mesmo tempo em que toma providências para que o mesmo não se consume.

( ) Ocorre quando o agente é surpreendido cometendo uma infração penal ou quando acaba de cometê-la.

A seqüência correta, de cima para baixo, é:

(A) 4 - 3 - 2 - 1 - 5
(B) 2 - 4 - 1 - 5 - 3
(C) 5 - 1 - 3 - 2 - 4
(D) 3 - 4 - 2 - 5 - 1

(1) flagrante próprio ou perfeito: art. 302, I e II, do CPP; (2) flagrante impróprio ou imperfeito: art. 302, III, do CPP; (3) flagrante ficto, presumido ou assimilado: art. 302, IV, do CPP; (4) flagrante esperado: a polícia aguarda o momento de agir. Constitui hipótese viável de flagrante, na medida em que não há induzimento ou instigação; (5) flagrante preparado ou provocado: é hipótese de crime impossível (art. 17 do CP), conforme Súmula 145 do STF. Gabarito "D".

(Delegado/SC – 2008) O policial civil "Tício", visando à prisão de "Mévio", conhecido traficante da Capital, se passou por consumidor e dele comprou 10 papelotes de cocaína, provocando a negociação (venda da droga). Quando o traficante retirou a droga e a entregou para o policial, outros dois policiais civis, "Caio" e "Linus", efetuaram a prisão de "Mévio" em flagrante delito. Nesse caso, é correto afirmar que:

(A) a prisão em flagrante do traficante é ilegal, pois a negociação (venda) configura delito putativo por obra do agente provocador, configurando, portanto, crime impossível.

(B) a prisão em flagrante do traficante é lícita e não se dá pela compra e venda simulada, mas sim pelo fato de o traficante, espontaneamente, trazer consigo droga, que é uma modalidade permanente do crime em questão.

(C) a prisão em flagrante do traficante é lícita, mas o policial civil "Tício" deverá também responder por crime de tóxico, pois adquiriu ilicitamente substância entorpecente.

(D) a prisão em flagrante do traficante é ilícita, pois os agentes induziram a prática criminosa, devendo os policiais civis "Tício", "Caio" e "Linus" responder por crime de abuso de autoridade.

A jurisprudência tem entendido inaplicável, nesses casos, a Súmula 145 do STF. A esse respeito: STJ, HC 9.689-SP, 5ª T., rel. Min. Gilson Dipp, de 7.10.1999. Gabarito "B".

(Delegado/SP – 2008) Quando o beneficiário não cumpre as condições que lhe foram impostas para gozar da liberdade provisória mediante fiança, fala-se em

(A) quebramento da fiança.
(B) cassação da fiança;
(C) reforço da fiança.
(D) inidoneidade da fiança.
(E) perdimento da fiança.

Fala-se em *quebramento* sempre que o réu, devidamente intimado, deixa de comparecer sem motivo justo; quando deliberadamente pratica ato de obstrução ao andamento do processo; quando descumpre medida cautelar imposta cumulativamente com a fiança; quando resiste injustificadamente a ordem judicial; e quando pratica nova infração penal dolosa (conforme nova redação dada ao art. 341 do CPP). Gabarito "A".

(Delegado/SP – 2008) Denomina-se testemunha fedatária

(A) aquela que prestou informes fidedignos no processo.
(B) aquela que foi referida por outra testemunha.
(C) aquela que acompanhou a leitura do auto de prisão em flagrante na presença do acusado.
(D) aquela que funcionou como informante sem prestar compromisso de dizer a verdade.
(E) aquela que se encontra protegida por lei.

Testemunha *fedatária* ou *instrumentária* é a que atesta a regularidade, a legalidade de um ato (art. 304, §§ 2º e 3º, do CPP). Gabarito "C".

(Delegado/SP – 2008) Dentre os requisitos legais para decretação da prisão preventiva do indiciado não se encontram

(A) a materialidade delitiva e o indício de autoria.
(B) a garantia de ordem pública e a conveniência da instrução penal.
(C) a conveniência da instrução penal e a garantia de ordem econômica.
(D) a garantia de aplicação da lei penal e a conveniência da instrução penal.
(E) a perpetração de crime hediondo e a proteção estatal do réu.

Art. 312 do CPP. O cometimento de crime hediondo ou assemelhado, por si só, não pode constituir motivo bastante a justificar a decretação da prisão preventiva. A proteção ao réu, da mesma forma, não autoriza seu encarceramento. Compete a ele cercar-se dos cuidados necessários para se proteger. Gabarito "E".

(Analista Judiciário/TJRJ – 2008 – CESPE) Em uma ronda de rotina, policiais militares avistaram Euclides, primário, mas com maus antecedentes, portando várias jóias e relógios. Consultando o sistema de comunicação da viatura policial, via rádio, os policiais foram informados de que havia uma ocorrência policial de furto no interior de uma residência na semana anterior, no qual foram subtraídos vários relógios e jóias, que, pelas características, indicavam serem os mesmos encontrados em poder de Euclides.

Com relação a essa situação hipotética, assinale a opção correta.

(A) Euclides deverá ser preso em flagrante delito, na modalidade flagrante presumido.
(B) Euclides deverá ser preso em flagrante delito, na modalidade flagrante próprio.
(C) Euclides deverá ser preso em flagrante delito, na modalidade flagrante retardado.
(D) Euclides deverá ser preso em flagrante delito, na modalidade flagrante impróprio.
(E) Euclides não deverá ser preso, pois não há que se falar em flagrante no caso mencionado.

A expressão *logo depois*, inserta no inciso IV do art. 302 do CPP, que trata do *flagrante presumido* ou *ficto*, embora represente um intervalo de tempo um pouco maior do que aquele referido no inciso anterior ("logo após"), tem a conotação de *interregno razoável*, não se podendo, por isso mesmo, a ela conferir elasticidade temporal exagerada. Gabarito "E".

(Magistratura Federal-4ª Região – 2010) Dadas as assertivas abaixo, assinale a alternativa correta.

I. Quando existir suspeita da existência do crime e indícios da autoria, a prisão preventiva poderá ser decretada como garantia da ordem social ou da ordem econômica, por conveniência da instrução criminal, para assegurar a aplicação da lei penal ou para atender ao clamor público.

II. A prisão temporária pode ser decretada, em caso de crime de extorsão (artigo 158 do Código Penal), quando útil para as investigações, pelo prazo de até 30 (trinta) dias.
III. A prisão temporária pode ser decretada em caso de adulteração de produto destinado a fim terapêutico, o que consiste em infração ao artigo 273 do Código Penal, quando imprescindível às investigações, pelo prazo máximo de 5 (cinco) dias.
IV. Quando o juiz verificar, pelo auto de prisão em flagrante, a não ocorrência de qualquer das hipóteses que autorizam a prisão preventiva, concederá liberdade provisória ao agente, depois de ouvir o Ministério Público.
V. Qualquer do povo poderá prender em flagrante quem é encontrado, logo depois, com instrumentos, armas, objetos ou papéis que façam presumir ser ele o autor da infração.

(A) Está correta apenas a assertiva I.
(B) Estão corretas apenas as assertivas I e IV.
(C) Estão corretas apenas as assertivas IV e V.
(D) Estão corretas todas as assertivas.
(E) Nenhuma assertiva está correta.

I: assertiva incorreta, pois em desacordo com o que estabelece o art. 312, *caput*, do CPP; II: a prisão temporária, embora possa ser determinada no crime de extorsão (art. 158, *caput*, do CP), terá o prazo de *cinco* dias, a teor do art. 2º, *caput*, da Lei 7.960/89 (prisão temporária), sendo admitida uma prorrogação pelo mesmo prazo. A custódia temporária, de outro lado, será decretada pelo prazo de trinta dias quando se tratar de delito hediondo ou assemelhado, na forma estabelecida no art. 2º, § 4º, da Lei 8.072/90 (Crimes Hediondos). Também é admitida uma prorrogação por igual período (30 dias); III: nos termos do art. 1º, VII-B, da Lei 8.072/90 – Lei de Crimes Hediondos, constitui crime hediondo a **falsificação, corrupção, adulteração ou alteração de produto destinado a fins terapêuticos ou medicinais** (art. 273, *caput* e § 1º, § 1º-A e § 1º-B, do CP). Assim sendo, a prisão temporária, neste crime, terá o prazo de trinta dias, prorrogável por igual período em caso de extrema e comprovada necessidade – art. 2º, § 4º, da Lei 8.072/90 (Crimes Hediondos). Assertiva, portanto, incorreta; IV: se ausentes os requisitos da prisão preventiva, deverá a autoridade judiciária conceder liberdade provisória ao autuado, na forma estatuída no art. 310, III, CPP; V: é o chamado flagrante facultativo, previsto no art. 301, primeira parte, do CPP. Gabarito "C".

(Magistratura Federal – 5ª Região – 2005 – CESPE) Julgue o item seguinte.

(1) De acordo com a orientação do STJ, o direito do advogado, ou de qualquer outro preso especial, deve circunscrever-se à garantia de recolhimento em local distinto da prisão comum. Não havendo estabelecimento específico, poderá o preso ser recolhido a cela distinta da prisão comum, observadas as condições mínimas de salubridade e dignidade da pessoa humana.

1: Julgados recentes do STJ firmaram posicionamento no sentido de que o advogado comprovadamente inscrito nos quadros da OAB tem direito a permanecer provisoriamente preso em sala de Estado-maior, com instalação e comodidades dignas, ou, à sua falta, em prisão domiciliar (art. 7º, V, da Lei 8.906/94). Nesse sentido: HC 129.722-RS, rel. Min. Og Fernandes, j. 20.10.09. Gabarito "C".

(Magistratura Federal – 5ª Região – 2007 – CESPE) Julgue o item seguinte.

(1) Segundo o princípio da necessidade, não mais existe na legislação brasileira prisão preventiva pela natureza da infração penal, nem mesmo quando se trata de crimes hediondos.

Por este princípio, não há mais que se falar em automatismo legal, ou seja, a prisão cautelar somente será decretada quando absolutamente indispensável a uma eficiente prestação jurisdicional, independentemente da natureza do crime. Gabarito "C".

(Magistratura Federal – 5ª Região – 2007 – CESPE) Considere a seguinte situação hipotética.

Efetuando diligências rotineiras na rodoviária de determinada cidade às 14 h, a polícia abordou uma pessoa em atitude suspeita e, revistando-a, localizou em seu poder grande quantia em dinheiro, além de um aparelho celular de cor rosa. Estranhando tais fatos, a polícia efetuou ligações telefônicas para alguns números de telefone que constavam na agenda do aparelho, logrando descobrir que a dona do celular havia sido vítima de crime de roubo no mesmo dia, por volta das 9 h.

Nessa situação, a prisão em flagrante de tal pessoa é legal. Há, no caso, flagrante presumido, pois a pessoa foi encontrada com objetos que fizeram presumir ser ela o autor da infração.

Art. 302, IV, do CPP. Gabarito "C".

(Defensoria Pública da União – 2007 – CESPE) Ocorre o flagrante esperado quando alguém provoca o agente à prática do crime e, ao mesmo tempo, toma providência para que tal crime não se consume. Nesse caso, entende o STF que há crime impossível.

Trata-se do **chamado flagrante preparado** ou **provocado** (delito de ensaio), que constitui modalidade de crime impossível (art. 17, CP). Neste caso, o agente provocador leva o autor à prática do crime, viciando a sua vontade, e, feito isso, o prende em flagrante. A conduta é atípica, segundo posição do STF esposada na Súmula 145: "Não há crime, quando a preparação do flagrante pela polícia torna impossível sua consumação". Diferentemente, no **flagrante esperado**, a polícia ou o terceiro aguarda o cometimento do crime. Não há que se falar, pois, em induzimento. Gabarito "E".

(Delegado Federal – 2004 – CESPE) Julgue o item seguinte.

(1) Considere a seguinte situação hipotética. Evandro é acusado de prática de homicídio doloso simples contra a própria esposa. Nessa situação, recebida a denúncia pelo juiz competente, é cabível a decretação da prisão temporária de Evandro, com prazo de 30 dias, prorrogável por igual período, haja vista tratar-se de crime hediondo.

Conforme preleciona o art. 1º, I, da Lei 7.960/89, a prisão temporária é uma modalidade de prisão provisória destinada a viabilizar as investigações acerca de crimes graves durante a fase de inquérito policial. Ademais disso, o prazo de trinta dias de prisão temporária a que alude o art. 2º, § 4º, da Lei 8.072/90 só incidirá nos crimes previstos nessa legislação. O homicídio simples (art. 121, *caput*, CP) só será considerado hediondo quando praticado em atividade típica de grupo de extermínio, ainda que por um só agente (art. 1º, I, Lei 8.072/90). Gabarito "E".

(Delegado Federal – 2004 – CESPE) Julgue o item seguinte.

(1) Em face de crime de ação penal privada, é cabível a decretação de prisão preventiva.

Art. 311 do CPP. A decretação da prisão preventiva pode ocorrer tanto na ação penal pública quanto na ação penal privada. Gabarito "C".

(CESPE – 2009) Acerca das prisões cautelares, assinale a opção correta.

(A) Em regra, a prisão temporária deve ter duração máxima de cinco dias. Tratando-se, no entanto, de procedimento destinado à apuração da prática de delito hediondo, tal prazo poderá estender-se para trinta dias, prorrogável por igual período em caso de extrema e comprovada necessidade.
(B) A apresentação espontânea do acusado à autoridade policial, ao juiz criminal ou ao MP impede a prisão preventiva, devendo o acusado responder ao processo em liberdade.
(C) Considere que Amanda, na intenção de obter vantagem econômica, tenha sequestrado Bruna, levando-a para o cativeiro. Nesse caso, a prisão em flagrante de Amanda só poderá ocorrer até vinte e quatro horas após a constrição da liberdade de Bruna, devendo a autoridade policial, caso descubra o paradeiro da vítima após tal prazo, solicitar ao juiz competente o mandado de prisão contra a sequestradora.
(D) São pressupostos da prisão preventiva: garantia da ordem pública ou da ordem econômica; conveniência da instrução criminal; garantia de aplicação da lei penal; prova da existência do crime; indício suficiente de autoria.

A: a *prisão temporária*, a ser decretada tão somente por juiz de direito, terá o prazo de *cinco dias*, prorrogável por igual período em caso de extrema e comprovada necessidade, nos termos do art. 2º, *caput*, da Lei 7.960/89. Em se tratando, no entanto, de crime hediondo ou a ele equiparado (tortura, tráfico de drogas e terrorismo), a *custódia temporária* será decretada por trinta dias, prorrogável por igual período em caso de extrema e comprovada necessidade, em consonância com o disposto no art. 2º, § 4º, da Lei 8.072/90 (Lei de Crimes Hediondos); B: embora o art. 317 do CPP tenha sido modificado pela Lei 12.403/11, a apresentação espontânea do acusado à autoridade não obsta a decretação da prisão preventiva daquele, desde que preenchidos os requisitos do art. 312 do CPP; C: o crime perpetrado por Amanda – extorsão mediante sequestro (art. 159, CP) – é permanente, o que permite, com fulcro no art. 303 do CPP, a prisão em flagrante de seus autores enquanto o processo de consumação não cessar. Dito de outro modo, enquanto Bruna estiver no cativeiro, Amanda poderá, sim, ser presa em flagrante, ainda que isso venha a ocorrer dias, semanas depois do arrebatamento da vítima; D: art. 312 do CPP. Gabarito "A".

(CESPE – 2008) Relativamente à prisão, assinale a opção correta de acordo com o CPP.

(A) Se o réu, sendo perseguido, passar ao território de outro município ou comarca, o executor poderá efetuar-lhe a prisão no lugar onde o alcançar, apresentando-o imediatamente à autoridade local, que providenciará a remoção do preso depois de haver lavrado, se for o caso, o auto de flagrante.
(B) Na hipótese de resistência à prisão em flagrante, por parte de terceiras pessoas, diversas do réu, o executor e as pessoas que o auxiliarem não poderão usar dos meios necessários para defender-se ou para vencer a resistência.
(C) Na hipótese de o executor do mandado verificar, com segurança, que o réu tenha entrado em alguma casa, o morador será intimado a entregá-lo, à vista da ordem de prisão. Se não for atendido imediatamente, o executor convocará duas testemunhas e, ainda que seja noite, entrará à força na casa, arrombando as portas, caso seja necessário.
(D) Ainda que haja tentativa de fuga do preso, não será permitido o emprego de força.

A: art. 290, *caput*, do CPP; B: art. 292 do CPP; C: art. 293, *caput*, do CPP; D: art. 284 do CPP. Gabarito "A".

(CESPE – 2007) É compatível com a Constituição Federal de 1988

(A) o processo iniciado, de ofício, pela autoridade policial ou judiciária.
(B) A prisão processual.
(C) A prisão para averiguação.
(D) A busca domiciliar determinada pela autoridade policial.

A: *princípio da ação ou da demanda* (incumbe à parte provocar a atuação da função jurisdicional). No que concerne à autoridade policial, vige o *princípio da obrigatoriedade*, já que, assim que tenha a notícia da prática da infração, deverá instaurar, de ofício, inquérito policial; B: arts. 282 e seguintes do CPP; C: art. 5º, LXI e LXV, da CF; D: art. 5º, XI, da CF. Gabarito "B".

(CESPE – 2007) Acerca dos crimes hediondos, assinale a opção correta.

(A) O rol dos crimes enumerados na Lei nº 8.072/1990 não é taxativo.
(B) É possível o relaxamento da prisão por excesso de prazo.
(C) O prazo da prisão temporária em caso de homicídio qualificado é igual ao de um homicídio simples.
(D) Em caso de sentença condenatória, o réu não poderá apelar em liberdade, independentemente de fundamentação do juiz.

A: adotou-se o *critério legal*, pelo qual consideram-se hediondos tão somente os crimes contidos no rol do art. 1º da Lei n. 8.072/1990. Trata-se de rol taxativo; B: art. 5º, LXV, da CF; Súmula n. 697 do STF; C: o prazo de prisão temporária, em se tratando de homicídio qualificado (art. 1º, I, Lei n. 8.072/90), é fixado pela Lei de Crimes Hediondos, em seu art. 2º, § 4º. O homicídio simples, salvo o praticado em atividade típica de grupo de extermínio, não é delito hediondo; D: Súmula 347, STJ; o art. 594 do CPP foi revogado pela Lei n. 11.719/2008. Hodiernamente, para decretar a prisão processual, o juiz deve demonstrar a necessidade da medida. Não há mais que se falar em prisão automática, incompatível com a nova ordem constitucional. Gabarito "B".

(CESPE – 2007) Acerca do instituto da prisão, assinale a opção incorreta.

(A) A prisão temporária não pode ser decretada de ofício e somente tem cabimento durante o inquérito policial.
(B) As hipóteses legais para a decretação da prisão preventiva, incluem a garantia da ordem pública, a conveniência da instrução criminal e o clamor público.
(C) Nos crimes de menor potencial ofensivo, em regra, não são admitidas a lavratura do auto de prisão em flagrante nem a imposição de fiança quando o autor do fato for encaminhado ao juizado.
(D) A prisão penal é a que ocorre após uma sentença penal condenatória transitada em julgado e admite, preenchidos os requisitos legais, o livramento condicional.

A: arts. 1º, I, e 2º, *caput*, da Lei n. 7.960/1989; B: art. 312, CPP. A expressão "clamor público" não está contida no dispositivo legal; C: art. 69, parágrafo único, da Lei n. 9.099/1995; D: de fato, *prisão penal* ou *prisão-pena* é aquela que decorre de sentença condenatória com trânsito em julgado; de outro lado, *prisão processual* ou *provisória* é aquela decretada antes do trânsito em julgado de sentença condenatória (prisão preventiva, por exemplo). Gabarito "B".

(CESPE – 2006) Assinale a opção incorreta de acordo com o STJ e o STF.

(A) Os conceitos de flagrante preparado e esperado se confundem.
(B) Tão-somente os crimes militares, cuja definição é dada pelo Código Penal Militar, quando cometidos por agentes militares, poderão ser julgados pela justiça castrense.
(C) O estado de flagrante delito é uma das exceções constitucionais à inviolabilidade do domicílio, nos termos da Constituição Federal.
(D) A interposição de recurso, sem efeito suspensivo, contra decisão condenatória não obsta a expedição de mandado de prisão.

A: verificar-se-á o *flagrante preparado* sempre que o agente provocador induzir, levar alguém a praticar uma infração penal. Está-se aqui diante de uma modalidade de crime impossível (art. 17, CP), consubstanciada na Súmula n. 145 do STF; difere, dessa forma, do chamado *flagrante esperado*, em que a polícia não controla a ação do agente, apenas aguarda, depois de comunicada, a ocorrência do crime. É hipótese viável de prisão em flagrante; B: arts. 124, *caput*, e 125, § 4º, da CF; C: art. 5º, XI, da CF; D: Súmula n. 267, STJ. Gabarito "A".

(CESPE – 2004) Eduardo, agente de polícia encarregado de desvendar a atividade de tráfico de drogas, induziu Márcio, suposto traficante, a fornecer-lhe certa quantidade de droga. Como Márcio não a possuía no momento, saiu do local e retornou minutos depois com a exata quantidade de entorpecente pedida por Eduardo que, no ato da entrega, lhe deu voz de prisão. Na situação hipotética acima, ocorreu um flagrante do tipo

(A) Esperado
(B) preparado ou provocado.
(C) prorrogado.
(D) Compulsório.

É crime impossível (art. 17, CP). Súmula n. 145 do STF. Gabarito "B".

13. PROCESSOS E PROCEDIMENTOS

(Magistratura/AL – 2008 – CESPE) Depois de citado, o acusado deverá responder à acusação no prazo de 10 dias. Após esse prazo, o juiz não poderá absolver sumariamente o acusado se

(A) ficar provada a inexistência do fato.
(B) existir manifesta causa excludente da ilicitude do fato.
(C) existir manifesta causa excludente da culpabilidade do agente, salvo inimputabilidade.
(D) o fato evidentemente não constituir crime.
(E) estiver extinta a punibilidade do agente.

A: o rol do art. 397 do CPP não contempla a hipótese descrita nesta alternativa; B: art. 397, I, do CPP; C: art. 397, II, do CPP; D: art. 397, III, do CPP; E: art. 397, IV, da CPP. Gabarito "A".

(Magistratura/AL – 2008 – CESPE) Acerca do procedimento comum ordinário, assinale a opção correta.

(A) No direito processual penal, não vigora o princípio da identidade física do juiz, previsto na lei processual civil.
(B) O juiz deverá, inicialmente, interrogar o acusado, para, em seguida e sucessivamente, ouvir as testemunhas e o ofendido.
(C) Em regra, as alegações finais serão orais, mas o juiz poderá, considerada a complexidade do caso ou o número de acusados, conceder às partes o prazo de cinco dias sucessivos para a apresentação de memoriais.
(D) Na instrução, poderão ser inquiridas até oito testemunhas arroladas pela acusação e oito, pela defesa, compreendidas nesses números aquelas que não prestem compromisso.
(E) A parte poderá desistir da inquirição de qualquer das testemunhas arroladas, inclusive as testemunhas do juízo.

A: art. 399, § 2º, do CPP; B: art. 400, *caput*, do CPP; C: art. 403, § 3º, do CPP; D: art. 401, § 1º, do CPP; E: art. 401, § 2º, do CPP. Gabarito "C".

(Magistratura/MG – 2009 – EJEF) Em se tratando de processo sumário, marque a opção CORRETA.

(A) Se a audiência for suspensa, a testemunha que compareceu será ouvida, desde que obedecida a ordem prevista no Código de Processo Penal.
(B) Se a audiência for suspensa, a testemunha que compareceu para o ato não será inquirida.

(C) Se a audiência for suspensa, a testemunha que compareceu para o ato será inquirida independentemente da ordem estabelecida no Código de Processo Penal.
(D) Nenhuma das hipóteses é verdadeira.

Art. 536 do CPP. Gabarito "A".

(Magistratura/PE – 2011 – FCC) Na resposta à acusação, o réu
(A) pode arrolar testemunhas e oferecer documentos, mas não arguir prescrição.
(B) pode suscitar nulidade e excludente da ilicitude.
(C) não pode suscitar a atipicidade do fato, embora possa especificar as provas pretendidas.
(D) pode arguir preliminares, mas não causa de extinção da punibilidade.
(E) não pode suscitar decadência ou *abolitio criminis*.

tendo em conta a inserção do art. 396-A promovida pela Lei 11.719/08 no CPP, entre outras tantas modificações implementadas, o acusado, na resposta à acusação, poderá arguir preliminares e alegar tudo aquilo que interesse à sua defesa, oferecer documentos e justificações, especificar as provas pretendidas e arrolar testemunhas. Gabarito "B".

(Magistratura/RO – 2011 – PUCPR) A respeito dos ritos no Processo Penal, indique a única alternativa **CORRETA**:
(A) Para se identificar o rito processual basta verificar a pena mínima referente a cada delito presente no próprio tipo penal.
(B) O rito Ordinário é destinado aos crimes punidos com reclusão, com pena igualou superior a 8 anos.
(C) Será aplicado rito Sumário quando a pena máxima do delito imputado ao réu em abstrato for igual ou superior a 4 anos.
(D) Será aplicado rito Sumaríssimo quando a pena máxima for inferior a 4 anos e superior a 2 anos.
(E) Será aplicado rito Ordinário aos crimes que tenham pena máxima em abstrato igual ou superior a 4 anos de pena privativa de liberdade.

A: o critério utilizado para se identificar o rito processual a ser adotado é a pena máxima cominada ao crime, conforme estabelece o art. 394 do CPP; B: o rito ordinário terá lugar sempre que se tratar de crime cuja sanção máxima cominada for igual ou superior a quatro anos de pena privativa de liberdade (art. 394, § 1º, I, CPP). Assertiva incorreta, portanto; C: o rito sumário será adotado quando se tratar de crime cuja sanção máxima seja inferior a quatro anos e superior a dois (art. 394, § 1º, II, CPP). Assertiva também incorreta; D: incorreta, pois o rito sumaríssimo terá incidência nas infrações penais de menor potencial ofensivo (crimes cuja pena máxima não seja superior a dois anos bem como as contravenções penais), na forma estatuída no art. 394, § 1º, III, CPP; E: assertiva correta, nos termos do art. 394, § 1º, I, CPP. Gabarito "E".

(Magistratura/RS – 2009) Acerca dos procedimentos criminais, considere as assertivas abaixo.
I. Verificado que o acusado se oculta para não ser citado, segundo o Código de Processo Penal, o oficial de justiça certifica a ocorrência e devolve o mandado, seguindo-se a citação por edital.
II. No procedimento comum ordinário, não há previsão legal de alegações finais orais, as quais foram reservadas aos procedimentos comuns sumário e sumaríssimo.
III. Na instrução do procedimento comum ordinário, poderão ser inquiridas até oito testemunhas arroladas pela acusação e oito pela defesa. Nesse número não se compreendem as que não prestarem compromisso nem as referidas.

Quais são corretas?
(A) Apenas I
(B) Apenas II
(C) Apenas III
(D) Apenas I e III
(E) I, II e III

I: verificando que o réu se oculta para não ser citado, deverá o oficial de justiça proceder na forma estabelecida no art. 362 do CPP, certificando a ocorrência e realizando a *citação por hora certa*; II: via de regra, em vista do que dispõe o art. 403 do CPP, as *alegações finais* serão orais, mas o juiz poderá, dada a complexidade do caso ou o número de acusados, deferir às partes o prazo de cinco dias sucessivamente para a apresentação de memoriais (alegações escritas); III: assertiva em consonância com o disposto no art. 401, caput e § 1º, do CPP. Gabarito "C".

(Magistratura/SC – 2010) Quanto ao procedimento sumário:
I. Na audiência de instrução e julgamento, a ser realizada no prazo máximo de 30 (trinta) dias, proceder-se-á à tomada de declarações do ofendido, se possível, à inquirição das testemunhas arroladas pela acusação e pela defesa, nesta ordem, ressalvado o disposto no Código de Processo Penal, bem como aos esclarecimentos dos peritos, às acareações e ao reconhecimento de pessoas e coisas, interrogando-se, em seguida, o acusado e procedendo-se, finalmente, aos debates.
II. Na audiência de instrução e julgamento, a ser realizada no prazo máximo de 45 (quarenta e cinco) dias, proceder-se-á ao interrogatório do acusado, seguindo-se a tomada de declarações do ofendido, se possível, à inquirição das testemunhas arroladas pela acusação e pela defesa, em número de seis, respectivamente, nesta ordem, ressalvado o disposto no Código de Processo Penal, bem como aos esclarecimentos dos peritos, às acareações e ao reconhecimento de pessoas e coisas, com alegações via memoriais.
III. Na instrução, poderão ser inquiridas até cinco testemunhas arroladas pela acusação e cinco pela defesa.
IV. As alegações finais serão orais, concedendo-se a palavra, respectivamente, à acusação e à defesa, pelo prazo de 20 (vinte) minutos, prorrogáveis por mais 10 (dez), proferindo o juiz, a seguir, sentença.
V. As alegações finais serão orais, concedendo-se a palavra, respectivamente, à acusação e à defesa, pelo prazo de 10 (dez) minutos, prorrogáveis por mais 5 (cinco), proferindo o juiz, a seguir, sentença.

(A) Somente as proposições I e V estão corretas.
(B) Somente as proposições I e III estão corretas.
(C) Somente as proposições I, III e IV estão corretas.
(D) Somente as proposições II e V estão corretas.
(E) Somente as proposições II, IV e V estão corretas.

I: assertiva correta, visto que em consonância com o disposto no art. 531 do CPP; II: incorreta, pois não corresponde ao estatuído no art. 531 do CPP; III: proposição correta, pois reflete o contido no art. 532 do CPP; IV: proposição correta, pois corresponde ao que prescreve o art. 534, *caput*, do CPP; V: proposição incorreta, pois não corresponde ao que prescreve o art. 534, *caput*, do CPP. Gabarito "C".

(Magistratura/SP – 2008) Se a infração, embora de menor potencial ofensivo, deva processar-se perante o juízo comum, em virtude da impossibilidade de citação pessoal do acusado (art. 66, parágrafo único, da Lei n.º 9.099/95), o rito procedimental será o
(A) ordinário.
(B) sumário.
(C) sumaríssimo.
(D) especial.

Art. 538 do CPP. Gabarito "B".

(Ministério Público/MS – 2011 – FADEMS) Acerca dos procedimentos estabelecidos pela legislação processual penal, analise as afirmativas abaixo:
I. A Lei nº 11.343/06 prevê que o inquérito policial será concluído no prazo de 30 (trinta) dias, se o indiciado estiver preso, e de 90 (noventa) dias, quando solto, sendo certo que ambos poderão ser duplicados pelo juiz, ouvido o Ministério Público, mediante pedido justificado da autoridade policial.
II. O procedimento será sumário quando tiver por objeto crime cuja sanção máxima cominada seja inferior a 4 (quatro) anos, bem como nas infrações penais de menor potencial ofensivo, quando o juizado especial criminal encaminhar ao juízo comum as peças existentes para a adoção de outro procedimento.
III. Na audiência de instrução e julgamento do procedimento ordinário, o Código de Processo Penal prevê, como regra, o oferecimento de alegações finais orais por 20 (vinte) minutos, respectivamente, pela acusação e pela defesa, prorrogáveis por mais 10 (dez) minutos. Admitindo, excepcionalmente, a apresentação de memoriais, no prazo de 10 (dez) dias, na hipótese em que o juiz considerar a complexidade do caso ou o número de acusados.

IV. O Código de Processo Penal estabelece a seguinte ordem a ser observada na audiência de instrução e julgamento nos procedimentos sumário e ordinário: tomada de declarações do ofendido, inquirição das testemunhas arroladas pela acusação e pela defesa, nesta ordem, bem como o reconhecimento de pessoas e coisas, acareações, esclarecimentos dos peritos, interrogando-se, em seguida, o acusado.

(A) a afirmativa II está correta e afirmativa IV está incorreta;
(B) apenas a afirmativa III está incorreta;
(C) apenas a afirmativa I está correta;
(D) a afirmativa III está correta e a afirmativa I está incorreta;
(E) todas as afirmativas estão corretas.

I: pela disciplina estabelecida no art. 51, *caput*, da Lei 11.343/06 (atual Lei de Drogas), o inquérito, estando o indiciado preso, será concluído no prazo de 30 dias; se solto estiver, o prazo será de 90 dias. O parágrafo único do mesmo artigo dispõe que os prazos aludidos no *caput* podem ser duplicados mediante pedido justificado da autoridade policial, sempre ouvido o MP. Assertiva correta; B: assertiva correta, visto que em consonância com o que estabelecem os arts 394, § 1º, II, e 538, ambos do CPP; III: assertiva incorreta, pois, na hipótese de o juiz, em razão da complexidade do caso ou mesmo do número de acusados, conceder às partes a oportunidade para apresentar memoriais, estas disporão do prazo de *cinco* dias para tanto; IV: assertiva incorreta, já que, na ordem estabelecida nos arts. 400, *caput* (rito ordinário), e 531 (rito sumário), o *reconhecimento de pessoas e coisas* é precedido pelos *esclarecimentos dos peritos* e também pelas acareações. Gabarito "A".

(Ministério Público/SP – 2010) No processo comum, o acusado pode ser absolvido sumariamente (art. 397, Código de Processo Penal) quando:

(A) a denúncia for inepta.
(B) o autor da infração penal agiu manifestamente em legítima defesa.
(C) não existirem suficientes indícios de autoria ou prova da materialidade do fato.
(D) o Ministério Público for parte ilegítima para o exercício da ação penal.
(E) houver dúvida sobre a sua inimputabilidade.

As hipóteses de *absolvição sumária*, contidas no art. 397 do CPP, constituem inovação introduzida pela Lei 11.719/08. A correspondente à assertiva "B" encontra-se no inciso I do dispositivo. As outras alternativas contêm assertivas que se amoldam às hipóteses de *rejeição da inicial*, descritas no art. 395 do CPP. Gabarito "B".

(Procurador do Estado/RR – 2006 – FCC) No processo e julgamento dos crimes de responsabilidade dos funcionários públicos,

(A) nos crimes afiançáveis e inafiançáveis, após a denúncia, o juiz ordenará a notificação do acusado para responder por escrito, dentro do prazo de 15 (quinze) dias.
(B) nos crimes inafiançáveis, após a denúncia, o juiz ordenará a notificação do acusado para responder por escrito, dentro do prazo de 15 (quinze) dias.
(C) nos crimes afiançáveis e inafiançáveis, o eventual recebimento da denúncia é feito depois da notificação do acusado e, caso existente, de sua resposta.
(D) nos crimes afiançáveis, o eventual recebimento da denúncia é feito depois da notificação do acusado e, caso existente, de sua resposta.
(E) a falta de notificação do acusado para, se quiser, responder à acusação causa nulidade absoluta, conforme súmulas do Superior Tribunal de Justiça e do Supremo Tribunal Federal.

Art. 514 do CPP. Vide, a esse respeito, a Súmula 330 do STJ. Gabarito "D".

(Defensor Público/AM – 2010 – I. Cidades) Assinale a alternativa correta. No processo comum, o Juiz absolverá sumariamente o réu:

(A) provado não ser ele apenas partícipe do fato
(B) quando verificar a existência de causa excludente de ilicitude, ainda que dependa de dilação probatória prévia.
(C) quando verificar a existência manifesta de causa excludente da culpabilidade do agente, salvo inimputabilidade, se esta for a única tese defensiva.
(D) quando verificar que o fato narrado possa não vir a constituir crime.
(E) extinta a punibilidade do agente, exceto nos casos de prescrição, decadência ou perempção.

As hipóteses de absolvição sumária, contidas no art. 397 do CPP, constituem inovação introduzida pela Lei 11.719/08. A correspondente à assertiva "C" está contemplada no inciso II do dispositivo. As outras alternativas contêm proposições que não se amoldam às hipóteses de absolvição sumária – art. 397, CPP. Gabarito "C".

(Defensor Público/GO – 2010 – I. Cidades) Em relação à instrução criminal no Código de Processo Penal, há os seguintes procedimentos:

(A) comum ou especial, sendo que o especial se classifica em ordinário, sumário e sumaríssimo.
(B) comum, que se classifica em ordinário, sumário e sumaríssimo, sendo que o ordinário tem lugar quando tiver por objeto crime cuja sanção máxima cominada for igual ou inferior a quatro anos.
(C) comum, que se classifica em sumaríssimo, sumário e ordinário, sendo que o sumaríssimo se aplica quando tiver por objeto infrações penais cuja pena privativa de liberdade não seja inferior a dois anos.
(D) comum e especial, sendo que o comum se classifica em sumário e sumarissimo e o especial se classifica em sumário.
(E) os procedimentos são comum e especial, sendo que o comum se classifica em ordinário, sumário e sumarissimo, sendo este último aplicado para as infrações penais de menor potencial ofensivo, na forma da lei.

A: o procedimento pode ser comum ou especial; o comum - e não o especial - compreende três ritos, a saber: ordinário, sumário e sumaríssimo (art. 394, § 1º, CPP). A assertiva, portanto, está incorreta; B: o procedimento comum de fato comporta três ritos: ordinário, sumário e sumaríssimo. O rito ordinário terá lugar sempre que se tratar de crime cuja sanção máxima cominada for igual ou superior - e não inferior - a quatro anos de pena privativa de liberdade (art. 394, § 1º, I, CPP). Assertiva incorreta, portanto; C: o procedimento, no CPP, será comum ou especial. O comum, por sua vez, compreende três ritos: ordinário, sumário e sumaríssimo (art. 394, § 1º, CPP). Este último terá incidência nas infrações penais de menor potencial ofensivo, na forma da lei (art. 394, § 1º, III, CPP). Assertiva incorreta; D: incorreta. O procedimento comum compreende os ritos ordinário, sumário e sumaríssimo. O procedimento especial não comporta classificação. Alguns exemplos: Júri, crimes funcionais, Lei de Drogas etc.; E: assertiva em conformidade com o que preceitua o art. 394 do CPP. Gabarito "E".

(Defensoria/MG – 2009 – FURMARC) Em relação aos procedimentos, avalie as afirmativas abaixo:

I. Procedimento comum será ordinário, sumário ou sumaríssimo.
II. É considerado procedimento ordinário, quando tiver por objeto crime cuja sanção máxima cominada seja inferior a 4 (quatro) anos de pena privativa de liberdade.
III. Procedimento sumário é o que tiver por objeto crime cuja sanção máxima cominada seja inferior a 4 (quatro) anos de pena privativa de liberdade.
IV. Procedimento sumaríssimo destina-se a infrações penais de menor potencial ofensivo, na forma da lei.
V. Aplicam-se subsidiariamente aos procedimentos especial, sumário e sumaríssimo as disposições dos procedimentos previstos em legislação extravagante.

Pode-se afirmar que:

(A) Todas as afirmativas estão corretas.
(B) Todas as afirmativas estão incorretas.
(C) Somente I, III e IV estão corretas.
(D) Somente I, II e III estão corretas.
(E) Somente III e IV estão corretas.

I: art. 394, § 1º, do CPP; II: art. 394, § 1º, I, do CPP; III: art. 394, § 1º, II, do CPP, IV: art. 394, § 1º, III, do CPP; V: art. 394, § 5º, do CPP. Gabarito "C".

(Defensoria/SE – 2006 – CESPE) Nos casos de crimes afiançáveis de responsabilidade do funcionário público, a legislação processual penal prevê o contraditório antes do recebimento da denúncia ou da queixa, com a apresentação do que se denomina defesa preliminar.

Art. 514 do CPP. Gabarito "C".

(Defensoria/SP – 2009 – FCC) Quanto à assertiva "O prazo para encerramento da instrução criminal é de oitenta e um dias", é correto afirmar:

(A) Trata-se de mera criação jurisprudencial e não deve ser observada em nenhuma hipótese.
(B) Trata-se de determinação legal, que deve ser observada em ações penais referentes a atividades praticadas por organizações criminosas.

(C) Trata-se de previsão expressa no Pacto de San José de Costa Rica e vincula o julgador brasileiro.
(D) Não tem aplicabilidade nenhuma no direito brasileiro.
(E) Trata-se de criação exclusivamente jurisprudencial, devendo ser relaxada a prisão quando se completarem oitenta e dois dias, por determinação constitucional.

Reza o art. 8º da Lei 9.034/95 que, em se tratando de réu preso, o prazo para conclusão da instrução criminal nos processos por crime de que trata esta Lei (Organizações Criminosas) será de 81 dias; se solto estiver o réu, o prazo será de 120 dias. Gabarito "B".

(Cartório/MS – 2009 – VUNESP) Assinale a alternativa que apresenta o prazo correto para o oferecimento da resposta à acusação nos procedimentos ordinário e sumário.

(A) 15 dias em ambos os procedimentos.
(B) 10 dias em ambos os procedimentos.
(C) 15 dias no procedimento ordinário e 10 dias no procedimento sumário.
(D) 20 dias no procedimento sumário e 10 dias no procedimento ordinário.
(E) 10 dias no procedimento ordinário e 5 dias no procedimento sumário.

Art. 396, *caput*, do CPP. Gabarito "B".

(Cartório/MS – 2009 – VUNESP) Seguindo a regra geral contida no art. 403 do CPP, é correto afirmar que no procedimento ordinário as alegações finais serão

(A) oferecidas por escrito no prazo de 10 dias.
(B) orais por vinte minutos, respectivamente, pela acusação e pela defesa, com direito à prorrogação por mais 10 minutos.
(C) apresentadas no prazo sucessivo de 5 dias, por memorial.
(D) orais por trinta minutos, respectivamente, pela acusação e pela defesa, com direito à prorrogação por mais 10 minutos.
(E) oferecidas por escrito no prazo de 8 dias, respectivamente, pela acusação e pela defesa.

Em vista do que dispõe o art. 403 do CPP, as *alegações finais* serão, em regra, orais, por 20 minutos, respectivamente, pela acusação e pela defesa, prorrogáveis por mais 10, mas o juiz poderá, dada a complexidade do caso ou o número de acusados, deferir às partes o prazo de cinco dias sucessivamente para a apresentação de memoriais (alegações escritas). Gabarito "B".

(Delegado/PB – 2009 – CESPE) No que concerne ao processo comum, assinale a opção correta.

(A) A falta de justa causa para o exercício da ação penal, considerada por muitos doutrinadores como a quarta condição da ação, não é hábil a ensejar a rejeição da denúncia por parte do juiz. Isso porque, sendo o MP o titular da ação penal pública, não é dado ao magistrado analisar a viabilidade da denúncia sob o aspecto da justa causa, nesse momento processual.
(B) Nos crimes de ação penal pública incondicionada, após o oferecimento da denúncia, o juiz a recebe e ordena a citação do acusado para ser interrogado, no prazo máximo de dez dias, em se tratando de réu preso.
(C) A absolvição sumária é instituto exclusivo do procedimento do júri, cabendo nas hipóteses de existência manifesta de causa excludente da ilicitude do fato ou da culpabilidade ou punibilidade do agente.
(D) Finda a instrução, as partes têm o prazo de 24 horas para requererem diligências que reputem imprescindíveis ao deslinde da causa.
(E) Vigora no processo penal o princípio da identidade física do juiz, segundo o qual o juiz que presidiu a instrução deve proferir a sentença.

A: a teor do art. 395, III, do CPP, a falta de justa causa constitui motivo bastante a ensejar a rejeição da inicial; B e C: determina o art. 396 do CPP que o juiz, ao receber a inicial, determinará a citação do acusado para que responda dentro no prazo de 10 dias. Logo após esta fase da *resposta escrita*, dada a modificação introduzida pela Lei 11.719/08, passou a ser possível a *absolvição sumária*, desde que presente alguma das hipóteses do art. 397 do CPP. Não sendo este o caso, designará o juiz audiência, e determinará a intimação do MP, do acusado, de seu defensor e, sendo o caso, do querelante e do assistente de acusação, nos termos do art. 399. Nesta audiência, em face do novo panorama estabelecido, realizar-se-á toda a instrução, e, ao final, depois da ouvida do ofendido e da tomada do depoimento das testemunhas, será interrogado o acusado; D: o art. 402 do CPP não faz alusão a prazo; E: a Lei 11.719/08 introduziu no art. 399 do CPP o § 2º, conferindo-lhe a seguinte redação: "O juiz que presidiu a instrução deverá proferir a sentença". O princípio da identidade física do juiz, antes exclusivo do processo civil, doravante será também aplicável ao processo penal. Como as restrições não foram disciplinadas no Código de Processo Penal, deve-se aplicar, quanto a estas, o que dispõe o art. 132 do Código de Processo Civil. Gabarito "E".

(Delegado/PI – 2009 – UESPI) De acordo com Código de Processo Penal, aplicar-se-á o procedimento sumário quando tiver por objeto crime cuja sanção máxima:

(A) seja a pena de detenção.
(B) seja pena superior a dois anos e inferior a quatro anos de detenção.
(C) seja pena inferior a dois anos de reclusão.
(D) seja inferior a quatro anos de pena privativa de liberdade.
(E) seja aquela correspondente às infrações de menor potencial ofensivo.

Art. 394, § 1º, II, do CPP. Gabarito "D".

(Procurador da Fazenda Nacional – 2007.2 – ESAF) Silva, servidor do Ministério da Fazenda, apropria-se indevidamente de mil litros de gasolina que seriam utilizados pelas viaturas da Secretaria da Receita Federal do Brasil para fiscalização. Tendo-se concluído o inquérito policial e formulada a denúncia,

(A) o Juiz fará o interrogatório do servidor.
(B) o Juiz citará o servidor instaurando a relação processual.
(C) o Juiz notificará o servidor para responder por escrito à acusação no prazo de 15 dias.
(D) o Ministério Público arrolará as testemunhas de acusação.
(E) o servidor pedirá a extinção do processo por não haver previsão legal do delito mencionado.

Art. 514 do CPP (defesa preliminar). Gabarito "C".

(CESPE – 2009) Assinale a opção correta quanto ao procedimento comum previsto no CPP.

(A) O juiz decidirá se realiza o interrogatório por videoconferência em razão de pedido do MP, não precisando fundamentar sua decisão.
(B) Na audiência de instrução e julgamento, deverá proceder-se à tomada das declarações do ofendido e do réu, designando-se nova data para a inquirição das testemunhas e dos peritos.
(C) Conforme a complexidade do caso, após a audiência de instrução e julgamento, poderá o juiz conceder às partes prazo de cinco dias sucessivamente para a apresentação de memoriais.
(D) Caso a denúncia ou a queixa sejam manifestamente ineptas ou falte justa causa para a ação penal, deverá o réu ser absolvido sumariamente.

A: o interrogatório por videoconferência constitui, a teor do art. 185, § 2º, do CPP, medida de caráter excepcional. A decisão deve ser fundamentada; B: art. 400, § 1º, do CPP; C: art. 403, § 3º, do CPP; D: se acaso a denúncia ou a queixa for absolutamente inepta ou faltar justa causa para o exercício da ação penal, a peça inicial será rejeitada, nos termos do art. 395 do CPP. As hipóteses de absolvição sumária estão contidas no art. 397 do CPP. Gabarito "C".

(CESPE – 2009) Acerca das normas aplicáveis ao processo e ao julgamento dos crimes de calúnia e injúria, previstas no CPP, assinale a opção correta.

(A) É pública incondicionada a ação penal por crime contra a honra de funcionário público em razão do exercício de suas funções.
(B) Caso seja oferecida a exceção da verdade ou da notoriedade do fato imputado, poderá o querelante contestar a exceção, podendo ser inquiridas as testemunhas arroladas na queixa.
(C) O juiz, antes de receber a queixa, oferece às partes oportunidade para se reconciliarem, fazendo-as comparecer em juízo para serem ouvidas, separadamente, na presença, obrigatória, dos seus advogados, lavrando-se o termo respectivo.

(D) No caso de reconciliação, depois de assinado pelo querelante termo de desistência da queixa, esta será suspensa pelo prazo de dois anos, e o juiz fixará as condições a serem respeitadas pelo querelado para que se opere a extinção da punibilidade após o decurso do referido prazo.

A: nos termos do disposto no art. 145, p. único, do CP, se se tratar de crime perpetrado contra a honra de funcionário público em razão de suas funções, a ação penal será *pública condicionada à representação do ofendido*. Ocorre, no entanto, que o STF, por meio da Súmula 714, firmou entendimento segundo o qual, nesses casos, a legitimidade é concorrente entre o ofendido (mediante queixa) e o Ministério Público (ação pública condicionada à representação do ofendido); B: art. 523 do CPP; C: art. 520 do CPP; D: art. 522 do CPP. Gabarito "B".

(CESPE – 2008) Considerando a redação atual do CPP, assinale a opção correta no que diz respeito ao processo ordinário.

(A) O acusado será citado para responder à acusação, por escrito, no prazo de 10 dias.

(B) O acusado será citado para apresentar defesa prévia, no prazo de 3 dias.

(C) O acusado será citado para comparecer a audiência de introdução, debates e julgamento.

(D) O acusado será citado para comparecer a audiência de interrogatório.

A: art. 396, *caput*, do CPP. Dispositivo introduzido pela Lei 11.719/08. Gabarito "A".

(CESPE – 2007) Configura hipótese de inépcia da denúncia

(A) Não-indicação de testemunhas por parte da acusação.

(B) Utilização de alcunha do acusado no texto da exordial, mesmo constando o nome completo na qualificação.

(C) Exposição obscura de fato criminoso desprovida de todas as suas circunstâncias.

(D) A errônea classificação do crime imputado na inicial acusatória.

Arts. 41 e 395, I, do CPP. A indicação do rol de testemunhas é facultativa; o erro quanto à capitulação é irrelevante. A exposição do fato criminoso com todas as suas circunstâncias, no entanto, deverá ser precisa, caso contrário poderá resultar em prejuízo para a defesa. Gabarito "C".

14. PROCESSO DE COMPETÊNCIA DO JÚRI

(Magistratura/AL – 2008 – CESPE) A respeito do procedimento relativo aos processos da competência do tribunal do júri, assinale a opção correta.

(A) Ao receber a denúncia ou queixa, o juiz determinará a citação do acusado, para oferecer resposta escrita, no prazo de dez dias. Apresentada a resposta, o juiz designará audiência de instrução e determinará a realização das diligências requeridas pelas partes, ainda que o acusado suscite questões preliminares.

(B) Na audiência de instrução, serão ouvidas as testemunhas de acusação, as de defesa, o ofendido e o acusado, nessa ordem.

(C) Em caso de inimputabilidade por doença mental do réu, o juiz não deverá absolvê-lo sumariamente se a defesa sustentar a tese de legítima defesa.

(D) Encerrada a instrução criminal, mandará o juiz dar vista dos autos, para alegações, ao MP, pelo prazo de cinco dias, e, em seguida, por igual prazo, e em cartório, ao defensor do réu.

(E) Caso não se convença da materialidade do fato ou da existência de indícios suficientes de autoria ou de participação, o juiz deve absolver sumariamente o acusado.

A: deverá o magistrado, no caso de a defesa prévia apresentar preliminares, ouvir a parte contrária, na forma estabelecida no art. 409 do CPP; B: assertiva incorreta, pois, em vista da ordem estabelecida no art. 411 do CPP, o ofendido, se possível, será ouvido em primeiro lugar; após, serão ouvidas as testemunhas arroladas pela acusação e defesa (nesta ordem); ao final, depois dos esclarecimentos do perito, das acareações e do reconhecimento de pessoas e coisas, proceder-se-á ao interrogatório do réu; C: art. 415, parágrafo único, do CPP; D: art. 411, § 4º, do CPP; E: art. 414, *caput*, do CPP. Gabarito "C".

(Magistratura/AL – 2008 – CESPE) No que concerne ao procedimento do júri, assinale a opção correta.

(A) A intimação da sentença de pronúncia sempre será feita pessoalmente ao acusado. Não sendo este encontrado, dá-se o que a doutrina chama de crise de instância, que inviabiliza a realização do júri.

(B) Se houver dúvida quanto à imparcialidade do júri, o juiz competente poderá representar ao tribunal de justiça, o qual poderá determinar o desaforamento do julgamento para outra comarca da mesma região, onde não existam os motivos da dúvida, dando-se preferência às mais próximas.

(C) Preclusa a decisão de pronúncia, ainda que haja circunstância superveniente que altere a classificação do crime, o juiz deverá aguardar a realização do júri.

(D) O libelo-crime acusatório é peça obrigatória, devendo o promotor apresentá-lo após a preclusão da decisão de pronúncia.

(E) O desaforamento é cabível quando houver dúvida quanto à imparcialidade do júri ou quanto à segurança pessoal do acusado ou ainda quando o julgamento não se realizar no período de um ano, desde que, para a demora, não haja concorrido o réu ou a defesa, independentemente da comprovação de excesso de serviço.

A: art. 420 do CPP; B: art. 427 do CPP; C: art. 421 do CPP; D: a redação dos arts. 417 a 422 do CPP, que tratavam do libelo, foi modificada pela Lei 11.689/08. Com isso, o libelo deixou de existir, de tal sorte que a acusação em plenário será norteada pela pronúncia; E: art. 428 do CPP. Gabarito "B".

(Magistratura/DF – 2007) O juiz presidente do Tribunal do Júri da Circunscrição Judiciária de Taguatinga, entendendo inexistentes indícios suficientes da autoria, profere sentença de impronúncia, julgando improcedente a denúncia feita pelo Ministério Público do Distrito Federal contra Mécio, acusado de matar seu desafeto Lívio. O Ministério Público não interpõe recurso. Ocorre a preclusão. Nessas circunstâncias, o juiz:

(A) não poderá admitir a instauração de processo futuro contra Mécio, pelo mesmo fato, porque preclusa a sentença de impronúncia;

(B) enquanto não extinta a punibilidade, se ainda não decorrido o prazo de 5 (cinco) anos a contar da data em que preclusa se tornou a sentença de impronúncia, poderá admitir instauração de processo futuro contra Mécio, pelo mesmo fato;

(C) enquanto não extinta a punibilidade, poderá, em qualquer tempo, admitir instauração de processo futuro contra Mécio, pelo mesmo fato, se houver novas provas;

(D) nenhuma das alternativas acima (a, b, c) é correta.

Art. 414, parágrafo único, do CPP. Gabarito "C".

(Magistratura/GO – 2009 – FCC) O procedimento de instrução preliminar em caso de competência do Tribunal do Júri deverá ser concluído em até

(A) cento e vinte dias.
(B) trinta dias.
(C) sessenta dias.
(D) oitenta e um dias.
(E) noventa dias.

O art. 412 do CPP estabelece o prazo de 90 dias para a conclusão do procedimento de formação da culpa. Gabarito "E".

(Magistratura/MG – 2009 – EJEF) Em se tratando do julgamento pelo Tribunal do Júri, marque a opção CORRETA.

(A) Quando dos debates, a parte só poderá intervir, com aparte, tendo a permissão do Juiz.

(B) Quando dos debates, só poderá ter aparte, quando a parte que estiver falando o permitir.

(C) Quando dos debates, poderá existir aparte apenas da defesa, ante o princípio da plenitude de defesa.

(D) Quando dos debates, não poderá haver qualquer aparte.

Art. 497, XII, do CPP. Gabarito "A".

(Magistratura/MG – 2008) Em conformidade com o previsto no art. 411 do Código de Processo Penal, o Juiz que absolver sumariamente o réu denunciado pela prática de homicídio qualificado obrigatoriamente terá que:

(A) comunicar a decisão ao Procurador-Geral de Justiça.
(B) comunicar a decisão ao Presidente do Tribunal de Justiça.
(C) abrir vistas dos autos ao Promotor de Justiça.
(D) recorrer de ofício.

O art. 411 do CPP, que fazia menção expressa ao recurso de ofício, foi revogado pela Lei 11.689/08. A matéria de que tratava o dispositivo passou a ser disciplinada no art. 415 do CPP, que cuida da absolvição sumária e nenhuma previsão fez acerca do recurso de ofício. Dessa forma, tal imposição, no contexto da absolvição sumária, deixou de existir. "Gabarito "D"

(Magistratura/MG - 2007) Marque a alternativa INCORRETA. O Tribunal de Justiça poderá desaforar, mediante representação do juiz de direito, o julgamento do Júri Popular para Comarca mais próxima, quando:

(A) o interesse da ordem pública o reclamar.
(B) o julgamento não se realizar no período de 1 (um) ano, contado do recebimento do libelo.
(C) houver dúvida sobre a segurança pessoal do réu.
(D) houver dúvida sobre a imparcialidade do júri.

A, C e D: art. 427, caput, do CPP; B: antes do advento da Lei 11.689/08, o tribunal, a requerimento do réu ou do MP, podia determinar o desaforamento na hipótese de o julgamento não se realizar no período de um ano, contado do recebimento do libelo. Atualmente, pela dicção do art. 428 do CPP, em se tratando de demora na realização do julgamento ocasionada por excesso de serviço, ultrapassado o prazo de seis meses, contado do trânsito da decisão de pronúncia, poderá ser pleiteado o desaforamento. Gabarito "B".

(Magistratura/MG - 2007) Ao cabo da instrução em processo instaurado para apurar crime de homicídio doloso e depois de colhidas as alegações finais das partes, além de configuradas materialidade e autoria delituosas, resultou comprovado que o réu, em virtude de perturbação de saúde mental, não era inteiramente capaz de entender o caráter ilícito do fato ou de determinar-se de acordo com esse entendimento. Conseqüentemente, o juiz de direito:

(A) absolverá desde logo o réu, com a imposição de medida de segurança.
(B) impronunciará desde logo o réu, que poderá ser processado se houver novas provas de sua higidez mental.
(C) pronunciará o réu, com a determinação para que seja submetido ao Tribunal do Júri.
(D) desclassificará a infração imputada ao réu, com a remessa do processo ao juízo singular.

A semi-imputabilidade, prevista no art. 26, parágrafo único, do CP, não constitui hipótese de absolvição sumária (art. 415, IV, do CPP), devendo o juiz, neste caso, existindo prova da materialidade e indícios suficientes de autoria, pronunciar o réu. Se condenado for, fará jus à diminuição de pena a que alude o parágrafo único do art. 26 do CP em razão dessa circunstância. Gabarito "C".

(Magistratura/MG - 2007) Marque a alternativa INCORRETA. Nos processos do Tribunal do Júri, o juiz de direito deverá assegurar:

(A) o sigilo das votações.
(B) a soberania dos veredictos.
(C) a repetição da votação, se a resposta a qualquer dos quesitos estiver em contradição com outra já proferida.
(D) a competência exclusiva para o julgamento dos crimes dolosos contra a vida, consumados ou tentados.

A: art. 5º, XXXVIII, b, da CF; B: art. 5º, XXXVIII, c, da CF; C: art. 490 do CPP; D: a competência a que alude o art. 5º, XXXVIII, d, da CF é a mínima, nada impedindo que a lei processual inclua outras infrações na competência do Júri. Além disso, são de competência do Tribunal Popular os crimes conexos. Gabarito "D".

(Magistratura/MS – 2008 – FGV) Ao final da primeira fase do processo dos crimes de competência do júri, quais as diferentes decisões que o juiz presidente do Tribunal do Júri poderá tomar?

(A) Pronúncia, impronúncia, despronúncia e desclassificação.
(B) Pronúncia, impronúncia, despronúncia, desclassificação e absolvição sumária.
(C) Pronúncia, despronúncia, desclassificação e arquivamento.
(D) Pronúncia, impronúncia, desclassificação e absolvição sumária.
(E) Pronúncia, impronúncia, desclassificação, absolvição sumária e condenação sumária.

Pronúncia (art. 413, CPP); impronúncia (art. 414, CPP); desclassificação (art. 419, CPP); absolvição sumária (art. 415, CPP). Gabarito "D".

(Magistratura/PA – 2008 – FGV) Agá é denunciado como autor de homicídio qualificado por motivo torpe. A primeira fase do procedimento do júri é encerrada sem que as testemunhas arroladas pelas partes tenham sido encontradas e ouvidas. Há, nos autos, laudo de exame de corpo de delito. Após as alegações finais das partes, caberá ao juiz:

(A) proferir decisão de desclassificação e, após o trânsito em julgado, determinar a remessa dos autos ao juízo comum.
(B) impronunciar o acusado.
(C) absolver sumariamente o acusado.
(D) pronunciar o acusado, pois bastam os indícios do inquérito policial para fundamentar essa decisão.
(E) condenar o acusado como autor de homicídio simples.

Art. 414 do CPP. Gabarito "B".

(Magistratura/PE – 2011 – FCC) É cabível a absolvição sumária no procedimento do júri quando

(A) não houver prova suficiente de ser o acusado o autor ou partícipe do fato.
(B) verificada a atipicidade do fato e demonstrada qualquer causa de isenção de pena.
(C) não houver prova suficiente da existência do fato.
(D) reconhecida a inimputabilidade do acusado por doença mental, ainda que esta não tenha sido a única tese defensiva.
(E) verificada excludente da ilicitude ou, em certos casos, da culpabilidade.

A assertiva correta se amolda ao prescrito no art. 415, IV, do CPP. As demais não estão contempladas no art. 415 do CPP. Gabarito "E".

(Magistratura/RO – 2011 – PUCPR) No procedimento relativo aos processos de competência do Tribunal do Júri, a decisão que impronunciar o acusado pode ser impugnada, na esfera recursal, por meio de:

(A) Habeas Corpus.
(B) Recurso em Sentido Estrito.
(C) Agravo.
(D) Apelação.
(E) Embargos de Declaração.

Art. 416 do CPP. Gabarito "D".

(Magistratura/SP – 2011 – VUNESP) Antônio desferiu disparos de arma de fogo contra Pedro, causando-lhe lesões corporais, sem, contudo, matá-lo, e foi pronunciado e levado a julgamento perante o Tribunal do Júri, pelo crime de homicídio qualificado tentado. Na votação do questionário, o Conselho de Sentença responde afirmativamente os quesitos relativos à materialidade e à autoria. Indagado a respeito da tentativa, em quesito específico, o Conselho de Sentença responde negativamente, entendendo que Antônio não teve intenção de matar Pedro. Nesta hipótese, dentre as alternativas seguintes, assinale qual o procedimento que deverá ser adotado pelo Juiz Presidente do Tribunal do Júri.

(A) Encerrar a votação e proferir sentença, absolvendo o acusado.
(B) Prosseguir na votação e submeter ao Conselho de Sentença o seguinte quesito: "O Jurado absolve o acusado?"
(C) Encerrar a votação e determinar a abertura de vista dos autos ao Ministério Público para aditamento da denúncia.
(D) Encerrar a votação e proferir sentença, absolvendo ou condenando o acusado, mesmo que eventual infração resultante da nova tipificação for considerada pela lei como de menor potencial ofensivo.
(E) Encerrar a votação e proferir sentença, absolvendo ou condenando o acusado, ou aplicar o disposto nos arts. 69 e seguintes, da Lei n.º 9.099/95, quando a eventual infração resultante da nova tipificação for considerada pela lei como de menor potencial ofensivo.

Art. 492, § 1º, do CPP. Gabarito "E".

(Magistratura/SP – 2009 – VUNESP) Durante os debates, em plenário do Júri, é correto afirmar que

(A) as partes sempre poderão fazer referência a qualquer notícia divulgada por órgão de imprensa, independentemente de prévia formalidade.
(B) as partes poderão fazer referência à decisão de pronúncia, desde que moderadamente.
(C) as partes não poderão fazer referência à decisão de pronúncia.
(D) o titular da acusação poderá exibir quaisquer documentos aos jurados, independentemente de prévia formalidade.

A: art. 479 do CPP; B e C: art. 478, I, do CPP: D: art. 479 do CPP. Gabarito "C".

(Magistratura/SP – 2009 – VUNESP) Durante os debates em plenário do júri, após a fala da defesa, ao ser consultado pelo juiz presidente sobre seu interesse em usar o tempo para a réplica, o promotor de justiça, usando da palavra por breves minutos para justificar-se, diz que se acha satisfeito com a prova produzida e por isso não pretende valer-se do tempo destinado à réplica. Nessa hipótese, tendo o defensor reivindicado seu direito à tréplica, o juiz presidente

(A) deve deferir esse pedido da defesa porque, de qualquer forma, houve manifestação oral do titular da acusação naquela fase.
(B) não deve deferir esse pedido porque a manifestação da parte contrária não avançou pelo mérito da ação penal.
(C) só pode deferir esse pleito da defesa se houver concordância expressa do promotor de justiça.
(D) deve deferir esse pedido da defesa, mas com redução do tempo respectivo.

Com efeito, sempre que houver, por parte da acusação, ainda que de forma sucinta, manifestação quanto ao mérito da causa, deve o juiz abrir prazo para a defesa manifestar-se em tréplica. Gabarito "A".

(Magistratura/SP – 2008) A competência da instituição do júri para o julgamento dos crimes dolosos contra a vida (CF, art. 5.º, XXXVIII) é usurpada se ocorre

(A) a agravação da pena aplicada ao acusado na sentença condenatória em decorrência de maus antecedentes não reconhecidos pelos jurados.
(B) a absolvição sumária do acusado (CPP, art. 415 e incisos) em razão de sua semi-imputabilidade comprovada pelo laudo de exame psiquiátrico.
(C) a não-inclusão na sentença de pronúncia de tese relativa ao homicídio privilegiado, alegada na fase de instrução preliminar.
(D) a não-submissão aos jurados de quesitos referentes à descriminante da legítima defesa, sustentada em plenário.

O semi-imputável (art. 26, parágrafo único, do CP) não faz jus à absolvição sumária prevista no art. 415, IV, do CPP. Se houver provas da materialidade e indícios suficientes de autoria, é de rigor que o réu semi-imputável seja pronunciado. Gabarito "B".

(Magistratura/SP – 2007) Jacó veio a ser julgado no Júri por tentativa de homicídio, mas o Corpo de Jurados desclassificou o crime para lesões corporais, negando a intenção homicida, e considerou as lesões corporais como leves. Em tal hipótese,

(A) os próprios jurados devem julgar o réu por lesões corporais leves.
(B) a competência é do Juiz Presidente do Júri, cumprindo-lhe, porém, aguardar queixa-crime ou representação do ofendido.
(C) o juiz remeterá os autos ao Juizado de Pequenas Causas.
(D) pode o Juiz Presidente julgar, desde logo, o delito de lesões corporais leves.

Art. 492, § 1º, do CPP. Gabarito "B".

(Ministério Público/ES – 2005) Ocorrerá despronúncia quando:

(A) o Tribunal de 2a instância cassar a decisão de pronúncia.
(B) a impronúncia for julgada improcedente pelo Tribunal de 2a instância.
(C) o Conselho de Sentença negar a existência do crime lançado na pronúncia.
(D) o juiz não se convencer da prova da existência do crime ou de indícios de autoria.
(E) o juiz se retratar da decisão de pronúncia em face de recurso de apelação interposto pelo réu.

Consiste a *despronúncia* na decisão do tribunal que julga procedente recurso interposto pela defesa em face da decisão de pronúncia. É também a decisão prolatada pelo magistrado ao reformar sua própria decisão de pronúncia. Gabarito "A".

(Ministério Público/MG – 2010.2) Segundo as regras estabelecidas no Código de Processo Penal, na elaboração dos quesitos, o Juiz de Direito

(A) poderá redigi-los livremente, vedada a admissão de teses que não constem expressamente da denúncia ou das alegações emergentes dos debates orais no Plenário.
(B) levará em consideração os termos da pronúncia ou das decisões posteriores que julgaram admissível a acusação, do interrogatório e das alegações das partes.
(C) ficará restrito às teses apresentadas pelas partes durante os debates orais, sob pena de admitir inovação e ofensa indevida ao princípio constitucional da iniciativa das partes.
(D) adotará como sua fonte a denúncia e os requerimentos escritos que as partes deverão apresentar antes de iniciados os debates orais em Plenário.

Art. 482, parágrafo único, do CPP. Gabarito "B".

(Ministério Público/MG - 2008) Quanto ao rito estabelecido pelo Código de Processo Penal para os crimes de competência do júri, assinale a alternativa INCORRETA.

(A) O jurado deverá ter a idade mínima de dezoito anos.
(B) Nos debates orais, é vedado às partes fazer referências à pronúncia.
(C) Será elaborado quesito obrigatório sobre circunstâncias atenuantes.
(D) O julgamento poderá ser realizado sem a presença do réu.
(E) As partes podem formular perguntas diretamente às testemunhas.

A: art. 436, *caput*, do CPP; B: art. 478, I, do CPP; C: a reforma implementada pela Lei 11.689/08 não incluiu no rol do art. 483 do CPP as circunstâncias atenuantes, deixando-as para apreciação do juiz togado (art. 492, I, *b*, do CPP); D: arts. 457 e 474, *caput*, do CPP; E: art. 472, *caput*, do CPP. Gabarito "C".

(Ministério Público/MS – 2011 – FADEMS) Tício foi denunciado pela prática de homicídio qualificado pelo motivo torpe (art. 121, § 2º, inc. I, Código Penal). A denúncia foi recebida e, no decorrer da instrução processual, a defesa requereu exame de insanidade mental do acusado (art. 149 e seguintes do Código de Processo Penal). Ao final do referido incidente, restou devidamente comprovado que Tício, ao tempo da ação, em razão de doença mental, era inteiramente incapaz de entender o caráter ilícito do fato ou de determinar-se de acordo com esse entendimento. Nos debates, a defesa apresentou como única tese defensiva a inimputabilidade de Tício. Lastreado em tal premissa, responda, respectivamente, a seguinte indagação: Qual decisão deverá ser proferida pelo juiz ao final da primeira fase do procedimento do júri e qual é o recurso cabível?

(A) Impronúncia e apelação.
(B) Desclassificação e recurso em sentido estrito.
(C) Absolvição e apelação.
(D) Pronúncia e recurso em sentido estrito.
(E) Absolvição sumária e apelação.

Arts. 415, IV, e 416 do CPP. Gabarito "E".

(Ministério Público/PR – 2009) A Constituição Federal assegura, com exclusividade, ao Tribunal do Júri:

(A) soberania dos veredictos, competência para julgar crimes contra a vida, contraditório e plenitude de defesa;
(B) sigilo das votações, soberania dos veredictos, competência para julgar crimes contra a vida e plenitude de defesa;
(C) contraditório, soberania dos veredictos, competência para julgar crimes contra a vida e plenitude de defesa;

(D) competência para julgar crimes contra a vida, sigilo das votações, incomunicabilidade do conselho de sentença e plenitude de defesa;
(E) soberania dos veredictos, contraditório, ampla defesa e sigilo das votações.

Os princípios que regem o Tribunal do Júri estão consagrados no art. 5º, XXXVIII, da CF, a saber: plenitude de defesa; sigilo das votações; soberania dos veredictos; e competência mínima para o julgamento dos crimes *dolosos* contra a vida. Gabarito "B".

(MINISTÉRIO PÚBLICO/RO – 2010 – CESPE) Com relação à primeira fase do procedimento do tribunal do júri, assinale a opção correta.

(A) O juiz absolverá o acusado quando não existir prova de ter este concorrido para a infração penal.
(B) O juiz pronunciará o acusado quando houver indícios suficientes de materialidade e autoria do fato.
(C) O juiz impronunciará o acusado quando restar provado não ser ele autor do fato e não for possível indicar o verdadeiro autor.
(D) As sentenças de pronúncia e impronúncia são impugnáveis por recurso em sentido estrito.
(E) O juiz poderá dar ao fato definição jurídica diversa da constante da acusação, embora, com isso, o acusado fique sujeito a pena mais grave.

A: a assertiva não contempla hipótese de absolvição sumária - art. 415 do CPP; B: para que o juiz pronuncie o acusado, a teor do art. 413 do CPP, é necessário que haja *prova da materialidade do fato* (prova de que o fato existiu, aconteceu) e *indícios suficientes de autoria*. Não bastam, portanto, *indícios* de materialidade; indícios de que o fato ocorreu. É necessário mais. O magistrado deve, dessa forma, estar seguro quanto à existência do fato. A duvida, se existir, deve recair sobre a autoria; C: a assertiva, na sua primeira parte, contempla hipótese de absolvição sumária – art. 415, II, do CPP; D: com a Lei de Reforma nº 11.689/08, a sentença de impronúncia passou a ser combatida por meio de apelação – art. 416, CPP. A pronúncia, por sua vez, deve, sim, ser impugnada por meio de recurso em sentido estrito, nos termos do art. 581, IV, do CPP; E: correta, nos termos do art. 383, *caput*, do CPP (*emendatio libelli*). Gabarito "E".

(Ministério Público/SP – 2010) No procedimento do júri, presentes indícios da autoria e prova da materialidade, se ao término da instrução do sumário de culpa ficar provado tecnicamente que o acusado é semi-imputável, o juiz deverá:

(A) pronunciá-lo.
(B) absolvê-lo sumariamente.
(C) impronunciá-lo.
(D) remeter os autos para o juízo comum para a prolação da sentença.
(E) declarar nulo o processo e remeter os autos para o juízo comum.

De fato, se convencido da materialidade do fato e da existência de indícios suficientes de autoria, o juiz deverá *pronunciar* o réu semi-imputável, que, uma vez condenado, fará jus a uma diminuição de pena, não sendo o caso, pois, de *impronunciá-lo*. O réu semi-imputável, dessa forma, não tem direito à absolvição sumária do art. 415 do CPP. Gabarito "A".

(Ministério Público/SP – 2008) Assinale a alternativa correta.

(A) O procedimento comum sumário deve ser observado nos processos por crimes aos quais a lei comina pena máxima igual ou inferior a 4 (quatro) anos.
(B) Nos processos de competência do tribunal do júri, provada nos autos a inexistência do fato, deve o juiz impronunciar o acusado.
(C) A oitiva do ofendido e das testemunhas antecede ao interrogatório do acusado no procedimento comum ordinário, mas não no procedimento previsto para os processos de competência do tribunal do júri.
(D) Compõem o tribunal do júri 1 (um) juiz togado e 21 (vinte e um) jurados, com idade mínima de 18 (dezoito) anos, dos quais 7 (sete) constituirão o conselho de sentença.
(E) O tempo destinado à acusação e à defesa, nos debates na sessão de julgamento do tribunal do júri, é de uma hora e meia para cada, e de uma hora para a réplica e outro tanto para a tréplica.

A: art. 394, § 1º, II, do CPP. Os crimes cuja pena privativa de liberdade seja de quatro anos submetem-se ao procedimento comum ordinário; B: provada, nos processos de competência do Tribunal do Júri, a inexistência do fato, deve o juiz absolver o acusado, conforme determina o art. 415, I, do CPP; C: tanto em um quanto no outro a oitiva do ofendido e das testemunhas antecede ao interrogatório do acusado (arts. 400 e 411 do CPP); D: arts. 436, *caput*, e 447 do CPP; E: art. 477, *caput*, do CPP. Gabarito "E".

(Defensor Público/AM – 2010 – I. Cidades) Sobre o desaforamento, é correto afirmar que:

(A) poderá ser determinado nos casos de dúvida sobre a imparcialidade do júri ou do juiz, segurança pessoal do acusado ou interesse da ordem pública.
(B) poderá ser requerido apenas pelo Ministério Público.
(C) poderá ser determinado em razão de excesso de serviço, caso em que será ouvida a parte contrária, o juiz presidente e o Ministério Público, se o julgamento não puder ser realizado no prazo de 6 (seis) meses, contado do trânsito em julgado da decisão de pronúncia, incluindo o tempo de adiamentos, diligências ou incidentes de interesse da defesa.
(D) se trata de ato processual praticado pela Instância Superior que modifica, no casos de julgamento pelo Tribunal do Júri, a regra de competência territorial pelo lugar da infração (ratione loci).
(E) Não se admitirá pedido de desaforamento quando já efetivado o julgamento, nem mesmo quanto a fato ocorrido durante ou após a realização de julgamento anulado.

A: a assertiva não está em consonância com o disposto no art. 427, *caput*, do CPP; B: o desaforamento também poderá ser requerido pelo assistente, pelo querelante e pelo acusado, e também mediante representação do juiz competente – art. 427, *caput*, do CPP; C: assertiva incorreta, pois em desacordo com o art. 428, *caput*, do CPP; D: de fato, cuida-se de decisão jurisdicional determinada pela instância superior (TJ ou TRF) que tem o condão de alterar a competência estabelecida segundo os critérios do art. 69 do CPP; E: incorreta, nos moldes do art. 427, § 4º, do CPP. Gabarito "D".

(Defensor Público/AM – 2010 – I. Cidades) Sobre o procedimento do Júri, é incorreto afirmar que:

a) O interrogatório do réu é o último ato da instrução probatória, o que confirma o seu perfil de meio de defesa.
(B) Os peritos prestarão esclarecimentos em juízo desde que haja prévio requerimento e deferimento pelo juiz.
(C) A fundamentação da pronúncia limitar-se-á à indicação da materialidade do fato e da existência de indícios suficientes de autoria ou de participação, devendo o juiz declarar o dispositivo legal em que julgar incurso o acusado, todavia não é o momento de especificar as circunstâncias qualificadoras e as causas de aumento de pena, sob pena de nulidade da sentença se o fizer por violação do direito de defesa do acusado.
(D) Caberá recurso de Apelação contra a sentença de impronúncia ou de absolvição sumária.
(E) A Defensoria Pública será intimada para o novo julgamento toda vez que o julgamento pelo Tribunal do Júri for adiado e não houver escusa legítima do defensor do réu que deixou de comparecer para defendê-lo.

A: correta, nos termos do art. 411, *caput*, do CPP; B: correta, nos termos do art. 411, § 1º, do CPP; C: incorreta, já que é este o momento adequado (pronúncia) para o magistrado especificar as circunstâncias qualificadoras e as causas de aumento de pena – art. 413, § 1º, CPP; D: assertiva correta, na medida em que corresponde à redação do art. 416 do CPP; E: proposição correta, nos termos do art. 456, § 2º, do CPP. Gabarito "C".

(Defensor Público/GO – 2010 – I. Cidades) Após a reforma parcial do Código de Processo Penal de 2008, ficou estabelecido quanto ao procedimento de tomada de declarações do ofendido durante a instrução em plenário do tribunal do júri que:

(A) as perguntas serão formuladas primeiramente pelas partes, sucessivamente e diretamente ao ofendido. respeitando-se a ordem de quem o tiver arrolado, podendo o juiz presidente complementar a inquirição sobre os pontos não esclarecidos.
(B) a tomada das declarações será feita diretamente e de forma sucessiva pelo juiz presidente, pelo Ministério Público, pelo assistente de acusação, se houver, pelo querelante, se for o caso, e pelo defensor do acusado.
(C) a ordem em que os sujeitos processuais fazem as perguntas pode ser invertida sem consequências processuais.
(D) as declarações não podem ser tomadas pelo juiz presidente, tendo em vista que não há previsão no Código de Processo Penal para a atuação judicial na produção de prova.
(E) não há regulamentação da tomada de declarações do ofendido no procedimento do tribunal do júri.

o ofendido ou vítima, sempre que possível, será o primeiro a dar sua versão do ocorrido, de acordo com a regra estampada no art. 473, caput, do CPP, que impõe ainda que caberá ao juiz presidente dirigir-lhe os primeiros questionamentos. Em seguida, o Ministério Público, seguido pelo assistente (quando o caso), pelo querelante (quando for o caso) e, finalmente, caberá ao defensor do réu formular ao ofendido as perguntas que julgar pertinentes, tudo de forma direta e sucessiva. Gabarito "B".

(Defensoria/MG – 2009 – FURMARC) Em relação ao procedimento que apura os crimes de competência do Júri, marque a opção INCORRETA:

(A) No procedimento que apura os crimes de competência do Júri, durante a audiência de instrução, proceder-se-á em primeiro lugar à tomada de declarações do ofendido, se possível, a seguir inquirição das testemunhas arroladas pela acusação, defesa, bem como esclarecimentos dos peritos, acareações, reconhecimento de pessoas e coisas, interrogatório do acusado e, por fim, debates.
(B) A intimação da decisão de pronúncia será feita pessoalmente ao acusado, ao defensor nomeado e ao Ministério Público.
(C) O julgamento será adiado pelo não comparecimento do acusado solto, que tiver sido regularmente intimado.
(D) É permitido à acusação, ao assistente, ao querelante e ao defensor formular diretamente perguntas ao acusado.
(E) Os jurados formularão perguntas por intermédio do juiz presidente.

A: art. 411, *caput*, do CPP; B: art. 420, I, do CPP; C: art. 457, *caput*, do CPP; D: art. 474, § 1º, do CPP; E: art. 474, § 2º, do CPP. Gabarito "C".

(Defensoria/MG – 2006) Sobre os diversos aspectos dos processos de competência do Tribunal do Júri, é CORRETO afirmar:

(A) Que o juiz impronunciará o acusado se convencionado de que agiu amparado por causa excludente de ilicitude ou culpabilidade.
(B) Que o libelo crime acusatório será único, ainda que haja mais de um réu pronunciado.
(C) Que o protesto por novo júri, por expressa determinação do art. 607 do CPP, poderá ser interposto se a pena aplicada for igual ou superior a vinte anos de reclusão, permitindo-se, contudo, somar as penas do delito doloso contra a vida e do crime conexo para perfazer a exigência legal.
(D) Que na apelação interposta contra sentença do juiz que contrariar a decisão dos jurados, o Tribunal de Justiça não mandará o réu a novo julgamento perante o Tribunal do Júri; fará apenas a devida retificação do decisum primevo.
(E) Que, se o Conselho de Sentença desclassificar o delito para outro que não seja de sua competência, o Juiz Presidente encaminhará os autos para o órgão judiciário competente para julgá-lo.

A: deve o magistrado, neste caso, absolver sumariamente o acusado, e não impronunciá-lo, em consonância com o disposto no art. 415, IV, do CPP; B: o libelo crime acusatório, com a reforma implementada pela Lei 11.689/08, foi extinto. A acusação em plenário, com isso, passou a ser calcada na pronúncia; C: o protesto por novo júri também foi extinto por força da Lei 11.689/08; D: art. 593, § 1º, do CPP; E: art. 483, § 4º, do CPP. Gabarito "D".

(Defensoria/RN – 2006) São isentos de participar do corpo de jurados no Tribunal do Júri independente da justificativa os seguintes profissionais, salvo os

(A) Ministros de Estado e Governadores.
(B) serventuários da Justiça.
(C) militares na ativa.
(D) médicos.

Art. 437 do CPP. Gabarito "D".

(Defensor Público/RS – 2011 – FCC) Sobre o procedimento do Júri, considere as seguintes assertivas:

I. A defesa poderá interpor, no prazo de 20 (vinte) dias, recurso em sentido estrito da decisão que incluir jurado na lista geral ou desta o excluir, sendo de 2 (dois) dias o prazo para o oferecimento das respectivas razões.
II. As nulidades ocorridas posteriormente à pronúncia deverão ser arguidas logo depois de ocorrerem, conforme previsto na norma processual.
III. Segundo o Código de Processo Penal, não será permitida a leitura de qualquer documento que possa influenciar a decisão dos Jurados se este não tiver sido juntado aos autos com antecedência mínima de 5 (cinco) dias, dando-se ciência à outra parte.

I: correta, nos termos dos arts. 581, XIV, e 586, parágrafo único, do CPP; II: incorreta, nos termos do art. 571, V, do CPP; III: incorreta, nos termos do art. 479, *caput*, do CPP. Gabarito "A".

(Defensoria/SE – 2006 – CESPE) Julgue o item seguinte.

(1) A pronúncia, conforme a melhor doutrina, é sentença processual de conteúdo declaratório em que o juiz proclama admissível a acusação. Tratando-se, portanto, de sentença proferida por juiz singular, é cabível, como recurso, a apelação.

Antes denominada **sentença**, a pronúncia deve ser entendida como a decisão interlocutória mista que julga admissível a acusação, encaminhando o caso para julgamento perante o Tribunal Popular. Gabarito 1E.

(Cartório/MS – 2009 – VUNESP) A recente alteração nos dispositivos legais do código de processo penal concernentes ao procedimento relativo ao Tribunal do Júri pôs fim

(A) ao libelo crime acusatório.
(B) ao amplo contraditório.
(C) à pronúncia ou impronúncia do réu.
(D) ao desaforamento.
(E) ao sorteio para convocação dos jurados.

A redação dos arts. 417 a 422 do CPP, que tratavam do libelo, foi modificada pela Lei 11.689/08. Com isso, o libelo deixou de existir, de tal sorte que a acusação em plenário será norteada pela pronúncia. Gabarito "A".

(Cartório/MS – 2009 – VUNESP) O questionário contendo os quesitos a serem apreciados pelos jurados no Tribunal do Júri, de acordo com o art. 483 do CPP, deverá ser formulado na seguinte ordem, e indagando sobre:

(A) materialidade, autoria, nexo de causalidade, qualificadoras e causas de aumento e diminuição de pena.
(B) materialidade, autoria, privilégios e qualificadoras, causas de aumento e diminuição.
(C) materialidade, autoria, se o acusado deve ser absolvido, se existe causa de diminuição de pena, circunstâncias qualificadoras, ou causas de aumento de pena.
(D) autoria, materialidade, agravantes e atenuantes, causas de aumento e de diminuição de pena.
(E) autoria, materialidade, causas de aumento e de diminuição de pena.

A alteração implementada pela Lei 11.689/08 teve como escopo tornar o sistema de quesitação mais objetivo e claro. Os quesitos devem ser elaborados nos termos do art. 483 do CPP. Gabarito "C".

(Delegado/SC – 2008) O veredicto do Tribunal do Júri enquadrou o réu "Antares" como incurso no art. 121, § 2º, inciso II, do Código Penal (homicídio qualificado pelo motivo fútil). Para chegar a esta conclusão, os jurados fizeram a avaliação da prova pelo sistema:

(A) do livre arbítrio do juiz.
(B) do livre convencimento ou da persuasão racional do juiz.
(C) da identidade física do juiz com o réu.
(D) da íntima convicção ou da certeza moral do juiz.

Nas decisões proferidas pelo Júri, não há obrigatoriedade de fundamentação. Não há critérios norteadores para formar a convicção do jurado. Ele vota de acordo com a sua consciência e não declara a sua decisão. Nem poderia. Esse sistema constitui exceção entre nós. Adotamos, como regra, o sistema da **persuasão racional**, em que o juiz dispõe de liberdade para formar a sua convicção, mas deve sempre fundamentar sua decisão. Gabarito "D".

(Delegado/SP – 2008) No processo de competência do júri, inexistindo prova da materialidade do crime ou não havendo indícios suficientes de autoria, deve o magistrado

(A) impronunciar o réu.
(B) despronunciar o réu.
(C) absolver sumariamente o réu.

(D) desclassificar a infração penal, se for o caso.
(E) pronunciar o réu, em face do in dubio pro societate.

Art. 414 do CPP. Gabarito "A".

(Magistratura Federal – 1ª Região – 2005) Em processo por crime de competência do Tribunal do Júri:

(A) há necessidade de prova incontroversa da existência do crime e da autoria para que o réu seja pronunciado, prevalecendo os princípios da presunção de inocência e in dubio pro reo;
(B) na dúvida, deve o juiz pronunciar o réu e mandar incluir-lhe o nome no rol dos culpados, seguindo o princípio in dubio pro societate;
(C) na dúvida, deve o juiz pronunciar o réu, seguindo o princípio in dubio pro societate, abstendo-se, porém, de mandar incluir-lhe o nome no rol dos culpados;
(D) o juiz só deve deixar de pronunciar o réu na hipótese de ausência de prova da materialidade da infração penal, sendo irrelevantes, para esse fim, os elementos subjetivos do tipo, especialmente o dolo, cuja apreciação compete ao colegiado popular.

Vigora, na fase de pronúncia, o princípio do in dubio pro societate. Deve o magistrado verificar tão somente a viabilidade da acusação, evitando, com isso, acusações infundadas. Note-se que a não exigência de certeza da autoria do crime não deve ser estendida à existência do próprio crime. Ou seja: o juiz deve estar convencido, para proferir a decisão de pronúncia, de que o crime de fato ocorreu. Em relação a isso não pode haver dúvidas. Gabarito "C".

(CESPE – 2007) No que se refere ao tribunal do júri, assinale a opção correta.

(A) Os crimes que são submetidos ao tribunal do júri, incluem: aborto provocado pela gestante, instigação ao suicídio e homicídio simples na forma tentada.
(B) O tribunal do júri compõe-se de um juiz de direito e quinze jurados, escolhidos dentre cidadãos maiores de 18 anos.
(C) Caso sejam julgados quatro réus na sessão plenária do tribunal do júri, as partes terão quatro horas para os debates e duas horas para réplica e tréplica.
(D) Os crimes de tortura, genocídio e latrocínio, por tutelarem o bem jurídico vida, são submetidos ao procedimento do tribunal do júri.

A: art. 5º, XXXVIII, d, da CF. Os crimes mencionados são todos dolosos contra a vida, porquanto estão contidos no Capítulo I do Título I da Parte Especial do Código Penal; B: art. 447 do CPP; C: art. 477 do CPP; D: os crimes de tortura, genocídio e latrocínio não são dolosos contra a vida, já que não estão inseridos no Capítulo I do Título I da Parte Especial do CP. Somente estes (homicídio doloso, participação em suicídio etc.), exceção feita ao homicídio culposo (art. 121, § 3º, CP), são julgados pelo Tribunal Popular. Gabarito "A".

(CESPE – 2007) Assinale a opção incorreta acerca do desaforamento no processo penal, de acordo com entendimento do STF.

(A) A mera suposição de parcialidade do júri, sem nada que a demonstre, fundada tão-somente na circunstância de a irmã da vítima ser funcionária do juízo, é suficiente para a decretação do desaforamento.
(B) No processo penal, a competência é determinada pelo lugar em que se consumou a infração, mas, nas hipóteses de julgamento pelo júri, é permitido que seja ele realizado em outra comarca, se presente alguma das circunstâncias previstas no Código de Processo Penal.
(C) O desaforamento reveste-se do caráter de medida absolutamente excepcional.
(D) A maior divulgação do fato e dos seus incidentes e conseqüências, pelos meios de comunicação social, não basta, só por si, para justificar o desaforamento.

A: art. 427, CPP. A alegação de parcialidade dos jurados deve vir acompanhada da respectiva comprovação. Caso contrário, não terá o condão de determinar o desaforamento; B: arts. 70 (competência pelo lugar da infração), 427 e 428 do CPP; C: trata-se de medida de caráter excepcional que se presta a assegurar relevantes direitos constitucionais, tais como a incolumidade física do réu e, mais recentemente, a celeridade no julgamento; D: a maior divulgação do fato, pela imprensa local, não basta para justificar o desaforamento. É comum, notadamente nas comarcas menores, a imprensa local agir com sensacionalismo, gerando, por vezes, uma falsa intranquilidade na comunidade local. Gabarito "A".

(CESPE – 2004) Não é princípio constitucional básico do júri popular o (a)

(A) plenitude do direito de defesa.
(B) Sigilo nas votações.
(C) Competência para o julgamento dos crimes dolosos e culposos contra a vida.
(D) Soberania dos veredictos.

Art. 5º, XXXVIII, d, da CF. A competência do Tribunal Popular, assegurada aos crimes dolosos contra a vida, não se estende aos crimes culposos. Gabarito "C".

15. JUIZADOS ESPECIAIS

(Magistratura/MG - 2007) Segundo a Lei dos Juizados Especiais Criminais, aberta a audiência de instrução e julgamento, o juiz, depois de receber a denúncia, observará a seguinte ordem:

(A) concederá a palavra ao defensor para responder a acusação, ouvindo, após, a vítima e as testemunhas de acusação e defesa, interrogando a seguir o acusado, se presente, passando imediatamente aos debates orais e à prolação da sentença.
(B) realizará a oitiva da vítima e das testemunhas de acusação e defesa, interrogando a seguir o acusado, se presente, passando imediatamente aos debates orais e à prolação da sentença.
(C) concederá a palavra ao defensor para responder à acusação, interrogando a seguir o acusado, se presente, ouvindo, após, a vítima e as testemunhas de acusação e defesa, passando imediatamente aos debates orais e à prolação da sentença.
(D) interrogará o acusado, se presente, ouvindo, após, a vítima e as testemunhas de acusação e defesa, passando imediatamente aos debates orais e à prolação da sentença.

Pela disciplina estabelecida no art. 81, caput, da Lei 9.099/95, proceder-se-á, em primeiro lugar, à oitiva da vítima e das testemunhas de acusação e defesa; após, ao interrogatório do acusado, finalizando-se com os debates orais e a prolação da sentença. Note que o procedimento sumaríssimo, no que toca à sequência de atos, pouco difere dos procedimentos ordinário e sumário. Gabarito "B".

(Magistratura/MG - 2007) Marque a alternativa INCORRETA. Na sistemática adotada pela Lei dos Juizados Especiais Criminais:

(A) os embargos de declaração contra sentença observarão o prazo de até 05 (cinco) dias, contados da ciência da decisão.
(B) os embargos de declaração contra sentença poderão ser opostos oralmente.
(C) os embargos de declaração contra sentença provocarão a interrupção do prazo para o recurso.
(D) os embargos de declaração contra sentença serão admitidos quando houver obscuridade, contradição, omissão ou dúvida.

A e B: art. 83, § 1º, da Lei 9.099/95; C: art. 83, § 2º, da Lei 9.099/95 (o prazo ficará suspenso); D: art. 83, caput, da Lei 9.099/95. Gabarito "C".

(Magistratura/PE – 2011 – FCC) No procedimento sumaríssimo da Lei nº 9.099/95, que trata das infrações penais de menor potencial ofensivo,

(A) não encontrado o acusado para citação pessoal, a competência não se desloca para o juízo comum.
(B) são cabíveis embargos de declaração e, quando opostos contra sentença, suspendem o prazo para o recurso.
(C) o interrogatório é anterior à inquirição das testemunhas.
(D) a sentença deve conter relatório, motivação e parte decisória.
(E) a competência é determinada pelo domicílio do autor do fato.

A: na hipótese de o autor não ser encontrado para citação pessoal, o juiz encaminhará as peças ao juízo comum para adoção do procedimento previsto em lei – art. 66, parágrafo único, da Lei 9.099/95; B: assertiva correta, pois em conformidade com o disposto nos arts. 48 e 50 da Lei 9.099/95; C: assertiva incorreta, visto que, pela disciplina estabelecida no art. 81, caput, da Lei 9.099/95, proceder-se-á, em primeiro lugar, à oitiva da vítima e das testemunhas de acusação e defesa; após, ao interrogatório do acusado, finalizando-se com os debates orais e a prolação da sentença. Note que o procedimento sumaríssimo, no que toca à sequência de atos, pouco difere dos procedimentos ordinário e sumário; D: incorreta, pois o relatório, na sentença, não é necessário - art. 38 da Lei 9.099/95; E: a competência, no âmbito do Juizado Especial Criminal, é determinada pelo lugar em que foi praticada a infração penal – art. 63, Lei 9.099/95. Assertiva, portanto, incorreta. Gabarito "B".

(Magistratura/PR – 2010 – PUC/PR) Sobre o instituto da transação penal previsto no artigo 76 da Lei 9.099/95, considere (F) para as assertivas falsas ou (V) para as verdadeiras. Em seguida, marque a opção CORRETA:

( ) Caberá ao juiz propor a aplicação imediata de pena restritiva de direitos ou multas a ser especificada na proposta.

( ) Não será admitida a transação penal caso tenha sido o autor da infração condenado, pela prática de crime, à pena privativa de liberdade, por sentença definitiva.

( ) Nas hipóteses de ser a pena de multa a única aplicável, o juiz poderá reduzi-la até a metade.

( ) Caso a proposta seja aceita pelo autor da infração, a pena restritiva de direitos ou multa será aplicada, importando em reincidência e impedindo que o mesmo benefício seja utilizado novamente no prazo de 5 (cinco) anos.

(A) F, V, V, F
(B) V, V, F, F
(C) V, F, F, F
(D) F, F, V, V

1ª) a proposta de transação penal deve ser de iniciativa do Ministério Público (art. 76, *caput*, da Lei 9.099/95); não pode o magistrado, ante a recusa do membro do Ministério Público em fazê-lo, formular a proposta em seu lugar. Parte da doutrina defende a incidência do art. 28 do CPP; 2ª) art. 76, § 2º, I, da Lei 9.099/95; 3ª) art. 76, § 1º, da Lei 9.099/95; 4ª) art. 76, §§ 3º e 4º, da Lei 9.099/95. Gabarito "A".

(Magistratura/PR – 2010 – PUC/PR) Da análise das assertivas abaixo referentes à denúncia nos Juizados Especiais Criminais, assinale a alternativa CORRETA:

I. Para o oferecimento da denúncia será dispensado o exame do corpo de delito quando a materialidade do crime estiver aferida por boletim médico ou prova equivalente.

II. Oferecida a denúncia, será reduzida a termo, entregando-se cópia ao acusado, que, com ela, ficará citado e imediatamente cientificado da designação de dia e hora para a audiência de instrução e julgamento.

III. Se a complexidade ou circunstâncias do caso não permitirem a formulação da denúncia, o Ministério Público poderá requerer à autoridade policial o encaminhamento das peças do inquérito.

(A) Somente as assertivas II e III estão corretas.
(B) Somente as assertivas I e II estão corretas.
(C) Somente as assertivas I e III estão corretas.
(D) Todas as assertivas estão corretas.

I: art. 77, § 1º, da Lei 9.099/95; II: art. 78, *caput*, da Lei 9.099/95; III: neste caso, os autos são remetidos ao juízo comum, nos termos do art. 77, § 2º, da Lei 9.099/95. Gabarito "B".

(Magistratura/SC – 2008) Assinale a alternativa correta, quanto ao procedimento no Juizado Especial:

(A) Recebida a denúncia ou a queixa e designado dia e hora para audiência, em cuja oportunidade é dada a palavra ao defensor para responder à acusação, segue-se com a oitiva das testemunhas de acusação e defesa, interrogando-se a seguir o acusado, se presente, passando-se imediatamente aos debates orais e à prolação da sentença.

(B) Aberta a audiência, será dada a palavra ao defensor para responder à acusação, após o que o juiz receberá, ou não, a denúncia ou queixa; recebida, são ouvidas a vítima e as testemunhas de acusação e defesa, interrogando-se a seguir o acusado, se presente, passando-se imediatamente aos debates orais e à prolação da sentença.

(C) Aberta a audiência, será o acusado, já que notificado, prontamente interrogado, após o que o juiz receberá, ou não a denúncia ou queixa, dando-se a palavra para o defensor responder à acusação. Recebida, são ouvidas as testemunhas de acusação e defesa, passando-se imediatamente aos debates orais e à prolação de sentença.

(D) Recebida a denúncia ou a queixa é designado dia e hora para o interrogatório do acusado, oportunizando-se prazo para defesa prévia, com a designação de audiência de instrução e julgamento, ouvindo-se as testemunhas de acusação e defesa, passando-se à prolação de sentença.

(E) Aberta a audiência, a denúncia ou queixa é recebida, seguindo-se com o interrogatório do acusado e defesa prévia oral, passando-se à oitiva das testemunhas de acusação e defesa, com alegações, via memoriais, e após sentença.

Art. 81, *caput*, da Lei 9.099/95. Gabarito "B".

(Magistratura/SP – 2006) Leia o registro que se segue. Mévio, motorista de táxi, dirigia seu auto por via estreita, que impedia ultrapassagem de autos. Túlio, septuagenário, seguia com seu veículo à frente do de Mévio, em baixíssima velocidade, causando enorme congestionamento na via. Quando Túlio parou em semáforo, Mévio desceu de seu táxi e passou a desferir chutes e socos contra a lataria do auto de Túlio, danificando-a. Policiais se acercaram do local e detiveram Mévio, que foi conduzido à Delegacia de Polícia. Lá, o Delegado entendeu que o crime era de dano, com pena de detenção de 01 a 06 meses ou multa. Iniciou a lavratura do Termo Circunstanciado, previsto na Lei n.º 9.099/95. Ao finalizá-lo, entregou a Mévio para que assinasse o Termo de Comparecimento ao Juizado Especial Criminal, o que foi por ele recusado. Indique o procedimento a ser adotado.

(A) Registro apenas em Boletim de Ocorrência para futuras providências.
(B) Considerando que ocorrera prisão em flagrante, ante a não assinatura do Termo de Comparecimento ao JECRIM, deve o Delegado de Polícia lavrar auto de prisão em flagrante, fixando fiança.
(C) Deve o Delegado lavrar o auto de prisão em flagrante e permitir que Mévio se livre solto.
(D) O Termo Circunstanciado deve ser remetido ao Juízo, mesmo que Mévio não tenha assinado o Termo de Comparecimento, para que o Magistrado, ouvido o Ministério Público, tome as providências que julgar cabíveis, podendo até decretar eventual prisão temporária.

Art. 69, parágrafo único, da Lei 9.099/95. Diante da recusa do autor do fato em assinar o termo de comparecimento ao Juizado Especial Criminal, deve a autoridade policial, como determina a lei, lavrar o auto de prisão em flagrante. Gabarito "B".

(Ministério Público/ES – 2005) Da decisão de juiz do Juizado Especial Criminal que rejeita a denúncia ou queixa caberá:

(A) recurso em sentido estrito no prazo de 10 dias.
(B) agravo no prazo de 10 dias.
(C) apelação no prazo de 5 dias.
(D) recurso em sentido estrito no prazo de 5 dias.
(E) apelação no prazo de 10 dias.

Art. 82, § 1º, da Lei 9.099/95. Gabarito "E".

(Ministério Público/MA – 2002) Em relação ao Juizado Especial Criminal, assinale a alternativa correta:

(A) A competência do Juizado será determinada pelo lugar em que foi praticada a infração penal, bem como, pela prevenção;
(B) A citação será pessoal e far-se-á no próprio Juizado, sempre que possível, por mandado ou edital;
(C) A conciliação será conduzida por juiz togado ou por conciliador que exerça função administrativa na Justiça Criminal;
(D) Tratando-se de ação penal de iniciativa privada ou de ação penal pública condicionada à representação, o acordo homologado acarreta a renúncia ao direito de queixa ou de representação;
(E) Tratando-se de crime de ação penal pública incondicionada, não sendo caso de arquivamento, o Ministério Público não poderá propor a aplicação imediata de pena restritiva de direitos ou multa, a ser especificada na proposta.

A: art. 63 da Lei 9.099/95; B: art. 66, *caput*, da Lei 9.099/95; C: art. 73, parágrafo único, da Lei 9.099/95; D: art. 74, parágrafo único, da Lei 9.099/95; E: art. 76, *caput*, da Lei 9.099/95. Gabarito "D".

(Ministério Público/MS – 2011 – FADEMS) Analise as afirmativas abaixo relacionadas à Lei de Juizados Especiais (Lei nº 9.099/95):

I. A citação do acusado será sempre pessoal e, sempre que possível, será realizada no próprio Juizado, ou por meio de mandado. Já a intimação será realizada por correspondência, com aviso de recebimento pessoal ou, sendo necessário, por oficial de justiça, independentemente de mandado ou carta precatória, ou ainda por qualquer meio idôneo de comunicação.

II. Não se admitirá a proposta de transação se ficar comprovado ter sido o autor da infração processado pela prática de crime, ter sido o agente beneficiado anteriormente, no prazo de cinco anos, pela aplicação de pena restritiva ou multa e não indicarem os antecedentes, a conduta social e a personalidade do agente, bem como os motivos e as circunstâncias, ser necessária e suficiente a adoção da medida.

III. A suspensão condicional do processo será revogada se, no curso do prazo, o beneficiário vier a ser processado por outro crime ou não efetuar, sem motivo justificado, a reparação do dano. E poderá ser revogada se o acusado vier a ser processado, no curso do prazo, por contravenção, ou descumprir qualquer outra condição imposta.

IV. Caberá apelação, interposta no prazo de dez dias por petição escrita, da qual constarão as razões e o pedido do recorrente, da decisão de rejeição da denúncia ou queixa e da sentença, que será julgada por turma composta de três Juízes em exercício no primeiro grau de jurisdição, reunidos na sede do Juizado.

A análise permite concluir que:

(A) a afirmativa III está verdadeira e a afirmativa IV está incorreta;
(B) as afirmativas I e II estão corretas;
(C) a afirmativa IV está correta e a afirmativa I está incorreta;
(D) apenas a afirmativa II está incorreta;
(E) todas as afirmativas estão corretas.

I: assertiva correta, pois de acordo com o que estabelecem os arts. 66 e 67, *caput*, da Lei 9.099/95; II: assertiva incorreta. Não fará jus à transação penal, nos termos do art. 76, § 2º, I, da Lei 9.099/95, o autor dos fatos que tiver sido *condenado*, pela prática de crime, à pena privativa de liberdade, por sentença transitada em julgado. Não basta, pois, para que se negue o benefício ao agente, que o mesmo tenha sido *processado* pela prática de crime, ou seja, o fato de o autor ter sido ou estar sendo submetido a processo por crime não representa óbice à concessão da transação penal; III: assertiva correta, nos termos do art. 89, §§ 3º e 4º, da Lei 9.099/95; IV: proposição correta, visto que em conformidade com o disposto no art. 82 da Lei 9.099/95. "Gabarito "D."

(Ministério Público/SP - 2005) No que concerne ao disposto na Lei n.º 9.099/95, assinale a alternativa incorreta.

(A) Na apuração das infrações de menor potencial ofensivo, não se admitirá nenhuma espécie de citação ficta.
(B) O interrogatório do autor da infração será realizado após a oitiva da vítima e das testemunhas.
(C) Não se admitirá a proposta de transação penal se ficar comprovado ter sido o autor da infração condenado, pela prática de crime, à pena de multa, por sentença definitiva.
(D) A transação penal só poderá ser proposta ao autor da infração nos casos em que não seja cabível o pedido de arquivamento.
(E) A suspensão condicional do processo (art. 89) poderá ser revogada se o acusado vier a ser processado, no curso do prazo, por contravenção.

A: art. 66, *caput*, da Lei 9.099/95; B: art. 81, *caput*, da Lei 9.099/95; C: somente impedirá a formulação de proposta de transação penal, nos termos do art. 76, § 2º, I, da Lei 9.099/95, o fato de ser o autor, pela prática de crime, condenado, em sentença definitiva, à pena *privativa de liberdade*; D: em sendo cabível o pedido de arquivamento do termo circunstanciado, deve o promotor de Justiça deixar de propor a transação penal e promover o arquivamento do feito; E: art. 89, § 4º, da Lei 9.099/95. "Gabarito "C."

(Procurador do Estado/SC – 2010 – FEPESE) Acerca dos Juizados Especiais Criminais, assinale a alternativa **incorreta**.

(A) Os embargos de declaração suspendem o prazo recursal.
(B) Consideram-se infrações penais de menor potencial ofensivo as contravenções penais e os crimes a que a lei comine pena máxima não superior a 2 (dois) anos, cumulada ou não com multa.
(C) Tratando-se de ação penal de iniciativa privada ou de ação penal pública condicionada à representação, o acordo homologado não implica, todavia, a renúncia ao direito de queixa ou representação.
(D) Preenchidos os requisitos legais, poderá ser proposta a suspensão do processo, por dois a quatro anos, nos crimes em que a pena mínima cominada for igual ou inferior a um ano.
(E) Havendo representação ou tratando-se de crime de ação penal pública incondicionada, não sendo caso de arquivamento, o Ministério Público poderá propor a aplicação imediata de pena restritiva de direitos ou multas, a ser especificada na proposta.

A: assertiva correta, pois de acordo com o que estabelece o art. 83, § 2º, da Lei 9.099/95; B: correta, visto que em consonância com o disposto no art. 61 da Lei 9.099/95; C: incorreta, pois contraria o disposto no art. 74, parágrafo único, da Lei 9.099/95; D: correta, nos termos do art. 89, *caput*, da Lei 9.099/95; E: correta, visto que corresponde à redação do art. 76, *caput*, da Lei 9.099/95 (transação penal). "Gabarito "C."

(Defensoria/MT – 2009 – FCC) A respeito do procedimento dos Juizados Especiais relativos a crimes de menor potencial ofensivo, é INCORRETO afirmar que

(A) a denúncia poderá ser formulada oralmente em audiência.
(B) o relatório não é requisito da sentença e pode ser dispensado pelo juiz.
(C) o acordo homologado acarreta a renúncia ao direito de queixa, tratando-se de ação penal de iniciativa privada.
(D) a citação, não sendo encontrado o réu, far-se-á por edital, com prazo de 30 dias.
(E) caberá apelação da sentença absolutória, no prazo de 10 dias, contados da ciência pelo Ministério Público.

A: art. 77, *caput*, da Lei 9.099/95; B: art. 81, § 3º, da Lei 9.099/95; C: art. 74, parágrafo único, da Lei 9.099/95; D: art. 66, parágrafo único, da Lei 9.099/95; E: art. 82, *caput* e § 1º, da Lei 9.099/95. "Gabarito "D."

(Defensor Público/RS – 2011 – FCC) Para responder à questão abaixo, use a seguinte chave:

Está correto o que se afirma APENAS em

(A) I.
(B) I e II.
(C) III.
(D) I e III.
(E) II e III.

Sobre o procedimento dos Juizados Especiais Criminais, considere as seguintes assertivas:

I. A transação penal poderá ser ofertada em relação aos delitos cuja pena máxima não seja superior a 2 (dois) anos, e a suspensão do processo nos delitos cuja pena mínima for igual ou inferior a 1 (um) ano.

II. Segundo entendimento sumulado do Supremo Tribunal Federal, admite-se a suspensão condicional do processo por crime continuado, se a soma da pena mínima da infração mais grave com o aumento mínimo de um sexto for superior a um ano.

III. Embora se aplique o procedimento previsto na Lei nº 9.099/95 aos crimes previstos no Estatuto do Idoso nas hipóteses em que a pena máxima privativa de liberdade não ultrapasse a 4 (quatro) anos, a transação penal e a suspensão do processo não lhes são aplicáveis.

I: correta, na medida em que a *transação penal*, respeitados os requisitos previstos no art. 76 da Lei 9.099/95, incide nas infrações penais cuja pena máxima não ultrapasse dois anos; já a *suspensão condicional do processo* (*sursis* processual) aplica-se a todas as infrações penais, não somente àquelas previstas na Lei 9.099/95, que tenham pena mínima, em abstrato, não superior a um ano – art. 89, *caput*, da Lei 9.099/95; II: a assertiva está incorreta, pois em desacordo com a Súmula nº 723 do STF; III: o STF, ao analisar a constitucionalidade do art. 94 do Estatuto do Idoso, interpretou-o conforme a Constituição, entendendo que somente tem incidência no âmbito dos crimes praticados contra o idoso o procedimento previsto na Lei 9.099/95, e não os benefícios nela previstos, tais como a transação penal e o *sursis* processual. "Gabarito "D."

(Defensoria/SE – 2006 – CESPE) Julgue o item seguinte.

(1) O crime de constrangimento ilegal, cuja pena é de detenção de três meses a um ano ou multa, é da alçada do juizado especial criminal. Nessa situação, o delegado de polícia não deve lavrar o auto de prisão em flagrante, mas termo circunstanciado, desde que o autor da infração seja imediatamente encaminhado para o juizado ou assuma o compromisso de fazê-lo.

1: o crime de constrangimento ilegal está capitulado no art. 146 do Código Penal; de fato, assim que tomar conhecimento da ocorrência, deve o delegado de polícia proceder à lavratura do termo circunstanciado; somente deverá lavrar o auto de prisão em flagrante na hipótese de o autor do fato se recusar a firmar o compromisso de comparecer ao Juizado Especial Criminal ou a ele se dirigir incontinenti, nos termos do art. 69, parágrafo único, da Lei 9.099/95. Gabarito 1C

(Defensoria/SE – 2006 – CESPE) Julgue o item seguinte.

(1) Nos termos da Lei n.º 9.099/1995, a composição dos danos civis, que deve ser reduzida a termo e valer como título executivo judicial, impede a proposição da ação penal quando esta for pública incondicionada.

Art. 74 da Lei 9.099/95. Gabarito 1E

(Cartório/AP – 2011 – VUNESP) De acordo com a Lei dos Juizados Especiais Criminais (Lei nº 9.099/95), tratando-se de ação penal pública condicionada à representação, se, na audiência preliminar, não for obtida a composição dos danos, mas o ofendido optar por não exercer o direito de representação,

(A) a ação será, desde logo, julgada extinta pela ocorrência da decadência do direito.
(B) o não oferecimento da representação implica em renúncia desse direito.
(C) o prazo decadencial se interromperá e voltará a correr a partir da data da audiência.
(D) o não oferecimento da representação não implica em decadência do direito, que poderá ser exercido no prazo de seis meses.
(E) o prazo decadencial ficará suspenso, até o ofendido juntar procuração comprovando estar assistido por advogado.

art. 75, parágrafo único, da Lei 9.099/95. Gabarito "D".

(Delegado/PI – 2009 – UESPI) Considerando a temática dos Juizados Especiais Criminais, assinale a alternativa correta.

(A) A competência do Juizado será determinada pelo lugar em que foi praticada a infração penal.
(B) Consideram-se infrações penais de menor potencial ofensivo as contravenções penais e os crimes a que a lei comine pena mínima não superior a 2 (dois) anos, cumulada ou não com multa.
(C) Nos crimes em que a pena mínima cominada for igual ou inferior a um ano, o Ministério Público, ao oferecer a denúncia, poderá propor a suspensão do processo, por um a quatro anos, desde que o acusado não esteja sendo processado ou não tenha sido condenado por outro crime, presentes os demais requisitos que autorizariam a suspensão condicional da pena (art. 77 do Código Penal).
(D) A composição civil, estabelecida nos arts. 74 e 75 da Lei, é uma causa de extinção da punibilidade nos crimes de menor potencial ofensivo, quando a ação for pública incondicionada.
(E) A proposta de Transação Penal (art. 76) deve ser feita pelo Juiz na presença do Ministério Público.

A: art. 63 da Lei 9.099/95; B: estão sob a égide do Juizado Especial Criminal as contravenções penais e os crimes cuja pena *máxima* cominada não seja superior a dois anos, cumulada ou não com multa, conforme dispõe o art. 61 da Lei 9.099/95; C: o período de suspensão do *sursis* processual, por força do que dispõe o art. 89, *caput*, da Lei 9.099/95, variará entre dois e quatro anos, e não entre um e quatro; D: a composição civil em crime de ação penal pública incondicionada não obsta, no âmbito penal, a sequência do procedimento; E: a proposta de transação penal é de iniciativa exclusiva do membro do Ministério Público – art. 76, *caput*, da Lei 9.099/95. Gabarito "A".

(Delegado/SC – 2008) Analise as alternativas e assinale a correta.

(A) A autoridade policial que tomar conhecimento da ocorrência de infração penal de menor potencial ofensivo determinará, mediante portaria, a abertura de inquérito policial, que deverá ser concluído em, no máximo, trinta dias.

(B) Nos crimes de menor potencial ofensivo, sujeitos ao procedimento da Lei n. 9.099/95, a competência do Juizado Especial Criminal será determinada pelo lugar em que a infração se consumou (lugar do resultado) e não pelo lugar da ação ou omissão.
(C) Nos crimes em que a pena mínima cominada for igual ou inferior a 2 (dois) anos, abrangidos ou não pela Lei dos Juizados Especiais Criminais, o Ministério Público, ao oferecer denúncia, poderá propor a suspensão do processo por 2 a 4 anos, desde que o acusado não esteja sendo processado ou não tenha sido condenado por outro crime, presentes os demais requisitos que autorizariam a suspensão condicional da pena.
(D) Quando houver conexão ou continência entre uma infração de menor potencial ofensivo e outra do juízo comum ou do júri, a força atrativa, para a reunião dos processos, será do juízo comum (estadual ou federal) ou do tribunal do júri (estadual ou federal).

A: art. 69, *caput*, da Lei 9.099/95; B: art. 63 da Lei 9.099/95; C: art. 89, *caput*, da Lei 9.099/95; D: art. 60 da Lei 9.099/95. Gabarito "D".

(Delegado/SP – 2008) De acordo com a Lei do Juizado Especial Criminal (Lei nº. 9.099/95), quando o réu encontrar-se em local incerto e não sabido.

(A) far-se-á a sua citação por edital.
(B) fica cessada a competência do Juizado Especial Criminal, e o processo segue para o juízo comum.
(C) extingue-se o processo, não podendo ter prosseguimento no Juízo comum.
(D) suspende-se processo até a localização do réu, suspendendo-se, assim, o prazo de prescrição.
(E) prossegue-se o processo, desde que decretada a revelia do réu.

No âmbito do Juizado Especial, a citação será feita, pessoalmente e, de preferência, no próprio Juizado. Não sendo isso possível, a teor do art. 66, *caput*, da Lei 9.099/95, far-se-á a citação por mandado. Agora, se o acusado não for encontrado, fazendo com seja necessário lançar mão de expedientes como a *citação por edital* ou, dependendo do caso, a *citação por hora certa*, o juiz deverá remeter as peças ao juízo comum, onde o feito passará a tramitar, conforme estabelece o art. 66, parágrafo único, Lei 9.099/95. Gabarito "B".

16. SENTENÇA, PRECLUSÃO E COISA JULGADA

(Magistratura/BA – 2006 – CESPE) No que tange à sentença penal e seus efeitos, julgue o próximo item.

Considere a seguinte situação hipotética. Um indivíduo foi preso em razão da decretação de prisão preventiva, permanecendo custodiado durante toda a instrução criminal do processo-crime. Na sentença, o juiz reconheceu a ocorrência de crime impossível e decretou a sua absolvição. Nessa situação, um dos efeitos da sentença penal será a expedição de alvará de soltura, mesmo que haja recurso por parte do órgão do Ministério Público, sob pena de constrangimento ilegal.

Art. 386, parágrafo único, I, do CPP. Gabarito "C".

(Magistratura/DF – 2007) Tércio foi denunciado por furto (artigo 155, *caput*, do Código Penal). Conclusos os autos para sentença, verifica o juiz a possível configuração do crime de apropriação indébita (artigo 168, *caput*, do Código Penal), não estando a elementar precedente posse ou detenção descrita na denúncia. A pena cominada para os dois crimes é a mesma. Deve, então, o juiz:

(a) corrigir a omissão da denúncia e, se considerar configurado o crime de apropriação indébita, condenar o acusado no dispositivo correto;
(b) se considerar configurado o crime de apropriação indébita, absolver o acusado, porque ele não pode ser condenado por fato não descrito na denúncia;
(c) baixar o processo, a fim de que o Ministério Público possa aditar a denúncia, abrindo-se, em seguida, o prazo de 3 (três) dias à defesa, que poderá oferecer prova, arrolando até 3 (três) testemunhas;
(d) baixar o processo, a fim de que a defesa, no prazo de 8 (oito) dias, fale e, se desejar, produza prova, podendo ser ouvidas até 3 (três) testemunhas.

Com o advento da Lei 11.719/08, que modificou o art. 384 do CPP, se o magistrado entender cabível nova definição jurídica do fato em consequência de prova de elementar ou circunstância não contida na inicial, o aditamento pelo Ministério Público passa a ser obrigatório, ainda que a nova capitulação jurídica implique aplicação de pena igual ou menos grave. No panorama anterior, a participação do Ministério Público não era obrigatória, ou seja, bastava que o processo baixasse para manifestação da defesa e oitiva de testemunhas. "D". Gabarito

(Magistratura/MG – 2009 – EJEF) Marque a opção CORRETA. Entendendo o Juiz sentenciante ser possível dar nova definição jurídica ao fato criminoso da qual resultará pena mais grave, ainda que não modifique a descrição do fato contido na denúncia, deverá:

(A) Baixar os autos em cartório para as partes se manifestarem.
(B) Abrir vista o Ministério Público para aditamento da denúncia, no prazo de 5 (cinco) dias.
(C) Proceder a *emendatio libelli*.
(D) Reabrir a instrução criminal.

Art. 383, *caput*, do CPP (*emendatio libelli*). O acusado se defende dos fatos articulados na denúncia, e não de sua capitulação. "C". Gabarito

(Magistratura/MG - 2006) Sentença "suicida", conforme doutrina, é aquela:
(A) cuja parte dispositiva contraria as razões invocadas na fundamentação;
(B) que não contém relatório;
(C) que não indica o artigo de lei que deveria ser aplicado;
(D) que não obedece ao critério trifásico para aplicação da pena.

De fato, é a denominação conferida às sentenças cujo dispositivo não está em conformidade com as razões apresentadas na fundamentação. Frise-se que a chamada **sentença suicida** é reputada nula ou pode ser contestada por meio de embargos de declaração. "A". Gabarito

(Magistratura/MG – 2008) O Juiz que, ao proferir a sentença, constata que o fato delituoso descrito na denúncia foi incorretamente capitulado:

(A) poderá dar ao fato definição jurídica diversa da que constar da denúncia, ainda que, em conseqüência, tenha de aplicar pena mais grave.
(B) não poderá dar ao fato definição jurídica diversa da que constar da denúncia, por implicar violação ao princípio do contraditório.
(C) se reconhecer a possibilidade de nova definição jurídica do fato, em conseqüência de prova existente nos autos de circunstância elementar, não contida, explícita ou implicitamente, na denúncia, remeterá os autos ao Ministério Público ou cópia das peças a ela relativas, a fim de que ofereça nova denúncia.
(D) poderá dar ao fato definição jurídica diversa da que constar da denúncia, desde que isso não importe em aplicação de pena mais grave.

Art. 383, *caput*, do CPP (*emendatio libelli*). O acusado se defende dos fatos articulados na denúncia, e não de sua capitulação. "A". Gabarito

(Magistratura/MT – 2009 – VUNESP) Encerrada a instrução probatória, se houver o reconhecimento de possibilidade de nova definição jurídica do fato, em consequência de prova existente nos autos de elemento ou circunstância da infração penal não contida na acusação, o Ministério Público, no prazo de 5 (cinco) dias, deverá aditar a denúncia ou queixa, se

(A) em virtude desta houver nulidade absoluta.
(B) não houve aditamento na fase anterior do processo.
(C) em virtude desta houver sido instaurado novo processo crime.
(D) em virtude desta houver sido instaurado o processo em crime de ação pública.
(E) se deixou de intimar a defesa para a irregularidade presente.

Com o advento da Lei 11.719/08, que modificou o art. 384 do CPP, se o magistrado entender cabível nova definição jurídica do fato em consequência de prova de elementar ou circunstância não contida na inicial, o aditamento pelo Ministério Público passa a ser obrigatório, ainda que a nova capitulação jurídica implique aplicação de pena igual ou menos grave. No panorama anterior, a participação do Ministério Público não era necessária, ou seja, bastava que o processo baixasse para manifestação da defesa e oitiva de testemunhas. "D". Gabarito

(Magistratura/PA – 2008 – FGV) Efe é preso em flagrante na posse de um carro roubado três dias antes. O Ministério Público oferece denúncia por receptação, o acusado é citado e interrogado, e, durante a instrução criminal, são ouvidas as testemunhas e a vítima. Esta, que não fora ouvida no inquérito policial, afirmou que fora Efe o autor do roubo. A esse respeito, assinale a alternativa correta.

(A) À luz das declarações da vítima, nada mais cabe senão julgar o acusado pelo crime de receptação, uma vez que ocorreu o arquivamento implícito.
(B) À luz das declarações da vítima, nada mais cabe senão absolver o acusado, uma vez que ocorreu a decadência.
(C) À luz das declarações da vítima, o Ministério Público poderá aditar a denúncia para incluir a imputação por crime de roubo, e o juiz poderá condenar o acusado simultaneamente pela prática de ambos os delitos.
(D) À luz das declarações da vítima, o Ministério Público poderá aditar a denúncia para modificar a imputação para crime de roubo, e o juiz somente poderá condenar o acusado pela prática desse delito se receber o aditamento.
(E) Não caberá aditamento à denúncia porque o acusado já foi citado e ofereceu defesa.

Art. 384 do CPP. "D". Gabarito

(Magistratura/PE – 2011 – FCC) O Juiz, ao proferir a sentença condenatória,

(A) não precisa fundamentar a manutenção de prisão cautelar decretada no curso do feito.
(B) pode decretar a prisão preventiva e condicionar o recebimento de apelação ao recolhimento do acusado à prisão.
(C) não pode obstar o apelo em liberdade com fulcro apenas na reincidência e má antecedência do acusado.
(D) não pode condicionar o recebimento de apelação ao recolhimento do acusado à prisão, mas o conhecimento do recurso pelo Tribunal depende da efetivação da segregação cautelar.
(E) não pode decretar a prisão preventiva se reconhecer a primariedade do acusado.

A: o magistrado, ao prolatar a sentença condenatória, deverá manifestar-se, se preso estiver o réu, acerca da necessidade de sua manutenção no cárcere, sempre levando em conta os requisitos do art. 312 do CPP. Ausentes estes, deve o juiz, ante a desnecessidade da prisão, revogá-la, permitindo ao acusado que aguarde o trânsito em julgado da sentença em liberdade. É o teor do art. 387, p. único, do CPP, introduzido pela Lei 11.719/08; B: Súmula 347, STJ; o art. 594 do CPP foi revogado pela Lei n. 11.719/2008. Hodiernamente, para decretar a prisão processual (cautelar), o juiz deve demonstrar a necessidade da medida. Não há mais que se falar em prisão automática, incompatível com a ordem constitucional vigente; C: sendo a prisão provisória uma medida cautelar de caráter excepcional, que só se justifica como um meio indispensável para assegurar a eficácia do processo, não é razoável que seja decretada com base tão somente na reincidência e nos maus antecedentes do acusado. Deve-se levar em conta os requisitos contemplados no art. 312 do CPP. Caso contrário, haverá patente violação ao postulado da presunção de inocência; D: Súmula nº 347 do STJ; E: a primariedade do acusado não obsta o decreto de prisão preventiva em seu desfavor. "C". Gabarito

(Magistratura/SC – 2010) Encerrada a instrução criminal e surgindo das provas amealhadas nova definição jurídica do fato imputado, haverá necessidade de:

(A) Ser ouvida a defesa se a nova situação for menos gravosa.
(B) Aditamento se a nova situação for mais gravosa.
(C) Aditamento em qualquer situação.
(D) Nenhuma providência, se a nova situação for mais benéfica.
(E) Reinquirição de testemunhas.

É hipótese de *mutatio libelli*, já que a prova colhida na instrução aponta para uma nova definição jurídica do fato, diversa daquela contida na inicial. Com o advento da Lei 11.719/08, que modificou a redação do art. 384 do CPP, se o magistrado entender cabível nova definição jurídica do fato em consequência de prova de elementar ou circunstância não contida na inicial, o aditamento pelo Ministério Público passa a ser obrigatório, ainda que a nova capitulação jurídica implique aplicação de pena igual ou menos grave (aditamento em qualquer situação). "C". Gabarito

(Ministério Público/SP - 2010) Encerrada a instrução criminal de um processo em que o acusado foi denunciado pelo crime de furto (art. 155, caput, do Código Penal), o juiz entende que estão presentes provas de que, na verdade, o delito praticado por aquele foi de receptação qualificada (art. 180, §1º, do Código Penal), fato não descrito na denúncia. Em consequência, o juiz deverá:

(A) proferir sentença condenatória pelo crime de receptação.
(B) baixar os autos do processo, a fim de que a defesa, no prazo de 8 (oito) dias, se manifeste e requeira prova, podendo ser ouvidas até três testemunhas.
(C) dar ciência ao Ministério Público e designar novo interrogatório do acusado e audiência de debates e julgamento.
(D) remeter os autos ao Ministério Público para proceder ao aditamento da denúncia, no prazo legal, e ouvir o defensor do acusado sobre a nova imputação.
(E) dar ciência ao Ministério Público e à defesa da nova classificação jurídica da infração penal, proferindo, após, a sentença definitiva.

Art. 384 do CPP – *mutatio libelli*. Gabarito "D".

(Ministério Público/SP - 2005) A decisão que reconhece a exceção de coisa julgada, extinguindo o processo sem julgamento do mérito, denomina-se

(A) absolvição da instância.
(B) cessação da instância.
(C) substituição da instância.
(D) prejudicial de mérito.
(E) disjunção processual.

Art. 95, V, do CPP. Gabarito "A".

(Defensoria/MG – 2009 – FURMARC) Em regra, acusado preso na sede do juízo processante será intimado da sentença:

(A) Pessoalmente.
(B) Por edital.
(C) Por meio de ofício requisitório.
(D) Por carta rogatória.
(E) Por e-mail.

Art. 392, I, do CPP. Gabarito "A".

(Defensoria/MT – 2007) Amparado pelo princípio da correlação entre a acusação e a sentença, sustenta-se que, ao sentenciar, o juiz

(A) poderá condenar o réu por conduta diversa da que lhe foi imputada pela descrição contida na denúncia, em atenção à regra da emendatio libelli.
(B) não poderá alterar a qualificação jurídica indicada na peça acusatória, sob pena de modificar indevidamente a causa de pedir.
(C) só poderá sentenciar o fato narrado na peça acusatória, independentemente de fato novo, pois o réu se defende justamente do fato contido na denúncia.
(D) está adstrito aos fatos e à qualificação jurídica indicada na peça acusatória, não podendo alterar qualquer deles.
(E) poderá dar ao fato descrito na peça acusatória definição jurídica diversa da atribuída pelo órgão acusador, ainda que, em conseqüência, tenha de aplicar pena mais grave.

Consiste tal princípio na indispensável correspodência que deve existir entre o fato articulado na peça acusatória e o fato pelo qual o réu é condenado. O acusado, no processo penal, defende-se dos fatos a ele imputados, e não da capitulação que é atribuída ao crime na peça acusatória, denúncia ou queixa. Pouco importa, pois, a classificação operada pelo titular da ação penal na exordial. É nesse sentido que reza o art. 383 do CPP (*emendatio libelli*). Gabarito "E".

(Defensor Público/PA – 2006 – UNAMA) A sentença é um ato de inteligência humana, através da qual o juiz aborda questões relativas à pretensão punitiva do Estado. Sendo assim, é correto afirmar:

I. O juiz poderá dar ao fato definição jurídica diversa da que constar da denúncia ou da queixa, ainda que, em consequência, tenha de aplicar pena mais grave.
II. Pelo princípio da correlação entre acusação e sentença não deverá o juiz condenar o acusado, mudando circunstâncias instrumentais, modais, temporais ou espaciais de execução do delito, sem dar-lhe a oportunidade de se defender da prática de um delito diverso daquele imputado inicialmente.
III. A *mutatio libelli* acarretará a nulidade da sentença se o juiz não possibilitar a manifestação da defesa, com produção de prova e oitiva de novas testemunhas e, se a nova imputação jurídica vier a importar em pena mais grave, o Ministério público deverá aditar a denúncia.
IV. Nos crimes de ação pública, o juiz poderá proferir sentença condenatória, ainda que o Ministério Público tenha opinado pela absolvição; não poderá, entretanto, incluir agravantes que não tenham sido alegadas.

Somente é correto o que se afirma em:
(A) I, II e III.
(B) I, III e IV.
(C) II, III e IV.
(D) I e II.

I: o acusado, no processo penal, defende-se dos fatos a ele imputados, e não da definição jurídica que é atribuída ao crime na peça acusatória, denúncia ou queixa. Pouco importa, pois, a classificação legal operada pelo titular da ação penal na exordial. É nesse sentido que reza o art. 383 do CPP (*emendatio libelli*). Note que o fato, na *emendatio libelli*, permanece inalterado, sem prejuízo, por isso mesmo, para a defesa. A mudança, aqui, incide na classificação da conduta, levada a efeito pela acusação, no ato da propositura da ação, e retificada pelo juiz, de ofício, no momento da sentença; II: diferentemente do que se dá na *emendatio libelli*, em que é alterada tão somente a capitulação legal atribuída pelo titular da ação, na *mutatio libelli* os fatos são objeto de alteração no curso da instrução, razão por que é de rigor que o juiz determine a notificação do MP para que este proceda ao aditamento da denúncia, com manifestação da defesa e oportunidade para que as partes produzam provas, respeitando-se, dessa forma, o contraditório. Este, portanto, é o cenário da *mutatio libelli*, presente no art. 384 do CPP; III: com o advento da Lei 11.719/08, que, entre outras providências, modificou o art. 394 do CPP, se o magistrado entender cabível nova definição jurídica do fato em consequência de prova de elementar ou circunstância não contida na inicial, o aditamento pelo Ministério Público passa a ser obrigatório, ainda que a nova capitulação jurídica implique aplicação de pena igual ou menos grave. No panorama anterior, a participação do MP não era necessária se a nova capitulação viesse a importar em pena menos grave, bastando que o processo baixasse para manifestação da defesa e oitiva de testemunhas. Esta questão foi elaborada quando ainda não estava em vigor a Lei 11.719/08; IV: incorreta, nos termos do art. 385 do CPP. Gabarito "A".

(Defensoria/SP – 2009 – FCC) No momento da prolação de sentença, o cabimento de nova definição jurídica ao fato imputado ao acusado, que não modifique a descrição fática, autoriza o juiz de direito a

(A) absolver o acusado, tendo em vista que os fatos imputados na denúncia não foram suficientemente demonstrados.
(B) proferir sentença de acordo com a nova definição, sem dar nova vista à defesa ou ao Ministério Público, mesmo que a pena a ser aplicada seja mais grave.
(C) baixar os autos ao Ministério Público, a fim de que adite a denúncia, no prazo de cinco dias, remetendo os autos ao Procurador Geral de Justiça, na hipótese de não ser ofertado o aditamento.
(D) dar vista à defesa, para que se manifeste no prazo de cinco dias, apresentando novas provas, se a pena a ser aplicada for mais grave.
(E) notificar o acusado para se defender da nova classificação, dando vista à Defensoria Pública pelo prazo de dez dias, caso não se manifeste.

Art. 383, *caput*, do CPP (*emendatio libelli*). Gabarito "B".

(Defensoria/SP – 2009 – FCC) A sentença cuja nulidade foi reconhecida em sede de apelação

(A) importa em absolvição do acusado, independendo de quem haja recorrido.
(B) desobriga o juiz de prolatar nova sentença, se o recurso for da acusação.
(C) não produz nenhum efeito, devendo ser prolatada nova sentença, independentemente de quem haja recorrido.
(D) vincula a nova sentença ao máximo da pena nela imposta, se a nulidade foi reconhecida em recurso da defesa.
(E) obriga o Estado a reparar o dano moral ao condenado, desde que o recurso seja da acusação.

Anulada a condenação proferida em recurso exclusivo da defesa, a nova decisão a ser prolatada não pode ser mais prejudicial ao réu do que aquela que foi anulada (proibição da *reformatio in pejus* indireta – art. 617, CPP). Gabarito "D".

(Cartório/AP – 2011 – VUNESP) O juiz

(A) só poderá atribuir definição jurídica diversa, mesmo sem modificar a descrição do fato contido na denúncia, se implicar na aplicação de pena igual à do delito previsto na definição jurídica dela constante.
(B) sem modificar a descrição do fato contida na denúncia, poderá atribuir-lhe definição jurídica diversa, ainda que, em consequência, tenha de aplicar pena mais grave.
(C) para aplicar pena mais grave, mesmo sem modificar a descrição do fato contida na denúncia, atribuindo-lhe definição jurídica diversa, deverá baixar os autos para o Ministério Público aditar a denúncia.
(D) para aplicar pena mais grave, mesmo sem modificar a descrição do fato contida na denúncia, atribuindo-lhe definição jurídica diversa, deverá encaminhar os autos à Procuradoria-Geral de Justiça, para que outro representante do Ministério Público analise eventual aditamento.
(E) só poderá atribuir definição jurídica diversa, mesmo sem modificar a descrição do fato contido na denúncia, se implicar na aplicação de pena mais branda que a do delito previsto na definição jurídica dela constante.

A e E: sem modificar a descrição do fato contida na acusação, o juiz está credenciado a atribuir-lhe nova definição jurídica, mesmo que, para tanto, tenha que aplicar pena mais grave. Assim é porque o acusado se defende dos fatos a ele imputados, e não de sua definição jurídica. Pouco importa, portanto, a classificação legal atribuída pelo titular da ação penal na denúncia ou queixa. Este é o teor do art. 383 do CPP (*emendatio libelli*); B: assertiva correta, pois corresponde à redação do art. 383, *caput*, do CPP; C e D: o aditamento pelo MP somente será necessário na hipótese de *mutatio libelli* (art. 384, *caput*, do CPP). Gabarito "B".

(Cartório/MT – 2005 – CESPE) Durante a instrução de processo criminal se colhem provas de que existem elementos essenciais de tipo penal — circunstâncias elementares — que não estão contidos, expressa ou implicitamente, na denúncia. Nessa situação,

(A) é desnecessário ser aberta vista à defesa para manifestar-se.
(B) deve o juiz baixar o processo a fim de que a defesa, no prazo de 8 dias, produza provas, podendo arrolar até 3 testemunhas.
(C) ao sentenciar, é lícito o juiz desclassificar o delito.
(D) é correto o juiz dar nova definição jurídica ao crime.

Com a nova sistemática implementada pela Lei 11.719/08, que modificou a redação do art. 384 do CPP, deverá o Ministério Público, neste caso, necessariamente aditar a denúncia no prazo de cinco dias. Gabarito "B".

(Delegado/SC – 2008) O réu foi denunciado por ter subtraído um aparelho de TV de uma residência, depois de ter rompido obstáculo à subtração da coisa, consistente no arrombamento de uma janela. O Promotor de Justiça capitulou o fato como furto simples, embora tenha descrito na denúncia todas as circunstâncias já mencionadas. Após a instrução criminal e alegações escritas das partes o juiz recebeu os autos conclusos para sentença. Estando inteiramente provados os fatos narrados, o juiz deve:

(A) anular o processo a partir da denúncia, inclusive, por ser esta inepta.
(B) absolver o réu, por inexistir correlação entre a narrativa oferecida pelo promotor e a capitulação do crime.
(C) determinar a abertura de vistas dos autos ao Ministério Público, para que adite a denúncia.
(D) condenar o réu por furto qualificado, dando definição jurídica diversa daquela que constou da denúncia.

Art. 383 do CPP (*emendatio libelli*). Gabarito "D".

(Analista Judiciário/TJRJ – 2008 – CESPE) O juiz de direito substituto da 1.ª Vara Criminal da Comarca do Rio de Janeiro recebeu denúncia em face de Tertuliano, na qual constava que, no dia 10 de fevereiro de 2007, mediante grave ameaça, exercida com emprego de arma de fogo, Tertuliano subtraiu o carro e outros bens que estavam no interior do veículo, tudo de propriedade da vítima Fabrícia. Por fim, requereu o promotor signatário da denúncia a condenação de Tertuliano nas penas do crime de furto — art. 155, caput, do Código Penal (CP). Após regular trâmite processual, tendo Tertuliano confessado que praticou os fatos na forma em que foram mencionados na denúncia e tendo a vítima também asseverado a veracidade de tais fatos, juntando-se aos autos, ainda, o laudo de eficiência da arma de fogo utilizada por Tertuliano e apreendida pelos policiais, as partes nada requereram em diligências (fase prevista no art. 499 do CPP). Em alegações finais, o Ministério Público pediu a condenação nos termos da denúncia e a defesa requereu a absolvição do acusado por falta de provas. O juiz sentenciou o feito, condenando o acusado nas penas do art. 157, § 2.º, inciso I, do CP — roubo qualificado pelo emprego de arma. Nessa situação hipotética, é correto afirmar que a sentença prolatada pelo juiz de direito substituto da vara

(A) é nula de pleno direito, pois houve cerceamento de defesa.
(B) é relativamente nula, dependendo a declaração de nulidade da comprovação, por parte da defesa, de que houve prejuízo para o réu.
(C) é inexistente, pois foi proferida por juiz de direito substituto e não pelo titular da vara.
(D) é plenamente válida, tendo o juiz aplicado a norma processual relativa à emendatio libelli.
(E) é plenamente válida, tendo o juiz aplicado a norma processual relativa à mutatio libelli.

Art. 383 do CPP. Se o juiz conhece o direito (*jura novit curia*), é suficiente que os fatos sejam a ele narrados. Dessa forma, o réu se defende dos fatos que da inicial constam, e não da capitulação conferida ao delito. Gabarito "D".

(Magistratura Federal-4ª Região – 2010) Dadas as assertivas abaixo, assinale a alternativa correta.

I. Nos crimes de ação pública, o juiz poderá proferir sentença condenatória, ainda que o Ministério Público tenha opinado pela absolvição, não podendo, nessa hipótese, reconhecer circunstâncias agravantes.
II. Ao proferir sentença condenatória, o juiz fixará o valor máximo para reparação dos danos causados pela infração, considerando os prejuízos sofridos pelo ofendido.
III. Qualquer das partes poderá, no prazo de cinco dias, pedir ao juiz que declare a sentença, sempre que nela houver obscuridade, ambiguidade, contradição ou omissão.
IV. Na sentença o juiz decidirá, fundamentadamente, sobre a manutenção ou, se for o caso, imposição de prisão preventiva ou de outra medida cautelar, sem prejuízo do conhecimento da apelação que vier a ser interposta.
V. A sentença será publicada em mão do escrivão, que lavrará nos autos o respectivo termo, registrando-a em livro especialmente destinado a esse fim.

(A) Estão corretas apenas as assertivas I e V.
(B) Estão corretas apenas as assertivas IV e V.
(C) Estão corretas apenas as assertivas III, IV e V.
(D) Estão corretas apenas as assertivas I, II, III e IV.
(E) Estão corretas todas as assertivas.

I: assertiva em desacordo com o teor do art. 385 do CPP, já que poderá o juiz, neste caso, reconhecer agravantes, ainda que nenhuma tenha sido alegada; II: assertiva incorreta, pois o juiz, ao proferir sentença condenatória, estabelecerá o valor *mínimo* para a reparação dos danos causados pela infração, levando em conta os prejuízos sofridos pelo ofendido – art. 387, IV, do CPP; III: o prazo estabelecido no art. 382 do CPP é de *dois* dias; IV: proposição correta, visto que de acordo com a redação do art. 387, parágrafo único, do CPP; V: proposição correta, visto que de acordo com a redação do art. 389 do CPP. Gabarito "B".

(Magistratura Federal – 1ª Região – 2005) No momento de proferir a sentença, o juiz:

(A) se entender que deve ser dada ao fato descrito na denúncia definição jurídica diversa da que ali consta, não terá que baixar o processo para manifestação da defesa ou do Ministério Público, ainda que, em consequência, tenha que aplicar pena mais grave;
(B) se entender que deve ser dada ao fato descrito na denúncia definição jurídica diversa da que ali consta, independentemente do resultado, baixará o processo para que haja prévia manifestação do Ministério Público e da defesa;

(C) se entender que deve ser dada ao fato descrito na denúncia definição jurídica diversa da que ali consta, baixará o processo para que haja manifestação da defesa apenas se, em conseqüência, tiver que aplicar pena mais grave;

(D) se entender que deve ser dada ao fato descrito na denúncia definição jurídica diversa da que ali consta, baixará o processo para manifestação da defesa se a nova definição jurídica do fato decorrer de elementar provada nos autos, embora não contida na denúncia, que leve à aplicação de pena mais grave.

Art. 383 do CPP (*emendatio libelli*). Gabarito "A".

17. NULIDADES

(Magistratura/SP – 2008) Assinale a alternativa incorreta.

(A) o juiz deve proclamar nulidade absoluta resultante de cerceamento defensivo ao invés de absolver o réu, ainda que esteja convencido de sua inocência, em virtude da possibilidade de o Ministério Público, em eventual recurso, obter decisão de mérito desfavorável ao acusado.

(B) depois de recebida a denúncia, o juiz não pode reconsiderar o seu despacho e rejeitá-la, ainda que se convença de ter errado.

(C) o princípio contido no art. 565 CPP no sentido de que nenhuma das partes poderá argüir nulidade cuja observância só à parte contrária interesse, impede o Ministério Público de argüir a invalidade da citação.

(D) não é nula a sentença que contém motivação deficiente.

A falta de citação ou a citação feita em desconformidade com as normas processuais constitui causa de nulidade absoluta (art. 564, III, *e*, do CPP). O art. 565 do CPP diz respeito às nulidades relativas. Gabarito "C".

(Magistratura/SP – 2008) Verificado no curso da ação penal que o acusado era menor de 18 anos à data do fato delituoso, cumpre

(A) absolvê-lo.
(B) decretar a extinção de sua punibilidade.
(C) declará-lo isento de pena em razão de sua inimputabilidade.
(D) anular a ação penal por ilegitimidade passiva ad processum.

Art. 564, II, do CPP. Gabarito "D".

(Ministério Público/MA – 2009) Em ação penal, uma testemunha de defesa, apenas abonatória da conduta do acusado é ouvida por carta precatória antes da última testemunha da acusação. A defesa faz requerimento oportuno ao magistrado que anula as duas últimas oitivas, diante da inversão na coleta da prova. O Promotor de Justiça recorre pretendendo reverter o decreto de nulidade. Tendo em conta os princípios atinentes às nulidades no processo penal, qual dos listados abaixo pode fundamentar o recurso do Ministério Público?

(A) Princípio da convalidação do ato processual.
(B) Princípio do interesse processual.
(C) Princípio da celeridade.
(D) Princípio do prejuízo.
(E) Princípio da ratificação do ato processual.

Em se tratando de *nulidade relativa*, em que o prejuízo não é presumido, é necessário, para se decretar a nulidade do ato, verificar se o mesmo gerou efeitos prejudiciais. É o *princípio do prejuízo*, consagrado no art. 563 do CPP. Gabarito "D".

(Ministério Público/RR – 2008 – CESPE) Julgue o item seguinte.

(1) Ana, servidora pública, foi indiciada pelo cometimento do crime de prevaricação, crime afiançável, praticado contra a administração pública. Não sendo cabíveis os benefícios previstos na Lei nº 9.099/1995, foi oferecida a denúncia. O juiz determinou a citação da ré para o interrogatório e não concedeu prazo para a apresentação da resposta prévia, prevista no art. 514 do Código de Processo Penal. Nessa situação, operou-se nulidade absoluta, devendo ser declarada a nulidade de todos os atos decisórios proferidos no processo.

A inobservância da formalidade contida no art. 514 do CPP (defesa preliminar) gera nulidade relativa; é a posição do STF. Gabarito 1E.

(Ministério Público/RS – 2009) Leia o relato abaixo. Fídias, funcionário público estadual em Panambi, foi indiciado na Delegacia local por peculato, e, mais tarde, condenado pelo mesmo crime. Ao examinar os autos para apresentações de razões recursais, observou o novo causídico que ocorrera uma nulidade que passou desapercebida de todas as partes, isto é, a não concessão do prazo para a defesa preliminar. Considerando-se os dados apresentados é correto afirmar que se trata de nulidade

(A) absoluta, devendo o rito ser iniciado novamente com a observância da formalidade prevista na lei adjetiva.
(B) relativa devendo a Câmara Criminal proceder à audiência do acusado no Tribunal, para depois decidir o mérito da apelação.
(C) relativa, que restou sanada pelo inquérito policial e pela preclusão.
(D) absoluta, devendo os autos retornar ao Ministério Público para a confecção de nova ação penal.
(E) absoluta, devendo o feito recomeçar na fase das alegações finais, reaproveitando-se a prova testemunhal colhida.

Com a edição da Súmula nº 330 do STJ, a *defesa preliminar* de que cuida o art. 514 do CPP deixou de ser necessária na ação penal alicerçada em inquérito policial. Dessa forma, a formalidade imposta pelo art. 514 do CPP somente se fará necessária quando a denúncia se basear em outras peças de informação que não o inquérito policial. Gabarito "C".

(Ministério Público/RS - 2002) O réu foi absolvido sumariamente e o prolator da decisão recorreu de ofício. O Ministério Público e o defensor silenciaram. No Tribunal, o Procurador de Justiça deu parecer pugnando pelo reconhecimento de nulidade absoluta por falta de fundamentação da sentença. O que deverá fazer o Tribunal?

(A) Deverá anular o processo e devolver ao juiz para pronunciar o réu.
(B) Deverá manter a decisão porque inexistente recurso do Promotor de Justiça.
(C) Deverá manter a decisão para não efetivar "reformatio in pejus".
(D) Deverá acolher o parecer do Procurador de Justiça e declarar a nulidade do processo.
(E) Deverá remeter os autos para exame do primeiro substituto do prolator da decisão.

Art. 93, IX, da CF. O próprio dispositivo constitucional já sinaliza qual a consequência que será gerada em face da inobservância da regra ali contida. Art. 564, III, *m*, do CPP. Gabarito "D".

(Ministério Público/SP - 2005) Assinale a alternativa incorreta.

(A) A nulidade relativa pode ser reconhecida pelo juiz, de ofício, a qualquer tempo do processo.
(B) A nulidade pode atingir todo o processo, desde o seu início, parte do processo ou apenas um ato, sem reflexo em qualquer outro.
(C) A nulidade relativa considera-se sanada pelo silêncio das partes, pela efetiva consecução do escopo visado pelo ato não obstante sua irregularidade e pela aceitação, ainda que tácita, dos efeitos do ato irregular.
(D) O princípio da instrumentalidade das formas não admite o reconhecimento da nulidade que não tenha influído na apuração da verdade substancial ou na decisão da causa.
(E) Nos termos da Súmula 156 do Supremo Tribunal Federal, é absoluta a nulidade do julgamento, pelo Júri, por falta de quesito obrigatório.

A: a **nulidade relativa**, para ser reconhecida pelo juiz, há de ser arguida pela parte *oportuno tempore*, sob pena de preclusão. Não pode, pois, ser reconhecida de ofício pelo juiz; B: art. 573 do CPP. Incumbe ao juiz que decretar a nulidade fazer menção àqueles atos que serão mantidos ou não; C: a nulidade relativa diz respeito a interesse predominante das partes, razão pela qual, não demonstrado o prejuízo no momento oportuno, não há que se falar em nulidade do ato; D: prescreve tal princípio que a forma não pode ser entendida como um fim em si mesma, na medida em que o processo nada mais é do que um instrumento para viabilizar a solução de conflitos de interesses; E: Súmula 156, STF: "É absoluta a nulidade do julgamento, pelo júri, por falta de quesito obrigatório". Gabarito "A".

(Defensoria/PI – 2009 – CESPE) Silvana impetrou habeas corpus alegando a nulidade absoluta de processo criminal em que foi condenada, porque sua defesa foi realizada por advogado licenciado da OAB, e, por conseguinte, seriam nulos os atos por ele praticados. Registra-se que os poderes de representação judicial outorgados ao advogado, ainda que licenciado da OAB, foram ampla e livremente conferidos por Silvana, ciente de sua licença, mediante instrumento de procuração. Considerando a situação hipotética acima e o entendimento atual do STF, assinale a opção correta.

(A) No processo penal, tanto a falta da defesa quanto a deficiência de defesa constituem nulidade absoluta.
(B) Na via eleita, Silvana pode tentar demonstrar que não sabia que o patrono constituído estava impossibilitado de exercer a advocacia.
(C) O princípio da falta de interesse, tal como estabelecido no CPP, não admite arguição da nulidade por quem tenha dado causa ou concorrido para a existência do vício.
(D) O habeas corpus deve ser concedido, porque o patrono de Silvana estava impossibilitado de exercer a advocacia e, por conseguinte, seriam nulos os atos por ele praticados.
(E) O habeas corpus deve ser concedido, porque a ilegitimidade do representante da parte é causa de nulidade absoluta.

Art. 565 do CPP. Gabarito "C".

(Defensoria/RN – 2006) Em termos de nulidade no processo penal pode-se afirmar que

(A) é absoluta a nulidade por ausência de legitimidade ad causam e ad processum.
(B) adotou o Código de Processo Penal pátrio o sistema formalista, tendo como consequência que toda violação à prescrição legal acarreta a nulidade processual.
(C) a nulidade de um ato importa a dos atos que dele diretamente dependam ou sejam consequência.
(D) as nulidades quanto aos prazos concedidos à acusação e à defesa não podem ser sanadas ainda que a parte aceite os seus efeitos.

Art. 573, § 1º, do CPP. Gabarito "C".

(Magistratura Federal – 1ª Região – 2005) Conforme a jurisprudência predominante, o despacho de recebimento da denúncia:

(A) é ato decisório, devendo ser fundamentado, em atenção ao disposto no art. 93, IX, da Constituição Federal, sob pena de nulidade;
(B) é ato decisório, e sua fundamentação, apesar de indispensável, pode ser sucinta;
(C) não é ato decisório, mas mesmo assim deve ser fundamentado, sob pena de nulidade, quando o juiz, ao praticá-lo, altere a qualificação legal do crime;
(D) não é ato decisório, por isso não se sujeita ao disposto no art. 93, IX, da Constituição Federal.

A questão é polêmica, uma vez que parte significativa da doutrina sustenta que, em vista do disposto no art. 93, IX, da CF, estaria o magistrado obrigado a fundamentar a decisão de recebimento da denúncia, sob pena de nulidade. A jurisprudência, no entanto, consagrou o entendimento no sentido de que tal motivação é desnecessária, até para se evitar indevida inserção no mérito da causa. Corroborando esse entendimento: STJ, 5ª T., Rel. Min. Luiz Vicente Cernicchiaro, DJU de 18.12.1995. Gabarito "D".

(Magistratura Federal – 5ª Região – 2007 – CESPE) Julgue o item seguinte.

(1) A ausência de fundamentação do despacho de recebimento de denúncia por crime falimentar enseja nulidade processual, salvo se já houver sentença condenatória.

Súmula 564 do STF: "A ausência de fundamentação do despacho de recebimento de denúncia por crime falimentar enseja nulidade processual, salvo se já houver sentença condenatória". Ocorre que, com o advento da Lei 11.101/05 (nova Lei de Falências), as normas do CPP concernentes ao recebimento da denúncia passam a incidir no processo falimentar, diferente do que ocorria com a legislação anterior. Dessa forma, a fundamentação para o recebimento da denúncia deixa de ser exigida no contexto do crime falimentar. Gabarito 1C.

(Defensoria Pública da União – 2007 – CESPE) Julgue o item seguinte.

(1) A inobservância da citação para fins de oportunizar o contraditório prévio ao denunciado pelo crime de tráfico de entorpecentes resulta na nulidade relativa do processo penal, sendo necessário que a defesa comprove prejuízo.

A falta de citação ou a sua realização em desconformidade com as regras estabelecidas constitui nulidade absoluta. Gabarito 1E.

(Procurador Federal – 2010 – CESPE) Com base no CPP, julgue os itens a seguir, acerca das nulidades.

(1) A incompetência do juízo anula somente os atos decisórios, devendo o processo, quando for declarada a nulidade, ser remetido ao juiz competente.
(2) Nenhum ato deve ser declarado nulo se, da nulidade, não resultar prejuízo para a acusação ou a defesa.
(3) A nulidade por ilegitimidade do representante da parte não pode ser sanada mediante ratificação dos atos processuais, sendo necessária a renovação dos atos processuais realizados pelo representante ilegítimo.

1: art. 567 do CPP; 2: art. 563 do CPP; 3: art. 568 do CPP. Gabarito 1C, 2C, 3E.

(CESPE – 2008) Acerca das nulidades, assinale a opção correta de acordo com o CPP.

(A) A incompetência do juiz é causa de nulidade, ao passo que a sua suspeição é mera irregularidade.
(B) A falta de intervenção do Ministério Público em todos os termos da ação por ele intentada e nos da intentada pela parte ofendida, quando se tratar de crime de ação pública, é causa de nulidade.
(C) Uma vez declarada a nulidade de um ato, esta causará a dos atos que dele indiretamente dependam ou sejam consequência.
(D) As omissões da denúncia, da queixa ou da representação não poderão ser supridas, ainda que antes da sentença final.

A: art. 564, I, do CPP; B: art. 564, III, d, do CPP; C: art. 573, § 1º, do CPP; D: art. 569 do CPP. Gabarito "B".

(CESPE – 2008) Assinale a opção correta acerca das nulidades no processo penal.

(A) Em matéria de nulidades, atua o princípio geral de que, inexistindo prejuízo, não se proclama a nulidade do ato processual, embora produzido em desacordo com as formalidades legais (pas de nullite sans grief).
(B) A suspeição do juiz é motivo de nulidade absoluta, ainda que a parte interessada não oponha a exceção cabível.
(C) Diz respeito às nulidades absolutas e relativas a seguinte afirmação do CPP: "nenhuma das partes poderá arguir nulidade a que haja dado causa, ou para que tenha concorrido, ou referente a formalidade cuja observância só à parte contrária interesse."
(D) A incompetência do juízo anula todo o processo, desde o seu início.

A: princípio do prejuízo, consubstanciado no art. 563, CPP, e na Súmula n. 523, STF; B: art. 564, I, do CPP. Trata-se de nulidade relativa. Assim, se a parte não suscitar a suspeição, os atos praticados pelo juiz não serão anulados; C: o dispositivo em questão só se aplica às nulidades relativas, já que as nulidades absolutas devem ser reconhecidas a qualquer tempo e de ofício, inclusive; D: art. 567 do CPP. Gabarito "A".

(CESPE – 2007) Quanto às nulidades no processo penal, assinale a opção correta.

(A) Há nulidade absoluta se houver violação a direito ou garantia processual penal fundamental, ainda que não prevista na legislação processual ordinária.
(B) As hipóteses de nulidade são apenas as previstas em lei, em decorrência do princípio processual-penal da legalidade.
(C) A regra do prejuízo é aplicável em qualquer hipótese de nulidade.
(D) Toda nulidade, em tese, pode ser convalidada.

A: aqui a violação é dirigida aos princípios constitucionais do devido processo legal, como contraditório, ampla defesa, juiz natural etc.; B: trata-se de rol exemplificativo, já que outras nulidades, além daquelas contidas no art. 564, podem ser reconhecidas; C: o princípio do prejuízo (art. 563, CPP) não se aplica às nulidades absolutas, já que em relação a estas o prejuízo é presumido; D: o princípio da convalidação é aplicado às nulidades relativas (art. 572 do CPP). Gabarito "A".

(CESPE – 2006) No processo penal, nenhuma das partes poderá argüir nulidade a que haja dado causa, ou para que tenha concorrido. Tal enunciado refere-se especificamente ao princípio

(A) Da convalidação.
(B) Da causalidade.
(C) Do prejuízo.
(D) Do interesse.

Art. 565, segunda parte, do CPP. Gabarito "D".

(CESPE – 2006) Assinale a opção correta a respeito das nulidades.

(A) As nulidades relativas podem ser decretadas de ofício.
(B) Se houver sentença condenatória, as nulidades absolutas não serão acobertadas pela coisa julgada, pois o julgamento poderá ser objeto de revisão criminal ou de habeas corpus.
(C) As nulidades relativas impedem que o ato seja convalidado.
(D) As nulidades relativas podem ser invocadas em qualquer tempo e grau de jurisdição.

A: só as nulidades absolutas podem ser decretadas de ofício pelo juiz; B: arts. 621 a 631, CPP (revisão criminal); arts. 647 a 667, CPP (*habeas corpus*). Por se tratar de ofensa ao texto da Constituição Federal, a nulidade absoluta prescinde de alegação por parte dos litigantes e não preclui. Pode, pois, ser reconhecida de ofício pelo juiz; C: art. 572 do CPP. O *princípio da convalidação* aplica-se às nulidades relativas; D: arts: 571 e 572 do CPP. Gabarito "B".

(CESPE – 2006) Quanto à atuação do advogado no processo penal, tendo em conta a jurisprudência pátria, assinale a opção correta.

(A) É absoluta a nulidade decorrente de atos praticados por advogado cujo exercício profissional tenha sido suspenso pela OAB.
(B) A constituição de advogado para funcionar na defesa criminal requer algumas formalidades. Não basta que o acusado, ao ser interrogado, declare o nome de seu defensor, independentemente do instrumento de mandato.
(C) É direito líquido e certo do advogado o acesso irrestrito a autos de inquérito policial conduzido sob sigilo, ainda que o segredo das informações seja imprescindível para as investigações.
(D) No processo penal, a falta da defesa constitui nulidade absoluta, mas a sua deficiência só o anulará se houver prova de prejuízo para o réu.

Art. 564, III, *c*, do CPP; Súmula n. 523 do STF. Gabarito "D".

18. RECURSOS

(Magistratura/AL – 2007 – FCC) João foi acusado de ter cometido furto qualificado em coautoria com Pedro. Segundo a denúncia, enquanto João subtraía um relógio da vítima, Pedro o aguardava no carro, para juntos fugirem. Ambos foram condenados. João recorreu. Pedro deixou de recorrer, no prazo legal, transitando em julgado, em relação a sua pessoa, a sentença condenatória. Em face do Código de Processo Penal,

(A) se, no recurso de João, foi ele absolvido porque o fato inexistiu, o tribunal pode estender essa decisão a Pedro ainda que, em relação a ele, houvesse coisa julgada.
(B) o recurso de João sempre beneficiará Pedro em virtude de vigorar no processo penal o princípio da comunicação dos recursos em caso de co-autoria.
(C) se, no recurso de João, foi declarada a prescrição da pretensão punitiva, necessariamente deve o tribunal estender essa decisão a Pedro.
(D) o recurso de João de maneira nenhuma poderá beneficiar Pedro em virtude do princípio da pessoalidade dos recursos.
(E) se, no recurso de João, foi ele absolvido por insuficiência de provas, o tribunal deve estender essa decisão a João, porque assentada em circunstância objetiva.

Art. 580 do CPP. Neste caso, não se trata de alteração relativa ao autor. A alteração diz respeito a elemento constitutivo do crime, à sua própria existência, razão por que todos devem ser beneficiados, ainda que não tenham recorrido. Gabarito "A".

(Magistratura/AL – 2008 – CESPE) Acerca dos recursos, assinale a opção correta.

(A) Contra a sentença de impronúncia ou de absolvição sumária cabe apelação.
(B) Da sentença que absolver sumariamente o acusado, deverá o juiz recorrer de ofício ao tribunal de justiça.
(C) No direito processual penal, em prol do direito de liberdade do réu e da incidência do princípio in dubio pro reo, admite-se recurso de parte que não tenha interesse na reforma ou modificação da decisão.
(D) Pelo princípio da fungibilidade recursal, ainda que presente a má-fé, a parte não será prejudicada pela interposição de um recurso por outro, devendo o juiz, ao reconhecer a impropriedade do recurso interposto pela parte, mandar processá-lo de acordo com o rito do recurso cabível.
(E) Em caso de cabimento do recurso de apelação, poderá ser usado o recurso em sentido estrito, se a parte recorrer somente de parte da decisão.

A: art. 416 do CPP; B: art. 397 do CPP; C: art. 577, parágrafo único, do CPP; D: art. 579 do CPP; E: art. 593, § 4º, do CPP. Gabarito "A".

(Magistratura/DF – 2007) No processo penal, o recurso de embargos infringentes cabe:

(A) quando não for unânime a decisão de segundo grau, desfavorável ao réu;
(B) quando não for unânime a decisão de segundo grau;
(C) quando, em segundo grau, a decisão, por maioria, reformar a de primeiro grau;
(D) quando, em segundo grau, a decisão desfavorável ao réu, por maioria, reformar a de primeiro grau, que lhe era favorável.

Art. 609, parágrafo único, do CPP. É recurso privativo da defesa, manejado nos casos em que a decisão de segundo grau não for unânime. Gabarito "A".

(Magistratura/DF – 2007) Técio, submetido a julgamento pelo Tribunal do Júri de Brasília, foi condenado, por incursão no artigo 121, § 2º, II, do Código Penal (homicídio qualificado por motivo fútil), à pena privativa de liberdade mínima, vale dizer, de 12 (doze) anos de reclusão. Com fundamento no artigo 593, III, "d", do Código de Processo Penal, interpôs recurso de apelação para uma das Turmas Criminais do Tribunal de Justiça do Distrito Federal, limitando-se a sustentar que a decisão dos jurados, no que concerne ao motivo fútil, foi manifestamente contrária à prova dos autos. A posição prevalente é a de que, reconhecendo que, efetivamente, a decisão dos jurados é manifestamente contrária à prova dos autos, que não ampara o motivo fútil, a Turma Criminal:

(A) deve dar provimento ao recurso para anular o julgamento, determinando a submissão de Técio a novo julgamento pelo Tribunal do Júri. E desse novo julgamento, em que poderá Técio ser novamente condenado pelo Tribunal do Júri por homicídio qualificado por motivo fútil, não se admitirá, pelo mesmo motivo, segunda apelação;
(B) deve dar provimento ao recurso para anular o julgamento, determinando a submissão de Técio a novo julgamento pelo Tribunal do Júri. E desse novo julgamento, em que poderá Técio ser novamente condenado pelo Tribunal do Júri por homicídio qualificado por motivo fútil, se admitirá, pelo mesmo motivo, segunda apelação;
(C) deve dar provimento ao recurso para anular a sentença condenatória do juiz presidente do Tribunal do Júri, determinando que ele profira nova, excluído o motivo fútil;
(D) deve dar provimento ao recurso, excluindo o motivo fútil, desde logo condenando Técio por incursão no artigo 121, caput, do Código Penal, homicídio, fixando a pena mínima privativa de liberdade de 6 (seis) anos de reclusão.

Art. 593, § 3º, do CPP. Gabarito "A".

(Magistratura/GO – 2009 – FCC) Contra a sentença de impronúncia e de absolvição sumária caberá

(A) recurso em sentido estrito.
(B) apelação.
(C) apelação e recurso em sentido estrito, respectivamente.
(D) recurso em sentido estrito e apelação, respectivamente.
(E) recurso em sentido estrito ou correição parcial.

Art. 416 do CPP. Com o advento da Lei 11.689/08, que modificou os arts 416 e 581, IV, do CPP, a decisão de impronúncia, que antes comportava *recurso em sentido estrito*, passou a ser combatida por meio de *recurso de apelação.* "B". Gabarito

(Magistratura/MG - 2007) Se da sentença absolutória não for interposta apelação pelo Ministério Público no prazo legal:

(A) o ofendido poderá interpor apelação no efeito suspensivo, se o crime for da competência do Tribunal do Júri.
(B) o ofendido não poderá interpor recurso algum.
(C) o ofendido poderá interpor apelação, desde que tenha se habilitado como assistente antes da prolação da sentença.
(D) o ofendido poderá interpor apelação em até 15 (quinze) dias, cujo prazo correrá do dia em que terminar o do Ministério Público.

Art. 598 do CPP. "D". Gabarito

(Magistratura/MG - 2007) Caberá recurso, no sentido estrito, da decisão, despacho ou sentença que:

(A) julgar procedente exceção de coisa julgada.
(B) conceder, negar, arbitrar, cassar ou julgar inidônea a fiança, indeferir revogação de prisão preventiva ou decretá-la, conceder liberdade provisória ou relaxar a prisão em flagrante.
(C) rejeitar argüição de nulidade processual ocorrida na instrução criminal.
(D) concluir pela competência do juízo.

Art. 581, III, do CPP. "A". Gabarito

(Magistratura/PE – 2011 – FCC) Cabe recurso em sentido estrito contra a decisão que

(A) julgar procedente a exceção de suspeição.
(B) impronunciar o réu.
(C) negar o livramento condicional.
(D) decidir sobre unificação de penas.
(E) denegar a apelação.

A: estabelece o art. 581, III, do CPP que caberá recurso em sentido estrito da decisão do juiz que julgar procedentes as exceções, salvo a de suspeição. Assertiva, portanto, incorreta; B: o recurso em sentido estrito é apto a combater a decisão de *pronúncia* (art. 581, IV, do CPP). Contra a sentença de *impronúncia* caberá o recurso de apelação – art. 416, CPP; C: a negativa de livramento condicional deve ser combatida por meio de agravo em execução – art. 197 da LEP – Lei 7.210/84; D: também é matéria a ser decidida por meio de agravo em execução - art. 197 da LEP – Lei 7.210/84; E: proposição correta, pois em conformidade com o disposto no art. 581, XV, do CPP. "E". Gabarito

(Magistratura/PR – 2010 – PUC/PR) Caberá recurso, no sentido estrito, da decisão, despacho ou sentença:

I. Que pronunciar ou impronunciar o réu.
II. Que julgar procedentes as exceções, salvo a de suspeição.
III. Que absolver sumariamente o réu.
IV. Da decisão que, admitindo embora o recurso, obstar à sua expedição e seguimento para o juízo ad quem.

Dadas as assertivas acima, escolha a alternativa CORRETA.

(A) Apenas a assertiva I está correta.
(B) Apenas a assertiva II está correta.
(C) Apenas as assertivas I e IV estão corretas.
(D) Todas as assertivas estão corretas.

Caberá recurso, no sentido estrito, da decisão de pronúncia (art. 581, IV, do CPP), bem assim da que julgar procedentes as exceções, salvo a de suspeição (art. 581, III, do CPP). A sentença de impronúncia, por sua vez, comporta, dada a modificação implementada pela Lei 11.689/08, recurso de apelação, ocorrendo o mesmo em relação à absolvição sumária (art. 416, CPP). Por fim, reza o art. 639, II, do CPP que será cabível carta testemunhável da decisão que, embora admitindo o recurso, obstar à sua expedição e seguimento para o juízo *ad quem.* "B". Gabarito

(Magistratura/RO – 2011 – PUCPR) Em relação às hipóteses de cabimento do recurso em sentido estrito, avalie as afirmativas abaixo:

I. Caberá recurso em sentido estrito, da decisão, despacho ou sentença, que não receber a denúncia ou queixa.
II. Caberá recurso em sentido estrito, da decisão, despacho ou sentença que pronunciar o réu.
III. Caberá recurso em sentido estrito, da decisão, despacho ou sentença, que concluir pela incompetência do juízo.
IV. Caberá recurso em sentido estrito, da decisão, despacho ou sentença, que julgar procedente as exceções, salvo a de suspeição.
V. Caberá recurso em sentido estrito, da decisão, despacho ou sentença definitivas de condenação ou absolvição proferidas por juiz singular.

Está(ão) CORRETA(S):

(A) Somente a afirmativa I.
(B) Somente as afirmativas I, II, III e IV.
(C) Somente as afirmativas III e IV.
(D) Somente as afirmativas II e III.
(E) Todas as afirmativas.

I: assertiva correta, nos termos do art. 581, I, do CPP; II: assertiva correta, nos termos do art. 581, IV, do CPP; III: assertiva correta, nos termos do art. 581, II, do CPP; IV: assertiva correta, nos termos do art. 581, III, do CPP; V: assertiva incorreta, visto que, neste caso, o recurso a ser manejado é a apelação, nos termos do art. 593, I, do CPP. "B". Gabarito

(Magistratura/RO – 2011 – PUCPR) O prazo previsto no Código de Processo Penal, como regra geral, para interposição do recurso de apelação é de:

(A) 3 (três) dias.
(B) 5 (cinco) dias.
(C) 10 (dez) dias.
(D) 15 (quinze) dias.
(E) 20 (vinte) dias.

A petição de interposição do recurso de apelação, endereçada ao próprio órgão que proferiu a decisão a ser combatida, deve ser apresentada, em regra, no prazo de cinco dias, a contar da intimação da sentença, conforme estabelece o art. 593 do CPP. "B". Gabarito

(Magistratura/RO – 2011 – PUCPR) Da decisão que rejeitar a denúncia oferecida nos termos do artigo 77 da Lei 9.099/1995, caberá:

(A) Apelação, no prazo de 10 dias.
(B) Apelação no prazo de 5 dias.
(C) Recurso em sentido estrito, no prazo de 15 dias.
(D) Recurso em sentido estrito, no prazo de 5 dias.
(E) Correição parcial.

art. 82 da Lei 9.099/95. "A". Gabarito

(Magistratura/SP – 2009 – VUNESP) No procedimento relativo aos processos da competência do Tribunal do Júri, a decisão que impronuncia o acusado pode ser impugnada, na esfera recursal, por meio de

(A) habeas corpus.
(B) recurso em sentido estrito.
(C) agravo.
(D) apelação.

Inovação trazida pela Lei 11.689/08, que alterou a redação dos arts. 416 e 581, IV, do CPP. "D". Gabarito

(Ministério Público/AM – 2005) Assinale a alternativa correta.

(A) O recurso de apelação, em razão do princípio do duplo grau de jurisdição, pode ser interposto de forma a requerer a reforma total ou parcial da sentença.
(B) Havendo dois ou mais apelantes, após, assinados os termos para recorrer, terão o prazo de 08 (oito) dias, sucessivamente, para apresentar as razões.

(C) Os prazos para a interposição do recurso de apelação e para apresentação das razões são fatais.

(D) Fabico de Tal, foi condenado em julgamento perante o Tribunal do Júri da comarca de Macapá a 20 (vinte) anos, pela prática de homicídio, e a 06 (seis) anos e 02 (dois) meses, pela prática de atentado violento ao pudor, inconformado com a sentença condenatória, interpôs recurso de Protesto por novo júri.

Art. 599 do CPP. Trata-se de fato de um corolário do **princípio do duplo grau de jurisdição**. Gabarito "A".

(Ministério Público/CE – 2009 – FCC) Contra a decisão que pronunciar e impronunciar o acusado

(A) caberão, respectivamente, apelação e agravo.
(B) caberão, respectivamente, recurso em sentido estrito e apelação.
(C) caberá recurso em sentido estrito, nos dois casos.
(D) caberão, respectivamente, apelação e recurso em sentido estrito.
(E) caberá apelação, nos dois casos.

Arts. 581, IV, e 416 do CPP, respectivamente. Gabarito "B".

(Ministério Público/DF – 2005) A respeito de recursos, assinale a alternativa incorreta:

(A) Admite-se Recurso Especial para desconstituir a decisão do Tribunal de Justiça que remete o réu a novo julgamento quando, pela simples leitura do acórdão, vê-se que havia duas versões possíveis e os jurados optaram por uma delas.
(B) Para a doutrina que faz distinção entre não recebimento e rejeição da denúncia, contra aquela decisão cabe recurso em sentido estrito e contra a última, apelação.
(C) Ainda que o provimento dos embargos declaratórios resulte em modificação do julgado, não há espaço para manifestação prévia da parte contrária, haja vista a natureza e os fins desse meio de impugnação.
(D) Da decisão que rejeita a denúncia deve o acusado ser cientificado, a fim de que ofereça, se desejar, resposta à impugnação.
(E) A sucumbência deve ser aferida tendo em vista também a vantagem ou benefício a ser obtido com o pretendido provimento do recurso manejado, o que pode justificar, eventualmente, a apelação do acusado contra sentença absolutória.

Não há, nos embargos declaratórios, manifestação da parte contrária, uma vez que tal instrumento se presta a aclarar o conteúdo da sentença nas hipóteses de obscuridade, ambiguidade, contradição e omissão (art. 382, CPP). Gabarito "C".

(Ministério Público/GO – 2005) Astrogildo foi condenado à pena de dois anos de reclusão, mais multa, em regime aberto, pela prática de fato tipificado no artigo 155, § 4º, inciso I, do Código Penal, tendo-lhe sido concedida a suspensão condicional da execução da reprimenda, nos termos do artigo 77, do mesmo Diploma Legal. A defesa pretende recorrer apenas desta última parte, pois entende que, ao invés do sursis, o julgador deveria substituir a pena privativa de liberdade por restritiva de direitos, à luz do disposto no artigo 44 do mesmo Codex. Neste caso, o recurso cabível é:

(A) recurso em sentido estrito
(B) agravo em execução
(C) apelação
(D) embargos infringentes e de nulidade

Arts. 593, I, e 599, ambos do CPP. Gabarito "C".

(Ministério Público/GO – 2005) Nas hipóteses de cabimento de apelação contra decisão do Tribunal do Júri, apenas uma não admite juízo rescisório, ou seja, se o Tribunal der provimento ao recurso, seu acórdão não substitui o julgamento precedente. Assinale esta hipótese na relação abaixo:

(A) quando houver nulidade posterior à pronúncia
(B) quando a sentença do juiz for contrária à lei expressa ou à decisão dos jurados
(C) quando houver erro ou injustiça na aplicação da pena
(D) quando a decisão dos jurados for manifestamente contrária à prova dos autos

Art. 593, III, d, do CPP. Não sendo o juízo natural para decidir acerca da culpa do réu, ou ainda se o mesmo é inocente, cabe ao Tribunal *ad quem* tão somente anular o julgamento, se o caso, e remeter o acusado para novo júri, na forma prescrita no art. 593, § 3º, do CPP. Estará, dessa forma, preservada a soberania dos veredictos. Gabarito "D".

(Ministério Público/MA – 2002) Assinale a alternativa incorreta:

(A) Quando cabível a apelação, poderá ser usado o recurso em sentido estrito, ainda que somente de parte da decisão se recorra;
(B) O recurso em sentido estrito, de regra, não tem efeito suspensivo;
(C) Nos processos por crime contra a organização do trabalho, a apelação criminal nunca terá efeito suspensivo;
(D) A apelação interposta contra decisão do Júri, qualquer que seja o fundamento do recurso devolve ao Juízo ad quem não só o reexame da regularidade processual, mas também o autoriza a decretar de ofício a extinção da punibilidade, se reconhecer ter esta ocorrido;
(E) A carta testemunhável é o recurso interposto quando denegado o recurso em sentido estrito.

Art. 593, § 4º, do CPP. Gabarito "A".

(Ministério Público/MA – 2002) Qual dos recursos abaixo é de exclusividade do réu, não sendo dado interpô-lo o Ministério Público, o querelante, o ofendido ou o assistente?

(A) Habeas corpus;
(B) Apelação criminal;
(C) Embargos de declaração;
(D) Embargos infringentes;
(E) Carta testemunhável.

Trata-se do recurso interposto em face da decisão não unânime e desfavorável ao réu prolatada em segunda instância. Gabarito "D".

(Ministério Público/MS – 2011 – FADEMS) Caberá Recurso em Sentido Estrito da decisão, despacho ou sentença:

(A) que julgar improcedentes as exceções, salvo a de suspeição;
(B) que denegar a apelação ou a julgar deserta;
(C) que concluir pela competência do juízo;
(D) que rejeitar a Denúncia ou Queixa no procedimento sumaríssimo;
(E) de impronúncia no procedimento do júri.

A: incorreta, nos termos do art. 581, III, do CPP; B: correta, pois corresponde à redação do art. 581, XV, do CPP; C: incorreta, nos termos do art. 581, II, do CPP; D: incorreta, nos termos do art. 581, I, do CPP; E: incorreta, nos termos do art. 581, IV, do CPP. Gabarito "B".

(Ministério Público/PR – 2008) Assinale a alternativa em que não cabe recurso em sentido estrito.

(A) da decisão que recebe a denúncia ou queixa.
(B) da decisão que não recebe a denúncia ou queixa.
(C) da decisão que decretar a prescrição ou julgar, por outro modo, extinta a punibilidade.
(D) da decisão que pronunciar o réu.
(E) da decisão que impronunciar o réu.

A: em regra tal decisão não comporta recurso. É possível, em princípio, desde que haja constrangimento ilegal, a impetração de *habeas corpus*; B: art. 581, I, do CPP; C: art. 581, VIII, do CPP; D: art. 581, IV, do CPP; E: com o advento da Lei 11.689/08, que modificou o art. 581, IV, do CPP, a decisão de impronúncia, que antes comportava **recurso em sentido estrito**, passou a ser combatida por meio de **recurso de apelação**. Gabarito "A".

(Ministério Público/RR – 2008 – CESPE) Acerca dos recursos, julgue os seguintes itens.

(1) Considere a seguinte situação hipotética. Paulo, que se encontrava preso preventivamente, foi condenado pela prática de crime contra o consumo. Apresentou apelação, mas teve seu recurso denegado pelo juiz prolator da sentença. Nessa situação, visando dar seguimento à apelação para viabilizar o seu processamento, caberá a Paulo apresentar carta testemunhável.

(2) Considere a seguinte situação hipotética. José foi condenado a pena de 20 anos de reclusão pelo crime de homicídio, sendo que os jurados declararam sua responsabilidade pela morte de Francisca e Inês, e reconheceram a ocorrência de crime continuado. Nessa situação, considerando o regulamento legal do protesto por novo júri, é correto afirmar que não será cabível este recurso.

(3) Tanto o recurso em sentido estrito quanto a carta testemunhável admitem o juízo de retratação.

1: a **carta testemunhável** (art. 639, CPP) será utilizada para provocar o processamento de um recurso que teve o seu trâmite obstado pelo magistrado de forma indevida. Ocorre que, por força do disposto no art. 581, XV, do CPP, o não recebimento da **apelação** comporta interposição de **recurso em sentido estrito**, o que, de plano, afasta a incidência da carta testemunhável; 2: os arts. 607 e 608 do CPP, que disciplinavam o protesto por novo júri, foram revogados pela Lei 11.689/08; 3: arts. 589 e 643 do CPP. Gabarito 1E, 2E, 3C

(Ministério Público/RS - 2002) O recurso em sentido estrito é cabível:

(A) Das decisões definitivas de condenação proferidas por juiz singular.
(B) Das decisões do Tribunal do Júri manifestamente contrárias à prova dos autos.
(C) Das decisões do Tribunal do Júri quando a sentença contrariar lei expressa.
(D) Das decisões que reconhecerem a prescrição ou julgarem, por outro modo, extinta a punibilidade.
(E) Das decisões definitivas de absolvição proferidas por juiz singular.

Art. 581, VIII, do CPP. Gabarito "D".

(Ministério Público/SP – 2006) Assinale a resposta correta.

A observância da proibição da "reformatio in pejus indireta" impede:

(A) O agravamento da pena no segundo julgamento quando anulado o primeiro em apelo da acusação.
(B) O reconhecimento no segundo Júri de qualificadora negada no primeiro, anulado em apelo do réu.
(C) O agravamento da pena no segundo julgamento, anulado o primeiro em apelo do réu.
(D) A exacerbação no segundo julgamento da pena-base imposta no primeiro, ficando inalterada a pena final, se anulada a sentença anterior em apelo do réu.
(E) O reconhecimento da prescrição retroativa pela pena concretizada no segundo julgamento, anulado o primeiro em apelo do réu.

De fato, uma vez anulada condenação proferida em recurso exclusivo da defesa, a nova decisão a ser proferida não pode ser mais prejudicial ao réu do que aquela que foi anulada. Gabarito "C".

(Ministério Público/SP - 2005) Qual o remédio cabível da denegação de seguimento do agravo em execução?

(A) Recurso em sentido estrito.
(B) Habeas Corpus.
(C) Carta testemunhável.
(D) Apelação.
(E) Mandado de segurança.

A carta testemunhável – arts. 639 e ss do CPP – destina-se a suscitar o reexame da decisão que obstar o seguimento do **recurso em sentido estrito** ou do **agravo em execução**. Gabarito "C".

(Ministério Público/SP - 2005) "Fulano" foi condenado por roubo duplamente qualificado a 6 anos de reclusão e ao pagamento de 15 dias-multa. Em flagrante equívoco, fixou-se o regime aberto para o cumprimento da reprimenda corporal. O Promotor de Justiça opôs embargos de declaração, que foram acolhidos pelo Magistrado, alterando-se para o regime fechado.

Indique a alternativa correta.

(A) O Promotor de Justiça e o Magistrado agiram escorreitamente.
(B) O Promotor de Justiça deveria interpor recurso de apelação, pleiteando a modificação do regime.
(C) O remédio correto para a modificação do regime à disposição do Ministério Público seria o agravo em execução.
(D) Correta seria a interposição do recurso em sentido estrito, uma vez que o Promotor de Justiça discordou apenas do regime fixado na sentença.
(E) Por se tratar apenas de questão atinente a regime prisional, qualquer providência seria inoportuna, devendo-se aguardar a fase da execução da sanção.

Os embargos de declaração – art. 382, CPP – não se destinam a provocar o reexame do mérito da decisão, e sim corrigir erro material, consubstanciado na obscuridade, ambiguidade, contradição ou omissão. O promotor de Justiça deve interpor recurso de apelação (art. 593, I, do CPP). Gabarito "B".

(Ministério Público/SP - 2005) Assinale a alternativa incorreta.

(A) Em regra, os recursos serão sempre voluntários.
(B) Os recursos só poderão ser interpostos por petição.
(C) Os efeitos do recurso são: devolutivo, suspensivo, extensivo e regressivo.
(D) O despacho que determina o arquivamento do inquérito policial, a requerimento do Ministério Público, é irrecorrível.
(E) O oferecimento das razões de apelação fora do prazo legal constitui mera irregularidade.

A: art. 574 do CPP; B: art. 578, caput, do CPP; C: **devolutivo**: transfere-se à instância superior a apreciação da matéria objeto da decisão; **suspensivo**: até que ocorra o julgamento final do recurso, a decisão não pode ser executada. Ou seja, fica suspensa, pendente; **extensivo**: diz respeito ao concurso de pessoas (art. 580 do CPP); **regressivo**: confere ao juiz a oportunidade de retratar-se, alterando sua própria decisão; D: de fato, o despacho que determina o arquivamento do inquérito policial não comporta recurso; E: com efeito, a apresentação tardia das razões de apelação não obsta o conhecimento do recurso. Gabarito "B".

(Procurador do Município/Florianópolis-SC – 2010 – FEPESE) Contra a decisão, despacho ou sentença, que não receber a denúncia ou a queixa, cabe:

(A) Apelação.
(B) Agravo de instrumento.
(C) Recurso em sentido estrito.
(D) Recurso inominado.
(E) Revisão.

Art. 581, I, do CPP. Gabarito "C".

(Defensoria/MA – 2009 – FCC) A recente reforma processual penal ocorrida pela publicação de três leis no ano de 2008, em relação ao sistema anterior, aboliu

(A) o recurso em sentido estrito e a carta testemunhável.
(B) o agravo e o protesto por novo júri.
(C) apenas a carta testemunhável.
(D) apenas o protesto por novo júri.
(E) a carta testemunhável e o protesto por novo júri.

Os arts. 607 e 608 do CPP, que disciplinavam o *protesto por novo júri*, foram revogados pela Lei 11.689/08. Gabarito "D".

(Defensoria/MG – 2009 – FURMARC) Contra a sentença de absolvição sumária, no processo que apura os crimes de competência do júri, utiliza(m)-se, em regra:

(A) Recurso inominado.
(B) Apelação.
(C) Recurso em sentido estrito.
(D) Embargos infringentes.
(E) Agravo regimental.

Art. 416 do CPP. Gabarito "B".

(Defensoria/MG – 2006) Tendo em vista as regras legais sobre recursos criminais é INCORRETO afirmar

(A) Que, apesar de o art. 581 do CPP enumerar taxativamente as hipóteses de cabimento do recurso em sentido estrito, entende-se que esta será o recurso cabível da decisão que rejeitar o aditamento da denúncia ou queixa.
(B) Que a revisão criminal pode ser requerida a qualquer tempo, mesmo depois de cumprida a pena ou após a morte do condenado.

(C) Que caberá agravo de instrumento da denegação de recurso especial ou extraordinário.
(D) Que recurso de apelação tem efeito regressivo.
(E) Que os embargos infringentes e de nulidade são recursos exclusivos da defesa.

A: trata-se, de fato, de rol taxativo, que, entretanto, comporta interpretação extensiva. É, pois, perfeitamente possível interpor recurso em sentido estrito contra a decisão que rejeita o aditamento da denúncia ou queixa; B: arts. 622 e 623 do CPP; C: art. 28 da Lei 8.038/90; D: não há que se falar em juízo de retratação na apelação (efeito regressivo); E: art. 609, parágrafo único, CPP. Trata-se de fato de recurso privativo da defesa. Gabarito "D".

(Defensoria/MT – 2009 – FCC) NÃO cabe recurso em sentido estrito da decisão que

(A) conceder, negar ou revogar livramento condicional.
(B) concluir pela incompetência do juízo.
(C) receber a denúncia ou a queixa.
(D) denegar a apelação ou a julgar deserta.
(E) decidir o incidente de falsidade.

A: art. 581, XII, do CPP. Atualmente, esta decisão é combatida por meio de agravo (art. 197 da LEP); B: art. 581, II, do CPP; C: não há, neste caso, recurso específico. Pode, entretanto, o réu valer-se de *habeas corpus* com o propósito de fazer cessar constrangimento ilegal provocado pelo recebimento da inicial; D: art. 581, XV, do CPP; E: art. 581, XVIII, do CPP. Gabarito "C".

(Defensoria/MT – 2009 – FCC) A respeito dos recursos em geral, considere:

I. O Ministério Público poderá desistir de recurso que haja interposto.
II. Salvo a hipótese de má-fé, a parte não será prejudicada pela interposição de um recurso por outro.
III. Não será admitido recurso da parte que não tiver interesse na reforma ou modificação da decisão.

Está correto o que se afirma SOMENTE em

(A) I.
(B) II.
(C) I e II.
(D) I e III.
(E) II e III.

I: art. 576 do CPP; II: art. 579 do CPP; III: art. 577, parágrafo único, do CPP. Gabarito "E".

(Defensoria/MT – 2007) Tsé-Tung e Lang-Lang, acusados da prática de um delito de roubo, foram, ao final, condenados. A sentença fixou a pena-base em 04 (quatro) anos para ambos os réus, e em face da causa especial de aumento consistente no concurso de pessoas resultou a pena privativa de liberdade definitiva de ambos em 05 (cinco) anos e 04 (quatro) meses de reclusão. Somente Tsé-Tung interpõe recurso de apelação, buscando sua absolvição pela negativa de autoria, ao que o Tribunal conheceu e proveu o recurso. Nesse caso, é correto afirmar que a Lang-Lang

(A) somente se estenderiam os efeitos caso tivesse interposto recurso de apelação adesivo.
(B) estendem-se os efeitos da decisão porque a absolvição de Tsé-Tung exclui o concurso de agentes, merecendo ser reduzida a pena.
(C) não se estendem os efeitos da decisão, por ausência de recurso próprio.
(D) estendem-se os efeitos do provimento do apelo pelo princípio da fungibilidade recursal.
(E) não se estendem os efeitos, porque o motivo da absolvição de Tsé-Tung é de caráter exclusivamente pessoal.

Art. 580 do CPP. Gabarito "B".

(Defensoria/RN – 2006) Ainda sobre os recursos escolha a alternativa correta.

(A) Poderá o ofendido mesmo que não habilitado como assistente da acusação recorrer da sentença através de apelação, quando o Ministério Público não o fizer no prazo legal.
(B) Nos casos em que couber apelação, poderá ser usado o recurso em sentido estrito, quando somente de parte da decisão se recorra.
(C) Em matéria processual penal, o recurso extraordinário tem efeito suspensivo.
(D) Decisão que obsta seguimento a recurso admitido para a instância julgadora é passível de carta testemunhável, que se processará na forma daquele e terá efeito suspensivo do despacho recorrido.

A: art. 598 do CPP; B: art. 593, § 4º, do CPP; C: art. 637 do CPP; D: art. 646 do CPP. Gabarito "A".

(Defensoria/RN – 2006) É possível conferir-se efeito extensivo a um recurso quando

(A) for possível ao juiz alterar ou revogar a sentença anteriormente proferida.
(B) no concurso de agentes, somente um dos co-réus recorrer, obtendo este o reconhecimento da renúncia ao direito de representação, sendo as situações de ambos idênticas no processo.
(C) o recurso se fundamentar em motivo de caráter exclusivamente pessoal.
(D) for possível ao juiz estender a decisão proferida no juízo para outros processos da mesma natureza que tramitem na vara.

Art. 580 do CPP. Gabarito "B".

(Defensoria/SE – 2006 – CESPE) Julgue o item seguinte.

(1) No processo penal, admite-se a fungibilidade recursal, desde que o recurso errôneo seja interposto no prazo daquele cabível e não se considere que tenha ocorrido erro grosseiro ou má-fé do recorrente.

Art. 579 do CPP. Gabarito C.

(Defensoria/SE – 2006 – CESPE) Julgue o item seguinte.

(1) No julgamento de uma apelação, pode o tribunal proceder a novo interrogatório do acusado, reinquirir testemunhas ou determinar a realização de diligências que se façam necessárias.

Art. 616 do CPP. Gabarito C.

(Defensoria/SP – 2007 – FCC) E.B.C. foi denunciado pela prática de roubo (artigo 157 do Código Penal) em concurso com atentado violento ao pudor (artigo 214 do Código Penal). Após a instrução processual, o juiz de direito condenou o réu pelo crime contra a liberdade sexual, não se manifestando acerca do delito contra o patrimônio. Por ocasião do julgamento da apelação interposta exclusivamente pela defesa, o órgão jurisdicional ad quem constatou a omissão do magistrado de primeira instância, bem como a existência de prova desfavorável ao réu em relação a ambos os delitos. Além de negar provimento à apelação da defesa, o tribunal recursal deverá:

(A) declarar, de ofício, a omissão do juízo a quo, determinando o retorno dos autos à instância inferior.
(B) silenciar quanto ao delito conexo, em razão do princípio que veda a reformatio in pejus.
(C) declarar, de ofício, a omissão do juízo a quo, condenando o réu também pelo delito conexo.
(D) anular o processo, desde a sentença condenatória.
(E) declarar a omissão do juízo a quo, desde que provocado pelo procurador de justiça oficiante, determinando o retorno dos autos à instância inferior.

Art. 617 do CPP. Gabarito "B".

(Cartório/SP – VI – VUNESP) A carta testemunhável é

(A) um recurso previsto no CPP.
(B) uma precatória para a inquirição de testemunhas.
(C) um procedimento judicial, solicitando a inquirição de testemunhas por via postal.
(D) um documento expedido por via postal, trazendo o relato de testemunhas.

Arts. 639 a 646 do CPP. A carta testemunhável tem natureza jurídica de recurso, segundo doutrina majoritária. Gabarito "A".

(Cartório/SP – 2008) Assinale a alternativa correta quanto ao recurso que caberá contra a decisão que rejeita queixa oferecida perante o Juizado Especial Criminal por crime de pequeno potencial ofensivo, bem como seu prazo para interposição e oferecimento das razões recursais.

(A) Recurso em sentido estrito, a ser interposto em 5 dias, com 8 dias para posterior oferecimento das razões recursais.
(B) Apelação, a ser interposta em 10 dias, já acompanhada das razões recursais.
(C) Apelação, a ser interposta em 5 dias, com 8 dias para posterior oferecimento das razões recursais.
(D) Recurso em sentido estrito, a ser interposto em 5 dias, já acompanhado das razões recursais.

Art. 82 da Lei 9.099/95. Gabarito "B".

(Delegado/SP – 2008) Da sentença que denegar a apelação ou a julgar deserta, caberá

(A) agravo.
(B) recurso em sentido estrito.
(C) carta testemunhável.
(D) representação.
(E) mandado de segurança.

Art. 581, XV, do CPP. Gabarito "B".

(CESPE – 2008) Acerca das disposições gerais sobre os recursos criminais, assinale a opção correta.

(A) O MP poderá desistir de recurso que haja interposto, desde que se verifique que o fato evidentemente não constitui crime.
(B) Ainda que haja má-fé, em face do princípio da fungibilidade recursal, que possui natureza absoluta no direito processual penal, a parte não será prejudicada pela interposição de um recurso por outro.
(C) No caso de concurso de agentes, a decisão do recurso interposto por um dos réus, se fundado em motivos que não sejam de caráter exclusivamente pessoal, aproveitará aos outros.
(D) O recurso não poderá ser interposto pelo réu, pois tal ato é exclusivo de advogado.

A: à luz do princípio da indisponibilidade, é defeso ao Ministério Público desistir da ação penal proposta (CPP, art. 42) e do recurso interposto (CPP, art. 576); B: art. 579 do CPP; C: art. 580 do CPP; D: art. 577 do CPP. Gabarito "C".

(CESPE – 2008) Assinale a opção que representa, segundo o CPP, recurso cujas razões podem ser apresentadas, posteriormente à interposição do recurso, na instância superior.

(A) Embargos de nulidade
(B) Embargos de declaração
(C) Apelação
(D) Carta testemunhável

Art. 600, § 4º, do CPP. Gabarito "C".

(CESPE – 2008) Assinale a opção correta acerca dos recursos, segundo o CPP.

(A) O juiz deverá recorrer, de ofício, da sentença concessiva de habeas corpus.
(B) O MP poderá desistir de recurso que haja interposto.
(C) Admite-se recurso da parte que não tiver interesse na reforma ou modificação da decisão.
(D) A parte será prejudicada pela interposição de um recurso por outro, ainda que tenha atuado de boa-fé.

A: art. 574, I, do CPP; B: art. 576 do CPP; C: art. 577, parágrafo único, do CPP; D: art. 579, CPP. Gabarito "A".

(CESPE – 2008) Acerca do julgamento de recursos, assinale a opção correta.

(A) No julgamento das apelações, poderá o tribunal, câmara ou turma proceder a novo interrogatório do acusado, reinquirir testemunhas ou determinar outras diligências.
(B) A apelação suspende a execução da medida de segurança aplicada provisoriamente.
(C) Não haverá revisão dos processos findos, quando a sentença condenatória for contrária ao texto expresso da Lei Penal ou à evidência dos autos.
(D) Os recursos extraordinário e especial têm efeito suspensivo.

A: art. 616, CPP; B: art. 596, parágrafo único, do CPP; C: art. 621, I, do CPP; D: art. 637 do CPP (recurso extraordinário); e art. 27, § 2º, da Lei n. 8.038/1990 (recursos extraordinário e especial). Gabarito "A".

(CESPE – 2008) Assinale a opção correta acerca do recurso de apelação.

(A) O regular processamento de recurso de apelação do condenado depende do seu recolhimento à prisão.
(B) O Código de Processo Penal (CPP) não permite que o apelante recorra de apenas uma parte da sentença, como, por exemplo, do regime de cumprimento da pena, visto que a apelação deve ser interposta em relação a todo o julgado.
(C) O acesso à instância recursal superior consubstancia direito que se encontra incorporado ao sistema pátrio de direitos e garantias fundamentais.
(D) A apelação da sentença absolutória impedirá que o réu seja posto imediatamente em liberdade.

A: art. 5º, LXVI, da CF. A prisão processual automática é incompatível com a atual ordem constitucional; B: art. 599 do CPP; C: art. 5º, LV e § 2º, da CF; arts. 92 e seguintes, também da CF ("Do Poder Judiciário"). A garantia do *duplo grau de jurisdição* está implicitamente prevista na Constituição Federal; D: art. 596 do CPP. Gabarito "C".

(CESPE – 2007) Em processo penal, os embargos infringentes

(A) Não são cabíveis, não se admitindo a aplicação subsidiária da lei processual comum.
(B) Têm cabimento se a decisão desfavorável ao réu de segunda instância não for unânime.
(C) Não são cabíveis se a divergência constante do acórdão for parcial.
(D) Têm efeito devolutivo pleno, portanto sua interposição redunda em renúncia a interposição de recursos extraordinários, em caso de rejeição.

Art. 609, parágrafo único, do CPP. Gabarito "B".

(CESPE – 2006) O recurso cabível da decisão que revoga o livramento condicional é o(a)

(A) Arta testemunhável.
(B) Recurso em sentido estrito.
(C) Apelação.
(D) Agravo.

Art. 197, Lei 7.210/1984 (Lei de Execuções Penais). Gabarito "D".

(Magistratura Federal-4ª Região – 2010) Dadas as assertivas abaixo, assinale a alternativa correta.

I. Cabe recurso em sentido estrito da decisão que receber ou não a denúncia ou queixa.
II. Cabe recurso em sentido estrito da decisão que concluir pela competência ou pela incompetência do juízo.
III. Cabe recurso em sentido estrito da decisão que conceder ou negar a ordem de *habeas corpus*.
IV. Cabe recurso em sentido estrito da decisão que ordenar ou não a suspensão do processo, em virtude de questão prejudicial.
V. Cabe recurso em sentido estrito da decisão que decretar a prescrição ou julgar, por outro modo, extinta a punibilidade.

(A) Está correta apenas a assertiva V.
(B) Estão corretas apenas as assertivas III e V.
(C) Estão corretas apenas as assertivas I, II e IV.
(D) Estão corretas todas as assertivas.
(E) Nenhuma assertiva está correta.

I: somente caberá recurso em sentido estrito da decisão que não receber (rejeitar) a denúncia ou queixa. A decisão que receber a denúncia ou a queixa não comporta o recurso em sentido estrito. Poderá o réu, todavia, neste caso, lançar mão do *habeas corpus*; II: somente será o caso de interpor o recurso em sentido estrito se se tratar de decisão que concluir pela incompetência do juízo – art. 581, II, CPP; III: correta, nos termos do art. 581, X, do CPP; IV: caberá da decisão que ordenar a suspensão do processo, em virtude de questão prejudicial – art. 581, XVI, CPP; V: correta, nos moldes do art. 581, VIII, do CPP. Gabarito "B".

19. *HABEAS CORPUS*, MANDADO DE SEGURANÇA E REVISÃO CRIMINAL

(Magistratura/MG – 2008) Julgada procedente a revisão criminal, o Tribunal poderá:

(A) alterar a classificação da infração, absolver o réu, modificar a pena ou anular o processo.
(B) absolver o réu, cuja inimputabilidade penal resultar reconhecida na revisão, dispensando-o da aplicação da medida de segurança respectiva.
(C) deixar de conhecer do pedido, se o réu tiver falecido.
(D) agravar a pena imposta se surgiu na revisão prova de conduta mais grave do condenado, não apreciada pela decisão revista.

Art. 626, *caput*, do CPP. Gabarito "A".

(Magistratura/MG - 2006) Sobre o *habeas corpus* é INCORRETO afirmar que:

(A) não é cabível contra decisão condenatória a pena de multa, ou relativo a processo em curso por infração penal a que a pena pecuniária seja a única cominada;
(B) é a via adequada para questionar medidas constrangedoras, ainda que não vinculadas à liberdade de locomoção, como a autorização da quebra de sigilo bancário no bojo do inquérito policial;
(C) não é a via adequada para discutir a concessão da suspensão condicional da pena;
(D) não é a via adequada para discussão de condenação baseada em prova ilícita, inclusive de escuta telefônica, quando a matéria desafia a visão ampla do conjunto de prova.

Não se tratando da liberdade de locomoção, e sim da preservação de dados relativos à vida privada do investigado (sigilo bancário), o meio mais adequado para sanar esta violação é o mandado de segurança. A questão não é pacífica na jurisprudência. Gabarito "B".

(Magistratura/MS – 2008 – FGV) A ordem de *habeas corpus* deve ser concedida:

(A) exclusivamente em caso de estar alguém sofrendo violência ou coação em sua liberdade de locomoção por ilegalidade ou abuso de poder.
(B) exclusivamente em caso de estar alguém ameaçado de sofrer violência ou coação em sua liberdade de locomoção por ilegalidade ou abuso de poder.
(C) em caso de estar alguém sofrendo ou se achar na eminência de sofrer violência ou coação em sua liberdade de locomoção por ilegalidade ou abuso de poder.
(D) exclusivamente em caso de estar alguém ameaçado de sofrer violência ou coação em sua liberdade de locomoção por ilegalidade, excluindo-se, entretanto, o abuso de poder.
(E) em qualquer caso que alguém sofrer ou se achar na eminência de sofrer ameaça em liberdade individual e não couber a impetração de mandado de segurança ou hábeas-data.

Art. 5º, LXVIII, da CF e art. 647 do CPP. Gabarito "C".

(Magistratura/RO – 2011 – PUCPR) Em relação ao *habeas corpus*, assinale a opção **CORRETA**:

(A) Será concedido sempre que alguém sofrer ou se achar ameaçado de sofrer violência ou coação em sua liberdade de locomoção, por ilegalidade ou abuso de poder.
(B) Não será concedido em favor de quem já se encontra preso.
(C) Não será concedido em favor de quem já foi condenado por sentença transitada em julgado.
(D) Não será concedido a pessoa estrangeira de passagem pelo Brasil.
(E) Será concedido desde que respeitado seu prazo para a propositura.

A: assertiva correta, visto que em consonância com a redação do art. 647 do CPP; B: incorreta, visto que o chamado *habeas corpus* repressivo se presta justamente a restituir ao paciente a liberdade que lhe foi, de forma ilegal, tolhida; C: o *habeas corpus* terá lugar antes da sentença ou ainda depois dela; D: incorreta, já que poderá, sim, ser concedido a estrangeiro de passagem pelo Brasil que se encontre nas situações descritas no art. 647 do CPP; E: inexiste, no *habeas corpus*, prazo para propositura. Gabarito "A".

(Magistratura/SP – 2011 – VUNESP) Em qual das hipóteses mencionadas seria possível, em tese, a concessão de *habeas corpus*, inclusive, se o caso, consoante jurisprudência sumulada dos Tribunais Superiores (STJ e STF)?

(A) No caso de decisão condenatória a pena de multa.
(B) No caso de processo em curso por infração penal a que a pena pecuniária seja a única cominada.
(C) Para alegar nulidade de processo no qual foi extinta a pena privativa de liberdade.
(D) Quando o réu não foi admitido a prestar fiança, nos casos em que a lei a autoriza.
(E) No caso de punição disciplinar.

A e B: não cabe, nesses dois casos casos, *habeas corpus*, em vista do que estabelece a Súmula nº 693 do STF; C: em vista do que dispõe a Súmula nº 695 do STF, não cabe, aqui, *habeas corpus*; D: é caso de *habeas corpus* – art. 648, V, do CPP; E: não cabe, haja vista o estatuído no art. 647, parte final, do CPP. Gabarito "D".

(Magistratura/SP – 2008) A decisão judicial que não conhece o *habeas corpus* quando o writ constitui mera reedição de pedido anterior, já julgado e denegado, tem fundamento

(A) na coisa julgada material.
(B) na impossibilidade jurídica do novo pedido.
(C) na falta de interesse de agir.
(D) na ausência de condição de procedibilidade.

Só será possível a reiteração de pedido de *habeas corpus* na hipótese de surgirem fatos novos, não conhecidos quando do pedido anterior. Gabarito "A e C".

(Magistratura/TO – 2007 – CESPE) Assinale a opção correta quanto ao entendimento do STF acerca de habeas corpus.

(A) O habeas corpus não é o meio adequado para impugnar o afastamento de acusado do cargo de desembargador, ocorrido há mais de quatro anos, sem que a instrução criminal seja devidamente concluída.
(B) É cabível habeas corpus em favor de beneficiado pela suspensão condicional do processo, visando-se ao trancamento da ação penal.
(C) O habeas corpus não é via idônea, em nenhuma hipótese, para a restituição de bens apreendidos em cumprimento de decisão judicial.
(D) Cabe habeas corpus para tutelar direito de ir e vir do paciente, ainda quando já extinta a pena privativa de liberdade.

É perfeitamente possível que o beneficiado pelo *sursis* processual impetre *habeas corpus* com o fito de suscitar questões relevantes. A esse respeito: STF, HC 89.179-RS, 1ª T., Rel. Min. Carlos Britto, 21.11.06. Gabarito "B".

(Magistratura/PR – 2008) Sobre a revisão criminal, assinale a alternativa correta:

(A) Quando o Supremo Tribunal Federal dá provimento, em desfavor do réu, a recurso extraordinário interposto pelo Ministério Público, a competência para processar a revisão criminal que questionar o julgamento da matéria constitucional ainda será do Tribunal de Justiça ou Tribunal Regional Federal.
(B) No pedido de revisão criminal, o requerente não poderá formular pedido de indenização pelos prejuízos sofridos.
(C) Em nenhuma hipótese será admitida a reiteração de pedido de revisão criminal.
(D) Da decisão do relator que indefere liminarmente o pedido de revisão criminal por tê-lo como insuficientemente instruído, cabe recurso inominado ao órgão competente para julgar a revisão.

Art. 625, § 3º, do CPP. Gabarito "D".

(Magistratura/SP – 2009 – VUNESP) Em tema de revisão criminal, é correto afirmar que

(A) se vier a ocorrer o falecimento da pessoa cuja condenação tiver de ser revista, deverá ser julgada extinta a punibilidade, com subsequente arquivamento dos autos.
(B) o pedido pode ser ajuizado pelo Ministério Público em favor do condenado.

(C) para requerer revisão criminal, o condenado é obrigado a recolher-se à prisão, caso ainda não tenha cumprido a pena.
(D) o pedido pode ser ajuizado pelo cônjuge supérstite no caso de falecimento do condenado.

A: reza o art. 631 do CPP que, falecendo, no curso da revisão, a pessoa cuja condenação tiver de ser revista, o presidente do tribunal nomeará curador para a defesa; B: não há previsão legal nesse sentido; C: nos termos da Súmula nº 393 do STF, o condenado não pode ser obrigado a recolher-se à prisão para requerer a revisão criminal; D: no caso de falecimento do réu, têm legitimidade para a propositura da revisão o cônjuge supérstite, bem assim as pessoas listadas no art. 623 do CPP. Gabarito "D".

(Magistratura/SP – 2007) No julgamento de uma revisão criminal, o Tribunal decide anular uma decisão do Júri.

Tal pronunciamento encerra

(A) um juízo rescidente, mas não rescisório.
(B) juízo rescisório puro e simples.
(C) juízo rescisório meramente declaratório.
(D) um juízo rescidente cumulado com um rescisório.

Juízo rescidente é aquele que acarreta a desconstituição da decisão condenatória; *juízo rescisório*, por sua vez, é o que substitui a decisão anterior por outra. Gabarito "A".

(Ministério Público/PR – 2008) Sobre habeas corpus, analise as assertivas abaixo e responda.

I. O habeas corpus destina-se apenas a proteger a liberdade de locomoção, o direito de ir e vir, não se presta à tutela de outros direitos.
II. Não cabe habeas corpus para trancamento de inquérito policial, pois não se trata de direito de locomoção.
III. O habeas corpus requer prova pré-constituída, pois não admite dilação probatória. Assim, fundamentada na inocência do paciente a ordem de habeas corpus somente pode ser concedida quando a alegada inocência estiver comprovada de plano e cabalmente.
IV. O habeas corpus pode ser impetrado por qualquer pessoa, ainda que sem capacidade postulatória, ou pelo próprio Ministério Público.

(A) Todas estão corretas.
(B) Apenas 1a, 2a e 4a estão corretas.
(C) Apenas 1a, 3a e 4a estão corretas.
(D) Apenas 2a, 3a e 4a estão corretas.
(E) Apenas 1a e 2a estão corretas.

I: art. 5º, LXVIII, da CF e art. 647 do CPP; II: é perfeitamente plausível o trancamento de inquérito policial por meio de *habeas corpus*, desde que fique demonstrada a falta de justa causa para a persecução. Frise-se que a ordem, no entanto, somente será concedida em situações excepcionais; III: o *habeas corpus* constitui medida urgente, incompatível, pois, com um exame mais detalhado das provas que integram os autos; IV: art. 654 do CPP. Gabarito "C".

(MINISTÉRIO PÚBLICO/RO – 2010 – CESPE) Acerca dos recursos e das ações penais autônomas, assinale a opção correta.

(A) A soberania dos veredictos no tribunal do júri não é absoluta, pois se admite revisão criminal, ação na qual o réu que foi condenado pelo conselho de sentença poderá ser absolvido.
(B) De acordo com o CPP, têm legitimidade para promover a revisão criminal o próprio réu, seu procurador legal, membro do MP e, em caso de morte do réu, o cônjuge, ascendente, descendente ou irmão do condenado.
(C) A revisão criminal pode ser proposta a qualquer tempo, desde que não esteja extinta a punibilidade, hipótese em que não será possível a revisão por falta de interesse de agir.
(D) É pressuposto da revisão criminal o trânsito em julgado de uma sentença penal condenatória, sendo inadmissível nos casos de sentença penal absolutória, ainda que se aplique medida de segurança.
(E) De acordo com a Lei de Execuções Penais, das decisões proferidas pelo juiz das execuções caberá recurso de agravo no prazo de dez dias, com efeito suspensivo.

A: atualmente, prevalece na doutrina e na jurisprudência o entendimento segundo o qual a soberania dos veredictos, no Tribunal do Júri, não é absoluta, podendo a decisão do conselho de sentença ser modificada por meio da revisão criminal; B: os legitimados estão contemplados no art. 623 do CPP. A revisão constitui instrumento exclusivo da defesa, cujo objetivo é rescindir uma sentença condenatória com trânsito em julgado. O Ministério Público carece de legitimidade para ajuizá-la, ainda que em favor do acusado; C: a teor do art. 622, *caput*, do CPP, a ação revisional pode ser requerida a qualquer tempo, antes ou depois de extinta a pena, ainda que falecido o sentenciado; D: é admissível, sim, quando se tratar de sentença absolutória imprópria, que é aquela que impõe ao inimputável medida de segurança; E: o agravo em execução, previsto no art. 197 da LEP, não comporta, em regra, efeito suspensivo. Este recurso obedece ao rito estabelecido para o recurso em sentido estrito (arts. 582 a 592 do CPP), que tem como prazo para interposição *cinco* dias. Gabarito "A".

(Ministério Público/RO – 2008 – CESPE) Com relação ao mandado de segurança em matéria penal, assinale a opção correta à luz do entendimento do STJ.

(A) O MP não possui legitimidade para propor ação mandamental com o fim de conferir efeito suspensivo a recurso de agravo em execução.
(B) Cabe mandado de segurança contra decisão que concede, nega ou revoga suspensão condicional do processo.
(C) A competência para a apreciação do mandado de segurança em matéria penal é fixada em razão da competência jurisdicional, e não da autoridade da qual emanou o ato combatido.
(D) A comprovação do direito líquido e certo não é condição intransponível à concessão do mandado de segurança em matéria penal.
(E) É cabível mandado de segurança interposto por pessoa interessada, com a finalidade de impugnar o ato judicial que, acolhendo promoção do MP, determinou o arquivamento de inquérito policial.

STJ, RMS 25.736-SP, 5ª T., Rel. Laurita Vaz, j. 18.3.2008. As Leis 1.533/51 e 4.348/64 foram expressamente revogadas pela Lei 12.016/09, que estabeleceu nova disciplina para o mandado de segurança (individual e coletivo). Gabarito "A".

(Ministério Público/SP - 2005) Assinale a alternativa incorreta.

(A) O Habeas Corpus não poderá ser interposto quando houver ameaça de violência ou coação à liberdade de locomoção, por abuso de poder ou ilegalidade.
(B) O Promotor de Justiça poderá impetrar ordem de Habeas Corpus.
(C) O Magistrado jamais poderá impetrar ordem de Habeas Corpus em favor de terceiro, mas poderá conceder de ofício a ordem no processo que preside.
(D) Não caberá intervenção do Assistente do Ministério Público no processo de Habeas Corpus.
(E) Não se pode conhecer de impetração de Habeas Corpus apócrifa.

A: os arts 5º, LXVIII, da CF e 647 do CPP contemplam duas espécies de *habeas corpus*: *repressivo*, destinado a afastar o constrangimento já efetivado; e o *preventivo*, que visa a afastar uma ameaça de violência ou coação à liberdade de locomoção; B: art. 654, *caput*, do CPP; C: o magistrado jamais poderá impetrar ordem de *habeas corpus* no curso da instrução que preside; poderá, entretanto, com supedâneo no art. 654, § 2º, do CPP, conceder de ofício ordem de *habeas corpus*; D: falta ao assistente de acusação interesse em participar do *habeas corpus*; E: art. 654 do CPP. A impetração apócrifa deve ser indeferida de plano. Gabarito "A".

(Procurador do Estado/CE – 2008 – CESPE) Felipe foi denunciado pelo Ministério Público pela prática de crime de furto. Presentes as condições objetivas e subjetivas para tanto, o promotor de justiça ofereceu proposta de suspensão condicional do processo, nos termos do art. 89 da Lei n.º 9.099/1995. Felipe aceitou as condições, tendo sido o acordo homologado pelo juiz e suspenso o processo pelo prazo de dois anos, estabelecido para o cumprimento das condições avençadas. Com base nessa situação hipotética, assinale a opção correta.

(A) Felipe poderá impetrar habeas corpus para trancamento da ação penal por ausência de justa causa, apesar de ter aceitado a proposta de suspensão condicional do processo.
(B) No momento em que o acusado aceita livremente a proposta ministerial consubstanciada na suspensão condicional do processo, conseqüentemente, ele renuncia ao interesse de agir, sendo impossível buscar o trancamento da ação penal via habeas corpus, com fundamento na falta de justa causa para sua existência.

(C) Felipe somente poderá impetrar habeas corpus para trancamento da ação penal com base na extinção da punibilidade prévia à aceitação da proposta ofertada pelo Ministério Público.
(D) O habeas corpus não se presta a trancar ação penal por ausência de justa causa.
(E) Felipe somente poderá impetrar habeas corpus para trancamento da ação penal com base na atipicidade da conduta que lhe foi imputada.

É possível impetrar-se *habeas corpus* no curso de processo suspenso nos termos do art. 89 da Lei 9.099/95 (*sursis* processual). Gabarito "A".

(Procurador do Estado/RR – 2006 – FCC) Em caso de indeferimento de pedido do Estado de Roraima para ingressar em processo criminal como assistente, sob o argumento de que não se admite assistência por parte de pessoa jurídica de direito público,

(A) cabe recurso em sentido estrito e, por isso, não é possível o uso de mandado de segurança.
(B) cabe apelação, sem prejuízo do uso do mandado de segurança.
(C) cabe recurso em sentido estrito, sem prejuízo do uso do mandado de segurança.
(D) cabe apelação e, por isso, não é possível o uso do mandado de segurança.
(E) não cabe recurso, mas é possível o uso de mandado de segurança.

Art. 5º, LXIX, da CF. Tem sido corrente o emprego do mandado de segurança em matéria criminal, podendo inclusive ser utilizado para assegurar o ingresso do assistente de acusação no processo. As Leis 1.533/51 e 4.348/64 foram expressamente revogadas pela Lei 12.016/09, que estabeleceu nova disciplina para o mandado de segurança (individual e coletivo). Gabarito "E".

(Procurador do Município/Florianópolis-SC – 2010 – FEPESE) Assinale a alternativa **correta**.

(A) A ação de "habeas corpus" está contemplada e regulamentada apenas na Constituição Federal.
(B) A qualquer momento poderá o interessado impetrar "habeas corpus", inclusive quando já extinta a pena privativa de liberdade.
(C) Não cabe "habeas corpus" contra decisão condenatória a pena de multa, ou relativo a processo em curso por infração penal a que a pena pecuniária seja a única cominada.
(D) Caberá "habeas corpus" sempre que alguém sofrer ou se achar na iminência de sofrer violência, coação ilegal na sua liberdade de ir e vir ou nos casos de punição disciplinar.
(E) O prazo para impetração do "habeas corpus" é de quinze dias após o ato violador da liberdade de ir e vir.

A: é verdade que a ação de *habeas corpus* está contemplada na CF/88 – art. 5º, LXVIII, mas a sua disciplina está prevista no CPP, nos arts. 647 e seguintes; B: em vista do que dispõe a Súmula nº 695 do STF, não cabe, neste caso, ação de *habeas corpus*; C: assertiva correta, visto que, neste caso, não cabe ação de *habeas corpus*, em vista do que estabelece a Súmula nº 693 do STF; D: o art. 647 do CPP excepciona a hipótese de punição disciplinar; E: inexiste prazo para a impetração de *habeas corpus*. Gabarito "C".

(Defensor Público/AM – 2010 – I. Cidades) Julgue as alternativas sobre revisão criminal e assinale a correta.

(A) Poderá ser requerida em qualquer tempo, desde que antes da extinção da pena.
(B) A absolvição em sede de revisão criminal implicará o restabelecimento de todos os direitos do réu perdidos em virtude da condenação, podendo, inclusive, ser-lhe reconhecido o direito a uma justa indenização a ser paga ou pela União ou pelos Estados pelos prejuízos sofridos, ainda que a acusação houver sido meramente privada.
(C) Cabe revisão criminal das sentenças absolutórias impróprias, mas não cabe da sentença de pronúncia do réu.
(D) A revisão criminal é meio adequado para pleitear a aplicação de lei posterior à decisão de condenação do réu transitada em julgado que deixou de considerar o fato como crime (abolitio criminis).
(E) É vedada, em qualquer hipótese, a reiteração do pedido de revisão criminal. Essa vedação legal prestigia o Princípio da Segurança Jurídica em detrimento do Princípio da Presunção da Inocência.

A: incorreta, pois, a teor do art. 622, *caput*, do CPP, a ação revisional pode ser requerida a qualquer tempo, antes ou depois de extinta a pena, ainda que falecido o sentenciado; B: incorreta na parte que afirma que a indenização será devida ainda que a acusação tenha sido meramente privada - art. 630, § 2º, *b*, do CPP; C: é verdade que a existência de uma sentença condenatória com trânsito em julgado constitui pressuposto ao ajuizamento da ação revisional. No entanto, deve-se inserir nesse universo a sentença absolutória imprópria, visto que esta impinge ao inimputável uma medida de segurança, espécie do gênero *sanção*. Fica evidente, pois, seu interesse em, diante de um erro judiciário, promover a revisão criminal. Antes denominada **sentença**, a pronúncia deve ser entendida como a decisão interlocutória mista que julga admissível a acusação, encaminhando o caso para julgamento perante o Tribunal Popular. Não é o caso, portanto, de ajuizar-se a revisão criminal, que tem como pressuposto essencial uma sentença condenatória com trânsito em julgado (ou uma sentença absolutória imprópria) - art. 621, *caput*, do CPP; D: não é admitida, tendo em conta que este pedido deve ser formulado ao juízo da execução; E: a reiteração do pedido de revisão criminal, em regra vedado, comporta uma exceção: quando fundado em novas provas. Gabarito "C".

(Defensoria/MT – 2009 – FCC) A revisão criminal

(A) não pode ser requerida pelo condenado sem recolher-se à prisão.
(B) será admitida quando, após a sentença, se descobrirem novas provas de circunstância que determine ou autorize diminuição especial da pena.
(C) pode ser requerida pelo Ministério Público face à prova posterior à sentença absolutória.
(D) poderá ser requerida até a extinção da pena.
(E) poderá ensejar ao Tribunal o agravamento da pena imposta pela decisão revista.

A: Súmula nº 393 do STF; B: art. 621, III, do CPP. A revisão pressupõe sentença condenatória com trânsito em julgado; C: a revisão constitui instrumento exclusivo da defesa, cujo objetivo é rescindir uma sentença condenatória com trânsito em julgado. O Ministério Público carece de legitimidade para ajuizá-la, ainda que em favor do acusado; D: transitada em julgado a sentença penal condenatória, a revisão pode ser requerida a qualquer tempo, antes ou depois de extinta a pena (art. 622, *caput*, do CPP); E: art. 626, parágrafo único, do CPP. Gabarito "B".

(Defensoria/MT – 2007) Julgando procedente a revisão criminal, nos termos do Código de Processo Penal, poderá o Tribunal de Justiça

(A) determinar que nova denúncia seja oferecida.
(B) alterar a classificação da infração.
(C) determinar que nova sentença seja prolatada.
(D) agravar a pena imposta.
(E) determinar o arquivamento do processo.

Art. 626, *caput*, do CPP. Gabarito "B".

(Defensoria/RN – 2006) De acordo com entendimento do Supremo Tribunal Federal cabe habeas corpus contra

(A) decisão em processo em que se apura infração penal a que a pena pecuniária seja a única cominada.
(B) decisão que impõe pena de perda de função pública.
(C) decisão em processo de extradição, em que o relator se omite quando a direito estrangeiro.
(D) decisão que impede de prestar fiança, nos casos em que a lei permite.

Art. 648, V, do CPP. Gabarito "D".

(Cartório/DF – 2008 – CESPE) Julgue o item seguinte.

(1) De acordo com a jurisprudência do STJ, a alegação de atipicidade da conduta por ausência de dolo é compatível com a via estreita do habeas corpus.

A alegação de atipicidade da conduta por ausência de dolo é incompatível com a via estreita do *habeas corpus*. A esse respeito: STJ, HC 66.656-SP, 5ª T., Rel. Min. Arnaldo Esteves Lima, j. 14.4.2009. Gabarito "E".

(Delegado/PA – 2009 – MOVENS) Em relação ao *habeas corpus*, assinale a opção correta.

(A) Será concedido sempre que alguém sofrer ou se achar ameaçado de sofrer violência ou coação em sua liberdade de locomoção, por ilegalidade ou abuso de poder.
(B) Não será concedido em favor de quem já se encontra preso.

(C) Não será concedido em favor de quem já foi condenado por sentença transitada em julgado.
(D) Não será concedido a pessoa estrangeira em passagem pelo Brasil.

A: arts. 5º, LXVIII, da CF e art. 647 do CPP; B: os arts 5º, LXVIII, da CF e 647 do CPP contemplam duas espécies de habeas corpus: **repressivo**, destinado a afastar o constrangimento já efetivado, isto é, devolver a liberdade a alguém que já teve esse direito suprimido; e o **preventivo**, que visa a afastar uma ameaça de violência ou coação à liberdade de locomoção; C: a lei não faz essa exigência; D: o habeas corpus pode, sim, ser concedido a paciente estrangeiro em passagem pelo Brasil. Gabarito "A".

(Delegado/RJ – 2009 – CEPERJ) Salazar é indiciado em inquérito policial instaurado na Delegacia Fazendária da Polícia Civil Fluminense para apuração de crimes que já são objeto de processo penal instaurado perante a Justiça Federal, no qual Salazar figura como um dos réus, havendo, inclusive, sentença condenatória aguardando o trânsito em julgado. Em tais condições, tecnicamente é cabível:

(A) Mandado de Segurança perante a Justiça Estadual, pugnando pelo reconhecimento da litispendência;
(B) Habeas Corpus perante a Justiça Estadual, pugnando pelo reconhecimento da listispendência;
(C) Mandado de Segurança perante a Justiça Federal, pugnando pelo reconhecimento da litispendência;
(D) Habeas Corpus perante a Justiça Estadual, pugnando pelo reconhecimento da ausência de justa causa;
(E) Habeas Corpus perante a Justiça Federal, pugnando pelo reconhecimento da litispendência.

Art. 648, I, do CPP. Gabarito "D".

(Procuradoria Federal – 2007 – CESPE) Julgue o item seguinte.

(1) Julgando procedente a revisão criminal, o tribunal poderá alterar a classificação da infração, absolver o réu, modificar a pena ou anular o processo, mas não poderá, em nenhuma hipótese, agravar a pena imposta pela decisão revista.

Art. 626 do CPP. Gabarito 1C.

(Defensoria Pública da União – 2010 – CESPE) A respeito da revisão criminal, julgue o próximo item.

(1) A revisão criminal, que é um dos aspectos diferenciadores do mero direito à defesa e do direito à ampla defesa, este caracterizador do direito processual penal, tem por finalidade o reexame do processo já alcançado pela coisa julgada, de forma a possibilitar ao condenado a absolvição, a melhora de sua situação jurídica ou a anulação do processo.

Arts. 621 e 626 do CPP. Gabarito 1C.

(CESPE – 2008) Acerca da revisão criminal, assinale a opção correta.

(A) A revisão poderá ser requerida em qualquer tempo, antes ou após a extinção da pena.
(B) Ainda que fundada em novas provas, não é admitida a reiteração do pedido de revisão criminal.
(C) A revisão não pode ser pedida pelo próprio réu, pois é recurso de interposição privativo de advogado.
(D) Julgando procedente a revisão, o tribunal poderá alterar a classificação da infração ou absolver o réu, mas não poderá modificar a pena.

A: art. 622, *caput*, do CPP; B: art. 622, parágrafo único, do CPP; C: art. 623 do CPP; D: art. 626, *caput*, do CPP. Gabarito "A".

(CESPE – 2008) Durante uma blitz, um policial simulou a descoberta de arma de fogo e substância alucinógena no porta-malas do carro de Rui, que foi preso em flagrante. O flagrante foi comunicado ao juiz no prazo legal. O advogado de Rui apresentou requerimento adequado ao juiz de plantão, que indeferiu o pedido, sob o fundamento de que as prisões provisórias não ofendem os preceitos constitucionais. Nessa situação hipotética, a providência cabível para que Rui seja liberado será

(A) O habeas corpus perante o tribunal de justiça.
(B) O livramento condicional perante o juiz titular.
(C) A reclamação à corregedoria de polícia.
(D) O habeas corpus perante o STF.

Art. 5º, LXVIII, da CF; arts. 647 e 648, I, do CPP. O remédio constitucional deverá ser impetrado no Tribunal de Justiça porque a autoridade coatora, neste caso, é juiz de direito. Gabarito "A".

(CESPE – 2007) Assinale a opção correta acerca do habeas corpus.

(A) Cabe habeas corpus quando já extinta a pena privativa de liberdade.
(B) É incabível pedido de habeas corpus em favor de beneficiado com a suspensão condicional do processo, já que inexiste ameaça à sua liberdade de locomoção.
(C) Em princípio, ressalvada manifesta ilegalidade, descabe o uso de habeas corpus para cassar indeferimento de liminar.
(D) É incabível habeas corpus para declarar-se a atipicidade da conduta, mesmo quando esta é verificável de plano, primus ictus oculi, sem a necessidade de exame valorativo do conjunto fático ou probatório.

A: arts. 647 e 648 do CPP; B: em princípio é possível, sim, impetrar-se *habeas corpus* para questionar processo suspenso por força do art. 89 da Lei n. 9.099/1995. Ocorre que, durante o prazo de vigência da suspensão, o impetrante deve se submeter a algumas regras; C: art. 648, CPP; D: o Superior Tribunal de Justiça assim já se manifestou: "O trancamento de ação penal pela via estreita do *habeas corpus* é medida de exceção, só admissível quando emerge dos autos, de forma inequívoca e sem a necessidade de valoração probatória, a inexistência de autoria por parte do indiciado ou a atipicidade da conduta" (HC 39.231-CE, 5ª Turma, rel. Laurita Vaz, 01.03.2005, D.J. 28.03.2005). Gabarito "C".

(CESPE – 2006) Assinale a opção correta acerca do habeas corpus, considerando a jurisprudência do STJ e do STF.

(A) O habeas corpus constitui ação constitucional que comporta dilação probatória.
(B) O trancamento de ação penal, pela via estreita do habeas corpus, não é possível, ainda que, pela mera exposição dos fatos narrados na denúncia, fique constatada a imputação, ao acusado, de fato penalmente atípico.
(C) É inviável o exame da dosimetria da pena por meio de habeas corpus, devido a eventual desacerto na consideração de circunstância ou errônea aplicação do método trifásico, se daí resultar flagrante ilegalidade e prejuízo ao réu.
(D) O habeas corpus é remédio processual simples e rápido destinado a restabelecer o direito à liberdade de ir, vir e permanecer, quando já violado, ou preservá-lo, quando sob ameaça concreta, atual ou iminente, contra ilegalidade ou abuso de poder.

A: o *habeas corpus* é ação constitucional de natureza urgente, que se presta a fazer cessar uma coação ou abuso à liberdade de locomoção. Dessa forma, não se destina a um exame minucioso e detalhado das provas contidas nos autos; B: é possível, sim, trancar a ação penal por intermédio do *habeas corpus*, e a ausência de tipicidade é apta a gerar o trancamento. A jurisprudência transcrita na questão acima é emblemática; C: diversos julgados já reconheceram a possibilidade de se apreciar a dosimetria da pena em sede de *habeas corpus*; D: art. 5º, LXVIII, da CF; arts. 647 e seguintes do CPP. O *habeas corpus*, ação de índole constitucional, presta-se a evitar (preventivo) ou fazer cessar (repressivo) violência ou coação ilegal na liberdade de ir e vir de alguém. Gabarito "D".

20. EXECUÇÃO PENAL

(Magistratura/AL – 2007 – FCC) Na execução de uma pena privativa de liberdade,

(A) cabe remição da pena em um dia a cada cinco dias trabalhados.
(B) é permitida a saída do estabelecimento a condenados que cumprem pena em regime fechado, semi-aberto, mas não aos presos provisórios, mediante escolta.
(C) é possível a saída temporária aos que cumprem pena em regime semi-aberto, sem vigilância direta.
(D) é possível sujeitar o condenado, mas não o preso provisório, a regime disciplinar diferenciado.
(E) será possível a progressão de regime se o preso tiver cumprido um quarto da pena no regime anterior e ostentar bom comportamento carcerário.

A: art. 126, § 1º, II, da LEP (modificado pela Lei 12.433/11); B: arts. 120 e 121 da LEP; C: art. 122 da LEP; D: art. 52 da LEP; E: art. 112 da LEP. Gabarito "C".

(Magistratura/AL – 2008 – CESPE) Com base na Lei de Execução Penal (LEP) e acerca dos direitos, deveres e disciplina do preso e (ou) condenado, assinale a opção correta.

(A) O princípio da legalidade não se aplica ao regime disciplinar previsto na LEP, de forma que é possível haver falta disciplinar que não esteja prevista expressamente em lei ou regulamento, a depender de ato do diretor do presídio, ratificado pelo juiz competente.
(B) Não sendo possível identificar o preso que deu início a motim em um corredor do presídio, o diretor do estabelecimento poderá aplicar sanção disciplinar coletiva.
(C) O preso provisório não se submete ao regime disciplinar diferenciado, que é aplicável somente ao condenado definitivamente a pena privativa de liberdade.
(D) Sujeita-se ao regime disciplinar diferenciado o condenado sobre o qual recaiam fundadas suspeitas de envolvimento ou participação, a qualquer título, em organizações criminosas, quadrilha ou bando.
(E) A inclusão no regime disciplinar diferenciado pode ser aplicada por ato motivado do diretor do estabelecimento prisional, com posterior homologação pelo juiz da execução.

A: o **princípio da legalidade** aplica-se, sim, ao regime disciplinar previsto na LEP, que contempla, por conta disso, um rol taxativo de faltas disciplinares; B: art. 45, § 3°, da LEP. É mister que a conduta de cada preso seja individualizada; C: art. 52, *caput* e § 1°, da LEP; D: art. 52, § 2°, da LEP; E: art. 60, *caput*, da LEP. Gabarito "D".

(Magistratura/DF – 2011) Das normas para repressão à produção não autorizada e ao tráfico ilícito de drogas. Em 20 de março de 2007, Tércio foi preso em flagrante por infração ao que se dispõe no artigo 33, caput, da Lei nº 11.343 de 2007, pelo que restou condenado, definitivamente, a 05 anos e 06 meses de reclusão, em regime fechado e 580 dias-multa, à razão de 1/30 do salário mínimo vigente à época dos fatos. Seis (06) meses da reprimenda corporal decorreram do reconhecimento da agravante da reincidência em face de condenação anterior por tráfico de entorpecentes. A partir dessa hipotética situação e considerando que houve efetivo início da execução penal, verifique a possibilidade de se aplicar a progressão de regime ou o livramento condicional.

(A) Após cumprido ao menos dois quintos (2/5) da pena no regime anterior, com a comprovação do bom comportamento carcerário, bem como respeitadas as normas que vedam a progressão, Tércio poderá obter sua transferência para o regime semi-aberto;
(B) Após cumprido ao menos três quintos (3/5) da pena no regime anterior, com a comprovação do bom comportamento carcerário, bem como respeitadas as normas que vedam a progressão, Tércio poderá obter sua transferência para o regime semi-aberto;
(C) Após cumprido ao menos um sexto (1/6) da pena no regime anterior, com a comprovação do bom comportamento carcerário, bem como respeitadas as normas que vedam a progressão, Tércio poderá obter sua transferência para o regime semi-aberto;
(D) Após cumprido mais de dois terços (2/3) da pena no regime anterior e comprovado comportamento carcerário satisfatório, bom desempenho no trabalho que lhe foi atribuído e aptidão para prover à própria subsistência, Tércio poderá obter o benefício do livramento condicional.

Os fatos são anteriores à entrada em vigor da Lei 11.464/07, que alterou, na Lei de Crimes Hediondos, a disciplina relativa à progressão de pena nos crimes hediondos e assemelhados. Por essa razão, conforme estabelece a Súmula n° 471 do STJ, deve incidir, quanto aos condenados por esse fatos, a regência do art. 112 da LEP, que impõe, como condição para progressão de regime, o cumprimento de um sexto da pena no regime anterior, além de bom comportamento carcerário. Gabarito "C".

(Magistratura/DF – 2007) Cícero, cumprindo pena na penitenciária do Distrito Federal, requer, na Vara de Execuções Criminais, livramento condicional. O juiz, ao final, indefere o pedido. Inconformado, Cícero pode interpor:

(A) o recurso de agravo;
(B) o recurso em sentido estrito;
(C) o recurso de apelação;
(D) a revisão criminal executória.

Art. 197 da LEP. Gabarito "A".

(Magistratura/MG - 2007) Segundo as disposições da Lei de Execução Penal (LEP), artigo 117), o recolhimento em residência particular será admitido, quando se tratar de:

(A) condenada gestante, independentemente do regime prisional.
(B) condenado acometido de doença grave, ainda que em regime fechado.
(C) condenada com filho menor ou deficiente físico ou mental, desde que em regime semi-aberto.
(D) condenado maior de 70 (setenta) anos, desde que em regime aberto.

É a chamada **prisão albergue domiciliar**. Somente será permitida, conforme preleciona o art. 117 da LEP, ao beneficiário de regime aberto que se encontra nas condições especiais contidas nos incisos do dispositivo legal. Gabarito "D".

(Magistratura/MG - 2007) Na condição de órgão da execução penal, incumbe ao Conselho Penitenciário, EXCETO

(A) emitir parecer sobre comutação de pena.
(B) supervisionar os patronatos.
(C) emitir parecer sobre indulto com base no estado de saúde do preso.
(D) apresentar, no primeiro trimestre de cada ano, ao Conselho Nacional de Política Criminal e Penitenciária, relatório dos trabalhos efetuados no exercício anterior.

Art. 70 da LEP. Gabarito "C".

(Magistratura/MG – 2008) A sentença que decide sobre a progressão do regime de cumprimento da pena é recorrível por:

(A) agravo.
(B) apelação.
(C) recurso em sentido estrito.
(D) correição parcial.

Art. 197 da LEP. Gabarito "A".

(Magistratura/MG – 2008) No curso da execução da pena, sobreveio a insanidade mental do réu, apurada em regular perícia médica. Que providência deve ser adotada pelo Juiz da Execução, em relação ao réu:

(A) colocá-lo em liberdade.
(B) recolhê-lo a uma prisão albergue.
(C) interná-lo em estabelecimento adequado.
(D) declarar extinta a punibilidade.

Art. 183 da LEP. Gabarito "C".

(Magistratura/MT – 2009 – VUNESP) Consoante à Lei de Execução Penal, somente se admitirá o recolhimento do beneficiário de regime aberto em residência particular quando se tratar de

(A) servidor judicial condenado por crime culposo.
(B) condenação por fato definido como crime culposo.
(C) condenada gestante.
(D) condenado maior de 60 (sessenta) anos.
(E) condenado que se comprometer a não se ausentar da cidade.

É a chamada **prisão albergue domiciliar**, que somente terá lugar, nos termos do disposto no art. 117 da LEP, quando se tratar de beneficiário de regime aberto que se encontrar nas condições especiais contidas nos incisos do dispositivo legal, entre eles a gestante. Gabarito "C".

(Magistratura/PA – 2008 – FGV) O Ministério Público requer ao juiz a suspensão e posterior revogação de livramento condicional, isso porque o apenado foi preso durante o período de prova e terminou condenado pela prática de novo crime. Aludindo ao fato de que, embora a condenação pelo novo crime tenha sido proferida durante o período de prova do livramento, o trânsito em julgado somente ocorreu após o término do citado livramento, o juiz indeferiu o requerimento do Ministério Público. Dessa decisão:

(A) não cabe recurso.
(B) cabe apelação.
(C) cabe recurso em sentido estrito.
(D) cabe agravo.
(E) cabe carta testemunhável.

Art. 197 da LEP. Gabarito "D".

(Magistratura/PE – 2011 – FCC) Podem obter autorização para saída temporária os

(A) condenados que cumpram pena em regime semiaberto.
(B) presos provisórios e os condenados que cumpram pena em regime fechado ou semiaberto.
(C) presos provisórios e os condenados que cumpram pena em regime semiaberto.
(D) condenados que cumpram pena em regime fechado ou semiaberto.
(E) presos provisórios e os condenados que cumpram pena em regime aberto.

A saída temporária, disciplinada nos 122 a 125 da Lei 7.210/84 (Lei de Execução Penal), destina-se tão somente ao condenado que cumpre pena em regime semiaberto. *Vide* parágrafo único do art. 122 da LEP, que foi introduzido pela Lei 12.258/10, que passou a admitir, neste caso, o emprego de vigilância indireta (utilização de equipamento de monitoração eletrônica pelo condenado). Gabarito "A".

(Magistratura/RS – 2009) Considere as assertivas abaixo sobre execução penal.

I. Quando no curso da execução da pena privativa de liberdade sobrevier doença mental, o magistrado, a pedido do Ministério Público, poderá determinar a substituição da pena por medida de segurança.
II. O juízo da execução penal poderá realizar a conversão da pena privativa de liberdade, não superior a dois anos, em restritiva de direitos, desde que cumpridos os requisitos legais.
III. O recurso adequado para atacar a decisão do magistrado que indeferiu a progressão do regime fechado ao semiaberto é o agravo em execução, que será recebido nos efeitos devolutivo e suspensivo.

Quais são corretas?

(A) Apenas I
(B) Apenas II
(C) Apenas III
(D) Apenas I e II
(E) I, II e II

I: art. 183 da LEP – Lei 7.210/84; II: a conversão poderá ser realizada desde que atendidos os requisitos listados no art. 180 da LEP; III: o agravo em execução, previsto no art. 197 da LEP, não comporta, em regra, efeito suspensivo. Este recurso obedece ao rito estabelecido para o recurso em sentido estrito (arts. 582 a 592 do CPP). Proposição, portanto, errada. Gabarito "D".

(Magistratura/SC – 2009) Assinale a alternativa INCORRETA:

(A) De acordo com o art. 49 da Lei de Execução Penal, as faltas disciplinares médias e leves deverão ser instituídas por lei local.
(B) Em se tratando de falta disciplinar, pune-se a tentativa com a sanção correspondente à falta consumada.
(C) Comete falta grave o condenado a pena restritiva de direitos que provocar acidente de trabalho.
(D) O regime disciplinar diferenciado, ainda que por ato motivado, não pode ser aplicado pelo diretor do estabelecimento penal.
(E) Nos termos do parágrafo único do art. 44 da Lei de Execução Penal, não estão sujeitos às sanções disciplinares os internados submetidos a medida de segurança.

A: art. 49, *caput*, segunda parte, da LEP; B: é o teor do parágrafo único do art. 49 da Lei de Execução Penal – Lei 7.210/84, que equipara a falta consumada à tentada no que toca à punição; C: só incorrerá na falta grave prevista no art. 50, IV, da LEP (provocar acidente de trabalho) o condenado à *pena privativa de liberdade*; o condenado submetido a *pena restritiva de direitos* cometerá falta grave se praticar qualquer das condutas previstas no art. 51 da LEP; D: nos termos do art. 54 da LEP, a inclusão do preso no regime disciplinar diferenciado dependerá de provocação do diretor do presídio, de manifestação do MP e, ao final, a decisão a respeito da necessidade da medida deverá ser fundamentada (art. 93, IX, CF); E: as medidas de segurança não foram inseridas no dispositivo. Gabarito "C".

(Magistratura/SC – 2009) Acerca da Lei de Execuções Penais, é correto afirmar:

(A) O Hospital de Custódia e Tratamento Psiquiátrico destina-se exclusivamente aos inimputáveis.
(B) O mesmo conjunto arquitetônico não poderá abrigar estabelecimentos penais de destinação diversa, ainda que devidamente isolados.
(C) A União Federal, os Estados, o Distrito Federal e os Territórios poderão construir penitenciárias destinadas, exclusivamente, aos presos provisórios e condenados que estejam em regime fechado, sujeitos ao regime disciplinar diferenciado.
(D) A cadeia pública destina-se ao condenado, com sentença transitada em julgado, a pena de reclusão, em regime fechado.
(E) A Casa do Albergado destina-se, preferencialmente, ao cumprimento de pena privativa de liberdade, em regime semiaberto.

A: o *hospital de custódia e tratamento*, local adequado àqueles submetidos à medida de segurança de internação, destina-se, nos termos do disposto no art. 99, *caput*, da LEP, aos inimputáveis e também aos semi-imputáveis; B: a proposição está em desconformidade com o art. 82, § 2º, da LEP, que prevê a possibilidade de o mesmo conjunto arquitetônico (complexo de prédios) reunir estabelecimentos de destinação diversa, desde que devidamente isolados; C: assertiva em conformidade com o disposto no art. 87, parágrafo único, da Lei de Execução Penal; D: trata-se do estabelecimento destinado a acolher presos provisórios – art. 102, LEP; E: é o estabelecimento destinado a abrigar aquele que se encontra no cumprimento da pena em regime aberto, bem como os que devem cumprir a pena restritiva de direito consistente em limitação de fim de semana – art. 93, LEP. Gabarito "C".

(Magistratura/SC – 2009) De acordo com a Lei n.º 7.210/84, assinale a alternativa correta:

(A) Quando houver condenação por mais de um crime, no mesmo processo ou em processos distintos, a determinação do regime de cumprimento será feita pelo resultado da soma ou unificação das penas, observada, quando for o caso, a detração ou remição.
(B) O tempo remido não será computado para a concessão de livramento condicional e indulto.
(C) O condenado que cumpre pena em regime fechado não poderá remir, pelo trabalho, parte do tempo de execução da pena.
(D) Os reeducandos que cumprem pena em regime semiaberto poderão obter autorização para saída temporária do estabelecimento, com vigilância direta, para visita à família.
(E) O juiz não poderá, de ofício, modificar as condições estabelecidas para concessão de regime aberto.

A: art. 111, *caput*, da LEP; B: com a nova redação dada ao art. 128 da LEP pela Lei 12.433/11, consolida-se o entendimento segundo o qual o tempo remido deve ser computado como pena cumprida, para todos os efeitos; C: será beneficiado pela remição por meio do trabalho o condenado que cumpre pena em regime *fechado* ou *semiaberto* – art. 126, *caput*, da LEP. Neste ponto, não houve nenhuma mudança legislativa. Cremos que uma das grandes inovações trazidas pela Lei 12.433/11 consiste na *remição pelo estudo*, tema que, a despeito de estar reconhecido na Súmula 341 do STJ, reclamava uma legislação que lhe desse parâmetros para viabilizar sua aplicação. E ela veio com a Lei 12.433/11, que inseriu tal possibilidade no art. 126 da LEP; D: a saída temporária do condenado que cumpre pena em regime semiaberto para visitar a família – art. 122, I, da LEP – dispensa a vigilância direta. *Vide* Lei 12.258/10, que disciplinou os casos de vigilância indireta; E: art. 116 da LEP. Gabarito "A".

(Magistratura/SC – 2008) Assinale a alternativa correta, de acordo com a orientação majoritária da jurisprudência do Supremo Tribunal Federal:

(A) O condenado que cometer falta grave durante o cumprimento da pena não perde os dias remidos em face do princípio do direito adquirido.
(B) O condenado que cometer falta grave durante o cumprimento da pena perde metade dos dias remidos.
(C) O condenado que cometer falta grave durante o cumprimento da pena perde os dias remidos.
(D) O condenado que cometer falta grave durante o cumprimento da pena perde os dias remidos na proporção do restante da pena a cumprir.
(E) O condenado que cometer falta grave durante o cumprimento da pena não perde os dias remidos em face do princípio da coisa julgada.

Em vista das alterações implementadas na LEP pela Lei 12.433/11, estabeleceu-se, no caso de cometimento de falta grave, uma proporção máxima em relação à qual poderá se dar a perda dos dias remidos. Assim, diante da prática de falta grave, poderá o juiz, em vista da nova redação do art. 127 da LEP, revogar no máximo 1/3 do tempo remido, devendo a contagem recomeçar a partir da data da infração disciplinar. Gabarito "C".

(Magistratura/SC – 2008) Assinale a alternativa INCORRETA:

(A) Segundo a Lei de Execução Penal, o condenado que cumpre pena em regime fechado poderá obter saída temporária de 7 (sete) dias para visitar a família.
(B) O condenado com mais de 70 (setenta) anos, beneficiário do regime aberto, poderá cumprir a pena em residência particular.
(C) Sem óbice no princípio da coisa julgada, o juiz pode alterar, motivadamente, a forma de cumprimento da pena de limitação de fim de semana.
(D) Quando houver condenação por mais de um crime, a determinação do regime de cumprimento será feita pelo resultado da soma ou unificação das penas.
(E) Obter ocupação lícita em tempo razoável é condição obrigatória imposta ao beneficiário do livramento condicional.

Arts. 120 a 125 da LEP. A saída temporária a que alude o art. 122 da LEP destina-se aos presos que cumprem pena em regime semiaberto. Gabarito "A".

(Magistratura/SP – 2011 – VUNESP) Assinale a alternativa correta, relativa à execução penal, inclusive, se o caso, consoante jurisprudência sumulada dos Tribunais Superiores (STJ e STF).

(A) A falta grave interrompe o lapso temporal aquisitivo do livramento condicional.
(B) É inadmissível o trabalho externo para presos em regime fechado.
(C) A tentativa de falta disciplinar é punida com a sanção correspondente à falta consumada, reduzida de um a dois terços, por aplicação analógica do art. 14, parágrafo único, do Código Penal.
(D) O trabalho do preso será remunerado mediante prévia tabela, não inferior a três quartos do salário-mínimo, inclusive quanto às tarefas prestadas a título de prestação de serviços à comunidade.
(E) A frequência a curso de ensino formal é causa de remição de parte do tempo de execução de pena, sob regime fechado ou semiaberto.

A: incorreta, pois contraria o disposto na Súmula nº 441 do STJ; B: o trabalho externo, no regime fechado, é admissível, desde que em serviços ou obras públicas, conforme estabelece o art. 34, § 3º, do CP. Assertiva, portanto, incorreta; C: incorreta, na medida em que, segundo prescreve o art. 49, parágrafo único, da LEP, a falta disciplinar tentada será punida com a mesma sanção prevista para a falta consumada; D: incorreta, visto que não reflete o contido no art. 30 da LEP; E: assertiva correta, nos moldes do art. 126, caput, da LEP (modificado por força da Lei 12.433/11). Gabarito "E".

(Magistratura/SP – 2007) Antônio veio a ser condenado por crime de tráfico de entorpecentes. A decisão transitou em julgado. Agora, na fase de execução da sentença, o réu foi transferido para presídio situado em comarca distinta da originária. Postula, então, seja em seu favor aplicado o princípio da novatio legis in mellius. Indaga-se se a postulação é cabível e, caso afirmativo, a quem deve ser dirigida.

(A) É cabível, sendo competente o Tribunal de Justiça em sede de revisão criminal.
(B) Não é cabível porque a sentença transitou em julgado, não mais podendo ser revista.
(C) É cabível, sendo competente a vara pela qual tramita a execução penal.
(D) É cabível, sendo necessariamente deduzida na vara de origem.

Art. 66, I, da LEP e Súmula 611 do STF. Gabarito "C".

(Magistratura/SP – 2007) Maria, durante certo tempo, apropriou-se indevidamente de certas quantias de uma agência bancária, de que era funcionária. Correram três inquéritos e, por malícia do banco, um deles processado em Delegacia de Polícia distinta. Em razão do primeiro e segundo inquéritos, apensados, sobreveio sentença condenatória que reconheceu a continuidade delitiva. O terceiro também rendeu ensejo a outra ação criminal de que resultou nova condenação de Maria, ratificados ambos os decisórios em segundo grau. Em tais circunstâncias, qual medida poderá ser diligenciada em seu prol?

(A) Nenhuma, por ocorrer trânsito em julgado que confirmou a condenação.
(B) Requerimento ao Superior Tribunal de Justiça, por encontrar-se esgotada a jurisdição estadual.
(C) Revisão criminal perante o Tribunal de Justiça.
(D) Unificação de penas.

Art. 66, III, a, da LEP. Gabarito "D".

(Magistratura/TO – 2007 – CESPE) Considere que Waleska tenha sido condenada pela prática de crime de roubo, com sentença transitada em julgado, à pena de 5 anos e 4 meses a ser cumprida em regime semi-aberto. Considere, ainda, a inexistência de vaga em colônia agrícola ou em colônia penal industrial ou em estabelecimento similar. Nesse caso, Waleska deve

(A) permanecer em liberdade, se por outro motivo não se encontrar presa, até que surja vaga em estabelecimento adequado.
(B) aguardar em regime fechado o surgimento de vaga em estabelecimento adequado à execução do regime semi-aberto.
(C) ser submetida a prisão domiciliar.
(D) cumprir pena em colônia agrícola ou colônia penal industrial ou em estabelecimento similar na comarca mais próxima, dentro do mesmo estado.

A esse respeito, vide o julgado: STF, HC 87.985-SP, 2ª T., Rel. Min. Celso de Mello, 20.3.2007. Gabarito "A".

(Ministério Público/AM – 2008 – CESPE) Acerca da execução penal, assinale a opção correta.

(A) Entende o STF que, em caso de cometimento de falta grave pelo preso durante o cumprimento da pena, haverá a perda dos dias remidos, aplicando-se analogicamente o disposto no art. 58 da Lei de Execução Penal, para limitar a perda a trinta dias.
(B) Havendo rebelião em um pavilhão do presídio, não se podendo identificar ao certo quem deu início a ela, é cabível a punição de todos os condenados desse pavilhão.
(C) Segundo a Lei de Execução Penal, a tentativa é punida com sanção mais branda do que a correspondente à falta consumada.
(D) Em caso de regime disciplinar diferenciado, o tempo de isolamento ou inclusão preventiva no regime não será computado no período de cumprimento da sanção disciplinar.
(E) É nula a decisão judicial que transfere o sentenciado do regime fechado para o regime semi-aberto, sem oitiva e anuência prévias do MP.

A: neste caso, ante a mudança implementada no art. 127 da LEP pela Lei 12.433/11, o juiz poderá revogar até 1/3 do tempo remido; B: art. 45, § 3º, da LEP. É a consagração do princípio da *responsabilidade pessoal*, razão pela qual é necessária a identificação dos participantes e individualização das condutas; C: em face do que estabelece o art. 49, parágrafo único, da LEP, a tentativa deve ser punida com a mesma sanção prevista para a falta consumada; D: art. 60, parágrafo único, da LEP; E: art. 112, § 1º, da LEP. Gabarito "E".

(Ministério Público/ES – 2010 – CESPE) Em relação às disposições da Lei de Execução Penal pertinentes aos órgãos da execução penal, assinale a opção correta.

(A) Na ausência de juiz indicado na lei local de organização judiciária, a execução penal compete ao juízo prolator da sentença penal condenatória, com competência para autorizar saídas temporárias dos sentenciados e para compor e instalar o conselho da comunidade.
(B) O Conselho Nacional de Política Criminal e Penitenciária é integrado por quinze membros com mandato de quatro anos designados por meio de ato do presidente da República, e também por representantes da comunidade e dos ministérios da área social. Sua competência é determinar a forma de cumprimento da pena restritiva de direitos e fiscalizar sua execução.
(C) O MP fiscaliza a execução da pena e da medida de segurança, oficiando no processo executivo e nos incidentes da execução, estando incumbido, ainda, de emitir parecer sobre indulto e comutação de pena, até mesmo na hipótese de pedido de indulto com base no estado de saúde do preso.
(D) No estabelecimento prisional para mulheres, somente é permitido o trabalho de pessoal do sexo feminino, até mesmo na área de pessoal técnico especializado, devendo a diretora ser portadora de diploma de curso superior em direito.
(E) Há, em cada comarca, um conselho da comunidade, composto, no mínimo, por um representante de associação comercial ou industrial, um advogado indicado pela seção da OAB e um assistente social escolhido pela delegacia seccional do Conselho Nacional de Assistentes Sociais. Na falta desses representantes, fica a critério do departamento penitenciário a escolha dos integrantes desse conselho.

A: assertiva correta, nos termos do que estabelecem os arts. 65 e 66, IV e IX, da LEP; B: assertiva incorreta, pois em desacordo com o que estabelece o art. 63 da LEP; C: as incumbências do MP, no âmbito da execução penal, estão estabelecidas nos arts. 67 e 68 da LEP; D: incorreta, pois em desacordo com o que prescreve o art. 77, § 2º, da LEP; E: incorreta, pois não reflete o contido no art. 80, parágrafo único, da LEP. Gabarito "A".

(Ministério Público/ES – 2010 – CESPE) A respeito dos incidentes de execução penal, assinale a opção correta.

(A) Não há previsão legal para a conversão de pena de limitação de fim de semana em privativa de liberdade.
(B) A legitimidade para requerer a concessão de indulto individual foi atribuída por lei apenas ao sentenciado e ao MP.
(C) O tratamento ambulatorial pode ser convertido em internação se o agente revelar incompatibilidade com a medida, quando inexiste prazo mínimo de internação.
(D) Contra as decisões proferidas pelo juiz das execuções cabe recurso de agravo, sem efeito suspensivo, no prazo de cinco dias.
(E) Quando, no curso da execução da pena privativa de liberdade, sobrevier doença mental ou perturbação da saúde mental do sentenciado, o juiz, de ofício, deverá decretar a extinção da punibilidade.

A: esta possibilidade está prevista no art. 181, § 2º, da LEP; B: além do sentenciado e do MP, têm legitimidade para requerer o indulto individual o Conselho Penitenciário e a autoridade administrativa (art. 188, LEP); C: art. 184, parágrafo único, da LEP; D: proposição em conformidade com o art. 197 da LEP; E: neste caso, deverá o juiz, em vista do disposto no art. 183 da LEP, determinar a substituição da pena por medida de segurança. Gabarito "D".

(Ministério Público/ES – 2005) De acordo com a lei 7.210/84 e de acordo com a Jurisprudência atual do Supremo Tribunal Federal, das decisões proferidas pelo Juiz das Execuções caberá:

(A) agravo no prazo de 10 dias, sem efeito suspensivo.
(B) agravo no prazo de 5 dias, sem efeito suspensivo.
(C) agravo no prazo de 5 dias, com efeito suspensivo.
(D) apelação no prazo de 15 dias, com efeito suspensivo.
(E) agravo no prazo de 10 dias, com efeito suspensivo.

Art. 197 da LEP. Gabarito "B".

(Ministério Público/GO – 2005) O regime disciplinar diferenciado foi introduzido no Brasil pela Lei nº 10.792, de 1º de dezembro de 2003. Em relação às regras estabelecidas para o referido regime, analise as assertivas:

I. A prática de fato definido como contravenção penal constitui falta grave e, quando ocasione subversão da ordem ou disciplina internas, sujeita o preso provisório, ou condenado, sem prejuízo da sanção penal, ao regime disciplinar diferenciado
II. A duração máxima do regime disciplinar diferenciado é de 360 dias, sem prejuízo da sanção por nova falta grave da mesma espécie, até o limite de 1/6 da pena aplicada
III. A autoridade administrativa (diretor do presídio ou cadeia) poderá decretar o isolamento preventivo do faltoso pelo prazo de 10 dias, mas a inclusão do preso no regime disciplinar diferenciado, no interesse da disciplina e da averiguação do fato, dependerá de despacho prévio e fundamentado do juiz da execução penal no prazo máximo de 15 dias
IV. No regime disciplinar diferenciado o preso terá direito de receber visitas semanais somente de 02 pessoas, com duração de 02 horas

(A) as assertivas I, II e III estão corretas
(B) as assertivas II, III e IV estão corretas
(C) as assertivas II e III estão corretas
(D) todas as assertivas estão corretas

I: art. 52, caput, da LEP; II: art. 52, I, da LEP; III: art. 60, caput, da LEP; IV: art. 52, III, da LEP. Gabarito "C".

(Ministério Público/MG – 2010.2) Segundo o que dispõe a Lei de Execução Penal (Lei n. 7.210/1984), é INCORRETO afirmar

(A) que, para o preso provisório, o trabalho interno é obrigatório.
(B) que o direito à assistência material estende-se ao egresso.
(C) que a tentativa de falta disciplinar é punida com a sanção da falta consumada.
(D) que o Patronato é Órgão da Execução Penal.

A: de fato, o trabalho para o preso provisório é *facultativo*, nos exatos termos do art. 31, parágrafo único, da LEP; B: arts. 10, parágrafo único, e 11, I, da LEP; C: art. 49, parágrafo único, da LEP; D: art. 61, VI, da LEP. Gabarito "A".

(Ministério Público/MG – 2010.1) Assinale a alternativa CORRETA. Nos termos do que dispõe a Lei de Execução Penal (Lei nº 7.210/1984), compete ao Conselho Penitenciário emitir parecer sobre os pedidos de

(A) saídas temporárias.
(B) comutação de pena.
(C) anistia.
(D) regressão no regime prisional.
(E) detração penal.

Art. 70, I, da LEP. Gabarito "B".

(Ministério Público/MS – 2011 – FADEMS) Considere as seguintes afirmativas a respeito da Lei de Execuções Penais (Lei nº 7.210/84).

I. O regime disciplinar diferenciado será aplicado ao preso provisório ou ao condenado sob o qual recaiam fundadas suspeitas de envolvimento ou participação, a qualquer título, em organizações criminosas, quadrilha ou bando, bem como àqueles nacionais ou estrangeiros que apresentem alto risco para a ordem e a segurança do estabelecimento penal ou da sociedade.
II. A permissão de saída, espécie de autorização de saída, consiste na possibilidade dos condenados que cumprem pena em regime semiaberto saírem do estabelecimento, sem vigilância direta nas hipóteses taxativamente estabelecidas em lei. Por outro lado, a saída temporária, aplicável aos condenados e presos provisórios, consiste na possibilidade de saída do estabelecimento penal, mediante escolta, em razão de falecimento ou doença grave do cônjuge, companheira, ascendente, descendente, irmão ou necessidade de tratamento médico com duração necessária à finalidade da saída.
III. Ao conceder saída temporária, o juiz imporá as seguintes condições ao condenado: o fornecimento do endereço onde reside a família a ser visitada ou onde poderá ser encontrado durante o gozo do benefício; o recolhimento à residência visitada, no período noturno e a proibição de frequentar bares, casas noturnas e estabelecimentos congêneres, sendo certo que a Lei nº 12.258/10 não admitiu a previsão de outras condições submetidas à análise do caso em concreto.
IV. O condenado que cumpre a pena em regime fechado ou semiaberto poderá remir parte do tempo de execução da pena à razão de 1 (um) dia de pena por 3 (três) de trabalho ou frequência a curso de ensino formal.

A esse respeito, pode-se concluir que:

(A) apenas a afirmativa I está correta;
(B) as afirmativas II e III estão incorretas;
(C) as afirmativas II e IV estão corretas;
(D) apenas a afirmativa IV está correta;
(E) apenas a afirmativa III está incorreta.

I: assertiva correta, pois em consonância com o prescrito no art. 52, §§ 1º e 2º, da LEP; II: assertiva incorreta, pois não corresponde ao que estabelece o art. 120 da LEP; III: incorreta, pois, sem prejuízo das condições prescritas nos incisos do § 1º do art. 124 da LEP, poderá o juiz, se entender que seja o caso, estabelecer outras condições compatíveis com as circunstâncias do caso concreto; IV: a forma pela qual deverá se dar a remição pelo estudo foi inserida na Lei de Execução Penal por meio da Lei 12.433/11, que alterou a redação do art. 126 da LEP, nele introduzindo o inciso I do § 1º. No que toca à remição pelo trabalho, esta se dará, de fato, à razão de um dia de pena por três de trabalho (art. 126, § 1º, II, da LEP). Gabarito "B".

(Ministério Público/PR – 2011)

I. É possível conceder remição de pena computando-se o tempo de frequência a curso de ensino formal.
II. É vedada a concessão de autorização para trabalho externo para condenados pela prática de crimes hediondos.
III. Segundo a moderna orientação do Superior Tribunal de Justiça, admite-se a progressão de regime de cumprimento de pena para condenados estrangeiros.

Considerando as assertivas acima se afirma que:

(A) Apenas as assertivas I e II são corretas.
(B) Apenas as assertivas II e III são corretas.
(C) Apenas as assertivas I e III são corretas.
(D) Apenas uma assertiva está correta.
(E) Todas as assertivas são corretas.

I: recentemente, atendendo aos anseios da jurisprudência (Súmula nº 341, STJ), foi editada a Lei 12.433/11, que instituí e disciplinou, finalmente, a remição pelo estudo, alterando o dispositivo da LEP que regia o tema (art. 126). Hoje, portanto, a remição se opera tanto pelo trabalho quanto pelo estudo, nos moldes do dispositivo supracitado. A competência para declarar os dias remidos é do juízo da execução, conforme reza o art. 126, § 8º, da Lei 7.210/84 (Execução Penal); II: incorreta, visto que a jurisprudência reconhece a possibilidade de trabalho externo para condenados pela prática de crimes hediondos e equiparados. Nesse sentido, conferir: STJ, HC 45.392, 6ª T., rel. Min. Nilson Naves, j. 9.3.06; STJ, HC 42.444-RS, 5ª T., rel. Min. José Arnaldo da Fonseca, j. 13.9.05; III: correta. Nesse sentido: STJ, HC 103.373-SP, 6ª T., rel. Min. Maria Thereza de Assis Moura, DJE 22.9.08. Gabarito "C".

(Ministério Público/PR – 2008) Assinale a alternativa INCORRETA:

(A) A Cadeia Pública destina-se ao recolhimento de presos provisórios.
(B) O condenado a quem sobrevier doença mental será internado em Hospital de Custódia e Tratamento Psiquiátrico.
(C) O condenado que cumpre pena em regime fechado ou semi-aberto poderá remir, pelo trabalho, parte do tempo de execução da pena.
(D) O tempo remido não será computado para a concessão do livramento condicional e indulto.
(E) Haverá excesso ou desvio de execução sempre que algum ato for praticado além dos limites fixados na sentença, em normas legais ou regulamentares.

A: art. 102 da LEP; B: art. 183 da LEP; C: art. 126 da LEP; D: art. 128 da LEP (o tempo remido será computado como pena cumprida para todos os efeitos – redação conferida pela Lei 12.433/11); E: art. 185 da LEP. Gabarito "D".

(Ministério Público/RR – 2008 – CESPE) Com relação à execução da pena, julgue os próximos itens.

(1) Se um interno de um presídio tiver sido surpreendido quando fazia uso de telefone celular, nessa situação, sua conduta pode ser enquadrada como falta grave, tendo como conseqüência a perda dos dias remidos.
(2) O regime disciplinar diferenciado poderá ser imposto aos presos provisórios e aos condenados, sendo cabível quando houver risco para a ordem e a segurança do estabelecimento penal ou da sociedade.
(3) Considere a seguinte situação hipotética. Iran foi condenado à pena privativa de liberdade de seis anos, em regime fechado, pela prática do crime de estupro, com violência real. Tendo cumprido dois anos da pena aplicada, requereu a progressão de regime, tendo sido expedido, pelo diretor do presídio, atestado comprovando seu bom comportamento carcerário. O pedido foi deferido pelo juiz. Nessa situação, o juiz agiu incorretamente, tendo em vista que, tratando-se de delito praticado com violência contra a pessoa, torna-se imprescindível a realização de exame criminológico.

1: arts. 50, VII, e 127 da LEP, cuja nova redação impõe ao magistrado, a título de perda decorrente do cometimento de falta grave, o limite de 1/3 dos dias remidos; 2: art. 52, § 1º, da LEP; 3: a nova redação conferida ao art. 112 da LEP deixou de exigir o exame criminológico. Entretanto, a jurisprudência firmou o entendimento no sentido de que o Juízo da Execução, em face das peculiaridades do caso concreto, se entender necessário, pode determinar a sua realização. Nesse sentido, a Súmula 439 do STJ e Súmula Vinculante nº 26. Gabarito 1C, 2C, 3E.

(Ministério Público/SP – 2010) Assinale a afirmativa incorreta, em relação ao regime disciplinar diferenciado:

(A) aplica-se ao preso provisório ou condenado que pratica crime doloso e provoca subversão da ordem ou disciplina interna.
(B) aplica-se ao preso provisório ou condenado sobre o qual recaiam fundadas suspeitas de envolvimento ou participação, a qualquer título, em organizações criminosas, quadrilha ou bando.
(C) somente o preso provisório ou condenado por crime hediondo ou assemelhado pode ser submetido ao regime disciplinar ou diferenciado.
(D) tem como característica o recolhimento em cela individual.
(E) pode ser aplicado a estrangeiros que apresentem alto risco para a ordem e a segurança do estabelecimento penal ou da sociedade.

A: assertiva correta, visto que em consonância com o que dispõe o art. 52, *caput*, da LEP; B: assertiva em consonância com o teor do art. 52, § 2º, da LEP; C: são basicamente três as hipóteses em que é possível a inclusão do preso condenado ou provisório no *regime disciplinar diferenciado*: quando o preso praticar fato previsto como crime doloso e, com isso, ocasionar subversão da ordem ou disciplina internas; quando o preso oferecer alto risco para a ordem e para a segurança do estabelecimento penal ou da sociedade; e também quando sobre o preso recair fundada suspeita de envolvimento em organização criminosa, quadrilha ou bando. Como se nota, em momento algum o legislador limitou a aplicação do *regime disciplinar diferenciado* ao preso provisório ou condenado por crime hediondo ou a ele assemelhado; D: esta característica sua está presente no art. 52, II, da LEP; E: art. 52, § 1º, da LEP. Gabarito "C".

(Defensor Público/CE – 2007 – CESPE) Em cada um dos itens seguintes, é apresentada uma situação hipotética, seguida de uma assertiva a ser julgada com base na Lei de Execuções Penais.

(1) Geraldo foi condenado, definitivamente, pela prática de crime de roubo, a cinco anos e quatro meses de reclusão, em regime semi-aberto, e a 120 dias-multa. Após o cumprimento de um sexto da pena, e devido ao comportamento adequado, Geraldo obteve autorização judicial para freqüentar curso supletivo profissionalizante. No entanto, alguns dias depois, o promotor denunciou-o por crime de estupro contra Laís, que teria sido praticado em uma de suas saídas. Até esse momento, a única prova contra Geraldo era a palavra da vítima. Nessa situação, somente após decisão condenatória definitiva pela prática de estupro, Geraldo perderia o benefício da saída temporária, devido ao princípio da presunção de não-culpabilidade.
(2) Bernardo, condenado definitivamente pela prática de crimes de furto simples em continuidade delitiva a uma pena de quatro anos e oito meses de reclusão em regime semi-aberto, além da pena de multa, vinha desenvolvendo trabalho interno na penitenciária, o que possibilitaria a remição de parte do tempo de execução da pena. No entanto, sofreu acidente de trabalho, ficando impossibilitado de prosseguir exercendo a atividade laborativa. Nessa situação, Bernardo continuará a se beneficiar com a remição.

1: o art. 125, *caput*, da Lei 7.210/84 (Lei de Execuções Penais) reza que o benefício será revogado na hipótese de o condenado praticar fato definido como crime doloso. A redação do dispositivo, como é possível notar, deixa claro que é desnecessário o trânsito em julgado; 2: incorreta, nos termos do art. 126, § 4º, da Lei 7.210/84 (inserido pela Lei 12.433/11). Gabarito 1E, 2C.

(Defensoria/RN – 2006) A Lei 7.210/84, Lei de Execuções Penais

(A) não especifica as faltas disciplinares leves e médias, as quais competem à norma local.
(B) estabelece o regime disciplinar diferenciado que implica recolhimento em cela individual, com duração máxima de trezentos dias.
(C) determina que os presos provisórios não podem ser submetidos ao regime disciplinar diferenciado.
(D) estabelece que o preso poderá ser levado ao isolamento preventivo por até trinta dias.

A: art. 49 da LEP; B: art. 52, I, da LEP; C: art. 52, § 1º, da LEP; D: art. 58 da LEP. Gabarito "A".

(Defensor Público/RS – 2011 – FCC) De acordo com a Lei de Execução Penal, incumbe à Defensoria Pública requerer a detração e a remição da pena. A respeito desses dois institutos é correto afirmar:

(A) O preso impossibilitado de prosseguir no trabalho, por acidente, continuará a beneficiar-se com a remição.
(B) Pelo instituto da remição, o período de prisão provisória por fato que resultou a condenação executada deve ser considerado no cômputo do cumprimento da pena imposta pela sentença.

(C) A detração consiste na possibilidade de o apenado diminuir parte do tempo de execução da pena pelo trabalho, sendo que a contagem do tempo para tal fim será feita à razão de 1 (um) dia de pena por 3 (três) de trabalho.
(D) O tempo remido não é computado para a concessão do indulto, somente para o deferimento do livramento condicional.
(E) O condenado que for punido por falta grave perderá o direito ao tempo detraído, começando o novo período a partir da data da infração disciplinar.

A: correta, nos termos do art. 126, § 4º, da Lei 7.210/84 (inserido pela Lei 12.433/11); B: a assertiva está incorreta, já que contém o conceito do instituto denominado *detração*, presente no art. 42 do CP; C: assertiva incorreta, pois traz o conceito de *remição* – art. 126 da LEP; D: com a nova redação dada ao art. 128 da LEP pela Lei 12.433/11, consolida-se o entendimento segundo o qual o tempo remido deve ser computado como pena cumprida, para todos os efeitos; E: o cometimento de falta grave no curso da execução da pena não tem relação com a detração, e sim com a remição. Assim, em vista da nova redação conferida ao art. 127 da Lei 7.210/84, o cometimento de falta grave acarretará a revogação, pelo juiz, de até um terço do tempo remido. Antes, estava credenciado o magistrado a revogar os dias remidos na sua totalidade, amparado que estava pelo posicionamento firmado pelo STF na Súmula Vinculante nº 9. Gabarito "A".

(Defensor Público/RS – 2011 – FCC) O Defensor Público, na data de 15 de junho de 2010, ao atender os apenados da Casa do Albergado de um Município do interior do Estado do Rio Grande do Sul, deparou-se com a situação de um preso que está recolhido no regime aberto e conta com 73 anos de idade, em bom estado de saúde física, mas apresentando quadro de senilidade leve. Após analisar os dados constantes da Guia de Recolhimento atualizada do reeducando, o Defensor Público apurou que o preso está condenado por crime de latrocínio (art. 157, § 3º, parte final, do Código Penal), praticado há mais de dez anos, enquadrando-se como reincidente, pois já havia sido condenado por outro latrocínio, anteriormente. Verificou, também, que computada a remição de pena deferida, o reeducando já teria cumprido mais de dois terços do apenamento total imposto. Considerando os referidos dados, a Defensoria Pública do Estado poderia postular ao Juízo da Execução Criminal

(A) o livramento condicional.
(B) a progressão de regime.
(C) a comutação de pena, com fundamento nas disposições do Decreto nº 7.046, de 22 de dezembro de 2009.
(D) o indulto de natal, com fundamento nas disposições do Decreto nº 7.046, de 22 de dezembro de 2009.
(E) a prisão domiciliar.

O art. 117 da LEP traz as hipóteses em que é admitida a inserção do reeducando que se encontra no regime aberto em prisão albergue domiciliar, entre as quais está o condenado maior de 70 anos, independente de encontrar-se ou não enfermo. Gabarito "E".

(Defensor Público/RS – 2011 – FCC) Nos termos do entendimento jurisprudencial consolidado no Superior Tribunal de Justiça, a progressão de regime de apenado reincidente específico, condenado por crime equiparado a hediondo (art. 12 da Lei nº 6.368/76) praticado no ano de 2006, dar-se-á após o cumprimento no regime anterior (requisito objetivo) de qual prazo?

(A) 1/6 (um sexto) da pena.
(B) 1/3 (um terço) da pena.
(C) 2/5 (dois quintos) da pena.
(D) 3/5 (três quintos) da pena.
(E) 2/3 (dois terços) da pena.

Súmula nº 471 do STJ: "Os condenados por crimes hediondos ou assemelhados cometidos antes da vigência da Lei 11.464/2007 sujeitam-se ao disposto no art. 112 da Lei 7.210/84 (Lei de Execução Penal) para a progressão de regime prisional". Gabarito "A".

(Defensor Público/RS – 2011 – FCC) Nos termos do art. 146-B da Lei de Execução Penal, o juiz poderá definir a fiscalização por meio da monitoração eletrônica quando:

I. aplicar pena restritiva de liberdade a ser cumprida nos regimes aberto ou semi-aberto, ou conceder progressão para tais regimes;
II. autorizar a saída temporária no regime semi-aberto;
III. aplicar pena restritiva de direitos que estabeleça limitação de horários ou de frequência a determinados lugares;
IV. determinar a prisão domiciliar;
V. conceder o livramento condicional ou a suspensão condicional da pena.

Considerando exclusivamente as disposições da Lei de Execução Penal, estão corretas APENAS as hipóteses

(A) I, II e III.
(B) III, IV e V.
(C) III e IV.
(D) II e IV.
(E) I e V.

As assertivas correspondentes aos incisos II e IV estão contempladas no art. 146-B da LEP; as demais, embora tenham feito parte do projeto de lei, foram objeto de veto pelo Executivo quando da edição da Lei 12.258/10. Gabarito "D".

(Defensoria/SP – 2009 – FCC) Serafim, em virtude de dois meses de trabalho em presídio, teve declarados remidos trinta dias de pena. Manuel, em virtude de quatro anos de trabalho em presídio, teve declarados remidos novecentos dias de pena. Os dois praticaram, na mesma data, falta disciplinar de natureza grave apurada em sindicância, reconhecidas em juízo a legalidade do procedimento administrativo e a tipicidade do fato. Considerando que o art. 127 da Lei de Execução Penal afirma que o condenado que for punido por falta grave perderá o direito ao tempo remido, assinale a alternativa correta.

(A) Há súmula do STF reconhecendo que o art. 127 da Lei de Execução Penal, embora não seja inconstitucional, é desproporcional e, portanto, devem ser declarados perdidos apenas os dias remidos em razão do período trabalhado durante o ano em que a falta foi praticada.
(B) O art. 127 da Lei de Execução Penal é considerado pela jurisprudência majoritária evidentemente inconstitucional, já que fere os princípios da segurança jurídica e da proporcionalidade e, portanto, só podem ser declarados perdidos, em virtude de prática de falta grave, trinta dias de remição.
(C) Há súmula do STF reconhecendo que o art. 127 da Lei de Execução Penal é inconstitucional, por ser a remição instituto de extinção da pena, através do qual o condenado faz com que o trabalho se substitua à privação de liberdade; não se tratando, pois, de benefício, mas, sim, de contraprestação, fruto de opção pos
(D) A jurisprudência majoritária é no sentido de que o art. 127 da Lei de Execução Penal é inconstitucional porque é fruto de ultrapassado ideal de ressocialização disciplinadora e correicionalista; pretende fazer do trabalho penal e da remição um instrumento de adestramento forçado, quando a execução hoje está desprovida de tratamento coativo e, consequentemente, não podem ser declarados perdidos os dias remidos antes da prática da falta.
(E) Há súmula do STF reconhecendo que o art. 127 da Lei de Execução Penal não é inconstitucional e, portanto, todos os dias de pena remidos pelos dois presos devem ser declarados perdidos.

A assertiva se refere à Súmula Vinculante nº 9, que, com o advento da Lei 12.433/11, perdeu sua razão de ser, já que, doravante, em razão da nova redação dada ao art. 127 da LEP, a proporção dos dias perdidos por conta do cometimento de falta grave não poderá superar 1/3 dos dias remidos. Gabarito "E".

(Delegado/SC – 2008) Acerca das execuções penais, assinale a alternativa correta.

(A) Excesso ou desvio de execução ocorre quando, durante a execução da pena, algum ato for praticado além dos limites fixados na sentença, em normas legais ou regulamentos.
(B) Compete à Justiça Federal a execução das penas impostas a sentenciados pela própria Justiça Federal, quando recolhidos a estabelecimentos sujeitos à administração estadual.

(C) A pena unificada para atender ao limite de trinta anos de cumprimento, determinado pelo art. 75 do Código Penal, é considerada para a concessão de outros benefícios ao preso, como livramento condicional ou regime mais favorável de execução.

(D) Não se admite a progressão de regime de cumprimento de pena ou a aplicação imediata de regime menos severo nela determinada antes do trânsito em julgado da sentença condenatória.

Art. 185 da LEP. Gabarito "A".

(Delegado/SP – 2008) Dentre as sanções disciplinares da Lei de Execução Penal, o preso não se sujeita à (ao)

(A) advertência.
(B) repreensão.
(C) suspensão de direitos.
(D) proibição de remição da pena.
(E) isolamento celular.

Art. 53 da LEP. Gabarito "D".

(Delegado/SP – 2008) Nos termos da lei de Execução Penal, não constitui órgão da execução penal

(A) o Ministério Público.
(B) o Juízo da Execução.
(C) o Patronato.
(D) o Conselho da Comunidade.
(E) Delegacia de Policia.

Art. 61 da LEP. Gabarito "E".

(Procuradoria Federal – 2007 – CESPE) Julgue o item seguinte.

(1) Ainda que a sentença condenatória tenha transitado em julgado, cabe ao juízo criminal prolator da sentença a aplicação de lei mais benigna posteriormente editada.

Art. 66, I, da LEP e Súmula 611 do STF. Gabarito 1E.

(Defensoria Pública da União – 2007 – CESPE) Julgue o item seguinte.

(1) As hipóteses de saídas, reguladas pela Lei de Execução Penal, são hipóteses taxativas e serão autorizadas pelo diretor do estabelecimento, somente aos presos definitivos em regime fechado.

(2) De acordo com a Lei de Execução Penal e a jurisprudência do STJ e STF, o condenado punido por falta grave sofre a perda da integralidade dos dias remidos.

1: art. 120 da LEP; 2: não mais. Em razão da modificação operada no art. 127 da LEP, os dias perdidos corresponderão, no máximo, a 1/3 dos dias remidos. Gabarito 1E, 2C.

(CESPE – 2009) Acerca do instituto da remição, previsto na Lei de Execução Penal, assinale a opção correta.

(A) O tempo remido não poderá ser computado para a concessão de livramento condicional e indulto.
(B) O condenado que for punido por falta grave não perderá o direito ao tempo remido, que constitui direito adquirido do preso.
(C) Poderão ser beneficiados pela remição em razão do trabalho o preso provisório e o preso condenado que cumpra a pena em regime fechado, semiaberto ou aberto.
(D) O preso impossibilitado, por acidente, de prosseguir no trabalho continuará a se beneficiar da remição.

A: art. 128 da Lei 7.210/84 (dispositivo alterado por força da Lei 12.433/11); B: o condenado punido com falta grave, em razão da modificação operada no art. 127 da LEP, está sujeito a perder, no máximo, 1/3 dos dias remidos; C: somente o condenado que cumpre a pena em regime fechado ou semiaberto poderá ser agraciado com a remição pelo trabalho ou pelo estudo, conforme estabelece o art. 126, *caput*, da Lei 7.210/84; D: art. 126, § 4º, da Lei 7.210/84. Gabarito "D".

(CESPE – 2009) Com base no que dispõe a Lei de Execuções Penais, assinale a opção correta.

(A) A execução da pena privativa de liberdade ficará sujeita à forma regressiva, com a transferência para regimes mais rigorosos, quando o condenado, por exemplo, praticar fato definido como crime doloso ou falta grave.

(B) A saída temporária destina-se aos condenados que cumpram pena em regime fechado ou semiaberto e poderá ser autorizada para visita à família, frequência a curso profissionalizante ou de instrução do ensino médio ou superior.

(C) Considere que James tenha sido definitivamente condenado pela prática de crime de estupro e que, posteriormente, no curso da execução de tal pena, ele tenha sido condenado pela prática de crime de corrupção passiva. Nessa situação, como James já estava cumprindo a pena do crime de estupro, não poderá haver soma das penas para determinação do regime.

(D) O ingresso do condenado no regime aberto em decorrência da progressão do regime semiaberto fixado como inicial pela sentença condenatória constitui resultado do cumprimento de parte da pena imposta e é automático, não pressupondo a aceitação do programa do regime aberto e de eventuais condições impostas pelo juiz.

A: art. 118 da Lei 7.210/84; B: art. 122 da Lei 7.210/84; C: art. 111, parágrafo único, da Lei 7.210/84; D: arts. 113 e 114 da Lei 7.210/84. Gabarito "A".

(CESPE – 2008) Assinale a opção correta acerca do regime disciplinar diferenciado, segundo a Lei de Execução Penal.

(A) Estará sujeito a esse regime disciplinar, sem prejuízo da sanção penal, o condenado que praticar, enquanto preso, fato previsto como crime doloso, causando com isso subversão da ordem ou disciplina internas.
(B) O regime disciplinar diferenciado terá a duração máxima de 6 meses.
(C) O preso provisório não se sujeita ao regime disciplinar diferenciado.
(D) O preso não terá direito a visitas semanais.

A: art. 52, *caput*, da Lei 7.210/84 (Lei de Execução Penal); B: determina o art. 52, I, da Lei 7.210/84 que o regime disciplinar diferenciado (RDD) terá a duração máxima de 360 dias; C: por força do disposto no *caput* do art. 52 da Lei 7.210/84, além do condenado, o preso provisório sujeitar-se-á ao regime disciplinar diferenciado; D: o preso, condenado ou provisório, terá direito a visitas semanais de duas pessoas, sem contar as crianças, com duração de duas horas, conforme prescreve o art. 52, III, da Lei 7.210/84. Gabarito "A".

(CESPE – 2008) Com base na Lei de Execução Penal, assinale a opção correta.

(A) A assistência material ao preso consiste no fornecimento de alimentação, vestuário, objetos de higiene pessoal e da limpeza da cela, bem como instrumentos de trabalho e educacionais.
(B) A assistência à saúde do preso, de caráter preventivo e curativo, compreende atendimento médico, farmacêutico e odontológico.
(C) A autoridade administrativa pode decretar o isolamento preventivo do preso faltoso e incluí-lo em regime disciplinar diferenciado, por interesse da disciplina, independentemente de despacho do juiz competente.
(D) Os presos, sem distinção, têm direito a contato com o mundo exterior por meio de visitas, inclusive íntimas, correspondência escrita, leitura e demais meios de comunicação e informação.

A: art. 41 da Lei de Execuções Penais; B: art. 14 da Lei n. 7.210/1984 (Lei de Execuções Penais); C: art. 60 da Lei de Execuções Penais; D: art. 41, X e XV, da Lei de Execuções. Gabarito "B".

(CESPE – 2007) A perda dos dias remidos em virtude do cometimento de falta grave durante o cumprimento da pena

(A) Viola o princípio da individualização da pena.
(B) Viola o princípio da dignidade da pessoa humana.
(C) Ofende ao princípio da isonomia.
(D) Não significa ofensa ao direito adquirido.

No panorama anterior, o magistrado estava credenciado a revogar os dias remidos na íntegra, amparado que estava pelo posicionamento firmado na Súmula Vinculante nº 9. Atualmente, dada a modificação a que foi submetida a redação do art. 127 da LEP, a Súmula Vinculante nº 9 perdeu sua razão de ser, visto que o juiz somente poderá impor ao condenado, em virtude do cometimento de falta grave, a perda de no máximo um terço dos dias remidos. Gabarito "D".

(CESPE – 2007) Acerca da execução penal, assinale a opção correta.

(A) É permitido o emprego de cela escura.
(B) São permitidas as sanções coletivas.
(C) O condenado à pena privativa de liberdade é obrigado a realizar qualquer trabalho que lhe for conferido, independentemente de suas aptidões e de sua capacidade.
(D) O trabalho externo será admissível para os presos em regime fechado somente em serviço ou obras públicas realizadas por órgãos da administração direta ou indireta, ou entidades privadas, desde que tomadas as cautelas contra a fuga e em favor da disciplina.

A: art. 45, § 2º, da Lei n. 7.210/1984; B: art. 45, § 3º, da Lei n. 7.210/1984; C: art. 31 da Lei n. 7.210/1984; D: art. 34, § 3º, do CP e arts. 36 e 37 da Lei n. 7.210/1984 (Lei de Execuções Penais). Gabarito "D".

(CESPE – 2006) De acordo com jurisprudência do STJ e do STF, assinale a opção correta no que se refere à execução penal.

(A) A Lei de Execuções Penais deixou de exigir a submissão do condenado a exame criminológico, anteriormente imprescindível para fins de progressão do regime prisional, sem, no entanto, retirar do juiz a faculdade de requerer sua realização quando, de forma fundamentada e excepcional, entender absolutamente necessária sua confecção para a formação de seu convencimento.
(B) O agravo em execução possui efeito suspensivo.
(C) Na execução penal, o condenado tem direito adquirido ao tempo remido, independentemente do cometimento de falta grave.
(D) O exame criminológico pode ser considerado isoladamente como fator para a denegação de benefícios.

A: art. 112, Lei n. 7.210/1984 (redação alterada pela Lei n. 10.792/2003). A despeito da modificação implementada pela Lei 10.792/2003 no art. 112 da LEP, o STJ e o STF têm entendido que o magistrado pode, sempre que entender necessário e conveniente, determinar a realização do exame criminológico no condenado, como condição para aferir se preenche o requisito subjetivo para progressão de regime. Em outras palavras, não está o juiz impedido de determinar a realização de exame criminológico. Vide Súmula Vinculante n. 26 e Súmula 439 do STJ; B: art. 197 da Lei de Execuções Penais; C: art. 127 da Lei de Execuções Penais; D: não pode o exame criminológico ser considerado de forma isolada como fator para denegação de benefícios. Gabarito "A".

21. LEGISLAÇÃO EXTRAVAGANTE

(Magistratura/AC – 2008 – CESPE) Com relação a procedimentos presentes no CPP, assinale a opção correta.

(A) Mesmo extinta a punibilidade, no decorrer do processo, em relação ao delito do processo principal, deve o juiz julgar a exceção da verdade interposta.
(B) O procedimento dos crimes de responsabilidade dos funcionários públicos, previsto no CPP, será cabível para todos os crimes praticados por servidor público, desde que comprovada essa condição.
(C) No procedimento comum, as partes poderão oferecer documentos a qualquer momento, até o final da fase probatória, sendo vedado às partes oferecer documentos por ocasião das alegações finais.
(D) Com relação ao procedimento previsto na nova Lei de Drogas, tratando-se de crime de fabricação de objeto destinado à preparação de drogas sem autorização ou em desacordo com determinação legal ou regulamentar, o juiz, ao receber a denúncia, poderá decretar o afastamento cautelar do denunciado de suas atividades, se este for funcionário público, comunicando o fato ao órgão respectivo.

Art. 56, § 1º, da Lei 11.343/06. Gabarito "D".

(Magistratura/AL – 2008 – CESPE) Acerca do processo e julgamento dos crimes de tráfico e uso indevido de substâncias entorpecentes ou que determinem dependência física ou psíquica, julgue os itens abaixo.

I. Para a lavratura do auto de prisão em flagrante, não se faz necessário laudo de constatação da natureza e quantidade da droga.
II. Os prazos de conclusão do inquérito policial podem ser duplicados pelo juiz, ouvido o MP, mediante pedido justificado da autoridade policial.
III. Em qualquer fase da persecução criminal, é permitida, mediante autorização judicial e ouvido o MP, a não-atuação policial sobre os portadores de drogas que se encontrem no território brasileiro, com a finalidade de identificar e responsabilizar maior número de integrantes de operações de tráfico e distribuição, ainda que não haja conhecimento sobre a identificação dos agentes do delito ou de colaboradores.
IV. O juiz, na fixação das penas, considerará, com preponderância sobre as circunstâncias judiciais previstas no CP, a natureza e a quantidade da substância ou do produto, a personalidade e a conduta social do agente.
V. O indiciado ou acusado que colaborar voluntariamente com a investigação policial e o processo criminal na identificação dos demais co-autores ou partícipes do crime e na recuperação total ou parcial do produto do crime, no caso de condenação, poderá ser beneficiado com o perdão judicial.

Estão certos apenas os itens

(A) I e II.
(B) I e III.
(C) II e IV.
(D) III e V.
(E) IV e V.

I: art. 50, § 1º, da Lei 11.343/06; II: art. 51, parágrafo único, da Lei 11.343/06; III: art. 53, parágrafo único, da Lei 11.343/06; IV: art. 42 da Lei 11.343/06; V: art. 41 da Lei 11.343/06. Gabarito "C".

(Magistratura/DF – 2011) Da criança e do adolescente. Da prática de ato infracional. Importa:

(A) Independente da ocorrência de flagrante de ato infracional ou de ordem escrita da autoridade judiciária, o adolescente pode ser privado de sua liberdade;
(B) Verificada a prática de ato infracional, levando em conta as circunstâncias e a gravidade da infração, a autoridade competente pode aplicar ao adolescente internação em estabelecimento penal;
(C) Ao adolescente que comete ato infracional equiparado ao tráfico ilícito de entorpecentes, como medida sócio-educativa, pode ser imposto o regime prisional fechado;
(D) Em razão de ato infracional praticado por criança, resultante de falta, omissão ou abuso dos pais ou responsável, como medida protetiva, provisória e excepcional, a autoridade judiciária pode determinar a sua colocação em abrigo, forma de transição para a colocação em família substituta, não implicando privação de liberdade.

A: proposição incorreta, visto que o adolescente somente será privado de sua liberdade em duas situações: i) flagrante de ato infracional; e ii) por ordem escrita e fundamentada da autoridade judiciária competente – art. 106, caput, da Lei 8.069/90 – ECA; B: a internação, que é a mais severa de todas as medidas socioeducativas, deverá ser cumprida em entidade exclusiva para adolescentes, onde deverão ser promovidas atividades pedagógicas – arts. 112, VI, e 123 do ECA; C: o regime prisional fechado não tem incidência no âmbito das medidas socioeducativas. A medida socioeducativa de internação terá lugar, a teor do art. 122, I, do ECA, quando se tratar de ato cometido mediante grave ameaça ou violência contra a pessoa. Não é o caso do tráfico de drogas. Também será o caso de internar o adolescente na hipótese de reiteração no cometimento de outras infrações graves ou se houver descumprimento reiterado e injustificável de medida anteriormente imposta (art. 122, II e III, do ECA). Em princípio, o adolescente que incorrer, de forma reiterada, na conduta descrita no art. 33, caput, da Lei de Drogas estará sujeito à medida socioeducativa de internação; D: assertiva correta. É do art. 105 do ECA que as crianças que cometerem ato infracional estarão sujeitas tão somente a medidas protetivas. Em hipótese alguma, pois, será a elas impingida medida socioeducativa, reservada exclusivamente aos adolescentes. O acolhimento institucional (art. 101, VII, ECA), medida de proteção que, com o advento da Lei 12.010/09, tomou o lugar do antigo abrigo, poderá ter incidência sempre que verificada alguma das hipóteses do art. 98 do ECA. Gabarito "D".

(Magistratura/MG - 2006) Caio agride Tícia na residência em que convivem maritalmente, causando-lhe lesão corporal. Tícia representa contra Caio perante a autoridade policial. Encaminhado o inquérito, o promotor de justiça oferece denúncia contra Caio perante o Juizado de Violência Doméstica e Familiar contra a Mulher de Brasília. Ainda não recebida a denúncia, Tícia encaminha ao juiz, por escrito, retratação da representação feita. Nos termos da Lei nº 11.340/2006:

(A) o juiz, não havendo dúvida da autenticidade da retratação de Tícia, pode admiti-la sem necessidade de audiência, ouvido o Ministério Público;
(B) o juiz somente pode admitir a retratação de Tícia em audiência especialmente designada para tal finalidade, ouvido o Ministério Público;
(C) o juiz não mais poderá admitir a retratação de Tícia, porque, já oferecida a denúncia, é irretratável a representação;
(D) não há previsão de retratação da representação.

Art. 16 da Lei 11.340/06. Gabarito "B".

(Magistratura/MG - 2006) Citado o réu por edital, não comparecendo ele ao interrogatório e nem constituindo advogado, é obrigatória a suspensão do processo e a do prazo prescricional, EXCETO:

(A) nos crimes conexos de competência do Tribunal do Júri, sendo afiançáveis;
(B) no procedimento dos crimes resultantes de preconceito de raça ou de cor;
(C) no procedimento originário dos crimes previstos no Dec.-Lei nº 201, que dispõe sobre a responsabilidade de prefeitos;
(D) no procedimento dos crimes de lavagem ou ocultação de bens, direitos e valores.

Art. 2º, § 2º, da Lei 9.613/98 (Lei de Lavagem de Capitais). Gabarito "D".

(Magistratura/MG - 2007) Segundo as diretrizes fixadas na Lei n. 9.296/96, que trata da interceptação de comunicações telefônicas e de comunicações em sistemas de informática e telemática:

(A) a gravação que não interessar à prova será inutilizada, incontinenti, por determinação da autoridade policial, durante o inquérito policial.
(B) o juiz, no prazo máximo de 24 (vinte e quatro) horas, decidirá sobre o pedido de interceptação de comunicações telefônicas.
(C) a interceptação de comunicações telefônicas não será admitida, em qualquer hipótese, quando não for possível a indicação e a qualificação dos investigados.
(D) a interceptação de comunicações telefônicas não poderá ser requerida pelo Ministério Público no curso das investigações policiais.

A: art. 9º da Lei 9.296/96; B: art. 4º, § 2º, da Lei 9.296/96; C: art. 2º, parágrafo único, da Lei 9.296/96; D: art. 3º, II, da Lei 9.296/96. Gabarito "B".

(Magistratura/PA – 2008 – FGV) Oferecida denúncia em face do acusado, pela prática do crime de expor à venda drogas (artigo 33 da Lei 11.343/06), caberá ao juiz:

(A) designar audiência de instrução e julgamento, mandar citar o réu e notificar o Ministério Público e as testemunhas.
(B) examinar se há justa causa para a ação penal e em seguida receber a denúncia.
(C) designar audiência do acusado e, após o interrogatório, receber a denúncia caso constate que há justa causa para a ação penal.
(D) rejeitar desde logo a denúncia, pois se aplica aqui o procedimento da Lei 9.099/95.
(E) ordenar a notificação do acusado para oferecer defesa prévia, por escrito, no prazo de 10 (dez) dias.

Art. 55, caput, da Lei 11.343/06. Gabarito "E".

(Magistratura/PR – 2008) Sobre o procedimento relativo ao crime de tráfico de drogas, previsto na Lei nº 11.343/06, assinale a alternativa correta:

(A) O procedimento exige a realização de dois interrogatórios.
(B) Oferecida a denúncia, o réu será intimado para interrogatório, devendo oferecer após este ato, em três dias, defesa prévia.
(C) Depois de recebida a denúncia e citado o réu, este deve apresentar defesa preliminar em dez dias.
(D) Oferecida a denúncia, o réu será notificado para apresentar defesa prévia em dez dias.

Art. 55, caput, da Lei 11.343/06. Gabarito "D".

(Magistratura/SC – 2008) Conforme a Lei n.º 11.343, de 23/08/06 (atual Lei de Tóxicos), assinale a alternativa correta:

(A) Oferecida a denúncia, com rol de até 3 (três) testemunhas, é ela prontamente recebida com a designação de dia e hora para o interrogatório respectivo, com a citação do acusado.
(B) Oferecida a denúncia, como rol de até 3 (três) testemunhas, é designado dia e hora para o interrogatório do acusado, seguindo-se com o seu recebimento ou não.
(C) Oferecida a denúncia, com rol de até 8 (oito) testemunhas, é designado dia e hora para o interrogatório respectivo, com a citação do réu.
(D) Oferecida a denúncia, com rol de até 8 (oito) testemunhas, é ela prontamente recebida, com a notificação do acusado para o interrogatório respectivo.
(E) Oferecida a denúncia com rol de até 5 (cinco) testemunhas, o juiz ordenará a notificação do acusado para oferecer defesa prévia, por escrito, no prazo de 10 (dez).

Art. 55, caput e § 1º, da Lei 11.343/06. Gabarito "E".

(Magistratura/SC – 2008) Quanto à audiência de instrução e julgamento no procedimento da Lei de Tóxicos, assinale a alternativa correta:

(A) O acusado é interrogado, seguindo-se com a ouvida das testemunhas de acusação, com a designação de nova data para a oitiva das testemunhas de defesa.
(B) O acusado é interrogado, seguindo-se com a oitiva das testemunhas de acusação e defesa, com a oferta das alegações, via memoriais, no prazo de 10 (dez) dias, sucessivamente.
(C) O acusado é interrogado, seguindo-se com a oitiva das testemunhas de acusação e defesa, com a oferta das alegações, via memoriais, no prazo de 05 (cinco) dias, sucessivamente.
(D) O acusado não é interrogado, mas tão somente ouvidas as testemunhas de acusação e defesa, dando-se, após, a palavra sucessivamente ao representante do Ministério Público e ao defensor do acusado, para suas razões.
(E) O acusado é interrogado, seguindo-se com a oitiva das testemunhas de acusação e defesa, dando-se, após, a palavra, sucessivamente, ao representante do Ministério Público e ao defensor do acusado, para suas razões.

Art. 57, caput, da Lei 11.343/06. Gabarito "E".

(Magistratura/SP – 2008) A possibilidade de o funcionário público, acusado do crime de tráfico de entorpecente, ser afastado de suas atividades antes de eventual condenação, é prevista na Lei n.º 11.343/06 como

(A) interdição temporária de direito.
(B) suspensão temporária de direito.
(C) medida cautelar.
(D) pena acessória.

Art. 56, § 1º, da Lei 11.343/06. Gabarito "C".

(Ministério Público/GO – 2005) A ação penal pela prática de crime falimentar será proposta perante:

(A) o juízo criminal da jurisdição onde tenha sido decretada a falência
(B) o juízo da falência que, após recebê-la, determinará sua remessa ao juízo criminal competente
(C) o juízo da falência, que é universal, tendo, portanto, competência para julgá-la
(D) o juízo criminal da jurisdição onde tenha sido decretada a falência ou o juízo da falência, a critério do autor

Art. 183 da Lei 11.101/05. Gabarito "A".

(Ministério Público/MG – 2007) Quanto à delação premiada, assinale a alternativa INCORRETA.

(A) Tratando-se de crime hediondo ou a ele equiparado, incidirá causa de diminuição de pena para o participante ou associado que denunciar a quadrilha ou bando à autoridade, possibilitando seu desmantelamento.
(B) Nos crimes praticados em organização criminosa, o agente que, espontaneamente, colaborar para o esclarecimento da infração penal e de sua autoria terá direito à redução de pena.
(C) No crime de extorsão mediante seqüestro, para a diminuição da pena deve o concorrente denunciar o co-autor ou o partícipe à autoridade, facilitando a libertação do seqüestrado.
(D) Se o crime se refere à lavagem de dinheiro, para ser beneficiado com a não-aplicação da pena, o agente deve colaborar espontaneamente com as autoridades, prestando esclarecimentos que conduzam à apuração das infrações penais, sua autoria ou localização de bens, direitos ou valores objeto do crime.
(E) No tocante à lei de proteção a vítimas e testemunhas, o perdão judicial pode ser concedido ao reincidente que tenha colaborado efetivamente para identificação dos demais envolvidos e na localização da vítima com integridade física preservada.

A: art. 8º, parágrafo único, da Lei 8.072/90; B: art. 6º da Lei 9.034/95; C: art. 159, § 4º, do CP; D: art. 1º, § 5º, da Lei 9.613/98; E: art. 13 da Lei 9.807/99. Gabarito "E".

(Ministério Público/PB – 2010) Sobre a medida de interceptação de comunicações telefônicas, prevista na Lei Federal nº 9.296/96, considere as proposições abaixo e, em seguida, indique a alternativa que contenha o julgamento devido sobre elas:

I. Deverá ser determinada pela autoridade judiciária com competência para a ação penal, de ofício ou a requerimento da autoridade policial, na investigação criminal, ou do representante do Ministério Público, na investigação criminal e na instrução processual penal.
II. Será admitida a interceptação das comunicações telefônicas apenas quando houver indícios razoáveis de autoria ou participação em infração penal punida com pena de reclusão e a prova não puder ser feita por outros meios disponíveis.
III. O pedido de intercepção de comunicações telefônicas poderá ser formulado verbalmente, desde que estejam presentes os pressupostos que a autorizem, caso em que a concessão será condicionada à sua redução a termo, devendo a autoridade judiciária sobre ela decidir no prazo de 24(vinte e quatro) horas.

(A) Apenas a proposição I está incorreta.
(B) Apenas a proposição II está incorreta.
(C) Apenas a proposição III está incorreta.
(D) Todas as proposições estão corretas.
(E) Todas as proposições estão incorretas.

I: art. 3º da Lei 9.296/96; II: art. 2º da Lei 9.296/96; III: art. 4º da Lei 9.296/96. Gabarito "D".

(Ministério Público/PR – 2009) Tendo em conta as disposições da Lei nº 11.340/06 (Lei Maria da Penha), assinale a alternativa INCORRETA:

(A) o juiz pode conceder medidas protetivas solicitadas pela ofendida, sem pronunciamento do Ministério Público, desde que este seja prontamente comunicado;
(B) a ofendida tem legitimidade para requerer ao juízo medidas protetivas de urgência por meio de termo lavrado pela autoridade policial;
(C) nos casos de violência doméstica e familiar contra a mulher, é vedada a aplicação de penas de cesta básica ou outras de prestação pecuniária;
(D) o estupro praticado pelo marido contra sua mulher (art. 213, "caput", do CP) configura violência sexual (art. 7º, inciso IV), o que torna a ação penal pública e incondicionada;
(E) constatada a prática de violência doméstica e familiar contra a mulher, o juiz pode determinar liminarmente, entre outras medidas protetivas de urgência, a suspensão das procurações conferidas pela ofendida ao agressor.

A: art. 19, § 2º, da Lei 11.340/06; B: art. 12, III, da Lei 11.340/06; C: art. 17 da Lei 11.340/06; D: com o advento da Lei 12.015/09, a ação penal, nos crimes sexuais, que até então era, em regra, de iniciativa privada, passou a ser pública condicionada a representação, isso por força do que dispõe a nova redação do art. 225, caput, do CP. Será, entretanto, pública incondicionada se se tratar de vítima menor de 18 anos ou de pessoa vulnerável, conforme dispõe o art. 225, parágrafo único, do CP. Não é o caso tratado na assertiva, em que o crime é praticado por marido contra a esposa. A ação, portanto, neste caso, é pública condicionada à representação da ofendida. Além disso, o estupro praticado pelo marido contra sua esposa configura, em princípio, a forma de violência doméstica e familiar prevista no art. 7º, III, da Lei Maria da Penha (violência sexual); E: art. 24, III, da Lei 11.340/06. Gabarito "D".

(Ministério Público/PR – 2008) Sobre a Lei nº 11.343/06 (Lei de Tóxicos), assinale a alternativa correta:

(A) O inquérito policial será concluído no prazo de 30 (trinta) dias, se o indiciado estiver preso, e de 60 (sessenta) dias, quando solto.
(B) Oferecida a denúncia pelo Ministério Público, o juiz ordenará a notificação do acusado para oferecer defesa prévia, por escrito, no prazo de 5 (cinco) dias.
(C) Recebida a denúncia, o juiz designará dia e hora para a audiência de instrução e julgamento, ordenará a citação pessoal do acusado, a intimação do Ministério Público, do assistente, se for o caso, e requisitará os laudos periciais.
(D) A audiência de instrução e julgamento será realizada dentro dos 20 (vinte) dias seguintes ao recebimento da denúncia, salvo se determinada a realização de avaliação para atestar dependência de drogas, quando se realizará em 90 (noventa) dias.
(E) Todas as alternativas estão corretas.

A: art. 51 da Lei 11.343/06; B: art. 55, caput, da Lei 11.343/06; C: art. 56, caput, da Lei 11.343/06; D: art. 56, § 2º, da Lei 11.343/06. Gabarito "C".

(Ministério Público/RO – 2008 – CESPE) Acerca da interceptação das comunicações telefônicas, com base na legislação pertinente, assinale a opção correta.

(A) A interceptação telefônica poderá ser determinada pelo juiz a requerimento da autoridade policial ou do MP, não podendo ser determinada de ofício.
(B) No caso de a diligência possibilitar a gravação da comunicação interceptada, não há necessidade de sua transcrição, bastando a juntada de CDs com o conteúdo da comunicação.
(C) Deferido o pedido, os procedimentos de interceptação telefônica poderão ser conduzidos pela autoridade policial ou pelo MP, dando-se ciência, em todos os casos, à corregedoria-geral de polícia.
(D) Excepcionalmente, o pedido de interceptação de comunicação telefônica poderá ser feito verbalmente, desde que estejam presentes os pressupostos que autorizem a interceptação, caso em que a concessão será condicionada à sua redução a termo.
(E) Ainda que a gravação não interesse à prova, não se admite a sua inutilização, devendo toda a gravação permanecer arquivada, ao final, junto com os autos principais.

A: art. 3º da Lei 9.296/96; B: art. 6º, § 1º, da Lei 9.296/96; C: art. 6º, caput, da Lei 9.296/96; D: art. 4º, § 1º, da Lei 9.296/96; E: art. 9º da Lei 9.296/96. Gabarito "D".

(Ministério Público/SP – 2010) Assinale a alternativa correta. A ação controlada:

(A) é uma medida prevista nos procedimentos investigatórios que versem sobre ilícitos decorrentes de ações praticadas por organizações ou associações criminosas de qualquer tipo, consistente em realizar interceptações telefônicas pela autoridade policial para identificar os suspeitos da autoria dessas infrações penais.
(B) é uma medida prevista nos procedimentos investigatórios que versem sobre infrações penais de Lavagem de Dinheiro ou de Capitais e consiste em uma ordem judicial permitindo o acesso aos dados, documentos e informações fiscais, bancárias, financeiras e eleitorais dos suspeitos de tais condutas.
(C) é uma medida prevista nos procedimentos investigatórios que versem sobre infrações penais de Lavagem de Dinheiro ou de Capitais e consiste na decretação judicial da apreensão ou sequestro bens, direitos ou valores do suspeito da autoria desses delitos.

(D) é uma medida prevista nos procedimentos investigatórios que versem sobre ilícitos decorrentes de ações praticadas por organizações ou associações criminosas de qualquer tipo e consiste em retardar a intervenção policial do que se supõe fato praticado por organizações criminosas, desde que mantida sob observação e acompanhamento para que a medida legal se concretize no momento mais eficaz do ponto de vista da formação de provas e fornecimento de informações.

(E) é uma medida prevista nos procedimentos investigatórios que versem sobre ilícitos decorrentes de ações praticadas por organizações ou associações criminosas de qualquer tipo, que depende de ordem judicial e visa a captação e a interceptação ambiental de sinais eletromagnéticos, óticos ou acústicos, e o seu registro e análise.

Art. 2º, II, da Lei 9.034/95. Gabarito "D".

(Ministério Público/SP – 2008) Considerando as disposições contidas na Lei n.º 11.343, de 23.08.2006 (nova Lei de Tóxicos), assinale a alternativa correta.

(A) A "infiltração" por agentes policiais em tarefas de investigação, nos crimes descritos na referida Lei, depende de autorização do juiz ou do Ministério Público.

(B) Recebidos os autos de inquérito policial, o prazo para o oferecimento da denúncia é de 5 (cinco) dias.

(C) O perito que firmar o laudo de constatação da natureza e quantidade da droga ficará impedido de participar da elaboração do laudo definitivo.

(D) Nos crimes de tráfico de drogas ilícitas e assemelhados (arts. 33, caput e § 1.º, e 34 a 37), a referida Lei veda a concessão de fiança, sursis, graça, indulto, anistia e liberdade provisória, a progressão de regime e a substituição da pena por sanção restritiva de direitos.

(E) Na fixação da pena, as circunstâncias preponderantes sobre outras circunstâncias previstas no art. 59 do Código Penal são a natureza e a quantidade da substância ou do produto, a personalidade e a conduta social do agente.

A: em conformidade com o disposto no art. 53, I, da Lei 11.343/06, a infiltração por agentes de polícia em tarefas de investigação somente poderá ser autorizada por juiz, ouvido o Ministério Público; B: art. 54 da Lei 11.343/06; C: art. 50, § 2º, da Lei 11.343/06; D: art. 44, caput, da Lei 11.343/06. A possibilidade de progredir de regime está prevista no § 2º do art. 2º da Lei 8.072/90 (Lei de Crimes Hediondos); E: art. 42 da Lei 11.343/06. Gabarito "E".

(Defensor Público/GO – 2010 – I. Cidades) Mário da Pedra foi denunciado pelo crime de tráfico de drogas perante a Justiça Estadual. Conforme o procedimento ditado na Lei n.11.343/96, o juiz deverá

(A) receber a denúncia, se presentes os requisitos legais, e determinar a citação do réu para oferecimento de resposta à acusação, no prazo de 10 dias.

(B) sem receber a denúncia, determinar a notificação do denunciado para oferecer resposta no prazo de 10 dias.

(C) designar data para a audiência de instrução e julgamento, oportunidade em que será, se presentes os requisitos legais, recebida a denúncia.

(D) determinar a citação do réu para oferecer resposta à acusação no prazo de 15 dias, após o que receberá ou não a denúncia.

(E) determinar a notificação do denunciado para oferecer resposta no prazo de 5 dias, antes do recebimento da denúncia.

Art. 55, caput, da Lei 11.343/06. Gabarito "B".

(Defensoria/MT – 2009 – FCC) Nos crimes de tráfico de entorpecentes, oferecida a denúncia, o juiz

(A) receberá a denúncia e designará data para interrogatório do réu, após o qual passará a correr o prazo de 3 dias para defesa prévia.

(B) receberá a denúncia e ordenará a citação do réu para apresentar defesa prévia no prazo de 3 dias.

(C) designará data para interrogatório do réu, após o qual decidirá pelo recebimento ou rejeição da denúncia.

(D) ordenará a citação do réu para apresentar defesa prévia no prazo de 3 dias, após a qual decidirá pelo recebimento ou rejeição da denúncia.

(E) ordenará a notificação do acusado para oferecer defesa prévia, por escrito, no prazo de 10 dias.

Art. 55, caput, da Lei 11.343/06. Gabarito "E".

(Defensoria/SP – 2007 – FCC) Sobre a Lei nº 11.340/06 (Lei Maria da Penha), que criou mecanismos para coibir e prevenir a violência doméstica e familiar contra a mulher, é correto afirmar:

(A) A prisão preventiva do acusado passou a ser obrigatória, com a inclusão do inciso IV ao artigo 313 do Código de Processo Penal, que estabelece as hipóteses em que se admite a sua decretação.

(B) Diversas medidas cautelares foram previstas, sob a denominação de "medidas protetivas de urgência que obrigam o agressor", permitindo ao magistrado a utilização imediata de instrumentos cíveis e penais contra o acusado, alternativa ou cumulativamente.

(C) O juiz competente para apuração do delito praticado contra a mulher deverá, quando for o caso, oficiar imediatamente ao juízo cível para a adoção de medidas consideradas urgentes, como a separação de corpos e a prestação de alimentos provisionais ou provisórios.

(D) As medidas restritivas de direito previstas na lei, como a proibição de freqüentar determinados lugares, têm caráter de pena e, portanto, só podem ser aplicadas pelo juiz ao final do procedimento.

(E) A defensoria pública, quando não estiver patrocinando a defesa do acusado, poderá atender a ofendida.

Art. 22 da Lei 11.340/06. Gabarito "B".

(Defensoria/SP – 2007 – FCC) Entre as inovações do procedimento adotado pela nova lei de drogas (Lei nº 11.343/06), pode-se destacar:

(A) a impossibilidade de prisão provisória para o agente que pratique o delito para consumo pessoal (art. 28 da lei), exceto na hipótese de não comparecimento perante a autoridade judicial.

(B) a possibilidade de infiltração de agentes de polícia, em tarefas de investigação, objetivando o desmantelamento de organizações criminosas voltadas ao tráfico ilícito de substâncias entorpecentes, com ratificação, a posteriori, pela autoridade judicial.

(C) a manifestação da defesa técnica anterior ao recebimento da denúncia, oportunidade em que deverá especificar as provas que pretende produzir e arrolar até cinco testemunhas.

(D) a não obrigatoriedade da prisão para apelar, assegurando ao juiz a possibilidade de, em cada caso, decidir fundamentadamente.

(E) o registro, por estenotipia ou por mecanismo audiovisual, das sustentações orais feitas pelo promotor de justiça e pelo defensor, visando à preservação dos argumentos utilizados, para fins de controle da decisão judicial e eventual interposição recursal.

Art. 55, § 1º, da Lei 11.343/06. Gabarito "C".

(Cartório/MT – 2005 – CESPE) Acerca de interceptação telefônica, objeto da Lei n.º 9.296/1996, julgue os itens a seguir. I A interceptação telefônica pode ser feita pela polícia com prévia autorização do Ministério Público e conduzida pelo juiz. II Desde que precedida de autorização judicial, a interceptação telefônica é válida para produzir prova em processo criminal. III Desde que precedida de autorização judicial, a interceptação telefônica é válida para produzir prova em inquérito policial. IV Essa interceptação pode ser deferida pelo judiciário, desde que haja requerimento da administração pública. Estão certos apenas os itens

(A) I e II.
(B) I e IV.
(C) II e III.
(D) III e IV.

I: art. 3º da Lei 9.296/96; II: art. 3º, II, da Lei 9.296/96; III: art. 3º, I, da Lei 9.296/96; IV: art. 3º, I e II, da Lei 9.296/96. Gabarito "C".

(Delegado/PB – 2009 – CESPE) Acerca do tráfico ilícito e do uso indevido de substâncias entorpecentes, com base na legislação respectiva, assinale a opção correta.

(A) No caso de porte de substância entorpecente para uso próprio, não se impõe prisão em flagrante, devendo o autor de fato ser imediatamente encaminhado ao juízo competente ou, na falta deste, assumir o compromisso de a ele comparecer.
(B) Para a lavratura do auto de prisão em flagrante, é suficiente o laudo de constatação da natureza e quantidade da droga, o qual será necessariamente firmado por perito oficial.
(C) O IP relativo a indiciado preso deve ser concluído no prazo de 30 dias, não havendo possibilidade de prorrogação do prazo. A autoridade policial pode, todavia, realizar diligências complementares e remetê-las posteriormente ao juízo competente.
(D) Findo o prazo para conclusão do inquérito, a autoridade policial remete os autos ao juízo competente, relatando sumariamente as circunstâncias do fato, sendo-lhe vedado justificar as razões que a levaram à classificação do delito.

A: art. 48, § 2º, da Lei 11.343/06; B: nos termos do art. 50, § 1º, da Lei 11.343/06, na falta de perito oficial, o laudo de constatação poderá ser firmado por pessoa idônea. Nesse ponto reside o erro da assertiva; C: reza o art. 51, parágrafo único, da Lei de Drogas que o prazo para conclusão do inquérito relativo a réu preso, que é de 30 dias, pode ser duplicado pelo juiz, desde que ouvido o MP e mediante pedido justificado da autoridade policial; D: a autoridade policial, ao remeter os autos de inquérito policial ao juízo, já findos, deverá relatar de forma sumária as circunstâncias em que os fatos se deram, bem assim justificar as razões que a levaram à classificação do delito, entre outras providências listadas no art. 52 da Lei 11.343/06. Gabarito "A".

(Delegado/SP – 2008) Com respeito à Lei de interceptação Telefônica (Lei n. 9.296/96), assinale a alternativa incorreta.

(A) No caso de a diligência possibilitar a gravação comunicação interceptada, será determinada a sua transcrição.
(B) Para proceder à escuta, a autoridade policial poderá requisitar serviços técnicos especializados de concessionária de serviço público.
(C) A gravação que não interessa à prova deverá ser guardada por noventa dias e depois inutilizada por ordem judicial.
(D) O juiz de direito poderá determinar interceptação telefônica ex officio.
(E) O juiz de direito pode, excepcionalmente, admitir que o pedido de interceptação telefônica seja feito verbalmente.

A: art. 6º, § 1º, da Lei 9.296/96; B: art. 7º da Lei 9.296/96; C: art. 9º da Lei 9.296/96; D: art. 3º, caput, da Lei 9.296/96; E: art. 4º, § 1º, da Lei 9.296/96. Gabarito "C".

(Magistratura Federal/5ª Região – 2009 – CESPE) Acerca do tráfico ilícito de substâncias entorpecentes, seu uso e seu procedimento penal, à luz da legislação em vigor, assinale a opção correta.

(A) A doutrina garantista, atenta ao princípio da reserva legal, aponta como lacuna de formulação, e não silêncio eloquente do legislador, a falta de previsão, em relação aos crimes de tráfico ilícito de substância entorpecente, da conduta de produzir drogas, de forma que, estando o agente nessa situação, somente com a ação controlada dos policiais eventualmente infiltrados seria possível prendê-lo em flagrante, de modo a aguardar outra conduta prevista do tipo penal de ação múltipla.
(B) A infiltração de agentes de polícia em tarefas de investigação pode ser realizada em qualquer fase da persecução criminal, dependendo, no entanto, de autorização judicial e oitiva do MP.
(C) Se restar comprovado, ao fim da instrução criminal, que o agente, em razão da dependência, era inteiramente incapaz de entender o caráter ilícito do fato ao tempo da ação, o juiz, se absolver o acusado, não poderá determinar o seu encaminhamento para tratamento médico adequado.
(D) Não há, na legislação específica, disposição expressa a respeito da pena de multa, devendo o juiz aplicar, subsidiariamente, os dispositivos do CPP acerca do tema.
(E) Reincidindo o agente na prática do crime de uso de substância entorpecente, caberá a sua prisão em flagrante, devendo ser ele imediatamente encaminhado ao juiz competente.

A: é verdade que o crime de tráfico de entorpecentes, capitulado no art. 33 da Lei 11.343/06, constitui um tipo de ação múltipla ou de conteúdo variado, de sorte que, para a sua consumação, é suficiente a prática de uma das ações nele previstas. Ocorre que a conduta de *produzir* drogas é uma das dezoito previstas no tipo do art. 33 da Lei de Drogas, que consiste em *dar origem a algo que até então não existia*. Por conta disso, é desnecessário lançar mão do expediente da ação controlada para viabilizar a prisão em flagrante por outra conduta prevista no art. 33 da Lei; B: art. 53, I, da Lei 11.343/06; C: art. 45, parágrafo único, da Lei 11.343/06; D: art. 43 da Lei 11.343/06; E: não se imporá a prisão em flagrante àquele que incorrer na prática do crime previsto no art. 28 da Lei de Drogas, mesmo que se trate de reincidente. Gabarito "B".

(Magistratura Federal – 5ª Região – 2007 – CESPE) Julgue o item seguinte.

(1) Para a prorrogação do pedido de interceptação das comunicações telefônicas, a lei exige a transcrição integral das conversas até então obtidas, para que o juiz verifique a plausibilidade do pedido.

O pedido de prorrogação formulado deve ser detalhado e minucioso, indicando de forma efetiva a necessidade da diligência e os meios a serem empregados. De fato, a lei não exige a transcrição integral dos diálogos até então obtidos. Gabarito 1E.

(Defensoria Pública da União – 2007 – CESPE) Julgue o item seguinte.

(1) Para fundamentação de pedido anteriormente deferido, de que se prorrogue a interceptação de conversas telefônicas, a lei exige a transcrição total dessas conversas, sem a qual não se pode comprovar que é necessária a continuidade das investigações.

Vide resposta dada à questão acima. Gabarito 1E.

22. TEMAS COMBINADOS E OUTROS TEMAS

(Magistratura/AL – 2008 – CESPE) Quanto ao acusado e seu defensor, à citação e à sentença condenatória, assinale a opção correta.

(A) A falta de comparecimento do defensor, ainda que motivada, não determinará o adiamento de ato algum do processo, devendo o juiz nomear substituto, ainda que provisoriamente ou apenas para o efeito do ato.
(B) Com o recebimento da denúncia, o processo penal terá completada a sua formação.
(C) Quando verificar que o réu se oculta para não ser citado, o oficial de justiça deverá certificar a ocorrência e proceder à citação com hora certa, na forma prevista no CPC.
(D) Ao proferir a sentença condenatória, o juiz fixará também o valor máximo para a reparação dos danos causados pela infração.
(E) O réu não poderá apelar sem se recolher à prisão, ou prestar fiança, salvo se for primário e de bons antecedentes, assim reconhecido na sentença condenatória, ou condenado por crime de que se livre solto.

Art. 362 do CPP. Gabarito "C".

(Magistratura/PR – 2010 – PUC/PR) Analise os temas abaixo e assinale a alternativa CORRETA:

I. No crime de tráfico de drogas, o inquérito policial será concluído no prazo de 10 (dez) dias, se o indiciado estiver preso, e de 30 (trinta) dias, quando solto.
II. Sobre a norma para a organização e a manutenção de programas especiais de proteção a vítimas e a testemunhas ameaçadas, poderá o juiz, de ofício ou a requerimento das partes, conceder diminuição de pena de _ até _ ao acusado que, sendo primário, tenha colaborado efetiva e voluntariamente com a investigação e com o processo criminal, desde que dessa colaboração tenha resultado: I - a identificação dos demais co-autores ou partícipes da ação criminosa; II - a localização da vítima com a sua integridade física preservada; III - a recuperação total ou parcial do produto do crime.
III. Excepcionalmente, o juiz poderá admitir que o pedido de interceptação telefônica seja formulado verbalmente, desde que estejam presentes os pressupostos que autorizem a interceptação, caso em que a concessão será condicionada à sua redução a termo.
IV. O abuso de autoridade sujeitará o seu autor à sanção penal, que, dada sua pena, o processo será de competência dos juizados especiais criminais.

(A) Apenas as assertivas III e IV estão corretas.
(B) Apenas as assertivas I e II estão corretas.
(C) Apenas as assertivas II e IV estão corretas.
(D) Todas as assertivas estão incorretas.

I: no crime de tráfico de drogas, o inquérito deverá ser ultimado no prazo de 30 dias, se preso estiver o indiciado; e em 90 dias, no caso de o indiciado encontrar-se solto. É o teor do art. 51 da Lei 11.343/06; II: a assertiva não está em consonância com o que estabelece o art. 13 da Lei 9.807/99, que prevê, neste caso, a concessão do perdão judicial ao acusado, com a consequente extinção da punibilidade; III: art. 4º da Lei 9.296/96; IV: a incidência do rito sumariíssimo aos crimes previstos na Lei 4.898/65, com o fim da vedação do procedimento especial (art. 61, Lei 9.099/95), é, em princípio, viável. Há autores, no entanto, que entendem que os crimes de abuso de autoridade não comportam o procedimento estabelecido na Lei 9.099/95, dada a incidência de efeitos no âmbito administrativo, o que seria incompatível com o procedimento da lei do Juizado Especial. Gabarito "A".

(Magistratura/PR – 2008) Quanto aos atos jurisdicionais penais, assinale a alternativa correta:

(A) As decisões interlocutórias simples são aquelas que encerram a relação processual sem julgamento de mérito ou, então, põem termo a uma etapa do procedimento. São exemplos desse tipo de decisão a que recebe a denúncia ou queixa e decreta ou rejeita pedido de prisão preventiva.
(B) A decisões interlocutórias mistas não se equiparam as decisões interlocutórias simples, pois as primeiras servem para solucionar questões controvertidas e que digam respeito ao modus procedendi, sem, contudo, trancar a relação processual. Enquanto as decisões interlocutórias simples trancam a relação processual sem julgar o meritum causae.
(C) A decisão que não recebe a denúncia é terminativa de mérito, por isso não pode ser considerada decisão interlocutória mista.
(D) As decisões interlocutórias simples servem para solucionar questão controvertida e que diz respeito ao modus procedendi, sem, contudo, trancar a relação processual, as interlocutórias mistas, por sua vez, apresentam um plus em relação àquelas. Elas trancam a relação processual sem julgar o meritum causae.

Interlocutórias simples são as decisões que servem para solucionar questão atinente à marcha processual, sem, contudo, ingressar no mérito da causa; as *interlocutórias mistas*, por seu turno, têm força de definitiva, já que trancam a relação processual sem julgar o mérito da causa. Gabarito "D".

(Magistratura/RS – 2009) Os magistrados, na esfera criminal, proferem diversas decisões, com diversos conteúdos e provimentos em diferentes momentos processuais, as quais também comportam impugnação por vários remédios jurídicos. A este respeito, considere as assertivas abaixo.

I. O juiz poderá absolver sumariamente o réu somente nos processos de competência do Tribunal do Júri, onde há previsão legal expressa.
II. Ao dar provimento à apelação de um dos réus, condenado por roubo consumado na pena privativa de liberdade de seis anos de reclusão e multa, o Tribunal de Justiça, à unanimidade, reconheceu a modalidade tentada do delito praticado pelos dois réus e, por esse motivo, reduziu as penas do recorrente pela metade, sem reduzir as penas do co-réu, por não ter recorrido, contrariando parecer do Ministério Público.
III. Nos crimes dolosos contra a vida, as decisões de pronúncia e de impronúncia são impugnáveis, respectivamente, mediante recurso em sentido estrito e apelação.

Quais são corretas?

(A) Apenas I
(B) Apenas II
(C) Apenas III
(D) Apenas I e II
(E) I, II e III

I: art. 397 do CPP; II: art. 580 do CPP; III: arts. 581, IV, e 416 do CPP, respectivamente. Gabarito "C".

(Magistratura/SC – 2009) Assinale a alternativa correta:

(A) O princípio da persuasão racional é aquele pelo qual o juiz formará sua convicção pela livre apreciação da prova produzida em contraditório judicial, não podendo fundamentar sua decisão exclusivamente nos elementos informativos colhidos na investigação, ressalvadas as provas cautelares, não repetíveis e antecipadas.
(B) No sistema acusatório pátrio vigente, o magistrado que deferiu a produção de prova pré-processual está impedido de processar e julgar eventual ação penal dela decorrente, pois fica comprometida a imparcialidade do julgador.
(C) O sequestro é medida assecuratória que pode recair sobre os bens imóveis adquiridos pelo indiciado com os proventos da infração, salvo se tenham sido transferidos a terceiros de boa-fé.
(D) As alegações finais são peças obrigatórias e sua falta causa nulidade por ausência de defesa; já a defesa prévia é peça facultativa da defesa e sua falta não gera nulidade.

A: art. 155, *caput*, do CPP; B: não há essa previsão na atual legislação processual penal. Frise-se que o anteprojeto de lei do CPP prevê o chamado "Juiz de Garantias", em que um magistrado atuaria na fase investigativa e, após, cederia espaço para outro, que presidiria a instrução; C: art. 125 do CPP; D: as *alegações finais* serão, em regra, orais – art. 403, *caput*, do CPP. Caso o réu, citado pessoalmente, não ofereça sua defesa escrita, deverá o juiz nomear-lhe defensor para que o faça, concedendo-lhe vista dos autos pelo interregno de 10 dias – art. 396-A, § 2º, do CPP. Gabarito "A".

(Magistratura/SC – 2009) Conforme o Código de Processo Penal, assinale a alternativa INCORRETA:

(A) O juiz não depende necessariamente da instrução do processo para absolver o acusado.
(B) Nos crimes punidos com reclusão a concessão de fiança depende da pena mínima cominada.
(C) Nos processos de competência do Tribunal do Júri, contra a sentença de impronúncia e absolvição sumária caberá apelação.
(D) O militar será citado por mandado a ser cumprido pelo oficial de justiça.
(E) O juiz poderá ouvir outras testemunhas além daquelas arroladas pelas partes.

A: o art. 397 do CPP lista as hipóteses em que o acusado, depois de oferecida a *resposta escrita* e antes da *audiência de instrução*, poderá ser absolvido sumariamente; B: a Lei 12.403/11 deu nova redação ao art. 323 do CPP e passou a admitir a fiança em todos os crimes, menos naqueles relacionados neste dispositivo e em leis especiais; C: art. 416 do CPP; D: em obediência ao que dispõe o art. 358 do CPP, a citação do militar será feita por meio do chefe do respectivo serviço; E: cuida-se de faculdade que lhe confere o art. 209, *caput*, do CPP. Gabarito "D".

(Magistratura/SC – 2009) Assinale a alternativa INCORRETA:

(A) Depende da aceitação do querelado a extinção da punibilidade pelo perdão do ofendido.
(B) No julgamento das apelações o Tribunal poderá proceder a novo interrogatório do acusado.
(C) O Ministério Público poderá desistir da ação penal.
(D) Não pode ser incluído na lista geral de jurados aquele que tiver integrado o Conselho de Sentença nos últimos 12 meses antecedentes à publicação daquela.
(E) No primeiro grau a carta testemunhável será requerida ao escrivão.

A: o *perdão* é ato bilateral, na medida em que só gera a extinção da punibilidade se for aceito pelo querelado – art. 51 do CPP e 105 do CP; a *renúncia*, ao contrário, constitui ato unilateral, que independe, portanto, da manifestação de vontade do ofensor – art. 49 do CPP e art. 104 do CP; B: art. 616 do CPP; C: é defeso ao Ministério Público desistir da ação penal já proposta – art. 42 do CPP; D: art. 426, § 4º, do CPP; E: art. 640 do CPP. Gabarito "C".

(Magistratura/SP – 2006) Assinale a alternativa incorreta.

(A) Quando a infração deixar vestígio, será imprescindível o exame de corpo de delito, direto ou indireto, não podendo supri-lo a confissão do acusado.
(B) A prisão temporária pode ser decretada de ofício pelo Juiz.

(C) Não sendo possível o exame de corpo de delito em razão do desaparecimento dos vestígios, a prova testemunhal poderá suprir-lhe a falta.
(D) Desde que descrito o fato na denúncia, poderá o Juiz, na sentença, dar classificação diversa ao ilícito capitulado na vestibular acusatória, ainda que tenha de aplicar pena mais grave.

A: art. 158 do CPP; B: art. 2º, *caput*, da Lei 7.960/89; C: art. 167 do CPP; D: art. 383 do CPP. "B".

(Ministério Público/AM – 2005) Assinale a alternativa incorreta.

(A) A fiança é uma garantia real, que consiste no pagamento em dinheiro ao Estado, visando assegurar ao agente o direito de permanecer solto, durante o trâmite do processo criminal.
(B) A liberdade provisória tem cabimento restrito, portanto, sendo aplicável somente nos casos de prisão preventiva ou temporária.
(C) A citação por rogatória é realizada quando o réu se encontra em outro país.
(D) É através de requisição do juiz, por ofício, ao superior militar do réu, que se realiza a sua citação.

A: a *fiança*, prevista nos arts. 321 e seguintes do CPP, consiste de fato em uma garantia real, consubstanciada no pagamento em dinheiro ou na entrega de valores ao Estado, com o objetivo de assegurar ao agente o direito de permanecer solto durante o processo; B: dada a nova sistemática implementada pela Lei 12.403/11, a *liberdade provisória* constitui um sucedâneo da prisão em flagrante e uma medida alternativa à decretação da prisão preventiva; C: art. 368 do CPP; D: art. 358 do CPP. "B".

(Ministério Público/AM – 2005) Assinale a alternativa correta;

(A) Pelo princípio da especialidade, devemos entender que se aplica o procedimento do CPP e, em caráter subsidiário o da lei especial, por ser aquele o procedimento geral.
(B) Os crimes de imprensa previstos na Lei nº 5.250/67, são julgados pela justiça comum, observados os procedimentos do Código de Processo Penal.
(C) A notitia criminis é classificada como direta e indireta.
(D) Na Lei do Crime Organizado – Lei nº 9.034/95 – não pode o juiz participar da atividade da colheita do material probatório antes de receber a denúncia.

Notitia criminis direta se dá quando a autoridade policial toma conhecimento da ocorrência de uma infração penal de forma direta, ou seja, por meio de suas atividades de rotina; *notitia criminis* indireta é o conhecimento que tem a autoridade policial de uma infração penal por meio de um ato formal: requisição do juiz, do promotor, representação do ofendido etc. "C".

(Ministério Público/AM – 2005) Assinale a alternativa incorreta.

(A) Em razão do princípio da indisponibilidade do inquérito policial, não pode este ser arquivado pela autoridade policial.
(B) No inquérito policial, segundo o regramento processual penal, haverá sigilo quando houver necessidade para elucidação do fato.
(C) A ação penal quando for vítima a União, o Estado ou o Município é pública condicionada a representação.
(D) O prazo para o Ministério Público ofertar denúncia ou pedir arquivamento é de 15 (quinze) dias, nos crimes de ação penal pública de competência originária nos Tribunais.

A: art. 17 do CPP; B: art. 20, *caput*, do CPP; C: art. 24, § 2º, do CPP; D: art. 1º da Lei 8.038/90. "C".

(Ministério Público/BA – 2010) Assinale a alternativa correta:

(A) O procedimento comum será sumário, quando tiver por objeto crime cuja sanção máxima cominada for 4(quatro) anos de pena privativa de liberdade.
(B) O princípio da identidade física do Juiz não se aplica ao processo penal brasileiro.
(C) No procedimento sumaríssimo, não encontrado o acusado para ser citado, o Juiz de Direito deverá encaminhar as respectivas peças ao juízo comum, onde deverá ser observado o procedimento sumário previsto no Código de Processo Penal.
(D) Se o Delegado de Polícia tiver conhecimento de fato que, embora não constituindo infração penal, possa determinar a aplicação de medida de segurança, deverá instaurar inquérito policial, a fim de apurá-lo e averiguar todos os elementos que possam interessar à verificação da periculosidade do agente.
(E) O jurado excluído por impedimento, suspeição ou incompatibilidade não será considerado para a constituição do número legal exigível para a realização da sessão.

A: incorreta, pois não reflete o contido no art. 394, § 1º, II, do CPP; B: a Lei 11.719/08 introduziu no art. 399 do CPP o § 2º e conferiu-lhe a seguinte redação: "O juiz que presidiu a instrução deverá proferir a sentença". O *princípio da identidade física do juiz*, até então exclusivo do processo civil, terá, portanto, também incidência no âmbito do processo penal; C: assertiva correta. Na hipótese de o autor dos fatos não ser encontrado para citação pessoal, o juiz encaminhará as peças ao juízo comum para adoção do procedimento previsto em lei – art. 66, parágrafo único, da Lei 9.099/95. É do art. 538 do CPP que, neste caso, o procedimento a ser adotado é o sumário; D: a *medida de segurança*, assim como a *pena*, constitui espécie do gênero *sanção* penal. Pressupõe, por isso, a prática de infração penal; E: incorreta, pois contraria o contido no art. 451 do CPP. "C".

(Ministério Público/CE – 2009 – FCC) As Comissões Parlamentares de Inquérito, conforme orientação do Supremo Tribunal Federal, têm poderes para

(A) a quebra de sigilo bancário e ouvir testemunhas sobre fatos passíveis de incriminá-las, ainda que não desejem prestar declarações.
(B) a quebra de sigilo telefônico e ouvir testemunhas sobre fatos passíveis de incriminá-las, ainda que não desejem prestar declarações.
(C) a quebra de sigilo bancário e de sigilo telefônico.
(D) a quebra de sigilo telefônico e determinar interceptação telefônica.
(E) a quebra de sigilo bancário e determinar interceptação ambiental ou telemática.

O STF firmou entendimento no sentido de que as Comissões Parlamentares de Inquérito – art. 58, § 3º, da CF – estão credenciadas a determinar a quebra do sigilo bancário, fiscal e telefônico, porquanto contam com poderes próprios de autoridades judiciais, desde que o ato seja fundamentado e revele a necessidade objetiva da medida extraordinária. "C".

(Ministério Público/MA – 2009) Assinale a alternativa INCORRETA.

(A) Comprovado que o acusado se oculta é possível determinar a sua citação por hora certa.
(B) Por previsão legal é vedada a concessão de liberdade provisória ao acusado por crime de tráfico de entorpecente.
(C) Havendo dúvida sobre a imparcialidade do júri ou a segurança pessoal do acusado o Juiz Presidente poderá determinar o desaforamento do julgamento para outra comarca da mesma região.
(D) A denúncia será dirigida a autoridade judiciária e o réu se defenderá do fato criminoso nela contido, delineando a acusação.
(E) Ao Promotor de Justiça se estendem, no que lhe for aplicável, as prescrições relativas à suspeição e aos impedimentos dos Juízes de Direito.

A: art. 362 do CPP; B: art. 44 da Lei 11.343/06 (tema bastante polêmico); C: o desaforamento é determinado pelo Tribunal, mediante representação do juiz presidente, ou atendendo a requerimento formulado pelo MP, pelo assistente, pelo querelante ou mesmo pelo acusado – art. 427, *caput*, do CPP; D: com efeito, o réu defende-se dos fatos articulados na inicial, e não de sua capitulação legal atribuída pelo titular da ação; E: art. 258 do CPP. "C".

(Ministério Público/MG – 2010.1) Assinale a alternativa CORRETA.

(A) A doutrina denomina decisão absolutória imprópria aquela que condena o réu, mas reconhece a extinção da punibilidade pela prescrição.
(B) No processo penal, contam-se os prazos da data de juntada aos autos do mandado de intimação da parte.
(C) A ação penal pública condicionada somente poderá ser iniciada se houver representação do ofendido ou do seu representante legal.

(D) No rito ordinário, ocorrendo citação por edital, o prazo para a defesa será contado do comparecimento pessoal do acusado ou do defensor constituído.
(E) O processo da Carta Testemunhável na instância superior seguirá o rito do Recurso em Sentido Estrito.

A: *sentença absolutória imprópria* é a que impõe medida de segurança; B: os prazos, no processo penal, são contados da data da intimação – Súmula nº 710 do STF; C: a ação penal pública será iniciada por denúncia do MP, mas dependerá, quando a lei determinar, de *representação* do ofendido ou de quem tiver qualidade para representá-lo, ou de *requisição* do ministro da Justiça (art. 24, *caput*, do CPP); D: art. 396, parágrafo único, do CPP; E: art. 645 do CPP. Gabarito "D".

(Ministério Público/MG – 2006) Assinale a alternativa CORRETA.

(A) A "súmula vinculaste" não se aplica ao direito penal e ao direito processual penal, pois tratam de direitos indisponíveis.
(B) O interrogatório do acusado é um ato privativo do juiz no processo penal comum.
(C) A Justiça Militar estadual é competente para processar e julgar os militares do Estado, nos crimes militares definidos em lei, mas não para as ações judiciais cíveis contra atos disciplinares militares.
(D) A suspensão condicional do processo é admitida em processo por crime continuado, se a pena mínima de cada infração for inferior a um ano.
(E) Os prazos contam-se, de modo geral, da data da intimação, e não da juntada aos autos do mandado ou da carta precatória ou de ordem.

Súmula 710 do STF. Gabarito "E".

(Ministério Público/MG – 2007) Assinale a alternativa CORRETA.

(A) Admite-se a prisão em flagrante delito nos crimes em que a ação penal é de iniciativa privada.
(B) Depois de regularmente citado por mandado, o não-comparecimento do réu ao interrogatório judicial enseja a suspensão do processo e do prazo prescricional.
(C) Quando um só fato contiver vários crimes, a competência será fixada pela conexão.
(D) A prisão especial somente poderá ser concedida depois de instaurado o processo criminal.
(E) Por se tratar de procedimento de natureza inquisitorial, é vedado o trancamento de inquérito policial por meio de *habeas corpus*.

A: procede-se à prisão em flagrante e, quando da formalização do ato, colhe-se a autorização da vítima ou de seu representante legal; B: o art. 366 do CPP somente terá incidência na hipótese de o acusado, citado por edital, não comparecer tampouco constituir advogado. Nesse caso, ficarão suspensos o processo e o curso do prazo prescricional. Agora, o acusado que, citado pessoalmente, deixar de comparecer sem motivo justificado, estabelece o art. 367 do CPP que o processo seguirá sem a sua presença; C: art. 77 do CPP (continência); D: a prisão especial (art. 295 do CPP) perdurará até o trânsito em julgado da sentença condenatória, após o que o condenado é recolhido a estabelecimento comum; E: o *habeas corpus* (arts. 647 e ss do CPP) constitui, sim, instrumento idôneo para trancar o inquérito policial, desde que a investigação se revele, por algum motivo, manifestamente indevida. Gabarito "A".

(Ministério Público/PB – 2010) Considere as proposições abaixo e, em seguida, indique a alternativa que contenha o julgamento devido sobre elas:

I. A proteção oferecida pelo programa especial de proteção a vítimas e testemunhas ameaçadas, previsto na Lei Federal nº 9.807/99, terá a duração máxima de dois anos, podendo, em circunstâncias excepcionais, perdurando os motivos que autorizaram a admissão do beneficiado, a permanência ser prorrogada.
II. O réu que não for encontrado por estar em lugar inacessível, será citado do mesmo modo que aquele não encontrado em razão de estar em paradeiro desconhecido, ou seja, mediante edital, com prazo de 15 (quinze) dias.
III. A hipoteca legal, que somente poderá ser decretada durante a tramitação da ação penal, exige certeza da infração e indícios suficientes de autoria, recaindo sobre bens imóveis lícitos pertencentes ao réu, sendo cancelada a especialização nos casos de absolvição e de extinção da punibilidade, por sentença transitada em julgado.

(A) Apenas a proposição I está correta.
(B) Apenas a proposição II está correta.
(C) Apenas a proposição III está correta.
(D) Todas as proposições estão corretas.
(E) Todas as proposições estão incorretas.

I: correta, nos termos do art. 11 da Lei 9.807/99; II: antes, a lei fazia menção às hipóteses em que tinha lugar a citação por edital. Com as mudanças implementadas pela Lei 11.719/08, o legislador deixou de fazer referência a tais situações. De qualquer modo, esta modalidade de citação ficta continua a ser aplicada nos mesmos casos: réu não encontrado por estar em lugar inacessível; réu cujo paradeiro é desconhecido etc (arts. 361 e 363, CPP); III: correta, nos termos do art. 134 do CPP. Gabarito "D".

(Ministério Público/PR – 2009) Tendo em conta as assertivas abaixo, responda:

I. a medida de busca e apreensão não pode ser determinada para prender criminosos;
II. o Código de Processo Penal dispõe que a perícia deve ser elaborada por dois peritos oficiais ou, na falta destes, por duas pessoas idôneas, com diploma de curso superior preferencialmente na área específica, dentre as que tiverem habilitação técnica relacionada com a natureza do exame;
III. prova ilícita, em sentido estrito, é aquela colhida sem observância às regras de direito processual;
IV. a prisão preventiva, desde que presentes os seus pressupostos e requisitos, pode ser decretada ainda que o acusado esteja preso em virtude de prisão temporária;
V. ao disciplinar que a sentença é de responsabilidade do juiz que presidiu a instrução, o Código de Processo Penal adotou o princípio da identidade física do juiz.

(A) as assertivas II, IV e V são corretas;
(B) todas as assertivas são incorretas;
(C) as assertivas I, II, IV e V são corretas;
(D) todas as assertivas são corretas;
(E) as assertivas IV e V são corretas.

I: art. 240, § 1º, *a*, da CPP; II: a redação anterior do art. 159 do CPP estabelecia que a perícia fosse realizada por *dois* profissionais. Atualmente, com a nova redação do dispositivo dada pela Lei 11.690/08, a perícia será levada a efeito por *um* perito oficial portador de diploma de curso superior. À falta deste, determina o § 1º do art. 159 que o exame seja feito por duas pessoas idôneas, detentoras de diploma de curso superior preferencialmente na área específica, dentre aquelas que tiverem habilitação técnica relacionada com a natureza do exame; III: reputam-se *ilícitas* as provas que violam normas de direito material, e *ilegítimas* as obtidas com desrespeito a norma de direito processual; IV: desde que presentes os requisitos do art. 312 do CPP, nada obsta que seja decretada a prisão preventiva em desfavor do agente preso por força de custódia temporária; V: a Lei 11.719/08 introduziu no art. 399 do CPP o § 2º, conferindo-lhe a seguinte redação: "O juiz que presidiu a instrução deverá proferir a sentença". O *princípio da identidade física do juiz*, antes exclusivo do processo civil, doravante será também aplicável ao processo penal. Gabarito "E".

(Ministério Público/PR – 2008) Avalie as afirmações abaixo e marque a opção que corresponda, na devida ordem, ao acerto ou erro de cada uma (V ou F, respectivamente):

I. Não será permitida a apreensão de documento em poder do defensor do acusado, salvo quando constituir elemento do corpo de delito.
II. Considera-se indício a circunstância conhecida e provada, que, tendo relação com o fato, autorize, por indução, concluir-se a existência de outra ou outras circunstâncias.
III. Considera-se em flagrante delito quem é encontrado, logo depois, com instrumentos, armas, objetos ou papéis que façam presumir ser ele autor da infração.
IV. Nas infrações permanentes, entende-se o agente em flagrante delito enquanto não cessar a permanência.

(A) F, F, F, F.
(B) V, V, V, V.
(C) V, V, F, F.
(D) F, F, V, V.
(E) V, V, F, F.

I: art. 243, § 2º, do CPP; II: art. 239 do CPP; III: art. 302, IV, do CPP; IV: art. 303 do CPP. Gabarito "B".

(Ministério Público/SC – 2010)

I. Compete à Justiça Militar estadual processar e julgar os militares dos Estados, nos crimes militares definidos em lei, ressalvada a competência do júri quando a vítima for civil.

II. Segundo entendimento sumular do Supremo Tribunal Federal, é concorrente a legitimidade do ofendido, mediante queixa, e do Ministério Público, condicionada à representação do ofendido, para a ação penal por crime contra a honra de servidor público em razão do exercício de suas funções.

III. A autorização para saída temporária será concedida por prazo não superior a 7 (sete) dias, podendo ser renovada por mais quatro vezes durante o ano.

IV. A participação de membro do Ministério Público na fase investigatória criminal não acarreta o seu impedimento ou suspeição para o oferecimento da denúncia.

V. O prazo para o oferecimento de denúncia pela prática do crime de tráfico de entorpecente, previsto na Lei nº 11.343/2006, é de 20 dias.

(A) Apenas as assertivas I, III e V estão corretas.
(B) Apenas as assertivas II e V estão corretas.
(C) Apenas as assertivas I, II, III e IV estão corretas.
(D) Apenas as assertivas I, III e IV estão corretas.
(E) Apenas as assertivas II, IV e V estão corretas.

I: correta, pois em conformidade com o disposto no art. 125, § 4º, da CF; II: a assertiva – correta - corresponde à Súmula nº 714 do STF; III: assertiva correta, viso que corresponde ao teor do art. 124, *caput*, da Lei 7.210/84 – Lei de Execução Penal; IV: a assertiva – correta - corresponde à Súmula nº 234 do STJ; V: incorreta, nos termos do art. 54 da Lei 11.343/06, que estabelece o prazo de 10 dias para o oferecimento de denúncia. Gabarito "C".

(Procurador do Estado/SC – 2009) Assinale a alternativa correta.

(A) O juiz presidente pode representar o desaforamento do julgamento pelo Tribunal do Júri.
(B) A representação do ofendido ou seu representante legal nos crimes de ação penal pública condicionada será retratável até o recebimento da denúncia.
(C) Na hipótese de co-réus, o perdão concedido a um dos querelados aproveitará a todos automaticamente.
(D) Compete ao Supremo Tribunal Federal a concessão de exequatur às cartas rogatórias, bem como a homologação de sentença estrangeira.
(E) O impedimento ou suspeição decorrente de parentesco por afinidade não cessa pela dissolução do casamento que lhe tiver dado causa, ainda que não tenham sobrevindo descendentes, não podendo funcionar como juiz o sogro, o padrasto, o cunhado, o genro ou enteado de quem for parte no processo.

A: o juiz presidente pode, de fato, representar pelo desaforamento, nos termos do que estabelece o art. 427, *caput*, do CPP; B: art. 25 do CPP; C: art. 51 do CPP; D: é de competência do Superior Tribunal de Justiça, nos termos do art. 105, I, *i*, da CF; E: art. 255 do CPP. Gabarito "A".

(Procurador do Município/Florianópolis-SC – 2010 – FEPESE) Assinale a alternativa **incorreta** em matéria processual penal.

(A) Ao Ministério Público cabe promover, privativamente, a ação penal pública.
(B) O perito será indicado pela parte que protestar pela produção da prova pericial.
(C) O co-réu no mesmo processo não poderá intervir como assistente do Ministério Público.
(D) A constituição de defensor independerá de instrumento de mandato, se o acusado o indicar por ocasião do interrogatório.
(E) No processo penal, a falta da defesa constitui nulidade absoluta, mas a sua deficiência só o anulará se houver prova de prejuízo para o réu.

A: assertiva correta, nos termos do art. 129, I, da CF; B: assertiva incorreta, nos termos do art. 159 do CPP; C: assertiva correta, nos termos do art. 270 do CPP; D: assertiva correta, nos termos do art. 266 do CPP; E: assertiva correta, visto que em consonância com o teor da Súmula nº 523 do STF. Gabarito "B".

(Procurador do Município/Florianópolis-SC – 2010 – FEPESE) Assinale a alternativa **correta**, em matéria processual penal.

(A) Não cabe citação com hora certa no processo penal.
(B) A prisão é ato privativo da autoridade policial e de seus agentes.
(C) Na valoração da prova, o juízo criminal adota o princípio da prova legal.
(D) O prazo para interposição de embargos declaratórios no rito ordinário é de cinco dias após a publicação da decisão.
(E) No processo penal, contam-se os prazos da data da intimação, e não da juntada aos autos do mandado ou da carta precatória ou de ordem.

A: assertiva incorreta, já que a *citação com hora certa* tem, sim, cabimento no âmbito do processo penal – art. 362 do CPP. Essa possibilidade foi introduzida no CPP pela Lei 11.719/08; B: a autoridade policial e seus agentes, a teor do que dispõe o art. 301 do CPP, *devem* prender quem quer que se encontre em situação de flagrante. Este é o chamado *flagrante obrigatório*. Agora, qualquer pessoa do povo *poderá* fazer o mesmo, isto é, proceder à prisão em flagrante daquele que se encontre nessa situação. Este é o chamado *flagrante facultativo*. Assim, a prisão (em flagrante) não constitui ato privativo da autoridade policial e de seus agentes; C: incorreta, visto que adotamos, como regra, o **sistema da persuasão racional** ou **livre convencimento motivado**, em que o magistrado decidirá com base no seu livre convencimento. Deverá, todavia, fundamentar sua decisão (art. 93, IX, da CF). No **sistema da prova legal**, o juiz fica adstrito ao valor atribuído à prova pelo legislador (constitui exceção); D: proposição incorreta, visto que o prazo para oposição de embargos de declaração é de *dois* dias, e não de *cinco*, conforme estabelece o art. 382 do CPP; E: assertiva correta, eis que, de acordo com entendimento firmado na Súmula nº 710 do STF, os prazos, no processo penal, de fato contam-se da data da intimação, e não da juntada aos autos do mandado ou da carta precatória ou de ordem. Gabarito "E".

(Defensor Público/AL – 2009 – CESPE) Em relação à revisão criminal, ao *habeas corpus* e à execução penal, julgue os próximos itens.

(1) Na hipótese de revisão criminal contra condenação manifestamente contrária à prova dos autos, proferida pelo júri popular, o tribunal competente, caso acolha o pedido revisional, deve anular o júri e remeter o acusado a novo julgamento.

(2) É incabível a ordem concessiva de habeas corpus quando já extinta a pena privativa de liberdade, ou contra decisão condenatória somente a pena de multa ou, ainda, em relação a processo em curso por infração penal a que a pena pecuniária seja a única cominada.

(3) Considere a seguinte situação hipotética. Antônio foi condenado pela prática do delito X pelo juízo da 5.ª vara criminal de Maceió, sendo certo que a condenação foi mantida pelo Tribunal de Justiça do Estado de Alagoas. Transitado em julgado o *decisum* e iniciado o cumprimento da pena privativa de liberdade, foi publicada pelo Congresso Nacional lei ordinária reduzindo pela metade a pena cominada ao delito X. Nessa situação, compete ao juízo da 5.ª vara criminal da capital alagoana a aplicação da lei penal mais benigna.

1: prevalece na doutrina e na jurisprudência o entendimento segundo o qual o tribunal competente para o julgamento da ação revisional está credenciado, quando da análise de sentenças proferidas pelo Tribunal do Júri, a modificar a decisão dos jurados, exercendo, desse modo, um juízo rescisório. Neste caso, o direito à liberdade sobrepõe-se à soberania dos veredictos; 2: segundo a Súmula nº 693, STF: "Não cabe *habeas corpus* contra decisão condenatória a pena de multa, ou relativo a processo em curso por infração penal a que a pena pecuniária seja a única cominada". No mesmo sentido a Súmula 695 do STF: "Não cabe *habeas corpus* quando já extinta a pena privativa de liberdade". Assim é porque, nesses casos, inexiste ameaça à liberdade de locomoção do acusado; 3: a aplicação da lei mais favorável ao sentenciado, após o trânsito da sentença condenatória, cabe ao juízo das execuções - Súmula 611 do STF. Gabarito 1 ANULADA, 2C, 3E.

(Defensor Público/BA – 2010 – CESPE) Julgue os próximos itens, relativos aos recursos, às ações autônomas de impugnação e ao sistema de combate à violência doméstica e familiar.

(1) Entre as medidas protetivas de urgência previstas no sistema de combate à violência doméstica e familiar contra a mulher, inclui-se a decretação da prisão preventiva, devendo a vítima ser notificada caso o agressor seja preso ou saia da prisão. Havendo pedido de retratação da representação ofertada, o juiz, antes de receber a denúncia, deve designar audiência especial com tal finalidade.

(2) O prazo para interposição do recurso em sentido estrito, em qualquer das hipóteses taxativas previstas, será de cinco dias, contado da intimação pessoal, e em dobro quando o recorrente for defensor público.

1: arts. 20, *caput*, e 21, *caput*, da Lei 11.340/06 (Lei Maria da Penha); 2: incorreta, nos termos do art. 586, parágrafo único, do CPP. Gabarito 1C, 2E

(Defensor Público/BA – 2010 – CESPE) Em cada um dos itens seguintes, é apresentada uma situação hipotética seguida de uma assertiva a ser julgada a respeito da aplicação do direito processual penal.

(1) Roger, servidor público estadual, e Rafael, autônomo, praticaram, em concurso de agentes, crime afiançável contra a administração pública. A apuração dos fatos, feita em processo administrativo disciplinar, resultou na demissão do servidor, por grave falta administrativa. Encaminhada cópia autêntica do processo administrativo disciplinar ao MP, este, de pronto, ofertou denúncia contra os acusados. Nessa situação, tanto Roger quanto Rafael devem ser notificados para a apresentação de resposta à acusação, antes do recebimento da denúncia.

(2) Leôncio, maior, capaz, motorista profissional, desferiu, após uma partida de futebol, golpes de faca em Jairo, causando-lhe lesões corporais graves. Em razão desses fatos, o agente foi processado, tendo atuado em sua defesa um defensor público do estado da Bahia e, apesar do empenho da defesa técnica, o réu foi condenado. Nessa situação, ao prolatar a sentença condenatória, resta vedado ao juiz fixar valor mínimo para a reparação dos danos causados pelo crime, ainda que existam elementos nos autos que o justifiquem, visto que o réu foi assistido pela DP.

1: incorreta, visto que a *defesa preliminar* a que faz menção o art. 514 do CPP constitui prerrogativa exclusiva do funcionário público, não sendo extensível, por isso, ao particular que com ele tenha agido na qualidade de coautor ou partícipe; 2: incorreta, pois, em conformidade com o que preceitua o art. 387, IV, do CPP, pode o juiz, ao proferir sentença condenatória, fixar *valor mínimo* para reparação dos danos causados pela infração. Gabarito 1E, 2E

(Defensoria/MT – 2007) Em matéria de Súmulas vigentes do Supremo Tribunal Federal, na área processual penal, assinale a afirmativa correta.

(A) Não se admite a suspensão condicional do processo no concurso material de crimes, se a soma da pena mínima da infração mais grave com o aumento mínimo de um sexto for superior a um ano.

(B) A competência constitucional do Tribunal do Júri prevalece sobre o foro por prerrogativa de função estabelecido na Constituição Federal.

(C) No processo penal, contam-se os prazos da data da juntada aos autos do mandado ou da carta precatória ou de ordem.

(D) Não cabe *habeas corpus* quando já extinta a pena privativa de liberdade.

(E) Viola as garantias do juiz natural, da ampla defesa e do devido processo legal a atração por continência ou conexão do processo do co-réu ao foro por prerrogativa de função de um dos denunciados.

A: a Súmula 723 do STF faz referência ao *crime continuado*, e não ao *concurso material de crimes*; B: Súmula 721 do STF: "A competência constitucional do Tribunal do Júri prevalece sobre o foro por prerrogativa de função estabelecido exclusivamente pela Constituição estadual"; C: de acordo com entendimento esposado na Súmula 710 do STF, os prazos, no processo penal, contam-se da data da intimação, e não da juntada aos autos do mandado ou da carta precatória ou de ordem; D: é o entendimento consagrado na Súmula 695 do STF; E: não há que se falar em violação aos princípios em questão, segundo entendimento firmado na Súmula 704 do STF. Gabarito "D"

(Delegado/PA – 2009 – MOVENS) Em relação às prisões e à prova, assinale a opção correta.

(A) A autoridade judicial, por estar submetida ao princípio da inércia, não terá iniciativa probatória. No processo penal, as perícias deverão ser realizadas por dois peritos oficiais.

(B) Na hipótese de crime de ação penal privada, o ofendido, ou seu representante legal, decairá do direito de queixa ou de representação, se não o exercer dentro do prazo de seis meses, contado do dia da ocorrência do delito.

(C) Em nenhum caso a prisão preventiva será decretada se o juiz verificar, pelas provas constantes dos autos, que o agente praticou o fato em estado de necessidade, em legítima defesa, em estrito cumprimento do dever legal ou no exercício regular de direito.

(D) Após assaltarem uma farmácia no centro de Belém-PA, dois homens fugiram em direção a Cuiabá-MT. Policiais civis do Estado do Pará que passavam próximo ao local saíram em perseguição, mas só efetuaram a prisão dos assaltantes na capital de Mato Grosso. Nessa situação, a prisão é ilegal, uma vez que os referidos policiais deveriam ter acionado as autoridades policiais locais, pois não têm autorização legal para atuar em outra unidade da Federação.

A: nada impede que o juiz, com fulcro no art. 156, II, do CPP, com o propósito de esclarecer dúvida acerca de ponto relevante, determine, em caráter supletivo, diligências com o objetivo de atingir a verdade real. De outro lado, as perícias, no processo penal, deverão ser realizadas "por perito oficial"; na falta deste, será feita por duas pessoas idôneas – art. 159, *caput* e § 1°, do CPP; B: art. 38 do CPP; C: art. 314 do CPP (dispositivo cuja redação foi alterada por força da Lei 12.403/12); D: art. 290 do CPP. Gabarito "C"

(Delegado/PA – 2009 – MOVENS) Quanto ao processo comum, às testemunhas e ao arquivamento de inquérito policial, assinale a opção correta.

(A) Apenas o delegado de polícia poderá mandar arquivar os autos de inquérito policial, sendo vedado tal ato ao juiz.

(B) O depoimento da testemunha será prestado oralmente, sendo permitido trazê-lo por escrito.

(C) O procedimento comum sumário será adotado quando tiver por objeto crime cuja sanção máxima cominada for inferior a 6 anos de pena privativa de liberdade.

(D) Será observado o procedimento comum ordinário quando tiver por objeto crime cuja sanção máxima cominada for igual ou superior a quatro anos de pena privativa de liberdade.

A: ao contrário, é vedado ao delegado de polícia determinar o arquivamento dos autos de inquérito policial, somente podendo fazê-lo o juiz de direito a pedido do Ministério Público – arts. 17, 18 e 28 do CPP; B: art. 204 do CPP; C: art. 394, § 1°, II, do CPP; D: art. 394, § 1°, I, do CPP. Gabarito "D"

(Magistratura Federal – 3ª Região – XIII) Assinale a alternativa incorreta:

(A) Compete ao Superior Tribunal de Justiça dirimir conflito de competência entre Tribunal de Justiça ou Tribunal Regional Federal e Turma Recursal do Juizado Especial Criminal;

(B) Basta, para fazer surgir o direito de resposta prévia previsto no artigo 514 do Código de Processo Penal, que se trate de crime praticado por funcionário público; tratando-se de prerrogativa benéfica, essa norma estende-se em favor de quaisquer partícipes;

(C) A condenação proferida em instância única pelo Tribunal (ação penal originária) implica a conseqüente execução provisória do julgado que aplicou pena privativa de liberdade, porque os recursos cabíveis são desprovidos de efeito suspensivo;

(D) A transformação automática da pena restritiva de direitos, aplicada em transação ocorrida no Juizado Especial Criminal, em pena privativa da liberdade, discrepa da garantia constitucional do devido processo legal. Descumprido o termo de transação o mesmo torna-se insubsistente, cabendo ao Ministério Público requerer a instauração de inquérito policial ou oferecer a denúncia.

Tão somente os crimes afiançáveis praticados por funcionário público poderão ser objeto do procedimento especial a que faz referência o Capítulo II do Título II do CPP. Ademais disso, a *notificação* a que alude o art. 514 do CPP não se estende ao particular. A propósito, o critério para definição de crime afiançável, até então extraído do art. 323, I, do CPP, mudou com o advento da Lei 12.403/11. "B".

Gabarito: B

(Procurador Federal – 2010 – CESPE) No que concerne a citação, sentença e aplicação provisória de interdições de direitos e medidas de segurança, julgue os seguintes itens.

(1) O juiz não pode aplicar, ainda que provisoriamente, medida de segurança no curso do inquérito policial.

(2) É cabível a citação por hora certa no processo penal, desde que o oficial de justiça verifique e certifique que o réu se oculta para não ser citado. Nessa situação, para que se complete a citação com hora certa, o escrivão deve enviar ao réu carta, telegrama ou radiograma, dando-lhe ciência de tudo.

(3) O juiz não pode, caso o réu tenha respondido ao processo solto, impor prisão preventiva quando da prolação da sentença penal condenatória.

1: a aplicação de medida de segurança pressupõe o devido processo legal; 2: art. 362 do CPP; 3: art. 387, parágrafo único, do CPP.

Gabarito: 1C, 2C, 3E

5. DIREITO CONSTITUCIONAL

Teresa Melo

1. PODER CONSTITUINTE

(Magistratura/MT – 2009 – VUNESP) Movimento político social e cultural que, sobretudo a partir de meados do século XVIII, questiona nos planos político, filosófico e jurídico os esquemas tradicionais de domínio político, sugerindo, ao mesmo tempo, a invenção de uma nova forma de ordenação e fundamentação do poder político. Esta definição, formulada por J. J. Gomes Canotilho, designa

(A) o poder constituinte.
(B) o constitucionalismo moderno.
(C) o constitucionalismo antigo.
(D) a democracia.
(E) a autocracia.

A: Em linhas gerais, Poder Constituinte é aquele que elabora uma Constituição ou a reforma, podendo ser classificado em originário ou derivado. O Poder Constituinte Originário é inicial porque inaugura uma nova ordem jurídica; ilimitado, porque não se submete aos limites impostos pela ordem jurídica anterior; autônomo, porque exercido livremente por seu titular (o povo); e incondicionado, por não se submeter a nenhuma forma preestabelecida para sua manifestação. Importante ressaltar que, para a doutrina jusnaturalista, o direito natural impõe limites ao PCO que, por essa razão, não seria totalmente autônomo. O Poder Constituinte Derivado, ao contrário, é secundário, subordinado, limitado, e exercido pelos representantes do povo. Daí a conclusão de que o poder derivado encontra limites nas regras previstas pelo constituinte originário; B: Canotilho associa o conceito de constitucionalismo a uma *técnica específica de limitação do poder* ou *teoria normativa da política*; C: O "constitucionalismo" da Antiguidade pode ser associado às cidades-estados gregas, com a ideia de democracia direta; D: Os regimes democráticos podem ser classificados em a) democracia direta (o povo exerce o poder diretamente); b) democracia representativa (o povo outorga poderes para os representantes governarem em seu nome); c) democracia semidireta ou participativa (art. 1º, parágrafo único, da CF). Gabarito "B".

(Ministério Público/PR – 2011) Relativamente ao Poder Constituinte originário é correto afirmar:

(A) É limitado apenas pelas cláusulas pétreas da Constituição Federal.
(B) É inicial, autônomo e incondicionado.
(C) Pode ser denominado também como poder reformador.
(D) Se corporifica geralmente por meio do instrumento chamado Emenda à Constituição.
(E) É também identificado pela doutrina como Poder Constituinte constituído.

O Poder Constituinte Originário é inicial porque inaugura uma nova ordem jurídica; ilimitado, porque não se submete aos limites impostos pela ordem jurídica anterior (nem mesmo pelas cláusulas pétreas); autônomo, porque exercido livremente por seu titular (o povo); e incondicionado, por não se submeter a nenhuma forma preestabelecida para sua manifestação. Importante ressaltar que, para a doutrina jusnaturalista, o direito natural impõe limites ao PCO que, por essa razão, não seria totalmente autônomo. Ao contrário do Poder Constituinte Originário (que é inicial, autônomo, ilimitado e incondicionado), o Poder Constituinte Derivado é secundário, subordinado, limitado, e exercido pelos representantes do povo. Daí resulta que o poder constituinte derivado encontra limites nas regras previstas pelo constituinte originário. Como defendido em doutrina, o poder constituinte derivado pode ser exercido através da reforma da Constituição Federal ou da Constituição Estadual (poder constituinte derivado reformador), pela revisão da Constituição Federal (poder constituinte derivado revisor, art. 3º do ADCT) ou por intermédio da elaboração das Constituições estaduais e da lei orgânica do Distrito Federal (poder constituinte derivado decorrente). É também chamado de poder constituinte constituído. Gabarito "B".

(Ministério Público/SE – 2010 – CESPE) Assinale a opção correta a respeito dos conceitos de mutação constitucional, revisão constitucional e poder constituinte.

(A) Tratando-se de mutação constitucional, o texto da constituição permanece inalterado, e alteram-se apenas o significado e o sentido interpretativo de determinada norma constitucional.
(B) A revisão constitucional prevista no ADCT da CF, que foi realizada pelo voto da maioria simples dos membros do Congresso Nacional, gerou seis emendas constitucionais de revisão que detêm o status de normas constitucionais originárias.
(C) Previsto pelo constituinte originário, o poder constituinte derivado decorrente encontra limitações apenas nas cláusulas pétreas.
(D) Sendo poder de índole democrática, autônomo e juridicamente ilimitado, o poder constituinte originário tem como forma única de expressão a assembléia nacional constituinte.
(E) É expressamente previsto na CF que os Poderes Legislativos dos estados, do DF e dos municípios devem elaborar suas constituições e leis orgânicas mediante manifestação do poder constituinte derivado decorrente.

A: A alteração da Constituição pode ocorrer pela via formal (emendas à Constituição) ou pela via informal (mutação constitucional). A mutação permite que o sentido e o alcance da norma constitucional sejam alterados sem que haja qualquer modificação no texto do dispositivo da Constituição. É feita pelos órgãos estatais ou pelos costumes sociais; B: Ainda que a revisão constitucional tenha procedimento distinto do aplicado às emendas constitucionais do art. 60 da CF, é também exemplo do poder de reforma da Constituição, pois o fruto do seu trabalho tem igualmente natureza jurídica de emendas à Constituição (embora chamadas de "emendas de revisão"). Por isso, mesmo que presente alguma discussão doutrinária a respeito, as emendas de revisão configuram-se exercício do poder constituinte derivado, precisando observar, por isso, os mesmos limites expressos (art. 60 da CF) e implícitos de reforma da CF. Na leitura do art. 3º do ADCT pode-se notar que o quórum de aprovação das emendas de revisão (maioria absoluta) é menos rígido que o prescrito para aprovação das emendas "ordinárias" (maioria de três quintos – art. 60, § 2º, da CF), somando-se a isso o fato de o dispositivo que prevê a revisão constitucional constar do Ato das Disposições Constitucionais Transitórias, o que corrobora a vontade do constituinte originário de realizar a revisão constitucional uma única vez. Dessa forma, tem-se que a revisão constitucional foi concebida pelo Poder Constituinte Originário para ser realizada apenas uma vez, após cinco anos da promulgação da CF, pelo voto da maioria absoluta do Congresso Nacional, em sessão unicameral. Em obediência à determinação constitucional, a revisão ocorreu em 1993/1994 e resultou em 6 emendas de revisão, tendo aí a norma constitucional exaurido sua eficácia; C e D: Ao contrário do Poder Constituinte Originário (que é inicial, autônomo, ilimitado e incondicionado), o Poder Constituinte Derivado é secundário, subordinado e limitado, e exercido pelos representantes do povo. Daí resulta a conclusão de que o poder derivado encontra limites nas regras previstas pelo constituinte originário, que não se resumem às cláusulas pétreas. Além disso, o Poder Constituinte Originário se manifesta por intermédio de Assembleia Nacional Constituinte ou pelo ato de outorga de uma nova Constituição; E: Não há previsão constitucional expressa nesse sentido. E, apesar de a elaboração das Constituições estaduais ser exemplo do Poder Constituinte Derivado Decorrente, os Municípios não possuem Poder Constituinte, sendo certo que a elaboração da Lei Orgânica Municipal é ato de *terceiro grau*, ou seja, sua capacidade de auto-organização não decorre diretamente da CF, como no caso dos Estados e do Distrito Federal. Gabarito "A".

(Ministério Público/CE – 2009 – FCC) O poder constituinte decorrente é próprio das federações. Nesta matéria, no Direito Constitucional brasileiro, e segundo a jurisprudência do Supremo Tribunal Federal,

(A) as normas constantes dos §§ 3º e 4º do art. 86 da Constituição da República (imunidade à prisão cautelar e imunidade temporária à persecução penal, ambas em favor do Presidente da República) são suscetíveis de extensão aos Governadores de Estado.
(B) as regras básicas do processo legislativo federal são de absorção compulsória pelos Estados-membros em tudo aquilo que diga respeito ao princípio fundamental de independência e harmonia dos poderes, como delineado na Constituição da República.
(C) não se mostra harmônico com a Constituição da República preceito de Constituição estadual que prevê a escolha do Procurador-Geral do Estado apenas entre os integrantes da carreira.
(D) Governador de Estado, ainda que respaldado pela Constituição estadual, não pode editar medidas provisórias em face da excepcionalidade desta espécie normativa deferida exclusivamente ao Presidente da República em casos de relevância e urgência.
(E) a norma do § 4º do art. 57 da Constituição da República que, cuidando da eleição das Mesas das Casas Legislativas federais, veda a recondução para o mesmo cargo na eleição imediatamente subseqüente, é de reprodução obrigatória nas Constituições dos Estados-membros.

A: O STF julgou, em ADIn, que a prerrogativa é exclusiva do Presidente da República (V. ADI 978/PB, Rel. Min. Celso de Mello). A prisão do Governador do Distrito Federal, em 2010, comprova a inexistência de imunidade dos chefes dos executivos estaduais à prisão; B: Sim, as regras sobre processo legislativo são de reprodução obrigatória pelas Constituições estaduais (V. ADI 805/RS, Rel. Min. Sepúlveda Pertence); C: V. ADI 2682/AP, Rel. Min. Gilmar Mendes, "A forma de provimento do cargo de Procurador-Geral do Estado, não prevista pela Constituição Federal (art. 132), pode ser definida pela Constituição Estadual, competência esta que se insere no âmbito de autonomia de cada Estado-membro. Precedentes: ADI 2.581 e ADI 217. (...). Vencida a tese de que o Procurador-Geral do Estado, e seu substituto, devem, necessariamente, ser escolhidos dentre membros da carreira"; D: O STF admite a adoção de medida provisória por governador de Estado desde que haja previsão na Constituição estadual e sejam observados os princípios e limitações impostos pelo modelo estabelecido na CF; E: O STF decidiu o contrário na ADIn 2371-MC, Rel. Min. Moreira Alves. Gabarito "B".

(Ministério Público/AM – 2008 – CESPE) Julgue os itens a seguir, relativos ao poder constituinte.

I. Historicamente, o poder constituinte originário representa a ocorrência de fato anormal no funcionamento das instituições estatais, geralmente associado a um processo violento, de natureza revolucionária, ou a um golpe de estado.
II. O poder constituinte originário é inicial, autônomo e incondicionado.
III. O poder constituinte originário retira o seu fundamento de validade de um diploma jurídico que lhe é superior e prévio.
IV. O poder de reforma é criado pelo poder constituinte originário, que lhe estabelece o procedimento a ser seguido e as limitações a serem observadas.
V. Quem tenta romper a ordem constitucional para instaurar outra e não obtém adesão ou sucesso na empreitada não exerce poder constituinte originário e pode vir a se submeter a processo criminal pela prática de crime.

A quantidade de itens certos é igual a

(A) 1.
(B) 2.
(C) 3.
(D) 4.
(E) 5.

I: é possível classificar o poder constituinte originário em *histórico*, que seria o autêntico poder constituinte originário, e *revolucionário*, que seria aquele que rompe com a ordem já instaurada, inaugurando um novo Estado; II: de fato, o poder constituinte originário é inicial, autônomo e incondicionado. Além disso, é ilimitado, do ponto de vista jurídico; III: o poder constituinte originário não se submete a nenhum diploma jurídico. Ele é inicial, havendo, pois, um total rompimento com a ordem jurídica anterior; IV: art. 60 da CF; V: poder constituinte originário é o que efetivamente inaugura uma nova ordem jurídica, rompendo com a anterior. Gabarito "D".

(Ministério Público/RR – 2008 – CESPE) A respeito do poder constituinte, da organização do Estado e dos Poderes no Brasil, julgue os itens a seguir.

(1) No Brasil, o exercício do poder constituinte já foi restrito a determinado grupo ou pessoa, o que resultou em Constituição dita outorgada.
(2) Como o poder constituinte originário dá início à ordem jurídica, todos os diplomas infraconstitucionais perdem vigor com o advento de nova Constituição.
(3) A CF de 1988 prevê expressamente o poder de reforma, o qual materializa o poder constituinte derivado.
(4) Por meio do poder constituinte reformador pode-se mudar a forma federativa do Estado estabelecida pelo poder constituinte originário.

1: outorgada é a Constituição imposta pelo governante ou grupo. Falta-lhe legitimidade. Foram outorgadas as Constituições de 1824, 1937, 1967 e, para alguns, a EC 1/69; 2: com o advento da nova Constituição, a ordem normativa que surgiu sob a égide das Constituições anteriores, se compatível com a nova ordem constitucional, será por ela recebida. É o fenômeno da *recepção constitucional*; 3: arts. 59, I, e 60 da CF; 4: Art. 60, § 4º, da CF. Gabarito 1C, 2E, 3C, 4E.

(Ministério Público/MG – 2007) A Constituição Federal adota, em seu texto, para a ação do poder constituinte derivado, limitações

(A) formais, circunstanciais e materiais.
(B) formais e materiais.
(C) materiais e implícitas.
(D) formais, materiais e temporais.
(E) materiais, formais e delegadas.

Arts. 59, I, e 60 da CF. Quanto à alterabilidade, As constituições podem ser classificadas como rígidas, semirrígidas (ou semiflexíveis) e flexíveis. As rígidas são aquelas que preveem, para a alteração das normas constitucionais, um mecanismo mais difícil que aquele estabelecido para as normas não constitucionais. As semirrígidas preveem normas constitucionais que só podem ser modificadas através de procedimento mais complexo e outras normas constitucionais que podem ser modificadas pelo mesmo processo aplicável às leis infraconstitucionais. As flexíveis, por sua vez, não preveem mecanismo mais dificultoso para a alteração das normas constitucionais, que podem ser modificadas tal como as leis infraconstitucionais. No caso brasileiro, a CF/88 é rígida, porque seu texto traz expresso qual procedimento para a alteração das normas constitucionais, que é muito mais qualificado que o das leis ordinárias. Para que uma emenda constitucional seja aprovada, é preciso observar todas as regras insculpidas no art. 60 da Constituição, que lista limites materiais (art. 60, § 4º), formais (art. 60, § 2º) e circunstanciais (art. 60, § 1º) ao poder de reforma da Constituição. Gabarito "A".

(Ministério Público/TO – 2006 – CESPE) Acerca do poder constituinte, julgue os itens que se seguem.

I. Diversamente do que ocorre com as normas constitucionais originárias, as derivadas são passíveis de controle de constitucionalidade, quer na via concentrada, quer por meio de exceção.
II. Uma das funções precípuas de uma constituição é a limitação do exercício do poder, a fim de evitar abusos contra as garantias fundamentais e desrespeito a elas. Nessa perspectiva, e também por força da supremacia das normas constitucionais, o exercício do poder constituinte, originário ou derivado, deve pautar-se pelos limites impostos no texto constitucional.
III. Não obstante o poder constituído derive do povo, o exercício daquele esbarra não apenas em limitações explicitamente contidas na Constituição da República, mas também em limitações implícitas.
IV. As constituições podem sofrer mudança por meio informal.

A quantidade de itens certos é igual

(A) 1.
(B) 2.
(C) 3.
(D) 4.

I: de fato, não há que se falar em inconstitucionalidade de *norma constitucional originária*. Diante de eventuais conflitos, deve-se recorrer aos mecanismos de interpretação; II: o poder constituinte originário não se submete a limites impostos no texto da Constituição. Aliás, não está sujeito a qualquer limite jurídico; III: Não é admissível proposta de emenda tendente a abolir as cláusulas pétreas expressas no art. 60, § 4º, da CF, ou implícitas. Apesar de não haver unanimidade na doutrina, a maior parte dos autores reconhece a existência de limites implícitos ao poder de reforma da Constituição. Como exemplo, Nelson de Sousa Sampaio aponta como limites implícitos a titularidade do poder constituinte e as normas relativas ao próprio processo de emenda da Constituição que, apesar de não listados no art. 60, § 4º, da CF, tampouco podem sofrer alteração. "Gabarito "C."

(Defensoria Pública da União – 2007 – CESPE) Julgue o item a seguir.

(1) Na elaboração das normas locais, o poder constituinte decorrente deve respeitar o modelo de estruturação do Estado fixado pela CF.

1: art. 25, *caput*, da CF. É verdade que o poder constituinte originário conferiu aos Estados capacidade de auto-organização. Estes, entretanto, devem observar as regras estabelecidas pela Constituição Federal quando da elaboração de suas Constituições. Gabarito 1C

(Cartório/SP – VI – VUNESP) O poder constituinte atribuído aos Estados-membros para se auto-organizarem é denominado

(A) decorrente.
(B) originário.
(C) originário-derivado.
(D) originário-federativo.

Ao contrário do Poder Constituinte Originário (que é inicial, autônomo, ilimitado e incondicionado), o Poder Constituinte Derivado é secundário, subordinado, limitado, e exercido pelos representantes do povo. Daí resulta que o poder constituinte derivado encontra limites nas regras previstas pelo constituinte originário. Como defendido na doutrina, o poder constituinte derivado pode ser exercido através da reforma da Constituição Federal ou da Constituição Estadual (poder constituinte derivado reformador), pela revisão da Constituição Federal (poder constituinte derivado revisor, art. 3º do ADCT) ou por intermédio da elaboração das Constituições estaduais e da lei orgânica do Distrito Federal (poder constituinte derivado decorrente). "A". Gabarito

(CESPE – 2007) O poder constituinte reformador manifestado por meio de emendas

(A) permite que a matéria constante de proposta de emenda rejeitada ou havida por prejudicada seja objeto de nova proposta na mesma sessão legislativa, desde que por iniciativa da maioria absoluta dos membros do Congresso Nacional.
(B) tem por características ser inicial, ilimitado, autônomo e incondicionado.
(C) pode ser iniciado por meio das mesas das assembléias legislativas.
(D) exige, no âmbito federal, que a proposta seja discutida e votada em cada casa do Congresso Nacional, em dois turnos, considerando-se aprovada se obtiver, em ambos, três quintos dos votos dos respectivos membros.

A: art. 60, § 5º, da CF; B: são características atribuídas ao *poder constituinte originário*; C: art. 60, III, da CF; D: art. 60, § 2º, da CF. Gabarito "D".

2. TEORIA DA CONSTITUIÇÃO E PRINCÍPIOS FUNDAMENTAIS

(MAGISTRATURA/PB – 2011 – CESPE) Com relação ao objeto, aos elementos e aos tipos de constituição, assinale a opção correta.

(A) Quanto ao modo de elaboração, a vigente CF pode ser classificada como uma constituição histórica, em oposição à dita dogmática.
(B) O objeto da CF é a estrutura fundamental do Estado e da sociedade, razão por que somente as normas relativas aos limites e às atribuições dos poderes estatais, aos direitos políticos e individuais dos cidadãos compõem a Constituição em sentido formal.
(C) Por limitarem a atuação dos poderes estatais, as normas que regulam a ação direta de inconstitucionalidade e o processo de intervenção nos estados e municípios integram os elementos ditos limitativos.
(D) Os elementos formais de aplicabilidade são exteriorizados nas normas constitucionais que prescrevem as técnicas de aplicação delas próprias, como, por exemplo, as normas inseridas no Ato das Disposições Constitucionais Transitórias.
(E) Distintamente da constituição analítica, a constituição dirigente tem caráter sintético e negativo, pois impõe a omissão ou negativa de ação ao Estado e preserva, assim, as liberdades públicas.

A: Quanto ao modo de elaboração, a CF é *dogmática*, visto que é fruto dos dogmas vigentes à época de sua elaboração. A Constituição dogmática é sempre escrita; B: Conceito de Constituição em sentido material, ou seja, que traduz os temas que não podem faltar ao texto constitucional; C: Para José Afonso da Silva são cinco os principais elementos das constituições: a) orgânicos; b) limitativos; c) socioideológicos; d) de estabilização constitucional; e) formais de aplicabilidade. Os elementos limitativos correspondem ao rol de direitos e garantias fundamentais, justamente por estabelecerem "freios" à atuação estatal; D: Corresponde ao conceito apresentado por José Afonso da Silva; E: A Constituição dirigente é caracterizada pela existência de normas programáticas em seu texto. As normas programáticas estabelecem um programa de atuação para o legislador infraconstitucional, indicam os fins a serem alcançados pelos órgãos estatais. Gabarito "D".

(Magistratura/SC – 2010) A República Federativa do Brasil, constituída pela união indissolúvel dos Estados- Membros, Distrito Federal e Municípios, constitui-se em Estado Democrático e de Direito e tem como fundamento:

(A) A independência nacional, a soberania, a sociedade livre, a dignidade da pessoa humana e a liberdade individual.
(B) A soberania nacional, a cidadania, a dignidade da pessoa humana, os valores sociais do trabalho e da livre iniciativa, o pluralismo político.
(C) A cidadania, a dignidade da pessoa humana, os valores sociais do trabalho e econômicos da livre iniciativa, o pluralismo político.
(D) A soberania, a cidadania, a dignidade da pessoa humana, os valores sociais do trabalho, a livre concorrência, o pluralismo político e a defesa da paz.
(E) A cidadania, a dignidade da pessoa humana, os valores econômicos e sociais do trabalho, da livre iniciativa, da livre concorrência, o pluralismo político

Art. 1º, I a V, da CF. Gabarito "B".

(Magistratura/SC – 2010) Considerando o texto da Constituição da República e a jurisprudência do Supremo Tribunal Federal, assinale a alternativa **correta**:

I. Considerando a supremacia e a força normativa da Constituição, o seu preâmbulo adquire extrema relevância jurídica, criando direitos e obrigações.
II. O poder constituinte originário é inicial, autônomo, ilimitado juridicamente e soberano em suas decisões, sendo certo que poderá, inclusive, estabelecer a pena de morte. Por sua vez, o poder constituinte derivado deve obedecer às regras colocadas e impostas pelo poder constituinte originário, sendo limitado e condicionado aos parâmetros impostos a ele.
III. A desconstitucionalização é o fenômeno por meio do qual as normas da Constituição anterior, desde que compatíveis com a nova ordem constitucional, permanecem em vigor com status de lei infraconstitucional. No sistema jurídico pátrio, o fenômeno somente será percebido quando a nova Constituição expressamente o prever.
IV. As normas constitucionais de eficácia contida estão aptas a todos os seus efeitos desde a promulgação da Constituição da República, podendo a norma infraconstitucional reduzir sua abrangência. Porém, enquanto isso não ocorrer, a norma tem eficácia plena.

(A) Somente as proposições I e III estão corretas.
(B) Somente as proposições III e IV estão corretas.
(C) Somente as proposições II, III e IV estão corretas.
(D) Somente as proposições I e II e IV estão corretas.
(E) Todas as proposições estão corretas.

I: Errado. O STF já decidiu que o preâmbulo não é de reprodução obrigatória e já declarou sua irrelevância jurídica. Ele serve tão somente como norte interpretativo das normas constitucionais, não tendo o condão, dessa forma, de gerar força obrigatória (STF, ADI 2.076-AC, rel. Min. Carlos Velloso); II: Certo. Como já visto, o Poder Constituinte Originário é inicial porque inaugura uma nova ordem jurídica; ilimitado, porque não se submete aos limites impostos pela ordem jurídica anterior (nem mesmo pelas cláusulas pétreas); autônomo, porque exercido livremente por seu titular (o povo); e incondicionado, por não se submeter a nenhuma forma preestabelecida para sua manifestação. Importante ressaltar que, para a doutrina jusnaturalista, o direito natural impõe limites ao PCO que, por essa razão, não seria totalmente autônomo. Ao contrário do Poder Constituinte Originário (que é inicial, autônomo, ilimitado e incondicionado), o Poder Constituinte Derivado é secundário, subordinado, limitado, e exercido pelos representantes do povo. Daí resulta que o poder constituinte derivado encontra limites nas regras previstas pelo constituinte originário. Como defendido em doutrina, o poder constituinte derivado pode ser exercido através da reforma da Constituição Federal ou da Constituição Estadual (poder constituinte derivado reformador), pela revisão da Constituição Federal (poder constituinte derivado revisor, art. 3º do ADCT) ou por intermédio da elaboração das Constituições estaduais e da lei orgânica do Distrito Federal (poder constituinte derivado decorrente); III: Certo. O ordenamento brasileiro não admite, como regra geral, o fenômeno da *desconstitucionalização*, segundo o qual as normas da constituição anterior, **materialmente** compatíveis com a nova ordem constitucional, permanecem em vigor com *status* de lei ordinária. Só existirá desconstitucionalização se o próprio Poder Constituinte assim determinar, haja vista sua autonomia; IV: Certo. Dito de outra forma, as normas constitucionais de eficácia contida são aquelas que, muito embora tenham eficácia direta e aplicabilidade imediata, podem vir a ser restringidas pelo legislador infraconstitucional no futuro. Ex: art. 5º, XIII, da CF. "Gabarito: C".

(Magistratura/AL – 2008 – CESPE) Para Konrad Hesse, as normas jurídicas e a realidade devem ser consideradas em seu condicionamento recíproco.

A norma constitucional não tem existência autônoma em face da realidade, e a constituição não configura apenas a expressão de um ser, mas também de um dever ser. Assim, para ser aplicável, a constituição deve ser conexa à realidade jurídica, social, política; no entanto, ela não é apenas determinada pela realidade social, mas também determinante desta. É correto afirmar que o texto acima aborda o princípio da

(A) unidade da constituição.
(B) força normativa da constituição.
(C) conformidade funcional.
(D) concordância prática ou da harmonização.
(E) eficácia integradora.

Prescreve tal princípio que, na solução de conflitos, deve-se dar primazia à máxima efetividade das normas constitucionais. "Gabarito: B".

(Magistratura/AL – 2008 – CESPE) Julgue os itens subseqüentes, relativos à teoria geral das constituições.

I. Constituição cesarista é aquela formada por dois mecanismos distintos de participação popular: o plebiscito e o referendo.
II. Atribui-se ao abade Emmanuel Sieyès o desenvolvimento da teoria do poder constituinte, com a obra Que é o Terceiro Estado?
III. A constituição flexível não adota o princípio da supremacia da constituição.
IV. Denomina-se mutação constitucional o processo informal de mudança da constituição por meio do qual são atribuídos novos sentidos à letra da lei, sem que haja uma mudança formal do seu texto.

A quantidade de itens certos é igual a

(A) 0.
(B) 1.
(C) 2.
(D) 3.
(E) 4.

I: é a Constituição em que a participação popular restringe-se a ratificar a vontade do detentor do poder; II: de fato, o abade Emmanuel Joseph Sieyès, a quem se atribui a autoria da obra *Que é o Terceiro Estado?*, desenvolveu a **teoria do poder constituinte**; III: diante de uma Constituição flexível, não há que se falar em hierarquia entre Constituição e lei infraconstitucional. Dessa forma, uma lei infraconstitucional posterior tem o condão de modificar texto constitucional se assim expressamente o declarar, por exemplo. Não incide, pois, o *princípio da supremacia da Constituição*; IV: a reforma constitucional obedece a critérios e limites estabelecidos pelo poder constituinte originário; as mutações constitucionais, diferentemente, não representam modificações no texto da Constituição, mas, sim, na interpretação da regra ali contida. O texto, saliente-se, permanece inalterado. "Gabarito: E".

(Magistratura/SE – 2008 – CESPE) A CF é classificada como

(A) outorgada, formal, dogmática e histórica.
(B) formal, escrita, dogmática, rígida e popular.
(C) semi-rígida, popular, dogmática e histórica.
(D) semi-rígida, histórica, dogmática e promulgada.
(E) rígida, promulgada, histórica e material.

Quanto ao conteúdo, nossa Constituição é classificada como *formal*, já que levamos em consideração o processo de formação de suas normas; no que se refere à forma, classificamos a CF em *escrita*, uma vez que todas as suas normas estão codificadas em um texto escrito; quanto ao modo de elaboração, a CF é *dogmática*, visto que é fruto dos dogmas vigentes à época de sua elaboração. A Constituição dogmática é sempre escrita; quanto à estabilidade, nossa CF é *rígida*, na medida em que estabeleceu um processo especial, mais solene para modificação de suas normas; quanto à origem, nossa CF é classificada como *promulgada* ou *popular*, tendo em conta que se originou de uma Assembleia Nacional Constituinte. "Gabarito: B".

(Magistratura/PI – 2008 – CESPE) Quanto às teorias das formas de governo e da soberania, assinale a opção correta.

(A) Para Maquiavel, as formas de governo são os principados, as repúblicas e as democracias.
(B) Jean Bodin passou para a história do pensamento político como o teórico da soberania. Como para ele soberania significa poder supremo, o soberano não estaria submetido a qualquer regra, salvo as leis naturais, as divinas e o direito privado.
(C) Para Hobbes, o poder soberano deve ser dividido, pois a melhor forma de governo seria a do governo misto.
(D) Para Montesquieu, três são as formas de governo: monarquia, aristocracia e politia ou timocracia, que se degeneram por meio da tirania, da oligarquia e da democracia, respectivamente.
(E) Para Aristóteles, os governos são republicano — no qual todo o povo, ou pelo menos uma parte dele, detém o poder supremo —; monárquico — em que uma só pessoa governa — e despótico — em que um só arrasta tudo e todos com sua vontade e seus caprichos, sem leis ou freios.

A *soberania* constitui fundamento do conceito de Estado e princípio da ordem econômica (art. 170, I, da CF). "Gabarito: B".

(Ministério Público/MS – 2011 – FADEMS) É **incorreto** afirmar que a República Federativa do Brasil tem como fundamento:

(A) o pluralismo político;
(B) a cidadania;
(C) a separação dos Poderes;
(D) os valores sociais do trabalho e da livre iniciativa;
(E) a soberania.

Art. 1º, I a V, da CF. "Gabarito: C".

(Ministério Público/MS – 2011 – FADEMS) A atual Constituição da República Federativa do Brasil é considerada rígida em razão:

(A) das suas alterações exigirem procedimento para alteração mais qualificado que o das leis ordinárias;
(B) da possibilidade de ser alterada após determinado prazo de sua promulgação;
(C) de não permitir emenda constitucional quando houver violação às denominadas cláusulas pétreas;
(D) da possibilidade de haver modificação da Constituição Federal mediante plebiscito;
(E) Nenhuma das alternativas anteriores.

A, B, C, D, E: São rígidas as constituições em que o mecanismo de alteração das normas constitucionais é mais difícil que aquele previsto para a modificação de normas não-constitucionais. A CF/88 é rígida, pois estabelece em seu texto um procedimento mais qualificado para aprovação de emendas constitucionais que o de alteração das leis em geral (art. 60 da CF). "Gabarito: A".

(Ministério Público/MG – 2010 – FUNDEP) Entre os fundamentos da República Federativa do Brasil, NÃO se pode incluir

(A) a Soberania.
(B) o Pluralismo político.
(C) o trabalho e a livre iniciativa.
(D) a cidadania.

Art. 1º, I a V, da CF. "Gabarito: C".

(Ministério Público/MG – 2010 – FUNDEP) Dentre as formas diretas de exercício da soberania popular, podemos apontar, EXCETO,

(A) a reclamação constitucional.
(B) o plebiscito.
(C) o referendo.
(D) a iniciativa popular.

Art. 1º, parágrafo único, c/c art. 14, I a III, da CF. *Gabarito "A".*

(Ministério Público/SE – 2010 – CESPE) Assinale a opção correta acerca da Federação.

(A) As matérias de competência privativa da União podem ser delegadas por meio de lei complementar que autorize os estados a legislar sobre temas específicos nela previstos.
(B) São requisitos para que os estados se incorporem, se subdividam ou se desmembrem para se anexarem a outros ou para formarem novos estados a aprovação da população diretamente interessada, mediante plebiscito, e lei complementar estadual aprovada pela maioria absoluta das casas legislativas dos estados envolvidos.
(C) A criação, a incorporação, a fusão e o desmembramento de municípios devem preservar a continuidade e a unidade histórico-cultural do ambiente urbano, serão feitos por lei estadual, obedecidos os requisitos de lei complementar estadual, e dependem de consulta prévia, mediante plebiscito, às populações diretamente interessadas.
(D) Não existem, na atualidade, territórios federais no Brasil. Nada impede, entretanto, que voltem a ser criados sob a forma de distritos federais, dotados de autonomia política, mas não administrativa e financeira, constituindo entes sui generis do Estado Federal.
(E) Os estados podem, mediante decreto governamental, no período determinado por lei complementar federal, instituir regiões metropolitanas e microrregiões, constituídas por agrupamentos de municípios limítrofes, para integrar a organização, o planejamento e a execução de funções públicas de interesse comum.

A: Art. 22, parágrafo único, da CF; B: Não reflete o disposto no art. 18, § 3º, da CF; C: Não reflete o disposto no art. 18, § 4º, da CF; D: Não existem atualmente, podem voltar a ser criados, mas terão natureza de territórios federais (art. 18, § 2º, da CF); E: Não reflete o disposto no art. 25, § 3º, da CF. *Gabarito "A".*

(Ministério Público/SP – 2010) Quanto ao grau de sua alterabilidade ou mutabilidade, as Constituições Federais se classificam em:

(A) flexíveis, rígidas, semi-rígidas ou semiflexíveis, e super-rígidas.
(B) promulgadas, outorgadas, cesaristas e pactuadas.
(C) analíticas e sintéticas.
(D) escritas e costumeiras.
(E) rígidas e super-rígidas.

Quanto à alterabilidade, as Constituições podem ser classificadas como rígidas, semirrígidas (ou semiflexíveis) e flexíveis. As rígidas são aquelas que preveem, para a alteração das normas constitucionais, um mecanismo mais difícil que aquele estabelecido para as normas não constitucionais. As semirrígidas preveem normas constitucionais que só podem ser modificadas através de procedimento mais complexo e outras normas constitucionais que podem ser modificadas pelo mesmo processo aplicável às leis infraconstitucionais. As flexíveis, por sua vez, não preveem mecanismo mais dificultoso para a alteração das normas constitucionais, que podem ser modificadas tal como as leis infraconstitucionais. No caso brasileiro, a CF/88 é rígida, porque seu texto traz expresso qual procedimento para a alteração das normas constitucionais, que é muito mais qualificado que o das leis ordinárias. Para que uma emenda constitucional seja aprovada, é preciso observar todas as regras insculpidas no art. 60 da Constituição, que lista limites materiais (art. 60, § 4º), formais (art. 60, § 2º) e circunstanciais (art. 60, § 1º) ao poder de reforma da Constituição. No mais, nossa CF é: a) quanto à origem: promulgada (não foi imposta, mas fruto do trabalho de uma Assembleia Nacional Constituinte); b) quanto à forma: escrita (normas reunidas em um único texto solene e codificado); c) quanto à extensão: analítica (trata de todos os temas que os representantes do povo entenderam importantes e, por isso, é extensa e detalhista); d) quanto ao modo de elaboração: dogmática – ou sistemática –, porque traduz os dogmas, planos e sistemas preconcebidos. *Gabarito "A".*

(Ministério Público/RO – 2010 – CESPE) Assinale a opção correta com referência ao conceito e à classificação das constituições.

(A) Para a teoria da força normativa da constituição — desenvolvida, principalmente, pelo jurista alemão Konrad Hesse —, a constituição tem força ativa para alterar a realidade, sendo relevante a reflexão dos valores essenciais da comunidade política submetida.
(B) De acordo com a classificação quanto à extensão, no Brasil, a Constituição de 1988 é sintética, pois constitucionaliza aspectos além do núcleo duro das constituições, estabelecendo matérias que poderiam ser tratadas mediante legislação infraconstitucional.
(C) As constituições denominadas rígidas são aquelas que não admitem alteração e que, por isso mesmo, são consideradas permanentes.
(D) Para o jurista alemão Peter Härbele, a constituição de um país consiste na soma dos fatores reais de poder que regulamentam a vida nessa sociedade.
(E) O legado de Carl Schmitt, considerado expoente da acepção jurídica da constituição, consistiu na afirmação de que há, nesse conceito, um plano lógico-jurídico, em que estaria situada a norma hipotética fundamental, e um plano jurídicopositivo, ou seja, a norma positivada.

A e D: Para Ferdinand Lassale a Constituição diz respeito ao "fato social", pois é resultado do somatório das "forças reais de poder". Caso não haja correspondência entre a constituição real e esse "fato social", a constituição será mera "folha de papel". Ao contrário, Konrad Hesse desenvolveu a doutrina da "força normativa da Constituição", segundo a qual os fatores reais de poder são limitados pela própria Constituição; B: Quanto à extensão, a CF/88 é analítica, pois trata de todos os temas que os representantes do povo entendem importantes e, por isso, é extensa e detalhista. A Constituição dos EUA, ao contrário, é sintética; C: As constituições rígidas são aquelas que preveem, para a alteração das normas constitucionais, um mecanismo mais difícil que aquele estabelecido para as normas não constitucionais. Sua alteração é mais difícil, mas não significa que não possam ser alteradas; E: Para Carl Schmitt, idealizador da noção de Constituição em sentido político, há diferença entre Constituição e lei constitucional. Constituição refere-se, apenas, "à decisão política fundamental (estrutura e órgãos do Estado, direitos individuais, vida democrática, etc.); as leis constitucionais seriam os demais dispositivos inseridos no texto do documento constitucional, mas não contêm matéria de decisão política fundamental." (José Afonso da Silva, *Curso de Direito Constitucional Positivo*, 1998, p. 40). O enunciado da questão reproduz a lição de Kelsen, de que a Constituição é norma jurídica fundamental, desdobrando-se nos aspectos lógico-jurídico e jurídicopositivo, sendo certo que o sentido lógico-jurídico é o fundamento de validade para a elaboração da norma jurídico-positiva. *Gabarito "A".*

(Ministério Público/DF – 2009) Assinale a alternativa correta.

(A) O princípio da separação de poderes é inerente exclusivamente à forma republicana de governo.
(B) O princípio da separação de poderes é próprio da democracia representativa
(C) O princípio da separação de poderes somente tem efetividade nos sistemas pluripartidários.
(D) O princípio da separação de poderes é fator determinante do sistema de governo.
(E) O princípio da separação de poderes é criação do Estado pós-segunda guerra, para fazer face às atrocidades daquele conflito.

O princípio da separação dos poderes é determinante para os sistemas de governo, uma vez que as funções do Legislativo e do Executivo são muito diferentes no Presidencialismo e no Parlamentarismo. São formas de Estado: Unitário e Federal; Formas de Governo: República ou Monarquia; Sistemas de Governo: Presidencialista ou Parlamentarista; Regimes políticos: Aristrocracia, Oligarquia ou Democracia. Outros falam simplesmente em Democracia ou Ditadura. O Brasil é um Estado Federal, Republicano, Presidencialista e Democrático (art. 1º da CF). *Gabarito "D".*

(Ministério Público/MA – 2009) A Constituição Federal atual pode ser classificada como:

(A) rígida, codificada, outorgada e concisa;
(B) flexível, legal, promulgada e prolixa;
(C) rígida, codificada, promulgada e prolixa;
(D) flexível, legal, outorgada e concisa; e
(E) flexível, codificada, outorgada e concisa.

A CF/88 pode ser assim classificada: a) quanto à origem: promulgada (não foi imposta, mas fruto do trabalho de uma Assembleia Nacional Constituinte); b) quanto à forma: escrita (normas reunidas em um único texto solene e codificado); c) quanto à extensão: analítica (ou prolixa), porque trata de todos os temas que os representantes do povo entenderam importantes e, por isso, é extensa e detalhista; d) quanto ao modo de elaboração: dogmática – ou sistemática –, porque traduz os dogmas, planos e sistemas preconcebidos; e) quanto à sistemática: codificada (ou reduzida), pois se resume a um texto único, um código só. Gabarito "C".

(Ministério Público/RS – 2009) Leia o texto abaixo.

O liberalismo tem como um dos pressupostos a auto-regulação do mercado. A ordenação ou a regulamentação jurídica é preocupação que assume especial relevância no século XX, quando ocorre a passagem do Estado Liberal para o Estado Social. Os conflitos sociais, assim como os direitos sociais fundamentais, passaram a fazer parte da agenda das Constituições, especialmente daquelas surgidas a partir da Segunda Guerra mundial. Uma das questões centrais passou a ser a intervenção do Estado na economia, com regras específicas para a regulamentação das relações econômicas, podendo-se dizer que esse fenômeno pode ser denominado de "constitucionalização da economia, em linha similar ao que se denomina de "constitucionalização das relações privadas, quando tratamos da horizontalização dos direitos fundamentais.

Com base neste texto, considere as afirmações abaixo tendo em vista a Constituição brasileira de 1988.

(1) A institucionalização do Estado Social foi umas das principais preocupações do constituinte.

(2) Erigida à condição de elemento fundante da ordem econômica e a princípio constitucional fundamental, a livre iniciativa constitui uma das mais importantes normas da Constituição, razão pela qual é possível afirmar que o constituinte fez uma opção pelo modelo econômico capitalista.

(3) O direito do Estado Democrático de Direito assume uma característica nitidamente transformadora da sociedade.

(4) A Constituição do Brasil pode ser classificada como dirigente e compromissória.

(5) A propriedade privada, a função social da propriedade, a livre concorrência e a defesa do consumidor e do meio ambiente foram erigidas a categoria de princípios da ordem econômica.

Quais estão de acordo com o texto?

(A) Apenas 3 e 5.
(B) Apenas 1, 3 e 5.
(C) Apenas 1, 3, 4 e 5.
(D) 1, 2, 3, 4 e 5.
(E) Apenas a 4.

1. "Os conflitos sociais, assim como os direitos sociais fundamentais, passaram a fazer parte da agenda das Constituições, especialmente daquelas surgidas a partir da Segunda Guerra mundial"; 2. "Uma das questões centrais passou a ser a intervenção do Estado na economia, com regras específicas para a regulamentação das relações econômicas"; 3. "A ordenação ou a regulamentação jurídica é preocupação que assume especial relevância no século XX, quando ocorre a passagem do Estado Liberal para o Estado Social"; 4. A Constituição dirigente é caracterizada pela existência de normas programáticas em seu texto. As normas programáticas estabelecem um programa de atuação para o legislador infraconstitucional (políticas públicas), indicam os fins a serem alcançados pelos órgãos estatais. E compromissória porque estabelece o equilíbrio das forças através do estabelecimento de compromissos entre elas, buscando-se o consenso possível; 5. Art. 170, I a IX, da CF. Gabarito "D".

(Ministério Público/MG – 2007) É CORRETO afirmar que a República Federativa do Brasil tem como fundamento

(A) a independência nacional.
(B) a separação dos Poderes.
(C) a igualdade entre os Estados.
(D) o pluralismo político.
(E) a prevalência dos direitos humanos.

Os fundamentos da República Federativa do Brasil estão contidos no art. 1º da CF. Gabarito "D".

(Ministério Público/MG – 2007) A Federação brasileira compreende

(A) a União, os Estados, o Distrito Federal e os Territórios.
(B) a União, os Estados e os Municípios.
(C) a União, os Estados, o Distrito Federal e os Municípios, dependendo estes dos Estados.
(D) a União, os Estados, o Distrito Federal e os Municípios, dependendo o Distrito Federal da União.
(E) a União, os Estados, o Distrito Federal e os Municípios, todos autônomos nos termos da Constituição.

Art. 18, *caput*, da CF. Gabarito "E".

(Procurador do Estado/SC – 2010 – FEPESE) De acordo com a Constituição Federal, é objetivo fundamental da República Federativa do Brasil:

(A) a defesa da paz.
(B) conceder asilo político.
(C) construir uma sociedade livre, justa e solidária.
(D) solucionar de forma pacífica os conflitos.
(E) a soberania.

Art. 3º, I a IV, da CF. Gabarito "C".

(Procurador do Estado/PE – CESPE – 2009) Chega de ação. Queremos promessas. Assim protestava o grafite, ainda em tinta fresca, inscrito no muro de uma cidade, no coração do mundo ocidental. A espirituosa inversão da lógica natural dá conta de uma das marcas dessa geração: a velocidade da transformação, a profusão de ideias, a multiplicação das novidades. Vivemos a perplexidade e a angústia da aceleração da vida. Os tempos não andam propícios para doutrinas, mas para mensagens de consumo rápido. Para jingles, e não para sinfonias. O direito vive uma grave crise existencial. Não consegue entregar os dois produtos que fizeram sua reputação ao longo dos séculos. De fato, a injustiça passeia pelas ruas com passos firmes e a insegurança é a característica da nossa era.

Na aflição dessa hora, imerso nos acontecimentos, não pode o intérprete beneficiar-se do distanciamento crítico em relação ao fenômeno que lhe cabe analisar. Ao contrário, precisa operar em meio à fumaça e à espuma. Talvez esta seja uma boa explicação para o recurso recorrente aos prefixos pós e neo: pós-modernidade, pós-positivismo, neoliberalismo, neoconstitucionalismo. Sabe-se que veio depois e que tem a pretensão de ser novo. Mas ainda não se sabe bem o que é. Tudo é ainda incerto. Pode ser avanço. Pode ser uma volta ao passado. Pode ser apenas um movimento circular, uma dessas guinadas de 360 graus.

L. R. Barroso. **Neoconstitucionalismo e constitucionalização do direito. O triunfo tardio do direito constitucional no Brasil**. *In*: Internet: <jus2.uol.com.br> (com adaptações).

Tendo o texto acima como motivação, assinale a opção correta a respeito do constitucionalismo e do neoconstitucionalismo.

(A) O neoconstitucionalismo tem como marco filosófico o póspositivismo, com a centralidade dos direitos fundamentais, no entanto, não permite uma aproximação entre direito e ética.

(B) A democracia, como vontade da maioria, é essencial na moderna teoria constitucional, de forma que as decisões judiciais devem ter o respaldo da maioria da população, sem o qual não possuem legitimidade.

(C) No neoconstitucionalismo, a Constituição é vista como um documento essencialmente político, um convite à atuação dos poderes públicos, ressaltando que a concretização de suas propostas fica condicionada à liberdade de conformação do legislador ou à discricionariedade do administrador.

(D) O constitucionalismo pode ser definido como uma teoria (ou ideologia) que ergue o princípio do governo limitado indispensável à garantia dos direitos em dimensão estruturante da organização político-social de uma comunidade. Nesse sentido, o constitucionalismo moderno representa uma técnica de limitação do poder com fins garantísticos.

(E) O neoconstitucionalismo não autoriza a participação ativa do magistrado na condução das políticas públicas, sob pena de violação do princípio da separação dos poderes.

A: A parte final não é verdadeira; B: As decisões judiciais não devem sequer ser influenciadas pela opinião pública, devendo obediência à Constituição e ao direito; C e D: O neoconstitucionalismo visa desatrelar a noção de Constituição à mera limitação do poder político, devendo também buscar a máxima efetividade das normas constitucionais; E: Embora a participação ativa dos juízes seja questionável em doutrina, a banca considera que não há violação da separação de poderes nesse caso. Gabarito "D".

(Procurador do Estado/SP – FCC – 2009) Considere as seguintes afirmações:

I. Liberdade, Igualdade e Fraternidade, ideais da Revolução Francesa, podem ser relacionados, respectivamente, com os direitos humanos de primeira, segunda e terceira gerações.

II. O direito à paz inclui-se entre os direitos humanos de segunda geração.

III. Os direitos humanos de primeira geração foram construídos, em oposição ao absolutismo, como liberdades negativas; os de segunda geração exigem ações destinadas a dar efetividade à autonomia dos indivíduos, o que autoriza relacioná-los com o conceito de liberdade positiva e com a igualdade.

IV. A indivisibilidade dos direitos humanos significa que, ao apreciar uma violação a direito fundamental, o juiz deverá apreciar todas as violações conexas a ela.

V. A positivação da dignidade humana nas Constituições do pós-guerra foi uma reação às atrocidades cometidas pelo regime nazista e uma das fontes do conceito pode ser encontrada na filosofia moral de Kant.

Estão corretas SOMENTE as afirmações

(A) II, III e V.
(B) I, II, III e V.
(C) I, II e III.
(D) I, II e IV.
(E) I, III e V.

I: Direitos de primeira geração: direitos de liberdade e direitos políticos; direitos de segunda geração: direitos sociais, culturais e econômicos; direitos de terceira geração: direitos coletivos, à proteção ambiental e à defesa do consumidor, por exemplo. Hoje se fala ainda em direitos de quarta geração, associados, por exemplo, às pesquisas genéticas; II: O direito à paz é apontado pela doutrina como de terceira geração; III: Direitos de primeira geração: associados à noção de obrigação de não fazer; direitos de segunda geração: direitos a prestações positivas do Estado, associados à noção de obrigação de fazer; IV: Indivisibilidade diz respeito à ideia de que os direitos humanos são interdependentes, não podendo ser analisados de forma separada, mas não autoriza o juiz a analisar pedidos não deduzidos judicialmente; V: De acordo com o neoconstitucionalismo, a dignidade da pessoa humana é o princípio central para a interpretação das normas constitucionais. Gabarito "E".

(Procurador do Estado/PI – 2008 – CESPE) Considerando a evolução constitucional no Brasil, assinale a opção correta.

(A) A Constituição de 1937 trouxe diversos avanços no campo do controle de constitucionalidade das normas, conferindo ao STF amplos poderes para exercer o controle abstrato e concreto de constitucionalidade.
(B) A Constituição de 1988 ampliou o rol de direitos e garantias individuais, prevendo, pela primeira vez, nas constituições brasileiras, o mandado de segurança e a ação popular.
(C) Uma das inovações trazidas pela Constituição brasileira de 1891 foi a divisão do território brasileiro em estados e a ampla liberdade de culto, com o fim do catolicismo como religião oficial do Estado.
(D) A Constituição de 1934 ficou marcada pela sua longa duração e pelo seu cunho autoritário, que permitiu a concentração de poderes nas mãos do chefe do Poder Executivo.
(E) Entre as principais características da Constituição de 1967, pode-se citar o aprimoramento da Federação brasileira, com a descentralização de competências e o fortalecimento do princípio da separação dos poderes.

De acordo com o art. 1º da Constituição de 1891, passou-se a adotar, como forma de Governo, a República Federativa. As antigas províncias deram lugar aos Estados Unidos do Brasil (vedada a secessão). Além disso, o Brasil passou a ser um Estado laico. Gabarito "C".

(Procurador do Estado/PI – 2008 – CESPE) De acordo com Alexandre de Moraes (Direito Constitucional, São Paulo: Atlas, 2001, p. 511), o ato que consiste no acolhimento que uma nova constituição posta em vigor dá às leis e aos atos normativos editados sob a égide da Carta anterior, desde que compatíveis consigo, é denominado

(A) represtinação.
(B) recepção.
(C) desconstitucionalização.
(D) revogação tácita.
(E) adequação.

A Constituição nova recebe (recepciona) a ordem normativa anterior com ela compatível, conferindo-lhe, quando o caso, nova roupagem. Tal ocorre na medida em que seria praticamente inviável e desnecessário o legislador ordinário manifestar-se novamente logo em seguida à promulgação da Constituição. Gabarito "B".

(Procurador do Estado/PR – 2007) O artigo 1º da Constituição Federal dispõe que a República Federativa do Brasil, formada pela união indissolúvel dos Estados e Municípios e do Distrito Federal, constitui-se em Estado Democrático de Direito e tem como fundamento:

(A) a erradicação da pobreza e da marginalização e a redução da criminalidade e das desigualdades sociais e regionais;
(B) a soberania, a cidadania, a dignidade da pessoa humana, os valores sociais do trabalho e da livre iniciativa e o pluralismo político;
(C) a promoção do bem estar de todos, sem preconceito de origem, raça, sexo, cor, idade e quaisquer outras formas de discriminação;
(D) a construção de uma sociedade livre, justa e solidária e a garantia do desenvolvimento nacional; e) a independência e harmonia dos poderes da União.

Fundamentos, presentes no art. 1º da CF, são as bases sobre as quais assentam a República Federativa do Brasil. São, pois, indispensáveis ao Estado Democrático de Direito. Gabarito "B".

(Procurador de Contas TCE/ES – CESPE – 2009) No que se refere aos elementos e à classificação das constituições, assinale a opção correta.

(A) Quanto ao modo de elaboração, a constituição dogmática decorre do lento processo de absorção de ideias, da contínua síntese da história e das tradições de determinado povo.
(B) Sob o ponto de vista da extensão, a constituição analítica consubstancia apenas normas gerais de organização do Estado e disposições pertinentes aos direitos fundamentais.
(C) O preâmbulo, o dispositivo que estabelece cláusulas de promulgação e as disposições transitórias são exemplos de elementos de estabilização constitucional.
(D) Os direitos individuais e suas garantias, os direitos de nacionalidade e os direitos políticos são considerados elementos limitativos das constituições.
(E) Os denominados elementos formais de aplicabilidade das constituições são consagrados nas normas destinadas a garantir a solução de conflitos constitucionais, a defesa da Constituição, do Estado e das instituições democráticas.

A: Quanto à extensão, a Constituição analítica trata de todos os temas que os representantes do povo entenderam importantes e, por isso, é extensa e detalhista; B: Quanto ao modo de elaboração, a Constituição dogmática – ou sistemática –traduz os dogmas, planos e sistemas preconcebidos; C: O ADCT, como o próprio nome diz, corresponde a um conjunto de normas transitórias; D: Sim, pois limitam a atuação do Estado, que deve não apenas promovê-los, mas respeitá-los; E: As normas constitucionais formais são aquelas que poderiam ser tratadas pela legislação ordinária, pois não dizem respeito àquelas matérias que, pelo seu conteúdo, devem ser tratadas pela Constituição. Gabarito "D".

(Procurador de Contas TCE/ES – CESPE – 2009) Acerca da formação da constituição, da recepção, da reforma e da revisão de normas constitucionais, na sistemática constitucional brasileira, assinale a opção correta.

(A) No tocante ao poder constituinte originário, o Brasil adotou a corrente positivista, de modo que o referido poder se revela ilimitado, apresentando natureza pré-jurídica.
(B) O STF admite a teoria da inconstitucionalidade superveniente de ato normativo produzido antes da nova constituição e perante o novo dispositivo paradigma, nela inserido.

(C) No fenômeno da recepção, são analisadas as compatibilidades formais e materiais da lei em face da nova constituição.
(D) As normas produzidas pelo poder constituinte originário são passíveis de controle concentrado e difuso de constitucionalidade.
(E) A CF pode ser alterada, a qualquer momento, por intermédio do chamado poder constituinte derivado reformador e também pelo derivado revisor.

A: Sim. Ao contrário, para a doutrina jusnaturalista, o direito natural impõe limites ao Poder Constituinte Originário que, por essa razão, não seria totalmente autônomo; B: O STF não adota a doutrina da "inconstitucionalidade superveniente", mas entende que as normas pré-constitucionais que não se compatibilizam com o *conteúdo* da nova Constituição são por ela revogadas. Por isso, não cabe ADIN contra norma anterior à Constituição (mas pode caber ADPF – art. 1º, parágrafo único, I, da Lei 9.882/1999); C: Pelo princípio da recepção, a legislação anterior à nova Constituição, desde que seja *materialmente* compatível com o novo texto, é validada e passa a se submeter à nova disciplina constitucional. Se a contrariedade com a CF de 1988 for apenas formal, sendo válido seu conteúdo, são recepcionadas; D: As normas constitucionais fruto do Poder Constituinte Originário não podem ser objeto de controle de constitucionalidade, mas aquelas inseridas na Constituição por emenda podem ter a constitucionalidade analisada; E: Na leitura do art. 3º do Ato das Disposições Constitucionais Transitórias (o que corrobora a vontade do constituinte originário de realizar a revisão constitucional uma única vez), a revisão constitucional foi concebida pelo Poder Constituinte Originário para ser realizada apenas uma vez, após cinco anos da promulgação da CF, pelo voto da maioria absoluta do Congresso Nacional, em sessão unicameral. Em obediência à determinação constitucional, a revisão ocorreu em 1993/1994 e resultou em 6 emendas de revisão, tendo aí a norma constitucional exaurido sua eficácia. "A" Gabarito

(Defensoria Pública/SP – 2010 – FCC) A "Constituição Dirigente" determina tarefas, estabelece metas e programas e define fins para o Estado e para a sociedade. Nesse modelo,

(A) são insindicáveis as políticas públicas no que se refere aos meios necessários para atingi-las, pois é nesse aspecto que reside a discricionariedade do Governante.
(B) não se aplica o controle de constitucionalidade das políticas governamentais, pois o Poder Judiciário não tem legitimidade, nem atribuição sem que se viole a separação de poderes.
(C) não cabe controle de constitucionalidade de "questões políticas" desde a Constituição de 1934 que expressamente vedava ao Judiciário conhecer de questões exclusivamente políticas.
(D) é cabível juízo de constitucionalidade de políticas públicas que podem ser consideradas incompatíveis com os objetivos constitucionais que vinculam a ação do Estado.
(E) não é suscetível de controle de constitucionalidade as normas de caráter programático que integram o núcleo político da Constituição, mas não o normativo.

A Constituição dirigente é caracterizada pela existência de normas programáticas em seu texto. As normas programáticas estabelecem um programa de atuação para o legislador infraconstitucional (políticas públicas), indicam os fins a serem alcançados pelos órgãos estatais e estão sujeitas ao controle de constitucionalidade. "D" Gabarito

(Defensoria/SP – 2009 – FCC) Em relação aos objetivos fundamentais da República Federativa do Brasil previstos no artigo 3º da Constituição Federal, considere as seguintes afirmações:

I. São reveladores de uma axiologia, uma antevisão de um projeto de sociedade mais justa esposado pelo constituinte.
II. Vem enunciados em forma de ação verbal (construir, erradicar, reduzir, promover), que implicam a necessidade de um comportamento ativo pelos que se acham obrigados à sua realização.
III. Como possuem enunciado principialista e generalista não possuem valor normativo, daí porque o estado brasileiro descumpre-os sistematicamente.
IV. O repúdio ao terrorismo e racismo está dentre os objetivos mais importantes, pois respalda outra norma regra objetiva que é a dignidade da pessoa humana.
V. Além de outras normas constitucionais, encontramos vários instrumentos e disposições para efetivação dos objetivos nos títulos que tratam da ordem econômica e da ordem social.

Estão corretas SOMENTE

(A) II, III e IV.
(B) III, IV e V.
(C) I, II e IV.
(D) I, II e V.
(E) I, IV e V.

I: São vetores de interpretação das demais normas constitucionais e infraconstitucionais; II: Implicam prestações positivas por parte do próprio Estado; III: Toda norma constitucional, seja princípio ou regra, tem densidade normativa e eficácia; IV: A dignidade da pessoa humana é norma princípio; V: V. arts. 170 e ss e arts. 193 e ss, todos da CF. "D" Gabarito

(Defensoria/MG – 2006) Promulgada a nova Constituição, as leis ordinárias com ela compatíveis continuam válidas pela teoria

(A) da descontitucionalizaçao
(B) da integração
(C) da recepção
(D) da repristinação
(E) do poder constituinte subordinado

A nova Constituição recepciona a ordem normativa anterior com ela compatível. "C" Gabarito

(Defensoria/RN – 2006) O direito ao trabalho previsto no artigo 5º da Constituição é norma de

(A) eficácia plena.
(B) eficácia redutível.
(C) eficácia limitada.
(D) princípio programático.

Eficácia redutível ou contida, já que o alcance da norma (art. 5º, XIII, CF) poderá ser reduzido por ação do legislador infraconstitucional. "B" Gabarito

(Defensoria/SE – 2006 – CESPE) Julgue o seguinte item.

(1) O princípio da supremacia da constituição não abrange todas as espécies de constituição.

Tal princípio não incide nas Constituições flexíveis, em relação às quais se aplica procedimento legislativo comum para modificação de suas normas. "1C" Gabarito

(Defensoria/MG – 2006) São fundamentos da República Federativa do Brasil, EXCETO:

(A) a cidadania.
(B) A dignidade da pessoa humana.
(C) A soberania
(D) O voto direto, secreto, obrigatório e periódico.
(E) Os valores sociais do trabalho e da livre-iniciativa.

Art. 1º da CF. "D" Gabarito

(Defensoria/RN – 2006) A Constituição Federal aponta como fundamento da República Federativa do Brasil a

(A) erradicação da pobreza.
(B) garantia do desenvolvimento social.
(C) existência do pluralismo político.
(D) redução das desigualdades sociais.

Art. 1º, V, da CF. "C" Gabarito

(Delegado/GO – 2009 – UEG) Na literalidade do texto constitucional, constitui fundamento da República Federativa do Brasil:

(A) o pluralismo político.
(B) a independência nacional.
(C) a construção do desenvolvimento nacional.
(D) a independência e harmonia entre os poderes da União.

Art. 1º, I a V, da CF. "A" Gabarito

(Delegado/PI – 2009 – UESPI) Analisadas, em caráter simultâneo, as Constituições da República Federativa do Brasil, de 1988, e a dos Estados Unidos da América, de 1787, é possível enquadrar as referidas normas fundamentais, respectivamente e nesta ordem, nas seguintes classificações:

(A) escrita e não escrita.
(B) sintética e analítica.
(C) outorgada e promulgada.
(D) rígida e sintética.
(E) histórica e dogmática.

A Constituição de 1988 pode ser assim classificada: a) quanto à origem: promulgada (fruto do trabalho de uma Assembleia Nacional Constituinte); b) quanto à forma: escrita (normas reunidas em um único texto solene e codificado); c) quanto à extensão: analítica (tratam de todos os temas que os representantes do povo entendem importantes e, por isso, em geral são extensas e detalhistas); d) quanto ao modo de elaboração: dogmática (ou sistemática), porque traduzem os dogmas, planos e sistemas preconcebidos; e) quanto à estabilidade ou alterabilidade: rígida, já que prevê, para a alteração das normas constitucionais, um mecanismo mais difícil que aquele estabelecido para as normas não constitucionais (art. 60 da CF). A Constituição dos EUA é sintética quanto à extensão, porque veicula apenas os princípios fundamentais do Estado. Gabarito "D".

(Delegado/RJ – 2009 – CEPERJ) Diz-se que a Constituição brasileira de 1988 é rígida porque:

(A) não admite a ocorrência do fenômeno da mutação constitucional.
(B) classifica como inafiançáveis os crimes de racismo e tortura, entre outros.
(C) prevê, para sua reforma, a adoção de procedimento mais complexo, em tese, do que o adotado para a modificação das leis.
(D) estabelece penalidades severas para os crimes de responsabilidade.
(E) foi promulgada por Assembleia Nacional Constituinte convocada na forma de Emenda à Constituição anterior.

Quanto à alterabilidade, as Constituições podem ser classificadas como rígidas, semirrígidas (ou semiflexíveis) e flexíveis. As rígidas são aquelas que preveem, para a alteração das normas constitucionais, um mecanismo mais difícil que aquele estabelecido para as normas não-constitucionais. As semirrígidas preveem normas constitucionais que só podem ser modificadas através de procedimento mais complexo e outras normas constitucionais que podem ser modificadas pelo mesmo processo aplicável às leis infraconstitucionais. As flexíveis, por sua vez, não preveem mecanismo mais dificultoso para a alteração das normas constitucionais, que podem ser modificadas tal como as leis infraconstitucionais. No caso brasileiro, a CF/88 é rígida porque seu texto traz expresso qual procedimento para a alteração das normas constitucionais, que é muito mais qualificado que o das leis ordinárias. Para que uma emenda constitucional seja aprovada, é preciso observar todas as regras insculpidas no art. 60 da Constituição, que lista limites materiais (art. 60, § 4º), formais (art. 60, § 2º) e circunstanciais (art. 60, § 1º) ao poder de reforma da Constituição. Gabarito "C".

(Delegado/SP – 2008) A República Federativa do Brasil rege-se nas suas relações internacionais pelos seguintes princípios:

(A) prevalência dos direitos humanos, defesa da paz e independência nacional.
(B) prevalência dos direitos humanos e garantia do desenvolvimento nacional.
(C) prevalência dos direitos humanos e redução das desigualdades sociais.
(D) prevalência dos direitos humanos, soberania, independência e harmonia.
(E) prevalência dos direitos humanos, cidadania e pluralismo político.

Art. 4º da CF. Gabarito "A".

(Cartório/SP – VI – VUNESP) Nossa Constituição Federal é tida pela doutrina como rígida em razão de

(A) não admitir emendas constitucionais, mormente se estas violarem cláusulas pétreas.
(B) poder ser modificada após certo tempo, se houver um plebiscito assim determinando.
(C) admitir alteração desde que esta só ocorra após determinado período da promulgação.
(D) ser modificada mediante maior solenidade do que exigido para as demais normas.

A CF/88 é rígida porque seu texto traz expresso qual procedimento para a alteração das normas constitucionais, que é muito mais qualificado que o das leis ordinárias. Para que uma emenda constitucional seja aprovada, é preciso observar todas as regras insculpidas no art. 60 da Constituição, que lista limites materiais (art. 60, § 4º), formais (art. 60, § 2º) e circunstanciais (art. 60, § 1º) ao poder de reforma da Constituição. Gabarito "D".

(Cartório/SP – VI – VUNESP) Quanto à sua extensão, nossa Constituição Federal é definida pela doutrina como

(A) sintética.
(B) analítica.
(C) concisa.
(D) flexível.

Quanto à extensão a CF/88 é analítica, pois trata de todos os temas que os representantes do povo entendem importantes e, por isso, é extensa e detalhista. Gabarito "B".

(Cartório/SP – VI – VUNESP) Nossa Lei Maior elenca textualmente, como sendo princípios fundamentais da República brasileira,

(A) o respeito à privacidade, à intimidade e à inviolabilidade da pessoa humana.
(B) a unidade, a autonomia e a indissolubilidade dos nossos partidos políticos.
(C) o respeito aos valores sociais do trabalho e da livre iniciativa.
(D) a possibilidade da criação de novos municípios, mediante plebiscito democrático.

Art. 1º, IV, da CF. Gabarito "C".

(Cartório/SC – 2008) A República Federativa do Brasil constitui-se em Estado Democrático de Direito e tem como princípios fundamentais:

(A) A dignidade da pessoa humana, a cidadania, os valores sociais do trabalho e da livre iniciativa, a prevalência dos direitos humanos.
(B) A soberania, o pluralismo político, a igualdade entre os Estados, a cidadania, a dignidade da pessoa humana.
(C) A cidadania, a dignidade da pessoa humana, a soberania, os valores sociais do trabalho e da livre iniciativa, o pluralismo político.
(D) A prevalência dos direitos humanos, a soberania, a cidadania, a dignidade da pessoa humana, o pluralismo político.
(E) A soberania, a cidadania, a redução das desigualdades regionais e sociais, a dignidade da pessoa humana, os valores sociais do trabalho e da livre iniciativa, o pluralismo político.

Art. 1º da Constituição Federal. Gabarito "C".

(Procurador do Município/Florianópolis-SC – 2010 – FEPESE) Quando a Constituição exige um procedimento legislativo especial para a alteração de seu texto, mais dificultoso que o processo legislativo ordinário, classifica-se como:

(A) Rígida.
(B) Flexível.
(C) Semirrígida.
(D) Semiflexível.
(E) Semi-imutável.

Quanto à alterabilidade, as constituições podem ser classificadas como rígidas, semirrígidas (ou semi-flexíveis) e flexíveis. As rígidas são aquelas que prevêem, para a alteração das normas constitucionais, um mecanismo mais difícil que aquele estabelecido para as normas não-constitucionais. As semi-rígidas prevêem normas constitucionais que só podem ser modificadas através de procedimento mais complexo e outras normas constitucionais que podem ser modificadas pelo mesmo processo aplicável às leis infraconstitucionais. As flexíveis, por sua vez, não prevêem mecanismo mais dificultoso para a alteração das normas constitucionais, que podem ser modificadas tal como as leis infraconstitucionais. No caso brasileiro, a CF/88 é rígida, porque seu texto traz expresso qual procedimento para a alteração das normas constitucionais, que é muito mais qualificado que o das leis ordinárias. Para que uma emenda constitucional seja aprovada, é preciso observar todas as regras insculpidas no art. 60 da Constituição, que lista limites materiais (art. 60, § 4º), formais (art. 60, § 2º) e circunstanciais (art. 60, § 1º) ao poder de reforma da Constituição. Gabarito "A".

(Magistratura Federal-4ª Região – 2010) Assinale a alternativa correta.

(A) A exploração de portos fluviais e lacustres compete aos Estados.
(B) A Federação Brasileira é composta pela União, Estados e um Distrito Federal, ao passo que os municípios somente têm autonomia em temas de seu particular interesse, nos termos da respectiva lei orgânica.
(C) Como Federação, o Brasil conta com autonomia legislativa dos Estados sem que existam limites a essa autonomia.
(D) Como República, o Brasil conta com o exercício do poder político em caráter eletivo, transitório e com responsabilidade.
(E) É de competência privativa estadual a legislação sobre desapropriação no âmbito de cada Estado.

A: Competência da União (art. 21, XII, "f", da CF); B: De acordo com o art. 18 da CF, a Federação Brasileira compreende a União (ordem federal) e os Estados, o Distrito Federal e os Municípios (ordens federadas); C: Os Estados possuem competências legislativas remanescentes (art. 25, § 1º, da CF); D: Os representantes são eleitos, para mandatos com prazo certo, devendo cumprir o múnus público com responsabilidade (a CF prevê crimes de responsabilidade); E: Competência privativa da União (art. 22, I, da CF). Gabarito "D".

(Magistratura Federal/1ª Região – 2009 – CESPE) Julgue os itens subseqüentes, relativos aos poderes constituintes originário e derivado.

I. O poder constituinte originário não se esgota quando se edita uma constituição, razão pela qual é considerado um poder permanente.
II. Respeitados os princípios estruturantes, é possível a ocorrência de mudanças na constituição, sem alteração em seu texto, pela atuação do denominado poder constituinte difuso.
III. O STF admite a teoria da inconstitucionalidade superveniente de ato normativo editado antes da nova constituição e perante o novo paradigma estabelecido.
IV. Pelo critério jurídico-formal, a manifestação do poder constituinte derivado decorrente mantém-se adstrita à atuação dos estados-membros para a elaboração de suas respectivas constituições, não se estendendo ao DF e aos municípios, que se organizam mediante lei orgânica.
V. O poder constituinte originário pode autorizar a incidência do fenômeno da desconstitucionalização, segundo o qual as normas da constituição anterior, desde que compatíveis com a nova ordem constitucional, permanecem em vigor com status de norma infraconstitucional.

Estão certos apenas os itens

(A) I e V.
(B) II e III.
(C) I, III e IV.
(D) I, II, IV e V.
(E) II, III, IV e V.

I: Sim, mesmo porque seu titular é o povo; II: Pela mutação constitucional; III: O STF não adota a doutrina da "inconstitucionalidade superveniente", mas entende que as normas pré-constitucionais que não se compatibilizam com o *conteúdo* da nova Constituição são por ela revogadas. Por isso, não cabe ADIN contra norma anterior à Constituição; IV: Sim, apesar de a matéria não ser pacífica; V: O PCO pode autorizar, mas no caso brasileiro o ordenamento não admite, como regra geral, o fenômeno da *desconstitucionalização*, segundo o qual as normas da Constituição anterior, materialmente compatíveis com a nova ordem constitucional, permanecem em vigor com *status* de lei ordinária. Só existirá desconstitucionalização se o próprio Poder Constituinte assim determinar, haja vista sua autonomia. Gabarito "D".

(Magistratura Federal – 5ª Região – 2007 – CESPE) Julgue o seguinte item.

(1) O prenúncio da redemocratização do Brasil foi, em 1984, o movimento civil Diretas Já, de reivindicação por eleição presidencial direta no Brasil, a qual se concretizou na aprovação, com expressiva votação pelo Congresso Nacional, da proposta de Emenda Constitucional Dante de Oliveira, que permitiu a volta dos civis ao poder e a subseqüente eleição de Tancredo Neves.

1: A proposta de emenda constitucional apresentada pelo então Deputado Federal Dante de Oliveira, que propunha eleições diretas para Presidente e Vice-Presidente da República, foi derrotada na Câmara dos Deputados, não tendo atingido o quórum mínimo para sua remessa ao Senado Federal. Assim, a eleição de Tancredo Neves não se deu pelo voto direto, mas sim por um Colégio Eleitoral. Gabarito 1E.

(Magistratura Federal – 5ª Região – 2007 – CESPE) Julgue o seguinte item.

(1) Fruto das revoluções de 1930 e 1932 e espelhando as grandes transformações do século XX, especialmente o fim da 1.ª Guerra Mundial, a Constituição de 1934 foi simplesmente desconsiderada pelo golpe de Estado de 1937 e pela outorga, por Getúlio Vargas, da nova Carta política, que, de inspiração fascista, teve como autor principal Francisco Campos.

Com a vitória da Revolução de 1930, o Decreto 19.398, de 11 de novembro de 1930, formalizou a transferência do poder para um Governo Provisório, chefiado por Getúlio Vargas. Entretanto, os ideais da Revolução de 1930 somente foram institucionalizados anos mais tarde, após a Revolução Constitucionalista de 1932, com a promulgação da Constituição de 16 de julho de 1934. Em 10 de novembro de 1937, Getúlio Vargas dissolve o Congresso Nacional e outorga a Constituição de 1937, de contornos ditatoriais, cujo grande idealizador foi Francisco Campos. Gabarito 1C.

(Magistratura Federal – 5ª Região – 2007 – CESPE) Julgue o seguinte item.

(1) A Constituição de 1946 era muito parecida com a de 1934 devido à coincidência de fatores políticos que marcaram a sua elaboração: a de 1934 constituiu forte reação à República Velha, e a de 1946, às tendências ditatoriais. Portanto, ambas, pode-se dizer, tiveram inspiração democrática.

De fato, a crise econômica deflagrada em 1929 (a República Velha tem fim com a Revolução de 1930) e os diversos movimentos sociais que reivindicavam condições melhores de trabalho contribuíram sobremaneira para a promulgação da Constituição de 1934. Da mesma forma, ocorreu com a Constituição de 1946. Gabarito 1C.

(Magistratura Federal – 5ª Região – 2007 – CESPE) Julgue o seguinte item.

(1) A Constituição de 1967 foi emendada em 1969 pelo Congresso Nacional, mantendo-se, pelo menos formalmente, as eleições presidenciais pelo sistema do sufrágio universal e o voto direto e secreto.

EC 1/69 (Constituição de 1969): outorgada por militares, já que o Congresso Nacional estava fechado. O AI-5 foi mantido em vigor, o mandato do presidente, aumentado para 5 anos, e a eleição continuou a ser indireta. Gabarito 1E.

(Magistratura Federal – 1ª Região – 2005) A atual Constituição Federal Brasileira:

(A) é fixa;
(B) é rígida;
(C) é flexível;
(D) é semi-rígida.

É **rígida** na medida em que estabelece um processo especial para a modificação de suas normas (art. 60 da CF). Seria **flexível** se não previsse um processo legislativo de modificação das normas constitucionais mais solene do que o previsto para alteração das normas infraconstitucionais. Gabarito "B".

(Defensoria Pública da União – 2010 – CESPE) Julgue o item seguinte.

(1) Atendendo ao princípio denominado correção funcional, o STF não pode atuar no controle concentrado de constitucionalidade como legislador positivo.

O princípio da conformidade (ou correção) funcional, também chamado de *princípio da justeza*, visa impedir, na concretização da CF, a alteração da repartição das funções constitucionalmente estabelecidas. Gabarito 1C.

(Procurador Federal – 2010 – CESPE) No que se refere ao conceito e à classificação de constituição, julgue o próximo item.

(1) Segundo a doutrina, quanto ao critério ontológico, que busca identificar a correspondência entre a realidade política do Estado e o texto constitucional, é possível classificar as constituições em normativas, nominalistas e semânticas.

Classificação atribuída a Karl Loewenstein. Segundo Pedro Lenza "enquanto nas Constituições normativas a pretendida limitação ao poder se implementa na prática, havendo, assim, correspondência com a realidade, nas nominalistas busca-se essa concretização, porém, sem sucesso, não se conseguindo uma verdadeira normatização do processo real do poder. Por sua vez, nas semânticas nem sequer se têm essa pretensão, buscando-se conferir legitimidade meramente formal aos detentores do poder, em seu próprio benefício." Dessa forma, continua o mesmo autor, "da normativa à semântica percebemos uma gradação de democracia e Estado democrático de direito para autoritarismo." (Pedro Lenza, *Direito Constitucional Esquematizado*, 2010, p. 85). Gabarito 1C.

(Procuradoria Federal – 2007 – CESPE) Julgue o seguinte item.

(1) A CF trouxe grandes avanços na área dos direitos e das garantias fundamentais, atestando a modernidade e fazendo do racismo e da tortura crimes inafiançáveis, estabelecendo o *habeas data* e reforçando a proteção dos direitos e das liberdades constitucionais, e restituindo ao Congresso Nacional prerrogativas que lhe haviam sido subtraídas pela administração militar.

Ulysses Guimarães, presidente da Assembleia Nacional Constituinte, denominou nossa Constituição de 1988 como **Constituição Cidadã**. Gabarito 1C.

5. DIREITO CONSTITUCIONAL

(Procuradoria Federal – 2007 – CESPE) Julgue o seguinte item.

(1) O período constitucional do Império foi o período da história brasileira em que o poder mais se apartou da Constituição formal, a qual teve baixo grau de eficácia e pouca presença na consciência dos dirigentes do país. Exemplo disso foi a não-utilização da Constituição como instrumento para se solucionar a questão da escravidão no Brasil.

Constituição de 1824. Gabarito: 1C

(Advogado da União/AGU – CESPE – 2009) Com referência aos princípios constitucionais, julgue os seguintes itens.

(1) De acordo com o princípio da legalidade, apenas a lei decorrente da atuação exclusiva do Poder Legislativo pode originar comandos normativos prevendo comportamentos forçados, não havendo a possibilidade, para tanto, da participação normativa do Poder Executivo.

(2) Segundo a doutrina, a aplicação do princípio da reserva legal absoluta é constatada quando a CF remete à lei formal apenas a fixação dos parâmetros de atuação para o órgão administrativo, permitindo que este promova a correspondente complementação por ato infralegal.

(3) O Poder Judiciário, fundado no princípio da isonomia previsto na Carta da República, pode promover a equiparação dos vencimentos de um servidor com os de outros servidores de atribuições diferentes.

1: O princípio da legalidade é mais amplo que o da reserva de lei e está insculpido no art. 5º, II, da CF. A legalidade impõe que a criação de direitos e obrigações só pode ser realizada por "lei", aí entendida em sentido amplo. Já a reserva legal ocorre sempre que a CF referir-se à regulamentação de uma matéria "nos termos da lei" ou na "forma da lei", que deve obedecer ao processo legislativo constitucionalmente previsto; 2: A reserva legal ocorre sempre que a CF se referir à regulamentação de uma matéria "nos termos da lei" ou na "forma da lei", que deve obedecer ao processo legislativo constitucionalmente previsto; 3: Vedação expressa pelo art. 37, XIII, da CF. Gabarito: 1E, 2E, 3E

(Procurador da Fazenda Nacional – 2007.2 – ESAF) A República Federativa do Brasil, formada pela união indissolúvel dos Estados e Municípios e do Distrito Federal, constitui-se em Estado democrático de direito e tem como fundamentos o que se encontra na única formulação correta, entre as opções abaixo.

(A) A independência nacional; a soberania; a sociedade livre, organizada e solidária; a dignidade da pessoa humana e a liberdade individual.
(B) A cidadania; a dignidade da pessoa humana; os valores sociais do trabalho e econômicos da livre iniciativa; o pluralismo político.
(C) A soberania; a cidadania; a dignidade da pessoa humana; os valores sociais do trabalho e a livre concorrência; o pluralismo político e a defesa da paz.
(D) A soberania; a cidadania; a dignidade da pessoa humana; os valores sociais do trabalho e da livre iniciativa; o pluralismo político.
(E) A cidadania; a dignidade da pessoa humana; os valores econômicos e sociais do trabalho, da livre iniciativa e da livre concorrência; o pluralismo político.

Art. 1º da Constituição Federal. Gabarito: "D".

(Analista Judiciário/STJ – 2008 – CESPE) Julgue o seguinte item.

(1) Os direitos e garantias fundamentais são considerados elementos limitativos das constituições.

Trata-se, a rigor, de uma barreira contida nas Constituições à atuação do Estado. Gabarito: 1C

(Analista Judiciário/STJ – 2008 – CESPE) Julgue o seguinte item.

(1) O fato de a CF ser rígida fundamenta o princípio da supremacia da Constituição sobre as demais normas jurídicas, inclusive sobre os tratados internacionais de direitos humanos.

De fato, o **princípio da supremacia da Constituição** somente tem incidência nas Constituições rígidas, já que estas estabelecem um procedimento diferenciado para alteração de suas normas; as normas integrantes das Constituições flexíveis podem ser alteradas pela edição de uma lei infraconstitucional posterior, dada a ausência de hierarquia entre esta e a Constituição. Não vige, pois, neste caso, o princípio da supremacia da Constituição. Gabarito: 1C

(Magistratura do Trabalho – 3ª Região – 2009) Na forma de redação do texto constitucional, a República Federativa do Brasil, formada pela união indissolúvel dos Estados e Municípios e do Distrito Federal, constitui-se em Estado Democrático de Direito e tem como princípios fundamentais, exceto:

(A) a soberania
(B) a cidadania
(C) a dignidade da pessoa humana
(D) os valores sociais do trabalho e da livre iniciativa
(E) a saúde e a segurança

Art. 1º, I a V, da CF. Gabarito: "E".

(Magistratura do Trabalho – 9ª Região – 2009) Analise as proposições a seguir:

I. As Constituições que se originam de uma Assembléia Geral Constituinte eleita pelo povo são chamadas de constituições outorgadas.
II. As Constituições costumeiras têm como característica fundamental o surgimento informal, originando-se da sociedade.
III. A Constituição histórica é aquela resultante da gradativa sedimentação jurídica de um povo, por meio de suas tradições.
IV. A Constituição Brasileira de 1988 é exemplo clássico de Constituição sintética.

(A) as proposições I e II estão corretas
(B) as proposições II e III estão corretas
(C) as proposições III e IV estão corretas
(D) nenhuma proposição está correta
(E) todas as proposições estão corretas

I: São promulgadas. As outorgadas são impostas; II: Também chamadas consuetudinárias; III: Correto; IV: A CF/88 é analítica quanto à extensão. Gabarito: "B".

(Magistratura do Trabalho – 24ª Região – 2007) Considere as referências abaixo acerca dos conceitos de Constituição:

I. Constituição no sentido lógico-jurídico.
II. Constituição no sentido jurídico-positivo.
III. Constituição como decisão política fundamental.

Faça a correlação com as referências a seguir:

(A) Significa a norma fundamental hipotética.
(B) A Constituição é dimensionada como decisão global e fundamental advinda da unidade política, e identificável pelo núcleo de matérias que lhe são próprias e inerentes.
(C) Equivale à norma positiva suprema.

Dentre as alternativas abaixo, marque aquela que expressa a relação correta entre as referências acima:

(A) (I-C); (II-A); (III-B).
(B) (I-A); (II-B); (III-C).
(C) (I-A); (II-C); (III-B).
(D) (I-B); (II-C); (III-A).
(E) (I-B); (II-A); (III-C).

Os conceitos lógico-jurídico e jurídico-positivo são fruto da teoria de Hans Kelsen, que concebe a Constituição no mundo do **dever ser**, o conceito político é extraído da lição de Carl Schmitt. Gabarito: "C".

(Magistratura do Trabalho – 16ª Região – 2006) Considere os itens abaixo:

I. A Constituição de 1824 foi outorgada e era considerada rígida.
II. A Constituição de 1988 é semi-rígida e foi outorgada pela Assembleia Constituinte de 1988;
III. A Constituição de 1988 é rígida, analítica, promulgada e quanto ao conteúdo é formal;
IV. Com a Emenda 45/2004 a Constituição Brasileira passou a ser flexível, pois possibilitou que independentemente da matéria, tratados e convenções internacionais passassem a ter a mesma hierarquia de emenda constitucional.

Assinale a opção CORRETA:

(A) Somente I e III;
(B) Somente I e IV;
(C) Somente III;

(D) Somente III e IV;
(E) Somente II e III.

I: a Constituição de 1824, outorgada, era semirrígida; II: a Constituição de 1988 é rígida e democrática; III: de fato, a Constituição de 1988 é rígida, analítica (ampla), promulgada (democrática) e formal; IV: A EC 45/2004 inseriu o § 3º ao art. 5º da CF, que se refere apenas a tratados e convenções internacionais *sobre direitos humanos*. Assim, as normas de tratados e convenções internacionais *sobre direitos humanos* que forem aprovadas, em cada Casa do Congresso Nacional, em dois turnos, por três quintos dos votos dos respectivos membros, serão equivalentes às emendas constitucionais. Entretanto, isso não torna nossa Constituição *flexível*, pois a alteração de seu texto continua a seguir as regras do art. 60 da CF. Note-se, por fim, que não são todos os tratados sobre direitos humanos que modificam a Constituição, mas apenas aqueles que seguirem o rito do art. 5º, § 3º, da CF. Gabarito "C".

(Magistratura do Trabalho – 14ª Região – 2006) Na expressão "República Federativa do Brasil":

(A) O termo "República" indica a forma de Estado (Estado federal) e está em contraposição ao Estado unitário;
(B) O termo "Federativa" indica a forma de Governo e, de uma forma singela, está em contraposição à Monarquia;
(C) O termo "República" indica a forma de Governo, a qual é impossível de ser alterada pelo legislador constituinte derivado uma vez que está protegida por cláusula pétrea;
(D) O termo "Federativa" indica uma forma de Estado, a qual é impossível de ser alterada pelo legislador constituinte derivado uma vez que está protegida por cláusula pétrea;

A: "República" indica a forma de governo, estando em contraposição à forma monárquica; B: o termo "Federativa" indica a forma de Estado. Temos Estado Federal (unidade de poder sobre o território) e Estado Unitário (divisão espacial de poderes); C: art. 60, § 4º, da CF; D: art. 60, § 4º, I, da CF. Gabarito "D".

(CESPE – 2007) Quanto ao processo de mudança, a Constituição Federal de 1988 pode ser classificada como

(A) flexível, por admitir alteração por iniciativa não só dos membros do Congresso Nacional, como também do presidente da República.
(B) semi-rígida, por admitir alteração de seu conteúdo, exceto com relação às cláusulas pétreas.
(C) transitoriamente rígida, por não admitir a alteração dos Atos das Disposições Constitucionais Transitórias.
(D) rígida, por admitir a alteração de seu conteúdo por meio de processo mais rigoroso e complexo que o processo de elaboração das leis comuns.

CF, arts. 47 e 60. O primeiro cuida do processo de elaboração da lei comum; o segundo, do processo para criação de emenda à Constituição. De outro lado, na **Constituição flexível**, verifica-se que o processo legislativo de alteração da norma constitucional é idêntico ao de alteração das normas infraconstitucionais. Não há, pois, ao se falar em Constituição flexível, hierarquia entre norma constitucional e lei infraconstitucional. **Semirrígida**, por fim, é a Constituição que é tanto rígida quanto flexível. Contém matérias que exigem processo de alteração mais formal, mais dificultoso; outras dispensam essa formalidade, impondo o processo legislativo de alteração destinado às leis infraconstitucionais. Gabarito "D".

(CESPE – 2007) Acerca da teoria geral da Constituição Federal, assinale a opção correta.

(A) O constitucionalismo, que pode ser conceituado como o movimento político-social que pretende limitar o poder e estabelecer o rol de direitos e garantias fundamentais, está diretamente relacionado com a ideologia socialista do início da primeira metade do século XX.
(B) O poder constituinte derivado decorrente é caracterizado essencialmente pela sua ausência de vinculação a qualquer regra anterior, pela sua autonomia e pela sua incondicionalidade.
(C) O poder de reforma está limitado às chamadas cláusulas pétreas, entre as quais se inclui a proibição de mudança do voto majoritário ou proporcional pelo voto distrital misto.
(D) O valor social do trabalho e da livre iniciativa é um dos fundamentos da República Federativa do Brasil.

A: não é correta a afirmação de que o *constitucionalismo* estaria diretamente relacionado com a ideologia socialista do início da primeira metade do século XX; B: criado e instituído pelo *poder constituinte originário*, o *poder constituinte derivado decorrente* é limitado e condicionado a ele; C: art. 60, § 4º, da CF; D: art. 1º, IV, da CF. Gabarito "D".

(CESPE – 2006) O parágrafo único do art. 4.º da Constituição da República estabelece que "A República Federativa do Brasil buscará a integração econômica, política, social e cultural dos povos da América Latina, visando à formação de uma comunidade latino-americana de nações". Esse dispositivo constitucional constitui um(a)

(A) regra de eficácia limitada, uma vez que a sua aplicabilidade depende da edição de normas de caráter infraconstitucional.
(B) princípio de eficácia contida, porque os comandos constitucionais somente se concretizam mediante a própria edição das normas infraconstitucionais a que se referem.
(C) norma programática, que estabelece para o Estado o dever de envidar esforços para concretizar os seus preceitos.
(D) dispositivo normativo auto-aplicável, por força da regra constitucional que atribui eficácia imediata a todos os princípios constitucionais.

Modelo de classificação desenvolvido pelo Prof. José Afonso da Silva que constitui, juntamente com as **normas de princípio institutivo**, espécie do gênero **normas de eficácia limitada**. Gabarito "C".

(CESPE – 2006) Acerca da história constitucional do Brasil, assinale a opção correta.

(A) A Constituição de 1824 introduziu no país a organização federativa.
(B) A Constituição de 1891 introduziu no país o voto secreto e universal, inclusive o voto das mulheres.
(C) Inspirando-se na organização dos Estados Unidos da América, a Constituição de 1934 introduziu no Brasil o sistema presidencialista de governo.
(D) A ordem constitucional instaurada pela Constituição de 1946 foi rompida pelo golpe militar de 1964.

A: a Constituição Imperial de 1824 foi marcada pela presença do Poder Moderador; B: a Constituição Republicana de 1891, por sua vez, consagra o chamado **controle difuso** de constitucionalidade, presente na atual Carta; C: a Constituição de 1934 não só manteve o sistema de controle difuso, introduzido pela Carta anterior, como também implementou a ação interventiva; D: Jango caiu no dia 1º de abril de 1964. O poder, a partir de então, passa a ser dominado pelo Comando Militar Revolucionário. Começam as perseguições e prisões políticas. É o regime dos Atos Institucionais. Gabarito "D".

(CESPE – 2006) De acordo com a dogmática constitucional contemporânea, as normas definidoras de direitos fundamentais têm hierarquia maior que os dispositivos que definem a organização do Estado, exceto quando as primeiras tiverem o caráter de normas programáticas. A afirmação acima é equivocada porque

(A) a dogmática constitucional contemporânea não admite a distinção hierárquica entre normas constitucionais.
(B) a única diferença hierárquica admitida pela dogmática constitucional é a existente entre regras e princípios constitucionais, sendo que os princípios têm *status* hierárquico superior ao das regras.
(C) somente as normas definidoras de direitos individuais têm hierarquia superior aos demais dispositivos constitucionais.
(D) as normas definidoras de direitos fundamentais são sempre normas programáticas.

Todas as normas contidas na Constituição (formal), inclusive as cláusulas pétreas, encontram-se no mesmo nível hierárquico. Não há, pois, que se falar em hierarquia entre normas constitucionais. Gabarito "A".

(CESPE – 2006) No texto da Constituição da República, encontra-se explicitamente o princípio

(A) da proporcionalidade, no tocante à ponderação de valores constitucionais.
(B) do duplo grau de jurisdição, no que concerne ao processo civil.
(C) da eficiência, com relação à administração pública.
(D) de proteção à boa-fé, no tocante às relações jurídicas contratuais.

Art. 37, *caput*, da CF. Gabarito "C".

(CESPE – 2004) Com relação ao direito constitucional, assinale a opção correta.

(A) A Constituição da República de 1988, seguindo a tradição constitucionalista brasileira, foi promulgada por uma assembléia constituinte eleita exclusivamente para o fim de elaborá-la.
(B) No atual sistema constitucional, a convocação de uma assembléia nacional constituinte para elaborar uma nova constituição federal deve ser feita mediante emenda à atual Constituição da República.
(C) No sistema constitucional brasileiro, a União tem prevalência hierárquica sobre o estado do Espírito Santo.
(D) Nos quadros da dogmática jurídica contemporânea, os princípios constitucionais que definem direitos fundamentais ocupam o mesmo patamar hierárquico das normas constitucionais que regem o processo legislativo.

A: a Assembleia Nacional Constituinte foi formada pelos membros da Câmara dos Deputados e do Senado Federal, que foram conclamados a se reunir por meio da EC n. 26. Não houve, portanto, eleição para essa finalidade; B: a convocação de uma assembleia nacional constituinte implicaria inaugurar uma nova ordem constitucional, rompendo por completo com a ordem precedente, até então vigente; C: No Estado Federal não há falar em hierarquia entre os entes federados, mas em divisão de competências entre eles, conforme estabelecido na Constituição. Assim, se a União edita norma sobre matéria de competência estadual, a lei federal será inconstitucional; D: inexiste hierarquia entre princípios e normas constitucionais. Gabarito "D".

(CESPE – 2004) A Constituição da República é rígida porque

(A) contém cláusulas pétreas.
(B) a elaboração de emendas à Constituição envolve procedimentos e requisitos específicos que tornam a modificação do texto constitucional mais difícil que a alteração da legislação ordinária ou complementar.
(C) é necessário maioria qualificada para realizar alteração do texto constitucional.
(D) o exercício do poder constituinte decorrente restou limitado ao período de revisão constitucional.

CF, arts. 47 e 60. Gabarito "B".

3. HERMENÊUTICA CONSTITUCIONAL E EFICÁCIA DAS NORMAS CONSTITUCIONAIS

(MAGISTRATURA/PB – 2011 – CESPE) Acerca dos princípios constitucionais e da classificação e interpretação das normas constitucionais, assinale a opção correta.

(A) É prevalecente, na doutrina constitucional brasileira, o entendimento de que as normas que consagram as cláusulas pétreas estão em nível hierárquico superior às demais normas constitucionais.
(B) Entre as modalidades de eficácia dos princípios constitucionais inclui-se a eficácia negativa, que implica a paralisação de qualquer norma ou ato jurídico que contrarie um princípio.
(C) No que concerne à forma de aplicação, os princípios operam por via do enquadramento do fato no relato normativo, ainda que, tanto quanto as regras, eles comportem a subsunção.
(D) As normas constitucionais programáticas cingem-se a estipular princípios ou programas que devem ser perseguidos pelos poderes públicos, não possuindo eficácia vinculante nem sendo capazes de gerar direitos subjetivos na sua versão positiva ou negativa, embora impeçam a produção de normas que contrariem o direito nelas inserido.
(E) As normas institutivas, que traçam esquemas gerais de organização e estruturação de órgãos, entidades ou instituições do Estado, são dotadas de eficácia plena e aplicabilidade imediata, visto que possuem todos os elementos necessários à sua executoriedade direta e integral.

A: Todas as normas constitucionais possuem a mesma hierarquia formal (inclusive as que veiculam cláusulas pétreas), ainda que possam ter diferentes cargas axiológicas. Vige, no direito brasileiro, o princípio da unidade da Constituição; B: De acordo com Ana Paula de Barcellos (in: A eficácia jurídica dos princípios constitucionais - O princípio da dignidade da pessoa humana), a eficácia dos princípios pode ser a) positiva; b) negativa; c) interpretativa; d) vedativa do retrocesso; C: Para Alexy, as normas (gênero) se dividem em princípios e regras (espécies). A diferença entre eles consiste justamente na estrutura e na forma de aplicação. Regras são aplicadas por subsunção, princípios por sopesamento (são "mandamentos de otimização"; D: As normas programáticas estabelecem um programa de atuação para o legislador infraconstitucional e indicam os fins a serem alcançados pelos órgãos estatais. Toda norma constitucional, ainda que programática, possui eficácia para revogar as normas em contrário ou para servir de vetor de interpretação para o legislador ordinário. Não existe norma constitucional sem eficácia alguma; E: Normas constitucionais *de eficácia limitada* são as que possuem aplicabilidade indireta e eficácia mediata, pois dependem da intermediação do legislador infraconstitucional para que possam produzir seus efeitos jurídicos próprios. De acordo com a doutrina, as normas constitucionais de eficácia limitada podem ser: a) de princípio instituitivo (ou organizativo) ou b) de princípio programático. Serão de princípio instituitivo se contiverem regras de estruturação de instituição, órgãos ou entidades, como a norma do art. 18, § 2º, da CF. As normas constitucionais de eficácia limitada e de princípio programático veiculam programas a serem implementados pelo Estado (arts. 196, 205 e 215, da CF). Gabarito "B".

(Magistratura/GO – 2009 – FCC) A doutrina e a prática histórica recente sobre Direito Constitucional intertemporal indicam que

(A) nenhuma proposta de emenda constitucional sobre a separação dos Poderes pode ser objeto de deliberação, ainda que não seja tendente a abolir a referida separação.
(B) lei complementar anterior à Constituição de 1988, sobre matéria que essa confia à lei ordinária, não pode ser modificada por meio de medida provisória.
(C) lei complementar anterior à Constituição de 1988, sobre matéria que essa confia à lei ordinária, não pode ser modificada por meio de lei complementar.
(D) uma emenda constitucional, ressalvada disposição em sentido diverso, nela própria expressa, entra em vigor na data de sua publicação.
(E) uma nova Constituição rompe com a ordem constitucional anterior de modo que não pode ser decorrente de Assembleia Nacional Constituinte convocada por meio de emenda constitucional à Constituição antecedente.

A: As emendas que tratam do tema para ampliá-lo, sem nenhuma pretensão de abolir o princípio, pode ser discutida e aprovada; B: Essa lei complementar, ao ser recepcionada pela CF atual, poderá ser modificada por lei ordinária (já que a CF/88 não exige lei complementar para a matéria). Por isso, não há óbice para sua modificação por medida provisória; C: Não há óbice para isso, já que o processo de aprovação de lei complementar é mais dificultoso que o das leis ordinárias; D: Sim, pois reflete manifestação do Poder Constituinte; E: Foi exatamente o que aconteceu com a CF/88, uma vez que sua Assembleia Constituinte foi convocada pela EC 26/1985, que modificou a Carta de 1969. Gabarito "D".

(Magistratura/MT – 2009 – VUNESP) Na hermenêutica constitucional, o processo informal de mudança da Constituição, que permite alterar o sentido da norma constitucional, sem alterar o seu texto, denomina-se

(A) fenômeno da relativização transitória da Constituição.
(B) interpretação constitucional elástica.
(C) mutação constitucional.
(D) método da desconstitucionalização das normas constitucionais.
(E) repristinação constitucional.

A alteração da Constituição pode ocorrer pela via formal (emendas à Constituição) ou pela via informal (mutação constitucional). A mutação permite que o sentido e o alcance da norma constitucional sejam alterados sem que haja qualquer modificação no texto do dispositivo da Constituição. É feita pelos órgãos estatais ou pelos costumes sociais. Gabarito "C".

(Magistratura/PA – 2009 – FGV) A Constituição da República Federativa do Brasil apresenta um extenso catálogo de direitos e garantias fundamentais, tanto individuais como coletivos, sendo que tais normas definidoras de direitos e garantias fundamentais têm aplicação imediata, por expressa previsão constitucional. O texto constitucional também é claro ao prever que direitos e garantias expressos na Constituição não excluem outros decorrentes do regime e dos princípios por ela adotados, ou dos tratados internacionais em que a República Federativa do Brasil seja parte. Por ocasião da promulgação da Emenda Constitucional de nº 45, em 2004, a Constituição passou a contar com um § 3º, em seu artigo 5º, que apresenta a seguinte redação: "Os tratados e convenções internacionais sobre direitos humanos que forem aprovados, em cada Casa do Congresso Nacional, em dois turnos, por três quintos dos votos dos respectivos membros, serão equivalentes às emendas constitucionais". Logo após a promulgação da Constituição, em 1988, o Brasil ratificou diversos tratados internacionais de direitos humanos, dentre os quais se destaca a Convenção Americana de Direitos Humanos, também chamada de Pacto de San José da Costa Rica (tratado que foi internalizado no ordenamento jurídico brasileiro pelo Decreto nº 678/1992), sendo certo que sua aprovação não observou o quorum qualificado atualmente previsto pelo art. 5º, § 3º, da Constituição (mesmo porque tal previsão legal sequer existia).

Tendo como objeto a Convenção Americana de Direitos Humanos, segundo a recente orientação do Supremo Tribunal Federal, assinale a alternativa correta sobre o Status Jurídico de suas disposições.

(A) Status de Lei Ordinária.
(B) Status de Lei Complementar.
(C) Status de Lei Delegada.
(D) Status de Norma Supralegal.
(E) Status de Norma Constitucional.

Os tratados internacionais *sobre direitos humanos*, conforme expressa previsão do art. 5º, § 3º, da CF, *podem* ter tratamento diferenciado se aprovados na forma prevista na Constituição, adquirindo o *status* de emenda constitucional. Assim, a depender da opção *discricionária* do Congresso Nacional, somente serão equivalentes às emendas constitucionais os tratados que observarem o procedimento do art. 5º, § 3º, da CF. Os demais tratados internacionais sobre direitos humanos, não aprovados na forma do art. 5º, § 3º, da CF terão *status supralegal*. O tema é de extrema importância e sofreu uma "virada jurisprudencial" no final de 2008. Até então, o STF entendia que os tratados internacionais, mesmo sobre direitos humanos tinham, em regra, força de *lei ordinária*. A partir do julgamento do RE 466.343-1/SP, Rel. Min. Cezar Peluso, o Tribunal passou a reconhecer a *supralegalidade* dos tratados internacionais sobre direitos humanos. Ou seja: não equivalem às normas constitucionais, mas se encontram em patamar normativo superior ao das leis ordinárias. Dessa forma, pela orientação atual do STF, poderão conviver em nosso ordenamento três tipos de tratados internacionais, com diferentes forças normativas: a) os tratados internacionais *gerais*, com força de lei ordinária; b) os tratados internacionais *sobre direitos humanos* com *status* de emenda constitucional, pois aprovados na forma do art. 5º, § 3º, da CF, e c) os tratados internacionais *sobre direitos humanos* que não observaram o procedimento previsto no art. 5º, § 3º, da CF, que gozam de supralegalidade. Gabarito "D".

(Magistratura/AL – 2008 – CESPE) O modo de pensar que foi retomado por Theodor Viehweg, em sua obra Topik und Jurisprudenz, tem por principal característica o caráter prático da interpretação constitucional, que busca resolver o problema constitucional a partir do próprio problema, após a identificação ou o estabelecimento de certos pontos de partida. É um método aberto, fragmentário ou indeterminado, que dá preferência à discussão do problema em virtude da abertura textual das normas constitucionais. O método de interpretação constitucional indicado no texto acima é denominado

(A) tópico-problemático.
(B) hermenêutico-concretizador.
(C) científico-espiritual.
(D) normativo-estruturante.
(E) sistêmico.

De acordo com Canotilho, a interpretação das normas constitucionais é um conjunto de métodos, que o mestre português divide em: a) jurídico (ou hermenêutico clássico); b) tópico-problemático; c) hermenêutico-concretizador; d) científico-espiritual; e) normativo-estruturante; f) da comparação constitucional. O científico-espiritual é o método valorativo, sociológico, segundo o qual a interpretação das normas constitucionais não se fixa à literalidade da norma, mas leva em conta a realidade social e os valores subjacentes ao texto da Constituição. O normativo-estruturante defende que a literalidade da norma deve ser analisada "à luz da concretização da norma em sua realidade social". O método hermenêutico-concretizador difere do tópico-problemático justamente porque, no primeiro, parte-se da Constituição para o problema, valendo-se o intérprete de suas pré-compreensões sobre o tema para obter o sentido da norma. Na tópica, ao contrário, parte-se do caso concreto para a norma. O método hermenêutico clássico entende a Constituição como lei e, por isso, a interpreta através dos métodos tradicionais de hermenêutica (gramatical, lógico, sistemático, histórico, teleológico, etc.). Para melhor compreensão do tema v. Pedro Lenza, *Direito constitucional esquematizado*, 2010, p. 132 a 134. Gabarito "A".

(Magistratura/MS – 2008 – FGV) Assinale a afirmativa incorreta.

(A) As normas constitucionais definidoras dos direitos e garantias fundamentais têm aplicação imediata.
(B) As normas constitucionais podem ter eficácia plena, contida e limitada.
(C) As normas constitucionais de eficácia plena são aquelas que desde a entrada em vigor da Constituição produzem, ou podem produzir, todos os efeitos essenciais, relativos aos interesses, comportamentos e situações, que o legislador constitucional, direta e normativamente, quis regular.
(D) As normas constitucionais de eficácia contida são aquelas que apresentam aplicação indireta, mediata e reduzida, porque somente incidem totalmente sobre os interesses, após uma normatividade ulterior que lhes desenvolva a aplicabilidade.
(E) As normas constitucionais programáticas são de aplicação diferida e não de aplicação ou execução imediata.

A: em consonância com o disposto no art. 5º, § 1º, da CF, as normas definidoras dos direitos e garantias fundamentais têm aplicação imediata; B: esta classificação foi desenvolvida pelo Professor José Afonso da Silva; C: em outras palavras, trata-se de normas auto-aplicáveis, ou seja, que não precisam ser integradas, complementadas por outras normas, já que receberam do constituinte normatividade suficiente à sua incidência imediata; D: as normas constitucionais de eficácia contida têm aplicabilidade direta, imediata e plena. A eficácia dessas normas, contudo, poderá ser restringida por meio da manifestação do legislador infraconstitucional; E: José Afonso da Silva classifica as normas de eficácia limitada (aplicabilidade diferida) em **normas de princípio institutivo** e **normas de princípio programático**. Gabarito "D".

(Magistratura/PR – 2008) Assinale a alternativa INCORRETA quanto à interpretação das normas constitucionais:

(A) A interpretação conforme a constituição opera não só como instrumento de controle de constitucionalidade, mas também como princípio de interpretação do texto constitucional.
(B) Na interpretação conforme a constituição, o intérprete não pode atuar como legislador positivo.
(C) A interpretação conforme a constituição em decisão definitiva do Supremo Tribunal Federal produz eficácia contra todos e efeito vinculante, relativamente aos demais órgãos do Poder Judiciário e à administração pública direta e indireta, nas esferas federal, estadual e municipal.
(D) Na interpretação conforme a constituição, o interprete pode atuar sobre norma com sentido unívoco.

A *interpretação conforme a Constituição* somente terá lugar se se tratar de normas plurissignificativas ou polissêmicas. Gabarito "D".

(Magistratura/SP – 2007) A efetividade, ou eficácia social da norma, diz respeito ao cumprimento do direito por parte de uma sociedade, ao reconhecimento do direito pela comunidade ou, mais particularizadamente, aos efeitos que uma regra suscita através do seu cumprimento, e equivale à

(A) mera vigência da norma, conforme pretendia Kelsen.
(B) observância espontânea do comando contido na norma.
(C) aplicabilidade imediata da norma de eficácia plena.
(D) materialização, no mundo dos fatos, da dicção da norma.

Conforme lição de Luís Roberto Barroso, em sua obra *O direito constitucional e a efetividade de suas normas*, "a noção de efetividade, ou seja, desta específica eficácia, corresponde ao que Kelsen — distinguindo-a do conceito de vigência da norma — retratou como sendo 'o fato real de ela ser efetivamente aplicada e observada, da circunstância de uma conduta humana conforme à norma se verificar na ordem dos fatos'. A efetividade significa, portanto, a realização do Direito, o desempenho concreto de sua função social. Ela representa a materialização, no mundo dos fatos, dos preceitos legais e simboliza a aproximação, tão íntima quanto possível, entre o *dever-ser* normativo e o *ser* da realidade social." Gabarito "D".

(Ministério Público/MG – 2010 – FUNDEP) Quando se afirma que a interpretação constitucional deve submeter-se ao princípio da perfeita ou ótima concretização da norma, tal **NÃO** significa dizer

(A) que a interpretação adequada é aquela que consegue concretizar, com excelência, o sentido da proposição normativa dentro das condições reais dominantes numa determinada situação.
(B) que semelhante princípio só pode ser aplicado com base nos meios fornecidos pela subsunção lógica e pela construção conceitual.

(C) que visa, como corolário lógico, estabelecer a hierarquia dos valores tutelados no ordenamento constitucional, de molde a compatibilizá-los na dimensão objetiva e aplicá-los a situações concretas.

(D) que, com esse postulado, é possível também resolver os entraves teóricos contidos no binômio jurídico valor e norma.

Regras são aplicadas por subsunção, princípios são aplicados por sopesamento. Gabarito "B".

(Ministério Público/CE – 2009 – FCC) As normas constitucionais de

(A) aplicabilidade imediata e de eficácia plena excluem qualquer espécie de regulamentação legal.
(B) aplicabilidade imediata e de eficácia contida são plenamente eficazes até a superveniência de lei regulamentar.
(C) eficácia limitada não impede a recepção da legislação infraconstitucional anterior com elas incompatíveis.
(D) eficácia limitada não ensejam o ajuizamento de ação direta de inconstitucionalidade por omissão ou a impetração de mandado de injunção.
(E) aplicabilidade imediata e de eficácia plena não podem ser condicionadas por outras normas constitucionais.

De acordo com José Afonso da Silva, há: a) normas constitucionais de eficácia plena (ou absoluta) e aplicabilidade imediata, que produzem efeitos plenos tão logo entrem em vigor; b) normas constitucionais de eficácia contida (ou redutível ou restringível) e aplicabilidade mediata, que muito embora tenham eficácia direta e aplicabilidade imediata quando da promulgação da CF, podem vir a ser restringidas pelo legislador infraconstitucional no futuro e c) normas constitucionais de eficácia limitada, que, por sua vez, podem ser: c.1) de princípio institutivo (ou organizatório) ou c.2) de princípio programático. Normas constitucionais de eficácia limitada são as que possuem aplicabilidade indireta e eficácia mediata, pois dependem da intermediação do legislador infraconstitucional para que possam produzir seus efeitos jurídicos próprios. Serão de princípio institutivo se contiverem regras de estruturação de instituição, órgãos ou entidades, como a norma do art. 18, § 2º, da CF. As normas constitucionais de eficácia limitada e de princípio programático veiculam programas a serem implementados pelo Estado (arts. 196, 205 e 215, da CF). Gabarito "B".

(Ministério Público/CE – 2009 – FCC) Sob a Constituição de 1967, determinada matéria cível era objeto de lei ordinária e, de fato, havia lei ordinária sobre ela. Em momento ulterior, sobreveio a Constituição de 1988, que confiou à lei complementar a matéria em causa. Anos depois, sob a nova ordem constitucional, foi promulgada emenda constitucional que recolocou a matéria em questão no campo da lei ordinária. Neste contexto,

(A) após a emenda constitucional não cabe argüição de descumprimento de preceito fundamental para discutir eventual inconstitucionalidade material superveniente da legislação anterior reportada em relação à nova Constituição.
(B) a emenda constitucional poderia repristinar a legislação anterior aludida se acaso ela não houvesse sido recepcionada, por questões formais em geral, pela nova Constituição.
(C) as eventuais incongruências materiais havidas entre a nova Constituição e a legislação anterior mencionada são sanadas pela recepção.
(D) cabe ação direta de inconstitucionalidade para discutir eventual vício formal superveniente, em face da nova Constituição, da legislação anterior citada.
(E) após a emenda constitucional, uma medida provisória pode revogar no todo ou em parte a legislação anterior referida.

A norma foi recepcionada pela CF de 1988 pois, apesar de formalmente incompatível, seu conteúdo estava de acordo com o texto da Constituição atual. A partir do momento em que uma emenda constitucional é aprovada para permitir a regulamentação da matéria por lei ordinária, não há óbice para sua modificação por medida provisória. Gabarito "E".

(Ministério Público/DF – 2009) Assinale a alternativa correta. Na interpretação da Constituição, os princípios

(A) são considerados normas programáticas, por isso inaplicáveis em qualquer circunstância.
(B) não são considerados normas, mas valores sociais cuja função é orientar o legislador.
(C) são considerados normas sem conteúdo específico.
(D) são considerados normas constitucionais dotados de eficácia.
(E) São considerados regras que precisam ser regulamentadas para sua efetividade.

Toda norma constitucional, seja norma-princípio ou norma-regra, possui eficácia para revogar as normas em contrário ou para servir de vetor de interpretação para o legislador ordinário. Assim, mesmo tendo baixa densidade normativa, podem, por exemplo, servir como parâmetro para a declaração de inconstitucionalidade das leis que com elas colidem. Gabarito "D".

(Ministério Público/TO – 2006 – CESPE) Com respeito à interpretação e à aplicabilidade das normas constitucionais, assinale a opção correta.

(A) A supremacia das normas constitucionais relativamente às demais, em determinado ordenamento jurídico, consiste, essencialmente, em supremacia formal.
(B) No direito constitucional brasileiro, ocorre repristinação quando o Supremo Tribunal Federal (STF) julga inconstitucional uma norma que revogara outra, por ser a norma revogada incompatível com a revogadora.
(C) O direito brasileiro aceita a *vacatio legis*, mas não admite a *vacatio constitutionis*.
(D) A jurisprudência do STF não admite a tese da possibilidade de normas constitucionais inconstitucionais. Isso significa que, se o intérprete da constituição se deparar com duas ou mais normas aparentemente contraditórias, caber-lhe-á compatibilizá-las, de modo a que ambas continuem a considerar-se vigentes.

De fato, não há que se falar em controle de constitucionalidade de normas constitucionais produto do trabalho do poder constituinte originário. Se porventura houver conflito entre normas, cabe ao intérprete harmonizá-lo. Gabarito "D".

(Ministério Público/GO – 2005) Qual das alternativas reúne exemplos de princípios da interpretação constitucional?

(A) correção funcional, analogia e máxima efetividade
(B) interpretação conforme a constituição, presunção de constitucionalidade das leis e costumes integradores
(C) unidade da Constituição, concordância prática e força normativa da Constituição
(D) proporcionalidade/razoabilidade e analogia

O *princípio da unidade da Constituição* prescreve que a Constituição há de ser interpretada como um todo, na sua globalidade; o *princípio da concordância prática* determina que, na hipótese de haver conflito entre princípios, deve-se sempre procurar compatibilizá-los, já que inexiste hierarquia entre eles; já pelo *princípio da força normativa da Constituição*, deve-se dar primazia, na solução de conflitos, à máxima efetividade das normas constitucionais. Gabarito "C".

(Ministério Público/GO – 2005) A respeito da aplicabilidade das normas constitucionais, numa crítica à visão clássica importada do Direito Norte Americano por Ruy Barbosa, é correto afirmar:

(A) não existem normas constitucionais destituídas de eficácia, posto que mesmo não sendo auto- aplicáveis estabelecem os parâmetros para o legislador concretizá-las
(B) somente as normas definidoras de direitos e garantias individuais têm aplicação imediata, no âmbito da CRFB/88, conforme estabelece o § 1º, do artigo 5º, do citado diploma legal
(C) as normas de eficácia contida, na visão de José Afonso da Silva, são aquelas que o legislador constituinte regulou suficientemente os itens relativos a determinadas matérias, sem deixar margem à atuação restritiva por parte da competência discricionária do poder público ou nortes gerais nela enunciados
(D) a eficácia jurídica das normas constitucionais, na visão de Ingo Wolfgang Sarlet, não se assemelham à efetividade que as normas constitucionais devem ter

De acordo com José Afonso da Silva, há: a) normas constitucionais de eficácia plena (ou absoluta) e aplicabilidade imediata, que produzem efeitos plenos tão logo entrem em vigor; b) normas constitucionais de eficácia contida (ou redutível ou restringível), que muito embora tenham eficácia direta e aplicabilidade imediata quando da promulgação da CF, podem vir a ser restringidas pelo legislador infraconstitucional no futuro e c) normas constitucionais de eficácia limitada, que, por sua vez, podem ser: c.1) de princípio institutivo (ou organizatório) ou c.2) de princípio programático. Normas constitucionais de eficácia limitada são as que possuem aplicabilidade indireta e eficácia mediata, pois dependem da intermediação do legislador infraconstitucional para que possam produzir seus efeitos jurídicos próprios. Serão de princípio institutivo se contiverem regras de estruturação de instituição, órgãos ou entidades, como a norma do art. 18, § 2º, da CF. As normas constitucionais de eficácia limitada de princípio programático veiculam programas a serem implementados pelo Estado (arts. 196, 205 e 215, da CF). Gabarito "A".

(Procurador do Estado/PE – CESPE – 2009) No que se refere à interpretação e à aplicação das normas constitucionais, assinale a opção correta.

(A) Conforme entendimento do STF, o dispositivo constitucional que afirma que o dever do Estado com a educação será efetivado mediante a garantia de educação infantil, em creche e pré-escola, às crianças de até cinco anos de idade, é um exemplo de norma de eficácia limitada, na medida em que exige do Estado uma prestação discricionária e objetiva no sentido de construção de creches ou aumento das vagas nas creches públicas já existentes.
(B) O preâmbulo constitucional, segundo entendimento do STF, tem eficácia jurídica plena, consistindo em norma de reprodução obrigatória nas constituições estaduais.
(C) Se uma norma estadual contrariar uma norma prevista nos atos das disposições constitucionais transitórias, não será admitido o controle concentrado de constitucionalidade.
(D) De acordo com o método de interpretação constitucional denominado científico-espiritual, a Constituição é instrumento de integração, não apenas sob o ponto de vista jurídico-formal, mas também, e principalmente, em perspectiva política e sociológica, como instrumento de solução de conflitos, de construção e de preservação da unidade social.
(E) Em razão do princípio da eficácia integradora, se norma fundamental instituir um sistema coerente e previamente ponderado de repartição de competências, não poderão os seus aplicadores chegar a resultado que subverta esse esquema organizatório-funcional.

A: Norma de eficácia plena (art. 208, IV, da CF); B: O STF já decidiu que o preâmbulo não é de reprodução obrigatória (ADI 2076, Rel. Min. Carlos Velloso); C: O ADCT, ainda que provisório, faz parte da Constituição e serve de parâmetro para a declaração de inconstitucionalidade; D: De acordo com Canotilho, o método científico-espiritual é o valorativo, sociológico, segundo o qual a interpretação das normas constitucionais não se fixa à literalidade da norma, mas leva em conta a realidade social e os valores subjacentes ao texto da Constituição; E: De acordo com o princípio do efeito integrador (Canotilho), na resolução dos problemas jurídico-constitucionais deve ser dada primazia aos critérios favorecedores da integração política e social, bem como ao reforço da unidade política. Gabarito "D".

(Procurador do Estado/SP – FCC – 2009) A nova Constituição revoga as normas da Constituição anterior com ela incompatíveis e as que digam respeito a matéria por ela inteiramente regulada (normas materialmente constitucionais). Quanto às demais normas inseridas na Constituição pretérita (normas apenas formalmente constitucionais, compatíveis com a nova Constituição), entende-se que continuam a vigorar, porém em nível ordinário, dando ensejo ao fenômeno

(A) da mutação constitucional.
(B) das normas apenas materialmente constitucionais.
(C) da recepção.
(D) da desconstitucionalização.
(E) da supremacia da Constituição.

A alteração da Constituição pode ocorrer pela via formal (emendas à Constituição) ou pela via informal (mutação constitucional). A mutação permite que o sentido e o alcance da norma constitucional sejam alterados sem que haja qualquer modificação no texto do dispositivo da Constituição. É feita pelos órgãos estatais ou pelos costumes sociais. Pelo princípio da recepção, a *legislação infraconstitucional* anterior à nova Constituição, desde que seja *materialmente* compatível com o novo texto, é validada e passa a se submeter à nova disciplina constitucional. Se a contrariedade com a CF de 1988 for apenas formal, sendo válido seu conteúdo, ainda assim serão recepcionadas (mas sua alteração será feita de acordo com a forma que a atual Constituição prevê). O ordenamento brasileiro não admite, como regra geral, o fenômeno da *desconstitucionalização*, segundo o qual as normas da Constituição anterior, materialmente compatíveis com a nova ordem constitucional, permanecem em vigor com *status* de lei ordinária. Só existirá desconstitucionalização se o próprio Poder Constituinte assim determinar, haja vista sua autonomia. Gabarito "D".

(Procurador do Estado/CE – 2008 – CESPE) Com relação aos princípios interpretativos das normas constitucionais, assinale a opção correta.

(A) Segundo o princípio do efeito integrador, na resolução de problemas jurídico-constitucionais, deverá ser dada maior primazia aos critérios favorecedores da integração política e social, bem como o reforço da unidade política.
(B) De acordo com o princípio da eficiência ou da efetividade, na resolução de problemas constitucionais, deve-se dar primazia aos direitos do Estado.
(C) Segundo o princípio da conformidade funcional, deve o intérprete harmonizar os bens jurídicos em conflito, de modo a evitar o sacrifício de uns em relação aos outros.
(D) O princípio da força normativa da Constituição estabelece que o intérprete deve ater-se ao que consta do texto das normas constitucionais.
(E) Segundo o princípio da unidade da Constituição, uma constituição não deve ser interpretada a partir de valores e princípios contidos em outras constituições.

A: é um princípio associado ao da *unidade da Constituição*; B: tal princípio significa que a norma constitucional há de ter a mais ampla *efetividade social*; C: prescreve o *princípio da conformidade funcional* que ao intérprete final da Constituição, o STF, é defeso modificar a repartição de funções fixadas pela própria Constituição Federal; D: pelo *princípio da força normativa*, deve-se, na solução de conflitos, dar primazia à máxima efetividade das normas constitucionais; E: a Constituição, pelo *princípio da unidade*, há de ser interpretada como um todo. Gabarito "A".

(Defensoria Pública/SP – 2010 – FCC) Utilizando-se a classificação de José Afonso da Silva no tocante a eficácia e aplicabilidade das normas constitucionais, a norma constitucional inserida no artigo 5º, XII: "é inviolável o sigilo de correspondência e das comunicações telegráficas, de dados e das comunicações telefônicas, salvo, no último caso, por ordem judicial, nas hipóteses e na forma que a lei estabelecer para fins de investigação criminal ou instrução processual penal", pode ser classificada como norma

(A) de eficácia plena, isto é, de aplicabilidade direta, imediata e integral, não havendo necessidade de lei infraconstitucional para resguardar o sigilo das comunicações.
(B) de eficácia limitada, isto é, de aplicabilidade indireta, mediata e não integral, ou seja, o sigilo somente poderá ser garantido após a integração legislativa infraconstitucional.
(C) de eficácia contida, isto é, de aplicabilidade direta, imediata, porém não integral, ou seja, a lei infraconstitucional poderá restringir sua eficácia em determinadas hipóteses.
(D) com eficácia relativa restringível, isto é, o sigilo pode ser limitado em hipóteses previstas em regramento infraconstitucional.
(E) de eficácia relativa complementável ou dependente de complementação legislativa, isto é, depende de lei complementar ou ordinária para se garantir o sigilo das comunicações.

De acordo com José Afonso da Silva, há: a) normas constitucionais de eficácia plena (ou absoluta) e aplicabilidade imediata, que produzem efeitos plenos tão logo entram em vigor; b) normas constitucionais de eficácia contida (ou redutível ou restringível) e aplicabilidade mediata, que muito embora tenham eficácia direta e aplicabilidade imediata quando da promulgação da CF, podem vir a ser restringidas pelo legislador infraconstitucional no futuro e c) normas constitucionais de eficácia limitada, que, por sua vez, podem ser: c.1) de princípio institutivo (ou organizativo) ou c.2) de princípio programático. Normas constitucionais de eficácia limitada são as que possuem aplicabilidade indireta e eficácia mediata, pois dependem da intermediação do legislador infraconstitucional para que possam produzir seus efeitos jurídicos próprios. Serão de princípio institutivo se contiverem regras de estruturação de instituição, órgãos ou entidades, como a norma do art. 18, § 2º, da CF. As normas constitucionais de eficácia limitada e de princípio programático veiculam programas a serem implementados pelo Estado (arts. 196, 205 e 215, da CF). Gabarito "C".

(Defensoria/ES – 2009 – CESPE) Acerca da interpretação e da aplicação das normas constitucionais, julgue o item seguinte.

(1) A interpretação conforme a Constituição determina que, quando o aplicador de determinado texto legal se encontrar frente a normas de caráter polissêmico ou, até mesmo, plurissignificativo, deve priorizar a interpretação que possua um sentido em conformidade com a Constituição. Por conseguinte, uma lei não pode ser declarada inconstitucional, quando puder ser interpretada em consonância com o texto constitucional.

A interpretação conforme a Constituição é, ao mesmo tempo, princípio de interpretação e técnica de controle de constitucionalidade, tendo aplicação diante de normas jurídicas plurissignificativas. Vale dizer, a interpretação conforme a Constituição somente será possível quando a norma infraconstitucional apresentar vários significados ou puder ser interpretada de várias formas, umas compatíveis com as normas constitucionais e outras não, devendo-se excluir a interpretação contra o texto constitucional e optar pela interpretação que encontra guarida na CF, ou seja, pela interpretação conforme a Constituição. Entretanto, não legitima o intérprete a atuar como legislador positivo. Gabarito "C".

(Defensoria/MG – 2009 – FURMARC) O princípio constitucional sensível deve, em termos normativos:

(A) Estar enumerado, expressamente, no texto constitucional.
(B) Ser inserido, de forma implícita, na Constituição.
(C) Jamais ensejar intervenção federal ou estadual.
(D) Provocar silêncio dos poderes instituídos.
(E) Provocar silêncio da opinião pública.

Os princípios constitucionais sensíveis são os listados no art. 34, VII, da CF. Gabarito "A".

(Defensoria/PI – 2009 – CESPE) Com relação às características das normas constitucionais, assinale a opção correta.

(A) São consideradas materialmente constitucionais as normas que, mesmo não tendo conteúdo propriamente constitucional, possuem em seus enunciados todos os elementos necessários à sua executoriedade direta e integral.
(B) As normas constitucionais programáticas definem objetivos cuja concretização depende de providências situadas fora ou além do texto constitucional, traçando metas a serem alcançadas pela atuação futura dos poderes públicos.
(C) As normas constitucionais definidoras de direitos, por sua natureza, não geram direitos na sua versão positiva; assim, não investem os jurisdicionados no poder de exigir do Estado prestações que proporcionem o desfrute dos bens jurídicos nelas consagrados.
(D) Uma característica que diferencia a norma constitucional das demais normas jurídicas é a natureza da linguagem, na medida em que a Constituição se utiliza apenas de cláusulas fechadas, que exigem aplicação direta e não admitem mediações concretizadoras por parte do intérprete constitucional.
(E) Por desfrutarem de superioridade jurídica em relação a todas as demais normas, as disposições constitucionais são autoaplicáveis, não dependendo de regulamentação.

A: Conceito de normas formalmente constitucionais. As materialmente constitucionais são aquelas que veiculam temas fundamentais, que não podem faltar no texto constitucional; B: São próprias de Constituições dirigentes e, muitas vezes, traduzem políticas públicas; C: As definidoras de direitos, como o próprio nome afirma, geram direitos subjetivos, que podem ser exigidos do prestador; D: Há inúmeras cláusulas abertas na Constituição, o que às vezes é criticado e, outras, é tido como necessário; E: A supremacia da Constituição não impede a existência de normas constitucionais de eficácia limitada. Gabarito "B".

(Defensoria/PI – 2009 – CESPE) Acerca dos princípios jurídicos e das regras de direito, bem como das técnicas de interpretação constitucional, assinale a opção correta.

(A) Pelo seu caráter abstrato e em razão do seu grau de indeterminação, os princípios jurídicos não são considerados, sob o prisma constitucional, normas jurídicas.
(B) Pela sua natureza finalística, as regras de direito são mandatos de otimização ou preceitos de intensidade modulável, a serem aplicados na medida do possível e com diferentes graus de efetivação.
(C) Os princípios constitucionais identificam as normas que expressam decisões políticas fundamentais, valores a serem observados em razão de sua dimensão ética ou fins públicos a serem realizados, podendo referir-se tanto a direitos individuais como a interesses coletivos.
(D) Todas as normas constitucionais desempenham uma função útil no ordenamento jurídico, mas, diante de contradição entre elas, as normas que compõem a Constituição material têm primazia e possuem status hierárquico superior em relação às que veiculam conteúdo formalmente constitucional.
(E) Em face de normas infraconstitucionais de múltiplos significados, e visando preservar a supremacia da Constituição, o intérprete constitucional deve, como regra, promover o descarte da lei ou do ato normativo cuja constitucionalidade não seja patente e inequívoca.

A: Toda norma jurídica, seja norma-regra ou norma-princípio, é dotada de eficácia, podendo revogar as normas em sentido contrário e servir como vetor de interpretação; B: A alternativa se refere aos princípios, não às regras; C: E, como toda norma jurídica, são dotados de eficácia; D: Não há hierarquia formal entre normas constitucionais, ainda que alguns defendam a "hierarquia axiológica"; E: O intérprete deve promover a interpretação conforme a Constituição, que tem aplicação diante de normas jurídicas plurissignificativas. Vale dizer, a interpretação conforme a Constituição somente será possível quando a norma infraconstitucional apresentar vários significados ou puder ser interpretada de várias formas, umas compatíveis com as normas constitucionais e outras não, devendo-se excluir a interpretação contra o texto constitucional e optar pela interpretação que encontra guarida na CF, ou seja, pela interpretação conforme a Constituição. Entretanto, não legitima o intérprete a atuar como legislador positivo. Gabarito "C".

(Defensoria/MT – 2007) Concernente à aplicabilidade das normas constitucionais, a doutrina aponta, dentre outras, a existência de normas programáticas. Nesse contexto, assinale a afirmativa que corresponde a um dispositivo constitucional classificado como norma programática.

(A) O art. 5º, XIII, ao descrever que é livre o exercício de qualquer trabalho, de ofício ou profissão, atendidas as qualificações profissionais que a lei estabelecer.
(B) O art. 37, VII, ao indicar que o direito de greve será exercido nos termos e nos limites estabelecidos em lei específica.
(C) O art. 21, IX, ao sinalizar que compete à União elaborar e executar planos nacionais e regionais de ordenação do território e de desenvolvimento social.
(D) O art. 34, VII, b, quando sustenta que a União não intervirá nos Estados e Distrito Federal, exceto para assegurar os direitos da pessoa humana.
(E) O art. 7º, XI, ao dispor que são direitos dos trabalhadores urbanos e rurais a participação nos lucros, ou resultados, desvinculada da remuneração, e, excepcionalmente, participação na gestão da empresa, conforme definido em lei.

O Professor José Afonso da Silva classifica as normas constitucionais de eficácia limitada em **normas de princípio institutivo** e **normas de princípio programático**, sendo estas as que estabelecem um programa a ser desenvolvido por meio de legislação integrativa da vontade constituinte. Gabarito "C".

(Defensoria/RN – 2006) As normas programáticas

(A) são providas de eficácia jurídica plena.
(B) possuem eficácia equivalente a das normas de eficácia contida.
(C) não possuem qualquer eficácia jurídica, necessitando de legislação complementar.
(D) possuem eficácia jurídica mínima, pois entre outros, impedem a edição de leis contrárias ao mandamento constitucional que encerram.

Trata-se, segundo classificação desenvolvida pelo Professor José Afonso da Silva, de espécie de norma constitucional de eficácia limitada, dotada de eficácia jurídica. Gabarito "D".

(Defensoria/SE – 2006 – CESPE) Julgue o seguinte item.

(1) A interpretação conforme aplica-se quando, diante de pelo menos duas interpretações possíveis, somente uma ou algumas são compatíveis com o texto constitucional, não havendo necessidade de supressão do texto da norma interpretada.

Terá lugar a denominada *interpretação conforme* quando se tratar de normas plurissignificativas (com mais de uma interpretação possível). Nesse caso, deve-se sempre buscar aquela que se revelar mais próxima da Constituição. Dessa forma, deve o intérprete afastar a aplicação da norma que se mostrar contrária ao texto da Constituição, sendo a ele vedado, nesta atividade, inovar, criar norma. Gabarito "C".

(Procurador do Município/Florianópolis-SC – 2010 – FEPESE) Conforme os ensinamentos de Canotilho, "toda a norma é significativa, mas o significado não constitui um dado prévio; é, sim, o resultado da tarefa interpretativa".

Sobre o princípio de interpretação constitucional da "justeza", é **correto** afirmar:

(A) O texto constitucional deve ser interpretado de modo a evitar antinomias entre suas normas e princípios.
(B) A interpretação constitucional deve considerar primordialmente os critérios que favoreçam a integração política e social e o reforço da unidade política.
(C) O intérprete constitucional deve atribuir à norma constitucional um sentido que lhe reconheça a máxima eficácia.
(D) A interpretação constitucional deve reconhecer a co-existência harmoniosa dos bens juridicamente protegidos, evitando o sacrifício total de uns em relação aos outros.
(E) O órgão encarregado de realizar a interpretação constitucional não pode chegar a um resultado que subverta a estrutura organizatória- funcional definida pelo legislador constituinte.

O princípio da conformidade funcional é também chamado de *princípio da justeza* e determina que o intérprete da Constituição, ao realizar sua tarefa, não pode subverter as regras de repartição de competências estabelecida pela própria Constituição. Gabarito "E."

(Procurador do Município/Teresina-PI – 2010 – FCC) Para interpretar e aplicar os preceitos constitucionais é essencial adentrar ao âmbito da dogmática para diferenciar princípios e regras, assim, quanto aos métodos de interpretação constitucional está correto afirmar:

(A) O "Princípio da Interpretação Conforme a Constituição" é uma diretriz para aplicação dos princípios constitucionais fundamentais que devem ser interpretados no sentido de chegar a uma integração política e social.
(B) O "Princípio da Unidade da Constituição" permite ao intérprete dar coesão ao texto constitucional ao definir princípios como *standards* juridicamente relevantes, abertos, apartado das regras.
(C) O "Princípio da Máxima Efetividade" autoriza a alteração do conteúdo dos direitos fundamentais da norma com o fim de garantir o sentido que lhe dê a maior eficácia possível.
(D) O "Princípio da Concordância Prática" indica que diante de um conflito entre bens constitucionalmente protegidos, deve-se optar por um deles em nome da coerência lógica e segurança jurídica.
(E) O "Princípio da Força Normativa da Constituição" alude para a priorização de soluções hermenêuticas que possibilitem a atualização normativa e, ao mesmo tempo, edifique sua eficácia e permanência.

A: A *interpretação conforme a Constituição* é, ao mesmo tempo, princípio de interpretação e técnica de controle de constitucionalidade, tendo aplicação diante de normas jurídicas *plurissignificativas*. Vale dizer, a interpretação conforme a Constituição somente será possível quando a norma infraconstitucional apresentar vários significados ou puder ser interpretada de várias formas, umas compatíveis com as normas constitucionais e outras não, devendo-se excluir a interpretação contra o texto constitucional e optar pela interpretação que encontra guarida na CF, ou seja, pela interpretação conforme a Constituição. Entretanto, não legitima o intérprete a atuar como legislador positivo; B: Pelo princípio da unidade da Constituição, as normas constitucionais devem ser observadas não como preceitos isolados, mas como parte de um sistema, devendo, por isso, serem interpretadas em conjunto com as demais regras e princípios constitucionais. Além disso, dele decorre também a afirmação de que não há hierarquia formal entre normas constitucionais, podendo-se falar, apenas, em hierarquia axiológica; C: Pelo princípio da máxima efetividade deve-se buscar a interpretação que maior efetividade social conferir à norma interpretada; D: O princípio da concordância prática também é conhecido como *harmonização*. Ou seja, diante da inexistência de hierarquia entre os princípios constitucionais, deve-se buscar a redução proporcional do alcance de cada um dos bens em conflito, de modo que seus núcleos não sejam atingidos, evitando o sacrifício total de um bem em benefício do outro; E: Sim, a força normativa prioriza a interpretação constitucional que possibilita a atualidade normativa do texto, garantindo, ao mesmo tempo, sua eficácia e permanência. Gabarito "E."

(Magistratura Federal – 3ª Região – XIII) O fenômeno pelo qual a Constituição sofre mudança informal de seu sentido ou conteúdo, sem alteração do respectivo texto, é conhecido como:

(A) mutação constitucional;
(B) revisão constitucional;
(C) recepção constitucional;
(D) repercussão constitucional.

A reforma constitucional obedece a critérios e limites estabelecidos pelo poder constituinte originário; as mutações constitucionais, por seu turno, não implicam modificações físicas no texto da CF, mas, sim, na interpretação da regra ali contida. Gabarito "A."

(Procurador Federal – 2010 – CESPE) A respeito das normas constitucionais programáticas, julgue o seguinte item.

(1) De acordo com entendimento do STF, configura exemplo de norma constitucional programática o preceito constitucional segundo o qual a política agrícola deve ser planejada e executada na forma da lei, com a participação efetiva do setor de produção, envolvendo tanto produtores e trabalhadores rurais, como setores de comercialização, de armazenamento e de transportes.

Sim, porque as normas programáticas estabelecem um programa de atuação para o legislador infraconstitucional e indicam os fins a serem alcançados pelos órgãos estatais, sendo típicas de Constituições ditas dirigentes. Gabarito 1C.

(Procurador Federal – 2010 – CESPE) Quanto à hermenêutica constitucional, julgue os itens a seguir.

(1) Pelo princípio da concordância prática ou harmonização, na hipótese de eventual conflito ou concorrência entre bens jurídicos constitucionalizados, deve-se buscar a coexistência entre eles, evitando-se o sacrifício total de um princípio em relação ao outro.
(2) O método hermenêutico-concretizador caracteriza-se pela praticidade na busca da solução dos problemas, já que parte de um problema concreto para a norma.

1: Parte da noção de unidade da Constituição para estabelecer a coexistência dos bens constitucionais em jogo, evitando o sacrifício total de um em benefício do outro; 2: De acordo com Canotilho, a interpretação das normas constitucionais é um conjunto de métodos, que o mestre português divide em: a) jurídico (ou hermenêutico clássico); b) tópico-problemático; c) hermenêutico-concretizador; d) científico-espiritual; e) normativo-estruturante; f) da comparação constitucional. O científico-espiritual é o método valorativo, sociológico, segundo o qual a interpretação das normas constitucionais não se fixa à literalidade da norma, mas leva em conta a realidade social e os valores subjacentes ao texto da Constituição. O normativo-estruturante defende que a literalidade da norma deve ser analisada "à luz da concretização da norma em sua realidade social". O método hermenêutico-concretizador difere do tópico-problemático justamente porque, no primeiro, parte-se da Constituição para o problema, valendo-se o intérprete de suas pré-compreensões sobre o tema para obter o sentido da norma. Na tópica, ao contrário, parte-se do caso concreto para a norma. O método hermenêutico clássico entende a Constituição como lei e, por isso, a interpreta através dos métodos tradicionais de hermenêutica (gramatical, lógico, sistemático, histórico, teleológico, etc.). Para melhor compreensão do tema v. Pedro Lenza, *Direito constitucional esquematizado*, 2010, p. 132 a 134. Gabarito 1C, 2E.

Texto para as três seguintes questões. Um partido político ajuizou ação direta de inconstitucionalidade devido à omissão da expressão "sob a proteção de Deus" do preâmbulo da Constituição de determinado estado da Federação. Para tanto, o partido alegou que o preâmbulo da CF é um ato normativo de supremo princípio básico com conteúdo programático e de absorção compulsória pelos estados, que o seu preâmbulo integra o texto constitucional e que suas disposições têm verdadeiro valor jurídico.

(Procuradoria Federal – 2007 – CESPE) Julgue o seguinte item.

(1) A invocação a Deus, presente no preâmbulo da CF, reflete um sentimento religioso, o que não enfraquece o fato de o Estado brasileiro ser laico, ou seja, um Estado em que há liberdade de consciência e de crença, onde ninguém é privado de direitos por motivo de crença religiosa ou convicção filosófica.

De fato, a invocação a Deus, contida no preâmbulo da CF, não compromete de forma alguma o fato de o Brasil ser um Estado laico. Gabarito 1C.

(Procuradoria Federal – 2007 – CESPE) Julgue o seguinte item.

(1) O preâmbulo constitucional possui destacada relevância jurídica, situando-se no âmbito do direito e não simplesmente no domínio da política.

O STF já declarou a irrelevância jurídica do preâmbulo. Ele serve, pois, tão somente como norte interpretativo das normas constitucionais, não tendo o condão, dessa forma, de gerar força obrigatória (STF, ADI 2.076-AC, rel. Min. Carlos Velloso). Gabarito 1E

(Procuradoria Federal – 2007 – CESPE) Julgue o seguinte item.

(1) O preâmbulo da CF é norma central de reprodução obrigatória na Constituição do referido estado-membro.

Também já decidiu o STF que o preâmbulo não constitui norma de reprodução obrigatória na Constituição do Estado-membro (STF, ADI 2.076-AC, rel. Min. Carlos Velloso). Gabarito 1E

(Procuradoria Federal – 2007 – CESPE) Julgue o seguinte item.

(1) O princípio da unidade da CF, como princípio interpretativo, prevê que esta deve ser interpretada de forma a se evitarem contradições, antinomias ou antagonismos entre suas normas.

Prescreve tal princípio que a Constituição Federal deve ser interpretada como um todo, evitando-se, com isso, contradições, antinomias ou antagonismos entre suas normas. Gabarito 1C

(Procurador da Fazenda Nacional – 2007 – ESAF) Assinale a opção correta.

(A) As normas programáticas não são auto-aplicáveis porque retratam apenas diretrizes políticas que devem ser alcançadas pelo Estado Brasileiro, não possuindo caráter vinculante imediato.
(B) As normas definidoras de direitos e garantias fundamentais são consideradas normas de aplicação mediata, embora direta e potencialmente não integral.
(C) É auto-aplicável a norma constitucional que prevê que a atividade jurisdicional será ininterrupta, sendo vedadas férias coletivas nos juízos e tribunais de segundo grau, funcionando, nos dias em que não houver expediente forense normal, juízes em plantão permanente.
(D) A norma constitucional que prevê que a lei só poderá restringir a publicidade dos atos processuais quando a defesa da intimidade ou o interesse social o exigirem é de eficácia limitada.
(E) No caso das normas constitucionais de eficácia contida, a atividade integradora do legislador infraconstitucional é vinculada e não discricionária, ante a necessidade, para fins de auto-execução, de delimitar o ambiente da sua atuação restritiva.

A: as **normas programáticas** (espécie do gênero **norma de eficácia limitada**) estabelecem um programa a ser desenvolvido por meio de legislação infraconstitucional. São dotadas de eficácia jurídica, porque vinculam o legislador infraconstitucional, que fica impedido de editar norma em sentido contrário; B: em conformidade com o disposto no art. 5°, § 1°, da CF, as normas definidoras dos direitos e garantias fundamentais têm aplicação imediata; C: diz-se autoaplicável na medida em que prescinde da atuação do legislador infraconstitucional. Independe, pois, de normatividade posterior para a sua plena operatividade; D: o dispositivo (art. 5°, LX, CF) não está condicionado à edição de nenhuma normatividade futura, não se tratando, portanto, de **norma de eficácia limitada**; E: a **norma contida** tem plena eficácia, podendo, entretanto, ter seu campo de atuação restringido pelo trabalho do legislador infraconstitucional. Gabarito "C"

(Magistratura do Trabalho – 24ª Região – 2007) Dados os seguintes enunciados:

I. A interpretação constitucional deve ser realizada de maneira a evitar contradições entre suas normas.
II. Os órgãos encarregados da interpretação da norma constitucional não poderão chegar a uma posição que subverta, altere ou perturbe o esquema organizatório-funcional estabelecido pelo legislador constituinte originário.
III. Os bens jurídicos em conflito deverão estar coordenados e combinados de forma a evitar o sacrifício total de um (uns) em relação a outro(s).
IV. Entre as interpretações possíveis, deve ser adotada aquela que garanta maior eficácia, aplicabilidade e permanência das normas constitucionais.
V. A uma norma constitucional deve ser atribuído o sentido que maior eficácia se lhe conceda.
VI. Na resolução dos problemas jurídico-constitucionais, deverá ser dada maior primazia aos critérios favorecedores da integração política e social, bem como ao reforço da unidade política. Relacione-os com o princípio/regra interpretativa de norma constitucional: (A) Unidade da Constituição. (B) Efeito Integrador. (C) Máxima Efetividade ou Eficiência. (D) Justeza ou Conformidade Funcional. (E) Concordância Prática ou Harmonização. (F) Força Normativa da Constituição.

Assinale a alternativa:

(A) Unidade da Constituição; Efeito Integrador; Máxima Efetividade ou Eficiência; Justeza ou Conformidade Funcional; Concordância Prática ou Harmonização; Força Normativa da Constituição.
(B) Força Normativa da Constituição; Unidade da Constituição; Concordância Prática ou Harmonização; Justeza ou Conformidade Funcional; Máxima Efetividade ou Eficiência; Efeito Integrador.
(C) Unidade da Constituição; Justeza ou Conformidade Funcional; Concordância Prática ou Harmonização; Força Normativa da Constituição; Máxima Efetividade ou Eficiência; Efeito Integrador.
(D) Concordância Prática ou Harmonização; Justeza ou Conformidade Funcional; Máxima Efetividade ou Eficiência; Unidade da Constituição; Força Normativa da Constituição; Efeito Integrador.
(E) Justeza ou Conformidade Funcional; Efeito Integrador; Força Normativa da Constituição; Concordância Prática ou Harmonização; Unidade da Constituição; Máxima Efetividade ou Eficiência.

De acordo com o princípio do efeito integrador (Canotilho), na resolução dos problemas jurídico-constitucionais deve ser dada primazia aos critérios favorecedores da integração política e social, bem como ao reforço da unidade política. O princípio da conformidade funcional é também chamado de *princípio da justeza* e determina que o intérprete da Constituição, ao realizar sua tarefa, não pode subverter as regras de repartição de competências estabelecida pela própria Constituição. Pelo princípio da unidade da Constituição, as normas constitucionais devem ser interpretadas em conjunto, para evitar possíveis contradições com outras normas da própria Constituição. Pelo princípio da concordância prática ou harmonização, diante da inexistência de hierarquia entre os princípios constitucionais deve-se buscar a redução proporcional do alcance de cada um dos bens em conflito, de modo que seus núcleos não sejam atingidos, evitando o sacrifício total de um bem em benefício do outro. A força normativa prioriza a interpretação constitucional que possibilita a atualidade normativa do texto, garantindo, ao mesmo tempo, sua eficácia e permanência. O princípio da correção funcional prescreve que o intérprete deve fiel observância à repartição constitucional de competências e funções entre os poderes estatais (separação de poderes). Gabarito "C"

(CESPE – 2007) No que concerne à hermenêutica e à aplicação das normas constitucionais, assinale a opção correta.

(A) Denomina-se mutação constitucional o processo formal de alteração da Constituição por meio das técnicas de revisão e reforma constitucional.
(B) Quando uma norma infraconstitucional contar com mais de uma interpretação possível, uma, no mínimo, pela constitucionalidade e outra ou outras pela inconstitucionalidade, adota-se a técnica da interpretação conforme para, sem redução do texto, escolher aquela ou aquelas que melhor se conforme(m) à Constituição, afastando-se, conseqüentemente, as demais.
(C) Ao contrário da norma de eficácia plena, a norma constitucional de eficácia contida é aquela que já contém todos os elementos necessários para a sua aplicação imediata, não admitindo qualquer normatividade ulterior, seja para aumentar a sua eficácia, seja para restringi-la.
(D) A norma constitucional que preceitua como objetivos da República Federativa do Brasil erradicar a pobreza e a marginalização e reduzir as desigualdades sociais e regionais é enquadrada como norma constitucional de eficácia plena.

A: **mutação constitucional** não é o processo formal de alteração da Constituição, mas, sim, alteração no significado interpretativo da norma constitucional; B: é o chamado **princípio da interpretação conforme a Constituição**. Consiste no mecanismo por meio do qual o intérprete, diante de normas de caráter polissêmico ou plurissignificativo, deve dar prioridade à interpretação que melhor atenda ao texto constitucional; C: as **normas de eficácia contida** de fato têm aplicabilidade imediata, mas podem ter o seu alcance reduzido, contido pela atividade do legislador infraconstitucional (chamadas também de normas de eficácia *redutível* ou *restringível*); D: trata-se de *norma de eficácia limitada de princípio programático*, na medida em que estabelece um programa a ser implementado por meio de legislação integrativa da vontade constituinte. "B". Gabarito

(CESPE – 2006) Com relação à interpretação e à aplicação da Constituição, assinale a opção correta.

(A) No sistema constitucional brasileiro, não se admite a declaração de inconstitucionalidade de lei sem redução de texto.
(B) No sistema brasileiro, a existência de hierarquia entre normas da própria Constituição permite a declaração da inconstitucionalidade de uma norma da Constituição por violação a outra nela também prevista.
(C) Na hipótese de o Estado não produzir os atos legislativos e administrativos necessários à efetivação de direitos constitucionais, é possível exigir a sua ação positiva com fundamento no princípio da supremacia da Constituição.
(D) No sistema brasileiro, não se admite a declaração de inconstitucionalidade de proposta de emenda constitucional que tenha por objeto a abolição de normas e princípios nela previstos, qualquer que seja a matéria.

A: verificar-se-á a chamada *declaração de inconstitucionalidade sem redução de texto* sempre que o STF conferir a uma norma um determinado sentido interpretativo que a faça adequar-se ao texto constitucional. Esse expediente só é possível diante das normas *plurívocas*; B: não há se falar em hierarquia entre normas da Constituição; C: art. 103, § 2º, da CF. Trata-se da chamada *inconstitucionalidade por omissão*, em que o exercício de determinado direito está condicionado à edição de uma lei ou à tomada de uma providência administrativa; D: art. 60, § 4º, da CF (são as chamadas *cláusulas pétreas*). "C". Gabarito

(CESPE – 2004) A disposição constitucional que determina que "o Brasil propugnará pela formação de um tribunal internacional dos direitos humanos" é uma

(A) norma de eficácia contida, pois até hoje permanece sem regulamentação.
(B) norma de eficácia limitada, porque a criação do referido tribunal não depende apenas de decisão do legislador brasileiro.
(C) norma programática.
(D) quase-norma, pois inexistem sanções aplicáveis em razão do seu descumprimento.

Classificação criada pelo Prof. José Afonso da Silva. Trata-se de normas que veiculam programas a serem implementados pelo Estado, com o objetivo de realizar fins sociais. É, ao lado das *normas de princípio institutivo*, espécie do gênero *norma de eficácia limitada*. "C". Gabarito

4. CONTROLE DE CONSTITUCIONALIDADE

(MAGISTRATURA/PB – 2011 – CESPE) Acerca do controle de constitucionalidade, assinale a opção correta.

(A) No controle difuso de constitucionalidade, os efeitos da decisão são, no aspecto temporal, ex tunc e, quanto aos atingidos, inter partes, não se admitindo exceções.
(B) O controle judicial preventivo de constitucionalidade, que envolve vício no processo legislativo, deve ser exercido pelo STF via mandado de segurança, caracterizando-se como controle in concreto e efetivando-se de modo incidental.
(C) Conforme entendimento do STF, não cabe controle de constitucionalidade contra leis ou atos normativos anteriores à CF, seja por via de controle concentrado, seja por controle difuso.
(D) A inconstitucionalidade formal relaciona-se, sempre, com a inconstitucionalidade total, visto que o ato editado em desconformidade com as normas previstas constitucionalmente deve todo ele ser declarado inconstitucional.
(E) Em atenção ao princípio da adstrição, o ordenamento jurídico brasileiro não admite a inconstitucionalidade por arrastamento, que consistiria na possibilidade de o STF declarar a inconstitucionalidade de uma norma objeto de pedido e também de outro ato normativo que não tenha sido objeto do pedido, em virtude de correlação, conexão ou interdependência entre uma e outro.

A: No controle por via incidental (ou difuso) a produção de efeitos ocorre entre as partes que participaram do processo principal (*inter partes*) e para elas tem efeitos *ex tunc*, podendo ser editada resolução do Senado Federal visando à suspensão dos efeitos contra todos (*erga omnes*), conforme previsão no art. 52, X, da CF. A produção de efeitos contra terceiros, a partir da edição da Resolução do Senado, tem eficácia *ex nunc*. No controle por via principal, a regra é a produção de efeitos *erga omnes*, vinculantes (art. 102, § 2º, da CF) e *ex tunc*, embora seja possível a modulação de efeitos temporais, na forma do art. 27 da Lei 9.868/1999 (cuja aplicação o STF também tem admitido para o controle por via incidental). Em resumo: A competência atribuída ao Senado Federal pelo art. 52, X, da CF, limita-se ao controle difuso ou incidental de constitucionalidade. No controle concentrado, a decisão do STF, por si só, já produz efeitos contra todos e vinculantes (art. 102, § 2º, da CF e art. 28, parágrafo único, da Lei 9.868/1999); B: Quanto ao momento de seu exercício, o controle de constitucionalidade será *preventivo* (antes da edição da lei ou ato normativo) ou *repressivo* (após a edição da lei ou ato normativo). O STF admite a impetração de MS por deputados e senadores (não pelo Presidente da República), para evitar a tramitação de proposta de emenda constitucional que fira o art. 60, § 4º, da CF, por entender que os congressistas têm direito líquido e certo ao devido processo legislativo. Nesse caso, o controle é judicial preventivo, realizado em concreto e de modo incidental; C: Cabe ADPF quando for relevante o fundamento da controvérsia constitucional sobre lei ou ato normativo federal, estadual ou municipal, incluídos os anteriores à Constituição (art. 1º, parágrafo único, I, da Lei 9.882/1999); D: A inconstitucionalidade formal refere-se ao processo legislativo, ou seja, aos casos de vício de iniciativa, ao modo de elaboração da lei em desacordo com as regras constitucionais. Não há relação necessária com a inconstitucionalidade total; E: O STF admite a declaração de "inconstitucionalidade por arrastamento", desde que presente relação de prejudicialidade entre a norma declarada inconstitucional e todas as outras normas que nela se fundamentam. Ou seja, se a norma-mãe não está de acordo com a Constituição, as normas dela decorrentes também serão inconstitucionais, podendo o STF declarar a inconstitucionalidade das normas secundárias no mesmo ou em outro processo, mesmo que não haja pedido expresso nesse sentido na petição inicial da ADIn. O objetivo do controle concentrado é a higidez constitucional, o que permite, excepcionalmente, a declaração de inconstitucionalidade de uma norma mesmo que não haja pedido expresso nesse sentido (desde que, importante frisar, haja relação de dependência entre a norma principal e as normas secundárias). Tome nota dos sinônimos da inconstitucionalidade por arrastamento lembrados por Pedro Lenza: inconstitucionalidade por "atração" ou "inconstitucionalidade consequente de preceitos não impugnados". "B". Gabarito

(Magistratura/PE – 2011 – FCC) Considerada a disciplina constitucional e a respectiva regulamentação legal da ação direta de inconstitucionalidade por omissão, é INCORRETO afirmar que

(A) pode ser proposta pelos legitimados à propositura da ação direta de inconstitucionalidade e da ação declaratória de constitucionalidade.
(B) não admite desistência.
(C) não admite medida cautelar.
(D) cabe agravo da decisão que indeferir a petição inicial.
(E) em caso de omissão imputável a órgão administrativo, as providências deverão ser adotadas no prazo de 30 (trinta) dias, ou em prazo razoável a ser estipulado excepcionalmente pelo Supremo Tribunal Federal, tendo em vista as circunstâncias específicas do caso e o interesse público envolvido.

A: Art. 12-A da Lei 9.868/1999; B: Art. 12-D da Lei 9.868/1999; C: Possibilidade prevista no art. 12-F da Lei 9.868/1999; D: Art. 12-C, parágrafo único, da Lei 9.868/1999; E: Art. 12-H, § 1º, da Lei 9.868/1999. "C". Gabarito

(Magistratura/RO – 2011 – PUCPR) Em relação ao controle de constitucionalidade no Brasil, analise as assertivas que seguem:

I. O modelo difuso, criação jurisprudencial americana, é adotado no Brasil e permite que quaisquer magistrados se manifestem acerca da constitucionalidade de leis.
II. Na ação direta de inconstitucionalidade não se permite a desistência, e os Ministros do STF não estão vinculados à causa de pedir.
III. A ação declaratória de constitucionalidade, de competência originária do STF, e dela não se admite a desistência, tem eficácia contra todos e efeito vinculante relativamente aos demais órgãos do Poder Judiciário, ao Poder Legislativo e à administração pública direta e indireta, nas esferas federal, estadual e municipal.
IV. Na ação direta de inconstitucionalidade por omissão, o julgamento de procedência levará a ser dada ciência ao Poder competente para a adoção das providências necessárias e, em se tratando de órgão administrativo, para fazê-lo em trinta dias.

Está(ão) CORRETA(S):

(A) Todas as assertivas.
(B) Somente a assertiva I.
(C) Somente as assertivas III e IV.
(D) Somente as assertivas I, II e IV.
(E) Somente a assertiva II.

I: Certo. Quanto ao órgão judicial que o exerce, o controle de constitucionalidade será *difuso* (por qualquer juiz ou tribunal – no último caso, observada a regra do art. 97 da CF) ou *concentrado* (no STF ou no TJ); II: Art. 5º da Lei 9.868/1999. No exame da constitucionalidade de determinada lei ou ato normativo em controle abstrato de constitucionalidade perante a Constituição Federal, o STF analisa o pedido constante da ADIn em face de todo o texto constitucional, e não apenas do dispositivo apontado pelo autor como violado pela lei que está sendo acoimada de inconstitucional. Por isso, fala-se que a causa de pedir na ADIn é aberta, já que o órgão julgador está, em princípio, limitado ao pedido de inconstitucionalidade formulado, mas não está adstrito ao fundamento da inconstitucionalidade apontado pelo legitimado ativo. Vale dizer, o STF só pode agir se for provocado, se receber um pedido formalmente válido em ADIn, mas pode declarar a inconstitucionalidade da norma por motivo diverso daquele transcrito na petição inicial da ADIn. Isso não significa, por outro lado, que o autor está dispensado de fundamentar seu pedido, deixando de explicitar os motivos pelos quais entende ser a norma inconstitucional. A fundamentação (causa de pedir) é imprescindível e um dos requisitos da petição inicial, mas como a verificação da compatibilidade da lei ou ato normativo se dá diante de toda a Constituição, o STF pode entender que a norma está em desacordo com outro dispositivo constitucional, que não o apontado pelo autor, o que se costumou chamar de "causa de pedir aberta"; III: Errado. É de competência originária do STF (art. 102, I, "a", da CF) e não se admite desistência (art. 16 da Lei 9.868/1999), mas não existe eficácia vinculante em relação ao Poder Legislativo (art. 28, parágrafo único, da Lei 9.868/1999); IV: Certo. Art. 12-H, caput e parágrafo único, da CF. Gabarito "D."

(Magistratura/SP – 2011 – VUNESP) Sobre a arguição de descumprimento de preceito fundamental, assinale a alternativa correta.

(A) Será apreciada pelo Supremo Tribunal Federal, ou pelo Superior Tribunal de Justiça conforme a origem, federal, estadual ou municipal, da apregoada lesão.
(B) Poderá ser proposta pelos legitimados para a ação civil pública.
(C) Quando julgada, sua decisão terá eficácia contra todos e efeito vinculante relativamente aos demais órgãos do Poder Público.
(D) Será admitida mesmo quando houver outro meio eficaz de sanação da lesividade.
(E) Poderá ser decidida em sessão à qual presente a maioria simples dos Ministros.

A: Competência do STF (art. 102, § 1º, da CF); B: Seus legitimados são os mesmos da ADIn/ADC (art. 2º, I, da Lei 9.882/1999); C: Art. 10, § 3º, da Lei 9.882/1999; D: O art. 4º, § 1º, da Lei 9.882/1999 prevê o princípio da subsidiariedade da ADPF, ou seja, só é cabível quando não houver outro meio capaz de sanar a lesividade; E: O art. 5º da Lei 9.882/1999 exige maioria absoluta. Gabarito "C."

(Magistratura/PR – 2010 – PUC/PR) Sobre o controle de constitucionalidade, todas as alternativas estão corretas, EXCETO:

(A) Emendas à Constituição constituem obra do poder constituinte derivado reformador, que se submete a limitações diversas emanadas do Poder Constituinte Originário. Se alguma emenda constitucional for aprovada com desrespeito, formal ou material, ao comando preconizado no art. 60 da CF, deverá ser declarada inconstitucional, podendo a impugnação se dar por meio de uma ADIN genérica perante a Corte Suprema (STF).
(B) Podem ser impugnados por ação direta de inconstitucionalidade leis ou atos normativos federais ou estaduais.
(C) A Lei n. 11.417/2006 também enumerou os legitimados a provocar o Supremo Tribunal Federal para a edição, revisão ou cancelamento de enunciado de súmula vinculante. Segundo a referida lei, não se restringe o rol aos legitimados para o ajuizamento da ADIN, arrolados no art. 103 da CF/88. É pacífico, por exemplo, que os Tribunais de Justiça de Estados-membros ou do Distrito Federal também poderão provocar a Corte Suprema para a edição, revisão ou cancelamento de enunciado de súmula vinculante. Ou seja, não são apenas os do art. 103 da CF/88 que têm legitimidade para provocar o Supremo Tribunal Federal para edição, revisão ou cancelamento de enunciado de súmula vinculante.
(D) O Procurador-Geral da República, chefe do Ministério Público da União, deverá ser ouvido nas ações de inconstitucionalidade e em todos os processos de competência do STF, mesmo não tendo, constitucionalmente, legitimidade para impetrar uma ação direta de inconstitucionalidade.

A: É pacífico o entendimento pela possibilidade de controle de constitucionalidade de emendas constitucionais ou de normas oriundas de revisão constitucional (fruto do Poder Constituinte Derivado). Só não cabe declaração de inconstitucionalidade de normas originárias (estabelecidas pelo Poder Constituinte Originário); B: Art. 102, I, *a*, da CF; C: Art. 3º da Lei 11.417/2006; D: Art. 103, § 1º, da CF. O PGR tem legitimidade para propor ADIn (art. 103, VI, da CF). Gabarito "D."

(Magistratura/GO – 2009 – FCC) Conforme a disciplina do controle de constitucionalidade no ordenamento jurídico brasileiro,

(A) declarada a inconstitucionalidade por omissão de medida para tornar efetiva norma constitucional, será dada ciência ao Poder competente para a adoção das providências necessárias, devendo fazê-lo, sempre, em até trinta dias.
(B) compete ao STF processar, originariamente, a ADI e a ADC de lei ou ato normativo federal ou estadual.
(C) o Governador de Estado e a Mesa de Assembleia Legislativa podem propor ADI, perante o STF, mas não o Governador do Distrito Federal ou a Câmara Legislativa do Distrito Federal.
(D) apenas o Presidente da República, a Mesa da Câmara dos Deputados, a Mesa do Senado Federal e o Procurador-Geral da República podem propor ADC perante o STF.
(E) o Conselho Federal da OAB pode propor ADI, ADC e ADPF, perante o STF, sem exigência de pertinência temática.

A: Não reflete o disposto no art. 103, § 2º, da CF; B: Só cabe ADC para questionar lei federal (art. 102, I, *a*, da CF); C: Não reflete o disposto no art. 103, IV e V, da CF; D: Não reflete o disposto no art. 103, I a IX, da CF; E: Art. 103, VII, da CF e art. 2º, I, da Lei 9.882/1999. De acordo com o STF, são legitimados *neutros* ou *universais* para a propositura de ADIn (= têm legitimidade ativa sem necessidade de demonstração de pertinência temática): o Presidente da República, as Mesas do Senado e da Câmara, o Procurador-Geral da República, o Conselho Federal da OAB e o partido político com representação no Congresso Nacional. São legitimados *interessados* ou *especiais*, ou seja, precisam demonstrar relação de pertinência temática entre o objeto da ADIn e sua esfera jurídica (ou a de seus filiados): o Governador de Estado, a Mesa de Assembleia Legislativa (ou da Câmara Legislativa do DF), bem como as confederações sindicais ou entidades de classe de âmbito nacional. Gabarito "E."

(Magistratura/MG – 2009 – EJEF) Nos julgamentos que envolvam inconstitucionalidade de leis, é INCORRETO afirmar:

(A) A ação direta de inconstitucionalidade, julgada no mérito pelo Supremo Tribunal Federal, tem efeitos vinculante e *erga omnes*.
(B) Os juízes de Direito podem declarar a inconstitucionalidade de uma lei.
(C) A Turma de um Tribunal Estadual, ao julgar apelação, pode declarar a inconstitucionalidade de uma lei ou negar-lhe aplicação.
(D) A ação direta por omissão se destina a superar omissões inconstitucionais causadas pelo Administrador ou pelo Legislador.

A: Art. 102, § 2º, da CF; B: Em controle difuso qualquer juiz ou tribunal pode declarar a inconstitucionalidade de lei ou ato normativo em face da Constituição Federal (no caso dos tribunais, respeitada a regra do art. 97 da CF); C: Viola o art. 97 da CF; D: Art. 103, § 2º, da CF. Gabarito "C."

(Magistratura/MT – 2009 – VUNESP) Um Município teve questionada, em mandado de segurança na justiça estadual, uma lei que instituiu um tributo municipal. O Tribunal de Justiça, pela 2.ª Câmara de Direito Público, entendendo que a exigência tributária não estava de acordo com a repartição constitucional de competências, afastou a cobrança do tributo dando provimento à apelação do contribuinte, mas no acórdão não houve declaração expressa de inconstitucionalidade. Nesse caso, portanto, nos moldes da Constituição e do entendimento do Supremo Tribunal Federal,

(A) cabe ao Município ajuizar uma Reclamação perante o STF, com fundamento na violação da cláusula de reserva de plenário.
(B) não há possibilidade de recurso por parte do Município perante os tribunais superiores, pois não houve declaração de inconstitucionalidade.

(C) o julgado do Tribunal Estadual é nulo, uma vez que a inconstitucionalidade de lei municipal em relação à Constituição Federal somente pode ser arguida perante o Supremo Tribunal Federal.
(D) resta ao Município interpor recurso especial perante o STJ, considerando que não houve expressa declaração de inconstitucionalidade da lei municipal.
(E) deverá o Município solucionar a questão em âmbito estadual, posto que não houve declaração de inconstitucionalidade, a qual, se houvesse, poderia ensejar a ação declaratória de constitucionalidade.

Súmula Vinculante 10/STF: "Viola a cláusula de reserva de plenário (CF, art. 97) a decisão de órgão fracionário de tribunal que, embora não declare expressamente a inconstitucionalidade de lei ou de ato normativo do poder público, afasta sua incidência, no todo ou em parte". Gabarito "A".

(Magistratura/PA – 2009 – FGV) A respeito da arguição de descumprimento de preceito fundamental, analise as afirmativas a seguir:

I. Recebida a petição inicial da arguição de descumprimento de preceito fundamental, o Ministro Relator deverá suspender todos os processos em curso ou os efeitos das decisões judiciais ou de qualquer outra medida que apresente relação com a matéria objeto da arguição, salvo se decorrentes da coisa julgada.

II. Qualquer cidadão poderá propor arguição de descumprimento de preceito fundamental perante o Supremo Tribunal Federal.

III. A arguição de descumprimento de preceito fundamental pode ter por objeto a compatibilidade com a Constituição de 1988 de leis vigentes anteriormente à sua promulgação.

IV. Aplica-se à arguição de descumprimento de preceito fundamental o princípio da subsidiariedade, segundo o qual ela não será admitida se houver outro meio eficaz de sanar a lesividade.

Assinale:
(A) se somente a afirmativa I estiver correta.
(B) se somente a afirmativa III estiver correta.
(C) se somente as afirmativas I e II estiverem corretas.
(D) se somente as afirmativas III e IV estiverem corretas.
(E) se somente as afirmativas I, III e IV estiverem corretas.

I: A Lei 9.882/1999 não prevê esse efeito imediato decorrente do recebimento da petição inicial. O Ministro Relator pode, entretanto, deferir o pedido de liminar, que "poderá consistir na determinação de que juízes e tribunais suspendam o andamento de processo ou os efeitos de decisões judiciais, ou de qualquer outra medida que apresente relação com a matéria objeto da arguição de descumprimento de preceito fundamental, salvo se decorrentes da coisa julgada" (art. 5°, § 3°, da Lei 9.882/1999); II: O art. 2°, II, da Lei 9.882/1999 foi vetado. Portanto, apenas têm legitimidade para propor ADPF os órgãos e entidades previstas no art. 103, I a IX, da CF (art. 2°, I, da Lei 9.882/1999); III: Art. 1°, parágrafo único, I, da Lei 9.882/1999; IV: Art. 4°, § 1°, Lei 9.882/1999. Gabarito "D".

(Magistratura/RS – 2009) Considere as assertivas abaixo sobre o controle de constitucionalidade previsto na Constituição Federal.

I. Órgão fracionário de tribunal de justiça pode declarar a inconstitucionalidade de lei ou ato normativo pelo controle difuso.

II. A ação declaratória de constitucionalidade, no âmbito do Supremo Tribunal Federal, pode versar sobre norma federal, estadual ou municipal.

III. A decisão definitiva de mérito, proferida pelo Supremo Tribunal Federal, em ação direta de inconstitucionalidade, produz efeito vinculante relativamente aos demais Órgãos do Poder Judiciário e à Administração Pública em geral.

Quais são corretas?
(A) Apenas I
(B) Apenas II
(C) Apenas III
(D) Apenas I e III
(E) I, II e II

I: Viola o art. 97 da CF; II: Não reflete o disposto no art. 102, I, a, da CF; III: De acordo com o art. 102, § 2°, da CF. Gabarito "C".

(Magistratura/SE – 2008 – CESPE) De acordo com o entendimento jurisprudencial do STF em relação ao controle difuso de constitucionalidade, assinale a opção correta.

(A) A propositura de ação direta no tribunal de justiça em que seja discutida a constitucionalidade de norma implica o dever de o juiz suspender processo em que haja idêntica discussão jurídica.
(B) Realizada a cisão funcional para julgamento de arguição de inconstitucionalidade, o pleno ou órgão especial já decidirá também sobre o bem jurídico em discussão.
(C) A eficácia retroativa do reconhecimento de inconstitucionalidade em concreto não atinge as chamadas fórmulas de preclusão, como os efeitos da coisa julgada proferida em outro processo.
(D) Em ação incidente de defesa contra a execução, não se pode, em face da coisa julgada, apresentar resistência à pretensão mediante a alegação de que a norma jurídica em que se funda o título judicial foi declarada inconstitucional pelo STF.
(E) A parte perdedora que sucumbiu no incidente de inconstitucionalidade pode recorrer do acórdão mediante a interposição de recurso extraordinário para o STF.

A: A propositura de ação direta no tribunal de justiça é exemplo de controle **concentrado** no âmbito estadual. A determinação para suspensão de processos existe, por exemplo, na ADC (art. 21 da Lei 9.868/1999) e na ADPF (art. 5°, § 3°, Lei 9.882/1999); B: Art. 97 CF: o pleno ou órgão especial (onde houver) decidirá apenas a questão constitucional, apresentada sob a forma de "questão de ordem". Após, o julgamento prosseguirá pelo órgão fracionário, adotando-se a premissa firmada pelo pleno ou órgão especial. Daí falar-se em **cisão funcional** da competência; C: De acordo com Gilmar Mendes, embora a ordem constitucional não possua dispositivo expresso nesse sentido, os atos praticados com fundamento na lei inconstitucional que não mais se afigurem suscetíveis de revisão não são afetados pela declaração de inconstitucionalidade; D: Art. 741, parágrafo único, CPC; E: Súmula 513 STF. Gabarito "C".

(Magistratura/AC – 2008 – CESPE) No que se refere ao controle de constitucionalidade, no âmbito da jurisprudência do STF, assinale a opção correta.

(A) O amicus curiae tem legitimidade para oferecer embargos de declaração contra acórdão proferido em ação direta de inconstitucionalidade.
(B) Um acórdão de tribunal de justiça ou de TRF que defira medida liminar comporta recurso extraordinário, o qual deve ficar retido nos autos, sob pena de preclusão, até que sobrevenha a decisão final, quando, então, terá normal seguimento.
(C) Cabe medida liminar em ação de inconstitucionalidade por omissão.
(D) Em um processo de arguição de descumprimento de preceito fundamental, por motivos de segurança jurídica ou de excepcional interesse social, é lícito que o STF restrinja, por maioria de dois terços de seus membros, os efeitos de declaração de inconstitucionalidade ou decida que esta tenha eficácia somente a partir de seu trânsito em julgado ou de outro momento que venha a ser fixado.

A: A jurisprudência do STF é assente quanto ao não cabimento de recursos interpostos por terceiros estranhos à relação processual nos processos objetivos de controle de constitucionalidade, salvo para impugnar sua não intervenção nos autos. V. ADI 3615, Rel. Min. Cármen Lúcia, Tribunal Pleno, julgado em 17/03/2008; B: Súmula 735 STF; C: A jurisprudência do STF entende incabível a medida liminar em ação direta de inconstitucionalidade por omissão porque não se pode pretender que mero provimento cautelar antecipe efeitos positivos inalcançáveis pela própria decisão final; D: Art. 11 da Lei 9882/1999. Gabarito "D".

(Magistratura/AL – 2008 – CESPE) No âmbito da ADPF, conforme entendimento do STF, não constituem matéria relacionada a preceito fundamental

(A) os princípios fundamentais.
(B) os direitos e garantias fundamentais.
(C) as cláusulas pétreas.
(D) as regras de divisão de competência entre os entes federados.
(E) os princípios sensíveis.

A, B, C e E: Embora não exista um rol de preceitos fundamentais, há certo consenso em doutrina e na jurisprudência acerca da inclusão dos direitos e garantias fundamentais, das cláusulas pétreas e dos princípios sensíveis em seu conceito; D: Pelo princípio da subsidiariedade, não cabe ADPF se houver outro meio próprio de impugnação da matéria (art. 4º, § 1º, da Lei 9.882/1999). As regras de divisão de competências podem ser questionadas na forma do art. 102, I, *f*, da CF. Gabarito "D".

(Magistratura/MG – 2008) O controle concentrado de constitucionalidade manifesta-se através de diversas formas no âmbito da Constituição da República.

(A) Compete ao Supremo Tribunal Federal processar e julgar, originariamente, a ação direta de inconstitucionalidade de lei ou ato normativo federal, estadual e municipal.

(B) A arguição de descumprimento de preceito fundamental é cabível apenas para evitar lesão a preceito fundamental resultante de ato do poder público e seu julgamento é da competência do Supremo Tribunal Federal.

(C) O objeto da ação declaratória de constitucionalidade abrange não somente a lei federal, mas também a estadual, e é necessário que se demonstre a controvérsia judicial sobre sua validade perante o texto constitucional federal.

(D) A ação direta de inconstitucionalidade interventiva tem como objetivo a defesa dos princípios sensíveis estabelecidos no art. 34, VII, CR, de que são exemplos a forma republicana, o sistema representativo e o regime democrático, e somente poderá ser proposta pelo Procurador-Geral da República.

A: Art. 102, I, *a*, CF; B: Art. 102, § 1º, CF e art. 1º, *caput* e parágrafo único, I, Lei 9.882/1999; C: Art. 102, I, *a*, parte final, CF; D: Art. 36, III, CF. Gabarito "D".

(Magistratura/PI: 2008 – CESPE) Em relação ao controle de constitucionalidade, assinale a opção correta.

(A) Com exceção das ações propostas pelo procurador-geral da República, as demais ações embasadas no controle concentrado de constitucionalidade, propostas perante o STF, são disponíveis.

(B) Conforme jurisprudência do STF, o advogado-geral da União não será obrigado a defender o ato normativo questionado em sede de ação direta de inconstitucionalidade quando esse ato for de origem estadual ou quando já tiver sido objeto de apreciação daquele tribunal, acolhendo-se, nesse caso, a tese da inconstitucionalidade.

(C) Em sede de arguição de descumprimento a preceito fundamental, não cabe liminar.

(D) As decisões proferidas pelo STF, em sede de arguição de descumprimento a preceito fundamental, passam a ter validade após lavrado o acórdão.

(E) Conforme entendimento doutrinário, no âmbito da ação direta de inconstitucionalidade (ADIN) por omissão, a legitimação prevista no texto constitucional para a ação direta de inconstitucionalidade e para a ação declaratória de constitucionalidade deve ser analisada, em cada caso concreto, em relação ao ato omissivo questionado. Dessa forma, o presidente da República não tem legitimidade para propor uma ADIN por omissão se ele mesmo é a autoridade competente para iniciar o processo legislativo questionado nessa ação.

A: Arts. 5º e 16, ambos da Lei 9868/1999; B: O AGU deverá defender o ato impugnado, de natureza federal ou estadual. Não será obrigado a defender a constitucionalidade da norma nos casos em que o STF já houver apreciado a tese jurídica e fixado sua inconstitucionalidade; C: Art. 5º da Lei 9.882/1999; D: Art. 10, § 1º, Lei 9.882/1999; E: V. *e.g.*, Clèmerson Merlin Clève, ***A fiscalização abstrata da constitucionalidade no direito brasileiro***, 2ª ed., 2000, p. 341-342. Gabarito "E".

(Magistratura/PR – 2008) Assinale a alternativa correta:

(A) O Supremo Tribunal Federal, por decisão da maioria absoluta de seus membros, poderá deferir pedido de medida cautelar na ação declaratória de constitucionalidade, consistente na determinação de que os juízes suspendam o julgamento dos processos que envolvam a aplicação da lei ou do ato normativo objeto da ação até seu julgamento definitivo.

(B) A decisão que declara a constitucionalidade ou a inconstitucionalidade da lei ou do ato normativo em ação direta ou em ação declaratória é irrecorrível, ressalvada a interposição de embargos declaratórios e posterior ação rescisória.

(C) Declarada a inconstitucionalidade por omissão de medida para tornar efetiva norma constitucional, será dada ciência ao Poder Legislativo da respectiva unidade da Federação para que este adote as providências necessárias no prazo de trinta dias.

(D) Não cabe agravo da decisão proferida pelo relator que liminarmente indeferir a petição inicial de Ação Direta de Inconstitucionalidade não fundamentada ou manifestamente improcedente.

A: Art. 21 da Lei 9868/1999; B: Art. 26 da Lei 9868/1999; C: Art. 103, § 2º, CF; D: Art. 4º, parágrafo único, Lei 9868/1999. Gabarito "A".

(Magistratura/PR – 2008) Assinale a alternativa INCORRETA quanto ao Poder Judiciário Estadual:

(A) O Governador do Estado é parte legítima para propor a ação direta de inconstitucionalidade de lei ou ato normativo estadual ou municipal, em face da Constituição Estadual.

(B) O Prefeito e a Mesa da Câmara do respectivo Município, quando se tratar de lei ou ato normativo local ou estadual que afete a autonomia local são partes legítimas para propor a ação direta de inconstitucionalidade de lei ou ato normativo estadual ou municipal, em face da Constituição Estadual.

(C) Somente pelo voto da maioria absoluta dos seus membros ou dos membros do órgão especial, poderá o Tribunal de Justiça declarar a inconstitucionalidade de lei ou ato normativo do Poder Público.

(D) Na ação direta de inconstitucionalidade incumbirá ao Procurador-Geral de Justiça atuar na curadoria de presunção de legitimidade do ato impugnado.

A: Art. 111, I, da Constituição do Estado do Paraná; B: Art. 111, III, da Constituição do Estado do Paraná; C: Art. 112 da Constituição do Estado do Paraná. Aplicação do art. 97 da CF, por simetria; D: Art. 113 § 2º, da Constituição do Estado do Paraná. Por simetria à norma do art. 103, § 3º da CF, a curadoria da constitucionalidade da norma cabe ao Procurador-Geral do Estado. Gabarito "D".

(Magistratura/SC – 2008) Segundo a Constituição Republicana de 1988, observadas as proposições abaixo, assinale a alternativa correta:

I. A arguição de descumprimento de preceito fundamental será apreciada pelo Supremo Tribunal Federal, na forma da lei.

II. Só podem propor a ação direta de inconstitucionalidade o Presidente da República, a Mesa do Senado Federal, a Mesa da Câmara dos Deputados, o Procurador-Geral da República e o Conselho Federal da Ordem dos Advogados do Brasil.

III. O Procurador-Geral da República deverá ser previamente ouvido nas ações de inconstitucionalidade e em todos os processos de competência do Supremo Tribunal Federal.

IV. Quando o Supremo Tribunal Federal apreciar a inconstitucionalidade, em tese, de norma legal ou ato normativo, citará, previamente, o Advogado-Geral da União, que defenderá o ato ou o texto impugnado.

(A) Todas as proposições estão corretas.
(B) Todas as proposições estão incorretas.
(C) Somente a proposição III está incorreta.
(D) Somente as proposições I, III e IV estão corretas.
(E) Somente a proposição I está correta.

I: Art. 102, § 1º, da CF. II: Art. 103, I a IX, da CF. III: Art.103, § 1º, da CF. IV: Art. 103, § 3º, da CF. Gabarito "D".

(Magistratura/SE – 2008 – CESPE) Em relação ao controle concentrado de constitucionalidade, assinale a opção correta de acordo com entendimento do STF.

(A) A decisão de procedência em ação direta de inconstitucionalidade não tem eficácia vinculante, razão pela qual o magistrado de primeiro grau não está obrigado a observá-la em caso de aplicação de mesmo dispositivo legal em causa cuja incidência de precedente foi alegada.

(B) A CF veda que o STF conheça de causa em que haja discussão quanto à constitucionalidade de lei municipal.

(C) O TJSE não pode conhecer de ação direta de inconstitucionalidade de ato normativo de efeitos concretos.

(D) O procurador-geral do estado, como curador da norma, é sempre obrigado a defender o ato inquinado de inconstitucionalidade em ação direta.

(E) O conhecimento de ação direta de constitucionalidade está condicionado à existência de decisões judiciais divergentes quanto à compatibilidade de uma dada norma jurídica em relação à CF.

A: Art. 28, parágrafo único, da Lei 9.868/1999; B: Art. 102, § 1º, da CF c/c art. 1º, parágrafo único, I, da Lei 9.882/1999; C: O gabarito oficial aponta para a letra "E". Entretanto, uma lei de efeitos concretos, por definição, não é dotada de abstração e generalidade, razão pela qual não há falar no cabimento de ADIn; D: Por simetria ao Advogado-Geral da União, o Procurador-Geral do Estado não está obrigado a defender a constitucionalidade na norma quando o STF já houver analisado a tese jurídica em discussão, fixando sua inconstitucionalidade; E: Art. 14, III, da Lei 9.868/1999. Gabarito "E".

(Magistratura/MS – 2008 – FGV) Assinale a alternativa correta.

(A) O controle concentrado de constitucionalidade, no Brasil, é feito privativamente pelo Supremo Tribunal Federal.

(B) A cláusula de reserva de plenário, prevista na Constituição Federal, é condição de eficácia jurídica, como regra, da declaração jurisdicional de inconstitucionalidade dos atos do Poder Público, e deve ser observada por todos os Tribunais no controle difuso.

(C) No Brasil, o controle de constitucionalidade preventivo de projeto de lei é feito exclusivamente pelo Chefe do Poder Executivo, por intermédio do veto jurídico.

(D) No sistema brasileiro, o controle repressivo de constitucionalidade é exercido exclusivamente pelo Poder Judiciário.

(E) A resolução do Senado Federal que suspende a execução da lei ou ato normativo declarado inconstitucional pelo Supremo Tribunal Federal, terá efeitos erga omnes e ex tunc.

A: Também há controle concentrado nos TJs, que apreciam ADIn estadual. V. art. 125, § 2º, da CF; B: Art. 97 da CF e Súmula Vinculante 10/STF; C: Pode ser feito também pelo Legislativo, com a rejeição de projeto de lei pela Comissão de Constituição e Justiça por inconstitucionalidade; D: Pode ser feito também pelo Legislativo, ao rejeitar Medida Provisória por inconstitucionalidade; E: A eficácia temporal da resolução do Senado é *ex nunc* ou *pro futuro*. Gabarito "B".

(Magistratura/AL – 2007 – FCC) Sobre a argüição de descumprimento de preceito fundamental, é INCORRETO afirmar que

(A) pode ter por objeto lei ou ato normativo federal, estadual ou municipal, incluídos os anteriores à Constituição, quando relevante o fundamento da controvérsia constitucional a seu respeito.

(B) estão legitimados para sua propositura, dentre outros, o Governador de Estado ou do Distrito Federal, o Procurador-Geral da República e entidade de classe de âmbito nacional.

(C) possui caráter subsidiário, uma vez que não será admitida quando houver qualquer outro meio eficaz para sanar a lesividade a preceito fundamental resultante de ato do Poder Público.

(D) caberá agravo da decisão de indeferimento da petição inicial, no prazo de cinco dias, mas será irrecorrível a decisão que julgar procedente ou improcedente o pedido na argüição.

(E) poderá ser deferida medida liminar para que juízes e Tribunais suspendam o andamento de processo ou os efeitos de decisões judiciais quaisquer, inclusive se decorrentes de coisa julgada.

A: Art. 1º, parágrafo único, I, Lei 9882/1999; B: Art. 2º, I, Lei 9882/1999; C: Art. 4º, § 1º, Lei 9882/1999; D: Art. 4º, § 2º c/c art. 12, ambos da Lei 9882/1999; E: Art. 5º, § 3º, Lei 9882/1999. Gabarito "E".

Segue texto para as duas questões seguintes:

Determinada associação nacional, integrada por pessoas físicas e por associações estaduais cuja atuação se confunde com aquela, propôs no Supremo Tribunal Federal (STF) uma ação direta de inconstitucionalidade (ADIn) contra o art. X da Lei Y de um estado da Federação. A liminar não foi concedida pelo relator e, ao final, a ação foi julgada procedente, declarando-se a inconstitucionalidade do referido artigo, com efeitos ex nunc. Nos autos de uma ação de rito ordinário em curso na primeira instância do estado do Tocantins, Maria sustentou, como matéria prejudicial ao seu pedido, a inconstitucionalidade do art. Z da Lei W do estado do Tocantins, cuja redação é idêntica à do art. X da Lei Y, já declarada inconstitucional pelo STF.

(Magistratura/TO – 2007 – CESPE) Considerando a situação hipotética descrita no texto e, ainda, que a Lei W não foi objeto de apreciação pelo STF, assinale a opção correta acerca do controle de constitucionalidade das leis.

(A) O juiz de direito do estado do Tocantins não poderia declarar incidentalmente a inconstitucionalidade do art. Z da referida lei estadual com efeitos ex nunc, já que a modulação temporal dos efeitos da declaração de constitucionalidade, com tal efeito, somente se aplica ao controle concentrado de constitucionalidade e não, ao controle difuso.

(B) Conforme recente entendimento do próprio STF, a citada ação direta de inconstitucionalidade contém vício de legitimação ativa, já que a autora se constitui em associação composta por associações.

(C) A concessão de medida cautelar, em sede de controle concentrado de constitucionalidade, exige a maioria absoluta dos membros do tribunal pleno, não podendo o relator, em nenhuma situação, concedê-la individualmente.

(D) De acordo com a teoria da transcendência dos motivos determinantes em sede de controle concentrado de constitucionalidade, o STF poderá conhecer de reclamação proposta por Maria contra a sentença do juiz do estado do Tocantins que não acolher o pedido de declaração incidental de inconstitucionalidade do art. Z da Lei W do estado do Tocantins.

A: O STF admite a aplicação do art. 27 da Lei 9.868/1999 ao controle difuso, por analogia; B: O STF alterou o entendimento anterior e hoje admite ADIn proposta por associações de associação. V. ADIn 3.153/DF, Rel. para acórdão Min. Sepúlveda Pertence; C: Art. 10 da Lei 9.868/1999. O quórum é de maioria absoluta, mas o relator pode deferi-la monocraticamente durante o recesso; D: Pela teoria, não só o dispositivo, mas os próprios fundamentos da decisão do STF em controle de constitucionalidade têm efeito vinculante. Assim, qualquer interessado com interesse de agir pode propor reclamação no STF para assegurar a aplicação do entendimento do Supremo. Gabarito "D".

(Magistratura/TO – 2007 – CESPE) Ainda considerando a situação hipotética descrita no texto, assinale a opção correta acerca da interpretação e aplicação das normas constitucionais.

(A) Supondo-se que o art. Z da Lei W, para a sua efetiva aplicação, estabeleça uma situação de fato ainda inexistente no estado do Tocantins, é possível julgar o pedido de Maria improcedente, adotando-se a teoria da chamada norma ainda constitucional.

(B) Supondo-se que o art. Z da Lei W contenha, em seu texto, uma expressão que a torna inconstitucional, o juiz deverá adotar a técnica de declaração conforme a Constituição sem redução de texto, apenas para excluir a referida expressão.

(C) Supondo-se que a ação de rito ordinário em tela seja uma ação civil pública, não será possível ao juiz de direito do Tocantins deixar de aplicar a norma tida por inconstitucional, sob pena de usurpação da competência do STF.

(D) Se a declaração de inconstitucionalidade do art. X da Lei Y importar na repristinação de antigo dispositivo legal igualmente inconstitucional, a ADIn deverá ser extinta sem julgamento de mérito.

A: Ao julgar o HC 70.514, o STF considerou o prazo em dobro da Defensoria Pública para o processo penal (LC 80/94) "ainda constitucional" até que a DP se instale com o mesmo nível de organização do MP (situação de fato). Trata-se de norma que caminha para a inconstitucionalidade, mas que ainda não o é, por depender de uma situação de fato ainda não verificada; B: Não existe "declaração conforme a Constituição sem redução de texto", mas declaração de inconstitucionalidade parcial sem redução de texto, que constitui técnica em que se afasta uma das interpretações possíveis da norma (a inconstitucional), de modo que a lei não precisa ser declarada totalmente inconstitucional, nem sofrer redução em seu texto; C: O controle de constitucionalidade pode ser exercido incidentalmente na ACP, desde que a inconstitucionalidade da norma seja apresentada como causa de pedir, e não como pedido principal da ação; D: Se houve análise do pedido de inconstitucionalidade da Lei Y, não é caso de extinção da ADIn sem julgamento do mérito. Gabarito "A".

(Magistratura/BA – 2006 – CESPE) Julgue o item a seguir.

(1) O controle difuso de constitucionalidade admite efeitos ex tunc, pois estes não são exclusivos do controle concentrado; neste, a norma é expulsa do ordenamento jurídico e se deve considerar, em regra, como se nunca houvera existido.

Em regra, a declaração de inconstitucionalidade tem efeitos **ex nunc** no controle difuso. Além disso, a declaração de inconstitucionalidade não expulsa a norma do ordenamento, tanto que, em tese, pode vir a ser revogada depois. Por fim, o STF pode reconhecer alguma eficácia à norma inconstitucional, conforme previsão expressa no art. 27 da Lei 9.868/1999, cuja aplicação pode ser feita ao controle difuso, por analogia. Gabarito "E".

(Magistratura/BA – 2006 – CESPE) Julgue o item a seguir.

(1) Considere a seguinte situação hipotética. A Assembléia Legislativa do Estado da Bahia (ALBA) aprovou, e o governador do estado sancionou, a lei orçamentária estadual para o exercício de 2004. Por considerá-la inconstitucional frente à Constituição da República, um grupo de parlamentares formulou representação dirigida ao Procurador-Geral da República (PGR), no início de 2005. Nessa situação, por se tratar de ato normativo estadual, genérico e primário, deveria o PGR ajuizar ação direta de inconstitucionalidade, caso constatasse, de fato, a incompatibilidade entre a lei e a ordem constitucional nacional.

O STF não admite, em regra, ADIn contra lei orçamentária, por considerá-la lei de efeitos concretos. Exceção para as hipóteses em que o legitimado comprova um coeficiente mínimo de abstração e generalidade da lei (ADIn 2.925). Entretanto, o STF vem acenando a revisão desse entendimento (V. MC-ADI n. 4.048-DF). Gabarito "E".

(Magistratura/BA – 2006 – CESPE) Julgue o item a seguir.

(1) A argüição de descumprimento de preceito fundamental (ADPF) caracteriza-se por levar ao julgamento do Supremo Tribunal Federal (STF) determinados atos do poder público que não são passíveis de controle de constitucionalidade por outras vias processuais. Nessa perspectiva, é juridicamente admissível o ajuizamento de ADPF para que o STF declare a constitucionalidade de veto do presidente da República a projeto de lei regularmente aprovado pelo Congresso Nacional.

O STF entendeu que o veto constitui ato político, insuscetível de controle por ADPF, por não se inserir no conceito de ato do Poder Público (ADPF-QO 1/RJ). Gabarito "E".

(Magistratura/BA – 2006 – CESPE) Julgue o item a seguir.

(1) A ADPF não é o único remédio jurídico por meio do qual uma lei municipal pode ter a alegação de sua inconstitucionalidade levada a julgamento no plenário do STF.

A questão também pode chegar ao STF via recurso extraordinário, em controle difuso. Gabarito "C".

(Ministério Público/MS – 2011 – FADEMS) Havendo evidente controvérsia constitucional acerca de importante dispositivo de lei estadual anterior à Constituição Federal de 1988, o Governador do Estado é legitimado a ingressar no Supremo Tribunal Federal com:

(A) mandado de segurança;
(B) ação direta de inconstitucionalidade;
(C) ação declaratória de constitucionalidade;
(D) mandado de injunção;
(E) arguição de descumprimento de preceito fundamental.

O único instrumento capaz de verificar a compatibilidade de leis anteriores à Constituição com a Constituição atual, **em controle concentrado**, é a ADPF (art. 1º, parágrafo único, I, da Lei 9.882/1999). Gabarito "E".

(Ministério Público/MS – 2011 – FADEMS) Analise os itens abaixo e assinale a alternativa **correta**, segundo a orientação do Supremo Tribunal Federal:

I. O Ministério Público Estadual tem legitimidade para ajuizar reclamação no STF.
II. A ação de descumprimento de preceito fundamental somente poderá ser proposta por aqueles legitimados para a propositura da ação direta de inconstitucionalidade.
III. A ação direta de inconstitucionalidade por omissão, pendente de julgamento, deve ser extinta por perda do objeto se a norma que não tinha sido regulamentada é revogada.
IV. As súmulas vinculantes tem a mesma natureza jurídica das demais súmulas do STF.

(A) Existe apenas uma alternativa correta;
(B) Existem duas alternativas corretas;
(C) Existem três alternativas corretas;
(D) Nenhuma das alternativas está correta;
(E) Todas as alternativas estão corretas.

I: Certa. V. Informativo 617/STF (Rcl 7358/SP, rel. Min. Ellen Gracie); II: Certa. Art. 2º, I, da Lei 9.882/1999; III: Certa. Não há omissão em face do "não-jurídico"; IV: Errada. As súmulas vinculantes, ao contrário das súmulas meramente persuasivas, obrigam os demais órgãos do Poder Judiciário e a Administração Pública direta e indireta, nas esferas federal, estadual e municipal à sua observância, cabendo Reclamação para o STF em caso de desrespeito aos seus preceitos. Gabarito "C".

(Ministério Público/PR – 2011) Examine as afirmações abaixo e após responda:

I. Projeto de lei de iniciativa de deputado federal visando criação de cargos na administração federal padecerá de vício de inconstitucionalidade material.
II. Lei ordinária que estabeleça a desnecessidade de contraditório em processo administrativo visando a imposição de sanções a servidores da administração direta padecerá de vício de inconstitucionalidade formal.
III. Lei ordinária dispondo sobre normas gerais de direito tributário padece de vício de inconstitucionalidade material.
IV. Há inconstitucionalidade material quando a lei é produzida em desconformidade com as normas de competência ou com o procedimento estabelecido para seu ingresso no mundo jurídico.
V. Há inconstitucionalidade formal quando o conteúdo da lei estiver em contrariedade com norma substantiva integrante da Constituição Federal.

(A) todas as afirmativas são corretas.
(B) apenas as afirmativas I e II são corretas.
(C) a afirmativa III é a única incorreta.
(D) as afirmativas IV e V são as únicas incorretas.
(E) todas as afirmativas são incorretas.

I: Errada. O vício é formal, pois a iniciativa é do Chefe do Poder Executivo Federal (art. 61, § 1º, II, "a", da CF); II: Errada. Inconstitucionalidade seria material, pois viola o conteúdo do art. 5º, LV, da CF; III: Errada. Inconstitucionalidade formal, pois é matéria reservada à lei complementar (art. 146, III, da CF); IV e V: Erradas. Uma lei será materialmente inconstitucional se o conteúdo da proposição legislativa não estiver em consonância com o texto e com os princípios constitucionais. A inconstitucionalidade formal, por sua vez, refere-se ao processo legislativo, ou seja, aos casos de vício de iniciativa, ao modo de elaboração da lei em desacordo com as regras constitucionais. Gabarito "E".

(Ministério Público/PR – 2011) Relativamente à ação direta de inconstitucionalidade é incorreto afirmar:

(A) O Supremo Tribunal Federal é órgão competente para o seu julgamento;
(B) É possível a representação de inconstitucionalidade de leis ou atos normativos estaduais ou municipais diante da Constituição Estadual perante os Tribunais de Justiça dos Estados.
(C) Emenda à Constituição Federal está sujeita ao controle de constitucionalidade por essa via.
(D) Leis Municipais impugnadas em face Constituição Federal também estão sujeitas ao controle de constitucionalidade por essa via.
(E) No desenrolar do processo perante o Supremo Tribunal Federal deve ser citado o Advogado Geral da União para proceder a defesa do ato ou texto impugnado.

A: Sim, pelo art. 102, I, "a", da CF; B: Certa. Ao TJ cabe o controle concentrado de lei *municipal* ou de lei *estadual* em face da Constituição *Estadual* (art. 125, § 2º, da CF), mas não tem competência para apreciar representação de inconstitucionalidade (ou ADIn estadual) tendo como parâmetro a Constituição *Federal*, que é realizado pelo STF. C: É pacífico o entendimento pela possibilidade de controle de constitucionalidade de emendas constitucionais ou de normas oriundas de revisão constitucional (fruto do Poder Constituinte Derivado). Só não cabe declaração de inconstitucionalidade de normas originárias (estabelecidas pelo Poder Constituinte Originário); D: Errada. Só cabe ADIn de lei federal ou estadual (art. 102, I, "a", da CF); E: Certa. Art. 103, § 3º, da CF. Gabarito "D".

(Ministério Público/ES – 2010 – CESPE) Assinale a opção correta com relação ao controle de constitucionalidade em âmbito estadual e municipal.

(A) Não se admite controle de constitucionalidade de direito estadual mediante a propositura de arguição de descumprimento de preceito fundamental, mesmo porque existe procedimento diverso para o exercício do seu controle de constitucionalidade.
(B) Segundo jurisprudência pacífica do STF, na hipótese de propositura simultânea de ação direta de inconstitucionalidade contra lei estadual perante o STF e o TJ, o processo no âmbito do STF deverá ser suspenso até a deliberação final do TJ estadual.
(C) De acordo com a CF, o monopólio do exercício do controle abstrato de normas estaduais e municipais perante as cortes estaduais é do chefe do MP estadual.
(D) A jurisprudência do STF é pacífica no sentido de que os TJs estaduais poderão exercer o controle de constitucionalidade de leis e demais atos normativos municipais em face da CF.
(E) Segundo jurisprudência majoritária do STF, a decisão proferida em sede de recurso extraordinário interposto contra decisão de mérito proferida em controle abstrato de norma estadual de reprodução obrigatória da CF possui eficácia erga omnes.

A: Cabe ADPF quando for relevante o fundamento da controvérsia constitucional sobre lei ou ato normativo federal, estadual ou municipal, incluídos os anteriores à Constituição (art. 1º, parágrafo único, I, da Lei 9.882/1999); B: O contrário se verifica na hipótese: o processo no âmbito estadual fica suspenso aguardando a decisão do STF; C: A CF não estabeleceu os legitimados ativos para o controle concentrado em âmbito estadual, mas vedou a legitimação para agir a um único órgão (art. 125, § 2º, da CF); D: O controle concentrado de leis ou atos normativos estaduais e municipais em âmbito estadual tem por parâmetro a Constituição Estadual (e apenas ela); E: V. RE 187.142/RJ, Rel. Min. Ilmar Galvão). Gabarito "E".

(Ministério Público/MG – 2010 – FUNDEP) Considerando o que a Lei n. 9.882/99 estipulou expressamente ao dispor sobre o processo e julgamento da arguição de descumprimento de preceito fundamental (art. 102, § 1º/CF), assinale a alternativa INCORRETA.

(A) A decisão que julgar procedente ou improcedente o pedido em arguição de descumprimento de preceito fundamental pode ser objeto de ação rescisória.
(B) A decisão tomada em sede de arguição de descumprimento de preceito fundamental terá eficácia contra todos e efeito vinculante relativamente aos demais órgãos do Poder Público.
(C) O Ministério Público, nas arguições que não houver formulado, terá vista do processo, por cinco dias, após o decurso do prazo para informações.
(D) Não será admitida arguição de descumprimento de preceito fundamental quando houver qualquer outro meio eficaz de sanar a lesividade.

A: Há vedação expressa nesse sentido pelo art. 12 da Lei 9.882/1999; B: Art. 10, § 3º, da Lei 9.882/1999; C: Art. 7º, parágrafo único, da Lei 9.882/1999; D: Art. 4º, § 1º, da Lei 9.882/1999. Gabarito "A".

(Ministério Público/MG – 2010 – FUNDEP) Analise a seguinte proposição e assinale a alternativa **INCORRETA** em relação ao enunciado.

Em ação direta de inconstitucionalidade, proposta pelo Procurador-Geral da República, em face da Lei estadual que diminui a extensão das áreas de preservação permanente às margens dos cursos d'água de domínio do Estado, caso o Supremo Tribunal Federal declare a inconstitucionalidade da norma estadual, observar-se-á o seguinte:

(A) terá eficácia imediata quando o STF, por maioria de dois terços dos seus membros, tendo em vista razões de segurança jurídica ou de excepcional interesse social, assim o declarar, afastando-se, no caso, a necessidade de trânsito e julgado da decisão;
(B) terá efeito vinculante em relação aos órgãos da administração ambiental federal, dos estados e dos municípios;
(C) somente será declarada inconstitucional a norma estadual se, pelo menos, seis Ministros tiverem manifestações nesse sentido. Não atingindo a maioria, em caso de ausência, será suspenso o julgamento até que atinja o número necessário à declaração de inconstitucionalidade;
(D) a declaração de inconstitucionalidade pelo STF terá eficácia *erga omnes*. Devem ser observadas as formalidades legais, inclusive a comunicação à autoridade ou órgão responsável pela expedição do ato, no caso, os representantes legais dos Poderes Executivo e Legislativo do Estado.

A: Errada. O art. 27 da Lei 9.868/1999, que prevê a possibilidade de declarar a inconstitucionalidade ex nunc ou a partir de outro momento que venha a ser fixado pelo tribunal, observado o quórum de dois terços, constitui exceção à regra geral, que é a eficácia temporal retroativa; B: As decisões em ADIN tem eficácia vinculante em relação a todos os órgãos do Poder Judiciário e à Administração Pública direta e indireta, federal, estadual ou municipal (art. 28, parágrafo único, da Lei 9.868/1999); C: Arts. 22 e 23 da Lei 9.868/1999; D: Arts. 25 e 28, parágrafo único, da Lei 9.868/1999. Gabarito "A".

(Ministério Público/MG – 2010.1) Sobre a ação de descumprimento de preceito fundamental, é INCORRETO afirmar

(A) Está legitimado para a propositura da ação de arguição de descumprimento fundamental o Presidente da República; a Mesa do Senado Federal; a Mesa da Câmara dos Deputados; a Mesa de Assembléia Legislativa ou da Câmara Legislativa do Distrito Federal; V - o Governador de Estado ou do Distrito Federal; VI – os membros do Ministério Público; o Conselho Federal da Ordem dos Advogados do Brasil; partido político com representação no Congresso Nacional; confederação sindical ou entidade de classe de âmbito nacional.
(B) Através do uso da arguição de descumprimento fundamental, é possível ao Parquet requerer a suspensão, liminarmente, de ações judiciais ou processos administrativos em curso, os quais deverão acatar o decisum da Corte Suprema.
(C) Concebe-se por "preceitos fundamentais" não só os princípios fundamentais, descritos na Carta da República – artigos 1º a 4º, mas também todas as prescrições que dão o sentido básico do regime constitucional, especialmente as designativas de direitos e garantias fundamentais.
(D) Aplica-se à arguição de descumprimento o princípio da subsidiariedade, pois não cabe quando houver outros remédios constitucionais, como o mandado de segurança.
(E) A decisão do Supremo Tribunal Federal é irrecorrível e não pode ser objeto de ação rescisória.

A: Os legitimados para propor ADPF são os mesmos da ADIn (art. 2º, I, da Lei 9.882/1999). Portanto, a alternativa está incorreta porque não reflete o disposto no art. 103 da CF; B: Art. 5º, § 3º, da CF; C: Apesar de ainda não haver consenso doutrinário sobre o conceito de "preceito fundamental", a alternativa reflete o entendimento majoritário; D: Art. 4º, § 1º, da CF; E: Art. 12 da Lei 9.882/1999. Gabarito "A".

(Ministério Público/PB – 2010) Sobre o controle jurisdicional de constitucionalidade das leis, considerando a jurisprudência dominante do Supremo Tribunal Federal, analise as proposições imediatamente abaixo e, em seguida, assinale a alternativa que contenha o julgamento devido sobre elas:

I. Não pode órgão fracionário de tribunal declarar a inconstitucionalidade de lei, mas pode, de modo fundamentado, afastar-lhe a incidência ao caso concreto.

II. A ordem jurídica vigente não contempla hipótese de controle concentrado de constitucionalidade pelo Supremo Tribunal Federal sobre lei ou ato normativo municipal em face da Constituição da República.

III. O direito infraconstitucional anterior à Constituição é insuscetível a processo de controle normativo objetivo por parte do Supremo Tribunal Federal.

(A) Apenas II e III são erradas.
(B) Apenas I e III são corretas.
(C) Apenas II é correta.
(D) I, II e III são erradas.
(E) Apenas I é errada.

I: Errada. Afastar a incidência de uma lei sem declarar sua inconstitucionalidade viola o art. 97 da CF (Súmula Vinculante 10/STF); II e III: Erradas. Cabe ADPF para questionar leis municipais e direito pré-constitucional (art. 1º, parágrafo único, I, da Lei 9.882/1999). Gabarito "D".

(Ministério Público/PB – 2010) Sobre o controle jurisdicional da constitucionalidade das leis, considere as asserções imediatamente abaixo e, em seguida, assinale a alternativa que contenha o julgamento devido sobre elas:

I. São insuscetíveis de ser objeto de Ação Direta de Inconstitucionalidade perante o Supremo Tribunal Federal disposições normativas de regimentos internos de tribunal de justiça e de assembleia legislativa estaduais.
II. Ao contrário dos demais órgãos jurisdicionais, que, no controle difuso, só podem declarar a inconstitucionalidade *incidenter tantum* de norma que devesse ser aplicada à hipótese concreta de julgamento, ao Supremo Tribunal Federal, conforme sua jurisprudência dominante, é possível, quando apreciada a inconstitucionalidade em sede de controle difuso, emitir juízo quanto à validade ou invalidade da norma, ainda que a aplicação ou não desta se mostre dispensável à solução concreta da controvérsia.
III. Podem ser objeto de ação direta de inconstitucionalidade o decreto legislativo do Congresso Nacional que aprova tratado internacional, como também o decreto do Presidente da República que o promulga.

(A) Apenas II e III são corretas.
(B) Apenas I e II são corretas.
(C) Apenas II e III são erradas.
(D) I, II e III são erradas.
(E) Apenas III é correta.

I: Não reflete o disposto no art. 102, I, *a*, da CF, que se refere a leis ou atos normativos federais e estaduais. Se encontrarem fundamento de validade diretamente na CF, caberá ADIn; II: Entendimento do STF; III: De acordo com a jurisprudência do STF, a incorporação dos tratados à ordem jurídica interna decorre de um ato subjetivamente complexo, resultante da conjugação de duas vontades homogêneas: a do Congresso Nacional, que resolve, definitivamente, mediante decreto legislativo, sobre tratados, acordos ou atos internacionais (CF, art. 49, I) e a do Presidente da República, que, além de poder celebrar esses atos de direito internacional (CF, art. 84, VIII), também dispõe – na qualidade de Chefe de Estado que é – da competência para promulgá-los mediante decreto. O iter procedimental de incorporação dos tratados internacionais - superadas as fases prévias da celebração da convenção internacional, de sua aprovação congressional e da ratificação pelo Chefe de Estado - conclui-se com a expedição, pelo Presidente da República, de decreto, de cuja edição derivam três efeitos básicos que lhe são inerentes: (a) a promulgação do tratado internacional; (b) a publicação oficial de seu texto; e (c) a executoriedade do ato internacional, que passa, então, e somente então, a vincular e a obrigar no plano do direito positivo interno. Daí a necessidade de ajuizar ADIn contra os dois atos normativos. Gabarito "A".

(Ministério Público/SP - 2010) Assinale a alternativa que elenca todos os legitimados ativos para a ação direta de inconstitucionalidade e a ação declaratória de constitucionalidade:

(A) o Presidente da República, a Mesa do Senado, a Mesa da Câmara dos Deputados e o Procurador-Geral da República.
(B) o Presidente da República, a Mesa do Senado Federal, a Mesa da Câmara dos Deputados; a Mesa da Assembleia Legislativa ou da Câmara Legislativa do Distrito Federal; o Governador de Estado ou do Distrito Federal, o Procurador- Geral da República, o Conselho Federal da Ordem dos Advogados do Brasil; o partido político com representação no Congresso Nacional; a Confederação Sindical ou entidade de classe de âmbito nacional.
(C) o Presidente da República, a Mesa do Senado Federal, a Mesa da Câmara dos Deputados; o Governador de Estado ou do Distrito Federal, o Procurador-Geral da República, o Conselho Federal da Ordem dos Advogados do Brasil; o partido político com representação no Congresso Nacional; a Confederação Sindical ou entidade de classe de âmbito nacional.
(D) o Presidente da República, a Mesa do Senado Federal, a Mesa da Câmara dos Deputados; a Mesa da Assembléia Legislativa ou da Câmara Legislativa do Distrito Federal; o Governador de Estado ou do Distrito Federal, o Procurador- Geral da República, o Conselho Federal da Ordem dos Advogados do Brasil; os partidos políticos; a Confederação Sindical ou entidade de classe de âmbito nacional.
(E) o Presidente da República, o Presidente do Senado Federal, o Presidente da Câmara dos Deputados; o Presidente da Assembléia Legislativa ou da Câmara Legislativa do Distrito Federal; o Governador de Estado ou do Distrito Federal, o Procurador-Geral da República, o Conselho Federal da Ordem dos Advogados do Brasil; o partido político com representação no Congresso Nacional; a Confederação Sindical ou entidade de classe de âmbito nacional.

Art. 103, I a IX, da CF (que também são os mesmos legitimados para propor ADPF). Gabarito "B".

(MINISTÉRIO PÚBLICO/RO – 2010 – CESPE) A respeito do controle de constitucionalidade na jurisprudência do STF, assinale a opção correta.

(A) O STF está adstrito à fundamentação jurídica (causa petendi) invocada na ADI, desde que o proponente a tenha trazido de forma específica, e não genérica.
(B) Não é possível a intervenção de terceiros na ADI e na ADC, em razão da natureza objetiva do controle normativo abstrato, no qual não se discutem interesses ou direitos subjetivos nem há litígio entre as partes.
(C) Quando ato normativo municipal for contestado em face de norma da constituição do estado repetida da CF, por força da reprodução obrigatória, a competência para julgar a ADI será do STF.
(D) Não é cabível o ajuizamento de ADI perante o STF para impugnar ato normativo editado pelo DF, no exercício de competência que a CF tenha reservado aos municípios.
(E) A ação civil pública pode ser manejada para se obter o controle de constitucionalidade de lei, desde que a declaração de inconstitucionalidade seja incidenter tantum e tenha eficácia erga omnes.

A: No exame da constitucionalidade de determinada lei ou ato normativo em controle abstrato de constitucionalidade perante a Constituição Federal, o STF analisa o pedido constante da ADIn em face de todo o texto constitucional, e não apenas do dispositivo apontado pelo autor como violado pela lei que está sendo acoimada de inconstitucional. Por isso, fala-se que a causa de pedir na ADIn é aberta, já que o órgão julgador está, em princípio, limitado ao pedido de inconstitucionalidade formulado, mas não está adstrito ao fundamento da inconstitucionalidade apontado pelo legitimado ativo. Vale dizer, o STF só pode agir se for provocado, se receber um pedido formalmente válido em ADIn, mas pode declarar a inconstitucionalidade da norma por motivo diverso daquele transcrito na petição inicial da ADIn. Isso não significa, por outro lado, que o autor está dispensado de fundamentar seu pedido, deixando de explicitar os motivos pelos quais entende ser a norma inconstitucional. A fundamentação (causa de pedir) é imprescindível e um dos requisitos da petição inicial, mas como a verificação da compatibilidade da lei ou ato normativo se dá diante de toda a Constituição, o STF pode entender que a norma está em desacordo com outro dispositivo constitucional, que não o apontado pelo autor, o que se costumou chamar de "causa de pedir aberta"; B: Em regra não é possível (arts. 7º e 18 da Lei 9.868/1999), mas é admitida a participação de amici curiae; C: A competência permanece sendo do TJ, mas, nesse caso, cabe a interposição de recurso extraordinário para o STF, pois o parâmetro de controle passa a ser a Constituição Federal. O STF não irá analisar a compatibilidade vertical entre a lei estadual e a Constituição do Estado, mas entre a lei estadual e a Constituição Federal, utilizando, para tanto, um recurso típico do controle difuso. Apesar disso, o controle não perde sua natureza abstrata, razão pela qual a decisão do STF, nesse recurso extraordinário, produzirá os mesmos efeitos da ADIn genérica (*erga omnes*, vinculantes e *ex tunc*); D: Sim, pois não cabe ADIn em face de lei municipal, mas apenas de lei federal ou estadual (art. 102, I, "a", da CF); E: O controle de constitucionalidade em ACP é exercido incidentalmente, pois a inconstitucionalidade da norma é apreciada como causa de pedir e não como pedido principal da ação. Assim, os efeitos são inter partes, não erga omnes. Gabarito "D".

(Ministério Público/CE – 2009 – FCC) Quando o Direito brasileiro adotou o controle de constitucionalidade de matriz norte-americana, a ele não veio o stare decisis, porque é elemento cultural que não se transplanta com facilidade e de pronto. Porém, a partir da Constituição de 1934, diversos sucedâneos normativos ao stare decisis foram introduzidos. Sobre eles, pode-se afirmar que a Constituição de

(A) 1988, a teor da Emenda Constitucional nº 3, de 1993, prevê a ação declaratória de constitucionalidade, de lei ou ato normativo federal ou estadual, com "efeito vinculante".
(B) 1988, a teor da Emenda Constitucional nº 45, de 2004, permite súmula com efeito vinculante em relação ao Poder Judiciário, à administração pública, direta e indireta, de todas as esferas da federação, e ao Poder Legislativo.

(C) 1934 confiou ao Congresso Nacional competência para suspender a execução, no todo ou em parte, de qualquer lei ou ato, deliberação ou regulamento, quando hajam sido declarados inconstitucionais pelo Poder Judiciário.

(D) 1946, a teor da Emenda Constitucional nº 16, de 1965, admitiu a representação contra inconstitucionalidade de lei ou ato de natureza normativa, federal, estadual ou municipal, em face da Constituição da República.

(E) 1967, a teor da Emenda Constitucional nº 7, de 1977, adotou a representação para interpretação de lei ou ato normativo federal ou estadual, que tinha, segundo o Regimento Interno do Supremo Tribunal Federal, "força vinculante".

O Brasil adotou o sistema difuso e incidental, de inspiração americana, na Constituição de 1981 (arts. 59 e 60). A Constituição de 1934 deve ser lembrada por ter introduzido a ação direta interventiva, de competência do STF (controle por via principal e concentrado). A ação direta de inconstitucionalidade só veio a ser instituída com a EC 16/1965 (art. 101, I, k, da CF 1946). O stare decisis, expressão que indica, em linhas gerais, a vinculação dos órgãos judiciais à decisão do tribunal superior, veio previsto pela primeira vez na Constituição de 1967. Gabarito "E".

(Ministério Público/DF – 2009) A respeito do controle de constitucionalidade, assinale a alternativa correta.

(A) Pela característica especial do Distrito Federal, é possível o controle de constitucionalidade perante o STF mesmo quando a lei advém de sua competência legislativa municipal.

(B) Quando uma lei é declarada inconstitucional, a lei anteriormente revogada não pode voltar a viger, ante a proibição da repristinação de lei no Brasil.

(C) Os Decretos não estão sujeitos a controle de constitucionalidade concentrada, mesmo aqueles dotados de abstração e generalidade, uma vez que na separação de poderes o Poder Legislativo tem o monopólio da função normativa.

(D) A súmula expedida pelo STJ, porque não apresenta as características de ato normativo, não está sujeita à jurisdição constitucional concentrada.

(E) A Ação Civil Pública presta-se ao exercício do controle de constitucionalidade in abstrato quando o Procurador-Geral de Justiça não maneja a Ação Direta de Inconstitucionalidade em tempo hábil.

A: Nesse caso a ofensa à CF será reflexa; B: A repristinação é a regra, podendo ser afastada, total ou parcialmente, por decisão da maioria de 2/3 dos membros do tribunal, em decorrência de razões de segurança jurídica ou de excepcional interesse social; C: Os decretos autônomos (ou seja, aqueles que a pretexto de regulamentar a lei acabam por estabelecer direitos e/ou obrigações, inovando no mundo jurídico – dotados de abstração e generalidade) podem ser objeto de controle de constitucionalidade, pois a ofensa não seria reflexa no caso; D: A súmula da jurisprudência do STF tem caráter meramente persuasivo, não podendo ser objeto de controle concentrado; E: O STF admite a utilização da ACP como instrumento de fiscalização incidental de constitucionalidade somente quando a controvérsia constitucional não se apresentar como o único objeto da demanda formulada na ACP, mas como questão prejudicial, ou seja, necessária à resolução do conflito principal. Gabarito "C".

(Ministério Público/MA – 2009) Frente ao texto constitucional assinale a alternativa INCORRETA.

(A) Os atos de improbidade administrativa importarão a suspensão dos direitos políticos, a perda da função pública, a indisponibilidade dos bens e o ressarcimento ao erário.

(B) A publicidade dos atos, programas, obras, serviços e campanhas dos órgãos públicos deverá ter caráter educativo, informativo ou de orientação social, desta não podendo constar nomes, símbolos ou imagens que caracterizem promoção pessoal de autoridade ou servidores públicos.

(C) No Brasil não há previsão constitucional da "ação declaratória de constitucionalidade", mas tão-somente da "ação direta de inconstitucionalidade", que tem no Procurador-Geral da República uma das autoridades legitimas a propô-la.

(D) A mesa do Senado, a mesa da Câmara dos Deputados, as mesas das Assembléias Legislativas, o Conselho Federal da OAB e os Governadores de Estado têm legitimidade para a propositura de ação direta de inconstitucionalidade.

(E) A atual redação da Constituição Federal veda aos agentes do Ministério Público o exercício de atividade político partidária.

A: O art. 15, V, da CF, c/c art. 12 da Lei de Improbidade Administrativa (Lei 8.429/1992); B: Art. 37, § 1º, da CF; C: Não reflete o disposto no art. 102, I, a, da CF; D: Art. 103, I a IX, da CF; E: Art. 128, § 5º, II, e, da CF. Gabarito "C".

(Ministério Público/PR – 2009) Analise as seguintes assertivas e após assinale a alternativa correta:

I. compete ao Superior Tribunal de Justiça processar e julgar, originariamente, nos crimes comuns, os membros dos Tribunais de Contas dos Estados e do Distrito Federal;

II. o Conselho Nacional de Justiça compõe-se de quinze membros com mais de trinta e cinco e menos de sessenta e seis anos de idade, com mandato de dois anos, vedada a recondução;

III. as decisões definitivas de mérito, proferidas pelo Supremo Tribunal Federal, nas ações diretas de inconstitucionalidade e nas ações declaratórias de constitucionalidade produzirão eficácia contra todos e efeito vinculante, relativamente aos demais órgãos do Poder Judiciário e à administração pública direta e indireta, nas esferas federal, estadual e municipal;

IV. a Mesa de Assembléia Legislativa pode propor ação declaratória de constitucionalidade perante o Supremo Tribunal Federal;

V. sem prejuízo do que vier a ser estabelecido em lei, a aprovação, revisão ou cancelamento de súmula vinculante poderá ser provocada por aqueles que podem propor a ação direta de inconstitucionalidade.

(A) Apenas as assertivas I, III, IV e V estão corretas;
(B) Apenas as assertivas I, III e IV estão corretas;
(C) Apenas as assertivas III, IV e V estão corretas;
(D) Apenas as assertivas I, II, III estão corretas;
(E) Todas as assertivas estão corretas.

I: Art. 105, I, a, da CF; II: A redação do art. 103-B da CF foi alterada pela EC 61/2009 para suprimir a limitação de idade; III: Art. 102, § 2º, da CF; IV: Art. 103, IV, da CF; V: Art. 103-A, § 2º, da CF. Gabarito "A".

(Ministério Público/RS – 2009) De acordo com a jurisdição constitucional praticada no Brasil, é correto afirmar que

(A) uma lei anterior à promulgação da Constituição não pode ter sua inconstitucionalidade argüida via controle concentrado.

(B) uma decisão que rejeita Ação direta de inconstitucionalidade tem efeito de declaração de constitucionalidade.

(C) o Juiz de Direito pode declarar a inconstitucionalidade de lei, mas o órgão fracionário não pode.

(D) a inconstitucionalidade de uma lei federal não pode ser declarada por Tribunal de Justiça.

(E) de acordo com a jurisprudência do Supremo Tribunal Federal, o Pacto de San José da Costa Rica tem valor de norma constitucional, razão pela qual não mais se admite prisão de depositário infiel.

A: Pode ser questionada por ADPF (art. 1º, parágrafo único, I, da Lei 9.882/1999); B: Sim, pois a decisão definitiva de mérito irá declarar a constitucionalidade da lei (art. 102, § 2º, da CF). A doutrina costuma dizer que a ADC é a ADIn com "sinal trocado"; C: Pode, desde que respeitadas as regras do art. 97 da CF e dos arts. 480 e 481 do CPC; D: O Tribunal de Justiça, como qualquer outro juiz ou tribunal, pode declarar a inconstitucionalidade de lei em controle difuso; E: De acordo com o entendimento atual do STF, tem caráter supralegal. Recordando, a prisão civil por dívida é, em regra, vedada pelo nosso ordenamento. A Constituição Federal, entretanto, legitima a prisão civil do devedor que não paga pensão alimentícia e a do depositário infiel (art. 5º, LXVII, da CF). O Pacto de San José da Costa Rica, ratificado pelo Brasil, é ainda mais restritivo: só permite a prisão dos devedores de pensão alimentícia; ou seja, com base na Convenção Americana de Direitos Humanos, o depositário infiel não pode ser preso. O conflito entre a norma internacional e a norma constitucional foi inúmeras vezes analisado pelo STF que, em entendimento tradicional, decidia pela prevalência da Constituição e autorizava a prisão do depositário infiel. Ocorre que, em recente virada jurisprudencial (RE 466.343-1/SP, Rel. Min. Cezar Peluso), o STF acabou por consagrar a tese da supralegalidade dos tratados para concluir que a prisão do depositário infiel é ilícita. Com base no entendimento atual do STF, portanto, só é permitida a prisão do devedor de pensão alimentícia. Gabarito "B".

(Ministério Público/RS – 2009) Sobre o controle de constitucionalidade nos Tribunais brasileiros, é INCORRETO afirmar que

(A) o STF pode apreciar a inconstitucionalidade de uma lei já por ele declarada constitucional anteriormente.
(B) não se admite desistência em sede de ação direta de inconstitucionalidade.
(C) se passou a admitir, com a aprovação do Instituto do Amicus Curiae, intervenção de terceiros em ação direta de inconstitucionalidade.
(D) não existe lide no processo de ação direta de inconstitucionalidade.
(E) uma medida cautelar em sede de ação direta de inconstitucionalidade pode ter efeito ex tunc.

A: Sim, em controle difuso, por exemplo; B: Art. 5º da Lei 9.868/1999; C: A possibilidade de admissão de *amicus curiae* na ADIn não significa a legitimação da intervenção de terceiros, que é expressamente vedada (art. 7º da Lei 9.868/1999); D: Sim, pois se trata de processo objetivo, sem partes processuais propriamente ditas, que visa garantir a higidez do ordenamento jurídico; E: Em regra seus efeitos são *ex nunc*, mas podem ter eficácia *ex tunc* (art. 11, § 1º, da Lei 9.868/1999). Gabarito "C".

(Ministério Público/RS – 2009) Considere as afirmações abaixo:

I. Enquanto as democracias européias adotaram, a partir do segundo pós-guerra, o controle concentrado de constitucionalidade, paradoxalmente no Brasil essa modalidade de jurisdição constitucional somente foi instituída em 1965, já sob a égide do regime militar.

II. A ação civil pública é instrumento idôneo de fiscalização incidental de constitucionalidade, pela via difusa, de leis municipais, estaduais e federais, desde que, nesse processo coletivo, a controvérsia constitucional, longe de identificar-se como objeto único da demanda, qualifique-se como simples questão prejudicial, indispensável à resolução do litígio principal.

III. A partir de 1937, com a Constituição "polaca" (Estado Novo), passou-se a exigir a remessa ao Senado da decisão do STF que declarava a inconstitucionalidade de uma lei.

IV. Decisão que deixa de aplicar uma súmula vinculante é passível de Reclamação, mas somente depois de esgotados os recursos processuais disponíveis.

V. O STF, que é composto por duas Turmas, ao contrário dos demais tribunais da República, não suscita incidente de inconstitucionalidade.

Quais estão corretas?

(A) Apenas II, III e V.
(B) Apenas I, II e V.
(C) Apenas II e V.
(D) Apenas I, III e IV.
(E) Apenas I e IV.

I: Sim, o controle por ação direta foi instituído pela EC 16/1965, que alterou a Constituição de 1946, já durante o regime militar; II: Sim, pois a declaração de inconstitucionalidade deve ser causa de pedir e não pedido principal, sob pena de transmudar a ACP em ADIn; III: Previsão constante do art. 91, V, da Constituição de 1934; IV: Não reflete o disposto no art. 103-A, § 3º, da CF; V: Sim, na medida em que cabe ao Plenário o julgamento do feito (e não apenas da questão constitucional) – v. art. 11, I e II, do RI/STF. Gabarito "B".

(Ministério Público/RS – 2009) No tocante ao controle de constitucionalidade de leis municipais e estaduais, é INCORRETO afirmar que

(A) não cabe recurso extraordinário de declaração de inconstitucionalidade de lei municipal feita por Tribunal de Justiça de Estado Federado.
(B) o Órgão Especial do Tribunal de Justiça do Estado, em sede de controle concentrado, não é competente para decidir acerca da constitucionalidade de lei municipal sempre que a violação for somente da Constituição Federal.
(C) a lei municipal incompatível com princípios da Constituição Federal, repetidos na Constituição do Estado, pode ser declarada inconstitucional pelo Órgão Especial do Tribunal de Justiça de Estado Federado.

(D) a lei estadual ao mesmo tempo incompatível com a Constituição do Estado e com a Constituição Federal pode ter arguida a sua inconstitucionalidade, em sede de controle concentrado, tanto pelo Órgão Especial do Tribunal de Justiça de Estado federado como pelo STF.
(E) Somente pelo voto da maioria absoluta dos membros do Órgão Especial de Tribunal de Justiça de Estado federado pode ser declarada inconstitucional uma lei.

A: Viola o art. 102, III, da CF; B e C: Sim, pois o TJ só pode declarar a inconstitucionalidade se o parâmetro do controle for a Constituição Estadual, a não ser que a Constituição do Estado tenha norma da Constituição Federal de reprodução obrigatória; D: Sim. Segundo a jurisprudência do STF, na hipótese de propositura simultânea de ação direta de inconstitucionalidade contra lei estadual perante o STF e o TJ, o processo no âmbito estadual deverá ser suspenso até a deliberação final do STF; E: Art. 97 da CF. Gabarito "A".

(Ministério Público/RS – 2009) Leia o exemplo abaixo.

O Tribunal de Justiça de um Estado, apreciando mandado de segurança, decidiu que determinada aposentadoria fulcrada em lei estadual não poderia ter sido indeferida no plano administrativo - portanto, deveria ser concedida - porque a lei estadual que a vedava feria a Constituição Federal. Na ocasião do julgamento, o Ministério Público levantou preliminar requerendo a suspensão do julgamento para que fosse suscitado o respectivo incidente de inconstitucionalidade, forte no Regimento Interno do Tribunal. A tese do Ministério Público foi afastada por dois motivos: (I) porque não caberia ao Ministério Público fazer o pedido de suspensão do julgamento, tendo em vista que isso equivaleria a uma substituição da prerrogativa e/ou dever da parte recorrente (O Estado federado); e (II) pelo argumento de que embora seja possível a uma Câmara levar ao Órgão Especial uma possível arguição de inconstitucionalidade de lei municipal ou mesmo estadual, frente à Constituição Estadual, o Órgão Especial não tem competência para decidir matéria de lei estadual que fira a Constituição Federal.

Assinale a alternativa correta relativamente a essa decisão.

(A) O Órgão fracionário do Tribunal decidiu de forma equivocada, porque a matéria, em sede de mandado de segurança, não poderia ter sido examinada, pois deveria ter sido arguida a inconstitucionalidade via controle concentrado junto ao órgão Especial do Tribunal.
(B) Somente as partes podem suscitar a inconstitucionalidade.
(C) É irrelevante qualquer discussão acerca da reserva de plenário, porque os Tribunais tem legitimidade para disporem da matéria, em seus regimentos internos.
(D) A decisão do Órgão fracionário foi equivocada porque deveria ter suscitado o incidente de inconstitucionalidade, mesmo em se tratando de lei estadual colidente com a Constituição Federal.
(E) A decisão do Órgão Fracionário foi correta.

A: O controle difuso autoriza a discussão da constitucionalidade de lei ou ato normativo por qualquer juiz ou tribunal, no âmbito de qualquer processo; B: O Ministério Público também tem legitimidade; C e E: Não reflete o disposto no art. 97 da CF; D: Sim, por força do princípio da reserva de plenário (art. 97 da CF). Gabarito "D".

(Ministério Público/MG - 2008) Assinale a alternativa CORRETA.

(A) A legitimidade do Presidente da República para propositura de Ação Direta de Inconstitucionalidade deve obedecer à pertinência temática.
(B) Os partidos políticos têm legitimidade para propor Ação Direta de Inconstitucionalidade em relação a quaisquer matérias, devendo, entretanto, obedecer ao requisito da pertinência temática.
(C) A legitimidade do Procurador-Geral da República para a propositura de Ação Direta de Constitucionalidade é universal.
(D) O Conselho Federal da Ordem dos Advogados do Brasil não possui legitimidade para propor Ação Direta de Constitucionalidade, somente Ação Direta de Inconstitucionalidade.
(E) A confederação sindical possui legitimidade universal para propor Ação Direta de Inconstitucionalidade e Ação Direta de Constitucionalidade.

A a C: O Presidente da República, as Mesas do Senado e da Câmara, o Procurador-Geral da República, o Conselho Federal da OAB e o partido político com representação no Congresso Nacional são legitimados *universais* para a propositura de ADIn, ou seja, podem propor a ação em qualquer hipótese, sem necessidade de demonstração de pertinência temática; D: Art. 103, VII, da CF; E: O Governador de Estado, a Mesa da Assembleia Legislativa (ou da Câmara Legislativa do DF), bem como as confederações sindicais ou entidades de classe de âmbito nacional são legitimados *especiais* para a propositura de ADIn. Vale dizer: precisam demonstrar pertinência temática entre o objeto da ADIn e sua esfera jurídica (ou a de seus filiados). ". Gabarito "C".

(Ministério Público/PR – 2008) De acordo com a jurisprudência consolidada pelo Supremo Tribunal Federal, são considerados "legitimados universais" para a propositura de ação direta de inconstitucionalidade perante aquele Tribunal: (assinale a alternativa correta)

(A) Apenas o Procurador-Geral da República e o Governador de Estado ou do Distrito Federal;
(B) Apenas a confederação sindical ou entidade de classe de âmbito nacional e o Procurador-Geral da República;
(C) Apenas o Presidente da República, o Procurador-Geral da República, o Conselho Federal da Ordem dos Advogados do Brasil e a confederação sindical ou entidade de classe de âmbito nacional;
(D) Apenas a Mesa da Câmara dos Deputados, a Mesa do Senado Federal, o partido político com representação no Congresso Nacional e o Governador de Estado ou do Distrito Federal;
(E) Apenas o Presidente da República, o Procurador-Geral da República, o Conselho Federal da Ordem dos Advogados do Brasil, a Mesa do Senado Federal, a Mesa da Câmara dos Deputados e o partido político com representação no Congresso Nacional.

São legitimados *universais* para a propositura de ADIn (= têm legitimidade ativa em qualquer hipótese, sem necessidade de demonstração de pertinência temática): o Presidente da República, as Mesas do Senado e da Câmara, o Procurador-Geral da República, o Conselho Federal da OAB e o partido político com representação no Congresso Nacional. São legitimados *especiais*, ou seja, precisam demonstrar relação de pertinência temática entre o objeto da ADIn e sua esfera jurídica (ou a de seus filiados): o Governador de Estado, a Mesa de Assembleia Legislativa (ou da Câmara Legislativa do DF), bem como as confederações sindicais ou entidades de classe de âmbito nacional. Gabarito "E".

(Ministério Público/RO – 2008 – CESPE) Acerca do controle da constitucionalidade, assinale a opção correta.

(A) A ausência de uma lei de competência exclusiva do Congresso Nacional autorizaria, conforme entendimento do STF, que a mesa do Congresso Nacional propusesse, em qualquer hipótese, uma ação direta de inconstitucionalidade por omissão para que o STF editasse a regra do caso concreto.
(B) O requisito da repercussão geral, no recurso extraordinário, há de ser exigido, conforme entendimento do STF, tanto nos recursos interpostos após o advento da lei ordinária que regulamentou a Emenda Constitucional n.º 45/1994, quanto nos anteriores, já que constitui pressuposto específico de recorribilidade, matéria processual, que tem de ser aplicada imediatamente.
(C) A concessão da medida liminar, na argüição a descumprimento de preceito fundamental, poderá suspender todos os processos judiciais em curso, mesmo que definitivamente julgados, para que se aguarde o julgamento do mérito pelo STF, o qual deverá ser feito, na hipótese de se julgar procedente o pedido, por meio de maioria absoluta.
(D) O requisito da pertinência temática foi erigido à condição de pressuposto qualificador da própria legitimidade ativa ad causam para efeito de instauração do processo objetivo de fiscalização concentrada de constitucionalidade.
(E) Em relação à representação de inconstitucionalidade, no âmbito estadual, a legitimação do procurador-geral de justiça poderá ser a única a ser estabelecida.

A: A Mesa do Congresso Nacional não possui legitimidade ativa para a propositura de ADIn. A legitimação é conferida apenas à Mesa do Senado Federal e à Mesa da Câmara dos Deputados (art. 103, II e III, CF); B: O STF entende que a exigência de repercussão geral só se aplica a partir do dia 3 de maio de 2007, data da publicação da Emenda Regimental 21/2007, que dá execução ao disposto na Lei 11.418/2006 (Medida Cautelar no RE 376.852, Pleno, Rel. Min. Gilmar Mendes, DJ 13.06.03). C: Art. 5º, § 3º c/c art. 8º, ambos da Lei 9.882/1999; D: Apenas para os legitimados ativos *interessados* ou *especiais*. O requisito da pertinência temática não é exigido para os legitimados ativos *neutros* ou *universais*. E: Art. 125, § 2º, da CF. Gabarito "D".

(Ministério Público/PR – 2008) Analise as seguintes assertivas e assinale a alternativa correta:

I. a criação de cargo público nos quadros do Poder Executivo, realizada através de lei municipal cuja iniciativa legislativa foi deflagrada por Vereador, não incide em inconstitucionalidade formal;
II. lei municipal que apresenta antinomia direta e frontal, somente com a Constituição Federal, pode ser objeto de ação direta de inconstitucionalidade proposta perante o Tribunal de Justiça Estadual;
III. o controle de constitucionalidade pela via incidental ou difusa só pode ocorrer no bojo de um processo de conhecimento;
IV. atos normativos secundários, tais como decretos regulamentares que não inovam originariamente a ordem jurídica, sempre poderão ser objeto de ação direta de inconstitucionalidade perante o Supremo Tribunal Federal;
V. a ação declaratória de constitucionalidade proposta perante o Supremo Tribunal Federal poderá ter como objeto lei ou ato normativo federal e estadual.

(A) apenas as assertivas I e IV estão incorretas;
(B) apenas as assertivas II e III estão incorretas;
(C) apenas as assertivas I, IV e V estão incorretas;
(D) apenas as assertivas II e V estão incorretas;
(E) todas as assertivas estão incorretas.

I: Viola formalmente, por simetria, a regra do art. 61, § 1º, II, *a*, da CF; II: O controle mediante ADIn no TJ somente pode ter como parâmetro a Constituição estadual (art. 125, § 2º, da CF); III: O controle difuso ou incidental pode ser realizado em qualquer fase ou processo. IV: Apenas os decretos ou regulamentos autônomos podem ser objeto de ADIn, pois inovam o ordenamento jurídico, deixando de ser meramente secundários. V: O objeto da ADC é apenas lei ou ato normativo *federal*. V. art. 102, I, *a*, da CF. Gabarito "E".

(Ministério Público/SC – 2008)

I. Apenas os Deputados Federais e Senadores têm legitimação para impetrar Mandado de Segurança perante o STF, instaurando controle de constitucionalidade incidental ou difuso de proposta de Emenda Constitucional ilegal ou inconstitucional ainda em tramitação no Congresso Nacional.
II. Lei municipal, mesmo claramente contrária à Constituição Federal, não pode ser submetida a controle abstrato de constitucionalidade perante o STF, em hipótese alguma.
III. Somente o Procurador Geral da Justiça tem legitimidade para propor Ação Direta de Inconstitucionalidade Interventiva por inconstitucionalidade de lei municipal.
IV. O STF já decidiu que não há repercussão geral, para os fins do art. 102, § 3º da Constituição Federal, na controvérsia sobre a obrigatoriedade de o Poder Público fornecer medicamento de alto custo.
V. Não se admite intervenção de terceiros no processo de ação direta de inconstitucionalidade proposta em Santa Catarina, mas o relator poderá, por despacho recorrível, admitir a manifestação de outros órgãos ou entidades, conforme previsto na Lei Estadual 12.069, de 27 de dezembro de 2001.

(A) apenas I e III estão corretos
(B) apenas II e V estão corretos
(C) apenas III e V estão corretos
(D) apenas I e IV estão corretos
(E) apenas II, IV e V estão corretos

I: MS 21747, Rel. Min. Celso de Mello. II: Errada, pois pode ser apreciada via ADPF (art. 1º, parágrafo único, I, da Lei 9.882/1999). III: Súmula 614/STF. IV: Repercussão geral reconhecida no RE 566.471/RN. V: A ADIn não é proposta "em Santa Catarina", mas perante o TJ do Estado de Santa Catarina. No mais, v. art. 7º, *caput* e parágrafo único, da Lei Estadual 10.069/01. Gabarito "A".

(Ministério Público/MG – 2007) O Brasil, de acordo com a Constituição de 1988, não adota o controle de constitucionalidade

(A) judicial difuso.
(B) judicial concentrado repressivo.

(C) político preventivo.
(D) judicial concentrado em abstrato.
(E) político repressivo.

A a D: Quanto à natureza do órgão que o exerce, o controle de constitucionalidade pode ser *político* ou *judicial*. Quanto ao momento de seu exercício será *preventivo* ou *repressivo*. Quanto ao órgão judicial que o exerce, é *difuso* ou *concentrado*. Quanto ao modo de sua realização, pode ser *por via incidental* ou por *via principal*, também chamado de controle *por ação direta*. E: No Brasil, o controle político é predominantemente preventivo (ex.: veto do Poder Executivo a projeto de lei que considere inconstitucional e rejeição de projeto de lei pela Comissão de Constituição e Justiça por inconstitucionalidade). A opção deve ser marcada por exclusão das demais, pois há caso de controle político repressivo (como a rejeição, pelo Congresso Nacional, de Medida Provisória inconstitucional). Gabarito "E".

(Ministério Público/MS – 2006) Sobre o controle da constitucionalidade de lei ou ato normativo, não é correto afirmar que:

(A) Compete ao Supremo Tribunal Federal, processar e julgar, originariamente a ação direta de inconstitucionalidade de lei ou ato normativo federal ou estadual e a ação declaratória de constitucionalidade de lei ou ato normativo federal;
(B) As normas municipais ou estaduais que contrariem a Constituição Estadual poderão sofrer controle concentrado da constitucionalidade no âmbito do Tribunal de Justiça do Estado;
(C) O STF exerce o papel de legislador negativo, limitando-se a exclusão do ordenamento jurídico daqueles atos incompatíveis com a Constituição Federal;
(D) Em sede de ação civil pública poderá o juízo monocrático realizar o controle concentrado da constitucionalidade de lei ou ato normativo municipal.

A: Art. 102, I, a, da CF; B: Art. 125, § 2º, da CF; C: Ao STF não é lícito editar normas (legislar "positivamente"), mas apenas atuar nos limites da competência constitucional que lhe foi conferida (art. 102, I, a, da CF); D: O controle de constitucionalidade em ACP é exercido incidentalmente, pois a inconstitucionalidade da norma é apreciada como causa de pedir e não como pedido principal da ação. Gabarito "D".

(Ministério Público/TO – 2006 – CESPE) Com referência ao controle de constitucionalidade, julgue os itens abaixo.

I. Se o procurador-geral da República ajuizar ação direta de inconstitucionalidade contra ato normativo piauiense e o pedido for julgado procedente, o acórdão do STF deverá ser comunicado ao Senado Federal, para que, após publicar-se resolução, tenha efeito *erga omnes*.
II. Os órgãos judiciais do estado do Piauí detêm competência para apreciar a constitucionalidade de lei ou ato normativo federal em face da Constituição da República.
III. Como normas jurídicas que são, as súmulas do STF constituem atos passíveis de controle concentrado de constitucionalidade.
IV. Importante limitação para o controle de constitucionalidade por parte do Superior Tribunal de Justiça (STJ) está em ele não possuir competência para o controle concentrado de constitucionalidade. Além disso, a parte que, em um processo, interpuser recurso especial não deverá utilizá-lo para discutir a constitucionalidade de normas jurídicas. Observadas essas e outras restrições, o STJ, como outros tribunais, pode exercer o controle de constitucionalidade.

A quantidade de itens certos é igual a
(A) 1.
(B) 2.
(C) 3.
(D) 4.

I: Errado. A comunicação ao Senado Federal (art. 52, X, CF) ocorre apenas no controle incidental ou difuso de constitucionalidade. No controle concentrado, a própria decisão do STF já possui eficácia *erga omnes* (art. 28, parágrafo único, Lei 9.868/1999). II: Certo. No controle incidental ou difuso, qualquer juiz ou tribunal pode apreciar a constitucionalidade de lei ou ato normativo, visando à solução de um caso concreto. III: Errado. Somente as leis e atos normativos federais ou estaduais podem ser objeto de ADin. Ver ADIn 594/DF, Rel. Min. Carlos Velloso, Pleno, DJ 15/04/1994. IV: Certo. O controle concentrado de constitucionalidade é exercido apenas pelo STF (art. 102, I, a, CF). O STJ pode exercer o controle incidental, como qualquer outro tribunal do país. Além disso, o recurso especial não se presta à análise da constitucionalidade de normas jurídicas (art. 105, III, CF). Gabarito "B".

(Ministério Público/GO – 2005) Quanto à atuação do Ministério Público no controle incidental de constitucionalidade, não é correto afirmar?

(A) como instituição autônoma, essencial à Administração da Justiça, pode e deve o membro do Ministério Público, de qualquer instância, nos feitos submetidos à sua cognição, em processo judicial ou extrajudicial (inquéritos penais e civis), suscitar, se for o caso, a inconstitucionalidade incidental de qualquer ato jurídico, público ou privado, pois ao Parquet deferiu-se a defesa da ordem jurídica
(B) a atuação do Ministério Público dá-se nos casos em que seja parte, autor ou réu, não havendo previsão constitucional ou legal para seu pronunciamento quanto à inconstitucionalidade quando de sua atuação como fiscal da lei
(C) ainda no processo judicial que não tenha atuação como agente ou interveniente, se suscitada a questão de inconstitucionalidade, deverá o membro do Ministério Público com atribuição para funcionar junto ao órgão judicial ser intimado para se manifestar
(D) é extremamente relevante a intervenção ministerial no exame de questão de inconstitucionalidade, pois, ainda que seu parecer sobre tal questão seja rejeitado pelo órgão judicial no controle incidental, poderá o tema ser suscitado novamente, agora em controle concentrado, mediante comunicação ao Procurador-Geral da República ou ao Procurador-Geral de Justiça

A: Art. 127 da CF; art. 1º da Lei 8265/1993 e art. 1º da LC 75/1993; B: Art. 103, § 1º, da CF e art. 480 do CPC; C: Art. 480 do CPC; D: Art. 103, VI e art. 125, § 2º, ambos da CF. V., tb., art. 2º da Lei 4.337/1964. Gabarito "B".

(Ministério Público/BA – 2005) Em relação ao controle da constitucionalidade, assinale a alternativa correta:

(A) As leis municipais somente são passíveis de controle concentrado, por via de ação direta de inconstitucionalidade em face da Constituição Federal, se a Carta Estadual for omissa quanto aos preceitos de repetição obrigatória traçados pela Lei Maior.
(B) A chamada "cláusula de reserva de plenário" somente é prevista na Constituição Federal para as ações diretas de inconstitucionalidade, não se aplicando às argüições incidentais, para as quais até mesmo o juiz monocrático tem competência para apreciá-las.
(C) Nas ações diretas de inconstitucionalidade de lei estadual ou municipal em face da Constituição Estadual, a decisão final do Tribunal de Justiça só estará sujeita à apreciação do STF (Supremo Tribunal Federal), via recurso extraordinário, se o preceito da Carta Estadual violado for daqueles de repetição obrigatória, decorrentes da Constituição da República.
(D) Todo e qualquer ato administrativo municipal ou estadual poderá sofrer o controle concentrado em face da Constituição Estadual, desde que, dotado de vigência e eficácia, viole qualquer de seus preceitos.
(E) Os efeitos dos acórdãos, tanto na ação direta de inconstitucionalidade, quanto na argüição incidental, serão sempre ex tunc e ex nunc, respectivamente.

A: Não cabe ADIn contra lei municipal (art. 102, I, a, da CF); B: O art. 97 da CF, que veicula a cláusula de reserva de plenário, é aplicável a todos os tribunais, em controle difuso ou concentrado de constitucionalidade; C: Em regra, não cabe recurso contra decisão do TJ em ADIn estadual, porque o STF é guardião da CF, não da Constituição Estadual. Contudo, nesse caso, o parâmetro da CE nada mais é que uma norma da CF, de reprodução obrigatória pelos Estados, razão por que cabe RE para o STF. V. RE 187.142; D: Só podem ser objeto de controle leis ou atos normativos estaduais ou municipais; E: Os efeitos da declaração de inconstitucionalidade são *ex tunc*, podendo ser aplicado o art. 27 da Lei 9.868/1999 também ao controle difuso. Gabarito "C".

(Ministério Público/GO – 2005) Assinale a alternativa incorreta:

(A) a supremacia das normas constitucionais conduz a um controle de constitucionalidade, fato característico das constituições rígidas, cabendo controle difuso de constitucionalidade em sede de ação civil pública
(B) no controle por via de exceção, aplicado às inconstitucionalidade legislativas, a decisão não importa o formal cancelamento da Lei em tese ou in abstracto, limitando seus efeitos ao caso concreto

(C) no controle por via de ação das normas ditas inconstitucionais os efeitos obtidos com a decisão são erga omnes, incidindo a decisão quanto à inconstitucionalidade da norma por sua imediata revogação da ordem jurídica

(D) dentro da visão exposta por Peter Haberle, quanto à sociedade aberta dos intérpretes da constituição, compete ao Poder Executivo exercer um controle preventivo da constitucionalidade, o qual incidirá durante o processo legislativo

A: A supremacia da Constituição e a rigidez constitucional são pressupostos apontados pela doutrina para o controle de constitucionalidade. Cabe controle em ACP, desde que a declaração de inconstitucionalidade constitua causa de pedir, e não pedido principal da ação; B: Os efeitos do controle difuso, incidental, concreto ou por via de exceção são *inter partes*, pois constitui processo subjetivo; C: A declaração de inconstitucionalidade não implica imediata revogação, mas perda de eficácia, operando no plano da validade (e não no da vigência). Em tese, nada impede que seja revogada posteriormente; D: O Executivo exerce controle preventivo ao vetar projeto de lei por inconstitucionalidade. Gabarito "C".

(Procurador do Estado/RO – 2011 – FCC) É uma das características da ação direta de inconstitucionalidade no controle abstrato das normas na Constituição Federal brasileira:

(A) Não admitir o efeito repristinatório. A declaração de nulidade total de uma norma sempre cria um vácuo legislativo que só pode ser sanado pelo Poder Legislativo competente.
(B) Permitir a intervenção de terceiros e do *amicus curie*.
(C) Resultar em uma decisão judicial final com efeito *ex tunc* sempre, não se admitindo a modulação de efeitos pelo Poder Judiciário.
(D) Não admitir a declaração parcial de nulidade da norma sem a redução do texto original.
(E) A ativação do efeito repristinatório quando houver o silêncio na medida cautelar que suspende determinada lei, de modo que, a legislação anterior, se existente, torne-se novamente aplicável.

A: Art. 11, § 2º, da Lei 9.868/1999; B: Não é cabível intervenção de terceiros (art. 7º da Lei 9.868/1999), apenas do amicus curiae; C: A modulação de efeitos temporais é admitida pelo art. 27 da Lei 9.868/1999, apesar de ser exceção; D: Expressamente admitida pelo art. 28, parágrafo único, da Lei 9.868/1999. Gabarito "E".

(Procurador do Estado/SC – 2010 – FEPESE) Qual dos legitimados abaixo deve comprovar pertinência temática para ajuizar ação declaratória de inconstitucionalidade?

(A) Mesa do Senado Federal
(B) Mesa da Câmara dos Deputados
(C) Conselho Federal da Ordem dos Advogados do Brasil
(D) Confederação sindical ou entidade de classe de âmbito nacional
(E) Partido político com representação no Congresso Nacional

Por pertinência temática deve-se entender a existência de uma relação direta entre a questão presente na lei ou no ato normativo a ser impugnado e os objetivos sociais da entidade demandante (ou entre o leque de objeto de controle e as funções institucionais do legitimado ativo). Vale dizer, a noção é muito próxima do *interesse de agir* da Teoria Geral do Processo e faz surgir duas classes de legitimados ativos: os *universais* ou *neutros* e os *interessados* ou *especiais*. De acordo com o STF, são legitimados *neutros* ou *universais* para a propositura de ADIn (= têm legitimidade ativa em qualquer hipótese, sem necessidade de demonstração de pertinência temática): o Presidente da República, as Mesas do Senado e da Câmara, o Procurador-Geral da República, o Conselho Federal da OAB e o partido político com representação no Congresso Nacional. São legitimados *interessados* ou *especiais*, ou seja, precisam demonstrar relação de pertinência temática entre o objeto da ADIn e sua esfera jurídica (ou a de seus filiados): o Governador de Estado, a Mesa de Assembléia Legislativa (ou da Câmara Legislativa do DF), bem como as confederações sindicais ou entidades de classe de âmbito nacional. Gabarito "D".

(Procurador do Estado/PE – CESPE – 2009) A respeito do controle de constitucionalidade no ordenamento jurídico brasileiro, assinale a opção correta.

(A) O controle concentrado de constitucionalidade no âmbito dos estados surgiu no ordenamento jurídico brasileiro com a CF.
(B) A intervenção de terceiros é admitida no controle concentrado de constitucionalidade, por meio do instituto do amicus curiae.
(C) Segundo entendimento do STF, excepcionalmente, é possível a modulação dos efeitos das decisões proferidas em sede de controle difuso de constitucionalidade, o que representa uma flexibilização do princípio da nulidade no controle de constitucionalidade.
(D) No controle de constitucionalidade político, a atividade de controle é desempenhada por um órgão integrante da estrutura do Poder Judiciário, no entanto a fundamentação das decisões tem por conteúdo uma solução ao caso concreto, mesmo sem uma fundamentação jurídica.
(E) Na hipótese de uma lei municipal contrariar uma norma prevista na CF, e obrigatoriamente repetida na constituição estadual, o tribunal de justiça estadual não poderá apreciar a alegação de inconstitucionalidade dessa lei, em face da constituição estadual, sob pena de usurpar a competência do STF.

A: O controle de constitucionalidade, de início apenas difuso, surgiu com a República (Constituição de 1891). O controle concentrado só foi instituído com a EC 16/1965, que alterou a CF 1946, já durante o regime militar; B: A admissão de *amicus curiae* no controle concentrado não é exemplo de intervenção de terceiros, que é expressamente vedada (art. 7º da Lei 9.868/1999); C: O art. 102, § 2º, da CF determina a produção de efeitos contra todos (*erga omnes*) e vinculantes, omitindo-se sobre a produção de efeitos no tempo. Em regra, a declaração de inconstitucionalidade tem efeitos *ex tunc*, mas há possibilidade de modulação de efeitos, observado o disposto no art. 27 da Lei 9.868/1999, que se refere ao controle concentrado. Entretanto, o STF tem admitido a aplicação, por analogia, do art. 27 da Lei 9.868/1999 ao controle difuso; D: Quanto à natureza do órgão que o exerce, o controle de constitucionalidade pode ser *político* ou *judicial*. Todo controle de constitucionalidade exercido fora do Poder Judiciário terá caráter político, e poderá ser preventivo ou repressivo. O *controle político preventivo* ocorre, por exemplo, no caso de rejeição de projeto de lei pela Comissão de Constituição e Justiça por motivo de inconstitucionalidade. Já o *controle político repressivo* na hipótese de não aprovação, pelo Congresso Nacional, de Medida Provisória por inconstitucionalidade ou pela sustação congressual de ato do Executivo que exorbite dos limites de delegação legislativa (art. 49, V, da CF); E: É certo que o TJ não pode apreciar a constitucionalidade de uma lei tendo por parâmetro de controle a Constituição Federal. Entretanto, se a norma da Constituição Federal é de reprodução obrigatória pela Constituição do Estado, o TJ poderá apreciar sua constitucionalidade, sem que isso represente usurpação da competência do STF. Gabarito "C".

(Procurador do Estado/SC – 2009) Assinale a alternativa correta, com respeito ao modelo constitucional, federal e estadual brasileiro.

(A) A inconstitucionalidade de lei é de caráter formal quando seu conteúdo contraria preceito ou princípio da Constituição
(B) O sistema de controle difuso de constitucionalidade se verifica quando se reconhece a uma Corte Especial a competência para apreciar as ações de inconstitucionalidade.
(C) O controle de constitucionalidade difuso também é conhecido como controle *in abstracto* da lei que fere a Constituição.
(D) A declaração de inconstitucionalidade na via indireta, revoga a lei atacada até que o Senado declare a sua invalidade.
(E) Do princípio da supremacia da Constituição resulta o princípio da compatibilidade vertical das normas do ordenamento jurídico brasileiro.

A: Conceito de inconstitucionalidade material. O formal existe quando não observado, por exemplo, o quórum de aprovação, quando editada lei ordinária ao invés de lei complementar etc.; B: O exemplo é típico do controle concentrado. O controle difuso diz respeito à possibilidade de qualquer juiz ou tribunal declarar a inconstitucionalidade de lei ou ato normativo; C: O difuso é também conhecido como incidental ou concreto. O concentrado é sinônimo de controle abstrato ou por ação direta; D: No controle difuso a declaração de inconstitucionalidade tem, em regra, efeitos *inter partes*. Para ter eficácia *erga omnes* é necessária a edição de Resolução pelo Senado Federal, no exercício da competência prevista no art. 52, X, da CF. Ademais, o Senado não revoga a lei, apenas lhe retira a eficácia; E: O princípio da supremacia da Constituição é o fundamento para a existência do controle de constitucionalidade. Gabarito "E".

(Procurador do Estado/SC – 2009) Assinale a alternativa correta, com respeito ao modelo constitucional, federal e estadual brasileiro.

(A) O Senado não revoga ou anula lei declarada inconstitucional na via indireta, apenas lhe retira sua eficácia.
(B) A declaração de inconstitucionalidade por omissão obriga o Poder Legislativo a elaborar a norma faltante no prazo máximo de trinta dias
(C) A propositura de ação de inconstitucionalidade interventiva é de competência do Governador do Estado.
(D) Na ação declaratória de constitucionalidade, ao igual que nas demais, é obrigatória a intervenção do Advogado Geral da União.
(E) A competência para processar e julgar a ação declaratória de constitucionalidade é do Supremo Tribunal Federal e do Superior Tribunal de Justiça.

A: Art. 52, X, da CF; B: Não há essa determinação no art. 103, § 2º, da CF; C: A ação direta interventiva está prevista no art. 36, III, da CF e a legitimidade ativa é do Procurador-Geral da República; D: O AGU funciona como curador da constitucionalidade das leis (art. 103, § 3º, da CF), daí por que não precisa participar da ADC, pois a lei não é atacada, buscando-se apenas a transmudação da presunção relativa de constitucionalidade em presunção absoluta. Entretanto, é importante registrar que o STF recentemente entendeu "ser necessário fazer uma interpretação sistemática, no sentido de que o § 3º do art. 103 da CF concede à AGU o direito de manifestação, haja vista que exigir dela defesa em favor do ato impugnado em casos como o presente, em que o interesse da União coincide com o interesse do autor, implicaria retirar-lhe sua função primordial que é a defender os interesses da União (CF, art. 131). Além disso, a despeito de reconhecer que nos outros casos a AGU devesse exercer esse papel de contraditora no processo objetivo, constatou-se um problema de ordem prática, qual seja, a falta de competência da Corte para impor-lhe qualquer sanção quando assim não procedesse, em razão da inexistência de previsão constitucional para tanto" (ADIn 4309/TO, Rel. Min. Cezar Peluso). V. *Informativo STF* 562/2009; E: Competência exclusiva do STF (art. 102, I, *a*, da CF). Gabarito "A".

(Procurador do Estado/SP – FCC – 2009) De acordo com a jurisprudência do Supremo Tribunal Federal, lei estadual ofensiva à norma da Constituição do respectivo Estado, que se limite a reproduzir preceito da Constituição Federal de observância obrigatória no âmbito das unidades federadas, pode ser impugnada, em sede de controle abstrato, mediante

(A) ação direta de inconstitucionalidade, exclusivamente de nível estadual, sendo incabível a interposição de recurso extraordinário da decisão proferida pelo Tribunal de Justiça.

(B) ação direta de inconstitucionalidade de nível federal ou estadual, cabendo, nessa segunda hipótese, a interposição de recurso extraordinário.

(C) recurso extraordinário, com aplicação do procedimento de julgamento de questões de repercussão geral.

(D) ação direta de inconstitucionalidade de nível federal ou estadual, descabendo, nessa segunda hipótese, a interposição de recurso extraordinário.

(E) ação direta de inconstitucionalidade, exclusivamente de nível federal.

A questão refere-se a controle abstrato, daí a resposta restringir-se às ações diretas em nível estadual e federal. Deve-se lembrar que, segundo a jurisprudência do STF, na hipótese de propositura simultânea de ação direta de inconstitucionalidade contra lei estadual perante o STF e o TJ, o processo no âmbito estadual deverá ser suspenso até a deliberação final do STF. Gabarito "B".

(Procurador do Estado/PB – 2008 – CESPE) Quanto ao controle de constitucionalidade, assinale a opção correta.

(A) Entre os modelos clássicos de controle de constitucionalidade, destaca-se o modelo norte-americano de sistema concentrado de controle de constitucionalidade, segundo o qual a Suprema Corte Americana tem competência para julgar a inconstitucionalidade das leis de forma concentrada e com eficácia erga omnes.

(B) Em que pese o controle de constitucionalidade, no Brasil, ser preponderantemente exercido pelo Poder Judiciário, a doutrina registra exemplos de controle repressivo a cargo do Poder Legislativo — como o exercido pelo Congresso Nacional na rejeição de medida provisória inconstitucional.

(C) No âmbito do controle difuso de controle de constitucionalidade, a chamada cláusula de reserva de plenário é obrigatória para o julgamento de cada processo em que se aprecie questão de constitucionalidade.

(D) No âmbito do controle concentrado de constitucionalidade, faz-se necessária a edição de resolução, por parte do Senado Federal, para que determinada lei seja suspensa em relação às pessoas que não tenham sido parte no processo.

(E) Decidida pelo plenário do STF a inconstitucionalidade de uma lei, o Congresso Nacional é obrigado a emitir decreto legislativo que suspenda a eficácia da norma declarada inconstitucional.

A: O modelo norte-americano é difuso, pois permite-se a qualquer juiz ou tribunal reconhecer a inconstitucionalidade de uma norma. Entretanto, apenas quando a Suprema Corte declara a inconstitucionalidade de uma lei, no caso concreto, a decisão passa a ser vinculante para os demais órgãos do Judiciário, adquirindo eficácia *erga omnes* (princípio do *stare decisis*); B: O controle repressivo é aquele realizado após a entrada em vigor da lei/medida provisória, com o objetivo de retirar-lhe a eficácia, como o exercido na hipótese trazida pela questão; C: A regra da *reserva de plenário* (art. 97, CF) dispõe que a inconstitucionalidade de uma lei somente pode ser declarada pela maioria absoluta dos membros do tribunal ou de seu órgão especial (caso exista). Aplica-se, pois, somente aos órgãos colegiados; D: A publicação de Resolução do Senado Federal para conferir eficácia *erga omnes* à decisão do STF só existe no controle incidental (art. 52, X, CF). Nos casos de declaração de inconstitucionalidade pela via de ação direta, a própria decisão da Corte implica a perda de eficácia da norma; E: A atuação é do Senado Federal, por intermédio de Resolução, mas tão somente nos casos de controle difuso. Além disso, tem caráter discricionário, sujeitando-se ao juízo de conveniência e oportunidade da Casa. Gabarito "B".

(Procurador do Estado/PB – 2008 – CESPE) Acerca do controle difuso de controle de constitucionalidade das leis, assinale a opção correta.

(A) A competência do STF para julgar, em sede de recurso extraordinário, as causas decididas em única ou última instância, quando a decisão recorrida julgar válida lei local contestada em face de lei federal, não tem por finalidade promover a defesa do pacto federativo, mas a compatibilidade da lei estadual em face da lei federal.

(B) No âmbito da argüição de descumprimento de preceito fundamental, a liminar pode ser concedida para suspender a eficácia do ato normativo impugnado ou da decisão judicial, mesmo na hipótese de coisa julgada.

(C) Considere-se que um recurso extraordinário interposto em 22 de novembro de 2007 tenha o mérito julgado, pelo STF, em 24 de março de 2008, quando seja acolhida a preliminar da repercussão geral. Nessa hipótese, os recursos sobrestados devem ser encaminhados, pelos tribunais, turmas de uniformização ou turmas recursais, ao STF para que ele aplique aquele entendimento.

(D) O STF, de forma excepcional, tem admitido eficácia ex nunc às declarações de inconstitucionalidade no âmbito do controle difuso.

(E) Não é possível a utilização da via da ação civil pública para declarar, mesmo que incidentalmente, a inconstitucionalidade de uma lei, sob pena de usurpação da competência do STF, já que a sentença proferida naquela ação tem eficácia erga omnes.

A: Art. 102, III, *d*, CF. Hipótese em que não há mero conflito de legalidade, mas discussão sobre partilha constitucional de competências. Por isso, a competência de julgamento da matéria, que antes era do STJ, passou para o STF com a EC 45/2004; B: Art. 5º, § 3º, Lei 9.882/1999; C: Art. 543-B, § 3º, CPC; D: V., *e.g.*, RE 197917, Rel. Min. Maurício Corrêa, Tribunal Pleno, DJ 07/05/2004. O STF tem admitido a aplicação do art. 27 da Lei 9868/1999 ao controle difuso, por analogia; E: Há possibilidade de declaração incidental de inconstitucionalidade em ACP, desde que não seja este o pedido principal da ação, mas sua causa de pedir. Gabarito "D".

(Procurador do Estado/CE – 2008 – CESPE) Assinale a opção correta acerca da argüição de descumprimento de preceito fundamental.

(A) Qualquer pessoa lesada ou ameaçada por ato do poder público pode propor argüição de descumprimento de preceito fundamental.

(B) Atos de particular que descumpram preceito constitucional fundamental, em detrimento de direito subjetivo, estão sujeitos ao controle por meio de argüição de descumprimento de preceito fundamental.

(C) Não se admite a argüição de descumprimento de preceito fundamental quando a controvérsia for fundada em ato normativo anterior à Constituição Federal.

(D) Considerar-se-á procedente ou improcedente a argüição de descumprimento de preceito fundamental se em um ou em outro sentido se tiverem manifestado pelo menos dois terços dos ministros.

(E) O controle da constitucionalidade, em abstrato, das leis municipais pode ser feito pelo STF por meio de argüição de descumprimento de preceito fundamental.

A: Somente os legitimados para a ação direta de inconstitucionalidade (art. 103 da CF) podem propor ADPF (art. 2º, I, Lei 9.882/1999); B: O objeto da ADPF é evitar ou reparar lesão a preceito fundamental, resultante de ato do Poder Público (art. 1º, *caput*, da Lei 9.882/1999, que traz hipótese de ADPF autônoma). Será cabível, também, quando for relevante o fundamento da controvérsia constitucional sobre lei ou ato normativo federal, estadual ou municipal, incluídos os anteriores à Constituição (art. 1º, parágrafo único, I, da Lei 9.882/1999, hipótese de ADPF por equivalência ou por equiparação); C: Art. 1º, parágrafo único, I, da Lei 9.882/1999; D: Como ocorre com a ADIn, o julgamento da ADPF será proferido pelo *quorum* de maioria absoluta (art. 97 da CF). O *quorum* de instalação da sessão de julgamento é que é de pelo menos dois terços dos Ministros (art. 8º da Lei 9.882/1999); E: Art. 102, § 1º, da CF, c/c art. 1º, parágrafo único, I, da Lei 9.882/1999. Gabarito "E".

(Procurador do Estado/ES – 2008 – CESPE) Julgue os itens subseqüentes de acordo com o entendimento do STF quanto ao controle de constitucionalidade das leis.

(1) Não se admite o controle concentrado de normas de efeito concreto.

(2) É condição de admissibilidade de ação declaratória de constitucionalidade a demonstração da controvérsia jurisprudencial sobre a compatibilidade entre a norma questionada e o dispositivo da Constituição Federal.

1: A ADPF possibilita o controle concentrado no STF de normas de efeito concreto. Na ADI 4048 MC, Rel. Min. Gilmar Mendes, Pleno, DJ 21/08/200, o Supremo entendeu que deve exercer o controle quando houver uma controvérsia constitucional suscitada em abstrato, independentemente do caráter concreto ou abstrato de seu objeto. 2: De acordo com o art. 14, III, da Lei 9.868/1999, a petição inicial deverá demonstrar a existência de controvérsia judicial relevante sobre a aplicação da disposição objeto da ação declaratória. Gabarito 1E, 2E.

(Procurador do Estado/ES – 2008 – CESPE) Julgue os itens subseqüentes de acordo com o entendimento do STF quanto ao controle de constitucionalidade das leis.

(1) Está sedimentada a adoção da transcendência dos fundamentos determinantes para fins de exame de admissibilidade de reclamação.

(2) Norma que cuide de tempo de espera de atendimento em estabelecimento bancário, limitando-o a vinte minutos, pode ser objeto de ADI no STF.

1: A teoria diz respeito à atribuição de eficácia vinculante não só à parte dispositiva da decisão do STF em controle abstrato, mas, também, aos próprios fundamentos determinantes do julgado. Sua extensão ao controle difuso não é pacífica, não sendo certo defender o uso de reclamação para assegurar a aplicação da tese constitucional firmada no controle difuso, em questão prejudicial. 2: Sim, desde que a lei ou ato normativo seja estadual, pois lei municipal não pode ser objeto de ADIn. Ver Súmulas 419 STF e 19 STJ. Gabarito 1E, 2C.

(Procurador do Estado/PB – 2008 – CESPE) Ainda quanto ao controle concentrado de constitucionalidade das leis, assinale a opção correta.

(A) Durante a tramitação de um projeto de lei no Congresso Nacional, não é possível a utilização do controle jurisdicional de constitucionalidade.

(B) Resolução administrativa do Conselho Nacional de Justiça que discipline determinada matéria, de forma geral e abstrata, pode ser objeto de ação direta de inconstitucionalidade.

(C) Os decretos emitidos pelo presidente da República, em nenhuma hipótese, podem ser objeto de ação direta de inconstitucionalidade.

(D) Na omissão da lei de regência em relação ao prazo prescricional, a ação direta de inconstitucionalidade se submete ao prazo previsto no Decreto Lei n.º 20.910/1932, ou seja, ao prazo prescricional de cinco anos.

(E) Caso uma norma estadual seja impugnada perante o STF, nos autos de uma ação direta de inconstitucionalidade, a defesa do ato cabe ao procurador-geral do estado.

A: O STF admite a impetração de MS por congressistas, para evitar a tramitação de proposta de emenda constitucional que fira o art. 60, § 4º, da CF; B: De acordo com o STF, ato normativo para fins de cabimento de ADIn é todo aquele que, de caráter normativo, tem fundamento direto na Constituição (art. 102, I, *a*, CF); C: Cabe ADIn para impugnar os chamados decretos autônomos, aqueles que não regulamentam a lei, mas inovam o ordenamento jurídico; D: O vício de inconstitucionalidade é imprescritível. Admitir a subsistência de ato contrário à Constituição, por decurso do tempo, viola a supremacia da Constituição; E: Art. 103, § 3º, CF. O AGU atua também nos casos de lei estadual ou distrital. Gabarito "B".

(Procuradoria Distrital – 2007) Considere que, no Distrito Federal, tenha sido editada uma lei (Lei A) que determina que os donos de cachorro devem pagar certa taxa ao Governo local. Para efeitos desse problema, suponha que essa taxa seja incontroversamente constitucional. Essa lei esteve em vigor por anos, até que nova lei (Lei B) revogou a Lei A e ainda concedeu benefícios fiscais aos proprietários de cães. A nova lei é objeto, porém, de ação direta de inconstitucionalidade, na qual foi concedida liminar, suspendendo a sua execução, sem se declarar a partir de quando a liminar surtiria efeitos. Nesse caso, assinale a opção correta.

(A) Depois da liminar e enquanto esta estiver em vigor, o Distrito Federal poderá cobrar dos donos de cachorro a quantia relativa à taxa que não foi paga durante o período em que esteve em vigor a Lei B.

(B) Depois da concessão da liminar, os donos de cachorro estão sujeitos ao pagamento da taxa prevista na Lei A.

(C) Enquanto a liminar estiver em vigor, a Câmara Distrital não poderá editar outro diploma sobre o assunto da taxação dos donos de cachorro.

(D) O Distrito Federal, depois da liminar do STF e enquanto esta estiver em vigor, não poderá cobrar a taxa dos proprietários de cachorro, mas tampouco esses poderão invocar, em tempo algum, o benefício fiscal previsto na Lei B.

(E) Se, no julgamento do mérito da ação direta de inconstitucionalidade, o Supremo Tribunal Federal vier a afirmar a constitucionalidade da lei que concedeu o benefício fiscal, esse benefício não poderá ser exigido durante o período em que a cautelar esteve em vigor.

A e B: Art. 11, § 1º, da Lei 9.868/1999. A liminar, em regra, tem eficácia *ex nunc* (*para o futuro*). b, D: A concessão de liminar torna aplicável a legislação anterior acaso existente (art. 11, § 2º, da Lei 9.868/1999); C: O efeito vinculante previsto no art. 28, parágrafo único, da Lei 9868/1999 não atinge o Poder Legislativo, que pode editar novo ato com conteúdo idêntico ao declarado inconstitucional; E: O benefício poderá ser exigido, já que a decisão da ADIn tem eficácia *ex tunc*. Gabarito "B".

(Procuradoria Distrital – 2007) Suponha que uma lei distrital, sancionada pelo Governador, que limita o horário de funcionamento do comércio varejista em Brasília, seja objeto de dúvidas quanto à sua constitucionalidade. A esse propósito, assinale a opção correta.

(A) Se estiver convencido da constitucionalidade da lei, o Governador do Distrito Federal poderá ajuizar ação declaratória de constitucionalidade perante o STF, desde que comprove, com a inicial, que há decisões judiciais divergentes sobre a constitucionalidade da lei.

(B) O Governador do Estado de Goiás poderá ajuizar ação direta de inconstitucionalidade contra essa lei perante o STF, desde que comprove, com a inicial, que a lei afeta de modo negativo os interesses de Goiás na região do entorno de Brasília.

(C) O Governador do Distrito Federal, mesmo que arrependido politicamente da sanção ao projeto de lei, não poderá ajuizar ação direta de inconstitucionalidade perante o Supremo Tribunal Federal contra tal lei.

(D) Qualquer partido político com representação no Congresso Nacional poderá ajuizar ação direta de inconstitucionalidade contra tal lei perante o Supremo Tribunal Federal, independentemente de demonstração de interesse na solução da causa.

(E) Uma associação de lojistas, mesmo que não abranja todos os comerciantes prejudicados com a lei, mas que comprove ter caráter nacional, poderá ajuizar a ação direta de inconstitucionalidade contra a lei perante o Supremo Tribunal Federal.

A: O Governador do DF pode propor ADC (art. 103, V, da CF), mas não é preciso comprovar a existência de decisões judiciais *divergentes*. A lei exige demonstração de controvérsia judicial relevante (art. 14, III, da Lei 9.868/1999). As decisões judiciais podem ter sido proferidas no mesmo sentido, mas precisam conter controvérsia constitucional relevante; B: O Governador de Goiás é legitimado *especial* para a propositura de ADIn, ou seja, precisa comprovar a pertinência temática. Entretanto, o STF já decidiu que a matéria é de peculiar interesse local (Súmula 419/STF); C: A ADIn tem como objetivo o controle de higidez do ordenamento, e não o controle político. O "arrependimento político" está ligado ao juízo de conveniência e de oportunidade, que não é sindicável pelo STF em ações abstratas; D: Os partidos políticos são legitimados universais e não precisam demonstrar pertinência temática, o que não se confunde com interesse na solução da causa. E: O art. 103, IX, da CF legitima apenas a confederação sindical e as entidades de classe de âmbito nacional para a propositura de ADIn. Além disso, de acordo com o STF, precisam demonstrar pertinência temática, pois são legitimados especiais. Gabarito "C".

(Procuradoria Distrital – 2007) Suponha que uma lei distrital seja objeto de ação direta de inconstitucionalidade perante o Tribunal de Justiça do Distrito Federal. Assinale, a seguir, a opção correta.

(A) O Tribunal de Justiça deve declarar a inconstitucionalidade da lei, se apurar que o diploma fere dispositivo da Lei Orgânica do Distrito Federal ou, mesmo que não contrarie essa Lei Orgânica, se verificar que está em desacordo com a Constituição Federal. Neste último caso, porém, da decisão caberá recurso extraordinário para o Supremo Tribunal Federal.

(B) A decisão do Tribunal de Justiça pela inconstitucionalidade da lei não obsta a que o Supremo Tribunal Federal, em ação direta de inconstitucionalidade ajuizada depois do julgamento do Tribunal de Justiça, entenda que a lei é válida.

(C) Mesmo que a lei já tenha sido, anteriormente, declarada constitucional pelo Supremo Tribunal Federal em controle abstrato, não é impossível que o Tribunal de Justiça do Distrito Federal venha a declarar essa mesma lei inválida em ação de controle abstrato a ele submetida.

(D) A lei declarada pelo Tribunal de Justiça como válida, em sede de controle abstrato, não poderá, mais tarde, ser declarada inconstitucional pelo Supremo Tribunal Federal em sede de controle incidental.

(E) Se depois de ajuizada a ação direta de inconstitucionalidade perante o Tribunal de Justiça, e antes do seu julgamento, for também proposta ação direta de inconstitucionalidade perante o Supremo Tribunal Federal contra a mesma lei, os processos deverão ser reunidos para o julgamento conjunto perante o Supremo Tribunal Federal.

A: O parâmetro do controle de constitucionalidade em âmbito estadual/distrital é sempre a Constituição Estadual (ou, no caso do DF, a Lei Orgânica), jamais a Constituição Federal; B: Pedro Lenza entende que não há sentido falar em controle posterior perante o STF, pois a lei distrital (de índole estadual) perdeu a eficácia a partir da declaração de inconstitucionalidade pelo TJ; C: A lei distrital (de índole estadual) pode ser compatível com a CF e afrontar a Lei Orgânica do DF, desde que por fundamento diverso; D: Poderá ser posteriormente analisada pelo STF em controle incidental ou abstrato, e a decisão do Supremo prevalecerá inclusive sobre a coisa julgada estadual (Pedro Lenza); E: A ADIn estadual deverá ser suspensa para aguardar o julgamento do STF e perderá seu objeto caso o Supremo reconheça sua inconstitucionalidade. Se o STF declarar a constitucionalidade, a ADIn estadual poderá prosseguir (v. comentário à letra "c"). Gabarito "C".

(Procuradoria Distrital – 2007) Suponha que o Tribunal Superior do Trabalho haja disposto no seu Regimento Interno sobre precatório. Em seguida, o Tribunal Regional do Trabalho com jurisdição sobre o Distrito Federal insere no seu regimento norma idêntica. Suponha que, mais tarde, é ajuizada ação direta de inconstitucionalidade contra o dispositivo do Regimento Interno do Tribunal Superior do Trabalho que contém a referida norma. O Supremo Tribunal Federal julga procedente essa ação direta, afirmando que a regra regimental destoa da sistemática constitucional sobre precatórios. Depois desse julgamento, o Presidente do TRT com jurisdição no Distrito Federal, contra os interesses do Governo do Distrito Federal, aplica a norma que é idêntica àquela do TST declarada inconstitucional. Nesse caso, qual solução juridicamente possível, mais eficaz e expedita, você sugeriria para proteger os interesses do Distrito Federal contra tal decisão?

(A) Que o Distrito Federal apresente recurso extraordinário contra a decisão.

(B) Que o Distrito Federal ajuíze mandado de segurança perante o TRT contra a decisão.

(C) Que o Distrito Federal ajuíze ação direta de inconstitucionalidade perante o Supremo Tribunal Federal contra a norma do TRT.

(D) Que se apresente reclamação ao Supremo Tribunal Federal.

(E) Que o Distrito Federal impetre mandado de segurança perante o STF.

A: O recurso extraordinário é, em regra, instrumento do controle difuso (art. 102, III, *a, b, c* e *d*, da CF). B, D e E: Antes de reconhecer o cabimento de reclamação no controle concentrado, o STF entendia cabível a impetração de MS. Entretanto, após o julgamento da Rcl 1.880/SP, Rel. Min. Maurício Corrêa, o Supremo passou a admitir reclamação proposta por qualquer pessoa afetada pela desobediência à decisão proferida em controle abstrato, desde que comprovasse interesse de agir; C: O DF não tem interesse de agir, pois a declaração de inconstitucionalidade da norma do TST (reproduzida pelo TRT) já foi alcançada na ADIn anterior, que possui eficácia vinculante. Gabarito "D".

(Procurador do Estado/PR – 2007) Podem ser objeto de ação declaratória de constitucionalidade em face da Constituição Federal: ALTERNATIVAS:

(A) as leis e atos normativos federais, estaduais, distritais e municipais;

(B) apenas as leis e atos normativos federais, estaduais e distritais;

(C) tão-somente as leis e atos normativos federais e estaduais;

(D) exclusivamente as leis e atos normativos federais;

(E) exclusivamente os atos normativos municipais.

Art. 102, I, *a*, da CF e art. 13 da Lei 9.868/1999. Gabarito "D".

(Procurador do Estado/PR – 2007) Declarada a inconstitucionalidade de lei pelo Supremo Tribunal Federal, a eficácia erga omnes da decisão dependerá da suspensão de sua execução pelo Senado Federal:

(A) com a posterior sanção do Presidente da República;

(B) só quando o objeto da decisão tratar de lei estadual inválida;

(C) só quando a declaração de inconstitucionalidade tenha sido proferida incidentalmente no curso de um processo comum;

(D) só quando o Supremo Tribunal Federal assim decidir;

(E) a eficácia *erga omnes* da decisão independe da manifestação do Senado Federal.

No controle concentrado a eficácia **erga omnes** é consequência da declaração de inconstitucionalidade pelo STF (art. 28, parágrafo único, Lei 9.868/1999). No controle difuso, depende de publicação de resolução pelo Senado Federal (art. 52, X, CF). Gabarito "C".

(Procuradoria Distrital – 2007) Assinale a opção correta:

(A) Sendo os direitos fundamentais cláusulas pétreas, é inadmissível toda emenda à Constituição que sobre eles disponha.

(B) É constitucionalmente legítima a taxa judiciária calculada sem limite sobre o valor da causa.

(C) É inconstitucional a lei distrital que vincule reajuste de vencimentos de servidores públicos do Distrito Federal a índices federais de correção monetária.

(D) É inconstitucional a correção monetária no pagamento com atraso dos vencimentos dos servidores públicos distritais, estaduais ou municipais.

(E) Em face do princípio constitucional da irretroatividade das leis, é inconstitucional o diploma legal que confere vantagem a servidor público, estabelecendo que a mesma é devida desde data anterior à edição da própria lei.

A: O art. 60, § 4º, CF somente impede a deliberação de proposta de emenda **tendente a abolir** os direitos e garantias fundamentais. Aquelas que objetivam aumentar ou, de alguma forma, ampliar o rol dos direitos e garantias podem ser votadas; B: Súmula 667/STF: "Viola a garantia constitucional de acesso à jurisdição a taxa judiciária calculada sem limite sobre o valor da causa"; C: Súmula 681/STF: "É inconstitucional a vinculação do reajuste de vencimentos de servidores estaduais ou municipais a índices federais de correção monetária". D: Súmula 681/STF: "Não ofende a Constituição a correção monetária no pagamento com atraso dos vencimentos de servidores públicos;" E: O princípio da irretroatividade impede a imposição de situação mais gravosa à pessoa, mas não o estabelecimento de benefícios. Ver: STF, ADIn 605-DF, Rel. Min. Marco Aurélio. Gabarito "C".

(Procurador do Estado/PR – 2007) Marque a alternativa falsa:

(A) ocorre inconstitucionalidade por ação quando faltar normas regulamentadoras que, inviabilizem o exercício de direitos e liberdades constitucionais;

(B) o Advogado-Geral da União atua como curador da presunção da constitucionalidade do ato impugnado;

(C) pela Constituição Federal conhecem-se duas formas de inconstitucionalidadE: por ação ou por omissão;

(D) pela Constituição do Estado do Paraná o Procurador Geral do Estado é parte legítima para propor ação direta de inconstitucionalidade de lei ou ato normativo estadual ou municipal em face daquela Constituição;
(E) a competência para julgar a ação direta de inconstitucionalidade de lei federal é exclusivamente do Supremo Tribunal Federal.

A e C: A hipótese é de inconstitucionalidade por omissão, que se verifica diante da inércia do Poder Público quando, por força da Constituição, deveria agir. A CF estabeleceu dois mecanismos para suprir o "silêncio legislativo": o mandado de injunção (art. 5º, LXXI, CF) e a ação de inconstitucionalidade por omissão (art. 103, § 2º, CF). Inconstitucionalidade por ação: edição de atos normativos incompatíveis com o texto constitucional. D: Art. 111, II, da Constituição do Estado do Paraná; E: Art. 102, I, *a*, CF. Gabarito "A".

(Procurador do Estado/RR – 2006 – FCC) No âmbito da legitimação ativa para propor ação direta de inconstitucionalidade, a jurisprudência do Supremo Tribunal Federal exige a prova da pertinência temática por parte

(A) de partido político com representação no Congresso Nacional.
(B) da Mesa do Senado Federal.
(C) do Procurador-Geral da República.
(D) do Governador do Estado ou do Distrito Federal.
(E) do Conselho Federal da Ordem dos Advogados do Brasil.

A comprovação de pertinência temática é exigida dos legitimados **especiais** para a propositura de ADIn, quais sejam: Mesa de Assembleia Legislativa ou da Câmara Legislativa do Distrito Federal, Governador de Estado ou do Distrito Federal, confederação sindical ou entidade de classe de âmbito nacional. Os demais legitimados do art. 103 da CF são ditos **universais** e não precisam comprovar pertinência temática. Gabarito "D".

(Procurador de Contas TCE/ES – CESPE – 2009) No que se refere ao controle de constitucionalidade na sistemática constitucional brasileira, assinale a opção correta.

(A) O STF admite o controle preventivo de constitucionalidade sobre projeto de emenda constitucional em trâmite perante o Poder Legislativo federal, mediante o ajuizamento de ADI ao STF.
(B) No controle posterior ou repressivo de constitucionalidade, os TCs têm competência para declarar a inconstitucionalidade das leis ou dos atos normativos em abstrato.
(C) De acordo com a legislação de regência, a súmula vinculante pode ser objeto de ADI perante o STF, considerando sua extensão e seus efeitos junto aos demais órgãos do Poder Judiciário e da administração pública direta e indireta, nas esferas federal, estadual e municipal.
(D) O STF admite, na hipótese de procedência da ADI, em caráter excepcional, a declaração de inconstitucionalidade sem a pronúncia de nulidade da lei ou do ato normativo impugnado.
(E) De acordo com o entendimento do STF, a arguição de descumprimento de preceito fundamental não pode ser conhecida como ADI, em face de sua especificidade, ainda que o objeto do pedido principal da arguição seja a declaração de inconstitucionalidade de preceito autônomo por ofensa a dispositivos constitucionais, e que estejam presentes os demais requisitos da ADI.

A: O STF permite o controle preventivo na hipótese, não via ADIn (já que o ato normativo ainda não existe), mas por intermédio de mandado de segurança a ser impetrado apenas por parlamentares porque, no entendimento do STF, os congressistas possuem direito líquido e certo ao devido processo legislativo; B: Os Tribunais de Contas não podem declarar a inconstitucionalidade em abstrato, mas apenas no caso concreto, no exercício de suas atribuições (Súmula 347/STF); C: Súmulas meramente persuasivas ou as vinculantes não têm caráter normativo, não podendo ser objeto de controle de constitucionalidade (V. ADIn 594/DF). As súmulas vinculantes, porém, sujeitam-se a processo de revisão (art. 103-A da CF e Lei 11.417/2006); D: Sim, o que corresponde a uma das técnicas de declaração de inconstitucionalidade; E: O STF aplica a fungibilidade entre ADPF, ADC e ADIn, desde que atendidos os pressupostos de cada uma delas. Gabarito "D".

(Procurador de Contas TCE/ES – CESPE – 2009) Acerca do controle de constitucionalidade, assinale a opção correta.

(A) Consoante jurisprudência firmada no âmbito do STF, a declaração final de inconstitucionalidade, quando proferida em sede de fiscalização normativa abstrata, importa restauração das normas anteriormente revogadas pelo diploma normativo objeto do juízo de inconstitucionalidade, considerado o efeito repristinatório que lhe é inerente.
(B) Segundo entendimento do STF, no controle abstrato de constitucionalidade de lei ou ato normativo, a eficácia vinculante da ação declaratória de constitucionalidade se distingue, em sua essência, dos efeitos das decisões de mérito proferidas nas ADIs.
(C) Compete originariamente ao STF julgar a ADI ajuizada em face de lei ou ato normativo do DF, praticado no exercício de sua competência estadual ou municipal.
(D) Não se exige, para fins de ajuizamento e conhecimento da ADI, a prova da pertinência temática por parte das Mesas do Senado Federal, da Câmara dos Deputados, das assembleias legislativas dos estados ou da Câmara Legislativa do DF.
(E) O ajuizamento da ADI sujeita-se à observância do prazo decadencial de dez anos.

A: A repristinação é a regra, podendo ser afastada, total ou parcialmente, por decisão da maioria de 2/3 dos membros do tribunal, em decorrência de razões de segurança jurídica ou de excepcional interesse social; B: Não reflete o disposto no art. 102, § 2º, da CF; C: Só cabe ADIn contra lei distrital de índole estadual (art. 102, I, *a*, da CF); D: De acordo com o STF, são legitimados *neutros* ou *universais* para a propositura de ADIn (= têm legitimidade ativa em qualquer hipótese, sem necessidade de demonstração de pertinência temática): o Presidente da República, as Mesas do Senado e da Câmara, o Procurador-Geral da República, o Conselho Federal da OAB e o partido político com representação no Congresso Nacional. São legitimados *interessados* ou *especiais*, ou seja, precisam demonstrar relação de pertinência temática entre o objeto da ADIn e sua esfera jurídica (ou a de seus filiados): o Governador de Estado, a Mesa de Assembleia Legislativa (ou da Câmara Legislativa do DF), bem como as confederações sindicais ou entidades de classe de âmbito nacional; E: A inconstitucionalidade não está sujeita a prazo decadencial. O decurso do tempo não retira a nulidade da lei ou ato normativo. Gabarito "A".

(Defensoria Pública/SP – 2010 – FCC) Após grave crise energética, o Governo aprova lei que disciplina o racionamento de energia elétrica, estabelecendo metas de consumo e sanções pelo descumprimento, que podem culminar, inclusive, na suspensão do fornecimento. Questionado judicialmente, se vê o Supremo Tribunal Federal – STF com a missão de resolver a questão, tendo, de um lado, a possibilidade de interrupções no suprimento de energia elétrica, se não houver economia, e, de outro, as restrições a serviço público de primeira necessidade, restrição que atinge a igualdade, porque baseada em dados de consumo pretérito, bem como limitações à livre iniciativa, ao direito ao trabalho, à vida digna etc. O controle judicial neste caso envolve

(A) a apreciação de colisão de direitos fundamentais, que, em sua maior parte, assumem a estrutura normativa de "regras", o que implica anulação de uns em detrimento de outros.
(B) a aplicação da regra da proporcionalidade, que, segundo a jurisprudência constitucional alemã, tem estrutura racionalmente definida – análise da adequação, da necessidade e da proporcionalidade em sentido estrito.
(C) a utilização do princípio da razoabilidade, já consagrado no Brasil, e que determina tratar os direitos colidentes como "mandamentos de otimização".
(D) a eliminação da falsa dicotomia entre direitos constitucionais, já que a melhor solução é a que os harmoniza, sem retirar eficácia e aplicabilidade de nenhum deles.
(E) juízo de constitucionalidade clássico, pois nem emenda à Constituição pode tender a abolir direitos fundamentais.

A: Os direitos fundamentais em geral assumem a estrutura normativa de princípios, não de regras; B: A colisão de direitos fundamentais deve ser solucionada a partir da aplicação do princípio da razoabilidade, de modo que a restrição a cada um dos direitos em análise seja a menor possível, tendo como limite o núcleo fundamental de cada um deles; C: Robert Alexy define princípios (em geral) como "mandamentos de otimização"; D: Se não se retira nenhuma eficácia ou aplicabilidade dos direitos, não há conflito entre eles; E: O fato de as emendas à Constituição não poderem abolir direitos fundamentais não impede que, no caso concreto, dois princípios igualmente consagrados pela CF entrem em conflito. Gabarito "B".

(Defensoria/ES – 2009 – CESPE) Com relação ao controle de constitucionalidade, julgue os itens subsequentes.

(1) Conforme entendimento do STF, cabe reclamação da decisão que conceder ou negar a liminar proferida em ação direta de inconstitucionalidade.

(2) Caso um cidadão esteja litigando contra o estado do Espírito Santo e o juiz de direito não tenha aplicado, no julgamento dessa causa, o entendimento manifestado pelo plenário do STF em recurso extraordinário interposto em outro processo, não caberá reclamação ao STF contra a decisão do juiz de direito.

1: Não cabe reclamação porque a decisão não tem efeito vinculante. Como já foi gabarito do próprio CESPE, o indeferimento da medida cautelar na ADI não significa confirmação da constitucionalidade da lei com efeito vinculante; 2: Sim, porque a decisão no RE não tem efeito vinculante. Caso se tratasse de decisão final em ADIn, aplicar-se-ia o entendimento do STF de que todos aqueles que comprovarem efetivo interesse de agir, a partir da existência de provimento jurisdicional diverso daquele fixado em ADIn, podem requerer o pronunciamento do Tribunal a respeito, independentemente da condição de parte no processo principal ou da legitimação concorrente para a propositura de ação direta de inconstitucionalidade (art. 103 da CF). Isso porque o objetivo principal da reclamação é a garantia da eficácia vinculante das decisões de mérito do STF, de modo a preservar a higidez constitucional. Gabarito 1E, 2C

(Defensoria/MA – 2009 – FCC) No ordenamento jurídico pátrio, o controle de constitucionalidade de leis municipais em face da Constituição da República

(A) somente é admitido em sede de controle difuso, pela via incidental.
(B) pode ser objeto de ação direta de inconstitucionalidade, desde que se trate de lei promulgada posteriormente à entrada em vigor da Constituição.
(C) é admitido em sede de ação declaratória de constitucionalidade, por força de interpretação analógica à da regra que a admite em se tratando de lei estadual.
(D) pode ser realizado por meio de arguição de descumprimento de preceito fundamental, mesmo que se trate de lei municipal anterior à Constituição.
(E) não é admitido, uma vez que não há como se caracterizar ofensa direta de lei municipal à Constituição da República, mas apenas à Constituição estadual.

Cabe controle de constitucionalidade de leis municipais em controle difuso ou, diretamente no STF via ADPF, observadas as regras da Lei 9.882/1999, notadamente seu art. 4º, § 1º. Não cabe, entretanto, verificação de lei municipal em face da CF via ADIn ou ADC (art. 102, I, *a*, da CF). Gabarito "D".

(Defensoria/MT – 2009 – FCC) Analise as assertivas que seguem a propósito da ação direta de inconstitucionalidade.

I. A pertinência temática entre o vício de inconstitucionalidade e a atividade exercida pelo autor legitimado à propositura da ação é, em qualquer hipótese, necessária para que a ação seja conhecida pelo Tribunal.
II. A petição inicial deve ser sempre assinada por advogado.
III. A decisão final de mérito proferida pelo Tribunal é irrecorrível, salvo a oposição de embargos de declaração, não podendo ser objeto de ação rescisória.
IV. A concessão de medida cautelar torna aplicável a legislação anterior acaso existente, salvo expressa manifestação em sentido contrário.
V. Ao declarar a inconstitucionalidade do ato, pode o Tribunal determinar que a decisão somente tenha eficácia a partir de seu trânsito em julgado ou de outro momento que venha a ser fixado.

Está correto o que se afirma SOMENTE em

(A) I, II e III.
(B) II, III e IV.
(C) II, IV e V.
(D) III, IV e V.
(E) III e V.

I: Errado. O STF distingue os legitimados ativos entre universais e especiais, dependendo da necessidade de demonstração da pertinência temática. De acordo com o Supremo, são legitimados *neutros* ou *universais* para a propositura de ADIn (= têm legitimidade ativa em qualquer hipótese, sem necessidade de demonstração de pertinência temática): o Presidente da República, as Mesas do Senado e da Câmara, o Procurador-Geral da República, o Conselho Federal da OAB e o partido político com representação no Congresso Nacional. São legitimados *interessados* ou *especiais*, ou seja, precisam demonstrar relação de pertinência temática entre o objeto da ADIn e sua esfera jurídica (ou a de seus filiados): o Governador de Estado, a Mesa da Assembleia Legislativa (ou da Câmara Legislativa do DF), bem como as confederações sindicais ou entidades de classe de âmbito nacional; II: Não reflete o disposto no art. 3º, parágrafo único, Lei 9.868/1999; III: Art. 26 da Lei 9.868/1999; IV: Art. 11, § 2º, da Lei 9.868/1999; V: Art. 27 da Lei 9.868/1999. Gabarito "D".

(Defensoria/MT – 2009 – FCC) Considerando-se a disciplina constitucional e legal da arguição de descumprimento de preceito fundamental, é correto afirmar que

(A) a medida não é admitida quando houver qualquer outro meio eficaz de sanar a lesividade apontada pelo autor da demanda.
(B) a medida é cabível somente no caso de lesão a preceito fundamental, resultante de ato do Poder Público.
(C) a medida tem finalidade apenas repressiva e não preventiva.
(D) seu procedimento não permite a concessão de medida liminar.
(E) não cabe reclamação contra o descumprimento da decisão proferida pelo Tribunal ao final do processo.

A: Art. 4º, § 1º, da Lei 9.882/1999; B: Também cabe ADPF quando for relevante o fundamento da controvérsia constitucional sobre lei ou ato normativo federal, estadual ou municipal, incluídos os anteriores à Constituição (art. 1º, parágrafo único, I, da Lei 9.882/1999); C: Errado, pode ser proposta para evitar ou reparar lesão a preceito fundamental (art. 1º, *caput*, da Lei 9.882/1999); D: O art. 5º da Lei 9.882/1999 expressamente permite a concessão de liminar; E: Cabe diante dos efeitos vinculantes (art. 10, § 3º, da Lei 9.882/1999). Gabarito "A".

(Defensoria/PA – 2009 – FCC) Considerando a disciplina constitucional e legal da arguição de descumprimento de preceito fundamental, bem como a jurisprudência do Supremo Tribunal Federal sobre o tema,

I. compete ao Ministro Relator ou ao Tribunal Pleno, conforme o caso, deferir medida liminar consistente na determinação de que juízes e tribunais suspendam o andamento de processo ou os efeitos das decisões judiciais, salvo se decorrentes da coisa julgada;
II. as partes que participaram dos processos que ensejaram a arguição não podem ser ouvidas pelo Supremo Tribunal Federal;
III. a petição inicial não pode ser admitida quando houver qualquer outro meio de sanar a lesividade ao preceito fundamental em questão;
IV. nos processos de caráter urgente, o representante do Ministério Público não será ouvido pelo Supremo Tribunal Federal antes de proferida a decisão final;
V. lei federal, estadual e municipal, ainda que não estejam em vigor, podem ser objeto de arguição.

Está correto o que se afirma SOMENTE em

(A) III, IV e V.
(B) I, II e V.
(C) I, III e V.
(D) II, III e IV.
(E) II, IV e V.

I: Art. 5º, §§ 1º e 3º, da Lei 9.882/1999; II: Contraria o disposto no art. 6º, § 1º, da Lei 9.882/1999; III: De acordo com o art. 4º, § 1º, da Lei 9.882/1999; IV: Não reflete o disposto no art. 5º, § 2º e no art. 7º, parágrafo único, da Lei 9.882/1999; V: Art. 1º, parágrafo único, I, da Lei 9.882/1999. Gabarito "C".

(Defensoria/PI – 2009 – CESPE) Com relação ao controle de constitucionalidade no direito brasileiro, assinale a opção correta.

(A) O controle de constitucionalidade concreto, também chamado controle por via de defesa, deve ser suscitado tanto pelo autor quanto pelo réu da ação, não tendo o magistrado ou o tribunal competência para isso.
(B) Diferentemente do que se verifica com o controle abstrato de normas, que tem como parâmetro de controle a CF vigente, o controle incidental realiza-se em face da constituição sob cujo império foi editada a lei ou o ato normativo.
(C) A aferição de constitucionalidade de uma EC só é possível em sentido material, não em sentido formal. De igual maneira, o STF não admite a possibilidade de se examinar a constitucionalidade de proposta de EC antes de sua promulgação.

(D) É possível a medida cautelar em ação direta de inconstitucionalidade, mas não em ação declaratória de constitucionalidade.

(E) A arguição de descumprimento de preceito fundamental é cabível para evitar ou reparar lesão a preceito fundamental resultante de ato do poder público federal ou estadual. Da mesma forma que ocorre em relação às ações diretas de inconstitucionalidade, não cabe a arguição de descumprimento em face de lei ou ato normativo municipal.

A: O magistrado pode declarar a inconstitucionalidade de ofício, independentemente de provocação; B: Devendo-se notar que o controle de normas pré-constitucionais também pode ser realizado por ADPF (art. 1º, parágrafo único, I, da Lei 9.882/1999); C: Cabe controle formal ou material de EC, além de o STF ter firme entendimento de que os parlamentares têm direito líquido e certo ao devido processo legislativo, de modo que entende cabível a impetração de mandado de segurança pelos congressistas para "barrar" a tramitação de proposta de emenda constitucional que fira, por exemplo, uma cláusula pétrea; D: Não reflete o disposto nos arts. 10 e 21 da Lei 9.868/1999; E: A lei fala em "ato do Poder Público", sem qualificação, além de consignar expressamente o cabimento de ADPF de lei municipal (art. 1º, *caput* e parágrafo único, I, da Lei 9.882/1999). Gabarito "B".

(Defensoria/SP – 2009 – FCC) Assinale a alternativa correta.

(A) Quando julga mandado de segurança impetrado por parlamentar federal para defender direito subjetivo à participar de um processo legislativo hígido, o STF incide no controle político de constitucionalidade.

(B) Com o advento da Lei nº 9.882/99, que regulamenta a ADPF, está admitido o exame da legitimidade do direito pré-constitucional em face da norma constitucional superveniente.

(C) Compete ao Tribunal de Justiça exercer o controle concentrado de leis municipais em face da Constituição Federal eis que no artigo 5º, XXXV consta expressamente que a lei não excluirá da apreciação do poder judiciário lesão ou ameaça à direito.

(D) As decisões proferidas em ADC têm efeito vinculante em relação aos órgãos do poder Judiciário, do Legislativo e do Executivo, o que implica na imposição de restrição à Administração pública direta e indireta.

(E) Tratando-se de controle de constitucionalidade não é possível aplicação do princípio da simetria federativa para que a ADPF seja inserida no texto constitucional estadual.

A: O controle político é o realizado por órgão fora da estrutura do Judiciário; B: Art. 1º, parágrafo único, I, da Lei 9.882/1999; C: Os TJs só podem realizar controle de constitucionalidade tendo como parâmetro a Constituição Estadual; D: Não vincula o Poder Legislativo (art. 28, parágrafo único, da Lei 9.868/1999); E: Não há vedação para tanto, desde que observado o modelo federal. Gabarito "B".

(Defensoria/RN – 2006) Sobre o entendimento doutrinário e jurisprudencial sobre o controle de constitucionalidade na atual ordem é correto se afirmar que

(A) a legislação anterior a ordem constitucional que com relação aquela foi considerada inconstitucional, poderá ser recebida pela nova ordem.

(B) a legislação anterior que não foi revogada não pode ser objeto de ação direta de inconstitucionalidade, mas caberá ação de argüição de descumprimento de preceito fundamental.

(C) admite-se que normas constitucionais da ordem anterior que não entrem em conflito com a carta de 1988 sejam recebidas pela nova ordem como lei complementar.

(D) a incompatibilidade formal do ordenamento infraconstitucional anterior à Carta de 1988 não impede a recepção da norma pela nova ordem.

A: Pelo princípio da recepção, a legislação anterior à nova Constituição, desde que seja **materialmente** compatível com o novo texto, é validada e passa a se submeter à nova disciplina constitucional; B: Caberá ADIn se a norma anterior não revogada se enquadrar no conceito de lei ou ato normativo federal ou estadual (art. 102, I, *a*, CF). Pelo art. 4º, § 1º, da Lei 9.882/1999, caberá ADPF quando não houver "outro meio eficaz de sanar a lesividade". Por isso, admite-se ADPF, *e.g.*, para o controle de lei revogada e de normas municipais; C: Denomina-se ***desconstitucionalização*** o fenômeno pelo qual as normas da Constituição anterior, desde que compatíveis com o novo regime constitucional, permanecem em vigor como leis ordinárias. Só ocorre nos casos em que a nova Constituição expressamente permitir. Pedro Lenza cita o art. 147 da Constituição do Estado de São Paulo como exemplo de desconstitucionalização; D: Como o fenômeno da ***recepção*** apenas analisa a compatibilidade material da norma anterior com a nova Constituição, uma lei ordinária pré-constitucional pode ser recepcionada como lei complementar (como ocorreu com o CTN). Gabarito "D".

(Defensoria/SE – 2006 – CESPE) Julgue o seguinte item.

(1) A ação popular e a ação civil pública podem ser utilizadas no controle de constitucionalidade, desde que a questão constitucional seja aventada como fundamento de outra pretensão, que não a mera declaração de inconstitucionalidade da norma.

1: São exemplos de controle difuso, realizado por qualquer juiz ou tribunal, na análise da inconstitucionalidade como *causa de pedir* e não como *pedido principal*. De acordo com a jurisprudência do STF, a ACP não pode ser utilizada como sucedâneo de ADIn, pois, ante sua eficácia *erga omnes*, constituiria verdadeiro controle concentrado de constitucionalidade. Gabarito 1C.

(Defensoria/SE – 2006 – CESPE) Julgue o seguinte item.

(1) A declaração de constitucionalidade ou de inconstitucionalidade, a interpretação conforme a Constituição e a declaração parcial de inconstitucionalidade sem redução de texto têm eficácia contra todos e efeito vinculante em relação aos órgãos do Poder Judiciário e à administração pública federal, estadual e municipal.

1 Art. 28, parágrafo único, Lei 9868/1999. Gabarito 1C.

(Defensoria/MG – 2006) Quanto ao controle de constitucionalidade incidental, é CORRETO afirmar que:

(A) A sentença prolatada produz efeito inter partes, a legitimidade ativa é plural, e o controle somente admite o método difuso.

(B) A sua sentença terá sempre efeitos ex nunc.

(C) Equivale ao sistema concentrado de controle

(D) Não se vincula a uma ação principal referente ao mérito da questão discutida em juízo.

(E) Sua legitimação ativa é idêntica à da argüição de descumprimento de preceito fundamental.

A: No controle incidental a decisão somente produz efeitos entre as partes envolvidas no litígio (a não ser que o Senado Federal exerça a competência prevista no art. 52, X, CF), qualquer pessoa que participe legitimamente do processo pode arguir a inconstitucionalidade (ver comentário à letra "d"), e insere-se no controle difuso, pois a questão constitucional pode ser conhecida por qualquer juiz ou tribunal; B: A eficácia temporal da declaração incidental de inconstitucionalidade é, em regra, *ex tunc*. Entretanto, excepcionalmente, o STF aplica o art. 27 da Lei 9.868/1999 ao controle difuso, por analogia; C: Difere do sistema concentrado de controle, pois no controle incidental ou difuso qualquer juiz ou tribunal pode conhecer e declarar a inconstitucionalidade da lei. Relembre-se, apenas, que para os tribunais existe regra específica (art. 97 da CF); D: O controle incidental está inserido em uma ação judicial onde há partes em litígio sobre determinada relação jurídica. Por isso, é exemplo de controle ***subjetivo***, ao contrário do controle concentrado, que é ***objetivo***; E: Para o controle difuso não existe um rol exaustivo de legitimados ativos, como ocorre com a ADPF (art. 2º da Lei 9.882/1999). No controle incidental podem arguir a inconstitucionalidade; E: o autor, o réu, o Ministério Público, terceiros legitimados (assistente, litisconsorte, oponente), bem como o juiz pode reconhecê-la, de ofício. Gabarito "A".

(Defensoria/SE – 2006 – CESPE) Julgue o seguinte item.

(1) O STF, para fins de propositura de ação direta de inconstitucionalidade, admite a legitimidade ativa das entidades que congregam outras entidades de classe, de âmbito nacional, ou seja, as denominadas associações de associações.

1: O STF modificou o entendimento anterior e hoje admite a propositura de ADIn por "associação de associações". V. ADIn 3.153/DF, Rel. para acórdão Min. Sepúlveda Pertence. Gabarito 1C.

(Defensoria/SP – 2006 – FCC) A respeito do controle de constitucionalidade considere as seguintes afirmações:

I. O Supremo Tribunal Federal já decidiu após a edição da Constituição Federal de 1988 ser possível a declaração de inconstitucionalidade de norma constitucional.

II. Através do controle concentrado, afirmou o STF haver direitos protegidos pelo inciso IV do parágrafo 4º do artigo 60 fora do rol de direitos individuais do artigo 5º.

III. A inconstitucionalidade por omissão foi introduzida no sistema de controle de constitucionalidade brasileiro pela CF/88 a fim de possibilitar a efetividade das normas constitucionais de eficácia limitada o que permitiu ao Supremo Tribunal Federal reconhecer na ADI 1.458-7 a inconstitucionalidade por omissão parcial na fixação do salário mínimo por não permitir condições básicas de existência.

IV. Ao se regulamentar o processo de julgamento da ação direta de inconstitucionalidade e da ação declaratória de constitucionalidade houve relativização expressa do dogma da retroatividade das decisões em sede de controle de constitucionalidade.

Está correto o que se afirma em

(A) I, II, III e IV.
(B) III e IV, apenas.
(C) II e III, apenas.
(D) I e II, apenas.
(E) II, apenas.

I: É pacífico o entendimento pela possibilidade de controle de constitucionalidade de emendas constitucionais ou de atos de revisão constitucional. II: Sim, como o princípio da anterioridade tributária (art. 150, III, b, da CF). V. ADIn 939-DF, Rel. Min. Sydney Sanches. III: Art. 103, § 2º, da CF. Na ADIn 1.458 o STF reconheceu a omissão parcial da regulamentação ao art. 7º, IV, da CF, pois apesar de existir lei fixando o salário-mínimo, seu valor é insuficiente para garantir o cumprimento dos objetivos da norma. IV: Art. 27 da Lei 9.868/1999. O STF admite sua aplicação, por analogia, também ao controle difuso. Gabarito "A".

(Defensoria/SP – 2007 – FCC) A lei estadual paulista nº 12.142/05, com o intuito de se respeitar a guarda sabática, estabelece períodos para a realização de concursos ou processos seletivos para provimento de cargos públicos, de exames vestibulares e de provas a alunos do ensino fundamental, médio e superior. Essa lei está sendo questionada no STF através da ADI 3714, proposta pela Confederação Nacional dos Estabelecimentos de Ensino (CONFENEN). Da análise do exposto acima pode-se concluir, conforme a ADI 3714, que essa Lei é

(A) inconstitucional porque fere o pluralismo político previsto no artigo 1º, inciso V, da Constituição Federal.
(B) inconstitucional porque, em relação às escolas particulares, invade competência legislativa da União para legislar sobre diretrizes e bases (22, XXIV da CF) e fere a autonomia das universidades por impor regras próprias de gestão administrativa (artigo 207 da CF).
(C) constitucional porque no preâmbulo da nossa Constituição consta o nome de "Deus" e, portanto, incentiva a sociedade brasileira à prática da religião.
(D) inconstitucional porque a liberdade religiosa, prevista no artigo 5º, inciso VII da Constituição, é espécie pertencente ao gênero liberdade constitucional de pensamento e prevê o direito de não professar nenhuma fé.
(E) inconstitucional porque fere o princípio federativo que diz caber ao município a edição de leis que tratem de assuntos de interesse local, nos termos do que dispõe o artigo 30, I, da CF.

A: A guarda sabática é descanso realizado no período que se estende do pôr do sol de sexta-feira ao pôr do sol de sábado, professada por diversas religiões. Nada tem a ver com o pluralismo político; B: A questão ainda não foi julgada pelo STF, mas o PGR opinou pela procedência parcial da ADIn sob esses fundamentos: a lei viola a competência da União para legislar sobre diretrizes e bases da educação e fere a autonomia das universidades; C: Para a doutrina majoritária o preâmbulo não serve de parâmetro de controle de constitucionalidade, pois não possui caráter normativo (mas apenas político, integrativo, interpretativo); D: A liberdade religiosa está prevista no art. 5º, VI, da CF; E: Apesar de caber ao Município a edição de normas de interesse local, na forma do art. 30, I, da CF, isso não explica a inconstitucionalidade da lei em questão. Gabarito "B".

(Cartório/AP – 2011 – VUNESP) Ação direta de inconstitucionalidade proposta por Governador de Estado, tendo por objeto dispositivos de lei federal contrários à Constituição da República, é julgada procedente pelo Supremo Tribunal Federal. Nessa hipótese,

(A) a decisão é anulável, pois Governador de Estado não tem legitimidade para propor ação tendo por objeto a constitucionalidade de lei federal.
(B) não é aplicável a regra de participação do Procurador Geral da República, por se tratar de ação de interesse de Estado-membro da Federação.
(C) o Governador deveria ter demonstrado a repercussão geral das questões constitucionais discutidas no caso, nos termos da lei, a fim de que o Tribunal examinasse a admissibilidade da ação.
(D) a decisão produzirá eficácia contra todos e efeito vinculante, relativamente aos demais órgãos do Poder Judiciário e à administração pública direta e indireta, nas esferas federal, estadual e municipal.
(E) a decisão é nula, por se tratar de matéria de competência originária do Superior Tribunal de Justiça.

A: Governador de Estado é legitimado ativo para ADIn (art. 103, V, da CF); B: O art. 103, § 1º, da CF não faz essa distinção; C: Repercussão geral é requisito do recurso extraordinário (art. 102, § 3º, da CF); D: Art. 102, § 2º, da CF; E: A competência para julgar ADIn é do STF (art. 102, I, "a", da CF). Gabarito "D".

(Cartório/MS – 2009 – VUNESP) A Ação Declaratória de Constitucionalidade, conforme estabelece a Constituição Federal de 1988,

(A) possui eficácia contra todos e efeito vinculante relativamente aos demais órgãos dos Poderes Executivo, Legislativo e Judiciário.
(B) não é cabível contra atos ou leis estaduais.
(C) pode ser ajuizada pelos mesmos legitimados à propositura da arguição incidental de inconstitucionalidade.
(D) exige a citação do Advogado-Geral da União, para a defesa da lei ou do ato impugnado.
(E) não admite a concessão de liminar.

A: Não vincula o Legislativo (art. 102, § 2º, da CF); B: Só de leis federais (art. 102, I, a, da CF); C: Qualquer pessoa pode questionar a constitucionalidade de uma lei em controle difuso, não há rol específico; D: A exigência só ocorre em relação à ADIn (art. 103, § 3º, da CF); E: Contraria o art. 21 da Lei 9.868/1999. Gabarito "B".

(Cartório/MS – 2009 – VUNESP) Sobre o controle concreto de constitucionalidade no direito brasileiro, é correto afirmar que

(A) tem como uma das suas características o de ser dotado de efeitos *erga omnes*.
(B) exige, necessariamente, para ser exercido, a alegação de uma das partes litigantes, não podendo a inconstitucionalidade ser apreciada, de ofício, pelo juiz.
(C) exige, quando exercida pelos tribunais, quórum de maioria absoluta de seus membros, e para obter efeito *erga omnes* depende de decisão do Senado.
(D) a reserva de plenário não pode ser dispensada mesmo que haja decisão anterior do STF que tenha decidido sobre a matéria discutida e pronunciada a inconstitucionalidade.
(E) a declaração de inconstitucionalidade *in concreto* não permite ao STF a modulação dos efeitos da sua decisão.

A: O controle concreto ou difuso ou incidental tem eficácia *inter partes* (será *erga omnes* se o Senado executar a atribuição prevista no art. 52, X, da CF); B: A inconstitucionalidade pode ser arguida por qualquer das partes, pelo Ministério Público ou conhecida de ofício pelo juiz; C: Arts. 52, X e 97, ambos da CF; D: Errado. V. arts. 480 e 481 do CPC; E: O STF aplica ao controle concreto, por analogia, a regra do art. 27 da Lei 9.868/1999, que prevê a modulação de efeitos temporais da decisão que declara a inconstitucionalidade. Gabarito "C".

(Cartório/DF – 2008 – CESPE) A respeito da CF, julgue o item que se segue.

(1) A idéia de supremacia material da CF, segundo o STF, é o que possibilita o controle de constitucionalidade.

O controle de constitucionalidade apoia-se na supremacia formal da Constituição, que é a norma de hierarquia mais elevada dentro do sistema, aliada ao conceito de rigidez constitucional (daí falar-se em compatibilidade ou incompatibilidade vertical). Gabarito 1E.

(Cartório/DF – 2008 – CESPE) Acerca do controle de constitucionalidade, julgue o item a seguir.

(1) Os efeitos da medida liminar na ação direta de inconstitucionalidade, em regra, serão ex tunc, de modo a desconstituir as relações jurídicas decorrentes do direito considerado constitucional.

A medida liminar em ADIn tem, em regra, eficácia *ex nunc* ou *pro futuro* (Art. 11, § 1º, da Lei 9.868/1999). Gabarito 1E.

(Cartório/DF – 2008 – CESPE) Acerca do controle de constitucionalidade, julgue o item a seguir.

(1) Não cabe o controle de constitucionalidade quando o ato regulamentar extravasa os limites a que está materialmente adstrito, pois se trata de insubordinação executiva aos comandos da lei.

Essa é a regra, pois neste caso não há controle de constitucionalidade, mas de legalidade. Situação diversa é a dos decretos ou regulamentos autônomos, que, sob o pretexto de regulamentarem a lei, inovam o ordenamento jurídico. Gabarito: 1C

(Cartório/DF – 2008 – CESPE) Acerca do controle de constitucionalidade, julgue o item a seguir.

(1) O entendimento atual do STF é de que a perda superveniente da representação do partido político em uma das casas legislativas leva à extinção da ação direta de inconstitucionalidade sem julgamento de mérito, pois essa condição deve estar presente durante todo o curso da ação.

O STF mudou o entendimento anterior para considerar que a ação deve ser julgada se, no momento da sua propositura, o partido político tinha representação no Congresso Nacional (um congressista em qualquer das Casas Legislativas). V. ADIn 2054/DF, Rel. para acórdão Min. Sepúlveda Pertence. Gabarito: 1E

(Delegado/GO – 2009 – UEG) No controle de constitucionalidade,

(A) a decisão exarada pelo Supremo Tribunal Federal nas decisões definitivas de mérito que possui eficácia contra todos e efeito vinculante, relativamente aos demais órgãos judiciários e à administração pública, é a adotada nos recursos extraordinários.
(B) quando o Supremo Tribunal Federal apreciar, em tese, a inconstitucionalidade de lei ou de ato normativo, citará, previamente, o Advogado-Geral da União, que defenderá o ato ou texto normativo.
(C) a decisão exarada pelo Supremo Tribunal Federal nas decisões definitivas de mérito possui eficácia contra todos e efeito vinculante em todos os processos de sua competência.
(D) o Procurador-Geral da República poderá ser ouvido nas ações de inconstitucionalidade e em todos os processos de competência do Supremo Tribunal Federal.

A: A decisão final no RE não tem eficácia vinculante e *erga omnes*, mas apenas *inter partes*. V. art. 52, X, da CF; B: Art. 103, § 3°, da CF; C: Não reflete o disposto no art. 102, § 2°, da CF; D: Deverá ser ouvido, conforme previsão do art. 103, § 1°, da CF. Gabarito: "B".

(Delegado/PI – 2009 – UESPI) Admite-se, excepcionalmente, a modulação dos efeitos da declaração de constitucionalidade ou de inconstitucionalidade de lei ou de ato normativo, nos termos do artigo 27 da Lei n° 9.868/99:

(A) para, mediante maioria simples dos membros do Supremo Tribunal Federal, atribuir eficácia ex nunc à decisão colegiada, em vista de razões de segurança jurídica.
(B) para, mediante maioria absoluta de três quintos dos membros do Supremo Tribunal Federal, atribuir eficácia ex nunc à decisão colegiada, em vista de excepcional interesse social.
(C) para, mediante maioria absoluta de três quintos dos membros do Supremo Tribunal Federal, atribuir eficácia ex tunc à decisão colegiada, em vista de excepcional interesse social.
(D) para, mediante maioria de dois terços dos membros do Supremo Tribunal Federal, atribuir eficácia ex nunc à decisão colegiada, em vista de excepcional interesse social.
(E) para, mediante maioria de dois terços dos membros do Supremo Tribunal Federal, atribuir eficácia ex nunc à decisão colegiada, em vista da viabilização de políticas públicas.

Art. 27 da Lei 9.868/1999, cuja disposição o STF aplica, por analogia, também ao controle difuso. Gabarito: "D".

(Delegado/RJ – 2009 – CEPERJ) Assinale a alternativa correta.

(A) A legitimidade do Presidente da República para propositura de Ação Direta de Inconstitucionalidade deve obedecer à pertinência temática.
(B) Os partidos políticos têm legitimidade para propor Ação Direta de Inconstitucionalidade em relação a quaisquer matérias, devendo, entretanto, obedecer ao requisito da pertinência temática.
(C) A Confederação sindical ou entidade de classe de âmbito nacional somente possui legitimidade para propor Ação Declaratória de Constitucionalidade.
(D) A legitimidade do Procurador-Geral da República para a propositura de Ação Declaratória de Constitucionalidade é universal.
(E) A Mesa da Assembleia legislativa ou da Câmara Legislativa do Distrito Federal não possui legitimidade para propor Ação Direta de Inconstitucionalidade e Ação Declaratória de Constitucionalidade.

A, B e D: O Presidente da República, os partidos políticos e o PGR são legitimados universais para propor ADIn e ADC. De acordo com o STF, são legitimados *neutros* ou *universais* para a propositura de ADIn (= têm legitimidade ativa em qualquer hipótese, sem necessidade de demonstração de pertinência temática): o Presidente da República, as Mesas do Senado e da Câmara, o Procurador-Geral da República, o Conselho Federal da OAB e o partido político com representação no Congresso Nacional. São legitimados *interessados* ou *especiais*, ou seja, precisam demonstrar relação de pertinência temática entre o objeto da ADIn e sua esfera jurídica (ou a de seus filiados): o Governador de Estado, a Mesa da Assembleia Legislativa (ou da Câmara Legislativa do DF), bem como as confederações sindicais ou entidades de classe de âmbito nacional; C: Os legitimados para ADIN, ADC e ADPF são os mesmos (art. 103, I a IX, da CF e art. 2°, I, da Lei 9.882/1999); E: Contraria o disposto no art. 103, IV, da CF. Gabarito: "D".

(Delegado/RJ – 2009 – CEPERJ) De acordo com a jurisprudência recente do Supremo Tribunal Federal:

(A) o julgamento da ação direta de inconstitucionalidade é precedido de exame da repercussão geral da questão constitucional de fundo.
(B) admite-se a reclamação para o controle concentrado de constitucionalidade de lei idêntica a outra já declarada inconstitucional pelo STF em ação direta de inconstitucionalidade.
(C) o Governador do Estado está dispensado da demonstração de pertinência temática para o ajuizamento de ação direta de inconstitucionalidade.
(D) a decisão no mandado de injunção possui efeitos idênticos aos da decisão proferida em sede de ação direta de inconstitucionalidade por omissão.
(E) é cabível a ação declaratória de constitucionalidade de leis estaduais, em razão do caráter dúplice da decisão em controle abstrato de constitucionalidade das leis.

A: A repercussão geral é requisito de admissibilidade dos recursos extraordinários (art. 102, § 3°, da CF); B: V. Rcl 4219, em que o STF, em questão de ordem, "entendeu que o que produz eficácia contra todos e efeito vinculante, nos termos do disposto no § 2° do art. 102 da CF, é a interpretação conferida pelo Supremo à Constituição, além do seu juízo de constitucionalidade sobre determinado texto normativo infraconstitucional, estando, portanto, todos, sem distinção, compulsoriamente afetados pelas consequências normativas das decisões definitivas de mérito proferidas pelo STF nas ações diretas de inconstitucionalidade e nas ações declaratórias de constitucionalidade. Ressaltou que a decisão dotada de eficácia contra todos e efeito vinculante não se confunde com a súmula vinculante, haja vista operarem em situações diferentes: esta, que é texto normativo, no controle difuso; aquela, que constitui norma de decisão, no concentrado. Dessa forma, concluiu que a decisão de mérito na ADI ou na ADC não pode ser concebida como mero precedente vinculante da interpretação de texto infraconstitucional, asseverando que as decisões do Supremo afirmam o que efetivamente diz a própria Constituição e que essa afirmação, em cada ADI ou ADC, é que produz eficácia contra todos e efeito vinculante"; C: É legitimado especial, necessitando demonstrar pertinência temática. De acordo com o STF, são legitimados *neutros* ou *universais* para a propositura de ADIn (= têm legitimidade ativa em qualquer hipótese, sem necessidade de demonstração de pertinência temática): o Presidente da República, as Mesas do Senado e da Câmara, o Procurador-Geral da República, o Conselho Federal da OAB e o partido político com representação no Congresso Nacional. São legitimados *interessados* ou *especiais*, ou seja, precisam demonstrar relação de pertinência temática entre o objeto da ADIn e sua esfera jurídica (ou a de seus filiados): o Governador de Estado, a Mesa da Assembleia Legislativa (ou da Câmara Legislativa do DF), bem como as confederações sindicais ou entidades de classe de âmbito nacional; D: Há divergência sobre a matéria. Segundo Alexandre de Moraes, o entendimento do STF é não concretista, ou seja, o mandado de injunção é sucedâneo da ação direta de inconstitucionalidade por omissão. Entretanto, o entendimento atual do STF é o de que a decisão proferida nos autos do mandado de injunção poderá, desde logo, estabelecer a regra do caso concreto, afastando as consequências da inércia do legislador (MI 670/ES, MI 708/DF e MI 712/PA). V. *Informativo STF* 485/2007; E: Só de lei federal (art. 102, I, *a*, da CF). Gabarito: "B".

(Delegado/SC – 2008) Sobre o Controle de Constitucionalidade, todas as alternativas estão corretas, exceto a:

(A) O Procurador-Geral da República deverá ser previamente ouvido nas ações de inconstitucionalidade e em todos os processos de competência do Supremo Tribunal Federal.
(B) No recurso extraordinário o recorrente deverá demonstrar a repercussão geral das questões constitucionais discutidas no caso, a fim de que o Tribunal examine a admissão do recurso, somente podendo recusá-lo pela manifestação de dois terços de seus membros.
(C) Podem propor ação direta de inconstitucionalidade e ação declaratória de constitucionalidade associação sindical ou entidade de classe de âmbito nacional.
(D) Quando o Supremo Tribunal Federal apreciar a inconstitucionalidade, em tese, de norma legal ou ato normativo, citará, previamente, o Advogado-Geral da União, que defenderá o ato ou texto impugnado.

A: Art. 103, § 1°, da CF; B: Art. 102, § 3°, da CF; C: Art. 103, IX, da CF: confederação sindical ou entidade de classe de âmbito nacional; D: Art. 103, § 3°, da CF. Gabarito "C".

(Procurador do Município/Florianópolis-SC – 2010 – FEPESE) A respeito da atuação do Senado Federal nos mecanismos de controle de constitucionalidade, apenas uma afirmação **não** é verdadeira:

(A) Não há prazo para a atuação do senado.
(B) Somente ocorre no controle concreto incidental.
(C) O instrumento legislativo para a suspensão da execução do ato normativo é a resolução.
(D) A manifestação do Senado não se sujeita ao controle de constitucionalidade.
(E) O Senado não está obrigado a suspender a execução da lei.

A competência atribuída ao Senado Federal pelo art. 52, X, da CF, limita-se ao controle difuso ou incidental de constitucionalidade. No controle concentrado, a decisão do STF, por si só, já produz efeitos contra todos e vinculantes (art. 102, § 2°, da CF e art. 28, parágrafo único, da Lei 9.868/1999). O instrumento é Resolução que, como todo ato normativo, está sujeito a controle de constitucionalidade. O Senado não está obrigado a editar a Resolução, não tem prazo para tanto e pode fazê-lo apenas parcialmente. Gabarito "D".

(Procurador do Município/Teresina-PI – 2010 – FCC) A arguição de descumprimento de preceito fundamental é um instrumento que tem como característica

(A) possuir caráter subsidiário, sendo admitida a propositura quando for relevante o fundamento da controvérsia constitucional sobre lei ou ato normativo federal, estadual ou municipal, incluídos os anteriores à Constituição.
(B) ter como objeto exclusivo a proteção dos direitos fundamentais previstos na Constituição Federal.
(C) conferir legitimidade ativa a qualquer cidadão, ao lado dos legitimados para propor a ação direta de inconstitucionalidade.
(D) gerar efeito vinculante para os demais órgãos judiciais e da administração, quando a decisão for tomada pela maioria simples dos membros do Supremo Tribunal Federal.
(E) validar decisão somente para o julgamento do caso concreto.

A: Art. 4°, § 1°, da Lei 9.882/1999; B: Cabível também em face de atos anteriores à CF (art. 1°, parágrafo único, I, da Lei 9.882/1999); C: Seus legitimados são os mesmos da ADIn (art. 2°, I, da Lei 9.882/1999); D: Maioria de dois terços (art. 8° da Lei 9.882/1999); E: Há duas hipóteses de cabimento: evitar ou reparar lesão a preceito fundamental, resultante de ato do Poder Público (art. 1°, caput, da Lei 9.882/1999) e quando for relevante o fundamento da controvérsia constitucional sobre lei ou ato normativo federal, estadual ou municipal, incluídos os anteriores à Constituição (art. 1°, parágrafo único, I, da Lei 9.882/1999). Gabarito "A".

(Magistratura Federal-4ª Região – 2010) Assinale a alternativa correta.

(A) A inconstitucionalidade por omissão verifica-se nos casos em que não sejam praticados atos legislativos ou administrativos requeridos para tornar plenamente aplicáveis normas constitucionais.
(B) Estabelecido pelo artigo 97 da Constituição Federal que "somente pelo voto da maioria absoluta de seus membros ou dos membros do respectivo órgão especial poderão os tribunais declarar a inconstitucionalidade de lei", não poderá o juiz singular considerar lei inconstitucional em suas decisões.
(C) As decisões definitivas de mérito nas ações declaratórias de constitucionalidade de lei produzirão eficácia contra todos, mas não terão efeito vinculante em relação aos demais órgãos do Judiciário, que manterão sua independência.
(D) A inconstitucionalidade por ação somente se configura quando há normas formadas por autoridades incompetentes ou em desacordo com formalidades ou procedimentos estabelecidos pela Constituição Federal.
(E) Sempre que julgada procedente a ação direta de inconstitucionalidade de lei ou de ato normativo federal ou estadual, o Supremo Tribunal Federal deverá comunicar ao Senado para suspensão da lei ou do ato normativo.

A: Sim. A inconstitucionalidade por omissão se verifica diante da inércia do Poder Público quando, por força da Constituição, deveria agir. Assim, a omissão inconstitucional pode ser atribuída a qualquer um dos três Poderes; B: O princípio da reserva de plenário, estabelecido pelo art. 97 da CF, é norma dirigida aos tribunais, não ao juiz singular; C: Decisões definitivas de mérito em ADIn ou ADC produzem eficácia erga omnes e vinculante em relação aos demais órgãos do Poder Judiciário e à Administração Pública federal, estadual e municipal (art. 28, parágrafo único, da Lei 9.868/1999); D: A inconstitucionalidade por ação, ou seja, decorrente de um "agir", pode se ser formal (como explicado na questão), ou material; E: A competência atribuída ao Senado Federal pelo art. 52, X, da CF, limita-se ao controle difuso ou incidental de constitucionalidade. No controle concentrado, a decisão do STF, por si só, já produz efeitos contra todos e vinculantes (art. 102, § 2°, da CF e art. 28, parágrafo único, da Lei 9.868/1999). Gabarito "A".

(Magistratura Federal-4ª Região – 2010) Dadas as assertivas abaixo, assinale a alternativa correta.

I. O vício de inconstitucionalidade pode decorrer tanto de um ato de execução material como de um ato normativo do Poder Público.
II. A inconstitucionalidade pode decorrer de omissão total ou parcial por parte do Poder Público.
III. A cláusula de "reserva do possível" não pode ser invocada pelo Poder Público com a finalidade de exonerar-se do cumprimento de obrigações constitucionais quando essa conduta implicar a nulificação de direitos fundamentais.
IV. Compete ao Judiciário não apenas determinar à Administração a execução de políticas públicas garantidoras de direitos fundamentais, como também indicar quais políticas seriam aconselháveis, diante da gama de opções com que se depara o administrador.
V. A execução ou não de políticas públicas constitui prerrogativa exclusiva da Administração, não competindo ao Judiciário imiscuir-se em tal matéria, sob pena de ferimento do princípio da separação dos Poderes.

(A) Estão corretas apenas as assertivas I e IV.
(B) Estão corretas apenas as assertivas II e III.
(C) Estão corretas apenas as assertivas II e IV.
(D) Estão corretas apenas as assertivas IV e V.
(E) Estão corretas apenas as assertivas I, II e III.

I: Correta. A inconstitucionalidade por ação ou por omissão pode ser atribuída a qualquer um dos três Poderes; II: Correta. A inconstitucionalidade por omissão total ocorre se o Poder Público não age, quando deveria agir. A omissão parcial se dá nas hipóteses em que o Poder Público age, mas a ação não é suficiente para atender o comando do dispositivo constitucional em sua integralidade. Como exemplo, costuma-se citar a fixação do valor do salário mínimo em montante aquém do necessário para cumprir as finalidades previstas no art. 7°, IV, da CF, o que constitui omissão parcial, haja vista que a lei existe, mas os preceitos da Constituição não foram totalmente atendidos; III: Correta. A "reserva do possível" ou "reserva do financeiramente possível" é geralmente utilizada para escusar o não-cumprimento de direitos que demandam prestações positivas, como os direitos sociais. O fato de os direitos sociais demandarem prestações positivas do Estado e, com isso, apresentarem custos para serem implementados, não impede sua prestação. Caso não sejam observados, haverá verdadeira omissão inconstitucional. Dessa forma, mesmo situados dentro da esfera do "financeiramente possível", os direitos sociais têm eficácia normativa e podem ser pleiteados juridicamente; IV: Errada. A conveniência e oportunidade da realização de políticas públicas está a cargo da Administração, não do Poder Judiciário; V: Errada. Em caráter excepcional, as políticas públicas são sindicáveis pelo Poder Judiciário, uma vez que a regra é a separação de poderes. Ou seja, o Judiciário poderá determinar a implementação de determinada política pública definida pela Constituição se a omissão dos órgãos por ela responsáveis for irrazoável, comprometendo a eficácia da norma constitucional. Gabarito "E".

(Magistratura Federal-4ª Região – 2010) Dadas as assertivas abaixo, assinale a alternativa correta.

Ao declarar a inconstitucionalidade de lei ou ato normativo, poderá o Supremo Tribunal Federal, por maioria de dois terços de seus membros:

I. Restringir os efeitos da declaração, tendo em vista razões de segurança jurídica.
II. Decidir que ela só tenha eficácia a partir de seu trânsito em julgado, em razão de excepcional interesse social.
III. Decidir que ela só tenha eficácia a partir de determinado momento pela Corte fixado.

(A) Estão corretas apenas as assertivas I e II.
(B) Estão corretas apenas as assertivas I e III.
(C) Estão corretas apenas as assertivas II e III.
(D) Estão corretas todas as assertivas.
(E) Nenhuma assertiva está correta.

Art. 27 da Lei 9.868/1999 (que prevê a modulação dos efeitos temporais da declaração de inconstitucionalidade). Gabarito "D".

(Magistratura Federal-5ª Região – 2011) Considerando a doutrina e a jurisprudência do STF, assinale a opção correta acerca do controle de constitucionalidade no sistema jurídico brasileiro.

(A) Não se admite a concessão de medida cautelar em ação direta de inconstitucionalidade por omissão, em razão da natureza e da finalidade desse tipo de ação.
(B) A arguição de descumprimento de preceito fundamental constitui instrumento adequado a viabilizar revisão ou cancelamento de súmula vinculante.
(C) O controle prévio ou preventivo de constitucionalidade não pode ocorrer pela via jurisdicional, uma vez que ao Poder Judiciário foi reservado o controle posterior ou repressivo, realizado tanto de forma difusa quanto de forma concentrada.
(D) Nenhum órgão fracionário de tribunal dispõe de competência para declarar a inconstitucionalidade de leis ou atos normativos emanados do poder público, visto tratar-se de prerrogativa jurisdicional atribuída, exclusivamente, ao plenário dos tribunais ou ao órgão especial, onde houver.
(E) A revogação de lei ou ato normativo objeto de ação direta de inconstitucionalidade não implica perda de objeto da ação.

A: O art. 12-F da Lei 9.868/1999 expressamente prevê o cabimento de medida cautelar em ADIn por omissão; B: A ADPF tem por objeto evitar ou reparar lesão a preceito fundamental, resultante de ato do Poder Público, sendo também cabível quando for relevante o fundamento da controvérsia constitucional sobre lei ou ato normativo federal, estadual ou municipal, incluídos os anteriores à Constituição (art. 1º, caput e parágrafo único, I, da Lei 9.882/1999). O procedimento de revisão e cancelamento de súmulas vinculantes está previsto na Lei 11.417/2006; C: O controle preventivo é feito, por exemplo, por intermédio do veto do Poder Executivo a projeto de lei que considere inconstitucional ou pela rejeição de projeto de lei pela Comissão de Constituição e Justiça, por inconstitucionalidade. Ao Poder Judiciário cabe, em regra, o controle repressivo. Excepcionalmente, pode também ser realizado pelo Judiciário, como na hipótese de mandado de segurança impetrado por congressista contra a tramitação de proposta de emenda à Constituição que fere cláusulas pétreas; D: Princípio da reserva de plenário, previsto no art. 97 da CF; E: Se a lei objeto da ADIn é revogada, não há interesse de agir para o seu prosseguimento (há perda de objeto). Gabarito "D".

(Magistratura Federal/3ª Região – 2010) A ação direta de inconstitucionalidade por omissão, que tem por objeto a assim chamada inconstitucionalidade negativa, resulta da inércia ou do silêncio de qualquer órgão de poder, o qual deixa de praticar em certo tempo o ato legislativo exigido pela constituição, tem entre seus legitimados:

(A) Todos aqueles constantes do rol previsto no "caput" do art. 103, da CF;
(B) O Procurador-Geral da República, se a omissão ocorrer na esfera federal;
(C) O presidente do Conselho Federal da Ordem dos Advogados do Brasil, partido político com representação no congresso nacional ou confederação sindical ou entidade de classe de âmbito nacional;
(D) Todos aqueles constantes do rol previsto no "caput" do art. 103 da CF, menos aquela pessoa ou órgão responsável direto pela omissão legislativa.

Art. 103, I a IX, da CF. A alternativa "A" não está errada, mas a "D" é a mais completa. Gabarito "D".

(Magistratura Federal/3ª Região – 2010) O Conselho Federal da Ordem dos Advogados do Brasil ingressou com ação direta de inconstitucionalidade perante Supremo Tribunal Federal, para questionar a constitucionalidade de determinada medida provisória, cujo conteúdo não guarda relação direta com os seus objetivos enquanto entidade de classe representativa da advocacia no país. Pergunta-se:

(A) A OAB tem legitimidade ativa para agir, pois está enquadrada entre as pessoas e órgãos, cuja atuação neste caso não depende de demonstração de qualquer interesse próprio, ou seja, não precisa preencher o requisito de pertinência temática entre o conteúdo da norma impugnada e o interesse da advocacia;
(B) A OAB terá legitimidade ativa para propor ação direta de inconstitucionalidade, caso revele pertinência temática com o conteúdo da norma objeto da arguição, ou seja, deverá demonstrar, enquanto entidade de classe de âmbito nacional, vínculo de necessidade que se exige daquele que tem pertinência subjetiva, para que possa obter a segurança de mérito;
(C) A OAB não necessita demonstrar pertinência temática com o objeto da ação direta de inconstitucionalidade, mas deverá obter o consentimento de deus órgãos seccionais, para formalizar a propositura;
(D) Além de ter que demonstrar pertinência temática, isto é, repita-se, que o objeto da impugnação esteja ligado e conforme seus objetivos de entidade profissional, deverá contar, ainda, para alcançar tal legitimidade, com a aprovação dos seus conselhos regionais.

A legitimidade ativa para a propositura de ADIn encontra-se prevista no art. 103, I a IX, da CF. O STF, em interpretação restritiva do dispositivo constitucional, entende que determinados legitimados ativos devem observar o requisito da *pertinência temática* para propor ADIn, exigência que não está prevista na Constituição nem na legislação infraconstitucional, mas encontra-se amplamente sedimentada na jurisprudência do STF. Por pertinência temática deve-se entender a existência de uma relação direta entre a questão presente na lei ou no ato normativo a ser impugnado e os objetivos sociais da entidade demandante (ou entre a lei objeto de controle e as funções institucionais do legitimado ativo). Vale dizer, a noção é muito próxima do *interesse de agir* da Teoria Geral do Processo e faz surgir duas classes de legitimados ativos: os *universais* ou *neutros* e os *interessados* ou *especiais*. De acordo com o STF, são legitimados *neutros* ou *universais* para a propositura de ADIn (= têm legitimidade ativa em qualquer hipótese, sem necessidade de demonstração de pertinência temática): o Presidente da República, as Mesas do Senado e da Câmara, o Procurador-Geral da República, o Conselho Federal da OAB e o partido político com representação no Congresso Nacional. São legitimados *interessados* ou *especiais*, ou seja, precisam demonstrar relação de pertinência temática entre o objeto da ADIn e sua esfera jurídica (ou a de seus filiados): o Governador de Estado, a Mesa da Assembleia Legislativa (ou da Câmara Legislativa do DF), bem como as confederações sindicais ou entidades de classe de âmbito nacional. Gabarito "A".

(Magistratura Federal/5ª Região – 2009 – CESPE) A respeito do controle de constitucionalidade das leis e dos atos normativos, assinale a opção correta.

(A) Ocorre inconstitucionalidade por arrastamento quando a declaração de inconstitucionalidade alcança outra norma constitucional que não tenha sido impugnada inicialmente. Em tal situação, conforme entendimento do STF, diante do princípio da demanda, o referido tribunal não pode apreciar a norma consequente caso ela não tenha sido arrolada como inconstitucional pelo autor da ação direta de inconstitucionalidade.
(B) No controle difuso, a atribuição de efeitos prospectivos à declaração de inconstitucionalidade é proibida pelo STF.
(C) Em face do princípio da subsidiariedade, segundo entendimento do STF, a possibilidade de impetração de mandado de segurança exclui a de se ingressar com arguição de descumprimento de preceito fundamental.
(D) A expressão bloco de constitucionalidade pode ser entendida como o conjunto normativo que contém disposições, princípios e valores materialmente constitucionais fora do texto da CF formal.
(E) Os tribunais de justiça dos estados, por decisão da maioria relativa de seus membros, podem deferir pedido de medida cautelar na ação declaratória de constitucionalidade consistente na determinação de que os juízes e os tribunais suspendam o julgamento dos processos que envolvam a aplicação da lei ou do ato normativo objeto da ação até seu julgamento definitivo.

A: Muito embora haja vinculação ao pedido, se a declaração de inconstitucionalidade de uma norma tem por consequência direta a inconstitucionalidade da norma subsequente, o STF admite que também seja declarada inconstitucional, por arrastamento. Importante notar, porém, que só há falar em inconstitucionalidade por arrastamento no controle concentrado; B: O STF aceita a aplicação ao controle difuso, por analogia, do art. 27 da Lei 9.868/1999 que prevê a modulação de efeitos temporais; C: De acordo com a corrente majoritária, o princípio da subsidiariedade da ADPF (art. 4º, § 1º, da Lei 9.882/1999) leva em conta a existência de outro meio igualmente objetivo para sanar a lesividade; D: Hoje se fala, também, em bloco de legalidade; E: Só há ADC de lei federal (art. 102, I, a, da CF). Gabarito "D".

(Magistratura Federal – 4ª Região – XIII – 2008) Dadas as assertivas abaixo, assinalar a alternativa correta.

I. O Senado Federal realiza exame discricionário sobre a suspensão da execução de norma legal declarada inconstitucional pelo Supremo Tribunal Federal em controle difuso, podendo recusá-la.

II. O Senado Federal pode suspender a execução de normas estaduais ou municipais declaradas inconstitucionais pelo Supremo Tribunal Federal em controle difuso.

III. O Supremo Tribunal Federal já reconheceu em sede de controle concentrado a constitucionalidade da norma legal que permite modular no tempo os efeitos da declaração de inconstitucionalidade pela via concreta.

IV. Constituem espécies de controle concentrado de constitucionalidade a ação direta de inconstitucionalidade, a ação direta de inconstitucionalidade interventiva, a ação direta de inconstitucionalidade por omissão, a ação declaratória de constitucionalidade, a arguição de descumprimento de preceito fundamental e a reclamação constitucional.

(A) Estão corretas apenas as assertivas I e II.
(B) Estão corretas apenas as assertivas I e III.
(C) Estão corretas apenas as assertivas I, II e IV.
(D) Estão corretas apenas as assertivas II, III e IV.

I: Art. 52, X, da CF. Trata-se de discricionariedade política, em observância à separação dos poderes. II: O Senado pode suspender qualquer norma declarada inconstitucional pelo STF, desde que em controle difuso. III: A norma legal em questão refere-se ao controle abstrato (art. 27 da Lei 9.868/1999). Entretanto, o STF admite sua aplicação ao controle difuso, por analogia. IV: A reclamação não é espécie de controle concentrado de inconstitucionalidade. Gabarito "A".

(Magistratura Federal – 3ª Região – XIII) Sobre a cláusula de reserva de Plenário prevista no artigo 97 da Constituição Federal, é correto afirmar-se que:

(A) é instrumento típico e fundamental do sistema de controle abstrato e concentrado de constitucionalidade de leis e atos normativos;
(B) fixa a competência originária do Plenário para julgar a apelação, quando fundada na discussão de questão constitucional;
(C) é mitigada pela legislação processual civil, quando existente, por exemplo, decisão anterior do Supremo Tribunal Federal sobre a questão constitucional;
(D) é absoluta a reserva constitucionalmente prevista, sendo nula a decisão da Turma, mesmo se nela declarada a constitucionalidade da lei.

A: A reserva de plenário aplica-se ao controle difuso de constitucionalidade; B: O plenário ou órgão especial (onde houver) julga apenas a questão constitucional. A premissa ali estabelecida será seguida pelo órgão fracionário, com competência para julgar a causa (cisão funcional de competência). Ver Súmula 513 STF; C: Art. 481, parágrafo único, CPC; D: O texto do art. 97 da CF refere-se apenas à declaração de *inconstitucionalidade*. Assim, os órgãos fracionários podem declarar a *constitucionalidade* sem levar a questão ao pleno ou ao órgão especial (onde houver). Gabarito "C".

(Magistratura Federal – 5ª Região – 2007 – CESPE) Julgue o item seguinte.

(1) Dadas as repercussões de caráter geral e abstrato da decisão proferida na arguição de descumprimento de preceito fundamental (ADPF), o STF vem entendendo ser inadmissível a concessão de medida liminar no respectivo processo.

Art. 5º da Lei 9.882/1999. A título de exemplo, o STF deferiu liminar na ADPF 33/PA, Rel. Min. Gilmar Mendes. Gabarito 1E.

(Procurador Federal – 2010 – CESPE) Julgue os itens subsequentes, relativos ao poder constituinte e ao controle de constitucionalidade no Brasil.

(1) De acordo com entendimento do STF, o controle jurisdicional prévio ou preventivo de constitucionalidade sobre projeto de lei ainda em trâmite somente pode ocorrer de modo incidental, na via de exceção ou defesa.

(2) A doutrina destaca a possibilidade de apuração de questões fáticas no controle abstrato de constitucionalidade, já que, após as manifestações do advogado-geral da União e do procurador-geral da República, pode o relator da ADI ou da ação declaratória de constitucionalidade requisitar informações adicionais ou mesmo designar perito para o esclarecimento de matéria ou circunstância de fato.

1: Sim, por intermédio de mandado de segurança impetrado pelos congressistas que, segundo o STF, têm direito líquido e certo ao devido processo legislativo; 2: Art. 9º, § 1º, da Lei 9.868/1999. Gabarito 1C, 2C.

(Procurador Federal – 2010 – CESPE) No que concerne ao controle concentrado de constitucionalidade, julgue os seguintes itens.

(1) Para o STF, o indeferimento da medida cautelar na ADI não significa confirmação da constitucionalidade da lei com efeito vinculante.

(2) No processo objetivo de controle de constitucionalidade, o *amicus curiae* tem legitimidade para interpor recurso nas mesmas hipóteses facultadas ao titular da ação.

1: Sim. E de acordo com os §§ 1º e 2º do art. 11 da Lei 9.868/1999, "a medida cautelar, dotada de eficácia contra todos, será concedida com efeito *ex nunc*, salvo se o Tribunal entender que deva conceder-lhe eficácia retroativa"; "A concessão da medida cautelar torna aplicável a legislação anterior acaso existente, salvo expressa manifestação em sentido contrário"; 2: De acordo com o art. 26 da Lei 9.868/1999, "a decisão que declara a constitucionalidade ou a inconstitucionalidade da lei ou do ato normativo em ação direta ou em ação declaratória é irrecorrível, ressalvada a interposição de embargos declaratórios, não podendo, igualmente, ser objeto de ação rescisória". Gabarito 1C, 2E.

(Procurador da Fazenda Nacional – 2007.2 – ESAF) Considerem-se as seguintes formulações:

A) compete ao Supremo Tribunal Federal, precipuamente, a guarda da Constituição, cabendo-lhe processar e julgar, originariamente, a ação direta de inconstitucionalidade de lei ou ato normativo federal, estadual ou municipal e a ação declaratória de constitucionalidade de lei ou ato normativo federal;

B) cabe aos Estados a instituição de representação de inconstitucionalidade de leis ou atos normativos estaduais ou municipais, em face da Constituição estadual, vedada a atribuição de legitimação para agir a um único órgão;

C) compete ao Supremo Tribunal Federal, precipuamente, a guarda da Constituição, cabendo-lhe processar e julgar, originariamente, a ação direta de inconstitucionalidade de lei ou ato normativo federal e a ação declaratória de lei ou ato normativo federal, estadual e municipal;

D) cabe aos Estados a instituição de representação de inconstitucionalidade de leis ou atos normativos estaduais e municipais e de declaração de constitucionalidade de leis ou atos normativos municipais, em face da Constituição estadual, vedada a atribuição de legitimação para agir a um único órgão;

E) compete ao Supremo Tribunal Federal, precipuamente, a guarda da Constituição, cabendo-lhe processar e julgar, originariamente, a ação direta de inconstitucionalidade e a ação declaratória de constitucionalidade de lei ou ato normativo federal, estadual ou municipal.

As cinco opções de resposta a seguir indicam, para cada uma das formulações acima, com idêntica correspondência de letras, ou que a resposta é "certa" ou que a resposta é "errada". Assinale a única opção correta, das cinco possíveis, independentemente de essa opção correta poder indicar que "a formulação sob a letra tal, acima, está certa ou errada".

(A) A formulação, sob a letra "A", está certa.
(B) A formulação, sob a letra "D", está errada.

(C) A formulação, sob a letra "C", está errada.
(D) A formulação, sob a letra "B", está certa.
(E) A formulação, sob a letra "E", está certa.

A, C, E: Art. 102, I, *a*, da CF: não cabe ADIn contra lei municipal, mas apenas contra lei ou ato normativo federal ou estadual. A ADC tem objeto mais restrito: lei ou ato normativo federal; B: Art. 125, § 2º, da CF; D: O art. 125, § 2º, da CF autoriza apenas a instituição de ADIn estadual. Vale ressaltar que há autores que defendem que os Estados podem estabelecer outras ações de controle de constitucionalidade (Pedro Lenza). Gabarito "D".

(Procurador da Fazenda Nacional – 2007 – ESAF) Assinale a opção incorreta.

(A) A Constituição de 1988 trouxe inúmeras inovações ao controle de constitucionalidade, entre elas a ampliação do rol de legitimados para a propositura da Ação Direta de Inconstitucionalidade.
(B) A decisão de mérito proferida em sede de controle concentrado é irrecorrível, salvo a hipótese de embargos declaratórios, e não está sujeita à desconstituição pela via da ação rescisória.
(C) A concessão de liminar em sede de Ação Declaratória de Constitucionalidade, como regra, implica na suspensão do ato normativo impugnado até decisão final de mérito pelo Supremo Tribunal Federal.
(D) Segundo jurisprudência do Supremo Tribunal Federal, a norma constitucional originária não é passível de controle de constitucionalidade.
(E) A supremacia jurídica da Constituição é que fornece o ambiente institucional favorável ao desenvolvimento do sistema de controle de constitucionalidade.

A: Até a Constituição de 1988 a legitimidade ativa para a propositura de ADIn era privativa do Procurador-Geral da República; B: Art. 26 da Lei 9.868/1999; C: O art. 21 da Lei 9.868/1999 determina a suspensão dos *processos* que envolvam a aplicação da lei ou do ato normativo objeto da ADC até seu julgamento definitivo; D: Certo. Vale ressaltar que as normas decorrentes de emendas constitucionais ou de revisão constitucional podem ser objeto de controle de constitucionalidade; E: A supremacia da Constituição e a rigidez constitucional são apontadas pela doutrina como pressupostos do controle de constitucionalidade. Gabarito "C".

(Procurador da Fazenda Nacional – 2007 – ESAF) Assinale a opção correta.

(A) Em respeito ao pacto federativo, a Constituição prevê a possibilidade de adoção pelos Estados-Membros e pelo Distrito Federal da Ação Declaratória de Constitucionalidade, da Ação Direta de Inconstitucionalidade por Omissão e da Ação por Descumprimento de Preceito Fundamental, desde que respeitados os princípios gerais nela traçados para cada uma dessas ações.
(B) A Mesa do Congresso Nacional não tem legitimidade para a propositura da Ação Direta de Inconstitucionalidade.
(C) Segundo jurisprudência do Supremo Tribunal Federal, não é admissível a figura do amicus curiae em sede de Ação por Descumprimento de Preceito Fundamental.
(D) A perda da representação do partido político junto ao Congresso Nacional implica na perda da capacidade postulatória, com conseqüente extinção, sem resolução do mérito, da Ação Direta de Inconstitucionalidade anteriormente proposta.
(E) O Supremo Tribunal Federal não reconhece a legitimidade ativa das chamadas associação de associações para fins de ajuizamento da Ação Direta de Inconstitucionalidade.

A: O art. 125, § 2º, da CF só prevê a adoção da ADIn pelos Estados; B: O art. 103, II e III, da CF refere-se à Mesa do Senado Federal e à Mesa da Câmara dos Deputados. A CF não lista a Mesa do Congresso Nacional; C: O STF tem admitido a participação de *amicus curiae* na ADPF, como nas ADPF 46, 54 e 73. V. art. 6º, § 2º, da Lei 9.882/1999; D: O STF hoje entende que se o partido político tinha representação no Congresso Nacional na data da propositura da ADIn, a ação pode ser julgada; E: O STF modificou o entendimento anterior e hoje admite a propositura de ADIn por "associação de associações". V. ADIn 3.153/DF, Rel. para acórdão Min. Sepúlveda Pertence. Gabarito "B".

(Advogado da União/AGU – CESPE – 2009) Acerca do controle de constitucionalidade no Brasil, julgue os itens que se seguem.

(1) É possível a declaração de inconstitucionalidade de norma constitucional originária incompatível com os princípios constitucionais não escritos e os postulados da justiça, considerando-se a adoção, pelo sistema constitucional brasileiro, da teoria alemã das normas constitucionais inconstitucionais.

(2) É admissível o controle de constitucionalidade de emenda constitucional antes mesmo de ela ser votada, no caso de a proposta atentar contra cláusula pétrea, sendo o referido controle feito por meio de mandado de segurança, que deve ser impetrado exclusivamente por parlamentar federal.
(3) A declaração de inconstitucionalidade de uma norma pelo STF acarreta a repristinação da norma anterior que por ela havia sido revogada, efeito que pode ser afastado, total ou parcialmente, por decisão da maioria de 2/3 dos membros desse tribunal, em decorrência de razões de segurança jurídica ou de excepcional interesse social.
(4) De acordo com entendimento do STF, a decisão declaratória de inconstitucionalidade de determinada lei ou ato normativo não produzirá efeito vinculante em relação ao Poder Legislativo, sob pena de afronta à relação de equilíbrio entre o tribunal constitucional e o legislador.

1: Não há inconstitucionalidade de norma constitucional fruto do Poder Constituinte Originário, apenas do Poder Constituinte Derivado (emendas constitucionais e emendas de revisão); 2: Sim, pois o STF entende que os congressistas têm direito líquido e certo ao devido processo legislativo; 3: Segundo o próprio CESPE, a declaração final de inconstitucionalidade pelo STF, quando proferida em sede de fiscalização normativa abstrata, importa restauração das normas anteriormente revogadas pelo diploma normativo objeto do juízo de inconstitucionalidade, considerado o efeito repristinatório que lhe é inerente; 4: Art. 102, § 2º, da CF. Gabarito 1E, 2C, 3C, 4C.

(Advogado da União/AGU – CESPE – 2009) Com relação ao controle de constitucionalidade de normas, julgue os itens seguintes.

(1) A decisão de mérito proferida pelo STF no âmbito de ação declaratória de constitucionalidade produz, em regra, efeitos ex nunc e vinculantes para todos os órgãos do Poder Executivo e demais órgãos do Poder Judiciário.
(2) Na argüição de descumprimento de preceito fundamental, a decisão exarada produz efeito vinculante, que, em sua dimensão objetiva, abrange não só a parte dispositiva, mas também os fundamentos determinantes da decisão.
(3) Segundo entendimento do STF, é possível a utilização da técnica da modulação ou limitação temporal dos efeitos de decisão declaratória de inconstitucionalidade no âmbito do controle difuso de constitucionalidade.

1: Não reflete o disposto no art. 102, § 2º, da CF; 2: Art. 10, § 3º, da Lei 9.882/1999; 3: Aplicação ao controle difuso, por analogia, da regra do art. 27 da Lei 9.868/1999. Gabarito 1E, 2C, 3C.

(Defensoria Pública da União – 2007 – CESPE) Julgue o seguinte item.

(1) A suspensão dos efeitos de norma declarada inconstitucional, por qualquer via, depende de edição de resolução pelo Senado Federal.

A competência atribuída ao Senado Federal pelo art. 52, X, da CF limita-se ao controle difuso ou incidental de constitucionalidade. No controle concentrado, a decisão do STF, por si só, já produz efeitos contra todos e vinculantes (art. 28, parágrafo único, da Lei 9.868/1999). Gabarito 1E.

(Defensoria Pública da União – 2007 – CESPE) Julgue o seguinte item.

(1) Qualquer pessoa juridicamente interessada na declaração de inconstitucionalidade pode ingressar como assistente na ação direta de inconstitucionalidade.

O art. 7º da Lei 9.868/1999 prevê a regra: Não se admitirá intervenção de terceiros no processo de ação direta de inconstitucionalidade. Entretanto, excepcionalmente, o relator poderá admitir a participação de órgãos ou entidades (§ 2º do art. 7º). Gabarito 1E.

(Defensoria Pública da União – 2007 – CESPE) Julgue o seguinte item.

(1) Apenas durante o recesso do STF o relator poderá conceder medida cautelar suspendendo os efeitos da lei.

Art. 10 da Lei 9.868/1999. Gabarito 1C.

(Defensoria Pública da União – 2007 – CESPE) Julgue o seguinte item.

(1) A declaração de constitucionalidade ou de inconstitucionalidade em ADIN e ação declaratória de constitucionalidade tem sempre efeito vinculante em relação ao Poder Judiciário e à administração pública direta e indireta.

Art. 28, parágrafo único, da Lei 9.868/1999. Gabarito 1C.

(Defensoria Pública da União – 2007 – CESPE) Julgue o seguinte item.

(1) A decisão sobre a constitucionalidade de uma lei só poderá ser tomada se estiverem presentes ao menos 6 dos 11 ministros do STF na sessão de julgamento.

O art. 22 da Lei 9.868/1999 exige a presença de oito ministros. Gabarito 1E

(Defensoria Pública da União – 2007 – CESPE) Julgue o seguinte item.

(1) Decisão que declara a constitucionalidade ou a inconstitucionalidade de norma pode ser atacada por embargos de declaração, mas não poderá ser desconstituída em ação rescisória.

Art. 26 da Lei 9.868/1999. Gabarito 1C

(Defensoria Pública da União – 2007 – CESPE) Julgue o seguinte item.

(1) O STF só pode determinar a modulação dos efeitos da decisão que declara a inconstitucionalidade de norma em ação direta de inconstitucionalidade.

O STF tem admitido a aplicação da norma do art. 27 da Lei 9.868/1999 ao controle difuso, por analogia. Gabarito 1E

(Defensoria Pública da União – 2007 – CESPE) Julgue o seguinte item.

(1) A OAB não está submetida ao requisito da pertinência temática em ação direta de inconstitucionalidade.

De acordo com a jurisprudência do STF, o Conselho Federal da OAB é legitimado universal para a propositura de ADIn, não precisando demonstrar pertinência temática. Gabarito 1C

(Defensoria Pública da União – 2007 – CESPE) Julgue o seguinte item.

(1) Apesar de uma norma ser considerada constitucional, admite-se que ela possa, depois, ser declarada inconstitucional.

Sim, por exemplo, nos casos de inconstitucionalidade material superveniente, de inconstitucionalidade progressiva ("lei ainda constitucional") e, também, em virtude da não vinculação do STF aos seus próprios precedentes e às conclusões dos outros Poderes ao exercem controle de constitucionalidade. Gabarito 1C

(Defensoria Pública da União – 2007 – CESPE) Julgue o seguinte item.

(1) Qualquer prejudicado poderá, por meio da reclamação, atacar decisão judicial não transitada em julgado que contrarie acórdão sobre a constitucionalidade de norma em ação declaratória de constitucionalidade.

Após o julgamento da Rcl 1.880/SP, Rel. Min. Maurício Corrêa, o Supremo passou a admitir reclamação proposta por qualquer pessoa afetada pela desobediência à decisão proferida em controle abstrato, desde que comprovasse interesse de agir. Gabarito 1C

(MAGISTRATURA DO TRABALHO – 1ª REGIÃO – 2010 – CESPE) Assinale a opção correta em relação ao controle de constitucionalidade no sistema brasileiro.

(A) A teoria da modulação dos efeitos tem aplicação também quando o STF exara juízo negativo de recepção de determinada lei ou ato normativo.
(B) Ao julgar procedente, em parte, determinada ADI, para conferir ao texto impugnado interpretação conforme a CF, o STF pode, por arrastamento, conferir interpretação conforme outro dispositivo legal que não foi objeto da ação.
(C) Se um juiz, em controle difuso de constitucionalidade, afasta a aplicação de determinada lei, declarando-a inconstitucional, quando já há decisão proferida pelo STF indeferindo medida cautelar em ADI tendo por objeto a mesma lei, cabe o ajuizamento de reclamação dirigida à Suprema Corte.
(D) Segundo entendimento do STF, uma vez indeferida medida cautelar em ADI, não é cabível a reiteração do pedido de concessão da medida, considerando-se a natureza objetiva do controle.
(E) A decisão do STF que, em ação declaratória de constitucionalidade, declara a constitucionalidade de determinada lei ou ato normativo pode ser objeto de novo exame, se fundado em novos argumentos que levariam à interpretação no sentido da inconstitucionalidade.

A: RE 395.902-AgR, Rel. Min. Celso de Mello: "A não recepção de ato estatal pré-constitucional, por não implicar a declaração de sua inconstitucionalidade – mas o reconhecimento de sua pura e simples revogação (*RTJ* 143/355 — *RTJ* 145/339) —, descaracteriza um dos pressupostos indispensáveis à utilização da técnica da modulação temporal, que supõe, para incidir, dentre outros elementos, a necessária existência de um juízo de inconstitucionalidade"; B: Sim, pois a ADIn tem causa de pedir aberta, ou seja, o STF não está vinculado à fundamentação da ADIn; C: De acordo com o entendimento do STF, o indeferimento de cautelar em ADIn não tem por consequência a afirmação de que a lei é constitucional, nem eficácia vinculante a possibilitar o ajuizamento de uma reclamação; D: Como já foi questão do próprio CESPE, o indeferimento da medida cautelar na ADI não significa confirmação da constitucionalidade da lei com efeito vinculante, nem mesmo para o STF. Assim, apresentados novos fatos, pode considerar presentes os requisitos para o deferimento da cautelar; E: Tanto a decisão final em ADIn, como a decisão final em ADC, produzem efeitos vinculantes e *erga omnes* (art. 102, § 2°, da CF). Gabarito "B".

(Magistratura do Trabalho – 3ª Região – 2009) Assinale a assertiva ("a" a "e") correta em relação aos enunciados de I a V, observadas a Constituição da República e a legislação pertinente:

I. Dentre outras hipóteses, também caberá arguição de descumprimento de preceito fundamental quando for relevante o fundamento da controvérsia constitucional sobre lei ou ato normativo federal, estadual ou municipal, incluídos os anteriores à Constituição.
II. Não será admitida arguição de descumprimento de preceito fundamental quando houver outro meio eficaz de sanar a lesividade.
III. Em sede de arguição de descumprimento de preceito fundamental, se entender necessário, o relator poderá ouvir as partes nos processos que ensejaram a arguição, requisitar informações adicionais, designar perito ou comissão de peritos para que emita parecer sobre a questão, ou ainda, fixar data para declarações, em audiência pública, de pessoas com experiência e autoridade na matéria.
IV. Ao declarar a inconstitucionalidade de lei ou de ato normativo, no processo de argüição de descumprimento de preceito fundamental, e tendo em vista razões de segurança jurídica ou de excepcional interesse social, poderá o Supremo Tribunal Federal, por maioria de dois terços de seus membros, restringir os efeitos daquela declaração ou decidir que ela só tenha eficácia a partir de seu trânsito em julgado ou de outro momento que venha a ser fixado.
V. São requisitos essenciais da petição inicial da arguição de descumprimento de preceito constitucional: indicação do preceito fundamental que se considera violado; indicação do ato questionado; prova da violação do preceito fundamental; o pedido com suas especificações; se for o caso, a comprovação da existência de controvérsia judicial relevante sobre a aplicação do preceito fundamental que se considera violado.

(A) somente um enunciado é verdadeiro
(B) somente dois enunciados são verdadeiros
(C) somente três enunciados são verdadeiros
(D) somente quatro enunciados são verdadeiros
(E) todos os enunciados são verdadeiros

I: Art. 1°, parágrafo único, I, da Lei 9.882/1999; II: Art. 4°, § 1°, da Lei 9.882/1999; III: Art. 6°, § 1°, da Lei 9.882/1999; IV: Art. 11 da Lei 9.882/1999; V: Art. 3°, I a V, da Lei 9.882/1999. Gabarito "E".

(Magistratura do Trabalho – 9ª Região – 2009) Considere as seguintes proposições:

I. As decisões definitivas de mérito, proferidas pelo Supremo Tribunal Federal, nas ações diretas de inconstitucionalidade, nas ações declaratórias de constitucionalidade e em sede de recurso extraordinário produzirão eficácia contra todos e efeito vinculante, relativamente aos demais órgãos do Poder Judiciário e à administração pública direta e indireta, nas esferas federal, estadual e municipal.
II. Declarada a inconstitucionalidade por omissão de medida para tornar efetiva norma constitucional, será dada ciência ao Poder competente para a adoção das providências necessárias e, em se tratando de omissão legislativa federal, ao Congresso Nacional, para apreciação de projeto de lei em trinta dias.

III. O Supremo Tribunal Federal poderá, de ofício ou por provocação, mediante decisão de dois terços dos seus membros, após reiteradas decisões sobre matéria constitucional, aprovar súmula que, a partir de sua publicação na imprensa oficial, terá efeito vinculante em relação aos demais órgãos do Poder Judiciário e à administração pública direta e indireta, nas esferas federal, estadual e municipal, bem como proceder à sua revisão ou cancelamento, na forma estabelecida em lei.

IV. Do ato administrativo ou decisão judicial que contrariar a súmula aplicável ou que indevidamente a aplicar, caberá reclamação ao Supremo Tribunal Federal que, julgando-a procedente, anulará o ato administrativo ou cassará a decisão judicial reclamada, e proferirá decisão substitutiva com ou sem a aplicação da súmula, conforme o caso.

V. A argüição de descumprimento de preceito fundamental será proposta perante o Supremo Tribunal Federal e terá por objeto evitar ou reparar lesão a preceito fundamental, resultante de ato do Poder Público, comportando medida liminar, inclusive consistente na determinação de que juízes e tribunais suspendam o andamento de processo ou os efeitos de decisões judiciais, ou de qualquer outra medida que apresente relação com a matéria objeto da arguição de descumprimento de preceito fundamental, mesmo se decorrentes da coisa julgada.

(A) somente a proposição III está correta
(B) somente a proposição IV está correta
(C) somente as proposições I e II estão corretas
(D) somente as proposições III e IV estão corretas
(E) somente as proposições III e V estão corretas

I: Errado. Para a ADIn e ADC aplica-se a regra do art. 102, § 2º, da CF. O recurso extraordinário, porém, não possui eficácia vinculante e contra todos, mas apenas *inter partes*; II: Não reflete o disposto no art. 103, § 2º, da CF; III: Art. 103-A da CF; IV: Não reflete o disposto no art. 103-A, § 3º, da CF; V: A primeira parte está correta (art. 1º, *caput* e art. 5º, ambos da Lei 9.882/1999). Entretanto, a parte final contraria o disposto no art. 5º, § 3º, da mesma lei. Gabarito "A".

(Magistratura do Trabalho – 16ª Região – 2006) Considere os itens abaixo:

I. É admissível ação direta de inconstitucionalidade de lei e de ato normativo, mesmo que este já esteja revogado.

II. A ação direta de inconstitucionalidade de leis ou atos normativos municipais contrários à Constituição Federal deve ser processada perante o Supremo Tribunal Federal;

III. Não é possível o controle concentrado de constitucionalidade de lei municipal ou ato normativo municipal em face da Constituição Federal;

IV. Não é possível o controle concentrado de constitucionalidade de decretos, mesmo que autônomos.

Com base na jurisprudência do STF assinale a alternativa CORRETA:

(A) II e IV;
(B) Somente II;
(C) Somente III;
(D) I e III;
(E) II e III.

I: A lei revogada já não produz efeitos, motivo por que a ADIn perde seu objeto quando há revogação durante seu curso. A ADIn deixa de ser útil ou necessária. II: Art. 102, I, *a*, da CF. Não cabe ADIn contra lei ou ato normativo municipal. III: Essa é a regra. Entretanto, vale lembrar o cabimento de ADPF contra lei municipal, na forma do art. 1º, parágrafo único, I, da Lei 9.882/1999. IV: Os decretos autônomos podem ser objeto de controle de constitucionalidade, principalmente para verificar possível violação ao princípio da reserva legal. Gabarito "C".

(Magistratura do Trabalho – 16ª Região – 2006) Considere os itens abaixo:

I. O controle preventivo de constitucionalidade é realizado dentro do processo legislativo e somente pelo Poder Legislativo.

II. Conforme a Constituição Federal, somente pelo voto da maioria absoluta de seus membros, ou dos membros do respectivo órgão especial poderão os tribunais declarar a inconstitucionalidade da lei ou ato normativo do poder público.

III. Declarada incidenter tantum, a inconstitucionalidade de lei ou ato normativo pelo STF, desfaz-se desde sua origem a eficácia do declarado inconstitucional, com efeitos ex tunc para as partes do processo em que houver a declaração.

IV. Poderão ser ampliados os efeitos da declaração incidental, quando o Senado suspender a eficácia da lei ou ato normativo, declarado inconstitucional por decisão definitiva do STF, que terá efeito erga omnes e ex tunc.

Assinale a opção CORRETA:

(A) I e II;
(B) I e III;
(C) II e III;
(D) III, IV;
(E) II e IV.

I: Pode ser realizado fora do processo legislativo, na hipótese em que o Legislativo rejeita Medida Provisória inconstitucional. E pode ser realizado pelo Poder Executivo, ao vetar projeto de lei que considere inconstitucional. II: Art. 97, CF. III: Como regra geral, no controle difuso os efeitos são *inter partes* e *ex tunc*. Entretanto, o STF já reconheceu eficácia *ex nunc* nessas hipóteses (V., e.g., RE 197.917, Rel. Min. Maurício Corrêa). IV: De acordo com a doutrina majoritária, a suspensão de eficácia da norma, pelo Senado Federal (art. 52, X, CF), tem eficácia *erga omnes* e *ex nunc*. Gabarito "C".

(Magistratura do Trabalho – 14ª Região – 2006) Controle da constitucionalidade.

I. No Brasil, o controle da constitucionalidade exercido pelo Poder Judiciário é realizado tanto na forma concentrada quanto na forma difusa. Nesta última, é permitido a todo e qualquer juiz, num caso concreto, a análise da compatibilidade do ordenamento jurídico com a Constituição da República.

II. Compete privativamente à Câmara dos Deputados suspender a execução, no todo ou em parte, de lei declarada inconstitucional por decisão definitiva do Supremo Tribunal Federal.

III. A declaração de inconstitucionalidade de lei pela via de exceção gera efeitos "erga omnes", enquanto que a declaração de inconstitucionalidade pela via de ação atinge somente as partes.

IV. São espécies de controle concentrado contemplados pela Constituição da República a ação direta de inconstitucionalidade, a ação direta de inconstitucionalidade interventiva, a ação direta de inconstitucionalidade por omissão e a ação declaratória de constitucionalidade.

Responda:

(A) todas as opções estão corretas;
(B) apenas três opções estão corretas;
(C) apenas duas opções estão corretas;
(D) apenas uma opção está correta;
(E) todas as opções estão incorretas.

I: O controle difuso, também conhecido como repressivo, posterior, pela via de exceção ou defesa, ou controle aberto, é realizado por qualquer juiz ou tribunal. No caso dos tribunais, deve-se observar a regra do art. 97 da Constituição. O controle concentrado pode ser realizado pela via da ADIn (art. 102, I, *a*, CF), ADPF (art. 102, § 1º, CF), ADIn por omissão (art. 103, § 2º, CF), ADI interventiva (art. 35, IV e art. 36, III, CF) e ADC (art. 102, I, *a* e § 2º e art. 103, CF). II: Art. 52, X, CF; III: Justo o contrário: eficácia *inter partes* no controle difuso (ou por exceção) e eficácia *erga omnes* no controle concentrado (ou por ação). IV: Art. 102, I, *a*; Arts. 35, IV e 36, III, CF; Art. 103, § 2º, CF; e Art. 102, I, *a* e § 2º e Art. 103, CF, respectivamente. Gabarito "C".

(Ministério Público do Trabalho – 14º) Não pode ser objeto de ação direta de inconstitucionalidade perante o Supremo Tribunal Federal:

(A) o decreto legislativo aprovado pelo Congresso Nacional com o escopo de sustar os atos normativos do Poder Executivo que exorbitem do poder regulamentar ou dos limites de delegação legislativa;
(B) a lei ou ato normativo já revogado;
(C) as medidas provisórias;

(D) as leis formais;
(E) não respondida.

A, C, D: O art. 102, I, *a*, da CF prevê o cabimento de ADIn contra lei ou ato normativo federal ou estadual. As MPs têm força de lei e inovam o ordenamento jurídico. Decretos legislativos gerais e abstratos também podem ser objeto de ADIn; B: Leis revogadas ou de eficácia exaurida não podem ser objeto de ADIn segundo o STF. Nesse caso, a ADIn não seria útil ou necessária, pois já se realizou a suspensão de sua eficácia. Podem, entretanto, ser objeto de controle difuso. Gabarito "B".

(Ministério Público do Trabalho – 14º) Leia com atenção:

I. Como regra geral, o controle de constitucionalidade não se mostra adequado para obstar a tramitação de projeto de lei ou de proposta de emenda constitucional.

II. Mesmo havendo pronunciamento do Supremo Tribunal Federal, afirmando a inconstitucionalidade de lei ou de ato normativo, em sede de controle incidental, é necessário que o Plenário de Tribunal Regional ou seu Órgão Especial se manifeste sobre arguição de inconstitucionalidade da mesma lei ou ato normativo.

III. O controle incidental de constitucionalidade pode se realizar inclusive tomando por parâmetro norma constitucional que já não está mais em vigor.

Assinale a alternativa CORRETA:

(A) apenas as assertivas I e III estão corretas;
(B) apenas a assertiva III está correta;
(C) todas as assertivas estão corretas;
(D) as assertivas I e II estão corretas;
(E) não respondida.

I: Como regra geral a resposta está correta. Excepcionalmente, porém, o STF admite a impetração de MS por congressistas, para obstar a tramitação de proposta de emenda constitucional contrária ao art. 60, 4º, da CF; II: Art. 481, parágrafo único, do CPC; III: Embora não caiba ADIn contra norma da Constituição anterior, é possível questionar a compatibilidade de direito pré-constitucional pela via do recurso extraordinário, ou seja, em controle incidental. Gabarito "A".

(Ministério Público do Trabalho – 13º) Quanto ao controle de constitucionalidade no Brasil:

I. as decisões definitivas de mérito, proferidas pelo Supremo Tribunal Federal, nas ações diretas de inconstitucionalidade e nas ações declaratórias de constitucionalidade produzirão eficácia erga omnes, efeito vinculante e *ex nunc*, relativamente aos demais órgãos do Poder Judiciário e à administração pública direta e indireta, nas esferas federal, estadual, distrital, territorial e municipal;

II. declarada a inconstitucionalidade por omissão de medida para tornar efetiva norma constitucional ou lei federal, será dada ciência ao Poder competente para a adoção das providências necessárias e, em se tratando de órgão administrativo, para fazê-lo em trinta dias;

III. quando o Supremo Tribunal Federal apreciar ação direta de inconstitucionalidade e ação declaratória de constitucionalidade, de norma legal ou ato normativo, citará, previamente, o Advogado-Geral da União, que defenderá o ato ou texto impugnado.

Analisando-se as asserções acima, pode-se afirmar que:

(A) todas estão corretas;
(B) todas estão incorretas;
(C) apenas a de número I está incorreta;
(D) apenas as de números I e III estão incorretas;
(E) não respondida.

I: Art. 102, § 2º, da CF e art. 28, parágrafo único, da Lei 9.868/1999: eficácia ***erga omnes*** e vinculante. De acordo com a doutrina majoritária e com o STF, a declaração de inconstitucionalidade tem, em regra, eficácia ***ex tunc*** (art. 27 da Lei 9.868/1999, *a contrario sensu*). II: Art. 103, § 2º, da CF: a ADIn por omissão busca tornar efetiva norma constitucional, e não lei federal. III: Art. 103, § 3º, da CF: a atuação do AGU limita-se à ADIn. Não há falar em prévia citação do Advogado-Geral da União em ADC. Gabarito "B".

(Procurador do Município/Aracaju – 2008 – CESPE) Com referência ao controle de constitucionalidade de leis, julgue o item que segue de acordo com o posicionamento do STF.

(1) O *amicus curiae* não tem legitimidade para recorrer de decisões proferidas em ação declaratória de inconstitucionalidade, salvo daquelas que não o admitam como tal no processo.

A jurisprudência do STF é assente quanto ao não cabimento de recursos interpostos por terceiros estranhos à relação processual nos processos objetivos de controle de constitucionalidade, salvo para impugnar sua não intervenção nos autos. V. ADIn 3615/PB, Rel. Min. Cármen Lúcia. Gabarito 1C.

(Procurador do Município/Aracaju – 2008 – CESPE) Com referência ao controle de constitucionalidade de leis, julgue o item que segue de acordo com o posicionamento do STF.

(1) Normas infraconstitucionais anteriores à Constituição Federal de 1988 não podem ser objeto de ação direta de inconstitucionalidade.

Se houver incompatibilidade entre a norma infraconstitucional anterior e a Constituição atual, a norma não foi recepcionada, não havendo falar em controle abstrato dessa lei. Entretanto, a contrariedade pode ser reconhecida incidentalmente, em controle difuso. Gabarito 1C.

(Procurador do Município/Aracaju – 2008 – CESPE) Com referência ao controle de constitucionalidade de leis, julgue o item que segue de acordo com o posicionamento do STF.

(1) O Ato das Disposições Constitucionais Transitórias é hierarquicamente inferior à parte permanente da Constituição por se limitar a cuidar da passagem de um regime constitucional para um outro novo.

Não há hierarquia entre as normas do texto permanente da CF e as do ADCT, que se encontram no mesmo grau de positividade jurídica. V. RE 215.107, Rel. Min. Celso de Mello, Segunda Turma, j. em 21/11/2006, DJ 02/02/2007. Gabarito 1E.

(Procurador do Município/Aracaju – 2008 – CESPE) Com referência ao controle de constitucionalidade de leis, julgue o item que segue de acordo com o posicionamento do STF.

(1) O governador de Sergipe não pode ajuizar, no STF, ação direta de inconstitucionalidade contra lei paulista que cuida de isenção de ICMS, por carecer de pertinência temática.

Pertinência temática está representada pela repressão à guerra fiscal entre as unidades federadas, mediante deferimento de isenções e benefícios fiscais atinentes ao ICMS, com afronta à norma constitucional do art. 155, § 2º, XII, *g*, que submete sua concessão à decisão consensual dos Estados, na forma de lei complementar. V. ADI 2377, Rel. Min. Sepúlveda Pertence, Tribunal Pleno. Gabarito 1E.

(Procurador do Município/Aracaju – 2008 – CESPE) Com referência ao controle de constitucionalidade de leis, julgue o item que segue de acordo com o posicionamento do STF.

(1) O município de Aracaju pode ajuizar, perante o Tribunal de Justiça de Sergipe, ação direta de inconstitucionalidade de lei municipal que fira a Constituição estadual.

De acordo com o art. 108, VI, da Constituição de Sergipe, o Prefeito Municipal tem legitimidade para propor ADIn no âmbito do TJ, mas não o Município. Gabarito 1E.

(CESPE – 2008) Assinale a opção correta no que se refere ao controle concentrado da constitucionalidade.

(A) A ação direta contra lei municipal poderá ser ajuizada no Supremo Tribunal Federal (STF).
(B) A declaração de inconstitucionalidade sempre produzirá efeitos *ex nunc*.
(C) A ação direta contra lei estadual somente será julgada no tribunal de justiça local.
(D) Não há previsão constitucional para o julgamento de ação direta no âmbito dos tribunais regionais federais (TRFs).

A: arts. 102, I, *a*, e 125, § 2º, da CF; B: a declaração de inconstitucionalidade produz em regra efeitos *ex tunc*; C: art. 102, I, *a*, da CF; D: a ação direta será julgada pelo STF (art. 102, I, *a*, da CF), quando se tratar de lei ou ato normativo federal ou estadual em face da Constituição Federal, e será julgada pelo TJ local (art. 125, § 2º, da CF), em se tratando de leis ou atos normativos estaduais ou municipais em face da Constituição Estadual. No que concerne ao controle concentrado, de fato a Carta Magna não conferiu nenhuma competência aos TRFs. Gabarito "D".

(CESPE – 2008) Acerca do controle de constitucionalidade concentrado, julgue os itens a seguir.

I. A administração pública indireta, assim como a direta, nas esferas federal, estadual e municipal, fica vinculada às decisões definitivas de mérito proferidas pelo STF nas ações diretas de inconstitucionalidade e nas ações declaratórias de constitucionalidade.

II. Em razão do princípio da subsidiariedade, a ação direta de inconstitucionalidade por omissão somente será cabível se ficar provada a inexistência de qualquer meio eficaz para afastar a lesão no âmbito judicial.

III. É possível controle de constitucionalidade do direito estadual e do direito municipal no processo de argüição de descumprimento de preceito fundamental.

IV. São legitimados para propor ação direta de inconstitucionalidade interventiva os mesmos que têm legitimação para propor ação direta de inconstitucionalidade genérica.

Estão certos apenas os itens

(A) I e II.
(B) I e III.
(C) II e IV.
(D) III e IV.

Item I: art. 102, § 2º, da CF; item II: não é requisito da ação direta por omissão; item III: art. 102, § 1º, da CF, e art. 1º, parágrafo único, I, da Lei n. 9.882/1999; item IV: está legitimado para a propositura da ação direta interventiva federal o procurador-geral da República (arts. 34, VII, e 36, III, da CF). Gabarito "B".

(CESPE – 2006) Considere que uma associação de moradores, constituída há mais de cinco anos na cidade de Salvador – BA, ingressou com ação civil pública perante a justiça estadual baiana postulando a declaração de inconstitucionalidade de uma lei municipal, por ela violar direitos fundamentais previstos na Constituição da República. Nessa situação, o juiz da causa deve

(A) indeferir a petição inicial, por ilegitimidade processual ativa, na medida em que a ação civil pública é um instrumento processual exclusivo do Ministério Público.
(B) indeferir a petição inicial, pois o pedido é incompatível com a via processual escolhida.
(C) indeferir a petição inicial, pois juízes estaduais não podem exercer controle de constitucionalidade.
(D) declarar-se incompetente para o julgamento da causa, pois a incompatibilidade entre leis municipais e a Constituição da República somente pode ser apreciada pela justiça federal.

Segundo entendimento do STF, a ação civil pública somente poderá ser utilizada como instrumento idôneo para questionar a constitucionalidade de lei ou ato do Poder Público quando a questão constitucional identificar-se como prejudicial, incidental. No caso acima, a controvérsia constitucional revela-se como objeto único da demanda. Gabarito "B".

(CESPE – 2006) Considere que, no julgamento de uma ação direta de inconstitucionalidade, o Supremo Tribunal Federal (STF) realizou procedimento hermenêutico de "interpretação conforme" e declarou a inconstitucionalidade parcial, sem redução do texto, de determinado artigo de lei complementar federal. Nessa situação, considerando que o referido acórdão nada dispõe acerca da extensão dos seus efeitos, a declaração de inconstitucionalidade

(A) tem efeitos *ex nunc*, pois a atribuição de efeitos retroativos a um acórdão somente pode ser feita mediante determinação expressa, na própria decisão, da maioria absoluta dos membros do tribunal.
(B) tem efeitos *inter partes*, por tratar-se de declaração de inconstitucionalidade parcial.
(C) tem efeitos *erga omnes* e *ex tunc*.
(D) somente terá efeito vinculante caso o Senado Federal suspenda a eficácia do dispositivo declarado inconstitucional.

Art. 102, § 2º, da CF. É a regra em se tratando de declarações de inconstitucionalidade. Eficácia contra todos e retroativa. Gabarito "C".

5. DIREITOS E DEVERES INDIVIDUAIS E COLETIVOS

(Magistratura/PE – 2011 – FCC) Sobre os direitos e garantias fundamentais na Constituição brasileira de 1988 é correto afirmar:

(A) É inviolável o sigilo da correspondência e das comunicações telegráficas, de dados e das comunicações telefônicas, salvo por ordem judicial e para fins de investigação criminal ou instrução processual penal.
(B) No caso de iminente perigo público, a autoridade competente poderá usar de propriedade particular, assegurada ao proprietário indenização ulterior pelo uso e eventual dano.
(C) A pequena propriedade rural, assim definida em lei, desde que trabalhada pela família, não será objeto de penhora para pagamento de débitos decorrentes de sua atividade produtiva.
(D) O mandado de segurança coletivo pode se impetrado por partido político com ou sem representação no Congresso Nacional.
(E) São gratuitos, para os brasileiros, o registro civil de nascimento e a certidão de óbito.

A: Art. 5º, XII, da CF: "é inviolável o sigilo da correspondência e das comunicações telegráficas, de dados e das comunicações telefônicas, salvo, no último caso, por ordem judicial, nas hipóteses e na forma que a lei estabelecer para fins de investigação criminal ou instrução processual penal"; B: Art. 5º, XXV, da CF: "no caso de iminente perigo público, a autoridade competente poderá usar de propriedade particular, assegurada ao proprietário indenização ulterior, se houver dano"; C: Art. 5º, XXVI, da CF; D: Só por partido político com representação no Congresso Nacional (art. 5º, LXX, "a", da CF); E: O art. 5º, LXXVI, da CF estabelece a gratuidade para os reconhecidamente pobres, brasileiros ou não. Gabarito "C".

(Magistratura/RO – 2011 – PUCPR) Em relação às ações constitucionais, avalie as assertivas abaixo:

I. O mandado de segurança coletivo pode ser impetrado por partido político, com maioria no Congresso Nacional; organização sindical; entidade de classe; ou associação legalmente constituída e em funcionamento há pelo menos dois anos, em defesa dos interesses de seus membros ou associados.
II. Será concedido mandado de injunção sempre que a falta de norma regulamentadora torne inviável o exercício dos direitos e liberdades constitucionais e das prerrogativas inerentes à nacionalidade, à soberania e à cidadania.
III. Será concedido *habeas corpus* sempre que alguém sofrer ou se achar ameaçado de sofrer violência ou coação em sua liberdade de informação, por ilegalidade ou abuso de poder.
IV. Será concedido *habeas data* para assegurar o conhecimento de informações relativas à pessoa do impetrante, constantes de registros ou bancos de dados de entidades governamentais ou de caráter público ou para a retificação de dados, quando não se prefira fazê-lo por processo sigiloso, judicial ou administrativo.

Está(ão) CORRETA(S):

(A) Somente as assertivas I, II e III.
(B) Somente as assertivas I e III.
(C) Somente as assertivas II e IV.
(D) Somente as assertivas I e IV.
(E) Somente a assertiva II.

I: Não reflete o disposto no art. 5º, LXX, "a" e "b", da CF; II: Art. 5º, LXXI, da CF; III: Errada. Não cabe HC para proteção da liberdade de informação. O art. 5º, LXVII, da CF tutela a liberdade de locomoção; IV: Art. 5º, LXXVII, "a" e "b", da CF. Gabarito "C".

(Magistratura/SC – 2010) Qualquer cidadão em pleno gozo de seus direitos políticos pode invalidar atos ou contratos administrativos ilegais ou lesivos ao patrimônio da União, Estados ou Municípios. Esta afirmação refere-se a:

(A) Mandado de segurança.
(B) *Habeas data*.
(C) Ação popular.
(D) Ação de impropriedade administrativa.
(E) Mandado de injunção.

Art. 5º, LXXIII, da CF. Gabarito "C".

(Magistratura/PR – 2010 – PUC/PR) Dadas as alternativas abaixo, assinale a CORRETA.

I. Os tratados e convenções internacionais sobre direitos humanos que forem aprovados, em cada Casa do Congresso Nacional, em dois turnos, por dois terços dos votos dos respectivos membros, serão equivalentes às emendas constitucionais.
II. A Constituição Federal de 1988 não considerou a forma republicana de governo uma matéria petrificada no texto. Ou seja, hodiernamente, a forma de governo República não tem "status" de cláusula pétrea.
III. Em havendo autorização do Poder Público, todos podem reunir-se pacificamente, sem armas, em locais abertos ao público, independentemente de aviso prévio às autoridades, desde que não frustrem outra reunião anteriormente convocada para o mesmo local. Ou seja, exige-se autorização estatal, porém prescinde de aviso prévio à autoridade competente.
IV. É garantido constitucionalmente o direito de propriedade, devendo esta atender a sua função social. Tanto a propriedade privada quanto a sua função social são arroladas no texto constitucional (art. 193) como *princípios* da *ordem social.*
V. Os direitos fundamentais dispõem de caráter absoluto, salvo o direito à vida, visto que no Brasil, de acordo com a Carta Magna vigente, admite-se pena de morte em caso de crimes contra os direitos humanos e na hipótese de guerra declarada.

(A) Apenas as assertivas II e IV estão corretas.
(B) Apenas as assertivas II, IV e V estão corretas.
(C) Apenas as assertivas II está correta.
(D) Apenas as assertivas I, III e V estão corretas.

I: Quórum de três quintos, como o das emendas constitucionais (art. 5º, § 3º, da CF); II: Sim, tanto que houve plebiscito para consultar a população sobre a manutenção ou não da forma republicana; III: Não reflete o disposto no art. 5º, XVI, da CF; IV: A garantia ao direito de propriedade, bem como a necessidade de atendimento da função social, estão previstos no art. 5º, XXII e XXIII, da CF. O art. 193 da CF enuncia que "a ordem social tem como base o primado do trabalho, e como objetivo o bem-estar e a justiça sociais"; V: Os direitos fundamentais não têm caráter absoluto, podendo ser relativizados diante de conflitos no caso concreto. Gabarito "C".

(Magistratura/PR – 2010 – PUC/PR) Tendo em conta as ações constitucionais, marque a assertiva que está de acordo com o ordenamento jurídico vigente:

(A) Os partidos políticos, que são, hoje, pessoas jurídicas de direito público, têm legitimidade para impetrar mandado de segurança coletivo, desde que, logicamente, tenham representação no Congresso Nacional.
(B) O mandado de injunção só pode ser impetrado por pessoa física (pessoa jurídica, portanto, não tem legitimidade) que se veja impossibilitada de exercer um determinado direito constitucional por ausência de norma regulamentadora. Sempre que a falta de norma regulamentadora tornar inviável o exercício dos direitos e liberdades constitucionais e das prerrogativas inerentes à nacionalidade, à soberania e à cidadania, conceder-se-á mandado de injunção.
(C) Em caso de urgência, é permitido, observados os requisitos legais, impetrar mandado de segurança por telegrama, radiograma, "fax" ou outro meio eletrônico de autenticidade comprovada.
(D) Hodiernamente, qualquer um do povo é parte legítima para ajuizar mandado de segurança coletivo, segundo prescreve o ordenamento constitucional de 1988. Em contrapartida, somente o cidadão é parte legítima para propor ação popular.

A: Os partidos políticos podem impetrar mandado de segurança coletivo (art. 5º, LXX, *a*, da CF), mas são pessoas jurídicas de direito privado (art. 17, § 2º, da CF); B: Não há óbice para a impetração por pessoa jurídica; C: Art. 4º da Lei 12.016/2009; D: Os legitimados para o MS coletivo estão previstos no art. 5º, LXX, *a* e *b*, da CF. Gabarito "C".

(Magistratura/MG – 2009 – EJEF) Nas proposições abaixo, marque "V" para as verdadeiras e "F" para as falsas, assinalando-a alternativa CORRETA.

(1) São imprescritíveis e inafiançáveis o crime de racismo e a ação de grupos armados contra a ordem constitucional e o Estado Democrático.
(2) Os brasileiros natos poderão ser extraditados em caso de tráfico ilícito de entorpecentes.
(3) Os brasileiros naturalizados podem ser extraditados em caso de tráfico ilícito de entorpecentes.
(4) As provas obtidas por meio ilícito podem prevalecer, na forma da lei.

(A) F, V, F, V.
(B) V, F, F, V.
(C) V, F, V, F.
(D) V, V, F, F.

1: Art. 5º, XLII e XLIV, da CF; 2: Não reflete o disposto no art. 5º, LI, da CF; 3: Art. 5º, LI, da CF; 4: Não reflete o disposto no art. 5º, LVI, da CF. Gabarito "C".

(Magistratura/MG – 2009 – EJEF) Nas proposições abaixo, marque "V" para as verdadeiras e "F" para as falsas, assinalando a alternativa CORRETA.

(1) A Ação de Impugnação de Mandato Eletivo (AIME), o Mandado de Injunção e a Ação Popular são ações constitucionais.
(2) O *Habeas Data* se destina a assegurar o conhecimento de informações relativas à pessoa do impetrante, constantes de bancos de dados de entidades governamentais e de caráter privado.
(3) O Mandado de Injunção é meio hábil para corrigir eventual inconstitucionalidade que infirme a validade de ato em vigor.
(4) O cidadão, enquanto tiver os seus direitos políticos suspensos, está inabilitado a propor Ação Popular.

(A) V, F, V, F.
(B) F, V, F, V.
(C) F, V, V, F.
(D) V, F, F, V.

1: Art. 5º, LXXI e LXXIII, e art. 14, §§ 10 e 11, ambos da CF; 2: Não reflete o disposto no art. 5º, LXXII, *a*, da CF; 3: O mandado de injunção tem por objetivo impedir que a falta de norma regulamentadora torne inviável o exercício de direitos relativos à nacionalidade, à soberania e à cidadania (art. 5º, LXXI, da CF); 4: A ação popular só pode ser proposta pelo cidadão, podendo ser autor popular todo aquele que estiver no pleno gozo dos direitos políticos, ou seja, aquele que tem título de eleitor válido (art. 1º, § 3º, da Lei 4.717/1965). Gabarito "D".

(Magistratura/MT – 2009 – VUNESP) De acordo com o que dispõe a Constituição Federal, é crime inafiançável e imprescritível:

(A) o estupro.
(B) a tortura.
(C) o terrorismo.
(D) o racismo.
(E) o crime hediondo.

Art. 5º, XLII, da CF. Gabarito "D".

(Magistratura/MT – 2009 – VUNESP) Aristeu, cidadão naturalizado brasileiro, foi preso em flagrante por tráfico ilícito de entorpecentes. Nos termos do que estabelece a Constituição da República, Aristeu

(A) estará sujeito a pena da banimento, por não ser cidadão brasileiro nato.
(B) não poderá ser extraditado, em decorrência desse crime.
(C) somente poderia ser extraditado se o crime tivesse sido cometido antes da naturalização.
(D) não poderá sofrer a pena de suspensão ou interdição de direitos.
(E) terá direito à identificação dos responsáveis por sua prisão.

A e D: Não há pena de banimento ou de suspensão/interdição de direitos no Brasil (art. 5º, XLVII, *d*, e XLVI, *e*, da CF); B: Pode, na forma do art. 5º, LI, da CF; C: Não no caso de tráfico ilícito de entorpecentes, como afirma o art. 5º, LI, da CF; E: Art. 5º, LXIV, da CF. Gabarito "E".

(Magistratura/PA – 2009 – FGV) A respeito do princípio da publicidade dos atos processuais e das decisões judiciais, assinale a alternativa correta.

(A) O juiz não pode restringir a publicidade das audiências, tendo em vista que o acesso à informação se insere no estatuto constitucional da liberdade de expressão.
(B) A lei só poderá restringir a publicidade dos atos processuais quando o sigilo for imprescindível à segurança do Estado.

(C) As decisões administrativas dos tribunais serão tomadas em sessões secretas, com o fim de preservar a autonomia do Poder Judiciário.
(D) O juiz pode vetar o ingresso do público na sala de audiências a pedido das partes, ficando garantido apenas o acesso de jornalistas cadastrados, em razão do interesse público à informação.
(E) A lei pode limitar a presença em audiências às próprias partes e a seus advogados, ou somente a estes, nos casos em que a preservação do direito à intimidade do interessado não prejudique o interesse público à informação.

Art. 93, IX, da CF. Gabarito "E".

(Magistratura/PA – 2009 – FGV) A respeito da ação constitucional de mandado de segurança, assinale a alternativa que não expressa a jurisprudência firmada pelo Supremo Tribunal Federal.
(A) Controvérsia sobre matéria de direito não impede concessão de mandado de segurança.
(B) É constitucional lei que fixa prazo de decadência para impetração de mandado de segurança.
(C) Não cabe mandado de segurança enquanto não for apreciado pedido de reconsideração do ato feito em via administrativa.
(D) A impetração de mandado de segurança coletivo por entidade de classe em favor dos associados independe da autorização destes.
(E) A entidade de classe tem legitimação para o mandado de segurança ainda quando a pretensão veiculada interesse apenas a uma parte da respectiva categoria.

A: Súmula 625/STF. As controvérsias sobre matéria *de fato* impedem a concessão de mandado de segurança, pois o direito protegido pelo *mandamus* deve ser comprovado de plano, não comportando dilação probatória; B: Súmula 632/STF; C: As hipóteses de não cabimento de mandado de segurança estão previstas no art. 5º, I a III, da Lei 12.016/2009. Súmula 430/STF: "Pedido de reconsideração na via administrativa não interrompe o prazo para o mandado de segurança"; D: Súmula 629/STF; E: Súmula 630/STF. Gabarito "C".

(Magistratura/RS – 2009) Considerando o que decorre da Constituição Federal acerca dos direitos e garantias individuais, assinale a assertiva incorreta.
(A) A pequena propriedade rural, assim definida em lei, desde que trabalhada pela família, não poderá ser objeto de penhora para pagamento de débitos decorrentes de sua atividade produtiva.
(B) Nenhum brasileiro nato será extraditado, salvo em caso de comprovado envolvimento em tráfico de entorpecentes.
(C) Pessoa jurídica pode ajuizar mandado de segurança para proteger direito líquido e certo, ameaçado por ato ilegal ou abusivo praticado por autoridade pública.
(D) As associações só podem ter suas atividades suspensas por decisão judicial.
(E) A prática de racismo constitui crime imprescritível.

A: Art. 5º, XXVI, da CF; B: Não reflete o disposto no art. 5º, LI, da CF; C: Art. 1º da Lei 12.016/2009; D: Sim, mas note-se que o art. 5º, XVII, da CF deve ser interpretado em conjunto com o inciso XIX do mesmo artigo. Assim, só se exige trânsito em julgado para a dissolução compulsória da associação. A suspensão de atividades só pode ser determinada por decisão judicial, mas não se exige o trânsito em julgado da decisão nesse caso; E: Art. 5º, XLII, da CF. Gabarito "B".

(Magistratura/RS – 2009) Considere as assertivas abaixo.
I. A argüição de descumprimento de preceito fundamental pode ter por objeto ato normativo municipal.
II. O *habeas data* tem eficácia exclusivamente mandamental e não pode veicular pedido de retificação de dados constantes de registros de entidades de caráter público.
III. O mandado de injunção é de competência privativa do Supremo Tribunal Federal.

Quais são corretas?
(A) Apenas I
(B) Apenas II
(C) Apenas III
(D) Apenas I e II
(E) I, II e II

I: Art. 1º, parágrafo único, I, da Lei 9.882/1999; II: Não reflete o disposto no art. 5º, LXXII, *b*, da CF; III: A competência para processar e julgar o mandado de injunção é determinada de acordo com a autoridade responsável pela edição da norma faltante. Tratando-se de ato omissivo de autoridade submetida à jurisdição do Supremo (vale dizer, do Presidente da República, *ex vi* do art. 61, § 1º, II, *c*, da CF), ao STF cabe processar e julgar originariamente o mandado de injunção, por força do art. 102, I, *q*, da Constituição Federal. Gabarito "A".

(Magistratura/SP – 2009 – VUNESP) O Habeas Data
(A) é da competência originária do Supremo Tribunal Federal, quando impetrado contra ato de Ministro de Estado.
(B) será concedido para assegurar o conhecimento de informações relativas à pessoa do impetrante, ou de membros do Congresso Nacional, constantes dos registros de entidades governamentais.
(C) será concedido para a retificação de dados, quando não se prefira fazê-lo por processo sigiloso, judicial ou administrativo.
(D) é da competência originária do Superior Tribunal de Justiça, quando impetrado contra ato do Tribunal de Contas da União.

A: Competência do STJ (art. 105, I, *b*, da CF); B: Não reflete o disposto no art. 5º, LXXII, da CF; C: Art. 5º, LXXII, *b*, da CF; D: Competência do STF (art. 102, I, *d*, da CF). Gabarito "C".

(Magistratura/MG – 2008) A Constituição da República estabelece os direitos e garantias fundamentais e fornece os instrumentos para que a tutela destes valores possa ser concretizada.
(A) o mandado de segurança coletivo somente pode ser interposto por associação civil constituída há pelo menos um ano, na defesa de interesses de seus membros.
(B) A ação popular poderá ser ajuizada por qualquer cidadão e não se limita somente a obter a anulação de ato lesivo ao patrimônio público ou de entidade de que participe o Estado e à moralidade administrativa, mas também à defesa do meio ambiente e do patrimônio histórico e cultural.
(C) O mandado de segurança será concedido sempre que a ausência de norma regulamentadora tornar inviável o exercício dos direitos e liberdades constitucionais.
(D) A concessão do *habeas corpus* somente ocorrerá quando alguém sofrer violência ou coação em sua liberdade de locomoção, por ilegalidade ou abuso de poder.

A: art. 5º, LXX, da CF; B: art. 5º, LXXIII, da CF; C: o mandado de segurança está previsto no art. 5º, LXIX, da CF. Sempre que a falta de norma regulamentadora tornar inviável o exercício dos direitos e liberdades constitucionais será concedido o mandado de injunção, nos termos do art. 5º, LXXI, da CF; D: conceder-se-á também *habeas corpus* quando alguém se achar ameaçado de sofrer violência ou coação em sua liberdade de locomoção (*habeas corpus* preventivo). Gabarito "B".

(Magistratura/MS – 2008 – FGV) Assinale a afirmativa incorreta.
(A) O direito de propriedade é garantido pela Constituição Federal, devendo a propriedade urbana ou rural atender a sua função social, definida esta igualmente para ambas.
(B) Viola a garantia constitucional de acesso à jurisdição a taxa judiciária calcada sem limite sobre o valor da causa.
(C) A imunidade prevista no artigo 150, VI, d, da Constituição Federal de 1988 abrange filmes e papéis fotográficos necessários à publicação de jornais e periódicos.
(D) Nos processos perante o Tribunal de Contas asseguram-se o contraditório e a ampla defesa quando da decisão puder resultar anulação ou revogação de ato administrativo que beneficie o interessado, excetuada a apreciação da legalidade do ato de concessão inicial de aposentadoria, reforma e pensão.
(E) A garantia da irretroatividade da lei, prevista no artigo 5º, XXXVI, da Constituição Federal de 1988, não é invocável pela entidade estatal que a tenha editado.

Arts. 182, § 2º, e 186 da CF. Gabarito "A".

(Magistratura/PI – 2008 – CESPE) Acerca dos direitos e das garantias individuais e dos precedentes do STF, assinale a opção correta.

(A) Uma associação pode ser compulsoriamente dissolvida, por meio de ato administrativo devidamente fundamentado, desde que atendidos os requisitos do devido processo legal e da ampla defesa.
(B) A apreensão de mercadorias pela fazenda pública, como forma de coagir o contribuinte ao pagamento de tributos, não ofende o preceito constitucional que garante o livre exercício de qualquer trabalho, ofício ou profissão, atendidas as qualificações profissionais que a lei estabelecer.
(C) O direito fundamental à inviolabilidade do domicílio se estende ao cidadão que resida em quarto de hotel.
(D) A exigência de depósito recursal em sede de procedimento administrativo não viola o princípio da ampla defesa.
(E) O concurso público que estabelece como título o mero exercício de função pública não viola o princípio da isonomia.

Segundo entendimento consolidado na doutrina e jurisprudência, os quartos de hotéis estão abrangidos pelo conceito normativo de "casa", presente no art. 5º, XI, da CF. Nesse sentido: STF, RHC 90.376, rel. Min. Celso de Mello, j. 3.4.2007. Gabarito "C".

(Magistratura/PR – 2008) Assinale a alternativa correta:

(A) A Constituição Federal assegura, tanto no âmbito judicial quanto no administrativo, a razoável duração do processo e os meios que garantam a celeridade de sua tramitação.
(B) Qualquer cidadão é parte legítima para propor ação civil pública que vise a anular ato lesivo ao patrimônio público ou de entidade de que o Estado participe, à moralidade administrativa, à ordem econômica e à economia popular, à ordem urbanística, ficando o autor, salvo comprovada má-fé, isento de custas judiciais e do ônus da sucumbência.
(C) O mandado de segurança coletivo pode ser impetrado por partido político com representação na Câmara de Vereadores
(D) Quando de eficácia plena, as normas definidoras dos direitos e garantias fundamentais têm aplicação restrita à edição de lei complementar.

A: art. 5º, LXXVIII, da CF; B: as expressões "à ordem econômica e à economia popular" e "à ordem urbanística" não estão inseridas no art. 5º, LXXI, que cuida da ação popular; C: o mandado de segurança coletivo, nos termos do art. 5º, LXX, a, da CF, será impetrado por partido político com representação no Congresso Nacional; D: plena porque prescinde de uma normatividade futura. Gabarito "A".

(Magistratura/PR – 2008) Assinale a alternativa correta:

(A) Os direitos fundamentais não são absolutos. Isso posto, a manifestação do pensamento, a criação, a expressão e a informação, sob qualquer forma, processo ou veículo poderão sofrer restrições em face das disposições da Constituição Federal.
(B) A censura de natureza política, ideológica ou artística se justifica quando atende ao princípio da razoabilidade.
(C) Compete à lei estadual regular as diversões e espetáculos públicos, cabendo ao Poder Público informar sobre a natureza deles, as faixas etárias a que não se recomendem, locais e horários em que sua apresentação se mostre inadequada;
(D) A publicação de veículo impresso de comunicação depende de licença de autoridade.

De fato, é possível que, por vezes, haja entre os direitos fundamentais conflitos. Nesses casos, deve o intérprete, em face do caso concreto, decidir qual deles deve prevalecer. Há, pois, uma **relatividade** dos direitos fundamentais. Gabarito "A".

(Magistratura/SC – 2008) Assinale a alternativa INCORRETA no tocante aos direitos individuais e coletivos, elencados no art. 5º da Constituição Federal:

(A) O Estado prestará assistência jurídica integral e gratuita aos que comprovarem insuficiência de recursos.
(B) Em caso de guerra declarada, poderá haver pena de morte.
(C) Ninguém será processado nem sentenciado senão pela autoridade competente.
(D) É livre o exercício de qualquer trabalho, ofício ou profissão, atendidas as qualificações profissionais que a lei estabelecer.
(E) É exigência para a impetração de mandado de segurança coletivo que o partido político seja detentor de registro definitivo.

A: art. 5º, LXXIV, da CF; B: art. 5º, XLVII, a, da CF; C: art. 5º, LIII, da CF; D: art. 5º, XIII, da CF; E: nos termos do art. 5º, LXX, da CF, exige-se que o partido político tenha representação no Congresso Nacional, ainda que configurada por um único parlamentar na Câmara ou no Senado. Gabarito "E".

(Magistratura/SP – 2008) Diretor de sociedade de economia mista da qual o Município participa pratica ato lesivo ao patrimônio da empresa. A anulação do ato pode ser pleiteada

(A) em ação popular proposta por qualquer pessoa residente no País.
(B) em ação popular proposta por qualquer cidadão.
(C) apenas pelos que foram prejudicados pelo ato.
(D) em mandado de segurança impetrado por qualquer pessoa residente no Município.

Art. 5º, LXXIII, da CF. Gabarito "B".

(Magistratura/AL – 2007 – FCC) Consoante recente revisão da jurisprudência do Supremo Tribunal Federal em matéria da extradição passiva de estrangeiros, tratando-se de fatos delituosos puníveis com prisão perpétua no Estado requerente, a extradição

(A) somente será deferida se o Estado requerente assumir, formalmente, o compromisso de comutá-la em pena privativa de liberdade não superior à duração máxima admitida na lei penal brasileira.
(B) deverá ser deferida somente para efeito de cumprimento da pena de prisão perpétua, no Estado estrangeiro requerente.
(C) somente será deferida se houver concordância expressa do extraditando com o pedido, hipótese em que fica afastado o controle jurisdicional respectivo exercido pelo Supremo Tribunal Federal.
(D) será indeferida, na hipótese de o extraditando comprovar vínculo conjugal ou convivência more uxorio com pessoa de nacionalidade brasileira ou se possuir filhos de nacionalidade brasileira originária.
(E) será indeferida de plano, por violação a garantia fundamental consagrada como cláusula pétrea na Constituição brasileira, consistente na proibição da aplicação de penas de caráter perpétuo.

STF, Ext. 855-Chile, Tribunal Pleno, rel. Min. Celso de Mello, j. 26.8.2004. Gabarito "A".

(Magistratura/SP – 2007) O mandado de segurança coletivo foi previsto na Constituição da República de 5.10.1988 para permitir que as pessoas jurídicas defendam o interesse de seus membros ou da própria sociedade, evitando-se a multiplicidade de demandas idênticas e conseqüente demora na prestação jurisdicional. Ele poderá ser impetrado por partido político

(A) com representação em ambas as Casas do Congresso Nacional e por organização sindical, entidade de classe ou associação legalmente constituída e em funcionamento há pelo menos um ano, em defesa dos interesses da entidade ou de seus associados.
(B) com representação no Congresso Nacional e por organização sindical, entidade de classe ou associação legalmente constituída e em funcionamento há pelo menos um ano, em defesa dos interesses de seus membros ou associados.
(C) com representação no Congresso Nacional e por organização sindical, entidade de classe ou associação legalmente constituída e em funcionamento há mais de um ano, em defesa dos interesses próprios.
(D) ou representação no Congresso Nacional e por organização sindical, entidade de classe ou associação legalmente constituída e em funcionamento há mais de um ano, em defesa dos interesses próprios e de seus membros ou associados.

Art. 5º, LXX, da CF. Gabarito "B".

(Magistratura/TO – 2007 – CESPE) Jean Pierre, francês, que se encontra no Brasil há mais de 15 anos, reside atualmente em Palmas – TO. Atua como jornalista político em uma rádio local e também como professor convidado na universidade pública federal. Jean Pierre fez graves acusações contra autoridades locais e, por isso, encontra-se processado criminalmente por difamação. Além disso, Jean Pierre integra uma associação de jornalistas, da qual foi afastado sumariamente por não apoiar a candidatura da chapa vencedora que concorreu à direção da citada associação, decisão essa que foi impugnada judicialmente pelo jornalista francês. Diante dessa situação hipotética, assinale a opção correta acerca dos direitos e das garantias fundamentais previstos na Constituição Federal.

(A) Jean Pierre pode ser extraditado pelo crime apontado, já que não tem a cidadania brasileira.
(B) A Jean Pierre, embora estrangeiro, se aplicam os direitos e garantias fundamentais previstos na Constituição Federal.
(C) O direito fundamental ao devido processo legal não se aplica à esfera privada da citada associação, mas apenas ao poder público, segundo o princípio da liberdade de associação e a vedação de interferência do Estado no seu funcionamento.
(D) Para atuar como professor na universidade federal, Jean Pierre deve se submeter obrigatoriamente à regra constitucional do concurso público.

A jurisprudência tem consolidado o entendimento segundo o qual os direitos e garantias fundamentais previstos da Constituição Federal são aplicáveis aos estrangeiros não residentes no país. Gabarito "B".

(Ministério Público/PR – 2011) Examine as afirmações abaixo e após responda:

I. Quando houver conflito entre dois ou mais direitos e garantias fundamentais, o operador do direito deve interpretá-los de forma a coordenar e combinar os bens jurídicos em dissenso, evitando o sacrifício total de uns em relação aos outros, realizando uma redução proporcional do âmbito de alcance de cada qual, de forma a conseguir uma aplicação harmônica do texto constitucional.
II. De acordo com autorizada doutrina, os interesses transindividuais se inscrevem entre os direitos denominados de primeira geração;
III. Em regra, as normas que definem os direitos fundamentais democráticos e individuais são de eficácia e aplicabilidade imediata.
IV. Embora inserido no inciso II do artigo 5.º da Constituição Federal, o princípio da legalidade não se insere entre os direitos e garantias fundamentais, pois é apenas uma regra básica para aplicação das normas jurídicas.
V. A inviolabilidade do domicílio durante o período noturno poderá ser quebrada somente mediante prévia autorização judicial no caso de flagrante delito, ou independentemente dessa autorização em hipóteses de desastre ou para prestação de socorro.

(A) todas as afirmativas são corretas.
(B) apenas as afirmativas I e III são corretas.
(C) a afirmativa III é a única incorreta.
(D) as afirmativas IV e V são as únicas incorretas.
(E) todas as afirmativas são incorretas.

I: Sim. Aplicação do princípio da concordância prática ou harmonização; II: Errada. Apesar da crítica da doutrina em relação à categorização dos direitos fundamentais em gerações ou dimensões, há associação entre tais gerações com o lema da Revolução Francesa. Dessa forma, os direitos de primeira geração equivalem à liberdade (direitos de liberdade e direitos políticos); os de segunda geração à igualdade (direitos sociais, culturais e econômicos) e os de terceira geração à fraternidade (direitos coletivos, à proteção ambiental e à defesa do consumidor - transindividuais). Há, ainda, quem defenda direitos de quarta geração, associados, por exemplo, às pesquisas genéticas; III: A regra é a eficácia plena e aplicabilidade imediata. Apenas nos casos excepcionados pela Constituição há necessidade de intervenção do legislador para a plena eficácia desses direitos; IV: Todos os direitos e garantias estabelecidos do Título II da CF são fundamentais; V: Não reflete o disposto no art. 5º, XI, da CF. Gabarito "B".

(Ministério Público/PR – 2011) Relativamente à ação popular constitucional, é correto afirmar:

(A) Somente pode ser proposta por pessoas maiores de 18 anos.
(B) Seu objeto limita-se à anulação ou declaração de nulidade de atos lesivos ao patrimônio público da União, do Distrito Federal, dos Estados e Municípios, de entidades autárquicas, de sociedades de economia mista, de sociedades mútuas de seguro nas quais a União represente os segurados ausentes, de empresas públicas, de serviços sociais autônomos, de instituições ou fundações para cuja criação ou custeio o tesouro público haja concorrido ou concorra com mais de cinquenta por cento do patrimônio ou da receita ânua de empresas incorporadas ao patrimônio da União, do Distrito Federal, dos Estados e dos Municípios, e de quaisquer pessoas jurídicas ou entidades subvencionadas pelos cofres públicos, nos termos do artigo 1.º da Lei 4717/65.
(C) Nos casos de ação popular movida contra o Presidente da República, a competência originária para o seu julgamento é do Supremo Tribunal Federal.
(D) No caso de ação popular proposta pelo Ministério Público, é desnecessária a sua intervenção na qualidade de fiscal da lei.
(E) Nenhuma das alternativas anteriores é correta

A e B: V. Art. 5º, LXXIII, da CF. Pode ser autor popular todo aquele que estiver no pleno gozo dos direitos políticos, ou seja, aquele que tem título de eleitor válido (art. 1º, § 3º, da Lei 4.717/1965); C: O art. 102, I, "d", da CF traz a competência originária do STF apenas para o julgamento de habeas corpus, mandado de segurança e habeas data contra o Presidente da República. O STF não tem competência originária para julgar ação popular. Note-se, porém, que o Supremo já decidiu ser de sua competência originária o julgamento de ação popular de que possa acarretar conflito entre Estado e União (Rcl 424-4/RJ, Rel. Min. Sepúlveda Pertence); D: A intimação do MP é necessária (art. 7º, I, "a", da Lei 4717/1965). Gabarito "E".

(Ministério Público/PR – 2011) Examine as afirmações abaixo e após responda:

I. O Habeas Corpus pode ser proposto em favor de pessoa jurídica.
II. O mandado de segurança pode ser utilizado contra ato de juiz criminal, praticado em processo penal.
III. Segundo posicionamento doutrinário e jurisprudencial consolidado entende-se, em regra, que o direito líquido e certo hábil a fundamentar a concessão de mandado de segurança deve vir demonstrado por prova documental pré-constituída.
IV. São requisitos para o mandado de injunção a falta de norma regulamentadora de uma previsão constitucional, bem como a inviabilização de direitos e liberdades constitucionais e das prerrogativas inerentes à nacionalidade, à soberania e à cidadania.
V. O habeas data somente pode ser impetrado contra pessoas jurídicas de direito público.

(A) todas as afirmativas são corretas.
(B) as afirmativas I, II e V são as únicas corretas.
(C) a afirmativa V é a única incorreta.
(D) as afirmativas II, III e IV são corretas.
(E) todas as afirmativas são incorretas.

I: O STF já decidiu que "a pessoa jurídica não pode figurar como paciente de habeas corpus, pois jamais estará em jogo a sua liberdade de ir e vir, objeto que essa medida visa proteger" (HC 92921/BA, Rel. Min. Ricardo Lewandowski); II: Sim, de acordo com entendimento do STF. E, ainda nesse caso, é considerado ação de natureza civil; III: Segundo Hely Lopes Meirelles, direito líquido e certo "é o que se apresenta manifesto na sua existência, delimitado na sua extensão e apto a ser exercitado no momento da impetração", ou seja, é aquele que não demanda dilação probatória, capaz de ser comprovado de plano; IV: Art. 5º, LXXI, da CF; V: Não reflete o disposto no art. 5º, LXXII, "a", da CF. Gabarito "D".

(Ministério Público/PB – 2010) É correto afirmar, exceto:

(A) A restrição a direitos, inclusive políticos, por motivo de crença religiosa ou de convicção filosófica ou política somente se legitima, quando há, cumulativamente, objeção de consciência oposta perante obrigação geral estabelecida por lei e recusa de cumprimento de prestação alternativa legalmente prevista.

(B) Ao livre exercício dos cultos religiosos, a Constituição opõe restrições específicas e expressas.

(C) À entidade estatal que editou certa lei não é legítimo invocar a garantia contra a sua retroatividade.

(D) Compreendem-se no dever constitucional do Estado com a educação, entre outras, as garantias de oferta gratuita de educação básica a adultos e de educação infantil às crianças até cinco anos de idade.

(E) O direito à indenização decorrente de desapropriação indireta tem o mesmo fundamento jurídico-normativo da garantia constitucional da justa indenização nos casos de desapropriação regular.

A: Art. 5º, VIII, da CF; B: Não reflete o disposto no art. 5º, VI, da CF; C: Súmula 654/STF: "A garantia da irretroatividade da lei, prevista no art. 5º, XXXVI, da Constituição da República, não é invocável pela entidade estatal que a tenha editado"; D: Art. 208, I e IV, da CF; E: Sim, pois na desapropriação indireta o proprietário é privado das faculdades do direito de propriedade tal como ocorre na desapropriação regular. Gabarito "B".

(Ministério Público/PB – 2010) Dentre as proposições seguintes, assinale aquela que exprime o entendimento mais consentâneo com a jurisprudência dominante do Supremo Tribunal Federal:

(A) A proteção dos direitos fundamentais não desconsidera o princípio da supremacia da constituição, de arte tal que a norma convencional internacional sobre direitos humanos não tem aptidão para afetar a eficácia ou a aplicabilidade da norma constitucional interna.

(B) Em matéria de proteção dos direitos fundamentais, o princípio da supremacia interna da constituição deve ceder perante norma convencional internacional, desde que o objeto de proteção diga respeito a direitos fundamentais de primeira dimensão.

(C) Sem prejuízo da supremacia da Constituição sobre os tratados e convenções internacionais, a norma convencional internacional em vigor e aplicável no Brasil e que disponha acerca de direitos humanos, não tendo sido objeto de processo legislativo que a equiparasse a emenda constitucional, tem força jurídico-normativa suficiente para restringir a eficácia e indiretamente obstar a aplicabilidade da norma constitucional paradigma.

(D) A norma convencional internacional de direitos humanos, desde que posterior, e mesmo não submetida a processo legislativo que a equiparasse a emenda constitucional, prevalece em relação à norma constitucional interna, tendo-se em vista a indistinta hierarquia normativa.

(E) A norma convencional internacional de direitos humanos prevalecerá em relação à norma constitucional interna, tendo em vista o seu caráter supraconstitucional.

Em regra, os tratados internacionais *de caráter geral* têm suas regras incorporadas ao direito interno com *status* de lei ordinária, não tendo força para alterar normas constitucionais. Já as normas de tratados e convenções internacionais *sobre direitos humanos* que forem aprovadas, em cada Casa do Congresso Nacional, em dois turnos, por três quintos dos votos dos respectivos membros, serão equivalentes às emendas constitucionais (art. 5º, § 3º, da CF). Os demais tratados sobre direitos humanos, não sujeitos ao procedimento do art. 5º, § 3º, da CF, têm caráter *supralegal*, de acordo com o entendimento fixado pelo STF quando do confronto entre as hipóteses de prisão civil previstas na CF e no Pacto de São José da Costa Rica. Gabarito "C".

(Ministério Público/SE – 2010 – CESPE) Com referência às ações constitucionais e aos direitos sociais previstos na CF, assinale a opção correta.

(A) Habeas data é o remédio constitucional adequado para o caso de recusa de fornecimento de certidões para defesa de direitos e esclarecimento de situações de interesse pessoal, próprio ou de terceiros, assim como para o caso de recusa de obtenção de informações de interesse particular, coletivo ou geral.

(B) Se o autor da ação popular dela desistir, o MP poderá, entendendo presentes os devidos requisitos, dar-lhe prosseguimento.

(C) Diferentemente das organizações sindicais, das entidades de classe e das associações, os partidos políticos não têm legitimidade para impetrar mandado de segurança coletivo.

(D) Os sindicatos não têm legitimidade processual para atuar na defesa de direitos individuais da categoria que representem, mas são parte legítima para defender direitos e interesses coletivos, tanto na via judicial quanto na administrativa.

(E) Os direitos sociais dos trabalhadores urbanos e rurais indicados no texto constitucional são extensíveis, em sua totalidade, aos servidores ocupantes de cargo público.

A: O *habeas data* visa a: a) assegurar o conhecimento de informações relativas à pessoa do impetrante, constantes de registros ou bancos de dados de entidades governamentais ou de caráter público, e b) retificar dados, quando não se prefira fazê-lo por processo sigiloso, judicial ou administrativo (art. 5º, LXXII, da CF); B: Mas precisa ter sido proposta por um cidadão; C: Há expressa autorização constitucional (art. 5º, LXX, *a*, da CF); D: Ao sindicato cabe a defesa dos direitos e interesses coletivos ou individuais da categoria, inclusive em questões judiciais ou administrativas (art. 8º, III, da CF); E: Os servidores públicos têm estatuto próprio e estão sujeitos às regras do art. 39 e ss da CF. Gabarito "B".

(Ministério Público/SP – 2010) Assinale a alternativa correta:

(A) é livre a manifestação de pensamento, sendo vedado o anonimato, nos termos da lei.

(B) é assegurado o direito de resposta, além da indenização exclusiva por dano material.

(C) é livre o exercício de qualquer trabalho, ofício ou profissão, atendidas as qualificações profissionais que a lei estabelecer.

(D) a proteção constitucional da liberdade de manifestação do pensamento abrange o direito de expressar-se, oralmente ou por escrito, não englobando o de ouvir, assistir e ler.

(E) todos têm o direito de receber dos órgãos públicos informações de seu interesse particular, ou de interesse coletivo ou geral, que serão prestadas no prazo improrrogável de (30) trinta dias, sob pena de responsabilidade, ressalvadas aquelas cujo sigilo seja imprescindível à segurança da sociedade e do Estado.

A: O direito é autoaplicável, não dependendo de lei (art. 5º, IV, da CF); B: O art. 5º, V, da CF garante a indenização por dano moral, material ou à imagem; C: Art. 5º, XIII, da CF; D: A liberdade de pensamento é ampla e garante todas as manifestações possíveis; E: Não reflete o disposto no art. 5º, XXXIII, da CF. Gabarito "C".

(Ministério Público/SP – 2010) Os tratados e convenções internacionais sobre direitos humanos que forem aprovados, em cada Casa do Congresso Nacional, em dois turnos, por três quintos (3/5) dos votos dos respectivos membros, serão equivalentes:

(A) às emendas constitucionais.
(B) às leis complementares.
(C) às leis ordinárias.
(D) às leis delegadas.
(E) aos decretos legislativos.

Art. 5º, § 3º, da CF. Gabarito "A".

(MINISTÉRIO PÚBLICO/RO – 2010 – CESPE) Acerca dos direitos e garantias fundamentais assegurados na CF, assinale a opção correta.

(A) A garantia constitucional da inviolabilidade do domicílio legal durante o período noturno pode ser afastada por determinação judicial.

(B) As associações podem ser compulsoriamente dissolvidas mediante ato normativo editado pelo Poder Legislativo.

(C) O mandado de injunção é ação constitucional de caráter civil e de procedimento especial, cuja natureza jurídico-processual, segundo entendimento do STF, permite a formação de litisconsórcio passivo, necessário ou facultativo, entre particulares e entes estatais.

(D) Segundo jurisprudência do STF, é constitucional norma legal que vede a progressão do regime de cumprimento de pena para os crimes hediondos.

(E) Segundo pronunciamento do STF, é inconstitucional, por ofender a garantia da liberdade de expressão e do direito à informação, norma legal que determine vedação de divulgação de pesquisas eleitorais quinze dias antes do pleito.

A: Não reflete o disposto no art. 5º, XI, da CF; B: Não reflete o disposto no art. Art. 5º, XIX, da CF. Note-se que o dispositivo deve ser interpretado em conjunto com o inciso XVII do mesmo artigo. Assim, só se exige trânsito em julgado para a dissolução compulsória da associação. A suspensão de atividades só pode ser determinada por decisão judicial, mas não se exige o trânsito em julgado da decisão nesse caso; C: O STF entende ser incabível o litisconsórcio passivo, necessário ou facultativo, entre particulares e entes estatais (V. MI 335); D: Súmula Vinculante 26/STF: "Para efeito de progressão de regime no cumprimento de pena por crime hediondo, ou equiparado, o juízo da execução observará a inconstitucionalidade do art. 2º da Lei n. 8.072, de 25 de julho de 1990, sem prejuízo de avaliar se o condenado preenche, ou não, os requisitos objetivos e subjetivos do benefício, podendo determinar, para tal fim, de modo fundamentado, a realização de exame criminológico"; E: STF, ADIn 3741, Rel. Min. Ricardo Lewandowski. Gabarito "E".

(Ministério Público/MA – 2009) Em relação à extradição a Constituição Federal:

(A) admite sempre em se tratando de naturalizado;
(B) permite caso seja provada a participação de brasileiro nato e de naturalizado em crime de tráfico de ilícito de entorpecentes;
(C) permite se comprovado o envolvimento de brasileiro nato ou naturalizado em crime de tráfico ilícito de entorpecente, mas desde que o delito tenha característica internacional, o que autorizará julgamento por Tribunal Internacional;
(D) o brasileiro nato não é passível de extradição;
(E) o naturalizado poderá ser extraditado nas mesmas hipóteses previstas na Constituição para o brasileiro nato, mas desde que o fato seja posterior à naturalização. Se anterior poderá ser expulso.

Art. 5º, LI, da CF. Gabarito "D".

(Ministério Público/MA – 2009) Será inconstitucional lei que fixe prazo de prescrição nos crimes:

I. de racismo;
II. de ação de grupos armados contra a ordem constitucional e o Estado Democrático;
III. hediondos;
IV. de tráfico ilícito de entorpecentes;
V. terrorismo.

Estão CORRETOS os itens:

(A) "I" e "II";
(B) "I", "III", "IV" e "V";
(C) "I", "IV" e "V";
(D) "III", "IV" e "V";
(E) "I" e "V".

Art. 5º, XLII, XLIV, da CF. O art. 5º, XLIII, da CF não considera imprescritíveis os crimes hediondos, de tráfico ilícito de entorpecentes e de terrorismo. Gabarito "A".

(Ministério Público/PR – 2009) Analise as seguintes assertivas e após assinale a alternativa correta:

I. o mandado de segurança coletivo pode ser impetrado por organização sindical, entidade de classe ou associação legalmente constituída e em funcionamento há pelo menos dois anos, em defesa dos interesses de seus membros ou associados;
II. somente se concederá *habeas data* para assegurar o conhecimento de informações relativas à pessoa do impetrante, constantes de registros ou bancos de dados de entidades governamentais ou de caráter público;
III. são gratuitas as ações de *habeas corpus* e *habeas data*;
IV. qualquer cidadão é parte legítima para propor ação popular que vise anular ato lesivo ao patrimônio público ou de entidade de que o Estado participe, à moralidade administrativa, ao meio ambiente e ao patrimônio histórico e cultural, ficando o autor, em qualquer hipótese, isento de custas judiciais e do ônus da sucumbência;
V. conceder-se-á mandado de segurança para proteger direito líquido e certo, ainda que amparado por *habeas corpus* ou *habeas data*, quando o responsável pela ilegalidade ou abuso de poder for autoridade pública ou agente de pessoa jurídica no exercício de atribuições do Poder Público;
VI. os tratados e convenções internacionais sobre direitos humanos que forem aprovados, em cada Casa do Congresso Nacional, em dois turnos, por três quintos dos votos dos respectivos membros, serão equivalentes às emendas constitucionais.

(A) Apenas as assertivas II e III estão corretas;
(B) Apenas as assertivas III e VI estão corretas;
(C) Apenas as assertivas II, III e VI estão corretas;
(D) Apenas as assertivas I, II, III, IV e VI estão corretas;
(E) Apenas as assertivas II, III e IV estão corretas.

I: Não reflete o disposto no art. 5º, LXX, *a* e *b*, da CF; II: Ou para retificação de dados (art. 5º, LXXII, *a* e *b*, da CF); III: Art. 5º, LXXVII, da CF; IV: Não reflete o disposto no art. 5º, LXXIII, da CF; V: Não amparado por outro *habeas corpus* ou *habeas data* (art. 5º, LXIX, da CF); VI: Art. 5º, § 3º, da CF. Gabarito "B".

(Ministério Público/PR – 2008) Assinale a alternativa INCORRETA:

(A) nenhuma pena passará da pessoa do condenado, podendo a obrigação de reparar o dano e a decretação do perdimento de bens ser, nos termos da lei, estendidas aos sucessores e contra eles executadas, até o limite do valor do patrimônio transferido;
(B) nenhum brasileiro será extraditado, salvo o naturalizado, em caso de crime comum, praticado antes da naturalização, ou de comprovado envolvimento em tráfico ilícito de entorpecentes e drogas afins, na forma da lei;
(C) não será concedida extradição de estrangeiro por crime político ou de opinião;
(D) a casa é asilo inviolável do indivíduo, ninguém nela podendo penetrar sem consentimento do morador, salvo em caso de flagrante delito ou desastre, ou para prestar socorro, ou, durante a noite, por determinação judicial;
(E) é assegurado o direito de resposta, proporcional ao agravo, além da indenização por dano material, moral ou à imagem.

A: art. 5º, XLV, da CF; B: art. 5º, LI, da CF; C: art. 5º, LII, da CF; D: por determinação judicial, somente durante o dia, nos exatos termos do art. 5º, XI, da CF; E: art. 5º, V, da CF. Gabarito "D".

(Ministério Público/SP – 2008) "Qualquer cidadão, no pleno gozo de seus direitos políticos, pode invalidar atos ou contratos administrativos ilegais ou lesivos ao patrimônio da União, Distrito Federal e Municípios".

Essa afirmação refere-se a

(A) Mandado de segurança.
(B) Habeas Data.
(C) Ação popular.
(D) Ação de improbidade administrativa.
(E) Mandado de injunção.

Art. 5º, LXXIII, da CF. Gabarito "C".

(Ministério Público/SP – 2008) Assinale a alternativa incorreta.

(A) O crime de tortura, que é imprescritível, segundo a legislação penal brasileira somente pode ser praticado por funcionário público ou outra pessoa no exercício de função pública.
(B) A Constituição Federal tem como cláusula pétrea a garantia de que ninguém será submetido a tortura nem a tratamento desumano ou degradante.
(C) A decretação da perda do cargo, função ou emprego público é efeito automático da sentença condenatória dos crimes de tortura.
(D) Define-se como tortura qualquer ato pelo qual dores ou sofrimentos agudos, físicos ou mentais, são infligidos intencionalmente a uma pessoa a fim de obter, dela ou de terceira pessoa, informações ou confissões; de castigá-la por ato que ela ou terceira pessoa tenha cometido ou seja suspeita de ter cometido; de intimidar ou coagir essa pessoa ou outras pessoas; ou por qualquer motivo baseado em discriminação de qualquer natureza.
(E) Aplica-se a lei brasileira ao crime de tortura praticado no exterior, sendo a vítima brasileira ou encontrando-se o agente em local sob jurisdição brasileira.

O crime de tortura (Lei 9.455/97) – equiparado a hediondo – não é imprescritível. Além disso, não se trata de crime que somente pode ser praticado por funcionário público ou pessoa no exercício de função pública. Gabarito "A".

(Ministério Público/MG – 2007) É CORRETO afirmar que a sucessão de bens de estrangeiros situados no País será regulada pela

(A) lei estrangeira.
(B) lei pessoal do *de cujus*, desde que não estrangeira.
(C) lei brasileira em benefício do cônjuge ou dos filhos brasileiros, sempre que não lhes seja mais favorável a lei pessoal do *de cujus*.
(D) lei brasileira em benefício do cônjuge ou dos filhos brasileiros.
(E) lei brasileira se mais favorável ao *de cujus*.

Art. 5º, XXXI, da CF. Gabarito "C".

(Ministério Público/MG – 2007) Constitui crime inafiançável e imprescritível

(A) a prática da tortura.
(B) o tráfico ilícito de entorpecentes e drogas afins.
(C) o terrorismo.
(D) os crimes hediondos.
(E) a prática do racismo.

Art. 5º, XLII, da CF. Gabarito "E".

(Ministério Público/SP – 2006) Assinale a alternativa incorreta.

O art. 5.º da Constituição Federal assegura o seguinte:

(A) é livre a expressão da atividade intelectual, artística, científica e de comunicação, independentemente de censura ou licença.
(B) é reconhecida a instituição do júri, com a organização que lhe der a lei, assegurados a plenitude de defesa, o sigilo das votações, a soberania dos veredictos e a competência para o julgamento dos crimes dolosos contra a vida.
(C) as associações não poderão ser compulsoriamente dissolvidas ou ter suas atividades suspensas.
(D) são assegurados, nos termos da lei, a proteção às participações individuais em obras coletivas e à reprodução da imagem e voz humanas, inclusive nas atividades desportivas e o direito de fiscalização do aproveitamento econômico das obras que criarem ou de que participarem aos criadores, aos intérpretes e às respectivas representações sindicais e associativas.
(E) a lei assegurará aos autores de inventos industriais privilégio temporário para sua utilização, bem como proteção às criações industriais, à propriedade das marcas, aos nomes de empresas e a outros signos distintivos, tendo em vista o interesse social e o desenvolvimento tecnológico e econômico do país.

A: art. 5º, IX, da CF; B: art. 5º, XXXVIII, da CF; C: as associações poderão, sim, ser compulsoriamente dissolvidas por decisão judicial com trânsito em julgado, ou mesmo ter suas atividades suspensas, não sendo necessário, neste caso, o trânsito em julgado, conforme reza o art. 5º, XIX, da CF; D: art. 5º, XXVIII, da CF; E: art. 5º, XXIX, da CF. Gabarito "C".

(Procurador do Estado/RO – 2011 – FCC) Dentre as características da perspectiva objetiva dos direitos fundamentais, compreende-se:

(A) o conjunto de metas traçadas com fins diretivos de ações positivas dos poderes públicos, com o fim de outorgar-lhes eficácia dirigente.
(B) a representação dos interesses individuais sob a ótica negativa perante o Poder Público.
(C) ter sempre a natureza princípio, nunca de regra.
(D) impossibilitar a agregação do ponto de vista axiológico da comunidade em sua interpretação.
(E) não há dimensão objetiva na esfera dos direitos fundamentais, os quais têm como característica defender de forma singular o espaço de liberdade individual.

De acordo com Daniel Sarmento, "a dimensão objetiva dos direitos fundamentais liga-se ao reconhecimento de que tais direitos, além de imporem certas prestações aos poderes estatais, consagram também os valores mais importantes em uma comunidade política, constituindo, como afirmou Konrad Hesse, as bases da ordem jurídica da coletividade". Ainda de acordo com o autor, "como garantia de valores morais coletivos, os direitos fundamentais não são apenas um problema do Estado, mas de toda a sociedade. Neste sentido, é preciso abandonar a perspectiva de que a proteção aos direitos humanos constitui um problema apenas do Estado e não também de toda a sociedade. A dimensão objetiva liga-se a uma perspectiva comunitária de direitos humanos, que nos incita a agir em sua defesa, não só através dos instrumentos processuais pertinentes, mas também no espaço público, através de mobilizações sociais, de atuação de ONG's e outras entidades do exercício responsável do direito de voto". Gabarito "A".

(Procurador do Estado/SC – 2010 – FEPESE) Com relação às ações constitucionais, assinale a alternativa **correta**.

(A) Controvérsia sobre matéria de direito impede concessão de mandado de segurança.
(B) É inconstitucional lei que fixa o prazo de decadência para a impetração de mandado de segurança.
(C) Compete ao Supremo Tribunal Federal conhecer originariamente de mandado de segurança contra atos de outros tribunais.
(D) Conceder-se-á habeas data sempre que alguém sofrer ou se achar ameaçado de sofrer violência ou coação em sua liberdade de locomoção, por ilegalidade ou abuso de poder.
(E) Não cabe ação direta de inconstitucionalidade de lei do Distrito Federal derivada da sua competência legislativa municipal.

A: Súmula 625/STF: "Controvérsia sobre matéria de direito não impede concessão de mandado de segurança"; B: Súmula 632/STF: "É constitucional lei que fixa o prazo de decadência para a impetração de mandado de segurança"; C: Súmula 624/STF: "Não compete ao Supremo Tribunal Federal conhecer originariamente de mandado de segurança contra atos de outros tribunais"; D: Hipótese de cabimento de habeas corpus (art. 5º, LXVIII, da CF); E: Só cabe ADIn em face de lei federal ou estadual (art. 102, I, "a", da CF). Gabarito "E".

(Procurador do Estado/PE – CESPE – 2009) Em relação aos direitos e garantias fundamentais previstos na CF, assinale a opção correta.

(A) Os candidatos a cargo eletivo que tenham sido condenados, mesmo por sentença não transitada em julgado, são, conforme entendimento do STF, inelegíveis, desde que assim esteja previsto em lei complementar.
(B) Os sindicatos têm legitimidade extraordinária para defesa dos interesses individuais homogêneos dos integrantes da categoria, havendo a necessidade, conforme entendimento do STF, da expressa autorização dos substituídos.
(C) Ação civil pública não pode ser usada como instrumento de controle de constitucionalidade, sob pena de usurpação das atribuições do STF.
(D) Na hipótese de figurar o presidente da República no polo passivo de uma ação popular, a competência será do STF.
(E) Se, em uma ação de mandado de segurança, a segurança for concedida, então a autoridade coatora terá direito de recorrer.

A: O STF, ao julgar a ADPF 144, Rel. Min. Celso de Mello, concluiu que o princípio da presunção de inocência impede a inelegibilidade, antes do trânsito em julgado, ainda que lei complementar disponha nesse sentido; B: O STF entende que o art. 8º, III, da CF, trata de hipótese de substituição processual, razão pela qual não há necessidade de autorização dos substituídos para o ingresso em juízo; C: É possível o exercício do controle de constitucionalidade em ACP desde que incidentalmente, ou seja, que a inconstitucionalidade da norma seja apreciada como *causa de pedir* e não como *pedido principal* da ação; D: O STF julga o Presidente da República nas infrações penais comuns (art. 86 da CF). A ação popular tem natureza cível; E: De se notar que, após o julgamento pela segunda instância, caberá Recurso Especial para o STJ caso a ordem seja concedida e esteja configurada uma das hipóteses do art. 105, III, da CF, ou Recurso Ordinário para o mesmo STJ no caso de denegação da ordem (art. 105, II, *b*, da CF). Gabarito "E".

(Procurador do Estado/SC – 2009) Assinale a alternativa correta, com respeito ao modelo constitucional, federal e estadual brasileiro.

(A) As normas de direitos fundamentais possuem aplicabilidade dependente de regulação legislativa, vale dizer, são normas de eficácia limitada.
(B) O princípio da razoabilidade processual previsto na Constituição Federal refere-se, fundamentalmente, à justiça e equidade a serem observadas em toda e qualquer decisão judicial.
(C) Quando se tratar de tratados e convenções internacionais sobre direitos humanos, ao contrário de outras matérias, sua aprovação no Congresso Nacional equivalerá a emendas constitucionais.
(D) Os direitos fundamentais são os instrumentos institucionais que asseguram as garantias fundamentais previstas na Constituição Federal.
(E) A Ação Popular será impetrada pelo Ministério Público em defesa de pessoas carentes e para resguardar a moralidade administrativa, nos termos da Constituição Federal.

A: Dentre as normas de direitos fundamentais há normas constitucionais de eficácia plena e normas de eficácia limitada, que dependem da intervenção do legislador ordinário para que possam produzir efeitos e normas de eficácia contida; B: O princípio da razoabilidade deve ser entendido a partir da adequação entre meios e fins; necessidade/utilidade da medida e proporcionalidade em sentido estrito (relação custo/benefício); C: Desde que observada a forma prevista no art. 5º, § 3º, da CF; D: Embora a expressão "direitos e garantias" seja muito utilizada, a doutrina afirma que *direitos* correspondem aos benefícios previstos na norma constitucional, ao passo que as *garantias* dizem respeito aos instrumentos através dos quais se assegura o pleno exercício dos direitos. Daí por que, embora distintos, os conceitos são conexos; E: A ação popular deve ser proposta pelo cidadão (art. 5º, LXXIII, da CF), muito embora, caso haja desistência, o Ministério Público esteja legitimado a dar-lhe prosseguimento. Gabarito "C".

(Procurador do Estado/SP – FCC – 2009) A Constituição Federal estabelece que a prática de racismo é crime

(A) inafiançável e punível com reclusão, não dispondo sobre prescrição.
(B) imprescritível, inafiançável e punível com reclusão.
(C) imprescritível e inafiançável, não dispondo sobre pena.
(D) imprescritível, sujeito à pena educativa de prestação de serviços à comunidade.
(E) imprescritível e punível com reclusão, não dispondo sobre fiança.

Art. 5º, XLII, da CF. Gabarito "B".

(Procurador do Estado/SP – FCC – 2009) Os direitos e garantias expressos na Constituição Federal

(A) não excluem outros decorrentes do Estado Democrático de Direito e do princípio da dignidade humana, mas a ampliação deve ser formalmente reconhecida por autoridade judicial no exercício do controle de constitucionalidade.
(B) não excluem outros decorrentes do Estado Democrático de Direito e do princípio da dignidade humana, mas a ampliação deve ser formalmente reconhecida pelo Supremo Tribunal Federal ao julgar arguição de descumprimento de preceito fundamental.
(C) somente podem ser ampliados por força de Tratado Internacional de Direitos Humanos aprovado em cada Casa do Congresso Nacional, em dois turnos, por três quintos dos votos dos respectivos membros.
(D) constituem um rol taxativo.
(E) não excluem outros decorrentes do regime e dos princípios por ela adotados, entre os quais o Estado Democrático de Direito e o princípio da dignidade humana.

Art. 5º, § 2º, da CF. Gabarito "E".

(Procurador do Estado/PB – 2008 – CESPE) Acerca da interpretação e aplicação das normas constitucionais e dos direitos e garantias individuais, de acordo com os precedentes do Supremo Tribunal Federal (STF), assinale a opção correta.

(A) O direito à gratuidade da tarifa de transporte público dos indivíduos com idade igual ou superior a 65 anos não é considerado direito fundamental de eficácia plena, de modo que esse direito subjetivo somente passou a ser garantido a partir do estatuto do idoso.
(B) A nova interpretação dada pela administração pública a uma mesma lei não pode retroagir, em qualquer situação, em face da regra constitucional do direito adquirido.
(C) O habeas corpus não é a medida idônea para impugnar decisão judicial que autoriza a quebra de sigilos fiscal e bancário em procedimento criminal, visto que a quebra do sigilo, por si só, não repercute no direito de ir e vir do indivíduo.
(D) O Ministério Público não está legitimado a ingressar com ação civil pública para proteger direitos individuais homogêneos.
(E) Não viola o sigilo do domicílio o ingresso, sem autorização judicial, em estabelecimento de pessoa jurídica, para a apreensão, em operação do Fisco, de documentos que possam demonstrar eventual sonegação de tributos por parte dessa sociedade.

STF, HC 87.654-PR, 2ª T., rel. Min. Ellen Gracie, j. 7.3.2006. Gabarito "E".

(Procuradoria Distrital – 2007) Assinale a opção correta.

(A) Os direitos fundamentais, na ordem constitucional brasileira, não podem ter por sujeitos passivos pessoas físicas.
(B) Toda gravação de conversa telefônica realizada sem autorização da autoridade judicial competente constitui prova ilícita.
(C) O Ministério Público tem o poder de, em procedimento de ordem administrativa, determinar a dissolução compulsória de associação que esteja sendo usada para a prática de atos nocivos ao interesse público.
(D) A Constituição acolhe o duplo grau de jurisdição de modo geral como um direito fundamental dos indivíduos na Constituição Federal de 1988.
(E) A existência, em um processo administrativo ou penal, de prova ilicitamente obtida contamina necessariamente todo o feito, tornando-o nulo.

Embora não tenha sido contemplado de forma expressa pela Constituição Federal, decorre da própria estrutura conferida ao Poder Judiciário (arts. 102, II, 105, II, e 108, II, da CF). Gabarito "D".

(Procurador do Estado/PR – 2007) Não é característica dos direitos fundamentais a ALTERNATIVAS:

(A) historicidade;
(B) inalienabilidade;
(C) onerosidade;
(D) imprescritibilidade;
(E) indivisibilidade.

A historicidade é apontada por David Araújo e Serrano Nunes Júnior; a inalienabilidade e a imprescritibilidade são características lembradas por José Afonso da Silva. Gabarito "C".

(Procurador do Estado/PR – 2007) A cláusula do devido processo legal ALTERNATIVAS:

(A) foi introduzida, expressamente, no plano constitucional, pela constituição de 1934, com o sentido formal de proteção geral dos direitos fundamentais;
(B) foi introduzida, de modo expresso, pela Constituição de 1946 com o sentido de remédio constitucional;
(C) foi introduzida, no plano constitucional, desde a constituição de 1946, aplicando-se, com sentido substantivo e instrumental, apenas aos processos judiciais criminais;
(D) sempre esteve presente, de modo expresso, em todas as constituições democráticas; brasileiras, significando o direito ao regular curso da administração da justiça pelos juízes e tribunais, que abrange, dentre outros, o direito à citação e ao contraditório;
(E) foi introduzida, de modo expresso, pela Constituição de 1988 e tem servido de fundamento, inclusive, para o controle da adequação e da razoabilidade das leis.

Art. 5º, LIV, da CF. Gabarito "E".

(Procurador do Estado/RR – 2006 – FCC) Dentre os direitos e deveres individuais e coletivos, a Constituição Federal assegura o direito

(A) à moradia.
(B) ao meio ambiente ecologicamente equilibrado.
(C) de herança.
(D) à educação.
(E) de proteção em face da automação.

Art. 5º, XXX, da CF. Gabarito "C".

(Procurador de Contas TCE/ES – CESPE – 2009) Quanto aos direitos e garantias fundamentais, assinale a opção correta.

(A) A indenização por danos morais tem seu âmbito de proteção adstrito às pessoas físicas, já que as pessoas jurídicas não podem ser consideradas titulares dos direitos e das garantias fundamentais.
(B) Apesar da ausência de autorização expressa na CF, a interceptação das correspondências e comunicações telegráficas e de dados é possível, em caráter excepcional.

(C) O TCU, no exercício de sua missão constitucional de auxiliar o Congresso Nacional no controle externo, tem competência para determinar a quebra de sigilo bancário dos responsáveis por dinheiros e bens públicos.
(D) De acordo com a doutrina e jurisprudência, a tutela jurídica do direito de reunião eventualmente atingido se efetiva por intermédio do habeas corpus.
(E) O cidadão não pode ser privado definitivamente de seus direitos políticos.

A: De acordo com a doutrina majoritária, pessoas jurídicas também são titulares de direitos fundamentais, inclusive em face de particulares, como, e.g., o direito à imagem; B: Observada a reserva de jurisdição para a determinação da medida; C: Ato sujeito a reserva de jurisdição, ou seja, deve ser determinado por autoridade judicial; D: Tutelado via mandado de segurança; E: Pode, na forma do art. 15, I a V, da CF. Gabarito "B".

(Defensoria/ES – 2009 – CESPE) No que concerne a direitos e garantias fundamentais, julgue os itens subsequentes.

(1) Considere que o estrangeiro Paul, estando de passagem pelo Brasil, tenha sido preso e pretenda ingressar com habeas corpus, visando questionar a legalidade da sua prisão. Nesse caso, conforme precedente do STF, mesmo sendo estrangeiro não residente no Brasil, Paul poderá valer-se dessa garantia constitucional.

(2) Os direitos de primeira geração ou dimensão (direitos civis e políticos) — que compreendem as liberdades clássicas, negativas ou formais — realçam o princípio da igualdade; os direitos de segunda geração (direitos econômicos, sociais e culturais) — que se identificam com as liberdades positivas, reais ou concretas — acentuam o princípio da liberdade; os direitos de terceira geração — que materializam poderes de titularidade coletiva atribuídos genericamente a todas as formações sociais — consagram o princípio da solidariedade.

1: Muito embora o art. 5º, caput, da CF refira-se a estrangeiros *residentes* no país, a norma deve ser interpretada extensivamente para abranger também os estrangeiros de passagem pelo Brasil, pois a interpretação sistemática da CF, antes de proibir, garante a impetração de *habeas corpus* por estrangeiros. Os direitos e garantias fundamentais (rol no qual se insere a garantia do *habeas corpus*) são dotados de diversas características, dentre elas a *universalidade*, segundo a qual esses direitos e garantias dirigem-se indistintamente a todo ser humano, independentemente de raça, credo, nacionalidade ou convicção política. Ademais, a Constituição de 1988 impõe a observância dos direitos fundamentais, inclusive dos não expressamente previstos em seu texto, mas decorrentes do regime e dos princípios por ela adotados (art. 5º, § 2º, da CF), como o da dignidade da pessoa humana. No caso, o respeito à dignidade humana, erigido a fundamento da República Federativa do Brasil (art. 1º, III, da CF) também impede a adoção de tratamento diferenciado nessa hipótese; 2: Apesar da crítica da doutrina em relação à categorização dos direitos fundamentais em gerações ou dimensões, há associação entre tais gerações e o lema da Revolução Francesa. Dessa forma, os direitos de primeira geração equivalem à liberdade (direitos de liberdade e direitos políticos); os de segunda geração à igualdade (direitos sociais, culturais e econômicos) e os de terceira geração à fraternidade (direitos coletivos, à proteção ambiental e à defesa do consumidor). Há, ainda, quem defenda direitos de quarta geração, associados, por exemplo, às pesquisas genéticas. Gabarito 1C, 2E

(Defensoria/MA – 2009 – FCC) O jurista espanhol Antonio Perez Luño define os direitos fundamentais como um conjunto de faculdades e instituições que, em cada momento histórico, concretizam as exigências da dignidade, igualdade e liberdade humanas, devendo obrigatoriamente ser reconhecidos no ordenamento jurídico positivo e por este garantidos, em âmbito internacional e nacional, gozando no ordenamento nacional de tutela reforçada em face dos poderes constituídos do Estado (Los derechos fundamentales. 5 ed. Madrid: Tecnos, 1993, p. 46-47, tradução livre). No ordenamento brasileiro, a tutela reforçada a que se refere o autor

(A) não encontra previsão em nível constitucional.
(B) decorre do princípio internacional do *pacta sunt servanda*.
(C) não pode ser imposta ao poder constituinte derivado.
(D) é considerada um desdobramento da aplicabilidade imediata e eficácia limitada das normas definidoras de direitos fundamentais previstas na Constituição.
(E) decorre da impossibilidade de o Congresso Nacional deliberar sobre proposta de emenda à Constituição tendente a abolir os direitos fundamentais.

Art. 60, § 4º, IV, da CF. Gabarito "E".

(Defensoria/MA – 2009 – FCC) Relativamente à possibilidade de extradição de indivíduos sujeitos a investigação ou processo criminal perante autoridades estrangeiras, a Constituição da República prevê que o estrangeiro que se encontrar em território nacional

(A) não será extraditado em hipótese alguma.
(B) não será extraditado na hipótese de cometimento de crime político ou de opinião.
(C) será extraditado apenas na hipótese de comprovado envolvimento em tráfico ilícito de entorpecentes e drogas afins, na forma da lei.
(D) poderá ser extraditado, no caso de prática de crime comum, desde que a condenação seja anterior à sua entrada no país.
(E) não poderá ser extraditado, exceto nas hipóteses de cometimento dos crimes de racismo ou tortura.

Art. 5º, LII, da CF. Gabarito "B".

(Defensoria/MG – 2009 – FURMARC) Em relação ao catálogo de direitos e garantias fundamentais, inserido no texto constitucional brasileiro, é CORRETO afirmar:

(A) Em busca da verdade real, são admitidos todos os meios de prova, inclusive as obtidas por meios ilícitos.
(B) Aos presos, em alguns regimes, deve ser assegurada a sua integridade física e moral.
(C) O brasileiro pode ser extraditado, sempre que restar provado o seu envolvimento em tráfico internacional de entorpecentes.
(D) O Executivo detém a prerrogativa de determinar a privação de bens da pessoa envolvida em casos de corrupção.
(E) O Judiciário detém a prerrogativa de determinar a privação de bens da pessoa envolvida em casos de corrupção.

A: Não reflete o disposto no art. 5º, LVI, da CF; B: O art. 5º, XLIX, da CF, aplica-se a todos os regimes; C: Não reflete o disposto no art. 5º, LI, da CF; D e E: É medida sujeita à reserva de jurisdição, ou seja, só pode ser tomada pelo Judiciário. Gabarito "E".

(Defensoria/MT – 2009 – FCC) Considere as seguintes assertivas:

I. O exercício lícito da liberdade de reunião em locais abertos ao público pressupõe a existência de autorização prévia por parte da autoridade competente.

II. A lei pode exigir autorização prévia para a criação de associações, sendo vedada, no entanto, a interferência estatal em seu funcionamento.

III. As entidades associativas, ainda que não expressamente autorizadas por seus filiados, têm legitimidade para representá-los em quaisquer procedimentos judiciais.

IV. No caso de iminente perigo público, a autoridade competente poderá usar de propriedade particular, assegurada ao proprietário indenização ulterior, se houver dano.

V. A pequena propriedade rural, assim definida em lei, desde que trabalhada pela família, não será objeto de penhora para pagamento de débitos decorrentes de sua atividade produtiva.

Está correto o que se afirma SOMENTE em

(A) I e II.
(B) II e III.
(C) III e IV.
(D) IV e V.
(E) III, IV e V.

I: Não reflete o disposto no art. 5º, XVI, da CF; II: Não reflete o disposto no art. 5º, XVII e XVIII, da CF; III: Não reflete o disposto no art. 5º, XXI, da CF; IV: Art. 5º, XXV, da CF; V: Art. 5º, XXVI, da CF. Gabarito "D".

(Defensoria/MT – 2009 – FCC) Independentemente da situação financeira do interessado, a Constituição Federal determina a gratuidade

(A) do registro civil de nascimento.
(B) da certidão de óbito.
(C) da celebração do casamento civil.
(D) do mandado de segurança.
(E) da ação popular, ainda que o autor tenha agido de má-fé.

Art. 226, § 1º, da CF. Gabarito "C".

(Defensoria/MT – 2009 – FCC) Os direitos e garantias fundamentais

(A) previstos em tratados internacionais incorporados ao ordenamento jurídico brasileiro são, em qualquer hipótese, equivalentes às emendas constitucionais.
(B) previstos na Constituição Federal podem ser amplia dos pelas Constituições dos Estados-membros.
(C) são previstos pela Constituição Federal em rol taxativo.
(D) previstos na Constituição Federal não podem ser objeto de emenda à constituição.
(E) previstos na Constituição Federal têm aplicabilidade imediata, não podendo ser regulamentados por lei ordinária.

Art. 5º, §§ 1º a 3º, da CF. Gabarito "B".

(Defensoria/PA – 2009 – FCC) Podem ser extraditados, em determinadas circunstâncias, os brasileiros nascidos

(A) em países de língua portuguesa que, cumpridos os requisitos constitucionais, tenham adquirido a nacionalidade brasileira.
(B) na República Federativa do Brasil, ainda que de pais estrangeiros que não estejam a serviço de seu país.
(C) no estrangeiro, de pai ou mãe brasileira que esteja a serviço da República Federativa do Brasil.
(D) no estrangeiro, de pai brasileiro ou mãe brasileira, residentes na República Federativa do Brasil e que tenham optado pela nacionalidade brasileira.
(E) no estrangeiro, de pai brasileiro ou mãe brasileira, registrados em repartição brasileira competente.

Porque são brasileiros, naturalizados (art. 5º, LI e art. 12, II, a, ambos da CF). Gabarito "A".

(Defensoria/PI – 2009 – CESPE) Acerca dos direitos e garantias fundamentais, e da sua proteção judicial e não judicial, assinale a opção correta.

(A) O modelo jurisdicional brasileiro prevê o direito genérico ao duplo grau de jurisdição, garantia que toda pessoa acusada de delito tem, no processo, de recorrer da sentença para juiz ou tribunal superior.
(B) A sentença originada da instância arbitral produz, entre as partes e seus sucessores, o mesmo efeito da sentença proferida pelos órgãos judiciais, mas, em face da garantia constitucional da universalidade da jurisdição do Poder Judiciário, ela fica sujeita a recurso ou a homologação judicial.
(C) O mandado de segurança pode ser impetrado por pessoas naturais, mas não por pessoas jurídicas, em defesa de direitos individuais.
(D) Qualquer pessoa, seja física ou jurídica, nacional ou estrangeira, tem legitimidade para exercer o direito de petição, apresentando reclamações a qualquer autoridade legislativa, executiva ou jurisdicional, contra ilegalidade ou abuso de poder.
(E) O sujeito passivo do habeas corpus será a autoridade pública, pois somente ela tem a prerrogativa de restringir a liberdade de locomoção individual em benefício do interesse público ou social, razão pela qual não se admite sua impetração contra ato de particular.

A: A garantia do duplo grau de jurisdição não é absoluta, comportando exceções como as previstas no art. 475, §§ 2º e 3º, do CPC; B: Não há falar em homologação judicial de sentença arbitral. V. art. 31 da Lei 9.307/1996: "A sentença arbitral produz, entre as partes e seus sucessores, os mesmos efeitos da sentença proferida pelos órgãos do Poder Judiciário e, sendo condenatória, constitui título executivo"; C: Não reflete o disposto no art. 1º da Lei 12.016/2009; D: Art. 5º, XXXIV, a, da CF; E: O art. 5º, LXVIII, da CF, não faz menção a ato do Poder Público, razão pela qual se admite a impetração de HC para cessar coação à liberdade de locomoção provocada por particular. Gabarito "D".

(Defensoria/MG – 2006) Ação cujo objetivo é sanar a omissão inconstitucional é:

(A) A ação declaratória de constitucionalidade
(B) A ação direta de inconstitucionalidade em face de ato normativo
(C) A representação de inconstitucionalidade
(D) O mandado de injunção
(E) O mandado de segurança

Art. 5º, LXXI, da CF. Gabarito "D".

(Defensoria/MG – 2006) A anulação de ato lesivo a patrimônio de empresa subvencionada pelo poder publico municipal pode ser pleiteada:

(A) Apenas pelos que foram prejudicados pelo ato.
(B) Em mandado de segurança impetrado por qualquer pessoa residente no município.
(C) Em mandado de segurança proposto pela Defensoria Pública.
(D) Por meio de ação popular ajuizada por qualquer brasileiro residente no território nacional.
(E) Por meio de ação popular movida por qualquer cidadão.

Art. 5º, LXXIII, da CF. Gabarito "E".

(Defensoria/MG – 2006) O remédio constitucional voltado à proteção de direito liquido e certo referente à liberdade de locomoção é:

(A) A Ação Civil Pública
(B) A Ação Popular
(C) O Habeas Corpus
(D) O Mandado de Injunção
(E) O Mandado de Segurança.

Art. 5º, LXVIII, da CF. Gabarito "C".

(Defensoria/SE – 2006 – CESPE) Julgue o seguinte item.

(1) Tratados e convenções internacionais sobre direitos humanos são incorporados automaticamente como normas constitucionais e, a partir de então, passam a constituir cláusulas pétreas.

1: art. 5º, § 3º, da CF. Gabarito 1E.

(Cartório/AP – 2011 – VUNESP) Considere as seguintes afirmações sobre a disciplina constitucional da liberdade de associação:

I. É plena a liberdade de associação para fins lícitos, vedada a de caráter paramilitar.
II. As associações só poderão ser compulsoriamente dissolvidas ou ter suas atividades suspensas por decisão judicial, exigindo-se para tanto o trânsito em julgado desta.
III. Ninguém poderá ser compelido a associar-se ou a permanecer associado, salvo disposição prévia em contrário do estatuto social.

Está correto o que se afirma em

(A) I, apenas.
(B) II, apenas.
(C) III, apenas.
(D) I e II, apenas.
(E) I, II e III.

I: Art. 5º, XVII, da CF; II: O art. 5º, XVII, da CF deve ser interpretado em conjunto com o inciso XIX do mesmo artigo. Assim, só se exige trânsito em julgado para a dissolução compulsória da associação. A suspensão de atividades só pode ser determinada por decisão judicial, mas não se exige o trânsito em julgado da decisão nesse caso; III: O art. 5º, XX, da CF não prevê exceções. Gabarito "A".

(Cartório/DF – 2008 – CESPE) A respeito da CF, julgue o item que se segue.

(1) Os direitos fundamentais à intimidade e à vida privada são passíveis de renúncia pela pessoa que deles é titular, desde que não ofenda à dignidade dessa pessoa.

A dignidade da pessoa humana constitui um dos fundamentos do Estado Democrático de Direito – art. 1º, III, da CF. Gabarito 1C.

(Delegado/GO – 2009 – UEG) Acerca dos direitos e das garantias fundamentais, é CORRETO afirmar:

(A) é inviolável o sigilo da correspondência e das comunicações telegráficas, de dados e das comunicações telefônicas, salvo, em todos os casos, por ordem judicial, nas hipóteses e na forma que a lei estabelecer para fins de investigação criminal ou instrução processual penal.
(B) a casa é asilo inviolável do indivíduo, ninguém nela podendo penetrar com consentimento do morador, salvo em caso de flagrante delito ou desastre, ou para prestar socorro, ou, durante o dia, por determinação judicial.

(C) são direitos do preso permanecer calado; a assistência da família e de advogado; e a identificação dos responsáveis por sua prisão ou por seu interrogatório policial.
(D) são crimes inafiançáveis e imprescritíveis a prática da tortura, o tráfico ilícito de entorpecentes e drogas afins e os definidos como crimes hediondos.

A: Não reflete o disposto no art. 5º, XII, da CF; B: Não reflete o disposto no art. 5º, XI, da CF; C: Art. 5º, LXIII e LXIV, da CF; D: Imprescritíveis são os crimes de racismo e a ação de grupos armados (art. 5º, XLII e XLIV, da CF). Os crimes de tortura, tráfico de entorpecentes e hediondos são inafiançáveis e insuscetíveis de graça ou anistia (art. 5º, XLIII, da CF). Gabarito "C".

(Delegado/PA – 2009 – MOVENS) A Constituição Federal garante a liberdade dos cidadãos e confere ao Estado o poder de reprimir condutas consideradas ilícitas que permitem a segregação. O direito de não ser preso e o direito de repressão estatal criaram procedimentos para permitir a restrição da liberdade. A respeito desse assunto, assinale a opção correta.

(A) A prisão em flagrante somente pode ser efetuada por servidor público vinculado à polícia.
(B) Em caso de crime presenciado por populares, estes podem, se tiverem condições, prender em flagrante o agente.
(C) O mandado de prisão, mesmo sem a descrição dos motivos que o fundamentam, autoriza a prisão do cidadão.
(D) Uma pessoa com idade inferior a dezoito anos não pode ser detida.

Art. 5º, LXI, da CF. O art. 228 da CF não impede a detenção. Gabarito "B".

(Delegado/PA – 2009 – MOVENS) As leis têm, em regra, efeitos para o futuro. Considerando que as leis penais seguem o princípio de que não há crime sem lei anterior que o defina, nem pena sem prévia cominação legal, assinale a opção correta.

(A) A exigência de lei criando tipos penais para permitir a aplicação de sanção é garantia constitucional.
(B) É válida a descrição de conduta típica penal por medida provisória.
(C) Lei penal revogada permite apuração de fato ocorrido na sua vigência, mesmo quando a execução completa do fato tenha sido após a revogação.
(D) Lei penal que possa trazer benefício para o acusado não pode ser aplicada quando já julgado o caso.

A: Art. 5º, XXXIX, da CF; B: Vedação pelo art. 62, § 1º, I, *b*, da CF; C e D: A lei penal pode retroagir para beneficiar o réu (art. 5º, XL, da CF). Gabarito "A".

(Delegado/PB – 2009 – CESPE) Assinale a opção correta em relação aos direitos e garantias fundamentais.

(A) O crime de tortura é afiançável, mas será insuscetível de graça ou anistia ou de liberdade provisória.
(B) O uso ilícito de algemas poderá impor a responsabilidade disciplinar, civil e penal do agente ou da autoridade e a nulidade da prisão ou do ato processual a que se refere.
(C) O conceito de casa, inserido no dispositivo constitucional que assegura a inviolabilidade do domicílio, não se estende ao escritório de contabilidade.
(D) Não pratica crime de invasão de domicílio o policial que recebe ordem de busca e apreensão de documento originada de comissão parlamentar de inquérito, desde que essa ordem seja devidamente fundamentada e sejam preenchidos os demais requisitos constitucionais.
(E) Conforme entendimento do STF, mesmo que preenchidos os demais requisitos legais, viola o sigilo das comunicações de dados a apreensão do disco rígido do computador no qual estão armazenados os e-mails recebidos pelo investigado.

A: É inafiançável e insuscetível de graça ou anistia (mas é prescritível). Art. 5º, XLIII, da CF; B: Súmula Vinculante 11/STF: "Só é lícito o uso de algemas em casos de resistência e de fundado receio de fuga ou de perigo à integridade física própria ou alheia, por parte do preso ou de terceiros, justificada a excepcionalidade por escrito, sob pena de responsabilidade disciplinar, civil e penal do agente ou da autoridade e de nulidade da prisão ou do ato processual a que se refere, sem prejuízo da responsabilidade civil do Estado"; C: A regra prevista no art. 5º, XI, da CF foi ampliada pela jurisprudência do STF para abranger também o escritório particular que funciona na casa do administrado; D: A ordem só pode ser determinada por autoridade judicial (art. 5º, XI, da CF); E: O ato é legítimo, desde que observadas as regras do art. 240 e 243 do CPP. Gabarito "B".

(Delegado/PI – 2009 – UESPI) A garantia constitucional que prevê a existência e o julgamento do habeas corpus, é um remédio judicial que pode ser aplicado em situações concretas de:

(A) violação de direito líquido e certo à permanência em sua moradia, em decorrência de ato desapropriatório ilegal.
(B) aplicação indevida de pena restritiva de direitos em processo criminal.
(C) pena pecuniária demasiada aplicada em caráter de confisco.
(D) ato do Ministério da Justiça que não permite a saída de estrangeiro do território nacional.
(E) punição disciplinar de policial militar que importe em sua prisão.

O *habeas corpus* tem por objetivo garantir o direito à locomoção (art. 5º, LXVIII, da CF) e o mandado de segurança visa garantir direito líquido e certo. O STF, porém, tem interessante entendimento sobre o tema. Em regra deve-se impetrar **mandado de segurança para** impugnar decisão judicial que autoriza a quebra de sigilo bancário em procedimento criminal, mas o STF admite a impetração de *habeas corpus* em situações excepcionais, vale dizer, quando a quebra do sigilo bancário implicar **ofensa indireta** ou reflexa ao direito de locomoção. A opção pelo HC ou pelo MS cabe ao impetrante. Gabarito "D".

(Delegado/RJ – 2009 – CEPERJ) Assinale a alternativa correta.

(A) O habeas data destina-se a assegurar o conhecimento de quaisquer informações relativas à pessoa do impetrante, exclusivamente constantes de registros ou bancos de dados de entidades governamentais, bem como para retificação de dados, quando não se prefira fazê-la por processo sigiloso, judicial ou administrativo.
(B) Somente o brasileiro nato é parte legítima para propor ação popular.
(C) Qualquer partido político possui legitimidade para propor mandado de segurança coletivo.
(D) O mandado de injunção será concedido sempre que a falta de norma regulamentadora torne inviável o exercício dos direitos e liberdades constitucionais e das prerrogativas inerentes à nacionalidade, à soberania e à cidadania.
(E) São gratuitas as ações de habeas data, habeas corpus e mandado de segurança e, na forma da lei, os atos necessários ao exercício da cidadania.

A: Não reflete o disposto no art. 5º, LXXII, *a*, e *b*, da CF; B: O cidadão é parte legítima para propor ação popular (art. 5º, LXXIII, da CF); C: Apenas os que têm representação no Congresso Nacional (art. 5º, LXX, *a*, da CF); D: Art. 5º, LXXI, da CF; E: Apenas as ações de *habeas data* e *habeas corpus* são gratuitas (art. 5º, LXXVII, da CF). Gabarito "D".

(Delegado/SC – 2008) De acordo com a Constituição da República Federativa do Brasil, pode ser extraditado o brasileiro naturalizado, em caso de crime comum, praticado anteriormente à naturalização ou de comprovado envolvimento em tráfico ilícito de entorpecente e drogas afins, na forma da lei. Portanto, a afirmação acima está:

(A) incorreta, porque o brasileiro nato também pode ser extraditado.
(B) totalmente incompatível com o que dispõe a Constituição no capítulo dos Direitos e Deveres individuais e coletivos.
(C) incorreta, porque a prática do crime comum não autoriza a extradição.
(D) totalmente compatível com o que dispõe a Constituição no capítulo dos Direitos e Deveres Individuais e Coletivos.

Art. 5º, LI, da CF. Gabarito "D".

(Delegado/SP – 2008) A discussão atual sobre a utilização de células-tronco embrionárias para fins de pesquisa e terapia passa necessariamente pela idéia de início da vida, dividindo a opinião de juristas, cientistas e religiosos. Todavia, a questão nuclear, que afasta paradigmas e preconceitos, envolve a caracterização do Brasil como estado

(A) laico, pois não professa nenhuma religião oficial.
(B) confessional, pois invoca proteção divina no preâmbulo da CF.
(C) pseudo-confessional, pois assegura liberdade religiosa.

(D) agnóstico.
(E) pseudo-leigo, pois invoca a proteção divina no preâmbulo da CF.

Arts. 5º, VI, e 19, I, da CF. Gabarito "A".

(Delegado/SP – 2008) De acordo com o estabelecido na Constituição federal, relativamente à instituição do júri, caberá à a lei ordinária

(A) assegurar a soberania dos veredictos.
(B) fixar sua competência.
(C) prever o sigilo das votações.
(D) garantir a plenitude de defesa.
(E) estabelecer sua organização.

Art. 5º, XXXVIII, da CF. Gabarito "E".

(Delegado/SP – 2008) A constituição Federal assegura

(A) meios que garantam a celeridade do processo.
(B) o contraditório nos processos civis.
(C) meios para intentar ação privada, concomitantemente, nos crimes de ação pública.
(D) a restrição e o sigilo na publicidade de todos os atos processuais.
(E) os mandados de segurança e de injunção, gratuitos, necessários ao exercício da cidadania.

Art. 5º, LXXVIII, da CF. Gabarito "A".

(Analista Judiciário/TJRJ – 2008 – CESPE) Ainda acerca dos direitos e garantias fundamentais, assinale a opção correta.

(A) A garantia ao direito de herança é um direito fundamental, que não pode ser restringido pela legislação infraconstitucional.
(B) São inafiançáveis os crimes de ação de grupos armados, civis ou militares, contra a ordem constitucional e o Estado Democrático, de racismo, de prática da tortura, de tráfico ilícito de entorpecentes e drogas afins, de terrorismo e os definidos como crimes hediondos.
(C) Conceder-se-á habeas corpus para proteger direito líquido e certo, quando o responsável pela ilegalidade ou abuso de poder for autoridade pública ou agente de pessoa jurídica no exercício de atribuições do poder público.
(D) Conceder-se-á mandado de segurança sempre que alguém sofrer ou se achar ameaçado de sofrer violência ou coação em sua liberdade de locomoção, por ilegalidade ou abuso de poder.
(E) Qualquer pessoa é parte legítima para propor ação popular que vise anular ato lesivo ao patrimônio público ou de entidade de que o Estado participe, à moralidade administrativa, ao meio ambiente e ao patrimônio histórico e cultural, ficando o autor, salvo comprovada má-fé, isento de custas judiciais e do ônus da sucumbência.

A: o direito de herança, consagrado no art. 5º, XXX, da CF, corolário do direito de propriedade, pode, sim, ser restringido pela legislação infraconstitucional; B: art. 5º, XLII, XLIII e XLIV, da CF; C: art. 5º, LXVIII, da CF; D: art. 5º, LXIX, da CF; E: art. 5º, LXXIII, da CF. Gabarito "B".

(Procurador do Município/Florianópolis-SC – 2010 – FEPESE) No tocante aos remédios constitucionais, é **correto** afirmar:

(A) As pessoas jurídicas têm legitimidade para propositura de ação popular.
(B) O *habeas corpus* sempre terá natureza repressiva, a fim de salvaguardar o direito de locomoção dos indivíduos.
(C) O *habeas data* cinge-se às informações a respeito da pessoa do próprio impetrante, não se estendendo a entidades ou organizações de que ele faça parte.
(D) É cabível mandado de injunção quando há carência de norma regulamentadora, inviabilizando o exercício de direitos e liberdades constitucionais e prerrogativas concernentes à igualdade, cidadania e propriedade.
(E) Somente tem legitimidade para a impetração de mandado de segurança coletivo a organização sindical em funcionamento há pelo menos um ano.

A: Apenas o cidadão pode propor ação popular (art. 5º, LXXIII, da CF); B: O HC pode ser repressivo ou preventivo (nos casos de ameaça ao direito de locomoção); C:Art. 5º, LXXII, da CF; D: Não reflete o disposto no art. 5º, LXXI, da CF; E: E por partidos políticos com representação no Congresso Nacional (art. 5º, LXX, "a" e "b", da CF). Gabarito "C".

(Procurador do Município/Teresina-PI – 2010 – FCC) Sobre os direitos humanos, analise as afirmações abaixo:

I. O Brasil submete-se à jurisdição do Tribunal Penal Internacional a cuja criação tenha manifestado adesão.
II. Os tratados e convenções internacionais sobre direitos humanos que forem aprovados, em cada Casa do Congresso Nacional, em dois turnos, por três quintos dos votos dos respectivos membros, serão equivalentes às emendas constitucionais.
III. O incidente de deslocamento da competência de crime praticado com grave violação de direitos humanos deve ser suscitado exclusivamente pelo Superior Tribunal de Justiça com o fim de assegurar o cumprimento de obrigações decorrentes de tratados internacionais de direitos humanos.

É correto SOMENTE o que se afirma em

(A) II e III.
(B) I, II e III.
(C) I.
(D) I e II.
(E) I e III.

I: Certo. Art. 5º, § 4º, da CF; II: Certo. Art. 5º, § 3º; III: Não reflete o disposto no art. 109, § 5º, da CF. Gabarito "D".

(Magistratura Federal-4ª Região – 2010) Dadas as assertivas abaixo, assinale a alternativa correta.

Segundo o entendimento majoritário da jurisprudência do Supremo Tribunal Federal:

I. A norma de direito público incide imediatamente sobre ato jurídico já praticado, regulando os seus efeitos futuros (retroatividade mínima) e preservando os efeitos anteriormente produzidos.
II. A irretroatividade da lei aplica-se tanto às leis de ordem pública (*jus cogens*) quanto às leis dispositivas (*jus dispositivum*).
III. O direito adquirido a regime jurídico somente pode ser afastado por norma constitucional superveniente.
IV. Se a lei alcançar os efeitos futuros de contratos celebrados anteriormente a ela, será essa lei retroativa porque vai interferir na causa, que é um ato ou fato ocorrido no passado.

(A) Estão corretas apenas as assertivas I e IV.
(B) Estão corretas apenas as assertivas II e III.
(C) Estão corretas apenas as assertivas II e IV.
(D) Estão corretas apenas as assertivas III e IV.
(E) Estão corretas apenas as assertivas I, III e IV.

I: Errada. Sobre os graus de retroatividade das normas constitucionais já se manifestou o STF, no RE 140499, Rel. Min. Moreira Alves: "Pensões especiais vinculadas a salário mínimo. Aplicação imediata a elas da vedação da parte final do inciso IV do artigo 7. da Constituição de 1988. - Já se firmou a jurisprudência desta Corte no sentido de que os dispositivos constitucionais tem vigência imediata, alcançando os efeitos futuros de fatos passados (retroatividade mínima). Salvo disposição expressa em contrário - e a Constituição pode fazê-lo -, eles não alcançam os fatos consumados no passado nem as prestações anteriormente vencidas e não pagas (retroatividades máxima e média)"; II: Art. 5º, XL, da CF; III: É cláusula pétrea, insuscetível de reforma pelo legislador (art. 60, § 4º, IV, da CF); IV: V. comentários ao item I. Gabarito "C".

(Magistratura Federal-4ª Região – 2010) Dadas as assertivas abaixo, assinale a alternativa correta.

I. Havendo colisão entre o princípio da liberdade de imprensa e o direito à privacidade, prevalecerá aquela, porque informada pelo interesse público.
II. A colisão entre dois princípios constitucionais, calcados em direitos fundamentais, resolve-se pela supressão de um em favor de outro.
III. Relativamente ao direito que possui a imprensa de informar, deve-se conferir maior proteção à privacidade e à imagem de pessoas públicas do que às pessoas privadas.
IV. O conflito aparente de princípios constitucionais se resolve pelas regras da ponderação e da razoabilidade.

(A) Está correta apenas a assertiva I.
(B) Está correta apenas a assertiva IV.

(C) Estão corretas apenas as assertivas I e II.
(D) Estão corretas apenas as assertivas III e IV.
(E) Estão corretas apenas as assertivas I, II e III.

I: Não há hierarquia entre os direitos fundamentais, devendo a colisão entre eles ser resolvida *in casu*, a depender das circunstâncias do caso concreto. Não se pode falar, a priori, de prevalência de um sobre o outro; II: Pelo princípio da concordância prática ou harmonização, diante da inexistência de hierarquia entre os princípios constitucionais, deve-se buscar a redução proporcional do alcance de cada um dos bens em conflito, de modo que seus núcleos não sejam atingidos, evitando o sacrifício total de um bem em benefício do outro; III: Tampouco há hierarquia entre os destinatários da norma constitucional; IV: Sim, e no caso concreto, visando o menor sacrifício dos bens em jogo. Gabarito "B".

(Magistratura Federal/3ª Região – 2010) A Constituição Federal, art. 5º, LXX, "b", estabelece que o mandado de segurança coletivo poderá ser impetrado por "organização, entidade de classe ou associação legalmente constituída" em defesa dos interesses de seus membros ou associados. No que respeita a "entidade de classe", pergunta-se:

(A) Em face do contido no texto constitucional, necessita ela de prévia autorização de seus membros para a propositura do mandando de segurança coletivo;
(B) A "entidade de classe" não necessita de prévia autorização de seus membros para o ajuizamento do mandado de segurança coletivo, mas precisa comprovar a exigência constitucional de um ano de constituição e funcionamento;
(C) A impetração do mandado de segurança coletivo por parte de "entidade de classe" objetiva a defesa de direitos relacionados com as atividades identificadoras da categoria, mas não que sejam peculiares a essa categoria. A "entidade de classe", assim como, os partidos políticos, necessita antes de tudo, apresentar representatividade de âmbito nacional;
(D) Prescinde de autorização de seus filiados, e em relação a ela é desnecessária a prova de que foi constituída e está em funcionamento há pelo menos um ano, além de não necessitar de representatividade em âmbito nacional.

Art. 5º, LXX, *b*, da CF. Gabarito "D".

(Magistratura Federal – 3ª Região – XIII) Em face do princípio da isonomia, é correto afirmar-se que é inconstitucional:

(A) a previsão de alíquotas ou bases de cálculo diferenciadas, em razão da atividade econômica, porte da empresa, e condição estrutural do mercado de trabalho;
(B) a previsão, como título, em edital de concurso público, do mero exercício de função pública;
(C) a transferência obrigatória de universitário, quando dependente de servidor público, removido por necessidade de serviço, condicionada à cláusula que exige sejam as instituições, de origem e de destino, congêneres;
(D) a concessão de privilégio processual, como o prazo em dobro a defensor público.

STF, ADI 3443-MA, Tribunal Pleno, rel. Min. Carlos Velloso, j. 8.9.2005. Gabarito "B".

(Procurador Federal – 2010 – CESPE) Acerca dos remédios constitucionais, julgue o item que se segue.

(1) Tal como ocorre na ADI, não é admitida a impetração de mandado de segurança contra lei ou decreto de efeitos concretos.

O contrário: só cabe ADI contra lei ou ato normativo dotados de abstração e generalidade. Não cabe mandado de segurança contra "lei em tese", mas apenas contra lei de efeitos concretos. Súmula 266/STF: "Não cabe mandado de segurança contra lei em tese." Gabarito 1E.

(Procurador Federal – 2010 – CESPE) Quanto a direitos e garantias individuais e coletivos, julgue o item a seguir.

(1) A CF assegura a todos, independentemente do pagamento de taxas, a obtenção de certidões em repartições públicas, para a defesa de direitos e esclarecimentos de situações de interesse pessoal. Nesse sentido, não sendo atendido o pedido de certidão, por ilegalidade ou abuso de poder, o remédio cabível será o habeas data.

A primeira parte está correta (art. 5º, XXXIV, *b*, da CF), mas o remédio cabível é o mandado de segurança. Gabarito 1E.

(Procurador da Fazenda Nacional – 2007 – ESAF) Assinale a opção correta no contexto dos direitos e das garantias fundamentais.

(A) Pelo princípio da árvore dos frutos envenenados ou proibidos, a tão-só existência de prova reconhecidamente ilícita no processo basta para que a condenação seja nula, porquanto a proibição constitucional se harmoniza com a exigência de um processo contraditório, em que se assegure ampla defesa.
(B) Entre as características funcionais dos direitos fundamentais encontra-se a legitimidade que conferem à ordem constitucional e o seu caráter irrenunciável e absoluto, que converge para o sentido da imutabilidade.
(C) Na esfera administrativa do inquérito policial não sobressai a garantia constitucional expressa da ampla defesa e do contraditório, motivo pelo qual, visando à eficiência das investigações, e no contexto do princípio da proporcionalidade, é válida a vedação de consulta dos autos pelo defensor do indiciado, em se tratando de procedimento sigiloso.
(D) A conformação constitucional do mandado de injunção tem recebido novas leituras interpretativas do Supremo Tribunal Federal, motivo pelo qual a decisão nele proferida não se encontra mais limitada à possibilidade de declaração da existência da mora legislativa para a edição da norma regulamentadora específica, sendo atualmente aceitável a possibilidade, dentro dos limites e das possibilidades do caso concreto, de uma regulação provisória pelo próprio Judiciário.
(E) O direito de livre locomoção pode sofrer restrição, conforme previsto na Constituição, por meio da chamada reserva legal qualificada.

Com efeito, o STF tem dado mostras de que a posição *não concretista*, dominante por bom tempo naquela Corte, tem perdido campo para a *concretista*. A título de exemplo, o Supremo declarou a omissão legislativa e determinou, no que couber, a incidência da lei de greve do setor privado. Isso se deu ante a ausência de uma lei que disciplinasse a greve no setor público, direito consagrado no art. 37, VII, da CF. Adotou-se, pois, nesse caso, a *teoria concretista geral*. Gabarito "D".

(Analista Judiciário/STF – 2008 – CESPE) Julgue o seguinte item.

(1) O julgamento dos crimes dolosos contra a vida é de competência do tribunal do júri, mas a CF não impede que outros crimes sejam igualmente julgados por esse órgão.

De fato, o art. 5º, XXXVIII, *d*, da CF estabelece a competência do Tribunal Popular para o julgamento dos crimes dolosos contra a vida, e não somente para eles. Não haveria, pois, violação à cláusula pétrea (art. 60, § 4º, da CF) se a competência do júri, hoje restrita aos crimes dolosos contra a vida, fosse ampliada. Haveria, sim, se acaso fosse diminuída. Gabarito 1C.

(Analista Judiciário/STF – 2008 – CESPE) Julgue o seguinte item.

(1) O preso tem direito à identificação dos responsáveis pelo seu interrogatório policial.

Art. 5º, LXIV, da CF. Gabarito 1C.

(Analista Judiciário/STF – 2008 – CESPE) Julgue o seguinte item.

(1) A CF exige que o *habeas corpus* seja cabível apenas contra ato de autoridade pública.

Art. 5º, LXVIII, da CF. Pode o *habeas corpus* ser impetrado em face de ato praticado por particular, desde que em jogo esteja a liberdade de locomoção. Gabarito 1E.

(Analista Judiciário/STF – 2008 – CESPE) Julgue o seguinte item.

(1) A ação popular contra o presidente da República deve ser julgada pelo STF.

A competência é do juízo de primeiro grau, conforme já entendeu o STF. Gabarito 1E.

(MAGISTRATURA DO TRABALHO – 1ª REGIÃO – 2010 – CESPE) Assinale a opção correta acerca dos direitos e garantias fundamentais.

(A) A CF não admite o ingresso no domicílio legal sem consentimento do morador.
(B) Embora a CF admita a decretação, pela autoridade judicial, da interceptação telefônica para fins de investigação criminal ou instrução processual penal, é possível a utilização das gravações no processo civil ou administrativo, como prova emprestada.

(C) Diante da natureza dos interesses envolvidos, a administração pública pode legitimamente determinar a quebra dos sigilos fiscal e bancário em procedimento administrativo na esfera tributária.

(D) O princípio da inafastabilidade da jurisdição tem aplicação absoluta no sistema jurídico vigente, o qual não contempla a hipótese de ocorrência da denominada jurisdição condicionada.

(E) A CF assegura aos litigantes em processo judicial ou administrativo e aos acusados em geral o contraditório e a ampla defesa, com os meios e recursos a eles inerentes, razão pela qual, no âmbito do processo administrativo disciplinar, é imprescindível a presença de advogado.

A: Não reflete o disposto no art. 5º, XI, da CF; B: Entendimento do STF; C: Apesar de o sigilo bancário não ser direito absoluto, sua quebra depende de decisão judicial (é medida que se submete à "reserva de jurisdição"). Entretanto, o STF entende que as CPIs podem determinar a quebra de sigilo bancário, fiscal e telefônico por terem poderes próprios de autoridades judiciais, desde que o ato seja adequadamente fundamentado e revele a necessidade objetiva da medida extraordinária; D: O princípio da inafastabilidade da jurisdição (art. 5º, XXXV, da CF) tem aplicabilidade imediata, mas não é absoluto, pois a Constituição pode prever restrições ao seu conteúdo: Dessa forma, cabe ressaltar a existência de uma hipótese de jurisdição condicionada ou instância administrativa de curso forçado no ordenamento constitucional, referente ao direito desportivo (art. 217, § 1º, da CF); E: O STJ e o STF têm súmulas antagônicas sobre a matéria, prevalecendo o entendimento do STF insculpido na Súmula Vinculante 5: "A falta de defesa técnica por advogado no processo administrativo disciplinar não ofende a Constituição." Gabarito "B".

(Magistratura do Trabalho – 3ª Região – 2009) A respeito dos direitos e garantias fundamentais de natureza processual, leia as afirmações abaixo e, em seguida, assinale a alternativa correta:

I. O princípio do juiz natural se manifesta tanto na regra de proibição de tribunais de exceção, quanto no preceito de que ninguém será processado senão pela autoridade competente.

II. A doutrina e a jurisprudência dominantes entendem ser inaplicável a garantia do contraditório e da ampla defesa ao inquérito policial, uma vez que se não tem aqui um processo compreendido como instrumento destinado a decidir litígio.

III. Ao procedimentos administrativo em geral, inclusive nos processos administrativos disciplinares, estende-se o direito à defesa e ao contraditório.

IV. O direito de petição é assegurado aos brasileiros ou estrangeiros e se presta à defesa de direitos individuais ou contra ilegalidade ou abuso de poder, mas não se destina à defesa de interesse geral e coletivo.

V. Uma das manifestações do devido processo legal é a inadmissibilidade da prova ilícita no processo, que deve preponderar ainda quando for produzida em estado de necessidade ou legítima defesa.

(A) Somente uma afirmativa está correta.
(B) Somente duas afirmativas estão corretas.
(C) Somente três afirmativas estão corretas.
(D) Somente quatro afirmativas estão corretas.
(E) Todas as afirmativas estão corretas.

I: Correta. Art. 5º, XXXVII e LIII, da CF; II: Correta. O contraditório é postergado ou diferido para o processo judicial; III: Correta. Art. 5º, LV, da CF; IV: Errada. O direito de petição é amplo e destina-se a assegurar qualquer direito, individual ou coletivo (art. 5º, XXXIV, a, da CF); V: Errada. A legítima defesa e o estado de necessidade excluem a ilicitude da prova, conforme entendimento jurisprudencial. Gabarito "C".

(Magistratura do Trabalho – 8ª Região – 2009) Assinale a alternativa errada, considerando os termos da Constituição Federal:

(A) A lei considerará crimes inafiançáveis e insuscetíveis de graça ou anistia a prática da tortura, o tráfico ilícito de entorpecentes e drogas afins, o terrorismo e os definidos como crimes hediondos, por eles respondendo os mandantes, os executores e os que, podendo evitá-los, se omitirem, além de constituir crime inafiançável e imprescritível a ação de grupos armados, civis ou militares, contra a ordem constitucional e o Estado Democrático.

(B) A Constituição afirma o direito de propriedade nos direitos e garantias fundamentais, descrevendo-o como um dos direitos e deveres individuais e coletivos e também dentro da ordem econômica e financeira, como um dos princípios gerais da atividade econômica, porém nas duas situações subordina seu uso ao cumprimento de uma função social.

(C) Conceder-se-á mandado de segurança para proteger direito líquido e certo, não amparado por "habeas-corpus" ou "habeas-data", quando o responsável pela ilegalidade ou abuso de poder for autoridade pública ou agente de pessoa jurídica no exercício de atribuições do Poder Público. O mandado de segurança coletivo pode ser impetrado por: a) partido político com representação no Congresso Nacional ou b) organização sindical, entidade de classe ou associação legalmente constituída e em funcionamento há pelo menos um ano, em defesa dos interesses de seus associados.

(D) Qualquer cidadão é parte legítima para propor ação popular que vise a anular ato lesivo ao patrimônio público ou de entidade de que o Estado participe, à moralidade administrativa, ao meio ambiente e ao patrimônio histórico e cultural, ficando o autor, salvo comprovada má-fé, isento de custas judiciais e do ônus da sucumbência. O STF, por entendimento sumulado, não admite a legitimidade ativa da pessoa jurídica nesta ação, servindo como exceção a possibilidade do Ministério Público assumir, como múnus público, a titularidade da ação, em face da desistência de seu original autor.

(E) Os tratados e convenções internacionais sobre direitos humanos que forem aprovados, em cada Casa do Congresso Nacional, em dois turnos, por três quintos dos votos dos respectivos membros, serão equivalentes às emendas constitucionais, conforme dispositivo acrescentado ao texto constitucional pela EC nº 45/2004. Esta disposição contraria orientação anterior do STF que, interpretando a Constituição, considerava que tais normas ingressariam em nosso ordenamento jurídico com o mesmo "status" das leis ordinárias.

A: Art. 5º, XLIII e XLIV, da CF; B: Art. 5º, XXII e XXIII, e art. 170, II e III, ambos da CF; III: Art. 5º, LXIX e LXX, a e b, da CF; D: A ação popular deve ser proposta pelo cidadão (art. 5º, LXXIII, da CF), muito embora, caso haja desistência, o Ministério Público esteja legitimado a dar-lhe prosseguimento; E: Art. 5º, § 3º, da CF. Gabarito "D".

(Magistratura do Trabalho – 9ª Região – 2009) Em relação ao habeas data, analise as proposições a seguir:

I. Na previsão constitucional, duplo é o objeto do *habeas data*: assegurar o conhecimento de informações e ensejar sua retificação.

II. Ao contrário do que ocorre com o *habeas corpus*, exige-se para a impetração do *habeas data* a prévia constituição de advogado habilitado, que deverá juntar instrumento de mandato.

III. No que diz respeito à legitimação ativa, o entendimento é de que o direito de conhecer e retificar dados, bem como o de impetrar *habeas data*, é personalíssimo.

IV. O *habeas data* pode ser requerido para obtenção de informações constantes de registros ou bancos de dados, públicos ou privados que tenham caráter público.

(A) todas as proposições são corretas
(B) somente as proposições I e III são corretas
(C) somente as proposições II e IV são corretas
(D) somente as proposições I e II são corretas
(E) nenhuma proposição é correta

I: Art. 5º, LXXII, a e b, da CF; II: O *habeas corpus* pode, inclusive, ser deferido de ofício; III: Sim, porque as informações são relativas à pessoa do impetrante; IV: Art. 5º, LXXII, a, in fine, da CF. Gabarito "A".

(Magistratura do Trabalho – 9ª Região – 2009) Em relação ao mandado de segurança, assinale a proposição incorreta:

(A) A antecipação da tutela concedida na sentença é impugnável pela via do mandado de segurança.

(B) No caso da tutela antecipada ser concedida antes da sentença, cabe a impetração do mandado de segurança, em face da inexistência de recurso próprio.

(C) A superveniência da sentença, nos autos originários, faz perder o objeto do mandado de segurança que impugnava a concessão da tutela antecipada.

(D) A concessão de liminar ou a homologação de acordo constituem faculdade do juiz, inexistindo direito líquido e certo tutelável pela via do mandado de segurança.

(E) Exigindo o mandado de segurança prova documental pré constituída, incabível a determinação pelo juiz de emenda da petição inicial do *mandamus*.

Se o ordenamento prevê recurso próprio para impugnar a decisão judicial, não caberá Mandado de Segurança (art. 5º, II, da Lei 12.016/2009). Súmula 267/STF: "Não cabe mandado de segurança contra ato judicial passível de recurso ou correição." Gabarito "A".

(Magistratura do Trabalho – 23ª Região – 2009) Assinale a alternativa CORRETA:

I. O mandado de segurança exige direito líquido e certo. Considerando que o direito sempre é líquido e certo, a conclusão que emerge do texto constitucional é que a certeza não se refere ao direito, mas ao fato, razão pela qual deve o impetrante apresentar, de plano, prova do fato que autoriza a aplicação do direito na forma pretendida, autorizado o pedido de exibição de documentos em poder da autoridade coatora.

II. Em mandado de segurança, somente cabe remessa *ex officio* se, na relação processual, figurar pessoa jurídica de direito público como parte prejudicada pela concessão da ordem. Tal situação não ocorre na hipótese de figurar no feito como impetrante e terceiro interessado pessoa de direito privado, ressalvada a hipótese de matéria administrativa.

III. A ação de mandado de segurança não se sujeita às regras sobre alçada.

(A) Apenas os itens I e II são verdadeiros.
(B) Apenas os itens I e III são verdadeiros.
(C) Todos os itens são verdadeiros.
(D) Apenas os itens II e III são verdadeiros.
(E) Todos os itens são falsos.

I: Segundo Hely Lopes Meirelles, direito líquido e certo "é o que se apresenta manifesto na sua existência, delimitado na sua extensão e apto a ser exercitado no momento da impetração", ou seja, é aquele que não demanda dilação probatória, capaz de ser comprovado de plano; II: Enunciado 303, item III, da Súmula do TST: "Em mandado de segurança, somente cabe remessa 'ex officio' se, na relação processual, figurar pessoa jurídica de direito público como parte prejudicada pela concessão da ordem. Tal situação não ocorre na hipótese de figurar no feito como impetrante e terceiro interessado pessoa de direito privado, ressalvada a hipótese de matéria administrativa"; III: Súmula 365/TST. Gabarito "C".

(Magistratura do Trabalho – 23ª Região – 2009) Assinale a alternativa CORRETA:

I. A impetração de mandado de segurança coletivo por entidade de classe em favor dos associados depende da autorização destes.

II. O mandado de segurança coletivo pode ser impetrado por organização sindical, entidade de classe ou associação legalmente constituída e em funcionamento há pelo menos um ano, em defesa dos interesses de seus membros ou associados e também por qualquer partido político com representação no Congresso Nacional;

III. É constitucional a lei que fixa o prazo de decadência para a impetração de mandado de segurança.

(A) Apenas os itens II e III são verdadeiros.
(B) Apenas os itens I e III são verdadeiros.
(C) Todos os itens são verdadeiros.
(D) Apenas os itens I e II são verdadeiros.
(E) Todos os itens são falsos.

I: Errado. Súmula 629/STF: "A impetração de mandado de segurança coletivo por entidade de classe em favor dos associados independe da autorização destes"; II: Art. 5º, LXX, *a* e *b*, da CF; III: Súmula 632/STF. Sobre o tema, conferir também: Súmula 630/STF: "A entidade de classe tem legitimação para o mandado de segurança ainda quando a pretensão veiculada interesse apenas a uma parte da respectiva categoria"; Súmula 631/STF: "Extingue-se o processo de mandado de segurança se o impetrante não promove, no prazo assinado, a citação do litisconsorte passivo necessário", bem como as demais súmulas do STF sobre mandado de segurança. Gabarito "A".

(Magistratura do Trabalho – 8ª Região – 2007) Assinale a alternativa incorreta:

(A) A jurisprudência do STF considera incabível o Mandado de Segurança nas hipóteses em que visa combater lei em tese e decisão judicial passível de recurso ou correição, salvo, e ainda de modo restrito, se o recurso cabível e manejado em face da decisão atacada não tiver efeito suspensivo.

(B) Não se admite, consoante atual jurisprudência consolidada do Supremo Tribunal Federal, o manejo de Habeas Corpus para proteger outro direito que não seja o de locomoção, o que se choca com a denominada "doutrina brasileira do habeas corpus", praticada pelo STF durante a Primeira República, que aceitava o mandamus para defesa de direitos líquidos e certos, não apenas a liberdade de locomoção.

(C) Apenas o parlamentar tem legitimidade ativa para impetrar mandado de segurança, com a finalidade de coibir atos praticados no processo de aprovação de leis e emendas constitucionais que não se compatibilizam com o processo legislativo constitucional.

(D) O habeas data se destina a garantir, em favor da pessoa interessada, o exercício de pretensão jurídica discernível em seu tríplice aspecto: (a) direito de acesso aos registros; (b) direito de retificação dos registros e (c) direito de complementação dos registros.

(E) Na Ação Popular o autor é qualquer pessoa física que possua o gozo dos direitos políticos, não comportando sua substituição no curso da lide.

Art. 9º da Lei 4.717/65. Gabarito "E".

(Magistratura do Trabalho – 8ª Região – 2007) Em relação às disposições constitucionais que versam sobre os direitos e garantias fundamentais, assinale a alternativa incorreta:

(A) A garantia de inviolabilidade do direito à vida, à liberdade, à igualdade, à segurança e à propriedade não é prerrogativa exclusiva do povo brasileiro.

(B) Dentre os direitos individuais previstos na Constituição está a liberdade de associação para fins lícitos, vedada a de caráter paramilitar.

(C) A Constituição não prevê a aplicação da pena de morte.

(D) Aos litigantes e aos acusados em geral são assegurados o contraditório e a ampla defesa, com os meios e recursos a ela inerentes, princípio este aplicável no processo administrativo.

(E) É livre a manifestação do pensamento, porém é vedado o anonimato, sendo assegurado a todos o acesso à informação e resguardado o sigilo da fonte, quando necessário ao exercício profissional.

A: art. 5º, *caput*, da CF. Tal prerrogativa deve ser estendida, assim tem entendido o STF, aos estrangeiros não residentes no país, bem assim aos apátridas e às pessoas jurídicas; B: art. 5º, XVII, da CF; C: nos termos do art. 5º, XLVII, *a*, da CF, a *pena de morte* somente terá lugar no caso de guerra declarada (art. 84, XIX, CF). Dessa forma, declarada guerra, será admissível a *pena de morte* na forma prevista no Código Penal Militar; D: art. 5º, LV, da CF; E: art. 5º, IV e XIV, da CF. Gabarito "C".

(Magistratura do Trabalho – 8ª Região – 2007) Com respeito à disciplina constitucional dos direitos e deveres individuais e coletivos, assinale a assertiva incorreta:

(A) Em caso de iminente perigo público, a autoridade competente poderá usar de propriedade particular, assegurada ao proprietário indenização ulterior, se houver dano.

(B) Todos podem reunir-se pacificamente, sem armas, em locais abertos ao público, independentemente de autorização ou prévio aviso, desde que não frustrem outra reunião anteriormente convocada para o mesmo local.

(C) Qualquer cidadão é parte legítima para propor ação popular que vise a anular ato lesivo ao patrimônio público ou de entidade de que o Estado participe, à moralidade administrativa, ao meio ambiente e ao patrimônio histórico e cultural, ficando o autor, salvo comprovada má-fé, isento de custas judiciais e do ônus da sucumbência.

(D) A lei considerará crimes inafiançáveis e insuscetíveis de graça ou anistia a prática da tortura, o tráfico ilícito de entorpecentes e drogas afins, o terrorismo e os definidos como crimes hediondos, por eles respondendo os mandantes, os executores e os que, podendo evitá-los, omitirem-se.
(E) A casa é asilo inviolável do indivíduo, ninguém nela podendo penetrar sem consentimento do morador, salvo em caso de flagrante delito ou desastre, ou para prestar socorro, ou, durante o dia, por determinação judicial.

A: art. 5º, XXV, da CF; B: o inciso XVI do art. 5º da CF impõe o *aviso-prévio* à autoridade competente, o que se faz necessário para que providências relacionadas à organização sejam tomadas; C: art. 5º, LXXIII, da CF; D: art. 5º, XLIII, da CF; E: art. 5º, XI, da CF. Gabarito "B".

(Magistratura do Trabalho – 16ª Região – 2006) Considere as afirmações abaixo:

I. Para conhecimento do habeas data, o Supremo Tribunal Federal entende que não é necessário que o impetrante comprove que o detentor da informação tenha se recusado a prestar a informação requerida;
II. O processo em habeas data tem prioridade sobre todos os atos, exceto habeas corpus e mandado de segurança;
III. Compete ao Supremo Tribunal Federal processar e julgar originariamente o habeas data contra ato do Presidente da República, do Tribunal de Contas da União e do Procurador Geral da República.

Assinale a opção CORRETA:

(A) Somente I e II;
(B) Somente I;
(C) Somente II;
(D) Somente I e III;
(E) Somente II e III.

I: o art. 8º da Lei 9.507/97 estabelece a necessidade de recusa de informações por parte da autoridade, posição compartilhada pelo STF; II: art. 19 da Lei 9.507/97; III: art. 102, I, *d*, da CF. Gabarito "E".

(Magistratura do Trabalho – 14ª Região – 2006) No artigo 5º. da Constituição da República foram elencados diversos direitos e garantias relacionados ao processo e ao procedimento, porém dentre eles NÃO consta expressamente:

(A) o duplo grau de jurisdição;
(B) o contraditório;
(C) o direito de petição aos Poderes Públicos;
(D) o princípio da inafastabilidade da Jurisdição;
(E) o princípio do juiz natural.

A: embora não expresso, foi consagrado na Constituição em diversos dispositivos (art. 102, II, por exemplo); B: art. 5º, LV, da CF; C: art. 5º, XXXIV, da CF; D: art. 5º, XXXV, da CF; E: art. 5º, XXXVII, da CF. Gabarito "A".

(Magistratura do Trabalho – 14ª Região – 2006) Quando a falta de norma regulamentadora tornar inviável o exercício dos direitos e liberdades constitucionais e das prerrogativas inerentes à nacionalidade, à soberania e à cidadania, deve-se ajuizar:

(A) mandado de segurança;
(B) mandado de injunção;
(C) habeas corpus;
(D) habeas data;
(E) ação popular.

Art. 5º, LXXI, da CF. Gabarito "B".

(Ministério Público do Trabalho – 14º) Assinale a alternativa INCORRETA:

(A) considerando-se o direito à ampla defesa e ao contraditório, previsto na Constituição Federal, a jurisprudência do Supremo Tribunal Federal firmou-se majoritariamente no sentido de que é nula a sentença penal condenatória fundada exclusivamente em elementos colhidos em inquéritos policiais;
(B) em caso de anulação de ato administrativo, cuja formalização haja repercutido no âmbito de interesses individuais, é necessária a oitiva daqueles cuja situação será modificada, em homenagem ao princípio da ampla defesa e do contraditório;
(C) segundo a jurisprudência do Supremo Tribunal Federal, o conceito constitucional de domicílio se restringe à habitação do indivíduo;
(D) a Constituição assegura ao preso o direito de identificação dos responsáveis pela sua prisão e por seu interrogatório policial;
(E) não respondida.

O conceito normativo de *casa*, segundo entendimento firmado no STF, não se restringe à habitação do indivíduo. Vai além. Abrange qualquer aposento de ocupação coletiva, incluindo os quartos de hotel. Nesse sentido: STF, RHC 90.376, rel. Min. Celso de Mello, j. 3.4.2007. Tal entendimento é corroborado pela doutrina. Gabarito "C".

(Ministério Público do Trabalho – 13º) Quanto aos direitos fundamentais constitucionais:

I. é inviolável a liberdade de consciência e de crença, sendo sempre assegurado o livre exercício dos cultos religiosos e garantida, em qualquer hipótese, a proteção aos locais de culto e suas liturgias;
II. é livre a manifestação do pensamento, sendo vedado o anonimato, exatamente para possibilitar o direito de resposta, proporcional ao agravo, além da indenização por dano material, moral coletivo ou à imagem, apenas na hipótese de calúnia, bem como dolo;
III. é livre o exercício de qualquer trabalho, ofício ou profissão, atendidas as qualificações profissionais que a lei estabelecer.

Analisando-se as asserções acima, pode-se afirmar que:

(A) todas estão corretas;
(B) todas estão incorretas;
(C) apenas a de número II está incorreta;
(D) apenas a de número III está correta;
(E) não respondida.

I: art. 5º, VI, da CF; II: art. 5º, IV e V, da CF. O direito de resposta e a indenização a que alude o dispositivo não se restringem ao crime de calúnia, incidindo, da mesma forma, quando o caso, nos crimes de injúria e difamação; III: art. 5º, XIII, da CF. Gabarito "C".

(Ministério Público do Trabalho – 13º) No que diz respeito às garantias constitucionais, assinale a alternativa INCORRETA:

(A) conceder-se-á *habeas corpus* sempre que alguém sofrer ou se achar ameaçado de sofrer violência ou coação em sua liberdade de locomoção, por ilegalidade ou abuso de poder;
(B) conceder-se-á *habeas data* para assegurar o conhecimento de informações relativas à pessoa do impetrante, constantes de registros ou banco de dados de entidades governamentais ou de caráter público e para a retificação de dados, quando não se prefira fazê-lo por processo sigiloso, judicial ou administrativo;
(C) o mandado de segurança coletivo pode ser impetrado por partido político com representação no Congresso Nacional e por organização sindical, entidade de classe ou associação legalmente constituída e em funcionamento há pelo menos um ano, em defesa dos interesses de todos os integrantes da categoria;
(D) qualquer cidadão é parte legítima para propor ação popular que vise a anular ato lesivo ao patrimônio público ou de entidade de que o Estado participe, à moralidade administrativa, ao meio ambiente e ao patrimônio histórico e cultural, ficando o autor, salvo comprovada má-fé, isento de custas judiciais e do ônus da sucumbência;
(E) não respondida.

A: art. 5º, LXVIII, da CF; B: art. 5º, LXXII, da CF; C: art. 5º, LXX, da CF; D: art. 5º, LXXIII, da CF. Gabarito "C".

(Procurador do Município/Boa Vista-RR – 2010 – CESPE) A respeito do regime constitucional da propriedade, julgue o item que se segue.

(1) O proprietário do solo urbano não edificado, subutilizado ou não utilizado poderá ser coagido a promover seu adequado aproveitamento, por meio da imposição de penalidades, entre as quais o parcelamento ou edificação compulsórios e a desapropriação do imóvel.

Art. 182, § 4º, I a III, da CF. Gabarito 1C.

(CESPE – 2008) No que diz respeito aos direitos fundamentais, assinale a opção correta.

(A) O Estado deve prestar assistência jurídica integral e gratuita a todos.
(B) O direito de qualquer cidadão propor ação popular é previsto constitucionalmente.
(C) São gratuitas as ações de *habeas corpus*, *habeas data* e o mandado de injunção.
(D) O mandado de segurança coletivo pode ser impetrado por qualquer partido político.

A: art. 5º, LXXIV, da CF; B: art. 5º, LXXIII, da CF; C: art. 5º, LXXVII, da CF; D: art. 5º, LXX, a, da CF (partido político com representação no Congresso Nacional). Gabarito "B".

(CESPE – 2008) Acerca da proteção e da perda do direito de propriedade, julgue os itens seguintes.

I. A Constituição assegura a proteção às participações individuais em obras coletivas e à reprodução da imagem e voz humanas, inclusive em atividades desportivas.
II. A obrigação de reparar o dano e a decretação do perdimento de bens podem ser integralmente estendidas aos sucessores e contra eles executadas.
III. Na desapropriação de imóvel rural de interesse para a reforma agrária e de imóvel urbano não edificado, subutilizado ou não utilizado, o pagamento ocorrerá mediante títulos públicos e, não, mediante indenização em dinheiro.
IV. Aos autores pertence o direito exclusivo de utilização, publicação ou reprodução de suas obras, transmissível aos herdeiros em caráter permanente.

Estão certos apenas os itens

(A) I e III.
(B) I e IV.
(C) II e III.
(D) II e IV.

Item I: art. 5º, XXVIII, a, da CF; item II: art. 5º, XLV, parte final, da CF; item III: arts. 182, § 4º, III, e 184, ambos da CF; item IV: art. 5º, XXVII, da CF. Gabarito "A".

(CESPE – 2008) Segundo a Constituição de 1988, constitui crime inafiançável e imprescritível

(A) a prática da tortura.
(B) a prática do racismo.
(C) o tráfico ilícito de entorpecentes e drogas afins.
(D) o definido em lei como hediondo.

Art. 5º, XLII, da CF. Gabarito "B".

(CESPE – 2008) Acerca do que dispõe a Convenção de Viena sobre relações diplomáticas, assinale a opção incorreta.

(A) Os locais onde se estabelece missão diplomática são invioláveis.
(B) Qualquer membro de uma missão diplomática pode ser declarado *persona non grata* pelo Estado acreditado, sem que este precise apresentar qualquer justificativa.
(C) O agente diplomático goza de isenção de impostos e taxas, havendo exceções a esse respeito.
(D) A mala diplomática não pode ser aberta, exceto nos casos de fundada suspeita de tráfico ilícito de entorpecentes ou atividade terrorista.

Art. 27, Convenção de Viena sobre Relações Diplomáticas. Gabarito "D".

(CESPE – 2008) Não se inclui entre as quatro Convenções de Genebra de 1949 sobre Direito Internacional Humanitário a convenção relativa

(A) à melhoria da sorte dos feridos e enfermos dos exércitos em campanha.
(B) ao tratamento dos prisioneiros de guerra.
(C) à proteção de bens culturais em caso de conflito armado.
(D) à proteção das pessoas civis em tempo de guerra.

As Convenções de Genebra estabelecem direitos e deveres de pessoas, combatentes ou não, em tempos de guerra. Foram elaboradas durante quatro oportunidades, entre 1964 e 1949. Dentre os seus objetivos, não estava o de dar proteção a bens culturais em caso de guerra. Gabarito "C".

(CESPE – 2008) Assinale a opção incorreta acerca dos remédios constitucionais.

(A) A ação popular só pode ser proposta de forma repressiva, sendo incabível, assim, sua proposição antes da consumação dos efeitos lesivos de ato contra o patrimônio público.
(B) No *habeas data*, o direito do impetrante de receber informações constantes de registros de entidades governamentais ou de caráter público é incondicionado, não se admitindo que lhe sejam negadas informações sobre sua própria pessoa.
(C) O mandado de segurança pode ser proposto tanto contra autoridade pública quanto contra agente de pessoas jurídicas privadas no exercício de atribuições do poder público.
(D) Organização sindical, entidade de classe ou associação legalmente constituída e em funcionamento há pelo menos um ano têm legitimação ativa para impetrar mandado de segurança coletivo em defesa dos interesses de seus membros ou associados.

A: art. 5º, LXXIII, da CF; Lei n. 4.717/1965 (Lei da Ação Popular); B: art. 5º, LXXII, da CF; Lei n. 9.507/1997 (estabelece o rito processual aplicável ao *habeas data*); C: art. 5º, LXIX, da CF; D: art. 5º, LXX, b, da CF. Gabarito "A".

(CESPE – 2008) De acordo com a CF, nas ações populares,

(A) em nenhuma hipótese, será devido o pagamento de custas.
(B) somente será devido o pagamento de custas se houver comprovada má-fé do autor da ação.
(C) nunca haverá condenação em honorários de sucumbência.
(D) somente será devido o pagamento de custas se houver comprovada má-fé da parte ré.

Art. 5º, LXXIII, da CF. Gabarito "B".

(CESPE – 2008) Os tratados e convenções internacionais sobre direitos humanos que forem aprovados, em cada Casa do Congresso Nacional, em dois turnos, por três quintos dos votos dos respectivos membros, serão equivalentes

(A) às leis complementares.
(B) às leis ordinárias.
(C) às emendas constitucionais.
(D) aos decretos legislativos.

Art. 5º, § 3º, da CF. Gabarito "C".

(CESPE – 2008) Acerca do que dispõe a Convenção de Viena sobre relações diplomáticas, assinale a opção incorreta.

(A) Os locais onde se estabelece missão diplomática são invioláveis.
(B) Qualquer membro de uma missão diplomática pode ser declarado *persona non grata* pelo Estado acreditado, sem que este precise apresentar qualquer justificativa.
(C) O agente diplomático goza de isenção de impostos e taxas, havendo exceções a esse respeito.
(D) A mala diplomática não pode ser aberta, exceto nos casos de fundada suspeita de tráfico ilícito de entorpecentes ou atividade terrorista.

Art. 27, Convenção de Viena sobre Relações Diplomáticas. Gabarito "D".

(CESPE – 2008) Não se inclui entre as quatro Convenções de Genebra de 1949 sobre Direito Internacional Humanitário a convenção relativa

(A) à melhoria da sorte dos feridos e enfermos dos exércitos em campanha.
(B) ao tratamento dos prisioneiros de guerra.
(C) à proteção de bens culturais em caso de conflito armado.
(D) à proteção das pessoas civis em tempo de guerra.

As Convenções de Genebra estabelecem direitos e deveres de pessoas, combatentes ou não, em tempos de guerra. Foram elaboradas durante quatro oportunidades, entre 1964 e 1949. Dentre os seus objetivos, não estava o de dar proteção a bens culturais em caso de guerra. Gabarito "C".

(CESPE – 2008) Assinale a opção incorreta acerca dos remédios constitucionais.

(A) A ação popular só pode ser proposta de forma repressiva, sendo incabível, assim, sua proposição antes da consumação dos efeitos lesivos de ato contra o patrimônio público.
(B) No *habeas data*, o direito do impetrante de receber informações constantes de registros de entidades governamentais ou de caráter público é incondicionado, não se admitindo que lhe sejam negadas informações sobre sua própria pessoa.
(C) O mandado de segurança pode ser proposto tanto contra autoridade pública quanto contra agente de pessoas jurídicas privadas no exercício de atribuições do poder público.
(D) Organização sindical, entidade de classe ou associação legalmente constituída e em funcionamento há pelo menos um ano têm legitimação ativa para impetrar mandado de segurança coletivo em defesa dos interesses de seus membros ou associados.

A: art. 5º, LXXIII, da CF; Lei n. 4.717/1965 (Lei da Ação Popular); B: art. 5º, LXXII, da CF; Lei n. 9.507/1997 (estabelece o rito processual aplicável ao *habeas data*); C: art. 5º, LXIX, da CF; D: art. 5º, LXX, *b*, da CF. Gabarito "A".

(CESPE – 2008) De acordo com a CF, nas ações populares,

(A) em nenhuma hipótese, será devido o pagamento de custas.
(B) somente será devido o pagamento de custas se houver comprovada má-fé do autor da ação.
(C) nunca haverá condenação em honorários de sucumbência.
(D) somente será devido o pagamento de custas se houver comprovada má-fé da parte ré.

Art. 5º, LXXIII, da CF. Gabarito "B".

(CESPE – 2008) Os tratados e convenções internacionais sobre direitos humanos que forem aprovados, em cada Casa do Congresso Nacional, em dois turnos, por três quintos dos votos dos respectivos membros, serão equivalentes

(A) às leis complementares.
(B) às leis ordinárias.
(C) às emendas constitucionais.
(D) aos decretos legislativos.

Art. 5º, § 3º, da CF. Gabarito "C".

(CESPE – 2007) O descaso para com os problemas sociais, que veio a caracterizar o État Gendarme, associado às pressões decorrentes da industrialização em marcha, o impacto do crescimento demográfico e o agravamento das disparidades no interior da sociedade, tudo isso gerou novas reivindicações, impondo ao Estado um papel ativo na realização da justiça social. O ideal absenteísta do Estado liberal não respondia, satisfatoriamente, às exigências do momento. Uma nova compreensão do relacionamento Estado/sociedade levou os poderes públicos a assumir o dever de operar para que a sociedade lograsse superar as suas angústias estruturais. Daí o progressivo estabelecimento pelos Estados de seguros sociais variados, importando intervenção intensa na vida econômica e a orientação das ações estatais por objetivos de justiça social.

Gilmar Ferreira Mendes et al. Curso de direito constitucional. São Paulo: Saraiva, 2007, p. 223 (com adaptações).

Esse texto caracteriza, em seu contexto histórico, a

(A) primeira geração de direitos fundamentais.
(B) segunda geração de direitos fundamentais.
(C) terceira geração de direitos fundamentais.
(D) quarta geração de direitos fundamentais.

A: os direitos fundamentais de primeira geração correspondem às liberdades públicas e aos direitos políticos; B: trata-se dos chamados direitos sociais ou direitos fundamentais de segunda geração. Estão relacionados no art. 6º da CF. Hodiernamente, as Constituições, com o fito de ver concretizada a igualdade real em situações sociais desiguais, estabelecem normas de compensação, conferindo melhores condições aos mais necessitados; C: os de terceira geração são aqueles que decorrem de profundas alterações verificadas na população em geral, tais como desenvolvimento tecnológico e preocupação com o meio ambiente; D: e, por fim, os de quarta geração são produto do avanço no campo da engenharia genética. Gabarito "B".

(CESPE – 2007) No que se refere aos direitos e garantias fundamentais consagrados na CF, é correto afirmar que

(A) as penas de banimento restringem-se a caso de guerra declarada.
(B) o preso tem direito à identificação dos responsáveis por seu interrogatório policial.
(C) a prática da tortura é considerada crime imprescritível.
(D) o brasileiro naturalizado não poderá ser extraditado após a naturalização, salvo em caso de comprovado envolvimento em tráfico ilícito de entorpecentes e drogas afins ou de condenação por crime contra a segurança nacional.

A: art. 5º, XLVII, *a* e *d*, da CF (o texto constitucional excepcionou tão somente a vedação imposta à pena de morte; não fez o mesmo em relação à pena de banimento); B: art. 5º, LXIV, da CF; C: art. 5º, XLIII, da CF; Lei n. 9.455/1997 (Crimes de Tortura); D: art. 5º, LI, da CF. Gabarito "B".

(CESPE – 2007) Acerca da teoria geral dos direitos fundamentais, assinale a opção correta.

(A) O dispositivo constitucional que assegura que a lei não excluirá da apreciação do Poder Judiciário lesão ou ameaça a direito é um direito e não uma garantia.
(B) O direito ao progresso é um exemplo de direito fundamental de segunda geração ou dimensão.
(C) Os direitos fundamentais são relativos e históricos, pois podem ser limitados por outros direitos fundamentais e surgem e desaparecem ao longo da história humana.
(D) Quando previstos em tratados e convenções internacionais, os direitos fundamentais são equivalentes às emendas constitucionais.

A: direito é a vantagem conferida pela norma constitucional; já garantia, como é o caso, é o instrumento apto a assegurar o exercício desse direito; B: trata-se de direito de terceira geração; C: os direitos fundamentais têm como características, dentre outras, a *historicidade* e o caráter *relativo*, na medida em que nascem, modificam-se e desaparecem; D: art. 5º, § 3º, da CF. Gabarito "C".

(CESPE – 2007) Acerca dos direitos e garantias previstos na Constituição Federal, assinale a opção correta.

(A) É inviolável a liberdade de consciência e de crença, sendo assegurado o livre exercício dos cultos religiosos e garantida, na forma da lei, a proteção aos locais de culto e às suas liturgias.
(B) Em nenhuma hipótese são previstas penas de morte, ou de caráter perpétuo, ou de trabalhos forçados, ou de banimento ou cruéis.
(C) São inafiançáveis os crimes de racismo, tortura, tráfico ilícito de entorpecentes e drogas afins, o terrorismo e os cometidos por grupos armados, civis e militares, contra a ordem constitucional e o estado democrático. Mas em relação aos crimes hediondos, fica o legislador autorizado a excluir ou não a inafiançabilidade.
(D) São legitimados a impetrar o mandado de segurança coletivo os partidos políticos e as organizações ou entidades legalmente constituídas e em funcionamento há pelo menos um ano.

A: art. 5º, VI, da CF; B: art. 5º, XLVII, *a*, da CF (a vedação imposta à pena de morte, e somente a ela neste inciso, é excepcionada em caso de guerra declarada); C: art. 5º, XLII, XLIII e XLIV, da CF; D: art. 5º, LXX, da CF. Gabarito "A".

(CESPE – 2007) A respeito dos direitos e das garantias fundamentais, assinale a opção correta.

(A) No que se refere à inviolabilidade da intimidade, da vida privada, da honra e da imagem das pessoas, a Constituição Federal assegurou a preferência pelo modelo de reparação em detrimento da prevenção ao dano.
(B) Os direitos e garantias fundamentais, criados como direitos negativos, impedem o poder público, mas não a esfera privada, de violar o espaço mínimo de liberdades assegurado pela Constituição Federal.

(C) De acordo com a doutrina majoritária, os direitos de segunda geração, ou direitos sociais, não constituem simples normas de natureza dirigente, sendo verdadeiros direitos subjetivos que impõem ao Estado um *facere*.
(D) A casa é o asilo inviolável, nela não se pode penetrar, salvo na hipótese de flagrante delito ou para prestar socorro, durante o dia, ou por ordem judicial.

A: art. 5º, IX e X, da CF; B: a esfera privada, a exemplo do poder público, também deve se abster de violar as liberdades asseguradas pela Constituição Federal; C: art. 6º, da CF; D: art. 5º, XI, da CF. Gabarito "C".

(CESPE – 2006) Acerca dos direitos e deveres individuais, assinale a opção correta.

(A) A casa é asilo inviolável do indivíduo. Ninguém pode ingressar em residência alheia sem o consentimento do morador, salvo flagrante delito ou determinação judicial, independentemente do horário do dia ou da noite.
(B) A sucessão de bens de estrangeiros situados no país será regulada sempre pela lei brasileira em benefício do cônjuge ou dos filhos brasileiros, independentemente da lei pessoal do *de cujus*.
(C) Mediante o pagamento da respectiva taxa, fica assegurado a todos o direito à obtenção de certidões em repartições públicas, para defesa de direitos e esclarecimento de situações de interesse pessoal.
(D) Uma das inovações introduzidas pela Emenda Constitucional n.º 45 é a garantia dada a todos, no âmbito judicial e administrativo, da duração razoável do processo e dos meios que assegurem a celeridade de sua tramitação.

A: art. 5º, XI, da CF; B: art. 5º, XXXI, da CF; C: art. 5º, XXXIV, *b*, da CF; D: art. 5º, LXXVIII, da CF. Gabarito "D".

(CESPE – 2006) Ainda a propósito dos direitos e deveres individuais, assinale a opção correta.

(A) A garantia de que nenhuma pena ultrapassará a pessoa do condenado impede que a obrigação de reparar o dano e a decretação do perdimento dos bens em decorrência de ilícito penal sejam estendidas aos sucessores e contra eles executadas.
(B) A prática do racismo constitui crime inafiançável, imprescritível, insuscetível de graça ou anistia, sujeito à pena de detenção, nos termos da lei.
(C) Os tratados e convenções internacionais sobre direitos humanos que forem aprovados, em cada Casa do Congresso Nacional, em dois turnos, por três quintos dos votos dos respectivos membros, serão equivalentes às emendas constitucionais.
(D) A vedação à identificação criminal do cidadão civilmente identificado tem caráter absoluto também em relação ao legislador, a quem a Constituição não conferiu qualquer ressalva.

A: art. 5º, XLV, da CF; B: art. 5º, XLII, da CF; C: art. 5º, § 3º, da CF; D: art. 5º, LVIII, da CF. Gabarito "C".

(CESPE – 2006) Assinale a opção correta acerca de remédios constitucionais.

(A) A ação popular é o remédio constitucional cabível para o cidadão atacar ato lesivo à moralidade, ao meio ambiente e ao patrimônio histórico e cultural.
(B) O *habeas data* é o remédio constitucional apropriado sempre que a falta de norma regulamentadora torne inviável o exercício dos direitos e liberdades constitucionais e das prerrogativas inerentes à nacionalidade, à soberania e à cidadania.
(C) São gratuitas as ações de *habeas corpus*, *habeas data* e mandado de segurança, e, na forma da lei, os atos necessários ao exercício da cidadania.
(D) O mandado de injunção será concedido para assegurar o conhecimento de informações, constantes de registros ou bancos de dados de entidades governamentais ou de caráter público, relativas à pessoa do impetrante.

A: art. 5º, LXXIII, da CF; Lei n. 4.717/65 (Lei de Ação Popular); B: art. 5º, LXXI, da CF (mandado de injunção); C: art. 5º, LXXVII, da CF; D: art. 5º, LXXII, da CF (*habeas data*). Gabarito "A".

(CESPE – 2006) Com relação à prisão e à ação penal na Constituição, assinale a opção correta.

(A) Em determinadas situações, poderá a lei vedar ao preso civil o direito à identificação dos responsáveis por sua prisão ou por seu interrogatório policial.
(B) De acordo com a Constituição da República, ninguém será levado à prisão ou nela será mantido quando a lei admitir a liberdade provisória, com ou sem fiança.
(C) Não se admite a prisão civil por dívida do responsável pelo inadimplemento voluntário e inescusável de obrigação alimentícia.
(D) É inadmissível ação privada nos crimes de ação pública, se esta não for intentada no prazo legal pelo Ministério Público.

A: art. 5º, LXIV, da CF (não há exceção); B: art. 5º, LXVI, da CF; C: art. 5º, LXVII, da CF; D: art. 5º, LIX, da CF. Gabarito "B".

(CESPE – 2006) No tocante à ação popular, assinale a opção correta.

(A) A ação mandamental exige, para a sua apreciação, comprovação documental e pré-constituída dos fatos narrados na inicial que configurem lesão ou ameaça a direito líquido e certo que se pretende coibir.
(B) Se o autor da ação popular deixar de dar andamento regular ao processo, o juiz deverá determinar, por edital, a intimação do autor, do Ministério Público ou de qualquer outro cidadão para manifestar interesse em dar continuidade à ação. Vencido o prazo fixado no edital, não havendo manifestação dos interessados, o juiz deverá proferir sentença extinguindo o processo, sem julgamento do mérito, por abandono da causa.
(C) Na hipótese de desistência ou abandono por parte do autor originário, o Ministério Público assume o pólo ativo da ação popular em substituição processual. Todavia, essa substituição poderá ser indeferida quando o representante do *parquet* protocolar o pedido depois de transcorrido o prazo fixado no edital para a substituição do autor da ação popular, sob o fundamento da ocorrência da preclusão da oportunidade para fazê-lo.
(D) Tem legitimidade passiva para responder a ação mandamental, em litisconsórcio necessário, a autoridade coatora e a pessoa jurídica de direito público a cujos quadros pertencer o funcionário. Assim, para a validade da sentença proferida no *mandamus*, é imprescindível a citação da pessoa jurídica de direito público que irá suportar a eficácia econômica da decisão.

A: art. 5º, LXXIII, da CF; Lei n. 4.717/1965 (Lei de Ação Popular); B e C: art. 9º da Lei n. 4.717/1965; D: art. 6º da Lei n. 4.717/1965. Gabarito "A".

(CESPE – 2004) Acerca de direitos e garantias fundamentais, assinale a opção correta.

(A) Se dois motoristas multados por excesso de velocidade julgarem ilegal a aplicação da penalidade e decidirem impugná-la judicialmente, a ação cabível para anulá-la será o mandado de segurança coletivo.
(B) A Constituição da República permite que delegados de polícia determinem a prisão de suspeitos para fins de averiguação, desde que estes permaneçam detidos em salas individuais.
(C) Violaria a Constituição da República a aprovação de emenda constitucional que impusesse aos presos a obrigação de trabalharem quarenta horas semanais e determinasse que a renda obtida com esse trabalho seria revertida ao custeio do sistema penitenciário brasileiro.
(D) O direito constitucional de inviolabilidade do domicílio aplica-se apenas a imóveis residenciais.

A: art. 5º, LXX, da CF (não dispõem de legitimidade para tanto); B: art. 5º, LXI, da CF. A *prisão para averiguação* não se coaduna com a vigente ordem constitucional; C: art. 5º, XLVII, *c*, c/c o art. 60, § 4º, IV, ambos da CF; D: art. 5º, XI, da CF. Em conformidade com a doutrina e a jurisprudência, o conceito de *casa* abrange, além dos imóveis residenciais, as oficinas, os escritórios, as empresas etc. Gabarito "C".

(CESPE – 2004) Amélia é uma brasileira pobre e Marcos é um rico empresário brasileiro. Por força constitucional, ambos têm direito a obter de forma gratuita

(A) o registro civil de nascimento.
(B) o registro de óbito.

(C) a assistência jurídica prestada pelo Estado.
(D) a celebração de casamento civil.

A: art. 5º, LXXVI, *a*, da CF (tão somente para os reconhecidamente pobres); B: art. 5º, LXXVI, *b*, da CF (tão só para os reconhecidamente pobres); C: art. 5º, LXXIV, da CF (somente àqueles que comprovarem insuficiência de recursos); D: art. 226, § 1º, da CF. Gabarito "D".

6. DIREITOS SOCIAIS

(Magistratura/PR – 2010 – PUC/PR) Marque a opção que NÃO corresponde ao ordenamento jurídico-constitucional vigente:

(A) A igualdade é a base dos direitos sociais. O "caput" do art. 7º da CF/88 denota a igualdade estabelecida pelo legislador constituinte entre trabalhadores urbanos e rurais, visando à melhoria de sua condição social. Aos trabalhadores domésticos foram assegurados apenas alguns dos direitos sociais arrolados no art. 7º da CF/88.
(B) O art. 9º da Constituição Federal de 88 assegura o direito de greve dos servidores públicos civis e garante a soberania da decisão dos agentes públicos sobre a oportunidade e os interesses que a manifestação visa tutelar. A norma constitucional que trata do direito de greve dos servidores públicos civis é de eficácia plena, não exigindo, portanto, regulamentação pelo legislador ordinário.
(C) O primado do trabalho (direito social) é a base da ordem social, e seus objetivos são o bem-estar e a justiça sociais.
(D) O direito à moradia foi acrescentado ao art. 6º da CF/88 pela emenda constitucional n. 26/2000. Portanto, no texto originário não havia previsão do "direito à moradia" entre os direitos sociais genéricos.

A: Art. 7º, *caput* e parágrafo único, da CF; B: Não reflete o disposto no art. 37, VII, da CF. O STF tem reconhecido o direito de greve aos servidores, mesmo sem edição de lei específica, aplicando-lhes, por analogia, a lei de greve da iniciativa privada (Lei 7783/1989), editada com fundamento no art. 9º, §§ 1º e 2º da CF. Importante lembrar, ainda, que os militares não possuem direito à greve (art. 142, IV, da CF); C: Art. 193 da CF; D: O direito à moradia foi incluído pela EC 26/2000 como direito social no art. 6º, *caput*, da CF. Entretanto, a redação atual do art. 6º, *caput*, foi conferida pela EC 64/2010, que acrescentou, também, o direito à alimentação como direito social: "São direitos sociais a educação, a saúde, a alimentação, o trabalho, a moradia, o lazer, a segurança, a previdência social, a proteção à maternidade e à infância, a assistência aos desamparados, na forma desta Constituição". Gabarito "B".

(Ministério Público/MG – 2010 – FUNDEP) Constituem direitos sociais previstos na Constituição da República, EXCETO

(A) alimentação.
(B) atividade sexual.
(C) proteção à maternidade.
(D) trabalho.

Art. 6º, *caput*, da CF. Gabarito "B".

(Ministério Público/GO – 2005) Quanto aos direitos de segunda dimensão, na visão prestacional, sob a análise quanto ao atendimento dentro da disponibilidade orçamentária, também considerada reserva do possível, é correto afirmar:

(A) os direitos sociais previstos no artigo 7º da CRFB/88, são considerados *numerus clausus* impedindo que outros direitos não alinhados em tratados e convenções sejam incorporados no ordenamento jurídico brasileiro
(B) o direito à seguridade social exige obrigatoriamente a participação no seu financiamento das contribuições sobre aposentadoria e pensões concedidas pelo regime geral de previdência de que trata o artigo 201 da CRFB/88
(C) os direitos sociais impõem uma atuação positiva do legislador evitando atuações arbitrárias, bem como normas de retrocesso, cujo desrespeito pode ensejar um direito subjetivo, sendo, contudo, necessária a análise do caso concreto, incidindo o princípio da ponderação ante o conflito aparente de princípios
(D) a aplicação de recursos públicos na concretização dos direitos de segunda dimensão, dentro da idéia da reserva do possível, pode indicar a ausência total da implementação do direito, sem que para isto tenha o Poder Judiciário condições de solucionar o conflito

A: O rol de direitos sociais previstos na CF não é exaustivo ou *numerus clausus*, mas *numerus apertus* ou exemplificativo (V. art. 5º, § 2º, da CF); B: A afirmação genérica não é verdadeira. A seguridade social abrange os direitos à saúde, à previdência social e à assistência social. A assistência social (art. 203 da CF), por exemplo, é prestada independentemente de contribuição à seguridade social; C: Sim, pois exigem prestações a serem implementadas, direta ou indiretamente, pelo Estado. A caracterização dos direitos sociais como direitos subjetivos não é pacífica em doutrina. Assim, pautando-se pelo princípio da proporcionalidade, deve-se ter em vista a disponibilidade de recursos financeiros e as políticas públicas formuladas pelo legislador para estabelecer o que pode ser exigido do Estado; D: A "reserva do possível" não pode ser utilizada como "desculpa" para a não implementação dos direitos sociais, resultando no que Canotilho denominou "ditadura dos cofres vazios". Assim, não há óbice para a sindicabilidade dos direitos sociais, devendo o Judiciário observar o princípio da razoabilidade na solução dos conflitos. Gabarito "C".

(Defensoria Pública/SP – 2010 – FCC) Em uma cidade, diversas mães têm comparecido no atendimento inicial da Defensoria Pública para se queixarem de que não têm conseguido vaga em creche municipal para seus filhos. O Defensor Público deve

(A) orientar as mães a procurarem o serviço de assistência social do Município e elaborar os respectivos ofícios de encaminhamento.
(B) informar que é possível a propositura de ação civil pública, pois se trata de direito social de natureza difusa, e encaminhar as mães para o Ministério Público.
(C) informar que se trata de direito constitucional de natureza social, mas que infelizmente há normas na Constituição chamadas de programáticas, bem como entendimento jurídico chamado de "reserva do possível", que não recomendam o ajuizamento de ação nesse caso.
(D) orientar as mães a se organizarem e a denunciarem o fato na Ouvidoria Municipal, bem como marcar audiência com o Prefeito e procurar ajuda junto aos Vereadores a fim de que possam interferir na formulação do orçamento municipal.
(E) ajuizar ação judicial com base no direito à educação que compreende o atendimento em creche e pré-escola, pois a "reserva do possível" não pode ser oponível à realização do "mínimo existencial".

O art. 7º, XXV, da CF, lista o direito à creche como direito social (individual): "São direitos dos trabalhadores urbanos e rurais, além de outros que visem à melhoria de sua condição social: (...) assistência gratuita aos filhos e dependentes desde o nascimento até 5 (cinco) anos de idade em creches e pré-escolas". O fato de os direitos sociais demandarem prestações positivas do Estado e, com isso, apresentarem custos para serem implementados, não impede sua prestação. Caso não sejam observados, haverá verdadeira omissão inconstitucional. Dessa forma, mesmo situados dentro da esfera do "financeiramente possível", os direitos sociais têm eficácia normativa e podem ser pleiteados juridicamente. Gabarito "E".

(Procurador do Estado/SC – 2010 – FEPESE) De acordo com a Constituição Federal, são direitos sociais, **exceto**:

(A) educação e a saúde.
(B) o trabalho e a moradia.
(C) a segurança e a previdência social.
(D) a proteção à maternidade e à infância.
(E) a liberdade de consciência e a assistência religiosa.

A, B, C, D, E: Art. 6º, *caput*, da CF. Gabarito "E".

(Delegado/SP – 2008) São direitos sociais:

(A) a intimidade, a igualdade e a reserva legal.
(B) a liberdade, a igualdade e a publicidade.
(C) a vida, a saúde e a manifestação do pensamento.
(D) a incolumidade física e o direito à propriedade.
(E) a segurança, a proteção à maternidade e a infância.

A: Art. 5º, X, *caput*, e XXXIX, respectivamente, da CF; B: Art. 5º, *caput* e art. 37, *caput*, respectivamente, ambos da CF; C: Art. 5º, *caput*; art. 6º, *caput*; art. 5º, IV, respectivamente, ambos da CF; D: Art. 5º, *caput* e III; art. 5º, *caput* e XXII, respectivamente, da CF; E: A resposta encontra-se no art. 6º, *caput*, da CF, que exemplifica alguns direitos sociais (rol não exaustivo). Importante notar que a EC 64, de 4/2/2010, introduziu o direito à alimentação como direito social, alterando a redação do art. 6º, *caput*, da CF: "São direitos sociais a educação, a saúde, a alimentação, o trabalho, a moradia, o lazer, a segurança, a previdência social, a proteção à maternidade e à infância, a assistência aos desamparados, na forma desta Constituição". Gabarito "E".

(Cartório/MS – 2009 – VUNESP) Entre os direitos sociais, a Constituição Federal garante os direitos dos trabalhadores, exceto,

(A) relação de emprego protegida contra despedida arbitrária ou sem justa causa, nos termos de lei complementar, que preverá indenização compensatória, dentre outros direitos.
(B) participação nos lucros ou resultados, vinculada à remuneração, nos termos da lei.
(C) salário-família pago em razão do dependente do trabalhador de baixa renda, nos termos da lei.
(D) duração do trabalho normal não superior a oito horas diárias e quarenta e quatro semanais, facultadas a compensação de horários e a redução da jornada, mediante acordo ou convenção coletiva de trabalho.
(E) seguro contra acidentes de trabalho, a cargo do empregador, sem excluir a indenização a que este está obrigado, quando incorrer em dolo ou culpa.

A: Art. 7º, I, da CF; B: Não reflete o disposto no art. 7º, XI, da CF; C: Art. 7º, XII, da CF; D: Art. 7º, XIII, da CF; E: Art. 7º, XXVIII, da CF. Gabarito "B".

(Cartório/SP – VI – VUNESP) Dentre os direitos sociais, nossa Carta Magna elenca o direito dos trabalhadores urbanos ou rurais à

(A) remuneração do serviço extraordinário pelo menos 50% maior que a do normal.
(B) irredutibilidade do salário após um ano de trabalho ininterrupto e efetivo no cargo.
(C) remuneração isonômica entre o trabalhador diurno e o noturno.
(D) jornada de trabalho normal não superior a 10 horas diárias e 48 semanais.

A: Art. 7º, XVI, da CF; B: Não reflete o disposto no art. 7º, VI, da CF; C: Não reflete o disposto no art. 7º, IX, da CF; D: Não reflete o disposto no art. 7º, XIII, da CF. Gabarito "A".

(Procurador do Município/Florianópolis-SC – 2010 – FEPESE) Dos direitos dos trabalhadores urbanos e rurais abaixo arrolados, qual se aplica aos servidores ocupantes de cargos públicos:

(A) Fundo de garantia do tempo de serviço.
(B) Seguro-desemprego, em caso de desemprego involuntário.
(C) Salário-família pago em razão do dependente do trabalhador de baixa renda, nos termos da lei.
(D) Jornada de seis horas para o trabalho realizado em turnos ininterruptos de revezamento, salvo negociação coletiva.
(E) Proteção em face da automação, na forma da lei.

Art. 39, § 3º, da CF, que se refere ao art. 7º, XII, da CF. Gabarito "C".

(Magistratura Federal – 4ª Região – XIII – 2008) Dadas as assertivas abaixo, assinalar a alternativa correta.

I. A Constituição da República garante a estabilidade permanente de emprego como direito social ao proteger o trabalhador contra despedida arbitrária ou sem justa causa, o que também decorre da admissão de normas internacionais, tais como as convenções da OIT (Organização Internacional do Trabalho), ampliadoras do rol de direitos fundamentais.
II. Segundo orientação do Supremo Tribunal Federal, é contrária à Constituição a fixação de indenização em salários mínimos, quer como parâmetro indexador, a ser utilizado para cálculo quando do efetivo pagamento, quer como correspondente valor da condenação a ser atualizado, posteriormente à decisão judicial, por índices oficiais.
III. É possível, no plano constitucional, a autorização de trabalho dominical, desde que se resguarde, em sistema de rodízio, repouso do trabalhador em algum domingo de cada mês, vedado o estabelecimento de labor sistematicamente em tal dia.
IV. O adicional de férias deve ser assegurado apenas em um período anual de trinta dias para as categorias que façam jus a maior prazo de férias, como magistrados e membros do Ministério Público.

(A) Está correta apenas a assertiva II.
(B) Está correta apenas a assertiva III.
(C) Estão corretas apenas as assertivas I e IV.
(D) Estão corretas apenas as assertivas III e IV.

I: A proteção contra despedida arbitrária ou sem justa causa (art. 7º, I, da CF) não garante estabilidade permanente de emprego, na forma do art. 10, I e II, do ADCT; II: Por votação majoritária, o STF considerou que o art. 7º, IV, da CF não veda a utilização do salário-mínimo como parâmetro quantificador de indenização (ADPF 95-MC, Rel. Min. Eros Grau, Tribunal Pleno, j. 31/08/2006, DJe 10/05/2007). V., tb., Súmula 490/STF; III: Art. 7º, XV, da CF; arts. 67 e 68 da CLT e art. 6º da Lei 10.101/2000; IV: Não reflete o disposto no art. 7º, XVII, da CF. Gabarito "B".

(Defensoria Pública da União – 2010 – CESPE) Julgue o seguinte item:

(1) Os direitos sociais previstos na Constituição, por estarem submetidos ao princípio da reserva do possível, não podem ser caracterizados como verdadeiros direitos subjetivos, mas, sim, como normas programáticas. Dessa forma, esses direitos devem ser tutelados pelo poder público, quando este, em sua análise discricionária, julgar favoráveis as condições econômicas e administrativas.

Toda norma constitucional, ainda que veicule direito social, possui eficácia para revogar as normas em contrário ou para servir de vetor de interpretação para o legislador ordinário. Assim, mesmo que atrelados à reserva do financeiramente possível, os direitos sociais podem, por exemplo, servir como parâmetro para a declaração de inconstitucionalidade das leis que com elas colidem. Gabarito 1E.

(Defensoria Pública da União – 2007 – CESPE) Julgue o seguinte item:

(1) De acordo com a jurisprudência do STF, considerando o direito a moradia previsto no art. 6.º da CF, o fiador, nos contratos de locação, não poderá ter penhorado o único bem imóvel em que reside, declarado bem de família, para satisfazer o crédito do locador no caso de inadimplemento do locatário.

1: Para o STF, a penhorabilidade do bem de família do fiador do contrato de locação, objeto do art. 3º, VII, da Lei 8.009/1990 não ofende o art. 6º da CF (RE 407688, Rel. Min. Cezar Peluso, Tribunal Pleno, j. 08/02/2006, DJ 06/10/2006). Gabarito 1E.

(Magistratura do Trabalho – 24ª Região – 2007) Tratando dos direitos dos trabalhadores urbanos e rurais, a Constituição Federal de 1988:

I. Elencou o salário-família como direito de todos os trabalhadores.
II. Previu o direito ao repouso semanal remunerado e ao descanso em domingos e feriados.
III. Não proibiu o trabalho da mulher em condições insalubres.
IV. Estendeu ao aposentado filiado o direito a ser votado nas organizações sindicais, pois, anteriormente, era-lhe conferido apenas o direito a voto.
V. Assegurou à categoria dos trabalhadores domésticos o direito previsto no inciso XIX do artigo 7º, qual seja "licença-paternidade, nos termos fixados em lei".

Considerando as proposições acima como Verdadeira (V) ou Falsa (F) assinale a alternativa CORRETA:

(A) V, F, V, F, F.
(B) F, F, V, V, V.
(C) F, F, F, F, F.
(D) F, F, V, F, F.
(E) V, V, V, V, V.

I: Não reflete o disposto no art. 7º, XII, da CF; II: Não reflete o disposto no art. 7º, XV, da CF; III: art. 7º, XX, XXII e XXXIII, da CF; IV: Art. 8º, VII, da CF; V: Art. 7º, XIX e parágrafo único, da CF. Gabarito "B".

(Magistratura do Trabalho – 16ª Região – 2006) A Constituição Federal garante expressamente aos trabalhadores domésticos: I. Licença a gestante; II. Adicional de Insalubridade; III. Horas extras IV. Adicional noturno É correta apenas a alternativa:

(A) Somente I;
(B) I e II;
(C) I, II, III, IV;
(D) I, II e III;
(E) II e III.

Art. 7º, XVIII e parágrafo único, da CF. Gabarito "A".

(Procurador do Município/Boa Vista-RR – 2010 – CESPE) Com relação aos direitos sociais constitucionalmente assegurados para proteção do trabalhador, julgue os itens seguintes.

(1) A previsão constitucional de regras diferenciadas de aposentadoria para quem exerça atividades sob condições especiais que prejudiquem a sua saúde ou a sua integridade física carece de regulamentação infraconstitucional. Por essa razão, caso a regulamentação não seja produzida, os servidores que exerçam atividades nocivas podem solicitar a aplicação, por analogia, das regras do regime geral de previdência.

(2) Nas empresas com mais de duzentos empregados, é assegurada a eleição de um representante dos empregados com a finalidade exclusiva de promover o entendimento direto entre eles e os empregadores.

(3) Tanto o trabalhador urbano quanto o trabalhador rural têm direito a assistência gratuita para seus filhos e dependentes, em creches e pré-escolas até determinada idade.

1: Art. 201, § 1º, da CF (Regime Geral de Previdência Social – RGPS) e art. 40, § 4º, III, da CF (Regime Próprio de Previdência Social – RPPS); 2: Art. 11 da CF; 3: O art. 7º, XXV, da CF: "São direitos dos trabalhadores urbanos e rurais, além de outros que visem à melhoria de sua condição social: (...) assistência gratuita aos filhos e dependentes desde o nascimento até 5 (cinco) anos de idade em creches e pré-escolas". Gabarito 1C, 2C, 3C

(CESPE – 2007) Acerca dos direitos sociais na CF, assinale a opção correta.

(A) O princípio da unicidade sindical, que veda a criação de mais de um sindicato representativo da mesma categoria profissional ou econômica na mesma base territorial, não é extensivo às federações e confederações sindicais.

(B) Os direitos sociais elencados no art. 7.º da CF são aplicáveis, em sua totalidade, aos servidores ocupantes de cargos públicos.

(C) O aposentado tem direito a votar nas eleições dos sindicatos, federações, confederações e centrais sindicais, mas não pode integrar a diretoria dessas entidades.

(D) São assegurados ao trabalhador avulso os mesmos direitos do trabalhador com vínculo empregatício permanente.

A: art. 8º, II, da CF; B: art. 39, § 3º, da CF; C: art. 8º, VII, da CF; D: art. 7º, XXXIV, da CF. Gabarito "D".

7. NACIONALIDADE

(Magistratura/RO – 2011 – PUCPR) Em relação às regras constitucionais sobre nacionalidade, afirma-se:

I. Será declarada a perda da nacionalidade do brasileiro que tiver cancelada sua naturalização, por sentença judicial, em virtude de atividade nociva ao interesse nacional.

II. São considerados brasileiros naturalizados os estrangeiros de qualquer nacionalidade, residentes na República Federativa do Brasil há mais de quinze anos ininterruptos e sem condenação penal, desde que requeiram a nacionalidade brasileira.

III. São considerados brasileiros natos os nascidos na República Federativa do Brasil, ainda que de pais estrangeiros, desde que estes não estejam a serviço de seu país.

IV. São considerados brasileiros natos os nascidos no estrangeiro, de pai brasileiro ou mãe brasileira, desde que qualquer deles esteja a serviço da República Federativa do Brasil.

Estão CORRETAS:

(A) Todas as afirmativas.
(B) Somente as afirmativas I, II e III.
(C) Somente as afirmativas II, III e IV.
(D) Somente as afirmativas I, III e IV.
(E) Somente as afirmativas II e IV.

I: Art. 12, § 4º, I, da CF; II: Art. 12, II, "b", da CF; III: Art. 12, I, "a", da CF; IV: Art. 12, I, "b", da CF. Gabarito "A".

(Magistratura/GO – 2009 – FCC) Relativamente à nacionalidade brasileira é correto afirmar que

(A) são privativos de brasileiro nato os cargos de Presidente e Vice-Presidente da República, de Presidente da Câmara dos Deputados, de Presidente do Senado Federal, de Ministro do Supremo Tribunal Federal, da carreira diplomática, de oficial das Forças Armadas e de Ministro de Estado da Justiça.

(B) são brasileiros natos os nascidos na República Federativa do Brasil, ainda que de pais estrangeiros que estejam a serviço de seu país.

(C) será declarada a perda da nacionalidade do brasileiro, nato ou naturalizado, que adquirir outra nacionalidade, salvo no casos de reconhecimento de nacionalidade originária pela lei estrangeira ou de imposição de naturalização, pela norma estrangeira, ao brasileiro residente em estado estrangeiro, como condição para permanência em seu território ou para o exercício de direitos civis.

(D) são brasileiros natos os nascidos no estrangeiro, de pai brasileiro ou mãe brasileira, desde que venham a residir na República Federativa do Brasil e optem, em qualquer tempo, pela nacionalidade brasileira.

(E) será declarada a perda da nacionalidade do brasileiro que houver colaborado com atividade nociva ao interesse nacional, desde que assim o reconheça sentença judicial.

A: Não reflete o disposto no art. 12, § 3º, da CF; B: O art. 12, I, a, da CF exige que o(s) pai(s) estrangeiro(s) não esteja(m) a serviço de seu país para que o filho seja brasileiro nato; C: Art. 12, § 4º, II, a e b, da CF; D: As hipóteses não são cumulativas (o art. 12, I, c, da CF utiliza o conectivo "ou"); E: Não reflete o disposto no art. 12, § 4º, I, da CF. Gabarito "C".

(Magistratura/RS – 2009) Pablo nasceu em Buenos Aires. Seu pai é o embaixador brasileiro na Argentina e sua mãe é de nacionalidade argentina. Nos termos da Constituição Federal de 1988 e alterações em vigor, é correto afirmar que Pablo

(A) poderá naturalizar-se brasileiro após residir no Brasil por mais de quinze anos ininterruptos e não tiver condenação penal.

(B) poderá naturalizar-se brasileiro após a maioridade se residir no Brasil por um ano e desde que requeira a nacionalidade brasileira.

(C) será considerado brasileiro nato desde que venha residir no Brasil até os vinte e um anos e opte, após a maioridade, pela nacionalidade brasileira.

(D) será considerado brasileiro nato desde que venha residir no Brasil a qualquer tempo e opte pela nacionalidade brasileira.

(E) é brasileiro nato, independentemente de quaisquer condições.

Art. 12, I, b, da CF. Gabarito "E".

(Magistratura/PA – 2008 – FGV) A respeito do que reza a Constituição da República Federativa do Brasil de 1988 e suas atualizações, assinale a alternativa correta.

(A) A Constituição enumera algumas hipóteses de aquisição de nacionalidade originária, podendo o Congresso Nacional, por meio de Lei Complementar, prever, com base no princípio da dignidade da pessoa humana, outras hipóteses de nacionalidade originária.

(B) Segundo a Constituição, são brasileiros natos os nascidos no estrangeiro, de pai brasileiro ou de mãe brasileira, desde que qualquer deles esteja a serviço da República Federativa do Brasil. A expressão "a serviço da República Federativa do Brasil" há de ser entendida não só como atividade diplomática afeta ao Poder Executivo, mas também como qualquer função associada às atividades da União e dos Estados Federados, excluindo-se, no entanto, os Municípios e suas autarquias e fundações públicas.

(C) Segundo a Constituição, são brasileiros natos os nascidos no estrangeiro de pai brasileiro ou mãe brasileira, desde que sejam registrados em repartição brasileira competente ou venham a residir na República Federativa do Brasil e optem, em qualquer tempo, depois de atingida a maioridade, pela nacionalidade brasileira.

(D) Conforme a Constituição, são privativos de brasileiros natos os cargos de Presidente, Vice-Presidente da República; Presidente da Câmara dos Deputados; Presidente do Senado Federal; Presidente de Assembléia Legislativa; Ministros dos Tribunais Superiores; da carreira diplomática; de oficial das Forças Armadas e de Ministro do Estado e da Defesa.

(E) Será declarada a perda da nacionalidade de brasileiro que adquirir outra nacionalidade, mesmo nos casos de reconhecimento de nacionalidade originária por lei estrangeira, pois nacionalidade é o vínculo político e pessoal que se estabelece entre o Estado e o indivíduo, e, ainda, porque a competência para legislar sobre nacionalidade brasileira é exclusiva do Estado brasileiro.

A: O art. 12, I, da CF traz hipóteses taxativas de nacionalidade primária ou originária; B: O art. 12, I, *b*, da CF abrange a administração direta e indireta, de todos os entes da Federação; C: Art. 12, I, *c*, da CF; D: Não reflete o disposto no art. 12, ,§ 3º, da CF, que não inclui o Presidente da Assembleia Legislativa e todos os Ministros dos Tribunais Superiores (apenas os Ministros do STF têm que ser brasileiros natos); E: Não reflete o disposto no art. 12, § 4º, II, *a*, da CF. Gabarito "C".

(Ministério Público/PB – 2010) Pode-se afirmar: Ao nascido no estrangeiro, de pai brasileiro ou de mãe brasileira,...

I. ...mesmo não tendo sido registrado em repartição brasileira competente, mas vindo a residir no Brasil, reconhece-se a qualidade de brasileiro nato, entretanto sob condição suspensiva, a dependerem os respectivos efeitos da opção pela nacionalidade brasileira, exercitável, em qualquer tempo, depois de atingida a maioridade.

II. ...tendo sido registrado em repartição brasileira competente, ainda que não venha jamais a residir no Brasil, reconhece-se a qualidade de brasileiro nato, não condicionado à opção pela nacionalidade brasileira.

III. ...estando qualquer deles a serviço de entidade da Administração Pública brasileira de qualquer ente federado, inclusive da administração indireta, reconhece-se a qualidade de brasileiro nato, não condicionado à opção pela nacionalidade.

Dentre as proposições acima,

(A) Apenas I e III são corretas.
(B) Apenas II é correta.
(C) Apenas III é correta.
(D) Apenas I é correta.
(E) I, II e III são corretas.

I: Art. 12, I, *c*, segunda parte, da CF; II: Art. 12, I, *c*, primeira parte, da CF; III: Art. 12, I, *b*, da CF. Gabarito "E".

(Ministério Público/SC – 2010) Em atenção à nacionalidade, analise as seguintes assertivas:

I. São brasileiros naturalizados os nascidos no estrangeiro de pai brasileiro ou de mãe brasileira, desde que qualquer deles esteja a serviço da República Federativa do Brasil.

II. São brasileiros natos os nascidos no estrangeiro de pai brasileiro ou de mãe brasileira, desde que sejam registrados em repartição brasileira competente ou venham a residir na República Federativa do Brasil e optem, em qualquer tempo, depois de atingida a maioridade, pela nacionalidade brasileira.

III. Salvo os casos previstos na Constituição da República, serão atribuídos aos portugueses com residência permanente no País os direitos inerentes ao brasileiro, se houver reciprocidade em favor de brasileiros.

IV. Será declarada a perda da nacionalidade do brasileiro que adquirir outra nacionalidade em decorrência de reconhecimento de nacionalidade originária pela lei estrangeira.

V. Será declarada a perda de nacionalidade do brasileiro que tiver cancelada a sua naturalização, por sentença judicial, em virtude de atividade nociva ao interesse nacional.

De acordo com a Constituição da República:

(A) Apenas as assertivas II, III, IV e V estão corretas.
(B) Apenas as assertivas I, III e IV estão corretas.
(C) Apenas as assertivas II, IV e V estão corretas.
(D) Apenas as assertivas I, III e V estão corretas.
(E) Apenas as assertivas II, III e V estão corretas.

I: Hipótese de nacionalidade brasileira nata (art. 12, I, "b", da CF); II: Art. 12, I, "c", da CF; III: Art. 12, § 1º, da CF; IV: Nesse caso há exceção prevista no art. 12, § 4º, II, "a", da CF; V: Art. 12, § 4º, I, da CF. Gabarito "E".

(Defensoria/MT – 2007) É privativo de brasileiros natos o cargo de

(A) Deputado Federal.
(B) Presidente do Banco Central.
(C) Ministro do Superior Tribunal de Justiça.
(D) Secretário da Receita Federal.
(E) Embaixador.

A a D: Apenas os cargos listados no art. 12, § 3º, da CF são privativos de brasileiros natos; E: Art. 12, § 3º, V, da CF. Gabarito "E".

(Procurador do Estado/SC – 2010 – FEPESE) De acordo com a Constituição Federal, é privativo de brasileiro nato o cargo de:

(A) senador federal.
(B) carreira consular.
(C) presidente do Banco Central do Brasil.
(D) ministro do Superior Tribunal de Justiça.
(E) presidente da mesa do Congresso Nacional.

Art. 12, § 3º, I a VII, da CF. Gabarito "E".

(Procurador do Estado/PE – CESPE – 2009) Abdul, nascido na Síria, conseguiu sua naturalização no Brasil em 1.º de maio de 2004. Por ser jornalista profissional, pretende adquirir uma empresa de radiodifusão na cidade onde reside, no interior do estado de Pernambuco. Considerando a situação hipotética apresentada, é correto afirmar, de acordo com a CF, que, em 2009,

(A) é proibido a Abdul adquirir a empresa de radiodifusão, pois não possui mais de dez anos na condição de naturalizado brasileiro.
(B) é vedado a Abdul adquirir a empresa de radiodifusão, pois não é brasileiro nato.
(C) não é permitido a Abdul adquirir a empresa de radiodifusão, pois somente pessoas jurídicas podem ser proprietárias de tais empresas.
(D) Abdul pode adquirir a empresa de radiodifusão, pois está naturalizado como brasileiro há mais de cinco anos.
(E) Abdul pode adquirir a empresa de radiodifusão, pois não existem restrições na CF para que estrangeiros adquiram esse tipo de empresa.

Art. 222 da CF. Gabarito "A".

(Procurador do Estado/SP – FCC – 2009) Brasileiro residente no exterior decide se naturalizar, por entender que, desse modo, terá mais oportunidades de trabalho. A obtenção da nacionalidade estrangeira

(A) não acarretará consequência alguma, no plano dos direitos políticos e de nacionalidade, tendo em vista os objetivos colimados.
(B) acarretará a perda automática da nacionalidade brasileira, salvo se houver requerimento prévio no sentido de sua preservação.
(C) acarretará a perda dos direitos políticos, porém não a da nacionalidade brasileira.
(D) acarretará a perda da nacionalidade brasileira, desde que decretada por sentença judicial.
(E) acarretará a perda automática da nacionalidade brasileira e, consequentemente, dos direitos políticos.

Art. 12, § 4º, II, da CF. O exercício dos direitos políticos pressupõe a nacionalidade brasileira (art. 14, § 2º e § 3º, I, da CF). Gabarito "E".

(Cartório/MS – 2009 – VUNESP) O brasileiro naturalizado, segundo a Constituição, poderá ocupar o cargo público de

(A) Presidente do Senado Federal.
(B) Ministro do Supremo Tribunal Federal.
(C) Deputado Federal.
(D) Oficial das Forças Armadas.
(E) Vice-Presidente da República.

Os demais são cargos privativos de brasileiros natos, conforme art. 12, § 3º, da CF. Gabarito "C".

(Cartório/SP – VI – VUNESP) São considerados brasileiros natos, pela Constituição Federal,

(A) os que optaram pela nossa nacionalidade e aqui residiram por um ano ininterrupto.
(B) os aqui nascidos, ainda que de pais estrangeiros a serviço do seu país de origem.
(C) os nascidos no estrangeiro, de pais brasileiros.
(D) os nascidos no estrangeiro, de pai ou mãe brasileiros que estejam a serviço do Brasil.

Art. 12, I, *b*, da CF. Gabarito "D".

(Cartório/SC – 2008) NÃO é privativo de brasileiro nato o cargo de:

(A) Ministro do Superior Tribunal de Justiça.
(B) Presidente do Senado Federal.
(C) Ministro do Supremo Tribunal Federal.
(D) Oficial das Forças Armadas.
(E) Presidente da Câmara dos Deputados.

Apenas os cargos listados no art. 12, § 3º, da CF, são privativos de brasileiros natos. Gabarito "A".

(Procurador do Município/Florianópolis-SC – 2010 – FEPESE) De acordo com a Constituição Federal de 1988, é privativo de brasileiro nato o cargo de:

(A) Deputado Federal.
(B) Ministro de Estado.
(C) Ministro do Superior Tribunal de Justiça.
(D) Senador da República.
(E) Vice-Presidente da República.

Art. 12, § 3º, I a VII, da CF. Gabarito "E".

(Procurador do Município/Teresina-PI – 2010 – FCC) Sobre o reconhecimento da nacionalidade brasileira, é correto afirmar:

(A) A aquisição da nacionalidade ocorre pelo critério *ius solis*, de modo que qualquer pessoa nascida no território brasileiro, mesmo que filho de estrangeiros, terá a nacionalidade primária imposta, independentemente de sua vontade.
(B) Não pode haver distinção entre brasileiros natos e naturalizados, inclusive para efeitos das condições de elegibilidade, com base no princípio da igualdade.
(C) O brasileiro naturalizado pode ser extraditado somente em caso de comprovado envolvimento em tráfico de entorpecentes e drogas afins.
(D) O cancelamento da naturalização em virtude de atividade nociva ao interesse nacional por sentença judicial leva à declaração da perda da nacionalidade brasileira.
(E) Brasileiros natos ou pessoas jurídicas constituídas sob as leis brasileiras e que tenham sede no País são os únicos com direito a concessão de propriedade de empresa jornalística, de radiodifusão sonora, de sons e de imagens.

A: Não reflete o disposto no art. 12, I, "a", da CF, que excepciona os filhos de pais estrangeiros, que estejam à serviço de seu país; B: A CF diferencia brasileiros natos e naturalizados para efeito dos cargos previstos no art. 12, § 3º, I a VII, da CF; C: Não reflete o disposto no art. 5º, LI, da CF; D: Art. 12, § 4º, I, da CF; E: Não reflete o disposto no art. 222 da CF. Gabarito "D".

(Magistratura Federal – 5ª Região – 2007 – CESPE) Julgue o seguinte item.

(1) Considere a seguinte situação hipotética. Uma empregada doméstica brasileira decidiu buscar emprego em país estrangeiro que estabelece como critério de aquisição de nacionalidade o *jus sanguinis* e lá teve um filho, cujo pai, também brasileiro, não estava a serviço do Brasil. Nessa situação, a criança não poderá obter a nacionalidade do país onde nasceu, mas poderá adquirir a nacionalidade brasileira, bastando que o registro seja feito na repartição diplomática brasileira sediada nesse país.

1: A questão foi aplicada em concurso datado de 05/08/2007, ou seja, antes da publicação da EC 54/2007 (20/09/2007), que alterou a disciplina da matéria. Naquela época, a questão estava errada. Pelo regramento atual, a questão está correta. Isso porque a EC 54/2007 reintroduziu no direito brasileiro o registro atributivo de nacionalidade. Assim, pela redação atual do art. 12, I, *c*, primeira parte, da CF, o filho em questão será brasileiro nato, bastando, para tanto, o registro consular (V., tb., o art. 95 do ADCT). Já a segunda parte do art. 12, I, *c*, da CF quase reproduz a redação anterior, mantendo a hipótese chamada de "nacionalidade potestativa". Para a aquisição da nacionalidade na forma do art. 12, I, *c*, 2ª parte, da CF, são necessários os seguintes requisitos: a) nascimento no estrangeiro, de pai brasileiro ou mãe brasileira, b) pais que não estejam a serviço do Brasil (do contrário seria a hipótese do art. 12, I, *b*, da CF), c) residência no Brasil, d) opção, a qualquer tempo, desde que posteriormente à maioridade, pela nacionalidade brasileira. Gabarito 1E.

(Magistratura Federal – 5ª Região – 2007 – CESPE) Julgue o seguinte item.

(1) A Constituição Federal exige a condição de brasileiro nato ao ocupante dos cargos de ministro do STF e de procurador-geral da República.

A CF exige condição de brasileiro nato para o cargo de Ministro do STF (art. 12, § 3º, IV), mas não para o de Procurador-Geral da República. Gabarito 1E.

(Defensoria Pública da União – 2010 – CESPE) Nenhum Estado soberano é obrigado a aceitar o ingresso, em seu território, de pessoa que não mantenha com ele vínculo político. Entretanto, no momento em que aceite o ingresso de indivíduo nessa condição, o Estado passa a ter, em relação a ele, deveres oriundos do direito internacional. Nesse contexto, a Lei n.º 6.815/1980 (Estatuto do Estrangeiro) e diversos julgados do STF vêm normatizando os direitos e deveres dos estrangeiros em território nacional. Com relação a esse assunto, julgue os próximos itens.

(1) Um imigrante e um turista recebem o mesmo tipo de visto para ingresso no país.
(2) Considere que um estrangeiro tenha sido expulso do país por pertencer a célula terrorista e ter participado do seqüestro de autoridades brasileiras. Considere, ainda, que, após a abertura de inquérito no Ministério da Justiça, no qual foi assegurada ampla defesa ao alienígena, o presidente da República tenha decidido, por meio de decreto, pela sua expulsão do país. Nessa situação, o estrangeiro só poderá voltar ao país mediante decreto presidencial que revogue o anterior.
(3) Considere que Melchior, devido a fundado temor de perseguição por motivo de raça, se encontre fora de seu país de nacionalidade e que, tendo ingressado no Brasil, se tenha dirigido à Defensoria Pública e indagado acerca da possibilidade de permanência no país, em condição de asilo. Nesse caso, é correto que o defensor público recomende a Melchior que requeira refúgio, com base na lei que normatiza o assunto.
(4) Suponha que Raimundo, brasileiro nato, tenha saído do Brasil para morar nos Estados Unidos da América, onde reside há mais de trinta anos, e que, nesse país, tenha obtido a nacionalidade americana como condição para permanecer no território americano. Nessa situação, caso deseje retornar ao Brasil para visitar parentes, Raimundo necessitará de visto, pois, ao obter a nacionalidade americana, perdeu a nacionalidade brasileira.

1: Não reflete o disposto no art. 4º, II (turista) e IV (imigrante), e no art. 17, ambos da Lei 6.815/1980; 2: Art. 7º, III e art. 66, ambos da Lei 6.815/1980; 3: Art. 28 e ss da Lei 6.815/1980; 4: Aplica-se ao caso a exceção prevista no art. 12, § 4º, II, *b*, da CF. Gabarito 1E, 2C, 3C, 4E.

(CESPE – 2007) O brasileiro que adquirir outra nacionalidade

(A) passará a ter dupla nacionalidade, pois a Constituição Federal não prevê hipóteses de perda de nacionalidade.
(B) perderá a nacionalidade brasileira, exceto se for brasileiro nato.
(C) perderá a nacionalidade brasileira, exceto se permanecer residindo em território brasileiro.
(D) perderá a nacionalidade brasileira, exceto se a lei estrangeira impuser a naturalização ao brasileiro residente no território do respectivo estado estrangeiro como condição para sua permanência.

Art. 12, § 4º, II, *b*, da CF. Gabarito "D".

(CESPE – 2004) Cada opção abaixo apresenta uma situação hipotética a respeito dos direitos da nacionalidade e do direito constitucional, seguida de uma assertiva a ser julgada. Assinale a opção cuja assertiva esteja correta.

(A) Rodrigo é um turista argentino e foi preso em flagrante em uma praia do Espírito Santo. Nessa situação, Rodrigo não tem direito de impugnar a referida prisão por meio de *habeas corpus*, pois a Constituição da República garante esse direito somente a brasileiros e a estrangeiros residentes no país.
(B) Paulo é um brasileiro nato que foi condenado na França por tentativa de homicídio, mas que, apesar da ordem de prisão dirigida contra ele, conseguiu evadir-se da Europa e voltar ao Brasil. Nessa situação, se a França solicitar ao Brasil a extradição de Paulo, para que ele cumpra a pena a que foi condenado, tal pedido lhe será negado.
(C) Hugo, filho de pai brasileiro e mãe colombiana, nasceu na Colômbia e mudou-se para o Brasil em seu trigésimo aniversário. Nessa situação, ele não pode adquirir o *status* de brasileiro nato e, portanto, é-lhe vedado candidatar-se à presidência da República.
(D) Gutierrez, nascido na Venezuela, solicitou e obteve sua naturalização como cidadão brasileiro após ter concluído bacharelado em ciências jurídicas em faculdade brasileira. Nessa situação, mesmo que aprovado em concurso de provas e títulos, Gutierrez não poderá assumir o cargo de juiz de direito, pois tal investidura é restrita a brasileiros natos.

A: o STF e a doutrina vêm entendendo, a despeito do comando contido no *caput* do art. 5º da CF, que os direitos e garantias fundamentais devem, sim, ser estendidos aos estrangeiros não residentes no país; B: art. 5º, LI, da CF. É vedada a extradição de brasileiro nato; C: art. 12, I, *c*, da CF; D: art. 12, § 3º, da CF. "B." Gabarito

8. DIREITOS POLÍTICOS

(Magistratura/RO – 2011 – PUCPR) Em relação aos direitos políticos, avalie as proposições a seguir:

I. O alistamento eleitoral e o voto são obrigatórios para os maiores de dezoito anos e facultativos para os analfabetos, os maiores de sessenta anos e os maiores de dezesseis e menores de dezoito anos.
II. A soberania popular será exercida pelo sufrágio universal e pelo voto direto e secreto, com valor igual para todos, e, nos termos da lei, mediante plebiscito, referendo e iniciativa popular.
III. São condições de alistabilidade, na forma da lei a nacionalidade brasileira, o pleno exercício dos direitos políticos, o domicílio eleitoral na circunscrição e a filiação partidária.
IV. São inelegíveis, no território de jurisdição do titular, o cônjuge e os parentes consanguíneos ou afins, atéo segundo grau ou por adoção, do Presidente da República, de Governador de Estado ou Território, do Distrito Federal, de Prefeito ou de quem os haja substituído dentro dos nove meses anteriores ao pleito, mesmo se já titular de mandato eletivo e candidato à reeleição.

Está(ão) CORRETA(S):

(A) Somente as proposições I, II e III.
(B) Somente as proposições I, III e IV.
(C) Somente as proposições II e III.
(D) Somente a proposição II.
(E) Somente a proposição IV.

I: Não reflete o disposto no art. 14, § 1º, II, "b", da CF; II: Art. 14, I a III, da CF; III: As condições de alistabilidade encontram-se no art. 14, § 2º, da CF (não no § 3º do mesmo artigo, que trata das condições de elegibilidade); IV: Não reflete o disposto no art. 14, § 7º, da CF. "D." Gabarito

(Magistratura/SP – 2011 – VUNESP) Nossa ordem constitucional estabelece institutos de democracia semidireta, dentre os quais:

I. a iniciativa popular, exercida pela apresentação à Câmara dos Deputados de projeto de lei subscrito por, no mínimo, um por cento do eleitorado nacional, distribuído pelo menos por cinco Estados, com não menos de três décimos por cento dos eleitores de cada um deles;

II. o referendo, podendo ser utilizado pelo Congresso Nacional nos casos em que este decidir ser conveniente, indicado em casos específicos como para a formação de novos Estados e de novos Municípios;
III. o plebiscito, espécie de consulta popular semelhante ao referendo, mas o único apto a permitir que forças estrangeiras transitem pelo território nacional.

Está correto apenas o contido em

(A) I.
(B) II e III.
(C) III.
(D) II.
(E) I e III.

I: Art. 61, § 2º, da CF; II: Hipóteses de plebiscito (art. 18, §§ 3º e 4º, da CF); III: O art. 21, IV, da CF exige lei complementar para tanto. "A." Gabarito

(Magistratura/GO – 2009 – FCC) Ao dispor sobre direitos políticos, a Constituição de 1988 determina que

(A) a ação de impugnação de mandato tramitará em segredo de justiça, vedada a responsabilização do autor, salvo no caso de manifesta má-fé.
(B) aquele que sofre condenação criminal transitada em julgado perde definitivamente os direitos políticos.
(C) são inelegíveis aqueles que não podem alistar-se, mas não os analfabetos.
(D) a lei que alterar o processo eleitoral só entrará em vigor um ano após sua promulgação.
(E) o voto tem valor igual para todos, mas que nenhuma unidade da Federação pode ter menos de oito ou mais de setenta Deputados.

A: Não reflete o disposto no art. 14, § 11, da CF; B: A hipótese do art. 15, III, da CF é de *suspensão* de direitos políticos e não de perda; C: São inelegíveis os inalistáveis e os analfabetos (art. 14, § 4º, da CF); D: A lei que alterar o processo eleitoral entrará em vigor na data de sua publicação, não se aplicando à eleição que ocorra até um ano da data de sua vigência (art. 16 da CF); E: Art. 14, *caput* e art. 44, § 1º, ambos da CF. "E." Gabarito

(Magistratura/GO – 2009 – FCC) No que se refere ao regime constitucional dos partidos políticos no Direito brasileiro, é correto afirmar que os partidos políticos

(A) podem preconizar regime de governo diferente do democrático.
(B) após adquirirem personalidade jurídica, na forma da lei civil (são pessoas jurídicas de direito privado), devem registrar seus estatutos no TSE.
(C) têm autonomia para adotar os critérios de escolha e o regime de suas coligações eleitorais, mas é obrigatória a vinculação entre as candidaturas em âmbito nacional, estadual, distrital ou municipal.
(D) têm direito a recursos do fundo partidário e acesso gratuito ao rádio e à televisão, na forma da lei ou de medida provisória.
(E) podem receber recursos financeiros de entidade ou governo estrangeiros, desde que a eles não se subordinem.

A: O art. 17 da CF determina a observância do regime democrático; B: Art. 17, § 2º, da CF; C: Não há obrigatoriedade de vinculação entre as candidaturas (art. 17, § 1º, da CF); D: O art. 17, § 3º, da CF refere-se à lei, mas o art. 62, § 1º, I, *a*, veda a adoção de medida provisória em matéria eleitoral; E: Vedação expressa pelo art. 17, II, da CF. "B." Gabarito

(Magistratura/MT – 2009 – VUNESP) Tendo em vista o que reza a Carta Magna a respeito dos direitos políticos, é correto afirmar que

(A) o alistamento eleitoral será obrigatório para os maiores de dezoito anos, vedado aos conscritos e facultativo aos estrangeiros e analfabetos.
(B) é uma condição de elegibilidade a filiação partidária dois anos antes do pleito.
(C) são inalistáveis os inelegíveis.
(D) o mandato eletivo poderá ser impugnado na Justiça Eleitoral no prazo de quinze dias contados da diplomação.
(E) a cassação dos direitos políticos poderá ocorrer, entre outros casos, em decorrência de improbidade administrativa.

A: Art. 14, "§ 1º, O alistamento eleitoral e o voto são: I - obrigatórios para os maiores de dezoito anos; II - facultativos para: a) os analfabetos; b) os maiores de setenta anos; c) os maiores de dezesseis e menores de dezoito anos. § 2º - Não podem alistar-se como eleitores os estrangeiros e, durante o período do serviço militar obrigatório, os conscritos". Os conscritos são os convocados para a prestação de serviço militar obrigatório, aí incluídos os médicos, dentistas, farmacêuticos e veterinários (MDFV) que, nos termos da Lei 5.292/1967, prestarão o serviço após o término do curso de graduação. Entretanto, caso os MDFV tenham se alistado e adquirido o direito ao voto antes da conscrição, a inscrição eleitoral será mantida, muito embora não possam exercer o direito de voto até o término do serviço militar; B: O art. 14, § 3º, V, da CF não exige tempo mínimo de filiação partidária; C: São inelegíveis os inalistáveis (art. 14, § 4º, da CF); D: Art. 14, § 10, da CF; E: A cassação de direitos políticos é vedada pelo art. 15 da CF, que só prevê hipóteses de perda ou de suspensão. A prática de atos de improbidade administrativa acarreta suspensão de direitos políticos, na forma do art. 12 da Lei de Improbidade Administrativa (Lei 8.429/1992). Gabarito "D".

(Magistratura/BA – 2006 – CESPE) A respeito dos direitos políticos, julgue o item abaixo.

(1) A Constituição brasileira tanto prevê casos de simples suspensão dos direitos políticos (como na condenação criminal passada em julgado) quanto de perda deles (a exemplo do cancelamento da naturalização); relativamente às inelegibilidades, existem as absolutas e as relativas, sendo que estas restringem a candidatura apenas a determinados cargos ou em determinadas condições.

1: As inelegibilidades atingem a cidadania passiva (o direito de ser votado) e podem ser absolutas (para qualquer cargo eletivo) ou relativas (para alguns cargos ou em determinadas circunstâncias). As absolutas são taxativamente listadas na CF (art. 14, § 4º). As relativas, além de previstas da CF (art. 14, §§ 5º a 8º), podem ser estabelecidas em lei complementar (art. 14, § 9º, da CF). A suspensão e a perda de direitos políticos atingem tanto a cidadania ativa quanto a passiva (o nacional não pode votar nem se eleger). A perda ocorre nas situações arroladas no art. 15, I e IV e no art. 12, § 4º, II, ambos da CF. A suspensão se dá nas hipóteses do art. 15, II, III e V, da CF; do art. 17.3 do Decreto 3.927/2001 e do art. 55, II e § 1º, da CF, c/c o art. 1º, I, b, da LC 64/90. Gabarito 1C.

(Magistratura/DF – 2007) Nos termos do que preconizado na Constituição de República de 1988, a respeito dos Direitos Políticos, é falso afirmar:

(A) A soberania popular será exercida pelo sufrágio universal e pelo voto direto e secreto, com igual valor para todos, e, nos termos da lei, mediante plebiscito, referendo e iniciativa popular;
(B) O alistamento eleitoral e voto são facultativos para os analfabetos;
(C) São inelegíveis os inalistáveis;
(D) O mandato eletivo poderá ser impugnado ante a Justiça Eleitoral no prazo de quinze dias contados da proclamação do resultado, instruída a ação com provas de abuso de poder político, corrupção ou fraude.

A: Art. 14, I, II e III, da CF; B: Art. 14, § 1º, II, a, da CF; C: Art. 14, § 4º, da CF; D: Não reflete o disposto no art. 14, § 10, da CF. Gabarito "D".

(Magistratura/SP – 2008) No ordenamento jurídico-constitucional brasileiro, o plebiscito constitui consulta popular prévia sobre matéria política ou institucional, antes de sua formulação legislativa, enquanto o referendo constitui consulta posterior à aprovação de projeto de lei ou de emenda constitucional, para ratificação ou rejeição, configurando um e outro instrumento de exercício da soberania popular. As noções conceituais de plebiscito e referendo aqui expendidas

(A) estão corretas, aduzindo-se que a convocação do plebiscito é de competência concorrente do Presidente da República e do Congresso Nacional.
(B) estão corretas, aduzindo-se que a convocação do plebiscito é privativa do Presidente da República.
(C) estão invertidas no que se relaciona ao momento de sua ocorrência, pois o referendo antecede a deliberação parlamentar, e o plebiscito a sucede.
(D) estão corretas, aduzindo-se que a autorização de referendo e a convocação de plebiscito são da competência exclusiva do Congresso Nacional.

Art. 49, XV, da CF. Gabarito "D".

(Ministério Público/SE – 2010 – CESPE) Tendo em vista a disciplina constitucional relativa aos direitos de nacionalidade e aos direitos políticos, assinale a opção correta.

(A) A CF veda expressamente a extradição do brasileiro, seja ele nato ou naturalizado.
(B) Os estrangeiros originários de países de língua portuguesa adquirirão a nacionalidade brasileira se mantiverem residência contínua no território nacional pelo prazo mínimo de quatro anos, imediatamente anteriores ao pedido de naturalização.
(C) Mesmo que já sejam detentores de mandato eletivo ou candidatos à reeleição, são absolutamente inelegíveis o cônjuge e os parentes consangüíneos ou afins, até o segundo grau ou por adoção, do presidente da República, do governador de estado, do prefeito ou de quem os haja substituído dentro dos seis meses anteriores ao pleito.
(D) O militar somente pode ser candidato a cargo eletivo se possuir mais de dez anos de serviço.
(E) Para concorrer à reeleição, os detentores de cargos eletivos no Poder Executivo não precisam renunciar ao mandato.

A: O nato não pode ser extraditado e o naturalizado sim, na forma do art. 5º, LI, da CF; B: Não reflete o disposto no art. 12, § 1º, da CF; C: Não reflete o disposto no art. 14, § 7º, da CF; D: Não reflete o disposto no art. 14, § 8º, I e II, da CF; E: Art. 14, §§ 5º e 6º, da CF (note-se que o § 6º fala em "outros cargos"). Gabarito "E".

(Ministério Público/SP – 2010) Assinale a alternativa correta:

(A) é possível a cassação dos direitos políticos, sua perda ou suspensão, que se dará nos casos de cancelamento da naturalização por sentença transitada em julgado; incapacidade civil absoluta; condenação criminal transitada em julgado, enquanto durarem seus efeitos; recusa de cumprir obrigação a todos imposta ou prestação alternativa, nos termos do art. 5º, VIII (CF); improbidade administrativa nos termos do art. 37, § 4º (CF).
(B) não é possível a cassação dos direitos políticos, cuja perda ou suspensão só se dará nos casos de cancelamento da naturalização por sentença transitada em julgado; incapacidade civil absoluta; condenação criminal transitada em julgado, enquanto durarem seus efeitos; recusa de cumprir obrigação a todos imposta ou prestação alternativa, nos termos do art. 5º, VIII (CF); improbidade administrativa, nos termos do art. 37, § 4º (CF).
(C) a cassação dos direitos políticos só é possível nos casos de improbidade administrativa.
(D) a perda ou a suspensão dos direitos políticos não é possível nem mesmo nos casos de improbidade administrativa e de incapacidade civil absoluta.
(E) não é possível a cassação dos direitos políticos e nem a sua perda ou suspensão.

O art. 15 da CF veda a cassação dos direitos políticos, prevendo as hipóteses de perda ou suspensão. O art. 15, I, da CF traz hipótese de perda dos direitos políticos, sendo certo que a Lei 818/1949 prevê a perda da naturalização nos casos de atividades nocivas ao interesse nacional (art. 22, III). A incapacidade civil absoluta é hipótese de *suspensão* de direitos políticos. A hipótese do art. 15, III, da CF é de *suspensão* de direitos políticos, e não de perda. A escusa de consciência só leva à perda dos direitos políticos (art. 15, IV, da CF) se o escusante negar-se a cumprir a prestação alternativa que a lei fixar. O art. 15, V, da CF foi regulamentado pela Lei de Improbidade Administrativa (Lei 8.429/1992), que prevê a penalidade de *suspensão* de direitos políticos nos incisos de seu art. 12. Gabarito "B".

(Ministério Público/MS – 2006) No âmbito dos direitos políticos resguardados pela Constituição Federal são considerados inelegíveis:

(A) O militar com menos de dez anos de serviço, afastado de suas funções;
(B) Os nascidos no estrangeiro, filhos de pai ou mãe brasileiros que estejam a serviço da República Federativa do Brasil, para os cargos privativos aos brasileiros natos;
(C) Os alfabetizados que não tenham concluído o nível fundamental de ensino;
(D) O cônjuge e os parentes consangüíneos e afins, até o segundo grau ou por adoção, do Prefeito, no território do Município, quando da realização de pleito municipal.

A: Não reflete o disposto no art. 14, § 8º, I, da CF; B: Não reflete o disposto no art. 12, I, b, da CF; C: Não reflete o disposto no art. 14, § 4º, da CF; D: Art. 14, § 7º, da CF. Gabarito "D".

(Defensoria/MA – 2009 – FCC) Governador de Estado, brasileiro naturalizado, cônjuge de Deputada Federal, com 34 anos de idade completados no mês de janeiro do ano corrente, pretende candidatar-se a uma vaga no Senado Federal, no pleito de 2010. Nessa hipótese, o interessado

(A) será inelegível para o fim pretendido, no território de jurisdição do Estado pelo qual se elegeu sua esposa.
(B) não poderá pleitear vaga no Senado Federal, por se tratar de cargo privativo de brasileiro nato, nos termos da Constituição da República.
(C) deverá renunciar ao mandato, até seis meses antes do pleito, para concorrer a uma vaga no Senado Federal.
(D) será inelegível, pois a Constituição somente admite a reeleição de ocupantes de cargos de chefia do Poder Executivo para um único período subsequente.
(E) será inelegível para o fim pretendido, por não possuir a idade mínima estabelecida como condição de elegibilidade para o caso em tela.

A: A vedação do art. 14, § 7º, da CF aplica-se apenas aos ocupantes de cargos do Executivo (Presidente da República, Governador de Estado ou do Distrito Federal e Prefeito), ou seja, ele não será inelegível por causa da esposa, que é titular de cargo do Legislativo; B: O cargo de Senador da República não é privativo de brasileiro nato (art. 12, § 3º, da CF); C: Art. 14, § 6º, da CF; D: A reeleição refere-se ao mesmo cargo, não a cargo diferente do anteriormente ocupado (art. 14, § 5º, da CF); E: Terá 35 anos na data da posse (art. 14, *caput* e § 3º, VI, a, da CF, c/c art. 11, § 2º, da Lei 9.504/1997: "A idade mínima constitucionalmente estabelecida como condição de elegibilidade é verificada tendo por referência a data da posse". Gabarito "C".

(Defensoria/MG – 2009 – FURMARC) Dentre os instrumentos da democracia semidireta, aquele que consiste em consulta à opinião do eleitorado sobre a manutenção ou a revogação do mandato político ou administrativo conferido a alguém, denomina-se:

(A) Impeachment.
(B) Plebiscito.
(C) Referendo.
(D) Recall.
(E) Mandato imperativo.

A: O processo de *impeachment* existe para os crimes de responsabilidade (art. 85 da CF). Podem responder processo de *impeachment* as autoridades listadas no art. 52, I e II, da CF; B e C: Plebiscito e referendo são formas de consulta popular e são formas de exercício da soberania popular adotada pela CF/88 (art. 14, I e II). Em síntese, no plebiscito a consulta é prévia ao ato que se deseja aprovar, e no referendo lhe é posterior; D: Não existe no Brasil. Segundo Pedro Lenza, "com sua origem nos EUA, o *recall* seria um mecanismo de revogação popular do mandato eletivo, como, por exemplo, em razão de não cumprimento de promessas de campanha" (*Direito constitucional esquematizado*, 2010, p. 875); E: No mandato imperativo o parlamentar eleito só pode votar na forma estipulada pelo povo. Gabarito "D".

(Defensoria/SP – 2009 – FCC) Direitos políticos

(A) Dar-se-á a suspensão dos direitos políticos para os condenados criminais com sentença transitada em julgado cujo gozo pleno se restabelecerá após a reabilitação criminal.
(B) A cassação dos direitos políticos pode ocorrer, dentre outros casos, quando ocorrer a incapacidade civil absoluta como na interdição.
(C) Percebe-se que o sufrágio universal, o voto e o escrutínio são sinônimos que integram a teoria dos direitos políticos positivos e a idéia nuclear da democracia.
(D) É condição de elegibilidade dos parlamentares possuir nacionalidade brasileira e nesse caso tanto faz ser brasileiro nato ou naturalizado.
(E) As inelegibilidades possuem justificativa de ordem ética, daí porque, segundo a Constituição Federal são inelegíveis o cônjuge e os parentes consanguíneos ou afins, até o 2º grau ou por adoção dos senadores e deputados federais.

A: O art. 15, III, da CF não estabelece a reabilitação criminal como termo final da suspensão dos direitos políticos; B: A cassação de direitos políticos é vedada pelo art. 15 da CF, que traz hipóteses de perda ou de suspensão desses direitos. A incapacidade civil absoluta, por exemplo, é hipótese de suspensão de direitos políticos; C: Em linhas gerais, sufrágio é o direito de votar e de ser votado, podendo ser universal ou restrito. Voto é o ato pelo qual este direito é exercido, dividido em direto ou indireto. Essas noções tampouco se confundem com o escrutínio, que diz respeito à forma como se dá o voto, podendo ser público ou secreto; D: Art. 14, § 3º, I, da CF. São privativos de brasileiros natos apenas os cargos listados no art. 12, § 3º, da CF; E: Não reflete o disposto no art. 14, § 7º, da CF. Gabarito "D".

(Defensoria/MT – 2007) Assinale o item que não está entre as condições de elegibilidade estabelecidas na Constituição Federal.

(A) A nacionalidade brasileira.
(B) O domicílio eleitoral na circunscrição.
(C) A filiação partidária.
(D) A idade máxima de setenta e cinco anos.
(E) O alistamento eleitoral.

A: Art. 14, § 3º, I, da CF; B: Art. 14, § 3º, IV, da CF; C: Art. 14, § 3º, V, da CF; D: A CF só prevê idade mínima como condição de elegibilidade (art. 14, § 3º, VI); E: Art. 14, § 3º, III, da CF. Gabarito "D".

(Procurador do Estado/RO – 2011 – FCC) No recente julgamento do Supremo Tribunal Federal, conhecido como caso "ficha limpa", a questão central da discussão baseou-se na interpretação do princípio da anualidade, o qual significa que a lei que alterar o processo eleitoral entrará em vigor

(A) na data de sua publicação, não se aplicando à eleição que se realize até um ano da data de sua vigência.
(B) um ano após a sua publicação e só se aplica à eleição realizada após a sua vigência.
(C) na data de sua publicação, com aplicação imediata.
(D) na data estipulada pelo Congresso Nacional, não será aplicada à eleição que se realize até um ano da data de sua vigência.
(E) na data estipulada pelo Superior Tribunal Eleitoral, não se aplicando à eleição que se realize até um ano da data de sua vigência.

Art. 16 da CF. Gabarito "A".

(Procurador do Estado/SC – 2010 – FEPESE) Com relação aos direitos políticos, a Constituição Federal dispõe que:

1. a lei que alterar o processo eleitoral entrará em vigor na data de sua publicação, não se aplicando à eleição que ocorra até um ano da data de sua vigência.
2. a idade mínima para elegibilidade para os cargos de Governador, Vice-Governador de Estado e do Distrito Federal e Senador é de 30 (trinta) anos.
3. a alistamento eleitoral e o voto são obrigatórios para os maiores de dezoito anos e facultativos para os analfabetos, os maiores de sessenta anos e os maiores de dezesseis e menores de dezoito anos.
4. não podem alistar-se como eleitores os estrangeiros e, durante o período do serviço militar, os praças.
5. para concorrerem a outros cargos, o Presidente da República, os Governadores de Estado e do Distrito Federal e os Prefeitos devem renunciar aos respectivos mandatos até 6 (seis) meses antes do pleito.

Assinale a alternativa que indica todas as afirmativas **corretas**.

(A) São corretas apenas as afirmativas 1 e 5.
(B) São corretas apenas as afirmativas 1, 2 e 5.
(C) São corretas apenas as afirmativas 1, 4 e 5.
(D) São corretas apenas as afirmativas 2, 3 e 4.
(E) São corretas apenas as afirmativas 3, 4 e 5.

1: Certa. Art. 16 da CF; 2: Para Governador e Vice-Governador de Estado ou do DF é de 30 anos; para senador, 35 anos (art. 14, § 3º, VI, "a" e "b", da CF); 3. Não reflete o disposto no art. 14, § 1º, II, "b", da CF; 4. Não reflete o disposto no art. 14, § 2º, da CF; 5. Art. 14, § 6º, da CF. Gabarito "A".

(Procurador de Contas TCE/ES – CESPE – 2009) Acerca da nacionalidade e dos direitos políticos, assinale a opção correta.

(A) Lei complementar é a única espécie normativa autorizada pela CF para disciplinar a criação de outros casos de inelegibilidade relativa, além dos já previstos na própria CF.
(B) A condenação criminal com trânsito em julgado configura hipótese de perda dos direitos políticos.

(C) Será declarada a perda da nacionalidade do brasileiro que tiver cancelada a sua naturalização, por decisão administrativa, em virtude de atividade nociva ao interesse nacional, desde que devidamente comprovada no respectivo processo administrativo.
(D) A capacidade eleitoral ativa é suficiente para a aquisição da capacidade eleitoral passiva.
(E) São relativamente inelegíveis os inalistáveis e os analfabetos.

A: Art. 14, § 9º, da CF; B: A hipótese do art. 15, III, da CF é de *suspensão* de direitos políticos e não de perda; C: O art. 15, I, da CF traz hipótese de perda dos direitos políticos, sendo certo que a Lei 818/1949 prevê a perda da naturalização nos casos de atividades nocivas ao interesse nacional (art. 22, III). Para tanto, a CF exige sentença judicial transitada em julgado; D: A capacidade eleitoral passiva (elegibilidade) exige não apenas a capacidade de votar (capacidade eleitoral ativa), como também a nacionalidade brasileira, o alistamento eleitoral, o domicílio eleitoral na circunscrição, a filiação partidária e idade mínima que varia de acordo com o cargo (art. 14, § 3º, I a VI, da CF); E: São inelegíveis os inalistáveis e os analfabetos (art. 14, § 4º, da CF). Gabarito "A".

(Delegado/RJ – 2009 – CEPERJ) Com relação ao atual texto expresso da Constituição da República analise as seguintes proposições:

I. A iniciativa popular, expressão do exercício de soberania popular, pode ser realizada através de apresentação à Câmara dos Deputados de projeto de lei subscrito por, no mínimo, um por cento do eleitorado nacional, distribuído pelo menos por cinco Estados, com não menos de três décimos por cento dos eleitores de cada um deles.
II. Podem alistar-se como eleitores, durante o período do serviço militar obrigatório, os conscritos.
III. Partidos políticos que se propõem a disputar apenas eleições estaduais devem registrar os seus estatutos perante o Tribunal Regional Eleitoral da correspondente unidade da Federação.
IV. Domicílio eleitoral na circunscrição, filiação partidária e idade mínima são condições de elegibilidade, previstas expressamente no texto da atual Constituição da República.
V. Condenação criminal transitada em julgado, enquanto durarem os seus efeitos, e improbidade administrativa, nos termos do art. 37 § 4º da CR, são hipóteses de incidência de suspensão dos direitos políticos.

Assinale a alternativa que corresponde à relação completa de proposições corretas:
(A) I, IV e V.
(B) I, II e V.
(C) III, IV e V.
(D) II, IV e V.
(E) II, III e IV.

I: Art. 14, III e art. 61, § 2º, ambos da CF; II: Vedação pelo art. 14, § 2º, da CF. Os conscritos são os convocados para a prestação de serviço militar obrigatório, aí incluídos os médicos, dentistas, farmacêuticos e veterinários (MDFV) que, nos termos da Lei 5.292/1967, prestarão o serviço após o término do curso de graduação. Entretanto, caso os MDFV tenham se alistado e adquirido o direito ao voto antes da conscrição, a inscrição eleitoral será mantida, muito embora não possam exercer o direito de voto até o término do serviço militar; III: Não reflete o disposto no art. 17, § 2º, da CF; IV: Art. 14, § 3º, da CF; V: Art. 15, III e V, da CF. Gabarito "A".

(Cartório/DF – 2008 – CESPE) Julgue o seguinte item, acerca dos direitos políticos.

(1) O voto é obrigatório para os maiores de 18 e menores de 70 anos de idade, independentemente do grau de instrução do eleitor, sendo facultativo para os maiores de 16 e menores de dezoito anos.

O voto é obrigatório para os maiores de 18 anos (art. 14, § 1º, I, da CF) e facultativo para os maiores de setenta anos (art. 14, § 1º, II, *b*, da CF), para os analfabetos (art. 14, § 1º, II, *a*, da CF) e para os maiores de 16 e menores de dezoito anos (art. 14, § 1º, II, *c*, da CF). Gabarito 1E.

(Procurador do Município/Florianópolis-SC – 2010 – FEPESE) É condição de elegibilidade para Senador, Vice-Prefeito e Governador, respectivamente, a idade mínima de:
(A) 30 anos ; 18 anos ; 30 anos.
(B) 30 anos ; 21 anos ; 30 anos.
(C) 30 anos ; 21 anos ; 35 anos.
(D) 35 anos ; 18 anos ; 35 anos.
(E) 35 anos ; 21 anos ; 30 anos.

Art. 14, § 3º, VI, "a", "b" e "c", da CF. Gabarito "E".

(Procurador do Município/Teresina-PI – 2010 – FCC) Assinale a alternativa correta quanto aos direitos políticos.
(A) A lei que altera o processo eleitoral só entrará em vigor um ano após sua promulgação.
(B) Não podem alistar-se como eleitores os estrangeiros, analfabetos e, durante o período militar obrigatório, os conscritos.
(C) A idade mínima para elegibilidade do Presidente e Vice-Presidente da República é de 30 (trinta) anos.
(D) São inelegíveis, no território de jurisdição do titular, o cônjuge e os parentes consanguíneos ou afins, até terceiro grau ou por adoção, do Presidente da República, de Governador de Estado ou Território, do Distrito Federal ou de Prefeito.
(E) A perda ou suspensão de direitos políticos pode ocorrer por incapacidade civil absoluta, por recusa de cumprir obrigação a todos imposta ou prestação alternativa ou por improbidade administrativa.

A: Não reflete o disposto no art. 16 da CF; B: Somente os estrangeiros e os conscritos (art. 14, § 2º, da CF); C: 35 anos (art. 14, § 3º, VI, "a", da CF); D: Não reflete o disposto no art. 14, § 7º, da CF; E: V. art. 15, I a V, da CF. Gabarito "E".

(Magistratura Federal/5ª Região – 2009 – CESPE) Com relação aos partidos políticos, ao alistamento, à eleição e aos direitos políticos, assinale a opção correta.
(A) Considere que Petrônio tenha sido eleito e diplomado no cargo de prefeito de certo município no dia 1.º/1/2008. Nessa situação hipotética, o mandato eletivo de Petrônio poderá ser impugnado ante a justiça eleitoral, no prazo de 15 dias a contar da diplomação, por meio de ação instruída com provas de abuso do poder econômico, corrupção ou fraude.
(B) Os partidos políticos adquirem personalidade jurídica com registro dos seus estatutos no Tribunal Superior Eleitoral.
(C) É vedado aos estrangeiros, ainda que naturalizados brasileiros, o alistamento como eleitores.
(D) Suponha que Pedro, deputado federal pelo estado X, seja filho do atual governador do mesmo estado. Nessa situação hipotética, Pedro é inelegível para concorrer à reeleição para um segundo mandato parlamentar pelo referido estado.
(E) A condenação criminal com trânsito em julgado ensejará a perda dos direitos políticos do condenado.

A: Art. 14, § 10, da CF; B: Adquirem personalidade na forma da lei civil e, posteriormente, registram seus estatutos no TSE (art. 17, § 2º, da CF); C: Apenas os estrangeiros (e, durante o serviço militar, os conscritos) não podem se alistar como eleitores (art. 14, § 2º, da CF); D: Não há inelegibilidade nesse caso, de acordo com o art. 14, § 7º, da CF; E: O art. 15, III, da CF traduz hipótese de suspensão de direitos políticos, não de perda. Gabarito "A".

(Magistratura Federal – 3ª Região – XIII) Sobre inelegibilidades, é correto afirmar que:
(A) as absolutas são impedimentos eleitorais decorrentes de condições pessoais do indivíduo, como grau de parentesco, previstas por lei complementar;
(B) as relativas são impedimentos eleitorais provisórios coincidentes com as causas geradoras de inalistabilidade;
(C) as reflexas são inelegibilidades relativas, que impedem sejam eleitos parentes de ocupantes de cargos do Poder Executivo, no respectivo território, salvo se detentores de mandato anterior, ou candidatos à reeleição;
(D) os militares são tanto inelegíveis como inalistáveis, salvo se afastados da atividade, agregados pela autoridade superior ou colocados na inatividade.

A e B: De acordo com Pedro Lenza, as absolutas impedem que o nacional seja eleito para qualquer cargo eletivo e decorrem do art. 14, § 4º, da CF, referentes aos inalistáveis (os estrangeiros e, durante o serviço militar obrigatório, os conscritos), e aos analfabetos. As relativas referem-se a algum cargo específico, em virtude de uma circunstância em que se encontre o candidato e decorrem da função exercida, de parentesco ou da condição de militar, além daquelas previstas em lei complementar (art. 14, § 9º, da CF); C: Sim, evitando-se a perpetuidade da mesma família no poder, em afronta aos postulados republicano e democrático da CF (STF, RE 543.117-AgRg, Rel. Min. Eros Grau, citado por Pedro Lenza); D: Não reflete o disposto no art. 14, § 8º, da CF. Gabarito "C".

(Magistratura Federal – 4ª Região – XIII: 2008) Dadas as assertivas abaixo, assinalar a alternativa correta.

I. O trânsito em julgado de decisão criminal condenatória implica suspensão dos direitos políticos com a conseqüente extinção do mandato do condenado, ressalvada a hipótese de condenação de deputado federal ou senador da República, caso em que caberá à respectiva casa Congressual o exame político da perda de mandato.
II. Militares da ativa podem ser candidatos às eleições sem que estejam filiados a partidos políticos.
III. As inelegibilidades, por constituírem restrições a direitos políticos, só podem ser estabelecidas pela Constituição da República.
IV. Plebiscitos e referendos constituem os meios de exercício da soberania popular diferindo entre si por serem os plebiscitos consultas populares para a concessão de eficácia a ato governamental, enquanto os referendos visam à retirada de eficácia de ato governamental.

(A) Estão corretas apenas as assertivas I e II.
(B) Estão corretas apenas as assertivas II e III.
(C) Estão corretas apenas as assertivas III e IV.
(D) Estão corretas apenas as assertivas I, III e IV.

I: O art. 15 da CF arrola hipóteses de perda (I e IV) e de suspensão (II, III e V) de direitos políticos. A parte final da questão corresponde ao art. 55, VI e § 2º, da CF; II: Art. 142, § 3º, V e art. 14, § 8º, ambos da CF. O militar agregado é aquele que toma posse em cargo não eletivo (art. 142, § 3º, III, da CF); III: As inelegibilidades absolutas só podem ser estabelecidas pela CF. As relativas podem ser previstas também em lei complementar (art. 14, § 9º, da CF); IV: O plebiscito constitui consulta popular prévia sobre matéria política ou institucional, antes de sua formulação legislativa, enquanto o referendo constitui consulta posterior à aprovação de projeto de lei ou de emenda constitucional, para ratificação ou rejeição. Ambos são instrumentos de exercício da soberania popular. Gabarito "A".

(Magistratura Federal – 5ª Região – 2007 – CESPE) Julgue o seguinte item.

(1) Mantidas as atuais regras eleitorais, nas eleições de 2010, os partidos políticos não estarão vinculados, no plano estadual, ao princípio da simetria de coligações partidárias que se realizem para a eleição presidencial.

O entendimento do TSE pela "verticalização das coligações partidárias" foi afastado com a publicação da EC 52/2006, que alterou o art. 17, § 1º, da CF. Portanto, hoje os partidos têm plena autonomia para se coligarem, sem qualquer vinculação. Gabarito "C".

(Magistratura Federal – 5ª Região – 2007 – CESPE) Julgue o seguinte item.

(1) Os analfabetos, embora alistáveis, não possuem direitos políticos passivos, pois não podem concorrer a cargos eletivos.

Os analfabetos são alistáveis, mas inelegíveis (art. 14, § 1º, II, a e § 4º, da CF). Gabarito "C".

(CESPE – 2008) No que diz respeito aos direitos políticos, assinale a opção incorreta.

(A) O conceito de domicílio eleitoral não se confunde com o de domicílio da pessoa natural regulado no Código Civil, pois, naquele, leva-se em conta o lugar onde o interessado tem vínculos políticos e sociais e, não, o lugar onde ele reside com *animus* definitivo.
(B) A Constituição Federal determina que as eleições dos deputados federais, dos deputados estaduais e dos vereadores devam efetivar-se pelo critério proporcional.
(C) O plebiscito e o referendo podem ser convocados tanto pelo Congresso Nacional, por meio de decreto legislativo, quanto mediante lei de iniciativa popular.
(D) Reconhecida a incapacidade civil absoluta, mediante sentença que decrete a interdição, ocorre a suspensão dos direitos políticos, mas, não, a perda de tais direitos.

Art. 49, XV, da CF. Trata-se de competência exclusiva do Congresso Nacional, a ser exercida por meio de **decreto legislativo**. Gabarito "C".

(CESPE – 2007) É correto afirmar que, no sistema eleitoral brasileiro,

(A) os governadores dos estados são escolhidos pelo sistema majoritário, por maioria absoluta dos votos.
(B) os deputados federais são escolhidos pelo sistema majoritário, por maioria simples dos votos.
(C) os senadores são escolhidos pelo sistema proporcional.
(D) o presidente da República é escolhido pelo sistema misto.

A: arts. 28 e 77, CF; B: art. 45, *caput*, da CF; C: art. 46, *caput*, do CF; D: art. 77 da CF. Gabarito "A".

(CESPE – 2007) Relativamente aos direitos políticos e aos partidos políticos, assinale a opção correta.

(A) Os partidos políticos, como pessoas jurídicas de direito público, só adquirem personalidade jurídica após registrarem seus estatutos no Tribunal Regional Eleitoral do estado onde têm sede.
(B) Para concorrerem a outros cargos, o presidente da República, os governadores de estado e do Distrito Federal e os prefeitos devem licenciar-se dos respectivos mandatos seis meses antes do pleito.
(C) A norma que reconhece a facultatividade do voto aos maiores de 70 anos aplica-se às pessoas portadoras de deficiência que torne impossível ou demasiadamente oneroso o cumprimento das obrigações relativas ao alistamento e ao exercício do voto.
(D) No sistema eleitoral brasileiro, são considerados votos válidos não apenas os votos conferidos à legenda partidária e aos candidatos, mas também os votos nulos e os em branco.

A: trata-se de pessoas jurídicas de direito privado, cuja aquisição da personalidade jurídica está tão só condicionada ao registro de seus estatutos no Cartório de Registro de Títulos e Documentos; B: art. 14, § 6º, da CF (eles devem, em verdade, **renunciar** aos cargos); C: art. 5º, *caput*, da CF; D: art. 77, § 2º, da CF. Gabarito "C".

(CESPE – 2006) Considere que, nas eleições que serão realizadas em outubro de 2006, o atual governador de determinado estado da Federação concorra à reeleição e sua filha, que tem 35 anos de idade e é filiada ao mesmo partido do pai, pretenda concorrer, pela primeira vez, ao cargo de deputada federal. Nessa situação,

(A) para concorrer regularmente à reeleição o governador precisaria ter renunciado ao seu cargo seis meses antes da data das eleições.
(B) a filha do governador é inelegível para o cargo de deputada federal pelo referido estado, mas seria elegível para o cargo de presidente da República.
(C) se o governador e a sua filha se candidatassem por partidos diferentes, ambos poderiam concorrer regularmente no referido pleito eleitoral.
(D) pai e filha podem candidatar-se regularmente aos referidos cargos, mas, se ambos forem efetivamente eleitos, a filha não poderá tomar posse como deputada federal, pois a Constituição da República veda a diplomação de deputados que sejam parentes de até segundo grau dos respectivos governadores.

Art. 14, § 7º, da CF. Gabarito "B".

(CESPE – 2006) Por força do ordenamento constitucional, os eleitos pelo sistema proporcional incluem o(s)

(A) deputados federais.
(B) prefeitos de municípios com menos de 200 mil eleitores.
(C) senadores da República.
(D) presidente do STF.

Art. 45, *caput*, da CF. Gabarito "A".

(CESPE – 2008) Conforme dispõe a CF, os prefeitos municipais

(A) podem ser reeleitos para até dois períodos subseqüentes ao do primeiro mandato.
(B) devem renunciar aos respectivos mandatos até seis meses antes do pleito, caso desejem se candidatar à reeleição.
(C) somente devem renunciar aos respectivos mandatos até seis meses antes do pleito, se forem concorrer a outros cargos eletivos.
(D) não poderão ser reeleitos.

Art. 14, § 6º, da CF. Gabarito "C".

9. ORGANIZAÇÃO DO ESTADO

9.1. DA UNIÃO, ESTADOS, MUNICÍPIOS E TERRITÓRIOS

(Magistratura/DF – 2011) Há três assertivas que podem ser CORRETAS ou INCORRETAS. Responda:

I. Os Estados-membros não possuem competência constitucional enumerada, cabendo-lhes tão só a genérica competência remanescente ou residual.

II. Compete à União, aos Estados, ao Distrito Federal e aos Municípios legislar concorrentemente sobre proteção à infância e à juventude.

III. A Constituição federal estabelece o princípio da prescritibilidade dos ilícitos administrativos, mas ressalva o direito da Administração ao ressarcimento do prejuízo causado ao erário. Logo, mesmo ficando inerte durante o prazo estabelecido em lei a Administração poderá propor ação para se ressarcir do prejuízo causado por servidor ou não.

(A) se somente a assertiva I for correta
(B) se somente a assertiva II for correta
(C) se somente a assertiva III for correta
(D) se nenhuma das assertivas for correta

I: Errada. Os Estados possuem competências expressamente previstas na Constituição e competências *legislativas* remanescentes (art. 25, § 1º, da CF); II: O art. 24, XV, da CF não se refere aos Municípios; III: Sim. Art. 37, § 5º, da CF. Gabarito "C".

(Magistratura/PE – 2011 – FCC) A Constituição de 1988, no que se refere à organização federativa aplicada aos Municípios, dispõe que

(A) à eleição do Prefeito e do Vice-Prefeito, em se tratando de Município com mais de duzentos mil habitantes, aplicam-se as normas relativas às eleições em dois turnos.
(B) o pleno ou órgão especial do Tribunal de Justiça tem competência privativa para julgar o Prefeito.
(C) compete ao Município criar, organizar e suprimir distritos, observado o respectivo plano diretor, independentemente da legislação estadual.
(D) compete ao Município organizar e prestar, diretamente ou sob regime de concessão ou permissão, os serviços públicos de interesse local, incluído o de transporte coletivo, que tem caráter essencial.
(E) a criação de Tribunais, Conselhos ou órgãos de Contas Municipais é permitida às Constituições estaduais, mas não às leis orgânicas municipais.

A: Mais de 200 mil eleitores (art. 29, I, da CF); B: A prerrogativa prevista no art. 29, X, da CF diz respeito à competência penal originária, não abrangendo a competência cível. V., tb., Súmula 107/STF : "A competência do Tribunal de Justiça para julgar Prefeitos restringe-se aos crimes de competência da Justiça comum estadual; nos demais casos, a competência originária caberá ao respectivo tribunal de segundo grau", como no caso de crimes eleitorais, cuja competência é do Tribunal Regional Eleitoral; C: Observada a legislação estadual (art. 30, IV, da CF); D: Art. 30, V, da CF; E: O art. 31, § 4º, da CF veda a criação de conselho ou corte de contas municipais, mas a Constituição ressalva os Tribunais de Contas Municipais já existentes à época de sua promulgação (art. 31, § 1º, parte final, da CF). Gabarito "D".

(Magistratura/SC – 2010) Sobre os Estados Federados é **INCORRETO** afirmar:

(A) O subsídio dos Deputados Estaduais será fixado por lei de iniciativa da Assembleia Legislativa, na razão de, no máximo, setenta e cinco por cento daquele estabelecido, em espécie, para os Deputados Federais, observados também mais alguns critérios estabelecidos na Constituição da República.
(B) Compete às Assembleias Legislativas dispor sobre seu regimento interno, polícia e serviços administrativos de sua secretaria, e prover os respectivos cargos.
(C) A lei disporá sobre a iniciativa popular no processo legislativo estadual.
(D) Perderá o mandato o Governador que assumir outro cargo ou função na administração pública direta ou indireta, sem ressalvas.
(E) Os subsídios do Governador, do Vice-Governador e dos Secretários de Estado serão fixados por lei de iniciativa da Assembléia Legislativa, observados também mais alguns critérios estabelecidos na Constituição da República.

A: Art. 27, § 2º, da CF; B: Art. 27, § 3º, da CF; C: Art. 27, § 4º, da CF; D: Não reflete o disposto no art. 28, § 1º, da CF; E: Art. 28, § 2º, da CF. Gabarito "D".

(Magistratura/SC – 2010) Considerando as proposições abaixo, assinale a alternativa **correta**:

I. Os Estados organizarão sua justiça, observados os princípios estabelecidos na Constituição da República, e a competência dos tribunais será definida na Constituição do Estado.

II. Cabe aos Estados a instituição de representação de inconstitucionalidade de leis ou atos normativos estaduais ou municipais em face da Constituição Estadual, vedada a atribuição da legitimação para agir a um único órgão.

III. O Tribunal de Justiça poderá funcionar descentralizadamente, constituindo Câmaras regionais, a fim de assegurar o pleno acesso do jurisdicionado à justiça em todas as fases do processo.

IV. Para diminuir conflitos fundiários, o Tribunal de Justiça proporá a criação de varas especializadas, com competência exclusiva para questões agrárias.

(A) Somente as proposições II, III e IV estão corretas.
(B) Somente as proposições I, II e IV estão corretas.
(C) Somente as proposições II e III estão corretas.
(D) Todas as proposições estão corretas.
(E) Somente as proposições III e IV estão corretas.

I: Art. 125, *caput*, e § 1º, da CF; II: Art. 125, § 2º, da CF; III: Art. 125, § 6º, da CF; IV: Art. 126 da CF. Gabarito "D".

(Magistratura/PR – 2010 – PUC/PR) No que tange à organização político-administrativa do Estado, é CORRETO afirmar:

(A) O Chefe do Poder Executivo federal exerce, hoje, chefia de Estado e chefia de Governo no País, sendo eleito pelo sistema eleitoral majoritário de dois turnos (não pelo majoritário simples). Aliás, é o sistema eleitoral adotado no Brasil para a eleição do Presidente da República, dos Governadores dos Estados-membros e do DF e dos Prefeitos dos municípios com mais de duzentos mil eleitores.
(B) Na intervenção federal provocada poderá o Presidente da República tomar a iniciativa e executar, de ofício, a medida interventiva.
(C) A intervenção, seja ela federal ou estadual, somente poderá ocorrer nas hipóteses taxativamente previstas no texto constitucional. No caso de recusa à execução de lei federal e de afronta aos princípios constitucionais sensíveis, a intervenção federal dependerá de representação interventiva do Advogado-Geral da União perante o STF.
(D) Compete privativamente à União legislar sobre direito civil, penal, processual, eleitoral, tributário, agrário, espacial e do trabalho.

A: Art. 28, art. 29, II e art. 77, todos da CF; B: A decretação da intervenção federal deve observar o disposto no art. 36 da CF, não havendo execução de ofício da medida pelo Presidente da República; C: Os princípios constitucionais sensíveis são os listados no art. 34, VII, da CF. Nessas hipóteses, a intervenção depende de provimento, pelo Supremo Tribunal Federal, de representação do Procurador-Geral da República; D: O art. 22, I, da CF não inclui como competência privativa da União legislar sobre direito tributário, que é competência concorrente (art. 24, I, da CF). Gabarito "A".

(Magistratura/RS – 2009) Considerando o regime constitucional de repartição de competências entre os entes político-administrativos que compõem a República Federativa do Brasil, assinale a assertiva correta.

(A) Compete privativamente aos Municípios legislar sobre trânsito.
(B) Compete à União, aos Estados e ao Distrito Federal legislar concorrentemente sobre custas do serviço forense.
(C) Compete privativamente aos Estados e ao Distrito Federal legislar sobre direito penitenciário.

(D) Compete à União e aos Estados explorar os portos marítimos.
(E) Compete aos Municípios criar conselhos ou órgãos de contas municipais.

A: Competência privativa da União (art. 22, XI, da CF); B: Art. 24, IV, da CF; C: Competência concorrente da União, Estados e DF (art. 24, I, da CF); D: Competência privativa da União (art. 21, XII, *f*, da CF); E: O art. 31, § 4º, da CF, veda a criação de conselho ou corte de contas municipais, mas a Constituição ressalva os Tribunais de Contas Municipais já existentes à época de sua promulgação (art. 31, § 1º, parte final, da CF). Gabarito "B".

(Magistratura/SP – 2009 – VUNESP) Quanto à intervenção da União nos Estados visando a manter a integridade nacional, é correto afirmar que,

(A) o decreto de intervenção será submetido à apreciação do Congresso Nacional no prazo de 24 (vinte e quatro) horas.
(B) caso não esteja funcionando o Congresso Nacional, far-se-á a sua convocação extraordinária no prazo de 48 (quarenta e oito) horas.
(C) se dispensa a apreciação do decreto pelo Congresso Nacional.
(D) cessados os motivos da intervenção, as autoridades afastadas de seus cargos a estes voltarão após requisição deferida pelo Supremo Tribunal Federal.

A: Art. 36, § 1º, da CF; B: O prazo também é de 24 horas (art. 36, § 2º, da CF); C: Não reflete o disposto no art. 36, § 1º, da CF; D: Não dependem de requisição deferida pelo STF nesse caso (art. 36, § 4º, da CF). Gabarito "A".

(Magistratura/AL – 2008 – CESPE) Os princípios constitucionais sensíveis não incluem a:

(A) aplicação do mínimo exigido da receita resultante de impostos estaduais, compreendida a proveniente de transferências, na manutenção e no desenvolvimento do ensino e nas ações e serviços públicos de saúde.
(B) prestação de contas da administração pública, direta e indireta.
(C) autonomia municipal.
(D) forma republicana, o sistema representativo e o regime democrático.
(E) erradicação da pobreza e da marginalização e a redução das desigualdades sociais e regionais.

Os princípios constitucionais sensíveis são os listados no art. 34, VII, *a* a *e*, da CF. Gabarito "E".

(Magistratura/PA – 2008 – FGV) No que tange à intervenção do Estado em seus Municípios, é correto afirmar que:

(A) só poderá intervir caso não forem prestadas as contas devidas, na forma da lei, e se o Tribunal de Justiça der provimento à representação para assegurar a observância de princípios indicados nas Constituições Estadual e Federal, ou, ainda, para prover a execução da lei, de ordem ou de decisão judicial.
(B) sob pena de ofensa ao princípio federativo, o Estado não pode intervir em Município caso este não tenha aplicado o mínimo exigido da receita municipal na manutenção e desenvolvimento de ensino e nas ações e serviços públicos de saúde, pois são assuntos de interesse local, de competência municipal.
(C) o Estado pode intervir em seu Município quando o Tribunal de Justiça der provimento à representação para assegurar a observância dos princípios indicados na Constituição Estadual e na Constituição Federal, ou para prover a execução de lei nacional e federal, de ordem ou de decisão judicial. No entanto, o decreto interventivo, nesses casos, terá que ser apreciado pela Assembléia Legislativa, sob pena de nulidade.
(D) o Estado pode intervir em seu Município quando o Tribunal de Justiça der provimento à representação para assegurar a observância de princípios indicados na Constituição Estadual, ou para prover a execução da lei, de ordem ou de decisão judicial. Nesses casos, está dispensada a apreciação do decreto interventivo pela Assembléia Legislativa.
(E) o Estado pode intervir no seu Município quando este violar princípio indicado na Constituição Estadual; quando o Município deixar de pagar, sem motivo de força maior, por quatro anos consecutivos, ou dois alternados, a dívida fundada; e quando não forem prestadas as contas devidas, na forma da lei.

A: Art. 35, II e IV, da CF. Não há referência à Constituição Federal; B: Art. 35, III, da CF; C, D: Art. 35, IV e art. 36, § 3º, ambos da CF; E: Art. 35, I, II e IV, da CF. Gabarito "D".

(Magistratura/AL – 2008 – CESPE) Quanto à organização da União, dos estados e dos municípios, assinale a opção correta.

(A) Compete privativamente à União registrar, acompanhar e fiscalizar as concessões de direitos de pesquisa e exploração de recursos hídricos e minerais.
(B) O subsídio do vereador será fixado por lei municipal, de iniciativa da respectiva mesa, no início de cada legislatura. O valor então fixado terá de ser mantido até o final da mesma legislatura.
(C) Caso o estado de Alagoas pretenda criar um tribunal de contas dos municípios, embora seja possível a sua criação, esse tribunal deverá ser composto, conforme súmula do STF, por sete conselheiros, dos quais três devem ser escolhidos pela assembléia legislativa, e quatro pelo chefe do Poder Executivo estadual, cabendo a este indicar um entre auditores, outro entre membros do MP e os outros dois à sua livre escolha.
(D) No âmbito da competência concorrente, conforme preceitua a CF, a competência dos estados, do DF e dos municípios será a de suplementar a legislação federal. Inexistindo lei federal sobre normas gerais, esses entes federativos exercerão a competência legislativa plena, para atender suas peculiaridades.
(E) Os deputados estaduais se submetem ao mesmo regime das imunidades previsto na CF para os deputados federais e senadores.

A: Art. 23, XI, CF; B: Art. 29, VI, *a, b, c, d, e, f*, CF. C: O art. 31, § 4º, CF, veda a criação de novos tribunais, conselhos ou órgãos de contas municipais. Entretanto, o § 1º do mesmo artigo ressalva a manutenção dos Tribunais de Contas Municipais existentes à época da promulgação da Constituição de 1988 (como o Tribunal de Contas do Município do Rio de Janeiro e o Tribunal de Contas do Município de São Paulo). A Súmula 653 do STF diz respeito à composição dos Tribunais de Contas Estaduais que, por força do art. 75 da CF, deve espelhar a do TCU, no que couber; D: Art. 24, §§ 1º, 2º, 3º e 4º, CF; E: O art. 27, § 1º, CF, determina a aplicação das regras de imunidade aos parlamentares estaduais. A imunidade material está prevista no art. 53, *caput*, CF, e a formal em seu § 2º. Note-se que, assim como para os congressistas federais, não há imunidade formal para os crimes praticados antes da diplomação (art. 53, § 3º, CF). Gabarito "E".

(Magistratura/AL – 2008 – CESPE) O parágrafo único do art. 23 da CF prevê que leis complementares fixarão normas para a cooperação entre a União e os estados, o DF e os municípios, tendo em vista o equilíbrio do desenvolvimento e do bem-estar em âmbito nacional. Esse dispositivo trata do federalismo

(A) assimétrico.
(B) centrípeto.
(C) centrífugo.
(D) dualista.
(E) horizontalista.

A: Para Dirceo Torrecillas Ramos, o federalismo é simétrico se cada Estado-Membro mantiver o mesmo relacionamento com a autoridade central, com igual divisão de poderes entre os governos central e estaduais, idêntica representação no governo central para cada ente federado. Caso isso não ocorra, o federalismo é assimétrico, como na Constituição de 1988; B: Aquele que se dirige para o centro, com predominância de competências da União (centralização); C: Aquele que se afasta do centro, com maior autonomia dos Estados-membros (descentralização); D: Federalismo com duas esferas de poder rigidamente demarcadas, a da União (poderes enumerados) e a dos Estados (poderes remanescentes); E: De acordo com Charles Sheldon, o federalismo vertical diz respeito à relação entre o poder da União e o poder dos Estados, por intermédio da repartição de competências. O federalismo horizontal marca as relações entre os Estados. Gabarito "A".

(Magistratura/MG – 2008) A Constituição da República estabelece que compete à União, aos Estados e ao Distrito Federal legislar concorrentemente sobre a "proteção ao patrimônio histórico, cultural, artístico, turístico e paisagístico" (art. 24, VII).

(A) A União estabelecerá as normas gerais e, mesmo diante da inércia legislativa do Estadomembro ou do Distrito Federal, poderá editar norma suplementar.
(B) Editadas as normas gerais pela União, é lícito que o Estado-membro ou o Distrito Federal veicule norma suplementar que melhor as especifique, segundo sua peculiaridade regional, e propicie mais adequadamente a proteção ao patrimônio histórico, cultural, artístico e paisagístico.

(C) A União poderá delegar, por meio de lei complementar, competência ao Estado-membro ou ao Distrito Federal para dispor sobre as normas gerais de proteção do patrimônio histórico, cultural, artístico, turístico e paisagístico.

(D) A inércia da União em estabelecer as normas gerais impede o Estado-membro ou o Distrito Federal de dispor sobre as normas gerais e suplementares relativas à proteção ao patrimônio histórico, cultural, artístico, turístico e paisagístico.

Vide o art. 24, *caput* e §§1º, 2º, 3º e 4º, CF. O art. 24 da CF lista as matérias de competência concorrente da União, Estados e Distrito Federal, como a proteção ao patrimônio histórico, cultural, artístico e paisagístico (art. 24, VII, CF). Nessas hipóteses, a União deve editar a norma geral e, caso se mantenha inerte, os Estados/Distrito Federal poderão exercer a competência suplementar plena (v. art. 32, §1º, CF). A possibilidade de delegação da União aos Estados pode ser exercida em matérias de competência privativa da União, de acordo com a regra permissiva do parágrafo único do art. 22. Pedro Lenza afirma que a União também pode delegar o exercício da competência ao Distrito Federal, por força do já citado art. 32, §1º, CF. Gabarito "B".

(Magistratura/MG – 2008) Os Municípios integram a federação e regem-se por lei orgânica própria, atendidos os princípios estabelecidos na Constituição da República e na Constituição do Estado.

(A) O número de Vereadores não necessita ser proporcional à população do Município e cada lei orgânica poderá estabelecer o número mínimo e máximo de integrantes do Poder Legislativo.

(B) O Vereador é inviolável pelas suas opiniões, palavras e votos no exercício do mandato, ainda quando esteja fora da circunscrição do Município.

(C) O subsídio dos Vereadores será sempre fixado em lei de iniciativa do Prefeito Municipal.

(D) A fixação dos subsídios do Prefeito, do Vice-Prefeito e dos Secretários Municipais será feita por lei de iniciativa da Câmara Municipal, observado o teto remuneratório estabelecido na Constituição da República.

A: Art. 29, IV, *a, b, c*, da CF; B: Aos vereadores é garantida a imunidade material (ou inviolabilidade) na circunscrição do Município (art. 29, VIII, CF), mas não possuem imunidade formal ou processual, podendo ser processados criminalmente independentemente de prévia licença da Câmara Municipal; C, D: Art. 29, VI, *a* a *f* da CF. Gabarito "D".

(Magistratura/MS – 2008 – FGV) No que tange à competência constitucional dos entes da Federação, é incorreto afirmar que:

(A) é competente o Município para fixar o horário de funcionamento de estabelecimento comercial.

(B) é inconstitucional a lei ou ato normativo estadual ou distrital que disponha sobre consórcios e sorteios, inclusive bingos e loterias.

(C) compete aos Estados e ao Distrito Federal legislar, concorrentemente com a União, sobre direito tributário, financeiro, penitenciário, econômico, urbanístico, limitando-se à competência da União, nesses casos, estabelecer normas gerais.

(D) a lei federal é hierarquicamente superior à lei estadual, somente não prevalecendo se houver norma constitucional estadual no mesmo sentido. Igualmente, a lei estadual é hierarquicamente superior à lei municipal, e só não prevalece se houver norma na Lei Orgânica municipal no mesmo sentido.

(E) mediante lei complementar, pode a União Federal autorizar os Estados a legislar sobre questões específicas das matérias de sua competência privativa.

A: Art. 30, I, CF e Súmula 645 STF; B: Art. 22, XX, CF e Súmula Vinculante 2 STF; C: Art. 24, I, CF; D: No sistema constitucional brasileiro não há falar, aprioristicamente, em hierarquia da norma federal sobre a estadual e a municipal, nem em prevalência da estadual sobre a municipal. O que vai determinar qual norma prevalece é a competência para a matéria, de acordo com o sistema de repartição determinado pela CF; E: Art. 22, parágrafo único, CF. Gabarito "D".

(Magistratura/PA – 2008 – FGV) Com base na Constituição da República Federativa do Brasil de 1988 e suas atualizações, assinale a afirmativa incorreta.

(A) Não é possível a edição de medidas provisórias pelos governadores dos Estados-membros, mesmo que haja previsão expressa na Constituição Estadual.

(B) A Constituição Federal, ao conferir aos Estados-membros a capacidade de auto-organização e autogoverno, impõe a observância de vários princípios, entre os quais o pertinente ao processo legislativo, de modo que o legislador estadual não pode validamente dispor sobre as matérias reservadas à iniciativa privativa do Chefe do Executivo.

(C) A jurisprudência dos tribunais superiores considera as regras básicas de processo legislativo previstas na Constituição Federal como modelos obrigatórios às leis orgânicas dos Municípios.

(D) O Poder Constituinte Estadual é denominado de "derivado decorrente", pois consiste na possibilidade que os Estados membros têm de se auto-organizarem por meio de suas respectivas constituições estaduais, sempre respeitando as regras limitativas estabelecidas pela Constituição Federal.

(E) A autonomia dos Estados da Federação se caracteriza pela tríplice capacidade de auto-organização e normatização própria, autogoverno e auto-administração.

A: Em regra podem ser editadas, desde que haja autorização na CE e sejam observadas as regras da CF sobre medidas provisórias, por simetria. Exceção: art. 25, § 2º, da CF. V. ADIn 2391; B: Aplicação do art. 61, § 1º, *a*, da CF, por simetria; C: Conclusão do STF na ADIn 425/TO, Rel. Min. Maurício Corrêa; D: O Poder Constituinte pode ser originário (que inaugura a ordem jurídica) ou derivado (decorre do originário). O derivado, por sua vez, pode ser decorrente ou reformador; E: Auto-organização (cada um dos entes federativos pode elaborar sua própria Constituição). Autogoverno (garantia assegurada ao povo de escolher seus próprios dirigentes e de, através deles, editar leis) e autoadministração (capacidade assegurada aos Estados de possuir administração própria, faculdade de dar execução às leis vigentes). Gabarito "A".

(Magistratura/SC – 2008) Quanto aos Municípios é correto afirmar:

(A) Os Vereadores detêm inviolabilidade por suas opiniões, palavras e votos no exercício do mandato e na circunscrição municipal.

(B) O número de Vereadores é proporcional ao eleitorado, observados limites postos pela Constituição Federal.

(C) As funções legislativas e fiscalizadoras das Câmaras Municipais são por elas próprias definidas em regimento interno.

(D) A fiscalização externa é exercida exclusivamente pelo Poder Legislativo Municipal.

(E) Regem-se por Constituição, votada em 2 (dois) turnos, com quorum qualificado.

A: Art. 29, VIII, da CF; B: Art. 29, IV, da CF: proporcional à população do Município, não ao eleitorado; C: Art. 29, XI, da CF: são definidas na Lei Orgânica do Município; D: Art. 31, *caput* e § 1º, da CF; E: Art. 29, *caput*, da CF. Gabarito "A".

(Magistratura/TO – 2007 – CESPE) Quanto à organização do Estado, assinale a opção correta.

(A) Uma lei distrital que conceda gratificação de produtividade aos policiais militares do Distrito Federal (DF) não viola a regra de competência privativa da União para legislar sobre organização e manutenção da Polícia Militar do DF.

(B) Uma lei editada por estado da Federação, com base na sua competência concorrente, será automaticamente revogada com o advento de lei federal que estabeleça normas gerais acerca da matéria de que trate a referida lei.

(C) Compete à União, aos estados e ao DF legislar, concorrentemente, sobre criação, funcionamento e processo do juizado de pequenas causas.

(D) O registro, o acompanhamento e a fiscalização das concessões de direito de pesquisa e exploração de recursos hídricos e minerais são de competência exclusiva da União.

A: Art. 21, XIV, da CF; B: Art. 24, § 4º, da CF; C: Art. 24, X, da CF; D: Art. 23, XI, da CF. Gabarito "C".

(Ministério Público/MS – 2011 – FADEMS) Assinale a alternativa **incorreta** no que se refere às causas que autorizam a intervenção do Estado no Município:

(A) quando não tiver sido aplicado o mínimo exigido da receita municipal na manutenção e desenvolvimento do ensino e nas ações e serviços públicos de saúde;

(B) para pôr termo a grave comprometimento da ordem pública;

(C) quando deixar de ser paga, sem motivo de força maior, por 2 (dois) anos consecutivos, a dívida fundada;

(D) quando não forem prestadas contas devidas, na forma da lei;
(E) quando o Tribunal de Justiça der provimento a representação para assegurar a observância de princípios indicados na Constituição Estadual, ou para prover a execução de lei, de ordem ou de decisão judicial.

A, B, C, D, E: Art. 35, I a IV, da CF. Gabarito "B".

(Ministério Público/BA – 2010) Adote como premissa verdadeira que um Estado-membro, através de lei estadual, incentiva a doação de sangue, mediante instituição de ½ (meia) entrada para doadores regulares, em locais públicos de cultura, esporte e lazer, mantidos por entidades e órgãos das administrações direta e indireta.

Sobre esta afirmação, marque a resposta correta:

(A) A norma é inconstitucional porque os Estados-membros não podem legislar sobre comercialização de sangue.
(B) A norma é constitucional porque não estimula a comercialização de sangue.
(C) A norma é constitucional porque o Estado-membro possui competência comum com a União, para legislar sobre saúde.
(D) A norma é inconstitucional porque é privativa da União a competência para legislar sobre comercialização de sangue.
(E) A norma é inconstitucional porque estimula a comercialização de sangue.

É constitucional porque a matéria não é da competência legislativa privativa da União e, de acordo com o art. 25, § 1º, da CF, os Estados possuem competências *legislativas* remanescentes. Gabarito "B".

(Ministério Público/BA – 2010) Quanto à intervenção federal:

(A) A União não tem legitimidade para intervir em Município situado em Estado-membro.
(B) A União não tem legitimidade para intervir em Estado-membro.
(C) A União possui legitimidade para intervir em qualquer Município.
(D) Para intervir em um Município, a União tem que intervir no Estado-membro.
(E) Para intervir em um Município, a União depende de prévia autorização do Supremo Tribunal Federal.

A União poderá intervir em Estados-membros, nas hipóteses expressamente listadas no art. 34, I a VII, da CF, e somente nos Municípios localizados em territórios federais (art. 35, caput, I a IV, da CF). Nos demais municípios só cabe intervenção dos respectivos Estados-Membros. Gabarito "A".

(Ministério Público/BA – 2010) Aponte as afirmativas corretas:

I. A União pode desapropriar bens dos Estados-membros, mas estes não podem desapropriar bens da União.
II. O princípio da iniciativa reservada ao Chefe do Poder Executivo para iniciar o processo legislativo não impede que a Constituição do Estado traga norma ou seja revisada por norma que crie vantagem pecuniária para os servidores públicos.

(A) I.
(B) II.
(C) III.
(D) II e III.
(E) I, II e III.

I: Certa. Art. 2º, § 2º, do DL 3365/1941; II: A norma do art. 61, § 1º, II, "a", da CF é aplicável por simetria constitucional aos Estados. Sendo de reprodução obrigatória, ainda que constasse da constituição do estado, a norma seria inconstitucional. Gabarito "A".

(Ministério Público/ES – 2010 – CESPE) Acerca do sistema de repartição de competências inserido na CF e do sistema federalista adotado pelo Brasil, assinale a opção correta.

(A) A forma federativa de Estado poderá ser alterada mediante emenda constitucional.
(B) Compete privativamente à União legislar sobre direito financeiro.
(C) O sistema federal adotado pelo Brasil confere autonomia administrativa e política aos estados, ao DF e aos municípios, mas não lhes confere competência para o exercício de sua atividade normativa, em razão dos diversos limites impostos pelas normas de observância obrigatória.
(D) É possível a criação de novos territórios federais, na qualidade de autarquias que integrem a União, na forma regulada por lei complementar.
(E) É da competência exclusiva da União promover programas de construção de moradias e a melhoria das condições habitacionais e de saneamento básico.

A: Não, por constituir cláusula pétrea (ou limite material de reforma da Constituição), conforme disposto no art. 60, § 4º, I, da CF; B: A competência é concorrente (art. 24, I, da CF); C: A Federação Brasileira difere um pouco do modelo clássico de federalismo, pois nela tanto União, Estados-membros, como também os Municípios, são autônomos. V. art. 18, caput, da CF. Segundo a doutrina, a autonomia é a capacidade de auto-organização (cada um dos entes federativos pode elaborar sua própria Constituição), autogoverno (garantia assegurada ao povo de escolher seus próprios dirigentes e de, através deles, editar leis) e autoadministração (capacidade assegurada aos Estados de possuir administração própria, faculdade de dar execução às leis vigentes); D: Hoje não existem mais territórios (arts. 14 e 15 do ADCT), mas podem vir a ser criados (art. 18, § 2º, da CF); E: É competência comum da União, Estados, DF e Municípios, conforme art. 23, IX, da CF. Gabarito "C".

(Ministério Público/ES – 2010 – CESPE) Acerca da organização do Estado em consonância com a CF, assinale a opção correta.

(A) A faixa de até 50 km de largura, ao longo das fronteiras terrestres, designada como faixa de fronteira é considerada fundamental para a defesa do território nacional, e sua ocupação e utilização serão reguladas em lei.
(B) O DF é entidade federativa que acumula as competências legislativas reservadas pela CF aos estados e aos municípios, sendo permitida sua divisão em municípios, desde que aprovada pela população diretamente interessada, por meio de plebiscito, e pelo Congresso Nacional, mediante a edição de lei complementar.
(C) Compete privativamente à União legislar a respeito da responsabilidade por dano ao consumidor, a bens e direitos de valor artístico, estético, histórico, turístico e paisagístico.
(D) É permitida a edição de medida provisória para regulamentação dos serviços de gás canalizado, cuja exploração, diretamente ou mediante concessão, pertence aos estados, conforme competência constitucionalmente prevista.
(E) A instituição de regiões metropolitanas, aglomerações urbanas e microrregiões, constituídas por agrupamentos de municípios limítrofes, depende de lei complementar.

A: A faixa de fronteira mede até 150 km de largura (art. 20, § 2º, da CF); B: O DF acumula as competências dos Estados e dos municípios, mas é vedada sua divisão em municípios (art. 32, caput e § 1º, da CF); C: Competências concorrentes (art. 24, VII e VIII, da CF); D: A matéria não pode ser regulada por medida provisória (art. 25, § 2º, da CF); E: Art. 25, § 3º, da CF. Gabarito "E".

(Ministério Público/MG – 2010 – FUNDEP) Segundo a Constituição da República de 1988,

(A) o Distrito Federal é a Capital Federal.
(B) o Rio de Janeiro é a Capital em casos urgentes e de calamidade pública.
(C) Brasília é a Capital Federal.
(D) Goiás é a Capital em casos urgentes e de calamidade pública.

Art. 18, § 1º, da CF. Gabarito "C".

(Ministério Público/SP – 2010) Assinale a alternativa que inclui em seu rol competência legislativa não privativa da União:

(A) desapropriação; águas, energia, informática; serviço postal; sistema monetário; trânsito e transporte; organização judiciária, do Ministério Público e da Defensoria Pública do Distrito Federal e dos Territórios, bem como organização administrativa destes.
(B) sistemas de consórcios e sorteios; seguridade social, diretrizes e bases da educação nacional; atividades nucleares de qualquer natureza.
(C) normas gerais de licitação e contratação, em todas as modalidades, para as administrações públicas diretas, autárquicas, fundacionais da União, Estados, Distrito Federal e Municípios; propaganda comercial.

(D) defesa territorial, defesa aeroespacial, defesa marítima, defesa civil e mobilização nacional; registros públicos; direito tributário, financeiro, penitenciário, econômico e urbanístico.

(E) direito civil, comercial, penal, processual, eleitoral, agrário, marítimo, aeronáutico, espacial e do trabalho; telecomunicações e radiodifusão; diretrizes da política nacional de transportes, jazidas minas, outros recursos minerais e metalurgia.

Art. 22 e art. 24, I, ambos da CF. Gabarito "D".

(Ministério Público/DF – 2009) Assinale a alternativa correta. Em relação ao Poder Constituinte dos Estados-membros,

(A) normas constitucionais estaduais de imitação são normas constitucionais federais que deverão constar obrigatoriamente nas Constituições dos Estados-membros.

(B) a proibição da recondução para o mesmo cargo das Mesas do Congresso Nacional, na eleição imediatamente subseqüente, é norma de repetição obrigatória pelas Constituições estaduais.

(C) pode o constituinte estadual estender ao Governador a prerrogativa de imunidade à prisão cautelar, prevista para o Presidente da República.

(D) O preâmbulo da Constituição Federal deve ser repetido, inclusive a invocação a Deus, pois trata-se de norma de reprodução obrigatória.

(E) os princípios constitucionais estabelecidos, ou de subordinação normativa, ordenam previamente a atividade do legislador constituinte estadual, e o fazem na medida em que estabelecem o regime normativo a ser adotado em determinadas matérias, vinculando a disciplina a ser eventualmente positivada na Constituição estadual.

A e B: Normas de imitação são aquelas que o Estado pode optar em repetir ou não em sua Constituição (de acordo com o STF, o art. 57, § 4º, da CF é norma de imitação); C: De acordo com o STF, a imunidade do Presidente da República, prevista no art. 86, § 3º, da CF, não pode ser conferida aos Governadores de Estado pelas Constituições estaduais; D: O STF já afirmou o contrário; E: Classificação de José Afonso da Silva. Os princípios constitucionais estabelecidos são os presentes na CF que servem de limites à autonomia dos Estados-membros, podendo ser expressos, implícitos ou decorrentes do sistema constitucional adotado. Gabarito "E".

(Ministério Público/DF – 2009) Assinale a alternativa correta.

(A) O Município pode ser representado em juízo pelo Ministério Público municipal por se cuidar de interesse público.

(B) O Município somente pode ser representado em juízo por Procuradoria municipal constituída em carreiras.

(C) O Município pode ter a sua representação judicial entregue à Procuradoria Geral do Estado de que faça parte, porque os interesses públicos são comuns aos cidadãos.

(D) O Município pode ser demandado diretamente no Supremo Tribunal Federal, conforme o objeto da competência questionada.

(E) O Município tem as suas ações julgadas, exclusivamente, por Vara da Fazenda Pública municipal, em razão das peculiaridades de sua competência.

A: Os municípios são representados por advogados públicos municipais e não existe ministério público municipal; B: Não há essa exigência na CF; C: A representação é própria, ainda que não organizada em carreira, mesmo porque os conflitos com o Estado de que faz parte costumam ser frequentes; D: No caso de ADPF contra lei municipal, por exemplo (art. 1º, parágrafo único, I, da Lei 9.882/1999); E: Não há essa vinculação em nenhum nível (municipal, estadual ou federal). Gabarito "D".

(Ministério Público/PR – 2009) Analise as seguintes assertivas e após assinale a alternativa correta:

I. O Município reger-se-á por lei orgânica, votada em dois turnos, com o interstício mínimo de dez dias, e aprovada por maioria absoluta dos membros da Câmara Municipal, que a promulgará, atendidos os princípios e preceitos estabelecidos na Constituição Federal e na Constituição Estadual;

II. A Câmara Municipal não gastará mais de 60% (sessenta por cento) de sua receita com folha de pagamento, incluído o gasto com o subsídio de seus Vereadores;

III. compete aos Municípios prestar, com a cooperação técnica e financeira da União e do Estado, serviços de atendimento à saúde da população;

IV. compete aos Municípios suplementar a legislação federal e a estadual no que couber;

V. o parecer prévio, emitido pelo Tribunal de Contas sobre as contas que o Prefeito deve anualmente prestar, só deixará de prevalecer por decisão de dois terços dos membros da Câmara Municipal.

(A) Todas as assertivas estão corretas;

(B) Apenas as assertivas I, II e IV estão corretas;

(C) Apenas as assertivas III, IV e V estão corretas;

(D) Apenas as assertivas I, II, III e IV estão corretas;

(E) Apenas as assertivas II, III, IV e V estão corretas.

I: O quórum é de dois terços da Câmara Municipal (art. 29 da CF); II: O limite é de 70%, de acordo com o art. 29-A, § 1º, da CF; III: Art. 30, VII, da CF; IV: Art. 30, II, da CF; V: Art. 31, § 2º, da CF. Gabarito "C".

(Ministério Público/PR – 2009) Compete privativamente à União legislar sobre:

(A) proteção à infância e juventude;

(B) direito financeiro;

(C) produção e consumo;

(D) registros públicos;

(E) proteção e integração social das pessoas portadoras de deficiência.

A: Competência concorrente da União, Estados e DF (art. 24, XV, da CF); B: Competência concorrente da União, Estados e DF (art. 24, I, da CF); C: Competência concorrente da União, Estados e DF (art. 24, V, da CF); D: Art. 22, XXV, da CF; E: Competência concorrente da União, Estados e DF (art. 24, XIV, da CF). Gabarito "D".

(Ministério Público/AM – 2008 – CESPE) Acerca das regras instituídas pela CF no título referente à organização do Estado, assinale a opção correta.

(A) Lei estadual que fixa o número de vereadores ou a forma como essa fixação deve ser feita não ofende a autonomia dos municípios.

(B) A observância das regras federais pelos entes estaduais fere a garantia de autonomia dos estados-membros.

(C) A autonomia constitucional reconhecida ao DF lhe confere a prerrogativa de dispor sobre o regime jurídico de seus servidores civis. Assim, a política de remuneração estabelecida pela União em favor dos seus agentes públicos não se estende automaticamente aos servidores civis do DF.

(D) É cabível que lei estadual autorize a utilização, por suas polícias civil e militar, de armas de fogo apreendidas e em situação irregular.

(E) Está inserida na competência legislativa dos estados a normatização do uso de película de filme solar nos vidros dos veículos automotores.

A: Ofende, por exemplo, o art. 29, IV, da CF; B: A autonomia dos Municípios é exercida nos limites estabelecidos pela Constituição Federal, cujas regras deve obedecer; C: Art. 37, X e art. 61, § 1º, II, a (por simetria), ambos da CF; D: Art. 22, XXI, da CF; E: Art. 22, XI, da CF. Gabarito "C".

(Ministério Público/MG – 2008) Analise as seguintes assertivas quanto aos municípios:

I. podem estabelecer legislativamente outras hipóteses de crime de responsabilidade dos Prefeitos na Lei Orgânica.

II. podem legislar, de forma suplementar à legislação federal e estadual, quanto a danos ao consumidor.

III. são considerados pela Constituição de 1988 como entidade da federação.

IV. poderão instituir e arrecadar tributos de sua competência, desde que haja autorização em legislação estadual.

(A) Apenas a assertiva I está correta.

(B) Apenas a assertiva IV está correta.

(C) Todas as assertivas estão corretas.

(D) Apenas as assertivas II e III estão corretas.

(E) Apenas as assertivas I e III estão corretas.

I - Súmula 722/STF. II - Art. 24, VIII c/c art. 30, I e II, ambos da CF. III - Arts. 1º e 18, ambos da CF. IV - Art. 30, III, da CF, que não exige autorização em lei estadual. Gabarito "D".

(Ministério Público/PR – 2008) São causas que autorizam a intervenção do Estado no Município: (assinale a alternativa INCORRETA)

(A) deixar de ser paga, sem motivo de força maior, por dois anos consecutivos, a dívida fundada;
(B) não forem prestadas contas devidas, na forma da lei;
(C) não tiver sido aplicado o mínimo exigido da receita municipal na manutenção e desenvolvimento do ensino e nas ações e serviços públicos de saúde;
(D) deixar de ser paga, sem motivo de imperiosa relevância pública, dívida ativa da União;
(E) o Tribunal de Justiça der provimento a representação para assegurar a observância de princípios indicados na Constituição Estadual, ou para prover a execução de lei, de ordem ou de decisão judicial.

As causas de intervenção dos Estados nos Municípios são as arroladas no art. 35, I a IV, da CF. Gabarito "D".

(Ministério Público/PR – 2008) Compete concorrentemente à União, aos Estados e ao Distrito Federal legislar sobre: (assinale a alternativa correta)

(A) Orçamento, produção e consumo, previdência social e serviço postal;
(B) Desapropriação, telecomunicações, orçamento e custas dos serviços forenses;
(C) Proteção à infância e à juventude, ao patrimônio histórico, cultural, artístico, turístico e paisagístico;
(D) Procedimentos em matéria processual, proteção e defesa da saúde, política de crédito e serviço postal;
(E) Águas, energia, juntas comerciais e orçamento.

A: Art. 24, II, V e XII, da CF. O serviço postal é de competência privativa da União (art. 22, V, da CF); B: Art. 24, II e IV, da CF. Telecomunicações e desapropriação são de competência privativa da União (art. 22, II e IV, da CF); C: Art. 24, VII e XV, da CF; D: Art. 24, XI e XII, da CF. Política de crédito e serviço postal são de competência privativa da União (art. 22, V e VII, da CF); E: Art. 24, II e III, da CF. Águas e energia são matérias privativas da União (art. 22, IV, da CF). Gabarito "C".

(Ministério Público/RR – 2008 – CESPE) Julgue o seguinte item.

(1) No tocante à competência legislativa a ser exercida pelos estados, deve-se considerar que, no âmbito da legislação concorrente, a competência da União limitar-se-á a estabelecer normas gerais e que esta exclui a competência suplementar dos estados.

Art. 24, §§ 1º e 2º, da CF. Gabarito 1E.

(Ministério Público/RR – 2008 – CESPE) Julgue o seguinte item.

(1) A competência concorrente entre a União, os estados e o DF confere a estes últimos autonomia para traçarem normas destoantes de procedimentos já estabelecidos na legislação federal, hierarquicamente superior.

Art. 24, §§ 3º e 4º, da CF. Gabarito 1E.

(Ministério Público/SP – 2006) Assinale a alternativa correta.

Compete privativamente à União:
(A) Registrar, acompanhar e fiscalizar as concessões de direitos de pesquisa e exploração de recursos hídricos e minerais em seus territórios.
(B) Legislar sobre direito tributário, financeiro, penitenciário, econômico e urbanístico.
(C) Cuidar da saúde e assistência pública, da proteção e garantia das pessoas com deficiência.
(D) Legislar sobre trânsito e transporte.
(E) Proteger os documentos, as obras e outros bens de valor histórico, artístico e cultural, os monumentos, as paisagens naturais notáveis e os sítios arqueológicos.

A: Art. 23, XI, da CF; B: Art. 24, I, da CF; C: Art. 23, II, da CF; D: Art. 22, XI, da CF; E: Art. 23, III, da CF. Gabarito "D".

(Ministério Público/MS – 2006) Na fixação do subsídio dos agentes políticos municipais deverá ser observado, dentre outros, o seguinte preceito:

(A) A fixação dos subsídios dos Vereadores, por lei de iniciativa do Prefeito Municipal, de uma legislatura para a subseqüente;
(B) A fixação dos subsídios do Prefeito Municipal, do Vice-Prefeito e dos Secretários Municipais, por lei de iniciativa da Câmara Municipal, observado o teto remuneratório estabelecido no art. 37, XI da Constituição Federal;
(C) A fixação dos subsídios do Prefeito Municipal, do Vice-Prefeito, dos Secretários Municipais e dos Vereadores, por lei de iniciativa da Câmara Municipal, promulgada ao final de uma legislatura para a subseqüente;
(D) Observação do princípio da anterioridade na fixação de subsídio dos agentes políticos municipais, fixando os valores num exercício para vigência no subseqüente.

A: Art. 29, VI, da CF: lei de iniciativa das câmaras municipais; B: Art. 29, V, da CF; C: Art. 29, V e VI, da CF; D: A exigência de fixação em um exercício para vigência no subsequente só se aplica ao subsídio dos vereadores (art. 29, VI, da CF) mas, ainda assim, não corresponde à noção de anterioridade tributária. Gabarito "B".

(Ministério Público/BA – 2005) Sobre a criação e o desmembramento de Municípios podemos afirmar que:

(A) Far-se-ão por lei federal, obedecidos os requisitos previstos em lei complementar estadual, e dependerão de consulta prévia, mediante plebiscito organizado e apurado pela Justiça Eleitoral, às populações diretamente interessadas.
(B) Preservarão a continuidade e a unidade histórico-cultural do ambiente urbano e rural, far-se-ão por lei estadual, obedecidos os requisitos previstos em lei complementar estadual, e dependerão de consulta prévia, mediante plebiscito às populações carentes diretamente interessadas.
(C) Preservarão a continuidade e a unidade histórico-cultural do ambiente urbano, far-se-ão por lei estadual, obedecidos os requisitos previstos em lei complementar estadual, e dependerão de consulta prévia, mediante plebiscito, às populações diretamente interessadas.
(D) Dependerão de consulta prévia, mediante plebiscito, às populações dos Municípios envolvidos, após a divulgação de Estudos de Viabilidade Municipal, apresentados e publicados na forma da lei, e far-se-ão por lei estadual, dentro do período determinado por lei complementar federal, o mesmo se dando em caso de fusão e incorporação.
(E) Far-se-ão por lei complementar estadual, dentro do período estabelecido por lei complementar estadual, e dependerão de consulta aos municípios e populações diretamente interessados, após Estudos de Viabilidade Econômica, apresentados na forma da lei, que não se aplicará aos casos de fusão e incorporação.

A, D, E: Art. 18, § 4º, da CF. B, C: A referência à preservação da continuidade e da unidade histórico-cultural do ambiente urbano estava presente na redação anterior do § 4º do art. 18, substituída pela EC 15/1996 que, entretanto, não fazia menção ao ambiente rural. Gabarito "D".

(Ministério Público/GO – 2005) A respeito da repartição de competências dos Entes Federativos, como medida de suas autonomias, a CRFB/88 estabelece, exceto:

(A) o critério de predominância de interesses é caracterizado pela prevalência da União nos casos de interesses geral, dos Estados Membros nos casos de interesse regional, dos Municípios com a atuação no interesse local e do distrito Federal com atuação em interesses locais e regionais, indicando que poderão ocorrer áreas comuns de atuação administrativa, bem como a possibilidade de delegação
(B) o Município possui competência legislativa exclusiva e suplementar nos termos do artigo 30, incisos I e II, da CRFB/88
(C) é competência privativa da União legislar a respeito de seguridade social, sendo competência concorrente da União, dos Estados, Distrito Federal e Municípios legislar a respeito das normas de previdência social, nos termos do artigo 24 da CRFB/88
(D) a competência da União, nos termos do artigo 22 da CRFB/88, possibilita que Lei Complementar venha autorizar os Estados a legislar sobre matérias específicas relacionadas no referido artigo

A: O princípio geral para a repartição de competências é o da predominância de interesses, tal como descrito no item; B: Sim, a Constituição de 1988 enumera as competências da União e dos Municípios, reservando aos Estados as competências remanescentes; C: Nos termos do art. 24, *caput*, da CF, os Municípios não possuem competência concorrente em matéria de seguridade social; D: Art. 22, parágrafo único, da CF. "Gabarito "C".

(Procurador do Estado/RO – 2011 – FCC) Dentre os bens pertencentes ao Estado, incluem-se

(A) as cavidades naturais subterrâneas, os sítios arqueológicos e pré-históricos.
(B) as ilhas fluviais e lacustres em seu território.
(C) as águas superficiais ou subterrâneas, fluentes, emergentes e em depósito, ressalvadas, neste caso, da forma da lei, as decorrentes de obras da União.
(D) os potenciais de energia elétrica.
(E) os recursos naturais da plataforma continental e da zona econômica exclusiva de seu território.

A, D e E: São bens da União (art. 20, V, VIII e X, da CF); B: Somente as não pertencentes à União (art. 26, III, da CF); C: Art. 26, I, da CF. "Gabarito "C".

(Procurador do Estado/PE – CESPE – 2009) Em um distrito pertencente ao município X, foi realizada pesquisa de opinião pública, seguida de abaixo-assinado, no qual sua população optou por desmembrar o distrito do município X, criando um novo município. Sendo assim, a assembleia legislativa do estado aprovou lei estadual em que criou o novo município e delimitou os novos limites deste e do município X. Nessa situação hipotética, a lei estadual que criou o novo município é

(A) constitucional, já que foram realizados uma pesquisa de opinião pública e um abaixo-assinado, em que a população do distrito manifestava seu interesse na criação do novo município.
(B) inconstitucional, pois a criação de novos municípios pode ser regulamentada apenas por lei federal.
(C) constitucional, pois atende a todos os requisitos previstos na CF para desmembramento de municípios.
(D) inconstitucional, pois não foi realizada prévia consulta, mediante plebiscito, das populações de ambas as localidades.
(E) inconstitucional, pois a transformação de distrito em município depende de autorização prévia de lei municipal ao qual pertença o distrito, não cabendo ao estado legislar sobre tal matéria.

Art. 18, § 4º, da CF: "A criação, a incorporação, a fusão e o desmembramento de Municípios, far-se-ão por lei estadual, dentro do período determinado por Lei Complementar Federal, e dependerão de consulta prévia, mediante plebiscito, às populações dos Municípios envolvidos, após divulgação dos Estudos de Viabilidade Municipal, apresentados e publicados na forma da lei". "Gabarito "D".

(Procurador do Estado/SC – 2009) Assinale a alternativa correta, com respeito ao modelo constitucional, federal e estadual brasileiro.

(A) Cabe à União explorar os serviços de gás canalizado, na forma em que dispuser a lei.
(B) O federalismo brasileiro pressupõe conferir às unidades federadas capacidade de autogoverno; autolegislação e autoadministração.
(C) No Brasil, decorre do *status* de unidade federada, a autonomia ou independência da União em face das demais unidades políticas.
(D) É de competência privativa da União legislar sobre assistência pública a pessoas portadoras de deficiência física.
(E) Compete privativamente ao Município legislar sobre crime de responsabilidade do Prefeito e dos membros da Câmara de Vereadores.

A: Competência estadual (art. 25, § 2º, da CF); B: De acordo com o art. 18 da CF, a União, os Estados-membros, como também os Municípios, são autônomos. Segundo a doutrina, autonomia é a capacidade de auto-organização (cada um dos entes federativos pode elaborar sua própria Constituição), autogoverno (garantia assegurada ao povo de escolher seus próprios dirigentes e de, através deles, editar leis) e autoadministração (capacidade assegurada aos Estados de possuir administração própria, faculdade de dar execução às leis vigentes); C: Não há independência, mas autonomia (que não é apenas da União, mas de todos os entes federados, de acordo com o art. 18 da CF); D: Competência concorrente da União, dos Estados e do Distrito Federal (art. 24, XIV, da CF); E: São crimes de natureza política, portanto, a competência é da União (art. 22, I, da CF). "Gabarito "B".

(Procurador do Estado/SP – FCC – 2009) Determinado Município edita lei reguladora das licitações e contratos administrativos da respectiva Administração direta e autárquica, observando tal legislação local as normas gerais da Lei Federal nº 8.666/93. O referido diploma legal é

(A) inconstitucional, porquanto a legislação federal sobre licitações e contratos administrativos é exaustiva, não havendo espaço para o exercício da competência suplementar municipal.
(B) inconstitucional, pois em sede de legislação concorrente, apenas os Estados-membros dispõem da competência para suplementar as normas gerais federais.
(C) constitucional, desde que lei complementar estadual tenha autorizado os Municípios do Estado a legislar sobre questões específicas da matéria em pauta.
(D) inconstitucional, uma vez que compete à União, privativamente, legislar sobre contratos em geral.
(E) constitucional, já que a edição de normas gerais pela União, em matéria de competência legislativa concorrente, não pode eliminar a legiferação suplementar de Estados e Municípios.

A União é privativamente competente para legislar sobre normas gerais de licitação e contratação (art. 22, XXVII, da CF), razão pela qual os municípios podem suplementar a legislação federal no que lhe for pertinente. "Gabarito "E".

(Procurador do Estado/PI – 2008 – CESPE) A respeito de Federação, assinale a opção correta.

(A) Quanto à sua origem, a Federação brasileira foi formada por agregação.
(B) No Brasil, hoje, existe um federalismo de segundo grau.
(C) São entes federativos a União, os estados, o DF, os municípios e os territórios.
(D) Os estados podem incorporar-se entre si, subdividir-se ou desmembrar-se para se anexarem a outros, ou formarem novos estados ou territórios federais, obedecidos os requisitos legais.
(E) A criação dos territórios e a sua transformação em estado são reguladas por meio de emenda constitucional.

A: O federalismo brasileiro resulta de movimento histórico que transformou a forma unitária em federativa, pela outorga de autonomia às unidades que formavam o território, originando os Estados-membros. Chama-se federalismo por segregação ou federação imperfeita. Os EUA, por sua vez, constituem uma federação por agregação, ou perfeita, pois formada a partir de antigos Estados soberanos, que se reuniram em um único Estado federal; B: Federalismo de segundo grau – Manoel Gonçalves Ferreira Filho afirma que o federalismo brasileiro reconhece três ordens (União, Estados e Municípios), ao invés da clássica divisão do Estado federal, que consagra apenas duas. Em decorrência, além do federalismo de primeiro grau, que declina da União para os Estados, a Constituição de 1988 consagra um federalismo de segundo grau, que avança dos Estados para os Municípios. C: Art. 18, *caput* e § 2º, CF: "Art. 18 – A organização político-administrativa da República Federativa do Brasil compreende a União, os Estados, o Distrito Federal e os Municípios, todos autônomos, nos termos desta Constituição". Hoje inexistem territórios federais (arts. 14 e 15 ADCT), que podem vir a ser criados (Art. 18, § 2º e 33, CF); D: Art. 18, § 3º, CF; E: Art. 18, § 2º, CF. "Gabarito "D".

(Procurador do Estado/CE – 2008 – CESPE) De acordo com a repartição de competências prevista na Constituição Federal, assinale a opção correta.

(A) Segundo a jurisprudência do STF, é constitucional lei estadual que disponha sobre o ensino de língua espanhola aos alunos da rede pública do respectivo estado.
(B) Segundo a jurisprudência do STF, é constitucional lei estadual que disponha sobre a utilização de película solar nos vidros dos veículos.
(C) É competência privativa da União estabelecer e implantar política de educação para a segurança do trânsito.
(D) Compete à União, aos estados, ao DF e aos municípios legislar concorrentemente sobre proteção ao patrimônio histórico, cultural, artístico, turístico e paisagístico.
(E) Compete privativamente à União legislar sobre direito tributário e financeiro.

A: Ver ADIn 3669/DF, Rel. Min Cármen Lúcia; B: Ver ADIn 1704/MT, Rel. Min. Carlos Velloso; C: Art. 23, XII, da CF; D: O art. 24, VII, da CF não se refere aos Municípios; E: Art. 24, I, da CF. "Gabarito "A".

(Procurador do Estado/PI – 2008 – CESPE) No que concerne à repartição de competência entre as entidades federativas, assinale a opção correta.

(A) Lei complementar federal poderá autorizar os estados a legislar sobre questões específicas das matérias de competência privativa da União.
(B) Aos estados caberá legislar sobre matérias de interesse geral, de acordo com o princípio da predominância do interesse.
(C) Compete à União legislar privativamente sobre a proteção do patrimônio histórico.
(D) Compete à União, aos estados e aos municípios legislar concorrentemente sobre navegação lacustre.
(E) A União poderá delegar aos estados a competência para legislar sobre direito urbanístico.

A: Art. 22, parágrafo único, da CF; B: Pelo princípio, cabe à União cabe legislar sobre matéria de interesse geral, aos Estados sobre interesse regional, aos Municípios sobre interesse local e ao Distrito Federal sobre interesses locais e regionais, com possibilidade de áreas comuns de atuação administrativa, bem como de delegação; C: Art. 24, VII, da CF; D: Art. 22, X, da CF; E: Art. 24, I e §§ 1º a 4º, da CF. Gabarito "A".

(Procurador do Estado/PR – 2007) O Estado do Paraná editou lei sobre matéria de competência privativa da União: ALTERNATIVAS:

(A) referida lei é inconstitucional porque os estados-membros não podem invadir a competência da União;
(B) referida lei é constitucional porque seu âmbito espacial de validade não ultrapassa os limites territoriais do Estado;
(C) referida lei é constitucional porque o Presidente da República autorizou os Estados a legislarem sobre a matéria;
(D) referida lei é constitucional porque Congresso Nacional, por meio de uma lei ordinária, autorizou aos Estados a legislarem sobre a matéria;
(E) referida lei é constitucional porque autorizada por lei complementar federal, limita-se ao tratamento de questões específicas da matéria de competência da União.

A: A afirmação genérica é errada, pois os Estados podem legislar em matéria privativa da União quando autorizados por lei complementar (art. 22, parágrafo único, da CF); B: Só seria constitucional se tratasse de questões específicas do Estado e desde que autorizado por lei complementar federal; C: A autorização não é do Presidente da República, mas do Poder Legislativo (art. 22, parágrafo único, da CF); D: A autorização só é possível por lei complementar (art. 22, parágrafo único, da CF); E: Art. 22, parágrafo único, da CF. Gabarito "E".

(Procurador de Contas TCE/ES – CESPE – 2009) No tocante à organização do Estado brasileiro e à distribuição de competências entre os entes da Federação, assinale a opção correta.

(A) Conforme entendimento do STF, uma lei estadual que obrigasse médicos públicos e particulares a notificarem a secretaria estadual de saúde os casos de câncer de pele seria inconstitucional por invadir a competência privativa da União.
(B) Segundo entendimento do STF, a lei estadual que disponha sobre a contratação de controladores de velocidade de veículos para fins de fiscalização nas rodovias estaduais é inconstitucional por invadir a competência privativa da União para legislar sobre trânsito e transporte.
(C) O acórdão do tribunal de justiça que defere pedido de intervenção estadual em município desafia a interposição de recurso extraordinário ao STF.
(D) De acordo com o STF, é constitucional lei estadual que confere ao TC do estado a competência para, diretamente ou por intermédio do MP especial, executar as próprias decisões, quando imponham sanções de natureza patrimonial aos responsáveis por irregularidades no uso de bens públicos.
(E) Foram convalidados, no âmbito da CF, os atos de criação, fusão, incorporação e desmembramento de municípios, cuja lei tenha sido publicada até 31/12/2006, de acordo com os requisitos estabelecidos na legislação do respectivo estado à época da criação.

A: "Dispositivo de lei distrital que obriga os médicos públicos e particulares do Distrito Federal a notificarem a Secretaria de Saúde sobre os casos de câncer de pele não é inconstitucional. Matéria inserida no âmbito da competência da União, Estados e Distrito Federal, nos termos do art. 23, II, da CF. Exigência que encontra abrigo também no art. 24, XII, da Carta Magna, que atribui competência concorrente aos referidos entes federativos para legislar sobre a defesa da saúde" (ADI 2.875, Rel. Min. Ricardo Lewandowski); B: Ao apreciar a matéria, o STF entendeu que "a norma impugnada não invade a competência privativa da União para legislar sobre trânsito e sobre normas gerais de licitação e contratação (CF, art. 22, XI e XXVII), já que as condições impostas por ela para a aquisição ou contratação de controladores de velocidade comportam-se na competência legislativa do Estado-membro" (ADI 2665/SC, rel. Min. Carlos Velloso); C: Súmula 637/STF: "Não cabe recurso extraordinário contra acórdão de Tribunal de Justiça que defere pedido de intervenção estadual em Município"; D: "As decisões das Cortes de Contas que impõem condenação patrimonial aos responsáveis por irregularidades no uso de bens públicos têm eficácia de título executivo (CF, art. 71, § 3º). Não podem, contudo, ser executadas por iniciativa do próprio Tribunal de Contas, seja diretamente ou por meio do Ministério Público, que atua perante ele. Ausência de titularidade, legitimidade e interesse imediato e concreto. A ação de cobrança somente pode ser proposta pelo ente público beneficiário da condenação imposta pelo Tribunal de Contas, por intermédio de seus procuradores que atuam junto ao órgão jurisdicional competente" (RE 223.037, Rel. Min. Maurício Corrêa); E: Art. 96 do ADCT. Gabarito "E".

(Procurador de Contas TCE/ES – CESPE – 2009) No que se refere à organização político-administrativa dos entes da Federação, assinale a opção correta.

(A) De acordo com a CF, lei estadual pode criar a justiça militar estadual, mediante iniciativa parlamentar.
(B) Os estados-membros podem criar regiões de desenvolvimento, desde que mediante lei complementar.
(C) Nas infrações penais comuns e nas ações populares, os prefeitos municipais serão julgados pelo respectivo tribunal de justiça.
(D) Não cabe ao estado-membro disciplinar, ainda que no âmbito da constituição estadual, a ordem de vocação das autoridades municipais, quando configuradas situações de vacância ou impedimento na chefia do Poder Executivo municipal.
(E) O DF não dispõe da capacidade de auto-organização, já que não possui competência para legislar sobre organização judiciária, organização do MP e da Defensoria Pública do DF e dos Territórios.

A: A iniciativa é do Tribunal de Justiça do Estado (art. 125, § 3º, da CF); B: Não reflete o disposto no art. 25, § 3º, da CF; C: A prerrogativa prevista no art. 29, X, da CF diz respeito à competência penal originária, não abrangendo a competência cível. V., tb., Súmula 702/STF : "A competência do Tribunal de Justiça para julgar Prefeitos restringe-se aos crimes de competência da Justiça comum estadual; nos demais casos, a competência originária caberá ao respectivo tribunal de segundo grau", como no caso de crimes eleitorais, cuja competência é do Tribunal Regional Eleitoral; D: "1. O poder constituinte dos Estados-membros está limitado pelos princípios da Constituição da República, que lhes assegura autonomia com condicionantes, entre as quais se tem o respeito à organização autônoma dos Municípios, também assegurada constitucionalmente. 2. O art. 30, inc. I, da Constituição da República outorga aos Municípios a atribuição de legislar sobre assuntos de interesse local. A vocação sucessória dos cargos de prefeito e vice-prefeito põem-se no âmbito da autonomia política local, em caso de dupla vacância" (ADI 3549, Rel. Min. Cármen Lúcia); E: O DF é ente federativo e, assim, possui autonomia, que corresponde à capacidade de auto-organização, autogoverno e autoadministração. Gabarito "D".

(Defensoria Pública/SP – 2010 – FCC) Unidade da federação edita lei vedando o cultivo, a manipulação, a importação, a industrialização e a comercialização de organismos geneticamente modificados em seu território. Perante a divisão constitucional de competências, referida lei é

(A) constitucional, pois os Estados podem legislar privativamente sobre produção e consumo e proteção e defesa da saúde.
(B) inconstitucional, pois fere a competência privativa da União para disciplinar a comercialização, importação e exportação.
(C) inconstitucional, pois na competência concorrente para legislar sobre proteção ao meio ambiente os Estados não estão autorizados a exercer a competência plena.
(D) constitucional, pois os Estados no uso de sua competência residual podem afastar a aplicação das normas federais de caráter geral.
(E) inconstitucional, pois invadiu esfera de competência dos municípios sobre interesse local.

Fere o art. 22, VIII, da CF. Gabarito "B".

(Defensoria/ES – 2009 – CESPE) Acerca da organização política e administrativa do Estado, julgue os itens a seguir.

(1) Conforme prevê a CF, é de competência material comum entre União, estados, municípios e DF planejar e promover a defesa permanente contra as calamidades públicas, especialmente em caso de secas e inundações.

(2) Suponha que um estado-membro da Federação tenha legislado, de forma exaustiva, acerca de assistência jurídica e defensoria pública, dada a inexistência de legislação federal sobre o tema. Nesse caso, ao ser promulgada legislação federal a esse respeito, as normas estaduais incompatíveis com ela serão automaticamente revogadas.

1: A competência é da União (art. 21, XVIII, da CF); 2: A matéria é de competência concorrente da União, Estados e Distrito Federal (art. 24, XIII, da CF). Assim, inexistindo lei federal sobre normas gerais, os Estados podem exercer a competência legislativa plena (art. 24, § 3º, da CF). A superveniência de lei federal sobre normas gerais apenas *suspende a eficácia* da lei estadual, no que lhe for contrário. Não existe revogação. Gabarito 1E, 2E

(Defensoria/MG – 2009 – FURMARC) NÃO constitui característica do Estado federal:

(A) A existência de um corpo próprio de funcionários de cada Estado federado, não subordinado às autoridades federais.
(B) A participação dos Estados federados na vontade criadora da ordem jurídica nacional.
(C) A existência de delegação de poderes feita por lei ordinária pelo órgão legislativo central, possibilitando a edição de leis pelos legislativos regionais.
(D) A previsão de distribuição de competências na Constituição Federal.
(E) A autonomia dos Estados federados.

O Estado Federal é qualificado pela descentralização política e administrativa, imperando a repartição constitucional de competências entre os entes federados. Assim, na federação há uma ordem federal (representada pela União, mas que com ela não se confunde) e uma ordem federada. Além disso, o Estado soberano é pessoa jurídica de direito público internacional, embora representado pela União (art. 21, I a IV, da CF). Gabarito "A".

(Defensoria/MG – 2009 – FURMARC) Apresentam-se como principais características do Estado nacional, EXCETO:

(A) Poder centralizado.
(B) Economia mercantilista.
(C) Soberania compartilhada.
(D) Aparato administrativo.
(E) Soberania absoluta.

Não há falar em soberania compartilhada no Estado Federal. A soberania é atributo do Estado Federal. Os entes federados são dotados de autonomia. O Estado soberano é pessoa jurídica de direito público internacional, embora representado pela União (art. 21, I a IV, da CF). Gabarito "C".

(Defensoria/MT – 2009 – FCC) Conforme o texto da Constituição Federal, dentre as competências privativas da União encontra-se a de legislar sobre

(A) registros públicos.
(B) orçamento.
(C) previdência social.
(D) defesa do solo e dos recursos minerais.
(E) responsabilidade por dano ao meio ambiente.

A: Art. 22, XXV, da CF. As demais matérias são de competência concorrente da União, Estados e Distrito Federal (v. art. 24 da CF). Gabarito "A".

(Defensoria/MT – 2009 – FCC) Dentre as regras contidas na Constituição Federal que devem ser obrigatoriamente observadas pelas leis orgânicas municipais NÃO se encontra aquela segundo a qual

(A) os vereadores são invioláveis por suas opiniões, palavras e votos no exercício do mandato e na circunscrição do Município.
(B) cabe a iniciativa popular de projetos de lei de interesse específico do Município, da cidade ou de bairros, através de manifestação de, pelo menos, cinco por cento do eleitorado.
(C) compete aos Municípios a criação, organização e supressão de distritos, observada a legislação estadual.
(D) a Câmara Municipal não gastará mais de setenta por cento de sua receita com folha de pagamento, incluído o gasto com subsídio de seus Vereadores.
(E) as contas prestadas pelo Prefeito não estão sujeitas a controle externo diverso daquele que pode ser exercido pelo Poder Judiciário.

A: Art. 29, VIII, da CF; B: Art. 29, XIII, da CF; C: Art. 30, IV, da CF; D: Art. 29-A, § 1º, da CF; E: Não reflete o disposto no art. 31, *caput*, §§ 1º, e 2º, da CF. Gabarito "E".

(Defensoria/MT – 2009 – FCC) De acordo com as normas da Constituição Federal sobre intervenção federal,

(A) não cabe intervenção da União em Municípios.
(B) a medida não pode ser decretada sem a requisição do Tribunal competente.
(C) a medida não pode determinar o afastamento de autoridades estaduais de suas funções.
(D) a medida pode ser decretada por prazo indeterminado.
(E) nas hipóteses constitucionais em que a medida se limitar a suspender a execução de ato normativo, fica dispensada sua apreciação pelo Congresso Nacional.

A: Só cabe intervenção federal em municípios localizados em territórios federais (art. 35, *caput*, da CF); B: Não necessita de requisição de Tribunal na hipótese do art. 36, I, da CF (para o Legislativo e para o Executivo), e o art. 36, III, da CF trata de provimento a representação do Procurador-Geral da República (ação direta de inconstitucionalidade interventiva); C: Pode ser nomeado interventor para o Estado (art. 36, § 1º, da CF); D: O prazo é certo e determinado (art. 36, § 1º, da CF); E: Art. 36, § 3º, da CF. Gabarito "E".

(Defensoria/PA – 2009 – FCC) De acordo com o modelo de repartição de competências adotado pela Constituição Federal, pode-se afirmar que

(A) no campo das competências legislativas, cabe ao Distrito Federal exercer somente aquelas conferidas aos Municípios.
(B) é permitido à União renunciar, em favor dos Estados-membros, ao exercício de competência que lhe foi outorgada pela Constituição Federal.
(C) cabe também aos Municípios o exercício das competências materiais comuns conferidas à União, aos Estados-membros e ao Distrito Federal.
(D) aos Estados-membros não foram conferidas competências materiais privativas.
(E) lei complementar federal pode autorizar os Municípios a legislarem sobre questões específicas das matérias de competência privativa da União.

A: Ao Distrito Federal são atribuídas as competências legislativas dos Estados e Municípios (art. 32, § 1º, da CF); B: A União não pode *renunciar* a competências estabelecidas pela Constituição, sob pena de desequilíbrio do pacto federativo, mas lei complementar pode autorizar os Estados a legislar sobre matérias privativas da União (art. 22, parágrafo único, da CF); C: Sim, de acordo com o art. 23, *caput*, da CF; D: O art. 25, § 2º, da CF traz competência material do Estado; E: Lei complementar pode autorizar os *Estados* a legislar sobre matéria privativa da União, não os Municípios (art. 22, parágrafo único, da CF). Gabarito "C".

(Defensoria/PA – 2009 – FCC) Como decorrência da autonomia dos Estados-membros e Municípios e conforme a jurisprudência do Supremo Tribunal Federal

(A) cabe a eles a exploração do serviço público de transporte coletivo intermunicipal de passageiros, que deverá ser prestado mediante assinatura de acordos de cooperação entre os entes federativos envolvidos.
(B) cabe apenas a eles a edição de lei aprovando sua incorporação, fusão ou desmembramento.
(C) as Constituições Estaduais e as Leis Orgânicas Municipais não são obrigadas a seguir o modelo federal no que toca à iniciativa privativa do chefe do Executivo para propor projetos de lei.

(D) as Constituições Estaduais e as Leis Orgânicas Municipais não estão vinculadas às principais diretrizes do processo legislativo federal.
(E) a intervenção federal ou estadual fundada em descumprimento de pagamento de precatório judicial não pode ser decretada se o descumprimento for involuntário e não intencional.

A: A titularidade dos serviços de transporte rodoviário interestadual e internacional de passageiros, nos termos do art. 21, XII, e, da CF, é da União. A competência para legislar sobre transporte coletivo local é municipal (CF, art. 30, V), mas os Estados-membros possuem competência residual para legislar sobre transporte intermunicipal de passageiros (CF, art. 25, § 1º); B: A criação, a incorporação, a fusão e o desmembramento de Municípios, far-se-ão por lei estadual, dentro do período determinado por Lei Complementar Federal, e dependerão de consulta prévia, mediante plebiscito, às populações dos Municípios envolvidos, após divulgação dos Estudos de Viabilidade Municipal, apresentados e publicados na forma da lei (art. 18, § 4º, da CF). V., tb., art. 48, VI, da CF; C: As regras do art. 61, § 1º, da CF, é de repetição obrigatória pelos Estados-membros, diante do princípio da simetria federativa. (V. ADI 3177, Rel. Min. Joaquim Barbosa, Tribunal Pleno, julgado em 02/03/2005); D: A CF é dotada de supremacia, daí porque todas as suas normas, aí incluídas as sobre processo legislativo, devem ser observadas pelos Estados e Municípios; E: Sim, pois o STF entende que a intervenção é medida extrema e, para ser decretada, precisa observar a proporcionalidade (v. IF 2915/SP, Rel. Min. Marco Aurélio). Gabarito "E".

(Defensoria/SP – 2009 – FCC) Trata-se de matéria de competência legislativa concorrente da União, Estados e Distrito Federal:

(A) normas gerais de organização, efetivos, material bélico, garantias, convocação e mobilização das polícias militares e corpos de bombeiros militares.
(B) transporte local, seguridade social e registros públicos.
(C) procedimentos em matéria processual, assistência jurídica e Defensoria Pública, e direito penitenciário.
(D) populações indígenas, desapropriação, propaganda comercial.
(E) direito tributário, processual penal e penal.

Art. 24, I, XI e XIII, da CF. Gabarito "C".

(Defensoria/MT – 2007) Os Estados e o Distrito Federal poderão ser autorizados, por lei complementar, a legislar sobre

(A) a execução do sistema nacional de inspeção do trabalho.
(B) diretrizes da política nacional de proteção ao meio ambiente.
(C) questões relacionadas ao sistema judiciário federal.
(D) questões específicas de anistia penal.
(E) questões de trânsito e transporte, de interesse específico.

Os Estados e o DF só podem ser autorizados, por lei complementar, a legislar sobre matéria privativa da União, na forma do art. 22, parágrafo único, da CF. Por isso, no caso, trata-se de trânsito e transporte (art. 22, XI, da CF). Gabarito "E".

(Defensoria/MG – 2006) Quanto à repartição de competência entre as entidades que compõem a organização político-administrativa da Republica Federativa do Brasil, assinale a afirmativa VERDADEIRA:

(A) A superveniência de lei federal em sede de competência privativa da União suspende a eficácia da lei municipal, no que couber.
(B) As chamadas competências comuns se referem a competências de cunho legislativo.
(C) As chamadas competências reservadas são aquelas atribuídas aos Estados-Membros.
(D) As competências concorrentes são aquelas que poderão ser exercidas pelos Estados em virtude de autorização dada por lei complementar federal.
(E) As competências privativas são aquelas de natureza indelegável.

A: A lei municipal não pode tratar de matéria privativa da União, nem mesmo por delegação; B: Comum é espécie de classificação da competência quanto à extensão; legislativa é espécie de classificação da competência quanto à natureza. As competências comuns não são apenas legislativas (art. 23 da CF); C: Sim. A Constituição de 1988 enumera as competências da União e dos Municípios, reservando aos Estados as residuais ou remanescentes; D: As competências concorrentes (art. 24 da CF) podem ser exercidas independentemente de autorização em lei complementar, observando-se as regras estabelecidas nos §§ 1º a 4º do art. 24 da CF; E: Podem ser delegadas na forma do art. 22, parágrafo único, da CF. Gabarito "C".

(Defensoria/SE – 2006 – CESPE) Julgue o item seguinte.
(1) Todos os tipos de terras devolutas são bens da União.

São da União as indispensáveis à defesa das fronteiras, das fortificações e construções militares, das vias federais de comunicação e à preservação ambiental (art. 20, II, da CF). As demais são bens dos Estados (art. 26, IV, da CF). Gabarito 1E.

(Defensoria/SE – 2006 – CESPE) Julgue o item seguinte.
(1) A competência para legislar sobre direito penal é privativa da União, mas esta, por meio de lei complementar, pode delegar aos estados a competência para legislar sobre questões específicas de tal matéria.

Art. 22, I e parágrafo único, da CF. Gabarito 1C.

(Defensoria/SE – 2006 – CESPE) Julgue o item seguinte.
(1) Lei estadual pode criar cargos em comissão, de livre nomeação e exoneração, para jardineiro.

Art. 37, V, da CF. Gabarito 1E.

(Delegado/RJ – 2009 – CEPERJ) Qual das situações abaixo não constitui causa de intervenção da União nos Estados ou no Distrito Federal:

(A) Manter a integridade nacional.
(B) Repelir invasão estrangeira ou de uma unidade da Federação em outras.
(C) Garantir o livre exercício de qualquer dos Poderes nas unidades da Federação.
(D) Prover a execução de lei federal, ordem ou decisão judicial.
(E) Violar as regras do sistema financeiro nacional.

Não se encontra no rol do art. 34, I a VII, da CF. Gabarito "E".

(Delegado/SC – 2008) De acordo com a Constituição da República Federativa do Brasil, analise as afirmações:

I. Ao Distrito Federal são atribuídas as competências reservadas aos Estados e Municípios.
II. No âmbito da legislação concorrente, a competência da União limitar-se-á a estabelecer normas gerais, não excluindo desta a competência suplementar dos Estados.
III. Compete aos Municípios organizar e prestar, diretamente ou sob regime de concessão ou permissão, os serviços públicos de interesse local, incluído o de transporte coletivo, que tem caráter essencial.
IV. No âmbito da legislação concorrente, inexistindo lei federal sobre normas gerais, os Estados exercerão a competência legislativa plena, para atender a suas peculiaridades. Contudo, a superveniência de lei federal sobre normas gerais revoga a eficácia da lei estadual, no que lhe for contrário.

Assinale a alternativa correta.

(A) Apenas I e IV estão corretas.
(B) Apenas III está correta.
(C) Apenas II e III estão corretas.
(D) Todas estão corretas.

I: Art. 32, § 1º, da CF: refere-se apenas às competências legislativas. II: Art. 24, §§ 1º e 2º, da CF. III: Art. 30, V, da CF. IV: Art. 24, §§ 3º e 4º: não há revogação, mas suspensão de eficácia. Gabarito "C".

(Delegado/SP – 2008) Compete à União.

(A) autorizar a pesquisa e a lavra das riquezas minerais em terras indígenas.
(B) remover os grupos indígenas de suas terras, para acomodações e encaminhamentos.
(C) demarcar e proteger as terras tradicionalmente ocupadas pelos índios.
(D) intervir em todos os atos do processo em defesa dos interesses dos índios.
(E) fiscalizar e controlar o comércio indígena.

A: Art. 49, XVI, da CF: competência exclusiva do Congresso Nacional; B: Art. 231, § 5º, da CF; C: Art. 231, caput, da CF; D: Art. 232 da CF: atribuição do Ministério Público; E: A Constituição não atribui essa competência à União. Gabarito "C".

(Delegado/SC – 2008) A União não intervirá nos Estados nem no Distrito Federal e o Estado não intervirá em seus municípios, exceto em situações expressas na Constituição da República Federativa do Brasil. Sobre intervenção, marque V ou F, conforme as afirmações sejam verdadeiras ou falsas.

( ) A União não intervirá nos Estados nem no Distrito Federal, exceto para, por exemplo, assegurar a prestação de contas da administração pública direta e indireta.

( ) A decretação da intervenção, no caso de desobediência a ordem ou decisão judiciária, dependerá de solicitação do Supremo Tribunal Federal, do Superior Tribunal de Justiça ou do Tribunal Superior Eleitoral.

( ) O Estado não intervirá em seus Municípios, nem a União nos Municípios localizados em Território Federal, exceto quando, por exemplo, o Tribunal de Justiça der provimento à representação para assegurar a observância de princípios indicados na Constituição Estadual, ou para prover a execução de lei, de ordem ou de decisão judicial.

( ) O decreto de intervenção, que especificará a amplitude, o prazo e as condições de execução e que, se couber, nomeará o interventor, será submetido à apreciação do Congresso Nacional ou da Assembléia Legislativa do Estado, no prazo de quarenta e oito horas.

A seqüência correta, de cima para baixo, é:

(A) V - F - V - F
(B) F - V - F - F
(C) V - V - V - F
(D) F - F - V - V

V- Art. 34, VII, *d*, da CF. F- Art. 36, II, da CF: dependerá de requisição desses órgãos, não de solicitação. V- Art. 35, IV, da CF. F- Não reflete o disposto no art. 36, § 1º, da CF. Gabarito "A".

(Delegado/SC – 2008) A organização político-administrativa da República Federativa do Brasil compreende a União, os Estados, o Distrito Federal e os Municípios. Quanto à organização do Estado brasileiro, assinale a alternativa correta.

(A) Os Territórios Federais integram a União, e sua criação, transformação em Estado ou reintegração ao Estado de origem serão reguladas em lei ordinária.
(B) Os Estados podem incorporar-se entre si, subdividir-se ou desmembrar-se para se anexarem a outros, ou formarem novos Estados ou Territórios Federais, mediante aprovação da população diretamente interessada, através de plebiscito, e do Congresso Nacional, por lei complementar.
(C) A criação, a incorporação, a fusão e o desmembramento de Municípios far-se-ão por lei Federal, dentro do período determinado por Lei Complementar, e dependerão de consulta prévia, mediante plebiscito, às populações dos Municípios envolvidos, após divulgação dos Estudos de Viabilidade Municipal apresentados e publicados na forma da lei.
(D) O Distrito Federal, vedada sua divisão em Municípios, reger-se-á por lei orgânica, votada em dois turnos, com interstício mínimo de dez dias e aprovada por dois terços do Congresso Nacional, que a promulgará.

A: Art. 18, § 2º, CF; B: Art. 18, § 3º, CF; C: Art. 18, § 4º, CF; D: Art. 32, *caput*, CF. Gabarito "B".

(Delegado/SP – 2008) A Constituição Federal estabeleceu que os Estados podem sofrer alterações espaciais. Quando o Estado cede parte de seu território geográfico para criar um novo Estado que não existia ou se anexar a um Estado já existente fala-se, respectivamente, em

(A) desmembramento formação e desmembramento anexação.
(B) desmembramento anexação e desmembramento formação.
(C) cisão e desmembramento anexação.
(D) desmembramento por subdivisão e desmembramento formação.
(E) incorporação e desmembramento-cisão.

Segundo Alexandre de Moraes, há fusão (ou incorporação entre si) nos casos em que dois ou mais Estados se unem com outro nome, perdendo ambos os Estados incorporados sua personalidade. Existe subdivisão quando um Estado divide-se em vários novos Estados-membros, todos com personalidade diferente, desaparecendo por completo o Estado originário. Já o desmembramento consiste em separar uma ou mais partes de um Estado-membro, sem que ocorra a perda da identidade do ente federativo primitivo. A parte desmembrada poderá anexar-se a um outro Estado-membro (desmembramento-anexação), sem a criação de um novo ente federativo, mas tão somente alteração de limites territoriais. Ou, então, a parte desmembrada poderá formar um novo Estado, ou, ainda, formar um território federal (desmembramento-formação). Ainda de acordo com Alexandre de Moraes, a criação do Estado de Tocantins exemplifica a última hipótese (art. 13 ADCT). Gabarito "A".

(Cartório/MS – 2009 – VUNESP) A competência para legislar sobre registros públicos

(A) é exclusiva dos Estados e do Distrito Federal.
(B) é comum à União, aos Estados e ao Distrito Federal.
(C) é comum à União, aos Estados, ao Distrito Federal e aos Municípios.
(D) é privativa da União.
(E) é concorrente entre a União, os Estados e o Distrito Federal.

Art. 22, XXV, da CF. Gabarito "D".

(Cartório/MG – 2009 – EJEF) Marque a alternativa CORRETA.

A União possui competência privativa para legislar, dentre outras hipóteses, sobre

(A) direito comercial.
(B) direito tributário.
(C) direito financeiro.
(D) direito econômico.

Art. 22, I, da CF. As demais matérias são de competência concorrente da União, Estados e DF (art. 24, I, da CF). Gabarito "A".

(Cartório/SP – VI – VUNESP) Compete aos municípios, nos dizeres da Constituição Republicana em vigor,

(A) propor reformas para o aprimoramento da legislação estadual e do DF.
(B) legislar sobre questões versando acerca de assuntos de interesse regional.
(C) criar, organizar e suprimir distritos, observada a legislação estadual.
(D) instituir e arrecadar tributos sem necessidade de publicar balancetes.

Art. 30, IV, da CF. Gabarito "C".

(Procurador do Município/Florianópolis-SC – 2010 – FEPESE) São requisitos para a criação, a incorporação, a fusão e o desmembramento de Municípios, **exceto**:

(A) Efetivação por lei estadual.
(B) Determinação do período por Lei Complementar Federal.
(C) Consulta plebiscitária às populações dos Municípios envolvidos.
(D) Divulgação dos Estudos de Viabilidade Municipal.
(E) Elaboração de lei pelo Poder Legislativo dos Municípios envolvidos.

Art. 18, § 4º, da CF. Gabarito "E".

(Procurador do Município/Teresina-PI – 2010 – FCC) A intervenção do Estado nos seus Municípios poderá ocorrer

(A) para assegurar a observância dos princípios constitucionais de direitos da pessoa humana.
(B) com o fim de manter a integridade nacional.
(C) quando o Tribunal de Justiça der provimento à representação para assegurar a observância de princípios indicados na Constituição Estadual, ou para promover a execução de lei, de ordem ou da decisão judicial.
(D) para pôr termo a grave comprometimento da ordem pública.
(E) para garantir a autonomia Municipal.

Art. 35, I a IV, da CF. Gabarito "C".

(Procurador do Município/Teresina-PI – 2010 – FCC) A competência para legislar sobre educação e ensino é

(A) concorrente da União, dos Estados e do Distrito Federal.
(B) privativa da União.
(C) privativa dos Estados e do Distrito Federal.
(D) comum da União, dos Estados, do Distrito Federal e dos Municípios.
(E) privativa do Município.

Art. 24, IX, da CF. Gabarito "A".

(Magistratura Federal-5ª Região – 2011) Com base na doutrina e na jurisprudência do STF, assinale a opção correta a respeito da repartição de competências entre os entes da Federação brasileira.

(A) É inconstitucional lei estadual que fixe índices de correção monetária de créditos fiscais, ainda que o fator de correção adotado seja igual ou inferior ao utilizado pela União, visto que, em matéria financeira, não há competência legislativa concorrente entre o ente federal e o estadual.
(B) É constitucional norma estadual que estabeleça como competência do tribunal de contas do estado o exame prévio de validade de contratos firmados com o poder público, por força do princípio da simetria.
(C) Lei estadual que institua a obrigatoriedade de instalação de cinto de segurança em veículo de transporte coletivo será constitucional, visto que tratará de matéria constante do rol das competências remanescentes dos estados.
(D) Caso se edite lei estadual proibindo as empresas de telecomunicações de cobrarem taxas para a instalação de segundo ponto de acesso à Internet, tal lei deverá ser considerada inconstitucional, visto que invadirá a competência privativa da União para legislar sobre telecomunicações.
(E) Se for editada lei distrital de iniciativa parlamentar instituindo gratificação específica para os policiais militares e o Corpo de Bombeiros Militar do DF, essa lei será constitucional, porquanto a competência da União para organizar e manter a Polícia Militar e o Corpo de Bombeiros Militar do DF não exclui a competência do ente distrital.

A: O STF entende que, apesar de as unidades federadas não serem competentes para fixar índices de correção monetária de créditos fiscais em percentuais superiores aos fixados pela União para o mesmo fim, podem fixá-los em patamares inferiores (CF, art. 24, I); B: De acordo com o STF, "Nos termos do art. 75 da Constituição, as normas relativas à organização e fiscalização do TCU se aplicam aos demais tribunais de contas. O art. 71 da Constituição não insere na competência do TCU a aptidão para examinar, previamente, a validade de contratos administrativos celebrados pelo poder público. Atividade que se insere no acervo de competência da Função Executiva. É inconstitucional norma local que estabeleça a competência do tribunal de contas para realizar exame prévio de validade de contratos firmados com o poder público." (**ADI 916**, Rel. Min. Joaquim Barbosa); C: "Obrigatoriedade de instalação de cinto de segurança em veículos de transporte coletivo. Matéria relacionada ao trânsito e transporte. Competência exclusiva da União (CF, art. 22, XI). Inexistência de lei complementar para autorizar os Estados a legislar sobre questão específica, nos termos do art. 22, parágrafo único, da CF." (**ADI 874**, Rel. Min. Gilmar Mendes); D: "A Lei distrital 4.116/2008 proíbe as empresas de telecomunicações de cobrarem taxas para a instalação do segundo ponto de acesso à internet. O art. 21, XI, da Constituição da República estabelece que compete à União explorar, diretamente ou mediante autorização, concessão ou permissão, os serviços de telecomunicações, enquanto o art. 22, IV, da Constituição da República dispõe ser da competência privativa da União legislar sobre telecomunicações. Ainda que ao argumento de defesa do consumidor, não pode lei distrital impor a uma concessionária federal novas obrigações não antes previstas no contrato por ela firmado com a União." (**ADI 4.083**, Rel. Min. Cármen Lúcia); E: "Ao instituir a chamada 'gratificação por risco de vida' dos policiais e bombeiros militares do Distrito Federal, o Poder Legislativo distrital usurpou a competência material da União para 'organizar e manter a polícia civil, a polícia militar e o corpo de bombeiros militar do Distrito Federal, bem como prestar assistência financeira ao Distrito Federal para a execução de serviços públicos, por meio de fundo próprio (inciso XIV do art. 21 da CF). Incidência da Súmula 647/STF." (**ADI 3.791**, Rel. Min. Ayres Britto). Gabarito "D".

(Magistratura Federal-5ª Região – 2011) Considerando a organização político-administrativa brasileira, assinale a opção correta a respeito dos entes federativos.

(A) A intervenção da União nos estados para prover a execução de lei federal depende de provimento, pelo STJ, de representação formulada pelo procurador-geral da República.
(B) É cabível intervenção estadual em município nos casos em que o tribunal de justiça der provimento a representação para assegurar a observância de princípios expressos na constituição estadual, admitindo-se a interposição de recurso extraordinário em face do acórdão que deferir o pedido de intervenção.
(C) Nem o DF nem os territórios podem ser divididos em municípios.
(D) Segundo entendimento do STF, os municípios gozam de autonomia tributária, razão pela qual detêm competência legislativa plena para a instituição e a desoneração de tributos de sua competência, observados os limites constitucionais.
(E) Os estados federados podem instituir regiões metropolitanas, aglomerações urbanas e microrregiões, observada autorização prevista em lei complementar federal.

A: Não há condicionantes à decretação da intervenção do art. 34, VI, da CF no art. 36, I a III, da CF; B: Súmula 637/STF: "Não cabe recurso extraordinário contra acórdão de Tribunal de Justiça que defere pedido de intervenção estadual em Município"; C: O DF não pode ser dividido em Municípios (art. 32 da CF), mas há permissão expressa quanto aos Territórios (art. 33, § 1º, da CF); D: "O Município é ente federado detentor de autonomia tributária, com competência legislativa plena tanto para a instituição do tributo, observado o art. 150, I, da Constituição, como para eventuais desonerações, nos termos do art. 150, § 6º, da Constituição. As normas comuns a todas as esferas restringem-se aos princípios constitucionais tributários, às limitações ao poder de tributar e às normas gerais de direito tributário estabelecidas por lei complementar. A Lei 4.468/1984 do Estado de São Paulo – que autoriza a não inscrição em dívida ativa e o não ajuizamento de débitos de pequeno valor – não pode ser aplicada a Municípios, não servindo de fundamento para a extinção das execuções fiscais que promova, sob pena de violação à sua competência tributária. Não é dado aos entes políticos valerem-se de sanções políticas contra os contribuintes inadimplentes, cabendo-lhes, isso sim, proceder ao lançamento, inscrição e cobrança judicial de seus créditos, de modo que o interesse processual para o ajuizamento de execução está presente. Negar ao Município a possibilidade de executar seus créditos de pequeno valor sob o fundamento da falta de interesse econômico viola o direito de acesso à Justiça." (**RE 591.033**, Rel. Min. Ellen Gracie); E: O art. 25, § 3º, da CF, não exige lei complementar federal. Gabarito "D".

(Magistratura Federal/3ª Região – 2010) A codificação de normas sanitárias e de saúde pode ser instituída no âmbito federal, estadual e municipal, em decorrência lógica da competência concorrente preconizada no art. 24, XII, da CF?

(A) Sim, mas o ente federativo poderá atuar nessas áreas, com base na aplicabilidade de leis editadas por outro ente de outra esfera posterior, ainda que corporifiquem normas esparsas, ou seja, ainda que não se encontrem no formato de código posto;
(B) Sim, mas deverá editar o seu próprio código para poder atuar;
(C) Não diretamente, pois a edição de seu código dependerá de autorização do ente federativo de ordem superior;
(D) Não, porque os códigos somente podem ser editados na esfera federal (União), tais como: código civil, código de processo civil, código penal, código de processo penal etc.

O Estado pode consolidar sua legislação a respeito, mas isso não o impede de observar as normas da União sobre normas gerais, ainda que a União não as tenha codificado em um único documento (art. 24, XII e §§ 1º a 4º, da CF). Gabarito "A".

(Magistratura Federal/1ª Região – 2009 – CESPE) Acerca da repartição de competências entre os entes da Federação brasileira, assinale a opção correta.

(A) Segundo a doutrina, ocorrendo conflito entre os entes da Federação no exercício da competência comum ou paralela, a solução se dará por meio do critério da preponderância de interesses, o que implica a prevalência do interesse da União, em face de sua superior posição, na relação hierárquica mantida com os estados e os municípios.
(B) Lei complementar federal poderá autorizar os estados membros a legislarem sobre pontos específicos das matérias inseridas no âmbito da competência legislativa privativa da União, sem prejuízo da retomada pela União, a qualquer tempo, da sua competência para legislar sobre o assunto objeto da delegação.

(C) Conforme jurisprudência do STF, apenas a União pode legislar sobre a anistia ou o cancelamento de infrações disciplinares de servidores estaduais e municipais.

(D) Segundo entendimento do STF, compete privativamente à União legislar sobre custas dos serviços forenses.

(E) De acordo com o posicionamento do STF, a fixação de tempo razoável de espera dos usuários dos serviços de cartórios constitui matéria relativa à disciplina dos registros públicos, inserida na competência legislativa privativa da União.

A: Em tema de divisão constitucional de competências, há dois princípios importantes: o da predominância do interesse e o do interesse local. Não há hierarquia entre os entes que compõem a Federação, mas pode-se falar em hierarquia de interesses, em que os mais amplos (da União) devem preferir aos mais restritos (dos Estados), noção que se ajusta ao princípio da predominância do interesse. No mais, compete aos Municípios legislar sobre temas de interesse local (art. 30, I, da CF), ou seja, sobre as necessidades próprias da localidade; B: Art. 22, parágrafo único, da CF; C: "Só quando se cuidar de anistia de crimes – que se caracteriza como *abolitio criminis* de efeito temporário e só retroativo – a competência exclusiva da União se harmoniza com a competência federal privativa para legislar sobre Direito Penal; ao contrário, conferir à União – e somente a ela – o poder de anistiar infrações administrativas de servidores locais constituiria exceção radical e inexplicável ao dogma fundamental do princípio federativo – qual seja, a autonomia administrativa de Estados e Municípios – que não é de presumir, mas, ao contrário, reclamaria norma inequívoca da Constituição da República (precedente: Rp 696, 6-10-1966, Rel. Baleeiro). Compreende-se na esfera de autonomia dos Estados a anistia (ou o cancelamento) de infrações disciplinares de seus respectivos servidores, podendo concedê-la a Assembleia Constituinte local, mormente quando circunscrita – a exemplo da concedida pela Constituição da República – às punições impostas no regime decaído por motivos políticos." (**ADI 104**, Rel. Min. Sepúlveda Pertence); D: É matéria de competência concorrente (art. 24, IV, da CF); E: "Distrito Federal: competência legislativa para fixação de tempo razoável de espera dos usuários dos serviços de cartórios. A imposição legal de um limite ao tempo de espera em fila dos usuários dos serviços prestados pelos cartórios não constitui matéria relativa à disciplina dos registros públicos, mas assunto de interesse local, cuja competência legislativa a Constituição atribui aos Municípios (...)." (**RE 397.094**, Rel. Min. Sepúlveda Pertence). Gabarito "B".

(Magistratura Federal/5ª Região – 2009 – CESPE) A respeito da organização do Estado brasileiro, assinale a opção correta.

(A) Para regulamentar a exploração direta, ou mediante concessão, dos serviços locais de gás canalizado, pode ser utilizada pelos estados medida provisória, desde que prevista a sua edição na respectiva constituição estadual.

(B) Compete ao município manter, com a cooperação técnica e financeira da União e do estado a que ele pertence, programas de educação infantil e de ensino fundamental, bem como serviços de atendimento à saúde da população.

(C) Compete exclusivamente à União legislar acerca da responsabilidade por dano ao meio ambiente.

(D) O registro, o acompanhamento e a fiscalização das concessões de direitos de pesquisa e de exploração de recursos hídricos e minerais são de competência material privativa da União.

(E) São bens da União as terras devolutas.

A: Vedação expressa pelo art. 25, § 2º, da CF; B: Art. 30, VI, da CF; C: Competência concorrente da União, dos Estados e do DF (art. 24, VIII, da CF); D: É competência comum de todos os entes federativos (art. 23, XI, da CF); E: São bens da União apenas as terras devolutas qualificadas no art. 20, II, da CF. A regra geral, portanto, é de que as terras devolutas são bens dos Estados (art. 26, IV, da CF). Gabarito "B".

(Magistratura Federal – 4ª Região – XIII – 2008) Dadas as assertivas abaixo, assinalar a alternativa correta.

I. Um dos princípios imanentes ao sistema federativo é o da participação dos Estados no Poder Legislativo Federal, para que sua vontade componha a legislação federal, pelo que não pode ser objeto de deliberação proposta de extinção do Senado.

II. A criação, fusão ou desmembramento de estado federado depende de aprovação das populações diretamente atingidas ou autorização das respectivas assembléias legislativas por via de lei complementar.

III. Pelo princípio da predominância do interesse, a Constituição distribuiu as diferentes competências, cabendo aos municípios a competência remanescente, vale dizer, a subsidiária que não for atribuída à União ou aos estados federados.

IV. A União pode delegar por meio de lei complementar a estados federados competência para legislar sobre pontos específicos de matéria de sua competência legislativa privativa.

(A) Estão corretas apenas as assertivas I e II.
(B) Estão corretas apenas as assertivas I e IV.
(C) Estão corretas apenas as assertivas II e III.
(D) Estão corretas apenas as assertivas III e IV.

I: Art. 46, *caput*, c/c art. 60, § 4º, I, ambos da CF. II: A alternativa não reflete o disposto no art. 18, § 3º, da CF. III: A Constituição de 1988 enumera as competências da União e dos Municípios, reservando aos Estados as competências residuais ou remanescentes. IV: Art. 22, parágrafo único, da CF. Gabarito "B".

(Magistratura Federal – 3ª Região – XIII) São princípios constitucionais sensíveis, na Constituição de 1988:

(A) forma republicana, regime democrático e prestação de contas da administração pública;
(B) forma federativa, sistema representativo e autonomia municipal;
(C) forma federativa, tripartição dos Poderes e direitos e garantias fundamentais;
(D) forma republicana, tripartição dos Poderes e direitos da pessoa humana.

Os princípios constitucionais sensíveis são os listados no art. 34, VII, *a* a *e*, da CF. Gabarito "A".

(Magistratura Federal – 1ª Região – 2005) No Estado Federal, os entes que o compõem:

(A) possuem soberania;
(B) possuem autonomia;
(C) podem possuir soberania, dependendo da população e da arrecadação tributária;
(D) nenhuma das opções anteriores.

Vide o art. 18, *caput*, CF. Os entes federativos possuem autonomia e o Estado soberania. A soberania é una, indivisível, inalienável e imprescritível. Para Luís Roberto Barroso, a autonomia é a capacidade de auto-organização (cada um dos entes federativos pode elaborar sua própria Constituição), autogoverno (garantia assegurada ao povo de escolher seus próprios dirigentes e de, através deles, editar leis) e autoadministração (capacidade assegurada aos Estados de possuir administração própria, faculdade de dar execução às leis vigentes). Gabarito "B".

(Procurador da Fazenda Nacional – 2007.2 – ESAF) Das opções abaixo, assinale a que contém matéria compreendida na competência privativa da União para legislar ou dispor sobre.

(A) Produção e consumo.
(B) Proteção do meio ambiente e combate à poluição em qualquer de suas formas.
(C) Propaganda comercial.
(D) Proteção à infância e à juventude.
(E) Direito Tributário, Financeiro, Penitenciário e Econômico.

A: Art. 24, V, da CF: competência concorrente; B: Art. 23, VI, da CF: competência comum; C: Art. 22, XXIX, da CF; D: Art. 24, XV, da CF: competência concorrente; E: Art. 24, I, da CF: competência concorrente. Gabarito "C".

(Procurador da Fazenda Nacional – 2007 – ESAF) Assinale a única opção correta no âmbito da repartição de competência federativa.

(A) Compete privativamente à União manter o serviço postal e o correio aéreo nacional.
(B) É vedado à União, aos Estados, ao Distrito Federal e aos Municípios recusar fé aos documentos públicos, salvo nas hipóteses previstas em lei.
(C) No caso da competência concorrente, a cooperação entre os entes federados deverá ser estabelecida em lei complementar federal.
(D) Compete aos Estados-Membros, no âmbito de sua autonomia, instituir regiões metropolitanas, aglomerações urbanas e microrregiões.
(E) Compete exclusivamente à União legislar sobre sistema monetário, mas a legislação sobre direito econômico é de natureza privativa.

A: A competência é da União (art. 21, X, da CF), mas não é privativa; B: Não reflete o disposto no art. 19, II, da CF; C: Não reflete o disposto no art. 24, §§ 1º a 4º, da CF; D: Art. 25, § 3º, da CF; E: Legislar sobre sistema monetário é competência privativa da União (art. 22, VI, da CF). Já sobre direito econômico é concorrente (art. 24, I, da CF). Gabarito "D".

(Procurador Federal – 2010 – CESPE) Julgue os itens seguintes, que versam sobre as competências dos entes federativos no Estado brasileiro.

(1) De acordo com entendimento do STF, é inconstitucional lei estadual que disponha sobre aspectos relativos ao contrato de prestação de serviços escolares ou educacionais, por se tratar de matéria inserida na esfera de competência privativa da União.

(2) Para o STF, é inconstitucional norma inserida no âmbito de constituição estadual que outorgue imunidade formal, relativa à prisão, ao chefe do Poder Executivo estadual, por configurar ofensa ao princípio republicano.

(3) A CF atribui à União a competência tributária residual, permitindo-lhe instituir, mediante lei ordinária específica, outros impostos além dos arrolados em sua esfera de competência, desde que esses impostos não tenham fato gerador ou base de cálculo próprios dos arrolados na CF e sejam não cumulativos.

1: Assim, uma lei estadual que estabelecesse o dia de vencimento das mensalidades escolares seria inconstitucional por violar o art. 22, XXIV, da CF; 2: De acordo com o STF, a imunidade do Presidente da República, prevista no art. 86, § 3º, da CF, não pode ser conferida aos Governadores de Estado pelas Constituições estaduais. Confira-se passagem da ementa da ADI 978, Rel. Min. Ilmar Galvão: "(...) O Estado-membro, ainda que em norma constante de sua própria Constituição, não dispõe de competência para outorgar ao Governador a prerrogativa extraordinária da imunidade à prisão em flagrante, à prisão preventiva e à prisão temporária, pois a disciplinação dessas modalidades de prisão cautelar submete-se, com exclusividade, ao poder normativo da União Federal, por efeito de expressa reserva constitucional de competência definida pela Carta da República. - A norma constante da Constituição estadual - que impede a prisão do Governador de Estado antes de sua condenação penal definitiva - não se reveste de validade jurídica e, consequentemente, não pode subsistir em face de sua evidente incompatibilidade com o texto da Constituição Federal. PRERROGATIVAS INERENTES AO PRESIDENTE DA REPÚBLICA ENQUANTO CHEFE DE ESTADO. - Os Estados-membros não podem reproduzir em suas próprias Constituições o conteúdo normativo dos preceitos inscritos no art. 86, PAR.3. e 4., da Carta Federal, pois as prerrogativas contempladas nesses preceitos da Lei Fundamental - por serem unicamente compatíveis com a condição institucional de Chefe de Estado - são apenas extensíveis ao Presidente da República"; 3: O art. 154, I, da CF traduz competência tributária residual da União, mas a instituição deve ser feita mediante lei complementar. Gabarito 1C, 2C, 3E.

(Procuradoria Federal – 2007 – CESPE) Julgue o seguinte item.

(1) A intervenção federal representa elemento de estabilização da ordem normativa prevista na CF, mas representa também a própria negação, ainda que transitória, da autonomia reconhecida aos estados-membros pela CF.

Representa elemento de estabilização porque visa o reequilíbrio federativo e de negação porque interfere na autonomia dos Estados, com invasão de sua esfera de competências. Gabarito 1C.

(Procuradoria Federal – 2007 – CESPE) Julgue o seguinte item.

(1) No modelo federativo instituído pela CF, se é certo que o rol dos princípios sensíveis foi menos abrangente, demonstrando a expansão dos poderes jurídicos na esfera das coletividades locais, o mesmo não se deu quanto aos princípios extensíveis e aos princípios estabelecidos, pois estes, além de estarem disseminados pelo texto constitucional, configuram um acervo expressivo de hipóteses de limitação da autonomia local.

A Constituição de 1988 reduziu os princípios sensíveis, que se limitam aos previstos no art. 34, VII. São aqueles de observância obrigatória, sob pena de intervenção. Os extensíveis correspondem às normas de organização que a CF estendeu para os Estados, na sua auto-organização (arts. 1º, I ao IV; 3º, I ao IV; 6º ao 11; 93, I a XI; 95, I a III, etc.). Os princípios estabelecidos são aqueles que limitam a autonomia organizatória do Estado, listando preceitos de observância obrigatória (mas que não geram intervenção no caso de descumprimento), como os dispostos nos arts. 19, 37 a 41, 125, 150, 152, etc. Gabarito 1C.

(Procuradoria Federal – 2007 – CESPE) Julgue o seguinte item.

(1) A inobservância, pelos estados, dos denominados princípios constitucionais sensíveis configura um ilícito constitucional de dupla consequência. De um lado, haverá uma consequência de caráter estritamente político-administrativo, qual seja, a ilegitimidade constitucional do ato do poder público local; de outro, haverá uma consequência de natureza jurídica, consistente na possibilidade de decretação de intervenção federal no estado-membro.

Justo o contrário: a ilegitimidade constitucional do ato do poder público é consequência **jurídica** e a intervenção federal consequência **político-administrativa**. Gabarito 1E.

(Procuradoria Federal – 2007 – CESPE) Julgue o seguinte item.

(1) O dever de cumprir as decisões emanadas do Poder Judiciário, sobretudo nos casos em que a condenação judicial tem por destinatário o próprio poder público, muito mais do que simples incumbência de ordem processual, representa uma obrigação institucional a que não se pode subtrair o aparelho de Estado, sob pena de grave comprometimento dos princípios consagrados no texto da CF. A desobediência a ordem ou decisão judicial pode gerar, no sistema jurídico brasileiro, gravíssimas consequências na esfera institucional, com a decretação de intervenção federal nos estados-membros.

Reflete a redação do art. 34, VI, da CF. Gabarito 1C.

(Advogado da União/AGU – CESPE – 2009) No que concerne à Federação brasileira, julgue os itens a seguir.

(1) Suponha que a constituição de determinado estado-membro tenha assegurado a estudantes o direito à meia-passagem nos transportes coletivos urbanos rodoviários municipais. Nessa situação, de acordo com o entendimento do STF, a previsão é constitucional, pois o ente estadual atuou no âmbito de sua competência, dando tratamento equânime aos estudantes em toda a sua esfera de atuação.

(2) No âmbito da competência legislativa concorrente, caso a União não tenha editado a norma geral, o estado-membro poderá exercer a competência legislativa ampla. Contudo, sobrevindo a norma federal faltante, o diploma estadual terá sua eficácia suspensa no que lhe for contrário, operando-se, a partir de então, um verdadeiro bloqueio de competência, já que o estado-membro não mais poderá legislar sobre normas gerais quanto ao tema tratado na legislação federal.

1: É inconstitucional porque o Estado não pode dispor sobre matéria da competência municipal (art. 30, V, da CF); 2: Art. 24, §§ 3º e 4º, da CF. Gabarito 1E, 2C.

(Defensoria Pública da União – 2010 – CESPE) Com relação à organização político-administrativa, julgue o item a seguir.

(1) Considere que a Lei X, segundo a qual os servidores públicos deveriam estar submetidos à carga horária de 30 horas semanais, tenha sido alterada pela Lei Y, que passou a exigir cumprimento de carga horária de 40 horas semanais. Nesse caso, se a Lei Y não tiver previsto aumento na remuneração desses servidores, está caracterizada a violação ao princípio da irredutibilidade de vencimentos.

Sim, pois o valor da hora de trabalho seria menor, violando o disposto no art. 7º, VI, da CF. Gabarito 1C.

(Magistratura do Trabalho – 9ª Região – 2009) Considere as seguintes proposições:

I. A Constituição Federal de 1988 adotou como forma de Estado o federalismo. Deste modo, a República Federativa do Brasil é formada pela união indissolúvel dos Estados e Municípios e do Distrito Federal, inexistindo em nosso ordenamento jurídico o denominado direito de secessão. A tentativa de secessão ensejará a decretação de intervenção federal.

II. A União, os Estados, o Distrito Federal e os Municípios são autônomos e possuidores da capacidade de auto-organização e normatização própria, autogoverno e auto-administração.

III. Dentre outras competências, compete à União organizar e manter o Poder Judiciário, o Ministério Público, a Defensoria Pública, a polícia civil, a polícia militar e o corpo de bombeiros do Distrito Federal.

IV. Aos Estados-Membros cabem, na área administrativa, privativamente, todas as competências que não forem da União, dos municípios e as comuns. É a denominada "competência remanescente" dos Estados-Membros.

(A) somente as proposições I e II estão corretas
(B) somente as proposições III e IV estão corretas
(C) somente as proposições I e III estão corretas
(D) somente as proposições I, II e IV estão corretas
(E) todas as proposições estão corretas

I: Art. 1º, caput, da CF (união indissolúvel); art. 18 da CF (autonomia dos entes federativos); art. 34, I, da CF (intervenção federal), além de a CF prever a forma federativa como cláusula pétrea (art. 60, § 4º, I); II: Na Federação brasileira, a União, os Estados-membros, o Distrito Federal e os Municípios são autônomos. V. art. 18, caput, da CF. Segundo a doutrina, a autonomia é a capacidade de auto-organização (cada um dos entes federativos pode elaborar sua própria Constituição), autogoverno (garantia assegurada ao povo de escolher seus próprios dirigentes e de, através deles, editar leis) e autoadministração (capacidade assegurada aos Estados de possuir administração própria, faculdade de dar execução às leis vigentes); III: A alternativa deve ser escolhida por exclusão das demais, haja vista que a União organiza e mantém a Defensoria Pública da União e a Defensoria Pública do DF, bem como o Ministério Público da União e Ministério Público do DF (v. art. 21, XIII e XIV, da CF). As demais defensorias e ministérios públicos são organizados e mantidos pelos respectivos Estados; IV: Art. 25, § 1º, da CF. Gabarito "E".

(Ministério Público do Trabalho – 13º) Assinale a alternativa CORRETA. A decretação de intervenção da União nos Estados dependerá:

(A) de solicitação do Poder Legislativo ou do Poder Executivo coacto ou impedido, na hipótese de repelir invasão de uma unidade da Federação em outra;
(B) de provimento, pelo Supremo Tribunal Federal, de representação do Procurador-Geral da República, no caso de recusa à execução de lei federal;
(C) de requisição do Supremo Tribunal Federal, do Superior Tribunal de Justiça, do Tribunal Superior Eleitoral ou do Tribunal Superior do Trabalho, no caso de desobediência à ordem ou decisão judicial;
(D) de requisição do Supremo Tribunal Federal, para assegurar a observância dos seguintes princípios constitucionais: forma republicana, sistema representativo e regime democrático; direitos da pessoa humana; autonomia municipal; prestação de contas da administração pública, direta e indireta; aplicação do mínimo exigido da receita resultante de impostos estaduais, compreendida a proveniente de transferências, na manutenção e desenvolvimento do ensino e nas ações e serviços públicos de saúde;
(E) não respondida.

Art. 36, I, II, e III, da CF. Gabarito "B".

(CESPE – 2008) Não constitui causa de intervenção da União nos estados e no DF a necessidade de

(A) manter a integridade nacional.
(B) prover a execução de ordem judicial.
(C) assegurar o princípio da autonomia municipal.
(D) garantir a aplicação do mínimo exigido da receita na segurança pública.

Art. 34, da CF. Gabarito "D".

(CESPE – 2008) Assinale a opção correta acerca da disciplina constitucional dos municípios.

(A) Os municípios, que são dotados de autonomia, podem editar constituição própria.
(B) Compete privativamente aos municípios legislar sobre trânsito e transporte.
(C) É vedada a criação de tribunais de contas municipais.
(D) A posse de prefeitos e vice-prefeitos ocorrerá no dia 15 de fevereiro do ano subseqüente ao da eleição.

A: art. 29 da CF; B: art. 22, XI, da CF; C: art. 31, § 4º, da CF; D: art. 29, III, da CF. Gabarito "C".

(CESPE – 2007) Acerca do sistema federativo brasileiro, assinale a opção correta.

(A) A instituição, pelos estados, de regiões metropolitanas depende da edição de lei complementar federal.
(B) A lei federal é hierarquicamente superior à lei estadual.
(C) Compete ao presidente da República decretar a intervenção federal.
(D) É permitida a divisão do Distrito Federal em municípios, desde que feita por lei distrital precedida de consulta prévia, mediante plebiscito, da população interessada.

A: art. 25, § 3º, da CF; B: ambas são leis ordinárias e não há hierarquia entre elas; C: art. 84, X, da CF; D: art. 32 da CF. Gabarito "C".

(CESPE – 2007) Acerca da organização da federação brasileira, assinale a opção correta.

(A) No âmbito da competência comum, lei complementar da União fixará normas para a cooperação entre a União e os estados, o Distrito Federal (DF) e os municípios, tendo em vista o equilíbrio do desenvolvimento e do bem-estar em âmbito nacional.
(B) A intervenção da União nos estados ou no DF, na hipótese de inexecução de lei federal, dispensada a apreciação pelo Congresso Nacional ou pela assembléia legislativa, deverá ser determinada pelo STF, após representação do procurador-geral da República, sendo que o decreto de intervenção limitar-se-á a suspender a execução do ato impugnado, se essa medida bastar ao restabelecimento da normalidade.
(C) Para a criação de um município, é necessária a edição de uma lei autorizativa estadual; de consulta prévia, mediante plebiscito, às populações dos municípios envolvidos; e, por fim, o estudo de viabilidade municipal, apresentados e publicados na forma da lei federal.
(D) O rio Amazonas, que se estende pelos estados do Amazonas e do Pará, não é um bem da União.

A: art. 22, parágrafo único, da CF; B: arts. 34, VI, e 36, III e § 3º, da CF; C: art. 18, § 4º, da CF; D: art. 20, III, da CF. Gabarito "B".

(CESPE – 2007) Acerca da organização do Estado, na forma como prevista na Constituição Federal, assinale a opção correta.

(A) A Federação é forma de Estado, ao passo que a República é forma de governo.
(B) Viola um princípio sensível, constante da Constituição Federal, o fato de um estado-membro proceder ao provimento de cargo efetivo no âmbito da administração pública centralizada sem realizar concurso público.
(C) É cláusula pétrea a regra constitucional segundo a qual a matéria constante de proposta de emenda rejeitada ou havida por prejudicada não pode ser objeto de nova proposta na mesma sessão legislativa.
(D) No âmbito da competência concorrente, a ausência de norma estadual possibilita ao município dispor sobre a matéria de forma supletiva. O advento de norma estadual suspende a execução da norma municipal com ela incompatível, de forma que, revogada a lei estadual superveniente, a norma municipal volta a viger.

A: art. 1º, caput, da CF. Forma de Estado: **Estado unitário** e **Estado federal**. Adotou o Brasil o **princípio federativo**. Forma de governo: **Monarquia** e **República**. Esta última foi por nós adotada; B: art. 37, II, da CF; C: art. 60, § 5º, da CF; D: art. 25, §§ 1º a 4º, da CF. Gabarito "A".

(OAB/CESPE – 2006.1) A Constituição da República determina, em seu art. 22, inciso XI, que compete privativamente à União legislar sobre trânsito e transporte. Se uma emenda à Constituição excluísse do texto constitucional o referido inciso XI, a competência para legislar acerca de trânsito

(A) passaria à competência dos estados.
(B) passaria à competência concorrente da União, dos estados e do Distrito Federal.
(C) permaneceria sendo uma competência privativa da União, dado que as normas que fixam as competências dos órgãos federativos não podem ser alteradas por emenda constitucional.
(D) permaneceria na competência da União, por ser da União a competência legislativa residual.

Art. 25, § 1º, da CF. Gabarito "A".

9.2. DA ADMINISTRAÇÃO PÚBLICA

(MAGISTRATURA/PB – 2011 – CESPE) Considerando as normas constitucionais que regem a administração, os servidores públicos e a fiscalização contábil, financeira e orçamentária exercida pelo Poder Legislativo, assinale a opção correta.

(A) Somente mediante lei ordinária pode-se fixar ou alterar a remuneração dos servidores públicos, sendo incabível a edição de decreto do Poder Executivo ou de resoluções do Poder Legislativo ou do Poder Judiciário para esse fim, sob pena de inconstitucionalidade formal.
(B) As funções de confiança devem, preferencialmente, ser exercidas por servidores ocupantes de cargo de carreira técnica ou profissional, nos casos e condições previstos em lei.
(C) Cabe ao TCU apreciar, para fins de registro, a legalidade dos atos de admissão de pessoal, a qualquer título, na administração direta e indireta, nos quais se incluem as nomeações para cargos de provimento em comissão e para funções de confiança.
(D) No auxílio ao controle externo exercido pelo Congresso Nacional, compete ao TCU julgar as contas prestadas anualmente pelo presidente da República, pelos administradores e demais responsáveis por dinheiros, bens e valores públicos da administração direta e indireta.
(E) O teto salarial do funcionalismo público, previsto no texto constitucional e cujo parâmetro é o subsídio dos ministros do STF, aplica-se aos servidores da administração direta, autárquica e fundacional, mas não, aos empregados das empresas públicas e sociedades de economia mista, entidades que dispõem de rubrica orçamentária própria para pagamento de despesas de pessoal ou de custeio em geral.

A: Art. 37, X, da CF; B: São exercidas exclusivamente por servidores efetivos (art. 37, V, da CF); C: O art. 71, III, da CF, excepciona os cargos em comissão; D: Não reflete o disposto no art. 71, I e II, da CF; E: O teto salarial, previsto no art. 37, XI, da CF, aplica-se também aos empregados de sociedades de economia mista. Gabarito "A".

(Magistratura/PR – 2010 – PUC/PR) Considerando as disposições gerais aplicáveis à Administração Pública, marque a opção que NÃO corresponde ao comando constitucional vigente:

(A) É garantido aos servidores públicos civis o direito à livre associação sindical.
(B) Os atos de improbidade administrativa importarão a suspensão dos direitos políticos, a perda da função pública, a indisponibilidade dos bens e o ressarcimento ao erário, na forma e gradação previstas em lei, sem prejuízo da ação penal cabível.
(C) É necessária a edição de lei complementar específica que estabeleça os termos e as limitações ao exercício do direito de greve do servidor público civil.
(D) A investidura em cargo ou emprego público depende de aprovação prévia em concurso público de provas ou de provas e títulos. Os ocupantes de cargos públicos efetivos e comissionados são considerados estatutários.

A: Art. 37, VI, da CF; B: Art. 37, § 4º, da CF; C: O art. 37, VII, da CF não exige lei complementar. O STF tem reconhecido o direito de greve aos servidores, mesmo sem edição de lei específica, aplicando-lhes, por analogia, a lei de greve da iniciativa privada (Lei 7783/1989), editada com fundamento no art. 9º, §§ 1º e 2º da CF. Importante lembrar, ainda, que os militares não possuem direito à greve (art. 142, IV, da CF); D: Art. 37, II, da CF. Gabarito "C".

(Ministério Público/PR – 2011) Relativamente à responsabilidade civil do Estado é incorreto afirmar:

(A) Nos termos do artigo 37, §6.º, da Constituição Federal, a responsabilidade civil do Estado em regra é objetiva.
(B) De acordo com autorizada doutrina e jurisprudência, há entendimento de que nos casos de condutas omissivas do Estado, a sua responsabilidade deve ser apurada subjetivamente.
(C) Sendo responsabilizada a administração pública, poderá promover ação regressiva contra o(s) agente(s) responsável(eis) nos casos de dolo ou culpa.
(D) A responsabilidade objetiva do Estado não pode ser afastada em nenhuma hipótese, havendo apenas possibilidade de repartir-se o valor da indenização no caso de culpa concorrente da vítima.
(E) São requisitos para configuração da responsabilidade civil do Estado a ocorrência do dano e a existência do nexo causal entre o dano e a conduta do agente estatal.

A e E: O art. 37, § 6º, da CF, traz a regra da responsabilidade civil objetiva do Estado, ou seja, é necessário provar a ação do Estado, o dano e o nexo de causalidade entre a ação e o dano, sem perquirir o elemento subjetivo; B: Sim. Nas condutas omissivas, a regra passa a ser a responsabilidade subjetiva do Estado, necessitando-se comprovar dolo ou culpa do agente estatal; C: O direito de regresso (que possibilita o ajuizamento de ações regressivas), encontra-se previsto no art. 37, § 6º, parte final, da CF; D: Pode ser afastada se decorrer de caso fortuito, força maior, ou de culpa exclusiva da vítima. Gabarito "D".

(Ministério Público/BA – 2010) Se uma lei estadual nova extinguir vantagem pecuniária que compõe os vencimentos dos servidores públicos civis do Estado:

(A) Só poderá ser aplicada aos servidores admitidos após sua vigência.
(B) Não poderá ser aplicada aos servidores admitidos após sua vigência, que já tenham sido servidores públicos.
(C) Não poderá ser aplicada aos servidores estaduais que percebam, há mais de 5(cinco) anos, a vantagem extinta.
(D) Poderá ser aplicada aos servidores atuais, se não acarretar diminuição pecuniária dos vencimentos.
(E) Será inconstitucional, por violação ao direito adquirido.

A lei não é inconstitucional porque não há direito adquirido a regime jurídico. Entretanto, se importar em redução de vencimentos, não pode ser aplicada, por força do art. 37, XV, da CF. Gabarito "D".

(Ministério Público/MG – 2010 – FUNDEP) Dentre os princípios norteadores da Administração Pública, a Constituição do Estado de Minas Gerais prevê

(A) lealdade.
(B) imediatidade.
(C) legitimidade.
(D) razoabilidade.

Os princípios norteadores da Administração Pública, em geral, estão previstos no art. 37, caput, da CF. Além deles, o art. 13 da Constituição do Estado de Minas Gerais prevê, também, a razoabilidade. Gabarito "D".

(Ministério Público/SE – 2010 – CESPE) Com base nas normas constitucionais referentes à administração direta e indireta e ao instituto da intervenção, assinale a opção correta.

(A) A exigência constitucional de reserva de vaga para portadores de deficiência física em concurso público é exigência de caráter geral que não pode ser afastada, salvo se o número de cargos resultante do percentual legalmente previsto for inferior a um, caso em que a fração poderá ser desprezada.
(B) Em razão da proibição de acumular remuneradamente cargos públicos, não se admite o acúmulo de proventos da inatividade com subsídios ou vencimentos oriundos de cargo, função ou emprego público, mesmo que acumuláveis na atividade.
(C) Somente por lei específica poderá ser criada autarquia e autorizada a instituição de empresa pública, de sociedade de economia mista e de fundação, cabendo à lei complementar, nesse último caso, definir as áreas de sua atuação.
(D) Na intervenção federal, o presidente da República age por provocação e deve decretar o ato interventivo quando se trate de reorganizar as finanças da unidade da Federação que suspender o pagamento da dívida fundada por mais de dois anos consecutivos, ou que deixar de entregar aos municípios receitas tributárias fixadas na CF, nos prazos estabelecidos em lei.
(E) Além das hipóteses descritas na CF, o legislador constituinte estadual pode prever outros casos de intervenção do estado nos municípios.

A: Também pode ser afastada nos casos em que as atribuições do cargo sejam incompatíveis com a deficiência (v. art. 5º, § 2º, da Lei 8.112/1991); B: O art. 37, § 10, da CF excepciona essa hipótese; C: Art. 37, XIX, da CF; D: Não reflete o disposto no art. 34, V, a e no art. 36, I a III, ambos da CF; E: As hipóteses foram taxativamente previstas pelo constituinte originário. Gabarito "C".

(Ministério Público/CE – 2009 – FCC) Sobre a Administração Pública brasileira, conforme configurada em nível constitucional e segundo a leitura que dela faz o Supremo Tribunal Federal, é correto afirmar que

(A) a responsabilidade civil das pessoas jurídicas de direito privado prestadoras de serviço público é objetiva relativamente aos usuários do serviço, não se estendendo a pessoas outras que não ostentem a condição de usuário.
(B) a interpretação do vocábulo "terceiro" contido no § 6º do art. 37 da Constituição ("As pessoas jurídicas de direito público e as de direito privado prestadoras de serviços públicos responderão pelos danos que seus agentes, nessa qualidade, causarem a terceiros, assegurado o direito de regresso contra o responsável nos casos de dolo ou culpa") indica que nele não estão abrangidos os agentes do próprio Estado.
(C) a Administração pode anular seus próprios atos, quando eivados de vícios que os tornem ilegais, porque deles não se originam direitos, ou revogá-los, por motivo de conveniência ou oportunidade, inclusive com revisão de direitos adquiridos.
(D) o direito da Administração de anular os atos administrativos de que decorram efeitos favoráveis para os destinatários decai em dez anos, contados da data em que foram praticados, salvo comprovada má-fé.
(E) o latrocínio cometido por foragido decorrente da negligência estatal na vigilância do criminoso, a inércia das autoridades policiais diante da terceira fuga e o curto espaço de tempo que se seguiu antes do crime não são suficientes para caracterizar o nexo de causalidade entre o ato criminoso referido e a omissão do Estado.

A: "A responsabilidade civil das pessoas jurídicas de direito privado prestadoras de serviço público é objetiva relativamente aos usuários do serviço, não se estendendo a pessoas outras que não ostentem a condição de usuário. Exegese do art. 37, § 6º, da C.F" (STF, RE 262.651, Rel. Min. Carlos Velloso); B: O Estado pode responder por danos causados inclusive a seus agentes; C: Súmula 473/STF: "A administração pode anular seus próprios atos, quando eivados de vícios que os tornam ilegais, porque deles não se originam direitos; ou revogá-los, por motivo de conveniência ou oportunidade, respeitados os direitos adquiridos, e ressalvada, em todos os casos, a apreciação judicial"; D: Art. 54 da Lei 9.784/1999: "O direito da Administração de anular os atos administrativos de que decorram efeitos favoráveis para os destinatários decai em cinco anos, contados da data em que foram praticados, salvo comprovada má-fé"; E: "1. A negligência estatal na vigilância do criminoso, a inércia das autoridades policiais diante da terceira fuga e o curto espaço de tempo que se seguiu antes do crime são suficientes para caracterizar o nexo de causalidade. 2. Ato omissivo do Estado que enseja a responsabilidade objetiva nos termos do disposto no artigo 37, § 6º, da Constituição do Brasil" (RE 573595, Rel. Min. Eros Grau). "A". Gabarito

(Ministério Público/DF – 2009) Assinale a alternativa correta.

(A) O princípio constitucional da impessoalidade não obriga a Administração Pública enquanto não sobrevier lei para lhe impor os termos de sua aplicação.
(B) O princípio constitucional da publicidade proíbe qualquer divulgação dos entes públicos, mesmo que seja esta de caráter informativo ou de orientação social.
(C) O princípio constitucional da moralidade administrativa tem valor simbólico, não podendo ser aplicado ou exigido autonomamente.
(D) O princípio constitucional da legalidade refere-se à imposição de cumprimento de todas as normas que compõem o sistema jurídico.
(E) O princípio constitucional da igualdade não submete a Administração Pública, por opção do constituinte que o remeteu à legislação infraconstitucional.

A: O art. 37, caput, da CF não depende de intermediação do legislador para produzir efeitos, têm aplicabilidade direta e eficácia imediata; B: Não reflete o disposto no art. 37, § 1º, da CF; C: Nenhum princípio constitucional tem caráter simbólico, todos possuem eficácia, ainda que alguns dependam da atuação do legislador; D: Sim, mas é importante notar que a legalidade está dando lugar à juridicidade, princípio mais amplo que o da legalidade, pois engloba a necessidade de observância não só à lei formal, mas a todo bloco de legalidade. "Na qualidade de guarda da Constituição, o Supremo Tribunal Federal tem a elevada responsabilidade de decidir acerca da juridicidade da ação dos demais Poderes do Estado. No exercício desse mister, deve esta Corte ter sempre em perspectiva a regra de autocontenção que lhe impede de invadir a esfera reservada à decisão política dos dois outros Poderes, bem como o dever de não se demitir do importantíssimo encargo que a Constituição lhe atribui de garantir o acesso à jurisdição de todos aqueles cujos direitos individuais tenham sido lesados ou se achem ameaçados de lesão." (STF, MS 25579 MC, Rel. p/ acórdão Min. Joaquim Barbosa); E: A igualdade está expressamente listada como princípio da administração pública no art. 37 da CF. "D". Gabarito

(Ministério Público/DF – 2009) Assinale a alternativa incorreta.

(A) Os servidores públicos brasileiros têm os seus direitos definidos a partir do sistema constitucional.
(B) Os servidores públicos dos entes federados submetem-se ao regime jurídico firmado pelas pessoas políticas às quais se acham vinculadas.
(C) Os servidores públicos distritais submetem-se exclusivamente ao regime jurídico da União, em razão de sua peculiar condição.
(D) Os servidores públicos podem acumular cargos, nos termos da Constituição, vinculando-se a mais de um ente federado.
(E) Os servidores públicos brasileiros têm o teto remuneratório afirmado segundo parâmetro limitador nacional, qualquer que seja o ente empregador.

A: Art. 39 e ss da CF; B: Sim. No âmbito federal, o regime dos servidores públicos é regido pela Lei 8.112/1990; C: Nem todos os serviços públicos distritais são organizados e mantidos pela União; D: As hipóteses previstas no art. 37, XVI, da CF também incluem matrículas em outros entes da Federação; E: Art. 37, XI, da CF. "C". Gabarito

(Ministério Público/MA – 2009) A Emenda Constitucional nº 19/1998, encerrando discussões doutrinárias e jurisprudenciais sobre a previsão implícita de determinado princípio de administração pública expressamente o incorporou ao texto constitucional. Qual é esse princípio?

(A) Legalidade.
(B) Eficiência.
(C) Moralidade.
(D) Razoabilidade.
(E) Impessoalidade.

Art. 37, caput, da CF. "B". Gabarito

(Ministério Público/MA – 2009) A proibição de acumulação remunerada de cargos públicos se estende às:

I. autarquias;
II. fundações públicas;
III. empresas públicas; e,
IV. sociedades de economia mista.

Estão CORRETOS os itens:

(A) "I", "II" e "III";
(B) "I", "II", "III" e "IV";
(C) "I" e "II";
(D) "II" e "III";
(E) "I" e "III".

Art. 37, XVII, da CF. "B". Gabarito

(Ministério Público/PR – 2009) Assinale a alternativa INCORRETA:

(A) o prazo de validade do concurso público será de até dois anos, prorrogável uma vez, por igual período;
(B) são estáveis, após 2 (dois) anos de efetivo exercício, os servidores nomeados para cargo de provimento efetivo em virtude de concurso público;
(C) a lei estabelecerá os casos de contratação por tempo determinado para atender a necessidade temporária de excepcional interesse público;
(D) a proibição de acumular cargos públicos estende-se a empregos e funções e abrange autarquias, fundações, empresas públicas, sociedades de economia mista, suas subsidiárias, e sociedades controladas, direta ou indiretamente, pelo poder público;
(E) depende de autorização legislativa, em cada caso, a criação de subsidiárias de sociedades de economia mista.

A: Art. 37, III, da CF; B: Após três anos de efetivo exercício (art. 41 da CF); C: Art. 37, IX, da CF; D: Art. 37, XVII, da CF; E: Art. 37, XIX e XX, da CF. "B". Gabarito

(Procurador do Estado/RO – 2011 – FCC) Quanto à responsabilidade civil do Estado por danos decorrentes de fenômenos da natureza é correto afirmar:

(A) Gera o direito à indenização por danos morais, exclusivamente.
(B) A pessoa prejudicada tem direito à indenização com base na responsabilidade objetiva do Estado e do risco administrativo.
(C) Incide no campo da responsabilidade extracontratual do Estado e gera direito à indenização.
(D) A Administração Pública só poderá ser responsabilizada se ficar comprovada sua omissão ou atuação deficiente.
(E) Não há de se falar em direito à indenização nesta hipótese.

O caso fortuito e a força maior são eventos que excluem a responsabilidade civil objetiva do Estado (art. 37, § 6º, da CF). Entretanto, no caso de omissão, o Estado responde subjetivamente. Ou seja, caso se comprove omissão ou atuação deficiente quando deveria agir, o elemento subjetivo está comprovado e o Estado responde pelo dano. Gabarito "D".

(Procurador de Contas TCE/ES – CESPE – 2009) Quanto aos princípios e regras fundamentais que regem a atuação da administração pública e de seus agentes, assinale a opção correta.

(A) São de observância obrigatória os princípios constitucionais do contraditório e da ampla defesa em processo administrativo disciplinar, configurando cerceamento de defesa a ausência de defesa técnica, por advogado, em tal hipótese.
(B) O princípio constitucional que exige a aprovação em concurso público de provas ou de provas e títulos para a investidura em cargo ou emprego público não se aplica ao caso do titular de serventias extrajudiciais, nem ao ingresso na atividade notarial e de registro.
(C) O Estado responde civilmente pelos prejuízos causados a particular em virtude de ato praticado com fundamento em lei declarada inconstitucional.
(D) A CF estabelece a regra da obrigatoriedade de licitação para a administração pública direta e indireta de qualquer dos poderes da União, dos estados, do DF e dos municípios. Nesse sentido, é constitucional a lei estadual que estabelece como condição de acesso à licitação pública, para aquisição de bens ou serviços, que a empresa licitante tenha a fábrica ou sede no estado-membro.
(E) As regras constitucionais de cumulação de vencimentos no setor público escapam da observância obrigatória pelos estados-membros e municípios.

A: Contraria a Súmula Vinculante 5/STF: "A falta de defesa técnica por advogado no processo administrativo disciplinar não ofende a Constituição". Deve-se ter muita atenção ao tema, pois a Súmula Vinculante do STF, por seu caráter obrigatório, acabou por "revogar" a Súmula 343 do STJ, que prescrevia exatamente o contrário: "É obrigatória a presença de advogado em todas as fases do processo administrativo disciplinar"; B: O art. 236, § 3º, da CF exige concurso público para o ingresso na atividade notarial; C: Responsabilidade civil do Estado por ato legislativo; D: O art. 37, XXI, da CF estabelece a regra da licitação, que visa, também, garantir a universalidade da concorrência. Ademais, a CF veda a criação de preferências ou distinções (irrazoáveis) entre brasileiros – art. 19, III, da CF. V. ADIn 3583, Rel. Min. Cezar Peluso; E: Aplicam-se a todos os entes da Federação, por simetria constitucional. Gabarito "C".

(Defensoria/MA – 2009 – FCC) Considere as seguintes afirmações sobre a disciplina constitucional da Administração Pública no Estado brasileiro:

I. A Administração Fazendária e seus servidores fiscais terão, dentro de suas áreas de competência e jurisdição, precedência sobre os demais setores administrativos, na forma da lei.
II. Somente por lei específica pode ser criada autarquia e autorizada a instituição de empresa pública, sociedade de economia mista e fundação.
III. É vedada a publicidade de atos, programas, obras e serviços dos órgãos e entes públicos ressalvadas as hipóteses admitidas em lei complementar.
IV. Obras, serviços, compras e alienações dos órgãos e entes da Administração serão sempre contratados mediante processo de licitação pública, em que se assegure igualdade de condições a todos os concorrentes.

Estão corretas SOMENTE as afirmações feitas em

(A) I e II.
(B) I e IV.
(C) II e III.
(D) II e IV.
(E) III e IV.

I: Art. 37, XVIII, da CF; II: Art. 37, XIX, da CF; III: Não reflete o disposto no art. 37, § 1º, da CF; IV: O art. 37, XXI, da CF ressalva os casos específicos previstos na legislação, como as hipóteses de inexigibilidade e de dispensa de licitação. Gabarito "A".

(Defensoria/MG – 2009 – FURMARC) Examine os itens abaixo e marque a alternativa CORRETA:

I. A admissão de empregados, na sociedade de economia mista, independe de concurso público.
II. A investidura em cargo comissionado dá-se mediante recrutamento amplo ou limitado nos termos de lei.
III. O subsídio dos vereadores e do Prefeito é fixado por lei de iniciativa da Câmara Municipal.
IV. O subsídio dos Desembargadores do Tribunal de Justiça pode ser considerado como limite único para os três Poderes do Estado.

Estão CORRETAS as afirmativas:

(A) apenas I e II.
(B) apenas I e IV.
(C) apenas II e IV.
(D) apenas III e IV.
(E) apenas II e III.

I: O art. 37, II, da CF refere-se a cargo e a emprego público, razão pela qual destina-se tanto à Administração Direta quanto à Administração Indireta; II: São cargos de livre nomeação e exoneração (art. 37, II, parte final, da CF); III: O dos prefeitos é fixado por lei, mas o dos vereadores é estabelecido pela Câmara Municipal, o que independe de sanção do Prefeito (art. 29, V e VI, da CF); IV: Art. 37, XI, da CF. Gabarito "C".

(Defensoria/SP – 2009 – FCC) Administração Pública.

(A) Em relação à aposentadoria dos agentes públicos, observa-se que as normas constitucionais originárias sofreram profundas alterações com as emendas constitucionais nos 20, 41 e 47, e dentre essas modificações está a impossibilidade de contagem de tempo de contribuição fictício.
(B) Tendo em vista a importância de se tutelar a probidade administrativa, a Constituição determinou que não prescrevem os ilícitos praticados contra a administração pública.
(C) O importante princípio da legalidade, que foi inserido expressamente pela EC 19/98, indica que os gestores da coisa pública deverão desempenhar seus encargos de modo a otimizar legalmente o emprego dos recursos que a sociedade lhes destina.
(D) O princípio constitucional da exigibilidade de concurso público aplica-se aos poderes e entes da federação, exceto às sociedades de economia mista e paraestatais com regime celetista.
(E) O cargo em comissão não difere do cargo efetivo na questão da transitoriedade, pois ambos trazem essa característica para servidores de fora da carreira.

A: Art. 40, § 10, da CF, inserido pela EC 20/98; B: De acordo com o art. 37, § 5º, da CF, apenas as ações de ressarcimento ao erário são imprescritíveis; C: A EC 19/98 inseriu o princípio da eficiência no rol dos princípios da Administração Pública (art. 37, caput, da CF); D: O art. 37, II, da CF refere-se tanto a cargos quanto a empregos públicos, razão pela qual aplica-se também às sociedades de economia mista e empresas públicas; E: Os cargos em comissão são de livre exoneração. Os servidores ocupantes de cargos de provimento efetivo são estáveis após três anos, só perdendo o cargo nas hipóteses previstas no art. 41, § 1º, da CF. Gabarito "A".

(Delegado/GO – 2009 – UEG) Sobre a organização administrativa:

(A) a investidura em cargo ou emprego público depende de aprovação prévia em concurso público, ressalvadas as nomeações para cargo em comissão declarado em lei de livre nomeação e exoneração.
(B) as funções de confiança e os cargos em comissão, ambos exercidos exclusivamente por servidores de carreira, destinam-se apenas às atribuições de direção e chefia.

(C) o direito de greve será exercido conforme previsão em lei complementar.

(D) é vedado ao servidor público civil o direito à livre associação sindical.

A: Art. 37, II, da CF; B: O art. 37, V, da CF, prevê que "as funções de confiança, exercidas exclusivamente por servidores ocupantes de cargo efetivo, e os cargos em comissão, a serem preenchidos por servidores de carreira nos casos, condições e percentuais mínimos previstos em lei, destinam-se apenas às atribuições de direção, chefia e assessoramento"; C: Não reflete o disposto no art. 37, VII, da CF. O STF tem reconhecido o direito de greve aos servidores, mesmo sem edição de lei específica, aplicando-lhes, por analogia, a lei de greve da iniciativa privada (Lei 7783/1989), editada com fundamento no art. 9º, §§ 1º e 2º da CF. Importante lembrar, ainda, que os militares não possuem direito à greve (art. 142, IV, da CF); D: Direito garantido pelo art. 37, VI, da CF. Gabarito "A".

(Cartório/MS – 2009 – VUNESP) Sobre a Administração Pública, a Constituição Federal estabelece que

(A) as funções de confiança, exercidas exclusivamente por servidores ocupantes de cargo efetivo, e os cargos em comissão, a serem preenchidos por servidores de carreira, destinam-se apenas aos cargos técnicos.

(B) a lei reservará o percentual de, pelo menos, dez por cento dos cargos e empregos públicos para as pessoas portadoras de deficiência e definirá os critérios de sua admissão.

(C) a administração fazendária e seus servidores fiscais terão, dentro de suas áreas de competência e jurisdição, precedência sobre os demais setores administrativos, na forma da lei.

(D) os atos de improbidade administrativa importarão a cassação dos direitos políticos, a suspensão da função pública e o ressarcimento ao erário, na forma e gradação previstas em lei, sem prejuízo da ação penal cabível.

(E) a autonomia gerencial e financeira dos órgãos e entidades da administração direta e indireta não poderá ser ampliada mediante contrato, cabendo exclusivamente à lei dispor sobre a matéria.

A: O art. 37, V, da CF, prevê que "as funções de confiança, exercidas exclusivamente por servidores ocupantes de cargo efetivo, e os cargos em comissão, a serem preenchidos por servidores de carreira nos casos, condições e percentuais mínimos previstos em lei, destinam-se apenas às atribuições de direção, chefia e assessoramento"; B: O art. 37, VIII, da CF não estabelece o percentual mínimo, delegando sua fixação à lei. A propósito, o art. 5º, § 2º, da Lei 8.112/1990 prevê até 20% das vagas para os deficientes, caso as atribuições do cargo não sejam incompatíveis com a deficiência; C: Art. 37, XVIII, da CF; D: A cassação de direitos políticos é vedada pelo art. 15 da CF, que só prevê hipóteses de perda ou de suspensão. A prática de atos de improbidade administrativa acarreta suspensão de direitos políticos, na forma do art. 12 da Lei de Improbidade Administrativa (Lei 8.429/1992); E: O art. 37, § 8º, da CF expressamente permite a ampliação da autonomia gerencial. Gabarito "C".

(Cartório/MS – 2009 – VUNESP) Assinale a alternativa correta, considerando o disposto na vigente Constituição da República e o atual entendimento do Supremo Tribunal Federal.

(A) Os notários e oficiais de registro submetem-se ao regime da aposentadoria compulsória aos setenta anos de idade.

(B) Os notários e oficiais de registro são regidos pelo regime próprio de previdência dos servidores públicos.

(C) A delegação dos serviços notariais e registrais se perfaz e se rege por meio de contrato administrativo.

(D) A atividade desenvolvida pelos titulares das serventias de notas e registros não se sujeita ao direito público em razão de ela ser análoga à atividade empresarial.

(E) O exercício da atividade notarial e de registro é incompatível com o da advocacia, o da intermediação de seus serviços ou o de qualquer cargo, emprego ou função públicos, ainda que em comissão.

A: O STF entende que o art. 40, § 1º, II, da CF não se aplica aos notários, por não serem servidores públicos: "Os notários e os registradores exercem atividade estatal, entretanto não são titulares de cargo público efetivo, tampouco ocupam cargo público. Não são servidores públicos, não lhes alcançando a compulsoriedade imposta pelo mencionado artigo 40 da CB/88 --- aposentadoria compulsória aos setenta anos de idade" (ADIn 2602, Rel. Min. Eros Grau); B: Por não serem servidores públicos, inserem-se no Regime Geral de Previdência Social (RGPS); C: A delegação é feita mediante concurso público (art. 236, § 3º, da CF); D: Os serviços notariais e de registro são exercidos em caráter privado, mas por delegação do Poder Público (art. 236 da CF), com fiscalização pelo Poder Judiciário (art. 236, § 1º, da CF); E: Texto do art. 25 da Lei 8.935/1994, que regulamenta o art. 236 da CF. Gabarito "E".

(Advogado da União/AGU – CESPE – 2009) Com relação aos preceitos constitucionais aplicáveis à administração pública, julgue os próximos itens.

(1) Segundo entendimento do STF, a vedação ao nepotismo não exige edição de lei formal, visto que a proibição é extraída diretamente dos princípios constitucionais que norteiam a atuação administrativa.

(2) É inconstitucional a ascensão funcional como forma de investidura em cargo público, por contrariar o princípio da prévia aprovação em concurso público.

1: Súmula Vinculante 13/STF: "A nomeação de cônjuge, companheiro ou parente em linha reta, colateral ou por afinidade, até o terceiro grau, inclusive, da autoridade nomeante ou de servidor da mesma pessoa jurídica investido em cargo de direção, chefia ou assessoramento, para o exercício de cargo em comissão ou de confiança ou, ainda, de função gratificada na administração pública direta e indireta em qualquer dos Poderes da União, dos Estados, do Distrito Federal e dos Municípios, compreendido o ajuste mediante designações recíprocas, viola a Constituição Federal."; 2: O art. 37, II, da CF exige concurso público para provimento inicial em todo e qualquer cargo público efetivo, abolindo a ascensão funcional. Gabarito 1C, 2C.

(Magistratura do Trabalho – 9ª Região – 2009) Analise as proposições abaixo, considerando a Constituição da República:

I. Mesmo considerando o disposto no *caput* do artigo 5º: "Todos são iguais perante a lei, sem distinção de qualquer natureza, garantindo-se aos brasileiros e aos estrangeiros residentes no País a inviolabilidade do direito à vida, à liberdade, à igualdade, à segurança e à propriedade", a lei poderá estabelecer requisitos diferenciados de admissão em cargo público, quando a natureza do cargo o exigir.

II. Nos termos do artigo 37 da Constituição da República, "a administração pública direta e indireta de qualquer dos Poderes da União, dos Estados, do Distrito Federal e dos Municípios obedecerá aos princípios de legalidade, impessoalidade, moralidade, publicidade e motivação".

III. Um dos incisos do artigo 37 da Constituição da República dispõe que "a remuneração dos servidores públicos e o subsídio de que trata o § 4º do art. 39 somente poderão ser fixados ou alterados por lei específica, observada a iniciativa privativa em cada caso, assegurada revisão geral anual, sempre na mesma data e sem distinção de índices".

IV. Um dos incisos do artigo 37 da Constituição da República estabelece que, exceto no caso de acumulação de pensões ou cargos públicos, a remuneração e o subsídio dos ocupantes de cargos, funções e empregos públicos da administração direta, autárquica e fundacional, dos membros de qualquer dos Poderes da União, dos Estados, do Distrito Federal e dos Municípios, dos detentores de mandato eletivo e dos demais agentes políticos, incluídas as vantagens pessoais ou de qualquer outra natureza, não poderão exceder o subsídio mensal, em espécie, dos Ministros do Supremo Tribunal Federal.

V. A proibição de acumulação remunerada de cargos públicos estende-se a empregos e funções e abrange autarquias, fundações, empresas públicas, sociedades de economia mista, suas subsidiárias, e sociedades controladas, direta ou indiretamente, pelo poder público; as exceções para acumulação – e desde que haja compatibilidade de horários – são a de dois cargos de professor; a de um cargo de professor com outro técnico ou científico; e a de dois cargos ou empregos privativos de profissionais de saúde, com profissões regulamentadas.

(A) somente as proposições I, II e III são corretas
(B) somente as proposições I, III e IV são corretas
(C) somente as proposições II, III e IV são corretas
(D) somente as proposições III, IV e V são corretas
(E) somente as proposições I, III e V são corretas

I: Sim, porque o princípio da igualdade, ao mesmo tempo em que veda as desigualdades, muitas vezes impõe o tratamento desigual, desde que obedecido o princípio da razoabilidade; II: O art. 37, *caput*, da CF lista os princípios da Administração Pública como: (l)egalidade, (i)mpessoalidade, (m)oralidade, (p)ublicidade e (e)ficiência (LIMPE); III: Texto do art. 37, X, da CF; IV: Não reflete o disposto no art. 37, XI, da CF; V: Art. 37, XVI e XVII, da CF. Gabarito "E".

(Magistratura do Trabalho – 23ª Região – 2009) Marque a alternativa CORRETA:

No que concerne ao direito de greve dos servidores públicos civis:
(A) pode ser amplamente exercido porque a norma do inciso VII do art. 37 da Constituição Federal é de eficácia plena.
(B) a definição de seus limites depende da edição de lei complementar.
(C) se sujeita a disposições da Lei nº 7.783/89 enquanto perdurar a omissão do Congresso Nacional.
(D) não se aplicam preceitos da Lei nº 7.783/89 porque nesta são estabelecidos marcos regulatórios específicos do setor privado.
(E) os serviços e atividades considerados essenciais são exclusivamente aqueles previstos na Lei n.º 7.783/89.

O art. 37, VII, da CF prevê o direito de greve do servidor público, condicionando-o à edição de lei específica. Diante da omissão do Congresso Nacional, o STF tem reconhecido o direito de greve aos servidores, mesmo sem edição de lei específica, aplicando-lhes, por analogia, a lei de greve da iniciativa privada (Lei 7783/1989), editada com fundamento no art. 9º, §§ 1º e 2º da CF. Importante lembrar, ainda, que os militares não possuem direito à greve (art. 142, IV, da CF). Gabarito "C".

(Procurador do Município/Boa Vista-RR – 2010 – CESPE) Julgue os itens subsecutivos, referentes ao papel dos municípios na Federação brasileira.

(1) Nas consultas plebiscitárias para criação, incorporação, fusão e desmembramento de municípios, deve-se consultar a população dos territórios diretamente afetados pela alteração. Nesse caso, a vontade popular é aferida pelo percentual que se manifestar em relação ao total da população consultada.
(2) O entendimento do STF, fixando o número exato de vereadores por município, não encontra previsão expressa na Constituição Federal de 1988 (CF), que prevê apenas o número máximo e o número mínimo de vereadores, a depender da população.
(3) O estado pode intervir em seus municípios somente quando estes deixarem de pagar, por dois anos consecutivos, a dívida fundada ou não prestarem as contas devidas, na forma da lei, ou ainda quando não aplicarem o mínimo exigido da receita municipal na manutenção e no desenvolvimento do ensino e nas ações e serviços públicos de saúde.
(4) A doutrina diverge no que se refere ao considerar municípios entidades federativas. Para alguns, são apenas divisões político-administrativas dos estados.

1: A criação, a incorporação, a fusão e o desmembramento de municípios devem seguir o regramento estabelecido no art. 18, § 4º, da CF, ou seja, a) realizarem-se durante o período previsto em lei complementar federal, b) após a elaboração de estudo de viabilidade municipal, c) com consulta prévia (mediante plebiscito) às populações diretamente interessadas e, cumpridos esses requisitos, o processo é finalizado pela edição de, d) lei estadual; 2: Previsão expressa no art. 29, IV, *a* a *x*, da CF; 3: Também na hipótese de o Tribunal de Justiça dar provimento a representação para assegurar a observância de princípios indicados na Constituição Estadual, ou para prover a execução de lei, de ordem ou de decisão judicial (v. art. 35, I a IV, da CF); 4: Sim, mas a CF lista os Municípios como entes autônomos no art. 18 da CF. Gabarito 1C, 2E, 3E, 4C.

(Magistratura/SC – 2008) O servidor público, à luz da Constituição Federal:
(A) Será posto em disponibilidade, com remuneração integral, na hipótese de extinção do cargo que exercia.
(B) Fará jus à contagem de tempo ficto para fim de aposentadoria.
(C) Nomeado para cargo de provimento efetivo em virtude de concurso público será estável após 2 (dois) anos de exercício.
(D) Aposentar-se-á por invalidez permanente, compulsoriamente ou voluntariamente.
(E) Poderá, excepcionalmente, desde que haja compatibilidade de horários, acumular 2 (dois) cargos de professor, 2 (dois) cargos de médico ou 2 (dois) cargos de advogado.

A: Não reflete o disposto no art. 41, § 3º, da CF; B: Contraria o disposto no art. 40, § 10, da CF; C: Não reflete o disposto no art. 41 da CF; D: É o que dispõe o art. 40, § 1º, I a III, da CF; E: A CF veda a acumulação remunerada de cargos públicos, salvo nas hipóteses previstas em seu art. 37, XVI, *a*, *b* e *c*, que não abrangem dois cargos de advogado. Gabarito "D".

(Magistratura/SC – 2008) São princípios fundamentais da Administração Pública direta e indireta, nos precisos termos do art. 37, caput, da Constituição Federal:
(A) Legalidade, impessoalidade, moralidade, finalidade e efetividade.
(B) Legalidade, legitimidade, moralidade, razoabilidade e eficácia.
(C) Legalidade, impessoalidade, moralidade, publicidade e eficiência.
(D) Legitimidade, impessoalidade, proporcionalidade, publicidade e eficiência.
(E) Legitimidade, impessoalidade, moralidade, publicidade e eficácia.

Art. 37, *caput*, da CF. Gabarito "C".

(Magistratura/AC – 2008 – CESPE) Assinale a opção correta acerca da organização do Estado.
(A) A secessão de um estado federado, no âmbito da Constituição Federal, é admitida, desde que haja aprovação da população interessada, por meio de plebiscito, e do Congresso Nacional, por meio de lei complementar.
(B) Decorre do princípio federativo a vedação constitucional de estabelecimento de limitações ao tráfego de pessoas ou bens, por meio de tributos interestaduais ou intermunicipais, podendo a União, mediante lei complementar, estabelecer isenções, reduções ou mesmo diferimentos de tributos federais, devidos por pessoas jurídicas ou físicas de um mesmo complexo geoeconômico ou social.
(C) Na hipótese de o estado do Acre não cumprir uma ordem judicial expedida pelo competente juiz de direito estadual, é possível a intervenção da União nesse estado, para garantir o livre exercício do Poder Judiciário local, o que depende, nessa situação, de solicitação do respectivo tribunal de justiça endereçada ao STF, que, se entender ser o caso, deve requisitar intervenção ao presidente da República. Nessa hipótese, o decreto interventivo deve ser submetido à assembléia legislativa no prazo de vinte e quatro horas.
(D) Nos termos da Constituição Federal, a União, os estados, o Distrito Federal (DF) e os municípios devem disciplinar, por meio de lei complementar, os consórcios públicos e os convênios de cooperação entre os entes federados, devendo a gestão ser consorciada entre os entes consorciados e a comunidade, sendo vedada a transferência de recursos, de pessoal e de bens da União sem que haja a devida contraprestação dos consorciados.

A: Não reflete o disposto no art. 18, § 3º, da CF, que não se refere à secessão; B: Não reflete o disposto no art. 43, § 2º, III, da CF, que não exige lei complementar; C: Art. 34, IV, c/c art. 36, I e § 1º, ambos da CF; D: Não reflete o disposto no art. 241 da CF. Gabarito "C".

(Magistratura/DF – 2007) Nos termos do que preconizado na Constituição Federal, é falso afirmar que:

(A) A proibição constitucional de acumular cargos públicos estende-se a empregos e funções e abrange não só autarquias, mas também fundações, empresas públicas, sociedades de economia mistas, suas subsidiárias, e sociedades controladas, direta ou indiretamente, pelo poder público;
(B) Os servidores fiscais da administração fazendária terão, dentro de suas áreas de competência e jurisdição, precedência sobre os demais setores administrativos, na forma da lei;
(C) Os acréscimos pecuniários percebidos por servidor público serão computados e acumulados para o fim de concessão de acréscimos ulteriores;
(D) Não podem constar símbolos, imagens ou nomes que caracterizem promoção pessoal de autoridades ou servidores públicos da publicidade dos atos, programas, obras, serviços e campanhas dos órgãos públicos.

A: Art. 37, XVII, da CF; B: Art. 37, XVIII, da CF; C: Não reflete o disposto no art. 37, XIV, da CF; D: Art. 37, § 1º, da CF. Gabarito "C".

(Magistratura/DF – 2007) De acordo com o tratamento constitucional conferido à Administração Pública, é falso afirmar que:

(A) Os cargos, empregos e funções públicas são acessíveis aos brasileiros que preencham os requisitos estabelecidos em lei, assim como aos estrangeiros, na forma da lei;
(B) É garantido ao servidor público civil o direito à livre associação sindical;
(C) A investidura em cargo ou emprego público depende de aprovação prévia em concurso público de provas ou de provas e títulos, de acordo com a natureza e a complexidade do cargo ou emprego, na forma prevista em lei, ressalvadas as nomeações para cargo em comissão declarado em lei de livre nomeação e exoneração;
(D) A remuneração dos servidores públicos somente poderá ser fixada ou alterada por lei específica, observada a iniciativa privativa do Chefe do Executivo, assegurada revisão geral anual, sempre na mesma data e sem distinção de índices.

A: Art. 37, I, da CF; B: Art. 37, VI, da CF; C: Art. 37, II, da CF; D: Não reflete o disposto no art. 37, X, da CF. Gabarito "D".

(Magistratura/SP – 2007) O princípio da moralidade impõe a todo administrador respeitar os princípios éticos de razoabilidade e justiça por constituir, a partir da Constituição de 1988, pressuposto de validade de todo ato da administração pública.

A partir dessa afirmação, assinale a resposta correta.
(A) O Poder Judiciário pode controlar a legalidade dos atos da Administração Pública, mas é-lhe vedado controlar a moralidade dessa atuação.
(B) O controle de moralidade da Administração Pública se fará mediante aferição das finalidades que inspiraram a autoridade acusada de prática imoral.
(C) Ao consagrar o princípio da moralidade, o constituinte não consagrou igualmente a necessidade de proteção à moralidade e responsabilização do administrador amoral.
(D) Esse postulado fundamental conferiu substância e deu expressão a uma pauta de valores éticos, sobre os quais se funda a ordem positiva do Estado.

A e C: O controle externo do Judiciário abrange a legalidade e a moralidade, pois o ato administrativo é válido se observar a lei e os princípios, dentre os quais o da moralidade; B: A finalidade ou intenção do agente não é importante, pois a moralidade exige padrões objetivos de conduta dos administradores públicos; D: Afirmação reflete a noção de moralidade. Gabarito "D".

(Ministério Público/MG – 2008) É possível ter-se como violação aos princípios constitucionais que norteiam a administração pública direta e indireta de qualquer dos Poderes da União, dos Estados, do Distrito Federal e dos Municípios:

(A) a investidura em cargo ou emprego público dependente de aprovação prévia em concurso público de provas ou de provas e títulos, de acordo com a natureza e a complexidade do cargo ou emprego, na forma prevista em lei, ressalvadas as nomeações para cargo em comissão declarado em lei de livre nomeação e exoneração.
(B) a convocação com prioridade sobre novos concursados do candidato aprovado em concurso público de provas e títulos, durante o prazo improrrogável previsto no edital de convocação, para assumir cargo ou emprego, na carreira.
(C) a nomeação de cônjuge, companheiro ou parente em linha reta, colateral ou por afinidade, até o terceiro grau, inclusive, da autoridade nomeante ou de servidor da mesma pessoa jurídica investido em cargo de direção, chefia ou assessoramento, para o exercício de cargo em comissão ou de confiança ou, ainda, de função gratificada.
(D) a remuneração dos servidores públicos e o subsídio fixados ou alterados por lei específica, observada a iniciativa privativa em cada caso, assegurada revisão geral anual, sempre na mesma data e sem distinção de índices.
(E) a remuneração e o subsídio dos ocupantes de cargos, funções e empregos públicos da administração direta, autárquica e fundacional, dos membros de qualquer dos Poderes da União, dos Estados, do Distrito Federal e dos Municípios, dos detentores de mandato eletivo e dos demais agentes políticos e os proventos, pensões ou outra espécie remuneratória, percebidos cumulativamente ou não, incluídas as vantagens pessoais ou de qualquer outra natureza, não podendo exceder o subsídio mensal, em espécie, dos Ministros do Supremo Tribunal Federal, aplicando-se como limite, nos Municípios, o subsídio do Prefeito, e nos Estados e no Distrito Federal, o subsídio mensal do Governador no âmbito do Poder Executivo, o subsídio dos Deputados Estaduais e Distritais no âmbito do Poder Legislativo e o subsídio dos Desembargadores do Tribunal de Justiça, limitado a noventa inteiros e vinte e cinco centésimos por cento do subsídio mensal, em espécie, dos Ministros do Supremo Tribunal Federal, no âmbito do Poder Judiciário, aplicável este limite aos membros do Ministério Público, aos Procuradores e aos Defensores Públicos.

A, B, D e E: refletem a observância dos princípios e regras aplicáveis à Administração Pública (art. 37, II, IV, X e XI, da CF); C: Contraria a Súmula Vinculante 13/STF. Gabarito "C".

(Ministério Público/PR – 2008) Assinale a alternativa INCORRETA:

(A) Os princípios da legalidade, da impessoalidade, da moralidade, da publicidade e da eficiência deverão ser obedecidos pela administração pública direta e indireta de qualquer dos poderes da União, dos Estados, do Distrito Federal e dos Municípios;
(B) As pessoas jurídicas de direito público e as de direito privado prestadoras de serviços públicos responderão pelos danos que seus agentes, nessa qualidade, causarem a terceiros, assegurado o direito de regresso contra o responsável no caso de dolo ou culpa;
(C) A investidura em cargo ou emprego público depende de aprovação prévia em concurso público de provas ou de provas e títulos, de acordo com a natureza e a complexidade do cargo ou emprego, na forma prevista em lei, ressalvadas as nomeações para cargo em comissão;
(D) Os cargos em comissão destinam-se apenas às atribuições de direção, chefia e assessoramento;
(E) Ao servidor ocupante, exclusivamente, de cargo em comissão, declarado em lei de livre nomeação e exoneração, desde que conte com cinco anos de efetivo exercício, será assegurado o regime especial de previdência aplicável ao servidor público titular de cargo efetivo.

A: Art. 37, caput, da CF; B: Art. 37, § 6º, da CF; C: Art. 37, II, da CF; D: Art. 37, V, da CF; E: Não reflete o disposto no art. 40, § 13, da CF. Gabarito "E".

(Ministério Público/RR – 2008 – CESPE) O controle administrativo corresponde ao exame que a administração pública faz sobre a sua conduta, quanto à legalidade ou ao mérito de seus atos, por iniciativa própria ou mediante provocação. A respeito do controle da administração, dos princípios e dos poderes administrativos, julgue os itens seqüentes.

(1) Os recursos administrativos constituem mecanismos de controle interno, por meio do qual a administração é provocada a fiscalizar seus próprios atos, visando ao atendimento do interesse público e a preservação da legalidade.

(2) A CF assegura, expressamente, a ampla defesa nos processos administrativos.

(3) Quanto ao efeito da interposição do recurso, predomina a regra da suspensividade dos efeitos do ato impugnado, tendo em vista a presunção de legalidade do ato administrativo e a sua auto-executoriedade.

(4) A CF prevê que as Mesas da Câmara dos Deputados e do Senado Federal poderão encaminhar, por escrito, pedidos de informação a ministros de Estado, importando em crime de responsabilidade o não-atendimento do pedido no prazo de 30 dias, bem como a prestação de informações falsas.

(5) No âmbito do controle parlamentar, a CF prevê a possibilidade de criação de comissões parlamentares de inquérito, pela Câmara dos Deputados e pelo Senado Federal, desde que em conjunto.

1: O controle interno é o exercido pela própria Administração e realizado, *e.g.*, por intermédio dos recursos administrativos. 2: É o que dispõe o art. 5º, LV, da CF. 3: Não reflete o disposto no art. 61 da Lei 9.784/1999. 4: É o que prevê o art. 50, § 2º, da CF. 5: Não reflete a disposição do art. 58, § 3º, da CF. Gabarito 1C; 2C; 3E; 4C; 5E.

(Ministério Público/RO – 2008 – CESPE) Quanto à organização do Estado, assinale a opção correta.

(A) Se, devido a escavações realizadas pela prefeitura de um município, forem descobertos os pertences de uma antiga família, responsável pela colonização daquele município, nessa hipótese, será de competência comum entre União, estados, DF e municípios promover a proteção do patrimônio histórico-cultural, independentemente da importância local ou não desse patrimônio.

(B) Os integrantes da carreira de policial militar do ex-território federal de Rondônia, que comprovadamente se encontravam no exercício regular de suas funções prestando serviços àquele ex-território na data em que foi transformado em estado, bem como os policiais militares admitidos por força de lei federal, continuarão a ser custeados pela União, constituindo quadro em extinção, mas serão transferidos para o estado.

(C) É um princípio constitucional sensível, expressamente previsto para fins de intervenção federal nos estados, a fixação, na Constituição estadual, do número de vereadores de forma proporcional à população do município.

(D) Para efeitos administrativos, a União poderá articular a sua ação em um mesmo complexo geoeconômico e social, visando a seu desenvolvimento e à redução das desigualdades regionais, inclusive, por meio de isenções tributárias ou mesmo igualdade de tarifas, fretes, seguros e outros itens de custos e preços de responsabilidade do poder público.

(E) Se determinado estado da Federação possui 18 deputados federais, então, conforme determina a CF, esse estado terá 56 deputados estaduais.

A: Não reflete o disposto no art. 30, IX, da CF: competência do município; B: O art. 21, XIV, da CF foi alterado pela EC 18/98 para retirar da União a responsabilidade pela polícia dos Territórios; C: Os princípios constitucionais sensíveis são os listados no art. 34, VII, da CF; D: Art. 43, *caput* e § 2º, I e II, da CF; E: Não reflete o disposto no art. 27 da CF. Gabarito "D".

(Ministério Público/TO – 2006 – CESPE) No que concerne à organização do Estado, assinale a opção correta.

(A) Devido ao fato de o Brasil ser país federativo, em que o estados-membros e municípios detêm autonomia com fundamento constitucional, o legislador constituinte estadual pode criar, desmembrar ou remembrar municípios no respectivo território, bastando que siga os procedimentos previstos na própria constituição do estado.

(B) A despeito da autonomia que a Constituição assegura ao estados-membros, na Federação brasileira, estes não pode validamente adotar um Poder Legislativo de feição bicameral nem um processo legislativo essencialmente dissociado do moldes aplicáveis à órbita da União.

(C) Em decorrência do princípio da legalidade, os ato administrativos em geral não são imputáveis à pessoa natural que os praticou, mas ao órgão ou ente em nome do qual atua o agente público.

(D) Considere a seguinte situação hipotética.

Um órgão público construiu prédio para sua sede, e presidente do órgão deliberou denominar o bem público e homenagem a seu genitor, ainda vivo, sob o argumento de que este prestara relevantes serviços à sociedade.

Nessa situação, desde que verdadeiros os fatos nos quais baseado o ato de denominação do prédio, isso seria perfeitamente compatível com os princípios constitucionais.

A: Não reflete o disposto no art. 18, § 4º, da CF; B: A autonomia dos Estados não se confunde com soberania. Por isso, organizam-se nos moldes previstos na Constituição de 1988 e, além disso, obedecem ao princípio da simetria; C: Essa regra decorre do princípio da impessoalidade; D: Contraria o disposto no art. 37, § 1º, da CF. Gabarito "B".

(Ministério Público/BA – 2005) Quando a Constituição Federal estabelece no seu artigo 37, inciso XI, que nos Estados e no Distrito Federal tem-se como limite remuneratório o subsídio mensal do Governador no âmbito do Poder Executivo, o subsídio dos Deputados Estaduais e Distritais no âmbito do Poder Legislativo e o subsídio dos Desembargadores do Tribunal de Justiça, limitado a 90,25% (noventa vírgula vinte e cinco por cento) do subsídio mensal, em espécie, dos Ministros do STF (Supremo Tribunal Federal), no âmbito do Poder Judiciário, aplicável este limite aos membros do Ministério Público, aos Procuradores e aos Defensores Públicos, é incorreto afirmar que:

(A) O Conselheiro do Tribunal de Contas nos Estados e no Distrito Federal não poderá perceber subsídios superiores aos pagos a Deputado Estadual ou Distrital.

(B) O servidor do Ministério Público, nos Estados e no Distrito Federal, tem como teto remuneratório os subsídios de Desembargador, a exemplo do que ocorre com o serventuário da Justiça nos Estados e no Distrito Federal.

(C) O Defensor Público pode perceber subsídios acima daqueles fixados para o Governador, se estes forem inferiores aos estabelecidos para Desembargador, que constituem o seu teto remuneratório.

(D) Os membros do Ministério Público dos Estados e do Distrito Federal não poderão perceber subsídios acima daqueles fixados para Desembargador.

(E) Os servidores do Ministério Público e da Defensoria Pública dos Estados e do Distrito Federal, ao contrário do que ocorre com os serventuários da Justiça estadual e distrital, não terão como limite remuneratório máximo os subsídios pagos a Desembargador, aplicando-se-lhes, como teto, os subsídios do Governador.

A, C, D e E: Art. 37, XI, da CF; B: Não reflete o disposto no art. 37, XI, da CF. Gabarito "B".

(Ministério Público/BA – 2005) Com relação à Administração Pública, assinale a resposta incorreta:

(A) Obedecerá aos princípios de legalidade, impessoalidade, moralidade, publicidade e eficiência, seja ela direta ou indireta, da União, Estados, Distrito Federal ou Municípios.

(B) Lei estabelecerá os casos de contratação por tempo indeterminado para atender a necessidade temporária de excepcional interesse público.

(C) É vedada a vinculação ou equiparação de quaisquer espécie remuneratória para efeito de remuneração de pessoal do serviço público.

(D) A proibição de acumulação remunerada de cargos públicos estende-se a empregos e funções nas autarquias, fundações e empresas públicas.

(E) Os cargos, empregos e funções públicas são acessíveis aos brasileiros e aos estrangeiros na forma da lei, desde que preencham os requisitos estabelecidos em lei.

A: Art. 37, *caput*, da CF; B: Não reflete a redação do art. 37, IX, da CF: contratação por tempo determinado; C: Art. 37, XIII, da CF; D: Art. 37, XII, da CF; E: Art. 37, I, da CF. Gabarito "B".

(Procurador do Estado/PB – 2008 – CESPE) No que se refere à organização do Estado, assinale a opção correta.

(A) Os sítios arqueológicos, conforme a CF, são bens dos estados, no entanto a competência material para protegê-los é comum da União, dos estados e dos municípios.

(B) A participação do estado da Paraíba no resultado da exploração do petróleo localizado em sua dimensão territorial ou a compensação financeira por essa exploração são consideradas receitas originárias do estado, não cabendo ao Tribunal de Contas da União (TCU) fiscalizar a aplicação desses recursos.

(C) A decretação de intervenção da União nos estados ou no Distrito Federal (DF), quando houver a violação aos chamados princípios sensíveis, será feita por meio da ação direta de inconstitucionalidade interventiva, cabendo, inclusive, nesse caso, pedido de liminar.

(D) Como é de competência dos estados explorar diretamente, ou mediante concessão, os serviços locais de gás canalizado, nada impede que seja utilizada medida provisória editada pelo governador para regulamentar esse serviço, desde que haja previsão na Constituição Estadual autorizando-o a fazê-lo.

(E) Compete privativamente à União legislar sobre produção e consumo.

A: A competência para protegê-los é comum (art. 23, III, da CF), mas constituem bens da União (art. 20, X, da CF); B: Art. 20, § 1º, da CF. As competências do TCU estão listadas no art. 71 da CF; C: Os princípios sensíveis estão previstos no art. 34, VII, da CF. Assim, a questão não reflete o disposto no art. 36, III, da CF; D: Não reflete o disposto no art. 25, § 2º, da CF; E: Art. 24, V, da CF: competência concorrente. Gabarito "B".

(Procurador do Estado/RR – 2006 – FCC) No tocante à proteção previdenciária dos servidores públicos, a Constituição Federal dispõe que

(A) os proventos de aposentadoria e as pensões, por ocasião de sua concessão, não poderão exceder a remuneração do respectivo servidor, no cargo efetivo em que se deu a aposentadoria ou que serviu de referência para a concessão da pensão.

(B) é absolutamente vedada a percepção de mais de uma aposentadoria à conta do regime próprio de previdência dos servidores titulares de cargos efetivos da União, dos Estados, do Distrito Federal e dos Municípios.

(C) é vedada a incidência de contribuição sobre os proventos de aposentadorias e pensões concedidas pelo regime próprio de previdência e que superem o limite máximo estabelecido para os benefícios para o regime geral de previdência social.

(D) deve ser incentivada a existência de mais de um regime próprio de previdência social para os servidores titulares de cargos efetivos e de mais de uma unidade gestora do respectivo regime em cada ente estatal.

(E) para a aposentadoria voluntária o servidor deve ter cumprido tempo mínimo de cinco anos de efetivo exercício no serviço público e cinco anos no cargo efetivo em que se dará aposentadoria.

A: Art. 40, § 2º, da CF; B: O art. 40, § 6º, da CF excepciona os casos de aposentadorias decorrentes de cargos acumuláveis (art. 37, XVI, da CF); C: Contraria do disposto no art. 40, § 18, da CF; D: Contraria do disposto no art. 40, § 20, da CF; E: Não reflete o disposto no art. 40, § 1º, III, da CF. Gabarito "A".

(Procurador de Contas TCE/ES – CESPE – 2009) Quanto aos princípios e regras fundamentais que regem a atuação da administração pública e de seus agentes, assinale a opção correta.

(A) São de observância obrigatória os princípios constitucionais do contraditório e da ampla defesa em processo administrativo disciplinar, configurando cerceamento de defesa a ausência de defesa técnica, por advogado, em tal hipótese.

(B) O princípio constitucional que exige a aprovação em concurso público de provas ou de provas e títulos para a investidura em cargo ou emprego público não se aplica ao caso do titular de serventias extrajudiciais, nem ao ingresso na atividade notarial e de registro.

(C) O Estado responde civilmente pelos prejuízos causados a particular em virtude de ato praticado com fundamento em lei declarada inconstitucional.

(D) A CF estabelece a regra da obrigatoriedade de licitação para a administração pública direta e indireta de qualquer dos poderes da União, dos estados, do DF e dos municípios. Nesse sentido, é constitucional a lei estadual que estabelece como condição de acesso à licitação pública, para aquisição de bens ou serviços, que a empresa licitante tenha a fábrica ou sede no estado-membro.

(E) As regras constitucionais de cumulação de vencimentos no setor público escapam da observância obrigatória pelos estados-membros e municípios.

A: Contraria a Súmula Vinculante 5/STF: "A falta de defesa técnica por advogado no processo administrativo disciplinar não ofende a Constituição". Deve-se ter muita atenção ao tema, pois a Súmula Vinculante do STF, por seu caráter obrigatório, acabou por "revogar" a Súmula 343 do STJ, que prescrevia exatamente o contrário: "É obrigatória a presença de advogado em todas as fases do processo administrativo disciplinar"; B: O art. 236, § 3º, da CF exige concurso público para o ingresso na atividade notarial; C: Responsabilidade civil do Estado por ato legislativo; D: O art. 37, XXI, da CF estabelece a regra da licitação, que visa, também, garantir a universalidade da concorrência. Ademais, a CF veda a criação de preferências ou distinções (irrazoáveis) entre brasileiros – art. 19, III, da CF. V. ADIn 3583, Rel. Min. Cezar Peluso; E: Aplicam-se a todos os entes da Federação, por simetria constitucional. Gabarito "C".

(Defensoria/MA – 2009 – FCC) Considere as seguintes afirmações sobre a disciplina constitucional da Administração Pública no Estado brasileiro:

I. A Administração Fazendária e seus servidores fiscais terão, dentro de suas áreas de competência e jurisdição, precedência sobre os demais setores administrativos, na forma da lei.

II. Somente por lei específica pode ser criada autarquia e autorizada a instituição de empresa pública, sociedade de economia mista e fundação.

III. É vedada a publicidade de atos, programas, obras e serviços dos órgãos e entes públicos ressalvadas as hipóteses admitidas em lei complementar.

IV. Obras, serviços, compras e alienações dos órgãos e entes da Administração serão sempre contratados mediante processo de licitação pública, em que se assegure igualdade de condições a todos os concorrentes.

Estão corretas SOMENTE as afirmações feitas em

(A) I e II.
(B) I e IV.
(C) II e III.
(D) II e IV.
(E) III e IV.

I: Art. 37, XVIII, da CF; II: Art. 37, XIX, da CF; III: Não reflete o disposto no art. 37, § 1º, da CF; IV: O art. 37, XXI, da CF ressalva os casos específicos previstos na legislação, como as hipóteses de inexigibilidade e de dispensa de licitação. Gabarito "A".

(Defensoria/MG – 2009 – FURMARC) Examine os itens abaixo e marque a alternativa CORRETA:

I. A admissão de empregados, na sociedade de economia mista, independe de concurso público.

II. A investidura em cargo comissionado dá-se mediante recrutamento amplo ou limitado nos termos de lei.

III. O subsídio dos vereadores e do Prefeito é fixado por lei de iniciativa da Câmara Municipal.

IV. O subsídio dos Desembargadores do Tribunal de Justiça pode ser considerado como limite único para os três Poderes do Estado.

Estão CORRETAS as afirmativas:
(A) apenas I e II.
(B) apenas I e IV.
(C) apenas II e IV.
(D) apenas III e IV.
(E) apenas II e III.

I: O art. 37, II, da CF refere-se a cargo e a emprego público, razão pela qual destina-se tanto à Administração Direta quanto à Administração Indireta; II: São cargos de livre nomeação e exoneração (art. 37, II, parte final, da CF); III: O dos prefeitos é fixado por lei, mas o dos vereadores é estabelecido pela Câmara Municipal, o que independe de sanção do Prefeito (art. 29, V e VI, da CF); IV: Art. 37, XI, da CF. Gabarito "C".

(Defensoria/SP – 2009 – FCC) Administração Pública.

(A) Em relação à aposentadoria dos agentes públicos, observa-se que as normas constitucionais originárias sofreram profundas alterações com as emendas constitucionais nos 20, 41 e 47, e dentre essas modificações está a impossibilidade de contagem de tempo de contribuição fictício.
(B) Tendo em vista a importância de se tutelar a probidade administrativa, a Constituição determinou que não prescrevem os ilícitos praticados contra a administração pública.
(C) O importante princípio da legalidade, que foi inserido expressamente pela EC 19/98, indica que os gestores da coisa pública deverão desempenhar seus encargos de modo a otimizar legalmente o emprego dos recursos que a sociedade lhes destina.
(D) O princípio constitucional da exigibilidade de concurso público aplica-se aos poderes e entes da federação, exceto às sociedades de economia mista e paraestatais com regime celetista.
(E) O cargo em comissão não difere do cargo efetivo na questão da transitoriedade, pois ambos trazem essa característica para servidores de fora da carreira.

A: Art. 40, § 10, da CF, inserido pela EC 20/98; B: De acordo com o art. 37, § 5º, da CF, apenas as ações de ressarcimento ao erário são imprescritíveis; C: A EC 19/98 inseriu o princípio da eficiência no rol dos princípios da Administração Pública (art. 37, caput, da CF); D: O art. 37, II, da CF refere-se tanto a cargos quanto a empregos públicos, razão pela qual aplica-se também às sociedades de economia mista e empresas públicas; E: Os cargos em comissão são de livre exoneração. Os servidores ocupantes de cargos de provimento efetivo são estáveis após três anos, só perdendo o cargo nas hipóteses previstas no art. 41, § 1º, da CF. Gabarito "A".

(Defensoria/SP – 2007 – FCC) A respeito da organização do Estado, pode-se afirmar que no Brasil

(A) identificamos um federalismo dual que é aquele que mais se amolda ao estado de bem-estar social já que esse conceito traduz uma necessária cooperação entre os entes da federação.
(B) está prevista a intervenção federal para pôr termo a grave comprometimento da ordem pública, que é medida excepcional à autonomia federativa e pode ser determinada de ofício pelo presidente da república com base em sua competência constitucional privativa.
(C) os estados federados podem ser obrigados a adotarem políticas federais de descentralização de políticas sociais já que a formação unitária de estado permite tal imposição.
(D) é vedado ao poder público estabelecer cultos religiosos ou igrejas, direta ou indiretamente, bem como proíbe subvenções, relações de dependência ou qualquer colaboração entre o poder público e cultos ou igrejas.
(E) o princípio da predominância do interesse inspira a repartição federalista de competências, por isso cabe aos estados federados a competência legislativa privativa com possibilidade de delegação aos municípios.

A: No dual, como o próprio nome prevê, há dualidade na repartição de competências: poderes enumerados para a União e poderes remanescentes para os Estados, com centralização de poder na União. Diverge do cooperativista, que advoga uma atuação conjunta da União e dos Estados, possuindo cunho descentralizador e visa o equilíbrio entre os entes da Federação. É o adotado na CF de 88; B: Art. 34, III, c/c art. 84, X, ambos da CF; C: A forma de Estado brasileira é a federação, não o Estado unitário; D: Não reflete a ressalva prevista na parte final do art. 19, I, da CF; E: A competência privativa é da União, que pode delegá-la na forma do art. 22, parágrafo único, da CF. Os Municípios possuem competência suplementar (art. 30, I e II, da CF). Gabarito "B".

(Delegado/GO – 2009 – UEG) Sobre a organização administrativa:

(A) a investidura em cargo ou emprego público depende de aprovação prévia em concurso público, ressalvadas as nomeações para cargo em comissão declarado em lei de livre nomeação e exoneração.
(B) as funções de confiança e os cargos em comissão, ambos exercidos exclusivamente por servidores de carreira, destinam-se apenas às atribuições de direção e chefia.
(C) o direito de greve será exercido conforme previsão em lei complementar.
(D) é vedado ao servidor público civil o direito à livre associação sindical.

A: Art. 37, II, da CF; B: O art. 37, V, da CF, prevê que "as funções de confiança, exercidas exclusivamente por servidores ocupantes de cargo efetivo, e os cargos em comissão, a serem preenchidos por servidores de carreira nos casos, condições e percentuais mínimos previstos em lei, destinam-se apenas às atribuições de direção, chefia e assessoramento"; C: Não reflete o disposto no art. 37, VII, da CF. O STF tem reconhecido o direito de greve aos servidores, mesmo sem edição de lei específica, aplicando-lhes, por analogia, a lei de greve da iniciativa privada (Lei 7783/1989), editada com fundamento no art. 9º, §§ 1º e 2º da CF. Importante lembrar, ainda, que os militares não possuem direito à greve (art. 142, IV, da CF); D: Direito garantido pelo art. 37, VI, da CF. Gabarito "A".

(Cartório/AP – 2011 – VUNESP) A nomeação de irmão de Secretário de Estado para exercer cargo de confiança de assessoria na Secretaria de que este é titular

(A) não pode ser objeto de questionamento judicial, em virtude do princípio da separação de poderes, por se tratar de ato de competência do Poder Executivo.
(B) pode ser objeto de mandado de segurança coletivo, impetrado pelo Ministério Público, por ofensa a interesse difuso protegido constitucionalmente.
(C) é passível de impugnação por qualquer cidadão, por meio de ação popular, em virtude de ofensa à moralidade administrativa.
(D) pode ser objeto de *habeas data*, impetrado por quem preencha os requisitos para o cargo, com vistas à anulação do ato de nomeação.
(E) não conflita com os princípios constitucionais da Administração Pública, uma vez que não traz prejuízo ao erário.

A conduta viola a Súmula Vinculante 13/STF: "A nomeação de cônjuge, companheiro ou parente em linha reta, colateral ou por afinidade, até o terceiro grau, inclusive, da autoridade nomeante ou de servidor da mesma pessoa jurídica investido em cargo de direção, chefia ou assessoramento, para o exercício de cargo em comissão ou de confiança ou, ainda, de função gratificada na administração pública direta e indireta em qualquer dos Poderes da União, dos Estados, do Distrito Federal e dos Municípios, compreendido o ajuste mediante designações recíprocas, viola a Constituição Federal". Por ferir o princípio da moralidade, cabe a propositura de ação popular pelo cidadão (art. 5º, LXXIII, da CF). Gabarito "C".

(Cartório/MS – 2009 – VUNESP) Sobre a Administração Pública, a Constituição Federal estabelece que

(A) as funções de confiança, exercidas exclusivamente por servidores ocupantes de cargo efetivo, e os cargos em comissão, a serem preenchidos por servidores de carreira, destinam-se apenas aos cargos técnicos.
(B) a lei reservará o percentual de, pelo menos, dez por cento dos cargos e empregos públicos para as pessoas portadoras de deficiência e definirá os critérios de sua admissão.
(C) a administração fazendária e seus servidores fiscais terão, dentro de suas áreas de competência e jurisdição, precedência sobre os demais setores administrativos, na forma da lei.
(D) os atos de improbidade administrativa importarão a cassação dos direitos políticos, a suspensão da função pública e o ressarcimento ao erário, na forma e gradação previstas em lei, sem prejuízo da ação penal cabível.
(E) a autonomia gerencial e financeira dos órgãos e entidades da administração direta e indireta não poderá ser ampliada mediante contrato, cabendo exclusivamente à lei dispor sobre a matéria.

A: O art. 37, V, da CF, prevê que "as funções de confiança, exercidas exclusivamente por servidores ocupantes de cargo efetivo, e os cargos em comissão, a serem preenchidos por servidores de carreira nos casos, condições e percentuais mínimos previstos em lei, destinam-se apenas às atribuições de direção, chefia e assessoramento"; B: O art. 37, VIII, da CF não estabelece o percentual mínimo, delegando sua fixação à lei. A propósito, o art. 5º, § 2º, da Lei 8.112/1990 prevê até 20% das vagas para os deficientes, caso as atribuições do cargo não sejam incompatíveis com a deficiência; C: Art. 37, XVIII, da CF; D: A cassação de direitos políticos é vedada pelo art. 15 da CF, que só prevê hipóteses de perda ou de suspensão. A prática de atos de improbidade administrativa acarreta suspensão de direitos políticos, na forma do art. 12 da Lei de Improbidade Administrativa (Lei 8.429/1992); E: O art. 37, § 8º, da CF expressamente permite a ampliação da autonomia gerencial. Gabarito "C".

(Cartório/MS – 2009 – VUNESP) Assinale a alternativa correta, considerando o disposto na vigente Constituição da República e o atual entendimento do Supremo Tribunal Federal.

(A) Os notários e oficiais de registro submetem-se ao regime da aposentadoria compulsória aos setenta anos de idade.

(B) Os notários e oficiais de registro são regidos pelo regime próprio de previdência dos servidores públicos.

(C) A delegação dos serviços notariais e registrais se perfaz e se rege por meio de contrato administrativo.

(D) A atividade desenvolvida pelos titulares das serventias de notas e registros não se sujeita ao direito público em razão de ela ser análoga à atividade empresarial.

(E) O exercício da atividade notarial e de registro é incompatível com o da advocacia, o da intermediação de seus serviços ou o de qualquer cargo, emprego ou função públicos, ainda que em comissão.

A: O STF entende que o art. 40, § 1º, II, da CF não se aplica aos notários, por não serem servidores públicos: "Os notários e os registradores exercem atividade estatal, entretanto não são titulares de cargo público efetivo, tampouco ocupam cargo público. Não são servidores públicos, não lhes alcançando a compulsoriedade imposta pelo mencionado artigo 40 da CB/88 – aposentadoria compulsória aos setenta anos de idade" (ADIn 2602, Rel. Min. Eros Grau); B: Por não serem servidores públicos, inserem-se no Regime Geral de Previdência Social (RGPS); C: A delegação é feita mediante concurso público (art. 236, § 3º, da CF); D: Os serviços notariais e de registro são exercidos em caráter privado, mas por delegação do Poder Público (art. 236 da CF), com fiscalização pelo Poder Judiciário (art. 236, § 1º, da CF); E: Texto do art. 25 da Lei 8.935/1994, que regulamenta o art. 236 da CF. Gabarito "E".

(Cartório/SE – 2007 – CESPE) Julgue o seguinte item.

(1) Os vencimentos dos cargos do Poder Legislativo e do Poder Judiciário podem ser superiores aos pagos pelo Poder Executivo.

Não reflete o disposto no art. 37, XII, da CF. Gabarito 1E.

(Cartório/SE – 2007 – CESPE) Julgue o seguinte item.

(1) Ao servidor ocupante, exclusivamente, de cargo em comissão declarado em lei de livre nomeação e exoneração não se aplica o regime geral da previdência social.

Contraria o disposto no art. 40, § 13, da CF. Gabarito 1E.

(Cartório/SE – 2007 – CESPE) Julgue o seguinte item.

(1) A Corregedoria-Geral de Justiça, órgão com jurisdição em todo o estado de Sergipe, é responsável pelo controle, fiscalização, orientação e instrução dos serviços jurisdicionais e administrativos da justiça do 1.º grau.

Reflete o disposto no art. 53 do Regimento Interno do Tribunal de Justiça do Estado de Sergipe. Gabarito 1C.

(Cartório/SE – 2007 – CESPE) Julgue o seguinte item.

(1) As pessoas jurídicas de direito privado prestadoras de serviços públicos respondem pelos danos que seus agentes, nessa qualidade, causarem a terceiros, desde que haja, qualquer que seja a hipótese, dolo ou culpa.

Não reflete o disposto no art. 37, § 6º, da CF. Gabarito 1E.

(Procurador do Município/Teresina-PI – 2010 – FCC) O princípio da responsabilidade jurídica objetiva do Poder Público previsto na Constituição Federal tem como característica

(A) basear-se no risco administrativo, assim a pessoa jurídica de direito público responde pelo dano causado a terceiro quando for caracterizada a ação ou omissão administrativa, não se admitindo a invocação das causas excludentes de responsabilidade.

(B) ser inaplicável na hipótese de dano causado por pessoa jurídica de direito privado prestadora de serviços públicos, hipótese abarcada pela responsabilidade civil comum.

(C) afastar a responsabilidade civil do Estado em qualquer hipótese de absolvição do servidor no juízo criminal.

(D) guiar-se pelo princípio da impessoalidade.

(E) obrigar o Poder Público a indenizar danos exclusivamente de natureza patrimonial, hipótese que comporta ação regressiva contra o agente público, se configurado dolo ou culpa.

A: Baseia-se na teoria do risco administrativo (não no risco integral), devendo-se comprovar o dano, a ação estatal, e o nexo de causalidade entre eles. Entretanto, cabe a invocação as causas excludentes de responsabilidade, como caso fortuito, força maior e culpa exclusiva da vítima; B: O art. 37, § 6º, da CF refere-se expressamente às pessoas jurídicas de direito privado prestadoras de serviço público; C: Se absolvido por falta de provas, por exemplo, não haverá automático afastamento da responsabilidade civil do Estado; D: Art. 37, caput, da CF; E: O Estado responde também por danos morais, não apenas patrimoniais. Gabarito "D".

(Magistratura Federal-4ª Região – 2010) Dadas as assertivas abaixo, assinale a alternativa correta.

I. A administração pública, em virtude do princípio da legalidade, pode alterar as condições de concurso público constantes do respectivo edital para adaptá-las à nova legislação enquanto não concluído e homologado o certame.

II. Se a lei exige exame psicotécnico para investidura em cargo público, a sua dispensa configura violação ao princípio constitucional da legalidade.

III. O limite de idade para cargos públicos não se legitima na ordem constitucional brasileira em razão do princípio da isonomia.

IV. Aplica-se o Regime Geral de Previdência Social aos servidores ocupantes, exclusivamente, de cargo em comissão.

(A) Estão corretas apenas as assertivas I e II.

(B) Estão corretas apenas as assertivas I e IV.

(C) Estão corretas apenas as assertivas I, II e IV.

(D) Estão corretas apenas as assertivas I, III e IV.

(E) Estão corretas todas as assertivas.

I: Sim. Em regra, a lei se aplica para o presente e para o futuro; II: Súmula 686/STF: "Só por lei se pode sujeitar a exame psicotécnico a habilitação de candidato a cargo público"; III: Se legitima em alguns casos, conforme redação da Súmula 683/STF: "O limite de idade para a inscrição em concurso público só se legitima em face do art. 7º, XXX, da CF, quando possa ser justificado pela natureza das atribuições do cargo a ser preenchido"; IV: Art. 40, § 13, da CF. Gabarito "C".

(Advogado da União/AGU – CESPE – 2009) Com relação aos preceitos constitucionais aplicáveis à administração pública, julgue os próximos itens.

(1) Segundo entendimento do STF, a vedação ao nepotismo não exige edição de lei formal, visto que a proibição é extraída diretamente dos princípios constitucionais que norteiam a atuação administrativa.

(2) É inconstitucional a ascensão funcional como forma de investidura em cargo público, por contrariar o princípio da prévia aprovação em concurso público.

1: Súmula Vinculante 13/STF: "A nomeação de cônjuge, companheiro ou parente em linha reta, colateral ou por afinidade, até o terceiro grau, inclusive, da autoridade nomeante ou de servidor da mesma pessoa jurídica investido em cargo de direção, chefia ou assessoramento, para o exercício de cargo em comissão ou de confiança ou, ainda, de função gratificada na administração pública direta e indireta em qualquer dos Poderes da União, dos Estados, do Distrito Federal e dos Municípios, compreendido o ajuste mediante designações recíprocas, viola a Constituição Federal."; 2: O art. 37, II, da CF exige concurso público para provimento inicial em todo e qualquer cargo público efetivo, abolindo a ascensão funcional. Gabarito 1C, 2C.

(Magistratura do Trabalho – 9ª Região – 2009) Analise as proposições abaixo, considerando a Constituição da República:

I. Mesmo considerando o disposto no *caput* do artigo 5º: "Todos são iguais perante a lei, sem distinção de qualquer natureza, garantindo-se aos brasileiros e aos estrangeiros residentes no País a inviolabilidade do direito à vida, à liberdade, à igualdade, à segurança e à propriedade", a lei poderá estabelecer requisitos diferenciados de admissão em cargo público, quando a natureza do cargo o exigir.

II. Nos termos do artigo 37 da Constituição da República, "a administração pública direta e indireta de qualquer dos Poderes da União, dos Estados, do Distrito Federal e dos Municípios obedecerá aos princípios de legalidade, impessoalidade, moralidade, publicidade e motivação".

III. Um dos incisos do artigo 37 da Constituição da República dispõe que "a remuneração dos servidores públicos e o subsídio de que trata o § 4º do art. 39 somente poderão ser fixados ou alterados por lei específica, observada a iniciativa privativa em cada caso, assegurada revisão geral anual, sempre na mesma data e sem distinção de índices".

IV. Um dos incisos do artigo 37 da Constituição da República estabelece que, exceto no caso de acumulação de pensões ou cargos públicos, a remuneração e o subsídio dos ocupantes de cargos, funções e empregos públicos da administração direta, autárquica e fundacional, dos membros de qualquer dos Poderes da União, dos Estados, do Distrito Federal e dos Municípios, dos detentores de mandato eletivo e dos demais agentes políticos, incluídas as vantagens pessoais ou de qualquer outra natureza, não poderão exceder o subsídio mensal, em espécie, dos Ministros do Supremo Tribunal Federal.

V. A proibição de acumulação remunerada de cargos públicos estende-se a empregos e funções e abrange autarquias, fundações, empresas públicas, sociedades de economia mista, suas subsidiárias, e sociedades controladas, direta ou indiretamente, pelo poder público; as exceções para acumulação – e desde que haja compatibilidade de horários – são a de dois cargos de professor; a de um cargo de professor com outro técnico ou científico; e a de dois cargos ou empregos privativos de profissionais de saúde, com profissões regulamentadas.

(A) somente as proposições I, II e III são corretas
(B) somente as proposições I, III e IV são corretas
(C) somente as proposições II, III e IV são corretas
(D) somente as proposições III, IV e V são corretas
(E) somente as proposições I, III e V são corretas

I: Sim, porque o princípio da igualdade, ao mesmo tempo em que veda as desigualdades, muitas vezes impõe o tratamento desigual, desde que obedecido o princípio da razoabilidade; II: O art. 37, *caput*, da CF lista os princípios da Administração Pública como: (l)egalidade, (i)mpessoalidade, (m)oralidade, (p)ublicidade e (e)ficiência (LIMPE); III: Texto do art. 37, X, da CF; IV: Não reflete o disposto no art. 37, XI, da CF; V: Art. 37, XVI e XVII, da CF. Gabarito "E".

(Magistratura do Trabalho – 23ª Região – 2009) Marque a alternativa CORRETA:

No que concerne ao direito de greve dos servidores públicos civis:

(A) pode ser amplamente exercido porque a norma do inciso VII do art. 37 da Constituição Federal é de eficácia plena.
(B) a definição de seus limites depende da edição de lei complementar.
(C) se sujeita a disposições da Lei nº 7.783/89 enquanto perdurar a omissão do Congresso Nacional.
(D) não se aplicam preceitos da Lei nº 7.783/89 porque nesta são estabelecidos marcos regulatórios específicos do setor privado.
(E) os serviços e atividades considerados essenciais são exclusivamente aqueles previstos na Lei n.º 7.783/89.

O art. 37, VII, da CF prevê o direito de greve do servidor público, condicionando-o à edição de lei específica. Diante da omissão do Congresso Nacional, o STF tem reconhecido o direito de greve aos servidores, mesmo sem edição de lei específica, aplicando-lhes, por analogia, a lei de greve da iniciativa privada (Lei 7783/1989), editada com fundamento no art. 9º, §§ 1º e 2º da CF. Importante lembrar, ainda, que os militares não possuem direito à greve (art. 142, IV, da CF). Gabarito "C".

(Procurador do Município/Boa Vista-RR – 2010 – CESPE) Julgue os itens subsecutivos, referentes ao papel dos municípios na Federação brasileira.

(1) Nas consultas plebiscitárias para criação, incorporação, fusão e desmembramento de municípios, deve-se consultar a população dos territórios diretamente afetados pela alteração. Nesse caso, a vontade popular é aferida pelo percentual que se manifestar em relação ao total da população consultada.

(2) O entendimento do STF, fixando o número exato de vereadores por município, não encontra previsão expressa na Constituição Federal de 1988 (CF), que prevê apenas o número máximo e o número mínimo de vereadores, a depender da população.

(3) O estado pode intervir em seus municípios somente quando estes deixarem de pagar, por dois anos consecutivos, a dívida fundada ou não prestarem as contas devidas, na forma da lei, ou ainda quando não aplicarem o mínimo exigido da receita municipal na manutenção e no desenvolvimento do ensino e nas ações e serviços públicos de saúde.

(4) A doutrina diverge no que se refere ao considerar municípios entidades federativas. Para alguns, são apenas divisões político-administrativas dos estados.

1: A criação, a incorporação, a fusão e o desmembramento de municípios devem seguir o regramento estabelecido no art. 18, § 4º, da CF, ou seja, a) realizarem-se durante o período previsto em lei complementar federal, b) após a elaboração de estudo de viabilidade municipal, c) com consulta prévia (mediante plebiscito) às populações diretamente interessadas e, cumpridos esses requisitos, o processo é finalizado pela edição de, d) lei estadual; 2: Previsão expressa no art. 29, IV, *a* a *x*, da CF; 3: Também na hipótese de o Tribunal de Justiça der provimento a representação para assegurar a observância de princípios indicados na Constituição Estadual, ou para prover a execução de lei, de ordem ou de decisão judicial (v. art. 35, I a IV, da CF); 4: Sim, mas a CF lista os Municípios como entes autônomos no art. 18 da CF. Gabarito 1C, 2E, 3E, 4C.

(Magistratura do Trabalho – 24ª Região – 2007) Em relação à responsabilidade extracontratual do Estado, assinale a alternativa INCORRETA:

(A) Quanto aos danos que causarem a terceiros, o ordenamento constitucional prevê a responsabilidade objetiva do Estado e a responsabilidade subjetiva dos agentes estatais que atuem nessa qualidade.

(B) A partir da concepção teórica do risco administrativo, a mera ocorrência de ato lesivo causado à vítima pelo Estado acarreta o dever de indenizá-la pelo dano pessoal e/ou patrimonial sofrido, independentemente de caracterização de culpa dos agentes estatais ou de demonstração de falta do serviço público.

(C) A responsabilidade pelos danos é reconhecida independentemente da oficialidade da atividade causal e lesiva imputável a agente do Poder Público.

(D) A culpa exclusiva da vítima implica exclusão da responsabilidade do Estado.

(E) A responsabilidade civil do Estado não se confunde com as responsabilidades criminal e administrativa dos agentes públicos, por se tratar de instâncias independentes, salvo quando no juízo criminal ficar patenteada a inexistência de materialidade do delito ou a negativa de autoria, em decisão passada em julgado.

A: Art. 37, § 6º, da CF; B: Pela teoria do risco administrativo, a ideia de culpa é substituída pela noção de nexo de causalidade entre o ato estatal e o prejuízo sofrido pela vítima. Baseia-se na ideia de que os ônus sociais devem ser repartidos entre todos, assim como os benefícios dirigem-se para toda a sociedade. C: Não reflete o disposto no art. 37, § 6º, da CF. Só há responsabilização se os servidores atuarem na qualidade de agentes públicos; D: Excluem a responsabilidade do Estado a força maior e a culpa exclusiva da vítima. No caso de culpa concorrente da vítima e do Estado, a responsabilidade estatal é apenas atenuada; E: As esferas penal, civil e administrativa são independentes. Entretanto, no caso em questão, segundo doutrina e jurisprudência, quando na esfera penal se reconhece, por sentença judicial transitada em julgado, a ausência de autoria e/ou de materialidade do delito, afasta-se a responsabilidade do Estado. Tal não ocorre, por exemplo, nos casos em que a sentença penal não reconhecer a existência do crime por falta de provas. Gabarito "C".

(Magistratura do Trabalho – 24ª Região – 2007) A Administração Pública recebe tratamento constitucional:

I. A autonomia gerencial, orçamentária e financeira dos órgãos e entidades da administração direta e indireta poderá ser ampliada mediante contrato, a ser firmado entre seus administradores e o poder público, que tenha por objeto a fixação de metas de desempenho para o órgão ou entidade, cabendo à lei dispor sobre: (1) o prazo de duração do contrato; (2) os controles e critérios de avaliação de desempenho, direitos, obrigações e responsabilidade dos dirigentes; (3) a remuneração do pessoal.
II. A lei disciplinará as formas de participação do usuário na administração pública direta e indireta, regulando, entre outras hipóteses, as reclamações relativas à prestação dos serviços públicos em geral, asseguradas a manutenção de serviços de atendimento ao usuário e a avaliação periódica, externa e interna, da qualidade dos serviços.
III. A administração fazendária e seus servidores fiscais terão, dentro de suas áreas de competência e jurisdição, precedência sobre os demais setores administrativos, na forma da lei.
IV. A Constituição impõe a proibição de acumular empregos e funções e esta proibição abrange autarquias, fundações, empresas públicas, sociedades de economia mista, suas subsidiárias, e sociedades controladas, direta ou indiretamente, pelo poder público.

Considere as proposições e RESPONDA:
(A) Apenas as proposições I e III estão corretas.
(B) Apenas as proposições II e IV estão corretas.
(C) Apenas as proposições III e IV estão corretas.
(D) Apenas a proposição IV está correta.
(E) Todas as proposições estão corretas.

I: Art. 37, § 8º, da CF. II: Art. 37, § 3º, da CF. III: Art. 37, XVIII, da CF. IV: Art. 37, XVII, da CF. Gabarito "E".

(Magistratura do Trabalho – 8ª Região – 2007) Com respeito à disciplina constitucional da Administração Pública, assinale a assertiva incorreta:

(A) A publicidade dos atos, programas, serviços e campanhas dos órgãos públicos deverá ter caráter educativo, informativo ou de orientação social, dela não podendo constar nomes, símbolos ou imagens que caracterizem promoção pessoal de autoridades ou servidores públicos.
(B) Os atos de improbidade administrativa importarão a suspensão dos direitos políticos, a perda da função pública, a indisponibilidade dos bens e o ressarcimento ao erário, na forma e gradação previstas em lei, sem prejuízo da ação penal cabível.
(C) As funções de confiança, exercidas exclusivamente por servidores ocupantes de cargo efetivo, e os cargos em comissão, a serem preenchidos por servidores de carreira nos casos, condições e percentuais mínimos previsto em lei, destinam-se apenas às atribuições de chefia e assessoramento.
(D) Somente por lei específica poderá ser criada autarquia e autorizada a instituição de empresa pública, de sociedade de economia mista e de fundação, cabendo à lei complementar, neste último caso, definir as áreas de sua atuação.
(E) A lei reservará percentual dos cargos e empregos públicos para as pessoas portadoras de deficiência e definirá os critérios de sua admissão, bem como estabelecerá os casos de contratação por tempo determinado para atender a necessidade temporária de excepcional interesse público.

A: Art. 37, § 1º, da CF; B: Art. 37, § 4º, da CF; C: Não abrange todas as hipóteses previstas no disposto no art. 37, V, da CF: direção, chefia e assessoramento; D: Art. 37, XIX, da CF; E: Art. 37, VIII, da CF. Gabarito "C".

(Ministério Público do Trabalho – 13º) Quanto ao regramento constitucional da Administração Pública, assinale a alternativa CORRETA:

(A) os cargos, empregos e funções públicas são acessíveis a todos os brasileiros, assim como aos estrangeiros ainda que não naturalizados, na forma da lei;
(B) exercidas por servidores ocupantes de cargo efetivo e por servidores extraquadros, as funções de confiança e os cargos em comissão, a serem preenchidos por servidores de carreira nos casos, condições e percentuais mínimos previstos em lei, destinam-se apenas às atribuições de direção, gerenciamento, chefia e assessoramento;
(C) a investidura em cargo ou emprego público depende de aprovação prévia em concurso público de provas ou de provas e títulos, de acordo com a natureza e a complexidade do cargo ou emprego, na forma prevista em lei, ressalvadas as nomeações para cargo em comissão declarado em lei de livre nomeação e exoneração;
(D) a lei reservará percentual dos cargos públicos para as pessoas portadoras de deficiência e definirá os critérios de sua admissão, sendo que para os empregos públicos aplicar-se-á a legislação específica da iniciativa privada;
(E) não respondida.

A: Não reflete o disposto no art. 37, I, da CF; B: Não reflete o disposto no art. 37, V, da CF; C: Art. 37, II, da CF; D: Não reflete o disposto no art. 37, VIII, da CF. Gabarito "C".

10. ORGANIZAÇÃO DO PODER EXECUTIVO

(Magistratura/SC – 2008) Assinale a alternativa INCORRETA:

(A) O Chefe do Poder Executivo detém a prerrogativa de vetar, total ou parcialmente, por inconstitucionalidade ou contrariedade ao interesse público, projeto de lei aprovado pelo Poder Legislativo.
(B) Urgência e relevância são os pressupostos para o Presidente da República editar medida provisória.
(C) Rejeitado o veto oposto pelo Chefe do Executivo, o projeto de lei é novamente submetido a ele para promulgação.
(D) Em caso de impedimento do Presidente e do Vice-Presidente da República, ou vacância dos respectivos cargos, serão sucessivamente chamados ao exercício da Presidência o Presidente do Senado Federal, o da Câmara dos Deputados e o do Supremo Tribunal Federal.
(E) Os mandatos dos Chefes dos Poderes Executivos Federal e Estaduais são coincidentes e tem duração de 4 (quatro) anos, sendo admitida a reeleição.

A: Art. 66, § 1º, da CF; B: Art. 62 da CF; C: Art. 66, § 5º, da CF; D: Não reflete o disposto no art. 80 da CF; E: Art. 14, § 5º, art. 28, art. 77 e art. 82, todos da CF. Gabarito "D".

(Ministério Público/ES – 2010 – CESPE) Com base na organização dos Poderes Executivo, Legislativo e Judiciário em consonância com a jurisprudência do STF, assinale a opção correta.

(A) É inconstitucional norma estadual que subordine a nomeação dos dirigentes de autarquias e fundações públicas à prévia aprovação da assembléia legislativa, por se entender que somente aquelas autoridades constantes no modelo federal estariam submetidas a esse procedimento.
(B) As constituições estaduais poderão fixar a exigência de autorização legislativa nos casos de ausência do chefe do Poder Executivo do país por prazo inferior a quinze dias, por entender que não se aplica o princípio da simetria na espécie.
(C) É inconstitucional norma estadual que determine que o chefe do Poder Executivo promova prestação trimestral de contas à assembléia legislativa.
(D) É inconstitucional norma estadual que confira aos defensores públicos prerrogativas inseridas no estatuto constitucional da magistratura, em especial a garantia da inamovibilidade.
(E) Não ofende a CF norma estadual que estabeleça, na hipótese de vacância dos cargos de governador e vice-governador do estado, no último ano do período governamental, a convocação sucessiva do presidente da assembléia legislativa e do presidente do TJ, para o exercício do cargo de governador.

A: "À vista da cláusula final de abertura do art. 52, III, f, da CF, consolidou-se a jurisprudência do STF no sentido da validade de normas locais que subordinam a nomeação dos dirigentes de autarquias ou fundações públicas à prévia aprovação da Assembleia Legislativa." (ADI 2.225-MC, Rel. Min. Sepúlveda Pertence); B: O art. 83 da CF exige autorização no caso de afastamento superior a quinze dias, devendo ser aplicada por simetria federativa aos Estados; C: "Prestação trimestral de contas à Assembleia Legislativa. Desconformidade com o parâmetro federal (CF, art. 84, XXIV), que prevê prestação anual de contas do Presidente da República ao

Congresso Nacional" (ADI 2.472-MC, Rel. Min. Maurício Corrêa); D: As garantias estabelecidas pela CF para os defensores públicos podem ser ampliadas pelos Estados, sem que isso configure inconstitucionalidade; E: "EC 28, que alterou o § 2º do art. 79 da Constituição do Estado de Sergipe, estabelecendo que, no caso de vacância dos cargos de Governador e Vice-Governador do Estado, no último ano do período governamental, serão sucessivamente chamados o Presidente da Assembleia Legislativa e o Presidente do Tribunal de Justiça, para exercer o cargo de Governador. A norma impugnada suprimiu a eleição indireta para Governador e Vice-Governador do Estado, realizada pela Assembleia Legislativa em caso de dupla vacância desses cargos no último biênio do período de governo. Afronta aos parâmetros constitucionais que determinam o preenchimento desses cargos mediante eleição." (ADI 2.709, Rel. Min. Gilmar Mendes). Gabarito "C".

(Ministério Público/MG – 2010 – FUNDEP) De acordo com as hipóteses previstas na Constituição da República, é CORRETO afirmar que o Presidente da República

(A) poderá expedir decreto autônomo para regulamentar leis, tendo por fim sua fiel execução.
(B) nunca poderá expedir decreto autônomo.
(C) poderá expedir decreto autônomo tendo em vista a organização e funcionamento da administração federal, quando não implicar aumento de despesa nem criação ou extinção de órgãos públicos, bem como extinção de funções ou cargos públicos, quando vagos.
(D) poderá expedir decreto autônomo para regulamentar medidas provisórias, quando o seu texto sofrer modificação no Congresso Nacional.

A: O art. 84, IV, da CF prevê a atribuição do Presidente da República para expedir decretos de fiel execução das leis. Assim, os decretos de execução ou de regulamentação não são autônomos; B e C: Pode, nas hipóteses expressamente previstas no art. 84, VI, da CF. Nesse caso, são autônomos porque encontram fundamento de validade diretamente na Constituição, e não em uma lei; D: Só pode nas hipóteses do art. 84, VI, da CF. Gabarito "C".

(Ministério Público/MG – 2010 – FUNDEP) São crimes de responsabilidade do Presidente da República os atos que atentem

(A) contra a lei orçamentária.
(B) contra os partidos políticos.
(C) contra as leis e as decisões administrativas.
(D) contra a improbidade na administração.

Art. 85, VI, da CF. Gabarito "A".

(Ministério Público/MG – 2010 – FUNDEP) Quanto ao Poder Executivo da União, é CORRETO afirmar que

(A) é exercido pelo Presidente da República e pelos Ministros de Estado.
(B) é exercido pelo Presidente da República e pelos congressistas escolhidos por aquele.
(C) é exercido pelo Presidente da República, auxiliado pelos Ministros de Estado.
(D) é exercido pelo Presidente da República, auxiliado pelo Congresso Nacional.

Art. 76 da CF. Gabarito "C".

(Ministério Público/SP – 2006) Assinale a alternativa correta.

É competência privativa do Presidente da República:

(A) Nomear e exonerar Ministros de Estado ad referendum do Senado Federal.
(B) Sancionar, promulgar e fazer publicar leis e emendas constitucionais, bem como expedir documentos e regulamentos para sua fiel execução.
(C) Manter relações com Estados estrangeiros e acreditar seus representantes diplomáticos, bem como celebrar tratados e convenções e atos internacionais desde que previamente aprovados pelo Congresso Nacional, com antecedência mínima de 30 dias.
(D) Conceder indulto e comutar penas, com audiência, se necessário, dos órgãos instituídos em lei, podendo delegar tal atribuição ao Procurador-Geral da República.
(E) Editar medidas provisórias com força de lei, podendo delegar tal atribuição a Ministro de Estado, observados os limites traçados na respectiva delegação.

A: O art. 84, I, da CF, não exige referendo do Senado Federal; B: Não reflete o disposto no art. 84, IV, da CF c/c art. 60, § 3º, ambos da CF; C: V. art. 84, VII e VIII, da CF; D: Art. 84, XII e parágrafo único, da CF; E: Não reflete o disposto no art. 84, XXVI e parágrafo único, da CF. Gabarito "D".

(Procurador do Estado/RO – 2011 – FCC) Compete ao Conselho da República

(A) opinar sobre a decretação do estado de defesa, do estado de sítio e da intervenção federal.
(B) pronunciar-se sobre estado de defesa, estado de sítio e intervenção federal.
(C) controlar a atuação administrativa e financeira do Poder Judiciário.
(D) opinar sobre a atuação administrativa e financeira do Poder Judiciário.
(E) estudar iniciativas para garantir a independência nacional e defesa do Estado democrático.

Art. 90, I e II, da CF. Gabarito "B".

(Procurador do Estado/SC – 2009) Assinale a alternativa correta, com respeito ao modelo constitucional, federal e estadual brasileiro.

(A) Os crimes de responsabilidade que forem imputados ao Presidente da República serão julgados pela lei de improbidade administrativa.
(B) Mesmo após a instauração de processo por crime de responsabilidade contra ele, o Presidente da República não pode ser suspenso de suas funções, senão após o julgamento definitivo.
(C) O Presidente da República pode, através de Decreto, extinguir cargos e funções públicas, criados por lei, quando vagos.
(D) O Presidente da República, caso recebida denúncia ou queixa crime contra ele no Supremo Tribunal Federal, não poderá ser suspenso de suas funções.
(E) O processo por crime de responsabilidade contra o Presidente da República é levado a efeito pelo Supremo Tribunal Federal sob a presidência do Presidente do Senado

A: O art. 85 da CF estabelece os parâmetros para a configuração dos crimes de responsabilidade do Presidente da República e seu parágrafo único remete sua definição à lei (no caso, Lei 1079/1950); B e D: Não reflete o disposto no art. 86, § 1º, I e II, da CF; C: Art. 84, VI, *b*, da CF; E: Não reflete o disposto no art. 86, *caput*, da CF. Gabarito "C".

(Procurador do Estado/SP – FCC – 2009) As competências privativas do Presidente da República, elencadas na Constituição Federal,

(A) admitem delegação, por ato presidencial, aos Ministros de Estado, ao Procurador-Geral da República e ao Advogado-Geral da União.
(B) admitem delegação em algumas hipóteses, como nos casos de provimento de cargos públicos e concessão de condecorações e distinções honoríficas.
(C) são indelegáveis, caracterizando a sua delegação crime de responsabilidade.
(D) admitem delegação aos Ministros de Estado, por meio de lei de iniciativa presidencial.
(E) admitem delegação em algumas hipóteses, como nos casos de concessão de indulto e decretação de intervenção federal.

O Presidente da República poderá delegar as atribuições mencionadas nos incisos VI, XII e XXV, primeira parte, do art. 84 da CF, aos Ministros de Estado, ao Procurador-Geral da República ou ao Advogado-Geral da União (art. 84, parágrafo único, da CF). Gabarito "A".

(Defensoria/MT – 2007) Compete privativamente ao Presidente da República, sem possibilidade de delegação:

(A) Decretar e executar a intervenção federal.
(B) Prover e extinguir os cargos públicos federais.
(C) Conceder indulto e comutar penas.
(D) Autorizar referendo e convocar plebiscito.
(E) Fixar os subsídios dos Ministros de Estado.

A: Art. 84, X, da CF; B: Não reflete a integralidade do disposto no art. 84, XXV, da CF; C: Não reflete a integralidade do disposto no art. 84, XII, da CF; D: Não reflete o disposto no art. 49, XV, da CF; E: Não reflete o disposto no art. 49, VIII, da CF. Gabarito "A".

(Defensoria/RN – 2006) Admitida a acusação contra o Presidente da República,

(A) enquanto não for proferida a sentença condenatória, não estará sujeito a prisão nas infrações comuns.
(B) o julgamento será feito pelo Senado Federal nos crimes de responsabilidade e nas infrações comuns.
(C) sendo crime de responsabilidade, logo após o recebimento da queixa-crime ou denúncia o Presidente ficará afastado de suas funções.
(D) se, decorrido cento e oitenta dias, o julgamento não estiver concluído, o Presidente poderá retornar às suas funções, sendo arquivado o processo instaurado.

A: Art. 86, § 3º, da CF; B: Não reflete o disposto no art. 86 da CF; C: Não reflete o disposto no art. 86, § 1º, II, da CF; D: Não reflete o disposto no art. 86, § 2º, da CF. Gabarito "A".

(Delegado/PB – 2009 – CESPE) Quanto ao Poder Executivo, assinale a opção correta.

(A) No sistema de governo presidencialista, o chefe de governo é também o chefe de Estado.
(B) Quando o presidente da República celebra um tratado internacional, o faz como chefe de governo.
(C) O presidente da República responde por crimes comuns e de responsabilidade perante o Senado Federal, depois de autorizado o seu julgamento pela Câmara dos Deputados.
(D) Algumas competências privativas do presidente da República podem ser delegadas aos ministros de estado. Entre elas está a de presidir o Conselho da República e o Conselho de Defesa quando não estiver presente na sessão.
(E) O presidente da República não pratica crime de responsabilidade quando descumpre uma decisão judicial que entende ser inconstitucional ou contrária ao interesse público.

A: No Presidencialismo, as funções de Chefe de Estado e de Chefe de Governo são acumuladas na pessoa do Presidente; B: O faz representando a República Federativa do Brasil, como Chefe de Estado; C: O art. 84, parágrafo único, da CF, permite a delegação, mas apenas nos casos expressamente nele previstos, que não inclui a presidência dos Conselhos da República e da Defesa; E: Comete crime de responsabilidade nessa hipótese, na forma do art. 85, VII, da CF. Gabarito "A".

(Cartório/SP – 2008) O Presidente da República, mediante a edição de decretos, pode

(A) criar e extinguir ministérios.
(B) transferir provisoriamente a Capital da República.
(C) fixar e modificar o efetivo das forças armadas.
(D) nenhuma das alternativas anteriores.

A: Não reflete o art. 48, XI, da CF; B: Não reflete o art. 48, VII, da CF; C: Não reflete o art. 48, III, da CF. Gabarito "D".

(Cartório/SP – 2008) No impedimento conjunto do Presidente e do Vice-Presidente da República, o exercício do cargo é assumido, em primeiro lugar, pelo Presidente

(A) da Câmara dos Deputados.
(B) do Supremo Tribunal Federal.
(C) do Senado Federal.
(D) do Congresso Nacional.

Art. 80 da CF. Gabarito "A".

(Procurador do Município/Florianópolis-SC – 2010 – FEPESE) Em caso de impedimento do Presidente e do Vice-Presidente, ou vacância dos respectivos cargos, serão sucessivamente chamados ao exercício da Presidência:

(A) o Presidente do Congresso Nacional, o da Câmara dos Deputados e o do Supremo Tribunal Federal.
(B) o Presidente do Congresso Nacional, o do Senado Federal e o do Supremo Tribunal Federal.
(C) o Presidente da Câmara dos Deputados, o do Supremo Tribunal Federal e o do Congresso Nacional.
(D) o Presidente da Câmara dos Deputados, o do Senado Federal e o do Supremo Tribunal Federal.
(E) o Presidente do Senado Federal, o do Supremo Tribunal Federal e o da Câmara dos Deputados.

Art. 80 da CF. Gabarito "D".

(Magistratura Federal-5ª Região – 2011) A respeito do Poder Executivo, assinale a opção correta.

(A) Nos crimes comuns, o presidente da República será processado e julgado pelo STF somente após ser declarada procedente a acusação por parte da Câmara dos Deputados, circunstância que não impede a instauração de inquérito policial e o oferecimento da denúncia.
(B) Em caso de urgência ou de interesse público relevante, o presidente da República pode convocar extraordinariamente o Congresso Nacional, devendo ser efetuado o pagamento da parcela indenizatória devida em razão do caráter excepcional da convocação.
(C) O presidente da República detém competência privativa tanto para decretar o estado de defesa e o estado de sítio quanto para suspender essas medidas.
(D) A composição do Conselho da República, órgão de consulta do presidente da República, está taxativamente prevista na CF, razão por que é vedada a participação, nas reuniões desse conselho, de outras autoridades além das indicadas na CF.
(E) Nos crimes de responsabilidade, o Senado Federal, na condição de órgão judicial, exercendo jurisdição recebida da CF, julga o presidente da República, razão por que é cabível a interposição de recurso ao STF contra decisão proferida em processo de impeachment.

A: Art. 86 da CF; B: O art. 57, § 7º, da CF, veda o pagamento de parcela indenizatória pela convocação extraordinária; C: Para decretar sim (art. 84, IX, da CF), mas não para suspender; D: Não há vedação para outras autoridades participarem das reuniões, caso necessário (v. art. 90, § 1º, da CF); E: O Senado Federal é a autoridade julgadora, mas não significa que passa a ser órgão judicial. Gabarito "A".

(Magistratura Federal/1ª Região – 2009 – CESPE) No que se refere ao Poder Executivo, assinale a opção correta.

(A) A denúncia oferecida à Câmara dos Deputados, imputando ao chefe do Poder Executivo federal a prática de crime de responsabilidade, não o coloca na posição de acusado; por essa razão, os princípios do contraditório e da ampla defesa serão de observância obrigatória somente após o início do processo propriamente dito, perante o Senado Federal.
(B) É indelegável a atribuição constitucional do presidente da República de conceder indulto.
(C) O ministro do Planejamento e os comandantes da Marinha, do Exército e da Aeronáutica integram o Conselho da República.
(D) Conforme orientação do STF, a manifestação do Conselho de Defesa Nacional não constitui requisito de validade da demarcação de terras indígenas, mesmo daquelas situadas em região de fronteira.
(E) Segundo posicionamento do STF, a imunidade formal relativa à prisão do presidente da República é aplicável também aos chefes dos poderes executivos estaduais, desde que diante de expressa previsão nas respectivas constituições estaduais.

A: Não reflete o disposto no art. 86, *caput* e § 1º, II, da CF; B: A competência prevista no art. 84, XII, da CF é delegável, na forma do parágrafo único do mesmo artigo; C: De acordo com o art. 89 da CF, dele participam: "I - o Vice-Presidente da República; II - o Presidente da Câmara dos Deputados; III - o Presidente do Senado Federal; IV - os líderes da maioria e da minoria na Câmara dos Deputados; V - os líderes da maioria e da minoria no Senado Federal; VI - o Ministro da Justiça; VII - seis cidadãos brasileiros natos, com mais de trinta e cinco anos de idade, sendo dois nomeados pelo Presidente da República, dois eleitos pelo Senado Federal e dois eleitos pela Câmara dos Deputados, todos com mandato de três anos, vedada a recondução"; D: V. STF, MS 25.483, Rel. Min. Carlos Britto; E: De acordo com o STF, a imunidade do Presidente da República, prevista no art. 86, § 3º, da CF, não pode ser conferida aos Governadores de Estado pelas Constituições estaduais. Confira-se passagem da ementa da ADI 978, Rel. Min. Ilmar Galvão: "(...) O Estado-membro, ainda que em norma constante de sua própria Constituição, não dispõe de competência para outorgar ao Governador a prerrogativa extraordinária da imunidade à prisão em flagrante, à prisão preventiva e à prisão temporária, pois a disciplina dessas modalidades de prisão cautelar submete-se, com exclusividade, ao poder normativo da União Federal, por efeito de expressa reserva constitucional de competência definida pela Carta da República. - A norma constante da Constituição estadual - que impede a prisão do Governador de Estado antes de sua condenação penal definitiva - não se reveste de validade jurídica e, consequentemente, não pode subsistir em face de sua evidente incompatibilidade com o texto da Constituição Federal. PRERROGATIVAS INERENTES AO PRESIDENTE DA REPÚBLICA ENQUANTO CHEFE DE ESTADO. - Os Estados-membros não podem reproduzir em suas próprias Constituições o conteúdo normativo dos preceitos inscritos no art. 86, PAR.3. e 4., da Carta Federal, pois as prerrogativas contempladas nesses preceitos da Lei Fundamental - por serem unicamente compatíveis com a condição institucional de Chefe de Estado - são apenas extensíveis ao Presidente da República". Gabarito "D".

(Magistratura Federal/5ª Região – 2009 – CESPE) Acerca do Poder Executivo, do Conselho da República e do Conselho de Defesa Nacional, assinale a opção correta.

(A) Todos os membros do Conselho da República, órgão de consulta da Presidência, são escolhidos pelo presidente da República.
(B) Compete ao Conselho de Defesa Nacional opinar a respeito das questões relevantes para a estabilidade das instituições democráticas.
(C) Para que o presidente da República seja julgado pelo STF por crimes comuns, é necessária a autorização de dois terços da Câmara dos Deputados, por força da qual fica ele suspenso das suas funções.
(D) Não se submete ao controle concentrado de constitucionalidade, conforme entendimento do STF, o decreto que, dando execução a lei inconstitucional, cria cargos públicos remunerados e estabelece as respectivas denominações, competências, atribuições e remunerações.
(E) Conforme entendimento do STF, o presidente da República pode delegar aos ministros de Estado, por meio de decreto, a atribuição de demitir, no âmbito das suas respectivas pastas, servidores públicos federais.

A: Não reflete o disposto no art. 89 da CF que, dentre outros membros, prevê "seis cidadãos brasileiros natos, com mais de trinta e cinco anos de idade, sendo dois nomeados pelo Presidente da República, dois eleitos pelo Senado Federal e dois eleitos pela Câmara dos Deputados, todos com mandato de três anos, vedada a recondução"; B: Competência do Conselho da República (art. 90, II, da CF); C: A primeira parte está correta (art. 86, caput, da CF), mas só é afastado das funções, nos crimes comuns, quando do recebimento da denúncia ou queixa-crime pelo STF (art. 86, § 1º, I, da CF); D: As situações expressamente previstas no art. 84, VI, da CF correspondem a decretos autônomos, porque encontram fundamento de validade diretamente na Constituição, e não em uma lei. Nessas hipóteses, portanto, caberá controle concentrado de constitucionalidade; E: Consta da ementa do MS 25.518, Rel. Min. Sepúlveda Pertence: "Presidente da República: competência para prover cargos públicos (CF, art. 84, XXV, primeira parte), que abrange a de desprovê-los, a qual, portanto é susceptível de delegação a Ministro de Estado (CF, art. 84, parágrafo único)". O STF também entende que, nos casos de mandado de segurança contra ato praticado no exercício de poderes administrativos delegados, a competência jurisdicional para apreciar o 'writ' é aferida em razão da qualidade da autoridade delegada e não em função da hierarquia da autoridade delegante (V. Súmula 510/STF). Gabarito "E".

(Procurador da Fazenda Nacional – 2007 – ESAF) Assinale a opção correta.

(A) O Presidente ficará suspenso de suas funções nas infrações penais comuns e nos crimes de responsabilidade quando autorizados os respectivos processamentos pela Câmara dos Deputados.
(B) Entre as competências do Presidente se encontra a de convocar o Conselho da República e o Conselho de Defesa Nacional, embora eventualmente possa delegar a atribuição de presidi-los.
(C) A Constituição não prevê expressamente a existência do cargo de Ministro do Planejamento, motivo pelo qual a sua criação depende da estruturação proposta pelo Presidente da República.
(D) Como não se trata de matéria constitucionalmente reservada à lei, o Presidente da República pode dispor, mediante decreto, sobre a extinção de funções ou cargos públicos, mesmo que a prática do ato crie ou extinga direitos e obrigações.
(E) Em caso de crime de responsabilidade do Presidente da República, a competência para o julgamento é do Senado Federal, sendo que a condenação depende da deliberação favorável do equivalente a 2/3 dos votos daquela Casa Parlamentar.

A: Não reflete o disposto no art. 86, § 1º, da CF; B: Não reflete o disposto no art. 84, XVIII e parágrafo único, da CF; C: Não reflete o disposto no art. 91, VII, da CF; D: Não reflete o disposto no art. 84, VI, b, da CF; E: Art. 86 c/c art. 52, I e parágrafo único, ambos da CF. Gabarito "E".

(MAGISTRATURA DO TRABALHO – 1ª REGIÃO – 2010 – CESPE) Acerca dos comandos constitucionais relativos ao Poder Executivo, assinale a opção correta.

(A) A CF admite a possibilidade de o advogado-geral da União conceder indulto e comutar penas, com audiência dos órgãos instituídos em lei, se necessário.
(B) Nos casos de crimes de responsabilidade conexos com os do presidente da República e de crimes comuns, os ministros de Estado serão processados e julgados perante o STF.
(C) O presidente da República detém competência indelegável para a edição de medida provisória, a qual, na ocorrência da denominada rejeição tácita, perderá a eficácia desde a sua edição, com efeitos *ex nunc*.
(D) Uma vez publicada medida provisória, são revogadas as demais normas do ordenamento jurídico que com ela sejam incompatíveis.
(E) O procurador-geral da República pode, mediante delegação do presidente da República, celebrar tratados, convenções e atos internacionais, os quais se sujeitam a referendo do Congresso Nacional.

A: A competência do Presidente da República de conceder indulto e comutar penas, prevista no art. 84, XII, da CF, pode ser delegada ao AGU, conforme expressa autorização do parágrafo único do mesmo artigo; B: Competência do Senado Federal (art. 52, I, da CF); C: O juízo de relevância e urgência para adoção de Medidas Provisórias é ato privativo do Presidente da República (art. 84, XXVI, da CF) e indelegável (art. 84, parágrafo único, da CF), mas a sua não conversão em lei no prazo constitucional (rejeição tácita), de acordo com o art. 62, § 3º, da CF, implica perda da eficácia desde a edição (eficácia *ex tunc*); D: Não há propriamente revogação, pois a medida provisória é editada sob condição resolutiva de sua conversão em lei; E: A competência prevista no art. 84, VIII, da CF é indelegável ao PGR, pois não consta do parágrafo único do mesmo artigo. Gabarito "A".

(Magistratura do Trabalho – 8ª Região – 2007) Marque a resposta que está em desacordo com a Constituição Federal, no tocante às atribuições do Presidente da República:

(A) Iniciar o processo legislativo, na forma e nos casos previstos na Constituição Federal.
(B) Celebrar a paz, autorizado ou com o referendo do Senado Federal.
(C) Convocar e presidir o Conselho da República e o Conselho de Defesa Nacional.
(D) Conferir condecorações e distinções honoríficas.
(E) Prover e extinguir os cargos públicos federais, na forma da lei.

A: Art. 84, III, da CF; B: Não reflete o disposto no art. 84, XX, da CF; C: Art. 84, XVIII, da CF; D: Art. 84, XXI, da CF; E: Art. 84, XXV, da CF. Gabarito "B".

(Magistratura do Trabalho – 16ª Região – 2006) Considere os itens abaixo: I. Compete ao Presidente da República celebrar tratados, convenções e atos internacionais, sujeitos ao referendo do Congresso Nacional. II. O Presidente da República poderá delegar ao Ministro de Estado a concessão de indulto e comutar penas, com audiência, se necessário, dos órgãos instituídos por lei. III. Permitir que nos casos previstos em lei ordinária que forças estrangeiras transitem pelo território nacional ou nele permaneçam temporariamente

Assinale a opção CORRETA:

(A) Somente I e II;
(B) Somente I;
(C) Somente e I, II e III;
(D) Somente I e III;
(E) Somente II e III.

I: Art. 84, VIII, da CF. II: Art. 84, XII e parágrafo único, da CF. III: Não reflete o disposto no art. 84, XXII, da CF. Gabarito "A".

(Ministério Público do Trabalho – 14º) Julgue as assertivas abaixo e assinale a alternativa CORRETA:

I. As medidas provisórias são fontes do direito com previsão constitucional, havendo restrições tão somente no aspecto material, no tocante à urgência e relevância da situação nela disciplinada, além de algumas matérias que estão fora de seu âmbito, mas não no aspecto formal; sendo assim, elas podem substituir qualquer modalidade de lei, produzindo desde logo seus efeitos sujeitos à condição resolutiva, uma vez respeitadas as restrições materiais.
II. Compete privativamente ao Presidente da República dispor mediante decreto sobre a organização e funcionamento da administração federal, quando não implicar aumento de despesas nem criação ou extinção de órgãos públicos, assim como sobre extinção de funções ou cargos públicos quando vagos.
III. Cabe ao Presidente da República nomear os procuradores gerais dos ramos do Ministério Público da União, após aprovação de seus nomes pelo Senado Federal.

IV. Os atos do Presidente da República que atentem contra a Constituição Federal, no que se refere ao livre exercício do Ministério Público e do exercício dos direitos políticos, individuais e sociais, constituem crimes de responsabilidade, conforme definição em lei especial, que estabelecerá as normas de processo e julgamento.

(A) apenas as assertivas I e III são corretas;
(B) apenas as assertivas I e II são corretas;
(C) apenas as assertivas II e IV são corretas;
(D) apenas a assertiva II é correta;
(E) não respondida.

I: Não reflete o disposto no art. 62, § 1º, III, IV, e § 2º, da CF. II: Art. 84, VI, *a* e *b*, da CF. III: Não reflete o disposto no art. 84, XIV, da CF. IV: Art. 85, II, da CF. Gabarito "C".

(CESPE – 2008) No que concerne à disciplina constitucional relativa ao Poder Executivo, assinale a opção correta.

(A) Se, decorridos 10 dias da data fixada para a posse presidencial, o presidente ou o vice-presidente, salvo motivo de força maior, não tiver assumido o cargo, deverá ser convocado, para assumir o cargo, o segundo mais votado no pleito eleitoral.
(B) Em caso de vacância dos cargos de presidente e vice-presidente da República ocorrida nos últimos dois anos do mandato presidencial, deverá ser realizada eleição direta após 90 dias contados da abertura da última vaga.
(C) Se, antes do segundo turno da votação, houver morte, desistência ou impedimento de candidato à chefia do Poder Executivo federal, deverá ser convocado, entre os remanescentes, o de maior votação.
(D) Será considerado eleito presidente da República, em primeiro turno, o candidato que obtiver a maioria absoluta de votos, computados os votos em branco e os nulos.

A: arts. 78 e 80, ambos da CF; B: art. 81, § 1º, da CF; C: art. 77, § 4º, da CF; D: art. 77, § 2º, da CF. Gabarito "C".

(CESPE – 2007) A disciplina constitucional sobre a organização dos Poderes Executivo e Legislativo

(A) permite que o presidente da República delegue aos ministros de Estado, ao procurador-geral da República ou ao advogado-geral da União algumas atribuições que lhe são privativas.
(B) estabelece que o presidente da República, nas infrações comuns, só possa ser preso em flagrante delito de crime inafiançável.
(C) admite que os deputados e senadores sejam proprietários ou controladores de empresa que goze de favor decorrente de contrato com pessoa jurídica de direito público, desde que não ocupem cargos de diretores ou nela exerçam função remunerada.
(D) autoriza que o deputado ou senador se licencie do cargo para exercer a função de ministro de Estado, mas, não, a de secretário estadual.

A: art. 84, parágrafo único, da CF; B: art. 86, § 3º, da CF; C: art. 54, II, *a*, da CF; D: art. 56, I, da CF. Gabarito "A".

(CESPE – 2007) O impeachment do presidente da República

(A) pode ser iniciado por denúncia de qualquer cidadão.
(B) só pode ser processado mediante autorização de 2/3 do Senado Federal.
(C) é processado perante o Supremo Tribunal Federal, que só poderá proferir condenação mediante voto de 2/3 de seus membros.
(D) pode resultar na perda do cargo e a inabilitação permanente para o exercício de função pública.

Art. 85, da CF; art. 14, Lei n. 1.079/50 (Crimes de Responsabilidade). Gabarito "A".

(CESPE – 2007) Assinale a opção correta acerca da disciplina constitucional do Poder Executivo.

(A) O ministro do planejamento é membro nato do Conselho de Defesa Nacional.
(B) Compete privativamente ao presidente da República acreditar representantes diplomáticos estrangeiros, com a autorização prévia do Senado Federal.
(C) O presidente e o vice-presidente da República não poderão, sem licença do Congresso Nacional, ausentar-se do país.
(D) Os ministros de Estado são escolhidos entre brasileiros natos maiores de vinte e um anos e no exercício dos direitos políticos.

A: art. 91, VII, da CF; B: art. 84, VII, da CF; C: art. 83 da CF; D: art. 87 da CF. Gabarito "A".

(CESPE – 2007) Acerca da organização dos Poderes Legislativo e Executivo, assinale a opção correta.

(A) Constitui crime de responsabilidade a ausência, sem justificação adequada, de ministro de Estado ou qualquer titular de órgão diretamente subordinado à presidência da República, quando houver convocação por parte da Câmara dos Deputados e do Senado Federal, ou de qualquer de suas comissões, para prestar informações sobre assunto determinado.
(B) Na hipótese de vacância dos cargos de presidente e vice-presidente da República, nos dois primeiros anos do mandato, o Congresso Nacional deverá proceder à eleição indireta, no prazo de 30 dias a contar da vacância do último cargo, para escolher o sucessor, que completará o mandato do antecessor.
(C) O senador ou deputado federal que tenha cometido crime antes da diplomação somente terá o seu processo penal por crime comum suspenso pela respectiva casa por iniciativa de partido político nela representado e pelo voto da maioria de seus membros.
(D) O deputado federal ou senador terá os seus direitos políticos perdidos ou suspensos somente quando decidido pela respectiva casa por voto secreto e maioria absoluta, mediante provocação da respectiva mesa ou de partido político representado no Congresso Nacional, assegurada ampla defesa.

A: art. 50, *caput*, da CF; art. 13 da Lei n. 1.079/50 (Crimes de Responsabilidade); B: art. 80 da CF; C: art. 53, § 3º, da CF; D: art. 55, § 2º, da CF. Gabarito "A".

11. ORGANIZAÇÃO DO PODER LEGISLATIVO. PROCESSO LEGISLATIVO

(MAGISTRATURA/PB – 2011 – CESPE) Considerando a disciplina constitucional do Congresso Nacional e do processo legislativo, assinale a opção correta.

(A) No Poder Judiciário, cabe ao presidente do STF, com exclusividade, a iniciativa das leis complementares e ordinárias sobre matérias afetas a esse poder.
(B) O veto que o presidente da República apõe a projeto de lei pode ser total ou parcial, devendo, neste caso, abranger texto integral de artigo, de parágrafo, de inciso ou de alínea.
(C) Os estados, o DF e os territórios são representados por três senadores, eleitos, com dois suplentes, para mandatos de oito anos, sendo a representação renovada a cada quatro anos, na proporção de um terço, de acordo com o princípio proporcional e de dois terços, de acordo com o princípio majoritário.
(D) Entre as competências exclusivas do Congresso Nacional incluem-se a de processar e julgar os ministros do STF, os membros do CNJ e do Conselho Nacional do Ministério Público, o procurador-geral da República e o AGU nos crimes comuns e nos de responsabilidade.
(E) Os parlamentares federais possuem imunidade formal para a prisão e para o processo, não podendo, desde a expedição do diploma, ser presos, salvo em flagrante de crime inafiançável, nem processados criminalmente sem prévia licença da respectiva casa.

A: O art. 93 da CF refere-se apenas à iniciativa do STF para o Estatuto da Magistratura; B: Art. 66, § 1º, da CF; C: Não reflete o disposto no art. 46, §§ 1º a 3º, da CF. A eleição para o Senado segue o princípio majoritário e os territórios (se existentes) não elegem senadores; D: As competências exclusivas no Congresso Nacional encontram-se previstas no art. 49, I a XVII, da CF, que não incluem as listadas na questão; E: A imunidade formal não impede a instauração do processo, não é necessária licença da Casa para que seja processado criminalmente (o que pode ocorrer, se observados os termos da CF, é a sustação do andamento da ação). Desde a expedição do diploma, os congressistas não poderão ser presos, salvo em flagrante de crime inafiançável. Nesse caso, os autos serão remetidos dentro de vinte e quatro horas à Casa respectiva, para que, pelo voto da maioria de seus membros, resolva sobre a prisão (art. 53, § 2º, da CF). Além disso, o § 3º do mesmo artigo determina que "recebida a denúncia contra o Senador ou Deputado, por crime ocorrido após a diplomação, o Supremo Tribunal Federal dará ciência à Casa respectiva, que, por iniciativa de partido político nela representado e pelo voto da maioria de seus membros, poderá, até a decisão final, sustar o andamento da ação". Gabarito "B".

(Magistratura/PE – 2011 – FCC) A disciplina constitucional das imunidades parlamentares e a sua respectiva compreensão jurisprudencial permitem afirmar:

(A) A inviolabilidade parlamentar não se estende ao congressista quando, na condição de candidato a qualquer cargo eletivo, vem a ofender, moralmente, a honra de terceira pessoa, inclusive a de outros candidatos, em pronunciamento motivado por finalidade exclusivamente eleitoral, que não guarda qualquer conexão com o exercício das funções congressuais.
(B) Desde a proclamação do resultado das eleições, os membros do Congresso Nacional não poderão ser presos, salvo em flagrante de crime inafiançável.
(C) Os Deputados e Senadores, desde a proclamação do resultado das eleições, serão submetidos a julgamento perante o Supremo Tribunal Federal.
(D) A incorporação às Forças Armadas de Deputados e Senadores, embora militares, dependerá de prévia licença da Casa respectiva, salvo em tempo de guerra.
(E) As imunidades de Deputados ou Senadores subsistirão durante o estado de sítio, só podendo ser suspensas mediante o voto de três quintos dos membros da Casa respectiva.

A: Correta. A imunidade material (por opiniões, palavras e votos) só protege o parlamentar no exercício do mandato ou em razão dele; B: O art. 53, § 2º, da CF determina que **desde a expedição do diploma**, os parlamentares não podem ser presos, salvo em flagrante de crime inafiançável; C: São submetidos a julgamento perante o STF desde a expedição do diploma (art. 53, § 1º, da CF); D: De acordo com o art. 53, § 7º, da CF "A incorporação às Forças Armadas de Deputados e Senadores, embora militares e ainda que em tempo de guerra, dependerá de prévia licença da Casa respectiva"; E: Não reflete o disposto no art. 53, § 8º, da CF. Gabarito "A".

(Magistratura/RO – 2011 – PUCPR) Em relação ao Poder Legislativo e ao processo legislativo, afirma-se:

I. É vedada a edição de medidas provisórias sobre matéria relativa à nacionalidade, cidadania, direitos políticos, partidos políticos e direito eleitoral.
II. A iniciativa popular pode ser exercida pela apresentação à Câmara dos Deputados de projeto de lei subscrito por, no mínimo, um por cento do eleitorado nacional, distribuído pelo menos por cinco Estados, com não menos de três décimos por cento dos eleitores de cada um deles.
III. Os Deputados e Senadores não poderão desde a posse firmar ou manter contrato com pessoa jurídica de direito público, autarquia, empresa pública, sociedade de economia mista ou empresa concessionária de serviço público, salvo quando o contrato obedecer a cláusulas uniformes.
IV. Desde a posse, os membros do Senado Federal não poderão ser presos, salvo em flagrante de crime inafiançável. Nesse caso, os autos serão remetidos dentro de quarenta e oito horas ao Senado Federal, para que, pelo voto de três quintos de seus membros, resolva sobre a prisão.

Está(ão) CORRETA(S):
(A) Todas as afirmativas.
(B) Somente as afirmativas I e II.
(C) Somente as afirmativas II, III e IV.
(D) Somente as afirmativas III e IV.
(E) Somente as afirmativas I, II e IV.

I: Art. 62, § 1º, I, "a", da CF; II: Art. 61, § 2º, da CF; III: Não reflete o disposto no art. 54, I, "a", da CF (desde a expedição do diploma); IV: Não reflete o disposto no art. 53, § 2º, da CF. Gabarito "B".

(Magistratura/SC – 2010) Sobre as Leis Delegadas é **INCORRETO** afirmar:

(A) A lei delegada prevista na Constituição da República é exceção ao princípio da indelegabilidade de atribuições de um Poder para outro Poder. É uma delegação *externa corporis*, ou seja, para fora do corpo do Poder Legislativo.
(B) A delegação ao Presidente da República se faz por meio de resolução do Congresso Nacional.
(C) São também indelegáveis os atos de competência exclusiva do Congresso Nacional, as leis sobre organização do Poder Judiciário e do Ministério Público e as matérias reservadas à lei complementar.
(D) Só é possível delegar ao Presidente da República se este solicitar. Em outras palavras: o Legislativo não pode obrigar o Presidente da República a legislar.
(E) O conteúdo do projeto de lei delegada poderá ser alterado, mas terá que ser votado em única votação.

A: Art. 68 da CF; B: Art. 68, § 2º, da CF; C: Art. 68, § 1º, I a III, da CF; D: Art. 68, caput, da CF; E: Não reflete o disposto no art. 68, § 2º, da CF. Gabarito "E".

(Magistratura/SP – 2011 – VUNESP) Leia as afirmativas sobre a edição de medidas provisórias.

I. É vedada a edição de medidas provisórias sobre matéria relativa a direito penal, processual penal, processual civil e já disciplinada em projeto de lei aprovado pelo Congresso Nacional e vetado pelo Presidente da República.
II. As medidas provisórias, com força de lei, podem ser adotadas pelo Presidente da República em caso de relevância e urgência.
III. Se a medida provisória não for apreciada em até trinta dias, contados de sua publicação, entrará em regime de urgência, subsequentemente, em cada uma das Casas do Congresso Nacional, ficando sobrestadas, até que se ultime a votação, todas as demais deliberações legislativas da Casa em que estiver tramitando.
IV. As medidas provisórias terão sua votação iniciada na Câmara dos Deputados.

Está correto apenas o contido em
(A) I e II.
(B) I, III e IV.
(C) II e IV.
(D) II.
(E) IV.

I: A primeira parte está correta (art. 62, § 1º, I, "b", da CF), mas a segunda parte não reflete o disposto no art. 62, § 1º, IV, da CF; II: Correta. Art. 62, caput, da CF; III: Não reflete o disposto no art. 62, § 3º, da CF; IV: Sim, de acordo com o art. 62, § 8º, da CF. Gabarito "C".

(Magistratura/SP – 2011 – VUNESP) No tocante às Comissões Parlamentares, é equivocado dizer:

(A) a Constituição Federal prevê a constituição das Comissões Permanentes, das Comissões Temporárias, das Comissões Mistas e das Comissões Parlamentares de Inquérito.
(B) as Comissões Mistas são sempre Temporárias, extinguindo-se ao preencherem os fins a que se destinam.
(C) as Comissões Parlamentares de Inquérito têm por objeto a apuração de fato determinado e têm prazo certo de funcionamento.
(D) as Comissões Permanentes organizam-se em função da matéria de sua competência.
(E) a Comissão Representativa tem por atribuição representar o Congresso Nacional durante o recesso parlamentar.

A: Art. 58, caput e § 3º; e art. 62, § 9º, ambos da CF; B: Não reflete o disposto no art. 58, caput e no art. 62, § 9º, ambos da CF; C: Art. 58, § 3º, da CF; D: Art. 58, caput e § 2º, da CF; E: Art. 58, § 4º, da CF. Gabarito "B".

(Magistratura/SP – 2011 – VUNESP) Sobre os tratados internacionais, assinale a alternativa correta.

(A) Podem ser celebrados pelo Presidente da República ou pelo Presidente do Senado.
(B) Celebrados pela autoridade competente, precisam ser referendados pelo Congresso Nacional.
(C) Nas hipóteses de grave violação de direitos humanos, o Procurador Geral da República, com a finalidade de assegurar o cumprimento de obrigações decorrentes de tratados internacionais de direitos humanos dos quais o Brasil seja parte, poderá suscitar, perante o Supremo Tribunal Federal, em qualquer fase do inquérito ou processo, incidente de deslocamento de competência para a Justiça Federal.

(D) Os tratados e convenções internacionais sobre direitos humanos que forem aprovados, em cada Casa do Congresso Nacional, em dois turnos, por maioria simples dos votos dos respectivos membros, serão equivalentes às emendas constitucionais.

(E) Compete exclusivamente ao Senado Federal resolver definitivamente sobre tratados, acordos ou atos internacionais que acarretem encargos ou compromissos gravosos ao patrimônio nacional.

A: Competência privativa do Presidente da República (art. 84, VIII, da CF); B: Art. 84, VIII da CF; C: O art. 109, § 5º, da CF prevê que o incidente deve ser suscitado perante o STJ; D: Não reflete o disposto no art. 5º, § 3º, da CF; E: Competência exclusiva do Congresso Nacional (art. 49, I, da CF). "Gabarito "B".

(Magistratura/PR – 2010 – PUC/PR) Marque a opção INCORRETA:

(A) A incorporação às Forças Armadas de Deputados e Senadores, embora militares e ainda que em tempo de guerra, dependerá de prévia licença da Casa respectiva.

(B) Cada legislatura terá a duração de 04 (quatro) anos, segundo prevê *expressamente* o parágrafo único do art. 44 da Constituição Federal de 1988.

(C) A iniciativa das leis complementares e ordinárias cabe a qualquer membro ou Comissão da Câmara dos Deputados, do Senado Federal ou do Congresso Nacional, ao Presidente da República, ao Supremo Tribunal Federal, aos Tribunais Superiores, ao Procurador-Geral da República e aos cidadãos, na forma e nos casos previstos na Constituição Federal de 1988.

(D) As leis delegadas serão elaboradas pelo Presidente da República, que, conforme estatui a CF/88, deverá solicitar a delegação à Câmara dos Deputados, visto que esta é composta por representantes do povo.

A: Art. 53, § 7º, da CF; B: Art. 44, parágrafo único, da CF; C: Art. 61, *caput*, da CF; D: Deve solicitar delegação ao Congresso Nacional (art. 68, *caput*, da CF). Gabarito "D".

(Magistratura/GO – 2009 – FCC) No que se refere à reforma da Constituição, é correto afirmar que

(A) a revisão constitucional foi realizada após cinco anos, contados da promulgação da Constituição, pelo voto da maioria absoluta dos membros do Congresso Nacional, em sessão conjunta das Casas.

(B) a proposta de emenda constitucional é discutida e votada em cada Casa do Congresso Nacional, em dois turnos, considerando-se aprovada se obtiver, em ambos, três quintos dos votos dos respectivos membros relativamente ao mesmo texto.

(C) a Constituição pode ser emendada na vigência de estado de defesa.

(D) a matéria constante de proposta de emenda rejeitada ou havida por prejudicada não pode ser objeto de nova proposta na mesma legislatura.

(E) a Constituição pode ser emendada mediante proposta de mais da metade das Assembleias Legislativas das unidades da Federação, manifestando-se, cada uma delas, pela maioria de todos os seus membros.

A: A revisão constitucional foi concebida pelo Poder Constituinte Originário para ser realizada apenas uma vez, após cinco anos da promulgação da CF, pelo voto da maioria absoluta do Congresso Nacional, em sessão unicameral (art. 3º do ADCT). Em obediência à determinação constitucional, a revisão ocorreu em 1993/1994 e resultou em 6 emendas de revisão, tendo aí a norma constitucional exaurido sua eficácia; B: Art. 60, § 2º, da CF; C: A CF não pode ser emendada na vigência de intervenção federal, de estado de defesa ou de estado de sítio (art. 61, § 1º, da CF), o que corresponde a uma limitação circunstancial ao poder de reforma da Constituição; D: Não pode ser objeto de nova proposta na mesma sessão legislativa (art. 60, § 5º, da CF), sendo certo que *legislatura* é o período de quatro anos (art. 44, parágrafo único, da CF), *sessão legislativa* é o ano parlamentar (art. 57 da CF), que pode ser dividido em dois períodos: de 2 de fevereiro a 17 de julho (*primeiro período de sessão legislativa*) e de 1º de agosto a 22 de dezembro (*segundo período de sessão legislativa*); E: Maioria relativa (art. 60, III, da CF). Gabarito "B".

(Magistratura/PA – 2009 – FGV) A respeito do regramento constitucional das medidas provisórias, assinale a afirmativa incorreta.

(A) É vedada a edição de medidas provisórias sobre matéria já disciplinada em projeto de lei aprovado pelo Congresso Nacional e pendente de sanção ou veto do Presidente da República.

(B) A edição de medida provisória para instituição de tributos só será admitida para atender despesas imprevisíveis e urgentes, como as decorrentes de guerra, comoção interna ou calamidade pública.

(C) Apenas excepcionalmente o Poder Judiciário poderá, no controle de constitucionalidade da medida provisória, examinar a adequação dos requisitos de relevância e urgência, por força da regra de separação de poderes.

(D) A medida provisória não apreciada pelo Congresso Nacional podia, até a Emenda Constitucional 32/2001, ser reeditada dentro do seu prazo de eficácia de trinta dias, mantidos os efeitos de lei desde a primeira edição.

(E) É vedada a reedição, na mesma sessão legislativa, de medida provisória que tenha sido rejeitada ou que tenha perdido sua eficácia por decurso de prazo.

A: Art. 62, § 1º, IV, da CF; B: Sobre medida provisória em matéria tributária o art. 62, § 2º, da CF, dispõe apenas que: "Medida provisória que implique instituição ou majoração de impostos, exceto os previstos nos arts. 153, I, II, IV, V, e 154, II, só produzirá efeitos no exercício financeiro seguinte se houver sido convertida em lei até o último dia daquele em que foi editada"; C: Para o STF, "os pressupostos da urgência e da relevância, embora conceitos jurídicos relativamente indeterminados e fluidos, mesmo expondo-se, inicialmente, à avaliação discricionária do Presidente da República, estão sujeitos, ainda que excepcionalmente, ao controle do Poder Judiciário, porque compõem a própria estrutura constitucional que disciplina as medidas provisórias, qualificando-se como requisitos legitimadores e juridicamente condicionantes do exercício, pelo Chefe do Poder Executivo, da competência normativa primária que lhe foi outorgada, extraordinariamente, pela Constituição da República. (...) - A possibilidade de controle jurisdicional, mesmo sendo excepcional, apoia-se na necessidade de impedir que o Presidente da República, ao editar medidas provisórias, incida em excesso de poder ou em situação de manifesto abuso institucional, pois o sistema de limitação de poderes não permite que práticas governamentais abusivas venham a prevalecer sobre os postulados constitucionais que informam a concepção democrática de Poder e de Estado, especialmente naquelas hipóteses em que se registrar o exercício anômalo e arbitrário das funções estatais." (STF, ADI 2213 MC, Rel. Min. Celso de Mello); D: Sim, mas a regra atual prescreve que: "As medidas provisórias, ressalvado o disposto nos §§ 11 e 12 perderão eficácia, desde a edição, se não forem convertidas em lei no prazo de sessenta dias, prorrogável, nos termos do § 7º, uma vez por igual período, devendo o Congresso Nacional disciplinar, por decreto legislativo, as relações jurídicas delas decorrentes" (art. 62, § 3º, da CF; E: Art. 62, § 10, da CF. Gabarito "B".

(Magistratura/RS – 2009) Considere as assertivas abaixo a respeito do processo legislativo segundo a Constituição Federal de 1988 e suas alterações posteriores.

I. O Presidente da República, em caso de relevância e urgência, pode editar medida provisória sobre matéria relativa a processo civil.

II. A rejeição de medida provisória pelo Poder Legislativo não produz a automática ineficácia das relações jurídicas constituídas sob sua égide.

III. Emenda constitucional não é submetida à sanção do Presidente da República.

Quais são corretas?

(A) Apenas I
(B) Apenas II
(C) Apenas III
(D) Apenas II e III
(E) I, II e II

I: O Presidente não pode editar MP sobre processo civil (art. 62, § 1º, I, *b*, da CF); II: A regulamentação das relações jurídicas decorrentes da rejeição depende de decreto legislativo do Congresso Nacional, que estabelecerá os efeitos (art. 62, § 3º, da CF); III: Emendas constitucionais são exercício do Poder Constituinte Derivado, daí porque são promulgadas pelas Mesas da Câmara dos Deputados e do Senado Federal (art. 60, § 3º, da CF). Gabarito "D".

(Magistratura/SP – 2009 – VUNESP) A Constituição da República poderá ser emendada mediante proposta

(A) de mais da metade dos Governadores das unidades federativas.
(B) conjunta, dos Presidentes da Câmara dos Deputados e do Senado Federal.
(C) de um terço, no mínimo, das Assembléias Legislativas das unidades da Federação, manifestando-se, cada uma delas, pela maioria relativa de seus membros.
(D) de um terço, no mínimo, dos membros da Câmara dos Deputados ou do Senado Federal.

Art. 60, I a III, da CF: "A Constituição poderá ser emendada mediante proposta: I - de um terço, no mínimo, dos membros da Câmara dos Deputados ou do Senado Federal; II - do Presidente da República; III - de mais da metade das Assembleias Legislativas das unidades da Federação, manifestando-se, cada uma delas, pela maioria relativa de seus membros". Gabarito "D".

(Magistratura/SP – 2009 – VUNESP) É vedada a edição de medidas provisórias sobre matéria

(A) já disciplinada em lei votada pelo Congresso Nacional e sancionada pelo Presidente da República.
(B) reservada a lei complementar.
(C) que implique majoração de imposto sobre a importação de produtos estrangeiros.
(D) relativa a direito penal, processual penal, civil e processual civil.

A: É vedada a adoção de MP pelo Presidente da República sobre matéria já disciplinada em projeto de lei aprovado pelo Congresso Nacional e pendente de sanção ou veto do Presidente da República (art. 62, § 1º, IV, da CF); B: Art. 62, § 1º, III, da CF (a MP tem força de lei – ordinária – daí por que não pode ser adotada para os casos em que a CF exige lei complementar); C: Não há vedação para a adoção de MP em matéria tributária, apenas norma determinando que "só produzirá efeitos no exercício financeiro seguinte se houver sido convertida em lei até o último dia daquele em que foi editada" (art. 62, § 2º, da CF); D: Não há vedação para edição de MP sobre direito civil (art. 62, § 1º, I, b, da CF). Gabarito "B".

(Magistratura/SP – 2009 – VUNESP) O controle externo, a cargo do Congresso Nacional, será exercido com o auxílio do Tribunal de Contas da União, ao qual compete

(A) apreciar as contas prestadas anualmente pelo Presidente da República, mediante parecer prévio que deverá ser elaborado em 60 (sessenta) dias a contar de seu recebimento.
(B) apreciar as contas prestadas anualmente pelo Presidente da República, mediante parecer prévio que deverá ser elaborado em 90 (noventa) dias a contar de seu recebimento.
(C) sustar, se não atendido, a execução do ato impugnado, comunicando a decisão ao Supremo Tribunal Federal.
(D) sustar, se não atendido, a execução do ato impugnado, comunicando a decisão ao Superior Tribunal de Justiça.

A e B: Art. 71, I, da CF; C e D: A comunicação da decisão é feita à Câmara dos Deputados e ao Senado Federal (art. 71, X, da CF). Gabarito "A".

(Magistratura/SP – 2009 – VUNESP) Os tratados e as convenções internacionais sobre direitos humanos celebrados pelo Brasil

(A) serão imediatamente incorporados ao direito nacional, com a natureza de emenda constitucional.
(B) equivalerão às emendas constitucionais quando forem aprovados, em cada Casa do Congresso Nacional, em dois turnos, por três quintos dos votos dos respectivos membros.
(C) vigerão, no Brasil, após o exequatur do Supremo Tribunal Federal.
(D) equivalerão às emendas constitucionais quando aprovados pelo Senado Federal, em dois turnos, pela maioria absoluta dos seus membros.

Art. 5º, § 3º, da CF. Gabarito "B".

(Magistratura/MG – 2008) As imunidades parlamentares – material e formal – constituem garantia significativa para o exercício do mandato concedido pelo povo aos integrantes do Poder Legislativo.

(A) As imunidades podem ser objeto de renúncia.
(B) A imunidade parlamentar material obsta a propositura de ação penal ou indenizatória contra o membro do Poder Legislativo pelas opiniões, palavras e votos que proferir e exige relação de pertinência com o exercício da função.
(C) A imunidade parlamentar formal somente garante ao integrante do Poder Legislativo a impossibilidade de ser ou de permanecer preso.
(D) A imunidade parlamentar material será aplicável somente nos casos em que a manifestação do pensamento ocorrer dentro do recinto legislativo.

A: A imunidade não é prerrogativa individual do congressista, mas garantia da independência do Legislativo, a quem se dirige. Assim, constitui garantia institucional, sendo insuscetível de renúncia; B: A imunidade material tem aplicação nos campos civil e penal (art. 53 da CF); C: Não reflete o disposto no art. 53, § 2º, da CF; D: Não reflete o disposto no art. 53 da CF. Gabarito "B".

(Magistratura/MG – 2008) A Constituição da República discrimina as regras mediante as quais se desenvolve o processo legislativo e que irão propiciar a formação dos atos normativos nela declinados (art. 59).

(A) O texto constitucional admite a aprovação de projeto de lei ou de medida provisória por decurso de prazo.
(B) É de iniciativa privativa do Presidente da República a lei que disponha sobre criação de cargos, funções ou empregos públicos na administração direta e autárquica ou aumento de sua remuneração.
(C) No projeto de iniciativa exclusiva do Chefe do Poder Executivo sempre é lícito aos membros do Poder Legislativo emendá-lo de modo a aumentar a despesa nele prevista.
(D) Não é admissível a iniciativa popular.

A: Não reflete o art. 62, § 3º, da CF; B: Art. 61, § 1º, II, a, da CF; C: Não reflete o disposto no art. 63, I, da CF; D: Não reflete o disposto nos arts. 14, III; 27, § 4º; 29, XIII e 61, § 2º, todos da CF. Gabarito "B".

(Magistratura/MG – 2008) A medida provisória constitui espécie de ato normativo excepcional e tem características estabelecidas no texto constitucional.

(A) É vedada a edição de medida provisória sobre matéria reservada à lei complementar.
(B) O período de vigência da medida provisória poderá ser prorrogado indefinidamente até que o Congresso Nacional ultime sua votação.
(C) O Presidente da República, nas hipóteses definidas em lei, poderá delegar a quaisquer de seus Ministros o poder de adotar medida provisória em caso de relevância e urgência.
(D) É possível a reedição, na mesma sessão legislativa, de medida provisória que tenha sido rejeitada ou que tenha perdido sua eficácia por decurso de prazo.

A: Art. 62, § 1º, III, da CF; B: Não reflete o disposto no art. 62, § 3º, da CF; C: O juízo de conveniência e oportunidade é privativo do Presidente da República. Celso Antônio Bandeira de Mello classifica a MP como ato político ou de governo. V. art. 84, parágrafo único, da CF; D: Não reflete o disposto no art. 62, § 10, da CF. Gabarito "A".

(Magistratura/SP – 2008) Se o Presidente da República vetar projeto de lei cuja votação foi concluída na Câmara dos Deputados, o veto

(A) será apreciado pela Casa em que a votação do projeto teve início, no prazo de quinze dias contados do seu recebimento.
(B) será apreciado em sessão da Casa onde a votação foi concluída, no prazo de quinze dias contados do seu recebimento.
(C) será apreciado pelo Senado Federal, no prazo de trinta dias contados do seu recebimento.
(D) será apreciado em sessão conjunta das duas Casas do Congresso Nacional, no prazo de trinta dias contados do seu recebimento.

Art. 66, § 4º, da CF. Gabarito "D".

(Magistratura/SC – 2008) O processo legislativo, consoante a Constituição Federal, compreende a elaboração das seguintes proposições:

(A) Emendas à Constituição, leis complementares, leis ordinárias, medidas provisórias e decretos legislativos.
(B) Emendas à Constituição, leis complementares, leis ordinárias, medidas provisórias, decretos e resoluções.
(C) Emendas à Constituição, leis complementares, leis ordinárias, leis delegadas, medidas provisórias e decretos legislativos.

(D) Emendas à Constituição, leis complementares, leis ordinárias, leis delegadas, medidas provisórias, decretos legislativos e resoluções.
(E) Leis complementares, leis ordinárias, leis delegadas, medidas provisórias e decretos legislativos.

Art. 59 da CF. Gabarito "D".

(Magistratura/SE – 2008 – CESPE) Assinale a opção correta em relação ao processo legislativo.
(A) É válida emenda à constituição estadual de iniciativa do quorum parlamentar e que promova alteração no regime jurídico dos servidores da Secretaria de Fazenda.
(B) A lei complementar materialmente ordinária pode ser revogada por lei ordinária.
(C) A sanção de lei pelo governador supre eventual vício de iniciativa do projeto.
(D) O governador tem iniciativa privativa para a apresentação de projetos de lei de matéria tributária.
(E) A mora legislativa na edição de norma reguladora de direitos fundamentais implica o dever do Estado de indenizar o prejudicado na responsabilização na modalidade subjetiva.

A: Não reflete o disposto no art. 39, *caput*, da CF, que determina adoção de regime jurídico único para os servidores de todos os entes da Federação; B: Sim, em observância ao paralelismo das formas; C: Para o STF a sanção do chefe do Executivo não supre o vício de iniciativa e a lei padecerá de inconstitucionalidade formal; D: Não reflete a aplicação aos Estados, por simetria, do art. 61, § 1º, da CF; E: Para a mora legislativa a CF prevê o mandado de injunção (art. 5º, LXXI) e a ADIn por omissão (art. 103, § 2º), mas não a responsabilização civil subjetiva do Estado. Gabarito "B".

(Magistratura/TO – 2007 – CESPE) Com relação aos tribunais de contas, assinale a opção correta.
(A) Os tribunais de contas são órgãos integrantes da estrutura do Poder Legislativo, com competência para auxiliá-lo no controle externo.
(B) O Tribunal de Contas do Estado do Tocantins tem competência para julgar as contas dos administradores e responsáveis do Poder Legislativo estadual, do Poder Judiciário estadual e do Ministério Público estadual, por decisão que não está subordinada ao posterior controle do Poder Legislativo.
(C) O tribunal de contas, como órgão de natureza políticoadministrativa, no exercício de suas atribuições, não pode apreciar a constitucionalidade das leis e dos atos do poder público, mesmo que apenas incidentalmente.
(D) As decisões dos tribunais de contas são passíveis de posterior controle judiciário, da mesma maneira que as decisões judiciais podem ser posteriormente questionadas pelo tribunal de contas.

A: O Tribunal de Contas é órgão auxiliar do Poder Legislativo, na forma do art. 71 da CF; B: Reflete a aplicação, por simetria, do disposto no art. 71, II, da CF; C: Contraria a Súmula 347/STF; D: A primeira afirmação é verdadeira (art. 5º, XXXV, da CF), mas ao Tribunal de Contas não cabe rever as decisões do Judiciário. Gabarito "B".

(Magistratura/TO – 2007 – CESPE) Com relação ao processo legislativo, na forma da jurisprudência do STF, assinale a opção correta.
(A) A sanção presidencial ao projeto de lei de iniciativa parlamentar sobre matéria que demanda iniciativa privativa do presidente da República supre a inconstitucionalidade formal inicial desse projeto.
(B) A matéria restrita à iniciativa do Poder Executivo não pode ser regulada por emenda constitucional de origem parlamentar.
(C) Lei estadual que conceda isenção tributária é de iniciativa privativa do governador.
(D) Observados os parâmetros estabelecidos na lei de diretrizes orçamentárias, a remuneração dos servidores públicos do Poder Legislativo e do Poder Judiciário é matéria reservada à iniciativa privativa do chefe do Poder Executivo.

A: Para o STF a sanção do chefe do Executivo não supre o vício de iniciativa e a lei padecerá de inconstitucionalidade formal; B: Art. 63, I, da CF; C: Não existe disposição constitucional nesse sentido; D: Não reflete o disposto no art. 61, § 1º, II, *a*, da CF. Gabarito "B".

(Magistratura/AL – 2007 – FCC) Em sua redação original, previa a Constituição, no §3º do artigo 178, que "a navegação de cabotagem e a interior são privativas de embarcações nacionais, salvo caso de necessidade pública, segundo dispuser a lei". Com a promulgação da Emenda Constitucional nº 7, de 15 de agosto de 1995, a matéria passou a ser tratada no atual parágrafo único do referido artigo, pelo qual, "na ordenação do transporte aquático, a lei estabelecerá as condições em que o transporte de mercadorias na cabotagem e a navegação interior poderão ser feitos por embarcações estrangeiras". Na hipótese em que a matéria fosse regulamentada por medida provisória que viesse a ser convertida em lei, essa regulamentação seria
(A) inconstitucional, por se tratar de matéria de competência exclusiva do Congresso Nacional, não se convalidando o vício de regulamentação pela conversão da medida provisória em lei.
(B) compatível com a Constituição, desde que presentes os pressupostos de urgência e relevância exigidos para a edição de medidas provisórias.
(C) constitucional, por se tratar de matéria de competência normativa privativa da União e de iniciativa legislativa exclusiva do Presidente da República.
(D) inconstitucional, por ser vedada a adoção de medida provisória para a regulamentação de artigos da Constituição cuja redação tenha sido alterada entre 1 de janeiro de 1995 e 11 de setembro de 2001.
(E) incompatível com a Constituição, que exige expressamente lei para a regulamentação da matéria, o que afasta a possibilidade de adoção de medida provisória, embora admita a regulamentação por lei delegada.

A: Não há previsão nesse sentido no art. 49 da CF; B e D - É vedada a adoção de MP na regulamentação de artigo da CF cuja redação tenha sido alterada por meio de emenda promulgada entre 1º/1/1995 e 11/9/2001, data da EC 32; C: Não reflete o disposto nos incisos do art. 22 da CF; E: A menção à lei na CF não afasta, por si só, a possibilidade de adoção de MP, que tem força de lei. Gabarito "D".

(Ministério Público/PR – 2011) Relativamente ao poder de iniciativa para a proposição de leis, é correto afirmar:
(A) No âmbito dos Estados membros, o poder de iniciativa de leis visando o estabelecimento da organização, atribuições e estatuto de cada Ministério Público é concorrente entre o Procurador-Geral de Justiça e o Governador do Estado.
(B) Os projetos de lei de iniciativa privativa do Presidente da República, em regra, não poderão ser alterados através de emendas apresentadas pelos parlamentares.
(C) A iniciativa popular pode ser exercida pela apresentação à Câmara dos Deputados de projeto de lei subscrito por, no mínimo, um por cento do eleitorado nacional, distribuído pelo menos por cinco Estados, com não menos de três décimos por cento dos eleitores de cada um deles.
(D) É conjunta dos Presidentes da República, da Câmara dos Deputados, do Senado Federal e do Supremo Tribunal Federal, a iniciativa de lei para fixação dos subsídios dos Ministros do Supremo Tribunal Federal e conseqüente estabelecimento do teto salarial do funcionalismo público, conforme estabelecido pela Emenda Constitucional 19/98.
(E) todas as alternativas anteriores são incorretas.

A: Não reflete o disposto no art. 128, § 5º, da CF; B: Podem ser alterados por emendas, mas, em regra, não são cabíveis emendas parlamentares que acarretem em aumento de despesa (art. 63, I, da CF); C: Art. 61, § 2º, da CF; D: Não reflete o disposto no art. 48, XV, da CF. Gabarito "C".

(Ministério Público/ES – 2010 – CESPE) Acerca do processo legislativo na CF, assinale a opção correta.
(A) De acordo com o STF, a não conversão da medida provisória tem efeito repristinatório sobre o direito com ela colidente.
(B) A CF consagrou, em seu texto, a iniciativa popular, sem restrição de matérias, para promover proposta de emenda constitucional.
(C) É vedada a edição de medidas provisórias relativas a matéria de direito civil.

(D) Projeto de lei de iniciativa do STF e dos demais tribunais superiores deverá ser iniciado, mediante o respectivo depósito junto à mesa, no Senado Federal.

(E) A ausência de sanção pelo chefe do Poder Executivo no prazo constitucional de quinze dias em projeto de lei encaminhado pelo Poder Legislativo faz caducar o projeto, por não existir forma silente de sanção.

A: A medida provisória opera sob condição resolutiva de sua conversão em lei. Assim, se não for convertida, perderá seus efeitos desde a edição (art. 62, § 3º, da CF), restaurando-se o direito anterior; B: Não há iniciativa popular para emendas constitucionais, cujos legitimados são apenas os listados no art. 60, I a III, da CF; C: O rol do art. 62, § 1º, da CF não inclui direito civil (por outro lado, não pode ser adotada medida provisória sobre direito processual civil); D: Terão início na Câmara dos Deputados (art. 64 da CF); E: Decorrido o prazo de quinze dias, o silêncio do Presidente da República importará sanção (art. 66, § 3º, da CF). Gabarito "A".

(Ministério Público/MG – 2010 – FUNDEP) Segundo previsão expressa constitucional, compete ao Tribunal de Contas da União, EXCETO:

(A) julgar as contas prestadas anualmente pelo Presidente da República, mediante parecer prévio que deverá ser elaborado em sessenta dias a contar de seu recebimento;

(B) julgar as contas dos administradores e demais responsáveis por dinheiros, bens e valores públicos da administração direta e indireta, acrescentadas as fundações e sociedades instituídas e mantidas pelo Poder Público federal, e as contas daqueles que derem causa a perda, extravio ou outra irregularidade de que resulte prejuízo ao erário público;

(C) apreciar, para fins de registro, a legalidade dos atos de admissão de pessoal, a qualquer título, na administração direta e indireta, acrescentadas as fundações instituídas e mantidas pelo Poder Público, excetuadas as nomeações para cargo de provimento em comissão, bem como a das concessões de aposentadorias, reformas e pensões, ressalvadas as melhorias posteriores que não alterem o fundamento legal do ato concessório;

(D) fiscalizar as contas nacionais das empresas supranacionais de cujo capital social a União participe, de forma direta ou indireta, nos termos do tratado constitutivo;

A: De acordo com o art. 71, I, da CF, cabe ao TCU *apreciar* as contas do Presidente. O julgamento é competência do Congresso Nacional (art. 49, IX, da CF); B: Art. 71, II, da CF; C: Art. 71, III, da CF; D: Art. 71, V, da CF. Gabarito "A".

(Ministério Público/MG – 2010 – FUNDEP) Consoante o que dispõe o texto constitucional de 1988 em vigor, assinale a afirmativa **CORRETA**.

(A) Os subsídios do Prefeito, Vice-Prefeito e dos Secretários Municipais serão fixados por lei de iniciativa do Poder Executivo, observado o que dispõem os arts. 37, IX, 39, § 4º, 150, II, 153, III, e 153, § 2º, I.

(B) Os subsídios dos Secretários Municipais serão fixados por lei de iniciativa do Poder Executivo, observado o que dispõem os arts. 37, IX, 39, § 4º, 150, II, 153, III, e 153, § 2º, I.

(C) O subsídio dos Vereadores será fixado pelas respectivas Câmaras Municipais em cada legislatura para a subsequente, observado o que dispõe a Constituição.

(D) O subsídio dos Vereadores será fixado pelas respectivas Câmaras Municipais em cada legislatura para a subsequente, por lei de iniciativa do Poder Executivo, observado o que dispõe a Constituição.

A e B: Não refletem o disposto no art. 29, V, da CF; C e D: V. art. 29, VI, da CF. Gabarito "C".

(Ministério Público/PB – 2010) Sobre as comissões parlamentares de inquérito (CPI's), considere as asserções imediatamente abaixo e, em seguida, assinale a alternativa que contenha o julgamento devido sobre elas:

I. De acordo com a jurisprudência dominante do Supremo Tribunal Federal, a cláusula constitucional de equivalência com os poderes instrutórios das autoridades judiciais não tem a extensão de legitimar as possibilidades de busca e apreensão domiciliar e de quebra do sigilo telefônico ordenadas por CPI.

II. As CPI's serão criadas pela Câmara dos Deputados e pelo Senado Federal, em conjunto ou separadamente, mediante o requerimento de, pelo menos, um terço de seus membros, aprovado pela maioria absoluta da respectiva Casa.

III. De acordo com a jurisprudência dominante do Supremo Tribunal Federal, interpretando o requisito normativo-constitucional de fato determinado, não se admite a ampliação do objeto da investigação durante o curso dos trabalhos da CPI.

(A) Apenas I e II são erradas.
(B) Apenas I e III são erradas.
(C) I, II e III são erradas.
(D) Apenas II e III são corretas.
(E) Apenas I é correta.

I: O STF entende que as CPIs podem determinar a quebra de sigilo bancário, fiscal e telefônico por terem poderes próprios de autoridades judiciais, desde que o ato seja adequadamente fundamentado e revele a necessidade objetiva da medida extraordinária; II: Não reflete o disposto no art. 58, § 3º, da CF, que não exige aprovação por maioria absoluta; III: O STF já decidiu que, embora criada para averiguar fato determinado, "não está impedida de investigar fatos que se ligam, intimamente, com o fato principal". Gabarito "C".

(Ministério Público/PB – 2010) É correto afirmar, exceto:

(A) O subsídio dos vereadores sujeita-se aos limites percentuais máximos fixados pela Constituição em relação ao subsídio dos deputados estaduais, mas também não poderá superar o subsídio do prefeito.

(B) O subsídio dos vereadores será fixado, em cada legislatura para a subseqüente, por ato da Câmara Municipal, o qual não depende de sanção pelo Prefeito.

(C) Sob a égide da Constituição Federal, os vereadores não gozam de imunidades formais, considerando-se inconstitucional qualquer disposição normativa constante de constituição do Estado-membro ou de lei orgânica municipal que lhes atribua qualquer prerrogativa processual em razão do cargo parlamentar.

(D) As imunidades parlamentares concedidas aos deputados estaduais restringem-se à Justiça do respectivo Estado-membro, somente vinculando órgãos jurisdicionais da União, em fase recursal, quando o respectivo processo tiver sido iniciado perante a Justiça do Estado.

(E) Aos deputados estaduais aplicam-se, sem restrições, as normas constitucionais sobre sistema eleitoral, remuneração e inviolabilidade que incidem em relação aos integrantes do Congresso Nacional.

A: Art. 29, VI e art. 37, XI, ambos da CF; B: Art. 29, VI, da CF; C: O art. 29, VIII, da CF só confere aos vereadores a imunidade material; D: Apenas a imunidade material dos vereadores limita-se à circunscrição do município. As imunidades dos deputados podem ser opostas em todo território nacional; E: Art. 27, § 1º, da CF. Gabarito "D".

(Ministério Público/SP – 2010) Assinale a alternativa correta:

(A) a Constituição Federal poderá ser emendada na vigência do estado de defesa, desde que mediante proposta de um terço, no mínimo, dos membros da Câmara dos Deputados.

(B) a Constituição Federal poderá ser emendada na vigência do estado de sítio, desde que mediante proposta de um terço, no mínimo, dos membros da Câmara dos Deputados e do Senado Federal.

(C) a Constituição Federal poderá ser emendada na vigência do estado de defesa, desde que mediante proposta do Presidente da República.

(D) a Constituição Federal poderá ser emendada na vigência do estado de sítio, desde que mediante proposta do Presidente da República.

(E) a Constituição Federal não poderá ser emendada na vigência do estado de sítio, ainda que mediante proposta de um terço, no mínimo, dos membros da Câmara dos Deputados.

A CF não pode ser emendada na vigência de intervenção federal, de estado de defesa ou de estado de sítio, o que corresponde a uma limitação circunstancial (art. 60, § 1º, da CF). Gabarito "E".

(Ministério Público/SP – 2010) Dentre os atos normativos abaixo indicados, qual não está compreendido no processo legislativo brasileiro:

(A) emendas à Constituição.
(B) leis ordinárias.
(C) decretos legislativos.
(D) resoluções.
(E) portarias.

Art. 59, I a VII, da CF: "O processo legislativo compreende a elaboração de: I - emendas à Constituição; II - leis complementares; III - leis ordinárias; IV - leis delegadas; V - medidas provisórias; VI - decretos legislativos; VII – resoluções". Gabarito "E".

(MINISTÉRIO PÚBLICO/RO – 2010 – CESPE) Com relação à organização dos poderes na CF, assinale a opção correta.

(A) Suplente de deputado ou senador deve ser convocado nos casos de licença do titular por período superior a sessenta dias.
(B) Na sessão legislativa extraordinária, o Congresso Nacional deve deliberar somente sobre a matéria para a qual foi convocado, não podendo ser incluídas na pauta sequer as medidas provisórias em vigor na data da convocação extraordinária.
(C) O Senado Federal compõe-se de três representantes de cada estado e do DF, com mandato de oito anos, eleitos segundo o princípio proporcional, sendo os representantes renovados de quatro em quatro anos, de forma alternada, por um e dois terços.
(D) A CF prevê a reunião em sessão conjunta da Câmara dos Deputados e do Senado Federal na hipótese, entre outras, de conhecer e deliberar sobre veto.
(E) É de competência do Senado Federal autorizar, por dois terços de seus membros, a instauração de processo contra o presidente e o vice-presidente da República, bem como contra os ministros de Estado.

A: Não reflete o disposto no art. 56, § 1º, da CF; B: Não reflete o disposto no art. 57, § 8º, da CF; C: Eleitos pelo princípio majoritário (art. 46, §§ 1º e 2º, da CF); D: Art. 57, § 3º, IV, da CF; E: Competência privativa da Câmara dos Deputados (art. 51, I, da CF). Gabarito "D".

(Ministério Público/SC – 2010) Em atenção às atribuições do Poder Legislativo, analise as seguintes assertivas:

I. É da competência exclusiva do Congresso Nacional sustar os atos normativos do Poder Executivo que exorbitem do poder regulamentar.
II. Compete privativamente à Câmara dos Deputados autorizar o referendo e convocar plebiscito.
III. Compete privativamente ao Senado Federal processar e julgar os membros do Conselho Nacional do Ministério Público nos crimes de responsabilidade.
IV. É da competência exclusiva do Congresso Nacional aprovar por voto secreto, após arguição pública, a escolha do Procurador-Geral da República.
V. Compete privativamente ao Senado Federal autorizar, em terras indígenas, a exploração e o aproveitamento de recursos hídricos e a pesquisa e lavra de riquezas minerais.

De acordo com a Constituição da República:

(A) Apenas as assertivas I, II e III estão corretas.
(B) Apenas as assertivas I e III estão corretas.
(C) Apenas as assertivas II, III e IV estão corretas.
(D) Apenas as assertivas II, IV e V estão corretas.
(E) Apenas as assertivas I, IV e V estão corretas.

I: Art. 49, V, da CF; II: Competência exclusiva do Congresso Nacional (art. 49, XV, da CF); III: Art. 52, II, da CF; IV: Competência privativa do Senado Federal (art. 52, III, "e", da CF). Gabarito "B".

(Ministério Público/SC – 2010) Em atenção ao processo legislativo, analise as seguintes assertivas:

I. O processo legislativo compreende a elaboração de emendas à Constituição; leis complementares; leis ordinárias; leis delegadas; medidas provisórias; decretos legislativos e resoluções.
II. A Constituição poderá ser emendada por meio do instituto da iniciativa popular, mediante a apresentação de projeto de lei subscrito por, no mínimo, um por cento do eleitorado nacional, distribuído pelo menos por cinco Estados, com não menos de três décimos por cento dos eleitores de cada um deles.
III. A Constituição não poderá ser emendada na vigência de intervenção federal, de estado de defesa ou de estado de sítio.
IV. São de iniciativa privativa do Presidente da República as leis que disponham sobre nacionalidade e direitos políticos.
V. É vedada a edição de medidas provisórias sobre matéria que vise a detenção ou sequestro de bens, de poupança popular ou qualquer outro ativo financeiro.

De acordo com a Constituição da República:

(A) Apenas as assertivas I, II e III estão corretas.
(B) Apenas as assertivas I, III e V estão corretas.
(C) Todas as assertivas estão corretas.
(D) Apenas as assertivas I, II, III e IV estão corretas.
(E) Apenas as assertivas III, IV e V estão corretas.

I: Art. 59, I a VII, da CF; II: A CF só pode ser emendada por iniciativa dos órgãos previstos no art. 60, I a III, da CF; III: Art. 60, § 1º, da CF; IV: Matérias não incluídas no rol do art. 61, § 1º, I e II, da CF; V: Art. 62, § 1º, II, da CF. Gabarito "B".

(Ministério Público/CE – 2009 – FCC) Os tratados internacionais sobre direitos e garantias fundamentais, dos quais a República Federativa do Brasil seja parte,

(A) ensejam, perante o Supremo Tribunal Federal, e a juízo do Procurador-Geral da República, incidente de deslocamento de competência para a Justiça Federal.
(B) são materialmente constitucionais, inclusive quando aprovados, em cada Casa do Congresso Nacional, em turno único, por maioria simples dos votos dos respectivos membros, presente a maioria absoluta deles.
(C) são equivalentes a emendas constitucionais apenas quando forem aprovados, em cada Casa do Congresso Nacional, em dois turnos, por dois terços dos votos dos respectivos membros.
(D) admitem emendas modificativas quando da tramitação parlamentar, ainda que não exista a previsão de cláusulas de reserva deferidas ao parlamento doméstico pelo próprio ato internacional.
(E) ensejam recurso especial quando forem contrariados ou tiverem a vigência negada por decisão de Tribunal de Justiça, Tribunal Regional Federal ou Turma Recursal de Juizado Especial.

A: De acordo com o art. 109, § 5º, da CF, "nas hipóteses de grave violação de direitos humanos, o Procurador-Geral da República, com a finalidade de assegurar o cumprimento de obrigações decorrentes de tratados internacionais de direitos humanos dos quais o Brasil seja parte, poderá suscitar, perante o Superior Tribunal de Justiça, em qualquer fase do inquérito ou processo, incidente de deslocamento de competência para a Justiça Federal"; B: São materialmente constitucionais porque tratam de conteúdo próprio de constituição (direitos e garantias fundamentais), mas não serão equivalentes a emendas constitucionais, pois não se observou o procedimento do art. 5º, § 3º, da CF; C: Art. 5º, § 3º, da CF: "Os tratados e convenções internacionais sobre direitos humanos que forem aprovados, em cada Casa do Congresso Nacional, em dois turnos, por três quintos dos votos dos respectivos membros, serão equivalentes às emendas constitucionais"; D: A matéria é polêmica na doutrina. Entendeu-se que o processo de internalização de tratados não admite emendas modificativas do texto, uma vez que é celebrado pela República Federativa do Brasil, por intermédio do Presidente da República (art. 84, VIII, da CF); E: Não cabe Recurso Especial contra acórdão de Turma Recursal de Juizado Especial (art. 105, III, a, da CF). Gabarito "B".

(Ministério Público/MA – 2009) Qual tópico que não reproduz situação por si só impeditiva de emenda à Constituição Federal?

(A) Proposta de unificação dos Poderes.
(B) Exclusão de direito ou garantia individual.
(C) Abolição da forma federativa do Estado.

(D) Proposta cuja matéria já tenha sido objeto de emenda rejeitada na mesma legislatura.
(E) Todas as alternativas anteriores inviabilizam Emenda à Constituição.

A: Viola a separação de poderes (art. 60, § 4º, III, da CF); B: Viola o art. 60, § 4º, IV, da CF; C: Viola o art. 60, § 4º, I, da CF; D: Só não pode ser objeto de nova proposta a matéria rejeitada na mesma sessão legislativa (art. 60, § 5º, da CF), sendo certo que *legislatura* é o período de quatro anos (art. 44, parágrafo único, da CF), *sessão legislativa* é o ano parlamentar (art. 57 da CF), que pode ser dividido em dois períodos: de 2 de fevereiro a 17 de julho (*primeiro período de sessão legislativa*) e de 1º de agosto a 22 de dezembro (*segundo período de sessão legislativa*). Gabarito "D".

(Ministério Público/PR – 2009) Analise as seguintes assertivas e após assinale a alternativa correta:

I. É da competência exclusiva do Congresso Nacional sustar os atos normativos do Poder Executivo que exorbitem do poder regulamentar ou dos limites de delegação legislativa;
II. Compete privativamente à Câmara dos Deputados autorizar, por maioria absoluta de seus membros, a instauração de processo contra o Presidente e o Vice-Presidente da República e os Ministros de Estado;
III. Compete privativamente ao Senado Federal aprovar previamente, por voto secreto, após argüição pública, a escolha do Procurador-Geral da República;
IV. É da competência exclusiva da Câmara dos Deputados julgar anualmente as contas prestadas pelo Presidente da República e apreciar os relatórios sobre a execução dos planos de governo;
V. As Mesas da Câmara dos Deputados e do Senado Federal poderão encaminhar pedidos escritos de informação a Ministros de Estado ou a quaisquer titulares de órgãos diretamente subordinados à Presidência da República, importando em crime de responsabilidade a recusa, ou o não atendimento, no prazo de trinta dias, bem como a prestação de informações falsas.

(A) Todas as assertivas estão corretas;
(B) Apenas as assertivas I, III e V estão corretas;
(C) Apenas as assertivas I, II, III e IV estão corretas;
(D) Apenas as assertivas I, II e IV estão corretas;
(E) Apenas as assertivas I, III, IV e V estão corretas.

I: Art. 49, V, da CF; II: O quórum é de dois terços dos membros (art. 51, I, da CF); III: Art. 52, III, *e*, da CF; IV: Competência do Congresso Nacional (art. 49, IX, da CF); IV: Art. 50, § 2º, da CF. Gabarito "B".

(Ministério Público/PR – 2009) Analise as seguintes assertivas e após assinale a alternativa correta:

I. É vedada a edição de medidas provisórias sobre matéria relativa a direito processual civil;
II. É vedada a edição de medidas provisórias sobre matéria relativa a direito tributário;
III. A Constituição Federal poderá ser emendada mediante proposta de mais da metade das Assembléias Legislativas das unidades da Federação, manifestando-se, cada uma delas, pela maioria relativa de seus membros;
IV. A matéria constante de proposta de emenda à Constituição Federal rejeitada ou havida por prejudicada não pode ser objeto de nova proposta na mesma sessão legislativa;
V. não será objeto de deliberação a proposta de emenda à Constituição tendente a abolir os direitos e garantias individuais.

(A) Todas as assertivas estão corretas;
(B) Apenas as assertivas I, IV e V estão corretas;
(C) Apenas as assertivas II, IV e V estão corretas;
(D) Apenas as assertivas I, III, IV e V estão corretas;
(E) Apenas as assertivas I, II e III estão corretas.

I: Art. 62, § 1º, I, *b*, da CF; II: Não há vedação para a edição de MP sobre direito tributário, mas, em regra, "só produzirá efeitos no exercício financeiro seguinte se houver sido convertida em lei até o último dia daquele em que foi editada" (art. 62, § 2º, da CF); III: Art. 60, III, da CF; IV: Art. 60, § 5º, da CF; V: Art. 60, § 4º, IV, da CF. Gabarito "D".

(Ministério Público/MG - 2008) Analise as seguintes assertivas quanto ao processo legislativo previsto na Constituição de 1988.

I. A iniciativa legislativa para a proposição de emenda constitucional é concorrente.
II. Em regra, o processo legislativo inicia-se na Câmara dos Deputados, em homenagem ao princípio democrático.
III. Não poderá haver emendas parlamentares em projeto de lei cuja iniciativa seja exclusiva do chefe do Poder Executivo.
IV. A medida provisória e o decreto presidencial são exemplos de espécies normativas previstas na Constituição de 1988.

(A) As opções I e IV estão corretas.
(B) As opções I e II estão corretas.
(C) As opções II e III estão corretas.
(D) As opções III e IV estão corretas.
(E) As opções I, II e IV estão corretas.

I: Art. 60, I, II e III, da CF. II: Art. 62, § 8º e art. 64, ambos da CF. III: Não reflete o disposto no art. 63 e no art. 64, § 3º, ambos da CF. IV: Não reflete o disposto no art. 59 da CF, que não inclui os decretos presidenciais. Gabarito "B".

(Ministério Público/PR – 2008) A Constituição Federal poderá ser emendada: (assinale a alternativa correta)

(A) Mediante proposta de um quarto, no mínimo, dos membros da Câmara dos Deputados;
(B) Na vigência de estado de defesa;
(C) Para criar um Estado unitário;
(D) Mediante proposta de um quarto, no mínimo, dos membros do Senado Federal;
(E) Mediante proposta de mais da metade das Assembléias Legislativas das unidades da Federação, manifestando-se, cada uma delas, pela maioria relativa de seus membros.

A e D: Não reflete o disposto no art. 60, I, da CF; B: Não reflete o disposto no art. 60, § 1º, da CF; C: Não reflete o disposto no art. 60, § 4º, I, da CF; E: Art. 60, III, da CF. Gabarito "E".

(Ministério Público/SP – 2006) A partir dos enunciados seguintes assinale a alternativa correta.

(A) É legítima a quebra de sigilo bancário, por determinação de Comissão Parlamentar de Inquérito, desde que demonstrado o interesse público relevante, individualizado o investigado e o objeto da investigação, mantido o sigilo em relação às pessoas estranhas à causa e limitada a utilização de dados obtidos somente para a investigação que lhe deu causa.
(B) A proteção do sigilo bancário não é absoluta, e, pode ser afastada, excepcionalmente, mediante determinação de autoridade estatal, uma vez respeitado o princípio da hierarquia que informa a Administração.
(C) A proteção ao sigilo bancário constitui espécie do direito à intimidade e vida privada garantidos constitucionalmente; garantia absoluta que é, fica assegurada a indenização pelo dano material ou moral decorrente de sua violação.
(D) A inviolabilidade do sigilo bancário e fiscal é uma das garantias do indivíduo contra o arbítrio do Estado, porém, não é absoluta diante do interesse público, e pode ser quebrada, desde que haja determinação de autoridade estatal.
(E) É legítima a quebra de sigilo bancário, por determinação de Comissão Parlamentar de Inquérito, quando há interesse público relevante, desde que individualizado o investigado e mantido o sigilo em relação às pessoas estranhas à causa, sendo possível o fornecimento de dados a outras autoridades que o solicitem para outras investigações.

A e E: O ato de quebra está inserido nos poderes investigatórios conferidos às CPIs pela CF (art. 58, § 3º). Entretanto, precisa ser adequadamente fundamentado, demonstrando-se a necessidade da medida (art. 93, IX, da CF); os dados não podem ser divulgados (o sigilo transfere-se para a CPI) e só podem ser utilizados no âmbito da Comissão de Inquérito em que foram obtidos; B, C e D: O sigilo bancário não é direito absoluto, podendo ser quebrado na forma da CF, caso em que não gera indenização. Gabarito "A".

(Procurador do Estado/RO – 2011 – FCC) Com relação ao processo legislativo, é correto afirmar:

(A) O Presidente da República pode pedir a retirada da medida provisória remetida ao Congresso Nacional a qualquer momento, mesmo após a sua publicação no Diário Oficial.

(B) Tanto a medida provisória, quanto a lei delegada, atos normativos de competência primária do Presidente da República, têm validade temporária e limitada à sessenta dias, prorrogáveis por igual prazo, a contar de sua edição.
(C) Os Estados e os Municípios não podem editar medida provisória, ato excepcional previsto pela Constituição Federal com validade no âmbito da União.
(D) O Estado pode editar medida provisória em caso de relevância e urgência, desde que a Constituição Estadual preveja expressamente a possibilidade.
(E) A conversão de medida provisória em lei faz com que sejam sanadas automaticamente eventuais questões sobre vícios de inconstitucionalidade dos fundamentos de relevância e urgência alegados judicialmente.

A: STF, ADI-MC 221, Rel. Min. Moreira Alves: "Por ser a medida provisória ato normativo com força de lei, não é admissível seja retirada do Congresso Nacional a que foi remetida para o efeito de ser, ou não, convertida em Lei"; B: A lei delegada não tem validade temporária e limitada à sessenta dias; C e D: O STF admite a adoção de medida provisória pelo governador de estado ou do Distrito Federal desde que haja previsão na constituição estadual (ou na lei orgânica do DF) e sejam observados os princípios e limitações impostos pelo modelo estabelecido no art. 62 da CF; E: A inconstitucionalidade pode ser suscitada mesmo após a conversão em lei. Gabarito "D".

(Procurador do Estado/SC – 2010 – FEPESE) Com relação ao processo legislativo de emenda à Constituição Federal, assinale a alternativa **correta**.

(A) A forma republicana de governo é considerada cláusula pétrea, e, assim, não poderá ser objeto de proposta de emenda constitucional.
(B) A emenda à Constituição será promulgada pelas Mesas da Câmara dos Deputados e do Senado Federal, com o respectivo número de ordem.
(C) A matéria constante de proposta de emenda rejeitada ou havida por prejudicada deverá ser objeto de nova proposta na mesma sessão legislativa.
(D) A proposta de emenda será discutida e votada em sessão conjunta das Casas do Congresso Nacional, em dois turnos, considerando-se aprovada se obtiver três quintos dos votos dos respectivos membros.
(E) A Constituição poderá ser emendada mediante proposta de mais da metade das Assembléias Legislativas das unidades da Federação, manifestando-se, cada uma delas, pela maioria absoluta de seus membros.

A: A forma de governo (república ou monarquia) não é cláusula pétrea. Apenas a forma de estado (federal) o é (art. 60, § 4º, I, da CF); B: Sim. A promulgação das emendas à Constituição é feita pelas *Mesas da Câmara dos Deputados e do Senado Federal*, e não pela *Mesa do Congresso Nacional* (art. 60, § 3º, da CF); C: O art. 60, § 5º, da CF impede que a proposta seja reapresentada na mesma sessão legislativa; D: Não há sessão conjunta para apreciação de emendas à CF (art. 60, § 2º, da CF); E: Não reflete o disposto no art. 60, III, da CF. Gabarito "B".

(Procurador do Estado/SC – 2010 – FEPESE) De acordo com a Constituição Federal, é competência privativa do Senado Federal:

(A) sancionar, promulgar e fazer publicar as leis, bem como expedir decretos e regulamentos para sua fiel execução.
(B) sustar os atos normativos do Poder Executivo que exorbitem do poder regulamentar ou dos limites de delegação legislativa.
(C) proceder à tomada de contas do Presidente da República, quando não apresentadas ao Congresso Nacional dentro de sessenta dias após a abertura da sessão legislativa.
(D) avaliar periodicamente a funcionalidade do Sistema Tributário Nacional, em sua estrutura e seus componentes, e o desempenho das administrações tributárias da União, dos Estados e do Distrito Federal e dos Municípios.
(E) aplicar aos responsáveis, em caso de ilegalidade de despesa ou irregularidade de contas, as sanções previstas em lei, que estabelecerá, entre outras cominações, multa proporcional ao dano causado ao erário.

A, B, C, D, E: Art. 52, I a XV, da CF. Gabarito "D".

(Procurador do Estado/PE – CESPE – 2009) José, candidato a deputado federal pelo estado de Pernambuco, registrou sua candidatura no dia 2 de julho. A eleição ocorreu no dia 3 de outubro, e o resultado que o declarou eleito foi divulgado no dia 6 de outubro. José foi diplomado pelo TRE do Estado de Pernambuco no dia 17 de dezembro e tomou posse no cargo de deputado federal no dia 2 de fevereiro do ano seguinte. No caso hipotético apresentado acima, a imunidade formal de José deve ser contada a partir

(A) do registro de sua candidatura, no dia 2 de julho.
(B) do dia da eleição, no dia 3 de outubro.
(C) do dia da divulgação do resultado das eleições, no qual foi declarado eleito, no dia 6 de outubro.
(D) da diplomação, no dia 17 de dezembro.
(E) da data da posse, no dia 2 de fevereiro do ano seguinte.

O art. 53, § 1º, da CF, estabelece como termo inicial da imunidade formal a data da expedição do diploma. Gabarito "D".

(Procurador do Estado/SC – 2009) Assinale a alternativa correta, com respeito ao modelo constitucional, federal e estadual brasileiro.

(A) Direitos fundamentais são insuscetíveis de emendas, tanto para extingui-los como para criar novos direitos.
(B) Poder constituinte de revisão é o poder inerente à Constituição flexível, que se destina a modificar essa Constituição.
(C) A Constituição, ao dar ao Congresso Nacional competências para emendá-la, lhe confere o nome de poder constituinte instituído ou constituído.
(D) A limitação material de emenda constitucional decorre de que o órgão reformador há de proceder nos termos expressamente estatuídos na Constituição, desde que exista maioria absoluta para tal emenda.
(E) Toda modificação constitucional feita com desrespeito do procedimento especial estabelecido implicará inconstitucionalidade material.

A: Apenas para abolir ou tender a abolir. Não há vedação para ampliá-los (art. 60, § 4º, IV, da CF); B: Poder constituinte de revisão, emenda ou reforma é o Poder Constituinte Derivado; C: O Congresso Nacional atua como Poder Constituinte Derivado ao aprovar Emendas à Constituição, tanto que a promulgação do texto cabe às Mesas da Câmara dos Deputados e do Senado Federal (art. 60, § 3º, da CF), não havendo participação do Presidente da República; D: Limites materiais ao poder de reforma da constituição corresponde às matérias que não podem ser abolidas pela emenda, o que se costuma chamar de cláusulas pétreas (art. 60, § 4º, da CF); E: Desrespeito ao procedimento, à forma, acarreta inconstitucionalidade formal. Gabarito "C".

(Procurador do Estado/SC – 2009) Assinale a alternativa correta, com respeito ao modelo constitucional, federal e estadual brasileiro.

(A) Lei ordinária disporá sobre a elaboração, redação, alteração e consolidação das leis.
(B) O processo legislativo no Brasil compreende, dentre outras normas, a elaboração de resoluções.
(C) Decretos legislativos podem ser editados pelo Presidente da República através de delegação de competência via resolução.
(D) Medidas Provisórias podem tratar de matéria atinente a leis complementares tais como orçamento e créditos adicionais.
(E) Decretos regulamentares do Chefe do Executivo possuem o mesmo *status* hierárquico e de matéria dos Decretos legislativos, somente se diferenciando quanto ao agente político que os edita.

A: A CF exige lei complementar para a hipótese (art. 59, parágrfo único, da CF); B: Art. 59, VII, da CF; C: O Presidente da República não participa da elaboração de decretos legislativos, que não necessitam de sanção (art. 48 da CF); D: Há vedação expressa nesse sentido (art. 62, § 1º, III, da CF); E: Os decretos legislativos são editados nas hipóteses do art. 49 da CF, o que os diferencia também quanto à matéria, além de os decretos legislativos estarem contidos no processo legislativo (art. 59, VI, da CF). Gabarito "B".

(Procurador do Estado/SC – 2009) Assinale a alternativa correta, com respeito ao modelo constitucional, federal e estadual brasileiro.

(A) A deliberação das casas legislativas sobre o mérito de medidas provisórias não se sujeita a juízo prévio sobre seus pressupostos constitucionais.
(B) É de competência exclusiva do Presidente da República exercer a direção superior da administração federal dos três poderes da União.

(C) O Presidente da República não poderá ausentar-se do país por mais de vinte dias sem a prévia autorização do Congresso Nacional.
(D) O veto do Presidente da República a projetos de lei somente pode ser feito no seu todo, não sendo cabível o veto parcial.
(E) No caso de projetos de lei de iniciativa do Presidente da República, poderá ele solicitar urgência para sua apreciação.

A: Excepcionalmente, os requisitos de relevância e urgência são sindicáveis, ou seja, podem ser objeto de análise pelo Poder Judiciário, com fundamento no respeito ao princípio da separação de poderes. Para o STF, "os pressupostos da urgência e da relevância, embora conceitos jurídicos relativamente indeterminados e fluidos, mesmo expondo-se, inicialmente, à avaliação discricionária do Presidente da República, estão sujeitos, ainda que excepcionalmente, ao controle do Poder Judiciário, porque compõem a própria estrutura constitucional que disciplina as medidas provisórias, qualificando-se como requisitos legitimadores e juridicamente condicionantes do exercício, pelo Chefe do Poder Executivo, da competência normativa primária que lhe foi outorgada, extraordinariamente, pela Constituição da República. (...) - A possibilidade de controle jurisdicional, mesmo sendo excepcional, apoia-se na necessidade de impedir que o Presidente da República, ao editar medidas provisórias, incida em excesso de poder ou em situação de manifesto abuso institucional, pois o sistema de limitação de poderes não permite que práticas governamentais abusivas venham a prevalecer sobre os postulados constitucionais que informam a concepção democrática de Poder e de Estado, especialmente naquelas hipóteses em que se registrar o exercício anômalo e arbitrário das funções estatais." (STF, ADI 2213 MC, Rel. Min. Celso de Mello); B: Apenas da Administração Federal (art. 84, II, da CF), pois é chefe do Poder Executivo Federal; C: O art. 83 exige licença em afastamentos superiores a quinze dias; D: A CF admite o veto parcial, desde que incida sobre texto integral de artigo, de parágrafo, de inciso ou de alínea (art. 66, §§ 1º e 2º, da CF), ou seja, não se pode vetar apenas determinadas expressões. Por exemplo: ao Presidente é proibido vetar apenas a palavra "não", fazendo com que determinada regra deixe de ser "não incidirá", para ser "incidirá". O veto parcial, nesse caso, alteraria todo o significado do texto aprovado pelo Poder Legislativo, razão por que é vedado pelo art. 66, § 2º, da CF; E: Art. 64, § 1º, III, da CF. Gabarito "E".

(Procurador do Estado/SP – FCC – 2009) Proposta de Emenda Constitucional quer estabelecer a pena de morte para reincidentes em crimes hediondos, medida a ser referendada por plebiscito. A proposta deve ser considerada

(A) inconstitucional porque a proibição da pena de morte em tempo de paz é direito fundamental previsto no art. 5º, inciso XLVII, insuscetível de modificação por emenda, como estabelecido pelo art. 60, parágrafo 4º, da Constituição Federal.
(B) inconstitucional porque a matéria relativa às colisões entre direitos fundamentais é prerrogativa do poder constituinte originário, e neste caso tem-se um conflito entre o direito à vida e o direito à segurança.
(C) constitucional porque o art. 1º, parágrafo único, da Constituição Federal, prevê o exercício direto do poder pelo povo, caso em que não há limites ao poder de reformar a Constituição.
(D) constitucional porque a segurança pública é o princípio básico e norteador das garantias constitucionais e a proposta tende a otimizar esse princípio.
(E) constitucional porque a vedação à pena de morte não é direito fundamental, uma vez que admitida em caso de guerra declarada nos termos do art. 84, inciso XIX, da Constituição Federal.

Art. 5º, XLVII, a e art. 60, § 4º, IV, da CF. Gabarito "A".

(Procurador do Estado/SP – FCC – 2009) Diante da grave insegurança jurídica gerada por decisões judiciais discrepantes, o Presidente da República edita medida provisória estabelecendo nova disciplina para a prescrição tributária. Esse ato legislativo é

(A) constitucional, devendo sua votação ser iniciada no Senado Federal.
(B) constitucional, produzindo efeitos no exercício financeiro seguinte, se houver sido convertida em lei até o último dia daquele em que foi editada.
(C) inconstitucional, por dispor sobre matéria que dele não pode ser objeto.
(D) constitucional, perdendo a eficácia, desde a edição, se não for convertida em lei no prazo de sessenta dias, prorrogável uma vez por igual período.
(E) inconstitucional, por ofensa ao princípio da intangibilidade da coisa julgada.

Art. 62, § 1º, III, da CF. Gabarito "C".

(Procurador do Estado/SP – FCC – 2009) Por proposta de 19 (dezenove) Assembleias Legislativas Estaduais e após regular aprovação do Congresso Nacional, é promulgada pelas Mesas da Câmara e do Senado emenda constitucional extinguindo a ação declaratória de constitucionalidade, embora na mesma sessão legislativa projeto de lei, de idêntico conteúdo, tenha sido rejeitado pelo Senado Federal. A emenda em pauta deve ser considerada

(A) constitucional, sob o ângulo formal, mas inconstitucional sob o prisma material, por enfraquecer o princípio da supremacia da Constituição.
(B) constitucional, sob o ângulo material, mas inconstitucional sob o prisma formal, por não haver sido submetida à sanção ou veto do Presidente da República.
(C) constitucional, tanto sob o ângulo formal, quanto sob o ângulo material.
(D) inconstitucional, pois a matéria constante de propositura rejeitada não pode ser objeto de nova proposta na mesma sessão legislativa.
(E) inconstitucional, por vício de iniciativa.

A legitimidade ativa foi observada (art. 60, III, da CF), o conteúdo pode ser objeto de deliberação (já que não fere o disposto no art. 60, § 4º, da CF) e o fato de projeto de lei ter sido rejeitado, ainda que na mesma sessão legislativa, não impede a promulgação de emenda constitucional, haja vista que o art. 60, § 5º, da CF refere-se apenas a proposta de emenda rejeitada ou prejudicada (não a projeto de lei). Gabarito "C".

(Procurador do Estado/PI – 2008 – CESPE) A respeito das prerrogativas do presidente da República, dos governadores e dos parlamentares, conforme previsto na CF, assinale a opção correta.

(A) Desde a expedição do diploma, os membros do Congresso Nacional não poderão ser presos — salvo em flagrante de crime inafiançável — nem processados criminalmente, sem prévia licença de sua Casa.
(B) A inviolabilidade parlamentar prevista na CF refere-se apenas ao campo penal, não abrangendo a inviolabilidade civil.
(C) Para que o presidente da República e os governadores sejam processados criminalmente, não é necessária licença prévia da respectiva casa legislativa.
(D) A imunidade processual impede que os parlamentares sejam investigados sem prévia licença da respectiva casa legislativa.
(E) Como não é um direito pessoal, mas uma garantia funcional e institucional, a inviolabilidade penal do parlamentar é irrenunciável.

A: Não reflete o disposto no art. 53, § 2º, da CF; B: Não reflete o disposto no art. 53 da CF; C: Não reflete o disposto no art. 51, I, da CF; D: Não reflete o disposto no art. 53, § 2º, da CF. A CF deixou de exigir prévia licença para se processar parlamentar federal; E: A imunidade não é prerrogativa individual do congressista, mas garantia da independência do Legislativo, a quem se dirige. Assim, constitui garantia institucional, sendo insuscetível de renúncia. Gabarito "E".

(Procurador do Estado/CE – 2008 – CESPE) Assinale a opção correta a respeito de direito constitucional.

(A) As imunidades de deputados ou senadores não subsistirão durante o estado de sítio.
(B) Na sessão legislativa extraordinária, o Congresso Nacional somente deliberará sobre a matéria para a qual foi convocado. Assim, havendo medidas provisórias em vigor na data de convocação extraordinária do Congresso Nacional, estas não poderão ser votadas.
(C) A deliberação de cada uma das casas do Congresso Nacional sobre o mérito das medidas provisórias dependerá de juízo prévio sobre o atendimento de seus pressupostos constitucionais.
(D) Desde a expedição do diploma, os membros do Congresso Nacional não poderão ser presos, salvo em flagrante de crime inafiançável, nem processados criminalmente sem prévia licença de sua Casa.
(E) As medidas provisórias terão sua votação iniciada em qualquer das casas legislativas.

A: Não reflete o disposto no art. 53, § 8º, da CF; B: Não reflete o disposto no art. 57, §§ 7º e 8º, da CF; C: Art. 62, § 5º, da CF; D: Não reflete o disposto no art. 53, § 2º, da CF; E: Não reflete o disposto no art. 62, § 8º, da CF. Gabarito "C".

(Procurador do Estado/ES – 2008 – CESPE) Quanto às comissões parlamentares de inquérito (CPIs), julgue o seguinte item.

(1) Deputados e senadores não são obrigados a testemunhar em CPI acerca de informações recebidas ou prestadas em razão do exercício do mandato.

1: Art. 53, § 6º, da CF. Gabarito 1C

(Procurador do Estado/ES – 2008 – CESPE) Quanto às comissões parlamentares de inquérito (CPIs), julgue o seguinte item.

(1) A CPI instaurada no Poder Legislativo estadual não pode promover a quebra de sigilo bancário de pessoa submetida a investigação.

As CPIs estaduais têm, por simetria, os mesmos poderes das CPIs instaladas no Congresso Nacional (art. 58, § 3º), podendo quebrar o sigilo bancário desde que o ato seja adequadamente fundamentado, os dados não sejam divulgados e somente sejam utilizados no âmbito daquela investigação. Gabarito 1E

(Procurador do Estado/ES – 2008 – CESPE) Quanto às comissões parlamentares de inquérito (CPIs), julgue o seguinte item.

(1) O fato objeto de apuração poderá ser determinado ao longo do período de funcionamento da CPI.

De acordo com o art. 58, § 3º, da CF, a CPI só pode ser criada para investigar fato determinado, concreto, delimitado e, portanto, preexistente. Gabarito 1E

(Procurador do Estado/ES – 2008 – CESPE) Em relação ao processo legislativo estadual, julgue os itens a seguir.

(1) Estará correto o parecer de procurador do estado que, em resposta a consulta do governador, responda ser constitucional projeto de lei proposto pelo tribunal de justiça instituindo a justiça militar estadual, com a criação do tribunal de justiça militar, considerando que a polícia militar daquela unidade federativa tenha mais de vinte mil integrantes.

(2) É constitucional norma estadual determinadora de redução de vencimento de servidor público processado criminalmente.

1: Reflete o disposto no art. 125, § 3º, da CF. 2: Não reflete o disposto no art. 7º, VI, da CF. Gabarito 1C, 2E

(Procurador do Estado/PB – 2008 – CESPE) Com relação à organização dos poderes, assinale a opção correta.

(A) As comissões parlamentares de inquérito devem ser criadas por prazo certo para a apuração de fato determinado; nesse ponto, não constituem violação constitucional eventuais prorrogações sucessivas, mesmo que para a legislatura seguinte.

(B) No âmbito nacional, as sessões legislativas ocorrem no período de 2 de fevereiro a 17 de julho e de 1.º de agosto a 22 de dezembro, e cada legislatura, na Câmara dos Deputados, compreende quatro sessões legislativas.

(C) Os deputados federais são eleitos em conformidade com o sistema proporcional, ou seja, são eleitos deputados aqueles que logrem maior votação nas urnas de cada estado.

(D) O deputado federal que praticar crime antes da diplomação poderá ser processado e julgado normalmente pelo STF, enquanto durar o mandato legislativo. No entanto, a pedido de partido político com representação na casa, o andamento do processo poderá ser suspenso, se houver decisão, por voto ostensivo e nominal, da maioria absoluta dos parlamentares.

(E) Denomina-se presidencialismo a forma de governo em que o presidente da República é o chefe do Estado e de governo e parlamentarismo, aquela em que o presidente da República, eleito democraticamente, é o chefe de Estado, e o primeiro-ministro, escolhido pelo presidente da República, é o chefe de governo.

A: No HC 71.193/SP, o STF decidiu que a locução "prazo certo", prevista no art. 58, § 3º da CF, não impede prorrogações sucessivas, desde que dentro da mesma legislatura (art. 5º, § 2º, da Lei 1.579/52); B: Reflete o disposto no art. 44, parágrafo único, e no art. 57, ambos da CF; C: Apesar de os deputados serem eleitos pelo sistema proporcional (art. 45 da CF), a definição da questão é aplicável ao sistema majoritário; D: Não reflete o disposto no art. 53, § 1º, da CF; E: Presidencialismo e parlamentarismo são sistemas ou regimes de governo (e não formas de governo). Gabarito "B".

(Procurador do Estado/PB – 2008 – CESPE) Quanto ao processo legislativo, assinale a opção correta.

(A) É de competência privativa do presidente da República a iniciativa de proposição de projeto de lei que disponha acerca do parcelamento de débitos tributários.

(B) Considere-se que determinada medida provisória que determine aumento de certo imposto tenha sido publicada no dia 15/11/2007 e convertida em lei em 11/2/2008. Nessa hipótese, o referido tributo não pode ser cobrado, com aumento, no exercício de 2008.

(C) Os projetos de lei somente podem ser votados no plenário do Congresso Nacional ou no de uma de suas casas.

(D) Os estados e municípios não têm autorização constitucional para aceitarem proposta de lei de origem popular.

(E) O aumento da remuneração dos servidores do Poder Legislativo deve ser apreciado por meio de resolução, visto que constitui competência privativa do Congresso Nacional.

A: Não reflete o disposto no art. 61, § 1º, da CF; B: Art. 62, § 2º, da CF; C: Não reflete o disposto no art. 65 da CF; D: Não reflete o disposto no art. 27, § 4º e 29, XIII, ambos da CF; E: Não reflete o disposto no art. 49 da CF. Gabarito "B".

(Procuradoria Distrital – 2007) Suponha que um Deputado Distrital seja membro de uma Comissão Parlamentar de Inquérito – CPI, e tenha ido cumprir diligência fora do Distrito Federal. No outro Estado, faz pronunciamento que, embora ligado à sua atuação na CPI, é tido como agressivo à honra de adversário político, investigado pela Comissão. Nessas circunstâncias, é correto dizer do Deputado Distrital em apreço que ele:

(A) poderá ser processado criminal e civilmente (neste último caso, visando à reparação de danos morais), independentemente de licença prévia da Câmara Distrital.

(B) poderá ser processado civilmente, para reparação de danos morais, mas não poderá ser processado criminalmente.

(C) não poderá ser processado civilmente, para reparação de danos morais, mas poderá ser processado criminalmente.

(D) não poderá ser processado civilmente por danos morais nem criminalmente.

(E) poderá ser processado criminal e civilmente, desde que, nos dois casos, seja concedida licença da Câmara Distrital para os processos.

Art. 53 da CF, por simetria. Gabarito "D".

(Procuradoria Distrital – 2007) A respeito das Comissões Parlamentares de Inquérito – CPIs, é correto afirmar:

(A) os advogados dos chamados a prestar depoimento perante uma CPI podem acompanhar os seus clientes e com eles comunicar-se pessoal e diretamente, antes das respostas às perguntas formuladas, para recomendar que não respondam a questionamento que possa levar a afirmação auto-incriminadora.

(B) as comissões parlamentares de inquérito têm o poder de anular atos do Executivo.

(C) não se exige motivação para as decisões de natureza eminentemente política tomadas pelas comissões parlamentares de inquérito, tais como a decretação da quebra do sigilo bancário e telefônico de investigados.

(D) as comissões parlamentares de inquérito podem decretar a indisponibilidade de bens de investigado, uma vez comprovada a origem espúria desses bens.

(E) depoentes e indiciados podem ser chamados a comparecer perante as Comissões Parlamentares de Inquérito de modo informal, como por exemplo, por meio de telefone ou fac-símile (fax).

A: Art. 3º, § 2º, da Lei 1.579/1952; B: Não reflete o disposto no art. 58, § 3º, da CF; C: Não reflete o disposto no art. 93, IX, da CF, cuja regra de motivação das decisões também se aplica ao Legislativo; D: De acordo com o STF, por não ser medida de instrução, mas de provimento cautelar de sentença futura, só pode ser decretada pelo Judiciário (MS 23.480-6, Rel. Min. Sepúlveda Pertence); E: Não reflete o disposto no art. 3º da Lei 1.579/1952. Gabarito "A".

(Procurador do Estado/PR – 2007) Se o Presidente da República vetar projeto de lei cuja votação foi concluída na Câmara dos Deputados, o veto:

(A) será apreciado pela Casa em que a votação do projeto teve início, no prazo de quinze dias contados do seu recebimento;
(B) será apreciado em sessão da Casa onde a votação foi concluída, no prazo de quinze dias contados do seu recebimento;
(C) será apreciado pelo Senado Federal, no prazo de trinta dias contados do seu recebimento;
(D) será apreciado em sessão conjunta das duas Casas do Congresso Nacional, no prazo de trinta dias contados do seu recebimento;
(E) será apreciado diretamente pelo Supremo Tribunal Federal.

Art. 66, § 4º, da CF. Gabarito "D".

(Procurador do Estado/RR – 2006 – FCC) A proposta de emenda constitucional pode ser apresentada

(A) pelo Ministro da Justiça.
(B) pelo Presidente da República.
(C) por um quarto, no mínimo, dos membros do Senado Federal.
(D) pela Comissão de Constituição e Justiça do Congresso Nacional.
(E) por mais de um terço das Assembléias Legislativas das unidades da Federação.

Art. 60 da CF. Gabarito "B".

(Procurador do Estado/RR – 2006 – FCC) Acerca dos parlamentares, dispõe a Constituição Federal que

(A) os Deputados e Senadores não serão obrigados a testemunhar sobre informações recebidas ou prestadas em razão do exercício do mandato, nem sobre as pessoas que lhes confiaram ou deles receberam informações.
(B) os Deputados e Senadores, desde a expedição do diploma, serão submetidos a julgamento perante o Superior Tribunal de Justiça e perante o respectivo Conselho de Ética.
(C) as imunidades de Deputados e Senadores subsistirão durante o estado de defesa e o estado de sítio, não podendo ser suspensas nem mesmo nos casos de atos praticados fora do Congresso Nacional.
(D) desde a expedição do diploma, os membros do Congresso Nacional não poderão ser presos, nem mesmo em flagrante de crime inafiançável e com autorização da Casa respectiva.
(E) a incorporação às Forças Armadas de Deputados e Senadores, embora militares e ainda que em tempo de guerra, não depende de prévia licença da Casa respectiva.

A: Art. 53, § 6º, da CF; B: Não reflete o disposto no art. 53, § 1º, da CF; C: Não reflete o disposto no art. 53, § 8º, da CF; D: Não reflete o disposto no art. 53, § 2º, da CF; E: Não reflete o disposto no art. 53, § 7º, da CF. Gabarito "A".

(Procurador do Estado/RR – 2006 – FCC) As medidas provisórias, de acordo com a Constituição Federal,

(A) terão sua votação iniciada no Senado Federal, se versarem sobre orçamento.
(B) acaso rejeitadas, não podem ser reeditadas na mesma legislatura.
(C) têm força de lei, não precisando ser submetidas ao Congresso Nacional.
(D) não podem tratar de matéria relativa a partidos políticos.
(E) perdem a validade se não forem convertidas em lei em trinta dias.

A: Não reflete o disposto no art. 62, § 8º, da CF; B: Não reflete o disposto no art. 62, § 10, da CF; C: Não reflete o disposto no art. 62, § 6º, da CF; D: Art. 62, § 1º, I, a, da CF; E: Não reflete o disposto no art. 62, § 3º, da CF. Gabarito "D".

(Defensoria/ES – 2009 – CESPE) Acerca do processo legislativo e da competência do TCU, julgue o item abaixo.

(1) Compete ao TCU examinar, previamente, a validade de contratos administrativos celebrados pelo poder público.

As competências do TCU estão listadas no art. 71, I a XI, da CF. Gabarito 1E.

(Defensoria/MT – 2009 – FCC) A Constituição Federal veda a edição de medida provisória para regulamentar

(A) a prestação de serviço postal.
(B) o regime dos portos, navegação lacustre, fluvial, marítima, aérea e aeroespacial.
(C) a exploração dos serviços de gás canalizado.
(D) as atividades nucleares de qualquer natureza.
(E) o exercício do direito à propriedade.

Art. 25, § 2º, da CF. Sobre o tema, v. tb. Art. 62, § 1º, da CF. Gabarito "C".

(Defensoria/PA – 2009 – FCC) Segundo a Constituição Federal e a jurisprudência predominante sobre o processo legislativo,

(A) cabe ao Congresso Nacional aprovar ou rejeitar medida provisória de modo integral, sendo vedada sua aprovação com alteração do texto original.
(B) projeto de lei que verse sobre matéria de iniciativa exclusiva do Presidente da República não pode ser emendado pelas Casas do Congresso Nacional.
(C) a sanção presidencial convalida o vício de iniciativa de projeto de lei apresentado por membro do Congresso Nacional que verse sobre matéria de iniciativa exclusiva do Presidente da República.
(D) os Governadores de Estados-membros não podem editar medidas provisórias.
(E) solicitada urgência para apreciação de projeto de lei de iniciativa do Presidente da República, cada Casa do Congresso deve manifestar-se no prazo de 45 dias, prazo esse que não se aplica aos projetos de Código.

A: Não há vedação no art. 62 da CF; B: O art. 63, I, da CF excepcionalmente autoriza emendas parlamentares que impliquem aumento de despesas nos projetos orçamentários de iniciativa exclusiva do Presidente da República; C: Não há convalidação nesse caso, assim como, no caso de MPs, a lei de conversão não convalida os vícios existentes na medida provisória; D: O STF tem firme entendimento de que as medidas provisórias podem ser adotadas pelos chefes do Poder Executivo estadual, por simetria ao modelo federal; E: Art. 64, §§ 1º e 2º, da CF. Gabarito "E".

(Defensoria/PI – 2009 – CESPE) Quanto aos limites de atuação do poder de reforma constitucional e ao alcance de proteção das cláusulas pétreas, assinale a opção correta.

(A) Sendo um poder instituído, o poder de reforma constitucional sofre limitações de conteúdo, mas não de forma. Assim, uma proposta de emenda à CF que seja rejeitada poderá ser reapresentada na mesma sessão legislativa.
(B) O STF entende que os direitos e garantias individuais considerados cláusulas pétreas pela CF restringem-se àqueles expressos no elenco do art. 5.º, não admitindo interpretação extensiva.
(C) Consideram-se limitações temporais as situações que impedem que a CF seja emendada na vigência de intervenção federal, de estado de defesa ou de estado de sítio.
(D) No exercício do poder de reforma constitucional, o Congresso Nacional dispõe da faculdade de modificar a Lei Magna, não se admitindo que essa competência seja restringida por limitações outras que não aquelas constantes de forma explícita do texto constitucional.
(E) A jurisprudência do STF considera que os limites materiais ao poder constituinte de reforma não significam a intangibilidade literal da disciplina dada ao tema pela Constituição originária, mas sim a proteção do núcleo essencial dos princípios e institutos protegidos pelas cláusulas pétreas.

A: Vedação expressa no art. 60, § 5º, da CF; B: O STF entende que o princípio da anterioridade tributária, que não está listado no art. 5º da CF, é direito individual, constituindo cláusula pétrea na forma do art. 60, § 4º, IV, da CF; C: Considera-se limitação circunstancial (art. 60, § 1º, da CF); D: O Poder Constituinte Derivado submete-se a limitações explícitas (art. 60, § 1º e ss, da CF) e implícitas (não pode ser alterado, por exemplo, o procedimento de reforma da Constituição); E: Sim, e pode haver emenda constitucional sobre matérias listadas como cláusulas pétreas (art. 60, § 4º, da CF), desde que para ampliá-las ou para corrigir-lhes a redação. O que a Constituição veda, para as cláusulas pétreas, é o retrocesso constitucional, e não a modificação pura e simples. Gabarito "E".

(Defensoria/SP – 2009 – FCC) Em relação às cláusulas pétreas, considere as seguintes afirmações:

I. Tem como significado último prevenir a erosão da Constituição Federal, inibindo a tentativa de abolir o projeto constitucional deixado pelo constituinte.
II. A Emenda Constitucional 45, na parte que criou o Conselho Nacional de Justiça, violou, segundo julgamento proferido pelo Supremo Tribunal Federal, a cláusula pétrea da separação dos poderes.
III. Ao petrificar o voto cristalizou-se a impossibilidade do poder constituinte derivado excluir o voto do analfabeto ou do menor entre 16 e 18 anos.
IV. É possível que uma reforma constitucional crie novas cláusulas pétreas segundo entendimento pacífico da doutrina constitucional.
V. A mera alteração redacional de uma norma originária componente do rol de cláusulas pétreas não importa em inconstitucionalidade.

Estão corretas SOMENTE

(A) I, III e V.
(B) I, IV e V.
(C) II, III e IV.
(D) III, IV e V.
(E) I, III e IV.

I: Significam uma autoproteção estabelecida pelo Poder Constituinte Originário; II: As atribuições do CNJ não interferem nos Poderes Executivo e Legislativo (art. 103-B, § 4º, da CF); III: Art. 60, § 4º, II, c/c art. 14, § 1º, II, *a* e *c*, ambos da CF; IV: Sim, porque o art. 60, § 4º, da CF somente se refere a "abolir". Note-se que isso de fato já ocorreu, quando do acréscimo do inciso LXXVIII ao art. 5º da CF pela EC 45/2004 (princípio da razoável duração do processo); V: Sim, pode haver emenda constitucional sobre matérias listadas como cláusulas pétreas, desde que para ampliá-las ou para corrigir-lhes a redação. Gabarito "A".

(Defensoria/SP – 2009 – FCC) Fiscalização contábil, financeira e orçamentária do Poder Público.

(A) O pacto federativo brasileiro reconhece o Município como ente, por isso a Constituição de 1988 permite a criação de novos Tribunais de Contas no âmbito municipal.
(B) A Constituição Federal falhou em não prever expressamente a participação popular no controle da administração pública junto ao Tribunal de Contas da União.
(C) Os membros dos Tribunais de Contas são subordinados ao poder ao qual pertencem, eis que praticam atos de fiscalização sob seu comando e controle.
(D) O Tribunal de Contas é órgão do Poder Judiciário de extrema relevância, pois cabe-lhe aplicar sanções aos entes da Administração que causarem dano ao patrimônio público.
(E) A Constituição reza que quanto à legalidade, legitimidade, economicidade, aplicação das subvenções e renúncia de receitas a fiscalização será exercida internamente pelo próprio poder e externamente pelo Poder Legislativo.

A: O art. 31, § 4º, da CF, veda a criação de conselho ou corte de contas municipais, mas a Constituição ressalva os Tribunais de Contas Municipais já existentes à época de sua promulgação (art. 31, § 1º, parte final, da CF); B: Não reflete o disposto no art. 74, § 2º, da CF, que legitima qualquer cidadão a denunciar irregularidades ao TCU; C: Os Tribunais de Contas são órgãos auxiliares do Poder Legislativo (art. 71, *caput*, da CF); D: Não integra o Poder Judiciário (art. 92 da CF), mas é órgão auxiliar do Poder Legislativo (art. 71, *caput*, da CF); E: Art. 70 da CF. Gabarito "E".

(Defensoria/MT – 2007) Com pertinência ao Poder Legislativo no âmbito Federal, segundo as normas constitucionais, assinale a afirmativa correta.

(A) Cada legislatura do Congresso Nacional terá a duração de quatro anos.
(B) Compete ao Senado Federal a nomeação do Procurador-Geral da República.
(C) Compete privativamente ao Congresso Nacional suspender a execução de lei declarada inconstitucional por decisão definitiva do Supremo Tribunal Federal.
(D) Na sessão legislativa extraordinária, o Congresso Nacional poderá deliberar sobre toda e qualquer matéria.
(E) A Câmara dos Deputados compõe-se de representantes do povo, eleitos, pelo sistema majoritário, em cada Estado, em cada Território e no Distrito Federal.

A: Art. 44, parágrafo único, da CF; B: Não reflete o disposto no art. 52, III, *e*, e no art. 84, XIV, ambos da CF; C: Não reflete o disposto no art. 52, X, da CF; D: Não reflete o disposto no art. 57, § 7º, da CF; E: Não reflete o disposto no art. 45 da CF. Gabarito "A".

(Defensoria/MT – 2007) A Constituição Federal vigente define uma seqüência de atos a serem realizados pelos órgãos legislativos, visando à formação das espécies normativas, denominado processo legislativo. Sobre o tema, assinale a afirmativa correta.

(A) A Carta Magna de 1988 não aboliu o instrumento do decurso de prazo, o qual é admitido em relação às leis delegadas.
(B) O quorum constitucional de maioria simples, exigido para a aprovação de lei ordinária, corresponde a um número variável.
(C) A análise da constitucionalidade do projeto de lei será efetuada apenas pela Comissão de Constituição e Justiça na respectiva Casa Legislativa onde se iniciou o trâmite do projeto.
(D) A discussão e votação dos projetos de lei de iniciativa do Supremo Tribunal Federal terão início no Senado Federal.
(E) É de iniciativa do Presidente da República ou do Congresso Nacional lei que disciplina a Defensoria Pública da União.

A: A CF de 1988 aboliu a aprovação tácita da lei por "decurso de prazo" prevista na Constituição de 1967/1969; B: Art. 47 da CF; C: O juízo prévio de constitucionalidade pode ser feito nas duas casas do Congresso Nacional; D: Não reflete o disposto no art. 64 da CF; E: Não reflete o disposto no art. 61, § 1º, II, *d*, da CF. Gabarito "B".

(Defensoria/SP – 2007 – FCC) A respeito do Poder Legislativo pode-se afirmar:

(A) Pelo artigo 62 da Constituição Federal, que trata das Medidas Provisórias, considera-se que o Congresso Nacional pode exercer o controle repressivo da constitucionalidade, pois retirará do ordenamento jurídico ato normativo perfeito e acabado apesar do seu caráter temporário.
(B) Que em âmbito federal funciona o bicameralismo do tipo federativo em que os estados são representados pelos senadores, o povo é representado pelos deputados federais e os munícipes pelos vereadores.
(C) O voto secreto para perda do mandato parlamentar, previsto no § 2º do artigo 55 da Constituição Federal, é considerado cláusula pétrea por estar contido na proibição do artigo 60, § 4º, II que trata do voto direto, secreto, universal e periódico.
(D) Segundo o artigo 58 da Constituição, para instalação de uma Comissão Parlamentar de Inquérito é necessário requerimento de um terço dos integrantes dos membros das casas, conjunta ou separadamente, para a apuração de fato determinado e prazo certo, sendo que os parlamentares podem impor penalidades e sanções civis e criminais.
(E) Segundo a Constituição, os deputados passam a ter imunidade formal a partir de sua diplomação e por isso têm inviolabilidade civil e penal por quaisquer de suas opiniões ou votos proferidos em decorrência de sua atuação.

A: Sim, pois o veto à MP inconstitucional é uma das hipóteses de controle repressivo de constitucionalidade, realizada pelo Poder Legislativo; B: Não há vereadores em âmbito federal, mas apenas no municipal; C: A hipótese não reflete a soberania popular prevista no art. 14 da CF, de modo que não se enquadra na proteção constitucional do art. 60, § 4º, II, da CF; D: Não reflete o disposto no art. 58, § 3º, da CF; E: A inviolabilidade civil e penal decorre da imunidade material do art. 53, *caput*, da CF. A imunidade formal é a prevista no art. 53, § 2º, da CF. Gabarito "A".

(Defensoria/MG – 2006) Considerando a Constituição Federal, assinale a afirmativa INCORRETA:

(A) A Câmara dos Deputados compõe-se de representantes do povo eleitos pelo sistema proporcional nacional.
(B) As deliberações de cada Casa Legislativa federal serão tomadas por maioria simples dos votos, presente a maioria absoluta dos seus membros, salvo disposição constitucional contrária.
(C) O mandato dos senadores é fixado em 8 anos.

(D) O número de deputados federais é fixado proporcionalmente à população dos Estados-Membros, a fim de que nenhuma dessas unidades da Federação tenham menos de 8 e mais de setenta deputados.

(E) O Senado Federal compõe-se de representantes dos Estados e do Distrito Federal, eleitos pelo sistema majoritário.

A: Não reflete o disposto no art. 45 da CF; B: Art. 47 da CF; C: Art. 46, § 1°, da CF; D: Art. 45, § 1°, da CF; E: Art. 46 da CF. Gabarito "A".

(Defensoria/MG – 2006) São espécies normativas, de acordo com a Constituição de 1988:

(A) Emendas à Constituição, Leis Complementares, Decreto Regulamentador.

(B) Leis Complementares, Acórdãos, Enunciados.

(C) Leis Ordinárias, Resoluções, Decreto-lei.

(D) Portarias, Medidas Provisórias, Súmulas, Atos Normativos.

(E) Resoluções, Leis Delegadas, Decretos-legislativos.

Art. 59 da CF. Gabarito "E".

(Defensoria/RN – 2006) No direito constitucional pátrio vigente, no tocante à alteração do texto constitucional, não existem óbices referentes a

(A) cláusulas pétreas.

(B) limitações formais.

(C) limitações circunstanciais.

(D) limitações temporais.

A: Não reflete o disposto no art. 60, § 4°, da CF: limitações materiais; B: Não reflete o disposto no art. 60, § 2°, da CF; C: Não reflete o disposto no art. 60, § 1°, da CF; D: A CF não prevê a obrigação ou a proibição de reformar a Constituição dentro de um prazo certo ou determinado. Gabarito "D".

(Defensoria/RN – 2006) É vedada a edição de medida provisória sobre matéria relativa a Direito

(A) Ambiental.

(B) Eleitoral.

(C) Comercial.

(D) Tributário.

Art. 62, § 1°, da CF. Gabarito "B".

(Defensoria/RN – 2006) Na organização do Poder Legislativo compete

(A) ao Congresso Nacional, com a sanção do Presidente da República, aprovar o estado de defesa e a intervenção federal, autorizar o estado de sítio, ou suspender qualquer uma dessas medidas.

(B) ao Congresso Nacional processar e julgar os Ministros do Supremo Tribunal Federal nos crimes de responsabilidade.

(C) privativamente ao Senado Federal autorizar operações externas de natureza financeira, de interesse da União, dos Estados, do Distrito Federal, dos Territórios e dos Municípios.

(D) privativamente ao Senado Federal proceder à tomada de contas do Presidente da República.

A: Não reflete o disposto no art. 49, IV, da CF, que traz competência exclusiva do Congresso Nacional; B: Não reflete o disposto no art. 52, II, da CF; C: Art. 52, V, da CF; D: Não reflete o disposto no art. 51, II, da CF. Gabarito "C".

(Delegado/GO – 2009 – UEG) É vedada do objeto de emenda constitucional a seguinte matéria:

(A) regime jurídico do servidor público.

(B) nova limitação ao poder de tributar.

(C) acréscimo ao rol de direitos individuais.

(D) o voto direto, secreto, universal e periódico.

Art. 60, § 4°, II, da CF. Gabarito "D".

(Delegado/PB – 2009 – CESPE) Carlos, deputado estadual, utilizou a tribuna da respectiva assembléia legislativa para comunicar aos seus pares um grave fato ocorrido na sua vida particular, sendo que acabou por ofender a honra de João, senador da República, ao acusá-lo de fato descrito como crime. João, que além de político é radialista, acabou por utilizar o espaço do seu programa de rádio semanal para ofender a honra de Carlos, com acusações que, igualmente, não têm relação com o mandato parlamentar. Acerca dessa situação hipotética e das imunidades parlamentares na forma da jurisprudência do STF, assinale a opção correta.

(A) Não há imunidade material na conduta praticada por Carlos.

(B) Não há imunidade material na conduta praticada por João.

(C) A imunidade material para o crime não se estende para a ação de reparação civil.

(D) O regime jurídico das imunidades dos parlamentares federais não se estende aos parlamentares estaduais.

(E) Independentemente do que preveja a constituição do respectivo estado, eventual ação penal proposta contra Carlos será julgada pelo juiz criminal competente do estado onde exerce seu mandato.

A: Sua conduta ocorreu no exercício do mandato parlamentar (art. 53, *caput*, da CF, por simetria); B: Certa. As imunidades parlamentares têm por objetivo principal a garantia ao livre exercício do cargo. Por isso, a imunidade material (por opiniões, palavras e votos), também chamada de inviolabilidade, só protege o parlamentar no exercício do mandato ou em razão dele; C: São invioláveis civil e penalmente (art. 53, *caput*, da CF); D: O regime das imunidades material e formal dos deputados estaduais segue o modelo federal. Entretanto, deve-se registrar que os vereadores só possuem imunidade material, limitada à circunscrição do Município (art. 29, VIII, da CF); E: Carlos não responde penalmente porque sua conduta é albergada pela imunidade material. Gabarito "B".

(Delegado/PB – 2009 – CESPE) No que concerne ao processo legislativo, assinale a opção correta.

(A) O procurador-geral de justiça tem competência privativa e exclusiva para propor projeto de lei ordinária que vise majorar os subsídios dos membros do respectivo ministério público estadual, não podendo fazê-lo o governador.

(B) A edição de medida provisória para criar tributos é autorizada pela CF, mas não será possível, por essa via legislativa, tratar de matéria relacionada a processo penal.

(C) O chefe do Poder Executivo poderá vetar determinada palavra de um artigo de projeto de lei, desde que o considere inconstitucional ou contrário ao interesse público.

(D) A matéria que for rejeitada pelo parlamento não poderá ser objeto de novo projeto de lei ordinária na mesma sessão legislativa.

(E) A emenda à CF será promulgada após a sanção do presidente da República.

A: O art. 127, § 2°, da CF (aplicável aos Estados por simetria federativa) afirma que o Procurador-Geral *pode* apresentar ao Legislativo sua proposta remuneratória, não estabelecendo competência privativa ou exclusiva; B: A CF não veda a adoção de MP em matéria tributária, embora estabeleça alguns limites (art. 62, § 2°, da CF). Em matéria de processo penal há vedação expressa (art. 62, § 1°, I, *b*, da CF); C: A CF admite o veto parcial, desde que incida sobre texto integral de artigo, de parágrafo, de inciso ou de alínea (art. 66, §§ 1° e 2°, da CF), ou seja, não se pode vetar apenas determinadas expressões. Por exemplo: ao Presidente é proibido vetar apenas a palavra "não", fazendo com que determinada regra deixe de ser "não incidirá", para ser "incidirá". O veto parcial, nesse caso, alteraria todo o significado do texto aprovado pelo Poder Legislativo, razão por que é vedado pelo art. 66, § 2°, da CF; D: Pode ser objeto de novo projeto, desde que por proposta da maioria absoluta dos membros de qualquer das Casas do Congresso Nacional (art. 67 da CF). Registre-se, também, que há vedação expressa no caso de medidas provisórias (art. 62, § 10, da CF); E: As emendas à Constituição carecem de sanção por constituírem exercício do Poder Constituinte Derivado. Por isso, são promulgadas diretamente pelas Mesas da Câmara dos Deputados e do Senado Federal (art. 60, § 3°, da CF). Gabarito "B".

(Delegado/PI – 2009 – UESPI) Não se enquadra entre as competências exclusivas do Congresso Nacional:

(A) aprovar o estado de defesa.

(B) resolver definitivamente sobre tratados internacionais que acarretem compromissos gravosos ao patrimônio nacional.

(C) mudar temporariamente a sede do Legislativo.

(D) apreciar os atos de concessão e de renovação de emissoras de rádio.

(E) conceder indulto natalino.

Não prevista entre as competências listadas no art. 49, I a XVII, da CF. Gabarito "E".

(Delegado/PI – 2009 – UESPI) Será objeto de deliberação legislativa a proposta de Emenda Constitucional tendente a:

(1) reformar a estrutura dos Ministérios.

(2) reformar os critérios de seleção e de provimento dos servidores públicos civis.

(3) modificar as diretrizes gerais para a elaboração do orçamento público.

(4) estabelecer novas regras para o processo eleitoral e para o funcionamento dos partidos políticos, com vigência apenas para o pleito eleitoral seguinte.

(5) modificar a estrutura federativa do Estado brasileiro

Estão corretas apenas:

(A) 2, 3, 4 e 5
(B) 1, 2 ,3 e 4
(C) 2, 3 e 4
(D) 1, 2, 3 e 5
(E) 1 e 5

Os limites materiais ao poder de reforma da Constituição, conhecidos como "cláusulas pétreas", estão previstos de forma expressa no art. 60, § 4º, da CF, além daqueles que decorrem implicitamente do texto constitucional (como o titular do poder constituinte – o povo – e o próprio procedimento de reforma da Constituição, que não podem ser alterados pelo constituinte derivado). Assim, os números 1, 2, 3 e 5 trazem matérias que podem ser objeto de emenda, mas o número 4 encontra vedação no art. 60, § 4º, IV, da CF. Note-se, ainda, que a Constituição não impede a reforma para aprimorar a redação ou para ampliar as cláusulas pétreas. Gabarito "D".

(Delegado/RJ – 2009 – CEPERJ) Analise as seguintes assertivas quanto ao processo legislativo previsto na Constituição Federal de 1988 e assinale a alternativa correta.

I. A iniciativa legislativa para a proposição de emenda constitucional é concorrente.

II. Em regra, o processo legislativo da emenda constitucional inicia-se na Câmara dos Deputados ou no Senado Federal, em homenagem ao princípio democrático.

III. Não poderá haver emendas parlamentares em projeto de lei cuja iniciativa seja exclusiva do chefe do Poder Executivo.

IV. A matéria constante de projeto de lei rejeitado somente poderá constituir objeto de novo projeto, na mesma sessão legislativa, mediante proposta da maioria absoluta dos membros de qualquer das Casas do Congresso Nacional.

(A) As opções I e IV estão erradas.
(B) As opções I e II estão corretas.
(C) As opções II e III estão corretas.
(D) As opções III e IV estão corretas.
(E) As opções I e IV estão corretas.

I: Art. 60, I a III, da CF; II: De acordo com o art. 64 da CF, a discussão e votação dos projetos de lei de iniciativa do Presidente da República, do Supremo Tribunal Federal e dos Tribunais Superiores terão início na Câmara dos Deputados. Quanto às emendas constitucionais, o processo legislativo tem início na Casa dos autores da proposta, ou seja, se apresentada por um 1/3 dos deputados, começará na Câmara dos Deputados e, se por 1/3 dos senadores, no Senado Federal. As propostas de autoria do Presidente da República, por analogia ao art. 64 da CF, têm início na Câmara dos Deputados; III: Em regra pode, desde que não implique aumento de despesa (art. 63, I, da CF); IV: Art. 67 da CF. Gabarito "E".

(Delegado/SC – 2008) Sobre as Emendas Constitucionais, todas as alternativas estão corretas, exceto a:

(A) A matéria constante de proposta de emenda rejeitada ou havida por prejudicada não pode ser objeto de nova proposta na mesma sessão legislativa.

(B) A Constituição poderá ser emendada mediante proposta de um terço, no mínimo, dos membros da Câmara dos Deputados ou do Senado Federal, do Presidente da República e de mais da metade das Assembléias Legislativas das unidades da Federação manifestandose, cada uma delas, pela maioria relativa de seus membros.

(C) A emenda à Constituição será promulgada pelas Mesas da Câmara dos Deputados e do Senado Federal, com o respectivo número de ordem.

(D) A Constituição não poderá ser emendada na vigência de intervenção federal, de estado de defesa ou de estado de sítio, salvo por autorização de maioria absoluta do Congresso Nacional.

A: Art. 60, § 5º, da CF; B: Art. 60 da CF; C: Art. 60, § 3º, da CF; D: Não reflete o disposto no art. 60, § 1º, da CF. Gabarito "D".

(Delegado/SC – 2008) De acordo com a Constituição da República Federativa do Brasil é correto afirmar, exceto:

(A) Os Deputados e Senadores não poderão desde a expedição do diploma ser titular de mais de um cargo ou mandato público eletivo.

(B) Os Deputados e Senadores não poderão desde a expedição do diploma firmar ou manter contrato com pessoa jurídica de direito público, autarquia, empresa pública, sociedade de economia mista ou empresa concessionária de serviço público, salvo quando o contrato obedecer a cláusulas uniformes.

(C) Deputados e Senadores não poderão desde a posse ser proprietários, controladores ou diretores de empresa que goze de favor decorrente de contrato com pessoa jurídica de direito público, ou nela exercer função remunerada.

(D) Nos casos de existência de procedimento declarado incompatível com o decoro parlamentar, a perda do mandato será decidida pela Câmara dos Deputados ou pelo Senado Federal, por voto secreto e maioria absoluta, mediante provocação da respectiva Mesa ou de partido político representado no Congresso Nacional, assegurada ampla defesa.

A: Não reflete o disposto no art. 54, II, d, da CF: desde a posse; B: Art. 54, I, a, da CF; C: Art. 54, II, a, da CF; D: Art. 55, II e § 2º, da CF. Gabarito "A".

(Delegado/SC – 2008) O Poder Legislativo é exercido pelo Congresso Nacional, composto pela Câmara dos Deputados e Senado Federal. A primeira se compõe de representantes do povo, eleitos pelo sistema proporcional, em cada Estado, Território e no Distrito Federal. O Senado Federal compõe-se de representantes dos Estados e Distrito Federal, eleitos segundo o princípio majoritário. Quanto às atribuições do Congresso Nacional, Câmara e Senado, a alternativa correta é:

(A) Compete privativamente à Câmara dos Deputados autorizar, por maioria absoluta de seus membros, a instauração de processo contra o Presidente e o Vice-Presidente da República e os Ministros de Estado.

(B) É da competência exclusiva do Congresso Nacional sustar os atos normativos do Poder Executivo que exorbitem do poder regulamentar ou dos limites de delegação legislativa.

(C) Compete privativamente ao Senado Federal processar e julgar o Presidente e o VicE: Presidente da República nos crimes de responsabilidade, bem como os Ministros de Estado e os Comandantes da Marinha, do Exército e da Aeronáutica nos crimes comuns.

(D) Compete privativamente à Câmara dos Deputados processar e julgar os Ministros do Supremo Tribunal Federal, os membros do Conselho Nacional de Justiça e do Conselho Nacional do Ministério Público, o Procurador Geral da República e o Advogado-Geral da União nos crimes de responsabilidade.

A: Não reflete o disposto no art. 51, I, da CF; B: Art. 49, V, da CF; C: Não reflete o disposto no art. 52, I, da CF; D: Não reflete o disposto no art. 52, II, da CF. Gabarito "B".

(Delegado/SC – 2008) Em caso de relevância e urgência, o Presidente da República poderá adotar medidas provisórias, com força de lei, devendo submetê-las de imediato ao Congresso Nacional. Sobre as Medidas Provisórias, assinale a alternativa correta.

(A) As medidas provisórias perderão eficácia, desde a edição, se não forem convertidas em lei no prazo de sessenta dias, prorrogável, uma vez por igual período, devendo o Congresso Nacional disciplinar, por resolução, as relações jurídicas delas decorrentes.

(B) As medidas provisórias terão sua votação iniciada na Câmara dos Deputados, sendo vedada edição sobre matéria já disciplinada em projeto de lei aprovado pelo Congresso Nacional e pendente de sanção ou veto do Presidente da República.

(C) Prorrogar-se-á uma única vez por igual período a vigência de medida provisória que, no prazo de noventa dias, contado de sua publicação, não tiver a sua votação encerrada nas duas Casas do Congresso Nacional.

(D) É vedada reedição, na mesma sessão legislativa, de medida provisória que tenha sido rejeitada ou que tenha perdido sua eficácia por decurso de prazo, salvo autorização de maioria absoluta do Senado Federal.

A e C: Não reflete o disposto no art. 62, § 3º, da CF; B: Art. 62, § 1º, IV e § 8º, da CF; D: Não reflete o disposto no art. 62, § 10, da CF. Gabarito "B".

(Delegado/SC – 2008) Sobre Deputados Federais e Senadores Federais, assinale a alternativa correta.

(A) Desde a expedição do diploma, os membros do Congresso Nacional não poderão ser presos, salvo em flagrante de crime inafiançável. Os autos serão remetidos em vinte e quatro horas à Casa respectiva, para que, o voto da maioria dos membros, resolva sobre a prisão.

(B) Recebida denúncia contra o Senador ou Deputado, por crime ocorrido após a diplomação, o Supremo Tribunal Federal dará ciência à Casa respectiva que, por iniciativa de partido político nela representado e pelo voto da maioria de seus membros, poderá, até a decisão final, sustar o andamento da ação. O pedido de sustação será apreciado pela Casa respectiva no prazo improrrogável de quarenta e oito horas do seu recebimento pela Mesa Diretora.

(C) As imunidades de Deputados e Senadores subsistirão durante o estado de sítio, só podendo ser suspensas mediante o voto de maioria absoluta dos membros da Casa respectiva, nos casos de atos praticados fora do recinto do Congresso Nacional que sejam incompatíveis com a execução da medida.

(D) Fica suspenso o mandato do Deputado ou Senador que sofrer condenação criminal em sentença transitada em julgado, enquanto durarem seus efeitos.

A: Art. 53, § 2º, da CF; B: Não reflete o disposto no art. 52, § 3º, da CF; C: Não reflete o disposto no art. 52, § 8º, da CF; D: Não reflete o disposto no art. 55, VI, da CF. Gabarito "A".

(Delegado/SC – 2008) Em relação ao Processo Legislativo, marque V ou F, conforme as afirmações a seguir sejam verdadeiras ou falsas.

( ) A discussão e votação dos projetos de lei de iniciativa do Presidente da República, do Supremo Tribunal Federal e dos Tribunais Superiores terão início na Câmara dos Deputados, sendo que o Presidente da República poderá solicitar urgência para apreciação de projetos de sua iniciativa.

( ) A Casa na qual tenha sido concluída a votação enviará o projeto de lei ao Presidente da República que, aquiescendo, o sancionará. Se considerar o projeto, no todo ou em parte, inconstitucional ou contrário ao interesse público, vetá-lo-á total ou parcialmente, no prazo de quarenta e oito horas, contados da data do recebimento, e comunicará, dentro de quinze dias, ao Presidente do Senado Federal os motivos do veto.

( ) O projeto de lei aprovado por uma Casa será revisto pela outra, em um só turno de discussão e votação, e enviado à sanção ou promulgação, se a Casa revisora o aprovar, ou arquivado, se o rejeitar. Mas, sendo o projeto emendado, voltará à Casa iniciadora.

( ) A Casa na qual tenha sido concluída a votação enviará o projeto de lei ao Presidente da República que, aquiescendo, o sancionará. Decorrido o prazo de quarenta e oito horas, o seu silêncio importará sanção.

A seqüência correta, de cima para baixo, é:

(A) F - V - F - F
(B) V - F - V - F
(C) V - V - V - F
(D) F - F - V - V

V: Art. 64, *caput* e § 1º, da CF; F: Não reflete o disposto no art. 66, § 1º, da CF; V: Art. 65, *caput* e parágrafo único, da CF; F: Não reflete o disposto no art. 66, § 1º, da CF. Gabarito "B".

(Cartório/MS – 2009 – VUNESP) O Deputado que sofrer condenação criminal em sentença transitada em julgado perderá o mandato

(A) se assim for decidido pela Câmara dos Deputados, por voto secreto e maioria absoluta, mediante provocação da Mesa da Casa ou de partido político representado no Congresso Nacional, assegurada ampla defesa.

(B) por decorrência automática da mesma decisão judicial.

(C) se assim restar decidido em processo parlamentar perante o Conselho de Ética, com posterior ratificação do Plenário da Câmara dos Deputados, mediante voto aberto e pela maioria simples da Casa.

(D) se a decisão, que deverá, obrigatoriamente, ser remetida à Câmara dos Deputados, for ratificada, posteriormente, pela respectiva Mesa da Casa.

(E) se a decisão judicial for relativa a crime de responsabilidade política e dependerá de aprovação pela maioria simples do Plenário da Câmara dos Deputados.

Art. 55, VI e § 2º, da CF. Gabarito "A".

(Cartório/SP – 2008) Assinale a alternativa correta.

(A) O Presidente da República pode vetar, total ou parcialmente, Emenda Constitucional, em razão da contrariedade ao interesse público.

(B) A Emenda Constitucional é sempre promulgada pelo Presidente da República, após o recebimento de mensagem enviada pelas Mesas da Câmara dos Deputados e do Senado Federal, comunicando sua aprovação.

(C) A Emenda Constitucional é sempre promulgada pelas Mesas da Câmara dos Deputados e do Senado Federal, após sua regular aprovação.

(D) A Emenda Constitucional é sempre promulgada pelo Presidente do Senado Federal, após o recebimento de mensagem enviada pela Mesa da Câmara dos Deputados, comunicando sua aprovação.

A: Não reflete o disposto no art. 60, §§ 2º e 3º, da CF. B, C e D: art. 60, § 3º, da CF. Gabarito "C".

(Procurador do Município/Florianópolis-SC – 2010 – FEPESE) De acordo com a Constituição Federal de 1988, **não** constitui matéria reservada à lei complementar:

(A) Regular as limitações constitucionais ao poder de tributar.

(B) Estabelecer as normas gerais a serem adotadas na organização, no preparo e no emprego das Forças Armadas.

(C) Dispor sobre a elaboração, redação, alteração e consolidação das leis.

(D) Dispor sobre direitos de nacionalidade e cidadania.

(E) Dispor sobre a organização e competência dos tribunais, dos juízes de direito e das juntas eleitorais.

A: Art. 146, II, da CF; B: Art. 142, § 1º, da CF; C: Art. 59, parágrafo único, da CF; D: Só serão necessariamente regulamentadas por lei complementar as matérias expressamente indicadas pela CF. Quando a Constituição traz o texto "na forma da lei", refere-se à lei ordinária. Contudo, para determinados temas refere-se expressamente à necessidade de "lei complementar" (CF, art. 14, § 9º; art. 18; §§ 2º, 3º e 4º; art. 21, IV e parágrafo único; art. 25, § 3º, dentre outros). Quando assim o faz, a edição de lei ordinária sobre a matéria será formalmente inconstitucional; E: Art. 121 da CF. Gabarito "D".

(Magistratura Federal-5ª Região – 2011) No que se refere ao Poder Legislativo, assinale a opção correta.

(A) Apesar de não admitir o veto presidencial tácito, a CF admite o denominado veto sem motivação, resguardando ao presidente da República a prerrogativa de simplesmente vetar, sem explicar os motivos de seu ato.

(B) A partir da promulgação da CF, as medidas provisórias passaram a ser apreciadas pelo Congresso Nacional no prazo de sessenta dias, prorrogável pelo mesmo período, não se admitindo, portanto, possibilidade de vigência de medida provisória por mais de cento e vinte dias.

(C) Segundo entendimento do STF, as cortes de contas gozam de autonomia, autogoverno e iniciativa reservada para a instauração de processo legislativo que pretenda alterar a sua organização e funcionamento, razão por que é inconstitucional lei estadual de iniciativa parlamentar que altere ou revogue dispositivos da lei orgânica do tribunal de contas do estado, que estabelece preceitos concernentes à forma de atuação, competências e organização do órgão.

(D) Uma vez obtida resolução delegatória, o presidente da República fica obrigado a editar a lei objeto do pedido de delegação ao Congresso Nacional.

(E) O Poder Legislativo não detém competência para emendar projeto de lei de iniciativa reservada ao chefe do Poder Executivo.

A: O veto deve ser motivado (art. 66, § 1º, da CF); B: O prazo de sessenta dias foi estabelecido pela EC 32/2001, não pelo texto original da CF. Além disso, se não editado o decreto legislativo a que se refere o § 3º do art. 62 da CF até sessenta dias após a rejeição ou perda de eficácia de medida provisória, as relações jurídicas constituídas e decorrentes de atos praticados durante sua vigência conservar-se-ão por ela regidas (art. 62, § 11, da CF); C: Certa. V. STF, ADI 4.418-MC, Rel. Min. Dias Toffoli; D: Não há norma nesse sentido na CF (v. art. 68, caput e §§ 1º a 3º, da CF); E: Pode emendar, só não pode aumentar a despesa prevista (salvo as exceções previstas na CF). V. art. 63, I, da CF. Gabarito "C".

(Magistratura Federal-5ª Região – 2011) De acordo com o que dispõe a CF, a atuação conjunta do TCU e do Congresso Nacional no que se refere a controle externo é requerida em caso de

(A) disposição sobre limites para a concessão de garantia da União em operações de crédito interno.

(B) aprovação da exoneração do procurador-geral da República.

(C) julgamento das contas do presidente da República.

(D) aprovação prévia da escolha de presidente e diretores do BACEN.

(E) aprovação das iniciativas do Poder Executivo referentes a atividades nucleares.

A: Competência do Senado Federal (art. 52, VIII, da CF); B: Competência do Senado Federal (art. 52, XI, da CF); C: Art. 71, I, da CF; D: Competência do Senado Federal (art. 52, III, "d", da CF); E: Competência do Congresso Nacional (art. 49, XIV, da CF). Gabarito "C".

(Magistratura Federal-4ª Região – 2010) Dadas as assertivas abaixo, assinale a alternativa correta.

I. A tese de que há hierarquia entre normas constitucionais originárias, dando azo à declaração de inconstitucionalidade de umas em frente às outras, é incompatível com o sistema de constituição rígida.

II. As cláusulas pétreas podem ser invocadas para sustentar a inconstitucionalidade de normas constitucionais originárias que lhe são inferiores.

III. Não havendo hierarquia entre as normas constitucionais, é inadmissível a declaração de inconstitucionalidade de norma introduzida na Constituição Federal por emenda.

IV. Tanto as normas materialmente constitucionais como as normas formalmente constitucionais possuem a mesma eficácia, não havendo hierarquia entre elas.

(A) Estão corretas apenas as assertivas I e III.

(B) Estão corretas apenas as assertivas I e IV.

(C) Estão corretas apenas as assertivas II e III.

(D) Estão corretas todas as assertivas.

(E) Nenhuma assertiva está correta.

I e III: É pacífico o entendimento pela possibilidade de controle de constitucionalidade de emendas constitucionais ou de normas oriundas de revisão constitucional (porque são fruto do Poder Constituinte Derivado). Mas não cabe declaração de inconstitucionalidade de normas constitucionais originárias (estabelecidas pelo Poder Constituinte Originário); II e IV: Não há hierarquia entre as normas constitucionais (nem mesmo as cláusulas pétreas são hierarquicamente superiores às demais normas constitucionais) e não é possível declarar a inconstitucionalidade de normas originárias. Gabarito "B".

(Magistratura Federal/3ª Região – 2010) Afirmações feitas por congressista nacional contra determinada pessoa, embora ditas no exercício do mandato parlamentar, foram consideradas ofensivas e, também, veiculadas pela imprensa. A Procuradoria Geral da República, por sua vez, concluiu, inclusive, que os fatos enquadram-se objetivamente aos preceitos do crime de injúria. Pergunta-se:

(A) A conduta do congressista nacional pode resultar na perda do mandato parlamentar;

(B) O mandato parlamentar está protegido constitucionalmente pela exclusão de cometimento de crime por parte de deputados e senadores por suas opiniões, palavras e votos;

(C) Pode ensejar não só a perda do mandato parlamentar, mas também a necessidade de ressarcimento de eventual dano material ou moral decorrente da atuação do congressista nacional;

(D) Poderá resultar na perda do mandato parlamentar, após a necessária análise se está ou não configurado o nexo causal entre as afirmações e o exercício do cargo.

A manifestação do congressista, no exercício do mandato parlamentar ou em razão dele, está protegida pela imunidade material (art. 53, caput, da CF), o que afasta a configuração de crime de injúria e não autoriza a perda do mandato. Gabarito "B".

(Magistratura Federal/1ª Região – 2009 – CESPE) Julgue os itens abaixo, relativos à atuação do Poder Legislativo e às espécies normativas.

I. Os membros do Congresso Nacional não têm direito ao recebimento de parcela indenizatória em decorrência de convocação extraordinária, não obstante fazerem jus ao pagamento de ajuda de custo durante a sessão legislativa ordinária.

II. De acordo com a CF, pelo procedimento legislativo abreviado, as comissões, em razão da matéria de sua competência, podem discutir e votar projeto de lei que dispense, na forma regimental, a competência do plenário.

III. Quando o veto presidencial abarcar todo o projeto de lei, o Congresso Nacional não poderá promover a rejeição parcial desse veto.

IV. Segundo a doutrina e a jurisprudência, a medida provisória editada pelo presidente da República pode ser retirada da apreciação do Poder Legislativo, tal como se dá com o projeto de lei por ele encaminhado ao Congresso Nacional.

V. O STF reconhece a constitucionalidade de medida provisória editada por governador de estado, desde que seja admitida na constituição estadual e observe os princípios e limitações impostos na CF.

Estão certos apenas os itens

(A) I, II e IV.

(B) I, II e V.

(C) I, III e IV.

(D) II, III e V.

(E) III, IV e V.

I: Art. 57, § 7º, da CF; II: Art. 58, § 2º, I, da CF; III: O art. 66, § 4º, da CF, não estabelece essa limitação; IV: De acordo com o art. 62, caput, da CF, uma vez adotada a Medida Provisória, seu texto deve ser submetido de imediato ao Congresso Nacional, razão pela qual não é permitido ao Presidente da República retirar o ato da apreciação dos parlamentares. Para resolver o impasse institucional, há muito o STF admite a adoção de nova medida provisória para ab-rogar a primeira, embora essa solução seja criticada pela doutrina. Dessa forma, a primeira medida provisória deixaria de trancar a pauta de votação do Congresso, atendendo à vontade do Presidente da República. Ocorre que a segunda medida provisória não teria efeitos meramente revogatórios, devendo ser submetida à análise do Poder Legislativo, uma vez que a Constituição não traz nenhuma exceção à regra da imediata submissão ao Congresso Nacional. Ademais, a eficácia ab-rogatória da segunda MP só se tornará definitiva se e quando seu texto for convertido em lei. Até então o que se terá é a suspensão da vigência da primeira medida provisória, condicional à aprovação da segunda. Assim, se a segunda MP for rejeitada ou caducar, a primeira voltará a viger, pelo restante do prazo constitucional ainda existente, cabendo também ao Congresso a sua análise. Pelo mesmo motivo, uma possível ação direta de inconstitucionalidade proposta contra a primeira MP não se torna prejudicada pela simples adoção da medida ab-rogatória, mas apenas com a conversão da segunda MP em lei. Note-se, por fim, que a hipótese não equivale à repristinação, que só é admitida pelo ordenamento brasileiro se houver manifestação expressa do legislador nesse sentido (art. 2º, § 3º, da LICC). Aqui, a continuidade da eficácia da primeira medida provisória é resultado do procedimento previsto pela própria Constituição para o trâmite das medidas provisórias e depende da existência de prazo residual; V: Sim, lembrando que também pode ser adotada pelo Governador do Distrito Federal desde que haja previsão na lei orgânica do DF e sejam observados os princípios e limitações impostos pelo modelo estabelecido no art. 62 da CF. Gabarito "B".

(Magistratura Federal – 3ª Região – XIII) Sobre o processo legislativo, é correto afirmar-se que:

(A) os Estados-Membros não podem adotar em suas Constituições a figura da medida provisória, porque esta representa exceção ao princípio da separação dos Poderes;

(B) as regras de iniciativa do processo legislativo, previstas na Constituição Federal, são de observância obrigatória pelas Constituições dos Estados-Membros;

(C) o vício de iniciativa convalida-se com a aprovação do projeto pelo Congresso Nacional e com a sanção do Presidente da República;

(D) em caso de projeto de lei, que deva ser proposto anualmente, a omissão do Chefe do Poder Executivo, a quem reservada a iniciativa, pode ser suprida, desde que por pessoa ou órgão dotado de legitimidade universal, nos termos da Constituição Federal.

A: O STF já decidiu que os Estados podem adotar medidas provisórias, com base no art. 25, § 1º, da CF; B: Sim, em decorrência, principalmente, do princípio da separação dos poderes; C: Para o STF a sanção do chefe do Executivo não supre o vício de iniciativa e a lei padecerá de inconstitucionalidade formal; D: A CF não possui norma nesse sentido. Gabarito "B".

(Magistratura Federal – 4ª Região – XIII – 2008) Dadas as assertivas abaixo, assinalar a alternativa correta.

I. O recesso parlamentar de fim de ano vai de 15 de dezembro a 15 de fevereiro e o de meio de ano de 30 de junho a 1º de agosto, período em que o Congresso fica inativo, sem funcionamento de qualquer órgão ou comissão.

II. A convocação extraordinária do Congresso Nacional em casos de urgência ou interesse público relevante pode ocorrer por requerimento da maioria absoluta dos membros de alguma das Casas Legislativas ou então, independentemente de aprovação parlamentar, por ato do Presidente da República, do Presidente do Senado Federal ou do Presidente da Câmara dos Deputados.

III. A convocação extraordinária do Congresso Nacional autoriza exclusivamente a deliberação da matéria para a qual foi convocado e a apreciação de medidas provisórias, ainda que não incluídas na motivação da convocação, vedado o pagamento de parcela indenizatória aos parlamentares.

IV. A legislatura do Congresso Nacional tem duração de quatro anos coincidentes com o mandato dos Deputados Federais, período em que vigoram as composições das comissões permanentes e findo o qual extinguem-se as comissões temporárias; a sessão legislativa tem duração de um ano, divide-se em dois períodos legislativos e suspende-se durante o recesso parlamentar.

(A) Estão corretas apenas as assertivas I e II.
(B) Estão corretas apenas as assertivas I e III.
(C) Estão corretas apenas as assertivas III e IV.
(D) Estão corretas apenas as assertivas II, III e IV.

I: Não reflete o disposto no art. 57 e no art. 58, § 4º, ambos da CF. II: Não reflete o disposto no art. 57, § 6º, II, da CF. III: Art. 57, §§ 7º e 8º, da CF. IV: Art. 44, parágrafo único e art. 57, ambos da CF. Gabarito "C".

(Magistratura Federal – 4ª Região – XIII – 2008) Dadas as assertivas abaixo, assinalar a alternativa correta.

I. O Presidente da República somente pode ser preso em flagrante de crime inafiançável ou por ordem escrita de prisão preventiva ou de execução de sentença condenatória expedida pela maioria do plenário do Supremo Tribunal Federal.

II. O Presidente da República pode delegar ao Procurador-Geral da República determinadas competências que a Constituição lhe outorga privativamente.

III. O Vice-presidente da República não tem vedações nem funções próprias na ordem constitucional a não ser as de substituir ou suceder o Presidente da República nos casos de impedimento ou vacância.

IV. O Presidente da República não pode ser processado criminalmente durante a vigência do mandato por delitos cometidos antes da posse ou mesmo por aqueles praticados durante a investidura, salvo se se tratarem de crimes funcionais, prerrogativa essa que não se estende aos chefes do Poder Executivo das demais esferas.

(A) Estão corretas apenas as assertivas I e II.
(B) Estão corretas apenas as assertivas I e IV.
(C) Estão corretas apenas as assertivas II e IV.
(D) Estão corretas apenas as assertivas I, III e IV.

I: Não reflete o disposto no art. 86, § 3º, da CF; II: Art. 84, parágrafo único, da CF; III: Não reflete o disposto no art. 79, parágrafo único, da CF; IV: Art. 86, § 4º, da CF. Gabarito "C".

(Magistratura Federal – 5ª Região – 2007 – CESPE) Julgue o seguinte item.

(1) Parlamentares federais, por serem agentes políticos, não respondem por improbidade administrativa, mas por crime de responsabilidade em ação a ser proposta perante o STF.

1: Ao julgar a Reclamação 2138, rel. para acórdão Min. Gilmar Mendes, o STF afirmou que o sistema constitucional brasileiro distingue o regime de responsabilidade dos agentes políticos dos demais agentes públicos. Para o Supremo, a Constituição não admite a concorrência entre dois regimes de responsabilidade político-administrativa para os agentes políticos: o previsto no art. 37, § 4º (regulado pela Lei 8.429/1992) e o regime fixado no art. 102, I, c, (disciplinado pela Lei 1.079/1950). Se a competência para processar e julgar a ação de improbidade (CF, art. 37, § 4º) pudesse abranger também atos praticados pelos agentes políticos, submetidos a regime de responsabilidade especial, ter-se-ia uma interpretação ab-rogante do disposto no art. 102, I, c, da Constituição. Dessa forma, o regime da Lei 1.079/1950 só se aplica ao Presidente da República, aos Ministros de Estado, aos Ministros do Supremo Tribunal Federal e ao Procurador-Geral da República (art. 2º). Os parlamentares federais, embora agentes políticos, estariam sujeitos ao regime da lei de improbidade administrativa. Gabarito 1E.

(Magistratura Federal – 5ª Região – 2007 – CESPE) Julgue o seguinte item.

(1) A infidelidade partidária é hipótese não inserta entre as causas de perda do mandato parlamentar, como tem entendido o STF.

Ao julgar o MS 26.602/DF, Rel. Min. Eros Grau, o STF concluiu que "a permanência do parlamentar no partido político pelo qual se elegeu é imprescindível para a manutenção da representatividade partidária do próprio mandato. Daí a alteração da jurisprudência do Tribunal, a fim de que a fidelidade do parlamentar perdure após a posse no cargo eletivo. O instituto da fidelidade partidária, vinculando o candidato eleito ao partido, passou a vigorar a partir da resposta do Tribunal Superior Eleitoral à Consulta n. 1.398, em 27 de março de 2007. O abandono de legenda enseja a extinção do mandato do parlamentar, ressalvadas situações específicas, tais como mudanças na ideologia do partido ou perseguições políticas, a serem definidas e apreciadas caso a caso pelo Tribunal Superior Eleitoral." Gabarito 1C.

(Procurador Federal – 2010 – CESPE) No que se refere ao processo legislativo, julgue os itens subseqüentes.

(1) Pelo voto da maioria absoluta dos deputados e senadores, o veto presidencial a projeto de lei poderá ser rejeitado. Em tal hipótese não haverá mais a participação do presidente da República no processo legislativo, já que a subseqüente promulgação ficará a cargo do presidente do Senado Federal.

(2) De acordo com a CF, uma vez aprovado projeto de lei de conversão alterando o texto original da medida provisória, a eficácia dos dispositivos que sofreram alteração fica suspensa até que seja sancionado ou vetado o projeto.

(3) Nos projetos orçamentários de iniciativa exclusiva do presidente da República são admitidas, em caráter excepcional, emendas parlamentares que impliquem aumento de despesas.

1: A primeira parte está correta (art. 66, § 4º, da CF), mas uma vez derrubado, o projeto de lei é enviado para promulgação pelo Presidente da República (art. 66, § 5º, da CF); 2: Aprovado projeto de lei de conversão alterando o texto original da medida provisória, esta manter-se-á integralmente em vigor até que seja sancionado ou vetado o projeto (art. 62, § 12, da CF); 3: O art. 63, I, da CF, proíbe a apresentação de emendas que impliquem aumento de despesa em projetos de lei de iniciativa privativa do Poder Executivo, salvo no caso do art. 166, §§ 3º e 4º, da CF. Por sua vez, o art. 166, § 3º, da CF, trata dos requisitos indispensáveis para a aprovação de emenda parlamentar nas leis orçamentárias anuais: precisarão ser compatíveis com o plano plurianual e com a lei de diretrizes orçamentárias (art. 166, § 3º, I), e devem indicar os recursos necessários para cobrir a despesa (art. 166, § 3º, II). Gabarito 1E, 2E, 3C

(Procurador da Fazenda Nacional – 2007 – ESAF) Assinale a opção correta.

(A) É viável reforma constitucional que aperfeiçoe o processo legislativo de emenda constitucional, tornando-o formalmente mais rigoroso.
(B) A Constituição Federal conferiu, de forma explícita, o poder de editar medidas provisórias unicamente ao Presidente da República; assim, e por se tratar de instrumento de exceção ao princípio da Separação de Poderes, a comportar interpretação restritiva, tal espécie normativa não pode ser adotada por Estados e Municípios.
(C) Adotada medida provisória pelo Presidente da República, o Congresso Nacional deverá sobre ela deliberar durante a convocação extraordinária, caso tenha constado como objeto da convocação, ou, caso contrário, o prazo de 60 dias será considerado interrompido desde a sua edição.
(D) Desde que observados os requisitos da relevância e da urgência, medida provisória poderá dispor sobre a composição dos organismos regionais, que equivalem a formas especiais de organização administrativa do território, de iniciativa da União, com a finalidade de promover, no âmbito do complexo geoeconômico e social, o seu desenvolvimento, com redução das desigualdades regionais, mas tal espécie normativa não poderá dispor sobre os planos regionais, integrantes dos planos nacionais de desenvolvimento econômico e social.
(E) É válida a revogação por lei ordinária de dispositivo formalmente inserido em lei complementar, cuja matéria disciplinada não estava constitucionalmente reservada a esta última.

A: A doutrina aponta a alteração do processo de emenda como limitação implícita ao poder constituinte derivado; B: O STF admite a adoção de MPs por Estados (art. 25, §§ 1º e 2º, da CF). Por simetria e com restrições doutrinárias, também são admitidas no âmbito municipal; C: Não reflete o disposto no art. 57, §§ 7º e 8º, da CF; D: MP não pode dispor sobre a matéria, porque reservada a lei complementar (art. 62, § 1º, III, c/c art. 43, § 1º, ambos da CF); E: Sim, em virtude do paralelismo das formas. Gabarito "E".

(Advogado da União/AGU – CESPE – 2009) Acerca da organização e atuação dos Poderes Executivo, Judiciário e Legislativo, no Estado brasileiro, julgue os itens seguintes.

(1) As decisões exaradas pelo TCU, no exercício da missão de auxiliar o Congresso Nacional na função fiscalizadora, não são imunes à revisão judicial e, quando reconhecem débito ou multa, constituem título executivo extrajudicial, cuja execução compete à Advocacia-Geral da União.
(2) Em decorrência da aplicação do princípio da simetria, o chefe do Poder Executivo estadual pode dispor, via decreto, sobre organização e funcionamento da administração estadual, desde que os preceitos não importem aumento de despesa nem criação ou extinção de órgãos públicos.
(3) Não há veto ou sanção presidencial na emenda à Constituição, em decretos legislativos e em resoluções, nas leis delegadas, na lei resultante da conversão, sem alterações, de medida provisória.
(4) As medidas provisórias não convertidas em lei no prazo constitucional perdem a eficácia a partir do ato declaratório de encerramento do prazo de sua vigência.

1: Sim, pois o Judiciário pode apreciar toda lesão ou ameaça de lesão a direito (art. 5º, XXXV, da CF). A qualidade de título executivo está expressa no art. 71, § 3º, da CF; 2: Aplicação, por simetria federativa, do art. 84, VI, a, da CF; 3: O art. 48 da CF dispensa a sanção (e, por consequência, não há veto), nos casos do art. 49 (decretos legislativos), 51 e 52 (resoluções), todos da CF. As emendas constitucionais não têm sanção ou veto, porque são exercício do Poder Constituinte Derivado, exercido pelo Poder Legislativo. As medidas provisórias sem alteração não demandam sanção/veto, pois o texto foi encaminhado pelo Presidente da República, único legitimado a adotá-las (art. 62 da CF). O mesmo raciocínio vale para as leis delegadas (art. 68 da CF); 4: Perdem a eficácia desde a edição (art. 62, § 3º, da CF). Gabarito 1C, 2C, 3C, 4E

(Defensoria Pública da União – 2010 – CESPE) No que concerne ao processo legislativo, julgue os itens subseqüentes.

(1) Considere que o chefe do Poder Executivo tenha apresentado projeto de lei ordinária que dispõe sobre a remuneração de servidores públicos. Nesse caso, não se admite emenda parlamentar ao projeto para aumento do valor da remuneração proposto.
(2) A autonomia funcional e administrativa da Defensoria Pública estadual assegura, conforme a Constituição Federal, ao defensor público-geral do estado a iniciativa de propor projeto de lei que disponha sobre a criação e a remuneração de cargos de defensor público estadual.

1: Art. 63, I, da CF; 2: O art. 61, § 1º, II, a, da CF prescreve ser de iniciativa privativa do Presidente da República, a elaboração de leis que versem sobre criação de cargos ou sobre o aumento de sua remuneração. Por simetria, cabe ao Governador de Estado, Chefe do Poder Executivo Estadual, a edição de leis sobre a mesma matéria em seus limites territoriais. Gabarito 1C, 2E

(Delegado Federal – 2004 – CESPE) Devido a graves problemas na área de segurança pública, como a existência, no ciclo da persecução criminal, de dois órgãos com tarefas complementares e, algumas vezes, conflitantes; a necessidade de inclusão do município no sistema de segurança pública; a incidência cada vez maior de crimes cometidos por menores de 18 anos de idade etc., foi proposta, com o apoio de 215 deputados, uma emenda à Constituição Federal. Nos trabalhos de revisão constitucional, segundo o texto da emenda, o Congresso Nacional deliberaria em sessão unicameral, aprovando-se as alterações constitucionais pelo voto da maioria absoluta dos seus membros. A realização da revisão constitucional ocorreria após a ratificação popular do texto da emenda, por meio de referendo, a ser realizado seis meses após a sua aprovação e promulgação. Proposta de igual teor havia sido apresentada no início da sessão legislativa, mas fora rejeitada na primeira votação em plenário, na Câmara dos Deputados. Porém, com o agravamento da situação na área de segurança pública, entenderam os autores ser pertinente a sua reapresentação. Considerando a situação hipotética acima, julgue os itens a seguir.

(1) No caso brasileiro, o poder constituinte derivado possui limitações temporais, materiais e circunstanciais, expressas no texto constitucional, e limitações implícitas, relativas à titularidade dos poderes constituintes originário e derivado.
(2) Nos trabalhos de revisão constitucional, como o mencionado no texto acima, é possível alterar-se o dispositivo que prevê a inimputabilidade penal do menor de 18 anos de idade, uma vez que se trata de matéria relativa à política de execução penal.

1: A Constituição de 1988 não prevê limitações temporais ao poder de reforma da Constituição. 2: O tema não é pacífico na doutrina, mas o examinador considerou que o disposto no art. 228 da CF é garantia individual e, como tal, não pode ser objeto de emenda (art. 60, § 4º, IV, da CF). Gabarito 1E, 2E

(Analista Judiciário/STJ – 2008 – CESPE) Julgue o próximo item.

(1) Se um deputado federal acusar, na tribuna da Câmara dos Deputados, um servidor público de praticar crime de corrupção, e restar provado que esse servidor público era inocente, haverá crime de calúnia, cuja competência para julgamento é do STF.

Não reflete o disposto no art. 53 da CF. Gabarito 1E

(Analista Judiciário/STJ – 2008 – CESPE) Um deputado federal pretende cumprir com um compromisso de campanha de fazer aprovar uma emenda à CF visando alterar o Sistema Tributário Nacional, o qual considera muito complexo e oneroso para a sociedade. Acerca dessa situação hipotética, julgue os itens a seguir.

(1) Essa proposição legislativa deve ser apresentada na Câmara dos Deputados subscrita por, pelo menos, um terço dos deputados federais.

(2) A proposição em tela seria formalmente inconstitucional, pois a iniciativa de projeto em matéria tributária é de competência privativa do presidente da República.

1: A casa iniciadora é a Câmara dos Deputados, pois o autor do projeto é Deputado Federal. O quórum está previsto no art. 60, I, da CF. 2: Não reflete o disposto no art. 61, § 1º, da CF. Gabarito 1C, 2E

(MAGISTRATURA DO TRABALHO – 1ª REGIÃO – 2010 – CESPE) A respeito do Poder Legislativo, assinale a opção correta.

(A) Compete ao Congresso Nacional, com a sanção do presidente da República, autorizar a exploração e o aproveitamento de recursos hídricos e a pesquisa e lavra de riquezas minerais em terras indígenas.
(B) O Senado Federal tem competência para fixar, por proposta do presidente da República, limites globais para o montante da dívida consolidada da União, dos estados, do Distrito Federal e dos municípios.
(C) A iniciativa privativa ou reservada para deflagrar procedimento destinado à formação de determinada lei ordinária pode ser objeto de delegação.
(D) A CF veda a iniciativa popular para desencadear processo legislativo destinado à edição de lei complementar.
(E) A CF veda o requerimento de urgência na votação de projetos de lei fora das hipóteses por ela expressamente admitidas.

A: O art. 49, XVI, da CF traduz competência exclusiva do Congresso Nacional, ou seja, não há sanção do Presidente da República (art. 48, *caput*, da CF); B: Art. 52, VI, da CF; C: Embora haja discussão em doutrina a respeito da distinção entre competências privativas (podem ser delegadas) e exclusivas (não podem ser delegadas), a banca considerou que a iniciativa legislativa privativa não pode ser objeto de delegação; D: O art. 61, *caput*, da CF refere-se expressamente a leis complementares (v., tb., o § 2º do mesmo artigo); E: A CF não lista as hipóteses em que o requerimento de urgência é possível (art. 64, § 1º, da CF). Gabarito "E".

(Magistratura do Trabalho – 9ª Região – 2009) Analise as proposições a seguir:

I. Decorre do princípio constitucional da independência dos Poderes a impossibilidade da Câmara dos Deputados convocar Ministro de Estado ou quaisquer titulares de órgãos diretamente subordinados à Presidência da República para prestarem, pessoalmente, informações sobre assuntos previamente determinados.
II. Compete privativamente ao Senado Federal processar e julgar os Ministros do Supremo Tribunal Federal, os membros do Conselho Nacional de Justiça e do Conselho Nacional do Ministério Público, o Procurador-Geral da República e o Advogado-Geral da União nos crimes de responsabilidade.
III. O poder constituinte originário pode estabelecer limitações materiais ao poder de reforma da Constituição.
IV. O controle externo exercido para a fiscalização contábil, financeira, orçamentária, operacional e patrimonial da União fica a cargo do Congresso Nacional com o auxílio do Tribunal de Contas da União, sendo este último integrado por nove ministros.
V. As medidas provisórias perderão eficácia, desde a edição, se não forem convertidas em lei no prazo de trinta dias a partir de sua publicação, devendo o Congresso Nacional disciplinar as relações jurídicas delas decorrentes.

(A) somente as proposições II, III e IV são corretas
(B) somente as proposições I, III e V são corretas
(C) somente as proposições III, IV e V são corretas
(D) somente as proposições II e IV são corretas
(E) todas as proposições são corretas

I: Viola o art. 50 da CF; II: Art. 52, II, da CF; III: Art. 60, § 4º, da CF (cláusulas pétreas); IV: Arts. 70, 71 e 73 da CF; V: Não reflete o disposto no art. 62, § 3º, da CF. Gabarito "A".

(Magistratura do Trabalho – 23ª Região – 2009) Analise os itens abaixo e marque a alternativa CORRETA:

A Medida Provisória:

I. pode dispor sobre seqüestro de ativo financeiro.
II. perde eficácia se não for convertida em lei no prazo de 60 dias, prorrogável por mais 30 dias.
III. entra em regime de urgência se não for apreciada em até 45 dias contados de sua publicação.

IV. é apreciada, em sessão separada, pelo plenário de cada uma das Casas do Congresso Nacional.
V. pode ser reeditada na mesma sessão legislativa desde que tenha perdido a sua eficácia por decurso de prazo.

(A) V, V, V, F, V.
(B) F, F, V, F, V.
(C) F, F, V, V, F.
(D) V, F, V, F, V.
(E) F, V, V, V, V.

I: Vedação expressa no art. 62, § 1º, II, da CF; II: Têm validade de 60 dias, prorrogáveis por outros 60 (art. 62, § 3º, da CF); III: Art. 62, § 6º, da CF; IV: Art. 62, § 9º, da CF; V: Vedação expressa no art. 62, § 10, da CF. Gabarito "C".

(Magistratura do Trabalho – 8ª Região – 2007) Compete privativamente à Câmara dos Deputados:

(A) Aprovar previamente, por voto secreto, após argüição em sessão secreta, a escolha dos chefes de missão diplomática de caráter permanente.
(B) Aprovar, por maioria absoluta e por voto secreto, a exoneração, de ofício, do Procurador Geral da República, antes do término de seu mandato.
(C) Dispor sobre limites globais e condições para o montante da dívida mobiliária dos Estados, do Distrito Federal e dos Municípios.
(D) Autorizar operações externas de natureza financeira, de interesse da União, dos Estados, do Distrito Federal, dos Territórios e dos Municípios.
(E) Proceder à tomada de contas do Presidente da República, quando não apresentadas ao Congresso Nacional dentro de sessenta dias após a abertura da sessão legislativa.

A: Não reflete o disposto no art. 52, IV, da CF; B: Não reflete o disposto no art. 52, XI, da CF; C: Não reflete o disposto no art. 52, IX, da CF; D: Não reflete o disposto no art. 52, V, da CF; E: Art. 51, II, da CF. Gabarito "E".

(Magistratura do Trabalho – 14ª Região – 2006) Assinale a alternativa CORRETA:

(A) A proposta de emenda constitucional será discutida e votada em cada Casa do Congresso Nacional, em dois turnos, considerando-se aprovada se obtiver, em ambos, um terço dos votos dos respectivos membros;
(B) É vedada a edição de medidas provisórias sobre matéria relativa a direito penal, direito processual penal, direito civil, direito processual civil e direito do trabalho;
(C) Concluída a votação do projeto de lei, este será enviado ao Presidente da República para sanção. Se o Chefe do Poder Executivo considerar o projeto, no todo ou em parte, inconstitucional ou contrário ao interesse público, poderá vetá-lo total ou parcialmente, no prazo de quinze dias úteis, contados da data do recebimento, e em seguida, dentro de quarenta e oito horas, comunicará ao Presidente do Senado Federal os motivos do veto;
(D) A discussão e votação dos projetos de lei de iniciativa do Supremo Tribunal Federal e dos Tribunais Superiores terão início no Senado Federal;
(E) A iniciativa das leis complementares cabe exclusivamente ao Presidente da Câmara dos Deputados, Presidente do Senado Federal, Presidente da República, ao Supremo Tribunal Federal, aos Tribunais Superiores e ao Procurador-Geral da República.

A: Não reflete o disposto no art. 60, § 2º, da CF; B: Não reflete o disposto no art. 62, § 1º, II, *b*, da CF; C: Art. 66, *caput* e § 1º, da CF; D: Não reflete o disposto no art. 64 da CF; E: Não reflete o disposto no art. 61 da CF. Gabarito "C".

(Ministério Público do Trabalho – 14º) Assinale a alternativa INCORRETA:

Lei Complementar disporá sobre:

(A) as condições para integração de regiões em desenvolvimento;
(B) elaboração, redação, alteração e consolidação das leis;
(C) o regime jurídico dos militares das forças armadas;
(D) o estatuto da magistratura;
(E) não respondida.

A: Art. 43, § 1º, I, da CF; B: Art. 59, parágrafo único, da CF; C: Não reflete o disposto no art. 61, § 1º, II, *f*, da CF; D: Art. 93 da CF. Gabarito "C".

(Ministério Público do Trabalho – 14º) Assinale a alternativa INCORRETA:

(A) cada Senador será eleito segundo o princípio majoritário com dois suplentes;
(B) é de competência exclusiva do Congresso Nacional apreciar os atos de concessão e renovação de concessão de emissoras de rádio e televisão;
(C) compete privativamente à Câmara dos Deputados proceder à tomada de contas do Presidente da República, quando não apresentadas ao Congresso Nacional dentro de sessenta dias após a abertura da sessão legislativa;
(D) a incorporação de Deputados e Senadores às Forças Armadas dependerá de prévia licença da Casa respectiva, ainda que em tempo de guerra, exceto os militares;
(E) não respondida.

A: Art. 43, *caput* e § 3º, da CF; B: Art. 49, XII, da CF; C: Art. 51, II, da CF; D: Não reflete o disposto no art. 53, § 7º, da CF. Gabarito "D."

(Ministério Público do Trabalho – 14º) Leia com atenção:

I. Uma Comissão Parlamentar de Inquérito no âmbito do Congresso Nacional sujeita-se ao controle judicial, por meio de mandado de segurança ou habeas corpus, diretamente pelo Supremo Tribunal Federal.
II. As Comissões Parlamentares de Inquérito podem anular atos sob sua investigação, desde que lesivos ao patrimônio público.
III. As Comissões Parlamentares de Inquérito podem decretar a quebra do sigilo bancário e proibir o afastamento do País de pessoas investigadas.

Assinale a alternativa CORRETA:

(A) apenas a assertiva I está correta;
(B) apenas a assertiva III está correta;
(C) todas as assertivas estão corretas;
(D) as assertivas I e III estão corretas;
(E) não respondida.

I: Art. 5º, XXXV, c/c art. 102, I, *d*, da CF; II: Não reflete o disposto no art. 58, § 3º, da CF; III: A quebra de sigilo sim, pois inserida na noção de poderes de investigação próprios das autoridades judiciais. Já a proibição de afastamento é medida que só pode ser determinada pelo Judiciário (reserva de jurisdição). Gabarito "A."

(Ministério Público do Trabalho – 13º) Assinale a alternativa INCORRETA:

(A) a Constituição poderá ser emendada mediante proposta de um terço, no mínimo, dos membros da Câmara dos Deputados e do Senado Federal; do Presidente da República; ou de mais da metade das Assembléias Legislativas das unidades da Federação, manifestando-se, cada uma delas, pela maioria absoluta de seus membros;
(B) a Constituição não poderá ser emendada na vigência de intervenção federal, de estado de defesa ou de estado de sítio;
(C) a proposta de emenda será discutida e votada em cada Casa do Congresso Nacional, em dois turnos, considerando-se aprovada se obtiver, em ambos, três quintos dos votos dos respectivos membros;
(D) não será objeto de deliberação a proposta de emenda tendente a abolir a forma federativa de Estado; o voto direto, secreto, universal e periódico; a separação dos Poderes; os direitos e garantias individuais;
(E) não respondida.

A: Não reflete o disposto no art. 60, I, II e III, da CF; B: Art. 60, § 1º, da CF; C: Art. 60, § 2º, da CF; D: Art. 60, § 4º, da CF. Gabarito "A."

(Ministério Público do Trabalho – 13º) Quanto à fiscalização contábil, financeira e orçamentária da União:

I. o controle externo, a cargo do Congresso Nacional, será exercido com o auxílio do Tribunal de Contas da União, ao qual compete, dentre outras atribuições, apreciar as contas prestadas anualmente pelo Presidente da República, mediante parecer prévio, que deverá ser elaborado em sessenta dias a contar de seu recebimento;

II. a comissão mista permanente de orçamento do Congresso Nacional, diante de indícios de despesas não autorizadas, ainda que sob a forma de investimentos não programados ou de subsídios não aprovados, requisitará da autoridade governamental responsável que, no prazo de cinco dias, preste os esclarecimentos necessários; se a autoridade não atender a requisição, a comissão encaminhará o expediente ao Ministério Público do Tribunal de Contas, para a propositura de ação de improbidade;

III. qualquer cidadão, partido político, associação ou sindicato é parte legítima para, na forma da lei, denunciar irregularidades ou ilegalidades perante o Tribunal de Contas da União.

Analisando-se as asserções acima, pode-se afirmar que:

(A) todas estão corretas;
(B) todas estão incorretas;
(C) apenas a de número I está correta;
(D) apenas a de número II está incorreta;
(E) não respondida.

I: Art. 71, *caput* e I, da CF; II: Não reflete o disposto no art. 72, *caput* e § 1º, da CF; III: Art. 74, § 2º, da CF. Gabarito "D."

(CESPE – 2008) Com relação às fiscalizações contábil, financeira e orçamentária previstas na CF, assinale a opção correta.

(A) Os ministros do TCU serão nomeados entre brasileiros natos.
(B) Uma das finalidades do controle interno é exercer o controle de operações de crédito, avais e garantias, bem como dos direitos e haveres da União.
(C) No âmbito da União, o controle externo é exercido exclusivamente pelo TCU.
(D) Os ministros do TCU têm as mesmas garantias, prerrogativas, impedimentos, vencimentos e vantagens dos ministros do STF.

A: art. 73, § 1º, da CF; B: art. 74, III, da CF; C: art. 71, *caput*, da CF; D: art. 73, § 3º, da CF. Gabarito "B."

(CESPE – 2008) Assinale a opção correta com relação ao processo legislativo no texto constitucional.

(A) Havendo veto do presidente da República a um projeto de lei, este será submetido a votação inicialmente na Câmara dos Deputados, e, se o veto for mantido, será então enviado ao Senado Federal.
(B) Não são permitidas emendas parlamentares aos projetos de lei de iniciativa exclusiva do presidente da República.
(C) Pertence ao MP a iniciativa para propor ao Poder Legislativo a criação e extinção de seus cargos e serviços auxiliares.
(D) A iniciativa popular de lei poderá ser exercida pela apresentação, à Câmara dos Deputados, de projeto de lei subscrito por, no mínimo, 2% da população nacional, distribuídos, pelo menos, por três estados.

A: art. 66, § 4º, da CF; B: art. 64, § 3º, da CF; C: art. 127, § 2º, da CF; D: art. 61, § 2º, da CF. Gabarito "C."

(CESPE – 2008) No que diz respeito à disciplina constitucional relativa ao processo legislativo, assinale a opção correta.

(A) A delegação legislativa é instituto de índole excepcional, devendo ser solicitada pelo presidente da República ao Congresso Nacional.
(B) O presidente da República poderá solicitar urgência para votação de projetos de lei da iniciativa tanto de deputados federais quanto de senadores.
(C) É da iniciativa reservada do STJ a lei complementar sobre o Estatuto da Magistratura.
(D) O presidente da República dispõe de 48 horas para vetar um projeto de lei, contadas da data de seu recebimento, devendo, dentro de 24 horas, comunicar os motivos do veto ao presidente do Senado Federal.

A: art. 68, *caput* e parágrafos, da CF; B: art. 64, § 1º, da CF; C: art. 93 da CF; D: art. 66, § 1º, da CF. Gabarito "A."

(CESPE – 2008) Assinale a opção correta quanto às competências dispostas na Constituição Federal acerca das relações internacionais.

(A) Compete ao presidente da República, sem necessidade de autorização do Congresso Nacional, permitir que tropas estrangeiras transitem pelo país nos casos previstos em lei complementar.
(B) Compete ao Superior Tribunal de Justiça (STJ) julgar o litígio entre Estado estrangeiro e o Distrito Federal.
(C) Compete ao Congresso Nacional resolver definitivamente, por maioria absoluta, sobre tratados, acordos ou atos internacionais que acarretem encargos ou compromissos gravosos ao patrimônio nacional.
(D) Compete ao Congresso Nacional autorizar o presidente da República a denunciar tratados, acordos ou atos internacionais que acarretem encargos ou compromissos gravosos ao patrimônio nacional.

A: art. 84, XXII, da CF. A LC 90/97 estabelece as hipóteses nas quais forças estrangeiras podem transitar pelo território nacional; B: art. 102, I, e, da CF; C e D: art. 49, I, da CF. Gabarito "A".

(CESPE – 2007) É correto afirmar que as comissões parlamentares de inquérito criadas no âmbito da Câmara dos Deputados e do Senado Federal, em conjunto ou separadamente,

(A) podem ter seus atos controlados pelo Supremo Tribunal Federal (STF) quando envolverem ilegalidade ou ofensa a direito individual.
(B) possuem competência para a decretação de prisões temporárias, preventivas ou em flagrante delito.
(C) têm poderes de investigação próprios das autoridades judiciais, podendo adotar medidas como a quebra de sigilo bancário, fiscal e de dados, buscas e apreensões em domicílios e a condução coercitiva de indiciados e testemunhas.
(D) podem decretar a indisponibilidade de bens dos investigados, visto que lhes é permitido adotar medidas cautelares próprias das autoridades judiciais.

Art. 58, § 3º, da CF. Gabarito "A".

(CESPE – 2007) Assinale a opção incorreta acerca do processo legislativo previsto na Constituição Federal.

(A) Após a aprovação da proposta de emenda constitucional pelo Congresso Nacional, cabe ao presidente da República sancioná-la ou vetá-la.
(B) Leis complementares devem ser aprovadas por maioria absoluta.
(C) A discussão e a votação dos projetos de lei de iniciativa dos tribunais superiores devem ter início na Câmara dos Deputados.
(D) A sanção do projeto de lei não convalida o defeito de iniciativa.

A: art. 60, § 3º, da CF. A emenda à Constituição não se submete a veto nem a sanção. Ela é promulgada pelas Mesas da Câmara e do Senado; B: art. 69 da CF; C: art. 64 da CF; D: neste caso a lei será inconstitucional em razão do vício de iniciativa. Gabarito "A".

(CESPE – 2007) Com relação à disciplina constitucional das medidas provisórias, assinale a opção correta.

(A) Medida provisória pode versar sobre matéria relativa a direito penal.
(B) O STF não admite, em sede de ação direta de inconstitucionalidade, o controle de constitucionalidade de medidas provisórias.
(C) É de trinta dias o prazo máximo para a apreciação, pelas duas casas do Congresso Nacional, de medida provisória.
(D) As constituições estaduais podem prever a edição de medidas provisórias, cumpridas as regras básicas do processo legislativo no âmbito da União.

A: art. 62, § 1º, I, b, da CF; B: as medidas provisórias também se submetem ao controle de constitucionalidade; C: art. 62, § 7º, da CF; D: princípio da simetria. Na Constituição Federal não há nenhuma vedação quanto à edição de medidas provisórias pelos Estados. Gabarito "D".

(CESPE – 2007) O processo de elaboração de decreto legislativo assemelha-se ao da lei ordinária com relação à

(A) iniciativa, podendo esta ser exercida pelo presidente da República.
(B) aprovação pelo quorum de maioria simples.
(C) apresentação de veto pelo presidente da República.
(D) promulgação pelo presidente da República.

O decreto legislativo (art. 59, VI, da CF) destina-se a regular as matérias contidas no art. 49 da Constituição. Seu processo de formação é idêntico ao da lei ordinária. Entretanto, ao contrário desta, o decreto legislativo não se submete a sanção nem a veto. Gabarito "B".

(CESPE – 2007) Com relação ao processo legislativo, assinale a opção correta.

(A) A CF veda terminantemente que a matéria constante de projeto de lei rejeitado possa ser objeto de novo projeto na mesma sessão legislativa.
(B) São de iniciativa privativa do presidente da República as leis que disponham sobre a organização do Ministério Público da União, bem como as normas gerais para a organização do Ministério Público dos Estados.
(C) O veto presidencial a projeto de lei deverá ser apreciado inicialmente na Câmara dos Deputados, sendo o projeto remetido ao Senado Federal na hipótese de o veto ser mantido pelos deputados, ou arquivado, se o veto for por estes rejeitado.
(D) O presidente da República somente poderá vetar integralmente um projeto de lei se considerá-lo inconstitucional.

A: art. 67 da CF; B: art. 61, § 1º, II, d, da CF; C: art. 66, § 4º, da CF; D: art. 66, § 1º, da CF. Gabarito "B".

(CESPE – 2007) Acerca do processo legislativo, assinale a opção correta.

(A) Compete ao presidente da República a iniciativa a projeto de lei que disponha sobre a organização do Ministério Público da União, bem como normas gerais para a organização do Ministério Público dos estados, do DF e dos territórios.
(B) A iniciativa popular aos projetos de lei está, conforme a Constituição, limitada ao âmbito federal.
(C) As emendas, de iniciativa parlamentar, ao projeto de lei do orçamento anual devem indicar, além da compatibilidade com o plano plurianual e a lei de diretrizes orçamentárias, a origem dos recursos necessários nas hipóteses de aumento das dotações para pessoal e seus encargos, serviço da dívida e transferências tributárias constitucionais para estados, municípios e DF.
(D) Considerando o presidente da República que a utilização, pelo legislador, de uma expressão que torna o dispositivo legal inconstitucional, poderá vetar apenas a expressão inconstitucional, suprimindo-a do texto, e sancionar o restante.

A: art. 61, § 1º, II, d, da CF; B: art. 27, § 4º, e art. 29, XIII, ambos da CF; C: art. 33 da Lei 4.320/64; D: art. 66, § 2º, da CF. Gabarito "A".

(CESPE – 2007) Quanto ao processo legislativo, assinale a opção correta.

(A) No Senado Federal, para que um projeto de lei ordinária seja aprovado, é necessário que haja a maioria simples, presente a maioria absoluta de seus membros. Dessa forma, como o Senado Federal tem 81 senadores, referido projeto demandará, no mínimo, 41 votos para que seja aprovado.
(B) Um projeto de lei que disponha sobre parcelamento tributário de dívidas do imposto sobre propriedade veicular (IPVA) não pode ser apresentado por parlamentar, por ser matéria de competência privativa do chefe do Poder Executivo.
(C) Considere que o Congresso Nacional já tenha aprovado determinado projeto de lei, agora em fase de sanção ou veto, alterando o projeto inicial encaminhado pelo presidente da República. Não satisfeito com a referida alteração, poderá o presidente da República editar nova medida provisória (MP) sobre a matéria rejeitada.
(D) A matéria veiculada em MP rejeitada pelo Congresso Nacional não poderá ser reapresentada na mesma sessão legislativa, cabendo a esse órgão disciplinar, por meio de decreto legislativo, as relações jurídicas decorrentes da edição da MP rejeitada.

A: art. 47 da CF (a maioria simples exigida é dos presentes); B: não existe na lei, neste caso, a exigência de projeto de lei privativo do chefe do poder executivo; C: art. 62, § 1º, IV, da CF; D: art. 62, §§ 10 e 11, da CF. Gabarito "D".

(CESPE – 2004) Um senador da República eleito pelo estado do Espírito Santo

(A) é parte legítima para, isoladamente, propor ação direta de inconstitucionalidade perante o Supremo Tribunal Federal (STF).
(B) tem mandato com duração correspondente a oito legislaturas.
(C) não pode assumir, durante o período de seu mandato eletivo, cargo de presidente de empresa pública federal.
(D) não pode ser processado, durante o curso do seu mandato, por crime comum ocorrido após sua diplomação.

A: art. 103, II, da CF; B: art. 46, § 1º, da CF; C: art. 54, II, b, da CF; D: art. 53, § 1º, da CF. Gabarito "C".

(CESPE – 2004) Assinale a opção correta a respeito de direito constitucional.

(A) Se o presidente da República vetar um artigo de projeto de lei regularmente aprovado pelo Congresso Nacional, tal veto poderá ser apreciado pelo Congresso Nacional, que, em sessão conjunta, poderá rejeitá-lo pelo voto da maioria absoluta dos deputados e senadores.
(B) Uma medida provisória que reduzisse alíquotas do imposto de renda seria incompatível com os mandamentos constitucionais.
(C) Seria inválida uma medida provisória que concedesse aumento de salário aos agentes de polícia federal, pois a Constituição da República veda a utilização desse tipo de norma jurídica para a finalidade de aumentar a remuneração de servidores.
(D) Seria inconstitucional decreto do presidente da República que estabelecesse rol exaustivo de cultos religiosos cujo exercício seria livre no território nacional, pois a definição dos cultos permitidos somente pode ser feita mediante lei federal.

A: art. 66, § 4º, da CF; B: art. 62, § 2º, da CF; C: art. 62, § 1º, da CF; D: art. 19, I, da CF. Gabarito "A".

(CESPE – 2004) Acerca da competência legislativa do estado do Espírito Santo, assinale a opção correta.

(A) Incorreria em inconstitucionalidade uma lei editada pela Assembléia Legislativa estadual determinando a proibição do uso de capacetes por motociclistas nas vias urbanas do estado, em razão da reiterada ocorrência de assassinatos em que os homicidas não foram identificados por serem motociclistas que usavam capacetes.
(B) Seria constitucional dispositivo de lei estadual que fixasse o salário mínimo a ser pago por empresas com sede no estado em um valor correspondente a 150% do salário mínimo fixado por lei federal.
(C) Seria constitucional dispositivo de lei complementar estadual do Espírito Santo que atribuísse aos deputados estaduais iniciativa para propor lei alterando o salário dos servidores públicos estaduais.
(D) Seria compatível com a Constituição da República a instituição de carreira específica de juiz eleitoral estadual mediante lei complementar do estado do Espírito Santo.

A: art. 22, XI, da CF; Lei n. 9.503/97 (Código de Trânsito Brasileiro); B: art. 7º, IV, da CF; C: art. 37, X, da CF; D: art. 121 da CF. Gabarito "A".

12. DA ORGANIZAÇÃO DO PODER JUDICIÁRIO

(Magistratura/DF – 2011) Há três assertivas que podem ser CORRETAS ou INCORRETAS. Responda:

I. Compete ao Superior Tribunal de Justiça processar e julgar originariamente nos crimes comuns os Governadores dos Estados e do Distrito Federal, os membros do Tribunal de Contas da União, os membros dos Tribunais Regionais Federais e dos Tribunais Regionais Eleitorais.
II. Determinado Estado-membro possui 16 Deputados Federais. Em consequência, o número de Deputados Estaduais na respectiva Assembléia Legislativa será de 46 deputados.
III. O Conselho Nacional de Justiça compõe-se de quinze membros contando-se entre estes o Procurador Geral da República e dois advogados, indicados pelo Conselho Federal da Ordem dos Advogados do Brasil.

(A) se somente a assertiva I for correta
(B) se somente a assertiva II for correta
(C) se somente a assertiva III for correta
(D) se nenhuma das assertivas for correta

I: Errada. O STJ não julga os membros do TCU por crimes comuns. Nesse caso, a competência é do STF (art. 105, I, "a" e art. 102, I, "c", ambos da CF); II: Errada. Não reflete o disposto no art. 27 da CF; III: O PGR não compõe do CNJ (art. 103-B, I a XIII, da CF). Gabarito "D".

(Magistratura/DF – 2011) Há três assertivas que podem ser CORRETAS ou INCORRETAS. Responda:

I. Compete privativamente ao Senado Federal resolver sobre tratados, acordos ou atos internacionais que acarretem encargos ou compromissos gravosos ao patrimônio nacional.
II. Compete exclusivamente ao Tribunal Regional Federal na Capital da República processar e julgar originariamente nos crimes comuns e de responsabilidade os membros do Ministério Público do Distrito Federal e Territórios.
III. Nos termos da Constituição vigente da decisão de juiz federal nas causas em que forem partes organismo internacional, de um lado e, de outro, Município caberá recurso ordinário ao Superior Tribunal de Justiça.

(A) se somente a assertiva I for correta
(B) se somente a assertiva II for correta
(C) se somente a assertiva III for correta
(D) se nenhuma das assertivas for correta

I: Errada. Competência do Congresso Nacional (art. 49, I, da CF); II: A competência do art. 108, I, "a" da CF não é exclusiva, pois o próprio artigo ressalva a competência da justiça eleitoral; III: Correta. Art. 105, II, "c", da CF. Gabarito "C".

(Magistratura/RO – 2011 – PUCPR) Identifique se as assertivas a seguir são verdadeiras (V) ou falsas (F) e, em seguida, assinale a única alternativa cuja sequência, de cima para baixo, está **CORRETA**.

( ) Cabe ao STF o julgamento originariamente das causas e dos conflitos entre a União e os Estados, entre a União e o Distrito Federal, ou entre uns e outros, inclusive entre as respectivas entidades da administração indireta.

( ) Compete ao STF processar e julgar, originariamente, nos crimes comuns, os Governadores dos Estados e do Distrito Federal, e, nestes e nos de responsabilidade, os desembargadores dos Tribunais de Justiça dos Estados e do Distrito Federal, os membros dos Tribunais de Contas dos Estados e do Distrito Federal, os dos Tribunais Regionais Federais, dos Tribunais Regionais Eleitorais e do Trabalho, os membros dos Conselhos ou Tribunais de Contas dos Municípios e os do Ministério Público da União que oficiem perante tribunais.

( ) Em relação à promoção de magistrados por antiguidade, é correto afirmar que ela é obrigatória se o juiz figura por três vezes consecutivas ou cinco alternadas em lista de antiguidade e ela pressupõe dois anos de exercício na respectiva entrância e integrar o juiz a primeira quinta parte da lista de merecimento desta, salvo se não houver com tais requisitos quem aceite o lugar vago.

( ) Todos os julgamentos dos órgãos do Poder Judiciário serão públicos, e fundamentadas todas as decisões, sob pena de nulidade, podendo a lei limitar a presença, em determinados atos, às próprias partes e a seus advogados, ou somente a estes, em casos nos quais a preservação do direito à intimidade do interessado no sigilo não prejudique o interesse público à informação.

( ) No recurso extraordinário, o recorrente deverá demonstrar a repercussão geral das questões constitucionais discutidas no caso, nos termos da lei, a fim de que o Tribunal examine a admissão do recurso, somente podendo recusá-lo pela manifestação de dois terços de seus membros.

(A) V,V,F,V,F
(B) F,F,F,V,F
(C) V,F,F,V,V
(D) V,F,V, V,V
(E) V, V,F,F,V

I: Correta. Art. 102, I, "f", da CF; II: Errada. Competência do STJ (art. 105, I, "a", da CF); III: Errada. V. art. 93, II, "a" e "b", da CF; IV: Correta. Art. 93, IX, da CF; V: Correta. Art. 102, § 3º, da CF. Gabarito "C".

(Magistratura/SC – 2010) Compete ao Supremo Tribunal Federal processar e julgar originariamente:

(A) A ação direta de inconstitucionalidade de lei ou ato normativo federal ou municipal.
(B) Ação direta de inconstitucionalidade de lei ou ato normativo federal ou estadual.
(C) Ação declaratória de inconstitucionalidade de lei ou ato normativo estadual ou federal.
(D) Ação direta de inconstitucionalidade de lei ou ato normativo federal, estadual ou municipal.
(E) Ação declaratória de inconstitucionalidade de lei estadual ou federal.

Art. 102, I, "a", da CF. Gabarito "B".

(Magistratura/SC – 2010) Assinale a alternativa correta:

(A) Compete ao Superior Tribunal de Justiça julgar as causas e os conflitos entre a União e os Estados- Membros, a União e o Distrito Federal, ou entre uns e outros, incluindo as respectivas entidades indiretas.
(B) Compete ao Supremo Tribunal Federal a homologação de sentença estrangeira e a concessão de *exequatur* às cartas rogatórias.
(C) Compete ao Supremo Tribunal Federal julgar as causas em que forem partes Estado estrangeiro ou organismo internacional de um lado, e do outro, município ou pessoa residente ou domiciliada no país.
(D) Compete ao Superior Tribunal de Justiça julgar mandado de injunção quando a elaboração de norma regulamentadora for atribuição do órgão, entidade ou autoridade federal, da administração direta ou indireta, excetuados os casos de competência do Supremo Tribunal Federal e dos órgãos da Justiça Militar, da Justiça Eleitoral, da Justiça do Trabalho e da Justiça Federal.
(E) Compete ao Conselho Nacional de Justiça, que funciona junto ao Superior Tribunal de Justiça, a supervisão administrativa e orçamentária da Justiça Federal de primeiro e segundo grau, como órgão central do sistema, com poderes correcionais, cujas decisões terão caráter vinculante.

A: Competência do STF (art. 102, I, "f", da CF); B: Competência do STJ (art. 105, I, "i", da CF); C: Competência dos juízes federais (art. 109, II, da CF); D: Art. 105, I, "h", da CF; E: O CNJ não funciona junto ao STJ e suas competências estão no art. 103-B, § 4º, da CF. Gabarito "D".

(Magistratura/SC – 2010) A respeito dos precatórios, assinale a alternativa **correta**:

I. Os débitos de natureza alimentícia compreendem aqueles decorrentes de salários, vencimentos, proventos, pensões e suas complementações, benefícios previdenciários e indenizações por morte ou por invalidez, fundadas em responsabilidade civil, em virtude de sentença judicial transitada em julgado, e serão pagos com preferência sobre todos os demais débitos.
II. O Presidente do Tribunal competente que, por ato comissivo ou omissivo, retardar ou tentar frustrar a liquidação regular de precatórios incorrerá em crime de responsabilidade e responderá, também, perante o Conselho Nacional de Justiça.
III. O credor poderá ceder, total ou parcialmente, seus créditos em precatórios a terceiros, dependendo o ato da concordância do devedor.
IV. A seu critério exclusivo e na forma de lei, a União poderá assumir débitos, oriundos de precatórios, de Estados, Distrito Federal e Municípios, refinanciando-os diretamente.

(A) Somente as proposições I, III e IV estão corretas.
(B) Somente as proposições I e II estão corretas.
(C) Somente as proposições I, II e IV estão corretas.
(D) Somente as proposições II e III estão corretas.
(E) Somente as proposições II e IV estão corretas.

I: Exceto sobre os previstos no art. 100, § 2º, da CF (v. art. 100, § 1º, da CF); II: Sim. Art. 100, § 7º, da CF; III: O ato não depende da concordância do devedor (art. 100, § 13, da CF); IV: Art. 100, § 16, da CF. Gabarito "E".

(Magistratura/SC – 2010) Considerando as proposições abaixo, assinale a alternativa **correta**:

I. Aos juízes é vedado exercer a advocacia no juízo ou tribunal do qual se afastou, antes de decorridos três anos do afastamento do cargo por aposentadoria ou exoneração.
II. Compete privativamente aos tribunais organizar suas secretarias e serviços auxiliares e os dos juízos que lhes forem vinculados, velando pelo exercício da atividade correicional respectiva.
III. Ao Poder Judiciário é assegurada autonomia administrativa e financeira.
IV. Somente pelo voto da maioria dos membros presentes na sessão do Pleno ou do respectivo Órgão Especial poderão os tribunais declarar a inconstitucionalidade de lei ou ato normativo do Poder Público.

(A) Todas as proposições estão corretas.
(B) Somente as proposições II e III estão corretas.
(C) Somente as proposições I, II e III estão corretas.
(D) Somente as proposições III e IV estão corretas.
(E) Somente as proposições I e IV estão corretas.

I: Art. 95, parágrafo único, V, da CF; II: Art. 96, I, "b", da CF; III: Art. 99 da CF; IV: Não reflete o disposto no art. 97 da CF. Gabarito "C".

(Magistratura/SP – 2011 – VUNESP) Sobre as súmulas vinculantes, indique a resposta correta.

(A) São aprovadas pelo Supremo Tribunal Federal, de ofício ou por provocação, mediante decisão de dois terços dos seus membros, após reiteradas decisões sobre matéria constitucional.
(B) Serão revisadas ou canceladas por provocação de todos quantos legitimados à propositura de ação popular.
(C) São editadas pelo Supremo Tribunal Federal, quando se cuidar de tema constitucional, ou pelo Superior Tribunal de Justiça, quando se cuidar de questão infraconstitucional, e terão efeito vinculante em relação aos demais órgãos do Poder Judiciário e à administração pública direta e indireta, nas esferas federal, estadual e municipal.
(D) Apenas quanto ao ato administrativo que contrariar a súmula vinculante é que caberá reclamação ao Supremo Tribunal Federal.
(E) Enquanto permanecer inalterada a composição do Supremo Tribunal Federal existente quando da edição da súmula vinculante não será permitida a sua revisão.

Art. 103-A, §§ 1º a 3º, da CF. Gabarito "A".

(Magistratura/SP – 2011 – VUNESP) Sobre o Conselho Nacional de Justiça, é correto afirmar que

(A) se compõe de quinze membros com mais de trinta e cinco e menos de sessenta e cinco anos de idade, com mandato de dois anos, admitida uma recondução.
(B) será presidido pelo Presidente do Supremo Tribunal Federal, sendo os demais membros do Conselho nomeados pelo Presidente da República, depois de aprovada a indicação pela maioria absoluta do Senado Federal.
(C) receberá e conhecerá das reclamações contra membros ou órgãos do Poder Judiciário e órgãos prestadores de serviços notariais e de registro que atuem por delegação do poder público ou oficializados, todavia não lhe competindo, entre as sanções possíveis, a aplicação da pena de disponibilidade.

(D) terá seus membros nomeados pelo Presidente da República, depois de aprovada a escolha pela maioria absoluta da Câmara dos Deputados.

(E) o Ministro do Superior Tribunal de Justiça que compuser o órgão exercerá a função de Ministro-Corregedor, sem prejuízo de suas normais atribuições no tribunal de origem.

A: O art. 103-B da CF não se refere a limites de idade; B: Art. 103-B, §§ 1º e 2º, da CF; C: Não reflete o disposto no art. 103-B, § 4º, III, da CF; D: Não reflete o disposto no art. 103-B, § 2º, da CF; E: Não reflete o disposto no art. 103-B, § 5º, da CF. Gabarito "B".

(Magistratura/PR – 2010 – PUC/PR) Analise as assertivas abaixo.

I. O Conselho Nacional de Justiça, órgão do Poder Judiciário, compõe-se de 15 (quinze) membros com mandato de 02 (dois) anos, admitida 01 (uma) recondução. De acordo com a EC n. 61/2009, o Presidente do STF não mais compõe o CNJ, órgão que tem sede na Capital Federal.

II. A composição do Conselho Nacional de Justiça é considerada bastante democrática, visto que dele participam representantes dos Poderes Executivo, Legislativo e Judiciário, membros do Ministério Público e, inclusive, cidadãos brasileiros natos.

III. Ao contrário do que se verifica em relação aos membros da Corte Constitucional (STF), o ordenamento constitucional vigente exige graduação em Direito de todos os membros do STJ, pois os integrantes deste Tribunal Superior serão, necessariamente, membros da magistratura, do Ministério Público ou advogados.

IV. Não se aplica a regra do "quinto constitucional" para a composição dos tribunais da Justiça do Trabalho (TST e TRT).

V. Os Tribunais Regionais Eleitorais são órgãos da Justiça Eleitoral. De suas decisões, segundo prescreve o texto magno vigente, poderá haver recursos. Os partidos políticos, após adquirirem personalidade jurídica, na forma da lei civil, registrarão seus estatutos nos respectivos Tribunais Regionais Eleitorais.

(A) Todas as assertivas estão corretas, exceto a IV.
(B) Somente a assertiva III está correta.
(C) Apenas as assertivas I, II e III estão corretas.
(D) Somente as assertivas III e IV estão corretas.

I: De acordo com o art. 103-B, caput, da CF, a primeira parte está correta. Entretanto, o § 1º do mesmo artigo estabelece que o Presidente do STF será, também, o Presidente do CNJ, que tem sede na Capital Federal (art. 92, § 1º, da CF); II: O art. 103-B, I a XIII, da CF não prevê membros do Legislativo ou do Executivo. Ademais, para integrar o CNJ a Constituição não exige a condição de brasileiro nato, que se limita aos cargos listados no art. 12, § 3º, da CF; III: Para ser Ministro do STF a Constituição exige a condição de brasileiro nato (art. 12, § 3º, IV, da CF), mínimo de trinta e cinco e menos de sessenta e cinco anos de idade, notável saber jurídico e reputação ilibada (art. 101, caput, da CF). Ao contrário, o STJ é composto só por graduados em Direito (magistrados, membros do Ministério Público e advogados), de acordo com o art. 104, parágrafo único, I e II, da CF; IV: Não reflete o disposto no art. 111-A, I (TST) e no art. 115, I (TRT), ambos da CF. Não existe "quinto constitucional" no STF, pois os cargos são de livre nomeação do Presidente da República (art. 101, caput e parágrafo único, da CF) e nos tribunais eleitorais (TSE e TRE). Registre-se, também, que no STJ não há falar propriamente em "quinto constitucional", mas em "terço constitucional", por força do disposto no art. 104, parágrafo único, II, da CF; V: São órgãos da Justiça Eleitoral (art. 118, I, da CF). O art. 121, § 3º, da CF estabelece a irrecorribilidade das decisões do TSE, embora com algumas exceções. Das decisões do TRE só cabe recurso nos casos previstos na CF (art. 121, § 4º, I a V, da CF). No mais, os partidos políticos adquirem personalidade na forma da lei civil (ou seja, são pessoas jurídicas de direito privado) e devem registrar seus estatutos no Tribunal Superior Eleitoral, não no Tribunal Regional Eleitoral (art. 17, § 2º, da CF). Gabarito "B".

(Magistratura/MG – 2009 – EJEF) Quanto Poder Judiciário, marque a alternativa INCORRETA.

(A) Os atos administrativos do Judiciário dispensam sessão pública.
(B) O juiz, com menos de dois anos de exercício, pode perder o cargo, através de deliberação administrativa do Tribunal.
(C) A prática de atos de mero expediente, no Poder Judiciário, pode ser atribuída aos servidores.
(D) As decisões do Poder Judiciário, jurisdicionais e administrativas, devem ser motivadas, pena de nulidade.

A: Contraria o art. 93, IX, da CF; B: Art. 95, I, da CF; C: Art. 93, XIV, da CF; D: Art. 93, IX e X, da CF. Gabarito "A".

(Magistratura/MG – 2009 – EJEF) Dentre as assertivas abaixo, marque aquela CORRETA. Compete ao Superior Tribunal de Justiça processar e julgar:

(A) Em grau de recurso ordinário, os mandados de segurança decididos em única instância pelos Tribunais Regionais Federais ou pelos Tribunais dos Estados, Distrito Federal e Territórios, quando concessiva a decisão.
(B) Originariamente, nos crimes de responsabilidade, os Desembargadores dos Estados e do Distrito Federal, os membros dos Tribunais Regionais Federais, dos Tribunais Regionais Eleitorais e dos Tribunais do Trabalho.
(C) Originariamente, nos crimes de responsabilidade, os Governadores dos Estados e do Distrito Federal.
(D) Nos crimes comuns, os membros do Ministério Público dos Estados e do Distrito Federal e os Juízes de 1º Grau.

A: Quando denegatória a decisão (art. 105, II, b, da CF). Se concessiva e presente pelo menos uma das hipóteses do art. 105, III, a, b e c, da CF, caberá Recurso Especial; B: Art. 105, I, "a", da CF; C e D: O STJ julga os Governadores dos Estados e do Distrito Federal nos casos de crimes comuns (art. 105, I, a, da CF). Gabarito "B".

(Magistratura/MT – 2009 – VUNESP) Assinale a alternativa correta no que tange ao disposto na Constituição da República sobre o Poder Judiciário.

(A) O Superior Tribunal de Justiça é composto de um terço de juízes dos Tribunais Regionais Federais, um terço de advogados e um terço de membros do Ministério Público Federal.
(B) Dois desembargadores estaduais deverão compor o Tribunal Regional Eleitoral mediante eleição, pelo voto secreto.
(C) Nas hipóteses de grave violação de direitos humanos, o Advogado-Geral da União poderá suscitar, perante o Supremo Tribunal Federal, incidente de deslocamento de competência para a Justiça Federal.
(D) Aos juízes federais compete processar e julgar, nas infrações penais comuns e nos crimes de responsabilidade, os Ministros de Estado.
(E) São irrecorríveis as decisões do Tribunal Superior Eleitoral, salvo as que violarem a Constituição e as que concederam habeas corpus.

A: Um terço de magistrados federais, um terço de magistrados estaduais e o último terço, dividido em partes iguais, dentre membros do Ministério Público (federal, distrital estadual) e advogados (art. 104, I e II, da CF) – daí falar-se em "terço constitucional" e não em "quinto constitucional" para o STJ; B: Art. 120, § 1º, I, a, da CF; C: Competência do Procurador-Geral da República (art. 109, § 5º, da CF); D: Competência do STF (art. 102, I, c, da CF); E: Salvo as que violam a CF e as denegatórias de HC e MS (art. 121, § 3º, da CF). Gabarito "B".

(Magistratura/MT – 2009 – VUNESP) Conforme o previsto na Carta da República, a súmula vinculante

(A) poderá ter a sua aprovação provocada por aqueles que podem propor a ação direta de inconstitucionalidade.
(B) regularmente aprovada, não pode ser cancelada.
(C) terá efeito vinculante em relação ao Poder Legislativo, à Administração Direta ou Indireta e aos demais órgãos do Poder Judiciário.
(D) que for contrariada por ato administrativo ou decisão judicial ou quando indevidamente aplicada ensejará recurso ao Conselho Nacional de Justiça.
(E) deverá ser aprovada por maioria absoluta dos membros do Supremo Tribunal Federal.

Art. 103-A, caput e §§ 1º a 3º, da CF. Gabarito "A".

(Magistratura/PA – 2009 – FGV) A respeito dos princípios constitucionais aplicáveis à carreira da magistratura, analise as afirmativas a seguir:

I. Constitui requisito para a promoção por merecimento que o juiz figure por três vezes consecutivas ou cinco alternadas em lista de merecimento, votada pelo respectivo tribunal em escrutínio secreto.

II. Na promoção por antiguidade, poderá ser recusada a promoção do juiz mais antigo pelo voto fundamentado de dois terços do órgão responsável pela votação, assegurada a ampla defesa.

III. Constitui etapa obrigatória do processo de vitaliciamento a participação do juiz em curso oficial ou reconhecido por escola nacional de formação e aperfeiçoamento de magistrados.

IV. Adquirida a vitaliciedade, o juiz só poderá perder o cargo pelo voto da maioria absoluta do respectivo tribunal ou do Conselho Nacional de Justiça, assegurada a ampla defesa.

Assinale:

(A) se somente a afirmativa III estiver correta.
(B) se somente as afirmativas II e III estiverem corretas.
(C) se somente as afirmativas II e IV estiverem corretas.
(D) se somente as afirmativas I, II e IV estiverem corretas.
(E) se todas as afirmativas estiverem corretas.

I: Os requisitos para a promoção por merecimento estão listados no art. 93, II, *b* e *c*, da CF. Se o juiz figurar três vezes seguidas ou cinco alternadas na lista de merecimento, deverá obrigatoriamente ser promovido (art. 93, II, *a*, da CF); II: Art. 93, II, *d*, da CF); III: Art. 93, IV, da CF; IV: O art. 95, I, da CF exige sentença judicial com trânsito em julgado. Gabarito "B".

(Magistratura/RS – 2009) Considere as assertivas abaixo.

I. Compete ao Tribunal de Justiça, independentemente de autorização da Câmara Municipal, julgar Prefeito no exercício do mandato por crime comum.
II. Compete ao Tribunal de Justiça julgar o Governador do Estado em caso de crime comum.
III. Compete privativamente aos tribunais propor ao Poder Legislativo a criação de novas Varas Judiciárias.

Quais são corretas?

(A) Apenas I
(B) Apenas II
(C) Apenas III
(D) Apenas I e III
(E) I, II e II

I: Correta. Registre-se, porém, que a prerrogativa prevista no art. 29, X, da CF diz respeito à competência penal originária, não abrangendo a competência cível. Além disso, a Súmula 702/STF estabelece que: "A competência do Tribunal de Justiça para julgar Prefeitos restringe-se aos crimes de competência da Justiça comum estadual; nos demais casos, a competência originária caberá ao respectivo tribunal de segundo grau", como na hipótese de crimes eleitorais, cuja competência é do Tribunal Regional Eleitoral; II: Errada. O Governador de Estado é julgado pelo STJ por infração penal comum (art. 105, I, *a*, da CF); III: Art. 96, I, *d*, da CF. Gabarito "D".

(Magistratura/RS – 2009) A respeito do Conselho Nacional de Justiça – CNJ, assinale a assertiva correta.

(A) É órgão do Poder Executivo, com atribuição de exercer o controle externo do Poder Judiciário.
(B) Compõe-se de doze membros, entre os quais dois advogados indicados pela Ordem dos Advogados do Brasil.
(C) Compete-lhe, entre outras atribuições, a de aplicar pena de demissão aos juízes.
(D) Integra-o o Procurador-Geral da República, como representante do Ministério Público.
(E) É presidido por um Ministro do Supremo Tribunal Federal, que fica excluído da distribuição de processos nesse Tribunal.

O CNJ é órgão do Poder Judiciário (art. 92, I-A, da CF), compõe-se de quinze membros (art. 103-B da CF), dentre suas atribuições não está incluída a demissão de juízes (art. 103-B, § 4º, I a VII, da CF), o Procurador-Geral da República não o integra (apesar de indicar os representantes do Ministério Público), mas é presidido pelo Presidente do Supremo Tribunal Federal (art. 103-B, § 1º, da CF). Gabarito "E".

(Magistratura/SP – 2009 – VUNESP) A sentença estrangeira

(A) quando for meramente declaratória, ou dispuser sobre direitos da personalidade, prescinde de homologação para a sua execução no Brasil.
(B) deverá ser homologada pelo Superior Tribunal de Justiça e, sucessivamente, pelo juízo competente para sua execução.
(C) dispensa homologação quando proferida em ação na qual figurem, como partes, exclusivamente cidadãos brasileiros.
(D) para ser executada no Brasil, deverá ser homologada pelo Superior Tribunal de Justiça.

A homologação de sentenças estrangeiras e a concessão de *exequatur* às cartas rogatórias, após a EC 45/2004, são da competência originária do STJ (art. 105, I, *i*, da CF). Gabarito "D".

(Magistratura/SP – 2009 – VUNESP) Sobre o Poder Judiciário, é correto afirmar que

(A) aos juízes é vedado exercer a advocacia no juízo ou tribunal do qual se afastaram, antes de decorridos 3 (três) anos do afastamento do cargo por aposentadoria ou exoneração.
(B) um quinto dos lugares dos Tribunais Regionais Federais, dos Tribunais dos Estados e do Superior Tribunal de Justiça, será composto por membros do Ministério Público, com mais de 10 (dez) anos de carreira, e de advogados de notório saber jurídico e de reputação ilibada, com mais de 10 (dez) anos de efetiva atividade profissional, indicados em lista sêxtupla pelos órgãos de representação das respectivas classes.
(C) o Conselho Nacional de Justiça compõe-se de quinze membros com mais de 30 (trinta) e menos de 66 (sessenta e seis) anos de idade, com mandato de 2 (dois) anos, admitida uma recondução.
(D) os Tribunais Regionais Federais compõem-se de, no mínimo, nove juízes, recrutados, quando possível, na respectiva região e nomeados pelo Presidente da República dentre os brasileiros com mais de 30 (trinta) e menos de 65 (sessenta e cinco) anos.

A: Art. 95, parágrafo único, V, da CF; B: No caso do STJ, o tribunal é composto por um terço de magistrados federais, um terço de magistrados estaduais e o último terço, dividido em partes iguais, dentre membros do Ministério Público (federal, distrital estadual) e advogados (art. 104, I e II, da CF) – daí falar-se em "terço constitucional" e não em "quinto constitucional" para o STJ; C: A atual redação do art. 103-B, *caput*, da CF não traz idade mínima ou máxima; D: Mínimo de sete juízes (art. 107, *caput*, da CF). Gabarito "A".

(Magistratura/SP – 2009 – VUNESP) Compete ao Supremo Tribunal Federal processar e julgar, originariamente,

(A) nas infrações penais comuns, os Governadores dos Estados e os desembargadores dos Tribunais de Justiça dos Estados e do Distrito Federal.
(B) as ações contra o Conselho Nacional do Ministério Público.
(C) o mandado de segurança impetrado contra ato do Superior Tribunal de Justiça.
(D) os conflitos de atribuições entre autoridades judiciárias de um Estado e administrativas de outro ou do Distrito Federal, ou entre as deste e as da União.

Art. 102, I, *a* a *r*, da CF. Gabarito "B".

(Magistratura/AC – 2008 – CESPE) Considerando a organização do Poder Judiciário, assinale a opção correta.

(A) O Conselho Nacional de Justiça, órgão administrativo integrante da estrutura do Poder Judiciário, tem natureza jurídica de órgão de controle interno dos demais órgãos e membros do Poder Judiciário.
(B) A promoção dos juízes, que ocorre de entrância para entrância, alternadamente, por antiguidade e merecimento, é obrigatória para juiz que figure por três vezes consecutivas ou cinco alternadas em lista de merecimento, desde que o juiz tenha dois anos de exercício na respectiva entrância e integre a primeira quinta parte da lista de antiguidade desta, salvo se não houver, com tais requisitos, quem aceite o lugar vago. Por outro lado, não deve ser promovido o juiz que, mesmo preenchendo tais requisitos, injustificadamente, retiver autos em seu poder além do prazo legal, não podendo devolvê-los ao cartório sem o devido despacho ou decisão.
(C) As aposentadorias dos magistrados obedecem aos mesmos critérios, requisitos e espécies daquelas previstas para os demais servidores públicos.
(D) Considere que um juiz tenha sido nomeado para o cargo de desembargador no Tribunal de Justiça do Estado do Acre (TJAC), em uma das vagas do quinto constitucional. Nessa hipótese, esse juiz não pode tomar posse no cargo de ministro do STJ nas vagas destinadas aos juízes de carreira.

A: Não reflete o disposto no art. 103-B, § 4º, da CF; B: Art. 93, II, *a*, *b* e *e*, da CF; C: A aposentadoria dos magistrados rege-se pelo art. 40 da CF e pelas regras de transição previstas primeiro no art. 8º da EC 20/1998 e, posteriormente, no art. 2º, § 3º, da EC 41/2003. Além disso, os servidores se aposentam por invalidez permanente, voluntária ou compulsoriamente. Os magistrados podem ser aposentados por interesse público (art. 93, VIII, da CF); D: Não há vedação constitucional nesse sentido. Gabarito "B".

(Magistratura/MG – 2008) Nos crimes eleitorais, o Prefeito Municipal será julgado pelo:

(A) Tribunal de Justiça.
(B) Tribunal Regional Federal.
(C) Tribunal Regional Eleitoral.
(D) Juiz Eleitoral.

Para o TSE as autoridades com foro no TJ devem responder, em matéria eleitoral, perante o TRE. Interpretação conjunta dos arts. 29, X e 96, III, ambos da CF. Gabarito "C".

(Magistratura/MG – 2008) O ingresso na carreira da magistratura implica a obtenção de determinadas garantias e a necessidade de serem observadas certas vedações, todas especificadas na Constituição da República.

(A) A vitaliciedade, no primeiro grau de jurisdição, somente é obtida após três anos de exercício no cargo.
(B) O Juiz pode dedicar-se à atividade político-partidária.
(C) O Juiz é inamovível, salvo por motivo de interesse público a ser reconhecido em decisão da maioria absoluta do respectivo Tribunal.
(D) O Juiz poderá receber, nas hipóteses especificadas em lei, custas ou participação em processo.

A: Não reflete o disposto no art. 95, I, da CF; B: Não reflete o disposto no art. 95, parágrafo único, III, da CF; C: Art. 95, II, c/c o art. 93, VIII, da CF; D: Não reflete o disposto no art. 95, parágrafo único, II, da CF. Gabarito "C".

(Magistratura/MS – 2008 – FGV) Assinale a alternativa correta.

(A) O Supremo Tribunal Federal não está submetido às deliberações do Conselho Nacional de Justiça, pois o regime políticodisciplinar dos seus Ministros é regido por normas especiais.
(B) Ao Poder Judiciário é assegurada autonomia administrativa, financeira e normativa.
(C) O Conselho Nacional de Justiça não integra o Poder Judiciário, cabendo-lhe, apenas, o controle da atuação administrativa e financeira desse poder, bem como o controle do cumprimento dos deveres funcionais dos juízes.
(D) Aos juízes são asseguradas algumas garantias, que se destinam a efetivar a independência da atividade judicial. A garantia da inamovibilidade é excepcionada quando presente o interesse público, e o ato de remoção do magistrado deve fundar-se em decisão por voto de maioria simples do respectivo tribunal, com revisão obrigatória do Conselho Nacional de Justiça.
(E) Conforme a Constituição Federal, são órgãos do Poder Judiciário: o Supremo Tribunal Federal, o Conselho Nacional de Justiça, o Superior Tribunal de Justiça, os Tribunais Regionais Federais e Juízes Federais, os Tribunais e Juízes do Trabalho, os Tribunais e Juízes Eleitorais, os Tribunais e Juízes Militares, os Tribunais e Juízes dos Estados e do Distrito Federal e Territórios, sendo obrigatório o ingresso de seus membros por meio de concurso público.

A: A partir da interpretação do art. 102, *caput* e I, *r*, e do art. 103-B, § 4º, ambos da CF, o STF entende que não se submete ao controle do CNJ (STF, ADI 3367, Rel. Min. Cezar Peluso, Tribunal Pleno, j. 13/04/2005, DJ 17/03/2006). B: Não reflete o disposto no art. 99 da CF; C: Não reflete o disposto no art. 92, I-A, da CF; D: Não reflete o disposto no art. 95, II, c/c o art. 93, VIII, da CF; E: A parte final não é verdadeira, pois, a título de exemplo, não há necessidade de concurso público para ingresso no STF (art. 101 da CF), além de a maioria dos tribunais contar com advogados entre seus membros, nomeados independentemente de concurso público. Gabarito "A".

(Magistratura/PI – 2008 – CESPE) No que tange ao Poder Judiciário, assinale a opção incorreta.

(A) O STF pode decidir o recurso extraordinário com fundamento diverso daquele sustentado pelo recorrente.
(B) Compete ao STF julgar conflito de competência entre o STJ e o TJPI.
(C) Compete ao STF julgar os conflitos de atribuição entre o Ministério Público Federal e Ministério Público Estadual.
(D) Compete ao STJ julgar habeas corpus no qual figure como paciente conselheiro do Tribunal de Contas do Estado do Piauí.
(E) As atuais súmulas do STF somente produzirão efeitos vinculantes após sua confirmação por dois terços de seus integrantes e publicação na imprensa.

A: O Recurso Extraordinário é de fundamentação vinculada (art. 102, III, da CF), assim como o Recurso Especial (art. 105, III, da CF) e os Embargos de Declaração (art. 535 do CPC); B: Não reflete o disposto no art. 102, I, *o*, da CF; C: O STF conferiu maior abrangência ao art. 102, I, *f*, da CF, ante o fato de estarem envolvidos órgão da União e de Estado-membro, para entender que é sua a competência para solução do caso. Ver CJ 5133/RS; CJ 5267/GB; MS 22042 QO/RR, Pet 3528/BA; D: Art. 105, I, *c*, da CF; E: Art. 8º da EC 45/2004 e art. 103-A da CF. Gabarito "B".

(Magistratura/PR – 2008) Assinale a alternativa INCORRETA:

(A) Os prefeitos serão julgados, nos crimes eleitorais, pelos Tribunais Regionais Eleitorais de seus respectivos Estados.
(B) Compete à Justiça Federal processar e julgar prefeito municipal por desvio de verba sujeita à prestação de contas perante órgão federal.
(C) Compete à Justiça Federal processar e julgar prefeito por desvio de verba transferida e incorporada ao patrimônio municipal.
(D) A competência do Tribunal de Justiça para julgar prefeitos restringe-se aos crimes de competência da justiça comum estadual; nos demais casos, a competência originária caberá ao respectivo tribunal de segundo grau.

A: Para o TSE as autoridades com foro no TJ devem responder, em matéria eleitoral, perante o TRE. Interpretação conjunta dos arts. 29, X e 96, III, ambos da CF; B: Súmula 208/STJ; C: Não reflete o disposto na Súmula 209/STJ; D: Súmula 702/STF. Gabarito "C".

(Magistratura/SC – 2008) Sobre o Poder Judiciário é correto afirmar que:

(A) Todos os julgamentos serão públicos, e fundamentadas todas as suas decisões, sob pena de nulidade, não sendo admitida, em nenhuma hipótese, a limitação à presença das partes.
(B) Um décimo dos lugares dos Tribunais Regionais Federais, dos Tribunais dos Estados e do Distrito Federal será composto de advogados de notório saber jurídico e de reputação ilibada, com mais de dez anos de efetiva atividade profissional.
(C) A Constituição do Estado estabelecerá a competência do seu Tribunal de Justiça, sendo a lei de organização judiciária de iniciativa do Poder Executivo.
(D) Pode ser constituído órgão especial, para o exercício de atribuições administrativas e jurisdicionais, em tribunais com número superior a vinte julgadores.
(E) As garantias asseguradas aos membros da magistratura são duas: vitaliciedade e inamovibilidade.

A: Não reflete o disposto no art. 93, IX, da CF; B: Art. 94 da CF. O quinto constitucional destina-se a advogados e a membros do Ministério Público, daí o resultado de um décimo para cada instituição; C: Não reflete o disposto no art. 125, § 1º, da CF; D: Não reflete o disposto no art. 93, XI, da CF; E: Não reflete a integralidade do disposto no art. 95 da CF. Gabarito "B".

(Magistratura/SE – 2008 – CESPE) Prescinde de membros do Ministério Público na sua composição o

(A) tribunal regional eleitoral.
(B) Superior Tribunal de Justiça Militar.
(C) Tribunal de Contas da União.
(D) tribunal regional federal.
(E) Tribunal Superior do Trabalho.

A: Art. 120, § 1º, I a III, da CF; B: Não reflete o disposto no art. 123, parágrafo único, II, da CF; C: Não reflete o disposto no art. 73, § 2º, I, da CF; D: Não reflete o disposto no art. 107, I, da CF; E: Não reflete o disposto no art. 111-A, I, da CF. Gabarito "A".

(Magistratura/SP – 2008) Sobre a extensão do controle judicial dos atos administrativos, é correto afirmar que

(A) o Poder Judiciário tem controle total sobre os atos administrativos discricionários.
(B) o Poder Judiciário não pode examinar os atos administrativos de separação e independência dos poderes.

(C) dentro dos itens do ato administrativo discricionário está a exigência de que deve ser praticado nos estritos limites da lei.

(D) não pode o Poder Judiciário questionar o mérito do ato administrativo.

A e D: O concurso considerou válido o entendimento doutrinário de que o Judiciário não pode executar qualquer controle de mérito do ato administrativo, pois os juízos de conveniência e oportunidade cabem exclusivamente à Administração, dentro dos limites da lei. Entretanto, a tendência da doutrina atual, e também da jurisprudência, é defender que a conveniência e a oportunidade devem observar critérios de moralidade e de razoabilidade; B: Não reflete o disposto no art. 5º, XXXV, da CF; C: Sim, pois discricionariedade não é sinônimo de arbitrariedade, mas preceitua a liberdade de atuação do administrador dentro dos limites previamente estabelecidos em lei. Gabarito "C e D".

(Magistratura/AL – 2007 – FCC) A despeito de envolverem interesse de ente federal, serão processadas e julgadas pela justiça estadual, por expressa determinação constitucional, sendo competente para julgamento de recurso cabível o Tribunal Regional Federal da área de jurisdição do juiz de primeiro grau, as causas em que

(A) se constate grave violação de direitos humanos, mediante incidente de deslocamento de competência suscitado pelo Procurador-Geral da República, perante o Superior Tribunal de Justiça.

(B) haja necessidade de dirimir conflitos fundiários, desde que a lei de organização judiciária estadual preveja a existência de varas especializadas, com competência exclusiva para questões agrárias.

(C) sejam partes instituição de previdência social e segurado, sempre que o foro do domicílio do segurado não seja sede de juízo federal.

(D) figurem como réus militares dos Estados, em crimes militares definidos em lei e praticados contra civis, cabendo ao Tribunal definir, ainda, a perda do posto e da patente dos oficiais.

(E) haja disputa sobre direitos indígenas, sendo obrigatória a intervenção do Ministério Público Federal, desde o início da demanda, sob pena de nulidade absoluta.

A: Não reflete o disposto no art. 109, § 5º, da CF; B: Não reflete o disposto no 126 da CF; C: Art. 109, § 3º, da CF; D: Não reflete o disposto no art. 125, § 4º, da CF; E: Não reflete o disposto no art. 109, XI, da CF. Gabarito "C".

(Magistratura/DF – 2007) A partir da Emenda Constitucional nº 45, de 8 de dezembro de 2004, é incorreto afirmar:

(A) Compete ao Supremo Tribunal Federal, precipuamente, a guarda da Constituição, cabendo-lhe processar e julgar, originariamente, as ações contra o Conselho Nacional de Justiça e contra o Conselho Nacional do Ministério Público;

(B) Compete ao Supremo Tribunal Federal julgar, mediante recurso extraordinário, as causas decididas em única ou última instância, quando a decisão recorrida julgar válida lei local contestada em face de lei federal;

(C) O ato de remoção, disponibilidade e aposentadoria do magistrado, por interesse público, fundar-se-á em decisão por voto da maioria absoluta do respectivo tribunal ou do Conselho Nacional de Justiça, assegurada ampla defesa;

(D) As decisões administrativas dos tribunais serão motivadas e em sessão pública, sendo as disciplinares tomadas pelo voto de dois terços de seus membros.

A: Art. 102, I, r, da CF, incluído pela EC 45/2004; B: Art. 102, III, d, da CF, incluído pela EC 45/2004; C: Art. 93, VIII, da CF, incluído pela EC 45/2004; D: Não reflete o disposto no art. 93, X, da CF. Gabarito "D".

(Magistratura/DF – 2007) Sobre o Poder Judiciário dos Estados, é correto afirmar:

(A) A lei estadual poderá criar, mediante proposta do Tribunal de Justiça, a Justiça Militar Estadual, constituída, em primeiro grau, pelos juízes de direito e pelos Conselhos de Justiça e, em segundo grau, pelo próprio Tribunal de Justiça, ou por Tribunal de Justiça Militar nos estados em que o efetivo militar seja superior a vinte mil integrantes;

(B) A competência dos tribunais será definida na Constituição do Estado, sendo a lei de organização judiciária do Conselho Nacional de Justiça;

(C) Compete à Justiça Comum Estadual processar e julgar as ações judiciais contra atos disciplinares militares;

(D) Na forçosa instalação da justiça itinerante, pelo Tribunal de Justiça, não se faz possível a utilização de equipamentos públicos e comunitários.

A: Art. 125, § 3º, da CF; B: Não reflete o disposto no art. 125, § 1º, da CF; C: Não reflete o disposto no art. 125, §§ 4º e 5º, da CF. V, tb., art. 142, § 2º, da CF; D: Não reflete o disposto no art. 125, § 7º, da CF. Gabarito "A".

(Magistratura/SP – 2007) O Conselho Nacional de Justiça tem a função de realizar o controle da atuação administrativa e financeira do Poder Judiciário e do cumprimento dos deveres funcionais dos juízes e, para bem desempenhar sua missão constitucional, é-lhe permitido atuar como órgão administrativo hierarquicamente superior na função

(A) correcional e disciplinar, podendo analisar tanto a legalidade quanto o mérito de eventuais faltas funcionais.

(B) de controle da atuação administrativa, podendo desconstituir o ato discricionário praticado, com apreciação inclusive quanto ao mérito.

(C) de controle da atuação financeira, podendo desconstituir o ato discricionário praticado, com apreciação inclusive quanto ao mérito.

(D) de controle da atuação administrativa e financeira, podendo desconstituir o ato praticado, mas sem apreciação do mérito.

Art. 103-B, § 4º, II, III, V, e § 5º, II, da CF. Gabarito "A".

(Magistratura/TO – 2007 – CESPE) Cada uma das opções subseqüentes apresenta uma situação hipotética acerca do Poder Judiciário, seguida de uma assertiva a ser julgada. Assinale a opção que apresenta a assertiva correta.

(A) Pedro, servidor público federal, firmou contrato de aposentadoria complementar privada com o Banco do Brasil S.A. (BB). Nessa situação, caberá à justiça comum julgar os litígios entre Pedro e o BB, relativos ao citado contrato.

(B) Maria, depois de sofrer acidente do trabalho, ingressou com ação judicial de acidente do trabalho contra o INSS. Nessa situação, a competência para julgar a referida ação será da justiça comum estadual.

(C) João ocupava exclusivamente cargo em comissão no estado do Tocantins. Nessa situação, a justiça do trabalho será competente para dirimir os conflitos dessa relação jurídica.

(D) Determinada empresa foi autuada pela delegacia regional do trabalho, órgão subordinado ao Ministério do Trabalho e Emprego. Nessa situação, a competência judicial para apreciar o pedido de nulidade da referida multa administrativa será da justiça federal.

A: Sim, pois a relação é de direito privado; B: As ações propostas contra autarquias federais devem ser julgadas pela justiça federal (art. 109, I, a, da CF); C: A competência da Justiça do Trabalho se fixa pela natureza da relação (art. 114 da CF), não lhe cabendo julgar matéria administrativa; D: Não reflete o disposto no art. 114, VII, da CF. Gabarito "A".

(Ministério Público/BA – 2010) Analise a veracidade das seguintes frases:

I. O postulado da reserva de plenário, para ter validade, depende de previsão no regime interno do Tribunal.

II. Nenhum órgão fracionário de qualquer Tribunal dispõe de competência para declarar a inconstitucionalidade de leis ou atos emanados do Poder Público.

III. O postulado da reserva de plenário atua como pressuposto de validade e de eficácia jurídicas da declaração jurisdicional de inconstitucionalidade dos atos do Poder Público.

Assinale a(s) frase(s) correta(s):

(A) I.
(B) II.
(C) III.
(D) I e II.
(E) II e III.

I: Já encontra-se previsto no art. 97 da CF, devendo ser obrigatoriamente observado, como qualquer norma constitucional; II: O gabarito aponta como correta, com base no art. 97 da CF. Entretanto, deve-se registrar que, muito embora o art. 97 da CF determine a cisão de competência funcional, com a remessa (apenas) da questão constitucional para julgamento do pleno ou órgão especial do Tribunal, para que se manifeste sobre a inconstitucionalidade, na hipótese de a questão já ter sido apreciada pelo pleno ou órgão especial anteriormente, os órgãos fracionários podem, com base nessa decisão anterior do pleno ou órgão especial sobre idêntica matéria, declarar a inconstitucionalidade da lei ou ato normativo (v. art. 481, parágrafo único, do CPC); III: Sim, porque o art. 97 da CF (postulado da reserva de plenário) deve ser observado para que a declaração de inconstitucionalidade seja válida. Gabarito "E".

(Ministério Público/BA – 2010) Sobre o Supremo Tribunal Federal, é incorreto afirmar que:

(A) Compete processar e julgar, originariamente, o mandado de segurança contra atos do Tribunal de Contas da União.

(B) Compete julgar, em recurso ordinário, o mandado de segurança decidido em única instância pelos Tribunais Superiores, se denegatória a decisão.

(C) Compete processar e julgar, originariamente, os mandados de segurança contra ato de Ministro de Estado.

(D) Compete processar e julgar, originariamente, o mandado de segurança contra atos das Mesas da Câmara dos Deputados.

(E) Compete processar e julgar, originariamente, o mandado de segurança contra atos do Procurador- Geral da República.

A, D e E: Art. 102, I, "d", da CF; B: Art. 102, II, "a", da CF; C: Competência do STJ (art. 105, I, "b", da CF). Gabarito "C".

(Ministério Público/MG – 2010.1) Uma das preocupações do Membro do Ministério Público no controle dos gastos públicos é saber se o pagamento de precatórios pelo Estado e Municípios vem sendo cumprido corretamente, e quanto ao regime especial que rege a matéria é INCORRETO afirmar que:

(A) os pagamentos devidos pelas Fazendas Públicas Federal, Estaduais, Distrital e Municipais, em virtude de sentença judiciária, far-se-ão exclusivamente na ordem cronológica de apresentação dos precatórios e à conta dos créditos respectivos, proibida a designação de casos ou de pessoas nas dotações orçamentárias e nos créditos adicionais abertos para este fim.

(B) os débitos de natureza alimentícia cujos titulares tenham 60 (sessenta) anos de idade ou mais na data de expedição do precatório, ou sejam portadores de doença grave, definidos na forma da lei, serão pagos com preferência sobre todos os demais débitos, até o valor equivalente ao triplo do fixado em lei para os fins do disposto no § 3º deste artigo, admitido o fracionamento para essa finalidade, sendo que o restante será pago na ordem cronológica de apresentação do precatório.

(C) deixarão de obedecer à ordem cronológica de apresentação os pagamentos de obrigações definidas em lei como de pequeno valor que as Fazendas referidas devam fazer em virtude de sentença judicial transitada em julgado, poderão ser fixados, por leis próprias, valores distintos às entidades de direito público, segundo as diferentes capacidades econômicas, sendo o mínimo igual ao valor do maior benefício do regime geral de previdência social.

(D) é permitida a expedição de precatórios complementares ou suplementares de valor pago, bem como o fracionamento, repartição ou quebra do valor da execução para fins de enquadramento de parcela do total como obrigação de pequeno valor.

(E) as dotações orçamentárias e os créditos abertos serão consignados diretamente ao Poder Judiciário, cabendo ao Presidente do Tribunal que proferir a decisão exequenda determinar o pagamento integral e autorizar, a requerimento do credor e exclusivamente para os casos de preterimento de seu direito de precedência ou de não alocação orçamentária do valor necessário à satisfação do seu débito, o sequestro da quantia respectiva.

A: Art. 100 da CF e art. 86, § 1º, do ADCT; B: Art. 100, § 2º, da CF; C: Art. 100, §§ 3º e 4º, da CF; D: Hipóteses vedadas pelo art. 100, § 8º, da CF; E: Art. 100, § 6º, da CF. Gabarito "D".

(Ministério Público/MG – 2010.1) A súmula vinculante tem por objetivo a validade, a interpretação e a eficácia de normas determinadas frente aos ditames Constitucionais, acerca das quais haja controvérsia atual entre órgãos judiciários ou entre esses e a administração pública que acarrete grave insegurança jurídica e relevante multiplicação de processos sobre questão idêntica. O Supremo Tribunal Federal, por meio delas, superou diversas dessas controvérsias, podendo-se afirmar que

(A) a cobrança de taxa de matrícula nas Universidades Públicas viola o princípio da gratuidade do ensino público disposto no art. 206, IV, da Constituição Federal.

(B) a taxa cobrada exclusivamente em razão dos serviços públicos de coleta, remoção e tratamento ou destinação de lixo ou resíduos provenientes de imóveis ultrapassa a capacidade do ente público de instituir o referido tributo, ainda que em razão de efetiva ou potencial prestação de serviços públicos específicos, conforme disposto no artigo 145, II, da Constituição Federal.

(C) tipifica crime material contra a ordem tributária a omissão de informações, ou prestar declaração falsa às autoridades fazendárias, antes do lançamento definitivo do tributo.

(D) compete à Justiça Estadual julgar causas entre consumidor e concessionária de serviço público de telefonia, mesmo quando a ANATEL seja apenas assistente ou oponente.

(E) Todas estão incorretas.

A: Súmula Vinculante 12/STF: "A cobrança de taxa de matrícula nas universidades públicas viola o disposto no art. 206, IV, da Constituição Federal"; B: Súmula Vinculante 19/STF: "A taxa cobrada exclusivamente em razão dos serviços públicos de coleta, remoção e tratamento ou destinação de lixo ou resíduos provenientes de imóveis, não viola o artigo 145, II, da Constituição Federal"; C: Súmula Vinculante 24/STF: "Não se tipifica crime material contra a ordem tributária, previsto no art. 1º, incisos I a IV, da Lei nº 8.137/90, antes do lançamento definitivo do tributo"; D: Súmula Vinculante 27/STF: "Compete à Justiça estadual julgar causas entre consumidor e concessionária de serviço público de telefonia, quando a ANATEL não seja litisconsorte passiva necessária, assistente, nem opoente". Gabarito "A".

(Ministério Público/MA – 2009) Não é da competência do Supremo Tribunal Federal julgar:

(A) mandado de segurança contra ato do Procurador-Geral da República;

(B) os Ministros de Estado e o Presidente da República em infrações penais comuns;

(C) via recurso especial as causas decididas em única ou última instância nas hipóteses previstas constitucionalmente;

(D) via recurso extraordinário as causas decididas em única instância nas situações previstas no texto constitucional;

(E) via recurso extraordinário as causas decididas em última instância, nas situações estampadas no texto constitucional.

Cabe ao STJ processar e julgar recurso especial (art. 105, III, a a c, da CF). As competências do STF estão listadas no art. 102, I, II e III, da CF. Gabarito "C".

(Ministério Público/MA – 2009) No tocante à "súmula vinculante":

(A) podem editá-la o STF e STJ, mediante aprovação de dois terços de seus membros, e ao seu conteúdo estarão vinculados não só os órgãos do Poder Judiciário como também os da administração pública direta e indireta, nas esferas federal, estadual e municipal;

(B) pode editá-la apenas o STF, mediante aprovação de dois terços (2/3) de seus membros e ao seu conteúdo também estará vinculada a administração pública direta e indireta;

(C) pode editá-la apenas o STJ, mediante aprovação de dois terços de seus membros e ao seu conteúdo estarão vinculados apenas os órgãos do Poder Judiciário.

(D) podem editá-la o STF e o STJ, mediante aprovação da maioria absoluta de seus membros e ao seu conteúdo estarão vinculados os órgãos do Poder Judiciário;

(E) pode ser editada pelo STF, mediante aprovação da maioria absoluta de seus membros.

Art. 103-A da CF. Gabarito "B".

(Ministério Público/PB – 2010) É correto afirmar:

(A) Ao Supremo Tribunal Federal compete dirimir conflitos de competência entre juiz estadual e juiz do trabalho.
(B) Compete ao Tribunal de Justiça estadual dirimir conflitos de competência entre turma recursal de juizados especiais e câmara cível do Tribunal de Justiça, quando se tratar de órgãos do mesmo Estado.
(C) O julgamento do recurso ordinário em mandado de segurança decidido em instância originária pelo Tribunal Superior Eleitoral, salvo se tiver sido denegada a ordem, compete ao Supremo Tribunal Federal.
(D) Compete ao Superior Tribunal de Justiça dirimir conflitos de atribuições entre órgão de Ministério Público dos Estados e órgão do Ministério Público Federal.
(E) Compete à turma recursal de juizados especiais o julgamento de mandado de segurança contra ato judicial da própria turma recursal.

A: Competência do STJ (art. 105, I, "d", da CF); B: A questão generaliza o termo "turma recursal de juizados especiais". Se forem federais, a competência não será do TJ estadual; C: Não reflete o disposto no art. 102, I, "a", da CF; D: Não há, na Constituição da República, previsão expressa do tribunal competente para julgar conflito de atribuição entre ramos distintos do Ministério Público; E: Súmula 376/STJ: "Compete a turma recursal processar e julgar o mandado de segurança contra ato de juizado especial". Gabarito "E".

(Ministério Público/PR – 2008) Analise as seguintes assertivas e assinale a alternativa correta:

I. o Supremo Tribunal Federal poderá, de ofício ou por provocação, mediante decisão da maioria absoluta dos seus membros, após reiteradas decisões sobre matéria constitucional, aprovar súmula que, a partir de sua publicação na imprensa oficial, terá efeito vinculante em relação aos demais órgãos do Poder Judiciário;
II. compete ao Superior Tribunal de Justiça, processar e julgar, originariamente, a homologação de sentenças estrangeiras e a concessão de exequatur às cartas rogatórias;
III. funcionarão junto ao Superior Tribunal de Justiça a Escola Nacional de Formação e Aperfeiçoamento de Magistrados e o Conselho da Justiça Federal;
IV. o Supremo Tribunal Federal é composto por onze Ministros, escolhidos dentre cidadãos com mais de trinta e cinco e menos de sessenta anos de idade, de notável saber jurídico e reputação ilibada;
V. compete ao Superior Tribunal de Justiça, processar e julgar, originariamente, os conflitos de atribuições entre autoridades administrativas e judiciárias da União, ou entre autoridades judiciárias de um Estado e administrativas de outro ou do Distrito Federal, ou entre as deste e da União.

(A) apenas as assertivas I, IV e V estão corretas;
(B) apenas as assertivas I, II e IV estão corretas;
(C) apenas as assertivas I, II e V estão corretas;
(D) apenas as assertivas II, III e IV estão corretas;
(E) apenas as assertivas II, III e V estão corretas.

I: Não reflete o disposto no art. 103-A da CF; II: Art. 105, I, *i*, da CF; III: Art. 105, parágrafo único, I e II, da CF; IV: Não reflete o disposto no art. 101 da CF; V: Art. 105, I, *g*, da CF. Gabarito "E".

(Ministério Público/MG – 2007) Compete ao Supremo Tribunal Federal processar e julgar originariamente

(A) a ação direta de inconstitucionalidade de lei ou ato normativo federal ou municipal.
(B) a ação declaratória de constitucionalidade de lei ou ato normativo federal.
(C) a ação declaratória de constitucionalidade de lei ou ato normativo federal ou estadual.
(D) a ação direta de inconstitucionalidade de lei ou ato normativo federal, estadual ou municipal.
(E) a ação declaratória de constitucionalidade de lei federal, estadual ou municipal.

Art. 102, I, *a*, da CF. Gabarito "B".

(Ministério Público/MG – 2007) Ao Superior Tribunal de Justiça compete julgar em recurso ordinário os habeas corpus decididos em

(A) única instância pelos Tribunais de 2º grau.
(B) última instância pelos Tribunais federais.
(C) única ou última instância pelos Tribunais de 2º grau, federais e estaduais, quando denegatória a decisão.
(D) única ou última instância pelos Tribunais estaduais.
(E) única instância pelos Tribunais federais.

Art. 105, II, *a*, da CF. Gabarito "C".

(Ministério Público/BA – 2005) Assinale a resposta correta:

(A) Compete à Justiça Federal julgar os dissídios trabalhistas sempre que a União, suas autarquias e empresas públicas estiverem no pólo passivo da reclamação.
(B) Encerrada a eleição e diplomados os eleitos, esgota-se a competência da Justiça Eleitoral, devendo a Justiça Estadual julgar todo e qualquer questionamento jurídico contra a diplomação.
(C) Compete ao Tribunal de Justiça o julgamento de Desembargadores e Procuradores de Justiça na esfera criminal, com recurso ao STJ (Superior Tribunal de Justiça).
(D) A quinta parte do Tribunal Superior Eleitoral e dos Tribunais Regionais Eleitorais será constituída, alternadamente, por advogados e membros do Ministério Público Federal.
(E) É da competência da Justiça Estadual o julgamento das causas em que a sociedade de economia mista federal for interessada na condição de autora, ré, assistente ou opoente, exceto as sujeitas à Justiça Eleitoral e à Justiça do Trabalho.

A: Não reflete o disposto no art. 109, I, c/c o art. 114, I, ambos da CF; B: Não reflete o disposto no art. 14, § 10, da CF; C: Não reflete o disposto no art. 105, I, *a*, da CF; D: Não reflete o disposto nos arts. 119 e 120, § 1º, ambos da CF; E: Por ser pessoa jurídica de direito privado, além de não se incluir no rol do art. 109, I, da CF. Gabarito "E".

(Ministério Público/BA – 2005) Não compete ao STJ (Superior Tribunal de Justiça) julgar:

(A) Originariamente, os Governadores por crimes comuns.
(B) Originariamente, a reclamação para a preservação de sua competência e garantia da autoridade de suas decisões.
(C) Em recurso ordinário, os mandados de segurança decididos em única instância pelos Tribunais Regionais Federais ou pelos Tribunais dos Estados, do Distrito Federal e Territórios, quando denegatória a decisão.
(D) Originariamente, a ação em que todos os membros da Magistratura sejam direta ou indiretamente interessados, e aquela em que mais da metade dos membros do tribunal de origem estejam impedidos ou sejam direta ou indiretamente interessados.
(E) Em recurso ordinário, as causas em que forem partes Estado estrangeiro ou organismo internacional, de um lado, e, de outro, Município ou pessoa residente ou domiciliada no País.

A: Art. 105, I, *a*, da CF; B: Art. 105, I, *f*, da CF; C: Art. 105, II, *b*, da CF; D: Não reflete o disposto no art. 102, I, *n*, da CF; E: Art. 105, II, *c*, da CF. Gabarito "D".

(Procurador do Estado/RO – 2011 – FCC) A Emenda Constitucional nº 45 institucionalizou o Conselho Nacional de Justiça no âmbito federal. Determinado Estado-membro decide criar órgão semelhante na esfera estadual, por iniciativa do Poder Legislativo local. Quanto à legalidade da medida é correto afirmar:

(A) O Estado sempre pôde criar órgão de controle administrativo com membros externos ao Poder Judiciário Estadual com base na autonomia garantida aos membros da federação e no princípio da separação dos Poderes.
(B) O Estado não pode criar órgão administrativo de controle administrativo do Poder Judiciário do qual participem outros Poderes ou entidades, por ser inconstitucional diante do princípio da separação dos Poderes e do caráter orgânico unitário da magistratura.
(C) Após a edição da Emenda Constitucional nº 45, conhecida como Emenda da Reforma do Poder Judiciário, passou a ser possível a criação de órgão semelhante ao Conselho Nacional de Justiça, no âmbito de seu território.

(D) O ato só será válido após a criação do órgão estadual que deve ser feita por ato do próprio Conselho Nacional de Justiça e ratificada pelo Poder Judiciário local.

(E) O Estado poderá criar o órgão por ato exclusivo do Poder Judiciário local.

O CNJ é órgão nacional, não federal. Portanto, exerce suas competências tanto em relação à justiça federal quanto à justiça estadual. Daí contar com autoridades estaduais em sua composição (v. art. 103-B da CF). Gabarito "B".

(Procurador do Estado/RO – 2011 – FCC) Diante da inadimplência da maioria das unidades federadas, a Constituição Federal de 1988 acrescentou o artigo 33 do Ato das Disposições Transitórias que previu o pagamento do débito em até oito anos para os precatórios de natureza não alimentar, pendentes de pagamento na data de sua promulgação. A crise econômica do País, na Década de 80, levou ao aumento da dívida e à promulgação das Emendas Constitucionais nº 29/98 e nº 62/2009 para tentar equalizar a questão. Neste contexto, pode-se asseverar quanto aos precatórios:

(A) A Constituição Federal autoriza o parcelamento de todos os tipos de precatório, alimentar e não alimentar, por período a ser fixado livremente por cada ente estatal de acordo com sua capacidade financeira (Fazendas Públicas Federal, Estaduais, Distrital e Municipais).

(B) No momento da expedição dos precatórios não é permitida a compensação de valor correspondente aos débitos líquidos e certos, inscritos ou não, em dívida ativa e constitutivos contra o credor original pela Fazenda Pública devedora.

(C) A preferência de pagamento dos débitos de natureza alimentar segue a ordem de idosos, pessoas com mais de 60 (sessenta) anos na época do trânsito em julgado da ação principal e credores acometidos de doenças graves, nos termos fixados na legislação pertinente ao imposto de renda.

(D) Contas especiais são administradas pelo Tribunal de Justiça Estadual para pagamento de precatórios expedidos pelos Tribunais em geral, inclusive Tribunais Federais, Tribunais Regionais do Trabalho e demais Tribunais Estaduais.

(E) Foram canceladas automaticamente todas as cessões de crédito efetuadas antes da entrada em vigor da Emenda Constitucional nº 62/2009, não sendo mais admitida a negociação dos créditos.

A: Não reflete o disposto no art. 78 do ADCT. Sobre o tema, ver ADI 2362; B: Não reflete o disposto no art. 100, § 9º, da CF; C: Não reflete o disposto no art. 100, § 2º, da CF; D: V. art. 8º da Resolução CNJ 115/2010; E: Não reflete o disposto no art. 100, § 13, da CF. Gabarito "D".

(Procurador do Estado/SC – 2010 – FEPESE) Assinale a alternativa **correta**, de acordo com a Constituição Federal de 1988.

Compete ao Supremo Tribunal Federal:

1. processar e julgar, originariamente, as causas e os conflitos entre a União e os Estados, a União e o Distrito Federal, ou entre uns e outros, inclusive as respectivas entidades da administração indireta.
2. processar e julgar, originariamente, os conflitos de atribuições entre autoridades administrativas e judiciárias da União, ou entre autoridades judiciárias de um Estado e administrativas de outro ou do Distrito Federal, ou entre as deste e da União.
3. processar e julgar, originariamente, a homologação de sentenças estrangeiras e a concessão de exequatur às cartas rogatórias.
4. julgar, mediante recurso extraordinário, as causas decididas em única ou última instância, quando a decisão recorrida contrariar tratado ou lei federal, ou negar-lhes vigência.
5. julgar, mediante recurso extraordinário, as causas decididas em única ou última instância, quando a decisão recorrida julgar válido ato de governo local contestado em face de lei federal.

Assinale a alternativa que indica todas as afirmativas **corretas**.

(A) É correta apenas a afirmativa 1.
(B) São corretas apenas as afirmativas 1 e 4.
(C) São corretas apenas as afirmativas 4 e 5.
(D) São corretas apenas as afirmativas 1, 2 e 4.
(E) São corretas as afirmativas 1, 2, 3, 4 e 5.

1: Art. 102, I, "f", da CF; 2: Competência do STJ (art. 105, I, "g", da CF); 3: Competência do STJ (art. 105, I, "i", da CF); 4 e 5: Hipóteses de cabimento de Recurso Especial (art. 105, III, "a" e "b", da CF). Gabarito "A".

(Procurador do Estado/SC – 2009) Assinale a alternativa correta, com respeito ao modelo constitucional, federal e estadual brasileiro.

(A) Os tribunais de justiça dos Estados-membros deverão ter seu funcionamento centralizado, somente admitida a desconcentração de suas atividades administrativas.

(B) A instituição de representação por inconstitucionalidade de leis ou atos normativos estaduais em face da Constituição Estadual pode ter, como legitimado para agir, só um órgão.

(C) Lei de iniciativa do Governador do Estado instalará a justiça itinerante, com realização de audiências e demais funções jurisdicionais.

(D) A competência dos tribunais dos Estados membros será definida pela Constituição do Estado, sendo a lei de organização judiciária de iniciativa do Tribunal de Justiça.

(E) Os conflitos fundiários serão julgados por tribunais especiais, com competência exclusiva para questões agrárias, sendo criados por Tribunais Regionais Federais.

A: O art. 125, § 6º, da CF permite a descentralização; B: O art. 125, § 2º, da CF veda a atribuição de exclusividade para a propositura de ADIn estadual; C: Cabe ao Tribunal de Justiça instalá-la (art. 125, § 7º, da CF); D: Art. 125, § 1º, da CF; E: Para dirimir conflitos fundiários, o Tribunal de Justiça proporá a criação de varas especializadas, com competência exclusiva para questões agrárias (art. 126 da CF). Gabarito "D".

(Procurador do Estado/SP – FCC – 2009) No tocante à competência do Supremo Tribunal Federal para editar súmulas vinculantes, procede a afirmação de que

(A) podem ter por objetivo definir a eficácia, plena ou limitada, de normas da própria Constituição.

(B) o seu descumprimento por órgão do Poder Executivo pode ser corrigido mediante recurso administrativo ou reclamação, nesse último caso perante o Conselho Nacional de Justiça.

(C) se trata de modalidade de exercício da jurisdição constitucional.

(D) o entendimento nelas fixado impede o Poder Legislativo de editar leis em sentido contrário.

(E) podem ter por objetivo fixar a interpretação de ato legislativo recente, a partir de uma única decisão da Corte a respeito.

A: Art. 103-A, § 1º, da CF; B: Cabe reclamação para o STF (art. 103-A, § 3º, da CF); C: Não é exercício de jurisdição, mas pode-se dizer que tem por objetivo a redução de demandas; D: Não vincula o Poder Legislativo, apenas o Executivo e o Judiciário (art. 103-A, caput, da CF); E: Originam-se de reiteradas decisões judiciais no mesmo sentido (art. 103-A, caput, da CF). Gabarito "A".

(Procurador do Estado/SP – FCC – 2009) Os pagamentos devidos pela Fazenda Pública, em virtude de sentença judiciária,

(A) que não forem feitos até o final do exercício seguinte ao da apresentação do precatório, importam no sequestro da quantia necessária à satisfação do débito.

(B) devem ser feitos, necessariamente, por meio de precatórios, sendo vedada a criação de regime mais célere para as condenações de pequeno valor.

(C) podem ser feitos mediante a especificação na dotação orçamentária respectiva dos processos a que se referem.

(D) devem ser feitos mediante a expedição de precatórios, mesmo no caso das entidades privadas da Administração indireta.

(E) que não contem com respaldo orçamentário, mesmo tendo sido apresentados até 1º de julho do ano anterior, ensejam intervenção federal ou estadual por descumprimento de ordem judicial.

A: Só haverá sequestro da quantia necessária ao pagamento nos casos de preterimento do direito de precedência ou de não alocação orçamentária do valor necessário à satisfação do seu débito (art. 100, § 6º, da CF). Se a quantia não for paga até o final do exercício seguinte, o valor será corrigido monetariamente (art. 100, § 5º, da CF); B: Não reflete o disposto no art. 100, § 3º, da CF; C: Conduta vedada pelo art. 100, caput, da CF; D: O regime de precatórios não se aplica para essas entidades; E: Art. 34, VI, da CF. Gabarito "E".

(Procurador do Estado/SP – FCC – 2009) O Conselho Nacional de Justiça, após tomar conhecimento de demora na tramitação de processo administrativo em face de Juiz estadual, decide avocá-lo, ao mesmo tempo em que apresenta ao Congresso Nacional projeto de lei complementar alterando o Estatuto da Magistratura, de modo a evitar situações desse jaez. A atuação do Conselho, na espécie, revela-se

(A) inconstitucional em relação a ambas as medidas, podendo a avocação ser impugnada judicialmente por meio de mandado de segurança e o projeto de lei mediante reclamação ao Supremo Tribunal Federal.
(B) inconstitucional, em relação a ambas as medidas, as quais, entretanto, não podem ser questionadas judicialmente, por se tratar de órgão de cúpula do Poder Judiciário.
(C) legítima, pois ambas as medidas se circunscreveram a atribuições deferidas ao órgão pela Constituição Federal.
(D) inconstitucional, apenas no tocante à avocação de processo administrativo disciplinar, que pode ser impugnada judicialmente por meio de mandado de segurança.
(E) inconstitucional, no tocante à propositura enviada ao Congresso, a qual, entretanto, somente poderá ser impugnada judicialmente após eventual conversão em lei.

Pode avocar (art. 103-B, § 4º, III, da CF), mas não tem legitimidade para apresentar projeto de lei complementar alterando o Estatuto da Magistratura (art. 93, *caput*, da CF). A segunda medida, então, pode ser questionada perante o Poder Judiciário (art. 5º, XXXV, da CF) após a conversão em lei, pois, em regra, não há controle prévio de constitucionalidade pelo Poder Judiciário. Gabarito "E".

(Procurador do Estado/CE – 2008 – CESPE) Ainda acerca do direito constitucional, assinale a opção correta.

(A) Compete ao Superior Tribunal de Justiça (STJ) julgar as causas e os conflitos entre a União e os estados, a União e o DF, ou entre uns e outros, incluindo as respectivas entidades da administração indireta.
(B) Compete ao STF a homologação de sentenças estrangeiras e a concessão de *exequatur* às cartas rogatórias.
(C) Compete ao STF julgar as causas em que forem partes Estado estrangeiro ou organismo internacional de um lado e, do outro, município ou pessoa residente ou domiciliada no país.
(D) Compete ao STJ julgar o mandado de injunção, quando a elaboração da norma regulamentadora for atribuição de órgão, entidade ou autoridade federal, da administração direta ou indireta, excetuados os casos de competência do STF e dos órgãos da justiça militar, da justiça eleitoral, da justiça do trabalho e da justiça federal.
(E) Ao Conselho Nacional de Justiça, que funcionará junto ao STJ, cabe a supervisão administrativa e orçamentária da justiça federal de primeiro e segundo graus, como órgão central do sistema e com poderes correicionais, cujas decisões terão caráter vinculante.

A: Não reflete o disposto no art. 102, I, *f*, da CF; B: Não reflete o disposto no art. 105, I, *i*, da CF; C: Não reflete o disposto no art. 105, II, *c*, da CF; D: Art. 105, I, *h*, da CF; E: O Conselho Nacional de Justiça não funciona junto ao STJ. Gabarito "D".

(Procurador do Estado/CE – 2008 – CESPE) No referente ao Conselho Nacional de Justiça (CNJ), assinale a opção correta.

(A) O CNJ é órgão do Poder Judiciário com poder jurisdicional em todo o território nacional.
(B) As decisões do CNJ fazem coisa julgada formal e material.
(C) Ao CNJ cabe rever, em grau de recurso, as decisões jurisdicionais dos membros do Poder Judiciário.
(D) Os atos do CNJ estão sujeitos ao controle jurisdicional do STF.
(E) Nos crimes de responsabilidade, os membros do CNJ são julgados perante o STF.

A, B e C: O CNJ não possui poder jurisdicional, apesar de integrar a estrutura do Judiciário (arts. 92, I-A e 103-B, § 4º, ambos da CF); D: Art. 102, I, *r*, da CF; E: Não reflete o disposto no art. 52, II, da CF. Gabarito "D".

(Procurador do Estado/CE – 2008 – CESPE) Quanto às atribuições e competências do STF, assinale a opção correta.

(A) Compete ao STF julgar ação popular ajuizada contra o presidente da República.
(B) Na ADI, a causa de pedir pode ser desconsiderada ou suprida por outra, conforme jurisprudência do STF.
(C) Segundo a jurisprudência dominante, compete ao STF julgar habeas corpus impetrado contra decisão de relator que, em habeas corpus requerido a tribunal superior, denegue liminar.
(D) Segundo a jurisprudência dominante, compete ao STF julgar mandado de segurança contra ato de ministro de Estado no exercício de competência delegada pelo presidente da República.
(E) Segundo a jurisprudência dominante, compete ao STF julgar mandado de segurança impetrado contra ato do Tribunal Superior Eleitoral.

A: É competente para processar e julgar a ação o juiz que, de acordo com a organização judiciária de cada Estado, o for para as causas que interessem à União, ao Distrito Federal, ao Estado ou ao Município (art. 5º da Lei 4.717/1965); B: O STF entende que não se encontra vinculado à fundamentação jurídica do pedido da ADIn (causa de pedir aberta), por ser sua função precípua a guarda da Constituição; C: Não reflete o disposto na Súmula 691/STF; D: Não reflete o disposto na Súmula 510/STF art. 105, I, *b*, da CF; E: Não reflete o disposto no art. 102, I, *d*, da CF. Gabarito "B".

(Procurador do Estado/PB – 2008 – CESPE) Acerca da organização e competência do Poder Judiciário e das funções essenciais à justiça, assinale a opção correta.

(A) Ação popular proposta contra o presidente da República é de competência originária do STF.
(B) Mandado de segurança impetrado por empresa pública federal contra ato ilegal e abusivo praticado por secretário de um estado da Federação deve ser julgado pelo tribunal de justiça desse estado.
(C) Com o advento da EC n.º 45/2004, as ações de indenização por danos materiais ou morais do servidor público não celetista impetradas contra o respectivo ente federativo, mesmo diante do regime estatutário, devem ser julgadas pela justiça do trabalho.
(D) Compete à justiça federal julgar as causas entre Estado estrangeiro ou organismo internacional e município ou pessoa domiciliada ou residente no país.
(E) Considere-se que determinado estado da Federação tenha o nome inscrito no cadastro de inadimplentes diante do alegado descumprimento de cláusulas insertas em convênio firmado com a União. Nessa situação, eventual litígio existente entre a União e esse estado será de competência da justiça federal, visto que não há, na hipótese, conflito federativo a atrair a competência do STF.

A: É competente para processar e julgar a ação o juiz que, de acordo com a organização judiciária de cada Estado, o for para as causas que interessem à União, ao Distrito Federal, ao Estado ou ao Município (art. 5º da Lei 4.717/1965); B: Não reflete o disposto no art. 109, I, da CF; C: Não reflete o disposto no art. 114, VI, da CF; D: Art. 109, II, da CF; E: Não reflete o disposto no art. 102, I, *f*, da CF. Gabarito "D".

(Procurador do Estado/RR – 2006 – FCC) A homologação de sentenças estrangeiras e a concessão de exequatur às cartas rogatórias é competência originária do

(A) Superior Tribunal de Justiça.
(B) Supremo Tribunal Federal.
(C) Ministério das Relações Exteriores.
(D) Tribunal Regional Federal.
(E) Senado Federal.

Art. 105, I, *i*, da CF. Gabarito "A".

(Defensoria Pública/SP – 2010 – FCC) O Conselho Nacional de Justiça (CNJ) editou a Resolução nº 7 de 2005 vedando a prática de nepotismo no âmbito de todos os órgãos do Poder Judiciário. Considerando suas atribuições, o CNJ

(A) extrapolou sua competência, violando o princípio da legalidade, já que para regular tal matéria seria necessário a edição de lei específica ou de emenda à Constituição.
(B) invadiu competência estadual já que a matéria deveria ser tratada pelas unidades federadas que são as competentes para organizar seus serviços judiciários.
(C) exerceu competência, prevista na Constituição Federal (art. 103-B, § 4º, II), de fiscalizar a observância dos princípios constitucionais inerentes à Administração Pública, como o da moralidade e impessoalidade.

(D) não atentou para a liberdade de nomeação e exoneração dos cargos comissionados atingindo o direito adquirido dos ocupantes dos cargos, portanto a inconstitucionalidade da Resolução não é de forma.

(E) exerceu sua competência inclusive quanto aos cartórios notariais e de registro, fiscalizados pelo Poder Judiciário, aos quais a Resolução também se aplica.

V. ADC 12, Rel. Min. Carlos Britto: "AÇÃO DECLARATÓRIA DE CONSTITUCIONALIDADE, AJUIZADA EM PROL DA RESOLUÇÃO N° 07, de 18.10.05, DO CONSELHO NACIONAL DE JUSTIÇA. ATO NORMATIVO QUE 'DISCIPLINA O EXERCÍCIO DE CARGOS, EMPREGOS E FUNÇÕES POR PARENTES, CÔNJUGES E COMPANHEIROS DE MAGISTRADOS E DE SERVIDORES INVESTIDOS EM CARGOS DE DIREÇÃO E ASSESSORAMENTO, NO ÂMBITO DOS ÓRGÃOS DO PODER JUDICIÁRIO E DÁ OUTRAS PROVIDÊNCIAS'. PROCEDÊNCIA DO PEDIDO. 1. Os condicionamentos impostos pela Resolução nº 07/05, do CNJ, não atentam contra a liberdade de prover e desprover cargos em comissão e funções de confiança. As restrições constantes do ato resolutivo são, no rigor dos termos, as mesmas já impostas pela Constituição de 1988, dedutíveis dos republicanos princípios da impessoalidade, da eficiência, da igualdade e da moralidade. 2. Improcedência das alegações de desrespeito ao princípio da separação dos Poderes e ao princípio federativo. O CNJ não é órgão estranho ao Poder Judiciário (art. 92, CF) e não está a submeter esse Poder à autoridade de nenhum dos outros dois. O Poder Judiciário tem uma singular compostura de âmbito nacional, perfeitamente compatibilizada com o caráter estadualizado de uma parte dele. Ademais, o art. 125 da Lei Magna defere aos Estados a competência de organizar a sua própria Justiça, mas não é menos certo que esse mesmo art. 125, caput, junge essa organização aos princípios 'estabelecidos' por ela, Carta Maior, neles incluídos os constantes do art. 37, cabeça. 3. Ação julgada procedente para: a) emprestar interpretação conforme à Constituição para deduzir a função de chefia do substantivo 'direção' nos incisos II, III, IV, V do artigo 2° do ato normativo em foco; b) declarar a constitucionalidade da Resolução nº 07/2005, do Conselho Nacional de Justiça". Gabarito "C".

(Defensoria/MG – 2009 – FURMARC) São legitimados, também, a propor diretamente a edição, a revisão ou o cancelamento de enunciado de súmula vinculante, na forma do artigo 3°. da Lei N°. 11.417 de 19 de dezembro de 2006, EXCETO:

(A) O Presidente da República e o Governador de Estado ou do Distrito Federal.

(B) O Defensor Público Geral do Estado e o Procurador Geral do Município.

(C) O Conselho Federal da Ordem dos Advogados do Brasil e a confederação sindical ou entidade de classe de âmbito nacional.

(D) A Mesa do Senado Federal e a Mesa da Câmara dos Deputados.

(E) Os Tribunais Superiores, os Tribunais de Justiça de Estados ou do Distrito Federal.

Art. 3º da Lei 11.417/2006: "São legitimados a propor a edição, a revisão ou o cancelamento de enunciado de súmula vinculante: I - o Presidente da República; II - a Mesa do Senado Federal; III – a Mesa da Câmara dos Deputados; IV – o Procurador-Geral da República; V - o Conselho Federal da Ordem dos Advogados do Brasil; VI - o Defensor Público-Geral da União; VII – partido político com representação no Congresso Nacional; VIII – confederação sindical ou entidade de classe de âmbito nacional; IX – a Mesa da Assembleia Legislativa ou da Câmara Legislativa do Distrito Federal; X - o Governador de Estado ou do Distrito Federal; XI - os Tribunais Superiores, os Tribunais de Justiça de Estados ou do Distrito Federal e Territórios, os Tribunais Regionais Federais, os Tribunais Regionais do Trabalho, os Tribunais Regionais Eleitorais e os Tribunais Militares". Gabarito "B".

(Defensoria/MT – 2009 – FCC) Segundo a disciplina constitucional da chamada "súmula vinculante",

(A) cabe ao Supremo Tribunal Federal editá-la, ainda que este Tribunal tenha decidido apenas um processo relativo ao tema que por ela será abordado.

(B) a súmula não se aplica à administração pública municipal, a não ser quando editada pelo Tribunal de Justiça do Estado.

(C) sua edição está condicionada, dentre outros requisitos, à existência de risco de grave lesão à ordem pública.

(D) cabe apenas a interposição de recurso extraordinário contra a decisão judicial que contrariar o texto da súmula.

(E) sua aprovação pode ser provocada pelo Presidente da República.

A: O art. 103-A, caput, da CF confere a possibilidade de o STF editar súmulas vinculantes após reiteradas decisões sobre matéria constitucional; B: Vincula o Poder Judiciário e a administração pública direta e indireta, nas esferas federal, estadual e municipal (art. 103-A, caput, da CF); C: Não existe essa previsão no art. 103-A da CF; D: Cabe reclamação para o STF (art. 103-A, § 3º, da CF); E: De acordo com o art. 3º da Lei 11.417/2006, "São legitimados a propor a edição, a revisão ou o cancelamento de enunciado de súmula vinculante: I - o Presidente da República; II - a Mesa do Senado Federal; III – a Mesa da Câmara dos Deputados; IV – o Procurador-Geral da República; V - o Conselho Federal da Ordem dos Advogados do Brasil; VI - o Defensor Público-Geral da União; VII – partido político com representação no Congresso Nacional; VIII – confederação sindical ou entidade de classe de âmbito nacional; IX – a Mesa da Assembleia Legislativa ou da Câmara Legislativa do Distrito Federal; X - o Governador de Estado ou do Distrito Federal; XI - os Tribunais Superiores, os Tribunais de Justiça de Estados ou do Distrito Federal e Territórios, os Tribunais Regionais Federais, os Tribunais Regionais do Trabalho, os Tribunais Regionais Eleitorais e os Tribunais Militares". Gabarito "E".

(Defensoria/MT – 2009 – FCC) Excetuados os casos de pagamentos de precatórios mediante parcelamento, de acordo com a Constituição Federal cabe ao Presidente do Tribunal decretar o sequestro da quantia necessária ao pagamento de precatório apenas na hipótese de

(A) prévio provimento à representação interventiva contra o ente federativo inadimplente.

(B) a Fazenda Pública não efetuar seu pagamento no prazo constitucional, desde que a dívida tenha natureza alimentícia.

(C) a Fazenda Pública efetuar seu pagamento em valor a menor do que o devido.

(D) seu valor não ser incluído no orçamento da entidade devedora para pagamento no exercício seguinte.

(E) violação ao direito de precedência do titular do crédito, segundo a ordem cronológica de apresentação dos precatórios.

O art. 100, § 6º, da CF prevê o sequestro exclusivamente para os casos de preterimento do direito de precedência ou de não alocação orçamentária do valor necessário à satisfação do débito. Gabarito "E".

(Defensoria/MT – 2009 – FCC) Dentre as competências constitucionais do Conselho Nacional de Justiça,

(A) encontra-se a de expedir atos regulamentares, mas não recomendações, com o objetivo de zelar pela autonomia do Poder Judiciário e pelo cumprimento do Estatuto da Magistratura.

(B) encontra-se a de apreciar, apenas mediante provocação, a legalidade dos atos administrativos praticados por membros ou órgãos do Poder Judiciário, podendo desconstituí-los, revê-los ou fixar prazo para que adotem as providências necessárias ao cumprimento da lei.

(C) encontra-se a de rever, de ofício ou mediante provocação, os processos disciplinares de juízes e membros de tribunais julgados há menos de um ano.

(D) não se encontra a de avocar processos disciplinares em curso e determinar a remoção, a disponibilidade ou a aposentadoria com subsídios ou proventos proporcionais ao tempo de serviço contra membros do Poder Judiciário.

(E) não se encontra o controle da atuação financeira do Poder Judiciário, que deve ser exercida pelo Tribunal de Contas.

Art. 103-B, § 4º, I a VII, da CF. Gabarito "C".

(Defensoria/PA – 2009 – FCC) Compete ao Supremo Tribunal Federal processar e julgar originariamente

(A) a homologação de sentenças estrangeiras e a concessão de exequatur às cartas rogatórias.

(B) as causas e os conflitos entre a União e os Estados, a União e o Distrito Federal, ou entre uns e outros, inclusive as respectivas entidades da Administração Indireta.

(C) os conflitos de competência entre os Tribunais de Justiça dos Estados.

(D) os mandados de segurança contra Ministros de Estado.

(E) os conflitos de atribuições entre autoridades administrativas e judiciárias da União.

Art. 102, I, a a r, da CF. Gabarito "B".

(Defensoria/PA – 2009 – FCC) Cabe ao Supremo Tribunal Federal editar súmula com efeito vinculante

(A) cujo descumprimento pelo Poder Judiciário pode ser objeto de impugnação apenas por meio de reclamação ao Supremo Tribunal Federal.

(B) a respeito da validade, interpretação e eficácia de normas determinadas, cumpridos os demais requisitos constitucionais.

(C) após reiteradas decisões judiciais sobre matéria constitucional ou infraconstitucional que acarrete grave insegurança jurídica.
(D) em relação aos demais órgãos do Poder Judiciário e à Administração Pública federal e estadual, mas não à municipal.
(E) desde que aprovada pela maioria absoluta de seus membros.

A: Cabe reclamação ao STF (art. 103-A, § 3º, da CF), mas também o recurso judicial previsto na lei processual civil; B: Art. 103-A, § 1º, da CF; C: Reiteradas decisões em matéria constitucional (art. 103-A, *caput*, da CF); D: O efeito vinculante dirige-se ao Poder Judiciário e ao Executivo, em todos os níveis. Só não atinge o Legislativo; E: Maioria de dois terços dos membros do STF (art. 103-A, *caput*, da CF). Gabarito "B".

(Defensoria/MT – 2007) Qual destes órgãos prescinde, em sua composição, de membros do Ministério Público?
(A) Tribunal Superior do Trabalho
(B) Tribunal Superior Eleitoral
(C) Tribunal de Contas da União
(D) Superior Tribunal de Justiça
(E) Superior Tribunal Militar

A: Não reflete o disposto no art. 111-A, I, da CF; B: Art. 119, I e II, da CF; C: Não reflete o disposto no art. 73, § 2º, I, da CF; D: Não reflete o disposto no art. 104, parágrafo único, II, da CF; E: Não reflete o disposto no art. 123, parágrafo único, II, da CF. Gabarito "B".

(Defensoria/MT – 2007) É de competência originária do Superior Tribunal de Justiça processar e julgar:
I. As revisões criminais de seus julgados;
II. As ações rescisórias dos julgados dos Tribunais Regionais Federais;
III. Os habeas data contra atos das mesas da câmara dos Deputados e do Senado Federal;
IV. Os mandados de segurança contra atos dos Juízes Federais;
V. Os membros do Ministério Público da União que oficiem perante tribunais.

Estão corretos os itens:
(A) II, IV e V
(B) II e III
(C) I e II
(D) III, IV e V
(E) I e V

I: Art. 105, I, *e*, da CF; II: Não reflete o disposto no art. 108, I, *b*, da CF; III: Não reflete o disposto no art. 102, I, *d*, da CF; IV: Não reflete o disposto no art. 108, I, *c*, da CF; V: Art. 105, I, *a*. Gabarito "E".

(Defensoria/MT – 2007) Os Ministros de Estado, nos crimes de responsabilidade, serão julgados originariamente perante o
(A) Senado Federal.
(B) Superior Tribunal de Justiça.
(C) Congresso Nacional.
(D) Supremo Tribunal Federal.
(E) Tribunal Regional Federal.

Art. 102, I, *c*, da CF. Gabarito "D".

(Defensoria/SP – 2007 – FCC) Em relação ao Poder Judiciário, pode-se afirmar:
(A) A jurisdição é uma das faces do poder político, por isso, é legítimo que o Judiciário goze das autonomias administrativa e financeira, bem como a iniciativa de sua proposta orçamentária, garantias essas que foram estendidas às Defensorias Públicas através da Emenda Constitucional nº 45.
(B) Admite-se sua interferência no controle preventivo de constitucionalidade quando qualquer cidadão reclama a prestação jurisdicional durante o processo legislativo.
(C) A responsabilidade dos integrantes do Poder Judiciário tem como base constitucional a previsão por erro judiciário, mas em alguns casos podem ser também responsabilizados politicamente.
(D) No controle incidental a cláusula de reserva de plenário prevista no artigo 97 da Constituição Federal veda a possibilidade de o juiz monocrático declarar a inconstitucionalidade após a atuação do órgão especial.
(E) Para solução de conflitos fundiários a constituição prevê a competência exclusiva dos Tribunais de Justiça dos estados para a criação de varas especializadas para dirimir questões agrárias.

A: Não reflete o disposto no art. 134, § 2º, da CF; B: Não há previsão constitucional nesse sentido. O controle preventivo é feito, por exemplo, por intermédio do veto do Poder Executivo a projeto de lei que considere inconstitucional e pela rejeição de projeto de lei pela Comissão de Constituição e Justiça, por inconstitucionalidade. Excepcionalmente, pode também ser realizado pelo Judiciário (MS impetrado por congressista contra tramitação de proposta de emenda à Constituição que fira cláusulas pétreas); C: Art. 5º, LXXV, da CF e art. 133 do CPC. Respondem politicamente nos casos de crimes de responsabilidade; D: O art. 97 da CF destina-se aos tribunais. Os juízes monocráticos podem apreciar a (in)constitucionalidade das leis, como é próprio do controle difuso; E: Não reflete o disposto no art. 126 da CF, que não trata de competência exclusiva. Gabarito "C".

(Defensoria/RN – 2006) O Supremo Tribunal Federal
(A) compõe-se de onze Ministros, escolhidos com a garantia do quinto constitucional, que exercerão precipuamente a guarda da Constituição.
(B) exerce o controle de constitucionalidade abstrato e concreto, sendo que suas decisões somente possuem efeito erga omnes nas ações diretas de constitucionalidade.
(C) tem a atribuição de processar e julgar originariamente crimes políticos.
(D) tem a atribuição para escolher os membros do Conselho Nacional de Justiça, caso estes não sejam indicados no prazo legal.

A: Não reflete o disposto no art. 101 da CF; B: Não reflete o disposto no art. 102, § 2º, da CF, no art. 28, parágrafo único, da Lei 9.868/1999, e no art. 10, § 3º, da Lei 9.882/1999. Além disso, as decisões tomadas em controle difuso podem adquirir eficácia *erga omnes* de acordo com o previsto no art. 52, X, da CF; C: Não reflete o disposto no art. 102, I, da CF; D: Art. 103-B, § 3º, da CF. Gabarito "D".

(Defensoria/RN – 2006) A Constituição Federal dispõe sobre a competência dos Tribunais Estaduais estabelecendo que
(A) em crimes definidos em lei como militares, que tenham como objeto a vida e sejam praticados de forma dolosa, sendo a vítima civil, é garantida a competência do Tribunal do Júri e não da Justiça Militar.
(B) a competência dos tribunais será definida na Constituição do Estado, sendo a lei de organização judiciária de iniciativa do Presidente da Assembléia Estadual.
(C) a segunda instância da Justiça Militar estadual será o Tribunal de Justiça Militar nos Estados em que a população seja superior a vinte mil habitantes.
(D) a Justiça Militar de primeira entrância é constituída pelos Conselhos de Justiça, aos quais compete julgar os crimes militares cometidos contra civis e as ações judiciais contra atos disciplinares militares.

A: Art. 125, § 4º, da CF. B: Não reflete o disposto no art. 125, § 1º, da CF; C: Não reflete o disposto no art. 125, § 3º, da CF; D: Não reflete o disposto no art. 125, § 4º, da CF. V., tb., o art. 142, § 2º, da CF. Gabarito "A".

(Defensoria/RN – 2006) A homologação da sentença estrangeira e o exequatur às cartas rogatórias compete ao (a)
(A) Supremo Tribunal Federal e ao Superior Tribunal de Justiça respectivamente.
(B) primeira ao Superior Tribunal de Justiça, e o segundo aos juízes federais e estaduais, conforme o interesse envolvido no litígio.
(C) Superior Tribunal de Justiça.
(D) Supremo Tribunal Federal.

Art. 105, I, *i*, da CF. Gabarito "C".

(Cartório/AP – 2011 – VUNESP) Considerando, dentre outras razões, que os concursos públicos para outorga de delegação de serviços notariais e de registro não têm observado um padrão uniforme, sendo objeto de diversos procedimentos administrativos junto ao Conselho Nacional de Justiça (CNJ) e de medidas judiciais perante os órgãos judiciais de instância superior, o CNJ editou a Resolução nº 81, de 2009, que "dispõe sobre os concursos públicos de provas e títulos, para a outorga das Delegações de Notas e de Registro, e minuta de edital". O artigo 2º da citada Resolução prevê que "os concursos serão realizados semestralmente ou, por conveniência da Administração, em prazo inferior, caso estiverem vagas ao menos três delegações de qualquer natureza".

A esse respeito, pode-se afirmar que

(A) é compatível com a Constituição da República o exercício de competência pelo CNJ para instaurar procedimentos administrativos relativamente a serviços notariais e de registro, mas não para editar resolução em decorrência do quanto apurado nos procedimentos em questão.
(B) é incompatível com a Constituição da República a previsão do art. 2º da Resolução 81 relativa à periodicidade para realização de concursos, a despeito de o CNJ possuir competência para editar resolução a esse respeito.
(C) é compatível com a Constituição da República o exercício de competência pelo CNJ para editar resoluções, mas não para instaurar procedimentos administrativos relativamente a serviços notariais e de registro, nem para disciplinar a periodicidade de realização de concursos para outorga desses serviços.
(D) é compatível com a Constituição da República o teor do art. 2º da Resolução 81 relativa à periodicidade para realização de concursos, a despeito de o CNJ não possuir competência para editar resolução a esse respeito.
(E) são compatíveis com a Constituição da República o exercício de competência pelo CNJ para instaurar procedimentos administrativos relativamente a serviços notariais e de registro e para editar resolução em decorrência do quanto apurado nos procedimentos em questão, bem como a previsão do art. 2º da Resolução 81 referente à periodicidade para realização de concursos.

Exercício da competência estabelecida no art. 103-B, § 4º, da CF. Gabarito "E".

(Cartório/SP – 2008) A competência para o julgamento de mandado de segurança contra um ato de Ministro de Estado, ressalvada a da Justiça Eleitoral, é conferida ao

(A) Conselho Nacional de Justiça.
(B) Superior Tribunal de Justiça.
(C) Superior Tribunal Militar.
(D) Supremo Tribunal Federal.

Art. 105, I, b, da CF. Gabarito "B".

(Delegado/GO – 2009 – UEG) Com relação à competência judicial para processar e julgar autoridades estaduais, é CORRETO afirmar:

(A) o Tribunal de Justiça é competente para julgar os juízes estaduais e os membros do Ministério Público estadual, nos crimes comuns e de responsabilidade, ressalvada a competência da Justiça Eleitoral.
(B) o Supremo Tribunal Federal é competente para processar e julgar, originariamente, nas infrações penais comuns, o Governador do Estado.
(C) o Superior Tribunal de Justiça é competente para processar e julgar, originariamente, nos crimes comuns e de responsabilidade, o Governador do Estado, os Desembargadores, os Conselheiros dos Tribunais de Contas do Estado, o Presidente da Assembléia Legislativa e o Procurador-Geral de Justiça.
(D) o Superior Tribunal de Justiça é competente para processar e julgar, originariamente, os membros do Ministério Público do Estado que oficiem perante Tribunais.

A: Art. 96, III, da CF; B: Competência do STJ (art. 105, I, a, da CF); C e D: Nos crimes comuns, o STJ só julga Governadores de Estado e do Distrito Federal. Nos crimes de responsabilidade julga os desembargadores dos Tribunais de Justiça dos Estados e do Distrito Federal, os membros dos Tribunais de Contas dos Estados e do Distrito Federal, os dos Tribunais Regionais Federais, dos Tribunais Regionais Eleitorais e do Trabalho, os membros dos Conselhos ou Tribunais de Contas dos Municípios e os do Ministério Público da União que oficiem perante tribunais (art. 105, I, a, da CF). Gabarito "A".

(Delegado/PB – 2009 – CESPE) Assinale a opção correta acerca do Poder Judiciário.

(A) Compete ao STJ julgar litígio entre Estado estrangeiro ou organismo internacional e a União.
(B) O pedido de extradição solicitada por Estado estrangeiro será julgado pelo STJ.
(C) Ao STJ compete julgar as causas entre Estado estrangeiro ou organismo internacional e município ou pessoa domiciliada ou residente no país.
(D) O julgamento dos crimes contra a organização do trabalho são de competência da justiça do trabalho.
(E) Procurador de justiça do Distrito Federal e territórios, atuando em turma do Tribunal de Justiça do Distrito Federal e Territórios, terá os crimes por ele praticados julgados pelo STJ.

A: Competência originária do STF (art. 102, I, e, da CF); B: Competência originária do STF (art. 102, I, g, da CF); C: Competência dos juízes federais (art. 109, II, da CF); D: Competência dos juízes federais (art. 109, VI, da CF); E: Na qualidade de membro do Ministério Público da União (art. 128, I, d, da CF) que atua perante Tribunal, é julgado pelo STJ (art. 105, I, a, da CF). Gabarito "E".

(Delegado/PI – 2009 – UESPI) Segundo as normas estabelecidas na Constituição Federal, o órgão jurisdicional competente para apreciar conflito negativo de competência entre Juizado Especial Federal e Juízo Federal comum, ambos da Seção Judiciária do Estado do Piauí, é:

(A) a Turma Recursal dos Juizados Especiais Federais.
(B) o Tribunal Regional Federal da 1ª Região.
(C) o Superior Tribunal de Justiça.
(D) o Supremo Tribunal Federal.
(E) o Conselho Nacional de Justiça.

Súmula 428/STJ: "Compete ao Tribunal Regional Federal decidir os conflitos de competência entre juizado especial federal e juízo federal da mesma seção judiciária". Gabarito "B".

(Delegado/PI – 2009 – UESPI) Trata-se de hipótese em que, por prerrogativa constitucional de função a ser aplicada em futura e incerta ação penal, o inquérito será presidido por Ministro do Superior Tribunal de Justiça, em substituição ao Delegado de Polícia, para a apuração de indícios de delito, supostamente praticado por:

(A) Deputado Federal.
(B) Desembargador Federal.
(C) Senador.
(D) Procurador da República.
(E) Deputado Estadual.

O processamento e o julgamento da ação penal originária é de competência do STJ (art. 105, I, a, da CF). Gabarito "B".

(Delegado/SC – 2008) Compete ao Supremo Tribunal Federal, precipuamente, a guarda da Constituição. Ainda, nos termos da Constituição da República Federativa do Brasil, é competência do Supremo Tribunal Federal:

(A) processar e julgar originariamente a homologação de sentenças estrangeiras e a concessão de exequatur às cartas rogatórias.
(B) processar e julgar originariamente a ação direta de inconstitucionalidade de lei ou ato normativo federal e a ação declaratória de constitucionalidade de lei ou ato normativo federal ou estadual.
(C) processar e julgar originariamente os mandados de segurança e os "habeas data" contra ato de Ministro de Estado, dos Comandantes da Marinha, do Exército e da Aeronáutica ou do próprio Tribunal.
(D) processar e julgar originariamente o mandado de segurança e o "habeas-data" contra atos do Presidente da República, das Mesas da Câmara dos Deputados, do Senado Federal, do Tribunal de Contas da União, do Procurador- Geral da República e do próprio Supremo Tribunal Federal.

A: Não reflete o disposto no art. 105, I, i, da CF; B: Não reflete o disposto no art. 102, I, a, da CF; C: Não reflete o disposto no art. 105, I, b, da CF; D: Art. 102, I, d, da CF. Gabarito "D".

(Delegado/SC – 2008) Sobre a organização da Justiça pelos Estados é correto afirmar, exceto:

(A) Compete à Justiça Militar estadual processar e julgar os militares dos Estados nos crimes militares definidos em lei e as ações judiciais contra atos disciplinares militares, ressalvada a competência do júri quando a vítima for civil, cabendo ao tribunal competente decidir sobre a perda do posto e da patente dos oficiais e da graduação das praças.
(B) Cabe aos Estados a instituição de representação de inconstitucionalidade de leis ou atos normativos estaduais ou municipais em face da Constituição Estadual, vedada a atribuição da legitimação para agir a um único órgão.
(C) Lei complementar poderá criar mediante proposta do Tribunal de Justiça, a Justiça Militar estadual, constituída, em primeiro grau pelos juízes de direito e Conselhos de Justiça e, em segundo grau, pelo próprio TJ, ou por Tribunal de Justiça Militar nos Estados onde o efetivo militar seja superior a vinte mil integrantes.
(D) Compete aos juízes de direito do juízo militar processar e julgar, singularmente, os crimes militares cometidos contra civis e as ações judiciais contra atos disciplinares militares.

A: Art. 125, § 4º, da CF; B: Art. 125, § 2º, da CF; C: Não reflete o disposto no art. 125, § 3º, da CF; D: Art. 125, § 5º, da CF. Gabarito "C".

(Delegado/SP – 2008) Os juízes de direito podem ser removidos, além de colocados em disponibilidade, por interesse público, fundamentando-se tal decisão

(A) por voto da maioria relativa do respectivo tribunal ou do Conselho Nacional de Justiça.
(B) por voto da maioria absoluta do respectivo tribunal ou do Conselho Nacional de Justiça.
(C) por voto de maioria qualificada de 2/3 do respectivo tribunal ou do Conselho Nacional de Justiça.
(D) por voto de maioria qualificada de 3/4 do respectivo tribunal ou do Conselho Nacional de Justiça.
(E) por voto de maioria qualificada de 3/5 do respectivo tribunal ou do Conselho Nacional de Justiça.

Art. 93, VIII, da CF. Gabarito "B".

(Cartório/MS – 2009 – VUNESP) Conforme a Constituição, aos juízes federais compete processar e julgar os crimes

(A) contra a economia popular e o sistema financeiro.
(B) contra a organização do trabalho.
(C) praticados por estrangeiros.
(D) ecológicos e os praticados contra indígenas.
(E) praticados pelos membros dos Tribunais de Contas dos Municípios.

Art. 109, VI, da CF. Gabarito "B".

(Cartório/SP – VI – VUNESP) É integrante do Poder Judiciário o

(A) Tribunal de Contas.
(B) Juiz Militar.
(C) Juiz de Paz.
(D) Ministro da Justiça.

Art. 98, VI, da CF. Gabarito "B".

(Procurador do Município/Florianópolis-SC – 2010 – FEPESE) Compete ao Superior Tribunal de Justiça:

(A) Julgar, em recurso ordinário, o crime político.
(B) Processar e julgar, originariamente, nos crimes comuns, os Governadores dos Estados.
(C) Processar e julgar, originariamente, nas infrações penais comuns, o Procurador-Geral da República.
(D) Processar e julgar, originariamente, nos crimes de responsabilidade, os Ministros de Estado.
(E) Processar e julgar, originariamente, as causas e os conflitos entre a União e os Estados.

A: Competência do STF (art. 102, II, "b", da CF); B: Art. 105, I, "a", da CF; C: Competência do STF (art. 102, I, "b", da CF); D: Competência do STF (art. 102, I, "c", da CF); E: Competência do STF (art. 102, I, "f", da CF). Gabarito "B".

(Procurador do Município/Teresina-PI – 2010 – FCC) O Supremo Tribunal Federal poderá aprovar súmula com efeito vinculante, sendo correto afirmar:

(A) Acolhida pelo Supremo Tribunal Federal a reclamação fundada em violação ao enunciado da súmula vinculante, será dada ciência à autoridade prolatora, judicial ou administrativa que deverá cumpri-la no caso concreto, sob pena de responsabilização pessoal nas esferas cível, administrativa e penal.
(B) Configurada reiteradas decisões sobre determinada matéria constitucional, o Presidente do Tribunal, após ouvir o Procurador-Geral da República, poderá aprovar súmula com efeito vinculante.
(C) O pedido de cancelamento ou revisão dos enunciados de súmulas vinculantes poderá ser feito por qualquer cidadão, com o título de eleitor válido, através de reclamação ao Supremo Tribunal Federal.
(D) O Município poderá propor, em qualquer hipótese, a edição, revisão ou cancelamento de enunciado da súmula vinculante aprovada desde que demonstre a consequência da grave insegurança jurídica na esfera administrativa.
(E) O relator poderá admitir o *amicus curiae* no procedimento de edição, revisão ou cancelamento de enunciado da súmula vinculante, por decisão irrecorrível.

A: Não reflete o disposto no art. 103-A, § 3º, da CF; B: Não reflete o disposto no art. 103-A, caput, da CF; C e D: Não reflete o disposto no art. 103-A, § 2º, da CF e no art. 3º, I a XI, da Lei 11.417/2006. V., tb, art. 3º, § 3º, da Lei 11.417/2006; E: Art. 3º, § 2º, da Lei 11.417/2006. Gabarito "E".

(Procurador do Município/Teresina-PI – 2010 – FCC) Os pagamentos devidos pela Fazenda Pública Federal, Estadual ou Municipal em virtude de sentença judicial far-se-ão

(A) por tabela fixa válida para todos os entes da federação no caso de precatórios de pequenos valor.
(B) através de dotações orçamentárias e créditos abertos consignados pelo Poder Executivo, cabendo ao Presidente do Tribunal determinar o pagamento dos precatórios segundo as possibilidades do depósito.
(C) por precatórios de débitos de pequeno valor que devem compor a ordem cronológica das requisições judiciais de pagamento de créditos de natureza alimentícia.
(D) por ordem cronológica de apresentação do precatório e à conta dos créditos respectivos, com a designação do caso ou de pessoas nas dotações orçamentárias e nos créditos adicionais abertos para este fim.
(E) como requisições de débitos de natureza alimentícia no caso das indenizações com fundamento em morte ou invalidez, fundadas na responsabilidade civil.

A, B, C, D, E: Art. 100, caput e § 1º, da CF. Gabarito "E".

(Procurador do Município/Teresina-PI – 2010 – FCC) É correto afirmar, sobre os juizados especiais:

(A) Os juizados especiais devem ser providos exclusivamente por juízes togados, com poderes para conciliar, julgar e executar causas cíveis de menor complexidade e infrações penais de menor potencial ofensivo.
(B) Os recursos devem ser julgados por órgão colegiado criado exclusivamente para este fim perante os Tribunais estaduais ou federais, de acordo com as regras gerais de competência.
(C) Compete à União legislar exclusivamente sobre a criação, funcionamento e processo dos juizados especiais.
(D) Compete à União, no Distrito Federal e Territórios, e aos Estados legislar sobre a criação, funcionamento e procedimentos dos juizados especiais.
(E) O Poder Legislativo pode delegar ao Presidente da República o poder de organizar os juizados especiais.

A: Há também juízes leigos (art. 7º, caput e parágrafo único, da Lei 9.099/1995; B: O recurso será julgado por uma turma composta por três Juízes togados, em exercício no primeiro grau de jurisdição, reunidos na sede do Juizado (art. 41, § 1º, da Lei 9.099/1995); C e D: A competência é concorrente da União, Estados e DF (art. 24, X, da CF); E: Não pode ser objeto de delegação (art. 68, § 1º, I, da CF). Gabarito "D".

(Magistratura Federal-4ª Região – 2010) Dadas as assertivas abaixo, assinale a alternativa correta.

I. O juiz pode ser removido, aposentado, colocado em disponibilidade ou demitido por decisão da maioria absoluta do respectivo tribunal ou do Conselho Nacional de Justiça, assegurada ampla defesa.

II. Não pode ser promovido o juiz que, injustificadamente, retiver autos em seu poder além do prazo legal.

III. A promoção dos juízes por merecimento obedece, dentre outros, aos parâmetros objetivos de produtividade e presteza no exercício da jurisdição.

IV. O Conselho da Justiça Federal tem poderes correicionais, e suas decisões, caráter vinculante.

(A) Estão corretas apenas as assertivas I e II.
(B) Estão corretas apenas as assertivas I, II e III.
(C) Estão corretas apenas as assertivas I, II e IV.
(D) Estão corretas apenas as assertivas II, III e IV.
(E) Estão corretas todas as assertivas.

I: Errada. O art. 93, VIII, da CF não prevê hipótese de demissão e, para os demais casos (remoção, disponibilidade e aposentadoria), só por interesse público; II: Correta. Art. 93, II, "e", da CF; III: Correta. Art. 93, II, "c", da CF. Gabarito "D".

(Magistratura Federal/3ª Região – 2010) Sobre os precatórios, assinale a alternativa incorreta

(A) Os pagamentos devidos pelas Fazendas Públicas Federal, Estaduais, Distrital e Municipais, em virtude de sentença judiciária, far-se-ão exclusivamente na ordem cronológica de apresentação dos precatórios e à conta dos créditos respectivos, proibida a designação de casos ou de pessoas nas dotações orçamentárias e nos créditos adicionais abertos para esse fim;

(B) Os débitos de natureza alimentícia compreendem aqueles decorrentes de salários, vencimentos, proventos, pensões e suas complementações, benefícios previdenciários e indenizações por morte ou por invalidez, fundadas em responsabilidade civil, em virtude de sentença judicial transitada em julgado, e serão pagos com preferência sobre todos os demais débitos, sem qualquer exceção;

(C) Os débitos de natureza alimentícia, cujos titulares tenham 60 (sessenta) anos de idade ou mais na data de expedição do precatório, ou sejam portadores de doença grave, definidos na forma da lei, serão pagos com preferência todos os demais débitos, até o valor equivalente ao triplo do fixado em lei para os fins do disposto no §3º deste artigo, admitido o fracionamento para essa finalidade, sendo que o restante será pago na ordem cronológica de apresentação do precatório;

(D) É obrigatória a inclusão, no orçamento das entidades de direito público, de verba necessária ao pagamento dos seus débitos, oriundos de sentenças transitadas em julgado, constantes de precatórios judiciários apresentados até 1º de julho, fazendo-se o pagamento até o final do exercício seguinte, quando terão seus valores atualizados monetariamente.

A: Art. 100, caput, da CF; B: De acordo com o art. 100, § 1º, da CF, são pagos com preferência sobre os demais, exceto sobre aqueles cujo titulares têm sessenta anos ou mais; C: Art. 100, § 2º, da CF; D: Art. 100, § 5º, da CF. Gabarito "B".

(Magistratura Federal/5ª Região – 2009 – CESPE) No que se refere ao Poder Judiciário, assinale a opção correta.

(A) Suponha que um juiz federal substituto ocupe cargo de professor em uma universidade pública, na qual lecione a disciplina de direito penal, duas vezes por semana, no turno noturno, e que esse mesmo magistrado tenha sido convidado a ministrar aulas em um cursinho preparatório para a magistratura, uma vez por semana, também no turno noturno. Nessa situação hipotética, há violação à CF, visto que, conforme o entendimento do STF, juiz somente pode ocupar um único cargo de professor.

(B) Compete ao presidente do TRF da 5.ª Região encaminhar ao Congresso Nacional proposta orçamentária do tribunal que preside.

(C) Os débitos de natureza alimentícia, para fins de pagamento por precatório, compreendem os decorrentes de salários, vencimentos, proventos, pensões e suas complementações, benefícios previdenciários e indenizações, por morte ou invalidez, fundadas na responsabilidade civil, em virtude de sentença transitada em julgado.

(D) Suponha que um juiz do trabalho tenha determinado a prisão em flagrante de uma testemunha, pelo crime de falso testemunho, nos autos de uma reclamação trabalhista. Nessa situação hipotética, compete à justiça do trabalho, e não à justiça federal, julgar o referido crime.

(E) É prerrogativa do juiz ser preso apenas por ordem escrita do tribunal ou do órgão especial competente para o julgamento de crime que ele tenha cometido.

A: O STF deferiu cautelar na ADIn 3126, Rel. Min. Gilmar Mendes, sob o fundamento de que "o objetivo da restrição constitucional (art. 95, parágrafo único, I) é o de impedir o exercício da atividade de magistério que se revele incompatível com os afazeres da magistratura. Necessidade de se avaliar, no caso concreto, se a atividade de magistério inviabiliza o ofício judicante". Em suma, o Supremo afirmou que, não havendo incompatibilidade de horários, não há vedação constitucional para o exercício de mais de uma função de magistério; B: Não reflete o disposto no art. 99, §§ 1º e 2º, II, da CF; C: Art. 100, § 1º, da CF; D: Competência da justiça federal (art. 109, VI, da CF); E: O dispositivo da LOMAN que assim previa foi vetado. Gabarito "C".

(Magistratura Federal – 1ª Região – 2005) O Conselho Nacional de Justiça compõe-se:

(A) de quinze membros;
(B) de onze membros;
(C) de doze membros;
(D) nenhuma das opções anteriores.

Art. 103-B da CF. Gabarito "A".

(Magistratura Federal – 4ª Região – XIII – 2008) Dadas as assertivas abaixo, assinalar a alternativa correta.

I. Os princípios atinentes à carreira da magistratura, previstos explicitamente na Constituição da República, independem da promulgação do Estatuto da Magistratura, em face do caráter de plena e integral eficácia de que se revestem tais preceitos.

II. Não será promovido o juiz que, injustificadamente, retiver autos em seu poder além do prazo legal, não os podendo devolver ao cartório sem o devido despacho ou decisão.

III. A garantia de participação na quinta parte dos tribunais de membros externos à carreira da magistratura impõe que se observe a fração constitucional como mínimo e não máximo, sendo possível, quando o total de vagas de um tribunal não for divisível por cinco, que ele tenha mais de um quinto de membros oriundos da advocacia e do Ministério Público, mas nunca menos.

IV. Tribunais que tenham mais de vinte e cinco membros devem constituir órgão especial com no máximo quinze componentes escolhidos dentre os mais antigos na carreira.

(A) Estão corretas apenas as assertivas I e IV.
(B) Estão corretas apenas as assertivas II e III.
(C) Estão corretas apenas as assertivas I, II e III.
(D) Estão corretas todas as assertivas.

I: Os princípios do art. 93 da CF são normas de eficácia plena, aplicabilidade imediata e de observância obrigatória pelo Estatuto da Magistratura; II: Art. 93, II, e, da CF; III: STF, AO 493, 1ª Turma, Rel. Min. Octávio Galotti, DJU de 10/11/2000; IV: Não reflete o disposto no art. 93, XI, da CF. Gabarito "C".

(Magistratura Federal – 5ª Região – 2007 – CESPE) Julgue o item seguinte.

(1) As hipóteses definidoras da competência do STF resultam de disciplina constitucional, razão por que é defeso à atividade legislativa ordinária ampliá-las de forma a abarcar ações penais que envolvam ex-autoridades e ações de improbidade.

1: As competências listadas na Constituição são absolutas e não podem ser ampliadas por interpretação jurisprudencial ou por atividade legislativa. Gabarito 1C.

(Magistratura Federal – 5ª Região – 2007 – CESPE) Julgue o item seguinte.

(1) O STF sufragou entendimento segundo o qual lei ordinária pode equiparar certos cargos de natureza especial ao de ministro de Estado e, assim, garantir aos seus ocupantes a mesma prerrogativa de foro criminal prevista para este.

STF, ADI 3289, Rel. Min. Gilmar Mendes, Tribunal Pleno, j. 05/05/2005, DJ 03/02/2006. Gabarito 1C

(Magistratura Federal – 5ª Região – 2007 – CESPE) Julgue os itens subseqüentes, relativos ao controle interno ou externo da magistratura e do Ministério Público.

(1) Os mandados de segurança contra ato do Conselho Nacional do Ministério Público são processados e julgados no STJ.

(2) Dado que o Conselho Nacional de Justiça tem estatura constitucional e se destina ao controle administrativo, financeiro e disciplinar do Poder Judiciário, todos os seus membros e órgãos, incluindo-se o STF, a ele estão subordinados.

1: Não reflete o disposto no art. 102, I, *r*, da CF. 2: A partir da interpretação do art. 102, *caput* e I, *r*, e do art. 103-B, § 4º, ambos da CF, o STF entende que não se submete ao controle do CNJ (STF, ADI 3367, Rel. Min. Cezar Peluso, Tribunal Pleno, j. 13/04/2005, DJ 17/03/2006). Gabarito 1E, 2E

(Magistratura Federal – 5ª Região – 2007 – CESPE) Julgue os itens subseqüentes, relativos ao controle interno ou externo da magistratura e do Ministério Público.

(1) De acordo com o STF, não se compreende na autonomia dos estados-membros competência constitucional para instituir conselho destinado ao controle da atividade administrativa e financeira da respectiva justiça.

(2) A Emenda Constitucional n.º 45/2004 mitigou a garantia da vitaliciedade dos magistrados, uma vez que previu a possibilidade de perda do cargo de magistrado por decisão da maioria absoluta dos membros do Conselho Nacional de Justiça.

(3) O STF já decidiu que a competência do Conselho Nacional de Justiça não compreende o poder normativo para estabelecer, em caráter geral e abstrato, proibição de nepotismo, pois essa vedação não consta da Constituição Federal ou de leis, sendo impróprio ao órgão de controle suprir a vontade do legislador.

1: STF, ADI 3367, Rel. Min. Cezar Peluso, Tribunal Pleno, j. 13/04/2005, DJ 17/03/2006. 2: A EC 45/2004 não alterou o disposto no art. 95, I, da CF. 3: Não reflete o entendimento do STF na ADC 12-MC, Rel. Min. Carlos Britto, Tribunal Pleno, j. 16/02/2006, DJ 01/09/2006. V. Súmula Vinculante 13/STF. Gabarito 1C, 2E, 3E

(Magistratura Federal – 1ª Região – 2005) Marque a única opção correta após exame das proposições:

I. A Justiça Militar Estadual de primeira instância tem, como órgão de segunda instância, apenas o Tribunal de Justiça do respectivo Estado-membro.

II. Compete aos juízes federais processar e julgar as ações de indenização por dano moral ou patrimonial, decorrentes da relação de trabalho.

III. Compete aos juízes federais processar e julgar o litígio entre Estado estrangeiro ou organismo internacional e a União.

IV. Compete ao Supremo Tribunal Federal a homologação de sentença estrangeira e a concessão de exequatur às cartas rogatórias.

V. Os partidos políticos adquirem personalidade jurídica mediante registro dos seus estatutos no Tribunal Superior Eleitoral.

(A) Todas as proposições estão incorretas;
(B) apenas uma está correta;
(C) somente a III e a V estão corretas;
(D) apenas a I, a II e IV estão corretas.

I: Não reflete o disposto no art. 125, § 3º, da CF; II: Não reflete o disposto no art. 114, VI, da CF; III: Não reflete o disposto no art. 102, I, *e*, da CF; IV: Não reflete o disposto no art. 105, I, *i*, da CF; V: Não reflete o disposto no art. 17, § 2º, da CF. Gabarito "A"

(Magistratura Federal – 3ª Região – XIII) Sobre os precatórios judiciais, é correto afirmar-se que:

(A) não justifica a decretação da intervenção federal, considerado o princípio da proporcionalidade, a omissão do Estado-Membro em efetuar o respectivo pagamento, se comprovada a impossibilidade de ordem orçamentária e a inexistência de atuação dolosa ou deliberada no sentido de frustrar o cumprimento de decisões judiciais;
(B) não efetuado, apesar de incluído no orçamento, o pagamento voluntário dos precatórios judiciais, é sempre possível, como alternativa para garantir a eficácia da coisa julgada, o seqüestro de valores para a satisfação dos débitos judiciais;
(C) somente os precatórios relativos a dívidas alimentares podem ser objeto de seqüestro, desde que vencido o prazo para o respectivo pagamento;
(D) cabe a expedição de precatório para complementar o pagamento efetuado, sob a forma de requisição de pequeno valor, prevista no § 3º do artigo 100 da Constituição Federal.

A: STF, IF 2915, Rel. p/ acórdão Min. Gilmar Mendes, Tribunal Pleno, j. 03/02/2003; B e C: Não reflete o disposto no art. 100, § 2º, da CF; D: Não reflete o disposto no art. 100, §§ 3º e 4º, da CF. Gabarito "A"

(Procuradoria Federal – 2007 – CESPE) Julgue o próximo item.

(1) Os serviços sociais autônomos — como SENAC, SESI e SEBRAE —, ainda que mantidos por contribuições parafiscais e tendo natureza de pessoa jurídica de direito privado, desvinculadas da administração pública direta ou indireta, fixam a competência da justiça federal para a apreciação das causas em que essas entidades figurem como autoras ou rés.

1: Não reflete o disposto no art. 109 da CF. Gabarito 1E

(Procuradoria Federal – 2007 – CESPE) Julgue o próximo item.

(1) Em caso de processo de revisão de pensão por morte de beneficiário que recebia aposentadoria por invalidez, compete à justiça estadual, e não à federal, o julgamento da revisão do benefício que não tenha origem em acidente de trabalho.

A ação é proposta contra o INSS e, por isso, atrai o disposto no art. 109, I, da CF. Gabarito 1E

(Procuradoria Federal – 2007 – CESPE) Julgue o próximo item.

(1) Tendo os embargos de terceiro natureza de ação, a sua propositura, por parte da União, entidade autárquica ou empresa pública federal, determina a competência ratione personae, que detém caráter absoluto e inderrogável da justiça federal.

Art. 109, I, da CF. Gabarito 1C

(Procuradoria Federal – 2007 – CESPE) Julgue o próximo item.

(1) Compete à justiça federal processar e julgar prefeito municipal por desvio de verba sujeita a prestação de contas perante órgão federal.

Súmula 208/STJ. Gabarito 1C

(Procuradoria Federal – 2007 – CESPE) Julgue o próximo item.

(1) A CF disciplina diretamente as normas de remoção ou permuta de juízes dos TRFs.

Não reflete o disposto no art. 107, § 1º, da CF. Gabarito 1E

(Procuradoria Federal – 2007 – CESPE) Julgue o próximo item.

(1) Cada estado, bem como o DF, constitui uma seção judiciária que tem por sede a respectiva capital e varas localizadas segundo o estabelecido em lei.

Art. 110 da CF. Gabarito 1C

(Procuradoria Federal – 2007 – CESPE) Julgue o próximo item.

(1) Serão processadas e julgadas na justiça estadual, no foro do domicílio dos segurados ou beneficiários, as causas em que forem parte instituição de previdência social e segurado, sempre que a comarca não for sede de vara do juízo federal. Nessa hipótese, contudo, o recurso cabível será sempre dirigido ao tribunal de justiça do estado ao qual esteja vinculada a comarca.

Não reflete o disposto no art. 109, §§ 3º e 4º, da CF. Gabarito 1E

(Procuradoria Federal – 2007 – CESPE) Julgue o próximo item.

(1) Os TRFs poderão funcionar de forma descentralizada, constituindo câmaras regionais, a fim de assegurar o pleno acesso do jurisdicionado à justiça em todas as fases do processo.

Art. 107, § 3º, da CF. Gabarito 1C

(Procuradoria Federal – 2007 – CESPE) Julgue o item subseqüente.

(1) Os TRFs instalarão a justiça itinerante, com a realização de audiências e demais funções da atividade jurisdicional, nos limites territoriais da respectiva jurisdição, sendo-lhes ilícito, no entanto, em atenção ao princípio da moralidade, servir-se de equipamentos públicos e comunitários.

Não reflete o disposto no art. 107, § 2º, da CF. Gabarito 1E

(Procurador da Fazenda Nacional – 2007 – ESAF) Assinale a opção correta.

(A) A garantia da inamovibilidade dos Juízes não é absoluta, uma vez que é possível a remoção por interesse público, devendo a decisão ser tomada pelo voto da maioria absoluta do respectivo tribunal ou do Conselho Nacional de Justiça, assegurada a ampla defesa.
(B) O subsídio mensal dos membros do Judiciário, incluídas as vantagens pessoais ou de qualquer natureza, e ainda as parcelas de caráter indenizatório previstas em lei, não poderão exceder o subsídio mensal, em espécie, dos Ministros do Supremo Tribunal Federal.
(C) As decisões administrativas dos tribunais serão motivadas e em sessão pública, salvo as disciplinares, as quais, ainda, deverão ser tomadas pelo voto da maioria absoluta de seus membros.
(D) Cabe reclamação no Supremo Tribunal Federal em face de qualquer ato judicial que contrarie decisões proferidas em ações diretas de inconstitucionalidade, as quais possuem eficácia contra todos e efeito vinculante, em relação aos demais órgãos do Poder Judiciário e à Administração Pública direta e indireta, nas esferas federal, estadual e municipal.
(E) A reclamação cabível no Supremo Tribunal Federal, a fim de preservar a sua competência ou garantir a autoridade de suas decisões, tem natureza jurídica de medida processual de caráter excepcional, a ser manejada pelos mesmos legitimados para a propositura de ação direta de inconstitucionalidade.

A: Art. 95, II c/c art. 93, VIII, ambos da CF; B: Não reflete o disposto no art. 37, § 11, da CF; C: Não reflete o disposto no art. 93, X, da CF; D: Não cabe reclamação contra qualquer ato judicial. É incabível, e.g., contra decisões transitadas em julgado; E: A matéria não é pacífica, mas prevalece a tese de que a reclamação tem natureza jurídica de ação. V. STF, Rcl 5470/PA, Rel. Min. Gilmar Mendes. Gabarito "A".

(Procurador da Fazenda Nacional – 2007 – ESAF) Assinale a opção correta.

(A) No caso das súmulas vinculantes, a aprovação, revisão ou cancelamento dependem da provocação da maioria qualificada dos Ministros do Supremo Tribunal Federal, considerando para tanto decisão que seja tomada por 2/3 dos votos dos seus membros, figurando como requisito para sua edição a existência de reiteradas decisões do Supremo Tribunal Federal sobre matérias que constitucionalmente lhe são afetas.
(B) Compete à Justiça do Trabalho apreciar e julgar pedidos concernentes a perdas e danos morais e/ou materiais, deduzidos em face do (ex) empregador, decorrentes de acidente do trabalho.
(C) De acordo com a atual jurisprudência do Supremo Tribunal Federal, a ele compete originariamente julgar o habeas corpus contra decisão denegatória de turma recursal dos Juizados Especiais Criminais.
(D) No caso de mandado de segurança de competência originária de Tribunal Regional Federal, o recurso adequado contra o acórdão que o julgar será o recurso extraordinário ou o recurso especial, dependendo de o fundamento da decisão ter sido, respectivamente, constitucional ou infraconstitucional.
(E) Compete ao Supremo Tribunal Federal processar e julgar, originariamente, a homologação das sentenças estrangeiras e a concessão do exequatur às cartas rogatórias, que podem ser conferidas pelo regimento interno ao seu Presidente.

A: Não reflete o disposto no art. 103-A da CF; B: Art. 114, VI, da CF; C: Não reflete o entendimento do STF no RHC 87449, Rel. Min. Celso de Mello, Segunda Turma, j. 07/03/2006, DJe 02/08/2007; D: Embora essa seja a disposição da Súmula 690/STF, o Supremo decidiu em contrário no HC 85240/SP, rel. Min. Carlos Britto e no HC 86834/SP, Rel. Min. Marco Aurélio; E: Não reflete o disposto no art. 105, I, i, da CF. Gabarito "B".

(Defensoria Pública da União – 2010 – CESPE) Acerca do Poder Judiciário, julgue os próximos itens.

(1) Compete ao STF julgar ação civil pública proposta contra ato praticado pelo Conselho Nacional de Justiça.
(2) O credor pode ceder a terceiros, total ou parcialmente, seus créditos em precatórios, de qualquer valor e natureza, independentemente da concordância do devedor.
(3) A legislação em vigor não admite a concessão de medida cautelar em ação direta de inconstitucionalidade por omissão.

1: A ação civil pública tem início no primeiro grau de jurisdição; 2: Art. 100, § 13, da CF; 3: O art. 12-F da Lei 9.868/1999 expressamente prevê a medida cautelar em ADIn por omissão. Gabarito 1E, 2C, 3E

(Defensoria Pública da União – 2007 – CESPE) Julgue o item que se segue.

(1) O art. 95, inc. II, da CF prevê como garantia dos juízes a inamovibilidade, salvo por motivo de interesse público. Sendo assim, o Conselho Nacional de Justiça não tem competência para determinar remoção de magistrados como sanção administrativa.

Não reflete o disposto no art. 95, II, c/c o art. 93, VIII, ambos da CF. Gabarito 1E

(Defensoria Pública da União – 2007 – CESPE) Julgue o item que se segue.

(1) A competência recursal das causas julgadas pelos juízes federais será sempre do respectivo tribunal regional federal.

Nos Juizados Especiais Federais a competência recursal é da Turma Recursal. Gabarito 1E

(Defensoria Pública da União – 2007 – CESPE) Acerca do Poder Judiciário e da EC n.º 45/2004, julgue o item a seguir.

(1) A referida emenda acrescentou ao texto constitucional a competência do STF para julgar, mediante recurso extraordinário, a validade de ato de governo local contestado em face de lei federal.

Não reflete o disposto no art. 102, III, d, da CF. O STF não julga a validade do ato de governo local, mas aprecia a decisão judicial que julgou válido ato de governo local em face de lei federal. Gabarito 1E

(Defensoria Pública da União – 2007 – CESPE) Acerca do Poder Judiciário e da EC n.º 45/2004, julgue o item a seguir.

(1) Com a EC n.º 45/2004, a CF passou a exigir, como requisito para o conhecimento dos recursos especial e extraordinário, a demonstração da repercussão geral da questões impugnadas.

1: A repercussão geral deve ser demonstrada no recurso extraordinário (art. 102, § 3º, da CF), mas não há previsão idêntica para os recursos especiais. Gabarito 1E

(Delegado Federal – 2004 – CESPE) Considere que, por medida provisória, o presidente da República tenha criado o Ministério da Segurança Pública. Transcorrido o prazo de cento e vinte dias, contados da data de sua publicação, não foi votada a medida provisória, no Congresso Nacional, ocorrendo a sua rejeição tácita. Durante o período em que a medida provisória esteve em vigor, o ministro nomeado praticou diversos atos administrativos, de sua competência exclusiva, que, por seu conteúdo, caracterizaram crime de responsabilidade contra o livre exercício dos direitos individuais, tipificado no art. 7.º da Lei n.º 1.079, de 10/4/1950, e crimes de improbidade administrativa. Quanto à situação hipotética acima, julgue o item subseqüente.

(1) Durante a vigência da referida medida provisória, a competência para processar e julgar eventual ação contra o ministro da Segurança Pública, por crime de responsabilidade e crime de improbidade administrativa, seria do STF, depois de autorizada, pela Câmara dos Deputados, em ambos os casos, a instauração do processo, cessando essa competência no momento em que a medida provisória fosse rejeitada.

1: O STF não possui competência originária para julgar ministros por improbidade administrativa, que não tem natureza jurídica de crime, mas de ilícito civil, com início da ação na primeira instância. Gabarito 1E

(Analista Judiciário/STJ – 2008 – CESPE) Julgue o próximo item.

(1) Diante do princípio da continuidade da atividade jurisdicional, a EC n.º 45 vedou aos ministros do STJ o gozo de férias coletivas nos meses de janeiro e julho.

1: Não reflete o disposto no art. 93, XII, da CF. Gabarito 1E

(Analista Judiciário/STJ – 2008 – CESPE) Julgue o próximo item.

(1) Caso um juiz federal decline de sua competência, alegando que determinada matéria seria de competência da justiça estadual, mas o juiz estadual que receber esse processo entenda que a matéria seria de competência da justiça federal, caberá ao STJ julgar originariamente o conflito.

Art. 105, I, *d*, da CF. Em recente revisão de sua jurisprudência, o STJ aprovou a Súmula 428, que apresenta uma exceção a essa regra: "Compete ao Tribunal Regional Federal decidir os conflitos de competência entre juizado especial federal e juízo federal da mesma seção judiciária." Gabarito 1C

(MAGISTRATURA DO TRABALHO – 1ª REGIÃO – 2010 – CESPE) No que se refere ao Poder Judiciário, assinale a opção correta.

(A) A CF admite a instituição de órgão especial no âmbito dos tribunais com número superior a vinte e cinco julgadores e com o limite máximo e o mínimo de componentes fixados pelos respectivos regimentos internos.
(B) As decisões proferidas pelo Conselho Superior da Justiça do Trabalho, que funciona junto ao TST, não possuem efeito vinculante.
(C) De acordo com entendimento do STF, não compete à justiça do trabalho processar e julgar as ações de indenização por dano moral, com base em acidente de trabalho, ainda que propostas por empregado contra empregador.
(D) Compete ao STF o julgamento de conflitos de competência envolvendo tribunais superiores e juízes vinculados a outros tribunais.
(E) São taxativamente previstas na CF as atribuições do Conselho Nacional de Justiça, órgão responsável pelo controle da atuação administrativa e financeira do Poder Judiciário e do cumprimento dos deveres funcionais dos juízes.

A: Previsão de mínimo de 11 e máximo de 25 membros estabelecida pela própria CF (art. 93, XI); B: Suas decisões têm efeito vinculante (art. 111-A, § 2º, II, da CF); C: Súmula Vinculante 22/STF: "A Justiça do Trabalho é competente para processar e julgar as ações de indenização por danos morais e patrimoniais decorrentes de acidente de trabalho propostas por empregado contra empregador, inclusive aquelas que ainda não possuíam sentença de mérito em primeiro grau quando da promulgação da Emenda Constitucional nº 45/04"; D: Art. 105, I, *d*, da CF; E: O art. 103-B, § 4º, da CF é exemplificativo, outras atribuições podem ser estabelecidas pelo Estatuto da Magistratura. Gabarito "D".

(Magistratura do Trabalho – 3ª Região – 2009) Assinale a assertiva ("a" a "e") correta em relação aos enunciados de I a V, observada a Constituição da República:

I. A Constituição da República expressamente atribui competência ao Supremo Tribunal Federal, ao Superior Tribunal de Justiça e ao Tribunal Superior do Trabalho, para processar e julgar originariamente reclamação para a preservação de suas competências e garantia da autoridade de suas decisões.
II. Dentre outras hipóteses, compete ao Supremo Tribunal Federal julgar, mediante recurso extraordinário, as causas decididas em única ou última instância, quando a decisão recorrida julgar válida lei local contestada em face de lei federal.
III. As decisões definitivas de mérito, proferidas pelo Supremo Tribunal Federal, nas ações diretas de inconstitucionalidade e nas ações declaratórias de constitucionalidade produzirão eficácia contra todos e efeito vinculante, relativamente aos demais órgãos do Poder Judiciário e à administração pública direta e indireta nas esferas federal, estadual e municipal.
IV. Nos tribunais com número superior a trinta julgadores, poderá ser constituído órgão especial, com o mínimo de doze e no máximo trinta, para o exercício das atribuições administrativas e jurisdicionais delegadas da competência do tribunal pleno, provendo-se metade das vagas por antiguidade e a outra metade por eleição do tribunal pleno.
V. A atividade jurisdicional será ininterrupta, sendo vedado férias coletivas nos juízos e tribunais de segundo grau, e superiores, salvo o Supremo Tribunal Federal, funcionando, nos dias em que não houver expediente forense normal juízes em plantão permanente.

(A) somente um enunciado é verdadeiro
(B) somente dois enunciados são verdadeiros
(C) somente três enunciados são verdadeiros
(D) somente quatro enunciados são verdadeiros
(E) todos os enunciados são verdadeiros

I: O STF (art. 102, I, *l*, da CF) e o STJ (art. 105, I, *f*, da CF) têm competência para julgar reclamação. O TST não; II: Art. 102, III, *d*, da CF; III: Art. 102, § 2º, da CF; IV: O art. 93, XI, da CF possibilita a criação de órgão especial em tribunais com mais de 25 membros, com o mínimo de 11 e o máximo de 25 julgadores; V: As férias coletivas são vedadas para os tribunais de segundo grau, mas não para os superiores (art. 93, XII, da CF). Gabarito "B".

(Magistratura do Trabalho – 8ª Região – 2009) Em se tratando de competência jurisdicional, tal como definida pela Constituição Federal e legislação infraconstitucional pertinente, é correto afirmar que:

(A) Compete ao Supremo Tribunal Federal, precipuamente, a guarda da Constituição, cabendo-lhe julgar ação de controle concentrado de constitucionalidade quando houver violação da Constituição Federal por norma federal, estadual ou municipal.
(B) Serão processadas e julgadas na justiça estadual, no foro do domicílio dos segurados ou beneficiários, as causas em que forem parte instituição de previdência social e segurado, sempre que a comarca não seja sede de vara do juízo federal. Esta atividade jurisdicional da Justiça dos Estados é exceção ao mandamento constitucional e, como tal, deve ser interpretada restritivamente, revelando-se impossível a ampliação deste comando para causas de outra natureza.
(C) A enumeração da competência jurisdicional da Justiça do Trabalho, como enunciada no artigo 114, não é exaustiva, podendo ser ampliada pela legislação ordinária, desde que a matéria objeto da ampliação tenha pertinência com a existência de relação de emprego, ante a redação limitativa do inciso IX, que remete para a possibilidade de apreciar outras controvérsias decorrentes daquela relação.
(D) Compete ao Conselho Nacional de Justiça o controle da atuação administrativa, jurisdicional e financeira do Poder Judiciário e do cumprimento dos deveres funcionais dos juízes, cabendo-lhe, além de outras atribuições, zelar pela autonomia do Poder Judiciário e pelo cumprimento do Estatuto da Magistratura, podendo expedir atos regulamentares, no âmbito de sua competência, ou recomendar providências; zelar pela observância do art. 37 da CF e apreciar, de ofício ou mediante provocação, a legalidade dos atos administrativos praticados por membros ou órgãos do Poder Judiciário, podendo desconstituí-los, revê-los ou fixar prazo para que se adotem as providências necessárias ao exato cumprimento da lei, sem prejuízo da competência do Tribunal de Contas da União; receber e conhecer das reclamações contra membros ou órgãos do Poder Judiciário, inclusive contra seus serviços auxiliares, serventias e órgãos prestadores de serviços notariais e de registro que atuem por delegação do poder público ou oficializados, sem prejuízo da competência disciplinar e correicional dos tribunais, podendo avocar processos disciplinares em curso e determinar a remoção, a disponibilidade ou a aposentadoria com subsídios ou proventos proporcionais ao tempo de serviço e aplicar outras sanções administrativas, assegurada ampla defesa.
(E) As decisões definitivas de mérito, proferidas pelo Supremo Tribunal Federal, nas ações diretas de inconstitucionalidade, nos conflitos de competência e nas ações declaratórias de constitucionalidade produzirão eficácia contra todos e efeito

vinculante relativamente aos demais órgãos do Poder Judiciário e à administração pública direta e indireta, nas esferas federal, estadual e municipal, prescindindo da remessa ao Senado Federal para suspender a norma tida por inconstitucional, pois a própria decisão do Supremo Tribunal Federal possui esta capacidade.

A: Art. 102, I, *a* e § 1º, da CF (controle concentrado no STF). A ADPF, conforme previsão do art. 1º, parágrafo único, I, da Lei 9.882/1999, pode ser ajuizada para questionar lei municipal; B: O art. 109, § 3º, da CF afirma expressamente que a lei pode permitir que outras causas sejam também julgadas pela justiça estadual; C: O art. 114, IX, da CF é cláusula aberta, mas exige a pertinência da matéria com a relação de trabalho (não de emprego); D: O art. 103-B, § 4º, da CF não atribui competência jurisdicional ao CNJ (apenas administrativa e financeira); E: A ADIn e a ADC têm eficácia vinculante e *erga omnes* (art. 102, § 2º, da CF), mas os conflitos de competência não. Gabarito "A".

(Magistratura do Trabalho – 8ª Região – 2009) Nos termo do art. 103-A da Constituição Federal, o Supremo Tribunal Federal poderá, de ofício ou por provocação, mediante decisão de dois terços dos seus membros, após reiteradas decisões sobre matéria constitucional, aprovar súmula que, a partir de sua publicação na imprensa oficial, terá efeito vinculante em relação aos demais órgãos do Poder Judiciário e à administração pública direta e indireta, nas esferas federal, estadual e municipal, bem como proceder à sua revisão ou cancelamento. Considerando tal, assinale a alternativa incorreta pertinente à matéria tratada nas súmulas vinculantes atualmente em vigor:

(A) A nomeação de cônjuge, companheiro ou parente em linha reta, colateral ou por afinidade, até o terceiro grau, inclusive, da autoridade nomeante ou de servidor da mesma pessoa jurídica investido em cargo de direção, chefia ou assessoramento, para o exercício de cargo em comissão na administração pública direta e indireta em qualquer dos Poderes da União, dos Estados, do Distrito Federal e dos Municípios, compreendido o ajuste mediante designações recíprocas, viola a Constituição Federal.
(B) Só é lícito o uso de algemas em casos de resistência e de fundado receio de fuga ou de perigo à integridade física própria ou alheia, por parte do preso ou de terceiros, justificada a excepcionalidade por escrito, sob pena de responsabilidade disciplinar, civil e penal do agente ou da autoridade e de nulidade da prisão ou do ato processual a que se refere, independentemente da consideração da existência da hipótese de responsabilidade civil do Estado.
(C) A Administração pode anular seus próprios atos, quando eivados de vícios que os tornam ilegais, porque deles não se originam direitos; ou revogá-los, por motivo de conveniência ou oportunidade, respeitados os direitos adquiridos, e ressalvada, em todos os casos, a apreciação judicial.
(D) Viola a cláusula de reserva de plenário (CF, artigo 97) a decisão de órgão fracionário de tribunal que, embora não declare expressamente a inconstitucionalidade de lei ou ato normativo do poder público, afasta sua incidência, no todo ou em parte.
(E) Nos processos perante o Tribunal de Contas da União asseguram-se o contraditório e a ampla defesa quando da decisão puder resultar anulação ou revogação de ato administrativo que beneficie o interessado, excetuada a apreciação da legalidade do ato de concessão inicial de aposentadoria, reforma e pensão.

A: Súmula Vinculante 13/STF; B: Súmula Vinculante 11/STF: C: Teor da Súmula 473/STF, que não é vinculante, mas apenas persuasiva; D: Súmula Vinculante 10/STF; E: Súmula Vinculante 3/STF. Gabarito "C".

(Magistratura do Trabalho – 8ª Região – 2009) A Constituição Federal prevê a existência de Lei complementar, de iniciativa do Supremo Tribunal Federal, que disporá sobre o Estatuto da Magistratura, observados os seguintes princípios, exceto:

(A) Ingresso na carreira, cujo cargo inicial será o de juiz substituto, mediante concurso público de provas e títulos, com a participação da Ordem dos Advogados do Brasil em todas as fases, exigindo-se do bacharel em direito, no mínimo, três anos de atividade jurídica e obedecendo-se, nas nomeações, à ordem de classificação.
(B) A promoção por merecimento pressupõe dois anos de exercício na respectiva entrância e integrar o juiz a primeira quinta parte da lista de antiguidade desta, salvo se não houver com tais requisitos quem aceite o lugar vago. A aferição do merecimento será realizada conforme o desempenho e pelos critérios objetivos de produtividade e presteza no exercício da jurisdição e pela freqüência e aproveitamento em cursos oficiais ou reconhecidos de aperfeiçoamento. Na apuração de antiguidade, o tribunal somente poderá recusar o juiz mais antigo pelo voto fundamentado de dois terços de seus membros, conforme procedimento próprio, e assegurada ampla defesa, repetindo-se a votação até fixar-se a indicação. Constitui critério objetivo a impedir a promoção, independentemente da ocorrência de razões de produtividade, presteza ou até mesmo de antiguidade, a existência de retenção injustificada de autos em seu poder além do prazo legal.
(C) O magistrado vitalício possui direito a inamovibilidade, que apenas poderá ser excepcionado ao seu pedido, ou por ato de remoção por interesse público, fundado em decisão por voto da maioria absoluta do tribunal a que estiver vinculado.
(D) A permuta de magistrados de comarca de igual entrância atenderá, no que couber, as seguintes normas: a) a obrigatoriedade da promoção do juiz que figure por três vezes consecutivas ou cinco alternadas em lista de merecimento; b) a observância de dois anos de exercício na respectiva entrância e integrar o juiz a primeira quinta parte da lista de antiguidade desta, salvo se não houver com tais requisitos quem aceite o lugar vago; c) a aferição do merecimento conforme o desempenho e pelos critérios objetivos de produtividade e presteza no exercício da jurisdição e pela freqüência e aproveitamento em cursos oficiais ou reconhecidos de aperfeiçoamento.
(E) As decisões administrativas dos tribunais serão motivadas e em sessão pública, sendo as disciplinares, compreendidas estas também como as que autorizam a instauração de procedimento disciplinar, tomadas pelo voto da maioria absoluta de seus membros.

Art. 93, I a XV, da CF. Gabarito "C".

(Magistratura do Trabalho – 8ª Região – 2009) A respeito da organização do Poder Judiciário e das funções essenciais à Justiça, a Constituição Federal estabelece:

(A) Um quinto dos lugares nos Tribunais integrantes do Poder Judiciário será composto de membros do Ministério Público, com mais de dez anos de carreira, e de advogados de notório saber jurídico e de reputação ilibada, com mais de dez anos de efetiva atividade profissional, indicados em lista sêxtupla pelos órgãos de representação das respectivas classes. Recebidas as indicações, o tribunal formará lista tríplice, enviando-a ao Poder Executivo, que, nos vinte dias subseqüentes, escolherá um de seus integrantes para nomeação. Excepciona esta regra o Superior Tribunal de Justiça e o Superior Tribunal Militar que possuem proporcionalidade diferente em sua composição.
(B) Compete ao Superior Tribunal de Justiça processar e julgar, originariamente: nos crimes comuns, os Governadores dos Estados e do Distrito Federal, e, nestes e nos de responsabilidade, os desembargadores dos Tribunais de Justiça dos Estados e do Distrito Federal, os membros dos Tribunais de Contas dos Estados e do Distrito Federal, os dos Tribunais Regionais Federais, dos Tribunais Regionais Eleitorais e do Trabalho, os membros dos Conselhos ou Tribunais de Contas dos Municípios e os do Ministério Público que oficiem perante tribunais.
(C) O Tribunal Superior do Trabalho compor-se-á de vinte e sete Ministros, escolhidos dentre brasileiros com mais de trinta e cinco e menos de sessenta e cinco anos, nomeados pelo Presidente da República após aprovação pela maioria absoluta do Senado Federal. Funcionará junto ao Tribunal Superior do Trabalho o Conselho Superior da Justiça do Trabalho, cabendo-lhe exercer, na forma da lei, a supervisão administrativa, orçamentária, financeira e patrimonial da Justiça do Trabalho, como órgão central do sistema, cujas decisões terão efeito vinculante.

(D) São órgãos da Justiça Militar: a) o Superior Tribunal Militar; b) os Tribunais de segundo grau e Juízes Militares instituídos por lei, cabendo a este ramo do Poder Judiciário a competência para julgar os crimes militares, como definidos em lei. Não é possível confundir estes órgãos com a Justiça Militar organizada nos Estados Membros, que integra outro ramo do Poder Judiciário.

(E) O Ministério Público da União tem por chefe o Procurador-Geral da República, nomeado pelo Presidente da República dentre integrantes da carreira, maiores de trinta e cinco anos, após a aprovação de seu nome pela maioria absoluta dos membros do Senado Federal, para mandato de dois anos, permitida a recondução. Os Ministérios Públicos dos Estados e o do Distrito Federal e Territórios formarão lista tríplice dentre integrantes da carreira, na forma da lei respectiva, para escolha de seu Procurador-Geral, que será nomeado pelo Chefe do Poder Executivo, para mandato de dois anos, permitida uma recondução.

A: O STF não possui "quinto constitucional", seus cargos são de livre nomeação pelo Presidente da República. O TSE e o TRE tampouco possuem "quinto"; B: Não cabe ao STJ julgar membros dos Tribunais de Contas Municipais (aliás, a CF vedou a criação de cortes de contas municipais, muito embora tenha ressalvado os que já existiam à época de sua promulgação). V. art. 105, I, *a*, da CF; C: A primeira parte está correta (art. 111-A, *caput*, da CF). O Conselho Superior da Justiça do Trabalho não é órgão central, pois só supervisiona as Justiças do Trabalho de primeiro e de segundo graus. V. art. 111-A, § º, II, da CF; D: O art. 122, II, da CF não se refere a tribunais militares "de segundo grau", mas apenas a "tribunais"; E: Art. 128, §§ 1º e 3º, da CF. Gabarito "E".

(Magistratura do Trabalho – 9ª Região – 2009) Considere as seguintes proposições:

I. Ao declarar a inconstitucionalidade de lei ou ato normativo, e tendo em vista razões de segurança jurídica ou de excepcional interesse social, poderá o Supremo Tribunal Federal, por maioria de dois terços de seus membros, restringir os efeitos daquela declaração ou decidir que ela só tenha eficácia a partir de seu trânsito em julgado ou de outro momento que venha a ser fixado, o que é tratado na jurisprudência como modulação dos efeitos da decisão.

II. O Supremo Tribunal Federal emitiu súmula vinculante em controle direto de constitucionalidade que proíbe a utilização do salário mínimo como indexador de base de cálculo de vantagem de servidor público ou de empregado, que deve ser substituído por decisão judicial no caso concreto.

III. O Supremo Tribunal Federal suspendeu em ação declaratória de inconstitucionalidade toda e qualquer interpretação do inciso I do artigo 114 da CF (na redação da EC 45/2004) que inserisse, na competência da Justiça do Trabalho, a apreciação de causas instauradas entre o Poder Público e seus servidores, a ele vinculados por típica relação de ordem estatutária ou de caráter jurídico-administrativo.

IV. A orientação jurisprudencial do pleno do Tribunal Superior do Trabalho é no sentido de que se permite o sequestro de verbas públicas para satisfação de precatórios trabalhistas nas hipóteses de não inclusão da despesa no orçamento ou de não-pagamento do precatório até o final do exercício, quando incluído no orçamento.

V. A expedição de precatórios não se aplica aos pagamentos de obrigações definidas em lei como de pequeno valor que a Fazenda Federal, Estadual, Distrital ou Municipal deva fazer em virtude de sentença judicial transitada em julgado, sendo vedada a expedição de precatório complementar ou suplementar de valor pago, bem como fracionamento, repartição ou quebra do valor da execução do crédito trabalhista para que seu pagamento não se faça, em parte, através de precatório e, em parte, através de requisição de pagamento de obrigação de pequeno valor – OPV.

(A) somente uma proposição está correta
(B) somente duas proposições estão corretas
(C) somente três proposições estão corretas
(D) somente quatro proposições estão corretas
(E) todas as proposições estão corretas

I: Art. 27 da Lei 9.868/1999; II: Não reflete o teor da Súmula Vinculante 4/STF: "Salvo nos casos previstos na constituição, o salário-mínimo não pode ser usado como indexador de base de cálculo de vantagem de servidor público ou de empregado, nem ser substituído por decisão judicial."; III: Entendimento firmado pelo STF ao ratificar a liminar concedida na ADIn 3365; IV: Não reflete o teor da OJ 3: "O sequestro de verbas públicas para satisfação de precatórios trabalhistas só é admitido na hipótese de preterição do direito de precedência do credor, a ela não se equiparando as situações de não inclusão da despesa no orçamento ou de não pagamento do precatório até o final do exercício, quando incluído no orçamento"; V: Art. 100, §§ 3º e 8º, da CF. Gabarito "C".

(Magistratura do Trabalho – 9ª Região – 2009) Analise as proposições a seguir:

I. Compete ao Supremo Tribunal Federal, precipuamente, a guarda da Constituição, cabendo-lhe a homologação das sentenças estrangeiras e a concessão do "exequatur" às cartas rogatórias, atribuições essas que podem ser conferidas pelo regimento interno a seu Presidente.

II. O Conselho Nacional de Justiça é órgão do Poder Judiciário, composto por quinze membros com mais de trinta e cinco e menos de sessenta e seis anos de idade, com mandato de dois anos.

III. Incumbe ao Conselho Superior da Justiça do Trabalho exercer, na forma da lei, a supervisão administrativa, orçamentária, financeira e patrimonial da Justiça do Trabalho de primeiro e segundo graus, como órgão central do sistema, cujas decisões terão efeito vinculante.

IV. Os Tribunais Regionais do Trabalho podem funcionar descentralizadamente, constituindo Câmaras regionais.

V. Compete aos Tribunais Regionais Federais processar e julgar, originariamente, os juízes federais da área de sua jurisdição, excluídos os da Justiça do Trabalho, nos crimes comuns e de responsabilidade, ressalvada a competência da Justiça Eleitoral.

(A) somente as proposições II, III e IV são corretas
(B) somente as proposições II, IV e V são corretas
(C) somente as proposições I, II e IV são corretas
(D) somente as proposições I, III e IV são corretas
(E) todas as proposições são corretas

I: Essa competência foi transferida para o STJ pela EC 45/2004 (art. 105, I, *i*, da CF); II: É órgão do Poder Judiciário (art. 92, I-A da CF), mas pela redação atual do art. 103-B, *caput*, da CF, não existem limites mínimo e máximo de idade. Assim, quando da aplicação da prova a questão estava correta, hoje não mais; III: Art. 111-A, § 2º, II, da CF; IV: Art. 115, § 2º, da CF; V: O art. 108, I, *a*, da CF inclui os magistrados trabalhistas e os da justiça militar. Gabarito sem resposta

(Magistratura do Trabalho – 23ª Região – 2009) Considerando a disciplina constitucional, aliada à interpretação conferida ao tema pelo Supremo Tribunal Federal, sobre execução contra a Fazenda Pública, analise as assertivas abaixo, e após marque a alternativa CORRETA:

I. Os débitos de natureza alimentar, que não se enquadrem no conceito jurídico de "pequeno valor", não dispensam a expedição de precatório, uma vez que a exceção traçada na Constituição limita-se a isentá-los da observância da ordem cronológica dos precatórios decorrentes de condenações de outra natureza.

II. Nos termos da Emenda Constitucional nº 37 de 2002, não mais subsiste a figura do precatório complementar, ainda que fundado em substituição, por força de lei, de índice de correção aplicável, ou em erro material.

III. É constitucional Resolução Administrativa de Tribunal Regional do Trabalho que preveja a aplicação do procedimento inserido na Lei dos Juizados Especiais Federais (Lei nº 10.259/2001), conferindo ao Presidente da Corte a competência para proceder à requisição de pequeno valor em desfavor da União, para satisfação em 60 dias, com posterior seqüestro da quantia em caso de descumprimento da ordem.

(A) Apenas o item I é verdadeiro.
(B) Apenas o item II é verdadeiro.
(C) Apenas o item III é verdadeiro.
(D) Todos os itens são verdadeiros.
(E) Todos os itens são falsos.

I: Art. 100, § 1º, da CF; II: A CF não veda, em geral, a expedição de precatório complementar. Veda o fracionamento do precatório com o objetivo de enquadrá-lo no conceito de obrigação de pequeno valor, burlando o regime constitucional (art. 100, § 8º, da CF); III: A CF não previu a criação de Juizados Especiais no âmbito da Justiça do Trabalho, apenas para a Justiça Federal (art. 98, I, § 1º). Além disso, o art. 100, § 6º, da CF só autoriza o seqüestro exclusivamente para os casos de preterimento do direito de precedência ou de não alocação orçamentária do valor necessário à satisfação do débito. Gabarito "A".

(Magistratura do Trabalho – 24ª Região – 2007) De acordo com a Constituição Federal, ocorrerá a promoção de Juízes de entrância para entrância, alternadamente, por antigüidade e merecimento, atendidas as seguintes normas:

I. A promoção por merecimento pressupõe dois anos de exercício na respectiva entrância e integrar o Juiz a primeira quinta parte da lista de antigüidade desta, salvo se não houver com tais requisitos quem aceite o lugar vago.
II. Aferição do merecimento conforme o desempenho e pelos critérios objetivos de produtividade e presteza no exercício da jurisdição e pela freqüência e aproveitamento em cursos oficiais ou reconhecidos de aperfeiçoamento.
III. Na apuração de antigüidade, o tribunal somente poderá recusar o Juiz mais antigo pelo voto fundamentado de dois terços de seus membros, conforme procedimento próprio, e assegurada ampla defesa, repetindo-se a votação até fixar-se a indicação.
IV. Não será promovido o Juiz que, injustificadamente, retiver autos em seu poder além do prazo legal, não podendo devolvê-los ao cartório sem o devido despacho ou decisão.

RESPONDA:

(A) Apenas as proposições I e II estão corretas.
(B) Apenas as proposições III e IV estão corretas.
(C) Apenas as proposições I e IV estão corretas.
(D) Apenas as proposições II e III estão corretas.
(E) Todas as proposições estão corretas.

I: Art. 93, II, b, da CF. II: Art. 93, II, c, da CF. III: Art. 93, II, d, da CF. IV: Art. 93, II, e, da CF. Gabarito "E".

(Magistratura do Trabalho – 24ª Região – 2007) Assinale a alternativa INCORRETA:

(A) Compete ao Supremo Tribunal Federal, precipuamente, a guarda da Constituição, cabendo-lhe processar e julgar, originariamente, as causas e os conflitos entre a União e os Estados, a União e o Distrito Federal, ou entre uns e outros, inclusive as respectivas entidades da administração indireta.
(B) Pode propor a ação direta de inconstitucionalidade e a ação declaratória de constitucionalidade a Seccional da Ordem dos Advogados do Brasil.
(C) O Conselho Nacional de Justiça compõe-se de quinze membros com mais de trinta e cinco e menos de sessenta e seis anos de idade, com mandato de dois anos, admitida uma recondução.
(D) Compete ao Superior Tribunal de Justiça processar e julgar, originariamente, os mandados de segurança e os habeas data contra ato de Ministro de Estado, dos Comandantes da Marinha, do Exército e da Aeronáutica ou do próprio Tribunal.
(E) O Supremo Tribunal Federal compõe-se de onze Ministros, escolhidos dentre cidadãos com mais de trinta e cinco e menos de sessenta e cinco anos de idade, de notável saber jurídico e reputação ilibada.

A: Art. 102, I, f, da CF; B: Não reflete o disposto no art. 103, VII, da CF; C: Também está errada, de acordo com a nova redação do art. 103-B da CF; D: Art. 105, I, b, da CF; E: Art. 101 da CF. Gabarito "B e C".

(Magistratura do Trabalho – 24ª Região – 2007) Dispõe o artigo 103-A da Constituição Federal que "O Supremo Tribunal Federal poderá, de ofício ou por provocação, mediante decisão de dois terços dos seus membros, após reiteradas decisões sobre matéria constitucional, aprovar súmula que, a partir de sua publicação na imprensa oficial, terá efeito vinculante em relação aos demais órgãos do Poder Judiciário e à administração pública direta e indireta, nas esferas federal, estadual e municipal, bem como proceder à sua revisão ou cancelamento, na forma estabelecida em lei". Consoante a Constituição Federal e sem prejuízo do que vier a ser estabelecido em lei, tem legitimidade para provocar a aprovação, revisão ou cancelamento de súmula:

I. O Presidente da República.
II. O Conselho Federal da Ordem dos Advogados do Brasil.
III. Confederação sindical ou entidade de classe de âmbito nacional.
IV. O Procurador-Geral da República.
V. Qualquer cidadão.
VI. Apenas os Ministros do Supremo Tribunal Federal.

Considerando as assertivas acima, RESPONDA:

(A) Todas as assertivas estão incorretas.
(B) Apenas as assertivas V e VI estão incorretas.
(C) Apenas as assertivas I e V estão incorretas.
(D) Apenas a assertiva VI está correta.
(E) Apenas a assertiva VI está incorreta.

Art. 3º da Lei 11.417/2006. Gabarito "B".

(Magistratura do Trabalho – 24ª Região – 2007) Considere as proposições abaixo:

I. É da competência exclusiva do Congresso Nacional resolver definitivamente sobre tratados, acordos ou atos internacionais que acarretem encargos ou compromissos gravosos ao patrimônio nacional.
II. Compete ao Supremo Tribunal Federal julgar, mediante recurso extraordinário, as causas decididas em única ou última instância, quando a decisão recorrida declarar a inconstitucionalidade de tratado ou lei federal.
III. Compete ao Superior Tribunal de Justiça julgar, em recurso especial, as causas decididas, em única ou última instância, pelos Tribunais Regionais Federais ou pelos tribunais dos Estados, do Distrito Federal e Territórios, quando a decisão recorrida contrariar tratado ou lei federal, ou negar-lhes vigência.
IV. Compete aos Juízes Federais processar e julgar as causas relativas a direitos humanos que forem deslocadas para a competência da Justiça Federal em decorrência de incidente suscitado pelo Procurador-Geral da República perante o Superior Tribunal de Justiça.
V. Os tratados e convenções internacionais sobre direitos humanos que forem aprovados, em cada Casa do Congresso Nacional, em dois turnos, por três quintos dos votos dos respectivos membros, serão equivalentes às emendas constitucionais.

RESPONDA:

(A) Todas as proposições estão incorretas.
(B) Apenas as proposições III e IV estão incorretas.
(C) Apenas a proposição IV está incorreta.
(D) Todas as proposições estão corretas.
(E) Apenas a proposição V está correta.

I: Art. 49, I, da CF; II: Art. 102, III, b, da CF; III: Art. 105, III, a, da CF; IV: Art. 109, V e § 5º, da CF; V: Art. 5º, § 3º, da CF. Gabarito "D".

(Magistratura do Trabalho – 8ª Região – 2007) A respeito da Emenda Constitucional nº 45/2004, é correto afirmar:

(A) Importante alteração foi a elevação do quorum para a deliberação de natureza disciplinar, restando consagrado que as decisões administrativas dos tribunais devem ser motivadas e deliberadas em sessão pública, sendo que as disciplinares estão sujeitas à aprovação de três quintos dos membros do respectivo Tribunal.

(B) Foi introduzida a figura da "quarentena", proibindo o magistrado de exercer a advocacia no juízo ou tribunal do qual se afastou, antes de decorridos dois anos do afastamento do cargo por aposentadoria ou exoneração.
(C) Na apuração de antigüidade, para fim de promoção, o Tribunal somente poderá recusar o juiz mais antigo pelo voto fundamentado de dois terços de seus membros, conforme procedimento próprio, assegurada ampla defesa. Igual quorum deve ser observado para edição de ato de remoção, disponibilidade e aposentadoria do magistrado, por interesse público, também assegurada ampla defesa.
(D) É da competência do Conselho Nacional de Justiça receber e conhecer das reclamações contra membros ou órgãos do Poder Judiciário, inclusive contra seus serviços auxiliares, serventias e órgãos prestadores de serviços notariais e de registro que atuem por delegação do poder público ou oficializados, sem prejuízo da competência disciplinar e correicional dos Tribunais, podendo avocar processos disciplinares em curso e determinar a remoção, a disponibilidade ou a aposentadoria com subsídios ou proventos proporcionais ao tempo de serviço e aplicar outras sanções administrativas, assegurada ampla defesa.
(E) As Súmulas do Supremo Tribunal Federal, editadas anteriormente a dezembro de 2004, passam a ter efeito vinculante após nova publicação na imprensa oficial.

A: Não reflete o disposto no art. 93, X, da CF; B: Não reflete o disposto no art. 95, parágrafo único, V, da CF; C: Não reflete o disposto no art. 93, VIII, da CF. V, tb., art. 93, II, d, da CF; D: Art. 103-B, § 4º, III, da CF; E: Não reflete o disposto no art. 8º da EC 45/2004 e no art. 103-A da CF. Gabarito "D".

(Magistratura do Trabalho – 8ª Região – 2007) Sobre o Poder Judiciário, assinale a alternativa incorreta:
(A) Ao Supremo Tribunal Federal compete, precipuamente, a guarda da Constituição, mas a declaração de inconstitucionalidade de leis, em caráter incidental, não é ato exclusivo do referido órgão.
(B) A aprovação, revisão ou cancelamento de súmula poderá ser provocada pelo Presidente da República.
(C) Compete ao Superior Tribunal de Justiça processar e julgar, originariamente, os conflitos de competência entre juízes vinculados a tribunais diversos.
(D) Compete ao Superior Tribunal de Justiça julgar reclamação contra decisão judicial que contrariar súmula por ele editada.
(E) As decisões definitivas de mérito, proferidas pelo Supremo Tribunal Federal, nas ações diretas de inconstitucionalidade, produzirão eficácia contra todos e efeito vinculante relativamente aos demais órgãos do Poder Judiciário e à Administração Pública direta e indireta, em todas as esferas.

A: A declaração de inconstitucionalidade, no controle difuso, pode ser realizada por qualquer juiz ou tribunal (no último caso, após observada a regra do art. 97 da CF); B: Art. 3º, I, da Lei 11.417/2006; C: Art. 105, I, d da CF; D: Não reflete o disposto no art. 105, I, f, da CF; E: Art. 102, § 2º, da CF e art. 28, parágrafo único, da Lei 9.868/1999. Gabarito "D".

(Magistratura do Trabalho – 14ª Região – 2006) Assinale a alternativa CORRETA:
(A) Compete ao Supremo Tribunal Federal a homologação de sentença estrangeira e a concessão de exequatur às cartas rogatórias;
(B) O Conselho Nacional de Justiça compõe-se de quinze membros com mais de trinta e cinco e menos de sessenta e seis anos de idade, com mandato de dois anos, admitida uma recondução e será presidido pelo Ministro do Supremo Tribunal Federal;
(C) O Supremo Tribunal Federal poderá, de ofício ou por provocação, mediante decisão da maioria absoluta de seus membros, após reiteradas decisões sobre matéria constitucional, aprovar súmula que, a partir de sua publicação na imprensa oficial, terá efeito vinculante em relação aos demais órgãos do Poder Judiciário e à administração pública direta e indireta, nas esferas federal, estadual e municipal, bem como proceder à sua revisão ou cancelamento na forma estabelecida em lei;
(D) O Tribunal Superior do Trabalho compor-se-á de dezessete Ministros, escolhidos dentre brasileiros com mais de trinta e cinco e menos de sessenta e cinco anos, nomeados pelo Presidente da República após aprovação pela maioria absoluta do Senado Federal;
(E) Compete ao Superior Tribunal de Justiça processar e julgar, originariamente, nas infrações penais comuns e nos crimes de responsabilidade, os Ministros de Estado, os membros do Tribunal de Contas da União e os chefes de missão diplomática de caráter permanente.

A: Não reflete o disposto no art. 105, I, i, da CF; B: Não reflete a atual redação do art. 103-B, caput e § 1º, da CF; C: Não reflete o disposto no art. 103-A da CF; D: Não reflete o disposto no art. 111-A da CF; E: Não reflete o disposto no art. 102, I, c, da CF. Gabarito sem resposta

(Ministério Público do Trabalho – 14º) Analise os itens abaixo e assinale a alternativa CORRETA:
I. As decisões administrativas dos tribunais do Poder Judiciário devem ser motivadas e, após a Emenda Constitucional 45/2004, também ser tomadas em sessão pública.
II. O interesse público à informação, que justifica a publicidade de todos os julgamentos dos órgãos do Poder Judiciário, é assegurado por norma de caráter absoluto, e, como tal, não dá espaços para a incidência do princípio da intimidade das partes no processo.
III. Os órgãos do Poder Judiciário brasileiro, inclusive fracionários, podem declarar a inconstitucionalidade de lei ou ato normativo do Poder Público, independentemente da observância de qualquer formalidade, uma vez que detêm o controle difuso de constitucionalidade.
IV. Os créditos de natureza alimentícia, ressalvados os decorrentes de obrigações definidas em lei como de pequeno valor, não dispensam a expedição de precatórios, estando isentos da observância da ordem cronológica dos precatórios resultantes de condenações de outra natureza.

(A) apenas os itens II e III são corretos;
(B) apenas os itens I e III são corretos;
(C) apenas os itens III e IV são corretos;
(D) apenas os itens I e IV são corretos;
(E) não respondida.

I: Art. 93, X, da CF. II: Não reflete o disposto no art. 93, IX, da CF. III: Não reflete o disposto no art. 97 da CF. IV: Art. 100 da CF c/c art. 86, § 3º do ADCT. Gabarito "D".

(Ministério Público do Trabalho – 14º) Analise os itens abaixo e assinale a letra CORRETA:
I. Compete ao Supremo Tribunal Federal julgar conflito de competência entre o Tribunal Superior do Trabalho e um Tribunal Regional Federal.
II. Compete ao Supremo Tribunal Federal julgar eventual recurso ordinário contra decisão de única instância em mandado de segurança impetrado no Tribunal Superior do Trabalho, se denegatória a decisão.
III. As decisões definitivas de mérito, proferidas pelo Supremo Tribunal Federal, nas ações diretas de inconstitucionalidade e nas ações declaratórias de constitucionalidade, produzirão eficácia contra todos e efeito vinculante, relativamente aos demais órgãos do Poder Judiciário e à administração pública direta e indireta, nas esferas federal, estadual e municipal.
IV. Compete originariamente ao Supremo Tribunal Federal processar e julgar as ações contra o Conselho Nacional do Ministério Público.

(A) todos são corretos;
(B) apenas os itens I e III são corretos;
(C) apenas os itens II e IV são corretos;
(D) apenas os itens II e III são corretos;
(E) não respondida.

I: Art. 102, I, o, da CF. II: Art. 102, II, a, da CF. III: Art. 102, § 2º, da CF e art. 28, parágrafo único, da Lei 9.868/1999. IV: Art. 102, I, r, da CF. Gabarito "A".

(Ministério Público do Trabalho – 13°) Quanto ao Poder Judiciário brasileiro:

I. o Supremo Tribunal Federal poderá, de ofício ou por provocação efetuada pelos mesmos legitimados para propor ação direta de inconstitucionalidade, mediante decisão por maioria absoluta dos seus membros, após decisões sobre matéria constitucional, aprovar súmula que, a partir de sua edição, terá efeito vinculante em relação aos demais órgãos do Poder Judiciário e à administração pública direta e indireta, nas esferas federal, estadual e municipal, bem como proceder à sua revisão ou cancelamento, na forma estabelecida em lei;

II. somente pelo voto da maioria absoluta de seus membros ou dos membros do respectivo órgão especial poderão os tribunais declarar a inconstitucionalidade de lei ou ato normativo do poder público;

III. um quinto dos lugares dos Tribunais Regionais Federais, dos Tribunais Regionais do Trabalho, dos tribunais dos Estados e do Distrito Federal e Territórios será composto de membros do Ministério Público, com mais de dez anos de carreira, e de advogados de notório saber jurídico e de reputação ilibada, com mais de dez anos de efetiva atividade profissional, indicados em lista tríplice pelos órgãos de representação das respectivas classes, sendo que cabe ao Presidente da República a escolha de um de seus integrantes para nomeação, no prazo máximo de vinte dias.

Analisando-se as asserções acima, pode-se afirmar que:

(A) todas estão corretas;
(B) todas estão incorretas;
(C) apenas as de números I e III estão incorretas;
(D) apenas as de números I e II estão corretas;
(E) não respondida.

I: Não reflete o disposto no art. 103-A da CF. V., tb, art. 3° da Lei 11.417/2006; II: Art. 97 da CF; III: Não reflete o disposto no art. 94 da CF. V., tb., art. 115 da CF. Gabarito "C".

(Ministério Público do Trabalho – 13°) Quanto à Justiça do Trabalho, assinale a alternativa INCORRETA:

(A) o Tribunal Superior do Trabalho poderá funcionar descentralizadamente, constituindo Câmaras regionais, a fim de assegurar o pleno acesso do jurisdicionado à justiça em todas as fases do processo;
(B) funcionarão junto ao Tribunal Superior do Trabalho a Escola Nacional de Formação e Aperfeiçoamento de Magistrados do Trabalho, cabendo-lhe, dentre outras funções, regulamentar os cursos oficiais para ingresso e promoção na carreira, e o Conselho Superior da Justiça do Trabalho, cabendo-lhe exercer, na forma da lei, a supervisão administrativa, orçamentária, financeira e patrimonial da Justiça do Trabalho de primeiro e segundo graus, como órgão central do sistema, cujas decisões terão efeito vinculante;
(C) os Tribunais Regionais do Trabalho instalarão a justiça itinerante, com a realização de audiências e demais funções de atividade jurisdicional, nos limites territoriais da respectiva jurisdição, servindo-se de equipamentos públicos e comunitários;
(D) a lei criará Varas da Justiça do Trabalho, podendo, nas comarcas não abrangidas por sua jurisdição, atribuí-la aos juízes de direito, com recurso e apreciação de conflito de competência para o respectivo Tribunal Regional do Trabalho;
(E) não respondida.

A: A previsão existe para os TRTs (art. 115, § 2°, da CF), não para o TST; B: Art. 111-A, § 2°, I e II, da CF; C: Art. 115, § 1°, da CF; D: Art. 112 da CF. Gabarito "A".

(CESPE – 2008) A súmula do STF com efeito vinculante

(A) pode ser aprovada mediante decisão da maioria absoluta dos seus membros.
(B) não pode ser revista ou cancelada de ofício pelo próprio STF.
(C) não é de observância obrigatória para a administração pública estadual e municipal.
(D) pode ter seu cancelamento provocado por aqueles legitimados à propositura da ação direta de inconstitucionalidade.

Art. 103-A, § 2°, da CF; art. 3°, Lei n. 11.417/06. Gabarito "D".

(CESPE – 2008) O Conselho Nacional de Justiça

(A) não integra o Poder Judiciário.
(B) tem seus atos sujeitos a controle apenas no STF.
(C) ainda não teve a constitucionalidade da sua instituição apreciada pelo STF.
(D) exerce função jurisdicional em todo o território nacional.

Art. 102, I, r, da CF. Gabarito "B".

(CESPE – 2008) Compete ao Superior Tribunal de Justiça (STJ) julgar, originariamente,

(A) o mandado de segurança contra ato de ministro de Estado.
(B) a extradição solicitada por Estado estrangeiro.
(C) a argüição de descumprimento de preceito fundamental decorrente da Constituição.
(D) a ação declaratória de constitucionalidade de lei ou ato normativo estadual.

Art. 105, I, b, da CF. Gabarito "A".

(CESPE – 2008) Assinale a opção correta acerca do CNJ.

(A) O mandato de seus membros dura quatro anos, admitida uma recondução.
(B) Seus membros são nomeados pelo presidente da República, depois de aprovada a escolha pela maioria absoluta da Câmara dos Deputados e do Senado Federal.
(C) Nenhum de seus membros pode ser indicado pelo Conselho Federal da OAB, cujos representantes podem, porém, falar e ser ouvidos em quaisquer sessões do CNJ.
(D) São suas funções receber e conhecer reclamações contra membro ou órgão do Poder Judiciário, inclusive contra seus serviços auxiliares.

A: art. 103-B da CF; B: art. 103-B, § 2°, da CF; C: art. 103-B, XII, da CD; D: art. 103-B, § 4°, III, da CF. Gabarito "D".

(CESPE – 2008) Com relação às regras pertinentes ao Poder Judiciário constantes da CF, assinale a opção correta.

(A) O ingresso na carreira da magistratura deve ser feito por concurso público de provas ou de provas e títulos, e o cargo inicial será o de juiz substituto.
(B) Os TRTs não se submetem à regra do quinto constitucional, diferentemente dos tribunais regionais federais e dos tribunais dos estados e do DF.
(C) Compete à justiça do trabalho processar e julgar as ações oriundas da relação de trabalho, abrangidos os entes de direito público externo e da administração pública direta e indireta da União, dos estados, do DF e dos municípios.
(D) Cabem ao STF o processo e o julgamento dos mandados de segurança e dos habeas data contra ato de ministro de Estado, dos comandantes da Marinha, do Exército e da Aeronáutica.

A: art. 93, I, da CF; B: art. 94 da CF; C: art. 114, I, da CF; D: art. 102, I, d, da CF. Gabarito "C".

(CESPE – 2008) A homologação de sentenças estrangeiras é de competência

(A) da justiça federal do local onde tem domicílio o interessado.
(B) do TRF da região onde tem domicílio o interessado.
(C) do STF.
(D) do Superior Tribunal de Justiça (STJ).

Art. 105, I, i, da CF. Gabarito "D".

(CESPE – 2008) O Conselho Nacional de Justiça (CNJ)

(A) somente poderá apreciar a legalidade dos atos administrativos praticados por membros ou órgãos do Poder Judiciário mediante provocação devidamente fundamentada.
(B) poderá apreciar, de ofício, a legalidade dos atos administrativos praticados por membros ou órgãos do Poder Judiciário, mas não poderá desconstituí-los.

(C) poderá desconstituir os atos administrativos praticados por membros ou órgãos do Poder Judiciário, em caso de ilegalidade.
(D) poderá apreciar, de ofício ou mediante provocação, a conveniência e oportunidade dos atos administrativos praticados por membros ou órgãos do Poder Judiciário.

Art. 103-B, § 4º, II, da CF. "C". Gabarito

(CESPE – 2008) Será competente para julgar originariamente habeas corpus em que figure como paciente desembargador de tribunal de justiça estadual

(A) o TRF da respectiva região.
(B) o STF.
(C) o próprio tribunal de justiça estadual ao qual esteja vinculado o desembargador.
(D) o STJ.

Art. 105, I, c, da CF. "D". Gabarito

(CESPE – 2008) Contra decisão judicial que tenha contrariado súmula vinculante aplicável a caso concreto cabe

(A) mandado de segurança ao STJ, se o ato provier de juiz de direito.
(B) reclamação ao STF.
(C) reclamação ao tribunal de justiça.
(D) reclamação ao CNJ.

Art. 103-A, § 3º, da CF. "B". Gabarito

(CESPE – 2008) De acordo com dispositivo constitucional, a súmula do STF com efeito vinculante

(A) será aprovada após reiteradas decisões sobre matéria constitucional.
(B) somente poderá ser revista ou cancelada mediante provocação devidamente motivada.
(C) é de observância obrigatória pelos demais órgãos do Poder Judiciário caso seja aprovada pela maioria simples dos membros do tribunal.
(D) não poderá ser cancelada ou revista.

Art. 103-A, caput, da CF. "A". Gabarito

(CESPE – 2007) Ao STF compete,

I. julgar, originariamente, o mandado de segurança contra atos do presidente da República, dos ministros de Estado e do procurador-geral da República.
II. julgar os conflitos de competência entre tribunais de justiça estaduais.
III. julgar o litígio entre Estado estrangeiro ou organismo internacional e a União, o estado, o DF ou o território.
IV. julgar, em recurso ordinário, o crime político.

Estão certos apenas os itens

(A) I e II.
(B) I e III.
(C) II e IV.
(D) III e IV.

I: art. 102, I, da CF; II: art. 102, I, o, da CF; III: art. 102, I, e, da CF; IV: art. 102, II, b, da CF. "D". Gabarito

(CESPE – 2007) Na atual organização constitucional do Poder Judiciário, é admitido o deslocamento para o foro da justiça federal, por provocação do procurador-geral da República, das causas que versarem sobre

(A) extradição de brasileiros naturalizados.
(B) grave violação de direitos humanos assegurados em tratado internacional.
(C) discriminação entre brasileiros natos e naturalizados.
(D) sucessão de bens de estrangeiros situados no país.

Art. 109, § 5º, da CF. "B". Gabarito

(CESPE – 2007) Sobre o Poder Judiciário e as funções essenciais à Justiça, na ordem constitucional brasileira, assinale a opção correta.

(A) A advocacia pública, apesar de prestar consultoria e assessoramento jurídico ao Poder Executivo, é um órgão independente, e seus membros são possuidores das mesmas garantias do Ministério Público.
(B) Os membros do Ministério Público, na sua totalidade, estão impedidos de exercer a advocacia, outra função pública ou atividade político-partidária.
(C) Tal como as decisões judiciais, as decisões administrativas dos tribunais do Poder Judiciário devem ser motivadas e realizadas em sessão pública.
(D) O magistrado somente perderá o cargo mediante sentença judicial transitada em julgado, garantia que se aplica, indistintamente, a todos os juízes e aos ministros do STF e demais tribunais superiores.

A: art. 131 da CF; B: art. 128, § 5º, II, d, da CF; C: art. 93, X, da CF; D: art. 95, I, da CF. "C". Gabarito

(CESPE – 2007) Acerca da organização do Poder Judiciário, assinale a opção correta.

(A) Do ato administrativo ou decisão judicial que contrariar a súmula vinculante aplicável ou que indevidamente a aplicar, caberá argüição de descumprimento a preceito fundamental ao STF, que, julgando-a procedente, anulará o ato administrativo ou cassará a decisão judicial impugnada, e determinará que outra seja proferida com ou sem a aplicação da súmula, conforme o caso.
(B) Compete ao STF a homologação de sentenças estrangeiras e a concessão de exequatur às cartas rogatórias.
(C) A atividade jurisdicional será ininterrupta, sendo vedadas férias coletivas, salvo para os tribunais.
(D) Aos juízes é vedado exercer a advocacia no juízo ou tribunal do qual se afastou, antes de decorridos três anos do afastamento do cargo por aposentadoria ou exoneração.

A: art. 103-A, § 3º, da CF; B: art. 105, I, i, da CF; C: art. 93, XI, da CF; D: art. 95, parágrafo único, V, da CF. "D". Gabarito

(CESPE – 2007) Com relação ao Poder Judiciário, assinale a opção correta.

(A) Compete ao STF processar e julgar originariamente os mandados de segurança e habeas corpus impetrados contra o Conselho Nacional do Ministério Público.
(B) Compete ao Superior Tribunal de Justiça (STJ) julgar o litígio entre Estado estrangeiro ou organismo internacional e os estados ou o DF.
(C) Os crimes cometidos contra o sistema financeiro, contra a ordem econômica-financeira e contra os consumidores são de competência da justiça federal.
(D) Os conflitos entre servidores públicos temporários regidos pelo direito administrativo e a administração pública direta da União passaram a ser de competência da justiça trabalhista, por força do advento da Emenda Constitucional n.º 45/2005, de acordo com o entendimento do STF.

A: art. 102, I, r, da CF; B: art. 102, I, e, da CF; C: art. 109, VI, da CF; D: de fato, o Plenário do Supremo Tribunal Federal firmou jurisprudência no sentido de que a relação de emprego entre o Poder Público e seus servidores é sempre de caráter jurídico-administrativo e, portanto, a competência para dirimir conflitos entre as duas partes será sempre da Justiça Comum, e não da Justiça do Trabalho. "A". Gabarito

(CESPE – 2006) Acerca da competência dos juízes e tribunais, assinale a opção correta.

(A) Aos juízes estaduais compete processar e julgar as causas entre Estado estrangeiro ou organismo internacional e município ou pessoa domiciliada ou residente no país.
(B) Compete ao Superior Tribunal de Justiça (STJ) processar e julgar, originariamente, os litígios entre Estado estrangeiro ou organismo internacional e a União, o estado, o Distrito Federal (DF) ou o território.

(C) Compete ao Supremo Tribunal Federal (STF) processar e julgar, originariamente, os conflitos de competência entre os juízes estaduais e os juízes do trabalho.

(D) Na justiça estadual, no foro do domicílio do segurado ou beneficiário, serão processadas e julgadas as causas em que forem parte instituição de previdência social pública e segurado, sempre que a comarca não seja sede de vara do juízo federal, competindo o julgamento do recurso ao tribunal regional federal da área de jurisdição do juiz de primeiro grau.

A: art. 109, II, da CF; B: art. 102, I, e, da CF; C: art. 102, I, o, da CF; D: art. 109, § 3º, da CF. Gabarito "D".

(CESPE – 2006) A propósito dos recursos especial e extraordinário, assinale a opção correta.

(A) É cabível recurso especial para o STJ contra decisão que julgar válida lei local contestada em face de lei federal.

(B) Admite-se recurso extraordinário contra decisão que, interpretando norma infraconstitucional, viola dispositivo da Constituição Federal.

(C) É inadmissível recurso especial se o tribunal a quo analisou a questão restritamente à legislação local, deixando de examinar a legislação federal.

(D) Compete ao STF e ao STJ, nos recursos extraordinário e especial, respectivamente, reconhecer a existência ou a inexistência de determinado fato, quando o tribunal a quo tiver firmado o contrário.

A: art. 105, III, b, da CF; B: art. 102, III, da CF; C: súmula n. 211 do STJ; D: não cabe em sede de recurso especial e extraordinário análise de fatos não analisados na instância ordinária. Gabarito "C".

(CESPE – 2004) Assinale a opção correta acerca do Poder Judiciário.

(A) Caso cometa crime de homicídio doloso durante o exercício do mandato, o governador de um estado federado deverá ser processado e julgado pelo tribunal de justiça do respectivo estado.

(B) Se o governador do estado do Espírito Santo editasse regulamento incompatível com a Constituição desse estado, o procurador-geral de justiça poderia impugnar esse ato perante o Tribunal de Justiça do Espírito Santo (TJES) mediante ação de inconstitucionalidade.

(C) A criação de um tribunal de alçada no Espírito Santo pode ser realizada mediante lei complementar de iniciativa do TJES.

(D) O Tribunal de Contas do Estado do Espírito Santo (TCEES) é o órgão do Poder Judiciário estadual competente para processar e julgar os secretários de governo por crimes de improbidade administrativa.

A: art. 105, I, a, da CF; B: art. 125, § 2º, da CF; C: art. 96, II, c, da CF; D: art. 71 da CF. Gabarito "B".

13. DAS FUNÇÕES ESSENCIAIS À JUSTIÇA

(MAGISTRATURA/PB – 2011 – CESPE) Com relação ao tratamento constitucional do Poder Judiciário, da AGU e da representação judicial dos estados e do DF, assinale a opção correta.

(A) Compete ao STF resolver os conflitos de competência entre quaisquer tribunais, entre tribunal e juízes a ele não vinculados e entre juízes vinculados a tribunais diversos.

(B) A AGU é o órgão que, de modo direto, ou mediante órgão vinculado, representa a União, judicial e extrajudicialmente, cumprindo-lhe realizar a consultoria e o assessoramento jurídico do Poder Executivo.

(C) Ao conferir aos procuradores dos estados e do DF a sua representação judicial, a CF veda expressamente que tais entidades federativas confiram mandato ad judicia a outros advogados para causas especiais.

(D) Por qualificar-se como um complexo de atribuições jurisdicionais de índole essencialmente constitucional, a competência originária do STF não se restringe às situações fixadas na CF, tendo sentido meramente exemplificativo o rol de atribuições do STF explicitadas no texto constitucional.

(E) A Emenda Constitucional n.º 45, que implantou a reforma do Poder Judiciário, confirmou o entendimento do CNJ de estabelecer férias coletivas para os juízes e membros dos tribunais de segundo grau.

A: Compete ao STF julgar apenas os os conflitos de competência entre o Superior Tribunal de Justiça e quaisquer tribunais, entre Tribunais Superiores, ou entre estes e qualquer outro tribunal (art. 102, I, "o", da CF); B: Art. 131 da CF; C: Não há vedação expressa na Constituição (v. art. 132 da CF); D: As competências do STF são taxativamente previstas pela CF; E: A EC 45/2004 suprimiu as férias coletivas nos tribunais de segundo grau (art. 93, XII, da CF). Gabarito "B".

(Magistratura/GO – 2009 – FCC) Na conformidade do tratamento dispensado às funções essenciais à Justiça pela Constituição de 1988,

(A) a Constituição assegura autonomia funcional e administrativa à Defensoria Pública em todas as suas projeções (União, Distrito Federal, Estados e Territórios).

(B) o Defensor Público será intimado pessoalmente de todos os atos do processo, mas se tornou inconstitucional a contagem em dobro de todos seus prazos.

(C) o advogado é indispensável à administração da justiça, sendo, entretanto, dispensado nas causas de até quarenta salários mínimos da competência dos Juizados Especiais Cíveis.

(D) o Ministério Público abrange o Ministério Público junto a Tribunal de Contas.

(E) é constitucional preceito constitucional estadual prevendo que a escolha do Procurador-Geral do Estado dar-se-á, necessariamente, entre integrantes da carreira.

A: O art. 134, § 2º, da CF prevê autonomia apenas para as defensorias estaduais; B: Arts. 44, I; 89, I e 128, I, todos da LC 80/94. O STF julgou constitucional o prazo em dobro da Defensoria para o processo penal, até que as defensorias estejam definitivamente instaladas ("inconstitucionalidade progressiva" ou "lei ainda constitucional"); C: Para os Juizados Especiais Cíveis Federais a dispensa é aplicada para causas de até sessenta salários-mínimos: "Perante os juizados especiais federais, em processos de natureza cível, as partes podem comparecer pessoalmente em juízo ou designar representante, advogado ou não, desde que a causa não ultrapasse o valor de sessenta salários-mínimos (art. 3º da Lei 10.259/2001) e sem prejuízo da aplicação subsidiária integral dos parágrafos do art. 9º da Lei 9.099/1995. Já quanto aos processos de natureza criminal, em homenagem ao princípio da ampla defesa, é imperativo que o réu compareça ao processo devidamente acompanhado de profissional habilitado a oferecer-lhe defesa técnica de qualidade, ou seja, de advogado devidamente inscrito nos quadros da Ordem dos Advogados do Brasil ou defensor público. Aplicação subsidiária do art. 68, III, da Lei 9.099/1995. Interpretação conforme, para excluir do âmbito de incidência do art. 10 da Lei 10.259/2001 os feitos de competência dos juizados especiais criminais da Justiça Federal" (STF, ADIn 3168, Rel. Min. Joaquim Barbosa); D: O Ministério Público abrange o Ministério Público da União (integrado pelo MPF, MPDFT, MPT e MPM) e os Ministérios Públicos dos Estados (art. 128 da CF); E: V. STF, ADIn 2581, Rel. Min. Maurício Corrêa. Gabarito "E".

(Magistratura/PA – 2009 – FGV) As alternativas a seguir apresentam funções institucionais do Ministério Público, à exceção de uma. Assinale-a.

(A) Exercer o controle externo da atividade policial, podendo avocar a presidência de inquérito policial, quando verificado desvio de poder por parte da autoridade policial competente.

(B) Promover a ação de inconstitucionalidade ou representação para fins de intervenção da União e dos Estados, nos casos previstos na Constituição.

(C) Expedir notificações nos procedimentos administrativos de sua competência, requisitando informações e documentos para instruí-los, na forma da lei complementar respectiva.

(D) Promover o inquérito civil e a ação civil pública, para a proteção do patrimônio público e social, do meio ambiente e de outros interesses difusos e coletivos.

(E) Defender judicialmente os direitos e interesses das populações indígenas.

Art. 129, I a IX, da CF. Gabarito "A".

5. DIREITO CONSTITUCIONAL

(Magistratura/MG – 2008) A Constituição da República estabelece as funções essenciais à justiça e discrimina regras sobre o Ministério Público, a Advocacia Pública, a Advocacia e a Defensoria Pública.

(A) O advogado, conquanto indispensável à administração da justiça, não possui inviolabilidade por seus atos e manifestações no exercício da profissão.
(B) A Defensoria Pública Estadual constitui órgão integralmente subordinado ao Poder Executivo e não lhe é assegurada autonomia alguma, quer funcional ou administrativa.
(C) A legitimação do Ministério Público para as ações civis mencionadas no texto constitucional e na lei impede a de terceiros.
(D) Ao Ministério Público compete, dentre outras funções institucionais, exercer o controle externo da atividade policial, na forma da lei complementar.

A: Não reflete o disposto no art. 133 da CF; B: Não reflete o disposto no art. 134, § 2º, da CF; C: Não reflete o disposto no art. 129, § 1º, da CF; D: Art. 129, VII, da CF. Gabarito "D".

(Magistratura/SE – 2008 – CESPE) Em relação às funções essenciais à justiça, assinale a opção correta.

(A) O procurador-geral de justiça acumula a chefia do Ministério Público estadual com o cargo de chefe do Ministério Público junto ao tribunal de contas do estado.
(B) É vedado o afastamento de membro do Ministério Público para exercer cargo de secretário de Estado.
(C) É vedado aos promotores de justiça residir em comarca diferente daquela em que estão lotados.
(D) A defensoria pública e as procuradorias estaduais têm autonomia funcional e administrativa.
(E) A Constituição estadual não pode conferir prerrogativa de foro aos procuradores de estado.

A: O Ministério Público junto ao Tribunal de Contas do Estado é uma carreira distinta, não fazendo parte do Ministério Público Estadual nem do Ministério Público da União; B: Art. 128, § 5º, II, d, da CF. Ver ADIn 3574, Rel. Min. Ricardo Lewandowski, Tribunal Pleno, j. 16/05/2007, DJe 31/05/2007; C: Não reflete o disposto no art. 129, § 2º, da CF; D: O art. 134, § 2º, da CF não se aplica às procuradorias estaduais; E: V., ADIn 2.587/GO, Rel. p/ acórdão Min. Carlos Britto, Tribunal Pleno, j. 01/12/2004, DJ 06/11/2006 e ADIn 541-3/PB, rel. p/ acórdão Min. Gilmar Mendes, Tribunal Pleno, j. 10/05/2007, DJ 06/09/2007. Gabarito "B".

(Magistratura/AL – 2008 – CESPE) Com relação à organização do Poder Judiciário e às funções essenciais à justiça, assinale a opção correta.

(A) Considere a seguinte situação hipotética. Pedro, além de ser juiz de direito substituto no estado de Alagoas, é professor em duas faculdades privadas distintas, lecionando a disciplina de direito constitucional para o curso noturno de direito, duas vezes por semana em cada uma delas. Nessa situação, conforme entendimento do STF, Pedro tem violado a CF, já que o juiz somente poderá exercer um único cargo de professor.
(B) Conforme determina a CF, o TRE é composto, entre outros, por dois juízes oriundos da classe dos advogados, os quais são nomeados pelo presidente da República, após indicação do respectivo tribunal de justiça. No entanto, esses juízes não estão impedidos de continuar a exercer a advocacia.
(C) O advogado, por ser inviolável em seus atos e manifestações praticados no exercício da profissão, não pratica crime de desacato.
(D) Compete ao STF julgar os membros do Conselho Nacional de Justiça nos crimes comuns e de responsabilidade.
(E) O governador de estado tem competência concorrente com o respectivo tribunal de justiça para encaminhar projeto de lei que vise majorar a remuneração dos servidores do Poder Judiciário.

A: Para o STF, o exercício de mais de uma função no magistério não importa em lesão ao bem privilegiado pela CF (o exercício da magistratura) nos casos em que há compatibilização de horários. Ver ADI 3.126-MC, Rel. Min. Gilmar Mendes; B: Art. 120, § 1º, III, da CF. Só não podem exercer a advocacia em matéria eleitoral; C: O advogado é inviolável por seus atos e manifestações, nos limites da lei (art. 133 da CF); D: Não reflete o disposto no art. 52, II, da CF; E: Não reflete o disposto no art. 96, II, b, da CF. Gabarito "B".

(Magistratura/PR – 2008) Assinale a alternativa INCORRETA:

(A) As funções do Ministério Público só podem ser exercidas por integrantes da carreira, que deverão residir na comarca da respectiva lotação, salvo autorização do chefe da instituição.
(B) Compete ao Superior Tribunal de Justiça processar e julgar, originariamente nos crimes comuns e de responsabilidade os juízes de direito e juízes substitutos.
(C) Compete ao Tribunal de Justiça processar e julgar originariamente os mandados de segurança contra atos do próprio Tribunal ou de algum de seus órgãos.
(D) A Defensoria Pública é instituição essencial à função jurisdicional do Estado, incumbindo-lhe a orientação jurídica integral e gratuita, a postulação e a defesa, em todas as instâncias, judicial e extrajudicial, dos direitos e dos interesses individuais e coletivos dos necessitados.

A: Art. 129, § 2º, da CF; B: Não reflete o disposto no art. 108, I, a, e no art. 105, I, a, ambos da CF; C: Aplicação da regra prevista no art. 108, I, c para o TJ, em razão do disposto no art. 125 da CF; D: 134 da CF. Gabarito "B".

(Magistratura/AL – 2007 – FCC) A Constituição estabelece igualmente para juízes e membros do Ministério Público a

(A) vedação de exercer qualquer outra função pública, exceto quando em disponibilidade.
(B) garantia de vitaliciedade, adquirida após dois anos de exercício efetivo da função, somente podendo dar-se a perda do cargo por sentença judicial transitada em julgado.
(C) proibição de exercer advocacia no juízo ou tribunal do qual se afastou, antes de decorridos três anos do afastamento do cargo por aposentadoria ou exoneração.
(D) garantia de inamovibilidade, salvo por motivo de interesse público, de acordo com o voto de dois terços dos membros do órgão competente, assegurada ampla defesa.
(E) proibição de dedicar-se a atividade político-partidária, embora possa a lei estabelecer ressalvas à regra, relativamente aos membros do Ministério Público.

A: Não reflete o disposto no art. 95, parágrafo único, II e no art. 128, II, d, ambos da CF; B: Não reflete o disposto no art. 95, I, da CF; C: Art. 95, parágrafo único, V e art. 128, § 6º, ambos da CF; D: Não reflete o disposto no art. 95, II, c/c art. 93, VIII, e no art. 128, § 5º, I, b, da CF; E: Não há previsão de ressalvas para as duas instituições, de acordo com o art. 95, parágrafo único, III, e com o art. 128, § 5º, II, e, da CF. Gabarito "C".

(Magistratura/DF – 2007) No trato das Funções Essenciais à Justiça, tal como preconizado na Constituição Federal de 1988, é incorreto afirmar:

(A) Se o Ministério Público não encaminhar a respectiva proposta orçamentária dentro do prazo estabelecido na lei de diretrizes orçamentárias, o Poder Executivo considerará, para fins de consolidação da proposta orçamentária anual, os valores aprovados na lei orçamentária vigente, de acordo com os limites legais;
(B) Os Procuradores dos Estados e do Distrito Federal exercerão a representação judicial e a consultoria jurídica das respectivas unidades federadas e serão estáveis após dois anos de efetivo exercício, mediante avaliação de desempenho perante os órgãos próprios, após relatório circunstanciado das corregedorias;
(C) Às Defensorias Públicas Estaduais são asseguradas autonomia funcional e administrativa e a iniciativa de sua proposta orçamentária dentro dos limites estabelecidos na lei de diretrizes orçamentárias;
(D) A lei pode disciplinar a inviolabilidade do advogado por seus atos e manifestações exarados no exercício da profissão.

A: Art. 127, § 3º, da CF; B: Não reflete o disposto no art. 132, parágrafo único, da CF; C: Art. 134, § 2º, da CF; D: Art. 133 da CF. Gabarito "B".

(Ministério Público/MS – 2011 – FADEMS) Assinale a alternativa **correta**.

Segundo a Constituição Federal o Ministério Público abrange:

(A) O Ministério Público dos Estados e o Ministério Público da União, que compreende o Ministério Público Federal, o Ministério Público do Trabalho, o Ministério Público Militar e o Ministério Público do Distrito Federal e Territórios;

(B) O Ministério Público dos Estados, o Ministério Público do Distrito Federal e Territórios, além do Ministério Público da União, que compreende o Ministério Público Federal, o Ministério Público do Trabalho e o Ministério Público Militar;
(C) O Ministério Público dos Estados, o Ministério Público do Distrito Federal e Territórios, o Ministério Público Militar e o Ministério Público da União, que compreende o Ministério Público Federal e o Ministério Público do Trabalho;
(D) O Ministério Público dos Estados, o Ministério Público Militar e o Ministério Público da União, que compreende o Ministério Público Federal, o Ministério Público do Trabalho e o Ministério Público do Distrito Federal e Territórios;
(E) O Ministério Público dos Estados, o Ministério Público do Trabalho e o Ministério Público da União, que compreende o Ministério Público Federal, o Ministério Público Militar e o Ministério Público do Distrito Federal e Territórios.

Art. 128, I, "a" a "d", e II, da CF. Gabarito "A".

(Ministério Público/MS – 2011 – FADEMS) Analise os itens abaixo e assinale a alternativa **correta**:

I. Compete ao Superior Tribunal de Justiça julgar conflito de atribuições entre membros do Ministério Público Federal e Estadual.
II. O Conselho Nacional do Ministério Público pode avocar processos disciplinares em curso, determinando, se for o caso, a remoção, a disponibilidade ou a aposentadoria com subsídios ou proventos proporcionais ao tempo de serviço e aplicar outras sanções administrativas, assegurada ampla defesa.
III. O Ministério Público dos Estados, por meio dos Procuradores de Justiça, oficia perante o Tribunal de Contas dos Estados.
IV. O STF reconhece legitimidade ativa *ad causam* para ingressar com reclamação a todos que comprovem ter sofrido prejuízo advindo da decisão judicial, ou ato administrativo, que contrarie decisão anterior em sede de controle abstrato de constitucionalidade.

(A) Existe apenas uma alternativa correta;
(B) Existem duas alternativas corretas;
(C) Existem três alternativas corretas;
(D) Nenhuma das alternativas está correta;
(E) Todas as alternativas estão corretas.

I: Errada. Não há, na Constituição da República, previsão expressa do tribunal competente para julgar conflito de atribuição entre ramos distintos do Ministério Público; II: Correta. Art. 103-A, § 2º, III, da CF; III: Errado. Quem oficia perante os Tribunais de Contas é o Ministério Público junto ao Tribunal de Contas (art. 130 da CF), que não se confunde com o Ministério Público do Estado; IV: Correta. O STF entendia ser cabível a reclamação com fundamento no desrespeito à autoridade de decisão tomada em ADIn apenas quando requerida por um dos legitimados ativos para a propositura da ação direta (art. 103 da CF) e desde que tivesse o mesmo objeto. Entretanto, a orientação atual do STF determina que "nas situações em que a decisão proferida em ação direta de inconstitucionalidade for definitiva, à qual a lei confere efeito vinculante, entendo legitimado para a reclamação aquele que tenha contra si provimento diverso do entendimento fixado por este Tribunal, como no caso ocorre, para que seja resguardada a eficácia subordinante dos comandos que derivem do ato descumprido." Dessa forma, "pronunciamentos do Tribunal, especificamente nos casos de inobservância de decisão proferida em ação declaratória de constitucionalidade, com eficácia vinculante, têm admitido a reclamação independentemente da condição de parte no processo, ou mesmo de legitimação concorrente para a sua propositura". Em conclusão, o STF consignou que "a eficácia vinculante legalmente atribuída à decisão de mérito em ação direta de inconstitucionalidade produz, entre outros, reflexos de natureza processual quanto à utilização do instituto previsto no art. 102, I, "l", da Carta da República. O conceito de parte interessada, a que aludem os artigos 13 da Lei 8.038/90 e 156 do RISTF, ganha abrangência idêntica aos efeitos do julgado a ser preservado, alcançando todos aqueles que comprovem prejuízo em razão do pronunciamento dos demais órgãos do Poder Judiciário, desde que manifestamente contrário ao julgamento da Corte." (STF, Rcl 1880, Rel. Min. Maurício Corrêa). Gabarito "B".

(Ministério Público/MS – 2011 – FADEMS) A seguinte afirmação não é pertinente ao Ministério Público:

(A) a destituição do Procurador-Geral da República pelo Presidente da República deve ser precedida de autorização da maioria absoluta do Congresso Nacional;
(B) o Poder executivo pode ajustar proposta orçamentária do Ministério Público encaminhada em desarmonia com a Lei de Diretrizes Orçamentárias;
(C) a independência funcional é um princípio institucional do Ministério Público;
(D) o Ministério Público pode propor diretamente ao Poder legislativo a criação de seus cargos;
(E) ressalvado o magistério, ao membro do Ministério Público, ainda que em disponibilidade, é vedado o exercício de qualquer outra função pública.

A: Não reflete o disposto no art. 128, § 2º, da CF; B: Art. 127, § 5º, da CF; C: Art. 127, § 1º, da CF; D: Art. 127, § 2º, da CF; E: Art. 128, § 5º, II, "d", da CF. Gabarito "A".

(Ministério Público/MS – 2011 – FADEMS) Analise as assertivas abaixo. É de competência do Colégio de Procuradores de Justiça:

I. julgar recurso, contra decisão que determinou a remoção, disponibilidade e aposentadoria de membro do Ministério Público, por motivo de interesse público;
II. determinar a remoção, disponibilidade e aposentadoria do membro do Ministério Público, por motivo de interesse público, assegurada ampla defesa;
III. homologar ou rejeitar os resultados dos concursos de ingresso na carreira;
IV. rever, pelo voto da maioria absoluta de seus integrantes, nos termos do Regimento Interno, mediante requerimento de legítimo interessado, decisão de arquivamento de inquérito policial ou peças de informação determinada pelo Procurador-Geral de Justiça, nos casos de sua atribuição originária;
V. deliberar, em caso de omissão injustificada do Procurador-Geral de Justiça, pela abertura de ingresso quando o número de vagas atingir a um quinto dos cargos iniciais da carreira.

(A) todos os itens estão corretos;
(B) somente os itens II e IV estão incorretos;
(C) somente os itens I e II estão incorretos;
(D) somente os itens I e IV estão corretos;
(E) todos os itens estão incorretos.

I: Correta. Art. 12, VIII, "d", da Lei 8625/1993; II: O CNMP pode determinar, de acordo com o art. 130-A, § 2º, III, da CF; III e V: Não constam do rol de atribuições do Colégio de Procuradores, listadas no art. 12, I a XIII, da Lei 8625/1993. V., tb., art. 59, § 1º, da Lei 8625/1993; IV: Art. 12, XI, da Lei 8625/1993. Gabarito "D".

(Ministério Público/MS – 2011 – FADEMS) Assinale a alternativa **correta**.

(A) Compete ao Procurador-Geral de Justiça propor a ação civil para a decretação da perda do cargo de membro do Ministério Público vitalício, após autorização do Colégio de Procuradores de Justiça pelo voto de dois terços de seus integrantes;
(B) Cabe ao Corregedor-Geral propor ao Conselho Superior do Ministério Público, fundamentadamente, o não vitaliciamento do membro do Ministério Público que não cumprir as condições do estágio probatório;
(C) É permitido ao Procurador de Justiça, que integra o Conselho Superior do Ministério Público, exercer mandato do Conselho Nacional do Ministério Público ou do Conselho Nacional de Justiça;
(D) O Conselho Superior do Ministério Público será composto pelo Procurador-Geral de Justiça, que o presidirá, pelo Corregedor-Geral do Ministério Público, ambos membros natos, e por nove Procuradores de Justiça eleitos pela primeira instância, permitida uma recondução e observado o mesmo procedimento;
(E) O Plano Estratégico Institucional, com duração mínima de quatro anos, será elaborado pelo Corregedor-Geral do Ministério Público, sendo que o procedimento de sua elaboração e monitoramento será aprovado pelo Colégio de Procuradores de Justiça.

A: De acordo com o art. 12, X, da Lei 8625/1993, compete ao Colégio de Procuradores "deliberar por iniciativa de um quarto de seus integrantes ou do Procurador-Geral de Justiça, que este ajuíze ação cível de decretação de perda do cargo de membro vitalício do Ministério Público nos casos previstos nesta Lei"; B: Art. 17, III, da Lei 8625/1993; C: Não podem se afastar (art. 14, II, da Lei 8625/1993); D: Não reflete o disposto no art. 14, I a III, da Lei 8625/1993; E: Cada Ministério Público define seu plano estratégico, como o fez o Estado de Goiás (v. Lei Complementar Estadual 25/1998). Gabarito "B".

(Ministério Público/MS – 2011 – FADEMS) Assinale a alternativa **correta**.

(A) O Conselho Nacional do Ministério Público é composto por catorze membros escolhidos pelo Presidente da República, após indicação pelo Ministério Público da União, dos Estados e do Distrito Federal;
(B) Não compete ao Conselho Nacional do Ministério Público interferir na autonomia administrativa e financeira do Ministério Público;
(C) O Conselho Nacional do Ministério Público escolherá em votação secreta, um Corregedor Nacional dentre os seus integrantes, vedada a recondução;
(D) O Conselho Nacional do Ministério Público poderá rever, de ofício ou mediante provocação, os processos disciplinares de membros do Ministério Público da União ou dos Estados julgados há mais de um ano;
(E) O Conselho Nacional do Ministério Público deve zelar pela autonomia funcional e administrativa do Ministério Público, bem como determinar a remoção, a disponibilidade ou aposentadoria com subsídios ou proventos proporcionais ao tempo de serviço e aplicar outras sanções administrativas aos membros do Ministério Público.

A: Não reflete o disposto no art. 130-A, caput, da CF; B: O art. 130-A, § 2º, da CF, confere essa competência ao CNMP; C: Dentre os membros do Ministério Público que o integram (art. 130-A, § 3º, da CF); D: Há menos de um ano (art. 130-A, § 2º, IV, da CF). Gabarito "E".

(Ministério Público/PR – 2011) São garantias constitucionais dos membros do Ministério Público:

(A) Inamovibilidade, vitaliciedade e irredutibilidade de subsídios.
(B) Indivisibilidade, irredutibilidade de subsídios e vitaliciedade.
(C) Vitaliciedade, inviolabilidade e inamovibilidade.
(D) Irredutibilidade de subsídios, inamovibilidade e inviolabilidade.
(E) Inamovibilidade, irredutibilidade de subsídios e indivisibilidade.

Art. 128, § 5º, I, "a" a "c", da CF. Gabarito "A".

(Ministério Público/BA – 2010) Analise as assertivas abaixo, conforme as disposições da Lei nº 8.625/93

I. Os Procuradores de Justiça exercerão inspeção permanente dos serviços dos Promotores de Justiça nos autos em que oficiarem, remetendo seus relatórios à Corregedoria-Geral do Ministério Público.
II. A exclusão, inclusão ou outra modificação nas atribuições das Promotorias de Justiça ou dos cargos dos Promotores de Justiça que as integram serão efetuadas mediante proposta do Procurador-Geral de Justiça, aprovada por maioria absoluta do Conselho Superior do Ministério Público.
III. Compete ao Procurador-Geral de Justiça representar aos Tribunais locais por, inconstitucionalidade de leis ou atos normativos federais, em face da Constituição Federal.
IV. A Comissão de Concurso de ingresso na carreira, órgão auxiliar de natureza transitória, a quem incumbe realizar a seleção de candidatos ao ingresso na carreira do Ministério Público, tem seus membros eleitos pelo Conselho Superior do Ministério Público, na forma da Lei Orgânica.
V. Caso o Chefe do Poder Executivo não efetive a nomeação do Procurador-Geral de Justiça nos 15 (quinze) dias que se seguirem ao recebimento da lista tríplice, será investido automaticamente no cargo o membro do Ministério Público mais votado, para exercício do mandato.

Estão corretas as seguintes assertivas:

(A) I - III - V.
(B) II - IV - V.
(C) I - II - IV.
(D) III - IV - V.
(E) I - IV - V.

I: Correta. Art. 19, § 2º, da Lei 8625/1993; II: Errada. Não reflete o disposto no art. 23, § 3º, da Lei 8625/1993; III: Errada. Não reflete o disposto no art. 29, I, da Lei 8625/1993; IV: Art. 15, III, da Lei 8625/1993; V: Art. 9º, § 4º, da Lei 8625/1993. Gabarito "E".

(Ministério Público/BA – 2010) Marque a alternativa correta dentre as assertivas abaixo:

(A) O Procurador-Geral de Justiça pode designar outro Promotor para funcionar em feito determinado, independentemente da concordância de seu Promotor de Justiça titular, desde que assim deliberado por iniciativa de um quarto dos integrantes do Colégio de Procuradores, ou mediante requerimento de legítimo interessado.
(B) A Procuradoria-Geral de Justiça, as Procuradorias de Justiça, o Conselho Superior do Ministério Público e a Corregedoria-Geral do Ministério Público são órgãos da Administração Superior do Ministério Público.
(C) Os Centros de Apoio Operacional são órgãos de execução do Ministério Público, destinados a realizar cursos, seminários, congressos, simpósios, pesquisas, atividades, estudos e publicações visando ao aprimoramento profissional e cultural dos membros da instituição, de seus auxiliares e funcionários, bem como a melhor execução de seus serviços e racionalização de seus recursos materiais.
(D) São exceções constitucionais à autonomia administrativa dos Ministérios Públicos dos Estados a nomeação do Procurador-Geral de Justiça pelo Chefe do Poder Executivo Estadual e sua destituição por deliberação da maioria absoluta do Poder Legislativo, na forma da lei complementar respectiva.
(E) Em caso de extinção do órgão de execução da Comarca, ou mudança da sede da Promotoria de Justiça, será facultado ao Promotor de Justiça remover-se para outra Promotoria de igual entrância ou categoria, ou obter a disponibilidade com subsídios proporcionais ao tempo de serviço, enquanto não for promovido.

A: Viola o princípio do promotor natural, extensão dos princípios descritos no art. 5º, LIII; no art. 127,§ 1º; no art. 128, § 5º, I, *b*, todos da CF; B: As procuradorias de justiça não integram a Administração Superior (art. 5º, I a IV, da Lei 8625/1993); C: São órgãos auxiliares (art. 8º, I e art. 33, I a V, ambos da Lei 8625/1993); D: Art. 9º, caput e § 2º, da Lei 8625/1993; E: Não reflete o disposto no art. 39 da Lei 8625/1993. Gabarito "D".

(Ministério Público/BA – 2010) Constitui garantia constitucional dos membros do Ministério Público:

(A) A vitaliciedade, após 5(cinco) anos de exercício.
(B) A inamovibilidade, salvo por motivo de interesse público, mediante decisão do órgão colegiado competente do Ministério Público, pelo voto da maioria absoluta de seus membros, assegurada ampla defesa.
(C) A perda do cargo somente por decisão administrativa de que não caiba mais recurso.
(D) Usar as vestes talares e as insígnias privativas do Ministério Público.
(E) Tomar assento à direita dos Juízes de primeira instância, ou do Presidente do Tribunal, Câmara ou Turma.

Art. 128, § 5º, I, "a" a "c", da CF. Gabarito "B".

(Ministério Público/ES – 2010 – CESPE) Com relação ao perfil constitucional do MP, assinale a opção correta.

(A) Constitui função institucional do MP promover a ação de inconstitucionalidade ou representação para fins de intervenção da União, nas hipóteses constitucionalmente estabelecidas.
(B) Compete ao STF elaborar a proposta orçamentária do MP em conformidade com os limites estabelecidos na lei de diretrizes orçamentárias.
(C) O procurador geral da República será nomeado pelo presidente da República para mandato de quatro anos, vedada a recondução.
(D) Constitui condição necessária para a destituição do procurador geral da República, por iniciativa do presidente da República, a autorização de um terço dos membros do Senado Federal.
(E) O procurador geral do DF e territórios poderá ser destituído por deliberação da maioria relativa dos membros da Câmara Legislativa do DF.

A: Art. 25, II, da Lei 8625/1993; B: Não reflete o disposto no art. 127, § 3º, da CF; C: Não reflete o disposto no art. 128, § 1º, da CF; D: O art. 128, § 2º, da CF exige maioria absoluta dos membros do Senado Federal; E: Não reflete o disposto no art. 128, § 4º, da CF. Gabarito "A".

(Ministério Público/ES – 2010 – CESPE) Com relação a deveres, vedações, impedimentos e suspeições dos membros do MP, assinale a opção correta.

(A) Havendo motivo de ordem íntima que iniba seu ofício, o membro do MP dar-se-á por suspeito.
(B) No MPE/ES, constitui dever do promotor de justiça titular residir na região metropolitana da Grande Vitória.
(C) É vedado ao membro do MP deter cotas de sociedade limitada que atue no ramo de prestação de serviços.
(D) É vedado ao membro do MP emitir juízo depreciativo sobre promoções, pareceres e decisões judiciais ou realizar crítica nos autos e em obras técnicas.
(E) O membro do MP estará impedido de participar de comissão de concurso quando concorrer seu cônjuge ou companheiro; tal impedimento alcança a situação em que parente consanguíneo ou afim em linha reta ou colateral participe do certame, limitando-se nessa situação ao segundo grau.

A: Art. 43, VII, da Lei 8625/1993; B: Deve residir, se titular, na respectiva comarca (art. 43, X, da Lei 8625/1993); C: O art. 44, III, da Lei 8625/1993 permite a participação como cotista; D: Vedação dirigida aos magistrados (art. 36, III, da LC 35/1979); E: Não se encontra entre as vedações previstas em lei, mas ao MP também cabe observar o princípio da moralidade. Gabarito "A".

(Ministério Público/MG – 2010 – FUNDEP) Segundo dicção expressa da Constituição Federal, compete ao Conselho Nacional do Ministério Público:

I. o controle da atuação administrativa e financeira do Ministério Público e do cumprimento dos deveres funcionais de seus membros;
II. rever mediante provocação, exclusivamente, os processos disciplinares de membros do Ministério Público da União ou dos Estados julgados há menos de um ano;
III. receber e conhecer as reclamações contra membros ou órgãos do Ministério Público da União ou dos Estados, inclusive contra seus serviços auxiliares, apenas no caso de omissão do órgão correicional da instituição;
IV. zelar pela autonomia funcional e administrativa do Ministério Público, podendo expedir atos regulamentares, no âmbito de sua competência, ou recomendar providências.

Está CORRETO o que se afirma

(A) apenas em I e III.
(B) apenas em II.
(C) apenas em I e IV.
(D) apenas em II e III.

Art. 130-A, § 2º, I a V, da CF. Gabarito "C".

(Ministério Público/MG – 2010 – FUNDEP) Analise as afirmativas abaixo relacionadas com o Ministério Público, a Constituição Federal de 1988 e a Emenda Constitucional n. 45/2004.

I. Os Procuradores-Gerais nos Estados e no Distrito Federal e Territórios poderão ser destituídos por deliberação da maioria absoluta do Poder Legislativo, na forma da lei complementar respectiva.
II. Leis complementares da União e dos Estados, cuja iniciativa é exclusiva dos respectivos Procuradores-Gerais, estabelecerão a organização, as atribuições e o estatuto de cada Ministério Público.
III. O membro do Ministério Público tem a garantia da inamovibilidade, salvo por motivo de interesse público, mediante decisão do órgão colegiado e competente da Instituição, pelo voto da maioria absoluta de seus membros, assegurada ampla defesa.
IV. Durante a execução orçamentária do exercício, não poderá haver a realização de despesas ou a assunção de obrigações que extrapolem os limites estabelecidos na lei de diretrizes orçamentárias, mesmo se ocorrer prévia autorização.

A análise permite concluir que

(A) apenas as afirmativas I e III estão corretas.
(B) apenas as afirmativas I e II estão corretas.
(C) apenas a afirmativa IV está correta.
(D) todas as afirmativas estão corretas.

I: Art. 128, § 4º, da CF; II: O art. 128, § 5º, da CF faculta a iniciativa aos Procuradores-Gerais; III: Art. 128, § 5º, I, b, da CF; IV: Exceto se previamente autorizadas (art. 127, § 6º, da CF). Gabarito "A".

(Ministério Público/MG – 2010.1) Considerando os princípios institucionais do Ministério Público, é INCORRETO afirmar

(A) Os Procuradores-Gerais de Justiça poderão ser destituídos por deliberação da maioria absoluta do Poder Legislativo respectivo.
(B) O Ministério Público do Distrito Federal, embora integre o Ministério Público da União, recebeu do constituinte tratamento diferenciado, pois, tal como os Ministérios Públicos dos Estados, seu chefe é desvinculado do Procurador-Geral da República e será escolhido pelo Presidente da República, mediante lista tríplice.
(C) É vedado ao Membro do Parquet o exercício de atividade político-partidária.
(D) Os integrantes do Ministério Público não poderão exercer a advocacia no juízo ou tribunal junto ao qual funcionaram antes de decorridos três anos do afastamento da carreira, por aposentadoria ou exoneração.
(E) Todas são incorretas.

A: "Os Procuradores-Gerais nos Estados e no Distrito Federal e Territórios poderão ser destituídos por deliberação da maioria absoluta do Poder Legislativo, na forma da lei complementar respectiva" (art. 128, § 4º, da CF); B: "Os Ministérios Públicos dos Estados e o do Distrito Federal e Territórios formarão lista tríplice dentre integrantes da carreira, na forma da lei respectiva, para escolha de seu Procurador-Geral, que será nomeado pelo Chefe do Poder Executivo, para mandato de dois anos, permitida uma recondução" (art. 128, § 3º, da CF); C: Os membros do MP não podem exercer outra função pública, a não ser uma de magistério (art. 128, § 5º, II, d, da CF), nem atividade político-partidária (art. 128, § 5º, II, e, da CF); D: Art. 128, § 6º, da CF; E: Ou seja, todas são corretas. Gabarito "E".

(MINISTÉRIO PÚBLICO/SE – 2010 – CESPE) Quanto ao poder investigatório do MP, segundo a jurisprudência do STF, assinale a opção correta.

(A) A outorga constitucional de funções de polícia judiciária à instituição policial não impede nem exclui a possibilidade de o MP determinar a abertura de inquéritos policiais, requisitar esclarecimentos e diligências investigatórias, sem prejuízo de outras medidas que lhe pareçam indispensáveis à formação da opinio delicti, além de conferir ao MP possibilidade de assumir a presidência do inquérito policial.
(B) A cláusula de exclusividade inscrita na CF no sentido de que a Polícia Federal destina-se a exercer, com exclusividade, as funções de polícia judiciária da União inibe a atividade de investigação criminal do MP.
(C) O MP, diante da fiscalização intraorgânica e daquela desempenhada pelo CNMP, não está permanentemente sujeito ao controle jurisdicional dos atos que pratique no âmbito das investigações penais que promova ex propria auctoritate.
(D) Há legitimidade constitucional no poder de investigar do MP, pois os organismos policiais (embora detentores da função de polícia judiciária) não têm, no sistema jurídico brasileiro, o monopólio da competência penal investigatória.
(E) Na seara criminal, o MP não possui poder de investigar, por autoridade própria, pois tal possibilidade não se encontra expressa na CF, de onde emergem, de modo taxativo, suas funções institucionais.

A: "A investigação penal, quando realizada por organismos policiais, será sempre dirigida por autoridade policial, a quem igualmente competirá exercer, com exclusividade, a presidência do respectivo inquérito. A outorga constitucional de funções de polícia judiciária à instituição policial não impede nem exclui a possibilidade de o Ministério Público, que é o dominus litis, determinar a abertura de inquéritos policiais, requisitar esclarecimentos e diligências investigatórias, estar presente e acompanhar, junto a órgãos e agentes policiais, quaisquer atos de investigação penal, mesmo aqueles sob regime de sigilo, sem prejuízo de outras medidas que lhe pareçam indispensáveis à formação da sua opinio delicti, sendo-lhe vedado, no entanto, assumir a presidência do inquérito policial, que traduz atribuição privativa da autoridade policial" (STF, HC 89.837, Rel. Min. Celso de Mello); B: "É perfeitamente possível que o órgão do Ministério Público promova a colheita de determinados elementos de prova que demonstrem a existência da autoria e da materialidade de determinado delito. Tal conclusão não significa retirar da Polícia Judiciária as atribuições previstas constitucionalmente, mas apenas harmonizar as normas constitucionais (arts. 129 e 144) de modo a compatibilizá-las para permitir não apenas a correta e regular apuração dos fatos supostamente delituosos, mas também a formação da *opinio delicti*. O art. 129, inciso I, da CF, atribui ao *Parquet* a privatividade na promoção da ação penal pública. Do seu turno, o CPP estabelece que o inquérito policial é dispensável, já que o Ministério Público pode embasar seu pedido em peças de informação que concretizem justa causa para a denúncia. Ora, é princípio basilar da hermenêutica constitucional o dos 'poderes implícitos' segundo o qual, quando a CF concede os fins, dá os meios. Se a atividade fim – promoção da ação penal pública – foi outorgada ao *parquet* em foro de privatividade, não se concebe como não lhe oportunizar a colheita de prova para tanto, já que o CPP autoriza que 'peças de informação' embasem a denúncia" (STF, HC 91.661, Rel. Min. Ellen Gracie); C: "O Ministério Público, sem prejuízo da fiscalização intra-orgânica e daquela desempenhada pelo Conselho Nacional do Ministério Público, está permanentemente sujeito ao controle jurisdicional dos atos que pratique no âmbito das investigações penais que promova *ex propria auctoritate*, não podendo, dentre outras limitações de ordem jurídica, desrespeitar o direito do investigado ao silêncio (*nemo tenetur se detegere*), nem lhe ordenar a condução coercitiva, nem constrangê-lo a produzir prova contra si próprio, nem lhe recusar o conhecimento das razões motivadoras do procedimento investigatório, nem submetê-lo a medidas sujeitas à reserva constitucional de jurisdição, nem impedi-lo de fazer-se acompanhar de advogado, nem impor, a este, indevidas restrições ao regular desempenho de suas prerrogativas profissionais (Lei 8.906/1994, art. 7°, *v.g.*)" (STF, HC 89.837, Rel. Min. Celso de Mello); D e E: "O poder de investigar compõe, em sede penal, o complexo de funções institucionais do Ministério Público, que dispõe, na condição de *dominus litis* e, também, como expressão de sua competência para exercer o controle externo da atividade policial, da atribuição de fazer instaurar, ainda que em caráter subsidiário, mas por autoridade própria e sob sua direção, procedimentos de investigação penal destinados a viabilizar a obtenção de dados informativos, de subsídios probatórios e de elementos de convicção que lhe permitam formar a *opinio delicti*, em ordem a propiciar eventual ajuizamento da ação penal de iniciativa pública" (STF, HC 89837, Rel. Min. Celso de Mello). Gabarito "D".

(MINISTÉRIO PÚBLICO/SE – 2010 – CESPE) Acerca das autonomias constitucionais, da estrutura organizacional e do regime jurídico do MP na CF, julgue os itens a seguir.

I. É possível a delegação legislativa em matéria relativa à organização do MP, à carreira e à garantia de seus membros.

II. Cabe ao MP zelar pelo efetivo respeito dos poderes públicos e dos serviços de relevância pública aos direitos assegurados na CF e promover as medidas necessárias à sua garantia. Essa é função autenticamente de defensor do povo, o chamado ombudsman.

III. A CF conferiu elevado status constitucional ao MP, desvinculando-o dos capítulos dos Poderes Legislativo, Executivo e Judiciário.

IV. A CF erigiu à condição de crime de responsabilidade do presidente da República os seus atos que atentem contra o livre exercício do MP.

V. São aplicáveis ao MP os decretos, os regulamentos e os atos normativos derivados que venham a ser expedidos pelo Poder Executivo, pois o MP deve submeter-se ao poder regulamentar do Poder Executivo.

Estão certos apenas os itens

(A) I, II e IV.
(B) I, II e V.
(C) I, III e V.
(D) II, III e IV.
(E) III, IV e V.

I: Errada, em razão da vedação contida no art. 68, § 1°, I, da CF; II: Art. 129, II, da CF; III: Encontra-se no Capítulo das Funções Essenciais à Justiça, ao lado, por exemplo, da Advocacia-Geral da União; IV: Art. 85, II, da CF; V: O MP é instituição autônoma (art. 127, § 2°, da CF). Gabarito "D".

(MINISTÉRIO PÚBLICO/SE – 2010 – CESPE) Julgue os itens abaixo, relativos aos princípios institucionais do MP.

I. Pelo princípio da indivisibilidade, quem está presente em qualquer processo é o MP, ainda que por intermédio de determinado promotor ou procurador de justiça, podendo os membros da instituição ser substituídos uns por outros no processo, nos casos legalmente previstos, sem que isso constitua alteração processual.

II. O procurador-geral de justiça pode impor procedimento funcional a membro do MP, mediante recomendação com caráter vinculativo, com vistas a servir aos interesses da lei.

III. O promotor de justiça que substitui outro no transcorrer de um processo fica vinculado ao parecer de seu antecessor.

IV. Nos planos administrativo e funcional, há subordinação hierárquica dos membros do MP à chefia e aos órgãos de direção superior da instituição.

V. Pelo princípio da unidade, todos os membros de determinado MP formam parte de único órgão, sob a direção do mesmo chefe, guiados pelos mesmos fundamentos e com as mesmas finalidades, constituindo, pois, uma única instituição.

Estão certos apenas os itens

(A) I e IV.
(B) I e V.
(C) II e III.
(D) II e IV.
(E) III e V.

I: Correta, devendo-se apenas registrar que não há unidade e indivisibilidade entre membros de ministérios públicos diversos; II e III: Erradas. Violam o princípio da independência funcional (art. 127, § 1°, da CF); IV: Não se pode falar em hierarquia funcional; V: Sim. De acordo com Hugo Nigro Mazzilli, *unidade* significa que os membros do MP integram um só órgão, sob a direção de um só chefe. Gabarito "B".

(Ministério Público/SP – 2010) É incorreto afirmar ser função institucional do Ministério Público:

(A) promover, privativamente, a ação penal pública, na forma da lei.
(B) zelar pelo efetivo respeito dos poderes públicos e dos serviços de relevância pública aos direitos assegurados na Constituição, promovendo medidas necessárias a sua garantia.
(C) promover o inquérito civil e, privativamente, a ação civil pública, para a proteção do patrimônio público e social, do meio ambiente e de outros interesses difusos e coletivos.
(D) defender judicialmente os direitos e interesses das populações indígenas.
(E) exercer o controle externo da atividade policial, na forma de suas leis orgânicas.

Art. 129, I a IX, da CF. Gabarito "C".

(Ministério Público/DF – 2009) Em relação ao Conselho Nacional do Ministério Público, assinale a alternativa correta.

(A) Compete-lhe o controle da atuação administrativa e financeira do Ministério Público e do cumprimento dos deveres funcionais de seus membros.
(B) Compete-lhe zelar pela autonomia funcional e administrativa do Ministério Público, não podendo expedir atos regulamentares ou recomendar providências.
(C) Compete-lhe receber e conhecer as reclamações contra membros ou órgãos do Ministério Público da União ou dos Estados, inclusive contra seus serviços auxiliares, sem prejuízo da competência disciplinar e correicional da instituição, podendo avocar processos disciplinares em curso, determinar a remoção, a disponibilidade ou a aposentadoria com subsídios ou proventos integrais e aplicar outras sanções administrativas, assegurada ampla defesa.
(D) Compete-lhe rever, de ofício ou mediante provocação, os processos disciplinares de membros do Ministério Público da União ou dos Estados julgados há menos de 5 anos.
(E) Compete-lhe elaborar relatório bienal, propondo as providências que julgar necessárias sobre a situação do Ministério Público no País e as atividades do Conselho.

Art. 130-A, § 2°, I a V, da CF. Gabarito "A".

(Ministério Público/MA – 2009) Ao lado da vitaliciedade e irredutibilidade de subsídios, os membros do Ministério Público têm como garantia para livre atuação a "inamovibilidade", que por força constitucional atualmente só pode ser rompida:

(A) por interesse público, mediante decisão do órgão colegiado competente do Ministério Público, pelo voto de dois terços de seus membros;
(B) por interesse público, mediante decisão do órgão colegiado competente do Ministério Público, pelo voto da maioria absoluta de seus membros;
(C) por interesse público, comprovada a prática de falta funcional grave, mediante decisão do órgão colegiado competente do Ministério Público, pelo voto de dois terços de seus membros;

(D) por interesse público e cometida falta funcional grave, mediante decisão do órgão colegiado competente do Ministério Público, pelo voto da maioria absoluta de seus membros; e
(E) por interesse público, desde que seja cometida falta funcional grave, mediante decisão do órgão colegiado competente do Ministério Público, pelo voto da maioria simples de seus membros.

Art. 128, § 5º, I, *b*, da CF. Gabarito "B".

(Ministério Público/PR – 2009) Analise as seguintes assertivas e assinale a alternativa correta:

I. O Conselho Nacional do Ministério Público compõe-se de quatorze membros nomeados pelo Presidente da República, depois de aprovada a escolha pela maioria absoluta do Senado Federal, para um mandato de dois anos, vedada a recondução;
II. o Procurador-Geral da República integra e preside o Conselho Nacional do Ministério Público;
III. incumbe ao Supremo Tribunal Federal indicar dois juízes que integrarão o Conselho Nacional do Ministério Público;
IV. incumbe ao Senado Federal indicar dois cidadãos de notável saber jurídico e reputação ilibada que integrarão o Conselho Nacional do Ministério Público;
V. o Presidente do Conselho Federal da Ordem dos Advogados do Brasil oficiará junto ao Conselho Nacional do Ministério Público.

(A) Todas as assertivas estão corretas;
(B) Apenas as assertivas I, II, III e IV estão corretas;
(C) Apenas as assertivas I e II estão corretas;
(D) Apenas as assertivas II, III e V estão corretas;
(E) Apenas as assertivas II e V estão corretas.

I: Errada. É admitida uma recondução (art. 130-A, *caput*, da CF); II: Art. 130-A, I, da CF; III: Um indicado pelo STF e outro pelo STJ (art. 130-A, IV, da CF); IV: Um pela Câmara dos Deputados e outro pelo Senado Federal (art. 130-A, VI, da CF); V: Art. 130-A, § 4º, da CF. Gabarito "E".

(Ministério Público/MG - 2008) Consagrou a Carta da República o controle externo através do Conselho Nacional do Ministério Público o qual tem desempenhado função de efetivo órgão de democratização e transparência, sendo INCORRETO afirmar que:

(A) compõe-se de quatorze membros nomeados pelo Presidente da República, depois de aprovada a escolha pela maioria absoluta do Senado Federal, para um mandato de dois anos, admitida uma recondução.
(B) tem-se na composição do CNMP o Procurador-Geral da República, que o preside; quatro membros do Ministério Público da União, assegurada a representação de cada uma de suas carreiras; quatro membros do Ministério Público dos Estados; dois juízes, um indicado pelo Supremo Tribunal Federal e outro pelo Superior Tribunal de Justiça; um advogado, indicado pelo Conselho Federal da Ordem dos Advogados do Brasil; e dois cidadãos de notável saber jurídico e reputação ilibada, indicados um pela Câmara dos Deputados e outro pelo Senado Federal.
(C) compete ao Conselho Nacional do Ministério Público o controle da atuação administrativa e financeira do Ministério Público e do cumprimento dos deveres funcionais de seus membros, cabendo-lhe, dentre outras, zelar pela autonomia funcional e administrativa do Ministério Público, podendo expedir atos regulamentares, no âmbito de sua competência, ou recomendar providências.
(D) ao Conselho Nacional do Ministério Público a Constituição Federal deu poderes para, de ofício ou mediante provocação, zelar pela legalidade dos atos administrativos praticados por membros ou órgãos do Ministério Público da União e dos Estados, podendo desconstituí-los, revê-los ou fixar prazo para que se adotem as providências necessárias ao exato cumprimento da lei, sem prejuízo da competência dos Tribunais de Contas.
(E) compete ao Conselho do Ministério Público rever, de ofício ou mediante provocação, os processos disciplinares de membros do Ministério Público da União ou dos Estados julgados há menos de um ano.

A: Art. 130-A, *caput*, da CF; B: Não reflete o disposto nos incisos do art. 130-A da CF; C: Art. 130-A, § 2º, I, da CF; D: Art. 130-A, § 2º, II, da CF; E: Art. 130-A, § 2º, IV, da CF. Gabarito "B".

(Ministério Público/RR – 2008 – CESPE) A CF foi o instrumento que representou, no contexto da nova ordem normativa, o elemento decisivo de consolidação jurídico-institucional do Ministério Público (MP). A Carta da República, ao dispensar singular tratamento normativo ao MP, redesenhou o novo perfil constitucional e outorgou a essa instituição e a seus membros atribuições inderrogáveis, explicitando a sua destinação político-institucional, ampliando as suas funções jurídicas e deferindo-lhes, de maneira muito expressiva, garantias e autonomias inéditas na estrutura estatal. Acerca desse assunto, julgue os itens de 6 a 10, de acordo com a doutrina, a CF e a legislação referente ao MP.

(1) Considere a seguinte situação hipotética. Um promotor de justiça lotado na promotoria do júri da capital paulista foi especificamente designado pelo procurador-geral de justiça para atuar, excepcionalmente, em um caso de grande repercussão ocorrido no interior paulista e que, a princípio, seria de atribuição do promotor de São José do Rio Preto – SP. Nessa situação, de acordo com o regime jurídico do MP, a conduta do procurador-geral foi correta.
(2) De acordo com o regime jurídico do MP, poderá ser homologada pelo procurador-geral da República, chefe do Ministério Público Federal, solicitação de promotor de justiça do estado da Bahia que deseje permutar seu cargo público com procurador da República lotado em Brasília, desde que ambos concordem com a mudança de trabalho.
(3) Por serem parte do Ministério Público da União, o Ministério Público Federal, o do Trabalho, o Militar e o do DF e Territórios devem ser presididos por um integrante do Ministério Público do DF, por ser o DF sede do poder federal.
(4) Considere que uma candidata seja aprovada em primeiro lugar no concurso para promotora do Meio Ambiente do Ministério Público do DF e deseje atuar, quando entrar em exercício, no âmbito judicial do STJ, como membro do parquet que exerce as funções de custos legis em turma desse tribunal. Nessa situação, de acordo com o regime jurídico do MP, o procurador-geral da República não pode aceitar a solicitação da candidata.
(5) Mesmo que ministro de Estado seja preso por crime de responsabilidade em Brasília/DF, não cabe a promotor criminal da capital da República denunciar o referido delito perante o STF.

1: Viola o princípio do promotor natural, extensão dos princípios descritos no art. 5º, LIII; no art. 127,§ 1º; no art. 128, § 5º, I, *b*, todos da CF; 2: Promotores de Justiça integram o Ministério Público Estadual e Procuradores da República são membros do Ministério Público Federal que, por sua vez, faz parte do Ministério Público da União (art. 128, I, *a* e II, da CF). O ingresso nos cargos depende de aprovação prévia em concurso público (art. 37, II, da CF); 3: Não reflete o disposto no art. 128, § 1º, da CF; 4: Reflete o disposto no art. 44, parágrafo único, no art. 47, § 1º e no art. 66, todos da LC 75/1993. 5: Art. 52, I, da CF. Gabarito 1E, 2E, 3E, 4C, 5C.

(Ministério Público/SP – 2008) Com relação ao disposto na Constituição Federal, considere as seguintes afirmações:

I. Os Ministérios Públicos dos Estados e o do Distrito Federal e Territórios formarão lista tríplice dentre integrantes da carreira, na forma da lei respectiva, para escolha de seu Procurador-Geral, que será nomeado pelo Chefe do Poder Executivo, para mandato de dois anos, não sendo permitida a sua recondução.
II. É garantida aos membros do Ministério Público a inamovibilidade, salvo por motivo de interesse público, mediante decisão do órgão colegiado competente do Ministério Público, pelo voto da maioria absoluta de seus membros, assegurada ampla defesa.
III. É vedado ao membro do Ministério Público exercer atividade político-partidária.
IV. A distribuição de processos no Ministério Público será imediata, salvo por motivo relevante, devendo o Procurador-Geral de Justiça, nos casos dos Estados, encaminhar a devida motivação ao presidente do Tribunal Estadual.

Estão corretas somente as assertivas

(A) I e IV.
(B) II e III.
(C) III e IV.

(D) I, II e III.
(E) II, III e IV.

I: Não reflete o disposto no art. 128, § 3º, da CF. II: Art. 128, § 5º, I, b, da CF. III: Art. 128, § 5º, II, e, da CF. IV: Não reflete o disposto no art. 129, § 5º, da CF. Gabarito "B".

(Ministério Público/SP – 2006) Assinale a alternativa incorreta.

Além de outras funções cometidas nas Constituições Federal, Estadual, na Lei Orgânica e demais leis, compete ao Ministério Público, dentro de suas esferas de atribuições:

(A) propor ação de inconstitucionalidade de leis ou atos normativos estaduais ou municipais, em face à Constituição Estadual e ingressar em juízo, de ofício, para responsabilizar os gestores do dinheiro público condenados por tribunais e conselhos de contas.
(B) promover, privativamente, a ação penal pública, interpondo recursos cabíveis, inclusive ao Supremo Tribunal Federal e ao Superior Tribunal de Justiça.
(C) ajuizar ações de responsabilidade por danos causados aos investidores no Mercado de Valores Mobiliários ou de responsabilidade de ex-administradores de instituições financeiras sob intervenção ou liquidação extrajudicial, bem como ação revocatória em caso de falência.
(D) exercer a fiscalização dos estabelecimentos prisionais e dos que abriguem idosos, menores, incapazes ou pessoas com deficiência.
(E) oficiar junto à Justiça Eleitoral de primeira Instância, atender a qualquer do povo, tomando as providências cabíveis, sendo-lhe vedada a impetração de habeas corpus.

A: Art. 25, I e VIII, da Lei 8.625/1993; B: Art. 25, III e IX, da Lei 8.625/1993; C: Art. 295, I, da LC 734/1993, do Estado de São Paulo, e art. 46, parágrafo único, da Lei 6.024/1974; D: Art. 25, VI, da Lei 8.625/1993; E: A parte final não reflete o disposto no art. 654 do CPP. A primeira parte está correta (art. 37 da LC 75/1993 e art. 32, II, da Lei 8.625/1993). Gabarito "E".

(Ministério Público/TO – 2006 – CESPE) No que respeita ao regime constitucional do MP, assinale a opção correta.

(A) De acordo com o entendimento predominante na jurisprudência atual, o MP está legitimado a ajuizar ação civil pública para atacar tributos que padeçam de inconstitucionalidade, pois, assim fazendo, o órgão busca obrigar a administração pública a observar os direitos e garantias fundamentais e as normas constitucionais concernentes à administração e à ordem tributária.
(B) Os membros do MP aprovados em concurso público somente adquirem vitaliciedade após aprovação no estágio probatório; se, porém, um membro do MP for nomeado para vaga no chamado quinto constitucional, passará a ter aquela garantia no momento da posse.
(C) Assim como ocorre com o presidente da República, procurador-geral da República pode ser reconduzido apenas uma vez na função, conquanto não precisa desincompatibilizar-se, como aquele.
(D) Se um promotor de justiça e um procurador da República se considerarem simultaneamente competentes para instaurar procedimento investigatório criminal acerca de determinado fato, caberá ao procurador-geral da República decidir conflito de atribuições que se instaurar para resolver divergência.

A: De acordo com jurisprudência do STF e do STJ, não cabe ACP em matéria tributária (art. 1º, parágrafo único, da Lei 7.347/1985); B: Art. 128, I, a, da CF e art. 22, I, da LC 35/1979; C: O PGR pode ser reconduzido, na forma do art. 128, § 1º, da CF. Já o Presidente da República pode ser reeleito (art. 14, § 5º, da CF); D: O STF conferiu maior abrangência ao art. 102, I, f, da CF, ante o fato de estarem envolvidos órgão da União e de Estado-membro, para entender que é sua a competência para solução do caso. Ver CJ 5133/RS; CJ 5267/GB; MS 22042 QO/RR, Pet 3528/BA. Gabarito "B".

(Ministério Público/BA – 2005) Assinale a alternativa correta:

(A) O Ministério Público da União apenas abrange o Ministério Público Federal, o Ministério Público do Trabalho e o Ministério Público Militar.
(B) O Ministério Público da União abrange o Ministério Público Federal, o Ministério Público do Trabalho e o Ministério Público do Distrito Federal e dos Territórios.
(C) O Ministério Público da União abrange o Ministério Público Federal, o Ministério Público do Trabalho, o Ministério Público Militar e o Ministério Público do Distrito Federal e dos Territórios.
(D) O Ministério Público da União abrange apenas o Ministério Público Federal e o Ministério Público do Distrito Federal e dos Territórios, já que os demais são órgãos que atuam perante a Justiça Especial.
(E) O Ministério Público da União, além do disposto no item "b" desta questão, abrange ainda o Ministério Público dos Estados, já que a União engloba todos os Entes da Federação, indistintamente.

Art. 128, I, da CF. Gabarito "C".

(Procurador do Estado/PE – CESPE – 2009) No que se refere às funções essenciais da justiça, assinale a opção correta.

(A) O Ministério Público Eleitoral é um componente do MP da União.
(B) Os membros do Ministério Público Militar que atuam na Justiça Militar de 1.ª instância compõem a estrutura do MP estadual.
(C) A imunidade processual conferida aos advogados não abrange o delito de calúnia.
(D) Os defensores públicos estaduais podem exercer a advocacia privada, desde que fora das suas atribuições institucionais, e em horário em que não esteja no exercício do cargo de defensor público.
(E) Aos advogados públicos será assegurada a estabilidade após dois anos de efetivo exercício, certificados por avaliação de desempenho.

A: O MPU é formado pelo Ministério Público Federal, Ministério Público do Trabalho, Ministério Público Militar e Ministério Público do Distrito Federal e Territórios (art. 128, I, a a d, da CF); B: O Ministério Público Militar, que integra o Ministério Público da União, não se confunde com o Ministério Público Estadual; C: Sim. O advogado é inviolável pelos atos e manifestações, desde que nos limites da lei (art. 133 da CF); D: Vedação expressa no art. 134, § 1º, da CF. Gabarito "C".

(Procurador do Estado/SC – 2009) Assinale a alternativa correta, com respeito ao modelo constitucional, federal e estadual brasileiro.

(A) A Advocacia Geral da União tem como correspondente estadual a Procuradoria Geral de Justiça.
(B) É de competência do Ministério Público propor ao Poder Legislativo a criação e extinção dos seus cargos e serviços auxiliares, observados os limites de despesa com pessoal.
(C) Não é possível conferir aos membros do Ministério Público o status de agentes políticos, pois a natureza da instituição é ontologicamente atrelada ao Poder Executivo, tendo apenas independência funcional.
(D) Cabe ao Poder Executivo a formulação de proposta orçamentária do Ministério Público, dentro dos limites estabelecidos pela Lei de Diretrizes Orçamentárias.
(E) Os Procuradores Gerais nos Estados poderão ser destituídos por deliberação por maioria simples do Poder Legislativo, na forma de lei complementar respectiva.

A: A AGU integra carreiras de advocacia pública, assim como as Procuradorias dos Estados e dos Municípios. A Procuradoria-Geral de Justiça faz parte do Ministério Público Estadual; B: Art. 127, § 2º, da CF; C: Na CF de 1967 o Ministério Público integrava o Poder Judiciário e na Carta de 1969 o Poder Executivo. A Constituição de 1988 não incluiu o Ministério Público nos capítulos referentes aos poderes Legislativo, Executivo ou Judiciário, mas previu suas regras em capítulo à parte; daí doutrina e jurisprudência afirmarem que a CF lhe conferiu status de verdadeiro "quarto poder". São princípios institucionais do Ministério Público a unidade, a indivisibilidade e a independência funcional; D: É elaborada pelo próprio Ministério Público (art. 127, § 3º, da CF); E: Os Procuradores-Gerais nos Estados e no Distrito Federal e Territórios poderão ser destituídos por deliberação da maioria absoluta do Poder Legislativo, na forma da lei complementar respectiva (art. 128, § 4º, da CF). Gabarito "B".

(Procurador do Estado/SP – FCC – 2009) Em atenção às normas constitucionais pertinentes à advocacia pública, os Procuradores dos Estados e do Distrito Federal

(A) exercem, com exclusividade, a representação judicial e extrajudicial das respectivas unidades federadas.
(B) exercem, privativamente, a consultoria jurídica dos Poderes Executivo, Legislativo e Judiciário das respectivas unidades federadas.

(C) podem, representando o Estado, propor ações civis públicas para a proteção do meio ambiente ou de outros interesses difusos.
(D) devem, obrigatoriamente, contestar todas as ações populares propostas em face da unidade federada que representam.
(E) podem, representando o Estado, propor ações diretas de inconstitucionalidade perante o Supremo Tribunal Federal ou o Tribunal de Justiça.

A: O STF já decidiu que não existe exclusividade. V. STF, ADIn 1557, Rel. Min. Ellen Gracie: "A Procuradoria-Geral do Distrito Federal é a responsável pelo desempenho da atividade jurídica consultiva e contenciosa exercida na defesa dos interesses da pessoa jurídica de direito público Distrito Federal. Não obstante, a jurisprudência desta Corte reconhece a ocorrência de situações em que o Poder Legislativo necessite praticar em juízo, em nome próprio, uma série de atos processuais na defesa de sua autonomia e independência frente aos demais Poderes, nada impedindo que assim o faça por meio de um setor pertencente a sua estrutura administrativa, também responsável pela consultoria e assessoramento jurídico de seus demais órgãos"; B: Exercem a representação judicial e a consultoria jurídica das respectivas unidades federadas (Poder Executivo); C: Art. 5º, III, da LACP (Lei 7347/1985); D: As pessoas jurídicas de direito público ou de direito privado, cujo ato seja objeto de impugnação via ação popular, poderá abster-se de contestar o pedido, ou poderá atuar ao lado do autor, desde que isso se afigure útil ao interesse público, a juízo do respectivo representante legal ou dirigente (art. 6º, § 3º, da Lei 4717/1965); E: A legitimidade é do Governador de Estado ou do Distrito Federal (art. 103, V, da CF). Gabarito "C".

(Procuradoria Distrital – 2007) Assinale a opção correta:
(A) O Ministério Público é parte legítima para propor ação civil pública que impugna instituição inconstitucional de tributo.
(B) O Ministério Público não pode ajuizar ação civil pública que tenha por causa relação jurídica regulada pelo Código de Defesa do Consumidor.
(C) O Ministério Público Federal não tem legitimidade para propor ação de improbidade administrativa contra autoridades do Distrito Federal.
(D) O Ministério Público junto ao Tribunal de Contas do Distrito Federal integra o Ministério Público do Distrito Federal e Territórios.
(E) É juridicamente legítimo que uma sentença em ação civil pública movida pelo Ministério Público afirme a inconstitucionalidade de lei.

A: De acordo com jurisprudência do STF e do STJ, não cabe ACP em matéria tributária (art. 1º, parágrafo único, da Lei 7.347/1985); B: Não reflete o disposto no art. 6º, VII, c, da LC 75/1993; no art. 25, IV, a, da Lei 8.625/1993; no art. 1º, II, c/c o art. 5º, I, da Lei 7.347/1995 e no art. 82, I, da Lei 8.078/1990; C: O Ministério Público Federal terá legitimidade para propor ação civil pública contra autoridade do Distrito Federal se estiver presente interesse da União, na forma do art. 17 da Lei 8.429/1992. Como exemplo, pode-se citar a ação que vise condenar o agente distrital por ato de improbidade administrativa que cause lesão ao erário federal (art. 10 da Lei 8.429/1992) por malversação de fundos com recursos federais; D: O MP junto aos Tribunais de Contas é órgão especial, e sua regulamentação segue o disposto na Lei 8.443/1992 (arts. 80 a 84); E: Sim, desde que a questão constitucional seja aventada como fundamento de outra pretensão, na análise da inconstitucionalidade como *causa de pedir* e não como *pedido principal*. De acordo com a jurisprudência do STF, a ACP não pode ser utilizada como sucedâneo de ADIn, pois, ante sua eficácia *erga omnes*, constituiria verdadeiro controle concentrado de constitucionalidade. Gabarito "E".

(Procurador do Estado/RR – 2006 – FCC) Os Procuradores dos Estados, segundo a Constituição Federal, integram a advocacia pública e devem ser organizados em carreira, sendo-lhes assegurada
(A) autonomia funcional e administrativa.
(B) a iniciativa de sua proposta orçamentária dentro dos limites da lei de diretrizes orçamentárias.
(C) a indicação do chefe da instituição mediante elaboração de lista tríplice de integrantes da carreira.
(D) inamovibilidade, salvo por motivo de interesse público, mediante decisão do órgão colegiado competente, pelo voto da maioria de seus membros, após ampla defesa.
(E) estabilidade após três anos de efetivo exercício, mediante avaliação de desempenho perante os órgãos próprios, após relatório circunstanciado das corregedorias.

A e B: A CF não prevê autonomia funcional e administrativa para as Procuradorias estaduais, como o faz, *e.g.*, para as Defensorias estaduais (art. 134, § 2º, da CF); C, D: Não há norma nesse sentido na CF; E: Art. 132, parágrafo único, da CF. Gabarito "E".

(Procurador do Estado/RR – 2006 – FCC) O Ministério Público do Trabalho integra o
(A) Ministério Público Federal.
(B) Ministério do Trabalho.
(C) Ministério Público da União.
(D) Ministério Público do Distrito Federal e Territórios.
(E) Ministério Público dos Estados.

Art. 128, I, b, da CF. Gabarito "C".

(Defensoria/ES – 2009 – CESPE) No que diz respeito à organização e às funções essenciais do Poder Judiciário, julgue os itens seguintes.
(1) A atividade jurisdicional deve ser ininterrupta, sendo vedadas férias coletivas nos juízos e tribunais, devendo ainda haver juízes em plantão permanente nos dias em que não houver expediente forense normal.
(2) Compete ao Ministério Público estadual instaurar inquérito civil público para apurar irregularidades em contratos firmados por sociedade de economia mista de capital majoritário da União, desde que não se trate de hipótese de defesa do patrimônio nacional ou dos direitos dos cidadãos.
(3) A defensoria pública, conforme previsto na lei de regência, tem legitimidade para propor ação civil pública na defesa do meio ambiente.

1: As férias coletivas foram vedadas para os juízos e tribunais de segundo grau (art. 93, XII, da CF); 2: Ao decidir a ACO-AgR 1.233, o STF concluiu que compete ao Ministério Público Estadual atuar nos casos em que se apuram atos de improbidade administrativa competidos por agentes públicos no âmbito de sociedade de economia mista federal; 3: Art. 4º, VII, da LC 80/1994. Gabarito 1E, 2C, 3C.

(Defensoria/MA – 2009 – FCC) A Constituição da República estabelece que, assim como os membros das carreiras da Advocacia Pública, os integrantes das Defensorias Públicas
(A) exercem atividade essencial à função jurisdicional do Estado, incumbindo aos integrantes das carreiras mencionadas a orientação jurídica e a defesa, em todos os graus, dos que comprovarem insuficiência de recursos.
(B) ingressarão na carreira em cargos de classe inicial, providos mediante concurso público de provas e títulos, com a participação da Ordem dos Advogados do Brasil em todas as suas fases.
(C) gozam das garantias de inamovibilidade e estabilidade após dois anos de efetivo exercício das funções respectivas.
(D) poderão exercer a advocacia fora das atribuições institucionais, nas hipóteses previstas na lei complementar que organizar a carreira.
(E) serão remunerados por subsídio fixado em parcela única, vedado o acréscimo de gratificação, adicional, abono, prêmio, verba de representação ou outra espécie remuneratória.

A: Defende os necessitados (art. 134, *caput*, da CF); B: Não há essa previsão no art. 134, § 1º, da CF; C: A CF garante a inamovibilidade. A estabilidade é adquirida após três anos de efetivo exercício; D: A advocacia é vedada (art. 134, § 1º, da CF); E: Art. 39, § 4º, da CF. Gabarito "E".

(Defensoria/MA – 2009 – FCC) A autonomia funcional da Defensoria Pública, assegurada pela Constituição Federal, significa que
(A) os Defensores Públicos têm independência funcional.
(B) os membros do Ministério Público e do Poder Judiciário não são hierarquicamente superiores aos Defensores Públicos.
(C) o Defensor Público Geral deve ser eleito pela carreira, através de lista tríplice, nomeando o Governador o mais votado.
(D) o controle da utilização dos recursos orçamentários da Defensoria Pública será interno e exercido pelo Conselho Superior.
(E) a Defensoria Pública deve conduzir suas atividades na forma da lei, visando à plena realização das suas atribuições institucionais, sem subordinação alguma ao Poder Executivo, cujos atos normativos não a alcançam.

Art. 134, § 2º, da CF e art. 97-A da LC 80/1994. Gabarito "E".

(Defensoria/PA – 2009 – FCC) De acordo com a disciplina constitucional da Defensoria Pública é INCORRETO afirmar que

(A) às Defensorias Públicas cabe a iniciativa de sua proposta orçamentária, dentro dos limites estabelecidos na lei de diretrizes orçamentárias.
(B) cabe à Lei Complementar da União prescrever normas gerais para a organização da Defensoria Pública nos Estados.
(C) aos defensores públicos foi assegurada a garantia da inamovibilidade.
(D) cabe aos Estados-membros estabelecer os limites do exercício da advocacia fora das atribuições institucionais dos defensores públicos.
(E) às Defensorias Públicas estaduais são asseguradas autonomia funcional e administrativa.

Art. 134, §§ 1º e 2º, da CF, onde consta vedação expressa à advocacia. "Gabarito "D".

(Delegado/GO – 2009 – UEG) Sobre as funções essenciais à Justiça, é CORRETO afirmar:

(A) o advogado é indispensável à administração da Justiça, sendo inviolável por seus atos e manifestações, no exercício da profissão e fora dela, nos termos da lei.
(B) é função institucional do Ministério Público a requisição de diligências investigatórias e da instauração de inquérito policial.
(C) o acesso às carreiras da Advocacia Pública é feito mediante concurso público de provas ou de provas e títulos.
(D) o controle externo da atividade policial é atribuição da Defensoria Pública, nos termos de lei.

A: Apenas no exercício da profissão e nos limites da lei (art. 133 da CF); B: Art. 129, VIII, da CF; C: Mediante concurso de provas e títulos (art. 131, § 2º, da CF); D: Função do Ministério Público (art. 129, VII, da CF). "Gabarito "B".

(Delegado/SC – 2008) Sobre o Ministério Público - MP, instituição permanente, essencial à função jurisdicional do Estado, incumbindo-lhe a defesa da ordem jurídica, do regime democrático e dos interesses sociais e individuais indisponíveis, assinale a alternativa correta.

(A) É vedado aos membros do MP participação em sociedade comercial, salvo autorização da maioria absoluta do Senado.
(B) É assegurada aos membros do MP garantia da inamovibilidade, salvo por motivo de interesse público, por decisão do órgão colegiado competente e voto da maioria relativa de seus membros.
(C) O MP abrange o Ministério Público da União, que compreende o Ministério Público do Trabalho. Em caso de greve em atividade essencial, com possibilidade de lesão do interesse público, o Ministério Público do Trabalho poderá ajuizar dissídio coletivo, competindo à Justiça do Trabalho decidir o conflito.
(D) O Ministério Público da União tem por chefe o Procurador Geral da República, sendo que sua destituição se dá por iniciativa do Presidente da República, devendo ser precedida de autorização da maioria absoluta da Câmara dos Deputados.

A: Não reflete o disposto no art. 128, § 5º, II, c, da CF; B: Não reflete o disposto no art. 128, § 5º, I, b, da CF; C: Art. 128, I, b e art. 114, § 3º, ambos da CF; D: Não reflete o disposto no art. 128, § 2º, da CF. "Gabarito "C".

(Magistratura Federal-5ª Região – 2011) A respeito da administração pública e das funções essenciais à justiça, assinale a opção correta.

(A) Conforme entendimento do STF, compete ao STJ dirimir conflito negativo de competência entre o Ministério Público Federal e o MP de determinado estado.
(B) A CF submeteu os empregados das empresas públicas e das sociedades de economia mista ao teto remuneratório da administração pública, limitando expressamente a aplicação de tal determinação aos casos em que tais empresas recebam recursos da fazenda pública para custeio em geral ou gasto com pessoal.
(C) Segundo entendimento do STF, membro do MP pode exercer cargo ou função pública em órgão externo à organização do MP, ainda que tenha ingressado na instituição após a promulgação da CF.
(D) Assim como as cortes de contas, as defensorias públicas estão organizadas nas esferas federal, estadual e municipal, com autonomia funcional e administrativa assegurada pela CF.
(E) A garantia da inamovibilidade é conferida, pela CF, aos membros do MP, da advocacia pública e da defensoria pública.

A: Não há, na Constituição da República, previsão expressa do tribunal competente para julgar conflito de atribuição entre ramos distintos do Ministério Público. O STF conferiu maior abrangência ao art. 102, I, f, da CF, ante o fato de estarem envolvidos órgão da União e de Estado-membro, para entender que é sua a competência para solução do caso. Ver CJ 5133/RS; CJ 5267/GB; MS 22042 QO/RR, Pet 3528/BA; B: Art. 37, XI e § 9º, da CF; C: O STF entende que, para os membros que ingressaram após a CF/88, é vedado o exercício de outra função pública (art. 128, § 5º, II, "d", da CF); D: Não há defensoria pública municipal (art. 134, caput, §§ 1º e 2º, da CF); E: Apenas aos membros do MP, da defensoria dos estados e do DF, e da magistratura (art. 95, II; art. 128, § 5º, I, "b"; e art. 134, § 1º, todos da CF). "Gabarito "B".

(Magistratura Federal/1ª Região – 2009 – CESPE) Quanto às funções essenciais à justiça, julgue os itens subsequentes.

I. CF enumera, em rol taxativo, as funções institucionais do MP.
II. Norma constitucional que impõe a citação prévia do advogado-geral da União para promover a defesa de ato ou texto impugnado em ação direta de inconstitucionalidade é compreendida com moderação, pelo STF, pois o Advogado-geral da União não está obrigado a defender tese jurídica se sobre a inconstitucionalidade dela a Corte Suprema já fixou entendimento.
III. De acordo com entendimento do STF, será considerada constitucional a norma estadual que atribuir à defensoria pública do estado a defesa judicial dos servidores públicos estaduais processados civil ou criminalmente em razão do regular exercício do cargo, pois a CF não restringe as atribuições da defensoria pública à assistência aos que comprovarem insuficiência de recursos.
IV. Conforme posicionamento do STF, será constitucional norma estadual que atribuir o exercício das funções dos membros do MP especial no tribunal de contas do estado aos membros do MP estadual.
V. Segundo o STF, o advogado privado deve comprovar efetiva habilitação profissional, demonstrando a regularidade de sua inscrição na Ordem dos Advogados do Brasil, sob pena de inexistência dos atos processuais praticados.

Estão certos apenas os itens
(A) I e II.
(B) I e IV.
(C) II e V.
(D) III e IV.
(E) III e V.

I: O rol do art. 129 da CF é exemplificativo; II: O AGU funciona como curador da constitucionalidade das leis (art. 103, § 3º, da CF). Entretanto, é importante registrar que o STF recentemente entendeu "ser necessário fazer uma interpretação sistemática, no sentido de que o § 3º do art. 103 da CF concede à AGU o direito de manifestação, haja vista que exigir dela defesa em favor do ato impugnado em casos como o presente, em que o interesse da União coincide com o interesse do autor, implicaria retirar-lhe sua função primordial que é a defender os interesses da União (CF, art. 131). Além disso, a despeito de reconhecer que nos outros casos a AGU devesse exercer esse papel de contraditora no processo objetivo, constatou-se um problema de ordem prática, qual seja, a falta de competência da Corte para impor-lhe qualquer sanção quando assim não procedesse, em razão da inexistência de previsão constitucional para tanto" (ADIn 4309/TO, Rel. Min. Cezar Peluso). V. Informativo STF 562/2009; III: Ao apreciar a ADIn 3022, Rel. Min. Joaquim Barbosa, o STF concluiu que a norma extrapola o modelo da Constituição Federal (art. 134), o qual restringe as atribuições da Defensoria Pública à assistência jurídica a que se refere o art. 5º, LXXIV; IV: ADIn 3307, Rel. Min. Cármen Lúcia: "O Ministério Público Especial, cujas atividades funcionais sejam restritas ao âmbito dos Tribunais de Contas, não se confunde nem integra o Ministério Público comum. É obrigatória a adoção, pelos Estados, do modelo federal de organização do Tribunal de Contas da União e do Ministério Público que perante ele atua. Aplicação do princípio da simetria"; V: MS 21730, Rel. Min. Celso de Mello: "A exigência da comprovação de efetiva habilitação profissional do advogado que atua em juízo constitui prerrogativa conferida aos magistrados pelo próprio Estatuto da Ordem dos Advogados do Brasil (art. 65). A exigência judicial de comprovação da regularidade da habilitação profissional do advogado não traduz, enquanto providencia expressamente autorizada pela lei, comportamento processual que possa ser qualificado como arbitrário, especialmente naqueles casos em que a atuação desse operador do Direito gera duvidas fundadas quanto a sua qualificação para o exercício da Advocacia. - A ausência de demonstração da regular inscrição do mandatário judicial nos quadros da OAB gera, uma vez decorrido o prazo assinado pelo juiz, a inexistência dos atos processuais praticados". "Gabarito "C".

(Procurador Federal – 2010 – CESPE) Acerca de direitos, deveres e responsabilidades dos membros da AGU, julgue os itens que se seguem.

(1) Segundo o STJ, a Corregedoria-Geral da AGU pode promover a abertura de processo administrativo disciplinar contra procurador da União para apurar indícios de violação aos seus deveres funcionais quando este exara, reiteradamente, pareceres jurídicos que confrontam pareceres normativos vinculantes da AGU.

(2) O advogado-geral da União, diretamente ou mediante delegação, pode autorizar a realização de acordos ou transações, em juízo, para terminar o litígio nas causas de valor de até R$ 500.000,00 que tratem do patrimônio imobiliário da União.

(3) É vedado aos membros da AGU e de seus órgãos vinculados exercer a advocacia privada e figurar como sócio em sociedade de advogados, mesmo durante o período de gozo de licença para tratar de interesses particulares, ou de licença incentivada sem remuneração, ou durante afastamento para o exercício de mandato eletivo, salvo o exercício da advocacia em causa própria e a advocacia pro bono.

1: V. STJ, MS 13861, Rel. Min. Arnaldo Esteves: "1. A correição efetuada pela Corregedoria-Geral da Advocacia da União pode e deve adentrar na formação do mérito jurídico em pareceres emitidos por membros da Advocacia-Geral da União – AGU, para concluir pela existência de indícios de inobservância das leis e de orientações consolidadas no âmbito da Administração Pública. 2. O aprofundamento das questões de fato e de direito discutidas nos processos administrativos em que emitidos os pareceres jurídicos questionados deve se dar no curso do processo disciplinar. O que se requer da correição é a simples evidência de indícios, hábeis a fundamentar uma investigação mais aprofundada. Não se coaduna com essa fase preliminar o exaurimento da matéria debatida. 3. Constitui justa causa, ou motivo determinante, hábil a ensejar a abertura de processo administrativo disciplinar, a existência de indícios de manifestações jurídicas de membro da Advocacia-Geral da União que se apresentem, de forma sistemática, contrárias a pareceres normativos da AGU, aprovados pelo Presidente da República."; 2: O art. 1º da Lei 9.469/1997 estabelece o limite de R$ 500.000,00, mas não prevê que o litígio deva versar sobre patrimônio imobiliário da União; 3: Orientação Normativa nº 27/AGU. Gabarito 1C, 2E, 3C

(Procurador da Fazenda Nacional – 2007.2 – ESAF) Assinale a opção correta.

(A) A Advocacia-Geral da União é a instituição que, diretamente ou através de órgão vinculado, representa a União judicialmente, cabendo-lhe, nos termos da lei que dispuser sobre sua organização e funcionamento, as atividades de consultoria e assessoramento jurídico ao Poder Executivo.

(B) Os Procuradores dos Estados e do Distrito Federal, organizados em carreira, na qual o ingresso dependerá de concurso público de provas e títulos, com a participação da Ordem dos Advogados do Brasil em todas as suas fases, exercerão a representação judicial e extrajudicial, a consultoria e a assessoria jurídicas das respectivas unidades federadas.

(C) A Advocacia-Geral da União tem por chefe o Advogado-Geral da União, de livre nomeação pelo Presidente da República, após argüição pública e aprovação pelo Senado Federal, dentre cidadãos maiores de trinta e cinco anos, de notável saber jurídico e reputação ilibada.

(D) O ingresso nas classes iniciais das carreiras da Advocacia-Geral da União far-se-á mediante concurso público de provas e títulos.

(E) O ingresso nas classes iniciais das carreiras da Advocacia-Geral da União far-se-á mediante concurso público de provas e títulos, com a participação da Ordem dos Advogados do Brasil na última fase.

A: Não reflete o disposto no art. 131 da CF; B: Não reflete o disposto no art. 132 da CF; C: Não reflete o disposto no art. 131, § 1º, da CF; D, E: Art. 131, § 2º, da CF. Gabarito "D".

(Procurador da Fazenda Nacional – 2007.2 – ESAF) Compete à Procuradoria-Geral da Fazenda Nacional, expressamente nos termos da Constituição, que, no caso da norma que contém a resposta certa a esta questão da prova, também determina a observância do seu comando ao disposto em lei:

(A) a representação da União na execução da dívida ativa de natureza tributária, no exercício de função essencial à Justiça.

(B) a representação judicial e extrajudicial da União na execução da dívida ativa de natureza tributária e não-tributária, no exercício ou não de função essencial à Justiça.

(C) a representação da União na execução da dívida ativa e consolidada de natureza tributária, no exercício ou não de função essencial à Justiça.

(D) a representação judicial da União na execução da dívida interna de natureza tributária ou não-tributária, no exercício de função essencial à Justiça.

(E) a representação judicial da União na execução da dívida ativa de natureza tributária e não-tributária, no exercício de função essencial à Justiça.

Art. 131, § 3º, da CF. Gabarito "A".

(Advogado da União/AGU – CESPE – 2009) No que se refere à atuação da Advocacia-Geral da União, julgue os próximos itens.

(1) O Advogado-Geral da União, ministro por determinação legal, obteve da Carta da República tratamento diferenciado em relação aos demais ministros de Estado, o que se constata pelo estabelecimento de requisitos mais rigorosos para a nomeação — idade mínima de 35 anos, reputação ilibada e notório conhecimento jurídico —, bem como pela competência para o julgamento dos crimes de responsabilidade, visto que ele será sempre julgado pelo Senado Federal, ao passo que os demais ministros serão julgados perante o STF, com a ressalva dos atos conexos aos do presidente da República.

(2) Quando o STF apreciar a inconstitucionalidade, em tese, de norma legal ou ato normativo, compete ao Advogado-Geral da União exercer a função de curador especial do princípio da presunção de constitucionalidade da norma, razão pela qual não poderá, em hipótese alguma, manifestar-se pela inconstitucionalidade do ato impugnado.

1: O AGU tem *status* de Ministro de Estado (art. 1º, parágrafo único, da Lei 8682/1993). Os requisitos para nomeação estão listados no art. 131, § 1º, da CF. V., tb, art. 52, II, da CF; 2: O STF recentemente entendeu "ser necessário fazer uma interpretação sistemática, no sentido de que o § 3º do art. 103 da CF concede à AGU o direito de manifestação, haja vista exigir dela defesa em favor do ato impugnado em casos como o presente, em que o interesse da União coincide com o interesse do autor, implicaria retirar-lhe sua função primordial que é a defender os interesses da União (CF, art. 131). Além disso, a despeito de reconhecer que nos outros casos a AGU devesse exercer esse papel de contraditora no processo objetivo, constatou-se um problema de ordem prática, qual seja, a falta de competência da Corte para impor-lhe qualquer sanção quando assim não procedesse, em razão da inexistência de previsão constitucional para tanto" (ADIn 4309/TO, Rel. Min. Cezar Peluso). V. *Informativo STF* 562/2009. Gabarito 1C, 2E

(MAGISTRATURA DO TRABALHO – 1ª REGIÃO – 2010 – CESPE) Acerca da AGU e da consultoria jurídica dos estados e do DF, assinale a opção correta.

(A) O chefe da AGU é escolhido, entre os membros das carreiras desse órgão, pelo presidente da República.

(B) Considerando-se que os procuradores do DF exercem a representação judicial do DF, é vedado ao Poder Legislativo distrital praticar, em juízo, atos processuais em nome próprio.

(C) A CF assegura aos procuradores dos estados e do DF estabilidade após dois anos de efetivo exercício, mediante avaliação de desempenho perante os órgãos próprios, após relatório circunstanciado das corregedorias.

(D) De acordo com o disposto na CF e com entendimento do STF, a representação judicial de tribunal regional federal, por se tratar de órgão da União destituído de personalidade jurídica, cabe à AGU.

(E) Segundo a CF, o ingresso nas classes iniciais das carreiras da AGU far-se-á mediante concurso público de provas e títulos, com a participação da Ordem dos Advogados do Brasil em todas as suas fases.

A: O cargo é de livre nomeação e exoneração (art. 131, § 1º, da CF); B: V. STF, ADIn 1557, Rel. Min. Ellen Gracie: "A Procuradoria-Geral do Distrito Federal é a responsável pelo desempenho da atividade jurídica consultiva e contenciosa exercida na defesa dos interesses da pessoa jurídica de direito público Distrito Federal. Não obstante, a jurisprudência desta Corte reconhece a ocorrência de situações em que o Poder Legislativo necessite praticar em juízo, em nome próprio, uma série de atos processuais na defesa de sua autonomia e independência frente aos demais Poderes, nada impedindo que assim o faça por meio de um setor pertencente a sua estrutura administrativa, também responsável pela consultoria e assessoramento jurídico de seus demais órgãos"; C: Após três anos (art. 132, parágrafo único, da CF); D: V. STF, Rcl 8025/SP, Rel. Min. Eros Grau. No precedente, o STF entendeu, por maioria, que a representação judicial do Tribunal Regional Federal da 3ª Região por advogado privado, constituído pelo Presidente do Tribunal Regional Federal da 3ª Região, é ilegítima, pois a representação judicial do Poder Judiciário é função institucional da Advocacia-Geral da União, desconsiderando a sustentação oral realizada; E: O art. 131, § 2º, da CF não exige participação da OAB para os concursos das carreiras da AGU. "D." Gabarito

(Magistratura do Trabalho – 3ª Região – 2009) Assinale a assertiva ("a" a "e") correta em relação aos enunciados de I a V, observada a Constituição da República:

I. Na execução de dívida ativa de natureza tributária, a representação da União cabe à Procuradoria-Geral da Fazenda Nacional;

II. É vedada a edição de medidas provisórias sobre matéria que vise a detenção ou sequestro de bens, de poupança popular ou qualquer outro ativo financeiro.

III. Os pagamentos devidos pela Fazenda Federal, Estadual ou Municipal, em virtude de sentença judiciária, far-se-ão exclusivamente na ordem cronológica de apresentação dos precatórios e à conta dos créditos respectivos, proibida a designação de casos ou de pessoas nas dotações orçamentárias e nos créditos adicionais abertos para este fim.

IV. Nas hipóteses de grave lesão de direitos humanos, o Procurador-Geral da República, com a finalidade de assegurar o cumprimento de obrigações decorrentes de tratados internacionais de direitos humanos dos quais o Brasil seja parte, poderá suscitar, perante o Superior Tribunal de Justiça, em qualquer fase do inquérito ou processo, incidente de deslocamento de competência para a Justiça Federal.

V. São estáveis após dois anos de efetivo exercício os servidores nomeados para cargo de provimento efetivo em virtude de concurso público.

(A) somente um enunciado é verdadeiro
(B) somente dois enunciados são verdadeiros
(C) somente três enunciados são verdadeiros
(D) somente quatro enunciados são verdadeiros
(E) todos os enunciados são verdadeiros

I: Art. 131, § 3º, da CF; II: Art. 62, § 1º, II, da CF; III: O art. 100, *caput*, da CF refere-se, também, à Fazenda Distrital; IV: Art. 109, § 5º, da CF; V: São estáveis após três anos (art. 41, *caput*, da CF). Gabarito "C."

(Ministério Público do Trabalho – 14º) Examine as proposições abaixo e assinale a alternativa CORRETA.

I. A Justiça do Trabalho detém competência para o processamento e julgamento dos mandados de segurança, apenas quando o ato questionado for praticado por seus membros.

II. A legitimação constitucional para promover a ação civil pública para a proteção de interesses difusos e coletivos é exclusiva do Ministério Público.

III. Com a criação do Conselho Nacional do Ministério Público, a independência funcional no Ministério Público foi relativizada, considerando que cabe ao Conselho rever, de ofício ou mediante provocação, os atos praticados pelos membros da Instituição.

(A) apenas o item I é correto;
(B) apenas o item II é correto;
(C) apenas o item III é correto;
(D) nenhum está correto;
(E) não respondida.

I: Não reflete o disposto no art. 114, IV, da CF. II: Não reflete o disposto no art. 129, § 1º, da CF. III: Não reflete o disposto no art. 130-A, § 2º, II, da CF. O CNMP só pode rever ato **administrativo** do Ministério Público, sem imiscuir-se no mérito do ato, analisando apenas sua legalidade. Gabarito "D."

(Ministério Público do Trabalho – 13º) Quanto às funções essenciais à Justiça:

I. as funções do Ministério Público só podem ser exercidas por integrantes da carreira, que deverão residir na comarca da respectiva lotação, salvo autorização do chefe da instituição;

II. os Procuradores dos Estados e do Distrito Federal, organizados em carreira, na qual o ingresso dependerá de concurso público de provas e títulos, com a participação da Ordem dos Advogados do Brasil em todas as suas fases, exercerão a representação judicial e a consultoria jurídica das respectivas unidades federadas, assegurando-se-lhes estabilidade após três anos de efetivo exercício, mediante avaliação de desempenho perante os órgãos próprios, após relatório circunstanciado das corregedorias;

III. à Defensoria Pública incumbe a orientação jurídica e a defesa, em todos os graus, dos necessitados, assim considerados, pela Constituição Federal, os que comprovarem insuficiência de recursos.

Analisando-se as asserções acima, pode-se concluir que:

(A) todas estão corretas;
(B) todas estão incorretas;
(C) apenas a de número I está correta;
(D) apenas a de número III está incorreta;
(E) não respondida.

I: Art. 129, § 2º, da CF; II: Art. 132, *caput* e parágrafo único, da CF; III: Art. 134 da CF. Gabarito "A."

(CESPE – 2007) Acerca das funções essenciais à justiça, assinale a opção correta.

(A) Integra o Ministério Público da União o Ministério Público do Tribunal de Contas da União (TCU).
(B) Compete ao Conselho Nacional do Ministério Público o controle da atuação administrativa e financeira do Ministério Público, sem prejuízo do controle exercido pelo Tribunal de Contas.
(C) Os advogados da União representam a União, judicial e extrajudicialmente, inclusive no que se refere à execução da dívida ativa.
(D) Às defensorias públicas é assegurada autonomia funcional e administrativa.

A: art. 73 da CF; B: art. 130-A, § 2º e inciso II, da CF; C: art. 131, § 3º, da CF; D: art. 134, § 2º, da CF. Gabarito "B."

14. DEFESA DO ESTADO

(Magistratura/SP – 2011 – VUNESP) Leia as afirmativas quanto à segurança pública.

I. É exercida pela polícia federal, polícia rodoviária federal, polícia ferroviária federal, polícias civis, polícias militares e corpos de bombeiros militares.

II. Os Municípios poderão constituir guardas municipais destinadas à proteção de seus bens, serviços e instalações.

III. Compete à União organizar e manter a polícia civil, a polícia militar e o corpo de bombeiros militar do Distrito Federal.

IV. Compete à polícia federal exercer, em concorrência com as polícias civis estaduais, as funções de polícia judiciária da União.

É correto apenas o que se afirma em

(A) II, III e IV.
(B) I, III e IV.
(C) I e II.
(D) IV.
(E) I, II e III.

I: Art. 144, I a V, da CF; II: Art. 144, § 8º, da CF; III: Art. 21, XIV, da CF; IV: Atribuição exclusiva da Polícia Federal (art. 144, § 1º, IV, da CF). Gabarito "E."

(Magistratura/SP – 2009 – VUNESP) Sobre as Forças Armadas, é correto afirmar que

(A) ao militar é proibida a greve, mas não a sindicalização.
(B) enquanto no serviço ativo, o militar pode estar filiado a partido político desde que não ocupe cargo de direção.
(C) o militar em atividade, que tomar posse em cargo ou emprego público civil permanente, será transferido para a reserva, nos termos da lei.
(D) em tempo de guerra, os eclesiásticos ficam isentos do serviço militar obrigatório.

A: O art. 142, § 3º, IV, da CF proíbe tanto a sindicalização quanto a greve; B: Atividade vedada pelo art. 142, § 3º, V, da CF; C: Art. 142, § 3º, II, da CF; D: O art. 143, § 2º, da CF garante a isenção em tempos de paz, com os encargos que a lei os atribuir. Gabarito "C".

(Magistratura/AL – 2008 – CESPE) Acerca da defesa do Estado e das instituições democráticas, assinale a opção correta.

(A) As imunidades dos deputados federais e dos senadores previstas na CF subsistirão mesmo no estado de sítio, não havendo possibilidade de sua suspensão.
(B) O estado de defesa autoriza a convocação extraordinária do Congresso Nacional pelo presidente da República.
(C) A emenda à CF, mesmo na hipótese de estado de defesa ou de estado de sítio, necessita de maioria e carece, para sua aprovação, de votação em cada casa do Congresso Nacional, em dois turnos, considerando-se aprovada se obtiver, em ambos, três quintos dos votos dos respectivos membros.
(D) O estado de defesa autoriza a restrição ao direito de reunião, ainda que exercida no seio das associações, ao sigilo de correspondência e ao sigilo de comunicação telegráfica e telefônica.
(E) Às polícias civis, dirigidas por delegados de polícia de carreira, incumbem, ressalvada a competência da União, as funções de polícia judiciária e a apuração de infrações penais, inclusive eleitorais e militares.

A: Não reflete o disposto no art. 53, § 8º, da CF; B: Não reflete o disposto no art. 57, § 6º, I e II, da CF; C: Não reflete o disposto no art. 60, § 1º, da CF; D: Art. 136, § 1º, I, a, da CF; E: Não reflete o disposto no art. 144, § 4º, da CF. Gabarito "D".

(Magistratura/DF – 2007) Sobre Segurança Pública, nos termos da Constituição Federal, é correto afirmar:

(A) Compete à Polícia Federal prevenir e reprimir o tráfico ilícito de entorpecentes e drogas afins, o contrabando e o descaminho, sem prejuízo da ação fazendária e de outros órgãos públicos nas respectivas áreas de competência;
(B) Os corpos de bombeiros militares são órgãos de segurança pública e não executam atividades de defesa civil;
(C) Às polícias civis, dirigidas por delegados de carreira, incumbem, ressalvada a competência da União, as funções de polícia judiciária e a apuração de infrações penais, inclusive as militares;
(D) Os Municípios não poderão constituir guardas municipais destinadas à proteção de seus serviços.

A: Art. 144, § 1º, II, da CF; B: Não reflete o disposto no art. 144, § 5º, da CF; C: Não reflete o disposto no art. 144, § 4º, da CF; D: Não reflete o disposto no art. 144, § 8º, da CF. Gabarito "A".

(Magistratura/TO – 2007 – CESPE) Acerca da defesa do Estado e das instituições democráticas, assinale a opção correta.

(A) O estado de defesa, que visa restabelecer a ordem na hipótese de comoção grave de repercussão nacional, é instituído por meio de decreto do presidente da República e deve ser submetido ao Congresso Nacional.
(B) Somente na hipótese de decretação do estado de sítio, os Conselhos da República e de Defesa Nacional devem ser ouvidos previamente pelo presidente da República, embora essa manifestação não seja vinculativa.
(C) Conforme a doutrina majoritária, o Poder Judiciário pode reprimir abusos e ilegalidades cometidos nos estados de defesa e de sítio, mas não pode perquirir acerca da existência ou não da conveniência e oportunidade política para a sua decretação.
(D) Conforme entendimento do Superior Tribunal de Justiça (STJ), à Polícia Federal compete, com exclusividade, apurar as infrações penais cuja prática tenha repercussão interestadual ou internacional e exija repressão uniforme.

A: Não reflete o disposto no art. 137, I, da CF. V., tb., art. 136, §§ 1º e 4º, da CF; B: Os dois Conselhos também são ouvidos na decretação do estado de defesa (art. 136 da CF). O Conselho da República e o de Defesa Nacional são órgãos de consulta (arts. 89 e 91, § 1º, II da CF), que não vinculam o Presidente da República; C: A possibilidade de controle pelo Judiciário tem sede no art. 5º, XXXV, da CF. Entretanto, conforme lição de Manuel Gonçalves Ferreira Filho, não cabe a análise do mérito discricionário, que pertence ao Executivo (na hipótese de estado de defesa), e ao Executivo com o Legislativo (no caso de estado de sítio); D: Não reflete o disposto no art. 144, § 1º, I, da CF. Gabarito "C".

(Ministério Público/ES – 2010 – CESPE) A respeito da intervenção federal nos estados, assinale a opção correta.

(A) Um dos princípios expressamente consignados na CF que possibilitam o cabimento da representação interventiva pelo procurador-geral da República é o da independência e harmonia entre os poderes.
(B) Segundo o STF, as hipóteses de omissão administrativa e de prática de ato concreto com violação aos direitos da pessoa humana ensejam a possibilidade de manejo da representação interventiva do ente estatal.
(C) De acordo com a CF, na hipótese de recusa à execução de lei federal, a representação interventiva será julgada pelo STJ.
(D) Na hipótese de inobservância dos princípios constitucionais — forma republicana, sistema representativo e regime democrático —, a decretação da intervenção dependerá de solicitação do Poder Legislativo, do Poder Executivo ou de requisição do STF.
(E) A jurisprudência do STF entende que somente caberá representação interventiva para combater ato normativo estadual apto a ofender, de modo efetivo ou potencial, qualquer dos princípios sensíveis elencados na CF.

A: O art. 34, VII, da CF lista os "princípios constitucionais sensíveis", dentre os quais não se encontra a separação de poderes; B: Com fundamento no art. 34, VII, b, da CF; C: A competência é do STF (art. 36, III, da CF); D: A intervenção por desrespeito aos princípios constitucionais sensíveis (art. 34, VII, da CF) depende de provimento, pelo STF, de representação formulada pelo Procurador-Geral da República (art. 36, III, da CF); E: As hipóteses de intervenção estadual em municípios estão arroladas no art. 35, I a IV, da CF. Gabarito "B".

(Ministério Público/MG – 2010 – FUNDEP) Sobre o Instituto da Intervenção, previsto nos artigos 34, 35 e 36, da Constituição Federal, assinale a afirmativa INCORRETA.

(A) Não obstante tratar-se de ato eminentemente de natureza política, a intervenção pode sujeitar-se ao controle jurisdicional.
(B) O decreto de intervenção, que especificará a amplitude, o prazo e as condições de execução e que, se couber, nomeará o interventor, será submetido à apreciação do Congresso Nacional ou da Assembleia Legislativa do Estado.
(C) A União não intervirá nos Estados nem no Distrito Federal, exceto para, e também, pôr termo a grave comprometimento da ordem pública.
(D) Cessados os motivos da intervenção, as autoridades afastadas de seus cargos a estes voltarão, em qualquer hipótese.

A: Sim, ante o princípio da inafastabilidade do controle pelo Poder Judiciário (art. 5º, XXXV, da CF); B: Art. 36, § 1º, da CF; C: Art. 34, III, da CF; D: Salvo impedimento legal (art. 36, § 4º, da CF). Gabarito "D".

(Ministério Público/SE – 2010 – CESPE) Com relação à segurança pública, à polícia ostensiva e à polícia judiciária, assinale a opção correta.

(A) A segurança pública é dever da União e tem como objetivo fundamental a preservação da ordem pública e da incolumidade das pessoas e do patrimônio.
(B) Os municípios que tiverem mais de vinte mil habitantes podem constituir guardas municipais destinadas à proteção de seus bens, serviços e instalações.
(C) Às polícias civis competem, ressalvada a competência da União, as funções de polícia judiciária e a apuração de infrações penais, exceto as militares.

(D) Compete privativamente à União legislar sobre normas de organização, efetivos, material bélico e garantias, convocação e mobilização das polícias militares e dos corpos de bombeiros militares, bem como sobre normas de organização, garantias, direitos e deveres das polícias civis.

(E) As polícias militares e os corpos de bombeiros militares subordinam-se aos governadores dos estados, com exceção do DF, onde a subordinação se dá em relação ao chefe de governo da União.

A: É dever do Estado (não apenas da União), direito e responsabilidade de todos (art. 144 da CF); B: O art. 144, § 8º, da CF não limita a criação de guardas municipais aos municípios com mais de vinte mil habitantes; C: Art. 144, § 4º, da CF; D: A primeira parte está correta (art. 22, XXI, da CF), mas quanto às polícias civis a competência é concorrente (art. 24, XVI, da CF); E: As polícias militares e corpos de bombeiros militares, forças auxiliares e reserva do Exército, subordinam-se, juntamente com as polícias civis, aos Governadores dos Estados, do Distrito Federal e dos Territórios (art. 144, § 6º, da CF). Gabarito "C".

(Ministério Público/SP – 2010) Assinale a alternativa em que a intervenção do Estado no Município dispensa apreciação pela Assembléia Legislativa:

(A) quando a dívida fundada deixar de ser paga, sem motivo de força maior, por dois anos consecutivos.

(B) na hipótese de não serem prestadas contas devidas, na forma da lei.

(C) quando não tiver sido aplicado o mínimo exigido da receita municipal na manutenção e desenvolvimento do ensino e nas ações e serviços públicos de saúde.

(D) no caso de o Tribunal de Justiça der provimento a representação para assegurar a observância de princípios indicados na Constituição estadual, ou para prover a execução de lei, de ordem ou de decisão judicial.

(E) em todas hipóteses acima mencionadas.

Art. 36, § 3º, da CF, que remete ao art. 35, IV, da Constituição. Gabarito "D".

(Ministério Público/RO – 2008 – CESPE) A respeito da organização dos poderes, assinale a opção correta.

(A) Caso um deputado federal, que também seja radialista, ao promover uma mesa de debates no seu programa de rádio, injurie um famoso empresário, nessa hipótese, conforme precedentes do STF, o deputado não poderá ser responsabilizado pela injúria praticada, já que possui imunidade material quanto a suas opiniões, palavras e votos.

(B) Caso o governador de determinado estado tenha sido processado pelo MP estadual perante o STJ por crime comum, nessa hipótese, a previsão, na Constituição estadual, de que o governador somente será processado após licença da respectiva assembléia legislativa não será óbice ao seguimento da ação penal, já que tal dispositivo é inconstitucional.

(C) Diante do parâmetro normativo constitucional relativo ao presidente da República, é constitucional a norma, prevista em Constituição estadual, que assegure ao governador do estado imunidade contra a prisão cautelar penal.

(D) O MP não tem competência para buscar a reparação civil junto aos infratores, assim identificados em uma comissão parlamentar de inquérito.

(E) Conforme preceitua a CF, o presidente da República poderá delegar ao procurador-geral da República o poder de extinguir cargos públicos, quando vagos.

A: A imunidade parlamentar não aproveita os atos praticados sem vinculação com o exercício do mandato. V. STF, RE 210.917, Rel. Min. Sepúlveda Pertence; B: Aplicação, por simetria, do disposto no art. 51, I, da CF; C: O art. 86, § 3º, da CF, não contém regra nesse sentido e, por isso, não há falar em simetria; D: Não reflete o disposto no art. 58, § 3º, parte final, da CF; E: Art. 84, parágrafo único, da CF. Gabarito "E".

(Ministério Público/RO – 2008 – CESPE) Acerca do Poder Judiciário e do MP, assinale a opção correta.

(A) Compete ao STJ julgar o conflito de atribuições entre o MP federal e o estadual.

(B) Caso mandado de segurança impetrado contra ministro de Estado seja concedido, caberá recurso ordinário, contra essa decisão, para a instância superior.

(C) Compete ao STF julgar reclamação contra decisões judiciais ou atos administrativos que venham a contrariar decisão anterior proferida em sede de controle abstrato de constitucionalidade, reconhecendo-se a legitimidade ativa ad causam a todos que comprovem prejuízo oriundo das decisões ou atos administrativos impugnados.

(D) Os procuradores-gerais de justiça dos estados e do DF serão nomeados pelos respectivos governadores, após formação de lista tríplice escolhida por meio de eleições internas em cada órgão, somente podendo ser destituídos por deliberação da maioria absoluta do Poder Legislativo competente.

(E) Compete ao Conselho Nacional do Ministério Público o controle da atuação administrativa e financeira do MP e do cumprimento dos deveres funcionais de seus membros, inclusive a orientação no que se refere à forma como proceder nos autos judiciais e administrativos de sua competência, com vistas a proporcionar maior padronização e celeridade.

A: O STF conferiu maior abrangência ao art. 102, I, f, da CF, ante o fato de estarem envolvidos órgão da União e de Estado-membro, para entender que é sua a competência para solução do caso. Ver CJ 5133/RS; CJ 5267/GB; MS 22042 QO/RR, Pet 3528/BA; B: Em caso de concessão da ordem pelo STJ (art. 105, I, b, da CF), não cabe recurso ordinário para o STF (art. 102, II, a, da CF); C: Após o julgamento da Rcl 1.880/SP, Rel. Min. Maurício Corrêa, o Supremo passou a admitir reclamação proposta por qualquer pessoa afetada pela desobediência à decisão proferida em controle abstrato, desde que comprovasse interesse de agir; D: Não reflete o disposto no art. 128, § 3º, da CF; E: Não reflete o disposto no art. 130-A, § 2º, da CF. Gabarito "C".

(Ministério Público/TO – 2006 – CESPE) No referente à defesa do Estado e das instituições democráticas, assinale a opção correta.

(A) Os mecanismos de defesa da Constituição não estão sujeitos a controle de prazo, pois podem vigorar de acordo com apreciação discricionária do presidente da República.

(B) A Constituição de 1988 determina que a polícia federal é a polícia judiciária da União, razão pela qual apenas ela pode investigar fatos que constituam delitos contra o poder público federal, conforme entendimento já firmado pelos tribunais superiores.

(C) A fixação dos pressupostos e requisitos de validade para decretação dos chamados estados constitucionais de emergência somente pode ser feita pela própria Constituição, não por normas infraconstitucionais.

(D) Com as últimas reformas da Constituição, os militares adquiriram o direito de sindicalizar-se, mas não pode participar de reuniões fora do serviço portando armas.

A: Não reflete o disposto no art. 136, § 1º, e no art. 138, ambos da CF; B: O art. 144, § 1º, IV, da CF, não fez da investigação criminal uma função exclusiva da Polícia Federal, apenas se referindo ao exercício da função de polícia judiciária da União, qual seja, a de auxiliar o Poder Judiciário. A função de apurar infrações penais está prevista no art. 144, § 4º, da CF, que não estabelece nenhuma cláusula de exclusividade; C: Só a Constituição pode excepcionar direitos e garantias nela previstos; D: Não reflete o disposto no art. 142, § 3º, IV, da CF. Gabarito "C".

(Procurador do Estado/PE – CESPE – 2009) Em razão da decretação do estado de calamidade pública no sistema de saúde de um município do estado de Pernambuco, o presidente da República efetuou a requisição de bens e serviços municipais do único hospital municipal existente. Nessa situação hipotética, a requisição de bens e serviços municipais efetuada pela União é

(A) constitucional, pois foi decretado o estado de calamidade pública.

(B) constitucional, pois a União pode requisitar a qualquer tempo bens e serviços municipais.

(C) inconstitucional, pois a requisição de bens e serviços municipais pode ser efetuada apenas pelo estado e, não, pela União.

(D) inconstitucional, pois não cabe ao presidente da República fazer a requisição desses bens e serviços, mas sim ao Congresso Nacional, por lei específica.

(E) inconstitucional, pois é inadmissível a requisição de bens e serviços públicos municipais pela União em situação de normalidade institucional, sem a prévia decretação do estado de defesa ou de sítio.

Se não decretado o estado de defesa, vige normalmente o pacto federativo estabelecido pela CF, razão por que a União não pode legitimamente requisitar bens municipais. Entretanto, caso decretado o estado de defesa, com fundamento em calamidade pública (art. 136, *caput*, da CF), uma das medidas possíveis é a ocupação e uso temporário de bens e serviços públicos (art. 136, § 1º, II, da CF). Gabarito "E".

(Procurador do Estado/SP – FCC – 2009) Alistado para o serviço militar, jovem recusa-se a cumprir atividades de caráter militar. Alega que, professando orientação marxista-leninista, tem a convicção de que o Estado utiliza violência para oprimir a classe trabalhadora e que as Forças Armadas são um poder a serviço dessa opressão. A alternativa que expressa a correta solução constitucional para esse conflito é:

(A) A Constituição não admite em qualquer hipótese escusa fundamentada em convicção política por ferir o princípio da isonomia.
(B) A Constituição admite escusa de prestação de serviço militar somente por motivos religiosos, mas impõe cumprimento de prestação alternativa fixada em lei.
(C) Escusa fundamentada em convicção política não acarreta sanção se ocorrer em tempo de paz e for cumprida prestação alternativa fixada em lei.
(D) A Constituição admite em tese a escusa, mas neste caso a convicção política alegada contraria a ordem democrática e não pode ser aceita, acarretando necessariamente perda dos direitos políticos.
(E) Escusa fundamentada em convicção política não acarreta sanção se for cumprida prestação alternativa fixada em lei, mesmo em caso de guerra declarada.

A chamada "escusa de consciência" encontra-se prevista no art. 143, § 1º, da CF, cujo texto refere-se apenas ao tempo de paz e estabelece a prestação de serviço alternativo. A negativa em prestar serviço alternativo gera perda de direitos políticos, na forma do art. 15, IV, da CF. Gabarito "C".

(Delegado/GO – 2009 – UEG) São atribuições da Polícia Federal:

(A) apurar infrações penais contra a ordem pública e social ou em detrimento de bens, serviços e interesses da União ou de suas entidades autárquicas e empresas públicas, assim como outras infrações cuja prática tenha repercussão regional ou interestadual e exija repressão uniforme, segundo se dispuser em lei.
(B) prevenir e reprimir o tráfico ilícito de entorpecentes e drogas afins, o contrabando e o descaminho, sem prejuízo da ação fazendária e de outros órgãos públicos nas respectivas áreas de competência.
(C) exercer, concorrentemente com as polícias civis e militares, as funções de polícia judiciária da União.
(D) exercer as funções de polícia marítima, fluvial, aeroportuária e de fronteiras.

Art. 144, § 1º, I a IV, da CF. Gabarito "B".

(Delegado/GO – 2009 – UEG) Sobre a vigência do estado de defesa, é CORRETO afirmar:

(A) é permitida a incomunicabilidade do preso.
(B) a prisão ou detenção de qualquer pessoa não poderá ser superior a quinze dias, salvo quando autorizada pelo Poder Judiciário.
(C) a comunicação da prisão será acompanhada de declaração, pela autoridade, do estado físico e mental do detido no momento de sua autuação.
(D) a prisão por crime contra o Estado, determinada pelo executor da medida, será por este comunicada imediatamente ao juiz competente, que a relaxará, se não for legal, facultado ao preso requerer exame de corpo de delito à autoridade judiciária.

Art. 136, § 3º, I a IV, da CF. Gabarito "C".

(Delegado/PI – 2009 – UESPI) Levando-se em consideração as normas constitucionais que regulam a Defesa do Estado e das instituições democráticas e suas interpretações pelos julgados do Supremo Tribunal Federal acerca da matéria, assinale a alternativa correta.

(A) é missão típica do Judiciário o combate à criminalidade, bem como a formulação de políticas públicas neste sentido.
(B) a legislação estadual poderá estender a outros órgãos, não mencionados na Constituição Federal, a exemplo dos agentes de trânsito, atribuições de segurança pública.
(C) a gestão da segurança pública, como parte integrante da Administração Pública, é atribuição privativa do Governador de Estado.
(D) é atividade primária das Forças Armadas o policiamento ostensivo e o combate à criminalidade.
(E) a Polícia Rodoviária Federal exerce funções investigativas e judiciárias em relação aos delitos ocorridos nas rodovias federais.

A: Ao Poder Judiciário não cabe a formulação de políticas públicas, mas o seu controle; B: O modelo de segurança pública foi estabelecido pela Constituição Federal e não pode ser estendido a agentes de trânsito; C: Ao governador de estado cabe a gestão, a administração da segurança pública, desde que nos limites e competências traçados na Constituição Federal; D: As Forças Armadas destinam-se à defesa da Pátria, à garantia dos poderes constitucionais e, por iniciativa de qualquer destes, da lei e da ordem (art. 142, *caput*, da CF). O policiamento ostensivo cabe à polícia militar (art. 144, § 4º, da CF); E: Destina-se, na forma da lei, ao patrulhamento ostensivo das rodovias federais (art. 144, § 2º, da CF). Gabarito "C".

(Delegado/RJ – 2009 – CEPERJ) Com relação ao atual texto expresso da Constituição da República, analise as seguintes proposições:

I. É permitida na disciplina excepcional do estado de sítio a decretação de restrições relativas à liberdade de imprensa, radiodifusão e televisão, na forma da lei.
II. É exclusivamente do Presidente da República o poder de decretar os estados de defesa e de sítio, sendo que somente nesta última hipótese (decretação do estado de sítio) é que precisará de autorização prévia do Congresso Nacional.
III. Em nenhuma hipótese o estado de sítio poderá ser decretado por mais de trinta dias, nem prorrogado, de cada vez, por prazo superior.
IV. Durante a vigência do estado de defesa não se admite prisão determinada por outra autoridade que não seja a judicial.
V. Somente no estado de sítio ocorre a vedação à incomunicabilidade do preso.

Assinale a alternativa que corresponde à relação completa de proposições corretas:

(A) I e II.
(B) II e IV.
(C) II, III e IV.
(D) IV e V.
(E) II, III e V.

I: Art. 139, III, da CF; II: Art. 84, XI e art. 49, IV, ambos da CF; III: Não reflete o disposto no art. 138, § 1º, da CF. Se fundado em decretação de guerra ou a agressão armada estrangeira, pode ser decretado até que se ultime a guerra ou a agressão estrangeira; IV: O art. 136, § 3º, I, da CF possibilita que a prisão por crime contra o Estado seja determinada pelo executor da medida, devendo ser por este comunicada imediatamente ao juiz competente; V: No estado de defesa é vedada a incomunicabilidade do preso (art. 136, § 3º, IV, da CF). Gabarito "A".

(Cartório/SP – 2008) O Estado de Sítio é decretado

(A) pelo Presidente do Senado Federal, a pedido do Presidente da República.
(B) pelo Presidente do Supremo Tribunal Federal, a partir do recebimento de mensagem do Congresso Nacional.
(C) pelo Presidente da República, colhida autorização prévia do Congresso Nacional.
(D) pelo Presidente da República, submetido posteriormente o ato à aprovação do Senado Federal.

Art. 84, IX, c/c art. 49, IV, ambos da CF. Gabarito "C".

(Cartório/SP – 2008) O Estado de Defesa é decretado

(A) pelo Presidente do Senado Federal, a pedido do Presidente da República.
(B) pelo Presidente do Supremo Tribunal Federal, a partir do recebimento de mensagem do Congresso Nacional.
(C) pelo Presidente da República, colhida autorização prévia do Congresso Nacional.
(D) pelo Presidente da República, submetido posteriormente o ato à aprovação do Congresso Nacional.

Art. 84, IX, c/c art. 49, IV, ambos da CF. Gabarito "D".

(Delegado/SC – 2008) As Forças Armadas, constituídas pela Marinha, pelo Exército e pela Aeronáutica, são instituições nacionais permanentes e regulares, organizadas com base na hierarquia e na disciplina, sob a autoridade suprema do Presidente da República, e destinam-se à defesa da Pátria, à garantia dos poderes constitucionais e, por iniciativa de qualquer destes, da lei e da ordem. Sobre as Forças Armadas, é correto afirmar:

(A) Caberá "habeas-corpus" em relação a certas punições disciplinares militares.
(B) Ao militar é proibida a greve e permitida a sindicalização.
(C) O militar ativo e inativo não pode estar filiado a partidos políticos.
(D) As mulheres e os eclesiásticos ficam isentos do serviço militar obrigatório em tempo de paz sujeitos, porém, a outros encargos que a lei lhes atribuir.

A: Não reflete o disposto no art. 142, § 2°, da CF; B: Não reflete o disposto no art. 142, § 3°, IV, da CF; C: Não reflete o disposto no art. 142, § 3°, V, da CF; D: Art. 143, § 2°, da CF. Gabarito "D".

(Delegado/SC – 2008) Quanto ao Estado de Defesa e Estado de Sítio, analise as afirmações a seguir.

I. O Presidente da República pode solicitar ao Congresso Nacional autorização para decretar estado de sítio para preservar ou restabelecer a ordem pública ou a paz social ameaçadas por grave e iminente instabilidade institucional ou atingidas por grandes calamidades.
II. O decreto que instituir o estado de defesa determinará o tempo de sua duração, especificará as áreas a serem abrangidas e indicará, nos termos e limites da lei, as medidas coercitivas a vigorarem, sendo, por exemplo, admitida restrição aos direitos de reunião, ainda que exercida no seio das associações.
III. Na vigência do estado de sítio poderão ser tomadas contra as pessoas, dentre outras, as medidas: busca e apreensão em domicílio, intervenção nas empresas de serviços públicos e requisição de bens.
IV. O tempo de duração do estado de defesa não será superior a trinta dias, podendo ser prorrogado uma vez, por sessenta dias, se persistirem as razões que justificaram a sua decretação.

Estão corretas apenas:

(A) II e III
(B) I e III
(C) I e IV
(D) I e II

I: Não reflete o disposto no art. 84, IX, c/c o art. 49, IV; e no art. 136, todos da CF. II: Art. 136, § 1°, I, a, da CF. III: Art. 139, V, VI e VII, da CF. IV: Não reflete o disposto no art. 136, § 2°, da CF. Gabarito "A".

(Delegado/SP – 2008) O estado de sítio decretado em resposta à agressão armada estrangeira poderá ensejar

(A) a perda de diretos da nacionalidade, de propriedade e reunião.
(B) a suspensão de quaisquer direitos e garantias constitucionais.
(C) a suspensão dos mesmos direitos e garantias afastados no estado de defesa procedente.
(D) apenas a suspensão dos direitos constitucionais de reunião, associação e de propriedade.
(E) apenas a suspensão dos direitos constitucionais de reunião, associação, manifestação do pensamento e de prioridade.

O art. 139 da CF só enumera as medidas cabíveis para o estado de sítio decretado com base no art. 137, I, da CF. Na hipótese prevista no art. 137, II, da CF, qualquer garantia pode ser suspensa, desde que: a) observe o princípio da temporariedade, ou seja, a duração da agressão armada estrangeira (art. 138, § 1°, parte final); b) tenha havido prévia autorização do Congresso Nacional (art. 49, IV, da CF) e c) tenham sido listadas no decreto de estado de sítio as garantias constitucionais suspensas (art. 138 da CF). Gabarito "B".

(Delegado/SP – 2008) A lei disciplinará a organização e o funcionamento dos órgãos responsáveis pela segurança pública, de maneira a

(A) garantir a eficiência de suas atividades.
(B) garantir a apuração das infrações contra a ordem política e social.
(C) prevenir e reprimir o tráfico ilícito de entorpecentes e drogas afins.
(D) exercer, com exclusividade, as funções de polícia judiciária da União.
(E) garantir a ordem Pública, a incolumidade das pessoas e do patrimônio público.

Art. 144, § 7°, da CF. Gabarito "A".

(Delegado/SP – 2008) O decreto que instituir o estado de defesa, nos termos e limites da lei, não determinará

(A) seu tempo de duração.
(B) a suspensão de garantias constitucionais.
(C) as áreas a serem abrangidas.
(D) restrições ao sigilo de correspondência.
(E) a ocupação e o uso temporário de bens.

Art. 136, § 1°, I e II, da CF. Gabarito "B".

(Procurador do Município/Florianópolis-SC – 2010 – FEPESE) De acordo com a Constituição Federal de 1988, é **correto** afirmar acerca da decretação do Estado de Defesa:

(A) Na vigência do estado de defesa é permitida a incomunicabilidade do preso.
(B) O decreto que instituir o estado de defesa indicará as medidas restritivas ao direito de sigilo de correspondência.
(C) A decretação do estado de defesa pelo Presidente da República deve ser autorizada pelo Congresso Nacional.
(D) O Presidente pode decretar o estado de defesa para responder a agressão armada estrangeira.
(E) Não há obrigatoriedade de especificação do tempo de duração do estado de defesa.

A: Vedada pelo art. 136, § 3°, IV, da CF; B: Art. 136, § 1°, I, "b", da CF; C: O Presidente da República o decreta e, após, submete o ato ao Congresso Nacional (art. 136, caput e § 4°, da CF); D: Hipótese de decretação de estado de sítio (art. 137, II, da CF); E: Exigido pelo art. 136, § 1°, da CF. Gabarito "B".

(Procurador do Município/Teresina-PI – 2010 – FCC) A segurança pública é um dever do Estado, direito e responsabilidade de todos, conforme artigo 144 da Constituição Federal. Neste contexto,

(A) cada Município deve instituir órgão policial de segurança própria nos termos de sua Lei Orgânica.
(B) os Municípios podem constituir guardas municipais destinadas à proteção de seus bens, serviços e instalações, exclusivamente.
(C) os Municípios que tiverem capacidade econômica adequada podem estruturar as guardas municipais com equipes especiais de polícia judiciária para apurar infrações penais, exceto as militares.
(D) as guardas municipais têm o dever de realizar o policiamento ostensivo para preservar a ordem pública, além de proteger os bens, serviços e instalações de propriedade do Município.
(E) nas áreas municipais onde houver necessidade, a guarda municipal pode exercer as funções de polícia marítima ou de fronteira.

Art. 144, § 8°, da CF. Gabarito "B".

(Magistratura Federal-5ª Região – 2011) Com relação à defesa do Estado e das instituições democráticas e aos direitos políticos, assinale a opção correta.

(A) As hipóteses de inelegibilidade, por configurarem circunstâncias que impedem o cidadão de exercer total ou parcialmente a capacidade eleitoral passiva, constam de rol taxativo previsto na CF.
(B) A reaquisição de direitos políticos suspensos só se faz possível mediante decisão judicial proferida em ação ajuizada para tal fim.
(C) Os casos que ensejam a decretação do estado de sítio estão previstos na CF de forma taxativa, diferentemente dos relativos ao estado de defesa.
(D) O controle político exercido sobre a decretação do estado de defesa é prévio, concomitante ou sucessivo.

(E) Apesar de a prestação de serviço militar ser obrigatória, a recusa em cumpri-la é admitida sob a alegação do direito de escusa de consciência, cabendo, nesse caso, às forças armadas atribuir àquele que exercer esse direito serviço alternativo em tempo de paz, cuja recusa enseja como sanção a declaração da perda dos direitos políticos.

A: O art. 14, § 9º, da CF não deixa dúvidas de que lei complementar pode estabelecer outras hipóteses; B: São readquiridos automaticamente, após término dos motivos que levaram à suspensão; C: As hipóteses de decretação de estado de defesa e de estado de sítio são taxativas (arts. 136 e 137 da CF); D: É posterior (art. 136, § 4º, da CF); E: A chamada escusa de consciência encontra-se prevista no art. 143, § 1º, da CF, cujo texto refere-se apenas ao tempo de paz. A *escusa de consciência* só leva à perda dos direitos políticos (art. 15, IV, da CF) se o escusante negar-se a cumprir a prestação alternativa que a lei fixar. Gabarito "E".

(Magistratura Federal/3ª Região – 2010) Guarda municipal em atuação de policiamento ostensivo prende determinada pessoa por considerar seu comportamento suspeito conduzindo-a a uma delegacia de polícia. Pergunta-se:

(A) Esta ação encontra-se validada em face do contido na primeira parte do art. 144, da Constituição Federal, segundo a qual, a segurança pública é dever do Estado, direito e responsabilidade de todos, sendo exercida para a preservação da ordem pública e da incolumidade das pessoas e do patrimônio;
(B) A guarda municipal conferiu a Constituição Federal as ações destinadas a proteção de seus bens, serviços e instalações, na forma da respectiva lei municipal, ou seja, restringiu a sua atuação apenas a polícia administrativa;
(C) A atuação em policiamento ostensivo por intermédio da guarda municipal somente pode ser feita juntamente com a polícia civil ou polícia militar do estado;
(D) Esta ação pode ser considerada válida, desde que a guarda municipal tenha assinado convênio coma secretaria de segurança pública estadual.

A, C e D: O STJ afirmou a legalidade de prisão efetuada por guardas municipais, ainda que tal atividade não esteja inserida no rol de suas atribuições constitucionais, por ser ato de proteção à segurança social. Portanto, não é necessário convênio ou atuação em conjunto com outras polícias, pois a própria Constituição confere legitimidade à conduta; B: A Constituição Federal é que conferiu aos Municípios a possibilidade de instituir guardas municipais destinadas à proteção de seus bens, serviços e instalações, conforme dispuser a lei (art. 144, § 8º, da CF), não o contrário. Além disso, o enunciado não afirma que houve lesão ou ameaça de lesão a bens, serviços ou instalações municipais. Gabarito "A".

(Magistratura Federal/5ª Região – 2009 – CESPE) No que concerne à defesa do Estado e das instituições democráticas, assinale a opção correta.

(A) A declaração de estado de guerra ou a resposta a agressão armada estrangeira autoriza a decretação do estado de defesa.
(B) O presidente da República pode, ouvidos o Conselho da República e o Conselho de Defesa Nacional, decretar estado de defesa a fim de preservar ou prontamente restabelecer, em locais restritos e determinados, a ordem pública ou a paz social ameaçadas por grave e iminente instabilidade institucional ou atingidas por calamidades naturais de grandes proporções.
(C) A intervenção federal fundada na inexecução de ordem ou decisão judiciária de tribunal de justiça depende de requisição desse tribunal, a qual deve ser encaminhada diretamente ao presidente da República.
(D) Compete ao presidente da República aprovar o estado de defesa e a intervenção federal, bem como autorizar o estado de sítio, podendo, também, o chefe do governo suspender qualquer uma dessas medidas.
(E) O militar em atividade pode acumular o cargo militar com outro de professor efetivo na rede pública de ensino.

A: Fundamento para a decretação do estado de sítio (art. 137, II, da CF); B: Art. 136, *caput*, da CF; C: A intervenção federal prevista no art. 34, VI,da CF depende de de requisição do Supremo Tribunal Federal, do Superior Tribunal de Justiça ou do Tribunal Superior Eleitoral (art. 36, II, da CF); D: Compete ao Presidente da República decretá-los, e ao Senado Federal autorizar somente ao Estado de Sítio (art. 84, IX e art. 49, IV, ambos da CF); E: Será transferido para a reserva (art. 142, § 3º, II, da CF). Gabarito "B".

(Ministério Público do Trabalho – 14º) Analise as assertivas abaixo e assinale a alternativa CORRETA:

I. No estado de defesa para preservar ou restabelecer a ordem pública ou a paz social ameaçadas por grave e iminente instabilidade institucional ou atingidas por calamidades de grandes proporções na natureza, é possível a restrição temporária aos direitos de reunião, sigilo de correspondência e de comunicação telegráfica e telefônica.
II. Na vigência do estado de sítio, não se admitem restrições à liberdade de ir e vir nem à inviolabilidade de correspondência.
III. Aos militares asseguram-se, entre outros direitos, o gozo de férias anuais remuneradas, com acréscimo de 1/3, e licença-gestante de 120 dias.
IV. As funções de polícia judiciária da União são exercidas, com exclusividade, pela polícia federal.

(A) apenas os itens I e II são corretos;
(B) apenas os itens II e IV são corretos;
(C) apenas os itens I, III e IV são corretos;
(D) apenas os itens III e IV são corretos;
(E) não respondida.

I: Art. 136, § 1º, I, da CF. II: Não reflete o disposto no art. 139, I e III, da CF. III: Art. 142, § 3º, VIII, da CF. V., tb., Lei 11.770/2008, que instituiu o Programa Empresa Cidadã, destinado à prorrogação da licença-maternidade mediante concessão de incentivo fiscal. IV: Art. 144, § 1º, IV, da CF. Gabarito "C".

15. TRIBUTAÇÃO E ORÇAMENTO

(Magistratura/MG – 2009 – EJEF) Nas proposições abaixo, marque "V" para as verdadeiras e "F" para as falsas, assinalando a alternativa CORRETA.

1) Às contribuições sociais mencionadas no art. 149 e seu § 1º da CF, se aplica o princípio da anterioridade especial ou nonagesimal.
2) Ao Imposto sobre Produtos Industrializados - IPI (art. 153, IV, da CF) não se aplica o princípio da anterioridade.
3) A imunidade tributária se aplica ao patrimônio, renda ou serviços das sociedades de economia mista.
4) A imunidade tributária não se aplica às entidades sindicais dos trabalhadores.

(A) V, V, F, F.
(B) F, V, F, V.
(C) F, V, V, F.
(D) F, F, V, V.

1: Art. 195, § 6º, da CF. A anterioridade nonagesimal está presente no art. 150, III, *c*, da CF; 2: Art. 150, § 1º, da CF. A anterioridade comum encontra-se prevista no art. 150, III, *b*, da CF; 3: A imunidade do art. 150, VI, *a*, da CF só é extensível às autarquias e fundações (art. 150, § 2º, da CF); 4: Não reflete o disposto no art. 150, VI, *c*, da CF. Gabarito "A".

(Magistratura/MG – 2009 – EJEF) Quanto ao imposto sobre serviços de qualquer natureza - ISS, marque a alternativa CORRETA.

(A) Incide sobre prestação de fornecimento de energia elétrica.
(B) Incide sobre a prestação de serviços de informática e congêneres.
(C) Incide sobre prestação de serviços de transporte intermunicipal.
(D) Incide sobre serviços de comunicação.

A: Art. 155, § 3º, da CF; B: Item 1 da Lista Anexa à LC 116/2003; C e D: Hipóteses de incidência de ICMS (art. 155, II, da CF). Gabarito "B".

(Magistratura/MG – 2009 – EJEF) Quanto ao imposto sobre operações relativas à circulação de mercadorias - ICMS é CORRETO afirmar:

(A) Tem seus contribuintes definidos por lei ordinária.
(B) Poderá ser progressivo, em função das características das mercadorias e dos serviços.
(C) Cabe à lei ordinária federal dispor sobre substituição tributária.
(D) A isenção ou não-incidência não implicará crédito para compensação com o montante devido nas operações ou prestações seguintes.

Art. 155, § 2º, II, *a*, da CF. O princípio da não cumulatividade do ICMS opera a compensação do tributo pago na entrada da mercadoria com o valor devido por ocasião da saída, impedindo que, nas diversas fases da circulação econômica de uma mercadoria, o valor do imposto seja maior que o percentual correspondente à alíquota prevista na legislação." Gabarito "D".

(Magistratura/MG – 2009 – EJEF) Em relação ao imposto sobre operações relativas à circulação de mercadorias –ICMS, marque "V" para as verdadeiras e "F" para as falsas nas proposições abaixo, assinalando a alternativa CORRETA.

1) Incide sobre operações que destinem mercadorias para o exterior e sobre serviços prestados a destinatários no exterior.
2) Não incide sobre operações que destinem a outros Estados petróleo, combustíveis dele derivados e energia elétrica.
3) Não incide sobre o valor total da operação, quando mercadorias forem fornecidas com serviços não compreendidos na competência tributária dos Municípios.
4) Incide sobre a entrada de bem ou mercadorias importados do exterior por pessoa física ou jurídica, ainda que não seja contribuinte habitual do imposto.

(A) F, V, F, V.
(B) V, F, F, V.
(C) F, V, V, F.
(D) F, F, V, V.

1: Não há cobrança de ICMS na hipótese: art. 155, § 2º, X, *a*, da CF; 2: Certa. Art. 155, § 2º, X, *b*, da CF; 3: Há cobrança de ICMS: art. 155, § 2º, IX, *b*, da CF; 4: Certa. Art. 155, § 2º, IX, *a*, da CF. Gabarito "A".

(Magistratura/MG – 2008) O texto constitucional estabelece as diretrizes relativas ao Sistema Tributário Nacional e discrimina as prerrogativas que são concedidas à União, aos Estados, ao Distrito Federal e aos Municípios.

(A) As taxas podem ter a base de cálculo própria de impostos.
(B) A instituição de contribuições sociais, de intervenção no domínio econômico e de interesse das categorias profissionais ou econômicas compete, nos termos da lei, à União, aos Estados-membros e ao Distrito Federal.
(C) Os Municípios e o Distrito Federal podem instituir contribuição, na forma das respectivas leis, para o custeio do serviço de iluminação pública.
(D) A instituição de contribuição de melhoria leva em consideração a utilização potencial de serviços públicos indivisíveis e colocados à disposição do contribuinte.

A: é o oposto, taxas não podem ter base de cálculo própria de imposto – art. 145, § 2º, da CF; B: essas contribuições são da competência exclusiva da União – art. 149 da CF; C: art. 149-A da CF; D: a contribuição de melhoria pressupõe valorização decorrente de obra pública – art. 145, III, da CF. Serviços divisíveis (não indivisíveis) podem dar ensejo a taxas – art. 145, II, da CF. Gabarito "C".

(Magistratura/MG – 2008) O legislador constituinte estabeleceu limitações ao poder de tributar dos entes políticos a fim de preservar os direitos dos contribuintes em face do Estado.

(A) Em situações excepcionais e disciplinadas em lei, é possível exigir ou aumentar tributo sem lei que o estabeleça.
(B) É lícito que a União estabeleça, por lei, isenções de tributos da competência dos Estados, do Distrito Federal e dos Municípios.
(C) É vedado instituir tributos no mesmo exercício financeiro em que haja sido publicada a lei que os instituiu ou aumentou.
(D) O tributo pode ser utilizado com efeito de confisco.

A: isso não é possível – art. 150, I, da CF (princípio da legalidade); B: o sistema constitucional não admite isenções heterônomas – art. 151, III, da CF; C: art. 150, III, *b*, da CF – a rigor, A Constituição veda a cobrança (não a instituição) de tributos, na hipótese; D: isso é vedado – art. 150, IV, da CF. Gabarito "C".

(Ministério Público/SP – 2010) Não se inclui na competência tributária dos Estados e do Distrito Federal a instituição de impostos sobre:

(A) operações relativas à circulação de mercadorias.
(B) prestações de serviços de transporte interestadual e intermunicipal e de comunicação, ainda que as operações e as prestações se iniciem no exterior.
(C) a propriedade de veículos automotores.
(D) transmissão "*causa mortis*" e doação, de quaisquer bens ou direitos.
(E) produtos industrializados.

Art. 155, I a III, da CF (impostos estaduais). O IPI é imposto da competência da União (art. 153, IV, da CF). Gabarito "E".

(MINISTÉRIO PÚBLICO/RO – 2010 – CESPE) Assinale a opção correta com relação aos preceitos constitucionais e à jurisprudência referentes a tributação e orçamento.

(A) A imunidade tributária conferida aos entes da Federação diz respeito aos impostos, não alcançando as contribuições.
(B) Os estados e o DF podem instituir contribuição, mediante aprovação de lei, para o custeio do serviço de iluminação pública, sendo facultada a cobrança da contribuição na fatura de consumo de energia elétrica.
(C) Segundo decisão do STF, em controle de constitucionalidade abstrato, não ofende o princípio da não confiscatoriedade hipótese normativa que estipule multa fiscal de 300%, desde que se trate de inadimplemento pelo contribuinte de obrigação tributária.
(D) As contribuições sociais e de intervenção no domínio econômico de competência da União não incidem sobre a importação de produtos estrangeiros ou serviços.
(E) Com a finalidade de não ofender o pacto federativo, a CF veda que a União conceda incentivos fiscais às diferentes regiões do país, ainda que sob o argumento de promover o equilíbrio do desenvolvimento socioeconômico.

A: Art. 150, VI, "a", da CF; B: Não reflete o disposto no art. 149-A, caput, da CF (v., tb., seu parágrafo único); C: O STF afastou a multa ao julgar a ADIN-MC 1075, Rel. Min. Celso de Mello: "A proibição constitucional do confisco em matéria tributária - ainda que se trate de multa fiscal resultante do inadimplemento, pelo contribuinte, de suas obrigações tributárias - nada mais representa senão a interdição, pela Carta Política, de qualquer pretensão governamental que possa conduzir, no campo da fiscalidade, à injusta apropriação estatal, no todo ou em parte, do patrimônio ou dos rendimentos dos contribuintes, comprometendo-lhes, pela insuportabilidade da carga tributária, o exercício do direito a uma existência digna, ou a prática de atividade profissional lícita ou, ainda, a regular satisfação de suas necessidades vitais básicas"; D: Não reflete o disposto no art. 149, § 2º, II, da CF; E: Não reflete o disposto no art. 151, I, da CF. Gabarito "A".

(Ministério Público/CE – 2009 – FCC) É vedado à União, aos Estados, ao Distrito Federal e aos Municípios

(A) exigir tributo com base em fato gerador presumido, ainda que a presunção se realize.
(B) instituir isenções de tributos da competência uns dos outros, inclusive, no que se refere à União, em sede de tratados internacionais.
(C) utilizar tributo com efeito confiscatório, efeito esse cuja identificação deve ser feita em função da totalidade da carga tributária, mediante verificação da capacidade de o contribuinte suportar a incidência de todos os tributos que ele deverá pagar, dentro de determinado período, à mesma pessoa política que os houver instituído.
(D) instituir tributos sobre patrimônio, renda ou serviços, uns dos outros.
(E) instituir tributos sobre livros, jornais, periódicos e o papel destinado a sua impressão, o que abrange outros insumos como tintas, filmes ou papéis fotográficos necessários àquelas publicações.

A: A substituição tributária para frente apoia-se no conceito de fato gerador presumido; B: O art. 151, III, da CF veda expressamente a isenção heterônoma (heterotópica), ou seja, aquela concedida por outro ente, que não o titular da competência tributária; C: Art. 150, IV, da CF; D: A imunidade recíproca refere-se apenas a impostos e não a todo e qualquer tributo (art. 150, VI, *a*, da CF); E: Art. 150, VI, *d*, da CF. Súmula 657/STF: "A imunidade prevista no art. 150, VI, *d*, da CF, abrange os filmes e papéis fotográficos necessários à publicação de jornais e periódicos". O STF também já decidiu que a imunidade do papel de impressão não abrange as tintas." Gabarito "C".

(Ministério Público/CE – 2009 – FCC) De acordo com as normas constitucionais atinentes à matéria orçamentária, inclusive segundo compreendidas pela jurisprudência mais recente do Supremo Tribunal Federal,

(A) o Ministério Público exerce iniciativa legislativa direta ao Congresso Nacional ou à respectiva Assembléia Legislativa, conforme o caso, relativamente ao seu orçamento anual, em razão da autonomia financeira a ele assegurada pela Constituição.

(B) compete ao Supremo Tribunal Federal verificar a imprevisibilidade ou não de um crédito orçamentário para o fim de julgar a possibilidade ou não de ele constar como crédito extraordinário em medida provisória, dado que essa espécie normativa não pode veicular nenhum outro tipo de crédito orçamentário.

(C) os projetos de lei relativos ao plano plurianual, às diretrizes orçamentárias, ao orçamento anual e aos créditos adicionais são apreciados pelas duas Casas do Congresso Nacional em sessões bicamerais e separadas.

(D) o Presidente da República não pode enviar mensagem ao Congresso Nacional para propor modificação nos projetos de lei relativos ao plano plurianual, às diretrizes orçamentárias, ao orçamento anual e aos créditos adicionais, ainda que não tenha sido iniciada a votação, em Comissão mista, da parte cuja alteração seria pretendida.

(E) é constitucional a lei estadual que prevê reajuste automático de vencimentos dos servidores do Estado membro vinculado ao incremento da arrecadação do ICMS e a índice de correção monetária.

A: Não reflete o disposto no art. 127, §§ 3º e 4º, da CF; B: V. ADIn 4048, Rel. Min. Gilmar Mendes: "CONTROLE ABSTRATO DE CONSTITUCIONALIDADE DE NORMAS ORÇAMENTÁRIAS. REVISÃO DE JURISPRUDÊNCIA. O Supremo Tribunal Federal deve exercer sua função precípua de fiscalização da constitucionalidade das leis e dos atos normativos quando houver um tema ou uma controvérsia constitucional suscitada em abstrato, independente do caráter geral ou específico, concreto ou abstrato de seu objeto. Possibilidade de submissão das normas orçamentárias ao controle abstrato de constitucionalidade. III. LIMITES CONSTITUCIONAIS À ATIVIDADE LEGISLATIVA EXCEPCIONAL DO PODER EXECUTIVO NA EDIÇÃO DE MEDIDAS PROVISÓRIAS PARA ABERTURA DE CRÉDITO EXTRAORDINÁRIO. Interpretação do art. 167, § 3º c/c o art. 62, § 1º, inciso I, alínea 'd', da Constituição. Além dos requisitos de relevância e urgência (art. 62), a Constituição exige que a abertura do crédito extraordinário seja feita apenas para atender a despesas imprevisíveis e urgentes. Ao contrário do que ocorre em relação aos requisitos de relevância e urgência (art. 62), que se submetem a uma ampla margem de discricionariedade por parte do Presidente da República, os requisitos de imprevisibilidade e urgência (art. 167, § 3º) recebem densificação normativa da Constituição. Os conteúdos semânticos das expressões 'guerra', 'comoção interna' e 'calamidade pública' constituem vetores para a interpretação/aplicação do art. 167, § 3º c/c o art. 62, § 1º, inciso I, alínea 'd', da Constituição. 'Guerra', 'comoção interna' e 'calamidade pública' são conceitos que representam realidades ou situações fáticas de extrema gravidade e de consequências imprevisíveis para a ordem pública e a paz social, e que dessa forma requerem, com a devida urgência, a adoção de medidas singulares e extraordinárias. A leitura atenta e a análise interpretativa do texto e da exposição de motivos da MP nº 405/2007 demonstram que os créditos abertos são destinados a prover despesas correntes, que não estão qualificadas pela imprevisibilidade ou pela urgência. A edição da MP nº 405/2007 configurou um patente desvirtuamento dos parâmetros constitucionais que permitem a edição de medidas provisórias para a abertura de créditos extraordinários"; C: Os projetos de lei relativos ao plano plurianual, às diretrizes orçamentárias, ao orçamento anual e aos créditos adicionais serão apreciados pelas duas Casas do Congresso Nacional, na forma do regimento comum (art. 166 da CF); D: O Presidente da República poderá enviar mensagem ao Congresso Nacional para propor modificações enquanto não iniciada a votação, na Comissão mista, da parte cuja alteração é proposta (art. 166, § 5º, da CF); E: "Reajuste automático de vencimentos vinculado à arrecadação do ICMS e a índice de correção monetária. Inconstitucionalidade. Lei Complementar 101/1993 do Estado de Santa Catarina. (...). Ofensa ao disposto nos arts. 37, XIII; 96, II, b, e 167, IV, da Constituição do Brasil. Recurso extraordinário conhecido e provido para cassar a segurança, declarando-se, incidentalmente, a inconstitucionalidade da Lei Complementar 101/1993 do Estado de Santa Catarina." (**RE 218.874**, Rel. Min. Eros Grau). Gabarito "B".

(Ministério Público/DF – 2009) Assinale a alternativa incorreta.

(A) As competências tributárias dotam de efetividade o princípio da autonomia federativa.

(B) As competências constitucionais tributárias somente podem ser alteradas por lei complementar.

(C) As competências tributárias somente permitem desigualdade de tratamento nos termos constitucionalmente estabelecidos.

(D) As competências tributárias visam igualar situações de desigualdade entre os contribuintes.

(E) As competências constitucionais tributárias impedem que o domicílio do contribuinte lhe imponha condição de surpresa ou prejuízo em relação aos demais contribuintes brasileiros.

A: O pacto federativo tem por base as competências constitucionalmente fixadas para os entes políticos, dentre elas a tributária; B: Não há falar em alteração do texto constitucional por lei complementar, mas apenas por emenda à Constituição, haja vista o princípio da supremacia da Constituição e a rigidez constitucional (v. art. 60 da CF); C: Art. 146, III, c e d, da CF, por exemplo; D: Sim, pois o princípio da igualdade, ao mesmo tempo em que veda as desigualdades, muitas vezes impõe o tratamento desigual; E: Art. 19, III, da CF. Gabarito "B".

(Ministério Público/DF – 2009) Assinale a alternativa correta. Em relação ao sistema tributário, podemos afirmar:

(A) Ainda quando alugado a terceiros, permanece imune ao IPTU o imóvel pertencente aos partidos políticos, inclusive suas fundações, às entidades sindicais dos trabalhadores, às instituições de educação e de assistência social, sem fins lucrativos, desde que o valor dos aluguéis seja aplicado nas atividades essenciais de tais entidades.

(B) Conforme entendimento do STF, ao instituir incentivos fiscais a empresas que contratam empregados com mais de quarenta anos, a Assembléia Legislativa extrapolou o caráter extrafiscal que pode ser conferido aos tributos, para estimular conduta por parte do contribuinte, violando os princípios da igualdade e da isonomia.

(C) O entendimento do STF é firme no sentido de que a coisa julgada em matéria fiscal, inclusive quanto ao ICMS, fica delimitada à relação jurídico-material em que debatida, podendo, portanto, ser invocada em exercícios posteriores.

(D) É inconstitucional o regime de substituição tributária 'para frente', em que se exige do industrial, do atacadista ou de outra categoria de contribuinte, na qualidade de substituto, o recolhimento antecipado do ICMS incidente sobre o valor final do produto cobrado ao consumidor, retirando-se do revendedor ou varejista, substituído, a responsabilidade tributária.

(E) Em que pese o artigo 151 vedar à União instituir isenções de tributos da competência dos Estados, do Distrito Federal ou dos Municípios, o STF ratificou a impossibilidade de a União, atuando no campo internacional, disciplinar a isenção de tributo da competência dos Estados e do Distrito Federal.

A: Art. 150, VI, c, da CF; B: STF, ADIn 1276, Rel. Min. Ellen Gracie: "Ao instituir incentivos fiscais a empresas que contratam empregados com mais de quarenta anos, a Assembleia Legislativa Paulista usou o caráter extrafiscal que pode ser conferido aos tributos, para estimular conduta por parte do contribuinte, sem violar os princípios da igualdade e da isonomia"; C: Contraria a Súmula 239/STF: "Decisão que declara indevida a cobrança do imposto em determinado exercício não faz coisa julgada em relação aos posteriores"; D: O STF declarou a constitucionalidade da lei paulista que assim previa; E: STF, RE 229096, Rel. para acórdão Min. Cármen Lúcia: "1. A isenção de tributos estaduais prevista no Acordo Geral de Tarifas e Comércio para as mercadorias importadas dos países signatários quando o similar nacional tiver o mesmo benefício foi recepcionada pela Constituição da República de 1988. 2. O artigo 98 do Código Tributário Nacional 'possui caráter nacional, com eficácia para a União, os Estados e os Municípios' (voto do eminente Ministro Ilmar Galvão). 3. No direito internacional apenas a República Federativa do Brasil tem competência para firmar tratados (art. 52, § 2º, da Constituição da República), dela não dispondo a União, os Estados-membros ou os Municípios. O Presidente da República não subscreve tratados como Chefe de Governo, mas como Chefe de Estado, o que descaracteriza a existência de uma isenção heterônoma, vedada pelo art. 151, inc. III, da Constituição". Gabarito "A".

(Ministério Público/PR – 2009) Analise as seguintes assertivas e após assinale a alternativa correta:

I. Leis de iniciativa do Poder Executivo estabelecerão o plano plurianual, as diretrizes orçamentárias e os orçamentos anuais;

II. as emendas ao projeto de lei de diretrizes orçamentárias não poderão ser aprovadas quando incompatíveis com o plano plurianual;

III. é vedado o início de programas ou projetos não incluídos na lei orçamentária anual;

IV. os projetos de lei relativos ao plano plurianual, às diretrizes orçamentárias, ao orçamento anual e aos créditos adicionais serão apreciados pelas duas Casas do Congresso Nacional, na forma do regimento comum;

V. cabe à lei complementar dispor sobre o exercício financeiro, a vigência, os prazos, a elaboração e a organização do plano plurianual, da lei de diretrizes orçamentárias e da lei orçamentária anual.

(A) Apenas as assertivas I, III e IV estão corretas;
(B) Apenas as assertivas I, II, III e IV estão corretas;
(C) Apenas as assertivas I, IV e V estão corretas;
(D) Apenas as assertivas II, III e V estão corretas;
(E) Todas as assertivas estão corretas.

I: Art. 165, I a III, da CF; II: Art. 166, § 3º, I, da CF; III: Art. 167, I, da CF; IV: Art. 166, *caput*, da CF; V: Art. 165, § 9º, I, da CF. Gabarito "E".

(Ministério Público/MG – 2007) Tratando-se de lei instituidora de tributos ou que os majore, ela

(A) não retroagirá exclusivamente para não prejudicar o ato jurídico perfeito.
(B) não retroagirá exclusivamente para não prejudicar a coisa julgada.
(C) não retroagirá porque não poderá atingir fatos geradores ocorridos antes do início de sua vigência.
(D) retroagirá para alcançar fatos geradores de taxas e contribuições.
(E) retroagirá para alcançar fatos geradores de empréstimos compulsórios.

Art. 150, III, *a*, da CF – princípio da irretroatividade. Gabarito "C".

(Ministério Público/MG – 2007) Medida Provisória que implique instituição ou majoração do imposto de renda e proventos de qualquer natureza

(A) produzirá efeitos no exercício financeiro seguinte.
(B) produzirá efeitos no exercício financeiro seguinte, se houver sido convertida em lei até o último dia daquele em que foi editada.
(C) produzirá efeitos no mesmo exercício financeiro, independentemente de conversão em lei.
(D) perderá eficácia se não editado o decreto legislativo.
(E) perderá eficácia se não iniciada a sua votação no Senado Federal.

A assertiva em B reflete o disposto no art. 62, § 2º, da CF. Gabarito "B".

(Ministério Público/MS – 2006) Sobre a competência tributária municipal é CORRETO afirmar que:

(A) A Constituição Federal outorgou competência para instituição de taxa para manter o serviço de iluminação pública;
(B) O serviço de iluminação pública poderá ser custeado por meio da arrecadação de contribuição instituída e cobrada pelos Municípios;
(C) A cobrança do tributo instituído para custear a iluminação pública não poderá ser efetuada por meio de lançamento em fatura de consumo de energia elétrica;
(D) Os Municípios não têm competência tributária para instituição de tributo para custear o serviço de iluminação pública.

A, C e D: o serviço de iluminação pública não é divisível (é ***uti universi***), o que impede a cobrança de taxa. Os Municípios e o Distrito Federal podem instituir e cobrar a contribuição prevista no art. 149-A, da CF; B: isso é admitido expressamente pelo art. 149-A, parágrafo único, da CF. Gabarito "B".

(Ministério Público/MS – 2006) A Emenda Constitucional n°. 42, que também alterou o art. 153 do Sistema Tributário Constitucional, possibilitou, no inc. III do § 4° do mesmo artigo, que os Municípios façam a opção por fiscalizar e cobrar o imposto de competência da União incidente sobre a propriedade territorial rural. Sobre o assunto, é INCORRETO dizer que:

(A) Ainda que os Municípios façam a opção referida, a competência tributária da União sobre o ITR mantém-se integralmente, não sendo transferida para a esfera municipal;
(B) Da opção feita pelos Municípios não poderá ocorrer a redução do imposto ou qualquer outra forma de renúncia fiscal;
(C) Considerando que o art. 158, II da Constituição Federal estabelece que, na hipótese da opção assinalada no inc. III do § 4° do art. 153, o produto da arrecadação pertencerá integralmente ao Município, a competência tributária do ITR passará para a esfera municipal;
(D) O imposto, ainda que arrecadado pelo Município, continuará sendo progressivo e com alíquota fixada para desestimular a manutenção da propriedade improdutiva.

A e C: a competência para legislar sobre o ITR é sempre da União, embora a sujeição ativa possa ser transferida para o Município; B: a assertiva reflete o dispositivo constitucional; D: as características de progressividade e de desestímulo da propriedade improdutiva não são alteradas. Gabarito "C".

(Ministério Público/MS – 2006) Assinale a alternativa INCORRETA:

As limitações constitucionais ao poder de tributar impõem que:

(A) Estados e Municípios não exijam impostos um do outro;
(B) União, Estados, Distrito Federal e Municípios não exijam tributos uns dos outros;
(C) Os Municípios não cobrem imposto sobre a propriedade predial e territorial dos imóveis pertencentes à União e ao Estado;
(D) Seja observada a imunidade recíproca entre União, Estados e Municípios, impedindo que sejam exigidos impostos uns dos outros.

A imunidade recíproca refere-se apenas a impostos (não a qualquer tributo) – art. 150, VI, *a*, da CF. Gabarito "B".

(Ministério Público/MS – 2006) Considerando que, segundo o art. 157, I e 158, I da CF, pertencem aos Estados e Municípios o produto da arrecadação do imposto da União sobre renda e proventos de qualquer natureza, incidente na fonte, sobre rendimentos pagos, a qualquer título, por eles, suas autarquias e pelas fundações que instituírem e mantiverem, é certo dizer que:

(A) Por força de tal repartição de receitas, os Estados e Municípios dividem com a União a competência tributária para instituição do imposto previsto no art. 153, III da CF (imposto de renda);
(B) Efetuada a retenção pelo Estado ou Município na fonte, do imposto devido sobre rendimentos pagos, a qualquer título, deverão ser remetidos os valores retidos para União, que os devolverá por meio do Fundo de Participação dos Estados e dos Municípios previsto no art. 159 da CF;
(C) A parcela da arrecadação do imposto de renda e proventos de qualquer natureza pertencente aos Estados, ao Distrito Federal e aos Municípios na forma dos artigos 157, I e 158, I, será excluída do montante a ser entregue pela União aos Fundos de Participação de Estados e Municípios, constituídos por parte do produto da arrecadação dos impostos sobre renda e proventos de qualquer natureza e sobre produtos industrializados por ela arrecadados;
(D) As alíquotas do imposto previsto no art. 153, III, no caso da retenção do art. 157, I e 158, I, todos da CF, serão definidas por lei estadual ou municipal.

A e D: a competência tributária, ou seja, a possibilidade de legislar acerca do imposto de renda, é exclusiva da União; B: o imposto de renda retido na forma dos arts. 157, I, e 158, I, da CF fica com o Estado, o Distrito Federal ou o Município, independentemente de repasses posteriores; C: art. 159, § 1º, da CF. Gabarito "C".

(Ministério Público/MS – 2006) Compete aos Estados instituir imposto sobre operações relativas à circulação de mercadorias e sobre prestações de serviços de transporte interestadual e intermunicipal e de comunicação. Neste sentido, é correto afirmar sobre o ICMS que:

(A) Nas operações interestaduais, entre contribuintes, com gás natural e seus derivados, e lubrificantes e combustíveis, o imposto será repartido entre os Estados de origem e de destino, mantendo-se a mesma proporcionalidade que ocorre nas operações com as demais mercadorias;
(B) Nas operações interestaduais com gás natural e seus derivados, e lubrificantes e combustíveis, destinadas a não contribuinte, o imposto caberá ao Estado de origem;

(C) O imposto incidirá também sobre a entrada de bem ou mercadoria importados do exterior por pessoa física ou jurídica, ainda que não seja contribuinte habitual do imposto, qualquer que seja a sua finalidade, assim como sobre o serviço prestado no exterior, cabendo o imposto ao Estado onde estiver situado o domicílio ou o estabelecimento do destinatário da mercadoria, bem ou serviço;

(D) Somente incidirá nos serviços de transporte intermunicipal nos casos em que os respectivos Municípios não tributarem a mesma prestação pelo imposto sobre serviços de qualquer natureza, previsto no art. 156, III da CF.

A: a assertiva é imprecisa, pois a repartição proporcional do ICMS não se aplica aos lubrificantes e combustíveis derivados do petróleo – art. 155, § 4º, I e II, da CF; B: a assertiva é imprecisa, pois, no caso de lubrificantes e combustíveis derivados do petróleo, o imposto é sempre devido ao Estado de destino – art. 155, § 4º, I, da CF; C: art. 155, § 2º, IX, *a*, da CF; D: a assertiva é absolutamente incorreta, pois os Municípios jamais tributam o transporte intermunicipal, considerando que a competência é exclusiva dos Estados e do Distrito Federal. Gabarito "C".

(Ministério Público/MS – 2006) No tocante à Repartição de Receitas Tributárias disposta no art. 159, I da Constituição Federal, que regula a partilha do produto da arrecadação do imposto sobre renda e proventos de qualquer natureza e sobre produtos industrializados, está CORRETO dizer que:

(A) A União entregará diretamente aos Estados e ao Distrito Federal suas respectivas quotas;
(B) A quota pertencente aos Municípios será entregue pela União ao Fundo de Participação dos Estados, que repassarão aos respectivos Municípios;
(C) A União entregará vinte e dois inteiros e cinco décimos por cento ao Fundo de Participação dos Municípios;
(D) Não será partilhado o produto da arrecadação do imposto sobre produtos industrializados.

A e B: a distribuição das cotas se dá por meio do Fundo de Participação dos Estados e do Distrito Federal e do Fundo de Participação dos Municípios – art. 159, I, *a* e *b*, da CF; C: art. 159, I, *b*, da CF; D: o produto da arredadação do IPI também é partilhado – art. 159, I, da CF. Gabarito "C".

(Procurador do Estado/SC – 2010 – FEPESE) Sobre a repartição das receitas tributárias, a Constituição Federal dispõe que:

(A) pertencem aos Estados e ao Distrito Federal cinquenta por cento do produto da arrecadação do imposto da União sobre a propriedade territorial rural, relativamente aos imóveis neles situados, cabendo a totalidade quando por si fiscalizado e cobrado.
(B) pertencem aos Municípios setenta e cinco por cento do produto da arrecadação do imposto do Estado sobre a propriedade de veículos automotores licenciados em seus territórios.
(C) pertence aos Municípios a integralidade do produto da arrecadação do imposto do Estado sobre operações relativas à circulação de mercadorias e sobre prestações de serviços de transporte interestadual e intermunicipal e de comunicação.
(D) pertencem aos Estados e ao Distrito Federal o produto da arrecadação do imposto da União sobre renda e proventos de qualquer natureza, incidente na fonte, sobre rendimentos pagos, a qualquer título, por eles, suas autarquias e pelas fundações que instituírem e mantiverem.
(E) a União, os Estados, o Distrito Federal e os Municípios divulgarão, semestralmente, os montantes de cada um dos tributos arrecadados, os recursos recebidos, os valores de origem tributária entregues e a entregar e a expressão numérica dos critérios de rateio.

Art. 157, I e II; e art. 158, I a IV, ambos da CF. Gabarito "D".

(Procurador do Estado/SC – 2010 – FEPESE) Sobre o orçamento público, a Constituição Federal dispõe que:

1. é vedada a abertura de crédito suplementar ou especial sem prévia autorização legislativa e sem indicação dos recursos correspondentes.
2. leis de iniciativa do Poder Legislativo estabelecerão o plano plurianual, as diretrizes orçamentárias e os orçamentos anuais.
3. os projetos de lei relativos ao plano plurianual, às diretrizes orçamentárias, ao orçamento anual e aos créditos adicionais serão apreciados pelo Chefe do Executivo, na forma da lei.
4. as emendas ao projeto de lei de diretrizes orçamentárias não poderão ser aprovadas quando incompatíveis com o plano plurianual.

Assinale a alternativa que indica todas as afirmativas **corretas**.

(A) É correta apenas a afirmativa 4.
(B) São corretas apenas as afirmativas 1 e 4.
(C) São corretas apenas as afirmativas 2 e 3.
(D) São corretas apenas as afirmativas 1, 2 e 3.
(E) São corretas apenas as afirmativas 1, 3 e 4.

1: Certa. Art. 167, V, da CF; 2: Errado. A iniciativa é do Poder Executivo (art. 165, I a III, da CF); 3: Errada. Serão apreciadas pelas duas Casas do Congresso Nacional (art. 166 da CF); 4. Certa. Art. 166, § 4º, da CF. Gabarito "B".

(Procurador do Estado/PE – CESPE – 2009) A respeito das limitações do poder de tributar previstas na CF, assinale a opção correta.

(A) A criação de imunidade tributária é matéria típica de lei ordinária.
(B) A simples atualização monetária não se confunde com majoração de tributo.
(C) A instituição de emolumentos cartorários pelo tribunal de justiça de um estado não afronta o princípio da reserva legal.
(D) Lei complementar estadual que isente os membros do MP do pagamento de custas judiciais ou emolumentos é constitucional.
(E) Lei que, por motivos extrafiscais, imprima tratamento desigual a microempresas e empresas de pequeno porte de capacidade contributiva distinta ofende o princípio da isonomia tributária.

A: Imunidade tributária só pode ser estabelecida pela Constituição; B: STF, AI 349382, Rel. Min. Joaquim Barbosa: "Legitimidade da utilização da UFIR, prevista na Lei nº 8.383/91, para atualização monetária do imposto de renda, por não representar majoração de tributo ou modificação da base de cálculo e do fato gerador"; C: STF, ADIn 3401, Rel. Min. Gilmar Mendes: "Ação Direta de Inconstitucionalidade contra a Resolução nº 196, de 19.1.2005, editada pelo órgão Especial do Tribunal de Justiça do Estado de São Paulo, que alterou a destinação de emolumentos relativos aos atos praticados pelos serviços notariais e de registros. 2. Redução de parcela destinada ao Poder Executivo. 3. Violação aos arts. 98, § 2º (com a redação da Emenda nº 45, de 2004), 167, VI e IX, todos da Constituição Federal. 4. Dispensa da oitiva do órgão responsável pela edição do ato, tendo em vista a urgência da matéria. 5. Plausibilidade jurídica do pedido. 6. Alegação de equívoco na interpretação que possibilita que o § 2º do art. 98 alcance os emolumentos extrajudiciais. 7. Matéria orçamentária e reserva legal: ofensa ao art. 167, VI e IX, tendo em vista a potencial invasão, pelo ato impugnado, de matéria reservada à lei. 8. Presença de sinal de bom direito e de *periculum in mora*. 9. Conveniência política na suspensão do ato. 10. Liminar deferida para o fim de suspender a vigência do ato"; D: STF, ADIn 3260, Rel. Min. Eros Grau: "1. A lei complementar estadual que isenta os membros do Ministério Público do pagamento de custas judiciais, notariais, cartorárias e quaisquer taxas ou emolumentos fere o disposto no artigo 150, inciso II, da Constituição do Brasil. 2. O texto constitucional consagra o princípio da igualdade de tratamento aos contribuintes"; E: O art. 146, III, *d*, da CF estabelece distinção favorável às microempresas e empresas de pequeno porte, sem que isso implique violação ao princípio da isonomia. Gabarito "B".

(Procurador do Estado/CE – 2008 – CESPE) Considerando que um estado da Federação resolva instituir a cobrança de um valor para a realização de fiscalização em estabelecimentos comerciais que possuem instalações sanitárias, assinale a opção correta.

(A) A cobrança do serviço a ser prestado pelo ente público tem natureza de tarifa.
(B) A instituição da referida cobrança poderá ser feita por meio de decreto, uma vez que se trata de preço público.
(C) Trata-se, no caso, de taxa de serviço, uma vez que a fiscalização a ser feita nos estabelecimentos terá caráter efetivo e específico.
(D) Trata-se, no caso, de cobrança de um tributo, da espécie taxa, o qual, por essa razão, só poderá ser instituído por lei.
(E) A cobrança a ser instituída tem natureza de preço público, uma vez que deverá resultar de uma relação contratual.

Trata-se de taxa pelo exercício de poder de polícia (= espécie de tributo), o que exige lei. Gabarito "D".

(Procurador do Estado/RR – 2006 – FCC) A imunidade recíproca consiste em vedação constitucional de que a União, os Estados e os Municípios

(A) instituam tratamento desigual entre contribuintes que se encontrem em situação equivalente.
(B) utilizem tributo com efeito de confisco.
(C) instituam impostos sobre patrimônio, renda ou serviços dos partidos políticos.
(D) cobrem tributos no mesmo exercício financeiro em que publicada a lei que os aumentou.
(E) instituam impostos sobre patrimônio, renda ou serviços, uns dos outros.

A assertiva E descreve a imunidade recíproca prevista no art. 150, VI, a, da CF. Gabarito "E."

(Procurador do Estado/RR – 2006 – FCC) A lei orçamentária anual, de acordo com a Constituição Federal,

(A) estabelecerá, de forma regionalizada, as metas e prioridades da administração pública federal para as despesas de capital e outras dela decorrentes e para as relativas aos programas de duração continuada.
(B) compreenderá as metas da administração pública federal para o exercício financeiro subseqüente, disporá sobre as alterações na legislação tributária e orientará a elaboração do plano plurianual.
(C) não compreenderá o orçamento da seguridade social e das entidades e órgãos a ela vinculados, nem os fundos e fundações instituídos pelo Poder Público, por se tratarem de dotações autônomas.
(D) não conterá dispositivo estranho à previsão da receita e à fixação da despesa, excluindo-se da proibição a autorização para abertura de créditos suplementares e contratação de operações de crédito.
(E) estabelecerá a política de aplicação das agências financeiras oficiais de fomento, os programas de duração continuada, além das despesas de capital e das diretrizes, objetivos e metas da administração pública federal.

A: a assertiva refere-se ao Plano Plurianual, não ao orçamento anual – art. 165, § 1º, da CF; B: a assertiva reflete parcialmente as disposições da Lei de Diretrizes Orçamentárias, exceto que a LDO orienta a elaboração da Lei Orçamentária Anual (não o PPA); C: A LOA abarca o orçamento da seguridade social e esses fundos – art. 165, § 5º, III, da CF; D: art. 165, § 8º, III, da CF; E: a assertiva refere-se ao PPA e à LDO – art. 165, §§ 1º e 2º, da CF. Gabarito "D."

(Procurador de Contas TCE/ES – CESPE – 2009) Quanto a tributação, finanças públicas e orçamento, assinale a opção correta.

(A) Pelo princípio da anterioridade tributária, os tributos não podem ser cobrados em relação a fatos geradores ocorridos antes do início da vigência da lei que os instituiu ou os majorou.
(B) De acordo com o entendimento do STF, a imunidade tributária recíproca entre os entes da Federação, prevista na CF, é aplicável tanto aos impostos quanto às taxas.
(C) Quanto ao orçamento, a CF veda, em caráter absoluto, a transposição, o remanejamento ou a transferência de recursos de uma categoria da programação para outra.
(D) De acordo com o posicionamento do STF, as disponibilidades de caixa dos estados e do DF podem ser depositadas em instituições financeiras não oficiais, desde que mediante autorização prevista em lei estadual.
(E) A isenção tributária pode ter por objeto qualquer espécie tributária.

A: O art. 150, III, a, da CF consagra o princípio da irretroatividade tributária. O princípio da anterioridade vem previsto no art. 150, III, b e c da CF; B: Refere-se apenas a impostos, como expressamente previsto na CF (art. 150, VI, a, da CF); C: Salvo se houver prévia autorização legislativa (art. 167, VI, da CF); D: "As disponibilidades de caixa da União serão depositadas no banco central; as dos Estados, do Distrito Federal, dos Municípios e dos órgãos ou entidades do Poder Público e das empresas por ele controladas, em instituições financeiras oficiais, ressalvados os casos previstos em lei" (art. 164, § 3º, da CF); E: Sim, desde que instituída pelo ente titular da competência tributária (art. 151, III, da CF). Gabarito "E."

(Procurador de Contas TCE/ES – CESPE – 2009) No tocante a tributação, orçamento e repartição de receitas tributárias, assinale a opção correta.

(A) Segundo a CF, é facultado ao Poder Executivo, atendidas as condições e os limites estabelecidos em lei, alterar as alíquotas do imposto sobre a propriedade territorial rural.
(B) O empréstimo compulsório pode ser instituído por intermédio de medida provisória, quando destinado a atender a despesas extraordinárias, decorrentes de calamidade pública, de guerra externa ou sua iminência.
(C) A CF não prevê reserva específica de lei complementar para que a União exerça sua competência residual tributária.
(D) Tanto a União quanto os estados-membros poderão condicionar a entrega de recursos ao pagamento de seus créditos, inclusive de suas autarquias.
(E) Constitui afronta ao direito adquirido a revogação de isenção tributária, considerando-se a natureza vinculada do ato de concessão.

A: De acordo com o art. 150, VI, § 1º, da CF, os impostos são: II, IE, IPI e IOF (art. 153, I, II, IV e V, da CF); B: Somente por lei complementar (art. 148, I e II, da CF); C: A CF exige lei complementar para o caso (art. 154, I, da CF); D: Art. 160, parágrafo único, I, da CF; E: Não há direito adquirido a não pagar tributo. Gabarito "D."

(Defensoria/SP – 2009 – FCC) Orçamento.

(A) Em face do princípio constitucional da programação orçamentária não é permitido aos parlamentares a apresentação de emendas aos projetos de leis orçamentárias.
(B) Segundo a Constituição Federal é possível a concessão de vantagem ou aumento de remuneração, a criação de cargos ou alteração de estrutura de carreiras sem autorização especifica da lei de diretrizes orçamentárias, que é apenas uma recomendação administrativa.
(C) O plano plurianual, de iniciativa do executivo, designa um plano relativo às despesas de capital naqueles programas de duração continuada que excedam o orçamento anual em que foram iniciadas.
(D) O princípio constitucional da anualidade exige que o orçamento seja executado em um período financeiro determinado, que segundo a Constituição Federal deve coincidir com o ano civil.
(E) A Defensoria Pública goza constitucionalmente de autonomia funcional e administrativa, mas no que tange ao seu orçamento, diferentemente do Ministério Público e da Magistratura, não poderá elaborar sua proposta orçamentária.

A: O art. 63, I, da CF, proíbe a apresentação de emendas que impliquem aumento de despesa em projetos de lei de iniciativa privativa do Poder Executivo, salvo no caso do art. 166, §§ 3º e 4º, da CF. Por sua vez, o art. 166, § 3º, da CF, trata dos requisitos indispensáveis para a aprovação de emenda parlamentar nas leis orçamentárias anuais: precisarão ser compatíveis com o plano plurianual e com a lei de diretrizes orçamentárias (art. 166, § 3º, I), e devem indicar os recursos necessários para cobrir a despesa (art. 166, § 3º, II); B: Não reflete o disposto no art. 169, § 1º, I e II, da CF; C: Art. 165, § 1º, da CF; D: A CF não consagrou o princípio da anualidade, mas o da anterioridade tributária (art. 150, III, b e c, da CF); E: Não reflete o disposto no art. 134, § 2º, da CF. Gabarito "C."

(Delegado/GO – 2009 – UEG) Constitui limitação constitucional ao poder de tributar:

(A) utilizar tributo sem efeito de confisco.
(B) instituir tributos sobre patrimônio, renda ou serviços, uns dos outros.
(C) cobrar tributos em relação a fatos geradores ocorridos após o início da vigência da lei que os houver instituído ou aumentado.
(D) instituir tratamento desigual entre contribuintes que se encontrem em situação equivalente, proibida qualquer distinção em razão de ocupação profissional ou função por eles exercida, independentemente da denominação jurídica dos rendimentos, títulos ou direitos.

Art. 150, I a VI, da CF. Gabarito "D."

(Cartório/MS – 2009 – VUNESP) Nos moldes do que dispõe a Carta Magna de 1988, é uma limitação constitucional tributária imposta aos entes da República Federativa brasileira:

(A) instituir tratamento desigual entre contribuintes que se encontrem em situação equivalente, admitida a distinção unicamente em razão de ocupação profissional ou função por eles exercida.
(B) cobrar tributos em relação a fatos geradores ocorridos depois do início da vigência da lei que os houver instituído ou aumentado.
(C) instituir impostos e taxas sobre o patrimônio, renda ou serviços, uns dos outros.
(D) instituir impostos sobre o patrimônio, renda ou serviços dos partidos políticos, inclusive suas fundações, das entidades sindicais dos trabalhadores, das instituições de educação e de assistência social, sem fins lucrativos, atendidos os requisitos da lei.
(E) instituir imposto e taxas sobre os livros, jornais, periódicos e o papel destinado a sua impressão.

Art. 150, I a VI, da CF. Gabarito "D".

(Procurador do Município/Florianópolis-SC – 2010 – FEPESE) A Constituição Federal de 1988 define princípios básicos que devem ser seguidos para elaboração e controle do orçamento público. Dentre eles, o texto constitucional preconiza que a lei orçamentária anual não conterá dispositivo estranho à previsão da receita e à fixação da despesa, impedindo as distorções denominadas de "caudas orçamentárias". Trata-se do princípio:

(A) Da unidade.
(B) Da programação.
(C) Da exclusividade.
(D) Da universalidade.
(E) Do equilíbrio orçamentário.

Art. 165, § 8º, da CF. Gabarito "C".

(Procurador do Município/Teresina-PI – 2010 – FCC) Em relação à matéria orçamentária, é correto afirmar:

(A) Não é possível a apresentação de emendas ao projeto de lei do orçamento anual ou aos projetos que o modifiquem.
(B) A sessão legislativa tem duração de 2 de fevereiro a 17 de julho e de 1 de agosto a 22 de dezembro, não podendo ser interrompida sem a aprovação do projeto lei de diretrizes orçamentárias.
(C) Pelo princípio universal, a iniciativa da lei do plano plurianual é sempre do Congresso Nacional.
(D) Lei ordinária deve dispor sobre o exercício financeiro, a vigência, os prazos, a elaboração e a organização do plano plurianual, da lei de diretrizes orçamentárias e da lei orçamentária anual.
(E) A lei orçamentária anual compreende exclusivamente o orçamento da seguridade social, abrangendo todas as entidades e órgãos a ela vinculados, da administração direta ou indireta.

A: Podem ser aprovadas na forma do art. 166, § 3º, I e II, da CF; B: Art. 57, § 2º, da CF. Legislatura é o período de quatro anos (art. 44, parágrafo único, da CF), sessão legislativa é o ano parlamentar (art. 57 da CF), que pode ser dividido em dois períodos: de 2 de fevereiro a 17 de julho (primeiro período de sessão legislativa) e de 1º de agosto a 22 de dezembro (segundo período de sessão legislativa); C: É do Poder Executivo (art. 165, I, da CF); D: Hipótese de lei complementar (art. 165, § 9º, I, da CF); E: Não reflete o disposto no art. 165, § 5º, I a III, da CF. Gabarito "B".

(Magistratura Federal – 4ª Região – XIII – 2008) Dadas as assertivas abaixo, assinalar a alternativa correta.

I. Cabe à lei complementar dispor sobre as diretrizes orçamentárias e o plano plurianual, enquanto que à lei ordinária cabe dispor sobre a vigência, prazos e elaboração do orçamento anual.
II. A lei orçamentária anual pode tratar de outros temas além do estabelecimento de receitas e despesas, desde que pertinentes e relevantes.
III. Nenhum investimento cuja execução ultrapasse um exercício financeiro poderá ser sequer iniciado sem prévia inclusão no plano plurianual, ou sem lei que autorize a inclusão, sob pena de crime de responsabilidade.
IV. O Poder Judiciário, o Poder Legislativo, o Ministério Público e a Defensoria Pública devem receber os recursos correspondentes às respectivas dotações orçamentárias em duodécimos até o dia 20 de cada mês.

(A) Estão corretas apenas as assertivas I e IV.
(B) Estão corretas apenas as assertivas II e III.
(C) Estão corretas apenas as assertivas III e IV.
(D) Estão corretas apenas as assertivas I, II e IV.

I: cabe à lei complementar dispor sobre as normas gerais relativas às finanças públicas, como prazo e elaboração da LOA – arts. 163, I, e 165, § 9º, I, ambos da CF. A própria LOA e o PPA podem ser veiculados por lei ordinária de cada ente – art. 165, *caput*, da CF; II: isso é vedado expressamente pelo art. 165, § 8º, da CF; III: art. 167, § 1º, do CF; IV: art. 168 da CF. Gabarito "C".

(Procurador da Fazenda Nacional – 2007.2 – ESAF) Das formulações abaixo, assinale a que não se inclui entre os conteúdos normativos que a Constituição considera, relaciona e tipifica, na Seção II, do Capítulo I, do seu Título VI, como "Limitações do Poder de Tributar".

(A) É vedado à União, aos Estados, ao Distrito Federal e aos Municípios exigir ou aumentar tributo sem lei que o estabeleça.
(B) É vedado à União, aos Estados, ao Distrito Federal e aos Municípios instituir impostos sobre patrimônio, renda ou serviços, uns dos outros.
(C) É vedado aos Estados, ao Distrito Federal e aos Municípios estabelecer diferença tributária entre bens e serviços, de qualquer natureza, em razão de sua procedência ou destino.
(D) A lei determinará medidas para que os consumidores sejam esclarecidos acerca dos impostos que incidam sobre mercadorias e serviços.
(E) É vedado aos Estados, ao Distrito Federal e aos Municípios instituir isenções de tributos da competência da União, bem como da competência de uns e outros.

A: princípio da legalidade – art. 150, I, da CF; B: imunidade recíproca – art. 150, VI, *a*, da CF; C: vedação de distinção prevista no art. 152 da CF; D: art. 150, § 5º, da CF; E: embora a privatividade da competência tributária seja característica de nosso sistema constitucional, o art. 151, III, da CF faz referência expressa apenas à União, ao vedar as isenções heterônomas. Gabarito "E".

(Defensoria Pública da União – 2010 – CESPE) Suponha que o governo federal pretenda criar novo imposto. Acerca dessa situação, dos impostos da União, dos estados, dos municípios e da repartição das receitas tributárias, julgue os itens a seguir.

(1) Considerando-se que o referido imposto seja criado, 20% do produto da arrecadação devem, necessariamente, ser destinados aos estados-membros e ao Distrito Federal.
(2) Considerando-se que esse imposto venha a incidir sobre operações relacionadas a energia elétrica e telecomunicações, para que a criação do imposto seja constitucional, ele deverá ser instituído por meio de lei complementar e não poderá ser não cumulativo nem ter fato gerador ou base de cálculo próprios dos impostos já previstos no texto constitucional.

1: Art. 157, II, da CF; 2: De acordo com o art. 155, § 3º, da CF, "à exceção dos impostos de que tratam o inciso II do *caput* deste artigo e o art. 153, I e II, nenhum outro imposto poderá incidir sobre operações relativas a energia elétrica, serviços de telecomunicações, derivados de petróleo, combustíveis e minerais do país". Ainda que fosse possível sua instituição, registre-se que os impostos criados em exercício da competência residual tributária da União devem ser não cumulativos (art. 154, I, da CF). Gabarito 1C, 2E.

16. ORDEM ECONÔMICA E FINANCEIRA

(Magistratura/RS – 2009) Considere as assertivas abaixo.

I. Imóvel urbano público ou privado, de até 250 m², pode ser objeto de usucapião, desde que utilizado como moradia, de forma ininterrupta e sem oposição, pelo prazo de cinco anos.
II. A desapropriação do imóvel rural improdutivo, por interesse social, para fins de reforma agrária, depende de prévia e justa indenização em dinheiro.
III. A pequena e média propriedade rural, assim definida em lei, não é suscetível de desapropriação para fins de reforma agrária, desde que seu proprietário não possua outra.

Quais são corretas?

(A) Apenas I
(B) Apenas II
(C) Apenas III
(D) Apenas I e III
(E) I, II e II

I: Os imóveis públicos não serão adquiridos por usucapião (art. 183, § 3º, da CF); II: A indenização é em títulos da dívida agrária (art. 184 da CF); III: Art. 185, I, da CF. Gabarito "C".

(Magistratura/AC – 2008 – CESPE) Quanto aos princípios gerais da atividade econômica, da tributação e do orçamento, assinale a opção correta.

(A) É um princípio da ordem econômica o tratamento favorecido para as empresas de pequeno porte constituídas sob as leis brasileiras e que tenham sua sede e administração no país.
(B) O IPTU progressivo é cabível apenas em relação a imóvel que não esteja cumprindo sua função social, de acordo com o plano diretor municipal.
(C) A abertura de crédito extraordinário, no orçamento, deve ser feita sempre por meio de lei.
(D) As empresas públicas e as sociedades de economia mista submetem-se ao mesmo regime jurídico das empresas privadas.

A: art. 170, IX, da CF; B: atualmente, a CF prevê expressamente a progressividade do IPTU em razão do valor do imóvel – art. 156, § 1º, I, da CF; C: o crédito extraordinário pode ser aberto por norma infralegal – art. 167, § 3º, da CF e art. 44 da Lei 4.320/1964; D: a lei disporá sobre a sujeição das empresas públicas e das sociedades de economia mista que explorem atividade econômica ao regime próprio das empresas privadas (o texto constitucional original não previa a regulação por lei, mas sim a imposição expressa a esse regime jurídico), sem prejuízos de suas peculiaridades, como, por exemplo, a exigência de licitação – art. 173, § 1º, II e III, da CF. Gabarito "A".

(Magistratura/MG – 2008) Ao dispor sobre a reforma agrária, a Constituição da República autoriza a União a promover a desapropriação e estabelece que a função social da propriedade rural deve ser cumprida mediante a observância de determinados requisitos.

(A) A pequena e média propriedade rural, assim definidas em lei, são insuscetíveis de reforma agrária, desde que seu proprietário não possua outra.
(B) As benfeitorias úteis e necessárias não serão objeto de indenização.
(C) A função social da propriedade rural é atendida mesmo quando não ocorre utilização adequada dos recursos naturais disponíveis e o meio ambiente não é preservado.
(D) A propriedade rural produtiva poderá ser desapropriada para fins de reforma agrária.

A: art. 185, I, da CF; B: as benfeitorias úteis e necessárias são indenizadas em dinheiro – art. 184, § 1º, da CF; C: a assertiva é incorreta – art. 186, II, da CF; D: a propriedade produtiva não pode ser desapropriada para fins de reforma agrária – art. 185, II, da CF. Gabarito "A".

(Magistratura/MS – 2008 – FGV) Assinale a afirmativa incorreta.

(A) Ofende o princípio da livre concorrência lei municipal que impede a instalação de estabelecimentos comerciais do mesmo ramo em determinada área.
(B) Segundo jurisprudência dos Tribunais Superiores, as concessionárias de serviço de telefonia não possuem exclusividade para editar listas ou catálogos telefônicos, pois se o tivessem haveria violação ao princípio da livre concorrência.
(C) A fixação de horário de funcionamento para o comércio dentro da área municipal pode ser feita por lei local, visando ao interesse do consumidor e evitando a dominação do mercado por oligopólio.
(D) Entre os princípios gerais da atividade econômica está o da defesa do meio ambiente, lato sensu, ou seja, abrangendo a noção de meio ambiente natural, cultural, artificial e laboral.
(E) Segundo Jurisprudência dos Tribunais Superiores, é inconstitucional lei que assegura gratuidade dos transportes públicos urbanos aos que têm mais de 65 anos, por ferir os princípios constitucionais da livre iniciativa e livre concorrência, princípios gerais da atividade econômica.

A: o Município pode legislar sobre a ocupação racional de seu território, mas não pode impedir a livre iniciativa empresarial e a concorrência – art. 170, IV, da CF; B: ver RE 158.676-MG; C: ver Súmula 645/STF; D: art. 170, VI, da CF; E: esse direito é expressamente previsto na própria Constituição Federal, em seu art. 230, § 2º - ver ADI 3.768-DF. Gabarito "E".

(Magistratura/PA – 2008 – FGV) Com base na Constituição da República Federativa do Brasil de 1988 e suas atualizações, assinale a alternativa correta.

(A) Conforme a Constituição Federal, são princípios da ordem econômica a soberania nacional, a propriedade privada, a função social da propriedade, a livre concorrência, a defesa do consumidor, a defesa do meio ambiente, a redução das desigualdades regionais e sociais, busca do pleno emprego, tratamento favorecido para as empresas de pequeno porte constituídas sob as leis brasileiras que tenham sua sede e administração no País.
(B) A função social da propriedade encontra-se no texto da Constituição Federal no artigo 5º, inciso XII, e, ainda, é princípio da ordem econômica. Isso reflete a face neoliberal da Constituição Federal de 1988, denominada de "Constituição Cidadã".
(C) Como agente normativo e regulador da atividade econômica, o Estado exercerá, na forma de lei complementar, apenas as funções de incentivo e planejamento, sendo este indicativo para o setor público e determinante para o setor privado.
(D) Ressalvados os casos previstos na própria Constituição Federal, a exploração direta e indireta de atividade econômica pelo Estado só será permitida quando necessária aos imperativos da segurança nacional ou a relevante interesse coletivo das minorias, conforme definidos em lei.
(E) As empresas públicas e as sociedades de economia mista só poderão gozar de privilégios fiscais não extensivos às do setor privado, na hipótese de abuso do poder econômico por parte destas.

A: art. 170 da CF; B: a função social da propriedade não pode ser relacionada diretamente ao neoliberalismo, ainda que se admita uma "face neoliberal da Constituição Federal"; C: o art. 174 da CF prevê também a função de fiscalização; D: o art. 173 da CF não restringe a exploração indireta (apenas a direta) de atividade econômica pelo Estado, nem se refere a interesse das minorias; E: não existe exceção para o caso de abuso do poder econômico – art. 173, § 2º, da CF. Gabarito "A".

(Magistratura/PI – 2008 – CESPE) Com relação ao direito constitucional urbanístico, agrário e ecológico, assinale a opção correta.

(A) Conforme preveem a CF e os precedentes do STF, a Administração Pública não pode autorizar, licenciar ou permitir obras e(ou) atividades nos espaços territoriais protegidos, já que qualquer alteração ou supressão somente poderá ser feita por meio de lei.
(B) A propriedade rural atende a sua função social, segundo critérios e graus estabelecidos em lei, quando preenche, entre outros, o requisito constitucional da exploração que favoreça o bem-estar dos proprietários e dos trabalhadores.
(C) O plano diretor, considerado instrumento básico da política de desenvolvimento e de expansão urbana, é obrigatório, conforme a CF, para todas as cidades.
(D) As operações de transferência de imóveis desapropriados para fins de reforma agrária não estão isentas dos tributos estaduais ou municipais, mas apenas dos tributos federais.
(E) Conforme a CF, todo aquele que possuir, como sua, área urbana de até 250 m², por cinco anos ininterruptos, sem oposição, utilizando-a para sua moradia ou de sua família, adquirirá o seu domínio, mesmo que seja proprietário de outro pequeno imóvel rural.

A: art. 225, § 1º, III e IV, da CF; B: art. 186, IV, da CF; C: o plano diretor é obrigatório apenas para as cidades com mais de vinte mil habitantes – art. 182, § 1º, da CF; D: a imunidade refere-se a todos os impostos (trata-se de imunidade, apesar de a CF fazer referência a isenção) – art. 184, § 5º, da CF; E: o usucapião previsto no art. 191 da CF não ocorre no caso de o interessado ser proprietário de qualquer imóvel rural ou urbano. Gabarito "B".

(Magistratura/PI – 2008 – CESPE) No que concerne à ordem econômica e financeira do Estado, assinale a opção correta.

(A) A defesa do consumidor não é um princípio da ordem econômica, mas, sim, um direito fundamental de terceira geração.
(B) No que se refere aos direitos e obrigações civis, comerciais, trabalhistas e tributários, as empresas públicas e as sociedades de economia mista submetem-se exclusivamente ao regime jurídico próprio das empresas privadas.
(C) Constitui monopólio da União a refinação do petróleo nacional ou estrangeiro.
(D) Compete ao TCU fiscalizar a aplicação dos recursos financeiros recebidos pelos estados ou municípios em decorrência de participação no resultado da exploração de petróleo ou gás natural, ou de compensação financeira por essa exploração.
(E) Compete à justiça estadual julgar as demandas judiciais em que empresa pública ou sociedade de economia mista da União figurem como autoras ou rés.

A: a defesa do consumidor é indicada expressamente como princípio da ordem econômica – art. 170, V, da CF; B: a lei disporá sobre a sujeição das empresas públicas e das sociedades de economia mista que explorem atividade econômica ao regime próprio das empresas privadas (o texto constitucional original não previa a regulação por lei, mas sim a imposição expressa a esse regime jurídico), sem prejuízos de suas peculiaridades, como, por exemplo, a exigência de licitação – art. 173, § 1º, II e III, da CF; C: art. 177, II, da CF; D: o TCU não tem essa atribuição, com relação à aplicação das receitas pelos Estados e Municípios – art. 71 da CF; E: a competência é da justiça federal, nos termos e com as exceções do art. 109, I, da CF. Gabarito "C".

(Magistratura/SP – 2008) A respeito da ordem econômica e financeira, assinale a opção correta.

(A) Se o Governador do Estado constatar situação de conflito potencial, por motivos de natureza fundiária, poderá, no uso do poder de desapropriação do ente público, baixar decreto expropriatório das terras em causa, a fim de possibilitar a implantação de projetos de reforma agrária. Nesse caso, deverá efetuar previamente o pagamento da indenização que couber, a qual deverá ser justa e liquidada com títulos da dívida agrária vencíveis em até vinte anos, com exceção das benfeitorias úteis, que precisarão ser ressarcidas em dinheiro.
(B) As empresas públicas e sociedades de economia mista exploradoras de atividade econômica devem ter o mesmo regime das empresas privadas, razão pela qual não se lhes aplica o regime jurídico da administração pública, previsto no ordenamento constitucional.
(C) Considere a seguinte situação hipotética. O Estado de São Paulo é o único acionista de uma empresa pública que explora determinada atividade econômica, relevante para a sociedade. Devido ao interesse do Estado de São Paulo no bom funcionamento e também no aperfeiçoamento dessa atividade, sua Assembléia Legislativa aprovou lei concedendo determinados incentivos fiscais apenas àquela empresa, não às outras do mesmo segmento econômico. Nesse caso, apesar dos relevantes fundamentos que pudesse haver em favor da empresa, a lei seria inconstitucional.
(D) Todo e qualquer imóvel rural que não seja produtivo ou não cumpra sua função social é passível de desapropriação para reforma agrária.

A: a competência para a desapropriação para fins de reforma agrária é da União e, ademais, as benfeitorias necessárias também devem ser indenizadas em dinheiro – art. 184, caput e § 1º, da CF; B: a lei disporá sobre a sujeição das empresas públicas e das sociedades de economia mista que explorem atividade econômica ao regime próprio das empresas privadas (o texto constitucional original não previa a regulação por lei, mas sim a imposição expressa a esse regime jurídico), sem prejuízos de suas peculiaridades, como, por exemplo, a exigência de licitação – art. 173, § 1º, II e III, da CF; C: a empresa pública que explora atividade econômica não pode gozar de privilégios fiscais não extensivos às do setor privado – art. 173, § 2º, da CF; D: a pequena e média propriedade rural não pode ser desapropriada, desde que seu proprietário não possua outra – art. 185, I, da CF. Gabarito "C".

(Magistratura/AL – 2007 – FCC) Considere as seguintes afirmações sobre a disciplina constitucional da regulação e exploração da atividade econômica pelo Estado:

I. Como agente normativo e regulador da atividade econômica, o Estado exercerá, na forma da lei, as funções de fiscalização, incentivo e planejamento, sendo este determinante para os setores público e privado.

II. A exploração direta de atividade econômica pelo Estado somente será permitida quando necessária aos imperativos da segurança nacional ou a relevante interesse coletivo, conforme definidos em lei.

III. A pesquisa e a lavra de recursos minerais e o aproveitamento dos potenciais de energia hidráulica somente poderão ser efetuados mediante autorização ou concessão da União, não podendo ser cedidas ou transferidas, total ou parcialmente, sem prévia anuência do poder concedente.

IV. Constituem monopólio da União a pesquisa, a lavra, o enriquecimento, o reprocessamento, a industrialização e o comércio de minérios e minerais nucleares e seus derivados, com exceção dos radioisótopos cuja produção, comercialização e utilização poderão ser autorizadas, sob regime de permissão, nas hipóteses previstas na Constituição.

SOMENTE estão corretas

(A) I e II.
(B) I e III.
(C) II e III.
(D) II e IV.
(E) III e IV.

I: o planejamento estatal é determinante apenas para o setor público, sendo indicativo para o setor privado – art. 174 da CF; II: o art. 173 da CF ressalva expressamente os casos previstos na própria Constituição Federal; III: art. 176, §§ 1º e 3º, da CF; IV: art. 177, V, da CF. Gabarito "E".

(Ministério Público/PR – 2011) Integram os princípios gerais da ordem econômica:

(A) Soberania nacional, propriedade privada e defesa do consumidor.
(B) Livre concorrência, função social da propriedade e tratamento favorecido para as empresas de pequeno porte constituídas sob as leis brasileiras e que tenham sua sede e administração no País.
(C) Busca do pleno emprego, soberania nacional e livre concorrência.
(D) Redução das desigualdades regionais e sociais, defesa do consumidor e defesa do meio ambiente.
(E) Todas as alternativas anteriores estão corretas.

Art. 170, I a IX, da CF. Gabarito "E".

(Ministério Público/MG – 2010 – FUNDEP) O artigo 182, da Constituição Federal, assevera expressamente que "[...] a política de desenvolvimento urbano, executada pelo Poder Público municipal, conforme diretrizes gerais fixadas em lei, tem por objetivo ordenar o pleno desenvolvimento das funções sociais da cidade e garantir o bem-estar de seus habitantes".

Considere, portanto, as seguintes afirmativas.

I. A propriedade urbana cumpre sua função social quando atende às exigências fundamentais de ordenação da cidade expressas no plano diretor.
II. O plano diretor, aprovado pela Câmara Municipal, obrigatório para cidades com mais de vinte mil habitantes, é o instrumento básico da política de desenvolvimento e de expansão urbana.
III. É facultado ao Poder Público municipal, mediante lei específica para área incluída no plano diretor, exigir, nos termos da lei federal, do proprietário do solo urbano não edificado, subutilizado ou não utilizado, que promova seu adequado aproveitamento.
IV. Aquele que possuir como sua área urbana de até duzentos e cinquenta metros quadrados, por cinco anos, ininterruptamente e sem oposição, utilizando-a para sua moradia ou de sua família, adquirir-lhe-á o domínio, desde que não seja proprietário de outro imóvel urbano ou rural; certo, também, que o respectivo título de domínio e a concessão de uso serão conferidos ao homem ou à mulher, ou a ambos, independentemente do estado civil.

A esse respeito, pode-se concluir que

(A) apenas a afirmativa I está correta.
(B) apenas as afirmativas I e II estão corretas.

(C) apenas a afirmativa II está correta.
(D) todas as afirmativas estão corretas.

I: Art. 182, § 2º, da CF; II: Art. 182, § 1º, da CF; III: Art. 182, § 4º, da CF; IV: Art. 183, caput e § 1º, da CF. "Gabarito D."

(Ministério Público/ES – 2010 – CESPE) Assinale a opção correta com relação à ordem econômica na CF.

(A) Dos diversos postulados da ordem econômica expressos na CF não deriva a adoção do sistema econômico capitalista.
(B) A CF defende a livre concorrência de mercado e não reconhece a simples existência de abuso de poder econômico.
(C) Entre os princípios expressamente consignados na CF está o tratamento favorecido para as microempresas constituídas sob as leis brasileiras e que tenham sua sede e administração no país.
(D) Segundo interpretação sistemática que se dá ao capítulo da ordem econômica na CF, a desigualdade dos agentes econômicos é a característica inerente de uma ordem econômica fundada na livre iniciativa e que se processa por meio da livre concorrência.
(E) O Estado, na qualidade de agente regulador da atividade econômica, exercerá, na forma da lei, a função de fiscalização, deixando para o setor privado e o livre mercado o próprio planejamento e incentivo da atividade econômica.

A: O art. 170 da CF refere-se expressamente à livre-iniciativa e à livre concorrência, além de outros princípios que se ajustam ao sistema capitalista; B: Não reflete o disposto no art. 173, § 4º, da CF; C: O art. 170, IX, da CF refere-se a empresas de pequeno porte, não a microempresas; D: Sim, desde que não haja abuso de poder econômico, devendo o Estado funcionar como agente normativo e regulador da atividade econômica (art. 174 da CF); E: Não reflete o disposto no art. 174 da CF. "Gabarito D."

(Ministério Público/SP – 2010) O Plano Diretor, instrumento básico da política de desenvolvimento e de expansão urbana, aprovado pela Câmara Municipal, nos termos da Constituição Federal, é obrigatório:

(A) para cidades com mais de trinta (30) mil habitantes.
(B) para cidades com mais de quinze (15) mil habitantes.
(C) para cidades com mais de vinte (20) mil habitantes.
(D) para cidades com mais de vinte e cinco (25) mil habitantes.
(E) para todas as cidades, independente de sua população.

Art. 182, § 1º, da CF. "Gabarito C."

(Ministério Público/DF – 2009) A respeito da política de desenvolvimento urbano, assinale a alternativa correta.

(A) A política de desenvolvimento urbano, executada pelo Poder Público municipal, estadual e federal conforme diretrizes gerais fixadas em lei, tem por objetivo ordenar o pleno desenvolvimento das funções sociais da cidade e garantir o bem- estar de seus habitantes.
(B) O plano diretor, aprovado pela Câmara Municipal, Assembléia Legislativa ou Congresso Nacional, obrigatório para cidades com mais de vinte mil habitantes, é o instrumento básico da política de desenvolvimento e de expansão urbana.
(C) A propriedade urbana cumpre sua função social quando atende às exigências fundamentais de ordenação da cidade expressas no plano diretor ou quando atende às exigências elaborados pelos fiscais de postura.
(D) As desapropriações de imóveis urbanos serão feitas com prévia, justa e integral indenização em dinheiro, títulos do tesouro ou precatórios.
(E) É facultado ao Poder Público municipal, mediante lei específica para área incluída no plano diretor, exigir, nos termos da lei federal, do proprietário do solo urbano não edificado, subutilizado ou não utilizado, que promova seu adequado aproveitamento.

A: É executada pelo Poder Público Municipal (art. 182 da CF); B: É aprovado pela Câmara Municipal (art. 182, § 1º, da CF); C: A propriedade urbana cumpre sua função social quando atende às exigências fundamentais de ordenação da cidade expressas no plano diretor (art. 182, § 2º, da CF); D: As desapropriações de imóveis urbanos serão feitas com prévia e justa indenização em dinheiro (art. 182, § 3º, da CF); E: Art. 182, § 4º, da CF. "Gabarito E."

(Ministério Público/MG - 2008) Dentre os princípios da Ordem Econômica e Financeira estabelecida na Constituição podemos apontar, EXCETO:

(A) defesa do meio ambiente.
(B) propriedade privada.
(C) função social da propriedade.
(D) soberania nacional.
(E) pleno emprego.

O art. 170, VIII, da CF refere-se à *busca do pleno emprego* como princípio, e não ao próprio *pleno emprego*. "Gabarito E."

(Ministério Público/MS – 2006) Considerando que a forma de utilização da propriedade é elemento integrante da Política Urbana, é CORRETO afirmar que:

(A) Não poderá ocorrer a desapropriação de imóvel urbano com pagamento por meio de títulos da dívida pública;
(B) Poderá ser exigido de proprietário de solo urbano não edificado, subutilizado ou não utilizado, que promova seu adequado aproveitamento, sob pena de parcelamento ou edificação compulsórios;
(C) O valor venal do imóvel, para efeito de cálculo do IPTU, não será utilizado quando da avaliação para efeito de desapropriação;
(D) O Plano Diretor Municipal constitui principal elemento de regulação da Política Urbana, e será aprovado por ato do Poder Executivo.

A: o art. 182, § 4º, III, da CF prevê a possibilidade excepcional de pagamento por meio de títulos da dívida pública, como sanção pelo inadequado aproveitamento do solo; B: Art. 182, § 4º, da CF; C: o valor venal do imóvel para fins de IPTU é critério para avaliação do bem expropriado – art. 27 do Decreto 3.365/1941; D: o plano diretor é veiculado por lei – art. 182, § 1º, da CF. "Gabarito B."

(Ministério Público/MS – 2006) No âmbito da Política Agrícola e Fundiária e da Reforma Agrária é CORRETO dizer, sobre os imóveis que forem desapropriados para fins de reforma agrária, que:

(A) Todas as operações com imóveis desapropriados estarão protegidas, pela imunidade constitucional, da incidência de tributos;
(B) São isentas de impostos as operações de transferência dos imóveis desapropriados para fins de reforma agrária;
(C) As operações de transferências dos imóveis desapropriados estarão isentas apenas dos impostos federais incidentes;
(D) A desapropriação não gera imunidade nem isenção tributária sobre os imóveis desapropriados para fins de reforma agrária.

A imunidade refere-se a todos os impostos (federais, estaduais e municipais), mas não a qualquer espécie de tributo (como as taxas) – art. 184, § 5º, da CF. "Gabarito B."

(Ministério Público/MS – 2006) Constitui garantia constitucional, inserida no art. 170 da CF, que a ordem econômica seja fundada na valorização do trabalho humano e na livre iniciativa, observando-se, entre outros, aos princípios da propriedade privada e da livre concorrência. Contudo, pode-se afirmar que:

(A) O Estado poderá realizar a exploração de atividades econômicas livremente, independente do interesse público, regendo-se, neste caso, pelas normas de direito privado;
(B) Empresas públicas e sociedades de economia mista gozarão de privilégios fiscais editados especificamente para o setor público;
(C) Na exploração de petróleo ou gás natural, de recursos hídricos para fins de geração de energia elétrica e de outros recursos minerais, os Estados, Distrito Federal e os Municípios poderão optar entre participação no resultado da exploração ou compensação financeira por essa exploração;
(D) O Estado, bem como suas autarquias, não poderá exercer a exploração de atividades econômicas.

A e D: a exploração direta de atividade econômica pelo Estado é excepcional, nos termos do art. 173 da CF; B: isso não é possível – art. 173, § 2º, da CF; C: art. 20, § 1º, da CF. "Gabarito C."

(Procurador do Estado/PB – 2008 – CESPE) Acerca da ordem econômica, assinale a opção incorreta.

(A) Inclui-se, entre os princípios da ordem econômica, a defesa do meio ambiente, inclusive mediante tratamento diferenciado conforme o impacto ambiental dos produtos e serviços e de seus processos de fabricação e prestação.

(B) Segundo a CF, os investimentos de capital estrangeiro serão, com base no interesse nacional, disciplinados por lei, a qual incentivará os reinvestimentos e regulará a remessa de lucros.

(C) Ressalvados os casos previstos na CF, a exploração direta de atividade econômica pelo Estado só será permitida quando necessária aos imperativos da segurança nacional ou a relevante interesse coletivo, conforme definidos em lei.

(D) Constitui monopólio da União o transporte do petróleo bruto de origem nacional ou estrangeira, bem assim o transporte, por meio de conduto, de petróleo bruto, seus derivados e gás natural de qualquer origem.

(E) A União, os estados, o DF e os municípios devem dispensar às microempresas e às empresas de pequeno porte, assim definidas em lei, tratamento jurídico diferenciado, com vistas a incentivá-las pela simplificação de suas obrigações administrativas, tributárias, previdenciárias e creditícias, ou pela eliminação ou redução destas por meio de lei.

A: art. 170, VI, da CF; B: art. 172 da CF; C: art. 173 da CF; D: o monopólio refere-se apenas ao transporte marítimo (não ao terrestre, por exemplo), além daquele realizado por meio de conduto – art. 177, IV, da CF; E: arts. 170, IX e 179, ambos da CF. Gabarito "D".

(Procurador do Estado/RR – 2006 – FCC) A função social da propriedade rural é cumprida, conforme a Constituição Federal, pela observância simultânea, segundo critérios e graus de exigências estabelecidos em lei, dos seguintes requisitos:

(A) aproveitamento racional e adequado, existência de eletrificação rural e irrigação, observância das disposições que regulam as relações de trabalho, utilização adequada dos recursos naturais disponíveis e preservação do meio ambiente, e atendimento das normas constantes do plano diretor do município em que esteja situada.

(B) observância das normas de habitação para o trabalhador rural, exploração que favoreça o bemestar dos proprietários e dos trabalhadores, utilização adequada dos recursos naturais disponíveis e proteção do meio ambiente, a prática de preços compatíveis com os custos de produção e a garantia de comercialização, o incentivo à pesquisa e à tecnologia.

(C) aproveitamento racional e adequado, utilização dos recursos naturais disponíveis e preservação do meio ambiente, observância das disposições que regulam as relações de trabalho, exploração que favoreça o bem-estar dos proprietários e dos trabalhadores.

(D) observância das normas de habitação para o trabalhador rural, existência de eletrificação rural e irrigação, exploração que favoreça o bem-estar dos proprietários e trabalhadores, preservação do meio ambiente e uso racional e adequado da propriedade.

(E) incentivo à assistência técnica e à extensão rural, prática de atividades extensivas e semi-extensivas continuamente, utilização adequada dos recursos naturais disponíveis e preservação do meio ambiente, exploração que favoreça o bem-estar dos proprietários e dos trabalhadores.

Somente a assertiva em C reproduz os requisitos do art. 186 da CF. Gabarito "C".

(Procurador de Contas TCE/ES – CESPE – 2009) Assinale a opção correta acerca das ordens econômica, financeira e social.

(A) Ao dispor sobre a ordem social, a CF estabelece que as receitas dos estados, do DF e dos municípios, destinadas à seguridade social, constem do respectivo orçamento, não integrando o orçamento da União.

(B) As empresas públicas e as sociedades de economia mista podem gozar de privilégios fiscais não extensíveis às empresas do setor privado.

(C) A CF estabelece como princípio da ordem econômica o tratamento favorecido para as empresas de pequeno e médio porte constituídas sob as leis brasileiras e que tenham sua sede e administração no país.

(D) Constituem monopólio da União a pesquisa, a lavra, o enriquecimento, o processamento, a industrialização e o comércio de minérios e minerais nucleares e seus derivados, incluindo os radioisótopos para pesquisa.

(E) O pescador artesanal que exerça suas atividades em regime de economia familiar, sem empregados permanentes, não contribuirá para a seguridade social.

A: Art. 195, § 1º, da CF; B: "As empresas públicas e as sociedades de economia mista não poderão gozar de privilégios fiscais não extensivos às do setor privado" (art. 173, § 2º, da CF); C: Apenas para as empresas de pequeno porte (art. 170, IX, da CF); D: Constituem monopólio da União "a pesquisa, a lavra, o enriquecimento, o reprocessamento, a industrialização e o comércio de minérios e minerais nucleares e seus derivados, com exceção dos radioisótopos cuja produção, comercialização e utilização poderão ser autorizadas sob regime de permissão, conforme as alíneas b e c do inciso XXIII do caput do art. 21 desta Constituição Federal" (art. 177, V, da CF); E: "O produtor, o parceiro, o meeiro e o arrendatário rurais e o pescador artesanal, bem como os respectivos cônjuges, que exerçam suas atividades em regime de economia familiar, sem empregados permanentes, contribuirão para a seguridade social mediante a aplicação de uma alíquota sobre o resultado da comercialização da produção e farão jus aos benefícios nos termos da lei" (art. 195, § 8º, da CF). Gabarito "A".

(Defensoria/MA – 2009 – FCC) Relativamente ao exercício de atividade econômica, a Constituição da República

(A) assegura a todos o livre exercício de qualquer atividade econômica independentemente de autorização de órgãos públicos, sem ressalvas.

(B) garante tratamento favorecido para as empresas de pequeno porte constituídas sob as leis brasileiras e que tenham sua sede e administração no País.

(C) estabelece que a lei disciplinará, com base no interesse nacional, os investimentos de capital estrangeiro e incentivará os reinvestimentos, vedando a remessa de lucros para o exterior.

(D) autoriza a exploração de atividade econômica pelo Estado apenas quando necessário aos imperativos da segurança nacional.

(E) prevê que o Estado exercerá funções de fiscalização, incentivo e planejamento da atividade econômica, sendo o último determinante para os setores público e privado.

A: Salvo nos casos previstos em lei (art. 170, parágrafo único, da CF); B: Art. 170, IX, da CF; C: "A lei disciplinará, com base no interesse nacional, os investimentos de capital estrangeiro, incentivará os reinvestimentos e regulará a remessa de lucros" (art. 172 da CF); D: "Ressalvados os casos previstos nesta Constituição, a exploração direta de atividade econômica pelo Estado só será permitida quando necessária aos imperativos da segurança nacional ou a relevante interesse coletivo, conforme definidos em lei" (art. 173 da CF); E: Indicativo para o setor privado (art. 174, caput, da CF). Gabarito "B".

(Defensoria/MT – 2009 – FCC) Segundo a disciplina constitucional do direito à propriedade,

(A) devem ser confiscadas as glebas onde forem localizadas culturas ilegais de plantas psicotrópicas.

(B) é vedado o confisco de bens de valor econômico apreendidos em decorrência do tráfico ilícito de entorpecentes.

(C) é vedada a desapropriação fundada em interesse social, estando revogada a legislação ordinária pertinente ao tema.

(D) é vedado ao poder público municipal impor sanções ao proprietário do solo urbano não edificado, não utilizado ou subutilizado.

(E) o imóvel urbano que atenda à sua função social, nos termos do plano diretor da cidade, não pode ser objeto de desapropriação.

A: A desapropriação confiscatória encontra-se prevista no art. 243 da CF. Ao interpretar o dispositivo, o Supremo Tribunal Federal entendeu que "glebas" correspondem à totalidade da propriedade em que realizado o cultivo de plantas psicotrópicas, e não apenas à área específica em que a plantação é encontrada. Dessa forma, ainda que o plantio ilegal se encontre em 10% da propriedade, toda a sua extensão será expropriada; B: "Todo e qualquer bem de valor econômico apreendido em decorrência do tráfico ilícito de entorpecentes e drogas afins será confiscado e reverterá em benefício de instituições e pessoal especializados no tratamento e recuperação de viciados e no aparelhamento e custeio de atividades de fiscalização, controle, prevenção e repressão do crime de tráfico dessas substâncias" (art. 243, parágrafo único, da CF); C: Não reflete o disposto no art. 184, caput e § 2º, da CF; D: Não reflete o disposto no art. 182, § 4º, da CF; E: Não há essa regra para o imóvel urbano. Para o imóvel rural, v. art. 184, caput, da CF. Gabarito "A".

(Delegado/GO – 2009 – UEG) É aplicável às empresas públicas e às sociedades de economia mista e suas subsidiárias que explorem atividade econômica de produção ou comercialização de bens ou de prestação de serviços o seguinte preceito:

(A) função privada, feita a fiscalização pelo conselho fiscal respectivo.

(B) licitação e contratação de obras, serviços, compras e alienações, observados os princípios da administração pública.

(C) possibilidade de acumular o emprego público com cargo público ou outro emprego, sem as restrições típicas da administração pública direta e indireta.
(D) sujeição a regime jurídico diferenciado do das empresas privadas, no tocante aos direitos e às obrigações civis, comerciais, trabalhistas e tributárias.

Art. 173, § 1º, I a V, da CF. Gabarito "B".

(Cartório/AP – 2011 – VUNESP) Nos termos do artigo 1º do Decreto-lei nº 1.593, de 21 de dezembro de 1977, com a redação dada pela Medida Provisória nº 2.158-35, de 2001, a fabricação de cigarros do tipo que especifica "será exercida exclusivamente pelas empresas que, dispondo de instalações industriais adequadas, mantiverem registro especial na Secretaria da Receita Federal do Ministério da Fazenda". O artigo 2º do mesmo diploma normativo prevê, ainda, as hipóteses em que o registro especial referido será cancelado. Os dispositivos citados do Decreto-lei em questão

(A) são incompatíveis com a disciplina constitucional da liberdade de iniciativa, que impede o Estado de exercer função regulatória de atividade econômica privada.
(B) são compatíveis com a disciplina constitucional da liberdade de iniciativa, que permite à lei exigir autorização de órgãos públicos para o exercício de atividade econômica.
(C) ofendem a disciplina constitucional da liberdade de iniciativa, que assegura a todos o livre exercício de qualquer atividade econômica, independentemente de autorização.
(D) contrariam o princípio da legalidade, pois Decreto-lei e Medida Provisória não podem criar obrigações ou restrições ao exercício de direitos fundamentais.
(E) ferem os princípios da igualdade e livre concorrência, por estabelecerem tratamento diferenciado entre pessoas jurídicas que exercem atividades econômicas, fora das hipóteses autorizadas pela Constituição.

Art. 170, parágrafo único, da CF. V. Ação Cautelar 1657, Rel. Min. Joaquim Barbosa. Gabarito "B".

(Cartório/MS – 2009 – VUNESP) Na ordem econômica e financeira, a Constituição Federal estabelece que

(A) as empresas públicas e as sociedades de economia mista não poderão gozar de privilégios fiscais não extensivos às do setor privado.
(B) a lei regulará o abuso do poder econômico que vise à dominação dos mercados, à eliminação da concorrência e ao aumento arbitrário dos lucros.
(C) como agente normativo e regulador da atividade econômica, o Estado exercerá, na forma da lei, as funções de fiscalização, incentivo e planejamento, sendo este determinante para os setores público e privado.
(D) o Estado regulará a organização da atividade garimpeira, impedindo a participação de empresas estrangeiras na atividade, levando em conta a degradação do meio ambiente e a proteção econômico-social dos garimpeiros.
(E) dependerá de autorização ou concessão da União o aproveitamento do potencial de energia renovável de capacidade reduzida.

A: Art. 173, § 2º, da CF; B: A lei não regulará, mas reprimirá o abuso de poder econômico (art. 173, § 4º, da CF); C: Indicativo para o setor privado (art. 174 da CF); D: Não reflete o disposto no art. 174, §§ 3º e 4º, da CF; E: Independe de autorização nos casos de capacidade reduzida (art. 176, § 4º, da CF). Gabarito "A".

(Cartório/SP – VI – VUNESP) A ordem econômica nacional, conforme expresso preceito constitucional, deve observar, dentre outros, os princípios de

(A) tratamento favorecido para as empresas, propriedade plena e redução do desemprego.
(B) soberania nacional, propriedade pública, propriedade privada e propriedade social.
(C) função social da propriedade, redução de desigualdades trabalhistas e pleno emprego.
(D) livre concorrência, defesa do consumidor e defesa do meio ambiente.

Art. 170, I a IX, da CF. Gabarito "D".

(Procurador do Município/Florianópolis-SC – 2010 – FEPESE) De acordo com os postulados constitucionais acerca da ordem econômica, é **correto** afirmar:

(A) É vedada a exploração direta de atividade econômica pelo Estado.
(B) A prestação de serviços pelo Poder Público, sob regime de concessão, independe de licitação.
(C) Cabe à lei complementar regulamentar as relações da empresa pública com o Estado e a sociedade.
(D) É assegurado a todos o livre exercício de qualquer atividade econômica, independentemente de autorização de órgãos públicos, exceto nos casos previstos em lei.
(E) O estatuto jurídico da empresa pública que explora atividade econômica de produção ou comercialização de bens disporá sobre política tarifária.

A: Não reflete o disposto no art. 173 da CF; B: Não reflete o disposto no art. 175 da CF; C: O art. 173, § 3º, da CF refere-se apenas "à lei". Portanto, será lei ordinária; D: Art. 170, parágrafo único, da CF; E: Não reflete o disposto no art. 175, parágrafo único, III, da CF. Gabarito "D".

(Procurador do Município/Teresina-PI – 2010 – FCC) A ordem econômica é fundada na valorização do trabalho humano e na livre iniciativa, observados os princípios da

(A) função social da propriedade e da busca do pleno emprego.
(B) defesa do consumidor e do paralelismo.
(C) livre concorrência e da concessão de garantias pelas entidades públicas.
(D) hierarquização e da verticalidade.
(E) indivisibilidade e da independência.

Art. 170, I a IX, da CF. Gabarito "A".

(Magistratura Federal-5ª Região – 2011) Com relação à ordem econômica, ao direito de propriedade e à comunicação social, assinale a opção correta.

(A) A CF admite a incidência de contribuição de intervenção no domínio econômico sobre a importação de petróleo e seus derivados, de gás natural e seus derivados e de álcool combustível, podendo a alíquota dessa contribuição ser diferenciada por produto ou uso, ou reduzida e restabelecida por ato do Poder Executivo, sem a observância do princípio da anterioridade.
(B) A União pode contratar com empresas estatais ou privadas a realização de pesquisa, o enriquecimento e o processamento de minérios e minerais nucleares e seus derivados.
(C) As operações de transferência de imóveis rurais desapropriados por interesse social para fins de reforma agrária são isentas apenas dos impostos federais.
(D) É vedada a participação de capital estrangeiro em empresas jornalísticas e de radiodifusão sonora e de sons e imagens.
(E) A CF atribui exclusivamente à União a competência para dispensar tratamento jurídico diferenciado às microempresas e às empresas de pequeno porte, de modo a incentivá-las mediante a simplificação de suas obrigações administrativas, previdenciárias, tributárias e creditícias.

A: Art. 177, § 4º, I, "a" e "b", da CF; B: O art. 177, V, da CF estabelece que essa atividade corresponde a monopólio da União, não podendo ser prestada por empresas privadas; C: Não reflete o disposto no art. 184, § 5º, da CF; D: Não reflete o disposto no art. 222, § 1º c/c § 4º, da CF; E: Não reflete o disposto no art. 179 da CF. Gabarito "A".

(Magistratura Federal/1ª Região – 2009 – CESPE) Assinale a opção correta quanto ao instituto da propriedade e à ordem econômica.

(A) Na desapropriação, a indenização justa e prévia deve traduzir a mais completa recomposição do valor retirado do patrimônio do expropriado e, nesse sentido, reconhece o STF a legitimidade do pagamento de indenização pelas matas existentes, até mesmo aquelas integrantes da cobertura vegetal sujeita a preservação permanente.
(B) A CF prevê que as glebas nas quais forem localizadas culturas de plantas psicotrópicas serão imediatamente expropriadas, sem indenização ao proprietário. O STF entende que, nessa hipótese, o termo gleba se refere apenas à área efetivamente cultivada e não a toda a propriedade, de modo que a gleba não poderia ser considerada o todo, mas somente a parte objeto do plantio ilegal.

(C) São princípios gerais da atividade econômica, entre outros, a função social da propriedade, a defesa do consumidor e o tratamento favorecido para as empresas de pequeno e médio porte constituídas sob as leis brasileiras e que tenham sede e administração no país.
(D) Segundo orientação do STF, embora haja distinção entre atividade e propriedade, não se permite que o domínio do resultado da lavra das jazidas de petróleo, de gás natural e de outros hidrocarbonetos fluidos possa ser atribuído pela União a terceiros, sob pena de ofensa à reserva de monopólio.
(E) De acordo com a CF, a economia brasileira é descentralizada e de mercado. Nesse sentido, o Estado somente pode intervir no domínio econômico como agente regulador e em caráter excepcional.

A: Entendimento do STF. A propósito do tema, confiram-se alguns trechos de ementas do Ministro Herman Benjamin, do Superior Tribunal de Justiça: "É firme a jurisprudência do STJ sobre a inindenizabilidade, como regra, das Áreas de Preservação Permanente, já que não passíveis de exploração econômica direta. Por sua vez, a Reserva Legal, onde se encontra vedado o corte raso da vegetação nativa, não pode ser indenizada como se fosse terra de livre exploração econômica. Cabe, nesse caso, ao proprietário provar o uso lícito"; "A indenização da cobertura florística, em separado, depende da efetiva comprovação de que o proprietário esteja, no momento da desapropriação, explorando economicamente os recursos vegetais, nos termos e limites de autorização expedida" ; "Na falta de licença ambiental e de Plano de Manejo, a exploração de florestas não é direito ou interesse indenizável; ao contrário, se ocorrer, caracteriza-se como ilícito ambiental, sujeito a sanções administrativas e penais, sem prejuízo do dever de reparar o dano causado, de forma objetiva, nos termos da Lei 6.938/81"; B: A desapropriação confiscatória encontra-se prevista no art. 243 da CF. Ao interpretar o dispositivo, o Supremo Tribunal Federal entendeu que "glebas" correspondem à totalidade da propriedade em que realizado o cultivo de plantas psicotrópicas, e não apenas à área específica em que a plantação é encontrada. Dessa forma, ainda que o plantio ilegal se encontre em 10% da propriedade, toda a sua extensão será expropriada; C: Só das empresas de pequeno porte (art. 170, I a IX, da CF); D: Conferir toda a ementa da ADIn 3273, Rel. Min. Carlos Britto, onde se lê: "A distinção entre atividade e propriedade permite que o domínio do resultado da lavra das jazidas de petróleo, de gás natural e de outros hidrocarbonetos fluidos possa ser atribuída a terceiros pela União, sem qualquer ofensa à reserva de monopólio [art. 177 da CB/88]"; E: Não reflete o disposto no art. 174 da CF. Gabarito "A".

(Magistratura Federal – 3ª Região – XIII) Sobre os princípios gerais da atividade econômica, é correto afirmar-se que:
(A) na aquisição de bens e serviços, o Poder Público dará tratamento preferencial, nos termos da lei, à empresa brasileira de capital nacional;
(B) o aproveitamento do potencial de energia renovável, desde que de capacidade reduzida, não depende de autorização ou concessão;
(C) cabe à lei ordinária, e não à complementar, assegurar a participação do proprietário do solo nos resultados da lavra;
(D) cabe à União conceder incentivos fiscais para financiar o pagamento de subsídios a preços ou ao transporte de álcool combustível, ao gás natural e seus derivados e a derivados de petróleo.

A: o art. 171, § 2º, da CF foi revogado pela EC 6/1995; B: art. 176, § 4º, da CF; C: a participação do proprietário nos resultados da lavra é assegurada diretamente pela Constituição Federal, em seu art. 176, § 2º; D: o pagamento desses subsídios é suportado pelas receitas da contribuição de intervenção no domínio econômico sobre combustíveis (CIDE combustíveis), nos termos do art. 177, § 4º, II, a, da CF; Gabarito "B".

(Procurador da Fazenda Nacional – 2007.2 – ESAF) Assinale a opção incorreta.
(A) "A propriedade atenderá a sua função social" (art. 5º, XXIII, da C. F.).
(B) "A ordem econômica, fundada na valorização do trabalho humano e na livre iniciativa, tem por fim assegurar a todos existência digna, conforme os ditames da justiça social, observados os seguintes princípios: ... III – função social da propriedade" (art. 170, III, da C.F.).
(C) "A propriedade urbana cumpre sua função social quando atende às exigências fundamentais de ordenação da cidade expressas no plano diretor" (art. 182, §2º, da C.F.).
(D) As opções constantes das letras "a", "b" e "c" desta questão contêm transcrições de normas constitucionais, que dão destaque ao regime constitucional da propriedade, o qual estabelece a dimensão prevalecente do valor "função social da propriedade" sobre um conceito privatista de propriedade como sendo direito real de cunho, puramente, patrimonial e, portanto, somente econômico.
(E) A letra "d" desta questão está errada.

As assertivas em A, B e C reproduzem as disposições constitucionais indicadas, nos termos da assertiva em D. A assertiva em E é, portanto, incorreta. Gabarito "E".

(MAGISTRATURA DO TRABALHO – 1ª REGIÃO – 2010 – CESPE) No que diz respeito a finanças públicas e ordem econômica, assinale a opção correta.
(A) É vedado ao BACEN conceder, direta ou indiretamente, empréstimos ao Tesouro Nacional, bem como comprar títulos de emissão deste.
(B) Em regra, a CF assegura a todos o livre exercício de qualquer atividade econômica, mediante autorização dos órgãos públicos competentes.
(C) De acordo com a CF, o Estado favorecerá a organização da atividade garimpeira em cooperativas, considerando a proteção do meio ambiente e a promoção econômico-social dos garimpeiros.
(D) De acordo com a CF, depende de autorização ou concessão o aproveitamento do potencial de energia hidráulica renovável, ainda que de capacidade reduzida.
(E) A União, os estados, o DF e os municípios dispensarão às microempresas e às empresas de pequeno e médio porte, assim definidas em lei, tratamento jurídico diferenciado, com a finalidade de incentivá-las pela simplificação de suas obrigações administrativas, tributárias, previdenciárias e creditícias ou mesmo pela eliminação ou redução dessas obrigações por meio de lei.

A: O BACEN não pode conceder empréstimos ao Tesouro Nacional (art. 164, § 1º, da CF), mas pode comprar títulos de emissão deste (art. 164, § 2º, da CF); B: Em regra não há necessidade de autorização (art. 170, parágrafo único, da CF); C: Art. 174, § 3º, da CF; D: As de capacidade reduzida independem de autorização (art. 176, § 4º, da CF); E: "A União, os Estados, o Distrito Federal e os Municípios dispensarão às microempresas e às empresas de pequeno porte, assim definidas em lei, tratamento jurídico diferenciado, visando a incentivá-las pela simplificação de suas obrigações administrativas, tributárias, previdenciárias e creditícias, ou pela eliminação ou redução destas por meio de lei" (art. 179 da CF). Gabarito "C".

(Magistratura do Trabalho – 8ª Região – 2009) Concernente a ordem econômica, como disciplinada na Constituição, é correto afirmar:
(A) A ordem econômica, fundada na valorização do trabalho humano e na livre iniciativa, tem por fim assegurar a todos existência digna, conforme os ditames da justiça social, observados os seguintes princípios: 1 - soberania nacional; 2 - livre concorrência; 3 - defesa do consumidor; 4 - defesa do meio ambiente, inclusive mediante tratamento diferenciado conforme o impacto ambiental dos produtos e serviços e de seus processos de elaboração e prestação; 5 - redução das desigualdades regionais e sociais; 6 - busca do pleno emprego; 7 - tratamento favorecido para as empresas brasileiras de capital nacional de pequeno porte; 8 - o livre exercício de qualquer atividade econômica, independentemente de autorização de órgãos públicos, salvo nos casos previstos em lei.
(B) São consideradas: 1- empresa brasileira a constituída sob as leis brasileiras e que tenha sua sede e administração no País; 2 - empresa brasileira de capital nacional aquela cujo controle efetivo esteja em caráter permanente sob a titularidade direta ou indireta de pessoas físicas domiciliadas e residentes no País ou de entidades de direito público interno, entendendo-se por controle efetivo da empresa a titularidade da maioria de seu capital votante e o exercício, de fato e de direito, do poder decisório para gerir suas atividades.
(C) Com a ressalva exclusiva das exceções previstas na Constituição, a exploração direta de atividade econômica pelo Estado só será permitida quando necessária aos imperativos da segurança nacional ou a relevante interesse coletivo, conforme definidos em

lei. A intervenção direta será realizada pela adoção das formas de empresa pública, a sociedade de economia mista, devendo estas sujeitar-se ao regime jurídico próprio das empresas privadas, inclusive quanto às obrigações trabalhistas e tributárias. As empresas públicas e as sociedades de economia mista poderão gozar de privilégios fiscais.

(D) Como agente normativo e regulador da atividade econômica, o Estado exercerá, na forma da lei, as funções de fiscalização, incentivo e planejamento, sendo este determinante para o setor público e para o setor privado. A lei estabelecerá as diretrizes e bases do planejamento do desenvolvimento nacional equilibrado, o qual incorporará e compatibilizará os planos nacionais e regionais de desenvolvimento.

(E) Constituem monopólio da União: 1 - a pesquisa e a lavra das jazidas de petróleo e gás natural e outros hidrocarbonetos fluidos; 2 - a refinação do petróleo nacional ou estrangeiro; 3 - a importação e exportação dos produtos e derivados básicos resultantes das atividades acima descritas; 4 - o transporte marítimo do petróleo bruto de origem nacional ou de derivados básicos de petróleo produzidos no País, bem assim o transporte, por meio de conduto, de petróleo bruto, seus derivados e gás natural de qualquer origem; 5 - a exploração dos potenciais de energia hidráulica.

A: Não reflete a integralidade do art. 170, I a IX, da CF; B: Não há regra nesse sentido no capítulo da ordem econômica, como requer o enunciado; C: Art. 173, *caput* e § 1º, da CF; D: Indicativo para o setor privado (art. 174, *caput* e § 1º, da CF); E: Não reflete o disposto no art. 177, I a V, da CF. Gabarito "C".

(Magistratura do Trabalho – 23ª Região – 2009) Leia as afirmações abaixo sobre a ordem econômica e depois escolha a alternativa CORRETA:

A ordem econômica fundada na valorização do trabalho humano e na livre iniciativa, tem por fim assegurar a todos existência digna, conforme os ditames da justiça social, observados os seguintes princípios:

I. soberania nacional, propriedade privada, função social da propriedade.
II. livre concorrência, defesa do consumidor.
III. defesa do meio ambiente, inclusive mediante tratamento diferenciado conforme o impacto ambiental dos produtos e serviços e de seus processos de elaboração e prestação.
IV. tratamento favorecido para as empresas de pequeno porte constituídas sob as leis brasileiras e que tenham sua sede e administração no País.

(A) Estão corretos apenas os itens I, II e IV.
(B) Estão corretos apenas os itens I, III e IV.
(C) Estão corretos apenas os itens I, II e III.
(D) Estão corretos apenas os itens II, III e IV.
(E) Todos os itens estão corretos.

Art. 170, I a IX, da CF. Gabarito "E".

(Magistratura do Trabalho – 16ª Região – 2006) A ordem econômica, fundada na valorização do trabalho humano e na livre iniciativa, tem por fim assegurar a todos os existência digna, conforme os ditames da justiça social observado os seguintes princípios:

I. Soberania nacional; propriedade privada, função social da propriedade; livre concorrência;
II. Defesa do consumidor; defesa do meio ambiente, inclusive mediante tratamento diferenciado conforme o impacto ambiental dos produtos e serviços e de seus processos de elaboração e prestação;
III. Redução das desigualdades regionais e sociais, busca do pleno emprego; tratamento favorecido para as empresas de pequeno porte constituídas sob as leis brasileiras e que tenham sua sede e administração no País.
IV. É assegurado a todos o livre exercício de qualquer atividade econômica, independentemente de autorização de órgãos públicos, não podendo ser restringida por lei.

Qual a opção correta:
(A) I, II, III;
(B) I e II;
(C) I, II, III, IV;
(D) I e III;
(E) II e III.

I: art. 170, I, II, III, e IV, da CF; II: art. 170, V e VI, da CF; III: art. 170, VII, VIII e IX, da CF; IV: a lei pode restringir o livre exercício de atividade econômica, nos termos do art. 170, p. único, *in fine*, da CF. Gabarito "A".

(CESPE – 2008) Assinale a opção correta a respeito da atuação do Estado no domínio econômico.

(A) A CF proíbe a formação de monopólios, inclusive os estatais.
(B) O Estado promove a exploração direta de atividade econômica por meio de empresas públicas e sociedades de economia mista.
(C) As atividades monopolizadas pela União são impassíveis de delegação.
(D) O Estado pode estabelecer o controle de abastecimento e o tabelamento de preços.

A: art. 177 da CF; B: art. 173 da CF; C: art. 177, § 1º, da CF; D: art. 174, CF. Gabarito "D".

(CESPE – 2008) Com relação ao que dispõe a CF acerca da disciplina das forças armadas, assinale a opção incorreta.

(A) A sindicalização é proibida ao militar.
(B) Ao militar que esteja em serviço ativo é proibida a filiação a partido político.
(C) Os eclesiásticos são isentos do serviço militar obrigatório em tempo de paz.
(D) É garantida ao militar a remuneração do trabalho noturno superior à do diurno.

A: art. 142, § 3º, IV, da CF; B: art. 142, § 3º, V, da CF; C: art. 143, § 2º, da CF; D: art. 142, § 3º, VIII, da CF. Gabarito "D".

(CESPE – 2007) Sobre a disciplina constitucional da ordem econômica e financeira, assinale a opção incorreta.

(A) Os imóveis públicos não serão adquiridos por usucapião.
(B) As taxas de juros reais não podem exceder o limite de 12% ao ano.
(C) A defesa do meio ambiente é um dos princípios da ordem econômica.
(D) A refinação do petróleo nacional ou estrangeiro constitui monopólio da União.

Antes da E.C. n. 40, de 29/05/2003, que alterou a redação do art. 192 da CF, o § 3º deste dispositivo – eliminado - limitava os juros a 12% ao ano. Gabarito "B".

(CESPE – 2007) A respeito da atuação do Estado no domínio econômico, assinale a opção correta.

(A) O texto constitucional, haja vista exigências de interesse público, admite a existência de monopólio estatal, assim como de monopólio privado, para o desempenho exclusivo de certas atividades do domínio econômico.
(B) A União, os estados, o Distrito Federal e os municípios podem exercer o tabelamento de preços quando a iniciativa privada se revela sem condições de mantê-los nas regulares condições de mercado.
(C) A CF veda expressamente a exploração direta de atividades econômicas pelo poder público; assim, o Estado só intervém no domínio econômico de forma indireta, por meio das entidades paraestatais.
(D) As empresas públicas que explorem atividade econômica possuem personalidade de direito privado e, ainda que sofram o influxo de algumas regras de direito público, sujeitam-se ao regime jurídico próprio das empresas privadas.

A: a lei somente admite o monopólio estatal em algumas situações peculiares (art. 173, § 4º, e art. 177 da CF); B: art. 174 da CF; C: art. 173, *caput*, da CF; D: art. 173, § 1º, II e III, da CF. Gabarito "D".

(CESPE – 2007) Acerca de política urbana, agrícola e de reforma agrária, assinale a opção correta.

(A) Compete privativamente à União desapropriar o imóvel rural para fins de reforma agrária, mas essa competência somente poderá incidir sobre imóveis que não estejam cumprindo a sua função social, como, por exemplo, aqueles em que a atividade não favoreça o bem-estar dos trabalhadores.
(B) O beneficiário da distribuição de imóvel rural objeto da reforma agrária pode alienar o seu domínio imediatamente, sendo esse um dos grandes entraves à concretização da reforma agrária.
(C) O imóvel urbano que não esteja cumprindo a sua função social poderá ser imediatamente desapropriado, efetuando-se o pagamento com títulos da dívida pública.
(D) Os imóveis públicos urbanos não são suscetíveis de usucapião, mas essa restrição não se aplica aos imóveis públicos rurais.

A: arts. 184, *caput*, e 186, IV, da CF; B: art. 189 da CF; C: art. 184, *caput*, da CF; D: art. 191, parágrafo único, da CF. Gabarito "A".

17. ORDEM SOCIAL

(MAGISTRATURA/PB – 2011 – CESPE) Relativamente à ordem social e aos direitos e garantias fundamentais, assinale a opção correta.

(A) O casamento civil pode ser dissolvido pelo divórcio, desde que homologada a separação judicial do casal por mais de um ano nos casos expressos em lei, ou comprovada a separação de fato por mais de dois anos.
(B) A CF consagrou o princípio da irremovibilidade dos índios de suas terras, salvo, ad referendum do Congresso Nacional, em caso de catástrofe ou epidemia que ponha em risco sua população, ou no interesse da soberania do país, devendo, cessado o risco, os índios retornar, de imediato, às suas terras.
(C) A jurisprudência do STF reconhece que os estrangeiros, mesmo os não residentes no país, são destinatários dos direitos fundamentais consagrados pela CF, sem distinção de qualquer espécie em relação aos brasileiros. No mesmo sentido, as pessoas jurídicas são destinatárias dos direitos e garantias elencados na CF, na mesma proporção das pessoas físicas.
(D) São legitimados para impetrar mandado de segurança a pessoa física, nacional ou estrangeira, e a pessoa jurídica privada, mas não a pública, visto o mandado de segurança ter como função garantir direito líquido e certo contra ato de autoridade pública.
(E) A floresta amazônica brasileira, a mata atlântica, a serra do Mar, o pantanal mato-grossense e a zona costeira são considerados patrimônio nacional pela CF, razão pela qual é vedada a utilização dos recursos naturais existentes nessas áreas, ainda que sujeitas ao domínio privado.

A: Não reflete a atual redação do art. 226, § 6º, da CF; B: Art. 231, § 5º, da CF; C: Apesar de o art. 5º, *caput*, da CF, falar em brasileiros e estrangeiros residentes no país, doutrina e jurisprudência concordam que são destinatários das normas de direitos fundamentais também os estrangeiros de passagem pelo Brasil, sem exigência de maioridade. Nem todos os direitos fundamentais são extensíveis às pessoas jurídicas, depende da sua natureza. A pessoa jurídica é titular, por exemplo, do direito fundamental à honra objetiva (art. 5º, X, da CF). Daí a Súmula 227/STJ prever que: "A pessoa jurídica pode sofrer dano moral". A doutrina refere-se, ainda, a outros direitos de personalidade aplicáveis às pessoas jurídicas: nome, marca e símbolos, propriedade intelectual e privacidade; D: Todas as pessoas naturais ou jurídicas, públicas ou privadas, podem impetrar mandado de segurança (art. 5º, LXIX, da CF); E: Não reflete o disposto no art. 225, § 4º, da CF. Gabarito "B".

(Magistratura/SP – 2011 – VUNESP) Relativamente aos índios, assinale a alternativa correta.

(A) As terras tradicionalmente ocupadas por eles destinam-se à sua posse permanente, cabendo exclusivamente à União o usufruto das riquezas do solo, dos rios e dos lagos nelas existentes.
(B) O aproveitamento dos recursos hídricos, incluídos os potenciais energéticos, a pesquisa e a lavra das riquezas minerais em terras indígenas só podem ser efetivados com autorização da Fundação Nacional do Índio – FUNAI, ouvidas, todavia, as comunidades afetadas, ficando-lhes assegurada participação nos resultados da lavra, na forma da lei.
(C) Para ingressar em juízo na defesa dos seus direitos e interesses, os índios, as suas comunidades e organizações serão representados pelo Ministério Público.
(D) É vedada a remoção dos grupos indígenas de suas terras, salvo, *ad referendum* do Congresso Nacional, em caso de catástrofe ou epidemia que ponha em risco sua população, ou no interesse da soberania do País, após deliberação do Congresso Nacional, garantido, em qualquer hipótese, o retorno imediato logo que cesse o risco.
(E) São anuláveis os atos que tenham por objeto a ocupação, o domínio e a posse das terras indígenas, ou a exploração das riquezas naturais do solo, dos rios e dos lagos nelas existentes.

A: Não reflete o disposto no art. 231, § 2º, da CF; B: Autorização do Congresso Nacional (art. 231, § 3º, da CF); C: V. art. 232 da CF; D: Art. 231, § 5º, da CF; E: São nulos e extintos (art. 231, § 6º, da CF). Gabarito "C".

(Magistratura/GO – 2009 – FCC) Na forma da Constituição, NÃO compete ao Sistema Único de Saúde:

(A) colaborar na proteção do meio ambiente, nele compreendido o do trabalho.
(B) executar as ações de vigilância sanitária e epidemiológica, bem como as de saúde do trabalhador.
(C) fornecer medicamentos experimentais, mormente quando não registrados no órgão ou entidade de vigilância sanitária competente.
(D) participar da formulação da política e da execução das ações de saneamento básico.
(E) participar do controle e fiscalização da produção, transporte, guarda e utilização de substâncias e produtos psicoativos, tóxicos e radioativos.

Art. 200, I a VIII, da CF. Gabarito "C".

(Magistratura/MG – 2009 – EJEF) Quanto aos direitos relativos à ordem social, elencados na Constituição Federal, marque a alternativa INCORRETA.

(A) O Ministério Público tem legitimidade para ajuizar ação civil pública destinada a garantir direitos das crianças e dos idosos.
(B) A assistência social será prestada a quem dela necessitar, mesmo ausente contribuição à seguridade social.
(C) Os chamados conceitos vagos ou imprecisos, relativos à Justiça Social, impedem que o Judiciário lhes reconheça efeitos concretos.
(D) A lesão ao meio ambiente sujeita o infrator a sanções penais e administrativas, independentemente da obrigação de reparar os danos.

A: Art. 129, III, da CF; B: Art. 203, *caput*, da CF; C: Nenhuma lesão ou ameaça de lesão deixará de ser apreciada pelo Poder Judiciário (art. 5º, XXXV, da CF); D: Art. 225, § 3º, da CF. Gabarito "C".

(Magistratura/MG – 2009 – EJEF) Quanto à Saúde, é CORRETO afirmar:

(A) É legítima a destinação de recursos públicos para auxílios ou subvenções às instituições privadas com fim lucrativo.
(B) Os gestores locais do sistema único de saúde poderão admitir agentes comunitários e agentes de combate às endemias, por meio de processo seletivo público.
(C) É livre a participação direta ou indireta de empresas ou capitais estrangeiros na assistência à saúde no País.
(D) Os Municípios estão isentos de aplicar, em ações e serviços públicos de saúde, recursos mínimos, derivados de percentuais sobre arrecadação de impostos.

A: Há vedação expressa no art. 199, § 2º, da CF; B: Art. 198, § 4º, da CF; C: Há vedação expressa no art. 199, § 3º, da CF; D: Não reflete o disposto no art. 198, § 2º, III, da CF. Inclusive é hipótese de intervenção estadual (art. 35, III, da CF) Gabarito "B".

(Magistratura/RS – 2009) João sofreu acidente de trabalho e pretende acionar o INSS para obter o respectivo auxílio-acidente, negado administrativamente. João reside em Cachoeirinha/ RS, que não é sede de Vara Federal. Neste caso, que juízos, de 1º e 2º graus, deverão apreciar essa ação?

(A) Foro local da Comarca de Cachoeirinha, com recurso ao Tribunal de Justiça do Estado
(B) Foro local da Comarca de Cachoeirinha, com recurso ao Tribunal Regional Federal da 4ª Região

(C) Vara da Justiça Federal de Porto Alegre, com recurso ao Tribunal Regional Federal da 4ª Região

(D) Vara do Trabalho de Cachoeirinha, com recurso ao Tribunal Regional do Trabalho da 4ª Região

(E) Vara do Trabalho de Cachoeirinha, com recurso ao Tribunal Regional Federal da 4ª Região

A competência para processar e julgar ação previdenciária buscando a concessão de auxílio-acidente, decorrente de acidente do trabalho, é da Justiça Estadual. Gabarito "A".

(Magistratura/MG – 2008) A Constituição da República dedica um capítulo especial à família, à criança, ao adolescente e ao idoso e especifica normas de aplicabilidade imediata e outras dirigidas ao legislador ordinário.

(A) A adoção será assistida pelo Poder Público, na forma da lei, vedada sua efetivação por estrangeiro.

(B) Os pais têm o dever de assistir, criar e educar os filhos menores, e os filhos maiores têm o dever de ajudar e amparar os pais na velhice, carência ou enfermidade.

(C) Os idosos, mesmo após 65 anos de idade, não têm direito à gratuidade nos transportes coletivos urbanos.

(D) O planejamento familiar, fundado nos princípios da dignidade da pessoa humana e da paternidade responsável, é disciplinado somente pelo Estado, vedada a livre decisão do casal.

A: o Poder Público estabelecerá casos e condições para a adoção por estrangeiros – art. 227, § 5º, da CF; B: art. 229 da CF; C: é garantida a gratuidade nos transportes coletivos urbanos aos maiores de 65 anos – art. 230, § 2º, da CF; D: o planejamento familiar é livre decisão do casal, nos termos do art. 226, § 7º, da CF. Gabarito "B".

(Magistratura/SP – 2008) Quanto à ordem social, assinale a alternativa incorreta.

(A) São terras tradicionalmente ocupadas pelos índios as por eles habitadas em caráter permanente, as utilizadas para suas atividades produtivas, as imprescindíveis à preservação dos recursos ambientais necessários a seu bem-estar e as necessárias a sua reprodução física e cultural, segundo seus usos, costumes e tradições.

(B) A família, a sociedade e o Estado têm o dever de amparar as pessoas idosas, assegurando sua participação na comunidade, defendendo sua dignidade e bem-estar e garantindo-lhes o direito à vida, na forma da lei, propiciando-lhes os bens materiais necessários para uma vida digna.

(C) O ensino será ministrado com base, dentre outros, nos princípios da igualdade de condições para o acesso e permanência na escola; da liberdade de aprender, ensinar, pesquisar e divulgar o pensamento, a arte e o saber e do pluralismo de idéias e de concepções pedagógicas, e coexistência de instituições públicas e privadas de ensino.

(D) Todos têm direito ao meio ambiente ecologicamente equilibrado, bem de uso comum do povo e essencial à sadia qualidade de vida, impondo-se ao poder público e à coletividade o dever de defendê-lo e preservá-lo para as presentes e futuras gerações e, para assegurar a efetividade desse direito, incumbe ao poder público, dentre outras atribuições, exigir, na forma da lei, para instalação de obra ou atividade potencialmente causadora de significativa degradação do meio ambiente, estudo prévio de impacto ambiental, a que se dará publicidade.

A: art. 231, § 1º, da CF; B: o art. 230 da CF não exige regulamentação legal para a garantia do direito à vida, nem se refere aos bens materiais necessários a uma vida digna, embora o art. 203, V, da CF garanta um benefício assistencial mínimo em favor do idoso desamparado; C: art. 206 da CF; D: art. 225, § 1º, IV, da CF. Gabarito "B".

(Magistratura/SP – 2007) O conceito de educação é mais compreensivo e abrangente que o da mera instrução. A educação objetiva propiciar a formação necessária ao desenvolvimento das aptidões, das potencialidades e da personalidade do educando. Seu objetivo é o pleno desenvolvimento da pessoa, seu preparo para o exercício da cidadania e sua qualificação para o trabalho. Dentre os princípios constitucionais em relação ao ensino, encontram-se:

I. igualdade de condições para acesso e permanência na escola;

II. liberdade de aprender, ensinar, pesquisar e divulgar o pensamento, a arte e o saber;

III. gratuidade do ensino fundamental;

IV. valorização dos educadores, garantidos os planos de carreira com piso salarial profissional;

V. pluralismo de idéias e de concepções pedagógicas e sua coexistência com a liberdade de se subtrair ao ensino convencional;

VI. gestão democrática do ensino público, na forma da lei.

São verdadeiras apenas as seguintes afirmações:

(A) I, II e VI.
(B) I, III e V.
(C) II, IV e V.
(D) I, IV e VI.

I: art. 206, I, da CF; II: art. 206, II, da CF; III: é assegurada a gratuidade do ensino público (não apenas fundamental) em estabelecimentos oficiais – art. 206, IV, da CF; IV: o plano de carreira previsto em lei e o piso salarial referem-se apenas aos profissionais da rede pública – art. 206, V e VIII, da CF; V: não há princípio constitucional relativo à suposta liberdade de se subtrair ao ensino convencional – art. 206, III, da CF; VI: art. 206, VI, da CF. Gabarito "A".

(Magistratura/SP – 2006) Todos têm direito ao meio ambiente ecologicamente equilibrado, impondo-se ao Poder Público determinadas incumbências. Indique a afirmativa incorreta.

(A) Preservar a diversidade e a integridade do patrimônio genético do País e fiscalizar as entidades dedicadas à pesquisa e manipulação de material genético.

(B) Exigir, na forma da lei, para instalação de obra ou atividade potencialmente causadora de significativa degradação do meio ambiente, estudo prévio de impacto ambiental, a que se dará publicidade.

(C) Controlar a produção, a comercialização e o emprego de técnicas, métodos e substâncias que comportem risco para a vida, a qualidade de vida e o meio ambiente.

(D) Obrigar o poluidor a indenizar ou reparar os danos causados ao meio ambiente e a terceiros, afetados por sua atividade, desde que comprovada a existência de culpa.

A: art. 225, § 1º, I e II, da CF; B: art. 225, § 1º, IV, da CF; C: art. 225, § 1º, V, da CF; D: o poluidor deve reparar o dano ou indenizar, independentemente da comprovação de culpa. Gabarito "D".

(Ministério Público/MS – 2011 – FADEMS) Segundo a Constituição Federal, a ordem social tem como **objetivo**:

(A) a dignidade da pessoa humana;
(B) a prevalência dos direitos humanos;
(C) o bem estar e a justiça sociais;
(D) a consecução do princípio da isonomia;
(E) os valores sociais do trabalho e da livre iniciativa.

Art. 193 da CF. Gabarito "C".

(Ministério Público/SC – 2010) Em atenção aos direitos sociais, analise as seguintes assertivas:

I. A saúde e a previdência social serão prestadas a quem delas necessitar, independentemente de contribuição.

II. Entre os benefícios da assistência social há previsão de pagamento de um salário ao idoso e à pessoa portadora de deficiência que sejam carentes de meio de subsistência e gratuidade nos transportes coletivos urbanos.

III. Na manutenção e no desenvolvimento do ensino a União aplicará, anualmente, nunca menos de dezoito, e os Estados, o Distrito Federal e os Municípios vinte e cinco por cento, no mínimo, da receita resultante de impostos, compreendida a proveniente de transferências.

IV. O poder público, com a colaboração da comunidade, promoverá e protegerá o patrimônio cultural brasileiro, por meio de inventários, registros, vigilância, tombamento e desapropriação, e de outras formas de acautelamento e preservação.

V. Os meios de comunicação social não podem, direta ou indiretamente, ser objeto de oligopólio.

De acordo com a Constituição da República:

(A) Apenas as assertivas III, IV e V estão corretas.
(B) Todas as assertivas estão corretas.
(C) Apenas as assertivas II, III, IV e V estão corretas.
(D) Apenas as assertivas I, II, III e IV estão corretas.
(E) Apenas as assertivas I, IV e V estão corretas.

I: Errada. Apenas a assistência social é prestada independentemente de contribuição (art. 203 da CF); II: Errada. Não reflete o disposto no art. 203, V, da CF; III: Art. 212 da CF; IV: Art. 216, § 1º, da CF; V: Art. 220, § 5º, da CF. Gabarito "A".

(Ministério Público/MG – 2010 – FUNDEP) Segundo a Constituição Federal de 1988, é INCORRETO afirmar que

(A) a assistência à saúde é livre à iniciativa privada.
(B) é facultada a destinação de recursos públicos para auxílios ou subvenções às instituições privadas com fins lucrativos.
(C) as instituições privadas poderão participar de forma complementar do sistema único de saúde, segundo diretrizes deste, mediante contrato de direito público ou convênio.
(D) é vedada a participação direta ou indireta de empresas ou capitais estrangeiros na assistência à saúde no País, salvo nos casos previstos em lei.

A: Art. 199 da CF; B: Conduta vedada pelo art. 199, § 2º, da CF; C: Art. 199, § 1º, da CF; D: Art. 199, § 3º, da CF. Gabarito "B".

(Ministério Público/MG – 2010.1) A Constituição Federal, ao conferir a todos o direito ao meio ambiente ecologicamente equilibrado no caput do artigo 225 e dispor no § 1º o dever do ente público de preservar e restaurar os processos ecológicos essenciais, acabou por impor à municipalidade autêntica obrigação de não fazer no que toca à poluição ambiental e, em caso de descumprimento, é CORRETO afirmar que

(A) é possível propor em face do ente público ação civil pública com pedido de determinação de obrigação de fazer ou não fazer, sem que a decisão judicial represente invasão à atuação discricionária ou ofensa à garantia constitucional de harmonia e separação de Poderes que assenta, entre nós, a ordem republicana e democrática consagrada pelo sistema de direito constitucional positivo.
(B) as astreintes se revestem de função coercitiva, têm por finalidade específica compelir, legitimamente, o devedor, mesmo que se cuide de Poder Público, a cumprir a ordem e assegurar o provimento jurisdicional útil.
(C) estando presentes o fumus boni iuris, o periculum in mora, e apresentando-se o pleito jurídico verossímil, é possível a concessão de tutela antecipada contra o ente público, por força do artigo 5º, inciso XXXV, da Constituição da República, que expressamente reconhece o poder acautelatório do juiz.
(D) constatando que houve ato ilícito do ente público na contratação de empresa para implementação de saneamento básico, é cabível requerer indenização por dano moral social, uma vez que a moralidade administrativa integra o patrimônio social e, ao mesmo tempo, constitui valor tão importante para a sociedade. O legislador dispensou atenção especial a essa questão permitindo constar expressamente do texto constitucional, deixando de, apenas, implicitamente ser admitido. Dentre outros artigos, há referência nos artigos 5º, inciso LXXIII, nº 37 e seu § 4º e 85, inciso V.
(E) Todas estão corretas.

A: Correta. V. art. 1º, I, da Lei 7.347/1985; B: Sim, e a jurisprudência já firmou entendimento de que não há impedimento à fixação de *astreintes* para o Poder Público; C: Sim, pois o art. 5º, XXXV, da CF refere-se expressamente a "ameaça a direito"; D: Sim. V. art. 5º, X, da CF. Gabarito "E".

(Ministério Público/SP – 2010) O financiamento do sistema único de saúde é feito com recursos dos orçamentos:

(A) da Seguridade Social e da União.
(B) dos Estados, do Distrito Federal e da União.
(C) dos Estados, dos Municípios, e da União.
(D) dos Estados, do Distrito Federal e dos Municípios.
(E) da Seguridade Social, da União, dos Estados, do Distrito Federal e dos Municípios, além de outras fontes.

Art. 198, § 1º, da CF. Gabarito "E".

(Ministério Público/SP – 2010) Assinale a alternativa incorreta:

(A) para assegurar a efetividade do direito ao meio ambiente ecologicamente equilibrado, incumbe ao poder público, promover a educação ambiental em todos os níveis de ensino e a conscientização pública para a preservação do meio ambiente.
(B) para efeito da proteção do Estado à Família, é reconhecida a união estável entre o homem e a mulher, e entre as pessoas do mesmo sexo, como entidade familiar, devendo a lei facilitar sua conversão em casamento.
(C) fundados no princípio da dignidade da pessoa humana e da paternidade responsável, o planejamento familiar é livre decisão do casal, competindo ao Estado propiciar recursos educacionais e científicos para o exercício desse direito, vedada qualquer forma coercitiva por parte de instituições oficiais ou privadas.
(D) é dever do Estado fomentar práticas desportivas formais e não formais, como direito de cada um.
(E) a Floresta Amazônica brasileira, A Mata Atlântica, a Serra do Mar, o Pantanal Mato-Grossense e a Zona Costeira são patrimônio nacional, e sua utilização far-se-á, na forma da lei, dentro de condições que assegurem a preservação do meio ambiente, inclusive quanto ao uso dos recursos naturais.

A: Art. 225, § 1º, VI, da CF; B: Não há previsão de união estável para pessoas do mesmo sexo na CF (art. 226, § 3º, da CF); C: Art. 226, § 7º, da CF; D: Art. 217 da CF; E: Art. 225, § 4º, da CF. Gabarito "B".

(Ministério Público/DF – 2009) Assinale a alternativa incorreta. Ao Sistema Único de Saúde compete, além de outras atribuições, nos termos da lei,

(A) controlar e fiscalizar procedimentos, produtos e substâncias de interesse para a saúde e participar da produção de medicamentos, equipamentos, imunobiológicos, hemoderivados e outros insumos.
(B) executar as ações de vigilância sanitária e epidemiológica, bem como as de saúde do trabalhador.
(C) colaborar na proteção do meio ambiente, nele compreendido o do trabalho.
(D) participar da formulação da política e da execução das ações de saneamento básico.
(E) incentivar em todas as áreas o desenvolvimento científico e tecnológico.

Art. 200, I a VIII, da CF. Gabarito "E".

(Ministério Público/DF – 2009) Assinale a alternativa correta. Dentre os princípios que deverão ser observados para ministrar o ensino, destaca(m)-se

(A) a igualdade de condições para o acesso e permanência na escola.
(B) a liberdade de aprender, ensinar, pesquisar e divulgar o pensamento, a arte e o saber, condicionados à ideologia do Governo.
(C) o pluralismo de idéias e de concepções pedagógicas, e a coexistência de instituições públicas e privadas de ensino, tendo estas últimas de oferecer 40% de vagas gratuitas.
(D) a gratuidade do ensino público em estabelecimentos oficiais, sendo permitida a cobrança de taxa de matrículas, conforme entendimento do STF.
(E) a gestão democrática do ensino público, com contratação direta e sem concurso de professores, conforme decisão das classes interessadas.

Art. 206, I a VIII, da CF. Gabarito "A".

(Ministério Público/DF – 2009) Assinale a alternativa correta. Para assegurar a efetividade do direito ao meio ambiente ecologicamente equilibrado, incumbe ao Poder Público

(A) preservar e restaurar os processos ecológicos essenciais e prover o manejo ecológico das espécies e ecossistemas, possibilitando o aniquilamento de espécies.
(B) preservar a diversidade e a integridade do patrimônio genético do País e fiscalizar as entidades dedicadas à pesquisa e manipulação de material genético.

(C) definir, em todas as unidades da Federação, espaços territoriais e seus componentes a serem especialmente protegidos, sendo a alteração e a supressão permitidas somente através de lei, permitida qualquer utilização que comprometa a integridade dos atributos que justifiquem sua proteção.

(D) promover a educação ambiental somente no nível médio de ensino e a conscientização pública para a preservação do meio ambiente.

(E) proteger a fauna e a flora, permitidas, na forma da lei, as práticas que coloquem em risco sua função ecológica, provoquem a extinção de espécies ou submetam os animais à crueldade.

Art. 225, § 1º, I a VII, da CF. Gabarito "B".

(Ministério Público/MG - 2008) À luz dos dispositivos constitucionais de regência, assinale a opção INCORRETA.

(A) É entidade familiar a comunidade formada por qualquer dos pais e seus descendentes.

(B) Para efeito da proteção do Estado, é reconhecida a união estável entre pessoas do mesmo sexo como entidade familiar, devendo a lei facilitar sua conversão em casamento.

(C) É dever da família, da sociedade e do Estado assegurar à criança e ao adolescente, com absoluta prioridade, o direito à vida, à saúde, à alimentação, à educação, ao lazer, à profissionalização, à cultura, à dignidade, ao respeito, à liberdade e à convivência familiar e comunitária, além de colocá-los a salvo de toda forma de negligência, discriminação, exploração, violência, crueldade e opressão.

(D) O Poder Judiciário só admitirá ações relativas à disciplina e às competições desportivas após esgotarem-se as instâncias da justiça desportiva, reguladas em lei.

(E) São direitos sociais a educação, a saúde, o trabalho, a moradia, o lazer, a segurança, a previdência social, a proteção à maternidade e à infância, a assistência aos desamparados, na forma desta Constituição.

A: art. 226, § 4º, da CF; B: o Judiciário não tem adotado esse entendimento, no que se refere à homoafetividade e à sua conversão em casamento. O art. 226, § 3º, da CF refere-se à união entre homem e mulher; C: art. 227 da CF; D: art. 217, § 1º, da CF; E: art. 6º da CF. Gabarito "B".

(Ministério Público/MG - 2008) Tratando-se de Sistema Único de Saúde, compete, além de outras atribuições, nos termos da lei:

I. controlar e fiscalizar procedimentos, produtos e substâncias de interesse para a saúde e participar da produção de medicamentos, equipamentos, imunobiológicos, hemoderivados e outros insumos;

II. planejar as ações de vigilância sanitária e epidemiológica, bem como as de saúde do trabalhador;

III. executar a formação de recursos humanos na área de saúde;

IV. participar da formulação da política e da execução das ações de saneamento básico;

V. incrementar em sua área de atuação o desenvolvimento científico e tecnológico;

VI. fiscalizar e inspecionar alimentos, excluído o controle de seu teor nutricional, bem como bebidas e águas para consumo humano;

VII. participar do controle e fiscalização da produção, transporte, guarda e utilização de substâncias e produtos psicoativos, tóxicos e radioativos;

VIII. colaborar na proteção do meio ambiente, nele não compreendido o do trabalho.

(A) Apenas a alternativa VII está correta.
(B) Apenas a alternativa III está incorreta.
(C) As alternativas II e III estão corretas.
(D) Todas as alternativas estão incorretas.
(E) As alternativas I e IV, V e VII estão corretas.

I: arts. 4º, § 1º, e 6º, VII, ambos da Lei do SUS (Lei 8.080/1990); II: o art. 6º, I, da Lei do SUS refere-se à execução dessas ações, sem prejuízo das competências da direção nacional (art. 16, XVIII); III: ao SUS compete a execução da política de recursos humanos e a organização do sistema de formação – art. 27, caput e I, da CF; IV: art. 16, II, b, da Lei do SUS; V: art. 6º, X, da Lei do SUS; VI: a fiscalização e inspeção incluem a vigilância nutricional – art. 6º, IV e VIII, da Lei do SUS; VII: art. 6º, IX, da Lei do SUS; VIII: o conceito de meio ambiente inclui o do trabalho – art. 6º, V, da Lei do SUS. Gabarito "E".

(Ministério Público/MG - 2008) Dispõe a Constituição que a União, os Estados, o Distrito Federal e os Municípios aplicarão, anualmente, porcentual mínimo da receita resultante de impostos na manutenção e desenvolvimento do ensino, sendo INCORRETO afirmar que:

(A) o percentual fixado à União é de nunca menos de dezoito, e os Estados, o Distrito Federal e os Municípios vinte e cinco por cento, no mínimo, da receita resultante de impostos, compreendida a proveniente de transferências.

(B) o não-cumprimento do repasse da complementação de recursos pela União sempre que, no Distrito Federal e em cada Estado, o valor por aluno não alcançar o mínimo definido nacionalmente importará crime de responsabilidade da autoridade competente.

(C) poderão ser contempladas além das escolas públicas integrantes dos sistemas de ensino federal, estadual e municipal, as escolas comunitárias, confessionais ou filantrópicas, definidas em lei, desde que comprovem finalidade não-lucrativa e apliquem seus excedentes financeiros em educação ou ainda que assegurem a destinação de seu patrimônio a outra escola comunitária, filantrópica ou confessional, ou ao Poder Público, no caso de encerramento de suas atividades.

(D) os recursos destinados à manutenção e desenvolvimento do ensino não poderão ser destinados a bolsas de estudo para o ensino fundamental e médio.

(E) os Estados, o Distrito Federal e os Municípios deverão assegurar, no financiamento da educação básica, a melhoria da qualidade de ensino, de forma a garantir padrão mínimo definido nacionalmente.

A: art. 212 da CF; B: art. 60, XI, do ADCT; C: art. 213 da CF; D: é possível a destinação dos recursos a bolsas de estudo, nos termos do art. 213, § 1º, da CF; E: art. 211, § 1º, da CF. Gabarito "D".

(Ministério Público/MG - 2008) Todos têm direito ao meio ambiente ecologicamente equilibrado, bem de uso comum do povo e essencial à sadia qualidade de vida, impondo-se ao Poder Público e à coletividade o dever de defendê-lo e preservá-lo para as presentes e futuras gerações. Para assegurar a efetividade desse direito, incumbe ao Poder Público:

I. preservar e restaurar os processos ecológicos essenciais e prover o manejo ecológico das espécies e ecossistemas;

II. preservar a diversidade e a integridade do patrimônio genético do País e fiscalizar as entidades dedicadas à pesquisa e manipulação de material genético;

III. definir, em todas as unidades da Federação, espaços territoriais e seus componentes a serem especialmente protegidos, sendo a alteração e a supressão permitidas aos órgãos ambientais, vedada qualquer utilização que comprometa a integridade dos atributos que justifiquem sua proteção;

IV. exigir, na forma da lei, para instalação de obra ou atividade potencialmente causadora de significativa degradação do meio ambiente, estudo prévio de impacto ambiental, a que se dará publicidade;

V. promover a educação ambiental no nível fundamental de ensino e a conscientização pública para a preservação do meio ambiente;

(A) As opções I, II e IV estão corretas.
(B) Todas as opções estão corretas.
(C) As opções I e III estão corretas.
(D) As opções II e IV estão corretas.
(E) As opções I e IV estão corretas.

I: art. 225, § 1º, I, da CF; II: art. 225, § 1º, II, da CF; III: a alteração ou supressão depende de lei – art. 225, § 1º, III, da CF; IV: art. 225, § 1º, IV, da CF; V: a educação ambiental deve ser promovida em todos os níveis de ensino – art. 225, § 1º, VI, da CF. Gabarito "A".

(Ministério Público/PR – 2008) Analise as seguintes assertivas e assinale a alternativa correta:

I. a previdência social será organizada sob a forma de regime geral, de caráter contributivo e de filiação obrigatória, observados critérios que preservem o equilíbrio financeiro e atuarial;
II. a assistência social será prestada a quem dela necessitar, independentemente de contribuição à seguridade social;
III. a educação, direito de todos e dever do Estado e da família, será promovida e incentivada com a colaboração da sociedade, visando ao pleno desenvolvimento da pessoa, seu preparo para o exercício da cidadania e sua qualificação para o trabalho;
IV. o Estado garantirá a todos o pleno exercício dos direitos culturais e acesso às fontes da cultura nacional, e apoiará e incentivará a valorização e a difusão das manifestações culturais;
V. o Estado promoverá e incentivará o desenvolvimento científico, a pesquisa e a capacitação tecnológicas.

(A) todas as assertivas estão corretas;
(B) apenas a assertiva I está incorreta;
(C) apenas a assertiva II está incorreta;
(D) apenas a assertiva III está incorreta;
(E) apenas as assertivas IV e V estão incorretas.

I: art. 201 da CF; II: art. 203 da CF; III: art. 205 da CF; IV: art. 215 da CF; V: art. 218 da CF. Gabarito "A".

(Procurador do Estado/RO – 2011 – FCC) Quanto à seguridade social é correto afirmar:

(A) É um conjunto integrado de ações que visa agregar os sistemas de saúde, previdência e assistência social através do sistema único de saúde.
(B) O regime geral da previdência social tem caráter contributivo e de filiação obrigatória, observados critérios que preservem o equilíbrio financeiro e atuarial, abrangendo os que participam de regime próprio de previdência.
(C) O sistema de saúde deve definir diretrizes com a participação da comunidade.
(D) O sistema de saúde deve ser organizado de forma centralizada, com direção única, e regionalizada, de modo a permitir que gestores locais admitam agentes comunitários de saúde e agentes de combate às endemias por meio de processo seletivo público.
(E) Assistência social é responsável pela cobertura do risco de acidente do trabalho.

A: De acordo com o art. 194 da CF, "a seguridade social compreende um conjunto integrado de ações de iniciativa dos Poderes Públicos e da sociedade, destinadas a assegurar os direitos relativos à saúde, à previdência e à assistência social"; B: Errada. V. art. 201, caput e § 5º, da CF; C: Art. 198, III, da CF; D: Não reflete o disposto no art. 198, I, da CF. V., tb, o § 4º do mesmo artigo; E: Não reflete o disposto no art. 203, I a V, da CF. V., tb., art. 201, § 10, da CF. Gabarito "C".

(Procurador do Estado/PI – 2008 – CESPE) No que concerne à ordem social, assinale a opção correta de acordo com o disposto na CF.

(A) Compete ao poder público, nos termos da lei, organizar a seguridade social, com base no caráter democrático e descentralizado da administração, mediante gestão bipartite e com a participação dos trabalhadores e dos empregadores.
(B) Para efeito de aposentadoria, é assegurada a contagem, de forma autônoma, do tempo de contribuição na administração pública ou na atividade privada, rural e urbana, não sendo lícita a compensação financeira entre os dois sistemas.
(C) É vedado o aporte de recursos a entidade de previdência privada pela União, pelos estados, pelo DF e pelos municípios, suas autarquias, fundações, empresas públicas, sociedades de economia mista e outras entidades públicas, ainda que na qualidade de patrocinador.
(D) A lei disporá sobre as condições e os requisitos que facilitem a remoção de órgãos, tecidos e substâncias humanas para fins de transplante, pesquisa e tratamento, bem como a coleta, o processamento e a transfusão de sangue e seus derivados, sendo vedado todo tipo de comercialização.
(E) A assistência social será prestada a quem dela necessitar, desde que o interessado seja contribuinte da seguridade social.

A: a gestão da seguridade social é quadripartite (trabalhadores, empregadores, aposentados e Governo) – art. 194, VII, da CF; B: é prevista a compensação financeira entre os regimes – art. 201, § 9º, da CF; C: os entes políticos e as entidades indicadas na assertiva somente podem aportar recursos em entidades de previdência privada na qualidade de patrocinadores, nos termos e observando o limite previsto no art. 202, § 3º, da CF; D: art. 199, § 4º, da CF; E: a assistência social independe de contribuição para a seguridade social – art. 203 da CF. Gabarito "D".

(Procurador do Estado/PI – 2008 – CESPE) Segundo a CF, o dever do Estado com a educação será efetivado mediante a garantia de

(A) educação infantil, em creche e pré-escola, às crianças de até cinco anos de idade.
(B) ensino fundamental e médio, obrigatório e gratuito, inclusive para os que a ele não tiveram acesso na idade própria.
(C) atendimento educacional especializado aos portadores de deficiência, preferencialmente em escolas exclusivas para portadores de necessidades especiais.
(D) ensino religioso, de matrícula obrigatória nas escolas públicas de ensino fundamental.
(E) atuação prioritária dos municípios no ensino fundamental e médio.

A: art. 208, IV, da CF; B: o ensino médio não é obrigatório, embora o Estado tenha o dever de garantir sua progressiva universalização – art. 208, II, da CF; C: a educação aos portadores de deficiência deverá ocorrer preferencialmente na rede regular de ensino – art. 208, III, da CF; D: a matrícula no ensino religioso é facultativa – art. 210, § 1º, da CF; E: os municípios atuarão prioritariamente no ensino fundamental e na educação infantil – art. 211, § 2º, da CF. Gabarito "A".

(Procurador do Estado/RR – 2006 – FCC) Dentre os princípios constitucionais da seguridade social encontra-se o princípio

(A) da proporcionalidade do valor dos benefícios.
(B) da individualidade da cobertura e do atendimento.
(C) do caráter contributivo dos benefícios, serviços e cobertura.
(D) do caráter democrático e descentralizado, mediante gestão tripartite nos órgãos colegiados.
(E) da seletividade e distributividade na prestação dos benefícios e serviços.

A: não há disposição constitucional acerca da proporcionalidade dos benefícios; B: há previsão de universalidade (não individualidade) da cobertura e do atendimento – art. 194, parágrafo único, I, da CF; C: o caráter contribuitivo não se refere à toda seguridade social (aplica-se à previdência e inexiste no caso da assistência social) – arts. 201, caput, e 203, ambos da CF; D: a gestão da seguridade social é quadripartite (trabalhadores, empregadores, aposentados e Governo) – art. 194, VII, da CF; E: art. 194, parágrafo único, III, da CF. Gabarito "E".

(Defensoria/MG – 2009 – FURMARC) A Constituição da República almeja, em termos de ordem social:

(A) Os interesses individuais e as políticas liberais.
(B) O bem-estar social e a justiça social.
(C) As liberdades públicas e o assistencialismo.
(D) O Estado gerencial e a livre concorrência.
(E) O livre exercício profissional e a função social da propriedade.

Art. 193 da CF. Gabarito "B".

(Defensoria/MT – 2009 – FCC) Considerando-se as normas constitucionais a respeito da seguridade social, é correto afirmar que

(A) a assistência social deve ser prestada a quem dela necessitar, mediante contribuição à seguridade social, paga nos termos da lei.
(B) a pessoa portadora de deficiência que comprove não possuir meios de prover à própria manutenção ou de tê-la provida por sua família, nos termos da lei, tem direito ao recebimento de um salário mínimo de benefício mensal.
(C) o acesso ao sistema único de saúde depende de contribuição à seguridade social, nos termos da lei.
(D) é inconstitucional norma estadual que vincule cinco décimos por cento de sua receita tributária líquida a programa de apoio à inclusão e promoção social.
(E) asseguram o direito público subjetivo à educação fundamental.

A: Independe de contribuição (art. 203, caput, da CF); B: Art. 203, V, da CF; C: Não depende de contribuição (v. art. 198, § 1º, da CF); D: Não reflete o disposto no art. 204, parágrafo único, da CF; E: O art. 208, I e IV, da CF garante a educação básica e a infantil. Gabarito "B".

(Defensoria/PA – 2009 – FCC) Dentre os princípios da Seguridade Social encontra-se o da

(A) diversidade da base de financiamento, de modo que a seguridade social seja financiada por toda a sociedade, de forma direta e indireta, mediante recursos provenientes dos orçamentos da União, dos Estados, do Distrito Federal e dos Municípios, bem como das contribuições previstas na Constituição Federal e legislação com ela conforme.
(B) universalidade da cobertura e do atendimento, o que significa que todas as ações abrangidas pela seguridade social independem de contraprestação do beneficiário.
(C) uniformidade e equivalência dos benefícios e serviços entre as populações urbanas e rurais, ainda quando o sistema de contribuição de cada qual seja distinto.
(D) irredutibilidade do valor dos benefícios, de modo que os índices de atualização monetária dos valores das contribuições devem também ser aplicados aos valores dos benefícios.
(E) criação, majoração ou extensão de benefício ou serviço da seguridade social independentemente de indicação da correspondente fonte de custeio total.

Art. 194, parágrafo único, I a VII, da CF. Gabarito "A".

(Defensoria/PA – 2009 – FCC) Dentre as normas constitucionais que asseguram o direito à educação prestada pelo Poder Público encontra-se aquela que prevê

(A) a prestação do ensino religioso, de matrícula obrigatória no ensino fundamental.
(B) o ensino fundamental obrigatório e gratuito, salvo para aqueles que a ele não tiveram acesso na idade própria.
(C) o atendimento educacional especializado aos portadores de deficiência, preferencialmente fora da rede regular de ensino.
(D) o atendimento ao educando, no ensino fundamental, através de programas suplementares de material didático-escolar, transporte, alimentação e assistência à saúde.
(E) progressiva universalização do ensino fundamental em período integral.

Art. 208, I a VII, da CF. Gabarito "D".

(Cartório/MS – 2009 – VUNESP) No que tange à seguridade social, pode-se afirmar que é seu objetivo constitucional:

(A) uniformidade da cobertura e do atendimento.
(B) individualização e distinção dos benefícios e serviços às populações urbanas e rurais.
(C) seletividade e distributividade na prestação dos benefícios e serviços.
(D) diversidade na forma de participação no custeio.
(E) padronização da base de financiamento.

Art. 194, parágrafo único, I a VII, da CF. Gabarito "C".

(Delegado/SP – 2008) O Poder Público, com a colaboração da comunidade, promoverá e protegerá

(A) o patrimônio cultural brasileiro, por meio de inventários e de outras formas de acautelamento.
(B) a educação, o desporto, a ciência e tecnologia e a comunicação social.
(C) a plena liberdade de informação jornalística em qualquer veículo de comunicação.
(D) as diversões e espetáculos públicos, estabelecendo locais e horários para apresentação.
(E) as empresas que investirem em tecnologia adequada ao país.

Art. 216, § 1º, da CF. Gabarito "A".

(Delegado/SP – 2008) O planejamento familiar é de livre decisão do casal e

(A) promoverá programas de assistência à criança e ao adolescente.
(B) tem por função assegurar o direito à vida e à saúde.
(C) fundado no princípio da dignidade da pessoa humana.
(D) restrito a qualquer dos pais e seus descendentes.
(E) reservado às famílias da baixa renda.

Somente a assertiva em C reflete o disposto no art. 226, § 7º, da CF. Gabarito "C".

(Delegado/SP – 2008) A seguridade social compreende

(A) o atendimento do cidadão e a universalidade da cobertura.
(B) um conjunto integrado de ações de iniciativa dos Poderes Públicos e da sociedade.
(C) a folha de salários e demais rendimentos pagos ou creditados a qualquer título.
(D) a seletividade, a distributividade na prestação dos benefícios e a equidade na forma de participação no custeio.
(E) a receita, o faturamento e o lucro.

Somente a assertiva em B reflete o disposto no art. 194, *caput*, da CF. Gabarito "B".

(Delegado/SP – 2008) O ensino é livre à iniciativa privada, desde que atendida à seguinte condição:

(A) admissão de professores, técnicos e cientistas estrangeiros.
(B) progressividade universalização do ensino superior.
(C) acesso aos níveis mais elevados do ensino.
(D) autorização e a avaliação de qualidade pelo Poder Público.
(E) garantia de padrão de qualidade.

Somente a assertiva em D indica condições previstas no art. 209 da CF. Gabarito "D".

(Procurador do Município/Florianópolis-SC – 2010 – FEPESE) De acordo com a Constituição Federal de 1988, a lei poderá instituir, além das contribuições sociais expressamente previstas no artigo 195, outras fontes destinadas a garantir a manutenção ou expansão da seguridade social. Deve a lei, contudo, observar os seguintes requisitos:

(A) Ter natureza complementar e respeitar o princípio da não-cumulatividade.
(B) Ter natureza complementar e respeitar o princípio da anterioridade.
(C) Ter natureza ordinária e respeitar o princípio da noventena.
(D) Respeitar os princípios da noventena e progressividade.
(E) Respeitar os princípios da não-cumulatividade e anterioridade.

Art. 195, § 4º, da CF, que se refere à observância do art. 154, I, da CF. Gabarito "A".

(Magistratura Federal/1ª Região – 2009 – CESPE) Assinale a opção correta acerca da ordem social e dos direitos constitucionais dos trabalhadores.

(A) A CF estabelece que o Estado deve garantir a todos o pleno exercício dos direitos culturais e o acesso às fontes de cultura e, nesse sentido, estabelece a obrigatoriedade para os estados e o DF de vincularem até 0,5% de sua receita tributária líquida a fundo estadual de fomento à cultura.
(B) A CF admite a propriedade de empresa jornalística e de radiodifusão sonora e de sons e imagens exclusivamente aos brasileiros natos.
(C) A CF não prevê, entre os direitos sociais coletivos dos trabalhadores, o direito de representação classista.
(D) O direito subjetivo dos idosos à gratuidade do transporte coletivo urbano é assegurado pela CF, em norma de eficácia plena.
(E) De acordo com a CF, a fundação de sindicato rural demanda autorização prévia do poder público e registro no órgão estatal competente.

A: A vinculação é facultativa (art. 216, § 6º, da CF); B: "A propriedade de empresa jornalística e de radiodifusão sonora e de sons e imagens é privativa de brasileiros natos ou naturalizados há mais de dez anos, ou de pessoas jurídicas constituídas sob as leis brasileiras e que tenham sede no País" (art. 222 da CF); C: Previu no art. 8º, I a VIII, da CF; D: Art. 230, § 2º, da CF; E: Não reflete o disposto no art. 8º, I e parágrafo único, da CF. Gabarito "D".

(Magistratura Federal – 3ª Região – XIII) Em relação aos índios, é correto afirmar-se que:

(A) a participação dos índios no resultado da lavra das riquezas minerais nas respectivas terras depende de autorização do Congresso Nacional;
(B) as terras tradicionalmente ocupadas por índios somente podem ser alienadas com autorização do Congresso Nacional, ouvidas as comunidades afetadas;
(C) a remoção de grupos indígenas de suas terras somente cabe no interesse da soberania do País, após deliberação do Congresso Nacional;
(D) em qualquer hipótese é garantido o retorno imediato de grupos indígenas removidos de suas terras, depois de cessado o risco a que alude o § 5º do artigo 231 da Constituição Federal.

A: a participação das comunidades indígenas no resultado da lavra prescinde de autorização do Congresso Nacional – art. 231, § 3º, in fine, da CF; B: as terras tradicionalmente ocupadas por índios são inalienáveis e indisponíveis – art. 231, § 4º, da CF; C: a remoção sujeita-se a referendo do Congresso (não deliberação prévia) e cabe também em caso de catástrofe ou epidemia, nos termos e condições previstos no art. 231, § 5º, da CF; D: art. 231, § 5º, in fine, da CF. "Gabarito – C."

(Magistratura Federal – 4ª Região – XIII – 2008) Dadas as assertivas abaixo, assinalar a alternativa correta.

I. A assistência à saúde é pública, apenas podendo ser realizada pela iniciativa privada quando expressamente delegada pelo poder público.

II. O ensino será ministrado com observância, dentre outros princípios, de piso salarial nacional para profissionais da educação pública, segundo lei federal.

III. Até que sejam esgotadas as instâncias legais da justiça desportiva, no prazo constitucional, não caberá ao Poder Judiciário conhecer de ações relativas à disciplina e às competições esportivas.

IV. O serviço de radiodifusão sonora e de sons e imagens é sujeito a concessão ou permissão, mas não o de publicação impressa, que é livre.

(A) Estão corretas apenas as assertivas I e IV.
(B) Estão corretas apenas as assertivas II e III.
(C) Estão corretas apenas as assertivas II, III e IV.
(D) Estão corretas todas as assertivas.

I: a assistência à saúde é livre à iniciativa privada – art. 199 da CF; II: art. 206, VIII, da CF; III: art. 217, § 1º, da CF; IV: arts. 220, § 6º, e 223, ambos da CF. "Gabarito – C."

(Procurador Federal – 2010 – CESPE) No que se refere aos direitos e deveres das populações indígenas, julgue o item abaixo.

(1) No processo de demarcação de terra indígena situada em região de fronteira, o STF considera dispensável a manifestação do Conselho de Defesa Nacional no processo homologatório.

STF, Pet 3388 (Raposa Serra do Sol): "(...) Somente à União, por atos situados na esfera de atuação do Poder Executivo, compete instaurar, sequenciar e concluir formalmente o processo demarcatório das terras indígenas, tanto quanto efetivá-lo materialmente, nada impedindo que o Presidente da República venha a consultar o Conselho de Defesa Nacional (inciso III do § 1º do art. 91 da CF), especialmente se as terras indígenas a demarcar coincidirem com faixa de fronteira. (...)". "Gabarito 1C."

(Delegado Federal – 2004 – CESPE) Nas eleições para prefeito na cidade Alfa, concorria à reeleição o atual prefeito, Acácio. Bruno, filho de Acácio, embora filiado ao mesmo partido político do pai há mais de dois anos, nunca se motivou a concorrer a nenhum cargo eletivo. Oito meses antes da eleição, Acácio, após inflamado discurso, em que sustentou que se fosse reeleito melhoraria as condições educacionais do município por meio do investimento prioritário no ensino superior, sofreu um fulminante infarto do miocárdio, morrendo antes da chegada de socorro médico. Acerca dessa situação hipotética, julgue o item que se segue.

(1) A proposta de investimento prioritário no ensino superior, base da campanha eleitoral de Acácio, contraria o texto constitucional brasileiro que estabelece que os municípios deverão atuar, de forma prioritária, no ensino fundamental e médio.

Os municípios atuarão prioritariamente no ensino fundamental e na educação infantil (não no ensino médio, como consta na assertiva) – art. 211, § 2º, da CF. "Gabarito 1E."

(Magistratura do Trabalho – 9ª Região – 2009) Considere as proposições a seguir:

I. Compete ao Poder Público a organização da seguridade social, observados dentre outros, os seguintes objetivos: universalidade da cobertura e do atendimento, irredutibilidade do valor dos benefícios, caráter democrático e descentralizado da gestão administrativa, mediante a gestão quadripartite, com a participação dos trabalhadores, dos empregadores, dos aposentados e do Governo nos órgãos colegiados.

II. A Constituição Federal garantiu ampla defesa a somente duas espécies de entidades familiares, quais sejam: a constituída pelo casamento civil ou religioso com efeitos civis; a constituída pela união estável entre o homem e a mulher, devendo a lei facilitar sua conversão em casamento. A comunidade formada por qualquer dos pais e seus descendentes, muito embora receba proteção, não é considerada constitucionalmente como entidade familiar.

III. As terras ocupadas pelos índios integram os bens da União, são inalienáveis, indisponíveis e os direitos sobre as mesmas, imprescritíveis. Não obstante, possível é, nas terras indígenas, o aproveitamento dos recursos hídricos, incluídos os potenciais energéticos, a pesquisa e a lavra das riquezas minerais, desde que autorizados pelo Congresso Nacional, ouvidas as comunidades afetadas, ficando-lhes assegurada participação nos resultados da lavra, na forma da lei.

IV. Os pais têm dever de assistir, criar e educar os filhos menores. No entanto, inexiste previsão constitucional de dever dos filhos maiores de amparar os pais na velhice, sendo esta obrigação somente do Poder Público através da seguridade social.

(A) todas as proposições são corretas
(B) somente são corretas as proposições I e III
(C) somente são corretas as proposições I, II e III
(D) somente são corretas as proposições II, III e IV
(E) somente são corretas as proposições III e IV

I: Art. 194, parágrafo único, I a VII, da CF; II: Não reflete o disposto no art. 226, § 4º, da CF; III: Art. 20, XI, da CF; IV: Não reflete o disposto no art. 229 da CF. "Gabarito – B."

(Magistratura do Trabalho – 23ª Região – 2009) Assinale a alternativa CORRETA:

I. A ordem social tem como base o primado do trabalho, e como objetivo o bem-estar e a justiça sociais.

II. O produtor, o parceiro, o meeiro e o arrendatário rurais e o pescador artesanal, bem como os respectivos cônjuges, que exerçam suas atividades em regime de economia familiar, sem empregados permanentes, contribuirão para a seguridade social mediante a aplicação de uma alíquota sobre o resultado da comercialização da produção e farão jus aos benefícios nos termos da lei.

III. É competência comum da União, dos Estados, do Distrito Federal e dos Municípios legislar sobre procedimentos em matéria processual e previdência social.

IV. É vedada a vinculação ou equiparação de quaisquer espécies remuneratórias para o efeito de remuneração de pessoal do serviço público.

(A) Apenas os itens II e IV são verdadeiros.
(B) Apenas os itens I, II e IV são verdadeiros.
(C) Apenas os itens I e III são verdadeiros.
(D) Todos os itens são verdadeiros.
(E) Todos os itens são falsos.

I: Art. 193 da CF; II: Art. 195, § 8º, da CF; III: A competência é concorrente da União, Estados e DF (art. 24, XI e XII, da CF); IV: Art. 37, XIII, da CF. "Gabarito –B."

(Magistratura do Trabalho – 23ª Região – 2009) Leia as assertivas abaixo e marque a alternativa CORRETA:

No que diz respeito à proteção da Família, da Criança, do Adolescente e do Idoso, o direito a proteção especial abrangerá os seguintes aspectos:

I. idade mínima de quatorze anos para admissão ao trabalho, salvo na condição de aprendiz.

II. garantia de direitos previdenciários e trabalhistas.

III. garantia de acesso do trabalhador adolescente à escola;

IV. garantia de pleno e formal conhecimento da atribuição de ato infracional, igualdade na relação processual e defesa técnica por profissional habilitado, segundo dispuser a legislação tutelar específica.

(A) Apenas os itens I e II são verdadeiros.
(B) Apenas os itens II e III são verdadeiros.
(C) Apenas os itens I e IV são verdadeiros.
(D) Apenas os itens I e III são verdadeiros.
(E) Apenas os itens II, III e IV são verdadeiros.

I: Não reflete o disposto no art. 7º, XXXIII, da CF; II: Art. 227, § 3º, II, da CF; III: Art. 227, § 3º, III, da CF; IV: Art. 227, § 3º, IV, da CF. "Gabarito –E."

(Ministério Público do Trabalho – 13º) Quanto à ordem social, assinale a alternativa INCORRETA:

(A) são terras tradicionalmente ocupadas pelos índios as por eles habitadas em caráter permanente, as utilizadas para suas atividades produtivas, as imprescindíveis à preservação dos recursos ambientais necessários a seu bem-estar e as necessárias a sua reprodução física e cultural, segundo seus usos, costumes e tradições;
(B) a família, a sociedade e o Estado têm o dever de amparar as pessoas idosas, assegurando sua participação na comunidade, defendendo sua dignidade e bem-estar e garantindo-lhes o direito à vida, na forma da lei, propiciando-lhe os bens materiais necessários para uma vida digna;
(C) o ensino será ministrado com base, dentre outros, nos princípios da igualdade de condições para o acesso e permanência na escola; da liberdade de aprender, ensinar, pesquisar e divulgar o pensamento, a arte e o saber e do pluralismo de idéias e de concepções pedagógicas, e coexistência de instituições públicas e privadas de ensino;
(D) todos têm direito ao meio ambiente ecologicamente equilibrado, bem de uso comum do povo e essencial à sadia qualidade de vida, impondo-se ao poder público e à coletividade o dever de defendê-lo e preservá-lo para as presentes e futuras gerações e, para assegurar a efetividade desse direito, incumbe ao poder público, dentre outras atribuições, exigir, na forma da lei, para instalação de obra ou atividade potencialmente causadora de significativa degradação do meio ambiente, estudo prévio de impacto ambiental, a que se dará publicidade;
(E) não respondida.

A: art. 231, § 1º, da CF; B: o art. 230 da CF não exige regulamentação legal para a garantia do direito à vida, nem se refere aos bens materiais necessários a uma vida digna, embora o art. 203, V, da CF garanta um benefício assistencial mínimo em favor do idoso desamparado; C: art. 206 da CF; D: art. 225, *caput* e § 1º, IV, da CF. Gabarito "B".

(CESPE – 2007) Assinale a opção correta a respeito do meio ambiente e dos índios, na ordem constitucional brasileira.

(A) As pessoas jurídicas, tanto quanto as pessoas físicas, estão sujeitas a sanções penais e administrativas se praticarem atividades e condutas consideradas lesivas ao meio ambiente.
(B) É competência privativa da União legislar sobre florestas, pesca, fauna, defesa do solo e dos recursos naturais, proteção do meio ambiente e controle da poluição.
(C) A defesa do meio ambiente impõe a necessidade de se exigir, para instalação de qualquer obra ou atividade que possa causar algum nível de degradação ambiental, a realização de estudo prévio de impacto ambiental.
(D) As terras tradicionalmente ocupadas pelos índios destinam-se a sua posse permanente, cabendo-lhes o usufruto exclusivo das riquezas do solo, dos rios e dos lagos nelas existentes, mas elas são consideradas bens dos estados-membros em que as comunidades indígenas estão radicadas.

A: art. 225, § 3º, da CF; Lei n. 9.605/98, que define as sanções penais e administrativas derivadas de condutas e atividades lesivas ao meio ambiente; B: art. 22 da CF; C: art. 225, § 1º, IV, da CF; D: art. 231, § 2º, da CF. Gabarito "A".

(CESPE – 2007) Josias foi aposentado por invalidez, por ter contraído o vírus da AIDS, e não tem condições econômicas de custear o seu tratamento, já que os custos com medicação e as despesas de seu filho de 10 anos de idade ultrapassam o valor de seus proventos de aposentadoria. Considerando a situação hipotética acima, assinale a opção correta à luz da ordem social e do entendimento do STF.

(A) A competência para legislar sobre previdência social e sobre saúde é privativa da União. Dessa forma, caberá à União privativamente aumentar o valor do referido benefício ou custear as despesas do tratamento de Josias.
(B) A competência para fornecer a medicação gratuita em favor de Josias é solidária entre o município em que Josias tem domicílio e o respectivo estado-membro.
(C) As ações de assistência social devem ser prestadas a Josias, independentemente de suas condições econômicas, pelo fato de ele ser pai de uma criança.
(D) A seguridade social compreende um conjunto integrado de ações de iniciativa dos poderes públicos e da sociedade destinadas a assegurar os direitos relativos à saúde, à previdência e à assistência social, as quais exigem caráter contributivo.

A: art. 198, § 2º, da CF; B: Lei n. 9.313/96; C: art. 203 da CF; D: art. 194 da CF. Gabarito "B".

(CESPE – 2006) É incompatível com o ordenamento constitucional brasileiro o (a)

(A) promulgação de leis interpretativas que configurem interpretação autêntica.
(B) interpretação extensiva de princípios constitucionais, dado que os direitos fundamentais devem ser interpretados estritamente, por caracterizarem limitações ao poder do Estado.
(C) usucapião de terras tradicionalmente ocupadas por comunidades indígenas.
(D) extradição de estrangeiro condenado em seu país de origem pela prática de terrorismo, quando o ato criminoso tenha sido inspirado por motivos políticos.

Art. 231, § 4º, da CF. Gabarito "C".

(CESPE – 2006) Assinale a opção correta, no que toca à regulação constitucional do direito à educação.

(A) Seria inconstitucional lei municipal que determinasse a obrigatoriedade de freqüência em aulas de ensino religioso, no ensino fundamental, mesmo que essa lei garantisse a diversidade religiosa e o estímulo à tolerância com a diferença.
(B) A educação pública integra a seguridade social, que é custeada mediante impostos estabelecidos especificamente para essa finalidade.
(C) A instituição da cobrança de mensalidades em universidades públicas pode ser feita mediante lei ordinária, na medida em que a Constituição da República somente prevê gratuidade obrigatória para os níveis de ensino fundamental e médio.
(D) Desde a promulgação da Constituição da República, em 1988, somente podem instituir universidades estaduais os estados-membros da federação em que o ensino médio for garantido a todas as pessoas em idade escolar.

A: art. 210, § 1º, da CF; B: art. 194 da CF; C: art. 206, IV, da CF; D: art. 211, § 3º, da CF. Gabarito "A".

18. TEMAS COMBINADOS

(Magistratura/DF – 2011) Há três assertivas que podem ser CORRETAS ou INCORRETAS. Responda:

I. No processo administrativo disciplinar a falta de defesa técnica por advogado não viola a Constituição.
II. Nos termos da Constituição de 1988 o cargo de Ministro das Relações Exteriores é privativo de brasileiro nato.
III. O Brasil adota o presidencialismo como forma de governo, em conseqüência, o Presidente da República tem em suas mãos tanto a chefia do Estado quanto a chefia do governo.

(A) se somente a assertiva I for correta
(B) se somente a assertiva II for correta
(C) se somente a assertiva III for correta
D se nenhuma das assertivas for correta

I: Súmula Vinculante 5/STF: "A falta de defesa técnica por advogado no processo administrativo disciplinar não ofende a Constituição". Deve-se ter muita atenção ao tema, pois a Súmula Vinculante do STF, por seu caráter obrigatório, acabou por "revogar" a Súmula 343 do STJ, que prescrevia exatamente o contrário: "É obrigatória a presença de advogado em todas as fases do processo administrativo disciplinar"; II: Somente são privativos de brasileiro nato os cargos listados no art. 12, § 3º, I a VII, da CF, que não inclui o de Ministro das Relações Exteriores; III: Presidencialismo não é forma de governo. São formas de Estado: Unitário e Federal; Formas de Governo: República ou Monarquia; Sistemas de Governo: Presidencialista ou Parlamentarista. Gabarito "A".

(Magistratura/DF – 2011) Há três assertivas que podem ser CORRETAS ou INCORRETAS. Responda:

I. As Comissões Parlamentares de Inquérito serão criadas se atenderem os seguintes requisitos constitucionais: aprovação pelo Plenário de requerimento de um terço dos membros da Casa Legislativa; a indicação de fato determinado a ser objeto de investigação e a fixação de um prazo certo para a conclusão dos trabalhos.

II. A Constituição brasileira em vigor adotou o que a doutrina chama de federalismo de 3º grau porque além das esferas federal e estadual, reconheceu os Municípios também como integrantes da federação.

III. A Constituição vigente pode ser emendada, desde que observado o processo legislativo respectivo. Todavia, não será objeto de deliberação a proposta de emenda tendente a abolir: a forma federativa de Estado, o regime de governo, os direitos e garantias individuais e o voto direto, secreto, universal e periódico.

(A) se somente a assertiva I for correta
(B) se somente a assertiva II for correta
(C) se somente a assertiva III for correta
(D) se nenhuma das assertivas for correta

I: O art. 58, § 3º, da CF não exige aprovação pelo Plenário de requerimento de um terço dos membros da respectiva Casa Legislativa; II: Correta. A Federação Brasileira difere do modelo clássico de federalismo, pois nela tanto União, Estados-membros, como também os Municípios, são autônomos. V. art. 18, *caput*, da CF. Segundo a doutrina, a autonomia é a capacidade de auto-organização (cada um dos entes federativos pode elaborar sua própria Constituição), autogoverno (garantia assegurada ao povo de escolher seus próprios dirigentes e de, através deles, editar leis) e autoadministração (capacidade assegurada aos estados de possuir administração própria, faculdade de dar execução às leis vigentes); III: O regime de governo não constitui cláusula pétrea (art. 60, § 4º, I a IV, da CF). Gabarito "B".

(Magistratura/DF – 2011) Há três assertivas que podem ser CORRETAS ou INCORRETAS. Responda:

I. A matéria constante de proposta de emenda constitucional rejeitada ou havida por prejudicada não pode ser objeto de nova proposta na mesma sessão legislativa, salvo mediante proposta da maioria absoluta dos membros de qualquer das Casas do Congresso Nacional.

II. Em tema de intervenção federal se o Poder Executivo de determinado Estado-Membro estiver sendo coagido ou ameaçado no exercício de suas atribuições, o Presidente da República, mesmo sendo devidamente provocado, não está obrigado a decretar a intervenção.

III. Quando a Constituição vigente dispõe que é assegurada nos termos da lei a proteção às participações individuais em obras coletivas e a reprodução da imagem e voz humana, inclusive nas atividades esportivas ocorre o que a doutrina chama de Reserva Legal Qualificada.

(A) se somente a assertiva I for correta
(B) se somente a assertiva II for correta
(C) se somente a assertiva III for correta
(D) se nenhuma das assertivas for correta

I: O art. 60, § 5º, da CF não traz exceções à reapresentação da proposta na mesma sessão legislativa; II: O Presidente da República não está obrigado a agir quando a solicitação partir do Executivo ou do Legislativo; III: Trata-se de reserva legal simples, ou seja, a CF determina apenas a forma "nos termos da lei". Quando a Constituição, além da forma, indica também o conteúdo, limitando-o, temos a reserva legal qualificada (como, por exemplo, no art. 5º, XII e XIII: "para fins de investigação criminal ou instrução processual penal" e "qualificações profissionais"). Gabarito "B".

(Magistratura/DF – 2011) Há três assertivas que podem ser CORRETAS ou INCORRETAS. Responda:

I. Em caso de iminente perigo público a autoridade competente poderá usar a propriedade particular, assegurada ao proprietário a indenização pelo uso.

II. Compete ao Supremo Tribunal Federal conhecer de habeas corpus impetrado contra decisão do Relator que, em habeas corpus requerido ao Superior Tribunal de Justiça indefere a liminar.

III. O Ministério Público é parte legítima para propor ação popular que vise anular ato lesivo ao patrimônio público ou de entidade de que o Estado participe.

(A) se somente a assertiva I for correta
(B) se somente a assertiva II for correta
(C) se somente a assertiva III for correta
(D) se nenhuma das assertivas for correta

I: A indenização é posterior, apenas no caso de dano (art. 5º, XXV, da CF); II: Contraria a Súmula 691/STF: "Não compete ao Supremo Tribunal Federal conhecer de habeas corpus impetrado contra decisão do Relator que, em habeas corpus requerido a tribunal superior, indefere a liminar"; III: Só o cidadão é parte legítima para propor ação popular (art. 5º, LXXIII, da CF). Gabarito "D".

(Magistratura/DF – 2011) Há três assertivas que podem ser CORRETAS ou INCORRETAS. Responda:

I. A Constituição Federal não outorgou foro especial aos vereadores perante o Tribunal de Justiça, assegurou a eles, entretanto, a chamada imunidade material.

II. A propriedade de empresa jornalística é privativa de brasileiro nato ou naturalizado há mais de quatro anos.

III. Mesa de Assembléia Legislativa estadual não tem legitimidade para propor ação declaratória de constitucionalidade.

(A) se somente a assertiva I for correta
(B) se somente a assertiva II for correta
(C) se somente a assertiva III for correta
(D) se nenhuma das assertivas for correta

I: Os vereadores possuem apenas a imunidade material (art. 29, VII, da CF), ao contrário dos deputados e senadores, que possuem imunidades material (art. 53, *caput*, da CF) e formal (art. 53, § 2º, da CF); II: Não reflete a atual redação do art. 222 da CF; III: Não reflete o art. 103, IV, da CF. Gabarito "A".

(MAGISTRATURA/PB – 2011 – CESPE) No que se refere à Federação brasileira, às regiões metropolitanas e ao exercício do poder regulamentar pelo presidente da República, assinale a opção correta.

(A) O decreto é o instrumento por meio do qual o presidente da República exerce o poder regulamentar que a CF lhe confere, visando dar plena e fiel exequibilidade às leis que necessitem de regulamentação.

(B) A União pode, mediante decreto presidencial, autorizar os estados, mas não o DF e os municípios, a legislar sobre questões específicas das matérias que sejam de sua competência privativa.

(C) De acordo com a CF, são entes da Federação a União, os estados e o DF, não sendo os territórios e os municípios considerados entes autônomos, visto que os primeiros representam autarquias territoriais da União e os segundos, divisões político-territoriais dos estados-membros.

(D) As terras devolutas, caracterizadas como terras públicas não aplicadas ao uso comum nem ao uso especial, são bens pertencentes à União.

(E) Os estados federados podem instituir regiões metropolitanas constituídas por agrupamentos de municípios limítrofes, as quais serão dotadas de personalidade jurídica e de administração própria, com vistas a integrar a organização, o planejamento e a execução de funções públicas de interesse comum.

A: Sim. Caso não observe os limites da lei, inovando na ordem jurídica ao criar/modificar/extinguir direitos ou obrigações, será considerado decreto autônomo; B: O art. 22, parágrafo único, da CF permite que lei complementar autorize apenas os Estados; C: A Federação Brasileira difere um pouco do modelo clássico de federalismo, pois nela tanto União, Estados-membros, como também os Municípios, são autônomos. V. art. 18, *caput*, da CF. Segundo a doutrina, a autonomia é a capacidade de auto-organização (cada um dos entes federativos pode elaborar sua própria Constituição), autogoverno (garantia assegurada ao povo de escolher seus próprios dirigentes e de, através deles, editar leis) e autoadministração (capacidade assegurada aos estados de possuir administração própria, faculdade de dar execução às leis vigentes); D: São bens da União apenas as terras devolutas qualificadas no art. 20, II, da CF. A regra geral, portanto, é de que as terras devolutas são bens dos Estados (art. 26, IV, da CF); E: Não reflete o disposto no art. 25, § 3º, da CF. Gabarito "A".

(Magistratura/RO – 2011 – PUCPR) Avalie as assertivas a seguir:

I. Para dirimir conflitos fundiários, o Tribunal de Justiça proporá a criação de varas especializadas, com competência exclusiva para questões agrárias.

II. Na execução da dívida ativa de natureza tributária, a representação da União cabe à Procuradoria-Geral da Fazenda Nacional, observado o disposto em lei.

III. O Ministério Público da União tem por chefe o Procurador-Geral da República, nomeado pelo Presidente da República entre integrantes da carreira, maiores de trinta e cinco anos, após a aprovação de seu nome pela maioria absoluta dos membros do Senado Federal, para mandato de três anos, permitida uma recondução.

IV. Lei complementar organizará a Defensoria Pública da União e do Distrito Federal e dos Territórios e prescreverá normas gerais para sua organização nos Estados, em cargos de carreira, providos, na classe inicial, mediante concurso público de provas e títulos, assegurada a seus integrantes a garantia da inamovibilidade e vedado o exercício da advocacia fora das atribuições institucionais.

Estão CORRETAS:

(A) Apenas assertivas I e II.
(B) Todas as assertivas.
(C) Apenas as assertivas I, III e IV.
(D) Apenas as assertivas II, III, e IV.
(E) Apenas as assertivas I, II e IV.

I: Art. 126 da CF; II: Art. 131, § 3º, da CF; III: Mandato de 2 anos, permitida recondução (art. 128, § 1º, da CF);

IV: Art. 134, § 1º, da CF. Gabarito "E".

(Magistratura/RO – 2011 – PUCPR) Dadas as assertivas abaixo, assinale a única **CORRETA**:

(A) Para efeito de aposentadoria, é assegurada a contagem recíproca do tempo de contribuição na administração pública e na atividade privada, rural e urbana, hipótese em que os diversos regimes de previdência social se compensarão financeiramente, segundo critérios estabelecidos em lei.

(B) A assistência à saúde é livre às instituições privadas que poderão participar de forma complementar do Sistema Único de Saúde, segundo diretrizes deste, mediante contrato de direito público ou convênio, mesmo não sendo entidades filantrópicas e sem fins lucrativos, sem qualquer ordem de preferência em relação a estas.

(C) É vedada a remoção dos grupos indígenas de suas terras, salvo com autorização do Congresso Nacional, em caso de catástrofe ou epidemia que ponha em risco sua população, ou no interesse da soberania do País, após deliberação do Congresso Nacional, garantido, em qualquer hipótese, o retorno imediato logo que cesse o risco.

(D) A família, a sociedade e o Estado têm o dever de amparar as pessoas idosas, assegurando sua participação na comunidade, defendendo sua dignidade e bem-estar e garantindo-lhes o direito à vida. Para tanto, a Constituição prevê que os programas de amparo aos idosos serão executados preferencialmente em casas assistenciais de atendimento de idosos e garante, aos maiores de sessenta anos, descontos nos transportes coletivos urbanos.

(E) As condutas e atividades consideradas lesivas ao meio ambiente sujeitarão os infratores, pessoas físicas ou jurídicas, a sanções penais e administrativas, podendo as pessoas jurídicas somente se sujeitarem à obrigação de reparar os danos causados.

A: Art. 201, § 9º, da CF; B: Não reflete o disposto no art. 199, § 1º, da CF; C: O art. 231, § 5º, da CF não exige autorização prévia; D: Não reflete o disposto no art. 230, §§ 1º e 2º, da CF; E: Não reflete o disposto no art. 225, § 3º, da CF. Gabarito "A".

(Magistratura/MG – 2009 – EJEF) Nas proposições abaixo, marque "V" para as verdadeiras e "F" para as falsas, assinalando-a alternativa CORRETA.

1) Os atos administrativos negociais e os contratos públicos deixam de sujeitar-se ao princípio da supremacia do interesse público.

2) Os atos lesivos ao princípio da probidade poderão acarretar a suspensão dos direitos políticos e a perda de função pública.

3) O princípio do devido processo legal refere-se com exclusividade ao processo legal adjetivo ou formal.

4) O que está implícito em um determinado princípio tem a mesma força do que vem nele explicitado.

(A) V, F, F, V.
(B) F, V, F, V.
(C) V, V, F, F.
(D) F, F, V, V.

1. Apesar das críticas ao princípio da supremacia do interesse público sobre o particular, seu conceito permanece a reger os atos administrativos; 2. O art. 15 da CF prevê as hipóteses de perda e suspensão dos direitos políticos. O art. 15, I, da CF traz hipótese de perda dos direitos políticos, sendo certo que a Lei 818/1949 prevê a perda da naturalização nos casos de atividades nocivas ao interesse nacional (art. 22, III). A incapacidade civil absoluta é hipótese de *suspensão* de direitos políticos. A hipótese do art. 15, III, da CF é de *suspensão* de direitos políticos e não de perda. A *escusa de consciência* só leva à perda dos direitos políticos (art. 15, IV, da CF) se o escusante negar-se a cumprir a prestação alternativa que a lei fixar. O art. 15, V, da CF foi regulamentado pela Lei de Improbidade Administrativa (Lei 8.429/1992), que prevê a penalidade de *suspensão* de direitos políticos nos incisos de seu art. 12; 3. Também abarca o devido processo substantivo ou material (art. 5º, LV, da CF), que abrange os princípios da razoabilidade e da proporcionalidade, majoritariamente tratados como sinônimos; 4. Todo o conteúdo dos princípios, seja explícito ou implícito, tem a mesma eficácia. Gabarito "B".

(Magistratura/RS – 2009) Considere as assertivas abaixo.

I. Durante a vigência do estado de defesa, é constitucional a prisão efetuada sem ordem judicial, ainda que não em flagrante delito.

II. O parecer prévio sobre as contas anuais do Prefeito Municipal, emitido pelo órgão competente, só não prevalecerá se rejeitado pelo voto da maioria absoluta da respectiva Câmara de Vereadores.

III. O transporte, por meio de conduto, de gás natural, de qualquer origem, constitui monopólio da União e não pode ser concedido à iniciativa privada.

Quais são corretas?

(A) Apenas I
(B) Apenas II
(C) Apenas III
(D) Apenas I e III
(E) I, II e II

I: Sim, mas deve ser imediatamente comunicada à autoridade judicial (art. 136, § 3º, I, da CF); II: Quórum de dois terços (art. 31, § 2º, da CF); III: É monopólio (art. 177, IV, da CF), mas pode ser concedido à iniciativa privada (art. 177, § 1º, da CF). Gabarito "A".

(Ministério Público/PB – 2010) É correto afirmar:

(A) De acordo com a Constituição, a pesquisa científica básica voltar-se-á prioritariamente para a solução dos problemas brasileiros e para o desenvolvimento do sistema produtivo nacional e regional.

(B) É compatível com a Constituição a previsão normativa que permita a transferência, para instituição pública ou privada de ensino superior sediada no local do novo domicílio, do estudante de instituição privada, o qual, sendo servidor público (ou seu dependente), haja sido removido *ex officio*.

(C) A garantia constitucional de sigilo das diversas modalidades técnicas de comunicação, considerando que tem o seu alcance limitado ao resguardo das esferas da intimidade ou da privacidade dos interlocutores, depende do conteúdo da mensagem ou dos dados transmitidos.

(D) Por disposição constitucional transitória, ficam convalidados os atos de criação, fusão, incorporação e desmembramento de Municípios, os quais, sem embargo de não terem atendido aos requisitos estabelecidos na legislação do respectivo Estado, tenham sido instrumentalizados por lei publicada até o final do ano de 2006.
(E) São meios constitucionais de tutela do patrimônio cultural brasileiro inventários, tombamento, desapropriação, registros e vigilância.

A: Não reflete o disposto no art. 218, §§ 1º e 2º, da CF; B: STF, ADIn 3324, Rel. Min. Marco Aurélio "A constitucionalidade do artigo 1º da Lei nº 9.536/97, viabilizador da transferência de alunos, pressupõe a observância da natureza jurídica do estabelecimento educacional de origem, a congeneridade das instituições envolvidas - de privada para privada, de pública para pública -, mostrando-se inconstitucional interpretação que resulte na mesclagem - de privada para pública"; C: Não reflete o disposto no art. 5º, XII, da CF; D: Não reflete o disposto no art. 96 do ADCT; E: Art. 216, § 1º, da CF. "Gabarito "E".

(Ministério Público/PB – 2010) Analise as proposições imediatamente abaixo e, em seguida, assinale a alternativa que contenha o julgamento devido sobre elas:

I. De acordo com a jurisprudência dominante do Tribunal Superior Eleitoral, a absolvição criminal imprópria transitada em julgado, com aplicação de medida de segurança a indivíduo inimputável, ainda que não reconhecida formalmente a respectiva incapacidade civil absoluta, é só por si causa apta para a suspensão dos direitos políticos.
II. Segundo a jurisprudência dominante do Supremo Tribunal Federal, a suspensão dos direitos políticos, enquanto efeito da condenação criminal transitada em julgado, persiste mesmo no curso do período de prova da suspensão condicional da pena (sursis).
III. Com fundamento no princípio da proporcionalidade, é da jurisprudência dominante do Supremo Tribunal Federal o entendimento segundo o qual a suspensão dos direitos políticos em razão de condenação criminal transitada em julgado não se legitima perante hipóteses como as de não aplicação de pena privativa de liberdade, crime culposo e infrações penais de menor potencial ofensivo.

(A) Apenas I e III são erradas.
(B) Apenas III é errada.
(C) Apenas I é errada.
(D) Apenas I é correta.
(E) I, II e III são corretas.

I: Fundamento no art. 15, II, da CF; II: STF, RMS 22470, Rel. Min. Celso de Mello: "A norma inscrita no art. 15, III, da Constituição reveste-se de autoaplicabilidade, independendo, para efeito de sua imediata incidência, de qualquer ato de intermediação legislativa. Essa circunstância legitima as decisões da Justiça Eleitoral que declaram aplicável, nos casos de condenação penal irrecorrível - e enquanto durarem os seus efeitos, como ocorre na vigência do período de prova do sursis -, a sanção constitucional concernente à privação de direitos políticos do sentenciado"; III: Não há como aplicar o princípio da proporcionalidade para afastar norma expressa da Constituição Federal (art. 15, III, da CF). "Gabarito "B".

(Ministério Público/PB – 2010) Considerando a jurisprudência dominante do Supremo Tribunal Federal, analise as proposições imediatamente abaixo e, em seguida, assinale a alternativa que contenha o julgamento devido sobre elas:

I. A lei ordinária que verse sobre matéria reservada a lei complementar é inconstitucional, mas, em hipótese oposta, dispondo sobre assunto que não seja próprio de lei complementar, ainda que com esta conflite, não padece de vício de inconstitucionalidade e, se posterior, prevalecerá em relação a ela.
II. O ato processual de oferecimento de denúncia, praticado pelo promotor de justiça perante o juízo junto ao qual exerce suas funções, prescinde, para ser válido e eficaz, na hipótese em que vier a ser declarada a incompetência relativa daquele juízo, de expressa ratificação pelo promotor, de mesmo grau funcional e integrante do mesmo Ministério Público, com atuação junto ao órgão jurisdicional competente.
III. A iniciativa popular de lei, que poderá ser exercida perante a Câmara dos Deputados ou o Senado Federal, é instrumento da soberania popular.

(A) Apenas II e III são corretas.
(B) Apenas II é errada.
(C) Apenas I e II são corretas.
(D) Apenas I é correta.
(E) I, II e III são corretas.

I: Se a matéria não é reservada à lei complementar pela Constituição, pode ser tratada por lei ordinária. Se veiculada em lei complementar não há nenhum vício de forma (porque as exigências para aprovação de lei complementar são maiores que as da lei ordinária), mas futuras alterações em seu texto podem ser feitas por simples lei ordinária, não se exigindo lei complementar; II: A decisão pela incompetência do juízo tem cunho jurisdicional, não necessitando da concordância do membro do Ministério Público que, se dela discordar, pode interpor o recurso cabível; III: Somente à Câmara dos Deputados (art. 61, § 2º, da CF). "Gabarito "C".

(Ministério Público/RS – 2009) Assinale, dentre as alternativas abaixo, quais são as corretas.

I. Embora a previsão da Constituição de que o advogado seja indispensável à administração da justiça, o governador do Estado possui capacidade postulatória, não necessitando da assistência de advogado para ingressar com Ação direta de inconstitucionalidade ou declaratória de constitucional idade.
II. Na hipótese de impeachment do Presidente da República e do seu vice, suceder-lhe-ão, pela ordem, o Presidente da Câmara dos Deputados; na hipótese da impossibilidade deste assumir o cargo, será chamado o Presidente do Senado; no impedimento deste, o Presidente do STF.
III. A Câmara dos Deputados autoriza a instauração de processo contra o Presidente da República, mas é o Senado que o julga.
IV. Senador pode propor emenda constitucional
V. O quorum para aprovação de uma súmula vinculante é superior ao exigido para a declaração de inconstitucionalidade de uma lei.

(A) Apenas II, III e V.
(B) Apenas I e IV.
(C) Apenas I, III e V.
(D) Apenas II.
(E) I, II, III, IV e V.

I: Sim, em simetria ao modelo federal; II: A ordem está correta, mas se aplica em caso de vacância dos cargos ou de impedimento do Presidente e do Vice (art. 80 da CF); III: Art. 51, I e art. 52, I, ambos da CF; IV: 1/3 do Senado pode, um senador sozinho não (art. 60, I, da CF); V: Sim. O art. 103-A da CF exige dois terços dos membros do STF para aprovação de súmula vinculante. No STF, por exemplo, o quórum de instalação da sessão é de oito ministros (art. 143, parágrafo único, do RI/STJ) e a decisão pela constitucionalidade ou inconstitucionalidade deve ser tomada pelo mínimo de 6 ministros (art. 173 do RI/STF). "Gabarito "C".

(Defensoria/PI – 2009 – CESPE) Tendo em vista as competências dos Poderes Legislativo, Executivo e Judiciário, assinale a opção correta.

(A) Como instrumentos de fiscalização do Poder Legislativo, as comissões parlamentares de inquérito têm poderes de investigação próprios das autoridades judiciais, podendo determinar as diligências que julgar necessárias, tomar depoimentos, ouvir indiciados e testemunhas, requisitar documentos de órgãos públicos e promover a responsabilidade civil e criminal dos infratores.
(B) Pela regra do quinto constitucional, na composição dos tribunais regionais federais, dos tribunais dos estados, do DF e territórios, e dos tribunais do trabalho, um quinto dos seus lugares será composto de membros do MP com mais de dez anos de carreira e de advogados de notório saber jurídico e de reputação ilibada, com mais de dez anos de efetiva atividade profissional.
(C) É da iniciativa privativa do presidente da República as leis que disponham acerca da organização da DPU, cabendo aos chefes dos Poderes Executivos estaduais a iniciativa de propor normas gerais para a organização das respectivas DPEs.
(D) O Conselho Nacional de Justiça é órgão de natureza administrativa, composto de membros oriundos não apenas do Poder Judiciário, mas também do MP, da advocacia e da sociedade, característica que não permite considerá-lo órgão integrante do Poder Judiciário.
(E) O Tribunal de Contas da União é órgão de orientação do Poder Legislativo, a este subordinado, apto a exercer a fiscalização contábil, financeira, orçamentária, operacional e patrimonial da União.

A: A responsabilização civil ou criminal é feita pelo Ministério Público (art. 58, § 3º, da CF); B: Não existe "quinto" no STF (porque os cargos são de livre nomeação do Presidente da República), na justiça eleitoral (TSE e no TRE), além de no STJ a regra ser a do "terço" constitucional; C: Não reflete o disposto no art. 134, § 1º, da CF; D: É órgão do Judiciário (art. 92, I-A, da CF). V., b, art. 103-B, I a XIII, da CF; E: É órgão auxiliar do Poder Legislativo (art. 71 da CF). Gabarito "B".

(Cartório/MG – 2007) É CORRETO afirmar que os atos praticados pelos serviços Notariais e de Registros, à luz da Constituição da República, serão fiscalizados pelo:

(A) Poder Legislativo.
(B) Poder Executivo.
(C) Poder Judiciário.
(D) Tribunal de Contas

A fiscalização é realizada pelo Poder Judiciário – art. 236, § 1º, *in fine*, da CF. Gabarito "C".

(Magistratura Federal-4ª Região – 2010) Dadas as assertivas abaixo, assinale a alternativa correta.

I. Em face de sua natureza política, as Comissões Parlamentares de Inquérito podem decretar imotivadamente a quebra de sigilo bancário e telefônico.

II. Os escritórios e consultórios profissionais estão abrangidos no conceito de "casa" para fins da garantia constitucional da inviolabilidade.

III. Em razão de sua índole programática, as normas definidoras de direitos e garantias fundamentais dependem, para que adquiram cogência e eficácia, de normas regulamentadoras.

IV. A União poderá intervir nos Estados, em caso de recusa à execução de lei federal, somente após provimento, pelo Superior Tribunal de Justiça, de representação do Procurador-Geral da República nesse sentido.

(A) Está correta apenas a assertiva II.
(B) Está correta apenas a assertiva IV.
(C) Estão corretas apenas as assertivas I, II e III.
(D) Estão corretas apenas as assertivas II, III e IV.
(E) Estão corretas todas as assertivas.

I: O STF entende que as CPIs podem determinar a quebra de sigilo bancário, fiscal e telefônico por terem poderes próprios de autoridades judiciais, desde que o ato seja adequadamente fundamentado e revele a necessidade objetiva da medida extraordinária; II: STF, HC 93050, Rel. Min. Celso de Mello: "Para os fins da proteção jurídica a que se refere o art. 5º, XI, da Constituição da República, o conceito normativo de "casa" revela-se abrangente e, por estender-se a qualquer compartimento privado não aberto ao público, onde alguém exerce profissão ou atividade (CP, art. 150, § 4º, III), compreende, observada essa específica limitação espacial (área interna não acessível ao público), os escritórios profissionais, inclusive os de contabilidade, "embora sem conexão com a casa de moradia propriamente dita" (NELSON HUNGRIA). Doutrina. Precedentes. - Sem que ocorra qualquer das situações excepcionais taxativamente previstas no texto constitucional (art. 5º, XI), nenhum agente público, ainda que vinculado à administração tributária do Estado, poderá, contra a vontade de quem de direito ("invito domino"), ingressar, durante o dia, sem mandado judicial, em espaço privado não aberto ao público, onde alguém exerce sua atividade profissional, sob pena de a prova resultante da diligência de busca e apreensão assim executada reputar-se inadmissível, porque impregnada de ilicitude material"; III: As normas definidoras de direitos, como o próprio nome afirma, geram direitos subjetivos, que podem ser exigidos do prestador; IV: A hipótese do art. 34, VI, da CF não exige provimento de representação do PGR (v., tb., art. 36, III, da CF). Gabarito "A".

(Procurador da Fazenda Nacional – 2007.2 – ESAF) Assinale, como única opção que contém a resposta correta, aquela que não corresponde a uma norma ou a um preceito normativo constante da parte permanente da Constituição Federal de 1988.

(A) "A revisão constitucional será realizada após cinco anos, contados da promulgação da Constituição, pelo voto da maioria absoluta dos membros do Congresso Nacional, em sessão unicameral."
(B) "As leis complementares serão aprovadas por maioria absoluta."
(C) "A lei disciplinará, com base no interesse nacional, os investimentos de capital estrangeiro, incentivará os reinvestimentos e regulará a remessa de lucros."
(D) "Em caso de relevância e urgência, o Presidente da República poderá adotar medidas provisórias, com força de lei, devendo submetê-las de imediato ao Congresso Nacional."
(E) "Todos têm direito ao meio ambiente ecologicamente equilibrado, bem de uso comum do povo e essencial à sadia qualidade de vida, impondo-se ao poder público e à coletividade o dever de defendê-lo e preservá-lo para as presentes e futuras gerações."

A: somente esta assertiva refere-se a dispositivo do ADCT, qual seja, o art. 3º; B: art. 69 da CF; C: art. 172 da CF; D: art. 62 da CF; E: art. 225 da CF. Gabarito "A".

6. DIREITO ADMINISTRATIVO

Wander Garcia

1. REGIME JURÍDICO ADMINISTRATIVO E PRINCÍPIOS DO DIREITO ADMINISTRATIVO

1.1. REGIME JURÍDICO ADMINISTRATIVO

(Magistratura/AL – 2007 – FCC) A Constituição Francesa estabelece, em seu artigo 34, um rol de matérias cuja disciplina jurídica deve efetivar-se por meio de lei, assim considerada como ato de competência do Parlamento. E prevê em seu art. 37 que matérias outras, que não as que sejam do domínio da lei, tenham caráter regulamentar, caracterizando assim o que a doutrina usa chamar "regulamento autônomo". No Brasil, a Constituição

(A) não adota mecanismo equivalente ao francês, nessa matéria.
(B) prevê a possibilidade de edição de regulamentos autônomos, no sentido francês, em tempo de guerra.
(C) prevê a possibilidade de edição de regulamentos autônomos, no sentido francês, na vigência de estado de sítio.
(D) prevê a possibilidade de edição de regulamentos autônomos, no sentido francês, ao admitir que certas matérias sejam tratadas diretamente por decreto, não sendo cabível lei para disciplinálas, tal como se passa com a decretação da utilidade pública para fim de desapropriação.
(E) prevê a possibilidade de edição de regulamentos autônomos, no sentido francês, ao estabelecer a competência do Presidente da República para editar decretos e regulamentos para fiel execução das leis.

De fato, no Brasil não há esse mecanismo, em que se tem um rol de casos em que a lei é necessária, e, para todos os demais casos, a possibilidade de se editar regulamento autônomo. No Brasil, a regra é a necessidade de lei (art. 37, *caput*, da CF). Há pequenas exceções em que se admite um decreto autônomo (art. 84, VI, CF). Gabarito "A".

(Magistratura/MG - 2007) No estudo do Direito Administrativo brasileiro, a doutrina é rica em apontar sua origem, objeto e conceito. São FALSAS as seguintes assertivas, EXCETO

(A) surgiu como ramo autônomo do Direito no Brasil com a Constituição de 1988-"Constituição cidadã" do Estado Democrático de Direito.
(B) do direito norte-americano *common law* herdou o sistema da unidade de jurisdição.
(C) e o ramo do Direito que se limita ao estudo da Ciência da Administração.
(D) seu exato conceito se obtém segundo critério das relações jurídicas.

A: falso, pois o D. Administrativo é ramo autônomo muito mais antigo; B: verdadeiro, pois no Brasil o Judiciário pode apreciar e controlar os atos administrativos (art. 5º, XXXV, da CF), não existindo outro órgão que julgue sozinho tais atos; na França adotou-se o contencioso administrativo; lá há um órgão, o Conselho de Estado, que julga uma série de atos administrativos; esse órgão não se confunde com o Poder Judiciário francês; C: falso, pois o Direito Administrativo tem por objeto normas jurídicas, ao passo que a Ciência da Administração estuda as diversas formas e tecnologia de gestão administrativa; D: falso, pois o que caracteriza o objeto do Direito Administrativo é atividade, no caso a atividade administrativa, que consiste em executar direta e concretamente a lei. Gabarito "B".

(Magistratura/MG - 2007) Em razão das tendências atuais do Direito Administrativo brasileiro, muito se tem discutido quanto à influência do teor do Preâmbulo da Constituição no controle dos atos da Administração. Considerando o teor do Preâmbulo da Constituição, é CORRETO afirmar:

(A) o Preâmbulo da Constituição de 1988 influi no controle de legalidade do ato da Administração.
(B) o controle dos Atos Administrativos pelo Poder Judiciário restou restringido em face do teor do Preâmbulo da Constituição de 1988.
(C) o Ato Administrativo que ofenda o teor do Preâmbulo da Constituição de 1988, repleto de valores, não se sujeita a declaração judicial que o invalide.
(D) o ato Administrativo somente se submete às normas positivas e princípios explícitos na Constituição.

O Supremo Tribunal Federal não reconhece ao preâmbulo força normativa (ADI 2.076/AC, Rel. Min. Carlos Velloso, DJ 08.08.03). Porém, o Excelso Pretório reconhece que o preâmbulo, de regra, contém "proclamação ou exortação no sentido dos princípios inscritos na Carta". Gabarito "A".

(Magistratura/SP – 2009 – VUNESP) Um dos aspectos primordiais do Direito Administrativo brasileiro é o de ser um conjunto

(A) de princípios e normas aglutinador dos poderes do Estado de maneira a colocar o administrado em relação de subordinação hierárquica a tais poderes.
(B) de princípios e normas que não alberga a noção de bem de domínio privado do Estado.
(C) instrumental de princípios e normas que regula exclusivamente as relações jurídicas administrativas entre o Estado e o particular.
(D) de princípios e normas limitador dos poderes do Estado.

A: incorreta, pois o direito administrativo não tem por função aglutinar os poderes do Estado, mas regular a aplicação direta e concreta da lei; ademais, o administrado não está em relação de subordinação hierárquica a tais poderes, pois esse tipo de subordinação se dá entre cargos e órgãos; B: incorreta, pois há bens estatais em relação aos quais o Estado é mero proprietário, como se fosse um bem privado do Estado, apesar de tais bens serem considerados bens públicos; esses bens são os *dominicais* (art. 99, III, do Código Civil); C: incorreta, pois o Direito Administrativo também regula as relações internas da Administração Pública, como as que dizem respeito aos agentes públicos; D: correta, pois esse é um dos aspectos do Direito Administrativo, consistente em limitar os poderes do Estado, que só poderá agir nos termos do que dispuser a lei, atendendo-se à razoabilidade, à moralidade, à eficiência, à motivação e aos demais princípios e normas administrativos. Gabarito "D".

(Procuradoria Distrital – 2007) Em relação ao conceito e evolução histórica do Direito Administrativo e ao conceito e abrangência da Administração Pública, selecione a opção correta.

(A) Na evolução do conceito de Direito Administrativo, surge a Escola do Serviço Público, que se desenvolveu em torno de duas concepções. Na concepção de Léon Duguit, o Serviço Público deveria ser entendido em sentido estrito, abrangendo toda a atividade material, submetida a regime exorbitante do direito comum, desenvolvida pelo Estado para a satisfação de necessidades da coletividade.

(B) Na busca de conceituação do Direito Administrativo encontra-se o critério da Administração Pública, segundo o qual, sinteticamente, o Direito Administrativo deve ser concebido como o conjunto de princípios que regem a Administração Pública.
(C) A Administração Pública, em sentido objetivo, deve ser compreendida como o conjunto das pessoas jurídicas e dos órgãos incumbidos do exercício da função administrativa do Estado.
(D) O conceito estrito de Administração Pública abarca os Poderes estruturais do Estado, sobretudo o Poder Executivo.
(E) Na evolução histórica do Direito Administrativo, encontramos a Escola Exegética, que tinha por objeto a interpretação das leis administrativas, a qual também defendia o postulado da carga normativa dos princípios aplicáveis à atividade da Administração Pública.

Vários critérios foram utilizados para tentar conceituar o Direito Administrativo. O primeiro foi o critério do "Poder" (o direito administrativo regula a autoridade estatal), que se seguiu aos critérios do "Serviço Público" (o direito administrativo regula os **serviços públicos** em geral – **serviços públicos** em sentido amplo, portanto), do "Poder Executivo" (o direito administrativo regula a atividade do Poder Executivo), das "Relações Jurídicas" (o direito administrativo regula as relações entre a Administração e os administrados), "Teleológico" (o direito administrativo regula a atividade do Estado para cumprir os seus fins) e ao critério da "Administração Pública". Neste critério, o Direito Administrativo é o conjunto de princípios que regem a Administração Pública. Trata-se do critério mais adotado entre os juristas, daí porque está correta a alternativa "B". Gabarito "B".

(Defensor Público/AM – 2010 – I. Cidades) No campo do Direito Administrativo, a relação jurídico-administrativa:

(A) É regida pelo princípio do *pacta sunt servanda*, não havendo casos em que a Administração Pública pode modificar, unilateralmente, um contrato previamente assinado entre as partes.
(B) Submete a Administração Pública à vontade exclusiva dos governantes, pois cabe a estes apontar os rumos que a Administração Pública deve seguir.
(C) Deve sempre estar vinculada à finalidade pública, à vontade do administrador e à vontade das pessoas públicas.
(D) Implica em uma predominância da propriedade pública sobre a propriedade privada, ainda que a propriedade privada esteja a serviço de um interesse público.
(E) Implica em atuação de ofício na consecução e proteção dos interesses públicos contidos na esfera de competências atribuídas pela lei ao administrador.

A: incorreta, pois no Direito Administrativo incide o princípio da supremacia do interesse público sobre o privado, o qual permite que a Administração modifique, unilateralmente, contratos administrativos (art. 58, I, da Lei 8.666/93); B: incorreta, pois cabe à LEI apontar os rumos que a Administração deve seguir; C: incorreta, pois a Administração está vinculada à vontade da LEI; D: incorreta, pois a propriedade privada que estiver a serviço de um interesse público tem uma proteção jurídica diferenciada; E: correta, pois a afirmativa deixa claro que a lei é quem dita as competências, bem como que a Administração deve atuar de ofício no cumprimento da LEI. Gabarito "E".

1.2. PRINCÍPIOS BASILARES DO DIREITO ADMINISTRATIVO (SUPREMACIA E INDISPONIBILIDADE)

(Magistratura/RS – 2009) Não constitui exemplo da prevalência do interesse público sobre o privado, no regime jurídico-administrativo albergado pela Constituição Federal de 1988,

(A) a servidão administrativa.
(B) a celebração de contrato de locação de bem particular.
(C) o tombamento.
(D) a desapropriação.
(E) a requisição administrativa.

A celebração de um contrato de locação de bem particular é o único caso, entre os mencionados na questão, em que o regime jurídico aplicável é o de direito privado, mais especificamente, o previsto na Lei de Locações (Lei 8.245/91). Gabarito "B".

(Magistratura/SP – 2009 – VUNESP) A demora da Administração Pública em cumprir com a obrigação de saldar os débitos líquidos, certos e devidamente requisitados pelo Poder Judiciário por meio de precatório judicial, ainda que sob a ótica doutrinária,

(A) justifica-se pelo poder-dever do Estado de dar atendimento, com primazia, aos interesses públicos primários, por princípio constitucional, indisponíveis, considerando que a rápida e efetiva solução dos precatórios judiciais diz respeito à indenização de caráter privado.
(B) justifica-se à vista do regime jurídico-administrativo que tutela o interesse coletivo, considerando que ar efetivo e rápido cumprimento aos precatórios judiciais implica empobrecimento do erário público em prejuízo da coletividade que não prescinde da prestação de serviços públicos.
(C) justifica-se no fato de a Administração Pública ser dotada do poder discricionário de atender, em primeiro lugar, ao interesse do Estado, considerando que todo interesse do Estado por si só se define como interesse público.
(D) ofende o princípio da supremacia do interesse público primário do Estado, considerando que a demora da solução dos precatórios atende exclusivamente ao interesse secundário do Estado.

A, B, C e D: Interesse público *primário* diferencia-se do interesse público *secundário*, pois este é o mero interesse das pessoas jurídicas estatais, independentemente de estarem voltadas à consecução dos interesses coletivos, ao passo que aquele é o verdadeiro interesse público. O não pagamento de precatórios diz respeito ao mero interesse da pessoa jurídica estatal, traduzindo-se em situação que atende ao interesse público secundário, mas que não atende ao interesse público primário, único interesse a ser buscado pelo Poder Público. Gabarito "D".

(Ministério Público/GO – 2005) O regramento que inibe a oposição pelo particular, em face da Administração, da "exceção de contrato não cumprido" está afeto aos princípios:

(A) da eficiência e moralidade
(B) da legalidade e publicidade
(C) da supremacia do interesse público e continuidade do serviço público
(D) alternativas 'a' e 'c' estão corretas

De fato, a previsão em tela visa evitar que o serviço público seja descontinuado (princípio da continuidade do serviço público), reclamo que é valorizado em função da supremacia do interesse público sobre o privado (art. 78, XIV e XV, da Lei 8.666/93). Gabarito "C".

(Ministério Público/MG – 2008) Assinale a alternativa INCORRETA. O Princípio da Supremacia do Interesse Público sobre o Particular

(A) conjuga-se com o postulado da indisponibilidade, porquanto irrenunciável a ação do Estado diante do dever de atuação.
(B) permite a existência das chamadas cláusulas exorbitantes no bojo dos contratos administrativos, em prol da Administração Pública.
(C) busca imprimir eficácia aos atos administrativos.
(D) não se compatibiliza com a dimensão pública dos interesses individuais.
(E) não possui preeminência em relação ao postulado da legalidade.

Todas as alternativas estão de acordo com o princípio, salvo a letra "D", pois essa alternativa afirma que a supremacia do interesse público sobre o particular **não** se compatibiliza com o próprio conceito de interesse público ("dimensão pública dos interesses individuais"). Gabarito "D".

(Delegado/SP – 2008) A administração Pública enfeixa em suas mãos o enorme poder de editar atos e de fazê-los cumprir pela coletividade, daí aflorar a idéia de que representa a soma dos interesses particulares. Nesse contexto, o princípio subjacente é o da

(A) isonomia entre os administrados.
(B) moralidade administrativa.
(C) prevalência de interesse público.
(D) eficiência administrativa.
(E) razoabilidade administrativa.

A, B, C, D e E: A afirmativa, ao dizer que a administração atua em favor da **coletividade**, está referindo ao princípio da prevalência do interesse público. Gabarito "C".

(FGV – 2008) Assinale a afirmativa incorreta.

(A) O princípio da supremacia do interesse público prevalece, como regra, sobre direitos individuais, e isso porque leva em consideração os interesses da coletividade;
(B) O tratamento isonômico por parte de administradores públicos, a que fazem jus os indivíduos, decorre basicamente dos princípios da impessoalidade e da moralidade.
(C) O princípio da razoabilidade visa a impedir que administradores públicos se conduzam com abuso de poder, sobretudo nas atividades discricionárias.
(D) Constitui fundamento do princípio da eficiência o sentimento de probidade que deve nortear a conduta dos administradores públicos.
(E) Malgrado o princípio da indisponibilidade da coisa pública, bens públicos, ainda que imóveis, são alienáveis, desde que observadas certas condições legais.

A: correta, pois o princípio da supremacia estabelece que o interesse público prevalece sobre o interesse privado; por exemplo, entre o interesse público em adquirir um imóvel de um particular e o interesse privado deste em não alienar a coisa, prevalece o primeiro, podendo o Poder Público adquirir compulsoriamente o imóvel, mediante desapropriação; B: correta, pois ser impessoal é tratar as pessoas com igualdade, e agir conforme a moralidade é não praticar condutas que beneficiem indevidamente quem quer que seja; C: correta, pois o princípio da razoabilidade determina a compatibilização entre *meios* e *fins*, evitando-se tanto a *negligência*, como o *excesso*, e agindo-se conforme o padrão normal, sem abusos; vale salientar que o princípio da razoabilidade somente incide sobre atos discricionários, pois somente nestes há possibilidade de haver mais de uma possibilidade de ação, por parte do agente público, devendo este buscar a conduta mais razoável; D: incorreta, pois o sentimento de probidade é fundamento do princípio da moralidade; E: correta, pois, preenchidos os requisitos legais (motivação, desafetação, autorização legislativa, avaliação e licitação), os bens públicos podem ser alienados. Gabarito "D".

(FGV – 2005) Em decorrência do princípio da supremacia do interesse público, é vedado afirmar que:

(A) não é permitido à Administração Pública constituir terceiros em obrigações mediante atos unilaterais, devendo haver, nesses casos, a propositura da ação própria.
(B) o princípio em cotejo traz consigo a exigibilidade do ato, traduzida na previsão legal de a Administração impor sanções ou providências indiretas que induzam o administrado a acatá-lo.
(C) enseja à Administração a chamada auto-executoriedade do ato administrativo.
(D) possibilita à Administração Pública revogar os próprios atos inconvenientes ou inoportunos.
(E) o princípio em apreço não se encontra expresso na Constituição Federal, mas apenas a sua alusão.

A: é vedado fazer tal afirmação, pois a Administração tem sim esse poder; aliás, um dos atributos do ato administrativo é justamente a *imperatividade*, pela qual a Administração pode *constituir terceiros em obrigações, independentemente de sua concordância*; B: não é vedado fazer tal afirmação, pois os atributos do ato administrativo, que incluem a *exigibilidade*, corretamente definida na alternativa, de fato decorrem do princípio da supremacia do interesse público sobre o privado; C: não é vedado fazer tal afirmação, pois os atributos do ato administrativo, que incluem a *autoexecutoriedade*, de fato decorrem do princípio da supremacia do interesse público sobre o privado; D: não é vedado fazer tal afirmação, pois o princípio da autotutela, que possibilita à Administração revogar seus atos, quando inconvenientes, de fato decorre do princípio da supremacia do interesse público sobre o privado; E: não é vedado fazer tal afirmação, pois o princípio da supremacia do interesse público não se encontra expresso na Constituição, mas decorre das ideias de Estado Democrático e de República, além de estar previsto no *caput* do art. 2º da Lei 9.784/99. Gabarito "A".

1.3. PRINCÍPIOS ADMINISTRATIVOS EXPRESSOS NA CONSTITUIÇÃO

(Magistratura/RS – 2009) São princípios que regem a Administração Pública, previstos expressamente na Constituição Federal em vigor,

(A) impessoalidade, moralidade, publicidade, probidade e eficiência.
(B) legalidade, moralidade, publicidade, eficiência e especialidade.
(C) legalidade, impessoalidade, probidade, motivação e continuidade.
(D) legalidade, impessoalidade, moralidade, motivação e publicidade.
(E) legalidade, impessoalidade, moralidade, publicidade e eficiência.

Art. 37, *caput*, da CF. Gabarito "E".

(Magistratura/SC – 2008) Sobre os princípios normativos da Administração Pública, observadas as proposições abaixo, assinale a alternativa correta:

I. O princípio da legalidade vincula a Administração aos mandamentos da lei (Estado de Direito). Em todos os Estados contemporâneos se admite que a Administração está vinculada pela regra de Direito.
II. A moralidade administrativa consiste na lisura ou na exação nas práticas administrativas, pois, a presunção de fim legal equivale à presunção de moralidade.
III. Os princípios da razoabilidade e proporcionalidade encontram-se implícitos na Constituição Federal e ganham relevância cada dia no estudo da atividade administrativa, embora hoje eles se estendam a outras áreas do Direito.
IV. O princípio da eficiência assegura a todos igualdade perante a lei, compreendida esta como equiparação de todos os homens no que concerne ao gozo e à fruição de direitos.

(A) Somente as proposições I, II e III estão corretas.
(B) Todas as proposições estão corretas.
(C) Somente as proposições I e II estão corretas.
(D) Todas as proposições estão incorretas.
(E) Somente a proposição II está correta.

I: correta (art. 37, *caput*, CF); II: correta (art. 37, *caput*, CF); III: correta, pois apesar de implícitos na CF, estão previstos na Lei 9.784/99 (art. 2º, *caput*, e parágrafo único, VI); IV: está incorreta a proposição, pois traz o conceito do princípio da igualdade formal, e não do princípio da eficiência. Gabarito "A".

(Ministério Público/AM – 2008 – CESPE) Acerca da principiologia do direito administrativo, assinale a opção correta.

(A) Explícita ou implicitamente, os princípios do direito administrativo que informam a atividade da administração pública devem ser extraídos da CF.
(B) Os princípios que regem a atividade da administração pública e que estão expressamente previstos na CF são os princípios da legalidade, impessoalidade, moralidade e publicidade.
(C) A lei que trata dos processos administrativos no âmbito federal previu outros princípios norteadores da administração pública. Tal previsão extrapolou o âmbito constitucional, o que gerou a inconstitucionalidade da referida norma.
(D) O princípio da legalidade no âmbito da administração pública identifica-se com a formulação genérica, fundada em ideais liberais, segundo a qual ninguém é obrigado a fazer ou deixar de fazer alguma coisa senão em virtude de lei.
(E) Os princípios da moralidade e da eficiência da administração pública, por serem dotados de alta carga de abstração, carecem de densidade normativa. Assim, tais princípios devem ser aplicados na estrita identificação com o princípio da legalidade.

A: correta, pois, de fato, os princípios ou estão expressos ou decorrem do texto constitucional; B: incorreta, pois faltou o princípio da eficiência (art. 37, *caput*, CF); C: incorreta, pois a Lei 9.784/99 não foi considerada inconstitucional por trazer expressamente outros princípios do D. Administrativo; D: incorreta, pois o princípio da legalidade, no âmbito da Administração Pública, significa que ela só pode fazer o que a lei determina ou permite; E: incorreta, pois os princípios citados são autônomos e têm densidade normativa suficiente para serem aplicados de modo independente. Gabarito "A".

(Ministério Público/MA – 2009) A respeito dos princípios administrativos, assinale a assertiva CORRETA.

(A) O princípio da legalidade, basilar do sistema jurídico administrativo, pressupõe a submissão do Estado (gênero) a atos normativos administrativos.
(B) O princípio da impessoalidade significa boa administração e se encontra relacionada com o da legalidade, porque, a inobservância da lei, além de outras consequências torna ineficiente a Administração.

(C) Em face do princípio da moralidade, não está somente obrigado o administrador à obediência à lei, mas, também, aos princípios éticos, lealdade, boa fé, probidade, bem assim aos valores pertinentes à sinceridade, lhaneza, urbanidade, dentre outros, sendo lhe vedado o comportamento malicioso.
(D) O princípio da publicidade dispensa a necessidade de transparência da Administração, sob pena de malferir o sigilo, pressuposto do Estado Democrático de Direito, o qual, nessas circunstâncias, não pode contemplar, também, o direito à informação sobre matéria de ordem pública.
(E) O princípio da eficiência significa que a Administração tem o dever de tratar os administrados sem discriminações, perseguições, favoritismos, animosidades, ou sectarismo.

A: incorreta, pois tal princípio impõe a submissão da *Administração Pública* às *leis* e aos demais atos legislativos; B: incorreta, pois a alternativa confunde o princípio da *impessoalidade* com o da *eficiência*; C: correta, pois a alternativa traduz exatamente o princípio da *moralidade*; D: incorreta, pois a publicidade determina transparência total, sendo o sigilo medida excepcional; E: incorreta, pois, agora, a questão confunde o princípio da *eficiência* com o da *impessoalidade*. Gabarito "C".

(Ministério Público/MG - 2008) Assinale a alternativa CORRETA.
(A) O Princípio da Moralidade, não obstante proeminente - porque impõe ao administrador público laborar com probidade - não está expressamente discriminado na Constituição Federal.
(B) para a validade do ato administrativo, basta a aplicação do postulado da legalidade, restando dispensável observar o aspecto ético da respectiva conduta administrativa.
(C) Para José Afonso da Silva, eficiência significa fazer acontecer com racionalidade, o que implica medir os custos que a satisfação das necessidades públicas importam em relação ao grau de utilidade alcançado.
(D) A proibição de acumular estende-se a empregos e funções, não alcançando, porém, as fundações, empresas públicas e sociedades de economia mista.
(E) Os meios utilizados no exercício da atividade administrativa prescindem de qualquer adequação para os fins pretendidos.

A: incorreta (art. 37, *caput*, da CF); B: incorreta, pois não basta respeitar a legalidade; é necessário respeitar a moralidade também (art. 37, *caput*, da CF); C: correta, pois, de fato, a afirmação está na obra *Curso de Direito Constitucional Positivo* (ed. Malheiros); o autor completa a afirmação dizendo que o princípio da eficiência "orienta a atividade administrativa no sentido de conseguir os melhores resultados com os meios escassos de que se dispõe e a menor custo"; D: incorreta (art. 37, XVI e XVII, da CF); E: incorreta (art. 2º, parágrafo único, VI, da Lei 9.784/99). Gabarito "C".

(Ministério Público/MG - 2008) Segundo Celso Antônio Bandeira de Mello, os princípios do Direito Administrativo Brasileiro representam diretrizes de acatamento obrigatório para a Administração; isto é, significam postulados que dimanam do próprio sistema jurídico, a saber, dentre outros:
I. publicidade; oficialidade; obediência à forma e aos procedimentos.
II. lealdade, boa fé e verdade material.
III. pluralidade de instâncias; economia processual.
IV. audiência do interessado; acessibilidade aos elementos do expediente.

(A) É VERDADEIRO o que consta apenas em I e III.
(B) É FALSO o que consta apenas em IV.
(C) É FALSO o que consta apenas em II e IV.
(D) Todos os incisos são FALSOS.
(E) Todos os incisos são VERDADEIROS.

Todos os postulados estão corretos, pois decorrem ou são princípios expressos na CF (arts. 5º, LIV e LV, e 37) e na Lei 9.784/99 (art. 2º). Gabarito "E".

(Ministério Público/SP – 2006) A Constituição Federal, em seu artigo 37, caput, indica, de maneira expressa, os princípios da Administração Pública (direta e indireta), que são:
(A) legalidade, veracidade, publicidade e motivação.
(B) impessoalidade, razoabilidade e continuidade do serviço público.
(C) legalidade, moralidade, publicidade e discricionariedade.
(D) legalidade, impessoalidade, moralidade, publicidade e eficiência.
(E) publicidade, veracidade, moralidade, discricionariedade e eficiência.

A, B, C, D e E: Trata-se do famoso LIMPE (cada letra de LIMPE é a primeira dos princípios expressos na CF), previsto no art. 37, *caput*, da CF. Gabarito "D".

(Procurador do Estado/PB – 2008 – CESPE) O princípio da eficiência, introduzido expressamente na Constituição Federal (CF) na denominada Reforma Administrativa, traduz a idéia de uma administração
(A) descentralizada.
(B) informatizada.
(C) moderna.
(D) legalizada.
(E) gerencial.

A, B, C, D e E: De fato, há uma tendência, hoje, em fazer valer a **administração gerencial** (preocupada com o controle dos fins, dos resultados, com a eficiência), em contraposição à **administração burocrática** (preocupada com o controle dos meios). Gabarito "E".

(Procurador do Estado/PR – 2007) Em relação aos princípios da Administração Pública, não é correto dizer:
(A) o princípio da autotutela diz respeito ao controle que a Administração Pública exerce sobre os próprios atos, anulando os ilegais e revogando os inconvenientes ou inoportunos;
(B) o princípio da impessoalidade determina que a Administração Pública não pode agir com a finalidade específica de favorecer ou prejudicar pessoas determinadas, devendo tratar a todos sem discriminações;
(C) o princípio da publicidade significa que todos os atos administrativos devem ser publicados, com exceção daqueles relacionados à segurança nacional ou à intimidade das pessoas;
(D) o princípio da moralidade administrativa assevera que a Administração e os administradores públicos devem agir de acordo com princípios éticos de lealdade e boa-fé;
(E) o princípio da eficiência, inserido no caput do art. 37 da Constituição Federal de 1988 por meio da Emenda Constitucional nº 19/98, diz respeito tanto à atuação dos agentes públicos, que devem demonstrar bom desempenho e, consequentemente, bons resultados, quanto à própria estruturação da Administração Pública, a fim de que o serviço público seja prestado da melhor forma possível.

A: está correta (art. 53 da Lei 9.784/99 e Súmula 473 do STF); B: está correta, pois uma das consequências do princípio da impessoalidade é o tratamento igualitário às pessoas: C: está incorreta, por isso é a alternativa a ser considerada; há mais exceções ao princípio da publicidade (vide, p. ex., a Lei 8.159/91 – arts. 22 e ss); D: está correta, dispensando maiores comentários; E: está correto; de fato o princípio impõe eficiência aos agentes públicos e à administração pública com um todo. Gabarito "C".

(Procurador do Estado/SC – 2010 – FEPESE) Assinale a alternativa **incorreta**, no que se refere aos princípios que regem a Administração Pública.
(A) A nomeação de parente para prover cargo público em comissão, de livre nomeação e exoneração, não afronta qualquer princípio administrativo, desde que preenchidos os requisitos legais.
(B) O Tribunal de Contas é um dos órgãos responsáveis pela fiscalização do princípio da economicidade.
(C) A exigência de concurso público de provas ou de provas e títulos para o acesso a cargo e emprego público é decorrência do princípio da impessoalidade.
(D) O contraditório e a ampla defesa são princípios que devem ser observados pela Administração Pública.
(E) A possibilidade de formalização de contrato de gestão e a instituição de organizações sociais e agências executivas consagram o princípio da eficiência.

A: assertiva incorreta, devendo ser assinalada. A nomeação de parente, até o 3º grau inclusive, para cargo em comissão, fere o princípio da moralidade, e está vedada em todos os poderes, conforme o disposto na Súmula Vinculante nº 13 do STF; B: assertiva correta (art. 70, caput, c/c art. 71, caput, da CF); C: assertiva correta, pois o princípio do concurso público possibilita que haja mais respeito à isonomia (um dos deveres da impessoalidade), evitando nomeações fundadas na amizade e na mera indicação; D: assertiva correta (art. 5º, LV, da CF); E: assertiva correta, valendo salientar que a figura do contrato de gestão foi introduzida na Constituição Federal exatamente quando da inserção do princípio da eficiência na Constituição, o que se deu pela EC 19/98 (art. 37, § 8º, da CF). Gabarito "A".

(Defensoria/MG – 2006) Os princípios que regem a Administração Pública estão descritos na Constituição da Republica Federal de 1988, art. 37. Quanto a esses princípios, é CORRETO afirmar que

(A) O principio da eficiência implica que a atividade da Administração Pública se pautará pela isonomia, tendo cada cidadão o direito subjetivo de ser beneficiado particularmente.
(B) O princípio da impessoalidade terá duplo sentido: afasta o rosto do administrador e as influências dos administrados particularmente considerados.
(C) O princípio da legalidade induz que a Administração Pública tem o dever de demonstrar a conformidade dos seus atos com os dispositivos legais.
(D) O principio da moralidade não poderá ser apreciado pelo Judiciário porque corresponderá ao mérito do ato administrativo.
(E) O princípio da publicidade vincula-se à existência do ato administrativo, mas não retira a sua validade.

A: está incorreta, pois o princípio da eficiência não tem relação com o da isonomia; além disso, há uma contradição na própria afirmativa, que invoca a isonomia e, ao mesmo tempo, diz que cada cidadão tem direito de ser beneficiado particularmente; B: está correta; de fato, o princípio tem mais de um comando; ele determina uma neutralidade do agente público ("afasta o rosto do administrador"), que não pode, por ex., fazer promoção pessoal em publicidade oficial; e determina também respeito à isonomia ("afasta as influências dos administrados particularmente considerados"); C: está incorreta, pois apesar de ter de motivar seus atos, a Administração não tem o dever de demonstrar a conformidade de seus atos com a lei; aliás, os atos administrativos já carregam a presunção de legalidade; D: está incorreta; aliás, cabe até ação popular fundada na lesão ao princípio da moralidade (art. 5º, LXXIII, da CF); E: está incorreta, pois o princípio da publicidade vincula-se à *eficácia* do ato, e não à *existência* e à *validade*. Gabarito "B".

(Defensoria/MT – 2007) O conceito de bom administrador está intimamente ligado ao princípio da

(A) finalidade.
(B) continuidade.
(C) autotutela.
(D) moralidade.
(E) igualdade.

De fato, a ideia de bom administrador tem a ver com respeito à ética administrativa e, portanto, ao princípio da moralidade. Gabarito "D".

(Defensoria/RN – 2006) A proibição de referência à marca pessoal do ocupante da chefia do executivo é reflexo direto do princípio da

(A) impessoalidade.
(B) legalidade.
(C) publicidade.
(E) moralidade.

Essa proibição, prevista no art. 37, § 1º, da CF, tem a ver com um dos comandos do princípio da impessoalidade, no caso, o dever de o agente público ser neutro, ou seja, não fazer autopromoção à custa dos recursos públicos. Gabarito "A".

(Defensor Público/RS – 2011 – FCC) Na relação dos princípios expressos no artigo 37, *caput*, da Constituição da República Federativa do Brasil, NÃO consta o princípio da

(A) moralidade.
(B) eficiência.
(C) probidade.
(D) legalidade.
(E) impessoalidade.

Art. 37, caput, da CF. No lugar de "probidade" deveria estar "publicidade". Gabarito "C".

(Delegado/PA – 2006 – CESPE) A respeito dos princípios que informam a administração pública, assinale a opção incorreta.

(A) A publicação de errata no Diário Oficial, dias antes da realização da prova de capacitação física em um concurso público, alterando o edital do certame, é suficiente para dar publicidade ao ato administrativo, sendo desnecessária a sua veiculação em jornais de grande circulação.
(B) O princípio da isonomia pode ser invocado para a obtenção de benefício, ainda que a sua concessão a outros servidores tenha acontecido com violação ao princípio da legalidade.
(C) A comunicação, por meio de denúncia anônima, de fatos ilícitos graves que tenham sido praticados no âmbito da administração pública, autoriza, em cada caso concreto, a ponderação entre a vedação constitucional do anonimato e a obrigação jurídica do Estado de investigar condutas funcionais desviantes, imposta pelo dever de observância à legalidade, à impessoalidade e à moralidade administrativa.
(D) A limitação de idade para a inscrição em concurso público só se legitima, quando a delimitação possa ser justificada pela natureza das atribuições do cargo a ser preenchido.

A: correta, nos termos da jurisprudência do STF ("Constitucional. Administrativo. Concurso público. Prova física. Alteração no edital. Princípios da razoabilidade e da publicidade. Alterações no edital do concurso para agente penitenciário, na parte que disciplinou o exercício abdominal, para sanar erro material, mediante uma errata publicada dias antes da realização da prova física no Diário Oficial do Estado. Desnecessária a sua veiculação em jornais de grande circulação. A divulgação no Diário Oficial é suficiente per se para dar publicidade a um ato administrativo. A administração pode, a qualquer tempo, corrigir seus atos e, no presente caso, garantiu aos candidatos prazo razoável para o conhecimento prévio do exercício a ser realizado." - RE 390.939, Rel. Min. Ellen Gracie, julgamento em 16-8-2005, Segunda Turma, DJ de 9-9-2005); B: incorreta, nos termos da jurisprudência do STF ("1. Ato administrativo: anulação: Súmula 473. A administração pode anular seus próprios atos, quando eivados de ilegalidade (Súm. 473), não podendo ser invocado o princípio da isonomia com o pretexto de se obter benefício ilegalmente concedido a outros servidores - AI 442918 AgR, Relator(a): Min. SEPÚLVEDA PERTENCE, Primeira Turma, julgado em 04/05/2004, DJ 04-06-2004 PP-00043 EMENT VOL-02154-04 PP-00797); C: correta, nos termos do Informativo 286 do STF; D: correta, nos termos da Súmula 683 do STF. Gabarito "B".

(Cartório/SC – 2008) Analise as proposições abaixo à luz das regras do Direito Administrativo brasileiro:

I. O administrador público pode realizar somente o que está na lei.
II. O administrador privado pode realizar tudo o que a lei não vede.
III. O administrador público possui poderes administrativos que visam atender ao interesse público.
IV. O administrador público deve, em regra, estar adstrito aos princípios administrativos e constitucionais na prática dos atos de sua competência

Assinale a alternativa correta.

(A) Somente a proposição III está correta.
(B) Apenas as proposições I e IV estão corretas.
(C) Somente as proposições II e IV estão corretas.
(D) Todas as proposições estão corretas.
(E) Apenas as proposições II e III estão corretas.

I: está correta, em virtude do princípio da legalidade; II: está correta, pois o princípio da legalidade para o particular tem esse sentido (art. 5º, II, da CF); III: está correta, pois há vários poderes administrativos (regulamentar, disciplinar, de polícia etc.); IV: está correta, pois é dever elementar do administrador público atender aos princípios administrativos e constitucionais. Gabarito "D".

(Cartório/SC – 2008) Assinale a alternativa INCORRETA:

(A) Os princípios que norteiam o Direito Administrativo brasileiro, tais como legalidade, impessoalidade, moralidade administrativa, publicidade, eficiência, razoabilidade, finalidade, motivação e interesse público, visam sempre à supremacia do interesse público sobre o particular.
(B) No âmbito do Direito Administrativo, é possível a inversão do princípio da legalidade, se a parte beneficiária for pessoa jurídica considerada sem fins lucrativos, pois o administrador pode, nesse caso, dispor dos interesses públicos confiados à sua guarda em benefício do bem-estar social.
(C) À Administração Pública é facultada a autotutela de seus atos, decorrente do princípio da legalidade, pois, uma vez que está sujeita à lei, cabe-lhe o controle da legalidade, podendo, inclusive, zelar pelos bens que integram o seu patrimônio, sem necessitar de título fornecido pelo Poder Judiciário, exercendo a polícia administrativa contra os atos que ponham em risco a conservação desses bens.

(D) O princípio da publicidade, que está inserido no artigo 37 da Constituição da República, exige a ampla divulgação dos atos praticados pela Administração Pública, ressalvadas as hipóteses de sigilo previstas em lei.

(E) O princípio da eficiência está previsto na Constituição da República como um dos princípios norteadores da Administração Pública.

A: está correta, já que o princípio da supremacia do interesse público sobre o interesse privado é um dos princípios basilares do direito administrativo e cada princípio mencionado, em maior ou menor medida, visa atender a essa supremacia; B: está incorreta, pois o princípio da legalidade se aplica em qualquer relação de que a administração faça parte; ademais, o interesse público é indisponível; C: está correta (art. 53 da Lei 9.784/99 e Súmula 473 do STF); D: está correta, pois a regra é a publicidade, admitindo-se exceções; E: está correta, conforme art. 37, *caput*, da CF. Gabarito "B".

(Cartório/SP – 2008) São princípios que informam toda atividade administrativa:

(A) moralidade, legalidade, prioridade, especialidade e continuidade.
(B) legalidade, publicidade, razoabilidade, especialidade e eficiência.
(C) proporcionalidade, razoabilidade, moralidade, legalidade e eficiência.
(D) eficiência, legalidade, prioridade, impessoalidade e moralidade.

A: o princípio da prioridade não informa a atividade administrativa; B: o princípio da especialidade não informa toda atividade administrativa; C: todos os princípios invocados informam a atividade administrativa (vide o art. 2º da Lei 9.784/99); D: o princípio da prioridade não informa a atividade administrativa. Gabarito "C".

(Magistratura do Trabalho – 14ª Região – 2006) A Constituição Federal prevê expressamente, que a Administração Pública direta e indireta de qualquer dos poderes da União, dos Estados, dos Municípios e do Distrito Federal, obedecerá aos princípios de:

(A) legalidade, impessoalidade, competência, moralidade, publicidade e eficiência;
(B) proporcionalidade, eficiência, motivação, moralidade, publicidade e legalidade;
(C) legalidade, razoabilidade, impessoalidade, moralidade, publicidade e eficiência;
(D) legalidade, impessoalidade, moralidade, publicidade e eficiência;
(E) motivação, legalidade, conveniência, moralidade, publicidade e eficiência.

A, B, C, D e E: Trata-se do famoso LIMPE (cada letra de LIMPE é a primeira dos princípios expressos na CF), previsto no art. 37, *caput*, da CF. Gabarito "D".

(Auditor Fiscal/MS – 2006 – FGV) Indique o princípio imediatamente relacionado ao ato administrativo praticado visando à finalidade legal.

(A) eficiência
(B) impessoalidade
(C) legalidade estrita
(D) moralidade
(E) publicidade

A, B, C, D e E: O princípio da impessoalidade impõe neutralidade do agente e respeito à igualdade. A ideia é que a lei seja aplicada com o objetivo de atender à sua finalidade, sem subjetivismos, pessoalidades. Gabarito "B".

(FGV – 2010) A respeito dos princípios básicos da Administração Pública, considera-se que

(A) o princípio da eficiência é o único critério limitador da discricionariedade administrativa.
(B) o princípio da legalidade não autoriza o gestor público a, no exercício de suas atribuições, praticar todos os atos que não estejam proibidos em lei.
(C) o princípio da eficiência faculta a Administração Pública que realize policiamento dos atos administrativos que pratica.
(D) o princípio da eficiência não pode ser exigido enquanto não for editada a lei federal que deve estabelecer os seus contornos.
(E) a possibilidade de revogar os atos administrativos por razões de conveniência e oportunidade é manifestação do princípio da legalidade.

A: incorreto, pois todos os princípios limitam a discricionariedade administrativa; a discricionariedade significa *margem de liberdade ditada pela lei*, e essa margem fica mais adensada pelo conteúdo valorativo dos princípios; os deveres de impessoalidade, moralidade, razoabilidade, motivação, entre outros, efetivamente reduzem essa margem de liberdade; B: correto, pois quem pode praticar todos os atos não proibidos pela lei é o particular, e não o gestor público; então, está correto dizer que o gestor público **não está autorizado** a praticar todos os atos que não estejam proibidos em lei; C: incorreto, pois o princípio que determina a verificação da correção dos atos praticados é o da legalidade, pelo qual deve-se sempre verificar se os atos praticados estão nos limites do que a lei autoriza e estão efetivamente cumprindo a lei; verificando-se que um ato administrativo é ilegal, a Administração deve anulá-lo, invocando os princípios da legalidade e os princípios da autotutela; o princípio da eficiência impõe que a Administração atenda satisfatoriamente ao interesse dos administrados e que os agentes públicos façam o melhor como profissionais; D: incorreto, pois a doutrina e a jurisprudência entendem que o princípio da eficiência, que foi introduzido pela EC 19/98, tem aplicação imediata, valendo salientar que a Constituição não determina que o princípio seja regulamentado por lei para que possa ser aplicado; apesar de a expressão "eficiência" ser vaga, fluida, ela não impede que um prejudicado invoque o princípio para pleitear uma melhoria no atendimento de algum serviço público, por exemplo; E: incorreta, pois essa possibilidade decorre do princípio da *autotutela*. Gabarito "B".

1.4. PRINCÍPIOS ADMINISTRATIVOS EXPRESSOS EM OUTRAS LEIS OU IMPLÍCITOS

(Magistratura/AL – 2007 – FCC) Considere a Súmula n. 473 do Supremo Tribunal Federal: "A administração pode anular seus próprios atos, quando eivados de vícios que os tornam ilegais, porque deles não se originam direitos; ou revogá-los, por motivo de conveniência ou oportunidade, respeitados os direitos adquiridos, e ressalvada, em todos os casos, a apreciação judicial." Esse entendimento, tradicional no Direito administrativo brasileiro, comporta, presentemente, nova compreensão, decorrente de regra introduzida pela legislação federal em matéria de processo e atos administrativos. Com efeito, a lei

(A) exclui a ocorrência de direitos adquiridos em matéria de atos administrativos.
(B) admite hipótese em que a passagem de certo lapso temporal impede a Administração de anular atos administrativos de que decorram efeitos favoráveis para os destinatários.
(C) exclui a possibilidade de apreciação judicial quanto à revogação dos atos administrativos.
(D) exige apreciação judicial para efetivar-se a anulação de atos administrativos, sempre que for invocado fundamento de inconstitucionalidade.
(E) exige apreciação judicial para efetivar-se a revogação de atos administrativos, sempre que se estiver em face de direitos adquiridos.

A: incorreta (art. 53 da Lei 9.784/99); B: correta (art. 54 da Lei 9.784/99); C e D: incorretas (as afirmativas não estão previstas na Lei 9.784/99). Gabarito "B".

(Magistratura/BA – 2006 – CESPE) No atinente aos princípios da administração pública, julgue os itens que se seguem.

(1) O princípio da proporcionalidade é hoje amplamente reconhecido pela doutrina e pela jurisprudência brasileiras como um dos que regem a atividade administrativa, conquanto remanesça como princípio implícito no ordenamento jurídico positivo do país.
(2) De acordo com a Constituição da República, os atos dos agentes públicos geram responsabilidade objetiva para o Estado e não para a pessoa deles próprios, a não ser na hipótese de o poder público comprovar a ocorrência de dolo ou culpa, em ação regressiva. Essa imputação dos atos do agente público ao Estado representa a concretização do princípio da impessoalidade, consoante uma de suas concepções teóricas.
(3) Como decorrência do princípio constitucional da publicidade, a Constituição de 1988 assegura a qualquer cidadão obter certidão para a defesa de direito e para o esclarecimento de situação de interesse pessoal. No caso, porém, de o cidadão desejar a defesa de interesse coletivo ou difuso, não terá direito à certidão, mas, sim, o direito de representação ao Ministério Público para que este, como representante da sociedade em juízo, providencie os elementos necessários àquela defesa e promova as ações adequadas, se for o caso.

(4) A moralidade administrativa possui conteúdo específico, que não coincide, necessariamente, com a moral comum da sociedade, em determinado momento histórico; não obstante, determinados comportamentos administrativos ofensivos à moral comum podem ensejar a invalidação do ato, por afronta concomitante à moralidade administrativa.

1: está errado, pois o princípio está expresso na Lei 9.784/99 (art. 2º, *caput*, e parágrafo único, VI); 2: está certo, de acordo com o art. 37, *caput* e § 6º, da CF; 3: está errado, pois se o cidadão pode o mais (entrar com ação popular, com isenção de custas – art. 5º, LXXIII, CF), pode também o menos (solicitar mera certidão); ademais, o art. 5º, XXXIV, *a*, da CF assegura o direito de petição a todos, em defesa de direitos ou contra ilegalidade ou abuso de poder, sem restringir entre interesses próprios e interesses coletivos e difusos; 4: certo, pois, de fato, o princípio diz respeito à chamada moralidade administrativa, e não à moral comum; a moral administrativa é extraída do interior da Administração e também de leis que tratam do assunto (p. ex:, a Lei 8.429/92 – Lei de Improbidade), que juridiciza preceitos morais, como a boa-fé, a lealdade e a honestidade. "Gabarito 1E, 2C, 3E, 4C"

(Magistratura/MG - 2007) Os atos da Administração Pública regem-se por princípios constitucionais que garantem sua validade. São princípios que regem a Administração Pública, EXCETO

(A) supremacia do interesse público.
(B) impessoalidade.
(C) motivação.
(D) autonomia da vontade.

A: correta, pois trata-se de um princípio basilar do Direito Administrativo; o outro princípio basilar é o da indisponibilidade do interesse público; o princípio da supremacia do interesse público está expresso no art. 2º, *caput*, da Lei 9.784/99; B: correta (art. 37, *caput*, CF); C: correta (art. 2º, *caput*, da Lei 9.784/99); D: incorreta, pois, de fato, esse não é um princípio que rege a Administração Pública; nesta, não importa a vontade, mas a lei. "Gabarito D"

(Magistratura/MG – 2008) Um prefeito que respondia a processo por improbidade administrativa contratou serviços advocatícios em sua defesa, utilizando-se de verbas municipais. Segundo precedentes do STJ, marque a opção CORRETA.

(A) A responsabilidade pelo ressarcimento deve ser alternativa, entre o advogado e o agente público.
(B) O erário não pode custear a defesa de interesses pessoais de membros da administração e demais agentes políticos.
(C) O Município pode custear as despesas, pois se trata da defesa de mandato eletivo do Chefe do Executivo.
(D) Apenas o advogado tem a obrigação de ressarcir.

A, B, C, e D: a alternativa correta é a "B", pois, de fato, o STJ tem esse entendimento. Vide AgRg no REsp 681.571/GO, Rel. Ministra ELIANA CALMON, SEGUNDA TURMA, julgado em 06/06/2006, DJ 29/06/2006, p. 176. "Gabarito B"

(Magistratura/PE – 2011 – FCC) Suponha uma situação em que uma empresa pública contrate pessoal por processo seletivo, conforme legislação então vigente, que posteriormente venha a ser entendido por Tribunal de Contas como não suficiente para atender à exigência constitucional de concurso público. Suponha ainda que se queira, transcorrido período superior a 5 anos, anular as contratações assim realizadas. Um caso como esse encontra claros precedentes em recente jurisprudência do Supremo Tribunal Federal, no sentido de se impor a

(A) anulação das contratações, com base no princípio da legalidade estrita.
(B) manutenção das contratações, com base no princípio da proteção à confiança, constante expressamente do rol de princípios constitucionais aplicáveis à Administração Pública.
(C) revogação das contratações, mediante juízo de conveniência e oportunidade da Administração, vez que não caracterizada ilicitude na situação.
(D) manutenção das contratações, com base no princípio da segurança jurídica, implícito no princípio do Estado de Direito.
(E) anulação das contratações, com base no princípio da isonomia, implícito na regra do concurso público.

A alternativa "D" está de acordo com a jurisprudência do STF para essa específica situação. Confira: "Mandado de Segurança. 2. Acórdão do Tribunal de Contas da União. Prestação de Contas da Empresa Brasileira de Infra-estrutura Aeroportuária - INFRAERO. Emprego Público. Regularização de admissões. 3. Contratações realizadas em conformidade com a legislação vigente à época. Admissões realizadas por processo seletivo sem concurso público, validadas por decisão administrativa e acórdão anterior do TCU. 4. Transcurso de mais de dez anos desde a concessão da liminar no mandado de segurança. 5. Obrigatoriedade da observância do princípio da segurança jurídica enquanto subprincípio do Estado de Direito. Necessidade de estabilidade das situações criadas administrativamente. 6. Princípio da confiança como elemento do princípio da segurança jurídica. Presença de um componente de ética jurídica e sua aplicação nas relações jurídicas de direito público. 7. Concurso de circunstâncias específicas e excepcionais que revelam: a boa fé dos impetrantes; a realização de processo seletivo rigoroso; a observância do regulamento da Infraero, vigente à época da realização do processo seletivo; a existência de controvérsia, à época das contratações, quanto à exigência, nos termos do art. 37 da Constituição, de concurso público no âmbito das empresas públicas e sociedades de economia mista. 8. Circunstâncias que, aliadas ao longo período de tempo transcorrido, afastam a alegada nulidade das contratações dos impetrantes. 9. Mandado de Segurança deferido." MS 22357, Relator(a): Min. GILMAR MENDES, Tribunal Pleno, julgado em 27/05/2004, DJ 05-11-2004 PP-00006 EMENT VOL-02171-01 PP-00043 LEXSTF v. 26, n. 312, 2005, p. 135-148 RTJ VOL 00192-02 PP-00620). "Gabarito D"

(Ministério Público/SP – 2011) O princípio da motivação que, entre outros, informa a Administração Pública

(A) é de observância obrigatória apenas para os atos administrativos vinculados.
(B) está previsto expressamente na Constituição Federal.
(C) incide obrigatoriamente somente na edição de atos administrativos discricionários.
(D) está previsto de maneira explícita na Constituição do Estado de São Paulo.
(E) é facultativo, na elaboração de atos administrativos complexos.

A: incorreta, pois, nos atos discricionários, por maior razão que nos atos vinculados, a motivação se faz necessária; B: incorreta, pois não há previsão genérica (para a Administração Pública de todos os poderes) do princípio da motivação; há previsão apenas da motivação para a Administração Pública do Judiciário (art. 93, X, da CF); C: incorreta, pois os atos vinculados também devem ser motivados, até porque a motivação é um princípio (art. 2º, caput, da Lei 9.784/99), e, como tal, orienta os atos administrativos em geral; D: correta, pois há essa previsão no art. 111 da Constituição do Estado de São Paulo; E: incorreta, pois o fato de um ato ser complexo, ou seja, praticado por mais de órgão, não exonera seus autores do dever de motivação. "Gabarito D"

(Ministério Público/TO – 2006 – CESPE) Acerca dos princípios do direito administrativo, julgue os itens seguintes.

I. Apesar do princípio da publicidade e do direito de acesso do cidadão a dados a seu respeito, nem toda informação pode se transmitida ao interessado, mesmo que se relacione com sua pessoa.
II. Os princípios do direito administrativo são monovalentes, isto é, aplicam-se exclusivamente a esse ramo do direito.
III. A despeito do princípio da supremacia do interesse público, nem sempre o interesse público secundário deverá prevalecer sobre o direito de um cidadão individualmente considerado.
IV. O princípio da presunção de legitimidade dos atos administrativos abrange apenas os aspectos jurídicos desses atos, mas não diz respeito aos fatos nos quais eles supostamente se basearam.

Estão certos apenas os itens

(A) I e III.
(B) I e IV.
(C) II e III.
(D) II e IV.

I: o item está certo, pois há casos em que se admite o sigilo (vide, p. ex., a Lei 8.159/91 – arts. 22 e ss); II: o item está errado; no direito tributário, por exemplo, também há atividade administrativa, de modo que o respeito à legalidade, à impessoalidade, à moralidade, à publicidade e à eficiência também devem ser observados nesse ramo do direito; III: o item está certo, pois o interesse público secundário (aquele que diz respeito aos interesses da administração em si, e não ao interesse da coletividade) nem sempre prevalecerá sobre o direito de um cidadão; p. ex., é interesse público secundário aumentar a arrecadação do ente público, mas isso não pode se sobrepor ao dever de respeitar os direitos e garantias dos indivíduos em relação à atividade de tributar; IV: errado, pois a presunção de legitimidade abrange a presunção de legalidade (ligada ao direito) e a presunção de veracidade (ligada aos fatos). "Gabarito A"

(Procurador do Estado/PE – CESPE – 2009) No que se refere aos princípios e poderes da administração pública, assinale a opção correta.

(A) De acordo com o princípio da impessoalidade, é possível reconhecer a validade de atos praticados por funcionário público irregularmente investido no cargo ou função, sob o fundamento de que tais atos configuram atuação do órgão e não do agente público.

(B) O princípio da hierarquia é aplicável quando o Estado cria pessoas jurídicas públicas administrativas, como forma de descentralizar a prestação de serviços públicos.

(C) O princípio da boa-fé está previsto expressamente na CF e, em seu aspecto subjetivo, corresponde à conduta leal e honesta do administrado.

(D) O poder disciplinar, que confere à administração pública a tarefa de apurar a prática de infrações e de aplicar penalidades aos servidores públicos, não tem aplicação no âmbito do Poder Judiciário e do MP, por não haver hierarquia quanto ao exercício das funções institucionais de seus membros e quanto ao aspecto funcional da relação de trabalho.

(E) Na administração pública, a hierarquia constitui elemento essencial, razão pela qual não é possível a distribuição de competências dentro da organização administrativa mediante a exclusão da relação hierárquica quanto a determinadas atividades.

A: correta, pois o princípio da impessoalidade tem três aspectos, quais sejam, i) dever de respeito à igualdade, ii) imputação dos atos dos agentes públicos diretamente à Administração (Teoria do Órgão) e iii) respeito à finalidade; o segundo aspecto do princípio justifica a afirmativa feita; B: incorreta, pois a hierarquia se dá de *órgão para órgão*, dentro de uma mesma pessoa jurídica; no caso, temos poder de uma *pessoa jurídica sobre outra pessoa jurídica*, de modo que há *controle* ou *tutela*, e não *hierarquia*; C: incorreta, pois esse princípio não está previsto expressamente na CF; ademais, o princípio da boa-fé deve ser visto em sua concepção objetiva, ou seja, relacionada à ética, e não em sua concepção subjetiva, pois esta diz respeito à boa-fé segundo a concepção particular de cada um; D: incorreta, pois todos os poderes têm sua Administração Pública, inclusive o Poder Judiciário; e tanto no Judiciário como no Ministério Público há subordinação administrativa, que se revela em situações como deferimento de férias, promoções, remoções e também no poder disciplinar sobre os membros desses órgãos; E: incorreta, pois a delegação de competência poderá, em determinadas situações, excluir a relação hierárquica entre dois órgãos ou agentes públicos, como na delegação da específica competência que gerava a relação de hierarquia entre o delegante e o delegatário. Gabarito "A".

(Procuradoria Distrital – 2007) No que tange aos princípios expressos e implícitos consagrados no Direito Administrativo brasileiro, está correto asseverar que:

(A) à luz do Princípio da Motivação, a validade do ato administrativo independe do caráter prévio ou da concomitância da motivação pela autoridade que o proferiu com relação ao momento da prática do próprio ato.

(B) o denominado interesse secundário do Estado, na lição de Celso Antônio Bandeira de Mello, não se insere na categoria dos interesses públicos propriamente ditos.

(C) na esfera administrativa, o sigilo, como exceção ao princípio da publicidade, é inadmissível ante a existência de preceito constitucional expresso que veda sua adoção pela Administração Pública.

(D) o Princípio da Finalidade prescreve que a Administração Pública detém a faculdade de alvejar a finalidade normativa, isto porque o princípio em questão é inerente ao princípio da legalidade.

(E) em face da sistemática constitucional do Estado brasileiro, regido que é pelo fundamento do Estado Democrático de Direito, a plenitude da vigência do princípio da legalidade (art. 37, caput, da CF) não pode sofrer constrição provisória e excepcional.

A: está incorreto, pois a validade do ato administrativo depende sim da motivação, que deve ser prévia ou contemporânea à prática do ato; B: está correto, pois Celso Antônio Bandeira de Mello assevera que "uma vez reconhecido que os interesses públicos correspondem à dimensão pública dos interesses individuais (...), põe-se a nu a circunstância de que não existe coincidência necessária entre interesse público e interesse do Estado e demais pessoas de Direito Público"; C: está incorreto, pois há casos em que se admite o sigilo (vide, p. ex., a Lei 8.159/91 – arts. 22 e ss); D: incorreto, pois pelo princípio da finalidade, a Administração não tem a faculdade de buscar a finalidade normativa, mas sim o dever de buscar a finalidade da lei; E: incorreto, pois há exceções ao princípio da legalidade (exs: arts. 84, VI, e 137 e ss, ambos da CF). Gabarito "B".

(Procurador do Estado/RR – 2006 – FCC) Em relação aos princípios constitucionais aplicáveis à Administração Pública é correto afirmar que o princípio da

(A) supremacia do interesse público é hierarquicamente superior aos demais, devendo ser aplicado sempre que houver embate entre direito público e direito privado.

(B) publicidade dispensa publicação no Diário Oficial do Estado, desde que o particular interessado tenha sido notificado sobre o ato administrativo que lhe seja pertinente.

(C) autotutela abrange a faculdade que possui a Administração Pública de rever seus próprios atos.

(D) moralidade administrativa, embora previsto de forma individualizada na Constituição Federal, somente é aplicável à Administração Pública quando o ato praticado revestir-se de ilegalidade.

(E) eficiência autoriza a mitigação do princípio da legalidade sempre que houver necessidade de privilegiar o alcance de melhores resultados na prestação de serviços públicos.

A: está incorreta, pois não se reconhece haver hierarquia entre esse princípio e os demais; B: está incorreta, pois o princípio da publicidade é uma garantia não só para os interessados diretamente numa dada decisão do Estado, mas também para o cidadão, que tem direito de saber sobre as decisões estatais; C: está correta (art. 53 da Lei 9.784/99 e Súmula 473 do STF); D: está incorreta, pois a análise da moralidade do ato independe do resultado da análise da legalidade desse mesmo ato; E: incorreta, pois deve-se buscar a eficiência respeitando, sempre, a lei. Gabarito "C".

(Procurador do Município/Florianópolis-SC – 2010 – FEPESE) Analise as afirmativas abaixo: Em relação aos princípios administrativos:

1. O princípio da autotutela diz respeito ao controle que a administração direta exerce sobre as entidades da administração indireta.

2. O princípio da finalidade assevera que os atos e os provimentos administrativos são imputados ao órgão ou à entidade administrativa em nome do qual o servidor age.

3. Segundo o princípio da legalidade, a administração pública só pode fazer o que a lei autoriza.

Assinale a alternativa que indica todas as afirmativas **corretas**.

(A) É correta apenas a afirmativa 2.
(B) É correta apenas a afirmativa 3.
(C) São corretas apenas as afirmativas 1 e 2.
(D) São corretas apenas as afirmativas 2 e 3.
(E) São corretas as afirmativas 1, 2 e 3.

1: incorreta, pois o princípio definido é o princípio do controle, tutela ou supervisão ministerial; 2: incorreta, pois essa imputação decorre do princípio da impessoalidade, que tem três facetas, quais sejam, a descrita na afirmativa, o dever de respeito à igualdade e o dever de respeito à finalidade; 3: correta, pois, sem a lei, a Administração Pública está de mãos atadas. Gabarito "B".

(Procurador do Município/Teresina-PI – 2010 – FCC) Princípios da Administração Pública.

I. Dos princípios da legalidade e da indisponibilidade do interesse público decorre, dentre outros, o da especialidade, concernente à ideia de desconcentração administrativa.

II. O princípio da presunção de legitimidade ou de veracidade dos atos administrativos trata de presunção relativa, sendo o efeito de tal presunção o de inverter o ônus da prova.

III. Como decorrência do princípio da autotutela, a Administração Pública direta fiscaliza as atividades exercidas pelos entes da Administração indireta.

IV. A motivação, em regra, não exige formas específicas, podendo ser ou não concomitante com o ato, além de ser feita, muitas vezes, por órgão diverso daquele que proferiu a decisão.

SOMENTE estão corretas as assertivas

(A) II e IV.
(B) I e II.
(C) I e III.
(D) I e IV.
(E) II e III.

I: incorreta. Há dois princípios basilares do Direito Administrativo, quais sejam, o da supremacia do interesse público e o da indisponibilidade do interesse público. Os demais princípios decorrem desses dois. O princípio da legalidade, por exemplo, decorre do princípio da indisponibilidade do interesse público; II: correta, pois o ato administrativo tem, de fato, uma presunção relativa de veracidade e legalidade, ficando o ônus da prova da falsidade ou ilegalidade do ato administrativo, a cargo do particular; III: incorreta, pois essa fiscalização tem o nome de controle, tutela ou supervisão ministerial; IV: correta, pois não há, como regra, forma específica para a motivação; ela também pode ser feita concomitantemente ou não com o ato; neste último caso, faz-se necessário que seja prévia à prática do ato, e nunca posterior à prática deste; por fim, é possível que a autoridade que pratica o ato promova a motivação mediante a concordância com fundamentos de anteriores manifestações formuladas por órgão ou pessoa diversa (art. 50, § 1º, da Lei 9.784/99). Gabarito "A".

(Defensor Público/GO – 2010 – I. Cidades) O princípio da proporcionalidade administrativa

(A) é um princípio do direito administrativo, que vem do Direito Constitucional alemão, em forma trifásica: intensidade, adequação e necessidade.
(B) é um princípio do direito administrativo, que tem um como fator principal a sua correlação com a necessidade administrativa.
(C) implica que, verificada a intensidade correta na atuação administrativa para a consecução do interesse público em causa, pode-se passar para a segunda fase.
(D) é um princípio que deriva do princípio do Estado de Direito.
(E) é um princípio que deriva do princípio da legalidade administrativa.

A e B: incorretas, pois o princípio da proporcionalidade decorre de três pilares: a) adequação (eficácia do meio escolhido); b) necessidade (uso do meio menos restritivo); c) proporcionalidade em sentido estrito (ponderação entre os benefícios alcançados com o ato e os danos por ele causados); assim, a "intensidade" não guarda relação com o princípio, nem se pode dizer que a "necessidade administrativa" é o fato principal do princípio; C: incorreta, pois a ordem correta de aplicação do princípio é a seguinte: primeiro analisa-se, de fato, se há colisão de direitos fundamentais; depois descreve-se o conflito identificando os pontos relevantes do caso e, por fim, faz-se o exame, sucessivo, da adequação, da necessidade e da proporcionalidade em sentido estrito; D: correta, pois é pacífico na doutrina essa ideia; E: incorreta, pois esse princípio tem origem autônoma do princípio da legalidade, decorrente da necessidade de se fazer a ponderação entre os princípios. Gabarito "D".

(Defensoria Pública/SP – 2010 – FCC) A capacidade da Administração Pública de poder sanar os seus atos irregulares ou de reexaminá-los à luz da conveniência e oportunidade, reconhecida nas Súmulas 346 e 473 do Supremo Tribunal Federal, está em consonância direta com o princípio da

(A) indisponibilidade do interesse público.
(B) segurança jurídica.
(C) autotutela.
(D) moralidade.
(E) autoexecutoriedade.

Pelo princípio da autotutela a Administração tem a possibilidade de manter ou não seus atos, sem que precise buscar a prestação jurisdicional. Assim, o princípio permite que a Administração anule ou revogue seus atos, e também os convalide, quando a invalidade for sanável. Gabarito "C".

(Defensoria/SP – 2007 – FCC) Princípios do Direito Administrativo. Assinale a correta.

(A) O princípio da moralidade só pode ser aferido pelos critérios pessoais do administrador.
(B) São princípios explícitos da Administração Pública, entre outros, os da legalidade, impessoalidade, moralidade, publicidade e eficiência.
(C) O princípio da razoabilidade ou proporcionalidade não é princípio consagrado sequer implicitamente.
(D) O princípio da publicidade obriga a presença do nome do administrador nos atos, obras, serviços e campanhas do Poder Público.
(E) O princípio da motivação não exige a indicação dos pressupostos de fato e de direito que determinarem a decisão administrativa.

A: está incorreta, pois o princípio da moralidade impõe respeito à ética administrativa, que é objetiva, vez que tirada do interior da administração, e não subjetiva, pois não é tirada a partir de critérios pessoais do administrador; B: está correta, pois há princípios expressos no art. 37, *caput*, da CF, e também no art. 2º da Lei 9.784/99; C: está incorreta (art. 2º, parágrafo único, V, da Lei 9.784/99); D: está incorreta (art. 2º, parágrafo único, VII, da Lei 9.784/99). Gabarito "B".

(Delegado/PI – 2009 – UESPI) Dentre os princípios da Administração Pública, a autotutela caracteriza-se por:

(A) impedir que o Poder Judiciário reveja os atos praticados pela Administração Pública.
(B) permitir que a Administração Pública reveja seus próprios atos, revogando-os por motivo de interesse público (oportunidade e conveniência), assim como anulando os atos inquinados pela ilicitude.
(C) permitir que o Poder Judiciário revogue os atos praticados pela Administração Pública.
(D) permitir que o Poder Judiciário anule os atos praticados pela Administração Pública.
(E) impor aos administrados as decisões administrativas.

A: incorreta, pois, pela autotutela, a Administração não precisa recorrer ao Judiciário para rever os seus atos, mas nada impede que alguém busque o Judiciário e peça a anulação de um ato administrativo; B: correta (art. 53 da Lei 9.784/99); C: incorreta, pois o Judiciário não pode revogar os atos da Administração, a não ser que se trate de atos de sua própria administração; D: incorreta, pois o princípio da *autotutela*, como o próprio nome diz, possibilita que a própria Administração tutele os seus atos, independentemente da atuação do Judiciário; portanto, o princípio que permite ao Judiciário anular os atos da Administração é outro, no caso, o princípio do *controle jurisdicional dos atos administrativos*; E: incorreta, pois, como se viu, o princípio da *autotutela* tem outro sentido; o que permite tal imposição é o atributo do ato administrativo denominado *imperatividade*. Gabarito "B".

(Cartório/SP – VI – VUNESP) Leia atentamente os seguintes enunciados.

I. Adequação entre meios e fins, vedada a imposição de obrigações, restrições e sanções em medida superior àquelas estritamente necessárias ao atendimento do interesse público.
II. Objetividade no atendimento do interesse público, vedada a promoção pessoal de agentes ou autoridades.
III. Atuação segundo padrões éticos de probidade, decoro e boa-fé.

Nesses enunciados, estão expressos, respectivamente, os seguintes princípios da Administração Pública:

(A) proporcionalidade (I), impessoalidade (II) e moralidade (III).
(B) razoabilidade (I), moralidade (II) e proporcionalidade (III).
(C) finalidade (I), supremacia do interesse público (II) e razoabilidade (III).
(D) razoabilidade (I), finalidade (II) e impessoalidade (III).

I: princípio da proporcionalidade (art. 2º, parágrafo único, VI, da Lei 9.784/99); II: princípio da impessoalidade (art. 2º, parágrafo único, III, da Lei 9.784/99); III: princípio da moralidade (art. 2º, parágrafo único, IV, da Lei 9.784/99). Gabarito "A".

(Delegado/SC – 2008) Assinale a alternativa correta quanto aos princípios administrativos.

(A) Segundo o princípio da finalidade, é ilícito conjugar a pretensão do particular com o interesse coletivo nos contratos públicos.
(B) A duração do processo judicial ou administrativo que não se revelar razoável afronta o princípio constitucional da eficiência.
(C) Violar o princípio da moralidade administrativa não configura ilicitude passível de invalidação do ato.
(D) Segundo o princípio da publicidade, não se admite o sigilo na esfera administrativa, nem mesmo sob a alegação de segurança da sociedade.

A: está incorreta, pois o princípio da finalidade estabelece que os atos administrativos devem atender à finalidade da lei, que, muitas vezes, importará na conjugação da pretensão do particular com o interesse coletivo; B: está correta, nos termos dos arts. 5º, LXXVIII, e 37, *caput*, da CF; C: está incorreta, pois é possível até ingressar com ação popular para a invalidação de ato que viole a moralidade administrativa (art. 5º, LXXIII, da CF); D: está incorreta (vide, p. ex., a Lei 8.159/91 – arts. 22 e ss). Gabarito "B".

(Delegado/SP – 2008) É princípio comezinho de direito público que as despesas previstas devem ser liquidadas no pertinente contrato, antecedido, em regra, de licitação. Atualmente a imprensa veiculou notícias sobre o uso indevido de cartões de crédito corporativos por agentes políticos em supermercados. *Free Shops*, restaurantes, a até para saques em dinheiro em caixas eletrônicos. Cuida-se de evidente desrespeito ao princípio da

(A) tutela.
(B) continuidade.
(C) impessoalidade.
(D) transparência.
(E) proporcionalidade.

A, B, C, D e E: O único princípio que guarda relação com o caso narrado é o da impessoalidade. De fato, o uso indevido de cartões de crédito corporativo fere o dever de impessoalidade, pois importa em favorecimento indevido do agente público. Há também violação aos princípios da legalidade e da moralidade, que não se encontravam em qualquer das alternativas. Gabarito "C".

(Magistratura Federal – 1ª Região – 2005) O princípio da segurança jurídica, na Administração:

(A) não impede aplicação retroativa de lei de ordem pública, porque não há direito adquirido em face de norma dessa natureza;
(B) não veda aplicação retroativa de nova interpretação da lei;
(C) protege, além do direito adquirido, expectativas legítimas e situações em vias de constituição sob o pálio de promessas firmes do Estado;
(D) conforme a jurisprudência, assegura direito adquirido ao regime jurídico em que o funcionário ingressou no serviço público.

Arts. 5º, XXXVI, da CF, e 2º, parágrafo único, XIII, da Lei 9.784/99. Gabarito "C".

(Magistratura Federal-4ª Região – 2010) Dadas as assertivas abaixo sobre funções estatais e princípios informadores do regime jurídico administrativo, assinale a alternativa correta.

I. No Brasil as atividades estatais básicas estão distribuídas entre Poderes independentes e harmônicos entre si, o Legislativo, o Judiciário e o Executivo, vocacionados ao desempenho, respectivamente, das funções normativa, judicial e administrativa, estando esta última concentrada no Executivo, o qual a exerce precipuamente, mas sem exclusividade.
II. Em decorrência, dentre outros, dos princípios da legalidade, da indisponibilidade do interesse público e da impessoalidade, o gestor da coisa pública tem com ela uma relação de administração, de modo que seu agir está atrelado à finalidade cogente, mesmo quando admitido juízo discricionário na prática do ato administrativo.
III. Conquanto não previsto explicitamente no artigo 37, *caput*, da Constituição Federal, o princípio da razoabilidade informa o regime jurídico administrativo brasileiro, prestando-se como balizador para a verificação da higidez da ação administrativa, notadamente quando esta tem características discricionárias.
IV. Estabelece a Constituição Federal que a administração pública direta e indireta de qualquer dos Poderes da União, dos Estados, do Distrito Federal e dos Municípios obedecerá ao princípio da publicidade, havendo possibilidade de instituição, pela via legislativa, de restrições ao acesso a autos de processo administrativo.
V. As funções estatais estão sujeitas à rígida observância de diretriz fundamental, que, encontrando suporte teórico no princípio da proporcionalidade, veda os excessos normativos e as prescrições irrazoáveis do Poder Público, prestando-se o referido princípio (da proporcionalidade), nesse contexto, para inibir e neutralizar os abusos do Poder Público no exercício de suas funções, qualificando-se como parâmetro de aferição da higidez dos atos praticados por agentes públicos.

(A) Estão corretas apenas as assertivas I, IV e V.
(B) Estão corretas apenas as assertivas II, III e IV.
(C) Estão corretas apenas as assertivas I, II, III e IV.
(D) Estão corretas apenas as assertivas I, III, IV e V.
(E) Estão corretas todas as assertivas.

I: correta, pois a atividade administrativa é exercida precipuamente pelo Executivo, mas também é exercida, atipicamente, pelo Judiciário e pelo Legislativo; II: correta, pois a finalidade de toda a atuação administrativa é, sempre, atender ao interesse público, e não a interesses subjetivos do agente público; mesmo quando este pratica um ato discricionário, deve buscar o atendimento não de seus interesses pessoais, mais do interesse público; III: correta, pois o princípio da razoabilidade não está expresso no art. 37, caput, da CF (apesar de estar expresso no art. 2º, caput, da Lei 9.784/99), sendo certo que só incide sobre atos discricionários, e não sobre atos vinculados; IV: correta, conforme o disposto no art. 37, caput, c/c com art. 5º, LX, da CF; V: correta, pois a função do princípio da proporcionalidade é justamente evitar os excessos, fazendo a adequação entre meios e fins, e vedando a imposição de obrigações, restrições e sanções em medida superior àquelas estritamente necessárias ao atendimento do interesse público (art. 2º, p. ún., VI, da Lei 9.784/99). Gabarito "E".

Ora, um Estado funcionalmente eficiente demanda um Direito Público que privilegie, por sua vez, a funcionalidade. Um Direito Público orientado por uma teoria funcional da eficiência. (...) A administração privada é sabidamente livre para perseguir as respectivas finalidades a que se proponha e, assim, a falta de resultados não traz repercussões outras que as decorrentes das avenças privadas, como ocorre, por exemplo, nas relações societárias. Distintamente, a administração pública está necessariamente vinculada ao cumprimento da Constituição e, por isso, os resultados devem ser alcançados, de modo que se não o forem, salvo cabal motivação da impossibilidade superveniente, está-se diante de uma violação praticada pelo gestor público, pois aqui existe relevância política a ser considerada.

Diogo de Figueiredo Moreira Neto. **Quatro paradigmas do direito administrativo pós-moderno**. Belo Horizonte: Ed.Fórum,2008, p.110-11(com adaptações).

(Advogado da União/AGU – CESPE – 2009) Considerando o texto acima e com base nos princípios que regem a administração pública, julgue os próximos itens.

(1) Com base no princípio da eficiência e em outros fundamentos constitucionais, o STF entende que viola a Constituição a nomeação de cônjuge, companheiro ou parente em linha reta, colateral ou por afinidade, até o terceiro grau, inclusive, da autoridade nomeante ou de servidor da mesma pessoa jurídica investido em cargo de direção, chefia ou assessoramento, para o exercício de cargo em comissão ou de confiança ou, ainda, de função gratificada na administração pública direta e indireta em qualquer dos poderes da União, dos estados, do Distrito Federal e dos municípios, compreendido o ajuste mediante designações recíprocas.

(2) Segundo o STF, a falta de defesa técnica por advogado, no âmbito de processo administrativo disciplinar, não ofende a CF. Da mesma forma, não há ilegalidade na ampliação da acusação a servidor público, se, durante o processo administrativo, forem apurados fatos novos que constituam infração disciplinar, desde que rigorosamente observados os princípios do contraditório e da ampla defesa. O referido tribunal entende, também, que a autoridade julgadora não está vinculada às conclusões da comissão de processo administrativo disciplinar.

(3) Considere que Platão, governador de estado da Federação, tenha nomeado seu irmão, Aristóteles, que possui formação superior na área de engenharia, para o cargo de secretário de estado de obras. Pressupondo-se que Aristóteles atenda a todos os requisitos legais para a referida nomeação, conclui-se que esta não vai de encontro ao posicionamento adotado em recente julgado do STF.

1: correta (Súmula Vinculante/STF nº 13); 2: correta (Súmula Vinculante/STF nº 5); 3: correta, pois o STF entende que a Súmula Vinculante nº 13 não se aplica quando há nomeação de parente para cargo de secretário municipal, secretário estadual e ministro de Estado; aliás, por conta desse entendimento, vem se entendendo que outros cargos de natureza política (ex.: Diretor de Tribunal e Diretor de Casa Legislativa) também possibilitam nomeação sem respeito à súmula vinculante. Gabarito 1C, 2C, 3C.

(Procurador da Fazenda Nacional – 2007.2 – ESAF) Analise os itens a seguir e marque com (V) a assertiva verdadeira e com (F) a falsa, assinalando ao final a opção correspondente.

I. A expressão Administração Pública, em sentido formal, designa a natureza da atividade exercida pelos referidos entes, sendo a própria função administrativa; e, no sentido material, designa os entes que exercem a atividade administrativa, compreendendo pessoas jurídicas, órgãos e agentes públicos incumbidos de exercer uma das funções em que se triparte a atividade estatal: a função administrativa.

II. Considerando os princípios expressos e implícitos componentes do regime jurídico-administrativo no Direito Brasileiro, a Lei n. 9.874/99 arrola os princípios da legalidade; finalidade; motivação; razoabilidade; proporcionalidade; moralidade; ampla defesa; contraditório; segurança jurídica; interesse público e eficiência.

III. Considerando o princípio da Supremacia do Interesse Público, verifica-se que o ordenamento jurídico brasileiro ao expressamente prever o interesse público dispõe que ao observar o atendimento a fins de interesse geral, a autoridade administrativa está autorizada a renunciar total ou parcialmente os poderes ou competências, não necessitando de autorização legal para fazê-lo.

IV. Considerando o princípio da Motivação, a Constituição Federal prevê a exigência de motivação apenas para as decisões administrativas dos Tribunais e do Ministério Público.

V. O agente de fato, ao exercer funções dentro da Administração, não tem direito à percepção de remuneração visto que ilegítima sua investidura.

(A) V, V, F, V, V
(B) V, F, F, F, F
(C) F, F, V, F, V
(D) F, V, F, V, F
(E) V, V, V, F, F

I: é falsa, pois houve inversão dos conceitos; Administração Pública em sentido formal diz respeito às pessoas, órgãos e agentes públicos; e em sentido material diz respeito à função administrativa; II: é verdadeira, conforme art. 2º, *caput*, da Lei 9.784/99; III: é falsa, pois, além da supremacia do interesse público, também é princípio basilar da administração pública o da indisponibilidade do interesse público, de modo que a autoridade não está autorizada a renunciar a poderes ou competências; IV: é verdadeira, pois a CF só prevê expressamente o dever de motivação nesses dois casos (arts. 93, XI, c/c 129, § 4º, ambos da CF); de qualquer forma, segundo a doutrina, o princípio da motivação está implícito na CF, pois decorre da própria ideia de República, e está expresso no art. 2º da Lei 9.784/99; V: falsa, pois o agente de fato, enquanto estiver de boa-fé, tem direito à remuneração que tiver recebido, não cabendo ação de repetição de indébito, sob pena de enriquecimento sem causa por parte da administração. Gabarito "D".

(Delegado Federal – 2004 – CESPE) Julgue os itens seguintes.

(1) A possibilidade de reconsideração por parte da autoridade que proferiu uma decisão objeto de recurso administrativo atende ao princípio da eficiência.

(2) A veiculação do ato praticado pela administração pública na Voz do Brasil, programa de âmbito nacional, dedicado a divulgar fatos e ações ocorridos ou praticados no âmbito dos três poderes da União, é suficiente para ter-se como atendido o princípio da publicidade.

(3) A jurisprudência é fonte do direito administrativo, mas não vincula as decisões administrativas, apesar de o direito administrativo se ressentir de codificação legal.

1: certo, pois, de fato, a reconsideração evita que se perca tempo na apreciação de um recurso contra uma decisão administrativa, o que faz com que haja mais celeridade no processo administrativo, atendendo ao princípio da eficiência; 2: errado, pois o princípio reclama outras providências, tais como intimação dos interessados e publicação no Diário Oficial; 3: certo, pois, de fato, a jurisprudência é uma das fontes do direito administrativo, mas não vincula a administração, a não ser nos casos em que se tenha uma súmula vinculante (art. 103-A da CF). Gabarito 1C, 2E, 3C.

(Ministério Público do Trabalho – 14º) Quanto aos poderes e princípios da Administração Pública.

I. O poder disciplinar da Administração Pública autoriza a aplicação de sanções a particulares não sujeitos à disciplina interna da Administração.

II. O princípio da continuidade do serviço público jamais cede em razão de seu caráter absoluto, não comporta a aplicação do princípio da proporcionalidade e constitui um verdadeiro superprincípio que orienta todo o ordenamento jurídico administrativo.

III. O princípio da motivação dos atos administrativos, embora recomendável em todos os atos que envolvam o exercício de poderes, ao contrário dos atos praticados pelo Judiciário e Ministério Público, não possui previsão nas normas jurídicas de direito administrativo brasileiro.

IV. O princípio da segurança jurídica não se aplica à Administração Pública brasileira, uma vez que ela possui poderes para desconstituir situações jurídicas e aplicar retroativamente nova interpretação da norma administrativa para garantir o atendimento do fim público a que se dirige.

Assinale a opção CORRETA:

(A) apenas as de números I e III são corretas;
(B) apenas as de números II e IV são corretas;
(C) apenas a de número IV é correta;
(D) todas são incorretas;
(E) não respondida.

I: está incorreta, pois o poder disciplinar autoriza a aplicação de sanções apenas em face de *infrações disciplinares*, que só podem ser cometidas por servidores públicos, ou seja, dentro da disciplina interna da Administração; II: está incorreta, pois nenhum princípio é absoluto; III e IV: estão incorretas, pois os princípios citados estão previstos no art. 2º, *caput* e parágrafo único, VII e XIII, da Lei 9.784/99. Gabarito "D".

(Auditor Fiscal/RJ) O art. 39, § 3º, da Constituição da República autoriza a lei a estabelecer requisitos diferenciados de admissão a cargo público, quando a natureza do cargo o exigir. A pertinência desses requisitos, em relação a determinado cargo a ser provido, é aferida mediante a aplicação do princípio da:

(A) razoabilidade
(B) publicidade
(C) igualdade
(D) eficiência

De fato, a razoabilidade dirá que tipo de requisito é pertinente ser exigido para provimento de dado cargo. É bom lembrar que somente a lei (que atenderá ao princípio da razoabilidade, como dito) é que poderá trazer esse tipo de requisito (art. 37, I, da CF). Gabarito "A".

2. PODERES DA ADMINISTRAÇÃO PÚBLICA

Para resolver as questões deste item, vale citar as definições de cada poder administrativo apresentadas por Hely Lopes Meirelles, definições estas muito utilizadas em concursos públicos. Confira:

a) **poder vinculado** – "é aquele que o Direito Positivo – a lei – confere à Administração Pública para a prática de ato de sua competência, determinando os elementos e requisitos necessários à sua formalização";

b) **poder discricionário** – "é o que o Direito concede à Administração, de modo explícito, para a prática de atos administrativos com liberdade na escolha de sua conveniência, oportunidade e conteúdo";

c) **poder hierárquico** – "é o de que dispõe o Executivo para distribuir e escalonar as funções de seus órgãos, ordenar e rever a atuação de seus agentes, estabelecendo a relação de subordinação entre os servidores do seu quadro de pessoal";

d) **poder disciplinar** – "é a faculdade de punir internamente as infrações funcionais dos servidores e demais pessoas sujeitas à disciplina dos órgãos e serviços da Administração";

e) **poder regulamentar** – "é a faculdade de que dispõem os Chefes de Executivo (Presidente da República, Governadores e Prefeitos) de explicar a lei para sua correta execução, ou de expedir decretos autônomos sobre matéria de sua competência ainda não disciplinada por lei";

f) **poder de polícia** – "é a faculdade de que dispõe a Administração Pública para condicionar e restringir o uso e gozo de bens, atividades e direitos individuais, em benefício da coletividade ou do próprio Estado".

(Direito Administrativo Brasileiro, 26ª ed., São Paulo: Malheiros, p. 109 a 123)

2.1. PODER VINCULADO E DISCRICIONÁRIO

(Delegado/RN – 2009 – CESPE) Assinale a opção correta em relação aos poderes administrativos e à organização administrativa.

(A) O poder vinculado significa que a lei deixou propositadamente certa faixa de opção para o exercício da vontade psicológica do agente, limitado entretanto a escolha dos meios e da oportunidade para a concretização do ato administrativo.

(B) O poder discricionário é conferido à administração de forma expressa e explícita, com a norma legal já trazendo em si própria a determinação dos elementos e requisitos para a prática dos respectivos atos.

(C) O poder disciplinar consiste em distribuir e escalonar as funções, ordenar e rever as atuações e estabelecer as relações de subordinação entre os órgãos, inclusive seus agentes.

(D) Pela desconcentração rompe-se uma unidade personalizada e não há vínculo hierárquico entre a administração central e a pessoa estatal descentralizada. Assim, a segunda não é subordinada à primeira.

(E) A descentralização pressupõe pessoas jurídicas diversas: a que originariamente tem ou teria titulação sobre certa atividade e aquela a que foi atribuído o desempenho da atividade em causa.

A: incorreta, pois no poder vinculado não há margem de liberdade, já que a lei estabelece, objetivamente, cada requisito para a prática do ato; B: incorreta, pois essa definição é de poder vinculado; C: incorreta, pois essa definição é de poder hierárquico; D: incorreta, pois a desconcentração é a distribuição de competência de órgão para órgão, e não de pessoa jurídica para outra "pessoa estatal descentralizada"; E: correta, pois a descentralização, de fato, é a distribuição de competência de uma pessoa jurídica para outra pessoa jurídica. Gabarito "E".

(Defensoria/SP – 2007 – FCC) Atos administrativos vinculados e discricionários. Assinale a correta.

(A) A discricionariedade é a liberdade de agir da Administração, podendo ingressar na esfera da arbitrariedade, havendo interesse público.

(B) No exercício do poder disciplinar, a Administração pode agir discricionariamente, quer para apurar a infração, quer para aplicar as penalidades.

(C) Ocorrerá vício em relação ao objeto quando for inocorrente o motivo em que se apoiou o ato administrativo.

(D) Atendidos os pressupostos próprios para a prática do ato vinculado, a Administração não dispõe de liberdade de não praticá-lo, salvo no que se refere ao critério de conveniência.

(E) No exercício do poder disciplinar, a Administração não tem liberdade de escolha, de modo que, tendo conhecimento da falta, deve instaurar o procedimento adequado.

A: é falsa, pois não é possível agir com arbitrariedade; o que a discricionariedade confere é apenas uma margem de liberdade; B: é falsa, pois a lei disciplinar vai estabelecer os casos em que a punição pode ser aplicada e as sanções cabíveis, podendo decorrer daí competências discricionárias ou vinculadas; C: é falsa, pois objeto é o que o ato dispõe, enuncia, não se confundindo com motivo, que é pressuposto de fato que autoriza a prática do ato; D: é falsa, pois, se o ato é vinculado, não se pode falar em conveniência; E: é correta, pois vige o princípio da obrigatoriedade de atuação. Gabarito "E".

(FGV – 2010) ADMINISTRATIVO. RECURSO ESPECIAL. MANDADO DE SEGURANÇA. AUTORIZAÇÃO PARA FUNCIONAMENTO DE RÁDIO COMUNITÁRIA. INÉRCIA DA ADMINISTRAÇÃO PÚBLICA. ABUSO DO PODER DISCRICIONÁRIO. RECURSO ESPECIAL NÃO-PROVIDO.

1. É entendimento pacífico nesta Corte que a autorização do Poder Executivo é indispensável para o regular funcionamento de emissora de radiodifusão, consoante o disposto nas Leis 4.117/62 e 9.612/98 e no Decreto 2.615/98. 2. Entretanto, em obediência aos princípios da eficiência e razoabilidade, merece confirmação o acórdão que julga procedente pedido para que a Anatel se abstenha de impedir o funcionamento provisório dos serviços de radiodifusão, até que seja decidido o pleito administrativo da recorrida que, tendo cumprido as formalidades legais exigidas, espera há mais de dois anos e meio, sem que tenha obtido uma simples resposta da Administração. 3. Recurso especial não provido. REsp 1062390 / RS. Relator Ministro BENEDITO GONÇALVES (1142) Órgão Julgador T1 - PRIMEIRA TURMA. Data do Julgamento 18/11/2008. Data da Publicação/Fonte. DJe 26/11/2008.

Do texto acima descrito, é correto concluir que

(A) a discricionariedade é uma garantia que tem o agente público para atuar à margem da lei na escolha dos critérios de conveniência e oportunidade.

(B) a discricionariedade é uma atuação legítima e em nenhuma hipótese pode ser passível de controle pelo Poder Judiciário.

(C) o controle do poder discricionário no caso se deu com visível violação ao princípio da separação dos Poderes

(D) o poder discricionário da Administração Pública não inviabiliza o controle do Poder Judiciário, principalmente quando existe expressa violação ao princípio da razoabilidade.

(E) o controle de legalidade, exercido, no caso concreto, pelo Poder Judiciário, viola o princípio da autonomia administrativa porque examinou o mérito do ato administrativo.

A: incorreta, pois a discricionariedade é a *margem de liberdade ditada pela lei*, e não a *atuação à margem da lei*; B: incorreta, pois os atos discricionários podem ser controlados pelo Judiciário quanto aos aspectos de *legalidade*, *razoabilidade* e *moralidade*; não se deve esquecer que todo ato discricionário é parcialmente regrado, ou seja, tem um mínimo de amarras legais; Hely Lopes Meirelles entende que o ato discricionário é vinculado pelo menos nos aspectos de *competência*, *forma* e *finalidade*; C e D: a alternativa "C" está incorreta e a "D" correta, pois, como se viu, margem de liberdade não significa arbitrariedade, podendo o Judiciário controlar os aspectos de legalidade, razoabilidade e moralidade; no caso, como o caso narrado envolve conduta *não razoável* por parte da Administração, o Judiciário fez um controle correto (da *razoabilidade*), não havendo violação à separação dos poderes; E: incorreta, pois o Judiciário não analisou o mérito, mas se ateve à falta de razoabilidade da conduta da Administração. Gabarito "D".

2.2. PODER HIERÁRQUICO

(Defensor Público/BA – 2010 – CESPE) Acerca dos poderes administrativos, julgue o seguinte item.

(1) Em decorrência do poder hierárquico, é permitida a avocação temporária de competência atribuída a órgão hierarquicamente inferior, devendo-se, entretanto, adotar essa prática em caráter excepcional e por motivos relevantes devidamente justificados.

1: correta (art. 15 da Lei 9.784/99). Gabarito 1C

(Defensor Público/AL – 2009 – CESPE) Julgue o item abaixo, relativo aos poderes da administração.

(1) A relação hierárquica constitui elemento essencial na organização administrativa, razão pela qual deve estar presente em toda a atividade desenvolvida no âmbito da administração pública.

1: errada, pois há atividades desempenhadas pela Administração que não pressupõe a hierarquia, como é a atividade dos conselhos (Conselho do Meio Ambiente, Conselho da Criança e do Adolescente etc). Gabarito 1E

(Magistratura/SP – 2008) O poder conferido à autoridade superior para julgar o auto de infração e alterar o valor da multa aplicada decorre da

(A) estrutura hierárquica da Administração, que permite ao superior alterar e revogar os atos praticados pelos subordinados.
(B) autonomia funcional conferida aos órgãos integrantes da Administração Direta, relativamente a seus superiores hierárquicos.
(C) possibilidade de a Administração reconhecer a nulidade de seus próprios atos, quando eivados de ilegalidade.
(D) independência legalmente conferida aos órgãos julgadores administrativos, semelhante à das autoridades judiciárias, por força do princípio do juiz natural.

A, B, C e D: De fato, o poder mencionado decorre do *poder hierárquico*. Gabarito "A".

(Defensoria/RN – 2006) A possibilidade de chamar a si, atribuições originalmente conferidas a subordinados, sempre que houver relevante razão, está contida no poder

(A) disciplinar.
(B) regulamentar.
(C) hierárquico.
(D) discricionário.

A, B, C e D: De fato, decorre do poder hierárquico a possibilidade de avocar competência de órgão hierarquicamente inferior (art. 15 da Lei 9.784/99). Gabarito "C".

(Procurador da Fazenda Nacional – 2007 – ESAF) A organização administrativa é baseada em dois pressupostos fundamentais: a distribuição de competências e a hierarquia. Nesse diapasão, quanto ao poder hierárquico, marque a opção incorreta.

(A) Hierarquia é o escalonamento em plano vertical dos órgãos e agentes da Administração que tem como objetivo a organização da função administrativa.
(B) Do sistema hierárquico na Administração decorrem alguns efeitos específicos, como o poder de comando, o dever de obediência, a fiscalização, o poder de revisão, a delegação e a avocação.
(C) Avocação é a transferência de atribuições de um órgão a outro no aparelho administrativo, abrangendo funções genéricas e comuns da Administração.
(D) Os órgãos consultivos, embora incluídos na hierarquia administrativa para fins disciplinares, fogem à relação hierárquica.
(E) Como resultado do poder hierárquico, a Administração é dotada da prerrogativa de ordenar, coordenar, controlar e corrigir as atividades de seus órgãos e agentes no seu âmbito interno.

A avocação é a transferência *temporária* de *competências* de um órgão inferior para um *órgão superior* hierarquicamente (art. 15 da Lei 9.784/99). Gabarito "C".

(Magistratura do Trabalho – 24ª Região – 2007) Sobre os poderes administrativos, assinale a alternativa INCORRETA:

(A) Dar ordens é determinar, especificamente, ao subordinado os atos a praticar ou a conduta a seguir em caso concreto. Daí decorre o dever de obediência.
(B) A subordinação administrativa resulta do poder de supervisão ministerial sobre a entidade vinculada e é exercida nos limites que a lei estabelecer, sem suprimir a autonomia conferida ao ente supervisionado.
(C) Delegar é conferir a outrem atribuições que originariamente competiam ao delegante.
(D) Avocar é chamar a si funções originariamente atribuídas a um subordinado.
(E) Rever atos de inferiores hierárquicos é apreciar tais atos em todos os seus aspectos (competência, objeto, oportunidade, conveniência, justiça, finalidade e forma), para mantê-los ou invalidá-los, de ofício ou mediante provocação do interessado.

A, B, C, D e E: Todas as alternativas estão corretas, salvo a de letra "B", pois a subordinação administrativa (de um órgão inferior em relação a um órgão superior) leva o nome de *hierarquia* e não de *supervisão ministerial*. Esta é a relação que existe entre pessoa jurídica criadora e pessoa jurídica por ela criada, relação que também é chamada de *controle* ou *tutela*. Gabarito "B".

2.3. PODER DISCIPLINAR

(Defensor Público/RO – 2007) Determinado contratado que está construindo um imóvel público em área urbana, e que vem a atrasar sucessivamente etapas da obra, é multado pela Administração Pública municipal pelo efetivo descumprimento do contrato. Esta atuação administrativa corresponde ao exercício do seguinte poder:

(A) normativo
(B) ordinatório
(C) disciplinar
(D) hierárquico
(E) regulamentar

Trata-se do poder disciplinar. Há quem pense que o poder disciplinar se dirige apenas sobre os servidores públicos. Porém, o conceito doutrinário de poder disciplinar engloba não só a atividade disciplinar dos agentes públicos, como também a que se dirige a outras pessoas que mantêm relação jurídica com a Administração. Confira esse conceito: "é a faculdade de punir internamente as infrações funcionais dos servidores e *demais pessoas* sujeitas à disciplina dos órgãos e serviços da Administração". Gabarito "C".

(Defensor Público/BA – 2006) Analise os itens abaixo acerca dos poderes administrativos e escolha a alternativa correta a ser preenchida, adotando (V) para verdadeiro e (F) para falso:

( ) No uso do poder disciplinar não há discricionariedade alguma, na medida em que a legislação funcional prevê regras com a mesma rigidez que a criminal.
( ) As sanções penais, civis e administrativas poderão cumular-se, sendo independentes entre si, razão pela qual, ainda que absolvido criminalmente por estar provada a inexistência do fato ou da sua autoria, o servidor responderá administrativamente.
( ) Dentre os meios de atuação do poder de polícia têm-se atos normativos e atos concretos, bem como atos ou medidas de polícia administrativa preventivos e repressivos.
( ) Como decorrentes da hierarquia, têm-se diversos poderes como o de dar ordens, aplicar sanções, delegar e avocar.

(A) V V F F
(B) V F F V
(C) F F V V
(D) F V V F
(E) V V F F

I: falsa, pois os tipos disciplinares admitem cláusulas mais abertas (ex: "em caso de *falta grave*, caberá demissão"), ao passo que os tipos criminais devem ter mais densidade, dada a gravidade das sanções penais; II: falsa, pois, apesar da independência entre as instâncias, nos casos mencionados (negativa do fato ou da autoria), a instância criminal se comunica para a administrativa; III: verdadeira, pois está de acordo com o conceito doutrinário de poder de polícia, pelo qual este é *a atividade de condicionar, por meio de atos normativos ou concretos, a liberdade e a propriedade das pessoas, mediante ação ora preventiva, ora repressiva*; IV: verdadeira, pois está de acordo com o conceito doutrinário do poder hierárquico. Gabarito "C".

(MAGISTRATURA DO TRABALHO – 1ª REGIÃO – 2010 – CESPE) Assinale a opção correta acerca dos poderes disciplinar, hierárquico, regulamentar e de polícia administrativa.

(A) No campo disciplinar, o direito administrativo utiliza, como regra, o sistema da rígida tipicidade, prevendo cada conduta ilícita e a sanção respectiva.
(B) O poder de polícia é atividade discricionária que não envolve competências vinculadas.
(C) Decorre da hierarquia o poder que o órgão administrativo hierarquicamente superior possui de, em qualquer circunstância e sem necessidade de justificação, avocar temporariamente a competência atribuída a órgão inferior.
(D) Em razão do sistema de jurisdição única adotado no Brasil, cabe ao Poder Judiciário, com exclusividade, a prerrogativa de controlar os atos do Poder Executivo que exorbitem do poder regulamentar.
(E) Os processos de natureza disciplinar, mesmo que redundem na aplicação de penalidades de advertência e de suspensão de até trinta dias, estão submetidos ao princípio da ampla defesa e do contraditório, sendo inconstitucional qualquer dispositivo legal que dispense essa exigência.

A: incorreta, pois o sistema disciplinar não é tão fechado e casuístico assim; há tipos disciplinares mais abertos, como o que considera infração disciplinar sujeita a demissão a "insubordinação grave em serviço" (art. 132, VI, da Lei 8.112/90); B: incorreta, pois o poder de polícia pode ser discricionário ou vinculado, de acordo com a lei que criar esse condicionamento às pessoas; C: incorreta, pois a avocação de competência, apesar de decorrer da hierarquia, só é permitida em caráter excepcional e por motivos devidamente justificados (art. 15 da Lei 9.784/99); D: incorreta, pois os atos normativos do Poder Executivo que exorbitam o poder regulamentar também podem ser controlados pelo Poder Legislativo, que tem o poder de sustá-los (art. 49, V, da CF); E: correta, pois a exigência de ampla defesa e de contraditório diz respeito a qualquer processo administrativo (art. 5º, LV, da CF). Gabarito "E".

(Auditor Fiscal/CE – 2006 – ESAF) A aplicação da penalidade de advertência a servidor público infrator, por sua chefia imediata, é ato administrativo que expressa a manifestação do poder

(A) hierárquico.
(B) regulamentar.
(C) de polícia.
(D) disciplinar.
(E) vinculado.

A, B, C, D e E: Como o caso trata de uma questão mais específica – o cometimento de uma infração disciplinar –, o poder administrativo em questão é o *disciplinar*. Gabarito "D".

2.4. PODER REGULAMENTAR

(Magistratura/DF – 2007) Sobre os poderes e deveres da Administração Pública, é correto afirmar que:

(A) O Presidente da República pode dispor, mediante decreto, sobre a organização e funcionamento da administração federal, quando não implicar aumento de despesa nem criação ou extinção de órgãos públicos, e, também, sobre a extinção de funções ou cargos públicos, quando vagos;
(B) No regime da Lei nº 9.784/99, que regula o processo administrativo federal, não será permitida a avocação temporária de competência atribuída a órgão hierarquicamente inferior;
(C) É lícito que ato administrativo institua tarifa para remunerar o poder de polícia;
(D) O exercício de poder de polícia impõe manifestação prévia do Poder Judiciário.

A: correta (art. 84, VI, da CF); B: incorreta (art. 15 da Lei 9.784/99); C: incorreta, pois o poder de polícia tem como contrapartida o pagamento de uma taxa, que é um *tributo*, e que, portanto, depende de *lei*; D: incorreta, pois o poder de polícia é expressão típica da administração pública, tendo normalmente executoriedade, de modo que pode ser exercido independentemente de prévia apreciação jurisdicional. Gabarito "A".

(Procurador do Estado/RR – 2006 – FCC) Foi editada lei federal instituindo programa social para auxílio a famílias carentes para que estas, dentre outros requisitos, mantivessem seus filhos no ensino fundamental. Os termos, condições e o procedimento cabível para a concessão do benefício precisam ser explicitados pelo Executivo Federal. Para tanto, será necessária a

(A) edição de Decreto Legislativo pelo Chefe do Poder Executivo, para viabilizar a aplicação da lei.
(B) edição de Decreto Regulamentar pelo Ministro de Estado da Pasta Competente, complementando as disposições legais.
(C) a promulgação de Resolução pelo Ministério de Estado competente, estabelecendo as condições para concessão do benefício.
(D) edição de Decreto Regulamentar pelo Chefe do Executivo, regulamentando os termos da lei e possibilitando, assim, sua execução.
(E) promulgação de Decreto Regulamentar Autônomo, instituindo e explicitando os requisitos para concessão do benefício.

Art. 84, IV, da CF. Gabarito "D".

(Defensoria/MA – 2009 – FCC) Dentre os chamados Poderes da Administração, aquele que pode ser qualificado como autônomo e originário em determinadas situações previstas na Constituição Federal é o poder

(A) hierárquico, que permite à autoridade superior a possibilidade de punição disciplinar independentemente de expressa previsão legal.
(B) disciplinar, na medida que permite a imposição de sanções não previstas em lei.
(C) regulamentar, que permite o exercício da função normativa do Poder Executivo com fundamento direto na Constituição Federal.
(D) discricionário, que permite à Administração Pública atuar sem expressa vinculação à lei, nos casos em que inexista disciplina normativa para o assunto.
(E) de polícia, que permite à Administração Pública a prática de atos administrativos, preventivos e repressivos, para a disciplina de situações não previstas pela legislação.

A, B, C, D e E: O único poder que pode ser autônomo e originário, em determinadas situações, é o poder regulamentar, nos termos do art. 84, VI, da CF. Os demais poderes só podem atuar sob o jugo da lei. Gabarito "C".

(Defensoria/PI – 2009 – CESPE) Em razão da impossibilidade de que as leis prevejam todas as contingências que possam surgir na sua execução, em especial nas diversas situações que a administração encontrar para cumprir as suas tarefas e optar pela melhor solução, é necessária a utilização do poder administrativo denominado poder

(A) hierárquico.
(B) de polícia.
(C) vinculado.
(D) regulamentar.
(E) disciplinar.

A, B, C, D e E: A lei nem sempre entra nos detalhes de como, na prática, será aplicada pelos agentes públicos. Para explicar a lei e traçar o modo como ela será executada no plano concreto, a Administração se vale do *poder regulamentar*. Gabarito "D".

(Delegado/SP – 2008) Os atos normativos do Presidente da República que exorbitem do poder regularmente ou dos limites de delegação legislativa podem ser sustados mediante

(A) resolução do Congresso Nacional.
(B) resolução do Senado Federal.
(C) decreto legislativo do Senado Federal.
(D) decreto legislativo do Congresso Nacional.
(E) decreto autônomo do STF.

Art. 49, V, da CF. Gabarito "D".

(Magistratura Federal/3ª Região – 2010) Relativamente ao poder regulamentar da administração, assinale a alternativa incorreta:

(A) O regulamento consiste na autodisciplina da administração pública, para obter o procedimento regular, harmônico e coerente dos seus órgãos e agentes na execução dos encargos que lhe são cometidos por lei, sendo desta dependente;
(B) É cabível o regulamento apenas em matéria que será objeto de ação administrativa ou desta dependente;
(C) Entre as finalidades do regulamento insere-se a disciplina da descrição administrativa, ou seja, de regular a liberdade relativa de agir da administração;
(D) O regulamento vincula a administração, mas não exonera o administrado de responsabilidade perante o Poder Público por comportamentos realizados em conformidade com ele.

A, B, C e D: Todas as afirmativas estão corretas, salvo a de letra "D", pois se o administrado agiu "em conformidade" com o regulamento, não haverá responsabilização deste. Gabarito "D".

(DEFENSORIA PÚBLICA DA UNIÃO – 2004 – CESPE) Julgue o seguinte item.

(1) O poder regulamentar possui, ao lado de seu fundamento jurídico, um fundamento político, consistente na conveniência e oportunidade que se reconhece ao Poder Executivo para orientar a Administração Pública em relação a pormenores inerentes à execução da lei.

1: correta, pois a finalidade do poder regulamentar é justamente a de explicar a lei, para a sua correta aplicação. Gabarito 1C.

2.5. PODER DE POLÍCIA

(Magistratura/BA – 2006 – CESPE) Julgue os itens seguintes

(1) O Estado somente pode punir agente público (em sentido lato) nas estruturas estatais baseadas na hierarquia entre a autoridade competente para aplicar a punição e os agentes a ela sujeitos, hierarquia que deve abranger, sobretudo, o exercício das funções desses agentes.

(2) Em sentido amplo, é juridicamente correto afirmar que o exercício do poder de polícia está associado à atividade do Poder Legislativo e do Poder Executivo.

1: errado. A questão confunde poder hierárquico com poder disciplinar. Este poder é exercido por autoridades específicas, que podem ou não ser superiores hierárquicos; 2: certo. Em sentido amplo, o poder de polícia abrange leis e atos administrativos que condicionam a liberdade e a propriedade das pessoas. Em sentido estrito, o poder de polícia também é chamado de polícia administrativa e consiste na atividade administrativa (ou seja, sublegal) de condicionar a liberdade e a propriedade das pessoas. Por exemplo, o Código de Trânsito (uma lei) está contido no conceito em sentido amplo de poder de polícia. E uma ação de um agente público, que aplica uma multa (um ato administrativo), está contida no conceito em sentido estrito de poder de polícia, e também é chamada polícia administrativa (poder de polícia em sentido estrito). Gabarito 1E, 2C

(MAGISTRATURA/PB – 2011 – CESPE) No que concerne aos poderes da administração, assinale a opção correta.

(A) O STF emitiu decisão favorável à delegação do poder de polícia, mediante edição de lei, a pessoa jurídica de direito privado.
(B) Forma de conferir liberdade ao administrador público, o poder discricionário permite que a autoridade, mediante os critérios de conveniência e oportunidade, opte pela ação que melhor propicie a consecução do interesse público, atuação que se sobrepõe aos limites da lei.
(C) O poder regulamentar permite que o ato normativo derivado inove e aumente os direitos e obrigações previstos no ato de natureza primária que o autoriza, desde que tenha por objetivo o cumprimento das determinações legais.
(D) Segundo o STF, é inconstitucional, por ofensa ao princípio da livre concorrência, lei municipal que impeça a instalação de estabelecimentos comerciais do mesmo ramo em determinada área.
(E) O poder de polícia no ordenamento jurídico brasileiro é tratado, exclusivamente, no âmbito infraconstitucional.

A: incorreta, pois o poder de polícia deve ser exercido exclusivamente por autoridade pública; B: incorreta, pois o administrador público não pode agir fora da lei; mesmo quando há uma ato discricionário, esse ato não traz liberdade total, mas apenas uma margem de liberdade com limites estabelecidos na própria lei; C: incorreta, pois o poder regulamentar tem por finalidade explicar a lei, e não inovar na ordem jurídica; D: correta, pois esse é o texto da Súmula nº 646 do STF; E: incorreta, pois o poder de polícia é tratado na Constituição Federal, como uma das hipóteses de incidência de taxa (art. 145, II, da CF). Gabarito "D".

(Magistratura/MT – 2009 – VUNESP) Um particular comete um delito que implica penalidade a ser imposta pelo poder de polícia. Assinale a alternativa que indica um tipo de penalidade que, em tese, não poderia ser aplicada ao administrado em decorrência desse poder da Administração.

(A) Interdição de atividade.
(B) Demolição de construção.
(C) Fechamento de estabelecimentos.
(D) Proibição de circulação após determinado horário.
(E) Proibição de comercialização ou fabricação de certos produtos.

A proibição de circulação após determinado horário não pode ser aplicada, pois fere o *direito de livre locomoção no país*, previsto como cláusula pétrea na Constituição (art. 5º, XV, da CF). Gabarito "D".

(MINISTÉRIO PÚBLICO/SE – 2010 – CESPE) No que concerne à responsabilidade civil do Estado e aos poderes administrativos, assinale a opção correta.

(A) Para efeito de responsabilidade civil do Estado, considera-se agente o servidor que, em sua atuação, causar dano a terceiros. Exclui-se, assim, dessa noção as pessoas que não têm vínculo típico de trabalho com a administração e os agentes colaboradores e sem remuneração.
(B) Direito de regresso é o assegurado ao Estado no sentido de dirigir sua pretensão indenizatória contra o agente responsável pelo dano, independentemente de este ter agido com culpa ou dolo.
(C) O poder regulamentar formaliza-se por meio de decretos e regulamentos. Nesse sentido, as instruções normativas, as resoluções e as portarias não podem ser qualificadas como atos de regulamentação.
(D) O poder de polícia administrativa consubstancia-se por meio de determinações de ordem pública, de modo a gerar deveres e obrigações aos indivíduos. Nesse sentido, os atos por intermédio dos quais a administração consente o exercício de determinadas atividades não são considerados atos de polícia.
(E) Na esfera da administração pública federal, direta ou indireta, a ação punitiva, quando se tratar do exercício do poder de polícia, prescreve em cinco anos contados a partir da data da prática do ato ou, em se tratando de infração permanente ou continuada, a partir do dia em que esta tiver cessado.

A: incorreta, pois basta ser agente público (de qualquer natureza) para que a Administração tenha de se responsabilizar pelos atos por este praticado contra terceiros; B: incorreta, pois o Estado só terá direito de regresso contra o agente responsável pelo dano em caso de culpa ou dolo deste (art. 37, § 6º, da CF); C: incorreta, pois os últimos atos podem ser atos de regulamentação em sentido amplo, ou simplesmente *atos normativos*; D: incorreta, pois os atos em que a Administração consente o exercício de atividades estão no contexto do poder de polícia, já que importam na prévia fiscalização sobre a possibilidade de o particular praticar ou não determinados atos; E: correta (art. 1º da Lei 9.873/99). Gabarito "E".

(Procurador do Estado/PB – 2008 – CESPE) No que diz respeito aos meios de atuação do poder de polícia, julgue os próximos itens.

I. Segundo entendimento majoritário na doutrina e na jurisprudência, admite-se a delegação do poder de polícia a pessoa da iniciativa privada prestadora de serviços de titularidade do estado.
II. A autorização é o ato administrativo vinculado e definitivo pelo qual a administração reconhece que o particular detentor de um direito subjetivo preenche as condições de seu gozo.
III. A licença não pode ser negada quando o requerente satisfaça os requisitos legais para sua obtenção.
IV. O alvará pode ser de licença ou de autorização.

Estão certos apenas os itens

(A) I e II.
(B) I e III.
(C) I e IV.
(D) II e III.
(E) III e IV.

I: é falsa, pois o poder de polícia não pode ser delegado para entidade privada; é possível que o particular receba (por contrato de prestação de serviço ou por credenciamento) apenas a incumbência de colaborar, com atividades **materiais**, com a administração pública; II: é falsa, pois a autorização é ato administrativo **discricionário** e **precário** que faculta o exercício de uma atividade; III: é certa, pois a licença é ato vinculado; IV: é certa, pois o alvará é a forma de que podem ser revestidas a licença e a autorização. Gabarito "E".

(Procurador do Estado/PE – CESPE – 2009) Acerca do exercício do poder de polícia, assinale a opção correta.

(A) As normas decorrentes do exercício do poder de polícia municipal são aplicadas para restringir direitos dos estados e da União, desde que a atuação esteja dentro dos limites de sua competência.
(B) A jurisprudência do STF, de modo geral, admite a delegação de poder de polícia a uma entidade particular, desde que atendido o interesse público.
(C) Segundo jurisprudência pacífica do STF, é legal a aplicação de sanção de impedimento do exercício profissional no caso de inadimplência da anuidade junto ao respectivo conselho de fiscalização profissional.
(D) O exercício do poder de polícia pela União exclui a atuação dos estados, mas não aos municípios, em razão do interesse local.
(E) O exercício do poder de polícia prescinde de lei específica.

A: correta, pois a União e os Estados não têm imunidade ao cumprimento das normas que estão no contexto da competência municipal; assim, quando a União, por exemplo, construir um imóvel, terá de obedecer às regras do Código de Obras e das leis de zoneamento e de uso e ocupação do solo, todas municipais; B: incorreta, pois o poder de polícia só pode ser exercido por autoridade pública; o particular, nesse sentido, só pode contribuir *materialmente* (e não *volitivamente*) para o exercício do poder de polícia (ex.: uma empresa particular pode operar um radar de trânsito, mas a multa de trânsito, elemento de vontade, só pode ser expedida por autoridade administrativa); C: incorreta, pois a questão não está pacificada no STF, que ainda não se pronunciou definitivamente sobre o tema; de qualquer maneira, é bom lembrar que o STF vem restringindo a utilização de constrangimentos exagerados para a cobrança de tributos, o que poderá mudar o panorama das decisões existentes sobre o assunto, que, em sua maioria, admitem o impedimento do exercício da profissão por inadimplência na anuidade, principalmente se o impedimento estiver previsto em lei (art. 5º, XIII, da CF); D: incorreta, pois, em matéria ambiental, por exemplo, como existe competência comum administrativa da União, dos Estados, do DF e dos Municípios (art. 23 da CF), o poder de polícia de uma entidade não exclui o da outra; naturalmente, quem expedir a primeira autuação, terá sua penalidade mantida; E: incorreta, pois, pelo princípio da legalidade, é necessário lei para a Administração condicionar e restringir a liberdade e a propriedade das pessoas. Gabarito "A".

(Procurador do Estado/RR – 2006 – FCC) Durante fiscalização em determinado estabelecimento comercial foi constatada a realização de atividade de venda de remédios manipulados no local, sem autorização dos órgãos estaduais competentes para tanto. Neste caso, os fiscais estaduais, dotados de poder de polícia administrativa deverão, dentre outras medidas eventualmente cabíveis em face da natureza da infração,

(A) autuar o comerciante, facultada a concessão de prazo para apresentação defesa, bem como recolher amostra do medicamento para análise de sua lesividade.
(B) notificar o comerciante a apresentar defesa, no prazo legal, para posterior análise do cabimento da lavratura do auto de infração, bem como solicitar às autoridades superiores que requeiram autorização judicial para apreensão das mercadorias irregulares.
(C) autuar o comerciante e comunicar as autoridades superiores para requerimento de ordem judicial para apreensão das mercadorias.
(D) apreender as mercadorias e notificar o comerciante para apresentação de defesa, no prazo legal, apenas após o quê poderá ser lavrado, se for o caso, o auto de infração cabível.
(E) apreender as mercadorias irregulares encontradas no local, lavrando auto de apreensão, bem como autuar o comerciante pelas infrações cometidas, concedendo-lhe prazo para apresentação de defesa.

A, B, C, D e E: A alternativa "E" está correta, em virtude da executoriedade de que se reveste o poder de polícia, bem como da necessidade de conceder ao interessado prazo para defesa. Gabarito "E".

(Procurador do Município/Teresina-PI – 2010 – FCC) NÃO exemplifica uma forma de atuação da polícia administrativa:

(A) decreto sobre o regulamento de determinada profissão.
(B) a interdição de atividade.
(C) a apreensão de mercadorias deterioradas.
(D) lei *strictu sensu*, isto é, emanada do Poder Legislativo, criando limitação administrativa.
(E) a inspeção em estabelecimento, destinada à investigação de crime.

Todos os casos envolvem atuação da *polícia administrativa*, salvo o narrado na alternativa "E", que envolve atuação da *polícia judiciária*. Gabarito "E".

(Defensoria/RN – 2006) Sobre o poder de polícia é incorreto afirmar que

(A) visa regular abusos do direito individual sobre bens, pessoas, direitos e atividades.
(B) tem como atributos a coercibilidade, a autoexecutoriedade e a discricionariedade.
(C) a imposição de multa e a necessidade de alvará de funcionamento expressam o poder de polícia.
(D) estende-se a qualquer administrado cuja atividade se oponha ao interesse público.

O poder de polícia atua sobre a liberdade e a propriedade das pessoas, e não sobre as pessoas em si. Gabarito "A".

(Defensoria Pública/SP – 2010 – FCC) A restrição de acesso a local de repartição pública, onde se realiza atendimento ao público, de determinada pessoa que rotineiramente ali comparece, causando tumultos aos trabalhos desenvolvidos, é

(A) admissível, com base no poder de polícia exercido em prol da coletividade.
(B) arbitrária, uma vez que coíbe direito individual constitucional de liberdade de locomoção.
(C) legal, por força do poder regulamentar conferido à Administração Pública.
(D) irregular, pois extrapola o uso do poder normativo da Administração Pública.
(E) normal, se o servidor responsável pelo serviço público possuir autonomia funcional.

A liberdade das pessoas deve ser condicionada e restringida quando for exercida de modo a prejudicar o interesse da coletividade. Esse poder do Estado de atuar nessa contenção, estabelecendo obrigações de não fazer ao particular, tem o nome de poder de polícia. Gabarito "A".

(Cartório/SC – 2008) No âmbito do Direito Administrativo é correto afirmar:

(A) A Administração Pública, mesmo no uso do denominado poder de polícia e observado o princípio da legalidade, não pode obrigar os particulares a praticar os atos que determinar, por meio de regulamentos ou portarias.
(B) O poder de polícia é atividade inerente à Administração Pública, desempenhada por órgão competente, sem necessidade de observância dos princípios constitucionais.
(C) O poder de polícia da Administração Pública é aquele exercido exclusivamente pelos policiais civis e militares, bombeiros militares e guardas municipais, no desempenho das atribuições de seus cargos.
(D) O poder de polícia não se enquadra entre os poderes atribuídos à Administração Pública.
(E) A Administração Pública é dotada de poder de polícia que pode ser definido, em sentido amplo, como aquele correspondente à atividade estatal de condicionar a liberdade e a propriedade, ajustando-as aos interesses coletivos.

A: é falsa, pois o poder de polícia se expressa por meio de comandos de não fazer, que podem ser concretos ou normativos, nesse caso por meio de regulamentos e portarias também; B: é falsa, pois toda atividade administrativa está sujeita à observância dos princípios constitucionais; C: é falsa, pois a polícia civil exerce a *polícia judiciária* e a polícia militar, *policiamento ostensivo*; D: é falsa, pois o poder de polícia é um dos poderes conferidos à Administração Pública; E: é correta a definição da alternativa E. Gabarito "E".

(Delegado/SP – 2008) Recentemente, os jornais noticiaram a atuação da administração pública de importante capital, que cassou o alvará de autorização para funcionamento e interditou estabelecimento comercial que explorava o lenocínio em vez da atividade hoteleira. No caso, a interdição foi feita mediante a edificação de muros de concreto defronte das portas do estabelecimento, o que caracteriza a

(A) vinculação do poder de polícia municipal.
(B) coercibilidade do poder de polícia municipal.
(C) ilegitimidade do poder de polícia municipal.
(D) ilimitabilidade do poder de polícia municipal.
(E) inoponibilidade do poder de polícia municipal.

A, B, C, D e E: Trata-se da coercibilidade ou da autoexecutoriedade, que permitem coação material, independentemente de prévia apreciação judicial. Gabarito "B".

(Delegado/SP – 2008) Quando a Administração Pública apreende veículo de transporte clandestino de passageiros, obstando uma atividade que descumpre leis e regulamentos, fala-se em exercício do

(A) poder disciplinar.
(B) poder de polícia.
(C) poder regulamentar.
(D) poder extroverso.
(E) poder normativo.

A, B, C, D e E: Trata-se da atividade de condicionar a liberdade e a propriedade das pessoas, portanto, a questão refere-se ao poder de polícia. Gabarito "B".

(Magistratura Federal – 3ª Região – XIII) Sobre o poder de polícia, é correto afirmar-se que:

(A) o princípio da livre iniciativa limita o exercício do poder de polícia no domínio econômico, devendo a intervenção ser mínima;
(B) os atos administrativos, como autorizações e licenças, relacionados ao exercício do poder de polícia, são discricionários, em função da necessidade de aparelhar o Poder Público dos instrumentos de aferição, tanto concreta como específica, de abusos em detrimento do interesse coletivo e social;
(C) envolve não apenas atos materiais e concretos de fiscalização e repressão, como, igualmente, abstratos e genéricos, a exemplo do que ocorre com a edição de normas de regulamentação do funcionamento de estabelecimentos comerciais;
(D) os atos, com base nele praticado, revelam o atributo derivado do poder extroverso, pelo qual as decisões administrativas, independentemente de intervenção judicial, são eficazes e auto-executórias, assim para justamente garantir a supremacia do interesse público e coletivo sobre o individual.

A: incorreta, pois a livre-iniciativa deve se harmonizar com as restrições à liberdade e à propriedade das pessoas, em favor da coletividade; B: incorreta, pois as autorizações são atos administrativos unilaterais, discricionários e precários, que facultam o exercício de certas atividades; já as licenças são atos administrativos unilaterais e vinculados, que facultam o exercício de certas atividades; assim, as licenças não são discricionárias, mas vinculadas; C: está correta; Celso Antônio Bandeira de Mello define poder de polícia como "a atividade da Administração Pública, expressa em atos **normativos** ou **concretos**, de condicionar, com fundamento em sua supremacia geral e na forma da lei, a liberdade e a propriedade dos indivíduos" (*Curso de Direito Administrativo*, 24ª ed., São Paulo: Malheiros, 2007, p. 813) (grifos nossos); D: incorreta, pois a alternativa confundiu o atributo da imperatividade (poder extroverso) com o da autoexecutoriedade; no primeiro, os atos administrativos são impostos a terceiros independentemente de sua concordância; no segundo, os atos administrativos podem ser impostos mediante coação direta, ou seja, mediante o uso da força. Gabarito "C".

(Magistratura Federal/5ª Região – 2009 – CESPE) A Lei n.º 9.873/1999 estabelece prazo de prescrição para o exercício de ação punitiva pela administração pública federal, direta e indireta, e dá outras providências. Acerca das disposições dessa lei e dos demais temas relacionados ao poder de polícia, assinale a opção correta.

(A) A Lei n.º 9.873/1999, que não se aplica às infrações de natureza funcional nem aos processos e procedimentos de natureza tributária, dispõe que o prazo prescricional da ação punitiva da administração pública, no exercício do poder de polícia, é de cinco anos, contados da data em que o ato tornou-se conhecido.
(B) O procedimento administrativo instaurado no exercício do poder de polícia visando à aplicação de penalidade sofrerá prescrição intercorrente se for paralisado por mais de três anos, pendente de julgamento ou despacho. Os autos, contudo, só serão arquivados mediante requerimento da parte interessada.
(C) Mesmo sem autorização legal expressa, o atributo da autoexecutoriedade do poder de polícia autoriza o exercício desse poder quando necessária a prática de medida urgente, sem a qual poderá ocorrer prejuízo maior aos bens de interesse público.
(D) Os atributos da autoexecutoriedade e da coercibilidade são exclusivos dos atos decorrentes do poder de polícia. O atributo da discricionariedade, apesar de verificado nos atos praticados no exercício de outros poderes da administração, é um atributo marcante do poder de polícia, pois todos os atos decorrentes desse poder são necessariamente discricionários.
(E) Segundo entendimento do TRF da 5.ª Região, a Polícia Rodoviária Federal pode apreender veículo utilizado no transporte irregular de passageiros ou de madeira e, independentemente de previsão expressa em lei, condicionar a sua devolução ao pagamento da multa aplicada.

A: incorreta, pois o prazo de 5 anos é contado da data da prática do ato e, no caso das infrações permanentes ou continuadas, do dia da cessação da permanência (art. 1º, *caput*, da Lei 9.873/99); B: incorreta, pois o arquivamento também pode ser feito de ofício (art. 1º, § 1º, da Lei 9.873/99); C: correta, pois o atributo da autoexecutoriedade pode ser utilizado quando a lei expressamente autorizar ou quando se estiver diante de situação de urgência, em que não há como aguardar provimento jurisdicional; D: incorreta, pois os atributos mencionados também podem existir em outros atos administrativos; por exemplo, o atributo da autoexecutoriedade também está presente na *requisição administrativa de bens ou serviços*; ademais, nem todo exercício do poder de polícia é discricionário, havendo casos em que a lei tipifica de modo objetivo e claro como o poder de polícia deverá atuar, situação em que se terá competência vinculada, e não discricionária; E: incorreta, pois o princípio da legalidade impõe que a Administração só possa agir quando houver lei autorizando; ademais, é questionável condicionar a devolução de bens ao pagamento de multas, havendo decisões em sentido contrário nos tribunais. Gabarito "C".

(Procurador Federal – 2010 – CESPE) No que se refere aos poderes da administração pública, julgue os itens a seguir.

(1) O prazo prescricional para que a administração pública federal, direta e indireta, no exercício do poder de polícia, inicie ação punitiva, cujo objetivo seja apurar infração à legislação em vigor, é de cinco anos, contados da data em que o ato se tornou conhecido pela administração, salvo se se tratar de infração dita permanente ou continuada, pois, nesse caso, o termo inicial ocorre no dia em que cessa a infração.

1: Incorreta, pois a afirmativa contém inverdade no ponto em que diz que o prazo é de 5 anos contados da data em que o ato se tornou conhecido pela administração, já que o prazo é de 5 anos contados da *data da prática do ato* (art. 1º, *caput*, da Lei 9.873/99). Gabarito 1E.

(Procurador da Fazenda Nacional – 2007.2 – ESAF) Em relação ao Poder de Polícia, analise os itens a seguir e marque com (V) a assertiva verdadeira e com (F) a falsa, assinalando ao final a opção correspondente:

I. o Poder de Polícia que o Estado exerce pode incidir em duas áreas de atuação estatal: na administrativa e na judiciária, podendo ser apontada como principal diferença entre ambas o caráter preventivo da polícia judiciária.
II. a competência, a finalidade e a forma, acrescidas da proporcionalidade da sanção e da legalidade dos meios empregados pela Administração são atributos do Poder de Polícia.
III. a aplicação das sanções prescreve em cinco anos da ação punitiva da Administração Pública Federal, direta e indireta, no exercício do Poder de Polícia, sendo passível a interrupção e a suspensão da prescrição.
IV. quanto aos fins, o Poder de Polícia pode ser exercido para atender a interesse público ou particular.
V. a auto-executoriedade é a possibilidade que tem a Administração de, com os próprios meios, por em execução as suas decisões, sem precisar recorrer previamente ao Poder Judiciário.

(A) V, V, F, F, F
(B) V, F, F, V, V
(C) F, F, V, F, V
(D) F, V, V, F, V
(E) V, F, V, V, F

I: é falsa por dois motivos; primeiro, porque o poder de polícia incide em duas áreas estatais: na legislativa e na executiva; em sentido amplo, poder de polícia abrange as leis e os atos administrativos que condicionam a liberdade e a propriedade das pessoas; a atividade judiciária nada tem a ver com o poder de polícia; segundo, porque a polícia administrativa (poder de polícia em sentido estrito) pode ser tanto preventiva como repressiva; já a polícia judiciária normalmente é repressiva; II: é falsa, pois os institutos jurídicos relacionados na alternativa são **requisitos de validade** do ato administrativo, e não atributos (os atributos são presunção de legitimidade, imperatividade, exigibilidade, autoexecutoriedade e tipicidade); III: é verdadeira, de acordo com os arts. 1º, 2º e 3º da Lei 9.873/99; IV: é falsa, pois o poder de polícia tem por objetivo atender os interesses da coletividade; V: é verdadeira, pois, pela autoexecutoriedade a administração pode fazer acontecer suas decisões, mediante coação direta, sem ter que recorrer ao Poder Judiciário. Gabarito "C".

(Magistratura do Trabalho – 14ª Região – 2006) Discricionariedade, autoexecutoriedade e coercibilidade podem ser apontados como:

(A) atributos do poder de polícia;
(B) requisitos do ato administrativo em geral;
(C) elementos do ato administrativo em geral;
(D) pré-requisitos dos atos vinculados;
(E) pré-requisitos dos atos discricionários.

A, B, C, D e E: De fato, os institutos mencionados são **atributos**, e não requisitos dos atos relacionados ao **poder de polícia**. Gabarito "A".

2.6. PODERES ADMINISTRATIVOS COMBINADOS

(Magistratura/MG - 2007) São poderes relativos exclusivamente à Organização Administrativa, EXCETO

(A) de contratar obra pública.
(B) de editar atos normativos.
(C) de delegar funções.
(D) de disciplina.

A, B, C e D: A alternativa "B" trata do *poder regulamentar*; a "C", do *poder hierárquico*; a "D", do *poder disciplinar*; e a "a" não trata de um poder administrativo. Gabarito "A".

(Magistratura/PI – 2008 – CESPE) A respeito da administração pública, assinale a opção correta.

(A) O poder regulador insere-se no conceito formal de administração pública.
(B) A jurisprudência e a doutrina majoritária admitem a coisa julgada administrativa, o que impede a reapreciação administrativa da matéria decidida, mesmo na hipótese de ilegalidade.
(C) O princípio do processo judicial que veda a reformatio in pejus não se aplica ao processo administrativo.
(D) O poder normativo, no âmbito da administração pública, é privativo do chefe do Poder Executivo.
(E) Conforme entendimento do STF, o poder de polícia pode ser exercido pela iniciativa privada.

A: incorreta, pois o conceito formal de administração pública diz respeito aos entes e órgãos públicos, e não as funções ou poderes públicos; B: incorreta, pois a coisa julgada administrativa impede que recursos sejam interpostos, mas não impede que determinado ato seja anulado, se se constatar que é um ato ilegal; C: correta, pois, de fato, não há essa previsão na Lei 9.784/99; por outro lado, na *revisão de processo* (não é no recurso!) é vedada a *reformatio in pejus* (art. 65, p. único, da Lei 9.784/99); D: incorreta, pois o poder normativo pode ser exercido por outros agentes, por ex., por um Ministro (art. 84, parágrafo único, da CF) ou por uma agência reguladora, nos termos da lei; não se deve confundir poder normativo (que é o gênero) com poder de regulamentar lei, que é uma das espécies de poder normativo; o poder de regulamentar uma lei é exclusivo do Chefe do Executivo; E: incorreta, pois o poder de polícia não pode ser delegado para entidade privada (STF, ADI 1.717/DF, DJ 29/03/03); é possível que o particular receba (por contrato de prestação de serviço ou por credenciamento) a incumbência de colaborar, com atividades *materiais*, com a administração pública. Gabarito "C".

(Magistratura/RS – 2009) Considere as medidas abaixo.

I. Aplicação de multa de trânsito.
II. Cobrança de emolumentos para expedir certidões.
III. Demissão do servidor público efetivo.

Quais delas são amparadas pelo poder de polícia de que se acha investida a autoridade administrativa?

(A) Apenas I
(B) Apenas II
(C) Apenas III
(D) Apenas I e II
(E) I, II e II

I: correta, pois a imposição de multa de trânsito é típica manifestação do poder estatal de condicionar a liberdade e a propriedade das pessoas, ajustando-as aos interesses coletivos, caracterizando o *poder de polícia*; II: incorreta, pois a cobrança de emolumentos decorre do *poder de instituir preços públicos por serviços prestados pelo Estado*; III: incorreta, pois a demissão do servidor é expressão do *poder disciplinar*. Gabarito "A".

(Ministério Público/GO – 2005) "Atividade da Administração Pública que, limitando ou disciplinando direito, interesses ou liberdades individuais, regula a prática de ato ou abstenção de fato em razão do interesse público, nos limites da lei e com observância do devido processo legal". Este conceito caracteriza:

(A) poder disciplinar
(B) autotutela da Administração Pública
(C) poder de polícia
(D) poder regulamentar

A, B, C e D: Trata-se da definição de poder de polícia. Gabarito "C".

(Ministério Público/MG – 2010.1) Sobre os princípios e poderes da administração pública, segundo o direito pátrio, é INCORRETO afirmar que:

(A) a aplicação dos princípios da segurança jurídica e boa fé permite a regulação dos efeitos já produzidos pelo ato ilegal.
(B) é possível considerar inconstitucional uma lei que não guarde proporção adequada entre os meios que emprega e a finalidade pública almejada.
(C) uma das consequências do atual sistema constitucional é a ampliação do controle judicial sobre os atos administrativos discricionários, que devem ser confrontados não só diante da lei, mas também perante o Direito.
(D) o poder de polícia tanto pode ser discricionário como vinculado.
(E) no exercício de seu poder normativo derivado, pode o Poder Executivo limitar e regular a prática de ato ou abstenção de fato, em razão de interesse público concernente à segurança, à higiene, meio ambiente, costumes, tranquilidade pública e propriedade.

A: correto, pois a ilegalidade deve ser sanada na medida em que também se preserva valores como segurança jurídica e boa-fé; um exemplo disso é o disposto no art. 54 da Lei 9.784/99, pelo qual, após 5 anos, um ato administrativo ilegal não pode ser anulado se beneficia alguém que estava de boa-fé; B: correto, pois uma lei dessa natureza fere os princípios da razoabilidade e da proporcionalidade; de qualquer forma, na prática, haverá grande dificuldade em demonstrar a ofensa direta à Constituição Federal; C: correto, pois os atos discricionários devem respeitar não só a lei (princípio da legalidade), como o Direito com um todo, incluindo a razoabilidade e a moralidade administrativa; D: correto, pois a lei que estabelece o condicionamento à liberdade e à propriedade das pessoas pode tanto trazer conceitos claros e objetivos, ensejando uma competência vinculada (ex.: "o recuo de frente dos imóveis residenciais deve ser de 4 metros"), como trazer conceitos fluidos e vagos e/ou mais de uma opção ao agente público, ensejando competência discricionária (ex.: "em caso de violação da presente lei, será aplicada multa de R$ 1.000,00 a R$ 5.000,00, de acordo com a gravidade da infração"); E: incorreto, pois o poder normativo derivado, que está situado abaixo da lei, poder esse típico do Executivo, não pode inovar na ordem jurídica, em virtude do princípio da legalidade, de modo que não pode limitar e regular a prática de atos. Gabarito "E".

(Ministério Público/MG – 2007) Assinalar a alternativa INCORRETA.

(A) Segundo o princípio da legalidade, na Administração Pública, os atos administrativos estão sempre previstos na lei.
(B) O poder discricionário vincula o administrador à forma e à finalidade do ato.
(C) As autarquias e as sociedades de economia mista são consideradas pessoas jurídicas de direito público.
(D) O poder de regulamentar uma lei é exclusivo do chefe do Poder Executivo.
(E) A Administração Pública pode submeter-se a regime jurídico de direito privado ou a regime jurídico de direito público.

A: está correta, pois os atos administrativos devem estar previstos em lei para serem expedidos; B: está correta, pois, segundo parte expressiva da doutrina, a competência, a *forma* e a *finalidade* do ato são sempre vinculadas, mesmo num ato discricionário; C: está incorreta, pois as sociedades de economia mista são pessoas de direito privado estatais; D: está correta (art. 84, VI e parágrafo único, da CF); E: está correta, pois na Administração Pública Indireta há pessoas de direito privado estatais, que se submetem a regime de direito privado; as demais pessoas da Administração Pública se submetem a regime de direito público. Gabarito "C".

(Procurador do Estado/CE – 2008 – CESPE) Atividade da administração pública, expressa em atos normativos ou concretos, de condicionar, com fundamento em sua supremacia geral e na forma da lei, a liberdade e a propriedade dos indivíduos, mediante ação ora fiscalizadora, ora preventiva, ora repressiva, impondo coercitivamente aos particulares um dever de abstenção (non facere), a fim de conformar-lhes os comportamentos aos interesses sociais consagrados no sistema normativo.

Celso Antônio Bandeira de Mello. Curso de direito administrativo. Editora Malheiros. 20.ª ed., p. 787.

A definição objeto do fragmento de texto acima se refere ao poder

(A) regulamentar.
(B) discricionário.
(C) de polícia.
(D) hierárquico.
(E) disciplinar.

A, B, C, D e E: Trata-se da definição de poder de polícia em sentido estrito, também chamado de polícia administrativa. Gabarito "C".

(Procurador do Estado/SC – 2010 – FEPESE) A prática de um ato de nomeação para um cargo de provimento em comissão; expedição de alvará de licença, edição de decreto; delegação e avocação de atribuições correspondem aos poderes:

(A) Discricionário, de polícia, regulamentar e hierárquico.
(B) Discricionário, hierárquico, regulamentar, de polícia.
(C) Vinculado, disciplinar, de polícia, hierárquico.
(D) De polícia, hierárquico, vinculado, discricionário.
(E) Regulamentar, de polícia, hierárquico, vinculado.

A, B, C, D e E: A nomeação para cargo em comissão é livre e, portanto, expressa o *poder discricionário*. A expedição de alvará de licença envolve verificação se a conduta do interessado está ou não de acordo com os interesses da coletividade, de modo que expressa *poder de polícia*. A edição do decreto faz-se necessária para trazer ao mundo jurídico o regulamento de execução de lei, de modo que expressa o *poder regulamentar*. E a delegação de competência muito comumente se faz da autoridade superior para a inferior (em que pese poder ser feita para autoridades que não são inferiores ao agente delegante – art. 12 da Lei 9.784/99), e a avocação é sempre da autoridade inferior para a superior (art. 15 da Lei 9.784/99), de modo que essas situações expressam o *poder hierárquico*. Gabarito "A".

(Procurador do Município/Teresina-PI – 2010 – FCC) Poderes da Administração Pública.

I. Poder disciplinar é a faculdade de punir internamente as infrações funcionais dos servidores e demais pessoas sujeitas à disciplina dos órgãos e serviços da Administração.
II. A hierarquia não é cabível apenas no âmbito da função administrativa, sendo plenamente aplicável aos agentes públicos no exercício das funções jurisdicional e legislativa.
III. O poder regulamentar pode ser definido como o que cabe ao Chefe do Poder Executivo da União, dos Estados e dos Municípios, de editar normas complementares à lei, para sua fiel execução.
IV. O poder discricionário consiste na liberdade de ação administrativa, dentro dos limites permitidos em lei, aplicando-se inclusive para o requisito da finalidade do ato administrativo.

SOMENTE estão corretas as assertivas

(A) II e IV.
(B) I e II.
(C) I e III.
(D) I e IV.
(E) II e III.

I: correta, pois traz a exata definição de poder disciplinar; II: incorreta, pois o conceito de hierarquia só se aplica às relações administrativas; não há como conceber, por exemplo, que exista hierarquia entre dois deputados, ou dois juízes, nas funções típicas de cada um; o que existe são competências diversas, sendo que um juiz, em determinada situação, pode até cassar a decisão de outro, o que não o torna um superior hierárquico em relação ao outro, no plano jurisdicional; III: correta, pois traz a exata definição de poder regulamentar; IV: incorreta, pois há requisitos do ato administrativo (competência, forma e *finalidade*) que são sempre vinculados. Gabarito "C".

(Defensoria/MT – 2007) Tem-se que o poder regulamentar e o poder de polícia são duas das mais importantes atribuições da Administração Pública. Sobre o tema, assinale a afirmativa correta.

(A) Certos agentes públicos têm competência para editar atos normativos, chamados regulamentos, compatíveis com a lei e visando completar as lacunas desta.
(B) Dois são os limites à atribuição regulamentar: legais e constitucionais.
(C) Pelo fato de não ser tido como lei em sentido material, o regulamento não está sujeito à revogação.
(D) Devido ao poder de polícia, a Administração Pública pode inobservar os direitos assegurados aos administrados pelo ordenamento positivo.
(E) O ato de polícia é ato administrativo e, como tal, pode ser vinculado ou discricionário.

A: incorreta, pois os atos normativos são o gênero, dos quais os regulamentos são espécies; ademais, o regulamento não visa suprir lacunas da lei, mas sim possibilitar sua fiel execução (art. 84, IV, da CF); B: incorreta, pois há limites lógicos também, vez que há leis que não têm campo que permitam sua regulamentação, por já terem eficácia plena; C: incorreta, pois o regulamento pode ser revogado, por envolver normalmente exercício de competência discricionária; D: incorreta, pois o poder de polícia deve ser exercido segundo os limites legais e constitucionais; E: correta, pois, de fato, o ato de polícia pode ser vinculado ou discricionário, de acordo com a lei que estabelecer a competência para o exercício do poder de polícia. Gabarito "E".

(Defensoria/SE – 2006 – CESPE) No que se refere aos poderes da administração, julgue os itens subseqüentes.

(1) O poder regulamentar do presidente da República, conforme texto atual da Constituição Federal, não autoriza a extinção de cargos públicos, matéria esta afeta ao princípio da legalidade.
(2) O poder de polícia da administração, conforme entendimento do STF, pode ser delegado a particulares.

1: errado (art. 84, VI, da CF); 2: errado, pois o poder de polícia não pode ser delegado para entidade privada (STF, ADI 1.717/DF, DJ 29/03/03); é possível que o particular receba (por contrato de prestação de serviço ou por credenciamento) a incumbência de colaborar com atividades *materiais*, com a administração pública. Gabarito 1E, 2E.

(Delegado/PI – 2009 – UESPI) Considerando os poderes administrativos, relacione cada poder com o respectivo ato administrativo ou a respectiva característica.

1) poder regulamentar
2) poder vinculado
3) poder de polícia
4) poder hierárquico
5) poder disciplinar

( ) apreensão de alimentos impróprios para consumo.
( ) expedição de decreto para a correta execução de lei.
( ) penalizar servidores infratores dos deveres funcionais.
( ) concessão de aposentadoria compulsória.
( ) delegação de competência.

A sequência correta é:

(A) 2, 3, 5, 4, 1
(B) 5, 4, 1, 2, 3
(C) 3, 1, 5, 2, 4
(D) 3, 2, 4, 5, 1
(E) 1, 3, 4, 5, 2

A *apreensão de alimentos impróprios para o consumo* é típica atividade de condicionamento do particular aos ditames de interesse público (poder de polícia). A *expedição de decreto para a correta execução de lei* consiste no exercício do poder regulamentar. A *penalização de servidores infratores dos deveres funcionais* é expressão do poder disciplinar. A *concessão de aposentadoria compulsória*, por conter requisitos objetivos (70 anos de idade), importa no exercício de poder vinculado, não havendo outra opção à autoridade administrativa, que não determinar a aposentadoria. A *delegação de competência* ocorre normalmente de um órgão superior para um órgão subordinado, de modo que pode ser considerada expressão do poder hierárquico. Gabarito "C".

(Delegado/SC – 2008) Com relação aos poderes administrativos, correlacione as colunas a seguir.

(1)	Poder vinculado	( ) É o mecanismo de que dispõe a Administração Pública para conter abusos do direito individual.
(2)	Poder hierárquico	( ) É a faculdade de que dispõem os chefes do Executivo, em todas as esferas, de explicar a lei para sua correta execução.
(3)	Poder de polícia	( ) Confere ao administrador liberdade na escolha da conveniência, oportunidade e conteúdo do ato.
(4)	Poder regulamentar	( ) Impõe ao agente público a restrição rigorosa aos preceitos legais, sem qualquer liberdade de ação.
(5)	Poder disciplinar	( ) Tem por objetivo ordenar, controlar, coordenar e corrigir as atividades administrativas no âmbito interno da Administração Pública.
(6)	Poder discricionário	( ) É a faculdade punitiva interna da Administração e só abrange as infrações relacionadas com o serviço. A seqüência correta, de cima para baixo, é:

(A) 2 - 5 - 6 - 1 - 4 - 3
(B) 6 - 5 - 2 - 1 - 3 - 4
(C) 1 - 4 - 2 - 6 - 5 - 3
(D) 3 - 4 - 6 - 1 - 2 – 5

A alternativa "D" é a correta, pois faz a relação adequada entre os poderes e seus conceitos. Gabarito "D".

(Magistratura Federal-4ª Região – 2010) Dadas as assertivas abaixo sobre Poderes Administrativos e atividades interventivas do Estado, assinale a alternativa correta.

I. O denominado Poder de Polícia, também conhecido como Polícia Administrativa, é um dos Poderes Administrativos conferidos à Administração Pública, tendo natureza instrumental, já que não se confunde com o Poder Político, constituindo atividade de condicionamento do uso de bens e desempenho de atividades, sendo admitido seu exercício diretamente ou mediante delegação a pessoas jurídicas de direito público ou de direito privado.

II. O exercício do poder disciplinar pelo Estado não está sujeito ao prévio encerramento da ação penal que venha a ser instaurada perante órgão competente do Poder Judiciário, pois as sanções penais e administrativas, qualificando-se como respostas autônomas do Estado à prática de atos ilícitos, não se condicionam reciprocamente, tornando-se possível, em consequência, a imposição da punição disciplinar independentemente de prévia decisão da instância penal.

III. O abuso de poder regulamentar, especialmente nos casos em que o Estado atua em desacordo com a lei, não só expõe o ato transgressor ao controle jurisdicional, mas viabiliza, até mesmo, tal a gravidade desse comportamento, a sustação, pelo Congresso Nacional, do ato normativo viciado praticado pelo Poder Executivo.

IV. Estabelece a Constituição Federal que a ordem econômica é fundada na valorização do trabalho humano e na livre iniciativa, devendo observar, dentre outros, os princípios da propriedade privada e da livre concorrência, mas pode o Estado, por via legislativa, regular a política de preços de bens e de serviços, inclusive mediante tabelamento, de modo a conter os abusos do poder econômico.

V. A limitação administrativa, como modalidade de intervenção do Estado na propriedade privada, decorre da supremacia do interesse público sobre o privado, implicando o condicionamento do uso da propriedade, com a instituição de um direito real em favor do Poder Público, de modo que o particular fica submetido a um *pati*, ou seja, obrigação de suportar atividade pública específica.

(A) Está correta apenas a assertiva II.
(B) Estão corretas apenas as assertivas II e III.
(C) Estão corretas apenas as assertivas II, III e IV.
(D) Estão corretas apenas as assertivas I, II, III e IV.
(E) Estão corretas todas as assertivas.

I: incorreta, pois o poder de polícia só pode ser exercido por autoridade pública, e nunca por pessoa de direito privado; II: correta, pois as instâncias civil, penal e administrativa são independentes; III: correta, pois o Judiciário sempre pode ser chamado em caso de ilegalidade (art. 5º, XXXV, da CF), e o Congresso Nacional, de fato, tem o poder de sustar atos normativos que exorbitem do poder regulamentar (art. 49, V, da CF); IV: correta, nos termos do art. 170, II e IV, c/c art. 173, § 4º, ambos da CF; V: incorreta, pois a definição dada na afirmativa não é de *limitação administrativa*, mas de *servidão administrativa*. Gabarito "C".

(Magistratura do Trabalho – 24ª Região – 2007) Em relação aos Poderes da Administração, assinale a alternativa INCORRETA:

(A) O Poder de Polícia, como poder da Administração Pública, é instrumento adequado à contenção ou condicionamento dos direitos individuais ante o interesse coletivo prevalecente.
(B) Entre as diversas classificações de seus poderes, a partir de suas funções, o Poder Hierárquico e Disciplinar diz respeito à organização e disciplina da Administração Pública.
(C) São características do Poder de Polícia da Administração Pública: discricionariedade; vinculação; auto-executoriedade; proporcionalidade.
(D) A expansão da atividade estatal autoriza dizer que, após a promulgação da Constituição de 1988, as expressões "poderes administrativos" e "poderes políticos" são sinônimas.
(E) O Poder Regulamentar é a via que autoriza o agente público competente e no exercício de sua função a editar determinadas normas objetivando tornar mais inteligível a lei ou determinada matéria normativa de interesse direto ou indireto da Administração Pública.

A, B, C, D e E: Todas as alternativas estão corretas, salvo a de letra "D", pois as duas expressões não se confundem. Os poderes administrativos são os poderes que a administração detém para realizar atividades administrativas, ou seja, atividades de execução de lei, ao passo que os poderes políticos são os poderes que guardam fundamento de validade na própria Constituição Federal, além de terem alto grau de discricionariedade. Como exemplo de poder político temos o poder de iniciativa de projeto de lei, de veto a projeto de lei, dentre outros. Gabarito "D".

(Magistratura do Trabalho – 14ª Região – 2006) Uma determinada autoridade administrativa, de um certo setor de fiscalização do Estado, ao verificar que o seu subordinado havia sido tolerante com o administrado incurso em infração regulamentar, da sua área de atuação funcional, resolveu avocar o caso e agravar a penalidade aplicada, no uso da sua competência legal, tem este seu procedimento enquadrado no regular exercício dos seus poderes:

(A) disciplinar e vinculado;
(B) discricionário e regulamentar;
(C) hierárquico e de polícia;
(D) regulamentar e discricionário;
(E) vinculado e discricionário.

A, B, C, D e E: a alternativa correta é a "C", pois, de fato, o procedimento tem a ver com o poder hierárquico (a avocação de competência é consequência desse poder) e com o poder de polícia (a matéria de fundo – fiscalização – relaciona-se a esse poder). Gabarito "C".

(Auditor Fiscal/RN – 2004 – ESAF) A autoridade administrativa, que no exercício da sua competência funcional, cassa a autorização dada a um administrado, a qual era necessária, para legitimar determinada atividade por ele desempenhada, pratica ato compreendido, especificamente, nos seus poderes discricionários, hierárquico e de polícia. Está incorreta esta assertiva, porque

(A) a cassação de autorização é ato necessariamente vinculado.
(B) a prática de ato dessa natureza não condiz, propriamente, com o exercício do poder hierárquico.
(C) a prática de ato dessa natureza não condiz, com o exercício do poder discricionário.
(D) a prática de ato dessa natureza não condiz, com o exercício do poder de polícia.
(E) a prática de ato dessa natureza não condiz, com o exercício dos poderes discricionários e de polícia.

A autorização é um ato administrativo unilateral, discricionário e precário, pelo qual se faculta ao interessado a prática de um ato, que, sem a autorização, não poderia ser praticado. Dessa forma, ao cassar a autorização, a autoridade administrativa comete um ato discricionário (decorrente da discricionariedade de que se reveste o ato de autorização) e relacionado ao poder de polícia, já que a autorização e a cassação respectiva têm a ver com a análise do enquadramento da atividade aos interesses da coletividade. Gabarito "B".

(FGV – 2008) No que concerne à Administração Pública, não é correto afirmar que:

(A) a finalidade do poder regulamentar é a de complementar as leis para o fim de possibilitar a sua execução.
(B) o poder discricionário propicia a prática de atos administrativos insuscetíveis de controle pelo Poder Judiciário.
(C) o poder de polícia retrata prerrogativa estatal que restringe e condiciona a liberdade e a propriedade.
(D) o Chefe do Poder Executivo expede decretos e regulamentos para exercer o poder de regulamentação das leis.

(E) nas atividades discricionárias o administrador público não está inteiramente livre para decidir sobre qual a melhor opção a ser feita em relação aos objetivos da Administração.

A: correta, pois o poder regulamentar é justamente o poder de *regulamentar*, de *explicar a lei*, de *expedir comandos complementares* a estas com vistas à sua fiel execução; B: incorreta, pois os atos discricionários são, sim, suscetíveis de controle pelo Judiciário, desde que quanto aos *aspectos de legalidade, razoabilidade e moralidade*; o Judiciário só não pode atingir o *mérito* do ato administrativo, ou seja, aquela parte do ato em que há margem de liberdade; C: correta, pois traz adequada definição do poder de polícia (vide texto no início deste item); D: correta, não podendo, portanto, regular matérias que ainda não foram objeto de lei; E: correta, pois a competência discricionária é sempre *parcialmente vinculada*, ou seja, tal competência não confere *total liberdade* para o agente público, mas apenas *margem de liberdade* para este; há aspectos do ato discricionário, como a *competência*, a *forma* e a *finalidade*, que são sempre vinculados, segundo Hely Lopes Meirelles. Gabarito "B".

(FGV – 2010) Considere as afirmativas abaixo:

I. Em decorrência do poder de polícia, a Administração Pública pode condicionar e restringir o uso e o gozo de bens, atividades e direitos individuais.
II. O poder regulamentar, como regra, autoriza que o Poder Executivo discipline as matérias que ainda não foram objeto de lei.
III. O poder discricionário atribui ao administrador a prerrogativa de afastar o princípio da legalidade, o que fará sempre que julgar conveniente e oportuno.
IV. Diante da natureza restritiva dos atos praticados na atuação do poder de polícia administrativa, estes são estritamente vinculados.
V. O exercício do poder regulamentar somente pode dar-se em conformidade com o conteúdo da lei e nos limites que esta impuser.

Estão corretas somente as afirmativas
(A) II, IV e V.
(B) I e III.
(C) I e V.
(D) II e III.
(E) II, III e IV.

I: correta, pois traz adequada definição do poder de polícia (vide texto no início deste item); II: incorreta, pois o poder regulamentar é justamente o poder de regulamentar, de explicar a lei, não podendo, portanto, regular matérias que ainda não foram objeto de lei; III: incorreta; primeiro, porque quem decide se um ato é discricionário ou não é o legislador, e não o administrador; segundo, porque a competência discricionária se dá nos limites do que dispuser a lei, de modo que esta não pode ser afastada; IV: incorreta, pois a lei é que vai definir se determinado tipo de poder de polícia encerra competência discricionária ou vinculada; na prática, basta verificar se a lei traz alguma margem de liberdade para o agente público (competência discricionária) ou se é bem clara e objetiva quanto ao que está proibido e qual é a sanção cabível (competência vinculada), para que se conclua qual tipo de competência existe, se discricionária ou vinculada; V: correta, pois, conforme já escrito, o poder regulamentar existe justamente para explicar a lei, de modo que deve ser exercido conforme o conteúdo e segundo os limites que ela impuser. Gabarito "C".

3. ATOS ADMINISTRATIVOS

3.1. CONCEITO, PERFEIÇÃO, VALIDADE E EFICÁCIA

(Defensor Público/AL – 2009 – CESPE) Julgue o seguinte item.

(1) O ato administrativo está sujeito a regime jurídico administrativo, razão pela qual o ato de direito privado praticado pelo Estado não é considerado ato administrativo.

1: correto; são exemplos de ato de direito privado praticado pelo Estado os seguintes: contrato de locação em que o Estado é locatário, contrato de seguro contratado pelo Estado, contrato de financiamento (mútuo) contratado pelo Estado e emissão de cheque pelo Estado. Gabarito 1C.

(Magistratura/BA – 2006 – CESPE) No que se refere aos atos administrativos, julgue o item seguinte.

(1) Fatos jurídicos, mesmo que independam da vontade e de qualquer participação dos agentes públicos, podem ser relevantes para o direito administrativo.

1: certo, pois, de fato, mesmo os fatos jurídicos em sentido estrito, que são acontecimentos da natureza que produzem efeitos jurídicos, podem ser relevantes para o direito administrativo. Por exemplo, um raio que atinja uma obra pública pode produzir efeitos jurídicos num contrato administrativo. Gabarito 1C.

(Magistratura/SE – 2008 – CESPE) Caso o presidente da República nomeie ministro do STF sem a aprovação do Senado Federal, o ato administrativo pertinente será considerado

(A) válido, desde que convalidado pelo STF.
(B) válido, mas imperfeito.
(C) lícito, ineficaz, mas perfeito.
(D) inexistente e ilegal.
(E) existente, mas inválido.

A, B, C, D e E: o ato *existe* no plano jurídico, pois foi emitido por uma autoridade pública que tem total pertinência com a prática desse ato. Mas não se trata de ato *válido*, vez que descumpre preceito constitucional que determina a aprovação pelo Senado previamente a referida nomeação (art. 101, parágrafo único, da CF). Gabarito "E".

(Magistratura/SP – 2007) A partir da consideração de que atos políticos são os praticados por agentes de governo, são atos governamentais por excelência, e não apenas de administração, consistem na própria condução dos negócios públicos, e não simplesmente na execução de serviços públicos – daí seu maior discricionarismo – é correto afirmar que

(A) é suficiente a alegação de que se trata de ato político para tolher o controle judicial, pois é vedado ao Poder Judiciário adentrar no exame do mérito do ato administrativo.
(B) não há uma categoria de atos políticos, como entidade ontológica autônoma na escala dos atos estatais, nem há um órgão ou Poder que os pratique com privatividade.
(C) não é ato político o do Tribunal que seleciona, na lista sêxtupla encaminhada pelo órgão de representação de classe, os integrantes da lista tríplice para compor o quinto constitucional.
(D) não é ato político o do Chefe do Executivo ao conceder indulto e, portanto, inclui-se na categoria dos atos administrativos insuscetíveis de apreciação judicial.

De fato, não há uma categoria de atos políticos, com um regime jurídico específico e bem delimitado pela ciência do direito, ao contrário do que acontece com a categoria dos atos administrativos, que são bem definidos na escala de atos estatais, assim como os atos legislativos e os atos jurisdicionais. Também não há um órgão que pratica atos políticos com privatividade. Os atos políticos são praticados por órgãos dos três poderes. Gabarito "B".

(Ministério Público/MS – 2006) O regime jurídico administrativo consiste em um conjunto de princípios e regras que balizam as atividades da administração pública, tendo por objetivo a realização do interesse público. Vários institutos jurídicos integram este regime. Assinale entre as situações abaixo aquela que não decorre da aplicação de tal regime:

(A) Cláusulas exorbitantes dos contratos administrativos.
(B) Auto-executoriedade do ato de polícia administrativa
(C) Veto presidencial à proposição de lei.
(D) Concessão de imissão provisória na posse em processo expropriatório.

A letra "C" não está correta, pois retrata situação em que há prática de *ato político*, ato que não se enquadra no regime jurídico-administrativo. Gabarito "C".

(Procurador do Estado/PB – 2008 – CESPE) A respeito dos atos administrativos, julgue os itens subseqüentes.

I. Ato perfeito é aquele que teve seu ciclo de formação encerrado, por ter esgotado todas as fases necessárias à sua produção.
II. Ato consumado é o que já produziu todos os seus efeitos.
III. Ato pendente é aquele que, embora perfeito, está sujeito a condição ou termo para que comece a produzir efeitos.
IV. Ato imperfeito é o que apresenta aparência de manifestação de vontade da administração pública, mas que não chegou a aperfeiçoar-se como ato administrativo.

Estão certos apenas os itens

(A) I e II.
(B) I e IV.
(C) II e III.
(D) II e IV.
(E) I, II e III.

Os conceitos das afirmativas I a III estão corretos. O conceito expresso na afirmativa IV, por ser incompatível com o da afirmativa I, está incorreto. Gabarito "E".

(Procurador do Estado/RO – 2011 – FCC) Um cidadão, interessado em realizar uma construção em terreno de sua propriedade, protocolizou o pedido de licença para construir e aguardou, durante seis meses, a apreciação do pedido pela Administração Municipal, sem obter resposta. Diante dessa situação, é correto concluir que

(A) se trata de hipótese de "silêncio eloquente", na qual o titular do direito subjetivo se vê legitimado a exercê-lo, até que haja contraposição expressa pela autoridade administrativa.
(B) ocorreu a prática de ato administrativo tácito, de conteúdo negativo. Portanto, o particular deverá conformar-se com o indeferimento de seu pedido, haja vista que se trata de decisão discricionária da Administração.
(C) houve a prática de ato administrativo indireto, sendo que na hipótese de direitos subjetivos de natureza potestativa, como o direito de construir, a Administração somente poderá impedir seu exercício mediante o sacrifício do direito, com a consequente indenização ao titular.
(D) não se trata de ato administrativo, pois não ocorreu a manifestação de vontade imputável à Administração; todavia, a omissão configura um ilícito administrativo, que pode ser corrigido pela via judicial, em que a decisão judicial obrigará a autoridade administrativa à prática do ato ou suprirá os efeitos da omissão administrativa.
(E) se trata de comportamento omissivo e antijurídico da Administração; nesse caso, por se tratar de ato administrativo de competência discricionária da autoridade do Poder Executivo, o Judiciário não poderá suprir os efeitos da omissão da autoridade pública nem compeli-la a praticar o ato, resolvendo-se a questão pela via indenizatória.

No caso, o fato de a Administração se calar, não significa que ela está consentindo. Em Direito Administrativo não há, como regra, essa máxima de que "quando a Administração cala, consente". Assim, cabe ao particular prejudicado ingressar com ação cujo pedido pode ser a determinação para que a autoridade administrativa pratique o ato ou para que a decisão judicial supra os efeitos da omissão administrativa. Dessa forma, a alternativa "D" é a correta. Gabarito "D".

(Cartório/SE – 2007 – CESPE) Julgue os itens seguintes.

(1) O silêncio administrativo não significa ocorrência do ato administrativo ante a ausência da manifestação formal de vontade, quando não há lei dispondo acerca das consequências jurídicas da omissão da administração.
(2) A administração pública pode praticar atos ou celebrar contratos em regime de direito privado, como nos casos em que assina uma escritura de compra e venda ou de doação.

1: certo. Em virtude do princípio da legalidade somente a lei é capaz de fazer com que um silêncio administrativo possa produzir efeitos jurídicos; 2: certo, pois, de fato, a administração pode praticar atos regidos pelo direito privado, como nos seguintes casos: compra e venda, doação, permuta, financiamento, seguro, cheque, dentre outros. Gabarito 1C, 2C

(Delegado/SP – 2008) Quanto à exeqüibilidade, o ato administrativo que está sujeito a condição ou termo para que comece a produzir efeitos, denominam-se

(A) imperfeito.
(B) consumado.
(C) anômalo.
(D) perfeito.
(E) pendente.

De fato, ato pendente é aquele que, embora perfeito (ou seja, já existente), está sujeito a condição ou termo para que comece a produzir efeitos. Gabarito "E".

(Delegado/GO – 2009 – UEG) Sobre os aspectos do tema da aptidão do ato administrativo para produzir o resultado para o qual foi editado, é CORRETO afirmar:

(A) eficácia diz respeito ao atendimento a todas as exigências legais, para que seus efeitos sejam reconhecidos na ordem jurídica.
(B) ato perfeito não é aquele que se amolda ao ordenamento jurídico, mas o ato administrativo que reúne todas as fases de formação.
(C) motivação do ato administrativo é a presença das circunstâncias de fato e de direito que autorizam a edição do ato administrativo.
(D) suspensa a eficácia, o ato administrativo perde a vigência.

A: incorreta, pois o plano que diz respeito ao atendimento de todas as exigências legais é o plano da *validade*, e não o plano da *eficácia*; B: correta, pois a perfeição diz respeito ao plano da *existência* do ato administrativo, ou seja, ato perfeito é o que cumpriu o ciclo necessário à sua *formação*; C: incorreta, pois *motivação* é a *explicação* das circunstâncias de fato e de direito que autorizam a prática do ato, diferente do *motivo*, que é o *próprio fundamento* de fato e de direito que autoriza a prática do ato; portanto, uma coisa é a explicação (motivação) e outra coisa é a existência ou não dos fatos utilizados para a motivação; D: incorreta, pois suspensa a eficácia, o ato perde o vigor; *vigência* tem a ver com a *existência* do ato, ao passo que *vigor* tem a ver com a *eficácia* do ato. Gabarito "B".

(FGV – 2010) Em relação ao conceito de ato administrativo, analise as alternativas a seguir:

I. Ato administrativo é uma manifestação unilateral de vontade da administração pública.

II. Ato administrativo é um ajuste entre a administração pública e um particular para consecução de objetivos de interesse público.

III. Ato administrativo é uma realização material da administração pública em cumprimento de alguma decisão administrativa.

Assinale:

(A) se somente a afirmativa I estiver correta.
(B) se somente a afirmativa II estiver correta.
(C) se somente a afirmativa III estiver correta.
(D) se somente as afirmativas I e II estiverem corretas.
(E) se as afirmativas II e III estiverem corretas.

I: correta, pois o *ato administrativo* não se confunde com *contrato administrativo* ou com outros *contratos, convênios* e *instrumentos bilaterais* que a administração celebra; II: incorreta, pois a definição dada é de *convênio*, em que há *interesses comuns* dos *partícipes*; aliás, já que se tocou nesse assunto, não se deve confundir o convênio com o contrato, pois neste há *partes* (e não *partícipes*, como no convênio) e *interesses contrapostos, recíprocos, sinalagmáticos* (e não *interesses comuns*, como no convênio); III: incorreta, pois o ato administrativo é uma *declaração de vontade* (uma *prescrição de conduta*, uma *determinação*), e não a *realização material* da determinação; esta tem o nome de *fato administrativo* ou *ato material*. Gabarito "A".

3.2. REQUISITOS DO ATO ADMINISTRATIVO (ELEMENTOS, PRESSUPOSTOS)

Para resolver as questões sobre os requisitos do ato administrativo, vale a pena trazer alguns elementos doutrinários. Confira:

Requisitos do ato administrativo (são requisitos para que o ato seja válido)

- **Competência:** *é a atribuição legal de cargos, órgãos e entidades*. São vícios de competência os seguintes: a1) usurpação de função: alguém se faz passar por agente público sem o ser, ocasião em que o ato será inexistente; a2) excesso de poder: alguém que é agente público acaba por exceder os limites de sua competência (ex.: fiscal do sossego que multa um bar que visita por falta de higiene); o excesso de poder torna nulo ato, salvo em caso de incompetência relativa, em que o ato é considerado anulável; a3) função de fato: exercida por agente que está irregularmente investido em cargo público, apesar de a situação ter aparência de legalidade; nesse caso, s praticados serão considerandos válidos, se houver boa-fé.

- **Objeto:** *é o conteúdo do ato, aquilo que o ato dispõe, decide, enuncia, opina ou modifica na ordem jurídica.* O objeto deve ser lícito, possível e determinável, sob pena de nulidade. Ex.: o objeto de um alvará para construir é a licença.
- **Forma:** *são as formalidades necessárias para a seriedade do ato.* A seriedade do ato impõe a) respeito à forma propriamente dita; b) motivação.
- **Motivo:** *fundamento de fato e de direito que autoriza a expedição do ato.* Ex.: o motivo da interdição de estabelecimento consiste no fato de este não ter licença (motivo de fato) e de a lei proibir o funcionamento sem licença (motivo de direito). Pela Teoria dos Motivos Determinantes, o motivo invocado para a prática do ato condiciona sua validade. Provando-se que o motivo é inexistente, falso ou mal qualificado, o ato será considerado nulo.
- **Finalidade:** *é o bem jurídico objetivado pelo ato.* Ex.: proteger a paz pública, a salubridade, a ordem pública. Cada ato administrativo tem uma finalidade. **Desvio de poder (ou de finalidade):** *ocorre quando um agente exerce uma competência que possuía, mas para alcançar finalidade diversa daquela para a qual foi criada.* Não confunda o excesso de poder (vício de sujeito) com o desvio de poder (vício de finalidade), espécies do gênero abuso de autoridade.

(Magistratura/PE – 2011 – FCC) Conforme o Direito federal vigente, como regra, não há necessidade de motivação de atos administrativos que

(A) imponham ou agravem deveres, encargos ou sanções.
(B) promovam a exoneração de servidores ocupantes de cargos em comissão.
(C) decidam processos administrativos de concurso ou seleção pública.
(D) dispensem ou declarem a inexigibilidade de processo licitatório.
(E) decorram de reexame de ofício.

A: incorreta, pois há o dever de motivar nesse caso (art. 50, II, da Lei 9.784/99); B: correta, pois, segundo o art. 37, II, da CF, é livre a exoneração de ocupante de cargo em comissão, de modo que não há que se falar em motivação; C: incorreta, pois há o dever de motivar nesse caso (art. 50, III, da Lei 9.784/99); D: incorreta, pois há o dever de motivar nesse caso (art. 50, IV, da Lei 9.784/99); E: incorreta, pois há o dever de motivar nesse caso (art. 50, VI, da Lei 9.784/99). Gabarito "B".

(Ministério Público/BA – 2010) Marque a opção que não corresponde aos sintomas denunciadores do desvio de poder:

(A) Motivação insuficiente ou contraditória.
(B) Excesso de motivação.
(C) Contradição do ato com as conseqüências.
(D) Inadequação entre motivos e efeitos.
(E) Racionalidade do procedimento, acompanhada da edição do ato.

A, B, C, D e E: O único sintoma trazidos nas alternativas, que não revela problema no ato administrativo é a "racionalidade do procedimento, acompanhada da edição do ato", pois é justamente isso que se espera quando da prática dos atos administrativos, pois a racionalidade afasta subjetivismos, afasta a violação ao princípio da isonomia e impõe a obediência à legalidade. Gabarito "E".

(Ministério Público/MA – 2009) Assinale a assertiva INCORRETA, acerca de atos administrativos.

(A) A "competência", um dos requisitos do ato administrativo, pode ser delegada ou avocada na conformidade com a delimitação prevista pela lei de regência, sendo, portanto, impossível seu deslocamento discricionário.
(B) A "finalidade", também requisito do ato administrativo, sempre deve se dirigir ao atendimento do interesse público.
(C) A revogação ou a modificação de um dado ato administrativo expedido na "forma" escrita pode se dar verbalmente.
(D) O "motivo ou causa" do ato administrativo não se confunde com sua motivação.
(E) O objeto consiste no enunciado, na prescrição, na disposição, vale dizer, o efeito jurídico sem o qual o ato administrativo não pode ter existência material.

A: correta, pois tanto a delegação como a avocação devem obedecer aos requisitos legais (arts. 11 e ss da Lei 9.784/99); B: correta, pois a finalidade última de todo ato administrativo é atender ao interesse público; C: incorreta, pois a mesma forma utilizada para produzir o ato deve ser utilizada para extingui-lo; D: correta, pois o *motivo* é fundamento de fato e de direito que autoriza a prática do ato, não se confundindo com a *causa*, que é relação de adequação, de proporcionalidade entre o motivo invocado e o ato praticado; ambos (motivo e causa) são requisitos do ato administrativo; há problema no motivo quando o fato ou o direito invocados são falsos ou inadequados, respectivamente; há problema na causa quando o ato praticado é desproporcional aos motivos invocados, em função da finalidade do ato; E: correta, pois o objeto é justamente o que o ato dispõe, enuncia, modifica na ordem jurídica. Gabarito "C".

(Ministério Público/MS – 2006) A revogação por seu caráter discricionário pode atingir os seguintes elementos do ato administrativo:

(A) Finalidade e objeto
(B) Objeto e motivação
(C) Forma e objeto
(D) Motivo e finalidade

A, B, C e D: Parte da doutrina aponta que os atos discricionários têm sempre uma parte vinculada (competência, forma e finalidade) e outra parte em que pode haver margem de liberdade (objeto e motivo). Assim, a revogação tem por fundamento questões afetas ao motivo e ao objeto do ato administrativo. O correto era que constasse da alternativa "B" o seguinte: "objeto e motivo", e não "objeto e motivação". Gabarito "B".

(Ministério Público/PR – 2008) Em relação ao ato administrativo, assinale a alternativa correta:

(A) O ato administrativo discricionário é aquele que possibilita ao agente público competente posicionar-se, livre e incondicionalmente, sobre determinada questão.
(B) O ato praticado pelo "agente de fato" é sempre nulo, independentemente da aparência de legalidade.
(C) O ato administrativo composto é aquele que se forma pela conjugação de vontades de mais de um órgão administrativo.
(D) A administração pública, para anular ato próprio, em razão da constatação de ilegalidade, deverá necessariamente buscar o provimento jurisdicional nesse sentido.
(E) O ato discricionário, quando motivado, fica vinculado ao motivo que lhe serviu de suporte, com o que, se verificado ser o mesmo falso ou inexistente, deixa de subsistir.

A: incorreta, pois discricionariedade é **margem de liberdade**, e não **liberdade incondicional**; B: incorreta, pois o ato praticado por agente de fato é válido se houver aparência de legalidade, boa-fé e conformidade ao direito quanto aos demais aspectos; C: incorreta pois ato composto é o que resulta da manifestação de dois ou mais órgãos, em que a vontade de um é instrumental em relação à de outro, que edita o ato principal; repare que há mais de um ato; D: incorreta, pois a administração pode anular ato próprio, independentemente de apreciação judicial (art. 53 da Lei 9.784/99 e Súmula 473 do STF); E: é correta a afirmativa, em virtude da Teoria dos Motivos Determinantes. Gabarito "E".

(Ministério Público/RO – 2008 – CESPE) Maria, servidora pública federal, requereu a sua aposentadoria, que foi inicialmente deferida pelo órgão de origem, após emissão de dois pareceres da respectiva consultoria jurídica, um negando e outro concedendo a aposentadoria. Seis anos depois, o TCU negou esse registro, determinando ainda o imediato retorno de Maria ao serviço público e a restituição das quantias recebidas a título de aposentadoria.

Considerando a situação hipotética apresentada no texto, assinale a opção correta acerca dos atos administrativos e dos princípios de direito administrativo.

(A) Maria terá de restituir as quantias recebidas indevidamente, pois, sendo o ato administrativo de concessão da aposentadoria ilegal, não poderia gerar quaisquer efeitos.
(B) O ato inicial de concessão de aposentadoria não será considerado ilegal, por falta de motivação, se apenas fizer referência a anterior parecer jurídico que fundamente esse entendimento.
(C) O ato de aposentadoria é considerado, conforme entendimento do STF, como ato composto, visto que o TCU apenas atua homologando o que já foi feito, não participando da formação do ato.

(D) O retorno de Maria ao serviço público denomina-se tecnicamente como reversão.
(E) O acórdão do TCU constitui em título executivo judicial.

A: incorreta, pois salvo má-fé, as verbas alimentares são irrepetíveis; B: correta, pois, de fato, a lei admite a motivação *aliunde*, ou seja, a motivação que faz referência a anterior parecer ou manifestação (art. 50, § 1º, da Lei 9.784/99); C: incorreta. Confira a seguinte decisão: "O Supremo Tribunal Federal pacificou entendimento de que, sendo a aposentadoria ato complexo, que só se aperfeiçoa com o registro no Tribunal de Contas da União, o prazo decadencial da Lei n. 9.784/99 tem início a partir de sua publicação. Aposentadoria do Impetrante não registrada: inocorrência da decadência administrativa. A redução de proventos de aposentadoria, quando concedida em desacordo com a lei, não ofende o princípio da irredutibilidade de vencimentos. Precedentes. Segurança denegada." (STF, MS 25.552/DF, Rel. Min. Cármen Lúcia, DJ 30/05/08); D: incorreta, pois o caso não se enquadra em qualquer das hipóteses do art. 25 da Lei 8.112/90; E: incorreta, pois as decisões do Tribunal de Contas de que resulte imputação de débito ou multa terão eficácia de título executivo (art. 71, § 3º, da CF, e arts. 23 e 24 da Lei 8.443/92 – Lei Orgânica do Tribunal de Contas da União); trata-se de título executivo *extrajudicial*, por não se tratar o Tribunal de Contas um órgão judicial. Gabarito "B".

(Procuradoria Distrital – 2007) À luz da teoria dos Atos Administrativos, marque a assertiva correta.

(A) No peculiar magistério de Celso Antônio Bandeira de Mello sobre os pressupostos de validez do ato administrativo, a CAUSA se identifica com a situação de fato que determina ou autoriza a prática do ato administrativo.
(B) Prevalece no direito administrativo brasileiro a teoria unitária quanto aos graus de invalidade do ato administrativo.
(C) Diogo de Figueiredo Moreira Neto, em sua Teoria do Aperfeiçoamento da Relação Jurídica com Defeito de Legalidade, formula o conceito do fato sanatório, o qual ocorre com a consumação da prescrição, tanto introversa quanto extroversa.
(D) Com relação a vício ligado ao motivo, como elemento do ato administrativo, é possível a convalidação.
(E) Segundo Celso Antônio Bandeira de Mello, diante da errônea suposição da existência de uma situação de fato, que autorizaria ou determinaria a prática do ato, há a possibilidade de revogação do ato administrativo.

A: incorreta, a definição dada na alternativa é de MOTIVO; para Celso Antônio CAUSA é o vínculo de pertinência entre o motivo e o conteúdo do ato, ou seja, causa tem a ver com a análise da razoabilidade e da proporcionalidade do ato administrativo; é bom lembrar que, para Celso Antônio, são elementos de existência do ato administrativo o *objeto* e a *pertinência do ato à função administrativa*; e são pressupostos de validade o *sujeito*, o *motivo*, os *requisitos procedimentais*, a *finalidade*, a *causa* e a *formalização*; B: incorreta, para a teoria unitária o único grau de invalidade do ato administrativo é a *nulidade*; todavia, a Lei 9.784/99 admite a existência não só de atos administrativos nulos, como também de anuláveis (art. 55), o que faz cair por terra a teoria unitária; aliás, para alguns juristas, como Celso Antônio Bandeira de Mello, há ainda uma terceira categoria de atos viciados: os atos inexistentes, que não podem ser objetos de conversão (instituto aplicável aos atos nulos) e ensejam direito de resistência por parte dos administrados; C: correta, pois a afirmação está correta; Diogo de Figueiredo Moreira Neto, ao tratar da sanatória, como forma de resolver problemas de legalidade, divide-a em duas espécies: a) os atos sanatórios (ratificação, reforma e conversão); b) e os fatos sanatórios (prescrição); a prescrição introversa ocorre quando a Administração não pode mais rever seus atos (prescrição administrativa), ao passo que a extroversa ocorre quando o Judiciário não pode mais atacar o ato ilegal (*Curso de Direito Administrativo*, 14ª ed., São Paulo: Forense, pp. 215/219); D: incorreta, pois não é possível a convalidação quanto ao motivo, em virtude da teoria dos motivos determinantes, pela qual a existência do motivo condiciona a validade do ato; E: incorreta, pois o caso é de anulação (por existir ilegalidade), e não de revogação (porque não se trata de inconveniência). Gabarito "C".

(Procurador do Estado/PR – 2007) Marque a alternativa incorreta: ALTERNATIVAS:

(A) Segundo a Teoria dos Motivos Determinantes, mesmo quando não exigida por lei a motivação, uma vez motivado o ato administrativo, ele só será válido se os motivos apontados forem verdadeiros e o justificarem;
(B) O excesso de poder ocorre quando o agente público pratica ato para alcançar finalidade diversa do interesse público;
(C) A convalidação, que somente é possível em relação a atos anuláveis, opera efeitos retroativos, não sendo obrigatória em relação a vícios de competência em atos de conteúdo discricionário;
(D) A cassação é a forma de retirada do ato administrativo eficaz por descumprimento, pelo seu beneficiário, das condições que deveriam continuar a ser por ele observadas;
(E) A revogação de ato administrativo inconveniente ou inoportuno produz efeitos *ex nunc* e somente pode ser praticada pela própria Administração Pública.

Todas as afirmativas estão corretas, salvo a de letra "B", pois *excesso de poder* é problema na competência, ao passo que *desvio de poder* é problema na finalidade. Gabarito "B".

(Procurador do Estado/RR – 2006 – FCC) Dentre os elementos do ato administrativo,

(A) a finalidade e o motivo constituem o fundamento do ato administrativo.
(B) a finalidade do ato possibilita que se exerça o controle da Administração Pública quanto a desvio de poder.
(C) a competência, para ser exclusiva, deve ser assim definida em lei, mas esta previsão não exclui a possibilidade de avocação por agente diverso, integrante do mesmo órgão.
(D) a existência do motivo é obrigatória quando se tratar de ato vinculado e facultativa em relação aos discricionários, embora constitua garantia de legalidade e seja recomendável.
(E) a forma não é essencial ao ato, cabendo ao administrador definir o instrumento que veiculará sua manifestação de vontade.

A: incorreta, pois a finalidade e o motivo são *pressupostos de validade* do ato administrativo; B: está correta, pois o *desvio de poder* é sinônimo de *desvio de finalidade*; C: incorreta, pois a avocação somente será permitida em caráter excepcional e por motivos relevantes, em favor de órgão hierarquicamente *superior*, e não em favor de qualquer agente integrante do mesmo órgão (art. 15 da Lei 9.784/99); D: incorreta, pois o *motivo*, que é o fato que autoriza a expedição do ato, deve existir para a prática de qualquer ato; a *motivação* também é a regra, mas pode ser dispensada pela lei em alguns casos (p. ex: na nomeação e na exoneração de cargo em comissão); E: incorreta, pois a forma é pressuposto de *validade* do ato administrativo, portanto, é essencial ao ato; ademais, no direito administrativo, a regra é a solenidade, e não a liberdade das formas. Gabarito "B".

(Procurador do Estado/RR – 2006 – FCC) Em relação aos atos administrativos discricionários e vinculados sabe-se que

(A) os atos vinculados são passíveis de controle pelo Judiciário, enquanto que os discricionários submetem-se apenas ao poder hierárquico da Administração Pública.
(B) os atos vinculados que contenham vício de competência não exclusiva admitem convalidação, desde que presentes os requisitos para ratificação do ato.
(C) o motivo dos atos administrativos não pode ser analisado pelo Poder Judiciário, ainda que se invoque a teoria dos motivos determinantes.
(D) os atos discricionários não admitem convalidação, seja qual for o vício encontrado, posto que praticados sob juízo subjetivo de autoridade, que não precisa fundamentar a edição.
(E) os atos vinculados ou discricionários que contenham vícios sanáveis, para serem convalidados, dependem de determinação judicial neste sentido.

A: incorreta, pois os atos vinculados e os atos discricionários são passíveis, sim, de controle pelo Judiciário; no caso dos atos discricionários, o controle judicial se atém apenas aos aspectos de legalidade, razoabilidade e moralidade, não ingressando no mérito administrativo; B: correta, pois, de fato, a situação narrada admite a *confirmação* do ato pela autoridade competente (art. 55 da Lei 9.784/99); C: incorreta, conforme já dito, o judiciário pode apreciar aspectos de legalidade, razoabilidade e moralidade dos atos discricionários; assim, se houver problema no motivo do ato, relacionado aos aspectos mencionados, o judiciário poderá apreciar; D: incorreta. O art. 55 da Lei 9.784/99 não limita a convalidação aos atos vinculados, admitindo-a, portanto, nos atos discricionários; ademais, está incorreto dizer que a autoridade não precisa fundamentar os atos discricionários; E: incorreta. O art. 55 da Lei 9.784/99 não exige apreciação judicial para a convalidação de atos administrativos. Gabarito "B".

(Procurador do Estado/SC – 2010 – FEPESE) No que se refere ao ato administrativo:

1. A Administração Pública, em razão do princípio da autotutela, pode revogar todo e qualquer ato administrativo inconveniente ou inoportuno aos interesses públicos.
2. Ato complexo é o que decorre da conjugação de vontades de mais de um órgão.
3. O poder extroverso do ato administrativo é decorrente do atributo da imperatividade.
4. O prazo para a Administração Pública anular os seus próprios atos é de 5 (cinco) anos.

Assinale a alternativa que indica todas as afirmativas **corretas**.

(A) É correta apenas a afirmativa 1.
(B) É correta apenas a afirmativa 2.
(C) São corretas apenas as afirmativas 1 e 3.
(D) São corretas apenas as afirmativas 2, 3 e 4.
(E) São corretas as afirmativas 1, 2, 3 e 4.

1: incorreta, pois não é possível revogar atos que geram direito adquirido, atos vinculados, atos exauridos e atos meramente enunciativos; 2: correta, pois no ato complexo tem-se um ato só e mais de um órgão expedindo esse ato; 3: correta, pois a doutrina, ao explicar o atributo da imperatividade (possibilidade de a Administração impor obrigações a terceiros, independentemente de sua concordância), ensina que ele encerra um poder extroverso, ou seja, um poder que sai da esfera interna da Administrativa e atinge o exterior, terceiros; 4: correta (art. 54 da Lei 9.784/99). Gabarito "D".

(Procurador do Estado/SC – 2009) Quanto aos Atos Administrativos, é possível afirmar:

(A) Os elementos constitutivos dos atos administrativos podem prescindir dos seus pressupostos para efeitos de controle de validade.
(B) Atos administrativos podem constituir-se em declarações, não somente de vontade, mas de variado teor, desde que editadas pelo Estado ou quem lhe faça as vezes.
(C) O conteúdo do ato administrativo constitui-se em um dos seus pressupostos formais de legalidade.
(D) A motivação do ato administrativo se constitui em seu pressuposto teleológico, pois diz respeito à obtenção da sua finalidade legal.
(E) O objeto do ato administrativo, quando ilícito ou fora do comércio, determina a sua ineficácia.

A: incorreta, pois a doutrina que separa os requisitos do ato administrativo em elementos e pressupostos, ensina que existem elementos de existência (conteúdo, forma e pertinência administrativa) e pressupostos de validade (sujeito capaz, não impedido e competente; objeto lícito, possível e determinável; formalização, incluindo a forma propriamente dita e a motivação; motivo; requisitos procedimentais; causa; e finalidade); B: correta, pois a alternativa está em consonância com o conceito de ato administrativo, pelo qual estes são prescrições do Estado, ou de quem lhe faça as vezes, no exercício de prerrogativas públicas, com a finalidade de executar direta e concretamente a lei; C: incorreta, pois conteúdo é elemento de existência, e não pressuposto de validade do ato administrativo; D: incorreta, pois a motivação é pressuposto de validade contido na formalização, não se tratando de pressuposto teleológico, já que a finalidade é que é esse pressuposto; E: incorreta, pois, quando o objeto é ilícito, o problema é de validade, e não de eficácia do ato administrativo. Gabarito "B".

(Procurador do Município/Teresina-PI – 2010 – FCC) Dentre as alternativas apresentadas, assinale a que corretamente aborda dois requisitos dos atos administrativos, que são sempre vinculados:

(A) forma e objeto.
(B) competência e finalidade.
(C) motivo e forma.
(D) objeto e competência.
(E) motivo e finalidade.

A, B, C, D e E: São sempre vinculados os requisitos da competência, da forma e da finalidade, o mesmo não acontecendo com os requisitos do objeto e do motivo. Assim, somente a alternativa "B" está correta. Gabarito "B".

(Defensoria/RN – 2006) O conteúdo do ato mediante o qual a Administração declara a sua vontade ou manifesta o seu poder é conhecido como

(A) competência.
(B) finalidade.
(C) mérito.
(D) objeto.

De fato, objeto é o que o ato dispõe, enuncia, prescreve, ou seja, é o conteúdo do ato. Gabarito "D".

(Cartório/SP – 2008) São elementos do ato administrativo:

(A) publicidade, legalidade, finalidade, autoridade e eficiência.
(B) discricionariedade, efetividade, motivação, veracidade e formalidade.
(C) competência, finalidade, forma, motivo e objeto.
(D) eficácia, executoriedade, definitividade, moralidade e autenticidade.

De fato, somente a alternativa "C" traz elementos (requisitos) do ato administrativo. Gabarito "C".

(Delegado/RJ – 2009 – CEPERJ) Em relação aos elementos constitutivos do ato administrativo, é correto afirmar que:

(A) o vício de competência não admite qualquer tipo de sanatória.
(B) os atos administrativos sempre podem ser praticados livremente, desde que a lei não exija determinada forma como sendo essencial.
(C) o elemento motivo também é chamado de motivação.
(D) a competência é o elemento do ato administrativo em que pode ser encontrada maior discricionariedade para a Administração Pública.
(E) o elemento motivo corresponde às razões de fato e de direito que servem de fundamento para o ato administrativo.

A: incorreta, pois tal vício pode ser sanado, por exemplo, com a ratificação, em caso de incompetência relativa; B: incorreta, pois, como regra, os atos administrativos são solenes, impondo forma escrita, diferentemente do que ocorre no direito privado, em que a regra é a liberdade das formas; C: incorreta, pois o motivo é o fundamento de fato e de direito que justifica a prática do ato, ao passo que a motivação é a demonstração de que o ato foi corretamente praticado; o motivo é um dos requisitos do ato administrativo, ao passo que a motivação é um dos elementos do requisito forma; D: incorreta, pois nunca haverá discricionariedade no requisito competência, pois a lei sempre estabelece quem é o agente competente; E: correta, pois traz definição adequada de motivo. Gabarito "E".

(Delegado/SC – 2008) Sobre o uso e abuso do poder, todas as alternativas estão corretas, exceto a:

(A) O excesso de poder torna o ato nulo.
(B) Nas atividades discricionárias, o administrador público fica sujeito às prescrições legais referentes à competência, finalidade e forma, só agindo com liberdade quanto à conveniência e oportunidade do ato.
(C) O uso normal do poder é a atuação segundo as normas legais, a moral, a finalidade do ato e as exigências do interesse público.
(D) O desvio de finalidade se verifica quando a autoridade atua fora dos limites de sua competência.

As alternativas "A" a "C" estão corretas. A "D" está incorreta, pois o desvio de finalidade se verifica quando uma categoria de ato administrativo é utilizada com finalidade diversa daquela para o qual o ato existe; o caso narrado na alternativa "D" ("a autoridade atua fora dos limites de sua competência") diz respeito ao chamado **excesso de poder**. Gabarito "D".

(Cartório/AP – 2011 – VUNESP) No que se refere à revogação e à invalidação dos atos administrativos,

(A) a Administração Pública poderá invalidar seus atos administrativos, por razões de ilegalidade, produzindo, de regra, efeitos *ex nunc*.
(B) o Poder Judiciário poderá revogar atos administrativos, por razões de ilegalidade, produzindo efeitos *ex nunc*.

(C) a Administração Pública, de regra, poderá revogar atos administrativos discricionários, por razões de conveniência e oportunidade, produzindo efeitos *ex nunc*.
(D) a Administração Pública poderá invalidar seus atos administrativos de ofício, por razões de mérito, produzindo efeitos *ex tunc*.
(E) o Poder Judiciário não poderá invalidar atos administrativos discricionários, eis que estes estão sujeitos exclusivamente à autotutela.

A: incorreta, pois a anulação produz efeitos *ex tunc*, e não *ex nunc*; B: incorreta, pois o Judiciário não pode revogar os atos administrativos; além disso, atos ilegais não são revogados, mas sim anulados; C: correta, pois traz duas afirmações corretas, quais sejam, a de que somente atos discricionários podem ser revogados, e a de que a revogação não retroage ou seja, tem efeitos *ex nunc*; D: incorreta, pois razões de mérito justificam a revogação, e não a anulação dos atos; esta se dá por motivo de ilegalidade; E: incorreta, pois o Judiciário pode sim anular atos discricionários, desde que haja violações à lei ou a princípios como os da moralidade e da razoabilidade. Gabarito "C."

(Magistratura Federal-4ª Região – 2010) Dadas as assertivas abaixo sobre ato administrativo, assinale a alternativa correta.

I. Quanto aos elementos ou requisitos do ato administrativo, pode-se dizer que o motivo, estando relacionado aos pressupostos de fato e de direito que o justificam, precede sua prática.
II. Havendo explicitação de pressupostos fáticos para a prática de ato administrativo, os motivos expostos como suporte à decisão tomada pelo agente público condicionam sua validade, de modo que a invocação de fatos inexistentes ou inconsistentes vicia o ato.
III. É vedado ao Judiciário anular atos administrativos discricionários praticados por órgão do Executivo, pois, sendo harmônicos e independentes os Poderes, não há possibilidade de controle judicial do mérito da ação administrativa de outro Poder.
IV. A Administração deve anular seus próprios atos quando eivados de vício de legalidade e pode revogá-los por motivo de conveniência ou oportunidade, respeitados os direitos adquiridos, mas, no que toca ao controle de legalidade, em se tratando de atos administrativos de que decorrem efeitos favoráveis para os destinatários, a autotutela está sujeita a limite temporal, ressalvados os casos de comprovada má-fé.
V. Trata-se a licença de espécie de ato administrativo negocial, mediante o qual o agente público competente, após verificar se o interessado atende às exigências estabelecidas na legislação de regência, faculta-lhe, observados critérios de conveniência e oportunidade, o desempenho de atividades ou a realização de fatos materiais.

(A) Está correta apenas a assertiva I.
(B) Estão corretas apenas as assertivas II e V.
(C) Estão corretas apenas as assertivas III e IV.
(D) Estão corretas apenas as assertivas I, II e IV.
(E) Estão corretas apenas as assertivas I, II, IV e V.

I: correta, pois um ato só se justifica pela existência de motivos fáticos e jurídicos aptos à sua prática; II: correta, sendo que a afirmativa nada mais fez do que enunciar a Teoria dos Motivos Determinantes; III: incorreta, pois o Judiciário pode sim anular atos discricionários, desde que haja violações à lei ou a princípios como os da moralidade e da razoabilidade; IV: correta, nos termos do art. 53 c/c art. 54, ambos da Lei 9.784/99; V: incorreta, pois a licença é ato vinculado, e não ato discricionário, de modo que não se analisa critérios de conveniência e oportunidade. Gabarito "D."

(Procuradoria Federal – 2007 – CESPE) Julgue os próximos itens, relativos à teoria dos motivos determinantes.

(1) Não se decreta a invalidade de um ato administrativo quando apenas um, entre os diversos motivos determinantes, não está adequado à realidade fática.
(2) De acordo com a referida teoria, os motivos que determinaram a vontade do agente e que serviram de suporte à sua decisão integram o plano da existência do ato administrativo.

1: está correta, pois se remanesce intacto motivo que é suficiente, por si só, para justificar o ato, este deve ser mantido; 2: errado, pois o motivo é pressuposto de *validade*, e não de *existência* do ato administrativo. Gabarito 1C, 2E

(Magistratura do Trabalho – 9ª Região – 2009) Considere as seguintes proposições:

I. A aplicação da teoria dos motivos determinantes leva à invalidação do ato administrativo desvinculado dos motivos que determinam e justificam sua realização, mesmo em alguns casos de atos administrativos discricionários, como na hipótese de exoneração de servidor público de cargo de provimento em comissão motivada por conduta de improbidade.
II. A anulação é a declaração de invalidade de um ato administrativo ilegítimo ou ilegal e somente pode ser feita pelo Poder Judiciário, enquanto a revogação é ato privativo da Administração Pública, mas em qualquer das hipóteses os efeitos da anulação retroagem à sua origem, invalidando as consequências passadas, presentes e futuras do ato anulado, mas os terceiros de boa-fé alcançados pelos efeitos incidentes do ato anulado são beneficiados pela presunção de legitimidade que acompanha toda atividade da Administração Pública.
III. Um dos critérios doutrinários utilizados para a distinção entre atos administrativos nulos e anuláveis é a possibilidade de convalidação do ato invalidado, negativa na primeira categoria, como na hipótese de atos praticados com desvio de poder, e afirmativa na segunda, como na hipótese de atos expedidos por sujeito incompetente ou com vício de forma.
IV. O ato administrativo é passível de invalidação por vício quanto ao motivo, o que ocorre quando a matéria de fato ou de direito em que se fundamenta é materialmente inexistente ou juridicamente inadequada ao resultado obtido, mas não ocorre quando existe a falsidade do motivo, como na hipótese de punição disciplinar de servidor público por conduta ilícita diversa da que foi praticada.
V. A remoção de servidor público praticada de ofício, com o objetivo de punição e não de atendimento de necessidade de serviço, é hipótese de vício relativo à finalidade do ato administrativo e propicia sua invalidação.

(A) todas as proposições estão corretas
(B) somente as proposições I, II, III e V estão corretas
(C) somente as proposições I, III, IV estão corretas
(D) somente as proposições II, IV e V estão corretas
(E) somente as proposições I, III e V estão corretas

I: correta, pois, pela teoria dos motivos determinantes, constatada a inexistência ou a inadequação do motivo de fato ou de direito invocado, o ato será necessariamente nulo; II: incorreta, pois a anulação também pode ser feita pela Administração, e não só pelo Judiciário; III: correta, ficando a notícia de que atos anuláveis podem ser convalidados, e os atos nulos devem ser invalidados ou objetos de conversão, salvo se a Administração decair do direito de anular, pelo decurso do tempo (art. 54 da Lei 9.784/99); IV: incorreta, pois a *falsidade do motivo* macula o ato praticado, que fica passível de invalidação; V: correta, pois o desvio de finalidade gera a nulidade do ato administrativo. Gabarito "E."

(Auditor Fiscal/MS – 2006 – FGV) Qual dos elementos a seguir se afigura irrelevante para a eficácia de ato administrativo vinculado?

(A) Motivo.
(B) Competência.
(C) Objeto.
(D) Mérito.
(E) Forma.

Mérito é a margem de liberdade que remanesce ao agente público diante de um ato *discricionário*. Assim, não se fala em mérito no ato *vinculado*. Gabarito "D."

(Auditor Fiscal/MS – 2006 – FGV) O abuso de poder admite as formas:

(A) comissiva, omissiva, dolosa e culposa.
(B) comissiva, dolosa e culposa.
(C) comissiva e dolosa.
(D) omissiva e culposa.
(E) omissiva e dolosa.

Abuso de poder é o gênero, que tem duas espécies: excesso de poder (problema na *competência*) e desvio de poder (problema na *finalidade*). Não há limitação a que o abuso de poder decorra de atos comissivos, omissivos, dolosos e culposos. Pode ser que o abuso se dê em qualquer dessas condutas. Gabarito "A."

(FGV – 2010) Quanto à finalidade, é caracterizado como vício do ato administrativo:

(A) a função de fato.
(B) a inexistência de motivos.
(C) o desvio de poder.
(D) o excesso de poder.
(E) o objeto impossível.

A: incorreta, pois a *função de fato* é um vício no requisito *competência*; B: incorreta, pois a *inexistência de motivos* é um vício no requisito *motivo*; C: correta, pois o *desvio de poder* (ou *desvio de finalidade*) é um vício no requisito *finalidade*; D: incorreta, pois o *excesso de poder* é um vício no requisito *competência*; E: incorreta, pois o *objeto impossível* é um vício no requisito *objeto* (ou *conteúdo do ato*). Gabarito "C".

(FGV – 2010) De acordo com a disciplina dos atos administrativos, assinale a alternativa correta.

(A) Será inválido o ato de remoção praticado como meio de punição ao servidor, ainda que haja necessidade de pessoal no local para onde ele foi removido.
(B) O mérito é aspecto do ato administrativo que, particularmente, diz respeito à sua forma legal, sempre prevista em lei, e à sua motivação fática, que deverá ser analisada concretamente.
(C) Há vício nos elementos finalidade e forma quando a matéria, de fato ou de direito, em que se fundamenta o ato administrativo é materialmente inexistente ou juridicamente inadequada ao resultado obtido.
(D) Tratando-se de vício relativo ao sujeito, quando o agente público extrapola os limites de sua competência, ocorre o desvio de poder, que é espécie do gênero abuso de poder.
(E) Os atos administrativos podem ser discricionários ou vinculados. Quando discricionários, têm como limite as razões de conveniência e oportunidade que são reveladas na motivação do ato.

A: correta, pois há *desvio de finalidade*; a finalidade do ato administrativo de *remoção* não é *punir* o servidor (para punir há outros atos, como advertência, multa, suspensão, demissão etc.), de modo que a sua utilização com finalidade diversa da estabelecida na lei configura o desvio mencionado, que torna inválido o ato; B: incorreta, pois o mérito, que consiste na margem de liberdade do agente público, não existe normalmente nos requisitos *competência*, *forma* e *finalidade*; o mérito normalmente diz respeito aos requisitos *motivo* ou *objeto*; C: incorreta, pois, nesse caso, o vício é no requisito *motivo*; D: incorreta, pois quando se extrapola a competência tem-se *excesso de poder* (vício na *competência*) e não *desvio de poder* (vício na *finalidade*); no mais, o *abuso de poder*, de fato, é gênero que tem duas espécies, o *excesso de poder* e o *desvio de poder*; E: incorreta, pois os atos discricionários têm como limite o que dispuser a *lei* (incluindo o dever de razoabilidade e o respeito à moralidade), e não as *justificativas* do administrador público. Gabarito "A".

3.3. ATRIBUTOS DO ATO ADMINISTRATIVO

Para resolver as questões sobre os atributos do ato administrativo, vale a pena trazer alguns elementos doutrinários. Confira:

Atributos do ato administrativo (são as qualidades, as prerrogativas dos atos)

- **Presunção de legitimidade** *é a qualidade do ato pela qual este se presume verdadeiro e legal até prova em contrário*; ex.: uma multa aplicada pelo Fisco presume-se verdadeira quanto aos fatos narrados para a sua aplicação e se presume legal quanto ao direito aplicado, a pessoa tida como infratora e o valor aplicado.

- **Imperatividade** *é a qualidade do ato pela qual este pode se impor a terceiros, independentemente de sua concordância*; ex.: uma notificação da fiscalização municipal para que alguém limpe um terreno ainda não objeto de construção, que esteja cheio de mato.

- **Exigibilidade** *é a qualidade do ato pela qual, imposta a obrigação, esta pode ser exigida mediante coação indireta*; ex.: no exemplo anterior, não sendo atendida a notificação, cabe a aplicação de uma multa pela fiscalização, sendo a multa uma forma de coação indireta.

- **Autoexecutoriedade** *é a qualidade pela qual, imposta e exigida a obrigação, está pode ser implementada mediante coação direta, ou seja, mediante o uso da coação material, da força*; ex.: no exemplo anterior, já tendo sido aplicada a multa, mais uma vez sem êxito, pode a fiscalização municipal ingressar à força no terreno particular, fazer a limpeza e mandar a conta, o que se traduz numa coação direta. A autoexecutoriedade não é a regra. Ela existe quando a lei expressamente autorizar ou quando não houver tempo hábil para requerer a apreciação jurisdicional.

Obs. 1: a expressão autoexecutoriedade também é usada no sentido da qualidade do ato que enseja sua imediata e direta execução pela própria Administração, independentemente de ordem judicial.

Obs. 2: repare que esses atributos não existem normalmente no direito privado; um particular não pode, unilateralmente, valer-se desses atributos; há exceções, em que o particular tem algum desses poderes; mas essas exceções, por serem exceções, confirmam a regra de que os atos administrativos se diferenciam dos atos privados pela ausência nestes, como regra, dos atributos acima mencionados.

(Magistratura/BA – 2006 – CESPE) No que se refere aos atos administrativos, julgue o item seguinte.

(1) A rigor, os atributos da presunção de validade (ou legitimidade) e da presunção de veracidade dos atos administrativos não significam exatamente a mesma coisa. A primeira indica a conformidade do ato com o ordenamento jurídico, ao passo que a segunda representa a adequação do ato à realidade dos fatos. A depender das circunstâncias, o segundo atributo pode subsistir, mas ser afastado o primeiro, por defeitos do ato administrativo.

Está correta a afirmação. A presunção de legitimidade é gênero, que tem duas espécies: a) presunção de legalidade (ligada à conformidade do ato com o direito); b) e presunção de veracidade (ligada à existência dos fatos invocados para a prática do ato). Uma presunção independe da outra. Gabarito 1C.

(Magistratura/MG – 2009 – EJEF) Não se confundem atributos e elementos do ato administrativo porque os elementos se relacionam com a formação do ato, enquanto os atributos são características que o apartam do ato jurídico de direito privado. Reflita sobre as afirmativas acima e assinale a alternativa CORRETA.

(A) A primeira é verdadeira e a segunda é falsa.
(B) A primeira é falsa e a segunda é verdadeira.
(C) As duas são verdadeiras e a segunda justifica a primeira.
(D) As duas são verdadeiras, mas a segunda não justifica a primeira.

A primeira afirmativa é verdadeira, pois os *elementos* (ou *requisitos*) do ato administrativo não se confundem com os *atributos* (ou *qualidades*) destes. Os elementos dos atos administrativos estão ligados aos requisitos para a sua formação, ao passo que os atributos são as prerrogativas dos atos administrativos que os diferenciam dos atos particulares, como são a presunção de legitimidade, a imperatividade, a exigibilidade, a autoexecutoriedade e a tipicidade. Gabarito "C".

(Magistratura/MG – 2009 – EJEF) Os atos administrativos gozam da presunção de legitimidade (presunção juris et de jure) e veracidade (presunção juris tantum) porque a legitimidade produz a inversão do ônus da prova, ao passo que a veracidade não produz este efeito. A partir destas afirmativas, marque a alternativa CORRETA.

(A) Ambas são falsas.
(B) A segunda é verdadeira e a primeira é falsa.
(C) A primeira é verdadeira e a segunda justifica a primeira.
(D) A primeira é verdadeira, mas a segunda não justifica a primeira.

A primeira afirmativa é falsa, pois as duas presunções (de legitimidade e de veracidade) são relativas (*juris tantum*). A segunda afirmativa também é falsa, pois as duas presunções (e não só uma delas) fazem com que o particular tenha o ônus de provar o contrário, em desfavor do Poder Público, para conseguir a anulação de um ato administrativo. Por fim, vale lembrar que a presunção de *legalidade* faz com que se presuma que o ato administrativo esteja conforme à *lei*, ao passo que a presunção de *veracidade* faz com que se presuma que os fatos invocados para a prática do ato sejam *verdadeiros*. Gabarito "A".

(Magistratura/SP – 2007) É reconhecida à Administração o poder de executar direta e imediatamente seus atos imperativos, independentemente de pedido cominatório ou mandado judicial. Tal processo executório tem cabimento quando as circunstâncias indicam a necessidade premente da obtenção do fato ou coisa. Atua pela atualização, por parte do administrador, dos chamados meios diretos de coerção administrativa, de modo a tornar possível obter, por coação absoluta, a própria prestação exigida do administrado, ou, na sua impossibilidade, outra equivalente. Isso significa a possibilidade direta de:

I. cobrança contenciosa de multa ou sanção pecuniária;
II. interdição de atividade ilegal;
III. embargo de obra clandestina;
IV. demolição de obra clandestina;
V. inutilização de gêneros alimentícios impróprios para o consumo;
VI. reintegração imediata de posse de imóvel público.

São verdadeiros apenas os itens

(A) I, II, IV e VI.
(B) II, III, V e VI.
(C) II, III, IV e V.
(D) I, III, IV e VI.

A questão trata do atributo da autoexecutoriedade, que consiste na possibilidade de a administração se valer do uso da força para que seus atos sejam executados (coação direta ou coação material). A autoexecutoriedade permite que a Administração faça com que seus atos sejam cumpridos, independentemente de apreciação judicial. Todavia, a autoexecutoriedade só existe quando a lei expressamente autorizar ou quando não houver tempo de buscar a prestação jurisdicional. Os itens II a V trazem exemplos de autoexecutoriedade. O item I (cobrança contenciosa de multa ou sanção pecuniária) não representa autoexecutoriedade, pois esta se dá sem necessidade de processo judicial. E o item VI não deve ser marcado, pois não é providência exclusiva da administração, já que o desforço imediato é poder que todos os possuidores têm em relação à coisa possuída, em caso de esbulho. Gabarito "C".

(Ministério Público/MS – 2006) No âmbito do regime jurídico administrativo, a presunção de legitimidade dos atos da administração pública não se caracteriza por:

(A) Classificar-se por presunção absoluta.
(B) Admitir a execução imediata da decisão administrativa.
(C) Ter o efeito de inverter o ônus da prova
(D) Criar obrigações para o particular independente de sua aquiescência.

A, B, C e D: Todas as alternativas são verdadeiras, salvo a de letra "A", pois a presunção de legitimidade é relativa, ou seja, existe até prova em contrário (presunção juris tantum). Gabarito "A".

(Procurador do Estado/PR – 2007) Quanto ao atributo da presunção de legitimidade do ato administrativo é incorreto sustentar que:

(A) a presunção em questão existe para assegurar celeridade no cumprimento das manifestações de vontade da Administração Pública, já que a mesma tem por finalidade atender ao interesse público.
(B) É o atributo pelo qual os atos administrativos se impõem a terceiros, independentemente de sua concordância.
(C) A Administração Pública sujeita-se ao princípio da legalidade estrita, o que faz presumir que todos os seus atos tenham sido praticados de conformidade com a lei, já que cabe ao poder público a sua tutela.
(D) Enquanto não decretada a invalidade do ato pela própria Administração ou pelo Judiciário, ele produzirá efeitos da mesma forma que o ato válido.
(E) Aplica-se a todos os atos da Administração Pública, inclusive os regidos pelo direito privado.

A, B, C, D e E: Todas as alternativas são verdadeiras, salvo a de letra "B", pois o atributo narrado na alternativa não é o da *presunção de legitimidade*, mas o da *imperatividade* (poder extroverso). Gabarito "B".

(Defensoria/PA – 2009 – FCC) São tradicionalmente afirmados pela doutrina como atributos do ato administrativo

(A) presunção de imperatividade e de executoriedade.
(B) imperatividade e exigibilidade.
(C) executoriedade e vinculação.
(D) presunção de legalidade e vinculação.
(E) discricionariedade e executoriedade.

A, B, C, D e E: Os atributos do ato administrativo são: presunção de legitimidade, imperatividade, exigibilidade, autoexecutoriedade e tipicidade. Assim, apenas a alternativa "B" está correta. Gabarito "B".

(Cartório/SE – 2007 – CESPE) Julgue o item seguinte.

(1) A presunção de legitimidade e de veracidade dos atos administrativos depende de norma infraconstitucional que a estabeleça.

1: errado, pois a presunção de legitimidade é atributo de todo ato administrativo, independentemente de a lei estabelecer em relação a cada ato administrativo. Gabarito 1E

(Magistratura Federal-4ª Região – 2010) Assinale a alternativa correta.

(A) A motivação de um ato administrativo deve contemplar a exposição de motivos de fato e de direito, ou seja, a regra de direito habilitante e os fatos em que o agente se estribou para decidir.
(B) Os atos administrativos são autoexecutáveis apenas em situações de extrema urgência.
(C) Imperatividade é o atributo pelo qual os atos administrativos se impõem a terceiros, independentemente de sua concordância, decorrência do poder de polícia inerente à ação administrativa.
(D) Os atos administrativos são dotados de presunção de legitimidade e veracidade, o que significa que há presunção absoluta de que foram emitidos com observância da lei e de que os fatos alegados pela administração são verdadeiros.
(E) Nenhuma das alternativas anteriores está correta.

A: correta, nos termos do art. 2º, p. ún., VII, da Lei 9.784/99; B: incorreta, pois os atos administrativos também são autoexecutáveis quando a lei expressamente autorizar; C: incorreta, pois a imperatividade não se dá apenas como decorrência do poder de polícia; a imperatividade também pode ser verificada no poder disciplinar, no poder hierárquico etc; D: incorreta, pois a presunção mencionada não é absoluta, mas relativa, já que admite prova em contrário; E: incorreta, pois a alternativa "A" está correta. Gabarito "A".

(Procurador da Fazenda Nacional – 2007.2 – ESAF) Entre os atos da Administração, verifica-se a prática do ato administrativo, o qual abrange somente determinada categoria de atos praticados no exercício da função administrativa. Destarte, assinale a opção correta.

(A) A presunção de legitimidade e veracidade, a imperatividade e a auto-executoriedade são elementos do ato administrativo.
(B) Procedimento administrativo consiste no iter legal a ser percorrido pelos agentes públicos para a obtenção dos efeitos regulares de um ato administrativo principal.
(C) Os atos de gestão são os praticados pela Administração com todas as prerrogativas e privilégios de autoridade e impostos unilateral e coercitivamente ao particular, independentemente de autorização judicial.
(D) Ato composto é o que resulta da manifestação de dois ou mais órgãos, sejam eles singulares ou colegiados, cuja vontade se funde para formar um ato único.
(E) Na executoriedade, a Administração emprega meios indiretos de coerção, como a multa ou outras penalidades administrativas impostas em caso de descumprimento do ato, compelindo materialmente o administrado a fazer alguma coisa.

A: incorreta, pois não são *elementos*, são *atributos* do ato administrativo; B: a alternativa está correta; C: incorreta, pois a definição corresponde aos *atos de império*, e não aos *atos de gestão*; D: incorreta, pois a definição corresponde ao *ato complexo*; E: incorreta, pois na executoriedade, a Administração emprega meios *diretos* de coerção, usando a *força* e *compelindo materialmente* o administrado; não é coação indireta, como na aplicação de multas. Gabarito "B".

(DEFENSORIA PÚBLICA DA UNIÃO – 2004 – CESPE) Julgue o seguinte item.

(1) Há na doutrina quem aponte como atributos do ato administrativo, entre outros, a exigibilidade e a executoriedade (também chamada de autoexecutoriedade). Contudo, segundo a própria doutrina, ambas significam o mesmo, isto é, a capacidade de a administração pública, por si mesma, compelir materialmente o administrado à execução do ato.

1: incorreta, pois a exigibilidade é a capacidade da administração compelir indiretamente o administrado à execução do ato (ex: mediante aplicação de uma multa), ao passo que a autoexecutoriedade é capacidade da administração de compelir diretamente (materialmente) o administrado à execução do ato (ex: usando a força para retirar um veículo particular estacionado em local proibido). Gabarito 1E

(Auditor da Receita Federal – ESAF) O denominado poder extroverso do Estado ampara o seguinte atributo do ato administrativo:

(A) imperatividade.
(B) presunção de legitimidade.
(C) exigibilidade.
(D) tipicidade.
(E) executoriedade.

O poder extroverso ampara o atributo da imperatividade. Gabarito "A".

(Auditor Fiscal/MG – 2005 – ESAF) Relativamente aos atributos dos atos administrativos, assinale a opção correta.

(A) Há atos administrativos para os quais a presunção de legitimidade (ou legalidade) é absoluta, ou seja, por terem sido produzidos na órbita da Administração Pública, não admitem a alegação, por eventuais interessados, quanto à ilegalidade de tais atos.
(B) A presunção de legitimidade não está presente em todos os atos administrativos, o que fundamenta a possibilidade de seu desfazimento pelo Poder Judiciário.
(C) Não se pode dizer que a imperatividade seja elemento de distinção entre os atos administrativos e os atos praticados por particulares, eis que estes últimos também podem, em alguns casos, apresentar tal atributo (por exemplo, quando defendem o direito de propriedade).
(D) O ato administrativo nem sempre apresenta o atributo da imperatividade, ainda que o fim visado pela Administração deva ser sempre o interesse público.
(E) O ato administrativo que tenha auto-executoriedade não pode ser objeto de exame pelo Poder Judiciário, em momento posterior, pois já produziu todos os seus efeitos.

A: incorreta, pois a presunção de legitimidade dos atos administrativos é sempre relativa; B: incorreta, pois todo ato administrativo vem dotado da presunção de legitimidade; C: incorreta, pois a imperatividade significa que os atos administrativos se impõem a terceiros independentemente de sua concordância; nos atos praticados pelos particulares vige o princípio da autonomia da vontade, de modo que ninguém pode impor obrigações a terceiros, independentemente de sua concordância; ademais, os atos de defesa do direito de propriedade (deveria ser direito de posse!) estão mais para autoexecutoriedade do que para imperatividade; D: correta, pois, de fato, há atos administrativos que não impõem obrigações a terceiros; por exemplo, o ato de exoneração de um agente público; E: está incorreta, pois havendo lesão a direito de alguém por parte de um ato administrativo, este ato pode ser examinado e o Judiciário, como resposta, poderá expedir comandos declaratórios, condenatórios, constitutivos, mandamentais etc., de modo a retornar as partes ao estado anterior. Gabarito "D".

(Auditor Fiscal/RJ) A presunção de legitimidade e de veracidade, com que nascem os atos administrativos, é de natureza:

(A) absoluta e não admite prova que a desconstitua
(B) relativa e admite prova em contrário que a desconstitua
(C) excepcional, somente sendo afastável por lei específica
(D) mista, dependendo a sua desconstituição do tipo de prova que a Administração produza

A, B, C, D e E: A presunção é de natureza relativa (*juris tantum*) e, portanto, admite prova em contrário. Gabarito "B".

(FGV – 2010) O atributo pelo qual atos administrativos se impõem a terceiros, ainda que de forma contrária a sua concordância, é denominado:

(A) competência.
(B) veracidade.
(C) vinculação.
(D) imperatividade.
(E) autoexecutoriedade.

Confira o resumo feito no início deste item, que traz o conceito de *imperatividade* e dos demais *atributos* do ato administrativo. Gabarito "D".

(FGV – 2010) Os atos administrativos possuem presunção de legitimidade. Essa presunção decorre do princípio da:

(A) impessoalidade.
(B) moralidade.
(C) publicidade.
(D) legalidade.
(E) eficiência.

De fato, um dos atributos do ato administrativo é justamente a presunção de legitimidade, que consiste na *presunção de que os atos administrativos são verdadeiros e legais, até prova em contrário*. Essa presunção existe justamente porque a Administração é obrigada a respeitar o princípio da *legalidade*. Como essa obrigação é fundamental na Administração Pública, presume-se que os atos que esta pratica são legítimos. Aliás, é bom apontar que, sem essa presunção, a Administração teria que entrar com processo judicial de conhecimento para fazer valer cada determinação sua, o que seria inviável. Gabarito "D".

3.4. VINCULAÇÃO E DISCRICIONARIEDADE.

(Magistratura/MG - 2007) No que toca aos Atos Administrativos vinculados e discricionários, é INCORRETO afirmar que:

(A) a remoção de servidor estável, para atender a necessidade do serviço público, guarda discricionariedade não infensa ao controle judicial de mérito.
(B) o indeferimento do pedido de afastamento do servidor estável, por motivo de incapacidade para o exercício da função pública, é ato vinculado.
(C) a demissão do servidor estável, por conveniência do serviço público, guarda discricionariedade não infensa ao controle judicial de mérito.
(D) a concessão de qüinqüênio ao servidor público estável é ato vinculado.

A, B, C e D: Somente a letra "C" está incorreta, pois um servidor estável não pode ser demitido por conveniência do serviço público; a demissão só pode ocorrer em caso de *falta disciplinar*, e a exoneração pode ocorrer por avaliação insatisfatória de desempenho. Gabarito "C".

(MAGISTRATURA/PB – 2011 – CESPE) Acerca do controle jurisdicional de legalidade dos atos administrativos, assinale a opção correta.

(A) A evolução no controle judicial dos atos administrativos permite, atualmente, que o magistrado substitua o administrador e reavalie o mérito do ato administrativo, com a finalidade de alterar a conveniência e oportunidade manifestadas pela administração na realização do referido ato.
(B) A doutrina majoritária entende não ser possível o controle judicial das omissões administrativas ilícitas, em razão da discricionariedade conferida ao administrador para decidir o momento de agir.
(C) O STF decidiu pela legitimidade do controle judicial de ato parlamentar (político), na hipótese de ofensa a direito público subjetivo previsto na CF, razão pela qual tal controle não se caracterizaria como interferência na esfera de outro poder.
(D) É ilegítima a verificação, pelo Poder Judiciário, da regularidade do ato discricionário no que se refere às suas causas, motivos e finalidades.
(E) O STJ firmou jurisprudência no sentido de que o exame dos atos da banca examinadora e das normas do edital de concurso público pelo Poder Judiciário não se restringe aos princípios da legalidade e da vinculação ao edital.

A: incorreta, pois o Judiciário não pode invadir o mérito administrativo (a margem de liberdade que sobrar ao administrador público), podendo apenas apreciar, quanto aos atos discricionários, aspectos de legalidade, moralidade e razoabilidade do ato; B: incorreta, pois uma omissão administrativa, em violando algum direito, dá ensejo à procura pelo Judiciário, pois nenhuma lesão ou ameaça de lesão a direito pode ser subtraída da apreciação deste (art. 5º, XXXV, da CF); C: correta, valendo salientar que esse tipo de controle ocorre, por exemplo, em relação a atos praticados nas Comissões Parlamentares de Inquérito (ex: quebra inconstitucional de sigilo bancário por CPI); outro exemplo é um próprio parlamentar ingressar com mandado de segurança com a finalidade de coibir atos parlamentares praticados no processo de aprovação de lei ou emenda constitucional incompatíveis com disposições que disciplinam o processo legislativo (STF, MS 24.667, DJ 04/12/03); D: incorreta, pois o Judiciário pode verificar os aspectos de legalidade, moralidade e razoabilidade do ato administrativo, aspectos que poderão ter relação com as causas, motivos e finalidades do ato administrativo; E: incorreta, pois o Judiciário não pode substituir-se à Administração entrando no mérito das questões dos exames, devendo se limitar a analisar se os requisitos previstos no edital são pertinentes e estão previstos na lei, bem como se há respeito, por parte da Administração, às normas do edital. Gabarito "C".

(Magistratura/SP – 2009 – VUNESP) Coube ao administrador público escolher uma entre 3 (três) opções administrativas legais. Escolheu a segunda opção, mas esta foi impugnada judicialmente sob alegação de que a terceira opção era a mais oportuna e conveniente. O juiz, examinando a lide, julgou a demanda procedente, adotando as razões do autor. Ocorreu, no caso da sentença judicial,

(A) aplicação do princípio do amplo controle judicial sobre a legalidade dos atos administrativos.
(B) substituição indevida da vontade discricionária do administrador público.
(C) correção da injustiça da escolha feita pelo administrador público.
(D) aplicação do princípio do poder-dever do juiz de valorar o conteúdo meritório das opções que se apresentaram ao administrador público.

A, B, C e D: Se havia três opções e o administrador escolheu uma contida nas três existentes, a ação que impugnou a opção escolhida deveria ter sido julgada improcedente. Como não o fez, violou o princípio da separação dos poderes, substituindo indevidamente a vontade discricionária do administrador público. Gabarito "B".

(Ministério Público/MG - 2008) Em relação ao controle dos atos administrativos, é CORRETO afirmar que:

(A) a adequação dos atos administrativos do Poder Judiciário à ordem jurídica é mister reservado, também, ao Ministério Público.
(B) para a licitude do ato, faculta-se à Administração Pública observar as limitações externas perante a finalidade e as internas que se impõem no regime de competência.
(C) trata-se a discricionariedade administrativa de efetiva liberdade para a Administração decidir a seu talante, visando tornar perfeito o desiderato normativo.
(D) ao Poder Judiciário é defeso analisar e decidir acerca de ato administrativo discricionário.
(E) a atividade administrativa não pode, em sede de controle jurisdicional, ser objeto de consideração sob o crivo da legalidade.

A: correta, pois, de fato, o Ministério Público deve velar pela legalidade dos atos praticados por todos os poderes, afinal estamos num Estado de Direito e todos devem obedecer à lei; B: incorreta, pois para a licitude do ato, *determina-se* (e não *faculta-se*) à Administração que observe as limitações externas e internas para a prática do ato; C: incorreta, pois discricionariedade não é *liberdade*, é *margem de liberdade*; D: incorreta, pois os atos discricionários podem, sim, ser analisados pelo Judiciário, desde que quanto aos aspectos de legalidade, moralidade e razoabilidade; E: incorreta, pois o Judiciário pode, sim, julgar a legalidade dos atos administrativos. Gabarito "A".

(Ministério Público/PR – 2008) Assinale a alternativa correta:

(A) Os bens dominicais caracterizam-se por estarem afetados a finalidades públicas específicas e, portanto, não podem ser alienados, salvo na hipótese de desafetação;
(B) Os bens de uso especial podem ser alienados, independentemente de desafetação.
(C) Enfrentando o tema do controle jurisdicional sobre as políticas públicas, o Supremo Tribunal Federal admitiu o provimento jurisdicional no sentido de obrigar o poder público a ofertar atendimento às crianças, em creche e em pré-escola.
(D) É vedado ao poder concedente, em razão das normas gerais sobre a delegação de serviço público, intervir na concessão.
(E) Nenhuma das alternativas anteriores.

A: incorreta, pois bens dominicais são aqueles que não estão afetados a qualquer destinação pública; são mero patrimônio estatal; assim, são alienáveis (art. 101 do Código Civil) e não há que se falar em desafetação; B: incorreta, pois os bens de uso especial têm afetação e não são alienáveis, num primeiro momento (art. 100 do Código Civil); para que possam ser alienados são necessários interesse público justificado, autorização legislativa, desafetação, avaliação e licitação pública (art. 17 da Lei 8.666/93); C: correta, pois, de fato, o STF vem decidindo nesse sentido – "*CONSTITUCIONAL. MATRÍCULA DE CRIANÇA DE ZERO A CINCO ANOS DE IDADE EM CRECHE E PRÉ-ESCOLAS MUNICIPAIS. DIREITO ASSEGURADO PELA CONSTITUIÇÃO (ART. 208, IV, DA CF). I - O Estado tem o dever constitucional de assegurar a garantia de atendimento em creche e pré-escola às crianças de zero a cinco anos de idade (art. 208, IV, da CF). II - Agravo regimental improvido.*" (AI 592075, AgR, Rel. Min. RICARDO LEWANDOWSKI, 1ª T., DJ 05-06-2009); D: incorreta (arts. 32 a 34 da Lei 8.987/95); E: a alternativa "C" está correta. Gabarito "C".

(Defensoria/MA – 2009 – FCC) São exemplos de atos administrativos vinculados:

(A) autorização de uso de imóvel público e homologação de procedimento licitatório que se pretenda concluir.
(B) licença de funcionamento e permissão de uso de imóvel público.
(C) permissão de uso de imóvel público e aprovação para alienação de terras públicas.
(D) homologação do procedimento licitatório que se pretenda concluir e licença de funcionamento.
(E) aprovação de alienação de terras públicas e alvará de uso privativo de terras públicas.

A: incorreta, pois a *autorização* é ato discricionário; B: incorreta, pois a *permissão* é ato discricionário; C: incorreta, pois a *permissão* e a *aprovação* são atos discricionários; D: correta, pois tanto a *homologação* como a *licença* são atos vinculados; E: incorreta, pois a *aprovação* é um ato discricionário. Gabarito "D".

(Defensoria/MT – 2007) São considerados atos administrativos discricionários aqueles que

(A) outorgam permissão de uso de bem público.
(B) apuram ocorrência de ilícito administrativo.
(C) admitem o administrado em escolas e hospitais públicos.
(D) outorgam licença para construir.
(E) concedem aposentadoria.

A: está correta, pois a permissão de uso de bem público é o ato unilateral, *discricionário* e precário, pelo qual se faculta ao particular, mediante licitação, o uso de um bem público; B: está incorreta, pois a administração não tem margem de liberdade (discricionariedade) para escolher se vai ou não apurar um ilícito administrativo; trata-se de ato vinculado, portanto; C: incorreta, pois a alternativa trata do ato "admissão", que é o ato administrativo unilateral e *vinculado* pela qual a administração reconhece o direito de alguém se beneficiar de um serviço público; D: incorreta, pois a licença é o ato administrativo unilateral e *vinculado*, pelo qual se faculta a alguém o exercício de uma atividade; E: incorreta, pois preenchidos os requisitos para a obtenção da aposentadoria, esta deve ser concedida; por se tratarem de requisitos objetivos, tal concessão é ato administrativo *vinculado*, e não discricionário. Gabarito "A".

(Cartório/SE – 2007 – CESPE) Julgue o item seguinte.

(1) O mérito do ato administrativo consiste na possibilidade que tem a administração pública de valorar os motivos e escolher o objeto do ato, quando autorizada a decidir sobre a sua conveniência e oportunidade.

A afirmação está correta. Mérito é justamente o terreno em que a administração tem margem de liberdade para valorar motivos e/ou escolher o objeto do ato. Gabarito 1C.

(Delegado/SC – 2008) Assinale a alternativa correta quanto ao controle da Administração Pública pelo Judiciário.

(A) A ação popular é o meio constitucional posto à disposição de organização sindical ou entidade de classe para obter a anulação de atos administrativos lesivos aos direitos de seus membros ou associados ou ao patrimônio público, à moralidade administrativa e ao meio ambiente natural ou cultural.
(B) O Judiciário examina a legalidade, a oportunidade e a conveniência de um ato administrativo para aferir sua conformação com a lei e com os princípios gerais do Direito, preservando direitos individuais ou públicos.

(C) Os atos normativos, enquanto regras gerais e abstratas, não atingem direitos individuais e são inatacáveis por ações ordinárias ou por mandado de segurança.

(D) Todo ato administrativo que não for praticado em observância aos princípios da legalidade, moralidade, finalidade, eficiência e publicidade pode ser revogado pelo Judiciário, cabendo ainda a reparação pelos danos causados pelo Poder Público.

A: incorreta, pois o legitimado para a ação popular é o cidadão (art. 5º, LXXIII, da CF); B: incorreta, pois o Judiciário só analisa a legalidade, a razoabilidade e a moralidade do ato administrativo, e não a conveniência e oportunidade dele; C: correta, pois, de fato, os atos normativos não atingem especialmente pessoas, podendo ser atacado apenas por ações próprias (ações de inconstitucionalidade); D: incorreta, pois a violação dos princípios citados possibilita a anulação e não a revogação do ato administrativo. Gabarito "C."

(Magistratura Federal – 3ª Região – XIII) Sobre a discricionariedade administrativa, é correto afirmar-se que:

(A) o desvio de intenção, enquanto vício subjetivo, é irrelevante no contexto da teoria objetiva do desvio de poder, não produzindo nenhum efeito, sequer prático, na formulação de juízo quanto à ocorrência, ou não, do abuso, no exercício pela autoridade administrativa, da competência discricionária;

(B) os motivos determinantes do ato, desde que compatíveis com o ordenamento jurídico, validam a prática administrativa;

(C) a discricionariedade, autorizada em lei quanto aos motivos, somente conduz a uma decisão válida se o juízo de conformação do abstrato ao concreto observar a necessária vinculação do processo decisório com a finalidade de interesse público, demonstrada tal conexão pelo próprio conteúdo do ato administrativo;

(D) a definição legal de que determinado ato tem natureza discricionária impede a discussão, em Juízo, de tal qualidade, uma vez que não pode o substituir-se ao Executivo, na execução de tarefas administrativas.

A: incorreta, pois o desvio de intenção (desvio no móvel) não tem grande repercussão nos atos vinculados; por exemplo, um agente de trânsito que aplique uma multa numa situação de ato vinculado não terá essa multa anulada se se descobrir que, quando ele aplicou a multa, estava cometendo o ato também com a intenção de prejudicar o destinatário dela, um desafeto seu; se a multa era para ser aplicada mesmo, pouco importa as outras intenções do agente; já numa situação de ato discricionário, o desvio na intenção gera a nulidade do ato, pois não é possível aferir objetivamente se o ato deveria ou não ter sido expedido; B: incorreta, pois quando um agente público apresenta dados motivos (dados fatos) para justificar a prática de um ato, esses fatos determinam a validade do ato; isso significa que, se se demonstrar que os *fatos* invocados para a prática do ato não existiam, ainda que sejam fatos compatíveis com o direito, o ato estará maculado de nulidade; C: a alternativa está correta, pois, em outras palavras, ela apenas deixa claro que, na prática de um ato administrativo, se deve respeitar a finalidade para a qual ele fora instituída, o que deve acontecer inclusive nos atos discricionários; D: incorreta, pois o ato discricionário pode, sim, ser discutido e controlado pelo Judiciário, desde que quanto aos aspectos de legalidade, moralidade e razoabilidade. Gabarito "C."

(Procuradoria da República – 20º) Assinale a alternativa correta:

(A) ato administrativo discricionário é aquele em que o poder de agir da Administração é completamente livre, inclusive no que diz respeito à competência para a prática do ato;

(B) o mérito do ato administrativo, assim entendido como o aspecto deste referente à sua oportunidade e conveniência, está sempre presente, tanto nos atos vinculados, quanto nos discricionários;

(C) o mérito do ato administrativo, tal como conceituado no item "b" acima, pode, em qualquer caso, ser amplamente revisto pelo Poder Judiciário;

(D) o deferimento de licença para tratar de interesses particulares, prevista no Estatuto do Ministério Público, não é ato vinculado.

A: incorreta, pois no ato discricionário não existe liberdade total (arbitrariedade); existe apenas uma *margem de liberdade*; B: incorreta, pois mérito é a margem de liberdade que remanescer ao agente público depois de analisados os aspectos de legalidade, moralidade e razoabilidade do ato; portanto, o mérito só existe em relação a atos discricionários, até porque não há margem de liberdade alguma nos atos vinculados; C: incorreta, pois o mérito, que é essa margem de liberdade que remanesce ao agente público, é justamente a parte do ato que não pode ser apreciada pelo poder judiciário; para quem entende que mérito é o que sobrou depois de vistos os aspectos de legalidade do ato, a alternativa está incorreta, pois, nesse caso, caberia ao Judiciário apenas analisar aspectos de razoabilidade e moralidade, não sendo correto dizer que o Judiciário pode revisar o ato "amplamente"; D: correta, pois a licença para tratar de assuntos pessoais não se confunde com a licença em sentido estrito, que consiste no *ato unilateral e vinculado, pelo qual se faculta a alguém o exercício de uma atividade*; um exemplo de licença em sentido estrito é a licença para construir; nesse caso, a administração verifica apenas requisitos objetivos (vinculados) antes de decidir se concederá ou não a licença; não é o caso da situação narrada na alternativa; na *licença para tratar de assuntos de interesses particulares* a autoridade competente analisa também a questão da conveniência e oportunidade de conceder a licença, em função das necessidades do serviço público. Gabarito "D."

(Procuradoria Federal – 2007 – CESPE) Julgue os itens que se seguem, relativos à discricionariedade dos atos da administração.

(1) As dúvidas sobre a margem de discricionariedade administrativa devem ser dirimidas pela própria administração, jamais pelo Poder Judiciário.

(2) O ato disciplinar é vinculado, deixando a lei pequenas margens de discricionariedade à administração, que não pode demitir ou aplicar quaisquer penalidades contrárias à lei, ou em desconformidade com suas disposições.

1: a afirmativa está errada, pois o Judiciário pode analisar os aspectos de legalidade, razoabilidade e moralidade do ato discricionário; assim, dúvidas sobre os contornos da margem de liberdade, que é delineada pelos princípios citados, podem sim ser apreciadas pelo Judiciário; 2: a afirmativa está correta, pois a lei no direito sancionatório em geral não pode criar grandes margens de liberdade à administração pública, sob pena de gerar grande insegurança àqueles que estão sujeitos a essas normas. Gabarito 1E, 2C.

(DEFENSORIA PÚBLICA DA UNIÃO – 2002 – CESPE) Julgue o seguinte item.

(1) A discricionariedade decorre, muitas vezes, da adoção pelo legislador de conceitos jurídicos indeterminados, que permitem ao administrador, no caso concreto, construir a solução adequada ao interesse público.

1: correta, pois tais conceitos jurídicos são abertos ou fluidos (ex: "bem comum", "interesse coletivo", "falta grave" etc), permitindo que o administrador, no caso concreto, busque a solução que esteja adequada ao interesse público; nessa situação, está-se, de fato, diante de ato discricionário, pois haverá margem de liberdade para o administrador público verificar, no caso concreto, a melhor medida a ser tomada para atender ao interesse público. Gabarito 1C.

(Magistratura do Trabalho – 9ª Região – 2009) Considere as seguintes proposições e assinale a correta:

(A) Ato administrativo é o ajuste que a administração pública, agindo nessa qualidade, firma com particular ou com outra entidade administrativa, para a consecução de objetivos de interesse público, nas condições estabelecidas pela própria administração.

(B) São requisitos do ato administrativo: competência, finalidade, forma, motivo, objeto e condição de revogabilidade.

(C) Atos administrativos vinculados são aqueles para os quais a lei estabelece os requisitos e condições de sua realização, e discricionários são os atos administrativos passíveis de revogação apenas pelo Poder Judiciário.

(D) O mérito do ato administrativo consubstancia-se na valoração dos motivos e na escolha do objeto do ato, feitas pela Administração incumbida de sua prática, quando autorizada a decidir sobre a conveniência, oportunidade e justiça do ato a realizar. É aspecto pertinente apenas aos atos administrativos praticados no exercício de competência discricionária, isto é, só abrange os elementos não vinculados do ato da Administração.

(E) Revogação é a declaração de invalidade de um ato administrativo ilegítimo ou ilegal, feita pela própria administração ou pelo Poder Judiciário.;

A: incorreta, pois a definição dada é de *convênio*, e não de *ato administrativo*; B: incorreta, pois os requisitos são só os cinco primeiros, não incluindo *condição de revogabilidade*; C: incorreta, pois a revogação, ao contrário do colocado na afirmativa, só pode ser feita pela Administração; D: correta, pois esse é o conceito de mérito trazido na doutrina, valendo lembrar que só o ato administrativo possibilita tal valoração, para verificar o *motivo* que justifica a prática do ato (quando) e o *objeto* do ato a ser praticado (como); nos atos vinculados, a lei já predefiniu, de modo claro e objetivo, *quando* e *como* o ato deve ser praticado; E: incorreta, pois a *revogação* incide sobre *atos inconvenientes ou inoportunos*, diferentemente da *invalidação*, que incide sobre atos *ilegais*. Gabarito "D".

(Auditor Fiscal/MG – 2005 – ESAF) Determinado particular ingressa com ação, pleiteando ao Poder Judiciário que modifique o conteúdo de um ato administrativo, alegando exclusivamente sua inconveniência. Em vista do fundamento apresentado para o pedido, o Poder Judiciário:

(A) poderá modificar o ato, diretamente, se entender que é, efetivamente, inconveniente.
(B) poderá obrigar a autoridade administrativa a modificá-lo.
(C) somente poderá modificar o ato se entender que foi editado em momento inoportuno, sem adentrar no exame quanto à sua conveniência.
(D) não poderá atender o pedido apresentado, por ser a conveniência aspecto relacionado à discricionariedade do administrador.
(E) não poderá atender o pedido, pois a intervenção do Poder Judiciário somente se justificaria se, a um só tempo, o ato fosse inconveniente e tivesse sido editado em momento claramente inoportuno.

A, B, C, D e E: O Judiciário não pode atender ao pedido, pois não compete a esse órgão a análise da conveniência e da oportunidade dos atos da administração pública dos outros poderes. Gabarito "D".

(Auditor Fiscal – Paraíba –FCC) É decorrência do regime jurídico do ato administrativo vinculado a:

(A) sua não sujeição ao controle jurisdicional, no que diz respeito ao seu mérito;
(B) impossibilidade de ser revogado por motivos de conveniência e oportunidade;
(C) desnecessidade de ser praticado em observância a expresso comando da lei;
(D) margem de escolha para o agente público decidir o conteúdo do ato;
(E) prescindibilidade da declaração dos motivos de sua edição.

A: incorreta, pois o ato vinculado não tem mérito, já que não há margem de liberdade nesse tipo de ato; nesse sentido, o Judiciário pode apreciar cada aspecto do ato vinculado; B: correta, pois, de fato, como o ato vinculado encerra apenas **uma** opção para o agente público, não pode ser revogado; C: incorreta, pois ao contrário do que está colocado na alternativa, no ato vinculado deve-se observar estritamente o comando expresso na lei; D: incorreta, pois, conforme já colocado, não há margem de liberdade para o agente público nos atos vinculados; E: incorreta, pois a regra é a de que todos os atos administrativos devem ser motivados, inclusive os vinculados; dê uma olhada no rol de atos que devem ser motivados (art. 50 da Lei 9.784/99); são quase todos os atos administrativos que a administração expede; assim, a motivação é *imprescindível*, e não *prescindível*. Gabarito "B".

(FGV – 2008) Assinale a alternativa correta.

(A) Em virtude de aspectos subjetivos da discricionariedade, é vedado ao Poder Judiciário apreciar a legalidade ou não dos atos discricionários.
(B) A discricionariedade implica o poder do administrador público de optar por determinada conduta, após valoração da conveniência e oportunidade administrativas.
(C) A atividade discricionária é suscetível de revogação, quando assim o entenda a Administração, mas há impedimento a que sobre ela se aplique a anulação.
(D) Ainda que haja certo grau de subjetividade na prática de atos discricionários, o motivo, a competência e o objeto são sempre elementos vinculados.
(E) Somente no Poder Executivo pode o administrador atuar com discricionariedade administrativa, e assim mesmo no exercício da função típica de gestão dos interesses públicos.

A: incorreta, pois o Judiciário pode, sim, apreciar a legalidade dos atos discricionários; B: correta, pois a discricionariedade, de fato, confere margem de liberdade para o administrador definir a conduta que melhor atende ao interesse público; C: incorreta, pois os atos discricionários podem ser tanto revogados (quando se tornarem inconvenientes), como anulados (quando forem ilegais); D: incorreta, pois a doutrina entende que a *competência*, a *forma* e a *finalidade* são sempre elementos vinculados; E: incorreta, pois também há Administração Pública no âmbito dos Poderes Legislativo e Judiciário, de modo que nestes Poderes também são expedidos atos administrativos vinculados e discricionários. Gabarito "B".

3.5. EXTINÇÃO DOS ATOS ADMINISTRATIVOS.

Segue resumo acerca das formas de extinção dos atos administrativos

- **Cumprimento de seus efeitos:** como exemplo, temos a autorização da Prefeitura para que seja feita uma festa na praça de uma cidade. Este ato administrativo se extingue no momento em que a festa termina, uma vez que seus efeitos foram cumpridos.

- **Desaparecimento do sujeito ou do objeto sobre o qual recai o ato:** morte de um servidor público, por exemplo.

- **Contraposição:** *extinção de um ato administrativo pela prática de outro antagônico em relação ao primeiro.* Ex.: com o ato de exoneração do servidor público, o ato de nomeação fica automaticamente extinto.

- **Renúncia:** extinção do ato por vontade do beneficiário deste.

- **Cassação:** *extinção de um ato que beneficia um particular por este não ter cumprido os deveres para dele continuar gozando.* Não se confunde com a revogação – que é a extinção do ato por não ser mais conveniente ao interesse público. Também difere da anulação – que é a extinção do ato por ser nulo. Como exemplo desse tipo de extinção tem-se a permissão para banca de jornal se instalar numa praça, cassada porque seu dono não paga o preço público devido; ou a autorização de porte de arma de fogo, cassada porque o beneficiário é detido ou abordado em estado de embriaguez ou sob efeito de entorpecentes (art. 10, § 2º, do Estatuto do Desarmamento – Lei 10.826/03).

- **Caducidade.** *Extinção de um ato porque a lei não mais o permite.* Trata-se de extinção por invalidade ou ilegalidade *superveniente*. Exs.: autorização para condutor de perua praticar sua atividade que se torna caduca por conta de lei posterior não mais permitir tal transporte na cidade; autorizações de porte de arma que caducaram 90 dias após a publicação do Estatuto do Desarmamento, conforme reza seu art. 29.

- **Revogação.** *Extinção de um ato administrativo legal ou de seus efeitos por outro ato administrativo, efetuada somente pela Administração, dada a existência de fato novo que o torne inconveniente ou inoportuno, respeitando-se os efeitos precedentes* (efeito "ex nunc"). Ex.: permissão para a mesma banca de jornal se instalar numa praça, revogada por estar atrapalhando o trânsito de pedestres, dado o aumento populacional, não havendo mais conveniência na sua manutenção.

O **sujeito ativo da revogação** é a *Administração Pública*, por meio da autoridade administrativa competente para o ato, podendo ser seu superior hierárquico. O Poder Judiciário nunca poderá revogar um ato administrativo, já que se limita a apreciar aspectos de legalidade (o que gera a anulação), e não de conveniência, salvo se se tratar de um ato administrativo da Administração Pública dele, como na hipótese em que um provimento do próprio Tribunal é revogado.

Quanto ao tema **objeto da revogação**, tem-se que este recai sobre o ato administrativo ou relação jurídica deste decorrente, salientando-se que o ato administrativo deve ser válido, pois, caso seja inválido, estaremos diante da hipótese que enseja anulação. Importante ressaltar que não é possível revogar um ato administrativo já extinto, dada a falta de utilidade em tal proceder, diferente do que se dá com a anulação de um ato extinto, que, por envolver a retroação de seus efeitos (a invalidação tem efeitos "ex tunc"), é útil e, portanto, possível.

O **fundamento da revogação** *é a mesma regra de competência que habilitou o administrador à prática do ato que está sendo revogado*, devendo-se lembrar que só há que se falar em revogação nas hipóteses de ato discricionário.

Já o **motivo da revogação** é a *inconveniência ou inoportunidade* da manutenção do ato ou da relação jurídica gerada por este. Isto é, o administrador público faz apreciação ulterior e conclui pela necessidade da revogação do ato para atender ao interesse público.

Quanto aos efeitos da revogação, esta suprime o ato ou seus efeitos, mas respeita os efeitos que já transcorreram. Trata-se, portanto, de eficácia "ex nunc".

Há **limites ao poder de revogar**. São atos irrevogáveis os seguintes atos: os que a lei assim declarar; os atos já exauridos, ou seja, que cumpriram seus efeitos; os atos vinculados, já que não se fala em conveniência ou oportunidade neste tipo de ato, em que o agente só tem uma opção; os meros ou puros atos administrativos (exs.: certidão, voto dentro de uma comissão de servidores); os atos de controle; os atos complexos (praticados por mais de um órgão em conjunto); e atos que geram direitos adquiridos. Os atos gerais ou regulamentares são, por sua natureza, revogáveis a qualquer tempo e em quaisquer circunstâncias, respeitando-se os efeitos produzidos.

- **Anulação (invalidação):** *extinção do ato administrativo ou de seus efeitos por outro ato administrativo ou por decisão judicial, por motivo de ilegalidade, com efeito retroativo ("ex tunc")*. Ex.: anulação da permissão para instalação de banca de jornal em bem público por ter sido conferida sem licitação.

O **sujeito ativo da invalidação** pode ser tanto o *administrador público* como o *juiz*. A Administração Pública poderá invalidar de ofício ou a requerimento do interessado. O Poder Judiciário, por sua vez, só poderá invalidar por provocação ou no bojo de uma lide. A possibilidade de o Poder Judiciário anular atos administrativos decorre do fato de estarmos num Estado de Direito (art. 1ª, CF), em que a lei deve ser obedecida por todos, e também por conta do princípio da inafastabilidade da jurisdição ("a lei não poderá excluir da apreciação do Poder Judiciário lesão ou ameaça de lesão a direito" – artigo 5º, XXXV) e da previsão constitucional do mandado de segurança, do "habeas data" e da ação popular.

O **objeto da invalidação** é o ato administrativo inválido ou os efeitos de tal ato (relação jurídica).

Seu **fundamento** é o dever de obediência ao princípio da legalidade. Não se pode conviver com a ilegalidade. Portanto, o ato nulo deve ser invalidado.

O **motivo da invalidação** é a *ilegalidade* do ato e da eventual relação jurídica por ele gerada. Hely Lopes Meirelles diz que o *motivo da anulação é a ilegalidade ou ilegitimidade* do ato, diferente do *motivo da revogação*, que é a inconveniência ou inoportunidade.

Quanto ao **prazo** para se efetivar a invalidação, o art. 54 da Lei 9.784/99 dispõe *"O direito da Administração de anular os atos administrativos de que decorram efeitos favoráveis para os destinatários decai em 5 (cinco) anos, contados da data em que foram praticados, salvo comprovada má-fé"*. Perceba-se que tal disposição só vale para atos administrativos em geral de que decorram efeitos favoráveis ao agente (ex.: permissão, licença) e que tal decadência só aproveita ao particular se este estiver de boa-fé. A regra do art. 54 contém ainda os seguintes parágrafos: § 1º: *"No caso de efeitos patrimoniais contínuos, o prazo de decadência contar-se-á da percepção do primeiro pagamento"*; § 2º: *"Considera-se exercício do direito de anular qualquer medida de autoridade administrativa que importe impugnação à validade do ato"*.

No que concerne aos **efeitos da invalidação**, como o ato nulo já nasce com a sanção de nulidade, a declaração se dá retroativamente, ou seja, com efeito "ex tunc". Invalidam-se as consequências passadas, presentes e futuras do ato. Do ato ilegal não nascem direitos. A anulação importa no desfazimento do vínculo e no retorno das partes ao estado anterior. Tal regra é atenuada em face dos terceiros de boa-fé. Assim, a anulação de uma nomeação de um agente público surte efeitos em relação a este (que é parte da relação jurídica anulada), mas não em relação aos terceiros que sofreram consequências dos atos por este praticados, desde que tais atos respeitem a lei quanto aos demais aspectos.

(**Magistratura/AL – 2008 – CESPE**) Um empresário obteve, junto ao órgão competente da prefeitura, alvará de construção para erguer, em lote de sua propriedade, um empreendimento comercial. Contudo, o MP, por meio de recomendação, contestou a concessão do alvará em razão de a área ser destinada a fins residenciais. Alegou, ainda, que não foram exigidos do empresário documentos imprescindíveis à concessão do alvará, tais como estudo de impacto ambiental e estudo de impacto de vizinhança. Além disso, em atenção ao princípio da gestão democrática das cidades, alegou que deveria ter havido audiência pública com a população local. Considerando a situação hipotética acima, assinale a opção correta.

(A) O prefeito do município, caso resolva acatar os argumentos do MP, deverá anular o alvará.
(B) Caso seja provocado pelo MP, o Poder Judiciário não poderá apreciar a questão, visto que se trata de ato discricionário do prefeito.
(C) O prefeito não poderá invalidar o alvará, visto tratar-se de ato jurídico perfeito.
(D) O empresário tem direito líquido e certo de erguer o empreendimento nos moldes contidos no alvará.
(E) Trata-se de ato discricionário do prefeito, não cabendo ao MP imiscuir-se nesse assunto.

A: correta, pois, de fato, se os argumentos do MP forem adequados, está-se diante de ilegalidades, o que leva à anulação do ato; B: incorreta, a licença para construir é um ato vinculado; C: incorreta, pois o fato de se tratar de um ato jurídico perfeito significa que o ato cumpriu todos os requisitos para sua existência e produção de efeitos, mas não significa que o ato é válido; não sendo o ato válido, é caso de proceder à sua invalidação; D: incorreta, pois se o alvará for válido, o direito existe; se não for, não há que se falar em direito líquido e certo; E: incorreta, pois, como já dito, a licença para construir é um ato vinculado. Gabarito "A".

(**Magistratura/BA – 2006 – CESPE**) No que se refere aos atos administrativos, julgue o item seguinte.

(1) Sempre que a administração pública se deparar com a prática de ato administrativo nulo, deverá invalidá-lo e repor a situação no *status quo ante*, independentemente de provocação da parte interessada, devido a seu poder de autotutela. Essa atitude é decorrência do princípio da legalidade, pois a doutrina não admite que o poder público aceite a persistência dos efeitos de atos praticados em desconformidade com o direito.

1: errado. Cuidado com a palavra "sempre". Dificilmente uma afirmação é correta quando traz uma palavra tão peremptória. Um ato nulo, como regra, deve ser objeto de anulação. Porém, pode haver decadência do direito de anular (art. 54 da Lei 9.784/99), ou até mesmo **conversão** do ato nulo. Conversão é o aproveitamento de um ato nulo numa categoria de atos em que é válido. Nesses dois casos (decadência e conversão) não haverá invalidação, daí porque não se pode dizer que sempre que um ato for nulo ele deve ser invalidado. Gabarito 1E.

(**Magistratura/MS – 2008 – FGV**) O Município X autoriza um particular a estacionar veículos particulares em terreno público municipal. Passados dois meses, um fiscal da prefeitura verifica que tal atividade está gerando danos ao meio ambiente. A Administração Pública Municipal deverá:

(A) anular seu ato de ofício.
(B) suspender a autorização concedida, após a oitiva do particular interessado.
(C) ajuizar ação de nulidade de autorização.
(D) ajuizar ação possessória para reaver o bem.
(E) revogar o ato de ofício.

Pelo princípio da autotutela, o Município X não precisa levar o caso ao Judiciário, de modo que estão excluídas as alternativas "C" e "D". Também não é o caso de anular a autorização, pois não há indicação no enunciado que o ato administrativo foi expedido com ilegalidade, de modo que não é o caso de marcar a alternativa "A". Suspender a autorização (alternativa "B") também não resolve o problema. Assim, o caso é de **revogar** a autorização, já que esta, com esse fato novo, ficou inconveniente. Se os danos ao meio ambiente tivessem sido decorrência do descumprimento de obrigações estipuladas no próprio termo de autorização, o caso seria de cassação. Gabarito "E".

(Magistratura/PA – 2009 – FGV) Com base na Lei 9.784/99, analise as afirmativas a seguir.

I. O direito da Administração de anular os atos administrativos de que decorram efeitos favoráveis para os destinatários decai em cinco anos, contados da data em que foram praticados, salvo comprovada má-fé.
II. O prazo de decadência, na hipótese de efeitos patrimoniais contínuos, será contado a partir da percepção do primeiro pagamento.
III. A convalidação é da competência privativa da própria Administração, logo, é incabível que o órgão jurisdicional pratique a convalidação de atos administrativos, a menos que se trate de seus próprios atos administrativos.
IV. Na revogação, a Administração Pública atua com discricionariedade, exercendo o poder de autotutela quanto a motivos de mérito, avaliando a conveniência e a oportunidade de suprimir o ato administrativo.

Assinale:
(A) se somente as afirmativas I e IV estiverem corretas.
(B) se somente as afirmativas III e IV estiverem corretas.
(C) se somente as afirmativas I, II e III estiverem corretas.
(D) se somente as afirmativas II, III e IV estiverem corretas.
(E) se todas as afirmativas estiverem corretas.

I: correta (art. 54, *caput*, da Lei 9.784/99); II: correta (art. 54, § 1º, da Lei 9.784/99); III: correta (art. 55 da Lei 9.784/99); IV: correta, pois a revogação incide sobre atos discricionários, e, assim sendo, importa na análise de questões de mérito, ou seja, em critérios de conveniência e oportunidade. Gabarito "E".

(Magistratura/PR – 2010 – PUC/PR) Em relação ao regime jurídico do Ato Administrativo, assinale a alternativa CORRETA:

(A) Um ato administrativo eficaz extingue-se pelo cumprimento de seus efeitos, seja pelo esgotamento do conteúdo jurídico, seja pela execução material, seja pelo implemento de condição resolutiva ou termo final, assim como extingue-se pelo desaparecimento do sujeito ou objeto da relação jurídica constituída pelo ato, pela retirada do ato ou ainda pela renúncia.
(B) Na discricionariedade administrativa a norma reguladora não carece de precisão porque descreve antecipadamente a situação em vista da qual será suscitado o comportamento administrativo. Por tal razão todo ato discricionário terá aspectos vinculados.
(C) Pela teoria dos motivos determinantes, o motivo fornecido ao ato pode, dentro dos limites da lei, ser substituído, determinando-se em concreto pelo Administrador.
(D) O motivo da revogação é a inconveniência do ato e necessariamente também se reproduz numa ilegalidade.

A: correta, pois as quatro formas de extinção do ato administrativo mencionadas foram corretamente apresentadas (*cumprimento de seus efeitos, desaparecimento do sujeito ou do objeto, retirada do ato* e *renúncia*); vale lembrar que, dentro da retirada do ato, há a anulação, a revogação e a cassação; B: incorreta, pois, apesar de em todo ato administrativo haver aspectos vinculados, tornando verdadeira a parte final da alternativa, é errôneo dizer que, na discricionariedade, descreve-se a situação em vista da qual será suscitado o comportamento administrativo, pois um dos casos de ato discricionário é justamente aquele em que a lei descreve precisamente a situação em que o agente público deve agir; C: incorreta, pois o motivo fornecido para a prática do ato fica a este ligado de tal maneira que, provando a inexistência ou a inadequação do motivo, o ato será considerado inválido; portanto, o motivo invocado não pode ser trocado; D: incorreta, pois o motivo da revogação é a *inconveniência* do ato, e não a *ilegalidade* deste; ocorrendo ilegalidade, o ato deve ser *anulado*, e não *revogado*. Gabarito "A".

(Magistratura/PR – 2008) Assinale a alternativa correta:
(A) os atos administrativos estão sujeitos ao controle jurisdicional.
(B) os atos administrativos ilegais e ilegítimos são passíveis de revogação.
(C) os atos administrativos legais e legítimos são passíveis de anulação.
(D) todas as alternativas anteriores estão corretas.

A: está correta, pois nenhuma lesão ou ameaça de lesão a direito pode ser subtraída da apreciação do Judiciário (art. 5º, XXXV, da CF); B: incorreta, pois atos *ilegais* devem ser anulados, e não revogados; C: incorreta, pois atos legais e legítimos não podem ser anulados; caso atos dessa natureza se tornem inconvenientes cabe revogação; D: incorreta, pois, em virtude dos comentários anteriores, somente a alternativa "A" está correta. Gabarito "A".

(Magistratura/SC – 2008) Observadas as proposições abaixo, referentes aos atos administrativos, assinale a alternativa correta:

I. Podem ser revogados por conveniência e oportunidade.
II. Podem ser anulados por ilegalidade.
III. Podem ser revogados pelo agente que o praticou ou por seu superior hierárquico.
IV. Podem ser anulados pela Administração Pública ou pelo Poder Judiciário.

(A) Somente a proposição III é incorreta
(B) Todas as proposições são incorretas
(C) Somente as proposições I e II são corretas
(D) Somente as proposições III e IV são corretas
(E) Todas as proposições são corretas

I: correta, pois atos inconvenientes podem ser revogados; II: correta, pois atos ilegais devem ser anulados; III: correta, pois a revogação pode ser feita por quem praticou o ato ou por seu superior hierárquico; IV: correta, pois os atos ilegais podem ser anulados pela Administração e pelo Judiciário; já os atos inconvenientes, só podem ser revogados pela Administração. Gabarito "E".

(Magistratura/SP – 2007) A invalidação dos atos administrativos inconvenientes, inoportunos ou ilegítimos constitui tema de alto interesse tanto para a Administração como para o Judiciário, uma vez que a ambos cabe, em determinadas circunstâncias, desfazer os que se revelarem inadequados aos fins visados pelo Poder Público ou contrários às normas legais que os regem. A faculdade de invalidação dos atos administrativos pela própria Administração é bem mais ampla do que aquela concedida à Justiça. Donde se afirmar que a Administração controla seus próprios atos em toda a plenitude. Isto considerado, é correto afirmar que

(A) o controle judiciário se restringe ao exame estrito da legalidade, sem possibilidade de incursão pelo princípio da moralidade.
(B) a revogação opera ex tunc, ou seja, desde a data em que o ato inconveniente foi editado.
(C) os atos administrativos especiais ou individuais são irrevogáveis, ainda que inconvenientes para a Administração.
(D) a anulação é a declaração de invalidação de um ato administrativo feita pela própria Administração ou pelo Judiciário.

A: incorreta, pois o Judiciário pode analisar aspectos de legalidade, razoabilidade e moralidade dos atos administrativos; B: incorreta, pois a revogação opera *ex nunc*, isso porque *só atos válidos* podem ser revogados, de modo que não há vício anterior que justifique efeitos *ex tunc* à revogação; C: incorreta, pois o fato de um ato ser especial ou individual não é limite à revogação; são irrevogáveis apenas os seguintes atos: os que geram direito adquirido, os atos vinculados, os atos já exauridos e os meros ou puros atos administrativos; D: está correta, pois os atos ilegais podem ser anulados pela Administração e pelo Judiciário; já os atos inconvenientes, só podem ser revogados pela Administração. Gabarito "D".

(Ministério Público/ES – 2010 – CESPE) Assinale a opção correta com referência à teoria dos atos administrativos.

(A) Como faculdade de que dispõe a administração para extinguir os atos que considera inconvenientes e inoportunos, a revogação pode atingir tanto os atos discricionários como os vinculados.
(B) Ato administrativo simples é o que emana da vontade de um só órgão administrativo, sendo o órgão singular, não colegiado.
(C) Todos os atos administrativos dispõem da característica da autoexecutoriedade, isto é, o ato, tão logo praticado, pode ser imediatamente executado, sem necessidade de intervenção do Poder Judiciário.
(D) A perfeição do ato administrativo diz respeito à conformidade do ato com a lei ou com outro ato de grau mais elevado, e, nesse sentido, ato imperfeito é o ato praticado em dissonância com as normas que o regem.
(E) Pela conversão, a administração converte um ato inválido em ato de outra categoria, com efeitos retroativos à data do ato original.

A: incorreta, pois somente se revoga atos discricionários, pois tais atos são os únicos em que há mais de uma possibilidade de atuação para o agente público, que, portanto, pode praticar o ato hoje e, amanhã, por fato novo, pode revogá-lo; nos atos vinculados o agente está *vinculado* a tomar um tipo de medida somente, de modo que não cabe revogar um ato vinculado, já que ou o ato foi praticado conforme a lei (e será mantido para sempre assim) ou o ato violou a lei (e será anulado, e não revogado); B: incorreta, pois ato simples é aquele praticado por um órgão somente, seja esse órgão simples (uma autoridade), seja colegiado (uma comissão de licitação, com três integrantes); C: incorreta, pois a autoexecutoriedade só existe quando a lei expressamente autorizar ou quando não houver tempo de buscar a prestação jurisdicional; D: incorreta, pois a *perfeição* significa que o ato já completou o ciclo para a sua *formação* (sua *existência*), não tendo relação alguma com a *validade* do ato, ou seja, com a conformidade do ato com a lei; há três planos distintos, quais sejam, existência, validade e eficácia, e a perfeição diz respeito ao primeiro plano; E: correta, valendo lembrar que a conversão incide sobre atos nulos, e não os aproveita na situação original, mas sim em uma situação em que o ato será válido (ex.: converte-se uma permissão de uso de bem público, concedida sem licitação, numa autorização de uso de bem público, que não requer licitação); a convalidação, por sua vez, incide sobre atos anuláveis, e mantém o ato na situação original (ex.: convalida-se uma permissão de uso de bem público, concedida por uma autoridade com incompetência relativa, mantendo-se a própria permissão de uso concedida, mediante ratificação pela autoridade competente). Gabarito "E".

(Ministério Público/RS – 2009) Sobre o ato administrativo lícito da administração pública, é correto dizer que

(A) ele pode ser revogado desde que não tenha operado efeitos no patrimônio do seu titular.
(B) ele é passível de revogação a qualquer tempo, tendo a revogação efeito declaratório.
(C) ele, segundo boa parte da doutrina, pode levar à reparação dos danos que venha a representar para terceiros.
(D) quando ato vinculado - em regra - é suscetível à revogação.
(E) sua revogação pode atingir àqueles atos denominados como meros atos administrativos, tais como, a expedição de certidões, de pareceres e de atestados.

A: incorreta, pois, mesmo que um ato tenha operado efeitos no patrimônio do seu titular, caso passe a ser inconveniente, pode ser revogado (ex.: revogação de uma permissão de uso de bem público); caso a Administração queira revogar um vínculo mais forte, como é uma concessão, mesmo assim o concessionário tem que aceitar a revogação, havendo como diferença apenas o fato de que o concessionário terá direito de ser indenizado; por fim, vale ressaltar que a revogação só não é possível quando opera efeito no patrimônio do titular do ato, caso os efeitos operados gerem direito adquirido; B: incorreta, pois a revogação desconstitui o ato administrativo revogado, de modo que seu efeito não é *declaratório*, mas *constitutivo negativo*; C: correta, valendo trazer como exemplo a revogação de um ato com natureza contratual, como é o da concessão de serviço público; D: incorreta, pois somente os atos discricionários são passíveis de revogação, porque só estes permitem mais de uma opção ao administrador público; E: incorreta, pois tais atos são irrevogáveis, segundo a doutrina; aliás, é bom lembrar que são irrevogáveis os seguintes atos: os que geram direitos adquiridos, os vinculados, os exauridos, os ilegais (pois a ilegalidade impõe a anulação, e não a revogação) e os meros atos administrativos (certidões, pareceres, atestados etc.). Gabarito "C".

(Procurador do Estado/CE – 2008 – CESPE) Com relação aos atos administrativos, assinale a opção correta.

(A) A revogação do ato administrativo incide sobre ato inválido.
(B) A revogação do ato administrativo tem efeitos *ex tunc*.
(C) Somente a administração pública possui competência para revogar os atos administrativos por ela praticados.
(D) O Poder Legislativo pode invalidar atos administrativos praticados pelos demais poderes.
(E) O ato administrativo discricionário é insuscetível de exame pelo Poder Judiciário.

A: incorreta, pois se um ato for inválido (ilegal), o caso é de anulação; apenas os atos válidos (mas inconvenientes) podem ser revogados; B: incorreta, pois a revogação produz efeitos *ex nunc*; C: correta, pois, de fato, somente a administração pode revogar os atos administrativos; isso porque somente ela tem condições de analisar a conveniência e a oportunidade de manter certos atos; D: incorreta, pois o Legislativo não tem competência para invalidar atos administrativos praticados pelos demais poderes; o máximo que o legislativo pode fazer, nesse setor, é sustar os atos normativos do Poder Executivo que exorbitem do poder regulamentar ou dos limites de delegação legislativa; E: incorreta, pois o Judiciário pode apreciar os aspectos de legalidade, moralidade e razoabilidade dos atos discricionários. Gabarito "C".

(Procurador do Município/Florianópolis-SC – 2010 – FEPESE) Assinale a alternativa **incorreta**, em relação ao ato administrativo.

(A) Competência, finalidade, forma, motivo e objeto são requisitos do ato administrativo.
(B) O ato discricionário, quando motivado, fica vinculado ao motivo que lhe serviu de suporte, com o que, se verificado ser o mesmo falso ou inexistente, deixa de subsistir.
(C) O ato administrativo pode ter forma escrita, oral ou por símbolos.
(D) A revogação do ato administrativo, porque fundada na conveniência e oportunidade, opera efeitos "ex tunc".
(E) Quando concluído, o ato administrativo considera-se perfeito, ainda que lhe falte a eficácia e a validade.

A: assertiva correta, pois traz os requisitos ou elementos do ato administrativo; B: assertiva correta, nos termos da Teoria dos Motivos Determinantes; C: assertiva correta, sendo certo que, como regra, o ato administrativo deve ser escrito, mas há situações, como nos atos de polícia de trânsito, em que se admite atos verbais ou por símbolos; D: assertiva incorreta, devendo ser assinalada; a revogação do ato administrativo opera efeitos *ex nunc*, e não *ex tunc*; E: assertiva correta, pois a perfeição consiste na conclusão do ciclo formativo do ato, relacionando-se, assim, com o plano da existência, que é independente dos planos da eficácia e da validade. Gabarito "D".

(Defensoria/RN – 2006) A declaração de nulidade do ato administrativo

(A) tem como fundamento a discricionariedade administrativa.
(B) pode convalescer com o tempo
(C) produz efeitos que retroagem à data do ato.
(D) fundamenta-se na inafastabilidade da jurisdição.

A: incorreta, pois o *motivo* da declaração de nulidade é a *ilegalidade* e o *fundamento* dessa declaração é o *princípio da legalidade*; B: incorreta, pois a *declaração de nulidade* não convalesce, mas, sim, a *invalidade*, findo o prazo decadencial (v. art. 54 da Lei 9.784/99); C: correta, pois, de fato, a declaração de nulidade tem efeito *ex tunc*; D: incorreta, pois, o fundamento, como já dito, é o *princípio da legalidade*. Gabarito "C".

(Cartório/SE – 2007 – CESPE) Julgue o item seguinte.

(1) O STF, em posição já tradicional de sua jurisprudência, classificou os atos administrativos eivados de vícios em ilegais, inconvenientes ou inoportunos, dizendo serem os ilegais passíveis de anulação, e os últimos, de revogação, mas, em qualquer dos casos, os direitos existentes devem ser sempre respeitados, por terem sido incorporados na esfera jurídica do indivíduo.

1: errado (Súmula 473 do STF e art. 53 da Lei 9.784/99). Gabarito "E".

(Cartório/SP – VI – VUNESP) A infringência à legalidade por um ato administrativo, sob o ponto de vista abstrato, sempre será prejudicial ao interesse público; por outro lado, quando analisada em face das circunstâncias do caso concreto, nem sempre sua anulação será a melhor solução. Em face da dinâmica das relações jurídicas sociais, haverá casos em que o próprio interesse da coletividade será melhor atendido com a subsistência do ato nascido de forma irregular.

(STJ, RMS 25.652/PB, Ministro Napoleão Nunes Maia Filho, j. 16.09.2008, DJe 13.10.2008).

Dessa leitura, é possível afirmar a orientação do julgado, apontando para

(A) a convalidação dos efeitos de atos ilegais, em situações reversíveis, pelo princípio da autotutela.
(B) o poder-dever absoluto da Administração de recomposição da ordem jurídica violada, pelo princípio da efetividade.
(C) a prevalência do princípio da segurança jurídica na ponderação dos valores em questão (legalidade vs segurança).
(D) o controle temperado da legalidade do ato administrativo, pelo princípio da desafetação razoável.

De fato, o princípio da segurança jurídica é capaz de preponderar sobre o princípio da legalidade, quando algum elemento do caso concreto, tal como a boa-fé e o decurso do tempo, atua em favor da manutenção do ato ilegal como forma de atender ao próprio interesse público. Vide, por exemplo, a regra do art. 54 da Lei 9.784/99. Gabarito "C".

(Delegado/SC – 2008) Complete as lacunas na frase a seguir e assinale a alternativa correta. A _____ é a supressão de um ato administrativo legítimo e eficaz realizado pelo (a) _____. O ato ilegal ou ilegítimo ensejará a _____.

(A) revogação - Administração Pública - anulação
(B) anulação - Judiciário - revogação
(C) revogação - Judiciário - anulação
(D) anulação - Administração Pública – revogação

De fato, atos legais são passíveis de revogação, se inconvenientes. E esta só pode ser feita pela Administração. Os atos ilegais são passíveis de anulação. Gabarito "A".

(Magistratura Federal/3ª Região – 2010) Em relação a invalidade dos atos administrativos é incorreto afirmar que:

(A) Assim como no direito civil a nulidade parcial de um ato administrativo não o prejudicará na parte válida se esta for separável;
(B) A nulidade dos atos administrativos conexos, tal como a dos atos administrativos especiais referentes a vários sujeitos, rege-se pelo principio de que o útil não se vicia pelo inútil (utile per inutile non vitiatur);
(C) Em procedimento administrativo, ou seja, numa série de atos conexos, invalidado um dos parciais, subsistem os que dele não sejam conseqüentes ou dependentes;
(D) Os atos jurídicos nulos e os anuláveis produzem efeitos distintos em relação a terceiros de boa-fé.

A: correto, nos termos do princípio do aproveitamento da parte válida (art. 184 do Código Civil); B: correto, pois o princípio de que a parte útil não vicia a parte inútil decorre da própria regra citada no comentário à alternativa anterior; C: correto, também nos termos do art. 184 do Código Civil; D: incorreto, pois os terceiros de boa-fé, nos dois casos, não podem ser prejudicados, havendo regra expressa nesse sentido, inclusive no caso de atos anuláveis (art. 172 do Código Civil). Gabarito "D".

(Procurador Federal – 2010 – CESPE) Julgue os seguintes itens, acerca do ato administrativo.

(1) O ato de delegação não retira a atribuição da autoridade delegante, que continua competente cumulativamente com a autoridade delegada para o exercício da função.
(2) A anulação ou revogação de ato administrativo que beneficie o interessado, nos processos que tramitem no TCU, deve respeitar o contraditório e a ampla defesa, o que se aplica, por exemplo, à apreciação da legalidade do ato de concessão inicial de aposentadoria, reforma e pensão.
(3) O ato administrativo pode ser inválido e, ainda assim, eficaz, quando, apesar de não se achar conformado às exigências normativas, produzir os efeitos que lhe seriam inerentes, mas não é possível que o ato administrativo seja, ao mesmo tempo, perfeito, inválido e eficaz.

1: correta, pois a delegação é sempre parcial (art. 12, caput, da Lei 9.784/99) e, não bastasse, delega-se apenas o *exercício* (parcial) da competência, e não a *titularidade* desta; 2: incorreta, nos termos da Súmula Vinculante/STF nº 3 ("Nos processos perante o Tribunal de Contas da União asseguram-se o contraditório e a ampla defesa quando da decisão puder resultar anulação ou revogação de ato administrativo que beneficie o interessado, **excetuada** a apreciação da legalidade do ato de concessão inicial de aposentadoria, reforma e pensão"); 3: incorreta, pois a perfeição significa mera *existência* do ato, que, todavia, pode ser *inválido*, por não estar em conformidade com a lei, mas *eficaz*, no sentido de ter produzido alguns efeitos pela ausência de sua invalidação no transcurso do tempo. Gabarito 1C, 2E, 3E.

(Procurador Federal – 2010 – CESPE) Julgue o seguinte item.

(1) Gustavo, servidor público federal, foi beneficiado por ascensões funcionais ocorridas entre 1993 e 1995. No entanto, o TCU, por ocasião do registro da aposentadoria desse servidor, verificou que aquelas ascensões funcionais foram praticadas em desconformidade com a lei, razão pela qual determinou, sem que fosse intimado o servidor, que o registro do ato de aposentadoria fosse feito com base no que prescrevia a lei. Nessa situação, a decisão do TCU será legal, já que não houve, na espécie, decadência nem violação ao princípio do contraditório.

1: Incorreta, pois, após 5 anos da prática do ato ilegal ocorre a decadência do direito da Administração de anular o ato praticado (art. 54 da Lei 9.784/99). Gabarito 1E.

(DEFENSORIA PÚBLICA DA UNIÃO – 2004 – CESPE) Julgue o seguinte item.

(1) A anulação e a revogação do ato administrativo não são as únicas causas possíveis para a extinção dele. A realização total dos efeitos do ato, o implemento de condição resolutiva e o desaparecimento do sujeito ou do objeto do ato também o são.

1: correto; todas as causas citadas realmente são causas de extinção do ato administrativo, valendo acrescentar também as seguintes: renúncia, contraposição, cassação e caducidade. Gabarito 1C.

(MAGISTRATURA DO TRABALHO – 1ª REGIÃO – 2010 – CESPE) Acerca do controle jurisdicional de legalidade e da nulidade dos atos administrativos, assinale a opção correta.

(A) Não cabe controle jurisdicional dos atos administrativos praticados no exercício de competência discricionária, pois a discricionariedade implica liberdade de atuação da autoridade administrativa.
(B) O controle jurisdicional da administração incide sobre atos administrativos ou materiais praticados pelo Poder Executivo, mas não sobre atos dos Poderes Legislativo e Judiciário.
(C) São nulos os atos administrativos de conteúdo ou objeto ilícito, não sendo possível, portanto, sua convalidação.
(D) Os atos praticados com desvio de poder são anuláveis e, como podem ser praticados novamente sem vício, são considerados convalidáveis.
(E) O controle jurisdicional da administração é realizado a posteriori, depois que os atos administrativos são produzidos e ingressam no rol das normas jurídicas, não sendo, pois, admissível, no ordenamento jurídico brasileiro, controle prévio do Poder Judiciário sobre esses atos.

A: incorreta, pois o ato discricionário pode ser controlado nos aspectos de legalidade, incluindo o respeito à razoabilidade e à moralidade; B: incorreta, pois o controle jurisdicional incide também sobre os atos administrativos dos Poderes Legislativo e Judiciário; C: correta, valendo salientar que a ilegalidade do objeto é vício tão grave, que não admite convalidação, por estar configurada a nulidade absoluta; D: incorreta, pois o desvio de poder também encerra vício gravíssimo, que gera a nulidade absoluta do ato, não se admitindo a convalidação; E: incorreta, pois nenhuma lesão ou *ameaça de lesão* a direito será subtraída da apreciação do Judiciário (art. 5º, XXXV, da CF). Gabarito "C".

(Magistratura do Trabalho – 24ª Região – 2007) Quanto à revogação dos atos administrativos:

I. Revogação é a extinção de um ato administrativo ou de seus efeitos por outro ato administrativo, efetuada por razões de conveniência e oportunidade, respeitados os efeitos precedentes.
II. O objeto da revogação é um ato administrativo válido ou uma relação jurídica válida dele decorrente. Na revogação não se busca restaurar legitimidade violada, mas atender a uma conveniência administrativa.
III. A revogação suprime um ato ou seus efeitos, mas respeita os efeitos que já transcorreram; portanto, o ato revogador tem sempre eficácia ex nunc.
IV. Podem ser revogados: os atos vinculados, enquanto o sejam; os atos que exauriram seus efeitos; os chamados meros atos administrativos.
V. Revogação é a supressão de um ato administrativo ou da relação jurídica dele nascida, por haverem sido produzidos em desconformidade com a ordem jurídica.

O que fundamenta a revogação é o dever de obediência à legalidade, o que implica obrigação de restaurá-la. A revogação atinge o ato desde o início, portanto, retroativamente. RESPONDA:

(A) Apenas as proposições IV e V estão incorretas.
(B) Apenas a proposição V esta incorreta.
(C) Apenas a proposição V está correta.
(D) Apenas as proposições I e II estão corretas.
(E) Todas as proposições estão incorretas.

As proposições I, II e III estão corretas. A proposição IV está incorreta, pois **não** podem ser revogados os atos ali enumerados. E a proposição V está incorreta, pois o **motivo** da revogação não é a desconformidade com a ordem jurídica (a ilegalidade), mas sim a inconveniência da manutenção do ato. Já o **fundamento** da revogação não é o dever de obediência o princípio da legalidade, mas sim a mesma regra de competência que foi utilizada para a expedição do ato. E os efeitos da revogação são *ex nunc*, ou seja, não retroagem. Gabarito "A".

(Magistratura do Trabalho – 14ª Região – 2006) Analise as proposições dadas:

I. Em relação aos poderes da administração, mesmo nos atos praticados no exercício do poder discricionário, há certos aspectos ou elementos do ato que são vinculados.

II. A competência administrativa de invalidação de ato administrativo viciado é vinculativa, exigindo a presença dos requisitos conveniência e oportunidade.

III. Ato administrativo inválido que admite a convalidação é aquele cujo conteúdo não é atingido pelo vício, permitindo a preservação de seus efeitos jurídicos mediante a expedição de outro ato administrativo.

IV. A revogação do ato administrativo opera efeito *ex nunc*; a anulação, efeito *ex tunc*.

(A) todas as proposições estão corretas;
(B) apenas as proposições I, II e IV estão corretas;
(C) apenas a proposição IV está incorreta;
(D) apenas a proposição I está correta;
(E) apenas a proposição II está incorreta.

As proposições I, III e IV estão corretas. A proposição II está incorreta, pois o *motivo* da invalidação não é a inconveniência, mas sim a ilegalidade. Gabarito "E".

(Agente Fiscal de Rendas do Estado de São Paulo – 2006 – FCC) A Súmula n. 473 do Supremo Tribunal Federal assim dispõe: "A Administração pode anular seus próprios atos, quando eivados de vícios que os tornam ilegais, porque deles não se originam direitos; ou revogá-los, por motivo de conveniência e oportunidade, respeitados os direitos adquiridos, e ressalvada, em todos os casos, a apreciação judicial". Daí decorre:

(A) a anulação dos atos administrativos pela Administração não depende de manifestação judicial, prévia ou posterior;
(B) não se caracterizam direitos adquiridos a partir de atos administrativos tidos por inconvenientes ou inoportunos;
(C) a revogação dos atos administrativos pela Administração depende de prévia apreciação judicial;
(D) apenas a Administração pode anular atos administrativos;
(E) a apreciação judicial da revogação dos atos administrativos dá-se quanto aos aspectos de conveniência e oportunidade.

A: está correta, pois a administração, por si só, pode anular e revogar seus atos; a parte final da súmula, em que se diz "ressalvada, em todos os casos, a apreciação judicial", tem o sentido de deixar claro que o prejudicado com uma anulação ou uma revogação feita pela administração pode buscar seus direitos junto ao Judiciário; B: está incorreta, pois um ato administrativo que gera direito adquirido, mesmo que se torne inconveniente para a administração, deve ser respeitado; C: está incorreta, pois a revogação (e a anulação também) pode ser realizada pela administração independentemente de prévia apreciação judicial; o próprio nome do princípio definido na súmula (princípio da autotutela) já passa essa mensagem; D: está incorreta, pois a Administração e o Judiciário podem anular atos administrativos; E: está incorreta, o Judiciário só analisa a legalidade da revogação (por ex., pode analisar se autoridade que revogou é competente), e não aspectos de conveniência e oportunidade. Gabarito "A".

(Auditor Fiscal Municipal – São Paulo/SP – 2007 – FCC) Para responder, considere a Súmula 473 do Supremo Tribunal Federal: "A Administração pode anular seus próprios atos, quando eivados de vícios que os tornam ilegais, porque deles não se originam direitos; ou revogá-los, por motivo de conveniência e oportunidade, respeitados os direitos adquiridos, e ressalvada, em todos os casos, a apreciação judicial".

Sabendo-se que o mérito dos atos administrativos é identificado com os conceitos de conveniência e oportunidade, decorre da Súmula que:

(A) somente a Administração pode anular seus atos, por motivo de ilegalidade;
(B) sempre poderá haver apreciação judicial sobre o mérito dos atos administrativos;
(C) tanto a Administração como o Poder Judiciário podem revogar atos administrativos, por motivo de mérito;
(D) a anulação de um ato ilegal só produz efeitos após a apreciação judicial;
(E) a Administração não depende do Poder Judiciário para anular seus atos ilegais.

A: incorreta, pois a Administração e o Judiciário podem anular o ato administrativo; B: incorreta, pois mérito, que é a margem de liberdade que remanescer ao agente público, é justamente a parte do ato que não pode ser apreciada pelo poder judiciário; para quem entende que mérito é o que sobrou depois de vistos os aspectos de legalidade do ato, a alternativa também está incorreta, pois, nesse caso, caberia ao Judiciário apenas analisar aspectos de razoabilidade e moralidade, não sendo correto dizer que "sempre" poderá haver apreciação judicial sobre o mérito; C: incorreta, pois somente a Administração pode revogar atos administrativos; o Judiciário só pode revogar atos administrativos expedidos por ele próprio, mas não pode revogar os atos administrativos expedidos pelos outros poderes; D e E: a anulação de um ato pela administração independe de apreciação judicial. Gabarito "E".

(Auditor Fiscal Municipal – São Paulo/SP – 2007 – FCC) Para responder, considere a Súmula 473 do Supremo Tribunal Federal: "A Administração pode anular seus próprios atos, quando eivados de vícios que os tornam ilegais, porque deles não se originam direitos; ou revogá-los, por motivo de conveniência e oportunidade, respeitados os direitos adquiridos, e ressalvada, em todos os casos, a apreciação judicial".

A existência de direitos adquiridos:

(A) impede a anulação de um ato administrativo;
(B) em matéria de atos administrativos depende da apreciação jurisdicional;
(C) não se aplica em matéria de atos administrativos;
(D) impõe que a revogação de um ato administrativo os respeite;
(E) não afeta a anulação ou a revogação de um ato administrativo.

A: incorreta, pois não se pode alegar direito adquirido quando esse "direito" decorre de uma ilegalidade; dessa forma, não é correto dizer que a existência de direitos adquiridos impede a anulação de um ato administrativo; B e C: incorretas, pois não é necessário pronunciamento judicial para que de um ato administrativo nasça um direito adquirido; por ex., uma aposentadoria concedida a um servidor público, se feita nos termos da lei, gera direito adquirido a este independentemente de aprovação judicial; D: correta, pois, de fato, não pode haver revogação de um direito adquirido; aliás, nem mesmo a lei pode prejudicar um direito adquirido (art. 5°, XXXVI, da CF), quanto mais um mero ato administrativo; E: incorreta, pois o direito adquirido não afeta a anulação de um ato administrativo, mas afeta a revogação dele, já que não se pode revogar um ato que gera direito adquirido; no caso da anulação isso ocorre porque de uma ilegalidade não nascem direitos; e no caso da revogação isso ocorre porque a mera inconveniência não justifica a extinção de um direito adquirido. Gabarito "D".

(FGV – 2010) Nas alternativas a seguir, as afirmações são verdadeiras e a segunda é decorrente da primeira, À EXCEÇÃO DE UMA. Assinale-a.

(A) A anulação pode se dar por medida da Administração Pública, no exercício de seu poder de vigilância.
(B) A anulação pode se dar pelo Poder Judiciário, mediante provocação do interessado.
(C) A anulação tem como fundamento a ilegitimidade do ato administrativo, quando o ato apresenta vícios que configuram sua desconformidade explícita com o ordenamento jurídico ou desvio de poder.
(D) A anulação é ato privativo da Administração Pública, observadas as regras de competência e as relações de hierarquia e subordinação.
(E) A anulação é ato declaratório do vício de legalidade ou até mesmo de inexistência do ato administrativo anteriormente editado, apontando esse defeito, sempre preexistente à anulação.

A alternativa "D" é única em que há problema, pois é incorreto dizer que a anulação é ato privativo da Administração, já que o Judiciário também pode anular atos administrativos. Trata-se de uma questão difícil, pois o candidato fica mais preocupado em verificar a relação entre uma frase e outra e se esquece de verificar se cada uma das frases, isoladamente, são verdadeiras. Gabarito "D".

(FGV – 2010) Nas alternativas a seguir, as afirmativas são corretas e a segunda vincula-se à primeira, À EXCEÇÃO DE UMA. Assinale-a.

(A) A administração pode revogar seus próprios atos, por motivo de conveniência ou oportunidade. / Na revogação, deve-se sempre respeitar os direitos adquiridos.

(B) A revogação decorre de critério de oportunidade e conveniência. / Mas há atos que não podem ser revogados, como os atos que já exauriram os seus efeitos.

(C) O ato administrativo que contenha vício insanável de legalidade deve ser anulado e não revogado. / A anulação desse ato administrativo deve ter efeitos retroativos.

(D) O ato administrativo não pode ser anulado com base em critério de oportunidade e conveniência. / A anulação do ato administrativo deve ser feita com base em critério de legalidade.

(E) A administração pode anular seus próprios atos quando eivados de vícios que os tornem ilegais. / Na anulação, deve-se sempre respeitar os direitos adquiridos.

A alternativa "E" é única em que há problema, pois é incorreto dizer que a anulação deve respeitar os direitos adquiridos, pois *direitos* não podem nascer das ilegalidades, quanto mais *direitos adquiridos*. Apenas a revogação deve respeitar direitos adquiridos. Trata-se também de uma questão difícil, pois o candidato fica mais preocupado em verificar a relação entre uma frase e outra e se esquece de verificar se as frases, isoladamente, são verdadeiras. Gabarito "E".

(FGV – 2010) São insuscetíveis de revogação, exceto:

(A) o ato vinculado.
(B) o ato que gerou direito adquirido.
(C) o ato de autorização para uso de bem público.
(D) o edital de licitação em razão de vício de legalidade.
(E) o ato de adjudicação do objeto da licitação após execução contratual.

A: correta, pois atos vinculados são irrevogáveis, pois são atos em que só há uma opção para a Administração Pública, não havendo margem de liberdade que possibilite tomar posição segundo um critério "X" e depois, por um fato novo que torne a opção "X" inconveniente, revogá-la, tomando uma posição "Y"; por exemplo, uma multa aplicada por excesso de velocidade é ato vinculado, portanto não pode ser revogada por se tornar uma multa inconveniente; já um ato que trata do horário de funcionamento de uma repartição pública pode ser modificado, por envolver ato discricionário; B: correta, pois nem a própria *lei* pode passar por cima de um direito adquirido, quanto mais um *ato administrativo*, que não pode, então, revogar um direito adquirido; C: incorreta, pois a autorização de uso de bem público é ato unilateral, discricionário e precário; assim, não sendo um ato vinculado, a autorização é suscetível de revogação, diferente das demais opções previstas nas outras alternativas da questão; D: correta, pois quando um ato tem vício de ilegalidade, este ato deve ser anulado, e não revogado; só se pode revogar atos legais e legítimos, mas que se tornaram inconvenientes por algum fato novo; E: correta, pois com a execução contratual, o ato de adjudicação fica exaurido, fica extinto, não havendo que se falar em revogação, que é uma forma de extinção dos atos administrativos. Em suma, pode-se dizer que são irrevogáveis os seguintes atos: a) vinculados, b) que geram direito adquirido, c) ilegais/ilegítimos e d) já exauridos. Gabarito "C".

3.6. CONVALIDAÇÃO E CONVERSÃO

(Defensor Público/BA – 2006) Com relação aos "Atos Administrativos", tem-se que:

I. A sua anulação opera efeitos *ex tunc*, enquanto a revogação opera efeitos *ex nunc*.

II. Não é possível a previsão legal de delegação de competência para praticar atos administrativos a outro órgão, em razão de ser a mesma, irrenunciável.

III. Os atos que apresentarem defeitos sanáveis poderão ser convalidados pela própria Administração em decisão na qual se evidencie não acarretarem lesão ao interesse público nem prejuízo a terceiro.

IV. Considera-se *eficaz* o ato administrativo quando disponível para a produção de seus efeitos próprios, ainda que não se encontre em conformidade com as exigências legais.

Analisando as proposições, observa-se que:

(A) Todas são corretas.
(B) Existem três corretas.
(C) Existem apenas duas corretas.
(D) Somente uma está correta.
(E) Todas são incorretas.

I: correta, pois, de fato, a anulação retroage seus efeitos, ao passo que a revogação não retroage; II: incorreta, pois a delegação de competência é possível sim (arts. 12 a 14 da Lei 9.784/99), mesmo sendo esta (a competência) irrenunciável (art. 11 da Lei 9.784/99); III: correta (art. 55 da Lei 9.784/99); IV: correta, pois o plano da eficácia é independente do plano da validade; aliás, o ato administrativo pode ser observado sob três planos, quais sejam, da existência (cumprimento do ciclo necessário à sua formação), da validade (conformidade à lei) e da eficácia (aptidão para produzir efeitos). Gabarito "B".

(Ministério Público/MS – 2006) A convalidação de ato administrativo decorre de certos pressupostos. Não se inclui entre esses pressupostos:

(A) Não acarretar lesão ao interesse público.
(B) Não causar prejuízos a terceiros.
(C) Autorização judicial quando se tratar de matéria patrimonial.
(D) O defeito ter natureza sanável.

Art. 55 da Lei 9.784/99. Gabarito "C".

(Cartório/AP – 2011 – VUNESP) A convalidação consiste em instrumento de que se vale a Administração para

(A) restabelecer ao mundo jurídico ato anteriormente revogado ou invalidado.
(B) confirmar decisão válida emanada por agente de nível hierarquicamente inferior.
(C) legitimar os atos que tenham sido revogados por razões de mérito, sempre que indispensáveis à consecução de novos interesses políticos.
(D) aproveitar atos administrativos eivados de vícios sanáveis, confirmando-os no todo ou em parte.
(E) corrigir atos administrativos eivados de vício de finalidade, produzindo efeitos *ex nunc*.

A: incorreta, pois o retorno do ato revogado tem o nome de restauração do ato; B: incorreta, pois a convalidação incide sobre ato com problema de legalidade, sendo que a situação narrada na afirmativa não faz referência à existência desse problema; C: incorreta, pois, conforme já mencionado, a convalidação se dá sobre ato ilegal; D: correta, pois a convalidação consiste justamente em corrigir vício de ato com defeito sanável, por meio de decisão na qual se evidencie não haver lesão ao interesse público nem prejuízo a terceiros (art. 55 da Lei 9.784/99); E: incorreta, pois o vício de finalidade é insanável e vícios insanáveis não ensejam convalidação; além disso, a convalidação, quando cabível, tem efeitos *ex tunc*. Gabarito "D".

(DEFENSORIA PÚBLICA DA UNIÃO – 2002 – CESPE) Julgue o seguinte item.

(1) É factível, por ato judicial, a convalidação de ato administrativo que apresente vício sanável, desde que não ocorra lesão ao interesse público nem prejuízo a terceiros.

1: incorreta, pois a convalidação, apesar de ter os requisitos mencionados, faz-se por ato administrativo, e não por ato judicial (art. 55 da Lei 9.784/99). Gabarito "E".

(Auditor Fiscal – Paraíba – FCC) A convalidação de atos administrativos é providência que:

(A) não pode ser tomada, por falta de expressa previsão legal;
(B) pode ser tomada, desde que não prejudique o interesse público ou os direitos de terceiros;
(C) pode ser tomada livremente, mediante apreciação discricionária da autoridade competente;
(D) deve obrigatoriamente ser tomada, se os vícios forem sanáveis;
(E) não pode ser tomada, em razão de inexistirem nulidade relativas em direito administrativo.

Art. 55 da Lei 9.784/99. Gabarito "B".

(FGV – 2008) No que tange ao ato administrativo, analise as afirmativas a seguir:

I. A Teoria Monista admite que atos administrativos eivados de vícios sanáveis sejam convalidados pela Administração Pública, com base em seu poder de autotutela.

II. Os atos administrativos válidos se extinguem pela revogação, que tem efeitos *ex tunc*.

III. Com a caducidade do ato administrativo, decorrente da declaração de sua nulidade pelo Poder Judiciário, há a perda dos efeitos deste *ex tunc*.

Assinale:
(A) se todas as afirmativas estiverem corretas.
(B) se somente as afirmativas I e II estiverem corretas.
(C) se somente as afirmativas I e III estiverem corretas.
(D) se somente as afirmativas II e III estiverem corretas.
(E) se nenhuma afirmativa estiver correta.

I: incorreta, pois, pela Teoria Monista, ou o ato é nulo ou o ato é válido; não há uma terceira situação, a dos atos com vícios sanáveis (atos anuláveis), que ensejam convalidação; já para a Teoria Dualista há distinção entre os atos nulo e anulável, sendo que este admite convalidação, no caso, dos atos anuláveis; II: incorreta, pois a revogação tem efeitos *ex nunc*, ou seja, não retroage; III: incorreta, pois a declaração de nulidade do ato também é chamada de *anulação*, e não de *caducidade*; esta consiste na extinção do ato pelo fato de a lei não mais admiti-lo; a caducidade opera independentemente de pronunciamento judicial. Gabarito "E".

3.7. CLASSIFICAÇÃO DOS ATOS ADMINISTRATIVOS E ATOS EM ESPÉCIE

Antes de verificarmos as questões deste item, vale trazer um resumo das principais espécies de atos administrativos.

Espécies de atos administrativos segundo Hely Lopes Meirelles:

- **Atos normativos** *são aqueles que contêm comando geral da Administração Pública, com o objetivo de executar a lei.* Exs.: regulamentos (da alçada do chefe do Executivo), instruções normativas (da alçada dos Ministros de Estado), regimentos, resoluções etc.
- **Atos ordinatórios** *são aqueles que disciplinam o funcionamento da Administração e a conduta funcional de seus agentes.* Ex.: instruções (são escritas e gerais, destinadas a determinado serviço público), circulares (escritas e de caráter uniforme, direcionadas a determinados servidores), avisos, portarias (expedidas por chefes de órgãos – trazem determinações gerais ou especiais aos subordinados, designam alguns servidores, instauram sindicâncias e processos administrativos etc.), ordens de serviço (determinações especiais ao responsável pelo ato), ofícios (destinados às comunicações escritas entre autoridades) e despacho (contém decisões administrativas).
- **Atos negociais** *são declarações de vontade coincidentes com a pretensão do particular.* Ex.: licença, autorização e protocolo administrativo.
- **Atos enunciativos** *são aqueles que apenas atestam, enunciam situações existentes.* Não há prescrição de conduta por parte da Administração. Ex.: certidões, atestados, apostilas e pareceres.
- **Atos punitivos** *são as sanções aplicadas pela Administração aos servidores públicos e aos particulares.* Ex.: advertência, suspensão e demissão; multa de trânsito.

Confira mais classificações dos atos administrativos:

- **Quanto à liberdade de atuação do agente**

Ato vinculado *é aquele em que a lei tipifica objetiva e claramente a situação em que o agente deve agir e o único comportamento que poderá tomar.* Tanto a situação em que o agente deve agir, como o comportamento que vai tomar são únicos e estão clara e objetivamente definidos na lei, de forma a inexistir qualquer margem de liberdade ou apreciação subjetiva por parte do agente público. Exs.: licença para construir e concessão de aposentadoria.

Ato discricionário *é aquele em que a lei confere margem de liberdade para avaliação da situação em que o agente deve agir ou para escolha do melhor comportamento a ser tomado.*

Seja na situação em que o agente deve agir, seja no comportamento que vai tomar, o agente público terá uma margem de liberdade na escolha do que mais atende ao interesse público. Neste ponto fala-se em mérito administrativo, ou seja, na valoração dos motivos e escolha do comportamento a ser tomado pelo agente.

Vale dizer, o agente público fará apreciação subjetiva, agindo segundo o que entender mais conveniente e oportuno ao interesse público. Reconhece-se a discricionariedade, por exemplo, quando a regra que traz a competência do agente traz conceitos fluídos, como *bem comum, moralidade, ordem pública* etc. Ou ainda quando a lei não traz um motivo que enseja a prática do ato, como, por exemplo, a que permite nomeação para cargo em comissão, de livre provimento e exoneração. Também se está diante de ato discricionário quando há mais de uma opção para o agente quanto ao momento de atuar, à forma do ato (ex.: verbal, gestual ou escrita), sua finalidade ou conteúdo (ex.: advertência, multa ou apreensão).

A discricionariedade sofre alguns temperamentos. Em primeiro lugar é bom lembrar que todo ato discricionário é parcialmente regrado ou vinculado. A competência, por exemplo, é sempre vinculada (Hely Lopes Meirelles entende que *competência, forma* e *finalidade* são sempre vinculadas, conforme vimos). Ademais, só há discricionariedade nas situações marginais, nas zonas cinzentas. Assim, se algo for patente, como quando, por exemplo, uma dada conduta fira veementemente a moralidade pública (ex.: pessoas fazendo sexo no meio de uma rua), o agente, em que pese estar diante de um conceito fluído, deverá agir reconhecendo a existência de uma situação de imoralidade. Deve-se deixar claro, portanto, que a situação concreta diminui o espectro da discricionariedade (a margem de liberdade) conferida ao agente.

Assim, o Judiciário até pode apreciar um ato discricionário, mas apenas quanto aos aspectos de legalidade, razoabilidade e moralidade, não sendo possível a revisão dos critérios adotados pelo administrador (mérito administrativo), se tirados de dentro da margem de liberdade a ele conferida pelo sistema normativo.

- **Quanto às prerrogativas da administração**

Atos de império são os *praticados no gozo de prerrogativas de autoridade.* Ex.: interdição de um estabelecimento.

Atos de gestão são os *praticados sem uso de prerrogativas públicas, em igualdade com o particular, na administração de bens e serviços.* Ex.: contrato de compra e venda ou de locação de um bem imóvel.

Atos de expediente são os *destinados a dar andamentos aos processos e papéis que tramitam pelas repartições, preparando-os para decisão de mérito a ser proferida pela autoridade.* Ex.: remessa dos autos à autoridade para julgá-lo.

A distinção entre ato de gestão e de império está em desuso, pois era feita para excluir a responsabilidade do Estado pela prática de atos de império, de soberania. Melhor é distingui-los em atos regidos pelo direito público e pelo direito privado.

- **Quanto aos destinatários**

Atos individuais *são os dirigidos a destinatários certos, criando-lhes situação jurídica particular.* Ex.: decreto de desapropriação, nomeação, exoneração, licença, autorização, tombamento.

Atos gerais *são os dirigidos a todas as pessoas que se encontram na mesma situação, tendo finalidade normativa.*

São diferenças entre um e outro as seguintes:

- só ato individual pode ser impugnado individualmente; atos normativos, só por ADIN ou após providência concreta.
- ato normativo prevalece sobre o ato individual
- ato normativo é revogável em qualquer situação; ato individual deve respeitar direito adquirido.
- ato normativo não pode ser impugnado administrativamente, mas só após providência concreta; ato individual pode ser impugnado desde que praticado.

- **Quanto à formação da vontade**

Atos simples: *decorrem de um órgão, seja ele singular ou colegiado.* Ex.: nomeação feita pelo Prefeito; deliberação de um conselho ou de uma comissão.

Atos complexos: *decorrem de dois ou mais órgãos, em que as vontades se fundem para formar um único ato.* Ex.: decreto do Presidente, com referendo de Ministros.

Atos compostos: *decorrem de dois ou mais órgãos, em que vontade de um é instrumental à vontade de outro, que edita o ato principal.* Aqui existem dois atos pelo menos: um principal e um acessório. Exs.: nomeação do Procurador Geral da República, que depende de prévia aprovação pelo Senado; e atos que dependem de aprovação ou homologação. Não se deve confundir *atos compostos* com *atos de um procedimento*, vez que este é composto de vários atos acessórios, com vistas à produção de um ato principal, a decisão.

- **Quanto aos efeitos**

Ato constitutivo *é aquele em que a Administração cria, modifica ou extingue direito ou situação jurídica do administrado.* Ex.: permissão, penalidade, revogação e autorização.

Ato declaratório *é aquele em que a Administração reconhece um direito que já existia.* Ex.: admissão, licença, homologação, isenção e anulação.

Ato enunciativo *é aquele em que a Administração apenas atesta dada situação de fato ou de direito.* Não produz efeitos jurídicos diretos. São juízos de conhecimento ou de opinião. Ex.: certidões, atestados, informações e pareceres.

- **Quanto à situação de terceiros**

Atos internos são *aqueles que produzem efeitos apenas no interior da Administração.* Ex.: pareceres, informações.

Atos externos *são aqueles que produzem efeitos sobre terceiros.* Nesse caso, dependerão de publicidade para terem eficácia. Ex.: admissão, licença.

- **Quanto à estrutura.**

Atos concretos *são aqueles que dispõem para uma única situação, para um caso concreto.* Ex.: exoneração de um agente público.

Atos abstratos *são aqueles que dispõem para reiteradas e infinitas situações, de forma abstrata.* Ex.: regulamento.

Confira **outros atos administrativos, em espécie**:

- **Quanto ao conteúdo:** a) **autorização**: *ato unilateral, discricionário e precário pelo qual se faculta ao particular, em proveito deste, o uso privativo de bem público ou o desempenho de uma atividade, os quais, sem esse consentimento, seriam legalmente proibidos.* Exs.: autorização de uso de praça para festa beneficente; autorização para porte de arma; b) **licença**: *ato administrativo unilateral e vinculado pelo qual a Administração faculta àquele que preencha requisitos legais o exercício de uma atividade.* Ex.: licença para construir; c) **admissão**: *ato unilateral e vinculado pelo qual se reconhece ao particular que preencha requisitos legais o direito de receber serviço público.* Ex.: aluno de escola; paciente em hospital; programa de assistência social; d) **permissão**: *ato administrativo unilateral, discricionário e precário, pelo qual a Administração faculta ao particular a execução de serviço público ou a utilização privativa de bem público, mediante licitação.* Exs.: permissão para perueiro; permissão para uma banca de jornal. Vale lembrar que, por ser precária, pode ser revogada a qualquer momento, sem direito à indenização; e) **concessão**: *ato bilateral e não precário, pelo qual a Administração faculta ao particular a execução de serviço público ou a utilização privativa de bem público, mediante licitação.* Ex.: concessão para empresa de ônibus efetuar transporte remunerado de passageiros. Quanto aos bens públicos, há também a *concessão de direito real de uso*, oponível até ao poder concedente, e a *cessão de uso*, em que se transfere o uso para entes ou órgãos públicos; f) **aprovação**: *ato de controle discricionário.* Vê-se a conveniência do ato controlado. Ex.: aprovação pelo Senado de indicação para Ministro do STF; g) **homologação**: *ato de controle vinculado.* Ex.: homologação de licitação ou de concurso público; h) **parecer**: *ato pelo qual órgãos consultivos da Administração emitem opinião técnica sobre assunto de sua competência.* Podem ser das seguintes espécies: *facultativo* (parecer solicitado se a autoridade quiser); *obrigatório* (autoridade é obrigada a solicitar o parecer, mas não a acatá-lo) e *vinculante* (a autoridade é obrigada a solicitar o parecer e a acatar o seu conteúdo; ex.: parecer médico). Quando um parecer tem o poder de *decidir* um caso, ou seja, quando o parecer é, na verdade, uma decisão, a autoridade que emite esse parecer responde por eventual ilegalidade do ato (ex.: parecer jurídico sobre edital de licitação e minutas de contratos, convênios e ajustes – art. 38 da Lei 8.666/93).

- **Quanto à forma:** a) **decreto**: é a forma de que se revestem os atos individuais ou gerais, emanados do Chefe do Poder Executivo. Exs.: nomeação e exoneração (atos individuais); regulamentos (atos gerais que têm por objeto proporcionar a fiel execução da lei – art. 84, IV, da CF); b) **resolução e portaria**: são as formas de que se revestem os atos, gerais ou individuais, emanados de autoridades que não sejam o Chefe do Executivo; c) **alvará**: forma pela qual a Administração confere licença ou autorização para a prática de ato ou exercício de atividade sujeita ao poderes de polícia do Estado. Exs.: alvará de construção (instrumento da licença); alvará de porte de arma (instrumento da autorização).

(Magistratura/PA – 2009 – FGV) Uma autorização para exploração de jazida, quanto aos efeitos, é exemplo de ato administrativo:

(A) negocial.
(B) constitutivo.
(C) externo.
(D) concreto.
(E) declaratório.

Ato constitutivo *é aquele em que a Administração cria, modifica ou extingue direito ou situação jurídica do administrado*. São exemplos a permissão, a penalidade, a revogação e a *autorização*, inclusive a de exploração de jazida. Gabarito "B".

(Magistratura/SP – 2008) No que se refere a atos administrativos, é incorreto afirmar que

(A) a expedição de uma certidão pela Administração Pública pode ser caracterizada como um ato administrativo declaratório.
(B) o ato administrativo complexo resulta da vontade de um único órgão, mas depende da verificação por parte de outro, para se tornar exigível.
(C) a licença e a admissão são espécies de ato vinculado.
(D) presunção de legitimidade e presunção de veracidade dos atos administrativos não possuem caráter absoluto.

As alternativas "A", "C" e "D" estão corretas. A alternativa "B" está incorreta, pois o ato complexo é formado a partir da conjugação de vontades de dois ou mais órgãos. Gabarito "B".

(Ministério Público/BA – 2010) No tocante a teoria do ato administrativo, assinale a alternativa correta.

(A) Ato administrativo coletivo é o que se concretiza pela manifestação da vontade de mais de um Órgão da Administração Pública.
(B) Ato administrativo discricionário é aquele que a autoridade é obrigada a praticar, querendo ou não, após preenchidos os requisitos por parte do destinatário da medida.
(C) Os atos administrativos da nomeação e da demissão envolvem apenas aquisição de direitos para o nomeado ao cargo público.

(D) A nomeação de Ministro do Supremo Tribunal Federal classifica-se como um ato simples.
(E) A escolha do Procurador-Geral de Justiça pelo Chefe do Executivo é um ato discricionário e complexo.

A: incorreta, pois essa definição é de ato administrativo complexo; B: incorreta, pois essa definição é de ato vinculado; C: incorreta, pois após a nomeação, o nomeado, caso queira ingressar no serviço público, deverá cumprir deveres como tomar posse no prazo legal, apresentar declaração de bens, entre outros deveres; D: incorreta, pois ato simples é aquele praticado por apenas um órgão, ao passo que a nomeação de Ministro do STF envolve atos praticados por diversos órgãos, sendo necessária a indicação do Presidente da República, depois a aprovação pelo Senado e, por fim, nomeação pelo Presidente da República; E: correta, pois a nomeação do PGJ envolve mais de um órgão e trabalha com conceitos vagos, de modo que é ato discricionário. "Gabarito E."

(Ministério Público/PR – 2011) Examine as afirmações abaixo e após responda:

I. Um dos atributos do ato administrativo é a presunção de legitimidade, que consiste em admitir que se presumem verdadeiros e que se conformam com o Direito. Tem o caráter de presunção *juris et de jure*, decorrente da natureza pública e estatal da administração.
II. O Regulamento do Imposto de Renda é um ato administrativo abstrato.
III. São atos administrativos discricionários aqueles que outorgam a permissão de uso de um bem público.
IV. São atos administrativos vinculados aqueles que concedem aposentadoria a servidor público.
V. É ato administrativo constitutivo aquele que certifica o nascimento de uma pessoa.

(A) todas as afirmativas estão corretas.
(B) as afirmativas II, III e IV são corretas.
(C) a afirmativa V é a única incorreta.
(D) as afirmativas I, III e V são incorretas.
(E) todas as afirmativas são incorretas.

I: incorreta, pois essa presunção não é absoluta (*juris et de jure*), mas relativa (*juris tantum*); II: correta, pois se trata de um ato normativo, e, como os atos normativos em geral, são atos abstratos e gerais; III: correta, pois a permissão de bem público é um ato unilateral, *discricionário* e precário, pelo qual se faculta ao particular o uso de um bem público, mediante licitação; IV: correta, pois esses atos são vinculados, já que a lei estabelece, de modo objetivo, todos os requisitos para a concessão de uma aposentadoria; V: incorreta, pois esse ato administrativo é meramente enunciativo ou declaratório. "Gabarito B."

(Procurador do Estado/PB – 2008 – CESPE) Os atos administrativos enunciativos são os que declaram, a pedido do interessado, situação jurídica preexistente relativa a particular. É exemplo de ato enunciativo o(a)

(A) autorização.
(B) instrução.
(C) parecer.
(D) decreto.
(E) portaria.

De fato, o parecer, por ser uma opinião técnica sobre um determinado assunto, pode ser considerado um ato enunciativo. Não há num parecer um comando, uma decisão, mas mera enunciação de uma opinião técnica. "Gabarito C."

(Defensor Público/AM – 2010 – I. Cidades) O parecer:

(A) É uma espécie de ato administrativo negocial, vinculando o órgão emissor do parecer.
(B) Tem um sentido obrigatório para a Administração, que dele não pode discordar.
(C) Não pode ser emitido por agente público que não tenha a competência relativa à matéria em discussão.
(D) Tem um conteúdo decisório em matéria de atividades jurídicas e judiciais da Administração.
(E) A Administração é sempre obrigada a solicitá-lo, mas somente pode ser emitido em questões jurídicas ou técnicas em geral.

A: incorreta, pois o parecer é ato enunciativo; B: incorreta, pois os pareceres, em geral, não vinculam a Administração; dos três tipos de pareceres existentes, facultativo, obrigatório e vinculante, apenas o último vincula a Administração; C: correta, pois a competência não pode ser desrespeitada; D: incorreta, pois somente o parecer vinculante tem conteúdo decisório, o que é uma exceção; normalmente, um parecer tem conteúdo meramente opinativo; E: incorreta, pois no caso do parecer facultativo, a Administração não é obrigada a solicitá-lo. "Gabarito C."

(Defensoria/MT – 2007) A Administração Pública, para atingir os fins a que se propõe, pratica em sua atividade administrativa uma série de atos chamados de atos da administração pública ou atos administrativos. Sobre a matéria, assinale a afirmativa correta.

(A) São atos administrativos negociais os que exteriorizam apenas um conhecimento, cujos efeitos decorrem diretamente da lei.
(B) São meros atos administrativos os que se preordenam a produzir um dado resultado jurídico.
(C) A auto-executoriedade, atributo de todo e qualquer ato administrativo, é a qualidade do ato administrativo que dá ensejo à Administração Pública de, direta ou indiretamente, executá-lo.
(D) Atos administrativos de administração verificadora são os que criam uma utilidade pública.
(E) Os atos administrativos, quanto à natureza do conteúdo, podem ser concretos, quando dispõem para um único e específico caso, e se esgotam nessa aplicação. Serão abstratos os atos que dispõem para casos que possam repetir-se.

A: incorreta, pois os **atos negociais** são aqueles em que as vontades estão preordenadas à obtenção de um resultado jurídico. A definição dada na alternativa foi de **atos puros** ou **meros atos administrativos**; B: incorreta, pois aqui houve outra inversão; a alternativa definiu **atos negociais**; C: incorreta, pois a autoexecutoriedade é o atributo pelo qual a administração pode compelir **diretamente** o administrado a cumprir o determinado; esse atributo não existe em todo ato administrativo, mas apenas quando a lei expressamente autorizar e quando não houver tempo para buscar uma prestação jurisdicional eficaz; D: incorreta, pois os **atos de administração verificadora** têm por objetivo controlar outros atos, de modo que não criam uma utilidade (ex.: aprovações e homologações); a definição dada corresponde aos **atos de administração ativa**; E: está correta, não havendo o que comentar. "Gabarito E."

(Cartório/SE – 2007 – CESPE) Julgue o item seguinte.

(1) Como regra, entende-se a permissão administrativa, em seu sentido tradicional, como o ato administrativo de caráter discricionário e precário pelo qual o poder público autoriza o particular a executar serviço de utilidade pública ou a utilizar privativamente bem público, sendo possível a revogação do consentimento, não sendo, porém, devida indenização ao prejudicado.

A definição está correta. Para que estivesse completa era necessário dizer que a permissão é conferida mediante licitação pública. Mas, apesar da omissão, a alternativa, do jeito que está, não contém incorreção. Acerca da definição de permissão de **serviço público** vide o art. 2º, IV, da Lei 8.987/95. "Gabarito 1C."

(Delegado/SP – 2008) As atividades de cunho político que visam a acontecimento futuro e as atividades operacionais ou executórias compreendem, respectivamente,

(A) atos de administração e atos governamentais.
(B) atos de gestão e atos governamentais.
(C) atos governamentais e atos de gestão.
(D) atos governamentais e atos de administração.
(E) atos de gestão e atos de expediente.

A alternativa "D" é a única que corresponde às definições do enunciado. Os **atos de gestão** são aqueles que a administração pratica sem o uso de poderes comandantes, definição que não se encontra no enunciado. "Gabarito D."

(Advogado da União/AGU – CESPE – 2009) Acerca da advocacia pública consultiva, julgue o item a seguir.

(1) No que tange às repercussões da natureza jurídico-administrativa do parecer jurídico, o STF entende que: quando a consulta é facultativa, a autoridade não se vincula ao parecer proferido, de modo que seu poder de decisão não se altera pela manifestação do órgão consultivo; por outro lado, quando a consulta é obrigatória, a autoridade administrativa se vincula a emitir o ato tal como submetido à consultoria, com parecer favorável

ou contrário, e, se pretender praticar ato de forma diversa da apresentada à consultoria, deverá submetê-lo a novo parecer; por fim, quando a lei estabelece a obrigação de decidir à luz de parecer vinculante, essa manifestação de teor jurídico deixa de ser meramente opinativa, não podendo a decisão do administrador ir de encontro à conclusão do parecer.

1: Correta, pois na *consulta facultativa*, a autoridade não é obrigada a fazer a consulta e, fazendo-a, pode acatá-la ou não; na *consulta obrigatória*, a autoridade é obrigada a fazer a consulta, mas não é obrigada a acatá-la, podendo solicitar novo parecer; e na *consulta vinculante*, a autoridade é obrigada a pedir a consulta e a acatá-la também, de modo que o parecer emitido não é mera opinião, mas tem caráter decisório, como é o caso do parecer previsto no art. 38 da Lei 8.666/93. Gabarito "C".

(Magistratura do Trabalho – 9ª Região – 2009) Considere as seguintes proposições:

I. São princípios informativos da administração pública: legalidade, impessoalidade, moralidade, publicidade e eficiência. Segundo o princípio da legalidade, a Administração Pública pode fazer tudo o que a lei não proíbe.

II. Os atos administrativos podem ser classificados, quanto ao seu objeto, em atos de império, de gestão e de expediente. Por esta classificação, os atos de império ou de autoridade são todos aqueles que a Administração pratica usando de sua supremacia sobre o administrado ou servidor e lhes impõe obrigatório atendimento.

III. Quanto à formação do ato, pode-se classificá-lo em simples, complexo e composto. Ato complexo é o que se forma pela manifestação de dois ou mais órgãos administrativos, sejam eles singulares ou colegiados, cuja vontade se funde para formar um ato único, ou seja, integram-se as vontades de vários órgãos para a obtenção de um mesmo ato.

IV. Ato irrevogável é aquele que se tornou insuscetível de anulação, por ter produzido seus efeitos ou gerado direito subjetivo para o beneficiário ou, ainda, por resultar de coisa julgada administrativa, o que impede a sua reapreciação judicial, enquanto que ato revogável é aquele passível de invalidação pela Administração, por motivos de conveniência, oportunidade ou justiça.

V. São elementos ou requisitos do ato administrativo: o sujeito ou agente, o objeto ou conteúdo, a forma, o motivo e a finalidade. Por objeto ou conteúdo se entende o efeito jurídico imediato do ato (aquisição, transformação ou extinção de direitos), enquanto a finalidade é o fim mediato, ou seja, aquilo que a administração quer alcançar com a sua edição.

(A) somente as proposições I, II, III e V são corretas
(B) somente as proposições II, III, e V são corretas
(C) somente as proposições II, III e IV são corretas
(D) somente as proposições I, III e V são corretas
(E) somente as proposições I, III e IV são corretas

I: incorreta, pois o princípio da *Legalidade para a Administração* estabelece que esta só pode fazer o que a lei determina; o conceito trazido na alternativa é de *Legalidade para o Particular*; II: correta, pois traz o sentido exato da classificação dos atos quanto ao *objeto* ou quanto às *prerrogativas da Administração*; III: correta, pois traz o sentido exato da classificação dos atos quanto às vontades necessárias à sua formação; IV: incorreta, pois a impossibilidade de revogação de um ato não diz respeito a este ter ou não produzido *efeitos*; aliás, normalmente a revogação de um ato ocorre depois que ela produziu uma série de efeitos; a afirmativa também está incorreta por considerar que a revogação guarda relação com alguma apreciação judicial; na verdade, a revogação não é feita pelo Judiciário, mas sim pela Administração Pública que tiver praticado o ato; por fim, a afirmativa também está incorreta no ponto em que diz que ato revogável é aquele passível de *invalidação*; como se sabe, esta ocorre quanto a atos *ilegais*, ao passo que a revogação se dá quanto a atos *inconvenientes*, de modo que não se pode confundir a *invalidação* com a *revogação*; V: correta, pois traz acertadamente o rol de requisitos do ato administrativo (sujeito, objeto, forma, motivo e finalidade), bem como as definições de objeto e finalidade, valendo salientar que alguns autores, ao invés de dizerem que a *competência* é um requisito, dizem que o *sujeito* (competente, capaz e não impedido) é que é o requisito do ato administrativo, daí por que a alternativa está correta mesmo fazendo referência ao requisito *sujeito*, e não ao requisito *competência*. Gabarito "B".

(Auditor Municipal – Recife/PE – ESAF) Com referência ao ato administrativo normativo, assinale a afirmação falsa.

(A) O ato normativo tem precedência hierárquica sobre o ato individual.
(B) O ato normativo é sempre revogável.
(C) O ato normativo não pode ser impugnado na via administrativa, por meio dos recursos administrativos ordinários.
(D) O ato normativo tem natureza de ato vinculado, pois não pode exorbitar da lei.
(E) O ato normativo não pode ser impugnado, judicialmente, diretamente pela pessoa lesada, mas apenas pela via de argüição de inconstitucionalidade.

A alternativa "D" está incorreta pois, apesar de não poder exorbitar da lei, o ato normativo não é necessariamente vinculado, pois, dentro da margem de liberdade ditada pela lei, esse tipo de ato operacionalizará o seu cumprimento. Gabarito "D".

(Técnico da Receita Federal – ESAF) O ato administrativo, – para cuja prática a Administração desfruta de uma certa margem de liberdade, porque exige do administrador, por força da maneira como a lei regulou a matéria, que sofresse as circunstâncias concretas do caso, de tal modo a ser inevitável uma apreciação subjetiva sua, quanto à melhor maneira de proceder, para dar correto atendimento à finalidade legal, – classifica-se como sendo

(A) complexo.
(B) de império.
(C) de gestão.
(D) vinculado.
(E) discricionário.

Trata-se da definição de ato discricionário, conclusão que pode facilmente ser verificada pelo fato de o enunciado se referir a ato em que há uma "certa margem de liberdade", expressão típica quando se define esse tipo de ato. Gabarito "E".

(FGV – 2010) Os atos administrativos, quanto à intervenção da vontade administrativa, podem ser classificados como atos:

(A) simples.
(B) perfeitos.
(C) consumados.
(D) constitutivos.
(E) gerais.

Quanto à *formação da vontade* ou à *vontade administrativa*, os atos podem ser *simples*, *complexos* e *compostos*, daí por que apenas a alternativa "A" traz uma das espécies dessa classificação. Gabarito "A".

(FGV – 2010) Assinale a alternativa que corresponda a uma característica das resoluções.

(A) as resoluções podem contrariar regimentos.
(B) as resoluções são expedidas somente pelos Chefes do Poder Executivo.
(C) as resoluções podem ser emanadas de órgãos colegiados.
(D) as resoluções individuais não são admitidas, sem exceção.
(E) as resoluções podem produzir efeitos internos ou externos.

A, B, C, D e E: As resoluções *são as formas de que se revestem os atos, gerais ou individuais, emanados de autoridades que não sejam o Chefe do Executivo*. Assim, são exemplos de resoluções atos expedidos por Secretários Estaduais. Tais atos podem ser tanto de efeito interno, como de efeito externo, atingindo terceiros. Gabarito "E".

(FGV – 2008) O silêncio da Administração em atender a requerimento formulado constitui um ato:

(A) constitutivo.
(B) desconstitutivo.
(C) ordinatório.
(D) declaratório.
(E) enunciativo.

A, B, C, D e E: O silêncio não deixa de ser uma declaração de vontade, ainda que tácita. Por isso é um ato declaratório. O que não se pode dizer é que o silêncio constitui, desconstitui ou enuncia algo, muito menos que se trata de ato ordinatório, que é *aquele que disciplina o funcionamento da Administração e a conduta funcional de seus agentes*. Gabarito "D".

(FGV – 2008) O alvará para licença de construção de imóvel consubstancia um ato:

(A) normativo.
(B) ordinatório.
(C) enunciativo.
(D) negocial.
(E) punitivo.

A, B, C, D e E: A licença para construir é um *ato negocial*, pois importa justamente em *declaração de vontade coincidente com a pretensão do particular*. O fato de o particular pedir para construir e a Administração concordar revela que houve declarações de vontade coincidentes entre esta e aquele, traduzindo-se num verdadeiro ato negocial. Gabarito "D".

(FGV – 2008) Entre os atos administrativos a seguir, aquele que se caracteriza como ato constitutivo é:

(A) a isenção.
(B) a aplicação de penalidade.
(C) o parecer.
(D) a anulação.
(E) o atestado.

Ato constitutivo *é aquele em que a Administração cria, modifica ou extingue direito ou situação jurídica do administrado*. São exemplos *a permissão, a penalidade, a revogação e a autorização*. Gabarito "B".

(FGV – 2008) Os pareceres jurídicos emitidos sobre editais de licitação possuem caráter:

(A) opinativo.
(B) discricionário.
(C) vinculativo.
(D) facultativo.
(E) orientador.

Quando um parecer tem poder de decidir um caso, ou seja, quando o parecer, na verdade, é uma *decisão administrativa*, a autoridade que emite esse parecer responde por eventual ilegalidade do ato, não se enquadrando o ato na categoria dos pareceres meramente *opinativos, facultativos* e *orientadores*, mas sim nas categorias dos pareceres *vinculantes* ou das *decisões administrativas*. Segundo o STF, o parecer jurídico sobre editais de licitação e minutas de contratos, convênios e ajustes, previsto no art. 38 da Lei 8.666/93, é um parecer *vinculante* (uma *decisão*), pois a lei dispõe que tais instrumentos devem ser *aprovados* pelo setor jurídico, e não que haverá mera *opinião* desse setor. Gabarito "C".

3.8. TEMAS COMBINADOS DE ATO ADMINISTRATIVO

(Magistratura/PA – 2008 – FGV) A respeito dos atos administrativos, assinale a alternativa correta.

(A) A administração deve revogar seus próprios atos quando eivados de vício de legalidade e pode anulá-los por motivo de conveniência e oportunidade, respeitados os direitos adquiridos.
(B) São elementos do ato administrativo: competência, objeto, forma, motivo, finalidade. Se ausente, ou viciado um desses elementos, o ato será nulo. A incompetência fica caracterizada quando o ato nulo não se incluir nas atribuições do agente que o praticou. O vício de forma consiste na omissão ou na observância incompleta ou irregular de formalidades indispensáveis à existência ou seriedade do ato. A ilegalidade do objeto ocorre quando o resultado do ato importa violação da lei, regulamento ou outro ato normativo. A inexistência dos motivos se verifica quando a matéria de fato ou de direito em que se fundamenta o ato é materialmente inexistente ou juridicamente inadequada ao resultado obtido. O desvio de finalidade se verifica quando o agente pratica o ato visando a fim diverso daquele previsto, explícita ou implicitamente, na regra de competência.
(C) Os atos administrativos são revestidos de alguns atributos que os diferenciam dos atos privados em geral: imperatividade, que significa que os atos administrativos são cogentes; presunção de legitimidade, ou seja, a presunção de que surgiram de acordo com as normas legais; e auto-executoriedade, que significa que a Administração Pública pode executar suas próprias decisões. A auto-executoriedade só não é aplicada no que tange aos atos expropriatórios, pois estes sempre devem ser executados pelo Poder Judiciário, sob pena de violação ao princípio do devido processo legal.

(D) Atos administrativos vinculados são aqueles que o agente pratica reproduzindo os elementos que a lei previamente estabelece; nesse tipo de ato, não há qualquer subjetivismo ou valoração, mas apenas a averiguação de conformidade entre o ato e a lei. Já os atos administrativos discricionários dão total liberdade ao agente para atuar, não precisando ele ficar amarrado a qualquer comando normativo, seja princípio ou regra.
(E) Os pareceres são atos administrativos que consubstanciam opiniões de alguns agentes administrativos sobre matéria submetida à sua apreciação. O parecer vincula à Administração, ou seja, o administrador não é obrigado a requerê-lo, mas, uma vez requerida a sua elaboração, obrigatoriamente o administrador público estará vinculado a ele, só podendo agir de acordo com as suas determinações.

A: está incorreta, pois houve uma inversão de motivos; anula-se o ato ilegal; revoga-se o ato inconveniente; B: está correta, conforme se percebe do idêntico texto previsto no art. 2°, parágrafo único, da Lei 4.717/65; C: está incorreta, pois a autoexecutoriedade não é uma regra geral, como a alternativa dá a entender; esse atributo é uma exceção e só existe quando a lei expressamente autorizar ou quando não houver tempo de buscar a prestação jurisdicional; nesses casos a administração pode compelir materialmente o administrado a cumprir o determinado; D: está incorreta, pois os atos discricionários não dão "total liberdade ao agente", mas "margem de liberdade ao agente"; E: está incorreta, pois há várias espécies de parecer e nem todos vinculam a autoridade; há os facultativos (solicitados de acordo com a vontade da autoridade), os obrigatórios (que devem ser solicitados pela autoridade, que pode ou não acolhê-los) e os vinculantes (que devem ser solicitados e acolhidos pela autoridade). Gabarito "B".

(Procurador do Estado/SP – FCC – 2009) Em relação aos atos administrativos praticados pelo Estado de São Paulo é correto afirmar:

(A) Mesmo na hipótese de competência indelegável, será possível a convalidação do ato administrativo.
(B) Não é viável a anulação dos atos inválidos se eles forem passíveis de convalidação.
(C) É incabível a produção de prova pericial no curso de processo administrativo de invalidação.
(D) O parecer jurídico elaborado em exame de minutas de edital de licitação é obrigatório, mas não é vinculante para a autoridade administrativa.
(E) Com base na autoexecutoriedade do ato administrativo, a Administração poderá iniciar atuação material relacionada com a esfera jurídica dos particulares sem que seja necessária prévia expedição de ato administrativo que lhe dê fundamento.

A: incorreta, pois quando alguém pratica um ato no lugar do agente competente, numa competência que é indelegável, tem-se um ato *nulo*, e não *anulável*, de modo que não é possível a convalidação, pois esta só incide sobre ato anulável; B: correta, pois se o ato é passível de convalidação, a administração deve promovê-la (art. 55 da Lei 9.784/99); há uma exceção, que é o caso de *vício de competência em ato discricionário*; neste, a administração não é obrigada a convalidar o ato, pois quem tem a competência pode praticar ato diverso do anteriormente praticado; C: incorreta, pois o respeito ao contraditório e à ampla defesa são princípios constitucionais que devem nortear a atuação administrativa, mormente quando se queira praticar ato que interferirá na esfera jurídica de outrem; D: incorreta, pois, segundo o STF, o parecer jurídico de que trata o art. 38 da Lei 8.666/93, não é um mero parecer (mera opinião técnica sobre dado assunto), tratando-se de verdadeira decisão administrativa (até porque o art. 38 usa o verbo "aprovar"), de modo que se trata de um parecer vinculante; E: incorreta, pois a autoexecutoriedade é o atributo que permite à Administração fazer executar no mundo fenomênico uma decisão tomada, ou seja, um ato administrativo praticado; por exemplo, quando a Administração requisita um bem particular, esse ato (de requisição), é o ato prévio, que, descumprido, enseja que a Administração use a força, ou seja, use o atributo da autoexecutoriedade. Gabarito "B".

(Magistratura Federal – 4ª Região – XIII – 2008) Dadas as assertivas abaixo, assinalar a alternativa correta.

I. A auto-executoriedade dos atos administrativos consiste em que a própria Administração possa, por si mesma, executar a pretensão traduzida no ato, independentemente de prévio socorro às vias judiciais.
II. Porque vedado ao Judiciário adentrar o mérito do ato administrativo, não pode o juiz sindicar sobre desvio de finalidade ou ausência de motivação em sua gênese.

III. Em face da rigidez com que incide o princípio da legalidade, cogente ao servidor público, perde toda relevância o princípio da razoabilidade, que não tem aplicação no direito administrativo.

IV. O princípio da economicidade, privilegiado frente ao da ampla defesa, faculta a utilização da sindicância como meio punitivo, sem necessidade de formal oportunidade de defesa, considerado suficiente o interrogatório do imputado.

(A) Está correta apenas a assertiva I.
(B) Estão corretas apenas as assertivas I e IV.
(C) Estão corretas apenas as assertivas II e III.
(D) Estão incorretas todas as assertivas.

I: está correta pois traz definição correta de autoexecutoriedade; II: incorreta. De fato, o juiz não pode adentrar o mérito administrativo, mas nada impede que aprecie aspectos de legalidade, razoabilidade e moralidade do ato administrativo, o que pode implicar na constatação de desvio de finalidade ou ausência de motivação; III: incorreta, pois o princípio da razoabilidade está previsto no art. 2º, *caput* e parágrafo único, VI, da Lei 9.784/99; IV: incorreta, pois não há superioridade do princípio da economicidade em relação ao da ampla defesa; aliás, o segundo princípio é cláusula pétrea da CF (art. 5º, LV). Gabarito "A".

(Procurador da Fazenda Nacional – 2007 – ESAF) Considerando os atos administrativos, analise os itens a seguir:

I. Recentemente, o Supremo Tribunal Federal decidiu que cabe ao Poder Judiciário apreciar o mérito dos atos administrativos, e que a análise de sua discricionariedade é possível para a verificação de sua regularidade em relação à forma, objeto e finalidade;

II. Não se aplica a Teoria dos Motivos Determinantes aos atos discricionários;

III. A Administração pode revogar seus próprios atos, quando eivados de vícios que os tornam ilegais, porque deles não se originam direitos, respeitados os direitos adquiridos;

IV. Uma vez anulado o ato pela própria Administração, cessa imediatamente sua operatividade, não obstante possa o interessado pleitear judicialmente o restabelecimento da situação anterior;

V. O ato administrativo pode ser extinto pela caducidade, a qual ocorre porque o destinatário descumpriu condições que deveriam permanecer atendidas a fim de poder continuar desfrutando da situação jurídica.

A quantidade de itens corretos é igual a:

(A) 1
(B) 2
(C) 3
(D) 4
(E) 5

I: incorreta, pois o mérito administrativo não pode ser apreciado; II: incorreta, pois a teoria se aplica em relação a qualquer ato administrativo; III: incorreta pois atos ilegais são anulados, e não revogados; IV: está correta; V: está incorreta, pois o instituto jurídico definido é o da *cassação*. Gabarito "A".

(MAGISTRATURA DO TRABALHO – 1ª REGIÃO – 2010 – CESPE) Assinale a opção correta quanto à classificação, aos requisitos dos atos administrativos e à teoria dos motivos determinantes.

(A) O parecer, como ato administrativo que expressa posicionamento de natureza técnica, é sempre vinculante, de forma que a autoridade decisória não pode agir de maneira distinta da constante do ato opinativo.

(B) O pressuposto da revogação é o interesse público, razão pela qual ela incide sobre atos válidos e inválidos que a administração pretenda abolir do rol de normas jurídicas, em razão dos inconvenientes e dos malefícios que causem à coletividade.

(C) Em obediência ao princípio da solenidade da forma, entendida esta como o meio pelo qual se exterioriza a vontade da administração, o ato administrativo deve ser escrito e manifestado de maneira expressa, não se admitindo, no direito público, o silêncio como forma de manifestação da vontade da administração.

(D) Se um ato administrativo discricionário for praticado por autoridade que não tenha competência, a autoridade competente não estará obrigada a convalidá-lo se considerar que não estão presentes os aspectos de mérito que sustentam sua apreciação.

(E) Segundo a teoria dos motivos determinantes, a motivação dos atos administrativos é sempre necessária, seja para os atos vinculados, seja para os discricionários, pois constitui garantia de legalidade que tanto diz respeito aos interessados como à própria administração.

A: incorreta, pois há pareceres facultativos (a autoridade pede o parecer se quiser, não sendo obrigada a acatá-lo), obrigatórios (a autoridade deve pedir o parecer, mas não é obrigada a acatá-lo) e vinculantes (a autoridade deve pedir e deve acatar as conclusões do parecer); B: incorreta, pois se o ato for *inválido* o caso é anulação, e não de revogação; C: incorreta, pois o silêncio, nos termos do que dispuser a lei, pode ser uma manifestação de vontade da Administração; D: correta, pois a convalidação não é obrigatória quando houver vício de competência em ato discricionário; E: incorreta, primeiro porque há exceções ao dever de motivar (ex.: nomeação para cargo em comissão) e segundo porque a obrigatoriedade de motivação decorre do princípio da motivação, e não da Teoria dos Motivos Determinantes. Gabarito "D".

(Magistratura do Trabalho – 16ª Região – 2006) Marque a alternativa INCORRETA:

(A) Por gozarem de presunção de legitimidade os atos administrativos são tidos como válidos e operantes mesmo que eivados de vícios ou defeitos que os levem à nulidade.

(B) Anulada a nomeação de funcionário público, permanecem válidos os atos por ele praticados no desempenho de suas atribuições funcionais;

(C) De acordo com a teoria dos Motivos Determinantes o motivo do ato administrativo deve corresponder com a realidade fática. Desse modo, a inexistência da situação de fato inquina o ato de vício de legalidade;

(D) A revogação é a retirada de um ato administrativo legítimo e eficaz por não mais convir a sua existência. O poder de revogação da Administração Pública permite que todos os atos possam ser suscetíveis de revogação;

(E) Em relação à determinada espécie de ato administrativo recaem determinadas imposições legais que absorvem quase por completo a liberdade do administrador, restringindo a sua ação ao atendimento dos pressupostos estabelecidos pela norma para validade da atividade administrativa.

A alternativa "D" está incorreta, pois nem todos os atos são revogáveis; não podem ser revogados os atos vinculados, os que geram direito adquirido, os já exauridos e os meros ou puros atos administrativos. Gabarito "D".

(Magistratura do Trabalho – 16ª Região – 2006) Assinale proposição CORRETA:

(A) O ato administrativo discricionário motivado não está sujeito ao controle do Poder Judiciário.

(B) O desvio de finalidade do ato administrativo é insuscetível de exame pelo Poder Judiciário.

(C) Havendo previsão legal para que determinado ato seja motivado, a falta de motivação não se sujeita ao exame do Poder Judiciário.

(D) O ato administrativo, quanto à sua oportunidade, está sujeito ao controle jurisdicional.

(E) São atributos do ato administrativo presunção de legitimidade, auto-executoriedade e imperatividade.

A: incorreta, pois o ato discricionário, motivado ou não, pode sim ser apreciado pelo Judiciário, quanto aos aspectos de legalidade, moralidade e razoabilidade; B: incorreta, pois o Judiciário pode apreciar desvio de finalidade, em atos vinculados ou discricionários; C: incorreta, pois a falta de motivação gera a ilegalidade do ato e, portanto, pode ser apreciada pelo Judiciário, já que este pode anular atos administrativos; D: incorreta, pois o Judiciário não pode revogar atos administrativos; E: correta, pois, de fato, todos os institutos trazidos na alternativa são atributos do ato administrativo; são também atributos a exigibilidade e a tipicidade. Gabarito "E".

(Ministério Público do Trabalho – 13º) Assinale a alternativa INCORRETA:

(A) a discricionariedade pode resultar da consideração de que a disciplina de uma relação jurídica ou de um setor da realidade social deve fazer-se segundo critérios técnico-científicos, variando as soluções inclusive em face do progresso futuro;

(B) a discricionariedade normativa administrativa se traduz na produção de regulamentos;
(C) na revogação, a Administração Pública desfaz o ato administrativo em razão de vício ou defeito;
(D) o ato administrativo pode se extinguir pelo exaurimento integral de sua eficácia;
(E) não respondida.

As alternativas "A", "B" e "D" estão corretas. A alternativa "C" está incorreta, pois o objeto da revogação é um ato administrativo legal, idôneo e sem vício. O ato a ser revogado se ressente apenas de estar inconveniente por conta de um fato novo, e não de ter nascido com vício. Gabarito "C".

4. ORGANIZAÇÃO ADMINISTRATIVA

4.1. TEMAS GERAIS (ADMINISTRAÇÃO PÚBLICA, ÓRGÃOS E ENTIDADES, DESCENTRALIZAÇÃO E DESCONCENTRAÇÃO, CONTROLE E HIERARQUIA, TEORIA DO ÓRGÃO)

Segue um resumo sobre a parte introdutória do tema Organização da Administração Pública:

O objetivo deste tópico é efetuar uma série de distinções, de grande valia para o estudo sistematizado do tema. A primeira delas tratará da relação entre pessoa jurídica e órgãos estatais.

Pessoas jurídicas estatais são entidades integrantes da estrutura do Estado e dotadas de personalidade jurídica, ou seja, de aptidão genérica para contrair direitos e obrigações.

Órgãos públicos são centros de competência integrantes das pessoas estatais instituídos para o desempenho das funções públicas por meio de agentes públicos. São, portanto, parte do corpo (pessoa jurídica). Cada órgão é investido de determinada competência, dividida entre seus cargos. Apesar de não terem personalidade jurídica, têm prerrogativas funcionais, o que admite até que interponham mandado de segurança, quando violadas. Tal capacidade processual, todavia, só têm os órgãos independentes e os autônomos. Todo ato de um órgão é imputado diretamente à pessoa jurídica da qual é integrante, assim como todo ato de agente público é imputado diretamente ao órgão à qual pertence (trata-se da chamada "teoria do órgão", que se contrapõe à teoria da representação ou do mandato). Deve-se ressaltar, todavia, que a representação legal da entidade é atribuição de determinados agentes, como o Chefe do Poder Executivo e os Procuradores. Confiram-se algumas classificações dos órgãos públicos, segundo o magistério de Hely Lopes Meirelles:

Quanto à **posição**, podem ser órgãos *independentes* (originários da Constituição e representativos dos Poderes do Estado: Legislativo, Executivo de Judiciário – aqui estão todas as corporações legislativas, chefias de executivo e tribunais, e juízos singulares); *autônomos* (estão na cúpula da Administração, logo abaixo dos órgãos independentes, tendo autonomia administrativa, financeira e técnica, segundo as diretrizes dos órgãos a eles superiores – cá estão os Ministérios, as Secretarias Estaduais e Municipais, a AGU etc.), *superiores* (detêm poder de direção quanto aos assuntos de sua competência, mas sem autonomia administrativa e financeira – ex.: gabinetes, procuradorias judiciais, departamentos, divisões, etc.) e *subalternos* (são os que se acham na base da hierarquia entre órgãos, tendo reduzido poder decisório, com atribuições de mera execução – ex.: portarias, seções de expediente):

Quanto à **estrutura**, podem ser *simples* ou *unitários* (constituídos por um só centro de competência) e *compostos* (reúnem outros órgãos menores com atividades-fim idênticas ou atividades auxiliares – ex.: Ministério da Saúde).

Quanto à **atuação funcional**, podem ser *singulares* ou *unipessoais* (atuam por um único agente – ex.: Presidência da República) e *colegiados* ou *pluripessoais* (atuam por manifestação conjunta da vontade de seus membros – ex.: corporações legislativas, tribunais e comissões).

Outra distinção relevante para o estudo da estrutura da Administração Pública é a que se faz entre desconcentração e descentralização. Confira-se.

Desconcentração é a *distribuição interna de atividades administrativas, de competências*. Ocorre de órgão para órgão da entidade Ex.: competência no âmbito da Prefeitura, que poderia estar totalmente concentrada no órgão Prefeito Municipal, mas que é distribuída internamente aos Secretários de Saúde, Educação etc.

Descentralização é a *distribuição externa de atividades administrativas, que passam a ser exercidas por pessoa ou pessoas distintas do Estado*. Dá-se de pessoa jurídica para pessoa jurídica como técnica de especialização. Ex.: criação de autarquia para titularizar e executar um dado serviço público, antes de titularidade do ente político que a criou.

Na descentralização **por serviço** a lei atribui ou autoriza que outra pessoa detenha a *titularidade* e a execução do serviço. Depende de lei. Fala-se também em *outorga* do serviço.

Na descentralização **por colaboração** o contrato ou ato unilateral atribui a outra pessoa a *execução* do serviço. Aqui o particular pode colaborar, recebendo a execução do serviço, e não a titularidade. Fala-se também em *delegação* do serviço e o caráter é transitório.

É importante também saber a seguinte distinção.

Administração direta compreende os órgãos integrados no âmbito direto das pessoas políticas (União, Estados, Distrito Federal e Municípios).

Administração indireta compreende as pessoas jurídicas criadas pelo Estado para titularizar e exercer atividades públicas (autarquias e fundações públicas) e para agir na atividade econômica quando necessário (empresas públicas e sociedades de economia mista).

Outra classificação relevante para o estudo do tema em questão é a que segue.

As **pessoas jurídicas de direito público** são os entes políticos e as pessoas jurídicas criadas por estes para exercerem típica atividade administrativa, o que impõe tenham, de um lado, prerrogativas de direito público, e, de outro, restrições de direito público, próprias de quem gere coisa pública.[1] Além dos entes políticos (União, Estados, Distrito Federal e Municípios), são pessoas jurídicas de direito público as *autarquias*, *fundações públicas*, *agências reguladoras* e *associações públicas* (consórcios públicos de direito público).

As **pessoas jurídicas de direito privado estatais** são aquelas criadas pelos entes políticos para exercer atividade econômica, devendo ter os mesmos direitos e restrições das demais pessoas jurídica privadas, em que pese terem algumas restrições adicionais, pelo fato de terem sido criadas pelo Estado. São pessoas jurídicas de direito privado estatais as *empresas públicas*, as *sociedades de economia mista*, as *fundações privadas criadas pelo Estado* e os *consórcios públicos de direito privado*.

Também é necessário conhecer a seguinte distinção.

Hierarquia *consiste no poder que um órgão superior tem sobre outro inferior, que lhe confere, dentre outras prerrogativas, uma ampla possibilidade de fiscalização dos atos do órgão subordinado.*

Controle (tutela ou supervisão ministerial) *consiste no poder de fiscalização que a pessoa jurídica política tem sobre a pessoa jurídica que criou, que lhe confere tão somente a possibilidade de submeter a segunda ao cumprimento de seus objetivos globais, nos termos do que dispuser a lei. Ex.: a União não pode anular um ato administrativo de concessão de aposentadoria por parte do*

---

[1] Vide art. 41 do novo Código Civil. O parágrafo único deste artigo faz referência às *pessoas de direito público com estrutura de direito privado*, que serão regidas, no que couber, pelas normas do CC. A referência é quanto às fundações públicas, aplicando-se as normas do CC apenas quando não contrariarem os preceitos de direito público.

INSS (autarquia por ela criada), por não haver hierarquia; mas pode impedir que o INSS passe a comercializar títulos de capitalização, por exemplo, por haver nítido desvio dos objetivos globais para os quais fora criada a autarquia. Aqui não se fala em subordinação, mas em vinculação administrativa.

Por fim, há entidades que, apesar de **não fazerem** parte da Administração Pública Direta e Indireta, colaboram com a Administração Pública e são estudadas no Direito Administrativo. Tais entidades são denominadas *entes de cooperação* ou *entidades paraestatais*. São entidades que não têm fins lucrativos e que colaboram com o Estado em atividades não exclusivas deste. São exemplos de paraestatais as seguintes: a) *entidades do Sistema S* (SESI, SENAI, SENAC etc. – ligadas a categorias profissionais, cobram contribuições parafiscais para o custeio de suas atividades); b) *organizações sociais* (celebram *contrato de gestão* com a Administração); c) *organizações da sociedade civil de interesse público* – OSCIPs (celebram *termo de parceria* com a Administração).

(Magistratura/PR – 2010 – PUC/PR) Em relação ao regime jurídico da Administração Pública, assinale a alternativa CORRETA:

(A) Empresas públicas são pessoas jurídicas de direito público, pois possuem capital integral público e submetem-se a regime jurídico híbrido, público e privado.
(B) Serviços sociais autônomos pertencem ao segundo setor e localizam-se na Administração pública direta, executando atividades em complementação à ação estatal.
(C) Autarquias em regime especial admitem contingenciamento orçamentário em situações de calamidade pública de grandes proporções ou grave abalo institucional.
(D) Órgãos públicos são centros despersonalizados de poder, reunião de competência sem atribuição de personalidade jurídica.

A: incorreta, pois as empresas públicas são pessoas jurídicas de direito *privado* estatais; a palavra "públicas", na expressão "empresas públicas", diz respeito ao fato de que estas só têm capital público, e não ao fato de que o regime jurídico é de direito público; de qualquer forma, é bom ressaltar que o regime jurídico de direito privado dessas empresas é, realmente, especial, havendo algumas condicionantes típicas de direito público (ex.: dever de licitar e de fazer concurso público); B: incorreta, pois os serviços sociais autônomos (SESC, SESI etc.), assim como as organizações sociais e as OSCIPs, são entidades do *terceiro* setor; C: incorreta, pois as autarquias especiais tem autonomia não só administrativa, como orçamentária e financeira; D: correta, pois traz a exata definição de órgãos públicos, que, realmente, não tem personalidade jurídica, com tem as entidades ou pessoas jurídicas. Gabarito "D".

(Magistratura/SP – 2007) O detentor dos poderes da Administração é o Estado, pessoa única, embora constituída dos vários órgãos que integram sua estrutura. Despersonalizados, esses órgãos não agem em nome próprio, mas no do Estado, de que são instrumentos indispensáveis ao exercício de suas funções e atividades típicas. Muitas vezes, o Estado se vê obrigado a adotar estratégias de funcionamento com vistas à maior eficiência da administração. Dentre elas, destacam-se a outorga de serviço ou atividade a pessoa distinta, mas investida dos necessários poderes de administração, a repartição de funções entre os vários órgãos despersonalizados, sem quebra de hierarquia, a transferência da execução de serviço ou de competência e a entrega dessas atribuições sem necessidade de lei específica. As afirmativas desta última frase referem-se, respectivamente, a

(A) delegação, outorga, desconcentração e descentralização.
(B) descentralização, desconcentração, delegação e execução indireta.
(C) coordenação, descentralização, delegação e desconcentração.
(D) execução indireta, desconcentração, descentralização e delegação.

De fato, temos as seguintes associações: descentralização - outorga de serviço ou atividade a pessoa distinta, mas investida dos necessários poderes de Administração; desconcentração - a repartição de funções entre os vários órgãos despersonalizados, sem quebra de hierarquia; delegação - a transferência da execução de serviço ou de competência; e execução indireta - a entrega dessas atribuições sem necessidade de lei específica. Gabarito "B".

(Magistratura/TO – 2007 – CESPE) Acerca da organização da administração pública, assinale a opção correta.

(A) A administração direta abrange todos os órgãos do Poder Executivo, excluindo-se os órgãos dos Poderes Judiciário e Legislativo.
(B) As autarquias profissionais de regime especial, como a Ordem dos Advogados do Brasil e as agências reguladoras, submetem-se ao controle do Tribunal de Contas da União.
(C) As empresas públicas e as sociedades de economia mista que exploram atividade econômica em regime de monopólio submetem-se ao regime jurídico próprio das empresas privadas.
(D) Enquanto a administração pública extroversa é finalística, dado que ela é atribuída especificamente a cada ente político, obedecendo a uma partilha constitucional de competências, a administração pública introversa é instrumental, visto que é atribuída genericamente a todos os entes, para que possam atingir aqueles objetivos.

A: incorreta, pois a administração direta abrange todos os órgãos dos entes políticos, inclusive os órgãos do Judiciário e do Legislativo; B: incorreta, pois as agências reguladoras não são autarquias profissionais (ligadas a profissões), mas autarquias especiais responsáveis pela regulação de serviços públicos, exercício do poder de polícia sobre certas atividades e fomento de certas atividades; C: incorreta (art. 173, § 1º, da CF - não há a expressão "em regime de monopólio"); D: correta. Diogo de Figueiredo Moreira Neto faz tal distinção (*Curso de Direito Administrativo*, 14ª ed. Rio de Janeiro: Forense, p. 115 e ss). Esse renomado autor classifica a Administração Pública, sob o critério da **natureza dos interesses**, em administração extroversa e introversa, e, sob o critério *subjetivo*, em direta e indireta. Gabarito "D".

(Ministério Público/PB – 2010) Considerando a jurisprudência dominante do Supremo Tribunal Federal, analise as proposições imediatamente abaixo e, em seguida, assinale a alternativa que contenha o julgamento devido sobre elas:

I. A Ordem dos Advogados do Brasil (OAB) consiste em serviço público independente, não se sujeitando o seu pessoal administrativo a regime funcional estatutário e tampouco à regra do concurso público.
II. A OAB não integra a Administração Pública Indireta, não ostenta a natureza jurídica de autarquia especial e tampouco se sujeita a qualquer controle ou tutela administrativa.
III. Os conselhos de fiscalização profissional, salvo a OAB, têm personalidade jurídica de direito privado.

(A) Apenas I é errada.
(B) Apenas III é errada.
(C) Apenas II é errada.
(D) Apenas II e III são erradas.
(E) I, II e III são corretas.

I: correta, valendo salientar que a OAB é uma pessoa jurídica com regime jurídico *sui generis*, não se enquadrando nem totalmente num regime de direito público, nem totalmente num regime jurídico de direito privado; quanto à licitação e ao concurso público, a OAB não tem, realmente, o dever de realizá-los; por outro lado, tem prerrogativas administrativas, pois faz a fiscalização do exercício da profissão de advogado; II: correta, sendo verdadeiras todas as afirmativas feitas; III: incorreta, pois tais entidades têm um regime jurídico híbrido. Gabarito "B".

(Procurador do Estado/PI – 2008 – CESPE) Assinale a opção correta acerca do direito administrativo.

(A) Segundo a doutrina, os órgãos públicos podem ser classificados em coletivos e singulares, sendo a Presidência da República exemplo de órgão público singular.
(B) De acordo com a CF, o servidor público estável só perderá o cargo em decorrência de sentença judicial condenatória transitada em julgado ou mediante processo administrativo em que lhe seja assegurada ampla defesa.
(C) O procedimento disciplinar denominado verdade sabida tem por objetivo conferir celeridade à punição dos servidores faltosos, estando em total harmonia com a CF.
(D) Órgão público pode ser definido como unidade administrativa dotada de personalidade jurídica que congrega atribuições exercidas pelos agentes públicos que o integram com o objetivo de expressar a vontade do Estado.
(E) A responsabilidade administrativa do servidor público será afastada sempre que ele for absolvido na esfera criminal.

A: correta, pois, de fato, quanto à atuação funcional, os órgãos públicos podem ser *singulares* ou *unipessoais*, quando atuam por um único agente, como é o caso da Presidência da República; e podem ser *colegiados* ou *pluripessoais*, quando atuam por manifestação conjunta da vontade de seus membros, como o legislativo, os tribunais e as comissões; B: incorreta, pois é também possível a perda do cargo em caso de excesso de despesa com pessoal (art. 169, § 4º, da CF); C: incorreta, pois a verdade sabida, que permite a aplicação direta de penalidade disciplinar, quando a falta disciplinar for conhecida pela própria autoridade competente para a aplicação da pena, é incompatível com a CF, que exige, em qualquer processo administrativo, respeito ao princípio do contraditório e da ampla defesa (art. 5º, LV, da CF); D: incorreta, pois órgão público não tem personalidade jurídica; E: incorreta, pois a absolvição criminal por falta de provas, por exemplo, não interfere na esfera administrativa; o art. 126 da Lei 8.112/90 trata de casos em que absolvição criminal interfere na esfera administrativa. Gabarito "A".

(Procurador do Estado/RO – 2011 – FCC) É um traço comum de todas as entidades da Administração Indireta:

(A) serem processadas em juízo privativo do ente político ao qual estão vinculadas.
(B) a proibição de acumulação remunerada de cargos, empregos e funções, ressalvadas as hipóteses constitucionalmente admitidas.
(C) serem criadas diretamente por lei específica, editada pelo ente criador.
(D) a sujeição de seus servidores ao teto constitucional estabelecido no art. 37, XI, da Constituição Federal.
(E) a impenhorabilidade de seus bens.

A: incorreta, pois uma sociedade de economia mista, por exemplo, se for estadual, não é julgada pela Vara da Fazenda Pública, mas pela Vara Cível, e, se for federal, não é julgada pela Justiça Federal, mas pela Justiça Estadual, no caso, numa Vara Cível; B: correta, pois tal proibição se estende à toda a Administração Direta e Indireta (art. 37, XVII, da CF); C: incorreta, pois as entidades autárquicas são criadas diretamente por lei específica, mas as demais entidades são criadas por outros atos constitutivos, após autorização de lei específica (art. 37, XIX, da CF); D: incorreta, pois as empresas estatais não dependam dos entes políticos para pagamento de pessoal ou para o custeio em geral (art. 37, § 9º, da CF); E: incorreta, pois as pessoas jurídicas de direito público da Administração Indireta têm bens impenhoráveis, ao passo que as pessoas jurídicas de direito privado da Administração Indireta têm bens penhoráveis, salvos as que prestem serviço público em regime de monopólio, como é o caso dos Correios. Gabarito "B".

(Procurador do Município/Teresina-PI – 2010 – FCC) Os entes da Administração Indireta NÃO

(A) possuem patrimônio próprio.
(B) decorrem de descentralização por colaboração.
(C) detêm capacidade de autoadministração.
(D) possuem personalidade jurídica própria.
(E) vinculam-se a órgãos da Administração Direta.

A: incorreta, pois são pessoas jurídicas, e, portanto, possuem, sim, patrimônio próprio; B: correta, pois tais entes, de fato, NÃO decorrem de descentralização por colaboração, mas sim de descentralização por outorga; C: incorreta, pois tais entes detêm, sim, capacidade de autoadministração, até pelo fato de serem pessoas jurídicas e terem personalidade jurídica; D: incorreta, pois tais entes são pessoas jurídicas e, portanto, possuem personalidade jurídica própria; E: incorreta, pois tais entes vinculam-se, sim, a órgãos da Administração Direta, que exercem o chamado *controle*, *tutela* ou *supervisão ministerial* em relação a eles. Gabarito "B".

(Defensor Público/AM – 2010 – I. Cidades) De acordo com a doutrina nacional, os órgãos e agentes públicos estão compreendidos no sentido de Administração Pública:

(A) subjetivo
(B) objetivo
(C) de atividade administrativa
(D) de atividade política
(E) de atividade política e administrativa

A Administração Pública em sentido subjetivo é o conjunto de *órgãos*, *agentes* e pessoas jurídicas que asseguram a satisfação do interesse público. Já em sentido objetivo (material ou funcional), é conjunto de funções necessárias aos serviços públicos em geral. Dessa forma, a alternativa "A" é a única correta. Gabarito "A".

(Defensoria/MT – 2007) Dentre as teorias sobre as relações do Estado com os agentes públicos, destaca-se a teoria do órgão, para a qual a pessoa jurídica manifesta a sua vontade por meio dos órgãos. Sobre o tema, assinale a afirmativa incorreta.

(A) Os órgãos públicos, por terem personalidade jurídica, são sujeitos de direitos e obrigações, podendo, por essa razão, contratar, exercer direitos ou assumir deveres.
(B) Os órgãos públicos são centros de competência do Estado.
(C) Quanto à posição que ocupam na estrutura estatal, são classificados como independentes os órgãos públicos que têm origem na Constituição, e estão colocados no ápice da pirâmide organizacional, sem qualquer subordinação hierárquica ou funcional.
(D) Quanto à composição, os órgãos públicos serão simples ou unitários, quando dotados de um único centro de competência ou atribuições; serão compostos, quando integrados por outros órgãos públicos.
(E) Quanto à atuação funcional, são colegiados os órgãos públicos que decidem e agem pela manifestação de vontade da maioria de seus membros.

A alternativa A é a única incorreta porque os órgãos públicos não têm personalidade jurídica. As demais alternativas trazem afirmações corretas. Gabarito "A".

(Defensoria/SE – 2006 – CESPE) Julgue os itens seguintes, acerca da organização administrativa.

(1) Na outorga, o Estado transfere, por contrato ou por ato unilateral, unicamente a execução de determinado serviço, para que o outorgado o preste em seu nome e por sua conta e risco.
(2) Na desconcentração, ocorre a distribuição, em uma mesma entidade, de atribuições para outros órgãos.

1: errado, pois na outorga de um serviço, transfere-se a própria titularidade dele, que permite ao outorgado *regulamentá-lo*, *fiscalizá-lo* e *executá-lo*, por si ou por concessionário; a outorga difere da delegação, que só permite que o delegatário *execute* o serviço público; a outorga depende de lei, ao passo que a delegação pode se dar por contrato ou ato unilateral; 2: certo, pois, de fato, a *desconcentração* é a distribuição interna de competência (de órgão para órgão de uma mesma entidade), diferente da *descentralização*, que é a distribuição externa de competência (de pessoa jurídica para pessoa jurídica, ou seja, de entidade para entidade). Gabarito 1E, 2C.

(Delegado/PI – 2009 – UESPI) Em relação à organização administrativa, pode-se afirmar que:

(A) no âmbito estadual, a criação de uma secretaria constitui exemplo de descentralização administrativa.
(B) somente por lei específica poderá ser criada autarquia e autorizada a instituição de empresa pública, de sociedade de economia mista e de fundação.
(C) é exemplo de desconcentração a criação de uma agência reguladora.
(D) as organizações sociais integram a Administração Pública descentralizada.
(E) as autarquias e as fundações públicas não podem ser qualificadas como agências executivas.

A: incorreta, pois o caso narrado é de *desconcentração*, e não de *descentralização*, pois se trata de distribuição interna de competência (já que uma secretaria é um *órgão* interno de um ente), e não de distribuição externa de competências; B: correta (art. 37, XIX, da CF); C: incorreta, pois a criação de um agência reguladora é uma distribuição externa de competência (ou seja, é a distribuição de competência de uma pessoa jurídica para outra pessoa jurídica), de modo que se trata de *descentralização*, e não de *desconcentração*; D: incorreta, pois as organizações sociais são entidades privadas não criadas pelo Estado, de modo que não fazem parte da Administração Pública, apesar de colaborarem com esta; E: incorreta, pois são justamente as autarquias e as fundações públicas que podem ser qualificadas como agências executivas (art. 51 da Lei 9.649/98). Gabarito "B".

(Delegado/SC – 2008) Analise as alternativas a seguir. Todas estão corretas, exceto a:

(A) O ato do agente administrativo, enquanto atua nessa condição, é imputado diretamente ao Estado.
(B) Quanto à atuação funcional ou composição, os órgãos da Administração Pública podem ser divididos em simples e colegiais, conforme suas decisões sejam tomadas individualmente por seus agentes ou por um conjunto de agentes que os integram.

(C) Os órgãos independentes, originários da Constituição Federal e representativos dos Poderes de Estado – Legislativo, Judiciário e Executivo –, não possuem subordinação hierárquica ou funcional nem se sujeitam a nenhum tipo de controle de um Poder pelo outro.

(D) São agentes públicos os chefes do Executivo em qualquer esfera, bem como os senadores, deputados e vereadores, os ocupantes de cargos e empregos públicos e os concessionários e permissionários de serviço público.

Alternativa "C" está incorreta, pois há um sistema de freios e contrapesos entre os poderes. Por exemplo, o Poder Legislativo faz o controle das contas do Poder Executivo, com o auxílio do Tribunal de Contas. E o Poder Judiciário controla a legalidade dos atos de todos os poderes. As demais alternativas estão corretas. Gabarito "C".

(Magistratura Federal-4ª Região – 2010) Dadas as assertivas abaixo, assinale a alternativa correta:

I. A descentralização pressupõe pessoas jurídicas diversas; a desconcentração refere-se a uma só pessoa.

II. As autarquias, cuja gênese depende de Decreto específico, somente podem ser extintas por ato de igual natureza.

III. Somente por lei específica poderá ser autorizada a instituição de fundação, cabendo à lei complementar definir a área de sua atuação.

IV. As empresas públicas e as sociedades de economia mista sujeitam-se ao regime jurídico próprio das empresas privadas quanto aos direitos e às obrigações civis, comerciais, trabalhistas e tributárias.

(A) Estão corretas apenas as assertivas I e II.
(B) Estão corretas apenas as assertivas I, III e IV.
(C) Estão corretas apenas as assertivas II, III e IV.
(D) Estão corretas todas as assertivas.
(E) Nenhuma assertiva está correta.

I: correta, pois a descentralização é a distribuição de atribuições ou competências de uma pessoa jurídica para outra, ao passo que a desconcentração é a mesma distribuição, mas no interior de uma só pessoa jurídica, ocorrendo de órgão para órgão dessa pessoa; II: incorreta, pois as autarquias são criadas por meio de lei específica (art. 37, XIX, da CF); III: correta (art. 37, XIX, da CF); IV: correta (art. 173, § 1º, II, da CF). Gabarito "B".

(Magistratura Federal – 3ª Região – XIII) A organização desconcentrada significa:

(A) a prestação de atividades administrativas diretamente exercida pelo conjunto orgânico da pessoa política;
(B) a distribuição de funções administrativas a pessoas jurídicas distintas, desde que sediadas na mesma base territorial;
(C) a repartição interna de atribuições administrativas aos diversos órgãos integrantes da mesma pessoa política, sob uma mesma ordem hierárquica;
(D) a delegação de competências administrativas a pessoas políticas distintas, mediante convênio ou acordo administrativos, desde que previstos em lei.

A desconcentração é a distribuição interna de competência (de órgão para órgão de uma mesma entidade), diferente da descentralização, que é a distribuição externa de competência (de pessoa jurídica para pessoa jurídica, ou seja, de entidade para entidade). Gabarito "C".

(Procuradoria Federal – 2007 – CESPE) De acordo com os postulados extraídos da teoria do órgão, aplicável à administração pública, julgue os itens seguintes.

(1) No direito brasileiro, os órgãos são conceituados como unidades de atuação integrantes da estrutura da administração direta e da estrutura da administração indireta e possuem personalidade jurídica própria.

(2) As ações dos entes políticos — como União, estados, municípios e DF — concretizam-se por intermédio de pessoas físicas, e, segundo a teoria do órgão, os atos praticados por meio desses agentes públicos devem ser imputados à pessoa jurídica de direito público a que pertencem.

(3) Foi o jurista alemão Otto Gierke quem estabeleceu as linhas mestras da teoria do órgão e indicou como sua principal característica o princípio da imputação volitiva.

1: errada, vez que os órgãos não têm personalidade jurídica; 2 e 3: certas, pois, pela Teoria do Órgão, os atos dos agentes públicos são imputados diretamente à administração, já que aqueles expressam a *vontade* desta. Gabarito 1E, 2C, 3C.

(Auditor Fiscal/MG – 2005 – ESAF) Sobre conceitos atinentes à Administração Pública, assinale a opção correta.

(A) Não se pode considerar agente público aquele que integra a estrutura de uma pessoa jurídica de direito privado instituída pelo Poder Público.
(B) O poder hierárquico fundamenta o ato de avocação.
(C) Os órgãos públicos têm personalidade jurídica, podendo, por isso, assumir em nome próprio obrigações.
(D) A descentralização tem, para o Direito Administrativo, significado de distribuição de competências dentro de uma mesma pessoa jurídica.
(E) Tradicionalmente, não se considera a competência como elemento vinculado do ato administrativo.

A: incorreta, pois a expressão agente público abrange todos aqueles que exercem alguma função na administração direta e indireta, inclusive nas pessoas de direito privado estatal; B: correta, nos termos do art. 15 da Lei 9.784/99; C: incorreta, pois os órgãos não têm personalidade jurídica; D: incorreta, pois a *descentralização* é a distribuição *externa* de competência (de pessoa jurídica para pessoa jurídica, ou seja, de entidade para entidade); E: incorreta, pois o ato administrativo tem vários requisitos (competência, objetivo, forma, motivo e finalidade), e a competência é um requisito que é sempre vinculado; sempre se sabe quem é o agente competente para a prática de determinado ato. Gabarito "B".

(Auditor Fiscal/RJ – 2008 – FGV) Não é ente da Administração Indireta:

(A) sociedade de economia mista.
(B) empresa pública.
(C) agência reguladora.
(D) secretaria de Estado.
(E) fundação pública.

A secretaria de Estado é um mero órgão público, e não um ente, uma pessoa jurídica. Gabarito "D".

(FGV – 2010) A transferência da execução de serviço público comum à pessoa jurídica de direito privado já existente, mediante contrato administrativo, conservando o Poder Público a titularidade do serviço, é caso de:

(A) desconcentração administrativa por outorga.
(B) desconcentração funcional por colaboração.
(C) descentralização administrativa por delegação legal.
(D) descentralização administrativa por colaboração.
(E) concentração funcional por delegação negocial.

A, B, C, D e E: Quando há transferência de encargos de *pessoa jurídica* para *pessoa jurídica* tem-se o fenômeno da *descentralização*, e não da *desconcentração*, que ocorre de *órgão* para *órgão*. A *descentralização* pode ser por *serviço* (quando há transferência da *titularidade* do serviço, o que deve ser feito por *lei*) ou por *colaboração* (quando há transferência apenas da *execução* do serviço, o que pode ser feito por *contrato*). Portanto, no caso em tela temos *descentralização por colaboração*. Gabarito "D".

(FGV – 2010) É uma característica do serviço público desconcentrado:

(A) transferir a execução de serviços dos órgãos periféricos para os centrais.
(B) transferir a execução de serviço entre entidades.
(C) ser uma técnica de especialização.
(D) executar de forma descentralizada o serviço.
(E) ser uma técnica de aceleração.

A: incorreta, pois a desconcentração se dá de órgãos *centrais* para *periféricos* (por exemplo, da Presidência da República para um Ministério); B: incorreta, pois a desconcentração se dá de órgão para órgão, e não de entidades (pessoas jurídicas) para entidades; C e E: a desconcentração, como ocorre no âmbito de uma mesma pessoa jurídica, não deixa essa pessoa jurídica mais especializada, e sim permite que haja mais aceleração na execução do serviço, porque coloca mais pessoas para exercê-lo, não concentrando tudo nas mãos de um órgão central; D: incorreta, pois não se deve confundir a desconcentração (trazida no enunciado) com a descentralização (trazida na alternativa). Gabarito "E".

(FGV – 2010) Em relação às entidades da Administração Pública Indireta, é correto afirmar que:

(A) as sociedades de economia mista são pessoas jurídicas de direito privado, criadas por autorização legal e se apresentam, dentre outras, sob a forma de sociedade anônima.
(B) os bens que integram o patrimônio de todas as empresas públicas têm a qualificação de bens públicos.
(C) as fundações públicas não se destinam às atividades relativas a assistência social e atividades culturais.
(D) os empregados de empresas públicas e sociedades de economia mista podem acumular seus empregos com cargos ou funções públicas da Administração Direta.
(E) as autarquias podem celebrar contratos de natureza privada, que serão regulados pelo direito privado.

A: incorreta, pois as sociedades de economia mista realmente são pessoas de direito privado e são criadas mediante *autorização* legal (lei específica autoriza sua criação – art. 37, XIX, da CF), porém, tais entidades só podem se apresentar sob a forma de *sociedade anônima*; B: incorreta, pois, segundo o Código Civil, bens públicos são os pertencentes às pessoas jurídicas de direito *público*; no caso, as empresas públicas são pessoas de direito *privado* estatais, portanto, seus bens são considerados bens privados, o que os torna alienáveis, passíveis de usucapião e penhoráveis, ressalvados os bens que estiverem afetados ao serviço público e os bens dos Correios, que não são penhoráveis, segundo o STF, por se tratar de atividade em que há monopólio da União e não há concorrência com outras empresas privadas; C: incorreta, pois as fundações públicas podem, sim, destinar-se às atividades mencionadas; o que não é possível é que uma fundação se destine a atividades que visem ao lucro, pois somente as empresas estatais podem ter essa finalidade; D: incorreta, pois tal acumulação é proibida no âmbito da administração pública como um todo, incluindo as empresas estatais, suas subsidiárias e as empresas controladas pelo Poder Público (art. 37, XVII, da CF), ressalvadas as exceções constitucionais (art. 37, XVI, da CF); E: correta, pois mesmo os entes políticos (União, Estados, DF e Municípios) podem celebrar contratos regidos pelo direito privado, tais como o de mútuo, seguro e locação. Gabarito "E".

(FGV – 2008) Em relação aos órgãos públicos, é correto afirmar que:

(A) são repartições internas das pessoas de direito público, às quais a ordem jurídica atribui personalidade jurídica.
(B) não têm capacidade de ser parte em processos judiciais em virtude da ausência de personalidade jurídica.
(C) de natureza colegiada só produzem externamente a sua vontade com os votos da totalidade de seus membros.
(D) só podem conter, em seus respectivos quadros, servidores estatutários, dotados ou não de estabilidade.
(E) são compartimentos internos das pessoas de direito público destituídos de personalidade jurídica, mas dotados de competência específica.

A: incorreta, pois órgãos não têm personalidade jurídica; B: incorreta, pois, para defender suas prerrogativas institucionais, a lei defere, excepcionalmente, personalidade judiciária a certos órgãos; C: incorreta, pois tal matéria pode ser disposta de outra maneira no regimento do órgão, assegurando, por exemplo, que a maioria de votos possa ser suficiente; D: incorreta, pois nos órgãos podem haver também servidores celetistas; E: trata-se da definição correta de órgãos. Gabarito "E".

4.2. AUTARQUIAS

(Magistratura/SP – 2009 – VUNESP) A natureza jurídico-administrativa da OAB foi exaustivamente debatida pelo Supremo Tribunal Federal na ADI 3026-4/DF. Alguns pontos fundamentais foram anotados, tais como:

(A) não é uma autarquia especial.
(B) não presta serviço público.
(C) integra a Administração Pública indireta e sujeita-se ao controle estatal.
(D) não possui finalidade institucional.

A decisão proferida pelo STF na ADI mencionada anota que a OAB não é uma autarquia especial e não integra a Administração Indireta como outro tipo de pessoa jurídica, de modo que não se sujeita ao controle estatal. Por outro lado, o STF reconhece que a OAB presta, sim, um serviço público. Na prática isso significa que a OAB, de um lado, não é obrigada a fazer concursos públicos, licitações e a se submeter à fiscalização do TCU e ao regime estatutário dos agentes públicos, podendo contratar pelo regime celetista. De outro, por ser um serviço público, a OAB pode fiscalizar os advogados e também tem direito a vantagens tributárias. Na ementa do acórdão, o STF deixa claro que a OAB não é integrante da Administração Indireta, tratando-se de uma figura ímpar no País, no caso, um Serviço Público Independente. O acórdão também conclui que a OAB não pode ser comparada às demais entidades de fiscalização profissional, pois não está voltada exclusivamente a finalidades corporativas, possuindo finalidade institucional. Gabarito "A".

(Procurador do Estado/CE – 2008 – CESPE) Assinale a opção correta acerca das autarquias.

(A) As autarquias são detentoras, em nome próprio, de direitos e obrigações, poderes e deveres, prerrogativas e responsabilidades.
(B) As autarquias são hierarquicamente subordinadas à administração pública que as criou.
(C) As autarquias são criadas e extintas por ato do chefe do Poder Executivo.
(D) Ao criar uma autarquia, a administração pública apenas transfere a ela a execução de determinado serviço público, permanecendo com a titularidade desse serviço.
(E) As autarquias não estão sujeitas ao controle externo do Poder Legislativo.

A: correta, pois, de fato, as autarquias, por serem pessoas jurídicas, têm capacidade de autoadministração; assim, são detentoras, em nome próprio, de direitos e obrigações, poderes e deveres, prerrogativas e responsabilidades; assim, um ato ilegal cometido por uma autarquia (p. ex., pelo INSS), enseja uma ação judicial contra o INSS e não contra a União; B: incorreta, pois a relação não é de hierarquia, mas de supervisão ministerial (art. 26 do Dec.-lei 200/67); C: incorreta, pois as autarquias são criadas (e extintas) por lei (art. 37, XIX, da CF); D: incorreta, pois nesse caso também ocorre a transferência da titularidade do serviço a ser executado pela autarquia criada (descentralização por serviço); E: incorreta, pois o controle externo do legislativo é exercido em relação a todos os entes da administração direta e indireta (art. 70 da CF). Gabarito "A".

(Procurador do Município/Boa Vista-RR – 2010 – CESPE) Com relação à autarquia, julgue o item seguinte.

(1) São características das autarquias a descentralização, a criação por lei, a especialização dos fins ou atividades, a personalidade jurídica pública, a capacidade de autoadministração e a sujeição a controle ou tutela.

1: Correta, pois traz as características próprias da autarquia. Gabarito 1C.

(Delegado/PI – 2009 – UESPI) É certo que as autarquias:

(A) são pessoas jurídicas de direito privado, sujeitas ao controle finalístico de sua administração, pelo ente instituidor.
(B) são pessoas jurídicas de direito público, de natureza meramente administrativa, com personalidade jurídica e patrimônio próprio.
(C) integram a administração direta da União, não estando sujeitas ao controle hierárquico do ente que as criou.
(D) têm por finalidade a exploração de atividade econômica por força de contingência ou de conveniência administrativa, com subordinação hierárquica ao órgão da administração indireta que a criou.
(E) são constituídas sob a forma de sociedade anônima e sob o controle majoritário da União ou de outra entidade da administração direta ou indireta federal.

A: incorreta, pois são pessoas jurídicas de direito público; B: correta, pois traz as características da autarquia; C: incorreta, pois as autarquias integram a administração *indireta*; D: incorreta, pois a finalidade da autarquia é exercer atividade típica de Estado (fiscalização, por exemplo), e não explorar atividade econômica; ademais, entre o ente político e a autarquia há *controle ou tutela*, e não *hierarquia*; E: incorreta, pois as autarquias são pessoas de direito público, portanto, não têm estrutura própria de pessoas de direito privado, como é a estrutura de empresa. Gabarito "B".

(Auditor Fiscal/MG – 2005 – ESAF) Relativamente às autarquias, aponte o item correto.

(A) Os bens de uma autarquia não podem ser objeto de penhora, não obstante tais entidades não integrarem a Administração direta.
(B) Há subordinação hierárquica entre a autarquia e a Administração direta.
(C) Nosso sistema legislativo expressamente exclui a possibilidade de criação de autarquias municipais.

(D) Não se pode dizer que as autarquias tenham capacidade de auto-administração, tendo em vista a tutela que sobre ela exerce a Administração direta.
(E) Os servidores das autarquias estão subordinados ao regime jurídico único estatutário, não havendo mais amparo, em nosso sistema legislativo, para a contratação pelo regime da Consolidação das Leis do Trabalho – CLT.

A: correta, pois, de fato, os bens das autarquias são bens públicos, vez que estas são pessoas de direito público (art. 98 do Código Civil); e os bens públicos são inalienáveis (art. 100 do Código Civil), portanto impenhoráveis, devendo a execução contra esses entes ser feita mediante a expedição de precatório (art. 100 da CF); B: incorreta, pois há **supervisão ministerial** (**tutela** ou **controle**) na relação entre a autarquia e a Administração Direta; a subordinação hierárquica (que ocorre de órgão para órgão) permite ampla fiscalização dos atos do subordinado, ao passo que a supervisão ministerial (que ocorre de pessoa jurídica para pessoa jurídica) permite apenas os controles previstos no art. 26 do Dec.-lei 200/67; C: incorreta, pois todos os entes políticos podem criar entes para a sua administração indireta, o que inclui autarquias, fundações, consórcios públicos e empresas estatais; D: incorreta, pois as autarquias são pessoas jurídicas e, como tal, têm capacidade de autoadministração; aliás, a expressão **autarquia** significa autogoverno; E: incorreta, pois a autarquia, por ser uma pessoa jurídica de direito público, deve, como regra, adotar o regime estatutário para seus agentes; todavia, para contratações temporárias e para a contratação de agentes para funções subalternas, pode-se adotar o regime celetista. Gabarito "A".

4.3. AGÊNCIAS REGULADORAS

(Magistratura/AL – 2007 – FCC) Atente para o seguinte trecho de um artigo de lei: "A natureza de _____ conferida _____ é caracterizada por independência administrativa, ausência de subordinação hierárquica, mandato fixo e estabilidade de seus dirigentes e autonomia financeira." Considerando a organização administrativa brasileira, são expressões que preenchem, nesta ordem, adequadamente as lacunas:

(A) órgão autônomo e ao Ministério.
(B) órgão soberano e à Presidência da República.
(C) órgão independente e à Embaixada.
(D) autarquia especial e à Agência.
(E) entidade paraestatal e à Fundação Pública.

De fato, a agência reguladora é uma autarquia especial. A expressão especial é utilizada, pois o regime jurídico das agências tem características especiais, tais como: a) mandato fixo e estabilidade de seus dirigentes (art. 6º da Lei 9.986/00), citadas no enunciado, b) nomeação de seus dirigentes mediante aprovação do Senado (art. 5º da Lei 9.986/00); c) "quarentena" dos dirigentes, findo o mandato; isto é, ao final do mandato os dirigentes ficam vinculados à agência por um período de tempo, impossibilitada sua atuação em entidades que antes fiscalizavam (art. 8º da Lei 9.986/00); d) existência, sob certas condições, de poder normativo nas respectivas áreas de atuação, tais como regulação de serviços públicos (ANEEL, ANATEL, ANTT, ANTAQ), poder de polícia sobre certas atividades (ANVISA), controle de atividade ligada ao petróleo (ANP), fomento (ANCINE, ADENE) e fiscalização do uso de bem público (ANA). Gabarito "D".

(Ministério Público/ES – 2010 – CESPE) Tendo em vista os conceitos acerca da administração pública direta e indireta, das agências reguladoras, das fundações de direito público e privado e das organizações sociais, assinale a opção correta.

(A) As pessoas qualificadas como organizações sociais, às quais incumbe a execução de serviços públicos em regime de parceria com o poder público, formalizado por contratos de gestão, devem ter personalidade jurídica de direito privado e não podem ter fins lucrativos.
(B) Como compartimentos internos da pessoa pública, os órgãos públicos, diferentemente das entidades, são criados e extintos somente pela vontade da administração, sem a necessidade de lei em sentido formal.
(C) As autarquias destinam-se a executar serviços públicos de natureza social e administrativa e atividades de cunho econômico ou mercantil.
(D) As agências reguladoras, como autarquias de regime especial, dispõem de uma disciplina legal única, expressa em lei federal aplicável a todas as esferas de governo.
(E) As fundações de direito público e as de direito privado detêm alguns privilégios que são próprios das autarquias, como o processo especial de execução, a impenhorabilidade dos seus bens, o juízo privativo, prazos dilatados em juízo e duplo grau de jurisdição.

A: correta, pois traz definição precisa das organizações sociais; B: incorreta, pois, em virtude do princípio da legalidade, a criação de órgãos deve ser feita por meio de lei; C: incorreta, pois as autarquias não têm por objeto realizar atividade de cunho econômico ou mercantil, mas sim atividades típicas de Estado; D: incorreta, pois cada agência reguladora tem uma lei específica com o regime jurídico aplicável, valendo salientar que existe também uma lei com preceitos comuns a todas as agências reguladoras (Lei 9.986/00); E: incorreta, pois apenas as fundações de direito público têm tais privilégios. Gabarito "A".

(Ministério Público/MG – 2010.1) São características das agências reguladoras existentes no ordenamento jurídico pátrio, EXCETO

(A) Podem exercer típico poder de polícia, impondo de limitações administrativas, fiscalização e repressão, conforme previsão legal.
(B) Podem, nos termos da lei, controlar as atividades que constituem objeto de concessão ou permissão de serviço público ou de atividade econômica monopolizada do Estado.
(C) Seus servidores são admitidos segundo o regime de trabalho celetista.
(D) Substituem o poder executivo com relação às funções que o poder concedente exerce nos contratos de concessão ou permissão de serviços públicos.
(E) Seus dirigentes são nomeados para mandato fixo, afastada, em regra, a possibilidade de exoneração *ad nutum*.

A: correta, pois há agências reguladoras cujo objeto é o exercício de *poder de polícia* (ex.: ANVISA); B: correta, pois há agências reguladoras cujo objeto é o *controle de concessões e permissões de serviço público* (ex.: ANEEL, ANATEL, ANTT, ANAC) ou de *atividade econômica monopolizada do Estado* (ex.: ANP); C: incorreta, pois, segundo o STF, tais entidades, por serem pessoas jurídicas de direito público, devem contratar pelo regime estatutário; D: correta, pois fazem o papel típico que os entes políticos faziam antes de criar a agência reguladora, qual seja, de regulação e fiscalização das concessões e permissões de serviço público; E: correta, devendo-se respeitar o mandato dos dirigentes dessas agências, que só podem ser desligados a pedido ou pelo cometimento de falta que enseje processo disciplinar com pena de desligamento, ou pelo cometimento de crime ou ato de improbidade administrativa. Gabarito "C".

(Ministério Público/PR – 2011) Relativamente às agências reguladoras, é correto afirmar:

(A) Integram a administração direta, caracterizadas como fundações.
(B) Integram a administração indireta, caracterizadas como sociedades de economia mista.
(C) Integram a administração direta, caracterizadas como empresas públicas.
(D) Integram a administração indireta, caracterizadas como autarquias de regime especial.
(E) Seus servidores sujeitam-se ao regime de trabalho da Consolidação das Leis do Trabalho.

A: incorreta, pois integram a administração *indireta*, e são caracterizadas como *autarquias especiais*; B: incorreta, pois são autarquias especiais (pessoas jurídicas de direito público) e não sociedades de economia mista (pessoas jurídicas de direito privado estatais); C: incorreta, pois integram a administração *indireta*, e são caracterizadas como *autarquias especiais*; D: correta, conforme já mencionado nas alternativas anteriores; E: incorreta, pois, como são pessoas jurídicas de direito público, seus agentes, como regra, são estatutários. Gabarito "D".

(Delegado/GO – 2009 – UEG) Pela inadequação do modelo tradicional da centralização administrativa, houve a extinção total ou parcial do monopólio estatal de alguns serviços públicos e de outras atividades. Com a transferência total ou parcial da execução ao setor privado surgiram as agências reguladoras. Sobre esse tema, é CORRETO afirmar:

(A) podem as agências reguladoras definir políticas públicas e executá-las nos diversos setores regulados.
(B) a definição da política tarifária, os mecanismos de revisão e os respectivos parâmetros são de competência das agências reguladoras.
(C) a independência quanto à atividade de regulação é relativizada, ainda que tenha como característica a inexistência de subordinação hierárquica face ao poder central.
(D) as agências reguladoras têm natureza de autarquias especiais e integram a administração federal direta; os diretores são nomeados pelo Presidente da República.

A: incorreta, pois quem *define* as políticas públicas é o ente político que cria a agência reguladora; B: incorreta, pois a lei traz a definição da política tarifária, competindo às agências reguladoras executá-la; C: correta, pois mesmo havendo maior autonomia das agências reguladoras em relação às autarquias tradicionais, tal autonomia não é sinônimo de independência, pois as agências devem se conformar às políticas estatais, não podendo se sobrepor à lei, e também estão sujeitas ao controle ou tutela, que não se confunde com hierarquia, mas que faz com que as agências sejam controladas para que não se desviem de suas finalidades; D: incorreta, pois as agências integram a administração *indireta*. Gabarito "C".

(Delegado/PI – 2009 – UESPI) A Agência Nacional de Vigilância Sanitária (ANVISA), a Agência Nacional de Telecomunicações (ANATEL) e a Agência Nacional do Petróleo, Gás Natural e Biocombustíveis (ANP) são:

(A) fundações públicas.
(B) empresas públicas.
(C) sociedades de economia mista.
(D) órgãos da administração direta.
(E) autarquias especiais.

Tais agências são consideradas *autarquias especiais*, pois têm todas as características do regime jurídico *autárquico*, mais algumas características *especiais* (ex.: dirigentes têm mandato fixo). Gabarito "E".

(Magistratura Federal-5ª Região – 2011) É característica da natureza de autarquia especial conferida à Agência Nacional de Energia Elétrica, agência reguladora criada pelo Estado brasileiro,

(A) a contratação de servidores não concursados para atribuições efetivas.
(B) a independência administrativa.
(C) o mandato variável de seus dirigentes.
(D) a exoneração sumária de seus dirigentes.
(E) a vinculação financeira a órgãos da administração direta.

A: incorreta, pois os servidores devem ser concursados e, como regra, devem ter regime estatutário; B: correta, pois as agências têm, de fato, essa autonomia, sendo certo que os dirigentes, por terem mandato fixo, têm bastante isenção para tomar decisões, mesmo contrariando interesses do governo da Administração Direta à qual estiverem ligadas; C e D: incorretas, pois o mandato dos dirigentes são fixos, devendo ser respeitados; dessa forma, os dirigentes não podem ser exonerados *ad nutum*, livremente; E: incorreta, pois são pessoas jurídicas com patrimônio e gestão financeira próprios. Gabarito "B".

(Advogado da União/AGU – CESPE – 2009) Relativamente à administração indireta, julgue o item seguinte.

(1) As agências reguladoras são autarquias sob regime especial, as quais têm, regra geral, a função de regular e fiscalizar os assuntos relativos às suas respectivas áreas de atuação. Não se confundem os conceitos de agência reguladora e de agência executiva, caracterizando-se esta última como a autarquia ou fundação que celebra contrato de gestão com o órgão da administração direta a que se acha hierarquicamente subordinada, para melhoria da eficiência e redução de custos.

1: Incorreta, pois as autarquias e fundações não se acham *hierarquicamente subordinadas*, mas submetidas apenas ao chamado *controle ou tutela*. Gabarito 1E.

(MAGISTRATURA DO TRABALHO – 1ª REGIÃO – 2010 – CESPE) Assinale a opção correta no que se refere às agências reguladoras e às executivas.

(A) Mandato fixo e estabilidade para os dirigentes, que somente perderão o mandato em caso de renúncia, de condenação judicial transitada em julgado ou de processo disciplinar, são traços específicos das agências reguladoras.
(B) As agências executivas, assim como as reguladoras, têm a função precípua de exercer controle sobre particulares prestadores de serviços públicos, mas destas se diferenciam porque têm, também, por encargo a execução efetiva de determinadas atividades administrativas típicas de Estado.
(C) O regime jurídico dos trabalhadores das agências reguladoras é o de emprego público, regulado pela CLT.
(D) A qualificação como agência executiva de autarquia ou fundação que tenha celebrado contrato de gestão com o ministério supervisor somente pode ser efetivada por lei de iniciativa do presidente da República.
(E) A agência executiva, como autarquia de regime especial, deve ser instituída por ato normativo do chefe do Poder Executivo. Nesse ato, devem ser definidas a organização, as competências e a função controladora que a agência exercerá sobre os particulares prestadores de serviços públicos.

A: correta, pois as agências reguladoras têm essa característica especial do mandato fixo de seus dirigentes; B: incorreta, pois as agências executivas, que, na verdade, são autarquias e fundações públicas com o qualificativo em tela – que significa que celebraram um contrato de gestão com o Poder Público –, não têm a exclusividade do exercício da atividade típica de Estado, valendo salientar que as agências reguladoras também podem exercer atividade típica de Estado, como faz a ANVISA, por exemplo, que exerce o poder de polícia em matéria de vigilância sanitária; C: incorreta, pois as agências reguladoras, como são pessoas jurídicas de direito público, devem contratar seus agentes pelo regime estatutário, segundo o STF; D: incorreta, pois não é necessário lei para que se efetive essa qualificação, que se dá por ato do Presidente da República (art. 51, § 1º, da Lei 9.649/98); E: incorreta, pois a agência executiva não é um tipo de pessoa jurídica estatal, que é instituída pelo Poder Público; agência executiva é apenas um qualificativo que se dá a autarquias e fundações públicas que tenham um plano de reestruturação e desenvolvimento institucional, e celebrem contrato de gestão com o respectivo Ministério supervisor, qualificação essa concedida por ato do Presidente da República; tal qualificação importará, de um lado, em mais recursos, autonomia e vantagens para a agência executiva e, de outro, em metas a serem cumpridas para melhorar a eficiência do ente público. Gabarito "A".

(Magistratura do Trabalho – 23ª Região – 2009) Marque a alternativa INCORRETA:

As agências reguladoras:

(A) têm o seu pessoal regido pela CLT.
(B) ostentam natureza jurídica de autarquia especial.
(C) os seus dirigentes são nomeados pelo Presidente da República, após aprovação pelo Senado Federal.
(D) os seus dirigentes exercem mandato com prazo fixo definido na respectiva lei de criação.
(E) entre as existentes no Brasil figura a ANATEL.

A: incorreta, pois, segundo o STF, as agências não podem, como regra, contratar pela CLT, já que são pessoas jurídicas de direito público, cujo regime funcional adequado é o *estatutário*; B a D: corretas, pois as agências reguladoras têm todas as características de uma autarquia (atuam em atividade típica de Estado, têm bens públicos, imunidade de impostos, contratam pelo regime estatutário etc.), mas têm também características especializantes, como as previstas nas alternativas "C" e "D"; E: correta, pois a ANATEL é um exemplo de agência reguladora. Gabarito "A".

4.4. CONSÓRCIOS PÚBLICOS

(Magistratura/MS – 2008 – FGV) O negócio jurídico pactuado entre os entes federados, visando à realização de objetivos de interesse comum desses e promovendo a gestão associada de serviços públicos denomina-se:

(A) concessão de serviço público precedida por obra pública.
(B) concessão especial de serviço público na modalidade patrocinada.
(C) concessão especial de serviço público na modalidade administrativa.
(D) consórcio público.
(E) consórcio especial de serviço público na modalidade administrativa.

Vide arts. 1º e 4º, XI, da Lei 11.107/05. Gabarito "D".

(Magistratura/PA – 2009 – FGV) No que tange aos Consórcios Públicos, assinale a afirmativa incorreta.

(A) Podem instituir servidão administrativa, mas não podem deflagrar o processo expropriatório.
(B) Têm aptidão jurídica para firmar convênios, contratos ou acordos de qualquer natureza.
(C) Podem ser contratados pela administração direta e indireta dos entes da federação consorciados, dispensada a licitação.

(D) Têm competência para outorgar concessão, permissão ou autorização de obras ou serviços públicos.
(E) Podem realizar licitação para a celebração de contratos administrativos por órgãos ou entidades dos entes consorciados.

A: incorreta (devendo ser assinalada), nos termos do art. 2º, § 1º, II, da Lei 11.107/05; B: correta (art. 2º, § 1º, I, da Lei 11.107/05); C: correta (art. 2º, § 1º, III, da Lei 11.107/05); D: correta (art. 2º, § 3º, da Lei 11.107/05); E: correta (art. 112, § 1º, da Lei 8.666/93). Gabarito "A".

(Ministério Público/MG – 2010.1) Sobre a Lei nº 11.107/05, que dispõe sobre contratação de consórcios públicos, é INCORRETO afirmar

(A) O consórcio público, constituído como associação pública, havendo previsão no contrato de consórcio, poderá promover desapropriações nos termos de declaração de utilidade pública, necessidade pública ou interesse social, realizada pelo Poder Público.
(B) O consórcio público, se constituído com personalidade jurídica de direito público, integra a administração indireta de todos os entes da Federação consorciados.
(C) O consórcio público constituído como pessoa jurídica de direito privado deverá atender aos requisitos da legislação civil, contratar pessoal pelo regime celetista, mediante concurso público, e observar as normas previstas na Lei nº 8.666/93.
(D) O contrato de consórcio deverá prever as contribuições financeiras ou econômicas de cada ente da Federação consorciado ao consórcio público.
(E) Os consórcios públicos poderão outorgar concessão, permissão ou autorização de obras e serviços públicos, mediante autorização prevista no contrato de consórcio, que deverá indicar os requisitos.

A: correto (art. 2º, § 1º, II, da Lei 11.107/05); B: correto (art. 6º, § 1º, da Lei 11.107/05); C: correto (art. 6º, § 2º, da Lei 11.107/05); D: incorreto (art. 4º, § 3º, da Lei 11.107/05), pois o *contrato de consórcio público* não trará tal disposição; no entanto, anualmente, será feito o *contrato de rateio*, que tratará dos recursos a serem entregues ao consórcio pelos entes políticos consorciados; E: correto (art. 2º, § 3º, da Lei 11.107/05). Gabarito "D".

(Procurador de Contas TCE/ES – CESPE – 2009) Acerca dos consórcios públicos, assinale a opção correta.

(A) Suponha que alguns municípios do estado do Espírito Santo e do Rio de Janeiro venham a firmar um consórcio público com o estado do Rio de Janeiro, visando o aperfeiçoamento do serviço público da região. Nessa situação, não haveria impedimento de a União também integrar esse consórcio.
(B) Podem participar como consorciados tanto as pessoas jurídicas de direito público quanto as pessoas jurídicas de direito privado.
(C) O ente consorciado poderá ser excluído, após prévia suspensão, quando não consignar, em sua lei orçamentária ou em créditos adicionais, as dotações suficientes para suportar as despesas assumidas por meio de contrato de rateio.
(D) A União não poderá celebrar convênios com consórcio público em que não figure como consorciada.
(E) Por meio de contrato de programa poderá ser atribuído ao contratado o exercício dos poderes de planejamento, regulação e fiscalização dos serviços por ele mesmo prestados.

A: incorreta, pois, em consórcios de municípios, a União só pode participar se os Estados correspondentes também participarem (art. 1º, § 2º, da Lei 11.107/05); B: incorreta, pois somente entes políticos (União, Estados, DF e Municípios) podem participar como consorciados (art. 1º da Lei 11.107/05 e art. 241 da CF); C: correta (art. 8º, § 5º, da Lei 11.107/05); D: incorreta (art. 14 da Lei 11.107/05); E: incorreta, pois é nula a cláusula do contrato de programa que permite a atribuição desses poderes ao contratado (art. 13, § 3º, da Lei 11.107/05). Gabarito "C".

(Procurador do Município/Teresina-PI – 2010 – FCC) Assinale a alternativa incorreta sobre consórcios públicos.

(A) Para o cumprimento de seus objetivos, o consórcio público poderá ser contratado pela Administração direta ou indireta dos entes da Federação consorciados, dispensada a licitação.
(B) Para cumprimento de seus objetivos, o consórcio público poderá receber auxílios, contribuições e subvenções sociais ou econômicas de órgãos do Governo.
(C) O consórcio público constituirá associação pública ou pessoa jurídica de direito privado.
(D) Os consórcios públicos não poderão exercer atividade de arrecadação de tarifas pela prestação de serviços.
(E) A União somente participará de consórcios públicos em que também façam parte todos os Estados em cujos territórios estejam situados os Municípios consorciados.

A: assertiva correta (art. 2º, § 1º, III, da Lei 11.107/05); B: assertiva correta (art. 2º, § 1º, I, da Lei 11.107/05); C: assertiva correta (art. 1º, § 1º, da Lei 11.105/05); D: assertiva incorreta, devendo ser assinalada; os consórcios públicos podem exercer atividades de arrecadação de tarifas e outros preços públicos pela prestação de serviços ou pelo uso ou outorga de uso de bens públicos por eles administrados ou, mediante autorização específica, pelo ente da Federação consorciado (art. 2º, § 2º, da Lei 11.107/05); E: assertiva correta (art. 1º, § 2º, da Lei 11.107/05). Gabarito "D".

(FGV – 2009) A respeito dos convênios de cooperação e consórcios públicos previstos no art. 241 da Constituição Federal e regulamentados pela Lei nº 11.107/05, assinale a alternativa correta.

(A) Pode ser delegada, por meio de convênio de cooperação que autoriza a gestão associada de serviços públicos entre entes federativos, a criação de novos impostos para viabilizar a prestação do serviço.
(B) O contrato de programa, cuja celebração pode ser autorizada no convênio de cooperação, não é espécie de contrato administrativo.
(C) Apenas um deles é instrumento apto para transferir e organizar a gestão associada de serviços públicos.
(D) Consórcios públicos podem contratar parcerias público-privadas, mas não concessões comuns.
(E) Pode haver a transferência total ou parcial de encargos, serviços, pessoal e bens essenciais à continuidade dos serviços públicos transferidos.

A: incorreta, pois a formação de *convênios de cooperação* e *consórcios públicos* entre entes políticos (União, Estados, DF e Municípios) só pode ter por objeto a *gestão associada de serviços públicos*, não sendo possível que os entes políticos deleguem competência tributária por meio de tais instrumentos; a Lei 11.107/05 somente admite que os consórcios cobrem *tarifas* e *preços públicos* para remunerar os serviços que prestam e o uso de seus bens (art. 2º, § 2º); B: incorreta, pois, uma vez firmado um convênio de cooperação (mero convênio) ou um consórcio público (uma pessoa jurídica) entre entes políticos, a Lei 11.107/05 permite que o próprio consórcio público ou qualquer um dos entes políticos consorciados celebre contrato de programa com um dos entes políticos consorciados ou com entidade da administração deste ente; tal contrato terá por objeto a execução de serviço público ou a prestação de serviço para o consórcio ou para um dos entes consorciados (art. 13 da Lei 11.107/05) e, assim sendo, a natureza do ajuste é de *contrato administrativo*, e não de *convênio* ou de *contrato regido pelo direito privado*; C: incorreta, pois o art. 241 da CF admite os dois instrumentos para essa finalidade; D: incorreta, pois os consórcios públicos podem firmar acordos de qualquer natureza (art. 2º, § 1º, I, da Lei 11.107/05); E: correta (art. 241 da CF e art. 13 da Lei 11.107/05). Gabarito "E".

(FGV – 2008) O consórcio público receberá dos entes consorciados recursos mediante contrato de:

(A) participação.
(B) rateio.
(C) distribuição.
(D) administração.
(E) gestão.

Art. 8º da Lei 11.107/05. Gabarito "B".

4.5. EMPRESAS ESTATAIS

(Magistratura/AL – 2007 – FCC) Certa lei estadual, editada em 2006, que autoriza a criação de sociedade de economia mista para a exploração de atividade econômica, contém ainda, dentre outras, regras que (i) autorizam tal sociedade a criar subsidiárias para determinadas finalidades que arrola; (ii) lhe conferem isenções quanto aos impostos estaduais, por tratar-se de entidade da Administração indireta; e (iii) prevêem a hipótese de dispensa de licitação para que venha a ser contratada pelo Estado a que se vincula. É contestada judicialmente a constitucionalidade dessa lei. Nessa situação,

(A) todavia, não há inconstitucionalidades nos tópicos apontados.
(B) de fato, há inconstitucionalidade apenas nos tópicos (i) e (ii).
(C) de fato, há inconstitucionalidade apenas nos tópicos (ii) e (iii).

(D) de fato, há inconstitucionalidade apenas nos tópicos (i) e (iii).
(E) de fato, há inconstitucionalidade nos três tópicos apontados.

O tópico (i) é constitucional, pois subsidiárias podem ser criadas por lei (art. 37, XX, da CF). O tópico (ii) é inconstitucional, pois tais empresas, quando exploradoras de atividade econômica, sujeitam-se a regime tributário próprio das empresas privadas (art. 173, § 1º, II, da CF); o tópico (iii) é inconstitucional, pois compete à União legislar sobre normas gerais de licitação (art. 22, XXVII, da CF). Gabarito "C".

(Magistratura/AL – 2008 – CESPE) Assinale a opção correta em relação às entidades que compõem a administração indireta.

(A) As empresas públicas necessitam, para sua instituição, de autorização legislativa e da transcrição dos seus atos constitutivos no cartório competente.
(B) As sociedades de economia mista são criadas e instituídas por lei.
(C) É ilícita a transformação de uma autarquia em empresa pública.
(D) A extinção de uma autarquia é feita por decreto do chefe do Poder Executivo.
(E) O ente federativo que cria uma entidade paraestatal é solidariamente responsável pelas dívidas dessa nova empresa.

A e B: Segundo a CF, para a criação de uma empresa pública ou de uma sociedade de economia mista é necessário *lei específica*; todavia, essa lei é apenas *autorizativa* da criação, fazendo-se necessário que a instituição se dê mediante o arquivamento dos atos constitutivos no registro público competente (art. 37, XIX, da CF); C: incorreta, pois uma autarquia, pessoa jurídica de direito público criada por lei, não se confunde com uma empresa pública, pessoa jurídica de direito privado com criação autorizada pela lei; a autarquia exerce típica atividade da administração, ao passo que a empresa pública explora atividade econômica ou meramente executa serviço público; dessa forma, não há como fazer a transformação proposta, pois uma atividade típica de administração não pode ser atribuída a uma pessoa de direito privado; D: incorreta, pois considerando que uma autarquia é criada por lei (art. 37, XIX, da CF), somente por lei poderá ser objeto de extinção; E: incorreta, pois a responsabilidade do ente que cria uma entidade da administração indireta (a expressão "paraestatal" é infeliz, pois, no direito administrativo, diz respeito apenas aos entes de cooperação, ou seja, ao terceiro setor) é *subsidiária*, e não *solidária* (STJ, Resp. 81.680/SP). Gabarito "A".

(Magistratura/DF – 2007) Assinale a alternativa correta:

(A) O pessoal das empresas públicas e das sociedades de economia mista se submete ao regime trabalhista comum, próprio da Consolidação das Leis do Trabalho;
(B) O Supremo Tribunal Federal veio de entender, recentemente, que a Empresa Brasileira de Correios e Telégrafos – ECT não detém o privilégio da impenhorabilidade de bens;
(C) Empresas públicas e sociedades de economia mista devem ter a forma de sociedades anônimas;
(D) As empresas públicas e as sociedades de economia mista poderão gozar de privilégios fiscais não extensivos às empresas do setor privado.

A: correta, nos termos do art. 173, § 1º, II, da CF; B: incorreta, pois o STF entende haver impenhorabilidade no caso, pelo fato de os Correios exercerem atividade em caráter de monopólio (STF, RExtr. 220.906/DF, DJ 14/11/02); C: incorreta, pois as empresas públicas podem ter qualquer forma societária, ao passo que as sociedades de economia mista são sempre sociedades anônimas (art. 5º, II e III, do Dec.-lei 200/67); D: incorreta, porque elas não gozam de privilégios fiscais, exceto os Correios que têm imunidade reconhecida pelo STF (AI 690.242 DJ 17/04/09). Gabarito "A".

(Ministério Público/MS – 2011 – FADEMS) Sobre o tema Administração Pública Indireta, é **correto** afirmar:

I. somente lei específica criará autarquia e autorizará a instituição de empresa pública, de sociedade de economia mista e de fundação, cabendo à lei complementar, neste último caso, definir as áreas de sua atuação.
II. a competência para julgar ações que tenham a empresa pública federal como interessada na condição de autora, ré, assistente ou oponente é da Justiça Federal, ressalvando as causas de falência, as de acidentes de trabalho e as sujeitas à Justiça Eleitoral e à Justiça do Trabalho.
III. as empresas públicas e as sociedades de economia mista podem falir, nos termos do art. 2º, inc. I, da Lei nº 11.101/05.
IV. a criação/permissão de as empresas públicas e as sociedades de economia mista que tenham como finalidade a exploração direta de atividade econômica só ocorrerão quando necessárias aos imperativos da segurança nacional ou relevante interesse econômico, observada definição legal.

(A) apenas a afirmativa III está incorreta;
(B) apenas as afirmativas I e II estão corretas;
(C) apenas as afirmativas III e IV estão incorretas;
(D) a afirmativa III está correta e a afirmativa IV está incorreta;
(E) todas as alternativas estão corretas.

I: correta (art. 37, XIX, da CF); II: correta (art. 109, I, da CF); III: incorreta, pois o art. 2º, I, da Lei 11.101/05 (Lei de Falências) dispõe que essa lei não se aplica a empresa pública e sociedade de economia mista; IV: correta (art. 173, caput, da CF). Gabarito "A".

(Ministério Público/SC – 2010) Em atenção à estrutura da Administração Pública: Administração Direta e Indireta, analise as seguintes assertivas:

I. Somente por lei específica poderá ser criada a empresa pública e autorizada a instituição de autarquia e de fundação, cabendo à lei complementar, neste último caso, definir as áreas de sua atuação.
II. As empresas públicas e as sociedades de economia mista são criadas com personalidade jurídica de direito privado para a prestação de serviços públicos ou para o desenvolvimento de atividade econômica em sentido estrito.
III. As sociedades de economia mista e as empresas públicas que explorem atividade econômica em sentido estrito estão sujeitas ao regime jurídico próprio das empresas privadas, inclusive quanto aos direitos e obrigações civis, comerciais, trabalhistas e tributários.
IV. As autarquias são criadas com personalidade jurídica de direito público e submissão hierárquica ao órgão da Administração Direta em cuja área de competência estiver enquadrada sua principal atividade.
V. As empresas públicas são criadas com personalidade jurídica de direito público e sujeitam-se à fiscalização contábil, financeira, orçamentária, operacional e patrimonial exercida pelos Tribunais de Contas.

De acordo com a Constituição da República:

(A) Apenas as assertivas I e IV estão corretas.
(B) Apenas as assertivas II, III e V estão corretas.
(C) Apenas as assertivas II e III estão corretas.
(D) Apenas as assertivas I, IV e V estão corretas.
(E) Apenas as assertivas I, II e III estão corretas.

I: incorreta, pois é o contrário, ou seja, somente por lei específica poderá ser criada autarquia e autorizada a criação de empresa pública, sociedade de economia mista e fundação, cabendo à lei complementar, neste último caso, definir as áreas de sua atuação (art. 37, XIX, da CF); II: correta (art. 173, § 1º, da CF); III: correta (art. 173, § 1º, II, da CF); IV: incorreta, pois as autarquias, assim com as demais pessoas jurídicas criadas pelos entes políticos, estão sujeitas à controle (tutela ou supervisão ministerial), e não à hierarquia; V: incorreta, pois as empresas públicas têm personalidade jurídica de direito privado estatal (art. 5º, II, do Dec.-lei 200/67); de qualquer forma, é bom lembrar que a alternativa é verdadeira no ponto em que assevera que tais entidades estão sujeitas à fiscalização dos Tribunais de Contas (arts. 70 e 71 da CF). Gabarito "C".

(Procurador do Estado/PB – 2008 – CESPE) Considere-se que o governo do estado da Paraíba tenha celebrado contrato com uma sociedade de economia mista federal. Nessa situação, caso exista interesse do estado da Paraíba em discutir judicialmente alguma cláusula oriunda desse contrato, deverá ser proposta ação contra a mencionada sociedade perante

(A) uma das varas da justiça federal
(B) uma das varas da justiça comum estadual.
(C) o Tribunal Regional Federal da 5.ª Região.
(D) o Tribunal Regional Federal da 1.ª Região.
(E) o Superior Tribunal de Justiça (STJ).

O art. 109, I, da CF estabelece a competência da Justiça Federal apenas quanto às causas de interesse de *empresas públicas federais*, e não de *sociedades de economia mista federais*. A título de exemplo, uma ação contra a CEF (empresa pública federal) é de competência da Justiça Federal. Já uma ação contra o Banco do Brasil (sociedade de economia mista federal) é de competência da Justiça Estadual. Gabarito "B".

(Procurador do Estado/PB – 2008 – CESPE) Constitui elemento diferenciador entre sociedade de economia mista e empresa pública o(a)

(A) regime jurídico de pessoal.
(B) composição do capital.
(C) patrimônio.
(D) natureza da atividade.
(E) forma de sujeição ao controle estatal.

A: incorreta, pois as duas devem utilizar o regime celetista para seus funcionários; B: correta, pois enquanto a empresa pública só tem capital público, a sociedade de economia mista tem, necessariamente, capitais público e privado; C: incorreta, pois as duas têm bens privados (e não bens públicos) no seu patrimônio; D: incorreta, pois as duas atuam em atividade econômica; E: incorreta, pois as duas estão sujeitas a supervisão ministerial, e não a subordinação hierárquica. Gabarito "B".

(Delegado/PI – 2009 – UESPI) Uma sociedade de economia mista, que explore atividade econômica:

(A) somente pode ser criada com autorização legislativa, dependendo de lei também a instituição de suas subsidiárias.
(B) submete-se ao mesmo regime jurídico das empresas privadas, exceto quanto às obrigações tributárias e falência.
(C) submete-se regime público, no que diz respeito à matéria de pessoal.
(D) pode ser criada, independentemente de lei, desde que presente alguma das situações autorizadoras para atuação do Estado no domínio econômico, previstas no art. 173 da Constituição Federal.
(E) não se submete ao regime de licitação para contratação de obras, serviços, compras e alienações.

A: correta (art. 37, XIX e XX, da CF); B: incorreta, pois a sociedade de economia mista que explora atividade econômica também se submete ao regime das empresas privadas quanto às obrigações tributárias (art. 173, § 1º, II, da CF); C: incorreta, pois segue o regime de direito privado também no que diz respeito ao *pessoal* (art. 173, § 1º, II, da CF); D: incorreta, pois a criação depende de lei (art. 37, XIX, da CF); E: incorreta (arts. 37, XXI e 173, § 1º, III, da CF e art. 2º da Lei 8.666/93). Gabarito "A".

(Magistratura Federal/3ª Região – 2010) Assinale a alternativa correta:

(A) Nas sociedades de economia mista não é assegurada a participação dos acionistas minoritários na constituição e funcionamento dos conselheiros de administração e fiscal;
(B) Para a cessão ou transferência total ou parcial de autorização ou concessão de exploração de recursos minerais exige-se a prévia anuência do poder concedente;
(C) As empresas públicas exploradoras de atividade econômica de produção ou comercialização de bens podem ter regime jurídico tributário distinto das empresas privadas;
(D) As sociedades de economia mista não se sujeitam à responsabilidade pela prática de atos contra a economia popular.

A: incorreta, pois tal previsão decorre da Lei das S/A; B: correta (art. 27 da Lei 8.987/95); C: incorreta, pois tais empresas têm regime jurídico de direito privado; D: incorreta, pois tais entidades estão sujeitas sim à responsabilidade pela prática de atos contra a economia popular. Gabarito "B".

(Magistratura Federal-5ª Região – 2011) A respeito do regime jurídico e das características das empresas estatais — empresas públicas e sociedades de economia mista —, assinale a opção correta.

(A) A instituição de empresa estatal pode ser realizada no mesmo ato jurídico de criação de secretaria de um estado-membro da Federação.
(B) As empresas estatais não estão obrigadas a obedecer aos princípios de impessoalidade, moralidade, eficiência e publicidade.
(C) As empresas estatais exploradoras de atividade econômica de produção ou comercialização de bens ou de prestação de serviços sujeitam-se ao regime jurídico próprio das empresas privadas.
(D) A responsabilidade civil das empresas estatais pelos atos ilícitos civis praticados por seus agentes é objetiva.
(E) As empresas estatais podem ser dotadas de personalidade jurídica de direito privado ou de direito público.

A: incorreta, pois a instituição de empresa estatal depende de prévia lei autorizando, sendo que essa lei dever ser específica (art. 37, XIX, da CF), ou seja, deve tratar apenas desse assunto (criação de dada empresa estatal), não sendo possível que trate de outros assuntos (por exemplo, da criação de uma secretaria estadual); B: incorreta, pois esses princípios se aplicam à toda Administração Pública Direta e Indireta (art. 37, caput, da CF); C: correta (art. 173, § 1º, II, da CF); D: incorreta, pois a responsabilidade objetiva prevista no art. 37, § 6º, da CF só se aplica às pessoas jurídicas de direito público e às pessoas jurídicas de direito privado prestadoras de serviço público; assim, como nem toda empresa estatal é prestadora de serviço público (algumas somente exploram atividade econômica), nem sempre as empresas estatais responderão objetivamente; E: incorreta, pois as empresas estatais têm, necessariamente, regime jurídico de direito privado (art. 5º, II e III, do Dec.-lei 200/67). Gabarito "C".

(MAGISTRATURA DO TRABALHO – 1ª REGIÃO – 2010 – CESPE) Assinale a opção correta a respeito da administração direta e indireta.

(A) Estão submetidos à supervisão direta do presidente da República os órgãos que compõem a estrutura da Presidência da República, como a Secretaria-Geral da Presidência, a Secretaria de Relações Institucionais e a Secretaria de Comunicação Social, entre outros.
(B) As autarquias, pessoas administrativas que gozam de liberdade administrativa nos limites da lei que as criou, só podem ser extintas por lei ou mediante decreto editado pelo chefe do Executivo da esfera a que pertençam.
(C) Os feitos em que as empresas públicas e as sociedades de economia mista sejam parte, na condição de autoras, rés, assistentes ou oponentes, são processados e julgados perante a justiça federal.
(D) O teto remuneratório previsto na CF aplica-se somente às fundações de direito público que receberem recursos da União, dos estados, do DF ou dos municípios para pagamento de despesas de pessoal ou de custeio em geral.
(E) As sociedades de economia mista, pessoas jurídicas de direito privado integrantes da administração indireta do Estado, são criadas por autorização legal e podem adotar qualquer forma societária entre as admitidas em direito.

A: correta (art. 1º da Lei 9.649/98); B: incorreta, pois as autarquias são criadas por lei e só podem ser extintas por lei; C: incorreta, pois apenas as *empresas públicas* federais têm as causas de seu interesse julgadas pela Justiça Federal (art. 109, I, da CF), ao passo que as *sociedades de economia mista* federais têm suas causas julgadas pela Justiça Estadual; D: incorreta, pois o teto remuneratório se aplica a todas as entidades da administração pública direta, autárquica e fundacional (art. 37, XI, da CF); apenas as empresas estatais estão de fora desse teto; mesmo assim, caso a empresa estatal dependa do ente político que a tiver criado para as despesas de pessoal ou de custeio em geral, ela também estará sujeita ao teto remuneratório; E: incorreta, pois as sociedades de economia mista só podem ter a forma societária sociedade anônima. Gabarito "A".

(FGV – 2010) No direito brasileiro, existem duas diferenças fundamentais entre as sociedades de economia mista e as empresas públicas. Assinale a alternativa que explicita essas diferenças.

(A) composição do capital e forma jurídica.
(B) personalidade jurídica e forma de extinção.
(C) forma jurídica e controle estatal.
(D) forma de criação e personalidade jurídica.
(E) controle estatal e composição do capital.

A, B, C, D e E: Quanto à *composição do capital*, as empresas públicas têm apenas capital público, ao passo que as sociedades de economia mista têm, necessariamente, capitais público e privado. E quanto à *forma jurídica*, as empresas públicas podem ser constituídas por qualquer forma societária, ao passo que as sociedades de economia mista somente podem ser constituídas pela modalidade S/A (sociedade anônima). Essas são duas diferenças entre esses dois tipos de empresas estatais. Outra diferença é que as *empresas públicas federais* têm foro na Justiça Federal, ao passo que as *sociedades de economia mista federais*, na Justiça Estadual. No mais, a personalidade jurídica das duas (de direito privado) é igual e o controle estatal é característica inerente a essas empresas. Gabarito "A".

4.6. ENTES DE COOPERAÇÃO

(Ministério Público/SC – 2008) Analise as afirmativas.

I. As organizações sociais podem ser denominadas de "Organizações da Sociedade Civil de Interesse Público" quando estiverem constituídas como pessoas jurídicas de direito privado, sem fins lucrativos, desde que os respectivos objetivos sociais e normas estatutárias atendam os requisitos instituídos pela Lei n. 9.790/99 (Lei das Organizações da Sociedade Civil de Interesse Público).

II. A execução do objeto do Termo de Parceria, nos termos da Lei n. 9.790/99 (Lei das Organizações da Sociedade Civil de Interesse Público), será acompanhada e fiscalizada por órgão do Ministério Público da área de atuação correspondente à atividade fomentada, e pelos Conselhos de Políticas Públicas das áreas correspondentes de atuação existentes, em cada nível de governo.

III. Entende-se por Termo de Parceria o instrumento firmado entre o Poder Público e a entidade qualificada como organização social, com vistas à formação de parceria entre as partes para fomento e execução de atividades que sejam dirigidas ao ensino, à pesquisa científica, ao desenvolvimento tecnológico, à proteção e preservação do meio ambiente, à cultura e à saúde.

IV. Os responsáveis pela fiscalização da execução de Contrato de Gestão, ao tomarem conhecimento de qualquer irregularidade ou ilegalidade na utilização de recursos ou bens de origem pública por organização social, representarão ao Ministério Público, à Advocacia-Geral da União ou à Procuradoria da entidade para que requeira ao juízo competente a decretação da indisponibilidade dos bens da entidade e o seqüestro dos bens dos seus dirigentes, bem como do agente público ou terceiro, que possam ter enriquecido ilicitamente ou causado dano ao patrimônio público, sob pena de responsabilidade solidária.

V. Instituições federais de ensino superior e de pesquisa científica e tecnológica poderão contratar, nos termos do inciso XIII do art. 24 (dispensabilidade de licitação) da Lei n. 8.666/93 (Lei de Licitação), e por prazo determinado, instituições criadas com a finalidade de dar apoio a projetos de pesquisa, ensino e extensão e de desenvolvimento institucional, científico e tecnológico de interesse das instituições federais contratantes, desde que sejam constituídas sob a forma de fundações de direito privado, sem fins lucrativos, e sujeitas à fiscalização do Ministério Público.

(A) apenas III está correto
(B) apenas IV e V estão corretos
(C) apenas I, II, IV e V estão corretos
(D) apenas V está correto
(E) todos estão corretos

I: incorreto (art. 2º, IX, da Lei 9.790/99); II: incorreto (art. 11 da Lei 9.790/99); III: incorreto, pois o termo de parceria é celebrado com as *organizações da sociedade civil de interesse público* (art. 9º da Lei 9.790/99), ao passo que o contrato de gestão é celebrado com *organizações sociais* (art. 5º da Lei 9.637/98); IV: incorreto (art. 12 da Lei 9.790/99); V: correto (art. 24, XIII, da Lei 8.666/93), valendo observar que o dispositivo em questão não exige que a instituição a ser contratada seja uma fundação fiscalizada pelo Ministério Público; o que se exige é que a instituição não tenha fins lucrativos, o que poderá ensejar a contratação de uma associação civil. Gabarito "D".

(Procurador do Estado/PE – FCC) As organizações sociais, disciplinadas pela Lei nº 9.637/98 na esfera federal são aquelas assim declaradas como pessoas jurídicas de direito

(A) público ou privado, prestadoras de serviço público, que se submetem integralmente ao regime de direito público.
(B) privado, com fins lucrativos, que desempenham serviços públicos não exclusivos do Estado e submetem-se a regime jurídico de direito privado.
(C) privado, com ou sem fins lucrativos, que recebem incentivos materiais e financeiros do Poder Público para desenvolvimento de atividade social e que, portanto, submetem-se integralmente à obrigação legal de licitar no decorrer de suas atividades.
(D) privado, sem fins lucrativos, que celebram contrato de gestão com o Poder Público para obtenção de recursos orçamentários e desenvolvem serviços sociais não exclusivos do Estado, podendo estar dispensadas de licitar no decorrer do exercício de suas atividades.
(E) público ou privado, destinatárias de fomento do Poder Público para desenvolvimento de serviços públicos ou atividades sociais, que se submetem a regime jurídico de direito público ou privado, conforme, respectivamente, devam ou não licitar.

Art. 1º da Lei 9.637/98. Gabarito "D".

(Procurador do Estado/RO – 2011 – FCC) Organizações Sociais, Organizações da Sociedade Civil de Interesse Público e Serviços Sociais Autônomos são espécies do gênero denominado *entidades de colaboração com a Administração Pública*. É característica comum dessas três espécies, conforme legislação federal,

(A) estarem sujeitas ao controle dos Tribunais de Contas, embora tenham personalidade jurídica de direito privado.
(B) serem beneficiárias de prerrogativas processuais semelhantes às das entidades de direito público, quando houver questionamento dos atos praticados no exercício de atividades consideradas de interesse público.
(C) contarem obrigatoriamente com a participação de representantes do Poder Público em seus órgãos internos de deliberação superior.
(D) serem beneficiárias de contribuições parafiscais, estabelecidas para custeio de suas atividades de interesse público.
(E) celebrarem obrigatoriamente contrato de gestão, com a Administração Pública, para desempenho de suas atividades.

A: correta, pois, de acordo com o art. 70, p. ún. da Constituição, todas as pessoas que utilizam dinheiro, bens ou valores públicos devem prestar contas; B: incorreta, pois tais entidades NÃO fazem parte da Administração Pública; ademais, mesmo entre os entes da Administração Pública, apenas as pessoas jurídicas de direito público têm tais prerrogativas processuais; C: incorreta, pois essa obrigação não existe em relação a todas essas entidades; a Lei 9.790/99 (Lei da OSCIP) não traz essa obrigação; já a Lei 9.637/98 (Lei das Organizações Sociais), estabelece essa obrigatoriedade (art. 2º, I, "d"); D: incorreta, pois somente os serviços sociais autônomos gozam dessa prerrogativa; E: incorreta, pois esse contrato (*contrato de gestão*) é assinado pelas Organizações Sociais; quando se tratar de uma OSCIP, assina-se o chamado *termo de parceria*. Gabarito "A".

(Procuradoria Distrital – 2007) Com pertinência à Estrutura da Administração Pública, assinale a proposição incorreta.

(A) Para Celso Antônio Bandeira de Mello, as denominadas Entidades Públicas Não-Estatais (pós-reforma do Estado – EC n. 19 e EC n. 20) são pessoas privadas que colaboram com o Estado e que, entre os privilégios que recebem do Poder Público, está o conceito tributário da parafiscalidade.
(B) De acordo com a clássica classificação dos órgãos públicos de Hely Lopes Meirelles, os denominados órgãos singulares ou unipessoais são aqueles integrados por um único agente administrativo, por existir neles um único cargo em sua estrutura.
(C) À luz da teoria da Reforma do Estado, o que caracteriza o Terceiro Setor é o desenvolvimento de atividades sem fim lucrativo e voltadas a fins públicos.
(D) O Termo de Parceria é definido na Lei n. 9.790/99 como o instrumento passível de ser firmado entre o Poder Público e as Organizações da Sociedade Civil de Interesse Público, destinado à formação do vínculo de cooperação entre as partes para o fomento e a execução de atividades de interesse público.
(E) À idéia de descentralização administrativa está estreitamente ligada o Princípio da Especialidade, segundo o qual, quando o Estado cria uma entidade autárquica, seus administradores não podem afastar-se dos objetivos definidos em lei, ainda que sob o argumento de que sua atuação (fora dos objetivos legais) se dê com vistas a atender interesse público, fim maior da atividade administrativa.

A: correta, pois há entidades de cooperação que podem cobrar contribuições parafiscais, como as entidades do Sistema "S" (ex.: SESC, SENAI, SENAC etc.); B: incorreta, pois os órgãos públicos *singulares* ou *unipessoais*, apesar de atuarem por um único agente, como é o caso da Presidência da República, podem ter mais cargos em sua estrutura (ex.: os assessores do Presidente da República); C: correta, pois tais entidades não têm fins lucrativos e colaboram com o Estado em atividades não exclusivas deste; D: correta (art. 9º da Lei 9.790/99); E: correta, pois o princípio da legalidade impõe que o agente só atue nos termos do que a lei autorizar ou determinar. Gabarito "B".

(Procurador do Município/Florianópolis-SC – 2010 – FEPESE) Assinale a alternativa **correta**, em relação à organização da administração pública.

(A) As empresas estatais estão sujeitas ao processo falimentar.
(B) A sociedade de economia mista somente poderá adotar a forma de sociedade anônima.

(C) As autarquias não gozam das prerrogativas inerentes à Fazenda Pública, porquanto não fazem parte da administração pública direta.
(D) Os serviços sociais autônomos, pessoas jurídicas de direito privado integrantes da administração pública indireta, podem receber recursos públicos ou contribuições parafiscais.
(E) As organizações sociais para a execução de seus objetivos sociais podem celebrar termo de parceria com o Estado, que incentivará a sua atuação.

A: incorreta, pois a Lei 11.101/05 (Lei de Falências) estabelece que a empresa pública e a sociedade de economia mista não sofrem a incidência dessa lei; B: correta, ao passo que empresa pública pode adotar qualquer forma societária; C: incorreta, pois as autarquias, apesar de fazerem parte da administração indireta, são pessoas jurídicas de direito público, o que faz com que tenham um regime jurídico de direito público, que, consagra, dentre outras prerrogativas, as prerrogativas processuais mencionadas; D: incorreta, pois os serviços sociais autônomos não fazem parte da Administração Pública, seja ela direta ou indireta; tais entidades são paraestatais, ou seja, seguem paralelas ao Estado (buscando os mesmos fins deste), mas não se confundem com a Administração Pública; E: incorreta, pois as organizações sociais celebram contrato de gestão; o termo de parceria é celebrado pelas OSCIPs. Gabarito "B".

(Procurador do Município/Salvador-BA – 2007 – FCC) Os contratos de gestão celebrados entre a Administração e as denominadas Organizações Sociais

(A) não caracterizam convênio administrativo, não se sujeitando, pois, à fiscalização e controle por parte do Tribunal de Contas;
(B) são passíveis de fiscalização e controle pelo Tribunal de Contas no que diz respeito aos recursos públicos geridos pela entidade privada, ainda que esta não possua finalidade lucrativa;
(C) pode ser celebrados com dispensa de licitação, em função de autorização legal específica, não estando sujeitos, nessa hipótese, ao controle e fiscalização pelo Tribunal de Contas;
(D) sujeitam-se ao controle e fiscalização por parte do Tribunal de Contas, exceto quando tenham por objeto a gestão de serviço público não exclusivo;
(E) são equiparados a convênio administrativo, quando celebrados com entidades sem finalidade lucrativa, sujeitando-se, apenas em tal hipótese, ao controle e fiscalização por parte do Tribunal de Contas.

A, B, C, D e E: Qualquer pessoa que utilize, gerencie ou administre dinheiro público está sujeita à prestação de contas e à consequente fiscalização e controle pelo Tribunal de Contas. Gabarito "B".

(Delegado/MG – 2005) As organizações sociais:

(A) Integram a Administração Indireta.
(B) Equiparam-se às fundações, quanto à necessidade de concurso público para o provimento de seus cargos.
(C) Estão disciplinadas em lei federal, cujas regras se impõem, na sua integridade, aos demais entes da federação.
(D) São órgãos especiais da Administração Direta.
(E) Equiparam-se às organizações da sociedade civil de interesse público quanto a sua natureza jurídica.

A: incorreta, pois as organizações sociais são entes paraestatais (ou entes de cooperação), não integrando a Administração Indireta; B: incorreta, pois por não fazerem parte da Administração Pública, as organizações sociais não são obrigadas a realizar concurso público; porém, como fazem gestão de dinheiro público, devem se utilizar de meios impessoais para gastar o dinheiro público a ser alocado no serviço por elas prestado; C: incorreta, pois a Lei 9.637/98 aplica-se à União; os demais entes poderão editar lei sobre o assunto (art. 15 da Lei 9.637/98); D: incorreta, pois as organizações sociais são **pessoas jurídicas**; ademais, não fazem parte da Administração Pública Direta e Indireta; E: correta, pois, de fato, as duas entidades são consideradas **entidades de cooperação** ou **paraestatais**. Gabarito "E".

(Defensoria/SE – 2006 – CESPE) Julgue o item seguinte.

(1) As organizações sociais são entidades colaboradoras do poder público, em atividades relacionadas a ensino, pesquisa científica, desenvolvimento tecnológico, proteção e preservação do meio ambiente, cultura, saúde, entre outros, atendidos os requisitos previstos em lei.

Art. 1º da Lei 9.637/98. Gabarito 1C.

(Magistratura Federal-5ª Região – 2011) Entre os setores do Estado, destaca-se o denominado terceiro setor — conceito surgido com a reforma do Estado brasileiro —, que compreende os serviços não exclusivos do Estado e abrange a atuação simultânea do Estado com outras organizações privadas e não estatais, como as organizações sociais (OSs) e as organizações da sociedade civil de interesse público (OSCIPs).

Considerando as semelhanças e as diferenças entre essas duas entidades paraestatais, assinale a opção correta.

(A) O poder público deve celebrar contrato de gestão com a OSCIP.
(B) O processo de habilitação de OS deve tramitar no Ministério da Justiça.
(C) As OSs são regidas pela Lei n.º 9.790/1999.
(D) As OSCIPs são regidas pela Lei n.º 9.637/1998.
(E) Nem a OS nem a OSCIP podem ter fim lucrativo ou econômico.

A: incorreta, pois, com a OSCIP celebra-se termo de parceria, sendo que, com as organizações sociais – OSs – celebra-se contrato de gestão; B: incorreta, pois isso acontece apenas com as OSCIPs (art. 5º da Lei 9.790/99); com as organizações sociais, o processo de habilitação tramita no ministério correspondente e no Ministério da Administração Federal e Reforma do Estado (art. 2º, II, da Lei 9.637/98); C e D: incorretas, pois as OSs são regidas pela Lei 9.637/98, sendo que as OSCIPs, pela Lei 9.790/99; E: correta, nos termos dos arts. 1º da Lei 9.637/98 e 1º da Lei 9.790/99. Gabarito "E".

(Magistratura Federal/5ª Região – 2009 – CESPE) No meio, entre as atividades exclusivas de Estado e a produção de bens e serviços para o mercado, temos hoje, dentro do Estado, uma série de atividades na área social e científica que não lhe são exclusivas, que não envolvem poder de Estado. Incluem-se nessa categoria as escolas, as universidades, os hospitais etc. Se o seu financiamento em grandes proporções é uma atividade exclusiva do Estado, sua execução definitivamente não o é. Pelo contrário, estas são atividades competitivas, que podem ser controladas não apenas pela administração pública gerencial, mas também e principalmente pelo controle social e pela constituição de quase-mercados. Nesses termos, não há razão para que essas atividades permaneçam dentro do Estado, sejam monopólio estatal. Mas também não se justifica que sejam privadas.

Luiz Carlos Bresser Pereira. A Reforma do Estado dos anos 90: lógica e mecanismos de controle. In: Lua Nova – Revista de Cultura Política, n.º 45, 1998, p. 49-95 (com adaptações).

Com relação à reforma do Estado brasileiro e ao tema abordado no texto acima, assinale a opção correta.

(A) No contexto da reforma do Estado referida no texto, publicização surge como sinônimo de privatização. Ambas partem da dicotomia entre o público e o privado e servem para caracterizar a alteração da forma de gestão pública em que se impõe a transferência de vários bens e atividades do Estado (ambiente público) para a propriedade privada (ambiente privado).
(B) A administração pública gerencial, ou nova administração pública, tem como uma de suas características principais a diminuição do papel da burocracia estatal, colocando em segundo plano o trabalho técnico na formulação e gestão das políticas públicas.
(C) As leis que dispõem sobre a qualificação de entidades como organizações sociais e como OSCIPs são instrumentos importantes da reforma do Estado brasileiro realizada na segunda metade da década passada. Essas leis, contudo, não preveem formas de controle dessas entidades, que, apesar de caracterizarem-se como privadas, são fomentadas pelo poder público.
(D) A administração pública gerencial deve dar ênfase na avaliação que tem como parâmetro os resultados obtidos, especialmente quando se trata da prestação de serviços sociais e científicos. Por essa razão, tanto a lei que trata das organizações sociais quanto a que trata das OSCIPs preveem que o instrumento firmado entre o poder público e as entidades qualificadas — contrato de gestão e termo de parceria, respectivamente — deve estipular as metas e os resultados a serem atingidos e os critérios objetivos de avaliação e desempenho.

(E) O plenário do STF deferiu medida cautelar em ação direta de inconstitucionalidade para suspender a eficácia do dispositivo legal que diz ser dispensável a licitação para a celebração de contratos de prestação de serviços com as organizações sociais, qualificadas no âmbito das respectivas esferas de governo, para atividades contempladas no contrato de gestão.

A: incorreta, pois a *privatização* e a *publicização* têm objetos diferentes; a privatização se dá sobre o público (ex.: privatização de empresas), ao passo que a publicização se dá sobre o privado (ex.: dever da propriedade privada atender à função social); B: incorreta, pois a *administração gerencial* está preocupada com os *resultados* (e não com o controle de *meios*, típico da *administração burocrática*), de modo que o trabalho *técnico* (profissional) é prioritário, e não, colocado em segundo plano; C: incorreta, pois tais leis incluem, sim, formas de controle das organizações sociais e OSCIPs, valendo citar os arts. 8º e ss da Lei 9.637/98 e 11 a 13 da Lei 9.790/99; D: correta (arts. 9º e 10 da Lei 9.790/99 e arts. 5º a 7º da Lei 9.637/98); E: incorreta, pois o art. 24, XXIV, da Lei 8.666/93 foi considerado constitucional pelo STF (ADI 1.923 – Informativo 474). Gabarito "D".

(Procuradoria da República – 21º) Quanto à atividade de entidades privadas em colaboração com o poder público, assinale a alternativa incorreta:

(A) às organizações sociais, segundo o regime legal em vigor, poderão ser destinados recursos orçamentários e bens públicos, além de ser admissível, ainda, a cessão especial de serviço público com ônus para a Administração;
(B) às organizações de sociedade civil de interesse público poderão, segundo o regime legal em vigor, ser destinados recursos públicos;
(C) os serviços sociais autônomos destinam-se a prestar serviços públicos;
(D) a concessão de empréstimos de recursos públicos em condições mais favoráveis a entidades privadas que realizam atividade econômica coaduna-se com o regime legal público.

A: correta (arts. 12 a 14 da Lei 9.637/98); B: correta (art. 10, § 2º, IV, da Lei 9.790/99); C: incorreta, pois tais serviços destinam-se a prestar **serviços de utilidade pública**; os **serviços públicos** devem ser prestados pelo Poder Público ou pelos concessionários de serviço público; D: correta, pois o fomento da atividade econômica também é função estatal; exemplo disso são os empréstimos que faz o BNDES, entidade da administração indireta da União. Gabarito "C".

(Analista – TRT/13ª – 2005 – FCC) As organizações sociais têm como característica, entre outras,

(A) atuar também nas áreas de ensino, pesquisa científica e desenvolvimento tecnológico.
(B) o vínculo jurídico com o Poder Público por meio do contrato de parceria.
(C) criação por decreto do Chefe do Executivo.
(D) a desnecessidade de habilitar-se perante a Administração Pública.
(E) ser pessoa jurídica de direito privado, podendo ter fins lucrativos.

A: correta (art. 1º da Lei 9.637/98); B: incorreta, pois o vínculo é o contrato de gestão, e não o termo de parceria (art. 5º e ss da Lei 9.637/98); C: incorreta, pois tais entidades são privadas, de modo que não são criadas pelo Chefe do Executivo; D: incorreta, pois tais entidades são qualificadas pela Administração Pública (art. 1º e art. 2º, II, da Lei 9.637/98); E: incorreta, pois tais entidades não podem ter fins lucrativos (art. 2º, I, *b*, da Lei 9.637/98). Gabarito "A".

(Analista – TJ/AP – 2008 – CESPE) Considerando o direito administrativo no mundo jurídico, o disposto sobre organização administrativa no direito brasileiro e o serviço público, julgue os itens a seguir.

(1) As organizações da sociedade civil de interesse público (OSCIPs) celebram com o Estado contratos de gestão, enquanto as organizações sociais (OSs) estabelecem termo de parceria.
(2) As OSs exercem atividades sem fins lucrativos, dirigidas a ensino, pesquisa científica, desenvolvimento tecnológico, preservação do meio ambiente, cultura e saúde.
(3) Os serviços passados para as OSs têm caráter de serviço público e são passíveis de prestação em regime de concessão ou permissão.
(4) As OSCIPs não recebem repasse de serviço público nem têm o poder público participando de seu quadro diretivo, como ocorre nas OSs.

1: errada, pois acontece justamente o contrário; as OSCIPs celebram termo de parceria (art. 9º da Lei 9.790/99), ao passo que as OSs celebram contrato de gestão (art. 5º da Lei 9.637/98); 2: certo (art. 1º da Lei 9.637/98); 3: errada, pois tais entidades prestam serviços que não dependem de concessão ou permissão de serviço público para serem prestados; 4: certo, pois, de fato, não há exigência da participação do Poder Público no seu quadro diretivo (art. 4º da Lei 9.790/99), e também não há que se falar em repasse de recursos para alocação no serviço prestado, vez que o que ocorre é uma atividade de fomento (art. 9º da Lei 9.790/99). Gabarito 1E, 2C, 3E, 4C.

4.7. TEMAS COMBINADOS

(Magistratura/BA – 2006 – CESPE) Relativamente à organização administrativa, julgue os itens a seguir.

(1) As fundações instituídas pelo poder público, tanto as que têm personalidade jurídica de direito público quanto as de direito privado, são criadas para a persecução de determinado interesse coletivo. Considerando que, por disposição constitucional, compete ao MP a tutela desses interesses, é indispensável a fiscalização do órgão sobre todos os atos desses entes, segundo reconhecem os estudiosos.
(2) Uma sociedade de economia mista ou empresa pública pode resultar da transformação, por lei, de um órgão público preexistente.

1: errado, pois os entes políticos podem criar dois tipos de fundações, quais sejam, as de direito público (fundações públicas) e as de direito privado (fundações privadas); se for criada uma fundação para exercer atividade típica da administração (p. ex.: para o exercício de poder de polícia), ter-se-á uma fundação pública; criada uma fundação para exercer outro tipo de atividade (p. ex.: um museu), ter-se-á uma fundação privada; a fundação pública é totalmente regida pelas normas de direito público, não se submetendo às determinações do Código Civil, tal como a que impõe a fiscalização do Ministério Público; já a fundação privada criada pelo Poder Público guarda obediência ao estabelecido no Código Civil e, portanto, submete-se à fiscalização do Ministério Público (art. 66 do Código Civil); 2: certo, pois, de fato, a lei pode autorizar essa transformação, desde que se trate de uma lei específica (art. 37, XIX, da CF), efetivando-se a instituição da empresa estatal com o arquivamento de seus atos constitutivos no registro público competente. Gabarito 1E, 2C.

(Magistratura/MS – 2008 – FGV) Assinale a alternativa correta.

(A) As Autarquias podem ser organizadas sob a forma de sociedade civil ou comercial, mas sua natureza deve ser determinada na lei.
(B) Não cabe Mandado de Segurança contra ato praticado em licitação promovida por Sociedade de Economia Mista ou Empresa Pública, devido à sua natureza.
(C) A Administração Indireta é o próprio Estado executando algumas de suas funções de forma descentralizada; por isso, as entidades que a compõem não possuem personalidade jurídica própria.
(D) As Empresas Públicas e as Fundações Públicas poderão gozar de privilégios fiscais não extensivos ao setor privado.
(E) Somente por lei específica pode ser criada Autarquia e autorizada a instituição de Empresa Pública, de Sociedade de Economia Mista e de Fundação.

A: incorreta, pois as autarquias não se enquadram no conceito de sociedade, vez que as sociedades são criadas para uma atividade econômica e as autarquias, para uma atividade típica da administração; B: incorreta (Súmula 333 do STJ); C: incorreta, pois a Administração **Direta** da União, dos Estados, do DF e dos Municípios compreende uma série de órgãos públicos; já a Administração Indireta, é composta de pessoas jurídicas (autarquias, fundações, agências, consórcios públicos e empresas estatais); D: incorreta, pois as empresas públicas não podem gozar de privilégios fiscais não extensivos ao setor privado (art. 173, § 1º, II, da CF); há uma exceção apenas, que é o caso dos Correios, que, por ter monopólio da atividade que pratica, tem imunidade reconhecida pelo STF (AI 690.242, DJ 17/04/09); E: correta (art. 37, XIX, da CF). Gabarito "E".

(Ministério Público/MS – 2006) Em relação a organização administrativa federal, assinale a opção CORRETA:

(A) O contrato de gestão só pode ser celebrado entre a União e suas empresas estatais.
(B) É possível na esfera federal uma empresa pública ser organizada sob a forma de sociedade anônima sendo a União sua única proprietária.

(C) As fundações públicas, não podem exercer poder de polícia administrativa.
(D) As agências reguladoras representam uma nova categoria jurídica no âmbito da administração direta, distinta de autarquias e fundações.

A: incorreta, pois o contrato de gestão pode ser celebrado com qualquer órgão ou entidade da administração pública (art. 37, § 8º, da CF), bem como com entidades paraestatais, isto é, entidades do terceiro setor, atendidas as disposições da Lei 9.637/98 (art. 5º e ss); B: correta (art. 5º, II, do Dec.-lei 200/67); C: incorreta, pois as fundações públicas, por terem personalidade de direito público, podem exercer atividade típica da administração, o que inclui o exercício do poder de polícia, nos termos do previsto na lei que a tiver criado; D: incorreta, pois agências reguladoras, autarquias tradicionais e fundações públicas fazem parte de uma *mesma* categoria, a de autarquias, pessoas jurídicas de direito público; a diferença é que as agências reguladoras têm características especiais, daí porque são consideradas *autarquias especiais*; de qualquer forma, as agências não pertencem à administração *direta*, e sim à *indireta*. Gabarito "B".

(Procurador do Estado/RR – 2006 – FCC) No que diz respeito à organização da Administração Pública, é correto afirmar que

(A) as organizações sociais que venham a celebrar contrato de gestão com o poder público passam a integrar a estrutura da Administração Indireta, com ampliação da sua autonomia gerencial e financeira.
(B) as denominadas agências reguladoras, entidades dotadas de elevado grau de autonomia administrativa, bem como poderes de fiscalização, normatização e sancionatórios, podem revestir-se da forma de autarquia ou empresa pública, sujeitando-se, em ambos os casos, a regime de direito público.
(C) as sociedades de economia mista e as empresas públicas têm por objetivo permitir a exploração de atividade econômica pelo poder público, nas hipóteses expressamente permitidas pelo artigo 173 da Constituição Federal, sendo que somente entidades dotadas de personalidade jurídica de direito público podem atuar como prestadoras de serviço público.
(D) as referências à União, Estados e Municípios, adotadas pela Lei de Responsabilidade Fiscal, englobam as respectivas administrações direta, fundos, autarquias, fundações e empresas estatais dependentes, estas ainda que submetidas ao regime jurídico de direito privado.
(E) as fundações públicas integram a Administração Direta, como patrimônio afetado a determinada finalidade pública, sendo destituídas de personalidade jurídica diversa do ente instituidor.

A: falsa, pois tais entidades continuam a não integrar a Administração Indireta; são entidades *para*estatais, ou seja, que seguem em *para*lelo ao Estado, não se confundindo com ele; B: falsa, pois as agências reguladoras são *autarquias* especiais; C: falsa, pois as pessoas de direito *privado* podem ser *prestadoras de serviço público*, de modo que empresas não estatais e também empresas estatais podem atuar como concessionárias de serviço público; D: certo (art. 1º, § 3º, I, a e b, da Lei Complementar 101/00); E: falsa, pois as fundações públicas integram a Administração Indireta. Gabarito "D".

5. SERVIDORES PÚBLICOS

5.1. CONCEITO E CLASSIFICAÇÃO

(Magistratura/MG - 2007) NÃO se enquadra no conceito de agente público:

(A) a sociedade empresária privada em colaboração com o poder público.
(B) o militar.
(C) o jurado.
(D) o servidor público.

A, B, C e D: O militar é agente administrativo; o jurado é agente honorífico; o servidor público é agente administrativo; e a sociedade empresária, no caso, não ingressa na categoria de agente público, vez que não está investida em função pública, mas apenas em atividade de utilidade pública. Gabarito "A".

(Magistratura/PA – 2009 – FGV) Assinale a alternativa que indique o binômio que representa servidores públicos.

(A) Servidores temporários / Servidores estatutários.
(B) Servidores estatutários / Militares.
(C) Agentes políticos / Particulares em colaboração com o Poder Público.
(D) Militares / Agentes políticos.
(E) Particulares em colaboração com o Poder Público / Empregados públicos.

Para resolver a presente questão, é necessário lembrar que há três grandes grupos de agentes públicos, que são os seguintes: **a) agentes políticos**, que são os que têm cargo estrutural no âmbito da organização política do País (exs.: chefes do Executivo, secretários estaduais e municipais, vereadores, deputados, senadores, juízes, entre outros); **b) agentes administrativos ou servidores públicos**, que são os que possuem cargo, emprego ou função na Administração Direta e Indireta, compreendendo os empregados públicos e servidores estatutários e temporários (exs.: professor, médico, fiscal, técnico, analista, delegado, procurador etc.); **c) particulares em colaboração com o Poder Público**, que são aqueles que, sem perder a condição de particulares, são chamados a contribuir com o Estado (ex.: *agentes honoríficos*, como os mesários das eleições e os jurados do Tribunal do Júri; *agentes credenciados*, como um advogado contratado para defender um Município numa ação judicial específica; *agentes delegados*, como o registrador e o tabelião, nos Cartórios). Assim, dentro da expressão *servidores públicos*, não estão contidos os *agentes políticos* e os *particulares em colaboração com o Poder Público*, de modo que as alternativas "C", "D" e "E" ficam excluídas. No mais, como a lei pediu a indicação de um binômio, expressão que indica situações diferentes, a alternativa "A" é adequada, pois o regime jurídico dos servidores temporários é diferente do regime jurídico dos servidores estatutários. Já quanto aos militares, apesar de terem estatuto próprio, são servidores estatutários também. De qualquer maneira, a alternativa "B" também pode ser excluída, porque, para alguns autores, como Maria Sylvia Zanella Di Pietro, os *militares* devem ser considerados uma espécie a mais de servidores públicos. Assim, para essa doutrina, há quatro grandes grupos de agentes públicos: a) agentes políticos; b) servidores públicos; c) militares; d) particulares em colaboração com a Administração. Gabarito "A".

(Magistratura/SP – 2009 – VUNESP) O Supremo Tribunal Federal (in AG 655.378-AGR) estabeleceu premissas a respeito da condição jurídico-administrativa dos registradores, cartorários e notariais, destacando que estes

(A) são servidores públicos por delegação do Estado.
(B) não prestam serviços públicos.
(C) não são servidores públicos.
(D) prescindem de concurso público para o exercício da titularidade das funções.

O acórdão mencionado assentou que os registradores não são servidores públicos, mas particulares em colaboração com o Estado, prestando serviço público, mediante aprovação em concurso público. Por não serem servidores públicos, os registradores não estão, por exemplo, sujeitos à aposentadoria compulsória, prevista para os primeiros. Gabarito "C".

(Defensoria/MT – 2007) As pessoas que prestam serviços à Administração Pública ou realizam atividades de sua responsabilidade, são denominadas agentes públicos. Sobre o tema, assinale a afirmativa correta.

(A) Podem os agentes temporários ocupar cargo ou emprego público, contudo, não desempenham função.
(B) Os militares não são compreendidos como agentes públicos.
(C) Os Ministros de Estado são considerados agentes governamentais.
(D) Dois são os requisitos caracterizadores do agente público: investidura em função pública e natureza pública da função.
(E) Os agentes de colaboração ocupam cargo e emprego público, enquanto prestam serviço à Administração Pública.

A: incorreta, pois os agentes temporários devem ser contratados pelo regime celetista, mediante contrato de trabalho por prazo determinado, de modo que é incorreto dizer que podem ocupar cargo público, cujo regime é estatutário; B: incorreta, pois os militares são agentes públicos do tipo *agentes administrativos*, C: incorreta, pois os ministros são *agentes políticos*; D: correta, pois, de fato, agente público é o que exerce uma função pública, investido dessa função; E: incorreta, pois os agentes em colaboração com o Poder Público (agentes delegados e agentes credenciados), apesar de exercerem função pública, não ocupam cargo ou emprego público; são exemplos os tabeliães e registradores. Gabarito "D".

(Ministério Público do Trabalho – 13º) Assinale a alternativa INCORRETA:

(A) agentes políticos são todos aqueles que exercem uma função pública de caráter permanente em decorrência de relação funcional;
(B) agentes delegados são particulares que recebem a incumbência da execução de determinada atividade, obra ou serviço público e o realizam em nome próprio, por sua conta e risco, sob a permanente fiscalização do poder delegante;

(C) agentes honoríficos são cidadãos chamados para, transitoriamente, colaborarem com o Estado, na prestação de serviços específicos, em razão de sua condição cívica, de sua honorabilidade ou de sua própria capacidade profissional;

(D) agentes credenciados são aqueles que recebem da Administração a incumbência de representá-la em determinado ato ou praticar certa atividade específica, mediante remuneração do Poder Público credenciante;

(E) não respondida.

A alternativa "A" é a incorreta, pois, normalmente, os agentes políticos têm relação de caráter temporário (e não permanente) e vínculo político (e não funcional); são exemplos os vereadores, deputados, prefeitos etc. As outras alternativas estão corretas. Gabarito "A".

(Analista – TRT/7ª – 2009 – FCC) Na categoria de servidores públicos incluem-se os

(A) empregados públicos, os servidores das empresas públicas, os empregados das concessionárias de serviço público.
(B) servidores estatutários, os servidores temporários, os militares.
(C) militares, os servidores temporários, os agentes políticos.
(D) servidores estatutários, os empregados públicos, os servidores temporários.
(E) servidores estatutários, os servidores das empresas públicas, os servidores temporários.

De fato, servidores públicos, "*em sentido amplo, são as pessoas físicas que prestam serviços ao Estado e às entidades da Administração Indireta com vínculo empregatício e mediante remuneração paga pelos cofres públicos*" (Maria Sylvia Zanella Di Pietro, *Direito Administrativo*, 22ª edição, Atlas, p. 512) e compreendem os servidores estatutários, empregados públicos e servidores temporários. Gabarito "D".

(Analista – TRT/10ª – 2004 – CESPE) Julgue o seguinte item.

(1) Maurício é um cidadão que atuou como mesário nas últimas eleições municipais. Nessa situação, enquanto exercia a função de mesário, perante o direito administrativo Maurício era um agente público, mas não era um servidor público.

Maurício é um agente público, mas não é nem *agente político*, nem *servidor público*, mas *particular em colaboração com o Poder Público*. Gabarito 1C.

(Analista – TRE/MG – 2005 – FCC) Os particulares que executam, em nome próprio e por sua conta e risco, determinados serviços públicos em conformidade com as normas do Estado e perante a fiscalização deste, são denominados agentes

(A) políticos.
(B) honoríficos.
(C) credenciados.
(D) delegados.
(E) administrativos.

Os agentes delegados são aqueles que exercem função pública, mas em seu próprio nome, sem vínculo empregatício e com remuneração paga diretamente pelo usuário do serviço. São exemplos de agentes delegados os registradores (art. 236 da CF), os leiloeiros, os tradutores e os intérpretes. Gabarito "D".

(Analista – TRE/PE – 2004 – FCC) Considere:

I. Servidores públicos estatutários são os que se vinculam à Administração Pública direta e indireta mediante um liame de natureza contratual.
II. Agentes de colaboração são pessoas físicas que prestam serviços à Administração Pública por vontade própria, por requisição ou com sua concordância, exercendo, portanto, função pública.
III. Servidores governamentais são as pessoas que, sob um regime de dependência, ligam-se estatutariamente às sociedades de economia mista, empresas públicas e fundações, perante uma relação de trabalho de natureza eventual ou temporária.
IV. Agentes temporários são agentes públicos que se ligam à Administração Pública, por tempo determinado, para o atendimento de necessidades de excepcional interesse público, consoante definida em lei; podendo existir na Administração Pública direta ou na indireta, desempenhando função.

Está correto APENAS o que se afirma em

(A) I, II e III.
(B) I, III e IV.
(C) I e III.
(D) II e IV.
(E) II, III e IV.

I: incorreto, pois o liame é *estatutário*, ou seja, estabelecido em lei e modificável unilateralmente pelo Poder Público; II: correto, pois esse é o conceito de *agentes de colaboração* ou de *particulares em colaboração com o Poder Público* (exs.: mesários, jurados etc.); III: incorreto, pois os *servidores governamentais*, também chamados de *empregados públicos*, são aqueles contratados pelo regime trabalhista, para ocuparem empregos permanentes ou em comissão, prestando serviço às empresas públicas e sociedades de economia mista, caracterizando-se pela profissionalidade, por um regime de dependência, pela perenidade e pelo vínculo de natureza contratual; IV: correto (art. 37, IX, da CF). Gabarito "D".

(Analista – TJ/AP – 2008 – CESPE) Julgue o seguinte item.

(1) São considerados agentes públicos os titulares de cargos estruturais para a administração pública, sendo o vínculo estabelecido nessa situação de natureza política, e não profissional.

1: errado, pois a alternativa traz o conceito de agentes políticos, e não de agentes públicos. Gabarito 1E.

(Analista – TJ/AP – 2008 – CESPE) Julgue o seguinte item.

(1) Enquanto os agentes honoríficos são convocados, designados ou nomeados para prestar transitoriamente determinados serviços do Estado, os agentes credenciados recebem incumbência da administração para representá-la em determinado ato ou praticar certa atividade específica, mediante remuneração.

1: certo. *Agentes honoríficos* são pessoas convocadas para prestar, transitoriamente, determinados serviços ao Estado, sem qualquer vínculo empregatício e sem, em regra, remuneração (ex.: o jurado). Já os *agentes credenciados* são os que recebem incumbência, conforme consta da alternativa, com remuneração (ex.: um advogado contratado por um Município para fazer sustentação oral em seu nome num Tribunal). Gabarito 1C.

(FGV – 2008) O jurado, no Tribunal do Júri, exerce:

(A) cargo efetivo.
(B) função paradministrativa.
(C) cargo comissionado.
(D) cargo gratificado.
(E) função pública.

O jurado é considerado particular em colaboração com o Poder Público. Ele não detém cargo ou emprego público, mas exerce *função pública*. Gabarito "E".

5.2. VÍNCULOS (CARGO, EMPREGO E FUNÇÃO)

(Magistratura/SP – 2011 – VUNESP) A Câmara Legislativa de Canguçu do Norte edita lei, por sua iniciativa, transformando cargos e funções de servidores públicos da Prefeitura Municipal que prestam, eventualmente, serviço junto ao Poder Judiciário local. É correto afirmar que:

(A) é lícita tal conduta, porquanto é missão precípua do Poder Legislativo editar leis.
(B) é ilícita tal conduta, porquanto trata-se de funcionários que, a rigor, prestam serviços junto ao Judiciário, daí por que a iniciativa deveria ser deste.
(C) em se tratando de servidores públicos do executivo municipal, é inadmissível tal conduta, vez que tal transformação só pode ocorrer por meio de lei de iniciativa do executivo local.
(D) tal conduta é inadmissível, pois é impossível tal transformação.
(E) é impossível tal conduta sem que haja anuência do Poder Judiciário.

A, B, C, D e E: De fato, em se tratando de servidores públicos do executivo municipal, a iniciativa da lei é do executivo local, e não do Legislativo (art. 61, § 1º, II, "a" e "c", da CF). Gabarito "C".

(Magistratura/SP – 2007) A Administração Pública somente pode cumprir as funções para as quais foi preordenada mediante o trabalho de seus servidores, categoria que abrange a grande massa de prestadores de serviços ao Poder Público e a ele vinculados por relações profissionais de diversas índoles. Assim, _____ é o lugar instituído na organização do serviço público com denominação própria, atribuições e responsabilidades específicas e estipêndio correspondente, enquanto _____ é a atribuição ou o conjunto de atribuições que a Administração confere a cada categoria profissional. _____ é o agrupamento de classes da mesma profissão ou atividade, escalonadas segundo a hierarquia do serviço, que iniciam e terminam nos respectivos _____. Por fim, _____ é o número de servidores que devem ter exercício em cada repartição ou serviço.

As expressões faltantes são, respectivamente,

(A) quadro...carreira...classe...cargos...lotação
(B) cargo...classe...carreira...quadros...relotação
(C) emprego...classe...carreira...quadros...cômputo
(D) cargo...função...classe...quadros...lotação

A alternativa "D" está correta. Em ordem crescente temos os *cargos* (menor unidade de competência), a *classe* (somatória de cargos da mesma natureza), a *carreira* (somatória de classes de origem comum), o *quadro* (somatória de todos os cargos, isolados e de carreira) e a *lotação* (número total de servidores que devem ter exercício em cada repartição). Gabarito "D".

(Ministério Público/MG – 2010.1) Sobre as disposições constitucionais e legais atinentes à Administração Pública, está CORRETA a seguinte afirmação

(A) As funções de confiança devem ser exercidas prioritariamente por servidores ocupantes de cargo efetivo.
(B) A proibição de acumulação de cargos públicos não se estende às agências reguladoras.
(C) A administração poderá admitir agentes comunitários de saúde e agentes de endemias pelo regime estatutário.
(D) A proibição ao nepotismo é direcionada a impedir a contratação de parentes para cargos comissionados, não abrangendo as funções de confiança exercidas por servidores efetivos.
(E) Conforme a proibição inserta na Súmula Vinculante 13 do STF, a esposa do prefeito municipal não pode ocupar cargo de secretária de ação social no âmbito daquele mesmo município.

A: incorreta, pois tais funções devem ser *exclusivamente* exercidas por servidores ocupantes de cargo efetivo (art. 37, V, da CF); B: incorreta, pois tal proibição alcança toda a Administração Direta e Indireta (art. 37, XVII, da CF); C: correta, pois o art. 198, §§ 4º ao 6º, da CF não determina um regime jurídico específico, podendo este até ser um regime jurídico estatutário; D: incorreta, pois a Súmula Vinculante 13 do STF também se aplica às funções de confiança; E: incorreta, pois a Súmula em questão não se aplica para a nomeação para os cargos de secretário municipal e estadual, bem como de Ministro de Estado. Gabarito "C".

(Ministério Público/PR – 2011) A REGRA GERAL PARA INVESTIDURA EM CARGOS PÚBLICOS É A PRÉVIA APROVAÇÃO EM CONCURSO PÚBLICO (ARTIGO 37, INCISO II, DA CF), CONSTITUINDO A LIVRE NOMEAÇÃO PARA O PROVIMENTO DOS CARGOS EM COMISSÃO UMA EXCEÇÃO CONSTITUCIONAL A ESSA REGRA GERAL (ARTIGO 37, INCISOS II E V, DA CF). PORTANTO, É CORRETO AFIRMAR QUE:

(A) Para que um cargo ou emprego em comissão se caracterize licitamente como tal, basta que assim esteja definido em lei local;
(B) A nomeação de parente colateral ou por afinidade, até o terceiro grau, inclusive, da autoridade nomeante, para o exercício de cargo em comissão ou de confiança, ou, ainda, de função gratificada na administração pública, viola a Constituição Federal;
(C) Os cargos em comissão e as funções de confiança destinam-se apenas às atribuições de direção, chefia e assessoramento, devendo a lei definir, em ambas as hipóteses, os casos, condições e percentuais mínimos de seu preenchimento por servidores de carreira;
(D) Caso se afigure irregular a admissão para o exercício de cargo em comissão criado por lei municipal, o Promotor de Justiça poderá ingressar com ação civil pública visando à nulidade da nomeação, mas não poderá formular, em qualquer hipótese, pedido de ressarcimento dos valores despendidos com a remuneração do cargo em face do administrador responsável pela admissão irregular, ainda que comprovada a sua má-fé;
(E) A admissão irregular para o exercício do cargo em comissão, mesmo quando causa dano ao erário, não é passível de caracterizar a prática de ato de improbidade administrativa, pois a força de trabalho do servidor não poderá mais ser restituída.

A: incorreta, pois a lei local deve estabelecer um percentual mínimo de cargos em comissão, que devem ser preenchidos por servidores de carreira; ademais, somente é possível criar cargos em comissão para atribuições de chefia, direção e assessoramento (art. 37, V, da CF); B: correta (Súmula Vinculante nº 13 do STF); C: incorreta, pois a lei só deve definir o percentual mínimo de cargos a serem providos por servidores de carreira, no que diz respeito aos cargos em comissão; quanto às funções em confiança, estas devem ser preenchidas EXCLUSIVAMENTE por servidores de cargo efetivo (art. 37, V, da CF); D: incorreta, pois o agente público responsável pela contratação ilegal responderá por seus atos; E: incorreta, pois o ato de improbidade administrativa se configura quando há enriquecimento ilícito do agente ímprobo, prejuízo ao erário ou violação a princípios da Administração, de modo que pouco importa se a força de trabalho do servidor não poderá mais ser restituída. Gabarito "B".

(Procurador do Município/Florianópolis-SC – 2010 – FEPESE) Assinale a alternativa **correta**, em relação à administração pública.

(A) Os cargos, empregos e funções públicas são acessíveis apenas aos brasileiros que preencham os requisitos estabelecidos em lei.
(B) As parcelas de caráter indenizatório previstas em lei serão computadas para efeito dos limites remuneratórios dos Poderes Legislativo, Executivo e Judiciário.
(C) O servidor público da administração direta, autárquica e fundacional, investido no mandato de Vereador, será afastado do seu cargo, podendo optar pela remuneração.
(D) É vedada qualquer tipo de acumulação remunerada de cargos públicos, exceto a de dois cargos de professor.
(E) As funções de confiança, exercidas exclusivamente por servidores ocupantes de cargo efetivo, e os cargos em comissão, a serem preenchidos por servidores de carreira nos casos, condições e percentuais mínimos previstos em lei, destinam-se apenas às atribuições de direção, chefia e assessoramento.

A: incorreta, pois também são acessíveis aos estrangeiros, na forma da lei (art. 37, I, da CF); B: incorreta, pois as parcelas de caráter indenizatório não são computadas para efeito de verificação do respeito ao teto remuneratório pelos ocupantes de cargos, funções ou empregos públicos (art. 37, § 11, da CF); C: incorreta, pois o servidor, se houver compatibilidade, poderá acumular o cargo que detinha com o mandato de vereador; apenas na hipótese de incompatibilidade de horários é que o servidor poderá optar pela remuneração (art. 38, III, da CF); D: incorreta, pois há outras exceções em que é cabível a acumulação remunerada de cargos, empregos ou funções (art. 37, XVI, da CF); E: correta (art. 37, V, da CF). Gabarito "E".

(Magistratura Federal – 4ª Região – XIII – 2008) Dadas as assertivas abaixo, assinalar a alternativa correta.

I. A negativa de existência do fato em âmbito penal, mesmo que passada em julgado a sentença que a declare, não guarda relevância em âmbito administrativo, pois que há independência absoluta entre a esfera penal e a atuação administrativa em processo disciplinar.
II. São cargos vitalícios unicamente os de Magistrado (art. 95, I, da Constituição Federal), os de Ministro (ou Conselheiro, que é sua designação nas esferas distrital, estaduais e municipais) do Tribunal de Contas (art. 73, § 3º, da Constituição Federal) e de Membro do Ministério Público, cujo vitaliciamento também se dá após dois anos de exercício (art. 128, § 5º, I, "a", da Constituição Federal).
III. Há previsão constitucional de perda de cargo de magistrado vitalício por força de condenação penal quer por crime comum, quer por crime de responsabilidade.
IV. O princípio do juiz natural veda em termos absolutos a aplicação da remoção compulsória a qualquer magistrado, mesmo que a título de sanção disciplinar imposta em processo regular no qual facultada ampla defesa.

(A) Estão corretas apenas as assertivas I e III.
(B) Estão corretas apenas as assertivas I e IV.
(C) Estão corretas apenas as assertivas II e III.
(D) Estão corretas apenas as assertivas II e IV.

I: incorreta (art. 126 da Lei 8.112/90); II: correta (nos termos dos dispositivos citados); III: correta (art. 95, I, da CF); IV: incorreta, pois a remoção compulsória cabe em caso de interesse público (arts. 93, VIII, e 95, II, da CF). Gabarito "C".

(MAGISTRATURA DO TRABALHO – 1ª REGIÃO – 2010 – CESPE) Com relação aos servidores públicos, assinale a opção correta.

(A) A norma constitucional que reconhece aos servidores públicos o direito de greve, ainda que considerada de eficácia limitada, consagra direito de índole coletiva em relação ao qual a legislação infraconstitucional não pode, sob pretexto algum, estabelecer limites ou condições.
(B) Em 2007, o STF deferiu medida cautelar, com efeitos retroativos, restabelecendo a eficácia da redação original do art. 39, caput, da CF, que previa o regime jurídico único. Com essa decisão, não mais se admite a criação de empregos públicos no âmbito da administração direta, autárquica e fundacional, devendo ser invalidadas as situações constituídas anteriormente a 2007 que ignorem a existência do regime único.
(C) Os trabalhadores públicos celetistas das empresas públicas sujeitam-se às regras disciplinadoras da CLT; seu regime básico é o mesmo que se aplica às relações de emprego no setor privado.
(D) A Lei Federal n.º 9.962/2000 disciplina o regime de emprego público, o qual incide no âmbito da administração federal direta, das autarquias e das sociedades de economia mista.
(E) Em virtude da alteração introduzida pela Emenda Constitucional n.º 45/2004 — Reforma do Poder Judiciário — na CF, os litígios entre a União e servidores estatutários são dirimidos perante a justiça do trabalho, do mesmo modo que os litígios envolvendo servidores trabalhistas e os diversos entes federativos, na condição de empregadores.

A: incorreta, pois tal norma, ao ser regulamentada, estabelecerá limites e condições para o exercício do direito de greve; B: incorreta, pois a exigência de regime jurídico único, que consta da redação original do art. 39, *caput*, da CF quer dizer que não é possível haver mais de um estatuto de funcionário público para reger os servidores com *cargo público* na Administração Direta e Indireta; há de existir um estatuto de funcionário público único; no entanto, para reger os servidores com *emprego público* a CLT continuará sendo utilizada; C: correta, pois quem tem emprego público é regido pela CLT, mesma lei aplicável ao setor privado; D: incorreta, pois a Lei 9.962/00 disciplina o regime de emprego público apenas para a administração federal direta, e para as autarquias e as fundações (art. 1º), não se aplicando às sociedades de economia mista federal; vale salientar que esta lei traz algumas disposições sobre tal regime e, no que não contrariar a lei em questão, aplica-se a CLT; E: incorreta, pois os litígios envolvendo servidores estatutários são julgados pela Justiça Comum, e não pela Justiça do Trabalho. Gabarito "C".

(Magistratura do Trabalho – 16ª Região – 2006) Marque a opção INCORRETA:

(A) O servidor público ao adquirir a estabilidade poderá perder o cargo por meio de processo judicial, processo administrativo ou avaliação periódica de desempenho.
(B) O servidor público em estágio probatório não tem direito à disponibilidade, no caso de extinção do cargo para o qual foi nomeado.
(C) O servidor foi nomeado, após ter sido aprovado em concurso público, e não tomou posse. Seu ato de nomeação será nulo.
(D) No cargo de confiança a destituição é aplicável nas hipóteses de infrações puníveis com demissão e suspensão.
(E) A ação disciplinar prescreverá a contar da data em que o fato se tornou conhecido, sendo de dois anos quanto à pena de suspensão.

A: correta (art. 41, § 1º, da CF); B: correta, pois só o servidor estável tem esse direito (art. 41, § 3º, da CF); C: incorreta, pois não há vício na nomeação; haverá nomeação do próximo classificado; D: correta (art. 135 da Lei 8.112/90); E: correta (art. 142, II e § 2º, da Lei 8.112/90). Gabarito "C".

(Analista – TRT/16ª – 2009 – FCC) Em relação aos servidores públicos, é INCORRETO afirmar:

(A) Os servidores estatutários estão sujeitos a regime estatutário e exercem cargos públicos.
(B) Os militares têm vínculo estatutário e submetem-se a regime jurídico próprio.
(C) Os cargos e empregos públicos, ressalvadas exceções legalmente previstas, são privativos de brasileiros natos ou naturalizados.
(D) Os empregados públicos são contratados sob o regime da legislação trabalhista.
(E) Os servidores temporários exercem função, sem vínculo a cargo ou emprego público.

A: correta, pois servidores estatutários são aqueles sujeitos ao regime estatutário e ocupantes de cargos públicos; B: correta, pois militares são pessoas físicas que prestam serviços às Forças Armadas, Polícias Militares ou Corpo de Bombeiros, com vínculo estatutário e sujeitos a regime jurídico próprio (art. 42 da CF); C: incorreta (arts. 12, §§ 2º e 3º, e 37, I, da CF); D: correta, pois, realmente, os empregados públicos são contratados sob o regime da legislação trabalhista; E: correta, pois os servidores temporários exercem função mediante regime jurídico especial de cada ente da federação. Gabarito "C".

(FGV – 2008) Os cargos em comissão, a serem preenchidos por servidores de carreira nos casos, condições e percentuais mínimos previstos em lei, destinam-se às atribuições de:

(A) direção, apenas.
(B) natureza política e de interesse público.
(C) natureza técnica, chefia e direção, apenas.
(D) direção, chefia e assessoramento, apenas.
(E) qualquer natureza administrativa.

Art. 37, V, da CF. Gabarito "D".

5.3. PROVIMENTO

(Magistratura/DF – 2011) No regime da Lei nº 8.112/90, é correto afirmar:

(A) A investidura em cargo público ocorre com a efetiva entrada em exercício;
(B) Nomeação, readaptação, reversão e recondução são formas de provimento de cargo público;
(C) Além do vencimento, poderão ser pagas ao servidor, como vantagens, indenizações, gratificações e adicionais, sendo certo que a ajuda de custo integra a categoria jurídica dos adicionais;
(D) O servidor investido em mandato eletivo de deputado distrital, havendo compatibilidade de horário, perceberá as vantagens de seu cargo, sem prejuízo da remuneração do cargo eletivo.

A: incorreta, pois a investidura se dá com a posse; B: correta (art. da Lei 8.112/90); C: incorreta, pois a ajuda de custo constitui *indenização* ao servidor (art. 51, I, da Lei 8.112/90); D: incorreta, pois essa regra só vale para o vereador (art. 38, III, da CF). Gabarito "B".

(Magistratura/MG – 2009 – EJEF) Antônio, Prefeito do Município "X", nomeou como Secretário de Saúde João, seu irmão e, por recomendação deste, nomeou seu primo, Tadeu, para exercer o cargo de Superintendente de Assistência Farmacêutica da Secretaria. Inconformado, o Ministério Público ajuizou ação judicial pretendendo liminarmente o afastamento dos ocupantes dos cargos em comissão. Em se considerando que ambos são cargos comissionados de recrutamento amplo, pergunta-se, segundo entendimento sumulado do STF, qual decisão caberá ao Juiz da causa?

(A) Deferir a liminar para afastar somente Tadeu.
(B) Indeferir integralmente a liminar.
(C) Deferir a liminar para afastar somente João.
(D) Deferir a liminar para afastar João e Tadeu.

A, B, C e D: A Súmula Vinculante nº 13 do STF não se aplica quando se tratar de nomeação de parente para cargo de secretário municipal, secretário estadual e ministro de Estado. Então, a nomeação do *irmão* do prefeito está regular. E quanto ao *primo*, trata-se de parente de 4ª grau, ao passo que a súmula impede nomeação de parente de até 3ª grau. Gabarito "B".

(Magistratura/SP – 2009 – VUNESP) A Súmula n. 13, do Supremo Tribunal Federal, pôs um ponto final na prática do chamado "nepotismo" na Administração Pública brasileira. Nos julgados que deram ensejo à referida Súmula, foram destacados alguns pontos fundamentais para a sua exata compreensão, tais como:

(A) somente por lei formal pode ser vedada a nomeação para cargo em comissão de parente próximo, cuja função administrativa seja de assessoramento.
(B) a investidura política, ou seja, sem concurso público, por si só, revela-se afrontosa à moralidade pública.
(C) a Súmula nº 13, do STF, é compatível com o ideal republicano, já que este abriga o exercício do poder administrativo pro domo sua.
(D) não caracteriza imoralidade administrativa a nomeação, pela autoridade administrativa competente, de parente próximo para ocupar cargo público de natureza política.

A: incorreta, pois a súmula foi criada com base no princípio constitucional da moralidade administrativa, e não com base numa lei formal; B: incorreta, pois a própria Constituição prevê a possibilidade de criação de cargos em comissão (art. 37, II e V, da CF); C: incorreta, pois o ideal republicano não permite o exercício do poder administrativo "em causa própria", devendo os agentes públicos agir em favor da coletividade; D: correta, pois o STF entende que a Súmula Vinculante nº 13 não se aplica quando há nomeação de parente para cargo de secretário municipal, secretário estadual e ministro de Estado; aliás, por conta desse entendimento, vem se entendendo que outros cargos de natureza política (exs.: Diretor de Tribunal e Diretor de Casa Legislativa) também possibilitam nomeação sem respeito à súmula vinculante. Gabarito "D".

(Ministério Público/MS – 2006) O retorno do servidor estável ao cargo anteriormente ocupado decorrente de inabilitação em estágio probatório relativo em outro cargo, denomina-se:

(A) Reversão.
(B) Aproveitamento.
(C) Readaptação.
(D) Recondução.

Trata-se de recondução. Na esfera federal o instituto está previsto no art. 29 da Lei 8.112/90. Gabarito "D".

(Ministério Público/SP – 2008) Assinale a alternativa incorreta.

(A) O servidor público que, após regular concurso, é nomeado para cargo de provimento efetivo, adquire estabilidade após dois anos de exercício e será destituído por sentença judicial ou por processo administrativo no qual lhe seja assegurada ampla defesa.
(B) A readaptação é a investidura do servidor em cargo de atribuição e responsabilidades compatíveis com a limitação que tenha sofrido em sua capacidade física ou mental, verificada em inspeção médica.
(C) O Ministério Público é competente para prover os cargos de seus membros e os dos serviços auxiliares.
(D) O provimento derivado por reingresso é aquele em que o servidor retorna ao serviço ativo do qual estava afastado e compreende as seguintes modalidades: reversão, aproveitamento, reintegração e recondução.
(E) São cargos vitalícios unicamente os de magistrado, os de ministro ou conselheiro do Tribunal de Contas e os de membro do Ministério Público, sendo que o vitaliciamento dar-se-á após dois anos de exercício em cargo da Magistratura e do Ministério Público, por concurso, e em seguida à posse, nos casos de nomeação direta para os Tribunais.

A: incorreta, pois a estabilidade só se dá após *três* anos de efetivo exercício, somada à aprovação em *avaliação especial de desempenho* (art. 41, *caput* e § 4º, da CF); B: correta (na esfera federal a readaptação está prevista no art. 24 da Lei 8.112/90); C: correta (art. 127, § 2º, da CF); D: correto, pois todas as formas de provimento citadas são *derivadas* (ocorrem após o provimento originário, que é a nomeação) e por *reingresso* (importam no retorno do agente afastado); E: correta (arts. 95, I, 73, § 3º, e 128, § 5º, I, "a", da CF). Gabarito "A".

(Procurador do Estado/SC – 2009) Ocorrendo a extinção de cargo ou declarada a sua desnecessidade, o servidor público já efetivado no seu cargo:

(A) Será aposentado compulsoriamente.
(B) Será imediatamente exonerado *ex offício* pela autoridade competente.
(C) Será, obrigatoriamente, nomeado para ocupar cargo comissionado de atribuições similares.
(D) Ficará em disponibilidade, com o recebimento integral da remuneração do cargo.
(E) Ficará em disponibilidade, com remuneração proporcional ao tempo de serviço.

Como o servidor, no caso, já é estável, ele terá direito de ficar na disponibilidade, que, hoje, dá direito apenas à remuneração proporcional ao tempo de serviço (art. 41, § 3º, da CF). Gabarito "E".

(Procurador do Estado/SP – FCC – 2009) Servidor ocupante de cargo efetivo da Secretaria da Saúde do Estado de São Paulo foi aposentado por invalidez em 11 de dezembro de 1998, aos 35 anos de idade, após 15 anos de serviço. Em 22 de julho de 2009, laudo produzido pelo serviço médico competente atesta que cessaram os motivos que autorizaram a aposentadoria por invalidez. Neste caso,

(A) o servidor poderá optar pela reassunção do cargo anteriormente ocupado ou pela manutenção da aposentadoria com proventos proporcionais ao tempo de serviço anteriormente prestado.
(B) o servidor está impedido de reassumir o cargo anteriormente ocupado porque a Constituição Federal em vigor veda qualquer forma de provimento derivado.
(C) o servidor está impedido de reassumir o cargo anteriormente ocupado porque sua inativação ocorreu antes da Emenda Constitucional nº 20, de 1998.
(D) a Administração determinará, de ofício, o reingresso do aposentado ao cargo anteriormente ocupado por meio de reversão.
(E) a Administração determinará, de ofício, o reingresso do aposentado ao cargo anteriormente ocupado por meio de readmissão.

O retorno ao serviço público do já aposentado tem o nome de *reversão*. Gabarito "D".

(Defensoria/RN – 2006) A investidura do servidor em cargo de atribuições e responsabilidades compatíveis com a limitação que tenha sofrido em sua capacidade física ou mental verificada em inspeção médica é denominada

(A) reintegração.
(B) reversão.
(C) readaptação.
(D) recondução.

Na esfera federal a readaptação está prevista no art. 24 da Lei 8.112/90. Gabarito "C".

(Defensoria Pública da União – 2007 – CESPE) Julgue o item a seguir.

(1) Paulo, servidor público federal, detentor de cargo efetivo de auditor fiscal da previdência social, já havia adquirido a estabilidade no serviço público quando foi aprovado em concurso público para o cargo de analista do TCU, no qual tomou posse, assumindo a função em 15/1/2007. Nessa situação, conforme jurisprudência dos tribunais superiores, Paulo pode requerer a sua recondução ao cargo que ocupava anteriormente até 15/1/2009, mesmo sendo bem avaliado no estágio probatório em curso.

Os tribunais vêm interpretando ampliativamente o disposto no art. 29 da Lei 8.112/90, com base no princípio da isonomia, para permitir a recondução não só do que não foi aprovado no estágio probatório de novo cargo, como também daquele que foi bem no estágio probatório do novo cargo e deseja ser reconduzido ao cargo de origem (STF, MS 24.271, DJ 20/09/02, e STJ, REsp 817.061/RJ, DJ 04/08/2008). Gabarito 1C.

(Cartório/MS – 2009 – VUNESP) Reversão

(A) ocorre quando o servidor estável, anteriormente demitido, tem a decisão administrativa ou judicial que determinou sua demissão invalidada.
(B) é o retorno do servidor posto em disponibilidade a cargo de atribuições e vencimentos compatíveis com o anteriormente ocupado.
(C) é o retorno à atividade, de servidor aposentado.
(D) ocorre quando o servidor, estável ou não, havendo sofrido uma limitação física ou mental em suas habilidades, torna-se inapto ao exercício do cargo que ocupa, mas, por não ser caso de invalidez permanente pode ainda exercer outro cargo para o qual a limitação sofrida não o inabilita.
(E) é o retorno do servidor estável ao cargo anteriormente ocupado em decorrência de inabilitação em estágio probatório relativo a outro cargo ou reintegração do anterior ocupante.

A: incorreta, pois esse caso é de *reintegração* (art. 28 da Lei 8.112/90); B: incorreta, pois esse caso é de *aproveitamento* (art. 30 da Lei 8.112/90); C: correta (art. 25 da Lei 8.112/90); D: incorreta, pois esse caso é de *readaptação* (art. 24 da Lei 8.112/90); E: incorreta, pois esse caso é de *recondução* (art. 29 da Lei 8.112/90). Gabarito "C".

(Magistratura do Trabalho – 8ª Região – 2007) Não são consideradas formas de provimento de cargo público, de acordo com a legislação vigente:

(A) Nomeação e Promoção.
(B) Ascensão e Transferência.
(C) Readaptação e Reversão.
(D) Aproveitamento e Reintegração.
(E) Recondução e Reversão.

Tais formas não estão previstas nos arts. 8º e ss da Lei 8.112/90, já que foram revogadas pela Lei 9.527/97. Gabarito "B".

(Magistratura do Trabalho – 14ª Região – 2006) O retorno do servidor público ao cargo do qual fora exonerado, com a plena restauração dos direitos violados, ensejando, inclusive, o pagamento dos vencimentos e vantagens atinentes ao período de afastamento, por força de decisão judicial, denomina-se:

(A) readmissão;
(B) recondução;
(C) recontratação;
(D) reversão;
(E) reintegração.

Art. 28 da Lei 8.112/90. Gabarito "E".

(Analista – TRT/11ª – 2005 – FCC) A investidura em cargo público ocorre com a

(A) nomeação; o provimento de cargo público dar-se-á com a posse e o exercício.
(B) posse; constitui forma de provimento de cargo público, além de outras, a readaptação.
(C) reintegração; a reversão caracteriza o provimento de cargo público.
(D) posse; o provimento de cargo público dependerá do aproveitamento e do exercício.
(E) nomeação; a promoção acarretará, dentre outras formas, o provimento de cargo público.

A: está incorreta, pois a investidura ocorre com a *posse* (art. 7º da Lei 8.112/90), e não com a *nomeação*; além disso, o provimento que ocorre antes da posse é a *nomeação*; assim, cronologicamente falando, temos nomeação (que é uma forma de provimento), depois *posse* (que é a aceitação do cargo, gerando o fenômeno da *investidura*) e depois o *exercício* (que é o início do desempenho das atribuições do cargo); sobre o *provimento por nomeação* vide o art. 8º, I, da Lei 8.112/90; sobre a *posse* leia os arts. 13 e 14 da Lei 8.112/90; e sobre o exercício leia os arts. 15 a 20 da Lei 8.112/90; B: está correta, pois a investidura ocorre com a posse (art. 7º da Lei 8.112/90) e a readaptação é, de fato, uma das formas de provimento (art. 8º, V, da Lei 8.112/90); C: está incorreta, pois a investidura ocorre com a *posse* (art. 7º da Lei 8.112/90), e não com a *reintegração*; esta, na verdade, é uma forma de *provimento* (art. 8º, VIII, da Lei 8.112/90); a segunda parte da alternativa está correta (art. 8º, VI, da Lei 8.112/90); D: a primeira parte da afirmativa é verdadeira; porém, é falsa a afirmativa de que o provimento do cargo depende do aproveitamento e do exercício; como se viu, primeiro vem a nomeação (uma forma de provimento), depois vem a posse e apenas depois vem o *exercício*; e o aproveitamento do servidor é uma intercorrência que pode acontecer caso este seja colocado em disponibilidade (pela extinção do cargo que ocupa, por exemplo) e apareça a oportunidade de aproveitá-lo em outro cargo; E: está incorreta, pois a investidura ocorre com a *posse* (art. 7º da Lei 8.112/90), e não com a *nomeação*; além disso, a promoção não *acarreta* um provimento, e sim é uma *forma* de provimento (art. 8º, II, da Lei 8.112/90). Gabarito "B".

(Analista – TRT/13ª – 2005 – FCC) No que diz respeito ao exercício, é certo que

(A) o prazo para o servidor entrar em exercício é de 5 (cinco) dias e, se não atender, ficará em disponibilidade.
(B) o exercício poderá dar-se mediante procuração por instrumento público ou particular.
(C) a promoção interrompe e, em certos casos, suspende o tempo de exercício.
(D) o início do exercício de função de confiança, de regra, coincidirá com a data da publicação do ato de designação.
(E) o servidor público, entrando em exercício, poderá ser dispensado do estágio probatório.

A: incorreta (art. 15, §§ 1º e 2º, da Lei 8.112/90); B: incorreta, pois a *posse* pode se dar por procuração (art. 13, § 3º, da Lei 8.112/90); o *exercício*, porém, deve se dar pelo próprio servidor, não sendo possível que alguém trabalhe em seu lugar; C: incorreta (art. 17 da Lei 8.112/90); D: correta (art. 15, § 4º, da Lei 8.112/90); E: incorreta (art. 20 da Lei 8.112/90). Gabarito "D".

(Analista – TRT/19ª – 2008 – FCC) Ulisses, como ocupante de cargo em comissão na administração pública federal foi nomeado para ter exercício, interinamente, em outro cargo de confiança, sem prejuízo das atribuições que atualmente ocupa. Nesse caso, é correto afirmar que a acumulação remunerada dos cargos públicos não estará vedada, porque Ulisses

(A) deverá optar pelo de menor remuneração entre eles, após o término do período de interinidade.
(B) poderá ficar em exercício pelo prazo de até 60 dias, com a remuneração de ambos os cargos.
(C) poderá receber o vencimento de um dos cargos, em qualquer hipótese, ainda que tenha remuneração em órgão de deliberação coletiva.
(D) deverá optar pela remuneração de um deles durante a interinidade.
(E) está sendo nomeado, sem qualquer condição, para cargo de confiança vago, não importando o valor da remuneração.

Art. 9º, parágrafo único, da Lei 8.112/90. Gabarito "D".

(Analista – TRT/23ª – 2007 – FCC) Considere:

I. A investidura em cargo público ocorrerá com a nomeação.
II. A exoneração de cargo em comissão e a dispensa de função de confiança dar-se-á, dentre outras hipóteses, quando não satisfeitas as condições do estágio probatório.
III. Os servidores ocupantes de cargo de natureza especial terão substitutos indicados no regimento interno ou, no caso de omissão, previamente designados pelo dirigente máximo do órgão ou entidade.
IV. O servidor ocupante de cargo em comissão poderá ser nomeado para ter exercício, interinamente, em outro cargo de confiança, sem prejuízo das atribuições do que atualmente ocupa, hipótese em que deverá optar pela remuneração de um deles durante o período da interinidade.
V. A reversão é a reinvestidura do servidor estável no cargo resultante de sua transformação, quando invalidada a sua demissão por decisão judicial, sem ressarcimento de vantagens.

Estão corretas APENAS as afirmativas

(A) I, II e III.
(B) I, IV e V.
(C) I e V.
(D) II, III e IV.
(E) III e IV.

I: incorreta, pois a investidura se dá com a posse (art. 7º da Lei 8.112/90); II: incorreta, pois não há estágio probatório nos dois vínculos citados (cargo em comissão e função de confiança); III: correta (art. 38 da Lei 8.112/90); IV: correta (art. 9º, parágrafo único, da Lei 8.112/90); V: incorreta (art. 25 da Lei 8.112/90). Gabarito "E".

(Analista – TRT/23ª – 2007 – FCC) Quanto ao regime jurídico dos servidores públicos, considere:

I. Cargo público é o conjunto de atribuições e responsabilidades previstas na estrutura organizacional que devem ser cometidas a um servidor.
II. Os cargos públicos, acessíveis a todos os brasileiros natos, são criados por lei ou decreto, para provimento exclusivo em caráter efetivo.
III. São requisitos básicos para investidura em cargo público, dentre outros, a idade mínima de 21 anos.
IV. A investidura em cargo público ocorrerá com a nomeação do servidor, quando publicada no Diário Oficial da União.
V. A nomeação far-se-á em caráter efetivo, quando se tratar de cargo isolado de provimento efetivo ou de carreira.

Está correto o que se afirma APENAS em

(A) III e V.
(B) II, III e IV.
(C) II e III.
(D) I e V.
(E) I, II e IV.

I: correta (art. 3º da Lei 8.112/90); II: incorreta (art. 3º, parágrafo único, da Lei 8.112/90); III: incorreta (art. 5º, V, da Lei 8.112/90); IV: incorreta (art. 7º da Lei 8.112/90); V: correta (art. 9º, I, da Lei 8.112/90). Gabarito "D".

(Analista – TRT/1ª – 2008 – CESPE) No que concerne aos servidores públicos, regidos pela Lei n.º 8.112/1990, assinale a opção correta.

(A) Os cargos públicos são acessíveis apenas aos brasileiros natos ou naturalizados.
(B) O regime de trabalho do servidor se sujeita ao limite mínimo de 6 horas diárias.
(C) É garantido a todo servidor público o exercício do direito de greve.
(D) O concurso de títulos, mediante seleção por currículos, para provimento de cargo isolado, terá validade de um ano, prorrogável por igual período.
(E) A impossibilidade física de entrar em exercício acarreta a possibilidade de fazê-lo por meio de procuração pública.

A: incorreta, pois admitem-se também estrangeiros (v. art. 37, I, da CF e também o art. 5º, § 3º, da Lei 8.112/90); cuidado com expressões muito fortes como "apenas"; B: correta (art. 19 da Lei 8.112/90); C: incorreta. O art. 37, VII, da CF estabelece o direito de greve ao servidor público; porém, não são **todos** os servidores que têm esse direito; os militares não têm essa prerrogativa (art. 142, § 3º, IV, da CF); cuidado com expressões muito fortes como "todo"; D: incorreta, pois não existe concurso só de "títulos"; os concursos são de "provas" ou de "provas e títulos" (art. 37, II, da CF; art. 10 da Lei 8.112/90); E: incorreta, pois a *posse* pode se dar por procuração (art. 13, § 3º, da Lei 8.112/90), mas o *exercício*, não. Gabarito "B".

(Analista – TRE/MG – 2005 – FCC) Não ocorrendo a posse no prazo de trinta dias, contados do ato de nomeação para o cargo,

(A) poderá ser revogado o ato de designação.
(B) deverá ser anulado o ato de investidura.
(C) será tornado sem efeito o ato de provimento.
(D) a declaração de vacância do cargo dependerá de sindicância.
(E) o ato de provimento deverá ser reconsiderado.

Art. 13, § 6º, da Lei 8.112/90. Gabarito "C".

(Analista – TRE/PI – 2009 – FCC) A respeito da posse e do exercício, considere:

I. A posse ocorrerá no prazo de trinta dias contados da publicação do ato de provimento.
II. Só haverá posse nos casos de provimento de cargo por nomeação.
III. É de trinta dias o prazo para o servidor empossado em cargo público entrar em exercício, contados da data da posse.
IV. Se o servidor estiver afastado por motivo legal o início do exercício de função de confiança recairá no primeiro dia útil após o término do impedimento, que não poderá exceder a trinta dias da publicação.

De acordo com a Lei nº 8.112/90, está correto o que se afirma APENAS em

(A) I, II e III.
(B) I, II e IV.
(C) I e IV.
(D) II e III.
(E) II, III e IV.

I: correto (art. 13, § 1º, da Lei 8.112/90); II: correto (art. 13, § 4º, da Lei 8.112/90); III: incorreto (art. 15, § 1º, da Lei 8.112/90); IV: correto (art. 15, § 4º, da Lei 8.112/90). Gabarito "B".

(Analista – TRE/GO – 2008 – CESPE) Considere a situação descrita a seguir.

I. Paulo prestou concurso público para um cargo federal e, após aprovado, tomou posse.
II. Após 4 anos de exercício, Paulo foi acometido de uma lesão por esforço repetitivo, pois estava exercendo uma função que demandava muita digitação. Após inspeção médica, ele foi remanejado para outro cargo de atribuições compatíveis com o problema de saúde que o atingiu.
III. Paulo ficou por três anos no novo posto até que foi aposentado por invalidez, tendo em vista o fato de não haver melhorado e de seu problema ter-se agravado.
IV. Após 4 anos de aposentadoria, uma junta médica oficial declarou insubsistentes os motivos da aposentadoria de Paulo e este retornou à atividade.

Acerca da situação hipotética apresentada e à luz da Lei n.º 8.112/1990, assinale a opção correta.

(A) Na situação I, a nomeação de Paulo não é requisito para a posse.
(B) A situação II configura readaptação.
(C) Antes da ocorrência da aposentadoria relatada na situação III, não se exige, obrigatoriamente, prévia licença para tratamento de saúde e a aposentadoria será realizada com proventos proporcionais.
(D) A situação IV configura caso de reintegração.

A: incorreta, pois a nomeação é requisito para a posse (art. 13, § 4º, da Lei 8.112/90); B: correta, pois a narrativa prevista na situação II configura o instituto da readaptação (art. 24 da Lei 8.112/90); III: incorreta, nos termos do art. 188, § 1º, da Lei 8.112/90; IV: incorreta, pois a situação configura caso de *reversão*, e não de *reintegração* (art. 25, I, da Lei 8.112/90). Gabarito "B".

(Analista – TRE/MA – 2009 – CESPE) Nos casos de reorganização ou extinção de órgão ou entidade, extinto o cargo ou declarada sua desnecessidade no órgão ou entidade, o servidor que não for redistribuído é colocado em disponibilidade ou, ainda, fica sob a tutela do Sistema de Pessoal Civil (SIPEC). Essa forma de provimento denomina-se

(A) recondução.
(B) aproveitamento.
(C) readaptação.
(D) reversão.
(E) reintegração.

Art. 31 da Lei 8.112/90. Gabarito "B".

(Analista – TRE/MA – 2009 – CESPE) Em relação à Lei n.º 8.112/1990, assinale a opção correta quanto ao regime jurídico dos servidores públicos civis da União.

(A) O servidor em estágio probatório pode exercer quaisquer cargos de provimento em comissão ou funções de direção, chefia ou assessoramento no órgão ou entidade de lotação e somente pode ser cedido a outro órgão ou entidade para ocupar cargo de natureza especial ou cargo de provimento em comissão do grupo direção e assessoramento superiores (DAS) de níveis 6, 5 e 4 ou equivalentes.
(B) O servidor não aprovado no estágio probatório deverá ser reintegrado ao cargo anteriormente ocupado, se estável.
(C) O servidor será exonerado do cargo ou o ato de sua designação para função de confiança será tornado sem efeito, se ele não entrar em exercício no prazo improrrogável de quinze dias, contados da data da posse.
(D) Ao entrar em exercício, o servidor nomeado para cargo de provimento efetivo sujeita-se a estágio probatório durante o qual a sua aptidão e capacidade são objeto de avaliação para o desempenho do cargo, observados os fatores de assiduidade, responsabilidade, capacidade interpessoal, disciplina, produtividade e iniciativa.
(E) Respaldada pela CF, a lei em questão determina que o servidor habilitado em concurso público e empossado em cargo de provimento efetivo adquire estabilidade no serviço público ao completar dois anos de efetivo exercício.

A: correta (art. 20, § 3º, da Lei 8.112/90); B: incorreta, pois trata-se de caso de *recondução* (art. 29 da Lei 8.112/90), e não de *reintegração*; C: incorreta, pois o caso é de *exoneração* (art. 34, parágrafo único, II, da Lei 8.112/90), pois o servidor já tomou posse; se se tratasse de caso em que a pessoa tivesse sido nomeada, mas não tivesse tomado posse, aí sim poder-se-ia falar em tornar sem efeito o ato de nomeação (art. 13, § 6º, da Lei 8.112/90); D: incorreta, pois a *capacidade interpessoal* não está prevista no art. 20 da Lei 8.112/90; E: incorreta, pois a estabilidade requer três anos de efetivo exercício, nos termos da atual redação do art. 41 da CF; o texto da Lei 8.112/90 ainda não foi atualizado nesse sentido (art. 21 da Lei 8.112/90). Gabarito "A".

(FGV – 2010) O retorno à atividade de servidor aposentado e o retorno de servidor estável a um cargo anteriormente ocupado por ele correspondem, respectivamente:

(A) à reversão e à readaptação.
(B) à reversão e à reintegração.
(C) à reversão e à recondução.
(D) à readaptação e à reintegração.
(E) à readaptação e à recondução.

A alternativa correta é a "C" (arts. 25 e 29 da Lei 8.112/90). *Gabarito "C".*

(FGV – 2010) São formas de provimento por reingresso do servidor público:

(A) reintegração e aproveitamento.
(B) recondução e redistribuição.
(C) readaptação e reintegração.
(D) readaptação e reversão.
(E) redistribuição e reversão.

A expressão *reingresso* dá a ideia de que o servidor detinha determinado cargo público, saiu desse cargo, e voltou (reingressou) para o mesmo cargo ou cargo semelhante. As duas únicas hipóteses previstas na questão em que há esse *retorno* são a *reintegração*, em que o servidor é desligado irregularmente do cargo e consegue voltar (art. 28 da Lei 8.112/90), e o *aproveitamento*, em que o servidor estável colocado em disponibilidade, pela extinção de seu cargo (por exemplo), é aproveitado em cargo semelhante (art. 30 da Lei 8.112/90). *Gabarito "A".*

(FGV – 2005) O ato por meio do qual se preenche um cargo público, com a designação de seu titular, denomina-se:

(A) lotação.
(B) preenchimento.
(C) transferência.
(D) provimento.
(E) promoção.

Trata-se de *provimento*, previsto no art. 8º da Lei 8.112/90. *Gabarito "D".*

(FGV – 2004) O servidor público civil estável, cuja demissão é invalidada por sentença judicial, tem garantido seu retorno ao cargo anteriormente exercido, mediante:

(A) reversão
(B) readmissão
(C) recondução
(D) reintegração
(E) renomeação

Trata-se de *reintegração*, prevista no art. 28 da Lei 8.112/90. *Gabarito "D".*

5.4. VACÂNCIA

(Magistratura/SP – 2011 – VUNESP) Rivaldo Batera prestou concurso público e foi classificado em 1.º lugar. Foi nomeado, passou por inspeção médica, tomou posse e deixou decorrer *in albis* o prazo para entrar em exercício. Indique a alternativa correta.

(A) Rivaldo será demitido, sem sindicância.
(B) Rivaldo será exonerado, após o processo administrativo respectivo.
(C) Rivaldo será removido.
(D) Rivaldo será exonerado.
(E) Rivaldo será exonerado, mas receberá a partir da data da nomeação.

A, B, C, D e E: Três momentos devem ser destacados. O primeiro é a *nomeação*. A simples nomeação não torna alguém servidor público. O segundo momento é a *posse*. Esta é a aceitação do cargo. Com a posse ocorre a investidura no cargo, de maneira que, a partir desse momento, o nomeado passa a ser servidor público. E o terceiro momento é a *entrada em exercício*, que consiste em o servidor começar a trabalhar. A partir desse momento, o servidor passa a ter direito à remuneração. Quando alguém é nomeado e não toma posse, não é necessário exonerar tal pessoa, pois esta sequer chegou a ser servidor público. Nesse caso, a Administração ficará livre para nomear outra pessoa que tiver sido aprovado no concurso. Já no caso em que alguém é nomeado e toma posse, mas não entra em exercício no prazo fixado na lei, aí sim temos alguém que já é servidor público (pois tomou posse!), o que impõe que a Administração promova a sua exoneração do cargo. Nesse caso, como o servidor não chegou a trabalhar, será exonerado sem que tenha direito de receber uma remuneração. *Gabarito "D".*

(Ministério Público/MS – 2006) A estabilidade do servidor público constitui direito assegurado na Constituição Federal, sendo estendida àquele que for investido no respectivo cargo público através de concurso público. Dessa forma, é CORRETO afirmar que:

(A) A estabilidade é adquirida depois de decorridos mais de cinco anos de efetivo exercício do cargo;
(B) Ocorrendo a extinção do cargo ou declarada sua desnecessidade, o servidor estável será colocado em disponibilidade, com remuneração integral, até seu aproveitamento em outro cargo;
(C) O servidor estável poderá perder o cargo por insuficiência de desempenho, apurada na forma da lei e garantido o contraditório e a ampla defesa;
(D) A única hipótese do servidor estável perder o cargo ocorre em virtude de sentença judicial transitada em julgado.

A: incorreta, pois a estabilidade é adquirida após 3 anos (art. 41 da CF); B: incorreta, pois a remuneração será proporcional (art. 41, § 3º, da CF); C: correta (art. 41, § 1º, III, da CF); D: incorreta (art. 41, § 1º, da CF). *Gabarito "C".*

(Procuradoria do Estado/AP – 2006 - CESPE) Uma autoridade administrativa do estado do Amapá exonerou Rodrigo do cargo comissionado que ele ocupava, mediante ato que não indicava os motivos da exoneração. Considerando essa situação hipotética e o direito administrativo, julgue os itens subseqüentes.

(1) Atos que determinam exoneração de servidores ocupantes de cargos públicos em comissão são atos discricionários e irrevogáveis.
(2) A exoneração de servidores ocupantes de cargos públicos, sejam eles comissionados ou de provimento efetivo, caracteriza uma rescisão unilateral do contrato administrativo celebrado mediante a assinatura do termo de posse.
(3) O referido ato de exoneração é nulo, por ausência de motivação, mas pode ser convalidado, na medida em que o seu vício é sanável mediante a indicação, pela referida autoridade, de motivação expressa para o ato.

1: correta, pois o ato de exoneração é ***discricionário***, já que os cargos em comissão são de livre provimento e ***livre*** exoneração, e ***irrevogável***, vez que a exoneração exaure a relação jurídica entre a Administração Pública e o agente; em caso de interesse no retorno do agente, o caso é de ***nova nomeação*** para o cargo em comissão e não de ***revogação da exoneração***; 2: incorreta, pois a relação entre a Administração Pública e o detentor de cargo é do tipo ***estatutária***, e não do tipo ***contratual***; 3: incorreta, pois os cargos em comissão são de ***livre*** exoneração (art. 37, II, parte final, da CF). *Gabarito 1C, 2E, 3E.*

(Procurador do Estado/SC – 2010 – FEPESE) Verificado o excesso de despesas com pessoal ativo e inativo da União, dos Estados, do Distrito Federal e dos Municípios, o servidor estável poderá perder o seu cargo. Em relação ao enunciado, assinale a alternativa **correta**.

(A) É vedada a criação de cargo, emprego ou função com atribuições iguais ou assemelhadas ao cargo considerado extinto, pelo prazo mínimo de dois anos.
(B) O servidor estável que perder o cargo em razão do excesso de despesa com pessoal, fará jus a indenização correspondente a um mês de remuneração por ano de serviço.
(C) A Administração Pública deve reduzir pelo menos cinquenta por cento das despesas com cargos em comissão e funções de confiança, antes de exonerar servidores estáveis.
(D) Antes de exonerar servidores estáveis, a Administração Pública deve reduzir os vencimentos de servidores não-estáveis.
(E) O enunciado é falso porque após estágio probatório, o servidor efetivo somente poderá perder o seu cargo por meio de sentença judicial com trânsito em julgado.

A: incorreta, pois essa vedação terá duração de 4 anos (art. 169, § 6º, da CF); B: correta (art. 169, § 5º, da CF); C e D: incorretas, pois deve-se reduzir pelo menos 20% dessas despesas (e não 50%); além disso, a Administração deve, antes de exonerar servidores estáveis, *exonerar* servidores não estáveis (art. 169, § 3º, I e II, da CF); E: incorreta, pois o servidor estável poderá perder seu cargo por outros motivos também, como por infração disciplinar apurada em processo administrativo com ampla defesa, não aprovação em avaliação especial de desempenho e em virtude de excesso de despesas com pessoal, nos moldes do art. 169 da CF. *Gabarito "B".*

(Procuradoria da República – 23º) Na dispensa de um servidor ocupante de um cargo de confiança exonerável *ad nutum* é correto afirmar que:

(A) declarado o motivo, este passará a ser vinculante do ato e sua validade e eficácia ficarão na dependência da efetiva existência do motivo declarado;
(B) se o servidor alegar a inexistência dos motivos, nulo será o ato praticado;
(C) na hipótese desse servidor ter praticado ato de improbidade, se a autoridade que o dispensou da função não elencou o motivo, nulo é o ato praticado;
(D) na última hipótese verifica-se a aplicação da teoria dos motivos determinantes.

A exoneração de um ocupante de cargo em comissão é livre, ou seja, não depende de motivação (art. 37, II, parte final, da CF); dessa forma, a falta de motivação nunca será motivo para anular uma exoneração de agente ocupante de cargo em comissão. Todavia, caso a Administração resolva declarar um motivo para tal exoneração, incidirá a Teoria dos Motivos Determinantes, pela qual a existência do motivo invocado para a prática de um ato condiciona a sua validade. Gabarito "A".

(Delegado Federal – 2004 – CESPE) Julgue o item seguinte.

(1) A vacância é o ato administrativo pelo qual o servidor é destituído do cargo, emprego ou função e pode ocorrer com extinção do vínculo pela exoneração, demissão e morte, ou sem extinção do vínculo, pela promoção, aposentadoria, readaptação ou recondução.

1: incorreta, pois, apesar de os casos enunciados serem de vacância (arts. 33 e ss da Lei 8.112/90), a aposentadoria importa, sim, em extinção do vínculo. Diferente da iniciativa privada, em que o funcionário que se aposenta pode continuar na função que ocupava, na Administração o agente público que se aposenta verá a extinção da relação funcional. Gabarito 1E.

(Analista – TRE/MA – 2009 – CESPE) Se um servidor público estável for aprovado em outro concurso público que ofereça melhor remuneração, em cargo inacumulável, após sua posse no novo cargo, ficará caracterizada, em relação ao cargo anterior,

(A) demissão do servidor, gerando a vacância no antigo cargo.
(B) exoneração do cargo.
(C) redistribuição.
(D) vacância por posse.
(E) remoção.

Art. 33, VIII, da Lei 8.112/90. Gabarito "D".

(Analista – TRE/MG – 2005 – FCC) A exoneração de cargo efetivo poderá ocorrer mediante

(A) aposentadoria ou decisão administrativa.
(B) readaptação ou por ato da Administração.
(C) recondução, ou a critério da autoridade competente.
(D) transposição ou sentença judicial.
(E) pedido do servidor ou de ofício.

Art. 34, *caput*, da Lei 8.112/90. Gabarito "E".

5.5. REMOÇÃO, RESDISTRIBUIÇÃO E SUBSTITUIÇÃO

(Analista – TST – 2003 – CESPE) Julgue o item a seguir.

(1) Márcio, servidor titular de cargo efetivo federal, atualmente está lotado em uma repartição localizada em Garanhuns – PE. Toda a sua família reside em Brasília – DF. Por essa razão, Márcio manifestou à coordenação de recursos humanos (RH) do órgão de seu exercício o interesse em ser removido para a capital federal. De acordo com os arquivos do RH, existia uma vaga disponível em Brasília e outros 25 servidores já haviam manifestado o mesmo interesse de Márcio. Nessa situação e de acordo com o regime jurídico vigente para a administração pública federal, o setor de RH deverá promover a remoção do servidor que manifestou interesse, expressamente, há mais tempo.

1: errado, pois o servidor não tem o direito de exigir sua remoção, pois a situação narrada não se enquadra no disposto no art. 36, parágrafo único, III, a, da Lei 8.112/90. De qualquer forma, existindo vaga e havendo mais de um interessado, pode-se promover processo seletivo para definir o servidor que terá direito à remoção (art. 36, parágrafo único, III, c, da Lei 8.112/90). Gabarito 1E.

(Analista – TSE – 2006 – CESPE) Na hipótese de redistribuição, não é o servidor que é deslocado de um cargo para outro, mas é o próprio cargo que é deslocado para outro órgão ou entidade, dentro do mesmo poder. Essa afirmação é

(A) correta.
(B) errada, pois, na redistribuição, o servidor é deslocado do seu cargo original para outro cargo vago.
(C) errada, pois o deslocamento do cargo somente ocorre na hipótese de readaptação.
(D) errada, pois a redistribuição implica passagem do cargo dos quadros de um poder para outro.

Art. 37, *caput*, da Lei 8.112/90. Gabarito "A".

(Analista – TRT/4ª – 2006 – FCC) No que diz respeito à remoção do servidor público federal, considere as assertivas abaixo:

I. O retorno do servidor estável ao cargo anteriormente ocupado é uma das características do ato de remoção.
II. É considerada modalidade de remoção quando for a pedido, para outra localidade, independentemente do interesse da Administração.
III. É também modalidade de remoção quando for de ofício, no interesse da Administração.
IV. A cessão do servidor para ter exercício em outro órgão ou entidade pública é um dos requisitos para o ato de remoção.

Estão corretas APENAS o que se afirma em

(A) I e II.
(B) I e III.
(C) II e III.
(D) II e IV.
(E) III e IV.

I: incorreto, pois a remoção não é o retorno, mas a saída, o deslocamento para outro cargo (art. 36 da Lei 8.112/90); II: correto (art. 36, parágrafo único, III, da Lei 8.112/90); III: correto (art. 36, parágrafo único, I, da Lei 8.112/90); IV: incorreto, pois a remoção se dá no âmbito do mesmo quadro (art. 36, *caput*, da Lei 8.112/90). Gabarito "C".

5.6. ACESSIBILIDADE E CONCURSO PÚBLICO

(Magistratura/MG – 2008) O limite de idade para inscrição em concurso público só se legitima em face do art. 7º, XXX, da Constituição Federal, quando possa ser justificado pela natureza das atribuições do cargo a ser preenchido. Essa afirmativa permite concluir que:

(A) a instituição do limite de idade é ato que constitui discriminação vedada.
(B) o limite de idade só pode ser estabelecido em determinadas circunstâncias fáticas.
(C) as atribuições do cargo são aferíveis ad libitum.
(D) a afirmativa contida no enunciado não está correta.

A, B, C e D: A frase contida no enunciado é a reprodução da Súmula 683 do STF (o que torna incorreta a alternativa "D"). Essa súmula permite, então, a instituição de limite de idade (o que torna incorreta a alternativa "A"), desde que haja justificativa fática pertinente (o que torna correta a alternativa "B"). *Ad libitum* significa "à vontade". Assim, a alternativa "C" é incorreta, pois não se pode aferir à vontade requisitos para as atribuições do cargo ou para a inscrição em concurso público. É importante lembrar que as restrições à participação em concurso público dependem de previsão legal (art. 37, I, da CF) e de pertinência (princípio da isonomia + Súmula 683 do STF). Gabarito "B".

(Magistratura/PR – 2008) Assinale a alternativa correta:

(A) o prazo de validade do concurso público será de até 2 (dois) anos, prorrogável por igual período tantas vezes quanto necessário para o preenchimento dos cargos ou empregos disponíveis.
(B) a nomeação para cargo em comissão independe de aprovação prévia em concurso público, desde que o referido cargo seja declarado em lei de livre nomeação e exoneração.

(C) durante o prazo improrrogável previsto no edital de convocação, aquele aprovado em concurso público de provas ou de provas e títulos será convocado com prioridade sobre os novos concursados para assumir cargo ou emprego, na carreira, a não ser que os novos concursados tenham atingido notas superiores aos aprovados no concurso público anterior.
(D) o direito de greve dos servidores públicos será exercido nos termos e nos limites definidos em decreto.

A: incorreta, pois a prorrogação só pode ser feita uma vez (art. 37, III, da CF); B: correta (art. 37, II, da CF); C: incorreta (art. 37, IV, da CF); D: incorreta (art. 37, VII, da CF). Gabarito "B".

(Magistratura/TO – 2007 – CESPE) Maria, Sônia, João e Paulo foram aprovados em concurso público para provimento de 7 vagas de analista judiciário no tribunal de justiça de determinado estado da Federação, cujo edital, com base em lei estadual, previa que 20% das vagas seriam destinadas aos deficientes físicos. Maria foi classificada em 6.º lugar e Sônia, em 1.º lugar, entre os aprovados às vagas destinadas aos não-deficientes. João e Paulo classificaram-se em 1.º e 2.º lugar, respectivamente, entre as vagas destinadas aos deficientes. A respeito da situação hipotética apresentada, assinale a opção correta com base no tratamento constitucional destinado aos servidores públicos.

(A) Conforme entendimento do STF, Maria não terá direito à sua nomeação, já que devem ser duas as vagas destinadas aos deficientes físicos e somente cinco destinadas aos não deficientes.
(B) A deficiência física de João e Paulo pode ser comprovada com atestado médico particular, o qual não poderá ser impugnado após a posse.
(C) Conforme entendimento do STJ, João deve ser nomeado somente depois de nomeados os candidatos aprovados para as vagas destinadas aos não-deficientes.
(D) Conforme entendimento do STJ, sendo o ato de nomeação um ato discricionário, Sônia não teria direito subjetivo à nomeação, mas mera expectativa de direito, caso a administração resolvesse não contratar nenhum dos candidatos aprovados.

O STF tem o seguinte entendimento a respeito do assunto:
"CONCURSO PÚBLICO - CANDIDATOS - TRATAMENTO IGUALITÁRIO. A regra é a participação dos candidatos, no concurso público, em igualdade de condições. CONCURSO PÚBLICO - RESERVA DE VAGAS - PORTADOR DE DEFICIÊNCIA - DISCIPLINA E VIABILIDADE. Por encerrar exceção, a reserva de vagas para portadores de deficiência faz-se nos limites da lei e na medida da viabilidade consideradas as existentes, afastada a possibilidade de, mediante arredondamento, majorarem-se as percentagens mínima e máxima previstas." (MS 26310, DJ 31/10/07)
Dessa forma, o precedente citado, que reviu posição anterior do STF (RE 227.299-1/MG), que admitia o arredondamento em favor das vagas reservadas para deficientes, torna polêmica a resposta dada como correta. Pela nova posição do STF, poderia ser considerada correta resposta hipotética, no sentido de que Paulo não teria direito de ser nomeado, ao passo que Maria, sim, deveria ser nomeada. Gabarito "A".

(Ministério Público/GO – 2005) No que concerne a concurso público, qual dos enunciados abaixo não corresponde a uma Súmula do Supremo Tribunal Federal?

(A) o limite de idade para a inscrição em concurso público só se legitima em face do art. 7º, XXX, da Constituição, quando possa ser justificado pela natureza das atribuições do cargo a ser preenchido
(B) é constitucional o veto não motivado à participação de candidato a concurso público
(C) é inconstitucional toda modalidade de provimento que propicie ao servidor investir-se, sem prévia aprovação em concurso público destinado ao seu provimento, em cargo que não integra a carreira na qual anteriormente investido
(D) só por lei se pode sujeitar a exame psicotécnico a habilitação de candidato a cargo público

A: correta (Súmula 683 do STF); B: incorreta, pois contraria a Súmula 684 do STF; C: correta (Súmula 685 do STF); D: correta (Súmula 686 do STF). Gabarito "B".

(Ministério Público/MG - 2008) No dizer de Hely Lopes Meirelles, "[...] o concurso é o meio técnico posto à disposição da Administração para obter-se moralidade, eficiência e aperfeiçoamento do serviço público, e, ao mesmo tempo, propiciar igual oportunidade a todos os interessados que atendam os requisitos da lei". A propósito do tema, assinale a alternativa INCORRETA.

(A) Somente por lei se pode sujeitar ao exame psicotécnico a habilitação de candidato a cargo público.
(B) O limite de idade para a inscrição em concurso público só se legitima quando possa ser justificado pela natureza das atribuições do cargo a ser preenchido.
(C) É inconstitucional toda modalidade que propicie ao servidor investir-se, sem prévia aprovação em concurso público destinado a seu provimento, em cargo que não integra a carreira na qual anteriormente investido.
(D) É peremptoriamente vedada qualquer discriminação entre brasileiros natos ou naturalizados.
(E) NDA

A: correta (Súmula 686 do STF); B: correta (Súmula 683 do STF); C: correta (Súmula 685 do STF); D: incorreta. A princípio, não é possível fazer distinções entre brasileiros natos e naturalizados (art. 12, § 2º, da CF); porém, as discriminações feitas pela própria Constituição são válidas; e uma delas estabelece que é privativo de brasileiro nato os cargos de carreira diplomática e de oficial das Forças Armadas; E: como a letra "D" é incorreta, a letra "E" não deve ser marcada. Gabarito "D".

(Ministério Público/SC – 2010) Em atenção à disciplina dos servidores públicos, analise as seguintes assertivas:

I. A lei poderá estabelecer requisitos diferenciados de admissão de servidores públicos, quando a natureza do cargo o exigir, mas o limite de idade para a inscrição em concurso público só se legitima quando possa ser justificado pela natureza das atribuições do cargo a ser preenchido.
II. Regra geral, o prazo de validade do concurso público será de até 4 anos, prorrogável uma vez, por igual período.
III. As funções de confiança e os cargos em comissão destinam-se apenas às atribuições de direção, chefia e assessoramento.
IV. A fixação dos vencimentos dos servidores públicos não pode ser objeto de convenção coletiva.
V. É constitucional a vinculação do reajuste de vencimentos de servidores estaduais a índices federais de correção monetária.

De acordo com a Constituição da República e a jurisprudência dominante do Supremo Tribunal Federal:

(A) Apenas as assertivas I, III e V estão corretas.
(B) Todas as assertivas estão corretas.
(C) Apenas as assertivas III e IV estão corretas.
(D) Apenas as assertivas I, III e IV estão corretas.
(E) Apenas as assertivas I, II e V estão corretas.

I: correta (Súmula 683 do STF: "O limite de idade para a inscrição em concurso público só se legitima em face do art. 7º, XXX, da Constituição, quando possa ser justificado pela natureza das atribuições do cargo a ser preenchido"; II: incorreta, pois o prazo de validade é de até 2 anos (art. 37, III, da CF); III: correta (art. 37, V, da CF); IV: correta (Súmula 679 do STF); V: incorreta (Súmula 681 do STF). Gabarito "D".

(Procurador do Estado/PR – 2007) Visando regulamentar o art. 37, VIII, da Constituição Federal, a Assembléia Legislativa aprovou projeto de lei de autoria de um deputado, que fixa percentual de reserva, de 15% (quinze por cento) para os portadores de deficiência física, nos cargos possíveis de serem exercidos pelos mesmos, para todos os concursos públicos que forem abertos a partir da entrada em vigência da lei. O projeto de lei em questão é: ALTERNATIVAS:

(A) Inconstitucional, eis que fere o princípio constitucional da legalidade, ao não observar o princípio administrativo da razoabilidade.
(B) Inconstitucional, eis que fere o princípio constitucional da legalidade, ao não observar o princípio administrativo da proporcionalidade.
(C) Não há vício de inconstitucionalidade material, mas sim de competência, eis que compete privativamente a União legislar sobre provimento de cargos públicos.

(D) Não há vício de inconstitucionalidade material, mas há vício de inconstitucionalidade formal, eis que são de iniciativa do Governador do Estado as leis que disponham sobre provimento de cargos públicos no Estado.

(E) Não há nenhum vício de inconstitucionalidade material, mas há vício de inconstitucionalidade formal, eis que são de iniciativa do Governador do Estado as leis que disponham sobre provimento de cargos públicos no Poder Executivo.

A, B, C, D e E: No plano material, a proposta é constitucional (art. 37, VIII, da CF); no plano da competência federativa, a proposta também é constitucional, pois se trata de questão a ser dirimida em cada estatuto de funcionário público; porém, no plano da adequação da iniciativa da lei, a proposta é inconstitucional, pois leis que disponham sobre provimento de cargos no Executivo são de iniciativa privativa do Chefe do Executivo. Gabarito "E".

(Defensor Público/AM – 2010 – I. Cidades) Sabe-se que o concurso público é obrigatório para admissão de servidores na Administração Pública, podendo deixar de ser exigido em algumas situações, citando-se entre elas:

(A) contratação sob regime celetista em empresas estatais.
(B) contratação sob regime estatutário nas autarquias públicas.
(C) contratação por tempo determinado, para atender a necessidade temporária de excepcional interesse público.
(D) servidor transposto de uma carreira para outra.
(E) admissão de servidor já submetido a concurso anterior para outro cargo.

A regra é o princípio do concurso público, que vale para cargo público (regime estatutário), como para emprego público (regime celetista), bem como para qualquer mudança que um servidor queira fazer de uma carreira para outra carreira. A exceção é a contratação para atender a necessidade temporária de excepcional interesse público, que não requer concurso público (art. 37, IX, da CF); no plano federal, a questão é regulamentada pela Lei 8.745/93, que, em seu art. 3º, dispõe que a contratação se dará por meio de processo seletivo simplificado, e não por concurso público. Em cada ente político há de se ter uma lei local tratando do assunto. Gabarito "C".

(Magistratura Federal-4ª Região – 2010) Dadas as assertivas abaixo, assinale a alternativa correta: Segundo o entendimento consolidado do Superior Tribunal de Justiça:

I. O candidato aprovado dentro do número de vagas previsto no edital de concurso público possui direito subjetivo à nomeação para o cargo a que concorreu e foi classificado.

II. A aprovação em concurso público não assegura a nomeação, mas sim mera expectativa de direito, pois o provimento de cargo fica adstrito ao juízo de conveniência e oportunidade da Administração Pública.

III. A contratação temporária de terceiros no prazo de validade de concurso público só é admissível se já ocorreu o preenchimento de todas as vagas existentes de cargos de provimento efetivo.

IV. Não é possível o controle judicial de questões formuladas em concurso público quanto à sua adequação ou não ao programa do certame.

(A) Está correta apenas a assertiva II.
(B) Está correta apenas a assertiva III.
(C) Estão corretas apenas as assertivas I e III.
(D) Estão corretas apenas as assertivas II e IV.
(E) Nenhuma assertiva está correta.

I: correta, pois os tribunais superiores entendem que o candidato aprovado em concurso tem *direito* de ser nomeado *no limite das vagas previstas no respectivo edital*, uma vez que a Administração, ao estabelecer o número de vagas no edital, *vincula-se* a essa escolha e cria expectativa nos candidatos, impondo-se as nomeações respectivas, em respeito aos princípios da *boa-fé, razoabilidade, isonomia* e *segurança jurídica*; II: incorreta, pois, conforme mencionado, o aprovado em concurso público nos limites das vagas previstas no edital tem direito de ser nomeado, e não mera expectativa de direito; III: correta, vez que, enquanto existirem candidatos aprovados e vagas de cargos efetivos a serem preenchidas, não há como se justificar a contratação temporária de terceiros; IV: incorreta, pois o STJ tem o seguinte entendimento: "excepcionalmente, em caso de flagrante ilegalidade e quando dissociada das regras do edital, o Judiciário tem anulado questão objetiva de prova de concurso público" (RMS 21.617, j. 27.05.08); no caso em tela, quando uma questão aparece num concurso público sem que o tema de que a questão trate esteja previsto no programa estabelecido no edital, o Judiciário poderá anular essa questão. Gabarito "C".

(FGV – 2008) A respeito do regime constitucional de acesso a cargos, empregos e funções públicas, assinale a alternativa correta.

(A) O acesso aos cargos, empregos e funções públicas é privativo de brasileiros natos e naturalizados.
(B) Lei complementar estabelecerá quais são os cargos públicos cujo acesso dependerá de aprovação prévia em concurso de provas ou de provas e títulos.
(C) O aprovado em concurso público será convocado para assumir o cargo com prioridade sobre novos concursados, durante o prazo de validade do concurso previsto no edital de convocação.
(D) Fica assegurada a reserva de 25% de cargos e empregos públicos para portadores de deficiência.
(E) A Administração poderá fazer concursos internos de progressão funcional de seus servidores, desde que para provimento de cargos que integram a estrutura do próprio órgão.

A: incorreta, pois estrangeiros, na forma da lei, também podem ter acesso aos cargos, empregos e funções (art. 37, I, da CF); B: incorreta, pois é justamente o contrário, ou seja, a regra é o acesso ao cargo depender de prévia aprovação em concurso, salvo os casos em que a lei dispuser que se trata de cargo em comissão, que independe de concurso público (art. 37, II, da CF); C: correta (art. 37, IV, da CF); D: incorreta, pois o art. 5º, § 2º, da Lei 8.112/90 estabelece que serão reservadas às pessoas portadoras de deficiência até 20% das vagas oferecidas no concurso; repare que o número é "20%" e que há a palavra "até"; E: incorreta, pois isso só seria possível para provimento de cargos que "integram a **carreira** na qual o servidor foi inicialmente investido" (Súmula 685 do STF: "é inconstitucional toda modalidade de provimento que propicie ao servidor investir-se, sem prévia aprovação em concurso público destinado ao seu provimento, em cargo que não integra a carreira na qual anteriormente investido"); assim, se o concurso é na própria carreira de delegado, procurador ou auditor fiscal, por exemplo, tudo bem; já se o concurso interno é destinado a servidores que pretendem sair de um cargo de uma carreira, para passar para cargo de outra carreira (por exemplo, da carreira de investigador para a carreira de delegado), a providência é inconstitucional. Gabarito "C".

(FGV – 2010) Concurso público para provimento de cargos de médico de determinado Hospital realiza concurso de provas e títulos pelo regime da Lei 8112/1990. Entre os requisitos do edital, havia previsão de que todos os candidatos deveriam submeter-se a prova prática com conteúdo específico de medicina legal. Contudo, os integrantes da banca disponibilizaram a um dos candidatos a metodologia que deveria ser utilizada na prova prática, em flagrante prejuízo aos demais candidatos. A esse respeito, assinale a alternativa correta.

(A) A banca examinadora violou o princípio da vinculação ao edital, uma vez que deveria se ater exclusivamente aos dispositivos legais previstos no edital do concurso.
(B) A banca examinadora detém do poder discricionário no caso em tela.
(C) Se houvesse o consentimento dos candidatos, poderia o ato da banca examinadora ser convalidado.
(D) As regras do concurso público podem ser alteradas livremente pela banca examinadora.
(E) O silêncio dos candidatos, caso tivessem conhecimento, poderia legitimar o ato da banca examinadora.

A: correta, pois a postura da banca está em desacordo com o edital, que previa que os candidatos se submeteriam a uma prova prática, que, como se sabe, deixa de ser uma verdadeira prova quando o conteúdo do que se espera do candidato é revelado; assim, revela-se violação ao princípio da vinculação ao edital; é bom ressaltar que há também no caso violação ao princípio da isonomia, vez que alguns candidatos passaram a ter informações que outros não detinham; B: incorreta, pois não se encontra na esfera de disponibilidade da banca violar os princípios da vinculação ao edital e da igualdade; C: incorreta, pois o ato praticado viola princípios administrativos e, portanto, é ato nulo, não passível de convalidação; D: incorreta, pois a banca só pode alterar regras de concurso público enquanto o concurso ainda não se iniciou, sob pena de violação aos princípios citados; ademais, há regras, como as relativas aos requisitos de ingresso no serviço público, que sequer podem ser modificadas ou criadas pela banca, caso não haja lei as fundamentando; E: incorreta, pois o ato é nulo e não pode ser convalidado. Gabarito "A".

5.7. EFETIVIDADE, ESTABILIDADE E VITALICIEDADE

(Magistratura/AL – 2007 – FCC) O servidor público que ingresse em cargo efetivo tem garantido o direito à aquisição da estabilidade PORQUE a estabilidade é conseqüência da submissão a concurso público.

(A) as duas afirmações são verdadeiras e a segunda justifica a primeira;
(B) as duas afirmações são verdadeiras e a segunda não justifica a primeira;
(C) a primeira afirmação é verdadeira e a segunda é falsa;
(D) a primeira afirmação é falsa e a segunda é verdadeira;
(E) as duas afirmações são falsas.

A, B, C, D e E: As duas afirmativas são falsas. A primeira porque o ingresso em cargo efetivo, por meio de concurso público, não garante a estabilidade. São necessários 3 anos de efetivo exercício e aprovação em avaliação especial de desempenho (art. 41 da CF). Gabarito "E".

(Magistratura/DF – 2007) De acordo com o tratamento constitucional conferido ao tema da estabilidade dos servidores públicos, é incorreto afirmar:

(A) Os servidores nomeados para a cargo de provimento efetivo em virtude de concurso público são estáveis após três anos de efetivo exercício;
(B) O servidor público estável só poderá perder o cargo em virtude de sentença penal transitada em julgado, mediante processo administrativo em que lhe seja assegurada ampla defesa, e, finalmente, mediante procedimento de avaliação periódica de desempenho, na forma de lei complementar;
(C) Como condição para a aquisição da estabilidade, é obrigatória a avaliação especial de desempenho por comissão constituída para essa finalidade;
(D) Invalidada por sentença judicial a demissão do servidor estável, será ele reintegrado, e o eventual ocupante da vaga, se estável, reconduzido ao cargo de origem, sem direito à indenização, aproveitado em outro cargo ou posto em disponibilidade com remuneração proporcional ao tempo de serviço.

A: correta (art. 41, *caput*, da CF); B: incorreta ("sentença judicial" - art. 41, § 1º, da CF); C: correta (art. 41, § 4º, da CF); D: correta (art. 41, § 2º, da CF). Gabarito "B".

(MINISTÉRIO PÚBLICO/RO – 2010 – CESPE) A partir das considerações constantes na CF e da jurisprudência dos tribunais superiores acerca dos servidores públicos, assinale a opção correta.

(A) Consoante jurisprudência pacífica do STJ, servidor estável que for investido em novo cargo estará dispensado de cumprir novo período de estágio probatório.
(B) De acordo com a jurisprudência majoritária do STF, a estabilidade dos servidores públicos deve ser estendida aos empregados de sociedade de economia mista contratados mediante concurso público, razão pela qual esses empregados somente poderão ser dispensados por justa causa.
(C) Segundo decisão do STF, servidor público que obteve determinada vantagem funcional, ainda que por ato administrativo com vício de legalidade, mas que não tenha lhe dado causa, tem, após o prazo de cinco anos, direito à manutenção da vantagem, não podendo a administração pública exercer o poder de autotutela.
(D) O subteto determinado pela CF estipula que os membros do MP, os procuradores, os defensores e os delegados de polícia recebam subsídio mensal limitado a 90,25% do subsídio mensal dos ministros do STF.
(E) De acordo com a CF, a vedação de acúmulo remunerado de cargos, empregos e funções públicas não atinge a sociedade de economia mista, mas tão somente as empresas públicas.

A: incorreta, pois cada cargo tem suas atribuições e competências, de modo que o estágio probatório de cada cargo levará em conta critérios de avaliação diferentes, fazendo com que seja necessário que o servidor empossado em novo cargo cumpra o estágio probatório específico para esse cargo, mesmo que, no passado, já tenha cumprido um estágio probatório referente à outro cargo; B: incorreta, pois, segundo o art. 41, *caput*, da CF somente aquele que tem CARGO público, poderá vir a ter estabilidade; assim, alguém que trabalhe numa sociedade de economia mista (pessoa jurídica de direito privado estatal), como detém apenas um EMPREGO público, regido pela CLT, não tem esse mesmo direito; a única exceção é quanto àquele que tem um emprego público numa pessoa jurídica de direito público; nesse caso, a Súmula 390 do TST é no sentido de que essa pessoa tem direito à estabilidade; C: correta, por conta do princípio da segurança e do prazo decadencial para anular atos que beneficiam terceiro de boa-fé (5 anos – Lei 9.784/99); D: incorreta, pois os delegados não estão nesse subteto (art. 37, XI, da CF); E: incorreta, a vedação se estende à toda Administração Direta e Indireta. Gabarito "C".

(Defensor Público/GO – 2010 – I. Cidades) Sobre o prazo do estágio probatório a ser cumprido pelos servidores nomeados após aprovação em concurso publico, de acordo com a jurisprudência do Supremo Tribunal Federal, e doutrina majoritária, após a edição da EC 19/98, este teria passado a ser

(A) de um ano.
(B) de dois anos.
(C) de três anos.
(D) de quatro anos.
(E) de cinco anos.

O STF e o STJ entendem, atualmente, que, com a EC 19/98, que aumentou para 3 anos o tempo de exercício para a aquisição da estabilidade, o estágio probatório também passa a ser de 3 anos, ainda que o estatuto local tenha redação dispondo que o prazo é de 2 anos ou 24 meses. Nesse sentido, confira os precedentes do STF (STA 269 AgR, DJ 26.02.10) e do STJ (MS 12.523/DF, 18.08.09). Gabarito "C".

(Defensor Público/PA – 2006 – UNAMA) Assinale a alternativa correta sobre a estabilidade dos servidores públicos:

(A) Não pode haver efetividade sem estabilidade.
(B) A estabilidade prevista no Art. 19 dos Atos das Disposições Constitucionais Transitórias alcançou todos os servidores públicos civis que estivessem, há pelo menos cinco anos, na data da promulgação da Constituição Federal.
(C) O Ato de exoneração de servidor em estágio probatório prescinde de formalidades legais de apuração de sua capacidade.
(D) Pode haver estabilidade sem efetividade.

A: incorreta, pois a efetividade é característica própria do cargo efetivo; significa que esse cargo é provido com intuito de permanência de seu ocupante, e não como algo transitório, como se dá no cargo em comissão; já a estabilidade é algo que acontecerá posteriormente e desde que cumpridos importantes requisitos (3 anos de efetivo exercido e aprovação em avaliação especial de desempenho); assim, pode haver efetividade, sem que haja, ainda, estabilidade; B: incorreta, pois alcançou apenas os servidores públicos dos entes políticos e das demais pessoas jurídicas de direito público, não se aplicado às pessoas jurídicas de direito privado estatais; C: incorreta, pois tal ato depende de respeito ao devido processo legal; nos termos do que vem decidindo o STF e o STJ, o direito ao contraditório e à ampla defesa deve ser respeitado em todos os processos administrativos, mesmo naqueles que digam respeito ao estágio probatório de um servidor ainda não estável; vide também a Súmula 21 do STF ("Funcionário em estágio probatório não pode ser exonerado nem demitido sem inquérito ou sem as formalidades legais de apuração de sua capacidade"); D: correta; de acordo com a Súmula 390 do TST, o servidor público celetista das pessoas jurídicas de direito público (administração direta, autárquica e fundacional) é beneficiário da estabilidade, ao passo que o servidor público celetista das pessoas jurídicas de direito privado, como é o caso da empresa pública, não é beneficiário da estabilidade prevista no art. 41 da CF; assim, a estabilidade não depende da efetividade (ou seja, da existência de cargo efetivo), aplicando-se, excepcionalmente, a empregados públicos (celetistas) das pessoas jurídicas de direito público. Gabarito "D".

(Cartório/SC – 2008) De acordo com o disposto na Constituição da República, é correto afirmar:

(A) O servidor público estável não perderá o cargo efetivo em nenhuma hipótese, pois o conquistou por meio de concurso público de notas e títulos, de caráter vitalício.
(B) O servidor público estável perderá o cargo efetivo por sentença judicial proferida em segunda instância, por Tribunal competente, em que lhe tiver sido assegurada ampla defesa, sendo desnecessário aguardar o trânsito em julgado da sentença condenatória.
(C) O servidor aprovado em concurso público e nomeado para cargo de provimento efetivo será considerado estável após cinco anos de exercício e perderá o cargo em casos de abuso do poder econômico, mediante regular processo administrativo.

(D) O servidor público estável perderá o cargo efetivo nos seguintes casos: 1) por sentença judicial transitada em julgado; 2) mediante processo administrativo em que lhe seja assegurada ampla defesa; 3) mediante procedimento de avaliação periódica de desempenho, na forma de lei complementar, assegurada ampla defesa.
(E) O servidor público estável perderá o cargo efetivo nos seguintes casos: 1) por sentença judicial proferida em segundo grau; 2) por abuso do poder econômico; 3) por decisão administrativa da autoridade ocupante de cargo imediatamente superior ao que detenha, assegurada ampla defesa.

A: incorreta (art. 41, § 1º, da CF); B: incorreta (art. 41, § 1º, I, da CF); C: incorreta (art. 41, caput e § 1º, da CF); D: correta (art. 41, § 1º, da CF); E: incorreta (art. 41, § 1º, da CF). Gabarito "D".

(Procuradoria da República – 20º) Assinale a alternativa correta:
(A) o servidor público, nomeado para cargo de provimento efetivo em razão de concurso público, adquire estabilidade após dois anos de exercício efetivo;
(B) o membro do MPF, após adquirir estabilidade, só poderá perder o cargo mediante processo administrativo em que lhe seja assegurada ampla defesa;
(C) o procedimento de avaliação periódica de desempenho, instituído pela EC n. 19/98, pode levar o membro do MPF à perda do cargo;
(D) nenhuma das alternativas está correta.

A: incorreta (art. 41, caput, da CF); B: incorreta, pois o membro do MPF adquire *vitaliciedade*, só podendo perder o cargo por *sentença judicial transitada em julgado* (art. 128, § 5º, I, a, da CF); C: incorreta, pois o membro do MPF só perderá o cargo por *sentença judicial transitada em julgado* (art. 128, § 5º, I, a, da CF); D: como se viu, nenhuma alternativa está correta. Gabarito "D".

(FGV – 2008) O servidor nomeado para cargo de provimento efetivo terá que cumprir estágio probatório de:
(A) 1 ano.
(B) 4 anos.
(C) 3 anos.
(D) 2 anos.
(E) 5 anos.

A, B, C, D e E: O STF e o STJ entendem, atualmente, que, com a EC 19/98, que aumentou para 3 anos o tempo de exercício para a aquisição da estabilidade, o estágio probatório também passa a ser de 3 anos, ainda que o estatuto local tenha redação dispondo que o prazo é de 2 anos ou 24 meses. Nesse sentido, confira o RMS 23.689/RS, DJ 07/06/2010. Gabarito "C".

(FGV – 2008) Assinale a assertiva correta.
(A) O servidor público estável só perderá o cargo: a) em virtude de sentença judicial transitada em julgado; b) mediante processo administrativo em que lhe seja assegurada ampla defesa; c) mediante procedimento de avaliação periódica de desempenho, na forma da lei complementar, assegurada a ampla defesa.
(B) Extinto o cargo ou declarada a sua desnecessidade, o servidor público estável ficará em disponibilidade, com remuneração proporcional ao tempo de serviço, até o seu adequado aproveitamento em outro cargo, num prazo máximo de cinco anos.
(C) A aprovação e a classificação em concurso público conferem ao candidato, em regra, apenas a expectativa de direito à nomeação. No entanto, se o candidato aprovado for nomeado, tem direito subjetivo à posse e à complementação do processo de investidura; se a participação e aprovação do candidato em alguma etapa do concurso público decorreram de concessão de medida liminar em ação judicial, não há para o interessado direito subjetivo à nomeação.
(D) É vedada a acumulação remunerada de cargos públicos, exceto quando houver compatibilidade de horários, nos casos especificados pela Constituição Federal. Tal proibição estende-se a empregos e funções e abrange autarquias e fundações públicas, excluindo-se dessa vedação as empresas públicas e as sociedades de economia mista.
(E) Para a aquisição da estabilidade, o servidor público nomeado para cargo de provimento efetivo, em virtude de concurso público, deve cumprir o requisito temporal, três anos, e ter seu desempenho aprovado por comissão de avaliação. Cumprido o lapso temporal, a ausência da avaliação pela Administração Pública, no entanto, afasta a presunção de estabilidade no cargo.

A: incorreta, pois, além desses casos, previstos no art. 41, § 1º, da CF, é possível que o servidor estável também perca o cargo para atender a limites de despesa com pessoal (art. 169, § 4º, da CF); B: incorreta, pois não existe essa limitação temporal de 5 anos (art. 41, § 3º, da CF); C: correta, pois, ao tempo da questão, ainda não tinha sido consagrado o entendimento de que o aprovado em concurso público, no limite das vagas previstas no edital, tem direito à nomeação; assim, se o edital prevê 30 vagas e 50 pessoas são aprovadas, os 30 primeiros colocados têm *direito* de ser nomeados, e não *mera expectativa de direito*; as demais afirmativas da alternativa continuam corretas, ou seja, o nomeado (o já *nomeado*!) tem direito à posse, e quem consegue liminar para prestar concurso não tem direito à nomeação definitiva só por esse motivo, mas mero direito de participar do concurso enquanto a matéria está sendo discutida no Judiciário; D: incorreta, nos termos do art. 37, XVI e XVII, da CF; E: incorreta, pois segundo o STJ, a ausência de avaliação confirma (e não afasta) a estabilidade no cargo, pois o servidor não pode ficar à mercê da Administração que não promove a avaliação de desempenho; portanto, passados os 3 anos de efetivo exercício, o servidor, mesmo não tendo se submetido à avaliação especial de desempenho prevista no art. 41, § 4º, da CF, terá adquirido a estabilidade (RMS 24.602/MG, DJ 01/12/2008). Gabarito "C".

5.8. ACUMULAÇÃO REMUNERADA E AFASTAMENTO

(Magistratura/BA – 2006 – CESPE) Julgue o item seguinte
(1) Considere a seguinte situação hipotética. Marcelo era servidor público estadual da administração direta e foi eleito vereador por um município baiano. Como havia compatibilidade entre o horário de trabalho dele e o exercício da vereança, o município passou a pagar-lhe, cumulativamente com os vencimentos do cargo efetivo, as vantagens do cargo de vereador. Um cidadão ajuizou ação popular contra esse pagamento cumulativo, alegando ilegalidade e lesividade desses atos. Nessa situação, o pedido da ação deveria ser julgado improcedente.

1: correto, nos termos do art. 38, III, da CF. Gabarito 1C.

(Magistratura/DF – 2007) Ao servidor público da administração direta, autárquica e fundacional, no exercício de mandato eletivo, não se aplica a seguinte disposição:
(A) Tratando-se de mandato federal, estadual ou distrital, ficará afastado de seu cargo, emprego ou função;
(B) Investido no mandato de Prefeito, será afastado do cargo, emprego ou função, sendo-lhe facultado optar pela sua remuneração;
(C) Investido no mandato de Vereador, havendo compatibilidade de horários, perceberá as vantagens de seu cargo, emprego ou função, sem prejuízo da remuneração do cargo eletivo;
(D) Em caso que exija o afastamento para o exercício de mandato eletivo, seu tempo de serviço será contado para todos os efeitos, inclusive para promoção por merecimento.

A: correta (art. 38, I, da CF); B: correta (art. 38, II, da CF); C: correta (art. 38, III, da CF); D: incorreta (art. 38, IV, da CF). Gabarito "D".

(Magistratura/PR – 2008) Assinale a alternativa incorreta:
(A) aos servidores que foram titulares de cargos efetivos é vedada a percepção simultânea de proventos de aposentadoria com a remuneração de cargo, emprego ou função pública, mesmo nas hipóteses de cargos acumuláveis previstos pela Constituição da República.
(B) a Constituição da República admite a contratação por tempo determinado para atender à necessidade temporária de excepcional interesse público.
(C) a Constituição da República autoriza a acumulação remunerada de 2 (dois) cargos públicos privativos de profissionais de saúde, desde que ocorra compatibilidade de horários e se trate de profissão regulamentada.
(D) a vedação de acumulação remunerada de cargos públicos estende-se a empregos e funções, mesmo que exercidas em subsidiárias de sociedades de economia mista ou sociedades controladas direta ou indiretamente pelo poder público.

A: incorreta (art. 37, § 10, da CF); B: correta (art. 37, IX, da CF); C: correta (art. 37, XVI, c, da CF); D: correta (art. 37, XVII, da CF). Gabarito "A".

(Ministério Público/PB – 2010) É correto afirmar, exceto:

(A) É vedada a percepção de vencimentos de cargo efetivo ou em comissão com proventos da inatividade, salvo quando os cargos de que decorram as respectivas remunerações forem acumuláveis na atividade.
(B) O tempo de serviço prestado pelo professor do ensino médio, no exercício da função de diretor da escola, assim como de coordenação e assessoramento pedagógico, pode ser computado para a contagem de tempo exclusivo de efetivo exercício nas funções de magistério, para o efeito de aposentadoria especial.
(C) A proibição de acumulação de cargos públicos estende-se a cargos em comissão.
(D) Em regra, é vedada a acumulação de cargo e emprego público entre si, bem como a de dois ou mais empregos públicos.
(E) A vedação de acumulação de cargos públicos se aplica em relação a entes e níveis diversos da Federação entre si.

A: incorreta, pois, nesse caso, é possível a acumulação (art. 37, § 10, da CF); B: correta, pois o STF vem interpretando o § 5º do art. 40 da CF de modo ampliativo; C: correta, pois a proibição alcança qualquer tipo de cargo, inclusive o cargo em comissão (art. 37, XVI, da CF); D: correta, pois a proibição alcança os empregos públicos também; E: correta, pois a proibição alcança todas as entidades da administração direta e indireta (art. 37, XVI e XVII, da CF). Gabarito "A".

(Procurador do Estado/SC – 2010 – FEPESE) Acerca da Administração Pública, assinale a alternativa **correta**, de acordo com a Constituição Federal.

(A) É garantido ao servidor público civil o direito à livre associação sindical, vedado o direito de greve.
(B) O prazo de validade do concurso público será de dois anos, prorrogável uma vez, por igual período.
(C) A lei estabelecerá os prazos de prescrição para ilícitos praticados por qualquer agente, servidor ou não, que causem prejuízos ao erário, bem como para as respectivas ações de ressarcimento.
(D) A vinculação ou equiparação de quaisquer espécies remuneratórias para o efeito de remuneração de pessoal do serviço público é permitida a fim de assegurar o princípio da paridade remuneratória.
(E) A proibição de acumulação remunerada de cargos públicos estende-se a empregos e funções e abrange autarquias, fundações, empresas públicas, sociedades de economia mista, suas subsidiárias, e sociedades controladas, direta ou indiretamente, pelo poder público.

A: incorreta, pois o direito de greve também é assegurado ao servidor público (art. 37, VII, da CF); B: incorreta, pois esse prazo não é "de dois anos", mas de "até dois anos" (art. 37, III, da CF); C: incorreta, pois a lei fixará os prazos de prescrição para os oss ilícitos, RESSALVADAS as respectivas ações de ressarcimento (art. 37, § 5º, da CF); ou seja, as ações de ressarcimento do erário por ato ilícito são imprescritíveis; D: incorreta, pois a vinculação ou equiparação remuneratória é VEDADA (art. 37, XIII, da CF); E: correta (art. 37, XVII, da CF). Gabarito "E".

(Defensoria/MG – 2006) A Constituição da República Federal proíbe o exercício simultâneo remunerado de cargos, funções e empregos púbicos, mas prevê as exceções seguintes:

(A) Dois cargos de professor; um cargo de professor com outro técnico ou científico; dois cargos ou empregos privativos de profissionais de saúde, com profissões regulamentadas; dois cargos técnicos em universidades federais; cargo de juiz e um cargo de magistério; um cargo no ministério público e um de magistério.
(B) Dois cargos de professor; um cargo de professor com outro técnico ou científico; dois cargos ou empregos privativos de profissionais de saúde, com profissões regulamentadas; cargos de juiz e um cargo de magistério; um cargo no ministério Público e um de magistério.
(C) Dois cargos de professor; um cargo de professor com outro técnico ou científico; dois cargos de dedicação exclusiva como professor em universidades federais distintas; dois cargos ou empregos privativos de profissionais de saúde, com profissões regulamentadas; cargo de juiz e um cargo de magistério; um cargo no Ministério Público e um de magistério.
(D) Dois cargos de professor; um cargo de professor com outro técnico ou científico; dois caros e empregos privativos de profissionais de saúde, com profissões regulamentadas; dois cargos técnicos em entes federativos diferentes; cargos de juiz e um cargo de magistério; um cago no Ministério Público e um de magistério.
(E) Um cargo de juiz e um cargo de magistério; um cargo no Ministério Público e um de magistério; dois cargos de professor; um cargo técnico e outro de mandato eletivo federal ou estadual; um cargo de professor com outro técnico ou científico; dois cargos ou empregos privativos de profissionais de saúde, com profissões regulamentadas.

A alternativa "B" está certa, nos termos dos seguintes dispositivos, respectivamente: art. 37, XVI, a, b e c, da CF; art. 95, parágrafo único, I, da CF; art. 128, § 5º, II, d, da CF. Gabarito "B".

(Procurador Federal – 2010 – CESPE) No que concerne aos agentes públicos, julgue os itens subsequentes.

(1) É constitucional o decreto editado por chefe do Poder Executivo de unidade da Federação que determine a exoneração imediata de servidor público em estágio probatório, caso fique comprovada a participação deste na paralisação do serviço, a título de greve.
(2) Caso uma enfermeira do Ministério da Saúde ocupe também o cargo de professora de enfermagem da Universidade Federal de Goiás e, em cada um dos cargos, cumpra o regime de quarenta horas semanais, tal acumulação, segundo o entendimento da AGU, deverá ser declarada ilícita.

1: incorreta, pois tal medida, segundo o STF, fere o princípio da isonomia; 2: correta, pois, segundo o entendimento da AGU, o máximo de horas semanais admitidas é sessenta. Gabarito 1E, 2C.

(DEFENSORIA PÚBLICA DA UNIÃO – 2002 – CESPE) Julgue o seguinte item.

(1) Considere a seguinte situação hipotética: José, que é procurador da República aposentado, exerce o magistério superior em instituição privada de ensino e está inscrito no presente concurso público para o cargo de Defensor Público da União. Nessa situação, se José for aprovado, será legal o seu exercício no novo cargo público.

1: incorreta, pois não é possível, como regra, acumular proventos de aposentadoria (no caso, de procurador da República), com remuneração de cargo público (no caso, de Defensor Público da União), conforme o disposto no § 10 do art. 37 da CF. Esse tipo de acumulação só é possível quanto aos cargos acumuláveis na atividade (ex: dois cargos de professor) ou quando se acumula aposentadoria com remuneração ou subsídio de cargo em comissão ou de cargo eletivo. Gabarito 1E.

(Analista – TRT/11ª – 2005 – FCC) Remuneração e vencimento:

(A) Não há impedimento legal para a percepção remunerada resultante de três posições no serviço público federal, desde que uma destas decorra de aposentadoria.
(B) A proibição de acumular a remuneração de empregos e funções não se estende às sociedades de economia mista e suas subsidiárias.
(C) A Constituição Federal veda, expressamente, qualquer hipótese de acumulação remunerada de cargos públicos.
(D) O médico pode acumular até três cargos remunerados no serviço público federal, desde que haja compatibilidade de horários.
(E) O servidor público pode acumular os vencimentos do cargo de médico do Estado e do cargo de professor universitário estadual, desde que haja compatibilidade de horários.

A: incorreta (art. 40, § 11, da CF); B: incorreta (art. 37, XVII, da CF); C: incorreta (art. 37, XVI, da CF); D: incorreta (Art. 37, XVI, c, da CF); E: correta (Art. 37, XVI, b, da CF). Gabarito "E".

(Analista – TRT/1ª – 2008 – CESPE) Assinale a opção que apresenta cargos públicos que permitem a uma mesma pessoa a acumulação lícita desses cargos.

(A) Dois cargos de professor em escolas públicas e médico do serviço público federal.
(B) Advogado da União e advogado da empresa pública.

(C) Médico militar e médico de secretaria de saúde do estado, quando ingressou nos cargos antes da promulgação da CF.
(D) Militar da reserva remunerada e agente de segurança judiciário que ingressou no serviço público em maio de 2000.
(E) Três cargos públicos de magistério, sem incompatibilidade de horários.

Art. 17, § 1º, da ADCT e art. 37, XVI da CF. Gabarito "C".

(Analista – TRE/RN – 2005 – FCC) A respeito da acumulação de cargos, considere as proposições abaixo.

I. A acumulação remunerada de cargos públicos é vedada, ressalvados os casos previstos na Constituição Federal.
II. A proibição de acumular não se estende às sociedades de economia mista.
III. O servidor público que acumular licitamente dois cargos efetivos, quando investido em cargo de provimento em comissão, sempre ficará afastado de ambos os cargos efetivos.
IV. Ainda que lícita, a acumulação de cargos fica condicionada à comprovação da compatibilidade de horários.

Está correto o que se afirma APENAS em

(A) I e II.
(B) I e III.
(C) I e IV.
(D) II e IV.
(E) III e IV.

I: correto (art. 37, XVI, da CF); II: incorreto (art. 37, XVII, da CF); III: incorreto (o servidor público poderá acumular um cargo efetivo e um de provimento em comissão, desde que haja compatibilidade de horário, observando sempre a vedação da tripla acumulação); IV: correto (art. 118, § 2º, da Lei 8.112/90). Gabarito "C".

(Analista – TRE/ES – 2005 – ESAG) Sobre a acumulação remunerada de cargos públicos é INCORRETO afirmar:

(A) O servidor não poderá exercer mais de um cargo em comissão, exceto no caso de exercício, interinamente, em outro cargo de confiança, sem prejuízo das atribuições do cargo que atualmente ocupe, caso em que deverá optar pela remuneração de um deles durante o período da interinidade.
(B) Considera-se acumulação proibida a percepção de vencimento de cargo ou emprego público efetivo com proventos da inatividade, salvo quando os cargos de que decorram essas remunerações forem acumuláveis na atividade.
(C) É vedada a acumulação, vedação que se estende a cargos, empregos e funções em autarquias, fundações públicas, empresas públicas, sociedades de economia mista da União, do Distrito Federal, dos Estados, dos Territórios e dos Municípios.
(D) É vedada a acumulação, exceto quando, independentemente dos horários, forem os casos de: dois cargos de professor; um cargo de professor com outro cargo, técnico ou científico; dois cargos ou empregos privativos de profissionais de saúde com profissão regulamentada.

A: correta (art. 119 da Lei 8.112/90); B: correta (art. 118, § 3º, da Lei 8.112/90); C: correta (art. 118, § 1º, da Lei 8.112/90); D: incorreta (art. 118, § 2º, da Lei 8.112/90). Gabarito "D".

(Analista – TRF/1ª – 2006 – FCC) Em matéria de acumulação de cargos considere:

I. O aumento ou diminuição do elenco de hipóteses em que a acumulação de cargo, emprego ou função é permitida pode ser fixada pelas Constituições Estaduais ou por leis complementares à Constituição.
II. Para a acumulação de cargos, empregos ou funções será exigida também a correlação de matérias e tempo de serviço, sendo este de cinco anos de efetivo exercício no cargo anterior.
III. Para a constitucionalidade das acumulações, em qualquer hipótese, há que haver compatibilidade de horários, sendo certo que, nem em parte esses horários poderão sobrepor-se.
IV. É vedada, de regra, a percepção simultânea de proventos de aposentadoria com a remuneração de cargo, emprego ou função pública.

Está correto o que se afirma SOMENTE em

(A) I e II.
(B) I e III.
(C) III e IV.
(D) I, II e IV.
(E) II, III e IV.

I: incorreto (o art. 37, XVI, da CF é norma de reprodução obrigatória e o rol das exceções não pode ser ampliado ou diminuído por norma infraconstitucional); II: incorreto (não existe essa exigência legal – art. 118 da Lei 8.112/90); III: correto (art. 37, XVI, da CF); IV: correto (art. 118, § 3º, da Lei 8.112/90). Gabarito "C".

(Analista – TRF/2º – 2007 – FCC) Detectada a qualquer tempo a acumulação ilegal de cargos, empregos ou funções públicas, a autoridade competente

(A) exonerará ex officio o servidor que ficará incompatibilizado para nova investidura em cargo público federal, pelo prazo de oito anos.
(B) notificará o servidor pessoalmente, para apresentar opção no prazo improrrogável de vinte dias, contados da data da ciência.
(C) notificará o servidor, por intermédio de sua chefia imediata, para apresentar opção no prazo de vinte dias, prorrogável por igual período, contados da data da ciência.
(D) notificará o servidor pessoalmente, para apresentar opção no prazo de quinze dias, prorrogável por igual período, contados da data da ciência.
(E) notificará o servidor, por intermédio de sua chefia imediata, para apresentar opção no prazo improrrogável de dez dias, contados da data da ciência.

Art. 133 da Lei 8.112/90. Gabarito "E".

(Analista – TRF/5ª – 2003 – FCC) Um servidor público federal, que exerça remuneradamente cargo público de médico junto à Administração Direta, acumulando, de modo também remunerado, um cargo público de professor junto a uma autarquia federal,

(A) não pode acumular, remuneradamente, mais nenhum cargo ou emprego público, em nenhuma das esferas da Federação.
(B) pode ainda, remuneradamente, acumular um cargo público de médico ou de professor na esfera federal.
(C) pode ainda, remuneradamente, acumular um cargo público de médico ou de professor, desde que na esfera estadual ou na municipal.
(D) pode ainda, remuneradamente, acumular um emprego público de médico ou de professor em qualquer das esferas da federação.
(E) pode ainda, remuneradamente, acumular um emprego público de médico ou de professor, desde que na esfera estadual ou na municipal.

A, B, C, D e E: De fato, a acumulação de três cargos é vedada pela Constituição Federal que admite, em seu art. 37, XVI, rol taxativo de exceções à regra de vedação de acumulação remunerada de cargos. Gabarito "A".

(Analista – TJ/AP – 2008 – CESPE) Julgue o seguinte item.

(1) A acumulação de cargos públicos estende-se a empregos e funções, restringindo-se para aqueles pertencentes à administração pública direta e para médicos, que podem ter dois cargos públicos, assim como para auxiliares judiciários, que podem exercer também o magistério, sem prejuízo dos vencimentos do primeiro cargo.

Art. 37, XVII, da CF. Gabarito "E".

(Auditor Fiscal/AM – 2005) A Constituição define a situação jurídica do servidor público investido em mandato eletivo. Assinale a alternativa que indica a correta situação do servidor público investido no mandato de prefeito:

(A) afastar-se do cargo para exercer o mandato, podendo escolher uma das duas remunerações;
(B) exercer as duas funções se houver compatibilidade de horários;
(C) afastar-se do cargo para exercer o mandato, recebendo exclusivamente a remuneração de prefeito;
(D) o exercício cumulativo do mandato de prefeito com as atribuições de cargo público somente será possível quando se tratar de professor, existindo expressa previsão constitucional neste sentido;
(E) deverá pedir exoneração do seu cargo.

Art. 38, II, da CF. Gabarito "A".

(Auditor Fiscal/RN – 2004 – ESAF) Ao servidor público estável do Estado do Rio Grande do Norte, que seja investido em mandato eletivo federal, ficará afastado do seu cargo efetivo,

(A) sem percepção de sua remuneração.
(B) sem perda da sua remuneração.
(C) podendo optar entre sua remuneração e o subsídio do mandato.
(D) percebendo cumulativamente a sua remuneração e o subsídio do mandato.
(E) com a percepção de metade da sua remuneração.

Art. 38, I, da CF. Gabarito "A".

5.9. REMUNERAÇÃO E SUBSÍDIO

(Ministério Público/MS – 2011 – FADEMS) No tocante às disposições constitucionais e legais pertinentes à Administração Pública, assinale a alternativa **correta**:

(A) os vencimentos dos cargos do Poder Executivo e do Poder Judiciário não poderão ser superiores aos pagos pelo Poder Legislativo;
(B) é admitida a vinculação ou equiparação de quaisquer espécies remuneratórias para o efeito de remuneração de pessoal do serviço público;
(C) lei complementar reservará percentual dos cargos e empregos públicos para as pessoas portadoras de deficiência e definirá os critérios de sua admissão;
(D) consoante previsão inserida na Súmula Vinculante nº 13, não viola a Constituição Federal a nomeação do tio paterno do Presidente da República para o exercício de cargo em comissão no Poder Executivo Federal;
(E) a administração fazendária e seus servidores fiscais terão, dentro de suas áreas de competência e jurisdição, precedência sobre os demais setores administrativos, na forma da lei.

A: incorreta, pois os vencimentos dos cargos do Legislativo e do Judiciário não poderão ser superiores aos pagos pelo EXECUTIVO (art. 37, XII, da CF); B: incorreta, pois a vinculação ou equiparação remuneratória é VEDADA (art. 37, XIII, da CF); C: incorreta, pois basta uma lei ORDINÁRIA, para que essa regulamentação se dê, vez que o art. 37, VIII, da CF não exige lei complementar; D: incorreta, pois tio paterno é parente de 3º grau, de modo que a nomeação é vedada pela súmula mencionada; o tio do Presidente só poderia ser nomeado caso fosse para cargo político, como é o cargo de Ministro de Estado, já que o acórdão que deu ensejo a essa súmula abre essa exceção; E: correta (art. 37, XVIII, da CF). Gabarito "E".

(Procurador do Estado/RO – 2011 – FCC) O teto remuneratório constitucionalmente previsto para o Procurador do Estado corresponde

(A) aos subsídios dos Deputados Estaduais e Distritais.
(B) ao subsídio do Governador.
(C) a 90,25% do subsídio mensal, em espécie, do Chefe do Poder Executivo Estadual.
(D) a 90,25% do subsídio mensal, em espécie, dos Ministros do STF.
(E) a 90,25% do subsídio mensal, em espécie, dos Deputados Estaduais e Distritais.

A, B, C, D e E: De fato, o art. 37, XI, da CF estabelece como teto do Procurador do Estado o valor de 90,25% do subsídio mensal, em espécie, dos Ministros do STF. Gabarito "D".

(Procurador do Estado/RR – 2006 – FCC) O chefe do Poder Executivo determinou a majoração dos vencimentos dos professores integrantes de seu quadro de funcionários públicos, bem como a criação de 100 (cem) novos cargos públicos para a mesma categoria, os quais, somados aos 20 (vinte) cargos já existentes e vagos, permitiram a abertura de concurso para ingresso de 120 (cento e vinte) novos professores no serviço público. O ato normativo editado pelo Chefe do Executivo é

(A) constitucional, pois, nos termos da Constituição Federal, cabe a ele dispor sobre a organização e funcionamento da administração.
(B) inconstitucional no que concerne à majoração dos vencimentos, para o que é necessária edição de lei, sendo-lhe permitido, no entanto, dispor sobre a abertura de concurso público e a criação de cargos para o respectivo preenchimento.
(C) inconstitucional, pois, nos termos da Constituição Federal, é necessária a edição de lei para majoração dos vencimentos dos funcionários públicos, bem como para criação de cargos públicos, independentemente de estarem vinculados à imediata abertura de concurso.
(D) inconstitucional somente no que se refere à criação de novos cargos para provimento por meio de concurso público, para o que é necessária autorização do Tribunal de Contas, em face das disposições da Lei de Responsabilidade Fiscal.
(E) inconstitucional somente no que concerne à abertura de concurso público no mesmo ato em que foi determinada a majoração de vencimentos da categoria, pois as decisões devem ser veiculadas por meio de atos normativos autônomos, para que os candidatos tenham informação precisa sobre o valor dos vencimentos iniciais do cargo.

As providências tomadas dependem de lei, de iniciativa do Chefe do Executivo, para ser implementadas (art. 61, § 1º, II, a, da CF). Gabarito "C".

(Procurador do Estado/SC – 2010 – FEPESE) Assinale a alternativa **correta**.

(A) O servidor público organizado em carreira deve ser remunerado, exclusivamente, por meio de subsídio.
(B) O servidor, ao atingir 70 (setenta) anos de idade, será aposentado compulsoriamente, com proventos integrais.
(C) O servidor público nomeado em comissão será considerado estável após três anos de efetivo exercício.
(D) É inconstitucional a vinculação do reajuste de vencimentos de servidores estaduais ou municipais a índices federais de correção monetária.
(E) Extinto o cargo ou declarada a sua desnecessidade, o servidor estável ficará em disponibilidade, com remuneração integral, até seu adequado aproveitamento em outro cargo.

A: incorreta, pois a Constituição faculta que isso ocorra, não obrigando que TODAS os servidores organizados em carreira sejam remunerados por subsídio (art. 39, § 8º, da CF); todavia, há alguns casos previstos na própria Constituição, em que determinados servidores deverão ser remunerados por meio de subsídio (ex: art. 39, § 4º, da CF); B: incorreta, pois, nesse caso, a aposentadoria se dará com proventos proporcionais (art. 40, § 1º, II, da CF); C: incorreta, pois o servidor ocupante de cargo em *comissão* não tem direito à estabilidade, já que esta se destina ao servidor ocupante de cargo *efetivo* (art. 41, caput, da CF); D: correta (Súmula 681 do STF); E: incorreta, pois, nesse caso, a remuneração devida será proporcional ao tempo de serviço do servidor (art. 41, § 3º, da CF). Gabarito "D".

(Delegado/SC – 2008) Em relação ao servidor público, assinale a alternativa correta.

(A) Os ocupantes de cargos, funções e empregos públicos de todos os níveis de Administração e de todos os Poderes, aí abrangidos todos os agentes políticos, estão sujeitos a limite máximo de remuneração, de subsídio de proventos de aposentadoria, pensões ou outra espécie remuneratória percebidos cumulativamente ou não. O teto alcança as percepções cumulativas, ou seja, os casos em que o agente acumula cargos, funções ou empregos públicos. Em nível federal, o teto para todos os agentes públicos corresponde ao subsídio de Ministro do Supremo Tribunal Federal.
(B) A Constituição Federal, art. 37, incs. XVI e XVII, estabelece a regra de proibição de exercício simultâneo de cargos, funções e empregos públicos. Esse preceito abrange agentes da Administração direta e das autarquias e fundações, não se aplicando aos agentes públicos das empresas públicas e das sociedades de economia mista.
(C) O regime estatutário é aquele em que os direitos e deveres do servidor estão contidos basicamente num Estatuto, que não pode ser alterado no decorrer da vida funcional do servidor, salvo se com sua anuência.
(D) Nos Estados, o agente tem como limite de remuneração o subsídio mensal do Governador. Para os agentes do Poder Legislativo estadual, o limite situa-se no subsídio dos Desembargadores Estaduais.

A: correta (art. 37, XI, da CF); B: incorreta (art. 37, XVII, da CF); C: incorreta, pois o regime estatutário, diferente do regime contratual, permite modificação unilateral por parte do Poder Público, de modo a fazer frente às necessidades impostas pelo interesse público; D: incorreta (art. 37, XI, da CF). Gabarito "A".

(Magistratura do Trabalho – 8ª Região – 2007) Assinale a resposta correta, considerando os princípios constitucionais da Administração Pública:

(A) O regime de seleção de pessoal, mediante concurso de provas ou de provas e títulos, apenas é excepcionalizado pela possibilidade de contratação de pessoal temporário para atender interesse público relevante, nos termos da Constituição.
(B) A contratação de pessoal temporário, cuja admissão excepcionaliza a regra da seleção pela via do concurso público, apenas pode ser realizada por prazo indeterminado e para atender necessidade temporária de excepcional interesse público.
(C) O prazo de validade do concurso público será de dois anos, prorrogável uma vez, por igual período e, durante o prazo improrrogável previsto no edital de convocação, aquele aprovado em concurso público de provas ou de provas e títulos será convocado com prioridade sobre novos concursados para assumir cargo ou emprego, na carreira.
(D) É vedada a acumulação remunerada de cargos, empregos e funções públicos, exercidos em autarquias, fundações e empresas públicas, exceto, quando houver compatibilidade de horários, observado em qualquer caso o teto constitucional: i) a de dois cargos de professor; ii) a de um cargo de professor com outro técnico ou científico; iii) a de dois cargos ou empregos privativos de profissionais de saúde, com profissões regulamentadas. A regra não se aplica aos ocupantes de empregos em sociedades de economia mista, suas subsidiárias, e sociedades controladas, que exerçam atividade econômica, nos termos da Constituição Federal.
(E) Para os fins da aplicação da disciplina do teto remuneratório e do subsídio no serviço público, fica facultado aos Estados e ao Distrito Federal fixar, em seu âmbito, mediante emenda às respectivas Constituições e Lei Orgânica, o subsídio mensal dos Desembargadores do respectivo Tribunal de Justiça, limitado a noventa inteiros e vinte e cinco centésimos por cento do subsídio mensal dos Ministros do Supremo Tribunal Federal, não se aplicando tal disposição aos subsídios dos Deputados Estaduais e Distritais e dos Vereadores. Contudo, o Supremo Tribunal Federal deliberou dar interpretação conforme à Constituição para excluir a submissão dos membros da magistratura estadual ao subteto de remuneração.

A: incorreta, pois a contratação para cargos em comissão também prescinde de concurso público (art. 37, II, da CF); B: incorreta (art. 4º da Lei 8.745/93); C: incorreta (art. 37, III e IV, da CF); D: incorreta (art. 37, XVI e XVII, da CF); E: correta (art. 37, XI, da CF). Ver também o seguinte acórdão do STF: "Magistratura. Remuneração. Limite ou teto remuneratório constitucional. Fixação diferenciada para os membros da magistratura federal e estadual. Inadmissibilidade. Caráter nacional do Poder Judiciário. Distinção arbitrária. Ofensa à regra constitucional da igualdade ou isonomia. Interpretação conforme dada ao art. 37, inc. XI, e § 12, da CF. Aparência de inconstitucionalidade do art. 2º da Resolução nº 13/2006 e do art. 1º, parágrafo único, da Resolução nº 14/2006, ambas do Conselho Nacional de Justiça. Ação direta de inconstitucionalidade. Liminar deferida. Voto vencido em parte. Em sede liminar de ação direta, aparentam inconstitucionalidade normas que, editadas pelo Conselho Nacional da Magistratura, estabelecem tetos remuneratórios diferenciados para os membros da magistratura estadual e os da federal." (ADI 3854 MC, Rel. Min. CEZAR PELUSO, Tribunal Pleno, DJ 29/06/07) Gabarito "E".

(Auditor Fiscal da Receita Estadual – Paraíba – 2006 – FCC) A remuneração de servidores públicos estaduais por meio de subsídio tem como característica a:

(A) limitação equivalente a 90,25 (noventa vírgula vinte e cinco por cento) do subsídio recebido pelos Ministros do Supremo Tribunal Federal;
(B) irredutibilidade e a impossibilidade de majoração, salvo por lei específica;
(C) limitação ao equivalente a 90,25 (noventa vírgula vinte e cinco por cento) do subsídio recebido pelo Governador do Estado;
(D) aplicação do respectivo regime a todos os servidores detentores de cargo de provimento efetivo;
(E) vedação ao acréscimo de abonos, gratificações ou adicionais.

A: incorreta (art. 37, XI, da CF); B: incorreta, pois a irredutibilidade é uma regra geral, que tem exceções (art. 37, XV, da CF); a majoração do subsídio é possível, nos termos do art. 37, X, da CF; C: incorreta (art. 37, XI, da CF); D: incorreta, pois o regime de subsídio só é aplicável aos agentes de que trata o § 4º do art. 39, o § 9º do art. 144 e o art. 135 da CF, e também quando a lei expressamente determinar, quanto aos servidores públicos organizados em carreira (art. 39, § 8º, da CF); E: correta (art. 39, § 4º, da CF). Gabarito "E".

(Técnico da Receita Federal – 2006 – ESAF) Sobre Administração Pública, marque a única opção correta.

(A) Nos termos da Constituição Federal, é garantido ao servidor público civil o direito à associação sindical, nos termos definidos em lei específica.
(B) A remuneração dos servidores públicos deve ser fixada por lei específica, assegurada a revisão geral anual, depois de decorrido o prazo mínimo de um ano do último reajuste concedido à categoria.
(C) Para fins de aplicação do limite imposto pela Constituição Federal à remuneração dos servidores públicos, devem ser computados proventos, pensões ou outras espécies remuneratórias, percebidos cumulativamente com a remuneração, bem como as vantagens pessoais, e excluídas as parcelas de caráter indenizatório previstas em lei.
(D) A acumulação remunerada de um cargo de professor com outro, técnico ou científico, é possível se houver correlação de matérias e compatibilidade de horários.
(E) O limite remuneratório imposto pela Constituição Federal não pode ser aplicado às empresas públicas e às sociedades de economia mista, por serem elas pessoas jurídicas de direito privado.

A: incorreta, pois não é necessário lei específica (art. 37, VI, da CF); B: incorreta (art. 37, X, da CF); C: correta (art. 37, XI e § 11, da CF); D: incorreta, pois não é necessária a correção de matérias (art. 37, XVI, b, da CF); E: incorreta (art. 37, § 9º, da CF). Gabarito "C".

(Analista – TRT/4ª – 2006 – FCC) Cristiane Vasconcelos, analista judiciário, está em débito com o erário e teve sua disponibilidade cassada. Nesse caso, a servidora deverá quitar o débito no prazo legal de

(A) sessenta dias, sendo que a não quitação do débito no prazo implicará sua inscrição em dívida ativa.
(B) cento e vinte dias, sendo que a não quitação do débito no prazo implicará sua inscrição em dívida passiva.
(C) noventa dias, sob pena de ser instaurado processo administrativo disciplinar por retenção de valores.
(D) trinta dias, prorrogável por igual período, sendo que a sua não quitação implicará no bloqueio de sua remuneração.
(E) quarenta e cinco dias, prorrogável por igual período, e não quitando nesse prazo sofrerá penalidade estatutária.

Art. 47 da Lei 8.112/90. Gabarito "A".

(Analista – TRT/23ª – 2007 – FCC) Quanto aos direitos e vantagens do servidor público é correto que

(A) as vantagens pecuniárias serão computadas ou acumuladas, para efeito de concessão de quaisquer outros acréscimos pecuniários ulteriores, desde que sob o mesmo título ou idêntico fundamento.
(B) o vencimento, a remuneração e o provento não serão objeto de arresto, seqüestro ou penhora, exceto nos casos de prestação de alimentos resultante de decisão judicial.
(C) não será concedida ajuda de custo àquele que, sendo servidor da União, for nomeado para cargo em comissão, com mudança de domicílio.
(D) nos casos em que o deslocamento da sede constituir exigência permanente do cargo, o servidor fará jus a diárias.
(E) somente será permitido serviço extraordinário para atender a situações permanentes, respeitado o limite máximo de 4 (quatro) horas por jornada.

A: incorreta (art. 50 da Lei 8.112/90); B: correta (art. 48 da Lei 8.112/90); C: incorreta (art. 56 da Lei 8.112/90); D: incorreta (art. 58, § 2º, da Lei 8.112/90); E: incorreta (art. 74 da Lei 8.112/90). Gabarito "B".

(Analista – TRF/4ª – 2007 – FCC) Tendo em vista certos direitos dos servidores públicos federais, é correto afirmar que

(A) o servidor em débito com o erário, entre outras situações, que foi exonerado ou que tiver sua aposentadoria cassada, terá o prazo de sessenta dias para quitar o débito.
(B) o vencimento do cargo efetivo é irredutível, mas não pode ser acrescido de vantagens de caráter permanente.

(C) o servidor não perderá a remuneração do dia em que faltar ao serviço, sem motivo justificado, mas ficará prejudicado no período aquisitivo de férias.
(D) as faltas justificadas decorrentes de caso fortuito ou força maior não podem ser compensadas e nem consideradas como de efetivo exercício.
(E) os valores percebidos pelo servidor em razão de decisão liminar deverão ser repostos no prazo de noventa dias, contados da notificação para fazê-lo.

A: correta (art. 47 da Lei 8.112/90); B: incorreta (art. 41, § 3º, da Lei 8.112/90); C: incorreta (art. 44, I, da Lei 8.112/90); D: incorreta (art. 44, parágrafo único, da Lei 8.112/90); E: incorreta (arts. 46, § 3º, e 47, da Lei 8.112/90). Gabarito "A".

(Analista – TRF/5ª – 2008 – FCC) Nos casos em que o pagamento indevido ao servidor ativo, aposentado ou pensionista, houver ocorrido no mês anterior ao do processamento da folha, a reposição ao erário será feita

(A) imediatamente, em uma única parcela.
(B) em parcelas, desde que o servidor seja estável.
(C) parceladamente, no máximo de 90 (noventa) dias.
(D) imediatamente ou em parcelas, a critério da Administração.
(E) em parcelas, proporcional à remuneração do servidor.

Art. 46, § 2º, da Lei 8.112/90. Gabarito "A".

(FGV – 2008) A redução de subsídios instituídos pelo Poder Público tem sua eficácia temporal:

(A) mediata
(B) diferida.
(C) antecipada.
(D) ampliada.
(E) imediata.

O princípio da irredutibilidade da *remuneração em geral* está consagrado na Constituição. Ele se aplica ao *salário* (art. 7º, VI, da CF), aos *benefícios previdenciários* (art. 194, parágrafo único, IV, da CF), aos *subsídios dos magistrados* (art. 95, III, da CF), aos *subsídios dos membros do Ministério Público* (art. 128, § 5º, I, c, da CF) e aos *vencimentos e subsídios em geral dos servidores públicos* (art. 37, XV, da CF). No entanto, há um caso em que os vencimentos e os *subsídios* são reduzidos, que é o caso em que estes superam o teto remuneratório do serviço público, estabelecido no art. 37, XI, da CF. A EC 19/98, ao modificar a redação do art. 37, XV, da CF preserva a irredutibilidade, mas faz a ressalva apontada. Nesses casos, em que se admite a redução de subsídios, tal redução tem eficácia temporal imediata, o que faz com que o subsídio seja imediatamente reduzido. Gabarito "E".

(FGV – 2008) Para efeito de teto remuneratório dos servidores públicos, o Estado-membro pode fixar como limite único o subsídio mensal dos desembargadores do respectivo Tribunal de Justiça, limitado ao subsídio mensal dos Ministros do Supremo Tribunal Federal, no percentual de:

(A) 90,25%.
(B) 91,25%.
(C) 90,75%.
(D) 91,00%.
(E) 90,50%.

Vide o art. 37, § 12, da CF, acrescido pela EC 47/05. Gabarito "A".

5.10. PREVIDÊNCIA DO SERVIDOR: APOSENTADORIA, PENSÃO E OUTROS BENEFÍCIOS

(Magistratura/RO – 2011 – PUCPR) Dadas as assertivas abaixo, assinale a única **CORRETA**.

(A) Os servidores abrangidos pelo regime de previdência de que trata o *caput* do artigo 40 da Constituição Federal serão aposentados compulsoriamente, aos setenta e dois anos de idade, com proventos proporcionais ao tempo de contribuição.
(B) A União, os Estados e o Distrito Federal manterão escolas de governo para a formação e o aperfeiçoamento dos servidores públicos, constituindo-se a participação nos cursos um dos requisitos para a promoção na carreira, facultada, para isso, a celebração de convênios ou contratos entre os entes federados.
(C) Os proventos de aposentadoria e as pensões, por ocasião de sua concessão, não poderão exceder a remuneração global do respectivo servidor, consistente na soma da remuneração do cargo efetivo em que se deu a aposentadoria ou que serviu de referência para a concessão da pensão, com a remuneração de até outro cargo público, desde que efetivo.
(D) A lei poderá estabelecer formas de contagem de tempo de contribuição fictício para ajustes de casos especiais, observadas as circunstâncias justificáveis.
(E) São estáveis, após três anos de efetivo exercício, os servidores nomeados para cargo de provimento efetivo em virtude de concurso público. Uma vez adquirida a estabilidade, o servidor público só perderá o cargo em duas hipóteses ou circunstâncias: em virtude de sentença judicial transitada em julgado e mediante processo administrativo em que lhe seja assegurada ampla defesa.

A: incorreta, pois a aposentadoria compulsória se dá aos 70 anos, e não aos 72 anos (art. 40, § 1º, II, da CF); B: correta (art. 39, § 2º, da CF); C: incorreta, pois, ressalvadas as exceções constitucionais, é vedada a percepção de mais de uma aposentadoria à conta do regime de previdência próprio do servidor (art. 40, § 6º, da CF); dessa forma, não será possível que o servidor receba os dois proventos mencionados; D: incorreta, pois a lei não poderá estabelecer qualquer forma de contagem de tempo de contribuição fictício (art. 40, § 10, da CF); E: incorreta, pois o servidor estável também poderá perder o cargo por não aprovação em avaliação periódica de desempenho, na forma de lei complementar, assegurada ampla defesa (art. 41, § 1º, III, da CF), e também para atendimento a limite de despesas com pessoal (art. 169 da CF). Gabarito "B".

(Procurador do Estado/RO – 2011 – FCC) Com as modificações efetuadas a partir das Emendas Constitucionais nº 20/98 e nº 41/2003, a garantia do regime previdenciário próprio restringe-se aos servidores titulares de cargos

(A) efetivos e aos titulares de cargo em comissão da União, dos Estados, do Distrito Federal e dos Municípios.
(B) efetivos e aos ocupantes de cargo temporário da União, dos Estados, do Distrito Federal e dos Municípios.
(C) efetivos e aos empregados públicos da União, dos Estados, do Distrito Federal e dos Municípios.
(D) efetivos, aos titulares de cargo em comissão, aos ocupantes de cargo temporário e aos empregados públicos da União, dos Estados, do Distrito Federal e dos Municípios.
(E) efetivos da União, dos Estados, do Distrito Federal e dos Municípios, incluídas suas autarquias e fundações.

A, B, C, D e E: Essas modificações se deram no bojo do art. 40 da CF, cujo caput deixa claro que tais regras são aplicáveis aos servidores titulares de cargos efetivos da União, dos Estados, do Distrito Federal e dos Municípios, incluídas suas autarquias e fundações. Gabarito "E".

(Procurador do Estado/RO – 2011 – FCC) De acordo com as regras constitucionais aplicáveis às pensões por morte de servidor o valor corresponderá

(A) à totalidade da remuneração no cargo efetivo em que ocorrer o falecimento ou à totalidade dos proventos do servidor falecido, até o limite máximo estabelecido para os benefícios do Regime Geral de Previdência Social. Se a remuneração ou os proventos até então percebidos superarem esse limite, este será acrescido de 70% da parcela que o exceder.
(B) a 70% da remuneração no cargo efetivo em que ocorrer o falecimento ou a 70% do valor dos proventos do servidor falecido.
(C) a 80% da remuneração no cargo efetivo em que ocorrer o falecimento ou a 80% do valor dos proventos do servidor falecido.
(D) ao limite máximo estabelecido para os benefícios do Regime Geral de Previdência Social independente da quantia paga a título de remuneração ou de proventos.
(E) à totalidade da remuneração no cargo efetivo em que ocorrer o falecimento ou à totalidade dos proventos do servidor falecido independente da quantia paga ao servidor ou ao aposentado.

A, B, C, D e E: A alternativa "A" é a única que está de acordo com o art. 40, § 7º, I e II, da CF. Gabarito "A".

(**Procurador do Estado/RO – 2011 – FCC**) O texto permanente da Constituição Federal hoje em vigor admite a concessão de aposentadoria voluntária,

(A) com proventos proporcionais ao tempo de contribuição, para o homem que completar 60 anos de idade e para a mulher que atingir 55 anos, ocupantes de cargo efetivo, independentemente do tempo de contribuição, desde que tenham cumprido tempo mínimo de dez anos de efetivo exercício no serviço público e cinco anos no cargo efetivo em que se dará a aposentadoria.
(B) com proventos integrais, para o homem que completar 65 anos de idade e para a mulher que atingir 60 anos, ocupantes de cargo efetivo, independentemente do tempo de contribuição, desde que tenham cumprido tempo mínimo de dez anos de efetivo exercício no serviço público e cinco anos no cargo efetivo em que se dará a aposentadoria.
(C) com proventos proporcionais ao tempo de contribuição, para o homem que completar 65 anos de idade e para a mulher que atingir 60 anos, ocupantes de cargo efetivo, independentemente do tempo de contribuição, desde que tenham cumprido tempo mínimo de dez anos de efetivo exercício no serviço público e cinco anos no cargo efetivo em que se dará a aposentadoria.
(D) com proventos integrais, para o homem que completar 60 anos de idade e para a mulher que atingir 55 anos, ocupantes de cargo efetivo, independentemente do tempo de contribuição, desde que tenham cumprido tempo mínimo de dez anos de efetivo exercício no serviço público e cinco anos no cargo efetivo em que se dará a aposentadoria.
(E) independentemente do tempo de contribuição, a concessão de aposentadoria voluntária para o homem que completar 60 anos de idade e para a mulher que atingir 55 anos, ocupantes de cargo efetivo.

A: incorreta, pois, para a aposentadoria proporcional, o homem deve ter 65 anos e a mulher, 60 anos (art. 40, § 1º, III, "b", da CF); B: incorreta, pois, para a aposentadoria integral, o homem pode ter apenas 60 anos e a mulher, 55 anos; além disso, é necessário, sim, cumprir requisito de tempo de contribuição, sendo que o homem precisa ter contribuído por 35 anos, e a mulher, por 30 anos (art. 40, § 1º, III, "a", da CF); C: correta (art. 40, § 1º, III, "b", da CF); D: incorreta, pois na aposentadoria integral o homem precisa ter contribuído por 35 anos e a mulher por 30 anos (art. 40, § 1º, III, "a", da CF); E: incorreta, pois, nesse caso é necessário que o homem tenha 65 anos e a mulher, 55 anos; ademais, é necessário também que o homem tenha cumprido tempo mínimo de dez anos de efetivo exercício no serviço público e cinco anos no cargo efetivo em que se dará a aposentadoria. Gabarito "C".

(**Procurador do Estado/RO – 2011 – FCC**) O texto permanente da Constituição Federal hoje em vigor

(A) garante o pagamento de abono de permanência para os servidores que, havendo satisfeito os requisitos para se aposentarem, optem por permanecer em atividade.
(B) admite a readaptação do servidor cuja demissão tenha sido invalidada por sentença judicial.
(C) garante a estabilidade dos servidores públicos nomeados para cargo de provimento efetivo após dois anos de efetivo exercício.
(D) admite, para efeitos de aposentadoria do servidor, a contagem fictícia de tempo de serviço.
(E) impede que o servidor em disponibilidade exerça outra função remunerada.

A: correta (art. 40, § 19, da CF); B: incorreta, pois, nesse caso, tem-se a reintegração (art. 41, § 2º, da CF), e não a readaptação; C: incorreta, pois a estabilidade do nomeado para cargo efetivo depende de TRÊS anos de efeito exercício (art. 41, caput, da CF); D: incorreta, pois a CF não admite a contagem fictícia de tempo de serviço, além de vedar expressamente a contagem fictícia de tempo de contribuição (art. 40, § 10, da CF); E: incorreta, pois não há essa proibição na Constituição (art. 41, § 3º, da CF); naturalmente, não poderá o servidor em disponibilidade cumular essa situação com outro cargo público inacumulável, mas nada impede que exerça alguma função remunerada na iniciativa privada. Gabarito "A".

(**Procurador do Estado/SC – 2010 – FEPESE**) No tocante ao regime previdenciário dos servidores públicos, a Constituição Federal estabelece que:

(A) a lei poderá estabelecer qualquer forma de contagem de tempo de contribuição fictício.
(B) ao servidor ocupante, exclusivamente, de cargo em comissão declarado em lei de livre nomeação e exoneração bem como de outro cargo temporário ou de emprego público, aplica-se o regime geral de previdência social.
(C) o tempo de contribuição federal, estadual ou municipal não poderá ser contado para efeito de aposentadoria e o tempo de serviço correspondente para efeito de disponibilidade.
(D) o servidor poderá se aposentar voluntariamente, desde que cumprido tempo mínimo de quinze anos de efetivo exercício no serviço público e dez anos no cargo efetivo em que se dará a aposentadoria.
(E) os requisitos de idade e de tempo de contribuição serão reduzidos em cinco anos, para o professor que comprove tempo de efetivo exercício das funções de magistério na educação infantil, fundamental, médio e superior.

A: incorreta, pois a lei não poderá estabelecer qualquer forma de contagem de tempo de contribuição fictício (art. 40, § 10, da CF); B: correta (art. 40, § 13, da CF); C: incorreta, pois tais tempos poderão, sim, ser contados para esse fim (art. 40, § 9º, da CF); D: incorreta, pois, além dos demais requisitos para a aposentadoria voluntária, os requisitos mencionados na alternativa são, na verdade, de tempo mínimo de DEZ anos de efetivo exercício no serviço público, e de CINCO anos no cargo efetivo em que se dará a aposentadoria (art. 40, § 1º, III, da CF); E: incorreta, pois tal benefício não se aplica ao professor de ensino superior (art. 40, § 5º, da CF). Gabarito "B".

(**Procuradoria Distrital – 2007**) No tocante aos Agentes e Servidores Públicos está incorreta a assertiva de que:

(A) os particulares que atuam em colaboração (por delegação, requisição, etc.) com o Poder Público não se inserem no conceito de Servidores Públicos.
(B) o art. 38 da Constituição Federal estabelece que o tempo de serviço do servidor público da administração direta autárquica e fundacional, em qualquer caso que exija o seu afastamento para o exercício de mandato eletivo, será contado para todos os efeitos legais, exceto para promoção por merecimento.
(C) o art. 40 da CF expressamente veda à lei o estabelecimento de qualquer forma de contagem de tempo de contribuição fictício.
(D) para efeito de benefício previdenciário, no caso de afastamento de servidor público para o exercício de mandato eletivo, os valores serão determinados como se em exercício estivesse.
(E) os requisitos de idade e de tempo de contribuição serão reduzidos em cinco anos, em relação ao §1º, III, "a" do art. 40 da CF, para o professor que comprove exclusivamente tempo de efetivo exercício das funções de magistério na educação infantil e no ensino superior, médio e fundamental.

A: correta, pois os agentes citados são considerados agentes públicos do tipo **agentes delegados**, e não **servidores públicos**; B: correta (art. 38, IV, da CF); C: correta (art. 40, § 10, da CF); D: correta (art. 38, V, da CF); E: incorreta, pois não há esse benefício para professores do ensino superior (art. 40, § 5º, da CF). Gabarito "E".

(**Procurador do Município/Florianópolis-SC – 2010 – FEPESE**) Assinale a alternativa **correta**, em relação aos servidores públicos.

(A) O servidor público estável somente perderá o cargo em virtude de sentença judicial transitada em julgado.
(B) Os servidores titulares de cargos efetivos da União, dos Estados, do Distrito Federal e dos Municípios, incluídas suas autarquias e fundações, poderão se aposentar voluntariamente, desde que cumprido tempo mínimo de quinze anos de efetivo exercício no serviço público e de dez anos no cargo em que se dará a aposentadoria.
(C) Extinto o cargo ou declarada a sua desnecessidade, o servidor estável ficará em disponibilidade, com remuneração proporcional ao tempo de serviço, até seu adequado aproveitamento em outro cargo.

(D) Ao servidor ocupante, exclusivamente, de cargo em comissão declarado em lei de livre nomeação e exoneração bem como de outro cargo temporário ou de emprego público, aplica-se o regime próprio de previdência social do ente ao qual está vinculado.
(E) Não incide qualquer tipo de contribuição sobre os proventos de aposentadorias e pensões concedidas.

A: incorreta, pois também poderá perder o cargo por infração disciplinar apurada em processo administrativo com ampla defesa, por não aprovação em avaliação especial de desempenho (mediante lei complementar e processo com ampla defesa) e para atender a limite de despesa com pessoas, atendidos os requisitos do art. 169 da CF; B: incorreta, pois o requisito mencionado é de 10 anos de efetivo exercício no serviço público e 5 anos no cargo efetivo em que se dará a aposentadoria (art. 40, § 1º, III, da CF); C: correta (art. 41, § 3º, da CF); D: incorreta, pois ao servidor ocupante desses cargos ou emprego aplica-se o regime geral de previdência social (art. 40, § 13, da CF); E: incorreta, pois há contribuição nos termos do art. 40, § 18, da CF. Gabarito "C".

(Analista – TJ/AP – 2008 – CESPE) Julgue o seguinte item.

(1) A concessão dos proventos de aposentadoria não deve exceder à remuneração do respectivo servidor no cargo em que se deu a aposentadoria, enquanto a revisão dos proventos de aposentadoria deve ocorrer na mesma proporção e na mesma data em que a revisão for feita para os servidores em atividade.

1: certo. Art. 40, §§ 2º e 8º, da CF, com a redação dada pela Emenda Constitucional 41/2003. Gabarito 1C.

(FGV – 2008) No que se refere ao regime previdenciário dos servidores públicos, é correto afirmar que:

(A) nos casos de invalidez permanente de servidor titular de cargo efetivo, seus proventos serão proporcionais ao tempo de contribuição, exceto se decorrentes de acidente em serviço, moléstia profissional ou doença grave, contagiosa ou incurável, na forma da lei.
(B) a lei aplicável à concessão de pensão é aquela vigente na data da designação do dependente pelo segurado-servidor.
(C) excepcionalmente, a lei poderá estabelecer forma de contagem de tempo de contribuição fictício.
(D) a mulher que renunciou aos alimentos na separação judicial não tem direito à pensão previdenciária por morte do ex-marido, mesmo que comprovada a necessidade econômica superveniente.
(E) em regra, os proventos de aposentadoria e as pensões, por ocasião de sua concessão, poderão exceder a remuneração do respectivo servidor, no cargo efetivo ou em comissão em que se deu a aposentadoria ou que serviu de base para a concessão de pensão.

A: correta (art. 40, § 1º, I, da CF); B: incorreta, pois aplica-se a lei vigente ao tempo do fato que enseja a concessão da pensão, observadas as regras transitórias existentes, em caso de modificação na legislação; C: incorreta, pois a contagem de tempo fictício é vedada art. 40, § 10, da CF); D: incorreta, pois a necessidade superveniente e a natureza diversa dos benefícios previdenciários justificam a concessão da pensão; E: incorreta (art. 40, § 2º, da CF). Gabarito "A".

(FGV – 2008) Em matéria de servidor público, é correto afirmar que:

(A) os litígios de que participem servidores temporários contratados pelo regime especial devem ser processados e julgados na Justiça do Trabalho.
(B) no regime estatutário federal, a recondução, a remoção e a redistribuição são formas de provimento derivado, em virtude das alterações funcionais decorrentes de tais atos.
(C) se afigura juridicamente inviável a existência de mais de um regime próprio de previdência social para os servidores titulares de cargos efetivos, bem como de mais de uma unidade gestora do respectivo regime, ressalvado o regime adotado para os integrantes das Forças Armadas.
(D) não há óbice a que o servidor estatutário titular de cargo efetivo perceba remuneração acumulada com o salário pago por sociedade de economia mista de ente diverso, desde que o servidor, em ambas as hipóteses, tenha sido aprovado previamente em concurso público.
(E) no regime estatutário federal, constituem causas de demissão, entre outras, a inassiduidade habitual, a oposição injustificada ao andamento de processo e a insubordinação grave em serviço.

A: incorreta, pois a contratação de servidores temporários é regida pela Lei 8.745/93, ou seja, há regime jurídico administrativo próprio, que não se confunde com o regime trabalhista (celetista); em suma, há *relação administrativa*, e não *relação trabalhista*; vide, a respeito, o seguinte acórdão do TST: "RECURSO DE REVISTA. INCOMPETÊNCIA MATERIAL. JUSTIÇA DO TRABALHO. CONTRATAÇÃO DE SERVIDOR TEMPORÁRIO. ENTE PÚBLICO. 1. O Supremo Tribunal Federal decidiu, mediante reiterados julgados, que a Justiça do Trabalho é incompetente para processar e julgar causas que envolvam o Poder Público e servidores vinculados a ele por relação jurídico-administrativa, uma vez que essas ações não se reputam oriundas da relação de trabalho referida no artigo 114, I, da Constituição Federal. 2. Em face de tal posicionamento, este egrégio Tribunal cancelou a Orientação Jurisprudencial nº 205 da SBDI-1, nos termos da Resolução nº 156/2009, publicada no DEJT de 29/04/2009, e passou a adotar o mesmo entendimento exarado pela Suprema Corte. Precedentes desta Corte. 3. Recurso de revista conhecido e provido." (RR - 90000-85.2009.5.22.0004 , Rel. Guilherme Augusto Caputo Bastos, 2ª T., DJ 13/08/2010); B: incorreta, pois só a *recondução* é forma de provimento (segundo o art. 8º da Lei 8.112/90 são formas de provimento a nomeação, a promoção, a readaptação, a reversão, o aproveitamento, a reintegração e a *recondução*); já a *remoção* (art. 36) e a *redistribuição* (art. 37) são institutos de outra natureza, pois não importam em provimento (designação de servidor para ocupar algum cargo); C: correta (art. 40, § 20, da CF); D: incorreta, pois, como regra, é proibida a acumulação remunerada de cargos, empregos e funções (art. 37, XVI e XVII, da CF); E: incorreta, pois a *inassiduidade habitual* e a *insubordinação grave em serviço* são causa de *demissão* (art. 132, III e VI, da Lei 8.112/90), mas a *oposição injustificada ao andamento de processo* é causa de *advertência por escrito* (art. 129 c/c art. 117, IV, ambos da Lei 8.112/90). Gabarito "C".

5.11. LICENÇAS

Ana, servidora pública, solicitou a concessão de licença para capacitação, com o objetivo de cursar, por dois meses, um curso de língua inglesa na Austrália. O pedido foi indeferido porque a autoridade competente, Bartolomeu, considerou que, embora presentes os requisitos formais que permitissem a concessão desse tipo de licença, não havia interesse da administração em liberar servidores para efetuarem esse tipo de curso. Ana, então, apresentou pedido de reconsideração, argumentando que a capacitação dos servidores para falar outras línguas era relevante para a administração, mas esse pedido foi indeferido por Bartolomeu, que reiterou a inexistência de interesse administrativo. Irresignada, Ana ingressou com recurso contra o indeferimento do pedido de reconsideração, dirigindo-o à autoridade imediatamente superior a Bartolomeu.

(Analista – TSE – 2006 – CESPE) Com relação ao direito de Ana à referida licença, bem como à decisão que indeferiu o pedido de concessão, assinale a opção correta.

(A) Para ter direito à referida licença, Ana necessita ser servidora estável com um mínimo de cinco anos de efetivo exercício.
(B) A decisão indeferitória é válida porque é dispensável a motivação expressa de atos discricionários.
(C) A decisão indeferitória é inválida em virtude da aplicabilidade ao caso da teoria dos motivos determinantes.
(D) A decisão indeferitória é inválida, pois há violação do princípio da legalidade.

Art. 87 da Lei 8.112/90. Gabarito "A".

(Analista – TRT/4ª – 2006 – FCC) João Silva é servidor público federal e candidato a Prefeito de Porto Alegre, local onde desempenha suas funções, exercendo cargo de assessoramento em órgão público. Diante disso, João será afastado desse cargo

(A) a partir do dia imediato ao do registro de sua candidatura perante a Justiça Eleitoral, até o décimo dia seguinte ao do pleito.
(B) um mês antes de sua candidatura protocolada junto à Justiça Eleitoral, até o mês seguinte ao do pleito.
(C) a partir do terceiro dia ao do registro de sua escolha perante o partido político a que for filiado, até o terceiro dia seguinte ao do pleito.
(D) quinze dias antes de sua candidatura perante o órgão competente, até o décimo quinto dia seguinte ao do pleito.
(E) durante três meses após a data de sua escolha pelo partido político a que for filiado, prorrogável a critério da Justiça Eleitoral.

Art. 86, § 1º, da Lei 8.112/90. Gabarito "A".

(Analista – TRT/11ª – 2005 – FCC) No interesse da Administração, o servidor poderá afastar-se do cargo efetivo para participar de curso de capacitação profissional,

(A) após cada quinquênio, por até três meses, com a respectiva remuneração.
(B) após cumprido o período de dois anos do estágio probatório, com prejuízo de 50% da respectiva remuneração, por até seis meses.
(C) por até seis meses, sem prejuízo do respectivo vencimento.
(D) após doze meses de efetivo exercício, com prejuízo da remuneração, pelo período de até noventa dias.
(E) observado o período do estágio probatório, com prejuízo do vencimento.

Art. 87 da Lei 8.112/90. Gabarito "A".

5.12. DIREITO DE PETIÇÃO

(Analista – TRT/4ª – 2006 – FCC) No que diz respeito ao direito de petição, é correto afirmar que

(A) a prescrição poderá ser relevada pela Administração em se tratando de caso excepcional ou interesse público.
(B) os prazos estabelecidos para assegurar o direito de petição são absolutos, ou sempre fatais e improrrogáveis;
(C) o pedido de reconsideração e o recurso, quando cabíveis, interrompem a prescrição.
(D) o direito de requerer prescreve em 120 (cento e vinte) dias, quanto ao ato de demissão.
(E) o prazo de prescrição será contado da data da ocorrência que deu causa ao ato impugnado.

A: incorreta (art. 112 da Lei 8.112/90; B: incorreta (art. 115 da Lei 8.112/90 – "salvo motivo de força maior"); C: correta (art. 111 da Lei 8.112/90); D: incorreta (art. 110, I, da Lei 8.112/90); E: incorreta (art. 110, parágrafo único, da Lei 8.112/90). Gabarito "C".

(Analista – TRT/7ª – 2009 – FCC) Em tema de Direito de Petição assegurado ao servidor público nos termos da Lei n. 8.112/90, considere:

I. O direito de requerer aos Poderes Públicos, em defesa de direito ou interesse legítimo é imprescritível.
II. A administração deverá rever seus atos, a qualquer tempo, quando eivados de ilegalidade.
III. Cabe pedido de reconsideração à autoridade que houver expedido o ato ou proferido a primeira decisão, não podendo ser renovado.
IV. Caberá recurso, dentre outras hipóteses, do deferimento de pedido de reconsideração sucessivamente interposto.
V. O prazo para a interposição de recurso é de quinze dias, a contar do ato que deferiu ou indeferiu o pedido de reconsideração.

É correto o que se afirma APENAS em

(A) I, II e IV.
(B) I e IV.
(C) IV e V.
(D) II e III.
(E) II, III e V.

I: incorreto (art. 110 da Lei 8.112/90); II: correto (art. 114 da Lei 8.112/90); III: correto (art. 106 da Lei 8.112/90); IV: incorreto (art. 107, I e II, da Lei 8.112/90); V: incorreto (art. 108 da Lei 8.112/90). Gabarito "D".

(Analista – TRT/20ª – 2006 – FCC) Considere as seguintes proposições referentes ao direito de petição:

I. A administração deverá rever seus atos, a qualquer tempo, quando eivados de ilegalidade.
II. Desde que hajam novos argumentos, caberá pedido de reconsideração dirigido à autoridade superior àquela que tiver emitido o ato.
III. Para o exercício do direito de petição, é assegurada vista do processo ou documento, na repartição, ao servidor ou procurador legalmente constituído.
IV. O pedido de reconsideração e o recurso, quando cabíveis, interrompem a prescrição.

É correto APENAS o que se afirma em:
(A) I, II e III.
(B) I, III e IV.
(C) I e IV.
(D) II e III.
(E) II e IV.

I: correto (art. 114 da Lei 8.112/90); II: incorreto (art. 106 da Lei 8.112/90); III: correto (art. 113 da Lei 8.112/90); IV: correto (art. 111 da Lei 8.112/90). Gabarito "B".

5.13. DIREITOS, DEVERES E PROIBIÇÕES DO SERVIDOR PÚBLICO

(Magistratura/AL – 2007 – FCC) Leia o seguinte trecho, com o qual o Ministro Eros Grau, do Supremo Tribunal Federal, encerra seu voto, como relator do mandado de injunção nº 712, ainda pendente de julgamento: "Isto posto, a norma, na amplitude que a ela deve ser conferida no âmbito do presente mandado de injunção, compreende conjunto integrado pelos artigos 1º ao 9º, 14, 15 e 17 da Lei nº 7.783/89, com as alterações necessárias ao atendimento das peculiaridades da greve nos serviços públicos, que introduzo no art. 3º e seu parágrafo único, no art. 4º, no parágrafo único do art. 7º, no art. 9º e seu parágrafo único e no art. 14. Este, pois, é o conjunto normativo reclamado, no quanto diverso do texto dos preceitos mencionados da Lei nº 7.783/89: [...] Em face de tudo, conheço do presente mandado de injunção, para, reconhecendo a falta de norma regulamentadora do direito de greve no serviço público, remover o obstáculo criado por essa omissão e, supletivamente, tornar viável o exercício do direito consagrado no artigo 37, VII da Constituição do Brasil, nos termos do conjunto normativo enunciado neste voto." Com efeito, em matéria do direito de greve dos servidores públicos, justifica-se a impetração do mandado de injunção pois

(A) a Constituição Federal é omissa quanto ao tema.
(B) ainda não foi editada a lei específica a que a Constituição Federal se refere.
(C) a Constituição Federal afasta a incidência desse direito, o qual, todavia, decorre dos princípios gerais do Direito.
(D) a lei que trata do tema foi julgada inconstitucional face à Constituição Federal.
(E) faltam regulamentos administrativos para que se dê efetividade ao direito.

De fato, ainda não há norma que regulamente o direito de greve dos servidores públicos. Depois da realização da prova, o julgamento, pelo STF, acabou sendo concluído, e o foi no sentido do voto do Min. Eros Grau (confira, no site do STF, o MI 712), garantindo a imediata aplicação do direito de greve, e aplicando-se, por analogia, a Lei de Greve do setor privado (Lei 7.783/89). Gabarito "B".

(Magistratura do Trabalho – 8ª Região – 2007) Considerando o que dispõe o regime jurídico dos servidores públicos civis da União, das autarquias e das fundações públicas federais, marque a alternativa correta que apresenta ponto de convergência no tocante aos benefícios do Plano de Seguridade Social, entre servidor e dependente:

(A) Auxílio – natalidade.
(B) Salário – família.
(C) Auxílio – funeral.
(D) Assistência à saúde.
(E) Auxílio – reclusão.

Art. 185, II, d, da Lei 8.112/90. Gabarito "D".

(Ministério Público do Trabalho – 14°) Assinale a alternativa incorreta, a respeito dos servidores públicos civis regidos pela Lei n. 8.112/90:

(A) os servidores que trabalhem com habitualidade em locais insalubres ou em contato permanente com substâncias tóxicas, radioativas ou com risco de vida, fazem jus a um adicional sobre o vencimento do cargo efetivo;
(B) em caso de dano causado a terceiros, o servidor responderá perante a fazenda pública, em ação regressiva;

(C) a Administração poderá instituir prêmios por inventos que favoreçam o aumento de produtividade ou a redução dos custos operacionais;
(D) o servidor poderá eximir-se do cumprimento de seus deveres quando motivado por crença religiosa;
(E) não respondida.

A: correta (art. 68 da Lei 8.112/90); B: correta (art. 122, § 2º, da Lei 8.112/90); C: correta (art. 237, I, da Lei 8.112/90); D: incorreta (art. 239 da Lei 8.112/90); E: não deve ser marcada, já que a alternativa "D" está incorreta; Gabarito "D".

(Ministério Público do Trabalho – 13º) A respeito do servidor público:

I. o cancelamento da penalidade aplicada ao servidor pela administração não produzirá efeito retroativo;
II. a utilização de pessoal da repartição pública em atividades particulares sujeita o servidor infrator à pena de demissão;
III. é proibido ao servidor público promover manifestação de apreço ou desapreço no recinto da repartição;
IV. o afastamento do cargo efetivo, sem remuneração, não acarreta a suspensão do pagamento do salário-família.

Analisando as asserções acima, pode-se afirmar que:

(A) todas estão corretas;
(B) apenas a de número I está incorreta;
(C) apenas as de número I e IV estão incorretas;
(D) todas estão incorretas;
(E) não respondida.

I: correta (art. 131, parágrafo único, da Lei 8.112/90); II: correta (art. 117, XVI, c/c o art. 132, XIII, ambos da Lei 8.112/90); III: correta (art. 117, V, da Lei 8.112/90); IV: correta (art. 201 da Lei 8.112/90). Gabarito "A".

(FGV – 2007) Desempenhar a tempo as atribuições do cargo, função ou emprego e atuar sendo probo, reto, leal e justo são:

(A) condições exigidas do funcionário para a aposentadoria
(B) requisitos básicos da remuneração do servidor público
(C) deveres fundamentais do servidor público
(D) elementos necessários à acumulação

Tais imposições são deveres dos servidores e estão no contexto do disposto no art. 116 da Lei 8.112/90. Gabarito "C".

(Analista – TRE/MA – 2006 – CESPE) Ainda com base nas disposições da Lei n.º 8.112/1990, assinale a opção correta.

(A) Um servidor público tem o dever de cumprir as ordens de seus superiores hierárquicos, ainda que elas sejam manifestamente ilegais.
(B) Para aplicação de penalidades ao servidor, devem-se levar em conta a natureza e a gravidade da infração, desconsiderando-se os antecedentes funcionais.
(C) São deveres dos servidores públicos: exercer com zelo e dedicação as atribuições do cargo bem como levar ao conhecimento da autoridade superior as irregularidades de que tiver ciência em razão do cargo.
(D) Deverá ser reintegrado o servidor público que, ao sofrer limitação em sua capacidade de trabalho, torne-se inapto para o cargo que ocupa, mas possa ainda exercer outro cargo para o qual a limitação sofrida não o inabilite.
(E) Deverá ser reconduzido o servidor aposentado por invalidez permanente que tiver declaradas insubsistentes, por junta médica oficial, as causas que determinaram a sua aposentadoria.

A: incorreta (art. 116, IV, da Lei 8.112/90); B: incorreta (art. 128 da Lei 8.112/90); C: correta (art. 116, I e VI, da Lei 8.112/90); D: incorreta, pois, no caso, o servidor deve ser *readaptado* (art. 24 da Lei 8.112/90); E: incorreta, pois, no caso, o servidor deve sofrer *reversão* (art. 25, I, da Lei 8.112/90). Gabarito "C".

(Analista – TRT/7ª – 2009 – FCC) Nos termos da Lei nº 8.112/90, ao servidor público civil é proibido, dentre outras hipóteses,

(A) participar de sociedade privada na qualidade de comanditário, salvo como gerente ou administrador.
(B) ausentar-se do serviço durante o expediente, sem prévia autorização do chefe imediato.
(C) retirar, sem anuência da autoridade competente, qualquer documento ou objeto da repartição.
(D) dar fé a documentos públicos.
(E) promover manifestação de apreço ou desapreço no recinto da repartição.

Art. 117, V, da Lei 8.112/90. Gabarito "E".

(Analista – TRT/23ª – 2007 – FCC) Nos termos da Lei nº 8.112/90, NÃO é proibido ao servidor público, entre outras condutas,

(A) ausentar-se do serviço durante o expediente, sem prévia autorização do chefe imediato.
(B) cometer a outro servidor atribuições estranhas ao cargo que ocupa, quando se tratar de situações de emergência e transitórias.
(C) promover manifestação de apreço ou desapreço no recinto da repartição.
(D) recusar fé a documentos públicos.
(E) retirar, sem prévia anuência da autoridade competente, qualquer documento ou objeto da repartição.

Art. 117, I, XVII, V, III e II, respectivamente, da Lei 8.112/90. Gabarito "B".

(Analista – TRE/MS – 2007 – FCC) Considere as seguintes proibições:

I. Recusar fé a documentos públicos.
II. Promover manifestação de apreço ou desapreço no recinto da repartição.
III. Proceder de forma desidiosa.
IV. Praticar usura sob qualquer de suas formas.

De acordo com a Lei nº 8.112/90, será aplicada ao servidor público a penalidade de demissão quando ocorrer a transgressão das proibições indicadas APENAS em

(A) I, II e III.
(B) I, II e IV.
(C) I e IV.
(D) II, III e IV.
(E) III e IV.

Art. 117, XIV e XV, c/c art. 132, XIII, da Lei 8.112/90. Gabarito "E".

(Analista – TRE/SE – 2007 – FCC) Observa-se que, dentre outras proibições o servidor público federal NÃO poderá

(A) cometer, de regra, a outro servidor atribuições estranhas ao cargo que ocupa.
(B) descumprir qualquer ordem de superior hierárquico.
(C) ministrar aulas de nível superior ou universitário.
(D) candidatar-se a mandato eletivo municipal.
(E) recusar comissão ou pensão de estado estrangeiro.

Art. 117, VI, da Lei 8.112/90. Gabarito "A".

(Analista – TRF/4ª – 2004 – FCC) A pena de advertência será aplicada por escrito, dentre outras situações, nos casos de violação da proibição de

(A) retirar, sem prévia anuência da autoridade competente, qualquer documento ou objeto da repartição e utilizar pessoal ou recursos materiais da repartição em atividades particulares.
(B) ausentar-se do serviço durante o expediente, sem prévia autorização do chefe imediato ou manter sob sua chefia imediata, em cargo ou função de confiança, cônjuge, companheiro ou parente até o segundo grau civil.
(C) recusar-se a atualizar seus dados cadastrais quando solicitado, ou proceder de forma desidiosa para com suas atribuições legais.
(D) aceitar comissão, emprego ou pensão de estado estrangeiro e promover manifestação de apreço ou desapreço no recinto da repartição.
(E) opor resistência injustificada ao andamento de documento e processo e praticar usura sob qualquer de suas formas.

Art. 117, I e VIII, c/c art. 129, da Lei 8.112/90. Gabarito "B".

5.14. INFRAÇÕES E PROCESSOS DISCIPLINARES. COMUNICABILIDADE DE INSTÂNCIAS

(Magistratura/PE – 2011 – FCC) Interpretando a Constituição Federal em matéria processual, o Supremo Tribunal Federal fixou entendimento no sentido de que a falta de defesa técnica por advogado no processo administrativo disciplinar

(A) não ofende a Constituição.
(B) ofende o princípio constitucional da ampla defesa.
(C) ofende o princípio constitucional do contraditório.
(D) ofende o princípio constitucional da moralidade.
(E) ofende o princípio constitucional da indispensabilidade do advogado à administração da justiça.

A, B, C, D e E: Segundo a Súmula Vinculante nº 5 do STF, "A falta de defesa técnica por advogado no processo administrativo disciplinar não ofende a Constituição". Gabarito "A".

(Magistratura/SC – 2010) Assinale a alternativa correta:

I. O processo administrativo cria no espírito do servidor um clima de desconfiança, mesmo que ele se defenda do modo mais amplo possível, fato que legitima e prestigia a Administração Pública.
II. Além dos princípios gerais do processo judicial, o processo administrativo possui princípios típicos e próprios.
III. Processo administrativo e sindicância administrativa são meios utilizados pela Administração Pública para apurar ocorrências anômalas no serviço público, não podendo haver processo sem sindicância.
IV. A regra do *non bis in idem* no direito disciplinar significa: **1.** que pela mesma falta o servidor pode sofrer duas sanções da mesma natureza; **2.** que o servidor não pode sofrer uma suspensão por nove dias e, mais tarde, por 13 dias, em decorrência da mesma falta.
V. A verdade sabida é meio sumário para aplicar uma pena, porém deixou de ser admitida em nosso ordenamento jurídico em virtude do princípio do contraditório e da ampla defesa.

(A) Somente as proposições II, III e V estão corretas.
(B) Somente as proposições II e IV estão corretas.
(C) Somente as proposições I e IV estão corretas.
(D) Somente as proposições II e V estão corretas.
(E) Somente as proposições I e V estão corretas.

I: incorreta, pois esse não é um objetivo legítimo do processo administrativo, havendo desvio de finalidade, caso um processo administrativo seja instaurado para atingir essa finalidade; II: correta, podendo-se citar como exemplo os princípios do direito ao silêncio, "in dubio pro reo" e da presunção de inocência; III: incorreta, pois é possível instaurar processo administrativo disciplinar diretamente, em alguns casos (ex: art. 143 da Lei 8.112/90); IV: incorreta, pois a primeira assertiva (item 1) é justamente o contrário do que prega a regra do *non bis in idem*; V: correta; a verdade sabida é aquela testemunhada ou conhecida inequivocamente pelo superior hierárquico e que enseja sanção leve; alguns estatutos admitem que a partir dela se imponha sanção, desde que se garanta ampla defesa ou contraditório; porém, trata-se de instituto inconstitucional, pois não está de acordo com as garantias do contraditório e da ampla defesa. Gabarito "D".

(Magistratura/SP – 2008) O processo administrativo, em matéria disciplinar, admite revisão que deverá atender, dentre outros requisitos, ao que se afirma em:

(A) deverá ser requerida até 1 (um) ano após a condenação e quando se aduzirem fatos novos que justifiquem a renovação do processo.
(B) poderá ser pedida a qualquer tempo e quando se aduzirem circunstâncias suscetíveis de justificar a inadequação da penalidade aplicada.
(C) quando da ocorrência de inadequação da pena aplicada, e requerida até 2 (dois) anos após a imposição da pena.
(D) quando da demonstração simples da injustiça da penalidade, podendo ser requerida a qualquer tempo, desde que a pedido do servidor.

Art. 174 da Lei 8.112/90. Gabarito "B".

(Magistratura/SE – 2008 – CESPE) A absolvição criminal só afastará a persecução no âmbito da administração no caso de

(A) ficar provada na ação penal a inexistência do fato ou a negativa de autoria.
(B) insuficiência de provas para demonstração da participação do servidor no ilícito.
(C) ocorrer prescrição da pretensão punitiva.
(D) ocorrer prescrição da pretensão executória.
(E) o Ministério Público propor a suspensão do processo no rito do juizado especial criminal.

Art. 126 da Lei 8.112/90. Gabarito "A".

(Ministério Público/SP – 2011) No processo administrativo disciplinar:

(A) a falta de defesa técnica por advogado é inconstitucional, de acordo com o verbete 5 da Súmula vinculante do Supremo Tribunal Federal.
(B) a presença de advogado é obrigatória, a partir da fase de instrução, segundo o verbete 343 da Súmula do Superior Tribunal de Justiça.
(C) é obrigatória a presença de advogado para oferecimento de alegações finais, conforme o verbete 343 da Súmula do Superior Tribunal de Justiça.
(D) a falta de defesa técnica por advogado não ofende a Constituição, nos termos do verbete 5 da Súmula vinculante do Supremo Tribunal Federal.
(E) a presença de advogado é facultativa, de acordo com o verbete 343 da Súmula do Superior Tribunal de Justiça.

A: incorreta, pois é justamente o contrário, ou seja, a falta de defesa técnica por advogado em processo disciplinar, por si só, não ofende a Constituição (Súmula Vinculante nº 5 do STF); B e C: incorretas, pois a Súmula 343 do STJ, cujo teor é até mais abrangente que o das alternativas ora em comento ("é obrigatória a presença de advogado em todas as fases do processo administrativo disciplinar"), ficou prejudicada com a edição da Súmula Vinculante nº 5 do STF; D: correta, pois está de acordo com a súmula vinculante mencionada; E: incorreta, pois essa súmula está prejudicada, e seu teor tinha outro sentido, conforme já visto. Gabarito "D".

(Ministério Público/SP – 2008) Assinale a alternativa correta.

(A) Ante a discricionariedade da Administração no ato disciplinar, o controle jurisdicional é restrito aos aspectos formais do processo administrativo.
(B) O habeas corpus é instrumento adequado para a revisão do mérito de processo administrativo que haja implicado a pena de suspensão do servidor.
(C) A demissão por ilícito administrativo, que configura também ilícito penal, só é cabível após o trânsito em julgado da ação penal instaurada contra o servidor para a apuração do crime.
(D) A falta de defesa técnica por advogado no processo administrativo disciplinar não ofende a Constituição.
(E) Condenado o servidor por ilícito praticado contra a Administração, comprovada a culpa em regular processo administrativo, ele sofrerá execução direta para ressarcimento do dano ao erário, independentemente da anuência à sanção administrativa.

A: incorreta, pois o controle jurisdicional se atém aos aspectos de legalidade, razoabilidade e moralidade, abarcando questões formais e materiais; B: incorreta, pois a suspensão não interfere na liberdade de locomoção do servidor público (art. 5º, LXVIII, da CF); C: incorreta, pois na esfera federal a questão está prevista nos arts. 125 e 126 da Lei 8.112/90; D: correta, nos termos da Súmula Vinculante n. 5 do STF; E: incorreta, pois a responsabilidade se efetiva mediante ação regressiva ou autorização de desconto pelo servidor (na esfera federal a questão está prevista nos arts. 45 e 122, § 1º, da Lei 8.112/90). Gabarito "D".

(Procurador do Estado/PB – 2008 – CESPE) A respeito do recurso em processo administrativo disciplinar, julgue os itens que se seguem.

I. O recurso administrativo possui, como regra, efeitos suspensivo e devolutivo.
II. O prazo para a interposição do recurso administrativo é de 10 dias.
III. Não se exige a garantia de instância (caução) para a interposição de recurso administrativo, salvo disposição legal expressa em contrário.
IV. Não é possível que a instância superior, ao analisar o recurso administrativo, imponha decisão mais severa do que a imposta por instância inferior.

Estão certos apenas os itens

(A) I e III.
(B) I e IV.
(C) II e III.
(D) I, II e IV.
(E) II, III e IV.

I: incorreta (art. 109 da Lei 8.112/90); II: correta (art. 161, § 1º, da Lei 8.112/90); III: correta (os arts. 107 e ss da Lei 8.112/90 não exigem caução para a interposição de recurso administrativo); IV: incorreta (art. 114 da Lei 8.112/90). Gabarito "C".

(Defensoria/SE – 2006 – CESPE) Julgue o item seguinte.

(1) Um servidor público federal foi demitido, por meio de processo administrativo disciplinar, por ter praticado crime de peculato e por ter exercido o cargo em proveito pessoal, em detrimento da dignidade da função pública. No entanto, na esfera penal, foi absolvido por falta de provas. Nessa situação, o servidor deve ser reintegrado no seu cargo público, já que a decisão na esfera penal estende os seus efeitos à decisão administrativa.

1: errado. A absolvição por falta de provas não gera esse efeito (art. 126 da Lei 8.112/90). Gabarito 1E.

(Defensoria Pública/SP – 2010 – FCC) De acordo com a Súmula Vinculante n. 5 do Supremo Tribunal Federal, no processo administrativo disciplinar

(A) o acusado deve ser defendido por advogado regularmente constituído, caso não possua capacidade postulatória.
(B) a demissão imposta a bem do serviço público deve ser submetida a prévio controle de legalidade pelo Poder Judiciário.
(C) a falta de defesa técnica por advogado não ofende a Constituição Federal.
(D) a presença de advogado em todas as fases de processo administrativo disciplinar é obrigatória.
(E) a ausência de defesa por advogado acarreta a nulidade absoluta, se não for sanada antes da fase de julgamento.

A, B, C, D e E: Segundo a Súmula Vinculante nº 5 do STF, "A falta de defesa técnica por advogado no processo administrativo disciplinar não ofende a Constituição". Gabarito "C".

(Defensoria/SP – 2007 – FCC) Com referência à responsabilidade do funcionário público, assinale a alternativa INCORRETA.

(A) Pela falta residual, não compreendida na absolvição pelo juízo criminal, é admissível a punição administrativa do servidor público.
(B) A responsabilidade administrativa do servidor denunciado por ilícito penal será afastada no caso de absolvição criminal que negue a existência do fato ou da sua autoria.
(C) A administração pública não necessita aguardar a conclusão do processo criminal, para iniciar e concluir o procedimento administrativo-disciplinar, aplicando a pena que a lei autorizar.
(D) A responsabilidade objetiva do Estado se verifica mesmo em relação aos atos do servidor praticados fora das funções públicas.
(E) Ainda que haja o ressarcimento integral do dano, é vedada a transação, o acordo ou a conciliação na ação de improbidade, de que trata a Lei nº 8.429/92.

A: correta (Súmula 18 do STF); B: correta (art. 126 da Lei 8.112/90); C: correta (arts. 125 e 126 da Lei 8.112/90); D: incorreta (art. 37, § 6º, da CF – "nessa qualidade"); E: correta (art. 17, § 1º, da Lei 8.429/92). Gabarito "D".

(Procurador do Município/Boa Vista-RR – 2010 – CESPE) De acordo com a Lei n.º 8.112/1990, que trata do regime jurídico dos servidores públicos civis da União, julgue os itens a seguir.

(1) O chefe imediato do servidor tem a faculdade de autorizar ou não a compensação de horário. Não havendo tal compensação, o servidor perderá a parcela da remuneração correspondente ao atraso, sem que, nessa hipótese, se caracterize violação ao princípio da irredutibilidade de vencimentos.

(2) A comissão de sindicância não é pré-requisito para a instauração do processo administrativo disciplinar.

1: correta (art. 44, II, da Lei 8.112/90); 2: incorreta, pois o processo disciplinar será conduzido pela comissão (art. 149, caput e § 2º, da Lei 8.112/90). Gabarito 1C, 2E.

(Magistratura Federal – 1ª Região – 2005) De acordo com o art. 935 do Código Civil, "a responsabilidade civil é independente da criminal, não se podendo questionar mais sobre a existência do fato, ou sobre quem seja o seu autor, quando estas questões se acharem decididas no juízo criminal". Diante dessa regra:

(A) decisão, no juízo criminal, que reconheça prescrição retroativa (prescrição da pretensão punitiva) impede punição administrativa de servidor público pelo mesmo fato;
(B) é inadmissível punição administrativa de servidor público por falta residual, não compreendida na absolvição pelo juízo criminal;
(C) não se impede punição administrativa absolvição, na ação penal, fundada em ausência de prova do fato, ausência de prova da autoria, ausência de prova suficiente para a condenação ou por não constituir o fato infração penal;
(D) absolvição, na ação penal, fundada em ausência de prova do fato e ausência de prova da autoria impede punição administrativa pelo mesmo fato.

Art. 126 da Lei 8.112/90. Repare na expressão "ausência de prova", repetida três vezes. Gabarito "C".

(Magistratura Federal – 3ª Região – XIII) Sobre a Lei n° 8.112/90, que dispõe sobre o Regime Jurídico dos Servidores Públicos Civis da União, das autarquias e das fundações públicas federais, é correto afirmar que:

(A) a menor prescrição prevista para a ação disciplinar é de um ano para as infrações punidas com pena de advertência;
(B) o servidor público aposentado terá cassado o benefício se houver praticado, na atividade, falta punível com a demissão;
(C) o prazo para conclusão do processo administrativo disciplinar, para apuração de acumulação ilegal de cargos, empregos ou funções públicos, e regularização imediata, é submetido ao rito sumário, não podendo exceder, mesmo com possibilidade de uma prorrogação, o prazo máximo de 60 dias;
(D) o cancelamento do registro das penalidades, quaisquer que sejam, surtirá efeitos retroativos, se, no prazo de cinco anos do efetivo exercício, o servidor não houver praticado nova infração.

A: incorreta (art. 142, III, da Lei 8.112/90); B: correta (art. 134 da Lei 8.112/90); C: incorreta (art. 133, § 7º, da Lei 8.112/90); D: incorreta (art. 131, parágrafo único, da Lei 8.112/90). Gabarito "B".

(Magistratura Federal-4ª Região – 2010) Dadas as assertivas abaixo, assinale a alternativa correta:

I. O exercício do poder administrativo disciplinar não está subordinado ao trânsito em julgado da sentença penal condenatória exarada contra servidor público, embora a sua eventual absolvição criminal futura possa justificar a revisão da sanção administrativa, se não houver falta residual sancionável.

II. A falta de defesa técnica por advogado no processo administrativo disciplinar não ofende a Constituição Federal, desde que seja concedida a oportunidade de ser efetivado o contraditório e a ampla defesa.

III. O excesso de prazo para a conclusão de processo administrativo disciplinar não é causa de nulidade quando não demonstrado prejuízo à defesa do servidor.

IV. É inadmissível segunda punição de servidor público baseada no mesmo processo em que se fundou a primeira.

(A) Estão corretas apenas as assertivas I e II.
(B) Estão corretas apenas as assertivas I e III.
(C) Estão corretas apenas as assertivas III e IV.
(D) Estão corretas apenas as assertivas II, III e IV.
(E) Estão corretas todas as assertivas.

I: correta, pois as instâncias civil, penal e administrativa são independentes entre si, podendo ser apuradas em paralelo; ademais, é correta a afirmativa de que algumas absolvições penais (por negativa de autoria ou por inexistência material do fato) têm reflexo na esfera administrativa (art. 126 da Lei 8.112/90); por fim, muitas vezes, mesmo uma absolvição criminal nos casos mencionados, não impedirá a aplicação de sanção disciplinar, caso algum comportamento praticado pelo agente público, e tipificado na esfera disciplinar, não esteja compreendido na absolvição criminal (Súmula 18 do STF: "pela falta residual, não compreendida na absolvição pelo juízo criminal, é admissível a punição administrativa do servidor público") II: correta, pois está de acordo com a Súmula Vinculante nº 5 do STF ("A falta de defesa técnica por advogado no processo administrativo disciplinar não ofende a Constituição"; III: correta, pois, segundo o STJ, "o excesso de prazo para a conclusão do processo administrativo disciplinar não é causa de sua nulidade quando não demonstrado prejuízo à defesa do servidor" (MS 12.895-DF, j. 11/11/2009); IV: correta, sob pena de se violar o princípio do *non bis in idem*. Gabarito "E".

(Magistratura Federal-5ª Região – 2011) Jorge, servidor público federal, acusou sua colega de trabalho, Lúcia, também servidora pública federal, de ter-lhe atirado, enfurecida, durante o expediente de serviço e dentro do local de trabalho, o telefone celular a ele pertencente, o que lhe teria provocado lesão grave e a destruição do aparelho. Em sua defesa, Lúcia alegou que, no dia da mencionada agressão, não comparecera ao local de trabalho. Com base nessa situação hipotética e na Lei nº 8.112/1990, que dispõe sobre os deveres e obrigações do servidor público, assinale a opção correta com relação à responsabilização administrativa, civil e criminal da referida servidora.

(A) A responsabilidade civil-administrativa não resulta de ato omissivo praticado por servidor no desempenho do cargo ou função.
(B) A existência de sanção penal contra Lúcia inibe a aplicação de sanção administrativa, e vice-versa.
(C) O prejuízo decorrente da destruição do aparelho de telefone celular de Jorge enseja a responsabilização administrativa de Lúcia.
(D) Caso ocorra a absolvição criminal de Lúcia, em razão de ela comprovar que não compareceu ao trabalho no dia em que Jorge sofreu a agressão, não caberá aplicação de sanção administrativa contra a servidora.
(E) A responsabilidade penal em geral não abrange as contravenções imputadas ao servidor, nessa qualidade.

A: incorreta, pois a omissão também pode importar em ilícito civil ou administrativo (art. 124 da Lei 8.112/90); B: incorreta, pois há independência entre as sanções civis, administrativas e penais (arts. 121 e 125 da Lei 8.112/90); C: incorreta, pois tal prejuízo é resolvido na esfera civil; há de se verificar se, além desse prejuízo (de natureza civil), há incidência de algum tipo de infração disciplinar no caso narrado; D: correta, pois, nesse caso, tem-se absolvição penal por negativa de autoria, absolvição que gera efeitos na esfera administrativa (art. 126 da Lei 8.112/90); E: incorreta, pois a responsabilidade penal abrange os crimes e as contravenções imputadas ao servidor, nessa qualidade (art. 123 da Lei 8.112/90). Gabarito "D".

(Ministério Público do Trabalho – 14°) Leia com atenção as assertivas abaixo:

I. É obrigatória a presença de advogado em todas as fases do processo administrativo disciplinar.
II. A pena de suspensão, aplicada ao servidor público, poderá ser convertida em multa, desde que haja interesse da administração pública, quando então o servidor permanecerá em serviço com o desconto de 50% nos seus vencimentos, pelos dias correspondentes ao cumprimento da pena originariamente imposta.
III. A responsabilidade administrativa do servidor será afastada no caso de absolvição criminal que negue a existência do fato ou sua autoria.

Assinale a alternativa CORRETA:

(A) apenas as assertivas I e a III estão corretas;
(B) apenas as assertivas I, II e III estão corretas;
(C) apenas a assertiva I está correta;
(D) apenas as assertivas II e III estão corretas.
(E) não respondida.

I: apesar de a prova ter considerada a alternativa correta e do fato de que o STJ chegou a editar uma súmula com esse teor, o STF acabou editando a Súmula Vinculante n. 5, em sentido contrário; II: correta (art. 130, § 2º, da Lei 8.112/90); III: correta (art. 126 da Lei 8.112/90). Gabarito "B".

(Analista – TRT/2ª – 2008 – FCC) Tício, funcionário público da União, opôs resistência injustificada ao andamento de processo que deveria movimentar. Considerando que foi a primeira vez que praticou tal conduta, ele está sujeito à penalidade prevista na Lei que dispõe sobre o regime jurídico dos servidores públicos civis da União, que consiste em

(A) demissão.
(B) advertência verbal.
(C) suspensão.
(D) advertência, por escrito.
(E) desconto de um dia dos seus vencimentos.

Art. 117, IV, c/c art. 129, da Lei 8.112/90. Gabarito "D".

(Analista – TRT/1ª – 2008 – CESPE) Assinale a opção que apresenta situações que geram a aplicação de penalidade de demissão.

(A) Aliciar subordinados a filiarem-se a partido político e ausentar-se do serviço durante o expediente, sem prévia autorização do chefe imediato.
(B) Aceitar comissão ou pensão de Estado estrangeiro e apresentar inassiduidade habitual.
(C) Promover manifestação de desapreço no recinto da repartição e abandonar o cargo.
(D) Abandonar o cargo e recusar fé a documento público.
(E) Opor resistência injustificada ao andamento de documento na repartição e revelar segredo do qual se apropriou em razão do cargo.

Arts. 132, III e XIII, 117, XIII, da Lei 8.112/90. Gabarito "B".

(Analista – TRT/13ª – 2005 – FCC) Em matéria de penalidades a que estão sujeitos os servidores públicos, é previsto que

(A) a destituição do cargo em comissão sempre implica na indisponibilidade de bens e ressarcimento de danos.
(B) será cassada a aposentadoria do inativo que houver praticado, na atividade, falta punível com demissão.
(C) o servidor público que se recusar a ser submetido a inspeção médica será suspenso até 30 (trinta dias).
(D) a penalidade de suspensão não poderá ser convertida em multa, o que será possível na pena de advertência.
(E) a demissão do cargo efetivo não implica na indenização por danos, face a perda definitiva desse cargo.

A: incorreta, pois indisponibilidade se dá apenas nos casos de destituição do cargo em comissão mencionados no art. 136 da Lei 8.112/90; B: correta (art. 134 da Lei 8.112/90); C: incorreta (art. 130, § 1º, da Lei 8.112/90); D: incorreta (art. 130, § 2º, da Lei 8.112/90); E: incorreta, pois a esfera civil é independente da esfera administrativa (art. 125 da Lei 8.112/90). Gabarito "B".

(Analista – TRT/15ª – 2009 – FCC) Ressalvada a hipótese de reincidência, a pena de suspensão prevista na Lei n. 8.112/90, é cabível quando o servidor

(A) participar de gerência ou administração de sociedade privada, personificada ou não personificada, exercer o comércio, exceto na qualidade de acionista, cotista ou comanditário.
(B) recusar-se a atualizar seus dados cadastrais quando solicitado.
(C) cometer a outro servidor atribuições estranhas ao cargo que ocupa, exceto em situações de emergência e transitórias.
(D) atuar, como procurador ou intermediário, junto a repartições públicas, salvo quando se tratar de benefícios previdenciários ou assistenciais de parentes até o segundo grau, e de cônjuge ou companheiro.
(E) cometer a pessoa estranha à repartição, fora dos casos previstos em lei, o desempenho de atribuição que seja de sua responsabilidade ou de seu subordinado.

Art. 130 c/c art. 132, todos os incisos, da Lei 8.112/90. Gabarito "C".

(Analista – TRT/24ª – 2006 – FCC) Com relação às penalidades disciplinares previstas na Lei n. 8.112/90, é INCORRETO afirmar que

(A) o ato de imposição da penalidade mencionará sempre o fundamento legal e a causa da sanção disciplinar.
(B) a suspensão será aplicada em caso de reincidência das faltas punidas com advertência, não podendo ultrapassar 90 dias.

(C) a ausência intencional do servidor ao serviço por mais de 30 dias consecutivos, configura abandono de cargo.
(D) será cassada a aposentadoria ou a disponibilidade do inativo que houver praticado, na atividade, falta punível com a demissão.
(E) o servidor de plantão que ausentar-se do serviço durante o expediente, sem prévia autorização do chefe imediato, será suspenso por até 120 dias.

A: correta (art. 128, parágrafo único, da Lei 8.112/90); B: correta (art. 130 da Lei 8.112/90); C: correta (art. 138 da Lei 8.112/90); D: correta (art. 134 da Lei 8.112/90); E: incorreta. O caso é de advertência (art. 117, I, c/c art. 129, ambos da Lei 8.112/90). Gabarito "E".

(Analista – TRE/MG – 2005 – FCC) Haverá a incompatibilidade do ex-servidor para nova investidura em cargo público federal, pelo prazo de cinco anos, quando a demissão ou a destituição de cargo em comissão for em decorrência de o servidor público

I. participar da gerência ou administração de sociedade privada, personificada ou não personificada, bem como integrar os conselhos de administração e fiscal de empresas ou entidades em que a União detenha participação no capital social.
II. atuar, como procurador intermediário, junto a repartições públicas, salvo quando se tratar de benefícios previdenciários ou assistenciais de parentes até o segundo grau, e de cônjuge ou companheiro.
III. valer-se do cargo para lograr proveito pessoal ou de outrem, em detrimento da dignidade da função pública.

Está correto o que contém APENAS em

(A) I.
(B) I e II.
(C) II e III.
(D) II.
(E) III.

Art. 117, IX e XI, c/c art. 137, ambos da Lei 8.112/90. Gabarito "C".

(Analista – TRE/MS – 2007 – FCC) Lúcia, servidora do Tribunal Regional Eleitoral de Mato Grosso do Sul, foi destituída de seu cargo em comissão por ter dilapidado o Patrimônio Nacional. Neste caso, de acordo com a Lei nº 8.112/90, Lúcia

(A) não poderá retornar ao serviço público federal, havendo dispositivo legal expresso neste sentido.
(B) está incompatibilizada para nova investidura em cargo público federal pelo prazo de 5 anos.
(C) está incompatibilizada para nova investidura em cargo público federal pelo prazo de 2 anos.
(D) está incompatibilizada para nova investidura em cargo público federal pelo prazo de 8 anos.
(E) poderá retornar ao serviço público federal, não havendo incompatibilização para nova investidura.

Art. 132, X, c/c art. 137, parágrafo único, ambos da Lei 8.112/90. Gabarito "A".

(Analista – TRE/PI – 2009 – FCC) Maria, João e José são Analistas Judiciários do Tribunal Regional Eleitoral do Piauí. Maria recusou fé a documentos públicos; João utilizou recursos materiais da repartição em atividades particulares e José valeu-se do cargo para lograr proveito de outrem, em detrimento da dignidade da função pública. Considerando que Maria, João e José jamais praticaram qualquer outra infração disciplinar, lhes serão aplicadas, respectivamente, as penalidades de

(A) suspensão, demissão e suspensão.
(B) advertência, demissão e suspensão.
(C) suspensão, demissão e demissão.
(D) advertência, demissão e demissão.
(E) suspensão, suspensão e demissão.

A, B, C, D e E: Recusar fé leva à advertência (arts. 117, III, e 129, da Lei 8.112/90), utilizar recursos leva à demissão (arts. 117, XVI, e 132, XIII, da Lei 8.112/90), lograr proveito de outrem em detrimento da dignidade da função pública leva à demissão (arts. 117, IX, e 132, XIII, da Lei 8.112/90). Gabarito "D".

(Analista – TRE/RN – 2005 – FCC) Com relação à prescrição da ação disciplinar, é correto afirmar:

(A) Os prazos de prescrição previstos na lei penal não se aplicam às infrações disciplinares capituladas também como crime.
(B) O prazo prescricional da ação disciplinar, nos casos de cassação de aposentadoria ou disponibilidade, é de 5 (cinco) anos.
(C) O prazo prescricional da ação disciplinar, nos casos de cassação de aposentadoria ou disponibilidade, é de 2 (dois) anos.
(D) O prazo prescricional da ação disciplinar, nos casos em que a pena prevista for de advertência, é de 2 (dois) anos.
(E) O prazo de prescrição começa a correr sempre da data em que o fato punível ocorreu.

A: incorreta (art. 142, § 2º, da Lei 8.112/90); B e C: art. 142, I, da Lei 8.112/90; D: incorreta (art. 142, III, da Lei 8.112/90); E: incorreta (art. 142, § 1º, da Lei 8.112/90). Gabarito "B".

(Analista – TRE/SP – 2006 – FCC) De acordo com a Lei nº 8.112/90, a ação disciplinar, com relação às infrações puníveis com demissão e suspensão, prescreverá, respectivamente, em

(A) seis anos e três anos.
(B) três anos e um ano.
(C) um ano e três anos.
(D) quatro anos e dois anos.
(E) cinco anos e dois anos.

Art. 142, I e II, da Lei 8.112/90. Gabarito "E".

(Analista – TRE/MA – 2006 – CESPE) Considerando, ainda, o regime jurídico dos servidores públicos da União, assinale a opção correta.

(A) A ausência de um servidor, sem justa causa, ao serviço por mais de trinta dias consecutivos não deve ser considerada abandono de cargo.
(B) Os prazos de prescrição de lei penal aplicam-se às infrações disciplinares previstas também como crime.
(C) Os meios de apuração de irregularidades cometidas pelos servidores públicos no exercício de suas atribuições são a sindicância e o inquérito civil público.
(D) A abertura de sindicância ou a instauração de processo administrativo disciplinar não interrompem a prescrição, até a decisão final proferida pela autoridade competente.
(E) Sanções civis, penais e administrativas aplicadas a servidor público jamais podem cumular-se.

A: incorreta (art. 138 da Lei 8.112/90); B: correta (art. 142, § 2º, da Lei 8.112/90); C: incorreta (art. 143 da Lei 8.112/90); D: incorreta (art. 142, § 3º, da Lei 8.112/90); E: incorreta (art. 125 da Lei 8.112/90). Gabarito "B".

(Analista – TRE/BA – 2003 – FCC) A apuração de irregularidade no serviço público, da qual possa resultar ao servidor a imposição de pena de demissão, será feita por meio de

(A) investigação sumária.
(B) sindicância.
(C) inquérito administrativo.
(D) processo judicial.
(E) processo administrativo disciplinar.

Art. 146 da Lei 8.112/90. Gabarito "E".

(Analista – TST – 2003 – CESPE) Julgue o item a seguir.

(1) Em determinada repartição federal, foi aberta sindicância para apurar indícios de autoria e materialidade de diversas irregularidades. A comissão de sindicância, em razão de os fatos apurados cominarem suspensão superior a trinta dias, concluiu pela instauração de processo disciplinar que envolvia os servidores Jorge, Osvaldo e Eduardo. Indignados, esses servidores questionaram veementemente o resultado do procedimento pelo fato de não terem sido ouvidos até aquele momento. Nessa situação, não assiste razão aos servidores, pois a sindicância é medida preparatória para o processo administrativo, não se observando, nessa fase, dado o seu caráter inquisitivo, o princípio da ampla defesa.

1: certo, pois, de fato, a sindicância pode resultar em instauração de processo disciplinar (art. 145, III, da Lei 8.112/90). Assim sendo, caso seu resultado não importe em apenação, o contraditório poderá ser diferido para o processo disciplinar. Gabarito 1C.

(Analista – TRT/4ª – 2006 – FCC) No que tange à atividade de instrução no processo administrativo no âmbito da Administração Pública Federal, é INCORRETO afirmar que

(A) cabe à Administração Pública a prova dos fatos alegados pelo interessado em virtude do princípio do interesse público e da eficiência.
(B) o interessado poderá, antes de tomada a decisão, juntar documentos e pareceres, requerer diligências e perícias, bem como aduzir alegações referentes à matéria objeto do processo.
(C) somente poderão ser recusadas, mediante decisão fundamentada, as provas propostas pelos interessados quando ilícitas, impertinentes, desnecessárias ou protelatórias.
(D) encerrada a instrução, o interessado terá o direito de manifestar-se no prazo máximo de 10 (dez) dias, salvo se outro for legalmente fixado.
(E) antes de tomada a decisão, a juízo da autoridade, diante da relevância da questão, poderá ser realizada audiência pública para debates sobre a matéria do processo.

A: correta, pois no processo disciplinar o ônus da prova é da Administração; no entanto, uma vez julgado o processo e não mais cabendo recurso administrativo, o ingresso com pedido de revisão administrativa importará no ônus da prova em desfavor do requerente (art. 175 da Lei 8.112/90); B: correta (art. 156 da Lei 8.112/90); C: correta (art. 156, § 1º, da Lei 8.112/90); D: incorreta (art. 161, § 1º, da Lei 8.112/90); E: correta (art. 150, parágrafo único, da Lei 8.112/90). Gabarito "D".

(Analista – TRE/BA – 2003 – FCC) O inquérito administrativo é

(A) a investigação prévia ao processo administrativo disciplinar.
(B) a fase inicial da sindicância.
(C) meio de imposição de penalidade de advertência.
(D) fase do processo administrativo disciplinar.
(E) meio de imposição de suspensão de até 30 dias.

Art. 151, II, da Lei 8.112/90. Gabarito "D".

(Analista – TRE/PE – 2004 – FCC) Tipificada a infração disciplinar, será formulada a indiciação do servidor público. Posteriormente, será citado para apresentar defesa escrita, no prazo de

(A) 5 (cinco) dias, admitida a prorrogação por mais 10 (dez) dias, no caso de comprovada necessidade.
(B) 10 (dez) dias, podendo ser prorrogado pelo dobro, para diligências reputadas indispensáveis.
(C) 15 (quinze) dias, podendo ser prorrogado pelo dobro, a critério do Presidente da Comissão Processante.
(D) 20 (vinte) dias, admitida a prorrogação por mais 10 (dias), por exclusivo interesse público.
(E) 30 (trinta) dias, improrrogáveis, ainda que dependa de alguma diligência, uma vez que pode ser cumprida oportunamente.

Art. 161, §§ 1º e 3º, da Lei 8.112/90. Gabarito "B".

(Analista – TRE/PR – 2004 – ESAG) O artigo 143, da Lei nº 8.112/1990, estabelece que a autoridade que tiver ciência de irregularidade no serviço público é obrigada a promover a sua apuração imediata, mediante sindicância ou processo administrativo disciplinar, assegurada ao acusado ampla defesa, sob supervisão e fiscalização do órgão central do Sistema de Pessoal Civil da Administração Federal – SIPEC. Sobre a apuração da irregularidade, NÃO É CORRETO afirmar que:

(A) O processo disciplinar se desenvolve nas seguintes fases: instauração, com a publicação do ato que constituir a comissão; inquérito administrativo, que compreende instrução, defesa e relatório; e julgamento.
(B) Quando o fato narrado não configurar evidente infração disciplinar ou evidente ilícito penal, a denúncia (desde que não seja anônima e que seja autêntica) será encaminhada para o Ministério Público, Federal para o competente inquérito civil.
(C) Processo disciplinar é o instrumento destinado a apurar responsabilidade de servidor por infração praticada no exercício de suas atribuições, ou que tenha relação com as atribuições do cargo em que se encontre investido.
(D) Da sindicância poderá resultar o arquivamento do processo, a aplicação de penalidade de advertência ou suspensão até 30 (trinta) dias, ou a instauração de processo disciplinar.

A: correta (art. 151 da Lei 8.112/90); B: incorreta (art. 144 da Lei 8.112/90); C: correta (art. 148 da Lei 8.112/90); D: correta (art. 145 da Lei 8.112/90). Gabarito "B".

(Analista – TRF/1º – 2006 – FCC) Túlio, servidor público federal sofreu pena disciplinar em julho de 2003, sendo que seis meses depois teve declarada sua ausência na esfera cível. Nesse caso, tendo em vista a Lei n. 8.112 de 11/12/1990, esse processo administrativo

(A) não é mais passível de revisão tendo em vista a ocorrência da prescrição e decadência.
(B) poderá ser revisto a qualquer tempo, e por requerimento de qualquer pessoa da família.
(C) estará sujeito a revisão desde que o servidor seja encontrado ou justifique seu desaparecimento.
(D) não poderá ser revisto porque esse direito é personalíssimo, salvo se houver comprovação de seu falecimento.
(E) não pode ser revisto de ofício, porque depende de pedido formal e exclusivo dos sucessores ou terceiros interessados.

Art. 174 da Lei 8.112/90. Gabarito "B".

(Analista – TRF/2º – 2007 – FCC) Considere as seguintes assertivas a respeito do Processo Disciplinar:

I. O processo disciplinar será conduzido por comissão composta de cinco servidores estáveis designados pela autoridade competente, que indicará, dentre eles, o seu presidente.
II. O presidente da comissão de sindicância deverá, necessariamente, ser ocupante de cargo efetivo superior ou ter nível de escolaridade superior ao do indiciado.
III. Não poderá participar de comissão de sindicância ou de inquérito, cônjuge, companheiro ou parente do acusado, consanguíneo ou afim, em linha reta ou colateral, até o terceiro grau.
IV. O prazo para a conclusão do processo disciplinar não excederá sessenta dias, contados da data de publicação do ato que constituir a comissão, admitida a sua prorrogação por igual prazo, quando as circunstâncias o exigirem.

De acordo com a Lei nº 8.112/90, está correto o que consta APENAS em

(A) I e II.
(B) I, II e III.
(C) I e IV.
(D) II, III e IV.
(E) III e IV.

I: incorreto (art. 149, *caput*, da Lei 8.112/90); II: incorreto (art. 149, *caput*, da Lei 8.112/90); III: correto (art. 149, § 2º, da Lei 8.112/90); IV: correto (art. 152 da Lei 8.112/90). Gabarito "E".

5.15. TEMAS COMBINADOS DE SERVIDOR PÚBLICO

(Ministério Público/PR – 2008) A respeito do tema agentes públicos, assinale a alternativa INCORRETA:

(A) Os cargos, empregos e funções públicas são acessíveis aos brasileiros que preencham os requisitos estabelecidos em lei, assim como aos estrangeiros, na forma da lei.
(B) As funções de confiança devem ser exercidas, exclusivamente, por servidores ocupantes de cargos efetivo.
(C) É vedada a acumulação de proventos de aposentadoria decorrente do exercício de atividade pública com a remuneração de cargos públicos, ainda que em comissão.
(D) Compete privativamente ao chefe do poder executivo a iniciativa de lei que disponha sobre criação de cargos, funções ou empregos públicos na administração direta.
(E) O Supremo Tribunal Federal entendeu que, enquanto não disciplinado em lei o direito de greve do servidor público civil, aplica-se, no que couber, a Lei 7.783/89, que dispõe sobre o exercício do direito de greve na iniciativa privada.

A: correta (art. 37, I, da CF); B: correta, pois não se deve confundir cargo em comissão, que admite a escolha de alguém de fora da Administração, com função de confiança, que exige a escolha de alguém da carreira para exercer a função (art. 37, V, da CF); C: incorreta, nos termos do art. 37, § 10, da CF; D: correta (art. 61, § 1º, II, *a*, da CF); E: correta (STF, Mandado de Injunção 712). Gabarito "C".

(Procurador de Contas TCE/ES – CESPE – 2009) No que concerne ao regime constitucional dos servidores públicos, assinale a opção correta.

(A) Servidor público federal nomeado para ocupar cargo em comissão deverá contribuir para o regime próprio de previdência social, em relação ao cargo em comissão.
(B) Conforme entendimento do STJ, é vedada a acumulação do cargo de professor com o de agente de polícia civil, o qual não se caracteriza como cargo técnico.
(C) O prazo de validade do concurso público será de até dois anos, prorrogável uma vez, por igual período, não sendo admitida realização de novo concurso, se ainda não tiverem sido chamados os candidatos aprovados no concurso anterior.
(D) A CF não distingue os conceitos de função de confiança e de cargo em comissão, de forma que todo cargo em comissão é, de fato, uma função de confiança.
(E) Conforme recente entendimento do STJ, o prazo do estágio probatório não foi alterado, com o advento da Emenda Constitucional n.º 19/1998, que fixou o prazo para aquisição da estabilidade em três anos.

A: incorreta, pois o servidor em cargo em comissão deverá contribuir para o Regime Geral da Previdência (INSS), nos termos do art. 40, § 13, da CF; B: correta, pois o cargo de agente de polícia civil não é considerado cargo técnico pelo STJ (art. 37, XVI, *b*); C: incorreta, pois é possível fazer novo concurso mesmo que não tiverem sido chamados os candidatos aprovados no concurso anterior, mas os candidatos aprovados no concurso anterior têm prioridade enquanto estiver em validade o concurso; D: incorreta, pois as funções em confiança só podem ser preenchidas por servidores ocupantes de cargo efetivo, ao passo que os cargos em comissão podem ser providos por pessoas que não fazem parte do quadro da Administração (art. 37, V, da CF); E: incorreta, pois, para o STF e o STJ, o estágio probatório passou a ser de 3 anos, com a mudança do tempo de efetivo exercício para a aquisição da estabilidade, que, desde a EC 19/98, é de 3 anos (STF STA 269 AgR, DJ 26.02.10 e STJ MS 12.523/DF, 18.08.09). Gabarito "B".

(Procurador Federal – 2010 – CESPE) Em cada um dos próximos itens, é apresentada uma situação hipotética a respeito do regime jurídico dos servidores públicos e da responsabilidade dos servidores na emissão de pareceres, seguida de uma assertiva a ser julgada.

(1) Um procurador federal emitiu parecer em consulta formulada por servidor público para subsidiar a decisão da autoridade competente. Nessa situação, se a decisão da autoridade, que seguiu as diretrizes apontadas pelo parecer, não for considerada como a correta pelo TCU e, em consequência disso houver dano ao patrimônio público, então haverá responsabilidade civil pessoal do parecerista.
(2) Carlos, servidor público federal desde abril de 2000, jamais gozou o benefício da licença para capacitação. Nessa situação, considerando-se que ele faz jus ao gozo desse benefício por três meses, a cada quinquênio, Carlos poderá gozar dois períodos dessa licença a partir de abril de 2010.

1: incorreta, pois o caso não narra hipótese de parecer vinculante, em que a responsabilidade do parecerista existiria (ex.: art. 38 da Lei 8.666/93); no caso em tela, o parecerista só responderia em caso de fraude ou erro grosseiro; 2: incorreta, pois os períodos de licença para a capacitação não são acumuláveis (art. 87, parágrafo único, da Lei 8.112/90). Gabarito 1E, 2E.

(Magistratura do Trabalho – 3ª Região – 2009) Assinale a assertiva ("a" a "e") correta em relação aos enunciados de I a V, observadas a legislação pertinente, a consolidação jurisprudencial e a Constituição da República:

I. Ao servidor público da administração direta, autárquica e fundacional, quando investido no mandato de prefeito, será afastado do cargo, emprego ou função, sendo-lhe facultado optar pela sua remuneração.
II. Em qualquer caso que exija o afastamento para o exercício de mandato eletivo, seu tempo de serviço será contado para todos os efeitos legais, exceto para promoção por merecimento.
III. O direito de greve do servidor público civil será exercido nos termos e nos limites definidos por lei complementar específica.
IV. O servidor público estável só perderá o cargo em virtude de sentença judicial transitada em julgado ou mediante processo administrativo em que lhe seja assegurada ampla defesa.
V. Extinto o cargo ou declarada a sua desnecessidade, o servidor estável ficará em disponibilidade, com remuneração integral, até seu adequado aproveitamento em outro cargo.

(A) somente um enunciado é verdadeiro
(B) somente dois enunciados são verdadeiros
(C) somente três enunciados são verdadeiros
(D) somente quatro enunciados são verdadeiros
(E) todos os enunciados são verdadeiros

I: verdadeiro (art. 38, II, da CF); II: verdadeiro (art. 38, IV, da CF); III: falso, pois será exercido nos termos e nos limites de *lei específica*, não sendo necessário que se trate de *lei complementar* (art. 37, VII, da CF); IV: falso, pois o servidor estável também pode perder o cargo por avaliação periódica de desempenho insuficiente e para atender a limites de despesa com pessoal; V: falso, pois o servidor ficará em disponibilidade com remuneração proporcional (art. 41, § 3º, da CF). Gabarito "B".

(Magistratura do Trabalho – 14ª Região – 2006) Em relação ao Regime Jurídico dos Servidores Públicos Civis da União, analise as proposições abaixo, apontando em seguida a alternativa CORRETA:

I. A reversão é o retorno do servidor estável ao cargo anteriormente ocupado, decorrente de inabilitação em estágio probatório relativo a outro cargo.
II. É de 30 (trinta) dias o prazo para o servidor empossado em cargo público entrar em exercício, contados da data da posse.
III. Os servidores cumprirão jornada de trabalho fixada em razão das atribuições pertinentes aos respectivos cargos, respeitada a duração máxima do trabalho semanal de 44 (quarenta e quatro) horas e observados os limites mínimo e máximo de 06 (seis) horas e 08 (oito) horas, respectivamente, em 06 dias da semana.
IV. Os servidores que trabalhem com habitualidade em locais considerados insalubres, fazem jus a um adicional, que é calculado tendo por base o salário mínimo vigente.

(A) Todas as alternativas estão corretas;
(B) Todas as alternativas estão incorretas;
(C) Apenas a alternativa IV está incorreta;
(D) Apenas a alternativa II está correta;
(E) Apenas as alternativas II e III estão corretas.

I: incorreta (art. 25 da Lei 8.112/90); II: incorreta (art. 15, § 1º, da Lei 8.112/90); III: incorreta (art. 19 da Lei 8.112/90); IV: incorreta (o art. 68 da Lei 8.112/90 não prevê o cálculo com base no salário-mínimo). Gabarito "B".

(FGV – 2008) Em matéria de agentes públicos, não é correto afirmar que:

(A) a exoneração de servidor estatutário sem estabilidade não prescinde de processo administrativo em que lhe seja assegurada a oportunidade de rebater as razões administrativas.
(B) Estados e Municípios não podem adotar o regime especial de servidores temporários, nem o regime trabalhista, ressalvada, neste último caso, a hipótese de lei específica autorizadora.
(C) convenções coletivas, ainda que delas participe representante da respectiva pessoa federativa, não podem fixar vencimentos dos servidores públicos.
(D) cabe a incidência de correção monetária no pagamento com atraso dos vencimentos dos servidores públicos, não se configurando qualquer fato ofensivo à Constituição.
(E) se o servidor foi aprovado em concurso e nomeado, tem direito adquirido à posse, independentemente de documento formal a ser custodiado pelo órgão administrativo.

A: correta, nos termos do que vem decidindo o STF e o STJ, valendo salientar que o direito ao contraditório e à ampla defesa deve ser respeitado em todos os processos administrativos, mesmo naqueles que digam respeito ao estágio probatório de um servidor ainda não estável; vide também a Súmula 21 do STF ("Funcionário em estágio probatório não pode ser exonerado nem demitido sem inquérito ou sem as formalidades legais de apuração de sua capacidade"); B: incorreta, pois o art. 37, IX, da CF não faz distinção sobre quais entes políticos podem regulamentar, por lei, o regime especial de servidores temporários; C: correta, pois o princípio da legalidade reclama lei para a fixação dos vencimentos dos servidores públicos (Súmula 679 do STF: "A fixação de vencimentos dos servidores públicos não pode ser objeto de convenção coletiva"); D: correta (Súmula 682 do STF: "Não ofende a Constituição a correção monetária no pagamento com atraso dos vencimentos de servidores públicos"); E: correta (Súmula 16 do STF: "Funcionário nomeado por concurso tem direito à posse"). Gabarito "B".

6. IMPROBIDADE ADMINISTRATIVA

6.1. CONCEITO, MODALIDADES, TIPIFICAÇÃO E SUJEITOS ATIVO E PASSIVO

(Magistratura/BA – 2006 – CESPE) Julgue o item seguinte

(1) A tipificação na lei dos atos de improbidade administrativa repousa sobre o binômio ofensa à moralidade—lesão ao patrimônio público, de tal sorte que, na falta de um desses fatores, não se caracterizará o ato ímprobo.

1: errado, pois há três modalidades de improbidade administrativa (arts. 9º, 10 e 11 da Lei 8.429/92) e, com exceção dos casos previstos no art. 10, nem sempre se exige lesão ao patrimônio público para a configuração do ato ímprobo. Gabarito 1E

(Magistratura/DF – 2011) A Lei nº 8.429/92 classifica como ato de improbidade que atenta contra os princípios da Administração Pública:

(A) não revelar e nem permitir que chegue ao conhecimento de terceiro, antes da respectiva divulgação oficial, teor de medida política ou econômica capaz de afetar o preço de mercadoria, bem ou serviço;
(B) não revelar fato ou circunstância de que tem ciência em razão das atribuições e que deva permanecer em segredo;
(C) prestar contas quando não esteja obrigado a fazê-lo;
(D) a prática de ato visando fim proibido em lei ou regulamento ou diverso daquele previsto na regra de competência.

A: incorreta, pois esse ato não é de improbidade; há improbidade, na modalidade mencionada, quando se REVELAR ou PERMITIR que tais dados cheguem ao conhecimento de terceiro (art. 11, VII, da Lei 8.429/92); B: incorreta, pois esse ato não é de improbidade; há improbidade, na modalidade mencionada, quando se REVELAR tais fatos (art. 11, III, da Lei 8.429/92); C: incorreta, pois esse ato não é de improbidade; há improbidade, na modalidade mencionada, quando se DEIXAR de prestar contas quando se ESTEJA obrigado a fazê-lo (art. 11, VI, da Lei 8.429/92); D: correta (art. 11, I, da Lei 8.429/92). Gabarito "D".

(Magistratura/MG – 2009 – EJEF) Segundo a mais recente jurisprudência do STJ, a configuração do ato de improbidade administrativa exige a presença do elemento subjetivo (dolo ou culpa) porque não é de se admitir a responsabilidade objetiva na conduta do agente público à luz do ordenamento jurídico brasileiro. Reflita sobre as afirmativas acima e assinale a alternativa CORRETA.

(A) As duas são verdadeiras, mas a segunda não justifica a primeira.
(B) As duas são verdadeiras e a segunda justifica a primeira.
(C) A primeira é verdadeira e a segunda é falsa.
(D) A primeira é falsa e a segunda é verdadeira.

O STJ já pacificou entendimento no sentido de que as modalidades dos arts. 9º e 11 da Lei 8.429/92 requerem dolo para se configurar, ao passo que a modalidade do art. 10 se configura com conduta culposa ou dolosa (EREsp 875.163/RS, DJ 30/06/10), tendo o tribunal citado afastado qualquer tipo de responsabilidade objetiva em matéria de improbidade administrativa. Gabarito "B".

(Magistratura/PE – 2011 – FCC) Nos termos da Lei vigente no Brasil, um agente público que aceite emprego, comissão ou exerça atividade de consultoria ou assessoramento para pessoa física ou jurídica que tenha interesse suscetível de ser atingido ou amparado por ação ou omissão decorrente das atribuições do agente público, durante a atividade, está praticando um ato caracterizado como

(A) de improbidade administrativa, estando sujeito, por este enquadramento, entre outras, às penas de prisão e multa civil.
(B) apenas infração administrativa, estando sujeito, por este enquadramento, entre outras, às penas de advertência e multa.
(C) de improbidade administrativa, estando sujeito, por este enquadramento, entre outras, às penas de perda dos bens ou valores acrescidos ilicitamente ao patrimônio e suspensão dos direitos políticos de oito a dez anos.
(D) abuso de autoridade, estando sujeito, por este enquadramento, entre outras, às penas de perda do cargo ou emprego público e prisão civil.
(E) apenas infração administrativa, estando sujeito, por este enquadramento, entre outras, às penas de ressarcimento do dano e suspensão dos direitos políticos de cinco a oito anos.

A: incorreta, pois o ato de improbidade, tipificado na Lei 8.429/92, não enseja pena de prisão (art. 12 da Lei 8.429/92); B: incorreta, pois o ato de improbidade, tipificado na Lei 8.429/92, não enseja pena de advertência (art. 12 da Lei 8.429/92); C: correta, pois o ato de improbidade, tipificado na Lei 8.429/92, enseja tais penas (art. 12 da Lei 8.429/92); D: incorreta, pois o fato caracteriza ato de improbidade (art. 9º, VIII, da Lei 8.429/92); E: incorreta, pois o fato caracteriza ato de improbidade (art. 9º, VIII, da Lei 8.429/92). Gabarito "C".

(Magistratura/RO – 2011 – PUCPR) Considere as assertivas abaixo:

I. Os atos de improbidade previstos na lei 8.429/92, sujeita qualquer agente público às sanções previstas na referida lei, desde que servidor efetivo.
II. As disposições da lei 8429/92 são aplicáveis, no que couber, àquele que, mesmo não sendo agente público, induza ou concorra para a prática do ato de improbidade ou dele se beneficie sob qualquer forma direta ou indireta.
III. Reputa-se agente público, para os efeitos da lei 8.429/92, todo aquele que exerce, ainda que transitoriamente ou sem remuneração, por eleição, nomeação, designação, contratação ou qualquer outra forma de investidura ou vínculo, mandato, cargo, emprego ou função nas entidades mencionadas no artigo 1º da referida lei.
IV. Quando o ato de improbidade causar lesão ao patrimônio público ou ensejar enriquecimento ilícito, caberá à autoridade administrativa responsável pelo inquérito representar ao Ministério Público, para a indisponibilidade dos bens do indiciado, cuja indisponibilidade recairá sobre bens que assegurem o integral ressarcimento do dano, ou sobre o acréscimo patrimonial resultante do enriquecimento ilícito.
V. Relativamente ao disposto na lei de improbidade administrativa, o sucessor daquele que causar lesão ao patrimônio público ou se enriquecer ilicitamente está sujeito às cominações desta lei até o limite do valor da herança.

Estão CORRETAS:

(A) Apenas as assertivas I e III.
(B) Apenas as assertivas II, III e V.
(C) Apenas as assertivas II, III, IV e V.
(D) Apenas as assertivas I, III e V.
(E) Todas as assertivas.

I: incorreta, pois não é só o servidor efetivo que é agente público para efeito de aplicação da Lei 8.429/92 (vide o art. 2º dessa lei); II: correta (art. 3º da Lei 8.429/92); III: correta (art. 2º da Lei 8.429/92); IV: correta (art. 7º da Lei 8.429/92); V: correta (art. 8º da Lei 8.429/92). Gabarito "C".

(Magistratura/RS – 2009) Considerando o disposto na Lei nº 8.429/1992 (Lei de Improbidade Administrativa), assinale a assertiva correta.

(A) Agente público é apenas aquele que desempenha alguma atividade junto à administração direta do Estado.
(B) A Lei estabelece três categorias de atos ímprobos: os que importam enriquecimento ilícito, os que causam prejuízo ao erário e os que atentam contra os princípios da Administração Pública.
(C) A ação de improbidade abrange apenas os atos de chefia na administração direta.
(D) Apenas os servidores públicos efetivos estão sujeitos às punições da Lei.
(E) Somente o servidor público pode praticar atos de improbidade.

A: incorreta (art. 1º, caput, da Lei 8.429/92); B: correta (arts. 9º, 10 e 11 da Lei 8.429/92); C e D: incorretas, pois a ação por improbidade abrange uma gama enorme de agentes públicos, como se pode verificar do disposto no art. 1º da Lei 8.429/92; E: incorreta, pois o particular que tiver induzido ou concorrido para a prática do ato, ou que tiver se beneficiado direta ou indiretamente por este também comete ato de improbidade (art. 3º da Lei 8.429/92). Gabarito "B".

(Ministério Público/SC – 2010) Analise os itens que seguem:

I. A pessoa física nunca poderá ser sujeito passivo de ato de improbidade.
II. Todos os entes da administração pública indireta dos entes federativos, são abrangidos como sujeito ativo dos atos descritos na lei n. 8.429/1992.

III. Uma entidade privada celebra um convênio com o município. Recebe certo aporte em dinheiro, e dá destinação a verba, diversa da estipulada na avença. Os responsáveis legais, da entidade, neste caso, se sujeitarão as sanções da LIA.
IV. Agente público, que negligenciando suas atribuições na condição de vigia, esquece a porta da repartição aberta, permitindo que outrem, se aproprie de bens pertencentes a administração, não responderá em hipótese alguma, por ato de improbidade.
V. A caracterização do ato de improbidade que causa lesão ao patrimônio público, depende da comprovação da obtenção da vantagem indevida.

(A) Apenas as assertivas I, II e III estão corretas.
(B) Apenas as assertivas I e II e IV estão corretas.
(C) Apenas as assertivas II, III e IV estão corretas.
(D) Apenas as assertivas I, III, e IV estão incorretas.
(E) Apenas as assertivas III, IV e V estão corretas.

I: correta, pois somente as pessoas jurídicas podem ser vítimas desse ato, o que pode ser verificado pela leitura do art. 1°, *caput* e parágrafo único, da Lei 8.429/92; II: correta (art. 1°, *caput,* da Lei 8.429/92); III: correta (art. 2° c/c art. 1°, p. ún., da Lei 8.429/92); IV: incorreta, pois a improbidade por prejuízo ao erário configura-se não só com atitudes dolosas, como também com atitudes culposas (art. 10, caput, da Lei 8.429/92), sendo que, no caso, caso há culpa em sentido estrito, por conta de negligência do agente; V: incorreta, pois o critério é de prejuízo ao erário (art. 10 da Lei 8.429/92); a modalidade de enriquecimento ilícito é que depende da comprovação da vantagem indevida (art. 9° da Lei 8.429/92). Gabarito "A".

(Magistratura/SP – 2011 – VUNESP) Manezinho Araújo, amigo do Prefeito de Bocaina do Sul, agindo com identidade de propósitos, recebia do alcaide cártulas emitidas pela municipalidade para pagamento de supostos serviços prestados. Ao depois, depositava as quantias respectivas na conta de Expedita Brancaleone, mulher do chefe do executivo local. É correto afirmar que:

(A) somente o prefeito municipal pode ser condenado por improbidade administrativa.
(B) Manezinho Araújo pode ser condenado pela prática de improbidade administrativa.
(C) tanto o alcaide quanto Manezinho somente podem ser responsabilizados na esfera penal.
(D) somente Manezinho pode ser responsabilizado por ato de improbidade.
(E) somente Expedita Brancaleone pode ser condenada pela prática de ato de improbidade administrativa.

A: incorreta, pois aquele que concorre para a prática do ato (Manezinho) ou se beneficia com ele (Expedita) também são sujeitos ativos do ato de improbidade (art. 3° da Lei 8.429/92); B: correta (art. 3° da Lei 8.429/92); C: incorreta, pois também podem ser responsabilizados na esfera da improbidade administrativa (arts. 3° e 9° da Lei 8.429/92); D: incorreta, pois o Prefeito é quem concorre para o ato e se beneficia dele; sua esposa também (art. 3° da Lei 8.429/92); E: incorreta, pois o Prefeito e Manezinho também respondem, como se viu. Gabarito "B".

(Ministério Público/BA – 2010) Assinale a afirmação correta:

(A) Apenas o agente público é considerado sujeito ativo perante a lei de improbidade administrativa.
(B) Para fins da lei de improbidade administrativa, agente público é todo aquele que exerce, apenas em caráter de permanência e com remuneração, função em empresa pública.
(C) A vitaliciedade impede a aplicação das sanções previstas na lei improbidade administrativa ao Conselheiro do Tribunal de Contas.
(D) Os agentes políticos, os servidores públicos, os militares e os particulares que colaboram espontaneamente com o Poder Público podem praticar atos de improbidade administrativa.
(E) Nem todas as categorias de servidores públicos podem se enquadrar como sujeito ativo da improbidade administrativa.

A: incorreta, pois quem concorre ou se beneficia do ato também é sujeito ativo do ato de improbidade administrativa (art. 3° da Lei 8.429/92); B: incorreta, pois não é necessário nem permanência, nem remuneração (art. 2° da Lei 8.429/92); C: incorreta, pois não existe essa limitação na Lei 8.429/92; D: correta, nos termos do art. 2° da Lei 8.429/92; E: incorreta, pois todos os servidores públicos são sujeitos ativos do ato de improbidade administrativa (art. 2° da Lei 8.429/92). Gabarito "D".

(Ministério Público/BA – 2005) Assinale a alternativa correta em face da Lei de Improbidade Administrativa (Lei n° 8.429/92):

(A) Os atos de improbidade administrativa, previstos em três modalidades (artigos 9°, 10 e 11), constituem fatos típicos da legislação penal extravagante.
(B) O agente público somente poderá ser afastado de suas funções por conveniência da instrução, e desde que tenha cometido o ato ímprobo na sua modalidade mais grave – que implica em enriquecimento ilícito.
(C) Ao contrário do dolo, previsto para as três modalidades de atos de improbidade, a culpa somente é admitida na seara da improbidade administrativa no tocante ao ato ímprobo que importa em prejuízo ao erário, previsto no artigo 10, da Lei n° 8.429/92.
(D) A indisponibilidade de bens e valores do agente público, acionado por improbidade administrativa, somente poderá ser determinada por autoridade judiciária e nas estritas hipóteses de atos de improbidade administrativa que impliquem em enriquecimento ilícito (artigo 9°) e de atos ímprobos que importem na violação do princípio administrativo da honestidade (artigo 11).
(E) A ação civil pela prática de ato de improbidade administrativa, que tenha ou não causado enriquecimento ilícito com prejuízo ao erário, será sempre imprescritível.

A: incorreta, pois a improbidade administrativa é um ilícito de natureza cível; B: incorreta (art. 20, parágrafo único, da Lei 8.429/92); C: correta, pois, de fato, esse é o entendimento do STJ e a literalidade do art. 10 da Lei 8.429/92, que admite não só o dolo, como também a culpa como suficiente para que se configure o ato de improbidade; D: incorreta (art. 7° da Lei 8.429/92); E: incorreta (art. 23 da Lei 8.429/92). Reconhece-se a imprescritibilidade apenas para a pretensão de ressarcimento do erário (art. 37, § 5°, da CF). Gabarito "C".

(Ministério Público/BA – 2005) O agente público flagrado, ainda no estabelecimento hospitalar público no qual trabalha, tentando subtrair para outrem um impressora, será qualificado na Lei de Improbidade Administrativa (Lei n° 8.429/92) por:

(A) Tentativa de enriquecimento ilícito.
(B) Por prejuízo ao erário, já que não tentou enriquecer a si próprio e sim um terceiro.
(C) Por violação ao princípio ou dever administrativo de honestidade, já que a Lei de Improbidade Administrativa não prevê a forma tentada e tampouco se consumou o enriquecimento de terceiro em prejuízo ao erário.
(D) Tentativa de peculato, já que não conseguiu ter a posse tranquila da coisa subtraída.
(E) Por enriquecimento ilícito consumado, já que na seara da improbidade administrativa, ao contrário do Direito Penal, o que vale é tão-somente a intenção de se locupletar ilegalmente às custas do patrimônio público.

Art. 10, *caput*, c/c o art. 11, *caput*, da Lei 8.429/92. Gabarito "C".

(Ministério Público/GO – 2005) Assinale a alternativa correta:

I. Os atos previstos no artigo 9° da Lei 8.429/92 – que importam enriquecimento ilícito do agente – são compatíveis com a conduta culposa.
II. Os atos previstos no artigo 10 da Lei n° 8.429/92 – que causam prejuízo ao erário – são compatíveis apenas com a conduta dolosa do agente
III. De acordo com o entendimento dominante na doutrina, os atos previstos no artigo 11 da Lei n° 8.429/92 – que atentam contra os princípios da administração pública – funcionam como regra de reserva, sendo compatíveis somente com a conduta culposa do agente
IV. Alguns doutrinadores sustentam a ocorrência da inversão do ônus da prova no ato ímprobo previsto no artigo 9°, inciso VII, da Lei n° 8.429/92 - aquisição de bens desproporcional à renda do agente público ou à sua evolução patrimonial – o que significa obrigação do autor da ação de improbidade provar o acréscimo patrimonial desproporcional à renda do agente

(A) todos os itens estão incorretos
(B) os itens I e II estão corretos
(C) os itens II e IV estão corretos
(D) apenas o item III está correto

I: incorreta, pois essa modalidade exige conduta dolosa; II: incorreta, pois essa modalidade admite conduta dolosa ou culposa; III: incorreta, pois essa modalidade exige conduta dolosa; IV: incorreta, pois, se alguns doutrinadores admitem a inversão do ônus da prova, o réu da ação é que tem que provar que o acréscimo patrimonial não foi indevido. Gabarito "A".

(Ministério Público/MG – 2010.1) Sobre a Lei nº 8.429/92, que versa sobre improbidade administrativa, é CORRETO afirmar que

(A) o advogado público parecerista está sempre isento de responsabilização por improbidade administrativa, haja vista que não pratica o ato administrativo.
(B) não é possível responsabilizar, por improbidade administrativa, membros das Casas Legislativas com fundamento exclusivo na votação e aprovação de lei flagrantemente inconstitucional, que venha a causar prejuízo ao erário.
(C) o enquadramento por prática de conduta prevista no artigo 10 da Lei nº 8.429/92, prescinde da análise da intenção do agente administrativo por ocasião da prática do ato.
(D) o ato ou omissão que acarrete enriquecimento ilícito necessariamente violará os princípios constitucionais da Administração, podendo o juiz, ao impor as sanções, fazer adequada dosimetria, desde que aplique todas as sanções previstas para o tipo mais grave.
(E) não configura improbidade administrativa a conduta do servidor público que, ciente do obrar ilícito, de colega ímprobo, de mesma hierarquia, não comunica o fato a superior hierárquico.

A: incorreto, pois quando o advogado público exara parecer vinculante, emite verdadeira decisão administrativa, respondendo, sim, por ato de improbidade administrativa (ex: art. 38 da Lei 8.666/93); B: correto, pois é necessário comprovar conduta culposa ou dolosa (art. 10, caput, da Lei 8.429/92); C: incorreto, pois o elemento subjetivo (culpa ou dolo) é elemento necessário à configuração do ato de improbidade administrativa (art. 10, caput, da Lei 8.429/92); D: incorreto, pois o STJ entende que as sanções previstas no art. 12 da Lei 8.429/92 não podem ser cumuladas de modo indistinto, em obediência ao princípio da proporcionalidade (REsp 626.204/RS, DJ 06.09.2007); assim, o juiz não é obrigado a impor todas as sanções cumulativamente, devendo fazê-lo somente quando absolutamente necessário; E: incorreta, pois a situação pode configurar violação a princípios da Administração (art. 11 da Lei 8.429/92), tendo em vista que não age de forma leal à Administração o servidor que, ciente da situação narrada, não comunica o fato ao superior hierárquico; ademais, é comum que os Estatutos de Funcionário Público estabeleçam o dever legal de fazer essa comunicação, o que, em acontecendo no caso concreto, também fará com que se configure violação ao princípio da legalidade, situação que também faz configurar a violação a princípios da Administração. Gabarito "B".

(Ministério Público/MG – 2010.2) A condenação por atos de improbidade administrativa que importem enriquecimento ilícito pela percepção de qualquer tipo de vantagem patrimonial indevida em razão do exercício de cargo, mandato, função, emprego ou atividade nas entidades mencionadas no art. 1º da Lei de Improbidade Administrativa (Lei Federal n. 8.429/97), inclui as seguintes condutas, EXCETO,

(A) utilizar, em obra ou serviço particular, veículos, máquinas, equipamentos ou material de qualquer natureza, de propriedade ou à disposição de qualquer das entidades mencionadas no art. 1º da Lei n. 8.629/92, bem como o trabalho de servidores públicos, empregados ou terceiros contratados por essas entidades.
(B) permitir que se utilizem, em obra ou serviço particular, veículos, máquinas, equipamentos ou material de qualquer natureza, de propriedade ou à disposição de qualquer das entidades.
(C) adquirir, para si ou para outrem, no exercício de mandato, cargo, emprego ou função pública, bens de qualquer natureza cujo valor seja desproporcional à evolução do patrimônio ou à renda do agente público.
(D) aceitar emprego, comissão ou exercer atividade de consultoria ou assessoramento para pessoa física ou jurídica que tenha interesse suscetível de ser atingido ou amparado por ação ou omissão decorrente das atribuições do agente público, durante a atividade.

A: correto (art. 9º, IV, da Lei 8.429/92); B: incorreto, pois, nesse caso, pratica-se ato de improbidade na modalidade *prejuízo ao erário* (art. 10, II, da Lei 8.429/92); C: correto (art. 9º, VII, da Lei 8.429/92); D: correto (art. 9º, VIII, da Lei 8.429/92). Gabarito "B".

(Ministério Público/MG - 2008) Sobre a Lei de Improbidade Administrativa - LIA (Lei nº 8.429/92), é INCORRETO afirmar que:

(A) adquirir, para si ou para outrem, no exercício de mandato, cargo, emprego ou função pública, bens de qualquer natureza cujo valor seja desproporcional à evolução do patrimônio ou à renda do agente público é considerado ato de improbidade administrativa que importa enriquecimento ilícito.
(B) a ofensa pelo agente público ao princípio da legalidade, por si só, caracteriza-se como ato de improbidade administrativa que atenta contra princípio da Administração Pública e que também causa prejuízo ao erário.
(C) é vedada a conciliação nas ações fundadas na LIA.
(D) a Fazenda Pública, quando for o caso, promoverá as ações necessárias à complementação do ressarcimento do patrimônio público.
(E) a mera negativa de publicidade a ato oficial por agente público pode ser considerada ato de improbidade administrativa.

A: correto (art. 9º, VII, da Lei 8.429/92); B: incorreto, pois a modalidade prevista no art. 11 da Lei 8.429/92 exige que a violação do princípio decorra de conduta dolosa; C: correto (art. 17, § 1º, da Lei 8.429/92); D: correto (art. 17, § 2º, da Lei 8.429/92); E: correto (art. 11, IV, da Lei 8.429/92). Gabarito "B".

(Ministério Público/PR – 2011) É INCORRETO AFIRMAR QUE:

(A) O dano ao patrimônio público não é o substrato legitimador das sanções aplicáveis aos autores de atos de improbidade administrativa e aos respectivos beneficiários, uma vez que é elemento prescindível à configuração da improbidade;
(B) A indisponibilidade de bens na ação civil pública por ato de improbidade, recairá sobre bens que assegurem o integral ressarcimento do dano, ou sobre o acréscimo patrimonial resultante do enriquecimento ilícito;
(C) Para a caracterização do ato de improbidade administrativa que importa enriquecimento ilícito, há necessidade de que, na contrapartida da vantagem patrimonial auferida pelo agente, sobrevenha também decréscimo patrimonial do erário;
(D) No caso de percepção de vantagem indevida ou de aceitação de promessa de tal vantagem que não se revista de caráter econômico, nem mesmo de maneira indireta, a improbidade não será subsumível à hipótese de enriquecimento ilícito, admitindo-se, porém, o enquadramento do ato ímprobo na hipótese em que resulte prejuízo patrimonial para o erário ou reste caracterizada violação a princípio norteador da administração pública;
(E) A autoridade judicial ou administrativa competente poderá determinar o afastamento do agente público, a quem é imputada a prática de ato de improbidade, do exercício do cargo, emprego ou função, sem prejuízo da remuneração, quando a medida se fizer necessária à instrução processual.

A: assertiva correta (art. 21, I, da Lei 8.429/92); B: assertiva correta (art. 7º, p. ún., da Lei 8.429/92); C: assertiva incorreta, devendo ser assinalada; não é necessário prejuízo ao erário para a configuração do ato de improbidade (art. 21, I, da Lei 8.429/92); D: assertiva correta, pois o art. 9º da Lei 8.429/92 exige vantagem *patrimonial* indevida, o que não impede que o fato se enquadre nas modalidades dos arts. 10 e 11 da Lei 8.429/92; E: assertiva correta (art. 20, p. ún., da Lei 8.429/92). Gabarito "C".

(Ministério Público/PR – 2009) Assinale a alternativa INCORRETA:

(A) Ao particular que, juntamente com agente público, frustra a licitude de processo licitatório, pode ser aplicada a sanção de suspensão dos direitos políticos, pelo prazo de 05 (cinco) a 08 (oito) anos, conforme disposições da Lei n.º 8.429/92;
(B) O Prefeito Municipal que realiza operação financeira sem a observância das normas legais e regulamentares pode receber as sanções previstas na Lei n.º 8.429/92, ainda que suas contas tenham sido aprovadas pelo Tribunal de Contas do Estado;

(C) Constitui ato de improbidade administrativa que importa em enriquecimento ilícito adquirir o funcionário público, no exercício da função pública, bem imóvel cujo valor seja desproporcional à sua renda ou evolução patrimonial, sujeitando-lhe, dente outras, às sanções de perda do bem acrescido ilicitamente ao patrimônio e perda da função pública;
(D) A posse e o exercício do agente público ficam condicionados à apresentação de declaração dos bens e valores que compõem o seu patrimônio privado, inclusive do cônjuge ou companheiro, se casado ou vivendo em união estável, que deve ser atualizada anualmente, punindo-se com demissão aquele que a prestar falsamente;
(E) A mera circunstância de entidade privada, com regime jurídico de direito privado, receber subvenções ou incentivos de órgão público não torna os seus dirigentes sujeitos às penalidades da Lei n.º 8.429/92.

A: correta (art. 10, VIII, c/c 12, II, da Lei 8.429/92); B: correta (art. 21, II, da Lei 8.429/92); C: correta (art. 9º, VII, c/c art. 12, I, da Lei 8.429/92); D: correta (art. 13, §§ 1º a 3º, da Lei 8.429/92); E: incorreta (art. 1ª, parágrafo único, da Lei 8.429/92). Gabarito "E".

(Ministério Público/PR – 2008) Assinale a alternativa correta:

(A) As disposições da Lei da Improbidade Administrativa são aplicáveis somente ao agente público, conceituado como aquele que exerce, ainda que transitoriamente ou sem remuneração, mandato, cargo, emprego ou função pública.
(B) Os atos de improbidade administrativa são classificados nos que importam em enriquecimento ilícito e nos que causam prejuízo ao erário, sendo que a mera ofensa aos princípios da administração pública não configura ato de improbidade, pois não provoca lesão, propriamente dita, ao patrimônio público.
(C) O empenho, indispensável para a realização de despesas, é o ato que cria para o Estado obrigação de pagamento, pendente ou não de implemento de condição.
(D) A liquidação da despesa consiste no pagamento de determinada obrigação pela administração pública.
(E) É vedado ao ocupante de cargo eletivo, em qualquer hipótese, nos últimos dois quadrimestres do seu mandato, contrair obrigação de despesa que não possa ser cumprida integralmente dentro dele, ou que tenha parcelas a serem pagas no exercício seguinte.

A: incorreta (arts. 2º e 3º da Lei 8.429/92); B: incorreta (art. 11 da Lei 8.429/92); C: correta (arts. 58 e 60 da Lei 4.320/64); D: incorreta (art. 63 da Lei 4.320/64); E: incorreta (art. 42 da Lei Complementar 101/00). Gabarito "C".

(Ministério Público/SP – 2006) Em relação aos atos de improbidade administrativa descritos na Lei n. 8.429/92, analise as seguintes afirmações e assinale a alternativa correta:

I. Somente se caracterizam como atos de improbidade as condutas que importem em enriquecimento ilícito ou prejuízo ao erário.
II. Somente são aplicáveis as disposições da lei de improbidade aos agentes públicos, tal como definidos no corpo do mencionado texto legal.
III. As disposições da lei de improbidade são aplicáveis àquele que, mesmo não sendo agente público, induza ou concorra para a prática do ato de improbidade ou dele se beneficie.

(A) Apenas a afirmativa I é correta.
(B) As afirmativas I e II são corretas.
(C) Apenas a afirmativa II é correta.
(D) As afirmativas I e III são corretas.
(E) Apenas a afirmativa III é correta.

I: incorreta (art. 11 da Lei 8.429/92); II: incorreta (art. 3º da Lei 8.429/92); III: correta (art. 3º da Lei 8.429/92). Gabarito "E".

(Procurador do Estado/CE – 2008 – CESPE) Francisco, presidente de determinada autarquia estadual, contratou os serviços de vigilância da empresa Zeta, com dispensa de licitação, argumentando que não havia tempo hábil para realizar procedimento licitatório e que a autarquia não poderia ficar sem aquele serviço. Posteriormente, descobriu-se que a empresa Zeta pertencia a Carlos, amigo de Francisco, e que a emergência alegada fora criada intencionalmente pelo próprio agente público, que deixou de iniciar processo licitatório mesmo ciente de que o contrato anterior estava prestes a vencer. Os valores pagos à empresa Zeta eram 50% maiores que os preços praticados no mercado. Descobriu-se, também, que Carlos depositara valores em dinheiro nas contas de Francisco. Diante desses fatos, o governador demitiu Francisco da presidência da autarquia e o Ministério Público (MP) do estado denunciou-o, juntamente com Carlos, por crimes de dispensa ilegal de licitação e corrupção. Com base nessa situação hipotética, assinale a opção correta.

(A) Francisco não poderá ser processado por improbidade administrativa com base na Lei n.º 8.429/1992 porque, em razão da demissão, não será considerado mais agente público.
(B) Carlos não pode ser sujeito passivo da ação de improbidade administrativa de que trata a Lei n.º 8.429/1992.
(C) A ação de improbidade administrativa só poderá ser ajuizada se ficar constatado prejuízo financeiro aos cofres públicos.
(D) A ação de improbidade administrativa poderá ser proposta pelo MP ou pela pessoa jurídica interessada. Caso a ação seja ajuizada pelo MP, a pessoa jurídica interessada poderá atuar ao lado do autor da ação ou abster-se de contestar o pedido, desde que isso se afigure útil ao interesse público.
(E) Caso os envolvidos procurem o MP ou os representantes da pessoa jurídica lesada e proponham a recomposição dos prejuízos causados, as partes poderão realizar transação com o objetivo de extinguir a ação de improbidade administrativa.

A: incorreta (arts. 2º e 3º da Lei 8.429/92); B: incorreta (art. 3º da Lei 8.429/92); C: incorreta, pois há casos que não exigem prejuízo ao erário (v. art. 11, p. ex.); D: correta (art. 17, caput e § 3º, da Lei 8.429/92); E: incorreta (art. 17, § 1º, da Lei 8.429/92). Gabarito "D".

(Defensoria/MT – 2009 – FCC) Considere três diferentes atos praticados por agente público:

I. negar publicidade aos atos oficiais;
II. agir negligentemente na arrecadação de tributo ou renda, bem como no que diz respeito à conservação do patrimônio público;
III. perceber vantagem econômica para intermediar a liberação ou aplicação de verba pública de qualquer natureza.

Em tese, por força do disposto na Lei nº 8.429/92, o agente está sujeito às cominações de "perda dos bens ou valores acrescidos ilicitamente ao patrimônio, ressarcimento integral do dano, quando houver, perda da função pública, suspensão dos direitos políticos de oito a dez anos, pagamento de multa civil de até três vezes o valor do acréscimo patrimonial e proibição de contratar com o Poder Público ou receber benefícios ou incentivos fiscais ou creditícios, direta ou indiretamente, ainda que por intermédio de pessoa jurídica da qual seja sócio majoritário, pelo prazo de dez anos",

(A) apenas na hipótese I.
(B) apenas na hipótese II.
(C) apenas na hipótese III.
(D) em nenhuma das hipóteses, I, II ou III.
(E) em todas as hipóteses, I, II e III.

As sanções previstas no enunciado dizem respeito à modalidade de improbidade "enriquecimento ilícito do agente" (art. 12, I, da Lei 8.429/92), de modo que somente a hipótese III (art. 9º, IX, da Lei 8.429/92) a elas se encaixa. Gabarito "C".

(Delegado/GO – 2009 – UEG) Diante do comando da Lei n. 8.429/92, que dispõe sobre as condutas que configuram a improbidade administrativa e as sanções aplicáveis, é CORRETO afirmar:

(A) face ao princípio de proporcionalidade, as sanções de perda da função pública, a suspensão dos direitos políticos, a proibição de contratar com o Poder Público ou receber benefícios ou incentivos fiscais ou creditícios e o pagamento de multa civil poderão ser aplicadas de forma isolada.

(B) estão excluídos da responsabilização aqueles que não possuem vínculo efetivo ou em comissão com a Administração Pública, diante da definição de agente público para fim de incidência da Lei de Improbidade Administrativa.
(C) a pessoa jurídica beneficiada pelo ato de improbidade não pode ser responsabilizada pelas sanções previstas, apenas a(s) pessoa(s) que por ela respondem.
(D) a aplicação das sanções previstas na Lei n. 8.429/92 aos gestores públicos está condicionada à rejeição das contas pelo Tribunal de Contas.

A: correta, nos termos da jurisprudência do STJ (REsp 626.204/RS, DJ 06.09.07); B: incorreta, pois a definição de agente público inclui aqueles que têm vínculo de *mandato, emprego público* e outros (art. 2º da Lei 8.429/92); C: incorreta (art. 3º da Lei 8.429/92); D: incorreta (art. 21, II, da Lei 8.429/92). Gabarito "A".

(Delegado/SC – 2008) Complete as lacunas na frase a seguir e assinale a alternativa correta. No caso de desapropriação de imóveis urbanos por descumprimento das normas municipais de parcelamento, edificação e utilização do solo, o chefe do Executivo _____ em improbidade administrativa, _____, caso o Município deixe de realizar o adequado aproveitamento do imóvel no prazo máximo de _____ anos, a partir da incorporação ao patrimônio público.

(A) não incorrerá - mas estará sujeito às demais sanções cabíveis - 5 (cinco)
(B) incorrerá - excluindo-se quaisquer outras sanções porventura cabíveis - 2 (dois)
(C) incorrerá - sem prejuízo de outras sanções cabíveis - 5 (cinco)
(D) incorrerá - sem prejuízo de outras sanções cabíveis - 2 (dois)

Art. 52, II, da Lei 10.257/01. Gabarito "C".

(Delegado/SC – 2008) Analise as alternativas a seguir. Todas estão corretas, exceto a:

(A) O Presidente da República é passível de processo por crime de responsabilidade, por atos que atentem contra a probidade na Administração.
(B) Negar publicidade a atos oficiais e frustrar a licitude de concurso público não caracterizam crimes de improbidade administrativa, pois a conduta não lesa o erário público e não importa em enriquecimento ilícito ou proveito próprio ou de terceiro.
(C) A Lei nº 8.429/92 caracteriza como de improbidade administrativa os atos que importam em enriquecimento ilícito e que acarretam prejuízo ao erário. Os agentes públicos em geral estão sujeitos a penas, tais como a perda da função pública, a indisponibilidade dos bens e o ressarcimento ao erário, na forma e gradação indicadas pela lei.
(D) A Lei nº 8.429/92 inseriu, nos casos de improbidade administrativa, condutas que não implicam necessariamente locupletamento de caráter financeiro ou material, como por exemplo, retardar ou deixar de praticar indevidamente ato de ofício.

A: correta (art. 85, V, da CF); B: incorreta (arts. 11, IV e V, da Lei 8.429/92); C: correta (arts. 9º, 10 e 12 da Lei 8.429/92); D: correta (art. 11, II, da Lei 8.429/92.) Gabarito "B".

(Procurador da Fazenda Nacional – 2007.2 – ESAF) A Lei n. 8.429/92 regula os atos de improbidade administrativa contra os agentes públicos. Cláudia aceita suborno para assinar contrato superfaturado. À luz do previsto nos arts. 9, 10 e 11 da referida Lei e na legislação penal comum e especial, assinale a opção incorreta quanto ao enquadramento da referida conduta.

(A) Não há tipificação de improbidade administrativa na hipótese.
(B) Enquadra-se no artigo 10, que trata dos atos de improbidade administrativa que causam prejuízo ao erário.
(C) Enquadra-se no artigo 11, que aborda os atos de improbidade administrativa que atentam contra os princípios da administração pública.
(D) Enquadra-se no artigo 9, que prevê os atos de improbidade administrativa que importam em enriquecimento ilícito.
(E) Há improbidade administrativa e crime.

Há improbidade administrativa, caracterizadas as três modalidades, e crime de corrupção passiva. Gabarito "A".

(MAGISTRATURA DO TRABALHO – 1ª REGIÃO – 2010 – CESPE) Com relação à improbidade administrativa, assinale a opção correta de acordo com a disciplina da Lei n.º 8.429/1992.

(A) O particular que não tem vínculo com a administração pública somente pode sofrer as sanções previstas na Lei de Improbidade Administrativa se for beneficiário direto do ato de improbidade.
(B) Qualquer cidadão pode representar administrativamente para que seja instaurada investigação destinada a apurar prática de ato de improbidade, e a comissão processante responsável pela apuração deve dar conhecimento do procedimento administrativo ao MP e ao respectivo tribunal ou conselho de contas.
(C) Apenas as entidades nas quais o poder público concorra com mais de 50% do patrimônio ou da receita anual sujeitam-se às penalidades previstas na Lei n.º 8.429/1992, sejam elas regidas pelo direito público ou pelo direito privado.
(D) Apenas o MP dispõe de legitimidade para ajuizar ação visando à aplicação da sanção pela prática de ato que configure improbidade.
(E) A perda e o afastamento, ainda que provisório, de cargo, emprego ou função pública, e a suspensão dos direitos políticos, em razão da prática de ato de improbidade, somente podem efetivar-se após o trânsito em julgado da sentença condenatória.

A: incorreta, pois o particular pode sofrer as sanções quando for beneficiário direto ou *indireto* do ato de improbidade ou quando *induzir* ou *concorrer* para a prática deste (art. 3º da Lei 8.429/92); B: correta (arts. 14, *caput*, e 15, *caput*, da Lei 8.429/92); C: incorreta, pois "estão também sujeitos às penalidades desta lei os atos de improbidade praticados contra o patrimônio de entidade que receba subvenção, benefício ou incentivo, fiscal ou creditício, de órgão público, bem como daquelas para cuja criação ou custeio o erário haja concorrido ou concorra **com menos de cinquenta por cento** do patrimônio ou da receita anual, limitando-se, nestes casos, a sanção patrimonial à repercussão do ilícito sobre a contribuição dos cofres públicos" (g.n.); D: incorreta, pois a pessoa jurídica interessada também tem legitimidade (art. 17, *caput*, da Lei 8.429/92); assim, se um fiscal ou um procurador municipal comete ato de improbidade, o Município correspondente poderá ingressar com ação de improbidade contra tais agentes; E: incorreta, pois o afastamento provisório pode se dar antes do trânsito em julgado; apenas a perda da função pública e a suspensão dos direitos políticos se efetivam só após o trânsito em julgado da sentença condenatória (art. 20 da Lei 8.429/92). Gabarito "B".

(Ministério Público do Trabalho – 13º) É ato de improbidade administrativa que atenta contra os princípios da Administração Pública:

(A) frustrar a licitude de processo licitatório ou dispensá-lo indevidamente;
(B) perceber vantagem econômica para intermediar a liberação ou aplicação de verba pública;
(C) deixar de prestar contas quando esteja obrigado a fazê-lo;
(D) celebrar contrato ou outro instrumento que tenha por objeto a prestação de serviços públicos por meio de gestão associada sem observar as formalidades previstas na lei;
(E) não respondida.

Art. 11, VI, da Lei 8.429/92. Gabarito "C".

6.2. SANÇÕES E PROVIDÊNCIAS CAUTELARES

(Magistratura/AL – 2008 – CESPE) Servidor público da prefeitura de determinada cidade do interior dispensou procedimento licitatório, fora das hipóteses legais, para a contratação de empresa prestadora de serviço de limpeza e conservação. Em decorrência desse fato, o MP ajuizou ação de improbidade administrativa contra o servidor, imputando-lhe conduta prevista no art. 10, inciso VIII, da Lei n.º 8.429/1993. Esse artigo expressa diretamente que constitui ato de improbidade administrativa que causa lesão ao erário qualquer ação ou omissão, dolosa ou culposa, que enseje perda patrimonial, desvio, apropriação, malbaratamento ou dilapidação dos bens ou haveres das entidades referidas no art. 1.º da Lei de Improbidade, e, notadamente, frustração da licitude de processo licitatório ou sua dispensa indevida.

Considerando a situação hipotética descrita no texto, nos termos da Lei de Improbidade, caso esse servidor seja condenado, a pena a ser imposta a ele é a de

(A) suspensão dos direitos políticos de oito a dez anos.
(B) proibição de contratar com o poder público, pelo prazo de dez anos.

(C) declaração de inidoneidade pelo prazo de cinco anos.
(D) pagamento de multa civil de até duas vezes o valor do dano.
(E) aposentadoria compulsória com vencimentos proporcionais.

Art. 12, II, da Lei 8.429/92. Gabarito "D".

(Magistratura/MT – 2009 – VUNESP) José, funcionário público, recebeu dinheiro para deixar de tomar determinada providência a que estava obrigado em decorrência do cargo que ocupa. Assim sendo, em virtude da Lei de Improbidade Administrativa, José estará sujeito, entre outras, à pena de

(A) perda dos bens ou valores acrescidos ilicitamente ao patrimônio.
(B) pagamento de multa civil de até dez vezes o valor do seu acréscimo patrimonial.
(C) cassação dos seus direitos políticos.
(D) suspensão dos direitos políticos por um prazo de cinco a oito anos.
(E) suspensão da função pública.

A: correta (art. 9º, I, c/c art. 12, I, da Lei 8.429/92); B: incorreta, pois a multa é de até 3 vezes o valor do acréscimo patrimonial (art. 12, I, da Lei 8.429/92); C: incorreta, pois a pena é de *suspensão* dos direitos políticos, e não de *cassação* dos direitos políticos (art. 12, I, da Lei 8.429/92); D: incorreta, pois a suspensão se dará de *8 a 10 anos* (art. 12, I, da Lei 8.429/92); E: incorreta, pois a pena é de *perda* da função pública (art. 12, I, da Lei 8.429/92). Gabarito "A".

(Magistratura/RS – 2009) Entre o feixe de sanções passíveis de aplicação ao servidor público que pratica ato de improbidade encontram-se

(A) a perda da função pública e a proibição de comerciar.
(B) a perda da função pública e dos direitos políticos.
(C) a suspensão dos direitos políticos e a declaração pública de idoneidade.
(D) a indisponibilidade dos bens e a perda dos direitos políticos.
(E) a suspensão dos direitos políticos e a perda da função pública.

A: incorreta, pois não existe a sanção de *proibição de comerciar*, apesar de existir a sanção de *proibição de contratar com o Poder Público* (art. 12 da Lei 8.429/92); B: incorreta, pois não há *perda dos direitos políticos* (art. 12 da Lei 8.429/92); C: incorreta, pois não há *declaração pública de idoneidade* (art. 12 da Lei 8.429/92); D: incorreta, pois não há *perda* dos direitos políticos (art. 12 da Lei 8.429/92); E: correta (art. 12 da Lei 8.429/92). Gabarito "E".

(Ministério Público/BA – 2005) Tocante à Lei de Improbidade Administrativa (Lei nº 8.429/92), assinale a alternativa correta:

(A) A aplicação das sanções penais e civis depende da rejeição das contas pelo Órgão de Controle Interno ou pelo Tribunal ou Conselho de Contas.
(B) Durante a instrução processual, a autoridade administrativa pode determinar o afastamento de agente público do exercício do cargo.
(C) A perda da função pública exige a efetiva ocorrência de dano ao patrimônio público e só se concretizará após o trânsito em julgado da sentença condenatória, segundo disposição expressa do artigo 20, da lei supra referida.
(D) O afastamento do agente público do exercício do cargo poderá ser efetuado pela autoridade judiciária apenas com o trânsito em julgado da sentença condenatória.
(E) As alternativas C e D estão corretas.

A: incorreta (art. 21, II, da Lei 8.429/92); B: correta (art. 20, parágrafo único, da Lei 8.429/92); C: incorreta (art. 20 da Lei 8.429/92); D: incorreta (art. 20, parágrafo único, da Lei 8.429/92); E: incorreta, pois somente a alternativa "B" está correta. Gabarito "B".

(Ministério Público/ES – 2010 – CESPE) Com referência à improbidade administrativa, tendo em vista o disposto na Lei n.º 8.429/1992, assinale a opção correta.

(A) A aplicação das sanções previstas na Lei de Improbidade depende da efetiva ocorrência de dano ao patrimônio público.
(B) A ação de improbidade, quando proposta pelo MP, há que ser obrigatoriamente precedida de inquérito civil público.
(C) As ações de improbidade devem ser propostas no prazo de cinco anos, contados da prática do ilícito que enseje sua propositura.
(D) A autoridade judicial ou administrativa competente poderá determinar o afastamento do agente público do exercício do cargo, emprego ou função, sem prejuízo da remuneração, quando a medida se fizer necessária à instrução processual.
(E) Não sendo a ação de improbidade proposta pelo MP, terá ele a opção de atuar, ou não, no processo, a critério de seu representante.

A: incorreta, pois as modalidades de enriquecimento ilícito do agente (art. 9º da Lei 8.429/92) e de violação a princípios da Administração (art. 11 da Lei 8.429/92) não dependem da efetiva ocorrência de dano ao patrimônio público, ao contrário da modalidade prevista no art. 10 da Lei 8.429/92; B: incorreta, pois o inquérito civil é mera peça informativa, de modo que, caso o órgão do Ministério Público já tenha elementos para ingressar com a ação civil pública, independentemente da instauração de inquérito civil, a ação poderá ser promovida; C: incorreta, pois, caso se trate de agente efetivo, o prazo prescricional é contado segundo o que dispõe o Estatuto de Funcionário Público local para a pena de demissão a bem do serviço público, e, caso se trate de agente com vínculo transitório (cargo em comissão, mandato), o prazo de 5 anos é contado do término do vínculo (art. 23 da Lei 8.429/92); D: correta (art. 20, parágrafo único, da Lei 8.429/92); E: incorreta, pois, nesse caso, o Ministério Público atuará obrigatoriamente como fiscal da lei, sob pena de nulidade (art. 17, § 4º, da Lei 8.429/92). Gabarito "D".

(Ministério Público/MG – 2010.2) São consideradas sanções pela prática de atos de improbidade administrativa, EXCETO,

(A) perda dos direitos políticos.
(B) ressarcimento integral dos danos causados ao erário.
(C) pagamento de multa civil até 3 (três) vezes o valor do acréscimo patrimonial indevidamente auferido pelo agente.
(D) proibição de contratar com o Poder Público ou receber benefícios ou incentivos fiscais ou creditícios, ainda que indiretamente, inclusive por intermédio de pessoa jurídica da qual seja o agente sócio majoritário, pelo prazo de 10 (dez) anos.

O art. 12 da Lei 8.429/92 traz todas as sanções mencionadas nas alternativas, à exceção da sanção de *perda dos direitos políticos*, pois a sanção correspondente é de *suspensão* dos direitos políticos. Gabarito "A".

(Ministério Público/MS – 2011 – FADEMS) Analise as afirmativas abaixo relacionadas referente à Lei de Improbidade Administrativa (Lei nº 8.429/92):

I. A condenação pela prática de ato de improbidade administrativa que causa lesão ao erário por qualquer ação ou omissão, dolosa ou culposa, que enseje perda patrimonial, desvio, apropriação, malbaratamento ou dilapidação dos bens ou haveres das entidades mencionadas no art. 1º da Lei nº 8.429/92 inclui a conduta de utilizar, em obra ou serviço particular, veículos, máquinas, equipamentos ou material de qualquer natureza, de propriedade ou à disposição de qualquer das entidades mencionadas no art. 1º da Lei nº 8.429/92, bem como o trabalho de servidores públicos, empregados ou terceiros contratados por essas entidades.

II. A condenação pela prática de ato de improbidade administrativa que atenta contra os princípios da administração pública consistente em qualquer ação ou omissão que viole deveres de honestidade, imparcialidade, legalidade e lealdade às instituições inclui a conduta de negar publicidade a atos oficiais.

III. A indisponibilidade de bens prevista no art. 7º da Lei nº 8.429/92 recairá somente sobre bens que assegurem o integral ressarcimento do dano.

IV. São consideradas sanções aplicáveis pela prática de atos de improbidade administrativa, entre outras: a perda dos bens ou valores acrescidos ilicitamente ao patrimônio, o ressarcimento integral do dano, o pagamento de multa civil de até três vezes o valor do acréscimo patrimonial, a perda dos direitos políticos e a proibição de contratar com Poder Público ou receber benefícios ou incentivos fiscais ou creditícios, direta ou indiretamente, ainda que por intermédio de pessoa jurídica da qual seja sócio majoritário, pelo prazo de cinco anos.

A análise permite concluir que:

(A) apenas a afirmativa III está correta;
(B) apenas a afirmativa IV está incorreta;

(C) a afirmativa II está correta e a afirmativa I está incorreta;
(D) as afirmativas I e III estão corretas;
(E) as afirmativas II e IV estão incorretas.

I: incorreta, pois quando o agente UTILIZA tais veículos, máquinas e equipamentos, o caso de é de improbidade por enriquecimento ilícito (art. 9º, IV, da Lei 8.429/92); já quando o agente PERMITE QUE SE UTILIZE, aí sim é que teríamos improbidade por prejuízo ao erário (art. 10, XIII, da Lei 8.429/92); II: correta (art. 11, *caput* e IV, da Lei 8.429/92); III: incorreta, pois também recairá sobre o acréscimo patrimonial resultante do enriquecimento ilícito (art. 7º, p. ún., da Lei 8.429/92); IV: incorreta, pois não existe perda dos direitos políticos, mas apenas a suspensão dos direitos políticos (art. 12 da Lei 8.429/92). Gabarito "C".

(Ministério Público/MS – 2011 – FADEMS) Aponte a alternativa **correta**: No tocante às sanções previstas na Lei n.º 8.429/92, pode-se afirmar:

(A) quando aplicadas não admitem cumulação com as penas previstas no Código Penal Brasileiro;
(B) quando aplicadas não admitem cumulação com as sanções previstas no caso de faltas disciplinares cometidas por agente público que exerça cargo efetivo ou emprego, previstas em lei específica;
(C) sua aplicação independe da efetiva ocorrência do dano ao patrimônio público, salvo quanto à pena de ressarcimento;
(D) sua aplicação depende da aprovação ou rejeição das contas pelo órgão de controle interno ou pelo Tribunal ou Conselho de Contas;
(E) sua aplicação independe da efetiva ocorrência do dano ao patrimônio público, salvo quanto à pena de suspensão dos direitos políticos.

A e B: incorretas, pois as sanções de improbidade são aplicadas "independentemente das sanções penais, civis e administrativas previstas na legislação específica" (art. 12, caput, da Lei 8.429/92); C: correta (art. 21, I, da Lei 8.429/92); D: incorreta, pois a aplicação das sanções INDEPENDE da aprovação ou rejeição de contas mencionados (art. 21, II, da Lei 8.429/92); E: incorreta, pois também não é necessário ocorrência de dano ao patrimônio público para aplicar a pena de suspensão dos direitos políticos (art. 21, I, da Lei 8.429/92). Gabarito "C".

(Ministério Público/PR – 2011) CONSIDERANDO AS SEGUINTES ASSERTIVAS:

I. O ressarcimento do dano ao erário pode ser pleiteado pelo Ministério Público através de ação civil pública, sendo imprescritível;
II. Caracterizada a prática de improbidade administrativa, o ressarcimento do dano deve ser aplicado em conjunto com uma ou mais medidas sancionatórias, pois, isoladamente, não tem caráter de sanção;
III. A aplicação das sanções previstas na Lei n.º 8.429/92 (Lei de Improbidade Administrativa) independe da aprovação ou rejeição das contas pelo Tribunal de Contas do Estado;
IV. A improbidade, embora nem sempre esteja consubstanciada num ato administrativo em sentido formal, é um vício invencível deste e, portanto, determinante de sua nulificação quando der causa ou causar prejuízo ao ato administrativo;
V. A improbidade, quando apenas conexa ao ato administrativo e a ele não acarretar prejuízo, não gera sua nulidade;

É POSSÍVEL AFIRMAR:

(A) Somente as assertivas I, II e III estão corretas;
(B) Somente as assertivas III, IV e V estão corretas;
(C) Somente as assertivas II e V estão corretas;
(D) Todas as assertivas estão incorretas;
(E) Todas as assertivas estão corretas.

I: correta, pois o STF entende que é imprescritível a pretensão de ressarcimento do erário pela prática de ato ilícito (que inclui a prática de ato de improbidade administrativa), conforme o art. 37, § 5º, da CF; II: correta, pois o art. 12, caput, da Lei 8.429/92 dispõe que as sanções podem ser aplicadas isolada ou cumulativamente; III: correta (art. 21, II, da Lei 8.429/92); IV: correta, pois a tipificação de um ato como de improbidade vicia este ato de maneira insanável; prova disso é que sequer é possível transação, acordo ou conciliação na ação de improbidade (art. 17, § 1º, da Lei 8.429/92); V: correta, pois, no caso, não há vício no ato administrativo. Gabarito "E".

(Ministério Público/SC – 2010) Analise os itens que seguem:

I. Na hipótese do artigo 10, são previstas as seguintes sanções: ressarcimento integral do dano; perda dos bens ou valores acrescidos ilicitamente ao patrimônio, se concorrer essa circunstância; perda da função pública; suspensão dos direitos políticos de cinco a oito anos; pagamento de multa civil de até duas vezes o valor do dano; e proibição de contratar com o Poder Público ou receber benefício ou incentivos fiscais ou creditícios, direta ou indiretamente, ainda que por intermédio de pessoa jurídica da qual seja sócio majoritário, pelo prazo de cinco anos.
II. Quando o agente público, deixa de prestar contas ao Tribunal de Contas, não está sujeito as penalidades da LIA, por se tratar de ato meramente formal e administrativo.
III. Segundo a lei n. 8.429/1992, a autoridade judicial ou administrativa competente poderá determinar o afastamento do agente publico do exercício do cargo, emprego ou função, com prejuízo da remuneração, quando a medida se fizer necessária a instrução processual.
IV. A ação de ressarcimento ao erário, prescreve em 20 anos.
V. Para os servidores públicos detentores de cargo efetivo ou emprego público, a LIA determina o prazo de 05 (cinco) anos, a partir da prática do ato, para o início da contagem do prazo prescricional.

(A) Apenas as assertivas I, II, III e IV estão incorretas.
(B) Apenas as assertivas II, III e IV estão incorretas.
(C) Apenas as assertivas II, III, IV e V estão incorretas.
(D) Apenas as assertivas I, II, III e V estão incorretas.
(E) Todas as assertivas estão incorretas.

I: correta (art. 12, II, da Lei 8.429/92); II: incorreta, pois o caso revela improbidade na modalidade violação a princípios da administração (art. 11, VI, da Lei 8.429/92); III: incorreta, pois o afastamento é SEM prejuízo da remuneração (art. 20, p. ún., da Lei 8.429/92); IV: incorreta, pois a pretensão de ressarcimento ao erário, pelo cometimento de ato ilícito (o que inclui a prática de ato de improbidade), é imprescritível; V: incorreta, pois, para esses servidores, o prazo para aplicação das sanções de improbidade é o "previsto em lei específica para faltas disciplinares puníveis com demissão a bem do serviço público" (art. 23, II, da Lei 8.429/92), prazo esse que pode ou não coincidir como mencionado na afirmativa, a depender do texto previsto na legislação local (Estatuto dos Servidores Públicos local). Gabarito "C".

(Ministério Público/SP – 2011) Em relação à evolução patrimonial desproporcional à renda do agente público, considere as seguintes afirmações:

I. a apresentação de declaração de bens e valores que compõem o seu patrimônio, como condição para posse e exercício do agente público, constitui um mecanismo para monitoramento de sua evolução patrimonial, não atingindo, todavia, os detentores de mandato político;
II. é hipótese residual de enriquecimento ilícito, não dispensando, no entanto, a prova da prática ou abstenção de ato de ofício para caracterizar como inidôneo o enriquecimento do agente público;
III. a obrigatoriedade de atualização anual da declaração de bens do agente público se presta a seu controle, podendo ser satisfeita mediante a entrega de cópia da declaração prestada anualmente à Receita Federal;
IV. é significativa de uma presunção *juris tantum* da prática de improbidade administrativa, dispensando a prova do ato ímprobo, mas permitindo prova da licitude do acréscimo patrimonial reputado desproporcional pelo agente público.

Está correto apenas o contido em

(A) I e II.
(B) I e III.
(C) I e IV.
(C) II e III.
(E) III e IV.

I: incorreta, pois a lei não isenta os detentores de mandato político dessa obrigação (art. 13 da Lei 8.429/92); II: incorreta, pois essa hipótese DISPENSA a prova de prática ou abstenção de ato de ofício, sendo necessário, contudo, que o agente tenha adquirido, para si ou para outrem, bens ou valores de qualquer natureza cujo valor seja desproporcional à evolução patrimonial ou à renda do agente público (art. 9º, VII, da Lei 8.429/92); III: correta (art. 13, § 4º, da Lei 8.429/92); IV: correta, na visão do Ministério Público; todavia, como essa modalidade de improbidade administrativa requer dolo, há corrente que entende que não há presunção de improbidade, pois é necessário demonstrar a ocorrência do tipo previsto na lei e de seu elemento subjetivo, sendo que este ônus seria do autor da ação de improbidade. Gabarito "E".

(Procurador do Estado/RR – 2006 – FCC) A prática de ato de improbidade administrativa pode gerar

(A) o dever de ressarcimento ao Poder Público pelos prejuízos causados, desde que não tenha sido cometido ilícito penal, pois este, pela gravidade, absorve o ilícito civil.

(B) a suspensão dos direitos políticos e indisponibilidade dos bens, garantindo ao titular do mandato eletivo em curso que o conclua, somente após o quê poderá ser iniciado o processo para apuração das infrações.

(C) a responsabilidade civil do titular de mandato eletivo pelos atos praticados por seus subordinados, na esteira da responsabilidade do empregador por ato de seus empregados.

(D) sanção independente nas instâncias administrativa, civil e criminal, sem prejuízo da sanção específica pela prática do ato.

(E) o dever de ressarcir o erário pelos danos cometidos, desde que não se trate de servidor público, este que somente poderá ser processado por ilícito penal e administrativo.

A: incorreta, pois a responsabilização penal é independente da responsabilização por ato de improbidade administrativa (art. 12, caput, da Lei 8.429/92 e art. 37, § 4º, da CF); B: incorreta, pois não existe essa disposição; C: incorreta, pois não existe previsão legal de responsabilidade objetiva no caso, como ocorre na responsabilidade por fato de terceiro, prevista no Código Civil, do empregador em relação aos atos de seus empregados; D: correta (art. 12, caput, da Lei 8.429/92); E: incorreta (art. 5º da Lei 8.429/92). Gabarito "D".

(Delegado/RJ – 2009 – CEPERJ) Marque a opção em que se inclui norma incompatível com o sistema da Lei nº 8.429, de 2 de junho de 1992, que dispõe sobre as sanções aplicáveis às condutas de improbidade administrativa.

(A) A responsabilidade patrimonial daquele que causar lesão ao patrimônio público ou se enriquecer ilicitamente limitar-se ao valor da herança.

(B) Na fixação das penas previstas, o juiz levará em conta a extensão do dano causado, assim como o proveito patrimonial obtido pelo agente.

(C) As ações destinadas a levar a efeito as sanções previstas na Lei podem ser propostas no prazo de até cinco anos após o término do exercício do mandato, de cargo em comissão ou de função de confiança, ou dentro do prazo prescricional previsto em lei específica para faltas disciplinares puníveis com demissão a bem do serviço público, nos casos de exercício de cargo efetivo ou emprego.

(D) A aplicação das sanções previstas depende da efetiva ocorrência de dano ao patrimônio público, mas independe da aprovação ou rejeição das contas pelo órgão de controle interno ou pelo Tribunal ou Conselho de Contas.

(E) O agente público que sofra investigação por improbidade pode ser afastado do exercício do cargo, emprego ou função, sem prejuízo da remuneração, caso a medida se mostre necessária à instrução processual.

A: compatível (art. 8º da Lei 8.429/92); B: compatível (art. 12, parágrafo único, da Lei 8.429/92); C: compatível (art. 23 da Lei 8.429/92); D: incompatível (art. 21, I, da Lei 8.429/92); E: compatível (art. 20, parágrafo único, da Lei 8.429/92). Gabarito "D".

(Magistratura Federal/1ª Região – 2009 – CESPE) A respeito de improbidade administrativa, assinale a opção correta à luz da Lei n.º 8.429/1992.

(A) A ação de improbidade administrativa terá o rito ordinário e será proposta pelo MP ou pela pessoa jurídica interessada, dentro de sessenta dias da efetivação da medida cautelar.

(B) Sendo meramente culposa a conduta comissiva do agente público que ocasione prejuízo ao erário, isso não poderá ensejar responsabilização por improbidade administrativa.

(C) As ações destinadas a levar a efeito as sanções previstas na lei podem ser propostas em até três anos após o término do exercício de mandato, de cargo em comissão ou de função de confiança.

(D) Ao MP não é permitido efetuar transação, acordo ou conciliação nas ações de improbidade administrativa. Essa vedação, legalmente, não se aplica à fazenda pública, tendo em vista que o ajuste feito com o agente público infrator poderá ser economicamente vantajoso ao erário.

(E) Praticado ato de improbidade administrativa que importe enriquecimento ilícito, o responsável estará sujeito às seguintes cominações: perda dos bens ou valores acrescidos ilicitamente ao patrimônio; ressarcimento integral do dano, quando houver; perda da função pública; suspensão dos direitos políticos por período de oito a dez anos; pagamento de multa civil de até três vezes o valor do acréscimo patrimonial; e proibição de contratar com o poder público ou receber benefícios ou incentivos fiscais ou creditícios, direta ou indiretamente, ainda que por intermédio de pessoa jurídica da qual seja sócio majoritário, pelo prazo de dez anos.

A: incorreta, pois a ação deve ser proposta no prazo de 30 dias da efetivação da medida cautelar (art. 17, caput, da Lei 8.429/92); B: incorreta, pois, na modalidade de improbidade por prejuízo ao erário (art. 10 da Lei 8.429/92) admite-se que conduta dolosa ou culposa caracterize ato de improbidade administrativa; vale salientar que o STJ já pacificou entendimento no sentido de que as modalidades dos arts. 9º e 11 da Lei 8.429/92 requerem dolo para se configurar, ao passo que a modalidade do art. 10 se configura com conduta culposa ou dolosa (EREsp 875.163/RS, DJ 30/06/10); aproveitando o ensejo, vale lembrar que o STJ afastou qualquer tipo de responsabilidade objetiva em matéria de improbidade administrativa e vem esclarecendo que o dolo exigido é o dolo genérico, consistente na "vontade de realizar fato descrito na norma incriminadora" (REsp 765.212/AC, J. 02.03.10); C: incorreta, pois o prazo é de 5 anos (art. 23, I, da Lei 8.429/92); D: incorreta, pois é proibida a transação na ação por improbidade administrativa, seja quem for o autor dela (art. 17, § 1º, da Lei 8.429/92); E: correta (art. 12, I, da Lei 8.429/92). Gabarito "E".

(Procuradoria Federal – 2007 – CESPE) Quanto à improbidade administrativa, julgue os seguintes itens.

(1) É permitida transação, acordo ou conciliação nas ações de improbidade administrativa, quando o dano causado ao erário for ressarcido.

(2) Quando o ato de improbidade causar lesão ao patrimônio público ou ensejar enriquecimento ilícito, caberá à autoridade administrativa responsável pelo inquérito representar ao Ministério Público, para a indisponibilidade dos bens do indiciado. Ademais, a rejeição da representação realizada por particular à administração pública, por não se cumprirem as formalidades legais, não impede a representação ao Ministério Público.

(3) Havendo fundados indícios de responsabilidade de servidor público por ato de improbidade administrativa, à comissão processante também será possível representar à procuradoria do órgão para que requeira ao juízo competente a decretação do seqüestro dos bens do agente ou terceiro que tenha enriquecido ilicitamente ou causado dano ao patrimônio público.

1: errado (art. 17, § 1º, da Lei 8.429/92); 2: certo (art. 7º da Lei 8.429/92); 3: certo (art. 16 da Lei 8.429/92). Gabarito 1E, 2C, 3C.

(Defensoria Pública da União – 2007 – CESPE) Julgue o item a seguir.

(1) Os atos de improbidade administrativa importarão a suspensão dos direitos políticos, a perda da função pública, a indisponibilidade dos bens e o ressarcimento ao erário, na forma e gradação previstas em lei, sem prejuízo da ação penal cabível.

1: certo (art. 37, § 4º, da CF). Gabarito 1C.

(Magistratura do Trabalho – 23ª Região – 2009) Assinale a alternativa INCORRETA: As sanções por prática de ato de improbidade administrativa que importa em enriquecimento ilícito do infrator são:

(A) perda da função pública.

(B) suspensão dos direitos políticos de 8 a 10 anos.

(C) pagamento de multa civil de até 3 vezes o valor do acréscimo patrimonial.

(D) proibição de contratar com o Poder Público pelo prazo de 5 (cinco) anos.

(E) proibição de receber do Poder Público benefícios ou incentivos fiscais ou creditícios, direta ou indiretamente, ainda que por intermédio de pessoa jurídica da qual seja sócio majoritário, pelo prazo de 10 anos.

Apenas a alternativa "D" está incompatível com o art. 12, I, da Lei 8.429/92, que estabelece prazo de 10 anos para a proibição de contratar com o poder público nessa modalidade de improbidade (enriquecimento ilícito do agente - art. 9º da lei). Gabarito "D".

6.3. TEMAS COMBINADOS E OUTRAS QUESTÕES DE IMPROBIDADE ADMINISTRATIVA

(Magistratura/AL – 2008 – CESPE) Servidor público da prefeitura de determinada cidade do interior dispensou procedimento licitatório, fora das hipóteses legais, para a contratação de empresa prestadora de serviço de limpeza e conservação. Em decorrência desse fato, o MP ajuizou ação de improbidade administrativa contra o servidor, imputando-lhe conduta prevista no art. 10, inciso VIII, da Lei n.º 8.429/1993. Esse artigo expressa diretamente que constitui ato de improbidade administrativa que causa lesão ao erário qualquer ação ou omissão, dolosa ou culposa, que enseje perda patrimonial, desvio, apropriação, malbaratamento ou dilapidação dos bens ou haveres das entidades referidas no art. 1.º da Lei de Improbidade, e, notadamente, frustração da licitude de processo licitatório ou sua dispensa indevida.

Considerando a situação hipotética descrita no texto, assinale a opção correta acerca de improbidade administrativa.

(A) Com o objetivo de extinguir a ação de improbidade, o MP pode firmar termo de ajustamento de conduta com o servidor, desde que este indenize a administração pública pelos prejuízos causados.

(B) A ação de improbidade administrativa poderia ter sido ajuizada pelo próprio município interessado.

(C) Na situação considerada, não caberá recurso da decisão que receber a petição inicial.

(D) Caso o MP não tivesse ajuizado a ação, qualquer cidadão poderia tê-lo feito.

(E) A aplicação das sanções previstas na Lei de Improbidade depende da efetiva ocorrência de dano ao patrimônio público.

A: incorreta (art. 17, § 1º, da Lei 8.429/92); B: correta (art. 17, *caput*, da Lei 8.429/92); C: incorreta (art. 17, § 10, da Lei 8.429/92); D: art. 17, *caput*, da Lei 8.429/92; E: incorreta (art. 21, I, da Lei 8.429/92). Gabarito "B".

(Ministério Público/MS – 2011 – FADEMS) Acerca da apuração da prática de atos de improbidade administrativa praticadas por qualquer agente público, servidor ou não, prevista na Lei de Improbidade Administrativa (Lei nº 8.429/92), analise as afirmativas abaixo:

I. A autoridade administrativa rejeitará a representação, em despacho fundamentado, se esta não estiver escrita ou reduzida a termo e assinada, não contiver a qualificação do representante, as informações sobre o fato e sua autoria, e se não indicar as provas de que tenha conhecimento. A rejeição não impedirá a representação ao Ministério Público.

II. A ação principal, que terá rito sumário, será proposta pelo Ministério Público ou pela pessoa jurídica interessada, dentro de 30 (trinta) dias da efetivação da medida cautelar.

III. da decisão judicial que receber a petição inicial da ação principal pela prática de ato de improbidade administrativa, caberá agravo de instrumento.

IV. Estando a inicial em devida forma, o juiz mandará autuá-la e ordenará a notificação do requerido para oferecer manifestação por escrito, no prazo de quinze dias.

A esse respeito, pode-se concluir que:

(A) a afirmativa II está incorreta e a afirmativa III está correta;
(B) apenas a afirmativa III está correta;
(C) a afirmativa III está correta e a afirmativa I está incorreta;
(D) as afirmativas I e IV estão incorretas;
(E) as afirmativas II e IV estão corretas.

I: correta (art. 14, §§ 1º e 2º, da Lei 8.429/92); II: incorreta, pois a ação principal terá rito ordinário (art. 17, caput, da Lei 8.429/92); III: correta (art. 17, § 10, da Lei 8.429/92); IV: correta (art. 17, § 7º, da Lei 8.429/92). Gabarito "A".

(Magistratura/PA – 2008 – FGV) Analise as afirmativas a seguir:

I. A conduta do administrador público em desrespeito ao princípio da moralidade administrativa enquadra-se nos denominados "atos de improbidade". Tal conduta poderá ser sancionada com a suspensão dos direitos políticos, a perda da função pública, a indisponibilidade dos bens e o ressarcimento ao erário, na forma e gradação prevista em lei, sem prejuízo da ação penal cabível.

II. O princípio da democracia participativa é instrumento para a efetividade dos princípios da eficiência e da probidade administrativa.

III. Além dos agentes públicos, terceiros podem ser sujeitos ativos de improbidade administrativa. O terceiro, quando beneficiário direto ou indireto do ato de improbidade, só pode ser responsabilizado por ação dolosa, ou seja, quando tiver ciência da origem ilícita da vantagem.

Assinale:

(A) se nenhuma afirmativa estiver correta.
(B) se somente as afirmativas I e II estiverem corretas.
(C) se somente as afirmativas I e III estiverem corretas.
(D) se somente as afirmativas II e III estiverem corretas.
(E) se todas as afirmativas estiverem corretas.

I: correta (art. 11 da Lei 8.429/92); II: correta, pois o envolvimento popular contribui para os dois princípios; III: correta (art. 3º da Lei 8.429/92). Gabarito "E".

(Magistratura/RO – 2011 – PUCPR) Dadas as assertivas abaixo, assinale a única CORRETA.

(A) Constitui ato de improbidade administrativa que causa lesão ao erário qualquer ação ou omissão, desde que dolosa, que enseje perda patrimonial, desvio, apropriação, malbaratamento ou dilapidação dos bens ou haveres das entidades referidas no artigo 10 da lei 8.429/92.

(B) É privativo do Ministério Público o direito de representar à autoridade administrativa competente para que seja instaurada investigação destinada a apurar a prática de ato de improbidade.

(C) Na ação de que trata o artigo 17 da Lei 8.429/92, que terá o rito ordinário, e será proposta dentro de trinta dias da efetivação da medida cautelar, é admitida a transação, acordo ou conciliação.

(D) A perda da função pública e a suspensão dos direitos políticos só se efetivam com o trânsito em julgado da sentença condenatória, podendo a autoridade judicial ou administrativa competente determinar o afastamento do agente público do exercício do cargo, emprego ou função, sem prejuízo da remuneração, quando a medida se fizer necessária à instrução processual.

(E) As ações destinadas a levar a efeitos as sanções previstas na Lei 8.429/92 podem ser propostas até dois anos após o término do exercício de mandato, de cargo em comissão ou de função de confiança.

A: incorreta, pois o ato pode ser doloso ou CULPOSO (art. 10, caput, da Lei 8.429/92); B: incorreta, pois qualquer pessoa pode fazer essa representação (art. 14, caput, da Lei 8.429/92); C: incorreta, pois não se admite transação, acordo ou conciliação na ação por improbidade administrativa (art. 17, § 1º, da Lei 8.429/92); D: correta (art. 20 da Lei 8.429/92); E: incorreta, pois o prazo é de até 5 anos após o término da relação (art. 23 da Lei 8.429/92). Gabarito "D".

(Ministério Público/SC – 2010) Analise os itens que seguem:

I. O agente público, que se recusa, no prazo estabelecido em lei, a prestar a declaração de bens, junto ao serviço pessoal competente, será punido com pena de demissão, a bem do serviço público.

II. Proposta a ação a inicial, nos casos da lei 8.429/92, o juiz mandará autuá-la e ordenará a notificação do requerido, para oferecer manifestação por escrito, no prazo assinalado de dez (dez) dias.

III. Da decisão que recebe a inicial de improbidade administrativa, cabe recurso de agravo de instrumento.
IV. Aplica-se aos depoimentos ou inquirições realizadas nos processos regidos por esta Lei 8.429/92, o disposto no Código de Processo Civil.
V. O sucessor daquele que causar lesão ao patrimônio público ou se enriquecer ilicitamente está sujeito às cominações da lei 8.429/92 até o limite do valor da herança.

(A) Apenas as assertivas I e II estão incorretas.
(B) Apenas as assertivas I e III estão incorretas.
(C) Apenas as assertivas II e III estão incorretas.
(D) Apenas as assertivas II e IV estão incorretas.
(E) Apenas as assertivas III e V estão incorretas.

I: correta (art. 13, § 3º, da Lei 8.429/92); II: incorreta, pois esse prazo é de 15 dias (art. 17, § 7º, da Lei 8.429/92); III: correta (art. 17, § 10, da Lei 8.429/92); IV: incorreta, pois aplica-se o disposto no art. 221, caput e § 1º, do Código de Processo Penal (art. 17, § 12, da Lei 8.429/92); V: correta (art. 8º da Lei 8.429/92). Gabarito "D".

(Ministério Público/AM – 2008 – CESPE) De acordo com a Lei de Improbidade Administrativa, assinale a opção incorreta.

(A) Estão sujeitos às penalidades dessa lei os atos de improbidade praticados contra o patrimônio de entidade que receba subvenção, benefício ou incentivo, fiscal ou creditício, de órgão público, a exemplo das entidades beneficentes de assistência social.
(B) A referida lei aplica-se àquele que exerce, ainda que transitoriamente ou sem remuneração, por eleição, nomeação, designação, contratação ou qualquer outra forma de investidura ou vínculo, mandato, cargo, emprego ou função nas entidades beneficentes de assistência social.
(C) As ações destinadas a levar a efeito as sanções previstas na lei em questão podem ser propostas até cinco anos após o término do exercício de mandato, de cargo em comissão ou de função de confiança ou dentro do prazo prescricional previsto em lei específica para faltas disciplinares puníveis com demissão a bem do serviço público, nos casos de exercício de cargo efetivo ou emprego.
(D) Constitui ato de improbidade administrativa que atenta contra os princípios da administração pública qualquer ação ou omissão que viole os deveres de honestidade, imparcialidade, legalidade e lealdade às instituições e, notadamente, revelar fato ou circunstância de que se tenha ciência em razão das atribuições e que deva permanecer em segredo.
(E) Quando a ação de improbidade administrativa for proposta por pessoa jurídica interessada e não pelo MP, fica este desobrigado de intervir na ação.

A: correta (art. 1º, parágrafo único, da Lei 8.429/92); B: correta (art. 2º da Lei 8.429/92); C: correta (art. 23 da Lei 8.429/92); D: correta (art. 11 da Lei 8.429/92); E: incorreta (art. 17, § 4º, da Lei 8.429/92). Gabarito "E".

(Ministério Público/GO – 2005) Assinale a alternativa correta:

(A) conforme entendimento pacificado no STJ, a pessoa jurídica de direito público lesada pelo ato ímprobo deverá figurar no pólo ativo da ação de improbidade administrativa como litisconsorte necessário
(B) da decisão que, apenas parcialmente, receber uma ação civil de improbidade administrativa imputando vários atos ímprobos ao agente público, caberá apelação
(C) conforme entendimento pacificado no STJ, as sanções previstas no artigo 12 da Lei nº 8.429/92 são cumulativas, pois se trata de matéria de ordem pública
(D) a defesa prévia na ação de improbidade administrativa consiste na obrigatória notificação do requerido para apresentar defesa por escrito antes do recebimento da inicial

A: incorreta, pois a pessoa de direito público poderá escolher o polo em que ficará ou mesmo se abster de participar da demanda (art. 17, § 3º, da Lei 8.429/92); B: incorreta, pois tal decisão não é terminativa, portanto não cabe apelação; C: incorreta, pois o STJ entende que não é possível a aplicação cumulativa indistinta das sanções previstas no art. 12 da Lei 8.429/92, sob pena de violação ao princípio da proporcionalidade; D: correta (art. 17, § 7º, da Lei 8.429/92). Gabarito "D".

(Ministério Público/MG – 2010.2) Em relação à responsabilização pela prática de atos de improbidade administrativa, assinale a afirmativa CORRETA.

(A) À luz da Lei Federal n. 8.429/92, a petição inicial da ação principal de responsabilização por atos de improbidade administrativa, independentemente do número de requeridos, deverá ser recebida fundamentadamente pelo juiz, no prazo de 30 (trinta) dias, com ou sem a resposta preliminar dos agentes requeridos.
(B) Uma vez apresentada a resposta preliminar na ação principal por atos de improbidade administrativa, o réu, após ser devidamente citado, poderá, dentro do prazo legal, em sede de contestação, apenas ratificar sua manifestação preliminar.
(C) A ação principal por atos de improbidade administrativa não será recebida para o agente requerido que, mesmo ouvido em sede de inquérito civil público, não apresentou resposta preliminar.
(D) Da decisão judicial que receber ou rejeitar a inicial da ação principal por ato de improbidade administrativa caberá agravo de instrumento, conforme dispõe a Lei Federal n. 8.429/92.

A: incorreta, pois apenas após a resposta preliminar dos réus é que o juiz terá 30 dias para rejeitar a ação ou receber a petição inicial (art. 17, § 8º, da Lei 8.429/92); B: correta, pois o réu, recebida a petição inicial após sua manifestação preliminar, será citado para oferecer contestação (art. 17, § 9º, da Lei 8.429/92), nada impedindo que apenas ratifique sua manifestação preliminar; C: incorreta, pois nada impede que a ação principal, no caso, seja recebida; o importante é que, na ação judicial, tenha o réu tido a oportunidade de apresentar manifestação preliminar antes do recebimento da petição inicial; D: incorreta, pois da decisão que receber a inicial cabe agravo de instrumento; porém, da decisão que rejeitar a inicial, cabe apelação, pois trata-se de decisão terminativa. Gabarito "B".

(Ministério Público/MG – 2010.2) São legitimados para propositura da ação principal por ato de improbidade administrativa, nos termos da Lei n. 8.429/92,

(A) somente o Ministério Público e os chefes do Poder Executivo de todos os entes da Federação.
(B) o Ministério Público, os Chefes do Poder Executivo, o autor popular e a Defensoria Pública, esta última a partir das alterações introduzidas na Lei da Ação Civil Pública pela Lei Federal n. 11.448/07.
(C) o Ministério Público ou a pessoa jurídica interessada.
(D) o Ministério Público, os procuradores-gerais dos entes federados e o autor popular.

São legitimados apenas o MP e a *pessoa jurídica* interessada (ex.: o Município, o Estado, a União, a Autarquia etc.), e não os Chefes do Executivo, ou o autor popular, ou a defensoria pública (art. 17 da Lei 8.429/92). Gabarito "C".

(Ministério Público/MG – 2010.2) Acerca dos procedimentos administrativos para apuração de atos de improbidade administrativa, assinale a afirmativa CORRETA.

(A) Havendo fundados indícios de responsabilidade, a comissão investigante representará à Procuradoria ou Advocacia-Geral do ente lesado para que requeira ao juízo competente a decretação do sequestro dos bens do agente ou terceiro que tenha enriquecido ilicitamente ou causado dano ao patrimônio público.
(B) A autoridade administrativa rejeitará, independentemente de fundamentação, a representação escrita que não contenha a qualificação do representante, informações sobre o fato e sua autoria, e indicação das provas de que tenha conhecimento.
(C) Uma vez decretada a rejeição administrativa da representação por atos de improbidade administrativa, ficará o representante impedido de representar, com base nos mesmos fatos, perante o Ministério Público.
(D) Somente o Ministério Público, por meio de inquérito civil público, poderá proceder à apuração de atos de improbidade administrativa no âmbito de quaisquer dos Poderes da União, Estado, Distrito Federal e Municípios.

A: incorreta, pois a representação poderá ser tanto à procuradoria do órgão, como ao *Ministério Público* (art. 16, caput, da Lei 8.429/92); B: incorreta, pois a rejeição é até possível no caso, mas deve ser *fundamentada* (art. 14, § 2º, da Lei 8.429/92); C: incorreta, pois pode haver reapresentação (art. 14, § 2º, da Lei 8.429/92); D: correta, pois somente o MP pode instaurar um inquérito civil; outros órgãos e pessoas podem até investigar, mas não por meio de um inquérito civil. Gabarito "D".

(Ministério Público/MG – 2007) Sobre a Lei de Improbidade Administrativa - LIA (Lei nº 8.429/92) é CORRETO afirmar que

(A) a regra para a fixação da competência para o conhecimento e julgamento das ações fundadas na LIA é a do local onde foi praticado o ato de improbidade administrativa.
(B) a pessoa jurídica interessada, o Ministério Público e as associações constituídas há pelo menos 1 (um) ano, que incluam entre suas finalidades institucionais a proteção do patrimônio público são legitimados à propositura da ação fundada na LIA.
(C) no caso da ação principal proposta pelo Ministério Público, a natureza da intervenção processual da pessoa jurídica supostamente prejudicada pelo ato de improbidade é de litisconsórcio necessário.
(D) o prazo prescricional para a propositura das ações fundadas na LIA é de 5 (cinco) anos, contados da data da prática do ato de improbidade administrativa.
(E) a prática, pelo agente público, de ato visando fim proibido em lei ou regulamento ou diverso daquele previsto, na regra de competência, por si só, não é definido na LIA como ato de improbidade administrativa que causa prejuízo ao erário.

A: incorreta, pois aplicando-se por analogia a Lei 7.347/85, a competência é do local do *dano*, e não da ação ou omissão; B: incorreta (art. 17, *caput*, da Lei 8.429/92); C: incorreta, pois a pessoa prejudicada pode até se abster de participar da demanda (art. 17, § 3º, da Lei 8.429/92); D: incorreta, pois há dois casos distintos no art. 23 da Lei 8.429/92; E: correta, pois o caso narrado é da modalidade violação a princípios da administração (art. 11 da Lei 8.429/92). Gabarito "E".

(Ministério Público/MS – 2006) Analise as afirmativas abaixo:

I. Será punido com pena de demissão, a bem do serviço público, sem prejuízo das sanções penais cabíveis, o agente que se recusar a prestar declaração dos bens, dentro do prazo determinado, ou que a prestar falsa;
II. Qualquer omissão culposa que enseje perda patrimonial constitui ato de improbidade administrativa;
III. A aplicação das sanções previstas na Lei de Improbidade Administrativa (Lei nº 8.429/92) independe da efetiva ocorrência de dano ao patrimônio público;
IV. A Lei nº 8.429/92 admite expressamente a transação na ação principal por ato de improbidade administrativa, desde que o dano seja integralmente ressarcido.

(A) Somente os itens I e IV estão incorretos;
(B) Somente o item IV está incorreto;
(C) Somente os itens III e IV estão incorretos;
(D) Somente os itens I e II estão corretos.

I: correto (art. 13, § 3º, da Lei 8.429/92); II: correto (art. 10 da Lei 8.429/92); III: correto (art. 21, I, da Lei 8.429/92); IV: incorreto (art. 17, § 1º, da Lei 8.429/92). Gabarito "B".

(Ministério Público/SC – 2008) Foi interposto recurso de agravo de instrumento, com pedido de efeito suspensivo ativo, pelo Ministério Público, inconformado com a decisão interlocutória que, nos autos de ação com pedido cautelar de indisponibilidade de bens, por si proposta em face do ex- Prefeito de Municipiolândia e outros, indeferiu liminarmente pedido para tornar indisponível os bens dos réus, ora agravados. O argumento da denegação explicitou que não houvera individualização das responsabilidades de cada envolvido, tampouco a caracterização do fumus boni juris e do periculum in mora necessários para a concessão do pedido liminar. Em sua minuta de agravo, o agravante denotou que a instância judicial fora inicialmente provocada em virtude da suposta ocorrência de ato de improbidade administrativa, eis que o ex-Prefeito em questão, teria, nos anos de 2004 e 2005, época em que estava em seu mandato, beneficiado empresas de transporte coletivo, mediante a expedição de decretos que, sem a específica autorização legislativa e subseqüente procedimento licitatório, autorizaram o repasse de recursos, na forma de subsídios, para a contratação daquelas a fim de realizarem o transporte escolar municipal.

I. O Ente ministerial propôs ação civil pública, com pedido cautelar de indisponibilidade de bens, no intuito de, prontamente, acautelar a futura execução de sentença condenatória que decretasse a perda dos bens acrescidos ao patrimônio dos réus indevidamente, bem como o pagamento da multa civil correlata a ser imposta.
II. No recurso oferecido, o *periculum in mora* reside na possibilidade do erário não vir a ser ressarcido quando do trânsito em julgado da sentença condenatória. Assim, a indisponibilidade patrimonial mostra-se medida impreterível diante de situação que teria acarretado lesão ao patrimônio público por conduta prejudicial de agente público e de terceiros.
III. A indisponibilidade deve recair apenas sobre os bens que se fizerem suficientes para assegurar o ressarcimento integral do dano ou do acréscimo patrimonial resultante do enriquecimento ilícito. Isto é, a constrição pleiteada deve incidir apenas sobre o montante necessário à plena reparação do dano, não sobre todo o patrimônio dos requeridos quando este se apresentar superior ao prejuízo.
IV. Quanto ao *fumus boni juris*, tem-se que a contratação dos serviços, por parte do agravado ex-Prefeito, foi efetivada de modo irregular, pois não atendido o procedimento licitatório devido, bem como existentes indícios de fraude por se tratar de pagamento mensal às transportadoras (incluídos os meses de recesso escolar).
V. A concessão da medida de indisponibilidade deve observar a individualização das responsabilidades acometidas a cada empresa transportadora envolvida, providência indispensável por não se tratar de hipótese de responsabilidade solidária.

(A) apenas I, III, IV e V estão corretos
(B) apenas I e II estão corretos
(C) apenas II, IV e V estão corretos
(D) apenas II e IV estão corretos
(E) todos estão corretos

I: correto (art. 7º da Lei 8.429/92); II: correto; é importante ressaltar que há corrente que defende a tese de que não é necessário demonstrar o *periculum in mora*, mas apenas o *fumus boni juris* (art. 16, *caput*, da Lei 8.429/92); III: correto (art. 7º, parágrafo único, da Lei 8.429/92); IV: correto, pois, de fato, num contrato de concessão não cabe aditamento para incluir objeto estranho ao originário, configurando violação ao dever de licitar providência nesse sentido; V: correto, pois a responsabilidade de cada empresa deve ser individualizada, inclusive com a indicação do elemento subjetivo correspondente, sob pena se configurar responsabilidade objetiva em matéria de improbidade. Gabarito "E".

(MINISTÉRIO PÚBLICO/SE – 2010 – CESPE) Quanto aos aspectos materiais e processuais da Lei n.º 8.429/1992 (Lei de Improbidade Administrativa), assinale a opção correta.

(A) A perda da função pública e a suspensão dos direitos políticos, para os que foram condenados por ato de improbidade, somente se podem efetivar após o trânsito em julgado da decisão.
(B) A exemplo do que ocorre com a ação popular, qualquer cidadão é parte legítima para propor a ação de improbidade administrativa, assim como o são o MP e a pessoa jurídica prejudicada pela atuação do gestor.
(C) As disposições da lei, aplicáveis apenas aos agentes públicos, alcançam os que exercem cargo, emprego ou função pública, de modo efetivo ou transitório, e os que exercem, por eleição, mandato eletivo.
(D) Qualquer pessoa pode representar à autoridade administrativa competente para ser instaurada investigação destinada a apurar a prática de ato de improbidade, não se exigindo identificação do representante, como forma de resguardar sua identidade e evitar retaliações de qualquer natureza.
(E) Os atos de improbidade que importem enriquecimento ilícito sujeitam os responsáveis ao ressarcimento integral do dano, se houver, à perda da função pública, à suspensão dos direitos políticos de três a cinco anos, ao pagamento de multa civil e à proibição de contratar com o poder público pelo prazo de três anos.

A: correta (art. 20, caput, da Lei 8.429/92); B: incorreta, pois somente o Ministério Público e a pessoa jurídica interessada podem ingressar com ação de improbidade (art. 17, caput, da Lei 8.429/92); C: incorreta, pois a lei também se aplica a quem concorra ou induza para a prática do ato, bem como a quem se beneficie deste (art. 3º da Lei 8.429/92); D: incorreta, pois é necessário que o representante o faça por escrito e mediante assinatura e qualificação (art. 14, § 1º, da Lei 8.429/92); E: incorreta, pois a suspensão dos direitos políticos, no caso, será de 8 a 10 anos, e a proibição de contratar com o poder público será pelo prazo de 10 anos (art. 12, I, da Lei 8.429/92). Gabarito "A".

(Ministério Público/SP – 2011) A ação civil pública para a punição de atos de improbidade administrativa

(A) será proposta peja pessoa jurídica interessada, exclusivamente.
(B) prescreve em 10 (dez) anos, nos termos do art. 205 do Código Civil.
(C) é imprescritível.
(D) pode ser proposta até 5 (cinco) anos após o término do exercício de mandato, de cargo em comissão ou de função de confiança.
(E) prescreve em 5 (cinco) anos, contados a partir da demissão do servidor, a bem do serviço público, nos casos de exercício de cargo efetivo ou emprego.

A: incorreta, pois será pela pessoa jurídica interessada ou pelo Ministério Público (art. 17, caput, da Lei 8.429/92); B: incorreta, pois, para o ressarcimento ao erário, a ação é imprescritível, e para as demais sanções, prescreve ou em 5 anos do término do mandado ou cargo em comissão, ou no prazo previsto para demissão a bem do serviço público, nos demais casos (art. 23 da Lei 8.429/92); C: incorreta, pois somente a pretensão para o ressarcimento ao erário é imprescritível; D: correta (art. 23, I, da Lei 8.429/92); E: incorreta, pois, nesses casos, a ação deve ser proposta dentro do prazo prescricional previsto em lei específica para faltas disciplinares puníveis com demissão a bem do serviço público (art. 23, II, da Lei 8.429/92). Gabarito "D".

(Ministério Público/SP – 2008) Prefeito Municipal, cujo mandato terminou em dezembro de 2004, foi réu em ação de improbidade administrativa ajuizada pelo Ministério Público, porque durante o mês de fevereiro de 2002 teria utilizado funcionários e máquinas de terraplenagem da Prefeitura para dar início à obra de construção de sua residência. Em maio de 2007, sobreveio sentença de improcedência por falta de provas, que transitou em julgado. Entretanto, em novembro de 2008, a testemunha A, que sabia dos fatos, pois tinha sido mestre-de-obras responsável pela construção, e não fora ouvida, procurou a Promotoria de Justiça da Comarca e mostrou documentos e gravações que havia produzido clandestinamente, comprovando aqueles fatos. Na oportunidade, declarou que estaria disposta a testemunhar e relatar tudo o que sabia. Diante dessa situação, assinale a providência correta que, como promotor de justiça, adotaria.

(A) Informaria a testemunha de que nada poderia ser feito, pois já decorrido o prazo de prescrição previsto no artigo 23 da Lei n.º 8.429/92 e, portanto, o Ministério Público não poderia ajuizar ação pretendendo a aplicação das penas do artigo 12 da Lei de Improbidade Administrativa.
(B) Instauraria inquérito civil, tomaria por termo as declarações da testemunha A, convidaria o ex-Prefeito para prestar esclarecimentos e oferecer subsídios para esclarecimento dos fatos e, por fim, ajuizaria nova ação civil pública.
(C) Tendo em mãos a prova clandestina, procuraria notificar o ex-Prefeito Municipal para celebrar compromisso de ajustamento a fim de ressarcir os cofres públicos dos gastos havidos ilicitamente.
(D) Tomaria por termo as declarações da testemunha A e oficiaria ao atual Prefeito, requisitando que o Município ajuizasse nova ação civil pública, porque ao Ministério Público já teria ocorrido preclusão.
(E) Como a prova trazida era ilícita, e porque já teria ocorrido coisa julgada material, nada poderia ser feito.

Em primeiro lugar é importante ressaltar que, como a primeira demanda foi julgada improcedente por falta de provas (providência possível em ações coletivas), é possível o ajuizamento de nova ação acerca dos mesmos fatos, desde que existam novas provas. No caso em questão, apurados novos elementos, o que poderá se dar no bojo de um inquérito civil, cabe a propositura de nova ação civil pública. Gabarito "B".

(Ministério Público/SP – 2008) Assinale a alternativa correta.

(A) As autoridades com prerrogativa de foro especial gozam desse benefício quando se trata de ação civil pública por improbidade administrativa.
(B) O sucessor testamentário daquele que causar lesão ao patrimônio não está sujeito às cominações da Lei de Improbidade Administrativa.
(C) O cidadão é o único legitimado a representar à autoridade administrativa competente para que seja instaurada investigação destinada a apurar prática de ato de improbidade.
(D) A indisponibilidade dos bens do réu incide sobre tantos bens quantos forem necessários para o ressarcimento integral do dano e para a perda do acréscimo patrimonial, inclusive sobre bens adquiridos anteriormente ao ato de improbidade.
(E) Quando o Ministério Público não for o autor da ação civil pública de improbidade administrativa, não é obrigatória a sua intervenção como fiscal da lei.

A: incorreta, pois o STF declarou inconstitucional a regra trazida no art. 84 do Código de Processo Penal, que estabelecia o foro por prerrogativa de função em matéria de improbidade; B: incorreta (art. 8º da Lei 8.429/92); C: incorreta ("qualquer pessoa" - art. 14, caput, da Lei 8.429/92); D: correta (art. 7º, parágrafo único, da Lei 8.429/92); E: incorreta (art. 17, § 4º, da Lei 8.429/92). Gabarito "D".

(Procurador do Município/Boa Vista-RR – 2010 – CESPE) Considerando a Lei de Improbidade — Lei n.º 8.429/1992 — e os procedimentos administrativos, julgue os itens seguintes.

(1) O procedimento administrativo cabe à administração pública, mas a Lei de Improbidade permite ao Ministério Público designar um representante do órgão para acompanhar esse procedimento.
(2) As disposições da Lei n.º 8.429/1992 não são aplicáveis àqueles que, não sendo agentes públicos, se beneficiarem, de forma direta ou indireta, com o ato de improbidade cometido por prefeito municipal.

1: correto (art. 15, parágrafo único, da Lei 8.429/92); 2: incorreto (art. 3º da Lei 8.429/92). Gabarito 1C, 2E.

(Procurador do Município/Boa Vista-RR – 2010 – CESPE) Julgue os itens subsequentes.

(1) A Lei n.º 8.429/1992 traz expressa disposição no sentido de admitir o afastamento do cargo do agente público, quando a medida se mostrar necessária à instrução do processo.
(2) A prolação da sentença em que sejam aplicadas as sanções de suspensão dos direitos políticos e perda da função pública por ato de improbidade administrativa deve surtir efeito imediatamente.
(3) A representação por ato de improbidade contra agente público ou terceiro beneficiário, quando o autor da denúncia o sabe inocente, constitui crime expressamente previsto na Lei n.º 8.429/1992.
(4) As ações destinadas a levar a efeito as sanções previstas na Lei n.º 8.429/1992 prescrevem dez anos após a ocorrência dos atos tidos como lesivos ao erário.

1: correta (art. 20, parágrafo único, da Lei 8.429/92); 2: incorreta, pois a sentença só surtirá efeitos, quanto a essas duas sanções, após seu trânsito em julgado (art. 20, caput, da Lei 8.429/92); 3: correta (art. 19 da Lei 8.429/92); 4: incorreta (art. 23 da Lei 8.429/92). Gabarito 1C, 2E, 3C, 4E.

(Procurador do Município/Teresina-PI – 2010 – FCC) Lei nº 8.429/92 (Lei de Improbidade Administrativa).

I. Celebrar contrato ou outro instrumento que tenha por objeto a prestação de serviços públicos por meio da gestão associada sem observar as formalidades previstas na lei é classificado como ato de improbidade que importa enriquecimento ilícito.
II. Diante da prática de ato de improbidade administrativa que atente contra os princípios da Administração Pública, estará o responsável sujeito, dentre outras possíveis sanções, à suspensão dos direitos políticos de três a cinco anos.

III. Proposta ação civil por improbidade administrativa, o requerido será notificado para apresentar manifestação por escrito no prazo de quinze dias e, posteriormente, recebida a petição inicial, será citado para apresentar contestação, podendo interpor agravo de instrumento contra a decisão que recebeu a petição inicial.

IV. Independentemente das sanções penais, civis e administrativas previstas na legislação específica, as cominações impostas ao responsável pelo ato de improbidade serão sempre aplicadas cumulativamente.

SOMENTE estão corretas as assertivas

(A) II e IV.
(B) I e II.
(C) I e III.
(D) I e IV.
(E) II e III.

I: incorreta, pois o caso é de improbidade na modalidade prejuízo ao erário (art. 10, XIV, da Lei 8.429/92); II: correta (art. 12, III, da Lei 8.429/92); III: correta (art. 17, §§ 7º, 9º e 10, da Lei 8.429/92); IV: incorreta, pois poderão ser aplicadas isolada ou cumulativamente (art. 12, caput, da Lei 8.429/92). Gabarito "E".

(Magistratura do Trabalho – 24ª Região – 2007) Sobre os atos de improbidade administrativa:

I. O sucessor daquele que causar lesão ao patrimônio público ou se enriquecer ilicitamente está sujeito às cominações da Lei 8.429/92 (Lei da Improbidade Administrativa) até o limite do valor da herança.

II. A posse e o exercício de agente público ficam condicionados à apresentação de declaração dos bens e valores que compõem o seu patrimônio privado, a fim de ser arquivada no serviço de pessoal competente.

III. Qualquer pessoa poderá representar à autoridade administrativa competente para que seja instaurada investigação destinada a apurar a prática de ato de improbidade.

IV. A sentença que julgar procedente ação civil de reparação de dano ou decretar a perda dos bens havidos ilicitamente determinará o pagamento ou a reversão dos bens, conforme o caso, em favor da pessoa jurídica prejudicada pelo ilícito.

(A) Apenas as proposições I e IV estão corretas.
(B) Apenas as proposições I, II e IV estão corretas.
(C) Apenas as proposições I e IV estão incorretas.
(D) Apenas a proposição II está incorreta.
(E) Todas as proposições estão corretas.

I: correta (art. 8º da Lei 8.429/92); II: correta (art. 13 da Lei 8.429/92); III: correta (art. 14, caput, da Lei 8.429/92); IV: correta (art. 18 da Lei 8.429/92). Gabarito "E".

(Magistratura do Trabalho – 16ª Região – 2006) Com base na Lei 8.429/92 – Improbidade Administrativa, assinale a alternativa INCORRETA:

(A) As disposições da Lei 8429/92 são aplicáveis, no que couber, àquele que, mesmo não sendo agente público, induza ou concorra para a prática de ato de improbidade, ou dele se beneficie sob qualquer forma, direta ou indireta.

(B) Ocorrerá nulidade quando o Ministério Público não intervir no processo como fiscal da lei, nos processos em que não atua como parte.

(C) As ações destinadas a levar a efeito as sanções previstas na Lei nº 8.429/92 podem ser propostas até 5 (cinco) anos após o término do exercício de mandato, de cargo em comissão ou de função de confiança.

(D) É possível a transação nesse tipo de ação que visa à reparação de dano ou perda dos bens havidos ilicitamente, desde que proposta pelo Ministério Público e traga vantagens para a pessoa jurídica prejudicada pelo ilícito.

(E) O Ministério Público pode propor medida cautelar para indisponibilidade dos bens do agente ou de terceiro que tenha praticado ato de improbidade administrativa.

A: correta (art. 3º da Lei 8.429/92); B: correta (art. 17, § 4º, da Lei 8.429/92); C: correta (art. 23, I, da Lei 8.429/92); D: incorreta (art. 17, § 1º, da Lei 8.429/92); E: correta (art. 16 da Lei 8.429/92). Gabarito "D".

7. BENS PÚBLICOS

7.1. CONCEITO E CLASSIFICAÇÃO

(Magistratura/PA – 2009 – FGV) Assinale a alternativa que indique, respectivamente, os bens públicos de uso comum do povo e de uso especial.

(A) Rios navegáveis e veículos oficiais.
(B) Aeroportos e praças.
(C) Museus e bibliotecas.
(D) Terras devolutas e veículos.
(E) Mercados e praças.

A: correta, pois rios navegáveis são bens de uso comum do povo (art. 99, I, do Código Civil) e veículos oficiais, como são destinados a *serviços públicos*, são bens de uso especial (art. 99, II, do CC); B: incorreta, pois aeroportos são bens de uso especial e praças são bens de uso comum do povo, de maneira que houve inversão do *respectivamente*; C: incorreta, pois museus e bibliotecas são bens de uso especial; D: incorreta, pois terras devolutas são bens dominicais, pois não têm destinação alguma e são mero patrimônio estatal (art. 99, III, do CC), e os veículos (desde que oficiais) são bens de uso especial; E: incorreta, pois mercados são bens de uso especial e praças são bens de uso comum do povo, de maneira que aqui também houve inversão do *respectivamente*. Gabarito "A".

(Magistratura/PA – 2008 – FGV) Assinale a afirmativa incorreta.

(A) Os institutos de autorização de uso de bem público e o de permissão de uso de bem público são muito semelhantes. A diferença entre eles é que, no primeiro, predomina o interesse privado, enquanto no segundo, prepondera o interesse público.

(B) Domínio eminente é o poder político que permite ao Estado submeter à sua vontade todos os bens situados em seu território.

(C) Segundo jurisprudência dos tribunais superiores, os bens de sociedade de economia mista são considerados bens públicos.

(D) Considerando-se a destinação, os bens públicos classificam-se em bens de uso comum do povo, bens de uso especial e bens dominiais.

(E) A concessão de bem público é contrato administrativo, ao passo que a autorização de uso de bem público e a permissão de uso de bem público são atos administrativos federais.

A alternativa "C" está incorreta, pois os bens da sociedade de economia mista são privados, já que esta é uma pessoa jurídica de direito privado (art. 98 do Código Civil). Gabarito "C".

(Magistratura/SE – 2008 – CESPE) A terra devoluta de propriedade da União é um bem público

(A) dominial.
(B) extraordinário.
(C) de uso especial.
(D) de uso comum.
(E) afetado ao uso da administração.

Trata-se de bem dominial, pois as terras devolutas não têm destinação, não têm aplicação a qualquer uso público. Segundo a Lei 601/1850: "Art. 3º São terras devolutas: § 1º As que não se acharem aplicadas a algum uso publico nacional, provincial, ou municipal. § 2º As que não se acharem no domínio particular por qualquer titulo legitimo, nem forem havidas por sesmarias e outras concessões do Governo Geral ou Provincial, não incursas em comisso por falta do cumprimento das condições de medição, confirmação e cultura. § 3º As que não se acharem dadas por sesmarias, ou outras concessões do Governo, que, apesar de incursas em comisso, forem revalidadas por esta Lei. § 4º As que não se acharem ocupadas por posses, que, apesar de não se fundarem em titulo legal, forem legitimadas por esta Lei." Gabarito "A".

(Ministério Público/AM – 2008 – CESPE) Julgue os itens a seguir, acerca dos bens públicos.

I. Os bens públicos não dispensam, no que diz respeito a sua defesa, a utilização de instrumento do qual pode se valer o particular para a defesa de seu patrimônio esbulhado ou turbado.

II. Se o bem público objeto de eventual esbulho for de uso comum ou de uso especial, é cabível a retomada por meio de atos auto-executórios.

III. Os bens de uso especial são aqueles destinados à execução dos serviços públicos, a exemplo de um edifício onde esteja instalada uma cadeia pública.

IV. Os bens dominiais, ou dominicais, estão disponíveis à alienação, desde que condicionados a certos requisitos previstos em lei.

A quantidade de itens certos é igual a

(A) 0.
(B) 1.
(C) 2.
(D) 3.
(E) 4.

I e II: corretas, pois a Administração pode se valer de todos os instrumentos judiciais e extrajudiciais próprias de um possuidor que deseja proteger sua posse; III: correta (art. 99, II, do Código Civil); IV: correta (art. 101 do Código Civil). Gabarito "E".

(Ministério Público/SE – 2010 – CESPE) Assinale a opção correta a respeito de bens públicos.

(A) Consideram-se bens dominicais todas as coisas, móveis ou imóveis, corpóreas ou incorpóreas, utilizadas pela administração pública para realização de suas atividades e consecução de seus fins.
(B) Os bens de uso comum do povo são aqueles que se destinam à utilização geral pelos indivíduos e podem ser federais, estaduais ou municipais.
(C) São bens patrimoniais disponíveis os de uso especial, que, entretanto, só podem ser alienados nas condições que a lei estabelecer.
(D) Diz-se afetado o bem utilizado para determinado fim público, desde que a utilização se dê diretamente pelo Estado.
(E) Os bens de uso comum do povo, os de uso especial e os dominicais têm como característica a inalienabilidade e, como decorrência desta, a imprescritibilidade, a impenhorabilidade e a impossibilidade de oneração.

A: incorreta, pois os *bens dominicais* são aqueles que são mero patrimônio do Estado, não havendo destinação alguma para a realização de suas atividades e consecução de seus fins; B: correta, pois os *bens de uso comum do povo* são aqueles de uso geral das pessoas, tais como ruas, praças, mares e rios, e podem ser de todas as esferas federativas; C: incorreta, pois os *bens de uso especial* são inalienáveis (art. 100 do Código Civil), portanto, são considerados indisponíveis; D: incorreta, pois um bem pode estar afetado a um fim público, sem que a utilização se dê diretamente pelo Estado; por exemplo, um orelhão (cabine telefônica) está afetado a um serviço público, mas o usuário direto não é o Estado, mas sim os indivíduos; E: incorreta, pois os bens dominicais são alienáveis (art. 101 do Código Civil), apesar de serem impenhoráveis e imprescritíveis (art. 102 do Código Civil). Gabarito "B".

(Procurador do Estado/PB – 2008 – CESPE) As terras tradicionalmente ocupadas pelos índios em caráter permanente, utilizadas para suas atividades produtivas e imprescindíveis à preservação dos recursos ambientais necessários a seu bem-estar e às necessidades de sua reprodução física e cultural são consideradas bens

(A) públicos de uso especial, pertencentes à União.
(B) públicos de uso especial, pertencentes ao estado em que se localizem.
(C) públicos de uso especial, pertencentes ao município em que se localizem.
(D) públicos dominicais, pertencentes à União.
(E) particulares, pertencentes à comunidade indígena respectiva.

Arts. 20, XI, e 231, § 1º, da CF. Gabarito "A".

(Cartório/SP – 2008) Os bens públicos podem ser classificados, nos termos do artigo 99 do Código Civil, em bens de uso comum do povo, bens de uso especial e bens dominicais. São bens públicos dominicais:

(A) os rios, mares, estradas, ruas e praças.
(B) os edifícios ou terrenos destinados a serviço ou estabelecimento da administração federal, estadual, serviço ou estabelecimento da administração federal, estadual, territorial ou municipal, inclusive os de suas autarquias.
(C) os adquiridos pelos delegados ou concessionários de serviço público, na vigência da delegação, com a utilização da correspondente remuneração.
(D) os que constituem patrimônio das pessoas jurídicas de direito público, como objeto de direito pessoal, ou real, de cada uma dessas entidades.

Art. 99, III, do Código Civil. Gabarito "D".

(Magistratura Federal/1ª Região – 2009 – CESPE) Assinale a opção incorreta relativamente aos bens públicos.

(A) Bens de uso comum do povo são aqueles que, por determinação legal ou por sua própria natureza, podem ser utilizados por todos em igualdade de condições, sem necessidade de consentimento individualizado por parte da administração, a exemplo de rios, mares, estradas, ruas e praças.
(B) Não dispondo a lei em contrário, consideram-se de uso especial os bens pertencentes às pessoas jurídicas de direito público a que se tenha dado estrutura de direito privado.
(C) Bens de uso especial são as coisas móveis ou imóveis, corpóreas ou incorpóreas, utilizadas pela administração pública para a realização de suas atividades e a consecução de seus fins.
(D) São bens de uso especial os edifícios ou terrenos destinados a serviço ou estabelecimento da administração federal, estadual, territorial ou municipal, inclusive os de suas autarquias.
(E) Os bens integrantes do domínio público do Estado têm por características a imprescritibilidade e a impenhorabilidade.

A: correta (art. 99, I, do Código Civil); B: incorreta, pois consideram-se dominicais tais bens (art. 99, parágrafo único, do Código Civil); vale lembrar que o único exemplo de pessoa jurídica de direito público com estrutura de direito privado é o da fundação pública, de modo que há uma presunção relativa de que os bens dessas fundações (que só têm bens públicos) são do tipo dominicais, podendo, naturalmente, alguns bens ser de uso comum do povo e de uso especial, desde que tenham a destinação respectiva; C e D: corretas (art. 99, II, do Código Civil); E: correta, pois todos os bens públicos são imprescritíveis, não se sujeitando à usucapião (art. 102 do Código Civil), e impenhoráveis, pois a execução contra a Fazenda Pública é feita por precatório ou pagamento à vista, em caso de pequeno valor (art. 100 da CF); no entanto, nem todos os bens públicos são inalienáveis, já que os bens dominicais são alienáveis, observadas as exigências da lei (art. 101 do Código Civil). Gabarito "B".

(Magistratura do Trabalho – 3ª Região – 2009) Assinale a assertiva ("a" a "e") correta em relação aos enunciados de I a V, observadas a legislação pertinente, a consolidação jurisprudencial e a Constituição da República:

I. A discricionariedade ínsita ao exercício do poder disciplinar limita-se à opção entre punir e não punir.
II. Traduz-se, segundo o magistério de Maria Sylvia Zanella Di Pietro, em hipótese limitada de regulamento autônomo aquele decorrente da competência privativa outorgada pela Constituição da República ao Presidente de dispor sobre organização e funcionamento da administração federal, quando não implicar aumento de despesa nem criação ou extinção de órgãos públicos.
III. São públicos os bens pertencentes às pessoas jurídicas de direito público interno e externo.
IV. São bens públicos de uso comum os rios, mares, estradas, ruas e praças.
V. São bens públicos de uso especial os edifícios ou terrenos destinados a serviço ou estabelecimento da administração federal, estadual, territorial ou municipal, inclusive os de suas autarquias.

(A) somente um enunciado é verdadeiro
(B) somente dois enunciados são verdadeiros
(C) somente três enunciados são verdadeiros
(D) somente quatro enunciados são verdadeiros
(E) todos os enunciados são verdadeiros

I: incorreta, pois pode haver discricionariedade em relação à *medida* da punição; II: correta, porque no caso tem-se regulamento autônomo, pois o Presidente pode regulamentar a questão sem que haja necessidade de lei para tanto, mas há limitações a esse poder, como a que proíbe aumento de despesa; III: incorreta, pois são bens públicos os pertencentes às pessoas jurídicas de direito público *interno* (art. 98 do Código Civil); IV: correta (art. 99, I, do Código Civil); V: correta (art. 99, II, do Código Civil). Gabarito "C".

(Magistratura do Trabalho – 14ª Região – 2006) Ao processo pelo qual um bem público de uso comum transforma-se em bem dominical, denomina-se:

(A) desvinculação;
(B) desapropriação;
(C) tombamento;
(D) desalienação;
(E) desafetação.

De fato, o processo chama-se desafetação, que significa retirar a destinação do bem. Gabarito "E".

7.2. REGIME JURÍDICO (CARACTERÍSTICAS)

(Magistratura/GO – 2009 – FCC) Segundo enunciado da Súmula n. 340, do Supremo Tribunal Federal, aprovada em 13/12/63, "desde a vigência do Código Civil, os bens dominicais, como os demais bens públicos, não podem ser adquiridos por usucapião". Esse entendimento

(A) comporta exceção, prevista expressamente na Constituição de 1988, no caso dos bens dominicais, desafetados há mais de 5 anos.
(B) permanece válido face à Constituição de 1988, que expressamente veda a aquisição por usucapião de imóveis públicos urbanos e rurais, bem como face ao novo Código Civil, que afirma não estarem os bens públicos sujeitos a usucapião.
(C) comporta exceção, prevista expressamente na Constituição de 1988, no caso das terras devolutas destinadas à reforma agrária.
(D) permanece válido face à Constituição de 1988, bem como face ao novo Código Civil, em que pese tais normas não contenham dispositivos expressos sobre a matéria.
(E) comporta exceção, no que diz respeito a imóvel público urbano, de até 250m2, destinado à moradia de quem o possua ininterruptamente há pelo menos 5 anos, desde que não seja proprietário de outro imóvel.

De fato, qualquer tipo de bem público, inclusive o *dominical*, não pode ser adquirido por usucapião (art. 102 do Código Civil e arts. 183, § 3º, e 191, parágrafo único, da CF). Gabarito "B".

(Magistratura/PI – 2008 – CESPE) Em relação ao regime dos bens públicos, assinale a opção correta.

(A) É dispensada de licitação a alienação de bens públicos imóveis construídos ou destinados ou efetivamente utilizados, no âmbito de programas habitacionais de interesse social, por órgãos ou entidades da Administração Pública especialmente criados para esse fim.
(B) A concessão de uso de bem público imóvel de uma entidade estatal a outra não dispensa o respectivo registro imobiliário público.
(C) O instituto da legitimação de posse não foi recepcionado pela CF, já que não se admite usucapião de bens públicos.
(D) Como regra, as terras devolutas constituem domínio da União.
(E) Nos termos do Código Civil, os bens das empresas públicas e sociedades de economia mista prestadoras de serviço público serão públicos.

A: correta (art. 17, I, *f*, da Lei 8.666/93); B: incorreta, pois o registro só é necessário na concessão **de direito real** de uso de bem público; C: incorreta, pois não se confunde usucapião com legitimação de posse, pois esta implica transferência de posse, em negócio jurídico (art. 99 da Lei 4.504/64); D: incorreta (art. 20, II, c/c art. 26, IV, ambos da CF); E: incorreta, pois os bens dessas pessoas, que são de direito privado, são privados (art. 98 do Código Civil). Gabarito "A".

(MAGISTRATURA/PB – 2011 – CESPE) Com relação aos bens públicos, assinale a opção correta.

(A) Adota-se no Brasil a teoria clássica do domínio eminente para justificar ser o patrimônio do Estado constituído por bens do seu domínio efetivo e, indiretamente, pelos bens na posse de particulares.

(B) A imprescritibilidade dos bens públicos somente foi adotada a partir da vigência do Código Civil de 1916, razão pela qual era admissível, até aquela época, a aquisição de bens públicos por usucapião.
(C) No ordenamento jurídico pátrio, há um único regime jurídico aplicável a todos os bens públicos.
(D) Os bens públicos de uso especial destinam-se à utilização do Estado para fins econômicos que gerem alguma forma de renda para o erário.
(E) Não é possível penhorar bens públicos, com exceção dos que se classificam como dominicais.

A: incorreta, pois o Estado é proprietário dos bens de seu domínio efetivo, sendo que, quanto aos bens dos particulares, o domínio eminente não significa propriedade direta ou indireta desses bens, mas a possibilidade de exigir sua utilização conforme os ditames da função social da propriedade e às exigências da coletividade; B: correta, valendo salientar que impossibilidade de aquisição dos bens públicos pela usucapião também está prevista na Constituição Federal (arts. 183, § 3º, e 191, p. ún.); C: incorreta, pois os bens públicos dominicais tem um regime jurídico com diferença em relação ao regime dos bens de uso comum do povo e de uso especial, no caso, pelo fato de que os bens dominicais são alienáveis (art. 101 do Código Civil - CC); D: incorreta, pois tais bens são destinados à prestação de serviços públicos ou à servir de estabelecimento ao Poder Público (art. 99, II, do CC); E: incorreta, pois não é possível penhorar qualquer tipo de bem público; os bens dominicais, apesar de inalienáveis (art. 101 do CC), continuam impenhoráveis. Gabarito "B".

(Magistratura/SE – 2008 – CESPE) Em relação à Lei de Licitações, assinale a opção correta.

(A) A alienação de bens imóveis da administração depende de prévia licitação na modalidade tomada de preços.
(B) A alienação de bens imóveis de propriedade de empresas públicas depende de autorização legislativa.
(C) A alienação de bens imóveis públicos permite dispensa de licitação quando os imóveis forem destinados a programas habitacionais de interesse social.
(D) No âmbito da competência de editar normas específicas de licitação, os estados podem editar leis com hipóteses fáticas de dispensa de licitação.
(E) É dispensável licitação para contratação de artista para apresentação em festa de comemoração do aniversário da cidade.

A: incorreta (arts. 19, III, e 23, § 3º, da Lei 8.666/93); B: incorreta, pois não se trata de bens públicos, já que as empresas públicas são pessoas jurídicas de direito privado (art. 98 do Código Civil); C: correta (art. 17, I, *f*, da Lei 8.666/93); D: incorreta, pois esse assunto diz respeito a normas gerais sobre licitação, de competência da União (art. 22, XXVII, da CF); E: incorreta, pois é caso de inexigibilidade, e não de dispensa (art. 25, III, da Lei 8.666/93). Gabarito "C".

(Ministério Público/SP – 2011) Os bens imóveis públicos, rurais ou urbanos,

(A) sujeitam-se à prescrição aquisitiva, qualquer que seja sua área.
(B) não podem ser adquiridos por usucapião.
(C) estão sujeitos à usucapião *pro labore*.
(C) atendida a função social da propriedade, podem ser usucapidos.
(E) se urbanos, até 250 m2, e rurais, até 50 ha, atendidos os requisitos temporal, de posse ininterrupta e sem
oposição, sujeitam-se à prescrição aquisitiva.

A: incorreta, pois não cabe usucapião em bens públicos (arts. 183, § 3º, e 191, p. ún., ambos da CF); B: correta, conforme mencionado na afirmativa anterior; C a E: incorretas, pois, conforme já dito, não cabe qualquer tipo de usucapião em bens públicos. Gabarito "B".

(Procurador do Estado/PR – 2007) Não se pode afirmar que os bens públicos:

(A) são impenhoráveis, fazendo a Constituição Federal expressa previsão de processo especial de execução contra a Fazenda Pública;
(B) são inalienáveis, enquanto conservarem a qualificação de bens dominicais;
(C) não estão sujeitos a oneração, não sendo possível gravá-los com penhor, hipoteca ou anticrese;

(D) são imprescritíveis, não podendo ser adquiridos através da usucapião;
(E) somente podem ser alienados quando desafetados.

A: correta (art. 100 da CF); B: incorreta (arts. 100 e 101 do Código Civil); C: correta, pois como os bens públicos são inalienáveis, não estão sujeitos a oneração, que seria inútil, diante da inalienabilidade; há exceções previstas na Constituição (art. 167, IV); D: correta (art. 102 do Código Civil); E: correta, pois bens afetados não podem ser alienados. Gabarito "B."

(Procurador do Estado/RO – 2011 – FCC) Um sitiante instalou-se com sua família em uma área rural que considerava abandonada e ali residiu durante 10 (dez) anos, cultivando a referida terra. Decidiu entrar com ação de usucapião e, durante o processo, foi constatado que se tratava de terras indígenas. Diante disso, é correto afirmar que

(A) as terras indígenas são de propriedade privada dos índios, e portanto o sitiante fará jus ao reconhecimento da usucapião.
(B) as terras indígenas são bens públicos da União, e portanto, não podem ser usucapidas e, por força de mandamento da Constituição, são inalienáveis e indisponíveis.
(C) as terras indígenas são bens públicos dominicais, podendo ser alienadas; logo, estão sujeitas também a usucapião.
(D) as terras indígenas são consideradas res nullius, portanto, qualquer um pode delas se apossar, sem necessidade de promover ação de usucapião.
(E) embora sejam bens públicos, e portanto não sujeitos a usucapião, as referidas terras podem ser objeto de concessão de uso especial para fins de moradia, nos termos da Medida Provisória nº 2.220/2001.

A: incorreta, pois as terras indígenas pertencem á União (art. 20, XI, da CF), sendo que os índios tem apenas a posse permanente dessas terras, cabendo-lhes o usufruto exclusivo das riquezas do solo, dos rios e dos lagos nelas existentes (art. 231, § 2º, da CF); B: correta, conforme mencionado na alternativa anterior e conforme o § 4º do art. 231 da CF, que assevera que tais terras são inalienáveis e indisponíveis, e os direitos sobre elas, imprescritíveis; C: incorreta, pois o art. 231, § 4º, da CF dispõe que essas terras são inalienáveis e imprescritíveis; D: incorreta, pois tais terras sujeitam-se à posse permanente dos índios, não cabendo usucapião sobre tais terras; E: incorreta, pois tais terras se destinam à posse permanente dos índios (art. 231, § 2º, da CF), o que faz com que o instituto da concessão de uso especial para fins de moradia seja incompatível com a natureza das terras indígenas. Gabarito "B."

(Procurador do Estado/SP – FCC – 2009) Sobre bens públicos é correto afirmar:

(A) O regime jurídico do bem da empresa privada que presta serviço público mediante contrato de concessão, mesmo se não afetado à prestação do serviço, é de direito público.
(B) A afetação de bem público exige prévia existência de um ato estatal formal.
(C) Apenas bens imóveis podem ser apontados como bens de uso comum do povo.
(D) No Estado de São Paulo, o patrimônio físico, cultural e científico dos museus, institutos e centros de pesquisa da Administração direta, indireta e fundacional não podem ser alienados sem prévia audiência da comunidade científica.
(E) Como assentado na jurisprudência dos tribunais superiores, bem público dominical pode ser objeto de contrato de locação regido pela lei civil, estando sujeito, portanto, à ação renovatória de aluguel.

A: incorreta, pois somente quanto aos bens afetados ao serviço público tem-se regime de direito público; B: incorreta, pois a afetação pode se dar até por ato da natureza, como, por exemplo, aquele ato que dá ensejo à formação de um rio (bem de uso comum do povo); C: incorreta, pois os bens móveis e até os bens imateriais podem ser bens públicos também; D: correta (art. 272 da Constituição do Estado de São Paulo); E: incorreta, pois, de acordo o art. 1º, parágrafo único, a, "1", da Lei de Locações (Lei 8.245/91), essa lei não se aplica às locações de imóveis que forem de propriedade dos entes políticos, de maneira que o instituto da ação renovatória não se aplica aos bens públicos dominicais porventura locados. Gabarito "D."

(Defensoria/PA – 2009 – FCC) Determinado terreno público foi irregularmente ocupado por famílias de baixa renda há cerca de 40 (quarenta) anos. Pretendendo a regularização dominial da área, a associação de moradores ingressou com ação de usucapião. Não obstante a decisão dependa de apreciação do Poder Judiciário, pode-se afirmar que

(A) há possibilidade de êxito se a associação autora representar número de ocupantes suficientes para comprovar a posse justa e de boa-fé na totalidade da área descrita.
(B) há possibilidade de êxito em razão da prova do tempo de ocupação e do caráter social da demanda.
(C) não há possibilidade de êxito em razão da imprescritibilidade dos bens públicos, que não podem ser usucapidos.
(D) não há possibilidade de êxito em razão da impenhorabilidade dos bens públicos.
(E) há possibilidade de êxito se comprovada a boa-fé dos ocupantes e a constância da ocupação.

Nenhum bem público é passível de usucapião (art. 102 do Código Civil e arts. 183, § 3º, e 191, parágrafo único, da CF). No caso, pode-se pedir uma concessão de uso especial do bem público (Medida Provisória 2.220/01), mas não a aquisição da propriedade deste. Gabarito "C."

(Defensoria/SP – 2009 – FCC) No tocante ao uso de bens públicos por particulares, NÃO é correto sustentar que

(A) a permissão de uso é dada no interesse público, em caráter precário, dependendo, em regra, de licitação e gerando um dever de utilização, sob pena de revogação.
(B) os bens de uso comum do povo, os de uso especial e os dominicais podem ser utilizados por particulares.
(C) a autorização de uso é ato discricionário, de título precário, podendo ser revogado a qualquer tempo, dependendo sempre de licitação e de lei autorizadora.
(D) a concessão de direito real resolúvel do uso aplica-se apenas aos dominicais, permitindo ao particular, mediante autorização legislativa e licitação, desempenhar atividade para fins de interesse social, de modo gratuito ou remunerado.
(E) a concessão de uso, em regra exige autorização legislativa e licitação, e tem por objeto uma utilidade pública de certa permanência.

A: correto, pois traz definição adequada de permissão de uso de bem público, que, para a doutrina, é ato precário (ou seja, pode ser revogado a qualquer tempo sem direito de indenização), mas depende de licitação para ser conferido; B: correto, valendo salientar que os bens de uso comum têm utilização mais ampla, ao passo que os de uso especial podem sê-lo na medida do regulamentado e os dominicais, à vista de um contrato, de uma permissão ou de uma autorização de uso; C: incorreto, pois a autorização de uso, diferentemente da permissão de uso, não depende de licitação; D: correto, nos termos da legislação do Estado de São Paulo, devendo o candidato verificar no seu Estado ou Município, de acordo com o concurso, como a questão é regulamentada; E: correto, pois, diferente da permissão, usa-se a concessão quando há maior necessidade de permanência, a justificar o instituto, já que a concessão, por ser um contrato, caso venha a ser revogada antes do termo final, dá ensejo a pedido indenizatório para o concessionário, que tem expectativa de ficar um bom tempo com a coisa e, normalmente, faz investimentos compatíveis com o tempo que espera usar o bem público. Gabarito "C."

(Magistratura Federal – 1ª Região – 2005) Conforme a jurisprudência mais recente do STF, os bens da Empresa Brasileira de Correios e Telégrafos:

(A) são penhoráveis, pois, nos termos do art. 5º, II, do Decreto-Lei nº 200/67, ainda em vigor, empresa pública é entidade dotada de personalidade jurídica de direito privado, com patrimônio próprio, criada por lei para a exploração de atividade econômica que o Governo seja levado a exercer por força de contingência ou de conveniência administrativa;
(B) são penhoráveis porque, nos termos do art. 173, §1º, II, da Constituição, a empresa pública sujeita-se ao regime jurídico próprio das empresas privadas, inclusive quanto aos direitos e obrigações civis, comerciais, trabalhistas e tributários, não se fazendo distinção entre empresa prestadora de serviço público e empresa dedicada a atividade econômica;

(C) são penhoráveis em face de incompatibilidade do Decreto-Lei n. 509/69, que estabelece prerrogativa de impenhorabilidade desses bens, com o art. 100 da atual Constituição (regime de precatório apenas para a fazenda pública);

(D) são impenhoráveis porque não se aplica o disposto no art. 173, §1º, II, da Constituição às empresas estatais prestadoras de serviço público.

De fato, a jurisprudência do STF beneficiou os Correios e foi tomada porque essa pessoa jurídica, apesar de ser uma empresa pública (pessoa jurídica de direito privado estatal), tem monopólio do serviço que presta, o que permite que tenha uma condição diferenciada de outras empresas, pois ela não concorre no mercado. Incidência, também, do art. 12 do Dec.-Lei 509/69, que estendeu aos Correios os privilégios conferidos à Fazenda Pública. Vide, por ex., o seguinte acórdão do STF: AI-AgR 243.250/RS, DJ 23/04/04. Gabarito "D".

(MAGISTRATURA DO TRABALHO – 1ª REGIÃO – 2010 – CESPE) Acerca dos bens públicos e dos princípios da administração pública, assinale a opção correta.

(A) A impenhorabilidade dos bens públicos tem lastro no próprio texto constitucional, que estabelece processo especial de execução contra a fazenda pública, excluindo, dessa forma, a possibilidade de penhora de tais bens.

(B) De modo geral, os imóveis públicos não estão sujeitos a usucapião, mas os bens móveis públicos são suscetíveis de usucapião especial, também denominado usucapião pro labore.

(C) A jurisprudência e a doutrina reconhecem, majoritariamente, a penhorabilidade de bens públicos dominicais quando estes forem utilizados em caráter privado.

(D) O princípio da legalidade estrita significa que a administração não pode inovar na ordem jurídica por simples ato administrativo, salvo se, em razão do poder de polícia, houver necessidade de impor vedações ou compelir comportamentos, casos em que a atividade administrativa prescinde de determinação legal.

(E) Em atenção ao princípio da publicidade, todo ato administrativo deve, em princípio, ser publicado, mas os contratos administrativos, como regra, se operacionalizam e adquirem eficácia independentemente de publicação.

A: correta (art. 100 da CF); B: incorreta, pois não cabe qualquer tipo de usucapião em relação a bens públicos (art. 102 do Código Civil e arts. 183, § 3º, e 191, parágrafo único, da CF); C: incorreta, pois não cabe penhora de público, devendo a execução contra a Fazenda Pública seguir o trâmite previsto no art. 100 da CF; D: incorreta, pois o princípio da legalidade é mais amplo do que está descrito na alternativa, incidindo também nos casos de poder de polícia; a imposição de obrigações e comportamentos somente pode se dar por meio de lei; já a exigência material de que a lei seja cumprida, em situações de urgência, pode se dar por meio do uso da força pela Administração (autoexecutoriedade), mas sempre haverá uma lei por trás, determinando ao particular o que a Administração o faz cumprir; E: incorreta, pois a eficácia dos contratos administrativo depende de sua publicação (art. 61, parágrafo único, da Lei 8.666/93). Gabarito "A".

(Magistratura do Trabalho – 16ª Região – 2006) Considere os itens abaixo e verifique qual(is) dos instituto(s) abaixo aplica-se ao patrimônio público:

I. Penhora;
II. Hipoteca;
III. Usucapião;
IV. Arresto;
V. Desafetação;

Assinale a opção CORRETA:

(A) Somente I e V estão corretas.
(B) Somente III e V estão corretas.
(C) Somente II, III e V estão corretas;
(D) Somente III e IV estão corretas.
(E) Somente V está correta

Os bens públicos são inalienáveis (art. 100 do Código Civil), de modo que não podem ser penhorados, hipotecados e objeto de arresto. Além disso, são imprescritíveis (art. 102 do Código Civil), de modo que não podem ser objeto de usucapião. Assim, apenas a desafetação se aplica aos bens públicos. Gabarito "E".

7.3. ALIENAÇÃO DOS BENS PÚBLICOS

(Procurador do Estado/RR – 2006 – FCC) A respeito da alienação de bens imóveis de propriedade da Administração Pública, é correto afirmar que

(A) depende de prévia autorização legislativa, avaliação e adoção de procedimento licitatório na modalidade concorrência, independentemente da forma de aquisição pela Administração.

(B) depende de prévia autorização legislativa, avaliação e procedimento licitatório, dispensados tais requisitos nas hipóteses de dação em pagamento, venda ou doação a outro órgão ou entidade de qualquer esfera de governo.

(C) poderão ser alienados com dispensa de licitação, quando derivados de procedimentos judiciais ou de dação em pagamento.

(D) não são passíveis de alienação, exceto quando adquiridos mediante adjudicação ou dação em pagamento.

(E) a alienação de bens adquiridos mediante dação em pagamento poderá ser feita mediante leilão, precedido de avaliação e comprovada a necessidade ou utilidade da alienação.

A: incorreta (art. 19, III, da Lei 8.666/93); B: incorreta, pois, no caso, há dispensa apenas de licitação (art. 17, I, da Lei 8.666/93); C: incorreta (art. 19, III, da Lei 8.666/93); D: incorreta, pois são passíveis de alienação, obedecidos os requisitos do art. 17 da Lei 8.666/93; E: correta (art. 19 da Lei 8.666/93). Gabarito "E".

(Cartório/MS – 2009 – VUNESP) Investidura é

(A) a alienação feita aos legítimos possuidores de direitos ou, na falta destes, ao Poder Público, de imóveis para fins residenciais construídos em núcleos urbanos anexos a usinas hidrelétricas, desde que considerados dispensáveis na fase de operação dessas unidades e não integrem a categoria de bens reversíveis ao final da concessão.

(B) o instituto por meio do qual o Poder Público, reconhecendo a posse legítima do interessado e a observância dos requisitos fixados em lei, transfere a ele a propriedade de área integrante do patrimônio público.

(C) a forma alienativa pela qual o Estado, ao instituir entidade administrativa privada, faz integrar no seu capital dinheiro ou bens móveis ou imóveis.

(D) o instrumento de direito público pelo qual uma entidade de direito público transfere a outrem, gratuita ou remuneradamente, bem público de seu domínio.

(E) o contrato em que um dos contratantes transfere a outrem bem de seu patrimônio e deste recebe outro bem equivalente.

Art. 17, § 3º, da Lei 8.666/93. Gabarito "A".

7.4. USO DOS BENS PÚBLICOS

(Magistratura/MS – 2008 – FGV) Assinale a alternativa correta.

(A) Os bens públicos que não cumprem sua função social não são atingidos pela imprescritibilidade.

(B) Os bens públicos não podem ser penhorados; no entanto, não há vedação no que tange a serem onerados como garantia real.

(C) O contrato de compra e venda de imóvel, realizado entre o Estado, exercendo o *ius gestionis*, e um particular, obedece ao regime jurídico público, sob pena de violação do princípio da moralidade administrativa.

(D) O direito à concessão de uso especial de bem público para fins de moradia só será reconhecido uma vez ao mesmo possuidor.

(E) A autorização de uso de bem público por um determinado particular, atendendo primordialmente o interesse deste, fere o princípio da impessoalidade.

A: incorreta, pois a imprescritibilidade tem raiz constitucional e não tem exceções (arts. 183, § 3º, e 191, parágrafo único, da CF); B: incorreta, pois como são inalienáveis (art. 100 do Código Civil), não podem ser objeto de oneração (hipoteca, p. ex.), pois esta não teria utilidade; C: incorreta, pois o regime jurídico aplicado no caso é o de direito privado; D: correta (art. 1º, § 2º, da Medida Provisória 2.220/01); E: incorreta, pois a doutrina aponta que a autorização de uso de bem público é feita em proveito primordial do particular, como, por ex., a autorização para uso de uma rua para a realização de festa junina de uma escola local; tal situação, desde que temporária e razoável, não fere o princípio da impessoalidade. Gabarito "D".

(Magistratura/RS – 2009) Em relação a bens públicos, considere as assertivas abaixo.

I. Permissão de uso é o ato administrativo unilateral que autoriza o particular a utilizar-se de um bem público, mediante o preenchimento de determinadas condições, como acontece com a instalação de uma banca de jornais na calçada.

II. Afetação é o ato ou fato pelo qual um bem é incorporado ao domínio da pessoa jurídica pública, e decorre da lei.

III. Integram o rol dos bens públicos os imóveis por acessão física, como eletrodutos, oleodutos, aviões civis e navios mercantes.

Quais são corretas?

(A) Apenas I
(B) Apenas II
(C) Apenas III
(D) Apenas I e III
(E) I, II e II

I: correta, pois traz a definição doutrinária de permissão de uso de bem público; II: incorreta, pois a afetação é o ato pelo qual o bem público passa a ter uma destinação, saindo da esfera dos bens públicos dominicais para a esfera dos bens públicos de uso comum do povo ou de uso especial; III: incorreta, pois aviões e navios não são *acessões físicas*, pois não são coisa nova feita sobre um bem imóvel, como é uma casa, por exemplo; tais bens são equiparados a imóveis para determinados fins de direito. Gabarito "A".

(Magistratura/SP – 2011 – VUNESP) Roberval da Silva, deficiente físico, aforou ação ordinária contra o Município de Marajá, objetivando pagamento de indenização por perdas e danos materiais e morais, sob o fundamento de que mantinha uma banca de jornal localizada em uma praça pública, por 12 anos, e foi compelido a transferir seu estabelecimento do local, em razão de duplicação da via pública. Para tanto, alega que foi obrigado a arcar com aluguel de novo ponto comercial e teve prejuízo, daí por que busca a indenização. Assinale a alternativa correta.

(A) O juiz, ao decidir, concede o pleito do autor, porquanto é ele deficiente físico e foi obrigado a sair do local onde mantinha freguesia.
(B) O juiz concede a pretensão do autor, porquanto ele possuía licença tácita.
(C) O juiz concede a pretensão do autor, porquanto ele possuía permissão tácita do município para exercer o seu labor.
(D) O juiz nega a pretensão do autor, posto que este não demonstrou que o Poder Público transferiu a ele um serviço de sua alçada.
(E) O juiz nega a pretensão do autor, pois a qualquer tempo o Município, o Estado ou a União podem ocupar, ao seu bel prazer, espaço que é seu, circunstância essa que não enseja qualquer tipo de indenização.

Roberval tem, no caso, uma permissão de uso de bem público. E tais permissões, como se sabe, são atos unilaterais, discricionários e precários. Assim, a Administração poderá revogá-las a qualquer tempo, sem ter que pagar qualquer tipo de indenização. Gabarito "E".

(Ministério Público/PB – 2010) Analise as proposições imediatamente abaixo e, em seguida, assinale a alternativa que contenha o julgamento devido sobre elas:

I. A concessão de uso pode recair sobre bem de uso comum do povo.

II. A concessão especial de direito real de uso de bem imóvel para fim de moradia é modalidade de usucapião que representa exceção temporalmente limitada à regra da imprescritibilidade dos bens públicos.

III. As terras devolutas, igualmente aos demais bens públicos, são insuscetíveis de qualquer modalidade de usucapião.

(A) Apenas II e III são corretas.
(B) Apenas II é errada.
(C) Apenas I e II são corretas.
(D) Apenas III é correta.
(E) I, II e III são corretas.

I: correta, desde que não impeça totalmente o uso comum do bem pela população; II: incorreta, pois não se trata de usucapião, vez que não cabe usucapião em bem público, mas de uma concessão para fins de moradia; aliás, essa concessão pode até ser extinta, caso o concessionário dê ao imóvel destinação diversa da moradia para si ou para sua família, o adquira a propriedade ou a concessão de outro imóvel urbano ou rural (art. 8º da Medida Provisória nº 2.220/01); III: correta, pois os bens públicos não são passíveis de usucapião (arts. 183, § 3º, e 191, p. ún., ambos da CF). Gabarito "B".

(Procurador do Estado/PE – CESPE – 2009) Ato unilateral, precário e discricionário quanto à decisão de outorga, pelo qual se faculta a alguém o uso de um bem público. Sempre que possível, será outorgada mediante licitação ou, no mínimo, com obediência a procedimento em que se assegure tratamento isonômico aos administrados.

Celso Antônio Bandeira de Mello. **Curso de direito administrativo**. 19.ª ed., São Paulo: Malheiros, 2005, p. 859 (com adaptações).

O texto acima traduz o conceito de

(A) autorização de uso de bem público.
(B) permissão de uso de bem público.
(C) concessão de uso de bem público.
(D) cessão de uso de bem público.
(E) concessão de direito real de uso de bem público.

A: incorreta, pois a outorga de autorização de uso não requer licitação; B: correta, trazendo definição compatível com a prevista no art. 2º, IV, da Lei 8.987/95; C: incorreta, pois a concessão não é unilateral, mas bilateral, já que tem natureza de contrato; D: incorreta, pois a cessão de uso de bem público não requer licitação; E: incorreta, pois tal concessão é de natureza contratual, não se tratando de ato unilateral, portanto. Gabarito "B".

(Procurador do Estado/RR – 2006 – FCC) O Estado pretende reaver determinado bem público cujo uso foi permitido a particular, por prazo indeterminado, para desenvolvimento de atividade de interesse público, em função da destinação ter sido deturpada, a fim de atender propósitos exclusivamente particulares. O ocupante do imóvel deverá

(A) restituir o imóvel imediatamente após ser comunicado, em função da precariedade do ato que lhe permitiu o uso do bem e da alteração unilateral e indevida da destinação do bem.
(B) requerer a restituição do que investiu no imóvel para adequá-lo a seu uso, ainda que indevido, podendo requerer, em ação judicial competente, a penhora do bem para garantia de seu crédito.
(C) defender sua posse por meio direto, em face do direito subjetivo advindo da assinatura do termo de permissão de uso, ainda que este fosse precário.
(D) resistir ao pleito da Administração Pública e ingressar com ação de usucapião do bem após decorridos 5 (cinco) anos da comunicação para desocupação.
(E) reter o bem em face das benfeitorias feitas, ainda que não tenham sido comunicadas ao proprietário, exigindo, como indenização, a permuta do imóvel pelo uso de outra área de propriedade do Poder Público permitente.

A, B, C, D e E: A permissão de uso de bem público, por ser ato unilateral e precário, pode ser desfeita a qualquer tempo, mediante mera comunicação ao permissionário. Gabarito "A".

(Procurador do Município/Boa Vista-RR – 2010 – CESPE) Com relação aos bens municipais, julgue os itens seguintes.

(1) A autorização de uso é ato unilateral, discricionário e precário, pelo qual o município consente a prática de determinada atividade individual incidente sobre bem público. Não há forma nem requisitos especiais para sua efetivação, pois ela visa apenas atividades transitórias e irrelevantes para o poder público, bastando que se consubstancie em ato escrito, revogável sumariamente a qualquer tempo e sem ônus à administração.

1: Correta, pois traz exatamente o conceito e as características da autorização de uso de público, que, diferentemente da permissão e da concessão, não reclama licitação, nem forma determinada. Gabarito "C".

(Procurador do Município/Teresina-PI – 2010 – FCC) O ato administrativo unilateral, discricionário e precário pelo qual a Administração consente que o particular utilize bem público de modo privativo, atendendo exclusiva ou primordialmente o interesse do particular, denomina-se

(A) cessão de uso.
(B) permissão de uso.
(C) autorização de uso.
(D) concessão de uso.
(E) concessão especial de uso.

A, B, C, D e E: Trata-se de autorização de uso de bem público. O instituto que mais se aproxima do conceito é a permissão de uso de bem público, que não é o caso, pois esta não é feita para atender exclusiva ou primordialmente interesse do particular. Ademais, a permissão requer licitação, ao passo que a autorização, não. Gabarito "C".

7.5. BENS PÚBLICOS EM ESPÉCIE

(Magistratura/DF – 2011) Segundo a Constituição Federal, são bens da União:

(A) Os que atualmente lhe pertencem e os que lhe vierem a ser atribuídos;
(B) Os recursos naturais da plataforma continental, excluída a zona econômica;
(C) Os terrenos de marinha, sem os seus acrescidos;
(D) Os lagos, rios e quaisquer correntes de água em terrenos de seu domínio ou que banhem apenas um Estado.

A: correta (art. 20, I, da CF); B: incorreta, pois são bens da União os recursos naturais da plataforma continental E TAMBÉM da zona econômica exclusiva (art. 20, V, da CF); C: incorreta, pois são bens da União os terrenos de marinha e TAMBÉM os seus acrescidos (art. 20, VII, da CF); D: incorreta, pois é necessário que banhem MAIS de UM Estado (art. 20, III, da CF). Gabarito "A".

(Magistratura/MG – 2009 – EJEF) Sobre as terras devolutas é correto dizer, EXCETO:

(A) Em geral, pertencem aos Estados, ressalvadas aquelas pertencentes à União Federal.
(B) As indispensáveis à defesa das fronteiras pertencem à União Federal.
(C) São bens públicos dominicais.
(D) As indispensáveis à preservação ambiental pertencem aos Municípios.

A: correta (art. 26, IV, da CF); B: correta (art. 20, II, da CF); C: correta, desde que se trate de terra realmente não afetada a uma finalidade pública; D: incorreta, pois pertencem à União, nesse caso (art. 20, II, da CF). Gabarito "D".

(Magistratura/TO – 2007 – CESPE) Acerca dos bens públicos, assinale a opção correta.

(A) As terras reservadas aos indígenas são bens dominiais e são consideradas bens públicos da União.
(B) Os recursos minerais do solo são de propriedade da União, propriedade essa que não se estende à lavra produzida pelas concessionárias que exploram essa atividade.
(C) A desafetação de bem público só pode ser feita por meio de lei.
(D) Conforme entendimento do STJ, as contas públicas não podem ser objeto de bloqueio judicial para garantir o custeio de tratamento médico, já que a Constituição apenas ressalvou a hipótese de seqüestro de crédito de natureza alimentícia, conceito este que não abrange aquele custeio.

A: incorreta (arts. 20, XI, e 231, § 1º, da CF); B: correta (art. 176 da CF); C: incorreta; por ex., a afetação feita por um decreto pode ser desfeita por um decreto também; D: incorreta (Resp n.º 840.912, 1ª T. Rel. Min. Teori Albino Zavascki, DJ 23/04/2007). Gabarito "B".

(Ministério Público/DF – 2009) Em matéria de bens públicos, assinale a alternativa correta.

(A) São bens da União os rios que se estendam a território estrangeiro ou dele provenham.
(B) São bens dos Estados e do Distrito Federal os potenciais de energia hidráulica.
(C) Não pode ser retribuído o uso comum dos bens públicos.
(D) Não é assegurada compensação financeira ou a participação aos Estados, ao Distrito Federal e aos Municípios no resultado da exploração de recursos minerais oriundos da plataforma continental e do mar territorial.
(E) Os bens públicos dominicais não podem ser excepcionalmente alienados.

A: correta (art. 20, III, da CF); B: incorreta, pois tais potenciais pertencem à União (art. 20, VIII, da CF); C: incorreta, pois pode ser retribuído, nos termos da lei (art. 103 do Código Civil), valendo usar como exemplo o pedágio em estradas, sendo estas bens de uso comum do povo; D: incorreta (art. 20, § 1º, da CF); E: incorreta, pois os bens públicos dominicais podem ser alienados (art. 101 do Código Civil). Gabarito "A".

(Ministério Público/RO – 2008 – CESPE) Julgue os próximos itens, a respeito de bens públicos.

I. Pelo instituto do indigenato, as áreas indígenas são bens dos índios, aos quais serão destinados os frutos pela exploração econômica dessas áreas.
II. As áreas de fronteira são bens da União considerados de uso público de uso especial, obedecidas as restrições impostas em face da soberania nacional.
III. Os recursos minerais, mesmo que localizados na superfície, são bens da União, mas se assegura o pagamento de royalties aos estados e municípios onde esses recursos naturais forem encontrados.
IV. É constitucional a cobrança de taxa na utilização de bens públicos.
V. O município poderá exercer o direito de preempção na alienação onerosa de imóveis urbanos, entre particulares, quando tiver o interesse em destinar essa área à proteção de interesse histórico, cultural ou paisagístico.

A quantidade de itens certos é igual a

(A) 1.
(B) 2.
(C) 3.
(D) 4.
(E) 5.

I: incorreta (arts. 20, XI, e 231, § 1º, da CF); II: incorreta (art. 20, II, da CF); não se trata de bens de uso especial, mas de uso comum; III: correta, nos termos do art. 20, IX e § 1º, da CF; IV: incorreta, pois a taxa é cobrada em razão da prestação de um serviço público ou do exercício de poder de polícia (art. 145, II, da CF); no caso, pode-se cobrar um *preço* público; V: correta, nos termos dos arts. 25, *caput*, e 26, VIII, do Estatuto da Cidade (Lei 10.257/01). Gabarito "B".

(Procurador do Estado/CE – 2008 – CESPE) Considerando a legislação pertinente à propriedade, ao uso e exploração de bens públicos, solo, subsolo e recursos hídricos, assinale a opção correta.

(A) As jazidas, em lavra ou não, e demais recursos minerais e os potenciais de energia hidráulica constituem propriedade comum ao solo, para efeitos de exploração ou aproveitamento.
(B) Aos estados pertencem as águas superficiais ou subterrâneas, fluentes, emergentes e em depósito, ressalvadas, nesse caso, na forma da lei, as decorrentes de obras da União.
(C) As terras devolutas constituem bens públicos de uso comum.
(D) Todos os bens públicos são inalienáveis e estão fora do comércio jurídico de direito privado.
(E) A afetação e a desafetação de um bem público devem ser feitas de modo expresso, não se admitindo a forma tácita.

A: incorreta (art. 176 da CF); B: correta (art. 26, I, da CF); C: incorreta, pois são bens dominicais; D: incorreta, pois os bens dominicais são alienáveis (art. 101 do Código Civil); E: incorreta; se a Administração construir uma praça num bem dominical, ainda que não haja manifestação expressa (por decreto ou por lei) instituindo a afetação, esta terá se operado, de modo tácito, passando o local a ser um bem de uso comum do povo. Gabarito "B".

(Procurador de Contas TCE/ES – CESPE – 2009) Com relação ao domínio público, assinale a opção correta.

(A) De acordo com a classificação prevista no Código Civil, os bens públicos podem ser de uso comum do povo, de uso especial e dominiais, sendo esses bens indisponíveis e inalienáveis.

(B) A doutrina entende que a desafetação de um bem público pode ocorrer por meio de ato administrativo, de lei ou mesmo de fato jurídico, como um incêndio que torne um veículo inservível.

(C) Todas as terras devolutas pertencem à União.

(D) O patrimônio cultural brasileiro constitui-se apenas de bens de natureza material.

(E) As terras tradicionalmente ocupadas pelos índios, assim entendidas aquelas habitadas em caráter permanente, as utilizadas para suas atividades produtivas, as imprescindíveis à preservação dos recursos ambientais necessários ao seu bem-estar e as necessárias à sua reprodução física e cultural, segundo seus usos, costumes e tradições, são de sua propriedade, cabendo à União apenas demarcá-las.

A: incorreta, pois os bens dominicais são alienáveis (art. 101 do Código Civil); B: correta, pois a desafetação pode ocorrer pelos eventos citados, valendo lembrar, todavia, que se afetação de um bem público se der por lei, este não pode ser desafetado por mero ato administrativo; C: incorreta, pois há terras devolutas dos Estados (art. 26, IV, da CF); D: incorreta, pois há bens materiais e imateriais (art. 216 da CF); E: incorreta, pois tais terras pertencem à União (art. 20, XI, da CF), cabendo aos índios apenas a posse permanente e o usufruto exclusivo das riquezas do solo, dos rios e dos lagos nelas existentes. (art. 231, § 2º, da CF). Gabarito "B".

(Procurador do Município/Florianópolis-SC – 2010 – FEPESE) Assinale a alternativa **correta**, em relação aos bens públicos.

(A) A terra devoluta pertence à categoria de bens públicos de uso especial.

(B) O bem público poderá ser onerado pelos direitos reais de garantia.

(C) As terras devolutas não compreendidas entre as da União pertencem ao Município.

(D) A administração pública não é livre para adquirir ou alienar bens imóveis, necessitando, pois, de autorização legislativa para tal fim.

(E) Pertencem aos Estados as terras devolutas indispensáveis à defesa das fronteiras, das fortificações e construções militares, das vias federais de comunicação e à preservação ambiental, definidas em lei.

A: incorreta, pois tais terras são da categoria dos *bens dominicais*; B: incorreta, pois os bens públicos, por serem inalienáveis, também não são passíveis de oneração; C: incorreta, pois são dos Estados as terras devolutas não compreendidas entre as da União (art. 26, IV, da CF); D: correta, em termos, pois, para a alienação de bens imóveis, é necessário autorização legislativa (art. 17, I, da Lei 8.666/93); porém, para a aquisição, a necessidade de autorização legislativa depende de previsão na legislação local; E: incorreta, pois tais terras pertencem à União (art. 20, II, da CF). Gabarito "D".

(Delegado/SP – 2008) Incluem-se entre os bens imóveis da União os terrenos de marinha, como tais considerados aqueles que, partindo da posição da linha da preamar média, medem, em direção à parte da terra.

(A) trezentos e trinta metros.
(B) trinta e três metros.
(C) sessenta e seis metros.
(D) cem metros.
(E) cento e cinqüenta metros.

Art. 2º do Dec.-lei 9.760/46. Gabarito "B".

(Cartório/AP – 2011 – VUNESP) Com base no ordenamento jurídico pátrio, são bens da União

(A) os terrenos da marinha e seus acrescidos, admitido o seu uso por particulares por meio do regime da enfiteuse.

(B) as terras que estiverem situadas na faixa de fronteira, eis que necessárias à segurança nacional.

(C) as terras devolutas em geral, exceto as indispensáveis à preservação ambiental, que serão de titularidade do Estado-membro respectivo.

(D) as ilhas oceânicas e costeiras, independentemente de nelas estar localizada a sede de algum Município.

(E) os bens materiais ou imateriais de relevância histórica, artística ou paisagística nacional.

A: correta (art. 20, VII, da CF); B: incorreta, pois somente as terras devolutas INDISPENSÁVEIS À DEFESA das fronteiras pertencem à União (art. 20, II, da CF); C: incorreta, pois são da União as terras devolutas "indispensáveis à defesa das fronteiras, das fortificações e construções militares, das vias federais de comunicação e à preservação ambiental, definidas em lei" (art. 20, II, da CF); D: incorreta, pois pertencem ao respectivo Município as ilhas, nestas condições, que contenham a sede destes (art. 20, IV, da CF); E: incorreta, pois tais bens podem pertencer até a um particular, devendo ser devidamente protegidos, inclusive pelo tombamento (art. 216, *caput* e § 1º, da CF). Gabarito "A".

(Magistratura Federal-4ª Região – 2010) Dadas as assertivas que seguem sobre bens públicos, assinale a alternativa correta.

I. Os bens públicos de uso comum do povo e os de uso especial são imprescritíveis, impenhoráveis e também inalienáveis enquanto conservarem a respectiva qualificação. Os bens públicos dominicais embora também tenham por atributos a impenhorabilidade e a imprescritibilidade, podem ser alienados, desde que observadas as exigências da lei.

II. Conquanto as terras tradicionalmente ocupadas pelos índios destinem-se à sua posse permanente, cabendo-lhes o usufruto exclusivo das riquezas do solo, dos rios e dos lagos nelas existentes, elas pertencem todas à União Federal, ostentando a natureza de bens de uso especial.

III. No regime da Constituição Federal brasileira, todas as terras devolutas existentes no território nacional pertencem à União, admitida a cessão aos Estados e aos Municípios, desde que não se trate de imóveis situados na faixa de fronteira.

IV. As ilhas fluviais e lacustres situadas nas zonas limítrofes com outros países incluem-se entre os bens da União; as demais ilhas fluviais e lacustres pertencem aos Estados.

V. O ajuizamento de ação contra o foreiro, na qual se pretende usucapião do domínio útil do bem, não viola a regra de que os bens públicos não se adquirem por usucapião, prevista no artigo 183, § 3º, da Constituição Federal.

(A) Estão corretas apenas as assertivas I e II.
(B) Estão corretas apenas as assertivas I, II e III.
(C) Estão corretas apenas as assertivas II, IV e V.
(D) Estão corretas apenas as assertivas I, II, IV e V.
(E) Estão corretas todas as assertivas.

I: correta (arts. 100 a 102 do CC); II: correta (arts. 20, XI, e 231, § 2º, ambos da CF); III: incorreta, pois as terras devolutas não pertencentes à União pertencem aos Estados (art. 26, IV, da CF); IV: correta (arts. 20, IV, e 26, III, ambos da CF); V: correta, pois a usucapião não atinge o direito de propriedade da União, mas pode atingir outros direitos de particulares, ainda que sobre bens públicos, ressalvadas as regras de direito público que se oponham a essa possibilidade. Gabarito "D".

(Advogado da União/AGU – CESPE – 2009) Relativamente aos bens públicos, julgue os itens seguintes.

(1) As terras devolutas são espécies de terras públicas que, por serem bens de uso comum do povo, não estão incorporadas ao domínio privado. São indisponíveis as terras devolutas ou arrecadadas pelos estados-membros, por ações discriminatórias, necessárias à proteção dos ecossistemas naturais. Constituem bens da União as terras devolutas indispensáveis à defesa das fronteiras, das fortificações e construções militares, das vias federais de comunicação e à preservação ambiental, definidas em lei.

(2) Os rios públicos são bens da União quando situados em terrenos de seu domínio, ou ainda quando banharem mais de um estado da Federação, ou servirem de limites com outros países, ou se estenderem a território estrangeiro ou dele provierem. Os demais rios públicos bem como os respectivos potenciais de energia hidráulica pertencem aos estadosmembros da Federação.

1: incorreta, pois as terras devolutas são bens dominicais; no mais, a afirmativa está correta, nos termos dos arts. 20, II, e 225, § 5º, da CF; 2: incorreta; a parte que diz respeito à União está correta (art. 20, III, da CF); porém, a parte que diz que os potenciais de energia elétrica são dos Estados está incorreta, pois tais potenciais pertencem à União (art. 20, VIII, da CF). Gabarito 1E, 2E

7.6. TEMAS COMBINADOS DE BENS PÚBLICOS

(Ministério Público/ES – 2010 – CESPE) A respeito dos serviços públicos, da concessão e permissão e da classificação dos bens públicos, assinale a opção correta.

(A) Bens públicos de uso especial são todas as coisas, móveis ou imóveis, corpóreas ou incorpóreas, utilizadas pela administração pública para a realização de suas atividades e a consecução de seus fins.
(B) As atividades materiais que são consideradas serviços públicos estão, todas elas, indicadas na legislação infraconstitucional, com a CF apontando apenas as atividades de que o Estado deve-se abster de prestar diretamente, em atenção ao princípio da livre concorrência.
(C) São classificados como serviços públicos delegáveis os que só podem ser prestados por particulares, sujeitos a autorização e controle do Estado, não sendo possível, ao poder público, prestá-los por intermédio de seus órgãos e entidades descentralizadas.
(D) A permissão e a concessão de serviço público podem ser atribuídas a pessoas físicas ou jurídicas, bem como a consórcio de empresas.
(E) Os bens públicos podem ser objeto de uso comum ou de uso especial, mas somente os bens de uso especial podem estar sujeitos a uso remunerado.

A: correta, pois está compatível com o disposto no art. 99, II, do Código Civil; B: incorreta, pois a CF elege uma série de serviços como públicos, como o de transporte coletivo, o postal, entre outros; C: incorreta, pois o Poder Público pode, sempre que quiser, prestar diretamente serviços públicos, apesar de ser muito comum hoje o Poder Público, quanto aos serviços delegáveis, delegá-los a terceiros; D: incorreta, pois a concessão só pode ser atribuída a pessoas jurídicas ou a consórcio de pessoas jurídicas (art. 2ª, II, da Lei 8.987/95); E: incorreta, pois o uso dos bens de uso comum do povo também pode estar sujeito ao uso remunerado (art. 103 do Código Civil), como é o caso do pedágio nas estradas. Gabarito "A".

(Ministério Público/MG – 2007) Assinalar a alternativa CORRETA.

(A) A Avenida Álvares Cabral, onde está localizada a sede do Ministério Público do Estado de Minas Gerais, constitui bem público municipal de uso especial.
(B) Bens comuns de uso do povo, por determinação legal, podem ser utilizados por todos, havendo necessidade, contudo, de consentimento por parte da Administração.
(C) A alienação ou a concessão, a qualquer título, de terras públicas com área superior a mil e quinhentos hectares a pessoa física ou jurídica, ainda que por interposta pessoa, dependerá de prévia aprovação do Congresso Nacional.
(D) A Constituição Federal proíbe qualquer tipo de usucapião de imóvel público, seja ele urbano ou rural.
(E) A faixa de até duzentos e cinquenta quilômetros de largura, ao longo das fronteiras terrestres, designada como faixa de fronteira, é considerada fundamental para defesa do território nacional, e sua ocupação e utilização serão reguladas em lei.

A: incorreta, pois as avenidas são bem de uso comum do povo (art. 99, I, do Código Civil); B: incorreta, pois são bens de uso indistinto de todos; todavia, lei pode estabelecer restrições ao uso, inclusive cobrança (art. 103 do Código Civil); C: incorreta (art. 49, XVII, da CF); D: correta (arts. 183, § 3º, e 191, parágrafo único, da CF); E: incorreta (art. 20, § 2º, da CF). Gabarito "D".

(Ministério Público/RR – 2008 – CESPE) Julgue os próximos itens.

(1) Segundo a CF, os bens públicos não podem ser adquiridos por usucapião.
(2) Enquadram-se como bens públicos da União, de acordo com previsão constitucional, os lagos, rios e quaisquer correntes de água em terrenos de seu domínio ou do DF, desde que não banhem mais de um estado.

1: certo (arts. 183, § 3º, e 191, parágrafo único, da CF); 2: errado (art. 20, III, da CF). Gabarito 1C, 2E

(Defensoria/RN – 2006) Sobre os bens públicos considere se é correto afirmar que

(A) o meio ambiente é bem de uso especial do povo e os prédios públicos são bens de uso comum.
(B) pela desafetação o bem de uso especial ou comum do público pode tornar-se alienável.
(C) os terrenos reservados, consistentes em faixas de terras à margem dos rios, lagos e canais públicos serão públicos, mesmo que inseridos em área de propriedade particular.
(D) as ilhas dos rios e lagos internos pertencem ao município em que se situarem.

A: incorreta, pois o meio ambiente ecologicamente equilibrado é bem de uso comum do povo (art. 225, caput, da CF) e os prédios públicos são bens de uso especial (art. 99, II, do Código Civil); B: correta, pois nesse caso passaria a ser bem dominical, que é alienável (art. 101 do Código Civil); C: incorreta (art. 1º, b, do Dec.-lei 9.760/46); D: incorreta, pois não existe essa previsão nos arts. 20 e 26 da CF e também no Dec.-lei 9.760/46. Gabarito "B".

(Magistratura Federal – 1ª Região – 2005) "O proprietário também pode ser privado da coisa se o imóvel reivindicado consistir em extensa área, na posse ininterrupta e de boa-fé, por mais de cinco anos, de considerável número de pessoas, e estas nela houverem realizado, em conjunto ou separadamente, obras e serviços considerados pelo juiz de interesse social e econômico relevante" (art. 1.228, §4º, do Código Civil). Este dispositivo:

(A) aplica-se aos bens públicos dominicais, devendo a indenização, quando se tratar de propriedade particular, ser paga pelo Estado;
(B) aplica-se aos bens públicos dominicais, mas, quando se tratar de propriedade particular, a indenização deve ser paga pelos interessados, réus em ação reivindicatória;
(C) aplica-se aos bens públicos dominicais, devendo, mesmo quando se trate de bem público, ser paga justa indenização pelos interessados, réus em ação reivindicatória;
(D) não se aplica aos bens públicos e cabe aos interessados, réus em ação reivindicatória, o pagamento de justa indenização ao proprietário.

De fato, pela supremacia do interesse público sobre o interesse privado, não se aplica o instituto descrito na assertiva em relação aos bens públicos. Quanto à indenização, está prevista no art. 1.228, § 5º, do Código Civil. Gabarito "D".

(Magistratura Federal-4ª Região – 2010) Dadas as assertivas abaixo, assinale a alternativa correta:

I. As terras devolutas podem tanto ser do domínio da União como dos Estados-membros.
II. A desafetação legal somente se faz necessária para a alienação de bem de uso comum do povo.
III. A imprescritibilidade incide tanto sobre os bens públicos de uso comum do povo como sobre os de uso especial e os bens dominiais.
IV. As chamadas "cláusulas exorbitantes" podem tanto integrar os contratos administrativos típicos como os contratos privados celebrados pela Administração em pé de igualdade com os particulares contratantes.
V. A permissão de uso assegura ao permissionário o uso especial e individual de bem público e gera direitos subjetivos para proteger sua utilização na forma permitida.

(A) Estão corretas apenas as assertivas III e IV.
(B) Estão corretas apenas as assertivas IV e V.
(C) Estão corretas apenas as assertivas I, II e III.
(D) Estão corretas apenas as assertivas I, III e V.
(E) Nenhuma assertiva está correta.

I: correta (arts. 20, II, e 26, IV, da CF); II: incorreta, pois também é necessária para a desafetação de bens de uso especial, quando a lei tiver promovido a afetação; III: correta, pois a usucapião é vedada de forma geral na Constituição (arts. 183, § 3º, e 191, p. ún., da CF); IV: incorreta, pois somente os contratos administrativos têm essas cláusulas; se se tratar de um contrato regido pelo direito privado, essas cláusulas não existirão, por não serem compatíveis com os princípios do direito privado; V: correta, pois o permissionário tem um direito legítimo de uso da área, direito esse que pode ser oposto a terceiros, ressalvada a possibilidade de a Administração retomar o bem dado em permissão, a qualquer tempo, em sem pagamento de indenização, salvo se se tratar de permissão condicionada ou qualificada (ex: com prazo determinado), hipótese em que, para que haja respeito ao princípio da segurança jurídica, a Administração terá de indenizar o permissionário que tiver de sair do bem antes do termo final. Gabarito "D".

(Magistratura do Trabalho – 8ª Região – 2009) Acerca dos bens públicos, assinale a alternativa correta:

(A) Para que a União Federal possa realizar a alienação de bens imóveis é sempre necessária a autorização através de ato do Presidente da República, competência que comporta delegação ao Ministro da Fazenda, com possibilidade de subdelegação, sendo precedida, para sua efetivação, da apresentação de parecer da SPU – Secretaria de Patrimônio da União quanto à sua oportunidade e conveniência, sendo indispensável que não haja mais interesse público, econômico ou social em manter o imóvel no domínio da União, nem inconveniência quanto à preservação ambiental e à defesa nacional, no desaparecimento do vínculo de propriedade.
(B) Espécie do gênero bens do domínio terrestre, entende-se como terrenos de marinha, consoante legislação em vigor, as faixas de terra fronteiras ao mar numa largura de 35 metros contados a partir da linha do preamar médio de 1831 para o interior do continente, assim como as faixas de terra que se encontram à margem dos rios e lagoas que estejam sob a influência das marés, e as faixas de terra que contornam ilhas situadas em zonas também sujeitas à influência das marés.
(C) É característica marcante dos bens públicos a imprescritibilidade, por conta do que, em regra, eles não são suscetíveis de usucapião urbano ou rural, excetuando-se os bens dominicais imóveis da União Federal, que ficam sujeitos ao usucapião pro labore, que é aquele que se dá em zona rural, em área de terra não superior a 50 (cinquenta) hectares ocupada por 5 (cinco) anos ininterruptos sem oposição por quem não seja proprietário de imóvel rural ou urbano, e que a tenha tornado produtiva em face do seu trabalho ou de sua família, tendo ainda nela moradia.
(D) Os bens públicos de uso comum do povo, como os mares, as ruas, estradas, praças etc., e os de uso especial são inalienáveis, enquanto afetados a tais destinos de uso, na forma que a lei determinar, sendo que o uso comum dos bens públicos pode ser gratuito ou retribuído, conforme for estabelecido legalmente pelo ente federado a cuja administração pertencerem, excetuando-se os de uso comum do povo pertencentes à União, cujo uso é sempre gratuito.
(E) São bens públicos componentes do patrimônio da União Federal os lagos, rios e quaisquer correntes de água em terrenos de seu domínio, ou que banhem mais de um Estado, sirvam de limites com outros países, ou se estendam a território estrangeiro ou dele provenham, bem como as ilhas fluviais e lacustres nas zonas limítrofes com outros países; as praias marítimas; as ilhas oceânicas e as costeiras, excluídas, destas, as que contenham a sede de Municípios.

A: correta (art. 23 da Lei 9.636/98); B: incorreta, pois a faixa é de 33 metros, e não de 35 metros (art. 2º do Dec.-lei 9.760/46); C: incorreta, pois todos os bens públicos, inclusive os dominicais, são imprescritíveis (art. 102 do Código Civil e arts. 183, § 3º, e 191, parágrafo único, da CF); D: incorreta, pois qualquer bem de uso comum do povo pode ensejar retribuição por parte de quem o usa (art. 103 do Código Civil); E: incorreta, pois, após a palavra "Municípios", faltou completar uma frase, qual seja, "exceto aquelas áreas afetadas ao serviço público e a unidade ambiental federal, e as referidas no art. 26, II" (art. 20, IV, da CF). Gabarito "A".

8. INTERVENÇÃO DO ESTADO NA PROPRIEDADE

8.1. DESAPROPRIAÇÃO

(Magistratura/AL – 2008 – CESPE) Acerca da desapropriação, assinale a opção correta.

(A) A desapropriação de um bem destina-se, em todos os casos, a retirá-lo da esfera particular e incluí-lo no patrimônio do Estado.
(B) O Estado pode desapropriar as zonas que se valorizem extraordinariamente em consequência de obra ou serviço público feitos na área.
(C) O procedimento da desapropriação envolve duas fases: a executória, realizada pelo Poder Executivo, e a judicial, realizada pelo Poder Judiciário.
(D) Tresdestinação é a obrigação que tem o expropriante de oferecer ao expropriado o bem, sempre que a este for dada destinação diversa da indicada no ato expropriatório.
(E) A desapropriação para fins de reforma agrária deve ser feita mediante pagamento de indenização justa, prévia e em dinheiro.

A: incorreta, pois há casos de desapropriação para entrega da coisa a terceiro (ex.: desapropriação para reforma agrária); B: correta (art. 4 do Dec.-lei 3.365/41); C: incorreta, pois são duas fases: a declaratória e a executória; nesta ou a Administração faz um acordo com o proprietário da coisa ou ingressa com ação de desapropriação; D: incorreta, pois o instituto em tela significa a utilização do imóvel desapropriado em finalidade que não é de interesse público; configurada a situação haverá direito de retrocessão em favor do proprietário anterior; E: incorreta (art. 184 da CF). Gabarito "B".

(Magistratura/BA – 2006 – CESPE) Julgue os itens seguintes com relação à desapropriação.

(1) Para a desapropriação de bem público, deve-se observar, por um lado, a regra segundo a qual apenas as pessoas políticas de maior extensão podem expropriar os bens das de menor extensão (de onde se conclui que os bens federais são sempre imunes a desapropriação) e, por outro, a necessidade de haver autorização legislativa expedida pelo ente expropriante.
(2) A fim de permitir a conclusão dos atos necessários a consumar-se a desapropriação, a lei autoriza que, uma vez decretada a utilidade pública de um bem para que seja expropriado, o poder público requeira imissão provisória na posse, de modo a poder penetrar no imóvel.

1: certo (art. 2º, § 2º, do Dec.-lei 3.365/41); 2: errado, pois a imissão provisória só pode ser pedida depois do ente ingressar com a ação de desapropriação (art. 15 do Dec.-lei 3.365/41). Gabarito 1C, 2E.

(Magistratura/DF – 2007) Em tema de desapropriação, é correto afirmar:

(A) Na desapropriação para instituir servidão administrativa são devidos juros compensatórios pela limitação de uso da propriedade;
(B) A desapropriação poderá abranger a área contígua necessária ao desenvolvimento da obra a que se destina, e as zonas que se valorizarem extraordinariamente, em consequência da realização do serviço, independentemente de a declaração de utilidade pública compreendê-las e da discriminação entre as indispensáveis à continuação da obra e as que se destinam à revenda;
(C) As glebas de qualquer região do País onde forem localizadas culturas ilegais de plantas psicotrópicas serão imediatamente expropriadas, sem qualquer indenização ao proprietário, e

reverterão em benefício de instituições e pessoal especializados no tratamento e recuperação de viciados e no aparelhamento e custeio de atividades de fiscalização, controle, prevenção e repressão do crime de tráfico de drogas;

(D) Na desapropriação por interesse social, o expropriante tem o prazo de 5 (cinco) anos, a partir da decretação da desapropriação, para iniciar as providências de aproveitamento do bem expropriado.

A: correta (arts. 40 e 15-A, *caput*, do Dec.-lei 3.365/41); vide também Súmula 56 do STJ; B: incorreta (art. 4º do Dec.-lei 3.365/41); C: incorreta (art. 243 da CF); D: incorreta (art. 3º da Lei 4.132/62). "A". Gabarito

(Magistratura/MG - 2007) Em relação aos atos de intervenção do Estado na propriedade privada, é INCORRETO afirmar:

(A) a desapropriação em nenhuma hipótese pode se dar sem justa indenização.
(B) o tombamento constitui, em regra, restrição apenas parcial do direito de propriedade.
(C) a servidão administrativa extingue-se pela desafetação da coisa dominante.
(D) a desapropriação tem como pressupostos a necessidade pública, a utilidade pública e o interesse social.

A: incorreta (art. 243 da CF); B: correta, pois, de fato, o tombamento não retira o direito de propriedade; se o fizer, o caso é de desapropriação indireta travestida de tombamento; C: correta, pois se a coisa dominante passa a ser bem público dominial perde sentido a servidão administrativa, cuja função é servir a uma obra ou a um serviço público; D: correta (art. 5º, XXIV, da CF). "A". Gabarito

(Magistratura/MG - 2008) Quando se trata de desapropriação indireta, os juros compensatórios:

(A) não são devidos.
(B) devem ser fixados em 0,5% ao mês.
(C) devem ser fixados em 12% ao ano.
(D) não podem ser fixados no mesmo percentual da desapropriação direta.

Os juros compensatórios, de acordo com a Súmula 618 do STF, são de 12% ao ano, seja na desapropriação direta, seja na indireta. "C". Gabarito

(Magistratura/MS - 2008 – FGV) Assinale a alternativa correta.

(A) Segundo jurisprudência dos Tribunais Superiores, a imissão provisória do Poder Público no bem, em procedimento expropriatório, na desapropriação por utilidade pública, é inconstitucional à luz da Constituição Federal de 1988.
(B) As desapropriações de imóveis urbanos serão feitas com prévia e justa indenização. No entanto, caso o imóvel não esteja cumprindo sua função social, poderá o Poder Público Municipal, após a aplicação de outras medidas previstas na Constituição Federal, desapropriar o imóvel com pagamento mediante títulos da dívida pública de emissão prévia, aprovada pelo Senado Federal, com prazo de resgate de até 10 anos, em parcelas anuais, iguais e sucessivas, assegurados o valor real da indenização e os juros legais.
(C) O decreto que declarar o imóvel como de interesse social, para os fins de reforma agrária, autoriza desde já ao Município propor a ação de desapropriação.
(D) Segundo comando constitucional, nos casos de "desapropriação confisco", as terras desapropriadas devem integrar, de forma permanente, o patrimônio do ente federativo expropriante, que deverá utilizá-las para o cultivo de produtos alimentícios e medicamentosos.
(E) A declaração expropriatória, nas desapropriações por utilidade pública, é o marco para a indenização das benfeitorias necessárias. Essas serão indenizadas se realizadas até a data da publicação da declaração.

A: incorreta, pois como há previsão de depósito prévio para a imissão provisória, os tribunais entendem constitucional o instituto; B: correta (art. 182 da CF); C: incorreta (art. 2º, § 1º, da Lei 8.629/93 e art. 184, *caput*, da CF); D: incorreta (art. 243 da CF); E: incorreta (art. 26, § 1º, do Dec.-lei 3.365/41). "B". Gabarito

(Magistratura/MT – 2009 – VUNESP) Assinale a alternativa correta a respeito da desapropriação.

(A) É forma secundária de aquisição de propriedade.
(B) É um procedimento administrativo que se realiza em três fases: a declaratória, a instrutória e a executória.
(C) Todos os bens e direitos podem ser desapropriados, exceto o subsolo e o espaço aéreo.
(D) Os bens de autarquias e fundações públicas não se sujeitam à desapropriação.
(E) A declaração expropriatória por necessidade pública caduca em dois anos e a por utilidade pública, em cinco anos.

A: incorreta, pois a desapropriação é forma originária de aquisição da propriedade (v. arts. 31 e 35 do Dec.-lei 3.365/41); B: incorreta, pois são duas fases (declaratória e executória); C: incorreta, pois, se necessário, é possível desapropriar o solo e o subsolo (art. 2º, § 1º, do Dec.-lei 3.365/41); D: incorreta, pois, apesar de tais bens serem públicos, há possibilidade de desapropriação de bens públicos, nos termos do art. 2º, § 2º, do Dec.-lei 3.365/41; E: correta (arts. 10, *caput*, do Dec.-lei 3.365/41 e 3º da Lei 4.132/62). "E". Gabarito

(Magistratura/PA – 2008 – FGV) Sobre intervenção do Poder Público na Propriedade, é correto afirmar que:

(A) Tombamento é a forma de intervenção na propriedade pela qual o Poder Público procura proteger o patrimônio cultural, com a finalidade de proteger a memória nacional. Pela grande relevância desse instituto, e com base no princípio da supremacia do interesse público, não há a necessidade de informar ao proprietário do bem, por meio de notificação, sobre a existência do procedimento de tombamento, principalmente porque o bem continuará na propriedade do particular.
(B) É possível a desapropriação de bens públicos na direção vertical das entidades federativas. No entanto, com base no princípio federativo e no princípio da preponderância dos interesses, é possível Município desapropriar bem do Estado, se provado o interesse local.
(C) Os institutos do tombamento e da limitação administrativa são instrumentos diversos de intervenção do Estado na propriedade. Quanto aos destinatários dos institutos, pode-se afirmar que o tombamento é ato de limitação individual, e isso porque depende da análise de cada bem a ser tombado, e as limitações urbanísticas administrativas são atos gerais e impessoais, e, por conseguinte, incidem sobre coletividades indeterminadas.
(D) Conforme jurisprudência dos Tribunais Superiores, Estado e Município podem desapropriar bens de empresa pública federal, sem a necessidade de autorização do Presidente da República, pois se trata de entidade de Administração Indireta.
(E) Desapropriação por zona é aquela em que se desapropria toda uma região; por exemplo, um bairro, para que seja a área destinada a assentamento de pessoas carentes.

A: incorreta (art. 9º, 1, do Dec.-lei 25/37); B: incorreta (art. 2º, § 2º, do Dec.-lei 3.365/41); C: a afirmativa está correta; um exemplo de tombamento é o ato de declaração de valor histórico da casa, para efeito de protegê-la; um exemplo de limitação administração é o código de obras de um município, que estipula os limites que devem ser obedecidos por quem quiser construir; repare que, no primeiro caso, há limitação individual, atingindo apenas aquela casa e seu proprietário; já no segundo caso tem-se um ato geral e impessoal, atingindo coletividades indeterminadas; D: incorreta (art. 2º, § 3º, do Dec.-lei 3.365/41); E: incorreta (art. 4º do Dec.-lei 3.365/41). "C". Gabarito

(Magistratura/PE – 2011 – FCC) A Medida Provisória nº 2.183-56/01 introduziu o seguinte artigo no Decreto-Lei nº 3.365/41: "Art. 15-A. No caso de imissão prévia na posse, na desapropriação por necessidade ou utilidade pública e interesse social, inclusive para fins de reforma agrária, havendo divergência entre o preço ofertado em juízo e o valor do bem, fixado na sentença, expressos em termos reais, incidirão juros compensatórios de até seis por cento ao ano sobre o valor da diferença eventualmente apurada, a contar da imissão na posse, vedado o cálculo de juros compostos". Analisando a constitucionalidade do dispositivo, o Supremo Tribunal Federal decidiu cautelarmente suspender a eficácia da expressão

(A) "vedado o cálculo de juros compostos", vez que nada na Constituição Federal veda esse cálculo.
(B) "inclusive para fins de reforma agrária", vez que não há pagamento de juros compensatórios nessa hipótese.

(C) "no caso de imissão prévia na posse", vez que é instituto incompatível com a ideia de indenização "justa e prévia".
(D) "ou utilidade pública", vez que não cabe imissão prévia na posse no caso de desapropriação por mera utilidade pública.
(E) "de até seis por cento ao ano", vez que o entendimento jurisprudencial prevalecente é no sentido de serem devidos juros compensatórios à taxa de doze por cento ao ano.

A, B, C, D e E: De fato, na ADIN nº 2.332-2, houve suspensão da eficácia da expressão "de até seis por cento ao ano", de modo a manter o disposto na Súmula 618 do STF, pela qual os juros compensatórios são de 12% ao ano. Gabarito "E".

(Magistratura/PR – 2010 – PUC/PR) Em relação ao regime jurídico dos bens públicos e a possibilidade de intervenção na propriedade privada, assinale a alternativa CORRETA:

(A) Desapropriação se define como procedimento através do qual o Poder Público compulsoriamente e mediante indenização adquire propriedade privada. As glebas e terras em geral onde se cultivam plantas psicotrópicas também são objeto de desapropriação.
(B) São efeitos da declaração de utilidade pública a afetação do bem, submetendo-o à força expropriatória do Estado, e a possibilidade de o Poder Público penetrar no bem a fim de fazer verificações, transferindo a propriedade do futuro expropriado ao Estado.
(C) Bens públicos dominicais são bens próprios do Estado não aplicados nem ao uso comum nem ao uso especial, não afetados a qualquer destino público.
(D) Na desapropriação, em relação à indenização, os juros moratórios contam-se a partir do trânsito em julgado da sentença condenatória, na forma estabelecida pela Súmula 70 do STJ.

A: incorreta, pois, pela desapropriação, não se adquire somente área privada, podendo-se adquirir também áreas estaduais (pela União) e áreas municipais (pela União e pelos Estados); ademais, glebas e terras onde se cultivam plantas psicotrópicas não são *desapropriadas*, mas *expropriadas*, o que significa que não haverá indenização (art. 243 da CF); B: incorreta, pois não é efeito da declaração de utilidade pública a transferência da propriedade do bem para o Poder Público, pois somente com o pagamento integral da indenização é que tal transferência se opera; C: correta (art. 99, III, do Código Civil); D: incorreta, estando a Súmula 70 do STJ prejudicada pelo disposto no art. 15-B do Dec.-lei 3.365/41, pelo qual os juros moratórios, que são de 6% ao ano, somente serão devidos "a partir de 1º de janeiro do exercício seguinte àquele em que o pagamento deveria ser feito, nos termos do art. 100 da Constituição", ou seja, somente após o último dia de prazo para pagamento do precatório. Gabarito "C".

(Magistratura/PR – 2008) Assinale a alternativa correta:

(A) conforme a legislação em vigor, nos processos judiciais referente às desapropriações por utilidade pública, o expropriado poderá impugnar todo e qualquer aspecto do procedimento administrativo expropriatório, requerendo que o Poder Judiciário decida, inclusive, se era caso ou não da Administração Pública declarar o bem como sendo de utilidade pública.
(B) são insuscetíveis de desapropriação para fins de reforma agrária a pequena e média propriedade rural, assim definida em lei, ainda que seu proprietário possua outra.
(C) a desapropriação por utilidade pública deverá ser efetivada mediante acordo ou ser intentada judicialmente dentro de 5 (cinco) anos, contados da data da expedição do respectivo decreto e findos os quais este caducará.
(D) compete à União e aos Estados desapropriar por interesse social, para fins de reforma agrária, o imóvel rural que não esteja cumprindo sua função social, mediante prévia e justa indenização em dinheiro.

A: incorreta (art. 20 do Dec.-lei 3.365/41); B: incorreta (art. 185, I, da CF); C: correta (art. 10 do Dec.-lei 3.365/41); D: incorreta (art. 2º, § 1º, da Lei 8.629/93). Gabarito "C".

(Magistratura/SC – 2008) Observadas as proposições abaixo, referentes ao instituto da desapropriação, assinale a alternativa correta:

I. Cada ente federado, na sua esfera, tem competência para legislar sobre desapropriação.
II. A ação desapropriatória e a ação desapropriatória indireta prescrevem em cinco anos.
III. São suscetíveis de desapropriação, para fins de reforma agrária, a grande propriedade rural e a propriedade produtiva.

(A) Somente a proposição I é correta
(B) Somente as proposições I e II são corretas
(C) Todas as proposições são incorretas
(D) Todas as proposições são corretas
(E) Somente a proposição II é correta

I: incorreta (art. 22, II, da CF); II: incorreta, pois a desapropriação indireta *prescreve* em 5 anos (art. 10, parágrafo único, do Dec.-lei 3.365/41); trata-se de ação condenatória, daí falar-se em prescrição; já a desapropriação *caduca* (decadência) em 5 anos se fundamentada em utilidade ou necessidade pública e em 2 anos se fundamentada no interesse social (art. 3º da Lei 4.132/62); III: art. 185, II, da CF. Gabarito "C".

(Magistratura/RO – 2011 – PUCPR) Sobre a desapropriação por utilidade pública, avalie as perspectivas abaixo:

I. Mediante declaração de utilidade pública, todos os bens poderão ser desapropriados pela União, pelos Estados, Municípios, Distrito Federal e Territórios, inclusive do espaço aéreo ou do subsolo, cuja desapropriação só se tornará necessária quando de sua utilização resultar prejuízo patrimonial do proprietário do solo.
II. Consideram-se, entre outros, casos de utilidade pública a construção de edifícios públicos, cemitérios, criação de estádios, aeródromos ou campos de pouso para aeronaves, e a reedição ou divulgação de obra ou invento de natureza científica, artística ou literária.
III. Ao Poder Judiciário é vedado, no processo de desapropriação, decidir se verificam ou não os casos de utilidade pública.
IV. No caso de imissão prévia na posse, na desapropriação por necessidade ou utilidade pública e interesse. social, inclusive para fins de reforma agrária, havendo divergência entre o preço ofertado em juízo e o valor do bem, fixado na sentença, expressos em termos reais, incidirão juros compensatórios, a contar da imissão na posse, vedado o cálculo de juros compostos.

Estão CORRETAS:

(A) Apenas as assertivas I e IV.
(B) Apenas as assertivas II e III.
(C) Apenas as assertivas I, II e IV.
(D) Apenas as assertivas III e IV.
(E) Todas as assertivas.

I: correta (art. 2º, *caput* e § 1º, do Dec.-lei 3.365/41); II: correta (art. 5º do Dec.-lei 3.365/41); III: correta (art. 9º do Dec.-lei 3.365/41); IV: correta (art. 15-A do Dec.-lei 3.365/41). Gabarito "E".

(Magistratura/SC – 2010) Assinale a alternativa correta:

I. É possível, antes de uma ação desapropriatória, o Poder Público e o proprietário acordarem sobre o preço do bem imóvel.
II. Tendo a alienação do bem se consumado por meio de negócio jurídico bilateral e amigável, este acordo suprirá, in specie, o caráter de coercitividade de que se reveste a desapropriação, prevalecendo a natureza jurídica negocial e a teoria da autonomia da vontade.
III. As desapropriações podem recair sobre bens móveis e imóveis tanto da pessoa física como jurídica, pública ou privada.
IV. O procedimento da desapropriação possui somente a fase declaratória.
V. Havendo muita pressa na desapropriação, alegada pela Administração Pública, o juiz pode negar a imissão provisória na posse, mesmo quando já depositada a quantia arbitrada.

(A) Somente as proposições I e III estão incorretas.
(B) Somente as proposições II e V estão incorretas.
(C) Somente as proposições I e IV estão incorretas.
(D) Somente as proposições IV e V estão incorretas.
(E) Todas as proposições estão incorretas.

I: correta, cabendo o ACORDO extrajudicial mencionado (art. 10, caput, do Dec.-lei 3.365/41); II: correta, pois far-se-á, no caso, um contrato de compra e venda de imóvel; III: correta (art. 2º do Dec.-lei 3.365/41); IV: incorreta, pois possui a fase declaratória, em que se declara a intenção de o Poder Público desapropriar um dado bem (normalmente, por meio de um decreto expropriatório), e a fase executória, em que se faz um acordo com o particular ou se ingressa com ação de desapropriação; V: incorreta, pois o juiz é obrigado a conceder a imissão provisória na posse, quando alegada a urgência e depositado o preço fixado pelo juízo (art. 15 do Dec.-lei 3.365/41). Gabarito "D".

(Magistratura/SE – 2008 – CESPE) Assinale a opção correta com referência à desapropriação.

(A) A desapropriação, por interesse social, de imóvel rural que não cumpra sua função social importa prévia e justa indenização da área e das benfeitorias úteis com títulos da dívida agrária.

(B) Os valores de custas e emolumentos devem ser pagos pelo expropriante porque a imunidade tributária somente alcança os impostos.

(C) A pequena propriedade rural não pode ser objeto de desapropriação para fim de reforma agrária.

(D) A valorização extraordinária de terras pela conclusão de obra pública, no caso em que não sejam ditas áreas socialmente aproveitadas, caracteriza interesse social para decretação de desapropriação.

(E) Os bens desapropriados por interesse social passam a integrar o patrimônio do expropriante, que não poderá aliená-lo no prazo de 10 anos, mas poderá alugá-lo por até 1%, por mês, do valor pago na indenização.

A: incorreta (art. 184, § 1º, da CF); B: incorreta, pois a Fazenda Pública, apesar de não ter imunidade constitucional de taxas, mas sim de impostos, costuma ter isenção de pagamento de emolumentos processuais; C: incorreta, pois pode ser desapropriada, caso seu proprietário seja também de outra (art. 185, I, da CF); D: correta (art. 2º, VI, da Lei 4.132/62); E: incorreta (art. 4º da Lei 4.132/62); vide também os arts. 16 e 21 da Lei 8.629/93. Gabarito "D".

(Magistratura/SE – 2008 – CESPE) Assinale a opção correta a respeito da desapropriação.

(A) Apenas a União pode desapropriar imóvel rural.
(B) Bens públicos não podem ser desapropriados.
(C) O registro da desapropriação independe da verificação de que o imóvel pertence à pessoa que figure no processo expropriatório como proprietário.
(D) Na sua feição indireta, aceita no ordenamento jurídico brasileiro, o Estado é livre de indenizar o particular.
(E) A desapropriação deve ser precedida de indenização em dinheiro, à exceção da destinada à reforma agrária.

A: incorreta. Lembrando que a afirmativa seria verdadeira apenas se a desapropriação do imóvel rural fosse a desapropriação sanção para fins de reforma agrária (art. 2º, § 1º, da Lei 8.629/93 e art. 184, *caput*, da CF); B: incorreta (art. 2º, § 2º, do Dec.-lei 3.365/41); C: correta (art. 35 do Dec.-lei 3.365/41); D: incorreta (arts. 10, parágrafo único, 15-A, § 3º, do Dec.-lei 3.365/41); E: incorreta (art. 182, § 4º, III, da CF - pagamento por *títulos*, em área urbana). Gabarito "C".

(Magistratura/SP – 2007) Compete à União expropriar por interesse social, para fins de reforma agrária, o imóvel rural que não esteja cumprindo sua função social, mediante prévia e justa indenização em títulos da dívida agrária, com cláusula de preservação do valor real, resgatáveis no prazo de até vinte anos, a partir do segundo ano de sua emissão. É a desapropriação-sanção, prevista para atender à reforma agrária, desde que a propriedade rural esteja a desatender, simultaneamente, aos requisitos que seguem:

(A) aproveitamento racional e adequado, utilização adequada dos recursos naturais e preservação do meio ambiente, observância da legislação trabalhista e do bem-estar dos proprietários e dos trabalhadores.

(B) aproveitamento adequado de pelo menos 50% da área, preservação do meio ambiente, observância da legislação trabalhista e tutela da dignidade humana dos trabalhadores.

(C) aproveitamento racional da terra, utilização sustentável dos recursos naturais, observância da legislação trabalhista, da saúde e da educação dos trabalhadores rurais.

(D) preservação do meio ambiente mediante a proteção da reserva florestal, observância da legislação trabalhista sem registro de reclamações e garantia de moradia e transporte para os trabalhadores rurais.

Art. 186 da CF. Gabarito "A".

(Magistratura/SP – 2008) Em 30 de junho de 2002, o Governo do Estado editou decreto declarando determinado imóvel de utilidade pública, para fins de desapropriação. Até 30 de outubro de 2007, não havia proposto ação de desapropriação. A propositura dessa ação

(A) pode ser feita a qualquer momento.
(B) depende de novo decreto de utilidade pública, que pode ser editado a qualquer momento.
(C) depende de novo decreto de utilidade pública, que apenas poderá ser editado a partir de 30 de junho de 2008.
(D) depende de novo decreto de utilidade pública, que apenas poderá ser editado a partir de 30 de junho de 2009.

A, B, C e D: O art. 10 do Dec.-lei 3.365/41 estabelece que o prazo de caducidade do decreto expropriatório é de 5 anos. Ocorrida a decadência "somente decorrido um ano poderá ser o mesmo bem objeto de nova declaração". Gabarito "C".

(Magistratura/TO – 2007 – CESPE) A companhia de energia elétrica de determinado estado da Federação, empresa pública exploradora de atividade econômica, pretende instalar o serviço de energia elétrica em determinada comunidade rural. Para isso, será necessário instalar a rede em diversas propriedades rurais. Com base nessas informações, assinale a opção correta acerca da intervenção do Estado no domínio econômico.

(A) A companhia em tela tem prerrogativa para declarar as áreas das referidas propriedades privadas que serão utilizadas na edificação da rede de energia elétrica como de utilidade pública, para depois promover a respectiva desapropriação.
(B) A declaração de utilidade pública na espécie é da competência da Agência Nacional de Energia Elétrica (ANEEL).
(C) Ao contrário do que ocorre na desapropriação, o Poder Executivo do estado tem, nesse caso, direito de optar pela limitação administrativa.
(D) O ato administrativo de desapropriação pode ser conceituado como ato genérico.

De acordo com o art. 10 da Lei 9.074/95, a ANEEL tem competência para a *fase declaratória*, podendo promover a declaração de utilidade pública. Já para a fase executória, relativa à tentativa de acordo com o proprietário da coisa e ao ingresso com ação de desapropriação, os concessionários de serviço público podem obter legitimação para sua promoção (art. 3º do Dec.-lei 3.365/41). Gabarito "B".

(Ministério Público/AM – 2008 – CESPE) Paulo ajuizou mandado de segurança em face do presidente da República em virtude de este, por meio da publicação de decreto, ter declarado a fazenda Roseirinhas de interesse social para fins de reforma agrária. Paulo é um dos herdeiros da fazenda Roseirinhas, juntamente com seus dois filhos. Cada um dos três detém parte ideal do imóvel, em virtude da herança deixada por Aline, esposa de Paulo e mãe de seus dois filhos. Paulo alega que cada uma das frações ideais que cada um dos herdeiros possui deve ser considerada como unidade autônoma, e que se isso fosse levado em conta, cada uma das propriedades seria considerada uma propriedade pequena e não uma grande propriedade improdutiva, descumpridora de sua função social. Paulo alegou ainda que nenhum dos herdeiros possui outra propriedade rural. Considerando a situação hipotética descrita e que a partilha ainda não foi realizada nem de fato nem de direito, assinale a opção correta.

(A) Paulo não pode, sozinho, ajuizar o mandado de segurança para tentar invalidar o decreto expropriatório, pois, como co-herdeiro, ele deveria estar acompanhado de todos os demais para dar início ao litígio.
(B) A titularidade do imóvel identifica-se com a sua integridade física. A existência de um condomínio entre os co-herdeiros deve agir para que se tome a parte ideal como capaz de repercutir na propriedade imobiliária, gerando a divisão da propriedade comum como se três unidades autônomas houvesse.
(C) A existência de condomínio sobre o imóvel rural não impede a desapropriação-sanção prevista na CF, cujo alvo é o imóvel rural que não esteja cumprindo sua função social.

(D) A inexistência da partilha, seja de fato, seja de direito, não repercute negativamente no direito dos herdeiros, pois o que deve ser levado em consideração é o elemento volitivo presente, ou seja, a deliberada vontade dos herdeiros de realizar uma divisão do imóvel em partes ideais.

(E) Não é possível decretar-se a desapropriação-sanção, mesmo que se trate de pequena ou de média propriedade rural, se resultar comprovado que o proprietário afetado pelo ato presidencial possui outra propriedade imobiliária rural.

No caso, o imóvel é um só e há um condomínio entre os herdeiros. Portanto, enquanto não dividido o bem, as argumentações não procedem. Gabarito "C".

(Ministério Público/DF – 2009) Em tema de função social da propriedade, assinale a alternativa correta.

(A) Observância das disposições que regulam as relações de trabalho e exploração que favoreça o bem-estar dos proprietários e dos trabalhadores são requisitos necessários ao cumprimento da função social da propriedade rural.

(B) Os Estados e o Distrito Federal podem desapropriar por interesse social, para fins de reforma agrária, o imóvel rural que não esteja cumprindo sua função social, mediante prévia e justa indenização em títulos da dívida agrária.

(C) Na desapropriação para fins de reforma agrária, apenas as benfeitorias necessárias serão indenizadas em dinheiro.

(D) O Poder Público municipal pode exigir do proprietário do solo urbano não edificado, subutilizado ou não utilizado, que promova seu adequado aproveitamento, sob pena, sucessivamente, de imposto sobre a propriedade predial e territorial urbana progressivo no tempo, parcelamento ou edificação compulsórios e desapropriação com pagamento em dinheiro.

(E) As glebas de qualquer região do País onde forem localizadas culturas ilegais de plantas psicotrópicas serão imediatamente expropriadas e especialmente destinadas ao assentamento de colonos, para o cultivo de produtos alimentícios e medicamentosos, indenizando-se o proprietário apenas quanto ao valor da terra nua.

A: correta (art. 186, III e IV, da CF); B: incorreta, pois somente a União pode ingressar com a desapropriação sancionatória em imóvel rural (art. 184 da CF); C: incorreta, pois as benfeitorias úteis também serão indenizadas em dinheiro (art. 184, § 1º, da CF); D: incorreta, pois a ordem é outra, qual seja, primeiro vem o *parcelamento e edificação compulsórios*, e só depois o IPTU progressivo e a desapropriação com pagamento em *títulos* da dívida pública; vale salientar que, na desapropriação, o pagamento é em títulos da dívida pública, e não em *dinheiro*; E: incorreta, pois na expropriação não haverá indenização alguma (art. 243 da CF). Gabarito "A".

(Ministério Público/PR – 2011) Relativamente à desapropriação, é incorreto afirmar:

(A) As desapropriações podem se realizar por necessidade pública, utilidade pública ou interesse social.

(B) Somente bens de natureza privada podem ser objeto de desapropriação, tendo em vista que os bens públicos são inalienáveis.

(C) São requisitos constitucionais para proceder-se a desapropriação a prévia e justa indenização em dinheiro, salvo dos casos de expropriação para reforma agrária e para urbanização, hipóteses em que a indenização pode ser paga com títulos da dívida agrária e da dívida pública municipal.

(D) É entendimento predominante na doutrina e jurisprudência que a aquisição de propriedade pela desapropriação é originária.

(E) Parte da doutrina e inúmeros julgados entendem que a retrocessão é um direito pessoal que proporciona ao expropriado tão somente perdas e danos, caso o expropriante não lhe ofereça o bem quando desistir de utilizá-lo num fim de interesse público.

A: assertiva correta (art. 5º, XXIV, da CF); B: assertiva incorreta, devendo ser assinalada; os bens públicos, salvo os da União, também podem ser desapropriados (art. 2º, § 2º, do Dec.-lei 3.365/41); C: assertiva correta (art. 5º, XXIV, da CF); D: assertiva correta, pois a desapropriação é forma originária de aquisição da propriedade, não se vinculando, portanto, ao título anterior; isso significa, por exemplo, que as dívidas do imóvel ficam subrogadas no preço pago pela desapropriação e não mais neste (art. 31 do Decreto-lei 3.356/41); ademais, mesmo que se tenha desapropriado imóvel de pessoa que não era seu dono, não haverá invalidade (ou seja, não há direito de reivindicação por terceiro – art. 35 do Decreto-lei 3.365/41), ressalvado o direito de o verdadeiro dono se insurgir contra o que se supunha dono do imóvel; E: assertiva correta, valendo salientar, todavia, que outra parte expressiva da doutrina e da jurisprudência entendem que se trata de direito real, podendo o antigo proprietário da coisa persegui-la em caso de não uso desta em finalidade pública decorrido dado tempo previsto na lei, ou no caso de tredestinação ilícita. Gabarito "B".

(Ministério Público/RO – 2008 – CESPE) O governador do estado de Rondônia, em atendimento a um pleito de organizações da sociedade civil, que atuam na defesa do meio ambiente, criou uma reserva florestal no estado. Pedro, que possui uma fazenda no local, na qual se desenvolve atividade pecuária e de ecoturismo, entendendo que houve prejuízo econômico em decorrência desse ato, ingressou com ação na justiça. Com base nessa situação hipotética, assinale a opção correta a respeito da intervenção do estado na propriedade.

(A) O governador do estado de Rondônia não tem competência para declarar uma área como de interesse social para criar uma reserva florestal, já que essa matéria é de competência da União.

(B) A natureza jurídica dessa espécie de intervenção do estado na propriedade é de desapropriação indireta.

(C) Pedro fará jus a indenização somente se houver comprometimento na exploração econômica de sua propriedade com a criação da reserva florestal.

(D) Os juros compensatórios, se devidos, têm de ser calculados na taxa de 12% ao ano, a contar do trânsito em julgado da sentença condenatória.

(E) Os juros moratórios, na espécie, se devidos, têm de ser fixados em 1% ao mês, a contar da data do trânsito em julgado da respectiva sentença.

A, B, C, D e E: A desapropriação indireta, que enseja indenização completa e cabal, só restará caracterizada se houver esvaziamento econômico da propriedade, ou seja, se houver comprometimento na sua exploração econômica. E os juros compensatórios devidos, de 12% ao ano (Súmula 618 do STF e ADI 2.332-2, do STF, em que houve suspensão da regra que estipulava juros de 6% ao ano, prevista no art. 15-A, *caput*, do Dec.-lei 3.365/41), devem ser computados desde a ocupação do imóvel pela Administração Pública. Gabarito "C".

(Ministério Público/RR – 2008 – CESPE) Julgue os itens a seguir, que versam sobre a intervenção do Estado na propriedade, a desapropriação e os direitos e garantias fundamentais.

(1) Podem ser sujeitos ativos da desapropriação por utilidade pública a União, os estados, os municípios e o DF.

(2) A indenização, no processo de desapropriação, deve ser sempre prévia, justa e em dinheiro.

(3) A desapropriação é forma originária de aquisição da propriedade.

(4) O instituto da desapropriação e o do confisco são idênticos, uma vez que ambos constituem transferência compulsória da propriedade, expressando o poder ilimitado de exercício do domínio eminente pelo poder público.

1: certo (art. 2º, § 2º, do Dec.-lei 3.365/41); 2: incorreta. Cuidado com a palavra "sempre"; a indenização é paga por meio de títulos, e não por dinheiro, em alguns casos (arts. 182, § 4º, III, e 184, *caput*, da CF); 3: certo (vide arts. 31 e 35 do Dec.-lei 3.365/41); 4: errado, pois no confisco não há indenização (vide art. 243 da CF). Gabarito 1C, 2E, 3C, 4E.

(Ministério Público/RS – 2009) Em processo de desapropriação movido pelo Estado, com fulcro no Decreto-lei nº 3365/41, busca o poder público impor ao proprietário do imóvel desapropriado perda de apenas uma parte deste bem. Queixa-se o desapropriado, todavia, que restará praticamente sem valor o restante do imóvel não submetido ao processo, em face do esvaziamento do conteúdo econômico da área remanescente, pretendendo, assim, que a desapropriação abranja a totalidade de seu imóvel. Argumenta, ainda, que a obra que se anuncia como motivadora é diversa da que se efetivamente pretende realizar. Considerando-se o sistema legal vigente, a jurisprudência dominante nos Tribunais e a doutrina que trata da espécie, é correto afirmar que

(A) o desvio de finalidade na desapropriação é vulgarmente chamado de tredestinação. Todavia, ultimada a desapropriação, utilizando-se a administração do imóvel para fim diverso do que aquele inicialmente declarado, preservando-se, entretanto, a finalidade pública, este aspecto não será nodal para fins de nulificar o ato de desapropriação.

(B) os honorários advocatícios, eventualmente concedidos, sofrem limitação de 5% do valor total da desapropriação

(C) os juros compensatórios, uma vez fixados, avultam ao percentual de 12% ao ano sobre o valor determinado como justo preço.

(D) os juros moratórios, a sua vez, limitam-se a 12% ao ano, fixados a partir de 1° de janeiro do ano seguinte ao que o pagamento deveria ser efetuado.

(E) somente em ação autônoma poderá ser obtido o ressarcimento integral do imóvel, em face das limitações processuais da espécie, de cognição restrita, segundo precedentes do Tribunal de Justiça do Rio Grande do Sul e do Superior Tribunal de Justiça.

A: correto, pois há dois tipos de tredestinação, a lícita, quando se mantém alguma finalidade de interesse público, e a ilícita, quando a coisa não é utilizada em alguma atividade de interesse público, ocasião em que o antigo proprietário da coisa tem direito de retrocessão; B: incorreto, pois, apesar de tais honorários serem à base de 0,5% a 5%, esse percentual não incide sobre o valor total da condenação, mas sobre a diferença entre o que foi fixado na sentença e o que foi ofertado pelo Poder Público; C: incorreto, pois tais juros são de exatamente 12%, e incidem sobre a diferença entre o valor fixado na sentença e o valor levantado pelo expropriado, e não sobre o valor fixado na sentença (art. 15-A do Dec.-lei 3.365/41); D: incorreto, pois os *juros moratórios* são de 6%, e não de 12% (art. 15-B do Dec.-lei 3.365/41); E: incorreto, pois vem se admitindo que se peça o reconhecimento do *direito de extensão* na própria contestação da ação de desapropriação. Gabarito "A".

(Procurador do Estado/CE – 2008 – CESPE) Considerando a desapropriação no ordenamento jurídico brasileiro, assinale a opção correta.

(A) O procedimento da desapropriação compreende as fases declaratória e executória. Na primeira, a declaração expropriatória pode ser feita somente pelo Poder Executivo, ao passo que a fase executória desenvolve-se apenas no âmbito do Poder Judiciário.

(B) Depende de autorização do presidente da República a desapropriação pelos estados, pelo Distrito Federal (DF) e pelos municípios de ações ou cotas de empresas cujo funcionamento dependa de autorização do governo federal e se subordine à sua fiscalização.

(C) A declaração de utilidade pública não confere ao poder público o direito de penetrar no bem, ainda que para fazer verificações ou medições.

(D) A desapropriação de imóveis rurais é sempre de competência da União.

(E) A lei não pode atribuir poder expropriatório a entidades da administração indireta, visto que os únicos sujeitos ativos da desapropriação são a União, o DF, os estados e os municípios.

A: incorreta, pois a fase executória pode se dar extrajudicial (por acordo) ou judicialmente (por ação de desapropriação), nos termos do art. 10 do Dec.-lei 3.365/41; B: correta (art. 2º, § 3º, do Dec.-lei 3.365/41); C: incorreta (art. 7º do Dec.-lei 3.365/41); D: incorreta, pois só é de competência da União a desapropriação sanção de área rural (art. 2º, § 1º, da Lei 8.629/93 e art. 184, *caput*, da CF); E: incorreta, pois para a fase declaratória é possível que, por *lei*, seja dada legitimidade a um ente da Administração Indireta, desde que se trate de pessoa jurídica de direito público (por ex., a Aneel tem tal legitimidade - art. 10 da Lei 9.074/95); já para a fase executória (para tentativa de acordo ou ingresso com a ação de desapropriação), é possível conferir legitimidade a concessionário de serviço público, o que pode ser feito por *lei* ou por *contrato*. Gabarito "B".

(Procurador do Estado/RO – 2011 – FCC) Considera-se *apossamento administrativo*

(A) o ato administrativo pelo qual se dá posse a um servidor público, em decorrência de um provimento de caráter originário.

(B) o provimento jurisdicional pelo qual o juiz, no processo de desapropriação, concede à Administração a posse do bem expropriado.

(C) o fato da administração, consistente na irregular apropriação de um bem de terceiro pelo Poder Público.

(D) a medida de polícia, consistente na intervenção em obra cuja utilização está comprometendo a segurança ou a saúde da coletividade.

(E) o ato administrativo unilateral pelo qual a Administração regulariza a posse de uma terra devoluta ocupada de forma tradicional e pacífica por um particular, que a explora de forma produtiva e consentânea à sua função social.

A: incorreta, pois temos no caso a posse, que, concluída, faz nascer o fenômeno da investidura; B: incorreta, pois esse instituto tem o nome de imissão provisória na posse; C: correta, tratando-se da chamada desapropriação indireta; D: incorreta, pois esse instituto é a interdição administrativa; E: incorreta, pois esse instituto é a legitimação de posse. Gabarito "C".

(Procuradoria Distrital – 2007) Quanto ao tema da intervenção do Estado na propriedade privada, assinale a alternativa incorreta.

(A) O art. 2º, § 3º, do Decreto-lei n. 3.365/41, estabelece que os Municípios, Distrito Federal, Territórios e Estados não podem, sem prévia autorização, por Decreto do Presidente da República, expropriar ações, cotas e direitos representativos do capital de instituições e empresas cujo funcionamento depende de autorização e se submeta à fiscalização do Governo Federal.

(B) Os bens públicos podem ser desapropriados.

(C) As desapropriações podem ser feitas em favor das Pessoas de Direito Público ou de Pessoas de Direito Privado, desde que delegadas ou concessionárias de serviço público, como também, excepcionalmente, a outras Pessoas de Direito Privado que desempenhem atividade considerada de interesse público.

(D) A figura da tredestinação, no âmbito da desapropriação, pressupõe em todas as hipóteses um caráter de ilicitude que envolve conceitualmente um desvio de finalidade.

(E) O direito de preferência que se estabelece sobre o bem tombado, em caso de alienação onerosa, não inibe o proprietário de gravar livremente a coisa tombada de penhor, anticrese ou hipoteca, nos termos do Decreto-lei n. 25/37.

A: correta, nos termos do dispositivo citado; B: correta, nos termos do art. 2º, § 2º, do Dec.-lei 3.365/41; C: correta, desde que o destino dado à coisa seja de utilidade pública, necessidade pública ou interesse social, obedecidas as leis de regência; D: incorreta, pois é possível que uma tredestinação se dê para um fim de acordo com o interesse público; por ex., caso um decreto expropriatório objetive a construção de uma escola na área a ser desapropriada e a Administração acabe fazendo um hospital no local, apesar de haver uma tredestinação (uma "terceira destinação"), esta não será ilícita, pois é de interesse público a construção de um hospital; E: correta, nos termos do art. 22, § 3º, do Dec.-lei 25/37. Gabarito "D".

(Procurador do Estado/PB – 2008 – CESPE) Não constitui requisito para a caracterização da função social da propriedade para fins rurais o(a)

(A) aproveitamento racional e adequado do espaço.

(B) utilização adequada dos recursos naturais disponíveis e a preservação do meio ambiente.

(C) preservação da flora e da fauna nativas.

(D) observância das disposições que regulam as relações de trabalho.

(E) exploração que favoreça o bem-estar dos proprietários e dos trabalhadores.

Art. 186 da CF. Gabarito "C".

(Procurador do Estado/SC – 2010 – FEPESE) Sobre a intervenção do Estado na propriedade privada:

1. Declarada a utilidade pública, ficam as autoridades administrativas autorizadas a penetrar nos prédios compreendidos na declaração, podendo recorrer, em caso de oposição, ao auxílio de força policial.
2. São isentas de impostos federais, estaduais e municipais as operações de transferência de imóveis desapropriados para fins de reforma agrária.
3. O espaço aéreo e o subsolo podem ser objeto de desapropriação.
4. A desapropriação poderá abranger a área contígua necessária ao desenvolvimento da obra a que se destina, e as zonas que se valorizarem extraordinariamente, em consequência da realização do serviço.

Assinale a alternativa que indica todas as afirmativas **corretas**.

(A) É correta apenas a afirmativa 2.
(B) São corretas apenas as afirmativas 1 e 3.
(C) São corretas apenas as afirmativas 2 e 4.
(D) São corretas apenas as afirmativas 1, 2 e 4.
(E) São corretas as afirmativas 1, 2, 3 e 4.

1: correta (art. 7º do Dec.-lei 3.365/41); 2: correta (art. 26 da Lei 8.629/93); 3: correta (art. 2º, § 1º, do Dec.-lei 3.365/41); 4: correta (art. 4º do Dec.-lei 3.365/41). Gabarito "E".

(Procurador do Estado/SP – FCC – 2009) O ato pelo qual a Administração dá ao bem expropriado destinação de interesse público diversa daquela inicialmente prevista denomina-se

(A) desvio de finalidade.
(B) tredestinação.
(C) retrocessão.
(D) desapropriação.
(E) reversão.

A destinação do bem expropriado em finalidade diversa da prevista inicialmente tem o nome de *tredestinação*, que pode ser lícita, caso se mantenha o uso em atividade de interesse público, e ilícita, se a coisa não foi utilizada em atividade de interesse público. Na verdade, a situação não deixa de ser um *desvio de finalidade*. Porém, como há um nome específico para o caso (tredestinação), este deve ser utilizado no lugar do nome desvio de finalidade. Já o instituto da *retrocessão* consiste na *consequência* da tredestinação ilícita, ou seja, havendo tredestinação ilícita, o antigo proprietário da coisa passa a ter o direito de retrocessão, consistente em retomar a coisa que lhe pertencia, devolvendo o valor da indenização paga pelo Poder Público. Gabarito "B".

(Procurador do Município/Florianópolis-SC – 2010 – FEPESE) Assinale a alternativa **incorreta**, em relação ao procedimento de desapropriação.

(A) A desapropriação é forma originária de aquisição da propriedade privada.
(B) O bem público não poderá ser objeto de desapropriação.
(C) Ocorre desvio de finalidade genérico, que enseja a retrocessão, quando se verifica a mudança da finalidade pública para o fim particular do bem expropriado.
(D) É permitida a ocupação temporária, que será indenizada, afinal, por ação própria, de terrenos não edificados, vizinhos às obras e necessários à sua realização.
(E) Os concessionários de serviços públicos e os estabelecimentos de caráter público ou que exerçam funções delegadas de poder público poderão promover desapropriações mediante autorização expressa, constante de lei ou contrato.

A: correta, como decorrência do art. 35 do Dec.-lei 3.365/41; B: incorreta, pois, salvo os bens da União, os demais bens públicos podem ser objeto de desapropriação (art. 2º, § 2º, do Dec.-lei 3.365/41); C: correta, pois, nesse caso, temos a chamada tredestinação ilícita, que enseja o direito de retrocessão em favor do antigo proprietário da coisa; D: correta (art. 36 do Dec.-lei 3.365/41); E: correta (art. 3º do Dec.-lei 3.365/41). Gabarito "B".

(Defensoria/MG – 2009 – FURMARC) Marque a opção **CORRETA**:

(A) Aos Estados-membros, é conferida competência para legislar concorrentemente sobre desapropriação por utilidade pública.
(B) A desapropriação de imóvel urbano que não esteja cumprindo a sua função social é de competência do ente político local.
(C) A imissão provisória na posse de imóvel rural em processo de desapropriação para fins de reforma agrária condiciona-se à alegação de urgência.
(D) A indenização na expropriação de propriedade rural em que forem localizadas culturas ilegais de plantas psicotrópicas é paga em títulos da dívida agrária.
(E) Os Municípios não se revestem de competência para desapropriar propriedade rural.

A: incorreta, pois a competência para legislar sobre desapropriação é privativa da União (art. 22, II, da CF); B: correta, tratando-se de competência do Município (art. 182, § 4º, III, da CF); C: incorreta, pois não há essa necessidade (art. 6º, I, da LC 76/93), como há na desapropriação comum (art. 15 do Dec.-lei 3.365/41); D: incorreta, pois não haverá pagamento algum nesse caso (art. 243 da CF); E: incorreta, pois o Município só não pode desapropriar imóvel privado rural quando se tratar de desapropriação sancionatória, ou seja, pelo descumprimento da função social da propriedade, cuja competência é somente da União (art. 184, *caput*, da CF). Gabarito "B".

(Defensoria/MT – 2009 – FCC) O seguinte dispositivo do Decreto-Lei nº 3.365/41 teve sua constitucionalidade questionada perante o Supremo Tribunal Federal: "Art. 15-A. No caso de imissão prévia na posse, na desapropriação por necessidade ou utilidade pública e interesse social, inclusive para fins de reforma agrária, havendo divergência entre o preço ofertado em juízo e o valor do bem, fixado na sentença, expressos em termos reais, incidirão juros compensatórios de até seis por cento ao ano sobre o valor da diferença eventualmente apurada, a contar da imissão na posse, vedado o cálculo de juros compostos". Por decisão em medida cautelar em ação direta de inconstitucionalidade, entre outros aspectos, o Supremo Tribunal Federal entendeu que

(A) a diferença sobre a qual deva incidir os juros compensatórios se dá entre 80% do preço ofertado em juízo e o valor do bem fixado na sentença.
(B) não incidem juros compensatórios em desapropriação por interesse social.
(C) não é mais compatível com a Constituição Federal vigente a imissão prévia na posse.
(D) é necessário o cálculo de juros compostos em se tratando da incidência de juros compensatórios.
(E) o termo inicial da incidência dos juros compensatórios é o trânsito em julgado da sentença.

O STF, na ADI 2.332-2 deferiu liminar para suspender a eficácia da expressão "de até 6% ao ano" e também para determinar "que a base de cálculo dos juros compensatórios será a diferença eventualmente apurada entre 80% do preço ofertado em juízo e o valor do bem fixado na sentença". A ideia de substituir a expressão "preço ofertado em juízo" pela expressão "80% do preço ofertado em juízo" tem razão no fato de que, normalmente, o expropriado só levanta 80% do preço depositado em juízo. Com relação ao montante de juros, com a retirada da expressão, remanesce a regra estabelecida na Súmula 618 do STF, pela qual a taxa de juros compensatórios é de 12% ao ano. Gabarito "A".

(Defensoria/PI – 2009 – CESPE) Acerca da desapropriação por utilidade pública, assinale a opção correta.

(A) Podem executar a desapropriação as concessionárias e permissionárias de serviços públicos, assim como autarquias, fundações instituídas e mantidas pelo poder público, empresas públicas e sociedades de economia mista, mediante autorização expressa, constante de lei ou contrato.
(B) O termo inicial para o prazo de caducidade da declaração emitida pelo poder público é de dois anos, contados da data de expedição do respectivo decreto.
(C) Segundo o STF, a imissão provisória na posse dos bens, mesmo que precedido do depósito do valor correspondente ao valor cadastral do imóvel e independentemente da citação do réu, contraria o princípio da justa e prévia indenização em dinheiro estipulado na CF.
(D) Segundo o STF, a base de cálculo dos honorários advocatícios na desapropriação é o valor da condenação.
(E) O Poder Judiciário poderá decidir, no processo de desapropriação, se ocorrem ou não os casos de utilidade pública.

A: correta (art. 3º do Dec-lei 3.365/41); B: incorreta, pois o prazo é de 5 anos, no caso de utilidade pública (art. 10 do Dec-lei 3.365/41), e de 2 anos, no caso de interesse social (art. 3º da Lei 4.132/62); C: incorreta (Súmula 652 do STF); D: incorreta, pois a base de cálculo consistirá na diferença entre a indenização fixada em juízo e a oferta inicial feita pelo Poder Público, corrigidas monetariamente, conforme a Súmula 141 do STJ, sendo que o percentual sobre essa base de cálculo é de 0,5% a 5% (art. 27, § 1º, do Dec-lei 3.365/41); E: incorreta, pois a contestação só poderá versar sobre vício do processo judicial ou impugnação do preço, devendo outras questões serem resolvidas em ação própria (arts. 9º e 20 do Dec-lei 3.365/41). Gabarito "A".

(Defensoria/SE – 2006 – CESPE) Considere a seguinte situação hipotética.

(1) A companhia de água e esgoto de um município precisa construir uma rede de esgoto que irá passar a cerca de 10 metros de profundidade de uma propriedade utilizada apenas como moradia. Nessa situação, deve ser utilizada a servidão administrativa e não a desapropriação da referida área, já que a rede de esgoto não impossibilitará o direito de propriedade. Se, no entanto, houver algum prejuízo para o proprietário, em decorrência desse fato, deve haver indenização.

1: certo. A servidão é um ônus real que permite à Administração usar um bem para a prestação de um serviço público ou para uma obra pública; normalmente, a servidão atinge apenas parte do uso de um imóvel (ex.: servidão para a instalação de uma antena de celular num pedaço de uma propriedade). Na servidão, o proprietário da coisa que serve ao interesse público não perde a propriedade dela. Mas como a servidão pode gerar prejuízos, em isso ocorrendo, o proprietário tem direito de ser indenizado. Essas características do instituto fazem com que a proposição seja correta. Gabarito 1C

(Defensoria/SE – 2006 – CESPE) Quanto à desapropriação, julgue os itens subseqüentes.

(1) Livros e obras de arte não podem ser objeto de desapropriação.

(2) Mesmo que haja autorização expressa no contrato de concessão de serviço público, não é possível que uma concessionária venha a desapropriar um determinado bem que será utilizado na referida concessão.

(3) O bem objeto de decreto de desapropriação não pode ser objeto de nova declaração, senão após 2 anos, a contar da data em que o primeiro decreto caducou.

1: errado. "todos os bens podem ser desapropriados" (art. 2º do Dec-lei 3.365/41), salvo os bens da União, os direitos da personalidade, as pessoas naturais e jurídicas (as cotas e ações destas podem ser desapropriadas) e o dinheiro; 2: errado (art. 3º do Dec.-lei 3.365/41); 3: errado (parte final do art. 10 do Dec.-lei 3.365/41). Gabarito 1E, 2E, 3E

(Defensoria Pública/SP – 2010 – FCC) O ato da Administração Pública declarando como de utilidade pública ou de interesse social a desapropriação de determinado imóvel NÃO tem como efeito

(A) iniciar a contagem do prazo legal para a verificação da caducidade do ato.
(B) permitir às autoridades competentes adentrar no prédio objeto da declaração.
(C) demonstrar o posterior interesse na transferência da propriedade do imóvel.
(D) indicar o estado em que se encontra o imóvel, para fins de futura indenização.
(E) proibir a obtenção de licença para o proprietário efetuar obras no imóvel.

Todas as alternativas estão compatíveis com o disposto nos arts. 7º, 10 e 26, § 1º, do Dec-lei 3.365/41, salvo a alternativa "E", pois o decreto expropriatório não impede a venda da coisa, nem sua reforma, de modo que não é possível impedir a obtenção de licença, valendo salientar que as reformas feitas posteriormente à declaração são por conta e risco do proprietário da coisa, não gerando direito de indenização por estas, salvo quanto às benfeitorias necessárias, e quanto às benfeitorias úteis, desde que autorizadas pelo Poder Público. Gabarito "E".

(Cartório/DF – 2008 – CESPE) Julgue os itens a seguir.

(1) A competência para declarar a utilidade pública ou o interesse social do bem que se pretende desapropriar, assim como a prática dos atos executórios necessários à transferência da propriedade, cabe aos delegatários do poder público.

(2) Após caducar o decreto expropriatório, pode o bem ser objeto de nova declaração de interesse público ou social, desde que decorra desse fato o lapso temporal de pelo menos um ano.

1: errado, pois a fase declaratória compete aos entes políticos ou às pessoas de direito público às quais a lei tiver atribuído essa competência (art. 6º do Dec.-lei 3.365/41); já a fase executória compete a esses mesmos entes ou a concessionários que tiverem recebido autorização *legal* ou *contratual* para tanto; 2: certo (parte final do art. 10 do Dec.-lei 3.365/41). Gabarito 1E, 2C

(Cartório/SC – 2008) Assinale a alternativa INCORRETA:

(A) Os bens do domínio dos Estados, Municípios, Distrito Federal e Territórios poderão ser desapropriados pela União, e os dos Municípios pelos Estados, mas, em qualquer caso, ao ato deverá preceder autorização legislativa.
(B) Os concessionários de serviços públicos e os estabelecimentos de caráter público ou que exerçam funções delegadas de poder público poderão promover desapropriações mediante autorização expressa, constante de lei ou contrato.
(C) Todos os bens poderão ser desapropriados pela União, pelos Estados, Municípios, Distrito Federal e Territórios.
(D) O Poder Legislativo poderá tomar a iniciativa da desapropriação, cumprindo, neste caso, ao Executivo praticar os atos necessários à sua efetivação.
(E) É vedada a desapropriação, pelos Estados, Distrito Federal, Territórios e Municípios, de ações, cotas e direitos representativos do capital de instituições e empresas cujo funcionamento dependa de autorização do governo federal e se subordine à sua fiscalização, salvo mediante prévia autorização, por decreto, do Presidente da República.

A: correta (art. 2º, § 2º, do Dec.-lei 3.365/41); B: correta (art. 3º do Dec.-lei 3.365/41); C: incorreta, pois, de fato, esse é o texto do art. 2º, *caput*, do Dec.-lei 3.365/41; porém, no § 2º do mesmo artigo, está claro que não é possível desapropriar bens da União; além disso, não é possível desapropriar direitos da personalidade, bem como as pessoas naturais e jurídicas (as cotas e ações destas podem ser desapropriadas) e o dinheiro; D: correta (art. 8º do Dec.-lei 3.365/41); E: correta (art. 2º, § 3º, do Dec.-lei 3.365/41). Gabarito "C".

(Procurador do Município/Boa Vista-RR – 2010 – CESPE) Julgue o item seguinte, que trata de desapropriação.

(1) Cabe a retrocessão quando o expropriante dá ao imóvel uma destinação pública diferente daquela mencionada no ato expropriatório.

1: Incorreta, pois, se a destinação dada ao bem é pública, não há que se falar em direito de retrocessão, pois tem-se, no caso, tredestinação lícita. Gabarito 1E

(Magistratura Federal/1ª Região – 2009 – CESPE) No que concerne às desapropriações, assinale a opção correta.

(A) Ao imóvel desapropriado para implantação de parcelamento popular destinado às classes de menor renda não se dará outra utilização, embora seja legalmente cabível a retrocessão.
(B) No processo de desapropriação, cabe ao Poder Judiciário decidir se os casos de utilidade pública se verificam ou não.
(C) Se a coisa expropriada por necessidade ou utilidade pública ou por interesse social não tiver o destino para que se desapropriou, ou não for utilizada em obras ou serviços públicos, caberá ao expropriado direito de preferência, pelo preço da coisa na época da expropriação.
(D) No caso de imissão prévia na posse, na desapropriação por utilidade pública, não serão devidos juros compensatórios quando o imóvel possuir graus de utilização da terra e de eficiência na exploração iguais a zero.
(E) De acordo com expressa disposição legal, no processo judicial de desapropriação por utilidade pública, a contestação somente poderá versar sobre vício processual ou impugnação do preço; qualquer outra questão deverá ser decidida por ação direta.

A: incorreta, pois também não cabe retrocessão (art. 5º, § 3º, do Dec.-lei 3.365/41); B: incorreta (art. 9º do Dec.-lei 3.365/41); C: incorreta, pois caberá direito de retrocessão, que é considerado direito real (e não *pessoal*, como é o direito de preferência), permitindo ao antigo proprietário reaver a coisa (STJ EDcl no Resp 623.511, DJ 26/09/05); D: incorreta, pois tal disposição também é válida para as desapropriações por interesse social (art. 15-A, *caput* e § 2º, do Dec.-lei 3.365/41); E: correta (art. 20 do Dec.-lei 3.365/41). Gabarito "E".

(Magistratura Federal-4ª Região – 2010) Considere o seguinte enunciado. Um Decreto considerando de interesse social determinada área para fins de reforma agrária foi publicado. Enquanto tramitava o processo judicial expropriatório, a empresa proprietária do terreno celebrou negociações com a empresa imobiliária, com objetivo de loteamento, e desde logo construiu ruas internas e fez ajardinamento. Dadas as assertivas abaixo, assinale a alternativa correta:

I. A declaração de interesse social que antecede a desapropriação guarda por si mesma o condão de transferir a propriedade do futuro expropriado ao Estado, em razão do que se deve inibir a realização das benfeitorias.

II. O licenciamento para a realização de obras na área expropriada não pode ser negado; todavia, a administração não será obrigada a indenizá-las quando efetivada a desapropriação.

III. A declaração de interesse social não pode perdurar indefinidamente, havendo prazo de caducidade a ser respeitado, mesmo que subsista o interesse público na expropriação do bem.

IV. Caso seja alienado o imóvel à incorporadora imobiliária antes de concluído o processo expropriatório, tal ato jurídico padecerá de vício insanável, não guardando sequer existência no universo jurídico.

(A) Estão corretas apenas as assertivas I e III.
(B) Estão corretas apenas as assertivas II e III.
(C) Estão corretas apenas as assertivas II e IV.
(D) Estão corretas apenas as assertivas I, III e IV.
(E) Estão corretas todas as assertivas.

I: incorreta, pois a declaração é apenas a primeira fase da desapropriação; esta só se consuma com o pagamento da indenização; II: correta, pois, nos termos da Súmula nº 23 do STF, "verificados os pressupostos legais para o licenciamento da obra, não o impede a declaração de utilidade pública para desapropriação do imóvel, mas o valor da obra não se incluirá na indenização, quando a desapropriação for efetivada"; III: correta, sendo certo que o prazo de decadência do decreto expropriatório, no caso, é de 2 anos (art. 3º da Lei Complementar 76/93); IV: incorreta, pois o imóvel não fica impedido de ser alienado, mas o novo proprietário não terá como se evadir da desapropriação. Gabarito "B".

(Magistratura Federal-4ª Região – 2010) Assinale a alternativa INCORRETA em matéria de desapropriação.

(A) Os juros compensatórios, na desapropriação indireta, incidem a partir da ocupação, calculados sobre o valor da indenização, corrigido monetariamente.
(B) Os juros compensatórios, na desapropriação direta, incidem a partir da imissão na posse, calculados sobre o valor da indenização, corrigido monetariamente.
(C) Nas ações de desapropriação, os juros compensatórios são sempre fixados em 12% (doze por cento) ao ano a partir da ocupação.
(D) A base de cálculo de honorários de advogado em desapropriação é a diferença entre a oferta e a indenização, corrigidas ambas monetariamente.
(E) Nas ações de desapropriação, incluem-se no cálculo da verba advocatícia as parcelas relativas aos juros compensatórios e moratórios, devidamente corrigidas.

A: correta, pois tais juros são calculados pelo valor da indenização fixado na sentença (art. 15-A, § 3º, do Dec.-lei 3.365/41), e correrão desde a ocupação do imóvel pelo Poder Público, vez que, desde esse evento, o antigo proprietário da coisa passou a não ter mais como auferir renda com o bem; B: correta (art. 15-A do Dec.-lei 3.365/41); C: incorreta, pois, no caso de desapropriação direta, os juros compensatórios são computados a partir da imissão provisória na posse (art. 15-A, caput, do Dec.-lei 3.365/41); D: correta (art. 27, § 1º, do Dec.-lei 3.365/41); E: correta (Súmula nº 131 do STJ). Gabarito "C".

(Procurador Federal – 2010 – CESPE) Julgue o seguinte item.

(1) A União desapropriou um imóvel para fins de reforma agrária, mas, depois da desapropriação, resolveu utilizar esse imóvel para instalar uma universidade pública rural. Nessa situação, houve tredestinação lícita, de forma que o antigo proprietário não poderá pedir a devolução do imóvel.

1: Correta, valendo salientar que a tredestinação lícita é admitida pela jurisprudência do STJ como conduta que não gera direito à retrocessão em favor do anterior proprietário da coisa. Gabarito 1C.

(Procurador Federal – 2010 – CESPE) Com base no tratamento conferido ao instituto da desapropriação pela CF, pela legislação vigente e pelos tribunais superiores, julgue os itens a seguir.

(1) O procedimento de desapropriação por utilidade pública de imóvel residencial urbano não admite a figura da imissão provisória na posse.

(2) Segundo entendimento do STF, é inconstitucional a previsão legal que limita a quantia a ser arbitrada a título de honorários advocatícios na ação de desapropriação a um valor entre 0,5% e 5% da diferença entre o preço oferecido e a indenização obtida.

1: incorreta, pois a imissão provisória na posse existe nesse caso e é regulamentada em lei própria (Lei 1.075/70); 2: incorreta, pois tal previsão legal (art. 27, § 1º, do Dec.-lei 3.365/41) foi mantida pelo STF, ficando excluída, pela ADIN 2.332-2, apenas a limitação dos honorários advocatícios em até R$ 151 mil. Gabarito 1E, 2E.

(Procuradoria Federal – 2007 – CESPE) A Câmara Legislativa do Distrito Federal (CLDF) editou norma determinando que qualquer desapropriação a ser realizada no território do DF deveria passar antes pelo crivo do Poder Legislativo local. A União, na vigência dessa lei, ignorou a norma, de modo que o INCRA deu início aos procedimentos para a realização de uma desapropriação para fins de reforma agrária, sem prévia consulta à CLDF. Durante a vistoria, o INCRA observou discrepância entre a metragem real do imóvel e aquela prevista em sua escritura. No decreto desapropriatório que se sucedeu, foi mencionada a metragem constante da escritura e - não, a metragem real do imóvel. No momento do pagamento da indenização, as benfeitorias úteis e necessárias foram pagas diretamente, sem utilização de precatórios. Com relação à situação hipotética acima, julgue os itens a seguir.

(1) Na vistoria e no decreto desapropriatório, deve-se considerar a área constante da escritura do imóvel, sob pena de restar prejudicada a validade desse decreto.

(2) Foi correta a forma de pagamento realizada, pois as benfeitorias úteis e necessárias podem ser pagas sem a utilização da regra do pagamento por meio de precatório.

(3) É inconstitucional, por invadir a competência legislativa da União e violar o princípio da separação dos poderes, norma distrital que submeta as desapropriações, no âmbito do DF, à aprovação prévia da CLDF.

1: está errada, pois, caracterizado o imóvel, não há que se falar em invalidade do decreto; 2: está errada, pois o que a Constituição excepciona é o pagamento por meio de títulos (no caso, a Constituição dispõe que o pagamento será em dinheiro – art. 184, § 1º, da CF), não o dever de pagar por meio de precatório (art. 100 da CF); 3: correta, nos termos do art. 22, II, da CF. Gabarito 1E, 2E, 3C.

8.2. REQUISIÇÃO DE BENS E SERVIÇOS

(Procurador do Estado/SC – 2010 – FEPESE) No caso de iminente perigo público, a autoridade competente poderá usar de propriedade particular, assegurada ao proprietário indenização ulterior, se houver dano. Qual a denominação desse instituto?

(A) tombamento
(B) ocupação temporária
(C) servidão administrativa
(D) requisição administrativa
(E) desapropriação por interesse público

A, B, C, D e E: Trata-se da *requisição administrativa de bens*, prevista no art. 5º, XXV, da CF. Gabarito "D".

(Cartório/AP – 2011 – VUNESP) Acerca dos modos de intervenção do Estado na propriedade, é correto afirmar que a requisição

(A) é assunto de competência legislativa concorrente da União, dos Estados, do Distrito Federal e dos Municípios.
(B) gera o dever do Poder Público de indenização prévia, justa e em dinheiro em favor do proprietário.
(C) tal qual a desapropriação, implica, ao final, a aquisição da propriedade privada pelo Poder Público.

(D) não obriga o Poder Público a obter autorização judicial para uso de um bem privado.

(E) tem por escopo destinar ao assentamento de colonos as glebas até então exploradas para culturas ilegais de plantas psicotrópicas.

A: incorreta, pois é da competência privativa da União legislar sobre requisições civis e militares (art. 22, III, da CF); B: incorreta, pois esse dever é típico da desapropriação, não existindo dever de indenização prévia na requisição administrativa; C: incorreta, pois esse efeito não existe na requisição administrativa, que importa apenas no uso temporário da coisa; D: correta, pois, na requisição administrativa o Poder Público poderá usar um bem privado sem autorização judicial (art. 5º, XXV, da CF); E: incorreta, pois essa providência se dá na expropriação, prevista no art. 243 da CF. Gabarito "D".

(Cartório/DF – 2008 – CESPE) Com relação à intervenção do Estado na propriedade, julgue o item que se segue.

(1) A requisição, modalidade de intervenção do Estado na propriedade, é o meio pelo qual o Estado se utiliza de bens e serviços de particulares, em caso de perigo público iminente, sendo sempre obrigado a indenizar o proprietário, a título compensatório, pelo período em que houver a indisponibilidade do seu patrimônio.

1: errado. A indenização é devida apenas "se houver dano" (art. 5º, XXV, da CF). Gabarito 1E

8.3. OCUPAÇÃO TEMPORÁRIA

(Magistratura/BA – 2006 – CESPE) Julgue o item seguinte, a respeito da intervenção do Estado na propriedade.

(1) De acordo com a doutrina, a chamada ocupação provisória (ou temporária), no direito brasileiro, equivale à desapropriação indireta, porquanto se dá sem procedimento administrativo prévio e implica limitações à propriedade que precisam ser indenizadas pelo poder público.

1: errado (Art. 36 do Dec.-lei 3.365/41). Gabarito 1E

(MINISTÉRIO PÚBLICO/SE – 2010 – CESPE) Assinale a opção correta a respeito da intervenção do Estado na propriedade privada e do instituto da desapropriação.

(A) O tombamento implica limitação precária e temporária ao direito de propriedade em benefício do interesse coletivo e incide apenas sobre bens imóveis.

(B) A servidão administrativa, que impõe ao proprietário a obrigação de suportar ônus parcial sobre o imóvel de sua propriedade, é direito real instituído tanto em favor do Estado quanto de particulares.

(C) Requisição é a modalidade de intervenção estatal por meio da qual o Estado utiliza bens móveis, imóveis e serviços particulares em situação de perigo público iminente, tanto para fins militares quanto civis.

(D) A ocupação temporária é direito de caráter real que tem natureza de permanência e exige situação de perigo público iminente, tanto quanto a requisição.

(E) Quaisquer entes federativos podem desapropriar bens públicos uns dos outros, desde que devidamente autorizados pelo Poder Legislativo de seu âmbito.

A: incorreta, pois o tombamento não é uma limitação temporária e precária, e pode incidir sobre bens imóveis, móveis e até imateriais; B: incorreta, pois é direito real instituído apenas em favor do Estado; C: correta, conforme os arts. 5º, XXV, e 22, III, da CF; D: incorreta, pois a ocupação temporária, como o próprio nome diz, é temporária (e não permanente), destinando-se ao mero uso de terreno não edificado, vizinho a uma obra pública (art. 36 do Dec.-lei 3.365/41); E: incorreta, pois não é possível desapropriar bens da União; além disso, um Município não pode desapropriar bens dos Estados (art. 2º, § 2º, do Dec.-lei 3.365/41). Gabarito "C".

(Defensor Público/PA – 2006 – UNAMA) Assinale a alternativa correta sobre limitação administrativa à propriedade:

(A) A requisição e a servidão administrativa se assemelham pelo caráter transitório.

(B) As limitações administrativas têm como fundamento o exercício do poder de polícia do Estado.

(C) A servidão administrativa tem como objetivo atender ao interesse público e incide sobre bens móveis e imóveis.

(D) A utilização de imóveis privados, para execução dos serviços eleitorais, é a modalidade de limitação à propriedade, denominada requisição.

A: incorreta, pois a servidão não tem caráter transitório; B: correta, pois as limitações administrativas tem em mira justamente a delimitação da propriedade e da liberdade das pessoas, condicionando-as aos interesses coletivos; C: incorreta, pois a servidão administrativa só incide sobre bens imóveis; D: incorreta, pois o instituto da requisição é utilizado em casos de iminente perigo público (art. 5º, XXV, da CF). Gabarito "B".

(DEFENSORIA PÚBLICA DA UNIÃO – 2004 – CESPE) Julgue o seguinte item.

(1) A ocupação provisória, também denominada temporária, pode dar-se por necessidade da prestação de um serviço, da execução de uma obra ou do desempenho de uma atividade. Devido à prevalência do interesse público, ela prescinde da notificação prévia do proprietário ou possuidor do bem a ser ocupado.

1: errada, pois a ocupação provisória se destina à utilização de terrenos não edificados, vizinhos às obras e necessários à sua realização (art. 36 do Dec.-lei 3.365/41). Gabarito 1E

8.4. SERVIDÃO ADMINISTRATIVA

(Magistratura/BA – 2006 – CESPE) Julgue o item seguinte, a respeito da intervenção do Estado na propriedade.

(1) A servidão tem a natureza de direito real sobre coisa alheia (*jus in re aliena*) e, na servidão de direito público, ela está necessariamente associada ao emprego da coisa serviente na prestação de serviço público.

1: errado. Segundo Celso Antônio Bandeira de Mello, a servidão sujeita a coisa a uma utilidade pública, que pode ser tanto derivada da prestação de um serviço público, como de outra natureza, tal como a servidão de trânsito sobre bens privados e certos tombamentos (*Curso de Direito Administrativo*, 24ª ed., São Paulo: Malheiros, p. 882). Gabarito 1E

(MINISTÉRIO PÚBLICO/RO – 2010 – CESPE) No que se refere às restrições estatais sobre a propriedade privada, assinale a opção correta.

(A) É possível que determinado município institua servidão administrativa sobre imóvel pertencente ao estado, desde que a autorização tenha sido concedida por lei municipal.

(B) A instituição de uma servidão administrativa é permanente e não admite extinção.

(C) O tombamento incide somente sobre bens imóveis, dada a sua natureza.

(D) Na desapropriação por utilidade pública, o prazo de caducidade do decreto expropriatório é de cinco anos, contado a partir da data da sua expedição.

(E) Compete à União desapropriar propriedades rurais, por interesse social e para fins de reforma agrária, mediante o pagamento prévio e justo da indenização em dinheiro.

A: incorreta, pela mesma razão pela qual a desapropriação não pode ocorrer nesse caso (arts. 2º, § 2º, e 40, do Dec.-lei 3.365/41); B: incorreta, pois a servidão pode ser com termo final; C: incorreta, pois incide sobre bens móveis ou imóveis, conforme o art. 1º do Dec.-lei 25/37; D: correta (art. 10 do Dec.-lei 3.365/41); E: incorreta, pois o pagamento, no caso, será em títulos da dívida agrária, salvo quanto às benfeitorias úteis e necessárias, que serão pagas em dinheiro (art. 184, *caput* e § 1º, da CF). Gabarito "D".

(Procurador do Município/Teresina-PI – 2010 – FCC) As modalidades de intervenção do Estado sobre a propriedade privada consistentes na instalação de rede elétrica pelo Poder Público em propriedade particular e na proibição de construir além de determinado número de pavimentos, são, respectivamente,

(A) requisição e tombamento.
(B) servidão administrativa e limitação administrativa.
(C) limitação administrativa e ocupação temporária.
(D) servidão administrativa e requisição.
(E) requisição e ocupação temporária.

A, B, C, D e E: De fato, temos servidão administrativa no primeiro caso (ônus real instituído em favor do interesse público) e limitação administrativa no segundo (imposição geral e gratuita, que delimita o direito dos particulares). Gabarito "B".

(Delegado/CE – 2006 – CEV/UECE) Sobre a intervenção do Estado na propriedade, sob a modalidade de servidão administrativa, podemos afirmar, corretamente, que

(A) a servidão administrativa tem natureza jurídica de direito pessoal.
(B) a servidão administrativa tem como característica a autoexecutoriedade.
(C) a servidão administrativa não possui o caráter de definitividade.
(D) a indenização, apesar de condicionada ao prejuízo, deve ser prévia.

A: incorreta, pois tem natureza de direito real; B: incorreta, pois a instituição de servidão administrativa se dá mediante acordo com o proprietário da coisa ou ingresso com ação de desapropriação para instituir esse direito (art. 40 do Dec.-lei 3.365/41); C: incorreta, pois a servidão administrativa costuma ter esse caráter, como é o caso da servidão de aqueduto; D: correta, pois a indenização, no caso, depende da existência de prejuízo, e segue a sorte da desapropriação para a aquisição da propriedade, ou seja, deve ser prévia, justa e em dinheiro. Gabarito "D".

(Delegado/DF – 2004) O Estado, na defesa do interesse da coletividade, pode promover a intervenção na propriedade privada. Uma das formas de intervenção prevê que o Poder Público pode impor ao proprietário de um bem a obrigação de suportar restrição permanente decorrente da prestação de um serviço público. Essa modalidade de intervenção denomina-se:

(A) tombamento;
(A) servidão administrativa;
(A) requisição;
(A) limitação administrativa;
(A) ocupação temporária.

A: incorreta, pois o tombamento não é instituído visando à prestação de um serviço público, mas visando à preservação de um bem com valor especial para a sociedade; B: correta, pois a obrigação de suportar uma restrição permanente em favor da prestação de um serviço público é criada justamente pela instituição de uma servidão administrativa; por exemplo, é servidão administrativa a restrição feita a um imóvel, para que este tenha que suportar a passagem de tubulações no seu subsolo; C: incorreta, pois a requisição administrativa se dá para acautelar situação de iminente perigo público (ex.: requisição de um clube particular para abrigar pessoas que perderam suas casas pela força das chuvas), de modo que não é permanente, nem se destina à prestação de um serviço público; D: incorreta, pois a limitação administrativa é uma imposição de caráter geral (atinge pessoas indeterminadas) e gratuita (não cabe indenização), que delimita o direito das pessoas; nesse sentido, não se confunde com a servidão, que é de caráter especial (atinge pessoas determinadas), impõe indenização (se houver dano) e afasta parte do direito das pessoas; E: incorreta, pois a ocupação temporária consiste na utilização de terreno particular para servir de canteiro de obras públicas ou para a efetivação de pesquisas com vistas à descoberta de minérios em propriedades privadas. Gabarito "B".

(Delegado/GO – 2009 – UEG) Acerca do instituto da servidão administrativa, é CORRETO afirmar:

(A) a servidão administrativa impõe ao proprietário do imóvel um gravame de caráter temporário, que é característica típica desse instituto.
(B) a servidão administrativa poderá concretizar-se por acordo entre o Poder Público e o proprietário.
(C) a servidão administrativa opera transferência de posse do bem ao Poder Público.
(D) nas situações em que a servidão administrativa decorre diretamente de lei, não é possível indenização.

A: incorreta, pois a servidão é um gravame duradouro, diferentemente da requisição administrativa e da ocupação temporária, que trazem gravames passageiros; B: correta, pois a servidão deve ser instituída da mesma forma como se dá na desapropriação para a aquisição de um bem (art. 40 do Dec.-lei 3.365/41), que admite o acordo como forma de aquisição da coisa; C: incorreta, pois a servidão confere um direito real sobre a coisa, que tem valor jurídico maior do que o mero direito de posse; D: incorreta, pois desde que o fato atinja pessoa determinada e gere prejuízo, caberá indenização, pouco importando se se trata de servidão instituída por lei ou por ato administrativo. Gabarito "B".

(Defensoria/MG – 2009 – FURMARC) Em relação à **servidão administrativa**, marque a opção INCORRETA:

(A) É instituída mediante ato declaratório expedido pela autoridade competente, podendo, entretanto, decorrer diretamente de lei geral.
(B) Gera direito a indenização da faixa destinada à servidão.
(C) Pressupõe a existência de dois prédios: um demandante e outro serviente.
(D) É, em regra, por prazo indeterminado, podendo ser extinta em virtude de interesse público.
(E) Pode ser instituída em imóvel público.

A: correta, pois a servidão é instituída da mesma forma como se dá na desapropriação para aquisição de um bem (art. 40 do Dec.-lei 3.365/41); B: correta, pois, havendo dano, a servidão administrativa, como atinge bens determinados, gera direito a indenização; C: incorreta, pois apenas *servidão privada* depende da existência de dois prédios; a *servidão administrativa* consiste na instituição de um ônus real na coisa alheia, possibilitando a realização de obra pública ou a prestação de um serviço público, não sendo necessária a existência de dois prédios; D: correta, pois a servidão, normalmente, é por prazo indeterminado (ex.: servidão para instalação de uma torre de transmissão de energia elétrica) e, se não houver mais interesse público na sua manutenção, é possível a sua extinção; E: correta, pois até a desapropriação para a aquisição de um imóvel pode recair sobre bem público, quanto mais uma servidão administrativa, que é um ônus menos pesado que uma desapropriação; no caso, a União pode instituir servidão sobre bens estaduais e municipais, os Estados, sobre bens municipais e os Municípios, apenas sobre bens privados (art. 2º, § 2º, Dec.-lei 3.365/41). Gabarito "C".

(Advogado da União/AGU – CESPE – 2009) Julgue o item a seguir.

(1) Servidão administrativa é um direito real de gozo que independe de autorização legal, recaindo sobre imóvel de propriedade alheia. Sejam públicas ou privadas, as servidões se caracterizam pela perpetuidade, podendo, entretanto, ser extintas no caso de perda da coisa gravada ou de desafetação da coisa dominante. Em regra, não cabe indenização quando a servidão, incidente sobre imóvel determinado, decorrer de decisão judicial.

1: Incorreta, pois a servidão, por incidir normalmente em imóvel determinado, faz com que o proprietário da coisa sofra em favor da coletividade, o que gera o direito de indenização, em virtude do princípio da igualdade (ex.: servidão para que alguém suporte uma torre de telefonia em sua propriedade); diferente é a situação da limitação administrativa, em que há uma imposição geral, atingindo pessoas indeterminadas, situação que não gera direito de indenização, pois a limitação administrativa apenas delimita os direitos das pessoas, sem tirar parte desses direitos. Assim, em caso de servidão, havendo dano, cabe indenização, seja em caso de servidão instituída por ato judicial, seja em caso de servidão instituída administrativamente. Gabarito 1E.

8.5. TOMBAMENTO

(Magistratura/BA – 2006 – CESPE) Julgue o item seguinte

(1) Em relação ao tombamento como meio de proteção dos bens de valor artístico, estético, histórico, turístico e paisagístico, é correto afirmar que ele não impede a alienação do bem onerado, conquanto gere direito de preempção em favor do poder público, que permite a reforma do bem, mediante certas condições, que gera efeitos também para vizinhos do bem e que, consoante a doutrina, tem natureza de servidão administrativa.

1: Correta, pois não impede alienação (art. 22 do Dec.-lei 25/37), instituiu o direito de preferência em favor do Poder Público (art. 22 do Dec.-lei 25/37), permite reformas sob certas condições (art. 17 do Dec.-lei 25/37), atinge vizinhos (art. 18 do Dec.-lei 25/37) e tem natureza de servidão administrativa (Bandeira de Mello, Celso Antônio. *Curso de Direito Administrativo*, 24ª ed., São Paulo: Malheiros, p. 882). Gabarito 1C.

(Magistratura/MT – 2009 – VUNESP) O tombamento

(A) pode acarretar restrição individual, mas não pode ocasionar limitação de caráter geral.
(B) provisório terá efeitos pelo prazo de sessenta dias.
(C) impede a alienação ou a doação do bem tombado.
(D) sempre ensejará indenização ao proprietário.
(E) definitivo não pode ser cancelado pela Administração.

A: incorreta, pois há alguns tombamentos que acarretam limitação geral (ex.: tombamento de um bairro, para impedir prédios acima de uma certa altura); B: correta (art. 10 c/c art. 9º, 3, do Dec.-lei 25/37); C: incorreta (art. 12 do Dec.-lei 25/37); D: incorreta, pois só haverá direito à indenização quando houver demonstração de prejuízo econômico especial ao proprietário da coisa; E: incorreta, pois, se a coisa não mais tiver o valor especial que ensejou o tombamento, este poderá ser cancelado. Gabarito "B".

(Magistratura/SP – 2007) Tombamento é a declaração, pelo Poder Público, do valor histórico, artístico, paisagístico, turístico, cultural ou científico de coisas ou locais que, por essa razão, devam ser preservados, de acordo com a inscrição em livro próprio. A Constituição da República o prevê no artigo 216, § 1º, cometendo ao Poder Público a obrigação de promover e proteger o patrimônio cultural brasileiro mediante essa e várias outras providências. Pode-se afirmar, então, que:

I. O tombamento não exclui os inventários, registros, vigilância, e desapropriação, excluídas outras modalidades de proteção do patrimônio cultural brasileiro.

II. Qualquer das entidades estatais pode dispor sobre o tombamento de bens em seu território, pois o tombamento é ato administrativo da autoridade competente.

III. O tombamento, por residir na esfera da discricionariedade do Poder Público, não se submete à regra do devido processo legal, nem exige prévia manifestação do proprietário do bem tombado.

IV. O tombamento pode acarretar tanto uma restrição individual quanto uma limitação geral, conforme atinja exclusivamente o proprietário do bem tombado ou abranja toda uma coletividade.

V. Os bens tombados devem ser preservados por seus proprietários, à exceção da necessidade de expropriação pelo Poder Público, insuscetível de subordinar o interesse coletivo à limitação que recai sobre o imóvel.

São verdadeiras apenas as afirmações

(A) I, III e V.
(B) II e IV.
(C) I, IV e V.
(D) III e V.

I: incorreta, pois são instrumentos de proteção do patrimônio cultural os enunciados nas afirmativas (tombamento, inventários, registros, vigilância e desapropriação), bem como "de outras formas de acautelamento e preservação" (art. 216, § 1º, da CF); II: correto, pois a Constituição determina que o Poder Público em geral atue nesse mister (art. 216, § 1º, da CF) e que todos os entes da federação protejam bens culturais (art. 23, III, da CF); III: incorreta, pois há procedimento a ser seguido (art. 9º do Dec.-lei 25/37); IV: correta, pois há situações em que o tombamento abrange uma coletividade (p. ex., o tombamento de um bairro, impedindo construções acima de certa altura; neste caso o tombamento se assemelhará a uma limitação administrativa; já quando o tombamento atinge proprietários em especial, assemelha-se a uma servidão administrativa;); V: incorreta, pois o tombamento deve ser respeitado tanto pelo proprietário como pelo Poder Público. Gabarito "B".

(Procurador do Estado/PI – 2008 – CESPE) Uma das formas de proteção do patrimônio histórico, artístico e cultural, o tombamento

(A) não pode atingir bens públicos.
(B) só pode atingir bens imóveis.
(C) pode atingir bens materiais e imateriais.
(D) pode atingir obras de origem estrangeira que sejam trazidas para exposições comemorativas, educativas ou comerciais.
(E) pode atingir obras de origem estrangeira que pertençam às representações diplomáticas ou consulares acreditadas no país.

A: incorreta (art. 5º do Dec.-lei 25/37); B: incorreta (art. 1º do Dec.-lei 25/37); C: correta (art. 216, caput e § 1º, da CF); D e E: incorretas (art. 3º, 5 e 1, do Dec.-lei 25/37). Gabarito "C".

(Defensor Público/CE – 2007 – CESPE) Julgue os itens que se seguem, relativos aos bens públicos.

(1) O bem móvel tombado não poderá sair do país.
(2) O tombamento voluntário de bem pertencente a pessoa física impede a alienação da coisa tombada.
(3) O proprietário pode dar o bem imóvel tombado em garantia hipotecária de contrato bancário.

1: incorreta, pois pode sair por curto prazo, sem transferência de domínio e para fim de intercâmbio cultural, a juízo da autoridade competente (art. 14 do Dec.-lei 25/37); 2: incorreta, pois o tombamento de bens privados não impedem sua alienação, mas apenas confere direito de preferência em favor dos entes políticos (art. 22 do Dec.-lei 25/37); todavia, o tombamento de bens públicos impede a sua alienação (art. 11 do Dec.-lei 25/37); 3: correta, pois não há proibição à alienação, ainda que decorrente da execução de uma hipoteca. Gabarito 1E, 2E, 3C.

(Defensoria/MG – 2006) O tombamento de um bem imóvel pelo valor histórico, artístico, paisagístico, arqueológico, cultural e arquitetônico é um ato administrativo que tem como principal efeito:

(A) A aplicação de uma servidão em favor do poder público que permitirá o uso em qualquer tempo, sem previa notificação.
(B) A imodificabilidade do bem, devendo este permanecer com as características descritas no livro do tombo.
(C) A irrevogabilidade do ato por sua natureza restritiva de direitos, desde que seja feito o registro no livro tombo.
(D) A permanência de titularidade do imóvel e a transferência do uso e do gozo pó registro no livro tombo.
(E) A responsabilidade do proprietário e a inalienabilidade por ser considerado bem publico, nos termos assinalados no livro do tombo.

O principal efeito do tombamento é a impossibilidade de modificação do bem sem autorização especial (art. 17 do Dec.-lei 25/37). Gabarito "B".

(Defensor Público/RO – 2007) O tombamento é realizado de ofício, sendo processado mediante simples notificação ao seu proprietário, quando incidir sobre bem pertencente a:

(A) ente público
(B) pessoa natural
(C) empresa privada
(D) comércio antiquário
(E) representação diplomática estrangeira

Art. 5º do Dec.-lei 25/37. Gabarito "A".

(Cartório/MS – 2009 – VUNESP) No tombamento, o proprietário

(A) é impedido de gravar o bem tombado por meio de penhor, anticrese ou hipoteca.
(B) é impedido de alienar o bem particular tombado, já que existe uma necessidade de preservação cultural.
(C) não pode, em se tratando de bens móveis, retirá-los do país, senão por curto prazo, para fins de intercâmbio cultural, a juízo do IPHAN.
(D) pode destruir, mutilar ou demolir o bem tombado.
(E) não pode realizar obras de conservação.

A: incorreta, pois o proprietário pode até alienar um bem tombado, quanto mais gravá-lo de ônus real em garantia; B: incorreta, pois o bem tombado pode ser alienado (art. 12 do Dec.-lei 25/37), ressalvado o bem público (art.11 do Dec.-lei 25/37), que não pode ser alienado, devendo-se lembrar que o proprietário de bem tombado que quiser vendê-lo deverá dar direito de preferência ao Poder Público (art. 22 do Dec.-lei 25/37); C: correta (art. 14 do Dec.-lei 25/37); D: incorreta (art. 17 do Dec.-lei 25/37); E: incorreta (art. 17 do Dec.-lei 25/37), valendo salientar que a conservação, que deve ser feita, deve se dar mediante prévia autorização especial do órgão do patrimônio histórico e cultural. Gabarito "C".

(Cartório/MS – 2009 – VUNESP) Tombamento de ofício é

(A) o que tem por objeto bens particulares.
(B) o que tem por objeto bem público.
(C) o que resulta do consentimento do proprietário.
(D) o que é feito enquanto está em curso o processo administrativo instaurado pela notificação do Poder Público.
(E) o que é feito após concluído o processo administrativo instaurado pela notificação do Poder Público.

Tombamento de ofício é o que tem por objeto um bem público (art. 5º do Dec.-lei 25/37). Gabarito "B".

(Magistratura Federal – 3ª Região – XIII) Sobre o tombamento, é correto afirmar-se que:

(A) o bem tombado pela Municipalidade pode ser objeto de desapropriação, desde que por ente federado superior, e por motivo de interesse público, ainda que não relacionado à preservação do patrimônio histórico, cultural ou artístico;
(B) o tombamento configura desapropriação indireta, passível de indenização, quando, além de limitar e interditar o uso e o gozo regular do bem, suprime-os, isoladamente, de molde a afetar também a sua utilidade econômica, onerando o seu proprietário, de forma individual e concreta;

(C) o tombamento provisório, embora não previsto em lei, tem sido admitido como providência própria de medida cautelar, quando seja necessário assegurar, desde logo, a eficácia do ato definitivo, nos termos do Decreto-Lei n° 25/37;
(D) o dever de preservar e reparar o bem particular tombado é do Poder Público, uma vez que a este interessa a sua conservação, como patrimônio histórico, cultural ou artístico, cabendo ao proprietário o direito de requerer o cancelamento do tombamento se as obras necessárias não forem realizadas, colocando em risco a integridade do bem.

A: incorreta, pois o tombamento não pode ser feito diante de qualquer motivo de interesse público; o tombamento tem por finalidade proteger o patrimônio histórico, cultural e artístico; há certos motivos de interesse público que não se encaixam na finalidade do tombamento, mas podem sê-lo na desapropriação, na requisição administrativa, dentre outras; B: está correta a afirmação; um exemplo é o tombamento de uma fazenda, impossibilitando sua exploração econômica, hipótese em que caberá ação indenizatória por desapropriação indireta; C: incorreta (art. 10 do Dec.-lei 25/37); D: incorreta (art. 19 do Dec.-lei 25/37). "B" Gabarito

(Magistratura Federal-5ª Região – 2011) Com base na CF e no Decreto-lei n.º 25/1937, assinale a opção correta a respeito de tombamento de bens.
(A) Somente os bens privados constituem objeto de tombamento.
(B) Os bens privados podem ser tombados a pedido do proprietário desde que a coisa se revista dos requisitos necessários para constituir parte integrante do patrimônio histórico e artístico nacional.
(C) O tombamento compulsório ocorre mediante determinação do presidente do IPHAN, com a anuência do particular proprietário do bem.
(D) O ato de tombamento pode ser revogado, mas não anulado.
(E) Estão autorizados a proceder ao tombamento de bens a União e os municípios, mas não os estados-membros da Federação.

A: incorreta, pois os bens públicos também poderão ser tombados (tombamento de ofício – art. 5º do Dec.-lei 25/37); inclusive, quando um bem público é tombado, esse bem torna-se inalienável (art. 11 do Dec.-lei 25/37); B: correta (art. 7º do Dec.-lei 25/37); C: incorreta (arts. 8º e 9º do Dec.-lei 25/37); D: incorreta, pois, se o tombamento for feito mediante alguma ilegalidade, caberá anulação; E: incorreta, pois todos os entes políticos podem promover o tombamento. "B" Gabarito

8.6. LIMITAÇÃO ADMINISTRATIVA

(Procurador do Estado/PB – 2008 – CESPE) É lícito ao poder público intervir na propriedade privada para preservar o interesse público. No município de João Pessoa, por exemplo, as edificações na faixa litorânea não podem ultrapassar a altura equivalente a quatro andares. Esse tipo de intervenção caracteriza
(A) servidão administrativa.
(B) ocupação temporária.
(C) tombamento.
(D) limitação administrativa.
(E) desapropriação.

Esse tipo de intervenção geral estabelecida pela lei caracteriza a limitação administrativa. "D" Gabarito

(Delegado/MA – 2006 – FCC) Considere as restrições do Estado sobre a propriedade privada.
I. A requisição é o direito real de gozo e disposição, de natureza pública, instituído sobre imóvel de propriedade alheia, por entidade pública ou por seus delegados, em favor de um serviço público.
II. As limitações administrativas são medidas de caráter específico, que incidem sobre imóvel certo e determinado, gerando para o proprietário obrigações negativas, com fundamento no poder de polícia do Estado.
III. A ocupação temporária se caracteriza pela utilização transitória, gratuita ou remunerada, de imóvel de propriedade particular, para fins de interesse público.
IV. O tombamento se caracteriza por ser uma restrição parcial, não impedindo ao particular o exercício dos direitos inerentes ao domínio.

É correto o que se afirma APENAS em
(A) I e II.
(B) I, II e III.
(C) I, II e IV.
(D) II, III e IV.
(E) III e IV.

I: incorreta, pois essa definição é de *servidão administrativa*, e não de *requisição administrativa*; II: incorreta, pois as *limitações administrativas* são medidas de caráter geral (abrangendo pessoas indeterminadas), e não de caráter específica (abrangendo pessoas determinadas); III: correta, nos termos do disposto no art. 36 do Dec.-lei 3.365/41; IV: correta, pois o tombamento restringe, mas não inviabiliza, como regra, o uso da propriedade. "E" Gabarito

8.7. TEMAS COMBINADOS DE INTERVENÇÃO NA PROPRIEDADE

(Magistratura/AC – 2008 – CESPE) Assinale a opção correta acerca da intervenção do Estado na propriedade.
(A) Um município pode desapropriar um imóvel rural, por utilidade pública, para implantação de colônias ou cooperativas de povoamento ou trabalho agrícola, mediante o pagamento de prévia e justa indenização em dinheiro, sem afetar a competência privativa da União para desapropriação por interesse social para fins de reforma agrária.
(B) O juiz de direito, quando investido das funções de juiz eleitoral, pode solicitar o uso de estabelecimento de ensino privado para realização das eleições. Nessa hipótese, se não houver a concordância do proprietário, é lícito que o juiz, como autoridade administrativa eleitoral, determine a requisição do referido imóvel para realizar as eleições, sem nenhuma indenização em favor do proprietário.
(C) Na desapropriação, para instituir-se servidão administrativa, não são devidos juros compensatórios pela limitação de uso da propriedade.
(D) O tombamento, como instrumento de defesa do patrimônio histórico e artístico, é de competência privativa da União, por intermédio do Serviço do Patrimônio Histórico e Artístico Nacional.

A: correto, pois é de competência da União apenas a desapropriação sanção para a reforma agrária, ou seja, a desapropriação por não cumprimento da função social da propriedade (art. 2º, § 1º, da Lei 8.629/93 e art. 184, *caput*, da CF); B: incorreta, pois a requisição, se importar em dano, enseja indenização ao particular, sob pena de violação aos princípios da igualdade e da legalidade; C: incorreta (art. 40 do Dec.-lei 3.365/41); D: incorreta, pois a Constituição determina que o Poder Público em geral atue nesse mister (art. 216, § 1º, da CF) e que todos os entes da federação protejam bens culturais (art. 23, III, da CF). "A" Gabarito

(Magistratura/AL – 2008 – CESPE) De acordo com a Lei n.º 8.080/1990, para atendimento de necessidades coletivas, urgentes e transitórias, decorrentes de situações de perigo iminente, de calamidade pública ou de irrupção de epidemias, a autoridade competente da esfera administrativa correspondente poderá requisitar bens e serviços, tanto de pessoas naturais como de jurídicas, sendo-lhes assegurada justa indenização. O instituto previsto nesse dispositivo legal refere-se a
(A) requisição administrativa.
(B) ocupação temporária.
(C) servidão administrativa.
(D) limitação administrativa.
(E) desapropriação.

Trata-se da requisição administrativa, prevista no art. 5º, XXV, da CF, e também em outras leis, como a Lei 8.080/90 (art. 15, XIII). "A" Gabarito

(Magistratura/PA – 2009 – FGV) Em relação à Intervenção do Estado na Propriedade Privada, é correto afirmar que:
(A) a indenização, na desapropriação para reforma agrária, incluídas as benfeitorias úteis e necessárias, é realizada em títulos da dívida agrária.
(B) o objeto da requisição administrativa pode abranger bens móveis e imóveis, fazendo jus o proprietário à prévia indenização.

(C) a desapropriação por descumprimento da função social da propriedade rural é da competência exclusiva da União e não pode incidir sobre a pequena e média propriedade rural, assim definida em lei, desde que seu proprietário não possua outra, conforme previsto na Constituição Federal/88.
(D) a ocupação provisória tem caráter de transitoriedade, sendo assegurado ao proprietário indenização somente na hipótese da ocupação do imóvel ocorrer em situações de perigo.
(E) o proprietário de um bem tombado não pode aliená-lo a terceiro e somente pode pintar ou restaurar o bem com autorização especial do Poder Público.

A: incorreta, pois as benfeitorias úteis e necessárias, no caso, são indenizadas em dinheiro, ao passo que a terra nua, por títulos da dívida agrária (art. 184, *caput* e § 1º, da CF); B: incorreta, pois a indenização é *posterior* ao uso temporário do bem ou serviço; C: correta, pois, de fato, compete à União desapropriar quando o fundamento é o descumprimento da função social da propriedade (art. 184, *caput*, da CF), e as propriedades citadas na alternativa, de fato, não podem ser desapropriadas para fins de reforma agrária (art. 185, I, da CF); D: incorreta, pois a ocupação provisória é instituto que permite a Administração, quando estiver fazendo uma obra, ocupar temporariamente terreno particular não edificado (não tendo relação alguma com situações de perigo), mediante indenização, por ação própria (art. 36 do Dec.-lei 3.365/41); E: incorreta, pois o proprietário de um bem tombado pode, sim, aliená-lo, sendo que a única restrição ao poder de alienar é a que determina que o bem seja oferecido antes para o Poder Público, que tem *direito de preferência* na sua aquisição (art. 22 do Dec.-lei 25/37). Gabarito "C".

(Procurador de Contas TCE/ES – CESPE – 2009) Acerca da intervenção do Estado na propriedade, assinale a opção correta.
(A) Conforme entendimento do STJ, na limitação administrativa, a prescrição da pretensão indenizatória se dá em cinco anos, ao passo que a desapropriação indireta tem o prazo prescricional de vinte anos.
(B) Se a propriedade é atingida por um ato específico, imposto pela administração, embora calcada na lei para suportar uma obrigação, a hipótese é de limitação administrativa, e não de servidão.
(C) A requisição somente poderá ser de bens, jamais de serviços.
(D) Não se admite que a lei possa declarar um imóvel como de interesse público, para fins de desapropriação, já que se trata de ato privativo do chefe do Poder Executivo.
(E) Conforme entendimento do STF, a imissão provisória na posse do imóvel que está sendo objeto de desapropriação é inconstitucional, na medida em que ela somente poderá correr após a efetiva indenização e em dinheiro.

A: correta, pois o prazo de 5 anos (limitação administrativa) está previsto no art. 10, parágrafo único, do Dec.-lei 3.365/41, ao passo que o prazo de 20 anos (desapropriação indireta) decorre do fato de que se trata de indenização pela perda da propriedade, aplicando-se, por analogia, o prazo para a usucapião extraordinária, que é de 20 anos; esse entendimento do STJ deverá se modificar para os novos casos que passarem a ser julgados por aquela Corte, pois o atual Código Civil estabelece prazos menores para a usucapião extraordinária (10 e 15 anos, a depender do caso, conforme art. 1.238 do CC); B: incorreta, pois atos específicos, atingindo bens determinados, importam em servidão administrativa, ao passo que atos genéricos, atingindo bens indeterminados, importam em limitação administrativa; C: incorreta, pois a requisição administrativa incide sobre bens ou serviços; D: incorreta, pois, se um ato de menor relevância pode (ex.: Decreto), uma lei, que é ato que pode inclusive inovar na ordem jurídica, também pode declarar um bem como de interesse público para fins de desapropriação. E: incorreta, pois é pacífico que a imissão provisória na posse, mediante alegação de urgência e depósito prévio, é constitucional (v. Súmula 652 do STF). Gabarito "A".

(Defensoria/MT – 2007) Em matéria de intervenção do Estado na propriedade privada, assinale a afirmativa correta.
(A) A limitação administrativa, de caráter geral, condiciona direitos dominiais do proprietário, independentemente de qualquer indenização.
(B) A ocupação temporária inadmite indenização pelos prejuízos causados ao particular, dado a sua extrema necessidade e por estar voltada ao bem coletivo.
(C) A servidão administrativa tem como peculiar característica a inexistência de dano ao particular, daí porque inexiste possibilidade de indenização nessa modalidade de intervenção.
(D) O tombamento somente é admissível em relação a bem imóvel, passível de indenização.
(E) A requisição dá-se em caráter de urgência e com a característica de ser transitória, em relação a bens móveis, porém, inadmite qualquer indenização.

A: correta, pois, de fato, a limitação administrativa é uma imposição geral e gratuita, que condiciona os direitos das pessoas ao interesse público; B: incorreta (art. 36 do Dec.-lei 3.365/41); C: incorreta (art. 40 do Dec.-lei 3.365/41); D: incorreta, pois o tombamento atinge bens imóveis e móveis, materiais e imateriais (art. 216, *caput*, da CF e Dec.-lei 25/37); E: incorreta, pois, na requisição administrativa, se houver dano, haverá indenização (art. 5º, XXV, da CF). Gabarito "A".

(Defensoria/PI – 2009 – CESPE) No que concerne às formas de intervenção do Estado na propriedade, assinale a opção correta.
(A) Ocupação temporária é a modalidade de intervenção estatal na propriedade particular fundada na urgência, que incide sobre bens móveis, imóveis e até mesmo serviços prestados por particulares.
(B) Quanto à eficácia, o tombamento dos bens poderá ser provisório ou definitivo, mas nem sempre poderá gerar direito a indenização.
(C) A requisição administrativa destina-se ao uso da propriedade do particular, ocorre sempre em caso de urgência — mediante autorização judicial — e não enseja qualquer indenização ao particular.
(D) Segundo jurisprudência reiterada do STF, a limitação administrativa non aedificandi imposta aos terrenos marginais nas estradas de rodagem da zona rural afeta o domínio do particular e obriga a administração a promover a indenização devida.
(E) O tombamento somente poderá incidir sobre bens particulares, não havendo previsão legal para incidir sobre bens públicos.

A: incorreta, pois a *ocupação temporária* incide sobre imóvel (no caso, sobre *terreno não edificado*); ademais, esse instituto é utilizado quando o Poder Público precisa do imóvel alheio para fazer *obras* (art. 36 do Dec.-lei 3.365/41), não se tratando de situação de urgência, como ocorre com a *requisição de bens ou serviços*; B: correta, valendo lembrar que se tem tombamento *provisório* logo em seguida à notificação do proprietário para se defender da intenção do Poder de Público de tombar a coisa, ao passo que se tem tombamento *definitivo* quando todos os trâmites para o tombamento já foram cumpridos; C: incorreta, pois a requisição é autoexecutória, ou seja, não depende de autorização judicial; ademais, caso haja dano, o particular tem sim direito à indenização, que é feita *a posteriori*; D: incorreta, pois a limitação administrativa, por ser geral, como regra não dá ensejo à indenização (v. Súmula 479 do STF); E: incorreta, pois o tombamento de bens públicos, que tem o nome de *tombamento de ofício*, é possível (arts. 2º e 5º, do Dec.-lei 25/37). Gabarito "B".

9. RESPONSABILIDADE DO ESTADO

9.1. EVOLUÇÃO HISTÓRICA E TEORIAS

(Magistratura/PA – 2008 – FGV) Analise as afirmativas a seguir:
I. Apesar de a Constituição Federal ditar que "o Estado indenizará o condenado por erro judiciário, assim como o que ficar preso além do tempo fixado na sentença", a regra é a irresponsabilização do Estado por atos de jurisdição.
II. A Constituição Federal de 1988 adotou a Teoria da Responsabilidade Objetiva do Estado, teoria que se fundamenta no risco administrativo e que isenta o lesado de provar a culpa do agente estatal, bastando que este aponte o nexo causal entre o fato administrativo e o dano.
III. A Teoria da Responsabilidade Objetiva do Estado não prevê excludentes, por isso só se aplica às condutas ilícitas do Estado.

Assinale:
(A) se nenhuma afirmativa estiver correta.
(B) se somente as afirmativas I e II estiverem corretas.
(C) se somente as afirmativas I e III estiverem corretas.
(D) se somente as afirmativas II e III estiverem corretas.
(E) se todas as afirmativas estiverem corretas.

I: correta; só haverá responsabilidade por ato jurisdicional se houver dolo ou fraude do juiz (art. 133, I, do CPC), erro judiciário e prisão além do tempo fixado na sentença (art. 5º, LXXV, da CF); II: correta, nos termos do art. 37, § 6º, da CF; III: incorreta, pois a responsabilidade do Estado é calcada na teoria do risco administrativo, que admite excludentes de responsabilidade, e não na teoria do risco integral, que não admite excludentes. Gabarito "B".

(Magistratura/SP – 2007) Leia as afirmativas a seguir.

I. A teoria da culpa administrativa, transição entre a doutrina subjetiva da culpa civil e a tese objetiva do risco administrativo, leva em conta a falta do serviço e a culpa subjetiva do agente.

II. Enquanto a teoria da culpa administrativa exige a falta do serviço, na teoria do risco administrativo exige-se o fato do serviço. Naquela, a culpa é presumida da falta administrativa. Nesta, é inferida do fato lesivo.

III. A teoria do risco administrativo não se confunde com a teoria do risco integral e significa a necessidade de a vítima comprovar a culpa da Administração.

IV. O § 6º do artigo 37 da Constituição da República manteve a responsabilidade civil objetiva da Administração, sob a modalidade do risco administrativo.

V. Todas as entidades estatais e seus desmembramentos administrativos são obrigados a indenizar o dano causado por seus servidores, independentemente da prova de culpa no cometimento da lesão.

São verdadeiras apenas as afirmações

(A) I, IV e V.
(B) II, III e V.
(C) I, III e V.
(D) III, IV e V.

I: correta; pode-se identificar as seguintes fases da responsabilidade do Estado – a) fase da *irresponsabilidade* (o Estado não responde); b) fase da responsabilidade subjetiva com base na culpa civilística ou da *culpa civil* (o Estado responde se for demonstrada a culpa individual de um agente público); c) fase da responsabilidade subjetiva com base na *culpa administrativa* (o Estado responde não só quando há culpa individual de um agente público, como também quando houver falta do serviço, ou seja, quando o serviço prestado pelo Estado é defeituoso); d) fase da responsabilidade objetiva com base no *risco administrativo* (o Estado responde independentemente de culpa); II: incorreta, pois não se discute culpa na responsabilidade objetiva; III: incorreta, pois não se discute culpa na responsabilidade objetiva; IV: correta, conforme já comentado; V: correta, pois o item V está em todas as alternativas; há de se tomar cuidado com a questão, pois nem todas as entidades estatais respondem objetivamente, mas somente as pessoas de direito público e as de direito privado prestadoras de serviço público (art. 37, § 6º, da CF). Gabarito "A".

(Ministério Público/MA – 2009) Em se tratando de responsabilidade civil do Estado (gênero), CORRETO é afirmar que:

(A) a responsabilidade subjetiva estatal decorrente de ato omissivo de seu preposto não se fundamenta nas modalidades negligência, imprudência, ou imperícia, todavia, exige verificação da culpa ou dolo administrativo;

(B) a responsabilidade objetiva por ato comissivo de seus agentes, ou atos predatórios de terceiros não contratados, sob a ótica da teoria do risco administrativo moderado ou mitigado, nada obstante dispensar a prova da culpa administrativa permite à Administração demonstrar a culpa da vítima como atenuação ou exclusão da indenização;

(C) a responsabilidade objetiva, pela teoria exacerbada do risco integral, obriga a Administração a reparar qualquer dano, inadmitindo causa excludente da responsabilidade, à exceção daqueles danos decorrentes de atividades nucleares e outros especificados em lei;

(D) em se tratando de responsabilidade objetiva escorada na teoria do risco administrativo, independentemente de se tratar de ato ilícito, basta para sua caracterização a ação do agente, o nexo de causalidade e o resultado lesivo, inadmitindo-se, contudo, ação regressiva em face do agente público causador do prejuízo;

(E) a responsabilidade subjetiva decorrente da faute du service dos franceses (culpa anônima) apresenta-se nas modalidades falta objetiva do serviço, mau funcionamento, ou seu retardamento como fato gerador da obrigação de indenizar o dano causado a terceiro.

A: incorreta, pois a responsabilidade subjetiva estatal não se funda nem na culpa do agente público, nem na culpa ou dolo administrativos; a responsabilidade subjetiva do Estado é fundamentada na *culpa anônima do serviço*, ou seja, verifica-se se o serviço foi ou não prestado, ou se foi mal prestado ou se prestado tardiamente; B: incorreta, pois a responsabilidade objetiva estatal não guarda relação com os "atos predatórios de terceiros não contratados"; C: incorreta, pois a responsabilidade objetiva do Estado não é fundamentada na teoria do *risco integral*, mas sim na teoria do *risco administrativo*; ademais, a responsabilidade por dano nuclear é, excepcionalmente, um caso de responsabilidade objetiva pelo risco integral; D: incorreta, pois admite-se, sim, ação regressiva em face do agente causador do prejuízo (art. 37, § 6º, da CF); E: correta, pois a afirmativa descreve corretamente os casos que caracterizam a *falta do serviço*. Gabarito "E".

(Ministério Público/SP – 2006) No Brasil, adotou-se a responsabilidade objetiva do Estado, na modalidade "teoria do risco administrativo". Assim, é correto dizer que:

(A) a vítima deve comprovar a culpa ou o dolo do agente público no evento lesivo.

(B) a vítima terá direito de regresso em relação ao agente público causador do dano.

(C) em nenhuma hipótese será perquirida a culpa ou dolo da vítima.

(D) a indenização será devida independentemente da comprovação do dano.

(E) deve ser comprovado o nexo causal entre o dano e a conduta do agente público.

A: incorreta, pois não se discute culpa do agente público na responsabilidade objetiva; B: incorreta, pois o Estado é que tem direito de regresso em relação ao agente público, quando este agir com culpa ou dolo (art. 37, § 6º, da CF); C: incorreta, pois a culpa exclusiva exclui a responsabilidade do Estado (há, na verdade, ausência de nexo de causalidade); a culpa concorrente faz com que a indenização seja atenuada; D e E: para que haja responsabilidade é necessário conduta, *dano* e *nexo de causalidade*. Gabarito "E".

(Cartório/DF – 2008 – CESPE) Julgue o item a seguir.

(1) A responsabilidade civil passou por vários estágios, iniciando-se com a irresponsabilidade do Estado, evoluindo para a responsabilidade com culpa, chegando, na atualidade, à teoria do risco integral, adotada pela CF, segundo a qual a responsabilidade independe da demonstração de culpa ou dolo.

1: errado. A teoria adotada pela Constituição é a do risco administrativo, que não discute culpa, mas admite excludentes de responsabilidade. A teoria do risco integral (não adotada pela Constituição), além de não discutir culpa, *não admite* excludentes de responsabilidade. Gabarito 1E.

(Auditor Fiscal/AM – 2005) A Constituição prevê a responsabilidade civil das pessoas Jurídicas de Direito Público e das Pessoas Jurídicas de Direito Privado, prestadoras de serviços públicos, independentemente da comprovação de culpa ou dolo. A teoria adotada na Constituição para disciplinar a responsabilidade do Estado, denomina-se:

(A) culpa integral;
(B) risco administrativo;
(C) subjetiva;
(D) culpa administrativa;
(E) culpa anônima.

Conforme comentado nas questões anteriores, a Constituição acolheu a teoria do risco administrativo. Gabarito "B".

(FGV – 2008) A responsabilidade objetiva do Estado por dano causado a terceiros está fundamentada na:

(A) teoria do risco administrativo.
(B) teoria civilista da culpa administrativa.
(C) responsabilidade subjetiva do Estado.
(D) idéia de soberania do Estado.
(E) distinção entre atos de império e atos de gestão.

A: correta, pois essa foi a teoria adotada no Direito Brasileiro (art. 37, § 6º, da CF); de acordo com a teoria, o Estado responde *objetivamente* pelos danos causados, mas há hipóteses de *excludentes* de responsabilidade estatal; B: incorreta, pois essa teoria não é mais adotada no Brasil, e propugna que a responsabilidade do Estado somente se configura quando danos são causados por agentes públicos que agiram culposa ou dolosamente, ou seja, essa responsabilidade envolve aspectos *subjetivos*;

C: incorreta, pois a responsabilidade do Estado é *objetiva* (como o próprio enunciado da questão lembra), e não *subjetiva*; D: incorreta, pois a ideia de soberania do Estado costumava ser utilizada no passado não para garantir a responsabilidade deste, mas para excluir a sua responsabilidade; E: incorreta, pois tal distinção também era utilizada no passado para justificar a não responsabilidade do Estado; dizia-se que, quando o Estado age com o uso de prerrogativas públicas (uso que é normal no dia a dia, e que diz respeito aos *atos de império*), não há responsabilidade de sua parte. Gabarito "A".

9.2. MODALIDADES DE RESPONSABILIDADE (OBJETIVA E SUBJETIVA). REQUISITOS DA RESPONSABILIDADE OBJETIVA

(Magistratura/BA – 2006 – CESPE) Julgue o item seguinte

(1) A responsabilidade civil do Estado por ato omissivo prescinde de demonstrar-se a relação de causalidade entre a omissão e a lesão a direito da vítima, porquanto bastará comprovar o dever estatal de agir e o dolo ou culpa do agente público.

1: errado. A responsabilidade do Estado por omissão depende dos seguintes requisitos: dever estatal de agir, conduta culposa ou dolosa e *dano*. Gabarito 1E.

(Magistratura/MG - 2007) As pessoas jurídicas de direito público ou as de direito privado prestadoras de serviços públicos têm responsabilidade extracontratual de indenizar nas seguintes hipóteses fáticas, EXCETO

(A) a empresa de transporte público coletivo, por dano decorrente de acidente com passageiro que concorreu para o fato lesivo.
(B) a empresa contratada para o serviço público de poda de árvores em via pública, por danos em veículo nela estacionado ocasionados pela queda de árvore verificada por forte vendaval, durante a poda.
(C) o Município por danos decorrentes de inundação de estabelecimento, oriundo de serviço de saneamento executado por contratada, sem cláusula de delimitação da responsabilidade desta.
(D) o Estado por danos decorrentes de homicídio de presidiário encarcerado, sem que o agente público tenha incorrido em culpa.

A: correta, pois tais pessoas têm a responsabilidade mencionada, pois a concausa atenua a indenização, mas não exclui a responsabilidade; B: incorreta, pois a empresa contratada não é uma concessionária de serviço público, mas mera prestadora de serviço, de modo que não incide a responsabilidade objetiva prevista no art. 37, § 6º, da CF; C: correta, pois o Município tem a responsabilidade mencionada, pois é uma pessoa jurídica de direito público; D: correta, pois o Estado tem a responsabilidade mencionada, pois é uma pessoa jurídica de direito público; aqui está-se diante de responsabilidade do Estado por omissão, que é subjetiva; no entanto, analisa-se a culpa do serviço, e não a culpa do agente público; no caso, presume-se que há culpa no serviço, ou seja, que o serviço é defeituoso, daí por que a responsabilidade existe (ex.: "Morte de detento ocasionada por outro detento: responsabilidade civil do Estado. Ocorrência da falta do serviço, com a culpa genérica do serviço público, por isso que o Estado deve zelar pela integridade física do preso." – STF, 2ª T., AI-AgR 512698/AC, relator Min. Carlos Velloso, DJ 24-02-2006). Gabarito "B".

(Magistratura/PI – 2008 – CESPE) Júlio, motorista de uma empresa pública estadual exploradora de atividade econômica no ramo de energia elétrica, conduzia caminhão da empresa que transportava combustível para o abastecimento de outros veículos. Devido à má sinalização e ao estado da rodovia federal na qual trafegava, o pneu dianteiro esquerdo do caminhão estourou após impacto em buraco causado por fortes chuvas do mês de janeiro de 2002 e existente no local, conforme prova testemunhal, havia aproximadamente 30 dias. Sem conseguir conduzir o referido veículo, que trafegava dentro dos limites legais de velocidade, acabou por capotá-lo, causando grande derramamento do óleo diesel transportado. O óleo derramado contaminou um reservatório de água potável que abastecia o município Z, acarretando morte por intoxicação da pequena Cíntia, de 4 anos de idade, que havia ingerido água do reservatório. A família de Cíntia, então, ingressou com ação de danos materiais e morais contra a referida empresa pública, com fundamento na responsabilidade objetiva prevista no texto constitucional. Considerando a situação hipotética apresentada acima, assinale a opção correta acerca da responsabilidade objetiva do Estado.

(A) A empresa pública para a qual Júlio trabalha não responde por danos morais e materiais de forma objetiva.
(B) A ação poderá ser proposta contra a referida empresa pública em até cinco anos, contados a partir da data do fato, conforme preceitua a Lei n.º 9.494/1997.
(C) A responsabilidade objetiva pela morte de Cíntia, de acordo com a teoria da causa direta ou imediata e com os precedentes do STF, seria da União, pois a ela competia sinalizar e manter as rodovias federais.
(D) Conforme a jurisprudência predominante do STJ, a empresa pública deverá, de forma obrigatória, denunciar à lide a União, o município e (ou) a empresa que fabricou o pneu, se pretender, no futuro, propor uma eventual ação regressiva.
(E) Pela teoria do risco integral, caberia à empresa argüir uma das causas excludentes da sua responsabilidade, como o caso fortuito, a força maior ou a culpa exclusiva da vítima ou de terceiro.

A: está correta, pois a empresa pública não é prestadora de serviço público, mas exploradora de atividade econômica, de modo que não incide a responsabilidade objetiva prevista no art. 37, § 6º, da CF; B: incorreta, pois, no caso, a prescrição é regulada pelo Código Civil (art. 216, § 3º, V); C: incorreta, pois, no caso, a responsabilidade da União, se houvesse, seria do tipo subjetiva, pelo fato de a falta de sinalização e de manutenção da rodovia envolver **conduta omissiva**, sendo certo que o STF e o STJ entendem que a responsabilidade do Estado por omissão é subjetiva; D: incorreta, pois a denunciação da lide só é obrigatória no caso do garante (art. 70, III, do CPC), p. ex., no caso da existência de uma seguradora; E: incorreta, pois pela teoria do risco integral, não cabe alegar excludente de responsabilidade. Gabarito "A".

(Magistratura/PR – 2008) Assinale a alternativa correta:

(A) as pessoas jurídicas de direito público e as de direito privado que exercem atividade econômica responderão pelos danos que seus agentes, nessa qualidade, causarem a terceiros, assegurado o direito de regresso contra o responsável nos casos de dolo ou culpa.
(B) as empresas privadas concessionárias de serviço público jamais responderão pelos danos que seus agentes, nessa qualidade, causarem a terceiros.
(C) as pessoas jurídicas de direito público e as de direito privado prestadoras de serviços públicos responderão pelos danos que seus agentes, nessa qualidade, causarem a terceiros, afastado o direito de regresso contra o responsável se não for caso de dolo ou culpa.
(D) as pessoas jurídicas de direito público responderão pelos danos que seus agentes, nessa qualidade, causarem a terceiros, afastado o direito de regresso contra o responsável, nos casos de dolo ou culpa.

A: incorreta. A alternativa estaria correta se se referisse às pessoas de direito privado que **prestem serviço público** (art. 37, § 6º, da CF); B: incorreta, pois como são prestadoras de serviço público, respondem objetivamente (art. 37, § 6º, da CF); C: está correta, nos termos do art. 37, § 6º, da CF; D: incorreta, pois há direito de regresso contra o agente público, nos termos do art. 37, § 6º, da CF. Gabarito "C".

(Magistratura/SE – 2008 – CESPE) Em relação à responsabilidade extracontratual do Estado, assinale a opção correta.

(A) A CF prevê a responsabilidade objetiva da administração pública tanto na prática de atos omissivos como na realização de atos comissivos.
(B) O STF entende não haver responsabilização civil do Estado por ato omissivo quando um preso, foragido há vários meses, pratica crime doloso contra a vida, por não haver nexo de causalidade direto e imediato.
(C) As concessionárias de serviço público, em razão de serem pessoas jurídicas de direito privado, não respondem objetivamente pelos atos que praticarem, tendo apenas responsabilização na modalidade subjetiva.
(D) A administração não responde civilmente por ato que houver praticado em estrita observância ao princípio da legalidade.
(E) Nos atos de império, o direito brasileiro adota a teoria da irresponsabilidade civil do Estado.

A: incorreta, pois a CF só prevê responsabilidade objetiva nos atos comissivos, vez que o art. 37, § 6º, da CF usa a expressão "causar", própria dos atos comissivos; o STF e o STJ já pacificaram entendimento no sentido de que a responsabilidade do Estado por omissão é subjetiva; B: correta. Confira-se o seguinte precedente: "Ato omissivo do Poder Público: latrocínio praticado por apenado fugitivo. Responsabilidade subjetiva: culpa publicizada: falta do serviço. C.F., art. 37, § 6º. Tratando-se de ato omissivo do poder público, a responsabilidade civil por tal ato é subjetiva, pelo que exige dolo ou culpa, esta numa de suas três vertentes, a negligência, a imperícia ou a imprudência, não sendo, entretanto, necessário individualizá-la, dado que pode ser atribuída ao serviço público, de forma genérica, a falta do serviço. A falta do serviço - *faute du service* dos franceses - não dispensa o requisito da causalidade, vale dizer, do nexo de causalidade entre a ação omissiva atribuída ao poder público e o dano causado a terceiro. Latrocínio praticado por quadrilha da qual participava um apenado que fugira da prisão tempos antes: neste caso, não há falar em nexo de causalidade entre a fuga do apenado e o latrocínio. Precedentes do STF: RE 172.025/RJ, Rel. Ilmar Galvão, DJ de 19.12.96; RE 130.764/PR, Rel. Moreira Alves, *RTJ* 143/270". (STF, 2ª T., RE 369820/RS, Relator Min. CARLOS VELLOSO, DJ 27-02-2004); C: incorreta (art. 37, § 6º, da CF); D: incorreta, pois há casos em que, mesmo obedecendo a lei, há responsabilidade (ex.: desapropriação, servidão administrativa, requisição administrativa, dentre outros); E: incorreta, pois não existe essa exceção (art. 37, § 6º, da CF). Gabarito "B".

(Magistratura/SP – 2011 – VUNESP) Nas ações de indenização por danos morais ajuizadas contra a Fazenda do Estado, é correto afirmar que

(A) a correção monetária deve ser calculada a partir da data do arbitramento, e os juros de mora, a partir do evento danoso.

(B) a correção monetária deve ser calculada a partir do evento danoso, e os juros de mora, a partir da data do arbitramento.

(C) a correção monetária e os juros de mora devem ser calculados a partir da data do evento danoso.

(D) a correção monetária deve ser calculada a partir da data do evento danoso, e os juros de mora, a partir da citação.

(E) a correção monetária e os juros de mora devem ser calculados a partir da citação.

A, B, C, D e E: Segundo a Súmula 362 do STJ, a correção monetária do valor da indenização do dano moral incide desde a data do arbitramento. Já a Súmula 54 do STJ dispõe que os juros moratórios fluem a partir do evento danoso, em caso de responsabilidade extracontratual. Gabarito "A".

(Ministério Público/AM – 2008 – CESPE) José, morador de um bairro periférico, foi recrutado informalmente, por policiais do posto policial presente naquele bairro, para exercer, em cooperação à polícia militar, atividades como diligências, rondas, plantões e vigilância de presos. Certo dia, durante um plantão, Antônio, esposo de Maria, julgando que José fosse amante de sua esposa, adentrou o posto policial e desferiu um tiro em José, deixando-o paraplégico. Acerca da situação hipotética descrita acima e da responsabilidade civil do Estado, assinale a opção correta.

(A) Está configurada a responsabilidade civil do Estado pela falta do serviço, ou seja, a responsabilidade subjetiva, pois a administração pública tolerava a atividade ilegal exercida por José.

(B) A responsabilidade civil do Estado, no caso, é a objetiva, pois foi o Estado que recrutou José e este ficou paraplégico em serviço.

(C) No caso concreto, não está configurado o nexo de causalidade necessário à configuração da responsabilidade civil do Estado.

(D) Apenas a adoção da teoria do risco integral, adotada pela CF na atualidade, é capaz de gerar a responsabilização do Estado em casos como esse.

(E) Como a conduta danosa praticada contra José foi realizada por agente que não é servidor público, tal fato é motivo suficiente para excluir qualquer responsabilidade do Estado, não sendo necessário indagar qualquer outro aspecto para solucionar a controvérsia.

No caso, como a motivação do crime é de ordem pessoal, nada tendo a ver com a função exercida por José, não é o caso de responsabilizar o Estado. Há de se consignar também que a hipótese é de omissão do Estado, e não está configurada a falta do serviço, pois não é possível dizer, diante do enunciado, que era possível ao Estado evitar o crime. Gabarito "C".

(Ministério Público/DF – 2009) Em matéria de responsabilidade civil extracontratual do Estado, **assinale a alternativa correta**.

(A) A responsabilidade civil do Estado por danos nucleares depende de culpa.

(B) Quando há culpa exclusiva da vítima, o Estado não responde.

(C) É objetiva a responsabilidade das pessoas de direito privado exploradoras de atividades econômicas.

(D) No texto constitucional de 1988 (artigo 37, § 6º), o vocábulo "agentes" merece interpretação coincidente com a noção de funcionário público em sentido estrito.

(E) À míngua de direito de regresso, em relação ao agente causador do dano, nos casos de dolo ou culpa, não há falar em responsabilidade civil extracontratual do Estado.

A: incorreta, pois, nesse caso, a responsabilidade é objetiva e, mais do que isso, sem que se possa alegar excludentes de responsabilidade, encerrando verdadeira adoção da teoria do risco integral, exceção no sistema da responsabilidade objetiva no Brasil; B: correta, pois a culpa exclusiva da vítima retira o nexo de causalidade quanto à conduta estatal, afastando a responsabilidade do Estado; C: incorreta, pois, segundo o art. 37, § 6º, da CF, é objetiva a responsabilidade das pessoas de direito privado *prestadoras de serviço público* (ex.: Correios), e não das pessoas de direito privado *exploradoras da atividade econômica* (ex.: Banco do Brasil); estas não respondem objetivamente pelo texto constitucional, mas podem responder objetivamente em razão da aplicação de outras leis (ex.: Lei Ambiental, CDC, arts. 927, parágrafo único, e 931, ambos do CC, etc.); D: incorreta, pois a expressão abrange os agentes públicos em geral, tais como os agentes políticos, os agentes honoríficos, os funcionários de empresas concessionárias de serviço público etc.; E: incorreta, pois à míngua (à falta) de possibilidade de acionar regressivamente o agente público, não fica a vítima impossibilitada de acionar o Estado; em outra palavras, o particular pode acionar o Estado mesmo quando este não possa acionar regressivamente o agente público causador do dano. Gabarito "B".

(Ministério Público/SP – 2011) O motorista de uma ambulância de um hospital público, transportando um paciente em situação de emergência médica, envolve-se em acidente de trânsito, causando danos materiais e pessoais a terceiros. Nesse caso, é correto afirmar que:

(A) é indevida a indenização pela Administração Pública por haver o seu agente agido em estado de necessidade.

(B) a Administração Pública responde objetivamente pejos danos que o seu agente, nessa qualidade, causar a terceiros.

(C) a indenização pelos danos ocorridos será devida pela Administração Pública em caso de culpa de seu agente pelo sinistro.

(D) havendo culpa concorrente, de ambos os motoristas, a indenização é devida integralmente pela Administração Pública.

(E) a inexistência de culpa do condutor do veículo oficial pelo evento danoso exclui o dever de indenizar da Administração Pública.

A: incorreta, pois a responsabilidade do estado é objetiva (art. 37, § 6º, da CF); B: correta (art. 37, § 6º, da CF); C: incorreta, pois a responsabilidade do estado é objetiva, ou seja, independe da existência de culpa ou dolo; D: incorreta, pois, em caso de culpa concorrente, a indenização será proporcional à culpa de cada um; E: incorreta, pois não se discute a culpa ou dolo na análise da existência de responsabilidade do estado por condutas comissivas (art. 37, § 6º, da CF). Gabarito "B".

(Procurador do Estado/CE – 2008 – CESPE) Assinale a opção correta no que concerne à responsabilidade civil do Estado.

(A) Nos Estados absolutistas, negava-se a obrigação da administração pública de indenizar os prejuízos causados por seus agentes aos administrados, com fundamento no entendimento de que o Estado não podia causar males ou danos a quem quer que fosse (the king can do no wrong). Segundo a classificação da doutrina, a teoria adotada nesse período era a teoria do risco integral.

(B) Perante o transportado, a responsabilidade da transportadora que exerça função pública sob concessão é contratual e subjetiva.

(C) A Constituição Federal de 1988 adotou o princípio da responsabilidade civil subjetiva para as autarquias.

(D) De acordo com a teoria da responsabilidade objetiva, o Estado responde pelos danos causados por seus agentes a terceiros, independentemente da prova de culpa ou da demonstração do nexo causal.

(E) Uma sociedade de economia mista prestadora de serviço público responderá por danos causados a terceiros independentemente da prova de culpa.

A: incorreta, pois trata-se da fase da irresponsabilidade do Estado, fase que é totalmente oposta à teoria do risco integral, pela qual o Estado responde objetivamente e sem excludentes de responsabilidade; B: incorreta (art. 37, § 6º, da CF); C: incorreta, pois autarquia é pessoa de direito público (art. 37, § 6º, da CF); D: incorreta, pois é necessário nexo causal; E: correta (art. 37, § 6º, da CF). Gabarito "E".

(Procurador do Estado/PB – 2008 – CESPE) Um policial militar do estado da Paraíba, durante o período de folga, em sua residência, teve um desentendimento com sua companheira e lhe desferiu um tiro com uma arma pertencente à corporação. Considerando o ato hipotético praticado pelo referido policial, é correto afirmar que

(A) está configurada a responsabilidade civil do Estado, pois a arma pertencia à corporação.

(B) está configurada a responsabilidade civil do Estado, pois o disparo foi efetuado por um policial militar, e o fato de ele estar de folga não afasta a responsabilidade do Estado.

(C) não há responsabilidade civil do Estado, visto que o dano foi causado por policial fora de suas funções públicas.
(D) não há responsabilidade civil do Estado, pois o dano não foi causado nas dependências de uma repartição pública.
(E) não há responsabilidade civil do Estado, uma vez que a conduta praticada pelo policial não configurou dano.

Confira o seguinte precedente: "Responsabilidade civil do Estado. Lesão corporal. Disparo de arma de fogo pertencente à corporação. Policial militar em período de folga. Caso em que o policial autor do disparo não se encontrava na qualidade de agente público. Nessa contextura, não há falar de responsabilidade civil do Estado." (STF, RE 363423, Rel. Carlos Britto, DJ 13-03-2008). É importante ressaltar que há precedente em sentido contrário. Confira: "Ocorrência de relação causal entre a omissão, consubstanciada no dever de vigilância do patrimônio público ao se permitir a saída de policial em dia de folga, portando o revólver da corporação, e o ato ilícito praticado por este servidor. Responsabilidade extracontratual do Estado caracterizada. Inexistência de argumento capaz de infirmar o entendimento adotado pela decisão agravada." (STF, RE 213525, AgR, Rel. Ellen Gracie, DJ 05-02-2009). Gabarito "C".

(Procurador do Estado/SC – 2010 – FEPESE) No que se refere à responsabilidade civil do Estado, assinale a alternativa **incorreta**.

(A) A responsabilidade civil por danos nucleares independe da existência de culpa.
(B) A jurisprudência tem reconhecido que o prazo prescricional de três anos relativo à pretensão de reparação civil disposto no Código Civil prevalece sobre o quinquênio previsto no Decreto nº 20.910, de 1932.
(C) A responsabilidade civil do Estado adotada pela Constituição Federal de 1988 está fundada na teoria do risco administrativo e não na teoria do risco integral. Daí por que sua classificação de objetiva absoluta.
(D) O Supremo Tribunal Federal tem entendido que a configuração do nexo de causalidade entre o ato administrativo e o dano causado a terceiro não-usuário do serviço público é condição suficiente para estabelecer a responsabilidade objetiva da pessoa jurídica de direito privado, nos termos do art. 37, § 6º, da Constituição Federal.
(E) O Supremo Tribunal Federal tem entendido que, tratando-se de ato omissivo do poder público, a responsabilidade civil por tal ato é subjetiva, pelo que exige dolo ou culpa, esta numa de suas três vertentes, a negligência, a imperícia ou a imprudência, não sendo, entretanto, necessário individualizá-la, dado que pode ser atribuída ao serviço público, de forma genérica, a falta do serviço.

A: correta, pois é caso de responsabilidade objetiva; não bastasse, é um caso de responsabilidade objetiva com risco integral, não se admitindo qualquer excludente de responsabilidade; B: correta, em se tratando de concursos de procuradorias, pois a questão não está pacificada no STJ, havendo acórdãos que entendem que o prazo é de 5 anos; até pouco tempo atrás não havia controvérsia alguma sobre qual era o prazo prescricional para o exercício da pretensão indenizatória em face do Estado; doutrina e jurisprudência eram uníssonas no sentido de que esse prazo era de 5 anos, nos termos do art. 1º do Decreto 20.910/32, que regula a prescrição contra a fazenda pública; porém, com a entrada em vigor do atual Código Civil, que estabelece que o prazo prescricional para ações indenizatórias é de 3 anos (art. 206, § 3º, V), uma forte corrente passou a considerar que esse prazo também deveria ser aplicado às ações indenizatórias em face da Fazenda Pública. Isso porque o art. 10 do Decreto 20.910/32 prevê que o prazo de 5 anos nele previsto "não altera as prescrições de menor prazo, constantes das leis e regulamentos, as quais ficam subordinadas às mesmas regras". Dessa forma, como o prazo previsto no Código Civil é, atualmente, um prazo "menor" do que os de 5 anos previsto no Decreto mencionado, dever-se-ia aplicar o prazo previsto no Código Civil, fazendo com que a prescrição de ações de reparação civil em geral tivesse prazo de 3 anos contra a Fazenda Pública; a questão hoje é bastante controversa. A primeira turma do STJ é pacífica hoje no sentido de que o prazo continua de 5 anos (AgRg no AgRg no REsp 1233034/PR, DJ 31/05/2011). O argumento da primeira turma é no sentido de que o prazo de 5 anos é um prazo histórico, previsto em norma especial e igual a uma série de outros prazos de prescrição previstos para o exercício de pretensão indenizatória de outras naturezas em face do Estado (EResp 1.081.885/RR, rel. Hamilton Carvalhido, DJ 01/02/11); a segunda seção até tem algumas decisões no sentido do entendimento da primeira turma (ex.: REsp 1130932/SP, DJ 14/04/2011), mas a maior parte das decisões da segunda seção é no sentido contrário, ou seja, de que a prescrição contra a fazenda pública se dá apenas no prazo de 3 anos, por conta da regra de exceção prevista no art. 10 do Decreto 20.910/32 (REsp. 1.217.933/RS, DJ 25/04/2011; REsp. 1.137.354, J. 08/09/2009); C: incorreta, pois a classificação é de objetiva relativa, justamente porque admite excludentes de responsabilidade; D: correta, pois o STF enfim se pacificou no sentido de que tanto o usuário de serviço público, como o não usuário de serviço público se beneficiam da responsabilidade objetiva das concessionárias de serviço público; E: correta, pois a responsabilidade do Estado por omissão é subjetiva, verificando-se a culpa anônima do serviço, ou seja, se este funcionou mal, funcionou tarde ou não funcionou. Gabarito "C".

(Procurador do Município/Florianópolis-SC – 2010 – FEPESE) Assinale a alternativa **incorreta**, em relação à responsabilidade civil do Estado:

(A) A responsabilidade civil do Estado, por atos omissivos ou comissivos, é sempre objetiva.
(B) Pela teoria do risco integral, o Estado é obrigado a indenizar todo e qualquer dano suportado por terceiro.
(C) A culpa exclusiva da vítima é causa de exclusão da responsabilidade civil objetiva do Estado.
(D) As pessoas jurídicas de direito público e as de direito privado prestadoras de serviços públicos responderão pelos danos que seus agentes, nessa qualidade, causarem a terceiros, assegurado o direito de regresso contra o responsável nos casos de dolo ou culpa.
(E) A ação de regresso pode ser ajuizada contra o agente causador do dano, e, na sua falta, contra seus herdeiros ou sucessores, até o limite do valor da herança.

A: incorreta, devendo ser assinalada; isso porque a responsabilidade do Estado por condutas omissivas é subjetiva, e não objetiva; B: correta; porém, essa não foi a teoria adotada, já que adotamos a teoria do risco administrativo, que admite excludentes de responsabilidade do Estado; C: correta, assim como é causa excludente de responsabilidade do Estado a força maior e a culpa exclusiva de terceiro; D: correta (art. 37, § 6º, da CF); E: correta, pois os sucessores respondem no limite do valor da herança, sendo necessário, todavia, comprovar que o agente causador do dano agiu com culpa ou dolo (art. 37, § 6º, da CF). Gabarito "A".

(Defensor Público/CE – 2007 – CESPE) Considere que as seguintes situações hipotéticas tenham ocorrido em determinada unidade da Federação.

I. Em junho de 2007, durante rebelião em um presídio, Antônio, José e Pedro, presos condenados por homicídio, fugiram por um túnel cavado sob a cama de um deles em um dos pavilhões de detenção. Um mês após a rebelião, um detento de nome Francisco foi assassinado por Otávio, outro preso, por vingança, em decorrência de luta pelo controle do tráfico de entorpecentes no referido prédio. Um ano após a rebelião, José cometeu latrocínio nas proximidades do tribunal de justiça do estado, ocasião em que foi preso e reconduzido ao presídio. A vítima do latrocínio deixou viúva e dois filhos.

II. Em 2007, na madrugada de um dia em que deveria ter retornado para dormir no presídio, um preso submetido ao regime semi-aberto cometeu um estupro. Tal fato atraiu a atenção do Poder Judiciário porque, comprovadamente, o preso, frequentemente, deixava de retornar ao final do dia para recolhimento, situação essa que era de conhecimento da direção do presídio.

Com referência aos fatos hipotéticos acima narrados e ao atual entendimento jurisprudencial do Supremo Tribunal Federal (STF), julgue os itens subsequentes.

(1) Os elementos que compõem a responsabilidade civil objetiva do Estado são: causalidade material, alteridade do dano, oficialidade da atividade causal e lesiva imputável a agente público e ausência de causa excludente de responsabilidade estatal.

(2) No homicídio acontecido nas dependências da prisão, mencionado na situação I, em que Otávio matou Francisco, não há responsabilidade objetiva do Estado porque se está diante de omissão do poder público em cuidar da integridade física de um apenado.

(3) Na situação II, não há responsabilização civil do Estado no estupro praticado pelo preso durante o descumprimento do regime semi-aberto, uma vez que não há conexão entre a conduta estatal e o dano eventualmente acontecido.

(4) Na situação I, a responsabilização civil de José pelo latrocínio cometido exclui a possibilidade de pretensão indenizatória contra o Estado.

(5) A teoria do risco administrativo está presente no plano constitucional desde a Constituição de 1946 e confere fundamento doutrinário à responsabilização objetiva do Estado.

1: correta, pois traz corretamente os elementos da responsabilidade objetiva do Estado, ainda que numa linguagem um pouco mais rebuscada que o normal; 2: incorreta, pois o STF vem reconhecendo a responsabilidade objetiva no caso, por se tratar de atividade estatal de risco (cuidar de presidiários); 3: incorreta, pois o STF, julgando exatamente esse caso, entendeu que o fato de o Estado não ter promovido a regressão de regime, mesmo diante das faltas do preso, fez com que houvesse nexo de causalidade entre a atuação estatal e o crime ocorrido, que poderia ser evitado, de modo que houve, no caso concreto, a responsabilização estatal; 4: incorreta, pois, comprovado o nexo de causalidade do Estado, este responderá; há de se ressaltar que, nesse tipo de situação, quando quem foge comete o crime com outros comparsas, um bom tempo depois, o STF entende que não há nexo de causalidade, de modo que o Estado não responde; 5: correta, pois, de fato, desde 1946 há essa previsão. *Gabarito 1C, 2E, 3E, 4E, 5C*

(Defensoria/MA – 2009 – FCC) A responsabilidade civil do Estado prevista na Constituição Federal incide sob a modalidade

(A) objetiva, quando referente a atos lícitos praticados por agentes estatais dos quais haja decorrido dano indenizável.

(B) subjetiva, quando referente a atos ilícitos praticados por concessionárias de serviços públicos, remanescendo responsabilidade solidária do Estado pelo ressarcimento dos danos indenizáveis.

(C) objetiva, quando referente a atos ilícitos praticados por agentes estatais e subjetiva, quando ditos atos forem lícitos.

(D) subjetiva, quando referente a atos lícitos praticados por agentes estatais se destes tiverem advindo danos morais indenizáveis.

(E) subjetiva, quando referente a atos ilícitos praticados por empregados de concessionárias de serviços públicos que tenham ocasionado danos a usuário do serviço.

A responsabilidade do Estado e das concessionárias de serviço público é objetiva, de maneira que pouco importa se há ato lícito ou ilícito para a configuração da responsabilidade. Basta que haja conduta, dano e nexo de causalidade. *Gabarito "A".*

(Defensoria/PI – 2009 – CESPE) Quanto à responsabilidade extracontratual do Estado, na esteira da jurisprudência dos tribunais superiores, assinale a opção correta.

(A) Segundo decisão recente do STF, a responsabilidade civil das pessoas jurídicas de direito privado prestadoras de serviço público é também objetiva relativamente aos não usuários do serviço.

(B) Segundo o STF, a responsabilidade civil do Estado é objetiva no caso de lesão corporal causada por disparo de arma de fogo pertencente à corporação militar realizado por servidor militar em período de folga contra ex-esposa em decorrência de rompimento da relação conjugal.

(C) Segundo o STF, para a configuração da responsabilidade objetiva do Estado, é necessário que o ato praticado seja ilícito.

(D) Segundo jurisprudência pacífica do STJ acerca do dano indenizável, quanto aos filhos do falecido, impõe-se o limite de pensão até o instante em que estes completam vinte e um anos de idade e, no que se refere à viúva, até o momento em que esta completar sessenta e cinco anos de idade.

(E) A força maior e o caso fortuito, ainda que determinantes para a ocorrência de evento danoso, não podem ser considerados como excludentes de responsabilidade do Estado.

A: correta, tendo o STF mudado seu entendimento a respeito do assunto; assim, hoje, o STF entende que são beneficiários da responsabilidade objetiva das concessionárias de serviço público não só os *usuários* do serviço (ex.: passageiro de um ônibus que se acidenta), como também os *não usuários* do serviço (ex.: alguém que não é passageiro do ônibus, mas que estava caminhando ou andando de bicicleta quando do acidente no primeiro, vindo a sofrer danos por conta do evento); vide, a respeito, o RE 591.874/MS, j. 26.08.09; B: incorreta, pois o servidor militar, por estar de folga, não estava *na qualidade de agente público* quando do ocorrido, não se tendo preenchido o requisito do "nessa qualidade", presente no art. 37, § 6º, da CF; C: incorreta, pois o ato ilícito, entendido como aquele em que há *culpa* ou *dolo* (art. 186 do CC), não é essencial para a configuração da responsabilidade objetiva do Estado, pois nesta não se verifica se há culpa ou dolo; por exemplo, a requisição de bens ou serviços e a desapropriação são atos ilícitos, mas ensejam indenização pelos danos causados aos particulares; D: incorreta, pois os filhos terão direito a pensão até fazer *25 anos*, ao passo que a viúva terá direito à pensão não até fazer 65 anos, mas até a data em que a vítima (seu marido) fizesse 65 anos, valendo salientar que o STJ vem admitindo que a expectativa de vida seja maior que 65 anos, tendo em vista os novos dados do IBGE (REsp 1027318/RJ, DJ 31/08/2009); E: incorreta, pois adotamos a Teoria do Risco Administrativo, que admite tais excludentes, ao contrário da Teoria do Risco Integral, que não admite excludentes da responsabilidade estatal. *Gabarito "A".*

(Procurador Federal – 2010 – CESPE) Julgue o seguinte item.

(1) Pedro foi preso preventivamente, por meio de decisão judicial devidamente fundamentada, mas depois absolvido por se entender que ele não tivera nem poderia ter nenhuma participação no evento. No entanto, por causa da prisão cautelar, Pedro sofreu prejuízo econômico e moral. Nessa situação, conforme entendimento recente do STF, poderão ser indenizáveis os danos moral e material sofridos.

1: Correta, tratando-se da seguinte decisão do STF - " RESPONSABILIDADE CIVIL OBJETIVA DO ESTADO (CF, ART. 37, § 6º) - CONFIGURAÇÃO - "BAR BODEGA" - DECRETAÇÃO DE PRISÃO CAUTELAR, QUE SE RECONHECEU INDEVIDA, CONTRA PESSOA QUE FOI SUBMETIDA A INVESTIGAÇÃO PENAL PELO PODER PÚBLICO - ADOÇÃO DESSA MEDIDA DE PRIVAÇÃO DA LIBERDADE CONTRA QUEM NÃO TEVE QUALQUER PARTICIPAÇÃO OU ENVOLVIMENTO COM O FATO CRIMINOSO - INADMISSIBILIDADE DESSE COMPORTAMENTO IMPUTÁVEL AO APARELHO DE ESTADO - PERDA DO EMPREGO COMO DIRETA CONSEQUÊNCIA DA INDEVIDA PRISÃO PREVENTIVA - RECONHECIMENTO, PELO TRIBUNAL DE JUSTIÇA LOCAL, DE QUE SE ACHAM PRESENTES TODOS OS ELEMENTOS IDENTIFICADORES DO DEVER ESTATAL DE REPARAR O DANO - NÃO COMPROVAÇÃO, PELO ESTADO DE SÃO PAULO, DA ALEGADA INEXISTÊNCIA DO NEXO CAUSAL - CARÁTER SOBERANO DA DECISÃO LOCAL, QUE, PROFERIDA EM SEDE RECURSAL ORDINÁRIA, RECONHECEU, COM APOIO NO EXAME DOS FATOS E PROVAS, A INEXISTÊNCIA DE CAUSA EXCLUDENTE DA RESPONSABILIDADE CIVIL DO PODER PÚBLICO." (RE 385943 AgR, Relator(a): Min. CELSO DE MELLO, Segunda Turma, julgado em 15/12/2009, DJe-030 DIVULG 18-02-2010 PUBLIC 19-02-2010 RT v. 99, n. 895, 2010, p. 163-168 LEXSTF v. 32, n. 375, 2010, p. 152-161) *Gabarito 1C.*

(Procurador Federal – 2010 – CESPE) Julgue o item seguinte.

(1) A despesa realizada pela administração sem cobertura contratual não pode ser objeto de reconhecimento da obrigação de indenizar do Estado. O servidor responsável pela não prorrogação tempestiva do contrato ou pela não abertura de procedimento licitatório é quem deve pagar o fornecedor.

1: Incorreta; a despesa é devida pelo Estado, pois este não pode se enriquecer sem causa, além de responder objetivamente pelos prejuízos que causar; o Estado deve, em seguida, ingressar com ação de regresso contra o servidor responsável que tiver agido com culpa ou dolo; de qualquer forma, é bom lembrar que se o contratado estiver de má-fé, nada será devido, nos termos do art. 59 da Lei 8.666/93. *Gabarito 1E.*

(Magistratura Federal – 3ª Região – XIII) Considerada a fuga de estabelecimento penal empreendida por preso que, meses depois, participa, em quadrilha, de latrocínio, é correto afirmar que a família da vítima:

(A) tem direito à indenização, pela responsabilidade do Estado, uma vez que qualquer evento anterior, colocado na cadeia causal, é suficiente para estabelecer o vínculo jurídico necessário entre conduta e resultado;

(B) tem direito à indenização, pela responsabilidade do Estado, tendo em vista o risco criado pelo Poder Público, pelo fato de construir e instalar o estabelecimento penal em local ocupado por população civil;

(C) não tem direito à indenização, pois a fuga do preso que participou do crime, de que decorreu a morte da vítima, constitui caso fortuito, não gerando responsabilidade civil do Estado;

(D) não tem direito à indenização, pois inexistente, para efeito de responsabilidade do Estado, a causalidade entre eventual omissão ou ação dos agentes penitenciários e o dano causado, porque interrompido o nexo causal, vale dizer, o latrocínio não constituiu efeito necessário, direto e imediatamente determinante, da conduta estatal que permitiu a fuga.

Latrocínio praticado por quadrilha da qual participava um apenado que fugira da prisão tempos antes; neste caso, não há falar em nexo de causalidade entre a fuga do apenado e o latrocínio. Precedentes do STF: RE 172.025/RJ, Rel. Ilmar Galvão, DJ de 19.12.96; RE 130.764/PR, Rel. Moreira Alves, RTJ 143/270". (STF, 2ª T., RE 369820/RS, Relator Min. CARLOS VELLOSO, DJ 27-02-2004). *Gabarito "D".*

(Magistratura Federal-4ª Região – 2010) Dadas as assertivas abaixo sobre responsabilidade civil do Estado, assinale a alternativa correta.

I. Em matéria de responsabilidade civil do Estado, a Constituição Federal brasileira consagrou em seu artigo 37, § 6º, a adoção, como fundamento básico, da teoria francesa da *faute du service* (falta de serviço), ligada à máxima *le roi ne peut mal faire* (o rei não pode errar), da qual decorre a responsabilização objetiva tanto das pessoas jurídicas de direito público como das de direito privado prestadoras de serviços públicos.

II. Por força do disposto no artigo 37, § 6°, da Constituição Federal, as pessoas jurídicas de direito público e de direito privado prestadoras de serviços públicos respondem objetivamente pelos danos que seus agentes, nessa qualidade, causarem a terceiros, condicionado o direito de regresso contra o responsável à comprovação de dolo.

III. Consoante o entendimento predominante no Supremo Tribunal Federal, a adequada interpretação do art. 37, § 6°, da Constituição Federal conduz à conclusão de que a responsabilidade civil das pessoas jurídicas de direito privado prestadoras de serviço público é objetiva tanto relativamente a terceiros usuários como aos não usuários do serviço.

IV. Não reconhecida categoricamente na sentença criminal a inexistência material do fato, a absolvição de agente público acusado de causar lesões corporais não obsta a que o prejudicado busque a reparação de eventuais danos materiais e morais junto à pessoa jurídica à qual vinculado aquele.

V. De acordo com o entendimento atual do Supremo Tribunal Federal, quando um preso que está sob a custódia do Estado foge e vem a praticar crime, causando prejuízo a terceiro, a responsabilidade do ente estatal respectivo exsurge como conseqüência automática, pois presumido o nexo de causalidade entre a omissão da autoridade pública e o delito praticado, haja vista o que dispõe o artigo 37, § 6°, da Constituição Federal.

(A) Está correta apenas a assertiva II.
(B) Estão corretas apenas as assertivas II e V.
(C) Estão corretas apenas as assertivas III e IV.
(D) Estão corretas apenas as assertivas I, II e V.
(E) Nenhuma das assertivas está correta.

I: incorreta, pois o art. 37, § 6°, da CF adotou a Teoria do Risco Administrativo, ao regulamentar a responsabilidade objetiva do Estado; a teoria da falta do serviço foi adotada apenas para a responsabilidade do Estado por condutas omissivas; e a teoria da irresponsabilidade do Estado não é adotada há mais de um século, II: incorreta, pois o direito de regresso se dará em caso de dolo ou CULPA (art. 37, § 6°, da CF); III: correta, pois o STF se pacificou nesse sentido, depois de ter entendido, por um tempo, que o terceiro não usuário não se beneficiava da responsabilidade objetiva das concessionárias de serviço público; IV: correta (art. 126 da Lei 8.112/90); V: incorreta, pois, nesse caso, o nexo de causalidade se rompe, segundo o STF, salvo em casos em que os crimes são cometidos na fuga do preso ou quando o Estado tenha agido com culpa gravíssima, como quando deixa alguém fugir várias vezes da prisão, sem que haja regressão do regime prisional. Gabarito "C".

(Magistratura do Trabalho – 23ª Região – 2009) Analise os itens abaixo e marque a alternativa CORRETA:

A responsabilidade civil do estado à luz do entendimento doutrinário e jurisprudencial majoritários:

I. é de natureza objetiva, com base no risco administrativo.
II. ocorre quando comprovados o dano, a ação administrativa e o nexo de causalidade.
III. admite a investigação da culpa da vítima para que seja atenuada ou mesmo excluída.
IV. é passível de ocorrer, quando resultante de omissão, se ficar demonstrado o descumprimento, pelo Estado, de um dever jurídico de agir.
V. é de natureza subjetiva nos casos de omissão, bastando a ocorrência da chamada culpa anônima.

(A) V, V, F, V, F.
(B) F, V, V, F, V.
(C) V, V, F, F, F.
(D) V, V, V, V, V.
(E) F, V, V, V, V.

I: verdadeira, pois a responsabilidade do Estado é objetiva (art. 37, § 6°, da CF), e a teoria adotada é do risco administrativo, que, diferentemente da teoria do risco integral, admite excludentes de responsabilidade do Estado; II: verdadeira, pois é necessário comprovar os três elementos citados para que se configure a responsabilidade civil do Estado; III: verdadeira, pois em caso de culpa concorrente do Estado e da vítima, a responsabilidade do primeiro fica atenuada e no caso de culpa exclusiva da vítima, a responsabilidade do Estado fica excluída; IV e V: verdadeiras, pois o Estado também responde por atos omissivos quando descumpre o dever jurídico de agir, seja para proteger pessoas, seja para prestar adequadamente serviços públicos; no entanto, deverá ser demonstrada a chamada *falta do serviço*, que também tem o nome de *culpa anônima do serviço* (usa-se a palavra *anônima*, pois, nesse caso, não se verifica a culpa ou o dolo de um servidor em especial, mas sim se o serviço foi corretamente prestado), tratando-se de responsabilidade considerada *subjetiva* (e não *objetiva*), tendo em vista a necessidade de demonstração de que o serviço prestado era *defeituoso* (não prestado, mal prestado ou prestado tardiamente). Gabarito "D".

(CESPE - 2008) No que concerne à responsabilização extracontratual da administração pública, assinale a opção correta.

(A) A verdade sabida, em atenção ao princípio da eficiência, é admitida no direito brasileiro para apuração de falta que, tendo sido cometida por servidor público, cause dano a terceiro.
(B) O homicídio cometido, fora da penitenciária, por presidiário que esteja em fuga não implica responsabilização do Estado, pois este não pode ser considerado segurador universal.
(C) As concessionárias de serviço público, quando em exercício deste, respondem objetivamente à responsabilização civil pelos atos comissivos que praticarem.
(D) Inexiste dever de indenizar quando o ato administrativo é praticado em estrita observância ao princípio da legalidade.

A: incorreta, pois a verdade sabida, que é aquela testemunhada ou conhecida inequivocamente pelo superior hierárquico, que, assim, poderia aplicar diretamente sanções leves, não pode ser utilizada para responsabilizar o agente público, pois este deve ter direito ao contraditório e à ampla defesa; B: incorreta, pois se o crime for cometido na fuga, não é possível aplicar os precedentes do STF que entendem que não há nexo de causalidade entre a conduta estatal e o dano; p. ex., confira-se precedente em que a responsabilidade foi afastada, mas a fuga do preso já tinha ocorrido há 21 meses do dano praticado: "Ação de Reparação de Danos. Assalto cometido por fugitivo de prisão estadual. Responsabilidade objetiva do Estado. Recurso extraordinário do Estado provido. Inexistência de nexo de causalidade entre o assalto e a omissão da autoridade pública que teria possibilitado a fuga do presidiário, o qual, mais tarde, veio a integrar a quadrilha que praticou o delito, cerca de vinte e um meses após a evasão" (STF, AR 1.376/PR, DJ 22/09/06); C: correta (art. 37, § 6°, da CF); D: incorreta, pois quando a administração causa um dano especial e anormal a alguém, ainda que calcada numa lei, é dever dela indenizar o prejudicado; p. ex., a desapropriação, apesar de estar de acordo com o princípio da legalidade, reclama indenização em favor do expropriado. Gabarito "C".

(CESPE - 2008) Josué, condenado por latrocínio e estelionato, cumprindo pena em regime aberto, fugiu diversas vezes do estabelecimento prisional. Embora sempre localizado e novamente detido pelas autoridades policiais, ele não foi submetido à regressão de regime prisional. Durante a oitava fuga, Josué praticou estupro contra criança de 12 anos de idade. Tendo por base essa situação hipotética, assinale a opção correta acerca da responsabilidade do Estado.

(A) Configura-se, no caso, a responsabilidade subjetiva do Estado em face do fato de Josué não ter sido submetido à regressão de regime prisional e ter cometido o crime em ocasião em que deveria estar preso.
(B) Nesse caso, é impossível a configuração do nexo causal, pois não houve uma conduta positiva, ou seja, um agir, por parte da administração pública.
(C) Na situação apresentada, sequer cabe discutir a responsabilização do Estado, pois o ato danoso praticado foi realizado por um particular, Josué, e, não, por um agente público.
(D) À situação apresentada é aplicável a teoria do risco integral.

A, B, C e D: No caso de *omissão* do Estado, a responsabilidade é *subjetiva*, devendo-se verificar a existência de culpa ou dolo; na situação narrada houve, no mínimo, atitude culposa do Estado, a ensejar a sua responsabilização. Aliás, trata-se de um caso real: STF, 2ª T., RE 409.203/RS, Rel. p/ Acórdão: Min. JOAQUIM BARBOSA, DJ 20-04-2007. Gabarito "A".

(CESPE - 2007) Assinale a opção correta no que se refere à responsabilidade civil do Estado.

(A) Quando o juiz pratica ato jurisdicional com o intuito deliberado de causar prejuízo à parte ou a terceiro, o prejudicado tem como alternativa propor a ação indenizatória contra o próprio juiz responsável e, não, contra o Estado.
(B) A teoria da responsabilidade objetiva aplica-se, de forma genérica, aos danos que o Estado causa, tanto por ação quanto por omissão, a particulares.

(C) Assim como as pessoas jurídicas de direito público, as pessoas jurídicas de direito privado prestadoras de serviços públicos e as que se dedicam à exploração de atividade econômica estão sujeitas à responsabilidade civil objetiva.

(D) Não se pode responsabilizar o Estado por danos sofridos pelos indivíduos quando aqueles decorrem de fato de terceiro ou de ação da própria vítima.

A: o STF entende que não se pode acionar diretamente o agente público (RE 327.904, Rel. Min. Carlos Brito, j. em 15/08/06 – *Informativo* 436); B: a responsabilidade do Estado por omissão é subjetiva, segundo o STF e o STJ; C: a responsabilidade objetiva prevista no art. 37, § 6º, da CF só é aplicável às pessoas jurídicas de direito privado quando estas forem concessionárias de serviço público; D: de fato, a responsabilidade do Estado é calcada na teoria do risco administrativo, que admite excludentes de responsabilidade, e não na teoria do risco integral, que não admite excludentes. Gabarito "D".

9.3. RESPONSABILIDADE DO AGENTE PÚBLICO, AÇÃO DE REGRESSO E DENUNCIAÇÃO DA LIDE.

(Magistratura/MS – 2008 – FGV) O Poder Público é condenado em ação de responsabilidade civil pelos danos causados por seu servidor a terceiro. É correto afirmar que:

(A) cabe ação regressiva do Estado em face do servidor, cujo prazo prescricional é de 3 anos, e nesta se verificará se a conduta do servidor foi culposa (lato sensu).

(B) cabe ação de regresso do Estado em face do servidor, e seu prazo prescricional é de 20 anos.

(C) cabe ação regressiva do Estado em face do servidor, e nela não se perquirirá sobre culpa do servidor, uma vez que se aplica a teoria da Responsabilidade Objetiva quando a ação envolve o Poder Público.

(D) basta o procedimento administrativo disciplinar com a aplicação da ampla defesa e do contraditório, não cabendo o ajuizamento de ação regressiva.

(E) o Estado teria que ter denunciado à lide o servidor, não podendo posteriormente acioná-lo.

A: correta, nos termos do art. 37, § 6º, da CF e do art. 206, § 3º, V, do Código Civil; B: incorreta (art. 206, § 3º, V, do Código Civil); C: incorreta (art. 37, § 6º, da CF); D: incorreta (art. 37, § 6º, da CF); E: incorreta, pois a denunciação da lide não é obrigatória para o Estado exercer ação regressiva contra o servidor, por se tratar de um direito constitucional do Estado (art. 37, § 6º, da CF). Confira o posicionamento do STJ sobre a questão: "A jurisprudência deste Tribunal Superior se encontra assentada no entendimento de que 'nas ações de indenização fundadas na responsabilidade civil objetiva do Estado (CF/88, art. 37, § 6º), não é obrigatória a denunciação da lide do agente público supostamente responsável pelo ato lesivo (CPC, art. 70, III)' (REsp 521434/TO, Rel. Min. Denise Arruda, DJ de 08/06/06)". Gabarito "A".

(DEFENSORIA PÚBLICA DA UNIÃO – 2004 – CESPE) Julgue o seguinte item.

(1) A reparação do dano fundado na responsabilidade civil do Estado pode derivar tanto de processo judicial quanto de procedimento administrativo; o direito regressivo da administração pública, por outro lado, pressupõe, necessariamente, que aquela haja de fato indenizado o particular.

1: correta, pois a Administração pode firmar acordo extrajudicial com a vítima; quanto à segunda afirmativa, de fato a Administração só poderá cobrar do agente público faltoso após ter indenizado o particular. Gabarito 1C.

(Analista Judiciário – TRE/PI – 2009 – FCC) Sobre a reparação do dano no âmbito da responsabilidade civil do Estado, é correto afirmar que

(A) os agentes das entidades particulares prestadoras de serviço público não estão sujeitos à ação regressiva.

(B) a ação regressiva, no caso de culpa do servidor público, transmite-se aos herdeiros e sucessores.

(C) a reparação não abrange o dano moral.

(D) é cabível mesmo que o evento decorra de culpa exclusiva da vítima, por se tratar de responsabilidade objetiva.

(E) paga a indenização por morte, não cabe pensão alimentícia às pessoas a quem o falecido a devia.

A: incorreta (art. 37, § 6º, da CF); B: correta, pois, de fato, as dívidas deixadas pelo morto são transmitidas para os herdeiros, que deverão suportá-las no limite do tamanho da herança deixada; C: incorreta, pois a reparação civil abrange tanto o dano material, como o dano moral; D: incorreta, pois nosso direito adotou a teoria do risco administrativo em matéria de responsabilidade do Estado; essa teoria admite excludentes de responsabilidade (caso fortuito, força maior e culpa exclusiva da vítima ou de terceiro); E: incorreta, pois a indenização abrange o dano moral e os dois tipos de dano material, quais sejam, os danos emergentes (já ocorridos; ex.: despesas com hospital) e os lucros cessantes (danos futuros; ex.: pensão alimentícia mensal). Gabarito "B".

(FGV – 2010) Com relação à responsabilidade civil, penal e administrativa decorrente do exercício do cargo, emprego ou função pública, analise as afirmativas a seguir:

I. O funcionário público, condenado na esfera criminal, poderá ser absolvido na esfera civil e administrativa, prevalecendo a regra da independência entre as instâncias.

II. A absolvição judicial do servidor público repercute na esfera administrativa se negar a existência do fato ou excluí-lo da condição de autor do fato.

III. A Administração Pública pode demitir funcionário público por corrupção passiva antes de transitado em julgado da sentença penal condenatória.

IV. A absolvição do servidor público, em ação penal transitada em julgado, por não provada a autoria, implica a impossibilidade de aplicação de pena disciplinar administrativa, porém permite a ação regressiva civil para ressarcimento de dano ao erário.

Assinale:

(A) se somente a afirmativa I estiver correta.
(B) se somente as afirmativas I e II estiverem corretas.
(C) se somente as afirmativas II e IV estiverem corretas.
(D) se somente as afirmativas II e III estiverem corretas.
(E) se todas as afirmativas estiverem corretas.

I e II: incorreta a I e correta a II, pois, apesar de haver independência entre as instâncias cível, administrativa e criminal, esta instância (a criminal) prevalece em relação às outras quando há condenação e quando há absolvição motivada pela negativa de autoria ou pela inexistência material do fato; III: correta, pois as instâncias são independentes, não impedindo que o processo disciplinar administrativo seja julgado antes de resolvida a questão na esfera penal; IV: incorreta, pois, como já visto, a absolvição criminal motivada na negativa de autoria comunica-se às esferas cível e administrativa. Gabarito "D".

(FGV – 2008) Assinale a afirmativa correta.

(A) O Estado responde objetivamente por dano causado a particular relativamente a ato ilícito praticado por Fiscal de Renda.

(B) O Fiscal de Renda responde objetivamente pela autuação indevida de particular.

(C) Em caso de dano causado a particular por erro de autuação, o Fiscal de Renda será sumariamente demitido, independentemente de processo administrativo.

(D) Em caso de negligência no exercício das funções, o Fiscal de Renda está sujeito à pena de demissão.

A: correta, nos termos do art. 37, § 6º, da CF; B: incorreta, pois, nos termos do art. 37, § 6º, da CF, o agente público só responde em caso de culpa ou dolo da sua parte, de modo que sua responsabilidade é subjetiva; C: incorreta, pois a demissão administrativa de um agente público depende de processo administrativo disciplinar com respeito à ampla defesa (art. 41, § 1º, I, da CF); D: incorreta, pois, na esfera federal, a simples negligência costuma configurar uma das hipóteses previstas nos primeiros incisos do art. 117 da Lei 8.112/90, gerando advertência por escrito (art. 129 da Lei 8.112/90). Gabarito "A".

(FGV – 2008) Analise as assertivas a seguir:

I. O Poder Público Municipal foi condenado em ação de responsabilidade civil pelos danos causados por seu servidor a terceiros. Caberá ação regressiva em face do servidor, ação esta cujo prazo prescricional é de três anos e em que se verificará se a conduta do servidor foi culposa *lato sensu*.

II. A Prefeitura do Rio de Janeiro tem o dever de realizar, rotineiramente, as podas das árvores existentes nas ruas da cidade. Após um temporal de verão, inúmeros galhos caíram sobre veículos estacionados na rua X, localizada no município. No caso, o poder Público Municipal é responsável pelos danos causados.

III. Professores servidores públicos municipais, reivindicando maiores salários, entraram em greve pelo tempo de 15 dias. Tal conduta gerou uma série de danos aos estudantes da rede municipal de ensino e seus familiares. É direito líquido e certo dos munícipes receberem indenização pelos danos gerados pela paralisação dos servidores municipais.

Assinale:

(A) se todas as assertivas estiverem corretas.
(B) se somente as assertivas I e II estiverem corretas.
(C) se somente as assertivas I e III estiverem corretas.
(D) se somente as assertivas II e III estiverem corretas.
(E) se nenhuma assertiva estiver correta.

I: correta, pois o servidor responde regressiva e subjetivamente (art. 37, § 6º, da CF), e o prazo prescricional é de 3 anos, conforme previsto no Código Civil (art. 206, § 3º, IV e V); II: correta, pois, apesar de a responsabilidade por atos omissivos ser subjetiva, devendo-se averiguar a existência ou não de culpa administrativa ou falta do serviço (serviço não funcionou, funcionou mal ou funcionou tarde), o caso revela grave omissão do Poder Público, ensejando a responsabilidade municipal; III: incorreta, pois o caso revela omissão do Estado, e esta, para ensejar responsabilidade, depende de prova de culpa administrativa, o que não parece ocorrer numa greve como a narrada, que é direito do servidor e acabou em tempo relativamente curto. Gabarito "B".

(CESPE – 2007) Quanto à responsabilidade extracontratual do Estado, assinale a opção correta.

(A) Prevalece o entendimento de que, nos casos de omissão, a responsabilidade extracontratual do Estado é subjetiva, sendo necessário, por isso, perquirir acerca da culpa e do dolo.
(B) A vítima de dano causado por ato comissivo deve ingressar com ação de indenização por responsabilidade objetiva contra o servidor público que praticou o ato.
(C) Não há responsabilidade civil do Estado por dano causado pelo rompimento de uma adutora ou de um cabo elétrico, mantidos pelo Estado em péssimas condições, já que essa situação se insere no conceito de caso fortuito.
(D) Proposta a ação de indenização por danos materiais e morais contra o Estado, sob o fundamento de sua responsabilidade objetiva, é imperioso que este, conforme entendimento prevalecente, denuncie à lide o respectivo servidor alegadamente causador do dano.

A: correta, pois, de fato, prevalece esse entendimento no STF e no STJ; B: incorreta, pois o STF não admite que se acione diretamente o agente público que praticou o ato (RE 327.904, Rel. Min. Carlos Brito, j. em 15/08/06 – Informativo 436); a vítima deve acionar apenas o Estado e este, se for o caso, ingressará com ação regressiva contra o agente público; C: incorreta, pois o caso é de uma omissão culposa do Estado, situação que admite sua responsabilização; D: incorreta, pois a denunciação da lide não é obrigatória para o Estado exercer ação regressiva contra o servidor, por se tratar de um direito constitucional do Estado (art. 37, § 6º, da CF). Gabarito "A".

9.4. RESPONSABILIDADE DAS CONCESSIONÁRIAS DE SERVIÇO PÚBLICO

(Ministério Público/SC – 2010) Em atenção à teoria da responsabilidade civil da Administração, analise as seguintes assertivas:

I. A responsabilidade civil das pessoas jurídicas de direito privado prestadoras de serviço público é objetiva relativamente a terceiros usuários, não usuários do serviço.
II. O servidor público causador do dano apenas responderá perante a Fazenda Pública, por dano causado a terceiro, em ação regressiva, desde que tenha ocorrido a sua denunciação à lide no processo principal.
III. Quando demandado regressivamente, o agente causador do prejuízo responderá de forma objetiva perante a Administração Pública.
IV. As ações de ressarcimento propostas pela Fazenda Pública em face do agente causador do dano são imprescritíveis.
V. Em face dos prejuízos causados a particulares, as empresas privadas prestadoras de serviços públicos submetem-se às mesmas regras de responsabilidade civil aplicáveis aos entes públicos.

De acordo com a Constituição da República:

(A) Apenas as assertivas II, III e IV estão corretas.
(B) Apenas as assertivas I, III, IV e V estão corretas.
(C) Todas as assertivas estão corretas.
(D) Apenas as assertivas I, IV e V estão corretas.
(E) Apenas as assertivas II, III e V estão corretas.

I: correta, estando a questão pacificada hoje no STF; II: incorreta, pois o Estado poderá exercer seu direito de regresso em ação autônoma, pois se trata de um direito constitucional previsto no art. 37, § 6º, da CF, não sendo possível qualquer restrição a esse direito; III: incorreta, pois o agente público só responde regressivamente se tiver agido com culpa ou dolo, conforme o texto do próprio art. 37, § 6º, da CF; IV: correta, conforme interpretação que o STF tem feito do art. 37, § 5º, da CF; V: correta, pois tantos as pessoas jurídicas de direito público, como as pessoas jurídicas de direito privado prestadores de serviço público respondem objetivamente, nos termos do art. 37, § 6º, da CF. Gabarito "D".

(Procurador do Estado/RO – 2011 – FCC) Desgovernado, o ônibus de uma concessionária de transporte intermunicipal de passageiros, acabou por atropelar um pedestre, sendo que ambos – ônibus e pedestre – trafegavam por estrada federal. Nessa situação, constata-se a responsabilidade

(A) subjetiva direta da concessionária, sendo que a ação de reparação de danos deve ser proposta no prazo de cinco anos a partir do evento danoso.
(B) objetiva direta do Estado-concedente, sendo que a ação de reparação de danos deve ser proposta no prazo de cinco anos a partir do evento danoso.
(C) objetiva direta da concessionária, sendo que a ação de reparação de danos deve ser proposta no prazo de três anos a partir do evento danoso.
(D) objetiva subsidiária da União, titular da estrada federal em que ocorreu o acidente, sendo que a ação de reparação de danos deve ser proposta no prazo de três anos a partir do evento danoso.
(E) objetiva direta da concessionária, sendo que a ação de reparação de danos deve ser proposta no prazo de cinco anos a partir do evento danoso.

Trata-se de responsabilidade objetiva, pois a empresa de ônibus é uma pessoa jurídica de direito privado prestadora de serviço público (art. 37, § 6º, da CF). A ação deve ser promovida no prazo de 5 anos, por ser a vítima consumidor equiparado (arts. 17 e 27 do CDC). Além disso, há outra lei específica que reafirma esse prazo de cinco anos, que é a Lei 9.494/97, que estabelece que "Prescreverá em cinco anos o direito de obter indenização dos danos causados por agentes de pessoas jurídicas de direito público e de pessoas jurídicas de direito privado prestadoras de serviços públicos" (art. 1º-C). Gabarito "E".

(Defensor Público/AL – 2009 – CESPE) Com relação à regra da responsabilidade objetiva do Estado, julgue o próximo item.

(1) Essa regra não se aplica às entidades da administração indireta que executem atividade econômica de natureza privada.

1: correta, pois somente as entidades da administração indireta que sejam pessoas jurídicas de direito público ou que sejam concessionárias de serviço público respondem objetivamente (art. 37, § 6º, da CF). Gabarito "C".

(Defensor Público/GO – 2010 – I. Cidades) Em um serviço público de transporte de passageiros, veio um passageiro a ser jogado para fora do ônibus em uma curva, e, além de se machucar gravemente, veio a atingir uma outra pessoa, transeunte, que também sofreu graves lesões. Na ação a ser movida pelo passageiro contra o Estado

(A) o usuário é quem deve acionar o Estado, não tendo direito a isto o terceiro que foi lesado em decorrência do evento originário.
(B) a responsabilidade do Estado será subjetiva para o terceiro, e objetiva para o usuário do serviço público.
(C) o Estado responderá civilmente, mas subjetivamente, por causa da presença do terceiro que está fora da relação tática original.
(D) o terceiro somente tem direito a indenização do usuário, e este do Estado.
(E) a responsabilidade do Estado será objetiva para os dois casos.

O STF vinha entendendo que a responsabilidade objetiva dos concessionários (prevista no art. 37, § 6º, da CF) só existe em relação ao usuário do serviço, e não em relação a terceiro não usuário do serviço, que sofre dano no contexto da prestação de um serviço público. O terceiro deveria buscar responsabilização da concessionária com fundamento em outras regras jurídicas. No entanto, houve mudança na orientação jurisprudencial, para admitir a responsabilidade objetiva também em favor do não usuário do serviço público. Confira: "A responsabilidade civil das pessoas jurídicas de direito privado prestadoras de serviço público é objetiva relativamente a terceiros usuários e não usuários do serviço, segundo decorre do art. 37, § 6º, da Constituição Federal. II - A inequívoca presença do nexo de causalidade entre o ato administrativo e o dano causado ao terceiro não usuário do serviço público, é condição suficiente para estabelecer a responsabilidade objetiva da pessoa jurídica de direito privado." (STF, RE 591874). O STF passou a entender que a expressão "terceiros", contida no dispositivo constitucional citado, inclui os terceiros não usuários do serviço público. Primeiro porque não há restrição redacional nesse sentido, não se podendo fazer interpretação restritiva do dispositivo constitucional. Segundo porque a Constituição, interpretada à luz do princípio da isonomia, não permite que se faça qualquer distinção entre os chamados "terceiros", usuários e não usuários do serviço público, uma vez que todos podem sofrer dano em razão da ação administrativa estatal. Terceiro porque os serviços públicos devem ser prestados de forma adequada e em caráter geral, estendendo-se, indistintamente, a todos os cidadãos, beneficiários diretos ou indiretos da ação estatal. Assim, a alternativa "E" está correta. Gabarito "E".

(Procurador Federal – 2010 – CESPE) Julgue os seguintes itens, que versam sobre responsabilidade civil do Estado.

(1) As ações de reparação de dano ajuizadas contra o Estado em decorrência de perseguição, tortura e prisão, por motivos políticos, durante o Regime Militar não se sujeitam a qualquer prazo prescricional.

(2) A responsabilidade civil objetiva da concessionária de serviço público alcança também não usuários do serviço por ela prestado.

1: correta, nos termos da jurisprudência do STJ: "PROCESSUAL CIVIL. ADMINISTRATIVO. INDENIZAÇÃO. REPARAÇÃO DE DANOS MORAIS. REGIME MILITAR. PERSEGUIÇÃO E PRISÃO POR MOTIVOS POLÍTICOS. IMPRESCRITIBILIDADE. DIGNIDADE DA PESSOA HUMANA. INAPLICABILIDADE DO ART. 1.º DO DECRETO N.º 20.910/32. RESPONSABILIDADE CIVIL DO ESTADO. DANOS MORAIS. INDENIZAÇÃO." (REsp 1085358/PR, Rel. MIN. LUIZ FUX, PRIMEIRA TURMA, julgado em 23/04/2009, DJe 09/10/2009); 2: correta, tendo o STF mudado seu entendimento a respeito do assunto; assim, hoje, o STF entende que são beneficiários da responsabilidade objetiva das concessionárias de serviço público não só os usuários do serviço (ex.: passageiro de um ônibus que se acidenta), como também os não usuários do serviço (ex.: alguém que não é passageiro do ônibus, mas que estava caminhando ou andando de bicicleta quando do acidente no primeiro, vindo a sofrer danos por conta do evento); vide, a respeito, o RE 591.874/MS, j. 26.08.09). Gabarito 1C, 2C.

(Defensoria Pública da União – 2007 – CESPE) A morte da mãe de Pedro foi ocasionada pela interrupção do fornecimento de energia elétrica durante cirurgia realizada em hospital público, por falta de pagamento. Por esse motivo, Pedro pretende ingressar com ação judicial de reparação de danos materiais e morais contra a concessionária de serviço público responsável pelo fornecimento de energia elétrica. Com relação à situação hipotética descrita acima e acerca da responsabilidade civil do Estado e do serviço público, julgue os itens a seguir.

(1) Na hipótese em apreço, conforme precedentes do STF, por não ter havido ato ilícito por parte da concessionária, não há possibilidade de se reconhecer a sua responsabilidade civil objetiva.

(2) Conforme legislação em vigor, a referida ação de indenização deve ser proposta no prazo de 5 anos, sob pena de prescrição.

1: errado, pois a concessionária de serviço público responde objetivamente (art. 37, § 6º, da CF); 2: certo, pois a ação deve ser promovida no prazo de 5 anos, por ser a vítima consumidor equiparado (arts. 17 e 27 do CDC). Além disso, há outra lei específica que reafirma esse prazo de cinco anos, que é a Lei 9.494/97, que estabelece que "Prescreverá em cinco anos o direito de obter indenização dos danos causados por agentes de pessoas jurídicas de direito público e de pessoas jurídicas de direito privado prestadoras de serviços públicos" (art. 1º-C). Gabarito 1E, 2C.

9.5. RESPONSABILIDADE POR ATOS LEGISLATIVOS E JUDICIAIS

(Magistratura/SP – 2008) A responsabilidade civil do Estado, prevista na Constituição Federal,

(A) está restrita aos danos causados por servidores públicos do Estado, desde que se comprove que agiram com dolo ou culpa.
(B) estende-se aos atos praticados pelos membros do Legislativo que, embora detenham soberania, qualificam-se como agentes públicos que integram o quadro de servidores da Administração Pública.
(C) estende-se aos danos causados pela edição de leis de efeitos concretos, mas não se estende aos danos causados pelos membros do Judiciário no exercício de suas funções, que não se enquadram no conceito de servidor público.
(D) estende-se aos danos causados em decorrência de erro judiciário, considerando-se que o magistrado se enquadra no conceito constitucional de agente público.

A: incorreta, pois a responsabilidade do Estado é objetiva, como regra; B: incorreta, pois são agentes políticos e, portanto, não respondem como meros servidores públicos no momento em que produzem atos legislativos; C: incorreta, pois os juízes respondem em caso de dolo ou fraude (art. 133, I, do CPC); D: correta (arts. 5º, LXXV, 37, § 6º, da CF). Gabarito "D".

(Procurador do Estado/ES – 2008 – CESPE) José era presidente de empresa pública estadual. Depois de prisão preventiva de estrepitosa repercussão na mídia nacional, viu-se denunciado por peculato culposo por haver inserido, em conluio com empregado do departamento de pessoal, servidores fantasmas na folha de pagamento da empresa. A sentença de primeiro grau o condenou a sete meses de detenção, o que foi confirmado pelo tribunal de justiça, ali havendo o trânsito em julgado. Paralelamente, tramitava tomada de contas especial relativa ao episódio e que, após meticulosa apuração, eximiu José de toda a responsabilidade. A isso seguiu-se de pedido de revisão criminal em que o tribunal de justiça o absolveu por negativa de autoria e não houve recurso das partes. José propôs, então, ação de indenização pelo rito ordinário contra o estado, decorrente não apenas do erro na condenação criminal, mas também da prisão preventiva e da ação difamatória de membro do Ministério Público. Diante da situação hipotética acima apresentada, julgue os itens que se seguem.

(1) A decisão da tomada de contas que eximiu José de responsabilização administrativa, se ocorrida antes da sentença, implicaria exoneração de condenação criminal.
(2) Não gera preclusão a inexistência do reconhecimento do direito à indenização no acórdão de revisão criminal.
(3) A responsabilidade civil pelo erro judiciário constitui garantia fundamental e será apurada com base na teoria objetiva.
(4) A mera prisão cautelar indevida, nos termos da atual jurisprudência do STF, já é suficiente para gerar o direito à indenização.

1: errada, pois a instância administrativa não se comunica na instância criminal; 2: correta, pois a responsabilidade civil decorrente de erro judiciário reconhecido em revisão pode ser pedida na esfera cível; 3: correta, nos termos dos arts. 5º, LXXV, 37, § 6º, da CF; 4: o erro judiciário é aquele reconhecido em revisão criminal. Gabarito 1E, 2C, 3C, 4E.

(Defensor Público/GO – 2010 – I. Cidades) Considerando a jurisprudência do Supremo Tribunal Federal, acerca da responsabilidade objetiva do Estado, está correta a seguinte proposição:

(A) A responsabilidade objetiva do Estado não se aplica aos atos de juízes, salvo os casos expressamente previstos em lei.
(B) A legitimidade passiva concorrente do agente público é admitida, na ação movida com fundamento na responsabilidade civil objetiva estatal.
(C) A Constituição da República dispõe expressamente que os serviços notariais e de registro são exercidos em caráter privado, daí não se admitir responsabilidade do Estado por atos de tabelionato.
(D) A jurisprudência exige, para a configuração da responsabilidade objetiva do Estado, que o ato praticado seja ilícito.
(E) A natureza da conduta administrativa - comissiva ou omissiva -, não importa para a configuração da responsabilidade objetiva do Estado.

A: correta, valendo salientar que, em casos como de erro judiciário, dolo, fraude, recusa, omissão ou retardamento injustificado do juiz (art. 133 do CPC), caberá responsabilidade estatal por ato do juiz; B: incorreta, pois o STF entende que a vítima só pode entrar com ação contra o Estado, não podendo ingressar diretamente contra o agente público; assim, não cabe a responsabilidade *"per saltum"* da pessoa natural do agente público (STF, RE 327.904, rel. Min. Carlos Brito, j. em 15/08/06 – Informativo 436), devendo o juiz julgar extinta, por ilegitimidade de parte, eventual ação promovida pelo terceiro lesado em face do agente público; C: incorreta, pois o tabelião responde objetivamente e o Estado também responde objetivamente, ainda que haja decisões do STJ que entendem que se deve acionar primeiro o registrador ou notário, acionando-se o Estado subsidiariamente (STJ, REsp 1163652/PE, DJ 01/07/2010); D: incorreta, pois não se discute, na responsabilidade objetiva do Estado, culpa ou dolo, ou seja, se houve ou não prática de ato ilícito; E: incorreta, pois, nas condutas omissivas, a responsabilidade do Estado é subjetiva, ao passo que nas condutas comissivas, é objetiva. Gabarito "A".

10. LICITAÇÃO

10.1. CONCEITO, OBJETIVOS E PRINCÍPIOS

(Magistratura/PR – 2008) Analise as afirmativas abaixo e assinale a alternativa correta:

I. o objetivo da licitação é garantir a observância do princípio constitucional da isonomia e selecionar a proposta mais vantajosa para a Administração.

II. estão sujeitos ao regime de licitação, além dos órgãos da administração direta, os fundos especiais, as autarquias, as fundações públicas, as empresas públicas, as sociedades de economia mista e demais entidades controladas direta ou indiretamente pela União, Estado, Distrito Federal e Municípios.

III. qualquer cidadão pode acompanhar o desenvolvimento da licitação, desde que não interfira para perturbar ou impedir a realização dos trabalhos.

(A) apenas as afirmativas I e II estão incorretas.
(B) apenas as afirmativas I e III estão corretas.
(C) todas as afirmativas estão incorretas.
(D) todas as afirmativas estão corretas.

I: correta, pois, de fato os dois principais objetivos da licitação é atender aos princípios da isonomia e da indisponibilidade do interesse público (art. 3º, *caput*, da Lei 8.666/93); vale acrescentar que, com a edição da Medida Provisória 495/10, a licitação passou a ter um terceiro objetivo, qual seja, a "promoção do desenvolvimento nacional" (art. 3º, *caput*, da Lei 8.666/93), o que se dará, na prática, com a modificação na ordem de preferência em caso de empate (art. 3º, § 2º, da Lei 8.666/93), com a criação de uma margem de preferência de até 25% no valor de produtos manufaturados e serviços nacionais que atendam a normas técnicas brasileiras, margem essa a ser regulamentada pelo Poder Executivo Federal (art. 3º, §§ 5º a 7º, da Lei 8.666/93); II: correta (art. 1º, parágrafo único, da Lei 8.666/93); III: correta (art. 4ª da Lei 8.666/93). Gabarito "D".

(Ministério Público/MG - 2008) São princípios fundamentais do instituto da Licitação, dentre outros:

I. julgamento subjetivo.
II. igualdade.
III. publicidade.
IV. gratuidade.

Está CORRETO:

(A) Apenas o que se afirma em I.
(B) Apenas o que se afirma em I e II.
(C) Apenas o que se afirma em II e III.
(D) Apenas o que se afirma em III e IV.
(E) Todos os incisos estão corretos.

Art. 3º da Lei 8.666/93. Gabarito "C".

(Ministério Público/MS – 2006) A licitação destina-se a garantir a observância do princípio constitucional da isonomia e a selecionar a proposta mais vantajosa para a Administração, sendo processada e julgada em estrita conformidade com os princípios básicos da:

(A) legalidade, impessoalidade, moralidade, igualdade, publicidade, probidade administrativa, da vinculação ao instrumento convocatório, do julgamento objetivo e dos que são correlatos.
(B) legalidade, impessoalidade, moralidade, igualdade, probidade administrativa, da vinculação ao instrumento convocatório, do julgamento objetivo e dos que são correlatos.
(C) legalidade, impessoalidade, moralidade, igualdade, publicidade, da vinculação ao instrumento convocatório, do julgamento objetivo e dos que são correlatos.
(D) impessoalidade, moralidade, igualdade, publicidade, probidade administrativa, da vinculação ao instrumento convocatório, do julgamento objetivo e dos que são correlatos.

Art. 3º da Lei 8.666/93. Gabarito "A".

(Procurador do Estado/PI – 2008 – CESPE) Com relação a licitações e contratos, assinale a opção correta.

(A) O princípio do sigilo na apresentação das propostas foi implicitamente revogado com o advento da CF de 1988 e legislação posterior, que determina que o procedimento licitatório será regido pelo princípio da publicidade.
(B) Segundo o princípio da adjudicação compulsória, a administração pública está obrigada a atribuir o objeto da licitação ao vencedor, não sendo mais permitida, nessa fase, a revogação.
(C) Conforme o princípio do julgamento objetivo, o julgamento das propostas deve ser feito de acordo com os critérios fixados no instrumento convocatório.
(D) De acordo com o princípio da moralidade, o vencedor da licitação tem direito subjetivo à adjudicação do objeto licitado.
(E) O princípio da vinculação ao instrumento convocatório destina-se exclusivamente a garantir o direito dos licitantes perante a administração pública.

A: incorreta (art. 3º, § 3º, da Lei 8.666/93); B: incorreta, pois a revogação pode ser feita até o final do procedimento licitarório (art. 49 da Lei 8.666/93); C: correta (art. 44 da Lei 8.666/93); D: incorreta, pois tal direito decorre do princípio da legalidade (art. 43, VI, da Lei 8.666/93); E: incorreta. Cuidado com palavras peremptórias como "exclusivamente"; o princípio da vinculação ao instrumento convocatório também protege a Administração Pública e a coletividade, pois garante o cumprimento do que foi expressado no edital. Gabarito "C".

(Cartório/SC – 2008) É obrigação do Poder Público, através de seus administradores, contratar obras, serviços, compras, alienações, concessões, permissões e locações com pessoa física ou jurídica:

(A) Observada a idoneidade do fornecedor, mediante consulta aos seus antecedentes processuais.
(B) Mediante simples procedimento de consulta a órgãos de defesa do consumidor, visando o interesse público e o melhor preço.
(C) Mediante convite enviado às pessoas que já tiverem efetuado outras obras para a Administração, visando o interesse público e o melhor preço.
(D) Necessariamente mediante procedimento judicial, com a citação de todos os interessados no certame.
(E) Necessariamente mediante prévia licitação, excetuadas as hipóteses previstas em lei.

Art. 2º da Lei 8.666/93. Gabarito "E".

(Auditor Fiscal/RN – 2004 – ESAF) A licitação, conforme previsão expressa na Lei nº 8.666/93, destina-se à observância do princípio constitucional da isonomia e, em relação à Administração Pública, a selecionar a proposta que lhe

(A) ofereça melhores condições.
(B) seja mais conveniente.
(C) seja mais vantajosa.
(D) proporcione melhor preço.
(E) atenda nas suas necessidades.

Art. 3º, *caput*, da Lei 8.666/93. Vale lembrar que, com a edição da Medida Provisória 495/10, a licitação passou a ter um terceiro objetivo, qual seja, a "promoção do desenvolvimento nacional" (art. 3º, *caput*, da Lei 8.666/93), o que se dará, na prática, com a modificação na ordem de preferência em caso de empate (art. 3º, § 2º, da Lei 8.666/93), com a criação de uma margem de preferência de até 25% no valor de produtos manufaturados e serviços nacionais que atendam a normas técnicas brasileiras, margem essa a ser regulamentada pelo Poder Executivo Federal (art. 3º, §§ 5º a 7º, da Lei 8.666/93). Gabarito "C."

10.2. CONTRATAÇÃO DIRETA (LICITAÇÃO DISPENSADA, DISPENSA DE LICITAÇÃO E INEXIGIBILIDADE DE LICITAÇÃO)

(Magistratura/DF – 2011) A Lei nº 8.666/93 prevê que a licitação é dispensável:

(A) quando não acudirem interessados à licitação anterior e esta, justificadamente, não puder ser repetida sem prejuízo para a Administração, não sendo necessário manter todas as condições preestabelecidas, já que ninguém conseguiu cumpri-las;

(B) na celebração de contrato de programa com ente da Federação ou com entidade de sua administração indireta, para a prestação de serviços públicos de forma associada nos termos do autorizado em contrato de consórcio público ou em convênio de cooperação;

(C) na contratação de fornecimento ou suprimento de energia elétrica e gás natural com qualquer tipo de empresa;

(D) nas compras de hortifrutigranjeiros, pão e outros gêneros perecíveis, pois não é possível realizar licitação para compras dessa natureza.

A: incorreta, pois é necessário manter todas as condições preestabelecidas (art. 24, V, da Lei 8.666/93; B: correta (art. 24, XXVI, da Lei 8.666/93); C: incorreta, pois deve ser uma contratação com concessionário, permissionário ou autorizado (art. 24, XXII, da Lei 8.666/93); D: incorreta, pois é possível sim fazer licitação no caso; há dispensa apenas no tempo necessário para a realização dos processos licitatórios correspondentes (art. 24, XII, da Lei 8.666/93). Gabarito "B."

(Magistratura/MT – 2009 – VUNESP) Determinado Ente Público quer fazer a contratação dos serviços de instituição nacional sem fins lucrativos, incumbida regimentalmente do desenvolvimento científico e tecnológico. De acordo com a Lei n.º 8.666/93, a licitação para essa contratação

(A) deverá ser feita na modalidade de concorrência.
(B) deverá ser feita na modalidade tomada de preços, se o valor do contrato for superior a oito mil reais.
(C) poderá ser feita na modalidade convite.
(D) poderá ser dispensada, desde que a pretensa contratada detenha inquestionável reputação ético-profissional.
(E) será inexigível, desde que o serviço seja destinado à publicidade e divulgação.

Art. 24, XIII, da Lei 8.666/93. Gabarito "D."

(Magistratura/PA – 2008 – FGV) Analise as afirmativas a seguir:

I. Licitação é procedimento administrativo seletivo regido pelos princípios básicos da Administração Pública e pelos princípios da vinculação ao instrumento licitatório e do julgamento objetivo-subjetivo.

II. O princípio da obrigatoriedade da licitação deve ser observado pela Administração Pública direta e indireta, incluindo as fundações públicas e as sociedades de economia mista, de todos os entes federativos.

III. Há dispensa do procedimento licitatório quando, apesar da possibilidade de sua realização, for inconveniente para a Administração Pública realizá-lo. Há inexigibilidade de licitação quando houver inviabilidade de competição.

Assinale:

(A) se nenhuma afirmativa estiver correta.
(B) se somente as afirmativas I e II estiverem corretas.
(C) se somente as afirmativas I e III estiverem corretas.
(D) se somente as afirmativas II e III estiverem corretas.
(E) se todas as afirmativas estiverem corretas.

I: incorreta (art. 3º, *caput*, da Lei 8.666/93); II: correta (art. 1º, parágrafo único, da Lei 8.666/93); III: correta (arts. 24 e 25 da Lei 8.666/93). Gabarito "D."

(Magistratura/SP – 2008) Com o propósito de definir as causas de um deslizamento de vultosa quantidade de terra sobre várias casas, a Administração Pública pretende contratar uma empresa de engenharia para a realização de perícia e apresentação de laudo técnico. Nesse caso, a Administração Pública

(A) deverá sempre contratar por meio de processo licitatório, ficando o agente público competente incumbido de escolher a modalidade.
(B) poderá contratar, sem licitação, desde que se trate de um trabalho singular e a empresa a ser contratada tenha notória especialização.
(C) poderá escolher a empresa de engenharia por meio de convite, por ser a modalidade de licitação mais célere.
(D) deverá dispensar a licitação, porquanto trata-se de hipótese de emergência.

Art. 25, II, da Lei 8.666/93. Gabarito "B."

(Magistratura/SC – 2008) Em relação à LICITAÇÃO, observadas as proposições abaixo, assinale a alternativa correta:

I. A Constituição acolheu a presunção (absoluta) de que prévia licitação produz a melhor contratação – entendida como aquela que assegura a maior vantagem possível à Administração Pública, com observância do princípio da isonomia.

II. A contratação direta não significa inaplicação dos princípios básicos que orientam a atuação administrativa.

III. A contratação direta não é modalidade de atividade administrativa imune à incidência do princípio da isonomia.

IV. É inexigível a licitação quando a disputa for inviável. Havendo viabilidade de disputa é obrigatória a licitação, excetuados os casos de "dispensa" impostos em lei.

(A) Somente a proposição I é incorreta.
(B) Somente as proposições II e III estão corretas.
(C) Todas as proposições estão incorretas.
(D) Todas as proposições estão corretas.
(E) Somente a proposição I é correta.

I: correta (art. 3º, *caput*, da Lei 8.666/93); II: correta, pois, de fato, a contratação direta (ou seja, sem licitação) tem raiz constitucional (art. 37, XXI) e está calcada no princípio da legalidade; a isonomia e a ideia de buscar a melhor proposta para a Administração ficam também atendidas pelo disposto no art. 26, parágrafo único, da Lei 8.666/93; III: correta (art. 26, parágrafo único, II, da Lei 8.666/93); IV: correta (art. 25, *caput*, c/c o art. 24, ambos da Lei 8.666/93). Gabarito "D."

(Magistratura/SP – 2011 – VUNESP) A Presidente da República, objetivando troca de turbina do "Aerolula", compra a peça de reposição sem licitação. É correto afirmar que a Presidente

(A) o faz baseado na singularidade relevante em matéria de licitação, na presunção de que o serviço de uma determinada empresa é mais indicado que outro, porquanto, no caso, existe uma significação particular excepcional.
(B) leva a efeito concorrência pública em homenagem ao princípio da moralidade.
(C) faz concorrência na modalidade convite tendo em vista o negócio de vulto a ser realizado.
(D) realiza tomada de preço organizada em função do ramo de negócio.
(E) realiza leilão com base no princípio da moralidade, impessoalidade, legalidade, publicidade e isonomia.

A, B, C, D e E: Dada a singularidade do serviço objetivado, está-se diante de hipótese de inexigibilidade de licitação (art. 25 da Lei 8.666/93), admitindo a contratação direta, ou seja, a não realização de licitação. Gabarito "A."

(Magistratura/TO – 2007 – CESPE) O prefeito de um município de determinado estado pretende contratar uma sociedade de advogados para desempenhar as atividades de contencioso judicial geral e de consultoria geral do respectivo município. Com tal fim, abriu a licitação na modalidade de convite, para a qual não compareceram interessados. Assim, houve por bem contratar um escritório em função da sua notória especialidade. Acerca dessa licitação, assinale a opção correta.

(A) A legítima contratação na espécie poderia ser feita inicialmente com inexigibilidade de licitação, diante da notória especialização do contratado.
(B) Na modalidade convite, não há a possibilidade de outros interessados se habilitarem e apresentarem a sua proposta.
(C) Uma vez que na espécie houve licitação deserta, é possível a contratação do escritório com a dispensa de licitação.
(D) A contratação na espécie poderia ser feita legalmente na modalidade de pregão.

A contratação é fundamentada na hipótese de dispensa prevista no art. 24, V, da Lei 8.666/93. Não se trata de hipótese que enseja inexigibilidade de licitação pela existência de serviço singular (art. 25, II, da Lei 8.666/93), pois o serviço que a Prefeitura necessita é geral, é comum no mercado, não se tratando de um serviço diferenciado, singular. O fato de ser um escritório com notória especialização não torna o serviço de que a Prefeitura precisa especial. O enunciado deixa claro que a Prefeitura precisa de serviços de contencioso e de consultoria *gerais*. Gabarito "C".

(Ministério Público/BA – 2005) Assinale a alternativa correta:

(A) Tanto na dispensa quanto na inexigibilidade da licitação há a possibilidade de competição. Contudo, a lei faculta ao administrador, no exercício de seu poder discricionário, adotá-las em face do interesse público concreto.
(B) Os casos de guerra ou de grave perturbação da ordem, de emergência ou calamidade públicas, são situações excepcionais que permitem a inexigibilidade do processo licitatório.
(C) A dispensa da licitação poderá ser lastreada quando a aquisição de materiais, equipamentos ou gêneros só possam ser fornecidos por produtor, empresa ou representante comercial exclusivo, vedada a preferência de marca, e com a devida comprovação da exclusividade por atestado fornecido pelo órgão de comércio do local.
(D) Havendo dispensa ou inexigibilidade, a empresa a ser contratada será escolhida pela modalidade convite.
(E) Pela modalidade da tomada de preços, a licitação se realiza entre interessados previamente cadastrados ou que preencham os requisitos para cadastramento até o terceiro dia anterior à data do recebimento das propostas, observada a necessária qualificação.

A: incorreta, pois na inexigibilidade não há possibilidade de competição; esta é inviável (art. 25, *caput*, da Lei 8.666/93); B: incorreta, pois são casos de *dispensa* de licitação, e não de *inexigibilidade* (art. 24, III e IV, da Lei 8.666/93); C: incorreta, pois trata-se de hipótese de *inexigibilidade*, e não de *dispensa* (art. 25, I, da Lei 8.666/93); D: incorreta, pois havendo dispensa ou inexigibilidade, não será feita a licitação, portanto, não se pode falar em qualquer modalidade de licitação; E: correta (art. 22, § 2º, da Lei 8.666/93). Gabarito "E".

(Ministério Público/DF – 2009) No campo das licitações públicas, assinale a alternativa correta.

(A) É dispensável a licitação para contratação de profissional do setor artístico, desde que consagrado pela crítica especializada ou pela opinião pública.
(B) É inexigível a licitação quando a União tiver que intervir no domínio econômico para regular preços ou normalizar o abastecimento.
(C) A concorrência é facultativa para concessões de direito real de uso.
(D) O leilão é a modalidade de licitação utilizada para a alienação de bens imóveis.
(E) A doação com encargo será licitada e de seu instrumento constarão obrigatoriamente os encargos, o prazo de seu cumprimento e cláusula de reversão.

A: incorreta, pois esse caso é de *inexigibilidade* de licitação (art. 25, III, da Lei 8.666/93); B: incorreta, pois esse caso é de *dispensa* (art. 24, VI, da Lei 8.666/93); C: incorreta, pois é obrigatória nesse caso (art. 23, § 3º, da Lei 8.666/93); D: incorreta, pois o *leilão* é utilizado para alienação de bens *móveis* inservíveis ou legalmente apreendidos ou penhorados (art. 22, § 5º, da Lei 8.666/93), devendo-se utilizar a *concorrência* para a alienação de bens imóveis (art. 23, § 3º, da Lei 8.666/93); apenas os imóveis adquiridos por procedimento judicial ou por dação em pagamento podem ser alienados por *leilão* (art. 19, III, da Lei 8.666/93); E correta (art. 17, § 4º, da Lei 8.666/93). Gabarito "E".

(Ministério Público/MG - 2008) Sobre a inexigibilidade da licitação, assinale a opção **INCORRETA**.

(A) É legalmente vedada a inexigibilidade da licitação para contratação de serviços de publicidade e divulgação.
(B) É inexigível a licitação para contratação de profissional de qualquer setor artístico, diretamente ou através de empresário exclusivo, desde que consagrado pela crítica especializada ou pela opinião pública.
(C) É inexigível a licitação para aquisição de materiais, equipamentos, ou gêneros que só possam ser fornecidos por produtor, empresa, ou representante comercial exclusivo, vedada a preferência de marca.
(D) É taxativo o rol de causas de inexigibilidade contido na legislação de regência.
(E) NDA

A: correta (art. 25, II, parte final, da Lei 8.666/93); B: correta (art. 25, III, da Lei 8.666/93); C: correta (art. 25, I, da Lei 8.666/93); D: está incorreta, pois o rol de inexigibilidades não é taxativo, como deixa claro o próprio *caput* do art. 25, que usa a expressão "em especial"; E: correta, pois como já existe uma alternativa incorreta, não há por que marcar a alternativa "E". Gabarito "D".

(Ministério Público/MS – 2011 – FADEMS) Dentre as modalidades de licitação, aquela utilizada para a venda de bens móveis inservíveis ou de produtos legalmente apreendidos e aquela utilizada entre interessados devidamente cadastrados ou que atenderem a todas as condições exigidas para cadastramento até o terceiro dia anterior à data do recebimento das propostas, observada a necessária qualificação são, respectivamente, definidas pela Lei nº 8.666/93 como:

(A) pregão e tomada de preços;
(B) leilão e convite;
(C) concorrência e leilão;
(D) leilão e tomada de preços;
(E) leilão e pregão.

Art. 22, §§ 5º e 2º, respectivamente, da Lei 8.666/93. Gabarito "D".

(Ministério Público/MS – 2006) É caso de inexigibilidade de licitação:

(A) contratação de remanescentes de obra, serviço ou fornecimento em consequência de rescisão contratual.
(B) contratação de serviço técnico de natureza singular.
(C) contratação nos casos de emergência ou de calamidade pública.
(D) contratação de valor inferior a determinado limite estabelecido.

A: incorreta, pois é caso de *dispensa* (art. 24, XI, da Lei 8.666/93); B: é a alternativa correta, pois esse é um caso de inexigibilidade (art. 25, II, da Lei 8.666/93); C: incorreta, pois é caso de *dispensa* (art. 24, IV, da Lei 8.666/93); D: incorreta, pois é caso de *dispensa* (art. 24, I e II, da Lei 8.666/93). Gabarito "B".

(Ministério Público/RO – 2008 – CESPE) Em cada uma das opções abaixo, é apresentada uma situação hipotética com relação a licitações públicas, seguida de uma assertiva a ser julgada. Assinale a opção que apresente a assertiva correta.

(A) O estado de Rondônia editou uma lei disciplinando o sistema de registro de preços. Nessa situação, a referida lei é inconstitucional, já que é de competência privativa da União legislar acerca de licitações públicas.
(B) O prefeito de determinado município pretende contratar uma empresa de publicidade para divulgar as ações de seu governo. Nessa situação, mesmo diante da notória especialidade, o contrato não poderá ser firmado com inexigibilidade de licitação.

(C) Determinado estado fez publicar edital no qual consta que um projeto executivo será elaborado pela empresa contratada. Nessa situação, houve frontal violação à lei geral de licitações, a qual veda que a mesma empresa que irá fazer o projeto executivo venha a executá-lo.

(D) A receita estadual apreendeu 100 computadores em uma operação de seus agentes. Uma escola particular, que atua junto à sociedade carente, solicitou a doação desses computadores. Nessa situação, conforme a lei de regência, essa doação dependerá de lei autorizadora específica e de avaliação prévia, sendo dispensada apenas a licitação.

(E) Devido a uma inesperada enchente do principal rio de um bairro, um município adquiriu alimentos, vestuário, cobertores e remédios, utilizando-se, para tanto, da dispensa de licitação. Na mesma oportunidade, a entidade municipal resolveu contratar uma empresa de construção civil para construir duas escolas para proteger as pessoas desabrigadas e, depois de passada a situação emergencial, atender aos alunos daquela comunidade. Nessa situação, mesmo que a obra mencionada tenha previsão de ser concluída em dois anos, o referido município poderá se utilizar da dispensa de licitação.

A: está incorreta, pois compete privativamente à União editar apenas as **normas gerais** em matéria de licitação (art. 22, XXVII, da CF); B: está correta, nos termos do art. 25, II (parte final), da Lei 8.666/93; C: incorreta (art. 9º, § 2º, da Lei 8.666/93); D: incorreta (art. 17, II, a, da Lei 8.666/93); E: incorreta, pois a dispensa de licitação pela situação de emergência não permite que o contrato supere 180 dias (art. 24, IV, da Lei 8.666/93). Gabarito "B".

(Ministério Público/SC – 2010) **Em atenção à licitação, considere as seguintes assertivas:**

I. O autor do projeto, básico ou executivo, não poderá participar, direta ou indiretamente, da licitação ou da execução de obra ou serviço e do fornecimento de bens a eles necessários.

II. É inexigível a licitação para contratação de serviços de publicidade.

III. A licitação é dispensável na contratação de instituição ou organização, pública ou privada, com ou sem fins lucrativos, para a prestação de serviços de assistência técnica e extensão rural no âmbito do Programa Nacional de Assistência Técnica e Extensão Rural na Agricultura Familiar e na Reforma Agrária, instituído por Lei Federal.

IV. Os tipos de licitação "melhor técnica" ou "técnica e preço" serão utilizados exclusivamente para serviços de natureza predominantemente intelectual.

V. A autoridade competente somente poderá revogar a licitação por razões de interesse público decorrente de fato superveniente devidamente comprovado, pertinente e suficiente para justificar tal conduta e através de processo administrativo, assegurando, assim, o contraditório e a ampla defesa dos licitantes.

De acordo com a Lei Federal n. 8.666/93, em sua redação atual:

(A) Apenas as assertivas IV e V estão corretas.
(B) Todas as assertivas estão corretas.
(C) Apenas as assertivas II, IV e V estão corretas.
(D) Apenas as assertivas II, III e V estão corretas.
(E) Apenas as assertivas I, III, IV e V estão corretas.

I: correta (art. 9º, I, da Lei 8.666/93); II: incorreta, pois há expressa determinação legal em sentido contrário (art. 25, II, da Lei 8.666/93); III: correta (art. 24, XXX, da Lei 8.666/93); IV: correta (art. 46 da Lei 8.666/93); V: correta (art. 49, caput e § 3º, da Lei 8.666/93). Gabarito "E".

(Procurador do Estado/PB – 2008 – CESPE) Um prefeito, tendo realizado contratação direta de um publicitário para a realização dos serviços de publicidade institucional da prefeitura, justificou o seu ato sob o argumento de que, por se tratar de serviço técnico de notória especialização, não seria exigível a licitação. Na situação apresentada, a atitude do prefeito, à luz da Lei de Licitações, deve ser considerada

(A) correta, visto que, de fato, por constituir serviço técnico de notória especialização, a mencionada contratação dispensaria procedimento licitatório.
(B) errada, pois não se trata de hipótese de inexigibilidade de licitação, mas de dispensa de licitação.
(C) errada, pois serviços de publicidade não podem ser classificados como de notória especialização, sendo necessário o procedimento de licitação para a contratação desse tipo de serviço.
(D) correta, pois, geralmente, as contratações de serviços de publicidade são de baixo valor, o que assegura a contratação direta, sem licitação.
(E) errada, pois prefeituras são impedidas de contratar serviços de publicidade.

Art. 25, II (parte final), da Lei 8.666/93. Gabarito "C".

(Procurador do Estado/PR – 2007) Em relação à licitação, é correto afirmar: ALTERNATIVAS:

(A) possui como objetivo exclusivo proporcionar à Administração Pública o negócio mais vantajoso;
(B) somente a União pode legislar sobre a matéria;
(C) o princípio da vinculação ao edital aplica-se apenas aos licitantes;
(D) o leilão é utilizado exclusivamente para a venda de bens móveis inservíveis, legalmente apreendidos ou penhorados, a quem oferecer o maior lance, desde que igual ou superior à avaliação;
(E) as hipóteses de inexigibilidade de licitação, previstas em lei, são meramente exemplificativas, sendo, no entanto, exaustivas as que contemplam sua dispensa.

A: incorreta. Cuidado com palavras peremptórias como "exclusivo"; o outro objetivo é atender ao princípio da isonomia (art. 3º, caput, da Lei 8.666/93); B: incorreta, pois a União tem competência para editar normas gerais, podendo os demais entes federativos editar normas para operacionalizar o cumprimento da Lei 8.666/93 e para atender suas especificidades (art. 22, XXVII, da CF); C: incorreta, pois o princípio também se aplica à Administração Pública; D: incorreta. Cuidado com palavras como "exclusivamente"; leia o art. 22, § 5º, da Lei 8.666/93; E: está correta; basta ler o caput dos arts. 24 e 25 e perceber a diferença; no caso da inexigibilidade, repare na expressão "em especial". Gabarito "E".

(Procurador do Estado/RO – 2011 – FCC) NÃO é hipótese legal de dispensa de licitação:

(A) A alienação gratuita ou onerosa, aforamento, concessão de direito real de uso, locação ou permissão de uso de bens imóveis residenciais construídos, destinados ou efetivamente utilizados no âmbito de programas habitacionais ou de regularização fundiária de interesse social desenvolvidos por órgãos ou entidades da administração pública.
(B) A contratação de remanescente de obra, serviço ou fornecimento, em consequência de rescisão contratual, desde que atendida a ordem de classificação da licitação anterior e aceitas as mesmas condições oferecidas pelo licitante vencedor, inclusive quanto ao preço, devidamente corrigido.
(C) A contratação da coleta, processamento e comercialização de resíduos sólidos urbanos recicláveis ou reutilizáveis, em áreas com sistema de coleta seletiva de lixo, efetuados por associações ou cooperativas formadas exclusivamente por pessoas físicas de baixa renda reconhecidas pelo poder público como catadores de materiais recicláveis, com o uso de equipamentos compatíveis com as normas técnicas, ambientais e de saúde pública.
(D) A contratação de associação de portadores de deficiência física, sem fins lucrativos e de comprovada idoneidade, por órgãos ou entidades da Administração Pública, para a prestação de serviços ou fornecimento de mão de obra, desde que o preço contratado seja compatível com o praticado no mercado.
(E) O credenciamento de número indeterminado de profissionais de saúde para atendimento de saúde complementar aos servidores públicos, garantindo-se a publicidade do procedimento, a objetividade dos requisitos, a regulamentação da prestação dos serviços e a fixação criteriosa da tabela de remuneração dos serviços prestados.

A: é hipótese de licitação dispensada (art. 17, I, "f", da Lei 8.666/93); B: é hipótese de dispensa (art. 24, XI, da Lei 8.666/93); C: é hipótese de dispensa (art. 24, XXVII, da Lei 8.666/93); D: é hipótese de dispensa (art. 24, XX, da Lei 8.666/93); E: NÃO é hipótese, devendo ser assinalada; isso porque não existe essa previsão no rol taxativo das dispensas de licitação. Gabarito "E".

(Procurador do Estado/SP – FCC – 2009) Pretendendo a Administração contratar a prestação de serviços médicos para atendimento de seus servidores, resolveu credenciar todos os estabelecimentos interessados em fazê-lo pelo valor previamente fixado pela Administração e que atendam a um padrão mínimo de qualidade fixado em edital. Ao assim proceder, a Administração praticou ato

(A) legal com fundamento na faculdade que lhe concede a Lei nº 8.666/93 de contratar com dispensa de licitação, tendo em vista as características próprias da pessoa do contratado.
(B) legal, tendo em vista a presunção de legalidade de seus atos e a possibilidade de contratação com dispensa de licitação em razão do objeto.
(C) legal, com fundamento na Lei nº 8.666/93, por ser possível a contratação com inexigibilidade de licitação sempre que houver inviabilidade de competição.
(D) ilegal porque estava obrigada a realizar procedimento licitatório, nos termos da Lei nº 8.666/93.
(E) ilegal porque ainda que o contrato possa ser firmado com inexigibilidade de licitação, a predeterminação de valores realizada, por si só, é lesiva ao erário.

No caso em tela, como há um valor prefixado, não há que se falar em competição, não havendo, portanto, que se falar em licitação, por inexigibilidade fundamentada no *caput* do art. 25 da Lei 8.666/93 ("inviabilidade de competição"). Gabarito "C".

(Procurador de Contas TCE/ES – CESPE – 2009) As hipóteses de licitação dispensável não incluem

(A) a aquisição de bens e contratação de serviços para atender aos contingentes militares das forças singulares brasileiras empregadas em operações de paz no exterior, necessariamente justificadas quanto ao preço e à escolha do fornecedor ou executante e ratificadas pelo comandante da força.
(B) o fornecimento de bens e serviços, produzidos ou prestados no país, que envolvam, cumulativamente, alta complexidade tecnológica e defesa nacional, mediante parecer de comissão especialmente designada pela autoridade máxima do órgão.
(C) a contratação da coleta, processamento e comercialização de resíduos sólidos urbanos recicláveis ou reutilizáveis, em áreas com sistema de coleta seletiva de lixo, efetuados por associações ou cooperativas formadas exclusivamente por pessoas físicas de baixa renda reconhecidas pelo poder público como catadores de materiais recicláveis, com o uso de equipamentos compatíveis com as normas técnicas, ambientais e de saúde pública.
(D) a contratação de fornecimento ou suprimento de energia elétrica com concessionário, permissionário ou autorizado, segundo as normas da legislação específica.
(E) a aquisição de materiais, equipamentos ou gêneros que possam ser fornecidos somente por produtor, empresa ou representante comercial exclusivo.

A: correta (art. 24, XXIX, da Lei 8.666/93); B: correta (art. 24, XXVIII, da Lei 8.666/93); C: correta (art. 24, XXVII, da Lei 8.666/93); D: correta (art. 24, XXI, da Lei 8.666/93); E: incorreta, pois esse caso não é de *dispensa*, mas de *inexigibilidade* (art. 25, I, da Lei 8.666/93). Gabarito "E".

(Procurador do Município/Florianópolis-SC – 2010 – FEPESE) Analise as afirmativas abaixo:

É dispensável a licitação para:

1. o fornecimento de bens e serviços, produzidos ou prestados no País, que envolvam, cumulativamente, alta complexidade tecnológica e defesa nacional, mediante parecer de comissão especialmente designada pela autoridade máxima do órgão.

2. a celebração de contratos de prestação de serviços com as organizações sociais, qualificadas no âmbito das respectivas esferas de governo, para atividades contempladas no contrato de gestão.

3. a aquisição ou restauração de obras de arte e objetos históricos, de autenticidade certificada, desde que compatíveis ou inerentes às finalidades do órgão ou entidade.

Assinale a alternativa que indica todas as afirmativas **corretas**.
(A) É correta apenas a afirmativa 2.
(B) É correta apenas a afirmativa 3.
(C) São corretas apenas as afirmativas 1 e 2.
(D) São corretas apenas as afirmativas 2 e 3.
(E) São corretas as afirmativas 1, 2 e 3.

1: correta (art. 24, XXVIII, da Lei 8.666/93); 2: correta (art. 24, XXIV, da Lei 8.666/93); 3: correta (art. 24, XV, da Lei 8.666/93). Gabarito "E".

(Defensor Público/AM – 2010 – I. Cidades) A respeito do credenciamento em matéria de licitação, assinale a alternativa correta:

(A) É inexigível a licitação nas hipóteses em que o credenciamento é aberto para outorga a todos os interessados habilitados, já que inexistente a possibilidade teórica de competição.
(B) O credenciamento, como ato administrativo ampliativo de direitos do cidadão, sempre implica na obrigatoriedade de licitação, em respeito ao princípio da isonomia.
(C) Todos os atos administrativos restritivos também se submetem a um processo administrativo próprio de licitação.
(D) O credenciamento é aberto, mas sempre deve ser licitado em respeito ao princípio da isonomia.
(E) O credenciamento é o ato através do qual, após prévio processo licitatório, se permite que uma empresa represente a Administração Pública em uma ocasião específica.

O credenciamento é o ato ou contrato formal pelo qual a administração pública confere a um particular (pessoa física ou jurídica), normalmente sem prévia licitação, a prerrogativa de exercer certas atividades materiais ou técnicas, em caráter instrumental ou de colaboração com o Poder Público, a título oneroso, remuneradas, na maioria das vezes, diretamente pelos interessados. Um exemplo de credenciamento é o ato que ocorre com as empresas de autoescola, que recebem credenciamento do Poder Público para a prática de certas atividades em colaboração com este (aulas, exames etc.), sem licitação e com cobrança dos interessados. Inexistindo viabilidade técnica de competição, está-se diante de hipótese de inexigibilidade (art. 25, caput, da Lei 8.666/93). Gabarito "A".

(Defensoria/RN – 2006) A contratação de serviços técnicos profissionais especializados considera a natureza singular do trabalho a ser prestado, além da notoriedade do profissional a ser contratado, o que frustra a competitividade na licitação, podendo-se afirmar tratar-se de uma contratação *intuito personae*, por isso, não se consideram incluídos entre estes serviços

(A) o patrocínio ou defesa de causas judiciais ou administrativas.
(B) a publicidade e a divulgação.
(C) o treinamento e aperfeiçoamento de pessoal.
(D) a restauração de obras de arte e bens de valor histórico.

Art. 25, II (parte final), da Lei 8.666/93. Gabarito "B".

(Defensoria Pública/SP – 2010 – FCC) A formalização da concessão de serviço público, disciplinada em sua forma comum pela Lei n. 8.987/95, dar-se-á por contratação

(A) com licitação dispensável, devido à prestação ser por conta e risco do concessionário.
(B) em condições legais excepcionais, sem exigência de modalidade licitatória específica.
(C) com licitação dispensada, se demonstrada a melhor capacidade do concessionário.
(D) direta e sem prazo determinado, em decorrência de ser inexigível a licitação.
(E) com licitação prévia e obrigatória, na modalidade de concorrência.

A contratação de concessão de serviço público depende de licitação pública, na modalidade concorrência, nos termos do art. 2º, II, da Lei 8.987/95 e do art. 175 da CF. Gabarito "E".

(Cartório/DF – 2008 – CESPE) Julgue o item seguinte.

(1) É dispensável a licitação em caso de fornecimento de bens ou serviços, produzidos ou prestados no país, desde que envolvam tanto a alta complexidade tecnológica como a defesa nacional, situação que exige parecer de comissão especialmente designada pela autoridade máxima do órgão.

1: certo (Art. 24, XXVIII, da Lei 8.666/93). Gabarito 1C.

(Delegado/GO – 2009 – UEG) A Lei n. 8.666/93, que instituiu normas para licitação e contratos da Administração Pública, prevê regras acerca da contratação direta. Sobre esse tema, é CORRETO afirmar:

(A) tratando-se de autorização legal para contratar de forma direta, o administrador não está obrigado a justificar a razão da escolha daquele que será contratado.
(B) o administrador público, se quiser, poderá realizar processo licitatório tanto na licitação dispensável quanto na licitação dispensada.
(C) é possível contratação direta se ocorrer a situação denominada licitação deserta.
(D) é possível contratação direta no caso de ocorrência da chamada licitação fracassada.

A: incorreta, pois a contratação sem licitação depende do cumprimento dos requisitos previstos no art. 26, parágrafo único, da Lei 8.666/93, que inclui o dever de justificar a razão da escolha daquele que será contratado; B: incorreta, pois a doutrina entende que na licitação dispensável (art. 24 da Lei 8.666/93) o administrador tem discricionariedade para escolher se contrata com ou sem licitação, ao contrário do que ocorre na licitação dispensada (art. 17 da Lei 8.666/93), em que o administrador, querendo contratar, é obrigado a fazê-lo sem licitação; aproveitando o ensejo, vale lembrar que, no que se refere à inexigibilidade, a doutrina entende que também não há discricionariedade para o administrador, pois, configurada uma situação prevista no art. 25 da Lei 8.666/93, o administrador, querendo contratar, é obrigado a fazê-lo sem licitação, tendo em vista a inviabilidade de competição; C: correta, pois é dispensável a licitação "quando não acudirem interessados à licitação anterior e esta, justificadamente, não puder ser repetida sem prejuízo para a Administração, mantidas, neste caso, todas as condições preestabelecidas" (art. 24, V, da Lei 8.666/93); D: incorreta, pois, no caso de licitação fracassada (em que apareceram interessados, mas todos foram desclassificados), a solução é outra, qual seja, "a administração poderá fixar aos licitantes o prazo de oito dias úteis para a apresentação de nova documentação ou de outras propostas escoimadas das causas referidas neste artigo, facultada, no caso de convite, a redução deste prazo para três dias úteis" (art. 48, § 3º, da Lei 8.666/93). Gabarito "C".

(Delegado/SC – 2008) Analise as alternativas a seguir e assinale a correta.

(A) Na licitação, ainda que não causem dano à Administração e aos licitantes, será anulado o procedimento licitatório por irregularidades formais na documentação ou na proposta, em virtude do princípio do procedimento formal.
(B) O contrato administrativo de fornecimento é sujeito à obrigatoriedade de procedimento licitatório prévio.
(C) O princípio licitatório da publicidade impõe que o julgamento das propostas seja um ato público.
(D) A licitação poderá ser dispensada a critério de conveniência e oportunidade do Administrador, independentemente de hipótese legal para tanto.

A: incorreta, pois a Lei 8.666/93 não faz referência ao princípio do procedimento formal; por outro lado, a Lei 9.784/99, que se aplica subsidiariamente (vide o seu art. 69), tem como princípio a adoção de formas simples, suficientes para dar segurança jurídica, o que revela conexão com o princípio da liberdade das formas; assim, problemas formais que não alterem o conteúdo da proposta e que estejam de acordo com a boa-fé e com o desenvolvimento normal dos trabalhos da licitação, podem ser regularizados, não sendo o caso de anular o procedimento licitatório; B: correta, pois como todo contrato administrativo, a regra é ter que se fazer licitação; C: incorreta (art. 3º, § 3º, da Lei 8.666/93); D: incorreta, pois a contratação direta, ou seja, sem licitação, deve estar prevista na *lei* (art. 37, XXI, da CF). Gabarito "B".

(Magistratura Federal-4ª Região – 2010) Dadas as assertivas abaixo, assinale a alternativa correta:

I. As empresas públicas e as sociedades de economia mista não estão sujeitas às normas para as licitações e contratos da Administração Pública.
II. A dispensa de licitação ocorre nas hipóteses em que a competição se torna inviável.
III. É inexigível a licitação para a contratação de serviços técnicos com profissionais ou empresas de notória especialização.
IV. Na licitação do tipo *"menor preço"*, em caso de empate, a escolha se dará sempre por sorteio.
V. Após a homologação da licitação, não pode mais a Administração anulá-la, por ilegalidade, ou revogá-la, por razões de interesse público superveniente.

(A) Está correta apenas a assertiva III.
(B) Estão corretas apenas as assertivas IV e V.
(C) Estão corretas apenas as assertivas I, II e III.
(D) Estão corretas apenas as assertivas I, III e V.
(E) Estão corretas todas as assertivas.

I: incorreta, pois estão sujeitas, nos termos do art. 173, § 1º, III, da CF; II: incorreta, pois a inviabilidade de licitação é hipótese de inexigibilidade de licitação (art. 25 da Lei 8.666/93), e não de dispensa de licitação (art. 24 da Lei 8.666/93); III: correta (art. 25, II, da Lei 8.666/93); IV: incorreta, pois há de se observar, previamente, os critérios estabelecidos no art. 3º, § 2º, da Lei 8.666/93; V: incorreta, pois a própria lei regulamenta a hipótese de anulação da licitação quando já se estiver celebrado o próprio contrato (art. 49, § 2º, da Lei 8.666/93). Gabarito "A".

(Magistratura Federal-5ª Região – 2011) Conforme o disposto no art. 3.º da Lei nº 8.666/1993, a licitação destina-se a garantir a observância do princípio constitucional da isonomia e a selecionar a proposta mais vantajosa para a administração. Com relação ao dever constitucional de licitar e à possibilidade excepcional de não fazê-lo, assinale a opção correta.

(A) É dispensável a licitação para a aquisição de bem fornecido por uma única empresa.
(B) É necessária a licitação no caso de dação em pagamento.
(C) É inexigível a licitação para a contratação de obra de pequeno valor.
(D) Dispensa-se a licitação quando o prazo necessário à realização do procedimento licitatório for incompatível com a urgência na execução do contrato.
(E) Nos casos de inexigibilidade de licitação, há possibilidade de competição entre particulares.

A: incorreta, pois esse caso é de inexigibilidade de licitação (art. 25, I, da Lei 8.666/93); B: incorreta, pois essa hipótese é de licitação dispensada (art. 17, I, "a", da Lei 8.666/93); C: incorreta, pois esse caso é de dispensa de licitação (art. 24, I e II, da Lei 8.666/93); D: correta, tratando-se de dispensa nos casos de emergência (art. 24, IV, da Lei 8.666/93); E: incorreta, pois a inexigibilidade caracteriza-se justamente pela inviabilidade de competição (art. 25, *caput*, da Lei 8.666/93). Gabarito "D".

(Magistratura Federal – 5ª Região – 2007 – CESPE)

(1) A contratação de contador para prestar serviço à administração pública pode ser precedida de dispensa de licitação porque tal situação constitui caso de inviabilidade de competição, pela singularidade do serviço a ser prestado.

A afirmativa está incorreta. Em primeiro lugar, a questão confundiu dispensa com inexigibilidade, pois as questões da inviabilidade de competição e da singularidade do serviço referem-se à segunda, e não à primeira. Além disso, a contratação de um contador para fazer um serviço normal não é caso de inexigibilidade pelo art. 25, II, da Lei 8.666/93, que só admite contratação direta se a Administração estiver precisando de um serviço diferenciado, o que não parece ocorrer no caso. Gabarito 1E.

(Magistratura Federal – 1ª Região – 2005) Ocorre inexigibilidade de licitação:

(A) quando há inviabilidade de competição, encontrando-se os casos taxativamente enumerados em lei;
(B) quando há inviabilidade de competição, devidamente justificada, mesmo que a situação não esteja especificamente prevista em lei;
(C) quando, embora viável a competição, a licitação é objetivamente inconveniente ao interesse público, conforme enumeração taxativa da lei;
(D) quando, embora viável a competição, a licitação é objetivamente inconveniente ao interesse público, conforme despacho fundamentado da autoridade competente, não dependendo de previsão legal específica.

Os casos de inexigibilidade não são taxativos (art. 25, *caput*, da Lei 8.666/93) e ocorrem quando a competição é inviável, e não por critério de conveniência e oportunidade da Administração. Gabarito "B".

(Procurador Federal – 2010 – CESPE) Julgue o item seguinte.

(1) Considere que o administrador de determinada autarquia tenha promovido a abertura de licitação, na modalidade convite, para a ampliação da sede regional desse ente e que não tenha havido interessados no primeiro certame e, por isso, a licitação tenha sido considerada deserta. Considere, ainda, que o administrador, então, tenha encaminhado o processo administrativo à Procuradoria Federal para análise acerca da possibilidade de se dispensar a licitação para a contratação da empresa de engenharia. Nessa situação, conforme entendimento firmado pela AGU, não pode ser dispensada a licitação.

1: Correta, pois, apesar do disposto no art. 24, V, da Lei 8.666/93, como a licitação deserta foi um *convite*, em que a publicidade é limitada, deve-se tentar novamente um certame, em modalidade com maior chance de aparecerem interessados. Gabarito 1C

(DEFENSORIA PÚBLICA DA UNIÃO – 2002 – CESPE) Julgue o seguinte item.

(1) A inexigibilidade de licitação para a contratação de serviços técnicos especializados pressupõe a singularidade do objeto, de tal modo que o mesmo só possa ser executado por profissional de notória especialização. Assim, não se admite, por esse fundamento, a contratação do mais conceituado jurista brasileiro, de fama internacional, para a atividade de assessoria jurídica rotineira a um determinado município.

1: correta, pois o serviço singular, que é o que justifica esse caso de inexigibilidade (art. 25, II, da Lei 8.666/93), é aquele serviço técnico diferenciado, não podendo se tratar de um serviço comum. Um exemplo é a necessidade de contratar uma consultoria para a modelagem de uma parceria público-privado, serviço que, efetivamente, é singular. Já a contratação de um escritório de advocacia, mesmo que extremamente conceituado, para o ingresso com uma ação simples, como uma ação de revisão contratual, não envolve serviço singular, mas serviço comum, corrente, rotineiro, de modo que não cabe contratação direta, ou seja, contratação sem licitação. Gabarito 1C

(Ministério Público do Trabalho – 13°) NÃO se trata de hipótese em que é dispensável a licitação:

(A) para a celebração de contratos de prestação de serviços com as organizações sociais, qualificadas no âmbito das respectivas esferas de governo, para atividades contempladas no contrato de gestão;
(B) para a celebração de contrato de prestação de serviço de fiscalização, supervisão ou gerenciamento de obras ou serviços, de natureza singular, com empresa de notória especialização;
(C) para a aquisição ou restauração de obras de arte e objetos históricos, de autenticidade certificada, desde que compatíveis ou inerentes às finalidades do órgão ou entidade;
(D) quando a União tiver que intervir no domínio econômico para regular preços ou normalizar o abastecimento;
(E) não respondida.

A: correta (art. 24, XXIV, da Lei 8.666/93); B: incorreta, essa seria uma hipótese de inexigibilidade e não de dispensa (vide o art. 25, II, da Lei 8.666/93); C: correta (art. 24, XV, da Lei 8.666/93); D: correta (art. 24, VI, da Lei 8.666/93). Gabarito "B".

(Auditor Fiscal/RJ) A contratação direta de uma compra pela Administração é possível quando em presença de:

(A) situação incomum que configure prioridade da gestão
(B) oferta comprovadamente vantajosa para os cofres públicos
(C) hipótese definida por ato normativo da autoridade administrativa competente
(D) hipótese expressamente prevista em lei como de dispensa ou de inexigibilidade de licitação

O art. 37, XXI, da CF exige *lei* para a contratação direta. Gabarito "D".

10.3. MODALIDADES DE LICITAÇÃO E REGISTRO DE PREÇOS

(Magistratura/AL – 2007 – FCC) É elemento estranho ao regime jurídico geral da modalidade de licitação dita pregão, nos termos da Lei n. 10.520/02, a

(A) possibilidade de os licitantes alterarem suas propostas comerciais após abertos os respectivos envelopes.
(B) precedência da fase de classificação em relação à fase de habilitação.
(C) aplicação dos critérios de julgamento de menor preço, de melhor técnica ou de técnica e preço.
(D) vedação da exigência de garantia de proposta.
(E) vedação da exigência de aquisição do edital pelos licitantes como condição para participação no certame.

A: correta (art. 4°, VIII, da Lei 10.520/02); B: correta (art. 4°, VII e XII, da Lei 10.520/02); C: incorreta (art. 4°, X, da Lei 10.520/02); D: correta (art. 5°, I, da Lei 10.520/02); E: correta (art. 5°, II, da Lei 10.520/02). Gabarito "C".

(Magistratura/AL – 2008 – CESPE) Licitação entre interessados prévia e devidamente cadastrados ou interessados que atendam a todas as condições exigidas para cadastramento até o terceiro dia anterior à data do recebimento das propostas, observada a necessária qualificação, enquadra-se na modalidade de

(A) tomada de preços.
(B) convite.
(C) concorrência.
(D) pregão.
(E) concurso.

Art. 22, § 2°, da Lei 8.666/93. Gabarito "A".

(Magistratura/BA – 2006 – CESPE) Julgue o item seguinte

(1) Considere a seguinte situação hipotética. Em um pregão, os participantes apresentaram propostas com os seguintes preços, para a prestação de determinado serviço comum: licitante A – R$ 10.000,00, licitante E – R$ 11.000,00, licitante B – R$ 10.100,00, licitante F – R$ 11.500,00, licitante C – R$ 10.500,00, licitante G – R$ 12.000,00, licitante D – R$ 10.900,00, licitante H – R$ 12.100,00. O pregoeiro verificou que os licitantes B e G não haviam obedecido aos requisitos do instrumento convocatório, na elaboração das propostas. Nessas condições, o pregoeiro deverá passar à fase de lances verbais, da qual apenas os licitantes A, C, D e E terão o direito de participar, para, ao final, identificar o vencedor do pregão.

1: certo, pois, de acordo com o art. 4°, VIII, da Lei 10.520/02, "o autor da oferta de valor mais baixo e os das ofertas com preços até 10% (dez por cento) superiores àquela poderão fazer novos lances verbais e sucessivos, até a proclamação do vencedor". Assim, e considerando que os licitantes B e G foram desclassificados, passariam para a próxima fase os licitantes A (autor da melhor oferta) e C, D e E (autores de oferta até 10% superiores à do licitante A). Gabarito 1C

(Magistratura/DF – 2011) Acerca do Pregão, é correto afirmar:

(A) É necessária a exigência de garantia da proposta;
(B) O prazo de validade das propostas será de 30 (trinta) dias, se outro não estiver fixado no edital;
(C) As compras e contratações de bens e serviços comuns, no âmbito da União, dos Estados, do Distrito Federal e dos Municípios, quando efetuadas pelo sistema de registro de preços previsto no art. 15 da Lei 8.666, de 21 de junho de 1993, poderão adotar a modalidade de pregão, conforme regulamento específico;
(D) a definição do objeto deverá ser precisa, suficiente e clara, permitidas especificações minuciosas e excessivas, ainda que isso restrinja a competitividade.

A: incorreta, pois é vedada tal exigência (art. 5°, I, da Lei 10.520/02); B: incorreta, pois o prazo de validade da proposta é de 60 dias, se outro não estiver fixado no edital (art. 6° da Lei 10.520/02); C: correta (art. 11 da Lei 10.520/02); D: incorreta, pois deve-se fazer especificações usais no mercado, evitando-se ao máximo a restrição da competitividade. Gabarito "C".

(Magistratura/MG - 2007) NÃO constitui modalidade de licitação:

(A) concurso.
(B) proposta.
(C) convite.
(D) leilão.

Art. 22 da Lei 8.666/93 c/c a Lei\ 10.520/02. Gabarito "B".

(Magistratura/MS – 2008 – FGV) Assinale a alternativa correta.

(A) A Lei 8666/93 prevê casos de dispensa de licitação. Os Estados-membros podem ampliar o rol traçado na lei, pois possuem a capacidade de auto-administração.
(B) O princípio da oralidade é o princípio diferencial do pregão em relação às modalidades clássicas de licitação.
(C) Na inexigibilidade de licitação, esta é materialmente possível, mas, em regra, inconveniente.
(D) Tomada de Preço é a modalidade de licitação adequada a contratações de grande vulto; apresenta maior rigor formal em seu procedimento, se comparada às outras modalidades licitatórias.
(E) Os bens imóveis da Administração Pública cuja aquisição haja derivado de procedimentos judiciais ou de dação em pagamento poderão ser alienados por licitação, sob as modalidades de convite ou leilão.

A: incorreta, pois compete à União expedir normas gerais em matéria de licitação (art. 22, XXVII, da CF); B: correta (vide, por ex., o art. 4º, VIII e XVIII, da Lei 10.520/02); C: incorreta, pois ao contrário, a licitação é inviável (materialmente impossível), nesse caso (art. 25, *caput*, da Lei 8.666/93); D: incorreta, pois essa é definição da modalidade Concorrência; E: incorreta, pois devem ser utilizadas as modalidades concorrência ou leilão (art. 19 da Lei 8.666/93). Gabarito "B".

(Magistratura/PA – 2009 – FGV) Se um órgão do Estado deseja celebrar contrato, mediante licitação, objetivando a execução de um serviço de engenharia, poderá adotar a modalidade tomada de preços até o valor de R$ 1.500.000,00 (um milhão e quinhentos mil reais), de acordo com o art. 23, I, "b", da Lei Federal 8666/93. Um consórcio público com três entes poderá adotar a mesma modalidade de licitação para contratar serviço de engenharia até o limite de:

(A) R$ 750.000,00.
(B) R$ 1.000.000,00.
(C) R$ 1.500.000,00.
(D) R$ 3.000.000,00.
(E) R$ 4.500.000,00.

Art. 23, § 8º, da Lei 8.666/93. Gabarito "D".

(Magistratura/PA – 2009 – FGV) Após a devida publicação do aviso de uma Concorrência Pública, do tipo melhor técnica, contendo o resumo do edital, o certame licitatório poderá ser realizado pela Administração Pública, de acordo com a Lei Federal 8666/93, em:

(A) 10 dias.
(B) 10 dias úteis.
(C) 15 dias úteis.
(D) 30 dias.
(E) 60 dias.

O prazo, na espécie, é de, no mínimo, 45 dias, de modo que apenas a alternativa "E" está correta (art. 21, § 2º, I, *b*, da Lei 8.666/93). Gabarito "E".

(Magistratura/PE – 2011 – FCC) É regra estranha ao tratamento legal da modalidade de licitação dita pregão, em termos de normas gerais, a que determina que

(A) no curso da sessão, o autor da oferta de valor mais baixo e os das ofertas com preços até 20% superiores àquela poderão fazer novos lances verbais e sucessivos, até a proclamação do vencedor.
(B) o prazo fixado para a apresentação das propostas, contado a partir da publicação do aviso, não será inferior a 8 dias úteis.
(C) para julgamento e classificação das propostas, será adotado o critério de menor preço, observados os prazos máximos para fornecimento, as especificações técnicas e parâmetros mínimos de desempenho e qualidade definidos no edital.
(D) examinada a proposta classificada em primeiro lugar, quanto ao objeto e valor, caberá ao pregoeiro decidir motivadamente a respeito da sua aceitabilidade.
(E) encerrada a etapa competitiva e ordenadas as ofertas, o pregoeiro procederá à abertura do invólucro contendo os documentos de habilitação do licitante que apresentou a melhor proposta, para verificação do atendimento das condições fixadas no edital.

A: correta, pois é regra estranha ao pregão, já que são chamados para lances verbais os licitantes com ofertas de preço até 10% (DEZ POR CENTO) superiores à melhor oferta, garantidas pelo menos três propostas diferentes (art. 4º, VIII e IX, da Lei 10.520/02); B: incorreta, pois essa regra é própria do pregão (art. 4º, V, da Lei 10.520/02); C: incorreta, pois essa regra é própria do pregão (art. 4º, X, da Lei 10.520/02); D: incorreta, pois essa regra é própria do pregão (art. 4º, XI, da Lei 10.520/02); E: incorreta, pois essa regra é própria do pregão (art. 4º, XII, da Lei 10.520/02). Gabarito "A".

(Ministério Público/RR – 2008 – CESPE) Julgue os próximos itens.

(1) Em razão de situações excepcionais, a dispensa de licitação é possível nos casos de guerra ou de grave perturbação da ordem.
(2) A modalidade de licitação denominada pregão é de utilização exclusiva da União.
(3) Obedece aos preceitos da Lei de Licitações a aquisição de bens feita por responsável pela aquisição de materiais de escritório de determinada repartição que, após processo licitatório na modalidade convite, do qual participaram dois interessados, adquire os bens com o uso de cartão corporativo, nos limites previstos.

1: certo (art. 24, III, da Lei 8.666/93); 2: incorreta, pois não há essa limitação na Lei 10.520/02; 3: incorreta, pois realizada a licitação, o adjudicatário (o vencedor) tem preferência em relação a outros fornecedores. Gabarito 1C, 2E, 3E.

(MINISTÉRIO PÚBLICO/SE – 2010 – CESPE) No que se refere às modalidades de licitação e aos contratos administrativos, assinale a opção correta.

(A) Leilão é a modalidade de licitação entre quaisquer interessados, na qual a administração tem por objetivo único a venda de bens móveis inservíveis.
(B) Na tomada de preços, os participantes interessados devem ser previamente cadastrados nos registros dos órgãos públicos, ou devem atender a todas as exigências para cadastramento até o terceiro dia anterior à data do recebimento das propostas.
(C) Em razão do formalismo que inspira as atividades da administração, a Lei n.º 8.666/1993 determina que os contratos administrativos sejam formalizados sempre por meio de instrumento escrito, sendo nulo e de nenhum efeito o contrato verbal.
(D) O instrumento de contrato é obrigatório em todas as modalidades de licitação; não pode a administração substituí-lo por outros instrumentos, sob pena de nulidade.
(E) A duração dos contratos fica adstrita à vigência dos respectivos créditos orçamentários, razão pela qual a lei não lhes admite a prorrogação.

A: incorreta, pois o leilão se destina a outras alienações também, como também a alienação de produtos legalmente apreendidos ou penhorados (art. 22, § 5º, da Lei 8.666/93); B: correta (art. 22, § 2º, da Lei 8.666/93); C: incorreta, pois há exceção em que se admite o contrato verbal (art. 60, p. ún., da Lei 8.666/93); D: incorreta, pois há exceções no art. 62 da Lei 8.666/93; E: incorreta, pois nos contratos de prestação de serviços contínuos admite-se prorrogação por iguais e sucessivos períodos (art. 57, II, da Lei 8.666/93). Gabarito "B".

(Ministério Público/SP – 2011) Para a escolha de trabalho técnico, científico ou artístico, mediante a instituição de prêmios ou remuneração aos vencedores, condicionada à obtenção dos direitos patrimoniais sobre a obra:

(A) é dispensável o processo licitatório.
(B) deverá ser realizada a licitação, na modalidade convite.
(C) é inexigível a licitação.
(C) deverá ser realizado o processo licitatório, na modalidade concorrência.
(E) é exigível a licitação, na modalidade concurso.

A, B, C, D e E: Deve-se utilizar a modalidade de licitação concurso, nos termos do art. 22, § 4º, da Lei 8.666/93. Gabarito "E".

(Procurador do Estado/CE – 2008 – CESPE) Acerca dos processos licitatórios, assinale a opção correta.

(A) Considera-se deserta a licitação quando nenhum dos interessados é selecionado em decorrência de inabilitação ou desclassificação.
(B) A modalidade de licitação denominada pregão, nos termos da legislação vigente, somente pode ser adotada no âmbito da União.
(C) É inexigível a licitação para a compra ou locação de imóvel destinado ao atendimento das finalidades precípuas da administração, desde que o preço seja compatível com o valor de mercado.
(D) Na modalidade de licitação denominada pregão, caso o licitante vencedor seja inabilitado, o pregoeiro deverá declarar a licitação fracassada e realizar novo julgamento.
(E) Havendo interesse público superveniente, a administração poderá deixar de firmar o contrato, ainda que o resultado da licitação já tenha sido homologado.

A: incorreta, pois a licitação *deserta* se dá quando não aparecem licitantes; o caso narrado é de licitação *fracassada*; B: incorreta, pois não há essa limitação na Lei 10.520/02; C: incorreta, pois é caso de dispensa (art. 24, X, da Lei 8.666/93), preenchidos os demais requisitos do dispositivo citado; D: incorreta (art. 4º, XVI, da Lei 10.520/02); E: correta, pois, de fato, a Administração pode deixar de firmar o contrato por revogação do certame, seja por não convocação do adjudicatário para sua assinatura; de qualquer forma, é importante lembrar que a doutrina vem sendo no sentido de que, se já há vencedor, este tem direito de ser indenizado pelas despesas que teve com a participação do certame. Gabarito "E".

(Procurador do Estado/PB – 2008 – CESPE) A modalidade de licitação apropriada para a venda de bens imóveis da administração cuja aquisição haja derivado de procedimentos judiciais ou de dação em pagamento é denominada

(A) convite.
(B) concorrência ou leilão.
(C) leilão ou pregão.
(D) tomada de preços.
(E) concurso.

Art. 19 da Lei 8.666/93. Gabarito "B".

(Procurador do Estado/PB – 2008 – CESPE) O edital é o meio pelo qual a administração torna pública a realização de uma licitação. A modalidade de licitação que não utiliza o edital como meio de tornar pública a licitação é o (a)

(A) concorrência.
(B) leilão.
(C) tomada de preços.
(D) convite.
(E) concurso.

Arts. 22, § 3º, e 38, I, da Lei 8.666/93. Gabarito "D".

(Procurador do Estado/PE – CESPE – 2009) Com relação à modalidade de compra denominada pregão no âmbito da administração pública estadual, assinale a opção correta.

(A) O servidor militar não pode exercer as funções de pregoeiro.
(B) O pregão eletrônico pode ser aplicado às licitações para locações imobiliárias e alienações em geral.
(C) A secretaria de planejamento e gestão do Estado é o órgão gestor do sistema pregão na forma eletrônica.
(D) O prazo de validade das propostas deve ser, regra geral, de cento e oitenta dias.
(E) Somente são exigidos documentos de habilitação do licitante classificado em primeiro lugar.

A: incorreta, pois não há essa proibição no art. 3º, IV, da Lei 10.520/02; B: incorreta, pois a modalidade pregão se destina a *aquisição* de bens e serviços comuns, e não às *locações* e *alienações* em geral (art. 1º da Lei 10.520/02); C: incorreta, nos termos do disposto na lei local do Estado de Pernambuco; é bom ressaltar que quando o candidato estiver fazendo concursos estaduais ou municipais deverá ler, também, as leis locais de licitação e contratos; D: incorreta, pois o prazo de validade das propostas no pregão é de 60 dias, assim como ocorre na Lei 8.666/93; a diferença é que, no pregão, o edital pode fixar um prazo diferente do estabelecido no art. 6º da Lei 10.520/02; E: correta (art. 4º, XII, da Lei 10.520/02). Gabarito "E".

(Procurador do Estado/PI – 2008 – CESPE) Ainda no que se refere a licitações e contratos, assinale a opção correta.

(A) Tomada de preços é a modalidade de licitação entre interessados do ramo pertinente ao seu objeto, cadastrados ou não, escolhidos e convidados, em número mínimo de três, pela unidade administrativa, a qual afixará, em local apropriado, cópia do instrumento convocatório e o estenderá aos demais cadastrados na correspondente especialidade que manifestarem seu interesse com antecedência de até 24 horas da apresentação das propostas.
(B) Concurso é a modalidade de licitação entre quaisquer interessados para escolha de trabalho técnico, científico ou artístico, mediante a instituição de prêmios ou remuneração aos vencedores, conforme critérios constantes de edital publicado na imprensa oficial com antecedência mínima de 45 dias.
(C) De acordo com a Lei n.º 8.666/1993, é lícita a criação de outras modalidades de licitação, bem como a combinação das modalidades já existentes.
(D) É inexigível a licitação referente a compras ou contratações de serviços para o abastecimento de navios, embarcações, unidades aéreas ou tropas e seus meios de deslocamento quando em estada eventual de curta duração em portos, aeroportos ou localidades diferentes de suas sedes, por motivo de movimentação operacional ou de adestramento.
(E) É inexigível a licitação na contratação de fornecimento ou suprimento de energia elétrica e gás natural com concessionário, permissionário ou autorizado, segundo as normas da legislação específica.

A: incorreta, pois a alternativa misturou o convite (art. 22, § 3º, da Lei 8.666/93) com a tomada de preços (art. 22, § 2º, da Lei 8.666/93); B: correta (art. 22, § 4º, da Lei 8.666/93); C: incorreta (art. 22, § 8º, da Lei 8.666/93); D: incorreta, pois esse caso é de dispensa (art. 24, XVIII, da Lei 8.666/93); E: incorreta, pois esse caso é de dispensa (art. 24, XXII, da Lei 8.666/93). Gabarito "B".

(Procurador do Estado/SC – 2010 – FEPESE) Assinale a alternativa que se refere à modalidade de licitação entre interessados devidamente cadastrados ou que atenderem a todas as condições exigidas para cadastramento até o terceiro dia anterior à data do recebimento das propostas.

(A) pregão
(B) tomada de preços
(C) concorrência
(D) consulta
(E) convite

A, B, C, D e E: Trata-se da modalidade de licitação tomada de preços (art. 22, § 2º, da Lei 8.666/93). Gabarito "B".

(Procurador do Estado/SC – 2010 – FEPESE) Sobre licitações e contratos, assinale a alternativa **incorreta**.

(A) Após a fase de habilitação, não cabe desistência de proposta, salvo por motivo justo decorrente de fato superveniente e aceito pela Comissão.
(B) Para fins de pregão, consideram-se bens e serviços comuns, aqueles cujos padrões de desempenho e qualidade possam ser objetivamente definidos pelo edital, por meio de especificações usuais no mercado.
(C) Os contratos decorrentes de dispensa ou de inexigibilidade de licitação devem atender aos termos do ato que os autorizou e da respectiva proposta.
(D) No pregão, o autor da oferta de valor mais baixo e os das ofertas com preços até 20% (vinte por cento) superiores àquela poderão fazer novos lances verbais e sucessivos, até a proclamação do vencedor.
(E) A declaração de nulidade do contrato administrativo opera retroativamente impedindo os efeitos jurídicos que ele, ordinariamente, deveria produzir, além de desconstituir os já produzidos.

A: correta (art. 43, § 6º, da Lei 8.666/93); B: correta (art. 1º, p. ún., da Lei 10.520/02); C: correta (art. 54, § 2º, da Lei 8.666/93); D: incorreta, pois são as ofertas com preços até 10% superiores (art. 4º, VIII, da Lei 10.520/02); E: correta (art. 59 da Lei 8.666/93). Gabarito "D".

(Procuradoria Distrital – 2007) A Lei n. 10.520, de 17 de julho de 2002, disciplina uma nova modalidade de licitação denominada pregão; acerca desse tema assinale a opção incorreta.

(A) No pregão é permitida a exigência de garantia de proposta não superior a 1% (um por cento) do valor estimado do objeto da contratação, por força da aplicação subsidiária do disposto no inciso III do artigo 31 da Lei n. 8.666/93.
(B) O licitante interessado em recorrer do resultado do julgamento do pregão deverá manifestar sua intenção na sessão, caso contrário decairá do seu direito e o objeto licitado será adjudicado ao vencedor.
(C) O pregão é a modalidade de licitação em que a disputa pelo fornecimento de bens e serviços comuns é feita em sessão pública por meio de propostas de preços escritas e lances verbais. Neste sentido não se admite a utilização desta modalidade às contratações de obras e serviços de engenharia.
(D) O acatamento do recurso no pregão importará apenas a invalidação dos atos insuscetíveis de aproveitamento.
(E) Conforme entendimento fixado pelo Tribunal de Contas da União, a limitação dos lances verbais para ofertas de preços dos licitantes imposta por pregoeiro implica restrição ao caráter competitivo do certame.

A: incorreta, nos termos do art. 5º, I, da Lei 10.520/02; B: correta (art. 4º, XVIII, da Lei 10.520/02); C: correta, pois, de fato, o art. 1º da Lei 10.520/02 assevera que o pregão serve apenas para a aquisição de bens e serviços comuns; dessa forma, não há como usar o pregão para obras e para a maior parte dos serviços de engenharia; todavia os serviços de engenharia que se encaixarem na definição do parágrafo único do art. 1º da Lei 10.520/02 poderão ser licitados por pregão, como é o caso do serviço de topografia; de qualquer forma, a alternativa está "mais correta" do que a de letra "A"; D: correta (art. 4º, XIX, da Lei 10.520/02); E: correta, pois, de fato, as limitações de lances podem ofender ao princípio da competitividade, se o pregoeiro não tiver margem de liberdade para alterá-la nos momentos finais da competição. "A". Gabarito

(Defensoria/MA – 2009 – FCC) O Estado do Maranhão adjudicou, em sede de execução fiscal, um imóvel que pertence a uma empresa devedora de ICMS. Pretendendo alienar este imóvel com a maior agilidade possível, uma vez autorizada normativamente a transferência onerosa, o Poder Público deve adotar a seguinte modalidade de procedimento licitatório:

(A) pré-qualificação.
(B) pregão.
(C) leilão.
(D) tomada de preços.
(E) convite.

Como o imóvel foi adquirido numa execução fiscal, a alienação pode se dar por leilão (art. 19, caput e III, da Lei 8.666/93). "C". Gabarito

(Delegado/SP – 2008) Na modalidade de licitação, denominada pregão, declarado o vencedor,

(A) qualquer licitante poderá recorrer da decisão imediata e motivadamente, sob pena da preclusão.
(B) qualquer licitante poderá recorrer da decisão, no prazo de 3(três) dias e motivadamente.
(C) apenas o segundo classificado poderá recorrer da decisão.
(D) a decisão é irrecorrível em sede administrativa.
(E) qualquer cidadão poderá recorrer no prazo de 10(dez) dias úteis.

Art. 4º, XVIII, da Lei 10.520/02. "A". Gabarito

(Cartório/MS – 2009 – VUNESP) Na modalidade licitatória convite, é possível a participação de não convidados, desde que manifestem seu interesse

(A) com antecedência de 24 horas da apresentação das propostas.
(B) até o terceiro dia anterior à data do recebimento das propostas.
(C) com antecedência de 24 horas da data do recebimento das propostas.
(D) até o terceiro dia anterior à data da apresentação das propostas.
(E) com antecedência de 48 horas da apresentação das propostas.

Art. 22, § 3º, da Lei 8.666/93. "A". Gabarito

(Magistratura Federal/1ª Região – 2009 – CESPE) Com relação a licitações e contratos administrativos, assinale a opção incorreta.

(A) Tarefa é o regime de execução indireta mediante o qual se contrata um empreendimento em sua integralidade, compreendendo todas as etapas das obras, serviços e instalações necessárias, sob inteira responsabilidade da contratada até a sua entrega ao contratante, atendidos os requisitos técnicos e legais para sua utilização em condições de segurança estrutural e operacional.

(B) Segundo a Lei n.º 8.666/1993, é vedado incluir no objeto da licitação a obtenção de recursos financeiros para sua execução, qualquer que seja a sua origem, exceto nos casos de empreendimentos executados e explorados sob o regime de concessão, nos termos da legislação específica.

(C) As atualizações, compensações ou penalizações financeiras decorrentes das condições de pagamento previstas no contrato administrativo, bem como o empenho de dotações orçamentárias suplementares até o limite do seu valor corrigido, não caracterizam alteração contratual, podem ser registradas por simples apostila e dispensam a celebração de aditamento.

(D) O pregão na forma eletrônica não se aplica, no âmbito da União, às contratações de obras de engenharia, bem como às locações imobiliárias e alienações em geral.

(E) Na modalidade de licitação denominada pregão, o prazo de validade das propostas será de sessenta dias, se outro não estiver fixado no edital.

A: incorreta, pois o regime narrado é o de empreitada integral (art. 6º, VIII, e, da Lei 8.666/93), sendo que o regime de tarefa é o de execução indireta (ou seja, aquela em que a Administração contrata terceiros) "quando se ajusta mão de obra para pequenos trabalhos por preço certo, com ou sem fornecimento de materiais" (art. 6º, VIII, d, da Lei 8.666/93); B: correta (art. 7º, § 3º, da Lei 8.666/93); C: correta (art. 65, § 8º, da Lei 8.666/93); D: correta, pois o pregão é destinado à aquisição de bens e serviços comuns, o que exclui as obras (que não são serviços comuns, pois não existe uma "obra padrão", sendo cada obra uma situação única, que envolve um terreno e um projeto próprios), e também as locações e alienações (que não são aquisições); E: correta (art. 6º da Lei 10.520/02). "A". Gabarito

(Procurador da Fazenda Nacional – 2007 – ESAF) Analise os itens a seguir:

I. Consideram-se licitações simultâneas aquelas com objetos similares e que o edital subseqüente tenha uma data anterior a cento e vinte dias após o término do contrato resultante da licitação antecedente;
II. Será adotado, preferencialmente, o SRP (Sistema de Registro de Preços) quando, pelas características do bem ou serviço, não houver necessidade de contratações freqüentes;
III. A licitação para registro de preços será realizada na modalidade Tomada de Preços, do tipo menor preço, e será precedida de ampla pesquisa de mercado;
IV. As compras e contratações de bens e serviços comuns, no âmbito da União, dos Estados, do Distrito Federal e dos Municípios, quando efetuadas pelo sistema de registro de preços, não poderão adotar a modalidade de pregão;
V. No âmbito da Administração Pública, em atendimento à previsão constitucional de observância ao procedimento licitatório, não se admite contrato verbal em hipótese alguma.

A quantidade de itens incorretos é igual a:

(A) 1
(B) 2
(C) 3
(D) 4
(E) 5

I: incorreta (art. 39, parágrafo único, da Lei 8.666/93); II: incorreta (art. 15, II, da Lei 8.666/93); III e IV: incorretas, pois deve-se adotar concorrência ou pregão (art. 15, § 3º, I, da Lei 8.666/93 e art. 11 da Lei 10.520/02); V: incorreta. Cuidado com as expressões muito peremptórias; há uma exceção no art. 60, parágrafo único, da Lei 8.666/93. "E". Gabarito

(Analista – TJ/PI – 2009 – FCC) A modalidade de licitação que é realizada entre interessados previamente cadastrados, ou que preencham os requisitos para cadastramento até o terceiro dia anterior à data do recebimento das propostas, observada a necessária qualificação, é

(A) o convite.
(B) o pregão.
(C) a tomada de preço.
(D) a concorrência.
(E) o concurso.

Art. 22, § 2º, da Lei 8.666/93. "C". Gabarito

(Analista – TSE – 2006 – CESPE) Na licitação realizada na modalidade pregão, é inviável a opção pelo tipo técnica e preço. Essa afirmação é

(A) correta.
(B) errada, pois o pregão não é uma modalidade de licitação e sim uma espécie de tomada de preços.
(C) errada, pois o pregão não é uma modalidade licitatória e sim uma espécie de leilão.
(D) errada, pois a opção pelo tipo técnica e preço é viável sempre que se tratar de pregão para a contratação de serviços de natureza predominantemente intelectual.

Correta, pois o art. 4º, X, da Lei 10.520/02 estabelece o tipo menor preço. "A". Gabarito

(Analista – TRT/7ª – 2009 – FCC) A fase externa do pregão presencial (Lei nº 10.520/2002) será iniciada com a convocação dos interessados e observará, dentre outras, à seguinte regra:

(A) O acolhimento de recurso interposto por qualquer licitante importará a invalidação de todo o processo licitatório.
(B) O prazo fixado para a apresentação das propostas, contado a partir da publicação do aviso, não será superior a oito dias úteis.
(C) Para julgamento e classificação das propostas, será adotado o critério de menor preço, independentemente dos prazos para fornecimento, das especificações técnicas e dos parâmetros mínimos de desempenho e qualidade definidos no edital.
(D) Do aviso de convocação constarão a definição do objeto da licitação, a indicação do local, dia e horário da seção pública, e a íntegra do edital.
(E) No curso da sessão, o autor da oferta de valor mais baixo e os das ofertas com preços até dez por cento superiores àquela poderão fazer novos lances verbais e sucessivos, até a proclamação do vencedor.

A: incorreta (art. 4º, XIX, da Lei 10.520/02); B: incorreta, pois o prazo não será *inferior* a 8 dias úteis (art. 4º, V, da Lei 10.520/02); C: incorreta (art. 4º, X, da Lei 10.520/02); D: incorreta (art. 4º, II, da Lei 10.520/02); E: correta (art. 4º, VIII, da Lei 10.520/02). Gabarito "E".

(Analista – TRT/16ª – 2009 – FCC) Na esfera Federal, a fase externa do pregão presencial será iniciada com a convocação dos interessados e observará, dentre outras, às seguintes regras:

(A) Para julgamento e classificação das propostas, será adotado o critério de maior preço, observados os prazos máximos para fornecimento, as especificações técnicas e parâmetros mínimos de desempenho e qualidade definidos no edital.
(B) Cópias do edital e do respectivo aviso serão colocadas à disposição de qualquer pessoa para consulta e divulgadas na internet na homepage do Tribunal de Contas da União.
(C) Os licitantes deverão apresentar os documentos de habilitação mesmo que já constem do Sistema de Cadastramento Unificado de Fornecedores – Sicaf.
(D) O prazo fixado para a apresentação das propostas, contado a partir da publicação do aviso, não será superior a 08 dias úteis.
(E) O recebimento das propostas será feita em sessão fechada, no dia, hora e local designados.

A: incorreta (art. 4º, X, da Lei 10.520/02); B: correta (art. 4º, IV, da Lei 10.520/02); C: incorreta (art. 4º, XIV, da Lei 10.520/02); D: incorreta (art. 4º, V, da Lei 10.520/02); E: incorreta (art. 4º, VI, da Lei 10.520/02). Gabarito "B".

(Analista – TRT/23ª – 2007 – FCC) Em se tratando de licitação na modalidade pregão, é INCORRETO que

(A) na fase preparatória do pregão seja observada a definição do objeto com precisão, de forma clara, vedadas especificações que, por excessivas, irrelevantes ou desnecessárias, limitem a competição.
(B) qualquer licitante poderá manifestar imediata e motivadamente a intenção de recorrer, logo após ter sido declarado o vencedor, quando lhe será concedido o prazo de cinco dias para apresentação das razões do recurso.
(C) o prazo fixado para a apresentação das propostas, contado a partir da publicação do aviso, não será inferior a oito dias úteis.
(D) no curso da sessão, o autor da oferta de valor mais baixo e os das ofertas com preços até dez por cento superiores àquela poderão fazer novos lances verbais e sucessivos, até a proclamação do vencedor.
(E) os licitantes poderão deixar de apresentar os documentos de habilitação que já constem do Sistema de Cadastramento Unificado de Fornecedores – SICAF.

A: correta (art. 3º, II, da Lei 10.520/02); B: incorreta (art. 4º, XVIII, da Lei 10.520/02); C: correta (art. 4º, V, da Lei 10.520/02); D: correta (art. 4º, VIII, da Lei 10.520/02); E: correta (art. 4º, XIV, da Lei 10.520/02). Gabarito "B".

(Analista – TRT/24ª – 2006 – FCC) O pregão é a modalidade de licitação

(A) destinada à venda de produtos legalmente apreendidos, a quem oferecer o maior lance.
(B) em que a habilitação do vencedor ocorre após a classificação das propostas.
(C) entre quaisquer interessados para a escolha de trabalho técnico, mediante a instituição de prêmios aos vencedores.
(D) realizada entre interessados previamente cadastrados e convocados mediante carta-convite.
(E) reservada à compra de bens de pequeno valor e alienação de produtos legalmente apreendidos ou penhorados.

A: incorreta (art. 1º da Lei 10.520/02); B: correta, pois, de fato, no pregão há inversão de fases (art. 4º, XII, da Lei 10.520/02); C a E: incorretas (art. 1º da Lei 10.520/02). Gabarito "B".

(Analista – TRF/5ª – 2008 – FCC) Para o julgamento e classificação das propostas no pregão, será adotado o critério de

(A) melhor qualidade do produto ou serviço.
(B) menor prazo de entrega.
(C) melhor técnica.
(D) técnica e preço.
(E) menor preço.

Art. 4º, X, da Lei 10.520/02. Gabarito "E".

(Auditor Fiscal/MS – 2006 – FGV) Assinale a modalidade de licitação cabível para se adjudicar uma concessão de direito de uso de bens públicos.

(A) convite
(B) tomada de preços
(C) concurso
(D) leilão
(E) concorrência

Art. 23, § 3º, da Lei 8.666/93. O enunciado deveria dizer "direito **real** de uso". Gabarito "E".

(FGV – 2008) Relativamente às modalidades de licitação previstas na lei 8.666/93, assinale a alternativa incorreta.

(A) São modalidades de licitação previstas no art. 22, da Lei de Licitações (lei 8.666/93) a concorrência, a tomada de preços, o convite, o concurso e o leilão.
(B) Concorrência é a modalidade de licitação entre quaisquer interessados que, na fase inicial de habilitação preliminar, comprovem possuir os requisitos mínimos de qualificação exigidos no edital para execução de seu objeto.
(C) Tomada de preços é a modalidade de licitação entre interessados devidamente cadastrados ou que atenderem a todas as condições exigidas para cadastramento até o terceiro dia anterior à data do recebimento das propostas, observada a necessária qualificação.
(D) Leilão é a modalidade de licitação entre quaisquer interessados para a venda de bens móveis inservíveis para a administração ou de produtos legalmente apreendidos ou penhorados, ou para a alienação de bens imóveis prevista no art. 19, a quem oferecer o maior lance, igual ou superior ao valor da avaliação.
(E) É permitida a criação de outras modalidades de licitação ou a combinação das modalidades referidas no art. 22 da Lei de Licitações (lei 8.666/93).

Art. 22, incisos I, II, III, IV e V, e §§ 1º, 2º, 5º e 8º, da Lei 8.666/93. Gabarito "E".

(FGV – 2009) Com relação ao pregão, fundamentado na Lei nº 10.520/02, assinale a alternativa correta.

(A) É modalidade de licitação pública cujas principais características procedimentais são a existência de fase recursal única e a realização de habilitação ao final.
(B) Somente pode ser usado nas compras para entrega imediata, assim entendidas aquelas com prazo de entrega até trinta dias da data prevista para apresentação da proposta.
(C) Não permite que a Administração Pública desclassifique propostas sob o argumento da inexequibilidade.
(D) Admite que o edital exija garantia de proposta.
(E) Revogou o sistema de registro de preços.

A: correta, pois o pregão, modalidade de licitação destinada à aquisição de bens e serviços *comuns*, seja de que valor forem, tem por características marcantes a concentração dos atos na sessão de pregão, a possibilidade de se fazer lances verbais após a classificação provisória, a *fase recursal única* (com possibilidade de recurso apenas na sessão de pregão), a *inversão de fases* (com realização de habilitação ao final, após a fase de julgamento das propostas comerciais), entre outras características, de modo que a afirmativa está correta (faz-se necessário ler o texto da Lei 10.520/02, pois o pregão vem aparecendo bastante em exames, pois é a modalidade mais usada hoje na Administração); B: incorreta, pois pode-se usar o pregão para qualquer aquisição de *bens ou serviços comuns*, pouco importando o prazo de entrega (art. 1º da Lei 10.520/02); C: incorreta, pois a proposta comercial deve passar por uma fase de aceitabilidade (art. 4º, XI, da Lei 10.520/02), o que envolve também análise sobre sua exequibilidade, valendo salientar que a Lei 8.666/93, que trata do assunto, aplica-se subsidiariamente à modalidade pregão, nos termos do art. 9º da Lei 10.520/02; D: incorreta, pois a Lei de Pregão não admite que se exija, para mera participação do interessado na licitação, *garantia da proposta* (art. 5º, I, da Lei 10.520/02); no entanto, no momento em que há um licitante vendedor e está para ser celebrado o contrato, dependendo do tipo de contrato, pode-se exigir *garantia do contrato*; E: incorreta, pois a Lei 10.520/02 pode, inclusive, ser utilizada para formar um sistema de registro de preços (art. 11 da Lei 10.520/02). Gabarito "A".

10.4. FASES DA LICITAÇÃO

(Ministério Público/TO – 2006 – CESPE) Em relação ao regime jurídico das licitações, assinale a opção correta.

(A) Por força dos princípios da economicidade e da finalidade, que têm assento constitucional, o julgamento das licitações devem sempre privilegiar a obtenção da melhor proposta, considerada sob o enfoque econômico.

(B) No caso de contratações complexas, em que haja objetos com diferentes características, deve o administrador combinar, de maneira adequada, uma ou mais modalidades de licitação, conforme se mostre necessário, com a cautela de sempre adotar os procedimentos que ensejem a maior competitividade e a mais ampla participação possível dos interessados.

(C) O ato final do procedimento de licitação, mediante o qual poder público atribui o objeto do contrato ao licitante vencedor, denomina-se homologação.

(D) Em determinados casos, a dispensa de licitação pode ocorrer de maneira válida, independentemente do valor da contratação.

A: incorreta, pois a melhor proposta deve levar em conta não só o preço mas também a adequação aos objetivos da Administração; B: incorreta, pois não é possível a combinação de modalidades de licitação (art. 22, § 8º, da Lei 8.666/93); C: incorreta, pois o ato pelo qual se atribui o objeto do certame ao licitante vencedor é a adjudicação; D: correta, pois só há limitação de valores na dispensa de licitação nos casos previstos nos incisos I e II do art. 24 da Lei 8.666/93. Gabarito "D".

(Ministério Público/MG – 2007) O ato final do procedimento licitatório, pelo qual se atribui ao vencedor o objeto licitado, denomina-se

(A) adjudicação.
(B) contratação.
(C) julgamento final.
(D) classificação.
(E) habilitação.

A alternativa "A" é a correta, já que o enunciado trouxe a definição doutrinária de adjudicação. Gabarito "A".

(Procurador do Estado/RO – 2011 – FCC) A Lei de Licitações e Contratos – Lei Federal nº 8.666/93 – exige que seja feita audiência pública com antecedência mínima de 15 (quinze) dias úteis da data prevista para a publicação do edital quando

(A) se tratar de obra ou prestação de serviço decorrente de contrato de programa celebrado com ente da Federação ou com entidade de sua administração indireta, para a prestação de serviços públicos de forma associada, em virtude de contrato de consórcio público ou em convênio de cooperação.

(B) o valor estimado para uma licitação ou para um conjunto de licitações simultâneas ou sucessivas for superior a 100 (cem) vezes o valor referente à dispensa de licitação, em contratação de obras ou serviços de engenharia.

(C) a obra ou a prestação de serviços forem realizados no envoltório de 100 (cem) quilômetros do perímetro de unidade de conservação de proteção integral.

(D) o valor estimado para uma licitação ou para um conjunto de licitações simultâneas ou sucessivas for superior a 100 (cem) vezes o valor estipulado como limite para a adoção da modalidade concorrência, em contratação de obras e serviços de engenharia.

(E) se tratar da alienação ou concessão de direito real de uso de terras públicas rurais da União na Amazônia Legal superiores ao limite de 15 (quinze) módulos fiscais ou 1.500 ha (mil e quinhentos hectares).

Art. 39 da Lei 8.666/93. Gabarito "D".

(DEFENSORIA PÚBLICA DA UNIÃO – 2002 – CESPE) Julgue o seguinte item.

(1) No edital de licitação, será tida como ilegítima a exigência de garantia do licitante para o mesmo participar do procedimento licitatório

1: correta (art. 31, III, da Lei 8.666/93); vale lembrar que a exigência de garantia para a mera participação do certame licitatório é vedada quando se tratar da modalidade de licitação pregão (art. 5º, I, da Lei 10.520/02). Gabarito 1C.

(Analista – STJ – 2004 – CESPE) Julgue o seguinte item.

(1) Qualquer ato licitatório deve ser editado, habilitado, julgado, classificado, homologado, adjudicado e avaliado por uma comissão de três membros.

1: errado. Há modalidades de licitações em que não há a fase de habilitação e em que não há comissão de licitação; no pregão, por exemplo, existe o pregoeiro e a equipe de apoio (art. 3º, IV e § 1º, da Lei 10.520/02). Gabarito 1E.

(Analista – TST – 2008 – CESPE) Considere-se que o TST tenha realizado licitação do tipo técnica e preço para adquirir vinte impressoras e que o resultado da licitação tenha sido homologado, mas ainda não tenham sido celebrados os respectivos contratos. Com base nessa situação, julgue os itens subseqüentes.

(1) Uma vez homologada a licitação, ela deixa de ser sujeita a revogação ou anulação por parte da administração pública.

(2) A homologação da licitação confere ao licitante direito a que os contratos sejam celebrados no prazo de trinta dias, contados da publicação do ato homologatório.

(3) Uma vez adquiridas pelo TST, as referidas impressoras se tornarão bens públicos de uso especial.

1: errado, pois a homologação da licitação (verificação de sua regularidade formal) não impede, por exemplo, que, posteriormente, esta seja anulada pela descoberta de uma ilegalidade, até porque o princípio da legalidade determina que a Administração anule os atos ilegais; 2: errado, pois o licitante não tem direito à contratação; por outro lado, a Administração só pode obrigar o vencedor da licitação a celebrar o contrato se este for convocado em até 60 dias da entrega das propostas (art. 64, § 3º, da Lei 8.666/93); 3: correta, pois os bens públicos utilizados em um serviço público são bens de uso especial, e não bens de uso comum do povo ou meramente dominicais. Gabarito 1E, 2E, 3C.

(Analista – TRT/11ª – 2005 – FCC) A desclassificação do licitante, motivada pelo não atendimento às exigências constantes no instrumento convocatório do certame, está diretamente relacionada com o princípio da

(A) competitividade.
(B) igualdade entre os licitantes.
(C) sigilo na apresentação das propostas.
(D) economicidade.
(E) vinculação ao edital.

Quando não se atende ao edital, viola-se o princípio da vinculação ao edital. Gabarito "E".

(Analista – TRT/20ª – 2006 – FCC) No caso da licitação do tipo menor preço, após ordenar as propostas em ordem crescente dos preços propostos, constata-se empate entre três licitantes brasileiros que produzem o objeto do certame dentro do território nacional. Neste caso, a escolha do vencedor se dará

(A) por sorteio, em ato público.
(B) por critério de antiguidade.
(C) de acordo com aferições técnicas e fiscais.
(D) mediante a instauração de nova licitação.
(E) de acordo com a melhor técnica e preço.

Art. 45, § 2º, da Lei 8.666/93. Gabarito "A".

(Analista – TRT/23ª – 2007 – FCC) Considerando o que dispõe a Lei nº 8.666/93, especialmente quanto à fase de habilitação, o registro ou inscrição do engenheiro no conselho regional de engenharia, diz respeito à sua

(A) qualificação jurídica.
(B) qualificação técnica.
(C) regularidade fiscal.
(D) habilitação econômica-financeira.
(E) qualificação social.

Art. 30, I, da Lei 8.666/93. Gabarito "B".

10.5. TIPOS DE LICITAÇÃO (MENOR PREÇO, MELHOR TÉCNICA E TÉCNICA/PREÇO E MAIOR LANCE)

(Procurador do Estado/SC – 2010 – FEPESE) Para contratação de bens e serviços de informática, a Administração Pública adotará, obrigatoriamente, o tipo de licitação:

(A) convite.
(B) pregão.
(C) maior lance.
(D) menor preço.
(E) técnica e preço.

Art. 45, § 4º, da Lei 8.666/93. Gabarito "E".

(Procuradoria do Estado/SC – 2005) O tipo de licitação de maior lance ou oferta, previsto na Lei F. nº 8.666/93, ocorre na:

(A) Concessão de direito real de uso.
(B) Construção de obras públicas.
(C) Contratação de bens ou serviços de informática.
(D) Contratação de serviços de publicidade.

Art. 45, § 1º, IV, da Lei 8.666/93. Gabarito "A".

(Defensoria/RN – 2006) Sobre licitações e contratos administrativos julgue as seguintes assertivas e escolha a alternativa correta:

I. É cláusula necessária em todo contrato administrativo, a que estabeleça prestação de garantia nas contratações de obras, serviços e compras.
II. Na aquisição de serviços de natureza predominantemente intelectual será utilizado exclusivamente o tipo de licitação de "melhor técnica".
III. De acordo com a Lei 8.666/93 são ineficazes os contratos verbais celebrados com a Administração Pública, ressalvados os casos de pequenas compras de pronto pagamento.
IV. É assente nos contratos administrativos a possibilidade de sua revisão à luz da cláusula *rebus sic stantibus* objetivando a manutenção do equilíbrio econômico-financeiro inicial dos contratantes.
V. Em regra, nas hipóteses de licitação para aquisição de equipamentos e serviços de informática, deve ser adotado o tipo de licitação de técnica e preço.

Estão corretos os itens

(A) I, II e III.
(B) III, IV e V.
(C) II e III.
(D) II, III e IV.

I: incorreta (art. 55, VI, da Lei 8.666/93 - "quando exigida"); II: incorreta. Cuidado com "exclusivamente"; vide o art. 46, *caput*, da Lei 8.666/93; III: correta, pois apesar de o gabarito dar como correta a afirmativa, na verdade tais contratos são "nulos" e não "ineficazes" (art. 60, parágrafo único, da Lei 8.666/93); não se deve confundir o plano da existência, da validade e da eficácia; de qualquer forma, os atos nulos não podem produzir efeitos, de modo que a palavra "ineficazes" não deixa de estar adequada; IV: correta (art. 65, II, *d*, da Lei 8.666/93); V: correta (art. 45, § 4º, da Lei 8.666/93). Gabarito "B".

(Delegado/RJ – 2009 – CEPERJ) Os tipos de licitação melhor técnica e técnica e preço devem ser utilizados quando:

(A) O valor da contratação for superior a R$ 600.000,00 (seiscentos mil reais).
(B) Os serviços apresentarem natureza predominantemente intelectual.
(C) A licitação for internacional.
(D) For adotada a modalidade tomada de preços.
(E) Houver comprometimento da segurança nacional.

Art. 46 da Lei 8.666/93. Gabarito "B".

(Auditor da Receita Federal – 2003 – ESAF) No julgamento das propostas de licitação para concessão de serviço público, nos termos da Lei Federal nº 8.987/95, não se pode adotar o seguinte critério:

(A) menor valor da tarifa do serviço público a ser prestado.
(B) melhor proposta técnica, com preço fixado no edital.
(C) maior oferta, nos casos de pagamento ao poder concedente pela outorga da concessão.
(D) menor valor da tarifa do serviço público a ser prestado após qualificação de propostas técnicas.
(E) melhor proposta, em razão da combinação dos critérios de maior oferta pela outorga da concessão com o de melhor técnica.

Art. 15 da Lei 8.987/95. A alternativa "D", incorreta, foi redigida para confundir com o critério previsto no inciso VII do citado artigo. Gabarito "D".

10.6. REVOGAÇÃO E ANULAÇÃO DA LICITAÇÃO

(Magistratura/AL – 2007 – FCC) Suponha que um contrato administrativo, já em execução, venha a ser anulado judicialmente, por vício não imputável ao contratado. Nessa situação, nos termos da Lei n. 8.666/93, o contratado

(A) não tem direito a ser indenizado pela Administração, devendo ainda restituir os valores porventura recebidos por força do contrato, sem prejuízo de pleitear indenização da pessoa que tenha dado causa à nulidade.
(B) não tem direito a ser indenizado pela Administração, porém não está obrigado a restituir os valores porventura recebidos por força do contrato.
(C) tem direito a ser indenizado pela Administração, exclusivamente pelo que houver executado até a data em que for declarada a nulidade.
(D) tem direito a ser indenizado pela Administração, pelo que houver executado até a data em que for declarada a nulidade e por outros prejuízos regularmente comprovados.
(E) tem direito a ser indenizado pela Administração, recebendo as parcelas vincendas do contrato, previstas para o exercício orçamentário em curso na data da declaração da nulidade.

Art. 59, parágrafo único, da Lei 8.666/93. Gabarito "D".

(Magistratura Federal – 5ª Região – 2007 – CESPE) Considere a seguinte situação hipotética. Um cidadão ajuizou ação popular para anular um contrato ilegal, por ausência de licitação. Restou demonstrado que a determinação do ressarcimento, por força de ilegalidade de contratação, conduziria ao enriquecimento sem causa. Nessa situação, por ter a empresa contratada prestado efetivamente à população o serviço, a determinação de devolução ao Estado dos valores percebidos pela contratada configuraria locupletamento indevido.

Correta, nos termos do art. 59, parágrafo único, da Lei 8.666/93. Gabarito "C".

(Defensoria/MT – 2009 – FCC) Segundo o regime da Lei nº 8.666/93, a anulação do procedimento licitatório, antes da celebração do consequente contrato,

(A) só pode ocorrer por razões de interesse público, evidenciadas por juízo de conveniência e oportunidade da autoridade competente.
(B) só pode decorrer de fato superveniente devidamente comprovado.
(C) depende da provocação de terceiros, mediante requerimento escrito e devidamente fundamentado.
(D) não gera, para a Administração, obrigação de indenizar.
(E) não depende de contraditório e a ampla defesa.

A: incorreta, pois a *anulação* ocorre por *ilegalidade*, e não por *inconveniência*, sendo que esta situação (*inconveniência*) dá ensejo à *revogação* (art. 49 da Lei 8.666/93); B: incorreta, pois a *anulação* se dá por *ilegalidade* já existente, diferente da *revogação*, que se dá por um *fato novo, que torna inconveniente* a manutenção do certame ou do contrato (art. 49 da Lei 8.666/93); C: incorreta, pois a Administração tem a autotutela de seus atos, podendo revogá-los ou anulá-los de ofício; D: correta, não tendo a Administração dever de indenizar (art. 59 da Lei 8.666/93), a não ser quando o contratado está de boa-fé, que é presumida, ocasião em que este terá direito de receber pelo que já tiver prestado, sob pena de enriquecimento sem causa; já se o contratado estiver de má-fé, não terá direito sequer ao pagamento pelos serviços que tiver prestado; E: incorreta (art. 49, § 3º, da Lei 8.666/93). Gabarito "D".

(Defensoria/PA – 2009 – FCC) Determinado Estado publicou edital de abertura de licitação para aquisição de móveis para guarnecer as escolas públicas de ensino fundamental instaladas em seu território. Outra decisão de governo culminou com a municipalização do ensino fundamental. O convênio que disciplinou a operacionalização da dita municipalização declarou ser de responsabilidade dos municípios guarnecer as escolas com os móveis e utensílios que se mostrassem necessários, o que seria avaliado somente quando do recebimento dos imóveis onde funcionam as atividades. Neste caso a Administração Pública Estadual

(A) deve prosseguir com a licitação, uma vez que o início do procedimento impede a revogação, possibilitando apenas a anulação por vício de legalidade.
(B) pode revogar a licitação, uma vez que não se mostra mais conveniente e oportuno realizar a despesa, vez que a providência será adotada pelos municípios quando do recebimento dos imóveis.
(C) deve anular a licitação em curso, uma vez que a conclusão do procedimento eivaria a contratação de vício de ilegalidade.
(D) pode prosseguir com a licitação, sub-rogando-se os municípios nos efeitos do contrato a ser firmado com o vencedor.
(E) pode anular a licitação em curso, vez que cessados os motivos para a aquisição dos bens.

Art. 49 da Lei 8.666/93. Gabarito "B".

10.7. MICROEMPRESA E EMPRESA DE PEQUENO PORTE

(Magistratura/MG – 2008) Dentre as modalidades de diferenciação em favor das microempresas (ME) ou das empresas de pequeno porte (EPP), a lei estabeleceu que, participando elas de qualquer licitação pública:

(A) o empate ficto só existe em favor de Cooperativas.
(B) a fase de habilitação jurídica da empresa só será exigida na assinatura do contrato.
(C) ocorre o empate entre os participantes quando as propostas respectivas sejam rigorosamente iguais.
(D) existe, em seu favor, o empate ficto.

Vide o art. 44 e seus parágrafos, da Lei Complementar 123/06. Gabarito "D".

(Ministério Público/AM – 2008 – CESPE) Acerca das licitações públicas, julgue os itens a seguir.

I. Para dar aplicabilidade ao princípio da igualdade entre os licitantes, a lei proíbe que os atos de convocação da licitação prevejam cláusulas e condições que comprometam, restrinjam ou frustrem o caráter competitivo, estabelecendo preferências ou distinções em razão da naturalidade, da sede ou do domicílio dos licitantes ou qualquer outra circunstância impertinente ou irrelevante para o específico objeto do contrato.
II. Nas licitações, será assegurada, como critério de desempate, preferência de contratação para as microempresas e empresas de pequeno porte.
III. Inicialmente prevista como modalidade de licitação aplicável apenas à União, o pregão foi, mais tarde, estendido como modalidade que pode ser utilizada pelos estados, pelo DF e pelos municípios.
IV. As hipóteses de licitação dispensável encontram-se enumeradas na lei de licitações de forma exemplificativa.

A quantidade de itens certos é igual a
(A) 0.
(B) 1.
(C) 2.
(D) 3.
(E) 4.

I: correta (art. 3º, § 1º, da Lei 8.666/93); II: correta (art. 44 da Lei Complementar 123/06); III: correta, pois a medida provisória original que tratava do assunto previa que o pregão era aplicável apenas à União, diferente do que restou previsto na Lei 10.520/02; IV: incorreta, pois as hipóteses de dispensa de licitação (art. 24 da Lei 8.666/93) estão previstas em rol taxativo, ao passo que as de inexigibilidade estão previstas em rol exemplificativo (art. 25 da Lei 8.666/93). Gabarito "D".

(Defensor Público/RS – 2011 – FCC) Com relação aos benefícios das microempresas e das empresas de pequeno porte nas licitações, que independem de regulamentação pelo órgão licitante, de acordo com a Lei Complementar Federal nº 123/2006, é correto afirmar:

(A) A microempresa e a empresa de pequeno porte têm preferência, como critério de desempate, para a contratação em licitações.
(B) A regularidade jurídica da microempresa e da empresa de pequeno porte será exigida apenas na assinatura do contrato.
(C) A microempresa será automaticamente declarada vencedora se a sua proposta for superior ao melhor preço em até dez por cento.
(D) A microempresa e a empresa de pequeno porte estão dispensadas de apresentar a documentação fiscal para participar em licitações.
(E) A microempresa terá preferência na contratação quando sua proposta for equivalente à apresentada por empresa de pequeno porte.

A: correta (art. 44 da Lei Complementar 123/06); B: incorreta, pois é a regularidade *fiscal* que será exigida apenas *para efeito da* assinatura do contrato (art. 42 da Lei Complementar 123/06); C: incorreta, pois, nesse caso, dar-se-á oportunidade à microempresa de apresentar proposta inferior àquela considerada vencedora no certame (art. 45, I, da Lei Complementar 123/06); D: incorreta, pois o que a lei faz é autorizar a sua apresentação no início do certame mesmo que apresente alguma restrição, conferindo-se prazo para a empresa apresentar documentação em ordem no prazo de dois dias úteis contados do momento em que o proponente for declarado vencedor do certame, prazo esse que é prorrogável por igual período, a critério da Administração (art. 43, *caput* e § 1º, da Lei Complementar 123/06); E: incorreta, pois a preferência existe de microempresa e da empresa de pequeno porte, de um lado, em face das empresas em geral, de outro, e não entre as duas primeiras (art. 44, *caput*, da Lei Complementar 123/06). Gabarito "A".

(Defensoria Pública da União – 2007 – CESPE)

(1) Determinado estado da Federação deflagrou procedimento administrativo licitatório destinado exclusivamente à participação de microempresas e empresas de pequeno porte, cujo objeto é estimado em R$ 60.000,00. Nessa situação, o referido estado agiu em desacordo com a lei e com princípios licitatórios, em especial contra o princípio da isonomia.

A proposição está incorreta, em razão do disposto no art. 48, I, da Lei Complementar 123/06. Gabarito 1E.

(CESPE – 2009) No que se refere a licitação e contratos, assinale a opção correta.

(A) Em regra, a venda de bens públicos imóveis passíveis de alienação ocorre por meio das modalidades de concorrência ou leilão.
(B) É dispensável a licitação quando não acudirem interessados à licitação anterior, e a licitação, justificadamente, não puder ser repetida sem prejuízo para a administração, mantidas, nesse caso, todas as condições preestabelecidas.
(C) Não está impedida de participar de licitações a empresa que se utilize do trabalho do menor de dezesseis anos de idade, mesmo fora da condição de aprendiz.
(D) A microempresa ou empresa de pequeno porte que deixe de comprovar, na fase de habilitação, a sua regularidade fiscal será excluída de imediato do certame.

A: incorreta, pois a regra é a utilização de *concorrência* (arts. 17, I, e 23, § 3º, da Lei 8.666/93); por exceção, cabe *leilão* (art. 19, III, da Lei 8.666/93); B: correta (art. 24, V, da Lei 8.666/93); C: incorreta (art. 27, V, da Lei 8.666/93 - v. Lei 9.854/99); D: incorreta (arts. 42 e 43 da Lei Complementar 123/06). Gabarito "B".

10.8. TEMAS COMBINADOS E OUTROS TEMAS

(Magistratura/AC – 2008 – CESPE) Acerca de licitações, assinale a opção correta.

(A) A venda de bens públicos móveis se subordina aos seguintes requisitos: interesse público devidamente justificado, avaliação prévia, autorização legislativa e licitação.
(B) Para o desempenho das atividades previstas no contrato de gestão, as organizações sociais que não integram a administração pública podem ser contratadas com dispensa de licitação.
(C) A lei geral de licitações proíbe a venda direta de bens públicos imóveis a particulares, ainda que no âmbito de programas habitacionais de interesse social.
(D) A modalidade de licitação do pregão se aplica às hipóteses de compra de quaisquer bens ou serviços, em todas as esferas da federação.

A: incorreta, pois é necessário interesse público e avaliação prévia (art. 17, *caput*, da Lei 8.666/93), bem como licitação (art. 17, II, da Lei 8.666/93); não há necessidade de autorização legislativa; B: correta (art. 24, XXIV, da Lei 8.666/93); C: incorreta (art. 17, I, *f*, da Lei 8.666/93); D: incorreta, pois a modalidade é para aquisição de bens e serviços *comuns* (art. 1º da Lei 10.520/02). Gabarito "B".

(Magistratura/DF – 2007) Em tema de licitação, tal como estipulado na Lei nº 8.666/93, é falso afirmar:

(A) A tarefa é forma de execução indireta de obras e serviços;
(B) Os trabalhos relativos à restauração de obras de arte e bens de valor histórico não são considerados serviços técnicos profissionais especializados;
(C) Tomada de preços é a modalidade de licitação entre interessados devidamente cadastrados ou que atenderem todas as condições exigidas para cadastramento até o terceiro dia anterior à data do recebimento das propostas, observada a necessária qualificação;
(D) É dispensável a licitação quando a União tiver que intervir no domínio econômico para regular preços ou normalizar o abastecimento.

A: correta (art. 6º, VIII, *d*, da Lei 8.666/93); B: incorreta (art. 13, VII, da Lei 8.666/93); C: correta (art. 22, § 2º, da Lei 8.666/93); D: correta (art. 24, VI, da Lei 8.666/93). Gabarito "B".

(Ministério Público/PR – 2011) Relativamente às Licitações, é correto afirmar:

(A) A autoridade competente para a aprovação do procedimento licitatório poderá revogar a licitação por razões de interesse público decorrente de fato superveniente devidamente comprovado, pertinente e suficiente para justificar tal conduta.
(B) Na contratação de serviços de publicidade, poderá ser dispensada a licitação em se tratando de hipóteses que exijam a contratação de profissionais ou empresas de notória especialização, conforme previsto no artigo 25 da Lei 8666/93.
(C) O concurso para ingresso em carreira no serviço público é uma modalidade de licitação.
(D) Havendo empate em procedimento licitatório, impõe a legislação vigente que sempre se resolva pelo critério do sorteio, como forma de garantir a isonomia e lisura no procedimento.
(E) Todas as alternativas anteriores são corretas.

A: correta (art. 49 da Lei 8.666/93); B: incorreta, pois não cabe nem dispensa, nem inexigibilidade (art. 25, II, da Lei 8.666/93); C: incorreta, pois o concurso de que trata a Lei de Licitações é destinado à premiação de trabalho técnico, científico ou artístico (art. 22, § 4º, da Lei 8.666/93), e não para contratar servidores públicos; D: incorreta, pois, em primeiro lugar, deve-se observar os critérios previstos no art. 3º, § 2º, da Lei 8.666/93; E: incorreta, pois apenas a alternativa "A" está correta. Gabarito "A".

(Ministério Público/SP – 2011) A pena de suspensão temporária de participação em licitação e impedimento de contratar com a Administração, por prazo não superior a 2 (dois) anos, pela inexecução total ou parcial do contrato:

(A) é restrita ao órgão licitante, que impôs a penalidade.
(B) estende-se à pessoa jurídica de direito público a que pertence o órgão licitante.
(C) abrange toda a Administração, em qualquer unidade da Federação.
(D) pode ser aumentada, para prazo superior a 2 (dois) anos, dependendo da extensão do dano causado pelo particular.
(E) só pode ser aplicada em ação judicial, de rito ordinário.

A a C: a pena abrange toda a Administração (art. 87, III, da Lei 8.666/93); D: incorreta, pois o prazo é de até 2 anos (art. 87, III, da Lei 8.666/93); E: incorreta, pois é aplicada pela própria Administração. Gabarito "C".

(Procurador do Estado/SC – 2009) Quanto ao regime de licitações, é possível afirmar que:

(A) A adjudicação direta ocorre somente nos casos de dispensa de licitação, nos termos do artigo 24 da Lei Geral de Licitações.
(B) Os casos de licitação dispensada decorrem de juízo discricionário da autoridade pública nos termos do artigo 17 da Lei Geral de Licitações.
(C) É pressuposto lógico da licitação a existência de uma pluralidade de objetos e de uma pluralidade de ofertantes de bem, obra ou serviço.
(D) A alienação de bem imóvel dominical dispensa autorização legislativa.
(E) O edital de licitações é ato administrativo que não admite possibilidade de revogação por juízo discricionário.

A: incorreta, pois há adjudicação direta também nos casos de inexigibilidade de licitação (art. 25 da Lei 8.666/93); B: incorreta, pois, a o fundamento legal é o art. 24 da Lei 8.666/93; C: correta, pois o *pressuposto lógico* impõe existência de pluralidade de objetos e de ofertantes; vale lembrar dos outros dois pressupostos para a licitação, quais sejam, o *pressuposto jurídico* (que impõe que a licitação seja meio que atende ao interesse público) e o *pressuposto fático* (pelo qual a licitação só deve ser realizada se existir interessados) D: incorreta, pois o bem dominical, apesar de alienável, é bem público, devendo cumprir o disposto no art. 17, I, da Lei 8.666/93; E: incorreta, pois a revogação é possível, desde que ocorra fato novo que torne o edital inconveniente (art. 49 da Lei 8.666/93). Gabarito "C".

(Procurador do Município/Florianópolis-SC – 2010 – FEPESE) Em relação aos recursos administrativos previsto na Lei nº 8.666/93, assinale a alternativa **incorreta**.

(A) Os recursos têm efeito devolutivo e suspensivo.
(B) Interposto, o recurso será comunicado aos demais licitantes, que poderão impugná-lo no prazo legal.
(C) Cabe representação, da decisão relacionada com o objeto da licitação ou do contrato, de que não caiba recurso hierárquico.
(D) Nenhum prazo de recurso, representação ou pedido de reconsideração se inicia ou corre sem que os autos do processo estejam com vista franqueada ao interessado.
(E) Em se tratando de licitações efetuadas na modalidade de carta convite, os prazos recursais são reduzidos para dois dias úteis.

A: incorreta, pois, como regra, os recursos têm efeito apenas devolutivo; terão efeito suspensivo apenas se forem contra decisões relativas à habilitação e ao julgamento das propostas, e também quando a autoridade atribuir esse efeito, motivadamente e presentes razões de interesse público (art. 109, § 2º, da Lei 8.666/93); B: correta (art. 109, § 3º, da Lei 8.666/93); C: correta (art. 109, II, da Lei 8.666/93); D: correta (art. 109, § 5º, da Lei 8.666/93); E: correta (art. 109, § 6º, da Lei 8.666/93). Gabarito "A".

(Procurador do Município/Teresina-PI – 2010 – FCC) No que diz respeito às licitações, é correto afirmar:

(A) Nos casos em que couber convite, a Administração poderá utilizar a tomada de preços e, em qualquer caso, a concorrência.
(B) A Lei nº 8.666/93, que dispõe sobre normas para licitações, admite a possibilidade de criação de outras modalidades de licitação ou a combinação das referidas na mencionada lei.
(C) É inexigível licitação na contratação de instituição brasileira incumbida regimental ou estatutariamente da pesquisa, do ensino ou do desenvolvimento institucional, desde que detenha inquestionável reputação ético-profissional e não tenha fins lucrativos.
(D) Serão efetuadas no local onde for realizada a obra, objeto do certame, salvo motivo de interesse público, devidamente justificado.
(E) O prazo mínimo até o recebimento das propostas ou da realização do evento será 30 dias para concorrência, quando o contrato a ser celebrado contemplar regime de empreitada integral.

A: correta (art. 23, § 4º, da Lei 8.666/93); B: incorreta, pois é justamente o contrário (art. 22, § 8º, da Lei 8.666/93); C: incorreta, pois esse caso não é de inexigibilidade, mas de dispensa de licitação (art. 24, XIII, da Lei 8.666/93); D: incorreta, pois as licitações serão efetuadas no local onde se situar a repartição interessada (art. 20 da Lei 8.666/93); E: incorreta, pois, nesse caso, assim como quando se tenha licitação cujo tipo envolva técnica ou técnica e preço, o prazo é de, no mínimo, 45 dias (art. 21, § 2º, I, "b", da Lei 8.666/93). Gabarito "A".

(Defensoria/ES – 2009 – CESPE) Quanto à licitação, julgue os itens que se seguem.

(1) Considerando a relevância de seu objeto, as licitações internacionais devem ser realizadas obrigatória e exclusivamente na modalidade de concorrência.

(2) A adjudicação produz o efeito de sujeitar o adjudicatário às penalidades previstas no edital e à perda de eventuais garantias oferecidas, caso não assine o contrato no prazo e nas condições estabelecidas.

1: incorreta, pois há casos em que cabe tomada de preços (art. 23, § 3º, da Lei 8.666/93); 2: correta (art. 81 da Lei 8.666/93). Gabarito 1E, 2C.

(Defensor Público/GO – 2010 – I. Cidades) A declaração de inidoneidade para licitar

(A) pode retroagir, atingindo contratos e licitações em andamento do particular atingido pela penalidade.
(B) é uma espécie de sanção administrativa.
(C) atinge somente os órgãos e entes da Administração com os quais esteja ligado o particular atingido no contrato e ou na licitação.
(D) está disposta em regulamento federal.
(E) é ato administrativo ampliativo da situação jurídica do particular.

A: incorreta, pois nem a lei pode retroagir para atingir atos jurídicos perfeitos; B: correta, já que se trata de uma punição ao contratado, que ficará impedido de contratar com a Administração Pública enquanto perdurarem os motivos da punição ou até que seja reabilitado (art. 87, IV, da Lei 8.666/93); C: incorreta, pois, segundo o art. 87, IV, da Lei 8.666/93, a sanção atinge a "Administração Pública", que, segundo o disposto no art. 6º, XI, inclui a administração direta e indireta de todos os entes políticos; D: incorreta, pois está prevista na própria Lei 8.666/93 (art. 87, IV e §§ 2º e 3º); E: incorreta, pois é ato administrativo que diminui os direitos do particular. Gabarito "B".

(Defensoria/MG – 2009 – FURMARC) Sobre licitação, é CORRETO afirmar:

(A) O princípio do julgamento objetivo é garantia do princípio da isonomia.
(B) Ocorre inexigibilidade de licitação por motivo de oportunidade e conveniência.
(C) A licitação é dispensável para a contratação de serviço técnico profissional especializado.
(D) A adjudicação garante, ao licitante vencedor, a celebração do contrato com a Administração Pública.
(E) Não comparecendo interessado na licitação, a Administração pode contratar por inexigibilidade.

A: correto, pois o dever de julgar objetivamente tem em mira justamente evitar favorecimentos indevidos, respeitando o princípio da isonomia; B: incorreto, pois quando presentes os casos de *inexigibilidade de licitação* (art. 25 da Lei 8.666/93), a Administração é obrigada a não fazer licitação, tratando-se de competência vinculada, em que não há análise de conveniência e oportunidade; a Administração é obrigada a não fazer licitação, pois são casos em que a licitação é *inviável*; já quando o caso é de *dispensa de licitação*, a Administração tem discricionariedade, podendo ou não realizar licitação, o que será decidido consoante critérios de oportunidade e conveniência; C: incorreto, pois a contratação desse tipo de serviço (desde que se trate de um serviço singular) é caso de inexigibilidade (art. 25, II, da Lei 8.666/93), e não de dispensa de licitação (art. 24 da Lei 8.666/93); D: incorreto, pois a adjudicação garante ao licitante vencedor a prioridade na contratação; ou seja, caso a Administração venha a contratar, deve fazê-lo com o vencedor, que fica obrigado a celebrar o contrato até o prazo de 60 dias da apresentação de sua proposta (art. 64, § 3º, da Lei 8.666/93), findo o qual ficará liberado; caso a Administração não consiga celebrar o contrato com o vencedor do certame, deverá convocar o segundo classificado, e assim por diante, nos termos do art. 64, § 2º, da Lei 8.666/93; E: incorreto, pois, não comparecendo interessados, e desde que a Administração, justificadamente não possa repetir o certame, esta pode contratar alguém por *dispensa* de licitação (e não por *inexigibilidade*), mantidas as condições do edital da licitação que não atraiu interessados (art. 24, V, da Lei 8.666/93). Gabarito "A".

(Defensoria/MG – 2006) Analise as seguintes afirmativas concernentes ao processo licitatório e marque com V as verdadeiras e com F as F falsas:

I. A dispensa do processo licitatório poderá ocorrer quando for impossível competição.

II. A Lei n. 8.666/93 prevê a existência de quatro recursos possíveis das decisões administrativas: recurso administrativo hierárquico, representação, reconsideração e mandado de segurança.

III. A regularidade previdenciária da pessoa jurídica que participa de processo licitatório é exigência da Lei de Licitações e também constitucional.

IV. Na modalidade convite, não haverá a fase de publicação do edital como exigência legal, apenas a fixação do instrumento convocatório em lugar apropriado na unidade da Administração, possibilitando a participação de demais interessados.

Assinale a alternativa que apresenta a seqüência de letras CORRETA

(A) F; F; V;V
(B) F; V;F ;V
(C) F; V;V;F
(D) V;F;V;V
(E) V;V;F;F

I: falsa, pois, quando for impossível (ou inviável) a competição, o caso é de inexigibilidade (art. 25, *caput*, da Lei 8.666/93); II: falsa, pois cabem os segundos recursos em sentido amplo: recurso hierárquico, representação e pedido de reconsideração (art. 109, I, II e III, da Lei 8.666/93); III: verdadeira, conforme os arts. 29, IV, da Lei 8.666/93 e 195, § 3º, da CF; IV: verdadeira, conforme os arts. 22, § 3º, e 38, I, da Lei 8.666/93. Gabarito "A".

(Procurador do Município/Boa Vista-RR – 2010 – CESPE) Acerca de licitação, julgue o próximo item.

(1) O convite é uma modalidade de licitação em que a convocação se faz por carta-convite. Ele dispensa a publicação em edital, mas a lei exige que a unidade administrativa afixe, em lugar adequado, uma cópia do instrumento convocatório.

1: Correta (art. 22, § 3º, da Lei 8.666/93). Gabarito 1C.

(Magistratura Federal/3ª Região – 2010) A Lei 8.666, de 21 de junho de 1993, prevê mecanismos de fiscalização popular, sendo, no entanto, incorreto afirmar que:

(A) Qualquer cidadão é parte legítima para impugnar preço constante no quadro geral de preços em razão de incompatibilidade com o preço vigente no mercado, bem como para impugnar o edital de licitação;
(B) Qualquer cidadão poderá requerer à Administração Pública os quantitativos das obras e preços unitários de determinada obra executada;
(C) É obrigatória a realização de audiência pública, como fase inicial do processo de licitação, sempre que o valor estimado para uma licitação ou conjunto de licitações previstos simultâneas ou sucessivas for superior a 100 (cem) vezes o limite previsto no art. 23, inciso I, alínea "c" da Lei 8.666/93, assegurando-se aos interessados o acesso a todas as informações pertinentes e o direito a manifestação;
(D) É obrigatória a realização de audiência publica, nos casos de dispensa de licitação em que as propostas apresentadas consignarem preços manifestamente superiores aos praticados no mercado nacional, ou forem incompatíveis com os fixados pelos órgãos fixados pelos órgãos oficiais competentes, hipóteses que legitimam a adjudicação direta de bens ou serviços pelo administrador.

A: correto (arts. 15, § 6º, e 41, § 1º, da Lei 8.666/93); B: correto (art. 7º, § 8º, da Lei 8.666/93); C: correto (art. 39 da Lei 8.666/93); D: incorreta, pois, nessas situações, não há por que se fazer audiência pública, tratando-se de caso em que a contratação direta não poderá ser feita. Gabarito "D".

(Magistratura Federal/5ª Região – 2009 – CESPE) Acerca de licitações, contratos administrativos e temas relacionados, assinale a opção correta.

(A) Considerando que a Lei n.º 8.666/1993 dispõe que a licitação é dispensável na contratação de instituição brasileira incumbida regimental ou estatutariamente da pesquisa, do ensino ou do desenvolvimento institucional, ou de instituição dedicada à recuperação social do preso, desde que a contratada detenha inquestionável reputação ético-profissional e não tenha fins lucrativos, é correto concluir que o objeto contratado sem prévia licitação com fundamento nesse dispositivo legal pode ser subcontratado.
(B) No procedimento previsto na Lei n.º 8.666/1993, em qualquer fase da licitação, a comissão pode promover diligências destinadas a complementar a instrução do processo, permitindo, inclusive, a juntada posterior de documento que deveria constar originariamente da proposta.
(C) A variação do valor contratual para fazer face ao reajuste de preços e às atualizações decorrentes das condições de pagamento previstas no contrato não caracteriza alteração da avença, mas deve ser registrada em termo aditivo.
(D) No sistema de registro de preços, ao preço do primeiro colocado poderão ser registrados tantos fornecedores quantos necessários para que, em função das propostas apresentadas, seja atingida a quantidade total estimada para o item. Quando das contratações, contudo, deverá ser respeitada a ordem de classificação das empresas constantes da ata.
(E) O pregão não pode ser utilizado para a contratação de bens e serviços de tecnologia da informação.

A: incorreta, pois o TCU não admite a subcontratação na contratação direta de que trata o art. 24, XIII, da Lei 8.666/93, tendo em vista a possibilidade de se caracterizar a fraude ao dever de licitar; B: incorreta, pois, apesar de a diligência poder ser feita a qualquer tempo (art. 43, § 3º, da Lei 8.666/93), é vedada a inclusão posterior de documento ou informação que deveria constar originariamente da proposta; C: incorreta, pois a variação pode ser registrada por simples *apostila*, não sendo necessário *contrato aditivo* (art. 65, § 8º, da Lei 8.666/93); D: correta (art. 6º, *caput* e II, do Decreto 3.931/01); E: incorreta, pois é possível a utilização do pregão no caso, desde que se trata de bens ou serviços comuns (art. 1º da Lei 10.520/02). Gabarito "D".

(Advogado da União/AGU – CESPE – 2009) Julgue os itens a seguir.

(1) A Lei n.º 8.666, de 21 de junho de 1993, prevê modalidades diversas de licitação, conforme o valor da contratação a ser feita pela administração pública. Apenas no caso de consórcios formados por mais de três entes da Federação, a referida lei toma por base valores diferentes de contratação para definir a modalidade de licitação cabível.
(2) As hipóteses de dispensa de licitação previstas na Lei n.º 8.666, de 21 de junho de 1993, são taxativas, não comportando ampliação, segundo entendimento de Maria Sylvia Zanella Di Pietro. Já em relação à inexigibilidade, a referida lei não prevê um numerus clausus. No caso de doação com encargo, estabelece o mencionado diploma legal que deverá a administração pública realizar licitação, dispensada no caso de interesse público devidamente justificado.

1: incorreta, pois nos consórcios formados por *até* três entes da Federação a lei também toma por base valor diferente para definir a modalidade cabível (art. 23, § 8º, da Lei 8.666/93); 2: correta, pois, de fato, as hipóteses de dispensa de licitação são taxativas e as de inexigibilidade, exemplificativas; ademais, a regra da licitação no caso da doação por encargo está correta e prevista no art. 17, § 4º, da Lei 8.666/93. Gabarito 1E, 2C.

11. CONTRATOS ADMINISTRATIVOS

11.1. CONCEITO, CARACTERÍSTICAS PRINCIPAIS, FORMALIZAÇÃO E CLÁUSULAS CONTRATUAIS NECESSÁRIAS

(Magistratura/AL – 2008 – CESPE) Com relação aos contratos administrativos, assinale a opção correta.

(A) Os contratos administrativos são caracterizados por sua imutabilidade.
(B) Segundo a lei pertinente, os contratos administrativos poderão ser alterados unilateralmente pela administração, quando necessária, por imposição de circunstâncias supervenientes, a modificação da forma de pagamento, mantido o valor inicial atualizado.
(C) Os contratos administrativos poderão ser legalmente alterados unilateralmente pela administração, quando houver modificação do projeto ou das especificações, para melhor adequação técnica aos seus objetivos.
(D) Os contratos administrativos são caracterizados pela impessoalidade, sendo irrelevantes as condições pessoais do contratado.
(E) As cláusulas contratuais do contrato administrativo devem ser elaboradas de comum acordo pelas partes.

A: incorreta (art. 58, I, da Lei 8.666/93); B: incorreta (art. 58, I, da Lei 8.666/93 - repare no "respeitados os direitos do contratado", inclusive o direito de manutenção do equilíbrio econômico-financeiro do contrato – art. 58, § 2º, da Lei 8.666/93); C: correta (art. 65, I, *a*, da Lei 8.666/93); D: incorreta, pois a regra é a pessoalidade; o contratado só poderá subcontratar se a Administração autorizar (art. 72 da Lei 8.666/93); E: incorreta, pois as cláusulas contratuais são criadas pela Administração, que, junto com a publicação do edital, deve publicar a minuta do contrato a ser firmado (art. 40, § 2º, III, da Lei 8.666/93). Gabarito "C".

(Magistratura/MG - 2007) São cláusulas necessárias de todo contrato administrativo, EXCETO

(A) a que menciona a legislação aplicável à sua execução.
(B) a que estabelece vinculação ao respectivo edital de licitação.
(C) a que regula as hipóteses de rescisão.
(D) a que especifica as garantias de sua plena execução.

A: correta (art. 55, XII, da Lei 8.666/93); B: correta (art. 55, XI, da Lei 8.666/93); C: correta (art. 55, VIII, da Lei 8.666/93); D: incorreta, pois as garantias só devem constar do contrato quando *exigidas* no edital (art. 55, VI, da Lei 8.666/93). Gabarito "D".

(Magistratura/PA – 2009 – FGV) Em relação aos Contratos Administrativos e com base na Lei Federal 8.666/93, analise as afirmativas a seguir.

I. É nulo e de nenhum efeito o contrato verbal com a Administração, exceto nos casos de guerra ou grave perturbação da ordem e nas situações de emergência ou de calamidade.
II. O termo de contrato, dependendo do seu valor, é facultativo nos casos de compra com entrega imediata e integral dos bens adquiridos, dos quais não resultem obrigações futuras, inclusive assistência técnica.
III. O recebimento provisório do objeto contratado deverá ser dispensado nas situações emergenciais e nas pequenas compras de pronto pagamento, feitas em regime de adiantamento.
IV. A Administração rejeitará, no todo ou em parte, obra, serviço ou fornecimento executado em desacordo com o contrato.

Assinale:

(A) se nenhuma afirmativa estiver correta.
(B) se somente a afirmativa II estiver correta.
(C) se somente a afirmativa III estiver correta.
(D) se somente a afirmativa IV estiver correta.
(E) se somente as afirmativas I e IV estiverem corretas.

I: incorreta (art. 60, parágrafo único, da Lei 8.666/93); II: incorreta (art. 62, § 4º, da Lei 8.666/93); III: incorreta (art. 74 da Lei 8.666/93); IV: correta (art. 76 da Lei 8.666/93). Gabarito "D".

(Magistratura/PR – 2010 – PUC/PR) Em relação aos contratos administrativos, assinale a alternativa CORRETA:

(A) O instrumento de contrato é obrigatório nos casos de concorrência, tomada de preços, leilão e pregão, sendo facultativo na dispensa e na inexigibilidade.
(B) A inadimplência do contratado com referência aos encargos trabalhistas, fiscais e comerciais transfere à Administração Pública a responsabilidade por seu pagamento, pela obrigação de fiscalização.
(C) É motivo de rescisão contratual a suspensão da execução pelo contratado após o prazo da exceção do contrato não cumprido.
(D) O contratado poderá optar pela garantia da caução em dinheiro ou em títulos da dívida pública, devendo estes terem sido emitidos sob a forma escritural, mediante registro em sistema centralizado de liquidação e de custódia autorizado pelo Banco Central do Brasil e avaliados pelos seus valores econômicos.

A: incorreta, pois o "instrumento de contrato é obrigatório nos casos de concorrência e de tomada de preços, bem como nas dispensas e inexigibilidades cujos preços estejam compreendidos nos limites destas duas modalidades de licitação" (art. 62, *caput*, da Lei 8.666/93); B: incorreta, pois a inadimplência dessas obrigações não transfere à Administração responsabilidade pelo pagamento, nos termos do art. 71, § 1º, da Lei 8.666/93; C: incorreta, pois, após o prazo de 90 dias de atraso nos pagamentos, o contratado poderá deixar de executar a sua parte no contrato e, se quiser, poderá pedir a rescisão contratual (art. 78, XV, da Lei 8.666/93); D: correta (art. 56, § 1º, I, da Lei 8.666/93). Gabarito "D".

(Magistratura/SP – 2008) Em tema de contratos administrativos, considere as assertivas.

I. O contrato administrativo ilegal pode ser extinto por anulação unilateral da Administração, mas sempre com oportunidade de defesa para o contratado, em cujo expediente se demonstre a ilegalidade do ajuste.

II. As chamadas cláusulas exorbitantes, porque objetivam estabelecer prerrogativas em favor de uma das partes, ainda que sob o fundamento do resguardo ao interesse público, desigualam as partes contratantes e são consideradas nulas de pleno direito se presentes nos contratos administrativos.

III. O reajustamento contratual de preços e de tarifas é medida convencionada entre as partes contratantes para evitar que, em razão das elevações do mercado, da desvalorização da moeda ou do aumento geral de salários no período de execução do contrato administrativo, venha a romper-se o equilíbrio financeiro do ajuste.

IV. O particular que contrata com a administração pública, face à natureza pública do ajuste, adquire direito à imutabilidade do contrato ou à sua execução integral, bem como a suas vantagens em espécie.

Estão corretas somente

(A) I e III.
(B) I e IV.
(C) II e III.
(D) I, II e IV.

I: correta (art. 49, § 3º, da Lei 8.666/93); II: incorreta (art. 58 da Lei 8.666/93); III: correta (art. 40, XI, da Lei 8.666/93); IV: incorreta, pois a possibilidade de alteração unilateral dos contratos por parte da Administração (art. 58, I, da Lei 8.666/93) faz com que o contratado não tenha direito à imutabilidade do contrato ou à sua execução integral, preservada a manutenção do equilíbrio econômico-financeiro do contrato (art. 58, § 2º, da Lei 8.666/93). Gabarito "A".

(Ministério Público/AM – 2008 – CESPE) Acerca dos contratos administrativos, assinale a opção correta.

(A) A disciplina contratual estabelecida pela lei de licitações e contratos é aplicável à administração pública, portanto, a expressão administração, sempre que referida de modo generalizado no mencionado diploma normativo, deve ser entendida como Poder Executivo.
(B) O contrato administrativo sujeita-se integralmente ao regime dos contratos privados.
(C) A isonomia veda qualquer diferenciação entre os particulares para contratação com a administração pública.
(D) O contrato administrativo tem íntima relação com a democratização do Estado, pois, em um Estado autoritário, os bens e serviços podem ser requisitados compulsoriamente ou apropriados pelos governantes sem maiores formalidades.
(E) A doação de bens em favor da administração pública exige licitação prévia.

A: incorreta (art. 6º, XI e XII, da Lei 8.666/93); B: incorreta (art. 54 da Lei 8.666/93); C: incorreta, pois podem ser feitas diferenciações pertinentes (art. 3º, § 1º, da Lei 8.666/93), quanto à nacionalidade (art. 3º, § 2º, da Lei 8.666/93) e em relação a microempresas e empresas de pequeno porte (arts. 42 e ss da Lei Complementar 123/06); D: correta, pois o contrato administrativo, por ser um contrato (acordo de vontades), depende da concordância da outra parte (expressada quando esta participa da licitação) para que aconteça; E: incorreta, pois a lei determina que haja licitação em relação a compras e alienações feitas pela Administração, e não em relação a doações em seu favor; todavia, doações com encargos, quando for de interesse da Administração e houver mais de um interessado em fazer contrato dessa natureza, gera uma competição que determina a realização do certame licitatório. Gabarito "D".

(Ministério Público/TO – 2006 – CESPE) No que concerne aos contratos administrativos, assinale a opção correta.

(A) Em virtude do princípio pacta sunt servanda, a administração pública não pode rescindir unilateralmente um contrato administrativo.
(B) Se o poder público necessitar adquirir, para compor o acervo de um museu, um objeto histórico do qual somente exista um exemplar, estará autorizado a contratar diretamente com proprietário, mediante dispensa de licitação.
(C) A nota de empenho pode ser instrumento idôneo par consubstanciar a formalização de um contrato administrativo.
(D) Por força do princípio do controle e da necessidade de segurança jurídica, o poder público não pode realiza contratos verbais no direito brasileiro.

A: incorreta (art. 58, II, da Lei 8.666/93); B: incorreta (art. 25 da Lei 8.666/93 - é caso de inviabilidade de competição); C: correta (art. 62 da Lei 8.666/93); D: incorreta (art. 60, parágrafo único, da Lei 8.666/93). Gabarito "C".

(Ministério Público/PB – 2010) Considere as proposições imediatamente abaixo e, em seguida, assinale a alternativa que contenha o julgamento devido sobre elas:

I. Pode a Administração Pública contratar sob normas predominantes do direito privado, atuando em posição ordinária de igualdade com o particular contratado.

II. Ainda que ausente no contrato administrativo cláusula expressa a respeito, a atualização monetária é devida a partir do vencimento da respectiva obrigação.

III. O atraso superior a noventa dias nos pagamentos devidos pelo Poder Público contratante por obrigações já adimplidas pelo particular contratado autoriza este a suspender unilateralmente o cumprimento de suas obrigações sucessivas, até que se normalize a situação, sendo desnecessário trilhar-se a via jurisdicional.

(A) Apenas II e III são erradas.
(B) Apenas I e III são corretas.
(C) Apenas II é correta.
(D) Apenas I é errada.
(E) I, II e III são corretas.

I: correta (art. 62, § 3º, I, da Lei 8.666/93); II: correta (art. 55, III, da Lei 8.666/93); III: correta (art. 78, XV, da Lei 8.666/93). Gabarito "E".

(Procurador do Estado/CE – 2008 – CESPE) Assinale a opção correta com relação a contratos administrativos.

(A) Quando a administração celebra contratos administrativos, as cláusulas exorbitantes existem implicitamente, ainda que não expressamente previstas. Quando a administração celebra contratos de direito privado, as cláusulas exorbitantes têm de ser expressamente previstas, com base em lei que derrogue o direito comum.
(B) Uma das peculiaridades do contrato administrativo é a possibilidade de a administração rescindi-lo unilateralmente. Porém, essa faculdade somente poderá ser exercida se houver inadimplemento por parte da contratada.
(C) Caracteriza-se o fato do príncipe quando a administração, como parte contratual, torna impossível a execução do contrato ou provoca seu desequilíbrio econômico.
(D) Álea administrativa é todo acontecimento externo ao contrato, estranho à vontade das partes, imprevisível e inevitável, que causa um desequilíbrio muito grande, tornando a execução do contrato excessivamente onerosa para o contratado.
(E) Entre as modalidades de contrato administrativo estão a concessão de serviço público, o contrato de obra pública, a permissão de uso de bem público e a autorização administrativa.

A: correta, pois, de fato, nos contratos administrativos as cláusulas exorbitantes decorrem da própria lei (art. 58 da Lei 8.666/93); já nos contratos regidos pelo Direito Privado (financiamentos, seguros, locação em que a Administração é locatória, dentre outros), as cláusulas exorbitantes aplicam-se no que couber (art. 62, § 3º, da Lei 8.666/93), fazendo necessário, para não haver surpresas, previsão contratual expressa; B: incorreta (art. 78 e seus incisos, da Lei 8.666/93); C: incorreta, pois o fato do príncipe é um fato *geral* que onera o contrato, ao contrário do fato da administração, que é um fato que se dirige *especificamente* ao contrato, onerando-o; D: incorreta, pois a álea (o risco) pode prejudicar tanto a contratante (a Administração), como o contratado (art. 65, II, *d*, da Lei 8.666/93); E: incorreta, pois a permissão e a autorização administrativas não são contratos, são atos unilaterais e precários. Gabarito "A".

(Procurador do Estado/SC – 2009) É possível afirmar quanto aos contratos travados pelo Poder Público:

(A) A extinção unilateral do contrato administrativo pode ocorrer por decisão discricionária do Poder Público, sem a necessidade de motivação da medida.
(B) Admite-se, excepcionalmente, o contrato administrativo com prazo indeterminado, nos termos da Lei Geral de Licitações, desde que autorizado por Portaria Ministerial.
(C) O princípio do equilíbrio financeiro é instituto de direito destinado a impedir que o Poder Público faça valer as cláusulas exorbitantes, quando da execução do contrato administrativo.
(D) A característica de sinalagmáticos dos contratos administrativos significa que, ao serem travados, haverá reciprocidade de obrigações entre o Poder Público e o particular.
(E) Pelo princípio da prevalência do interesse público sobre o particular, o atraso de pagamento contratual não obriga ao Poder Público a sujeitar o valor do crédito mediante correção monetária.

A: incorreta, pois a extinção unilateral deverá ser motivada numa das hipóteses estabelecidas na Lei 8.666/93 (art. 79, I, c/c art. 78, I a XII e XVII); B: incorreta, pois, segundo o art. 57, § 3º, da Lei 8.666/93, não é possível contrato administrativo com prazo indeterminado; como regra, os contratos devem ter duração no máximo igual aos respectivos créditos orçamentários (art. 57, *caput*, da Lei 8.666/93); no entanto, quanto à prestação de serviços contínuos (ex.: serviços de limpeza e vigilância), é possível sua prorrogação até o limite de 60 meses (art. 57, II, da Lei 8.666/93); e, em caráter excepcional, devidamente justificado e mediante autorização de autoridade superior, o prazo de 60 meses poderá ser prorrogado por mais 12 meses; um exemplo da última situação se dá quando uma licitação para contratar serviços que já estão sendo prestados há quase 60 meses por um contratado acaba sendo suspensa por liminar judicial, situação excepcional que possibilita uma última prorrogação por mais 12 meses do já longo contrato entre as partes; C: incorreta, pois esse instituto não está impedindo a incidência de cláusulas exorbitantes durante a execução do contrato, já que tais cláusulas incidem sobre o *regulamento do objeto contratado*, e não sobre *questões financeiras*; o princípio do equilíbrio financeiro está a impedindo apenas que a Administração queira modificar o equilíbrio das *questões financeiras*, ficando a Administração com total possibilidade de se valer de suas prerrogativas para modificar questões que digam respeito ao *regulamento do objeto contratado*, no limite do que permite a lei, é claro (art. 65, I, da Lei 8.666/93); D: correta, pois o contrato administrativo é bilateral ou *sinalagmático*, ou seja, estabelece obrigações para ambas as partes (Poder Público e particular); E: incorreta, pois a correção monetária nada mais faz do que recompor as perdas inflacionárias, não implicando aumento real no valor contratado, devendo a Administração promover o pagamento da correção monetária, nos termos do art. 55, III, da Lei 8.666/93 e da jurisprudência pacífica do STJ. Gabarito "D".

(Defensor Público/AL – 2009 – CESPE) Com relação aos contratos administrativos, julgue os itens subsequentes.

(1) As cláusulas exorbitantes incidem nos contratos administrativos, desde que expressamente previstas.
(2) A Administração Pública pode rescindir unilateralmente o contrato por motivo de interesse público, circunstância que lhe impõe o dever de ressarcir o contratado dos prejuízos regularmente comprovados.
(3) Na concessão de serviço público, não há a incidência das cláusulas exorbitantes, tampouco da característica da mutabilidade.

1: incorreta, pois tais cláusulas decorrem da própria lei (art. 58 da Lei 8.666/93); 2: correta (arts. 78, XII, e 79, § 2º, da Lei 8.666/93); 3: incorreta (art. 58 da Lei 8.666/93). Gabarito 1E, 2C, 3E

(Defensor Público/MS – 2008 – VUNESP) Ao contrário dos contratos celebrados entre entes privados, a Administração não fica em posição igualitária e pode modificar, rescindir unilateralmente os contratos, fiscalizar a sua execução, reter créditos etc. Essas prerrogativas são doutrinariamente chamadas de cláusulas contratuais

(A) instáveis.
(B) imprevisíveis.
(C) desequilibradas.
(D) exorbitantes.

Art. 58 da Lei 8.666/93. Gabarito "D".

(Delegado/GO – 2009 – UEG) Quanto aos contratos administrativos regidos pela Lei n. 8.666/93, é CORRETO afirmar:

(A) a Administração Pública deverá exigir garantia do contratado, independentemente de previsão no edital.
(B) a Administração Pública não poderá declarar a inidoneidade do contratado para licitar e contratar com o Poder Público, porquanto tal competência é do Poder Judiciário.
(C) é ilegal qualquer ajuste verbal com a Administração Pública; o contrato nessa circunstância é nulo.
(D) o contratado fica obrigado a aceitar, nas mesmas condições contratuais, os acréscimos ou as supressões que se fizerem necessários nas obras, serviços ou compras até 25% (vinte e cinco por cento) do valor inicial atualizado do contrato.

A: incorreto, pois o edital faz lei entre as partes; B: incorreto, pois a Administração tem essa competência (art. 87, IV, da Lei 8.666/93); C: incorreto (art. 60, parágrafo único, da Lei 8.666/93); D: correto (art. 65, § 1º, da Lei 8.666/93). Gabarito "D".

(Delegado/PB – 2009 – CESPE) O estado da Paraíba firmou contrato de prestação de serviços continuados de limpeza com determinada pessoa jurídica, no valor de R$ 10.000.000,00 por ano. Ao longo do cumprimento desse contrato, verificou-se que a contratada não estaria recolhendo as contribuições sociais incidentes sobre a folha de salários, motivo pelo qual foi-lhe negada a certidão negativa de débitos previdenciários. Além disso, o estado da Paraíba houve por bem aumentar o número de pessoas para prestar os serviços de limpeza, o que ensejou uma majoração de R$ 2.400.000,00 por ano. Quanto à Lei n.º 8.666/1993, e considerando o texto hipotético apresentado, assinale a opção correta.

(A) Esse contrato pode ser prorrogado por iguais e sucessivos períodos com vistas à obtenção de preços e condições mais vantajosas para a administração, limitado a sessenta meses. No entanto, esse prazo máximo poderá ainda ser ultrapassado em até doze meses, desde que em caráter excepcional, devidamente justificado e mediante autorização da autoridade superior.
(B) A exigência de regularidade fiscal deve ser observada no momento da contratação, mas a eventual ausência da certidão negativa de débito ao longo do contrato, conforme entendimento do STJ, autoriza apenas a retenção das parcelas devidas pela administração.
(C) A contratada não está obrigada a cumprir esse contrato, em face da sua alteração unilateral.
(D) Mesmo considerando que a contratada seja uma organização social e que o contrato de prestação de serviço seja decorrente do contrato de gestão, é necessário que tenha havido, previamente ao contrato, licitação.
(E) De acordo com o valor do contrato, as modalidades de licitação cabíveis à espécie são a concorrência ou a tomada de preço.

A: correta (art. 57, II e § 4º, da Lei 8.666/93); B: incorreta, pois a eventual ausência de certidão negativa *ao longo do contrato* não autoriza a retenção do pagamento, por não haver previsão legal nesse sentido. O STJ entende que a retenção, então, é indevida, sem prejuízo de se instaurar processo administrativo para a rescisão do contrato, por descumprimento de cláusula contratual por parte do contratado; C: incorreta, pois a alteração contratual está dentro do limite de 25% para os acréscimos quantitativos no valor do contrato (art. 65, § 1º, da Lei 8.666/93); D: incorreta, pois o caso transcrito enseja *dispensa* de licitação (art. 24, XXIV, da Lei 8.666/93); E: incorreta, pois para a aquisição de *serviços comuns* (serviços com especificações no mercado), como é o caso do de limpeza, cabe também o pregão, seja qual for o valor do contrato, nos termos do art. 1º da Lei 10.520/02. Gabarito "A".

(Magistratura Federal/3ª Região – 2010) Assinale a alternativa correta:

(A) Nos contratos administrativos personalíssimos a cessão e a subcontratação são admitidos excepcionalmente e somente nos casos expressamente previstos em lei;

(B) Aos contratos administrativos são aplicados supletivamente os princípios próprios da teoria geral dos contratos, excluindo-se, porém os princípios da função social do contrato e da autonomia privada;

(C) No contrato de seguro celebrado pela administração o objeto segurado ou os riscos incidentes não podem ser ampliados unilateralmente pela administração, mas pode exercer a prerrogativa e extinguir unilateralmente o contrato;

(D) Os princípios da probidade e da boa-fé objetiva, previstos no art. 422 do Código Civil, não são aplicáveis aos contratos administrativos.

A: incorreta, pois, se o contrato é personalíssimo, não é possível a cessão e a subcontratação; B: incorreta, pois o art. 54 da Lei 8.666/93 determina que se aplica aos contratos administrativos primeiro as suas cláusulas, depois os preceitos de direito público, e, depois, supletivamente, os princípios da teoria geral dos contratos e as disposições de direito privado; dessa forma, os princípios citados, por serem princípios da teoria geral dos contratos, são aplicáveis; C: correta, pois tais contratos são regidos pelo direito privado (art. 62, § 3º, I, da Lei 8.666/93), de modo que não é possível modificações unilaterais; porém a extinção unilateral é possível, pois a Administração não é obrigada a manter o contrato se este não mais convém ao interesse público, preservados os direitos do contratado; D: incorreta, pois tais princípios, por serem da teoria geral dos contratos, aplicam-se supletivamente a estes. Gabarito "C".

(Magistratura Federal – 4ª Região – XIII – 2008) Dadas as assertivas abaixo, assinalar a alternativa correta.

I. As cláusulas exorbitantes, que caracterizam o contrato administrativo, neste se inserem ainda que não previstas expressamente em lei ou consignadas em cláusula contratual.

II. A prevalência do interesse público sobre o particular torna imperativo, em âmbito administrativo, o princípio da obrigatoriedade do contrato (pacta sunt servanda), afastando a teoria da imprevisão, e conseqüentemente o socorro à cláusula rebus sic stantibus.

III. Considerando-se que a licitação é imprescindível para a existência de qualquer contrato administrativo, constituiria lesão ao princípio da livre concorrência posterior rescisão amigável, modalidade de extinção contratual inadmissível em se tratando de direito público.

IV. O contrato administrativo é sempre consensual e, em regra, formal, oneroso, comutativo e realizado *intuitu personæ*.

(A) Está correta apenas a assertiva IV.
(B) Estão corretas apenas as assertivas I e III.
(C) Estão corretas apenas as assertivas I e IV.
(D) Estão corretas apenas as assertivas II e III.

I: correta, pois tais cláusulas decorrem do princípio da supremacia do interesse público sobre o interesse privado, daí por que está correta a informação; II: incorreta, pois a supremacia do interesse público sobre o privado não é um fim em si mesmo, não podendo servir de pretexto para prejudicar o equilíbrio econômico-financeiro do contrato; III: incorreta (art. 79, II, da Lei 8.666/93); IV: correta, pois, de fato o contrato é *consensual* (pois se forma no momento do acordo de vontades, e não da entrega da coisa, situação em que seria *real*), *formal* (pois há forma prevista em lei, no caso a forma escrita – art. 60 da Lei 8.666/93), *oneroso* (pois ambas as partes têm vantagens), *comutativo* (pois de antemão já se sabe a prestação de cada parte, ao contrário dos contratos aleatórios) e *intuitu personae* (pois deve ser cumprido pelo próprio contratado, salvo autorização em contrário por parte da Administração – art. 72 da Lei 8.666/93). Gabarito "C".

(Analista – TRT/13ª – 2005 – FCC) É INCORRETO afirmar que é considerada característica dos contratos administrativos, dentre outras, a

(A) ausência de cláusulas exorbitantes.
(B) natureza de contratos de adesão.
(C) natureza, de regra, intuitu personae.
(D) finalidade pública.
(E) sua mutabilidade.

O contrato administrativo contém, sim, cláusulas exorbitantes, ou seja, cláusulas em que a Administração Pública tem prerrogativas especiais (art. 58 da Lei 8.666/93). No mais, os contratos administrativos são contratos de adesão, pois a Administração estipula as cláusulas unilateralmente. Ademais, são, em regra, *intuito personae*, ou seja, devem ser cumpridos pessoalmente pelo contratado. Além disso, tais contratos têm, por óbvio, finalidade pública, e podem ser modificados no curso de sua execução (art. 65 da Lei 8.666/93). Gabarito "A".

(Analista – TRT/20ª – 2006 – FCC) Em relação aos contratos administrativos, as cláusulas

(A) essenciais são fixadas por meio de acordo celebrado entre as partes.
(B) que fixam sua imutabilidade podem ser impostas pelo contratante, desde que com isso concorde a Administração.
(C) exorbitantes se exteriorizam, dentre outras hipóteses, por meio da inoponibilidade da exceção do contrato não cumprido.
(D) econômico-financeiras podem ser alteradas unilateralmente pelo particular, para melhor adequar o ajuste às finalidades públicas.
(E) que estipulam a fiscalização pela administração, não possuem incidência se não previstas expressamente nos contratos.

A: incorreta, pois as cláusulas são fixadas unilateralmente pela Administração; B: incorreta, pois os contratos administrativos podem ser modificados ou alterados (art. 65 da Lei 8.666/93); C: correta, pois o art. 78, XIV e XV, da Lei 8.666/93 não permite a alegação de exceção de contrato não cumprido pelo prazo de 120 e 90 dias, respectivamente; D: incorreta, pois o equilíbrio econômico do contrato, expresso nas cláusulas econômicas, não pode ser alterado por qualquer das partes; E: incorreta, pois a Administração tem o direito de fiscalizar o contrato, nos termos do estabelecido na própria lei, pouco importando se está ou não previsto no contrato (arts. 66 e ss da Lei 8.666/93). Gabarito "C".

11.2. ALTERAÇÃO DOS CONTRATOS

(Magistratura/AL – 2008 – CESPE) Medidas de ordem geral não-relacionadas diretamente com o contrato, mas que nele repercutem, provocando desequilíbrio econômico-financeiro em detrimento do contratado, é um instituto aplicado aos contratos administrativos definido como

(A) fato da administração.
(B) força maior.
(C) caso fortuito.
(D) exceptio non adimpleti contractus.
(E) fato do príncipe.

O fato do príncipe é um fato *geral* que onera o contrato, ao contrário do fato da administração, que é um fato que se dirige *especificamente* ao contrato, onerando-o. O fato do príncipe está previsto no art. 65, II, *d*, da Lei 8.666/93. Gabarito "E".

(Procurador do Estado/PB – 2008 – CESPE) A respeito dos contratos administrativos, assinale a opção incorreta.

(A) É possível a existência de contrato administrativo com prazo de vigência indeterminado.
(B) Fato do príncipe é situação ensejadora da revisão contratual para a garantia da manutenção do equilíbrio econômico-financeiro do contrato.
(C) Força maior e caso fortuito são eventos imprevisíveis e inevitáveis, que geram para o contratado excessiva onerosidade ou mesmo impossibilidade da normal execução do contrato.
(D) Ocorre fato da administração quando uma ação ou omissão do poder público especificamente relacionada ao contrato impede ou retarda a sua execução.
(E) Interferências imprevistas consistem em elementos materiais que surgem durante a execução do contrato, dificultando extremamente a sua execução e tornando-a insuportavelmente onerosa.

A: incorreta (art. 57, § 3º, da Lei 8.666/93); B: correta (art. 65, II, *d*, da Lei 8.666/93); C: correta (art. 65, II, *d*, da Lei 8.666/93); D: correta, pois o fato da administração é uma ação ou omissão da Administração que se dirige ***especificamente*** ao contrato, onerando-o; já o fato do príncipe é um fato ***geral*** do Poder Público, que acaba onerando um contrato; E: correta, pois, de fato, essa é a definição doutrinária de sujeições ou interferências imprevistas. Gabarito "A".

(Defensoria/MA – 2009 – FCC) O Poder Público contratou, por meio de regular licitação, a execução de uma obra pública em terreno recentemente desapropriado para esta finalidade. Durante o início das fundações, a empresa contratada identificou focos de contaminação do solo na área. Este fato obriga a realização de trabalhos de descontaminação cujo custo eleva em demasia o preço da obra. Considerando que as partes não tinham conhecimento da contaminação e que, por razões de ordem técnica não poderiam sabê-lo antes, caberá

(A) rescindir o contrato e realizar nova licitação para contratação de empresa para a realização da obra, agora considerado o novo custo.
(B) alterar o contrato para restabelecimento do equilíbrio econômico-financeiro do contrato, observados os requisitos legais.
(C) realizar nova licitação para contratação do serviço de descontaminação do solo, devendo a empresa anteriormente contratada concorrer com terceiros, resguardando-se, no entanto, seu direito de preferência caso haja igualdade de propostas.
(D) rescindir unilateralmente o contrato pela contratada, em face do fato imprevisível, restituindo-se-lhe o valor gasto até então.
(E) realizar a descontaminação do solo diretamente pelo contratante, mantendo-se inalteradas as condições do contrato celebrado, cuja execução ficará apenas diferida no tempo.

Art. 65, II, *d*, da Lei 8.666/93. Gabarito "B".

(Defensoria/MG – 2006) a respeito dos contratos administrativos, é correto afirmar que,

(A) Ocorrendo a ilegalidade, o contrato administrativo só poderá ser anulado pela administração por via judicial por se tratar de acordo de vontades.
(B) Ocorrendo a recuperação judicial do contratado, é vedada a administração manter o contrato.
(C) Ocorrendo justificado interesse público, poderá o contrato administrativo ter prazo indeterminado.
(D) Ocorrendo o atraso ou a inexecução total ou parcial do contrato, a administração poderá aplicar a suspensão temporária do contratado de participar em processo licitatório de contratar com o poder público pelo prazo máximo de cinco anos.
(E) Ocorrendo o fato do príncipe, o contratado terá direito de a administração fazer o equilíbrio do contrato, recompondo as condições da contratação (encargos e remuneração).

A: incorreta, pois a Administração tem a autotutela de seus atos; B: incorreta, pois a lei só determina a rescisão contratual no caso de falência (art. 78, IX, da Lei 8.666/93); C: incorreta (art. 57, § 3º, da Lei 8.666/93); D: incorreta (art. 87, III, da Lei 8.666/93); E: correta (art. 65, II, *d*, da Lei 8.666/93). Gabarito "E".

(Defensoria/MT – 2009 – FCC) É exemplo de aplicação da teoria da imprevisão o seguinte trecho extraído de dispositivos da Lei nº 8.666/93: "Os contratos regidos por esta Lei poderão ser alterados, com as devidas justificativas, nos seguintes casos: (...)

(A) unilateralmente pela Administração, quando houver modificação do projeto ou das especificações, para melhor adequação técnica aos seus objetivos".
(B) unilateralmente pela Administração, quando necessária a modificação do valor contratual em decorrência de acréscimo ou diminuição quantitativa de seu objeto, nos limites permitidos por esta Lei".
(C) por acordo das partes, quando conveniente a substituição da garantia de execução".
(D) por acordo das partes, quando necessária a modificação do regime de execução da obra ou serviço, bem como do modo de fornecimento, em face de verificação técnica da inaplicabilidade dos termos contratuais originários".
(E) por acordo das partes, (...) objetivando a manutenção do equilíbrio econômico-financeiro inicial do contrato, na hipótese de sobrevirem fatos imprevisíveis, ou previsíveis porém de consequências incalculáveis, retardadores ou impeditivos da execução do ajustado".

A Teoria da Imprevisão está consagrada no art. 65, II, *d*, da Lei 8.666/93, cuja redação está retratada na alternativa "E". Gabarito "E".

(Cartório/DF – 2008 – CESPE) Julgue o item seguinte.

(1) Caracteriza-se o fato do príncipe quando alteração no contrato administrativo, decorrente de fato imprevisível, extracontratual e extraordinário licitamente provocado pelo Estado, causa prejuízo ao particular que contratou com o poder público.

1: certo (Art. 65, II, *d*, da Lei 8.666/93). Gabarito 1C.

(Cartório/MS – 2009 – VUNESP) Em razão da supremacia do interesse público sobre o particular, é possível à Administração Pública realizar alteração unilateral nos contratos administrativos. Com relação à alteração quantitativa, o limite a ser respeitado para as supressões que se fizerem necessárias no caso de reforma de edifício ou equipamento é de

(A) 50%.
(B) 25%.
(C) 30%.
(D) 40%.
(E) 10%.

As alterações quantitativas unilaterais do contrato administrativo são de, no máximo, 25% do valor do contrato, para os *acréscimos* e para as *supressões*. Assim, um contrato de R$ 100 mil pode ser alterado para até R$ 125 mil, no máximo, e até R$ 75 mil, no mínimo. No entanto, quando o contrato é de *reforma*, atendendo ao fato de que as reformas costumam gerar certas surpresas, o limite máximo para os *acréscimos* é de 50%, permanecendo, como limite máximo para as *supressões*, o percentual de 25%. Assim, um contrato de reforma de R$ 100 mil pode ser alterado para até R$ 150 mil, no máximo, e até R$ 75 mil, no mínimo. Por isso, em caso de reforma, no que diz respeito às *supressões*, o limite a ser respeitado é de 25%. A respeito do assunto, vide o art. 65, § 1º, da Lei 8.666/93. Gabarito "B".

(Delegado/SP – 2008) As ocorrências materiais impensadas pelas partes, quando da avença, mas que aparecem na execução do contrato de forma surpreendente e excepcional, criando transtornos e dificuldades seriamente onerosos para a sua conclusão são denominadas

(A) fatos de administração.
(B) fatos do príncipe.
(C) Interferências imprevistas.
(D) forças maiores.
(E) casos fortuitos.

De fato, as ocorrências materiais e da natureza são denominadas pela doutrina de ***sujeições*** ou ***interferências imprevistas***. Gabarito "C".

(Magistratura Federal – 5ª Região – 2007 – CESPE) Julgue o item seguinte.

(1) Não pode ser aplicada a teoria da imprevisão para a recomposição do equilíbrio econômico-financeiro do contrato administrativo na hipótese de aumento salarial concedido, em virtude de dissídio coletivo, aos empregados da empresa contratada pela administração para terceirização de serviço, pois tal dissídio constitui evento certo que deveria ser levado em conta quando da efetivação da proposta.

1: certo, pois a resposta está de acordo com posicionamento do STJ. "O aumento salarial a que está obrigada a contratada por força de dissídio coletivo não é fato imprevisível capaz de autorizar a revisão contratual de que trata o art. 65 da Lei n. 8.666/93." (REsp 650.613/SP, Rel. JOÃO OTÁVIO DE NORONHA, 2ª T., j. em 23/10/2007, DJ 23/11/2007, p. 454) Gabarito 1C.

(Magistratura do Trabalho – 14ª Região – 2006) Uma medida de ordem geral não diretamente relacionada com o contrato, mas nele repercutindo, provocando desequilíbrio econômico-financeiro em desfavor do contratado, é chamado pela doutrina de:

(A) desvio de poder;
(B) fato da administração;
(C) cláusula exorbitante;
(D) fato do príncipe;
(E) cláusula rebus sic stantibus.

De fato, essa é a definição doutrinária de fato do príncipe. Gabarito "D".

(Ministério Público do Trabalho – 14°) Assinale a alternativa INCORRETA:

(A) o contrato administrativo pode ser alterado unilateralmente pela administração pública, justificadamente, quando houver modificação do projeto ou das especificações, para melhor adequação técnica aos seus objetivos;
(B) havendo alteração unilateral do contrato, que aumente os encargos do contratado, a Administração deverá restabelecer, por aditamento, o equilíbrio econômico-financeiro inicial do contrato;
(C) as cláusulas econômico-financeiras e monetárias dos contratos administrativos não poderão ser alteradas sem prévia concordância do contratado;
(D) a declaração de nulidade do contrato administrativo opera retroativamente impedindo os efeitos jurídicos que ele, ordinariamente, deveria produzir, mantendo intactos os efeitos já produzidos;
(E) não respondida.

A: correta (art. 65, I, *a*, da Lei 8.666/93); B: correta (art. 65, § 6º, da Lei 8.666/93); C: correta (art. 58, § 1º, da Lei 8.666/93); D: incorreta (art. 59 da Lei 8.666/93); E: está respondida, pois a alternativa "D" está incorreta. Gabarito "D".

(Analista – STJ – 2004 – CESPE) Julgue o seguinte item.

(1) Nos contratos administrativos, o reajuste ocorre nos casos de existência de situações novas que coloquem em xeque o equilíbrio econômico-financeiro do ajuste, enquanto a recomposição de preço significa a alteração do valor a ser pago em função da variabilidade do valor determinante da composição do preço.

1: errado, pois as situações novas que desequilibram o contrato justificam a *revisão*, e não o *reajuste* deste. Gabarito 1E

(Analista – TRE/MG – 2005 – FCC) Durante a execução de determinado contrato administrativo entre o Município de Santa Luzia e a empresa Solution Informática Ltda., verificou-se a majoração de determinado tributo municipal que acabou por onerar substancialmente os encargos do contratado. Diante dessa determinação estatal, geral, imprevista e imprevisível, houve necessidade de recomposição do ajuste ante o surgimento da causa justificadora da inexecução do contrato denominada

(A) interferência imprevista.
(B) caso fortuito.
(C) força maior.
(D) fato da administração.
(E) fato do príncipe.

O aumento de tributos é um *fato geral* da Administração, que interfere em contratos, o que se encaixa no conceito de *fato do príncipe*. Já quando há um *fato específico* da Administração que se dirige especificamente sobre determinado contrato (ex.: a determinação de suspensão de um dado contrato), tem-se o instituto do *fato da administração*. Gabarito "E".

(Analista – TRE/MG – 2005 – FCC) Com relação às características dos contratos administrativos, considere as proposições abaixo.

I. A Administração Pública pode modificar, unilateralmente, o contrato administrativo visando melhor adequação às finalidades de interesse público, respeitados os direitos do contratado.
II. O descumprimento de cláusulas contratuais por parte do Poder Público sempre autoriza o particular a cessar imediatamente a execução do avençado.
III. A Administração Pública somente pode alterar, unilateralmente, o contrato, se este mencionar expressamente a referida prerrogativa.
IV. Havendo a paralisação da execução do contrato, a Administração Pública pode assumir provisória ou definitivamente a execução do objeto.

Está correto o que contém APENAS em

(A) I e III.
(B) I e IV.
(C) II e III.
(D) II e IV.
(E) III e IV.

I: correto (art. 58, I, da Lei 8.666/93); II: incorreto, pois admite-se que a Administração atrase o pagamento até 90 dias, sem que o particular possa pedir a rescisão do contrato (art. 78, XV, da Lei 8.666/93); III: incorreto, pois a possibilidade de alteração unilateral decorre da própria lei (art. 65, I, da Lei 8.666/93); IV: correto, pois incide, no caso, o princípio da continuidade do serviço público. Gabarito "B".

(Analista – TRE/PE – 2004 – FCC) Em relação aos contratos regidos pela Lei das Licitações, os prazos de início de etapas de execução, de conclusão e de entrega admitem prorrogação, mantidas as demais cláusulas do contrato e assegurada a manutenção de seu equilíbrio econômico-financeiro. Nesses casos, é INCORRETO afirmar que a referida prorrogação só poderá ocorrer por força de algum motivo, devidamente autuado em processo, a exemplo da

(A) omissão ou atraso de providências a cargo da Administração Pública.
(B) alteração do projeto ou especificações, pela Administração.
(C) interrupção da execução do contrato por ordem e no interesse da Administração.
(D) diminuição do ritmo de trabalho por determinação e no interesse da Administração.
(E) diminuição das quantidades inicialmente previstas no contrato, e dentro dos limites permitidos em lei.

Art. 57, § 1º, da Lei 8.666/93. Gabarito "E".

(Analista – TRE/BA – 2003 – FCC) Considere as afirmações relativas aos contratos da administração.

I. A imprevisão não encontra amparo na lei que instituiu normas para licitações e contratos na administração pública, tratando-se de teoria largamente aceita.
II. O fato do príncipe caracteriza-se pela alteração unilateral do contrato pela administração pública.
III. Tanto a teoria da imprevisão quanto o fato do príncipe podem, por acordo das partes, ensejar a alteração dos contratos pertinentes a obra, serviço ou fornecimento à administração pública.

Está correto APENAS o que se afirma em

(A) I.
(B) II.
(C) III.
(D) I e II.
(E) II e III.

I: incorreta, pois a imprevisão está prevista no art. 65, II, *d*, da Lei 8.666/93; II: incorreta, pois o fato do príncipe é um fato geral, que não se direciona especificamente sobre o contrato, justificando uma alteração bilateral deste, ou seja, um acordo entre o particular e a Administração para reequilibrar o contrato; III: correta (art. 65, II, *d*, da Lei 8.666/93). Gabarito "C".

(Analista – TRE/SP – 2006 – FCC) Uma empresa de equipamentos eletrônicos foi contratada pelo Tribunal Regional Eleitoral para fornecer acessórios a determinadas repartições eleitorais. Após dar início ao pactuado, foi surpreendida com o aumento exacerbado, imprevisto e imprevisível, do imposto sobre importação de produtos estrangeiros incidente sobre um dos componentes de informática, de origem japonesa, essencial ao cumprimento do ajuste. Tal fato, que onerou extraordinariamente os encargos do particular, dificultando sobremaneira a execução do contrato, implica

(A) rescisão do contrato em virtude da constatação do fato da administração.
(B) aditamento do ajuste em razão da constatação da interferência imprevista.
(C) rescisão unilateral do contrato pelo particular.

(D) alteração unilateral do ajuste pelo particular, ante a ocorrência de força maior.
(E) revisão do contrato em virtude da ocorrência do fato do príncipe.

O exemplo envolve um *fato geral* (e imprevisível), que acaba afetando significativamente o contrato, o que configura o *fato do príncipe*, justificando a revisão contratual (art. 65, II, *d*, da Lei 8.666/93). Gabarito "E".

(Auditor Fiscal/RJ – 2008 – FGV) A respeito dos contratos administrativos, de acordo com a Lei 8.666/93, considere as seguintes afirmativas:

I. É vedado o contrato com prazo de vigência indeterminado.
II. A alteração do projeto, pela Administração, autoriza a revisão do contrato para manutenção de seu equilíbrio econômico-financeiro, mas não autoriza a prorrogação dos prazos de execução, conclusão e entrega.
III. A prorrogação de contrato administrativo, nas hipóteses admitidas pela lei, exige prévia e expressa autorização da autoridade competente para celebrar o contrato. Assinale:

(A) se apenas a afirmativa I estiver correta.
(B) se apenas a afirmativa II estiver correta.
(C) se apenas as afirmativas I e II estiverem corretas.
(D) se apenas as afirmativas I e III estiverem corretas.
(E) se todas as afirmativas estiverem corretas.

I: correta (art. 57, § 3º, da Lei 8.666/93); II e III: art. 57, §§ 1º e 2º, da Lei 8.666/93. Gabarito "D".

11.3. EXECUÇÃO DO CONTRATO

(Magistratura/BA – 2006 – CESPE) Julgue o item seguinte

(1) Uma das mais importantes inovações da vigente Lei de Licitações e Contratos Administrativos (Lei n.º 8.666, de 1993) foi a previsão expressa da possibilidade de invocação da exceptio non adimpleti contractus em favor do contratado particular, se bem que ela, como regra, não faculte ao contratado exigir da administração pública o cumprimento antecipado da prestação a ela correspondente.

1: certo (Art. 78, *caput* e incisos XIV e XV, da Lei 8.666/93). Gabarito "C".

(Magistratura/TO – 2007 – CESPE) Acerca dos contratos administrativos, assinale a opção incorreta.

(A) O contratado é obrigado a reparar, corrigir, remover, reconstruir ou substituir, às suas expensas, no total ou em parte, o objeto do contrato em que se verificarem vícios, defeitos ou incorreções resultantes da execução ou de materiais empregados.
(B) O atraso injustificado no início da obra, serviço ou fornecimento é motivo para imposição de penalidade, mas não para rescisão do contrato.
(C) Quaisquer tributos ou encargos legais criados, alterados ou extintos, bem como a superveniência de disposições legais, quando ocorridas após a data da apresentação da proposta, de comprovada repercussão nos preços contratados, implicarão a revisão destes para mais ou para menos, conforme o caso, nos contratos regidos exclusivamente pela Lei n.º 8.666/1993.
(D) Nos contratos de concessão e permissão de serviço público, ressalvados os impostos sobre a renda, a criação, a alteração ou a extinção de quaisquer tributos ou encargos legais, após a apresentação da proposta, quando comprovado seu impacto, implicará a revisão da tarifa, para mais ou para menos, conforme o caso.

A: correta (art. 69 da Lei 8.666/93); B: incorreta (art. 78, *caput* e IV, da Lei 8.666/93); C: correta (art. 65, § 5º, da Lei 8.666/93); D: correta (art. 9º, § 3º, da Lei 8.987/95). Gabarito "B".

(MINISTÉRIO PÚBLICO/RO – 2010 – CESPE) Assinale a opção correta acerca dos contratos administrativos.

(A) A administração pública pode obrigar determinado contratado a aceitar, nas mesmas condições contratuais, os acréscimos ou supressões que se fizerem nas obras, serviços ou compras, em valor correspondente a até 50% do valor inicial atualizado do contrato.
(B) A criação e a alteração de quaisquer tributos ou encargos legais, quando ocorridas após a data da apresentação da proposta, não implicarão a revisão dos preços para mais, ainda que comprovada a repercussão nos preços contratados originariamente, por se tratar de risco previsível para a atividade econômica.
(C) De acordo com a Lei n.º 8.666/1993, o atraso igual ou superior a sessenta dias dos pagamentos devidos pela administração decorrentes de obras, serviços ou fornecimento de bens assegura ao contratado o direito de optar pela suspensão do cumprimento de suas obrigações até que seja normalizada a situação.
(D) A responsabilidade pelos encargos previdenciários resultantes da execução do contrato é da empresa contratada, de forma que a administração pública não possui qualquer responsabilidade solidária em caso de inadimplência.
(E) Segundo dispõe a Lei n.º 8.666/1993, a inadimplência do contratado, referente aos encargos trabalhistas, fiscais e comerciais, não transfere à administração pública a responsabilidade por seu pagamento.

A: incorreta, pois esse limite é de 25%, salvo para reformas, em que o acréscimo (só o acréscimo) pode chegar a 50% (art. 65, § 1º, da Lei 8.666/93); B: incorreta (art. 65, § 2º, da Lei 8.666/93); C: incorreta, pois o atraso deve ser superior a 90 dias (art. 78, XV, da Lei 8.666/93); D: incorreta, pois a Administração responde solidariamente em caso de débitos previdenciários (art. 71, § 2º, da Lei 8.666/93); E: correta (art. 71, § 1º, da Lei 8.666/93). Gabarito "E".

(Procurador do Estado/SP – FCC – 2009) Particular contratado para a execução de obra pública paralisou unilateralmente a execução do serviço sob a alegação de que o ajuste estava com a sua equação econômico-financeira desequilibrada e que a Administração se recusou a restabelecer o necessário reequilíbrio ao não responder a pleito formulado. Alega também que a Administração atrasou em 60 (sessenta) dias os pagamentos das faturas mensais devidas. Em consequência, a Administração deve

(A) adotar as providências para assunção imediata do objeto do contrato, instaurando o processo sancionatório respectivo e providenciando a execução da garantia contratual e retenção dos créditos do contrato até o limite dos prejuízos causados à Administração.
(B) providenciar o recebimento provisório da obra, realizar o pagamento dos valores em atraso e rescindir amigavelmente o ajuste.
(C) proceder ao recebimento definitivo da obra, com a devolução das garantias contratuais, na medida em que o particular exerceu regularmente faculdade prevista em lei, que lhe assegura direito ao reequilíbrio econômico-financeiro do contrato administrativo e à rescisão unilateral do ajuste em caso de inadimplemento da Administração.
(D) adotar as providências para assunção do objeto do contrato no estado em que se encontrar, liberando as garantias contratuais e apurando administrativamente o valor devido ao particular.
(E) proceder ao recebimento provisório e definitivo da obra, sem a devolução das garantias, até que o Poder Judiciário se manifeste sobre a regularidade da atuação do particular.

De acordo com o art. 78, XV, da Lei 8.666/93, o contratado tem que suportar atrasos no pagamento pelo Poder Público de até 90 dias. Assim, caso o contratado paralise unilateralmente a execução do serviço sem que haja atraso superior a 90 dias, estará caracterizada hipótese que enseja a rescisão unilateral do contrato pela Administração (art. 79, I, c/c art. 78, V, ambos da Lei 8.666/93). Nesse caso, segundo o art. 80 da Lei 8.666/93, a Administração pode promover a assunção imediata do objeto do contrato (inciso I), a execução da garantia (inciso III) e a retenção dos créditos do contrato até o limite dos prejuízos causados à Administração (inciso IV). Faz-se necessário, naturalmente, instaurar processo administrativo, assegurando ao contratado contraditório e ampla defesa (art. 78, parágrafo único, da Lei 8.666/93). As sanções administrativas cabíveis também devem estar lastreadas em devido processo legal (arts. 86, § 2º, e 87, §§ 2º e 3º, da Lei 8.666/93). Dessa forma, somente a alternativa "A" está correta. Gabarito "A".

(Defensor Público/CE – 2007 – CESPE) Julgue o seguinte item.

(1) A Administração Pública é solidariamente responsável pelo inadimplemento dos encargos previdenciários resultantes da execução de contrato administrativo.

1: correta (art. 71, § 2º, da Lei 8.666/93). Gabarito "C".

(Analista – TRT/15ª – 2009 – FCC) O contrato administrativo deverá ser executado fielmente pelas partes, de acordo com as cláusulas avençadas e as normas legais, observadas, dentre outras, a seguinte regra:

(A) Executado o contrato, o seu objeto será recebido provisoriamente e, depois, definitivamente, vedado, em qualquer hipótese, o recebimento definitivo sem o provisório.
(B) A execução do contrato deverá ser acompanhada e fiscalizada por um representante da Administração especialmente designado, vedada a contratação de terceiros ainda que para assisti-lo.
(C) A inadimplência do contratado, com referência aos encargos trabalhistas, fiscais e comerciais transfere à Administração Pública a responsabilidade por seu pagamento.
(D) Na execução do contrato, o contratado pode, sem prejuízo das responsabilidades contratuais e legais, subcontratar partes da obra, serviço ou fornecimento, até o limite de 25%, sem necessidade de autorização ou anuência da Administração.
(E) O contratado é responsável pelos danos causados diretamente à Administração ou a terceiros, decorrentes de sua culpa ou dolo na execução do contrato, não excluindo ou reduzindo essa responsabilidade a fiscalização ou o acompanhamento pelo órgão interessado.

A: incorreta (art. 74 da Lei 8.666/93); B: incorreta (art. 67 da Lei 8.666/93); C: incorreta (art. 71, § 1º, da Lei 8.666/93); D: incorreta (art. 72 da Lei 8.666/93); E: correta (art. 70 da Lei 8.666/93). Gabarito "E."

(Analista – TRT/23ª – 2007 – FCC) Executado o contrato administrativo decorrente de concorrência, o seu objeto será recebido, definitivamente, em se tratando de obras,

(A) pelo responsável por seu acompanhamento e fiscalização, mediante termo circunstanciado, assinado pelas partes em até quinze dias da comunicação escrita do contratado.
(B) por servidor ou comissão designada pela autoridade competente, mediante recibo, firmado pelas partes, após o decurso do prazo de observação que comprove a adequação do objeto aos termos contratuais.
(C) por servidor ou comissão designada pela autoridade competente, mediante termo circunstanciado, firmado pelas partes, após o decurso do prazo de observação que comprove a adequação do objeto aos termos contratuais.
(D) pelo responsável por seu acompanhamento e fiscalização, mediante termo circunstanciado, assinado pelas partes em até trinta dias da comunicação escrita do contratado.
(E) pela autoridade contratante, mediante termo circunstanciado, firmado pelas partes, após cinco dias do prazo em que foi entregue o objeto.

Art. 73, I, *b*, da Lei 8.666/93. Gabarito "C."

11.4. EXTINÇÃO DO CONTRATO

(Ministério Público/MS – 2006) Sobre a declaração de nulidade do contrato administrativo assinale a opção CORRETA:

(A) Só pode ser declarada até o início das obras
(B) Opera a partir do ato declaratório ressalvando-se o que já foi executado.
(C) Produz efeito retroativo desconstituindo efeitos já produzindo mas obrigando-se a administração a indenizar os prejuízos que o contratante sofreu, desde que a causa da nulidade não lhe seja imputada.
(D) Só pode ser declarada por decisão judicial.

Art. 59 da Lei 8.666/93. Gabarito "C."

(Defensor Público/CE – 2007 – CESPE) Julgue o seguinte item.

(1) A instauração de insolvência civil da empresa prestadora de serviços constitui motivo para rescisão do contrato administrativo por ela celebrado.

1: correta (art. 78, IX, da Lei 8.666/93). Gabarito 1C

(Cartório/AP – 2011 – VUNESP) Acerca da rescisão do contrato administrativo, é correto afirmar:

(A) Não cabe falar em rescisão judicial de um contrato administrativo por motivo de inadimplemento pela Administração, dada a posição de supremacia desta em relação ao particular.
(B) O mero atraso no início da obra, serviço ou fornecimento, ainda que injustificado, não é motivo para rescisão do contrato administrativo.
(C) Sendo inviável a rescisão amigável, o Poder Público poderá rescindir unilateralmente o contrato, com fundamento no exercício de seu poder hierárquico.
(D) A rescisão unilateral tem caráter sancionador e desobriga o Poder Público do pagamento de indenizações ou ressarcimento de prejuízos ao contratado.
(E) A comprovada ocorrência de caso fortuito ou força maior que impeça a execução do contrato administrativo autoriza a sua rescisão unilateral pelo Poder Público.

A: incorreta, pois os casos previstos no art. 78, XIV a XVI, da Lei 8.666/93 tratam de hipóteses de inadimplemento da Administração, que ensejam rescisão do contrato a pedido do contratado; B: incorreta, pois o mero atraso injustificado dá ensejo à rescisão (art. 78, IV, da Lei 8.666/93); C: incorreta, pois o Poder Público só pode rescindir unilateralmente nos casos autorizados pela lei; D: incorreta, pois nem sempre a rescisão unilateral tem caráter sancionador; a revogação do contrato, por exemplo, não tem esse caráter, e impõe indenização cabal ao contratado; E: correta (art. 78, XVII, da Lei 8.666/93). Gabarito "E."

(DEFENSORIA PÚBLICA DA UNIÃO – 2002 – CESPE) Julgue o seguinte item.

(1) A inexecução do contrato pelo contratado por motivo devidamente comprovado de caso fortuito (evento da natureza) força maior (evento humano) pode gerar a rescisão administrativa do mesmo. Nessa situação, o contratado terá direito, exclusivamente à devolução da garantia e aos pagamentos devidos pela execução do contrato até a data da rescisão.

1: incorreta, pois também haverá direito ao pagamento dos prejuízos regularmente comprovados, bem como dos custos de mobilização (art. 78, XVIII, c/c art. 79, § 2º, III, da Lei 8.666/93). Gabarito 1E

(Auditor Fiscal/AM – 2005) A Administração Pública, a exemplo do que ocorre com os particulares, pode celebrar contratos. Sobre o tema, é correto afirmar que:

(A) todo contrato celebrado pela Administração Pública é considerado contrato administrativo;
(B) a Administração Pública pode, de forma livre, modificar o objeto de um contrato administrativo;
(C) a Administração Pública não pode celebrar contratos regidos de forma predominante pelo Direito Privado;
(D) a Administração Pública pode anular seus contratos administrativos independentemente da manifestação prévia do Poder Judiciário;
(E) a rescisão do contrato administrativo, se não houver acordo entre a Administração Pública e o contratado, depende sempre de decisão judicial.

A: incorreta, pois a Administração também celebra contratos regidos pelo Direito Privado, tais como o de financiamento, seguro e locação, em que aquela é locatária; B: incorreta, pois a Administração deve obedecer aos limites legais para a modificação (art. 65 da Lei 8.666/93); C: incorreta (art. 62, § 3º, I, da Lei 8.666/93); D: correta, pois isso decorre do princípio da autotutela (Súmula 473 do STF e art. 53 da Lei 9.784/99); E: incorreta (art. 79, I, da Lei 8.666/93). Gabarito "D."

(Analista – TRT/24ª – 2006 – FCC) Observe as seguintes proposições referentes às características dos contratos administrativos:

I. O contratado poderá argüir a exceção do contrato não-cumprido quando a Administração atrasar, por mais de 30 dias, o pagamento estipulado no ajuste.
II. A Administração poderá rescindir unilateralmente o contrato quando o particular atrasar injustificadamente o início da obra.
III. As cláusulas econômico-financeiras dos contratos administrativos poderão ser alteradas unilateralmente pela Administração.
IV. Todos os contratos para os quais a lei exige licitação são firmados *intuitu personae*.

Está correto o que se afirma APENAS em

(A) II e IV.
(B) II e III.
(C) I e IV.
(D) I, II e III.
(E) I, II e IV.

I: incorreta (art. 78, XV, da Lei 8.666/93); II: correta (art. 78, IV, da Lei 8.666/93); III: incorreta, pois a Administração só pode alterar unilateralmente aspectos relativos ao projeto, às especificações e à diminuição ou acréscimo no objeto do contrato (art. 65, I, da Lei 8.666/93); IV: correta; a execução pessoal do contrato é a regra; admite-se apenas a subcontratação e, mesmo assim, nos termos da lei (art. 72 da Lei 8.666/93). "A". Gabarito

(Analista – TRE/PB – 2007 – FCC) Acerca dos contratos administrativos e sua inexecução,

(A) após a assinatura do contrato, em regra, a execução da obra pode ser integralmente transferida a terceiros pela empresa contratada, sob sua exclusiva responsabilidade.
(B) a rescisão de contrato administrativo por interesse público, pela administração, exclui a possibilidade de eventual indenização ao contratado.
(C) cabe à Administração proceder a rescisão unilateral da avença, caso o contratado dê causa, injustificadamente, a atrasos no cumprimento do cronograma definido.
(D) não se permite a edição de cláusulas exorbitantes que concedam vantagem à administração.
(E) somente poderá ser rescindido ou alterado se houver previsão em cláusula específica.

A: incorreta, pois a execução pessoal do contrato é a regra; admite-se apenas a subcontratação e, mesmo assim, nos termos da lei (art. 72 da Lei 8.666/93); B: incorreta, pois o particular que tiver prejuízo terá direito de ser indenizado; C: correta (art. 78, IV, da Lei 8.666/93); D: incorreta, pois as cláusulas exorbitantes têm por característica peculiar justamente trazer vantagens à Administração; E: incorreta, pois a possibilidade de rescisão e alteração decorre da própria lei, não sendo necessária sua previsão em contrato. "C". Gabarito

(Analista – TRF/2º – 2007 – FCC) Sobre a inexecução do contrato administrativo, considere:

I. Se houver sustação do contrato, o cronograma de execução será prorrogado automaticamente por igual tempo.
II. Em regra, se houver atraso superior a sessenta dias dos pagamentos devidos pela Administração, o contratado tem o direito de optar pela suspensão do cumprimento de suas obrigações até que seja normalizada a situação.
III. Se ocorrer caso fortuito ou de força maior, regularmente comprovado e que impeça a execução do contrato, poderá a Administração Pública rescindir unilateralmente.

Está correto o que consta APENAS em

(A) I.
(B) II.
(C) III.
(D) I e III.
(E) II e III.

I: correto (art. 79, § 5º, da Lei 8.666/93); II: incorreto (art. 78, XV, da Lei 8.666/93); III: correto (art. 78, XVII, da Lei 8.666/93). "D". Gabarito

(FGV – 2010) Nos termos do Estatuto das Licitações, assinale a alternativa que apresente um motivo para rescisão do contrato administrativo.

(A) A supressão, por parte da Administração, de serviços no percentual de 20% (vinte por cento) do valor atualizado do contrato.
(B) Qualquer paralisação da obra, do serviço ou do fornecimento.
(C) A suspensão de sua execução, por ordem escrita da Administração, por 100 dias.
(D) O atraso superior a 30 dias dos pagamentos devidos pela Administração decorrentes de obras, serviços ou fornecimento.
(E) A não-liberação, por parte da Administração, de área para execução de obra, no prazo contratual.

A: incorreta (art. 78, XIII, da Lei 8.666/93); B: incorreta (art. 78, V, da Lei 8.666/93); C: incorreta (art. 78, XIV, da Lei 8.666/93); D: incorreta (art. 78, XV, da Lei 8.666/93); E: correta (art. 78, XVI, da Lei 8.666/93). "E". Gabarito

(FGV – 2010) A Administração Pública, diante de uma rescisão de contrato administrativo, por culpa do contratado, retém os créditos decorrentes do contrato até os limites dos prejuízos causados. Nessa situação, a retenção dos créditos é de natureza:

(A) satisfativa.
(B) coercitiva.
(C) acautelatória.
(D) restituitória.
(E) judicial.

Trata-se de medida acautelatória, para o fim de garantir que os prejuízos causados serão ressarcidos. "C". Gabarito

(FGV – 2010) Infere-se do regime jurídico dos contratos administrativos que

(A) não se aplicam disposições de direito privado aos contratos administrativos, sendo vedadas, especialmente, as cláusulas exorbitantes, pois estas ferem o equilíbrio contratual.
(B) os contratos administrativos possuem cláusulas exorbitantes que atribuem à Administração a prerrogativa de modificar unilateral e ilimitadamente o contrato administrativo.
(C) nos termos do regime jurídico que lhes é próprio, os contratos administrativos só podem adotar a forma escrita, sendo vedados os contratos verbais, em virtude da segurança jurídica.
(D) verificando-se vício na formalização do contrato, a administração só poderá promover sua anulação após a devida ação judicial, cuja decisão tenha transitado em julgado.
(E) poderá a administração aplicar sanções administrativas aos contratados, independentemente de ação judicial, desde que assegure o contraditório e a ampla defesa.

A: incorreta, pois as cláusulas exorbitantes são a regra em matéria de contrato administrativo (art. 58 da Lei 8.666/93) e, supletivamente, é possível aplicar regras de direito privado aos contratos administrativos (art. 54 da Lei 8.666/93); B: incorreta, pois as modificações unilaterais podem ser feitas, mas encontram limites na lei (art. 65, I, da Lei 8.666/93); C: incorreta, pois há exceção que permite contrato verbal (art. 60, parágrafo único, da Lei 8.666/93); D: incorreta, pois a administração tem a autotutela dos seus atos, podendo anulá-los sem que tenha que fazê-lo junto ao Judiciário; E: correta (art. 58, IV, da Lei 8.666/93). "E". Gabarito

11.5. FIGURAS ASSEMELHADAS (CONTRATO DE GESTÃO, TERMO DE PARCERIA, CONVÊNIO, CONTRATO DE PROGRAMA ETC.)

(Magistratura/MG – 2008) A autonomia gerencial, orçamentária e financeira dos órgãos e entidades da administração direta e indireta poderá ser ampliada mediante contrato, a ser firmado entre seus administradores e o Poder Público, que tenha por objeto a fixação de metas de desempenho para o órgão ou entidade, cabendo à lei dispor sobre:

I. o prazo de duração do contrato;
II. os controles e critérios de avaliação de desempenho, direitos, obrigações e responsabilidade dos dirigentes;
III. a remuneração do pessoal.

O texto acima descreve a hipótese da celebração de um contrato de:

(A) gerência.
(B) controle.
(C) gestão.
(D) autonomia.

Trata-se do contrato de gestão (art. 37, § 8º, da CF). "C". Gabarito

(Magistratura/PA – 2008 – FGV) Assinale a alternativa correta.

(A) Contrato de gestão é aquele pactuado entre o Poder Público e determinada entidade estatal, fixando-se um plano de metas para esta, ao mesmo tempo em que aquele se compromete a assegurar maior autonomia e liberdade gerencial, orçamentária e financeira ao contratado na consecução de seus objetivos.
(B) Sempre que estiver presente em um dos pólos da avença a Administração Pública, estamos diante de um contrato administrativo, regulado pelo direito público.

(C) A concessão especial denominada de parceria público-privada subdivide-se em duas categorias: concessões patrocinadas e concessões administrativas. No que tange à primeira, é facultada à Administração Pública a contraprestação pecuniária do parceiro público ao parceiro privado; no entanto, os ganhos econômicos efetivos do parceiro privado serão compartilhados com o parceiro público.

(D) A lei confere à Administração Pública prerrogativas especiais na relação do contrato administrativo. Tais prerrogativas, denominadas de "cláusulas exorbitantes", são resquícios do regime político existente no país antes da Constituição Federal de 1988 e, portanto, são inconstitucionais à luz da nova Carta Maior.

(E) Reversão é a retomada do serviço pelo poder concedente durante o prazo de concessão, por motivo de interesse público, mediante lei autorizativa específica, e após prévio pagamento de indenização, nos termos da lei.

A: correta (art. 37, § 8°, da CF); B: incorreta, pois há contratos em que a Administração é parte, mas que são regidos pelo direito privado, tais como financiamento, seguro e locação, em que a Administração é locatária; C: incorreta, pois na concessão patrocinada haverá, além das tarifas pagas pelos usuários, necessariamente, recursos públicos (art. 2°, § 1°, da Lei 11.079/04); D: incorreta, pois não são inconstitucionais, pois tais cláusulas são necessárias para fazer valer o princípio da supremacia do interesse público sobre o interesse privado; E: incorreta, pois o conceito trazido na alternativa é o de encampação ou resgate (art. 37 da Lei 8.987/95). Gabarito "A".

(Procurador do Estado/CE – 2008 – CESPE) A respeito do direito administrativo, assinale a opção correta.

(A) Os serviços públicos privativos do poder público não são passíveis de concessão.

(B) Consórcio administrativo é o acordo de vontade entre duas ou mais pessoas jurídicas públicas da mesma natureza e mesmo nível de governo, constituído sob a forma de pessoa jurídica.

(C) O convênio entre entidades públicas e particulares é forma de delegação de serviços públicos.

(D) As organizações sociais são pessoas jurídicas de direito público, instituídas por iniciativa de particulares para desempenhar serviços sociais não-exclusivos do Estado, com incentivo e fiscalização do poder público, mediante vínculo jurídico instituído por meio de parceria público-privada.

(E) Segundo jurisprudência do Supremo Tribunal Federal (STF), é inconstitucional a exigência de autorização legislativa para a celebração de convênio ou consórcio.

A: incorreta, pois os serviços públicos *próprios* do Estado não são passíveis de concessão, tais como o de segurança pública; B: incorreta, pois consórcio administrativo (que não se confunde com consórcio público, previsto na Lei 11.107/05, este sim pessoa jurídica) é um acordo de vontade entre duas pessoas jurídicas da mesma natureza, mas que não se constitui em pessoa jurídica; C: incorreta, pois convênio é um acordo de vontades para consecução de objetivos comuns, o que não traduz uma delegação de serviços públicos; D: incorreta, pois as organizações sociais são pessoas de direito *privado* (Lei 9.637/98) e não se confundem com o instituto da parceria público-privada; E: está correta: "A jurisprudência do Supremo Tribunal Federal é firme no sentido de que a regra que subordina a celebração de acordos ou convênios firmados por órgãos do Poder Executivo à autorização prévia ou ratificação da Assembleia Legislativa, fere o princípio da independência e harmonia dos poderes (art. 2°, da C.F.)." (ADI 342/PR, DJ 11/04/03). Gabarito "E".

(Procurador do Estado/PR – 2007) Através de Convênio firmado entre o Estado do Paraná e o Município "X" pactuou-se que o primeiro repassaria ao segundo a importância de R$ 50.000,00 (cinquenta mil reais), em duas parcelas de R$ 25.000,00 (vinte e cinco mil reais) visando à construção de um Módulo Policial no território do Município. À municipalidade competiu realizar o procedimento licitatório e firmar o contrato de construção de obra pública com o vencedor do certame seletivo. Extinto o prazo de execução do contrato (que era de 90 dias) constatou-se que a obra não havia sido concluída e encontra-se abandonada, muito embora a empresa vencedora tenha recebido a importância de R$50.000,00 (cinquenta mil reais). Pergunta-se: O Convênio poderá ser denunciado pelo Estado do Paraná? ALTERNATIVAS:

(A) Sim, exigindo o mesmo a restituição dos valores corrigidos da empresa vencedora do procedimento licitatório.

(B) Não, uma vez que o Estado do Paraná deveria liberar os valores apenas depois de receber os relatórios de conclusão da obra.

(C) Sim, exigindo o mesmo a restituição dos valores corrigidos do Município "X".

(D) Deverá o Estado do Paraná denunciar o convênio e mover a competente ação contra o Município "X", e encaminhar cópias autenticadas de todos os documentos ao Ministério Público Estadual, para os devidos fins.

(E) Deverá o Estado do Paraná denunciar o convênio e mover a competente ação contra a empresa contratada, e encaminhar cópias autenticadas de todos os documentos ao Ministério Público Estadual, para os devidos fins.

Um convênio pode ser denunciado a qualquer tempo. No caso em tela, então, em que houve descumprimento de obrigações pelo outro partícipe (o Município), o Estado tem ainda mais razão em realizar a denúncia. Dadas as irregularidades apontadas, o Estado deverá ingressar com ação contra a empresa, beneficiária do ato, para devolução das quantias recebidas (leia o art. 116 e seu § 6°, da Lei 8.666/93), e deve também encaminhar cópia dos documentos ao Ministério Público, para apuração de irregularidades nos âmbitos cível (improbidade administrativa) e criminal. Gabarito "D".

(Procurador da Fazenda Nacional – 2007.2 – ESAF) Assinale a opção incorreta.

(A) A obrigatoriedade de celebração de convênio não se aplica aos casos em que lei específica discipline a transferência de recursos para execução de programas em parceria do Governo Federal com governos estaduais e municipais, que regulamente critérios de habilitação.

(B) A liberação de recursos financeiros por força de convênio, nos casos em que o convenente não integre os orçamentos fiscal e da seguridade social, constituirá despesa do concedente; e o recebimento, receita do convenente.

(C) No caso da apresentação da prestação de contas ou recolhimento integral do débito imputado, antes do encaminhamento da Tomada de Contas Especial ao Tribunal de Contas da União, deverá ser dada a baixa do registro de inadimplência.

(D) Na hipótese de a prestação de contas não ser aprovada e exauridas todas as providências cabíveis, o ordenador de despesas registrará o fato no Cadastro de Convênios no SIAFI (Sistema Integrado de Administração Financeira do Governo Federal).

(E) Quando o convênio compreender a aquisição de equipamentos e materiais permanentes, não será obrigatória a estipulação do destino a ser dado aos bens remanescentes na data da extinção do acordo ou ajuste.

A: correta (art. 1°, § 4°, da Portaria STN n° 01/97); B: correta (art. 19 da Portaria STN n° 01/97); C: correta (art. 38, § 2°, I, da Portaria STN n° 01/97); D: correta (art. 31, § 4°, da Portaria STN n° 01/97); E: incorreta (art. 26 da Portaria STN n° 01/97). Gabarito "E".

(Procurador da Fazenda Nacional – 2007 – ESAF) Em observância à Instrução Normativa STN (Secretaria do Tesouro Nacional) 01/1997, a qual disciplina a celebração de convênios de natureza financeira que tenham por objeto a execução de projetos ou realização de eventos e dá outras providências, assinale a opção incorreta.

(A) A execução descentralizada de Programa de Trabalho a cargo de órgãos e entidades da Administração Pública Federal, Direta e Indireta, que envolva a transferência de recursos financeiros oriundos de dotações consignadas nos Orçamentos Fiscal e da Seguridade Social, objetivando a realização de programas de trabalho, projeto, atividade, ou de eventos com duração certa, será efetivada mediante a celebração de convênios ou destinação por Portaria Ministerial.

(B) Para fins da Instrução Normativa STN (Secretaria do Tesouro Nacional) n. 01/1997, considera-se convenente o instrumento qualquer que discipline a transferência de recursos públicos e tenha como partícipe órgão da administração pública federal direta, autárquica ou fundacional, empresa pública ou sociedade de economia mista que estejam gerindo recursos dos orçamentos da União, visando à execução de programas de trabalho, projeto/atividade ou evento de interesse recíproco, em regime de mútua cooperação.

(C) É vedado celebrar convênio, efetuar transferência, ou conceder benefícios sob qualquer modalidade, destinado a órgão ou entidade da Administração Pública Federal, estadual, municipal, do Distrito Federal, ou para qualquer órgão ou entidade, de direito público ou privado, que esteja em mora.

(D) É vedada a inclusão, tolerância ou admissão, nos convênios, sob pena de nulidade do ato e responsabilidade do agente, de cláusulas ou condições que prevejam ou permitam a realização de despesas com publicidade, salvo as de caráter educativo.

(E) Assinarão, obrigatoriamente, o termo de convênio os partícipes, duas testemunhas devidamente qualificadas e o interveniente, se houver.

A: correta (art. 1º, § 1º, I, da Portaria STN nº 01/97); B: incorreta (art. 1º, § 1º, III, da Portaria STN nº 01/97); C: correta (art. 5º, I, da Portaria STN nº 01/97); D: correta (art. 8º, IX, da Portaria STN nº 01/97); E: correta (art. 10 da Portaria STN nº 01/97). Gabarito "B".

11.6. TEMAS COMBINADOS E OUTROS TEMAS DE CONTRATOS ADMINISTRATIVOS

(Magistratura/SE – 2008 – CESPE) Em relação aos contratos administrativos, de acordo com a Lei n.º 8.666/1993, assinale a opção correta.

(A) A circunstância de uma das partes ser a administração já caracteriza o contrato como sendo administrativo.

(B) Não se admite contrato administrativo verbal entre a administração e o particular.

(C) A substituição da garantia da execução do contrato administrativo exige aquiescência da administração e concordância do contratado.

(D) A decretação de falência da empresa contratada não é motivo para rescisão do contrato administrativo.

(E) A ocorrência de caso fortuito impeditiva de execução do contrato, sem culpa do contratado, possibilita à administração deixar de lhe pagar o custo da desmobilização.

A: incorreta, pois há contratos de que a Administração faz parte que são regidos pelo direito privado (ex.: financiamento, seguro e locação em que a Administração é locatária); B: incorreta (art. 60, parágrafo único, da Lei 8.666/93); C: correta (art. 65, II, *a*, da Lei 8.666/93); D: incorreta (art. 78, IX, da Lei 8.666/93); E: incorreta (arts. 65, II, *d*, e 79, § 2º, III, da Lei 8.666/93). Gabarito "C".

(Defensor Público/AM – 2010 – I. Cidades) O convênio no campo do Direito Administrativo é:

(A) Espécie de negócio jurídico-administrativo, unilateral, com partícipes, visando à consecução de interesses contrapostos harmonicamente.

(B) Uma espécie de negócio jurídico-administrativo que pode ser realizado tanto entre a Administração e os particulares, quanto entre entes administrativos, tendo como finalidade a consecução de objetivos comuns.

(C) Uma espécie de contrato administrativo que para sua efetivação prescinde de licitação.

(D) Um dos atos administrativos que podem ser editados pela Administração.

(E) O resultado de um negócio jurídico-administrativo com interesses divergentes entre as partes.

A: incorreta, pois o convênio é ato *bilateral*, com partícipes, visando à consecução de interesses *comuns*; B: correta, pois traz informações corretas sobre o convênio; C: incorreta, pois o convênio não se confunde com o contrato administrativo; ademais, quando couber, o convênio será precedido de licitação, em virtude do disposto no art. 116 da Lei 8.666/93; D: incorreta, pois o convênio é ato bilateral, e pressupõe a presença de outro partícipe; E: incorreta, pois, no convênio, há interesses comuns, e não interesse contrapostos ou divergentes. Gabarito "B".

12. SERVIÇOS PÚBLICOS

12.1. CONCEITO, CARACTERÍSTICAS PRINCIPAIS, CLASSIFICAÇÃO E PRINCÍPIOS

(Magistratura/MG - 2007) Em relação ao serviço público em geral, é INCORRETO afirmar que:

(A) o privilégio da encampação do ato administrativo para a Administração justifica-se pela necessidade da continuidade do serviço público.

(B) segundo o critério da igualdade dos usuários, a nenhum deles será negada a prestação de serviço público em razão da distinção de caráter pessoal.

(C) serviço público social é aquele de necessidade pública, de iniciativa e implemento exclusivamente do Estado.

(D) serviço público próprio e indireto está dentre aqueles de necessidade coletiva, assumido pelo Estado, mas executado por meios outros, como os de concessão e permissão.

A: correta (art. 37 da Lei 8.987/95); B: correta ("generalidade" - art. 6º, § 1º, da Lei 8.987/95); C: incorreta, pois *serviços públicos sociais* são aqueles destinados a atender às necessidades básicas da população, tais como assistência médica e educacional. São serviços normalmente deficitários, que podem ser prestados pelo Estado ou *por particulares*. Estes se contrapõem aos *serviços públicos econômicos*, que, por sua possibilidade de lucro, representam atividades de caráter mais industrial e comercial, tais como o de energia elétrica, e normalmente são prestados pelos particulares; D: correta, pois *serviços públicos próprios* são públicos propriamente ditos, ou seja, são aqueles que o Estado toma para si, a fim de regulamentá-los, fiscalizá-los e executá-los, direta ou indiretamente; tais serviços são *indiretos* quando o Estado os concede a terceiros, por meio de concessão ou permissão. Gabarito "C".

(Magistratura/TO – 2007 – CESPE) José, residente em Palmas – TO, não pagou a fatura de energia elétrica de sua residência relativamente ao mês de abril de 2007. Nessa mesma conta, foi cobrada a contribuição de iluminação pública. Diante dessa situação hipotética, assinale a opção correta acerca dos serviços públicos.

(A) Conforme entendimento do STJ, a concessionária não pode suspender o fornecimento de energia elétrica, em face do princípio da continuidade do serviço público.

(B) O serviço de fornecimento de energia elétrica a José se caracteriza como impróprio e individual.

(C) Não se exige que José seja notificado da ausência de pagamento para que haja o corte de energia elétrica.

(D) A tarifa e a contribuição de iluminação pública têm natureza tributária.

A: incorreta, pois o STJ admite a suspensão do fornecimento, inclusive quando o consumidor é a Administração Pública (REsp 734.440/RN, DJ 22/08/2008), desde que haja *comunicação prévia* (REsp 783.575/RS, DJ 13/10/2008); no entanto, a suspensão não é admitida em relação a *serviços essenciais* (REsp 831.010/RS, DJ 25/09/2008; ex.: hospitais, cemitérios públicos etc.), a *faturas antigas* (AgRg no Ag 1043499/RS, DJ 24/03/2009) e a apuração unilateral de débito decorrente de alegação de *fraude no medidor de consumo* (AgRg no REsp 1016486/RS, DJ 17/03/2009); B: correta, pois para parte da doutrina serviço impróprio é aquele que o Estado pode delegar a prestação à terceiros, o que, de fato, ocorre no serviço de energia elétrica; e também se trata de serviço individual, já que se trata de serviço divisível e com usuário determinado, o que enseja a cobrança de preço público; C: incorreta, pois a comunicação prévia é requisito essencial para a interrupção do fornecimento (REsp 783.575/RS, DJ 13/10/2008); D: incorreta, pois a tarifa não tem natureza tributária; trata-se de preço público; isso permite que sua majoração seja feita sem a necessidade de lei, por não ter que seguir o regime jurídico tributário. Gabarito "B".

(Ministério Público/SP – 2011) Os serviços notariais e de registro

(A) são exercidos em caráter privado, por delegação do Poder Público.

(B) são exercidos em caráter privado, sujeitos à fiscalização do Poder Legislativo.

(C) são de natureza pública, sujeitos ao regime de concessão de serviço público.

(C) são exercidos em caráter público, dependendo de concurso público de provas e títulos o ingresso em sua atividade.

(E) são exercidos em caráter privado, sujeitos à fiscalização do Poder Executivo.

A, B, C, D e E: Segundo o art. 236 da Constituição, os serviços notariais e de registro são exercidos em caráter privado, por delegação do Poder Público. Gabarito "A".

(Procurador do Estado/CE – 2008 – CESPE) Os serviços públicos justificadores da cobrança de taxas são considerados específicos quando

(A) a sua utilização pode ser individualizada.

(B) são divisíveis e de utilização compulsória.

(C) há necessidade de os moradores de um bairro, por exemplo, se unirem para usufruir desses serviços.

(D) podem ser usufruídos a qualquer título.

(E) o contribuinte, ao pagar a taxa relativa a seu imóvel, sabe por qual serviço está recolhendo o tributo.

De fato, serviços específicos são aqueles em que se consegue identificar e delimitar o serviço que está sendo objeto de cobrança por meio de taxa. Os serviço de energia elétrica e de iluminação pública, por exemplo, são específicos. Para a cobrança de taxa, além de *específico*, o serviço deve ser *divisível* (art. 145, II, da CF). No caso, apenas o de energia elétrica pode ser individualizado para cada destinatário. Dessa forma, o serviço de energia elétrica é objeto de *taxa* e o de iluminação, de *contribuição*. Gabarito "E".

(Procurador do Estado/RR – 2006 – FCC) A Constituição Federal estabelece que a saúde é direito de todos e dever do Estado e considera de relevância pública as ações e serviços de saúde, cabendo ao Poder Público dispor, na forma da lei, sobre sua regulamentação, fiscalização e controle, devendo sua execução ser feita diretamente ou através de terceiros. Diante das mencionadas previsões constitucionais, é correto afirmar que os serviços de saúde, consoante entendimento predominante,

(A) constituem sempre serviço público, de titularidade do Estado, que pode desempenhá-lo diretamente ou com o apoio dos particulares, mediante concessão ou permissão.

(B) não constituem serviço público, ainda quando prestados pelo Estado, sendo passíveis de exploração econômica por particulares, sob a fiscalização do poder público.

(C) são considerados serviço público, quando prestados diretamente pelo Estado, e atividade econômica quando explorados por particulares.

(D) não se caracterizam como serviço público nem atividade econômica, mas sim como atividade de interesse público, objeto de regulamentação legal específica.

(E) constituem serviço público exclusivo, de natureza essencial, devendo ser prestados diretamente pelo Estado, somente cabendo ao particular atuar em caráter subsidiário.

A, B, C, D e E: A alternativa "C" está correta, devendo-se observar que, apesar de o serviço de saúde ser atividade econômica quando explorado por particulares, está sujeito a regras estatais, expressas pelo exercício do poder de polícia. Gabarito "C".

(Procurador do Estado/SP – FCC – 2009) A contratação de terceiros para execução de atividades de apoio à prestação de serviços públicos caracteriza

(A) execução indireta do serviço.
(B) execução direta do serviço.
(C) descentralização administrativa por serviços.
(D) descentralização administrativa por colaboração.
(E) desconcentração administrativa.

A e B: a *execução direta* do serviço se dá quando se está executando o próprio serviço público, ao passo que a *execução indireta do serviço* se dá quando se está prestando atividades que apoiam a *execução direta do serviço*; assim, quando os Correios, por meio de carteiros, entrega cartas na casa de alguém, está *executando diretamente* um serviço público, ao passo que quando uma empresa franqueada dos Correios recebe cartas em seu estabelecimento para que sejam entregues pela franqueadora (a empresa pública Correios), está *executando indiretamente* um serviço público, caracterizando atividade de apoio à prestação de serviços públicos; portanto, a contratação de terceiros para a execução de atividades de apoio à prestação de serviços públicos caracteriza *execução indireta do serviço*; C: incorreta, pois *descentralização por serviço* importa em passar as funções de *regulação* e *fiscalização* da prestação de um serviço público (ex.: quando a União cria uma agência reguladora, passando a esta a possibilidade de regular e fiscalizar determinado serviço público); D: incorreta, pois a *descentralização por colaboração* importa em passar a *execução direta* de um serviço público (ex.: uma agência reguladora confere uma concessão de serviço público para uma empresa privada); repare que na descentralização por colaboração a empresa concessionária do serviço público faz *execução direta* do serviço, e não atividade de apoio para a execução direta do serviço (*execução indireta*); E: incorreta, pois a desconcentração administrativa consiste na distribuição *interna* de competência, ou seja, na distribuição de competência dentro da mesma pessoa jurídica, não envolvendo *terceiros* (ex.: delegação de competência do Presidente da República para um Ministro de Estado). Gabarito "A".

(Defensor Público/GO – 2010 – I. Cidades) De acordo com a ordem jurídica constitucional e sua interpretação pelo Supremo Tribunal Federal, são livres à iniciativa privada, independentemente de concessão ou permissão, os serviços públicos prestados nas áreas

(A) de saúde e educação.
(B) de educação e transporte coletivo.
(C) postal e de educação.
(D) postal e de saúde.
(E) de saúde e transporte coletivo.

De fato, os serviços de saúde e educação têm essa característica, não sendo necessário que alguém obtenha uma concessão ou permissão para prestá-los. Todavia, tais serviços estão sujeitos a certos credenciamentos e a uma fiscalização intensiva pelo Estado, considerando sua importância para a sociedade. Gabarito "A".

(Defensoria/MT – 2009 – FCC) Em relação ao sentido de serviço público que se pode extrair do regime constitucional hoje vigente no Brasil, pode-se corretamente afirmar que é um sentido

(A) unívoco, na medida em que a Constituição contém um rol expresso e taxativo dos deveres do Estado, dizendo-os "serviços públicos".

(B) mais restrito do que certas formulações doutrinárias, face à dicotomia constitucional estabelecida entre serviços públicos e atividades econômicas exploradas pelo Estado.

(C) amplo, posto que as atividades estatais em geral, como regra, comportam execução por delegação, mediante concessão ou permissão.

(D) restrito, vez que apenas pode ser considerado serviço público aquele prestado diretamente pelo Estado.

(E) restrito, vez que apenas pode ser considerado serviço público aquele prestado mediante concessão ou permissão.

A expressão serviço público pode ser tomada em várias acepções. Pode dizer respeito a todos os serviços prestados pelo Estado, incluindo os serviços públicos exclusivos do Estado (ex.: poder de polícia, segurança pública etc.), os serviços público delegáveis (ex.: água, energia elétrica etc.) e os serviços prestados na exploração de atividade econômica (ex.: serviços prestados por bancos estatais). No caso da Constituição Federal, a expressão "serviços públicos", prevista no art. 175, diz respeito apenas aos *serviços públicos delegáveis pelo Estado*. Nesse caso, a Constituição dispõe que tais serviços poderão ser tanto os prestados *diretamente* pelo Estado, que não é obrigado a delegar tais serviços, como os prestados por particulares mediante *concessão ou permissão de serviço público*. Gabarito "B".

(Delegado/PA – 2009 – MOVENS) Considerando que os serviços públicos são classificados de acordo com os critérios de essencialidade, adequação, finalidade e destinatários, assinale a opção que apresenta o serviço correspondente à atividade policial civil.

(A) Administrativo.
(B) De utilidade pública.
(C) Impróprio do Estado.
(D) *Uti universi*.

A: incorreta; nessa questão iremos usar a classificação de Hely Lopes Meirelles, que foi a usada para a idealização do problema; quanto à *finalidade*, os serviços públicos podem ser *administrativos* ou *industriais*; os serviços administrativos são os executados para atender a necessidades internas da administração ou para preparar outros que serão prestados ao público (ex.: imprensa oficial), ao passo que os serviços industriais são os que produzem renda para quem os presta, mediante pagamento de tarifa ou preço público; assim, o serviço atinente à atividade policial não se encaixa nessa classificação; B: incorreta; quanto à *essencialidade*, o serviços podem ser *serviços públicos* ou *serviços de utilidade pública*; os serviços públicos propriamente ditos são os que, por sua essencialidade, são considerados privativos do Poder Público, de modo que a atividade policial civil se encaixa nele; já os serviços de utilidade pública são os que, dada a sua *conveniência* (e não sua *essencialidade*) para os membros da coletividade, podem ser prestados pela Administração ou por terceiros, mediante concessão ou permissão de serviço público (ex.: transporte coletivo), de modo que a atividade policial não se encaixa nos serviços de utilidade pública, pois não pode ser objeto de concessão ou permissão; C: incorreta; pois os serviços *próprios do Estado* equivalem aos *serviços públicos propriamente* ditos e os serviços *impróprios do Estado* equivalem aos *serviços de utilidade pública*, de maneira que a atividade policial civil não é um serviço impróprio do Estado, mas um serviço próprio deste; D: correta; quanto aos *destinatários* os serviços podem ser *uti universi* ou *uti singuli*; os serviços *uti universi* são aqueles gerais, com usuários indeterminados (ex.: atividade policial), ao passo que os serviços *uti singuli* são os individuais, com usuários determinados e divisibilidade (ex.: fornecimento de água, energia elétrica e telefonia), o que permite a cobrança de contraprestação do usuário do serviço, por taxa ou preço público, a depender da compulsoriedade ou não do serviço. Gabarito "D".

(Cartório/AP – 2011 – VUNESP) É INCOMPATÍVEL com os princípios inerentes aos serviços públicos:

(A) aplicação plena da "exceção do contrato não cumprido" contra a Administração Pública.

(B) sujeição do exercício do direito de greve a condições especiais.

(C) exigência de permanência do servidor em serviço, quando pede exoneração, pelo prazo fixado em lei.

(D) aplicação do instituto da encampação.

(E) paridade de tratamento de usuários, com igualdade de acesso.

A: correta, pois a supremacia do interesse público sobre o interesse privado impede essa aplicação plena, de modo a garantir, também, a continuidade do serviço público; B: incorreta, pois a greve quanto aos serviços públicos deve atender a condições especiais, mantendo-se uma percentagem de trabalhadores em serviço, para que não haja a descontinuidade do serviço público; C: incorreta, pois não há previsão legal para "segurar" a exoneração de um servidor público; D: incorreta, pois, pela encampação, a Administração resgata um serviço público, extinguindo a concessão por motivo de interesse público; E: incorreta, pois essa paridade e igualdade são princípios a serem seguidos nos serviços públicos. Gabarito "A".

(Cartório/MG – 2007) É CORRETO afirmar que, na classificação dos serviços públicos, considera-se exclusivo da União manter:

(A) o serviço de alimentação.
(B) o serviço postal.
(C) o serviço de transportes.
(D) o serviço de saúde.

Art. 21, X, da CF ("manter..."). Gabarito "B".

(Magistratura do Trabalho – 23ª Região – 2009) Analise os itens abaixo e marque a alternativa CORRETA:

I. Serviços de Utilidade Pública são os que a Administração presta diretamente à sociedade, sem possibilidade de delegação a terceiros, por reconhecer sua essencialidade ao funcionamento do Estado, como por exemplo a administração de tributos.
II. Serviço público adequado é o que satisfaz as condições de regularidade, continuidade, eficiência, segurança, atualidade, generalidade, cortesia na sua prestação e modicidade das tarifas.
III. Não se caracteriza como descontinuidade do serviço público a sua interrupção após prévio aviso, quando houver inadimplemento do usuário, considerado o interesse da coletividade.
IV. As concessionárias de serviços públicos, de direito público e privado, nos Estados e no Distrito Federal, são obrigadas a oferecer ao consumidor e ao usuário, dentro do mês de vencimento, o mínimo de cinco datas opcionais para escolherem os dias de vencimento de seus débitos.

(A) Apenas o item I é verdadeiro.
(B) Apenas os itens II e III são verdadeiros.
(C) Apenas os itens II e IV são verdadeiros.
(D) Todos itens são verdadeiros.
(E) Todos os itens são falsos.

I: incorreta, pois tais serviços podem ser delegados, por serem serviços impróprios do Estado, diferentemente dos serviços públicos próprios do Estado; II: correta (art. 6º, § 1º, da Lei 8.987/95); III: correta (art. 6º, § 3º, II, da Lei 8.987/95); IV: incorreta, pois são no mínimo 6 datas opcionais (art. 7º-A da Lei 8.987/95). Gabarito "B".

(Magistratura do Trabalho – 23ª Região – 2009) Assinale a alternativa INCORRETA:

(A) Serviço delegado é aquele transferido por contrato (concessão) ou ato unilateral (permissão ou autorização).
(B) Serviço Público Industrial é o que produz renda para quem os presta, mediante a remuneração da utilidade usada ou consumida.
(C) Serviço centralizado é o que o Poder Público presta por seus próprios órgãos em seu nome e sob sua exclusiva responsabilidade.
(D) Serviço descentralizado é todo aquele que a Administração executa centralizadamente, mas o distribui entre vários órgãos da mesma entidade, para facilitar sua realização e obtenção pelos usuários.
(E) São considerados serviços essenciais, nos termos da lei, distribuição e comercialização de medicamentos e alimentos, funerários, transporte coletivo, captação e tratamento de esgoto e lixo, telecomunicações e compensação bancária.

A: correta, pois o serviço delegado admite as três formas de delegação citadas; B: correta, pois o serviço industrial, diferente do serviço administrativo, produz renda para quem o presta, por meio de tarifa ou preço público; C: correta, pois a centralização significa que o Estado não está delegando competência, mas centralizando nos seus órgãos a prestação do serviço; D: incorreta, pois a descentralização consiste na transferência do serviço a outra pessoa jurídica, e não aos órgãos internos da entidade; E: correta, valendo citar que a definição de essencialidade trazida na alternativa "E" é para fins de aplicação da Lei de Greve (art. 10 da Lei 7.783/89). Gabarito "D".

12.2. AUTORIZAÇÃO E PERMISSÃO DE SERVIÇO PÚBLICO

(Defensoria/ES – 2009 – CESPE) Quanto aos serviços públicos e à administração pública, julgue o item seguinte.

(1) A autorização de serviço público constitui contrato administrativo pelo qual o poder público delega a execução de um serviço de sua titularidade a determinado particular, para que o execute em seu próprio nome, por sua conta e risco, predominantemente em benefício próprio, razão pela qual não depende de licitação e, quando revogado pela administração pública, gera, para o autorizatário, o direito à correspondente indenização.

1: Incorreta, pois a *autorização* de serviço público é um ato unilateral, discricionário e precário, não se tratando de contrato, que só existe na *concessão* de serviço público. Gabarito 1E.

(Defensoria/SE – 2006 – CESPE) Julgue o item seguinte.

(1) Serviços autorizados, como os serviços de táxi, por exemplo, são aqueles que o poder público, por ato unilateral, precário e discricionário, consente a particulares para atender interesses coletivos instáveis.

1: correta. Repare que, diferente da permissão de serviço público, não há necessidade de licitação para atribuição da autorização. No caso dos serviços de táxi, apesar de haver certo costume de atribuí-los mediante *autorização*, o ideal é que seja atribuído mediante *permissão*, realizando-se processos licitatórios para a sua outorga. Gabarito 1C.

(Delegado/PB – 2009 – CESPE) Ainda no que concerne ao serviço público, assinale a opção correta.

(A) O dispositivo constitucional que preceitua caber ao poder público, na forma da lei, diretamente ou sob o regime de concessão ou permissão, sempre mediante licitação, a prestação de serviços públicos, demonstra que o Brasil adotou uma concepção subjetiva de serviço público.
(B) A permissão de serviço público é definida pela lei geral de concessões como a delegação, a título precário, mediante licitação, da prestação de serviços públicos, feita pelo poder concedente à pessoa física ou jurídica que demonstre capacidade para seu desempenho, por sua conta e risco.
(C) No procedimento de licitação para contratação de serviços públicos, obrigatoriamente a primeira fase será a de habilitação e a segunda, de julgamento da proposta que melhor se classificar, conforme as condições estabelecidas no edital, não sendo possível a inversão dessas fases.
(D) No contrato de concessão, é obrigatória cláusula que preveja o foro de eleição, não sendo possível, diante do interesse público envolvido, prever-se o emprego de mecanismos privados para a resolução de disputas decorrentes do contrato ou a ele relacionadas, inclusive a arbitragem.
(E) No contrato de concessão patrocinada, no âmbito das parcerias público-privadas, os riscos do negócio jurídico decorrentes de caso fortuito ou força maior serão suportados exclusivamente pelo parceiro privado.

A: incorreta, pois o serviço público não é conceituado a partir do sujeito que o presta, mas sim em função do serviço em si, da sua importância para a sociedade; tanto isso é verdade que o serviço público pode ser prestado tanto pelo Poder Público, como por um particular, mediante concessão ou permissão; B: correta (art. 2º, IV, da Lei 8.987/95); C: incorreta, pois não há procedimento de licitação para a *contratação de serviços públicos*, mas sim procedimento de licitação para *outorgar concessão de serviços públicos*, procedimento esse que observará o rito da concorrência (art. 2º, II, da Lei 8.987/95); de qualquer forma, é bom lembrar que, mesmo adotando-se o rito da concorrência, a Lei 8.987/95, atualmente, admite a inversão de fases no procedimento, primeiro fazendo-se o julgamento das propostas e a classificação, para depois passar para a fase de habilitação; D: incorreta, pois cabe arbitragem (art. 23-A da Lei 8.987/95); E: incorreta, pois os riscos serão repartidos (art. 5º, III, da Lei 11.079/04). Gabarito "B".

(Cartório/MS – 2009 – VUNESP) A delegação, a título precário, mediante licitação, da prestação de serviços públicos, feita pelo poder concedente à pessoa física ou jurídica que demonstre capacidade para seu desempenho, por sua conta e risco, com fixação de prazo é uma

(A) permissão qualificada.
(B) permissão incondicional.

(C) autorização de serviço público.
(D) concessão de serviço público.
(E) tredestinação.

O enunciado traz a definição de permissão de serviço público, que, como se sabe, pode ser revogada a qualquer tempo, sem que o permissionário tenha direito de receber indenização. Todavia, quando a Administração acaba dando uma permissão com *prazo determinado*, isso gera uma expectativa no permissionário de que o prazo será respeitado, o que faz com que a doutrina e a jurisprudência entendam que, revogada a permissão antes do prazo final, o permissionário tenha direito de ser indenizado pelo período remanescente. Assim, para esse tipo de situação, criou-se um nome jurídico diferente, que é o de *permissão qualificada*. Gabarito "A".

(Magistratura Federal – 1ª Região – 2005) Em direito administrativo, o termo autorização é empregado:

(A) como forma de delegação de serviço público, ao lado da permissão e da concessão;
(B) para outorga de uso de bem público;
(C) para designar ato de polícia administrativa de atividades potencialmente danosas;
(D) as três opções estão corretas.

De fato, a autorização pode ser definida como o ato administrativo unilateral, discricionário e precário, pelo qual se faculta, em proveito do particular, o uso de um bem público, a prestação de um serviço público ou o desempenho de uma atividade potencialmente perigosa, e que deve ser autorizada para ser praticada. Gabarito "D".

(Magistratura Federal – 5ª Região – 2007 – CESPE) Julgue o item seguinte.

(1) A permissão de serviço público para exploração de serviço de transporte intermunicipal é negócio jurídico unilateral e, portanto, não se sujeita ao princípio determinador do respeito ao equilíbrio financeiro do contrato.

1: errado. O fato de ser negócio unilateral faz com que a permissão seja precária, ou seja, revogável a qualquer tempo, independentemente de licitação. No entanto, o equilíbrio financeiro, durante a manutenção do negócio, deve ser preservado, sob pena de violação aos princípios da boa-fé e da isonomia. Gabarito 1E

12.3. CONCESSÃO DE SERVIÇO PÚBLICO

(Magistratura/BA – 2006 – CESPE) Julgue o item seguinte

(1) Durante a execução do contrato de concessão de serviço público, se o poder concedente constatar que houve nulidade na licitação ou na formação do contrato ou, ainda, se verificar que o concessionário não está cumprindo as condições do contrato e da lei na prestação do serviço, caberá a encampação do contrato por parte do concedente, após facultado ao concessionário o exercício da ampla defesa.

1: errado. Não se deve confundir **anulação** (que se dá por ilegalidade na licitação ou na formação do contrato), com **caducidade** (que se dá porque o concessionário não está cumprindo o contrato ou a lei na prestação do serviço), com **encampação** (que se dá quando, por motivo de interesse público, a Administração revoga o contrato de concessão). Vide, a respeito, os seguintes dispositivos: arts. 35, V, 37 e 38 da Lei 8.987/95, respectivamente. Gabarito 1E

(Magistratura/DF – 2011) Considerando o disposto na Lei nº 8.987/95, assinale a afirmativa falsa:

(A) É admitida a subconcessão, nos termos previsto no contrato de concessão, desde que expressamente autorizada pelo poder concedente;
(B) A transferência de concessão ou do controle societário da concessionária sem prévia anuência do poder concedente implicará a caducidade da concessão;
(C) No exercício da fiscalização, o poder concedente terá acesso somente aos dados relativos à administração, contabilidade e recursos técnicos e econômicos da concessionária;
(D) Extinta a concessão, retornam ao poder concedente todos os bens reversíveis, direitos e privilégios transferidos ao concessionário conforme previsto no edital e estabelecido no contrato.

A: assertiva correta (art. 26 da Lei 8.987/95); B: assertiva correta (art. 27 da Lei 8.987/95); C: assertiva falsa, devendo ser assinalada; haverá acesso também, aos dados relativos aos recursos financeiros da concessionária (art. 30 da Lei 8.987/95); D: assertiva correta (art. 35, § 1º, da Lei 8.987/95). Gabarito "C".

(Magistratura/DF – 2007) Em tema de concessões de serviços públicos, na sistemática da Lei nº 8.987/95, é certo afirmar que:

(A) A intervenção se fará mediante decreto do Poder Concedente;
(B) A intervenção será precedida de procedimento administrativo em que se assegurará à concessionária o direito de ampla defesa;
(C) Cessada a intervenção, a administração do serviço deverá ser devolvida à concessionária;
(D) Não há fixação de prazo legal para a conclusão do processo administrativo referente à intervenção;

A: correta (art. 32, parágrafo único, da Lei 8.987/95); B: incorreta (art. 33 da Lei 8.987/95); C: incorreta (art. 34 da Lei 8.987/95); D: incorreta (art. 33, § 2º, da Lei 8.987/95). Gabarito "A".

(Magistratura/MG – 2008) Segundo a Lei n. 8.987, de 13 de fevereiro de 1995 (Estatuto da Concessão e Permissão de Serviços e Obras Públicas), o corte, pela concessionária, do fornecimento de energia elétrica para o usuário pessoa física, inadimplente:

(A) pode ser realizado após aviso prévio, considerado o interesse da coletividade.
(B) não pode ser realizado.
(C) caracteriza descontinuidade do serviço.
(D) só pode ser realizado em situações de emergência.

O STJ admite a suspensão do fornecimento, desde que haja **comunicação prévia** (REsp 783.575/RS, DJ 13/10/2008). Gabarito "A".

(Magistratura/MS – 2008 – FGV) Em concessão de serviço público precedido por obra, pactuada entre um Município e uma sociedade privada, há o inadimplemento do contrato por parte da concessionária, devido à desvalorização da moeda. É correto afirmar que:

(A) não haverá revisão nem rescisão do contrato; aplica-se, no caso, o princípio pacta sunt servanda, porque a coletividade não pode ser prejudicada.
(B) se aplica, no caso, o princípio da cláusula rebus sic stantibus, e há, obrigatoriamente, a rescisão do contrato sem indenização ao particular.
(C) se aplica, no caso, a Teoria da Imprevisão, em que a álea econômica é elemento característico e cujo fundamento é o princípio da cláusula rebus sic stantibus.
(D) se aplica, no caso, a teoria do Fato do Príncipe, cujo pressuposto é a álea econômica e cujo princípio basilar é o pacta sunt servanda.
(E) não haverá revisão nem rescisão do contrato quer se aplique a Teoria da Imprevisão, quer se aplique a Teoria do Fato do Príncipe.

Art. 65, II, *d*, da Lei 8.666/93. Gabarito "C".

(Magistratura/PE – 2011 – FCC) Nos termos da Lei federal que dispõe sobre normas gerais de concessão de serviços públicos, a encampação, entendida como

(A) intervenção do poder concedente na concessão, ocupando provisoriamente as instalações da empresa concessionária, é cabível para garantir a continuidade da prestação do serviço.
(B) o modo de encerramento do contrato, por motivo de inexecução por parte da empresa concessionária, depende de apuração das faltas mediante devido processo legal.
(C) a retomada do serviço pelo poder concedente durante o prazo da concessão, por motivo de interesse público, depende de lei autorizativa específica e prévio pagamento da indenização.
(D) o modo de encerramento do contrato, por motivo de caso fortuito ou de força maior, depende de autorização judicial.
(E) o desfazimento do contrato devido a ilegalidade não imputável à intenção das partes, enseja o pagamento de indenização correspondente aos investimentos não amortizados realizados pela empresa concessionária.

A: incorreta, pois esse é o instituto da intervenção na concessão; B: incorreta, pois esse é o instituto da caducidade da concessão; C: correta (art. 37 da Lei 8.987/95); D: incorreta, pois a encampação se dá por interesse público (art. 37 da Lei 8.987/95), e não pelos motivos mencionados; E: incorreta, pois a encampação é a extinção da concessão por motivo de interesse público, e não por problema relacionado à legalidade. Gabarito "C".

(Magistratura/PI – 2008 – CESPE) A extinção do contrato administrativo de concessão pela retomada do serviço pelo poder concedente durante o prazo da concessão, por motivo de interesse público, mediante lei autorizativa específica e após prévio pagamento da indenização, denomina-se apropriadamente

(A) caducidade
(B) rescisão.
(C) anulação.
(D) encampação.
(E) reversão.

Art. 37 da Lei 8.987/95. Gabarito "D".

(Magistratura/PR – 2008) Analise as afirmativas abaixo e assinale a alternativa correta:

I. Concessão de serviço público precedida da execução de obra pública é a delegação da prestação de serviço público feita pelo poder concedente, a título precário, mediante licitação.
II. Concessão de serviço público é a construção, total ou parcial, conservação, reforma, ampliação ou melhoramento de quaisquer obras de interesse público, delegada pelo poder concedente mediante licitação na forma de concorrência.
III. Permissão de serviço público é a delegação de sua prestação, feita pelo poder concedente, mediante licitação na forma de concorrência.

(A) apenas a afirmativa I está correta.
(B) apenas a afirmativa II está incorreta.
(C) apenas a afirmativa III está incorreta.
(D) todas as afirmativas estão incorretas.

I: incorreta (art. 2º, III, da Lei 8.987/95); II: incorreta (art. 2º, II, da Lei 8.987/95); III: incorreta (art. 2º, IV, da Lei 8.987/95). Gabarito "D".

(Magistratura/PR – 2008) Assinale a alternativa correta:

(A) no contrato de concessão de serviços públicos é vedada a possibilidade de previsão do emprego de mecanismos privados para a resolução de disputas decorrentes ou relacionadas aos contratos de concessão de serviços públicos, com exceção da arbitragem, desde que realizada no Brasil e em língua portuguesa, nos termos da lei.
(B) no contrato de concessão de serviços públicos é admitida a possibilidade de previsão do emprego de mecanismos privados para a resolução de disputas decorrentes ou relacionadas aos contratos de concessão de serviços públicos, inclusive a arbitragem, podendo a mesma ser realizada no Brasil e em língua portuguesa, nos termos da lei.
(C) no contrato de concessão de serviços públicos não é admitida a possibilidade de previsão do emprego de mecanismos privados para a resolução de disputas decorrentes ou relacionadas aos contratos de concessão de serviços públicos, com exceção da arbitragem, desde que realizada no Brasil e em língua estrangeira, nos termos da lei.
(D) no Brasil, o princípio constitucional da indisponibilidade do interesse público impede a utilização da arbitragem nos contratos de concessão de serviços públicos.

Art. 23-A da Lei 8.987/95. Gabarito "B".

(Magistratura/RS – 2009) A concessão, como delegação da prestação de um serviço público,

(A) não admite lucro ao concessionário.
(B) dispensa contrato.
(C) deve ser precedida de licitação.
(D) tem como característica a perenidade.
(E) estabelece relação entre o concessionário e a administração concedente, regendo-se pelo direito privado.

A: incorreta, pois o concessionário atua por "conta e risco" (art. 2º, II, da Lei 8.987/95), podendo ter lucro ou prejuízo, preservado, sempre, o equilíbrio econômico-financeiro do contrato, de maneira que o prejuízo só tende a acontecer se houver má administração da empresa concessionária, sendo o lucro a regra nesse tipo de negócio; B: incorreta, pois a concessão tem natureza contratual (art. 2º, II, da Lei 8.987/95); C: correta, devendo tratar de licitação na modalidade concorrência (art. 2º, II, da Lei 8.987/95); D: incorreta, pois a concessão deve ter prazo determinado (arts. 2º, II, 5º, 18, 23, I, da Lei 8.987/95); E: incorreta, pois a concessão é regida por regras de direito público. Gabarito "C".

(Magistratura/SC – 2008) Assinale a alternativa INCORRETA.

(A) A definição dada pela legislação específica para permissão é: "a delegação a título precário, mediante licitação, da prestação de serviços públicos, feita pelo poder concedente à pessoa física ou jurídica que demonstre capacidade para seu desempenho, por sua conta e risco."
(B) Concessão de direito real de uso é entendida como o contrato pelo qual a Administração Pública transfere ao particular o uso, como direito real resolúvel, remunerada ou gratuitamente, de terreno público, para fins específicos de urbanização, industrialização, edificação, cultivo, ou outra utilização de interesse social.
(C) A definição dada pela legislação específica para concessão de serviço público é: "a delegação de sua prestação, feita pelo poder concedente, mediante licitação, na modalidade de concorrência, à pessoa jurídica ou consórcio de empresas que demonstre capacidade para seu desempenho, por sua conta e risco, por prazo indeterminado."
(D) A lei n.º 8.987/95 arrola as formas de extinção da concessão: advento do termo contratual; encampação; caducidade; rescisão; anulação e falência ou extinção da empresa concessionária e falecimento ou incapacidade do titular, no caso de empresa individual.
(E) Concessão de obra pública consiste na modalidade de concessão em que o objeto é a realização de obra, a qual será remunerada por meio da exploração do serviço público.

A: correta (art. 2º, IV, da Lei 8.987/95); B: correta (art. 7º do Dec.-lei 271/67); C: incorreta (art. 2º, II, da Lei 8.987/95); D: correta (art. 35 da Lei 8.987/95); E: correta (art. 2º, III, da Lei 8.987/95). Gabarito "C".

(Magistratura/SP – 2008) É elemento característico do regime jurídico das concessões de serviços públicos, nos termos da Lei n.º 8.987/95, a possibilidade

(A) de o Poder Concedente intervir na concessão, por ato da autoridade que seja a responsável pelo contrato, sem necessariamente com esse ato acarretar a extinção da concessão.
(B) da transferência do controle acionário da concessionária, sem prévia anuência do Poder Concedente, desde que mantidas as condições de habilitação e classificação que haviam sido exigidas na licitação.
(C) de a concessionária promover desapropriações, declarando de utilidade pública os bens necessários à execução do serviço.
(D) de o Poder Concedente promover a encampação, retomando o serviço durante o prazo da concessão, por motivo de interesse público, desde que mediante lei autorizativa específica e com prévio pagamento de indenização nos termos da lei.

A: incorreta (por "decreto" - art. 32, parágrafo único, da Lei 8.987/95); B: incorreta (art. 27 da Lei 8.987/95); C: correta, pois a fase declaratória da desapropriação compete aos entes federativos e a certos entes que recebem tal competência da lei, como a ANEEL; aos concessionários, autorizados pelo contrato de concessão, compete a fase executória da desapropriação, ou seja, a tentativa de acordo com o proprietário da coisa ou o ingresso com a ação de desapropriação; D: incorreta (art. 37 da Lei 8.987/95). Gabarito "C".

(Ministério Público/SP – 2008) Assinale a alternativa correta sobre a prestação de serviços públicos.

(A) A essencialidade dos serviços e o vínculo imediato com os direitos fundamentais são fatores que indicam o dever de gratuidade na prestação, pela concessionária, aos usuários que, por qualquer razão de fato ou de direito, simplesmente aleguem estar sem condições de pagar a respectiva contraprestação.
(B) O direito do consumidor não pode ser aplicado no âmbito dos serviços públicos, em virtude da solidariedade existente entre os usuários, pois a vantagem especial assegurada a um deles poderia comprometer a prestação aos demais.
(C) Diante do princípio da transparência, constitui dever, seja do concedente seja do concessionário, o de fornecer aos usuários as informações para defesa de interesses individuais e coletivos. Cabe aos usuários, ainda, como sujeitos interessados na boa prestação do serviço, o direito de representação no sistema de fiscalização dos serviços concedidos.

(D) Quando prestado por meio de concessão, o regime passa a ser exclusivamente de direito privado, única forma de assegurar a continuidade, a generalidade e a adequação do serviço público, e também de garantir o acesso a um maior número de usuários.
(E) A concessão transfere integralmente para o concessionário os poderes de polícia inerentes ao concedente.

A: incorreta, pois a única garantia que se tem é a modicidade das tarifas (art. 6º, § 1º, da Lei 8.987/95); gratuidades dependerão de previsão legal (art. 9º, § 1º, da Lei 8.987/95); B: incorreta (art. 7º, *caput*, da Lei 8.987/95 e art. 22 do CDC); C: correta (art. 7º, I, IV e V, da Lei 8.987/95); D: incorreta, pois o regime do serviço público, por óbvio, é de direito público; já o regime interno da empresa concessionária, é de direito privado; E: incorreta, pois o poder de polícia só pode ser exercido pelo Poder Público; o particular só pode contribuir materialmente para o exercício do poder de polícia. Gabarito "C".

(Ministério Público/DF – 2009) Sobre o serviço público, assinale a alternativa incorreta.

(A) Na forma da Lei Nº. 8987/95, considera-se encampação a retomada do serviço pelo poder concedente durante o prazo da concessão, por motivo de interesse público, mediante lei autorizativa específica e após prévio pagamento da indenização.
(B) As parcerias público-privadas, na modalidade concessão patrocinada, serão utilizadas quando envolver, adicionalmente à tarifa cobrada dos usuários, contraprestação pecuniária do parceiro público ao parceiro privado.
(C) A concessionária está legitimada a interromper o fornecimento de energia elétrica se, após aviso prévio, o consumidor de energia elétrica permanecer inadimplente no pagamento da respectiva conta.
(D) Serviço adequado é o que satisfaz as condições de regularidade, continuidade, eficiência, segurança, atualidade, generalidade, cortesia na sua prestação, modicidade das tarifas e gratuidade aos usuários de baixa renda.
(E) Em Direito Administrativo, extrai-se do princípio da subsidiariedade a primazia da iniciativa privada sobre a iniciativa estatal. A ação do Estado deve estar focada nas atribuições que só ele pode desempenhar como ente soberano (segurança, defesa, justiça, relações exteriores, legislação, polícia), cabendo-lhe, nos demais setores, fomentar, estimular, coordenar e integrar as ações dos particulares.

A: correta (art. 37 da Lei 8.987/95); B: correta (art. 2º, § 1º, da Lei 11.079/95); C: correta (art. 6º, § 3º, II, da Lei 8.987/95); D: incorreta, pois a lei não estabelece a "gratuidade aos usuários de baixa renda", mas sim a "modicidade das tarifas", que significa que estas terão valores acessíveis, e não gratuidade (art. 6º, § 1º, da Lei 8.987/95); E: correta, pois, pelo princípio da *subsidiariedade*, o Estado deve atuar como ente soberano apenas quando for necessário (segurança, defesa, justiça, relações exteriores, legislação, polícia), devendo, nos demais setores, atuar como agente regulador e fomentador. Gabarito "D".

(Ministério Público/TO – 2006 – CESPE) No que diz respeito aos serviços públicos, assinale a opção correta.

(A) Nas concessões de serviço público, o Estado pode impor à concessionária a redução da tarifa cobrada dos usuários, a depender das circunstâncias.
(B) No direito brasileiro, para determinada atividade ser tido como serviço público, é necessária a conjunção de três elementos: o subjetivo (referente à pessoa jurídica que realiza a atividade), o material (concernente à atividade propriamente dita) e o formal (relativo ao regime jurídico aplicável).
(C) No Brasil atual, os serviços de segurança podem se corretamente classificados como serviço público impróprio, porquanto também são prestados por empresas privadas e até por particulares.
(D) No vigente regime jurídico das concessões, não é admissível a figura da encampação.

A: correta, pois o Estado tem esse direito, preservado o equilíbrio econômico-financeiro do contrato (art. 9º, § 4º, da Lei 8.987/95); B: incorreta, pois o elemento subjetivo não é exigido; C: incorreta, pois os serviços de segurança pública são serviços públicos próprios, ao passo que os de segurança privada são de natureza privada, apesar de fiscalizados pelo Poder Público; D: incorreta (art. 37 da lei 8.987/95). Gabarito "A".

(Procurador do Estado/PI – 2008 – CESPE) Contrato administrativo pelo qual a administração pública delega a outrem a execução de um serviço público, para que o execute em seu próprio nome, por sua conta e risco, mediante tarifa paga pelo usuário ou outra forma de remuneração decorrente da exploração do serviço. Maria Sylvia Di Pietro. Parcerias na administração pública. São Paulo: Atlas, 1999, p. 72 (com adaptações).

A definição apresentada no texto acima refere-se ao instituto denominado

(A) autorização de serviço público.
(B) permissão de serviço público.
(C) contrato de empreitada de obra pública.
(D) concessão de obra pública.
(E) concessão de serviço público.

Art. 2º, II, da Lei 8.987/95. Gabarito "E".

(Procurador do Município/Florianópolis-SC – 2010 – FEPESE) Na execução do serviço público, quando a concessionária não atender a intimação do poder concedente no sentido de regularizar a prestação do serviço, haverá a extinção da concessão sob a modalidade:

(A) reversão.
(B) intervenção.
(C) encampação.
(D) caducidade.
(E) denúncia.

Art. 38 da Lei 8.987/95. Gabarito "D".

(Defensoria/PA – 2009 – FCC) Nos termos do que prevê a Lei Federal nº 8.987/95, a concessão de serviços públicos extingue-se por diversas formas, sendo correto afirmar, neste tema, que a

(A) falência do concessionário acarreta a extinção da concessão e, como consequência, a reversão ao poder concedente dos bens aplicados ao serviço objeto do contrato.
(B) encampação da concessão é implementada por meio da edição de decreto e tem lugar quando se verifica a inadimplência do concessionário.
(C) caducidade enseja a rescisão da concessão pela expiração do prazo fixado no contrato.
(D) anulação da concessão tem lugar somente quando o concessionário pratica infração contratual que também configure violação de dispositivo normativo, eivando a relação de vício de ilegalidade.
(E) reversão da concessão enseja o retorno ao poder concedente dos bens afetos ao serviço público somente nos casos em que tiver havido inadimplência do concessionário.

A: correta (art. 35, VI e § 1º, da Lei 8.987/95); B: incorreta, pois a *encampação* se dá por motivo de *interesse público*, e não por *inadimplência* do concessionário; ademais, a encampação depende de prévia autorização de *lei*, e não de *decreto* (art. 37 da Lei 8.987/95); um exemplo de encampação é o fim da concessão de *transporte coletivo por bondes*, por não haver mais interesse público na manutenção desse serviço, substituído totalmente pelos ônibus em praticamente todas as cidades do País; C: incorreta, pois a *caducidade* é a extinção da concessão por inadimplência do concessionário (art. 38 da Lei 8.987/95); D: incorreta, pois a infração contratual é causa da *caducidade* da concessão, e não da *anulação* desta; anula-se a concessão quando esta já nasce eivada de ilegalidade; E: incorreta, pois a reversão sempre ocorre com o fim da concessão, pouco importando o que motivou a extinção desta (art. 35, § 1º, da Lei 8.987/95). Gabarito "A".

(Delegado/PB – 2009 – CESPE) A declaração de caducidade nos contratos de concessão de serviço público não é autorizada quando

(A) o serviço estiver sendo prestado de forma inadequada ou deficiente, tendo por base as normas, critérios, indicadores e parâmetros definidores da qualidade do serviço.
(B) a concessionária descumprir cláusulas contratuais ou disposições legais ou regulamentares concernentes à concessão.

(C) a concessionária perder as condições econômicas, técnicas ou operacionais para manter a adequada prestação do serviço concedido.
(D) a concessionária for condenada em sentença transitada em julgado por sonegação de tributos, inclusive contribuições sociais.
(E) o poder público retomar o serviço durante o prazo da concessão, por motivo de interesse público, mediante lei autorizativa específica e após prévio pagamento da indenização devida.

A a D: corretas (art. 38, § 1º, I, II, IV e VII, respectivamente, da Lei 8.987/95), valendo salientar que a caducidade é a extinção da concessão por *culpa* do particular, ou seja, por inexecução total ou parcial do contrato; E: incorreta, pois a retomada do serviço durante o prazo de concessão denomina-se *encampação* ou *resgate*; se o tema fosse *ato administrativo*, e não *concessão de serviço público*, o nome da extinção do ato seria *revogação*, e não *encampação*; a encampação está prevista no art. 37 da Lei 8.987/95, e depende de interesse público devidamente motivado, lei autorizativa específica e prévio pagamento de indenização. Gabarito "E".

(Delegado/SP – 2008) A declaração da extinção da concessão pelo poder concedente, por estar o serviço sendo prestado de forma inadequada, caracteriza um caso de

(A) encampação.
(B) caducidade.
(C) rescisão.
(D) anulação.
(E) destituição.

Art. 38 da Lei 8.987/95. Gabarito "B".

(Cartório/MS – 2009 – VUNESP) Caducidade é a extinção da concessão do serviço público em decorrência

(A) de interesse público superveniente à concessão.
(B) do inadimplemento ou adimplemento defeituoso por parte da concessionária.
(C) da falência ou extinção da empresa concessionária.
(D) do surgimento de norma jurídica que tornou inadmissível a concessão antes permitida.
(E) da emissão de ato com fundamento em competência diversa.

Art. 38 da Lei 8.987/95. Gabarito "B".

(Delegado Federal – 2004 – CESPE) Julgue o item seguinte.

(1) O contrato de concessão de serviço público extingue-se pela rescisão quando a iniciativa de extinção do contrato é do poder concedente, em decorrência de descumprimento das normas contratuais pelo concessionário.

1: errado. Art. 38 da Lei 8.987/95(caducidade) c/c o art. 39 da Lei 8.987/95 (rescisão). Gabarito 1E.

12.4. PARCERIAS PÚBLICO-PRIVADAS (PPP)

(Magistratura/DF – 2007) Considerado o regime da Lei nº 11.079/2004, assinale a alternativa correta:

(A) Não é admitida, na licitação, a inversão da ordem das fases de habilitação e julgamento;
(B) O contrato de parceria público-privada, desde que celebrado por prazo superior a cinco anos, poderá ter como objeto único a execução de obra pública;
(C) As contratações de parceria público-privada poderão não envolver contraprestação pecuniária do parceiro público ao parceiro privado;
(D) Nas concessões patrocinadas poderá ocorrer que mais de 70% (setenta por cento) da remuneração do parceiro privado venha a ser paga pela Administração Pública.

A: incorreta (art. 13 da Lei 11.079/04); B: incorreta (art. 2º, § 4º, III, da Lei 11.079/04); C: incorreta (art. 2º, §§ 1º e 3º, da Lei 11.079/04); D: correta, pois, de fato, a situação narrada é possível, por não haver limitação em sentido contrário na Lei 11.079/04. Gabarito "D".

(Magistratura/PA – 2009 – FGV) No que tange à licitação de parcerias público-privadas, assinale a afirmativa incorreta.

(A) Obrigatoriedade de submissão da minuta de edital e de contrato à consulta pública, independentemente do valor estimado da parceria.
(B) O julgamento das propostas deverá adotar um dos critérios previstos na Lei Geral de Concessões de Serviços Públicos.
(C) O edital poderá prever a apresentação de propostas escritas, seguidas de lances em viva voz, viabilizando maior competição entre aqueles que já estejam participando da disputa.
(D) O edital poderá prever a possibilidade de saneamento de falhas, de complementação de insuficiências ou correções de caráter formal no curso do procedimento.
(E) Adoção da modalidade de concorrência, com possibilidade, se prevista no edital, de inversão da ordem das fases de habilitação e julgamento.

A: correta (art. 10, VI, da Lei 11.079/04); B: incorreta (devendo ser assinalada), pois, além dos critérios da Lei Geral de Concessões, podem ser utilizados os critérios previstos nas alíneas *a* e *b* do inciso II do art. 12 da Lei 11.079/04; C: correta (art. 12, III, *b*, da Lei 11.079/04); D: correta (art. 12, IV, da Lei 11.079/04); E: correta (art. 10, *caput*, c/c art. 13, ambos da Lei 11.079/04). Gabarito "B".

(Magistratura/TO – 2007 – CESPE) Acerca das parcerias na administração pública, assinale a opção correta.

(A) O contrato de concessão se iguala ao de franquia, dada pela administração, já que em ambas se transfere a execução do serviço público, conservando-se a sua titularidade. Eles se diferenciam, porém, na medida em que somente no contrato de concessão, e não no franquia, pode haver rescisão unilateral.
(B) Por meio da terceirização de mão-de-obra, o Estado pode transferir a atividade-fim para que os particulares a desempenhem em um regime de direito privado.
(C) Uma das diferenças entre a parceria público-privada e a concessão de serviço público refere-se à forma de remuneração, já que naquela haverá necessariamente contraprestação pecuniária do parceiro público ao parceiro privado.
(D) Os consórcios são acordos firmados por entidades públicas de qualquer espécie, ou entre estas e organizações particulares, para a realização de objetivos de interesse comum dos partícipes.

A: incorreta, pois no contrato de franquia não há transferência de execução de serviço público; B: incorreta, pois a terceirização só pode incidir sobre atividades meio do Estado; é exemplo de terceirização a contratação, pela Administração, de empresa de limpeza e de vigilância para repartições públicas; C: correta (art. 2º, § 3º, da Lei 11.079/04); D: incorreta, pois os consórcios públicos são formados pela reunião de entes políticos (Lei 11.107/05). Gabarito "C".

(Magistratura/TO – 2007 – CESPE) Acerca das parcerias público-privadas, assinale a opção incorreta.

(A) A sociedade de propósito específico, que poderá assumir a forma de companhia aberta, deverá obedecer a padrões de governança corporativa e adotar contabilidade e demonstrações financeiras padronizadas, conforme regulamento, ficando vedado à administração pública ser titular da maioria do seu capital votante, salvo aquisição por instituição financeira controlada pelo poder público em caso de inadimplemento de contratos de financiamento.
(B) A contratação de parceria público-privada será precedida de licitação na modalidade de concorrência.
(C) A contraprestação da administração pública, se prevista em contrato, poderá prever o pagamento de remuneração variável, vinculada ao seu desempenho, conforme metas e padrões de qualidade e disponibilidade definidos no contrato.
(D) Concessão patrocinada é o contrato de prestação de serviços no qual a administração pública é usuária direta ou indireta, ainda que envolva execução de obra ou fornecimento e instalação de bens.

A: correta (art. 9º da Lei 11.079/04); B: correta (art. 10 da Lei 11.079/04); C: correta (art. 6º, parágrafo único, da Lei 11.079/04); D: incorreta (art. 2º, § 1º, da Lei 11.079/04). Gabarito "D".

(Ministério Público/PB - 2010) Sobre o regime legal das parcerias público-privadas, é correto afirmar, exceto:

(A) Admite-se, excepcionalmente, delegação do exercício do poder de polícia ao parceiro privado, quando se tratar da concessão administrativa.
(B) Para a contratação de parcerias público-privadas, exige-se licitação na modalidade de concorrência.
(C) A exigência de autorização legislativa específica não se aplica à concessão administrativa.
(D) Estende-se a todos os âmbitos: federal, estadual, distrital e municipal.
(E) A concessão patrocinada admite, como parceiro privado, consórcio de empresas.

A: incorreto, pois o poder de polícia é privativo da autoridade pública; B: correto (art. 10, caput, da Lei 11.079/04); C: correto, valendo lembrar que, quanto à *concessão patrocinada*, aquelas "em que mais de 70% (setenta por cento) da remuneração do parceiro privado for paga pela Administração Pública dependerão de autorização legislativa específica"; D: correto (art. 1º da Lei 11.079/04); E: correta, pois são aplicadas a essas concessões o disposto na Lei de Concessões Comuns (art. 3º, § 1º, da Lei 11.079/04), lei essa que admite que a concessão seja conferida a um consórcio (art. 2º, II, da Lei 8.987/95). Gabarito "A".

(Ministério Público/GO - 2005) São características básicas dos contratos de concessão especial, previstos na Lei 11.079/2004, exceto:

(A) compartilhamento dos riscos
(B) financiamento do setor privado
(C) delegabilidade da função estatal de regulação
(D) pluralidade compensatória

A: correta (art. 4º VI, da Lei 11.079/04); B: correta (arts. 5º, IX, e 24 da Lei 11.079/04); C: incorreta (art. 4º, III, da Lei 11.079/04); D: correta, pois a pluralidade compensatória também é chamada de variabilidade remuneratória e decorre do fato de que a contraprestação da Administração Pública pode ser feita de variadas formas, conforme o disposto no art. 6º da Lei 11.079/04. Gabarito "C".

(Ministério Público/SP - 2006) A Lei n.º 11.079, de 30.12.2004, criou a parceria público-privada (PPP). Por definição legal, a parceria público-privada é:

(A) contrato administrativo de permissão.
(B) contrato administrativo de concessão.
(C) contrato administrativo de execução de obra pública.
(D) ato administrativo de permissão.
(E) ato administrativo de autorização.

Art. 2º, *caput*, da Lei 11.079/04. Gabarito "B".

(Ministério Público/SP - 2008) Considere as seguintes assertivas sobre a parceria público-privada:

I. É o contrato administrativo de concessão de serviço ou obra pública que, na modalidade patrocinada, envolve contraprestação pecuniária do contratante público ao contratante privado, ambos denominados parceiros.
II. Entre suas cláusulas, o contrato deve prever os riscos compartilháveis entre as partes, inclusive os decorrentes de caso fortuito, força maior, culpa de terceiro, fato do príncipe e álea econômica ordinária.
III. A implantação e a gestão do objeto da parceria serão efetuadas por sociedade constituída com propósito específico antes da contratação, sendo vedada ao Poder Público a titularidade da maioria do capital votante, salvo se a aquisição se der por instituição financeira por ele controlada, diante da inadimplência dos contratos de financiamento.

Sobre as assertivas, pode-se dizer que

(A) somente I e II são corretas.
(B) somente I e III são corretas.
(C) somente II e III são corretas.
(D) somente III é correta.
(E) todas são corretas.

I: correta (art. 2º, *caput* e § 1º, da Lei 11.079/04); II: incorreta (art. 5º, III, da Lei 11.079/04); III: correta (art. 9º da Lei 11.079/04). Gabarito "B".

(Procuradoria Distrital - 2007) A respeito da Parceria Público-Privada (Lei n. 11.079/2004) e das concessões de serviços públicos, aponte a afirmação incorreta.

(A) A Lei n. 8.987/95, art. 2º (IV), estatui de modo expresso que a modalidade de licitação na hipótese de permissão de serviço público será obrigatoriamente a concorrência.
(B) A Parceria Público-Privada possui a modalidade patrocinada, que é a própria concessão de serviço ou de obra de que trata a Lei n. 8.987/2004 e, ainda, envolve, adicionalmente ao valor cobrado dos usuários, a contraprestação do contratante público ao contratante privado.
(C) Enquanto a concessão pode ser contratada com pessoas jurídicas ou consórcios de empresa, a permissão, por sua vez, somente pode ser firmada com pessoa física ou jurídica.
(D) Nas concessões, a tarifa do serviço público concedido não será subordinada à legislação específica anterior e somente nos casos expressamente previstos em lei, sua cobrança poderá ser condicionada à existência de serviço público alternativo e gratuito para o usuário.
(E) Entre as hipóteses legais de extinção da concessão encontra-se a figura da caducidade.

A: incorreta. O art. 2º, IV, da Lei 8.987/95 não exige licitação na modalidade concorrência, diferente do art. 2º, II, da Lei 8.987/95; B: correta (art. 2º, § 1º, da Lei 11.079/04); C: correta (art. 2º, IV, da Lei 8.987/95); D: correta (art. 9º, § 1º, da Lei 8.987/95); E: correta (art. 35, III, da Lei 8.987/95). Gabarito "A".

(Procurador do Estado/PE - CESPE - 2009) Com relação ao instituto do serviço público, assinale a opção correta.

(A) O usuário do serviço público tem direito à respectiva prestação sem qualquer distinção de caráter pessoal, razão pela qual na concessão de serviços públicos é vedado o estabelecimento de tarifas diferenciadas em função das características técnicas ou de custos específicos provenientes do atendimento aos distintos segmentos do usuário.
(B) De acordo com a classificação da doutrina, os serviços públicos impróprios são aqueles que o Estado executa indiretamente, por meio de concessionários ou permissionários.
(C) É vedada a celebração de contrato de parceria público-privada que tenha por objeto único o fornecimento e instalação de equipamentos ou execução de obra pública.
(D) As obrigações pecuniárias contraídas pela administração pública em contrato de parceria público-privada não podem ser garantidas mediante garantia prestada por organismos internacionais ou instituições financeiras que não sejam controladas pelo poder público.
(E) De acordo com a legislação de regência, a contratação de parceria público-privada será precedida de licitação em qualquer modalidade, desde que prevista no programa estadual de parcerias público-privadas.

A: incorreta, pois, apesar do dever de tratar a todos de forma igualitária, o estabelecimento de tarifas diferenciadas em função das características técnicas ou de custos específicos provenientes do atendimento aos distintos segmentos do usuário é pertinente e previsto no art. 13 da Lei 8.987/95; B: incorreta, pois os serviços impróprios são aqueles que o Estado presta direta ou indiretamente, ou seja, por si ou por concessionários de serviço público, de maneira que é incorreto dizer que tais serviços são prestados indiretamente, pois também podem ser prestados diretamente pelo Estado; C: correta (art. 2º, § 4º, III, da Lei 11.079/04); D: incorreta, pois tais obrigações podem, sim, ser garantidas mediante as garantias mencionadas (art. 8º, IV, da Lei 11.079/04); E: incorreta, pois a modalidade de licitação deve ser a concorrência (art. 10 da Lei 11.079/04). Gabarito "C".

(Procurador do Estado/RO - 2011 - FCC) O Governo do Estado de Rondônia pretende construir um sistema de transmissão de dados por rádio, de maneira a garantir o acesso à *Internet* de todas as escolas públicas estaduais. Para tanto, pretende celebrar contrato com particular, que se disponha a realizar as obras civis necessárias, o fornecimento dos equipamentos e se responsabilize pela manutenção física e lógica da rede, com suporte aos usuários, durante o prazo de dez anos, a partir de seu funcionamento. O investimento inicial deve ser suportado por esse particular, cuja remuneração ocorrerá apenas a partir da disponibilização dos serviços de transmissão de dados. Estima-se que o valor do contrato será de R$ 50 milhões. Diante dessas características, é correto afirmar que o Estado pretende, neste caso, celebrar contrato de

(A) concessão de serviços públicos comum, precedido da execução de obra pública.
(B) parceria público-privada, na modalidade de concessão patrocinada.
(C) parceria público-privada, na modalidade de concessão administrativa.
(D) gestão, com organização social.
(E) fornecimento de equipamentos, com cláusula de assistência técnica estendida.

Considerando o valor envolvido (acima de R$ 20 milhões), a duração do contrato (superior a 5 anos), o fato de que se trata de um serviço qualificado (prestação de serviço de instalação + serviço de manutenção) e o fato de que o particular fará o investimento inicial, ficando a Administração responsável pelo pagamento apenas pós a disponibilização dos serviços, tem-se caracterizado o instituto da parceria público-privada, na modalidade concessão administrativa. Vide, a respeito, os arts. 2º, §§ 2º e 4º, e 7º, da Lei 11.079/04. Gabarito "C".

(Procurador do Estado/RR – 2006 – FCC) O Estado de Roraima pretende ampliar a prestação de serviços públicos de transporte ferroviário metropolitano, mediante a construção de novas linhas. Não dispondo de recursos suficientes para realizar os investimentos necessários, a alternativa mais adequada juridicamente consiste na celebração de contrato de

(A) concessão de serviço público, podendo destinar recursos para cobertura de déficits decorrentes da prestação do serviço pela concessionária, caso a receita tarifária não remunere integralmente os investimentos realizados.
(B) parceria público-privado, na modalidade concessão patrocinada, prevendo contraprestação pecuniária na hipótese de a tarifa cobrada do usuário mostrar-se insuficiente para a remuneração do parceiro privado pela exploração do serviço.
(C) parceria público-privada, na modalidade concessão administrativa, prevendo a remuneração do parceiro privado diretamente pelo usuário.
(D) empreitada integral, condicionando-se o pagamento do contratado à disponibilização da infra-estrutura para exploração direta pela Administração, mediante a cobrança de tarifa do usuário.
(E) parceria público-privada, em qualquer modalidade, remunerando-se o parceiro privado, integralmente, pela tarifa cobrada do usuário e outras receitas acessórias decorrentes da exploração de serviços associados.

Art. 2º, § 1º, da Lei 11.079/04. Gabarito "B".

(Procurador de Contas TCE/ES – CESPE – 2009) No que se refere a serviços públicos, concessões, permissões e autorizações, assinale opção correta.

(A) Suponha que determinada empresa, pretendendo participar de uma licitação para firmar contrato de concessão de serviço público, tenha, na fase da apresentação das propostas, arrolado alguns subsídios específicos que possui, razão pela qual foi a que apresentou menor tarifa. Nessa situação, por esse motivo, não haverá qualquer impedimento à assinatura do contrato de concessão, já que o valor da tarifa foi o menor.
(B) O contrato de concessão firmado entre uma concessionária de serviço público e o poder concedente deverá prever o foro de eleição, não sendo admitida a arbitragem.
(C) Considere que determinada empresa tenha sido contratada para reformar um prédio público, e que durante a execução desse contrato de engenharia, um dos andaimes tenha caído e afundado o teto do veículo de uma pessoa que tinha estacionado, irregularmente, no local da obra. Nessa situação, a responsabilidade pela reparação dos danos causados será objetiva da entidade contratante.
(D) Nas concessões da parceria público-privada, a sociedade de propósito específico terá necessariamente de assumir a forma de companhia aberta, com valores mobiliários admitidos a negociação no mercado.
(E) As cláusulas dos contratos de parceria público-privada deverão prever a repartição de riscos entre as partes, inclusive os referentes a caso fortuito, força maior, fato do príncipe e álea econômica extraordinária.

A: incorreta, pois, de acordo como art. 17 da Lei 11.079/04, "considerar-se-á desclassificada a proposta que, para sua viabilização, necessite de vantagens ou subsídios que não estejam previamente autorizados em lei e à disposição de todos os concorrentes"; B: incorreta, pois admite-se a arbitragem (art. 23-A da Lei 8.987/95); C: incorreta, pois a empresa, no caso, não é concessionária de serviço público, mas mera contratada da administração para um contrato de empreitada, de modo que não se aplica a responsabilidade objetiva prevista no art. 37, § 6º, da CF; de qualquer forma, é bom mencionar que a responsabilidade, no caso, será regida pelo direito privado, que também traz hipóteses de responsabilidade objetiva, como a prevista no art. 927, parágrafo único, do Código Civil; o fato de a pessoa ter estacionado em local proibido não exonera, por si só, a responsabilidade da empreiteira; D: incorreta, pois tal sociedade *poderá* (e não "deverá") assumir a forma de companhia aberta; E: correta (art. 5º, III, da Lei 11.079/04). Gabarito "E".

(Procurador do Município/Teresina-PI – 2010 – FCC) Parcerias público-privadas.

*I. Na contratação de parceria público-privada, deve haver repartição objetiva de riscos entre as partes.
II. Concessão patrocinada é contrato de prestação de serviços de que a Administração seja usuária direta ou indireta, ainda que envolva execução de obra ou fornecimento e instalação de bens.
III. É vedada a celebração de contrato de parceira público-privada cujo valor do contrato seja inferior a vinte milhões de reais.
IV. É possível a celebração de contrato de parceria público-privada que tenha como objeto único o fornecimento e instalação de equipamentos.

SOMENTE estão corretas as assertivas

(A) II e IV.
(B) I e II.
(C) I e III.
(D) I e IV.
(E) II e III.

I: correta (art. 4º, VI, da Lei 11.079/04); II: incorreta, pois essa é a concessão administrativa (art. 2º, § 2º, da Lei 11.079/04); III: correta (art. 2º, § 4º, I, da Lei 11.079/04); IV: incorreta, pois não é possível (art. 2º, § 4º, III, da Lei 11.079/04). Gabarito "C".

(Defensoria/MG – 2009 – FURMARC) Na forma da Lei N.º 11.079, de 30 de dezembro de 2004, artigo 5.º, nos contratos de Parceria Público-Privada, as cláusulas além de cumprir as demais exigências legais, deverão prever, EXCETO:

(A) O prazo de vigência do contrato, não inferior a 5 (cinco) anos, nem superior a 35 (trinta e cinco) anos, compatível com a amortização dos investimentos realizados, incluindo eventual prorrogação.
(B) As formas de remuneração e de atualização dos valores contratuais.
(C) Em caso de inadimplemento contratual, a fixação das penalidades aplicáveis à administração pública, sempre com menor rigor frente ao parceiro privado, em razão das dificuldades próprias da máquina administrativa brasileira.
(D) Os mecanismos para a preservação da atualidade da prestação dos serviços.
(E) Os critérios objetivos de avaliação do desempenho do parceiro privado.

A: correta (art. 5º, I, da Lei 11.079/04); B: correta (art. 5º, IV, da Lei 11.079/04); C: incorreta, pois as penalidades serão fixadas de modo proporcional entre as partes, e não com menor rigor ante o parceiro privado (art. 5º, II, da Lei 11.079/04); D: correta (art. 5º, V, da Lei 11.079/04); E: correta (art. 5º, VII, da Lei 11.079/04). Gabarito "C".

(Defensoria/MT – 2009 – FCC) Considere as seguintes assertivas, completando a frase inicial: "É vedada a celebração de contrato de parceria público-privada:

I. cujo valor do contrato seja inferior a R$ 20.000.000,00 (vinte milhões de reais)".
II. cujo período de prestação do serviço seja inferior a 5 (cinco) anos".
III. que tenha como objeto único o fornecimento de mão-de-obra, o fornecimento e instalação de equipamentos ou a execução de obra pública." Nos termos da Lei nº 11.079/04, é correto o que se afirma em

(A) I, apenas.
(B) I e II, apenas.
(C) I e III, apenas.
(D) II e III, apenas.
(E) I, II e III.

Art. 2º, § 4º, da Lei 11.079/04. Gabarito "E".

(Delegado/GO – 2009 – UEG) A Lei n. 11.079/2004 instituiu o denominado contrato de parceria público-privada. Sobre esse tema, é CORRETO afirmar:

(A) é dispensável a licitação no contrato de parceria público-privada.
(B) a modalidade de licitação que deve preceder o contrato de parceria é a concorrência.
(C) todos os riscos da execução do objeto contratado correm por conta do parceiro privado.
(D) o Poder Público está impedido de realizar contraprestação pecuniária na modalidade concessão patrocinada.

A: incorreta (art. 10 da Lei 11.079/04); B: correta (art. 10, *caput*, da Lei 11.079/04); C: incorreta, pois há "repartição de riscos entre as partes" (art. 5º, III, da Lei 11.079/04); D: incorreta, pois na concessão patrocinada (diferentemente da *concessão comum ou tradicional*), além da cobrança de tarifas dos usuários, há também contraprestação pecuniária do parceiro público ao parceiro privado (art. 2º, § 1º, da Lei 11.079/04). Gabarito "B".

(Magistratura Federal/1ª Região – 2009 – CESPE) Assinale a opção correta com referência a parcerias público-privadas, de acordo com a Lei n.º 11.079/2004.

(A) É permitida a celebração de contrato de parceria público-privada que tenha como objeto único o fornecimento de mão de obra, o fornecimento e instalação de equipamentos ou a execução de obra pública, desde que o período de prestação do serviço seja superior a cinco anos.
(B) Antes da celebração do contrato de parceria público-privada, deverá ser constituída sociedade de propósito específico, que terá de assumir a forma de companhia aberta, com valores mobiliários admitidos à negociação no mercado.
(C) Concessão administrativa é o contrato de prestação de serviços de que a administração pública seja a usuária direta ou indireta, desde que não envolva o fornecimento e a instalação de bens.
(D) A contraprestação da administração pública terá de ser obrigatoriamente precedida da disponibilização do serviço objeto do contrato de parceria público-privada.
(E) A contratação de parceria público-privada terá de ser precedida de licitação, nas modalidades de concorrência ou tomada de preços, estando a abertura do processo licitatório condicionada à autorização da autoridade competente.

A: incorreta (art. 2, § 4º, III, da Lei 11.079/04); B: incorreta, pois tal sociedade *poderá* assumir a forma de companhia aberta, não havendo obrigação nesse sentido (art. 9º, § 2º, da Lei 11.079/04); C: incorreta, pois tal contrato pode envolver fornecimento e instalação de bens (art. 2º, § 2º, da Lei 11.079/04); o que não é possível é que a concessão administrativa envolva tão somente tais fornecimentos e instalações; na prática, a concessão administrativa caracteriza-se pela prestação de um *serviço qualificado*, normalmente envolvendo uma obra em conjunto com a administração futura do que resultar da obra (por exemplo, a construção de uma sede para um governo, conjuntamente com a administração futura dos prédios dessa sede administrativa; ou a construção de uma penitenciária, conjuntamente com a sua administração futura); D: correta, pois a contraprestação só será devida após a disponibilização do serviço objeto do contrato de PPP (art. 7º da Lei 11.079/04); E: incorreta, pois a modalidade de licitação a ser utilizada é a concorrência (art. 10, *caput*, da Lei 11.079/04). Gabarito "D".

(Magistratura Federal-5ª Região – 2011) Considere as situações hipotéticas I e II, a seguir.

I. O Estado brasileiro deseja transferir para o setor privado o serviço de conservação e manutenção de estradas com a instituição da cobrança de pedágio, cuja arrecadação será suficiente para a remuneração de serviços e obras necessários ao atendimento adequado dos usuários.
II. O Estado brasileiro deseja transferir para o setor privado a conservação e a manutenção de presídios, serviço que, por não ser autossustentável financeiramente, demandará o aporte de recursos públicos.

Com base nessas situações e na Lei n.º 11.079/2004, que dispõe sobre PPPs, assinale a opção correta.

(A) É admissível a celebração de contrato de PPP na situação I, de acordo com a discricionariedade do administrador.
(B) É vedada a celebração de contrato de PPP em ambas as situações.
(C) Cabe a celebração de contrato de PPP tanto na situação I quanto na situação II, independentemente de o empreendimento ser autossustentável financeiramente ou não.
(D) Permite-se a celebração de contrato de PPP apenas na situação I, que trata de empreendimento autossustentável financeiramente.
(E) Apenas na situação II, que trata de empreendimento não autossustentável financeiramente, admite-se a celebração de contrato de PPP.

A, B, C, D e E: Segundo art. 2º, § 3º, da Lei 11.079/04, usa-se a concessão comum, e não a parceria público-privada (PPP), quando não houver contraprestação pecuniária do parceiro público ao parceiro privado. No caso I, como o pedágio dará conta da remuneração, não caberá (PPP). Já no caso II, como não há cobrança dos usuários (presidiários), haverá, necessariamente, contraprestação do Estado ao parceiro privado, admitindo-se a celebração de contrato de PPP. Gabarito "E".

(Procurador da Fazenda Nacional – 2007.2 – ESAF) Assinale a opção correta.

(A) Os contratos não poderão prever adicionalmente a possibilidade de emissão de empenho em nome dos financiadores do projeto em relação às obrigações pecuniárias da Administração Pública.
(B) Antes da celebração do contrato, deverá ser constituída sociedade de propósito específico, incumbida de implantar e gerir o objeto da parceria.
(C) O Fundo Garantidor de Parcerias Público-Privadas – FGP terá natureza pública e patrimônio próprio separado do patrimônio dos cotistas, e será sujeito a direitos e obrigações próprios.
(D) O Tribunal de Contas da União editará, na forma da legislação pertinente, normas gerais relativas à consolidação das contas públicas aplicáveis aos contratos de parceria público-privada.
(E) Compete à Procuradoria da Fazenda Nacional e às Agências Reguladoras, nas suas respectivas áreas de competência, submeter o edital de licitação ao órgão gestor, proceder à licitação, acompanhar e fiscalizar os contratos de parceria público-privada.

A: incorreta (art. 5º, § 2º, II, da Lei 11.079/04); B: correta (art. 9º da Lei 11.079/04); C: incorreta (art. 16, § 1º, da Lei 11.079/04); D: incorreta (art. 25 da Lei 11.079/04); E: incorreta (art. 15 da Lei 11.079/04). Gabarito "B".

(Ministério Público do Trabalho – 14º) Assinale a alternativa incorreta, a respeito do processo de licitação e contratação de parceria público-privada no âmbito da administração pública:

(A) é vedada a celebração de contrato de parceria público-privada cujo período de prestação do serviço seja inferior a 5 anos;
(B) a contraprestação da Administração pública será obrigatoriamente precedida da disponibilização do serviço objeto do contrato de parceria público-privada;
(C) a contratação de parceria público-privada será precedida de licitação na modalidade de concorrência;
(D) é permitida a celebração de contrato de parceria público-privada que tenha como objeto único a execução de obra pública.
(E) não respondida.

A: correta (art. 2º, § 4º, II, da Lei 11.079/04); B: correta (art. 7º da Lei 11.079/04); C: correta (art. 10 da Lei 11.079/04); D: incorreta (art. 2º, § 4º, III, da Lei 11.079/04); E: não deve ser marcada, pois a alternativa "D" já traz a afirmativa incorreta. Gabarito "D".

13. CONTROLE DA ADMINISTRAÇÃO PÚBLICA

13.1. CONTROLE INTERNO – PROCESSO ADMINISTRATIVO

(Magistratura/DF – 2011) No contexto da Lei nº 9.784/99, é correto afirmar:

(A) A competência é irrenunciável e se exerce pelos órgãos administrativos a que foi atribuída como própria, salvos os casos de delegação e avocação legalmente admitidos, dentre os quais a edição de atos de caráter normativo;
(B) É direito do administrado, perante a Administração, sem prejuízo de outros, fazer-se assistir, facultativamente, por advogado, salvo quando obrigatória a representação, por força de lei;
(C) Quanto a direitos e interesses difusos, têm legitimidade para interpor recursos administrativos as organizações e associações representativas;
(D) Acolhida pelo Supremo Tribunal Federal a reclamação fundada em violação de enunciado da súmula vinculante, dar-se-á ciência à autoridade prolatora e ao órgão competente para o julgamento do recurso para imediata revogação do ato.

A: incorreta, pois não cabe delegação para a edição de atos normativos (art. 13, I, da Lei 9.784/99); B: correta (art. 3º, IV, da Lei 9.784/99); C: incorreta, pois as organizações e associações representativas tem legitimidade para recorrer no tocante a direitos e interesses COLETIVOS, sendo que, quanto a interesses DIFUSOS, são legitimados os cidadãos ou associações (art. 58, III e IV, da Lei 9.784/99); D: incorreta, pois a autoridade prolatora ou o órgão competente deverão adequar suas futuras decisões administrativas em casos semelhantes (art. 64-B da Lei 9.784/99). Gabarito "B".

(Magistratura/DF – 2007) Em matéria concernente a processo administrativo no âmbito da Administração Federal, à vista do disposto na Lei nº 9.784/99, assinale a alternativa falsa:

(A) A decisão do recurso não poderá acarretar gravame à situação do recorrente;
(B) Em geral, o direito da Administração de anular os atos administrativos de que decorram efeitos favoráveis para os destinatários decai em 5 (cinco) anos, contados da data em que foram praticados, salvo comprovada má-fé;
(C) O recurso não terá efeito suspensivo, salvo disposição legal em contrário, admitindo-se, todavia, que a autoridade recorrida, observados os requisitos legais, venha a conferir efeito suspensivo ao recurso;
(D) Nem sempre se admite a convalidação de atos que apresentem defeitos sanáveis.

A: incorreta (art. 64, parágrafo único, da Lei 9.784/99); B: correta (art. 54 da Lei 9.784/99); C: correta (art. 61 da Lei 9.784/99); D: correta (art. 55 da Lei 9.784/99). Gabarito "A".

(Magistratura/PI – 2008 – CESPE) Acerca do processo administrativo federal, assinale a opção correta.

(A) No âmbito do processo administrativo, não há previsão de defesa de interesses difusos ou coletivos.
(B) O direito fundamental à razoável duração do processo e aos meios que garantam a celeridade de sua tramitação se estende ao processo administrativo por expressa determinação da CF.
(C) O ato que convalida ato anterior tem efeitos ex nunc.
(D) Os atos praticados em decorrência do reexame de ofício não precisam ser motivados, salvo quando importarem alteração da decisão administrativa.
(E) Em regra, os recursos administrativos possuem efeitos suspensivos.

A: incorreta (art. 9º, IV, da Lei 9.784/99); B: correta (art. 5º, LXXVIII, da CF); C: incorreta, pois a convalidação retroage; assim, tem efeito *ex tunc*; D: incorreta (art. 50, VI, da Lei 9.784/99); E: incorreta (art. 61 da Lei 9.784/99). Gabarito "B".

(Magistratura/PR – 2010 – PUC/PR) Em relação ao Processo Administrativo e à lei n. 9784/99, assinale a alternativa CORRETA:

(A) Em caso de revisão administrativa, o órgão competente para decidir poderá confirmar, modificar, anular ou revogar a decisão a ser revista, se a matéria for de sua competência.
(B) O dever legal de decidir está condicionado à presença do interesse público e somente é estabelecido na lei n. 9784/99, após 60 dias prorrogáveis por igual período depois de concluída a instrução do processo administrativo.
(C) O direito da Administração de anular os atos administrativos de que decorram efeitos favoráveis para os destinatários decai em 05 (cinco) anos contados da data em que foram praticados, salvo comprovada má-fé.
(D) A verdade sabida é admitida em processos administrativos sumários, especialmente quando já está estabelecida a autoria e a materialidade do ilícito administrativo.

A: incorreta, pois a revisão não pode resultar agravamento da sanção (art. 65, parágrafo único, da Lei 9.784/99), de modo que não é qualquer *modificação* de decisão que poderá acontecer; a alternativa em análise, na verdade, trouxe o texto do que pode ser feito pelo órgão competente em caso de *recurso administrativo* (art. 64, caput, da Lei 9.784/99), e não em caso de *revisão administrativa*; B: incorreta, pois a Administração, concluída a instrução, tem o prazo de até 30 dias, prorrogável por igual período, mediante expressa motivação (art. 49 da Lei 9.784/99); C: correta (art. 54 da Lei 9.784/99); D: incorreta, pois a verdade sabida, que é aquela testemunhada ou conhecida inequivocamente pelo superior hierárquico, não é suficiente para a apenação de um servidor, sendo necessário dar a este direito de defesa, com respeito ao devido processo disciplinar. Gabarito "C".

(Magistratura/TO – 2007 – CESPE) Acerca do processo administrativo, assinale a opção correta.

(A) O processo administrativo em geral, no âmbito da União, pode ser instaurado de ofício ou por iniciativa dos interessados, entre os quais se incluem as pessoas e associações legalmente constituídas quanto a direitos ou interesses difusos.
(B) Por meio do recurso ou da revisão administrativa, não se admitirá como resultado o agravamento da situação do recorrente.
(C) No âmbito da legislação fiscal da União, se, após a resposta à consulta, a administração alterar o entendimento nela expresso, a nova orientação poderá também atingir os fatos geradores que ocorram após ter sido dada ciência ao consulente ou após a sua publicação pela imprensa oficial.
(D) Inicia-se para a fazenda o curso do prazo decadencial com a notificação da decisão final do processo administrativo fiscal.

A: correta (art. 9º, IV, da Lei 9.784/99); B: incorreta (art. 64, parágrafo único, da Lei 9.784/99); C: incorreta (art. 2º, parágrafo único, XIII, da Lei 9.784/99); D: incorreta (art. 173 do CTN). Gabarito "A".

(Ministério Público/DF – 2009) Sobre o tema do controle da administração pública, no contexto da Lei Nº. 8.112/90, assinale a alternativa correta.

(A) Não retroagem à data do ato impugnado os efeitos da decisão de provimento do pedido de reconsideração ou do recurso.
(B) O pedido de reconsideração e o recurso, quando cabíveis, não obstam a fluência da prescrição.
(C) Cabe pedido de reconsideração à autoridade que houver expedido o ato ou proferido a primeira decisão, podendo ser renovado.
(D) Cabe recurso do indeferimento do pedido de reconsideração.
(E) O direito de requerer prescreve em 5 (cinco) anos, quanto aos atos de demissão e cassação de aposentadoria, e em 2 (dois) anos nos demais casos.

A: incorreta, pois há retroação no caso (art. 109 da Lei 8.112/90); B: incorreta, pois o pedido de reconsideração e o recurso interrompem a prescrição (art. 111 da Lei 8.112/90); C: incorreta, pois o pedido de reconsideração não pode ser renovado (art. 106 da Lei 8.112/90); D: correta (art. 107, I, da Lei 8.112/90); E: incorreta, pois, nos demais casos, a prescrição se dá em 120 dias, e não em 2 anos (art. 110 da Lei 8.112/90). Gabarito "D".

(Procuradoria Distrital – 2007) Nos termos dos dispositivos da Lei n. 9.784/99, que regula o processo administrativo, é incorreta a afirmação de que:

(A) não pode ser objeto de delegação a decisão de recursos administrativos.
(B) quando a lei não fixar prazos diferentes, é de 10 (dez) dias o prazo para interpor o recurso administrativo, contado da ciência da decisão ou divulgação oficial da decisão recorrida.

(C) a redação do art. 55 impõe expressamente o dever de a Administração convalidar, sponte própria, os atos que apresentem defeitos sanáveis, nos quais se evidencia não acarretarem lesão ao interesse público nem prejuízo a terceiros.

(D) salvo disposição em contrário, os recursos administrativos não terão efeito suspensivo.

(E) o prazo para os órgãos consultivos emitirem seu parecer, quando devam ser obrigatoriamente ouvidos, é de 15 (quinze) dias.

A: correta (art. 13, II, da Lei 9.784/99); B: correta (art. 59 da Lei 9.784/99); C: incorreta ("poderão" - art. 55 da Lei 9.784/99); D: correta (art. 61 da Lei 9.784/99); E: correta (art. 42 da Lei 9.784/99). Gabarito "C."

(Procurador do Estado/PE – CESPE – 2009) No tocante à competência legislativa em matéria administrativa e à competência administrativa, assinale a opção correta.

(A) A competência administrativa pode ser objeto de delegação, ainda quando esta competência tenha sido conferida por lei a determinado órgão ou agente, com exclusividade.

(B) Na hipótese de omissão do legislador quanto à fixação de competência para a prática de determinados atos, a atuação administrativa não é viável, já que nenhuma autoridade pode exercer competência que não lhe tenha sido atribuída expressamente por lei.

(C) De acordo com a legislação de regência, a avocação de competência é admitida apenas em caráter temporário e por motivos relevantes devidamente justificados.

(D) A distribuição de competência na esfera administrativa é fixada exclusivamente mediante a adoção de critérios relacionados à matéria e ao território.

(E) Em regra, a competência administrativa é renunciável.

A: incorreta, pois a competência conferida com exclusividade é indelegável (art. 13, III, da Lei 9.784/99); B: incorreta, pois determinado órgão que não tenha determinada competência poderá passar a tê-la mediante delegação, observado o disposto nos arts. 11 e ss da Lei 9.784/99; C: correta (art. 15 da Lei 9.784/99); D: incorreta, pois a distribuição de competência pode levar em conta outras questões, como o *valor*, por exemplo; E: incorreta, pois a competência é irrenunciável (art. 11 da Lei 9.784/99). Gabarito "C."

(Procurador de Contas TCE/ES – CESPE – 2009) No que se refere à Lei do Processo Administrativo (Lei n.º 9.784/1999), assinale a opção correta.

(A) Se determinado ato for praticado com base em parecer jurídico, deverá constar desse ato a transcrição daquela motivação, não sendo suficiente a mera referência ao anterior parecer.

(B) Pessoa absolutamente incapaz, de 10 anos de idade, tem legitimidade para instaurar processo relativo a pedido de concessão de pensão, decorrente da morte do titular, nessa situação, independentemente de estar devidamente representada.

(C) Na hipótese de decisão administrativa contrariar enunciado da súmula vinculante, caberá à autoridade prolatora da decisão impugnada, se não a reconsiderar, explicitar, antes de encaminhar o recurso à autoridade superior, as razões da aplicabilidade ou inaplicabilidade da súmula, conforme o caso.

(D) Suponha que um servidor público tenha recebido uma delegação de poderes e, com base nela, tenha editado determinado ato. Nessa situação, como houve delegação, eventual impugnação judicial ao ato deve ser feita contra a autoridade delegante.

(E) A decisão proferida em recurso administrativo não poderá prejudicar a situação da pessoa do recorrente.

A: incorreta, pois a motivação *aliunde*, ou seja, aquela em que a decisão faz referência a manifestação anterior, é admitida pela lei, valendo salientar que a manifestação anterior passará a ser parte integrante do ato administrativo que a utiliza como motivação (art. 50, § 1º, da Lei 9.784/99); B: incorreta, pois são capazes, para o processo administrativo, os maiores de 18 anos (art. 10 da Lei 9.784/99), devendo os demais estarem representados (absolutamente incapazes) ou assistidos (relativamente incapazes), nos termos da lei civil; C: correta (art. 56, § 3º, da Lei 9.784/99); D: incorreta, pois a impugnação deve ser feita contra o delegado (art. 14, § 3º, da Lei 9.784/99); E: incorreta, pois, no *recurso administrativo* (mas não na *revisão administrativa* - art. 65, parágrafo único, da Lei 9.784/99), é cabível a reforma em prejuízo do recorrente, desde que este possa se manifestar previamente à decisão do recurso (art. 64, parágrafo único, da Lei 9.784/99). Gabarito "C."

(Procurador do Município/Teresina-PI – 2010 – FCC) Processo administrativo.

I. São legitimados como interessados aqueles que, sem terem iniciado o processo, têm direitos ou interesses que possam ser afetados pela decisão ser adotada.

II. Inexistindo competência legal específica, o processo administrativo deverá ser iniciado perante a autoridade de maior grau hierárquico para decidir.

III. O recurso administrativo tramitará no máximo por duas instâncias administrativas, salvo disposição legal diversa.

IV. Um dos critérios a serem observados no processo administrativo é a proibição de cobrança de despesas processuais, ressalvadas as previstas em lei.

SOMENTE estão corretas as assertivas

(A) II e IV.
(B) I e II.
(C) I e III.
(D) I e IV.
(E) II e III.

I: correta (art. 9º, II, da Lei 9.784/99); II: incorreta, pois será iniciado perante a autoridade de MENOR grau hierárquico para decidir (art. 17 da Lei 9.784/99); III: incorreta, pois tramitará por no máximo três instâncias (art. 57 da Lei 9.784/99); IV: correta (art. 2º, p. ún., XI, da Lei 9.784/99). Gabarito "D."

(Defensor Público/GO – 2010 – I. Cidades) O princípio da verdade material no processo administrativo implica que

(A) a Administração só pode atuar de acordo com as provas produzidas nos autos pelas partes.

(B) a Administração deve agir de ofício nos processos de contratos administrativos e semi-privados, mas somente mediante provocação na concessão de serviço público.

(C) a Administração deve agir de ofício na condução do processo buscando todas as provas na busca da verdade.

(D) o particular tem direito a produzir provas no processo administrativo.

(E) o processo administrativo se rege pelos princípios do devido processo legal administrativo, contraditório e da ampla defesa.

Art. 29 da Lei 9.784/99. Gabarito "C."

(Defensoria/MT – 2009 – FCC) Considerando-se o regime da Lei nº 9.784/99, é INCORRETO dizer ser um dever do administrado perante a Administração:

(A) requerer o início do processo administrativo em que tenha interesse.

(B) proceder com lealdade, urbanidade e boa-fé.

(C) não agir de modo temerário.

(D) prestar as informações que lhe forem solicitadas e colaborar para o esclarecimento dos fatos.

(E) expor os fatos conforme a verdade.

A: incorreto, pois esse é um *direito*, e não um *dever* do administrado; B: correto (art. 4º, II, da Lei 9.784/99); C: correto (art. 4º, III, da Lei 9.784/99); D: correto (art. 4º, IV, da Lei 9.784/99); E: correto (art. 4º, I, da Lei 9.784/99). Gabarito "A."

(Delegado/RJ – 2009 – CEPERJ) Recurso hierárquico impróprio é aquele que:

(A) é interposto contra decisão de dirigente de entidade da Administração Indireta para autoridade à qual está vinculada na Administração Direta.

(B) a avocação do processo administrativo é feita pela chefia do órgão administrativo.

(C) o pedido de revisão das decisões proferidas em processos disciplinares é encaminhado para a própria autoridade sancionadora.

(D) é uma espécie de recurso dirigido à autoridade superior de outro ente federativo.

(E) tem o pedido de reconsideração apresentado a qualquer autoridade de uma estrutura administrativa.

O *recurso hierárquico próprio* é aquele dirigido à autoridade superior do mesmo órgão do inferior (ex.: recurso dirigido a um secretário da saúde contra decisão de uma comissão de licitação da secretaria), ao passo que o *recurso hierárquico impróprio* é aquele dirigido à autoridade externa à pessoa jurídica prolatora da decisão recorrida (ex.: recurso dirigido a um Ministro de Estado contra uma decisão tomada por dirigente de uma autarquia). Gabarito "A."

(Cartório/AP – 2011 – VUNESP) Constituem princípios do processo administrativo, explícitos ou implícitos no Direito positivo:

(A) oficialidade, publicidade e motivação.
(B) sigilo, economia processual e unilateralidade.
(C) onerosidade, publicidade e tipicidade.
(D) formalismo, gratuidade e inércia dos órgãos administrativos.
(E) oficialidade, devido processo legal e inércia dos órgãos administrativos.

Vide artigo 2º, p. ún., XII, V e VII, respectivamente, da Lei 9.784/99. Gabarito "A".

(Cartório/MS – 2009 – VUNESP) Recurso hierárquico próprio

(A) é o pedido de reexame à própria autoridade que emitiu o ato.
(B) é o pedido de reexame à autoridade superior à que proferiu o ato dentro do mesmo órgão em que o ato foi praticado.
(C) é o pedido de reexame à autoridade superior de outro órgão não integrado na mesma hierarquia daquele que proferiu o ato.
(D) é o recurso de que se utiliza o servidor público, punido pela Administração Pública, para reexame da decisão, caso surjam fatos novos suscetíveis de demonstrar a sua inocência.
(E) é a denúncia de irregularidades feita perante a própria Administração.

A alternativa "B" está correta, nos termos do comentário feito à questão anterior. Gabarito "B".

(Procurador do Município/Aracaju – 2008 – CESPE) Em relação aos atos e aos processos administrativos regulados pela Lei n.º 9.784/1999, julgue os próximos itens.

(1) Concluída a instrução de processo administrativo, a administração tem até 30 dias para decidir, salvo prorrogação por igual período expressamente motivada.
(2) O desatendimento de intimação para apresentação de defesa em processo administrativo não importa no reconhecimento da verdade dos fatos.
(3) A decisão de recursos administrativos não pode ser objeto de delegação.

1: certo (art. 49 da Lei 9.784/99); 2: certo (art. 27 da Lei 9.784/99); 3: certo (art. 13, II, da Lei 9.784/99). Gabarito 1C, 2C, 3C.

(Magistratura Federal/1ª Região – 2009 – CESPE) No que concerne à administração pública federal, assinale a opção correta.

(A) A autoridade administrativa superior, caso pretenda delegar a decisão de recursos administrativos, deverá fazê-lo mediante portaria a ser publicada no Diário Oficial da União, de modo a garantir o conhecimento da delegação aos interessados, em consonância com o princípio da publicidade.
(B) Compete privativamente ao presidente da República expedir instruções para a execução de leis, decretos e regulamentos.
(C) Compete privativamente ao presidente da República dispor, mediante decreto, sobre a criação e a extinção de órgãos públicos.
(D) Prescreve em cinco anos a ação punitiva da administração pública federal, direta e indireta, no exercício do poder de polícia, objetivando apurar infração à legislação em vigor, contando-se tal prazo da data da prática do ato ou, no caso de infração permanente ou continuada, do dia em que tiver cessado.
(E) Ao delegar a edição de atos de caráter normativo, o instrumento de delegação especificará as matérias e poderes transferidos, os limites da atuação do delegado, a duração e os objetivos da delegação, podendo conter ressalva de exercício da atribuição delegada.

A: incorreta, pois não é possível a delegação da competência para decidir recursos administrativos (art. 13, II, da Lei 9.784/99); B: incorreta, pois as *instruções* podem ser expedidas pelos Ministros, não só para a execução de decretos e regulamentos, mas também para a execução de leis (art. 87, II, da CF); C: incorreta, pois o Presidente não pode, por decreto, criar e extinguir órgãos públicos, mas apenas tratar da organização da Administração, desde que não aumente despesa, nem promova a criação ou a extinção mencionadas (art. 84, VI, *a*, da CF); D: correta (art. 1º da Lei 9.873/99); E: incorreta, pois não é possível a delegação da competência para editar atos de caráter normativo (art. 13, I, da Lei 9.784/99). Gabarito "D".

(Magistratura Federal – 1ª Região – 2005) Em relação à Lei n. 9.784/99 (lei de processo administrativo) é correto afirmar:

(A) que se aplica, sem restrição, à administração pública federal, incluídos os órgãos dos Poderes Legislativo e Judiciário da União, quando no desempenho de função administrativa, não se destinando à administração pública estadual e municipal;
(B) que se aplica à administração pública federal, em caráter principal, e subsidiariamente aos órgãos dos Poderes Legislativo e Judiciário da União, quando no desempenho de função administrativa;
(C) que afastou a aplicação, na administração pública federal, de leis que disciplinam processos administrativos específicos;
(D) que estabelece normas básicas sobre o processo administrativo no âmbito da administração pública federal, aplicando-se subsidiariamente à administração estadual e municipal, em face da competência privativa da União para legislar sobre direito processual.

Vide o art. 1º da Lei 9.784/99. É bom ressaltar que a lei citada também se aplica na ausência de lei local sobre processo administrativo, em determinado Estado ou Município. Por fim, deve-se lembrar que, na esfera federal, a referida lei também se aplica subsidiariamente em relação a processos administrativos específicos (ex.: processo licitatório e processo disciplinar), nos termos de seu art. 69. Gabarito "A".

(Magistratura Federal/3ª Região – 2010) O processo administrativo no âmbito da Administração Pública Federal é disciplinado pela Lei 9.784, de 29 de janeiro de 1999, sendo incorreto afirmar:

(A) A edição de atos normativos e a decisão de recursos administrativos não podem ser objeto de delegação;
(B) Em caso de risco iminente a administração poderá adotar motivadamente providencias acauteladoras, desde que previamente ouvido o interessado;
(C) A autoridade administrativa poderá indeferir a produção de prova requerida pelo interessado por entendê-la desnecessária ao esclarecimento dos fatos, ainda que referida prova seja lícita e pertinente;
(D) A boa-fé objetiva deve nortear a conduta do administrado perante a administração, impondo-se seu proceder com lealdade e probidade.

A: correta (art. 13, I, da Lei 9.784/99); B: incorreta, pois é possível adotar tais medidas sem prévia oitiva do interessado (art. 45 da Lei 9.784/99); C: correta (art. 38, § 2º, da Lei 9.784/99); D: correta (art. 4º, II, da Lei 9.784/99). Gabarito "B".

(Procurador Federal – 2010 – CESPE) Tendo em vista a disciplina legal que rege o processo administrativo brasileiro e o entendimento do STF acerca do tema, julgue os itens que se seguem.

(1) No processo administrativo, eventual recurso deve ser dirigido à própria autoridade que proferiu a decisão, podendo essa mesma autoridade exercer o juízo de retratação e reconsiderar a sua decisão.
(2) Os atos do processo administrativo dependem de forma determinada apenas quando a lei expressamente a exigir.
(3) Se um parecer obrigatório e vinculante deixar de ser emitido no prazo fixado, o processo pode ter prosseguimento e ser decidido com sua dispensa, sem prejuízo da responsabilidade de quem se omitiu no atendimento.

1: correta (art. 56, § 1º, da Lei 9.784/99); 2: incorreta, pois os atos administrativos *não* dependem de forma determinada, senão quando a lei expressamente a exigir (art. 22, *caput*, da Lei 9.784/99); 3: incorreta, pois, nesse caso, o processo *não* terá seguimento até a respectiva apresentação (art. 42, § 1º, da Lei 9.784/99). Gabarito 1C, 2E, 3E.

(Defensoria Pública da União – 2010 – CESPE) Com a publicação da Lei n.º 9.784/1999, que regula o processo administrativo no âmbito da administração pública federal, houve significativa melhoria na proteção dos direitos dos administrados e na execução dos fins da administração pública. Com relação aos agentes administrativos, aos direitos e deveres dos servidores públicos e ao processo administrativo, julgue os próximos itens.

(1) A lei mencionada estabelece normas básicas acerca do processo administrativo somente na administração federal e estadual direta.
(2) O STF não pode acolher reclamação fundada em violação de enunciado da súmula vinculante contra decisão em processo administrativo do poder público federal.

1: incorreta, pois a lei traz normas de processo administrativo para a administração *federal* direta e *indireta* (art. 1º da Lei 9.784/99); 2: incorreta (art. 64-B da Lei 9.784/99). Gabarito 1E, 2E.

(Defensoria Pública da União – 2010 – CESPE) Em cada um dos itens a seguir, é apresentada uma situação hipotética, seguida de uma assertiva a ser julgada, a respeito de agentes administrativos, regimes jurídicos e processo administrativo.

(1) Carlos, servidor da Justiça Federal, responde a processo administrativo nesse órgão e requereu a aplicação da Lei n.º 9.784/1999 no âmbito desse processo. Nessa situação, é correto afirmar que tal aplicação é cabível.

(2) Antônio José moveu, na justiça comum, ação para responsabilização civil contra o cônjuge de Sebastião. Nesse mesmo período, no órgão federal da administração direta em que trabalha, surgiu a necessidade de Antônio José presidir processo administrativo contra Sebastião. Nessa situação, Antônio José está impedido de atuar nesse processo administrativo.

(3) Pedro Luís, servidor público federal, verificou, no ambiente de trabalho, ilegalidade de ato administrativo e decidiu revogá-lo para não prejudicar administrados que sofreriam efeitos danosos em consequência da aplicação desse ato. Nessa situação, a conduta de Pedro Luís está de acordo com o previsto na Lei n.º 9.784/1999.

1: correta, aplicando-se a Lei 9.784/99 de modo subsidiário (art. 69 da Lei 9.784/99); 2: correta (art. 18, III, da Lei 9.784/99); 3: incorreta, pois, diante de *ilegalidade*, deve-se *anular*, e não *revogar* o ato administrativo (art. 53 da Lei 9.784/99). Gabarito 1C, 2C, 3E

(DEFENSORIA PÚBLICA DA UNIÃO – 2004 – CESPE) Julgue o seguinte item.

(1) Há na doutrina menção ao princípio da revisibilidade como um dos que orientam o processo administrativo, significando, à semelhança do princípio do duplo grau de jurisdição, que o interessado tem direito a recorrer das decisões que lhe forem desfavoráveis, salvo se o ato for praticado pela mais alta autoridade da esfera administrativa em questão.

1: correta (arts. 2º, p. ún., X, e 56, da Lei 9.784/99). Gabarito 1C

(DEFENSORIA PÚBLICA DA UNIÃO – 2002 – CESPE) Julgue o seguinte item.

(1) A competência dos órgãos do controle interno de comprovar a legalidade da aplicação dos recursos públicos por entidades de direito privado abrange a fiscalização da destinação de todos os recursos oriundos de contratos administrativos decorrentes de licitação.

1: incorreta, pois, nos contratos administrativos, o contratado tem direito de fazer o que bem entender com os valores que receber, já que tais valores são a sua remuneração; a prestação de contas só é devida quando, quem recebe recursos públicos, o faz para aplicar em dada atividade pública. Gabarito 1E

(Ministério Público do Trabalho – 13º) Quanto ao ato e processo administrativos:

I. a Administração pode revogar seus próprios atos por motivo de conveniência ou oportunidade, respeitados os direitos adquiridos;
II. o recurso administrativo, salvo disposição legal em contrário, tramitará no máximo por duas instâncias administrativas;
III. o órgão competente para decidir o recurso administrativo poderá confirmar, modificar, anular ou revogar, total ou parcialmente, a decisão recorrida, se a matéria for de sua competência, não sendo possível, em qualquer hipótese, a ocorrência de gravame à situação do recorrente;
IV. a Administração poderá convalidar os atos que apresentarem defeitos sanáveis, em decisão na qual se evidencie a inocorrência de lesão ao interesse público e/ou prejuízos a terceiros.

Analisando as asserções acima, pode-se afirmar que:

(A) todas estão corretas;
(B) apenas as de número II e IV estão corretas;
(C) apenas as de número II e III estão incorretas;
(D) todas estão incorretas;
(E) não respondida.

I: correta (art. 53 da Lei 9.784/99); II: incorreta (art. 57 da Lei 9.784/99); III: incorreta (art. 64 da Lei 9.784/99); IV: correta (art. 55 da Lei 9.784/99). Gabarito "C"

13.2. CONTROLE EXTERNO

13.2.1. CONTROLE PARLAMENTAR

(Ministério Público/AM – 2008 – CESPE) Assinale a opção correta acerca do controle da administração pública.

(A) O controle que os chefes exercem sobre os seus subordinados, na estrutura de um órgão público, é uma modalidade de controle externo.
(B) A sustação, pelo Congresso Nacional, de atos normativos do Poder Executivo que exorbitem do poder regulamentar configura controle externo.
(C) O controle popular dos atos da administração pública só se consolida por intermédio da atuação do MP.
(D) Os agentes públicos responsáveis pelo controle interno, ao tomarem conhecimento de qualquer irregularidade ou ilegalidade, devem dar ciência do fato ao TCU, sob pena de responsabilidade subsidiária.
(E) A necessidade de obtenção de autorização do Senado Federal para que os estados possam contrair empréstimos externos configura controle repressivo da administração pública.

A: incorreta, pois trata-se de controle interno; B: correta, nos termos do art. 49, V, da CF; C: incorreta, pois há outras formas de controle, como por meio do ingresso com ação popular, cujo legitimado ativo é o cidadão (art. 5º, LXXIII, da CF); D: incorreta (art. 74, § 1º, da CF); E: incorreta, pois trata-se de controle preventivo (art. 52, V, da CF). Gabarito "B".

(Defensoria/ES – 2009 – CESPE) No exercício de suas atribuições, a administração pública sujeita-se a controle. Julgue os itens seguintes, de acordo com a doutrina aplicável ao tema.

(1) O controle financeiro realizado pelo Poder Legislativo em face da administração pública envolve o denominado controle de economicidade, de modo a permitir o exame do mérito, com a finalidade de verificar se o órgão procedeu da forma mais econômica na aplicação da despesa pública, atendendo à relação custo-benefício.

1: Correta (art. 70, *caput*, da CF). Gabarito 1C

(DEFENSORIA PÚBLICA DA UNIÃO – 2002 – CESPE) Julgue o seguinte item.

(1) As atividades típicas de controle legislativo da competência do Congresso Nacional incluem a apreciação dos atos de concessão e de renovação de concessão de emissoras de rádio e televisão, mas excluem, nesse âmbito, os atos de cassação de concessões.

1: correta, nos termos do art. 223 da CF. Gabarito 1C

13.2.2. CONTROLE PELO TRIBUNAL DE CONTAS

(Magistratura/PE – 2011 – FCC) Consoante jurisprudência do Supremo Tribunal Federal, nos processos perante o Tribunal de Contas da União asseguram-se o contraditório e a ampla defesa

(A) desde que demanda idêntica seja levada, concomitantemente, pelo interessado, à apreciação judicial.
(B) quando da decisão puder resultar anulação de ato administrativo que beneficie o interessado, sem exceções, mas excluídas as hipóteses de revogação de ato.
(C) quando da decisão puder resultar anulação ou revogação de ato administrativo que beneficie o interessado, excetuada a apreciação da legalidade do ato de concessão inicial de aposentadoria, reforma e pensão.
(D) quando da decisão puder resultar anulação ou revogação de ato administrativo que beneficie o interessado, sem exceções.
(E) em quaisquer procedimentos.

A, B, C, D e E: Vide a Súmula Vinculante nº 3 do STF: "Nos processos perante o Tribunal de Contas da União asseguram-se o contraditório e a ampla defesa quando da decisão puder resultar anulação ou revogação de ato administrativo que beneficie o interessado, excetuada a apreciação da legalidade do ato de concessão inicial de aposentadoria, reforma e pensão". Gabarito "C".

(Magistratura/SE – 2008 – CESPE) Assinale a opção correta acerca do Tribunal de Contas.

(A) O juiz de direito de Sergipe tem competência para julgar ação pelo rito ordinário proposta para anular decisão do TCE/SE, na medida em que esta tem natureza jurídica de ato administrativo.
(B) O TC, dentro do poder geral de cautela, tem competência para determinar a quebra de sigilo bancário do administrador público ordenador de despesa.
(C) Os nomeados para cargos de secretários de estado devem ter a legalidade de sua nomeação apreciada, para fins de registro, no TC do respectivo estado.
(D) As decisões do TC que imputem multa têm natureza de título executivo judicial.
(A) O TCU pode indicar um de seus ministros para ter assento no Conselho Nacional da Magistratura.

A: correta, pois, de fato, as decisões dos tribunais de contas têm natureza administrativa, admitindo controle judicial; B: incorreta, pois a quebra do sigilo bancário depende de ordem judicial; C: incorreta, pois as nomeações para cargos em comissão não ensejam apreciação por parte dos tribunais de contas (art. 71, III, da CF); D: incorreta, pois trata-se de título executivo extrajudicial (art. 71, § 3º, da CF); E: incorreta, pois o nome do conselho é "Conselho Nacional de Justiça", e não existe previsão de indicação de ministro do TCU (art. 103-B da CF). Gabarito "A".

(Ministério Público/RO – 2008 – CESPE) Maria, servidora pública federal, requereu a sua aposentadoria, que foi inicialmente deferida pelo órgão de origem, após emissão de dois pareceres da respectiva consultoria jurídica, um negando e outro concedendo a aposentadoria. Seis anos depois, o TCU negou esse registro, determinando ainda o imediato retorno de Maria ao serviço público e a restituição das quantias recebidas a título de aposentadoria.

Considerando a situação hipotética apresentada no texto, assinale a opção correta a respeito do controle da administração pública e dos poderes administrativos.

(A) O TCU não poderia negar o registro, pois já se teria operado a decadência do direito de anular esse ato, o qual gerou efeitos favoráveis à pessoa da destinatária, que atuou de boa-fé.
(B) Considerando que o parecer jurídico, no que se refere à legalidade da aposentadoria de Maria, estava fundamentado em anteriores acórdãos do próprio TCU, revelando-se o acórdão em tela em uma mudança de entendimento acerca da interpretação dos mesmos dispositivos legais, a sua aplicação no caso de Maria, de forma retroativa, não gera violação ao princípio da segurança jurídica de que trata a Lei n.º 9.784/1999.
(C) Contra o parecer negando a aposentadoria de Maria caberia mandado de segurança, a ser impetrado na justiça federal.
(D) Contra o acórdão do TCU cabe recurso hierárquico impróprio para o Congresso Nacional.
(E) O TCU tem natureza jurídica de órgão integrante da estrutura administrativa do Poder Legislativo, ao qual está subordinado hierarquicamente.

A Lei 9.784/99, em seu art. 2º, parágrafo único, XIII, impede "a aplicação retroativa de nova interpretação". Isso significa que um novo entendimento não pode retroagir para atingir situação jurídica já apreciada pelo órgão que está mudando seu entendimento. No caso de que trata a questão, o TCU ainda não havia apreciado o caso de Maria, de modo que a decisão do tribunal, apreciando pela primeira vez o caso dela, não contraria o princípio da segurança jurídica. Gabarito "B".

(Procuradoria Distrital – 2007) De acordo com a jurisprudência já consolidada do Tribunal de Contas da União, são requisitos necessários para a caracterização da dispensa de licitação com base em situação emergencial ou de calamidade pública, exceto:

(A) que exista urgência concreta e efetiva do atendimento a situação decorrente do estado emergencial ou calamitoso, visando afastar risco de danos a bens ou à saúde ou à vida de pessoas.
(B) que o risco, além de concreto e efetivamente provável, se mostre iminente e especialmente gravoso.
(C) que a contratação direta seja o único meio de se afastar o perigo de forma efetiva e eficiente, devendo o objeto da contratação estar limitado em termos qualitativos e quantitativos ao suficiente para afastar o perigo iminente.
(D) que o administrador comprove, nos autos do processo de dispensa, que a licitação tenha-se iniciado com a devida antecedência em razão do tempo normal que envolve este procedimento e que o atraso na conclusão do procedimento não tenha sido resultante de falta de planejamento, desídia administrativa ou má gestão dos recursos disponíveis.
(E) que o administrador comprove, nos autos do processo de dispensa, que, caso a licitação não se tenha iniciado com a devida antecedência em razão do tempo normal que envolve este procedimento, que determine a apuração do responsável pela falta de planejamento, desídia administrativa ou má gestão dos recursos disponíveis, a fim de não permitir que a sociedade seja duas vezes prejudicada, primeiro pela não realização da licitação e segundo pela falta de um serviço ou bem essencial.

De fato, a emergência oriunda de desídia administrativa, apesar de ensejar a contratação com dispensa de licitação (desde que a situação seja mesmo emergencial), impõe a concomitante determinação de apuração do responsável pela desídia. Gabarito "E".

(Procuradoria Distrital – 2007) Em relação à Lei n. 8.666/93 que disciplina as licitações e as contratações na Administração Pública é correto afirmar:

(A) para restar caracterizada a hipótese de inexigibilidade de licitação prevista no inciso II do artigo 25 da Lei n. 8.666/93, faz-se necessária a presença simultânea de dois elementos, quais sejam, o serviço profissional especializado e a notória especialização do profissional ou da empresa.
(B) nos editais de licitação a Administração poderá fixar critérios de aceitabilidade dos preços unitários e global, os quais deverão servir de parâmetro quando do julgamento da proposta de preços, sendo vedada a fixação de preços mínimos e recomendada a fixação de preços máximos, conforme orientação do Tribunal de Contas da União.
(C) a revogação do procedimento licitatório pode ser efetivada a qualquer momento desde que fundamentada exclusivamente em razões de interesse público, assegurado ao particular o direito à indenização por perdas e danos.
(D) consoante entendimento fixado pelo Tribunal de Contas do Distrito Federal, no caso da contratação de serviços contínuos, a escolha da modalidade de licitação (concorrência, tomada de preços ou convite) deverá ser compatível com o valor do primeiro contrato e não com o valor total, considerado o prazo máximo de vigência contratual definido no edital, vez que a prorrogação do prazo contratual nesse caso é faculdade da Administração e poderá ou não ser utilizada.
(E) de acordo com o disposto no artigo 49 da Lei n. 8.666/93 a nulidade do procedimento licitatório, quando eivado de ilegalidade, assegura ao particular o direito ao contraditório e à ampla defesa, mas por tratar-se de ato nulo não há previsão do dever de indenizar.

Art. 40, X, da Lei 8.666/93. Gabarito "B".

(Procuradoria Distrital – 2007) Ainda acerca da disciplina dos contratos e convênios administrativos, estabelecida na Lei n. 8.666/93, é correto afirmar:

(A) nos contratos administrativos tanto o reajuste de preços como o reequilíbrio econômico-financeiro podem ser concedidos a qualquer tempo a partir da contratação, considerando serem medidas que visam manter inalteradas as condições da contratação.
(B) a utilização do instrumento de convênio, quando cabível o contrato, pode ser considerada um mero erro de forma, porquanto ambos estão sujeitos à aplicação da Lei n. 8.666/93 e à fiscalização pelos órgãos de controle da Administração Pública.
(C) as alterações contratuais decorrentes de acréscimos ou supressões no objeto do contrato podem ser classificadas como quantitativas e qualitativas, sendo que ambas estão sujeitas ao limite de 25% do valor atualizado do contrato. Entretanto, em situações especialíssimas, o Tribunal de Contas da União admite a extrapolação do limite de 25% apenas quando se tratar de alterações qualitativas.

(D) o equilíbrio econômico-financeiro do contrato administrativo se perfaz na relação entre os encargos impostos ao particular e a remuneração correspondente, dessa forma o momento da definição desse equilíbrio é o da assinatura do contrato, pois é a partir daí que se estabelecem as obrigações e os direitos.

(E) o convênio é modalidade de contrato administrativo que se caracteriza por ser um contrato "cooperativo", pois aqui não há a contraposição de interesses, mas sim um acordo entre os partícipes visando à consecução de um objetivo comum. Dessa forma, admite-se a cobrança de taxa pela realização do serviço, desde que a entidade convenente não tenha fins lucrativos; caso contrário fica inviabilizada a celebração do convênio e o instrumento passa a ter características de contrato.

Art. 65, I, a, da Lei 8.666/93. Gabarito "C".

(Defensor Público/BA – 2006) Como sabido, no exercício de sua atividade, a Administração Pública sujeita-se a controle próprio, controle legislativo e controle judicial, conforme previsto no ordenamento jurídico pátrio, sendo certo que o controle externo financeiro é exercido pelo Poder Legislativo, com auxílio dos Tribunais de Contas aos quais **NÃO** compete:

(A) Aplicar aos responsáveis, em caso de ilegalidade de despesa ou irregularidade de contas, sanções previstas em lei, inclusive multa.
(B) Assinar prazo para que o órgão ou entidade adote as providências necessárias ao exato cumprimento da lei, se verificada ilegalidade.
(C) Julgar as contas dos administradores e demais responsáveis por dinheiros, bens e valores públicos da administração direta e indireta.
(D) Sustar contrato se, verificada ilegalidade, o órgão ou entidade não adotar as providências necessárias ao exato cumprimento da lei.
(E) Apreciar, para fins de registro, a legalidade dos atos de admissão de pessoal.

A: correta (art. 71, VIII, da CF); B: correta (art. 71, IX, da CF); C: correta (art. 71, II, da CF); D: incorreta, pois a sustação de um contrato só pode ser feita pelo Congresso Nacional (art. 71, § 1º, da CF); E: correta (art. 71, III, da CF). Gabarito "D".

(Defensoria/MG – 2009 – FURMARC) Sobre o controle externo da Administração Pública, é **INCORRETO** afirmar:

(A) Compete ao Tribunal de Contas da União, mediante parecer prévio, apreciar as contas prestadas anualmente pelo Presidente da República.
(B) Compete aos Tribunais de Contas apreciarem, para fins de registro, a legalidade dos atos de admissão de pessoal.
(C) Os Tribunais de Contas, independentemente de provocação, revestem-se de legitimidade para suspender procedimento licitatório se verificada ilegalidade.
(D) As contas de prefeito, relativas a recursos de convênio com a União, são julgadas pelo Tribunal de Contas do Estado em que se localiza o Município.
(E) A decisão dos Tribunais de Contas que condena o prestador de contas é título executivo.

A: correta (art. 71, I, da CF); B: correta (art. 71, III, da CF); C: correta (art. 71, X, da CF); D: incorreta, pois o TCU fará essa fiscalização (art. 71, VI, da CF); E: correta (art. 71, § 3º, da CF). Gabarito "D".

(Magistratura Federal – 5ª Região – 2007 – CESPE) Julgue o item seguinte.

(1) O tribunal de contas, ao julgar a legalidade da concessão de aposentadoria, exerce o controle externo que lhe foi atribuído pela Constituição, estando, em tal momento, condicionado pelo princípio do contraditório.

1: certo (Art. 71, III, da CF c/c o art. 5º, LV, da CF). Gabarito 1C.

(Defensoria Pública da União – 2007 – CESPE) Quanto a controle da administração pública e bens públicos, julgue o item seguinte.

(1) De acordo com o STF, o TCU não tem competência para julgar contas das sociedades de economia mista exploradoras de atividade econômica, ou de seus administradores, já que os bens dessas entidades não são públicos, mas, sim, privados.

1: errado (Art. 71, II, da CF). Gabarito 1E.

(DEFENSORIA PÚBLICA DA UNIÃO – 2002 – CESPE) Julgue o seguinte item.

(1) Tribunal de Contas da União, órgão que auxilia o Congresso Nacional em sua função fiscalizadora, pode sustar a execução, pelo Poder Executivo, de atos impugnados, se não for atendida a ordem de impugnação, independentemente de autorização do Poder Judiciário.

1: correta (art. 71, X, da CF). Gabarito 1C.

13.2.3. CONTROLE PELO JUDICIÁRIO

(Procurador do Município/Florianópolis-SC – 2010 – FEPESE) Assinale a alternativa **correta**.

(A) O prazo para a administração pública ajuizar ação rescisória é de quatro anos.
(B) Quando em juízo, a fazenda pública não precisa antecipar nenhum tipo de despesa judicial.
(C) É inconstitucional a exigência de depósito ou arrolamento prévios de dinheiro ou bens para admissibilidade de recurso administrativo.
(D) No reexame necessário, ocorre a devolução integral da matéria, podendo o Tribunal agravar a condenação imposta à fazenda publica.
(E) Não cabe ação monitória contra a fazenda pública, porquanto incompatível com o regime de precatórios.

Súmula Vinculante nº 21 do STF. Gabarito "C".

(Procurador do Município/Teresina-PI – 2010 – FCC) No que diz respeito ao Controle Judicial da Administração, é correto afirmar:

(A) Consoante prescreve a Lei da Ação Civil Pública, sociedade de economia mista não detém legitimidade para a propositura de ação civil pública.
(B) Não é sujeito passivo de habeas data entidade particular que detém dados sobre determinada pessoa, destinados a uso público, como, por exemplo, a que mantém cadastro de devedores.
(C) Na ação popular, é facultado ao Ministério Público assumir a defesa do ato impugnado.
(D) Equiparam-se às autoridades coatoras, para os efeitos da Lei do Mandado de Segurança, os órgãos de partidos políticos.
(E) Os direitos protegidos pelo mandado de segurança coletivo são somente os coletivos, assim entendidos os transindividuais, de natureza indivisível, de que seja titular grupo ou categoria de pessoas ligadas entre si ou com a parte contrária por uma relação jurídica básica.

Art. 1º, § 1º, da Lei do Mandado de Segurança (12.016/2009). Gabarito "D".

7. DIREITO TRIBUTÁRIO

Robinson Sakiyama Barreirinhas

1. COMPETÊNCIA TRIBUTÁRIA

(Magistratura/PE – 2011 – FCC) Em nosso sistema tributário, os impostos designados residuais

(A) podem ser instituídos por lei ordinária federal, desde que não sejam cumulativos e tenham fato gerador e base de cálculo inéditos.
(B) podem ser instituídos pela União, Estados ou Municípios, desde que não sejam cumulativos e tenham fato gerador e base de cálculo inéditos.
(C) podem ser instituídos por lei ordinária federal, desde que tenham fato gerador e base de cálculo inéditos.
(D) são de competência privativa da União e só podem ser instituídos mediante lei complementar.
(E) são instituídos para cobertura das despesas residuais orçamentárias.

A competência tributária relativa aos impostos é taxativa em relação aos Estados, ao Distrito Federal e aos Municípios, mas não em relação à União. Isso porque ela detém a chamada competência residual. Assim, a União, e somente ela, pode instituir outros impostos além daqueles indicados expressamente na Constituição Federal, por meio de lei complementar, desde que sejam não cumulativos e não tenham fato gerador ou base de cálculo próprios dos impostos discriminados na CF (não pode haver bitributação ou *bis in idem*) – art. 154, I, da CF. A e C: Incorretas, pois a competência residual é exercida por lei complementar federal, não ordinária; B: Incorreta, pois somente a União detém a competência residual; D: Essa é a assertiva correta, conforme comentários iniciais; E: Incorreta, pois a competência residual não é definida pela Constituição Federal em relação à sua finalidade. É interessante lembrar que os impostos não podem ter suas receitas vinculadas a despesas específicas, nos termos e com as exceções do art. 167, IV, da CF. Gabarito "D".

(MINISTÉRIO PÚBLICO/SE – 2010 – CESPE) Considere que um estado tenha instituído imposto sobre o consumo de água tratada, por meio de lei complementar estadual; um município do mesmo estado tenha instituído contribuição para o custeio de iluminação pública, por meio de lei ordinária; e a União tenha instituído, por meio de lei complementar, imposto sobre grandes fortunas. Nessa situação, agiu(ram) em conformidade com a CF somente

(A) o município.
(B) o estado.
(C) a União.
(D) a União e o município.
(E) o estado e o município.

O STF já decidiu que o fornecimento de água encanada é serviço público essencial, não circulação de mercadoria, de forma que não incide ICMS – ver RE 552.948 AgR/RJ. Ademais, o Estado não tem competência para tributar diretamente o consumo, mas apenas a circulação de mercadoria. O Município tem competência para instituir a contribuição para custeio do serviço de iluminação pública, nos termos do art. 149-A da CF, bastando lei ordinária para isso (como, em regra, exige-se simples lei ordinária para o exercício da competência tributária em relação a todos os tributos, com exceção de alguns federais). A União detém competência tributária para instituir o imposto sobre grandes fortunas, nos termos de lei complementar. Há entendimento no sentido de que é preciso lei complementar para definir o que sejam grandes fortunas, mas a efetiva instituição, alteração ou mesmo extinção poderiam ser feitas por lei ordinária – não há jurisprudência, evidentemente, pois o tributo jamais foi instituído.

Por essas razões, somente os tributos municipal e federal são válidos, de modo que a alternativa correta é a "D". Gabarito "D".

(Procurador do Município/Florianópolis-SC – 2010 – FEPESE) Sobre a competência dos entes federativos em matéria tributária, é **correto** afirmar:

(A) Cabe à legislação municipal estabelecer o sujeito passivo do Imposto sobre a Propriedade Territorial Urbana (IPTU).
(B) Competem à União, em Território Federal, os impostos estaduais e municipais, mesmo que o Território seja dividido em Municípios.
(C) Compete exclusivamente à União instituir contribuição, cobrada de seus servidores, para o custeio, em benefício destes, do regime previdenciário.
(D) Cabe à lei complementar estabelecer normas gerais em matéria de legislação tributária sobre a competência dos entes federativos.
(E) Compete aos Municípios instituir impostos sobre propriedade predial e territorial urbana, que poderão ser progressivos em razão das dimensões do imóvel.

A: Adequada. A rigor, o contribuinte do IPTU, assim como o contribuinte de todos os impostos previstos na Constituição Federal, deve ser definido por lei complementar federal – art. 146, III, *a*, da CF e art. 34 do CTN. Entretanto, isso não é suficiente para a efetiva exigência do imposto, sendo necessário que a lei de cada Município (e do DF) institua a exação, indicando expressamente o sujeito passivo (repetindo, na prática, aquele definido na lei complementar federal). Nesse sentido, a assertiva é correta; B: Incorreta, pois somente se o Território Federal, que venha a ser criado (atualmente não existe), não for dividido em Município é que a União deterá também a competência relativa aos tributos municipais. Se houver Municípios, cada um deles exercerá sua competência própria, e a União ficará apenas com a competência federal e estadual – art. 147 da CF; C: Incorreta, pois todos os entes políticos (também os Estados, o Distrito Federal e os Municípios) não apenas podem como devem instituir e cobrar a contribuição dos seus respectivos servidores para custeio do regime previdenciário próprio (a alíquota não poderá ser inferior à da contribuição cobrada pela União em relação a seus próprios servidores efetivos) – art. 149, § 1º, da CF; D: Incorreta, pois a competência dos entes federativos é definida pela Constituição Federal, não cabendo, em princípio, fixação de normas gerais por lei complementar federal – art. 146 da CF; E: Incorreta, pois o IPTU pode ser progressivo apenas em relação ao valor do imóvel (art. 156, § 1º, I, da CF) ou no tempo (art. 182, § 4º, II, da CF), mas não em razão das dimensões do imóvel. Além disso, é bom lembrar, o IPTU admite alíquotas diferenciadas, de acordo com a localização e o uso do imóvel – art. 156, § 1º, II, da CF. Gabarito "A".

(Procurador do Município/Teresina-PI – 2010 – FCC) NÃO é competência municipal a instituição de

(A) contribuição de interesse de categorias profissionais ou econômicas.
(B) imposto sobre a transmissão de bens imóveis por ato *inter vivos* a título oneroso.
(C) imposto sobre a propriedade territorial urbana.
(D) contribuição social dos servidores municipais para custeio de regime previdenciário próprio.
(E) contribuição de melhoria.

A: Essa é a alternativa a ser indicada, pois a competência para contribuições de interesse de categorias é privativa da União – art. 149 *caput*, da CF; B: O Município detém a competência relativa ao ITBI, nos termos do art. 156, II, da CF; C: O Município pode instituir o IPTU, conforme o art. 156, I, da CF; D: O Município, como todos os entes políticos, tem competência para instituir a contribuição dos seus servidores, para custeio do regime previdenciário próprio (a alíquota não poderá ser inferior ao da contribuição cobrada pela União em relação a seus próprios servidores efetivos) – art. 149, § 1º, da CF; E: Todos os entes políticos detêm competência para cobrança da contribuição de melhoria em relação às obras públicas que realizem (chamada competência comum, como aquela relativa às taxas) – art. 145, III, da CF. *Gabarito "A".*

(Magistratura Federal/3ª Região – 2010 – adaptada) De acordo com o art. 154, I, da Constituição Federal, poderá a União, por intermédio da chamada competência residual, instituir:

(A) Impostos e contribuições, mediante lei ordinária, que não estejam previstos em outros artigos da Constituição, desde que sejam não-cumulativos e não tenham fato gerador ou base de cálculo próprios dos discriminados na Constituição Federal;

(B) Impostos, mediante lei complementar, que não estejam previstos em outros artigos da Constituição, desde que sejam não-cumulativos e não tenham base de cálculo ou alíquota próprios dos discriminados na Constituição;

(C) Contribuições, mediante lei complementar, que não estejam previstos em outros artigos da Constituição, desde que sejam cumulativos e tenham fato gerador ou base de cálculo próprios dos discriminados na Constituição;

(D) Impostos, mediante lei complementar, que sejam não-cumulativos e não tenham fato gerador ou base de cálculo próprios dos discriminados na Constituição.

A: Incorreta, pois, a rigor, o art. 154, I, da CF trata apenas de impostos. As contribuições são indicadas no art. 195, § 4º, da CF. De qualquer forma, a assertiva é incorreta, porque a competência residual deve ser exercida por meio de lei complementar, não por lei ordinária; B: A rigor, o art. 154, I, da CF refere-se a impostos que não estejam previstos no artigo anterior, ou seja, no art. 153, que lista os impostos da competência da União, de modo que a assertiva é imprecisa (ela se refere a "outros artigos da Constituição"); C: Como indicado nos comentários à alternativa A, o art. 154, I, faz referência a impostos. Ademais, a competência residual refere-se a tributos não cumulativos; D: Assertiva correta, conforme o art. 154, I, da CF. *Gabarito "D".*

(Procurador Federal – 2010 – CESPE) No que concerne ao Sistema Tributário Nacional, julgue o item seguinte.

(1) Se, na região Norte do país, for criado território federal, mediante lei complementar, competirá à União a instituição do ICMS nesse território.

1: Assertiva correta, pois os impostos estaduais em eventual Território Federal são sempre da competência da União – art. 147 da CF. Os impostos municipais também competirão à União, caso o Território não seja dividido em Municípios. *Gabarito 1C.*

(Procurador do Município/Boa Vista-RR – 2010 – CESPE) Com relação ao estado, ao poder de tributar e ao Sistema Tributário Nacional, julgue os itens a seguir.

(1) 107 O estado pode conceder remissão de créditos constituídos referentes ao imposto sobre a propriedade de veículos automotores sem que o benefício fiscal seja objeto de deliberação entre todos os estados e o Distrito Federal (DF) no âmbito do Conselho Nacional de Política Fazendária.

(2) 110 Em matéria de legislação tributária, a casa legislativa do município pode estabelecer norma dispondo sobre crédito, diferentemente do disposto em lei complementar.

1: Correta, pois a autorização do Confaz refere-se apenas ao ICMS, não ao IPVA – art. 155, § 2º, XII, g, da CF; 2: Errada, pois as normas municipais devem observar as normas gerais relativas ao crédito tributário, veiculadas por lei complementar federal nos termos do art. 146, III, b, da CF. *Gabarito 1C, 2E.*

(Defensoria Pública/SP – 2010 – FCC) Nos termos do artigo 148, inciso I da Constituição Federal, a União poderá, mediante lei complementar, instituir empréstimo compulsório para atender a despesas extraordinárias, sem sujeição ao princípio da anterioridade tributária, anual e nonagesimal, em situação de

(A) iminência de guerra externa.

(B) investimento público de caráter urgente.

(C) relevante interesse nacional.

(D) ameaça de calamidade pública.

(E) temor de perturbação da ordem interna.

A competência da União relativa aos empréstimos compulsórios somente pode ser exercida (i) para atender a **despesas extraordinárias**, decorrentes de calamidade pública, **de guerra externa ou sua iminência** e (ii) no caso de investimento público de caráter urgente e de relevante interesse nacional. Somente a hipótese de despesa extraordinária é exceção ao princípio da anterioridade anual e nonagesimal – arts. 148, II, *in fine*, e 150, § 1º, da CF. *Gabarito "A".*

(Ministério Público/ES – 2010 – CESPE) Salvo disposição de lei em contrário, a pessoa jurídica de direito público que se constituir pelo desmembramento territorial de outra

(A) adota as diretrizes do Senado Federal até que entre em vigor a própria legislação.

(B) pode, excepcionalmente, exigir imediatamente os tributos que instituir, independentemente do princípio da anterioridade.

(C) recebe subvenções do governo federal até que entre em vigor a própria legislação.

(D) aplica a legislação tributária da pessoa jurídica de direito público da qual se desmembrou até que entre em vigor a própria legislação.

(E) não pode exigir, em respeito ao princípio da anterioridade, o pagamento de tributos no mesmo exercício financeiro de sua constituição.

Nos termos do art. 120 do CTN, salvo disposição de lei em contrário, a pessoa jurídica de direito público, que se constituir pelo desmembramento territorial de outra, sub-roga-se nos direitos desta, cuja legislação tributária aplicará até que entre em vigor a sua própria. A: incorreta, pois não há subordinação às diretrizes do Senado; B: assertiva incorreta, pois não há exceção ao princípio da anterioridade em relação a tributos que venham a ser instituídos ou majorados posteriormente ao surgimento da pessoa jurídica de direito público; C: incorreta, pois não há subvenções federais previstas para a hipótese de constituição de pessoa jurídica de direito público; D: correta, conforme o art. 120 do CTN; E: a sub-rogação prevista no dispositivo do CTN torna essa assertiva incorreta. Como salientado no comentário à alternativa B, a anterioridade atinge os tributos criados ou majorados **após** o surgimento da pessoa jurídica de direito público. *Gabarito "D".*

(Advogado da União/AGU – CESPE – 2009) Julgue os seguintes itens, que dizem respeito ao sistema tributário nacional.

(1) Para que sejam garantidas a aplicação do princípio do não-confisco e a do princípio da capacidade contributiva, o STF entende que a constituição de um estado-membro da Federação pode estabelecer limites para o aumento dos impostos e contribuições municipais.

(2) Suponha que determinado tributo criado pela União, com base em sua competência tributária residual, tenha o produto de sua arrecadação destinado à formação de reservas cambiais. Nesse caso, o referido tributo somente poderá ser uma contribuição.

1: incorreta, pois os Municípios têm autonomia em relação aos demais entes federados e sua competência tributária é privativa, concedida diretamente pela Constituição Federal, não podendo ser restringida ou eliminada pelos Estados; 2: incorreta, pois a competência residual da União, prevista no art. 151, I, da CF, refere-se apenas a impostos. É interessante lembrar que a União pode criar outras contribuições sociais, com base no art. 195, § 4º, da CF. *Gabarito 1E, 2E.*

(Ministério Público/MA – 2009) Dos seguintes impostos:

I. Sobre a Propriedade Territorial Rural;

II. Sobre Serviços de Transporte Intermunicipal;

III. Sobre a Propriedade Territorial Urbana.

São da competência tributária do Município os indicados nas assertivas:

(A) "I" e "II"

(B) "II" e "III";

(C) "III" e "I";

(D) somente a "II";

(E) somente a "III".

O Município tem competência para tributar serviços de qualquer natureza, não incluídos na competência dos Estados e definidos em lei complementar (ISS), propriedade predial e territorial urbana (IPTU) e transmissão onerosa *inter vivos* de bens imóveis e direitos reais, exceto os de garantia (ITBI). I: incorreta, pois o ITR é da competência federal; II: incorreta, pois o ICMS estadual incide sobre a prestação de serviços de transporte interestadual e intermunicipal; III: assertiva correta, pois o IPTU é imposto municipal. Veja a seguinte tabela com as competências dos entes políticos em relação aos impostos, para estudo e memorização:

Competência em relação aos impostos		
União	Estados e DF	Municípios e DF
- imposto de importação - imposto de exportação - imposto de renda - IPI - IOF - ITR - Imposto sobre grandes fortunas - Impostos extraordinários - Impostos da competência residual	- ITCMD - ICMS - IPVA	- IPTU - ITBI - ISS

Gabarito "E".

(Procurador de Contas TCE/ES – CESPE – 2009) No que concerne aos empréstimos compulsórios, assinale a opção incorreta.

(A) Aplica-se o princípio da anterioridade aos empréstimos compulsórios, no caso de investimento público de caráter urgente e de relevante interesse nacional.

(B) A competência para instituir empréstimo compulsório é exclusiva da União.

(C) Medida provisória pode instituir empréstimo compulsório, no caso de investimento público de caráter urgente e de relevante interesse nacional.

(D) A lei fixa obrigatoriamente o prazo de empréstimo compulsório e as condições de seu resgate.

(E) Segundo o STF, se o empréstimo compulsório for pago em dinheiro, a sua restituição deve ser também em dinheiro.

A: Correta, pois a anterioridade somente é afastada no caso de empréstimo compulsório para atender a despesas extraordinárias – art. 148, I, c/c art. 150, § 1º, da CF; B: assertiva correta – art. 148 da CF; C: Essa é a assertiva incorreta, pois o empréstimo compulsório somente pode ser criado por meio de lei complementar, que não pode ser substituída por medida provisória – art. 62, § 1º, III, da CF; D: Correta, conforme o art. 15, parágrafo único, do CTN; E: Correta, conforme a jurisprudência do STF – ver RE 121.336/CE. Gabarito "C".

(Procurador do Estado/SP – FCC – 2009) Competência tributária.

I. É vedado à União instituir tributo que não seja uniforme em todo o território nacional, ou que implique distinção ou preferência em relação a Estado, ao Distrito Federal ou a Município, em detrimento de outro, admitida a concessão de incentivos fiscais a contribuintes hipossuficientes.

II. A competência legislativa dos Estados, em matéria tributária, é residual, podendo instituir outros impostos, além dos já previstos na Constituição Federal, desde que sejam não-cumulativos e não tenham fato gerador ou base de cálculo próprios dos nela discriminados.

III. Inexistindo lei federal sobre normas gerais, os Estados exercerão sua competência legislativa plena, para atender a suas peculiaridades.

IV. Existindo norma geral da União, é facultado aos Estados legislar supletivamente em matéria tributária.

V. A competência legislativa dos Estados para instituir o IPVA depende da prévia edição de lei complementar, conforme já decidiu o Supremo Tribunal Federal.

Está correto o que se afirma em

(A) I, II, III, IV e V.
(B) I, III e V, apenas.
(C) I, II e IV, apenas.
(D) II e V, apenas.
(E) III e IV, apenas.

I: Incorreta, pois a CF não traz exceção relativa a contribuintes hipossuficientes para a uniformidade geográfica – art. 151, I, da CF; II: Incorreta, pois a competência residual tributária é da União, exclusivamente – art. 154, I, da CF; III: Assertiva correta, nos termos do art. 24, § 3º, da CF; IV: Correta, conforme o art. 24, §§ 1º e 2º, da CF; V: Incorreta, pois, embora determinados aspectos de todos os impostos (fato gerador, contribuintes e base de cálculo) devam ser fixados por lei complementar federal (art. 146, III, *a*, da CF), a omissão do Congresso Nacional não afasta ou restringe a competência dos Estados, que exercem a competência legislativa plena (art. 24, § 3º, da CF) – ver RE 262.643 AgR/MG. Gabarito "E".

(Defensoria/PA – 2009 – FCC) Sobre competência constitucional em matéria tributária, é correto afirmar, EXCETO

(A) as competências para instituição de impostos são classificadas como legislativas exclusivas e não podem ter seu rol ampliado.

(B) a competência tributária é indelegável, inalienável, imprescritível, irrenunciável e inalterável.

(C) a competência para instituição do ITR é da União, mas a capacidade poderá ser transferida aos Municípios que optarem pela arrecadação e fiscalização deste tributo, nos termos da lei.

(D) a isenção equivale a incompetência tributária para instituir tributos sobre determinados fatos geradores, estando regulada na Constituição Federal.

(E) a competência para instituição do ISS é municipal e do ICMS é estadual.

A: Correta, embora haja exceção a essa regra. De fato, a União detém a competência residual para criar outros impostos, nos termos do art. 154, I, da CF. Entretanto, a D é a melhor alternativa, pois claramente incorreta; B: A assertiva descreve corretamente a competência tributária; C: correta, nos termos do art. 153, § 4º, III, da CF; D: Essa é a assertiva incorreta, pois a isenção pressupõe a existência de competência tributária. O ente competente, por lei própria, decide afastar da incidência determinadas situações ou pessoas (exclui o crédito tributário, na dicção do CTN). A assertiva descreve, na verdade, a imunidade, que é norma constitucional que afasta a competência tributária; E: Assertiva correta, conforme os arts. 156, III, e 155, II, da CF, respectivamente. Gabarito "D".

(Cartório/DF – 2008 – CESPE) Acerca da disciplina constitucional sobre o imposto de transmissão *causa mortis* e de doação, de quaisquer bens e direitos, julgue os itens que se seguem.

(1) Os municípios e o DF têm competência para a instituição do referido imposto.

(2) Relativamente a bens móveis, títulos e créditos, o imposto compete ao ente federativo onde se processar o inventário ou o arrolamento, ou onde tiver domicílio o doador, ou ao DF.

(3) Não está ainda legalmente regulamentada a competência para a instituição do imposto citado no caso de o *de cujus* possuir bens, ser residente ou domiciliado ou ter o seu inventário processado no exterior. Essa competência deve ser regulada futuramente por meio de lei complementar.

(4) O referido imposto tem suas alíquotas máximas fixadas pelo Senado Federal.

(5) Compete ao DF instituir o imposto relativamente aos bens imóveis situados em seu território.

1: Incorreta, pois o ITCMD é da competência dos Estados e do DF – art. 155, I, da CF; 2: Correta, conforme o art. 155, § 1º, II, da CF; 3: Correta, nos termos do art. 155, § 1º, III, da CF; 4: Correta, conforme o art. 155, § 1º, IV, da CF; 5: Assertiva também correta, pois o DF detém a competência relativa ao ITCMD incidente sobre os imóveis localizados em seu território – art. 155, § 1º, I, da CF. Gabarito 1E, 2C, 3C, 4C, 5C.

(Cartório/SC – 2008) São impostos da competência dos municípios:

(A) ITBI (imposto sobre transmissão inter vivos, a qualquer título, por ato oneroso, de bens imóveis, por natureza ou acessão física, e de direitos reais sobre imóveis, exceto os de garantia, bem como cessão de direitos a sua aquisição) e ISQN (imposto sobre serviço de qualquer natureza).

(B) ICMS (imposto sobre operações relativas à circulação de mercadorias e sobre prestações de serviços de transporte interestadual e intermunicipal e de comunicação), IPTU (imposto predial e territorial urbano) e ITBI.

(C) IPTU e ITR (imposto sobre propriedade territorial rural).
(D) ITCMD (transmissão causa mortis e doação, de quaisquer bens ou direitos) e ISQN.
(E) ISQN e IPVA (imposto sobre propriedade de veículos automotores).

Art. 156, I, II e III, da CF: os Municípios e o DF têm competência em relação ao IPTU, ao ITBI e ao ISS. Gabarito "A".

(Magistratura/SE – 2008 – CESPE) Suponha que, na falta de normas gerais federais sobre determinado tributo estadual, o estado de Sergipe tenha decidido criar, em 2007, por meio de uma lei, suas próprias normas específicas relativas àquela matéria. Suponha, ainda, que, posteriormente à entrada em vigência da lei criada, tenham advindo, em 2007, normas gerais federais contrárias, em parte, à citada lei estadual. Nessa situação, a lei estadual

(A) será de todo revogada, por contrariar a lei federal.
(B) somente será revogada na parte que contraria a lei federal.
(C) não sofre qualquer efeito da lei federal, porque ela trata de normas específicas, enquanto a lei federal trata de normas gerais.
(D) terá a eficácia extinta no que contrariar a lei federal.
(E) terá eficácia suspensa no que contrariar a lei federal.

Aplica-se em matéria tributária as normas constitucionais relativas às competências concorrente e suplementar – Art. 24, I, §§ 1º a 4º, da CF. Gabarito "E".

(Magistratura/AC – 2008 – CESPE) Consoante o Código Tributário Nacional, a competência tributária é indelegável. Todavia, a União pode atribuir a determinado estado as funções de arrecadar ou fiscalizar tributos. Relativamente a essas funções, assinale a opção incorreta.

(A) Além de atribuir as funções de arrecadar ou fiscalizar tributos, a União pode ainda conferir a de executar leis, serviços, atos ou decisões administrativas em matéria tributária.
(B) Ao atribuir as funções de arrecadar ou fiscalizar tributos, a União estará concedendo ao estado, ainda, as garantias e os privilégios processuais que lhe competem.
(C) A União pode, a qualquer tempo, por ato unilateral seu, revogar a atribuição.
(D) A União pode delegar competência tributária do encargo ou da função de arrecadar tributos a pessoas de direito privado.

Arts. 7º e 84 do CTN – a delegação de **competência** tributária (= prerrogativa de legislar a respeito do tributo) é impossível. Gabarito "D".

(Ministério Público/RO – 2008 – CESPE) A lei estadual estabelece os critérios para cobrança de tributos em conformidade com as diretrizes constitucionais. No que se refere a esse assunto, assinale a opção correta.

(A) A criação do tributo se dá pela capacidade tributária ativa do ente da Federação que por lei estabelece a cobrança do tributo.
(B) A instituição do tributo ocorre em função da competência tributária do ente da Federação.
(C) O nascimento da obrigação tributária para o contribuinte ocorre com a distribuição da competência tributária disciplinada na CF.
(D) O Poder Legislativo local é que possui a capacidade tributária.
(E) O Poder Executivo local é que possui a competência tributária.

Os entes políticos (União, Estados, Distrito Federal e Municípios) detêm competência tributária, ou seja, podem legislar acerca de seus tributos. A legislação tributária, que trata, entre outras coisas, da instituição, majoração, modificação e extinção de tributos, decorre do exercício da competência tributária. A lei determina quem exigirá e fiscalizará o tributo, ou seja, quem detém a capacidade tributária ativa. Gabarito "B".

(Ministério Público/RR – 2008 – CESPE) Julgue os itens seguintes, que tratam do poder de tributar e de estabelecer normas em matéria tributária.

(1) Consoante a jurisprudência firmada pelo STF, o poder que tem o Estado de tributar sofre limitações que são tratadas como cláusulas pétreas.
(2) Uma medida provisória que estabeleça nova hipótese de fato gerador de um imposto contraria a CF.
(3) A competência tributária abrange o poder de legislar plenamente, incluindo-se o estabelecimento de normas gerais em matéria tributária, desde que não existam normas gerais impostas pela União sobre a mesma matéria.
(4) Considere que o estado de Roraima tenha atribuído à União as funções de arrecadar ou fiscalizar tributos, ou de executar leis, serviços, atos ou decisões administrativas em matéria tributária. Nessa situação, tal atribuição não compreenderá as garantias e os privilégios processuais que competem àquele estado.

1: As limitações constitucionais ao poder de tributar referem-se a direitos e garantias individuais, o que representa cláusula pétrea (não podem ser reduzidos ou suprimidos, nem mesmo por emenda constitucional) – art. 60, § 4º, IV, da CF; 2: MP pode veicular norma tributária, nos termos do art. 62, § 2º, da CF. Entretanto, os fatos geradores dos impostos previstos na Constituição devem ser fixados por lei complementar – art. 146, III, a, da CF; 3: Arts. 24, I, e § 3º, e 30, II, ambos da CF; 4: Art. 7º, § 1º, do CTN. Gabarito 1C, 2C, 3C, 4E.

(Procurador do Estado/CE – 2008 – CESPE) Com a finalidade de aprimorar a legislação estadual específica do ICMS, principalmente no que se refere à forma pela qual são concedidos e revogados os benefícios fiscais, as isenções e outras outorgas para esse tributo, o Poder Legislativo de uma localidade aprovou a alteração de vários dispositivos constantes da lei complementar federal que regulamenta a matéria. Considerando a situação hipotética apresentada acima, assinale a opção correta.

(A) A legislação estadual aprovada é constitucional, porque o assunto é de competência exclusiva do estado.
(B) A legislação aprovada é inconstitucional, uma vez que a Casa legislativa não poderia aprovar lei específica para tratar de assunto referente a benefício fiscal concedido a nenhum tributo.
(C) A lei aprovada é inconstitucional, uma vez que somente lei complementar federal, por imposição constitucional, pode regulamentar os benefícios fiscais a serem concedidos ao ICMS.
(D) O benefício fiscal concedido ao ICMS é constitucional, pois a matéria é de competência concorrente entre o estado e os municípios.
(E) É constitucional a alteração legislativa aprovada, desde que haja previsão dessa competência na lei complementar estadual.

O Legislativo de um ente político não pode alterar a legislação de outro ente. Assim, não há hipótese de o Legislativo local (Estadual, Distrital ou Municipal) alterar lei federal. Ademais, os benefícios fiscais de ICMS devem ser autorizados por Convênio Interestadual, conforme o art. 155, § 2º, XII, g, da CF. Gabarito "C".

(Procurador do Estado/PI – 2008 – CESPE) A CF, ao disciplinar as competências tributárias das unidades da Federação, criou a competência residual. A respeito da competência tributária residual, assinale a opção correta.

(A) A competência tributária residual é aquela que possibilita aos estados instituírem tributos já criados na esfera federal.
(B) Esse tipo de competência rege a criação de tributos pela União na iminência de guerra externa.
(C) A competência tributária residual tem origem no fato de ser possível a todas as unidades da Federação criar taxas.
(D) A criação de novos tributos não previstos na CF depende de aprovação de lei complementar Federal.
(E) A competência tributária residual é exclusiva da União, que pode criar tributos cumulativos.

Somente a União detém a competência residual, que deve ser exercida por meio de lei complementar federal, nos termos do art. 154, I, da CF. Gabarito "D".

(Magistratura/AL – 2007 – FCC) Nos termos do art. 153, § 4º, III, da Constituição Federal, o Imposto sobre a Propriedade Territorial Rural poderá ser fiscalizado e cobrado pelo Município. Se o Município, em caráter excepcional, resolver fazer uso dessa faculdade, passará a exercer

(A) a competência tributária plena.
(B) juntamente com a União a competência tributária.
(C) a competência e a capacidade tributária ativa.

(D) juntamente com a União a capacidade tributária ativa.
(E) a capacidade tributária ativa, ficando reservada à União a competência tributária.

Art. 153, § 4º, III, da CF – a competência tributária é indelegável, ou seja, somente a União pode legislar sobre o ITR. Gabarito "E".

(Magistratura/DF – 2007) Sobre o tratamento constitucional conferido ao Distrito Federal, é falso afirmar:

(A) Ao Distrito Federal são atribuídas as competências legislativas reservadas aos Estados e aos Municípios;
(B) Compete à União, aos Estados e ao Distrito Federal legislar concorrentemente, dentre outras matérias, sobre orçamento; juntas comerciais; criação, funcionamento e processo do juizado de pequenas causas; procedimentos em matéria processual; e custas dos serviços forenses;
(C) É da competência comum da União, dos Estados, do Distrito Federal e dos Municípios, dentre outras, cuidar da saúde e assistência pública, da proteção e garantia das pessoas portadoras de deficiência;
(D) Cabe ao Distrito Federal, na competência que é própria de Município, instituir imposto sobre transmissão causa mortis e doação, de quaisquer bens ou direitos;

A: art. 147, in fine, da CF; B: art. 24 da CF; C: art. 23 da CF; D: o imposto sobre transmissão *causa mortis* e doações é da competência estadual, não municipal. Gabarito "D".

(Magistratura/DF – 2007) Sobre o tratamento constitucional conferido aos Estados, ao Distrito Federal e aos Municípios, é correto afirmar:

(A) À exceção do imposto sobre operações relativas à circulação de mercadorias e sobre prestação de serviços de transporte interestadual e intermunicipal e de comunicação, ainda que as operações e as prestações se iniciem no exterior (ICMS) e dos impostos sobre importação de produtos estrangeiros (II) e de exportação, para o exterior, de produtos nacionais ou nacionalizados (IE), nenhum outro imposto poderá incidir sobre operações relativas a energia elétrica, serviços de telecomunicações, derivados de petróleo, combustíveis e minerais do País;
(B) As alíquotas do imposto sobre propriedade de veículos automotores não poderão ser diferenciadas em função do tipo e utilização;
(C) Pertence ao Município cinquenta por cento do produto da arrecadação do imposto do Estado sobre operações relativas à circulação de mercadorias e sobre prestações de serviços de transporte interestadual e intermunicipal e de comunicação;
(D) A exclusão da incidência do ISS (imposto sobre serviços de qualquer natureza) de exportações de serviços para o exterior não é matéria reservada à lei complementar.

A: art. 155, § 3º, da CF; B: art. 155, § 6º, II, da CF; C: art. 158, IV, da CF; D: art. 156, § 3º, II, da CF. Gabarito "A".

(Magistratura/SP – 2007) Compete aos Estados instituir impostos sobre

(A) propriedade predial e territorial urbana.
(B) propriedade territorial rural.
(C) transmissão inter vivos, a qualquer título, por ato oneroso, de bens imóveis, por natureza ou acessão física, e de direitos reais sobre imóveis, exceto os de garantia, bem como cessão de direito a sua aquisição.
(D) transmissão causa mortis e doação de quaisquer bens ou direitos.

Art. 155, I, II e III, da CF – ITCMD, ICMS e IPVA. Gabarito "D".

(Magistratura/SP – 2007) Lei municipal, contrariando a Constituição Federal, institui tributo de competência do Estado. De acordo com o sistema de controle de constitucionalidade, essa lei municipal

(A) é ilegal e não pode ser submetida ao controle de constitucionalidade.
(B) é inconstitucional, passível de controle difuso da constitucionalidade.
(C) é passível de controle concentrado, mediante ação declaratória de inconstitucionalidade, perante o Supremo Tribunal Federal.
(D) é legal e constitucional devido à competência residual do Município.

Eventual ofensa à Constituição Federal pela lei municipal implica inconstitucionalidade dessa lei e submete-se ao controle difuso de constitucionalidade. Gabarito "B".

(Magistratura/SP – 2007) Lei Estadual instituindo imposto sobre operações de circulação de livros e jornais

(A) é válida, pois o ICMS é da competência estadual.
(B) é inconstitucional por violar norma de imunidade tributária.
(C) é válida porque decorre de lei estadual.
(D) é constitucional, pois o regramento constitucional do ICMS não prevê a imunidade tributária, apenas a seletividade tributária.

Art. 150, VI, *d*, da CF. Gabarito "B".

(Procuradoria Distrital – 2007) Assinale a opção correta. As leis complementares prestam-se basicamente a três (3) tipos de atuação em matéria tributária. Em consequência, elas dispõem sobre:

(A) conflitos de competência, em matéria tributária, entre a União, os Estados, o Distrito Federal e os Municípios; limitações constitucionais ao poder de tributar da União, dos Estados, do Distrito Federal e dos Municípios; normas gerais de legislação tributária.
(B) conflitos de competência, em matéria tributária, só entre os Estados e os Municípios; limitações constitucionais ao poder de tributar da União e dos Estados; normas gerais de direito tributário.
(C) conflitos de competência, em matéria tributária, só entre a União e os Estados e o Distrito Federal; limitações constitucionais ao poder de tributar dos Estados; normas gerais de direito tributário.
(D) conflitos de competência, em matéria tributária, entre a União, os Estados, o Distrito Federal e os Municípios; limitações constitucionais ao poder de tributar dos Estados, do Distrito Federal e dos Municípios; normas gerais de legislação tributária.
(E) conflitos de competência, em matéria tributária, entre a União, os Estados, o Distrito Federal e os Municípios; limitações constitucionais ao poder de tributar da União e dos Estados, desdobrando as exigências do princípio da legalidade, regulando as imunidades tributárias etc; normas gerais de direito tributário material e formal.

A alternativa "A" traz os três casos clássicos de lei complementar federal de natureza nacional em matéria tributária, conforme o art. 146, I, II e III, da CF. Note que houve inovações com a EC 42/2003, com a inclusão do art. 146-A. Gabarito "A".

(Procuradoria Distrital – 2007) Assinale a opção correta. O Distrito Federal, entidade integrante da República Federativa do Brasil, pode instituir:

(A) imposto sobre propriedade territorial rural; imposto sobre transmissão causa mortis de quaisquer bens ou direitos, contribuição de melhoria e contribuições sociais de quaisquer espécies.
(B) impostos extraordinários, taxas e empréstimos compulsórios.
(C) imposto sobre doação de quaisquer bens ou direitos; taxas pela utilização, efetiva ou potencial, de serviços públicos específicos e divisíveis; contribuições de interesse de categorias econômicas.
(D) contribuição para o custeio de sistemas de previdência e assistência social de seus servidores; imposto sobre serviços de qualquer natureza; taxas, em razão do exercício do poder de polícia.
(E) imposto sobre propriedade predial e territorial urbana; contribuição de melhoria; contribuições sociais e contribuição de intervenção no domínio econômico.

O Distrito Federal tem competência para instituir os tributos estaduais e os municipais – art. 147, *in fine*, da CF. Gabarito "D".

(Defensoria/MT – 2007) Sobre o sistema tributário nacional é correto afirmar:

(A) A atribuição constitucional de competência tributária compreende a competência legislativa plena e ilimitada.
(B) O tributo e a sanção integram o sistema tributário nacional e possuem caráter de compulsoriedade.

(C) Em matéria de competência tributária, apenas os Municípios possuem competência para cobrar a Contribuição de Iluminação Pública.

(D) A competência tributária é outorgada pela Constituição Federal e Constituições Estaduais.

(E) A competência extraordinária é uma permissão expressa na Constituição Federal para a bitributação e para o bis in idem.

A: art. 6º do CTN – a competência legislativa não é ilimitada; B: a sanção não é considerada tributo, conforme a definição do art. 3º do CTN. Nesse sentido, poder-se-ia afirmar que não integra o sistema tributário nacional (embora isso seja discutível, a "E" é a melhor alternativa); C: o Distrito Federal também detém essa competência – art. 149-A da CF; D: a competência tributária é fixada pela Constituição Federal; E: art. 154, II, da CF. Gabarito "E".

(Magistratura Federal – 3ª Região – XIII) Compete ao Presidente da República celebrar acordos internacionais para evitar a bitributação e ao Congresso Nacional referendá-los. A denúncia desses acordos:

(A) compete ao Presidente da República mediante anuência prévia do Congresso Nacional;

(B) compete ao Presidente da República, sem anuência prévia do Congresso Nacional, salvo se a outra parte do acordo exigir essa anuência;

(C) compete ao Congresso Nacional que, aprovando-a, tornará obrigatória sua execução pelo Presidente da República;

(D) compete ao Presidente da República, agindo isoladamente, independentemente do Congresso Nacional.

A denúncia de tratados é ato do Presidente que não se sujeita a autorização ou referendo do Congresso. Gabarito "D".

(Magistratura Federal – 3ª Região – XIII) Compete à União, aos Estados, e ao Distrito Federal legislar concorrentemente sobre direito tributário, entre outros (CF art. 24, I). Em vista desse dispositivo constitucional:

(A) no campo legislativo concorrente, o exercício desta competência pela União não exclui completamente a competência dos Estados;

(B) quando existe lei complementar federal nesse campo, os Estados não podem estabelecer normas gerais de maneira alguma, nem mesmo em caráter suplementar;

(C) se inexistir lei complementar federal sobre normas gerais, a competência plena passa para os Estados que legislarem a respeito, sendo eliminada a competência da União enquanto existir lei estadual;

(D) se inexistir lei complementar federal sobre normas gerais e o Estado legislar a respeito, lei complementar federal posterior só poderá suplementar a do Estado enquanto a lei complementar deste estiver em vigor.

Veja o disposto nos parágrafos do art. 24 da CF: (§ 1º) no âmbito da legislação concorrente, a competência da União limitar-se-á a estabelecer normas gerais; (§ 2º) a competência da União para legislar sobre normas gerais não exclui a competência suplementar dos Estados; (§ 3º) inexistindo lei federal sobre normas gerais, os Estados exercerão a competência legislativa plena, para atender a suas peculiaridades; e (§ 4º) a superveniência de lei federal sobre normas gerais suspende a eficácia da lei estadual, no que lhe for contrário. A: art. 24, §§ 2º e 3º, da CF; B: art. 24, § 2º, da CF; C: art. 24, § 4º, da CF; D: art. 24, § 4º, da CF. Gabarito "A".

(Defensoria/SE – 2006 – CESPE) Julgue os seguintes itens.

(1) Considere a seguinte situação hipotética. João vendeu ao filho Marcos imóvel de sua propriedade por valor equivalente a 10% do estabelecido no mercado, mediante cláusula segundo a qual o negócio seria desfeito caso Marcos contraísse matrimônio. Nessa situação, o fato gerador do imposto de transmissão de bens imóveis (ITBI) é de competência municipal e ocorreu com a venda, visto que o negócio jurídico foi realizado sob condição resolutiva, sendo devida a exação, ainda que Marcos venha a contrair matrimônio.

(2) O estado de Sergipe é sujeito ativo para instituir e cobrar imposto territorial rural (ITR) de propriedades rurais que estiverem situadas em seu território.

(3) É defesa à União a cobrança do ICMS, já que tal tributo é de competência estadual.

1: a rigor, a condição resolutiva ou resolutória (que pode prejudicar o negócio) é irrelevante para o fato gerador, conforme o art. 117, II, do CTN; 2: A competência para legislar (instituir, modificar ou extinguir) o ITR é da União e é indelegável – art. 153, VI, da CF; 3: O Estado legisla acerca do ICMS, imposto de sua competência, e o cobra, como regra – art. 155, II, da CF. Entretanto, o art. 7º, *caput*, do CTN prevê a possibilidade de se conferir a outra pessoa jurídica de direito público a "atribuição das funções de arrecadar ou fiscalizar tributos", o que permitiria concluir que é viável, em tese, a cobrança de ICMS pela União, conforme consta da assertiva. Ressaltamos, entretanto, que a atual Constituição prevê que a execução (= cobrança judicial) da dívida ativa da União é feita privativamente pela Procuradoria-Geral da Fazenda Nacional e que a representação judicial dos Estados é feita pelos respectivos procuradores – arts. 131, § 3º, e 132 da CF. Gabarito 1C, 2E, 3E.

(Procurador do Estado/RR – 2006 – FCC) É INCORRETO afirmar:

(A) Os Estados, o Distrito Federal e os Municípios instituirão contribuição, cobrada de seus servidores, para o custeio, em benefício destes, do regime previdenciário, cuja alíquota não será inferior à da contribuição dos servidores titulares de cargos efetivos da União.

(B) Cabe à lei complementar estabelecer normas gerais em matéria de legislação tributária, especialmente sobre o adequado tratamento tributário ao ato cooperativo praticado pelas sociedades cooperativas.

(C) As taxas serão cobradas em razão do exercício do poder de polícia ou pela utilização efetiva ou potencial, de serviços públicos específicos e divisíveis, prestados ao contribuinte ou postos a sua disposição.

(D) A União, mediante lei complementar, poderá instituir empréstimos compulsórios para atender a despesas extraordinárias, decorrentes de calamidade pública, de guerra externa ou sua iminência.

(E) Compete à União, aos Estados, ao Distrito Federal e aos Municípios instituir contribuições sociais, de intervenção no domínio econômico e de interesse das categorias profissionais ou econômicas, como instrumento de atuação nas respectivas áreas.

A: art. 149, § 1º, da CF; B: art. 146, III, c, da CF; C: art. 145, II, da CF; D: art. 148, I, da CF; E: compete exclusivamente à União instituir essas contribuições – art. 149 da CF. Gabarito "E".

(Magistratura Federal – 1ª Região – 2005) Os conflitos sobre competência tributária entre Estados-membros e Municípios serão resolvidos por:

(A) Lei Delegada;

(B) Lei Complementar;

(C) Resolução do Senado;

(D) nenhuma das opções anteriores.

A matéria é regulada por lei complementar federal – art. 146, I, da CF. Gabarito "B".

2. PRINCÍPIOS

(MAGISTRATURA/PB – 2011 – CESPE) Considerando os princípios constitucionais tributários, que estruturam o sistema tributário e servem de orientação para a interpretação e a aplicação das regras específicas do direito tributário, assinale a opção correta.

(A) A relação tributária configura-se como relação de império do Estado para com o contribuinte, o qual, por seu lado, está sujeito ao poder estatal pela via da compulsoriedade.

(B) Em virtude da natureza da relação entre o Estado e o contribuinte, o poder de tributar é absoluto.

(C) Um dos vetores na relação entre fisco e contribuinte, o princípio da legalidade não limita os governantes na atividade de tributação.

(D) O poder de instituir tributos é ato unilateral e discricionário do Estado e impõe ao destinatário do tributo que aceite a invasão patrimonial.

(E) Os princípios constitucionais tributários são expressão da soberania estatal e traduzem-se em limitações ao poder de tributar, o que não impede que o Estado exija dos indivíduos, por atividade vinculada, parcela do seu patrimônio.

A: Incorreta, pois não se aceita a relação tributária como uma relação de império, havendo, inclusive, expressas limitações constitucionais ao poder de tributar – art. 150 e seguintes da CF. Há, efetivamente, compulsoriedade, mas não por um suposto "poder de império", mas apenas por conta da imposição de lei, produzida pelos representantes eleitos pelos próprios cidadãos (não há tributação sem representação); B: Incorreta, conforme comentários à alternativa anterior; C: Incorreta, pois o princípio da legalidade é importante (talvez a mais importante) limitação constitucional ao poder de tributar – art. 150, I, da CF; D: Incorreta, pois não se trata de ato unilateral ou discricionário do Estado, que está limitado estritamente aos ditames da lei que institui o tributo. Ademais, a tributação não pode atingir o patrimônio dos particulares a ponto de inviabilizar seu sustento (mínimo existencial) ou mesmo os meios produtores de riqueza, ou seja, a tributação não pode ter efeito confiscatório – art. 150, IV, da CF; E: Essa é a assertiva correta, pois indica corretamente os limites da atividade estatal tributária, conforme comentários anteriores. Gabarito "E".

(Magistratura/PE – 2011 – FCC) A regra da anterioridade, que veda cobrar tributos no mesmo exercício financeiro em que haja sido publicada a lei que os instituiu ou aumentou, NÃO se aplica

(A) aos impostos de importação e exportação.
(B) ao IR.
(C) ao ITR.
(D) às contribuições sociais.
(E) aos impostos estaduais.

As exceções à anterioridade anual (art. 150, III, *b*, da CF) e nonagesimal (art. 150, III, *c*, da CF) estão indicadas no art. 150, § 1º, da CF, além do art. 195, § 6º, da CF.
A: Assertiva correta, pois o II e o IE são exceções ao princípio da anterioridade anual e nonagesimal; B: Incorreta, pois o IR não é exceção à anterioridade anual, mas apenas à nonagesimal; C: Incorreta, pois o ITR não é exceção à anterioridade anual, nem à nonagesimal; D: Correta, já que contribuições sociais são exceção apenas ao princípio da anterioridade anual, sujeitando-se à nonagesimal nos termos do art. 195, § 6º, da CF; E: Incorreta, pois todos os tributos estaduais sujeitam-se tanto à anterioridade anual, como à nonagesimal, exceto o restabelecimento das alíquotas do ICMS sobre combustíveis e lubrificantes (art. 155, § 4º, IV, *c*, da CF – exceção à anual) e a fixação da base de cálculo do IPVA (art. 150, § 1º, da CF – exceção à nonagesimal). Obs.: parece-nos que as alternativas "A" e "D" são corretas. Gabarito "A".

Veja a seguinte tabela, relativa às exceções ao princípio da anterioridade anual e nonagesimal, para memorização:

Exceções à anterioridade anual (art. 150, III, *b*, da CF)	Exceções à anterioridade nonagesimal (art. 150, III, *c*, da CF)
- empréstimo compulsório para atender a despesas extraordinárias decorrentes de calamidade pública ou de guerra externa ou sua iminência (art. 148, II, *in fine*, da CF, em sentido contrário); - imposto de importação (art. 150, § 1º, da CF); - imposto de exportação (art. 150, § 1º, da CF); - IPI (art. 150, § 1º, da CF); - IOF (art. 150, § 1º, da CF); - impostos extraordinários na iminência ou no caso de guerra externa (art. 150, § 1º, da CF); - restabelecimento das alíquotas do ICMS sobre combustíveis e lubrificantes (art. 155, § 4º, IV, *c*, da CF); - restabelecimento da alíquota da CIDE sobre combustíveis (art. 177, § 4º, I, *b*, da CF); - contribuições sociais (art. 195, § 6º, da CF).	- empréstimo compulsório para atender a despesas extraordinárias decorrentes de calamidade pública ou de guerra externa ou sua iminência (art. 148, II, *in fine*, da CF, em sentido contrário – entendimento doutrinário); - imposto de importação (art. 150, § 1º, da CF); - imposto de exportação (art. 150, § 1º, da CF); - IR (art. 150, § 1º, da CF); - IOF (art. 150, § 1º, da CF); - impostos extraordinários na iminência ou no caso de guerra externa (art. 150, § 1º, da CF); - fixação da base de cálculo do IPVA (art. 150, § 1º, da CF); - fixação da base de cálculo do IPTU (art. 150, § 1º, da CF).

(Magistratura/RO – 2011 – PUCPR) Dadas as assertivas abaixo, assinale a única **CORRETA**.

(A) O IPI é exceção ao princípio da noventena.
(B) A contribuição de intervenção no domínio econômico sobre álcool combustível é exceção ao princípio da anualidade.
(C) O ICMS poderá ser aumentado no mesmo exercício financeiro em que foi publicada a lei que o instituiu ou aumentou, quando se tratar de combustíveis e lubrificantes sobre os quais o imposto incidirá uma única vez.
(D) As contribuições de interesse das categorias profissionais são exceções à noventena, mas não da anterioridade clássica.
(E) As três hipóteses de empréstimos compulsórios previstas na Constituição produzem efeitos imediatamente com a sua publicação.

A: Incorreta, pois o IPI é exceção apenas à anterioridade anual, mas não à nonagesimal – art. 150, § 1º, da CF; B: Imprecisa, pois somente o restabelecimento da alíquota da CIDE sobre combustível realizado pelo Executivo nos termos do art. 177, § 4º, I, *b*, da CF é exceção à anterioridade anual; C: Assertiva correta, pois há essa possibilidade, no caso de restabelecimento de alíquota, conforme o art. 155, § 4º, IV, *c*, da CF; D: Incorreta, pois somente as contribuições sociais, dentre aquelas indicadas no art. 149 da CF, são exceção à anterioridade anual. As demais se sujeitam tanto à anterioridade anual (clássica) como à nonagesimal; E: Incorreta, pois somente o empréstimo compulsório para atender a despesas extraordinárias (decorrentes de calamidade pública ou de guerra externa ou sua iminência) é exceção à anterioridade anual e nonagesimal. O empréstimo instituído para investimento público urgente e de relevante interesse nacional não é exceção à anterioridade anual ou à nonagesimal. É importante salientar que há somente essas duas hipóteses que dão ensejo ao empréstimo compulsório (ainda que o caso da despesa extraordinária se desdobre em dois) – note que a terceira hipótese, prevista no art. 15, III, do CTN, não foi recepcionada pela Constituição atual. Gabarito "C".

(Ministério Público/MS – 2011 – FADEMS) As afirmações abaixo referem-se às limitações dos entes federados no exercício da tributação:

I. os tributos somente poderão ser instituídos e majorados por lei em sentido amplo que respeite o princípio da anterioridade.

II. é proibido o tratamento desigual a contribuintes que se encontrem em situação equivalente.

III. as denominadas Contribuições Sociais não se caracterizam como tributos.

IV. é vedada a cobrança de tributos em relação a fatos geradores ocorridos antes do início da vigência da lei que os houver instituído ou aumentado.

Com base nessas afirmações, assinale a resposta **correta**:

(A) as afirmações I e III estão incorretas;
(B) as afirmações I e III estão corretas;
(C) as afirmações III e IV estão incorretas;
(D) as afirmações I, II e IV estão corretas;
(E) apenas a afirmação I está incorreta.

I: Assertiva correta, lembrando que é possível a utilização de Medida Provisória ou Lei Delegada em substituição à lei ordinária em sentido estrito, para a instituição dos tributos (entretanto, não cabe MP ou LD no caso de tributo que exija lei complementar) – art. 150, I, c/c art. 62, § 2º, da CF e art. 68 da CF; II: Correta, pois reflete o princípio da isonomia – art. 150, II, da CF; III: Incorreta, pois as contribuições sociais têm natureza tributária – art. 149 da CF e art. 3º do CTN; IV: Correta, pois descreve o princípio da irretroatividade – art. 150, III, *a*, da CF. Gabarito "C".

(Magistratura Federal - 4ª Região – 2010) Dadas as assertivas adiante, quanto à legalidade, assinale a alternativa correta.

I. É matéria assente no Supremo Tribunal Federal que a redução de base de cálculo de ICMS equipara-se à isenção parcial e, ressalvada a existência de legislação dispondo que o crédito será maior, o direito ao crédito de ICMS deverá ser proporcional à base de cálculo reduzida.

II. O mesmo (afirmação acima) não se pode afirmar quanto ao IPI, pois não há previsão expressa na Constituição de que a isenção (total ou parcial) não dá direito a crédito, salvo expressa disposição de lei nesse sentido.

III. Tem-se admitido na jurisprudência a fixação de prazo de recolhimento de tributos mediante atos infralegais, não obstante o descumprimento desse prazo ser o elemento configurador de infração à legislação tributária.

IV. Incluem-se entre as obrigações acessórias, podendo, portanto, ser fixados sem lei, os períodos de apuração dos impostos como o Imposto sobre a Renda e o Imposto sobre Produtos Industrializados, que serão devidos conforme o prazo assim fixado.

V. As tarifas não precisam ser fixadas em lei.

(A) Estão corretas apenas as assertivas I, II e III.
(B) Estão corretas apenas as assertivas I, III e IV.
(C) Estão corretas apenas as assertivas I, II, III e IV.
(D) Estão corretas todas as assertivas.
(E) Nenhuma assertiva está correta.

I: Assertiva correta, pois, em caso de redução da base de cálculo, é devido o estorno proporcional dos créditos de ICMS correspondentes – ver RE 427.144 AgR/RS e art. 155, § 2º, II, b, da CF; II: Imprecisa, pois não há jurisprudência pacífica em relação à redução da base de cálculo do IPI, a exemplo do que ocorre com o ICMS; III: Assertiva correta, pois a fixação da data do vencimento do tributo pode ser feita por norma infralegal e não se sujeita à anterioridade – ver RE 195.218/MG; IV: Incorreta, pois não se trata de obrigações acessórias (não são prestações a cargo de sujeito passivo ou terceiro, no interesse da fiscalização ou arrecadação de tributos) – art. 113, § 2º, do CTN; V: Correta, pois tarifas não têm natureza tributária – são preços públicos cobrados por concessionárias de serviço público – art. 175, p. único, III, da CF.

Veja esta tabela, relativa às matérias que devem ser veiculadas por lei, para memorização:

Dependem de lei – art. 97 do CTN	Não dependem de lei
- a instituição de tributos, ou a sua extinção; - a majoração de tributos, ou sua redução (exceção: alteração das alíquotas do II, IE, IPI, IOF e da CIDE sobre combustíveis). Equipara-se à majoração do tributo a modificação da sua base de cálculo, que importe em torná-lo mais oneroso. Não constitui majoração de tributo a atualização do valor monetário da respectiva base de cálculo; - a definição do fato gerador da obrigação tributária principal, ressalvado o disposto no inciso I do § 3º do artigo 52, e do seu sujeito passivo; - a fixação de alíquota do tributo e da sua base de cálculo, ressalvado o disposto nos artigos 21, 26, 39, 57 e 65; - a cominação de penalidades para as ações ou omissões contrárias a seus dispositivos, ou para outras infrações nela definidas; - as hipóteses de exclusão, suspensão e extinção de créditos tributários, ou de dispensa ou redução de penalidades.	- fixação da data para pagamento do tributo; - regulamentação das obrigações acessórias (forma de declaração, escrituração, recolhimento etc.). Há controvérsia quanto à própria fixação de obrigações acessórias, pois o art. 113, § 2º, do CTN faz referência à legislação tributária (expressão que inclui não apenas as leis, mas também decretos, portarias etc.); - alteração das alíquotas do II, IE, IPI, IOF e da CIDE sobre combustíveis.

Gabarito "ANULADA"

(Ministério Público/PB – 2010) Considerando a limitação do poder de tributar, assinale a alternativa correta:

I. Apenas para efeito de iniciar o processo legislativo, pode-se instituir ou majorar tributos por meio de medidas provisórias.

II. Em decorrência de inflação, deflação ou outro aspecto que atinja de algum modo o valor do bem, há que se editar lei, periodicamente, para atualizar a base de cálculo do tributo que incida sobre o mesmo.

III. Dentro de uma atuação discricionária, a autoridade administrativa da União pode alterar as alíquotas dos impostos sobre importação de produtos estrangeiros, operações de crédito, propriedade territorial rural e produtos industrializados.

(A) Apenas I está correta.
(B) I, II e III estão corretas.
(C) Apenas I e III estão corretas.
(D) I, II e III estão erradas.
(E) Apenas II e III estão corretas.

I: Incorreta, pois não se trata apenas de iniciar o processo legislativo, pois a MP tem força de lei, inclusive em matéria tributária, observado o disposto no art. 62, § 2º, da CF; II: Incorreta, pois a simples atualização monetária da base de cálculo do tributo não se sujeita à legalidade, podendo ser veiculada por norma infralegal, desde que repetidos os limites do índice oficial de inflação adotado – art. 97, § 2º, do CTN e Súmula 160/STJ; III: Incorreta, pois as alíquotas do ITR não podem ser alteradas por norma infralegal. É importante salientar que as alterações das alíquotas do II, IE, do IPI e do IOF por norma infralegal devem observar as condições e os limites fixados em lei – art. 153, § 1º, da CF. Gabarito "D".

(Ministério Público/ES – 2010 – CESPE) Lei estadual, que determine a majoração das alíquotas e da base de cálculo do imposto sobre a propriedade de veículos automotores, publicada no dia 31 de dezembro, com cláusula de vigência imediata, produzirá efeitos

(A) no dia 1.º de janeiro do ano seguinte, apenas em relação à majoração da base de cálculo do imposto.
(B) no dia 1.º de janeiro do ano seguinte, em relação à majoração das alíquotas e da base de cálculo.
(C) 45 dias após a data da publicação da lei, em relação apenas à majoração da base de cálculo.
(D) noventa dias após a data da publicação da lei, apenas em relação à majoração das alíquotas.
(E) no dia 1.º de janeiro do ano seguinte, apenas em relação à majoração das alíquotas.

Somente a alteração da base de cálculo do IPVA é exceção ao princípio da anterioridade nonagesimal, embora se sujeitando à anterioridade anual. A alteração da alíquota submete-se tanto a anterioridade anual como à nonagesimal. A: Correta, conforme comentário inicial; B e D: Incorretas, pois a majoração das alíquotas terá efeito apenas após 90 dias da publicação da lei; C: Incorreta, pois a majoração da base de cálculo vale já em 1º de janeiro do ano seguinte; D: Imprecisa, pois 90 dias após a publicação da lei, tanto a majoração da alíquota como a da base de cálculo estarão produzindo efeitos. Perceba que o examinador não afirma "*somente* a partir de noventa dias...", sendo que, como visto, a majoração da base de cálculo já estava valendo desde o primeiro dia do ano e continua, evidentemente, após 90 dias da publicação da lei. Obs.: a *pegadinha* na alternativa "D" é bastante questionável, mas o candidato deve estar atento para esse tipo de questão. Gabarito "A".

(Ministério Público/SC – 2010)

I. Todos os impostos estão sujeitos ao Princípio da Legalidade, da Anterioridade Anual e da Anterioridade Nonagesimal, simultaneamente.

II. O IPI, IOF, ITR e ICMS-Combustível são exceções ao princípio da anterioridade anual.

III. O II, IE, IR e IOF são exceções ao princípio da anterioridade nonagesimal.

IV. A previsão de alíquota, fato gerador, base de cálculo, sujeito passivo e cominação das penalidades, que devem fazer parte do Auto de Infração Tributária, são exemplos do respeito ao princípio da legalidade.

V. Pelo princípio da legalidade insculpido no art. 150, I da CF e 97 I e II do CTN, é vedado à União, Estados e DF e Municípios - exigir tributo sem lei que o estabeleça.

(A) Apenas as assertivas II, IIII e V estão corretas.
(B) Apenas as assertivas I, IV e V estão corretas.
(C) Apenas as assertivas II, III e V estão corretas.
(D) Apenas as assertivas I, III e V estão corretas.
(E) Apenas as assertivas III, IV e V estão corretas.

I: Incorreta, pois há diversas exceções ao princípio da anterioridade anual e nonagesimal, além de mitigação do princípio da legalidade estrita em relação às alíquotas de determinados tributos – arts. 150, § 1º, e 153, § 1º, da CF; II: Incorreta, pois o ITR não é exceção à anterioridade anual ou à nonagesimal – arts. 150, § 1º, e 155, § 4º, IV, c, da CF; III: Assertiva correta, lembrando que o IR é exceção apenas à anterioridade nonagesimal, mas não à anual – art. 150, § 1º, da CF; IV: Imprecisa, pois a necessidade de indicação desses elementos no auto de infração não tem relação direta com o princípio da legalidade; V: Assertiva correta, conforme os dispositivos mencionados. Gabarito "ANULADA"

(Defensoria Pública da União – 2010 – CESPE) Acerca do direito tributário e do sistema tributário nacional, julgue o item a seguir.

(1) Considere que determinado estado da Federação tenha publicado lei majorando a alíquota do ICMS de 18% para 19% e estabelecendo que sua vigência terminaria em 31 de dezembro de 2009. Considere, ainda, que, em meados desse mês, tenha

sido publicada lei que manteve a alíquota de 19% para o ano de 2010. Nesse caso, a lei publicada em dezembro de 2009 viola o princípio da anterioridade nonagesimal.

1: perceba que o art. 150, III, c, da CF veda a cobrança de tributos antes de decorridos noventa dias da data em que tenha sido publicada a lei que os *instituiu* ou *aumentou*. A lei publicada em dezembro de 2009, a rigor, apenas *mantém* a alíquota no patamar atual, de modo que não se submete à anterioridade nonagesimal. Por essa razão, a assertiva está errada. Foi essa a tese adotada pelo STF ao julgar situação semelhante ocorrida com a CPMF (a EC 42/2003 revogou o dispositivo constitucional que estipulava a diminuição da alíquota – ver RE 566.032/RS). Gabarito 1E

(Defensoria Pública da União – 2010 – CESPE) Acerca do direito tributário e do sistema tributário nacional, julgue o item a seguir.

(1) A competência para a fixação das alíquotas do imposto de exportação de produtos nacionais ou nacionalizados não é exclusiva do presidente da República; pode ser exercida por órgão que integre a estrutura do Poder Executivo.

1: Assertiva correta, conforme entendimento do STF (ver RE 225.655/PB), que ratifica a prática do Executivo Federal. Gabarito 1C

(Ministério Público/PB – 2010) Considere as assertivas abaixo e assinale a alternativa correta:

I. Pelo princípio da recepção, a norma tributária anterior tem vigência garantida quando não houver previsão sobre matéria idêntica na nova norma e for com esta materialmente compatível.

II. O fato gerador do tributo, uma vez proveniente de ato ilícito, necessariamente impede a tributação.

III. A contribuição de melhoria, tributo não vinculado, está sujeito ao princípio da anterioridade.

(A) Apenas II e III estão incorretas.
(B) Apenas I e II estão corretas.
(C) Apenas I e III estão incorretas.
(D) I, II e III estão corretas.
(E) I, II e III estão incorretas.

I: a assertiva descreve adequadamente a recepção, termo normalmente utilizado em relação ao sistema constitucional (por exemplo, recepção do CTN como norma nacional pela CF de 1988); II: incorreta, pois o tributo jamais decorre de fato ilícito, por definição – art. 3º do CTN; III: a contribuição de melhoria é considerada tributo vinculado, pois seu fato gerador decorre de uma atividade estatal específica voltada, ainda que mediatamente, ao contribuinte (obra pública que implica valorização imobiliária). A taxa é outro tributo vinculado, enquanto o imposto é tributo não vinculado. Gabarito "A".

(Magistratura/MT – 2009 – VUNESP) Determina a Constituição Federal que é vedado à União, aos Estados, ao Distrito Federal e aos Municípios cobrar tributos antes de decorridos noventa dias da data em que haja sido publicada a lei que os instituiu ou aumentou, observado, ainda o princípio da anterioridade. Referida vedação é aplicável às leis que disponham acerca de

(A) empréstimo compulsório, quando instituído para atender a despesas extraordinárias decorrentes de calamidade pública.
(B) imposto sobre a transmissão *causa mortis* e doação, de quaisquer bens ou direitos.
(C) imposto sobre a renda e proventos de qualquer natureza.
(D) imposto sobre operações de crédito, câmbio e seguro, ou relativas a títulos ou valores mobiliários.
(E) fixação da base de cálculo do imposto sobre a propriedade de veículo automotor.

A: incorreta, pois o empréstimo compulsório relativo a despesas extraordinárias não se submete ao princípio da anterioridade comum e nonagesimal – art. 150, § 1º c/c art. 148, I, da CF; B: correta, pois o ITCMD estadual não é exceção ao princípio da anterioridade comum ou nonagesimal; C: assertiva incorreta, pois o IR é exceção à anterioridade nonagesimal; D: incorreta, pois o IOF é exceção a ambas as modalidades de anterioridade; E: assertiva incorreta, já que a fixação da base de cálculo do IPVA estadual e do IPTU municipal é exceção à anterioridade nonagesimal. Gabarito "B".

(Magistratura/PA – 2009 – FGV) São princípios constitucionais tributários, que estão literalmente expressos na Constituição:

(A) o da personalização do imposto e o da tipicidade.
(B) o da capacidade contributiva e o do imposto proibitivo.
(C) o da vedação das isenções heterônomas e da transparência fiscal.
(D) o da solidariedade fiscal e o da legalidade tributária.
(E) o da uniformidade tributária e o da justiça tributária.

A: essa é a alternativa correta, pois o princípio da personalização dos impostos está previsto no art. 145, § 1º, da CF e o da tipicidade (legalidade, a rigor) está nos arts. 146, III, a, e 150, I, da CF; B: incorreta, pois ainda que o art. 145, § 1º, da CF refira-se à observância da capacidade econômica do contribuinte especificamente nos casos dos impostos, não há referência literal ao imposto proibitivo (embora haja vedação ao efeito confiscatório – art. 150, IV, da CF); C: a vedação à isenção heterônoma, concedida por ente diverso daquele que detém a competência tributária, é prevista expressamente apenas em relação à União (art. 151, III, da CF) e, de qualquer forma, a assertiva é incorreta, porque não há disposição literal a respeito da transparência fiscal. Interessante lembrar, entretanto, que o art. 150, § 5º, da CF dispõe que a lei determinará medidas para que os consumidores sejam esclarecidos acerca dos impostos que incidam sobre mercadorias e serviços; D: incorreta, pois não há literal disposição a respeito da solidariedade fiscal. A legalidade é prevista no art. 150, I, da CF. Vale salientar que há previsão expressa de solidariedade em relação ao regime previdenciário público, o que vale para as contribuições sociais respectivas – art. 40 da CF; E: a uniformidade é prevista expressamente apenas em relação aos tributos federais (art. 151, I, da CF). De qualquer forma, a assertiva é incorreta, pois não há referência literal à justiça tributária. Gabarito "A".

(Magistratura/RS – 2009) À luz das disposições em vigor da Constituição Federal, assinale a assertiva correta.

(A) Qualquer tributo só pode ter suas alíquotas aumentadas por lei.
(B) As contribuições sociais de seguridade não se sujeitam à exigência de anterioridade de exercício.
(C) Os Estados podem instituir contribuição para o custeio do serviço de iluminação pública.
(D) O empréstimo compulsório criado para custear investimento público de caráter urgente e de relevante interesse nacional pode, face à urgência, ser exigido no mesmo exercício financeiro em que haja sido publicada a lei que o instituiu.
(E) Diante do princípio da uniformidade geográfica, é vedado à União, em qualquer caso, conceder incentivos fiscais para promover equilíbrio de desenvolvimento socioeconômico entre diferentes regiões do país.

A: incorreta, pois há tributos que, excepcionalmente, podem ter suas alíquotas alteradas por norma infralegal (ver art. 153, § 1º, da CF); B: correta, pois as contribuições sociais não se submetem à anterioridade do art. 150, III, b, da CF, apenas à nonagesimal – art. 195, § 6º, da CF; C: assertiva incorreta, pois somente os Municípios e o Distrito Federal podem instituir a contribuição para custeio da iluminação pública, prevista no art. 149-A da CF; D: incorreta, pois somente o empréstimo compulsório relativo a despesas extraordinárias é exceção ao princípio da anterioridade anual e nonagesimal – art. 150, § 1º c/c art. 148, I, da CF; E: incorreta, pois a concessão de incentivos fiscais citada na assertiva é exceção à uniformidade geográfica – art. 151, I, *in fine*, da CF. Gabarito "B".

(Magistratura/RS – 2009) À luz das disposições em vigor da Constituição Federal, com relação ao imposto sobre a propriedade predial e territorial urbana, é correto afirmar que

(A) só é admitida sua progressividade fiscal.
(B) só é admitida sua progressividade extrafiscal.
(C) são admitidas tanto a sua progressividade fiscal quanto a extrafiscal.
(D) é admitida sua progressividade, não se lhe aplicando, em consequência, a proibição de utilizar tributo com efeito de confisco.
(E) não pode ser progressivo, por se tratar de imposto real.

A e C: além da progressividade fiscal (das alíquotas do IPTU em relação à base de cálculo – art. 156, § 1º, I, da CF), é possível a progressividade no tempo como ferramenta da política urbana – art. 182, § 4º, II, da CF. Por essa razão, a assertiva A é incorreta e a C, correta; B: incorreta, pois, como visto, existe a progressividade fiscal do art. 156, § 1º, I, da CF; D: assertiva incorreta, pois a vedação ao efeito confiscatório aplica-se a todos os tributos – art. 150, IV, da CF; E: admite-se, atualmente, a progressividade fiscal, por estar prevista expressamente no art. 156, § 1º, I, da CF. Entretanto, antes da inclusão desse dispositivo constitucional pela EC 29/2000, essa progressividade era vedada pelo STF, exatamente por se tratar de imposto considerado *real* – ver a Súmula 668/STF. Gabarito "C".

(Magistratura/SP – 2009 – VUNESP) O art. 150, IV, da Constituição Federal, impõe a vedação ao confisco. Pode-se concluir que

(A) para a caracterização do confisco, é necessário que o imposto tenha por efeito a total supressão da propriedade.
(B) a vedação visa essencialmente proteger a iniciativa privada.
(C) o conceito "efeito de confisco" permite que o Poder Judiciário o reconheça em sede de controle normativo abstrato, ainda que se trate de multa fiscal.
(D) a vedação só diz respeito aos impostos.

A: embora seja muito difícil fixar regra para aferição do confisco, há consenso quanto à desnecessidade de total supressão da propriedade para sua configuração; B: não se trata de proteger apenas a iniciativa privada, mas o próprio direito constitucional à propriedade (art. 5º, *caput*, da CF) e, no limite, a própria subsistência das pessoas; C: correta, pois o STF entende que a vedação ao confisco aplica-se também às penalidades pecuniárias (embora admita multas em percentuais elevados), tendo já se manifestado em controle abstrato – ver ADI 551/RJ; D: a vedação ao efeito confiscatório aplica-se a todas as espécies tributárias – art. 150, IV, da CF. Gabarito "C".

(Procurador de Contas TCE/ES – CESPE – 2009) A CF traça critérios no tocante à limitação ao poder de tributar, uma vez que é necessário haver harmonia entre os entes federados que podem instituir tributos, a fim de que não haja, entre outros aspectos, a bitributação. Acerca desse assunto, assinale a opção correta.

(A) Excepcionalmente, a União e os estados podem aumentar tributos sem lei que os estabeleça, os quais somente podem incidir no exercício fiscal imediatamente posterior.
(B) A instituição de tributo federal deve ser sempre uniforme em todo o território nacional e não deve implicar distinção ou preferência em relação a estado, ao DF ou a município, admitindo-se a concessão de incentivos fiscais para promover o equilíbrio socioeconômico entre as diferentes regiões do Brasil.
(C) Nas situações de calamidade pública e de estado de sítio, é plenamente válida a utilização de tributos com efeito de confisco, desde que publicada a lei respectiva e que sua incidência se efetive no exercício posterior ao da publicação da lei.
(D) É válida a incidência de tributo sobre os patrimônios correspondentes aos templos de qualquer culto, desde que sejam instituídos de maneira uniforme sobre todas as denominações, de modo que não se faça qualquer distinção entre as diversas religiões.
(E) É da competência da União a instituição de impostos sobre a importação de produtos estrangeiros, a exportação de produtos nacionais ou nacionalizados para o exterior e a transmissão causa mortis e doação de quaisquer bens ou direitos.

A: assertiva incorreta, pois as exceções à legalidade em relação à majoração de tributos referem-se apenas a impostos e contribuição federais (II, IE, IPI, IOF e CIDE sobre combustíveis), não estaduais – arts. 153, § 1º, e 177, § 4º, I, *b*, da CF; B: assertiva correta, pois reflete o disposto no art. 151, I, da CF; C: incorreta, pois não há exceção à vedação de efeito confiscatório; D: assertiva incorreta, pois o patrimônio dos templos, desde que destinados às suas finalidades essenciais, são sempre imunes – art. 150, VI, *b*, da CF; E: incorreta, pois o ITCMD é tributo estadual – art. 155, I, da CF. Gabarito "B".

(Procurador de Contas TCE/ES – CESPE – 2009) Acerca dos princípios gerais referentes aos tributos, assinale a opção incorreta.

(A) As taxas não podem ter base de cálculo própria de impostos.
(B) Cabe à lei complementar regular as limitações constitucionais ao poder de tributar.
(C) A aplicação dos recursos oriundos de empréstimo compulsório não pode ser vinculada à despesa que fundamentou sua instituição.
(D) A pessoa natural destinatária de operações de importação pode ser equiparada a pessoa jurídica, na forma da lei.
(E) A União, mediante lei complementar, pode instituir empréstimo compulsório.

A: correta, conforme o art. 145, § 2º, da CF. Interessante ressaltar que, nos termos da Súmula Vinculante 29/STF, é constitucional a adoção, no cálculo do valor de taxa, de um ou mais elementos da base de cálculo própria de determinado imposto, desde que não haja integral identidade entre uma base e outra; B: assertiva correta, nos termos do art. 146, II, da CF; C: incorreta, pois a CF determina a vinculação da receita dos empréstimos compulsórios à despesa que fundamentou sua instituição, nos termos do art. 148, parágrafo único, da CF; D: correta, embora seja exagero referir-se a isso como um princípio geral tributário; E: assertiva correta. É importante lembrar que somente a União detém essa competência, a ser exercida por meio de lei complementar – art. 148 da CF. Gabarito "C".

(Procurador de Contas TCE/ES – CESPE – 2009) Com relação aos princípios constitucionais tributários e às limitações ao poder de tributar, assinale a opção correta.

(A) Segundo o STF, não se admite que lei ordinária institua modalidade de extinção do crédito tributário que não esteja previsto em lei complementar.
(B) Segundo o STJ, decreto municipal pode atualizar o IPTU em percentual superior ao índice oficial de correção monetária, mas não pode majorar a base de cálculo, de modo a torná-lo mais oneroso.
(C) Segundo o STF, as limitações ao poder de tributar são suscetíveis de supressão ou excepcionalização, ou seja, o princípio da anterioridade pode ser abolido por emenda constitucional.
(D) Não há exceção ao princípio constitucional da legalidade para alteração de alíquotas de impostos. Tais alterações devem ser realizadas mediante lei.
(E) As entidades fechadas de previdência social privada são alcançadas pela imunidade tributária conferida a instituições de assistência social sem fins lucrativos. Essa imunidade estende-se também para as entidades que recebem contribuição de seus beneficiários.

A: essa é a melhor alternativa. A rigor, o STF apreciou a prescrição e a decadência (modalidades de extinção do crédito, conforme o art. 156, V, do CNT) e reconheceu que, por se tratar de matéria reservada à lei complementar (art. 146, III, *b*, da CF), não caberia sua veiculação por lei ordinária – ver Súmula Vinculante 8/STF. Ademais, as normas gerais relativas ao crédito e à obrigação tributária dependem sempre de lei complementar federal (art. 146, III, *b*, da CF); B: assertiva incorreta, pois a atualização por decreto limita-se aos índices oficiais de inflação – Súmula 160/STJ; C: incorreta, pois nem mesmo por emenda constitucional podem ser afastados esses princípios, que são consideradas garantias individuais – ver ADI 939/DF; D: incorreta, pois há impostos federais cujas alíquotas podem ser alteradas por norma infralegal (II, IE, IPI e IOF – art. 153, § 1º, da CF); E: conforme a Súmula 730/STF, a imunidade tributária conferida a instituições de assistência social sem fins lucrativos pelo art. 150, VI, *c*, da Constituição, somente alcança as entidades fechadas de previdência social privada se **não** houver contribuição dos beneficiários. Gabarito "A".

(Magistratura Federal/1ª Região – 2009 – CESPE) Assinale a opção correta com relação aos princípios constitucionais da anterioridade e da legalidade.

(A) Às taxas é aplicado o princípio da anterioridade de exercício, mas não o da anterioridade nonagesimal, que é restrita a impostos e contribuições.
(B) Ofende o princípio da legalidade decreto que antecipa data de recolhimento de tributo.
(C) Autarquia federal pode expedir instrução normativa para cobrança de preço público objetivando custear o cadastro de empresas e serviços administrativos referente à fiscalização das atividades desenvolvidas por empresas do ramo importador de pescados, inclusive estabelecendo sanções pecuniárias para o descumprimento das obrigações que relacionar.
(D) Inexistindo legislação específica impondo condições e limites, é lícito ao Poder Executivo alterar as alíquotas da contribuição de intervenção no domínio econômico (CIDE).
(E) Atende ao princípio da anterioridade de exercício a publicação, no Diário Oficial, da lei instituidora de imposto no dia 31/12, sábado, apesar de a sua circulação dar-se apenas na segunda-feira.

A: incorreta, pois ambas as modalidades de anterioridade são aplicáveis a todos os tributos, com as exceções previstas na própria constituição – art. 150, III, b e c, e § 1º, da CF; B: assertiva incorreta, pois a fixação da data de vencimento do tributo, inclusive sua antecipação, pode ser veiculada por decreto, pois não se submete ao princípio da legalidade – ver RE 195.218/MG; C: incorreta, pois, embora a fixação de preço público não dependa de lei, o custeio de serviços relacionados à fiscalização dá ensejo à taxa pelo exercício de poder de polícia. Ou seja, por se tratar de taxa, submete-se ao princípio da legalidade. Ademais, as normas que impõem penalidades pecuniárias também devem ser veiculadas por lei; D: assertiva incorreta, pois há previsão nesse sentido somente em relação, especificamente, à CIDE sobre combustíveis – art. 177, § 4º, I, b, da CF; E: essa é a melhor alternativa, até por exclusão das demais. Há precedentes do STF nesse sentido – ver RE 250.521/SP. Gabarito "E".

(Magistratura Federal/1ª Região – 2009 – CESPE) Com referência às limitações do poder de tributar, assinale a opção correta.

(A) Contra a imposição de multas por sonegação fiscal ou mesmo pelo não recolhimento do tributo, não se pode argumentar com a proibição constitucional de utilização de tributo com efeito de confisco, já que de tributo não se trata.

(B) A imunidade constitucional de livros não se estende à COFINS.

(C) A limitação de exigência tributária sobre o patrimônio, renda ou serviços uns dos outros (União, estados, DF e municípios) é passível de modificação constitucional, uma vez que se trata de princípio de garantia subjetiva, e a restrição de imutabilidade tributária refere-se às garantias objetivas.

(D) Pode incidir IOF sobre aplicações financeiras realizadas por autarquia estadual, uma vez que as rendas derivadas são relativas a atividades eminentemente privadas.

(E) A imunidade tributária sobre livros, jornais e periódicos abrange a aquisição de máquinas e aparelhos destinados à sua impressão.

A: incorreta, pois o STF entende que a vedação ao confisco aplica-se também às penalidades pecuniárias (embora admita multas em percentuais elevados) – ver ADI 551/RJ; B: assertiva correta, pois as imunidades previstas no art. 150, VI, da CF referem-se exclusivamente a impostos. Ademais, em relação aos livros, entende-se que a imunidade aplica-se apenas à sua produção e circulação, não ao faturamento ou à renda das empresas envolvidas (ou seja, incide IR sobre o lucro da editora, por exemplo – perceba que a Cofins incide sobre o faturamento); C: incorreta, pois a imunidade recíproca refere-se à autonomia dos entes federados e, a rigor, ao sistema federativo (cláusula pétrea – art. 60, § 4º, I, da CF). Ademais, a referência à "restrição de imutabilidade tributária" não tem sentido; D: incorreta, pois a imunidade recíproca estende-se às autarquias, desde que as aplicações financeiras refiram-se às suas atividades essenciais – art. 150, § 2º, da CF; E: incorreta, pois o STF tem entendimento bastante restrito em relação à imunidade dos livros e periódicos, reconhecendo-a apenas no que se refere a materiais diretamente relacionados ao suporte (papel, inclusive os fotográficos necessários à publicação, filmes etc. – ver Súmula 657/STF), mas não a tintas e equipamentos gráficos. Gabarito "B".

(Magistratura/AC – 2008 – CESPE) Apesar da autonomia política de que gozam os estados e municípios, o texto original da Constituição Federal vem sofrendo alterações no sentido de se elevar o poder da União de legislar em matéria tributária que afeta os âmbitos estaduais e municipais. Assinale a opção incorreta com relação ao objeto de previsão constitucional relativa a esse tema.

(A) A União pode, por meio de lei complementar, instituir um regime único de arrecadação dos impostos e das contribuições da União, dos estados, do DF e dos municípios, para as microempresas e para as empresas de pequeno porte.

(B) Apesar de ser proibido à União instituir tributo que não seja uniforme em todo o território nacional, é admitida a concessão de incentivos fiscais destinados a promover o equilíbrio do desenvolvimento socioeconômico entre as diferentes regiões do país.

(C) A União não pode instituir isenções de tributos da competência dos estados, do DF ou dos municípios.

(D) A União não pode fixar as suas alíquotas máximas do imposto sobre serviços de qualquer natureza.

A: art. 146, parágrafo único, da CF – é o Simples Nacional, criado pela LC 123/2006; B: art. 151, I, da CF; C: art. 151, III, da CF; D: a União pode fixar as alíquotas máxima e mínima do ISS por meio de lei complementar – art. 156, § 3º, I, da CF. Gabarito "D".

(Magistratura/MS – 2008 – FGV) Com base nos Princípios Constitucionais Tributários, analise as afirmativas a seguir:

I. A vedação que impede a União, os Estados, o DF e os Municípios de exigir ou aumentar tributo sem lei que o estabeleça consagra o princípio da legalidade tributária.

II. O princípio da irretroatividade tributária veda a cobrança de tributo no mesmo exercício financeiro em que tenha sido publicada a lei que o instituiu ou majorou.

III. O princípio da uniformidade geográfica admite excepcionalmente que sejam concedidos incentivos fiscais destinados a promover o equilíbrio do desenvolvimento socioeconômico entre as diferentes regiões do país. Assinale:

(A) se nenhuma afirmativa estiver correta.
(B) se somente as afirmativas I e II estiverem corretas.
(C) se somente as afirmativas I e III estiverem corretas.
(D) se somente as afirmativas II e III estiverem corretas.
(E) se todas as afirmativas estiverem corretas.

I: o art. 150, I, da CF refere-se ao princípio da legalidade; II: o art. 150, III, a, da CF trata do princípio da irretroatividade (veda a cobrança de tributos com relação a fatos geradores anteriores à lei que os instituiu ou majorou), já o art. 151, III, b, da CF diz respeito ao princípio da anterioridade (impede a cobrança de tributos no mesmo exercício da publicação da lei que os instituiu ou majorou); III: o art. 151, I da CF refere-se ao princípio da uniformidade geográfica. Gabarito "C".

(Magistratura/PA – 2008 – FGV) De acordo com a Constituição de 1988 e suas atualizações, analise as afirmativas abaixo e assinale a incorreta.

(A) O Poder Executivo pode, atendidas as condições e limites estabelecidos em lei, alterar por decreto as alíquotas do imposto de importação, de exportação, imposto sobre produtos industrializados (IPI) e imposto sobre operações de crédito, câmbio e seguro relativas a títulos ou valores mobiliários (IOF).

(B) A União poderá, como instrumento de atuação nas respectivas áreas, instituir contribuições sociais, de intervenção no domínio econômico e de interesse das categorias profissionais ou econômicas.

(C) Os impostos de importação e de exportação são exceções ao princípio constitucional da anterioridade tributária em razão de sua finalidade extrafiscal e podem ter suas alíquotas majoradas e cobradas de imediato.

(D) O IPTU e o IPVA podem ter sua alíquota e base de cálculo majoradas e cobradas de imediato, por força da Emenda Constitucional 42/03, que os excepcionou do princípio da anterioridade tributária, sendo irrelevante o exercício financeiro e a noventena.

(E) A atualização do valor monetário da base de cálculo do tributo não constitui majoração, conforme o disposto no CTN.

A: art. 153, § 1º, da CF; B: art. 149 da CF; C: art. 150, § 1º, da CF; D: a EC 42/2003 excluiu a fixação das bases de cálculo do IPTU e do IPVA (não de suas alíquotas) somente no que se refere à anterioridade nonagesimal (noventena) – art. 150, § 1º, da CF; E: art. 97, § 2º, do CTN. Gabarito "D".

(Magistratura/PR – 2008) Assinale a alternativa INCORRETA:

(A) no regime da Constituição Federal de 1988, o princípio da uniformidade dos tributos impede que a União conceda incentivos fiscais circunscritos a determinadas regiões do País, em razão de desequilíbrios regionais.

(B) diferentemente da capacidade tributária ativa, que é passível de delegação, a competência tributária é absolutamente indelegável.

(C) a isenção pode ser restrita à determinada região do território do ente tributante, em função de condições a ela peculiares.

(D) em razão do princípio da legalidade da tributação ser uma garantia do contribuinte, está vedado o uso da analogia em direito tributário, que resulte em exigência de tributo não previsto em lei.

A: é possível essa diferenciação, nos termos do art. 151, I, da CF; B: a prerrogativa constitucional de legislar acerca do tributo (competência tributária) é indelegável – art. 7º do CTN; C: art. 176, parágrafo único, do CTN; D: art. 108, § 1º, do CTN. Gabarito "A".

(Magistratura/SP – 2007) O art. 150, I, da Constituição Federal, consagra o princípio da legalidade tributária ao ditar que "é vedado à União, aos Estados, ao Distrito Federal e aos Municípios exigir ou aumentar tributo sem lei que o estabeleça". Em matéria tributária, nos termos do Código Tributário Nacional, não depende de lei

(A) a atualização monetária da base de cálculo.
(B) a definição do fato gerador da obrigação tributária principal.
(C) a extinção de tributos.
(D) a fixação de alíquota do tributo e a sua base de cálculo.

A: art. 97, § 2º, do CTN; B: art. 97, III, do CTN; C: art. 97, I, do CTN; D: art. 97, IV, do CTN. Gabarito "A".

(Magistratura/SP – 2007) O art. 150, III, alínea a, da Constituição Federal, consagra o princípio da irretroatividade tributária estabelecendo que "É vedado à União, aos Estados, ao Distrito Federal e aos Municípios cobrar tributos em relação a fatos geradores ocorridos antes do início da vigência da lei que os houver instituído ou aumentado". Da leitura do Código Tributário Nacional conclui-se que pode ser aplicada retroativamente

(A) em nenhum caso, pois a retroatividade no direito tributário é impossível.
(B) quando a lei seja expressamente interpretativa.
(C) quando extinga tributo ou deixe de definir determinado ato como infração, ainda que já definitivamente julgado.
(D) quando institua tributo.

A: o art. 106 do CTN prevê hipóteses de aplicação da lei tributária a atos ou fatos pretéritos; B: art. 106, I, do CTN; C: a coisa julgada não é atingida pela retroatividade – art. 106, II, do CTN; D: a instituição ou a majoração de tributo nunca retroage – art. 150, III, a, da CF.

Veja a seguinte tabela, com as hipóteses de aplicação da lei tributária a ato ou a fato pretérito, para estudo e memorização:

Aplicação da lei tributária a ato ou a fato pretérito
– lei expressamente interpretativa – art. 106, I, do CTN
– redução ou extinção de sanção (*lex mitior*) – art. 106, II, do CTN
– normas relativas à fiscalização ou ao aumento de garantias e privilégios do crédito tributário, exceto para atribuir responsabilidade tributária a terceiros – art. 144, § 1º, do CTN

Gabarito "B".

(Magistratura/SP – 2008) Sobre o princípio da legalidade, é correto afirmar que

(A) nenhum tributo será instituído ou aumentado a não ser por força da lei, competindo ao Poder Executivo regulamentá-la, prevendo sua base de cálculo e critérios para a definição do sujeito passivo.
(B) o Poder Executivo não pode fixar prazo de pagamento de tributo quando a lei não o fizer.
(C) o Poder Executivo poderá, respeitados os limites legais, alterar alíquota do imposto sobre produtos industrializados.
(D) todas as afirmativas acima são incorretas.

A: a base de cálculo e o sujeito passivo (como elementos essenciais da obrigação tributária) devem ser fixados pela lei – art. 97, III e IV, do CTN; B: o prazo de pagamento pode ser definido por norma infralegal (decreto, por exemplo); C: art. 153, § 1º, da CF. Gabarito "C".

(Ministério Público/MG - 2008) Analise as afirmativas relacionadas com as instituições do Direito Tributário pátrio:

I. O Princípio da Anterioridade Tributária guarda pertinência com o postulado da não-surpresa tributária.
II. O Princípio da Legalidade Tributária não significa um direito do Fisco, visto que traduz uma limitação em sua ação, conforme dispõe o artigo 150 da Constituição Federal.
III. Compete aos Estados instituir impostos sobre transmissão *inter vivos*, a qualquer título, por ato oneroso, de bens imóveis, por natureza ou acessão física, e de direitos reais sobre imóveis, exceto os de garantia, bem como cessão de direitos a sua aquisição.
IV. A incidência do Imposto sobre a Renda e Proventos de Qualquer Natureza depende da denominação da receita ou do rendimento, da localização, condição jurídica ou nacionalidade da fonte, da origem e da forma de percepção.

É **CORRETO** o que se afirma:

(A) Apenas em IV.
(B) Nenhum dos incisos está correto.
(C) Apenas em III e IV.
(D) Apenas em I.
(E) Apenas em I e II.

I: o art. 150, III, da CF, busca resguardar a segurança jurídica e a não-surpresa do contribuinte; II: o princípio da legalidade é considerado limitação constitucional do poder de tributar; III: o ITBI é tributo municipal; IV: a incidência do IR **não** depende disso – art. 150, II, *in fine*, da CF e art. 43, § 1º, do CTN. Gabarito "E".

(Procurador do Estado/PB – 2008 – CESPE) Acerca das limitações ao poder de tributar, assinale a opção correta.

(A) Nos termos e limites fixados em lei complementar federal, o Poder Executivo estadual, mediante decreto, pode reduzir, com o objetivo de regular a demanda, as alíquotas de ICMS de determinados produtos, dada a natureza extra-fiscal desse tributo.
(B) A imunidade referente a impostos sobre livros, jornais e periódicos de papel não alcança publicações veiculadas em meios digitais, tais como DVD, CD e fitas de vídeo.
(C) À União, aos estados, ao DF e aos municípios é vedado estabelecer diferença tributária entre bens e serviços, de qualquer natureza, em razão de sua procedência ou destino.
(D) A comprovação eficaz da demonstração de insuficiência econômico-financeira dispensa o sujeito passivo de suas obrigações tributárias, haja vista o princípio da capacidade contributiva.
(E) Nos casos de investimento público de caráter urgente e de relevante interesse nacional, a União pode instituir empréstimo compulsório no mesmo exercício financeiro em que a lei seja publicada.

A: somente o Executivo **federal** (não os estaduais, distrital ou municipais) tem a prerrogativa de alterar as alíquotas de determinados impostos, nos termos do art. 153, § 1º, da CF; B: o STF, de fato, tem entendimento restritivo com relação à imunidade do art. 150, VI, *d*, da CF, atribuindo-a a papéis e materiais relacionados (filme, papel fotográfico etc.), mas afastando o benefício com relação a tintas, maquinários, serviços gráficos etc. – no entanto, não há jurisprudência pacífica quanto a meios alternativos de publicação de livros e periódicos – de qualquer forma, essa alternativa é a melhor, pois: (a) DVD de filme ou CD de música não gozam de imunidade e (b) as demais alternativas são inquestionavelmente erradas; C: a não-diferenciação conforme a origem e o destino de bens e serviços é princípio aplicável a Estados, ao Distrito Federal e aos Municípios (não há previsão expressa, na CF, em relação à União), nos termos do art. 152 da CF; D: não há essa previsão – art. 108, § 2º, do CTN; E: o princípio da anterioridade aplica-se ao caso de empréstimo compulsório para investimento público – art. 148, II, *b*, *in fine*, da CF. Gabarito "B".

(Cartório/SP – 2008) O princípio que visa preservar a arrecadação tributária de forma harmônica entre as três entidades políticas e a coexistência autônoma e independente dessas entidades é:

(A) capacidade contributiva.
(B) isonomia tributária.
(C) legalidade.
(D) imunidade recíproca.

A imunidade recíproca representa garantia de harmonia entre os entes federados (União, Estados, Distrito Federal e Municípios) e de suas autonomias financeiras, na medida em que impede a cobrança de impostos sobre os patrimônios, rendas e serviços uns dos outros – art. 150, VI, *a*, da CF. Gabarito "D".

(Cartório/SP – 2008) Os princípios constitucionais tributários estabelecem limites ao poder de tributar. Assim,

(A) o princípio da irretroatividade da lei tributária não é violado quando a lei é aplicada de maneira interpretativa a ato ou fato pretérito, excluindo a aplicação de penalidade à infração.
(B) o princípio da discriminação constitucional de rendas tributárias permite que duas entidades políticas instituam impostos sobre o mesmo fato gerador.

(C) o princípio da anterioridade da lei tributária não permite a instituição ou a majoração do tributo sem prévia autorização legislativa, com exceção do Poder Executivo da União, que desde que atendidas as condições e os limites estabelecidos em lei, pode alterar, a qualquer tempo, a alíquota de quaisquer impostos.

(D) a isenção tributária pode ser concedida por qualquer entidade política, em relação a qualquer tributo, por meio de lei complementar, desde que atenda a relevante interesse social e econômico.

A: a lei expressamente interpretativa é aplicada retroativamente, nos termos do art. 106, I, do CTN; B: a bitributação é vedada – art. 154, I, da CF; C: o princípio da anterioridade impede a cobrança de tributos no mesmo exercício em que publicada a lei que os instituiu ou aumentou (não se refere a prévia autorização legislativa ou a majoração de alíquotas pelo Executivo) – art. 150, III, b, da CF; D: a isenção pode ser concedida pelo ente tributante apenas com relação aos tributos de sua competência, por simples lei ordinária, como regra. Gabarito "A".

(Cartório/SP – 2008) Entre os princípios e normas de limitação do poder de tributar situa-se, com destacada relevância, o princípio da capacidade contributiva que constitui a limitação do poder de tributar em relação

(A) apenas aos impostos a serem instituídos pela União, pelos Estados e pelo Distrito Federal.
(B) apenas aos impostos a serem instituídos pelos Municípios.
(C) aos impostos, às taxas e às contribuições de melhoria, indistintamente.
(D) a todos os impostos, sempre que a estrutura de cada um deles permitir.

O art. 145, § 1º, da CF determina que, sempre que possível, os impostos serão graduados segundo a capacidade econômica do contribuinte – a norma se aplica a todos os entes tributantes (União, Estados, Distrito Federal e Municípios). Gabarito "D".

(Procuradoria Federal – 2007 – CESPE) Julgue o item seguinte.

(1) Caso determinada lei estadual modifique o prazo de recolhimento do imposto sobre a propriedade de veículos automotores (IPVA), para que todos os contribuintes efetuem o pagamento do imposto em diferentes dias do mês de janeiro de cada ano, nesse caso, a referida lei estadual deverá obedecer ao princípio da anterioridade tributária.

1: A alteração do prazo de pagamento não se sujeita ao princípio da anterioridade – Súmula 669/STF. Gabarito 1E.

(Defensoria Pública da União – 2007 – CESPE) Julgue o item a seguir.

(1) Considere que lei publicada em 1º de dezembro de 2007 eleve o IPI sobre determinado produto. Nessa situação hipotética, é permitido à União cobrar o novo valor do imposto a partir de 1.º de janeiro de 2008.

1: Embora não se submeta à anterioridade prevista pelo art. 150, III, b, da CF, a majoração do IPI deve observar a anterioridade nonagesimal (art. 150, III, c, e § 1º, da CF). Gabarito 1E.

(Magistratura/AL – 2007 – FCC) A alíquota do Imposto sobre Circulação de Mercadorias e Serviços incidente sobre combustíveis foi aumentada no dia 30 de dezembro de determinado exercício. A Fazenda Pública Estadual pretende cobrar o tributo com o respectivo aumento a partir de 1º de janeiro do exercício seguinte. Nesta hipótese,

(A) nada obsta a pretensão, pois observado o princípio da anterioridade.
(B) o imposto não pode ser cobrado antes de 90 dias da data da publicação da lei que o aumentou.
(C) o aumento constitui uma burla ao princípio da prévia autorização orçamentária e por isso não pode ser cobrado no exercício seguinte.
(D) nada obsta a pretensão, pois não se aplica à espécie o período nonagesimal.
(E) a nova alíquota somente será aplicada nas operações interestaduais.

A, B e D: o ICMS submete-se cumulativamente à anterioridade anual (a majoração da alíquota somente pode ser exigida a partir do primeiro dia do exercício seguinte ao da publicação da lei correspondente) e à anterioridade nonagesimal (mínimo de 90 dias após a publicação da lei), nos termos do art. 150, III, b e c, da CF; C: não subsiste, no sistema tributário atual, o chamado princípio da anualidade; E: não há distinção quanto às alíquotas internas e interestaduais, no que se refere à anterioridade. Gabarito "B".

(Magistratura/DF – 2007) Sobre o Sistema Constitucional Tributário, é incorreto afirmar:

(A) Cabe à lei complementar estabelecer normas gerais em matéria tributária sobre o adequado tratamento tributário ao ato cooperativo praticado pelas sociedades cooperativas;
(B) Competem à União, em Território Federal, os impostos estaduais e, se o Território não for dividido em Municípios, cumulativamente, os impostos municipais; ao Distrito Federal cabem os impostos municipais;
(C) A aplicação dos recursos provenientes de empréstimo compulsório não será vinculada à despesa que fundamentou sua instituição;
(D) Os Municípios e o Distrito Federal poderão instituir contribuição, na forma das respectivas leis, para custeio do serviço de iluminação pública, sendo facultada a cobrança na fatura de consumo de energia elétrica.

A: art. 146, III, c, da CF; B: art. 147 da CF; C: existe essa vinculação, nos temos do art. 148, parágrafo único, da CF; D: art. 149-A da CF. Gabarito "C".

(Magistratura/DF – 2007) Sobre as limitações constitucionais do poder de tributar, é incorreto afirmar:

(A) É vedado ao Distrito Federal cobrar tributos antes de decorridos noventa dias da data em que haja sido publicada a lei que os instituiu ou aumentou, observada a regra segundo a qual a cobrança não pode recair no mesmo exercício financeiro em que haja sido publicada a lei que os instituiu ou aumentou;
(B) A proibição da instituição de impostos sobre templos de qualquer culto não alcança os impostos de importação de produtos estrangeiros; exportação, para o exterior, de produtos nacionais ou nacionalizados; produtos industrializados; e operações de crédito, câmbio e seguro, ou relativas a títulos ou valores imobiliários;
(C) A vedação de instituição de impostos sobre o patrimônio, renda ou serviços da União, dos Estados, do Distrito Federal e dos Territórios, uns dos outros, é extensiva às autarquias e às fundações instituídas e mantidas pelo Poder Público, considerada a necessária vinculação a suas finalidades essenciais ou às delas decorrentes, desde que não guardem relação com exploração de atividades econômicas regidas pelas normas aplicáveis a empreendimentos privados, ou em que haja contraprestação ou pagamento de tarifas pelo usuário, nem exonera o promitente comprador da obrigação de pagar imposto relativamente ao bem imóvel;
(D) Não diz respeito a taxas a regra de que qualquer subsídio ou isenção, redução de base de cálculo, concessão de crédito presumido, anistia ou remissão só poderá ser concedido por lei específica, federal, estadual ou municipal, que regule exclusivamente as matérias acima enumeradas ou a correspondente exação.

A: art. 150, III, b e c, da CF; B: a jurisprudência é pacífica em reconhecer que a imunidade prevista pelo art. 150, VI, b, da CF abarca todos os impostos, desde que a instituição religiosa (igreja) seja o contribuinte "de direito" e haja relação com suas atividades essenciais; C: art. 150, §§ 2º e 3º, da CF; D: a norma do art. 150, § 6º, da CF faz referência expressa a impostos, taxas e contribuições. Gabarito "D".

(Procurador do Estado/PR – 2007) O art. 150, inciso II, da CF, ao vedar "instituir tratamento desigual entre contribuintes que se encontrem em situação equivalente, proibida qualquer distinção em razão de ocupação profissional ou função por eles exercida, independentemente da denominação jurídica dos rendimentos, títulos ou direitos".

(A) Admite a distinção entre categorias profissionais para tributar diferentemente as melhores remuneradas;
(B) Admite a distinção entre funções, permitindo a tributação favorecida de categorias de função social, como o magistério e o funcionalismo público;

(C) veda qualquer distinção entre categorias semelhantes, ao ponto de vedar definitivamente a distinção entre quaisquer pessoas para fins de tributação, mesmo jurídicas, tornando inconstitucional emenda tendente a modificar esse regime de isonomia;

(D) obriga que toda exigência de tributo seja sempre proporcional, vedada portanto a utilização de tributos progressivos;

(E) veda a adoção de alíquotas diferenciadas conforme os rendimentos sejam, por exemplo, oriundos de atividade rural autônoma ou de trabalho assalariado, mas não veda a mesma distinção conforme sejam rendimentos oriundos de aplicação financeira ou de trabalho assalariado.

A, B, C e E: art. 150, II, *in fine*, da CF e art. 43, § 1º, do CTN – o objetivo da norma constitucional é exatamente impor a isonomia para fins da tributação. Por se tratar de direito individual dos cidadãos, não pode ser reduzido ou suprimido por emenda constitucional (art. 60, § 4º, IV, da CF); D: há previsão constitucional expressa de progressividade em relação ao IR, ao ITR e ao IPTU – art. 153, § 2º, I e § 4º, I, e art. 156, § 1º, I, da CF. Gabarito "C".

(Defensoria/MT – 2007) Em matéria de princípio da igualdade ou isonomia tributária, assinale a afirmativa correta.

(A) Progressividade é a técnica de incidência de alíquotas por meio da qual se procura variá-las em uma razão proporcional à base de cálculo.

(B) O Imposto de Renda é um imposto progressivo, informado pelos critérios da generalidade, universalidade e progressividade.

(C) O princípio da Cláusula Non Olet preconiza que se deve interpretar o fato gerador pelos aspectos objetivo e subjetivo.

(D) O Imposto Territorial Rural tem previsão explícita de não progressividade na Constituição Federal.

(E) O Supremo Tribunal Federal, em matéria de progressividade tributária, editou Súmula com seguinte teor: "É constitucional a lei que estabelece alíquotas progressivas para o ITBI com base no valor venal do imóvel".

A: progressividade não se confunde com simples proporcionalidade. Sempre que há alíquota (percentual, por exemplo, 18%) há proporcionalidade em relação à base de cálculo (18% de R$ 100 é o dobro de 18% sobre R$ 50, ou seja, há proporção). Progressividade significa alíquotas maiores conforme maior for a base de cálculo (por exemplo, 15% para valores até R$ 1 mil e 25% para valores superiores a R$ 1 mil); B: art. 153, § 2º, I, da CF; C: *non olet* – [o dinheiro] não tem cheiro – refere-se à desconsideração de aspectos estranhos à hipótese de incidência (prevista estritamente pela lei), para fins de exigência do tributo; D: é o oposto, pois há previsão expressa de progressividade – art. 153, § 4º, I, da CF; E: o STF considerou inconstitucional essa progressividade, conforme a Súmula 656 daquela Corte. Gabarito "B".

(Defensoria/SP – 2007 – FCC) A Constituição Federal, em seu artigo 150, I e II, ao afirmar que os tributos não poderão ser aumentados ou exigidos sem lei que o estabeleça e que os contribuintes em situação equivalente não terão tratamento desigual está dispondo sobre os princípios da

(A) anterioridade e da isonomia.
(B) capacidade contributiva e da anterioridade.
(C) legalidade e da isonomia.
(D) legalidade e da anterioridade.
(E) legalidade e da capacidade contributiva.

A exigência de lei refere-se ao princípio da legalidade. A garantia de tratamento igual àqueles que se encontrem em situação equivalente é definição do princípio da isonomia. Gabarito "C".

(Cartório/MG – 2007) É CORRETO afirmar que, pelo princípio da anterioridade da lei tributária, é vedado à União, aos Estados, ao Distrito Federal e aos Municípios cobrar tributos no mesmo exercício financeiro em que haja sido:

(A) votada a lei que os instituiu ou aumentou.
(B) discutida a lei que os instituiu ou aumentou.
(C) apresentada a lei que os instituiu ou aumentou.
(D) publicada a lei que os instituiu ou aumentou.

Art. 150, III, *b*, da CF. Gabarito "D".

(Cartório/SE – 2007 – CESPE) O item a seguir apresenta uma situação hipotética, seguida de uma assertiva a ser julgada, relativa ao Sistema Tributário Nacional.

(1) No dia 10 de novembro de 2006, um município localizado no estado de Goiás publicou lei que alterou o valor venal dos imóveis localizados em seu território, majorando, portanto, o valor do imposto incidente sobre a propriedade predial e territorial urbana (IPTU). Nessa situação, a nova lei tributária será plenamente eficaz a partir do primeiro dia do exercício seguinte.

1: art. 150, III, b, da CF. Note que a majoração da base de cálculo do IPTU não se submete à anterioridade nonagesimal – art. 150, § 1º, *in fine*, da CF. Gabarito "C".

(Procurador do Estado/RR – 2006 – FCC) É vedado à União, aos Estados, ao Distrito Federal e aos Municípios:

(A) estabelecer diferença tributária entre bens de qualquer natureza, em razão da sua procedência ou do seu destino.
(B) cobrar tributo, assim entendidas as taxas e contribuição de melhoria, sobre o patrimônio, a renda ou os serviços uns dos outros.
(C) cobrar imposto sobre o patrimônio, a renda ou os serviços das empresas públicas e sociedade de economia mista.
(D) cobrar imposto sobre templos de qualquer culto.
(E) cobrar imposto sobre o patrimônio, a renda ou serviços dos partidos políticos, independentemente de aplicação dos seus recursos no País e na manutenção dos seus objetivos institucionais.

A: a não-diferenciação conforme a origem e o destino de bens e serviços é princípio aplicável a Estados, ao Distrito Federal e aos Municípios (não há previsão expressa, na CF, em relação à União), nos termos do art. 152 da CF; B: o princípio da imunidade recíproca refere-se apenas a impostos (não a taxas e a contribuições de melhoria) – art. 150, VI, a, da CF; C: a imunidade recíproca, como regra, abarca apenas as entidades de **direito público** da administração indireta (autarquias e fundações instituídas e mantidas pelo poder público), e não as de direito privado (empresas públicas e sociedades de economia mista) – art. 150, § 2º, da CF; D: art. 150, VI, b, da CF; E: a imunidade prevista no art. 150, § 4º, da CF depende do atendimento aos requisitos do art. 14, II, do CTN. Gabarito "D".

(Magistratura Federal – 1ª Região – 2005) O Direito Tributário é:

(A) público, obrigacional e comum;
(B) público, real e comum;
(C) público, obrigacional e especial;
(D) nenhuma das opções anteriores.

O Direito Tributário regula primordialmente as relações de direito público entre o fisco e os contribuintes. As obrigações principais e acessórias compõem seu objeto essencial. Gabarito "A".

(Magistratura Federal – 1ª Região – 2005) A autonomia do Direito Tributário é:

(A) didática, dogmática e estrutural;
(B) dogmática e estrutural;
(C) didática e estrutural;
(D) inexiste por ser um ramo do Direito Financeiro.

Há consenso doutrinário quanto à autonomia didática do Direito Tributário. Reconhece-se a existência de princípios próprios (aspecto dogmático) e de institutos peculiares (aspecto estrutural) que sugerem estudo específico. Gabarito "A".

(Magistratura Federal – 4ª Região – XII – 2005) Dadas as assertivas abaixo, assinalar a alternativa correta.

I. O princípio da irretroatividade, que a Constituição vigente adota, impede que se aumentem alíquotas do imposto de renda em pleno curso do exercício financeiro, alcançando situações de fato já ocorridas.

II. O estabelecimento de normas gerais em matéria de obrigação, lançamento, crédito, prescrição e decadência, em âmbito tributário, somente pode ser feito por lei complementar.

III. A Constituição, ao elencar as espécies tributárias existentes, nada refere sobre a contribuição de melhoria, contemplando apenas as contribuições sociais.

IV. O princípio da capacidade contributiva foi suprimido nas Constituições de 1967 e 1969, e não voltou a ser constitucionalmente contemplado na Lei Maior de 1988.

(A) Estão corretas apenas as assertivas I e II.
(B) Estão corretas apenas as assertivas I, III e IV.

(C) Estão corretas apenas as assertivas II, III e IV.
(D) Todas as assertivas estão corretas.

I: apesar de forte crítica doutrinária, o STF tem jurisprudência no sentido de que o aumento de alíquota aplica-se ao fato gerador que somente ocorrerá no último instante do ano-base, atingindo, portanto, as rendas auferidas no curso desse exercício (v.g. RE 199.352/PR e RE 250.521/SP) – Súmula 584/STF; II: art. 146, III, *b*, da CF; III: art. 145, III, da CF; IV: art. 145, § 1º, da CF. Observação: a alternativa A é a melhor, por eliminação das demais. Gabarito "A".

3. IMUNIDADES

(Magistratura/PE – 2011 – FCC) O art. 155, § 2º, inciso X, letra "d", da Constituição Federal, enuncia que o ICMS "não incidirá" sobre prestação de serviços de comunicação nas modalidades de radiodifusão e transmissão de imagens. Bem observado, o dispositivo consagra, segundo a melhor doutrina do direito,

(A) hipótese de não-incidência tributária.
(B) imunidade tributária.
(C) isenção de nível constitucional.
(D) isenção pura e simples.
(E) remissão fiscal.

Sempre que a Constituição Federal afasta a possibilidade de tributação, delimitando negativamente a competência tributária, há imunidade, ainda que sejam utilizados outros termos (isenção ou não incidência – trata-se de simples imprecisão na técnica legislativa, que não altera a natureza do instituto). Por essa razão, a alternativa "B" é a correta. Gabarito "B".

(Magistratura/RO – 2011 – PUCPR) Avalie as assertivas a seguir:

I. Segundo jurisprudência recente do Supremo Tribunal Federal, as imunidades subjetivas abrangem também os impostos indiretos, desde que a pessoa jurídica de direito público interno seja contribuinte de fato.
II. Os frutos da atividade de locação de espaço para estacionamento dos fiéis pela entidade religiosa estão abrangidos pela imunidade tributária, desde que esses valores sejam revertidos para as atividades essenciais da entidade.
III. Segundo jurisprudência atual do STF, os cartórios extrajudiciais estão imunes à incidência de impostos, já que são equiparados a órgãos públicos e, portanto, gozariam de imunidade recíproca.
IV. Em razão da imunidade, não haverá incidência de imposto sobre serviços de qualquer natureza sobre locação de qualquer natureza de bens móveis pelo município.

Assinale a única alternativa **CORRETA**:

(A) Somente as assertivas I, II e IV são verdadeiras.
(B) Somente as assertivas I e IV são verdadeiras.
(C) Somente as assertivas II e III são verdadeiras.
(D) Somente as assertivas I, III e IV são falsas.
(E) Somente as assertivas I e III são verdadeiras.

I: Incorreta, embora ainda haja discussão jurisprudencial. No caso de tributos indiretos, a imunidade subjetiva afasta a tributação apenas quando o ente imune é contribuinte de direito. Por exemplo, se o Município importar um mercadoria, ele seria contribuinte de direito em relação ao ICMS (o importador é quem recolhe o tributo estadual), mas, por conta da imunidade recíproca, não há incidência do tributo – ver AI 476.664 AgR/RS-STF. Se a entidade imune é apenas contribuinte de fato (por exemplo, adquire uma mercadoria no mercado interno), há incidência do tributo (ICMS, no exemplo), que deve ser recolhido pelo vendedor (= contribuinte de direito) – ver Súmula 591/STF e AI 805.295 AgR/MG-STF; II: Correta, conforme a Súmula 724/STF; III: Incorreta, pois o STF entende que os tabeliães e notários devem recolher tributos sobre suas atividades (ISS e IR) – ver ADI 3.089/DF; IV: Incorreta, pois, a rigor, não incide ICMS por ausência de previsão legal – o item da lista de serviço da LC 116/2003 foi vetado pelo Presidente, exatamente por conta da inconstitucionalidade reconhecida pelo STF, conforme a Súmula Vinculante 31/STF. Gabarito "D".

(Magistratura/RO – 2011 – PUCPR) Dadas as assertivas abaixo, assinale a única **CORRETA**.

(A) A imunidade dos ICMS sobre combustíveis e lubrificantes, quando em operação interestadual, pode ser afastada por determinação expressa em lei complementar, que também fixará incidência única desse imposto sobre esses produtos, independentemente de sua finalidade.
(B) A imunidade de ICMS sobre operações de combustível interestadual abrange também o álcool combustível.
(C) A energia elétrica é serviço, por isso sobre ela poderia incidir ICMS sobre operação interestadual se não fosse a previsão imunizante.
(D) Sobre energia elétrica e combustível não poderá incidir qualquer outro imposto, salvo ICMS.
(E) A União não pode estabelecer nenhuma desoneração de ICMS estadual, já que não se trata de tributo inserido na sua competência.

A: Assertiva correta, conforme o art. 155, § 2º, XII, *h*, da CF; B: Incorreta, pois a imunidade do art. 155, § 2º, X, *b*, da CF refere-se a combustíveis derivados do petróleo, não a álcool combustível; C: Incorreta, pois a Constituição Federal trata a energia como mercadoria, incidindo ICMS nas operações internas – art. 155, § 3º, da CF; D: Incorreta, pois, além de ICMS, poderá incidir imposto de importação e imposto de exportação, nos termos do art. 155, § 3º, da CF; E: Discutível, pois há autores que entendem que a União poderia, por tratado internacional, afastar ou reduzir a tributação estadual, nos termos do art. 98 do CTN. O Judiciário tem ratificado casos em que o tratado internacional estende ao bem importado benefícios fiscais concedidos pelo Estado ao similar nacional (ou seja, se há isenção de ICMS para pescado nacional, concedido pelos Estados, o tratado do GATT, por exemplo, pode estender o benefício para o similar importado – Súmulas 20 e 71/STJ e 575/STF). Gabarito "A".

(Procurador do Estado/RO – 2011 – FCC) O Sindicato Patronal das Indústrias do Setor de Plásticos e Derivados, alegando como argumento o fato de constituir-se como sindicato, requereu imunidade constitucional tributária abrangendo a totalidade de seu patrimônio, renda e serviços. Com relação ao pleito e fundamentação apresentada,

(A) aplica-se a imunidade tributária exclusivamente ao patrimônio do sindicato patronal.
(B) aplica-se a imunidade exclusivamente para os serviços, em função do princípio da imunidade recíproca.
(C) aplica-se a imunidade integral, abrangendo inclusive taxas e contribuições, em razão da finalidade da entidade.
(D) não se aplica a imunidade por se tratar de sindicato patronal.
(E) não se aplica a imunidade, que é restrita, exclusivamente, aos templos de qualquer culto, às entidades de assistência social sem fins lucrativos e aos livros, jornais e periódicos.

A imunidade prevista no art. 150, VI, *c*, da CF refere-se apenas aos sindicatos dos trabalhadores, não aos patronais, de modo que a alternativa "D" é a correta. Gabarito "D".

(MINISTÉRIO PÚBLICO/SE – 2010 – CESPE) Relativamente à não incidência tributária, segundo a CF, assinale a opção correta.

(A) Há expressa definição de imunidade dos templos de qualquer culto, quanto aos impostos sobre o patrimônio, a renda e os serviços.
(B) A imunidade recíproca, ou seja, entre os entes federados, não está limitada a certos tipos de impostos.
(C) A autarquia federal que preste serviços de educação está imune ao imposto sobre serviços.
(D) As editoras que têm como única atividade a produção de livros e jornais estão imunes ao imposto incidente sobre a renda.
(E) Sobre transferência de imóvel do setor privado para a União, destinado à reforma agrária, incide o ITBI, o que não ocorre quando a União transfere o imóvel para os beneficiários da reforma agrária.

A: Correta, conforme o art. 150, VI, *b*, da CF; B: Incorreta, pois a imunidade recíproca, na dicção do art. 150, VI, *a*, e § 2º, da CF, refere-se aos impostos sobre patrimônio, renda e serviços; C: Imprecisa. Há imunidade desde que o serviço prestado seja vinculado às finalidades essenciais da autarquia, ou seja delas decorrente – art. 150, § 2º, da CF. Se houver simples exploração de atividade econômica, nos termos do art. 150, § 3º, da CF, inexiste imunidade; D: Incorreta, pois a imunidade relativa a livros, jornais, periódicos e o papel utilizado é objetiva, vale dizer, afasta a tributação apenas em relação à produção e comercialização desses bens (ICMS, IPI, etc.), mas não em relação ao lucro da empresa – art. 150, VI, *d*, da CF; E: Incorreta, pois a União jamais recolheria ITBI sobre a transferência de imóveis para ela, ainda que não se tratasse de reforma agrária, por conta da imunidade recíproca – art. 150, VI, *a*, da CF. A imunidade relativa à transferência de imóveis prevista no art. 184, § 5º, da CF refere-se exatamente à transmissão para os particulares agraciados na reforma agrária. Gabarito "ANULADA".

(Procurador do Município/Florianópolis-SC – 2010 – FEPESE) No tocante às limitações do poder de tributar contidas na Constituição Federal de 1988, é **correto** afirmar:

(A) É inconstitucional a cobrança de contribuição de melhoria, decorrente de obras públicas, das entidades religiosas de qualquer culto.
(B) Para usufruir imunidade tributária, as entidades sindicais dos trabalhadores não podem distribuir qualquer parcela de seu patrimônio ou de suas rendas, a qualquer título.
(C) É vedado à União exigir contribuições destinadas à seguridade social no mesmo exercício financeiro em que haja sido publicada a lei que os instituiu ou aumentou.
(D) Quando alugado a terceiros, o imóvel pertencente aos partidos políticos não goza de imunidade ao Imposto sobre a Propriedade Territorial Urbana – IPTU, mesmo que o valor dos aluguéis seja integralmente aplicado em suas atividades essenciais.
(E) Os impostos extraordinários de competência da União, instituídos na iminência ou no caso de guerra externa, não poderão ser cobrados antes de decorridos noventa dias da data em que haja sido publicada a lei que os instituiu ou aumentou.

A: Incorreta, pois a imunidade dos templos refere-se apenas a impostos, não a outras espécies tributárias (como a contribuição de melhoria) – art. 150, VI, *b*, da CF; B: Essa é a melhor alternativa, embora haja discussão da parte final do art. 150, VI, *c*, da CF (se é aplicável apenas às instituições de educação e de assistência social) – art. 14, I, do CTN; C: Incorreta, pois a contribuição social é exceção à anterioridade anual, sujeitando-se apenas à nonagesimal – art. 195, § 6º, da CF; D: Incorreta, pois a imunidade, no caso, foi reconhecida pelo STF, nos termos da Súmula 724/STF; E: Incorreta, pois o imposto extraordinário é exceção à anterioridade anual e à nonagesimal – art. 150, § 1º, da CF. Gabarito "B".

(Procurador do Município/Teresina-PI – 2010 – FCC) Em virtude de imunidade, o Município NÃO pode instituir

(A) impostos sobre patrimônio, renda e serviços de empresas públicas exploradoras de atividade econômica.
(B) impostos sobre patrimônio não relacionado com atividades essenciais dos templos de qualquer culto.
(C) imposto sobre a transmissão de bens ou direitos incorporados ao patrimônio de pessoa jurídica em realização de capital.
(D) taxa sobre serviço de coleta de lixo domiciliar prestado para a União relativamente a seus imóveis.
(E) contribuição de melhoria por obra pública municipal que gere valorização imobiliária a imóveis de domínio do Estado.

A: Incorreta, pois a imunidade recíproca não abrange empresas públicas exploradoras de atividade econômica – art. 150, § 2º, da CF. A rigor, o texto constitucional refere-se apenas a autarquias e fundações públicas (não a empresas públicas e sociedades de economia mista), mas o STF reconhece a imunidade em favor dos Correios e da Infraero (empresas públicas), cujos serviços são de prestação obrigatória e exclusiva pelo Estado; B: Incorreta, pois somente o patrimônio relacionado às atividades essenciais da entidade imune é exonerado do imposto – art. 150, § 4º, da CF; C: Essa é a alternativa a ser indicada, pois há imunidade nos termos do art. 156, § 2º, I, da CF; D e E: Incorretas, pois a imunidade recíproca refere-se apenas a impostos, não impedindo a cobrança de taxas ou de contribuição de melhoria – art. 150, VI, *a*, da CF. Gabarito "C".

(Magistratura Federal – 1ª Região – 2009 – CESPE) Considerando que um estado da Federação possua dois imóveis, um para abrigar um gerador de energia e outro que é a residência oficial do governador, assinale a opção correta.

(A) O imóvel que abriga o gerador de energia estará imune ao pagamento de imposto, caso sirva para propiciar luz à residência oficial do governador.
(B) A residência oficial será imune ao pagamento de imposto somente se estiver situada em área residencial e urbana.
(C) Se não for finalidade essencial do estado fornecer moradia para o governador, pode ser cobrado IPTU do imóvel residencial.
(D) Haverá imunidade recíproca do imóvel que abriga o gerador, caso este seja utilizado para abastecer parte da cidade e seja cobrado tributo para isso.
(E) Se a residência oficial for vendida, o comprador estará imune ao pagamento do imposto de transferência de sua propriedade.

A: correta, pois, nesse caso, o imóvel de propriedade do ente federado não está sendo utilizado para exploração de atividade econômica de natureza privada, o que afastaria a imunidade recíproca – art. 150, VI, *a*, e § 3º, da CF; B: incorreta, pois não existe essa limitação em relação à imunidade recíproca; C: incorreta, pois o imóvel público é imune, considerando que não há exploração econômica de natureza privada; D: incorreta, pois a imunidade do imóvel não está condicionada à prestação de serviço público ou à cobrança de tributo; E: incorreta, pois a imunidade recíproca não aproveita aos particulares, especialmente o adquirente do imóvel, que é contribuinte do imposto sobre transmissão – art. 150, § 3º, *in fine*, da CF. Gabarito "A".

(Magistratura/SP – 2009 – VUNESP) A imunidade tributária recíproca

(A) sob o prisma teleológico, assegura, confirma e preserva o regime constitucional federativo.
(B) não se refere às limitações do poder de tributar.
(C) não diz respeito à falta de capacidade contributiva das pessoas políticas de Direito Público interno.
(D) não comporta exceção quando se trata de empresa pública, ainda que esta se qualifique como delegatária de serviços públicos.

A: assertiva correta, pois a imunidade recíproca é garantia da autonomia financeira dos entes federados, característica essencial do regime federativo; B: incorreta, pois todas as imunidades, ao delimitarem a competência tributária, caracterizam-se como limitações constitucionais ao poder de tributar (esse é, inclusive, o título da CF em que se encontram as imunidades do art. 150, VI); C: incorreta, pois a imunidade recíproca reconhece, de certa forma, a ausência de capacidade contributiva do ente federado em relação aos impostos instituídos pelos demais entes; D: incorreta, pois o STF reconhece a imunidade recíproca em favor das empresas públicas que prestam serviços públicos essenciais, especificamente os Correios (ECT) e a Infraero. Gabarito "A".

(Magistratura/SP – 2009 – VUNESP) Na ADI 3.089, DJE de 1.º.08.08, o Supremo Tribunal Federal inclinou-se pela orientação de que os serviços de registros públicos, notariais e cartorários

(A) não gozam de imunidade por não serem considerados serviços públicos.
(B) em razão da natureza pública, beneficiam-se da imunidade.
(C) embora públicos, não são imunes ao ISSQN.
(D) são remunerados, não caracterizando capacidade contributiva.

O STF reconheceu a incidência do ISS sobre os serviços prestados por tabeliães e notários, delegatários de serviços públicos, inexistindo imunidade em seu favor. Não importa, portanto, que prestem serviço público remunerado por taxas (emolumentos) – ver Adin 3.089/DF. Gabarito "C".

(Defensoria/SP – 2009 – FCC) A respeito das limitações do poder de tributar, assinale a opção INCORRETA.

(A) É vedado aos Estados, ao Distrito Federal e aos Municípios estabelecer diferença tributária entre bens e serviços, de qualquer natureza, em razão de sua procedência ou destino.
(B) Segundo entendimento consolidado no Supremo Tribunal Federal, a imunidade tributária recíproca se estende à Empresa Brasileira de Correios e Telégrafos, ECT, por se tratar de empresa pública prestadora de serviço público de prestação obrigatória e exclusiva do Estado.
(C) A imunidade prevista sobre a tributação do patrimônio, renda ou serviços das instituições de assistência social inclui as rendas recebidas dos imóveis alugados, quando aplicadas em suas finalidades essenciais.
(D) A concessão da imunidade sobre livros, jornais e periódicos independe da prova do valor cultural ou pedagógico da publicação.
(E) À União, aos Estados, ao Distrito Federal e aos Municípios é vedado instituir impostos sobre o patrimônio, renda ou serviços, uns dos outros, inclusive nas hipóteses em que o patrimônio, a renda ou os serviços estejam relacionados com explorações de atividades econômicas regidas pelas normas aplicáveis a empreendimentos privados.

A: assertiva correta, conforme o art. 152 da CF; B: correta, pois o STF entende exatamente isso, tendo se pronunciado em favor da ECT e da Infraero; C: assertiva correta, conforme a Súmula 724/STF; D: correta, pois não se entra no mérito do conteúdo veiculado, para fins da imunidade; E: a exploração de atividade de natureza privada afasta a imunidade recíproca – art. 150, § 3º, da CF. Gabarito "E".

(Cartório/MS – 2009 – VUNESP) A vedação a que os entes tributantes instituam impostos sobre o patrimônio, renda ou serviços, uns dos outros, consiste em

(A) anistia.
(B) remissão.
(C) isenção.
(D) imunidade.
(E) compensação.

A assertiva refere-se à imunidade recíproca – art. 150, VI, a, da CF. Anistia e isenção são modalidades de exclusão do crédito tributário – art. 175 do CTN. Remissão e compensação são modalidades de extinção do crédito – art. 156, II e IV, do CTN. Gabarito "D".

(Magistratura/PA – 2008 – FGV) Com base na Constituição da República Federativa de 1988 e suas atualizações e na jurisprudência do STF, julgue as afirmativas a seguir:

I. As imunidades recíprocas vedam a União, os Estados, o Distrito Federal e os Municípios de instituírem impostos sobre patrimônio, renda e serviços uns dos outros, e são extensivas aos Correios e à Infraero.
II. Os partidos políticos, entidade sindicais dos trabalhadores, instituições de ensino e entidades assistenciais sem fins lucrativos são imunes ao pagamento de IPTU de imóveis de sua titularidade, ainda que locados a terceiros, desde que o valor dos aluguéis seja aplicado nas respectivas atividades essenciais.
III. A imunidade dos livros, jornais, periódicos e do papel destinado a sua impressão abrange os filmes e papéis fotográficos necessários à publicação de jornais e periódicos. Assinale:

(A) se nenhuma afirmativa estiver correta.
(B) se somente as afirmativas I e II estiverem corretas.
(C) se somente as afirmativas I e III estiverem corretas.
(D) se somente as afirmativas II e III estiverem corretas.
(E) se todas as afirmativas estiverem corretas.

I: o STF entende que a imunidade recíproca aproveita aos Correios e à Infraero, cujos serviços são de prestação obrigatória e exclusiva pelo Estado; II: Súmula 724/STF; III: Súmula 657/STF. Gabarito "E".

(Magistratura/PR – 2008) Assinale a alternativa correta:

(A) a imunidade recíproca veda a instituição de impostos sobre livros, jornais, periódicos e o papel destinado à sua impressão.
(B) a imunidade recíproca veda os Municípios de instituírem taxas pelos serviços de coleta de lixo da União e dos Estados.
(C) a imunidade recíproca veda a instituição do imposto sobre propriedade predial e territorial urbana sobre imóvel de propriedade da União.
(D) a imunidade recíproca veda a instituição do imposto sobre produtos industrializados sobre os automóveis adquiridos por instituições de assistência social, sem fins lucrativos.

A: essa não é a imunidade recíproca (art. 150, VI, a, da CF); B: A imunidade recíproca abrange apenas impostos; C: a assertiva é correta; D: a imunidade recíproca não se refere às instituições de assistência social – ademais, a imunidade não aproveita à indústria automobilística (sujeito passivo do IPI sobre automóveis). Gabarito "C".

(Magistratura/SP – 2008) A imunidade tributária

(A) não exclui o pagamento do IPI e ICMS da pessoa política que explora atividade econômica privada.
(B) é recíproca entre entidades da Federação, sendo protegidos o patrimônio, a renda e os serviços em que haja pagamento de preços ou tarifas, por empresa pública de qualquer natureza.
(C) beneficia as pessoas políticas enquanto exercem atividades econômicas, mediante contraprestação ou recebimento de preços ou tarifas.
(D) é regra de execução, criada e delimitada por Lei Complementar, a qual determina obstáculos à incidência da regra jurídica de tributação.

A: art. 150, § 3º, da CF – a exploração de atividade econômica privada afasta a imunidade; B: a imunidade recíproca não abrange, em princípio, empresas públicas, suas rendas e seus serviços relacionados com a cobrança de preços ou tarifas; C: a cobrança de preços e tarifas no exercício de atividade econômica afasta, em princípio, a imunidade; D: a imunidade é delimitação constitucional das competências tributárias. Gabarito "A".

(Cartório/SP – 2008) As imunidades tributárias representam limitações ao poder de tributar e são previstas

(A) em medidas provisórias desde que convertidas em lei no prazo estabelecido na Constituição Federal.
(B) em convênios entre a União e os demais entes políticos.
(C) em leis complementares ou em leis federais, considerada a competência residual da União.
(D) no texto da Constituição Federal.

A imunidade é norma constitucional. Gabarito "D".

(Auditor Fiscal/RJ – 2008 – FGV) De acordo com o art. 150 da CRFB/88, é vedado à União, aos Estados, ao Distrito Federal e aos Municípios instituir:

(A) tributos sobre patrimônio, renda ou serviços, uns dos outros; templos de qualquer culto; patrimônio, renda ou serviços dos partidos políticos, inclusive suas fundações, das entidades sindicais dos trabalhadores, das instituições de educação e de assistência social, sem fins lucrativos, atendidos os requisitos da lei; livros, jornais, periódicos e o papel destinado a sua impressão.
(B) impostos sobre patrimônio, renda ou serviços, uns dos outros; templos de qualquer culto; patrimônio, renda ou serviços dos partidos políticos, inclusive suas fundações, das entidades sindicais dos trabalhadores, das instituições de educação e de assistência social, sem fins lucrativos, atendidos os requisitos da lei; livros, jornais, periódicos e o papel destinado a sua impressão.
(C) impostos ou contribuições sobre patrimônio, renda ou serviços, uns dos outros; templos de qualquer culto; patrimônio, renda ou serviços dos partidos políticos, inclusive suas fundações, das entidades sindicais dos trabalhadores, das instituições de educação e de assistência social, sem fins lucrativos, atendidos os requisitos da lei; livros, jornais, periódicos e o papel destinado a sua impressão.
(D) tributos e impostos sobre patrimônio, renda ou serviços, uns dos outros; templos de qualquer culto; patrimônio, renda ou serviços dos partidos políticos, inclusive suas fundações, das entidades sindicais dos trabalhadores, das instituições de educação e de assistência social, sem fins lucrativos, atendidos os requisitos da lei; livros, jornais, periódicos e o papel destinado a sua impressão.
(E) contribuições e tributos sobre patrimônio, renda ou serviços, uns dos outros; templos de qualquer culto; patrimônio, renda ou serviços dos partidos políticos, inclusive suas fundações, das entidades sindicais dos trabalhadores, das instituições de educação e de assistência social, atendidos os requisitos da lei; livros, jornais, periódicos e o papel destinado a sua impressão.

As imunidades previstas no art. 150, VI, da CF abrangem apenas impostos, não outros tributos, como taxas e contribuições. Gabarito "B".

(Defensoria/SP – 2007 – FCC) O prédio de propriedade do Estado, onde funciona uma escola pública, não está sujeito à incidência do Imposto sobre propriedade predial e territorial urbana (IPTU) por força da

(A) estrita legalidade tributária
(B) isenção tributária subjetiva.
(C) isenção tributária objetiva.
(D) capacidade econômica do contribuinte.
(E) imunidade tributária recíproca.

Trata-se da imunidade recíproca – art. 150, VI, a, da CF. Gabarito "E".

(Magistratura Federal – 3ª Região – XIII) Em virtude da imunidade recíproca a que se refere o artigo 150, VI, "a", da Constituição Federal, se um Estado compra de uma empresa privada um produto industrializado:

(a) nessa venda não há incidência do IPI, uma vez que quem suporta o ônus do IPI é o Estado adquirente;
(b) nessa venda não há incidência da COFINS;
(c) nessa venda não há incidência do IPI mas ocorre a da COFINS;
(d) nessa venda, há incidência do IPI e também da COFINS.

A imunidade não aproveita o industrial ou o comerciante, que são os contribuintes de direito do IPI e da COFINS. Gabarito "D".

(Procuradoria Federal – 2007 – CESPE) Julgue o item seguinte.

(1) Considere-se que Joaquina tenha 80 anos de idade e seja aposentada pelo RGPS. Nessa situação, não há incidência de contribuição previdenciária sobre a aposentadoria percebida por Joaquina, em razão de imunidade tributária específica.

1: Art. 195, II, *in fine*, da CF. Gabarito 1C

(Magistratura/BA – 2006 – CESPE) Julgue os itens subseqüentes.

(1) Quando a Constituição Federal estabeleceu a isenção de impostos para as operações de transferência de imóveis desapropriados para reforma agrária, o instituto aplicado à espécie deve ser entendido como imunidade, tratando-se de verdadeira proibição de sua instituição por lei.

(2) A imunidade recíproca não abrange os tributos devidos por autarquia federal e incidente sobre a renda de seus bens, objeto de aluguel.

1: As limitações às competências tributárias fixadas pela Constituição Federal são imunidades, ainda que o texto constitucional refira-se a isenção ou não-incidência; 2: Art. 150, § 2°, da CF – a imunidade recíproca abrange as autarquias e suas rendas (mesmo a aluguéis), desde que os recursos sejam destinados às suas finalidades essenciais ou às delas decorrentes. Gabarito 1C, 2E

(Defensoria/SE – 2006 – CESPE) Julgue os itens seguintes.

(1) A imunidade dos templos de qualquer culto estende-se aos seus imóveis que são utilizados como estacionamento, com o intuito de auferir recursos para serem utilizados no objeto social dessas entidades.

(2) Na concessão de isenção tributária, é lícito realizar-se interpretação analógica, sempre que em benefício do contribuinte, não tendo, o intérprete, obrigação de pautar-se apenas pela interpretação literal.

1: as receitas auferidas com a exploração do patrimônio são abrangidas pela imunidade, desde que aplicadas nas atividades essenciais do templo; 2: Os benefícios fiscais devem ser interpretados estritamente (ou literalmente, na dicção do art. 111, II, do CTN). Gabarito 1C, 2E

(Auditor Fiscal/CE – 2006 – ESAF) Sobre a imunidade constitucional recíproca, de acordo com a Constituição Federal, é correto afirmar-se que a imunidade recíproca

(A) compreende todos os tributos que incidem sobre o patrimônio, a renda ou os serviços, uns dos outros.

(B) protege as pessoas jurídicas de direito público umas das outras, abrangendo quaisquer espécies de tributos.

(C) não compreende os impostos incidentes sobre a produção e a circulação de riquezas (IPI e ICMS).

(D) é extensiva às autarquias e fundações mantidas pelo poder público, no que se refere ao seu patrimônio, renda ou serviços vinculados a qualquer finalidade.

(E) é extensiva às fundações, mas não às autarquias mantidas pelo poder público.

A e B: a imunidade recíproca refere-se apenas aos impostos – art. 150, VI, *a*, da CF; C: a imunidade não aproveita aos industriais e comerciantes (contribuintes de direito do IPI e do ICMS) que fornecem bens e serviços ao ente imune; D: a imunidade abrange apenas patrimônio, renda e serviços vinculados às finalidades essenciais das autarquias e das fundações públicas ou às delas decorrentes – art. 150, § 2°, da CF; E: a imunidade recíproca é extensiva também às autarquias – art. 150, § 2°, da CF. Gabarito "C".

(Magistratura Federal – 1ª Região – 2005) A imunidade que beneficia a União, os Estados, o Distrito Federal e os Municípios, impedindo que uma dessas pessoas de direito público interno lance imposto sobre as outras, chama-se:

(A) genérica;
(B) específica;
(C) recíproca;
(D) objetiva e específica.

A assertiva descreve a imunidade recíproca – art. 150, VI, *a*, da CF. Gabarito "C".

(Auditor Fiscal/AM – 2005) De acordo com a interpretação literal da norma da Constituição que prevê a imunidade tributária recíproca, esta alcança:

(A) todos os tributos;
(B) taxas e tarifas;
(C) contribuições parafiscais;
(D) impostos;
(E) preços públicos.

O art. 150, VI, *a*, da CF faz referência apenas a impostos. Gabarito "D".

(Auditor Fiscal/RJ) A imunidade tributária, como norma de não incidência, implica a proibição de instituir:

(A) contribuição de melhoria
(B) contribuição social
(C) imposto
(D) taxa

É forte o entendimento no sentido de que as imunidades, em geral, referem-se aos impostos, embora seja inquestionável a existência de imunidades específicas relacionadas a outras espécies tributárias (v.g. art. 195, II e § 7°, da CF – relativas a contribuições sociais). Gabarito "C".

4. DEFINIÇÃO DE TRIBUTO E ESPÉCIES TRIBUTÁRIAS

(Magistratura Federal-5ª Região – 2011) A respeito do Sistema Tributário Nacional, assinale a opção correta.

(A) Consoante à jurisprudência do STF, as custas, a taxa judiciária e os emolumentos constituem espécies de preço público. Assim, é admissível que parte da arrecadação obtida com essas espécies seja destinada a instituições privadas, entidades de classe e caixas de assistência dos advogados.

(B) Compete aos entes federativos instituir contribuições sociais, de intervenção no domínio econômico e de interesse das categorias profissionais ou econômicas, como instrumento de atuação nas respectivas áreas, observado o princípio da anterioridade.

(C) A cobrança de taxa exclusivamente em razão dos serviços públicos de coleta, remoção e tratamento ou destinação de lixo ou resíduos provenientes de imóveis não viola o texto constitucional.

(D) A receita proveniente da arrecadação de empréstimo compulsório instituído para atender a despesa extraordinária decorrente de calamidade pública ocorrida no sul do país pode ser destinada para a construção de escolas públicas na região Nordeste, uma vez que é vedada a vinculação de receita de tributos a órgão, fundo ou despesa.

(E) Segundo o STF, a existência de órgão administrativo constitui condição suficiente para o reconhecimento da constitucionalidade da cobrança da taxa de localização e fiscalização, sendo um dos elementos para se inferir o efetivo exercício do poder de polícia, exigido constitucionalmente.

A: Incorreta, pois o entendimento do STF é exatamente o oposto. Trata-se de taxas (natureza tributária, portanto), sendo indevida, em princípio, a destinação da receita a entidades privadas – ver ADI 1.145/PB; B: Incorreta, pois a competência tributária correspondente é exclusiva da União – art. 149, *caput*, da CF; C: Assertiva correta, conforme reconhecido pelo STF na Súmula Vinculante 19; D: Incorreta, pois a receita dos empréstimos compulsórios é vinculada à despesa que deu ensejo à sua instituição – art. 148, p. único, da CF. Ademais, a vedação de vinculação dos recursos arrecadados a despesa específica refere-se apenas aos impostos, e não às demais espécies tributárias – art. 167, IV, da CF (isso foi, inclusive, reconhecido pela ADI 1.145/PB, indicada no comentário à alternativa "A"); E: Incorreta, pois é preciso que a fiscalização seja efetiva, não basta existir o órgão administrativo – ver RE 140.278/CE – o STJ tirou eficácia da Súmula 157 daquela Corte, permitindo a cobrança na renovação da licença. Gabarito "C".

(Magistratura Federal – 5ª Região – 2011) Com relação a taxas e contribuições, assinale a opção correta.

(A) É cabível a cobrança de contribuição de melhoria em virtude da construção de estradas de rodagem e do recapeamento de via pública já asfaltada.

(B) As contribuições sociais residuais devem ser instituídas por lei complementar, ser não cumulativas e ter bases de cálculo e fatos geradores diferentes dos de outras contribuições sociais.

(C) Aplicam-se às contribuições para o fundo de garantia do tempo de serviço as disposições do CTN.

(D) Em conformidade com a legislação local aplicável, é legítima a cobrança de taxa de calçamento.

(E) É ilegítima a cobrança da contribuição para financiamento da seguridade social (COFINS) sobre as operações relativas a serviços de telecomunicações.

A: Incorreta, pois o Judiciário tem entendido que a simples manutenção de equipamentos públicos (caso do recapeamento) não permite a cobrança da contribuição de melhoria; B: Assertiva correta, conforme o art. 195, § 4º, da CF; C: Incorreta, pois se entende que a contribuição ordinária ao FGTS não tem natureza tributária, sendo inaplicáveis as normas do CTN – Súmula 353/STJ; D: Incorreta, pois o calçamento é serviço prestado a toda coletividade indistintamente (*uti universi*), sendo impossível quantificar o benefício em favor de cada cidadão (não é serviço prestado *uti singuli*). Não sendo, portanto, serviço específico e divisível, inviável a instituição e cobrança de taxa – art. 145, II, da CF e art. 79, III, do CTN; E: Imprecisa, pois a Cofins incide sobre faturamento, não estritamente sobre operações ou serviços – ver art. 1º da Lei 10.833/2003. Ademais, as receitas decorrentes de serviços de telecomunicações sujeitam-se à contribuição – art. 10, VIII, da Lei 10.833/2003. Gabarito "B".

(Magistratura/PE – 2011 – FCC) A importância paga pelos usuários de nossas rodovias a título de pedágio qualifica-se como

(A) preço público.
(B) tributo.
(C) taxa de serviço público.
(D) contribuição de melhoria.
(E) preço compulsório.

Há ainda muita discussão a respeito, mas o entendimento majoritário é de que os valores cobrados pelas concessionárias que exploram as rodovias têm natureza tarifária (= preço público, sem natureza tributária), nos termos do art. 175, p. único, III, da CF. No caso de exploração direta pelo Poder Público, o entendimento dominante é de que se trata também de preço público, embora haja debate nos casos em que o usuário não tem opção de outro trajeto sem cobrança de pedágio (para esses autores, se não há opção é porque existe compulsoriedade, o que implicaria cobrança de taxa). A alternativa "C" é a melhor, conforme comentários iniciais e entendimento dominante. Gabarito "A".

(Magistratura/RO – 2011 – PUCPR) Dadas as assertivas a seguir, assinale a única **CORRETA**:

(A) As receitas de exportação estão imunes às contribuições especiais.
(B) As contribuições de intervenção no domínio econômico poderão ter alíquotas *ad valorem*, tendo por base o valor da operação, e, no caso de importação, o valor aduaneiro.
(C) As alíquotas específicas das contribuições sociais não poderão ter por base a unidade de medida adotada.
(D) A pessoa natural importadora não é contribuinte da contribuição social sobre a importação, pois não foi equiparada à pessoa jurídica pela Constituição, a despeito do que determina a lei.
(E) As contribuições sociais não poderão incidir sobre serviços importados, apenas sobre os produtos, visando a não gerar concorrência desleal com os produtores nacionais.

A: Incorreta, pois as receitas de exportação são imunes apenas em relação às contribuições sociais e de intervenção no domínio econômico – art. 149, § 2º, I, da CF. Não há imunidade em relação às contribuições de interesse de categorias profissionais ou econômicas; B: Correta, conforme o art. 149, § 2º, III, *a*, da CF; C: Incorreta, pois isso é possível, conforme o art. 149, § 2º, III, *b*, da CF; D: Incorreta, pois a equiparação por lei, da pessoa natural à jurídica, é permitida expressamente pelo art. 149, § 3º, da CF; E: Incorreta, pois o art. 149, § 2º, II, da CF admite expressamente a incidência das contribuições sociais e de intervenção no domínio econômico sobre as importações de produtos ou serviços. Gabarito "B".

(Magistratura/RO – 2011 – PUCPR) Dadas as assertivas adiante, assinale a única **CORRETA**:

(A) A base de cálculo tem como uma de suas funções confirmar a hipótese de incidência dos tributos, daí porque as taxas não podem ter base de cálculo idêntica dos impostos.
(B) É constitucional a adoção, no cálculo do valor da taxa, de um ou mais elementos da base de cálculo própria de determinado imposto, desde que não haja integral identidade entre uma base e outra.
(C) As taxas de polícia só podem ser cobradas se resultarem em benefício ao contribuinte.
(D) As taxas devem observar apenas o princípio da remuneração ou retributividade.
(E) O valor da taxa será exatamente o valor gasto pela movimentação do ente estatal em favor do contribuinte, devendo recompor esses gastos.

A: Discutível. O art. 145, § 2º, da CF determina que as taxas não podem ter base de cálculo *própria* de imposto. O art. 77, p. único, do CTN impede base de cálculo *idêntica* à de imposto. A doutrina clássica defende que a base de cálculo não apenas quantifica, mas também confirma a hipótese de incidência (o fato gerador em abstrato), definido a natureza jurídica específica do tributo. Por esse entendimento, a taxa jamais poderia ter base de cálculo própria de imposto. Sua base de cálculo deveria, necessariamente, adotar elementos próprios da taxa (custo do serviço prestado ou da fiscalização realizada). O STF, entretanto, de certa forma afastou-se desse entendimento clássico, admitindo "a adoção, no cálculo do valor de taxa, de um ou mais elementos da base de cálculo própria de determinado imposto, desde que não haja integral identidade entre uma base e outra" (Súmula Vinculante 29/STF). Assim, uma taxa de coleta de lixo poderia, em tese, ter como base de cálculo a área do imóvel que, ainda que isso não quantifique o serviço prestado e seja elemento próprio do imposto sobre propriedade (não há, apesar disso, identidade, já que a base do IPTU é o valor venal do imóvel, não sua área); B: Essa é a melhor alternativa, pois transcreve exatamente o disposto na Súmula Vinculante 29/STF; C: Incorreta, pois a taxa é cobrada pelo exercício do poder de polícia em relação ao fiscalizado, ainda que este seja prejudicado pela atuação estatal – art. 145, II, da CF e art. 78 do CTN; D: Incorreta, pois, como espécie tributária, as taxas devem observar todos os princípios que regem a tributação; E: Incorreta, pois, embora o valor cobrado pela taxa deva ter relação com o custo do serviço prestado ou da fiscalização realizada, não se exige a perfeita identidade. Gabarito "B".

(Ministério Público/PR – 2011) Relativamente às taxas, é incorreto afirmar:

(A) Podem ser cobradas em decorrência do exercício do poder de polícia e da prestação efetiva ou potencial de serviço público, específico e divisível.
(B) As denominadas taxas de serviço decorrem da prestação específica e divisível de um serviço público e pressupõem a mensuração da atividade prestada.
(C) As taxas têm enumeração taxativa e estão todas previstas na Constituição Federal.
(D) As taxas não podem ter a mesma base de cálculo ou fato gerador idênticos aos que correspondam a impostos.
(E) Entende-se haver prestação potencial do serviço, quando, sendo de utilização compulsória, seja posto à disposição do contribuinte mediante atividade administrativa em efetivo funcionamento.

A: Correta, conforme o art. 145, II, da CF e o art. 77 do CTN; B: Assertiva correta, nos termos do art. 79 do CTN; C: Essa é a alternativa incorreta, já que a Constituição Federal apenas indica as duas espécies de taxa (pela prestação de serviço público específico e divisível e pelo exercício do poder de polícia). Cabe à lei de cada ente político instituir efetivamente a taxa, indicando qual o serviço ou qual a fiscalização dá ensejo à exação – art. 145, II, da CF; D: Assertiva correta, pois reflete o disposto no art. 77, p. único, do CTN, embora o art. 145, § 2º, da CF refira-se à base de cálculo *própria* de imposto; E: Correta, nos termos do art. 79, I, *b*, do CTN. Gabarito "C".

(Cartório/AP – 2011 – VUNESP) O tributo que tem por fato gerador o exercício regular do poder de polícia, como, por exemplo, a fiscalização dos serviços notariais e registrais, é denominado

(A) imposto.
(B) taxa.
(C) contribuição de melhoria.
(D) emolumento.
(E) contribuição de interesse de categoria profissional ou econômica.

A assertiva refere-se à taxa pelo exercício do poder de polícia, de modo que a alternativa "B" é a correta – art. 145, II, da CF e art. 77 do CTN. Gabarito "B".

(Cartório/AP – 2011 – VUNESP) Os emolumentos

(A) têm natureza tributária, mas não observam aos princípios da anterioridade anual e nonagesimal e da irretroatividade tributária.
(B) têm natureza tributária e a competência para instituí-los é da União, devendo os Estados e Distrito Federal apenas definir os atos que estarão sujeitos a sua incidência.
(C) têm natureza tributária, mas podem ser instituídos por portaria conjunta do Tribunal de Justiça do Estado e do Governo do Estado, devendo os valores serem únicos para todos os atos notariais e de registro.

(D) não têm natureza tributária e devem ser instituídos por lei dos Estados e do Distrito Federal, levando em conta a natureza pública e o caráter social dos serviços notariais e de registro.

(E) não têm natureza tributária e, por isso, podem ser instituídos por portaria ou decreto, devendo corresponder ao custo do serviço notarial e de registro que remuneram.

Os emolumentos cartorários têm natureza tributária de taxa – ver ADI 1.145/PB e ADI 3.694/AP: "É da jurisprudência do Tribunal que as custas e os emolumentos judiciais ou extrajudiciais têm caráter tributário de taxa". A: Incorreta, pois todas as taxas submetem-se aos princípios da anterioridade e da irretroatividade (não há exceção) – art. 150, § 1º, da CF; B: Incorreta, pois os serviços cartorários de competência dos Estados e do Distrito Federal dão ensejo a taxas estaduais e distritais, respectivamente. Somente quem tem competência material para a prestação do serviço ou para a fiscalização pode instituir a taxa correspondente – art. 145, II, da CF; C: Incorreta, pois, sendo taxas, submetem-se ao princípio da legalidade, podendo ser instituídas, alteradas e extintas somente por lei – art. 150, I, da CF; D e E: Incorretas, conforme comentário inicial. Obs.: entendemos que nenhuma das alternativas é correta. Gabarito "D".

(Magistratura Federal-4ª Região – 2010) Dadas as assertivas a seguir, assinale a alternativa correta.

Em matéria de taxas, o Supremo Tribunal Federal pacificou entendimento de que o disposto no § 2º do art. 145 da Constituição Federal ("As taxas não poderão ter base de cálculo própria de impostos"):

I. Interpreta-se como aceito em tradicional doutrina, de que a base de cálculo identifica a natureza do tributo (Alfredo Augusto Becker, Amílcar de Araújo Falcão, etc.).

II. Interpreta-se como proposto em doutrina mais recente, que nega importância aos critérios tradicionais de identificação (dentre os quais a base de cálculo) e classificação dos tributos em três espécies (Marco Aurélio Greco e outros).

III. Interpreta-se dando por constitucional a adoção, no cálculo da taxa, de um ou mais elementos da base de cálculo própria de determinado imposto, desde que não haja integral identidade entre uma base e outra.

IV. Interpreta-se dando por inconstitucional a adoção de bases de cálculo para taxas que tomem um ou mais elementos da base de cálculo própria de determinado imposto.

V. Interpreta-se mediante recurso ao princípio da razoabilidade, admitindo-se coincidências de base de cálculo de taxas e de impostos em alguns casos e em outros não.

(A) Está correta apenas a assertiva III.
(B) Estão corretas apenas as assertivas I e IV.
(C) Estão corretas apenas as assertivas II e IV.
(D) Estão corretas todas as assertivas.
(E) Nenhuma assertiva está correta.

A: Essa é a melhor alternativa. O art. 145, § 2º, da CF determina que as taxas não podem ter base de cálculo *própria* de imposto. O art. 77, p. único, do CTN impede base de cálculo *idêntica* à de imposto. A doutrina clássica defende que a base de cálculo não apenas quantifica, mas também confirma a hipótese de incidência (o fato gerador em abstrato), definindo a natureza jurídica específica do tributo. Por esse entendimento, a taxa jamais poderia ter base de cálculo própria de imposto. Sua base de cálculo deveria, necessariamente, adotar elementos próprios da taxa (custo do serviço prestado ou da fiscalização realizada). O STF, entretanto, de certa forma afastou-se desse entendimento clássico, admitindo "a adoção, no cálculo do valor de taxa, de um ou mais elementos da base de cálculo própria de determinado imposto, desde que não haja integral identidade entre uma base e outra" (Súmula Vinculante 29/STF). Assim, uma taxa de coleta de lixo poderia, em tese, ter como base de cálculo a área do imóvel, ainda que essa grandeza (a área do imóvel) não quantifique exatamente o serviço prestado e seja elemento típico de imposto sobre propriedade (embora não haja identidade com a base do IPTU, que é o valor venal do imóvel, não sua área); II: Incorreta, pois não se discute a importância da base de cálculo para a identificação e a classificação de tributos, embora se admita a adoção de outros critérios, como a finalidade da exação; III: Correta, conforme a Súmula Vinculante 29/STF; IV: Incorreta, pois isso é admitido nos termos da Súmula Vinculante 29/STF; V: Incorreta, pois não se admite a identidade entre as bases de cálculo, conforme a citada Súmula Vinculante 29/STF. Gabarito "A".

(Ministério Público/ES – 2010 – CESPE) Assinale a opção correta com relação aos conceitos e à classificação dos tributos.

(A) A contribuição para o custeio do serviço de iluminação pública é de competência dos estados e do DF.

(B) Para atender a despesas extraordinárias decorrentes de calamidade pública, a União pode instituir empréstimo compulsório, mediante lei complementar, sem a observância dos princípios da anterioridade e da irretroatividade.

(C) A taxa pode ter como fato gerador a utilização potencial de serviço público específico e divisível, posto à disposição do contribuinte mediante atividade administrativa em efetivo funcionamento, desde que tal serviço seja de utilização compulsória.

(D) A contribuição de melhoria, cujo fundamento ético-jurídico é o não enriquecimento injusto, tem como fato gerador a realização de obra pública.

(E) O imposto sobre a transmissão *causa mortis* e doação, de quaisquer bens ou direitos, de competência dos estados e do DF, tem suas alíquotas máxima e mínima fixadas pelo Senado Federal.

A: Incorreta, pois essa contribuição é da competência exclusiva dos Municípios e do Distrito Federal – art. 149-A da CF; B: Incorreta, pois o empréstimo compulsório para despesa extraordinária é exceção apenas ao princípio da anterioridade anual e nonagesimal, mas não ao da irretroatividade – arts. 148, I, e 150, § 1º, da CF. A rigor, não há exceção ao princípio da irretroatividade em relação à instituição de tributos, mas apenas em relação às penalidades pecuniárias mais benéficas ao infrator – *lex mitior* – art. 106, II, do CTN; C: Correta, conforme o art. 145, II, da CF e o art. 79, I, *b*, do CTN; D: Incorreta, pois o fato gerador da contribuição de melhoria é a valorização imobiliária decorrente da obra pública (não basta a obra, é preciso que haja valorização do imóvel do contribuinte) – art. 145, III, da CF e art. 81 do CTN; E: Incorreta, pois compete ao Senado fixar apenas as alíquotas máximas do ITCMD, não as mínimas – art. 155, § 1º, IV, da CF. Gabarito "C".

(Procurador do Município/Florianópolis-SC – 2010 – FEPESE) De acordo com a definição legal, tributo é toda prestação pecuniária compulsória, em moeda ou cujo valor nela se possa exprimir, que não constitua sanção de ato ilícito, instituída em lei e cobrada mediante atividade administrativa plenamente vinculada, sendo irrelevante para qualificar sua natureza jurídica a denominação e demais características formais adotadas pela lei e a destinação legal do produto da sua arrecadação.

Na atual ordem constitucional, é **correto** afirmar acerca da natureza jurídica do tributo e de suas espécies:

(A) O serviço de iluminação pública pode ser remunerado mediante taxa.

(B) Os empréstimos compulsórios não constituem modalidade tributária.

(C) A contribuição de melhoria é instituída para fazer face ao custo de obras públicas de que decorra algum benefício ao contribuinte, tal como a segurança pública.

(D) É constitucional a cobrança de taxa exclusivamente em razão dos serviços públicos de coleta, remoção e tratamento ou destinação de lixo ou resíduos provenientes de imóveis.

(E) Os valores arrecadados pelos Municípios a título de Imposto sobre a Propriedade Territorial Urbana (IPTU) devem ser necessariamente destinados ao custeamento de atividades estatais específicas, relativas ao contribuinte.

A: Incorreta, pois o serviço de iluminação pública não é específico e divisível (não é prestado *uti singuli*, mas sim *uti universi*) – Súmula 670/STF. Entretanto, cabe instituição e cobrança da contribuição prevista no art. 149-A da CF, de competência de Municípios e Distrito Federal; B: Incorreta, pois empréstimo compulsório tem natureza tributária – art. 148 da CF; C: incorreta, pois o único benefício decorrente da obra pública que dá ensejo à cobrança da contribuição de melhoria é a valorização imobiliária em favor do contribuinte – art. 145, III, da CF e art. 81 do CTN; D: Essa é a alternativa correta, pois, nos termos da Súmula Vinculante 19/STF, "A taxa cobrada exclusivamente em razão dos serviços públicos de coleta, remoção e tratamento ou destinação de lixo ou resíduos provenientes de imóveis, não viola o artigo 145, II, da constituição federal."; E: Incorreta, pois a receita de impostos não pode ser vinculada a despesa específica, nos termos e com as exceções previstas no art. 167, IV, da CF. Gabarito "D".

(Procurador do Município/Teresina-PI – 2010 – FCC) A partir do conceito legal de tributo, é possível afirmar que a multa NÃO é espécie de tributo porque o tributo

(A) pode ser objeto de compensação, anistia e remissão, ao contrário da multa, que só pode ser objeto de anistia.

(B) tem que ser instituído mediante lei, ao passo que a multa não se reveste desta obrigatoriedade.

(C) é cobrado mediante atividade administrativa vinculada, enquanto a multa pode ser aplicada de forma discricionária pelo poder público.

(D) não é sanção por ato ilícito e a multa é sanção pecuniária por prática de ato ilícito.

(E) é prestação pecuniária compulsória, ao passo que a aplicação da multa não é compulsória, dependendo de condenação administrativa.

O tributo não decorre de fato ilícito, o que o distingue da penalidade pecuniária – art. 3º do CTN. Por essa razão, a alternativa correta é a "D". Gabarito "D".

(Defensoria Pública da União – 2010 – CESPE) Acerca do direito tributário e do sistema tributário nacional, julgue o item a seguir.

(1) Segundo o STF, são específicos e divisíveis os serviços públicos municipais de coleta, remoção e tratamento ou destinação de lixo ou resíduos provenientes de imóveis, desde que essas atividades sejam completamente dissociadas de outros serviços públicos de limpeza realizados em benefício da população em geral e de forma indivisível, a exemplo dos serviços de conservação e limpeza de bens públicos, como praças, calçadas, ruas e bueiros.

1: a assertiva descreve corretamente a jurisprudência da Suprema Corte. Veja o disposto na Súmula Vinculante 19/STF: "A taxa cobrada exclusivamente em razão dos serviços públicos de coleta, remoção e tratamento ou destinação de lixo ou resíduos provenientes de imóveis, não viola o artigo 145, II, da Constituição Federal." Gabarito 1C.

(Magistratura Federal/3ª Região – 2010) Assinale a alternativa incorreta:

(A) A União poderá instituir empréstimo compulsório, mediante Lei complementar para atender as despesas extraordinárias, decorrentes de calamidade pública, de guerra externa ou sua iminência;

(B) A cobrança de impostos deve sempre decorrer de uma situação que independa de qualquer atividade estatal específica;

(C) A contribuição de melhoria é instituída para fazer face ao custo de obras públicas do qual decorra valorização imobiliária;

(D) É vedado instituir tratamento desigual entre contribuintes que se encontrem em situação equivalente, admitindo-se distinções em razão da ocupação profissional ou função por eles exercida.

A: assertiva correta, conforme art. 148 da CF; B: correta, pois essa é a definição de imposto – art. 16 do CTN; C: correta, refletindo a definição de contribuição de melhoria – art. 145, III, da CF e art. 81 do CTN; D: incorreta, pois a CF não traz exceção relativa à ocupação profissional ou função, no que se refere à uniformidade geográfica – art. 151, I, da CF. Gabarito "D".

(Procurador do Município/Boa Vista-RR – 2010 – CESPE) Com relação ao estado, ao poder de tributar e ao Sistema Tributário Nacional, julgue o item a seguir.

(1) Serviço público prestado pelo estado, sendo de utilização compulsória, mesmo que não usufruído efetivamente e desde que específico e divisível, será fato gerador de preço público.

1: errada, pois a assertiva refere-se ao fato gerador da taxa por serviço público – art. 145, II, da CF. Gabarito 1E.

(Magistratura/MT – 2009 – VUNESP) Escapa ao conceito de tributo a ideia de

(A) prestação pecuniária.

(B) compulsoriedade.

(C) penalidade.

(D) atividade administrativa vinculada.

(E) instituição por lei.

A definição do que seja tributo é dada pela lei complementar, nos termos do art. 146, III, a, da CF. O art. 3º do CTN cumpre essa função, definindo tributo como toda prestação pecuniária compulsória, em moeda ou cujo valor nela se possa exprimir, que não constitua sanção de ato ilícito, instituída em lei e cobrada mediante atividade administrativa plenamente vinculada. Perceba, portanto, que penalidade (multa) não é tributo (embora seja objeto da obrigação tributária principal – art. 113, § 1º, do CTN), razão pela qual a alternativa C deve ser apontada pelo candidato. Gabarito "C".

(Magistratura/PA – 2009 – FGV) A taxa e o preço público se caracterizam por:

(A) o preço público ser receita derivada do Estado e a taxa ser receita originária.

(B) a cobrança da taxa obedecer ao princípio da proporcionalidade do uso e a do preço público não.

(C) o preço público poder ser cobrado pela utilização potencial do serviço, enquanto e a taxa não poder.

(D) a taxa ter como sujeito ativo pessoa jurídica de direito público e o preço público poder ser exigido por pessoa jurídica de direito privado.

(E) o regime jurídico da taxa ser *sui generis*, já o dos preços públicos ser, sobretudo, contratual.

A: receita derivada é aquela decorrente do poder estatal, exigida compulsoriamente dos cidadãos, por meio de lei (tributos, penalidades pecuniárias). Receita originária é aquela auferida pela exploração do patrimônio estatal (aluguéis, vendas de ativos, prestação de serviços em regime privado etc.). Assim, a taxa (= espécie de tributo) é receita derivada, enquanto o preço público (remuneração pela prestação do serviço em regime privado) é receita originária; B: assertiva incorreta. Tanto a taxa como o preço público são contraprestações pela atividade estatal (prestação de serviço, ou fiscalização, no caso da taxa pelo exercício do poder de polícia), de modo que, por isso, exigem proporcionalidade da cobrança em relação ao uso. Isso sempre ocorre no caso do preço público. Entretanto, no caso das taxas relativas a serviços públicos de utilização compulsória, é possível a cobrança pela simples disponibilização do serviço – art. 79, I, b, do CTN; C: somente a taxa tem o aspecto da compulsoriedade (típico dos tributos), podendo ser exigida mesmo quando o cidadão não utiliza efetivamente o serviço; D: essa é a alternativa correta, pois, de fato, o art. 119 do CTN prevê que o sujeito ativo do tributo (não se esqueça que a taxa é espécie de tributo) será sempre pessoa jurídica de direito público (há controvérsia doutrinária), restrição que não se aplica ao preço público (que não tem natureza tributária); E: o regime jurídico da taxa é de direito público, relativo a todos os tributos, de modo que não pode ser considerado *sui generis*. Gabarito "D".

(Magistratura/SC – 2009) Assinale a alternativa INCORRETA:

(A) O serviço de limpeza de logradouros públicos efetivamente prestado pelo Município pode ser remunerado por taxa.

(B) Na ausência de disposição expressa, a autoridade competente poderá aplicar a equidade, desde que não resulte na dispensa do pagamento de tributo devido.

(C) São normas complementares das leis, dos tratados, das convenções internacionais e dos decretos as práticas reiteradamente observadas pelas autoridades administrativas.

(D) As taxas de serviço são tributos vinculados a uma atuação estatal específica e dirigida a contribuinte e podem ser cobradas independentemente do uso efetivo do serviço público pelo contribuinte.

(E) Tratando-se de ato não definitivamente julgado, aplica-se a lei que comine penalidade menos severa que a prevista na lei vigente ao tempo da sua prática.

A: incorreta, pois a limpeza de logradouros é serviço indivisível (não é possível determinar quanto cada contribuinte usufrui dele), de modo que não pode ser custeada por taxa – art. 145, II, da CF e art. 79, III, do CTN; B: assertiva correta, conforme o art. 108, IV e § 2º, do CTN; C: correta, nos termos do art. 100, III, do CTN; D: correta, lembrando que a cobrança independentemente do uso efetivo somente é possível no caso de serviço público de utilização compulsória – art. 79, I, b, do CTN; E: correta, conforme o art. 106, II, c, do CTN. Gabarito "A".

(Magistratura/SP – 2009 – VUNESP) A taxa judiciária

(A) tem caráter sinalagmático e incide sobre a prestação de serviços judiciários.

(B) não tem caráter sinalagmático e incide sobre o exercício da atividade jurisdicional enquanto dedicada à solução dos conflitos.

(C) compreende todos os serviços processuais ocorridos no curso do processo.

(D) conforme a inclinação do STF, permite a incidência, no processo de inventário, sobre o monte-mor que contenha imóveis.

A: correta, pois a taxa, por ser contraprestacional, tem caráter sinalagmático. Os serviços judiciários são públicos, específicos e divisíveis, dando ensejo à cobrança de taxa; B: incorreta, conforme comentário à alternativa anterior; C: incorreta, pois há serviços prestados por terceiros que são custeados separadamente pelas partes, como a elaboração de laudo pericial, por exemplo; D: incorreta, pois a base de cálculo da taxa deve refletir o custo da atividade estatal. O STF tem posicionamento pacífico contrário ao cálculo sobre o monte-mor, considerando que os imóveis que podem nele ser contidos são base de cálculo para o ITCMD estadual – ver ADI 2.040/PR. Gabarito "A".

(Ministério Público/MA – 2009) Em relação à contribuição de melhoria, INCORRETO é afirmar:

(A) ser necessária sua aprovação pela via legislativa;
(B) ter como limite individual o custo total da obra;
(C) pode ser cobrada pela União, Estados e Municípios;
(D) que decorre de obra pública;
(E) que somente poderá ser exigida se a obra resultar valorização imobiliária.

A: assertiva correta, pois, como todo tributo, a contribuição de melhoria deve ser prevista em lei – art. 150, I, da CF; B: essa é a assertiva incorreta, pois o limite individual é a valorização em relação a cada imóvel. O limite total ou global é a despesa com a obra – art. 81 do CTN; C: correta, pois a competência é comum – art. 145, III, da CF; D e E: corretas, pois a contribuição de melhoria é cobrada pela valorização imobiliária decorrente da obra pública – art. 145, III, da CF. "Gabarito B."

(Ministério Público/MA – 2009) Constitui tributo não vinculado a qualquer atividade específica, relativa ao contribuinte:

(A) taxa;
(B) contribuição previdenciária;
(C) imposto;
(D) contribuição de melhoria;
(E) tarifa.

A: a não vinculação é característica que define o imposto – art. 16 do CTN. "Gabarito C."

(Procurador do Estado/SP – FCC – 2009) Lei publicada no Diário Oficial do Estado em 21.07.2009 institui, a partir de 01.01.2010, taxa de licenciamento de veículos, fixando como alíquota o percentual de 5% e tomando como base de cálculo o valor venal dos automóveis. Tal norma

(A) é inconstitucional, pois institui tributo com efeito confiscatório.
(B) é inconstitucional, pois institui taxa, adotando base de cálculo própria de imposto.
(C) é inconstitucional, visto que já incide o IPVA sobre veículos, sendo vedada a criação de taxa anual para licenciamento do mesmo bem, pois isto configuraria bi-tributação.
(D) fere o princípio da capacidade contributiva.
(E) fere o princípio da estrita legalidade.

A taxa não pode ter base de cálculo própria de imposto – art. 145, § 2°, da CF. A questão descreve taxa que teria exatamente a mesma base de cálculo do IPVA, de modo que seria inconstitucional – ver Súmula Vinculante 29/STF. "Gabarito B."

(Defensoria/MG – 2009 – FURMARC) Marque a opção **VERDADEIRA**:

(A) A taxa e o preço público são espécies do gênero tributo.
(B) O valor da anuidade recolhida à Ordem dos Advogados do Brasil ou aos Conselhos de Medicina tem a natureza jurídica de contribuição de intervenção no domínio econômico (cide).
(C) Para a criação de novos impostos não previstos no texto constitucional, a União, os Estados e o Distrito Federal devem editar leis complementares.
(D) As contribuições de seguridade social têm natureza jurídica de tributo.
(E) A imunidade se aplica aos impostos, taxas e contribuições de melhoria.

A: incorreta, pois preço público não é tributo – art. 145 da CF; B: incorreta, já que se trata de contribuições de interesse de categorias profissionais – art. 149 da CF; C: incorreta, pois a competência residual é exclusiva da União – art. 154, I, da CF; D: essa é a assertiva correta, pois as contribuições sociais têm natureza tributária – arts. 149 e 195 da CF; E: incorreta, pois é forte o entendimento de que as imunidades restringem-se aos impostos, o que é inquestionável em relação àquelas previstas no art. 150, VI, da CF. Ademais, ainda que seja defensável a existência de imunidades em relação a contribuições (art. 195, § 7°, da CF) e taxas (art. 5°, XXXIV, LXXIV, LXXVI e LXXVII da CF), não é possível afirmar que elas existam em relação a contribuições de melhoria. "Gabarito D."

(Cartório/SP – VI – VUNESP) A taxa é um tributo instituído pela União, pelos Estados, pelo Distrito Federal e pelos Municípios, em razão do exercício do poder de polícia ou

(A) pela utilização de serviços públicos prestados ao contribuinte ou postos à sua disposição.
(B) pela utilização efetiva de serviços públicos prestados ao contribuinte ou postos à sua disposição.
(C) pela utilização efetiva ou potencial, de serviços públicos específicos e divisíveis, prestados ao contribuinte ou postos à sua disposição.
(D) pela utilização potencial, de serviços públicos específicos e divisíveis, prestados ao contribuinte ou postos à sua disposição.

Além do exercício do poder de polícia, somente a utilização, efetiva ou potencial, de serviços públicos específicos e divisíveis, prestados ao contribuinte ou postos à sua disposição dá ensejo à cobrança de taxa – art. 145, II, da CF. "Gabarito C."

(Magistratura/AL – 2008 – CESPE) Os serviços públicos justificadores da cobrança de taxas são

(A) específicos ou divisíveis quando a utilização é efetiva pelo contribuinte.
(B) divisíveis e de utilização compulsória.
(C) sempre específicos e divisíveis.
(D) aqueles cuja utilização é específica.
(E) de utilização específica ou postos à disposição.

Os serviços tributáveis por meio de taxa são sempre específicos e divisíveis. Sua utilização pode ser efetiva ou potencial e são prestados ao contribuinte ou postos à sua disposição – art. 145, II, da CF. "Gabarito C."

(Magistratura/SP – 2008) A contribuição de melhoria

(A) tem por fato gerador a valorização de imóvel, em razão de obra pública, e será calculada pela parcela de seu custo, rateada entre os contribuintes beneficiados.
(B) tem como fato gerador a prestação de serviço público específico e divisível, listado em caráter exemplificativo na Lei Federal.
(C) pode ser instituída somente por Estados, Municípios e Distrito Federal.
(D) não permite questionamento administrativo pelo contribuinte, antes de seu lançamento.

A: art. 145, III, da CF e art. 81 do CTN; B: a assertiva refere-se à taxa, embora não exista listagem exemplificativa; C: todos os entes políticos, inclusive a União, podem instituir contribuição de melhoria; D: é possível esse questionamento – art. 82, II e III, do CTN. "Gabarito A."

(Ministério Público/AM – 2008 – CESPE) Se um indivíduo é notificado a pagar um tributo, por natureza, não-vinculado, é correto afirmar que essa exação é um(a)

(A) imposto.
(B) taxa.
(C) contribuição de melhoria.
(D) empréstimo compulsório.
(E) contribuição parafiscal.

Art. 16 do CTN – o imposto é considerado tributo não-vinculado, pois não tem relação com atividade estatal específica voltada ao contribuinte. "Gabarito A."

(Ministério Público/MG - 2008) As taxas, não raro, são instituídas indevidamente pelos legisladores das três esferas de governo, com a preocupação de preencher depressões financeiras do Erário. Sobre essa espécie tributária, assinale a opção **INCORRETA**.

(A) O serviço de iluminação pública não pode ser remunerado mediante taxa.
(B) Possui natureza compulsória, isto é, basta estar o serviço público específico e divisível à disposição do contribuinte para sua cobrança.
(C) Enquadra-se na imunidade recíproca entre os entes federados.
(D) Proíbe-se a cobrança da taxa cuja base de cálculo seja idêntica à dos impostos.
(E) NDA

A: o serviço de iluminação pública é indivisível, o que impede a remuneração por taxa; B: somente os serviços de utilização compulsória permitem a cobrança de taxa pela utilização potencial – art. 79, I, b, do CTN; C: a imunidade recíproca refere-se apenas a impostos – art. 150, VI, a, da CF; D: art. 145, § 2°, da CF. "Gabarito C."

(Procurador do Estado/PI – 2008 – CESPE) Considerando que determinado estado da Federação tenha instituído cobrança de valor para que determinado setor da atividade econômica fosse fiscalizado em virtude de comercializar alimentos, assinale a opção correta.

(A) Nesse caso, a taxa é cobrada em função do poder de polícia, pois existe a utilização de serviço público por parte do contribuinte.

(B) A taxa cobrada tem fundamento legal na utilização de serviço público e na sua especificidade.

(C) Nesse caso, trata-se de preço público cobrado em função da escolha da atividade econômica explorada pelo contribuinte.

(D) A cobrança enquadra-se tão-somente no conceito de taxa, pelo exercício do poder de polícia do Estado.

(E) A referida cobrança deve ser classificada como tarifa, uma vez que a utilização do serviço ficará disponível.

A referência à fiscalização permite concluir que se trata de taxa cujo fato gerador é o exercício de poder de polícia, e não a prestação de serviço público específico e divisível. Gabarito "D".

(Procurador do Município/Aracaju – 2008 – CESPE) Em razão da necessidade de promover a melhoria do asfaltamento das ruas do município Alfa, o prefeito encaminhou à câmara de vereadores projeto de lei complementar que instituía a taxa de manutenção de vias públicas. Os legisladores aprovaram o texto tal qual foi encaminhado à Casa e que foi sancionado pelo chefe do Poder Executivo. O artigo 2.º da Lei Complementar tinha a seguinte1 redação: Art. 2.º O contribuinte da taxa de conservação e manutenção de vias públicas é o proprietário de veículos automotores matriculados no órgão de trânsito com jurisdição no município Alfa, usuário de vias de rodagem que compõem o complexo viário da cidade Alfa. A empresa de radiotáxi Alfa-Mais Ltda. não concordou com o pagamento da referida taxa e ajuizou ação declaratória de inexistência de relação jurídico-tributária, suscitando a inconstitucionalidade do artigo 2.º acima transcrito. Diante dos fatos hipotéticos acima narrados, julgue os itens a seguir.

(1) A taxa em apreço é inconstitucional porque somente poderia ser criada pelo estado do município Alfa.

(2) Na hipótese considerada, a taxa não observou a exigência de divisibilidade do serviço público.

(3) O fato gerador da taxa é o mesmo de um imposto estadual, o que implica inconstitucionalidade da taxa em questão.

1: o Estado não poderia instituir taxa por serviço prestado pelo Município – art. 80 do CTN; 2: O serviço de conservação e manutenção de vias é indivisível, o que impede a instituição da taxa; 3: art. 145, § 2º, c/c art. 155, III, ambos da CF – taxas não podem ter base de cálculo própria de imposto (idêntica à do IPVA, no caso). Gabarito 1E, 2C, 3C

(Cartório/SC – 2008) No que se refere à taxa, é INCORRETO afirmar:

(A) É um tributo vinculado.

(B) Somente pode ser instituída pelos municípios.

(C) Os municípios não detêm total autonomia para definir sua base de cálculo.

(D) Possui como características a especificidade e a divisibilidade.

(E) Não pode ter base de cálculo ou fato gerador idênticos aos que correspondam a imposto.

Art. 145, II, e § 2º, da CF. A: a taxa é tributo vinculado a atividade estatal específica (serviço público ou exercício do poder de polícia); B: todos os entes políticos (União, Estados, DF e Municípios) podem instituir taxas; C: a base de cálculo deve se relacionar diretamente ao serviço prestado ou ao exercício do poder de polícia; D: a taxa pela prestação de serviços refere-se apenas àqueles com essas características; E: a assertiva é verdadeira. Na verdade, a Constituição impede a adoção de base de cálculo **própria** de imposto. Note que o STF publicou a Súmula Vinculante 29, segundo a qual é constitucional a adoção, no cálculo do valor de taxa, de um ou mais elementos da base de cálculo própria de determinado imposto, desde que não haja integral identidade entre uma base e outra. Gabarito "B".

(Magistratura Federal – 4ª Região – XIII – 2008) Dadas as assertivas abaixo, assinalar a alternativa correta.

I. A sinonímia existente entre taxa e preço público torna acadêmica e juridicamente irrelevante a discussão sobre classificação de determinada exigência fiscal em uma ou outra dessas figuras jurídicas.

II. É inviável a cobrança de taxa para cobrir gastos de fiscalização sanitária.

III. Segundo o princípio da indelegabilidade, é vedado pela Constituição que a União arrecade determinado tributo para, posteriormente, repassá-lo em cotas de fundo para Estados e Municípios.

IV. A dívida não-tributária da União não pode ser inscrita em dívida ativa, carente o título que a represente de presunção *juris tantum* de liquidez e certeza.

(A) Está correta apenas a assertiva I.

(B) Está correta apenas a assertiva III.

(C) Estão corretas apenas as assertivas II e IV.

(D) Estão incorretas todas as assertivas.

I: taxa (espécie de tributo) não se confunde com preço público; II: art. 145, II, da CF – exercício de poder de polícia; III: a indelegabilidade refere-se à competência tributária (legislar sobre o tributo); IV: art. 2º, §§ 2º e 3º da Lei 6.830/1980. Gabarito "D".

(Magistratura Federal – 4ª Região – XIII – 2008) Dadas as assertivas abaixo, assinalar a alternativa correta.

I. Tanto a taxa quanto o preço público têm sua existência condicionada à prévia autorização orçamentária em relação às leis que lhes dão gênese.

II. É perfeitamente lícita, conforme sempre entendeu o Supremo Tribunal Federal, a destinação da receita proveniente de taxas à Caixa de Assistência dos Advogados.

III. É ilícita a cobrança do tributo que houver sido aumentado após o orçamento, mas antes do início do respectivo exercício financeiro.

IV. A interdição de estabelecimento constitui meio próprio e eficaz para compelir a empresa inadimplente ao pagamento de débitos tributários.

(A) Estão incorretas apenas as assertivas I e IV.

(B) Estão incorretas apenas as assertivas I, II e III.

(C) Estão incorretas apenas as assertivas II, III e IV.

(D) Estão incorretas todas as assertivas.

I e III: não subsiste o princípio da anualidade; II: o entendimento do STF é contrário a essa vinculação – ver ADI 2.982/CE; IV: Súmula 70/STF. Gabarito "D".

(Magistratura Federal – 3ª Região – XIII) O artigo 149 da Constituição diz que compete exclusivamente à União instituir contribuições de intervenção no domínio econômico. A natureza jurídica do gênero contribuição de intervenção no domínio econômico é determinada:

(A) pela denominação que for dada a cada contribuição quando de sua criação;

(B) pelo fato gerador da respectiva obrigação tributária;

(C) pela destinação legal do produto de sua arrecadação;

(D) pelo fato de sua arrecadação e aplicação do produto desta serem atribuídos a ente autárquico.

A: a denominação é irrelevante para se determinar a natureza jurídica do tributo; B e C: embora muitos autores entendam que o binômio "fato gerador – base de cálculo" indique a natureza jurídica do tributo, é majoritário, atualmente, o posicionamento de que as contribuições caracterizam-se por sua finalidade, o que se confunde, no mais das vezes, com a destinação a ser dada ao produto de sua arrecadação – nesse sentido, a alternativa C é a melhor; D: quando outra pessoa (normalmente autarquia), que não seja o próprio ente tributante, exige o tributo e aplica o produto da arrecadação para custeio de suas atividades, há parafiscalidade, o que não tem relação com a natureza da exação. Gabarito "C".

(Procuradoria Distrital – 2007) O Sistema Tributário Nacional é regido por regras e princípios gerais que estão postos nos artigos 145 a 162 da Constituição Federal. Com base no conteúdo das disposições acima referidas, assinale, entre as opções abaixo apresentadas, a que está correta.

(A) É inconstitucional a taxa de fiscalização dos mercados de títulos e valores mobiliários instituída pela Lei n. 7.940, de 1989, haja vista não ser conferido, pelo ordenamento jurídico positivado, poder de polícia à Comissão de Valores Mobiliários.

(B) O serviço de iluminação pública, pela sua natureza jurídica, deve ser sempre remunerado mediante taxa.

(C) Os serviços gerais prestados por órgãos de Segurança Pública não podem ser sustentados por taxas. Essa atividade pública, por sua natureza, deve ser retribuída, genericamente, por impostos.

(D) É inconstitucional lei estadual que cria taxa destinando a arrecadação de seu produto aos serviços de fiscalização da atividade notarial e de registro a órgão público.

(E) É constitucional a taxa municipal de conservação de estradas de rodagem que tem como base de cálculo a adotada para o imposto territorial rural.

A: Súmula 665/STF; B: o serviço de iluminação pública é indivisível, o que impede a remuneração por taxa. O art. 149-A da CF permite a tributação por meio de contribuição específica; C: a afirmação é correta; D: é possível a vinculação do produto da arrecadação de taxa a uma despesa pública específica. Há vedação em relação aos impostos (art. 167, IV, da CF); E: a taxa não pode ter base de cálculo própria de impostos – art. 145, § 2º, da CF. . Ver Súmula Vinculante 29/STF. Gabarito "C".

(Procuradoria Federal – 2007 – CESPE) Julgue o seguinte item.

(1) O produto da arrecadação da contribuição de intervenção no domínio econômico relativa às atividades de importação e comercialização de petróleo e seus derivados será destinado, entre outros fins, ao financiamento de programa de infraestrutura de transportes.

1: art. 177, § 4º, II, c, da CF. Gabarito 1C.

(Procurador da Fazenda Nacional – 2007.2 – ESAF) O Código Tributário Nacional, embora tenha sido criado _____, foi recebido pelas Constituições como _____. Normas especiais sobre obrigação, lançamento e crédito tributários cabem à _____ de cada ente tributante. _____, decorrente de obras públicas, poderá ser instituída(o), conforme o caso, pela União, os Estados, o Distrito Federal e os Municípios. Examine as afirmações e as lacunas supra. Após, selecione, entre as expressões abaixo, as que preenchem corretamente as lacunas, na devida seqüência.

(A) como lei ordinária / código / lei complementar / A contribuição de melhoria

(B) como código / lei complementar / lei complementar / A taxa de obra

(C) como lei ordinária / lei complementar / legislação ordinária / A contribuição de melhoria

(D) como ato complementar / código / legislação ordinária / O tributo vinculado

(E) como lei complementar / lei ordinária / legislação ordinária / A taxa de serviço

As expressões contidas na resposta esclarecem os conceitos. Gabarito "C".

(Procurador da Fazenda Nacional – 2007.2 – ESAF) Responda às questões abaixo, com Sim ou Não. Em seguida, indique a opção que contenha a seqüência correta. 1. Segundo a Constituição da República, é vedado à lei que instituir contribuição de intervenção no domínio econômico relativa às atividades de importação ou comercialização de petróleo destinar o produto de sua arrecadação a órgão, fundo, despesa ou qualquer outra finalidade determinada? 2. A lei brasileira prevê a cobrança de contribuição de intervenção no domínio econômico, devida por pessoa jurídica adquirente de conhecimentos tecnológicos? 3. Entre os métodos de cálculo dos chamados "preços de transferência" está o Método dos Preços Independentes Comparados, definido como a média aritmética dos preços de bens, serviços ou direitos, idênticos ou similares, apurados no mercado brasileiro ou de outros países, em operações de compra e venda, em condições de pagamento semelhantes?

(A) Sim, Sim, Sim
(B) Não, Não, Não
(C) Sim, Não, Sim
(D) Sim, Sim, Não
(E) Não, Sim, Sim

1: não há essa vedação – ver art. 177 da CF; 2: Art. 2º da Lei 10.168/2000; 3: art. 241, I, do RIR (regulamento do imposto de renda - Decreto 3.000/1999). Gabarito "E".

(Procurador da Fazenda Nacional – 2007 – ESAF) Contribuição previdenciária classifica-se como

(A) contribuição de intervenção no domínio econômico.

(B) taxa vinculada à prestação de benefícios previdenciários de natureza continuada.

(C) contribuição corporativa.

(D) contribuição social.

(E) contribuição de seguridade vinculada ao tesouro da União, em razão da universalidade de cobertura e de atendimento.

Art. 149 e 195 da CF. Gabarito "D".

(Defensoria Pública da União – 2007 – CESPE) Julgue o item a seguir.

(1) Consoante o texto constitucional, a definição da espécie tributária empréstimo compulsório cabe à lei complementar.

1: art. 148 da CF. Gabarito 1C.

(Magistratura Federal – 5ª Região – 2007 – CESPE) Julgue o seguinte item.

(1) O Supremo Tribunal Federal (STF) já pacificou entendimento jurisprudencial no sentido de que não se admite a criação de contribuição para o financiamento da seguridade social que tenha a mesma base de cálculo de imposto já existente.

1: o STF admite contribuição social cujo fato gerador confunde-se com o de imposto (exemplo: contribuição social sobre o lucro líquido e imposto de renda). Gabarito 1E.

(Ministério Público/MG – 2007) É CORRETO afirmar.

(A) O serviço de segurança pública repressiva deve ser custeado por taxa, porquanto fracionado em unidades individuais.

(B) Para que o imposto seja devido, mister uma contraprestação determinável porque se trata de pagamento lastreado na soberania estatal.

(C) O imposto deve ser compreendido como fundamento econômico, vez que é um instrumento para as reformas econômicas e sociais.

(D) Os Municípios podem, na forma da lei, cobrar Imposto sobre Propriedade Territorial Rural, estipulando sobre eventuais formas de renúncia fiscal.

(E) NDA.

A: o serviço de segurança pública é indivisível, o que impede a remuneração por meio de taxa; B e C: o imposto não é vinculado a atividade estatal específica voltada ao contribuinte – art. 16 do CTN; D: embora seja possível a cobrança, os Municípios não podem estipular medidas que impliquem renúncia fiscal relativa ao ITR – art. 153, § 4º, III, in fine, da CF. Gabarito "E".

(Ministério Público/MG – 2007) O PODER DE POLÍCIA

I. é a faculdade discricionária de condicionar o uso e o gozo de bens, atividades, serviços e direitos individuais, em prol do interesse público.

II. não impõe a preexistência de uma atividade pública para fins de imposição da respectiva taxa – apenas enseja a ocorrência de uma despesa.

III. não exige precedente norma de polícia para a execução da respectiva fiscalização, desde que feita por órgão competente.

IV. naturalmente justifica - por si e em si (eis que insígnia da soberania do Estado) - a criação e a imposição da respectiva taxa.

Somente é CORRETO o que se afirma em

(A) I
(B) II
(C) III
(D) III e IV
(E) NDA.

I: art. 78 do CTN; II: art. 145, II, da CF e art. 77 do CTN – a taxa somente pode ser exigida quando houver regular e efetivo exercício do poder de polícia; III e IV: art. 78, parágrafo único, do CTN. Gabarito "A".

(Magistratura/SP – 2007) A natureza jurídica específica do tributo é determinada

(A) pelo lançamento.
(B) pelo fato gerador da obrigação.
(C) pela denominação legal.
(D) pela destinação legal do produto da arrecadação.

Art. 4º do CTN – a doutrina acrescenta que a natureza do tributo é determinada pelo fato gerador **e** pela base de cálculo. Gabarito "B".

(Defensoria/MT – 2007) Concernente às espécies de tributos no sistema tributário nacional, assinale a afirmativa correta.

(A) O critério relevante utilizado para diferenciar taxa de tarifa é verificar se a atividade concretamente executada pelo Poder Público configura um serviço público ou não.
(B) A tarifa é tributo que nasce por meio de lei, é voluntária e possui caráter de inessencialidade.
(C) Preços de serviços públicos e taxas não se confundem, porque aqueles, diferentemente destas, são compulsórios e têm sua cobrança condicionada à prévia autorização orçamentária, em relação à lei que os instituiu.
(D) Na taxa de polícia, paga-se a taxa de fiscalização em virtude do poder de polícia administrativo potencialmente manifestado.
(E) A taxa é um tributo unilateral, contraprestacional e sinalagmático.

A: há entendimento nesse sentido – no entanto, os Tribunais Superiores têm decidido que a tarifa remunera concessionária de serviço público (i.e. se existe concessão, há tarifa – ver REsp 1.027.916/MS) – de qualquer forma, esta é a melhor alternativa, por exclusão das demais; B: tarifa não é tributo; C: a compulsoriedade é característica das taxas; D: o exercício do poder de polícia deve ser efetivo, não potencial; E: unilateral e sinalagmático são adjetivos incompatíveis. Gabarito "A".

(Defensoria/SE – 2006 – CESPE) Julgue o seguinte item.

(1) A taxa cobrada em virtude do exercício do poder de polícia pode ser instituída tendo em vista um potencial serviço público a ser prestado de forma divisível ao contribuinte.

1: o exercício do poder de polícia deve ser efetivo, não potencial, para dar ensejo à taxação – art. 145, II, da CF. Gabarito 1E.

5. LEGISLAÇÃO TRIBUTÁRIA – FONTES

(Magistratura/SP – 2011 – VUNESP) O juiz Nerivaldo Branquinho, ao examinar mandado de segurança impetrado por Exportadora e Importadora Ltda. contra o Sr. Delegado Regional Tributário de Xiririca da Serra, que objetiva a isenção de ICMS sobre filé de merluza importado da Argentina, sob o fundamento de o Brasil ser signatário de tratado internacional, julga corretamente quando

(A) decide que a mercadoria importada do país signatário do BATE é isenta de ICMS quando contemplado com esse favor o similar nacional.
(B) decide que a merluza importada do país signatário do BRD paga ICM.
(C) decide que à mercadoria importada do país signatário do GATT, ou membro do ALALC, estende-se a isenção do Imposto de Circulação de Mercadorias concedida a similar nacional.
(D) denega a segurança porque a merluza é um produto importado.
(E) denega a segurança porque o direito do impetrante não é albergado pelo GATT.

O judiciário reconhece que os tratados do GATT e do ALALC, entre outros, garantem ao bem importado o mesmo tratamento tributário concedido ao similar nacional – Súmulas 20 e 71/STJ e 575/STF: "À mercadoria importada de país signatário do GATT, ou membro da ALALC, estende-se a isenção do imposto sobre circulação de mercadorias concedida a similar nacional." Por isso, a alternativa "C" é a correta. Gabarito "C".

(Magistratura/DF – 2011) O art. 146 da Constituição Federal dispõe que cabe à lei complementar:

(A) dispor sobre conflitos de competência, em qualquer matéria, entre a União, os Estados, o Distrito Federal e os Municípios;
(B) estabelecer normas específicas em matéria de legislação tributária;
(C) definir tratamento diferenciado e favorecido para as microempresas e para as empresas de pequeno porte;
(D) estabelecer normas gerais em matéria tributária, especialmente sobre obrigação, lançamento, crédito, prescrição e decadência tributários, bem como regular a execução fiscal.

A: Incorreta, pois o dispositivo constitucional refere-se a conflitos de competência relativos à matéria tributária; B: Incorreta, pois a lei complementar federal estabelecerá normas gerais, não específicas, em matéria tributária; C: Correta, pois reflete o disposto no art. 146, III, *d*, da CF; D: Incorreta, pois não cabe à lei complementar regular a execução fiscal (atualmente normatizada pela Lei 6.830/1980). Gabarito "C".

(Magistratura/RO – 2011 – PUCPR) Dadas as assertivas a seguir, assinale a única **CORRETA**.

(A) O Código Tributário Nacional foi recepcionado pela Constituição Federal de 1988 como lei complementar, porque sua natureza era, antes dela, de lei ordinária.
(B) O Código Tributário Nacional denomina de "normas complementares" as leis complementares do artigo 146 da Constituição Federal em vigor.
(C) A observância das práticas, reiteradamente observadas pelas autoridades administrativas, livra o contribuinte da imposição de penalidades, da cobrança de juros de mora e da atualização do valor monetário da base de cálculo do tributo.
(D) Medidas provisórias podem ser utilizadas, atualmente, para criar tributos, desde que ela tenha-se convertido em lei no ano de sua publicação e, nesse caso, só produzirá efeitos no exercício financeiro seguinte.
(E) Os princípios de direito privado são determinantes para a definição do conteúdo e efeitos tributários dos institutos privados empregados pela legislação tributária.

A: Incorreta. Em 1966 o CTN foi aprovado como lei ordinária, mas as Constituições posteriores determinaram que as matérias tratadas pelo Código deveriam ser veiculadas por lei complementar federal. Assim, já durante a CF/1967 e a EC 1/1969 (sistemas constitucionais anteriores à atual CF/1988) o CTN fora recepcionado e vigorava com força de lei complementar federal; B: Incorreta, pois normas complementares são aquelas abaixo dos decretos dos chefes dos Executivos – art. 100 do CTN; C: Assertiva correta, conforme o art. 100, III, e p. único, do CTN; D: Incorreta, pois a exigência de conversão em lei até o final do ano de publicação da MP refere-se apenas a impostos (com exceções), e não a qualquer espécie de tributo – art. 62, § 2º, da CF; E: Incorreta, pois princípios gerais de direito privado utilizam-se para pesquisa da definição, do conteúdo e do alcance de seus institutos, conceitos e formas, mas não para definição dos respectivos efeitos tributários – art. 109 do CTN. Gabarito "C".

(Ministério Público/MS – 2011 – FADEMS) Em relação à legislação tributária, a autoridade competente, na falta de disposição expressa, poderá utilizar sucessivamente:

(A) a equidade, os princípios gerais de direito e a analogia;
(B) os princípios gerais de direito, a analogia e a equidade;
(C) a analogia, os princípios gerais de direito tributário, os princípios gerais de direito público e a equidade;
(D) a analogia, os princípios gerais de direito público, os princípios gerais de direito tributário e a equidade;
(E) a analogia, os princípios gerais de direito público, a equidade e os princípios gerais de direito tributário.

O art. 108 do CTN determina a utilização das seguintes ferramentas de integração, nesta ordem, em caso de lacuna legislativa: a analogia, os princípios gerais de direito tributário, os princípios gerais de direito público e a equidade. Por essa razão, a alternativa "C" é a correta. Gabarito "C".

(Magistratura Federal-4ª Região – 2010) Dadas as assertivas adiante, assinale a alternativa correta.

Quanto ao prazo de prescrição e decadência em matéria tributária, os Tribunais Superiores têm decidido que:

I. Alterações de prazos de decadência e prescrição como as feitas pelo art. 5º do Decreto-Lei 1.569/77 e pelos arts. 45 e 46 da Lei 8.212/91 são válidas devido à especialidade desses diplomas no tocante aos tributos específicos de que tratam.

II. Alterações de prazos de decadência e prescrição como as feitas pelo art. 5º do Decreto-Lei 1.569/77 e pelos arts. 45 e 46 da Lei 8.212/91 são ilegais devido ao conflito com dispositivos de Lei Complementar (Código Tributário Nacional), que é hierarquicamente superior àqueles diplomas posteriores.

III. Alterações de prazos de decadência e prescrição como as feitas pelo art. 5º do Decreto-Lei 1.569/77 e pelos arts. 45 e 46 da Lei 8.212/91 são inconstitucionais por exigir-se Lei Complementar para reger tais matérias.

IV. O prazo de prescrição para cobrança de tributos sujeitos a lançamento por homologação é de 5 anos a partir da data em que o pagamento antecipado foi ou deveria ter sido feito.

V. O prazo de prescrição para cobrança de tributos sujeitos a lançamento por homologação é de 10 anos (5 + 5) somente até a publicação da Lei Complementar 118/2005, a partir da qual passa a ser de apenas 5 anos.

(A) Estão corretas apenas as assertivas I e II.
(B) Estão corretas apenas as assertivas II e IV.
(C) Estão corretas apenas as assertivas III e IV.
(D) Estão corretas apenas as assertivas III e V.
(E) Estão corretas apenas as assertivas II, III e IV.

O STF decidiu que decadência e prescrição no âmbito tributário são matérias a serem veiculadas exclusivamente por lei complementar federal, nos termos do art. 146, III, *b*, da CF, de modo que as disposições em simples lei ordinária são inconstitucionais. Atualmente, os prazos decadencial e prescricional são de 5 anos, contados na forma dos arts. 173 e 174 do CTN. Nesse sentido, a Súmula Vinculantes 8/STF indica que: "São inconstitucionais o parágrafo único do artigo 5º do decreto-lei nº 1.569/1977 e os artigos 45 e 46 da lei nº 8.212/1991, que tratam de prescrição e decadência de crédito tributário."
A jurisprudência do STJ era pacífica no sentido de que o prazo prescricional para a restituição de tributos sujeitos ao lançamento por homologação era de 5 anos contados da homologação que, se tácita, ocorria após 5 anos a partir do fato gerador (tese dos "cinco mais cinco"). A Lei 118/2005 veio afirmar que o prazo para repetição deve ser contado do pagamento indevido (5 anos, apenas). Em um primeiro momento, o STJ entendeu que as novas regras eram aplicáveis apenas aos pagamentos indevidamente realizados após o início de vigência da LC 118/2005. No caso dos pagamentos anteriores, continuava valendo a regra do "cinco mais cinco", limitando o prazo de repetição a 5 anos contados do início da vigência da LC 118/2005. Esse entendimento jurisprudencial chegou a ser fixado em Recurso Especial repetitivo (art. 543-C do CPC). Ocorre que a tese foi afastada parcialmente pelo STF, no julgamento do RE 566.621/RS em repercussão geral (j. 4.8.2011). Atualmente, o STJ continua interpretando as disposições da LC 118/2005 no sentido de que o prazo para repetição é de apenas cinco anos contados do pagamento indevido. Entretanto, o Superior Tribunal de Justiça passou a adotar a orientação fixada pelo STF, no sentido de que a regra atual vale para todas as ações ajuizadas após o início de vigência da LC 118/2005 (o critério para aplicação da LC 118/2005 é, portanto, a data do ajuizamento da ação, e não mais a do pagamento indevido) – ver o EDcl AgRg AREsp 6.406/RS-STJ. Para as ações ajuizadas antes do início de vigência da LC 118/2005, continua aplicável a tese do "cinco mais cinco".
I: Incorreta, pois a veiculação de normas de prescrição e decadência pelo decreto-lei foi considerada inconstitucional – Súmula Vinculante 8/STF; II: Incorreta, pois o STF entende que o caso é de inconstitucionalidade, não de simples ilegalidade; III: Correta, conforme a Súmula Vinculante 8/STF; IV: Incorreta, pois o prazo prescricional para a cobrança é contado da constituição definitiva do crédito. Perceba que é comum a legislação tributária exigir declarações dos contribuintes a respeito dos tributos a serem recolhidos na sistemática do lançamento por homologação (pagamento antes de qualquer atividade do Fisco – não é lançamento por declaração). Se o contribuinte declarou valor maior (por DCTF, no caso de tributos federais, ou declaração equivalente no âmbito dos Estados, DF e Municípios), mas recolheu a menor, considera-se que o crédito foi constituído no momento da declaração, contando-se o prazo prescricional quinquenal para a cobrança da diferença a partir dessa declaração ou do vencimento (caso o vencimento seja posterior à declaração), por conta do princípio da *actio nata* (o prazo prescricional não começa a correr contra o Fisco enquanto ele não pode cobrar o tributo, ou seja, antes do vencimento) – Súmula 436/STJ. Entretanto, se o contribuinte declarou exatamente o valor que recolheu, não há constituição do crédito tributário em relação à diferença que o Fisco entende devido. Nesse caso, é preciso que haja autuação fiscal, dentro do prazo decadencial quinquenal para, somente a partir daí, começar a correr o prazo prescricional também quinquenal; V: Incorreta, pois a chamada tese do "cinco mais cinco" refere-se ao prazo prescricional para repetição de indébito tributário, conforme comentários iniciais, e não ao prazo para cobrança do tributo, que é sempre de 5 anos, conforme comentário à alternativa anterior. Gabarito "C".

(Magistratura/SC – 2010) Dentre as afirmações adiante, qual está de acordo com a teoria da recepção das normas gerais contidas no Código Tributário Nacional:

(A) O Código Tributário Nacional continua apenas com força de lei ordinária.
(B) O Código Tributário Nacional continua sendo lei ordinária, mas com força de lei complementar.
(C) O Código Tributário Nacional foi recebido como lei complementar, mas é revogável por lei ordinária.
(D) A força de lei complementar do Código Tributário Nacional só se restringe aos conflitos de competência entre a União e os Estados.
(E) O Código Tributário Nacional é lei complementar em sentido formal, mas lei ordinária em sentido material.

O CTN foi aprovado por lei ordinária federal, mas foi recepcionado pelos sistemas constitucionais posteriores com força de lei complementar federal. Assim, é lei formalmente ordinária, mas materialmente complementar, de modo que qualquer alteração somente pode ser feita por lei complementar federal. Por essa razão, a alternativa "B" é a única correta. Gabarito "B".

(Magistratura/SC – 2010) Assinale a alternativa correta:
(A) Através de medida provisória pode a União majorar quaisquer tributos.
(B) Pode ser editada medida provisória pela União destinada a instituir tributos não previstos na Constituição da República.
(C) A medida provisória pode implicar na instituição ou majoração de impostos se for convertida em lei no prazo de 90 dias.
(D) A medida provisória editada pela União poderá implicar na instituição ou aumento de impostos, exceto o imposto de importação de produtos estrangeiros, imposto sobre produtos industrializados, imposto de importação para o exterior de produtos nacionais, imposto extraordinário e imposto sobre operações de crédito, câmbio e seguros, só produzindo efeitos no exercício financeiro seguinte, se convertida em lei até o último dia daquele em que for editada.
(E) A medida provisória editada pelos Estados e Distrito Federal poderá instituir ou aumentar impostos estaduais, distritais ou municipais.

A: Incorreta, pois a medida provisória não substitui lei complementar federal, exigida para a instituição e modificação de determinados tributos federais (empréstimo compulsório, imposto da competência residual) – art. 62, § 1º, III, da CF; B: Incorreta, pois o exercício da competência residual exige lei complementar federal, que não pode ser substituída por MP – art. 154, I, da CF; C: Incorreta, pois a MP que institui ou majora imposto deve ser convertida em lei até o final do ano de sua publicação, para produzir efeitos somente a partir do início do exercício seguinte – art. 62, § 2º, da CF, que indica exceções; D: Incorreta, pois a referência feita pelo art. 62, § 2º, da CF aos impostos de importação, exportação, IPI, IOF e imposto extraordinário não é para afastar a possibilidade de MP em relação a eles, mas apenas para excluí-los da necessidade de conversão em lei até o final do exercício em que foi publicada. Ou seja, a MP que institui ou majora esses impostos (II, IE, IPI, IOF ou extraordinário) produz efeitos imediatamente, diferentemente da MP relativa a qualquer outro imposto; E: Incorreta, pois embora o STF admita medida provisória estadual, pelo princípio da simetria (ver ADI 425/TO), não há como o Estado legislar acerca de tributos municipais (a competência tributária é exclusiva e indelegável). Obs.: discordamos do gabarito oficial, pois a alternativa "D" também é incorreta. Gabarito "D".

(Ministério Público/ES – 2010 – CESPE) No ordenamento jurídico interno brasileiro, tratado internacional acerca de matéria tributária celebrado entre a República Federativa do Brasil e outro Estado da sociedade internacional passa a vigorar na data

(A) da rubrica do texto negociado pelos plenipotenciários.
(B) de início da vigência do decreto legislativo que aprovar o respectivo projeto de tratado.

(C) de assinatura do projeto desse tratado.
(D) da troca dos instrumentos de ratificação.
(E) de início da vigência do decreto que o promulgar.

O tratado é celebrado pelo Presidente da República (art. 84, VIII, da CF), muitas vezes por meio do plenipotenciário. Posteriormente submete-se ao referendo do Congresso Nacional (art. 49, I, da CF), que pode aprová-lo por meio de decreto legislativo. A seguir, o Presidente ratifica o tratado, manifestando, aos demais países, o consentimento. Finalmente, o Presidente promulga o tratado por decreto, cuja publicação insere-o no sistema jurídico nacional. Por essa razão, a alternativa "E" é a correta.

Veja a seguinte tabela, que indica a produção do tratado e sua introdução no sistema jurídico interno brasileiro (em princípio, não há "acordos executivos", sem referendo pelo Congresso Nacional, em matéria tributária):

1º O Presidente da República celebra o tratado, muitas vezes por meio de plenipotenciário - art. 84, VIII, da CF;
2º O Congresso Nacional referenda o tratado, aprovando-o por decreto legislativo - art. 49, I, da CF;
3º O Presidente ratifica o tratado, manifestando o consentimento aos demais países;
4º O Presidente promulga o tratado, por decreto, cuja publicação insere-o no sistema jurídico interno.

Gabarito "E".

(Procurador do Município/Teresina-PI – 2010 – FCC) Através de Resolução, o Senado Federal

(A) determinará medidas para que os consumidores sejam esclarecidos acerca dos impostos que incidam sobre serviços.
(B) disporá sobre conflito de competência, em matéria tributária, entre a União, os Estados, o Distrito Federal e os Municípios.
(C) fixará as alíquotas máximas e mínimas do imposto sobre serviços de qualquer natureza.
(D) regulará a forma e as condições como isenções, incentivos e benefícios fiscais serão concedidos ou revogados pelo Município em relação ao imposto sobre serviços de qualquer natureza.
(E) fixará alíquotas mínimas do imposto sobre a propriedade de veículo automotor.

A: Incorreta, pois o art. 150, § 5º, da CF indica que lei (não resolução do Senado) determinará medidas para que os consumidores sejam esclarecidos acerca dos impostos que incidam sobre mercadorias e serviços; B: Incorreta, pois cabe à lei complementar dispor sobre conflitos de competência – art. 146, I, da CF; C: Incorreta, pois é a lei complementar que deve fixar as alíquotas máximas e mínimas do ISS – art. 156, § 3º, I, da CF; D: Incorreta, pois é também lei complementar que regulará a matéria – art. 156, § 3º, III, da CF; E: Essa é a alternativa correta, conforme o art. 155, § 6º, I, da CF. Gabarito "E".

(Magistratura/RS – 2009) Sobre medida provisória, assinale a assertiva correta.

(A) Não pode aumentar impostos, por ser matéria reservada à lei em sentido formal.
(B) Aquela que aumentar alíquota de imposto de renda e proventos de qualquer natureza só produzirá efeitos no exercício financeiro seguinte se houver sido convertida em lei até o último dia daquele em que foi editada.
(C) Pode dispor sobre conflitos de competência, em matéria tributária, entre a União e os Municípios.
(D) Cabe-lhe regular a forma e as condições como isenções do imposto sobre serviços de qualquer natureza serão concedidas ou revogadas.
(E) Pode, em face de relevância e urgência, ser utilizada pela União para instituir empréstimo compulsório para atender a despesas extraordinárias decorrentes de calamidade pública.

A: incorreta, pois a MP pode veicular majoração de tributo, nos termos e com as limitações previstas no art. 62, § 2º, da CF; B: assertiva correta, pois a majoração do IR submete-se à anterioridade, inclusive quando veiculada por MP, observada a data da conversão em lei – art. 62, § 2º da CF; C, D e E: incorretas, pois essas matérias são reservadas à lei complementar (arts. 146, I, 156, § 3º, III, e 148, I, da CF, respectivamente), que não pode ser substituída por MP – art. 62, § 1º, III, da CF. Gabarito "B".

(Magistratura/MS – 2008 – FGV) Em relação às medidas provisórias em matéria tributária, assinale a afirmativa correta.

(A) Segundo a Constituição Federal de 1988 é vedado o uso de medidas provisórias para instituir ou majorar impostos por violar o princípio da legalidade tributária.
(B) Medida provisória que implique instituição ou majoração de impostos, como regra, só produzirá efeitos no exercício financeiro seguinte se houver sido convertida em lei até o último dia daquele em que foi editada.
(C) É vedado o uso de medida provisória para instituir empréstimos compulsórios, imposto sobre grande fortuna e imposto de importação, por serem tributos reservados à lei complementar.
(D) O STF pacificou o entendimento de que medida provisória tem força de lei; por isso, admite-se em qualquer hipótese o seu uso em matéria tributária para instituir ou majorar os tributos previstos na Constituição Federal.
(E) Medida provisória não poderá instituir ou majorar o imposto de importação, exportação, IPI e IOF por serem tributos extrafiscais.

A: a jurisprudência que admitia a utilização de medidas provisórias em matéria tributária foi ratificada pela EC 32/2001, que incluiu o § 2º ao art. 62 da CF; B: art. 62, § 2º, da CF; C: art. 62, § 1º, III, da CF; D: não cabe no caso dos tributos que exigem lei complementar – art. 62, § 1º, III, da CF; E: não há essa vedação. Gabarito "B".

(Magistratura/PR – 2008) Assinale a alternativa correta:

(A) não se inclui entre os tópicos reservados à lei complementar o estabelecimento de normas gerais em matéria de legislação tributária que tratem tanto de lançamento quanto de prescrição e decadência tributários.
(B) cabe à lei complementar a definição de tratamento diferenciado e favorecido para as microempresas e para as empresas de pequeno porte, inclusive regimes especiais ou simplificados no caso do Imposto sobre Circulação de Mercadorias e Serviços.
(C) a lei complementar poderá estabelecer critérios especiais de tributação, com o objetivo de prevenir desequilíbrios da concorrência, restando vedado à União, por via de lei, o estabelecimento de normas de igual objetivo.
(D) não se inclui entre as matérias reservadas à lei complementar, a regulação das limitações ao poder de tributar.

A: art. 146, III, b, da CF; B: art. 146, III, d, da CF; C: não há essa vedação à União – art. 146-A da CF; D: art. 146, II, da CF. Gabarito "B".

(Procurador do Estado/CE – 2008 – CESPE) Acerca das normas referentes ao Sistema Tributário Nacional, assinale a opção correta.

(A) Cabe a lei complementar estabelecer normas gerais em matéria de legislação tributária.
(B) A lei complementar estabelece normas gerais acerca do crédito tributário, fazendo que os estados, caso queiram alterá-las, aprovem lei específica nesse sentido.
(C) O lançamento tributário, a prescrição e a decadência podem ser regulamentados pelos estados, sem necessidade de se observarem as regras gerais dispostas na lei complementar federal.
(D) A lei complementar estabelece normas gerais a respeito do adequado tratamento tributário a ser dado à comercialização de produtos pelas sociedades de economia mista.
(E) Lei complementar deve dispor acerca da definição de tributos, suas espécies e fatos geradores, mas não, acerca da definição de bases de cálculo.

A: art. 146, III, da CF; B e C: a lei complementar federal que observe o disposto no art. 146 da CF não pode ser alterada ou infringida por norma local; D: não há essa previsão; E: as bases de cálculo dos impostos previstos na Constituição Federal devem ser fixadas por lei complementar – art. 146, III, a, da CF. Gabarito "A".

(Procurador do Estado/PB – 2008 – CESPE) De acordo com a CF, constitui exigência de lei complementar, no âmbito do direito tributário, a

(A) instituição de contribuição social sobre a remuneração paga aos autônomos.
(B) concessão de isenção pela União no caso de imposto sobre circulação de mercadorias e serviços.

(C) instituição de contribuição de melhoria quando a obra pública que implique valorização imobiliária referir-se a localidade que beneficie dois estados da Federação.
(D) instituição de empréstimo compulsório por estado da Federação com o objetivo de atender despesas extraordinárias decorrentes de calamidade pública.
(E) instituição, pela União, de imposto sobre grandes fortunas.

A: art. 195, I, *a*, da CF – somente outras contribuições, além das previstas no art. 195 da CF, exigem lei complementar, conforme seu § 4°; B: a União não pode conceder isenção de tributos estaduais – art. 151, III, da CF; C: não há exigência de lei complementar nessa hipótese; D: somente a União pode instituir empréstimo compulsório – art. 148 da CF; E: art. 153, VII, da CF. Gabarito "E".

(Defensoria/SP – 2007 – FCC) NÃO é matéria reservada à lei complementar:

(A) instituição de empréstimos compulsórios.
(B) definição de fato gerador e base de cálculo de impostos discriminados na Constituição.
(C) criação de impostos não previstos na Constituição.
(D) instituição de contribuição de melhoria.
(E) disposição sobre lançamento e prescrição tributários.

A: art. 148 da CF; B: art. 146, III, *a*, da CF; C: art. 154, I, da CF; D: não há exigência de lei complementar; E: as normas gerais relativas ao lançamento e à prescrição devem ser veiculadas por lei complementar – art. 146, III, *b*, da CF. Gabarito "D".

(Auditor Fiscal/AM – 2005) A Constituição da República Federativa do Brasil, atualizada pela emenda constitucional 48/2005, no título VI, que trata da tributação e do orçamento, submete à reserva de lei diversos institutos. Essa lei pode ser complementar ou ordinária, dependendo da hipótese. Assinale abaixo o caso em que NÃO há expressa reserva de lei complementar:

(A) definição de tributos;
(B) instituição de taxas;
(C) prescrição;
(D) decadência;
(E) obrigação tributária.

A: art. 146, III, *a*, da CF; B: não há exigência de lei complementar; C, D e E: art. 146, III, *b*, da CF. Gabarito "B".

(Auditor Fiscal/AM – 2005) O Código Tributário Nacional foi recepcionado pela atual Constituição da República Federativa do Brasil, atualizada pela emenda constitucional 48/2005, com natureza de:

(A) emenda constitucional;
(B) lei delegada;
(C) lei complementar;
(D) lei ordinária;
(E) decreto legislativo.

O CTN foi recepcionado pelo atual sistema constitucional tributário como lei complementar federal. Gabarito "C".

6. VIGÊNCIA, APLICAÇÃO, INTERPRETAÇÃO E INTEGRAÇÃO

(MAGISTRATURA/PB – 2011 – CESPE) No que concerne à vigência, aplicação e eficácia das leis tributárias, assinale a opção correta.

(A) A legislação tributária aplica-se imediatamente aos fatos geradores pendentes e futuros.
(B) É vedada a instituição pela União de tributo que não seja uniforme em todo o território nacional, ou que importe em preferência em favor de determinado estado ou município, ainda que tenha por finalidade promover o desenvolvimento de determinadas regiões.
(C) De acordo com a sistemática do direito tributário, a lei vigente é necessariamente eficaz, não tendo aplicabilidade, em matéria tributária, a regra geral da *vacatio legis*.
(D) Entram em vigor na data de sua publicação as decisões de órgãos singulares ou coletivos de jurisdição administrativa a que a lei atribua eficácia normativa.
(E) Por motivos de ordem pública, as isenções podem ser revogadas a qualquer tempo, ainda que tenham sido concedidas por prazo certo e em razão de determinadas condições.

A: Correta, conforme o art. 105 do CTN; B: Incorreta, pois se admite a concessão, pela União, de incentivos fiscais destinados a promover o equilíbrio do desenvolvimento socioeconômico entre as diferentes regiões do País, como exceção ao princípio da uniformidade territorial – art. 151, I, da CF; C: Incorreta, pois a lei tributária, como qualquer outra, deve indicar expressamente a data em que entre em vigor (ainda que seja a partir da sua publicação, sem *vacatio legis*) – art. 8° da LC 95/1998. Se a lei for omissa, aplica-se a regra do art. 1° da Lei de Introdução às Normas do Direito Brasileiro – LINDB, que fixa o início de vigência 45 dias após a publicação; D: Incorreta, pois, salvo disposição em contrário, essas decisões entram em vigor, quanto a seus efeitos normativos, 30 dias após a publicação – art. 103, II, do CTN; E: Incorreta, pois as isenções concedidas por prazo certo e em razão de determinadas condições não podem ser livremente revogadas, garantindo-se o respeito ao direito adquirido – art. 178 do CTN. Gabarito "A".

(Procurador do Município/Florianópolis-SC – 2010 – FEPESE) Assinale a alternativa **correta**.

(A) Interpreta-se literalmente a legislação tributária que disponha sobre dispensa do cumprimento de obrigações tributárias acessórias.
(B) Norma legal que altera o prazo de recolhimento da obrigação tributária se sujeita ao princípio da anterioridade.
(C) Constitui majoração de tributo a atualização do valor monetário da sua respectiva base de cálculo, sujeitando-se ao princípio da estrita legalidade.
(D) São normas complementares de direito tributário a analogia, os princípios gerais de direito tributário, os princípios gerais de direito público e a equidade.
(E) Salvo disposição em contrário, entram em vigor na data da sua publicação as decisões dos órgãos singulares ou coletivos de jurisdição administrativa, a que a lei atribua eficácia normativa.

A: Correta, conforme o art. 111, III, do CTN; B: Incorreta, pois a fixação da data do vencimento do tributo pode ser feita por norma infralegal e não se sujeita à anterioridade – ver RE 195.218/MG; C: Incorreta, pois a simples atualização monetária da base de cálculo do tributo não implica majoração, nem se sujeita à legalidade, podendo ser veiculada por norma infralegal, desde que repeitado o limite do índice oficial de inflação adotado – art. 97, § 2°, do CTN e Súmula 160/STJ; D: Incorreta, pois essas são ferramentas para integração da legislação tributária, em caso de lacuna – art. 108 do CTN. As normas complementares são indicadas pelo art. 100 do CTN; E: Incorreta, pois, salvo disposição em contrário, essas decisões entram em vigor, quanto a seus efeitos normativos, 30 dias após a publicação – art. 103, II, do CTN. Gabarito "A".

(Procurador Federal – 2010 – CESPE) Acerca da legislação tributária, julgue o item a seguir.

(1) Um fiscal da Receita Federal do Brasil, ao aplicar a legislação tributária, na ausência de disposição legal expressa, pode empregar a analogia, desde que isso não resulte na dispensa do pagamento de tributo devido.

1: assertiva incorreta à luz do art. 108, I e § 1°, do CTN, que dispõe que a aplicação da analogia não pode resultar na exigência de tributo não previsto em lei. A dispensa de pagamento não pode decorrer do emprego da equidade – art. 108, § 2°, do CTN. Gabarito 1E.

(Advogado da União/AGU – CESPE – 2009) Com base no Direito Tributário, julgue o item que se segue.

(1) Caso a União celebre com os estados-membros convênio para a adoção de método eletrônico para o lançamento de certos tributos, o referido convênio entrará em vigor na data nele prevista.

1: assertiva correta, nos termos do art. 103, III, do CTN. Gabarito 1C.

(Advogado da União/AGU – CESPE – 2009) Com base no Direito Tributário, julgue o item que se segue.

(1) É lícita a interpretação restritiva de lei que conceda isenção de impostos e contribuições federais a uma categoria de empresas localizadas em determinada região brasileira.

1: incorreta, pois a interpretação não deve ser restritiva, mas apenas estrita. O Código Tributário usa a expressão "interpretação literal" – art. 111 do CTN. Gabarito 1E.

(Magistratura/MT – 2009 – VUNESP) Assinale a assertiva que estiver em consonância com o que dispõe o Código Tributário Nacional no que concerne à "legislação tributária".

(A) Interpreta-se literalmente a legislação tributária que disponha sobre a dispensa de obrigações tributárias acessórias.
(B) As decisões dos órgãos singulares ou coletivos de jurisdição administrativa, a que a lei atribuir eficácia normativa, como normas complementares que são, entram em vigor na data de sua publicação.
(C) A lei aplica-se a ato pretérito, independentemente de estar ou não definitivamente julgado, quando deixe de defini-lo como infração.
(D) Do emprego da equidade, diante de ausência de disposição expressa na legislação tributária, poderá resultar dispensa do pagamento de tributo devido.
(E) Os princípios gerais de direito privado utilizam-se para pesquisa da definição, do conteúdo e do alcance de seus institutos, conceitos e formas, inclusive, para definição dos respectivos efeitos tributários.

A: assertiva correta, nos termos do art. 111, III, do CTN; B: incorreta, pois essas normas entram em vigor 30 dias após a data de sua publicação, salvo disposição em contrário – art. 103, II, do CTN; C: incorreta, pois não há aplicação retroativa da norma em caso de ato definitivamente julgado – art. 106, II, do CTN; D: incorreta, pois o pagamento não pode ser dispensado pela aplicação da equidade – art. 108, § 2º, do CTN; E: assertiva incorreta, já que os princípios gerais de direito privado não são utilizados para a definição dos efeitos tributários – art. 109 do CTN. Gabarito "A".

(Magistratura/SP – 2009 – VUNESP) O conceito de mercadoria adotado pela Constituição Federal

(A) é matéria sob reserva de lei tributária.
(B) pode ser alterado para efeito de definir competência tributária.
(C) abrange todo e qualquer bem cuja propriedade possa ser transferida mediante contrato de compra e venda.
(D) é o que a lei comercial define como tal.

O termo "mercadoria" foi adotado pela Constituição Federal para fixar a competência dos Estados e do Distrito Federal em relação ao ICMS. Para isso, o constituinte adotou a definição usual, que é dada pelo direito comercial (bem móvel destinado ao comércio, conforme o revogado art. 191 do Código Comercial). Não há como a legislação infraconstitucional pretender alterar o conceito, pois isso implicaria modificar a própria competência fixada constitucionalmente, o que é inviável nos termos do art. 110 do CTN. Gabarito "D".

(Procurador do Estado/PE – CESPE – 2009) Com relação aos fatos, atos e negócios jurídicos, assinale a opção correta.

(A) A legislação tributária estabelece hierarquia entre as leis instituidoras de tributos federais, estaduais e municipais.
(B) Se, em procedimento administrativo fiscal, houver discussão sobre o alcance de uma norma impositiva, e, em face disso, tiver sido editada lei explicitando o sentido da referida norma, essa lei terá efeito retroativo.
(C) A lei que estabeleça redução de alíquota de tributo terá efeito retroativo, desde que o procedimento administrativo não tenha sido definitivamente julgado, por ser mais benéfica ao contribuinte.
(D) Uma nova lei que estabeleça redução de multa punitiva retroagirá em benefício do contribuinte, o que não ocorre quando se tratar de multa moratória.
(E) Na integração da norma tributária, poderá ser utilizada a analogia, a interpretação analógica e a interpretação extensiva.

A: incorreta, pois não há essa hierarquia. Cada ente tributante regula privativamente os tributos de sua competência, muito embora haja normas nacionais gerais aplicáveis a todos (normalmente veiculadas por lei complementar federal – art. 146 do CTN); B: assertiva correta, pois se trata de norma expressamente interpretativa, cuja retroatividade é admitida – art. 106, I, do CTN; C: incorreta, pois a lei aplicável em relação ao tributo é sempre aquela vigente à época do fato gerador – art. 144, caput, do CTN. Somente a norma relativa à penalidade, desde que mais benéfica ao infrator (lex mitior), pode ser aplicada retroativamente – art. 106, II, do CTN; D: incorreta, pois a retroatividade da lex mitior refere-se a qualquer penalidade (multa punitiva ou moratória) – art. 106, II, do CTN; E: incorreta à luz do art. 108 do CTN que, no caso de lacuna legal, permite apenas a aplicação da analogia, dos princípios gerais de direito tributário, dos princípios gerais de direito público e da equidade, nessa ordem. Gabarito "B".

(Defensoria/ES – 2009 – CESPE) Acerca do Sistema Tributário Nacional, julgue o próximo item.

(1) Cabe a lei complementar estabelecer normas gerais em matéria de legislação tributária, especialmente sobre obrigação, lançamento, crédito, prescrição e decadência tributários.

1: assertiva correta, conforme o art. 146, III, b, da CF. Gabarito 1C.

(Defensoria/PA – 2009 – FCC) Em relação à imposição tributária e às convenções particulares, é correto afirmar:

(A) Quando da aquisição de veículo automotor seminovo, o adquirente se exonera de dívida de IPVA anterior à aquisição quando assim convencionar com o vendedor, desde que este assuma a dívida por instrumento público.
(B) Em contrato de locação, poderá ser atribuída ao locatário a responsabilidade tributária pelo pagamento dos tributos incidentes sobre o imóvel, a critério do locador.
(C) A assunção de responsabilidade tributária em escritura pública de venda e compra pelo vendedor, basta para desobrigar o adquirente do pagamento de tributos incidentes sobre o imóvel, cujo fato gerador seja anterior à aquisição.
(D) As partes podem convencionar em escritura pública acerca da responsabilidade tributária pelo recolhimento de imposto de transmissão inter vivos, tendo este contrato validade perante o fisco.
(E) Em caso de responsabilidade solidária passiva, o fisco pode exigir a totalidade do crédito de qualquer dos codevedores, independente de acordo entre eles para que apenas um responda pelos débitos tributários.

A: incorreta, pois, salvo disposição legal em contrário, o acordo entre particulares não tem o condão de alterar a sujeição passiva (responsabilidade do adquirente, no caso – art. 131 do CTN) – art. 123 do CTN; B: incorreta. O contrato pode até prever a responsabilidade do locatário pelo pagamento, mas isso somente gera efeitos na esfera privada, entre as partes contratantes. Não há como o acordo fixar responsabilidade **tributária** ao arrepio da lei – art. 123 do CTN; C: incorreta, pois, para que o adquirente do imóvel não responda pelos débitos tributários pretéritos, é preciso que conste do título translativo prova de sua quitação (certidão negativa de débitos) – art. 130, caput, in fine, do CTN; D: incorreta, pois, como dito nos comentários anteriores, o acordo entre particulares não fixa ou altera a sujeição passiva tributária – art. 123 do CTN; E: assertiva correta, pois esse é o efeito da solidariedade em favor do fisco, sendo que o acordo entre particulares não altera a sujeição passiva – art. 124, parágrafo único, do CTN. Gabarito "E".

(Defensoria/SP – 2009 – FCC) Assinale a alternativa INCORRETA.

(A) Para aplicação da legislação tributária a autoridade competente poderá se valer da equidade, na ausência de disposição legal expressa, inclusive para dispensa do pagamento do tributo devido.
(B) A lei tributária que define infrações interpreta-se da maneira mais favorável ao acusado, havendo dúvida quanto à natureza da penalidade ou graduação aplicável.
(C) As práticas reiteradamente observadas pelas autoridades administrativas são normas complementares das leis, dos tratados e das convenções internacionais e dos decretos e a observância dessas práticas exclui a imposição de penalidades, a cobrança de juros de mora e a atualização do valor monetário da base de cálculo do tributo.
(D) Cabe à lei complementar regular as limitações constitucionais ao poder de tributar.
(E) Interpreta-se literalmente a norma legal tributária que disponha sobre dispensa do cumprimento de obrigações tributárias acessórias.

A: essa é a assertiva incorreta, pois a aplicação da equidade não pode resultar em dispensa de pagamento do tributo devido – art. 108, § 2º, do CTN; B: assertiva correta, conforme o art. 112, IV, do CTN; C: correta, nos termos do art. 100, III e parágrafo único do CTN; D: correta, pois reflete o disposto no art. 146, II, da CF; E: correta, pois é isso que dispõe o art. 111, III, do CTN. Gabarito "A".

(Magistratura/PA – 2008 – FGV) Com base no CTN, em relação à legislação tributária, assinale a afirmativa incorreta.

(A) O emprego da analogia não poderá resultar na exigência de tributo não previsto em lei.
(B) O emprego da eqüidade não poderá resultar na dispensa de pagamento de tributo devido.
(C) A lei tributária se aplica a ato ou fato pretérito, quando o ato não definitivamente julgado cominar penalidade menos severa que a prevista na lei ao tempo da sua prática ou reduzir o valor do tributo devido.
(D) Dentre as normas complementares das leis, dos tratados e convenções internacionais e dos decretos, encontram-se as práticas reiteradas observadas pelas autoridades administrativas.
(E) A lei tributária que define infrações ou lhe comina penalidades, em caso de dúvida quanto à natureza da penalidade aplicável ou a sua graduação, deve ser interpretada de maneira mais favorável ao acusado.

A: art. 108, § 1º, do CTN; B: art. 108, § 2º, do CTN; C: arts. 106, II, c, e 144, ambos do CTN – somente a norma relativa à penalidade pode ser aplicada retroativamente, nunca aquela relativa ao tributo; D: art. 100, III, do CTN; E: art. 112 do CTN. Gabarito "C".

(Magistratura/PI – 2008 – CESPE) No julgamento de determinada ação em matéria tributária, o juiz verificou que não existia norma específica aplicável à questão em exame. Socorrendo-se do CTN, verificou que poderia utilizar-se de outras normas ou princípios incidentes. Em face desse caso, assinale a opção incorreta.

(A) Antes de aplicar os princípios gerais de direito tributário, o juiz deve fazer uso, se possível, da analogia.
(B) A aplicação da eqüidade deve anteceder à dos princípios gerais de direito público.
(C) Ao empregar a analogia, o juiz não poderá determinar a exigência de tributo que não seja previsto em lei.
(D) Ao empregar a eqüidade, o juiz não poderá dispensar o pagamento de tributo devido.
(E) Entre a analogia e a equidade, o juiz deverá aplicar a primeira.

A, B e E: art. 108, caput, do CTN – o dispositivo legal determina a aplicação sucessiva (na ordem indicada); C: art. 108, § 1º, do CTN; D: art. 108, § 2º, do CTN.

Veja a seguinte tabela, com as ferramentas de integração, na ordem em que devem ser aplicadas, para estudo e memorização:

Ferramentas de integração – casos de ausência de disposição expressa
1º – analogia (não pode implicar exigência de tributo ao arrepio da lei)
2º – princípios gerais de direito tributário
3º – princípios gerais de direito público
4º – equidade (não pode implicar dispensa de pagamento do tributo devido)

Gabarito "B".

(Magistratura/SP – 2008) Ao estabelecer os critérios de interpretação e integração das normas tributárias, o Código Tributário Nacional

(A) disciplina o princípio da integração econômica pelo qual devem ser considerados os efeitos econômicos dos fatos discutidos na norma tributária.
(B) admite a adoção da analogia, dos princípios gerais do direito tributário e dos princípios gerais do direito público, sucessivamente, e na ausência de dispositivo legal expresso.
(C) admite a equidade como forma de obtenção da ordem tributária justa, em caso de impossibilidade de utilização da analogia.
(D) dispensa a interpretação literal, nos casos de outorga de isenção.

A: não há essa previsão – boa parte da doutrina e da jurisprudência é contrária à chamada interpretação econômica; B: art. 108 do CTN; C: art. 108, § 2º, do CTN; D: os benefícios fiscais devem ser interpretados literalmente (estritamente) – art. 111 do CTN. Gabarito "B".

(Ministério Público/AM – 2008 – CESPE) Antes de falecer, Ruben, viúvo, sem convivente e domiciliado em Manaus, transferiu todas as cotas que detinha sobre o capital da empresa Griffo Ltda., também sediada em Manaus, para seu único filho, Gustavo, com vistas a não fazê-lo pagar o ITCMD, após seu falecimento. Relativamente a essa situação, assinale a opção correta.

(A) Uma vez que o negócio foi praticado com a finalidade de dissimular a ocorrência do fato gerador do tributo, a Secretaria da Fazenda poderá desconstituir o ato.
(B) Na interpretação da definição legal do fato gerador do imposto citado, deve-se considerar a validade jurídica daquele ato, já que praticado pelo contribuinte.
(C) Na interpretação da definição legal do fato gerador do imposto citado, não se deve abstrair a validade jurídica daquele ato, já que praticado pelo filho, como responsável.
(D) Na interpretação da definição legal do fato gerador do imposto citado, deve-se considerar a validade jurídica da natureza do seu objeto.
(E) Na interpretação da definição legal do fato gerador do imposto citado, não se devem considerar os efeitos dos fatos efetivamente ocorridos.

A: não houve dissimulação, pois não se pretendeu esconder um fato gerador efetivamente ocorrido, mas sim evitar a ocorrência do fato gerador do ITCMD – há incidência do imposto sobre doação (e não causa mortis); B, C e D: art. 118, I, do CTN; D: art. 118, II, do CTN. Gabarito "E".

(Ministério Público/AM – 2008 – CESPE) Se o secretário de Fazenda do estado do Amazonas profere uma decisão com eficácia normativa, é correto afirmar que

I. tal decisão somente tem efeitos jurisdicionais se assim prever a lei.
II. tal decisão terá eficácia normativa independentemente de lei que assim preveja.
III. os efeitos normativos da decisão, se houver, iniciar-se-ão depois de 30 dias após exarada, caso ela não contenha dispositivo sobre sua vigência. Assinale a opção correta.

(A) Todos os itens estão certos.
(B) Apenas dois itens estão certos.
(C) Apenas o item I está certo.
(D) Apenas o item II está certo.
(E) Apenas o item III está certo.

I e II: a eficácia normativa das decisões administrativas depende de previsão legal – art. 100, II, in fine, do CTN; III: 30 dias após a **publicação** da decisão – art. 103, II, do CTN. Gabarito "C".

(Procurador do Estado/PB – 2008 – CESPE) A interpretação de qualquer regra jurídica deve seguir o caminho traçado pelos princípios que fornecem coesão ao sistema jurídico. Nesse sentido, conclui-se que a integração da norma tributária não deve ser feita por meio

(A) dos princípios gerais de direito tributário.
(B) dos costumes.
(C) da eqüidade.
(D) da analogia.
(E) dos princípios gerais de direito público.

Art. 108 do CTN – somente a prática reiterada da administração (e não a dos contribuintes) é considerada norma complementar (art. 100, III, do CTN), o que afasta completamente a alternativa que indica os costumes (B). Gabarito "B".

(Procurador do Estado/PB – 2008 – CESPE) Assinale a opção correta quanto à aplicação da legislação tributária.

(A) A lei tributária que extinguir ou reduzir isenção entra em vigor no prazo de noventa dias, ressalvada a hipótese de dispor de maneira mais favorável ao contribuinte.
(B) No regime hermenêutico tributário, interpretação e integração evidenciam, para o intérprete, a mesma dimensão jurídica quanto aos aspectos teleológicos e axiológicos.

(C) A lei tributária pode alterar a definição, o conteúdo e o alcance de institutos, conceitos e formas de direito privado, utilizados, expressa ou implicitamente, pela CF, pelas constituições dos estados, ou pelas leis orgânicas do DF ou dos municípios.

(D) A concessão de isenções e a dispensa das obrigações acessórias devem ser interpretadas literalmente.

(E) A aplicação retroativa da legislação tributária ocorre apenas nos casos em que a lei posterior seja expressamente interpretativa, excluída a aplicação de penalidade a infração dos dispositivos interpretados.

A: art. 104, III, do CTN (norma aplicável aos impostos sobre patrimônio e renda); B: integração pressupõe lacuna – art. 108 do CTN; C: não pode haver essa alteração que implique modificação da competência tributária – art. 110 do CTN; D: art. 111 do CTN; E: há outros casos de aplicação retroativa – art. 106 do CTN. "Gabarito D."

(Auditor Fiscal/RJ – 2008 – FGV) Conforme definição do Código Tributário Nacional, são denominadas normas complementares:

I. as decisões dos órgãos singulares ou coletivos de jurisdição administrativa, a que a lei atribua eficácia normativa;
II. as práticas reiteradamente observadas pelas autoridades administrativas;
III. decretos editados pelos entes federados.

Analise os itens acima e assinale:

(A) se nenhum item estiver correto.
(B) se somente os itens I e III estiverem corretos.
(C) se somente os itens II e III estiverem corretos.
(D) se somente os itens I e II estiverem corretos.
(E) se todos os itens estiverem corretos.

I: art. 100, II, do CTN; II: art. 100, III, do CTN; III: art. 96 do CTN – o decreto não é considerado norma complementar pelo Código. "Gabarito D."

(Auditor Fiscal/RJ – 2008 – FGV) Segundo o Código Tributário Nacional, impõe-se interpretação literal de norma tributária que disponha sobre:

(A) moratória.
(B) compensação.
(C) transação.
(D) prescrição.
(E) remissão.

Art. 111, I, c/c art. 151, I, ambos do CTN – das alternativas, somente a moratória é modalidade de suspensão do crédito tributário (as demais são causas extintivas), ou seja, somente a ela se aplica a regra da interpretação literal. "Gabarito A."

(Ministério Público/MG – 2007) Assinalar a alternativa INCORRETA.

Em relação a conceitos ou institutos definidos em outros ramos jurídicos, o Direito Tributário

(A) recepciona-os, mas promove os ajustamentos indispensáveis para o seu implemento, compreensão e aperfeiçoamento.
(B) deve sempre respeitar as configurações adotadas ou preconizadas pela Constituição Federal, limitadoras da competência tributária.
(C) não pode afetar os direitos capitais da pessoa humana, bem como outras garantias de índole constitucional.
(D) permite que o Município, no âmbito de sua competência, promova alterações do conceito de propriedade, para legislar sobre o IPTU.
(E) NDA

A: art. 109 do CTN; B e D: art. 110 do CTN; C: art. 5º da CF. "Gabarito D."

(Ministério Público/MG – 2007) Assinale a alternativa CORRETA.

(A) Quando se serve de outros institutos jurídicos, pode o Direito Tributário deixar de delimitar o alcance daqueles na aplicação da norma tributária.
(B) Segundo o Código Tributário Nacional, o emprego da eqüidade não poderá resultar na dispensa do pagamento do tributo devido.

(C) O poder fiscal – como conceito integrante da soberania política do Estado – é sempre limitado ou restrito.
(D) A competência de fiscalizar e arrecadar tributos é indelegável, conforme dispõe o Código Tributário Nacional.
(E) NDA.

A: a definição, o conteúdo e o **alcance** dos institutos de direito privado são analisados à luz dos princípios gerais daquele ramo (direito privado, não tributário) – art. 109 do CTN; B: art. 108, § 2º, do CTN; C: art. 150 da CF (dispositivo inserido nas limitações constitucionais do poder de tributar); D: a competência tributária (para legislar) é indelegável, mas não a prerrogativa de fiscalizar e arrecadar tributos – art. 7º do CTN. "Gabarito B."

(Procurador do Estado/PR – 2007) São regras de interpretação fixadas pelo Código Tributário Nacional: ALTERNATIVAS:

(A) na ausência de disposição expressa, utiliza-se em primeiro lugar a analogia, e do emprego da analogia poderá resultar exigência de tributo não expressamente previsto em lei;
(B) interpreta-se extensivamente as normas de legislação tributária que disponha sobre outorga de isenção;
(C) após o uso de analogia, princípios gerais de direito tributário e princípios gerais de direito, na interpretação feita na ausência de norma expressa, utiliza-se a eqüidade, podendo de sua aplicação resultar a dispensa de pagamento de tributo devido;
(D) aplica-se sempre a lei vigente na época de ocorrência do fato gerador da obrigação tributária, ainda que posteriormente modificada ou revogada;
(E) a lei aplica-se a ato ou fato pretérito em qualquer caso, excluída a aplicação de penalidade à infração dos dispositivos alterados.

A: o emprego da analogia não pode implicar exigência de tributo não previsto em lei – art. 108, § 1º, do CTN; B: art. 111, II, do CTN – essas normas são interpretadas estritamente (literalmente, no termo do CTN); C: a eqüidade não pode afastar a cobrança do tributo – art. 108, § 2º, do CTN; D: art. 144 do CTN – existe possibilidade de retroatividade apenas em relação à penalidade, nunca ao tributo; E: art. 106 do CTN – a retroatividade é excepcional. "Gabarito D."

(Procuradoria Federal – 2007 – CESPE) Julgue o item seguinte.

(1) Salvo disposição em contrário, uma decisão do delegado da Receita Federal, a que a lei atribua eficácia normativa, entrará em vigor trinta dias após a data de sua publicação.

1: art. 103, II, do CTN. "Gabarito 1C"

(Auditor Fiscal/MS – 2006 – FGV) A lei tributária nova aplica-se ao ato ou fato pretérito:

I. em qualquer caso, quando seja expressamente interpretativa, excluída a aplicação de penalidade à infração dos dispositivos interpretados;
II. não definitivamente julgado, quando deixe de defini-lo como infração;
III. não definitivamente julgado, quando deixe de tratá-lo como contrário a qualquer exigência de ação ou omissão, ainda que tenha implicado falta de pagamento de tributo. Assinale:

(A) se apenas o item III estiver correto.
(B) se apenas os itens I e II estiverem corretos.
(C) se apenas os itens I e III estiverem corretos.
(D) se apenas os itens II e III estiverem corretos.
(E) se todos os itens estiverem corretos.

I: art. 106, I, do CTN; II: art. 106, II, a, do CTN; III: a falta de pagamento de tributo prejudica, em princípio, a retroatividade prevista no art. 106, II, b, do CTN. "Gabarito B."

(Auditor Fiscal/MS – 2006 – FGV) Um contribuinte é autuado por infração à legislação do imposto sobre produtos industrializados e, apesar de defender-se judicialmente, não obtém decisão que lhe seja favorável. Intimado a pagar o imposto e a multa devida, ele toma conhecimento da entrada em vigor de uma lei que comina penalidade menos severa que aquela vigente ao tempo da infração.

Assinale a afirmativa correta aplicável à situação acima narrada.

(A) A lei vigente na época da infração somente não será aplicável à hipótese, se tiver sido expressamente revogada pela posterior.
(B) A nova lei não é aplicável à hipótese, porque se trata de ato definitivamente julgado.
(C) A nova lei retroage, porque é mais benéfica ao contribuinte.
(D) A nova lei retroage, apenas para efeito de excluir a multa devida.
(E) A lei que estabelece normas gerais de Direito Tributário jamais se aplica a ato ou fato pretérito.

Art. 106, II, *in fine*, do CTN, e alínea c do mesmo dispositivo – o trânsito em julgado não é atingido pela aplicação retroativa da norma. Gabarito "B".

(Auditor Fiscal/MG – 2005 – ESAF) Considerando os temas "vigência e aplicação da legislação tributária" e "interpretação e integração da legislação tributária", marque com (V) a assertiva verdadeira e com (F) a falsa, assinalando ao final a opção correspondente.

( ) A lei que disponha sobre suspensão e exclusão do crédito tributário deve ser interpretada, segundo o Código Tributário Nacional, em benefício do contribuinte.
( ) A lei tributária aplica-se ao ato ou fato pretérito, quando for interpretativa, ressalvadas as hipóteses em que redundar na aplicação de penalidade.
( ) Segundo o Código Tributário Nacional, o emprego da analogia não poderá resultar na exigência de tributo não previsto em lei.
( ) A lei tributária é aplicada a fato anterior à sua vigência quando extinguir tributo, já que vem em benefício do contribuinte.

(A) V, V, V, F
(B) F, V, F, V
(C) F, V, V, V
(D) F, V, V, F
(E) F, F, V, F

1ª: art. 111 do CTN - essas normas devem ser interpretadas estritamente (literalmente, no termo do CTN); 2ª: art. 106, I, do CTN; 3ª: art. 108, § 1º, do CTN; 4ª: art. 144 do CTN – a norma que se refere ao tributo (e não à penalidade) nunca retroage. Gabarito "D".

(Delegado Federal – 2004 – CESPE) Acerca de legislação tributária, julgue as itens seguintes.

(1) Considere a seguinte situação hipotética. Após reiteradas vezes e pelo período de quatro anos, a autoridade administrativa fiscal deixou de exigir os juros incidentes sobre o atraso de até dez dias no pagamento da taxa anual de alvará de funcionamento para o setor de distribuição de autopeças, apesar de não existir previsão legal. Nessa situação, os contribuintes na mesma condição têm direito à referida dispensa, em virtude de as práticas reiteradas observadas pela autoridade administrativa constituírem normas complementares da legislação tributária.
(2) A hierarquia entre as leis federais, estaduais e municipais independe da matéria veiculada, revogando, a primeira, as demais.

1: art. 100, III, do CTN – a rigor, caso a prática reiterada da administração seja ilegal, não há direito à sua manutenção, embora os contribuintes fiquem livres das penalidades, dos juros moratórios e da atualização do valor monetário da base de cálculo do tributo (art. 100, parágrafo único, do CTN); 2: Não há, em princípio, hierarquia entre leis federais, estaduais e municipais, exceto no caso de lei federal que veicule norma nacional (v.g. art. 146 da CF). Gabarito 1C, 2E.

7. FATO GERADOR E OBRIGAÇÃO TRIBUTÁRIA

(Procurador do Município/Florianópolis-SC – 2010 – FEPESE) A respeito da obrigação tributária, assinale a alternativa **incorreta**.

(A) Embora a multa tributária não se constitua tributo, a obrigação de pagá-la tem natureza tributária.
(B) A definição legal do fato gerador é interpretada levando-se em consideração a validade jurídica dos atos praticados pelos contribuintes.
(C) É constitucional a adoção, no cálculo do valor de taxa, de um ou mais elementos da base de cálculo própria de determinado imposto, desde que não haja integral identidade entre uma base e outra.
(D) A obrigação acessória, pelo simples fato da sua inobservância, converte-se em obrigação principal relativamente à penalidade pecuniária.
(E) A hipótese de incidência da obrigação tributária principal é a situação definida em lei como necessária e suficiente à sua ocorrência.

A: Assertiva correta, pois, apesar de multa não ser tributo (pois decorre de fato ilícito – art. 3º do CTN), ela é objeto da obrigação tributária principal (que tem por objeto tributo e penalidade pecuniária) – art. 113, § 1º, do CTN; B: Essa é a assertiva incorreta, pois a validade jurídica dos atos praticados é irrelevante para interpretação da definição legal do fato gerador – art. 118, I, do CTN; C: Assertiva correta, pois é exatamente o que dispõe a Súmula Vinculante 29/STF; D: Correta, pois reflete o disposto no art. 113, § 3º, do CTN; E: Correta, pois é a definição do fato gerador da obrigação tributária principal (fato gerador em abstrato = hipótese de incidência tributária) dada pelo art. 114 do CTN. Gabarito "B".

(Procurador do Município/Teresina-PI – 2010 – FCC) Contra um menor absolutamente incapaz foi lavrado um auto de infração e imposição de multa constituindo crédito tributário relativo a negócio que o menor praticou sem estar devidamente representado. Esta exigência tributária, em tese, está

(A) correta, pois a autoridade administrativa pode desconsiderar atos ou negócios jurídicos praticados com a finalidade de dissimular a ocorrência do fato gerador do tributo ou a natureza dos elementos constitutivos da obrigação tributária.
(B) errada, já que se trata de negócio juridicamente nulo.
(C) correta, pois a validade jurídica dos atos efetivamente praticados e os efeitos dos fatos efetivamente ocorridos são irrelevantes para a definição do fato gerador, não havendo impedimento, portanto, para que o negócio celebrado seja fato gerador de tributo.
(D) correta, desde que o negócio jurídico venha a ser ratificado pelo representante legal do menor, no âmbito civil, hipótese em que será válido juridicamente.
(E) errada, pois a lei tributária não pode alterar a definição e formas de direito privado, utilizados, expressa ou implicitamente para definir ou limitar competências tributárias.

A: Incorreta, pois não consta que tenha havido finalidade de dissimular a ocorrência do fato gerador, a atrair a chamada norma antielisiva – art. 116, p. único, do CTN; B: Incorreta, pois eventual vício (nulidade do ato) ou ausência de capacidade na esfera civil é irrelevante para a configuração do fato gerador e para a capacidade tributária – arts. 118, I, e 126, I, do CTN (perceba que o fato gerador é, em princípio, apenas um fato, não um ato de vontade ou negócio jurídico, de modo que a capacidade civil do agente para a prática de atos ou negócios é irrelevante para a incidência); C: Assertiva correta, conforme comentário à alternativa anterior – art. 118, I, do CTN; D: Incorreta, pois a validade do negócio jurídico é irrelevante para a configuração do fato gerador – art. 118, I, do CTN; Incorreta, pois não se discute competência tributária nem a aplicação do art. 110 do CTN. Gabarito "C".

(Ministério Público/PB – 2010) Analise as proposições abaixo e assinale a alternativa correta:

I. Uma vez implementada a condição, ato ou negócio jurídico, produzir-se-á o efeito de gerar a obrigação tributária, independente de ser a condição suspensiva ou resolutiva, salvo os casos de isenção ou imunidade.
II. Em sendo a responsabilidade tributária repassada a terceiro, não pode a lei incluir o contribuinte, sujeito passivo, na condição supletiva de adimplir ou complementar o pagamento do tributo cobrado àquele.
III. A interrupção da prescrição sempre atingirá todos os coobrigados.

(A) Somente II está correta.
(B) Somente II está errada.
(C) Apenas I e II estão erradas.
(D) I, II e III estão corretas.
(E) Apenas I e II estão corretas.

I: assertiva incorreta, pois a condição resolutiva ou resolutória é irrelevante para a configuração do fato gerador, que ocorre desde a celebração do negócio ou da prática do ato. Já no caso da condição suspensiva, o fato gerador ocorre apenas no momento de seu implemento – art. 117, I e II, do CTN; II: assertiva incorreta, pois é possível atribuir ao contribuinte a responsabilidade supletiva em relação ao responsável tributário – art. 128, *in fine*, do CTN; III: assertiva correta, nos termos do art. 125, III, do CTN. Embora o dispositivo legal ressalve a hipótese de disposição legal em contrário, é preciso considerar que somente lei complementar federal poderia dispor sobre a matéria – art. 146, III, *b*, da CF. Obs.: o gabarito oficial apontava a alternativa B, mas parece-nos que a assertiva I é também incorreta. Gabarito "C".

(Magistratura Federal/1ª Região – 2009 – CESPE) João firmou, com empresa sediada no exterior, contrato de compra de mercadorias importadas, para serem entregues em um mês, mediante pagamento em doze parcelas mensais, a partir da assinatura do contrato. O fisco, antes de trinta dias, realizou auditoria na empresa de João, tomando como base o contrato para considerar ocorrido o fato gerador de obrigação tributária. Com relação a essa situação hipotética, assinale a opção correta.

(A) A consideração da ocorrência do fato gerador pelo fisco deve-se à situação de fato constatada, mesmo sem lei específica que a preveja.

(B) O fato gerador ocorreu em virtude de que a situação jurídica constatada pelo fisco estava definitivamente constituída.

(C) O fato não poderia ter servido como base para o fisco, uma vez que não surgiu a obrigação tributária pela importação ainda inexistente da mercadoria.

(D) A situação jurídica tomada como base para a consideração da ocorrência do fato gerador se deu sob condição resolutória.

(E) A situação jurídica sob condição resolutória não gera imediatamente a obrigação, como pretendido pelo fisco na situação em apreço.

O fato gerador do imposto de importação ocorre apenas no momento da entrada do bem no território nacional (art. 19 do CTN), que se dá por ocorrido, em regra, na data do registro da declaração de importação (art. 73, I, do Regulamento Aduaneiro – RA). Assim, no momento da autuação (antes da data de entrega da mercadoria) ainda não havia ocorrido o fato gerador, sendo inviável a cobrança do imposto. A: incorreta, pois não existe fato gerador sem lei que o preveja; B: incorreta, pois a entrada da mercadoria (fato gerador) ainda não havia ocorrido; C: essa é a correta, conforme comentários iniciais; D e E: incorretas, pois não há, no caso descrito, condição resolutória ou resolutiva (condição cujo implemento afasta o acordo de vontades – art. 128 do CC). Gabarito "C".

(Ministério Público/RO – 2008 – CESPE) Assinale a opção correta a respeito da obrigação tributária.

(A) A obrigação acessória surge com a ocorrência do fato gerador.

(B) A obrigação principal surge com a ocorrência do fato gerador ou em decorrência da legislação tributária.

(C) A obrigação tributária nasce com a publicação da lei instituidora do tributo.

(D) A obrigação principal refere-se ao pagamento de tributo, mas não de uma penalidade pecuniária.

(E) Inscrever-se no Cadastro Nacional de Pessoa Jurídica (CNPJ) antes de iniciar a atividade econômica é uma obrigação acessória.

A: a expressão fato gerador é normalmente utilizada com relação à obrigação tributária principal, e não acessória, mas a afirmação é correta à luz do art. 115 do CTN; B: a obrigação principal decorre do fato gerador que, por sua vez, é previsto em lei (e não simplesmente em legislação, que abarca decretos e normas complementares – art. 114 do CTN); C: a obrigação nasce com o fato gerador – arts. 114 e 115 do CTN; D: a obrigação principal pode ter por objeto tributo e penalidade pecuniária (art. 113, § 1º, do CTN); E: qualquer dever que não seja entregar dinheiro ao fisco (tributo ou penalidade) e refira-se à tributação é objeto de obrigação acessória (art. 113, § 2º, do CTN). Gabarito "E".

(Procurador do Estado/PB – 2008 – CESPE) No que se refere à ocorrência do fato gerador e ao surgimento da obrigação tributária, assinale a opção incorreta.

(A) Quando um negócio jurídico é fato gerador de um tributo e é celebrado sob condição resolutiva, a ocorrência deve ser considerada desde a celebração do negócio.

(B) O fato gerador da obrigação principal é a situação definida em lei como necessária e suficiente para a sua ocorrência.

(C) Quando o negócio jurídico expressa uma situação fática, a ocorrência somente deve ser caracterizada quando presentes todos os elementos essenciais para que a situação produza os efeitos que lhes são peculiares.

(D) Quando um negócio jurídico é fato gerador de um tributo e é celebrado sob condição suspensiva, a ocorrência somente deve ser considerada quando se realiza a condição.

(E) O fato gerador da obrigação acessória é a situação definida em lei que obriga o sujeito passivo às prestações de fazer ou não-fazer que constituam objeto da obrigação.

A: art. 117, II, do CTN; B: art. 114 do CTN; C: art. 116, I, do CTN; D: art. 117, I, do CTN; E: o art. 115 do CTN, ao descrever o fato gerador da obrigação acessória, faz referência à legislação tributária (que inclui decretos e normas complementares) e não à lei. Gabarito "E".

(Cartório/SP – 2008) O nascimento da obrigação tributária dá-se com a ocorrência do (a)

(A) base de cálculo do tributo.

(B) fato gerador previsto em lei.

(C) caracterização do sujeito passivo ou fixação do sujeito passivo.

(D) quantificação do montante a ser pago.

Art. 114 do CTN. Gabarito "B".

(Cartório/SP – 2008) Quanto aos elementos essenciais do tributo, assinale a alternativa incorreta.

(A) O fato gerador *in abstrato* corresponde a situação que, constatada, impõe a alguém a obrigação de pagar um tributo.

(B) A base de cálculo é a medida, a expressão econômica do fato que é tributado.

(C) A alíquota é o percentual que, multiplicado pela base de cálculo, permite o cálculo do quantum devido.

(D) O sujeito passivo é aquele que tem o dever de prestar o objeto da obrigação principal ou acessória.

Apesar de dúbia, a afirmação em "A" parece incorreta, pois o fato gerador em concreto é a situação efetivamente ocorrida, enquanto o fato gerador em abstrato é a descrição legal, geral e abstrata dessa situação que dá ensejo à incidência – de qualquer forma, "A" é a melhor alternativa, por exclusão das demais, que são claramente corretas. Gabarito "A".

(Procurador da Fazenda Nacional – 2007.2 – ESAF) Responda às perguntas abaixo, com um Sim ou um Não e em seguida selecione, entre as opções abaixo, a que contenha as respostas certas, na devida seqüência. A definição do fato gerador da obrigação tributária pode ser estabelecida apenas por lei? A obrigação tributária principal pode ter por objeto exclusivamente penalidade pecuniária? Uma situação que, na forma da legislação aplicável, impõe a prática ou a abstenção de ato que não configure pagamento de tributo é denominada, no CTN, obrigação acessória?

(A) Sim, Não, Não

(B) Sim, Não, Sim

(C) Sim, Sim, Sim

(D) Não, Sim, Sim

(E) Não, Sim, Não

1ª: art. 114 do CTN; 2ª: art. 113, § 1º, do CTN; 3ª: art. 113, § 2º, do CTN. Gabarito "C".

(Defensoria/MT – 2007) Em matéria de relação jurídico-tributária, assinale a afirmativa correta.

(A) Podem ser tributados os atos nulos e os atos ilícitos, em face do princípio da interpretação objetiva do fato gerador.

(B) O fato gerador não possui o condão de definir a natureza jurídica do tributo.

(C) A hipótese de incidência tributária caracteriza-se pela concretude fática, em oposição à abstração.

(D) O Instituto Nacional de Seguridade Social é considerado sujeito ativo direto na obrigação tributária.

(E) O Superior Tribunal de Justiça já decidiu que a substituição tributária, do sujeito passivo, pode ser efetuada através de regulamento.

A: art. 118, I, do CTN; B: a natureza jurídica específica do tributo, nos termos do art. 4º do CTN, é dada por seu fato gerador; C: é o oposto – hipótese de incidência é a norma geral e abstrata que descreve o fato gerador; D: com relação às contribuições sociais exigidas pelo INSS, a autarquia não é sujeito ativo direto, pois há parafiscalidade (a competência tributária é da União); E: a substituição tributária refere-se à sujeição passiva e deve ser regulada por lei. Gabarito "A".

(Defensoria/SP – 2007 – FCC) O crédito tributário

(A) não decorre da obrigação principal.
(B) não tem a mesma natureza da obrigação tributária.
(C) decorre da obrigação principal e tem a mesma natureza desta.
(D) decorre da obrigação acessória e tem a mesma natureza desta.
(E) não decorre da obrigação principal, mas tem a mesma natureza desta.

Art. 139 do CTN. Gabarito "C".

(Magistratura/SP – 2007) O fato gerador da obrigação principal é a situação definida

(A) na lei como necessária, e suficiente à sua ocorrência.
(B) exclusivamente pelo texto constitucional, nos termos das limitações ao poder de tributar.
(C) pelas leis, decretos e norma regulamentares da Administração Pública Direta.
(D) pelas leis, decretos e norma regulamentares da Administração Pública Direta, Indireta e fundacional.

Art. 114 do CTN: fato gerador da obrigação principal é a situação definida em lei com necessária (imprescindível) e suficiente (não se exige mais nada) à sua ocorrência. Gabarito "A".

(Auditor Fiscal/MS – 2006 – FGV) Conforme disposto no CTN e salvo disposição legal em contrário, assinale a alternativa que não configura a ocorrência de fato gerador.

(A) tratando-se de situação de fato, ao se verificar a existência das circunstâncias materiais necessárias a que produza os efeitos que normalmente lhe são próprios
(B) tratando-se de situação jurídica, quando estiver definitivamente constituída, nos termos de direito aplicável
(C) a prática do ato ou celebrado o negócio, ainda que exista condição resolutiva
(D) o implemento de condição suspensiva, em se tratando de negócio jurídico condicional
(E) a ocorrência do evento, quando se tratar de condição resolutiva

A: art. 116, I, do CTN; B: art. 116, II, do CTN; C: art. 117, II, do CTN; D: art. 117, I, do CTN; E: não há essa previsão – o CTN faz referência a ato ou negócio jurídico (não a evento), ao referir-se às condições suspensiva e resolutiva. Ademais, a condição resolutiva ou resolutória (ou o evento a que se refere essa condição) é irrelevante para a configuração do fato gerador – art. 117, II, do CTN. Gabarito "E".

(Auditor Fiscal/RJ) É correto afirmar-se que a obrigação tributária acessória:

(A) só acarreta consequências de índole restritiva fiscal
(B) pode resultar em obrigação tributária principal
(C) consubstancia crédito tributário secundário
(D) não se sujeita ao lançamento

A obrigação acessória tem por objeto dever relacionado à tributação, mas que não é entregar dinheiro ao fisco (não é pagamento de tributo ou multa). No entanto, o descumprimento dessa obrigação acessória gera penalidade pecuniária (que é objeto de obrigação principal). Art. 113, § 3º, do CTN. Gabarito "B".

(Auditor Fiscal/RJ) A obrigação tributária principal revela:

(A) descumprimento do dever de pagar imposto devido
(B) relação jurídica entre o contribuinte e o Estado
(C) causa para imposição de penalidade fiscal
(D) inadimplemento absoluto

A obrigação tributária é uma relação entre o sujeito passivo (contribuinte ou responsável) e o sujeito ativo (Estado), cujo objeto (prestação) corresponde ao dever de recolher tributo, penalidade e cumprir deveres acessórios. Gabarito "B".

(Auditor Fiscal/RJ) Acerca da configuração da mora, em Direito Tributário, é certo dizer-se que:

(A) independe, desde que seja obrigação tributária sujeita ao lançamento por homologação
(B) depende do que for disciplinado na legislação tributária
(C) independe de notificação e/ou interpelação
(D) depende de notificação e/ou interpelação

O simples vencimento da obrigação configura a mora do sujeito passivo (*dies interpellat pro homine* – Art. 161 do CTN), ou seja, independentemente de notificação ou interpelação formal. Gabarito "C".

8. LANÇAMENTO E CRÉDITO TRIBUTÁRIO

(Magistratura/DF – 2011) De acordo com o Código Tributário Nacional, é correto afirmar que:

(A) Salvo disposição de lei em contrário, quando o valor tributário esteja expresso em moeda estrangeira, no lançamento far-se-á sua conversão em moeda nacional ao câmbio do dia do pagamento;
(B) O lançamento reporta-se à data da ocorrência do fato gerador da obrigação e rege-se pela lei então vigente, salvo se a norma tiver sido modificada ou revogada;
(C) O lançamento regularmente notificado ao sujeito passivo só pode ser alterado nos casos previstos no art. 149 do Código Tributário Nacional;
(D) As circunstâncias que modificam o crédito tributário, sua extensão ou seus efeitos, ou as garantias ou os privilégios a ele atribuídos, ou que excluem sua exigibilidade, não afetam a obrigação tributária que lhe deu origem.

A: Incorreta, pois, salvo disposição legal em contrário, a conversão se dá pelo câmbio do dia em que ocorreu o fato gerador – art. 143 do CTN; B: Incorreta, pois o lançamento rege-se pela lei vigente à época do fato gerador, ainda que posteriormente modificada ou revogada – art. 144, *caput*, do CTN; C: Incorreta, pois, além das hipóteses do art. 149 do CTN, é possível modificar o lançamento regularmente notificado se houver impugnação do sujeito passivo (recurso administrativo) ou recurso de ofício – art. 145, I e II, do CTN; D: Essa é a assertiva correta, pois reflete o disposto no art. 140 do CTN. Gabarito "D".

(Magistratura/SP – 2011 – VUNESP) O juiz de direito Libório Rangel, no exercício de suas funções, depara-se com o seguinte caso: sujeito passivo de obrigação tributária alega que não tem obrigação de pagar o tributo, porquanto, no caso em espécie, não ocorreu processo administrativo. O Magistrado decidirá corretamente quando:

(A) aceita os argumentos do insurgente, pois a CDA tem natureza de tributo executivo judicial.
(B) tratando-se de débito declarado pelo próprio contribuinte, o chamado autolançamento, a exigência fiscal não se baseia em prévio procedimento administrativo, daí por que julga improcedente a demanda.
(C) por ter o auto de lançamento natureza do título executivo extrajudicial, não gozando da presunção de certeza e liquidez, entrega prestação jurisdicional procedente.
(D) em virtude do reconhecimento da inexatidão dos dados fornecidos pelo devedor, por si só não induzindo a inscrição de débito fiscal para cobrança executiva na falta de pagamento, julga procedente a demanda.
(E) é necessária a interpelação ou constituição em mora do sujeito passivo da obrigação tributária, por cuidar-se de outro lançamento, razão pela qual o juiz julga procedente a demanda.

A: Incorreta, pois a Certidão da Dívida Ativa – CDA é *título* (não tributo) executivo extrajudicial – art. 585, VII, do CPC e arts. 202, p. único e 204 do CTN; B: Essa é a assertiva correta, conforme a Súmula 436/STJ; C: Incorreta, pois a CDA é título executivo extrajudicial, não o auto de lançamento; D: A assertiva é bastante confusa, mas a conclusão é certamente errada. A dívida inscrita tem presunção de liquidez e certeza, cabendo ao sujeito passivo comprovar suas alegações (art. 204 do CTN). Ainda que não seja o caso de aplicar a Súmula 436/STJ (tributo declarado e não pago), a simples alegação de que não houve processo administrativo é inócua. Perceba que, para que haja efetivo processo administrativo, com ampla defesa e contraditório, é preciso que o sujeito passivo tenha impugnado tempestivamente o lançamento no âmbito administrativo, o que não foi noticiado pelo examinador (se o sujeito não impugnou o auto, não há como argumentar que a cobrança é inválida por ausência de processo administrativo); E: Assertiva confusa. Não fica claro o que seria *outro lançamento*. De qualquer forma, a conclusão é errada, pois não há como o juiz julgar procedente a demanda do sujeito passivo, pela simples alegação de que não houve processo administrativo. Gabarito "B".

(MAGISTRATURA/PB – 2011 – CESPE) De acordo com o que dispõe o CTN a respeito do crédito tributário, assinale a opção correta.

(A) O lançamento tributário rege-se pela lei vigente na data da ocorrência do fato gerador, ainda que ao tempo da constituição do crédito tal lei haja sido revogada.

(B) Em regra, caso o valor tributário esteja expresso em moeda estrangeira, a conversão em moeda nacional deverá ser feita ao câmbio do dia do efetivo pagamento do tributo.

(C) O crédito tributário surge com a ocorrência do fato gerador do tributo.

(D) O lançamento é o procedimento administrativo por meio do qual se apura a certeza e a liquidez do crédito tributário, que constitui o devedor em mora.

(E) Notificado regularmente o lançamento ao sujeito passivo tributário, a autoridade administrativa não pode mais alterá-lo de ofício.

A: Correta, pois o lançamento rege-se pela lei vigente à época do fato gerador, ainda que posteriormente modificada ou revogada – art. 144, *caput*, do CTN; B: Incorreta, pois, salvo disposição legal em contrário, a conversão se dá pelo câmbio do dia em que ocorreu o fato gerador – art. 143 do CTN; C: Incorreta, pois o crédito tributário é constituído pelo lançamento – art. 142 do CTN. A obrigação tributária é que surge com o fato gerador – art. 113 do CTN; D: Incorreta, pois o lançamento constitui o crédito tributário – art. 142 do CTN. A mora do devedor é fixada pelo simples inadimplemento, sendo desnecessário qualquer ato para isso. A liquidez e a certeza do crédito são presumidas a partir da inscrição em dívida ativa – art. 204 do CTN; E: Incorreta, pois é possível a alteração do lançamento nas hipóteses do art. 145 do CTN. Gabarito "A".

(Procurador do Estado/RO – 2011 – FCC) Empresa NEW CO ingressou com Mandado de Segurança preventivo, versando sobre ICMS, com o objetivo de assegurar a não incidência do referido tributo em suas operações. Na petição inicial requereu a concessão de medida liminar com o objetivo de suspender a exigibilidade do crédito tributário, a qual foi deferida. Com isso, a empresa não vem promovendo nenhum recolhimento ou depósito judicial. Diante desse cenário, a fiscalização fazendária estadual

(A) estará impedida de lavrar auto de infração para constituir o crédito tributário em razão da medida liminar deferida.

(B) não estará impedida de lavrar auto de infração, que terá apenas o condão de promover o lançamento do tributo questionado judicialmente.

(C) estará impedida de lavrar auto de infração, uma vez que o processo não transitou em julgado.

(D) não estará impedida de lavrar o auto, podendo, inclusive, promover a execução total do crédito tributário, até a sua efetiva satisfação.

(E) poderá apenas notificar a empresa, requerendo que declare os valores discutidos em juízo.

A e C: Incorretas, pois a liminar suspenderá a exigibilidade do crédito a partir da sua constituição, ou seja, após o lançamento, que deve ser realizado pelo ffisco sob pena de decadência – ver REsp 1.129.450/SP. Perceba-se que o prazo decadencial para constituição do crédito não se interrompe, nem se suspende por conta da liminar – art. 173 do CTN; B: Assertiva correta, conforme comentário anterior; D: Incorreta, pois, embora o lançamento possa ser realizado, o crédito constituído será inexigível, por conta da liminar, sendo inviável a execução; E: Incorreta, pois a liminar não impede o lançamento. É interessante notar, entretanto, que se houver declaração dos valores pelo contribuinte, o lançamento é desnecessário – Súmula 436/STJ. O mesmo ocorre em caso de depósito judicial do valor discutido, que também torna desnecessário o lançamento correspondente, conforme entendimento jurisprudencial – ver EREsp 686.479/RJ-STJ. Gabarito "B".

(Procurador do Estado/RO – 2011 – FCC) Em 15/08/2008 a empresa "ASSEM TOS" realizou a venda de 300 cadeiras executivas, sendo que não declarou tal operação à Fazenda Estadual e tampouco promoveu o recolhimento do ICMS sobre a referida operação. Em 23/10/2009 teve início fiscalização tributária estadual na empresa, sendo que em 25/03/2010 foi lavrado o auto de infração, promovendo o lançamento sobre a mencionada operação. Em análise à legislação tributária, constata-se que a alíquota de ICMS incidente sobre tais operações sofreu variações, sendo de 12% para o ano de 2008, 17% para o ano de 2009 e 7% para o ano de 2010. Com base em tais informações, a imposição tributária deve se dar com a aplicação da alíquota de

(A) 12%, adotando-se por base a data do fato gerador.

(B) 17%, considerando a data do início de fiscalização, após a qual não se admite a denúncia espontânea.

(C) 7%, uma vez que o efetivo lançamento tributário ocorreu em 2010, com o auto de infração.

(D) 17%, uma vez que a sonegação praticada pelo contribuinte impõe a adoção da alíquota mais elevada.

(E) 7% em função do princípio da retroatividade benéfica em matéria tributária.

A alíquota do tributo será sempre aquela vigente à época do fato gerador, ou seja, 12% - art. 144, *caput*, do CTN. Por essa razão, a alternativa "A" é a correta. Perceba que somente a lei relativa à penalidade pecuniária (= multa) é que retroage, desde que seja mais benéfica ao infrator (= retroatividade da *lex mitior*) – art. 106, II, do CTN. Gabarito "A".

(Magistratura/SC – 2010) Nos termos do Código Tributário Nacional, considera-se constituído o crédito tributário:

(A) Com a ocorrência do fato gerador.

(B) Com a notificação por escrito do contribuinte da ocorrência do fato gerador.

(C) Independentemente de homologação, com o lançamento do crédito tributário efetuado pelo contribuinte.

(D) Com o recolhimento antecipado do tributo.

(E) Com a ocorrência do lançamento do crédito tributário efetuado pela autoridade administrativa.

O art. 142 do CTN é expresso no sentido de que o crédito tributário é constituído pelo lançamento tributário, efetuado sempre pela autoridade administrativa. Mesmo no caso do chamado autolançamento, segundo o CTN o lançamento depende da homologação pela autoridade administrativa – art. 150 do CTN. Por essa razão, a alternativa "E" é a correta. É importante notar, entretanto, que a jurisprudência reconhece o lançamento realizado por ato exclusivo do sujeito passivo, no caso do tributo declarado, mas não pago (Súmula 436/STJ) e do depósito judicial – ver EREsp 686.479/RJ-STJ. Gabarito "E".

(Ministério Público/ES – 2010 – CESPE) Se uma nova lei for publicada após a ocorrência do fato gerador de imposto não lançado por período certo de tempo, ampliando os poderes de investigação das autoridades administrativas, o lançamento será regido pela lei em vigor na data

(A) mais favorável ao sujeito passivo.

(B) de pagamento do tributo.

(C) da feitura do lançamento.

(D) da ocorrência do fato gerador.

(E) da cobrança do tributo.

A legislação que amplia poderes de investigação das autoridades administrativa não implica instituição ou majoração de tributo. A exigência tributária continua a mesma, apenas aumentando-se a possibilidade de o fisco receber o montante correspondente. Por essa razão, essa lei pode ser aplicada no momento do lançamento, ainda que relativamente a fatos pretéritos, conforme reconhecido expressamente pelo art. 144, § 1º, do CTN (o § 2º exclui a hipótese de tributo lançado por período certo de tempo, em determinada situação). A alternativa "C" é a correta, portanto. Gabarito "C".

(Ministério Público/PB – 2010) Das indicações abaixo, assinale a que não formaliza o crédito tributário:

(A) Lançamento por ato de ofício a autoridade administrativa.

(B) Lançamento homologatório.

(C) Lançamento homologatório tácito.

(D) Lançamento por declaração.
(E) Lançamento por meio de lei.

Somente o lançamento constitui o crédito tributário e há apenas três modalidades: lançamento por declaração (ou misto – art. 147 do CTN), lançamento de ofício (ou direto – art. 149 do CTN) e lançamento por homologação (ou autolançamento – art. 150 do CTN). A homologação do lançamento, nessa última modalidade, pode ser expressa ou tácita. Perceba, portanto, que não existe lançamento por meio de lei, razão pela qual a alternativa "E" deve ser apontada pelo candidato. Gabarito "E".

(Defensoria Pública da União – 2010 – CESPE) Acerca do direito tributário e do sistema tributário nacional, julgue o item a seguir.

(1) À autoridade tributária competente cabe declarar a existência do crédito tributário pelo lançamento, ocasião em que deve verificar a ocorrência do fato gerador da obrigação tributária, calcular o montante do tributo devido e identificar o sujeito passivo. Eventual proposição de aplicação de penalidade pecuniária deve ser objeto de ato administrativo próprio, pois não se trata de tributo.

1: assertiva incorreta, pois, nos termos do art. 142 do CTN, a propositura de aplicação da penalidade se dá no próprio lançamento. Atualmente, é bom salientar, o agente do fisco costuma aplicar diretamente a penalidade no momento da autuação (lançamento), e não simplesmente propor ao superior hierárquico. Gabarito 1E.

(Ministério Público/PB – 2010) Das indicações abaixo, assinale a que não formaliza o crédito tributário:

(A) Lançamento por ato de ofício a autoridade administrativa.
(B) Lançamento homologatório.
(C) Lançamento homologatório tácito.
(D) Lançamento por declaração.
(E) Lançamento por meio de lei.

As três modalidades de lançamento tributário são: (i) de ofício ou direto, (ii) por homologação (expressa ou tácita) ou autolançamento e (iii) por declaração ou misto. Não existe lançamento por lei, de modo que a alternativa E deve ser indicada pelo candidato. Gabarito "E".

(Advogado da União/AGU – CESPE – 2009) Com base no Direito Tributário, julgue o item que se segue.

(1) Se, na importação de produtos eletrônicos originados da Coréia, determinada pessoa jurídica brasileira pagou US$ 10.000,00, o preço pago pelos produtos deverá ser convertido em moeda nacional ao câmbio do dia do lançamento, para fins de apuração do valor do imposto de importação devido.

1: assertiva incorreta, pois o câmbio a ser considerado é aquele da data do fato gerador – art. 143 do CTN. Gabarito 1E.

Fiscais da fazenda estadual compareceram à sede de uma distribuidora de gêneros alimentícios, onde lavraram termo de início de fiscalização, arrecadaram documentos que estavam espalhados no departamento de contabilidade e notificaram o sócio-gerente para apresentar os livros e os documentos fiscais da empresa. Ao examinar a documentação encontrada na empresa, os auditores constataram a existência de livros com a descrição de vendas à vista, vendas a prazo, vendas por cheque e vendas por cartão de crédito, seguida da discriminação de datas e de números semelhantes a valores monetários.

A empresa mostrou os livros de registro de entrada e saída de mercadoria e de apuração do ICMS. No entanto, ao verificar que os valores lançados nos livros fiscais diferenciavam-se dos encontrados nos livros arrecadados, os fiscais notificaram a sociedade comercial para apresentar seus livros diário e razão analítico, pedido que não foi atendido. Em razão disso, os fiscais lavraram termo de verificação e responsabilidade tributária apontando atos ilícitos de responsabilidade dos sócios, dando-lhes de tudo ciência, e auto de infração pela diferença do ICMS, acrescida de multa por sonegação fiscal e correção monetária, notificando a sociedade comercial e indicando-a como devedora do tributo para apresentar defesa, ou pagar o valor apurado. O fisco verificou os documentos dos últimos cinco anos da empresa, demorando cinco meses para lavrar o auto de infração e dois meses para notificar a empresa, que apresentou defesa administrativa, cujo procedimento encerrou-se passados seis anos da defesa apresentada. O executivo fiscal foi ajuizado quatro anos após o julgamento definitivo na esfera administrativa. Findo o procedimento fiscal, os sócios alienaram o fundo de comércio e alugaram o imóvel a terceiro, que constituiu nova empresa no mesmo ramo de comércio anteriormente desenvolvido no local.

(Procurador do Estado/PE – CESPE – 2009) A respeito da situação hipotética descrita no texto, assinale a opção correta.

(A) A lavratura do auto de infração dá início ao lançamento fiscal, impedindo o transcurso do prazo de decadência.
(B) Por tratar-se de tributo apurado como sonegação fiscal, o valor não será objeto de revisão.
(C) O lançamento fiscal foi realizado por arbitramento.
(D) A notificação da sociedade comercial do auto de infração constitui condição de eficácia do lançamento fiscal, pressuposto de validade e exigibilidade do crédito tributário.
(E) O lançamento feito pela empresa (por homologação) e não recolhido no prazo estipulado deve integrar o cálculo do tributo devido no auto de infração, sem o qual não é possível sua cobrança por meio de executivo fiscal.

A: incorreta, pois a lavratura do auto de infração, com a regular notificação do contribuinte, constitui o crédito tributário (é o lançamento). A partir dele, não há falar em prazo decadencial para lançar, mas apenas prescricional para cobrar; B: incorreta, pois qualquer lançamento pode ser objeto de revisão pelo fisco, observado o disposto no art. 145 do CTN; C: incorreta, pois o lançamento foi realizado de ofício pela autoridade fiscal, embora tenha arbitrado o valor devido. Lembre-se de que há apenas três modalidades de lançamento tributário (declaração, ofício e homologação); D: assertiva correta, pois somente com a notificação do sujeito passivo é que se conclui o lançamento; E: incorreta, pois o lançamento de ofício independe dos atos da empresa. Gabarito "D".

(Procurador do Estado/PE – CESPE – 2009) Considerando a situação hipotética descrita no texto, assinale a opção correta.

(A) O tempo que decorreu entre a notificação do auto de infração e a decisão final da impugnação corre contra o contribuinte, que responderá pelo débito originário acrescido de juros e correção monetária caso seja mantida a exigência.
(B) Com o tempo transcorrido entre a lavratura do auto de infração e a constituição definitiva do crédito tributário, ocorreu a perempção do direito de constituir definitivamente o débito tributário.
(C) A lavratura do termo de início da fiscalização interrompeu o curso do prazo prescricional.
(D) Uma vez proposta a execução fiscal, e tendo sido determinada a citação do executado, o prazo decadencial foi interrompido.
(E) O crédito tributário já existe a partir da lavratura do auto de infração, não cabendo discussão sobre perda de direito da fazenda pública.

A: a assertiva é correta, pois o crédito tributário é corrigido e acrescido de juros até a data do efetivo recolhimento – art. 161 do CTN; B: com a notificação do lançamento o crédito já está constituído. Há entendimento no sentido de que a constituição definitiva se dá apenas após o prazo para recurso administrativo ou com a decisão definitiva no processo correspondente. Outros entendem que o crédito já estava constituído definitivamente e apenas teve sua exigibilidade suspensa durante o processo administrativo. Qualquer que seja a linha doutrinária adotada, o resultado prático é o mesmo (não corre prazo prescricional durante o processo administrativo), e não há falar em perempção; C: incorreta, até porque no momento da lavratura do termo de início de fiscalização o crédito ainda não estava constituído e, portanto, não corria prazo prescricional para cobrança, mas sim decadencial para o lançamento; D: incorreta, pois se a execução existe, é porque já houve constituição do crédito tributário e, portanto, não há falar em prazo decadencial para lançar. O que existe, após a constituição do crédito, é prazo prescricional para a cobrança; E: incorreta, pois, mesmo após o lançamento (que se conclui com a notificação da autuação) é possível a extinção do direito da fazenda por decurso de prazo, ou seja, pode ocorrer prescrição do direito de cobrar o crédito. Gabarito "A".

(Defensoria/SP – 2009 – FCC) Quanto ao lançamento tributário, é correto afirmar que

(A) são modalidades de lançamento: de ofício, por homologação, por declaração, por arbitramento e por preempção.

(B) a taxa cambial do dia do lançamento será a utilizada na conversão para a moeda nacional, nos casos em que o valor tributário estiver expresso em moeda estrangeira.

(C) o lançamento rege-se pela lei em vigor no momento da sua realização (*tempus regit actum*), mesmo que regule fato gerador ocorrido na vigência da lei anterior.

(D) a modificação dos critérios jurídicos adotados pela autoridade administrativa no lançamento, pode ser aplicada a todos os fatos geradores anteriores, que não foram objeto de lançamento, por constituir somente modificação interpretativa da lei.

(E) a retificação da declaração por iniciativa do próprio declarante, quando vise a redução ou exclusão de tributo, somente pode ser admitida mediante comprovação do erro em que se funde, e antes de notificado o lançamento.

A: incorreta, pois existem apenas três modalidades de lançamento, quais sejam (i) de ofício ou direto, (ii) por homologação (expressa ou tácita) ou autolançamento e (iii) por declaração ou misto; B: incorreta, pois leva-se em consideração o câmbio do dia do fato gerador – art. 143 do CTN; C: incorreta, pois aplica-se, em regra, a lei vigente à época do fato gerador, ainda que posteriormente modificada ou revogada – art. 144, *caput*, do CTN; D: incorreta, pois essa modificação de critérios jurídicos não pode ser aplicado aos lançamentos já realizados (impossibilidade de correção de eventual erro de direito) – art. 146 do CTN; E: essa é a assertiva correta, conforme o art. 147, § 1º, do CTN. Gabarito "E".

(Delegado/PA – 2009 – MOVENS) Lançamento é o procedimento administrativo vinculado em que o agente fiscal constitui o crédito tributário, apontando o fato gerador, identificando o sujeito passivo, o montante do tributo e se é o caso de imposição de penalidade. No que se refere ao instituto do lançamento tributário, assinale a opção correta.

(A) A penalidade a que se refere o instituto do lançamento é de natureza penal.

(B) O ato administrativo denominado de lançamento é vinculado para o agente da administração tributária.

(C) O lançamento é ato administrativo-fiscal meramente declaratório.

(D) Poderá ser designado qualquer servidor público de categoria estranha aos quadros do órgão arrecadador para efetuar o lançamento.

A: incorreta, pois os agentes do fisco não impõem sanção penal, em sentido estrito, por meio do lançamento; B: assertiva correta, conforme os arts. 3º, *in fine*, e 142 do CTN; C: incorreta, pois, na dicção do CTN, trata-se de procedimento constitutivo do crédito tributário – art. 142 do CTN; D: incorreta, pois o lançamento é procedimento (ou ato) privativo de servidores de carreira especializada (fiscais) – art. 37, XXII, da CF. Gabarito "B".

(Magistratura/AL – 2008 – CESPE) João, empresário do ramo atacadista e único gerente de sua empresa, é contribuinte do ICMS no seu estado e, ao vender seus produtos, não emitia notas fiscais, não fazia a escrituração delas e não recolhia o tributo devido. Após auditoria tributária realizada na empresa de João, foi lavrado auto de infração no valor de R$ 1.000.000,00. Considerando essa situação hipotética, assinale a opção correta.

(A) A conduta empreendida por João é considerada ilícito tributário, e não um ilícito penal.

(B) O procedimento administrativo para verificar a ocorrência do fato gerador da obrigação tributária, determinar a matéria tributável, calcular o montante devido e identificar o sujeito passivo no caso de fraude é chamado de lançamento de ofício.

(C) A empresa de João será responsabilizada tanto na esfera administrativa quanto na criminal.

(D) João não poderá sofrer, na esfera penal, qualquer constrição em seu patrimônio para garantia do pagamento da dívida tributária.

(E) João, que era o único gerente da empresa, será o único a ser responsabilizado pessoalmente na esfera penal, mesmo havendo outros sócios que, administrativamente, tenham participado de deliberação no sentido de sonegar os tributos.

A: a evasão fiscal, além de ilícito tributário, é crime (art. 1º da Lei 8.137/1990); B: art. 142 do CTN; C: a empresa não pode ser responsabilizada no âmbito dos crimes tributários, apenas a pessoa natural (no caso, João); D: o juiz pode determinar a constrição de bens; E: art. 11 da Lei 8.137/1990 – qualquer um que tenha concorrido para o crime responderá na medida de sua culpabilidade. Gabarito "B".

(Magistratura/AL – 2008 – CESPE) O fisco local autuou um contribuinte por ter constatado movimentação comercial, por meio de documentos paralelos, confirmando a realização de operações geradoras do imposto de ICMS sem a emissão de documento fiscal obrigatório e sem o recolhimento da quantia devida aos cofres públicos. Após a autuação, o contribuinte impugnou o respectivo auto de infração, tendo sido diminuído, após julgamento final na esfera administrativa, o valor aplicado a título de multa, e, ainda, retirados valores que compunham o total do principal, uma vez que, por erro procedimental, a este haviam sido incorporadas parcelas indevidas. Com referência à situação hipotética descrita, assinale a opção correta.

(A) A correção efetuada no julgamento modificou o crédito tributário e, portanto, afetou a obrigação tributária.

(B) O auto de infração lavrado contra o contribuinte não constituiu o crédito tributário de ICMS, funcionando apenas como uma sanção administrativa por não ter o contribuinte emitido nota fiscal e pago em dia seu tributo.

(C) A circunstância que modificou o crédito tributário não é capaz de afetar o lançamento tributário.

(D) A obrigação tributária principal, que nasceu em função dos fatos geradores constatados pelo fisco, não se altera, apesar das mudanças efetivadas no auto de infração.

(E) A alteração feita no auto de infração corresponde a uma alteração no lançamento e, portanto, a uma mudança na obrigação tributária que lhe deu origem.

A, D e E: nos termos do CTN, a obrigação surge com o fato gerador (situação necessária e suficiente – art. 114 do CTN) e não é modificada pelo lançamento (ou pelo julgamento administrativo que altera o lançamento – art. 140 do CTN); B: o auto de infração corresponde ao lançamento de ofício e constitui o crédito (art. 149, V a VII, do CTN); C: o julgamento alterou o lançamento inicialmente efetuado – art. 145, I, do CTN. Gabarito "D".

(Magistratura/PR – 2008) Assinale a alternativa correta:

(A) para a apuração do crédito tributário, aplica-se a legislação vigente à época de ocorrência do respectivo fato gerador, mesmo que posteriormente modificada ou revogada.

(B) a União pode, por meio de lei complementar, instituir isenções de tributos de competência dos Estados, Distrito Federal e dos Municípios.

(C) o crédito tributário somente pode ser exigido de quem está, por lei, definido como contribuinte.

(D) a lei que institui uma isenção produz efeitos a partir do exercício financeiro seguinte ao de sua publicação.

A: art. 144 do CTN; B: não existe possibilidade de isenção heterônoma – art. 151, III, da CF; C: o sujeito passivo pode ser contribuinte ou responsável tributário (art. 121, parágrafo único, I e II, do CTN); D: os benefícios fiscais não se sujeitam ao princípio da anterioridade (somente a instituição e a majoração de tributos). Gabarito "A".

(Magistratura/SE – 2008 – CESPE) Considere que, após preencher e entregar ao órgão fiscal todos os documentos e informações necessários à apuração de determinado tributo, a empresa X receba uma notificação para pagamento. Nessa situação, tal tributo tem lançamento

(A) por declaração.
(B) por apontamento.
(C) de ofício.
(D) por homologação.
(E) por substituição.

A assertiva descreve o lançamento por declaração – art. 147 do CTN. Gabarito "A".

(Magistratura/SP – 2008) O lançamento tributário

(A) pode ser feito de ofício, por declaração ou homologação.

(B) uma vez concluído, pode ser alterado por impugnação, recurso de ofício, iniciativa da autoridade administrativa, nos casos previstos em lei.

(C) será convertido em moeda nacional no dia da ocorrência do fato gerador, quando o valor tributário esteja expresso em moeda estrangeira.

(D) todas as afirmativas acima são corretas.

A: arts. 147 (declaração), 149 (ofício) e 150 (homologação) do CTN; B: art. 145 do CTN; C: art. 143 do CTN. Gabarito "D".

(Magistratura/PA – 2008 – FGV) Em matéria de lançamento e crédito tributário, assinale a alternativa correta.

(A) Em conformidade com o CTN, quando regularmente notificado o sujeito passivo, o lançamento somente pode ser alterado por impugnação do próprio sujeito passivo, recurso de ofício ou por iniciativa de ofício da autoridade administrativa.

(B) A atividade administrativa do lançamento é obrigatória; contudo, será discricionária quando o CTN expressamente autorizar.

(C) A "teoria dualista" do Direito Tributário determina a aplicação da legislação vigente à época do lançamento do tributo para a apuração do crédito tributário, em qualquer hipótese.

(D) A moratória, parcelamento, conversão do depósito em renda, concessão de liminar em mandado de segurança, reclamações e recursos administrativos são exemplos de suspensão da exigibilidade do crédito tributário.

(E) A isenção não pode ser restrita a determinada região do território da entidade tributante, sob pena de violação do princípio constitucional da isonomia tributária.

A: art. 145 do CTN; B: o lançamento é sempre atividade vinculada – arts. 3º e 142, parágrafo único, ambos do CTN; C: a expressão "teoria dualista" é utilizada, por alguns doutrinadores, em sentidos diversos, mas não neste indicado na alternativa (até porque há retroatividade no caso de penalidade menos severa, por exemplo – *lex mitior* – art. 106, II, do CTN); D: a conversão do depósito em renda é causa extintiva do crédito (não suspensiva) – art. 156, VI, do CTN; E: a isenção pode ser restrita a determinada região, nos termos do art. 176, parágrafo único, do CTN. Gabarito "A".

(Ministério Público/RO – 2008 – CESPE) O fisco de um estado da Federação verificou que um estabelecimento comercial não emitia notas fiscais, não escriturava os livros obrigatórios e não recolhia o tributo de ICMS devido nas operações comerciais. Diante disso, lavrou auto de infração contra a empresa e notificou seu representante para que efetuasse o pagamento do débito. Considerando a situação hipotética apresentada, assinale a opção correta.

(A) O procedimento adotado pelo fisco é denominado lançamento por homologação.

(B) O fisco local utilizou de sua prerrogativa e realizou o lançamento misto.

(C) O lançamento foi efetuado irregularmente, uma vez que o fisco deveria ter notificado o contribuinte antes de ter realizado o procedimento administrativo.

(D) Ao lavrar o auto de infração tributária contra a empresa sonegadora, o fisco fez o lançamento de ofício, uma vez que se comprovou que o sujeito passivo agiu com fraude.

(E) O procedimento do fisco é denominado extemporâneo, dado que foi realizado sem auxílio do contribuinte.

A assertiva descreve a autuação fiscal, que corresponde ao lançamento de ofício previsto no art. 149, V a VII, do CTN. Gabarito "D".

(Procurador do Estado/CE – 2008 – CESPE) Um contribuinte, tendo de prestar declarações à autoridade administrativa tributária, o fez desobedecendo ao prazo e à forma previstos na legislação vigente. Considerando essa situação hipotética, assinale a opção correta acerca da modalidade de lançamento desse ato do referido contribuinte.

(A) O contribuinte estará sujeito ao lançamento por homologação.

(B) Deverá ser realizado o autolançamento.

(C) Essa é a única situação em que o lançamento é efetuado e revisto de ofício pela autoridade administrativa.

(D) A administração deve utilizar o lançamento misto ou por declaração.

(E) A hipótese levantada é a de lançamento direto ou de ofício.

A ausência de declaração exigida ou vício em sua apresentação dão ensejo ao lançamento de ofício previsto no art. 149, II e III, do CTN. Gabarito "E".

(Procurador do Estado/PI – 2008 – CESPE) Assinale a opção correta acerca de crédito tributário.

(A) As circunstâncias que modificam o crédito tributário, sua extensão ou seus efeitos afetam a obrigação tributária que lhe deu origem.

(B) As circunstâncias que modificam o crédito tributário, sua extensão ou seus efeitos ou as garantias ou os privilégios a eles atribuídos, ou que excluem a sua exigibilidade, podem afetar o seu lançamento, mas não, a obrigação que lhe deu origem.

(C) As circunstâncias que modificam o crédito tributário, sua extensão ou seus efeitos ou as garantias ou os privilégios a eles atribuídos, ou que excluem a sua exigibilidade, não afetam o lançamento que lhe deu origem, apenas a obrigação.

(D) As circunstâncias que modificam o crédito tributário, sua extensão ou seus efeitos podem modificar a obrigação tributária apenas no que diz respeito aos seus elementos principais.

(E) A autoridade administrativa não pode, mesmo amparada na lei, extinguir o crédito tributário devidamente constituído.

A, C e D: nos termos do CTN, a obrigação surge com o fato gerador (art. 114 do CTN) e não é afetada pelo lançamento ou por fatos que modifiquem o crédito – art. 140 do CTN; B: as modificações do crédito podem afetar o lançamento; E: o crédito pode ser extinto por qualquer das modalidades previstas no art. 156 do CTN, o que inclui a decisão administrativa (inciso IX) proferida em recurso do contribuinte ou em revisão de ofício (art. 145 do CTN). Gabarito "B".

(Procurador do Estado/PI – 2008 – CESPE) Assinale a opção correta em relação a lançamento.

(A) O lançamento regularmente notificado ao sujeito passivo não pode ser modificado.

(B) O lançamento por homologação deve ser feito no prazo de cinco anos, a contar do primeiro ano seguinte ao fato.

(C) O lançamento é regido pela lei vigente à data da ocorrência do fato gerador, desde que ela não seja revogada posteriormente.

(D) O lançamento é o ato que dá origem à obrigação tributária.

(E) O lançamento pode ser alterado por impugnação do sujeito passivo.

A: o lançamento notificado pode ser alterado nos casos do art. 145 do CTN; a homologação tácita ocorre após cinco anos a contar **do fato gerador** – art. 150, § 4º, do CTN; C: o lançamento é sempre regido pela lei vigente à época do fato gerador – art. 144 do CTN; D: a obrigação surge com o fato gerador (art. 114 do CTN) e o lançamento constitui o crédito (art. 142 do CTN); E: é possível – art. 145, I, do CTN. Gabarito "E".

(Cartório/SP – 2008) O lançamento do ITCMD, *causa mortis* no estado de São Paulo, é uma espécie de

(A) lançamento de ofício.

(B) lançamento por declaração.

(C) lançamento por homologação.

(D) lançamento misto.

A legislação local prevê lançamento por homologação. Gabarito "C".

(Defensoria/SP – 2007 – FCC) São exemplos de impostos sujeitos normalmente a lançamento de ofício e por homologação, respectivamente:

(A) imposto territorial urbano (IPTU) e imposto sobre propriedade industrial (IPI).

(B) imposto de renda (IR) e imposto territorial rural (ITR).

(C) imposto sobre circulação de mercadorias e serviços (ICMS) e imposto de renda (IR).

(D) imposto de importação e imposto sobre operações financeiras (IOF).

(E) imposto de renda (IR) e imposto sobre propriedade industrial (IPI).

Normalmente há lançamento de ofício para IPTU e IPVA e lançamento por homologação para IPI, IR, ICMS e IOF. Quanto ao ITR, alguns entendem que o lançamento é por declaração, mas o regulamento correspondente (art. 8º do Decreto 4.382/2002) prevê lançamento por homologação. Gabarito "A".

7. DIREITO TRIBUTÁRIO

(Procurador da Fazenda Nacional – 2007.2 – ESAF) Verifique a veracidade dos assertos abaixo e, em seguida, marque com V as proposições verdadeiras, e com F as falsas. Em seguida, marque a opção que contenha, na mesma seqüência, a resposta correta.

( ) Salvo disposição de lei em contrário, quando o valor tributário esteja expresso em moeda estrangeira, no lançamento do imposto de exportação far-se-á sua conversão em moeda nacional ao câmbio do dia da expedição da fatura pelo exportador.
( ) O lançamento leva em consideração a legislação vigente na data em que lavrado pela autoridade competente, e rege-se pela lei então vigente, ainda que posteriormente modificada ou revogada.
( ) A modificação introduzida, de ofício ou em consequência de decisão administrativa ou judicial, nos critérios jurídicos adotados pela autoridade administrativa no exercício do lançamento somente pode ser efetivada, em relação a um mesmo sujeito passivo, quanto a fato gerador ocorrido posteriormente à sua introdução.

(A) F, F, V
(B) V, F, V
(C) V, V, F
(D) V, V, V
(E) F, F, F

1ª: art. 143 do CTN – observa-se a data do fato gerador; 2ª: art. 144 do CTN – o lançamento submete-se à legislação vigente à época do fato gerador; 3ª: a assertiva é verdadeira – veda-se a aplicação a fatos pretéritos (art. 146 do CTN). Gabarito "A".

(Procurador do Estado/PR – 2007) Quanto à Constituição do crédito tributário não é correto afirmar que: ALTERNATIVAS:

(A) O crédito tributário somente pode ser constituído pelo Lançamento.
(B) O Lançamento tributário constitui um dever da Administração enquanto que o pagamento do tributo constitui um dever do contribuinte.
(C) No Lançamento por Homologação o contribuinte é incumbido da apuração do fato imponível, da quantificação do valor tributo devido, de seu pagamento e da informação ao Estado de seu procedimento para concordância deste.
(D) No Lançamento de Ofício o prazo decadencial é contado a partir do primeiro dia do exercício seguinte ao da ocorrência do fato.
(E) A notificação ao contribuinte, do Lançamento, somente é exigida no Lançamento de Ofício.

A: o crédito é constituído pelo lançamento – art. 142 do CTN; B: a assertiva é correta; C: art. 150 do CTN; D: art. 173, I, do CTN – a rigor, o termo inicial é, em regra, o primeiro dia do exercício seguinte àquele em que o lançamento poderia ter sido efetuado (normalmente é o do fato gerador, mas nem sempre); E: esta é a melhor alternativa, pois o lançamento por declaração (assim como o de ofício) não prescinde de notificação. Gabarito "E".

(Procurador do Estado/PR – 2007) Quanto ao Lançamento é correto afirmar que: ALTERNATIVAS:

(A) Não poderá ocorrer alteração ou revisão do Lançamento, nem quando se comprove falsidade, erro ou omissão quanto a qualquer elemento definido na legislação tributária como sendo de declaração obrigatória.
(B) Quando o Auto de Infração é expedido unicamente para impor o pagamento de uma multa pelo descumprimento de dever instrumental, não contém o ato do Lançamento, porque este pressupõe cobrança do tributo, além da multa moratória.
(C) Auto de Infração e Lançamento são atos únicos e não há entre eles nenhuma diferença.
(D) Somente no Auto de Infração é exigida a notificação do contribuinte, no Lançamento de Ofício a notificação é dispensável.
(E) Não se aplicam, no Lançamento, os princípios da ampla defesa e do contraditório, ou do devido processo legal.

A: a alteração ou a revisão é possível – art. 149, IV, do CTN; B: é comum as legislações locais adotarem o termo "lançamento" (auto de lançamento) para o tributo e "autuação" (auto de infração) para a penalidade, o que torna a assertiva, nesse contexto, correta. É importante salientar, entretanto, que o CTN não faz essa distinção, referindo-se apenas ao lançamento tributário, que constitui o crédito, que, por sua vez, tem por objeto o tributo e a penalidade pecuniária; C: auto de infração é o documento que materializa a autuação fiscal (lançamento de ofício feito por conta de omissão, erro ou dolo do contribuinte). Lançamento é o procedimento, que é documentado no instrumento respectivo (auto). Ou seja, o documento (auto) não se confunde com o procedimento (autuação ou lançamento); D: a notificação é requisito essencial de qualquer lançamento efetuado pelo fisco; E: o STJ tem adotado o entendimento de que o lançamento somente se conclui (torna-se definitivo) ao final do procedimento administrativo eventualmente instaurado. Por essa lógica, cabe falar em ampla defesa e contraditório durante esse procedimento, nos termos do art. 5º, LV, da CF. Gabarito "B".

(Magistratura/DF – 2007) Sobre o crédito tributário, no regime do Código Tributário Nacional, é incorreto afirmar:

(A) São modalidades de suspensão da exigibilidade do crédito tributário a moratória e o depósito do seu montante integral;
(B) O pagamento de um crédito, quando parcial, importa em presunção de pagamento das prestações em que se decomponha;
(C) É vedada a compensação mediante o aproveitamento de tributo, objeto de contestação judicial pelo sujeito passivo, antes do trânsito em julgado da respectiva decisão judicial;
(D) A ação para a cobrança do crédito tributário prescreve em 5 (cinco) anos, contados da data da sua constituição definitiva, sendo certo que a prescrição se interrompe, dentre outras hipóteses, pelo despacho do juiz que ordenar a citação em execução fiscal.

A: art. 151, I e II, do CTN; B: não há essa presunção – art. 158, I, do CTN; C: art. 170-A do CTN; D: art. 174, caput e p. único, I, do CTN. Gabarito "B".

(Magistratura/BA – 2006 – CESPE) Acerca de lançamento, julgue os próximos itens.

(1) Considere que a autoridade fazendária tenha constatado, em junho de 2005, que fiscais efetuaram, entre julho de 1998 e maio de 1999, lançamento de ICMS a menor em diversas empresas, em troca de dinheiro, e que as empresas pagaram ao fisco os tributos exigidos pelos fiscais. Nesse caso, a autoridade administrativa fiscal pode, de ofício, determinar a revisão de todos os lançamentos efetuados.
(2) Quando o contribuinte apura o imposto devido e informa tal valor ao fisco sem, entretanto, efetuar o recolhimento, desnecessário se faz o procedimento administrativo fiscal para verificar a ocorrência do fato gerador, apontar a matéria tributável, calcular o valor e indicar o sujeito passivo.
(3) Em ação judicial movida pelo contribuinte questionando os critérios constantes em legislações distintas para o lançamento, o juiz, na sentença de mérito, deverá indicar qual o critério a ser seguido. Nesse caso, mesmo que haja a possibilidade de obtenção do valor devido em liquidação por arbitramento, a autoridade fazendária na atividade de lançamento não poderá ser substituída.

1: os valores relativos a períodos atingidos pela decadência (contada nos termos do art. 173 do CTN) não podem ser objeto de revisão (art. 149, parágrafo único, do CTN); 2: O STJ entende que o tributo declarado, mas não pago pode ser imediatamente inscrito em dívida ativa e cobrado judicialmente, sem necessidade de procedimento administrativo prévio; 3: O lançamento é atividade privativa da administração tributária – art. 142 do CTN. Gabarito 1E, 2C, 3C.

(Defensoria/SE – 2006 – CESPE) Julgue os itens seguintes.

(1) No lançamento de ofício, a fazenda pública verifica, por si só, a ocorrência do fato gerador, tal qual ocorre com o IPTU cobrado pelo município. No lançamento por declaração, a fazenda pública toma por base informações do contribuinte sobre fatos pertinentes e realiza o cálculo do imposto devido, como acontece com o imposto de renda, de competência da União.
(2) No lançamento por homologação, o curso do prazo decadencial inicia-se a contar do primeiro dia do exercício seguinte em que o lançamento deveria ter sido efetuado, caso o contribuinte tenha efetivado, no prazo, o recolhimento do tributo que a fazenda julgue insuficiente.

1: o imposto de renda submete-se, atualmente, ao lançamento por homologação (apesar das declarações devidas pelos contribuintes); 2: Se houve recolhimento sem fraude, dolo ou simulação, o prazo para a revisão fiscal é de cinco anos contados do fato gerador (art. 150, § 4º, do CTN). Gabarito 1E, 2E.

(Auditor Fiscal/CE – 2006 – ESAF) Sobre o lançamento tributário, procedimento administrativo tendente a verificar, entre outras coisas, a ocorrência do fato gerador da obrigação correspondente e determinar a matéria tributável, pode-se afirmar que

(A) a sua revisão só pode ser iniciada enquanto não extinto o direito da Fazenda Pública.
(B) o CTN não admite hipótese em que a legislação a ele aplicável seja aquela vigente à época em que for efetuado.
(C) só pode ser alterado por impugnação do sujeito passivo.
(D) se o cálculo do tributo tiver por base valor de bens ou direitos, e estes não forem corretamente informados pelo sujeito passivo, a autoridade que efetivar o lançamento arbitrará estes valores, não podendo mais o sujeito passivo contraditá-los.
(E) trata-se de uma atividade administrativa vinculada e obrigatória, mas que pode ser postergada, a critério da autoridade lançadora, por razões de conveniência e oportunidade.

A: art. 149, parágrafo único, do CTN; B: normalmente aplica-se a legislação vigente à época do fato gerador (art. 144 do CTN), mas há hipótese excepcional, prevista no art. 106 do CTN, de retroatividade da lei expressamente interpretativa ou na regra sancionadora mais benéfica (lex mitior); C: também pode ser alterado por recurso de ofício ou por iniciativa da autoridade administrativa, nos termos do art. 145 do CTN; D: é possível a contestação pelo sujeito passivo, nos termos do art. 148 do CTN; E: a atividade é vinculada, de modo que não pode ser postergada por razões de conveniência e oportunidade. Gabarito "A".

(Auditor Fiscal/MS – 2006 – FGV) A modificação introduzida, de ofício ou em conseqüência de decisão administrativa ou judicial, nos critérios jurídicos adotados pela autoridade administrativa no exercício do lançamento:

(A) não pode ser efetivada em relação a um mesmo sujeito passivo.
(B) somente pode ser efetivada em relação a um mesmo sujeito passivo, quanto ao fato gerador ocorrido a qualquer tempo.
(C) somente pode ser efetivada, em relação a um mesmo sujeito passivo, quanto ao fato gerador ocorrido anteriormente à sua introdução.
(D) somente pode ser efetivada em relação a um mesmo sujeito passivo, quanto ao fato gerador ocorrido posteriormente à sua introdução.
(E) somente pode ser efetivada em relação a um mesmo sujeito ativo, quanto ao fato gerador ocorrido anteriormente à sua introdução.

A modificação dos critérios jurídicos somente se aplica, em relação a um mesmo sujeito, quanto a fatos geradores posteriores – art. 146 do CTN. Gabarito "D".

(Auditor Fiscal/MS – 2006 – FGV) O lançamento é efetuado e revisto de ofício pela autoridade administrativa nas seguintes hipóteses, dentre outras, previstas no artigo 149 do CTN:

(A) em virtude de modificação introduzida, de ofício ou em conseqüência de decisão administrativa ou judicial, nos critérios jurídicos adotados e quando deve ser apreciado fato não conhecido por ocasião do lançamento anterior.
(B) quando houver divergência na interpretação da lei, por parte de autoridade administrativa subordinada, e quando a declaração não seja prestada, por quem de direito, no prazo e na forma da legislação tributária.
(C) quando deve ser apreciado fato não conhecido por ocasião do lançamento anterior e quando a declaração não seja prestada, por quem de direito, no prazo e na forma da legislação tributária.
(D) quando a lei estabelecer novos critérios de apuração ou fiscalização e quando se comprove que o sujeito passivo, ou terceiro em benefício daquele, agiu com dolo, fraude ou simulação.
(E) quando se comprove falsidade, erro ou omissão, quanto a qualquer elemento definido na legislação tributária como sendo de declaração obrigatória, e quando a lei estabelecer novos critérios de apuração ou fiscalização.

A: a modificação de critério jurídico não autoriza a revisão de lançamento já efetuado – art. 146 do CTN; B: divergência na interpretação da lei (erro de direito) não permite revisão de lançamento; C: Art. 149, II e VIII, do CTN; D e E: novos critérios de apuração e processos de fiscalização podem ser adotados com relação a fatos geradores pretéritos (art. 144, § 1º, do CTN), mas isso não permite a alteração do lançamento já realizado. Gabarito "C".

(Auditor Fiscal/MS – 2006 – FGV) Em se tratando de lançamento por homologação, sem prazo fixado em lei, decorridos cinco anos sem pronunciamento da Fazenda Pública:

(A) o lançamento não será considerado homologado, enquanto a Fazenda não o fizer de ofício.
(B) o lançamento sempre será considerado homologado.
(C) o lançamento sempre será considerado homologado e o crédito definitivamente extinto.
(D) o lançamento será considerado homologado e o crédito definitivamente extinto, salvo se comprovada a ocorrência de culpa, dolo, fraude ou simulação.
(E) o lançamento será considerado homologado e o crédito definitivamente extinto, salvo se comprovada a ocorrência de dolo, fraude ou simulação.

Art. 150, § 4º, do CTN – trata-se da homologação tácita. Gabarito "E".

(Auditor Fiscal/RJ) Tributo de valor fixo prescinde:

(A) da exata identificação do fato gerador
(B) da base de cálculo e da alíquota
(C) da definição de contribuinte
(D) de lei instituidora

O tributo de valor fixo (taxa anual de R$ 50,00, por exemplo) não demanda cálculo, logo não há base ou alíquota. Não prescinde, entretanto, da lei instituidora (princípio da legalidade), da identificação do fato gerador e da definição (pela lei) do contribuinte. Gabarito "B".

(Auditor Fiscal/RJ) Sobre o termo de início da fiscalização, é correto afirmar-se que:

(A) sua lavratura depende da abrangência da fiscalização
(B) a sua exigência depende da legislação do ente tributante
(C) é um mero requisito formal, e sua falta não gera qualquer irregularidade
(D) estabelece o início do prazo de decadência para a realização do lançamento

O início da fiscalização deve sempre ser documentado, nos termos do art. 196 do CTN. O art. 173, parágrafo único, do CTN dispõe que o início da fiscalização fixa termo inicial para o prazo decadencial – entende-se que essa norma aplica-se apenas para antecipar a contagem, em relação à regra geral do art. 173, I, do CTN. Gabarito "D".

(Ministério Público/GO – 2005) No que concerne ao lançamento é correto afirmar:

(A) é título executivo extrajudicial
(B) é ato administrativo constitutivo, pois dá nascimento a crédito tributário
(C) é o ato por meio do qual se formaliza o crédito tributário nascido em virtude da ocorrência do fato gerador
(D) depende sempre da atuação do contribuinte

A: o lançamento constitui o crédito (art. 142 do CTN) que, se não pago, é inscrito em dívida ativa (a certidão de inscrição é título executivo extrajudicial – art. 585, VI, do CPC); B: art. 142 do CTN; C: o CTN adota o entendimento de que o crédito é constituído (não apenas formalizado ou declarado) pelo lançamento; D: trata-se de atividade privativa da administração tributária (art. 142 do CTN) e não há participação do contribuinte no caso de lançamento de ofício (art. 149 do CTN). Gabarito "B".

(Ministério Público/GO – 2005) O IPTU é um imposto cuja competência de sua arrecadação é do município. Sendo assim, a constituição do crédito tributário é efetuado mediante:

(A) lançamento *ex officio*
(B) lançamento por declaração
(C) autolançamento
(D) lançamento por homologação

Apesar da expressão "sendo assim", a modalidade de lançamento decorre da legislação local, e não da competência tributária. De qualquer forma, os Municípios costumam lançar de ofício o IPTU, pois essa é a modalidade normalmente adotada pelo legislador municipal. Gabarito "A".

(Magistratura Federal – 1ª Região – 2005) O lançamento é:

(A) um ato constitutivo;
(B) um ato que cria, modifica ou extingue direitos;

(C) um ato declaratório;
(D) as opções a e b estão corretas.

Há forte doutrina no sentido de que o lançamento é declaratório (o crédito já existiria desde o surgimento da obrigação tributária, com o fato gerador). Outros afirmam que o lançamento é declaratório em relação à obrigação tributária e constitutivo no que se refere ao crédito. É importante salientar, entretanto, que o CTN é expresso ao dispor que o lançamento constitui o crédito tributário (art. 142), entendimento que geralmente é adotado nos gabaritos oficiais das provas objetivas. Gabarito "C."

(Magistratura Federal – 1ª Região – 2005) Quando o pagamento de um tributo depende da conversão de moeda estrangeira, o câmbio para a conversão é:

(A) o vigente no dia do lançamento;
(B) o vigente no dia do pagamento do tributo;
(C) o vigente no dia da ocorrência de fato gerador;
(D) a média do câmbio entre os dias do lançamento e do pagamento do tributo.

Art. 143 do CTN. Gabarito "C."

(Auditor Fiscal/AM – 2005) O Código Tributário Nacional numa interpretação autêntica ou legal estabelece o conceito de lançamento, que é o seguinte:

(A) toda prestação pecuniária compulsória, em moeda ou cujo valor nela se possa exprimir, que não constitua sanção de ato ilícito, instituída em lei e cobrada mediante atividade administrativa plenamente vinculada;
(B) o tributo cuja obrigação tem por fato gerador uma situação independente de qualquer atividade estatal específica, relativa ao contribuinte;
(C) o procedimento administrativo tendente a verificar a ocorrência do fato gerador da obrigação correspondente, determinar a matéria tributável, calcular o montante do tributo devido, identificar o sujeito passivo e, sendo caso, propor a aplicação da penalidade cabível;
(D) a compensação mediante o aproveitamento de tributo, objeto de contestação judicial pelo sujeito passivo, antes do trânsito em julgado da respectiva decisão judicial;
(E) a atividade da Administração Pública que, limitando ou disciplinando direito, interesse ou liberdade, regula a prática de ato ou a abstenção de fato, em razão de interesse público concernente à segurança, à higiene, à ordem, aos costumes, à disciplina da produção e do mercado, ao exercício de atividades econômicas dependentes de concessão ou autorização do Poder Público, à tranqüilidade pública ou ao respeito à propriedade e aos direitos individuais ou coletivos.

A: definição de tributo – art. 3º do CTN; B: descrição do imposto – art. 16 do CTN; C: é o lançamento, conforme art. 142 do CTN; D: essa compensação é vedada, conforme art. 170-A do CTN; E: trata-se do exercício do poder de polícia – art. 78 do CTN. Gabarito "C."

9. SUJEIÇÃO PASSIVA, CAPACIDADE E DOMICÍLIO

(Magistratura Federal-5ª Região – 2011) No que concerne à obrigação tributária, assinale a opção correta.

(A) Na falta de eleição, pelo contribuinte ou responsável, de domicílio tributário, considera-se, na forma da legislação aplicável, como domicílio tributário, preferencialmente, o lugar da situação do bem ou da ocorrência dos atos ou fatos que deram origem à obrigação.
(B) Considere que Ômega tenha adquirido, a título oneroso, estabelecimento empresarial de Delta Auto Peças Ltda. e, após três meses, Delta tenha iniciado nova atividade empresarial, na área de venda de medicamentos. Nesse caso, Ômega será subsidiariamente responsável pelos débitos tributários devidos por Delta até a data da alienação.
(C) Os tutores respondem solidariamente pelo cumprimento de obrigações principais e acessórias devidas pelos tutelados, nos atos em que intervierem, ou pelas omissões, nos casos de impossibilidade de exigência do cumprimento da obrigação tributária pelo contribuinte.
(D) A responsabilidade do agente por infrações é excluída pela denúncia espontânea, que deve ser apresentada antes da propositura da ação penal, em relação às conceituadas por lei como crimes.
(E) Estabelece-se, como um dos efeitos da solidariedade, que a isenção ou remissão de crédito outorgada pessoalmente a qualquer dos coobrigados exonera todos os demais.

A: Incorreta, pois a adoção, como domicílio tributário, do lugar da situação do bem ou da ocorrência dos atos ou fato ocorre apenas subsidiariamente, conforme o art. 127, § 1º, do CTN, quando não aplicáveis as regras dos incisos desse dispositivo legal; B: Assertiva correta, conforme o art. 133, II, do CTN; C: Incorreta, pois a responsabilidade dos tutores por atos ou omissões, prevista no art. 134, II, do CTN, refere-se apenas à obrigação principal (tributos e multas moratórias, não respondendo nem mesmo pelas multas punitivas); D: Incorreta, pois a denúncia espontânea deve ser apresentada antes do início de qualquer procedimento administrativo ou medida de fiscalização relacionados com a infração – art. 138, p. único, do CTN. Gabarito "B."

(Magistratura/SP – 2011 – VUNESP) Antônio, pai de Carlos e Pedro, avô de Maria e filho de José, sujeito passivo da obrigação tributária. Antônio e Carlos morrem em um desastre automobilístico e não se consegue provar quem morreu primeiro. Em virtude do ocorrido, quem seria o responsável pelo pagamento do tributo?

(A) José.
(B) Pedro.
(C) Maria.
(D) José e Pedro, cada um responde por 50% do débito.
(E) Não haverá responsáveis, pois o crédito tributário extinguiu-se com a morte.

A rigor, com a morte do sujeito passivo, a responsabilidade tributária é transferida para o espólio – art. 131, III, do CTN. O responsável pelo espólio deveria promover o pagamento dos tributos antes da partilha, cabendo, eventualmente, responsabilidade do inventariante – art. 134, IV, do CTN. Caso não haja recolhimento pelo espólio (ou se o lançamento foi realizado apenas após a partilha), a responsabilidade tributária é transferida para os sucessores, limitada ao quinhão recebido. A partir daí, a solução da questão depende das normas do direito civil.
Em princípio, como não há notícia de cônjuge, os herdeiros do sujeito passivo (Antônio) seriam seus filhos (Carlos e Pedro) – art. 1.829, I, do CC.
Em caso de comoriência, em que não é possível definir quem morreu antes, se foi Antônio (o pai) ou se foi Carlos (um dos filhos), presumem-se simultaneamente falecidos – art. 8º do CC. Nesse caso, o outro filho (Pedro) será o herdeiro e, também, o responsável tributário – art. 131, II, do CTN, razão pela qual a alternativa "B" é a correta. Gabarito "B."

(Magistratura/PE – 2011 – FCC) Em nosso sistema tributário, a diferença entre o contribuinte e o responsável tributário é que

(A) aquele responde pelos impostos e estes pelas taxas regularmente instituídas.
(B) este último somente responde nos casos de impossibilidade do cumprimento da obrigação pelo contribuinte.
(C) este último é sempre uma pessoa física.
(D) somente o contribuinte pode impugnar a constituição do crédito tributário, mediante oferecimento de defesa fiscal.
(E) enquanto o contribuinte realiza o fato gerador, a responsabilidade deste último deriva exclusivamente da lei.

O contribuinte tem relação pessoal e direta com o fato gerador, ou seja, realiza o fato (por exemplo, aquele que promove a circulação da mercadoria, no caso do ICMS), é titular da situação que configura o fato (por exemplo, o proprietário do imóvel, no caso do IPTU) ou é beneficiado pelo fato gerador (por exemplo, o usuário do serviço público, em relação à taxa) – art. 121, p. único, I, do CTN. Já o responsável é definido por exclusão: é o sujeito passivo indicado pela lei, mas que não se qualifica como contribuinte (não tem relação pessoal e direta com o fato gerador) – art. 121, p. único, II, do CTN. Por essa razão, a alternativa "E" é a correta. Gabarito "E."

(MAGISTRATURA/PB – 2011 – CESPE) A respeito da disciplina aplicável ao domicílio tributário e à responsabilidade tributária, assinale a opção correta.

(A) De acordo com o estabelecido no CTN, obrigação e responsabilidade tributária são equivalentes, não se podendo atribuir responsabilidade tributária a terceira pessoa que não o contribuinte.
(B) A convenção particular relativa à responsabilidade pelo pagamento de tributos pode ser oposta à fazenda pública, desde que esta possua conhecimento da convenção e a tenha recusado expressamente.

(C) Em regra, é direito do contribuinte eleger o lugar do domicílio fiscal, o que não pode ser recusado pelo fisco, ainda que a eleição resulte em dificuldades para a arrecadação e fiscalização tributária.

(D) De acordo com o CTN, são apenas duas as espécies de obrigação tributária: a principal e a acessória.

(E) O domicílio tributário do proprietário de terreno não edificado, para fins de IPTU, deve estar situado na mesma cidade onde o terreno esteja localizado, o que constitui exceção à regra do domicílio de eleição.

A: Incorreta, pois responsabilidade tributária refere-se ao sujeito passivo da obrigação tributária, ou seja, são conceitos que não se confundem. O sujeito passivo pode ser o contribuinte ou o responsável – art. 121 do CTN; B: Incorreta, pois salvo disposições de lei em contrário, as convenções particulares, relativas à responsabilidade pelo pagamento de tributos, não podem ser opostas à Fazenda Pública, para modificar a definição legal do sujeito passivo das obrigações tributárias correspondentes – art. 123 do CTN; C: Incorreta, pois, embora o contribuinte possa eleger o domicílio, poderá ser rejeitado pelo fisco, caso impossibilite ou dificulte a arrecadação ou a fiscalização do tributo – art. 127, § 2º, do CTN; D: Essa é a alternativa correta, conforme o art. 113 do CTN; E: Incorreta, pois não há essa restrição à eleição do domicílio no art. 127 do CTN, muito embora a escolha do contribuinte possa ser recusada, caso impossibilite ou dificulte a arrecadação ou fiscalização (§ 2º do dispositivo). Gabarito "D".

(MAGISTRATURA/PB – 2011 – CESPE) Acerca da solidariedade nas obrigações tributárias, assinale a opção correta.

(A) Com o falecimento do sujeito passivo tributário, haverá necessária substituição, sendo o espólio pessoalmente responsável pelos tributos devidos pelo *de cujus* até a abertura da sucessão.

(B) São solidariamente obrigadas as pessoas que tenham interesse comum na situação que constitua o fato gerador da obrigação, podendo, entretanto, qualquer dos devedores alegar o benefício de ordem, conforme o grau de seu interesse.

(C) A isenção ou remissão de crédito tributário outorgada pessoalmente a um dos devedores solidários extingue o vínculo de solidariedade entre os demais devedores em relação ao saldo.

(D) Por ser de natureza pecuniária, a obrigação tributária, do ponto de vista civil, é divisível, mas, pela normatização especial do CTN, a obrigação tributária é indivisível.

(E) A responsabilidade dos devedores sucessores atinge os créditos ainda não constituídos, mas que correspondam a fatos geradores ocorridos antes da realização dos atos ou fatos determinados da sucessão, pois, nesse caso, o lançamento já se realizou.

A: Essa é a melhor alternativa, pois, de fato, o art. 131, III, do CTN determina que o espólio responde pessoalmente pelos tributos deixados pelo *de cujus* (apesar de o espólio não ter personalidade jurídica própria, mas tem personalidade judiciária e capacidade tributária). Entretanto, é interessante registrar que, para a doutrina dominante, trata-se de responsabilidade por transferência, não por substituição; B: Incorreta, pois a solidariedade tributária não admite benefício de ordem – art. 124, p. único, do CTN; C: Incorreta, pois embora o benefício concedido pessoalmente a um dos obrigados não aproveite aos demais, a solidariedade dos outros (se houver mais de um, evidentemente) subsiste pelo saldo – art. 125, II, do CTN; D: Discutível. No direito civil, a obrigação pecuniária, por ser divisível, não implica solidariedade natural das pessoas que tenham interesse comum na situação que deu ensejo ao seu surgimento, sendo que cada uma delas responde por sua cota-parte (art. 257 do CC). No direito tributário, diferentemente, a prestação pecuniária acaba sendo tratada como indivisível, pois as pessoas que tenham interesse comum no fato gerador da obrigação são solidariamente obrigadas ao seu pagamento integral. Entretanto, essa "indivisibilidade" no direito tributário refere-se apenas à solidariedade, razão pela qual a afirmação feita na alternativa parece ampla demais (ela não se restringe à solidariedade); E: Incorreta, pois o lançamento é irrelevante para a responsabilidade dos sucessores – art. 129 do CTN. Gabarito "A".

(Magistratura/PE – 2011 – FCC) A responsabilidade por infrações, em nosso sistema tributário, é excluída

(A) pelo pedido de parcelamento do débito fiscal, antes da decisão administrativa.

(B) pela propositura de ação declaratória de inexistência de relação jurídica tributária, antes da instauração de qualquer procedimento administrativo.

(C) pela denúncia espontânea da infração apresentada a qualquer tempo.

(D) pela denúncia espontânea da infração apresentada no curso do procedimento fiscal, antes da decisão administrativa.

(E) pela superveniência de sucessão tributária.

Nos termos do art. 138 do CTN, a responsabilidade é excluída pela denúncia espontânea da infração, acompanhada, se for o caso, do pagamento do tributo devido e dos juros de mora, ou do depósito da importância arbitrada pela autoridade administrativa, quando o montante do tributo dependa de apuração. Não se considera espontânea a denúncia apresentada após o início de qualquer procedimento administrativo ou medida de fiscalização, relacionados com a infração. A: O pedido de parcelamento não implica denúncia espontânea, pois não há pagamento integral do tributo corrigido e dos juros – art. 155-A, § 1º, do CTN; B: Incorreta, pois não basta propor a ação. É preciso que ela seja julgada procedente. Nesse caso (julgamento procedente do pedido declaratório), se não há obrigação, não há que se falar em infração ou responsabilidade tributária. Se a ação for julgada improcedente, o valor devido será cobrado com juros, correção e multas – ver REsp 1.252.694/MG (embora seja caso de Mandado de Segurança, o entendimento é o mesmo, pela aplicação da Súmula 405/STF, com cobrança do tributo, juros e multas); C e D: Incorretas, pois a denúncia deve ser anterior a qualquer ato fiscalizatório da administração; E: Incorreta, pois a responsabilidade por sucessão inclui as multas, mesmo nos casos em que o dispositivo do CTN refere-se apenas a tributos (arts. 131 a 133), conforme entendimento jurisprudencial – art. 129 do CTN, ver REsp 1.017.186/SC. Obs.: entendemos que não há alternativa correta. Gabarito "B".

(Ministério Público/MS – 2011 – FADEMS) Para se fixar a capacidade tributária passiva, **é relevante**:

(A) a capacidade civil das pessoas naturais;

(B) não estar a pessoa natural sujeita a medidas que impliquem privação ou limitação do exercício de direitos civis;

(C) não estar a pessoa natural privada dos direitos de administração direta de seus bens;

(D) ter a pessoa realizado o fato previsto na norma tributária;

(E) estar a pessoa jurídica constituída regularmente.

A, B, C e E: Incorretas, pois a capacidade civil, eventuais limitações ou a regularidade da pessoa jurídica são irrelevantes para a capacidade tributária – art. 126 do CTN; D: Correta, pois, embora não essencial, a realização do fato gerador é relevante para a capacidade tributária do contribuinte. Perceba que há casos em que há sujeição passiva mesmo sem que a pessoa tenha realizado o fato gerador (caso da responsabilidade tributária). Gabarito "D".

(Ministério Público/MS – 2011 – FADEMS) De regra, o contribuinte tem domicílio fiscal ou tributário:

(A) no local que estabelecer residência com vontade definitiva ou, caso tenha diversas residências, naquela que fique a maior parte do tempo;

(B) onde é sua residência habitual;

(C) no lugar onde eleger, desde que não recusado pela autoridade administrativa;

(D) no lugar da situação de seus bens;

(E) onde a autoridade administrativa indicar, quando se tratar de pessoa jurídica de direito privado.

A regra é a eleição do domicílio pelo contribuinte, embora possa ser recusada pelo fisco, caso dificulte ou impossibilite a fiscalização ou a cobrança do tributo – art. 127 do CTN. Os incisos desse dispositivo legal, além do § 1º, indicam regras subsidiárias, para o caso de não haver eleição do domicílio, ou se ele for recusado. Por essa razão, a alternativa "C" é a correta. Gabarito "C".

(Procurador do Estado/RO – 2011 – FCC) Empresa CÉU AZUL realizou a devida apuração do ICMS incidente nas suas operações, efetuou toda a escrituração fiscal, bem como promoveu a regular entrega de suas declarações ao Fisco Estadual. Entretanto, embora venha adotando tal conduta regular, com habitualidade, por falta de recursos financeiros não vem provendo o recolhimento do ICMS. Com o fechamento de um grande contrato com um cliente e o ingresso de receitas, pretende promover a quitação dos valores em atraso, requerendo o benefício denominado "denúncia espontânea". O referido benefício

(A) é cabível uma vez que resta presente a boa-fé do contribuinte.

(B) é cabível, uma vez que será promovido o pagamento parcial do tributo.

(C) não é cabível, uma vez que este benefício se aplica apenas aos tributos federais.

(D) não é cabível uma vez que o contribuinte já havia promovido o lançamento/declaração do tributo devido.

(E) é cabível, uma vez que a legislação adota a redução sempre que o contribuinte pretende regularizar sua situação.

Não há como o contribuinte beneficiar-se da denúncia espontânea, pois já declarou os valores devidos ao fisco. Ou seja, a administração tributária já sabe da inadimplência e pode, inclusive, cobrar diretamente, sem necessidade de fiscalização, lançamento ou processo administrativo – Súmula 436/STJ (a declaração constituiu o crédito, não há total espontaneidade). Esse é o teor da Súmula 360/STJ: "O benefício da denúncia espontânea não se aplica aos tributos sujeitos a lançamento por homologação regularmente declarados, mas pagos a destempo." Por essa razão, a alternativa "D" é a correta. Gabarito "D".

(Cartório/AP – 2011 – VUNESP) Quando do registro da escritura pública de venda e compra, o Oficial do Registro de Imóveis tem o dever legal de fiscalizar o recolhimento do imposto incidente sobre a operação. Se o registro acontecer sem que tenha havido o recolhimento do imposto de transmissão devido, o Oficial do Registro de Imóveis

(A) deverá anular o registro efetivado, sob pena de responsabilidade funcional, sem embargo da responsabilidade civil decorrente do ato de anulação do negócio jurídico.

(B) responderá civil e administrativamente pela omissão, sem embargo da obrigação tributária por infração decorrente da não fiscalização do recolhimento do tributo devido em razão de seu ofício.

(C) responderá solidariamente com o contribuinte, no caso de impossibilidade de exigência do cumprimento da obrigação principal por este, pelo tributo devido sobre o ato de transmissão praticado em razão de seu ofício.

(D) será considerado contribuinte do tributo devido sobre o ato de transmissão registrado, sem embargo do direito de regresso em face do adquirente do imóvel.

(E) não tem qualquer responsabilidade civil, penal, tributária ou administrativa pela não fiscalização dos tributos devidos sobre os atos praticados por ele, ou perante ele, em razão do seu ofício.

O oficial deve acautelar-se, pois, se houver o registro sem recolhimento do imposto devido (ITCMD ou ITBI), ele poderá vir a ser responsabilizado pelo tributo, nos termos do art. 134, VI, do CTN. A: Incorreta, pois o registro não é nulo. O fisco simplesmente cobrará o tributo do contribuinte ou, sendo o caso, do responsável; B: Incorreta, pois a responsabilidade tributária, nesse caso, refere-se ao tributo e à penalidade moratória (não apenas responsabilidade por infração) – art. 134, VI, e p. único, do CTN; C: Essa é a alternativa correta, pois reflete a responsabilidade do art. 134, VI, do CTN; D: Incorreta, pois contribuinte será sempre uma das partes na transmissão do imóvel, que têm relação pessoal e direta com o fato gerador – arts. 42 e 121, p. único, I, do CTN. O oficial será, no máximo, responsável tributário – art. 121, p. único, II, do CTN; E: Incorreta, pois poderá haver a responsabilidade do art. 134 do CTN. A rigor, se houver violação da lei (não for simples omissão), o oficial poderá responder pessoalmente por todo o crédito tributário (inclusive multas punitivas), nos termos do art. 135, I, do CTN. Gabarito "C".

(Cartório/AP – 2011 – VUNESP) Diante da ausência de Certidão Negativa de Débitos, o Tabelião de Notas fez constar na escritura pública de compra e venda que constam débitos tributário incidentes sobre o imóvel objeto do negócio jurídico e que estes serão de responsabilidade do alienante. Neste caso, pode-se afirmar que

(A) o Tabelião será considerado o único devedor dos tributos devidos, por ser dever funcional a fiscalização dos tributos incidentes sobre os atos que pratica.

(B) esta declaração não importa em transferência da responsabilidade tributária ao alienante, na medida em que a responsabilidade tributária decorre de lei e, pelo CTN, será ela do adquirente.

(C) esta declaração tem força de transferir a responsabilidade tributária ao alienante, já que feita por instrumento público por agente delegado de função pública.

(D) tal ressalva é desnecessária, já que o alienante é o contribuinte e único devedor dos tributos cujos fatos geradores ocorreram até a data da lavratura da escritura pública, momento em que ocorre a transmissão do domínio.

(E) só terá eficácia perante o Fisco após o registro da escritura pública no cartório de Registro de Imóveis, oportunidade em que a responsabilidade tributária recairá na pessoa do alienante.

A: Incorreta, pois, caso realize o registro sem o recolhimento dos tributos devidos, o tabelião poderá ser responsável subsidiariamente, nos termos do art. 134, VI, do CTN. Essa responsabilidade não é exclusiva, já que o tributo poderá ser cobrado do contribuinte (parte na transmissão do imóvel); B: Incorreta na parte final, pois o CTN não dispõe que o adquirente é o responsável pelo imposto. Tanto para o ITBI como para o ITCMD, o art. 42 do CTN determina que contribuinte é qualquer das partes na operação tributada, como dispuser a lei. Assim, é a lei estadual, distrital ou municipal que indicará o contribuinte do ITCDM ou do ITBI. De fato, em regra, as leis indicam o adquirente do imóvel como contribuinte do ITBI, no caso de compra e venda, mas a assertiva está errada, porque, como visto, não é o CTN que determina isso; C e E: Incorretas, pois a sujeição passiva é fixada por lei e não será alterada por declaração do tabelião – ver o art. 123 do CTN; D: Incorreta, pois o adquirente passa a ser responsável tributário em relação a esses débitos, nos termos do art. 130 do CTN, sem prejuízo de eventual responsabilidade do tabelião, nos termos do art. 134, VI, do CTN. Obs.: parece-nos que não há alternativa correta. Gabarito "B".

(Magistratura Federal-4ª Região – 2010) Dadas as assertivas a seguir, assinale a alternativa correta.

Quanto à responsabilidade de sócios-gerentes pelo pagamento de tributos devidos pela sociedade que dirigem, é assente na jurisprudência dos Tribunais Superiores que:

I. O inadimplemento da obrigação tributária pela sociedade gera, por si só, a responsabilidade solidária do sócio-gerente.

II. O inadimplemento da obrigação tributária pela sociedade não gera, por si só, a responsabilidade solidária do sócio-gerente.

III. A simples falta de comunicação de mudança de domicílio fiscal às autoridades competentes legitima o redirecionamento da execução fiscal para o sócio-gerente.

IV. A simples falta de comunicação de mudança de domicílio fiscal às autoridades competentes não legitima, por si só, o redirecionamento da execução fiscal para o sócio-gerente.

V. O descumprimento de obrigação acessória já é suficiente para responsabilização do sócio-gerente pelo pagamento da obrigação principal.

(A) Estão corretas apenas as assertivas I e III.
(B) Estão corretas apenas as assertivas II e III.
(C) Estão corretas apenas as assertivas II e IV.
(D) Estão corretas apenas as assertivas II e V.
(E) Nenhuma assertiva está correta.

I: Incorreta, pois, nos termos da Súmula 430/STJ, "O inadimplemento da obrigação tributária pela sociedade não gera, por si só, a responsabilidade solidária do sócio-gerente."; II: Correta, conforme Súmula 430/STJ; III: Correta, pois, nos termos da Súmula 435/STJ, "Presume-se dissolvida irregularmente a empresa que deixar de funcionar no seu domicílio fiscal, sem comunicação aos órgãos competentes, legitimando o redirecionamento da execução fiscal para o sócio-gerente."; IV: Incorreta, conforme comentário à alternativa anterior; V: Incorreta, pois a responsabilidade do sócio-gerente depende de excesso de poder ou violação à lei, aos estatutos ou contratos sociais, por ele cometido – art. 135 do CTN, o que não se configura com o simples descumprimento de dever acessório pela sociedade. Gabarito "B".

(Ministério Público/PB – 2010) Analise as proposições abaixo e assinale a alternativa correta:

I. Uma vez implementada a condição, ato ou negócio jurídico, produzir-se-á o efeito de gerar a obrigação tributária, independente de ser a condição suspensiva ou resolutiva, salvo os casos de isenção ou imunidade.

II. Em sendo a responsabilidade tributária repassada a terceiro, não pode a lei incluir o contribuinte, sujeito passivo, na condição supletiva de adimplir ou complementar o pagamento do tributo cobrado àquele.

III. A interrupção da prescrição sempre atingirá todos os coobrigados.

(A) Somente II está correta.
(B) Somente II está errada.
(C) Apenas I e II estão erradas.
(D) I, II e III estão corretas.
(E) Apenas I e II estão corretas.

I: Confusa, mas não chega a estar errada – art. 117 do CTN. No caso de negócio jurídico com condição suspensiva, o implemento da condição implica ocorrência do fato gerador. Se a condição for resolutiva (ou resolutória), o fato gerador ocorre no momento do ato ou negócio jurídico (essa condição é, a rigor, irrelevante). Se há imunidade, inexiste competência tributária, nem, portanto, incidência. Se há isenção, a doutrina mais moderna entende que não ocorre incidência. É importante salientar, entretanto, que, na linha do CTN, com a isenção há incidência e surge a obrigação, mas o crédito é excluído – art. 175, I, do CTN; II: Incorreta, pois é possível o contribuinte responder supletivamente pelo crédito – art. 128 do CTN; III: Adequada. O art. 125, III, do CTN dispõe que "salvo disposição de lei em contrário" a interrupção da prescrição atinge a todos os obrigados solidários, o que poderia tornar a assertiva incorreta (o examinador afirma que "sempre atingirá todos"). É interessante notar, entretanto, que o STF já decidiu que prescrição é matéria a ser veiculada por lei complementar federal, de modo que não há como, em princípio, haver disposição de lei (ordinária) em contrário. Gabarito "B".

(Ministério Público/PB – 2010) São pessoalmente responsáveis pela obrigação tributária, perante a Fazenda Pública, exceto:

(A) o cônjuge meeiro.
(B) o locatário, cujo contrato prevê a responsabilidade tributária.
(C) o sucessor a qualquer título.
(D) o adquirente.
(E) o remitente.

A, C, D e E: Todos eles podem ser responsáveis tributários, nos termos do art. 131 do CTN (a rigor, o meeiro não é responsável em relação à meação, que já era dele antes do falecimento do cônjuge); B: Essa é a alternativa a ser indicada, pois o acordo entre particulares (contrato) não altera a sujeição passiva, não podendo, portanto, ser oposto contra a fazenda – art. 123 do CTN. Gabarito "B".

(Procurador do Estado/SC – 2010 – FEPESE) Conforme disposto no Código Tributário Nacional, é **correto** afirmar:

(A) A eleição do domicílio tributário, pelo contribuinte ou responsável, não poderá ser recusada pela autoridade administrativa.
(B) O espólio é pessoalmente responsável pelos tributos devidos pelo de cujus até a data da abertura da sucessão.
(C) Salvo disposição de lei em contrário, considera-se ocorrido o fato gerador e existentes os seus efeitos, tratando-se de situação de fato, desde o momento em que esteja definitivamente constituída, nos termos de direito aplicável.
(D) A capacidade tributária passiva depende de estar a pessoa jurídica regularmente constituída, não bastando que configure uma unidade econômica ou profissional.
(E) São pessoalmente responsáveis o síndico e o comissário, em relação aos tributos devidos pela massa falida ou pelo concordatário.

A: Incorreta, pois a administração pode recusar a eleição do domicílio, se ela dificultar ou impossibilitar a fiscalização ou a arrecadação do tributo – art. 127, § 2º, do CTN; B: Correta, pois a responsabilidade é prevista no art. 131, III, do CTN; C: Incorreta, pois a regra indicada refere-se ao fato gerador que se configura como situação jurídica (não situação de fato) – art. 116, II, do CTN; D: Incorreta, pois a capacidade tributária independe da regularidade da pessoa jurídica – art. 126, III, do CTN; E: Incorreta, pois a responsabilidade do administrador (não há mais síndico ou comissário, nem concordata, na legislação atual de falências e recuperações) ocorre apenas excepcionalmente e subsidiariamente, na hipótese descrita no art. 134, V, do CTN. Há, em tese, possibilidade de responsabilidade pessoal, mas apenas se houver excesso de poderes ou infração da lei – art. 135, I, do CTN. Gabarito "B".

(Procurador do Município/Florianópolis-SC – 2010 – FEPESE) Acerca da responsabilidade tributária, é **correto** afirmar:

(A) O simples inadimplemento da obrigação tributária pela sociedade gera a responsabilidade solidária do sócio-gerente.
(B) A responsabilidade por infrações da legislação tributária é subjetiva, ou seja, depende da intenção do agente ou do responsável.
(C) O benefício da denúncia espontânea não se aplica aos tributos sujeitos a lançamento por homologação regularmente declarados, mas pagos a destempo.
(D) De acordo com o Código Tributário Nacional, é possível opor convenções particulares à Fazenda Pública, relativas à responsabilidade pelo pagamento de tributos.
(E) Os tutores e curadores serão sempre pessoalmente responsáveis pelos tributos devidos por seus tutelados ou curatelados.

A: Incorreta, pois o simples inadimplemento não implica a responsabilidade do art. 135 do CTN – Súmula 430/STJ; B: Incorreta, pois a responsabilidade por infrações tributárias, salvo disposição legal em contrário, independe da intenção do agente ou do responsável e da efetividade, natureza e extensão dos efeitos do ato – art. 136 do CTN; C: Correta, conforme a Súmula 360/STJ; D: Incorreta, pois isso não é possível – art. 123 do CTN; E: Incorreta, pois a responsabilidade dos tutores ocorre apenas quando há ato ou omissão dessas pessoas e, ademais, se não é possível cobrar o contribuinte, conforme o art. 134, II, do CTN. Essa responsabilidade é subsidiária, não pessoal. Há, em tese, possibilidade de responsabilidade pessoal, mas apenas se houver excesso de poderes ou infração da lei – art. 135, I, do CTN. Gabarito "C".

(Procurador do Município/Teresina-PI – 2010 – FCC) Segundo o Código Tributário Nacional, a denúncia espontânea

(A) alcança apenas a penalidade e não o crédito tributário.
(B) é causa de extinção do crédito tributário.
(C) é uma forma de anistia do crédito tributário.
(D) exclui a incidência dos juros de mora.
(E) está afastada se realizada após início de procedimento de fiscalização.

A: Imprecisa, pois a denúncia espontânea afasta apenas a penalidade, e não *todo* o crédito tributário (o crédito abarca não apenas a penalidade, mas também o tributo, com os respectivos juros e correção) – art. 138 do CTN; B: Incorreta, pois o crédito é extinto, no caso, pelo pagamento do tributo, corrigido e acrescido de juros, excluída a penalidade pecuniária; C: Incorreta, pois anistia é modalidade de exclusão do crédito relativo à multa, concedida por lei, sendo irrelevante o ato de vontade do sujeito passivo – art. 175, II, do CTN; D: Incorreta, pois a denúncia espontânea afasta apenas a penalidade pecuniária – art. 138 do CTN; E: Correta, pois, nesse caso, não há espontaneidade – art. 138, p. único, do CTN. Gabarito "E".

(Procurador Federal – 2010 – CESPE) Julgue o item seguinte, relativo ao direito tributário brasileiro.

(1) O sócio administrador de sociedade limitada em débito com a fazenda pública federal, referente ao pagamento do IRPJ, é pessoal e solidariamente responsável pelos referidos débitos, quando contraídos durante a sua administração.

1: A assertiva é incorreta, pois o inadimplemento da obrigação tributária não implica, por si só, responsabilidade do administrador – Súmula 430/STJ. Gabarito 1E.

(Defensoria Pública da União – 2010 – CESPE) Acerca do direito tributário e do sistema tributário nacional, julgue o item a seguir.

(1) Considere que pessoa jurídica tenha adquirido imóvel não residencial em hasta pública. Nesse caso, em consonância com a jurisprudência do STJ, a arrematação tem o efeito de expurgar qualquer ônus obrigacional sobre o imóvel para a pessoa jurídica arrematante, devendo a transferência ocorrer livre de qualquer encargo ou responsabilidade tributária.

(2) A responsabilidade tributária pessoal de terceiros não alcança o inadimplemento do tributo sem a prova da prática de ato ilícito ou contrário ao estatuto social, independentemente de o sócio da pessoa jurídica constar, ou não, da certidão de dívida ativa.

1: assertiva correta, conforme o art. 130, parágrafo único, do CTN; 2: correta, pois a responsabilidade prevista no art. 135 do CTN somente existe em caso de excesso de poderes ou infração de lei, contrato social ou estatutos. Interessante notar, entretanto, que a inclusão do nome do sócio na certidão de dívida ativa faz presumir sua responsabilidade, cabendo ao interessado afastar essa presunção – art. 204 do CTN. Gabarito 1C, 2C.

(Defensoria Pública/SP – 2010 – FCC) Recém-nascido recebe como herança a propriedade de um bem imóvel, localizado em zona urbana e residencial. Diante desse fato, considerando-se o disposto no artigo 126, inciso I do Código Tributário Nacional, é correto afirmar que

(A) a incapacidade civil do menor elide a sujeição tributária passiva, pois esta depende de prévia análise objetiva do fato imponível.
(B) a sujeição passiva tributária recai sobre o representante legal do menor, pois ele é insuscetível de capacidade tributária.
(C) o tributo é indevido por força da aplicação da cláusula *pecunia non olet*, decorrente do princípio da interpretação subjetiva do fato gerador.
(D) a relação pessoal e direta com o fato gerador é irrelevante para fins tributários, porém não abrange a pessoa natural absolutamente incapaz.
(E) o menor é o contribuinte dos tributos relativos ao bem, pois a capacidade tributária passiva independe da capacidade civil da pessoa natural.

A: assertiva incorreta, pois a capacidade tributária independe da civil – art. 126, I, do CTN; B e C: incorretas, já que o menor tem capacidade tributária e responde pessoalmente pelo débito. O responsável civil, entretanto, pode vir a ser responsável tributário em caso de omissão (art. 134 do CTN) ou cometimento de ato ilícito (art. 135 do CTN); D: incorreta, pois a relação pessoal e direta com o fato gerador define o contribuinte que é, no caso, o menor proprietário do imóvel – art. 121, parágrafo único, I, do CTN. Ademais, como visto, a capacidade tributária independe da capacidade civil; E: correta, conforme o art. 126, I, do CTN. Gabarito "E".

(Ministério Público/SE – 2010 – CESPE – adaptada) Determinado contribuinte adquiriu imóvel sobre o qual foi constituída obrigação tributária relativa ao IPTU, à taxa de iluminação pública e a uma contribuição de melhoria, pelo tempo anterior à aquisição. Da escritura não constava quitação de tributos sobre o imóvel. Nesse caso, a obrigação do adquirente quanto ao pagamento desses tributos recairá sobre

(A) o imposto e a taxa, e não sobre a contribuição de melhoria.
(B) o imposto e a contribuição de melhoria, e não sobre a taxa.
(C) a taxa e a contribuição de melhoria, e não sobre o imposto.
(D) o imposto, e não sobre a taxa e a contribuição de melhoria.
(E) o imposto, a taxa e a contribuição de melhoria.

Como o adquirente não teve a cautela de fazer constar do título translativo a prova de quitação, responde por todos os créditos tributários relativos ao imóvel, nos termos do art. 130 do CTN, o que inclui o IPTU, a contribuição de melhoria e eventuais taxas de serviços relacionados ao bem. Entretanto, é pacífico o entendimento de que a taxa de iluminação pública é inconstitucional, pois não se trata de serviço divisível (é impossível quantificar a utilização por contribuinte), de modo que não há falar em responsabilidade tributária em relação a ela – Súmula 670/STF. Atualmente, os Municípios e o DF podem cobrar contribuição para custeio desse serviço – art. 149-A da CF, mas nunca taxa. Adaptamos a questão, pois o gabarito oficial indicava a alternativa E como correta. Gabarito "B".

(Ministério Público/SE – 2010 – CESPE) Determinada empresa contratou os serviços de um contador e entregou a ele, regularmente, todos os cheques para a quitação dos impostos devidos. Certo dia, essa empresa recebeu do fisco estadual e do federal a informação de que estava devendo impostos aos quais se destinavam aqueles cheques, bem como multas. Nessa situação, acerca da responsabilidade de pagamento perante o fisco, assinale a opção correta.

(A) O pagamento dos tributos estaduais é de responsabilidade do contador, e o dos tributos federais, da própria empresa.
(B) Em ambos os casos, a responsabilidade pelo pagamento dos tributos é do contador.
(C) Em ambos os casos, a responsabilidade pelo pagamento dos tributos é da empresa, ao passo que o pagamento das multas cabe ao contador.
(D) A única responsabilidade do contador é o pagamento das multas incidentes sobre os tributos federais.
(E) Em ambos os casos, a responsabilidade pelo pagamento dos tributos e das multas é da empresa.

A sujeição passiva é sempre aquela fixada pela lei. Dessa forma, a empresa responde pelo débito tributário relativo aos tributos federais e estaduais, incluindo as multas. Ressalte-se que o contador pode ser responsabilizado nas esferas penal e cível. Gabarito "E".

(Ministério Público/PB – 2010) São pessoalmente responsáveis pela obrigação tributária, perante a Fazenda Pública, exceto:

(A) o cônjuge meeiro.
(B) o locatário, cujo contrato prevê a responsabilidade tributária.
(C) o sucessor a qualquer título.
(D) o adquirente.
(E) o remitente.

A, C, D e E: a responsabilidade dessas pessoas é indicada no art. 131 do CTN; B: a previsão contratual não tem o condão de fixar a sujeição passiva, ou seja, não implica responsabilidade tributária do locatário perante o fisco – art. 123 do CTN. Gabarito "B".

(Ministério Público/MG – 2010.2) Analise as seguintes afirmativas e assinale a alternativa INCORRETA.

(A) Fato gerador da obrigação tributária principal é a situação definida em lei como necessária e suficiente à sua ocorrência.
(B) Sujeito ativo da obrigação tributária é a pessoa jurídica de direito público, titular da competência para exigir o seu cumprimento.
(C) A lei pode atribuir de modo expresso a responsabilidade pelo crédito tributário a terceira pessoa, vinculada ao fato gerador da respectiva obrigação, excluindo a responsabilidade do contribuinte ou atribuindo-a a este em caráter supletivo do cumprimento total ou parcial da referida obrigação.
(D) A capacidade tributária passiva depende da capacidade civil das pessoas naturais.

A: assertiva correta, conforme o art. 114 do CTN; B: correta, pois essa é a definição de sujeito ativo da obrigação tributária dada pelo art. 119 do CTN. Interessante notar que há entendimento no sentido de que pessoas de direito privado (inclusive naturais) podem, excepcionalmente, ser sujeitos ativos, como é o caso dos notários, que cobram emolumentos (= taxas) pela prestação de serviços cartorários; C: correta, conforme o art. 128 do CTN; D: essa é a assertiva incorreta, pois a capacidade tributária independe da capacidade civil das pessoas naturais – art. 126, I, do CTN. Gabarito "D".

(Magistratura/PA – 2009 – FGV) A responsabilidade solidária em matéria tributária entre empresas pertencentes ao mesmo conglomerado se caracteriza, precipuamente:

(A) pelo comando empresarial exercido pela mesma diretoria.
(B) pela realização conjunta da situação que caracterize o fato gerador.
(C) pela existência de operações de caráter econômico que vinculem as empresas.
(D) pela efetiva participação nos lucros obtidos pelo conglomerado, por ambas as empresas.
(E) pela existência entre elas de contrato de rateio de despesas.

No direito tributário há duas espécies de solidariedade: a natural e a legal. A solidariedade natural ocorre em relação às pessoas que tenham interesse comum na situação que constitua o fato gerador da obrigação principal – art. 121, I, do CTN. A solidariedade legal refere-se às pessoas expressamente designadas pela lei – art. 121, II, do CTN. No caso de empresas pertencentes ao mesmo conglomerado, inexistindo responsabilidade legal, prevista na normatização específica de cada tributo, pode haver a solidariedade natural decorrente do fato gerador em comum, razão pela qual a B é a melhor alternativa. Gabarito "B".

(Ministério Público/MA – 2009) Assinale a alternativa que, sequer hipoteticamente retrata situação capaz de derivar na responsabilização solidária em relação à obrigação tributária principal não paga pelo contribuinte:

(A) o administrador de bens de terceiros, pelos tributos devidos por estes;
(B) o inventariante, pelos tributos devidos pelos herdeiros;
(C) o síndico, pelos tributos devidos pela massa falida;

(D) os tabeliães pelos tributos devidos sobre os atos praticados por eles, ou perante eles, em razão de seu ofício;
(E) os pais, pelos tributos devidos por seus filhos menores.

A, C, D e E: a responsabilidade solidária dessas pessoas é prevista no art. 134, I, III, V e VI, do CTN; B: o inventariante pode vir a ser solidariamente responsável pelos tributos devidos pelo espólio, e não, em princípio, por aqueles devidos pelos herdeiros – art. 134, IV, do CTN. Gabarito "B".

(Ministério Público/PR – 2009) Sobre a responsabilidade tributária, é INCORRETO dizer:

(A) No caso de impossibilidade de exigência do cumprimento da obrigação tributária do contribuinte, respondem solidariamente com este nos atos em que intervierem, ou pelas omissões de que forem responsáveis, os pais pelos tributos devidos por seus filhos menores.
(B) São pessoalmente responsáveis pelos créditos correspondentes a obrigações tributárias resultantes de atos praticados com excesso de poderes, infração de lei, contrato social, ou estatutos, os sócios, administradores ou não, de sociedades de responsabilidade limitada.
(C) A pessoa jurídica que adquirir de outra, por qualquer título, estabelecimento comercial, industrial ou profissional, responde pelos tributos relativos ao fundo ou estabelecimento adquirido, devidos até a data do ato, subsidiariamente com o alienante, se este iniciar dentro de 06 (seis) meses, a contar da alienação, nova atividade, no mesmo ou em outro ramo.
(D) A responsabilidade por infração à Lei Tributária é excluída pela denúncia espontânea da infração, acompanhada, se for o caso, do pagamento do tributo devido e dos juros de mora.
(E) A lei pode atribuir de modo expresso a responsabilidade pelo crédito tributário a terceira pessoa, vinculada ao fato gerador da respectiva obrigação.

A: assertiva correta, pois reflete o disposto no art. 134, I, do CTN; B: essa é a assertiva incorreta, pois somente os gestores da sociedade (gerentes, diretores, administradores, representantes) podem ser responsabilizados nos termos do art. 135 do CTN; C: correta, conforme o art. 133 do CTN; D: correta, nos termos do art. 138 do CTN; E: assertiva correta, conforme o art. 128 do CTN. Gabarito "B".

Fiscais da fazenda estadual compareceram à sede de uma distribuidora de gêneros alimentícios, onde lavraram termo de início de fiscalização, arrecadaram documentos que estavam espalhados no departamento de contabilidade e notificaram o sócio-gerente para apresentar os livros e os documentos fiscais da empresa. Ao examinar a documentação encontrada na empresa, os auditores constataram a existência de livros com a descrição de vendas à vista, vendas a prazo, vendas por cheque e vendas por cartão de crédito, seguida da discriminação de datas e de números semelhantes a valores monetários. A empresa mostrou os livros de registro de entrada e saída de mercadoria e de apuração do ICMS. No entanto, ao verificar que os valores lançados nos livros fiscais diferenciavam-se dos encontrados nos livros arrecadados, os fiscais notificaram a sociedade comercial para apresentar seus livros diário e razão analítico, pedido que não foi atendido. Em razão disso, os fiscais lavraram termo de verificação e responsabilidade tributária apontando atos ilícitos de responsabilidade dos sócios, dando-lhes de tudo ciência, e auto de infração pela diferença do ICMS, acrescida de multa por sonegação fiscal e correção monetária, notificando a sociedade comercial e indicando-a como devedora do tributo para apresentar defesa, ou pagar o valor apurado. O fisco verificou os documentos dos últimos cinco anos da empresa, demorando cinco meses para lavrar o auto de infração e dois meses para notificar a empresa, que apresentou defesa administrativa, cujo procedimento encerrou-se passados seis anos da defesa apresentada. O executivo fiscal foi ajuizado quatro anos após o julgamento definitivo na esfera administrativa. Findo o procedimento fiscal, os sócios alienaram o fundo de comércio e alugaram o imóvel a terceiro, que constituiu nova empresa no mesmo ramo de comércio anteriormente desenvolvido no local.

(Procurador do Estado/PE – CESPE – 2009) Considerando a situação hipotética descrita no texto, assinale a opção correta.

(A) Por tratar-se de sociedade por cota de responsabilidade limitada, a responsabilidade dos sócios pela dívida tributária é solidária, mas limitada ao valor que restou para integralização do capital.
(B) A pessoa jurídica que continuar as atividades no local responderá pelas dívidas tributárias contraídas anteriormente.
(C) A responsabilidade tributária é da empresa e somente subsidiariamente poderá ser responsabilizado o sócio.
(D) Os sócios da empresa são pessoalmente responsáveis pelos débitos tributários, por terem interesse comum na situação que constitui o fato gerador.
(E) A responsabilidade subsidiária do sócio somente será admitida no caso em exame porque os funcionários públicos lavraram termo de verificação e responsabilidade tributária dos atos ilícitos e deram ciência aos sócios.

A: incorreta, pois a responsabilidade de cada sócio é limitada ao valor de suas cotas e solidária apenas em relação ao capital eventualmente ainda não integralizado – art. 1.052 do CC; B: incorreta, pois o locatário do imóvel, apesar de explorar o mesmo ramo de atividade, não é a mesma pessoa que adquiriu o fundo de comércio, o que afasta a responsabilidade do art. 133 do CTN; C: há entendimento no sentido de que a responsabilidade dos sócios administradores, no caso do art. 135 do CTN, é solidária e até exclusiva, já que o dispositivo legal usa a expressão "pessoalmente responsáveis". A jurisprudência dominante do STJ, entretanto, é pela responsabilidade subsidiária – ver Resp 1.141.128/SP, muito embora a Súmula 430/STJ tenha feito menção à responsabilidade solidária do sócio-gerente. Ademais, consta que a administração fiscal responsabilizou a empresa, "notificando a sociedade comercial e indicando-a como devedora do tributo", e não os sócios. Por essas razões, entendemos que a C é a melhor alternativa, embora o gabarito oficial indicasse a D; D: embora essa tese seja razoável, não tem sido acolhida pelo Judiciário para reconhecer a responsabilidade solidária dos sócios com base no art. 124, I, do CTN; E: a responsabilidade dos sócios decorre do disposto no art. 135 do CTN. Gabarito "C".

(Procurador do Estado/SC – 2009) Analise as seguintes situações, quanto à alienação de estabelecimento empresarial e aos tributos a ele relativos, e tendo em vista as disposições do Código Tributário Nacional e normas correlatas. Assinale a alternativa **correta**:

(A) O empresário individual, que adquiriu um estabelecimento empresarial, assume a condição de responsável, integralmente, pelos tributos relativos ao estabelecimento devidos até o ato da alienação, se o alienante também era empresário individual e iniciou outra atividade empresarial, nos quatro meses subsequentes ao ato da alienação.
(B) No processo de falência de uma sociedade limitada, foi determinada a alienação judicial do único estabelecimento, e o sócio controlador está orientando seu neto, jovem administrador, a ser o adquirente. Nesse caso, o adquirente não será responsável pelos tributos relativos ao estabelecimento e devidos pela falida.
(C) No processo de recuperação judicial de uma sociedade limitada, foi determinada a alienação judicial do estabelecimento empresarial correspondente a uma filial, conforme previsão no Plano de Recuperação. Se o adquirente for o neto de um sócio minoritário não integrante da administração, ele não será responsável pelos tributos devidos relativos à filial adquirida.
(D) A pessoa jurídica que adquirir o estabelecimento empresarial de outra pessoa jurídica será responsável pelos tributos relativos ao estabelecimento, devidos até a data do trespasse, desde que já tenham sido lançados, embora ainda não definitivamente constituídos. A responsabilidade poderá ser integral ou subsidiária, nas condições e regras previstas no Código Tributário Nacional.
(E) Uma sociedade anônima de economia mista adquiriu um estabelecimento empresarial, há um ano, e continuou a desenvolver a atividade que ali ocorria, de fabricação de postes e outros artefatos, atuando no mercado agora sob seu nome empresarial. Tendo o alienante iniciado a exploração de uma indústria de móveis, nos cinco meses após o ato de alienação, a adquirente tornou-se responsável, subsidiariamente, pelos tributos relativos ao estabelecimento, devidos até o ato de alienação, mesmo os não lançados antes do ato.

A: incorreta. A qualificação como empresário individual é irrelevante para a responsabilidade do art. 133 do CTN. Ademais, se o alienante retornou à atividade empresarial dentro de seis meses contados da alienação, a responsabilidade de adquirente é apenas subsidiária, não integral – art. 133, II, do CTN; B: incorreta, pois a exclusão da responsabilidade no caso de alienação no processo de falência não aproveita ao adquirente que seja parente, em linha reta ou colateral até o 4º grau, do falido ou de qualquer de seus sócios – art. 133, § 2º, II, do CTN; C: assertiva incorreta, pois o adquirente que seja parente em linha reta ou colateral até o 4º grau de qualquer dos sócios, mesmo que minoritário e não integrante da administração, responde pelo débito – art. 133, § 2º, II, do CTN; D: incorreta, pois a responsabilidade tributária do sucessor abrange também os créditos em curso de constituição ou que venham a ser constituídos posteriormente, nos termos do art. 129 do CTN; E: essa é a assertiva correta, nos termos do art. 133, II, do CTN. Gabarito "E".

(Procurador de Contas TCE/ES – CESPE – 2009) Com relação à responsabilidade tributária, assinale a opção correta.

(A) A responsabilidade por infrações à legislação tributária depende da intenção do agente, da efetividade, da natureza e da extensão dos efeitos do ato, salvo disposição em contrário.
(B) Há vedação no sentido de que a lei atribua, de modo expresso, a responsabilidade pelo crédito tributário a terceira pessoa vinculada ao fato gerador da respectiva obrigação.
(C) Nas infrações conceituadas em lei como crimes, a responsabilidade será pessoal do agente, ainda que praticadas no exercício regular de administração.
(D) Os sucessores a qualquer título, mas não o cônjuge meeiro, são pessoalmente responsáveis pelos tributos devidos pelo de cujus até a data da partilha.
(E) A responsabilidade tributária é excluída pela denúncia espontânea da infração, acompanhada, se for o caso, do pagamento do tributo devido e dos juros de mora.

A: incorreta, pois a responsabilidade por infrações não depende disso, salvo disposição legal em contrário – art. 136 do CTN; B: incorreta, pois isso é possível, nos termos do art. 128 do CTN; C: assertiva incorreta, pois o exercício regular de administração afasta a responsabilidade pessoal do agente, nos termos do art. 137, I, do CTN; D: incorreta, pois o art. 131, II, do CTN indica também o cônjuge meeiro como responsável pelos tributos devidos pelo de cujus até a data da partilha ou adjudicação; E: essa é a assertiva correta, nos termos do art. 138 do CTN. Gabarito "E".

(Cartório/MS – 2009 – VUNESP) Nos termos do Código Tributário Nacional, a responsabilidade dos tabeliães, escrivães e demais serventuários de ofício, pelos tributos devidos sobre os atos praticados por eles, ou perante eles, em razão de seu ofício, nos termos do Código Tributário Nacional, dá-se por

(A) solidariedade.
(B) sucessão.
(C) infração.
(D) pessoalidade.
(E) substituição.

Trata-se de responsabilidade solidária de terceiro, prevista no art. 134, VI, do CTN. Gabarito "A".

(Magistratura Federal/1ª Região – 2009 – CESPE) A respeito da responsabilidade tributária, assinale a opção correta.

(A) Considere que João tenha adquirido um galpão onde funcionou, por quinze anos, um minimercado, que recém encerrou suas atividades, e tenha instalado ali nova empresa com o mesmo ramo de atividade. Nessa situação, João sucedeu a antiga empresa, respondendo pelos tributos relativos ao fundo de comércio do estabelecimento anterior.
(B) O funcionário do fisco que expedir fraudulentamente certidão negativa contra a fazenda pública responderá pelo crédito tributário, já que estará caracterizada a responsabilidade de terceiro pela obrigação tributária.
(C) A responsabilidade tributária é pessoal ou solidária, inexistindo responsabilidade subsidiária para o pagamento do tributo.
(D) A responsabilidade do espólio não alcança as multas devidas pelo de cujus, inclusive a moratória.
(E) É defeso ao fisco efetivar inscrição em dívida ativa do sucessor hereditário do devedor, já que a responsabilidade do sucessor se limita ao quinhão e ao montante do tributo devido pelo de cujus até a abertura da sucessão e não pagos até a data da partilha.

A: a afirmação é, no mínimo, discutível. Para que João sucedesse a antiga empresa, seria necessário que tivesse adquirido o estabelecimento empresarial, e não apenas o galpão – art. 133 do CTN. Ademais, deveria haver continuidade na exploração da atividade (não fica claro, pois a assertiva afirma genericamente que o minimercado "recém-encerrou" suas atividades). De qualquer forma, a alternativa B é a melhor, pois claramente correta; B: correta, conforme o art. 208 do CTN; C: incorreta, pois é possível responsabilidade tributária subsidiária – art. 128 do CTN; D: assertiva incorreta, pois, apesar de o art. 131, III, do CTN referir-se expressamente apenas a tributos (não a penalidades pecuniárias), a jurisprudência entende que a responsabilidade do espólio é por todo o crédito tributário, conforme previsto no art. 129 do CTN – ver REsp 499.147/PR; E: incorreta, pois, a rigor, o art. 131, II, do CTN refere-se aos tributos devidos pelo de cujus até a data da partilha ou adjudicação (e não até a abertura da sucessão). De qualquer forma, é possível a inscrição do sucessor em dívida ativa, pois se trata de sujeito passivo (responsável tributário). Gabarito "B".

(Magistratura Federal/1ª Região – 2009 – CESPE) Francisco passou a não pagar aos credores e ao fisco os tributos devidos nas operações da sociedade comercial que gerenciava, tendo-se retirado da sociedade e registrado a alteração contratual na junta comercial. Os credores promoveram diversas ações de execução contra a empresa, cujo patrimônio foi totalmente alienado para o pagamento das dívidas, no curso do procedimento administrativo de lançamento fiscal. A fazenda nacional ajuizou execução fiscal contra a pessoa jurídica, mas não obteve êxito na localização de bens para penhora. Nessa situação hipotética, a execução fiscal poderá ser redirecionada contra Francisco

(A) em virtude da inexistência de bens da sociedade e da inadimplência com a fazenda pública, que é credora privilegiada.
(B) porque não foi requerida, previamente, a falência.
(C) na parte relativa à redução tributária obtida por meio de contribuição previdenciária descontada do empregado e deliberadamente não recolhida aos cofres públicos.
(D) se for demonstrado que o sucessor na administração da empresa não tinha conhecimento dos débitos fiscais.
(E) caso se trate de sociedade por cotas de responsabilidade limitada.

A: incorreta, pois o simples inadimplemento não implica responsabilidade do administrador – Súmula 430/STJ; B: incorreta, até porque a descrição dos fatos não indica, necessariamente, situação falimentar à época em que Francisco gerenciava a empresa. Ademais, apesar de razoável, o Judiciário não vem acolhendo a tese de que a omissão do administrador em requerer a autofalência seria ilícito suficiente para sua responsabilidade tributária (art. 135 do CTN); C: essa é a assertiva correta, pois a apropriação indevida desses valores é ilícito, inclusive penal (art. 168-A do CP), que implica responsabilidade do administrador – art. 135, III, do CTN; D: incorreta, pois o desconhecimento do sucessor na administração é irrelevante para a responsabilidade de Francisco; E: assertiva incorreta, pois o tipo societário não influi diretamente na responsabilidade tributária do art. 135 do CTN. Gabarito "C".

(Magistratura Federal/5ª Região – 2009 – CESPE) Em testamento, certo indivíduo solteiro havia determinado que seu imóvel, avaliado em R$ 100.000,00, deveria ser destinado a uma criança, filha de um casal amigo; o outro imóvel, de R$ 150.000,00, seria destinado a seu filho, também criança, que era órfão de mãe no momento da lavratura do testamento. O saldo bancário deveria ser distribuído igualmente entre o legatário e o herdeiro citados. Ao falecer, o testador deixou saldo bancário de R$ 100.000,00 e foi dado cumprimento ao testamento. Na elaboração, pelo tabelião, do documento de arrecadação do imposto sobre transmissão causa mortis e doações relativo aos imóveis, foi apurado imposto menor que o devido, fato que, antes de encerrar o processo judicial de cumprimento do testamento, foi descoberto pelo fisco do respectivo estado de situação dos bens e que gerou duas multas moratórias. Nessa situação hipotética,

(A) o espólio deve responder pelas diferenças dos impostos e o tabelião, pelas multas.
(B) o pai do legatário deve responder pela diferença do imposto sobre a transmissão do imóvel legado, o curador do filho deve responder pela diferença do imposto sobre o imóvel herdado e o tabelião, pelas multas.
(C) o pai do legatário deve responder pela diferença do imposto sobre a transmissão do imóvel legado e pela respectiva multa, e o curador do filho deve responder pela diferença do imposto sobre o imóvel herdado e pela respectiva multa.

(D) o espólio deve responder pelas diferenças dos impostos e pelas multas.
(E) o espólio deve responder pelas diferenças dos impostos, e o pai do legatário e o curador do filho devem responder pelas respectivas multas.

A, B, C e E: incorretas, pois a responsabilidade dos pais, do curador e do tabelião surge apenas em caso de impossibilidade de exigência do cumprimento da obrigação pelos contribuintes, o que não é o caso, pelo que consta – art. 134, I, II e VI, do CTN; D: essa é a melhor alternativa, pois, apesar de o espólio responder pelas dívidas deixadas pelo *de cujus* (art. 131, III, do CTN), e não, imediatamente, pelos débitos devidos pelos contribuintes (herdeiro e legatário), na prática, a responsabilidade pelo recolhimento dos tributos antes da partilha ou adjudicação recai sobre o espólio, representado pelo inventariante – ver o art. 192 do CTN. É bom lembrar que o inventariante pode ser solidariamente responsabilizado pelo recolhimento, nos termos do art. 134, IV, do CTN. Gabarito "D".

(Magistratura/AC – 2008 – CESPE) Quanto à responsabilidade tributária de terceiros, assinale a opção incorreta.

(A) Os empregados são solidariamente responsáveis pelos créditos correspondentes a obrigações tributárias resultantes de atos praticados por eles com excesso de poderes.
(B) Nos casos de impossibilidade de exigência do cumprimento da obrigação principal pelo espólio, o inventariante responde solidariamente com aquele, nos atos em que intervier.
(C) Se um diretor de uma sociedade por ações age contrariamente ao disposto no estatuto social, ele torna-se pessoalmente responsável pelos créditos correspondentes a obrigações tributárias resultantes daqueles atos praticados.
(D) Os pais, dependendo dos atos que praticarem, podem ser tributariamente responsabilizados, tanto solidária quanto pessoalmente, pelo cumprimento das obrigações tributárias de seus filhos.

A: art. 135, II, *in fine*, do CTN (o STJ entende que a responsabilidade é subsidiária, ou seja, somente se os bens da empresa não forem suficientes) – ver Resp 1.141.128/SP, apesar da literalidade da Súmula 430/STJ.; B: art. 134, IV, do CTN; C: art. 135, III, do CTN; D: B: art. 134, I, do CTN (responsabilidade com relação aos filhos menores, apenas). Gabarito "A".

(Magistratura/MS – 2008 – FGV) De acordo com o Código Tributário Nacional, a pessoa jurídica de direito privado que adquirir de outra, por qualquer título, fundo de comércio ou estabelecimento comercial, industrial ou profissional, e continuar a respectiva exploração, sob a mesma ou outra razão social ou sob firma ou nome individual, responderá pelos tributos, relativos ao fundo ou estabelecimento adquirido, devidos até a data do ato, de forma:

(A) integral se o alienante cessar a exploração do comércio, indústria ou atividade.
(B) integral, se este prosseguir na exploração ou iniciar, dentro de seis meses a contar da data da alienação, nova atividade no mesmo ou em outro ramo de comércio, indústria ou profissão.
(C) subsidiária com o alienante, se este prosseguir na exploração ou iniciar, após seis meses a contar da data da alienação, nova atividade no mesmo ou em outro ramo de comércio, indústria ou profissão.
(D) subsidiária com o alienante, independentemente se este prosseguir ou na exploração ou iniciar, dentro de seis meses a contar da data da alienação, nova atividade no mesmo ou em outro ramo de comércio, indústria ou profissão.
(E) exclusiva do alienante, não havendo responsabilidade do adquirente, já que as dívidas tributárias são daquele.

A responsabilidade do adquirente é integral, exceto se o alienante prosseguir (ou reiniciar) a exploração de qualquer atividade profissional, industrial ou comercial nos seis meses seguintes à alienação – art. 133, I e II, do CTN. Ademais, não há responsabilidade em casos de falência e recuperação judicial, nos termos do § 1º e com as exclusões do § 2º, ambos do mesmo dispositivo (art. 133 do CTN). Gabarito "A".

(Magistratura/PA – 2008 – FGV) Assinale a afirmativa incorreta.

(A) No Direito Tributário são solidariamente obrigadas as pessoas que tenham interesse comum na situação que constitua o fato gerador da obrigação principal e as pessoas expressamente designadas por lei, e não comporta o benefício de ordem.
(B) A responsabilidade tributária por substituição "para frente", também denominada pela doutrina de substituição "progressiva", tem amparo no Código Tributário Nacional e permite que a lei impute responsabilidade tributária a terceiros vinculados ao fato gerador da respectiva obrigação.
(C) Salvo disposição legal em contrário, a responsabilidade por infração da legislação tributária independe da intenção do agente ou do responsável, da efetividade, natureza e extensão dos efeitos do ato.
(D) A definição legal do fato gerador é interpretada abstraindo-se da validade jurídica dos atos efetivamente praticados pelos contribuintes, responsáveis, ou terceiros, bem como a natureza do seu objeto ou seus efeitos. É o chamado princípio do *non olet*, consagrado pelo CTN.
(E) A competência tributária residual é aquela concedida pela Constituição Federal à União e permite a instituição, mediante lei complementar, do chamado "imposto residual da União", desde que não-cumulativo e não tenha fato gerador ou base de cálculo próprios dos impostos discriminados na própria Constituição.

A: solidariedade comum e legal, conforme art. 124 do CTN; B: a substituição tributária "para frente" é prevista no art. 150, § 7º, da CF e na legislação específica de determinados tributos (v.g. LC 87/1996, do ICMS), mas não no CTN; C: art. 136 do CTN; D: art. 118 do CTN; E: art. 154, I, da CF. Gabarito "B".

(Magistratura/PI – 2008 – CESPE) No que tange aos tributos devidos pelos filhos menores, assinale a opção correta, conforme o CTN, acerca da responsabilidade dos pais e dos filhos.

(A) Nos casos em que o filhos estejam impossibilitados de cumprir obrigação principal, os pais respondem subsidiariamente com estes nos atos em que intervierem.
(B) Se os filhos estiverem impossibilitados de cumprir a obrigação principal, os pais respondem subsidiariamente com estes pelas omissões de que forem responsáveis.
(C) Os pais são solidariamente responsáveis, como os filhos, pelos créditos correspondentes a obrigações tributárias resultantes de atos praticados pelos próprios pais com excesso de poderes.
(D) Os pais são pessoalmente responsáveis pelos créditos correspondentes a obrigações tributárias resultantes de atos praticados pelos filhos, com infração de lei.
(E) A responsabilidade será pessoal, dos pais, quanto às infrações que decorram direta e exclusivamente de dolo específico contra os filhos.

A e B: art. 134, I, do CTN – os pais respondem **solidariamente**, nessas hipóteses; C: se houve excesso de poder, a responsabilidade dos pais é pessoal (não solidária), nos termos do art. 135, I, do CTN; D: os pais somente respondem pessoalmente, no âmbito tributário, pelos atos que eles mesmos praticarem; E: art. 137, III, a, do CTN. Gabarito "E".

(Magistratura/PR – 2008) Assinale a alternativa INCORRETA:

(A) se a lei define como fato gerador um negócio jurídico que, em um caso concreto, está sujeito à condição resolutória, o Código Tributário Nacional considera consumado o negócio no momento da celebração, sendo irrelevante, para fins tributários, que o implemento da condição resolva o ato jurídico.
(B) a obrigação tributária principal diz respeito ao pagamento do tributo e a acessória tem por conteúdo um fazer ou um não-fazer do contribuinte, relativo à arrecadação e à fiscalização dos tributos.
(C) a capacidade tributária depende de a pessoa jurídica estar regularmente constituída.
(D) o fato gerador da obrigação principal corresponde ao fato gerador do tributo.

A: art. 117, II, do CTN; B: art. 113, §§ 1º e 2º, do CTN – a rigor, a obrigação principal pode referir-se não apenas ao tributo, mas também à penalidade pecuniária (embora haja crítica doutrinária a essa concepção); C: a capacidade tributária independe da regular constituição da pessoa jurídica – art. 126, III, do CTN; D: tributo é considerado o objeto da obrigação tributária (a prestação – art. 3º do CTN), de modo que o fato gerador é comum – no entanto, a obrigação pode ter por objeto penalidade pecuniária, e não necessariamente tributo (art. 113, § 1º, do CTN). Gabarito "C".

(Magistratura/PR – 2008) Assinale a alternativa correta:

(A) em decorrência da solidariedade tributária, o pagamento efetuado por um dos obrigados aproveita aos demais.
(B) a solidariedade tributária comporta benefício de ordem.
(C) em razão da solidariedade tributária, a isenção concedida em caráter pessoal a um dos coobrigados beneficia os demais pela totalidade do crédito.
(D) como efeito da solidariedade tributária, a interrupção da prescrição em favor de um dos coobrigados não afeta os demais.

A: art. 125, I, do CTN; B: não comporta benefício de ordem – art. 124, parágrafo único, do CTN; C: a isenção de caráter pessoal aproveita apenas a quem preencha os requisitos legais – art. 125, II, do CTN; D: é o oposto – art. 125. III, do CTN. Gabarito "A".

(Magistratura/SE – 2008 – CESPE) Entre as opções abaixo, em que são descritas situações hipotéticas, assinale aquela em que se configura caso de responsabilidade solidária ou subsidiária de terceiros pelo pagamento de tributo.

(A) Um administrador de bens de terceiros deixou de pagar os tributos devidos por estes, resultantes de atos praticados com excesso de poderes.
(B) Um síndico deixou de pagar os tributos devidos pela massa falida, resultantes de atos praticados com infração de lei.
(C) Um sócio, em liquidação de sociedade de pessoas, deixou de pagar os tributos devidos resultantes de atos praticados com infração do contrato social.
(D) Um inventariante deixou de pagar os tributos devidos pelo espólio, em razão de omissões de que é responsável.
(E) Um diretor de uma sociedade por ações deixou de pagar os tributos devidos resultantes de atos praticados com infração do estatuto social.

A, B, C e E: se houve excesso de poderes, infração à lei ou aos contratos e estatutos sociais, a responsabilidade é pessoal – art. 135, I e III, c/c art. 134, III, V, VII, ambos do CTN; D: esta é a única alternativa em que não houve excesso ou violação, mas apenas omissão, hipótese em que há responsabilidade solidária, caso a obrigação não possa ser exigida do espólio (art. 134, IV, do CTN). Gabarito "D".

(Magistratura/SE – 2008 – CESPE) Antes de falecer, Renato havia firmado parcelamento de débitos tributários com o fisco do estado de Sergipe, com garantia, por fiança, de seu irmão Raimundo. Após o falecimento, o parcelamento deixou de ser pago. Consoante as normas relativas à execução fiscal, esta não pode ser promovida contra

(A) Raimundo.
(B) o espólio de Renato.
(C) o inventariante, nos atos em que intervier.
(D) os devedores de Renato.
(E) os filhos de Renato.

A: o irmão responde pela fiança dada; B e E: o espólio e os herdeiros respondem como responsáveis, nos termos e limites do art. 131, II e III, do CTN; C: o inventariante responde nos atos em que intervier e nas omissões de que for responsável, desde que a obrigação não possa ser exigida do espólio (art. 134, IV, do CTN); D: os devedores de Renato devem ser cobrados pelo inventariante, em favor do espólio, mas não têm relação direta com o débito tributário. Gabarito "D".

(Ministério Público/AM – 2008 – CESPE) Entre as situações apresentadas nas opções abaixo, assinale aquela que indica a ocorrência da responsabilidade pessoal, nos atos relativos às obrigações tributárias.

(A) Um tutor é pessoalmente responsável pelos tributos devidos por seus tutelados.
(B) Um inventariante é pessoalmente responsável pelos tributos devidos pelo espólio.
(C) Um tabelião é pessoalmente responsável pelos tributos devidos sobre os atos praticados perante ele, em razão do seu ofício.
(D) Um síndico é pessoalmente responsável pelos tributos devidos pela massa falida.
(E) Um cônjuge meeiro é pessoalmente responsável pelos tributos devidos pelo de cujus, até a data da partilha, limitados ao montante da meação.

A, B, C e D: a responsabilidade prevista no art. 134 do CTN é solidária (não pessoal), e ocorre quando é impossível exigir a obrigação do contribuinte e com relação às omissões de que forem responsáveis e aos atos que praticarem; E: a responsabilidade do cônjuge meeiro é pessoal, nos termos e limite do art. 131, II, do CTN. Gabarito "E".

(Ministério Público/RO – 2008 – CESPE) O administrador não-sócio de uma sociedade limitada, para pagar funcionários, deixou de recolher o ICMS devido, fato constatado pelo fisco local pela análise dos livros fiscais, em que se pôde verificar que a escrituração contábil e fiscal estava correta, mas não havia sido feito o recolhimento. Após o devido processo administrativo e o não pagamento do débito, ocorreram a inscrição em dívida ativa e a cobrança judicial. Durante o processo judicial, ficou constatado que a empresa não possuía nenhum bem ou valor para fazer face ao pagamento do débito, motivo pelo qual a execução fiscal foi redirecionada contra os seus sócios. A respeito da situação hipotética acima apresentada e da responsabilidade tributária, assinale a opção correta.

(A) A responsabilidade tributária pelo não recolhimento do tributo devido a título de ICMS não pode ser cobrada pessoalmente dos sócios, uma vez que o administrador não era sócio e também não teriam, os sócios, agido com abuso de poder ou infringido a lei, o contrato ou o estatuto.
(B) Não cabe falar em responsabilidade pessoal dos sócios, uma vez que se trata de uma sociedade de responsabilidade limitada e não havia mais bens da empresa para fazer face ao pagamento do tributo.
(C) A responsabilidade tributária será sempre dos sócios e não do administrador.
(D) A solidariedade na situação apresentada é legal e por isso os sócios serão alvos de cobrança.
(E) Cabe a aplicação da tese da despersonalização da pessoa jurídica para a cobrança dos sócios da empresa.

O STJ entende que o simples inadimplemento tributário não gera a responsabilidade prevista no art. 135 do CTN. Ademais, no caso, houve simples privilégio ao pagamento de salários, o que não é infração à lei ou aos estatutos ou contratos sociais. Finalmente, os sócios, contra quem foi redirecionada a execução, nada fizeram para ensejar a aplicação do art. 135 do CTN (o administrador não era sócio). Gabarito "A".

(Ministério Público/RR – 2008 – CESPE) Julgue os itens a seguir, que tratam de obrigação, de responsabilidade e de crédito tributários, consoante o Código Tributário Nacional.

(1) Se um agente tributário detecta, no dia de hoje, a ocorrência de uma importação ocorrida há um mês e cujo imposto foi sonegado, ele deverá, em regra, efetuar o lançamento tributário calculando o respectivo valor pela taxa de câmbio de hoje.
(2) O prazo para lançamento de determinado tributo por homologação sem prazo fixado pela lei a ele relativa será de cinco anos, a contar do pagamento regular.
(3) Se, por meio de lei, a União estabelecer, cumprindo determinadas condições legais, moratória a ser concedida em caráter individual, esta poderá ser concedida simultaneamente a estados e municípios.
(4) Em determinado município, em que a legislação tributária do IPTU não fixe data do vencimento para o pagamento do imposto, se um contribuinte for notificado em maio de 2008 para pagamento do IPTU de 2008 e não houver prazo previsto no corpo da notificação, poderá ele efetuar o pagamento no prazo de até 31 de dezembro de 2008.
(5) Caso uma lei crie para o contribuinte obrigação de fazer, mensalmente, determinada declaração para o fisco e imponha multa de R$ 1.000,00 por seu descumprimento, nesse caso, é correto afirmar que aquela obrigação é considerada acessória.
(6) Para que dois contribuintes sejam solidariamente responsáveis pelo pagamento de um tributo, é necessário que tal situação seja expressamente designada em lei.
(7) Uma criança recém-nascida já tem capacidade tributária para ser devedora de IPTU.
(8) É admissível que a lei atribua a um contribuinte a responsabilidade supletiva parcial pelo pagamento de determinado tributo.
(9) Se, em 2008, um cidadão adquire um imóvel e se à escritura é anexada a prova do pagamento e quitação do IPTU relativo a 2008, eventual crédito de 2007 se sub-roga em sua pessoa.
(10) Se um empregado frauda um negócio jurídico em prejuízo de seu empregador, a responsabilidade tributária será pessoal dele e subsidiária da empresa.

1: art. 143 do CTN – o câmbio é do dia do fato gerador, salvo disposição em contrário; 2: A homologação terá ocorrido após cinco anos contados do fato gerador, exceto em caso de dolo, fraude ou simulação (art. 150, § 4º, do CTN); 3: a União somente poderá conceder moratória de caráter geral (não individual) com relação a tributos estaduais e municipais no caso excepcionalíssimo e nas condições do art. 152, I, *b*, do CTN; 4: Se não houver prazo na lei local, vale a regra subsidiária de trinta dias a partir da notificação, prevista no art. 160 do CTN; 5: Qualquer dever relacionado à tributação que não corresponda ao recolhimento de dinheiro ao fisco é considerado obrigação acessória, como é o caso da entrega das declarações; o descumprimento da obrigação acessória gera obrigação principal (pecuniária) de recolher a multa (art. 113, § 3º, do CTN); 6: Existe também a solidariedade comum (além da legal), prevista no art. 124, I, do CTN; 7: A capacidade tributária independe da civil (art. 126, I, do CTN); 8: Existe a possibilidade dessa solidariedade legal (art. 124, II, do CTN); 9: Para que fosse afastada a responsabilidade do adquirente em relação ao exercício de 2007 seria necessário que constasse da escritura a certidão negativa correspondente àquele ano, pois o pagamento de 2008 não faz presumir a quitação dos anteriores – art. 130, *caput*, *in fine*, c/c art. 158, II, ambos do CTN; 10: Em princípio, a empresa não realizou fato gerador, de modo que o tributo eventualmente devido deve ser recolhido exclusivamente pelo empregado; ademais, a penalidade é sempre responsabilidade pessoal do infrator (exclusiva), no caso de dolo contra o empregador (art. 137, III, *b*, do CTN). Gabarito 1E, 2E, 3E, 4E, 5C, 6E, 7C, 8C, 9C, 10E

(Procurador do Estado/PB – 2008 – CESPE) Com referência aos aspectos legais da responsabilidade tributária, assinale a opção correta.

(A) No caso de infrações tributárias que também configurem ilícitos penais, a responsabilidade pela multa eventualmente aplicada é pessoal e pertence à pessoa que tenha praticado o ato ilícito, respondendo, solidariamente, a pessoa jurídica pelo valor a ser pago.

(B) Considere-se que João tenha adquirido em hasta pública uma casa cujo proprietário anterior deixara de pagar, em vários exercícios, o IPTU. Nessa situação, os créditos tributários decorrentes de impostos cujo fato gerador seja a propriedade de bens imóveis sub-rogam-se na pessoa do adquirente.

(C) Antes da conclusão de procedimento de transformação de uma empresa limitada em sociedade anônima, deve-se quitar a dívida tributária, haja vista a impossibilidade legal de esta vir a ser cobrada da nova empresa.

(D) Considere-se que um contribuinte, ao preencher sua declaração de imposto de renda, tenha omitido rendimentos auferidos no exercício e que, ao receber pedido de esclarecimentos formulado pela administração tributária, tenha preferido corrigir a declaração inicial e pagar o valor do imposto apurado com os acréscimos legais. Nessa situação, o fisco não pode aplicar qualquer sanção ao contribuinte, haja vista a caracterização da denúncia espontânea.

(E) A extinta CPMF é exemplo de responsabilidade tributária por substituição, visto que, embora o fato gerador do tributo fosse a movimentação bancária e o contribuinte, era o correntista que movimentava os próprios recursos financeiros, a lei determinava às instituições financeiras o dever de recolher o tributo.

A: a responsabilidade é exclusiva do infrator nos termos e com a ressalva do art. 137, I, do CTN; B: o adquirente de imóvel em hasta pública não responde pelo débito, que deve ser suportado pelo preço pago em juízo – art. 130, parágrafo único, do CTN; C: a pessoa resultante da transformação societária responde pelos débitos, conforme o art. 132 do CTN; D: não há espontaneidade, pois houve ato da fiscalização – art. 138, parágrafo único, do CTN; E: o exemplo é de responsabilidade por substituição. Gabarito "E".

(Procurador do Estado/PI – 2008 – CESPE) Um estado, ao firmar contrato com uma empresa privada, desobrigando-a de recolher tributo devido pela sua atividade, passou a ser responsável pelo seu pagamento.

A partir dessa situação, assinale a opção correta.

(A) O contrato firmado é válido, uma vez que estipulado pelo ente da Federação competente para cobrar tributos.

(B) O sujeito passivo continuará sendo a empresa, já que, para alteração de sua definição, é preciso edição de decreto.

(C) Caso não haja disposição de lei em contrário, nenhuma convenção ou contrato tem validade para alterar o sujeito passivo de obrigação tributária perante a fazenda pública.

(D) A responsabilidade atribuída ao estado, no pagamento do tributo devido pela empresa, fere o princípio da anterioridade.

(E) Somente se houvesse lei nesse sentido é que seria possível a responsabilização do estado no pagamento desse tributo.

A sujeição passiva é regulada exclusivamente por lei e não pode ser alterada por contrato, mesmo que firmado pelo Poder Público – art. 123 do CTN. Gabarito "C".

(Magistratura Federal – 4ª Região – XIII – 2008) Dadas as assertivas abaixo, assinalar a alternativa correta.

I. A responsabilidade tributária por substituição comporta espécie apelidada "para trás", em que há postergação do pagamento do tributo, transferindo-se a terceiro a obrigação de reter e recolher o montante devido.

II. Quando o lançamento é anulado em razão de vício formal, enseja-se à Administração novo prazo decadencial, cujo *dies a quo* é a data em que tornada definitiva a decisão anulatória.

III. O termo "complexivo", utilizado em relação ao imposto de renda, guarda pertinência com a complexidade do ato administrativo, que, na espécie tributária, fica a depender de mais de uma esfera decisória.

IV. Existe responsabilidade solidária do proprietário, do incorporador, do dono da obra ou do condômino da unidade imobiliária com o construtor, para cumprimento das obrigações concernentes a contribuições para a Seguridade Social.

(A) Estão corretas apenas as assertivas I e IV.
(B) Estão corretas apenas as assertivas II e III.
(C) Estão corretas apenas as assertivas I, II e IV.
(D) Estão corretas todas as assertivas.

I: a assertiva descreve a substituição "para trás"; II: art. 173, II, do CTN; III: o termo "complexivo", utilizado por parte da doutrina, refere-se à formação do fato gerador (v.g. imposto de renda); IV: art. 30, VI, da Lei 8.212/1991. Gabarito "C".

(Cartório/SP – 2008) O domicílio fiscal ou tributário do contribuinte é

(A) a sua residência habitual.
(B) o lugar da situação de seus bens.
(C) o local de sua preferência, desde que não seja recusado pela autoridade administrativa.
(D) o lugar onde estabelecer residência com ânimo definitivo e, se tiver diversas residências, aquela na qual passar a maior parte do tempo.

O contribuinte elege seu domicílio, nos termos e limites do art. 127 do CTN. Gabarito "C".

(Cartório/SE – 2007 – CESPE) Em 5/1/2006, a Central do Esporte Ltda., pessoa jurídica que atua no ramo de compra e venda de artigos esportivos, adquiriu o estabelecimento empresarial de Alfredo Mecânica de Automóveis Ltda., sociedade com domicílio no estado de Minas Gerais. Ocorre que a alienante está em débito com a fazenda pública, quanto ao pagamento do ICMS, desde 2004. Em setembro de 2006, a pessoa jurídica Alfredo Mecânica de Automóveis Ltda. retomou suas atividades, no mesmo ramo de atividade antes explorado. Considerando a situação hipotética apresentada, julgue os itens seguintes, acerca da responsabilidade e do crédito tributários.

(1) A pessoa jurídica Central do Esporte Ltda. possui responsabilidade subsidiária pelo pagamento dos tributos devidos por Alfredo Mecânica de Automóveis Ltda., até 5/1/2006.

(2) Se o estado de Minas Gerais conceder moratória individual, quanto ao ICMS devido por Alfredo Mecânica de Automóveis Ltda., considerar-se-á suspensa a exigibilidade do crédito tributário.

1: A adquirente (Central do Esporte) não responde pelos débitos pretéritos, pois não prosseguiu na exploração da atividade anteriormente exercida pelo alienante (mecânica) – art. 133, *caput*, do CTN; 2: art. 151, I, do CTN – a moratória é modalidade de suspensão da exigibilidade do crédito. Gabarito 1E, 2C.

(Magistratura Federal – 5ª Região – 2007 – CESPE) Julgue o seguinte item.

(1) A pessoa jurídica ATP Investimentos Imobiliários Ltda. celebrou contrato de financiamento com garantia hipotecária. Em virtude de grave instabilidade financeira, a ATP entrou em estado de

insolvência, razão pela qual foi deferido o direito de remição do imóvel hipotecado aos credores em concurso. Nessa situação, efetivando-se a remição em favor dos credores em concurso, estes serão pessoalmente responsáveis pelos tributos relativos ao referido imóvel.

1: Art. 131, I, do CTN. Gabarito "C".

(Procuradoria Federal – 2007 – CESPE) A BM Confecções Ltda. adquiriu o estabelecimento empresarial da Divina Vestuário Feminino Ltda., continuando a exploração da atividade deste estabelecimento, sob outra razão social. Quanto à situação hipotética acima e às normas atinentes à obrigação tributária, julgue os itens a seguir.

(1) A responsabilidade tributária da BM Confecções Ltda. abrange as multas moratórias e punitivas devidas pela Divina Vestuário Feminino Ltda., por expressa disposição legal.
(2) A BM Confecções Ltda. responderá integralmente pelos tributos devidos pela Divina Vestuário Feminino Ltda. até a data do ato de aquisição do estabelecimento empresarial, se a alienante cessar a exploração da atividade.

1: o art. 133, *caput*, do CTN não faz referência expressa às multas, mas apenas ao tributo, o que pode indicar que a assertiva é incorreta (não haveria expressa disposição legal). No entanto, o STJ tem entendido que a referência feita ao crédito tributário (que inclui tributo e penalidade) no art. 129 do CTN significa que os casos de responsabilidade previstos no CTN abrangem não apenas os tributos, mas também as multas; 2: art. 133, I, do CTN – para ocorrência da responsabilidade integral (exclusiva), é necessário que a alienante deixe de explorar qualquer atividade profissional, industrial ou comercial (não apenas aquela que realizava anteriormente). Gabarito 1E, 2C

(Procurador da Fazenda Nacional – 2007.2 – ESAF) A _____ decorre de disposição de lei, atribuindo ao contribuinte-substituto a responsabilidade pela retenção do imposto em relação ao fato gerador futuro a que está vinculado. Em caso do não-cumprimento da obrigação pelo contribuinte-substituto, recai sobre o contribuinte substituído a chamada _____ de recolher o imposto devido na operação. Presume-se fraudulenta a alienação ou oneração de bens ou rendas, por sujeito passivo em débito para com a Fazenda Pública, desde o momento em que _____. Assinale a opção que contém as palavras que preencham de forma correta as lacunas acima.

(A) tributação indireta / repercussão tributária / o crédito tributário seja objeto de execução fiscal ajuizada
(B) substituição tributária / responsabilidade para trás / o devedor seja citado
(C) translação da responsabilidade tributária /responsabilidade derivada / o juiz despache a petição inicial de execução fiscal
(D) substituição tributária / responsabilidade supletiva / regularmente inscrito como dívida ativa
(E) alteração da responsabilidade / responsabilidade cardeal / notificado o contribuinte da constituição do crédito tributário

1ª: art. 150, § 7º, da CF – refere-se à substituição tributária "para frente"; 2ª: se não houver retenção pelo substituto, o substituído pode ser chamado a responder pelo débito; 3ª: art. 185 do CTN. Gabarito "D".

(Procurador da Fazenda Nacional – 2007.2 – ESAF) Leia o enunciado e indique a opção correta, entre as cinco que se seguem. Segundo o art. 133 do Código Tributário Nacional (CTN), a pessoa natural ou jurídica de direito privado que adquirir de outra, por qualquer título, fundo de comércio ou estabelecimento comercial, industrial ou profissional, e continuar a respectiva exploração, sob a mesma ou outra razão social ou sob firma ou nome individual, responde integralmente pelos tributos, relativos ao fundo ou estabelecimento adquirido, devidos até a data do ato, se o alienante cessar a exploração do comércio, indústria ou atividade. No entanto, segundo o mesmo Código,

(A) a responsabilidade tributária será apenas subsidiária com o alienante, se este prosseguir na exploração, e se tratar de alienação judicial em processo de falência.
(B) não haverá responsabilidade do adquirente em caso de alienação consensual, extra-processo, de cuja deliberação haja participado o representante da Fazenda Nacional.
(C) não haverá responsabilidade integral do adquirente em caso de alienação judicial em processo de falência, mas subsiste a subsidiária.
(D) não haverá responsabilidade do adquirente, integral ou subsidiária, quando se tratar de alienação judicial em processo de falência.
(E) a responsabilidade tributária do falido será excluída, no caso de alienação determinada pelo juízo universal de falência.

A responsabilidade do adquirente é integral, exceto se o alienante prosseguir (ou reiniciar) a exploração de qualquer atividade profissional, industrial ou comercial nos seis meses seguintes à alienação – art. 133, I e II, do CTN. Ademais, não há responsabilidade em casos de falência e recuperação judicial, nos termos do § 1º e com as exclusões do § 2º, ambos do mesmo dispositivo (art. 133 do CTN). Gabarito "D".

(Procurador da Fazenda Nacional – 2007 – ESAF) A pessoa natural ou jurídica de direito privado que adquirir de outra, por qualquer título, fundo de comércio ou estabelecimento comercial, industrial ou profissional, e continuar a respectiva exploração, sob a mesma ou outra razão social ou sob firma ou nome individual, responde pelos tributos, relativos ao fundo ou estabelecimento adquirido, devidos até a data do ato, subsidiariamente com o alienante, se este prosseguir na exploração ou iniciar, dentro de seis meses, a contar da data da alienação, nova atividade no mesmo ou em outro ramo de comércio, indústria ou profissão. No entanto, há casos em que isso não ocorrerá. Entre os casos em que não haverá responsabilidade por sucessão, está a de qualquer alienação judicial

(A) a sócio da falida.
(B) a sociedade controlada pelo devedor em recuperação judicial.
(C) em processo de falência, a um concorrente do devedor que não tenha relação com ele nem com sócio seu.
(D) em processo de liquidação extrajudicial quando a relação com o devedor é de mero cunhadio.
(E) em processo de falência quando a relação com o falido for até o quinto grau.

A e B: art. 133, § 2º, I, do CTN; C: é caso de exclusão da responsabilidade, nos termos do art. 133, § 1º, I, do CTN; D: liquidação extrajudicial (não judicial) não exclui a responsabilidade do adquirente; E: há responsabilidade até o quarto grau (ou seja, exclui-se a partir do quinto grau, e não até ele) - art. 133, § 2º, II, do CTN. Gabarito "C".

(Defensoria Pública da União – 2007 – CESPE) Julgue os itens a seguir.

(1) Considere que um menor esteja privado de sua liberdade de locomoção em razão de medida socioeducativa por prática de delito. Assim, em razão desse fato, o menor ficará insuscetível de sujeição passiva tributária, transferindo-se a responsabilidade para o pai.
(2) Caso o síndico de uma massa falida se omita em relação ao pagamento de um tributo, o Fisco deverá cobrá-lo da massa falida e, subsidiariamente, do síndico.

1: A capacidade tributária (para ocupar o pólo passivo da obrigação tributária, para ser sujeito passivo) independe da liberdade de locomoção – art. 126, II, do CTN; no entanto, os pais são responsáveis pelo recolhimento dos tributos, sob pena de responsabilidade (art. 134, I, do CTN); 2: O art. 134, *caput* e V, do CTN faz referência à responsabilidade **solidária** do síndico, desde que seja impossível a exigência do pagamento pelo contribuinte. Gabarito 1E, 2E.

(Magistratura/SP – 2007) Na solidariedade tributária, a isenção ou remissão outorgada pessoalmente a um dos obrigados

(A) exclui totalmente o crédito tributário, pois aproveita a todos.
(B) não exonera os demais, ficando mantida a solidariedade quanto ao saldo.
(C) exonera a todos, desde que incidente sobre bens imóveis.
(D) exclui o crédito tributário, desde que não seja resultado de multa.

O benefício outorgado pessoalmente a um dos obrigados não aproveita aos outros, subsistindo a solidariedade quanto aos demais pelo saldo – art. 125, II, do CTN. Gabarito "B".

(Magistratura/BA – 2006 – CESPE) Julgue o item seguinte.

(1) Pode o substituto tributário creditar-se da diferença entre o ICMS recolhido e o pago pelo consumidor final a menor do valor presumido, já que não é lícito ao Estado cobrar mais tributo do que o efetivamente pago no final da cadeia econômica.

1: o STF entende que a restituição prevista no art. 150, § 7º, *in fine*, da CF não se aplica ao caso de operação a valor menor que o presumido. Gabarito 1E

(Procurador do Estado/RR – 2006 – FCC) Sobre a solidariedade, em matéria tributária, é correto afirmar que

(A) o pagamento efetivado por um dos obrigados não aproveita aos demais.
(B) a dívida que alcança duas ou mais pessoas é solidária, salvo disposição de lei em contrário.
(C) o inventariante não responde solidariamente pelos tributos devidos pelo espólio, no caso de impossibilidade da exigência do cumprimento da obrigação principal pelo contribuinte.
(D) comporta benefício de ordem entre as pessoas que tenham interesse comum na situação que constitua o fato gerador da obrigação principal.
(E) a interrupção da prescrição, a favor ou contra um dos obrigados, não favorece e nem prejudica aos demais, salvo disposição de lei em contrário.

A: aproveita sim (se houve pagamento integral, não há mais obrigação! Pode subsistir, eventualmente, direito pessoal de um dos obrigados – o que pagou – contra os demais, mas isso não tem relação com a tributação) – art. 125, I, do CTN; B: art. 124, I, do CTN (a afirmação não é clara, mas é a melhor alternativa, por exclusão das demais); C: responde, com relação aos atos em que intervier e às omissões de sua responsabilidade – art. 134, IV, do CTN; D: essas pessoas são solidariamente responsáveis e não há benefício de ordem – art. 124, I, e parágrafo único, do CTN; E: é o oposto – art. 125, III, do CTN. Gabarito "B".

(Defensoria/SE – 2006 – CESPE) Julgue os itens seguintes.

(1) O tratamento jurídico do sujeito passivo tributário pode ser separado do econômico, daí é que a pessoa responsável pelo recolhimento do imposto aos cofres públicos pode não ser o que suporta o ônus do tributo.
(2) Tendo a autoridade administrativa descoberto manobras realizadas pelo contribuinte para dissimular a ocorrência do fato gerador, poderá desconsiderar o negócio jurídico realizado, aplicando a norma geral antielisão.

1: É o que ocorre na substituição tributária, em que o substituto recolhe o valor a ser suportado pelo substituído; 2: art. 116, parágrafo único, do CTN. Gabarito 1C, 2C.

(Defensoria/SE – 2006 – CESPE) Paulina contratou corretor de imóveis de sua confiança para aquisição de imóvel, já escolhido, tendo o corretor verificado a existência de débito de IPTU e, previamente acertado com o alienante, conseguiu expedição de certidão negativa sem recolher os tributos devidos, mediante pagamento de propina ao agente administrativo responsável pela emissão, constando o nada consta na escritura pública de compra e venda, que foi levada a registro. Em face da situação hipotética apresentada acima, julgue os itens seguintes.

(1) Paulina é responsável pelo pagamento do IPTU atrasado por tratar-se de imposto real incidente sobre a transmissão de bem imóvel, que segue a coisa independentemente de quem tenha a propriedade.
(2) O agente administrativo que expediu a certidão negativa responderá pelo recolhimento do IPTU devido, inclusive juros de mora incidentes.

1: Em princípio, se Paulina não tem culpa, sua responsabilidade pelo tributo foi afastada, nos termos do art. 130, in fine, do CTN; 2: art. 208 do CTN. Gabarito 1E, 2C.

(Ministério Público/GO – 2005) Assinale a alternativa correta:

(A) o sujeito passivo da obrigação tributária é o responsável para pagar apenas o tributo
(B) o sujeito passivo da obrigação tributária confunde-se com o responsável
(C) o responsável, mesmo sem ser contribuinte, tem uma relação pessoal e direta com o fato gerador
(D) o sujeito passivo da obrigação tributária é o responsável para pagar o tributo ou a penalidade pecuniária

A e D: nos termos do art. 113, § 1º, do CTN, a obrigação tributária principal, a que está vinculado o sujeito passivo (devedor), refere-se ao tributo e à penalidade pecuniária; B: o sujeito passivo da obrigação tributária principal pode ser contribuinte ou responsável – art. 121, parágrafo único, I e II, do CTN; C: somente o contribuinte tem relação pessoal e direta com o fato gerador – art. 121, parágrafo único, I e II, do CTN. Gabarito "D".

(Ministério Público/GO – 2005) A lei pode atribuir de modo expresso a responsabilidade pelo pagamento do crédito tributário a terceira pessoa, cujo fato gerador apenas ocorrerá posteriormente. Este evento refere-se ao instituto da:

(A) responsabilidade tributária objetiva
(B) responsabilidade tributária solidária
(C) substituição tributária
(D) sub-rogação tributária

Trata-se de substituição tributária "para frente", prevista no art. 150, § 7º, da CF. Gabarito "C".

(Ministério Público/GO – 2005) No que diz respeito ao domicílio tributário assinale a alternativa correta:

(A) o domicílio tributário eleito pelo contribuinte em nenhuma hipótese poderá ser recusado pela autoridade administrativa
(B) a autoridade administrativa pode recusar o domicílio eleito, no caso de impossibilitar a fiscalização do tributo
(C) o lugar da situação dos bens ou da ocorrência dos atos ou fatos que deram origem à obrigação será, em qualquer hipótese, o domicílio tributário
(D) a residência das pessoas físicas não pode ser escolhida como domicílio tributário

A e B: o domicílio eleito pode ser recusado caso impossibilite ou dificulte a arrecadação ou a fiscalização do tributo, nos termo do art. 127, § 2º, do CTN; C: esses lugares **poderão** corresponder ao domicílio quando não houver eleição pelo contribuinte ou quando o escolhido for recusado pelo fisco, nos termos do art. 127, caput e §§ 1º e 2º, do CTN; D: a residência pode ser escolhida como domicílio (art. 127, caput e I, do CTN). Gabarito "B".

(Magistratura Federal – 1ª Região – 2005) Armando, pai de Josué, menor, deixou de pagar Imposto Predial dos exercícios de 2001, 2002 e 2003, referente a imóveis de propriedade do filho. Em 2004, para atender necessidades prementes deste, obteve autorização judicial para vender os aludidos imóveis. Agora, o Município de Janaúba, Estado de Minas Gerais, após verificar que os imóveis foram vendidos e que o menor não possui outros bens, está exigindo os impostos de Armando, que, para se defender, alega que o proprietário e, portanto, o devedor, é Josué. Armando tem razão?

(A) Sim, porque o contribuinte da obrigação tributária é a pessoa que tenha relação pessoal e direta com a situação que constitua o respectivo fato gerador, sendo, no caso do Imposto Predial, quem detenha a propriedade de imóvel;
(B) sim, porque a venda dos imóveis foi feita mediante autorização judicial, não cabendo a Armando a responsabilidade pelo fato de não ter o juiz determinado a reserva de bens de Josué que pudessem responder pelo tributo devido;
(C) não, porque, sendo Josué menor, Armando detinha a posse dos imóveis deste e, portanto, como o fato gerador do Imposto Predial é, também, a posse de bem imóvel, contribuinte é quem tenha relação pessoal e direta com a situação que constitua o respectivo fato gerador;
(D) não, porque, embora o proprietário dos imóveis seja Josué e, portanto, o contribuinte do Imposto Predial, cabia a Armando pagar na época própria, com recursos financeiros do filho menor, os tributos que este devia, pormenor que o torna responsável, em decorrência de omissão, pelo pagamento reclamado, já que não mais é possível exigi-lo do proprietário.

O pai responde solidariamente na impossibilidade de pagamento pelo contribuinte (filho) por conta de sua omissão – art. 134, I, do CTN. Gabarito "D".

10. SUSPENSÃO, EXTINÇÃO E EXCLUSÃO DO CRÉDITO

10.1. SUSPENSÃO

(Procurador do Estado/RO – 2011 – FCC) De acordo com o Código Tributário Nacional são modalidades de suspensão da exigibilidade do crédito tributário:

(A) moratória, depósito judicial integral e prescrição.
(B) parcelamento, pagamento e compensação.
(C) medida liminar, transação e parcelamento.

(D) anistia, moratória e recurso administrativo.
(E) concessão de medida liminar ou tutela antecipada e depósito do montante integral.

A: Incorreta, pois a prescrição é modalidade de extinção do crédito tributário – art. 156, V, do CTN; B: Incorreta, pois a compensação e o pagamento são modalidades de extinção do crédito – art. 156, I e II, do CTN; C: Incorreta, pois a transação é modalidade de extinção – art. 156, III, do CTN; D: Incorreta, pois a anistia é modalidade de exclusão do crédito – art. 175, II, do CTN; E: Essa é a alternativa correta, pois indica apenas modalidades de suspensão da exigibilidade do crédito tributário – art. 151, II, IV e V, do CTN. Gabarito "E".

Veja a seguinte tabela para estudar e memorizar as causas de suspensão, extinção e exclusão do crédito tributário:

Suspensão	Extinção	Exclusão
– a moratória	– pagamento	– a isenção
– o depósito do seu montante integral	– a compensação	– a anistia
– as reclamações e os recursos, nos termos das leis reguladoras do processo tributário administrativo	– a transação	
– a concessão de medida liminar em mandado de segurança	– remissão	
– a concessão de medida liminar ou de tutela antecipada, em outras espécies de ação judicial	– a prescrição e a decadência	
– o parcelamento	– a conversão de depósito em renda	
	– o pagamento antecipado e a homologação do lançamento nos termos do disposto no artigo 150 e seus §§ 1º e 4º	
	– a consignação em pagamento, nos termos do disposto no § 2º do artigo 164	
	– a decisão administrativa irreformável, assim entendida a definitiva na órbita administrativa, que não mais possa ser objeto de ação anulatória	
	– a decisão judicial passada em julgado	
	– a dação em pagamento em bens imóveis, na forma e condições estabelecidas em lei	

(Procurador do Município/Teresina-PI – 2010 – FCC) A moratória

(A) pode ser concedida pela União, quanto a tributos de competência dos Estados, do Distrito Federal ou dos Municípios dentro de plano de incentivo socioeconômico de determinada região, não havendo necessidade de concessão simultânea de isenção federal.
(B) é causa de exclusão do crédito tributário.
(C) é admitida apenas em caráter geral, em virtude do princípio da igualdade tributária.
(D) deve ser concedida por lei do ente político competente para a instituição de tributo, significando dilação do prazo para pagamento do crédito.
(E) não comporta imposição de penalidade em caso de revogação por dolo ou simulação do beneficiado, por apenas excluir o crédito tributário, que depois volta a ser exigível.

A: Incorreta, pois essa moratória heterônoma e excepcional somente pode ser concedida pela União quando simultaneamente concedida quanto aos tributos de competência federal e às obrigações de direito privado – art. 152, I, b, do CTN; B: Incorreta, pois a moratória é modalidade de suspensão da exigibilidade do crédito – art. 151, I, do CTN. As duas únicas modalidades de exclusão são a anistia e a isenção – art. 175 do CTN; C: Incorreta, pois se admite a moratória em caráter individual, sem que isso ofenda o princípio da igualdade, já que os critérios para a concessão são fixados em lei e são os mesmos para todos – art. 152, II, do CTN; D: Assertiva correta, pois descreve adequadamente a moratória, lembrando que há o caso excepcional de moratória concedida pela União, em relação a tributos de competência estadual e municipal, conforme o art. 152, I, b, do CTN; E: Incorreta, pois se houve dolo ou simulação do beneficiado, a revogação da moratória concedida em caráter individual implica imposição da penalidade cabível – art. 155, I, do CTN. Gabarito "D".

(Magistratura/PR – 2010 – PUC/PR) Examine as assertivas abaixo e, a seguir, assinale a alternativa CORRETA:

I. O tempo decorrido entre a concessão da moratória e a sua revogação não se computa para efeito da prescrição do direito à cobrança do crédito tributário, quando a moratória é concedida em caráter individual, por mero erro da autoridade fiscal.
II. O tempo decorrido entre a concessão da moratória e sua revogação não se computa para efeito da prescrição do direito à cobrança do crédito tributário, quando a moratória é concedida em caráter geral, em razão de simulação do beneficiado.
III. O tempo decorrido entre a concessão da moratória e sua revogação não se computa para efeito da prescrição do direito à cobrança do crédito tributário, quando a moratória é concedida em caráter individual, por dolo do beneficiado.
IV. Os juros de mora são devidos também no caso de revogação da moratória concedida em caráter individual por erro da autoridade fiscal, desde que o crédito tributário não esteja prescrito.

(A) Somente as assertivas III e IV estão corretas.
(B) Somente a assertiva I está correta.
(C) Somente as assertivas II e IV estão erradas.
(D) Somente a assertiva III está errada.

I: incorreta, pois em caso de mero erro da autoridade administrativa (sem dolo ou simulação do beneficiado ou de terceiro em benefício daquele), o tempo decorrido entre a concessão da moratória e à sua revogação não se computa para efeito da prescrição – art. 155, parágrafo único, do CTN; II: incorreta, pois essa regra que suspende o prazo prescricional refere-se apenas aos benefícios concedidos individualmente – art. 155 do CTN; III: assertiva correta, conforme o art. 155, parágrafo único, do CTN; IV: correta, nos termos 155, caput, in fine, e parágrafo único do CTN. Gabarito "A".

(Magistratura/MT – 2009 – VUNESP) No que respeita à moratória, conforme disciplinada no Código Tributário Nacional, é correto afirmar que

(A) consiste em causa de extinção do crédito correspondente.
(B) abrange, salvo disposição de lei em contrário, somente os créditos definitivamente constituídos após a data da lei que a conceder.
(C) a lei que a conceder pode circunscrever expressamente a sua aplicação a determinada classe ou categoria de sujeitos passivos.
(D) pode ser concedida somente em caráter geral, sob pena de afronta ao princípio da isonomia.
(E) quando em caráter individual, pode ser concedida por mero despacho da autoridade administrativa competente, independentemente de autorização legislativa.

A: incorreta, pois a moratória suspende a exigibilidade do crédito – art. 151, I, do CTN; B: incorreta, pois a moratória abrange também, em regra, os créditos cujo lançamento já tenha sido iniciado, até a data da concessão do benefício, por ato regularmente notificado ao sujeito passivo – art. 154, caput, do CTN; C: assertiva correta, conforme o art. 152, parágrafo único, do CTN; D: incorreta, pois é possível a concessão de moratória em caráter individual – art. 152, II, do CTN; E: assertiva incorreta, pois a moratória, como qualquer benefício fiscal, depende de lei autorizativa – art. 152, II, do CTN. Gabarito "C".

(Magistratura/SC – 2008) Sobre a Suspensão da Exigibilidade do Crédito Tributário, observadas as proposições abaixo, assinale a alternativa correta:

I. Tanto a moratória, como o parcelamento, para serem atingidos, reclamam do sujeito passivo a obediência aos requisitos da lei que autorizou o benefício.
II. O depósito somente suspende a exigibilidade do crédito tributário se for integral e em dinheiro e somente poderá ser levantado, ou convertido em renda, após o trânsito em julgado da sentença.

III. As reclamações e os recursos administrativos são os modos pelos quais o contribuinte exterioriza seu inconformismo, sem correr o risco de vir a sofrer execução fiscal enquanto não julgados definitivamente.
IV. A medida liminar em mandado de segurança afasta (suspende) o ato impugnado até o final julgamento, para evitar danos irreparáveis ou de difícil reparação.

(A) Somente proposições III e IV estão corretas.
(B) Todas as proposições estão incorretas.
(C) Todas as proposições estão corretas.
(D) Somente a proposição I está correta.
(E) Somente proposições II e IV estão corretas.

I: o interessado deve preencher os requisitos legais para aproveitar qualquer benefício fiscal; II: a assertiva é correta, em face da jurisprudência do STJ a respeito do art. 151, II, do CTN – o levantamento ocorrerá se a sentença transitada em julgado for favorável ao sujeito passivo, evidentemente; III: as reclamações e os recursos impugnam o lançamento e, durante o curso do processo administrativo, suspendem a exigibilidade do crédito (há jurisprudência e doutrina no sentido de que o lançamento é definitivo apenas após a decisão administrativa final); IV: art. 151, IV, do CTN. Gabarito "C".

(Ministério Público/RO – 2008 – CESPE) Um contribuinte inadimplente de determinado tributo requereu na secretaria de fazenda o pagamento integral do débito, incluindo os juros e multas, em parcelas mensais e iguais, o que foi aceito pelo fisco. Considerando a situação hipotética apresentada, assinale a opção correta.

(A) O contribuinte requereu moratória, uma vez que incluiu no pagamento os juros e multas.
(B) O instituto tributário a que se refere a questão chama-se moratória, uma vez que a dívida foi parcelada em prestações mensais e iguais.
(C) O contribuinte requereu o instituto denominado parcelamento, uma vez que o débito já está vencido.
(D) O instituto da moratória é aplicado em débitos vencidos ou não.
(E) O parcelamento é causa de extinção do crédito tributário.

A e B: o parcelamento pode ser considerado uma espécie de moratória (ampliação do prazo de pagamento), mas isso não decorre do fato de terem sido incluídos, no pagamento, os juros e as multas, ou de haver prestações mensais e iguais – por outra ótica, pode-se distinguir a moratória, que se aplicaria antes do vencimento; C: a característica básica do parcelamento é o pagamento em parcelas, mas a assertiva não está errada; D: é comum referir-se à moratória como favor legal concedido antes do vencimento do tributo; E: moratória e parcelamento são causas suspensivas do crédito (art. 151, I e VI, do CTN). Gabarito "C".

(Procurador do Estado/CE – 2008 – CESPE) Assinale a opção correta acerca do instituto tributário denominado parcelamento.

(A) O parcelamento é causa de extinção do crédito tributário.
(B) O parcelamento é causa de suspensão da obrigação tributária.
(C) Ao parcelamento aplicam-se, subsidiariamente, as normas relativas à anistia.
(D) O parcelamento do crédito tributário será concedido na forma e na condição estabelecidas em lei específica.
(E) O parcelamento suspende o crédito tributário, mas não pode ser concedido por lei específica do estado da Federação.

A, B e D: o parcelamento suspende a exigibilidade do crédito. A forma e as condições serão estabelecidas por lei específica (art. 155-A do CTN); C: aplicam-se subsidiariamente as normas relativas à moratória – art. 155-A, § 2º, do CTN; E: o parcelamento, como benefício fiscal, **deve** ser concedido por lei específica – ver, a propósito, o art. 150, § 6º, da CF. Gabarito "D".

(Procurador do Estado/PB – 2008 – CESPE) A suspensão do crédito tributário não ocorre em casos de

(A) consignação em pagamento.
(B) reclamações e recursos interpostos nos processos tributários administrativos.
(C) depósito do montante integral.
(D) concessão de medida liminar em mandado de segurança.
(E) parcelamento.

Art. 151 do CTN – a consignação em pagamento é causa extintiva do crédito, nos termos do art. 156, VIII, do CTN. As demais assertivas referem-se a modalidades de suspensão do crédito tributário. Gabarito "A".

(Procurador do Estado/PI – 2008 – CESPE) Considerando que o órgão fazendário competente tenha deferido pedido de contribuinte devedor de determinado tributo já vencido para realizar o pagamento de dívida, principal e juros, mensalmente, assinale a opção correta.

(A) Nesse caso, houve moratória, uma vez que o pagamento será feito em prestações.
(B) O instituto tributário aplicado ao caso é o da anistia, já que não será cobrada penalidade.
(C) O procedimento administrativo deferido pelo órgão fazendário causa a extinção do crédito tributário.
(D) O instituto tributário aplicado, nesse caso, denomina-se parcelamento e é causa de suspensão do crédito tributário.
(E) O crédito tributário poderá ser cobrado judicialmente, por meio de execução fiscal, uma vez que o contribuinte declarou ser devedor do referido tributo.

A: o pagamento em prestações não é essencial para a configuração da moratória – entende-se que é concedida antes do vencimento; B: a anistia é perdão (extinção) e não se confunde com parcelamento (suspensão); C: o parcelamento não extingue o crédito, apenas suspende sua exigibilidade; D: Art. 151, VI, do CTN; E: durante o parcelamento a exigibilidade do crédito fica suspensa, o que impede a execução. Gabarito "D".

(Auditor Fiscal/RJ – 2008 – FGV) Nos termos do Código Tributário Nacional, é modalidade de suspensão de exigibilidade do crédito tributário a:

(A) transação.
(B) prescrição.
(C) moratória.
(D) anistia.
(E) remissão.

Dentre as alternativas, somente a moratória é modalidade de suspensão do crédito (art. 151, I, do CTN). Transação, prescrição e remissão são causas extintivas. Anistia refere-se à exclusão do crédito tributário. Gabarito "C".

(Cartório/SP – 2008) A concessão da liminar em mandado de segurança preventivo é causa de

(A) extinção ou exclusão do crédito tributário enquanto perdurarem os seus efeitos.
(B) suspensão da exigibilidade do crédito tributário enquanto perdurarem os seus efeitos.
(C) exclusão temporária do lançamento enquanto perdurarem os seus efeitos.
(D) cancelamento do fato gerador da obrigação tributária.

Art. 151, IV, do CTN – suspensão da exigibilidade do crédito. Gabarito "B".

(Procurador da Fazenda Nacional – 2007.2 – ESAF) Segundo a Lei n. 10.684, de 2003, os débitos junto à Secretaria da Receita Federal do Brasil ou à Procuradoria-Geral da Fazenda Nacional, com vencimento até 28 de fevereiro de 2003, poderão ser parcelados em até _____ prestações mensais e sucessivas. Para fazer jus ao parcelamento, _____.

Indique a opção que contém as palavras que preencham de forma correta as lacunas acima.

(A) 60 / os débitos ainda não constituídos deverão ser confessados, de forma irretratável e irrevogável
(B) 120 / os débitos ainda não constituídos devem ser objeto de prévia constituição, a requerimento do sujeito passivo
(C) 180 / os débitos ainda não constituídos deverão ser confessados, de forma irretratável e irrevogável
(D) 180 / os débitos que não tiverem sido lançados deverão ser objeto de procedimento sumário para sua constituição
(E) 120 / os débitos não constituídos devem ser objeto de prévia constituição, e não poderão integrar o montante parcelado Nas questões 26 e 27, assinale a opção que completa, corretamente, os respectivos enunciados.

Art. 1º, *caput*, e § 2º da Lei 10.684/2003 (PAES). A legislação específica prevê prazo de até 180 meses para o pagamento parcelado. Os débitos ainda não constituídos deverão ser confessados. Gabarito "C".

(Magistratura Federal – 1ª Região – 2005) A Sapataria Almada, não se conformando com a exigência de determinado tributo, impetrou Mandado de Segurança, obtendo liminar. Nesse ínterim, o Fisco, em diligência à sede da empresa, autuou-a pela suspensão da escrituração referente ao tributo em litígio. Em sua defesa, a empresa alegou que, em face da liminar obtida, também a obrigação de escrituração estava suspensa nos termos do art. 151 do Código Tributário Nacional. A defesa é procedente?

(A) Sim, porque, nos termos do art. 151, IV, do Código Tributário Nacional, a concessão de liminar em Mandado de Segurança suspende a exigibilidade do crédito tributário;

(B) sim, porque, suspensa a exigibilidade do crédito tributário em decorrência da concessão de liminar em Mandado de Segurança, automaticamente, estará suspensa a obrigatoriedade de escrituração fiscal referente ao tributo em litígio;

(C) não, porque a suspensão da exigibilidade do crédito tributário não dispensa o sujeito passivo da obrigação de prestações positivas ou negativas, previstas na legislação tributária, no interesse da fiscalização ou da arrecadação do tributo em litígio;

(D) não, porque a escrituração fiscal do tributo em discussão só poderia ser suspensa se a liminar concedida tivesse sido precedida de depósito judicial do seu valor.

A empresa não está certa – art. 151, parágrafo único, do CTN. A suspensão da exigibilidade atinge a obrigação principal (tributos e penalidades), e não os deveres acessórios (escrituração de livros, emissão de documentos, prestação de declarações etc.). "C". Gabarito

(Auditor Fiscal/RJ) Sobre o parcelamento do crédito tributário, é correto afirmar-se que:

(A) é ato obstativo da constituição definitiva do crédito tributário
(B) determina a extinção diferida do crédito exigível
(C) suspende a exigibilidade do crédito tributário
(D) é causa de desconsideração do lançamento

A: o parcelamento pressupõe a constituição do crédito tributário; B e C: é causa suspensiva (não extintiva) da exigibilidade – art. 151, VI, do CTN; D: o lançamento não é desconsiderado. "C". Gabarito

(Auditor Fiscal/RJ) A suspensão da exigibilidade do crédito tributário com o depósito integral acarreta:

(A) a continuidade do procedimento, até a notificação de cobrança amigável, mas impede a judicial, se realizado no transcurso do lançamento
(B) o impedimento à inscrição como dívida ativa, se realizado posteriormente à constituição definitiva do crédito
(C) o final do lançamento, mas impede a constituição do crédito tributário, se antecipadamente ultimado
(D) a paralisação do procedimento administrativo do lançamento, se previamente realizado

A suspensão da exigibilidade, se ocorrida antes do lançamento, não impede a constituição do crédito pelo fisco, embora haja jurisprudência pela sua desnecessidade (o depósito integral em juízo, relativo a tributo lançado por homologação, já constitui o crédito). No entanto, fica vedada a cobrança (mesmo administrativa) e a inscrição em dívida ativa, que pressupõe liquidez e certeza. "B". Gabarito

10.2. EXTINÇÃO

(Magistratura Federal-5ª Região – 2011) A pessoa jurídica Beta possui débitos vencidos relativos ao IPTU correspondente aos exercícios de 2008 e 2009, cada um no valor de R$ 500,00. Sem discriminar o tributo a ser pago, Beta efetuou o recolhimento de R$ 500,00 perante a autoridade administrativa fiscal competente. Posteriormente, a devedora constatou erro na alíquota do IPTU.

Com base nessa situação hipotética, assinale a opção correta.

(A) A empresa Beta pode pleitear a restituição parcial do tributo e a integral dos juros de mora e das penalidades pecuniárias aplicadas.
(B) O prazo para que Beta pleiteie a restituição do tributo eventualmente pago a maior é de dois anos, contados da data da extinção do crédito tributário.

(C) Caso Beta pleiteie a restituição do tributo, as infrações de caráter formal não prejudicadas pelo erro da alíquota aplicada ao IPTU não serão passíveis de restituição.
(D) Pode a autoridade administrativa competente receber o recolhimento, imputando-o ao pagamento do IPTU relativo ao exercício de 2009.
(E) Se Beta formular consulta para esclarecer determinado dispositivo da legislação tributária, não incidirão juros de mora sobre o principal até que tal pendência seja solucionada.

A: Incorreta, pois, se a restituição do tributo é parcial, a devolução dos juros e das multas deverá ser proporcional (não integral) – art. 167 do CTN; B: Incorreta, pois o prazo para o pedido de repetição judicial é de 5 anos contados do pagamento indevido – art. 168 do CTN. Somente se houvesse prévio pedido administrativo, denegado, o prazo para a demanda judicial seria reduzido para 2 anos, nos termos do art. 169 do CTN; C: Assertiva correta, conforme o art. 167, caput, in fine, do CTN; D: Incorreta, pois a imputação do pagamento, no caso, refere-se ao tributo cuja prescrição ocorrerá antes, ou seja, o IPTU relativo ao exercício de 2008 – art. 163, III, do CTN; E: Incorreta, pois a consulta deve ser formulada antes do vencimento do tributo, para que seja afastada a fluência de juros – art. 161, § 2º, do CTN. "C". Gabarito

(Magistratura/SP – 2011 – VUNESP) Arariboia Maracajá, Juiz da Fazenda do Estado, ao se deparar com caso tributário, decide corretamente quando

(A) a pedido do devedor afirma o direito à restituição parcial do indébito.
(B) admite, ocorrido o lapso prescricional, a restituição do valor despendido pelo devedor que efetuou o pagamento sabedor desta causa extintiva.
(C) admite a decadência em razão de acordo de vontades.
(D) decreta, de ofício, a decadência prevista em lei.
(E) restitui o indébito sem prova que o pagamento se deu por erro ou foi feito sobre protesto.

A: Incorreta, pois, se há indébito, a restituição deverá ser, em princípio, integral (pode haver restituição parcial do tributo, mas o indébito – parcela indevidamente recolhida – será integralmente devolvido) – art. 165 do CTN; B: Incorreta, pois a prescrição deve ser conhecida de ofício pelo juiz – art. 219, § 5º, do CPC, ver Súmula 409/STJ, para situação análoga (prescrição em execução fiscal); C: Incorreta, pois a decadência tributária é fixada exclusivamente por lei complementar federal, jamais por acordo entre as partes – art. 146, III, b, da CF e art. 173 do CTN; D: Correta, pois a decadência dá ensejo ao indeferimento da petição inicial pelo juiz – art. 295, IV, do CPC; E: Correta, pois a repetição de indébito tributário independe de comprovação de erro ou de prévio protesto – art. 165 do CTN. "D e E". Gabarito

(Magistratura/PE – 2011 – FCC) Em nosso sistema tributário, a data da constituição definitiva do crédito tributário é o marco fundamental para contagem do prazo de

(A) decadência.
(B) interposição de recurso administrativo.
(C) pagamento do crédito tributário sem juros e correção monetária.
(D) prescrição tributária.
(E) parcelamento do débito fiscal.

A: Incorreta, pois a decadência refere-se exatamente ao prazo para constituir o crédito (corre antes do lançamento, não depois) – art. 173 do CTN; B: Discutível, pois a legislação tributária costuma determinar que o prazo para recurso administrativo contra o lançamento começa a correr desse ato (da notificação do lançamento, ou seja, da constituição definitiva do crédito). Entretanto, não parece correto afirmar que esse prazo é marco fundamental no sistema tributário, já que esse prazo não é fixado pelo CTN (como é o caso da prescrição, alternativa "D", a melhor); C: Incorreta, pois o pagamento sem juros ou correção ocorre até a data do vencimento, posterior à constituição definitiva do crédito (normalmente 30 dias depois – art. 160 do CTN); D: Essa é a alternativa correta, conforme o art. 174 do CTN; E: Incorreta, pois o parcelamento pode ser requerido no prazo assinalado pela lei correspondente. "D". Gabarito

(Magistratura/RO – 2011 – PUCPR) Considere as assertivas abaixo:

I. A dívida tributária prescrita que ainda assim seja paga poderá ser devolvida.
II. Após a inscrição em dívida ativa, a prescrição do crédito tributário sempre ficará suspensa por 180 dias.
III. A contagem do prazo decadencial para a Fazenda Pública lançar o crédito tributário depende, em regra, do tipo de lançamento previsto em lei para a sua liquidação.

IV. Entre a constituição definitiva do crédito e qualquer despacho do juiz na execução fiscal, não pode haver mais de 5 anos de prazo prescricional.
V. Prazo para pedir a devolução dos tributos sujeitos a lançamento por homologação se conta do pagamento antecipado e não mais da extinção efetiva do crédito tributário.

Está(ão) CORRETA(S):

(A) Somente as assertivas I, II, III e IV.
(B) Somente as assertivas III e V.
(C) Somente a assertiva IV.
(D) Somente as assertivas I, II e V.
(E) Somente as assertivas I, III e V.

I: Assertiva correta, pois, no direito tributário, a prescrição não apenas impede a cobrança judicial, mas também extingue o próprio crédito (se houver pagamento, ele poderá ser pedido de volta, independentemente de comprovação de erro ou prévio protesto) – arts. 156, V, e 165 do CTN; II: Incorreta, pois se entende que o disposto no art. 2º, § 3º, da Lei 6.830/1980 não se aplica à dívida ativa de natureza tributária (aplica-se apenas à dívida não tributária), pois prescrição tributária é matéria a ser veiculada exclusivamente por lei complementar federal – art. 146, III, b, da CF; III: Correta, pois o art. 173 do CTN (regra geral de decadência) não se aplica aos tributos lançados por homologação, desde que haja pagamento (ainda que a menor), sem dolo, fraude ou simulação – art. 150, § 4º, do CTN; IV: Incorreto, pois a interrupção do prazo prescricional ocorre somente com o despacho que ordena a citação em execução fiscal (não é qualquer despacho) – art. 174, p. único, I, do CTN. É interessante registrar o entendimento atual do STJ de que, havendo citação válida, ela retroage à data da propositura da ação (art. 219, § 1º, do CPC), inclusive em execução fiscal, desde que não haja atraso na citação imputável ao próprio exequente (ou seja, o início da execução deve ocorre no prazo prescricional, e não, necessariamente, o despacho que ordena a citação) – ver REsp 1.120.295/SP, repetitivo; V: Assertiva correta, conforme o art. 3º da LC 118/2005 – não se aplica mais a chamada tese do "cinco mais cinco". Gabarito "E".

(Magistratura/RO – 2011 – PUCPR) Considere as assertivas abaixo:

I. O prazo de 10 anos para o lançamento das contribuições previdenciárias foi objeto da primeira súmula vinculante do STF sobre questão tributária.
II. O prazo prescricional previsto para a autoridade fiscal constituir o crédito tributário para os impostos lançáveis por declaração começa no primeiro dia útil do exercício seguinte à ocorrência do fato gerador do tributo.
III. Na repetição do indébito tributário, deve-se observar o prazo de 5 anos do efetivo pagamento; e os juros só se contam a partir do trânsito em julgado da decisão e a correção monetária, a partir do pagamento efetuado.
IV. A prescrição intercorrente tem como termo inicial de contagem de seu quinquídio um ano após o arquivamento do processo fiscal por não terem sido encontrados bens passíveis de penhora, ou mesmo o devedor, e poderá ser decretada de ofício pelo magistrado, depois de ouvida a Fazenda Pública.
V. Suspende-se o prazo prescricional da Fazenda Pública por mera confissão da dívida tributária.

Estão CORRETAS:

(A) Somente as assertivas I, III e V.
(B) Somente as assertivas II e IV.
(C) Somente as assertivas III e IV.
(D) Somente as assertivas IV e V.
(E) Somente as assertivas I, III e IV.

I: Assertiva correta, referindo-se à Súmula Vinculante 8/STF; II: Incorreta, pois o prazo para lançar o tributo é decadencial, não prescricional. Ademais, os 5 anos são contados a partir do primeiro dia do exercício seguinte àquele em que o lançamento poderia ter sido realizado (o ano em que o crédito pode ser constituído não corresponde, necessariamente, ao ano em que ocorreu o fato gerador) – art. 173 do CTN; III: Assertiva correta, conforme os arts. 167 e 168 do CTN e art. 3º da LC 118/2005 e as Súmulas 162 e 188/STJ e 46/TFR; IV: Correta, conforme o art. 40 da Lei 6.830/1980 e Súmula 314/STJ; V: Incorreta, pois a confissão da dívida interrompe o prazo prescricional, não o suspende – art. 174, p. único, IV, do CTN. Gabarito "E".

(Ministério Público/MS – 2011 – FADEMS) São modalidades que extinguem o crédito tributário, **exceto**:

(A) a compensação;
(B) a concessão de liminar em ação cautelar inominada;
(C) a dação em pagamento de bens imóveis, na forma e condições estabelecidas em lei;
(D) a decisão administrativa irreformável, assim entendida a definitiva na órbita administrativa;
(E) a conversão de depósito em renda.

A, C, D e E: Essas alternativas indicam modalidades de extinção do crédito tributário – art. 156, II, VI, IX e XI, do CTN; B: Essa é a alternativa a ser indicada, pois a concessão de liminar é modalidade de suspensão do crédito tributário, não de extinção – art. 151, V, do CTN. Gabarito "B".

(Procurador do Estado/RO – 2011 – FCC) A ação para a cobrança do crédito tributário prescreve no prazo de cinco anos, sendo que ocorre a interrupção do referido prazo, segundo o Código Tributário Nacional, desde

(A) a notificação do lançamento tributário ao contribuinte.
(B) a penhora dos bens pelo devedor.
(C) a inscrição do tributo na dívida ativa pelo ente tributante.
(D) o julgamento em 1a instância do recurso administrativo.
(E) o despacho do juiz que ordenar a citação em execução fiscal.

A: Incorreta, pois a notificação do lançamento indica a constituição definitiva do crédito e, portanto, o início do prazo prescricional, se não houver impugnação administrativa – art. 174 do CTN. A rigor, pelo princípio da *actio nata*, entende-se que o prazo prescricional contra a fazenda começa a correr a partir do vencimento do tributo (antes disso, o fisco não poderia cobrar o débito, não fluindo, portanto, o prazo prescricional); B: Incorreta, pois a penhora não é evento interruptivo da prescrição – art. 174 do CTN; C: Incorreta, pois a inscrição em dívida ativa não interrompe o prazo. Entende-se que o disposto no art. 2º, § 3º, da Lei 6.830/1980 não se aplica à dívida ativa de natureza tributária (aplica-se apenas à dívida não tributária), pois prescrição tributária é matéria a ser veiculada exclusivamente por lei complementar federal – art. 146, III, b, da CF; D: Incorreta, pois, até a decisão definitiva no âmbito administrativo, há suspensão da exigibilidade do crédito e, pelo princípio da *actio nata*, suspensão também do prazo prescricional para a fazenda cobrar o valor; E: Essa é a alternativa correta, conforme o art. 174, p. único, I, do CTN. Gabarito "E".

(Magistratura Federal-4ª Região – 2010) Dadas as assertivas a seguir, assinale a alternativa correta.

Quanto à compensação de tributos federais, é matéria firme na atual jurisprudência do Superior Tribunal de Justiça:

I. Deve ser considerado o regime jurídico vigente à época do ajuizamento da demanda, não podendo ser a causa julgada à luz do direito superveniente.
II. Deve ser considerado o regime jurídico vigente no momento em que deva ser feita efetivamente a compensação com encontro de contas entre os mutuamente credores e devedores e, em consequência, caso a compensação pretendida não tenha sido aceita pela administração pública e posteriormente venha a ser vedada pela legislação, aplica-se o dispositivo legal impeditivo.
III. Serão regidas mediante disposições infralegais, pois somente a forma da compensação é que pode ser alterada.
IV. A legislação aplicável nos casos de compensação é a do tempo em que foram gerados os créditos em favor do contribuinte, devendo aplicar-se os sucessivos regimes de compensação criados pelas leis e pelos regulamentos, conforme o período de geração de tais créditos.
V. A compensação somente é possível entre créditos e débitos de tributos da mesma espécie.

(A) Está correta apenas a assertiva I.
(B) Está correta apenas a assertiva II.
(C) Está correta apenas a assertiva III.
(D) Estão corretas apenas as assertivas IV e V.
(E) Nenhuma assertiva está correta.

I: Essa é a atual jurisprudência do STJ, ressalvando que o interessado pode pleitear a compensação na esfera administrativa, conforme a legislação superveniente – ver AgRg Ag 1.422.316/DF; II: Incorreta, conforme comentário à assertiva anterior; III: Incorreta, pois a compensação deve ser prevista e regulada por lei – art. 170 do CTN; IV: Incorreta, conforme comentário à assertiva "I"; V: Incorreta, pois o CTN não faz essa restrição – art. 170 do CTN. A legislação de cada ente político regulará a matéria, sendo que, atualmente, no âmbito federal, não há, tampouco, essa restrição. Gabarito "A".

(Magistratura/SC – 2010) Assinale a alternativa correta:

(A) A compensação de créditos tributários poderá ser deferida em ação cautelar ou medida cautelar antecipada.
(B) A compensação de créditos tributários não poderá ser deferida em ação cautelar ou por medida liminar cautelar ou antecipatória.
(C) A compensação de créditos tributários só poderá ser deferida em medida cautelar antecipada.
(D) O mandado de segurança não constitui ação adequada para a declaração de direito à compensação tributária.
(E) O direito à compensação tributária depende de prévio processo administrativo para ser apreciada judicialmente.

A e C: Incorretas, pois, nos termos do art. 170-A do CTN, "É vedada a compensação mediante o aproveitamento de tributo, objeto de contestação judicial pelo sujeito passivo, antes do trânsito em julgado da respectiva decisão judicial" – ver também a Súmula 212/STJ; B: Correta, conforme comentários à alternativa anterior; D: Incorreta, valendo o disposto na Súmula 213/STJ "O mandado de segurança constitui ação adequada para a declaração do direito à compensação tributária" – ver também a Súmula 460/STJ, no sentido de que o mandado de segurança não serve para convalidar compensação já realizada; E: Incorreta, pois não se pode impedir o acesso ao Judiciário, sendo inviável condicioná-lo ao prévio esgotamento da esfera administrativa – art. 5°, XXXV, da CF – ver também o art. 38, p. único, da Lei 6.830/1980. Gabarito "B".

(Procurador do Estado/SC – 2010 – FEPESE) De acordo com a Lei Estadual n° 15.300, de 13 de setembro de 2010, que dispõe sobre a compensação de dívida da Fazenda Pública decorrente de precatório pendente de pagamento com crédito tributário e outros créditos, constitui condicionante legal à compensação, **exceto**:

(A) que crédito tributário a ser compensado não esteja parcelado.
(B) que o precatório não seja expedido contra autarquia ou fundação do Estado.
(C) que crédito tributário a ser compensado seja liquidado integralmente pelo precatório apresentado.
(D) que o crédito tributário a ser compensado tenha sido inscrito em Dívida Ativa até 31 de dezembro de 2009.
(E) que o precatório não seja objeto de qualquer impugnação ou recurso judicial ou, em sendo, haja a expressa renúncia.

A compensação tributária, prevista no art. 170 do CTN, depende de lei autorizativa do ente político competente para o tributo (União, Estado, Distrito Federal ou Município). A, C, D e E: Indicam condição prevista no art. 2°, II, da Lei de SC 15.300/2010; B: Essa é a alternativa a ser indicada, pois a lei de Santa Catarina (diferentemente do que ocorre em outros Estados) admite a compensação de crédito tributário com precatório emitido contra autarquia do ente tributante – art. 2°, I, c, da Lei de SC 15.300/2010. Gabarito "B".

(Procurador do Município/Teresina-PI – 2010 – FCC) O pagamento do crédito tributário

I. não resta ilidido pela imposição de penalidade por descumprimento da legislação tributária;
II. relativamente à última parcela, importa em presunção de pagamento quando parcial, das prestações anteriores em que se decomponha;
III. por meio de cheque somente extingue o mesmo se for ao portador, emitido pelo próprio devedor e da praça da sede do ente tributante;
IV. pode ser consignado extrajudicialmente em estabelecimento bancário oficial, cabendo ao devedor notificar o ente tributante do depósito que deverá ser recusado expressamente no prazo de quinze dias, sob pena de aceitação e extinção definitiva do crédito;
V. quando indevido, gera ao sujeito passivo o direito à restituição, ainda quando o pagamento tenha se dado independentemente de prévio protesto, desde que requerido administrativa ou judicialmente no prazo legal.

É correto o que se afirma SOMENTE em

(A) II, III e IV.
(B) I e V.
(C) II e IV.
(D) III e V.
(E) I, III e V.

I: Correta, conforme o art. 157 do CTN; II: Incorreta, pois o pagamento de parcela não faz presumir o pagamento de outras – art. 158, I, do CTN; III: Incorreta, pois não há essa limitação no art. 162, § 2°, do CTN; IV: Incorreta, pois a consignação em pagamento, como modalidade de extinção do crédito tributário, dá-se judicialmente (não extrajudicialmente) – arts. 156, VIII, e 164 do CTN; V: Correta, conforme os arts. 165, 168 e 169 do CTN. Gabarito "B".

(Procurador do Município/Teresina-PI – 2010 – FCC) Sobre as causas de extinção do crédito tributário é correto afirmar que a

(A) dação em pagamento para extinção do crédito tributário pode ser feita na forma e condições estabelecidas em lei.
(B) compensação de créditos tributários é admitida apenas com créditos de mesma natureza, devendo lei do ente competente disciplinar as condições específicas para o caso, pois a autorização já vem pelo Código Tributário Nacional.
(C) transação enquanto causa de extinção do crédito tributário acontece no âmbito administrativo perante a autoridade administrativa competente, estando autorizada diretamente pelo Código Tributário Nacional.
(D) anistia e a remissão extinguem o crédito tributário quando previstas em lei específica do ente tributante e devem ser realizadas mediante despacho fundamentado de autoridade administrativa competente, desde que o sujeito passivo preencha os requisitos da lei do ente político competente.
(E) tutela antecipada em sede de ação anulatória de débito fiscal extingue o crédito tributário sob condição suspensiva de ulterior confirmação em sede de decisão judicial irrecorrível.

A: Correta, lembrando que o CTN refere-se à dação em pagamento de bens imóveis – art. 156, XI, do CTN. O STF já admitiu dação de bens móveis, prevista em lei estadual, como modalidade de extinção do crédito (ADI 2.405 MC-RS) e, em outra oportunidade, entendeu que lei distrital nesse sentido ofendia o princípio da licitação (ADI 1.917-DF); B: Incorreta, pois o crédito do particular contra a Fazenda não precisa ser, necessariamente, tributário (ou seja, os créditos não precisam ser da mesma natureza) – art. 170 do CTN. Ademais, o CTN apenas prevê a modalidade de extinção do crédito, sendo que a efetiva autorização para a compensação deve ser veiculada pela lei do ente competente (se não houver lei federal, estadual, distrital ou municipal, não há direito à compensação); C: Incorreta, pois a transação, a exemplo da compensação, depende de lei do ente político competente para o respectivo tributo – art. 171 do CTN; D: Incorreta, pois a anistia é modalidade de exclusão do crédito tributário, não de extinção – art. 175, II, do CTN; E: Incorreta, pois a antecipação de tutela é modalidade de suspensão do crédito tributário, não de extinção – art. 151, V, do CTN. Gabarito "A".

(Magistratura Federal/3ª Região – 2010) São modalidades de extinção do crédito tributário:

(A) Prescrição, decadência, transação, conversão do depósito em renda e consignação em pagamento;
(B) Pagamento, remissão, isenção, parcelamento e prescrição;
(C) Compensação, decadência, anistia, depósito do montante integral do débito e dação em pagamento;
(D) Parcelamento, remissão, prescrição, decadência e dação em pagamento.

A: assertiva correta, conforme o art. 156 do CTN; B, C e D: incorretas, pois a isenção e a anistia excluem o crédito tributário e o parcelamento e o depósito suspendem o crédito. Gabarito "A".

(Procurador Federal – 2010 – CESPE) Julgue os próximos itens, relativos a obrigação e crédito tributários.

(1) Considere que determinada revendedora de automóveis, em débito quanto ao pagamento de diversos tributos, decida quitá-los e que haja a imputação do pagamento, pela autoridade administrativa. Nessa situação, a referida imputação deve-se dar, primeiramente, quanto aos débitos oriundos de obrigação própria e, em segundo lugar, aos decorrentes de responsabilidade tributária.
(2) Pela remissão, o legislador extingue a punibilidade do sujeito passivo infrator da legislação tributária, impedindo a constituição do respectivo crédito tributário.

1: assertiva correta, pois indica a ordem de imputação prevista no art. 163, I, do CTN; 2: incorreta, pois a remissão é perdão do crédito tributário, que incluir o tributo e a penalidade pecuniária. A assertiva refere-se à anistia, que exclui o crédito tributário impedindo sua constituição – art. 175, II, do CTN. Gabarito 1C, 2E.

(Advogado da União/AGU – CESPE – 2009) Com base no Direito Tributário, julgue o item que se segue.

(1) Considere que Gustavo possua débitos vencidos relativos ao imposto sobre a renda correspondente aos períodos de 2003 e de 2005, que, juntos, totalizem R$ 9.000,00. Considere, ainda, que, intencionando regularizar sua situação perante o fisco, Gustavo efetue o pagamento de parte desse valor. Nessa situação hipotética, a autoridade tributária, ao receber o pagamento, deverá determinar a respectiva imputação, na ordem crescente dos prazos de prescrição.

1: assertiva correta, pois reflete a ordem de imputação prevista no art. 163, III, do CTN. "Gabarito 1C"

(Magistratura/PR – 2010 – PUC/PR) Considerando as assertivas abaixo, assinale a alternativa CORRETA:

I. Quanto à prescrição e à decadência do crédito tributário, podem-se identificar diversos prazos de um lustro previstos no Código Tributário Nacional.
II. O prazo de 10 (dez) anos para a cobrança das contribuições previdenciárias foi julgado inconstitucional pelo Supremo Tribunal Federal, resultando em súmula vinculante.
III. O prazo decadencial previsto para a autoridade fiscal constituir o crédito tributário para os impostos lançáveis por declaração começa no 1º (primeiro) dia útil do exercício seguinte à ocorrência do fato gerador do tributo.
IV. O prazo prescricional para a Fazenda Pública buscar a tutela jurisdicional, exigindo o crédito tributário não satisfeito, inicia-se com a constituição definitiva do crédito e se interrompe com o despacho do juiz em execução fiscal.
V. Na repetição do indébito tributário, os juros só se contam a partir do trânsito em julgado da decisão e a correção monetária, a partir do pagamento efetuado.
VI. A prescrição intercorrente tem como termo inicial de contagem de seu quinquídio 1 (um) ano após o arquivamento do processo fiscal por não terem sido encontrados bens passíveis de penhora, ou mesmo o devedor, e poderá ser decretada de ofício pelo magistrado, depois de ouvida a Fazenda Pública.

(A) Somente as assertivas I, III e IV estão erradas.
(B) Somente as assertivas I, II e V estão corretas.
(C) Somente as assertivas III e IV estão corretas.
(D) Somente as assertivas IV e VI estão erradas.

I: correta, pois os prazos de decadência e prescrição são de cinco anos (= um lustro), contados na forma dos arts. 173 e 174 do CTN; II: assertiva correta, pois o STF entendeu que somente lei complementar federal poderia dispor sobre a matéria – Súmula Vinculante 8/STF; III: incorreta, pois o prazo é contado, em regra, a partir do primeiro dia do exercício seguinte àquele em que o lançamento poderia ser efetuado (não o do fato gerador, necessariamente) – art. 173, I, do CTN; IV: incorreta, pois não é qualquer despacho do juiz que interrompe a prescrição, mas apenas o que ordena a citação do executado – art. 174, *caput*, e parágrafo único, I, do CTN; V: correta, conforme art. 167 do CTN e Súmulas 162/STJ e 188/STJ; VI: caso o devedor não seja localizado ou não sejam encontrados bens para penhora, o juiz suspenderá o processo de execução por até um ano, período em que não corre a prescrição, sendo aberta vista à Fazenda (art. 40, § 1º, da Lei 6.830/1980). Note que, diferentemente do que consta da assertiva, o arquivamento dos autos não é necessário nesse momento (durante o ano de suspensão), razão pela qual a afirmação é imprecisa. Após o prazo de suspensão, o juiz ordenará o arquivamento dos autos (art. 40, § 2º), iniciando-se a contagem do prazo quinquenal da prescrição intercorrente, conforme a Súmula 314/STJ. Passados os cinco anos, sem que sejam encontrados o devedor ou bens penhoráveis, o juiz, depois de ouvida a fazenda pública, poderá, de ofício, reconhecer a prescrição intercorrente, e decretá-la imediatamente, conforme o art. 40, § 4º, da Lei 6.830/1980. "Gabarito B".

(Magistratura/SP – 2009 – VUNESP) Ao tratar dos institutos jurídicos da decadência e prescrição, o Código Tributário Nacional apresenta alguns paradoxos ou equívocos se confrontados com os conceitos dos dois institutos no plano da teoria geral do Direito Civil, por exemplo,

(A) o de dispor que, depois de constituído regularmente o crédito tributário, só se pode cogitar da prescrição.
(B) o de se referir à decadência do direito de constituir o crédito tributário e à prescrição da ação para a satisfação do referido crédito.
(C) o de deixar claro que, depois de realizado o lançamento, não há mais que se cogitar da decadência.
(D) o de dizer que a decadência extingue o crédito tributário e que ela pode ser interrompida na forma prescrita no mesmo código.

A: não há peculiaridade nesse caso, em relação ao direito privado, já que o prazo para cobrança das dívidas é, em princípio, prescricional; B: também não há peculiaridade, já que, em princípio, a decadência refere-se a direito material e a prescrição, ao direito de ação; C: não vemos peculiaridade, tampouco nesse caso; D: realmente, o CTN regula de modo peculiar (o examinador chama de paradoxo ou equívoco) o instituto da decadência, em relação ao direito privado. Diferentemente do que ocorre no âmbito do Código Civil, a decadência tem contornos próprios na esfera tributária, no que se refere à extinção do crédito tributário (o correto, pela visão civilista, seria extinção do direito de o fisco lançar, até porque o crédito ainda não foi constituído) e a possibilidade de interrupção, prevista expressamente no art. 173, II, do CTN. Não nos parece que seja paradoxo ou equívoco, pois o legislador pode configurar os institutos jurídicos da forma que entender conveniente, desde que, no âmbito tributário, não altere ou afaste a competência tributária fixada constitucionalmente (art. 110 do CTN). De qualquer forma, essa é a melhor alternativa. "Gabarito D".

(Ministério Público/MA – 2009) Leia com atenção os enunciados abaixo.

I. A ação para cobrança do crédito tributário prescreve em cinco (5) anos, contados da data da sua constituição definitiva.
II. Referida prescrição é interrompida pelo despacho do Juiz que ordena a citação em execução fiscal.
III. Aludida prescrição é interrompida apenas com a citação válida em execução fiscal, mas seus efeitos retroagem à data do despacho judicial que determinou a citação.
IV. A mesma prescrição é interrompida por qualquer ato judicial que constitua em mora o devedor.

Em face da atual redação do CTN, assinale a alternativa CORRETA.

(A) "III" e "IV" estão incorretas;
(B) "I" e "II" estão incorretas;
(C) "II" e "IV" estão incorretas;
(D) "II" está incorreta;
(E) "III" está incorreta.

I: assertiva correta, conforme o art. 174, *caput*, do CTN; II: correta, conforme o art. 174, parágrafo único, I, do CTN; III: incorreta, pois o texto atual do CTN prevê que o despacho que ordena a citação tem o efeito de interromper a prescrição; IV: correta, conforme o art. 174, parágrafo único, III, do CTN. "Gabarito E".

(Ministério Público/MA – 2009) Assinale a alternativa que não indica situação extintiva do crédito.

(A) Transação.
(B) Parcelamento.
(C) Remissão.
(D) Compensação.
(E) Decadência.

Das alternativas, apenas o parcelamento não extingue o crédito, pois é modalidade de suspensão. Veja a tabela anteriormente apresentada, para estudo e memorização. "Gabarito B".

(Ministério Público/PR – 2009) Acerca da decadência e da prescrição no Direito Tributário, pode-se afirmar:

(A) Nos tributos sujeitos ao denominado lançamento por homologação, uma vez efetuado o pagamento da obrigação pelo contribuinte, dispõe a autoridade fiscal de 05 (cinco) anos para a homologação expressa ou tácita, contando-se o prazo a partir do primeiro dia útil do exercício seguinte.
(B) O direito da Fazenda Pública constituir o crédito tributário, através do lançamento, extingue-se após 05 (cinco) anos, contados do primeiro dia do exercício seguinte, no caso de decisão administrativa que houver anulado, por vício formal, o lançamento anteriormente efetuado.
(C) O direito de pleitear a repetição de indébito tributário extingue-se em 10 (dez) anos, contados da data da efetivação do pagamento, pelo contribuinte.
(D) A prescrição da ação de cobrança do crédito tributário considera-se interrompida, no caso do contribuinte reconhecer a dívida e aderir a parcelamento, no âmbito extrajudicial.
(E) n.d.a.

A: incorreta, pois o prazo para homologação é contado da data do fato gerador – art. 150, § 4º, do CTN; B: incorreta, pois na hipótese de anulação do lançamento por vício formal, o prazo decadencial inicia-se da data em que se tornar definitiva a decisão correspondente – art. 173, II, do CTN; C: incorreta, pois o prazo para repetição do indébito tributário é, em regra, de 5 anos – art. 168 do CTN; D: assertiva correta, já que o reconhecimento inequívoco da dívida é causa interruptiva da prescrição – art. 174, parágrafo único, IV, do CTN. Gabarito "D".

(Procurador do Estado/SC – 2009) O lançamento tributário, exigindo imposto devido e não pago, foi realizado em 30.01.2003, sendo que o contribuinte apresentou impugnação administrativa em 28.02.2003. Decisão administrativa irrecorrível, mantendo o ato fiscal, deu-se em 28.02.2004, e considere- se a ciência do contribuinte regularmente ocorrida na mesma data. O crédito tributário foi inscrito em dívida ativa em 30.09.2004 e ajuizada ação de execução fiscal em 20.02.2009. O juiz, mediante despacho, ordenou a citação do executado em 03.03.2009, o qual foi efetivamente citado em 06.03.2009. De acordo com esses dados assinale a alternativa **correta**:

(A) A impugnação administrativa interrompeu a prescrição.
(B) A inscrição em dívida ativa interrompeu a prescrição.
(C) A ação de execução foi ajuizada indevidamente, pois já estava prescrita.
(D) Ocorreu a interrupção da prescrição a partir de 03.03.2009.
(E) Ocorreu a interrupção da prescrição a partir de 06.03.2009.

A: incorreta, pois o processo administrativo, por suspender a exigibilidade do crédito tributário (art. 151, III, do CTN) suspende também (não interrompe) o prazo prescricional, pelo princípio da *actio nata*; B: incorreta, pois a inscrição em dívida ativa não é causa de interrupção do prazo prescricional. O STJ entende que a suspensão prevista no art. 2º, § 3º, da Lei 6.830/1980 não se aplica à dívida ativa tributária, pois a matéria (prescrição tributária) é reservada à lei complementar; C: o contribuinte foi intimado da decisão administrativa em 28.2.2004. Até então o prazo prescricional estava suspenso (vide comentário à alternativa A), ou, para alguns autores, somente nesse momento é que se deu a constituição definitiva do crédito. Ocorre que, pelo princípio da *actio nata*, o prazo prescricional contra a fazenda não corre nos períodos em que ela não pode exigir o crédito. Assim, somente após o prazo para pagamento do tributo, após 28.2.2004, é que o prazo prescricional flui. Inexistindo disposição legal em contrário, o pagamento deve ser feito em 30 dias da notificação da decisão administrativa (aplicação do art. 160 do CTN, salvo disposição legal em contrário). Assim, o prazo prescricional começou a fluir contra a fazenda em 30.3.2004, terminado em 30.3.2009 (cinco anos depois, nos termos do art. 174 do CTN). A execução se iniciou em 20.2.2009 e o prazo prescricional foi interrompido com o despacho que ordenou a citação, em 3.3.2009. Não ocorreu a prescrição, portanto. É interessante notar que a atual jurisprudência do STJ, mesmo que não se contasse a suspensão do prazo por 30 dias (período para pagamento após a decisão do processo administrativo), não haveria prescrição, pois a citação válida retroage para a data de propositura da ação de execução, conforme o art. 219, § 1º, do CPC – ver REsp 1.120.295/SP (repetitivo). Gabarito "D".

(Procurador do Estado/SC – 2009) Em relação ao prazo para a Fazenda Pública constituir o crédito tributário, conforme o Código Tributário Nacional, analise os seguintes fatos relativos a um contribuinte do imposto sobre operações relativas à circulação de mercadorias e sobre prestações de serviços de transporte interestadual e intermunicipal e de comunicação (ICMS).

Situação 1: Em março de 2005 realizou vendas, mas, utilizando-se do expediente de constar valor inferior ao da venda real nas vias das notas fiscais destinadas ao fisco e ao registro fiscal e contábil, não pagou imposto relativo a essas diferenças.

Situação 2: Realizou ainda, em 15 de maio de 2005, vendas que foram devidamente registradas em todos os livros obrigatórios, à disposição do fisco, porém, efetuou apenas pagamento parcial. Foi realizada fiscalização em março de 2007, mas, por falta funcional da autoridade fiscal, não foram constatadas vendas não registradas nem insuficiência de pagamento de imposto. Não foi efetuado lançamento direto.

Observe que: para a resposta dessa questão **não** poderá ser aplicada interpretação que aceitaria conjugar um prazo de cinco anos e mais cinco para decadência.

Assinale a alternativa **correta**:

(A) A contagem do prazo de decadência é reiniciada em março de 2007.
(B) A data de início de contagem do prazo de decadência é, nas duas situações, o primeiro dia do ano de 2006.
(C) A data de início de contagem do prazo de decadência é, nas duas situações, a do fato gerador.
(D) Na data da fiscalização ocorreu a homologação, com a extinção do direito de proceder a outro lançamento em relação a possíveis débitos anteriores.
(E) A data de início da contagem do prazo de decadência é o primeiro dia do ano de 2006, na primeira situação, e 15 de maio de 2005, na segunda.

A: incorreta, pois a única hipótese de interrupção do prazo decadencial é aquela prevista no art. 173, II, do CTN (decisão que anula lançamento anterior por vício formal); B, C e E: no primeiro caso, houve fraude e não ocorreu qualquer recolhimento, de modo que não há falar em lançamento por homologação e, portanto, contagem de prazo na forma do art. 150, § 4º, do CTN. O prazo decadencial para o lançamento, no primeiro caso, é aquele geral, previsto no art. 173 do CTN (cinco anos contados do primeiro dia do exercício seguinte àquele em que o lançamento poderia ser feito), ou seja, a partir de 1.1.2006. No segundo caso não houve fraude, dolo ou simulação, em princípio. Ademais, houve recolhimento de tributo, ainda que a menor. Por essa razão, corre o prazo para a homologação pelo fisco, que é de cinco anos contados do fato gerador (15.5.2005) – art. 150, § 4º, do CTN. Após esse prazo, ocorre a decadência e não há como constituir o crédito correspondente. Assim, as assertivas B e C são incorretas e a E, correta; D: a fiscalização anterior não impede que o fisco realize o lançamento dentro do prazo decadencial. Ademais, a falta funcional do fiscal permite a revisão de eventual lançamento anteriormente realizado – art. 149, IX, do CTN. Gabarito "E".

(Procurador de Contas TCE/ES – CESPE – 2009) Não extinguem o crédito tributário

(A) a conversão do depósito em renda e a decadência.
(B) a decisão judicial contra o fisco passada em julgado e a prescrição.
(C) a transação e a decisão administrativa irreformável, e não mais anulável.
(D) a remissão e a consignação em pagamento.
(E) o refinanciamento e a compensação.

Das assertivas, apenas o refinanciamento não é modalidade de extinção do crédito tributário (art. 156 do CTN), de modo que a alternativa E deve ser indicada pelo candidato. Gabarito "E".

(Defensoria/MG – 2009 – FURMARC) Marque a opção **INCORRETA**:

(A) A dação em pagamento em bens imóveis é uma forma de extinção do crédito tributário.
(B) A moratória é uma forma de suspensão da exigibilidade do crédito tributário.
(C) O depósito do montante integral do tributo é uma forma de extinção do crédito tributário.
(D) A compensação consiste num encontro de contas que promove a extinção do crédito tributário.
(E) A anistia é uma modalidade de exclusão do crédito tributário.

Estude a tabela anteriormente apresentada, para memorização das modalidades de suspensão, extinção e exclusão do crédito. Nas alternativas apresentadas, o erro está na C, pois o depósito é modalidade de suspensão do crédito tributário – art. 151, II, do CTN. Gabarito "C".

(Defensoria/SP – 2009 – FCC) É correto afirmar que

(A) a interrupção da prescrição em favor ou contra um dos obrigados favorece somente o contribuinte.
(B) apenas a medida liminar concedida em mandado de segurança pode suspender a exigibilidade do crédito tributário.
(C) o magistrado pode decretar a prescrição de ofício, desde que ouça previamente a Fazenda Pública.
(D) a consignação em pagamento é uma das modalidades de extinção do crédito tributário e, julgada parcialmente improcedente, será cobrado o crédito, sem prejuízo das penalidades cabíveis, à exceção dos juros de mora, que podem ser dispensados.
(E) a dação em pagamento em bens móveis extingue o crédito tributário.

A: incorreta, pois, salvo disposição legal em contrário, a interrupção da prescrição aplica-se a todos os coobrigados – art. 125, III, do CTN; B: incorreta, pois há outras modalidades de suspensão do crédito, listadas no art. 151 do CTN. Mesmo no âmbito do mandado de segurança, admite-se o depósito integral em dinheiro do valor discutido, o que também suspende a exigibilidade. Ademais, a liminar em outras espécies de ação tem o mesmo efeito; C: assertiva correta. A rigor, a prescrição relativa ao período anterior à propositura da execução independe de oitiva da fazenda – art. 219, § 5º, do CPC e Súmula 409/STJ. A decretação da prescrição **intercorrente**, de fato, depende da prévia oitiva da fazenda – art. 40, § 4º, da Lei 6.830/1980 e Súmula 314/STJ, exceto no caso de pequenos valores (art. 40, § 5º); D: incorreta, pois, no caso de improcedência ou parcial procedência da consignatória, cobra-se o crédito acrescido dos juros de mora, sem prejuízo das penalidades – art. 164, § 2º, do CTN; E: incorreta, pois somente a dação de bens **imóveis** é modalidade de extinção do crédito tributário – art. 156, XI, do CTN. Gabarito "C".

(Cartório/SP – VI – VUNESP) Não extingue o crédito tributário

(A) a isenção.
(B) a transação.
(C) o pagamento.
(D) a compensação.

Estude a tabela anteriormente apresentada e memorize as modalidades de suspensão, extinção e exclusão do crédito. Nas alternativas, apenas a isenção não é modalidade de extinção, mas sim de exclusão do crédito tributário. Gabarito "A".

(Magistratura Federal/1ª Região – 2009 – CESPE) Assinale a opção correta com referência à suspensão e extinção do crédito tributário.

(A) Quando a União concede moratória em caráter geral, nada mais faz do que prorrogar o prazo do vencimento do débito tributário, que inclui a parcela referente ao principal e encargos advindos da sonegação fiscal.
(B) O contribuinte pode requerer judicialmente que o depósito administrativo do montante do débito tributário seja convertido em depósito judicial. Nesse caso, deferido o requerimento, extingue-se o crédito tributário.
(C) A concessão de medida liminar em ação judicial suspende a exigibilidade do crédito tributário, mas não a possibilidade de sua constituição pelo fisco.
(D) A possibilidade de compensação do crédito tributário da fazenda pública está submetida ao princípio da legalidade, em razão do que a multa moratória imposta pelo fisco não pode ser incluída nos tributos a serem compensados.
(E) Se a União requerer desistência da execução fiscal em virtude de edição de lei concedendo remissão ao débito tributário, subsistirá o pagamento de honorários pelo credor.

A: incorreta, pois a moratória não aproveita, em princípio, aos casos de dolo, fraude ou simulação do sujeito passivo ou de terceiro em benefício daquele – art. 154, parágrafo único, do CTN; B: incorreta, pois o depósito administrativo ou judicial apenas suspende a exigibilidade do crédito, não o extingue; C: correta. Se a liminar foi concedida antes da constituição do crédito, o fisco pode providenciar o lançamento (**deve** fazê-lo, caso entenda que o tributo é devido), pois o prazo decadencial não se interrompe; D: incorreta, não apenas porque as penalidades pecuniárias podem ser objeto da compensação, mas também por que isso não tem relação direta com a exigência de lei autorizativa; E: incorreta, pois não são devidos honorários, por inexistir sucumbência. Gabarito "C".

(Magistratura/AC – 2008 – CESPE) Entre as formas de extinção do crédito tributário está a compensação. Relativamente às regras sobre esse instituto, assinale a opção incorreta.

(A) A compensação somente pode ser instituída por lei, sendo facultado que a norma determine as garantias necessárias à operação.
(B) A compensação mediante o aproveitamento de tributo objeto de contestação judicial pelo sujeito passivo não é permitida, a menos que a ação seja julgada favorável a ele em duplo grau de jurisdição.
(C) Para promover a compensação, o sujeito passivo deverá oferecer créditos líquidos e certos contra a fazenda pública.
(D) Os créditos contra a fazenda pública utilizáveis na compensação podem ser tanto os vencidos como os vincendos.

A compensação depende de lei específica do ente tributante, que pode fixar condições e exigir garantias. O crédito do particular deve ser líquido e certo e pode ser vencido ou vincendo. Não se admite a compensação, com aproveitamento de tributo contestado judicialmente, antes do trânsito em julgado da sentença, nos termos do art. 170-A do CTN. Gabarito "B".

(Magistratura/PR – 2008) Assinale a alternativa correta:

(A) quando a legislação tributária não fixar o tempo do pagamento, o vencimento do crédito ocorre 60 (sessenta) dias depois da data em que se considera o sujeito passivo notificado do lançamento;
(B) o crédito não integralmente pago no vencimento é acrescido de juros de mora, seja qual for o motivo determinante da falta, sem prejuízo da imposição das penalidades cabíveis e da aplicação de qualquer medida de garantia prevista na legislação tributária.
(C) prescreve em 5 (cinco) anos a ação anulatória da decisão administrativa que denegar a restituição do tributo indevidamente pago.
(D) todas as alternativas anteriores estão corretas.

A: o prazo geral (subsidiário) é de trinta dias após a notificação – art. 160 do CTN; B: art. 161 do CTN; C: o prazo, no caso, é de apenas dois anos – art. 169 do CTN. Gabarito "B".

(Magistratura/SP – 2008) Sobre a extinção do crédito tributário, é correto afirmar que

(A) a existência de dois ou mais débitos vencidos do mesmo sujeito passivo com a mesma pessoa jurídica de direito público permite ao contribuinte imputar o pagamento, direcionando-o ao crédito que deseja pagar.
(B) o sujeito passivo tem direito à restituição do tributo indevidamente recolhido ou pago a maior, mediante a prova do erro e protesto.
(C) é admitida a transação mediante concessões mútuas, previstas em Lei, que indicará a autoridade competente para autorizá-la em cada caso.
(D) a compensação é admitida entre créditos líquidos e certos do contribuinte com créditos vincendos e de mesma natureza da Fazenda.

A: na hipótese, a imputação será determinada pelo fisco, na forma do art. 163 do CTN; B: a repetição de indébito tributário não depende de comprovação de erro ou de prévio protesto – art. 165 do CTN; C: art. 171 do CTN – a transação é possível, na forma da lei; D: os créditos não precisam ser de mesma natureza para que haja compensação, mas não se prescinde de lei específica autorizativa – ademais, não há previsão expressa de compensação do crédito tributário vincendo (o art. 170 do CTN prevê que o crédito do particular pode ser vencido ou vincendo, não o do fisco). Gabarito "C".

(Procurador do Estado/CE – 2008 – CESPE) Assinale a opção correta acerca do instituto tributário do pagamento de certo crédito tributário.

(A) Quando o pagamento é realizado parcialmente, importa em presunção de pagamento das prestações em que se decomponha.
(B) Quando o pagamento é total, importa em presunção de pagamento de todos os outros créditos.
(C) Quando o pagamento é total, não importa em presunção de pagamento de outros créditos, mas apenas de créditos referentes a outros tributos.
(D) Quando o pagamento é parcial, importa na presunção de pagamento de créditos referentes a outros tributos.
(E) Quando o pagamento é total, não importa na presunção de pagamento de outros créditos referentes ao mesmo tributo ou a outros.

A, B, C e D: não há essas presunções – art. 158, I e II, do CTN; E: essa é a assertiva correta, que reflete o dispositivo do CTN. Gabarito "E".

(Procurador do Estado/PI – 2008 – CESPE) O governador de determinado estado encaminhou à casa legislativa projeto de lei que perdoava o débito tributário principal, bem como suas penalidades, de determinados contribuintes. O projeto foi aprovado, e, posteriormente, transformado em lei. Assinale a opção correta acerca dessa situação.

(A) Uma vez que foi perdoada a dívida, incluindo-se as penalidades, é correto afirmar que se trata de isenção.
(B) Nesse caso, houve moratória, já que foi perdoado débito tributário principal.
(C) A lei pode autorizar o referido perdão, desde que atendido o único fundamento possível, que é a situação econômica do sujeito passivo.
(D) Trata-se, nesse caso, de anistia, uma vez que todo o débito está sendo perdoado.
(E) Somente o instituto da remissão pode se enquadrar nesse exemplo.

O perdão do crédito tributário (tributo e penalidades) é denominado remissão (art. 156, IV, do CTN). Deve ser concedida por lei, pelos fundamentos listados no art. 172 do CTN. Gabarito "E".

(Cartório/DF – 2008 – CESPE) Com o fim de pleitear, judicialmente, a compensação dos créditos com débitos tributários que possui, uma empresa adquiriu, por cessão de direitos, créditos decorrentes de precatório judicial expedido contra ente público, razão por que pretende requerer a imediata suspensão da exigibilidade dos créditos tributários, mediante antecipação de tutela. Acerca da situação descrita acima, julgue os seguintes itens.

(1) A compensação é uma das hipóteses legais de suspensão da exigibilidade do crédito tributário, desde que as partes sejam ao mesmo tempo credora e devedora uma da outra.

(2) A CF não prevê nenhuma forma de compensação de créditos decorrentes de precatórios com tributos cobrados pela entidade devedora, de forma que o pleito da empresa deverá ser indeferido.

(3) Segundo entendimento já sumulado do STJ, a compensação de créditos tributários não pode ser deferida em ação cautelar ou por medida liminar cautelar ou antecipatória.

(4) A lei pode, em determinadas condições, autorizar a compensação de créditos tributários com créditos líquidos e certos, vencidos ou vincendos, do sujeito passivo contra a fazenda pública.

(5) Os créditos decorrentes de precatório judicial possuem caráter personalíssimo, de maneira que é inválida a sua cessão para terceiros, somente podendo ser compensados com débitos tributários do beneficiário original constante do título executivo judicial.

1: A compensação é causa extintiva do crédito, não suspensiva; ademais, depende de lei específica do ente tributante, de modo que não é possível, em regra, a quitação de tributo pela apresentação de precatório; somente a inadimplência das parcelas previstas no art. 78 do ADCT tem o efeito liberatório do pagamento de tributos (§ 2º); por essas razões, não há verossimilhança que permita a antecipação de tutela pleiteada (suspensão do crédito); 2: Não há previsão constitucional de compensação entre precatórios e tributos. No entanto, há poder liberatório de pagamento no caso de inadimplemento das parcelas previstas no art. 78 do ADCT, conforme o § 2º desse dispositivo; 3: Súmula 212/STJ; 4: art. 170 do CTN; 5: O Judiciário vinha aceitando a cessão de precatórios. Com a EC 62/2009, essa possibilidade passou a constar do art. 100, § 13, da CF. Ademais, já havia a previsão específica do art. 78, *in fine*, do ADCT (parcelamento constitucional de até dez anos). A compensação, no entanto, depende de lei específica. Gabarito 1E, 2E, 3C, 4C, 5E

(Auditor Fiscal/RJ – 2008 – FGV) Nos casos de tributos que não estão sujeitos a lançamento por homologação, o direito de a Fazenda Pública constituir o crédito tributário extingue-se após:

(A) cinco anos, contados do primeiro dia do exercício seguinte àquele em que o lançamento poderia ter sido efetuado.
(B) dez anos, contados do primeiro dia do exercício seguinte àquele em que o lançamento poderia ter sido efetuado.
(C) cinco anos, contados da data de ocorrência do fato gerador.
(D) dez anos, contados da data de ocorrência do fato gerador.
(E) um ano, contado da data de ocorrência do fato gerador.

Art. 173, I, do CTN. Gabarito "A".

(Procuradoria Distrital – 2007) A prescrição, em direito tributário, é, em regra geral, conceituada pela doutrina como produzindo entre outros efeitos o de, quando apurada, em face do decurso do tempo, determinar a perda do direito da Fazenda Pública de ajuizar ação de cobrança (ou, mais propriamente, de Execução Fiscal) relativamente a crédito tributário não pago. Assinale, considerando a conceituação acima e as inovações introduzidas pelo Código Civil e pelo Código de Processo Civil a respeito da prescrição, a opção correta, entre as enumeradas a seguir, que a ela deve ser aplicada.

(A) Não pode ser decretada, de ofício, pelo juiz, necessitando ser alegada por uma das partes; admite tanto causas suspensivas, como interruptivas; pode operar tanto antes do ajuizamento da ação, como durante o seu curso.
(B) Não pode ser decretada, de ofício, pelo juiz, necessitando ser alegada por uma das partes; não admite tanto causas suspensivas, como interruptivas; só opera durante o curso da ação, pelo que não será reconhecida quando consumada antes de seu ajuizamento.
(C) Pode ser decretada, de ofício, pelo juiz, não necessitando ser alegada por uma das partes; admite tanto causas suspensivas, como interruptivas; pode operar antes do ajuizamento da ação, como durante o seu curso.
(D) Necessita ser sempre alegada pela parte a quem a beneficia, não podendo o juiz decretá-la de ofício; não admite causas suspensivas; admite, porém, causas interruptivas; só pode operar durante o curso da ação.
(E) Só o contribuinte pode alegar a prescrição em seu favor; não pode ser decretada, de ofício, pelo juiz; admite causas suspensivas, porém, não admite causas interruptivas; pode operar antes do ajuizamento da ação, como durante o seu curso.

A, B, D e E: atualmente, a prescrição pode ser decretada de ofício pelo juiz (art. 219, § 5º, do CPC); C: a assertiva é correta. Gabarito "C".

(Magistratura Federal – 5ª Região – 2007 – CESPE) Julgue o item seguinte.

(1) João, proprietário de certo imóvel, pagou o IPTU e a TLP relativos ao ano de 2007 em atraso, sujeitando-se à incidência de multa, juros legais e correção monetária. Alguns meses depois, a secretaria da receita municipal constatou a existência de equívoco na confecção dos aludidos carnês de cobrança, o que redundou em pagamento a maior do valor dos tributos em relação a alguns contribuintes, entre os quais se encontrava João. Nessa situação, João tem direito à restituição parcial dos aludidos tributos, o que dá direito, outrossim, à restituição, na mesma proporção, dos respectivos juros de mora e das penalidades pecuniárias.

1: A restituição parcial do tributo enseja a devolução proporcional dos juros e das penalidades pecuniárias, exceto as referentes a infrações de caráter formal não prejudicadas pela causa da restituição (art. 167 do CTN). A assertiva estaria correta se apresentasse essa ressalva final. Gabarito "E".

(Auditor Fiscal/CE – 2006 – ESAF) A ação para a cobrança do crédito tributário prescreve em 5 (cinco) anos contados da data de sua constituição definitiva. O prazo prescricional se interrompe em determinadas hipóteses elencadas pelo Código Tributário Nacional. Assinale abaixo a opção que contenha hipóteses de interrupção da prescrição.

(A) Protesto judicial / ato inequívoco que importe em reconhecimento de débito pelo devedor / citação válida em execução fiscal.
(B) Qualquer ato judicial ou extrajudicial que constitua em mora o devedor / ato inequívoco que importe em reconhecimento de débito pelo devedor / protesto judicial.
(C) Despacho do juiz que ordenar a citação em execução fiscal / qualquer ato judicial ou extrajudicial que constitua em mora o devedor / protesto judicial.
(D) Citação válida em execução fiscal / qualquer ato judicial que constitua em mora o devedor / protesto judicial.
(E) Despacho do juiz que ordenar a citação em execução fiscal / ato inequívoco que importe em reconhecimento de débito pelo devedor / protesto judicial.

A e C: atualmente, o simples despacho que ordena a citação em execução fiscal já interrompe a prescrição (art. 174, parágrafo único, I, do CTN); B e C: interrompem a prescrição somente os atos judiciais (não os extrajudiciais) que constituam o devedor em mora (art. 174, parágrafo único, III, do CTN); E: a assertiva é correta. Gabarito "E".

(Auditor Fiscal/MS – 2006 – FGV) O direito de a Fazenda Pública constituir o crédito tributário extingue-se após cinco anos contados:

(A) da data do lançamento ou do primeiro dia do exercício seguinte àquele em que o lançamento poderia ter sido efetuado.
(B) da data do fato gerador da obrigação tributária e da data em que se torna definitiva a decisão que houver anulado, por vício material, o lançamento anteriormente efetuado.
(C) do primeiro dia do exercício seguinte àquele em que o lançamento poderia ter sido efetuado e da data em que se torna definitiva a decisão que houver anulado, por vício formal, o lançamento anteriormente efetuado.

(D) do último dia do exercício em que o lançamento poderia ter sido efetuado e da data em que se torna definitiva a decisão que houver anulado, por vício formal ou material, o lançamento anteriormente efetuado.

(E) do primeiro dia do exercício seguinte àquele em que o lançamento poderia ter sido efetuado e da data em que se torna definitiva a decisão que houver anulado, por vício formal ou material, o lançamento anteriormente efetuado.

A: o lançamento corresponde à constituição do crédito; B: o fato gerador somente é termo inicial para a homologação tácita, que pode ter impacto no direito do fisco lançar o tributo (art. 150, § 4º, do CTN); C, D e E: art. 173, I e II, do CTN – somente a anulação do lançamento anterior por vício formal (não material) é termo inicial para a decadência. Gabarito "C".

(Auditor Fiscal/MS – 2006 – FGV) São causas interruptivas do prazo prescricional da ação de cobrança do crédito tributário, dentre outras:

(A) o protesto judicial e o despacho do juiz que ordenar a citação em execução fiscal.
(B) o protesto judicial e a efetivação da citação em execução fiscal.
(C) o protesto judicial e qualquer ato extrajudicial que constitua o devedor em mora.
(D) o despacho do juiz que ordenar a citação em execução fiscal e qualquer ato extrajudicial que constitua o devedor em mora.
(E) a efetivação da citação em execução fiscal e qualquer ato judicial que constitua o devedor em mora.

A: art. 174, parágrafo único, I e II, do CTN; B e E: atualmente, o simples despacho que ordena a citação em execução fiscal interrompe o prazo prescricional - art. 174, parágrafo único, I, do CTN; C e D: somente o ato judicial (não extrajudicial) que constitua o devedor em mora interrompe o prazo prescricional. Gabarito "A".

(Auditor Fiscal/MS – 2006 – FGV) Assinale a alternativa correta a respeito do pagamento de um crédito tributário.

(A) Quando total, importa presunção de pagamento de outros créditos referentes ao mesmo tributo.
(B) Quando parcial, importa, também, presunção de pagamento das prestações em que se decomponha.
(C) Quando parcial, importa presunção de pagamento das prestações em que se decomponha, salvo disposição de lei em contrário.
(D) Quando parcial, não importa presunção de pagamento das prestações em que se decomponha.
(E) Quando total, importa presunção de pagamento de outros créditos referentes ao mesmo ou a outros tributos.

A, B, C e E: não há essas presunções – art. 158, I e II, do CTN; D: a assertiva é correta. Gabarito "D".

(Auditor Fiscal/MS – 2006 – FGV) O sujeito passivo tem direito, independentemente de prévio protesto, à restituição total ou parcial do tributo, seja qual for a modalidade do seu pagamento, ressalvado o disposto no § 4º do artigo 162, nos seguintes casos:

(A) de rescisão de decisão condenatória.
(B) de anulação ou rescisão de decisão condenatória.
(C) de revogação ou rescisão de decisão condenatória.
(D) de anulação de decisão condenatória.
(E) de reforma, anulação, revogação ou rescisão de decisão condenatória.

Art. 165, III, do CTN. A alternativa E é a melhor, pois lista todas as possibilidades previstas no dispositivo legal. Gabarito "E".

(Magistratura Federal – 1ª Região – 2005) Uma pessoa deve à União, como responsável, R$ 300.000,00 de Contribuição de Melhoria, constituída em 20/12/2001, e, como contribuinte, R$ 80.000,00 de Imposto de Renda, constituído em 31/12/2002; R$ 45.000,00 de Imposto Territorial Rural, constituído em 07/11/2003, e R$ 27.000,00 de taxa, constituída em 15/12/2003. O último crédito a ser imputado será:

(A) R$ 300.000,00;
(B) R$ 27.000,00;
(C) R$ 80.000,00;
(D) R$ 45.000,00.

A imputação do pagamento se dá na forma do art. 163 do CTN. No caso, o último crédito a ser quitado refere-se ao valor devido por conta da responsabilidade tributária. Gabarito "A".

(Auditor Fiscal/AM – 2005) São modalidades de extinção do crédito tributário:

(A) a isenção e a anistia;
(B) a moratória e o parcelamento;
(C) a remição e a isenção;
(D) as reclamações e os recursos, nos termos das leis reguladoras do processo tributário administrativo e a concessão de medida liminar ou de tutela antecipada, em outras espécies de ação judicial;
(E) a decisão administrativa irreformável, assim entendida a definitiva na órbita administrativa, que não mais possa ser objeto de ação anulatória e a remissão.

Art. 156 do CTN. Das alternativas, apenas a decisão administrativa definitiva e a remissão são causas extintivas. Gabarito "E".

(Auditor Fiscal/AM – 2005) A ação para a cobrança do crédito tributário prescreve em cinco anos, contados da data da sua constituição definitiva. Contudo, a prescrição se interrompe:

(A) por qualquer ato judicial que constitua em mora o devedor;
(B) isenção pessoal;
(C) pelo protesto por novo leilão;
(D) com a inscrição na dívida ativa;
(E) com a confecção do título executivo judicial.

Somente a assertiva em "A" refere-se à hipótese de interrupção da prescrição – art. 174, parágrafo único, do CTN. O STJ entende que a inscrição em dívida ativa não tem essa característica, apesar do disposto no art. 2º, § 3º, da Lei 6.830/1980 (porque a matéria seria reservada à lei complementar, nos termos do art. 146, III, "b", da CF). Gabarito "A".

(Auditor Fiscal/MG – 2005 – ESAF) Considerando o disposto no art. 146 da CRFB/88, marque com (V) a assertiva verdadeira e com (F) a falsa, assinalando ao final a opção correspondente.

( ) Somente lei complementar pode criar formas de extinção do crédito tributário.
( ) Lei ordinária pode atribuir imunidade a determinado grupo ou conjunto de contribuintes.
( ) Lei ordinária pode criar modalidade de lançamento do crédito tributário.
( ) Lei ordinária pode prever a extinção do crédito tributário mediante dação em pagamento de bens móveis.

(A) V, F, F, F
(B) F, V, F, V
(C) V, F, F, V
(D) F, F, F, V
(E) V, F, V, F

1ª e 3ª: as matérias são reservadas à lei complementar federal – art. 146, III, b, da CF; 2ª: a imunidade é concedida pela Constituição Federal; 4ª: somente bens imóveis (não os móveis) podem ser dados em pagamento de tributo, na forma da lei (art. 156, XI, do CTN). Gabarito "A".

(Auditor Fiscal/RJ) O prazo para cobrança do crédito tributário prescreve em cinco anos e tem início:

(A) da constituição definitiva do crédito.
(B) do fato gerador da obrigação tributária.
(C) da inscrição do crédito como dívida ativa.
(D) do começo do procedimento administrativo do lançamento.

Art. 174 do CTN. Gabarito "A".

(Auditor Fiscal/RJ) O prazo para exercer o direito à restituição é de:

(A) dois anos, a contar do efetivo ingresso dos valores.
(B) quatro anos, a contar da data do pagamento voluntário.
(C) cinco anos, a contar da data da extinção do crédito tributário.
(D) cinco anos, a contar da constituição definitiva do crédito tributário indevido.

Art. 168 do CTN. Com a Lei Complementar 118/2005 ficou ultrapassada a chamada "tese dos cinco mais cinco" (exceto para pagamentos indevidos anteriormente realizados): para restituição de tributos lançados por homologação, o prazo prescricional seria de cinco anos contados da homologação que, se tácita, ocorre cinco anos após o fato gerador. Gabarito "C".

(Auditor Fiscal/RJ) Em sede de Direito Tributário e no que pertine à imputação em pagamento, é correto afirmar-se que:

(A) é possível a escolha pelo devedor, desde que ofereça garantia bastante para a satisfação dos débitos remanescentes.

(B) pode-se imputar em pagamento, tratando-se de bens imóveis por natureza.

(C) é um direito do devedor, quando existir mais de um débito exigível.

(D) não é faculdade do devedor escolher qual dos débitos quer pagar.

A imputação ao pagamento é determinada pelo fisco, observando o disposto no art. 163 do CTN. Gabarito "D".

(Auditor Fiscal/RJ) Não constitui fundamento para a remissão:

(A) consideração de eqüidade.

(B) crédito tributário de pequeno valor.

(C) hipossuficiência do sujeito passivo.

(D) elevado nível da arrecadação no semestre anterior à sua concessão.

Art. 172 do CTN. Das alternativas, apenas o elevado nível de arrecadação não é previsto como fundamento para a remissão. Gabarito "D".

10.3. EXCLUSÃO

(Magistratura/PE – 2011 – FCC) Para discernir a isenção do diferimento do tributo, basta considerar que

(A) a isenção deve observar estritamente o princípio da legalidade.

(B) enquanto aquela é subjetiva, pois concedida *intuitu personae*, este é objetivo, pois concedido segundo a natureza do produto.

(C) enquanto aquela desonera o pagamento do tributo, este implica em adiamento da incidência.

(D) enquanto aquela desonera o pagamento do tributo, este implica em antecipação ou adiamento da incidência.

(E) enquanto aquela somente pode ser concedida mediante lei ordinária, este pode ser instituído através de decreto.

A isenção é modalidade de exclusão do crédito tributário (art. 175, I, do CTN), cuja instituição depende de lei do ente político competente em relação ao tributo correspondente. Já o diferimento refere-se, em geral, à autorização dada pela legislação tributária para que o recolhimento de um tributo multifásico (como o ICMS ou o IPI) se dê em momento posterior. Exemplo de diferimento é a redução da alíquota do ICMS na venda de uma mercadoria do produtor para o comerciante, mas sem redução da alíquota para a venda dessa mesma mercadoria do comerciante para o consumidor final. Pela sistemática da não cumulatividade, a redução dada ao produtor acaba sendo anulada posteriormente, pois o comerciante vai pagar mais ICMS, no mesmo montante da suposta redução. É comum o diferimento ser concedido por norma infralegal estadual (decreto do governador, por exemplo), mas isso é bastante questionado pela doutrina e no judiciário, embora não haja jurisprudência pacífica.
A: Incorreta, pois, embora seja discutida a aplicação do princípio da legalidade ao diferimento, isso não é suficiente para distingui-lo da isenção; B: Incorreta, pois tanto a isenção quanto o diferimento podem ser concedidos em relação a determinadas pessoas (subjetivamente) ou a determinados bens ou operações (objetivamente); C: Assertiva correta, conforme comentários iniciais; D: Incorreta, pois o diferimento, como indica o nome, é sempre adiamento, nunca antecipação; E: Incorreta, pois a isenção de tributos que exigem lei complementar (empréstimo compulsório, imposto da competência residual) não pode ser veiculada por lei ordinária. Entendemos que o diferimento é benefício fiscal que altera a sujeição passiva em relação aos valores a serem recolhidos, de modo que depende também de lei, mas, conforme os comentários iniciais, a questão não é pacífica. Gabarito "C".

(Ministério Público/MS – 2011 – FADEMS) A **anistia** em matéria tributária:

(A) se aplica aos atos qualificados como crimes ou contravenções;

(B) extingue a obrigação tributária;

(C) igualmente às isenções, exclui o crédito tributário, nos termos do Código Tributário Nacional;

(D) não pode ser concedida em caráter geral;

(E) não pode ser limitada a determinada região do território do ente tributante.

A: Incorreta, pois a tipificação da infração tributária também como crime ou contravenção afasta a possibilidade de anistia – art. 180, I, do CTN; B: Incorreta, pois a anistia é modalidade de exclusão do crédito tributário, não de extinção – art. 175, II, do CTN; C: Adequada, pois anistia e isenção são as duas modalidades de exclusão do crédito tributário prevista no CTN – art. 175 do CTN. Entretanto, não parece exato o uso do termo *igualmente*, pois são institutos bastante diversos; D: Incorreta, pois a anistia pode ser concedida em caráter geral ou limitadamente – art. 182 do CTN; E: Incorreta, pois é possível essa delimitação – art. 181, II, *c*, do CTN. Gabarito "C".

(Procurador do Estado/RO – 2011 – FCC) Nos termos do Código Tributário Nacional, a isenção concedida por prazo certo e em função de determinadas condições

(A) não pode ser revogada a qualquer tempo.

(B) somente pode ser revogada após o prazo decadencial de 5 anos.

(C) pode ser revogada a qualquer momento, na medida em que a isenção é mera faculdade do sujeito ativo, não se confundindo com a imunidade.

(D) pode ser revogada, desde que observado o prazo de 90 dias, em respeito ao princípio da anterioridade nonagesimal.

(E) não pode ser revogada porque não existe a possibilidade de concessão de isenção por prazo determinado.

A: Assertiva correta, conforme o art. 178 do CTN – ver a Súmula 544/STF. É importante salientar que há entendimento no sentido de que a isenção pode ser revogada, mas aqueles que já preenchiam os requisitos para o benefício têm direito adquirido (ou seja, o benefício pode ser revogado, mas continua a ter eficácia em favor desses sujeitos passivos, até o término do prazo inicialmente assinalado); B, C e D: Incorretas, pois a isenção condicionada não pode ser revogada antes do prazo fixado, conforme comentário à alternativa "A"; E: Incorreta, pois é possível a concessão de isenção por prazo determinado – art. 178 do CTN. Gabarito "A".

(Ministério Público/SC – 2010)

I. A Isenção e Anistia, pelo CTN, são causas de exclusão do crédito tributário, isto é, no primeiro caso o contribuinte fica exonerado do pagamento do tributo e no segundo da penalidade imposta;

II. A Isenção tem como regra a generalidade e, deste modo, não pode ser concedida para uma determinada região em respeito ao princípio da isonomia;

III. Tanto a Isenção quanto a Anistia, quando não concedidas em caráter geral, são efetivadas, em cada caso, por despacho da autoridade administrativa, tratando-se de ato administrativo vinculado à lei;

IV. A Anistia não pode ser aplicada a infrações cometidas anteriormente à vigência da lei que a concede, permitindo-se sua aplicação, porém, quando suprido este requisito temporal, aos atos qualificados em lei como crimes e contravenções praticados com dolo, fraude ou simulação;

V. A supremacia do interesse público sobre o particular permite que o Ente tributante responsável pela concessão da isenção a revogue ou a modifique a qualquer tempo, mesmo quando esta tiver sido concedida por prazo determinado ou em função de determinadas condições.

(A) Apenas as assertivas I e V estão corretas.

(B) Apenas as assertivas II e III estão corretas.

(C) Apenas as assertivas III e V estão corretas.

(D) Apenas as assertivas I e III estão corretas.

(E) Apenas as assertivas II e V estão corretas.

I: Correta, conforme o art. 175 do CTN; II: Incorreta, pois a isenção pode ser restrita a determinada região do território do ente tributante e concedida em caráter individual ou geral – arts. 176, p. único, e 179 do CTN; III: Correta, conforme os arts. 179 e 182 do CTN; IV: Incorreta, pois a anistia é sempre relativa a infrações cometidas antes da lei concessiva (ou então seria revogação da lei que tipifica a infração ou impõe a penalidade pecuniária) – art. 180, *caput*, do CTN. Ademais, a tipificação da infração tributária também como crime ou contravenção afasta a possibilidade de anistia – art. 180, I, do CTN; V: Incorreta, pois a isenção concedida por prazo certo e em função de determinadas condições não pode ser revogada ou reduzida antes do período fixado – art. 178 do CTN – ver a Súmula 544/STF. Gabarito "D".

(MINISTÉRIO PÚBLICO/SE – 2010 – CESPE) É inadmissível um estado conceder anistia em caráter limitado

(A) a multas relativas ao ICMS.
(B) a multas de até determinado valor.
(C) a multas de contribuintes que tenham, no mínimo, certa idade.
(D) a multas de contribuintes de determinada região daquele Estado, em função de condições a ela peculiares.
(E) sob condição de o contribuinte pagar certo tributo no prazo fixado pela lei que conceder a anistia.

A, B, D e E: Incorretas, pois é possível anistia limitada às penalidades relativas a determinado tributo, até determinado montante, a determinada região do ente tributante e sob condição de pagamento do tributo em determinado prazo – art. 181, II, do CTN; C: Essa é a alternativa a ser indicada, pois o CTN não admite anistia concedida limitadamente em razão de idade mínima do contribuinte – art. 181, II, do CTN. Gabarito "C".

(Procurador do Município/Teresina-PI – 2010 – FCC) O Município possui autonomia para o exercício da sua competência tributária, inclusive para concessão de isenção relativamente a seus tributos. Sobre este fato deve ser considerado que

(A) a concessão de isenção deve vir prevista na lei orçamentária anual para poder ser efetivada, devendo, portanto, obediência à anualidade tributária.
(B) a isenção enquanto causa de exclusão do crédito tributário depende unicamente da decisão política municipal, bastando a lei municipal concessiva.
(C) o Código Tributário Nacional foi derrogado pela Lei de Responsabilidade Fiscal relativamente à disciplina da isenção, considerada atualmente renúncia de receita e não mais causa de exclusão do crédito tributário.
(D) a isenção é renúncia de receita e, como tal, além dos requisitos para sua concessão, previstos no Código Tributário Nacional, deve também prever as exigências previstas na Lei de Responsabilidade Fiscal quando for em caráter não geral.
(E) a previsão da Lei de Responsabilidade Fiscal de exigência de medidas específicas para concessão de isenção é inconstitucional por ferir a autonomia municipal e também dos demais entes federados.

A: Incorreta, pois o princípio da anualidade não vige no direito tributário brasileiro atual; B: Imprecisa, pois, apesar da isenção depender da lei concessiva municipal, devem ser observadas as normas gerais veiculadas pelos arts. 176 a 179 do CTN, além do art. 150, § 6º, da CF; C: Incorreta, pois a LRF regula a renúncia de receita na condição de reflexo financeiro-orçamentário dos benefícios fiscais. São normatizações complementares (LRF e CTN), não excludentes; D: Assertiva correta, conforme o art. 14, § 1º, da LC 101/2000 (Lei de Responsabilidade Fiscal – LRF); E: Incorreta, pois a LRF é lei complementar produzida nos termos do art. 163, I, da Constituição Federal. Gabarito "D".

(Procurador do Município/Florianópolis-SC – 2010 – FEPESE) De acordo com o Código Tributário Nacional, são hipóteses de extinção(1), suspensão da exigibilidade(2) e exclusão do crédito tributário(3), respectivamente:

(A) (1) isenção ; (2) parcelamento ; (3) anistia.
(B) (1) decadência ; (2) reclamação ; (3) isenção.
(C) (1) pagamento ; (2) decadência ; (3) anistia.
(D) (1) parcelamento ; (2) anistia ; (3) moratória.
(E) (1) parcelamento ; (2) moratória ; (3) isenção.

A: Incorreta, pois isenção é modalidade de exclusão; B: Assertiva correta, pois decadência, reclamação e isenção são, respectivamente, modalidades de extinção, suspensão e exclusão do crédito tributário; C: Incorreta, pois decadência é modalidade de extinção do crédito; D e E: Incorretas, pois parcelamento e moratória são modalidades de suspensão, e anistia é modalidade de exclusão do crédito. Gabarito "B".

(Magistratura/SC – 2009) Assinale a alternativa INCORRETA:

(A) As isenções tributárias não podem ser revogadas quando concedidas por prazo certo e em função de determinadas condições.
(B) Em caso de lançamento cancelado por vício formal, o prazo para a Fazenda Pública constituir o crédito tributário extingue-se após cinco anos contados da data em que se tornar definitiva a decisão que houver anulado o lançamento anteriormente efetuado.
(C) O prazo prescricional da execução fiscal se interrompe pelo despacho do juiz que ordenar a citação.
(D) Segundo orientação dominante do STJ, é dispensável o lançamento pela autoridade fazendária quando o contribuinte declara o tributo e não o paga no prazo estabelecido.
(E) O prazo prescricional da execução fiscal inicia-se com a inscrição em dívida ativa do crédito tributário.

A: correta, nos termos do art. 178 do CTN e Súmula 544/STF; B: assertiva correta, conforme o art. 173, II, do CTN; C: correta, conforme o art. 174, parágrafo único, I, do CTN; D: correta, pois essa é a jurisprudência pacífica – Súmula 436/STJ; E: essa é a alternativa incorreta, pois o prazo prescricional para a execução inicia-se com a constituição definitiva do crédito tributário (lançamento) – art. 174 do CTN. Gabarito "E".

(Ministério Público/MA – 2009) Exclui o crédito tributário:

(A) anistia;
(B) transação;
(C) pagamento;
(D) moratória; e,
(E) compensação.

O CTN indica apenas a isenção e a anistia como modalidades de exclusão do crédito tributário – art. 175 do CTN. Gabarito "A".

(Procurador do Estado/SC – 2009) Analise as afirmativas abaixo e, tendo em vista o disposto no Código Tributário Nacional, verifique quais institutos de direito tributário, de acordo com sua efetiva natureza jurídica, correspondem às seguintes situações ou hipóteses.

I. Uma lei nova determinou que não será objeto de lançamento nem, portanto, exigido, o imposto sobre as operações relativas às vendas de certos produtos, que serão realizadas pelas empresas que se instalarem no Estado, após vigência dessa lei.
II. Uma lei nova determinou que não será exigido pagamento do imposto, nem da multa aplicada, incidente sobre operações já realizadas, que tenha sido objeto de lançamento não contestado no prazo legal, anteriormente à vigência da lei.
III. Uma lei nova determinou que não será efetuado lançamento tributário relacionado aos atos contrários a certa lei anterior, praticados antes da lei nova, quanto às multas a que estavam sujeitos, mas ainda sem a formalização do crédito tributário correspondente.

Assinale a alternativa com a sequência que indica **corretamente** os institutos relativos às situações descritas nas assertivas I, II e III.

(A) isenção, remissão, anistia.
(B) isenção, anistia, remissão.
(C) remissão, isenção, anistia.
(D) remissão, anistia, remissão.
(E) remissão, remissão, anistia.

I: o benefício fiscal dado por lei, que afasta a tributação em relação a eventos futuros é a isenção – art. 175, I, do CTN; II: o perdão em relação ao crédito tributário (tributo e penalidade pecuniária) relativo ao período anterior à lei é a remissão – art. 156, IV, do CTN; III: o perdão de penalidades relativas a ilícitos cometidos no período anterior à lei é a anistia – art. 175, II, do CTN. Muitos autores entendem que antes do lançamento cabe anistia (que é modalidade de exclusão do crédito) e, após o lançamento, cabe remissão (que é modalidade de extinção do crédito). Gabarito "A".

(Magistratura Federal/1ª Região – 2009 – CESPE) Considerando que, para estimular o desenvolvimento da região Norte, a União lance programa concedendo isenção do IPI por dez anos às indústrias que ali se instalarem, podendo tal benefício ser prorrogado por mais cinco anos, assinale a opção correta.

(A) O benefício fiscal concedido poderá ser revogado antes de decorridos dez anos, por não estar sujeito ao princípio da anterioridade.
(B) Decorrido o prazo da concessão do benefício, as empresas terão direito à sua prorrogação, máxime para fazer frente aos custos advindos da instalação.

(C) A isenção não pode ser concedida apenas para uma região em detrimento das demais, pois fere a uniformidade geográfica dos tributos federais.

(D) Tratando-se de isenção concedida por prazo certo e sob condição onerosa, o contribuinte tem direito adquirido à sua fruição.

(E) Tratando-se de benefício concedido por prazo determinado, o contribuinte deverá fazer prova de que cumpre os requisitos exigidos, renovando-a anualmente perante a repartição fiscal, que deferirá ou não a continuidade da fruição.

A: incorreta, pois, em princípio, isenções concedidas por prazo certo e mediante condição onerosa não podem ser livremente revogadas, em prejuízo ao direito adquirido dos contribuintes – art. 178 do CTN e Súmula 544/STF; B: incorreta, pois se a lei concessiva deixou claro que a prorrogação era apenas uma possibilidade, sem garantia ou vinculação específica, não há falar em direito dos contribuintes; C: incorreta, pois o princípio da uniformidade geográfica permite excepcionalmente a concessão de incentivos fiscais destinados a promover o equilíbrio do desenvolvimento socioeconômico entre as diferentes regiões do País – art. 151, I, da CF; D: correta, conforme o art. 178 do CTN e a Súmula 544/STF; E: a rigor, o preenchimento das condições, durante o período fixado pela lei garante a fruição do benefício, de modo que o fisco deve apenas reconhecê-lo (não há discricionariedade que permita o "não deferimento", nesse caso). Nada impede, entretanto, que lei fixe obrigações acessórias relativas à comprovação do cumprimento dessas obrigações. Gabarito "D".

(Procurador do Estado/PB – 2008 – CESPE) Constituem modalidades de exclusão do crédito tributário a

(A) isenção e a anistia.
(B) transação e a conversão do depósito em renda.
(C) remissão e o pagamento.
(D) moratória e a compensação.
(E) decadência e a prescrição.

O art. 175 do CTN prevê apenas a isenção e a anistia como modalidades de exclusão do crédito tributário. Gabarito "A".

(Procurador do Município/Aracaju – 2008 – CESPE) Julgue o item que segue.

(1) A exclusão do crédito tributário decorrente de uma obrigação principal acarreta a dispensa do cumprimento das obrigações acessórias dela dependentes.

1: A obrigação acessória não é afetada pela exclusão do crédito – art. 175, parágrafo único, do CTN. Gabarito 1E.

(Magistratura/SP – 2008) A isenção tributária

(A) pode ser concedida, na hipótese de ICMS, por Estados e Municípios, por meio de convênios, devidamente ratificados por Decreto Legislativo.
(B) é sinônimo de remissão, representada pelo perdão do débito tributário.
(C) pode ser instituída pela União com relação a tributos de competência dos Estados.
(D) somente pode ser instituída por Lei Complementar, ou por Tratado Internacional ratificado e promulgado.

A: art. 155, § 2º, XII, g, da CF – o Judiciário tem aceitado a ratificação por decreto do Executivo, conforme previsto no art. 4º da Lei Complementar 24/1975 – esta é a melhor alternativa, por exclusão das demais; B: isenção (art. 175, I, do CTN) é exclusão do crédito e não se confunde com remissão (art. 156, IV, do CTN), que é modalidade de extinção do crédito; C: é vedada a isenção heterônoma – art. 151, III, da CF; D: a isenção, em regra, pode ser concedida por lei ordinária do ente tributante (o ICMS é a grande exceção). Gabarito "A".

(Ministério Público/AM – 2008 – CESPE) Suponha que uma lei isente de IPTU os proprietários de imóveis nascidos há mais 60 anos. Nessa situação, tal isenção

(A) é extensiva à taxa de limpeza pública.
(B) é extensiva a eventual contribuição de melhoria que venha a ser instituída sobre o imóvel.
(C) deve ser efetivada por despacho da autoridade administrativa, em requerimento com o qual o interessado prove o cumprimento dos requisitos previstos na lei.
(D) não exige renovação anual.
(E) somente gera direito líquido e certo por meio de despacho da autoridade administrativa.

A e B: os benefícios fiscais devem ser interpretados estritamente (literalmente, na dicção do art. 111 do CTN) – as isenções não abrangem, salvo disposição em contrário, taxas, contribuições de melhoria ou tributos criados posteriormente à sua instituição (art. 177, I e II, do CTN); C: art. 179 do CTN – trata-se de isenção de caráter pessoal; D: isenções pessoais devem ser renovadas a cada período de apuração do tributo – art. 179, § 1º, do CTN; E: o despacho da autoridade não gera direito adquirido – art. 179, § 2º, do CTN. Gabarito "C".

(Ministério Público/RO – 2008 – CESPE) Um estado da Federação deliberou em isentar o tributo de ISS de categoria profissional importante para a localidade, a fim de incentivar a ida de mais profissionais para aquela localidade. Dessa forma, instituiu um decreto e regulamentou a questão. Considerando a situação apresentada e o Sistema Tributário Nacional, assinale a opção correta.

(A) O ente da Federação não pode regulamentar isenção de qualquer tributo por meio de decreto, mesmo havendo lei concedendo o benefício.
(B) A isenção, para ser concedida, necessita de um ato normativo por parte do Poder Executivo local e por isso foi correto o procedimento do ente da Federação.
(C) Qualquer isenção ou subsídio relativos a impostos só poderão ser concedidos por meio de lei específica, que regule exclusivamente a respectiva matéria.
(D) O ente da Federação deveria ter regulamentado a concessão do benefício fiscal por lei, a qual não necessita ser específica.
(E) O tributo de ISS não pode ser isentado por estados, mas somente pela União.

A, B, C e D: a isenção exige lei específica que trate exclusivamente da matéria ou do tributo (art. 150, § 6º, da CF). A simples regulamentação pode ser feita por decreto do Executivo; E: inviável a concessão de isenção heterônoma – art. 151, III, da CF. Somente o Município pode conceder, por lei própria, isenção relativa aos tributos de sua competência. Gabarito "C".

(Procurador do Estado/PI – 2008 – CESPE) O governador de um estado, a fim de conceder isenção de ICMS para atacadistas de sua unidade da Federação, enviou projeto de lei para a casa legislativa, que acolheu o pleito e editou lei contendo vários dispositivos, incluindo matéria distinta da referente à isenção. Com referência a essa situação, assinale a opção correta.

(A) Não compete ao governador enviar ao Poder Legislativo projeto de lei contendo matéria referente a renúncia de receita.
(B) O governador desse estado não poderia ter enviado para a casa legislativa projeto contendo matéria sobre isenção de ICMS sem que antes houvesse deliberação sobre o assunto por parte dos outros estados e do DF, que deveriam anuir com a concessão.
(C) Na referida concessão da isenção do ICMS, observaram-se as normas pertinentes à concessão de benefícios legais.
(D) Para qualquer isenção de tributo, mesmo não sendo para o ICMS, é necessária deliberação no Conselho Fazendário (CONFAZ).
(E) O fato de a lei editada pela casa legislativa incluir assuntos nãorelacionados à isenção de ICMS não configura descumprimento de qualquer princípio tributário, já que todo o processo legislativo foi respeitado.

A isenção de ICMS depende de convênio interestadual – art. 155, § 2º, XII, g, da CF. Gabarito "B".

(Auditor Fiscal/RJ – 2008 – FGV) Nos termos do Código Tributário Nacional, é causa de exclusão do crédito tributário:

(A) o pagamento.
(B) o parcelamento.
(C) a isenção.
(D) a não-incidência.
(E) a moratória.

O art. 175 do CTN prevê apenas isenção e anistia como modalidades de exclusão do crédito tributário. Gabarito "C".

(Auditor Fiscal/RJ – 2008 – FGV) Tendo como base o Código Tributário Nacional, analise as afirmativas a seguir:

I. Salvo disposição de lei em contrário, a isenção não é extensiva aos tributos instituídos posteriormente à sua concessão.

II. A isenção, quando não concedida em caráter geral, é efetivada, em cada caso, por despacho da autoridade administrativa, em requerimento com o qual o interessado faça prova do preenchimento das condições e do cumprimento dos requisitos previstos em lei ou contrato para concessão.

III. A anistia é uma forma de exclusão do crédito tributário e não se aplica, salvo disposição em contrário, às infrações resultantes de conluio entre duas ou mais pessoas naturais ou jurídicas.

Assinale:

(A) se nenhuma afirmativa for verdadeira.
(B) se somente as afirmativas I e II forem verdadeiras.
(C) se somente as afirmativas I e III forem verdadeiras.
(D) se somente as afirmativas II e III forem verdadeiras.
(E) se todas as afirmativas forem verdadeiras.

I: art. 177, II, do CTN; II: art. 179 do CTN; III: art. 180, II, do CTN. Gabarito "E".

(Procurador do Município/Aracaju – 2008 – CESPE) Julgue os itens que se seguem, de acordo com as normas do direito tributário.

(1) Ocorre a isenção tributária quando, mesmo havendo fato gerador e obrigação tributária, exclui-se a constituição do crédito tributário.

(2) A União pode instituir isenções de tributos da competência municipal, desde que haja anuência do respectivo município.

(3) A concessão de isenção de um tributo municipal, em caráter individual, independe de solicitação administrativa do sujeito passivo.

1: Essa é a concepção adotada pelo CTN: isenção como modalidade de exclusão do crédito tributário; 2: É vedada a isenção heterônoma – art. 151, III, da CF. Ademais, a competência tributária é indelegável – art. 7º do CTN; 3: a isenção concedida em caráter individual depende de requerimento – Art. 179 do CTN. Gabarito 1C, 2E, 3E

(Cartório/DF – 2008 – CESPE) Considerando que a União, antes de a CF entrar em vigor, tenha celebrado tratado internacional que concede isenção de tributos para a importação de mercadoria para o Brasil, se há isenção para o produto nacional similar e considerando o disposto no art. 151, inciso III, da CF, segundo o qual é vedado à União instituir isenções de tributos da competência dos estados, do DF ou dos municípios, julgue os itens a seguir.

(1) A hipótese descrita no art. 151, inciso III, da CF veda a instituição da isenção denominada heterônoma.

(2) A norma estabelecida no tratado internacional foi revogada pela CF de 1988 no que se refere ao ICMS.

(3) A celebração de tratado internacional com cláusula que prevê exoneração tributária não é equivalente à instituição de isenção de tributo estadual pela União e, portanto, essa isenção de imposto estadual não viola a CF.

(4) O referido tratado só se tornou válido e eficaz para os estados a partir de sua ratificação por convênio do Conselho Nacional de Política Fazendária (CONFAZ).

(5) O tratado internacional em questão adquire relevância somente se a mercadoria importada circular entre dois ou mais estados da Federação, pois a mera importação não constitui fato gerador do ICMS.

1: O dispositivo constitucional (art. 151, III, da CF) veda a isenção heterônoma; 2: Não houve revogação, pois esses tratados (GATT, Mercosul etc.) não concedem isenção, apenas garantem tratamento isonômico ao similar importado (a isenção é concedida pelos Estados e pelo Distrito Federal, por meio de convênio); esse é o entendimento do STJ; 3: Esses tratados não violam a Constituição porque não concedem isenção, apenas garantem tratamento isonômico ao similar importado. Esse é entendimento do STJ; 4: Os tratados internacionais são referendados pelo Congresso Nacional. Como dito, não se trata de norma isentiva (que depende de convênio interestadual), mas sim garantidora de tratamento isonômico para o similar importado; 5: A entrada de mercadoria estrangeira no país é fato gerador do ICMS, nos termos do art. 155, § 2º, IX, a, da CF. Gabarito 1C, 2E, 3C, 4E, 5E

(Cartório/SC – 2008) Em relação a imunidades e isenções tributárias, assinale a alternativa correta:

(A) Não incide IPTU sobre imóvel de propriedade de partido político.
(B) A imunidade pode ser concedida por decreto do prefeito, desde que autorizado pela Câmara de Vereadores.
(C) Compete privativamente ao Chefe do Poder Executivo a iniciativa de leis que concedem isenção tributária.
(D) Os Estados detêm total autonomia para conceder isenção de ICMS.
(E) O princípio da igualdade tributária (CR, art. 150, II) impede a concessão de isenção de IPTU a grupos determinados de pessoas.

A: o patrimônio dos partidos políticos é abrangido pela imunidade do art. 150, VI, c, da CF; B: a imunidade é norma constitucional que delimita a competência tributária; C: não há essa restrição na Constituição Federal; D: as isenções de ICMS dependem de convênios interestaduais – art. 155, § 2º, XII, g, da CF; E: a concessão de isenção a grupos determinados de pessoas não é, por si só, inconstitucional, sendo necessária a análise caso a caso (são comuns e razoáveis, por exemplo, isenções para o imóvel de moradia do idoso). Gabarito "A".

(Procuradoria Federal – 2007 – CESPE) Julgue os itens seguintes.

(1) Medida provisória pode estabelecer isenção do ISS incidente sobre a exportação de serviços para o exterior.

(2) Considere-se que um estado da Federação tenha concedido isenção de imposto sobre operações relativas à circulação de mercadorias e sobre prestações de serviços de transporte interestadual e intermunicipal e de comunicação (ICMS) a determinada empresa pública, a qual vigorará durante os 5 primeiros anos de sua constituição, com o objetivo de fomentar seu desenvolvimento. Nessa situação, em consonância com o direito constitucional econômico, a concessão do referido privilégio fiscal, não extensivo ao setor privado, somente é legítima devido ao relevante interesse público.

1: O art. 156, § 3º, II, da CF exige lei complementar federal, que não pode ser substituída por medida provisória (art. 62, § 1º, III, da CF); 2: Isenção de ICMS deve ser concedida por convênio interestadual – art. 155, § 2º, XII, g, da CF. Gabarito 1E, 2E

(Procuradoria Distrital – 2007) Em se tratando de isenção do ICMS, assinale, entre as opções abaixo apresentadas, a que está correta.

(A) A concessão e revogação de isenções do ICMS pelos Estados-membros independe de Lei Complementar à Constituição Federal.
(B) É constitucional ato governamental do Executivo Estadual que concede isenção do ICMS em operações internas, haja vista ser desnecessário para tal a existência de convênio e regulação por Lei Complementar.
(C) As regras constitucionais que impõem um tratamento federativo uniforme em matéria de ICMS no trato de isenção, atentam contra o princípio da autonomia dos Estados-membros e do Distrito Federal.
(D) Os Estados-membros, para concederem isenção fiscal de ICMS, necessitam, apenas, de autorização do Poder Legislativo, por via de Resolução da respectiva Mesa Diretora.
(E) A concessão de isenções do ICMS só é admitida quando existir, a respeito, deliberação dos Estados-membros e do DF, mediante convênio.

A, B, D e E: a concessão de isenção de ICMS é regulada por lei complementar, que dispõe sobre a deliberação entre os Estados e o Distrito Federal e a autorização por meio de convênio – art. 155, § 2º, XII, g, da CF; C: as normas constitucionais que tratam da matéria são originárias (constam do texto constitucional original), não cabendo falar em inconstitucionalidade (elas delimitam originariamente a autonomia dos entes federados) – ademais, o ICMS é tributo estadual, mas de natureza nacional, o que sugere a regulação harmônica entre os Estados e o Distrito Federal. Gabarito "E".

(Procuradoria Distrital – 2007) O art. 151, III, da CF estipula que é vedado à União instituir isenções de tributos da competência dos Estados, do Distrito Federal e dos Municípios. Com base na interpretação e aplicação do mencionado dispositivo, assinale, entre as opções abaixo enumeradas, a que está correta.

(A) A legislação federal, quando não inclui o IPI na base de cálculo do ICMS não está isentando o contribuinte do pagamento desse tributo.
(B) Isenção concedida mediante convênio celebrado por Estados-membros, por receber apoio da legislação federal, incide em violação à regra constituicional que veda à União instituir isenções de tributos da competência dos Estados e do Distrito Federal.
(C) A isenção heterônoma é, em regra, admitida pelo art. 151, III, da Constituição Federal.
(D) O constituinte derivado pode outorgar competência à União para instituir isenção de imposto estadual, sem ferir a regra do art. 151, III, da CF.
(E) Os Estados-membros, mediante convênio, podem autorizar a União a conceder isenção de ICMS para a circulação de mercadorias em determinadas regiões do País, por período certo.

A: trata-se de norma constitucional que não se refere a isenção – art. 155, § 2º, XI, da CF; B: isenções de ICMS demandam convênio interestadual por expressa determinação constitucional – art. 155, § 2º, XII, g, da CF; C: o dispositivo legal (art. 151, III, da CF) é exatamente o que veda isenções heterônomas (isenções não podem ser concedidas por outra pessoa, que não o próprio ente tributante); D: a vedação é garantia da autonomia federativa e pode, portanto, ser considerada cláusula pétrea, nos termos do art. 60, § 4º, I, da CF (mesmo que se discorde, a alternativa A é a melhor, pois inquestionavelmente correta); E: a competência tributária é indelegável – art. 7º do CTN. Gabarito "A".

(Magistratura/SP – 2007) São modalidades de exclusão do crédito tributário:

(A) o pagamento e a anista.
(B) a isenção e o pagamento.
(C) o parcelamento e o pagamento.
(D) a isenção e a anistia.

Art. 175 do CTN – isenção e anistia são as únicas modalidades de exclusão do crédito previstas no Código. Gabarito "D".

(Magistratura/TO – 2007 – CESPE) No que se refere ao crédito tributário, assinale a opção correta.

(A) A exclusão do crédito tributário dispensa o cumprimento das obrigações acessórias dependentes da obrigação principal cujo crédito seja excluído, ou dela conseqüente.
(B) Presume-se fraudulenta a alienação ou oneração de bens ou rendas, ou seu começo, por sujeito passivo em débito com a fazenda pública, por crédito tributário regularmente inscrito como dívida ativa, mesmo que ele tenha reservado bens ou rendas suficientes para o total pagamento da dívida inscrita.
(C) A anistia e a isenção excluem o crédito tributário.
(D) Conforme a legislação em vigor, o prazo prescricional de 5 anos da ação de repetição do indébito, na hipótese de lançamento por homologação, conta-se da data da extinção do crédito tributário, ou seja, do momento em que ocorre a homologação, tácita ou expressa, do lançamento.

A: as obrigações acessórias não são afetadas pela exclusão do crédito – art. 175, parágrafo único, do CTN; B: não há essa presunção se o sujeito passivo reserva bens ou rendas suficientes para responder pela dívida – art. 185, parágrafo único, do CTN; C: isenção e anistia são as modalidades de exclusão previstas no art. 175 do CTN; D: a chamada "tese dos cinco mais cinco" ficou prejudicada com a Lei Complementar 118/2005. Gabarito "C".

(Defensoria/MT – 2007) Sobre suspensão, exclusão e extinção do crédito tributário, assinale a afirmativa correta.

(A) A moratória pode ser concedida por meio de lei ou decreto do Poder Executivo.
(B) O parcelamento constitui-se causa de extinção do crédito tributário.
(C) A dação em pagamento constitui-se em causa indireta de extinção do crédito tributário.
(D) A anistia, isenção e remissão são causas inibitórias do lançamento, que excluem o crédito tributário.
(E) A compensação constitui-se em causa direta de extinção do crédito tributário.

A: a moratória, a exemplo de todos os benefícios fiscais, deve ser concedida por lei – art. 153 do CTN; B: parcelamento é causa suspensiva do crédito – art. 151, VI, do CTN; C e E: a dação em pagamento de imóveis e a compensação podem ser consideradas causas indiretas de extinção do crédito – art. 156, II e XI, do CTN; D: o art. 175 do CTN prevê apenas a isenção e a anistia como causas de exclusão do crédito (que inibem o lançamento). Gabarito "C".

(Auditor Fiscal/CE – 2006 – ESAF) Em relação ao Imposto Sobre Serviços, se não consta da lista anexa à Lei Complementar n. 116/2003 determinado serviço, podemos afirmar que a sua não-exigência ocorre em vista de:

(A) isenção.
(B) anistia.
(C) não-incidência.
(D) imunidade.
(E) não-cumulatividade.

A inexistência de previsão legal acerca da incidência de tributo com relação a determinado evento é normalmente denominada não-incidência. Isenção refere-se a norma especial que afasta a cobrança de tributo, excepcionando uma norma geral de incidência. Anistia é perdão de penalidade. Imunidade é norma constitucional que afasta a competência tributária. Não-cumulatividade é princípio ou técnica relacionada a determinados tributos (v.g. IPI, ICMS). Gabarito "C".

(Auditor Fiscal/CE – 2006 – ESAF) A isenção, prevista no Código Tributário Nacional como modalidade de exclusão do crédito tributário, isto é, não se permite nem sequer que haja a constituição do crédito tributário. Sobre ela, podemos fazer as seguintes afirmações, com exceção de:

(A) pode ser revogada ou modificada por lei, a qualquer tempo, em qualquer hipótese.
(B) pode ser extensiva aos tributos instituídos posteriormente à sua concessão.
(C) salvo disposição de lei em contrário, não se estende às taxas.
(D) em determinadas situações, efetiva-se por despacho da autoridade administrativa.
(E) a lei que a conceder deverá especificar, entre outros, as condições e requisitos exigidos para a sua concessão.

A: o art. 178 veda a redução ou extinção de isenção concedida por prazo certo e mediante condição onerosa; B: embora, em regra, a isenção não se estenda a tributos instituídos posteriormente (art. 177, II, do CTN) é possível que a lei disponha em sentido contrário; C: art. 177, I, do CTN; D: art. 179 do CTN – as isenções de caráter pessoal são efetivadas dessa forma; E: art. 176 do CTN. Gabarito "A".

(Magistratura Federal – 1ª Região – 2005) A dispensa, por questão de política fiscal, de pagamento de tributo regularmente devido caracteriza:

(A) anistia;
(B) remição;
(C) isenção;
(D) imunidade tributária.

A assertiva é dúbia. Se "regularmente devido" significa abrangido pela hipótese geral de incidência, a lei que fixe dispensa de pagamento é isentiva – ademais, a expressão "dispensa de pagamento" é adotada por parte da doutrina para se referir à isenção. No entanto, se "regularmente devido" significa crédito exigível (já houve incidência e lançamento), essa dispensa de pagamento é remissão. Gabarito "C".

(Auditor Fiscal/AM – 2005) A isenção dos tributos em geral deve ser concedida por:

(A) constituição;
(B) lei;

(C) decreto;
(D) decreto legislativo;
(E) portaria.

A isenção deve ser concedida por lei específica, que trate apenas do benefício fiscal ou do tributo correspondente – art. 150, § 6º, da CF. Gabarito "B".

(Auditor Fiscal/AM – 2005) As isenções, incentivos e benefícios fiscais relativos ao ICMS serão concedidos ou revogados, mediante:

(A) lei específica estadual;
(B) emenda constitucional;
(C) medida provisória;
(D) decreto legislativo;
(E) deliberação dos Estados e do Distrito Federal.

Benefícios fiscais relativos ao ICMS devem ser concedidos mediante convênio interestadual – art. 155, § 2º, XII, g, da CF. Gabarito "E".

(Auditor Fiscal/RJ) Dentro do contexto da isenção, como instituto de Direito Tributário, é incorreto afirmar-se que:

(A) decorre de previsão de norma constitucional
(B) não é extensiva às taxas, salvo disposição expressa em lei
(C) a lei isencional pode estabelecer os limites e condições à sua concessão
(D) constitui reserva legal do ente estatal com competência para instituir o tributo

A: essa é a incorreta, pois a isenção decorre de lei específica do ente competente – art. 150, § 6º, da CF; B: art. 177, I, do CTN; C: art. 176 do CTN; D: somente o ente que detém competência para instituir o tributo pode conceder a isenção correspondente. Gabarito "A".

11. IMPOSTOS E CONTRIBUIÇÕES EM ESPÉCIE

11.1. IMPOSTO DE IMPORTAÇÃO E IMPOSTO DE EXPORTAÇÃO

(Magistratura Federal – 5ª Região – 2007 – CESPE) Julgue o item seguinte.

(1) A base de cálculo do imposto sobre importações, quando a alíquota seja *ad valorem*, é o valor aduaneiro, ou seja, o valor pelo qual foi realizado o eventual negócio jurídico referente à importação.

1: Art. 20, II, do CTN, c/c art. 75, I, do RA (regulamento aduaneiro – Decreto 6.759/2009) – a base de cálculo não é necessariamente o preço pago pelo importador. Gabarito 1C.

(Magistratura/BA – 2006 – CESPE) Julgue os itens subseqüentes, relativos ao direito tributário.

(1) Considere que, após ter sido constatada calamidade pública em determinado município, tenha sido autorizada a admissão temporária de máquinas e equipamentos de diversos países do Mercado Comum Europeu. Nessa situação, findo o prazo de admissão, caso a sociedade comercial decida integrar tais bens a seu ativo fixo, a União poderá cobrar os impostos incidentes sobre a importação dos referidos bens.

(2) No que se refere aos impostos sobre o comércio exterior, é lícito ao Poder Executivo alterar as alíquotas e a base de cálculo, cuja atividade é vinculada.

1: O ingresso definitivo do bem no território nacional dá ensejo à cobrança dos impostos incidentes sobre a importação (imposto de importação e imposto sobre produtos industrializados, no caso da União); 2: Somente as alíquotas podem ser alteradas pelo Executivo, nos termos do art. 153, § 1º, da CF. Ademais, a atividade é discricionária, pois há juízo de conveniência e oportunidade. Gabarito 1C, 2E.

11.2. IPI

(Procurador Federal – 2010 – CESPE) No que concerne ao Sistema Tributário Nacional, julgue o item seguinte.

(1) É devida a correção monetária de créditos escriturais de imposto sobre produtos industrializados na hipótese em que o seu não aproveitamento pelo contribuinte em tempo oportuno tenha ocorrido em razão da demora motivada por ato administrativo ou normativo do fisco considerado ilegítimo.

1: A assertiva é correta, pois é esse o entendimento do Judiciário. Não é possível, na ausência de previsão legal, a correção monetária dos créditos de IPI e de ICMS, por serem meramente escriturais. Entretanto, a correção é admitida nessa hipótese de óbice ilegítimo por parte do fisco ao seu aproveitamento pelo contribuinte. Gabarito 1C.

(Magistratura Federal/3ª Região – 2010) Assinale a alternativa incorreta com relação ao IPI:

(A) Este imposto será seletivo em função da essencialidade do produto;
(B) Não incidirá sobre produtos industrializados destinados ao exterior;
(C) Terá reduzido seu impacto sobre a aquisição de bens de capital pelo contribuinte do imposto, na forma da lei;
(D) Terá suas alíquotas mínimas e máximas fixadas pelo Senado Federal.

A: correta, conforme o art. 153, § 3º, I, da CF; B: correta, nos termos do art. 153, § 3º, III, da CF; C: assertiva correta, conforme art. 153, § 3º, IV, da CF; D: essa é a incorreta, pois não há limitação das alíquotas do IPI pelo Senado. Gabarito "D".

(Magistratura Federal/1ª Região – 2009 – CESPE) A respeito do crédito e do princípio da não cumulatividade do IPI, assinale a opção correta.

(A) A indústria não pode creditar-se do valor do IPI relativo à energia elétrica consumida no processo de industrialização, por não se tratar de insumo ou matéria-prima que se incorpore à transformação do produto.
(B) Se uma indústria utilizar, no processo de industrialização, diversos bens onerados pelo IPI sobre os quais incidam diferentes alíquotas, quando da saída do produto dessa indústria, deverá ser utilizada a alíquota média, objetivando cumprir o princípio da não cumulatividade.
(C) Em razão da seletividade e essencialidade do produto é que poderá o industrial creditar-se do IPI referente aos insumos adquiridos com alíquota zero.
(D) A indústria pode creditar-se do IPI. pago na aquisição de materiais destinados ao ativo permanente da empresa, para fazer face ao princípio constitucional da não cumulatividade.
(E) Não gera crédito do IPI o valor do tributo incidente sobre as embalagens recebidas para emprego em industrialização e acondicionamento.

A: assertiva correta, à luz da jurisprudência. Interessante notar que a aquisição da energia não é onerada pelo IPI, de modo que é inviável o creditamento, ainda que se admitisse tratar de insumo – ver RE 561.676 AgR/SC e Resp 112.345/RS; B: incorreta, pois a sistemática de cálculo do imposto devido leva em consideração os valores exatos relativos ao IPI incidente sobre as entradas; C: incorreta, pois, salvo disposição legal em contrário, os insumos sujeitos à alíquota zero, à não incidência, isentos ou imunes não dão ensejo ao creditamento – ver RE 561.676 AgR/SC; D: incorreta, pois admite-se o creditamento, em regra, apenas em relação às matérias-primas, produtos intermediários e materiais de embalagem que se integram ao produto final ou são consumidos no processo de industrialização, salvo se compreendidos entre os bens do ativo permanente – art. 226 do Regulamento do IPI – RIPI (Decreto 7.212/2010); E: incorreta, pois permite-se o creditamento em relação aos materiais de embalagem, conforme comentário à alternativa anterior. Gabarito "A".

(Magistratura Federal/5ª Região – 2009 – CESPE) Sobre determinado produto industrializado arrematado em leilão incidirá o IPI se o produto

(A) for de origem nacional.
(B) for de origem estrangeira e não tiver sido submetido ao devido desembaraço aduaneiro.
(C) for objeto de crime tributário.
(D) tiver sido apreendido ou abandonado.
(E) for de origem estrangeira e tiver sido submetido ao devido desembaraço aduaneiro.

O art. 46, III, do CTN dispõe que o IPI tem como fato gerador a arrematação do produto, quando apreendido ou abandonado e levado a leilão, razão pela qual a D é a melhor alternativa. Gabarito "D".

(Magistratura Federal/5ª Região – 2009 – CESPE) Determinada empresa industrial que produz um único tipo de produto tributado com IPI e com ICMS adquire, para sua produção, dois tipos de insumos industrializados: um deles é isento de IPI e o outro, imune à tributação do referido imposto. Considerando os dispositivos constitucionais e a jurisprudência do STF aplicável ao caso e a inexistência de qualquer norma infraconstitucional a respeito dessa matéria, é correto afirmar que, na aplicação do mecanismo de não cumulatividade, a referida empresa

(A) pode deduzir, do IPI a pagar, o crédito presumido relativo ao insumo isento, mas não em relação ao insumo imune.

(B) pode deduzir, do IPI a pagar, o crédito presumido relativo ao insumo imune, mas não o relativo ao insumo isento.

(C) não pode deduzir qualquer crédito presumido, seja relativo ao insumo isento ou ao imune.

(D) pode deduzir, do IPI a pagar, apenas o valor do crédito real do ICMS pago nas operações de compra.

(E) pode deduzir, do ICMS a pagar, o crédito presumido relativo ao insumo imune, mas não o relativo ao insumo isento.

O STF pacificou o entendimento no sentido de que a entrada de produto isento, imune, sujeito à alíquota zero ou à não incidência **não** permite creditamento de IPI em favor do adquirente – ver RE 561.676 AgR/SC. Gabarito "C".

(Magistratura Federal/5ª Região – 2009 – CESPE) Suponha que, em 28/12/2008, tenha sido publicada uma lei que, destinada a desestimular o uso de amianto, tenha elevado o IPI incidente sobre certos produtos industriais originários daquela substância e reduzido o IPI sobre os mesmos produtos quando fabricados com PVC. Suponha, ainda, que, em 25/1/2009, tenha sido publicada a aprovação, pelo Brasil, de um tratado internacional que isente de IPI os produtos que tenham como insumo o amianto e que as duas normas citadas traziam cláusula de vigência a iniciar-se na respectiva publicação. Nessa situação,

(A) as indústrias produtoras de caixas-d'água de amianto pagarão IPI elevado após 28/3/2009.

(B) as indústrias produtoras de caixas-d'água de PVC somente pagarão IPI reduzido sobre as vendas realizadas a partir de 28/3/2009.

(C) as indústrias produtoras de caixas-d'água de amianto pagarão IPI elevado entre 28/12/2008 e 24/1/2009.

(D) as indústrias produtoras de caixas-d'água de amianto pagarão IPI elevado entre 1.º/1/2009 e 24/1/2009.

(E) as indústrias produtoras de caixas-d'água de PVC pagarão IPI reduzido sobre as vendas realizadas em 1.º/1/2009.

A: incorreta, pois antes do decurso da anterioridade nonagesimal (28.3.2009), veio a isenção (25.1.2009), que tem aplicação imediata. Ou seja, a majoração nunca teve eficácia; B: incorreta, pois a isenção não se sujeita à anterioridade anual ou nonagesimal. Somente a instituição e a majoração de tributos submetem-se ao princípio, nos termos do art. 150, III, *b* e *c*, da CF. Assim, o benefício fiscal vale já em 25/1/2009, data da publicação do tratado que o concedeu; C e D: incorreta, pois a majoração do IPI, embora não se submeta à anterioridade anual, do art. 150, III, b, da CF, subordina-se à nonagesimal. Como visto no comentário à alternativa A, a majoração nunca teve eficácia, pois antes do prazo da nonagesimal veio a isenção; E: essa é a assertiva correta, pois a redução do tributo não se sujeita à anterioridade anual ou à nonagesimal. Ou seja, vale desde a publicação da lei respectiva (28.12.2008), de modo que em 1.1.2009 as indústrias citadas já eram beneficiadas pela alíquota reduzida. Gabarito "E".

(Procurador da Fazenda Nacional – 2007 – ESAF) O Código Tributário Nacional dispõe que o fato gerador do imposto de importação é a entrada do produto estrangeiro no território nacional, não esclarecendo exatamente quando se considera ocorrida essa entrada. Quanto à tributação de produtos alienígenas, observe as asserções seguintes e avalie se elas são verdadeiras ou falsas.

1. A legislação do IPI esclarece que o fato gerador desse imposto (sobre produtos industrializados) é o desembaraço aduaneiro, quando de procedência estrangeira, considerando-se ocorrido esse desembaraço relativamente à mercadoria que constar como tendo sido importada e cujo extravio seja verificado pela autoridade fiscal. 2. É na data do registro da declaração de importação de mercadoria submetida a despacho para consumo que se considera ocorrido o fato gerador do imposto de importação. 3. Como o CTN dispõe que, quando o valor tributário esteja expresso em moeda estrangeira, no lançamento far-se-á sua conversão em moeda nacional ao câmbio do dia da ocorrência do fato gerador da obrigação, para efeito de cálculo do imposto os valores expressos em moeda estrangeira deverão ser convertidos em moeda nacional à taxa de câmbio vigente na data da entrada do bem em águas territoriais nacionais.

(A) As três afirmações são verdadeiras.

(B) Só é verdadeira a primeira asserção.

(C) Só é falsa a terceira afirmação.

(D) Só são verdadeiras as duas últimas.

(E) São todas falsas.

1: art. 238, § 1º, do RA (regulamento aduaneiro – Decreto 6.759/2009); 2: art. 73 do RA; 3: a entrada do bem em águas territoriais nacionais não é momento de ocorrência de fato gerador na importação. Gabarito "C".

11.3. IR

(Defensoria Pública da União – 2010 – CESPE) Acerca do direito tributário e do sistema tributário nacional, julgue o item a seguir.

(1) Considere que José tenha trabalhado durante 6 anos em uma empresa de construção civil e tenha sido demitido sem justa causa. Nessa situação, incide o imposto de renda sobre os valores por ele recebidos a título de férias proporcionais e respectivo terço de férias.

1: Errada, pois a jurisprudência entende que esse pagamento tem natureza indenizatória e, portanto, não se sujeita ao IR – Súmula 386/STJ. Gabarito 1E.

(Magistratura Federal/3ª Região – 2010) Relativamente ao imposto sobre a renda, assinale a alternativa incorreta

(A) Obedecerá aos critérios da generalidade, universalidade e progressividade, na forma da lei;

(B) Terá como fato gerador a aquisição de disponibilidade econômica ou jurídica de renda, assim entendidos o produto do capital, do trabalho ou da combinação de ambos e de proventos de qualquer natureza, assim entendidos os demais acréscimos patrimoniais;

(C) Terá sua incidência vinculada a denominação da receita ou do rendimento, à localização, condição jurídica ou nacionalidade da fonte;

(D) A lei estabelecerá as condições e o momento em que se dará a disponibilidade da renda, quando proveniente do exterior, para fins de incidência deste imposto.

A: correta, conforme o art. 153, § 2º, I, da CF; B: assertiva correta, nos termos do art. 43, I e II, do CTN; C: essa é a incorreta, pois a incidência do IR independe disso – art. 150, II, da CF e art. 43, § 1º, do CTN; D: correta, conforme o art. 43, § 2º, do CTN. Gabarito "C".

(Magistratura Federal – 3ª Região – XIII) Na alienação de propriedade de ações efetuada por residente no País:

(A) não incide o imposto de renda se a alienação consistir em doação a título de adiantamento da legítima, na qual se atribua às ações valor de mercado superior ao constante da declaração de bens do doador;

(B) não incide o imposto de renda se a alienação consistir na conferência de ações para integralização de capital de sociedade, na qual se atribua às ações valor superior ao constante da declaração de bens do alienante;

(C) não incide o imposto de renda se a sociedade transferir ações de outras sociedades constantes do seu ativo, se a transferência for feita a título de devolução de capital, pelo valor contábil na sociedade que reduz o capital;

(D) não incide imposto de renda na alienação de ações que o alienante possuía havia mais de 20 anos.

Art. 43 do CTN – o candidato deverá identificar a operação em que não há acréscimo patrimonial – note que a alternativa correta é aquela em que há cessão das ações sem ganho de capital (sem "lucro" para quem vende), e, portanto, sem incidência do IR. Gabarito "C".

(Magistratura Federal – 3ª Região – XIII) A pessoa jurídica, no cômputo do lucro real, pode considerar como custo ou encargo operacional, em cada período de apuração, a importância correspondente à diminuição do valor dos bens do ativo mobilizado resultante do desgaste pelo uso, ação da natureza e obsolescência normal:

(A) A taxa anual de depreciação desses bens é livremente fixada pela pessoa jurídica;
(B) A taxa anual de depreciação desses bens é fixada exclusivamente pela Secretaria da Receita Federal mas a pessoa jurídica tem o direito de ajustá-la às condições de depreciação de cada bem, desde que faça prova dessa adequação quando adotar taxa diferente;
(C) A pessoa jurídica contribuinte não pode adotar taxa anual inferior à fixada pela Secretaria da Receita Federal;
(D) A pessoa jurídica não pode adotar, em relação aos bens móveis depreciados coeficientes de depreciação acelerada em razão de sua utilização por dois ou três turnos de oito horas de trabalho em vez de um só turno.

Art. 310, § 1º, do RIR (regulamento do imposto de renda - Decreto 3.000/1999). Gabarito "B".

(Magistratura Federal – 3ª Região – XIII) Uma pessoa jurídica decide expandir suas atividades industriais; para isso, adquire equipamento novo e realiza despesas que concorrerão para a formação do resultado por mais de um período de apuração. O contribuinte:

(A) poderá registrar essas despesas em conta do ativo diferido e amortizá-las nos períodos de apuração seguintes, fazendo a amortização total no prazo que entender;
(B) poderá registrar essas despesas em conta do ativo diferido e amortizá-las num prazo não inferior a 5 (cinco) anos;
(C) não poderá amortizar essas despesas que deverá levar à conta de resultados no sexto período de apuração subseqüente à sua realização;
(D) poderá amortizar essas despesas em prazo não inferior ao maior prazo de depreciação dos bens do ativo imobilizado com o qual se relacionam.

Arts. 325, II, e 327, parágrafo único, ambos do RIR (regulamento do imposto de renda - Decreto 3.000/1999). Gabarito "B".

(Magistratura Federal – 5ª Região – 2007 – CESPE) Julgue o item seguinte.

(1) A pessoa jurídica AA Factoring e Fomento Mercantil Ltda. optou pela tributação de seu imposto sobre a renda e proventos de qualquer natureza com base no lucro presumido. Nessa situação, em face da legislação de regência, o imposto deve ser apurado pela autoridade tributária competente com base no lucro arbitrado.

1: Art. 518 do RIR (regulamento do imposto de renda - Decreto 3.000/1999) – o imposto é apurado pelo próprio contribuinte, com base em sua receita bruta. Gabarito 1E.

(Procuradoria Federal – 2007 – CESPE) Julgue o item seguinte.

(1) Considere que certa sociedade cooperativa, formada por professores de língua estrangeira, tenha auferido vultosa quantia monetária proveniente de suas aplicações financeiras. Nesse caso, a sociedade cooperativa deve recolher o imposto de renda sobre o resultado das referidas aplicações.

1: Art. 43 do CTN - há acréscimo patrimonial e, portanto, incidência do imposto de renda – Súmula 262/STJ. Gabarito 1C.

(Procurador da Fazenda Nacional – 2007 – ESAF) Para os fins de limitar a dedutibilidade dos custos, despesas e encargos, que reduzia a base de cálculo do imposto de renda, a Lei n. 9.430, de 1996, estabeleceu regras para determinação dos "preços de transferência". Relativamente ao assunto, examine as afirmações abaixo, julgue se elas são verdadeiras ou falsas e assinale a opção correta. 1. A regra concernente ao Método dos Preços Independentes Comparados (PIC) determina que se levem em consideração os descontos incondicionais concedidos em operações de compra e venda, em condições de pagamento semelhantes. 2. Para o Método do Preço de Revenda menos Lucro (PRL) a lei determina seja diminuída a metade do preço de revenda após deduzidos certos valores (que a lei indica), na hipótese de bens importados aplicados à produção. 3. O Método do Custo de Produção mais Lucro – CPL é o custo médio de produção de bens, serviços ou direitos, idênticos ou similares, durante o último mês a que se referirem os custos.

(A) As três afirmações são verdadeiras.
(B) Só é verdadeira a primeira asserção.
(C) Só é falsa a terceira afirmação.
(D) Só são verdadeiras as duas últimas.
(E) São todas falsas.

Art. 241, I, II e III, do RIR (regulamento do imposto de renda – Decreto 3.000/1999). Gabarito "E".

11.4. ITR

(Cartório/AP – 2011 – VUNESP) Sobre o Imposto sobre a Propriedade Territorial Rural (ITR), é correto afirmar que

(A) é de competência municipal, sendo admitida a delegação da capacidade tributária à União.
(B) para obtenção de incentivos fiscais e de crédito rural é dispensada a comprovação do recolhimento do ITR, salvo no caso de concessão de financiamento ao amparo do PRONAF.
(C) para atos de registro e averbação no Registro de Imóveis, salvo exceções legais, é necessária a comprovação do recolhimento do ITR referente aos últimos cinco exercícios.
(D) os serventuários do registro de imóveis são responsáveis por sucessão no caso de registro de imóvel rural sem comprovação de recolhimento do ITR no último exercício, somente.
(E) o domicílio tributário do contribuinte do ITR é por ele eleito quando do ato do envio do Documento de Informação e Apuração do ITR - DIAT.

A: Incorreta, pois o ITR é tributo da competência da União (só ela pode legislar a respeito), embora possa ser fiscalizado e cobrado pelos Municípios e pelo Distrito Federal que assim optarem na forma da lei, conforme previsto no art. 153, § 4º, III, da CF; B: Incorreta, pois a concessão de qualquer incentivo fiscal e de crédito rural, exceto no caso de financiamento do PRONAF, depende de comprovação do recolhimento do ITR nos últimos cinco exercícios, nos termos do art. 62 do Regulamento do ITR - RITR (Decreto 4.382/2002); C: Assertiva correta, nos termos do art. 63 do RITR; D: Incorreta, pois o art. 63, p. único, do RITR prevê a responsabilidade solidária, no caso. O STF, é interessante salientar, reconheceu que não se pode "criar novos casos de responsabilidade tributária sem a observância dos requisitos exigidos pelo art. 128 do CTN, tampouco a desconsiderar as regras matrizes de responsabilidade de terceiros estabelecidas em caráter geral pelos arts. 134 e 135 do mesmo diploma" – RE 562.276/PR. Nesse aspecto, é questionável a fixação dessa responsabilidade solidária pela Lei 9.393/1996 (a que se refere o art. 63, p. único, do RITR) que, em princípio, amplia a responsabilidade subsidiária prevista no art. 134, VI, do CTN e até a responsabilidade pessoal do art. 135, I, do mesmo Código; E: Incorreta, pois, nos termos do art. 7º do RITR, o domicílio tributário do contribuinte é o município de localização do imóvel, vedada a eleição de qualquer outro. Gabarito "C".

(Cartório/MS – 2009 – VUNESP) Assinale a alternativa correta sobre o Imposto Territorial Rural – ITR.

(A) Não poderá ser progressivo, mas terá suas alíquotas fixadas de forma a desestimular a manutenção de propriedades improdutivas.
(B) Será progressivo, mas suas alíquotas não poderão ser fixadas de forma a desestimular a manutenção de propriedades, ainda que improdutivas.
(C) Incidirá sobre pequenas glebas rurais, definidas em lei, ainda que exploradas por proprietário que não possua outro imóvel.
(D) Será fiscalizado e cobrado pelos Municípios que assim optarem, na forma da lei, desde que não implique redução do imposto ou qualquer outra forma de renúncia fiscal.
(E) A competência para sua instituição pertence privativamente aos Estados e ao Distrito Federal, podendo, residualmente, ser exercida pelos Municípios nos casos especificados pela Constituição Federal.

A e B: incorretas, pois o ITR terá as alíquotas progressivas de modo a desestimular a propriedade improdutiva – art. 153, § 4º, I, da CF; C: incorreta, pois há imunidade nesse caso – art. 153, § 4º, II, da CF; D: essa é a assertiva correta, conforme o art. 153, § 4º, I, da CF; E: incorreta, pois a competência tributária relativa ao ITR é privativa da União. Gabarito "D".

(Magistratura Federal – 3ª Região – XIII) Compete à União instituir imposto sobre a propriedade territorial rural, cabendo-lhe cinqüenta por cento do produto da arrecadação, pertencendo os outros cinqüenta por cento aos Municípios, relativamente aos imóveis neles situados. Isto posto, assinale a alternativa correta:

(A) em hipótese alguma, nenhum Município poderá receber mais do que os cinqüenta por cento acima referidos;

(B) o Município pode optar por tomar a seu cargo a fiscalização e a cobrança do imposto, cabendo-lhe, neste caso, a totalidade do produto da arrecadação;

(C) a União pode entregar a alguns Municípios sessenta e cinco por cento do produto da arrecadação, desde que essa prática se destine a promover o equilíbrio do desenvolvimento sócio-econômico entre as diferentes regiões do País;

(D) a entrega, pela União, de sessenta e cinco por cento do produto da arrecadação do imposto, se adotada pela União para promover o equilíbrio do desenvolvimento sócioeconômico entre as diferentes regiões do País, deverá sempre estender-se a todos os Municípios do Estado considerado, nos quais a atividade econômica preponderante seja a agropecuária.

A e B: é possível que o Município opte por fiscalizar e cobrar o ITR, hipótese em que terá 100% da arrecadação para si – art. 158, II, c/c art. 153, § 4º, III, ambos da CF; C e D: a norma constitucional relativa à uniformidade territorial refere-se à tributação federal (instituição, cobrança e incentivos fiscais), e não à distribuição da receita de impostos – art. 151, I, da CF. Gabarito "B".

11.5. ICMS

(Procurador do Estado/RO – 2011 – FCC) Sr. Jorge, empresário do setor de calçados, promove a importação de um veículo esportivo de luxo, proveniente da Itália, que será de sua utilização pessoal e exclusiva, sendo que todo processo fiscal de importação foi realizado em seu nome. Diante dessa operação, o ICMS

(A) será devido, ainda que o adquirente não seja contribuinte habitual do ICMS.

(B) não será devido, uma vez que o adquirente (pessoa física) não é contribuinte do ICMS, não realizando a aquisição do veículo com habitualidade.

(C) não será devido, uma vez que o veículo está sendo adquirido para uso pessoal e exclusivo, não sendo destinado à revenda ou locação.

(D) será devido em razão do princípio da capacidade contributiva por se tratar de artigo de luxo.

(E) será devido, uma vez que o adquirente é proprietário de empresa comercial, sendo esta contribuinte do ICMS.

A: Assertiva correta, nos termos do art. 155, § 2º, IX, a, da CF; B e C: Incorretas, pois o ICMS sobre a importação é devido ainda quando promovida por pessoa natural, não contribuinte habitual do imposto, qualquer que seja sua finalidade (uso próprio ou revenda) – art. 155, § 2º, IX, a, da CF; D: Incorreta, pois o fato de ser artigo de luxo não é a razão para a incidência do ICMS, no caso; E: Incorreta, pois ainda que o importador não fosse empresário, o imposto seria devido, conforme comentários anteriores. Gabarito "A".

(Magistratura/SC – 2010) Nas operações interestaduais entre contribuintes do Imposto sobre Operações relativas à Circulação de Mercadorias e Prestação de Serviços de Transporte Interestadual e Intermunicipal e de Comunicação (ICMS):

(A) O destinatário deve se debitar da alíquota interestadual.

(B) O destinatário deve se creditar da alíquota interestadual e se debitar da alíquota interna.

(C) O remetente está isento do imposto.

(D) O imposto é deferido para o destinatário da mercadoria ou serviço.

(E) O remetente deve aplicar a alíquota interna.

A: Incorreta, pois o destinatário credita-se do montante cobrado nas operações anteriores, o que é computado, no caso, pela multiplicação da alíquota interestadual pelo valor da operação correspondente – art. 155, § 2º, I, da CF; B: Essa é a melhor alternativa. A rigor, o adquirente não se credita da alíquota, mas sim do montante cobrado nas operações anteriores (no caso, calculado pela alíquota interestadual). Posteriormente, ao revender a mercadoria, calculará o montante devido ao fisco local pela alíquota interna, abatendo os valores anteriormente cobrados. O que o examinador chama de creditar e debitar nada mais é que a conta-corrente feita pelo contribuinte, para calcular o montante a ser recolhido ao fisco local (credita-se do ICMS relativo às entradas no período e debita-se o ICMS relativo às saídas no mesmo período); C, D e E: Incorretas, pois incide sobre a operação interestadual, em regra, a alíquota interestadual – art. 155, § 2º, IV, do CF. Gabarito "B".

(Procurador do Estado/SC – 2010 – FEPESE) Considerando a legislação que trata do imposto sobre operações relativas à circulação de mercadorias e sobre prestações de serviços de transporte interestadual e intermunicipal e de comunicação (ICMS), é **correto** afirmar:

(A) O imposto não incide sobre o serviço prestado no exterior ou cuja prestação se tenha iniciado no exterior.

(B) O imposto incide sobre operações com ouro, quando definido em lei como ativo financeiro ou instrumento cambial.

(C) Na hipótese de prestação de serviço de transporte interestadual e intermunicipal e de comunicação, a base de cálculo do imposto é o preço do serviço.

(D) Considera-se ocorrido o fato gerador do imposto no momento da saída de mercadoria de estabelecimento de contribuinte, salvo quando destinado para outro estabelecimento do mesmo titular.

(E) Não é contribuinte do imposto a pessoa física ou jurídica que, sem habitualidade ou intuito comercial, importe bens ou mercadorias do exterior, qualquer que seja a sua finalidade.

A: Incorreta, pois o ICMS incide sobre o serviço prestado no exterior, nos termos do art. 155, § 2º, IX, a, da CF; B: Incorreta, pois incide apenas o IOF, nesse caso – art. 155, § 2º, X, c, da CF; C: Assertiva correta, conforme o art. 13, III, da LC 87/1996; D: Discutível. O art. 12, I, da LC 87/1996 prevê a ocorrência do fato gerador do ICMS no momento da saída de mercadoria de estabelecimento de contribuinte, ainda que para outro estabelecimento do mesmo titular, o que tornaria a assertiva incorreta. Ocorre que o judiciário tem afastado a incidência no caso de simples deslocamento da mercadoria entre estabelecimento do mesmo contribuinte – Súmula 166/STJ; E: Incorreta, pois a importação de bem ou de mercadoria do exterior por qualquer pessoa, ainda que não seja contribuinte habitual do imposto, qualquer que seja a sua finalidade, implica incidência do ICMS – art. 155, § 2º, IX, a, da CF. Gabarito "C".

(Procurador Federal – 2010 – CESPE) Julgue o próximo item, relativo a obrigação e crédito tributários.

(1) Se determinada revendedora de eletrodomésticos possui estabelecimentos localizados em diversas unidades da Federação, o ICMS deverá ser recolhido pela alíquota interna, no estado de onde saiu a mercadoria para o consumidor final, após a sua fatura, ainda que tenha sido negociada a venda em outro local, por meio da empresa filial.

1: A assertiva é correta. Para a incidência e cobrança do ICMS interessa o estabelecimento de onde saiu a mercadoria. Caso o destinatário seja consumidor final **não contribuinte do ICMS** (o que costuma ocorrer nas vendas de eletrodoméstico por revendedoras), aplica-se a alíquota interna do Estado de origem, para quem o tributo será recolhido – art. 155, § 2º, VII, b, da CF. Importante salientar que, caso o adquirente seja contribuinte do ICMS, ainda que consumidor final do eletrodoméstico, a alíquota aplicável é a interestadual – art. 155, § 2º, VII, a, da CF. Gabarito 1C.

(Advogado da União/AGU – CESPE – 2009) Julgue os seguintes itens, que dizem respeito ao sistema tributário nacional.

(1) Segundo jurisprudência do STF, é inconstitucional cobrar, das empresas aéreas nacionais, ICMS sobre a prestação de serviços de transporte aéreo internacional de cargas.

(2) Segundo jurisprudência do STJ, é ilegítima a cobrança do ICMS sobre o serviço de habilitação de telefone celular.

1: Assertiva correta. O STF julgou inconstitucional a incidência do ICMS sobre (i) transporte aéreo internacional de carga e (ii) transporte aéreo intermunicipal, interestadual e internacional de passageiros, ao julgar a ADIn 1.600/UF. Ou seja, permite-se apenas a incidência de ICMS sobre o transporte aéreo intermunicipal e interestadual de cargas; 2: assertiva correta, conforme a Súmula 350/STJ. Gabarito 1C, 2C.

(Ministério Público/MG – 2010.1) Estão corretas as afirmações abaixo relativas ao ICMS, imposto de competência dos Estados, EXCETO

(A) Poderá ser seletivo, em função da essencialidade das mercadorias e dos serviços.

(B) A isenção ou não incidência, salvo determinação legal em contrário, não implicará crédito para compensação com o montante devido nas operações seguintes.

(C) Incidirá sobre o valor total da operação, quando mercadorias forem fornecidas com serviços não compreendidos na competência tributária dos Municípios.
(D) Compreenderá, em sua base de cálculo, o montante [do imposto] sobre produtos industrializados, quando a operação, realizada entre contribuintes e relativa a produto destinado à industrialização ou à comercialização, configure fato gerador dos dois impostos.
(E) Terá alíquotas interestaduais estabelecidas por resolução do Senado Federal.

A: assertiva correta, nos termos do art. 155, § 2º, III, da CF; B: correta, conforme o art. 155, § 2º, III, da CF; C: assertiva correta, pois reflete o disposto no art. 155, § 2º, IX, *b*, da CF; D: essa é a assertiva incorreta, já que o valor do IPI **não** compõe a base de cálculo do ICMS, nessa hipótese – art. 155, § 2º, XI, da CF; E: correta, conforme o art. 155, § 2º, IV, da CF. Gabarito "D".

(Magistratura/GO – 2009 – FCC) ICMS é o imposto que incide sobre a circulação de mercadorias e prestações de serviços de transporte interestadual e intermunicipal e de comunicação. Sobre a disciplina constitucional e legal do ICMS, com amparo na jurisprudência sumulada do STJ, é correto afirmar que incide ICMS

(A) na operação de arrendamento mercantil de coisas móveis.
(B) sobre serviço dos provedores de acesso à Internet.
(C) na gravação e distribuição de filmes e videoteipes.
(D) sobre o fornecimento de concreto, por empreitada, para construção civil, preparado no trajeto até a obra em betoneiras acopladas a caminhões.
(E) na importação de veículo por pessoa física, destinado a uso próprio.

A: assertiva incorreta, pois incide o ISS municipal na hipótese, conforme a Súmula 138/STJ; B: incorreta, pois não incide o ICMS, nos termos da Súmula 334/STJ; C: incorreta, pois não incide o imposto estadual – Súmula 135/STJ; D: incorreta, pois incide exclusivamente o ISS nesse caso – Súmula 167/STJ; E: essa é a assertiva correta, pois a jurisprudência reconhece a incidência do ICMS na hipótese – Súmula 198/STJ. Gabarito "E".

(Magistratura/GO – 2009 – FCC) Empresa do ramo de calçados foi autuada pelo Estado de Goiás por não recolher o ICMS sobre a circulação dos sapatos produzidos na fábrica, localizada no município de Rio Verde/GO para o depósito distribuidor, localizado no município de Anápolis/GO. Diante disso, impetrou mandado de segurança para anulação do crédito tributário constituído. Com base na jurisprudência sumulada do STJ

(A) a competência para a autuação não é do Estado de Goiás, mas da União, na medida em que o ICMS é um imposto de caráter nacional.
(B) não constitui fato gerador do ICMS o simples deslocamento de mercadoria de um para outro estabelecimento do mesmo contribuinte.
(C) o imposto que incide é o ISS e não o ICMS.
(D) está correta a autuação pelo não recolhimento do ICMS na saída da fábrica, mesmo que a mercadoria seja destinada para outro estabelecimento do mesmo contribuinte.
(E) existe imunidade na circulação de mercadorias de um para outro estabelecimento do mesmo contribuinte.

O STJ entende que não incide ICMS no simples deslocamento de mercadorias entre estabelecimentos do mesmo contribuinte, razão pela qual a alternativa B é a correta – Súmula 166/STJ. Tampouco incide ISS ou algum tributo federal (A e C). Não se trata de imunidade (E), mas caso de não incidência, pois inexiste circulação econômica. Gabarito "B".

(Magistratura/MT – 2009 – VUNESP) Assinale a alternativa correta no que respeita ao imposto sobre operações relativas à circulação de mercadorias e sobre prestações de serviços de transporte interestadual e intermunicipal e de comunicação (ICMS).

(A) Será seletivo, em função da essencialidade das mercadorias ou dos serviços.
(B) A isenção ou não-incidência, salvo determinação em contrário da legislação, implicará crédito para compensação com o montante nas operações ou prestações seguintes.
(C) Não incide sobre a entrada de bem ou mercadoria importados do exterior por pessoa física que não seja contribuinte habitual do imposto.
(D) Incidirá sobre operações que destinem a outros Estados petróleo, inclusive lubrificantes, combustíveis líquidos e gasosos dele derivados, e energia elétrica.
(E) Em relação às operações e prestações que destinem bens e serviços a consumidor final localizado em outro Estado, adotar-se-á a alíquota interna, quando o destinatário não for contribuinte do imposto.

A: assertiva incorreta, pois a seletividade, no caso do ICMS, é opcional, não obrigatória (como no caso do IPI) – art. 155, § 2º, III, da CF; B: incorreta, já que a isenção ou não incidência, salvo previsão legal em contrário, não permite creditamento para as operações ou prestações seguintes – art. 155, § 2º, II, *a*, da CF; C: incorreta, pois incide ICMS mesmo na importação promovida por quem não seja contribuinte habitual do imposto – art. 155, § 2º, IX, *a*, da CF; D: incorreta, pois as operações interestaduais relativas a essas mercadorias são imunes – art. 155, § 2º, X, *b*, da CF; E: essa é a assertiva correta, conforme o art. 155, § 2º, VII, *b*, da CF. Gabarito "E".

(Magistratura/RS – 2009) À luz das disposições em vigor da Constituição Federal com relação ao imposto sobre operações relativas à circulação de mercadorias e sobre prestações de serviços de transporte interestadual e intermunicipal e de comunicação, é correto afirmar que

(A) sua isenção implica crédito para compensação com o montante devido nas operações seguintes, salvo determinação em contrário da legislação.
(B) é vedada a adoção de alíquotas diferenciadas, em função da essencialidade dos produtos.
(C) não incide sobre operações que destinem mercadorias para o exterior, assegurada a manutenção e o aproveitamento dos créditos relativos às operações e prestações anteriores.
(D) não incide sobre operações que destinem mercadorias para o exterior, dependendo a manutenção e o aproveitamento dos créditos relativos às operações e prestações anteriores de autorização para tanto na legislação estadual.
(E) não incide sobre operações que destinem produtos industrializados para o exterior, excluídos os semielaborados definidos em lei complementar.

A: incorreta, pois é o oposto. A isenção e à não incidência impedem o creditamento para compensação nas operações seguintes, salvo disposição legal em contrário – art. 155, § 2º, II, *a*, da CF; B: incorreta, pois se permite a seletividade em função da essencialidade da mercadoria ou do serviço – art. 155, § 2º, III, da CF; C: essa é a assertiva correta, nos termos do art. 155, § 2º, X, *a*, da CF; D: incorreta, pois a manutenção e o aproveitamento do crédito relativo às operações anteriores é assegurada pela Constituição, não podendo ser restringido por normas locais – art. 155, § 2º, X, *a*, da CF; E: incorreta, pois a redação atual da Constituição afasta totalmente a possibilidade de incidência do ICMS sobre exportações, sem exceção – art. 155, § 2º, X, *a*, da CF, com a redação dada pela EC 42/2003. Gabarito "C".

(Procurador do Estado/PE – CESPE – 2009) Quanto ao ICMS, assinale a opção correta.

(A) O ICMS pode incidir sobre a importação de produto do exterior, sendo legítima a sua cobrança antes de o produto circular no território nacional.
(B) O ICMS incide nas operações de exportação de mercadorias, cabendo o tributo ao estado de origem da mercadoria, sendo indiferente o estado de saída da mesma.
(C) A concessão de isenção do ICMS pelo estado está condicionada apenas à edição de lei complementar.
(D) A incidência ou não do ICMS sobre o serviço de transporte interno é de competência dos estados e independente de celebração de convênio.
(E) O estado pode efetuar o diferimento da incidência do ICMS da primeira para a próxima alienação, situação em que terá direito o adquirente original ao crédito do imposto de acordo com o princípio da não cumulatividade.

A: assertiva correta, pois o fato gerador do ICMS, no caso, é a entrada da mercadoria no território nacional, e não sua circulação subsequente – art. 155, § 2º, IX, *a*, da CF; B: incorreta, pois as exportações são imunes em relação ao ICMS – art. 155, § 2º, X, *a*, da CF; C: assertiva incorreta, pois a concessão de isenções, incentivos e benefícios fiscais depende de autorização do Confaz, não de lei complementar federal – art. 155, § 2º, XII, *g*, da CF; D: assertiva incorreta. Como dito nos comentários à alternativa anterior, para que o Estado afaste ou reduza a tributação relativa ao ICMS, ainda que atinente a serviços ou operações internas, é preciso autorização do Confaz, que se dá por meio de convênio interestadual; E: incorreta, pois a não incidência do ICMS (por conta do diferimento) impede o aproveitamento de crédito para compensação na operação subsequente – art. 155, § 2º, II, *a*, da CF. Gabarito: "A".

(Procurador do Estado/PE – CESPE – 2009) Acerca do ICMS, assinale a opção correta.

(A) O DF tem competência para instituir o ICMS sobre operações relativas à circulação de mercadorias, salvo se as referidas operações se iniciarem no exterior.

(B) O referido imposto incide sobre operações de que decorra transferência de propriedade de estabelecimento industrial.

(C) A lei veda a cobrança do ICMS por ocasião do desembaraço aduaneiro de mercadoria importada do exterior por pessoa física.

(D) Não incide ICMS na importação de automóveis por pessoa jurídica que não seja contribuinte do imposto.

(E) O ICMS não incide no caso de simples deslocamento de mercadorias, como móveis e eletrodomésticos, de um estabelecimento para outro, do mesmo contribuinte.

A: incorreta, pois o ICMS incide sobre importação de mercadorias – art. 155, § 2º, IX, *a*, da CF; B: incorreta, pois estabelecimento industrial, globalmente considerado, não é considerado mercadoria – art. 3º, VI, da LC 87/1996. Somente a operação de circulação de bens móveis destinados ao comércio sofre a incidência do ICMS; C: assertiva incorreta, pois mesmo a importação promovida por pessoa física, ainda que não seja contribuinte habitual do imposto, sujeita-se ao ICMS – art. 155, § 2º, IX, *a*, da CF; D: incorreta, pois a importação de mercadoria sempre se sujeita ao ICMS, independentemente de quem a promova (pessoa física, jurídica, contribuinte ou não do imposto); E: essa é a assertiva correta, conforme a Súmula 166/STJ. Gabarito: "E".

(Procurador do Estado/PE – CESPE – 2009) Ainda no que se refere ao ICMS, assinale a opção correta.

(A) O contribuinte tem direito à restituição de 50% do valor do ICMS recolhido por força de substituição tributária, correspondente ao fato gerador presumido que não se realizar.

(B) A base de cálculo do ICMS, na hipótese de fornecimento de alimentação e bebidas em restaurante, é a soma do valor das mercadorias fornecidas.

(C) Não integra a base de cálculo do ICMS o valor correspondente a descontos concedidos ao contribuinte sob condição.

(D) É garantido ao sujeito passivo efetuar o estorno do ICMS que se tiver creditado na hipótese de a mercadoria que tiver entrado no estabelecimento extraviar-se.

(E) Ocorrendo prestação de serviços, com fornecimento de mercadorias, sem que haja preço previamente determinado, a base de cálculo do ICMS será o valor corrente do serviço no DF.

A: assertiva incorreta, pois o contribuinte tem direito à restituição do total recolhido ao fisco, no que se refere à substituição tributária, quando o fato gerador presumido não ocorrer – art. 150, § 7º, da CF; B: incorreta, pois a base de cálculo, no caso, é o valor total cobrado, incluindo o preço das mercadorias e do serviço prestado. Perceba que essa é a regra nos casos de serviços não incluídos na competência municipal e que são prestados com fornecimento de mercadoria – art. 155, § 2º, IX, *b*, da CF, Súmula 163/STJ; C: assertiva incorreta, pois somente os descontos incondicionais são excluídos da base de cálculo do ICMS – art. 13, § 1º, II, *a*, da LC 87/1996 e Súmula 457/STJ; D: assertiva correta, pois o contribuinte **deve** efetuar o estorno do crédito correspondente, nessa hipótese – art. 21, IV, da LC 87/1996. Perceba, entretanto, que não é preciso falar em *garantia* ao sujeito passivo, pois o estorno implica aumento do imposto a ser futuramente recolhido; E: incorreta, pois a base de cálculo é sempre o valor total da operação, a ser apurado pelo contribuinte ou, eventualmente, pela fiscalização – art. 155, § 2º, IX, *b*, da CF. Gabarito: "D".

(Procurador do Estado/PE – CESPE – 2009) Assinale a opção correta acerca da concessão de isenções do ICMS.

(A) Em convênios celebrados para a concessão de isenção do ICMS, é lícita a existência de cláusulas que se apliquem apenas a certa unidade da Federação.

(B) As concessões de isenções do ICMS efetivam-se nos termos de convênios celebrados entre os estados e o DF, mas a revogação das referidas isenções independe de convênio.

(C) Aos estados que se abstiverem de publicar decreto ratificando ou não os convênios celebrados, no prazo legal, não se aplicam os termos do ajuste.

(D) Os convênios sobre isenção do ICMS obrigam apenas as unidades da Federação que, regularmente convocadas, tenham participado da respectiva reunião.

(E) Cabe aos municípios conceder redução da base de cálculo do ICMS no que se refere à sua parcela na receita do referido imposto.

A: assertiva correta, conforme o art. 3º da LC 24/1975; B: incorreta, pois tanto a concessão como a revogação de isenções, incentivos e benefícios relativos ao ICMS depende de aprovação do Confaz, que se dá por meio de convênio interestadual – art. 155, § 2º, XII, *g*, da CF; C: incorreta, pois a omissão implica ratificação tácita do convênio – art. 4º, *caput*, *in fine*, da LC 24/1975; D: incorreta, pois os convênios interestaduais de ICMS vinculam todos os Estados e o Distrito Federal, inclusive aqueles que, apesar de regularmente convocados, não tenham participado da reunião – art. 7º da LC 24/1975; E: incorreta, pois a competência tributária relativa ao ICMS é privativa dos Estados e do Distrito Federal. Gabarito: "A".

(Procurador do Estado/PE – CESPE – 2009) A respeito do ICMS e das obrigações tributárias a ele relativas, assinale a opção correta.

(A) Ao emitir nota fiscal, o responsável pelo recolhimento do ICMS pratica obrigação tributária principal.

(B) Reputa-se acessória a obrigação tributária imposta ao contribuinte, no sentido de tolerar atividades de fiscalização do recolhimento do ICMS.

(C) A obrigação tributária consistente no dever de manter escrita contábil referente ao ICMS decorre sempre da lei *stricto sensu*.

(D) Os contribuintes isentos do recolhimento do ICMS são dispensados de manter documentos fiscais relativos ao mencionado imposto.

(E) A abstenção de prestação de informações requeridas pelo fisco converte-se em obrigação tributária acessória, com relação à eventual penalidade pecuniária.

A: incorreta, pois a emissão da nota fiscal refere-se à obrigação tributária acessória. Obrigação principal tem por objeto pagamento de dinheiro ao fisco (tributo ou penalidade pecuniária) – art. 113 do CTN; B: essa é a assertiva correta, pois a obrigação acessória abarca todos os deveres não pecuniários relacionados à tributação, inclusive prestações negativas – art. 113, § 2º, do CTN; C: incorreta, pois o CTN, ao tratar das obrigações acessórias, faz referência à *legislação tributária*, que inclui normas infralegais – arts. 113, § 2º, e 115 do CTN. Por essa razão, apesar de discussões doutrinárias, há forte entendimento no sentido de que a instituição das obrigações acessórias não depende de lei em sentido estrito; D: incorreta, pois a inexistência de obrigação principal (dever de pagar tributos e penalidades) não implica, necessariamente, afastamento das obrigações acessórias; E: incorreta. Na verdade, o descumprimento da obrigação acessória faz surgir, nos termos da lei, penalidades pecuniárias (multas). Essas penalidades, por serem pecuniárias, são objeto de obrigação tributária principal – art. 113, § 3º, do CTN. Gabarito: "B".

(Procurador do Estado/SC – 2009) Quanto à base de cálculo do imposto sobre operações relativas à circulação de mercadorias e sobre prestações de serviços de transporte interestadual e intermunicipal e de comunicação (ICMS), analise as afirmativas abaixo:

I. A sociedade empresária "A" realizou uma venda de produtos por ela industrializados, diretamente a um condomínio em edifício de apartamentos, que está reformando o prédio. Nesse caso, integra a base de cálculo do ICMS o valor do imposto sobre produtos industrializados (IPI) que também incide na mesma operação.

II. A sociedade empresária "A" realizou uma venda de produtos que industrializou, para a sociedade empresária "B", que os utiliza como elementos e componentes de produtos de sua fabricação. Nessa hipótese, o valor do imposto sobre produtos industrializados (IPI), incidente nessa operação, integra a base de cálculo do ICMS devido pela sociedade empresária vendedora.

III. A sociedade empresaria "A", atacadista, realizou vendas com a promoção seguinte: o consumidor que adquirir mercadorias em valor superior a um mil reais terá desconto de 20%, sobre o valor total se, nos 30 dias seguintes, voltar à loja e realizar nova compra, com valor superior a dois mil reais. Nesse caso, se for realizado o pagamento com o desconto, a base de cálculo para incidência do ICMS adotada deve ser reduzida do valor correspondente ao desconto efetivamente concedido.

Assinale a alternativa que indica **todas** as afirmativas corretas.
(A) Está correta apenas a afirmativa I.
(B) Está correta apenas a afirmativa III.
(C) Estão corretas as afirmativas I e II.
(D) Estão corretas as afirmativas I e III.
(E) Estão corretas as afirmativas II e III.

I: assertiva correta. O IPI somente é excluído da base de cálculo do ICMS no caso de operações entre contribuintes do imposto e desde que a mercadoria seja destinada à posterior industrialização ou comercialização – art. 155, § 2°, XI, da CF; II: incorreta, conforme comentário à alternativa anterior; III: incorreta, pois o desconto concedido sob condição compõe a base de cálculo do ICMS – art. 13, § 1°, II, a, da LC 87/1996. Gabarito "A".

(Procurador do Estado/SC – 2009) Tendo em vista a Constituição Federal, o Código Tributário Nacional, a Lei Complementar n° 87 de 13.09.1996, a Lei n° 10.297 de 26.12.1996, de Santa Catarina, que dispõe sobre o imposto sobre operações relativas à circulação de mercadorias e sobre prestações de serviços de transporte interestadual e intermunicipal e de comunicação (ICMS), assinale a alternativa **correta**:

(A) Nos termos da lei catarinense que disciplina o ICMS, os prazos de recolhimento do imposto somente poderão ser alterados mediante lei específica publicada no ano anterior àquele em que serão aplicados os novos prazos.
(B) Mediante deliberação dos Estados e Distrito Federal, no âmbito do Conselho Nacional de Política Fazendária (CONFAZ), nos termos da Constituição Federal, poderão ser reduzidas, restabelecidas e aumentadas as alíquotas do imposto (ICMS) incidente, uma única vez, sobre os combustíveis e lubrificantes definidos na forma prevista na Constituição.
(C) A adoção do regime de substituição tributária em operações interestaduais dependerá de acordo específico celebrado entre os Estados e o Distrito Federal com interesse na sua implementação, conforme determina a Lei Complementar n° 87/96.
(D) É vedado ao Poder Executivo Estadual atualizar o valor monetário da base de cálculo do imposto sobre propriedade de veículos automotores (IPVA), mediante decreto, nos termos do que dispõe a respeito o Código Tributário Nacional.
(E) É vedada a utilização de medida provisória para o aumento, pela União, de alíquota de contribuição social incidente sobre o lucro líquido de sociedades empresárias (CSLL).

A: assertiva incorreta. Ainda que não se conheça a lei catarinense, é pacífico que a fixação ou a alteração da data do vencimento do tributo não depende de lei – ver RE 195.218/MG; B: a assertiva é questionável. Nessa hipótese excepcional de incidência única do ICMS sobre combustíveis e lubrificantes (art. 155, § 2°, XII, h, da CF), cabe ao Confaz fixar suas alíquotas, o que, em tese, permite a majoração – art. 155, § 4°, IV, da CF. Entretanto, o art. 155, § 4°, IV, c, da CF faz referência expressa apenas à redução e restabelecimento das alíquotas, e não à majoração, como consta da assertiva. De qualquer forma, a melhor alternativa é a C, pois claramente correta; C: assertiva correta, conforme o art. 9° da LC 87/1996; D: incorreta, pois a simples atualização monetária da base de cálculo do IPVA não implica majoração do tributo e, portanto, pode ser veiculada por norma infralegal – art. 97, § 2°, do CTN; E: assertiva incorreta, pois a União pode utilizar medida provisória para veicular normas tributárias, em substituição à lei ordinária federal, observando as regras do art. 62, § 2°, da CF. Gabarito "C".

(Procurador do Estado/SP – FCC – 2009) Em relação ao ICMS é correto afirmar:

(A) Compete ao Conselho Nacional de Política Fazendária (CONFAZ) estabelecer as alíquotas do ICMS aplicáveis às operações e às prestações internas e interestaduais.
(B) É vedado aos Estados estabelecer o regime de substituição tributária para o ICMS, visto que o imposto é inexigível antes da ocorrência do fato gerador.
(C) Salvo deliberação em contrário dos Estados e do Distrito Federal, por meio de convênio, as alíquotas internas, nas operações relativas ao ICMS, não poderão ser inferiores às previstas para as operações interestaduais.
(D) É vedado à lei complementar estabelecer que o valor do ICMS integre a sua base de cálculo, inclusive na importação de bens, mercadorias e serviços do exterior.
(E) Nas operações interestaduais, o ICMS é devido integralmente ao Estado onde se localizar o destinatário da mercadoria.

A: incorreta, pois a fixação de alíquotas interestaduais cabe ao Senado Federal, que poderá também determinar alíquotas mínimas e máximas para operações internas (as internas apenas para resolver conflito específico que envolva interesse de Estados) – art. 155, § 2°, IV e V, da CF; B: incorreta, pois a substituição tributária é possível em relação ao ICMS – art. 150, § 7°, da CF e art. 6° da LC 87/1996; C: assertiva correta, conforme disposto no art. 155, § 2°, VI, da CF; D: é o oposto, pois a lei complementar **deve** prever o chamado "cálculo por dentro" do ICMS – art. 155, § 2°, XII, i, da CF e art. 13, § 1°, I, da LC 87/1996; E: incorreta. Quando o destinatário não é contribuinte do ICMS, o imposto é todo recolhido no Estado de origem, pela alíquota interna. Se o destinatário é contribuinte do ICMS, o tributo é calculado pela alíquota interestadual (menor que a interna), de modo que a diferença para a alíquota interna (maior que a interestadual) fica com o Estado de destino – art. 155, § 2°, VII e VIII, da CF. Gabarito "C".

(Procurador do Estado/SP – FCC – 2009) ICMS.

I. A isenção ou a não-incidência do ICMS acarreta a anulação do crédito relativo às operações anteriores, salvo na hipótese de determinação em contrário da legislação, mas é assegurada a manutenção do crédito no caso de operações que destinem mercadorias para o exterior ou de serviços prestados a destinatários no exterior, embora não incida o imposto nestas hipóteses.
II. É vedado aos Estados exigir o ICMS sobre fornecimento de refeições por restaurantes, exceto se o consumo for realizado fora do estabelecimento, visto que não há circulação de mercadorias quando o consumo é realizado *in loco*.
III. O ICMS é devido na importação de bem por pessoa física ou jurídica, ainda que ela não seja contribuinte habitual do imposto.
IV. Nas operações interestaduais com combustível derivado de petróleo, o ICMS é devido integralmente ao Estado produtor.
V. O princípio da não-cumulatividade propicia que o montante a pagar pelo contribuinte resulte da diferença a maior, em determinado período, entre o imposto devido pelas saídas de mercadorias do estabelecimento e o que foi pago pelas que nele entraram, evitando a incidência em 'cascata'.

Está correto o que se afirma em
(A) I, II, III, IV e V.
(B) I, III e V, apenas.
(C) I, II e IV, apenas.
(D) II e V, apenas.
(E) III e IV, apenas.

I: assertiva correta, conforme o art. 155, § 2°, II, b, e X, a, da CF; II: incorreta, pois incide o ICMS sobre o total da operação, incluindo o valor da mercadoria e do serviço – art. 155, § 2°, IX, b, da CF e art. 2°, I, da LC 87/1996 – Súmula 163/STJ e Súmula 574/STF (é preciso lei estadual prevendo a incidência); III: correta, conforme o art. 155, § 2°, IX, a, da CF; IV: assertiva incorreta, pois é o oposto. O ICMS relativo às operações com petróleo e derivados é devido integralmente ao Estado de destino – art. 155, § 4°, I, da CF; V: a assertiva descreve corretamente a sistemática da não cumulatividade. Gabarito "B".

(Magistratura/PR – 2010 – PUC/PR) Dadas as assertivas abaixo, assinale a alternativa CORRETA:

I. Diante do quadro de competência tributária traçado na Constituição Federal, não é possível haver ingerência de competência entre os entes federados, já que a isenção heterônoma é sempre inconstitucional.
II. Os conflitos de competência entre os Estados federados devem, segundo a Constituição Federal, ser dirimidos pelo Conselho Nacional de Política Fazendária – CONFAZ.
III. Os créditos de ICMS de operações isentas e de não incidências, salvo determinação em contrário da legislação, podem ser apropriados pelo comprador da mercadoria isenta ou não sujeita à exação, nos termos expressos do Texto Magno em vigor e em perfeita consonância com o princípio da não cumulatividade.
IV. O ICMS será cobrado, como regra, na origem; todavia, nas operações externas protegidas pela imunidade de alguns produtos, haverá cobrança apenas pelo Estado-membro destinatário, daí

porque serem os Estados importadores que recebem o ICMS que incidiria sobre a energia elétrica produzida na Hidrelétrica de Itaipu, e não o Estado do Paraná.

V. Energia elétrica é serviço, daí estar inserida no "S" da sigla do ICMS, sendo passível dessa exação, que vem destacada na conta de luz.

(A) Somente a assertiva II é falsa.
(B) As assertivas I e II são falsas, enquanto a assertiva V é verdadeira.
(C) A assertiva IV é verdadeira e as assertivas III e V são falsas.
(D) Enquanto IV e V são verdadeiras, a assertiva II é falsa.

I: a assertiva é falsa quanto às duas afirmações. Há caso excepcional em que a União pode "invadir" a competência dos demais entes, qual seja a instituição de imposto extraordinário, em caso de guerra externa ou sua iminência – art. 154, II, da CF. Quanto às isenções heterônomas (concedidas por ente diverso daquele que detém a competência tributária), embora sejam vedadas pelo art. 151, III, da CF, a Constituição prevê que lei complementar federal possa excluir da incidência do ISS municipal a exportação de serviços (para muitos é caso excepcional de isenção heterônoma permitida expressamente pela CF) – art. 156, § 3º, II, da CF; II: falsa, pois o Confaz não tem essa atribuição. As disposições relativas à solução de conflitos de competência são veiculadas por lei complementar federal – art. 146, I, da CF; III: falsa, pois como não há cobrança de ICMS sobre a operação de entrada, não há falar em creditamento ou aplicação da não cumulatividade – art. 155, § 1º, I, da CF; IV: a assertiva é correta. É comum afirmar que o ICMS pertence, em regra, ao Estado de origem. Isso porque, nas operações interestaduais cujo destinatário não seja contribuinte do imposto, o ICMS fica todo com o Estado de origem. Caso o destinatário seja contribuinte do imposto (ainda que consumidor final da mercadoria ou do serviço), o ICMS é repartido entre origem e destino (incide a alíquota interestadual na operação, menor que a interna). Entretanto, se a operação interestadual é imune (caso do petróleo e derivados e da energia elétrica – art. 155, § 2º, X, b, da CF), o ICMS só incidirá nas operações seguintes, ocorridas no território do Estado de destino que, portanto, ficará com toda a receita do imposto; V: falsa, pois a energia elétrica é equiparada a mercadoria, cuja circulação submete-se, em regra, ao ICMS – art. 155, § 3º, da CF. Os serviços tributados pelo ICMS são os de comunicação e de transporte interestadual e intermunicipal, além de outros prestados com fornecimento de mercadoria e que não se incluam na competência municipal – art. 155, II e IX, b, da CF. Gabarito "C".

(Magistratura/AL – 2008 – CESPE) O governador de determinado estado decidiu criar uma política fiscal atrativa de investimentos para sua unidade federada e, sem nenhum procedimento anterior, encaminhou, por meio de projeto de lei, proposta de concessão de benefícios fiscais em relação ao tributo de ICMS para empresas que se instalarem em seu território. Com relação a essa situação hipotética e às normas que regem os benefícios fiscais, assinale a opção correta.

(A) O estado pode implantar a política fiscal em questão por meio de decreto, desde que a concessão para cada contribuinte seja feita administrativamente por contrato.
(B) O estado pode instituir a política de incentivos descrita, sem necessidade de acordo firmado entre os estados e o DF, desde que a lei seja aprovada no Poder Legislativo local.
(C) Qualquer subsídio ou incentivo fiscal depende única e exclusivamente da vontade do governo e, portanto, pode ser concedido por meio de portaria.
(D) Qualquer benefício fiscal concedido ao tributo de ICMS depende de deliberação entre os estados e o DF, o que é pressuposto para a criação da legislação específica.
(E) A concessão de benefícios fiscais não depende de autorização do Conselho Nacional de Administração Fazendária.

Art. 155, § 2º, XII, g, da CF. Gabarito "D".

(Ministério Público/RO – 2008 – CESPE) Um estado da Federação, com a finalidade de melhorar a sua situação financeira, encaminhou projeto de lei ordinária ao Poder Legislativo local alterando critérios na cobrança do ICMS, como a base de cálculo e o fato gerador, os quais não estavam previstos na CF. Com base na situação hipotética acima apresentada, assinale a opção correta.

(A) O estado pode alterar os critérios estabelecidos na CF para cobrança do ICMS, uma vez que possui capacidade tributária.
(B) O estado somente poderia fazer as citadas alterações por meio de lei complementar estadual.
(C) O princípio da privatividade, como característica da competência tributária, garante ao ente da Federação a autonomia para proceder como descrito na situação em apreço.
(D) O estado não pode alterar alíquota de nenhum tributo.
(E) O estado da Federação não poderia fazer as mencionadas alterações. Caberia à lei complementar federal dispor diferentemente sobre base de cálculo e fato gerador do ICMS.

A base de cálculo e o fato gerador do ICMS, assim como de todos os impostos previstos na Constituição, devem ser definidos por lei complementar federal – art. 146, III, a, da CF. Gabarito "E".

(Procurador do Estado/CE – 2008 – CESPE) O governador de um estado da Federação decidiu, para atrair mais investimentos para o seu estado, promover uma política de incentivos fiscais, por meio da concessão de créditos presumidos no recolhimento do ICMS. Com base na situação hipotética apresentada acima, assinale a opção correta acerca das normas que regem as renúncias de receitas.

(A) O estado poderá instituir a referida política de incentivos após aprovação de lei com essa finalidade, sem necessidade de deliberação entre os demais estados e o DF.
(B) Esse estado poderá implantar a política fiscal por meio de decreto, pelo qual a concessão para cada contribuinte será feita administrativamente mediante contrato.
(C) Qualquer subsídio ou incentivo fiscal depende única e exclusivamente da vontade do governo de cada estado e, portanto, a referida política de incentivos fiscais poderá ser implantada por meio de portaria.
(D) Qualquer renúncia de receita deverá constar das leis orçamentárias e a política proposta somente poderá ser implantada após deliberação entre os estados e o DF.
(E) O ICMS é o único tributo que, para sua renúncia, independe de deliberação entre os estados e o DF.

Os benefícios fiscais relativos ao ICMS devem ser autorizados por convênio interestadual, conforme o art. 155, § 2º, XII, g, da CF. Apesar de ser importante prever o impacto da renúncia de receita na lei orçamentária anual, o benefício não fica prejudicado caso isso não ocorra, desde que observadas as exigências legais para sua concessão (v.g. art. 14 da LRF – lei de responsabilidade fiscal – LC 101/2000). De qualquer forma, a alternativa indicada no gabarito (D) é a melhor, por exclusão das demais. Gabarito "D".

(Procurador do Estado/PB – 2008 – CESPE) Em relação às normas constitucionais aplicáveis ao imposto sobre circulação de mercadorias e serviços (ICMS), assinale a opção correta.

(A) O ICMS é obrigatoriamente não-cumulativo e seletivo.
(B) No ICMS, de forma geral, não há aproveitamento de eventual crédito presumido, contudo a lei pode dispor de maneira diferente.
(C) O Senado Federal tem competência exclusiva para estabelecer, por meio de resolução aprovada por um terço dos senadores, as alíquotas aplicáveis às operações e prestações interestaduais e de exportação.
(D) É facultado ao Senado Federal estabelecer as alíquotas mínimas e máximas nas operações internas do ICMS, mediante resolução de iniciativa de um terço e aprovada pela maioria absoluta de seus membros. As alíquotas máximas, contudo, somente serão definidas para resolver conflito específico que envolva interesse de estados membros.
(E) Nas operações e prestações que destinem bens e serviços a consumidor final localizado em outro estado da Federação, adota-se a alíquota interestadual, se o destinatário não for contribuinte do imposto e a alíquota interna, se o destinatário for contribuinte dele.

A: o ICMS é não-cumulativo e **poderá** ser seletivo – art. 155, § 2º, III, da CF; B: art. 155, § 2º, II, da CF; C: art. 155, § 2º, IV, da CF – a resolução deve ser aprovada por maioria absoluta – obs.: não há mais ICMS sobre exportações (art. 155, § 2º, X, a, da CF); D: art. 155, § 2º, V, da CF – a alíquota máxima deve proposta pela maioria absoluta e aprovada por maioria de dois terços; E: art. 155, § 2º, VII, da CF. Gabarito "B".

(Procurador do Estado/PI – 2008 – CESPE) Assinale a opção correta a respeito do imposto sobre circulação de mercadorias e serviços (ICMS).

(A) O estado do Piauí possui autonomia para instituir e cobrar o ICMS como lhe aprouver, inclusive impondo diferenciações no regime de sua cobrança em relação ao disposto na CF, uma vez que se trata de competência concorrente.
(B) Os princípios e as normas gerais do ICMS estão previstos tanto em lei complementar federal quanto em lei estadual.
(C) Cabe a lei complementar federal dispor sobre a substituição tributária do ICMS.
(D) Cabe, exclusivamente, a lei estadual regular a forma como benefícios fiscais serão concedidos e revogados quando se tratar de ICMS.
(E) O ICMS não é o único tributo para o qual é necessário prévio acordo entre os estados e o DF, no caso de concessão de incentivo fiscal.

A: a legislação local deve observar as diretrizes constitucionais e as normas nacionais (art. 146 da CF); B: as normas gerais (nacionais) em matéria tributária são veiculadas por lei complementar federal – art. 146, III, da CF; C: art. 155, § 2º, XII, b, da CF; D: os benefícios fiscais de ICMS dependem de convênio interestadual – art. 155, § 2º, XII, g, da CF; E: art. 155, § 2º, XII, g, da CF – somente o ICMS submete-se necessariamente à sistemática. "Gabarito "C".

(Procurador do Estado/PI – 2008 – CESPE) Assinale a opção correta acerca de norma tributária que estabeleceu que, em determinadas circunstâncias, terceira pessoa vinculada ao fato gerador da respectiva obrigação será o sujeito passivo da obrigação tributária de ICMS, mesmo ainda não tendo ocorrido o fato gerador.

(A) A esse fenômeno tributário dá-se o nome de responsabilidade de terceiros.
(B) A referida norma tributária estabeleceu a imediata restituição da quantia paga pelo terceiro responsável, no caso de o contribuinte de direito não conseguir vender o produto pelo preço presumido.
(C) O fenômeno descrito acima é o da substituição tributária, matéria sobre a qual somente lei complementar pode dispor.
(D) A responsabilidade nesse caso é pessoal e não poderá ser imputada ao substituído.
(E) O fenômeno descrito acima não tem amparo em nenhuma norma tributária ou constitucional.

A assertiva refere-se à substituição tributária "para frente", prevista no art. 150, § 7º, da CF. No caso do ICMS, cabe à lei complementar federal dispor a respeito – art. 155, § 2º, XII, b, da CF. "Gabarito "C".

(Procurador do Estado/PI – 2008 – CESPE) Uma empresa contribuinte de ICMS, em função do porte do estabelecimento, apura o referido tributo em parcelas mensais, calculado por estimativa, por determinado período.

A respeito dessa situação, é correto afirmar que

(A) não existe a possibilidade de estado da Federação estabelecer esse regime diferenciado de apuração de ICMS, pois, se o fizesse, estaria desrespeitando o princípio da não-cumulatividade.
(B) existe a possibilidade de estado da Federação implementar esse regime de apuração diferenciado, desde que a empresa não utilize os créditos das operações de compra realizadas.
(C) não há essa possibilidade na apuração de ICMS, apesar de haver, para outros tributos.
(D) existe essa possibilidade na apuração de ICMS, desde que haja ajuste dos valores ao final do período estipulado.
(E) existe essa possibilidade na apuração de ICMS, desde que a diferença apurada durante o período estipulado não seja compensada nos períodos posteriores.

É possível a sistemática de recolhimento por estimativa e a melhor alternativa é a D, por exclusão das demais – no entanto, os Tribunais Superiores admitem a estimativa (preço presumido) no regime de substituição tributária, sem a necessidade de ajuste posterior (exceto se a venda futura não ocorrer) – ver. RMS 19.533/MT-STJ. "Gabarito "D".

(Magistratura/SP – 2008) O Imposto relativo à Circulação de Mercadorias e sobre Prestação de Serviços

(A) é devido nas operações em que há conferência da posse ou propriedade de bens ao capital social.
(B) não incidirá sobre a entrada de mercadoria importada, destinada ao ativo fixo do estabelecimento.
(C) incide em razão de deslocamento de mercadoria entre estabelecimentos de mesmo contribuinte.
(D) todas as alternativas acima são incorretas.

A: não há circulação de mercadoria, na hipótese; B: o ICMS incidente – art. 155, IX, a, da CF; C: não incide no simples deslocamento, conforme a Súmula 166/STJ. "Gabarito "D".

(Magistratura Federal – 5ª Região – 2007 – CESPE) Julgue o item seguinte.

(1) Determinado estado da Federação publicou lei que estabeleceu concessão de crédito presumido de ICMS às empresas industriais ou comerciais atacadistas cuja sede estivesse estabelecida no referido estado e que realizassem operações de saída com certos produtos de informática e eletroeletrônicos, devidamente especificados no próprio ato normativo. No mesmo diploma legal, foi dada autorização ao governador do estado para conceder remissão nos parâmetros estabelecidos na mesma norma. Nessa situação, com base na legislação tributária vigente, conclui-se que a aludida lei estadual é inconstitucional.

1: A concessão de crédito presumido equivale à redução do ICMS devido, ou seja, é benefício fiscal que depende de convênio interestadual, nos termos do art. 155, § 2º, XII, g, da CF. "Gabarito "C".

(Procurador do Estado/PR – 2007) Assinale a alternativa incorreta: ALTERNATIVAS:

(A) A anistia consiste no perdão da multa.
(B) A Remissão consiste no perdão do crédito tributário.
(C) A Isenção, quanto ao ICMS, pode ser livremente concedida pelo legislador ordinário estadual.
(D) A Isenção, quanto ao ICMS, deve ser precedida de Convênio entre os Estados.
(E) A Imunidade constitui uma limitação ao poder de tributar.

A: art. 180 do CTN; B: art. 156, IV, do CTN; C e D: os benefícios fiscais de ICMS devem ser concedidos mediante convênio interestadual – art. 155, § 2º, XII, g, da CF (perceba que as assertivas são contraditórias e excludentes, o que significa que uma delas é a alternativa incorreta); E: a assertiva é correta. "Gabarito "C".

(Procuradoria Distrital – 2007) Em face da jurisprudência assentada pelo Supremo Tribunal Federal sobre o ICMS, assinale a opção correta.

(A) É ilegítima a exigência de fazer incidir ICMS na comercialização de exemplares de obras cinematográficas, gravadas em fitas de videocassete.
(B) A imunidade prevista no art. 150, VI, "d", da Constituição Federal não abrange os filmes e papéis fotográficos necessários à publicação de jornais e periódicos, pelo que o ICMS é devido quando da entrada da referida mercadoria no estabelecimento do comprador.
(C) Na entrada de mercadoria importada do exterior, é legítima a cobrança do ICMS por ocasião do desembaraço aduaneiro.
(D) Na entrada de mercadoria importada dos países que integram o Mercosul, a cobrança do ICMS só pode ser feita por ocasião da entrada da mercadoria no estabelecimento do importador.
(E) É assente a jurisprudência do Supremo Tribunal que, em se tratando de regular lançamento de crédito tributário em decorrência de recolhimento do ICMS, haverá incidência de correção monetária no momento da compensação com o tributo devido na saída da mercadoria do estabelecimento.

A: Súmula 662/STF; B: Súmula 657/STF; C: Súmula 661/STF; D: não há jurisprudência nesse sentido; E: o crédito de ICMS é escritural e, em regra, não pode ser corrigido monetariamente (exceto se houve óbice do fisco ao seu aproveitamento tempestivo). "Gabarito "C".

(Procuradoria Distrital – 2007) A Constituição Federal, em seu art. 155, II, afirma que é da competência dos Estados e do Distrito Federal instituir imposto sobre operações relativas à circulação de mercadorias e sobre prestação de serviços de transporte interestadual e intermunicipal e de comunicação, ainda que as operações e as prestações se iniciem no exterior. Tendo-se como base a interpretação do referido dispositivo constitucional e a jurisprudência do STF a seu respeito, assinale, entre as opções apresentadas a seguir, a que está correta.

(A) Constitui fato gerador do ICMS a saída física do estabelecimento do comerciante de máquinas, utensílios, e implementos a título de comodato.
(B) Incide o ICMS nas operações de comercialização de fitas de videocassete geradas em série por empresas dedicadas a esse tipo de negócio jurídico.
(C) O contribuinte de ICMS tem o direito de creditar-se do valor do ICMS, quando pago em razão de operações de consumo de energia elétrica, ou de utilização de serviços de comunicação, ou, ainda, de aquisição de bens destinados ao uso e/ou à integração no ativo fixo do seu próprio estabelecimento.
(D) Há ofensa ao princípio da não-cumulatividade do ICMS quando a legislação estadual proíbe a compensação de créditos de ICMS advindos da aquisição de bens destinados ao consumo e ao ativo fixo do contribuinte.
(E) Há ofensa ao princípio da não-cumulatividade a exigência feita em legislação estadual de estorno proporcional de crédito do ICMS relativo à entrada de mercadorias que, posteriormente, têm a saída tributada com base de cálculo ou alíquota inferior.

A: não há circulação da mercadoria; B: em regra, o comércio "de prateleira" (em oposição às encomendas personalizadas) submete-se ao ICMS; C e D: as restrições aos creditamentos, previstas no art. 33 da LC 87/1996, não são consideradas violações à não-cumulatividade; E: art. 155, § 2º, II, da CF – os Tribunais Superiores reconhecem a aplicação do dispositivo no caso de base de cálculo ou alíquota reduzida (o que equivale a isenção parcial), com estorno proporcional do crédito. Gabarito "B".

(Procurador do Estado/PR – 2007) Com relação ao ICMS é correto afirmar que: ALTERNATIVAS:

(A) O critério temporal do ICMS quanto às operações de circulação de mercadorias corresponde à saída da mercadoria do estabelecimento comercial, industrial ou produtor.
(B) O critério quantitativo do ICMS quanto à Base de Cálculo nas operações de circulação de mercadorias corresponde ao valor de venda somado ao valor do IPI em qualquer caso.
(C) O princípio da não-cumulatividade implica na compensação do valor do tributo devido em cada operação relativa à circulação de mercadorias ou prestação de serviços, com o montante cobrado nas anteriores pelo mesmo Estado ou Distrito Federal.
(D) A isenção ou não-incidência não implicará crédito para compensação com o montante devido nas operações ou prestações seguintes, ou poderá acarretar anulação do crédito relativo às operações anteriores, salvo se a legislação estadual instituidora do ICMS dispuser de forma diferente.
(E) Aplica-se a alíquota interna nas operações e prestações que destinem bens e serviços a consumidores finais de outros Estados, quando o destinatário for também contribuinte do ICMS.

A: a regra geral é a saída do estabelecimento de contribuinte, mas há exceções, conforme os incisos do art. 12 da LC 87/1996; B: o IPI não é incluído na base do ICMS, na hipótese prevista no art. 155, § 2º, XI, da CF; C: art. 155, § 2º, I, da CF; D: art. 155, § 2º, II, da CF; E: quando o destinatário for contribuinte do ICMS, o tributo é calculado pela alíquota interestadual – art. 155, § 2º, VII, a, da CF. Gabarito "D".

(Procurador do Estado/PR – 2007) Uma das hipóteses de incidência do ICMS refere-se às "operações de circulação de mercadorias", sendo incorreto afirmar que: ALTERNATIVAS:

(A) Operações são atos jurídicos regulados pelo Direito e aptos a produzirem determinada eficácia jurídica; são atos juridicamente relevantes.
(B) Circulação implica em mudança de titularidade, em disponibilidade jurídica da mercadoria, seja pelo domínio, seja pela posse.
(C) Mercadorias são as coisas objeto do comércio, destinadas à circulação econômica.
(D) Mercadorias são todas as coisas que umas pessoas transferem às outras, não importando a natureza do promotor da operação ou a destinação comercial que a ela dá o seu titular.
(E) Não são todas as Operações que constituem hipótese de incidência do ICMS, mas somente as Operações Jurídicas.

As alternativas C e D são incompatíveis, o que indica ao candidato que uma delas é incorreta: a afirmação em C é correta (ver o art. 191 do antigo Código Comercial, hoje revogado), assim como as assertivas em A, B e E. Gabarito "D".

(Magistratura/AL – 2007 – FCC) No que tange à circulação de bens, a importação de mercadorias por consumidor final

(A) está sujeita à incidência do Imposto sobre Circulação de Mercadorias e Serviços, quando se tratar de contribuinte habitual do imposto.
(B) está sujeita à incidência do Imposto sobre Circulação de Mercadorias e Serviços pelo Estado do domicílio do importador.
(C) constitui hipótese de não-incidência tributária.
(D) constitui hipótese de isenção tributária.
(E) configura imunidade tributária.

Art. 155, § 2º, IX, a, da CF. A, C, D e E: o ICMS incide, independentemente da habitualidade; B: a assertiva é correta (ainda que a entrada do bem se dê por outro Estado). Gabarito "B".

(Magistratura/AL – 2007 – FCC) Um Estado da Federação instituiu alíquota progressiva do Imposto sobre Circulação de Mercadorias e Serviços para o fornecimento de energia elétrica. Inconformada, uma organização não-governamental pretende tornar sem efeito essa prática, invocando, no interesse dos seus associados, violação do texto constitucional. Neste caso, deverá

(A) se conformar, pois a progressividade do Imposto sobre Circulação de Mercadorias e Serviços não induz violação do texto constitucional.
(B) propor, perante o respectivo Tribunal de Justiça, ação direta de inconstitucionalidade.
(C) ingressar com ação civil pública contra a respectiva concessionária dos serviços públicos.
(D) ingressar com ação popular contra a Fazenda Pública, invocando a ilegalidade e o excesso de exação fiscal.
(E) interpor mandado de segurança coletivo em defesa dos seus associados, invocando violação de direito líquido e certo.

A melhor alternativa é a que indica o mandado de segurança coletivo, por exclusão das demais. Gabarito "E".

(Magistratura/TO – 2007 – CESPE) Laura, não-contribuinte do ICMS e com domicílio em Palmas – TO, adquiriu, da sociedade empresarial Slim Ltda., com sede em São Paulo, por meio de contrato de compra e venda a contento, celebrado na filial localizada no estado do Tocantins, produtos para emagrecimento. A partir da situação hipotética acima e acerca da discriminação das rendas e da obrigação tributária, assinale a opção correta.

(A) Na situação descrita, se o produto tiver a sua saída da sede de São Paulo, mesmo que o negócio jurídico tenha sido celebrado no estado do Tocantins, incide o ICMS pela alíquota interna do estado de São Paulo.
(B) O domicílio tributário do contribuinte de direito, na hipótese, será necessariamente o estado do Tocantins, pois nele foi celebrado o negócio jurídico.
(C) Na hipótese de compra e venda a contento, há cláusula resolutiva, pelo que o fato gerador considerar-se-á ocorrido na data da celebração do negócio.
(D) Considerando-se que o referido produto de emagrecimento não tenha autorização para ser comercializado no Brasil, não haverá a incidência tributária na espécie.

A: quando o adquirente não é contribuinte do ICMS, o tributo é sempre cobrado pela alíquota interna, mesmo na operação interestadual – art. 155, § 2º, VII, b, da CF; B: art. 127 do CTN – o domicílio é eleito pelo contribuinte, mas pode ser recusado pelo fisco (§ 2º); C: art. 117, I, do CTN, c/c art. 509 do Código Civil (a condição é suspensiva); D: isso é irrelevante para a tributação – art. 118 do CTN – non olet. Gabarito "A".

(Magistratura/BA – 2006 – CESPE) O estado do Espírito Santo editou lei incentivando importações do exterior de bens destinados ao ativo fixo de empresas ali estabelecidas, que pagariam apenas 20% do ICMS incidente na operação. Em face de tal incentivo, diversas indústrias passaram a se instalar naquele estado. A indústria de equipamentos pesados Alpha S.A., sediada em Ilhéus – BA, necessitando reformar seu parque industrial, inscreveu-se no programa fiscal capixaba, abrindo pequeno escritório em Vitória – ES. Realizou as importações necessárias pelo porto de Salvador, fornecendo o endereço de Vitória como destino da mercadoria. Entretanto, em vez de as mercadorias terem seguido para Vitória, foram descarregadas em Ilhéus – BA.

Em relação a essa situação hipotética, julgue os itens a seguir.

(1) O fato gerador do ICMS na importação do exterior deve ter ocorrido na entrada da mercadoria no estabelecimento comercial do importador, em Ilhéus – BA, daí que é irrelevante ter como destino o Espírito Santo, já que o imposto é devido ao estado da Bahia.
(2) O incentivo concedido pelo Espírito Santo é lícito, desde que aprovado pelo CONFAZ, em face da deliberação dos estados e do Distrito Federal.
(3) Conforme entendimento dominante no STF, seria lícito ao estado do Espírito Santo reter os bens importados quando do desembaraço aduaneiro até que fosse recolhido o ICMS incidente na operação, já que o destinatário da mercadoria era estabelecido em Vitória – ES.

1: Art. 155, § 2º, IX, a, da CF – o imposto é devido no local onde está o estabelecimento destinatário: Ilhéus-BA; 2: art. 155, § 2º, XII, g, da CF; 3: É possível a retenção (a afirmação é correta), pois se o próprio contribuinte declarou que o destino da mercadoria era Vitória-ES, o fisco local exigirá o tributo. No entanto, a pergunta é capciosa: se a importação ocorreu pelo porto de Salvador-BA e foi descarregada em Ilhéus-BA, parece impossível que o fisco capixaba retenha a mercadoria. Gabarito 1E, 2C, 3C

(Procurador do Estado/RR – 2006 – FCC) A respeito do ICMS, é INCORRETO afirmar que

(A) não incidirá sobre operação que destinem a outros Estados petróleo, inclusive lubrificantes, combustíveis líquidos e gasosos dele derivados.
(B) tem como fato gerador as operações relativas à circulação de mercadorias e às prestações de serviços de transporte interestadual e intermunicipal e de comunicação, ainda que as operações e as prestações se iniciem no exterior.
(C) poderá ser seletivo em função da essencialidade das mercadorias e dos serviços.
(D) a isenção ou não incidência, salvo determinação em contrário na legislação, implicará crédito para compensação com montante devido nas operações seguintes.
(E) não incidirá sobre operações que destinem mercadorias para o exterior, assegurada a manutenção e o aproveitamento do montante do imposto cobrado nas operações anteriores.

A: art. 155, § 2º, X, b, da CF c/c XII, h, e § 4º, do mesmo dispositivo – observe que não se trata de imunidade em favor do adquirente, pois o ICMS será recolhido totalmente ao Estado (ou DF) de destino, ainda que nas operações subseqüentes; B: art. 155, II, da CF; C: art. 155, § 2º, III, da CF (o ICMS pode ser seletivo – o IPI deve ser seletivo); D: art. 155, § 2º, II, da CF – é o oposto, pois o crédito deverá ser estornado; E: art. 155, § 2º, X, a, da CF. Gabarito "D".

(Defensoria/SE – 2006 – CESPE) Julgue os itens seguintes.

(1) Sociedade comercial que vende suas mercadorias em parcelas mensais poderá apurar e recolher o ICMS incidente em cada parcela, uma vez que, apesar de presente a situação de fato (saída de mercadoria do estabelecimento), ainda não se consumou a situação jurídica (pagamento do objeto).
(2) Com o desmembramento do estado de Goiás para a formação do estado de Tocantins – TO, o novo estado tornou-se credor do ICMS de fatos geradores ocorridos em seu território, ainda que antes da divisão do território.

1: Art. 12, I, da LC 87/1996 – a saída da mercadoria configura o fato gerador do ICMS, ou seja, é condição necessária e suficiente para a incidência e para o surgimento da obrigação tributária correspondente (art. 114 do CTN). O pagamento é irrelevante, em princípio; 2: Art. 13 do ADCT – a afirmação é correta. Gabarito 1E, 2C

11.6. IPVA

(Ministério Público/MS – 2011 – FADEMS) É **incorreto** afirmar, em relação ao imposto de competência estadual sobre a propriedade de veículos automotores, que:

(A) pode ser instituído pelo Distrito Federal, nos termos do artigo 155 da CF;
(B) as alíquotas são fixadas pelo Estado que aprovar a lei instituidora do imposto;
(C) pode ter alíquotas diferenciadas em função do tipo e utilização dos veículos;
(D) as alíquotas mínimas são fixadas pelo Senado Federal;
(E) as bases de cálculo devem ser as mesmas em todos os Estados brasileiros para idênticos veículos.

A: Assertiva correta, pois o Distrito Federal acumula as competências tributárias estadual e municipal – art. 147, in fine, da CF; B: Correta, pois cada Estado e o Distrito Federal têm a competência legislativa plena em relação ao IPVA, lembrando que compete ao Senado Federal fixar alíquotas mínimas – art. 155, § 6º, I, da CF; C: Correta, conforme o art. 155, § 6º, II, da CF; D: Correta, conforme o art. 155, § 6º, I, da CF; E: Correta, pois a base de cálculo dos impostos, a exemplo do contribuinte e do fato gerador, deve ser fixada por lei complementar federal (norma nacional, a ser observada por todos os Estado e pelo Distrito Federal) – art. 146, III, a, da CF. É interessante ressaltar, entretanto, que até hoje não foi produzida lei complementar federal relativa ao IPVA, e o STF entende que, nesse caso, os Estados e o Distrito Federal exercem a competência legislativa plena, nos termos do art. 24, § 3º, da CF – ver RE 191.703 AgR/SP. Gabarito "E".

(Procurador do Estado/RO – 2011 – FCC) Em 2010 foi editada lei estadual em relação ao IPVA para 2011, observando todos os princípios constitucionais, sendo constatado, entretanto, a ausência normativa com relação ao prazo de vencimento. Diante de tal cenário, a Secretaria da Fazenda resolve encaminhar o carnê para pagamento do IPVA, com vencimento para 45 dias após a data da efetiva notificação do lançamento. O procedimento adotado pela Secretaria está

(A) incorreto, uma vez que deveria observar o princípio da anterioridade nonagesimal entre o lançamento e o vencimento do tributo.
(B) correto, considerando que o Código Tributário Nacional estabelece o prazo de vencimento de 30 dias da notificação do lançamento, na ausência de disposição legal.
(C) incorreto, na medida em que o prazo legal de vencimento deve estar previsto em lei complementar.
(D) correto, por se tratar de poder discricionário do sujeito ativo de relação jurídico-tributário.
(E) correto, tendo como fundamento o prazo de vigência das leis, prevista na Lei de Introdução ao Código Civil, atual Lei de Introdução às normas do Direito Brasileiro.

Caso não haja definição da data do vencimento na legislação tributária, aplica-se a regra subsidiária do art. 160, caput, do CTN, ou seja, 30 dias após a notificação do lançamento. A e C: Incorretas, pois a fixação da data do vencimento do tributo pode ser feita por norma infralegal e não se sujeita à anterioridade – ver RE 195.218/MG; B: Essa é a melhor alternativa, conforme comentário inicial. A rigor, caso não haja norma infralegal fixando a data do vencimento (isso não é esclarecido na questão), ela será mesmo de 30 dias, e a notificação do lançamento deveria indicar isso (não 45 dias); D: Incorreto, pois não há discricionariedade, mas apenas desnecessidade de lei expressa em relação ao vencimento; E: Incorreta, pois há norma específica subsidiária no âmbito tributário, em relação ao vencimento do tributo. Ademais, o art. 1º da LINDB trata da vigência das leis, e não de vencimento de obrigações. Gabarito "B".

(Procurador do Estado/SC – 2010 – FEPESE) De acordo com a legislação relativa ao imposto sobre a propriedade de veículos automotores (IPVA), é **correto** afirmar:

(A) A alíquota do imposto é 2% (dois por cento) para veículos terrestres de três rodas.
(B) O imposto será devido anualmente e recolhido nos prazos fixados em regulamento, sendo proibido ao contribuinte liquidar seu débito de modo antecipado.
(C) O recolhimento do imposto fora do prazo regulamentar será efetuado com o acréscimo de multa, calculada sobre o valor corrigido do imposto, na proporção de 50% (cinquenta por cento), no caso de exigência de ofício.

(D) Considera-se ocorrido o fato gerador na data da aquisição, em relação a veículos importados.

(E) O adquirente de veículo automotor não é responsável pelo pagamento do imposto e demais acréscimos legais quanto aos débitos do proprietário anterior.

A: A alíquota do IPVA é determinada pela lei de cada Estado e do Distrito Federal, cabendo ao Senado apenas a fixação da alíquota mínima – art. 155, § 6º, I, da CF. No caso de Santa Catarina, a alíquota para veículos terrestres de duas ou três rodas é de 1% – art. 5º, III, da Lei de SC 7.543/1988; B: Incorreta, pois a legislação local permite o recolhimento a partir do fato gerador – art. 4º da Lei de SC 7.543/1988; C: Correta, conforme o art. 10, II, da Lei de SC 7.543/1988; D: Incorreta. Caberia à lei complementar federal definir o fato gerador do IPVA (além de seu contribuinte e sua base de cálculo), conforme o art. 146, III, a, da CF. Como até hoje não foi produzida essa norma nacional, os Estados e o Distrito Federal exercem a competência legislativa plena, nos termos do art. 24, § 3º, da CF – ver RE 191.703 AgR/SP. É interessante ressaltar que as normas estaduais, em regra, exigem o tributo apenas a partir da (i) primeira aquisição de veículo novo por consumidor final ou, em caso de importação por consumidor final, no (ii) momento do desembaraço aduaneiro. A partir do exercício seguinte à primeira aquisição ou à importação, é comum a legislação dos Estados fixar a incidência no (iii) dia 1º de janeiro de cada ano (como tradicionalmente ocorre com os tributos sobre propriedade – fato gerador continuado). Santa Catarina define a incidência de forma um pouco diferente, pois, no caso de importação, o fato gerador ocorre no momento do desembaraço aduaneiro mesmo quando não promovido por consumidor final – art. 2º, § 1º, II, da Lei de SC 7.543/1988; E: Incorreta, pois há responsabilidade do adquirente, nos termos do art. 131, I, do CTN. Gabarito "C".

(Procurador Federal – 2010 – CESPE) Julgue o item seguinte, relativo ao direito tributário brasileiro.

(1) É legítima a aplicação da taxa SELIC como índice de correção monetária e de juros de mora, na atualização de débitos tributários em atraso relacionados ao IPVA, mesmo que inexista lei estadual nesse sentido.

1: errada, pois a aplicação da SELIC em relação a tributos estaduais depende de lei local nesse sentido. Gabarito 1E

(Procurador do Estado/PE – CESPE – 2009) O governador de determinado estado da Federação enviou projeto de lei ao legislativo local estabelecendo acréscimo de 10% no valor do IPTU, a título de multa tributária, sempre que o adquirente deixar de registrar o contrato de compra e venda de um imóvel. O governador também enviou projeto relativo ao IPVA, prevendo desconto ao condutor de veículo automotor e embarcação que, no exercício anterior, não tiver cometido infração de trânsito ou na via marítima; além do aumento no valor do referido imposto, proporcional ao número de infrações cometidas, e multa tributária por cada ano em que não houver registro da transferência de propriedade do veiculo, autorizando o secretário de fazenda a atualizar anualmente o valor venal dos automóveis. A respeito dessa situação hipotética, assinale a opção correta.

(A) O projeto referente ao IPVA trata de extrafiscalidade tributária.
(B) Ao estado é vedado legislar acerca de multa incidente sobre o IPTU, por ser esta de competência do município em razão de ter natureza tributária.
(C) Por falta de legislação complementar federal relativa ao IPVA, o estado pode estabelecer normas gerais acerca de tal tributo, como fato gerador, base de cálculo e contribuinte, e, consequentemente, sua incidência ou não sobre embarcações.
(D) As questões referentes ao IPVA, por se tratar de legislação sobre trânsito, são de competência da União, não podendo ser exercidas pelo governador.
(E) O valor venal do automóvel é a base de cálculo do IPVA, entretanto, sua atualização não está sujeita ao princípio da legalidade estrita estabelecida para as normas tributárias.

A: a assertiva é questionável. Há, sem dúvida, intenção de influenciar a conduta dos cidadãos por meio da tributação (respeito à legislação de trânsito, por exemplo), o que indica extrafiscalidade. Entretanto, há intuito arrecadatório, o que indica a fiscalidade. De qualquer forma, a E é a melhor alternativa, pois claramente correta; B: de fato, o Estado não pode legislar acerca do IPTU, que é tributo municipal (a competência tributária é privativa). A assertiva é incorreta, entretanto, porque a competência municipal decorre de disposição constitucional expressa (art. 156, I, da CF) e não da natureza tributária; C: embora o Estado possa exercer a competência legislativa plena, por conta da omissão do Congresso Nacional (art. 24, § 3º, da CF), não pode ampliar a competência tributária fixada pela Constituição. O STF entende que não incide IPVA sobre embarcações ou aeronaves, pois isso não seria autorizado pelo art. 155, III, da CF – ver RE 134.509/AM; D: incorreta, pois a competência tributária é sempre privativa. Assim, somente o Estado pode legislar acerca do IPVA incidente sobre a propriedade de veículos em seu território; E: essa é a assertiva correta, pois a simples atualização monetária da base de cálculo, dentro dos limites dos índices inflacionários, não implica majoração do tributo e, portanto, pode ser veiculada por norma infralegal – art. 97, § 2º, do CTN. Gabarito "E".

(Procurador do Estado/SC – 2009) Analise as alternativas abaixo, relacionadas ao imposto sobre propriedade de veículos automotores (IPVA), tendo em vista o disposto na Constituição Federal, no Código Tributário Nacional, na Lei nº 7.543, de 30.12.1988, de Santa Catarina, que institui esse imposto, e em normas correlatas. Assinale a alternativa **correta**:

(A) Se uma pessoa natural, na condição de arrematante, adquiriu, em leilão judicial, em consequência de ação de execução fiscal, um veículo automotor, deve agora, além do valor da arrematação, pagar os valores relativos ao IPVA e as multas que o proprietário não havia pago.
(B) De acordo com a Constituição Federal, a lei que fixar a base de cálculo do IPVA pode prever que será aplicada e produzirá todos os efeitos a partir do primeiro dia de 2010, se for devidamente publicada até o último dia de dezembro do ano de 2009.
(C) O proprietário de uma bicicleta não é sujeito passivo do IPVA porque a propriedade de tal veículo, não dotado de força-motriz própria, é alcançada pela imunidade.
(D) O imposto sobre a propriedade de veículos automotores poderá ter alíquotas diferenciadas em função do tipo, da utilização e da importação, quando fabricados no exterior do país, nos termos da expressa autorização constitucional.
(E) De acordo com a lei estadual catarinense sobre o IPVA, e conforme a Constituição Federal, serão destinados 50% do produto da arrecadação desse tributo aos municípios, proporcionalmente ao número de veículos que, em média, efetivamente circulam nos seus territórios.

A: incorreta, pois, apesar de o art. 130, parágrafo único, do CTN referir-se à arrematação de bens **imóveis** em hasta pública, a jurisprudência entende que mesmo no caso de **móveis** inexiste responsabilidade do adquirente pelos débitos tributários anteriores, por se tratar de aquisição originária – ver REsp 954.176/SC; B: assertiva correta, pois a fixação da base de cálculo do IPVA, que implique sua majoração, submete-se apenas à anterioridade anual, do art. 150, III, b, da CF, e não à nonagesimal (alínea c desse dispositivo constitucional) – art. 150, § 1º, da CF; C: De fato, não incide IPVA sobre a propriedade de bicicletas, pois não é veículo automotor. Entretanto, a assertiva é incorreta ao referir-se à imunidade. O caso é de simples não incidência, pois a situação não se enquadra na hipótese de incidência do IPVA. Não se trata de imunidade, já que não há afastamento da competência estadual por norma constitucional específica; D: incorreta, pois a Constituição faz referência expressa apenas à diferenciação de alíquotas em função do tipo e da utilização do veículo – art. 155, § 6º, II, da CF; E: incorreta, pois a destinação de 50% da receita do IPVA aos Municípios se dá em razão do local de licenciamento de cada veículo – art. 158, III, da CF. Gabarito "B".

(Procurador do Estado/SP – FCC – 2009) IPVA.

I. Segundo o Supremo Tribunal Federal, é constitucional a lei estadual que institui o imposto sobre a propriedade de aeronaves e embarcações náuticas.
II. Lei estadual pode fixar alíquotas diversas do IPVA para dois automóveis com as mesmas características e faixa de valor, caso um deles seja nacional e o outro importado.
III. Lei estadual pode fixar alíquotas diversas do IPVA para dois automóveis com as mesmas características e faixa de valor, caso um deles seja movido a gasolina e o outro a álcool.
IV. Lei estadual pode fixar alíquotas diversas do IPVA para dois automóveis com a mesma potência e faixa de valor, caso um deles seja destinado ao transporte coletivo de passageiros e o outro seja caracterizado como automóvel de passeio.
V. Lei federal pode instituir isenção do IPVA aos portadores de deficiência física que necessitem de veículos adaptados.

Está correto o que se afirma em

(A) I, II, III, IV e V.
(B) I, III e V, apenas.
(C) I, II e IV, apenas.
(D) II e V, apenas.
(E) III e IV, apenas.

I: incorreta, pois o STF entende que o IPVA não incide sobre a propriedade de aeronaves e embarcações – ver RE 134.509/AM; II: assertiva incorreta, pois o STF não admite distinção em função da procedência do veículo (nacional ou importado) – ver RE 367.785 AgR/RJ; III e IV: corretas, já que o art. 155, § 6º, II, da CF admite diferenciação de alíquotas em função do tipo do veículo e sua utilização; V: incorreta, já que a União não pode conceder isenção em relação a tributos estaduais ou municipais (não se aceitam isenções heterônomas) – art. 151, III, da CF. Gabarito "E".

(Procurador do Estado/PB – 2008 – CESPE) Em relação ao imposto sobre a propriedade de veículos automotores (IPVA), julgue os itens subseqüentes.

I. As alíquotas mínimas desse imposto são fixadas pelo Senado Federal.
II. A modalidade de lançamento praticada em relação ao IPVA é o lançamento de ofício.
III. A incidência do IPVA só alcança os veículos terrestres, de acordo com a jurisprudência do STF.
IV. Quanto à autorização para alíquotas diferenciadas conforme o tipo de veículo, é possível diferenciação entre carros nacionais e importados.
V. Não se aplica o princípio da anterioridade nonagesimal em relação ao aumento da base de cálculo desse imposto.

A quantidade de itens certos é igual a
(A) 1.
(B) 2.
(C) 3.
(D) 4.
(E) 5.

I: correto, art. 155, § 6º, I, da CF; II: não há norma nacional – o lançamento é regulado pela legislação local, mas, normalmente é de ofício; III: o STF afasta a incidência sobre embarcações e aeronaves; IV: o Judiciário não tem aceitado essa diferenciação; V: correto, art. 150, § 1º, in fine, da CF. Gabarito "D".

11.7. ITCMD

(Cartório/AP – 2011 – VUNESP) Na transmissão *causa mortis*, o *de cujus* deixou bens imóveis localizados em diversos municípios do país, em especial em São Paulo, Rio de Janeiro, Fortaleza, Macapá, Porto Grande e Serra do Navio. O inventário foi processado no lugar da abertura da sucessão, ou seja, em São Paulo. O imposto incidente sobre a transmissão *causa mortis* - ITCMD, em razão da competência constitucional, é devido ao

(A) Município da situação do bem imóvel.
(B) Município do lugar do inventário.
(C) Município da situação do bem imóvel e ao Estado do lugar do inventário, em partes iguais.
(D) Estado do lugar do inventário.
(E) Estado da situação do bem imóvel.

O ITCMD relativo a bens imóveis é sempre devido ao Estado (ou ao Distrito Federal) em que o bem está localizado, nos termos do art. 155, § 1º, I, da CF. Por essa razão, a alternativa "E" é a correta. A regra do local do inventário ou do arrolamento vale apenas para as outras espécies de bens – art. 155, § 1º, II, da CF. Ademais, no caso de doação de outras espécies de bens (móveis, títulos e crédito), o imposto é devido no local do domicílio do doador – art. 155, § 1º, II, da CF. Gabarito "E".

(Procurador do Estado/RO – 2011 – FCC) Sr. Gabriel Khalil possuía o seguinte patrimônio: um apartamento onde residia em Rondônia (RO); uma aplicação na caderneta de poupança em agência bancária situada na Cidade de São Paulo (SP); um imóvel comercial no Rio de Janeiro (RJ); e uma fazenda no Mato Grosso (MT). Em viagem de turismo em Minas Gerais (MG) veio a falecer naquele estado. Aberta a sucessão, seu inventário tramita na Justiça de Rondônia, local de seu domicílio. De acordo com as normas da Constituição Federal, será cabível o

(A) ITCMD, devido exclusivamente para o estado no qual o *de cujus* faleceu.
(B) ITBI, devido ao estado em que se processar o inventário.
(C) ITCMD, pertencente ao estado RO sobre o imóvel residencial e aplicação financeira em SP; ao estado do RJ sobre o imóvel comercial; e ao estado do MT em relação à fazenda.
(D) ITCMD, devido aos estados RO, SP, RJ e MT, partilhado *pro rata* conforme o valor total do patrimônio do *de cujus*.
(E) ITBI sobre os bens imóveis, havendo a incidência do ITCMD sobre os valores de aplicações financeiras.

Sobre a transmissão *causa mortis* (heranças e legados) incide apenas o ITCMD estadual. Em relação ao bem imóvel, é devido sempre ao Estado (ou ao Distrito Federal) onde o bem está localizado – art. 155, § 1º, I, da CF. Em relação a todas outras espécies de bens (móveis, títulos e créditos), caso da caderneta de poupança, o ITCMD é devido ao Estado (ou ao Distrito Federal) onde se processar o inventário ou arrolamento – art. 155, § 1º, II, da CF. Por essas razões, a alternativa "C" é a correta. Perceba que o ITBI municipal incide apenas nas transmissões onerosas de bens imóveis *inter vivos* (ou seja, na compra e venda de imóvel, dação em pagamento etc.) – art. 156, II, da CF. Gabarito "C".

(Procurador do Estado/PE – CESPE – 2009) A respeito dos bens e da posse, assinale a opção correta.

(A) No estado de Pernambuco, a diferença do montante partilhado em virtude de separação judicial é isento do pagamento do ITCMD, desde que o casamento tenha ocorrido sob o regime de comunhão de bens.
(B) As sociedades anônimas sediadas em Pernambuco devem recolher o ITCMD incidente sobre transferência de ações, quando o montante da alienação for passível de tributação, sob pena de não ser averbada.
(C) O ITCMD é imposto de natureza pessoal, em razão do que a legislação pernambucana estabeleceu validamente a progressividade do tributo, observando o princípio da capacidade contributiva.
(D) Apenas após o encerramento do processo de inventário é que o estado de Pernambuco está legitimado para cobrança do ITCMD.
(E) O ITCMD estabelecido pela legislação pernambucana sobre a morte presumida é legítimo.

A: assertiva incorreta. No caso de separação de pessoas casadas no regime de comunhão universal, metade dos bens já pertencia a cada um dos cônjuges, de modo que, em princípio, a transmissão não se sujeita à tributação. Entretanto, se um dos cônjuges fica com mais da metade dos bens, ou seja, quando há *diferença* do montante partilhado, é porque houve doação, que se submete ao ITCMD, ou alienação onerosa, que, no caso de imóveis, sujeita-se ao ITBI municipal; B: incorreta, pois, em princípio, o Estado não poderia legislar, ainda que indiretamente, acerca da averbação de ações. Compete privativamente à União legislar acerca de direito comercial – art. 22, I, da CF; C: o STF considera que os tributos incidentes sobre transmissão de bens têm natureza real, de modo que não admite a progressividade em razão da base da cálculo – ver a Súmula 656/STF, relativa ao ITBI municipal; D: incorreta, pois o ITCMD é exigível a partir da homologação do cálculo, ou seja, antes do encerramento do inventário – Súmula 114/STF; E: correta, pois é cabível a cobrança do ITCMD no caso de morte presumida – Súmula 331/STF. Gabarito "E".

(Procurador do Estado/SP – FCC – 2009) ITCMD.

I. Lei estadual pode estabelecer diferenciação de alíquotas do imposto, adotando como critério o grau de parentesco.
II. Na hipótese de a ação de inventário tramitar em uma Comarca do Estado de São Paulo, é devido a este Estado o imposto incidente sobre a transmissão *causa mortis* de valor depositado em conta corrente do autor da herança, ainda que a agência bancária seja situada em outro Estado da Federação.
III. É devido ao Estado de São Paulo o imposto incidente sobre a transmissão *causa mortis* de imóvel situado no Município de Campinas, ainda que a ação de inventário tramite em outro Estado da Federação.
IV. Considerando a ocorrência de um óbito em 2007, quando estava em vigor a Lei "A", revogada pela Lei "B", que entrou em vigor em 2008, é correto afirmar que a transmissão de bens por sucessão *causa mortis* será regida pela Lei "A", ainda que a ação de inventário tenha sido ajuizada em 2009 e que a Lei "B" estabeleça uma alíquota inferior à fixada pela Lei "A".
V. É devido ao Estado de São Paulo o imposto incidente sobre a transmissão *causa mortis* de direitos autorais, se o autor da herança era domiciliado na cidade de São Paulo, ainda que a escritura pública do inventário e da partilha extrajudiciais seja lavrada perante um tabelião de notas de outro Estado da Federação.

Está correto o que se afirma em

(A) I, II, III, IV e V.
(B) I, III e V, apenas.
(C) I, II e IV, apenas.
(D) II e V, apenas.
(E) III e IV, apenas.

I: a questão é controversa, pois a Constituição Federal não prevê expressamente essa possibilidade, que poderia ser entendida como violadora do princípio da capacidade contributiva (não há relação direta entre o grau de parentesco com o autor da herança ou da doação e a capacidade contributiva). Entretanto, é interessante ressaltar que a legislação de alguns Estados admite essa diferenciação de alíquotas, sem que tenha sido afastada pelo STF até o momento e, o que é importante para o candidato, é esse o entendimento da FCC; II e III: assertivas corretas, pois o ITCMD é sempre devido (i) no caso de imóveis, ao Estado em que o bem está localizado e (ii) no caso de bens móveis, títulos e créditos, ao Estado onde se processar o inventário ou o arrolamento, ou tiver domicílio o doador, ou ao Distrito Federal – art. 155, § 1º, I e II, da CF; IV: correta, pois a legislação aplicável é aquela vigente à época do fato gerador (óbito) – art. 144 do CTN e Súmula 112/STF. Admite-se retroatividade apenas da legislação posterior mais benéfica em relação à penalidade pecuniária (*lex mitior*), nunca quanto à alíquota do imposto – art. 106, II, *c*, do CTN; V: correta. A sistemática de partilha por escritura pública (art. 982 do CPC) não é prevista expressamente pelos dispositivos constitucionais que tratam do ITCMD. Entretanto, considerando que a competência jurisdicional para inventário ou arrolamento seria o do domicílio do falecido, em regra (art. 96 do CPC), é natural que esse seja o critério para definição da sujeição ativa tributária, no caso de bens móveis (inclusive direitos autorais). Gabarito "A".

(Cartório/MS – 2009 – VUNESP) Assinale a alternativa correta no que diz respeito ao imposto sobre a transmissão *causa mortis* e doação de quaisquer bens ou direitos.

(A) Relativamente a bens imóveis e respectivos direitos, compete ao Estado onde se processar o inventário ou arrolamento, ou tiver domicílio o doador, ou ao Distrito Federal.
(B) Relativamente a bens imóveis e respectivos direitos, compete ao Estado da situação do bem ou ao Distrito Federal.
(C) Se o doador tiver domicílio ou residência no exterior, a competência para sua instituição será regulada por lei ordinária.
(D) Se o *de cujus* possuía bens, era residente ou domiciliado ou teve o seu inventário processado no exterior, a competência para sua instituição será regulada por lei ordinária.
(E) Terá suas alíquotas máximas e mínimas fixadas por lei complementar.

A e B: o ITCMD relativo a bens imóveis é sempre devido ao Estado (ou ao DF) em que o bem está localizado, razão pela qual a assertiva A é incorreta e a B, correta – art. 155, § 1º, I, da CF; C e D: incorretas, pois, nesses casos, a competência será regulada por lei complementar federal – art. 155, § 1º, III, *a* e *b*, da CF; E: assertiva incorreta, pois somente as alíquotas máximas (não as mínimas) serão fixadas pelo Senado Federal (por resolução, não por lei complementar). Gabarito "B".

(Magistratura/SP – 2008) O Imposto sobre Transmissão *Causa Mortis*

(A) é de competência municipal.
(B) será cobrado no local onde se processa o inventário, independentemente da natureza dos bens.
(C) tem por base de cálculo o valor da herança, incluindo a meação.
(D) tem suas alíquotas máximas fixadas pelo Senado Federal.

Art. 155, I, e § 1º, da CF. A: a competência é estadual; B: no caso de bens móveis, será cobrado pelo Estado (ou DF) onde localizados; C: a meação não é transmitida (já era do cônjuge sobrevivente), ou seja, não há incidência do ITCMD; D: correto. Gabarito "D".

(Procurador do Estado/PB – 2008 – CESPE) Acerca do imposto sobre transmissão *causa mortis* e doação, julgue os seguintes itens.

I. Esse imposto incide sobre as transmissões onerosas.
II. De acordo com o ordenamento jurídico, esse imposto é progressivo.
III. Se o doador tiver domicílio ou residência no exterior, a competência para a cobrança desse imposto é regulada por lei complementar.
IV. Esse imposto possui natureza fiscal, incidindo, inclusive, nas aquisições originárias, como é o caso do usucapião.
V. Na transmissão causa mortis, o fato gerador é único em razão da universalidade dos bens da herança.

A quantidade de itens certos é igual a

(A) 1.
(B) 2.
(C) 3.
(D) 4.
(E) 5.

I: é o oposto, pois somente transmissões não-onerosas são tributadas pelo Estado; II: o Judiciário não aceita a progressividade, nesse caso (por analogia, ver Súmula 656/STF); III: art. 155, § 1º, III, *a*, da CF; IV: não incide sobre usucapião, pois não há transmissão tributável; V: a afirmação é correta, pois com o falecimento, a universalidade de bens é transmitida e incide o tributo. Gabarito "B".

(Procurador do Estado/PI – 2008 – CESPE) Assinale a opção correta a respeito da cobrança do imposto sobre transmissão *causa mortis* e doação de quaisquer bens ou direitos.

(A) São imunes ao referido imposto as transmissões e doações feitas para os partidos políticos, incluindo as suas fundações.
(B) Para o cálculo do valor do imposto devido pelo fideicomissário, deve ser considerado o valor do bem ou do direito na data em que for aberta a sucessão.
(C) A base de cálculo do tributo cobrado na transmissão causa mortis será o valor venal dos bens e direitos na data da abertura da sucessão.
(D) Quando o beneficiário preenche a condição prevista em lei, o tributo incide sobre as doações de bens ou direitos de valor igual ou inferior a sessenta unidades fiscais do estado.
(E) Tratando-se de bens imóveis e de direitos a eles relativos, considera-se local da transmissão ou doação o local onde ocorrer o óbito ou o indicado no documento que formaliza a doação.

A: considerando que o donatário seja o contribuinte, há imunidade, nos termos do art. 150, VI, *c*, da CF; B e C: Súmula 113/STF; D: eventuais isenções são concedidas pela legislação local – o valor adotado para a isenção é piso acima do qual incide o tributo (não é teto abaixo do qual incide o tributo, como consta da alternativa, o que iria contra o princípio da capacidade contributiva); E: no caso de imóveis, considera-se o local em que localizado ou o Distrito Federal – art. 155, § 1º, I, da CF. Gabarito "A".

(Procurador do Estado/PI – 2008 – CESPE) Considerando que um indivíduo milionário tenha resolvido doar ações de empresas para uma fundação sem fins lucrativos, assinale a opção correta.

(A) Essa doação não será tributada, uma vez que a fundação é entidade isenta do pagamento do tributo de transmissão.
(B) A referida doação será objeto de tributação do imposto de propriedade, uma vez que o domínio útil é o fato gerador do imposto de transmissão na doação.
(C) Os direitos reais sobre móveis transmitidos, mesmo que onerosos, serão objeto de tributação na doação.
(D) Na doação de bens móveis, direitos, títulos e créditos, a qualquer título, considera-se ocorrido o fato gerador do imposto de doação na data da tradição ou transcrição, ou na data do contrato.
(E) Considera-se doação qualquer ato ou fato, oneroso ou não, que importe transmissão de quaisquer bens ou direitos.

A: a isenção é fixada pela legislação local. Para haver imunidade, é preciso preencher os requisitos do art. 14 do CTN, à luz do art. 150, VI, *c*, da CF (apenas para instituições de educação e de assistência social sem fins lucrativos); B, C e E: o fato gerador é a transmissão não-onerosa; D: a afirmação é correta (a transmissão é regulada pelo direito privado). Gabarito "D".

(Procurador do Estado/PR – 2007) Quanto ao Imposto sobre Transmissão *causa mortis* e doações (ITCMD) é correto afirmar que: ALTERNATIVAS:

(A) A materialidade da hipótese de incidência relativa à transmissão *causa mortis* abrange quaisquer bens e direitos recebidos em herança.
(B) A materialidade da hipótese de incidência relativa à transmissão *causa mortis* abrange somente os bens imóveis
(C) Não está sujeito ao princípio da anterioridade, ante norma constitucional de exceção.

(D) A materialidade da hipótese de incidência doações somente tem cabimento quando há doação expressa e por instrumento público.

(E) O excesso de meação não é hipótese de incidência do ITCMD quanto ao fato doação.

A e B: art. 155, I, da CF; C: não há exceção para esse tributo; D: não há essa restrição; E: se o cônjuge supérstite recebe mais do que sua meação, houve, em regra, transmissão não-onerosa e incidência do tributo. Gabarito "A".

(Auditor Fiscal/CE – 2006 – ESAF) Sobre o Imposto de Transmissão *Causa Mortis* e Doações, previsto no art. 155, I, da Constituição, inserido na competência dos estados e do Distrito Federal, julgue as afirmativas abaixo, e a seguir assinale a opção correta.

( ) Relativamente a bens imóveis, compete ao estado da situação do bem, ou ao Distrito Federal.

( ) A competência para a sua instituição será regulada por lei complementar, se o doador tiver domicílio no exterior.

( ) Terá suas alíquotas mínimas e máximas fixadas pelo Senado Federal.

(A) V – F – F
(B) F – V – V
(C) V – V – V
(D) F – F – V
(E) V – V – F

1ª: art 155, § 1º, I, da CF; 2ª: art. 155, § 1º, III, *a*, da CF; 3ª: somente as alíquotas máximas serão fixadas pelo Senado – art. 155, § 1º, IV, da CF. Gabarito "E".

11.8. ISS

(Procurador do Município/Florianópolis-SC – 2010 – FEPESE) De acordo com os critérios doutrinários de classificação dos tributos, o Imposto sobre Serviços de Qualquer Natureza (ISSQN), sujeito ao enquadramento por estimativa anual, é:

(A) Fixo e direto.
(B) Indireto e fixo.
(C) Indireto e progressivo.
(D) Direto e proporcional.
(E) Progressivo e indireto.

O ISS devido pelo sujeito passivo é calculado, em regra, pela multiplicação de uma alíquota pelo preço do serviço – arts. 7º e 8º da LC 116/2003, significando que é tributo variável e proporcional (não há progressividade de alíquotas em razão da base de cálculo). Nessa hipótese, é considerado tributo indireto, pois o ônus econômico do tributo é repassado ao consumidor do serviço. Ocorre que o ISS admite também a cobrança por valores fixos, nos termos do art. 9º, §§ 1º e 3º, do DL 406/1968, em relação a profissionais liberais (médicos, dentistas, arquitetos etc.) e a sociedades uniprofissionais (formadas exclusivamente por uma classe de profissionais liberais). Nessa hipótese, é considerando tributo fixo (não há alíquota em percentual) e direto (não há, em tese, repasse do ônus econômico ao consumidor do serviço).
A assertiva se refere ao tributo fixo e direto, cobrado anualmente de profissionais liberais e sociedades uniprofissionais, razão pela qual a alternativa "A" é a correta. Gabarito "A".

(Procurador do Município/Teresina-PI – 2010 – FCC) Ao instituir o imposto sobre serviços de qualquer natureza o Município elenca na lei o rol de serviços tributáveis por este imposto. Tratando-se de serviço semelhante, mas não previsto expressamente nesta lei, o Município

(A) poderá sofrer a incidência deste imposto se o serviço não for objeto de tributação por imposto de competência do Estado, pois neste caso caberá a aplicação da analogia.

(B) não poderá sofrer a incidência deste imposto porque é vedada a analogia que resulte na exigência de tributo não previsto em lei.

(C) poderá sofrer a incidência deste imposto em virtude da interpretação analógica, aplicável em casos de equidade.

(D) deverá sofrer incidência deste imposto por equidade, já que não se admite interpretação que resulte na dispensa do pagamento de tributo devido.

(E) está obrigado a tributar para evitar caracterização de renúncia de receita, desde que não altere o conteúdo e o alcance dos conteúdos legais.

A jurisprudência admite que a lista de serviços anexa à LC 116/2003 é taxativa (os Municípios e o Distrito Federal não podem tributar serviços que não constem dela). Entretanto, reconhece a possibilidade de interpretação extensiva de cada um de seus itens, especialmente quando há a expressão "e congêneres" ao final – ver REsp 1.111.234/PR repetitivo e Súmula 424/STJ. Por essa razão, o "serviço semelhante", desde que abrangido pela interpretação extensiva de algum dos itens da lista anexa, poderia ser tributado, em tese, pelo Município. Entretanto, nenhuma alternativa indica essa interpretação. Pelo contrário, as alternativas A, C e D são claramente erradas, pois não se pode exigir tributo por analogia ou por simples equidade, sem lei expressamente autorizativa – art. 108, § 1º, do CTN e princípio da legalidade. A alternativa "E" é discutível, pois, embora a norma e ente político realmente deva exigir todos os tributos de sua competência, como medida de responsabilidade fiscal (art. 11 da Lei da Responsabilidade Fiscal – LC 101/2000), isso não implica direito de exigir tributo sem expressa previsão legal. A alternativa "B" é a melhor, por exclusão das demais, considerando que "serviço semelhante" é expressão bastante subjetiva e pode, efetivamente, indicar atividade fora da competência tributária municipal. Ademais, como já dito, realmente não cabe exigência de tributo por analogia – art. 108, § 1º, do CTN. Gabarito "B".

(Defensoria Pública da União – 2010 – CESPE) Acerca do direito tributário e do sistema tributário nacional, julgue o item a seguir.

(1) Compete aos municípios instituir o ISS sobre o leasing financeiro, uma vez que o leasing é contrato complexo e não se confunde com contratos de aluguel, compra e venda ou com operação de crédito.

1: assertiva correta. O STF pacificou o entendimento de que incide ISS sobre leasing financeiro e lease-back, embora não incida na modalidade leasing operacional – ver RE 547.245/SC; Gabarito 1C.

(Magistratura Federal/5ª Região – 2009 – CESPE) O fisco municipal, tendo verificado a ocorrência do fato gerador do ISSQN, promoveu o lançamento tributário, após o que lhe foi entregue pelo contribuinte a devida declaração, que apontava para um valor de crédito tributário menor que o cobrado. O contribuinte, então, ajuizou uma ação ordinária e obteve, liminarmente, o direito de depositar em juízo o valor do tributo que fora confessado e de pagar a diferença do imposto cobrado somente após o trânsito em julgado da ação. Com base nessa situação hipotética, assinale a opção correta.

(A) O lançamento do ISSQN, no caso, ocorreu por homologação, e a decisão do juiz gerou suspensão do crédito tributário dos dois componentes do lançamento.

(B) Em regra, o lançamento do ISSQN é, por natureza, por homologação, e a decisão do juiz gerou suspensão do crédito tributário dos dois componentes do lançamento.

(C) O lançamento do ISSQN, nessa situação, ocorreu por homologação, e a decisão do juiz gerou suspensão do crédito tributário em relação ao imposto em litígio e extinção, quanto à parte confessada.

(D) O lançamento do ISSQN, no caso em tela, ocorreu de ofício e a decisão do juiz gerou suspensão do crédito tributário em relação ao imposto em litígio e extinção, quanto à parte confessada.

(E) Em regra, o lançamento do ISSQN é, por natureza, por homologação, e a decisão do juiz gerou extinção do crédito tributário dos dois componentes do lançamento.

A: incorreta, pois o lançamento do ISS foi de ofício, realizado pelo fisco antes da declaração do contribuinte. O depósito judicial suspendeu a exigibilidade do valor declarado e a decisão liminar do juiz suspendeu a exigibilidade da diferença entre o lançamento e a declaração do contribuinte; B: essa é a melhor alternativa. De fato, o lançamento do ISS é, em regra, feito por homologação. Entretanto, a jurisprudência entende que o próprio depósito judicial suspende a exigibilidade do crédito tributário (não é necessária, sequer, autorização prévia do juiz). Assim, não é exato afirmar que a decisão suspendeu a exigibilidade do total do valor lançado, embora o efeito prático seja o mesmo; C: incorreta, pois o lançamento foi de ofício e não houve extinção do crédito tributário, apenas suspensão de sua exigibilidade; D e E: incorretas, pois não houve extinção do crédito. Gabarito "B".

(Magistratura/SC – 2008) Assinale a alternativa INCORRETA:

(A) O fornecimento de concreto, por empreitada, para a construção civil, preparado no trajeto até a obra em betoneiras acopladas a caminhões, é prestação de serviços, sujeitando-se à incidência do Imposto Sobre Serviços (ISS).

(B) A jurisprudência atual do Superior Tribunal de Justiça afirma que não é cabível a dedução, da base de cálculo do Imposto Sobre Serviços (ISS), do valor dos materiais empregados na prestação de serviços de concretagem da construção civil.

(C) O poder de isentar é ínsito ao poder de tributar; quem tem o poder de impor determinado tributo, tem o poder de estabelecer isenções.

(D) As imunidades fiscais, instituídas por razões de privilégio, ou de considerações de interesse geral, excluem a atuação do poder de tributar.

(E) As contribuições sociais não se submetem ao regime das normas gerais tributárias.

A: Súmula 167/STJ; B: a afirmação é correta – o ISS incide sobre o preço total do serviço de construção civil (incluindo a concretagem); C: a afirmativa é correta – há restrição no caso do ICMS (art. 155, § 2º, XII, g, da CF); D: as imunidades impedem a tributação; E: as contribuições sociais são tributos e, como tais, submetem-se às normas gerais do direito tributário – art. 149 da CF. Gabarito "E".

(Cartório/SC – 2008) Sobre o ISQN é correto afirmar:

(A) É imposto compartilhado entre estados e municípios.
(B) O município detém total autonomia para instituir as hipóteses de incidência.
(C) A alíquota do ISQN não poderá ser superior a 5% do preço do serviço.
(D) Sob pena de extinção do crédito tributário, o município tem prazo de cinco anos para inscrever em dívida ativa o ISQN não pago.
(E) Incide sobre a prestação de serviços de telecomunicação.

A: a arrecadação do ISS não é compartilhada; B: os Municípios devem observar as normas constitucionais e nacionais relativas ao ISS – arts. 146, III, a, e 156, III, ambos da CF; C: há esse limite – art. 8º, II, da LC 116/2003; D: o prazo prescricional refere-se à execução do crédito, não à sua inscrição em dívida ativa – art. 174 do CTN; E: incide, nesse caso, o ICMS estadual – art. 155, II, da CF. Gabarito "C".

(Auditor Fiscal/RJ – 2008 – FGV) De acordo com o Ato das Disposições Constitucionais Transitórias da CRFB/88, a alíquota mínima do ISS é de:

(A) 5%.
(B) 2%.
(C) 3%.
(D) 0,5%.
(E) 1%.

A alíquota mínima do ISS é de 2% (art. 88 do ADCT) e a máxima, 5% (art. 8º, II, da LC 116/2003). Gabarito "B".

11.9. IPTU

(Defensoria Pública da União – 2010 – CESPE) Acerca do direito tributário e do sistema tributário nacional, julgue o item a seguir.

(1) Considere que o proprietário de imóvel localizado na zona urbana de determinado município tenha firmado contrato de promessa de compra e venda do bem com Maria. Nessa situação hipotética, tanto a promitente compradora (possuidora a qualquer título) do imóvel quanto o proprietário são contribuintes responsáveis pelo pagamento do IPTU.

1: assertiva correta, considerando que o promissário comprador é possuidor com *animus domini* – art. 34 do CTN – ver REsp 1.110.551/SP. Gabarito 1C.

(Magistratura/PI – 2008 – CESPE) Relativamente ao imposto de que trata o texto, assinale a opção correta.

(A) O IPTU é um imposto de competência municipal e somente pode ser criado por lei municipal ou, na hipótese de existência de território federal, pelo governo do próprio território.
(B) A lei pode estabelecer progressividade do IPTU em razão da renda do proprietário do imóvel tributado.
(C) Em caso de falecimento do proprietário do imóvel, o IPTU será cobrado pelo município em que se processar o inventário.
(D) A competência para instituição do IPTU é regulada por lei complementar, no caso de o proprietário ter domicílio ou residência no exterior.
(E) O IPTU pode ser progressivo no tempo, sendo essa uma das formas de apenação em caso de descumprimento de exigência pelo poder público municipal de adequado aproveitamento de solo urbano não-edificado, subutilizado ou não-utilizado.

A: Eventual Território Federal não terá competência tributária. No caso de Território dividido em Municípios, estes exigirão os tributos municipais. Caso o Território não seja dividido em Município, a União exigirá também os tributos municipais – arts. 147 e 156, I, ambos da CF; B: Não é possível essa espécie de progressividade, relativa ao IR – art. 156, § 1º, I, da CF; C: o falecimento do proprietário não altera a sujeição ativa (o Município do local do imóvel sempre cobrará o tributo); D: o domicílio do proprietário é irrelevante para a competência tributária; E: art. 182, § 4º, II, da CF. Gabarito "E".

(Ministério Público/BA – 2005) Assinale a alternativa correta:

(A) A função do IPTU (Imposto sobre Propriedade Predial e Territorial Urbana) é tipicamente fiscal, já que o seu objetivo primordial é a obtenção de arrecadação de recursos financeiros para os Municípios. Todavia, a Constituição Federal também prevê uma função extrafiscal no IPTU (Imposto sobre Propriedade Predial e Territorial Urbana), que pode taxar progressivamente a propriedade do solo urbano não edificada, não utilizada ou subutilizada, desestimulando assim a especulação imobiliária e a criação de obstáculos ao crescimento normal das cidades.
(B) As alíquotas do IPTU (Imposto sobre Propriedade Predial e Territorial Urbana) são delimitadas pela Constituição Federal e pelo Código Tributário Nacional.
(C) Somente a propriedade sobre prédio ou território localizado na área urbana constitui fato gerador do IPTU (Imposto sobre Propriedade Predial e Territorial Urbana), que não engloba os detentores de domínio útil ou de posse de bem imóvel, que são contribuintes apenas da TLF (Taxa de Localização e Funcionamento).
(D) A base de cálculo do IPTU (Imposto sobre Propriedade Predial e Territorial Urbana) é o valor venal do imóvel, fixado livremente pelos contratantes na compra e venda do imóvel urbano, sobre o qual incidirá a alíquota estabelecida por lei municipal.
(E) No Distrito Federal, a arrecadação do IPTU (Imposto sobre Propriedade Predial e Territorial Urbana) cabe ao Município de Brasília.

A: art. 182, § 4º, II, da CF; B: as alíquotas do IPTU são fixadas por cada município – não há limitação por norma nacional (apenas o princípio do não-confisco); C: o IPTU incide sobre a propriedade, o domínio útil e a posse de imóvel urbano – art. 32 do CTN; D: valor venal é o de mercado – preço que supostamente seria alcançado em uma venda normal, a vista; E: não há municípios no Distrito Federal – art. 147, *in fine*, da CF. Gabarito "A".

(Auditor Fiscal/RJ) O imposto sobre a propriedade predial e territorial urbana incide:

(A) sobre os imóveis por natureza e sobre os bens imóveis considerados por lei
(B) sobre os imóveis por natureza e sobre os imóveis por acessão física
(C) apenas sobre os imóveis por acessão física
(D) apenas sobre o bem imóvel por natureza

Art. 32 do CTN – o IPTU incide sobre o terreno (imóvel por natureza) e as construções (acessão física). Gabarito "B".

(Auditor Fiscal/RJ) Considera-se propriedade territorial urbana, para efeito do imposto de competência dos municípios, o seguinte tipo de propriedade:

(A) aquele definido pela Constituição Federal
(B) de módulo inferior a dois alqueires, e que esteja situado nos limites do município, não edificado, que não sirva à atividade agropecuária
(C) territorial situado na zona urbana, com abastecimento de água e sistema de esgoto sanitário mantido pelo Poder Público
(D) independentemente de outros fatores

Os parágrafos do art. 32 do CTN prevêem as regras para reconhecimento da zona urbana, para fins do IPTU. Gabarito "C".

11.10. ITBI

(Cartório/MS – 2009 – VUNESP) Acerca do imposto sobre a transmissão *inter vivos*, a qualquer título, por ato oneroso, de bens imóveis, por natureza ou acessão física e de direitos reais sobre imóveis – ITBI, é correto afirmar que

(A) incide sobre a transmissão de bens ou direitos incorporados ao patrimônio de pessoa jurídica em realização de capital.
(B) incide sobre a transmissão de bens ou direitos decorrente de fusão de pessoa jurídica quando a atividade preponderante do adquirente for a locação de bens imóveis.
(C) incide sobre a transmissão de bens ou direitos decorrente de incorporação de pessoas jurídicas, salvo se a atividade preponderante do adquirente for a de arrendamento mercantil.
(D) não incide sobre a transmissão de bens ou direitos decorrente da cisão de pessoas jurídicas quando a atividade preponderante do adquirente for a compra e venda desses bens ou direitos.
(E) não incide sobre a transmissão de bens ou direitos decorrente de incorporação quando a atividade preponderante do adquirente for a compra e venda desses bens ou direitos.

A: incorreta, pois há imunidade nesse caso – art. 156, § 2º, I, da CF; B: assertiva correta, pois o tributo incide quando há essa preponderância – art. 156, § 2º, I, *in fine*, da CF; C: é o oposto, pois, em regra, o imposto não incide na transmissão decorrente de incorporação; D e E: incorretas, pois a preponderância citada nas assertivas implica incidência do tributo – art. 156, § 2º, I, da CF. "B".

(Defensoria/PA – 2009 – FCC) Lei que fixa nova base de cálculo e majora as alíquotas do IPTU e do ITBI municipal, publicada em novembro de 2008 tem eficácia

(A) noventa dias a contar da publicação da nova lei para base de cálculo e alíquota do IPTU e do primeiro dia do exercício de 2009 para base de cálculo e alíquota do ITBI.
(B) a partir do primeiro dia do exercício de 2009
(C) a partir do primeiro dia do exercício de 2009 apenas para a nova base de cálculo do IPTU.
(D) noventa dias a contar da publicação da nova lei.
(E) noventa dias a contar da publicação da nova lei para base de cálculo e alíquota do ITBI e do primeiro dia do exercício de 2009 para base de cálculo e alíquota do IPTU.

Ambos os impostos (IPTU e ITBI) sujeitam-se à anterioridade comum ou anual do art. 150, III, *b*, da CF, ou seja, a majoração não pode ser exigida antes de 1º de janeiro do exercício seguinte ao da publicação (1.1.2009). Entretanto, a fixação da base de cálculo do IPTU é exceção ao princípio da anterioridade nonagesimal (art. 150, III, *c*, da CF), mas não a do ITBI. Assim, considerando que essa fixação da nova base de cálculo configurou majoração dos impostos (não foi simples correção monetária), o aumento do IPTU vale já em 1.1.2009, mas a do ITBI somente após 90 dias contados da publicação da lei. "C".

11. TEMAS COMBINADOS DE IMPOSTOS E CONTRIBUIÇÕES

(Magistratura Federal-5ª Região – 2011) Com relação aos impostos federais, assinale a opção correta.

(A) A imunidade tributária conferida aos partidos políticos, às entidades sindicais dos trabalhadores e às instituições de educação e de assistência social, sem fins lucrativos, não abrange o imposto sobre operações de crédito, câmbio e seguro, ou as relativas a títulos ou valores mobiliários.
(B) É constitucional a instituição de taxa municipal de conservação de estradas de rodagem cuja base de cálculo seja idêntica à do imposto sobre a propriedade territorial rural.
(C) A base de cálculo do imposto sobre a exportação corresponde, quando a alíquota for específica, ao preço normal que o produto ou seu similar alcançaria, ao tempo da exportação, em uma venda em condições de livre concorrência.
(D) Considera-se contribuinte do imposto de renda o titular de disponibilidade econômica ou jurídica, podendo a lei atribuir essa condição ao possuidor, a qualquer título, dos bens produtores de renda ou dos proventos tributáveis.
(E) O imposto sobre produtos industrializados, que pode ser seletivo, em razão da essencialidade do produto, deve ser não cumulativo e incidir sobre produtos industrializados destinados ao exterior.

A: Incorreta, pois o STF interpreta a menção a impostos sobre patrimônio, renda e serviços (art. 150, § 4º, da CF) de maneira ampla, abarcando todos os impostos que possam reduzir o patrimônio da entidade imune. Por essa razão, o IOF também está afastado; B: Incorreta, pois o STF não admite que a taxa tenha base de cálculo idêntica à de imposto, embora possa adotar elementos da base própria de determinado imposto – Súmula Vinculante 29/STF; C: Incorreta, pois, no caso de alíquota específica, a base de cálculo é a unidade de medida adotada pela lei tributária (por exemplo, R$ 0,10 por litro de suco de laranja) – art. 24, I, do CTN. A assertiva refere-se à base de cálculo para a alíquota *ad valorem* ou variável (por exemplo, 15% sobre o preço do produto) – art. 24, II, do CTN; D: Assertiva correta, conforme o art. 45 do CTN; E: Incorreta, pois o IPI é tributo não cumulativo, necessariamente, e não incide sobre exportações (há imunidade) – art. 153, § 3º, II e III, da CF. "D".

(MAGISTRATURA/PB – 2011 – CESPE) Com relação aos impostos estaduais e federais, assinale a opção correta.

(A) O IPVA, cobrado anualmente, submete-se, no que tange à alteração de sua base de cálculo, ao princípio da anterioridade, inclusive a nonagesimal.
(B) O ITR tem como base de cálculo o valor da terra nua.
(C) O IPI é seletivo, em razão da essencialidade do produto, de maneira que, em determinadas circunstâncias, pode ter alíquota zero, caso em que ocorre a isenção, ou imunidade tributária.
(D) O ICMS tem como fato gerador o deslocamento de mercadorias, inclusive de um estabelecimento para outro do mesmo contribuinte.
(E) Os estados e o DF, nos limites da sua esfera de competência e de acordo com a sistemática constitucional, têm plena liberdade para estabelecer as alíquotas do ICMS.

A: Incorreta, pois a fixação da base de cálculo do IPVA (assim como a do IPTU) não se submete à anterioridade nonagesimal (apenas à anual) – art. 150, § 1º, da CF; B: Correta, conforme o art. 30 do CTN (valor fundiário significa valor da terra nua, ou seja, excluídas as construções e outras benfeitorias); C: Incorreta, pois alíquota zero não se confunde com isenção (que é exclusão do crédito tributário fixada legalmente) ou com imunidade (que é norma constitucional que afasta a competência tributária); D: Incorreta, pois essa incidência é afastada pelo judiciário, conforme a Súmula 166/STJ; E: Imprecisa, pois a competência dos Estados e do DF é limitada, pois a alíquota interna não pode ser, em regra, menor que a interestadual, que é fixada pelo Senado Federal – art. 155, § 2º, IV e VI, da CF. Ademais, o Senado Federal pode também fixar alíquotas mínimas e máximas paras as operações internas, na hipótese prevista no art. 155, § 2º, V, da CF. Finalmente, alteração de alíquotas que impliquem incentivos fiscais devem ser autorizadas pelo Confaz – art. 155, § 2º, XII, *g*, da CF e art. 1º, p. único, IV, da LC 24/1975. "B".

(Magistratura/PE – 2011 – FCC) Em nosso sistema tributário, a não-cumulatividade e a essencialidade são atributos exclusivos

(A) do ICMS.
(B) do IR.
(C) dos impostos residuais.
(D) do ITR.
(E) do IPI.

A assertiva é imprecisa. O IPI é não cumulativo e deve ter alíquotas seletivas, conforme a essencialidade do produto, nos termos do art. 153, § 3º, I e II, da CF, razão pela qual a alternativa "E" é a melhor. Entretanto, o ICMS também é não cumulativo e *pode* ter alíquotas seletivas, conforme a essencialidade da mercadoria ou do serviço (é uma possibilidade, não uma imposição constitucional) – art. 155, § 2º, I e III, da CF. Finalmente, embora haja previsão constitucional expressa em relação a esses tributos, nada impede que outros sejam também cumulativos e tenham alíquotas seletivas conforme a essencialidade do produto, como um eventual imposto da competência residual, por exemplo – art. 154, I, da CF. "E".

(Magistratura/RO – 2011 – PUCPR) Considere as assertivas abaixo:

I. A não cumulatividade dos ICMS é regra e se mantém mesmo nos casos de isenção no meio da cadeia produtiva.
II. A não incidência do ICMS nunca implicará crédito para compensação do montante devido nas operações seguintes, já que não houve nelas qualquer pagamento.
III. Salvo determinação legal em contrário, a isenção do ICMS acarretará a anulação do crédito relativo às operações anteriores.

IV. A isenção do IPI não tem disciplina expressa e explícita sobre seu crédito no texto constitucional.
V. O IPI terá reduzido seu impacto sobre a aquisição de bens de capital pelo contribuinte do imposto.

Estão CORRETAS:

(A) Somente as assertivas I, II e III.
(B) Somente as assertivas I, II e V.
(C) Somente as assertivas II e V.
(D) Somente as assertivas III, IV e V.
(E) Somente as assertivas Ii, IV e V.

I: Incorreta, pois a isenção no meio da cadeia produtiva implica impossibilidade de creditamento pelo adquirente da mercadoria ou do serviço – art. 155, § 2º, II, a, da CF. Com isso, o montante do imposto cobrado nas operações anteriores (antes da operação isenta) é perdido em favor do fisco, ou seja, não reduz o valor cobrado nas operações posteriores, o que afasta pontualmente a não cumulatividade (o que é perfeitamente válido, frise-se, pois há expressa determinação constitucional); II: Incorreta, pois, embora em regra não haja creditamento, nada impede que a lei autorize excepcionalmente, conforme o art. 155, § 2º, II, in fine, da CF; III: Correta, conforme o art. 155, § 2º, II, a, da CF; IV: Assertiva correta, pois a normatização do IPI na Constituição (art. 153, § 3º) não é tão detalhada quanto a do ICMS (art. 155, § 2º). É interessante notar, entretanto, que o STF aplica a mesma regra, ou seja, afasta a possibilidade de creditamento de IPI no caso de produto isento, sujeito à alíquota zero ou não incidência, salvo disposição legal em contrário – ver AI 736.994 AgR/SP. Também determina o estorno de créditos de IPI no caso de produto final (saída do produto) isento ou sujeito à alíquota zero, antes da Lei 9.779/1999 (que passou a autorizar a manutenção do crédito) – ver AI 685.826 AgR/SP; V: Correta, conforme o art. 153, § 3º, IV, da CF. Gabarito "D".

(Magistratura Federal-4ª Região – 2010) Dadas as assertivas abaixo, assinale a alternativa correta.

Na discussão judicial da exclusão ou não de vendas inadimplidas da base de cálculo das contribuições COFINS e PIS, ficou firme na jurisprudência do Superior Tribunal de Justiça que:

I. Não se pode equiparar as vendas canceladas com as vendas inadimplidas.
II. Somente as vendas inadimplidas em que os vendedores tenham esgotado integralmente todos os meios regulares de cobrança sem sucesso dão direito a estorno das operações e consequente exclusão de base de cálculo das contribuições COFINS e PIS.
III. Tanto as vendas inadimplidas como as canceladas não permitem exclusão da base de cálculo daquelas contribuições, pois ocorreram os respectivos fatos geradores por ocasião da venda.
IV. Somente nos casos de comprovada fraude poderão as vendas ser excluídas da base de cálculo das contribuições para a COFINS e o PIS, para fins de sua apuração.
V. Basta a prova de apresentação de representação junto à autoridade policial para permitir a exclusão da base de cálculo da COFINS e do PIS das vendas inadimplidas mediante fraude.

(A) Está correta apenas a assertiva I.
(B) Está correta apenas a assertiva II.
(C) Estão corretas apenas as assertivas I e III.
(D) Estão corretas apenas as assertivas II e IV.
(E) Estão corretas apenas as assertivas I, III e V.

O STJ entende que as vendas inadimplidas devem ser contabilizadas como faturamento para fins de incidência da Cofins e da contribuição ao PIS, pois há efetivo negócio jurídico. Ademais, vendas inadimplidas não podem ser equiparadas a vendas canceladas (estas últimas excluídas das bases de cálculo, por determinação legal), pois não se pode utilizar a equidade para dispensar pagamento de tributo (art. 108, § 2º, do CTN) – ver AgRg REsp 1.055.056/RJ. I: Correta, conforme comentário inicial; II, III e V: Incorretas, pois vendas inadimplidas não permitem redução da base de cálculo das contribuições, por ausência de previsão legal, conforme comentários iniciais; IV: Incorreta, pois a ocorrência, ou não, de fraude, é irrelevante para a determinação da base de cálculo desses tributos. Gabarito "A".

(Procurador do Estado/SC – 2010 – FEPESE) De acordo com a Constituição Federal de 1988, é **correto** afirmar:

(A) O imposto sobre transmissão causa mortis e doação, de quaisquer bens ou direitos, terá suas alíquotas mínimas e máximas fixadas pelo Senado Federal.

(B) O imposto sobre transmissão causa mortis e doação, de quaisquer bens ou direitos, relativamente a bens imóveis e respectivos direitos, compete ao Estado da situação do bem, ou ao Distrito Federal.
(C) No caso do imposto sobre operações relativas à circulação de mercadorias e sobre prestações de serviços de transporte interestadual e intermunicipal e de comunicação, a isenção, salvo determinação em contrário da legislação, não acarretará a anulação do crédito relativo às operações anteriores.
(D) Cabe à lei complementar disciplinar os regimes de compensação e de parcelamento do imposto sobre operações relativas à circulação de mercadorias e sobre prestações de serviços de transporte interestadual e intermunicipal e de comunicação.
(E) O imposto sobre propriedade de veículos automotores terá alíquotas máximas fixadas pelo Senado Federal.

A: Incorreta, pois cabe ao Senado fixar as alíquotas máximas do ITCMD, apenas, e não as mínimas – art. 155, § 1º, IV, da CF; B: Assertiva correta, conforme o art. 155, § 1º, I, da CF; C: Incorreta, pois deve haver estorno do crédito, na hipótese – art. 155, § 2º, II, b, da CF; D: Incorreta, pois o parcelamento do ICMS é regulado pela lei de cada Estado e do Distrito Federal, inexistindo reserva de lei complementar em relação a essa matéria. Quanto ao regime de compensação do ICMS, a assertiva é verdadeira – art. 155, § 2º, XII, c, da CF; E: Incorreta, pois a competência do Senado refere-se apenas à alíquota mínima do IPVA, não máxima – art. 155, § 6º, I, da CF. Gabarito "B".

(Magistratura Federal/3ª Região – 2010) Assinale a alternativa correta

(A) Lei complementar poderá estabelecer critérios especiais de tributação, com objetivo de prevenir desequilíbrios de concorrência, sem prejuízo da competência da União, por lei, estabelecer normas de igual objetivo;
(B) As contribuições de intervenção no domínio econômico incidirão sobre as receitas decorrentes de exportação;
(C) A União poderá efetuar a cobrança do Imposto Territorial Rural (ITR) sobre pequenas glebas, ainda que o proprietário que as explore não possua outro imóvel rural;
(D) O IPI poderá incidir sobre produtos destinados ao exterior desde que não sejam caracterizados como essenciais.

A: assertiva correta, conforme o art. 146-A da CF; B: incorreta, pois essas receitas são imunes, nos termos do art. 149, § 2º, I, da CF; C: assertiva incorreta, pois há imunidade, nesse caso – art. 153, § 4º, II, da CF; D: incorreta, pois toda exportação é imune em relação ao IPI – art. 153, § 3º, III, da CF. Gabarito "A".

(Magistratura Federal/3ª Região – 2010) Assinale a alternativa incorreta:

(A) O imposto sobre produtos industrializados terá reduzido seu impacto sobre a aquisição de bens de capital pelo contribuinte do imposto, na forma da lei;
(B) As contribuições de intervenção no domínio econômico não poderão ter alíquota específica;
(C) O ouro, quando definido em lei como ativo financeiro ou instrumento de cambial, sujeita-se, exclusivamente, à incidência do imposto sobre operações de crédito, câmbio e seguro, ou relativas a títulos ou valores mobiliários;
(D) A lei determinará medidas para que os consumidores sejam esclarecidos acerca dos impostos que incidam sobre mercadorias e serviços.

A: assertiva correta, conforme o art. 153, § 3º, IV, da CF; B: essa é a alternativa incorreta, pois as CIDEs poderão ter alíquotas específicas – art. 149, § 2º, III, b, da CF; C: correta, nos termos do art. 153, § 5º, da CF; D: assertiva correta, conforme o art. 150, § 5º, da CF. Gabarito "B".

(Magistratura/SC – 2009) Assinale a alternativa INCORRETA:

(A) Compete ao Senado Federal fixar as alíquotas mínimas do IPVA.
(B) Segundo a orientação dominante do STJ, é indevida a cobrança de imposto de renda sobre as indenizações pagas a título de danos emergentes.
(C) O empréstimo compulsório, instituído no caso de investimento público de caráter urgente e de relevante interesse nacional, deve observar o princípio da anterioridade.
(D) Compete ao Senado Federal fixar as alíquotas máximas do ITCMD.
(E) A União poderá instituir, mediante lei complementar, impostos extraordinários na iminência ou no caso de guerra externa.

A: correta, conforme o art. 155, § 6º, I, da CF; B: assertiva correta, pois reflete a jurisprudência do STJ; C: assertiva correta, pois somente o empréstimo compulsório relativo a despesas extraordinárias é exceção à anterioridade anual e à nonagesimal – arts. 148, I, e 150, § 1º, da CF; D: correta, conforme o art. 155, § 1º, IV, da CF; E: essa é a assertiva incorreta, pois os impostos extraordinários podem ser criados por lei ordinária federal, não sendo necessária lei complementar – art. 154, II, da CF. Gabarito "E".

(Magistratura Federal/5ª Região – 2009 – CESPE - adaptada) Suponha que uma empresa de combustíveis, além de produzir álcool e combustíveis fósseis e realizar compras e vendas de petróleo e desses combustíveis no mercado internacional, também possua um laboratório que preste serviços de análise da qualidade de combustíveis para outras empresas. Nessa situação, assinale a opção que apresenta um tributo que deve ser aplicado à empresa e o seu correspondente fato gerador.

(A) taxa, pela prestação do serviço de análise laboratorial, desde que específico, divisível e efetivamente prestado
(B) IPI em razão da venda de gasolina para as distribuidoras
(C) contribuição de intervenção no domínio econômico, em razão da exportação de álcool
(D) contribuição de intervenção no domínio econômico, em razão da importação de petróleo
(E) contribuição social sobre faturamento relativo às exportações

A: incorreta, pois não há prestação de serviço público, de modo que não é possível a cobrança de taxa – art. 145, II, da CF; B: essa alternativa é questionável. No caso de importação de produto industrializado, a legislação do IPI prevê a incidência no desembaraço aduaneiro (art. 35, I, do RIPI) e também na saída subsequente no mercado interno (art. 35, II, do RIPI), ainda que o importador não realize qualquer atividade industrial (art. 9º, I, do RIPI). Há, entretanto, precedente do STJ pela não incidência do IPI na revenda do produto importado no mercado interno, pois seria bitributação – ver REsp 841.269/BA. Por esse último entendimento, adotado no julgamento citado, a alternativa B é incorreta; C: incorreta, pois há imunidade em relação a contribuições sociais e CIDE sobre receitas decorrentes de exportação – art. 149, § 2º, I, da CF (o dispositivo refere-se a não incidência, mas se trata de verdadeira imunidade, ou seja, norma constitucional que afasta a competência tributária); D: essa é a assertiva correta, pois incide contribuições sociais e CIDE sobre importação de combustíveis – arts. 149, § 2º, II, e 177, § 4º, da CF; E: incorreta, pois não incide contribuição social sobre a receita decorrente de exportação (faturamento é receita operacional) – art. 149, § 2º, I, da CF. Adaptamos a questão, pois essa alternativa indicava "contribuição social sobre o lucro, em razão do faturamento, na hipótese de a empresa apurar seu imposto de renda sobre o lucro real". Diferentemente do que constava do gabarito oficial, essa assertiva é verdadeira. Isso porque o STF modificou seu entendimento inicial e fixou a jurisprudência no sentido de que a imunidade prevista no art. 149, § 2º, I, da CF não abrange a CSLL, já que esse tributo não incide especificamente sobre as receitas decorrentes da exportação – ver RE 564.413/SC. Ou seja, pela jurisprudência atual do STF, incide CSLL sobre o lucro (a exemplo do IR), ainda que ele decorra de receitas advindas da exportação (o mesmo julgamento reconheceu a incidência da CPMF, na hipótese). Gabarito "D".

(Magistratura Federal/5ª Região – 2009 – CESPE) Entre as características de determinados impostos, estão a seletividade obrigatória, a não cumulatividade e a não incidência quando o bem ou o serviço destina-se ao exterior. Assinale a opção em que é apresentado imposto sobre o qual se aplicam as três características mencionadas.

(A) imposto sobre produtos industrializados
(B) imposto sobre a renda e proventos das pessoas jurídicas
(C) imposto sobre serviços de qualquer natureza
(D) imposto sobre operações de crédito, câmbio e seguro, ou sobre operações relativas a títulos ou valores mobiliários
(E) imposto sobre operações relativas à circulação de mercadorias e sobre prestações de serviços

A: assertiva correta, pois as três características aplicam-se ao IPI – art. 153, § 3º, I, II e III, da CF; B e D: incorretas, pois o IR e o IOF não têm nenhuma dessas características; C: assertiva incorreta, pois as alíquotas do ISS não são, necessariamente, seletivas, e o tributo é cumulativo. A tributação de exportação de serviços é excluída por lei complementar (art. 2º, I, da LC 116/2003, em conformidade com o art. 156, § 3º, II, da CF); E: embora o ICMS seja não cumulativo e não incida sobre exportações, a seletividade das alíquotas é, em princípio, opcional, não obrigatória como no caso do IPI – art. 155, § 2º, I, III e X, a, da CF. Gabarito "A".

(Procurador de Contas TCE/ES – CESPE – 2009) Com relação aos tributos e às suas espécies, assinale a opção incorreta.

(A) A contribuição de intervenção no domínio econômico é utilizada pela União quando ela atua como agente normativo e regulador da ordem econômica, exercendo as funções de fiscalização, incentivo e planejamento, nos termos da CF.
(B) Sobre as receitas decorrentes de exportação incide a contribuição social, mas não incide a contribuição de intervenção no domínio econômico.
(C) As contribuições no interesse de categorias profissionais ou econômicas, conhecidas também por contribuições corporativas, incluem as contribuições sindicais e as contribuições para os conselhos de fiscalização profissional.
(D) A contribuição para o custeio do serviço de iluminação pública deve obedecer tanto aos princípios da anterioridade quanto aos da noventena.
(E) Apenas os municípios e o DF podem instituir contribuição para custear o serviço de iluminação pública.

A: a assertiva descreve adequadamente as CIDE – art. 149 da CF; B: essa é a assertiva incorreta, pois as receitas decorrentes de exportação são imunes em relação às contribuições sociais e às CIDE – art. 149, § 2º, I, da CF; C: correta – art. 149 da CF; D: assertiva correta, nos termos do art. 149-A, *caput, in fine*, da CF; E: assertiva correta – art. 149-A, *caput*, da CF. Gabarito "B".

(Defensoria/PA – 2009 – FCC) Pode ser definido como hipótese de incidência de imposto e taxa, respectivamente,

(A) serviço de comunicação e serviços de qualquer natureza
(B) serviços de qualquer natureza e exercício regular do poder de polícia.
(C) transmissão de bem imóvel e serviço público específico e indivisível.
(D) propriedade e serviço de comunicação.
(E) serviço público específico e divisível e serviço de pavimentação.

A: incorreta, pois, embora incida ICMS sobre serviço de comunicação, os serviços de qualquer natureza não se sujeitam a taxa, mas sim ao ISS municipal – art. 156, III, da CF; B: essa é a correta, pois sobre os serviços de qualquer natureza incide o ISS e, em relação ao exercício do poder de polícia, incide a taxa – art. 145, II, da CF; C: incorreta, pois, embora incida ITCMD ou ITBI sobre a transmissão de bens imóveis (o último no caso de transmissão onerosa *inter vivos*), somente o serviço público específico e **divisível** (não **in**divisível) dá ensejo à taxa; D: incorreta, pois, embora diversos impostos incidam sobre a propriedade (ITR, IPVA, IPTU), o serviço de comunicação, prestado pelas concessionárias ou particulares, por exemplo, não dá ensejo a taxa, mas sim à incidência do ICMS; E: incorreta, pois sobre o serviço público específico e divisível incide taxa que, ademais, não pode incidir em relação ao serviço de pavimentação, pois este último não é divisível (é impossível quantificar a utilização do serviço por cada contribuinte). Gabarito "B".

(Procurador de Contas TCE/ES – CESPE – 2009) Com relação aos tributos estaduais, assinale a opção correta.

(A) O ITCMD incide sobre bens móveis, mas não sobre os bens imóveis, haja vista a natureza destes bens.
(B) O entendimento do STJ é de que o ICMS incide no serviço de provedores de acesso à Internet.
(C) Segundo o STJ, é legítima a cobrança de ICMS sobre operações interestaduais realizadas por empresa de construção civil, quando da aquisição de bens necessários ao desempenho de sua atividade fim.
(D) Em caso de inventário por morte presumida, incide o ITCMD.
(E) É inconstitucional lei complementar que conceda isenções do ICMS incidente nas operações com serviços e outros produtos destinados ao exterior, além dos previstos na CF.

A: incorreta, pois o ITCMD estadual incide sobre a transmissão de bens móveis e imóveis. O ITBI municipal é que incide apenas em relação a imóveis; B: incorreta, já que o STJ tem jurisprudência pacífica pela não incidência de ICMS, na hipótese – Súmula 334/STJ; C: incorreta. O STJ entende que as empresas de construção civil não são contribuintes do ICMS em relação às mercadorias aplicadas como insumos nas obras. Por essa razão, o Tribunal afasta a cobrança de diferencial de alíquota de ICMS na aquisição interestadual desses bens; D: assertiva correta, conforme a Súmula 331/STF; E: incorreta, pois, atualmente, essa lei complementar seria simplesmente inócua. Isso porque o texto constitucional atual afasta a incidência de ICMS sobre todas as exportações – art. 155, § 2º, X, a, da CF. Gabarito "D".

(Defensoria/SP – 2009 – FCC) Assinale a alternativa INCORRETA.

(A) O imposto de transmissão causa mortis e doação, de quaisquer bens ou direitos, que compete aos Estados e ao Distrito Federal, terá sua instituição regulada por lei complementar, quando o doador tiver domicílio ou residência no exterior.
(B) No tocante à repartição das receitas tributárias, estabelece a Constituição Federal que pertencem aos Municípios vinte e cinco por cento do produto da arrecadação do imposto do Estado sobre a propriedade de veículos automotores licenciados em seus territórios.
(C) São de competência dos Municípios os seguintes tributos: imposto sobre a propriedade predial e territorial urbana; imposto sobre serviços de qualquer natureza, definidos em lei complementar, desde que não compreendidos na tributação do ICMS e, por fim, o imposto sobre a transmissão inter vivos, a qualquer título, por ato oneroso.
(D) Segundo a Constituição Federal, o ICMS incide também sobre a entrada de bem ou mercadoria importados do exterior por pessoa física ou jurídica, cabendo o imposto ao Estado da localização do destinatário da mercadoria ou serviço.
(E) De acordo com a Constituição Federal, o ICMS não incide sobre operações que destinem petróleo, combustíveis e energia elétrica a outros Estados.

A: correta, conforme o art. 155, § 1º, III, *a*, da CF; B: incorreta, pois a parcela pertencente aos Municípios é de 50% – art. 158, III, da CF; C: assertiva correta, pois indica os três impostos da competência municipal – art. 156, I, II e III, da CF; D: correta, conforme o art. 155, § 2º, IX, *a*, da CF; E: correta, conforme o art. 155, § 2º, X, *b*, da CF. Gabarito "B".

(Magistratura/GO – 2009 – FCC) Dispõe o verbete no 656 das Súmulas do STF que "é inconstitucional a lei que estabelece alíquotas progressivas para o imposto de transmissão *inter vivos* de bens imóveis – ITBI com base no valor venal do imóvel". Por sua vez, o verbete no 668 das Súmulas do STF disciplina que "é inconstitucional a lei municipal que tenha estabelecido, antes da Emenda Constitucional no 29/2000, alíquotas progressivas para o IPTU, salvo se destinada a assegurar o cumprimento da função social da propriedade urbana". Considerando estes dois verbetes que expressam o entendimento do STF e a disciplina constitucional das limitações constitucionais ao poder de tributar, é correto afirmar que

(A) a progressividade de alíquotas viola o princípio da vedação ao confisco, na medida em que a alíquota vai aumentando gradativamente, independente da base de cálculo, levando em conta apenas critérios pessoais.
(B) o STF entende ser possível a aplicação de alíquotas progressivas nos casos expressamente autorizados na Constituição Federal.
(C) o STF só admite para o IPTU a progressividade de alíquotas no tempo, como instrumento da política urbana.
(D) a progressividade de alíquotas viola o princípio da capacidade contributiva, razão pela qual só pode ser aplicada excepcionalmente.
(E) na tributação extrafiscal é permitida a aplicação de alíquotas progressivas em razão da base de cálculo, como forma de estímulo ou desestímulo a determinados comportamentos.

A: incorreta, pois o entendimento jurisprudencial é pelo cabimento da progressividade apenas nos casos dos chamados impostos reais, cujo fato gerador é a propriedade ou a transmissão de bens. Não se trata, por essa lógica, de ofensa à vedação de confisco, mas à capacidade contributiva; B: assertiva correta, admitindo-se a progressividade no caso do IR, do IPTU e do ITR, esses dois últimos após as EC 29/2000 e 42/2003, respectivamente – art. 153, § 2º, I, e § 4º, I, e art. 156, § 1º, I, da CF; C: o STF passou a admitir a progressividade em razão da base de cálculo após a EC 29/2000; D: a progressividade de alíquotas, quando cabível, atende ao princípio da capacidade contributiva, conforme o art. 145, § 1º, da CF; E: admite-se a progressividade para observância da capacidade contributiva, não, em princípio, como indutor de condutas ou sanção por atos ilícitos. Gabarito "B".

(Magistratura/SC – 2009) Assinale a alternativa correta:

(A) Configura-se *bis in idem* a cobrança do IPI na importação de produtos industrializados.
(B) O ITR será fiscalizado e cobrado pelos Municípios que assim optarem, na forma da lei, desde que não implique redução do imposto ou qualquer outra forma de renúncia fiscal.
(C) O ITCMD, tributo de competência dos Estados e Distrito Federal, não incide na cessão gratuita de usufruto.
(D) O ITBI, tributo de competência dos Municípios e Distrito Federal, não incide na cessão onerosa de direitos à aquisição de imóvel.
(E) O princípio constitucional da progressividade do IPTU admite alíquotas progressivas em razão do valor do imóvel, metragem, uso e localização e função social da propriedade.

A: a assertiva é imprecisa. Referir-se ao *bis in idem* pressupõe indicar pelos menos dois tributos, o que não consta da afirmação. Existe incidência de imposto de importação e IPI, na importação de produto industrializado. Alguns autores afirmam que isso não é *bis in idem*, pois é previsto expressamente na Constituição, outros afirmam que é *bis in idem* legítimo, pela mesma razão. O resultado prático é o mesmo, pois a cobrança é válida. *Bis in idem* é termo normalmente utilizado para indicar incidência de tributos do mesmo ente político, o que não se confunde com bitributação, que é incidência de tributos de entes diversos (por exemplo, incidência de IPI e ICMS). A alternativa B é a melhor, pois claramente correta; B: assertiva correta, nos termos do art. 153, § 4º, III, da CF; C: incorreta, pois o ITCMD incide sobre transmissões gratuitas (doações) de bens e direitos de qualquer espécie, na forma da lei local – art. 155, I, da CF; D: incorreta, pois o ITBI incide sobre transmissões onerosas *inter vivos* de bens imóveis e também de direitos reais sobre bens imóveis, como é o caso indicado na assertiva – art. 156, II, da CF; E: incorreta, pois a Constituição permite a progressividade em relação ao valor do imóvel e a progressividade no tempo para cumprimento da função social da propriedade – arts. 156, § 1º, I, e 182, § 4º, II, da CF. É interessante lembrar, entretanto, que as alíquotas do IPTU podem ser diferenciadas de acordo com a localização e o uso do imóvel (não é progressividade, mas simples diferenciação de alíquotas) – art. 156, § 1º, II, da CF. Gabarito "B".

(Procurador do Estado/SP – FCC – 2009) Os impostos que possuem as características de seletividade, em função da essencialidade, e de não-cumulatividade são:

(A) IPI e ISS.
(B) IPI, ICMS e ISS.
(C) IPI e ICMS.
(D) IOF e IPI.
(E) ICMS e ISS.

O IPI e o ICMS são os impostos não cumulativos previstos na Constituição Federal – arts. 153, § 4º, II, e 155, § 2º, I, da CF. A União pode criar outros impostos (competência residual), que serão, necessariamente, não cumulativos – art. 154, I, da CF. O IPI deve ser seletivo e o ICMS pode ser seletivo em função da essencialidade dos bens ou serviços – arts. 153, § 4º, I, e 155, § 2º, III, da CF. Gabarito "C".

(Magistratura/SE – 2008 – CESPE) Francisco decidiu presentear seu futuro genro, Carlos, com um imóvel. Para tanto, fez contrato de promessa de doação, em 2/12/2007. Impôs, contudo, a condição de que a doação somente se concluiria no dia seguinte à celebração do casamento religioso e desde que já tivesse ocorrido o casamento civil, o qual foi celebrado em 15/12/2007 e o religioso, em 15/3/2008. Em 16/3/2008, foi lavrada a escritura de doação. Com base na situação hipotética acima, assinale a opção correta relativamente à ocorrência do fato gerador e do sujeito passivo da obrigação tributária, relativos ao imposto incidente sobre a doação (ITCMD) e ao IPTU.

(A) Em 1.º de janeiro de 2008, ocorreu o fato gerador do IPTU contra Carlos.
(B) Em 16/3/2008, ocorreu o fato gerador do ITCMD contra Francisco.
(C) A obrigação tributária do ITCMD nasceu em 2/12/2007.
(D) Em 16/3/2008, nasceu a obrigação tributária do IPTU contra Carlos.
(E) Não ocorrem efeitos tributários concretos, no ano de 2007, relativamente ao ITCMD, em razão da cláusula de condição do contrato.

As legislações municipais fixam, em regra, o momento da ocorrência do fato gerador em 1º de janeiro de cada ano. Em 01.01.2008 incidiu o IPTU. Nessa data, o proprietário (contribuinte) ainda era Francisco. Com o casamento religioso (15.03.2008) ocorreu a condição suspensiva para a doação (art. 117, I, do CTN). Com a efetiva transmissão do imóvel (16.03.2008) incide o ITCMD (há jurisprudência no sentido de que o imposto sobre transmissão somente é devido com a transcrição no registro imobiliário). Gabarito "E".

(Procurador do Estado/ES – 2008 – CESPE) Acerca dos tributos estaduais, julgue os itens que se seguem.

(1) É lícita, no território do estado do Espírito Santo, a incidência do ICMS nas operações de entrada de petróleo que não seja destinado à comercialização ou à industrialização, decorrente de operação interestadual.

(2) Constitui hipótese de isenção do ICMS a saída de embalagens quando não forem computadas no valor das mercadorias que acondicionam, desde que devam retornar ao estabelecimento remetente.

(3) Considere que Joaquina tenha adquirido, por herança, um imóvel localizado no estado do Espírito Santo que será destinado exclusivamente para a sua moradia, pois não possui outro imóvel. Nesse caso, a operação de transferência do imóvel para Joaquina está isenta do imposto sobre transmissão causa mortis e doações de quaisquer bens ou direitos (ITCD).

(4) Os proprietários dos veículos automotores terrestres com mais de dez anos de fabricação, licenciados no território do estado do Espírito Santo, estão isentos do pagamento do IPVA.

1: Art. 155, § 4º, I, da CF e art. 2º, § 1º, III, da LC 87/1996; 2: Cláusula Primeira do Convênio ICMS 88/1991; 3: A legislação local prevê essa isenção; 4: Não há essa isenção na legislação local. Gabarito 1C, 2C, 3C, 4E

(Magistratura/MS – 2008 – FGV) Com base na Constituição Federal de 1988, assinale a afirmativa incorreta.

(A) O ITR será progressivo e terá suas alíquotas fixadas de forma a desestimular a manutenção de propriedades improdutivas.

(B) A União poderá instituir na iminência ou no caso de guerra externa impostos extraordinários, compreendidos ou não em sua competência tributária, os quais serão suprimidos, gradativamente, cessadas as causas de sua criação.

(C) Em relação ao ICMS é facultado ao Senado Federal estabelecer alíquotas mínimas nas operações internas, mediante resolução de iniciativa de um terço e aprovada pela maioria absoluta de seus membros.

(D) Não incide ITBI sobre a transmissão de bens ou direitos incorporados ao patrimônio de pessoa jurídica em realização de capital, nem sobre a transmissão de bens ou direitos decorrente de fusão, incorporação, cisão ou extinção de pessoa jurídica, salvo se, nesses casos, a atividade preponderante do adquirente for a compra e venda desses bens ou direitos, locação de bens imóveis ou arrendamento mercantil.

(E) O IPI poderá ser seletivo, em função da essencialidade do produto, e será não-cumulativo, compensando-se o que for devido em cada operação com o montante cobrado nas anteriores.

A: art. 153, § 4º, I, da CF; B: art. 154, II, da CF; C: art. 155, § 2º, V, a, da CF; D: art. 156, § 2º, I, da CF; E: o IPI deve ser seletivo (não é opção, como no caso do ICMS) – art. 153, § 3º, I, da CF. Gabarito "E".

(Procurador do Estado/PB – 2008 – CESPE) Com referência ao Sistema Tributário Nacional, assinale a opção correta.

(A) O imposto sobre transmissão inter vivos, a qualquer título, por ato oneroso, de bens imóveis, por natureza ou acessão física, e de direitos reais sobre imóveis, exceto os de garantia, bem como cessão de direitos a sua aquisição, compete ao estado da Federação em que o bem esteja situado.

(B) As alíquotas mínimas e máximas do imposto sobre serviços de qualquer natureza são fixadas por lei ordinária.

(C) O imposto sobre propriedade territorial rural é fiscalizado e cobrado pelos municípios, apesar de permanecer com a União a competência para instituí-lo.

(D) As operações relativas a derivados de petróleo, combustíveis e minerais do País submetem-se apenas à incidência dos impostos sobre circulação de mercadorias e serviços, importação de produtos estrangeiros e exportação.

(E) O imposto sobre produtos industrializados relativo às exportações submete-se, tanto quanto os demais tributos, aos princípios da seletividade e não-cumulatividade.

A: o ITBI é da competência dos Municípios – art. 156, § 2º, II, da CF; B: por lei complementar, embora a mínima continue a ser prevista pelo art. 88 do ADCT – art. 156, § 3º, I, da CF; C: o ITR **pode** ser fiscalizado e cobrado pelos Municípios que optarem, nos termos do art. 153, § 4º, III, da CF; D: art. 155, § 3º, da CF; E: não incide IPI sobre exportação – art. 153, § 3º, III, da CF. Gabarito "D".

(Procurador do Estado/PB – 2008 – CESPE) O imposto cujo produto da arrecadação não pertence apenas ao ente que o tenha instituído é o imposto sobre

(A) transmissão causa mortis e doações.
(B) importação.
(C) propriedade de veículos automotores.
(D) transmissão inter vivos, a qualquer título, por ato oneroso, de bens imóveis, por natureza ou acessão física, e de direitos reais sobre imóveis, exceto os de garantia, bem como cessão de direitos a sua aquisição.
(E) grandes fortunas.

Art. 158, III, da CF – desses impostos, somente o IPVA (estadual) tem a receita distribuída (50% para o Município). Gabarito "C".

(Procuradoria Federal – 2007 – CESPE) Julgue o item seguinte.

(1) Não incide a contribuição provisória sobre a movimentação ou transmissão de valores e de créditos e direitos de natureza financeira (CPMF) sobre saques efetuados em caderneta de poupança, mas a lei admite a incidência do imposto sobre operações de crédito, câmbio e seguro, ou relativas a títulos ou valores mobiliários (IOF), na hipótese dos referidos saques.

1: Art. 2º, I, da Lei 9.311/1996 – obs.: a CPMF não subsiste. Gabarito 1E

(Procuradoria Distrital – 2007) No referente aos impostos sobre transmissão causa mortis, doação e propriedade de veículos automotores, é correto afirmar:

(A) o imposto sobre transmissão causa mortis relativo a bens imóveis e respectivos direitos, compete ao Estado onde se processar o inventário ou arrolamento.

(B) o imposto sobre propriedade de veículos automotores terá alíquotas mínimas fixadas pelo Senado Federal.

(C) o imposto sobre doação relativamente a bens móveis, títulos e créditos, compete ao Estado onde o referido negócio jurídico tiver sido consumado.

(D) o imposto sobre propriedade de veículos automotores não poderá ter alíquotas diferenciadas em função do tipo e utilização do bem.

(E) não há incidência de qualquer imposto quando há doação apenas de direitos.

A: compete ao Estado (ou DF) onde o bem imóvel se localiza – art. 155, § 1º, I, da CF; B: art. 155, § 6º, I, da CF; C: compete ao Estado (ou DF) do domicílio do doador – art. 155, § 1º, II, da CF; D: poderá sim – art. 155, § 6º, II, da CF; E: incide o ITCMD – art. 155, I, da CF. Gabarito "B".

(Procuradoria Federal – 2007 – CESPE) Julgue os itens seguintes.

(1) Visando dar efetividade ao princípio da capacidade contributiva, é lícito que lei municipal fixe adicional progressivo do IPTU em função do número de imóveis do contribuinte.

(2) Caso um cidadão firme contrato de promessa de compra e venda de imóvel residencial transcrito em nome de autarquia municipal, nesse caso, tal cidadão será considerado contribuinte do imposto sobre a propriedade predial e territorial urbana (IPTU) incidente sobre o referido imóvel.

(3) Mediante lei específica, os municípios podem estabelecer alíquotas progressivas para o imposto sobre a transmissão inter vivos, a qualquer título, por ato oneroso, de bens imóveis (ITBI) com base no valor venal do imóvel.

(4) Considerando-se que a pessoa jurídica SL Alimentos Ltda. seja cliente de certa instituição bancária, é lícito que esta instituição cobre da SL Alimentos Ltda. o imposto sobre serviços (ISS) incidente sobre os depósitos, as comissões e as taxas de desconto.

(5) Caso determinada empresa tenha prestado serviços de composição gráfica em embalagens de alimentos não perecíveis, nessa situação, o município competente somente poderá cobrar dessa empresa o ISS se a operação não envolver o fornecimento de mercadorias.

1: isso não é admitido pela jurisprudência do STF – Súmula 589/STF; 2: Art. 150, § 3º, *in fine*, da CF – a imunidade não aproveita ao particular; 3: isso é vedado pela jurisprudência – Súmula 656/STF; 4: Não incide ISS nessas hipóteses (exceto com relação a determinados serviços remunerados por comissão); 5: incide ISS – Súmula 156/STJ. Gabarito 1E, 2C, 3E, 4E, 5E

(Cartório/SE – 2007 – CESPE) Julgue os itens a seguir, relativos ao imposto de transmissão *inter vivos* (ITBI), ao imposto de transmissão causa mortis e doação (ITCMD) e ao imposto sobre a propriedade territorial rural (ITR).

(1) Considere a seguinte situação hipotética. A pessoa jurídica Limeira Olaria Ltda., que tem como atividade preponderante a fabricação de tijolos e telhas, incorporou a pessoa jurídica Casa Firme Imobiliária Ltda., que atua no ramo de compra e venda de bens imóveis. Na transação, houve a transmissão de um prédio localizado no centro de Belo Horizonte. Nessa situação, não será devido o ITBI pela incorporadora, Limeira Olaria Ltda.

(2) Considere que Adriano tenha falecido em São Paulo, tendo seu inventário sido processado em Brasília – DF, onde era domiciliado. Ele possuía um apartamento no Amazonas e um automóvel no Espírito Santo. Nessa situação, o ITCMD relativo à totalidade dos bens de Adriano deverá ser recolhido para o Distrito Federal.

(3) A base de cálculo do ITR relativo a imóvel localizado em área rural do estado de São Paulo será o valor venal do bem, devendo-se considerar o valor das construções, instalações, benfeitorias, culturas e pastagens.

1: Art. 156, § 2º, I, da CF – não incide ITBI nas transmissões de imóveis decorrentes de incorporação – importante salientar, no entanto, que haveria incidência do imposto municipal se a atividade da adquirente fosse preponderantemente imobiliária, nos termos do art. 37, §§ 1º a 3º, do CTN; 2: Art. 155, § 1º, I e II, da CF – o tributo sobre o imóvel é devido ao Estado do Amazonas (local do bem) e o ITCMD incidente sobre o automóvel (bem móvel) deve ser recolhido ao Distrito Federal (local do inventário); 3: Art. 29 do CTN (o ITR é calculado apenas sobre a terra nua). Gabarito 1C, 2E, 3E

(Ministério Público/BA – 2005) Assinale a resposta incorreta:

(A) É da competência exclusiva da União instituir contribuições sociais, de intervenção no domínio econômico e de interesse das categorias profissionais e econômicas, bem como o empréstimo compulsório.

(B) Tributo é toda prestação pecuniária compulsória instituída em lei e cobrada mediante atividade administrativa vinculada, que não constitua sanção de ato ilícito.

(C) A contribuição de melhoria é o tributo cuja obrigação tem por fato gerador a valorização de imóveis do contribuinte em decorrência da execução de obras públicas tão-somente pelo Município.

(D) O imposto sobre a renda e proventos de qualquer natureza é da competência da União, tem função nitidamente fiscal e como fato gerador o auferimento de renda acima de determinado parâmetro, alíquotas variadas e tem como contribuintes tanto a pessoa física quanto a pessoa jurídica.

(E) O ICMS (Imposto sobre a Circulação de Mercadorias e Serviços) também incide sobre os bens destinados a consumo ou ativo fixo.

A: art. 149 da CF; B: art. 3º, do CTN; C: todos os entes políticos (União, Estados, DF e Municípios) podem instituir e cobrar contribuição de melhoria, em relação às obras que realizem – art. 145, III, da CF; D: art. 153, III, da CF e art. 43 do CTN; E: a destinação a ser dada à mercadoria pelo adquirente é, em princípio, irrelevante para a incidência do ICMS (pode ter importância para ao creditamento). Gabarito "C".

12. GARANTIAS E PRIVILÉGIOS DO CRÉDITO

(MAGISTRATURA/PB – 2011 – CESPE) As garantias e os privilégios do crédito tributário, instituídos pela lei em favor do poder público, visam assegurar o recebimento da prestação tributária. Acerca de tais garantias e privilégios, assinale a opção correta.

(A) O bem de família, instituído por lei, pode ser penhorado em execução fiscal, independentemente da natureza do tributo cobrado em juízo.

(B) A fraude à execução fiscal ocorre com a alienação de bens pelo sujeito passivo em débito tributário para com a fazenda pública, após a regular inscrição do crédito tributário na dívida ativa, tornando-o insolvente.

(C) Os créditos tributários gozam de preferência em relação a quaisquer outros, incluindo-se os decorrentes da legislação trabalhista.

(D) O concurso de preferência para recebimento do crédito tributário entre as pessoas jurídicas de direito público obedece à seguinte ordem: municípios, estados e DF e, por fim, a União.

(E) Respondem pelo pagamento do crédito tributário todos os bens, presentes e futuros, do sujeito passivo, salvo os gravados por ônus real ou cláusula de inalienabilidade ou impenhorabilidade.

A: Incorreta, pois os bens e as rendas declarados absolutamente impenhoráveis pela lei não respondem pelo pagamento do crédito tributário – art. 184, *in fine*, do CTN. É importante salientar que a impenhorabilidade não pode ser oposta contra a cobrança de impostos, predial ou territorial, taxas e contribuições devidas em função do imóvel familiar – art. 3º, IV, da Lei 8.009/1990; B: Assertiva correta, conforme o art. 185 do CTN; C: Incorreta, pois o crédito tributário não prefere aos trabalhistas ou aos relativos a acidentes de trabalho – art. 186 do CTN; D: Incorreta, pois o concurso de preferências inicia-se pela União, passa a Estados e Distrito Federal e termina nos Municípios – art. 187, p. único, do CTN. É importante lembrar que esse concurso de preferências entre os entes políticos foi considerado constitucional pelo STF – Súmula 563/STF; E: Incorreta, pois mesmo os bens gravados por ônus real ou cláusula de inalienabilidade ou impenhorabilidade respondem pelo pagamento do crédito tributário – art. 184 do CTN. Gabarito "B".

(Magistratura/SP – 2009 – VUNESP) As garantias e privilégios do crédito tributário decorrem

(A) da noção de verticalidade que marca a relação jurídica tributária.

(B) do direito subjetivo público do Estado à plena satisfação de seu crédito.

(C) do fato de não se caracterizar o Direito Tributário também como um ordenamento jurídico obrigacional e comum.

(D) da plena independência do Direito Tributário em relação aos outros ramos do Direito.

A: essa é a melhor alternativa, pois, de fato, as garantias e privilégios decorrem da supremacia do interesse público sobre o privado (verticalidade = prevalência; horizontalidade = igualdade); B: a rigor, todos (inclusive os particulares) têm direito à plena satisfação de seus créditos, de modo que isso não é peculiaridade do fisco; C: incorreta, pois o Direito Tributário é reconhecido como obrigacional por muitos autores, já que tem por objeto primordial a relação jurídica obrigacional tributária; D: o Direito Tributário integra o sistema normativo brasileiro, não havendo falar em independência, mas apenas autonomia didática. Gabarito "A".

(Magistratura/MT – 2009 – VUNESP) No tocante às garantias e privilégios do crédito tributário, assinale a alternativa correta.

(A) Prefere a qualquer outro, seja qual for sua natureza ou o tempo de sua constituição, ressalvados, exclusivamente, os créditos decorrentes da legislação do trabalho.

(B) Na falência, os créditos tributários preferem aos créditos extraconcursais e aos gravados com garantia real.

(C) São considerados concursais os créditos tributários decorrentes de fatos geradores ocorridos no curso do processo de falência.

(D) A cobrança judicial do crédito tributário é sujeita a habilitação em falência, recuperação judicial, inventário ou arrolamento.

(E) São pagos, preferencialmente a quaisquer outros, os créditos tributários vencidos ou vincendos, a cargo de pessoas jurídicas de direito privado em liquidação judicial ou voluntária, exigíveis no decurso da liquidação.

A: assertiva incorreta, pois os créditos decorrentes de acidentes de trabalho também preferem aos tributários – art. 186, *caput*, do CTN. Ademais, há outros créditos preferenciais, a serem pagos antes dos tributários, no caso de falência – art. 186, parágrafo único, do CTN; B: incorreta, pois os créditos tributários relativos ao período anterior ao processo de falência não preferem aos extraconcursais (com diz o nome, estes não entram no concurso de credores) – art. 186, parágrafo único, I, do CTN; C: os créditos tributários relativos a fatos geradores ocorridos **durante** o processo de falência são extraconcursais – art. 188, *caput*, do CTN; D: incorreta, pois a cobrança do crédito tributário não é sujeita a concurso de credores ou habilitação em falência, recuperação judicial, concordata, inventário ou arrolamento – art. 187, *caput*, do CTN; E: assertiva correta, nos termos do art. 190 do CTN. Gabarito "E".

(Procurador do Estado/SC – 2009) A Fábrica de Doces Martinica Ltda não pagou uma dívida tributária, face a dificuldades financeiras. O sócio administrador, em seguida, conseguiu realizar a venda do único imóvel da sociedade, visando obter recursos para investir em aumento de produção e de faturamento, embora ficando a sociedade, momentaneamente, sem renda ou bens suficientes para pagar a dívida. Nessas condições, de acordo com o Código Tributário Nacional, essa alienação será considerada:

(A) Fraudulenta, desde que o crédito tributário esteja em fase de execução.
(B) Operação regular, se o débito estiver apenas inscrito em dívida ativa.
(C) Fraudulenta, desde que o crédito tributário esteja devidamente constituído, após decisão administrativa não contestada.
(D) Fraudulenta, desde que o crédito tributário esteja regularmente inscrito como dívida ativa.
(E) Fraudulenta, desde que tenha sido proposta a ação de execução fiscal, se provada a efetiva intenção do devedor.

A presunção de fraude contra a fazenda, por alienação ou oneração de bens, ocorre em relação às operações realizadas após a inscrição do crédito em dívida ativa, mesmo antes do início da execução – art. 185 do CTN. Gabarito "D".

(Magistratura/MS – 2008 – FGV) Em relação às preferências do crédito tributário previstas no CTN, assinale a afirmativa incorreta.

(A) São extraconcursais os créditos tributários decorrentes de fatos geradores ocorridos no curso do processo de falência.
(B) Na falência, o crédito tributário prefere a qualquer outro, seja qual for a natureza ou o tempo da constituição deste, ressalvados os créditos decorrentes de acidente de trabalho ou da legislação do trabalho, independentemente do seu valor.
(C) A cobrança judicial do crédito tributário não está sujeita a concurso de credores ou habilitação em falência, recuperação judicial, inventário ou arrolamento.
(D) São pagos preferencialmente a quaisquer créditos habilitados em inventário ou arrolamento, ou a outros encargos do monte, os créditos tributários vencidos ou vincendos a cargo do de cujus ou de seu espólio, exigíveis no decurso do processo de inventário ou arrolamento.
(E) São pagos preferencialmente a quaisquer outros os créditos tributários vencidos ou vincendos, a cargo de pessoas jurídicas de direito privado em liquidação judicial ou voluntária, exigíveis no decurso da liquidação.

A: esses créditos não entram no concurso de credores – art. 188 do CTN; B: na falência, o crédito tributário não prefere aos créditos extraconcursais ou às importâncias passíveis de restituição, nos termos da lei falimentar; e trabalhistas de até 150 salários mínimos e decorrentes de acidente do trabalho; nem aos créditos com garantia real, no limite do valor do bem gravado – art. 186, parágrafo único, I, do CTN; C: art. 187 do CTN; D: art. 189 do CTN; E: art. 190 do CTN. Gabarito "B".

(Magistratura/PA – 2008 – FGV) Com relação à Administração Tributária e às Garantias e Privilégios do crédito tributário, assinale a afirmativa incorreta.

(A) A certidão em que constar a existência de crédito não vencido, no curso de cobrança executiva em que tenha sido efetivada a penhora, ou cuja exigibilidade tenha sido suspensa, será considerada "positiva, com efeito, de negativa".
(B) A dívida regularmente inscrita goza de presunção de certeza e liquidez e tem o efeito de prova pré-constituída. Assim, com base na alteração introduzida no CTN pela Lei Complementar 118/05, presume-se fraudulenta a alienação ou oneração de bens ou rendas, ou seu começo, por sujeito passivo em débito para com a Fazenda Pública, por crédito tributário regularmente inscrito como dívida ativa.
(C) A penhora on-line, no Direito Tributário, encontra amparo no CTN e permite a decretação judicial da indisponibilidade dos bens e direitos do devedor, com a comunicação da decisão, preferencialmente por meio eletrônico, aos órgãos e entidades que promovem os registros de transferência de bens, a fim de que, no âmbito de suas atribuições, façam cumprir a ordem judicial.

(D) Segundo o CTN, os créditos tributários decorrentes de fatos geradores ocorridos no curso do processo de falência são considerados extraconcursais.
(E) A enumeração das garantias do crédito tributário pelo CTN é taxativa, pois não permite que outras garantias sejam previstas em lei.

A: art. 206 do CTN; B: arts. 204 e 185 do CTN; C: art. 185-A do CTN; D: esses créditos não entram no concurso de credores – art. 188 do CTN; E: a enumeração do CTN não é taxativa, pois as leis podem fixar outras garantias – art. 183 do CTN. Gabarito "E".

(Magistratura/AL – 2007 – FCC) Em nosso sistema tributário, a presunção de fraude à execução somente pode ser invocada pela Fazenda Pública nos casos de alienação

(A) ou oneração de bens do sujeito passivo após a inscrição do débito fiscal como dívida ativa.
(B) de bens do sujeito passivo após a inscrição do débito fiscal como dívida ativa.
(C) ou oneração de bens do sujeito passivo após a distribuição da execução fiscal.
(D) de bens do sujeito passivo após a distribuição da execução fiscal.
(E) ou oneração de bens do sujeito passivo após a lavratura do auto de infração.

A partir da inscrição em dívida ativa, há presunção de fraude na alienação ou na oneração (ou início dessas operações) de bens e rendas, exceto se o sujeito passivo reservar patrimônio suficiente para responder pelo débito – art. 185 do CTN. Gabarito "A".

(Magistratura/AL – 2007 – FCC) A indisponibilidade dos bens do sujeito passivo pode ser determinada pelo juiz sempre que

(A) o débito fiscal for originário da lavratura de auto de infração tributária contra o contribuinte.
(B) o sujeito passivo participe de grupo relacionado com o mercado bancário ou de capital.
(C) ficar caracterizada alienação ou oneração de bens em fraude à execução.
(D) o contribuinte, no prazo legal, não pagar e não forem encontrados bens passíveis de penhora.
(E) o contribuinte alienar o estabelecimento comercial, industrial ou profissional no curso do procedimento fiscal.

Art. 185-A do CTN – a indisponibilidade poderá ser decretada se o débito não for pago e não forem apresentados ou encontrados bens para penhora. Gabarito "D".

(Procuradoria Federal – 2007 – CESPE) Julgue o item seguinte.

(1) No processo falimentar, o crédito tributário não tem preferência sobre os créditos com garantia real, no limite do valor do bem gravado.

1: Art. 186, parágrafo único, I, *in fine*, do CTN. Gabarito 1C.

(Procurador da Fazenda Nacional – 2007 – ESAF)

● Créditos decorrentes de acidente de trabalho, e não apenas créditos trabalhistas, preferem ao crédito tributário.
● O crédito tributário não prefere aos créditos extraconcursais ou às importâncias passíveis de restituição, nos termos da lei falimentar.
● Na falência, dentro do limite do valor do bem gravado, o crédito tributário fica abaixo dos créditos com hipoteca.

(A) As três afirmações são verdadeiras.
(B) Só é verdadeira a primeira asserção.
(C) Só é falsa a terceira afirmação.
(D) Só é falsa a primeira.
(E) São todas falsas.

1ª: os créditos trabalhistas e acidentários preferem aos tributários – art. 186 do CTN; 2ª e 3ª: na falência, o crédito tributário não prefere àqueles indicados no art. 186, parágrafo único, I, do CTN. Gabarito "A".

(Procurador da Fazenda Nacional – 2007 – ESAF) Indique a opção que preenche corretamente as lacunas das asserções abaixo. 1) Decorre do CTN que a multa tributária _____, na falência, a mesma preferência dos demais _____. 2) _____ a dívida inscrita estar em fase de execução, para que se presuma fraudulenta a alienação de bem efetuada por _____, em débito para com a Fazenda Pública.

(A) tem / créditos tributários / Não precisa / sujeito passivo insolvente
(B) tem / créditos / Precisa / sujeito passivo insolvente
(C) não tem / débitos / Precisa / sujeito passivo
(D) não tem / créditos tributários / Não precisa / sujeito passivo insolvente
(E) tem / créditos tributários vencidos / Precisa / sujeito passivo

1: a multa tributária, na falência, fica ainda mais abaixo na lista de preferências, com relação ao tributo (a multa prefere apenas aos créditos subordinados) – art. 186, parágrafo único, III, do CTN; 2: A partir da inscrição em dívida ativa, há presunção de fraude na alienação ou na oneração (ou início dessas operações) de bens e rendas, exceto se o sujeito passivo reservar patrimônio suficiente para responder pelo débito – art. 185 do CTN. Gabarito "D".

(Auditor Fiscal/CE – 2006 – ESAF) Com a edição da nova lei de falências, houve a necessidade da alteração de alguns artigos do Código Tributário Nacional referentes às preferências dos créditos tributários. Assim, após a inserção das alterações mencionadas, podemos afirmar, exceto:

(A) o crédito tributário, bem como os seus acréscimos legais, em casos de falência, não preferem aos créditos extraconcursais.
(B) a cobrança judicial do crédito tributário não se sujeita à habilitação em falência ou recuperação judicial.
(C) em se tratando de pessoas jurídicas de direito público, haverá, entre elas, concurso de preferência, ocupando a União posição prioritária em relação às demais – Estados, Distrito Federal, Territórios e Municípios.
(D) havendo, concomitantemente, créditos tributários decorrentes de fatos geradores ocorridos antes, e créditos tributários decorrentes de fatos geradores ocorridos no curso do processo de falência, estes últimos terão prioridade em relação àqueles.
(E) a concessão de recuperação judicial dependerá da apresentação da prova de quitação de todos os tributos.

A e D: os créditos tributários decorrentes de fato geradores ocorridos no curso do processo de falência são extraconcursais, ou seja, não entram no concurso de credores – art. 188 do CTN; B: art. 187 do CTN; C: art. 187, parágrafo único, do CTN; E: art. 191-A do CTN. Gabarito "A".

(Auditor Fiscal/AM – 2005) Presume-se fraudulenta a alienação ou oneração de bens ou rendas, ou seu começo, por sujeito passivo em débito para com a fazenda pública por crédito tributário regularmente inscrito como:

(A) dívida ativa;
(B) lançamento;
(C) responsável;
(D) contribuinte;
(E) devedor solidário.

A inscrição em dívida ativa é o marco para a fixação da presunção de fraude prevista no art. 185 do CTN. Gabarito "A".

(Ministério Público/MA – 2002) Em relação à preferência do crédito tributário, é incorreto afirmar:

(A) Os créditos tributários da União preferem os dos Estados e os do Distrito Federal, e destes os dos Municípios;
(B) O crédito trabalhista não tem primazia sobre o crédito tributário;
(C) A preferência do crédito tributário se manifesta também nos processos de inventário ou arrolamento, ou a outros encargos do monte;
(D) Os salários e as indenizações têm privilégio sobre os créditos tributários;
(E) A preferência do crédito tributário justifica-se em razão da necessidade da cobertura e da importância que a lei atribui às pessoas que desempenham uma função de relevante valor social.

A: art. 187, parágrafo único, do CTN; B e D: os créditos trabalhistas e acidentários preferem aos tributários – art. 186, caput, do CTN; C: art. 189 do CTN; E: essa assertiva é genérica – de qualquer forma, a B é a melhor alternativa, pois claramente incorreta. Gabarito "B".

(Auditor Fiscal/RJ) No concurso de preferência entre a União, Estados, Distrito Federal e Municípios, é correto afirmar-se que:

(A) adota-se o princípio da par conditio creditorum, em todos os níveis;
(B) os municípios credores recebem pro rata, e em primeiro lugar;
(C) prevalece o rateio entre os entes da Federação;
(D) a União prefere aos demais.

Art. 187, parágrafo único, do CTN. Gabarito "D".

(Auditor Fiscal/RJ) Em se tratando de imóvel gravado com cláusula de impenhorabilidade, decorrente de disposição testamentária, é certa a afirmação de que:

(A) responde pela satisfação do crédito tributário, não sendo o gravame oponível à Fazenda na execução do seu crédito
(B) pode ser penhorado, desde que o crédito tributário preexista à morte do testador
(C) não pode ser objeto de penhora em execução fiscal do crédito tributário
(D) pode ser penhorado na falta de outros bens do devedor

A cláusula de impenhorabilidade não prejudica a pretensão fiscal – art. 184 do CTN. Gabarito "A".

13. ADMINISTRAÇÃO TRIBUTÁRIA, FISCALIZAÇÃO

(Procurador do Estado/SC – 2010 – FEPESE) Assinale a alternativa **correta**.

(A) O servidor público que se utilizar indevidamente do acesso restrito às informações protegidas por sigilo fiscal será punido com pena de suspensão de até cento e oitenta dias.
(B) É vedada a divulgação de informações, por parte da Fazenda Pública ou de seus servidores, relativas a parcelamento ou moratória.
(C) As punições de demissão, destituição de cargo em comissão e cassação de disponibilidade ou de aposentadoria, previstas aos casos de violação de sigilo fiscal, incompatibilizam o ex-servidor público para novo cargo, emprego ou função pública em órgão ou entidade da administração pública federal, pelo prazo de três anos.
(D) É permitida a divulgação, por parte da Fazenda Pública, de informação obtida em razão do ofício sobre a situação econômica ou financeira do sujeito passivo, mediante requisição de autoridade judiciária no interesse da justiça.
(E) O contribuinte poderá, por instrumento público ou particular, conferir poderes a terceiros para, em seu nome, praticar atos perante órgão da administração pública que impliquem fornecimento de dado protegido pelo sigilo fiscal, vedado o substabelecimento.

A e E: A análise dessas alternativas depende de conhecimento da legislação local, mas é possível resolver a questão com base no CTN e na legislação federal; B: Incorreta, pois o sigilo fiscal não abrange as informações relativas a parcelamento ou moratória – art. 198, § 3º, III, do CTN; C: Incorreta, pois o art. 4º da MP 507/2010 previa que a demissão, a destituição de cargo em comissão e a cassação de disponibilidade ou de aposentadoria, por violação do sigilo fiscal (ou por permitir ou facilitar a violação do sigilo fiscal), incompatibilizam o ex-servidor para novo cargo, emprego ou função pública em órgão ou entidade da administração pública federal, pelo prazo de cinco anos. É importante salientar, entretanto, que essa MP não foi convertida em lei e perdeu a eficácia em 15.3.2011. Ver também o art. 137 da Lei 8.112/1990; D: Essa é claramente a alternativa correta, pois a requisição de autoridade judiciária no interesse da justiça permite que a autoridade fiscal preste informações protegidas pelo sigilo – art. 198, § 1º, I, do CTN. Gabarito "D".

(Procurador Federal – 2010 – CESPE) Julgue o próximo item, relativo a obrigação e crédito tributários.

(1) Se determinada indústria traz matéria-prima do exterior, com isenção de impostos, para ser reexportada após sofrer beneficiamento, é ilícita a exigência de nova certidão negativa de débito no momento do desembaraço aduaneiro da respectiva importação, uma vez já comprovada a quitação de tributos federais quando da concessão do benefício inerente às operações pelo regime do drawback.

1: Assertiva correta, pois reflete o entendimento fixado pelo STJ em recurso repetitivo – ver Resp 1.041.237/SP (repetitivo). Gabarito 1C

(Procurador do Município/Boa Vista-RR – 2010 – CESPE) Com relação ao estado, ao poder de tributar e ao Sistema Tributário Nacional, julgue o item a seguir.

(1) Qualquer omissão de requisito legal previsto para constar no termo de inscrição de dívida ativa causa a sua nulidade absoluta, caso a omissão não seja sanada até a decisão de primeira instância.

1: correta, conforme o art. 203 do CTN. Gabarito 1C

(Magistratura/PA – 2009 – FGV) Agentes do Fisco Estadual apreenderam notas e livros fiscais, durante determinada atividade fiscalizadora na empresa Beta, sem estarem munidos de mandado judicial para tal fim. Esse procedimento é considerado:

(A) ilegal, pois qualquer apreensão de bem de empresa só pode ser feita através de mandado judicial.
(B) abusivo, por representar excesso do exercício do poder de fiscalização.
(C) inconstitucional, pois desta forma estariam quebrando o sigilo de dados da empresa.
(D) legal, sendo os documentos de exibição obrigatória pelo contribuinte.
(E) legal, se houver circunstância que o faça necessário, mas deve ser seguido do pedido ao Juiz que o convalide.

O fisco tem o poder de apreender a documentação fiscal relativa à fiscalização em curso, independentemente de autorização judicial (art. 195 do CTN), podendo, conforme o caso, solicitar auxílio policial – art. 200 do CTN. É importante ressaltar, entretanto, que o STF tem entendimento no sentido de que a inviolabilidade da casa (art. 5º, XI, da CF) abrange as áreas não abertas ao público nos escritórios e estabelecimentos empresariais, de modo que, caso os livros e documentos lá se encontrem, será necessária autorização judicial – ver HC 93.050/RJ-STF. Gabarito "D".

(Procurador do Estado/SC – 2009) Analise as seguintes alternativas relacionadas ao sigilo fiscal e, tendo em vista o disposto no Código Tributário Nacional e em normas correlatas, assinale a **correta**:

(A) Autoridade administrativa, no interesse da administração pública, pode solicitar à Fazenda Pública informações sobre a situação econômica ou financeira de sujeito passivo, obtidas em razão de fiscalização, desde que essas informações sejam necessárias para dar início a processo administrativo, no órgão requerente, para investigar a prática de infração administrativa por aquele sujeito passivo.
(B) Os Estados e o Distrito Federal poderão permutar informações com quaisquer Estados estrangeiros, sendo suficiente a prévia solicitação específica fundamentada em interesse relacionado à arrecadação e à fiscalização de tributos.
(C) A mútua assistência para fiscalização dos respectivos tributos e para permuta de informações entre a Fazenda Pública da União e as dos Estados, do Distrito Federal e dos Municípios independe de forma estabelecida previamente em lei ou convênio.
(D) Visando a garantia da preservação do sigilo, no caso de intercâmbio de informações sigilosas, no âmbito da Administração Pública, a entrega da informação à autoridade solicitante deve ser feita pessoalmente, mediante recibo, e desde que exista processo regularmente instaurado.
(E) A divulgação de informações relativas às inscrições na Dívida Ativa da Fazenda Pública é vedada de forma expressa e incondicional pelo Código Tributário Nacional.

A: incorreta, pois é preciso que o processo administrativo já esteja instaurado, para que a autoridade possa solicitar informações sigilosas – art. 198, § 1º, II, do CTN; B: incorreta, pois a permuta de informações sigilosas com Estados estrangeiros depende de tratado, acordo ou convênio – art. 199, parágrafo único, do CTN; C: incorreta, pois a permuta depende de lei ou convênio, nos termos do art. 199, *caput*, da CF; D: assertiva correta, pois reflete o disposto no art. 198, § 2º, do CTN; E: incorreta, pois a divulgação é autorizada, para fins de inscrição em dívida ativa – art. 198, § 3º, II, do CTN. Gabarito "D".

(Procurador do Estado/SC – 2009) Um contribuinte do imposto sobre operações relativas à circulação de mercadorias e sobre prestações de serviços de transporte interestadual e intermunicipal e de comunicação (ICMS) realizou vendas, em julho de 2005, devidamente registradas, mas efetuou o pagamento do valor de imposto fora do prazo regulamentar, em dezembro de 2005. Ocorre que, em setembro de 2006, auditoria contábil interna constatou que o valor das vendas registradas foi superior ao das vendas efetivas, e que ocorreu, por isso, um pagamento de imposto em valor maior do que o devido. Nessas condições, quanto ao direito à restituição do valor pago a maior, assinale a alternativa **correta**:

(A) O prazo para pleitear a restituição, na esfera administrativa ou judicial, é de cinco anos, contados da data de extinção do crédito tributário, ou seja, dezembro de 2005.
(B) O prazo para pleitear a restituição, na esfera administrativa ou judicial, é de cinco anos, contados da data de ocorrência do fato gerador.
(C) No caso de ser apresentado primeiramente pedido administrativo, prevê o Código Tributário Nacional que o prazo para propor ação judicial de restituição se suspende até a decisão administrativa.
(D) Na situação descrita ocorreu a transferência do ônus financeiro e, por isso, esse contribuinte somente terá direito à restituição do tributo se comprovar que o consumidor, como contribuinte de fato, expressamente o autoriza a recebê-lo.
(E) O prazo para pleitear a restituição, na esfera administrativa ou judicial, é de cinco anos, contados da data de extinção do crédito tributário que, para efeito de restituição, ocorre com a homologação tácita ou expressa do lançamento.

A: assertiva correta, pois o prazo é contado a partir do pagamento indevido – art. 168, I, do CTN c/c art. 3º da LC 118/2005; B: incorreta, pois o prazo é contado do pagamento indevido; C: incorreta, pois, no caso de prévio pedido na esfera administrativa e posterior denegação, o prazo para o pleito judicial é de dois anos a partir da recusa – art. 169 do CTN; D: incorreta, pois, nesse caso, houve erro contábil, apenas nos registros da empresa, de modo que o ônus econômico do tributo a maior não foi repassado ao adquirente da mercadoria. Inaplicável o art. 166 do CTN; E: incorreta, pois o prazo é contado do pagamento indevido. Gabarito "A".

(Magistratura/SE – 2008 – CESPE) Prevê a legislação tributária que é vedada a divulgação, por parte da fazenda pública ou de seus servidores, de informação obtida em razão do ofício sobre a situação econômica ou financeira do sujeito passivo ou de terceiros e sobre a natureza e o estado de seus negócios ou atividades. Tal regra se impõe contra diversas práticas, entre elas, a divulgação de informações relativas a

(A) representações fiscais para fins penais.
(B) inscrições na dívida ativa da fazenda pública.
(C) parcelamento.
(D) moratória.
(E) defesa de interesses de terceiros.

As alternativas A, B, C e D referem-se a situações as quais não se aplica a norma de sigilo prevista no art. 198, *caput*, do CTN, conforme o § 3º desse dispositivo. Assim, a única alternativa possível é a E. Gabarito "E".

(Magistratura/SE – 2008 – CESPE) A partir de 2003, a atividade de administração tributária recebeu especial atenção constitucional, sendo-lhe atribuídos, na Lei Maior, direitos e prerrogativas. Assinale a opção que não traduz uma dessas disposições constitucionais.

(A) A atividade de administração tributária deve ser exercida por servidores de carreiras específicas.
(B) Os servidores que exercem atividades da administração tributária têm autonomia e independência.

(C) É previsto que a administração tributária tenha recursos prioritários para a realização de suas atividades.
(D) As administrações tributárias dos três níveis de governo devem atuar de forma integrada.
(E) As administrações tributárias dos três níveis de governo terão poder de compartilhamento de cadastros e de informações fiscais, na forma da lei ou de convênio.

As alternativas A, C, D e E refletem as disposições do art. 37, XXII, da CF. Embora autonomia e, especialmente, independência sejam características de determinadas funções exercidas na administração tributária, isso não é regra absoluta (em face do princípio da hierarquia, por exemplo). Gabarito "B".

(Magistratura/SP – 2008) A respeito da fiscalização tributária, é correto afirmar que
(A) o Código Tributário Nacional não disciplina regras de fiscalização aos não contribuintes e aos contribuintes que gozem de imunidade tributária ou isenção de caráter pessoal.
(B) a Fazenda Pública pode divulgar as informações econômicas e financeiras do sujeito passivo, para investigação administrativa, desde que apurada em procedimento administrativo instaurado.
(C) a diligência será formalizada em termo escrito no qual constará o início da ação fiscal e o prazo em que terminará, sendo que transcorrerá por prazo indeterminado, na falta desta menção.
(D) o contribuinte é beneficiado pelas regras do Código Civil que protegem a informação de seus livros contábeis.

A: os não-contribuintes, os imunes ou os isentos também se submetem à legislação tributária – art. 194. parágrafo único, do CTN; B: art. 198, § 1º, II, do CTN; C: art. 196 do CTN – o início da diligência deve ser documentado e sua duração máxima é fixada pela legislação; D: essas normas civilistas não restringem a fiscalização tributária – art. 195 do CTN. Gabarito "B".

(Auditor Fiscal/RJ – 2008 – FGV) Não são obrigados a prestar à autoridade administrativa todas as informações de que disponham com relação aos bens, negócios ou atividades de terceiros:
(A) os tabeliães, escrivães e demais serventuários de ofício.
(B) os bancos públicos.
(C) as empresas de administração de bens.
(D) entidades ou pessoas que a lei designe, em razão de seu cargo, ofício, função, ministério, atividade ou profissão, quando o informante esteja legalmente obrigado a observar segredo em razão de cargo, ofício, função, ministério, atividade ou profissão.
(E) os bancos privados.

Com exceção da assertiva em "D", todas as demais indicam pessoas que devem fornecer informações ao fisco, na forma do art. 197 do CTN. Gabarito "D".

(Procurador do Estado/PR – 2007) Em diligência de fiscalização do ICMS – Imposto sobre a Circulação de Mercadorias e Serviços, realizada no estabelecimento comercial da sociedade "A", comercializadora de gêneros alimentícios, o Agente Fiscal responsável foi impedido de ter acesso aos arquivos magnéticos da contabilidade, sob o argumento de que tal pretensão fiscalizatória esbarra na garantia constitucional da intimidade privada e que além disso, os fatos tributários sob fiscalização relacionam-se com a empresa "B" que é mera fornecedora da empresa fiscalizadora. Diante disso foram lacradas pelo Agente as salas em que se encontravam os computadores da contabilidade.

Foi também requisitada força policial com o objetivo de promover a apreensão dos computadores e a interdição das atividades do estabelecimento.

Assinale a alternativa "FALSA": ALTERNATIVAS:
(A) o direito à fiscalização tributária decorre diretamente das regras consagradas nos artigos 194 e seguintes do Código Tributário Nacional que têm amparo expresso na Constituição Federal como modo de assegurar a operatividade do sistema tributário.
(B) Para efeitos da legislação tributária, não tem aplicação quaisquer disposições legais excludentes ou limitativas do direito de examinar mercadorias, livros, arquivos, documentos, papéis e efeitos comerciais ou fiscais dos comerciantes, industriais ou produtores, ou da obrigação destes de exibi-los, afigurando-se inaplicável a invocação de direito à intimidade privada.

(C) O âmbito subjetivo de aplicabilidade dos dispositivos referentes à fiscalização tributária atingem não só o contribuinte ou responsável tributário, mas também terceiros que de alguma forma estejam ligados ao fundamento material da imposição.
(D) As prerrogativas da Fazenda Pública concernentes à fiscalização tributária decorrem do princípio do dever de investigação que vincula a administração tributária, afigurando-se lícito ao agente fiscal adotar providências como a lacração de salas ou arquivos e, se necessário, a interdição das atividades do estabelecimento comercial.
(E) É lícito à administração tributária a requisição independentemente de ordem judicial de auxílio de força policial quando necessário à efetivação de medida prevista na legislação tributária, mesmo que não se configure fato definido em lei como crime ou contravenção.

A: art. 37, XXII, da CF e arts. 194 a 200 do CTN; B: art. 195 do CTN; C: art. 197 do CTN; D: a interdição das atividades é, em princípio, vedada, em face do direito ao livre exercício profissional e empresarial – Súmula 70/STF; E: art. 200 do CTN. Gabarito "D".

(Magistratura Federal – 5ª Região – 2007 – CESPE) Julgue o item seguinte.
(1) Nos termos da legislação tributária em vigor, é legítima a utilização de informações provenientes da arrecadação da CPMF para a instauração de procedimento administrativo-fiscal que objetive a cobrança de créditos relativos a outros tributos. Conforme entendimento do Superior Tribunal de Justiça (STJ), tal norma possui aplicação imediata, incidindo sobre fatos pretéritos.

1: O STJ aplicou, em relação ao art. 11, § 3º, da Lei 9.311/1996, o disposto no art. 144, § 1º, do CTN. Aplicam-se ao lançamento as normas relativas a critérios e processos de fiscalização, ainda que criadas posteriormente ao fato gerador. No caso, os dados da CPMF não majoram a exigência tributária, apenas permitem melhor fiscalização dos fatos pretéritos. Gabarito 1C.

(Procurador da Fazenda Nacional – 2007.2 – ESAF) A lei não previu expressamente como operações financeiras (como operação financeira), para fins de informação periódica à Administração Tributária da União,
(A) os depósitos à vista e a prazo
(B) os contratos de locação de cofres para guarda de pecúnia e outros valores
(C) a emissão de ordens de crédito
(D) os resgates em contas de depósitos à vista ou a prazo, inclusive de poupança
(E) os pagamentos em moeda corrente ou em cheques

Art. 5º, § 1º, da LC 105/2001. Gabarito "B".

(Procurador da Fazenda Nacional – 2007.2 – ESAF) Responda às questões abaixo, com Sim ou Não. Em seguida, indique a opção que contenha a seqüência correta. 1.º) O parcelamento especial, em até 180 meses, depende de arrolamento de bens ou apresentação de garantias? 2.º) A inclusão do nome no CADIN (Cadastro Informativo dos Créditos Não Quitados) depende de prévia comunicação (direta ou indireta) ao devedor? 3.º) A formalização da exigência tributária, feita por servidor de jurisdição diversa da do domicílio tributário do sujeito passivo é nula por incompetência do agente?
(A) Sim, Sim, Sim
(B) Não, Não, Não
(C) Sim, Não, Sim
(D) Sim, Sim, Não
(E) Não, Sim, Não

1º: não há, em regra, essa exigência – arts. 4º, V, e 5º, § 3º, ambos da Lei 10.684/2003 (PAES); 2º: art. 2º, § 2º, da Lei 10.522/2002; 3º: não há nulidade, desde que o servidor seja auditor fiscal do ente tributante. Gabarito "E".

(Procurador da Fazenda Nacional – 2007.2 – ESAF) Verifique a veracidade dos assertos abaixo e, em seguida, marque com V as proposições verdadeiras, e com F as falsas. Em seguida, indique a opção que contenha, na mesma seqüência, a resposta correta. 1.º) A participação de servidores públicos na cobrança da Dívida da União, a que se referem os artigos 21 da Lei n. 4.439, de 27 de outubro de 1964, e 1º, inciso II, da Lei n. 5.421, de 25 de abril de 1968 ("quota-parte"), é hoje devida aos Procuradores da Fazenda Nacional, quando a Fazenda é vencedora em juízo. 2.º) A parte da remuneração pela cobrança da dívida ativa e defesa judicial e extrajudicial da Fazenda Nacional, o Decreto-lei n. 1.025, de 1969, fixou em valor correspondente até a um mês do vencimento estabelecido em lei para o Procurador da Fazenda Nacional, observado o limite de retribuição, mandando que o pagamento se fizesse juntamente com o vencimento. 3.º) No CADIN, um cadastro de maus pagadores, como regra geral, conterá relação das pessoas naturais ou jurídicas que sejam responsáveis por obrigações pecuniárias vencidas e não-pagas, para com órgãos e entidades da Administração Pública Federal, direta e indireta, sejam de natureza tributária ou não.

(A) F, V, V
(B) V, F, V
(C) V, V, F
(D) V, V, V
(E) F, F, F

1º: trata-se de renda da União – art. 1º do Decreto-Lei 1.025/1969; 2º: art. 2º do Decreto-Lei 1.025/1969; 3º: art. 2º, I, da Lei 10.522/2002. Gabarito "A".

(Procurador da Fazenda Nacional – 2007.2 – ESAF) Com a Lei n. 9.964, de 2000, criou-se o Programa de Recuperação Fiscal - REFIS, destinado a promover a regularização de créditos da União, decorrentes de débitos _____, relativos a _____, com vencimento até 29 de fevereiro de 2000, _____. Assinale a opção que contenha as expressões que preencham corretamente, na ordem indicada, as lacunas acima.

(A) 1 de sujeitos passivos de qualquer natureza / tributos e contribuições administrados pela "Receita Federal do Brasil" / desde que inscritos em dívida ativa, ainda que não-ajuizados;
(B) 1 de pessoas naturais / tributos e contribuições administrados pela "Receita Federal do Brasil" / desde que constituídos àquela data;
(C) 1 de pessoas jurídicas / quaisquer receitas públicas, inclusive de natureza patrimonial / desde que inscritos em dívida ativa, ainda que não-ajuizados;
(D) 1 de pessoas físicas e jurídicas / tributos e contribuições administrados pela "Receita Federal do Brasil e pelo Instituto Nacional do Seguro Social – INSS" / constituídos ou não, desde que não tenham sua exigibilidade suspensa em decorrência de decisão judicial;
(E) 1 de pessoas jurídicas / tributos e contribuições administrados pela "Receita Federal do Brasil e pelo Instituto Nacional do Seguro Social – INSS" / constituídos ou não.

A alternativa E completa a assertiva, de modo que reflete o disposto no art. 1º da Lei 9.964/2000. Gabarito "E".

(Procurador da Fazenda Nacional – 2007 – ESAF)

• A inclusão de pessoa física no CADIN poderá ser efetuada pela Caixa Econômica Federal, se aquela for responsável por dívida de empréstimo vencida e não paga?

• A inexistência de registro de pessoa física no CADIN implica reconhecimento de regularidade de situação?

• O produto da arrecadação de multas incidentes sobre os tributos e contribuições administrados pela Secretaria da Receita Federal e próprios da União, as transferências tributárias constitucionais para Estados, Distrito Federal e Municípios constituirá receita do FUNDAF, destinado à melhoria da Administração Tributária?

(A) Sim, sim, sim;
(B) Não, não, não;
(C) Sim, não, sim;
(D) Não, não, sim;
(E) Sim, não, não.

1ª: é possível, desde que o empréstimo envolva recursos orçamentários (financiamento a Município, por exemplo) – art. 2º, § 8º, da Lei 10.522/2002; 2ª: não implica reconhecimento de regularidade – art. 4º da Lei 10.522/2002; 3ª: a assertiva é falsa – arts. 7º e 8º do DL 1.437/1975. Gabarito "E".

(Procurador da Fazenda Nacional – 2007 – ESAF)

• A concessão de medida cautelar fiscal contra a pessoa jurídica autoriza sua exclusão do REFIS.

• Qualquer valor cuja cobrança seja atribuída por lei à União poderá inscrever-se como Dívida Ativa da Fazenda Pública Federal, para fins de execução fiscal.

• A atualização monetária e os juros também integram a dívida ativa.

(A) As três afirmações são verdadeiras.
(B) Só é verdadeira a primeira asserção.
(C) Só é falsa a terceira afirmação.
(D) Só são verdadeiras as duas últimas.
(E) São todas falsas.

1ª: a concessão de cautelar fiscal suspende o crédito, de modo que o registro no CADIN pode ser suspenso – art. 7º da Lei 10.522/2002; 2ª: art. 2º, § 1º, da Lei 6.830/1980; 3ª: art. 2º, § 2º, da Lei 6.830/1980. Gabarito "A".

(Procurador do Estado/RR – 2006 – FCC) Considere as seguintes afirmações sobre a Administração Tributária:

I. O intercâmbio de informação sigilosa, no âmbito da Administração Pública, será realizado mediante processo regular instaurado, e a entrega será feita pessoalmente à autoridade solicitante, mediante recibo.

II. É vedada a divulgação de informações relativas a representações fiscais para fins penais.

III. É vedada a divulgação por parte da Fazenda Pública de informação obtida em razão do ofício sobre a situação financeira ou econômica do sujeito passivo.

IV. É vedada a divulgação de informação relativa a inscrições na dívida ativa.

V. É permitida a divulgação de informações relativas a parcelamento ou moratória.

SOMENTE estão corretas as afirmações

(A) I, II e V.
(B) I, II e IV.
(C) I, III e V.
(D) II, III, e IV.
(E) III, IV e V.

I: a assertiva é correta – art. 198, § 2º, do CTN; II e IV: não há essas vedações – art. 198, § 3º, I e II, do CTN; III: art. 198 do CTN (no entanto, o próprio dispositivo traz exceções); V: a assertiva é correta – art. 198, § 3º, III, do CTN. Gabarito "C".

(Auditor Fiscal/CE – 2006 – ESAF) De acordo com o disposto no art. 198 do Código Tributário Nacional, os servidores fazendários não podem divulgar informações obtidas sobre a situação econômica ou financeira de sujeitos passivos, em razão do ofício. Entre as hipóteses a seguir, assinale as que constituem exceção a essa regra e marque a opção correspondente. Não constitui(em) violação ao dever funcional de manutenção do sigilo das informações obtidas pelos servidores da Fazenda Pública:

I. fornecimento de informações a autoridade Judiciária.
II. divulgação de informações relativas a parcelamento ou moratória.
III. fornecimento de informações a membro do Ministério Público.
IV. divulgação de informações relativas a inscrições na Dívida Ativa da Fazenda Pública.

(A) Todos os itens estão corretos.
(B) Estão corretos apenas os itens I e III.
(C) Estão corretos apenas os itens II e IV.
(D) Estão corretos apenas os itens I, II e III.
(E) Estão corretos apenas os itens I, II e IV.

I: art. 198, § 1º, I, do CTN; II: art. 198, § 3º, III do CTN; III: não há, no CTN, exceção em favor dos membros do Ministério Público, que devem requerer informações sigilosas por intermédio do Judiciário; IV: art. 198, § 3º, II, do CTN. Gabarito "E".

(Auditor Fiscal/MS – 2006 – FGV) A fiscalização tem início, juridicamente:

I. pela emissão de termo apropriado, ou com a formalização de qualquer providência administrativamente tomada, pela autoridade fiscal competente, dispensada a comunicação do ato à pessoa fiscalizada ou ao seu representante legal, ou ao preposto de qualquer um deles;

II. pelo ato de apreensão de quaisquer bens ou mercadorias e retenção de documentos ligados a evento tributável, fato jurídico tributário ou infração;

III. pela adoção, por qualquer agente do Fisco, de medidas coercitivas tendentes a frustrar a evasão de tributo, antes da iniciativa voluntária do fiscalizado em apresentar bens ou coisas ou em prestar informações adequadas ao esclarecimento de situações.

Assinale:

(A) se apenas a afirmativa I estiver correta.
(B) se apenas a afirmativa III estiver correta.
(C) se apenas as afirmativas I e II estiverem corretas.
(D) se apenas as afirmativas II e III estiverem corretas.
(E) se todas as afirmativas estiverem corretas.

I: o início da fiscalização deve ser registrado nos próprios livros do fiscalizado – se registrado em separado, será entregue cópia autenticada ao interessado (art. 196, parágrafo único, do CTN); II e III: o início de qualquer procedimento administrativo ou medida de fiscalização, relacionados com a infração (apreensão de bens, retenção de documentos, requerimento de informações específicas etc.) afasta a espontaneidade do contribuinte para fins do benefício previsto no art. 138 do CTN (não há denúncia espontânea, conforme o parágrafo único desse dispositivo). Gabarito "D".

(Auditor Fiscal/MS – 2006 – FGV) Configurada a ocorrência de desobediência, embaraço ou resistência, pode o agente do Fisco:

(A) requisitar auxílio de força pública federal, ainda que o fato não esteja definido em lei como crime ou contravenção.
(B) requisitar auxílio de força pública estadual, desde que o fato esteja definido em lei como crime.
(C) requisitar auxílio de força pública federal, estadual ou municipal, desde que o fato esteja definido em lei como crime.
(D) requisitar auxílio de força pública federal, estadual ou municipal, ainda que o fato não esteja definido em lei como crime ou contravenção.
(E) requisitar auxílio de força pública federal, estadual ou municipal, desde que o fato esteja definido em lei como crime ou contravenção.

Art. 200 do CTN. Gabarito "D".

(Auditor Fiscal/AM – 2005) Considerando as normas de direito positivo em matéria fiscal, é INCORRETO afirmar que:

(A) a legislação tributária, observado o disposto no CTN, regulará, em caráter geral, ou especificamente em função da natureza do tributo de que se tratar, a competência e os poderes das autoridades administrativas em matéria de fiscalização da sua aplicação. A legislação acima referida aplica-se às pessoas naturais ou jurídicas, contribuintes ou não, inclusive às que gozem de imunidade tributária ou de isenção de caráter pessoal;
(B) para os efeitos da legislação tributária, não têm aplicação quaisquer disposições legais excludentes ou limitativas do direito de examinar mercadorias, livros, arquivos, documentos, papéis e efeitos comerciais ou fiscais, dos comerciantes industriais ou produtores, ou da obrigação destes de exibi-los;
(C) os livros obrigatórios de escrituração comercial e fiscal e os comprovantes dos lançamentos neles efetuados serão conservados até que ocorra a prescrição dos créditos tributários decorrentes das operações a que se refiram;
(D) é vedada a divulgação, por parte da Fazenda Pública ou de seus servidores, de informação obtida em razão do ofício sobre a situação econômica ou financeira do sujeito passivo ou de terceiros e sobre a natureza e o estado de seus negócios ou atividades;
(E) a Fazenda Pública da União e as dos Estados, do Distrito Federal e dos Municípios prestar-se-ão mutuamente assistência para a fiscalização dos tributos respectivos e permuta de informações, na forma estabelecida, em caráter geral ou específico, mediante previsão constitucional ou resolução do Senado Federal.

A: art. 194 do CTN; B: art. 195 do CTN; C: art. 195, parágrafo único, do CTN; D: art. 198 do CTN; E: a integração e o compartilhamento de cadastros e informações fiscais entre os fiscos dão-se na forma da lei ou de convênio (não se exige específica previsão constitucional ou resolução do Senado), conforme art. 37, XXII, da CF. Gabarito "E".

(Auditor Fiscal/MG – 2005 – ESAF) Considerando o tema "administração tributária", marque com (V) a assertiva verdadeira e com (F) a falsa, assinalando ao final a opção correspondente.

( ) É legal o exame dos livros contábeis das pessoas imunes.
( ) Mesmo os profissionais submetidos às regras do segredo profissional devem prestar, quando solicitadas, informações ao Fisco sobre seus clientes.
( ) Fica automaticamente inscrito em Dívida Ativa o tributo lançado não pago e não objeto de impugnação ou recurso administrativo.
( ) É ilegal a concessão de certidão positiva com efeito de negativa se existente crédito tributário ainda não vencido.

(A) V, F, F, V
(B) F, F, F, V
(C) F, F, V, V
(D) V, F, F, F
(E) V, V, F, V

1ª: mesmo as pessoas imunes sujeitam-se às obrigações acessórias e à fiscalização tributária – art. 194, parágrafo único, do CTN; 2ª: incorreto – art. 197, parágrafo único, do CTN; 3ª: art. 201 do CTN – a inscrição em dívida ativa deve ser promovida pela autoridade competente; 4ª: é possível a emissão de certidão positiva com efeitos de negativa, nessa hipótese – art. 206 do CTN. Gabarito "D".

14. DÍVIDA ATIVA, INSCRIÇÃO, CERTIDÕES

(Magistratura Federal-5ª Região – 2011) A pessoa jurídica Alfa teve seu nome inscrito em dívida ativa pela Receita Federal do Brasil em decorrência do não recolhimento, no prazo legal, do imposto sobre renda de pessoas jurídicas. A fazenda nacional, com base no termo de inscrição em dívida ativa, ajuizou execução fiscal, na qual incluiu o principal acrescido de juros de mora, na forma da lei. No entanto, no termo, não constava a data em que a dívida foi inscrita.

Com referência a essa situação hipotética, assinale a opção correta.

(A) A omissão da data da inscrição da dívida é causa de nulidade da inscrição, mas não do processo de cobrança dela decorrente.
(B) A quantia devida e a forma de calcular os juros de mora acrescidos não são considerados requisitos do termo de inscrição da dívida ativa.
(C) A nulidade do termo de inscrição da dívida ativa em razão da ausência da data de inscrição pode ser sanada, a qualquer tempo, mediante substituição da certidão nula.
(D) A nulidade do termo de inscrição da dívida ativa pode ser sanada, mediante substituição da certidão nula, devendo ser devolvido à devedora o prazo para defesa, que somente pode versar sobre a parte modificada.
(E) A presunção de liquidez da dívida regularmente inscrita em dívida ativa abrange o principal, mas não os juros de mora.

A: Incorreta, pois a omissão implica nulidade não apenas do termo de inscrição da dívida ativa, mas também do processo de cobrança respectivo, muito embora possa ser sanada até a decisão de primeira instância – art. 203 c/c o art. 202, IV, do CTN; B: Incorreta, pois esses são dados que devem constar do termo de inscrição – art. 202, II, do CTN; C: Incorreta, pois a correção somente pode ocorrer até a decisão de primeira instância – art. 203 do CTN; D: Correta, conforme o art. 203 do CTN; E: Incorreta, pois a presunção em favor da dívida inscrita (art. 204 do CTN) abrange os juros de mora, considerando que sua fluência não exclui a liquidez do crédito – art. 201, p. único, do CTN. Gabarito "D".

(MAGISTRATURA/PB – 2011 – CESPE) Tendo em vista que a inscrição do crédito tributário na dívida ativa faz-se depois de esgotado o prazo fixado para pagamento e levando em consideração a disciplina aplicável a essa matéria, assinale a opção correta.

(A) A dívida regularmente inscrita goza de presunção absoluta de certeza e liquidez.
(B) O lançamento substitui a inscrição na dívida ativa tributária, para todos os efeitos legais.

(C) A inscrição do crédito tributário na dívida ativa e a consequente expedição da certidão é pressuposto para a cobrança por meio de execução fiscal.
(D) É requisito da certidão da dívida ativa que dela constem os nomes do sujeito passivo da obrigação tributária e dos responsáveis, sob pena de ficar afastada a responsabilidade daqueles cujo nome não figure expressamente nela.
(E) O princípio da segurança jurídica impede a emenda ou substituição da certidão da dívida ativa em caso de omissão ou erro quanto aos requisitos formais, caso em que o vício da certidão acarreta a extinção do crédito tributário.

A: Incorreta, pois a presunção é relativa, podendo ser ilidida por prova inequívoca a cargo do sujeito passivo ou do terceiro a que aproveite – art. 204, p. único, do CTN; B: Incorreta, pois o lançamento constitui o crédito tributário – art. 142 do CTN, e a inscrição, instituto completamente diverso, ocorre posteriormente, caso não haja pagamento do crédito no prazo – art. 201 do CTN; C: Assertiva correta, pois somente a inscrição da dívida ativa permite a extração da certidão correspondente (CDA), que é título executivo extrajudicial para a execução fiscal – art. 585, VII, do CPC; D: Incorreta, pois a ausência do nome do responsável na CDA não impede o posterior redirecionamento da execução fiscal contra ele. A diferença é que se o nome do responsável consta da CDA, há presunção relativa em favor da fazenda – ver REsp 1.104.900/ES repetitivo; E: Incorreta, pois é possível a correção de vícios meramente formais na CDA até a decisão de primeira instância – Súmula 392/STJ: "A Fazenda Pública pode substituir a certidão de dívida ativa (CDA) até a prolação da sentença de embargos, quando se tratar de correção de erro material ou formal, vedada a modificação do sujeito passivo da execução." Gabarito "C".

(Ministério Público/MS – 2011 – FADEMS) É **incorreto** afirmar:

(A) tem o mesmo efeito de certidão negativa aquela da qual conste a existência de créditos em curso de cobrança executiva em que tenha sido efetivada a penhora;
(B) será responsabilizado pessoalmente pelo crédito tributário o funcionário que expedir certidão negativa, com fraude, contendo erro contra a Fazenda Pública;
(C) a anistia pode ser concedida limitadamente às infrações da legislação tributária concernente a determinado tributo;
(D) a isenção, independentemente de ser concedida por prazo certo e sob certas condições, pode ser revogada a qualquer tempo;
(E) a isenção não geral deve ser efetivada a cada caso por despacho da autoridade administrativa.

A: Correta, conforme o art. 206 do CTN; B: Assertiva correta, nos termos do art. 208 do CTN; C: Correta, pois a concessão limitada da anistia nesse caso é admitida pelo art. 181, II, a, do CTN; D: Essa é a alternativa incorreta, pois a isenção concedida por prazo certo e sob certas condições não pode ser revogada livremente – art. 178 do CTN – ver a Súmula 544/STF. É importante salientar que há entendimento no sentido de que a isenção pode ser revogada, mas aqueles que já preenchiam os requisitos para o benefício têm direito adquirido (ou seja, o benefício pode ser revogado, mas continua a ter eficácia em favor desses sujeitos passivos, até o término do prazo inicialmente assinalado); E: Correta, nos termos do art. 179 do CTN. Gabarito "D".

(Magistratura/SC – 2010) Assinale a alternativa correta:

(A) A Fazenda Pública, na execução fiscal, poderá substituir a Certidão da Dívida Ativa até a prolação da sentença de embargos, quando se tratar de correção de erro material e formal, vedada a modificação do sujeito passivo da execução.
(B) A Fazenda Pública, ajuizada a execução fiscal, só poderá substituir a Certidão da Dívida Ativa até a citação do devedor.
(C) A Fazenda Pública, na execução fiscal, só poderá substituir a Certidão da Dívida Ativa até a prolação da sentença de embargos, em qualquer hipótese.
(D) A Fazenda Pública, na execução fiscal, só poderá substituir a Certidão da Dívida Ativa para a correção de erro material e formal, podendo modificar o sujeito passivo da execução.
(E) A Fazenda Pública, na execução fiscal, poderá substituir a Certidão da Dívida Ativa, mesmo após a sentença de embargos, enquanto não transitar em julgado e modificar o sujeito passivo da execução.

A: Correta, pois é o teor da Súmula 392/STJ; B: Incorreta, pois a substituição da CDA pode ocorrer até a decisão de primeira instância – art. 203 do CTN; C: Incorreta, pois somente é possível a emenda ou substituição da CDA quando se tratar de correção de erro material ou formal, vedada a modificação do sujeito passivo da execução – Súmula 392/STJ; D: Incorreta, pois não é possível a modificação do sujeito passivo – Súmula 392/STJ. Nesse caso, é preciso cancelar a inscrição e a CDA, extinguindo-se a execução, com realização de novo lançamento, caso não tenha se esgotado o prazo decadencial; E: Incorreta, pois a substituição da CDA somente é possível até a sentença dos embargos – art. 203 do CTN e Súmula 392/STJ. Gabarito "A".

(Procurador do Município/Florianópolis-SC – 2010 – FEPESE) Diz-se que a Administração Tributária é o conjunto de órgãos públicos com a incumbência de aplicar a legislação tributária, tendo como atividades principais a fiscalização, a arrecadação e a cobrança.

Sobre a matéria, é **correto** afirmar:

(A) A Certidão de Dívida Ativa (CDA) constitui título executivo extrajudicial e tem presunção absoluta de liquidez e certeza.
(B) Estão sujeitos à fiscalização tributária todos os livros comerciais do sujeito passivo, cujo exame não se limita apenas aos pontos objeto da investigação.
(C) É lícita a recusa de expedição da certidão negativa ou positiva, com efeito de negativa, ao sujeito passivo com débitos fiscais incluídos em parcelamento.
(D) A Fazenda Pública pode substituir a Certidão de Dívida Ativa (CDA) até a prolação da sentença de embargos, quando se tratar de correção de erro material ou formal, admitindo-se, inclusive, a modificação do sujeito passivo da execução.
(E) Declarado e não pago o débito tributário pelo contribuinte, é legítima a recusa de expedição de certidão negativa ou positiva com efeito de negativa.

A: Incorreta, pois a presunção é relativa, podendo ser ilidida por prova inequívoca a cargo do sujeito passivo ou do terceiro a que aproveite – art. 204, p. único, do CTN; B: Incorreta, pois os exames dos livros empresarias pelo fisco limita-se aos pontos objeto da investigação – Súmula 439/STF e art. 195 do CTN; C: Incorreta, pois o parcelamento é modalidade de suspensão do crédito tributário (art. 151, VI, do CTN) e, portanto, implica direito à emissão da certidão positiva com efeito de negativa – art. 206 do CTN; D: Incorreta, pois não é possível a modificação do sujeito passivo – Súmula 392/STJ. Nesse caso, é preciso cancelar a inscrição e a CDA, extinguindo-se a execução, com realização de novo lançamento, caso não tenha se esgotado o prazo decadencial; E: Assertiva correta, pois a declaração do débito pelo contribuinte, relativo a tributo lançado por homologação, equivale à constituição do crédito respectivo, permitindo a imediata cobrança – Súmula 436/STJ e art. 205 do CTN. Gabarito "E".

(Procurador do Estado/CE – 2008 – CESPE) A fazenda pública de um estado da Federação, ao realizar a inscrição do crédito tributário na dívida ativa, não fez constar do termo de inscrição o domicílio conhecido do devedor. Considerando essa situação hipotética, assinale a opção correta acerca da omissão de requisito legal no termo de inscrição mencionado.

(A) A hipótese de omissão de requisito legal no termo de inscrição de crédito tributário na dívida ativa é causa de nulidade absoluta.
(B) Qualquer omissão de requisito legal no termo de inscrição de crédito tributário na dívida ativa pode ser sanada, desde que essa falha seja sanada até a decisão de primeira instância.
(C) A omissão de requisitos legais no termo de inscrição de crédito tributário na dívida ativa é passível de ser sanada, a qualquer tempo.
(D) Considerando-se a omissão identificada como causa de nulidade, esta não poderá ser sanada.
(E) O termo de inscrição, por ser ato administrativo, não está sujeito a nulidade absoluta e, portanto, poderá ser alterado a qualquer tempo.

A omissão não prejudica a execução fiscal, desde que sanada até a decisão de primeira instância, mediante substituição da certidão – art. 203 do CTN. Gabarito "B".

(Procurador do Estado/ES – 2008 – CESPE) Quanto à administração tributária e à dívida ativa tributária, julgue os itens seguintes.

(1) O servidor público da secretaria de fazenda estadual que obtiver, em razão de seu ofício, informações acerca da situação econômica de certo contribuinte tem o dever de sigilo quanto aos dados do contribuinte, exceto nos casos de solicitações de outras autoridades administrativas no interesse da administração pública.

(2) É lícita à fazenda pública federal e estadual a permuta de informações com Estados estrangeiros no interesse da arrecadação e da fiscalização dos tributos.

(3) Constitui dívida ativa tributária apenas o crédito proveniente de obrigação legal relativa a tributos, respectivos adicionais e multas.

1: A exceção exige processo regularmente instaurado, com entrega pessoal dos dados à autoridade solicitante, mediante recibo, que formalize a transferência e assegure a preservação do sigilo – art. 198, § 2°, do CTN. Ademais, há outras exceções, previstas nos demais parágrafos do art. 198 do CTN; 2: A permuta se dá por meio da União (não diretamente pelos Estados), nos termos de tratados ou convênios internacionais – art. 199, parágrafo único, do CTN; 3: Art. 201 do CTN e art. 2°, § 2°, da Lei 6.830/1980 – dívida ativa tributária, como diz o nome, refere-se aos créditos tributários, ou seja, tributos, penalidades pecuniárias e acréscimos correspondentes (correção monetária, juros e outros encargos). Gabarito 1E, 2E, 3C

(Procurador do Estado/PI – 2008 – CESPE) A respeito da dívida ativa, assinale a opção correta.

(A) Constitui dívida ativa tributária a proveniente de crédito de natureza tributária regularmente inscrita, cujo prazo para pagamento esteja esgotado.
(B) A fazenda pública está impedida de cobrar juros de mora de débito inscrito em dívida pública.
(C) Crédito tributário regularmente constituído pelo lançamento implica inscrição na dívida ativa.
(D) Auto de infração lavrado pelo fisco contra contribuinte justifica a sua inscrição na dívida pública.
(E) Inscrição na dívida ativa é mero procedimento administrativo e, por isso, não tem conseqüências jurídicas sobre a liquidez e certeza do crédito.

A: art. 201 do CTN; B: é possível a cobrança – art. 201, parágrafo único, do CTN; C e D: o crédito constituído pelo lançamento será inscrito em dívida ativa pela autoridade competente, depois de esgotados os prazos de pagamento e de recursos administrativos; E: A dívida regularmente inscrita goza da presunção de certeza e liquidez e tem o efeito de prova pré-constituída – art. 204 do CTN. Gabarito "A".

(Procurador do Município/Aracaju – 2008 – CESPE) Acerca da dívida ativa, julgue os próximos itens.

(1) A presunção absoluta de fraude, no caso de alienação de bens ou rendas, ou o seu começo, por seu sujeito passivo, nasce desde a constituição definitiva do crédito tributário por meio da lavratura de auto de infração.
(2) A presunção de certeza e liquidez de que goza a dívida ativa regularmente inscrita é sempre relativa.
(3) Constitui dívida ativa tributária a proveniente do crédito tributário definitivamente constituído, mediante a lavratura de auto de infração tributária.
(4) A cobrança de juros de mora feita administrativamente pela fazenda pública não impede, de maneira nenhuma, a inscrição do título como dívida ativa e sua execução.

1: A presunção de fraude tem início com a inscrição em dívida ativa e não é absoluta – art. 185, caput e parágrafo único, do CTN; 2: Art. 204, parágrafo único, do CTN: a presunção é relativa (pode ser ilidia por prova inequívoca); 3: O crédito definitivamente constituído (seja por lançamento comum ou por auto de infração) deve ser inscrito em dívida ativa pela autoridade competente, desde que esgotados os prazos de pagamento e de recursos administrativos – art. 201 do CTN; 4: Art. 201, parágrafo único, do CTN. Gabarito 1E, 2C, 3E, 4C

(Cartório/SP – 2008) A presunção de certeza e de liquidez do crédito regularmente inscrito em Dívida Ativa é

(A) absoluta, não podendo mais ser ilidida pelo sujeito passivo.
(B) relativa e pode ser ilidida por prova inequívoca, a cargo do sujeito passivo ou do terceiro a que aproveite.
(C) absoluta a partir da emissão da Certidão da Dívida Ativa – CDA.
(D) relativa e não tem o efeito de prova pré-constituída.

A presunção é relativa (pode ser ilidida por prova inequívoca) – art. 204, parágrafo único, do CTN. Gabarito "B".

(Ministério Público/AM – 2008 – CESPE) Uma certidão positiva de dívida ativa sem efeitos de negativa, obtida do fisco estadual, corresponde a uma certidão de que conste a existência de créditos

(A) não vencidos.
(B) em curso de cobrança executiva, em que esteja em curso o exame de embargos à execução.
(C) cuja exigibilidade esteja suspensa por moratória decretada.
(D) cuja exigibilidade esteja suspensa por decisão em mandado de segurança.
(E) cuja exigibilidade esteja suspensa por decisão em ação ordinária.

Perceba que o examinador refere-se a certidão positiva **sem** efeitos de negativa. Ou seja, é simples certidão positiva de débitos tributários (há débito exigível, em aberto). Atenção, não é certidão positiva **com** efeitos de negativa. As alternativas A, C, D e E descrevem hipóteses em que é possível a emissão de certidão positiva **com** efeitos de negativa (crédito não vencido ou com a exigibilidade suspensa) – art. 206 do CTN. A melhor alternativa é a B – os simples embargos à execução, sem garantia integral do débito, não permitem a extração de certidão positiva com efeito de negativa. Ver AgRg no REsp 1.030.569/RS. Gabarito "B".

(Procuradoria Distrital – 2007) Assinale a opção incorreta.

(A) A decisão administrativa desfavorável ao contribuinte, quer proferida por autoridade singular, quer emanada de órgão colegiado, não adquire, para ele, caráter definitivo.
(B) O auto de infração caracteriza autêntico lançamento tributário, uma vez que atende aos requisitos básicos previstos na legislação tributária, contendo o fato gerador da obrigação correspondente, a determinação da matéria tributável, o cálculo do montante do tributo devido, a identificação do sujeito passivo e a cominação da penalidade cabível.
(C) A lei poderá exigir que a prova da quitação de determinado tributo, quando exigível, seja feita por certidão negativa, expedida à vista de requerimento do interessado, que contenha todas as informações necessárias à identificação de sua pessoa, domicílio fiscal e ramo de negócio ou atividade e indique o período a que se refere o pedido.
(D) A certidão de que conste a existência de créditos não vencidos, em curso de cobrança executiva em que tenha sido efetivada a penhora, ou cuja exigibilidade esteja suspensa, tem os mesmos efeitos da certidão negativa.
(E) A certidão positiva com efeitos de negativa poderá, a critério da Administração Pública, ter sua validade restringida ou limitada nas hipóteses de licitação, concordata, transferência de propriedade e de direitos relativos a bens imóveis e móveis; e junto a órgãos e entidades da administração pública.

A: o contribuinte pode acessar o Judiciário; B: auto de infração é a denominação comumente utilizada no caso de lançamento de ofício decorrente da fiscalização; C: art. 205 do CTN; D: é a certidão positiva com efeitos de negativa – art. 206 do CTN; E: a certidão positiva com efeitos de negativa tem, como diz o nome, o mesmo efeito da certidão negativa, não podendo, portanto, ser recusada ou ter sua validade restringida pela Administração – art. 206 do CTN. Gabarito "E".

(Magistratura/SP – 2007) Constitui dívida ativa tributária a proveniente de crédito dessa natureza, regularmente inscrita na repartição administrativa competente, depois de esgotado o prazo fixado para pagamento, pela lei ou por decisão final proferida em processo regular. A dívida regularmente inscrita

(A) gera a presunção de certeza e liquidez e tem efeito de prova pré-constituída.
(B) gera a certeza e liquidez, mas não tem efeito de prova pré-constituída.
(C) estabelece o termo para fluência dos juros de mora.
(D) constitui em definitivo o crédito tributário.

Art. 204 do CTN – a presunção de liquidez e certeza e o efeito de prova pré-constituída permitem que a certidão da dívida ativa – CDA seja título executivo extrajudicial (art. 585, VI, do CPC). Gabarito "A".

(Procuradoria Distrital – 2007) Assinale a opção correta.

(A) A execução fiscal é o único local adequado para discussão judicial da Dívida Ativa, salvo as hipóteses de mandado de segurança, da ação de repetição do indébito e da ação anulatória do ato declarativo da dívida.
(B) Não é mais cabível, por impossibilidade jurídica do pedido, o ajuizamento da ação declaratória de inexistência do débito fiscal, tendo como objeto débito tributário ainda não inscrito em Dívida Ativa.

(C) A ação declaratória de inexistência de obrigação tributária é manejável apenas depois da inscrição, ficando a ação anulatória reservada para os casos de obrigação ainda não inscrita em Dívida Ativa.
(D) Das sentenças proferidas em primeira instância, nas execuções fiscais de valor igual ou inferior a 50 ORTN, só se admitem os recursos de embargos infringentes e de declaração. Das decisões emanadas desses recursos cabem os recursos especial e extraordinário.
(E) Não são cabíveis os embargos à arrematação ou à adjudicação nas execuções fiscais, mas tão-somente à execução, de terceiro e à penhora.

A: art. 38 da Lei 6.830/1980; B e C: há forte entendimento no sentido de que a declaratória cabe antes do lançamento e a anulatória, após a constituição do crédito; D: somente cabem os aclaratórios e os chamados "embarguinhos" dirigidos ao próprio juiz – art. 34 da Lei 6.830/1980 – embora o dispositivo não se refira aos recursos especial e extraordinário, não cabe o primeiro (REsp), pois não há decisão final proferida por Tribunal (art. 105, III, da CF); E: não há restrição com relação aos embargos à execução e de terceiros. Gabarito "A".

(Procuradoria Distrital – 2007) Assinale a opção correta.

(A) A Certidão de Dívida Ativa não pode ser emendada ou substituída nos autos da execução fiscal.
(B) A Certidão de Dívida Ativa pode ser substituída nos autos da execução fiscal em qualquer momento processual.
(C) A execução fiscal é extinta em qualquer momento processual, sem qualquer ônus para as partes, por motivo de cancelamento, a qualquer título, da inscrição da Dívida Ativa.
(D) A Administração Direta e Indireta das Pessoas Jurídicas de Direito Público interno dispõe, para cobrança de seus créditos tributários e não tributários, de título executivo extrajudicial chamado "Certidão de Dívida Ativa".
(E) A Dívida Ativa regularmente inscrita goza da presunção de certeza e liquidez, podendo, entretanto, haver emenda ou substituição da respectiva Certidão, desde que feita até a decisão de primeira instância.

A, B e E: a CDA pode ser substituída a até a decisão de primeira instância – art. 203 do CTN; C: a extinção sem ônus ocorre apenas até a decisão de primeira instância, nos termos do art. 26 da Lei 6.830/1980 – no entanto, há precedentes do STJ reconhecendo o direito a honorários, mesmo no caso de execuções não embargadas (especialmente quando há exceção de pré-executividade); D: a inscrição em dívida ativa e a CDA correspondente referem-se apenas à administração direta e às suas autarquias – art. 1º da Lei 6.830/1980. Gabarito "E".

(Procuradoria Federal – 2007 – CESPE) Julgue o item seguinte.

(1) Constituem dívida ativa da fazenda pública os créditos de natureza tributária, como os provenientes de impostos, e os créditos de natureza não-tributária, como os decorrentes das multas por infração a dispositivo da CLT.

1: A dívida ativa é tributária e não-tributária, nos termos do art. 2º da Lei 6.830/1980. Gabarito "C".

(Procurador da Fazenda Nacional – 2007.2 – ESAF) Verifique a veracidade dos assertos abaixo e, em seguida, marque com V as proposições verdadeiras, e com F as falsas. Em seguida, indique a opção que contenha, na mesma seqüência, a resposta correta.

( ) A dívida ativa tributária pode ser regularmente inscrita no curso do prazo fixado, para pagamento, pela lei ou por decisão final proferida em processo regular.
( ) A certidão da dívida ativa necessita vir acompanhada dos elementos necessários à comprovação da exigibilidade do crédito tributário.
( ) A maneira de calcular os juros de mora acrescidos ao crédito tributário deve constar da certidão da dívida ativa.

(A) F, F, V
(B) V, F, V
(C) V, V, F
(D) V, V, V
(E) F, F, F

1ª: a inscrição se dá após o prazo para pagamento – art. 201 do CTN; 2ª: a CDA goza de presunção de liquidez e certeza e deve conter apenas os dados relacionados no art. 202 do CTN; 3ª: a assertiva é correta – art. 202, II, do CTN. Gabarito "A".

(Procurador do Estado/RR – 2006 – FCC) O termo de inscrição da dívida ativa deverá conter, sob pena de nulidade, as seguintes informações, EXCETO:

(A) o nome do devedor e, sendo o caso, o dos co-responsáveis.
(B) a memória discriminada de cálculo da dívida.
(C) a natureza do crédito e a disposição da lei em que seja fundado.
(D) o número do processo administrativo de que se originou o crédito.
(E) a data em que foi inscrita.

Art. 202 do CTN – dentre os requisitos legais não está a memória discriminada do cálculo. Gabarito "B".

(Auditor Fiscal/MS – 2006 – FGV) A respeito da dívida tributária regularmente inscrita, pode-se afirmar que:

(A) goza de certeza, liquidez e tem efeito de prova pré-constituída.
(B) sua certeza pode ser ilidida por qualquer prova indiciária.
(C) goza de presunção absoluta de certeza e liquidez.
(D) somente pode ser desconstituída pelo sujeito passivo.
(E) não precisa ser líquida.

Art. 204 do CTN. Gabarito "A".

(Procurador do Estado/RR – 2006 – FCC) NÃO será expedida a certidão positiva de débitos com efeitos de negativa quando

(A) os débitos forem objeto de execução fiscal na qual foi apresentada apenas exceção de pré-executividade.
(B) o auto de infração que constituiu o crédito tributário foi impugnado pelo contribuinte, nos termos das leis reguladoras do processo administrativo tributário.
(C) os débitos estiverem incluídos no parcelamento.
(D) o contribuinte efetuou o depósito do montante integral dos débitos.
(E) os débitos forem objeto de ação anulatória na qual foi concedida a tutela antecipada.

A: a garantia da execução fiscal (penhora, fiança ou depósito integral), não é exigida para a apresentação de exceção de pré-executividade; B, C, D e E: as causas de suspensão do crédito permitem a emissão de certidão positiva com efeitos de negativa – art. 206 do CTN. Gabarito "A".

(Defensoria/SE – 2006 – CESPE) Julgue o item seguinte.

(1) Considere a seguinte situação hipotética. Uma sociedade comercial, depois de autuada pelo fisco, apresentou defesa administrativa, alegando inexistência de fraude. Enquanto tramitava o procedimento de constituição do crédito tributário, estando a administração rigorosamente em dia nos prazos estabelecidos pelo processo administrativo, a sociedade requereu a expedição de certidão negativa em seu favor. Nessa situação, poderá ser negada a certidão requerida.

1: O recurso administrativo interposto contra o lançamento (autuação) suspende a exigibilidade do crédito tributário e, portanto, permite a emissão da certidão positiva com efeitos de negativa (como diz o nome, tem o mesmo efeito da certidão negativa solicitada pelo interessado). A assertiva adota o entendimento de que a constituição do crédito (lançamento) somente se conclui ao final do procedimento administrativo, o que não muda o resultado da questão (é possível, na hipótese, a emissão de certidão negativa). Art. 206 do CTN. Gabarito 1E.

(Auditor Fiscal/AM – 2005) Considerando as regras do Código Tributário Nacional, é INCORRETO afirmar que:

(A) constitui dívida ativa tributária a proveniente de crédito dessa natureza, regularmente inscrita na repartição administrativa competente, depois de esgotado o prazo fixado, para pagamento, pela lei ou por decisão final proferida em processo regular;
(B) o termo de inscrição da dívida ativa, autenticado pela autoridade competente, indicará obrigatoriamente: o nome do devedor e, sendo caso, o dos co-responsáveis, bem como, sempre que possível, o domicílio ou a residência de um e de outros; a quantia devida e a maneira de calcular os juros de mora acrescidos; a origem e natureza do crédito, mencionada especificamente a disposição da lei em que seja fundado; a data em que foi inscrita; sendo caso, o número do processo administrativo de que se originar o crédito;

(C) a lei poderá exigir que a prova da quitação de determinado tributo, quando exigível, seja feita por certidão negativa, expedida à vista de requerimento do interessado, que contenha todas as informações necessárias à identificação de sua pessoa, domicílio fiscal e ramo de negócio ou atividade e indique o período a que se refere o pedido;

(D) a dívida regularmente inscrita goza da presunção de certeza e liquidez e tem o efeito de prova pré-constituída;

(E) a presunção que goza a dívida ativa é absoluta e pode ser ilidida por prova inequívoca, a cargo do sujeito passivo ou do terceiro a que aproveite.

A: art. 201 do CTN; B: art. 202 do CTN; C: art. 205 do CTN; D: art. 204 do CTN; E: a presunção é relativa (pode ser ilidida por prova inequívoca) – art. 204, parágrafo único, do CTN. Gabarito "E".

(Auditor Fiscal/RJ) É certo afirmar-se que o crédito tributário como dívida ativa:

(A) gera a presunção de certeza e liquidez do crédito tributário
(B) estabelece termo para a fluência do juro de mora
(C) constitui em definitivo o crédito tributário
(D) torna imutável o lançamento

Art. 204 do CTN. Gabarito "A".

15. REPARTIÇÃO DE RECEITAS

(Magistratura/RO – 2011 – PUCPR) Sobre a repartição das receitas tributárias, avalie as assertivas abaixo:

I. Os recursos arrecadados na fonte pelas autarquias municipais a título de imposto de renda sobre o pagamento feito a seus servidores, a qualquer título, não são repassados para a União.
II. Os recursos arrecadados pelas Fundações Distritais a título de imposto de renda sobre os rendimentos pagos aos seus servidores, diretamente na fonte, ficam nos cofres do Distrito Federal.
III. 25% do produto da arrecadação do ICMS sobre serviço de comunicação é repassado integralmente com o Município que o arrecadou.
IV. Todo o valor arrecadado pelo exercício da competência residual permanece com a União.
V. 48% do produto da arrecadação do IPI e do imposto de renda serão repassados diretamente aos Fundos de Participação dos Estados e dos Municípios.

Estão CORRETAS:
(A) Somente as assertivas I e III.
(B) Somente as assertivas II e IV
(C) Somente as assertivas III e IV.
(D) Somente as assertivas II e V.
(E) Somente as assertivas I e II.

I: Assertiva correta, pois a receita do imposto de renda retida pela autarquia municipal pertence ao Município correspondente – art. 158, I, da CF; II: Correta, pois a receita do imposto de renda retido na fonte por autarquias e fundações públicas pertence ao ente político correspondente – art. 157, I, da CF (admitindo que as Fundações Distritais sejam instituídas e mantidas pelo Distrito Federal); III: Incorreta, pois o ICMS não é arrecadado pelos Municípios, embora 25% da receita seja, efetivamente, repassada aos Municípios – art. 158, IV, da CF; IV: Incorreta, pois, se a União instituir imposto da competência residual, 20% da arrecadação pertencerá aos Estados e ao Distrito Federal – art. 157, II, da CF; V: Incorreta, considerando que dos 48% da receita do IPI repassados pela União apenas 45% são destinados aos Fundos estadual e municipal, e 3% são aplicados em programas de financiamento ao setor produtivo das Regiões Norte, Nordeste e Centro-Oeste, na forma do art. 159, I, c, da CF. Gabarito "E".

(Procurador do Município/Florianópolis-SC – 2010 – FEPESE) De acordo com as disposições constitucionais sobre a repartição das receitas tributárias, pertencem aos Municípios:

(A) O produto da arrecadação do imposto da União sobre operações financeira realizadas em seus territórios.
(B) Vinte por cento do produto da arrecadação do imposto que a União instituir no exercício da competência residual.
(C) Cinquenta por cento do produto da arrecadação do imposto do Estado sobre operações relativas à circulação de mercadorias e sobre prestações de serviços de transporte interestadual e intermunicipal e de comunicação.
(D) Vinte e cinco por cento do produto da arrecadação do imposto da União sobre a propriedade territorial rural, relativamente aos imóveis neles situados.
(E) Cinquenta por cento do produto da arrecadação do imposto do Estado sobre a propriedade de veículos automotores licenciados em seus territórios.

A: Incorreta, pois a Constituição Federal não prevê a repartição obrigatória da receita do IOF, exceto em relação ao imposto incidente sobre o ouro (ativo financeiro ou instrumento cambial). Nesse caso (do ouro), a receita do IOF federal é repartida integralmente entre Estados e Distrito Federal (30%) e Municípios (70%), conforme a origem do metal – art. 153, § 5º, da CF; B: Incorreta, pois a parcela do imposto da competência residual (20%) é destinada aos Estados e ao Distrito Federal, não aos Municípios – art. 157, II, da CF; C: Incorreta, pois os Municípios ficam com 25% da arrecadação do ICMS – art. 158, IV, da CF; D: Incorreta, pois os Municípios ficam com 50% da arrecadação do ITR (ou 100%, caso optem por fiscalizar e cobrar o imposto, na forma da lei) – art. 158, II, da CF; E: Essa é a alternativa correta, conforme o art. 158, III, da CF. Gabarito "E".

(Procurador do Município/Boa Vista-RR – 2010 – CESPE) Com relação ao estado, ao poder de tributar e ao Sistema Tributário Nacional, julgue o item a seguir.

(1) Sujeita-se à condição prevista em programa de benefício fiscal estabelecido pelo estado o repasse da quota constitucionalmente devida aos municípios em função das operações relativas à circulação de mercadorias e em função da prestação de serviços de transporte interestadual e intermunicipal e de comunicação.

1: errada, pois o repasse da parcela do ICMS aos Municípios não pode ser condicionado ou de outra forma restringido, exceto nas hipóteses expressamente previstas no art. 160, parágrafo único, da CF. Gabarito 1E.

(Magistratura/AC – 2008 – CESPE) Um sistema tributário envolve não apenas as atribuições para instituir tributos e as limitações ao poder de tributar, mas abrange, ainda, a repartição da receita arrecadada. Com relação a essa repartição, assinale a opção incorreta.

(A) Parte do produto da arrecadação do imposto estadual sobre a propriedade de veículos automotores licenciados no território de um município pertence a esse município.
(B) Parte do produto da arrecadação do imposto estadual sobre operações relativas à circulação de mercadorias e sobre prestações de serviços de transporte interestadual e intermunicipal e de comunicação é distribuída entre os municípios do respectivo estado.
(C) Parte do produto da arrecadação do imposto federal sobre renda e proventos de qualquer natureza é distribuída igualmente entre estados e municípios.
(D) Parte da arrecadação da contribuição de intervenção no domínio econômico sobre petróleo, derivados e combustíveis é distribuída entre estados e municípios.

A: 50% do IPVA pertence ao Município – art. 158, III, da CF; B: 25% do ICMS pertence aos Municípios – art. 158, IV, da CF; C: a distribuição não é igual, pois observa critérios relativos aos Fundos de Participação de Estados, do Distrito Federal e dos Municípios – art. 159, I, da CF; D: 29% da CIDE sobre combustíveis pertence aos Estados, ao Distrito Federal e aos Municípios – art. 159, III, da CF. Gabarito "C".

(Magistratura/PI – 2008 – CESPE) Constitui tributo arrecadado pela União e que não é distribuído com as unidades da Federação

(A) a contribuição provisória sobre a movimentação financeira.
(B) a contribuição de intervenção no domínio econômico relativa às atividades de importação ou comercialização de petróleo e seus derivados, gás natural e seus derivados, e álcool combustível.
(C) o imposto sobre operações de crédito, câmbio e seguro, ou sobre as operações relativas a títulos ou valores mobiliários ou relativas ao ouro, quando definido em lei como ativo financeiro.
(D) o imposto sobre operações de crédito, câmbio e seguro, ou relativas a títulos ou valores mobiliários ou relativas ao ouro, quando definido em lei como instrumento cambial.
(E) o imposto que venha a ser instituído pela União, no uso de sua competência residual.

A: a receita da CPMF não era partilhada com outras unidades da Federação; B: 29% da CIDE sobre combustíveis pertence aos Estados, ao Distrito Federal e aos Municípios – art. 159, III, da CF; C e D: a receita do IOF sobre ouro é distribuída para Estados, Distrito Federal e Municípios, na forma do art. 153, § 5º, I e II, da CF; E: 20% da receita do imposto residual (art. 154, I, da CF) pertence aos Estados e ao Distrito Federal – art. 157, II, da CF. Gabarito "A".

(Ministério Público/AM – 2008 – CESPE) Acerca da repartição da receita tributária, é correto afirmar que o estado do Amazonas

(A) tem direito a receber sua parcela sobre os 22,5% do produto da arrecadação do imposto de renda distribuídos aos estados na forma de fundo de participação.
(B) tem direito a receber sua parcela sobre os 22,5% do produto da arrecadação do IPI aos estados na forma de fundo de participação.
(C) tem direito a receber sua parcela sobre os 10% do produto da arrecadação do IPI, na proporção do que é arrecadado no estado, em relação ao total nacional.
(D) tem direito a receber sua parcela sobre os 29% do produto da arrecadação da contribuição de intervenção no domínio econômico relativa às atividades de importação ou comercialização de petróleo e seus derivados, gás natural e seus derivados, e álcool combustível.
(E) deve distribuir 25% da receita do IPVA entre os municípios.

A e B: a União entrega 21,5% (não 22,5%) da receita do imposto de renda e do imposto sobre produtos industrializados para o Fundo de Participação dos Estados e do Distrito Federal – art. 159, I, a, da CF; C: 10% do IPI é transferido aos Estados e ao Distrito Federal na proporção das exportações de produtos industrializados realizadas – art. 159, II, da CF; D: 29% da CIDE sobre combustíveis pertence aos Estados, ao Distrito Federal e aos Municípios – art. 159, III, da CF; E: 50% do IPVA (não 25%) pertence ao Município – art. 158, III, da CF. Gabarito "D".

(Defensoria/SE – 2006 – CESPE) Julgue o seguinte item.

(1) Do produto da arrecadação do imposto extraordinário que a União vier a instituir, 20% são devidos aos estados e ao Distrito Federal (DF).

1: Não há previsão dessa repartição de receita, em relação ao imposto **extraordinário** (art. 154, II, da CF). Eventual imposto da competência **residual** (art. 154, I, da CF) é que teria 20% de sua receita distribuída aos Estados e ao Distrito Federal (art. 157, II, da CF). Gabarito 1E.

16. AÇÕES TRIBUTÁRIAS

(Magistratura/SP – 2011 – VUNESP) Sobre a nomeação de bens a penhora, leia as afirmativas.

I. O executado poderá nomear seus próprios bens diretamente ao oficial de justiça independentemente de tomada de qualquer providência.
II. O executado poderá nomear seus próprios bens móveis ao aquazil, que deverá certificar a ocorrência ao Magistrado.
III. Quando a constrição recair sobre bem móvel de pessoa física, se for o caso, é necessária a intimação do cônjuge.
IV. O executado poderá apresentar seus bens imóveis a penhora, sendo certo que nesse caso tem obrigação de apresentar certidão de propriedade e negativa de ônus sobre os bens oferecidos.
V. Recaindo a constrição sobre bem imóvel de pessoa jurídica, é necessária a intimação do cônjuge do sócio-gerente.

Estão corretos apenas os itens

(A) I e III.
(B) I e IV.
(C) II e III.
(D) II e IV.
(E) III e V.

I: Incorreta, pois a nomeação de bens imóveis depende do consentimento expresso do cônjuge – art. 9º, § 1º, da Lei 6.830/1980; II: Correta, pois, no caso de bens móveis, não é necessária outra providência (obs.: aquazil, para o autor da questão do TJ-SP, é oficial de justiça); III: Incorreta, pois o consentimento do cônjuge somente é necessário no caso de bens imóveis; IV: Correta, pois é preciso demonstrar a propriedade do imóvel e que ele é livre e desembaraçado – art. 4º, § 3º, da Lei 6.830/1980; V: Incorreta, pois, no caso de bem imóvel de pessoa jurídica, não é necessário consentimento do cônjuge do sócio para sua oneração ou alienação – art. 978 do CC. Gabarito "D".

(Magistratura Federal-4ª Região – 2010) Assinale a alternativa correta.

Quanto ao efeito suspensivo dos Embargos à Execução Fiscal, é correto afirmar:

(A) Os embargos serão sempre recebidos com efeito suspensivo.
(B) Os embargos serão em regra recebidos com efeito suspensivo, cabendo ao juízo a faculdade de retirar-lhes tal efeito, de ofício ou a requerimento da parte.
(C) Os embargos serão sempre recebidos com efeito suspensivo no caso de oporem-se a Execução Fiscal, pois, conforme reconhecido pela jurisprudência do TRF-4ª Região, nesse caso o prosseguimento da execução sempre poderá causar ao executado dano de difícil ou incerta reparação.
(D) Os embargos serão recebidos de ofício em efeito suspensivo quando forem relevantes seus fundamentos e o prosseguimento da execução puder causar ao executado dano de difícil ou incerta reparação.
(E) Os embargos serão recebidos em efeito suspensivo somente a requerimento do embargante, quando forem relevantes seus fundamentos e o prosseguimento da execução puder causar ao executado dano de difícil ou incerta reparação.

A e C: Incorreta, pois STJ tem entendido que os Embargos não têm, necessariamente, efeito suspensivo, aplicando-se o disposto no art. 739-A do CPC – ver AgRg no REsp 1.030.569/RS; B: Incorreta, pois o efeito suspensivo deve ser requerido ao juiz, que o concederá se entender preenchidos os requisitos do art. 739-A do CPC, ou seja, (i) deve haver relevância dos fundamentos, (ii) o prosseguimento da execução manifestamente pode causar grave dano de difícil ou incerta reparação, e (iii) deve ser comprovada a garantia da execução, por penhora, depósito ou caução suficiente; D: Incorreta, pois deve haver requerimento do interessado (não deve haver concessão do efeito suspensivo de ofício); E: Assertiva correta, conforme comentários às alternativas anteriores. Gabarito "E".

(Magistratura Federal-4ª Região – 2010) Assinale a alternativa INCORRETA.

(A) A citação por edital na execução fiscal é cabível quando frustradas as demais modalidades.
(B) A exceção de pré-executividade é admissível na execução fiscal relativamente às matérias conhecíveis de ofício que não demandem dilação probatória.
(C) A decisão do Juízo Federal que exclui da relação processual ente federal não pode ser reexaminada pela Justiça Estadual.
(D) A extinção do processo por abandono da causa pelo autor independe de requerimento do réu.
(E) Todas as alternativas anteriores estão incorretas.

A: Correta, nos termos do art. 8º, III, da Lei 6.830/1980 – Súmula 414/STJ; B: Correta, conforme a Súmula 393/STJ; C: Assertiva correta, nos termos das Súmulas 254 e 150/STJ; D: Essa é a assertiva incorreta, pois, nos termos da Súmula 240/STJ, "A extinção do processo, por abandono da causa pelo autor, depende de requerimento do réu"; E: Incorreta, pois as alternativas "A", "B" e "C" são corretas, conforme comentários anteriores. Gabarito "D".

(Magistratura Federal-4ª Região – 2010) Dadas as assertivas abaixo, assinale a alternativa correta.

O art. 19 da Lei 8.870/94 prevê que "As ações judiciais, inclusive cautelares, que tenham por objeto a discussão de débito para com o INSS serão, obrigatoriamente, precedidas do depósito preparatório do valor do mesmo, monetariamente corrigido até a data de efetivação, acrescido dos juros, multa de mora e demais encargos.", o que levou o Supremo Tribunal Federal a firmar entendimento de que:

I. Compete aos magistrados avaliar as condições dos casos concretos para conceder ou não a dispensa do depósito preparatório exigido pelo art. 19 da Lei 8.870/94.
II. A ausência do depósito preparatório a que se refere o art. 19 citado não impede a propositura de ações cautelares de mandados de segurança, mas apenas de ações ordinárias, inclusive anulatórias de lançamento fiscal.
III. Somente os embargos de devedor contra o INSS serão necessariamente precedidos de depósitos preparatórios do art. 19 da Lei 8.870/94.

IV. É inconstitucional a exigência de depósito prévio como requisito de admissibilidade de ação judicial na qual se pretenda discutir a exigibilidade de crédito tributário.
V. Somente para admissibilidade de recursos, como na justiça do trabalho, é que se pode exigir depósito prévio para rediscussão de exigibilidade de crédito tributário.

(A) Está correta apenas a assertiva III.
(B) Está correta apenas a assertiva IV.
(C) Está correta apenas a assertiva V.
(D) Estão corretas apenas as assertivas II e V.
(E) Nenhuma assertiva está correta.

Nos termos da Súmula Vinculante 28/STF, "É inconstitucional a exigência de depósito prévio como requisito de admissibilidade de ação judicial na qual se pretenda discutir a exigibilidade de crédito tributário." A exigência de depósito prévio, arrolamento de bens ou outra garantia como requisito para a impugnação também é vedado no âmbito do processo administrativo, conforme a Súmula Vinculante 21/STF: "É inconstitucional a exigência de depósito ou arrolamento prévios de dinheiro ou bens para admissibilidade de recurso administrativo" (há disposição semelhante na Súmula 373/STJ). I, II, III e V: Incorretas pois, conforme comentário inicial, não é possível exigir depósito prévio como requisito para qualquer espécie de ação em que se discuta a exigência de crédito tributário; IV: Correta, conforme a Súmula Vinculante 28/STF. Gabarito "B".

(MINISTÉRIO PÚBLICO/RO – 2010 – CESPE) Quanto às normas que regem a matéria tributária em juízo, assinale a opção correta.

(A) Antes da decisão judicial de primeira instância, não se admite a substituição da certidão de dívida ativa.
(B) É cabível a concessão de liminar, em sede de mandado de segurança, cujo objeto seja a compensação de créditos tributários.
(C) No processo de falência, os créditos tributários têm preferência em relação aos créditos extraconcursais.
(D) Caberá penhora eletrônica quando o devedor tributário, devidamente citado, não apresentar bens à penhora ou não efetuar o pagamento e quando não forem identificados bens penhoráveis.
(E) A ação para a cobrança do crédito tributário prescreve em cinco anos, prazo que pode ser suspenso, por exemplo, pela via do protesto judicial.

A: Incorreta, pois se admite a emenda ou a substituição da CDA até a decisão de primeira instância – art. 203 do CTN; B: Incorreta, pois isso é vedado – art. 170-A do CTN e Súmula 212/STJ; C: Incorreta, pois, como diz o nome, créditos extraconcursais não entram no concurso de credores, ou seja, preferem aos créditos tributários anteriores à quebra – art. 186, p. único, I, do CTN; D: Correta, nos termos do art. 185-A do CTN; E: Incorreta, pois o protesto judicial interrompe o prazo prescricional (não o suspende) – art. 174, p. único, II, do CTN. Gabarito "D".

(Procurador do Estado/SC – 2010 – FEPESE) Conforme a Lei nº 6.830/80, que dispõe sobre a cobrança judicial da Dívida Ativa da Fazenda Pública, assinale a alternativa **correta**.

(A) A produção de provas pela Fazenda Pública deve ser requerida na petição inicial.
(B) A nomeação de bens à penhora faz cessar a responsabilidade pela atualização monetária e juros de mora.
(C) O executado oferecerá embargos, no prazo de 15 (quinze) dias, contados do depósito, da juntada da prova da fiança bancária ou da intimação da penhora.
(D) A competência para processar e julgar a execução da Dívida Ativa da Fazenda Pública exclui a de qualquer outro Juízo, salvo o da falência e do inventário.
(E) A propositura, pelo contribuinte, de ação anulatória do ato declarativo da dívida, importa em renúncia ao poder de recorrer na esfera administrativa e desistência do recurso acaso interposto.

A: Incorreta, pois a dilação probatória independe de requerimento pela fazenda na petição inicial da execução fiscal – art. 6º, § 3º, da Lei 6.830/1980; B: Incorreta, pois somente o depósito em dinheiro faz cessar a responsabilidade pela atualização monetária e pelos juros de mora – art. 9º, § 4º, da Lei 6.830/1980; C: Incorreta, pois o prazo para embargos à execução é de 30 dias, contados na forma do art. 16 da Lei 6.830/1980; D: Incorreta, pois o juízo da execução fiscal exclui qualquer outro, inclusive o da falência e do inventário – art. 5º da Lei 6.830/1980; E: Correta, conforme o art. 38, p. único, da Lei 6.830/1980. Gabarito "E".

(Procurador do Estado/SC – 2010 – FEPESE) Assinale a alternativa **correta**.

(A) É admitida a substituição da medida cautelar fiscal decretada, a qualquer tempo, pela prestação de garantia correspondente ao valor da prestação da Fazenda Pública.
(B) O procedimento cautelar fiscal poderá ser instaurado antes da constituição do crédito quando o devedor contrai ou tenta contrair dívidas que comprometam a liquidez do seu patrimônio.
(C) A medida cautelar fiscal será requerida ao Juiz competente para a execução judicial da Dívida Ativa da Fazenda Pública, mesmo se a execução judicial estiver em Tribunal.
(D) O Juiz concederá liminarmente a medida cautelar fiscal, mediante prestação de caução pela Fazenda Pública.
(E) Quando a medida cautelar fiscal for concedida em procedimento preparatório, deverá a Fazenda Pública propor a execução judicial da Dívida Ativa no prazo de trinta dias, contados da data em que a exigência se tornar irrecorrível na esfera administrativa.

A: Assertiva correta, nos termos do art. 10 da Lei 8.397/1992; B: Incorreta, pois as duas únicas hipóteses que permitem cautelar fiscal antes do lançamento são (i) quando o devedor, notificado pela fazenda para que proceda ao recolhimento do crédito fiscal, põe ou tenta pôr seus bens em nome de terceiros e (ii) quando o devedor aliena bens ou direitos sem proceder à devida comunicação ao órgão da Fazenda Pública competente, quando exigível em virtude de lei – art. 2º, V, b, e VII, c/c art. 1º, p. único, da Lei 8.397/1992; C: Incorreta, pois, se a execução estiver em Tribunal, a cautelar será requerida ao relator do recurso – art. 5º, p. único, da Lei 8.397/1992; D: Incorreta, pois a concessão de liminar pelo juiz independe de justificação prévia ou prestação de caução pela fazenda – art. 7º da Lei 8.397/1992; E: Incorreta, pois o prazo é de 60 dias – art. 11 da Lei 8.397/1992. Gabarito "A".

(Procurador do Município/Florianópolis-SC – 2010 – FEPESE) A medida cautelar fiscal é um procedimento de titularidade da Fazenda Pública, com objetivo de decretar a indisponibilidade de bens e direitos do sujeito passivo da obrigação tributária, inclusive no curso da execução judicial, nos termos da Lei nº 8.397, de 6 de janeiro de 1992.

Da sentença que decretar a medida cautelar fiscal, sem a prestação de garantia pelo sujeito passivo, caberá:

(A) Agravo, com efeito suspensivo.
(B) Apelação, com efeito suspensivo.
(C) Apelação, sem efeito suspensivo.
(D) Recurso voluntário, com efeito suspensivo.
(E) Recurso voluntário, sem efeito suspensivo.

Nos termos do art. 17 da Lei 8.397/1992, da sentença que decretar a medida cautelar fiscal caberá apelação, sem efeito suspensivo, salvo se o requerido oferecer garantia na forma do art. 10 da mesma Lei. Por essa razão, a alternativa "C" é a correta. Gabarito "C".

(Procurador do Município/Florianópolis-SC – 2010 – FEPESE) Acerca da cobrança judicial da Dívida Ativa da Fazenda Pública, regida pela Lei nº 6.830, de 22 de setembro de 1980, somente uma afirmação **não** pode ser feita. Identifique-a.

(A) A Fazenda Pública pode recusar a substituição do bem penhorado por precatório.
(B) A citação por edital na execução fiscal é cabível quando frustradas as demais modalidades.
(C) Em execução fiscal, a prescrição não pode ser decretada de ofício, mesmo se ocorrida antes da propositura da ação.
(D) Presume-se dissolvida irregularmente a empresa que deixar de funcionar no seu domicílio fiscal, sem comunicação aos órgãos competentes, legitimando o redirecionamento da execução fiscal para o sócio-gerente.
(E) Em execução fiscal, não localizados bens penhoráveis, suspende-se o processo por um ano, findo o qual se inicia o prazo da prescrição quinquenal intercorrente.

A: Assertiva correta, conforme a Súmula 406/STJ (pode haver a recusa, mesmo no caso de precatório emitido contra a própria fazenda exequente); B: Correta, nos termos do art. 8º, III, da Lei 6.830/1980 – Súmula 414/STJ; C: Incorreta, pois, nos termos da Súmula 409/STJ, "Em execução fiscal, a prescrição ocorrida antes da propositura da ação pode ser decretada de ofício (art. 219, § 5º, do CPC)"; D: Correta, conforme a Súmula 435/STJ; E: Correta, pois reflete o disposto na Súmula 314/STJ. Gabarito "C".

(Procurador do Município/Florianópolis-SC – 2010 – FEPESE) Em matéria de processo tributário, assinale a alternativa **incorreta**.

(A) É cabível a impetração de mandado de segurança para convalidar a compensação tributária realizada pelo contribuinte.
(B) É inconstitucional a exigência de depósito prévio como requisito de admissibilidade de ação judicial na qual se pretenda discutir a exigibilidade de crédito tributário.
(C) O contribuinte pode optar por receber, por meio de precatório ou por compensação, o indébito tributário certificado por sentença declaratória transitada em julgado.
(D) A exceção de pré-executividade é admissível na execução fiscal relativamente às matérias conhecíveis de ofício que não demandem dilação probatória.
(E) O mandado de segurança constitui ação adequada para a declaração do direito à compensação tributária.

A: Incorreta, pois, nos termos da Súmula 460/STJ, "É incabível o mandado de segurança para convalidar a compensação tributária realizada pelo contribuinte"; B: Correta, nos termos da Súmula Vinculante 28/STF; C: Correta, nos termos da Súmula 461/STJ; D: Assertiva correta, pois reflete o disposto na Súmula 393/STJ; E: Correta, em conformidade com a Súmula 213/STJ. Gabarito "A".

(Procurador do Município/Teresina-PI – 2010 – FCC) Sobre o processo judicial tributário é correto afirmar que

(A) a ação declaratória tem por objetivo a exclusão do crédito tributário já constituído, sendo de iniciativa do sujeito passivo.
(B) a ação anulatória de débito fiscal admite concessão de liminar para suspender a exigibilidade da obrigação tributária até decisão final, quando a mesma será anulada se julgado procedente o pedido anulatório.
(C) o executado na execução fiscal deve ser citado para, no prazo de três dias, pagar ou oferecer bens à penhora.
(D) a execução fiscal deve ser proposta no prazo prescricional cujo lapso de cinco anos deve ocorrer entre a constituição definitiva do crédito tributário e o despacho do juiz que ordena a citação.
(E) a ação para repetição do indébito deve ser proposta no prazo de cinco anos, contados a partir da extinção do crédito tributário que só ocorre, nos tributos com autolançamento, com a homologação expressa ou tácita.

A: Incorreta, pois a ação declaratória busca a declaração de inexistência da obrigação tributária, antes do lançamento (pedido declaratório de inexistência – art. 4º, I, do CPC); B: Incorreta, pois a anulatória, que é ação ordinária, admite antecipação dos efeitos da tutela, não liminar (a liminar pode ser pedida em medida cautelar). Ademais, se a demanda for julgada procedente, eventual tutela anteriormente concedida será confirmada, não anulada; C: Incorreta, pois o prazo para o executado pagar a dívida ou garantir o juízo é de 5 dias – art. 8º da Lei 6.830/1980; D: Essa é a melhor alternativa, pois reflete o disposto no art. 174, p. único, I, do CTN, segundo o qual o despacho do juiz que ordena a citação na execução fiscal interrompe o prazo prescricional para a cobrança. É interessante registrar o entendimento atual do STJ de que, havendo citação válida, ela retroage à data da propositura da ação (art. 219, § 1º, do CPC), inclusive em matéria tributária e execução fiscal, desde que não haja atraso na citação imputável ao próprio exequente (ou seja, o início da execução deve ocorrer no prazo prescricional, e não, necessariamente, o despacho que ordena a citação) – ver REsp 1.120.295/SP, repetitivo; E: Incorreta, pois o prazo prescricional para a repetição do indébito se inicia na data do pagamento indevido (não subsiste a chamada tese do "cinco mais cinco") – art. 3º da LC 118/2005. Gabarito "D".

(Procurador Federal – 2010 – CESPE) Julgue o próximo item, relativo a obrigação e crédito tributários.

(1) No curso da execução fiscal, é lícita a decretação de ofício da prescrição intercorrente, sendo dispensada a prévia intimação da fazenda pública.

1. Assertiva errada, pois a decretação da prescrição intercorrente depende da prévia oitiva da fazenda, nos termos do art. 40, § 4º, da Lei 6.830/1980, exceto no caso de pequenos valores (art. 40, § 5º). Gabarito 1E.

(Defensoria Pública da União – 2010 – CESPE) Acerca do direito tributário e do sistema tributário nacional, julgue o item a seguir.

(1) Considere que determinado contribuinte tenha ajuizado ação de repetição de indébito contra a fazenda pública municipal, em razão do recolhimento a maior do ISS, e que, após regular trâmite processual, a sentença que julgou procedente o pedido tenha transitado em julgado. Nessa situação, os juros de mora são devidos a partir da data da citação da fazenda pública.

1: Assertiva errada, pois os juros de mora, na repetição de indébito, são devidos apenas após o trânsito em julgado da sentença – art. 167, parágrafo único, do CTN e Súmula 188/STJ. Gabarito 1E.

(Advogado da União/AGU – CESPE – 2009) Julgue os seguintes itens, que dizem respeito ao sistema tributário nacional.

(1) No curso de execução fiscal promovida contra sociedade empresária e seus sócios-gerentes, cabe a estes o ônus da prova para dirimir ou excluir a responsabilidade, via embargos do devedor, porquanto a certidão de dívida ativa goza de presunção juris tantum de liquidez e certeza.

1: A assertiva é correta, pois reflete a jurisprudência pacífica do STJ – ver REsp 1.104.900/ES (repetitivo). Gabarito 1C.

(Magistratura/GO – 2009 – FCC) Tício adquiriu em 2002 um bem imóvel destinado à sua residência e de sua família, através de mútuo imobiliário junto à instituição bancária oficial. Como garantia de pagamento do mútuo, o imóvel foi gravado com uma hipoteca em favor da instituição bancária. Todavia, desde 2005, quando ficou desempregado, Tício não paga o IPTU e as prestações sobre o referido imóvel. O Município onde está localizado o imóvel ingressou com execução fiscal para cobrar o débito de IPTU e requer a penhora sobre o imóvel. Diante disto, é correto afirmar que o imóvel

(A) não pode ser penhorado sem que antes se faça a habilitação da credora hipotecária nos autos da execução fiscal, a fim de que se estabeleça um concurso de credores entre o Município e a instituição bancária mutuante.
(B) não pode ser penhorado por ser bem de família.
(C) não pode ser penhorado em execução fiscal porque está gravado com uma hipoteca para garantir dívida anterior ao débito de IPTU.
(D) pode ser penhorado em execução fiscal, porque os créditos tributários têm preferência sobre os créditos com garantia real, não valendo também como bem de família quando para garantir dívidas tributárias do próprio imóvel.
(E) pode ser penhorado em execução fiscal, mas não pode ir à hasta pública sem que a credora hipotecária habilite seu crédito, para que possa ter resguardado seu direito a concurso de credores que se abrirá após a arrematação.

O bem é penhorável para satisfação do crédito de IPTU, pois a garantia do bem de família (único imóvel para a moradia familiar) não impede a cobrança de tributos incidentes sobre a propriedade do imóvel – art. 3º, IV, da Lei 8.009/1990. Ademais, o crédito com garantia real prefere ao tributário apenas no caso de falência – art. 186, parágrafo único, do CTN. A e E: incorretas, pois não há concurso de credores do fisco com o credor hipotecário; B: incorreta, pois a garantia do bem de família não é oponível em relação ao IPTU incidente sobre o próprio imóvel; C: incorreta, pois o crédito hipotecário não prefere ao tributário, exceto na falência, que não é o caso; D: correta, conforme os comentários anteriores. Gabarito "D".

(Magistratura/MT – 2009 – VUNESP) Recebidos os embargos, oferecidos pelo devedor em processo de execução fiscal, o juiz mandará intimar a Fazenda que terá para impugná-los prazo de

(A) 5 dias.
(B) 10 dias.
(C) 15 dias.
(D) 30 dias.
(E) 60 dias.

O prazo para o fisco impugnar é o mesmo assinalado para o sujeito passivo oferecer os embargos à execução: 30 dias – arts. 16 e 17 da Lei 6.830/1980. Gabarito "D".

(Magistratura/PA – 2009 – FGV) A Empresa Delta Ltda. sofreu penhora em parte de seus bens (maquinário) em função de execução fiscal. A dívida é de R$ 1 milhão. Os bens penhorados, à época em que adquiridos (há 2 anos), custaram R$ 1.250 mil. A Delta quer participar de uma licitação e necessita de certidão positiva com efeitos de negativa. A esse respeito é correto afirmar que:

(A) será impossível emitir a certidão, já que, com a passagem do tempo, provavelmente o débito não está garantido.
(B) a certidão deve ser emitida, visto que a eventual insuficiência da penhora não lhe retira os efeitos próprios, dentre os quais o de suspender a exigibilidade do débito.

(C) é possível negar a emissão da certidão, pois a penhora não incorreu sobre depósito em dinheiro.

(D) efetivada a penhora, está suspensa a exigibilidade do crédito, entretanto deve a constrição garantir a execução.

(E) a certidão deve ser emitida, condicionada à penhora de bens suficientes, cabendo a prova da suficiência ao interessado.

Houve precedentes judiciais no sentido de que a penhora insuficiente daria ensejo à certidão positiva com efeito de negativa, cabendo ao fisco exigir seu reforço no bojo da execução fiscal. Por essa razão, o gabarito oficial indicava a alternativa B como correta. Entretanto, esse entendimento está **ultrapassado pela jurisprudência do STJ.** Hoje se reconhece que o art. 206 do CTN, além de atender às necessidades dos contribuintes em débito, busca proteger o interesse público, de modo que a garantia da execução deve ser efetiva e suficiente para que a certidão positiva com efeito de negativa possa ser emitida. Veja, por exemplo, o REsp 408.677/RS. Com base nessa jurisprudência atual do STJ, a alternativa A é a correta. Gabarito "A".

(Magistratura/PA – 2009 – FGV) Quanto à repetição do indébito tributário, no caso de tributos lançados por homologação, analise as afirmativas a seguir.

I. O prazo de prescrição deve ser sempre contado a partir da data do pagamento.

II. O prazo de prescrição deve ser contado a partir da data do pagamento, somente a partir da promulgação da LC 118/05.

III. O prazo de prescrição deve ser contado considerando 5 anos para a homologação (tácita ou expressa) e 5 para o exercício do direito de ação.

IV. O prazo de prescrição deve ser contado a partir da data do pagamento, apenas quando este ocorreu após a vigência da LC 118/05.

V. O prazo de prescrição quando o pagamento ocorreu antes da vigência da LC 118/05, deve observar a legislação anterior, mas observar o limite de 5 anos a contar da lei nova.

Assinale:

(A) se somente as afirmativas I e III estiverem corretas.
(B) se somente as afirmativas I e IV estiverem corretas.
(C) se somente as afirmativas IV e V estiverem corretas.
(D) se somente as afirmativas II e V estiverem corretas.
(E) se somente as afirmativas II e III estiverem corretas.

A jurisprudência do STJ era pacífica no sentido de que o prazo prescricional para a restituição de tributos sujeitos ao lançamento por homologação era de 5 anos contados da homologação que, se tácita, ocorria após 5 anos a partir do fato gerador (tese dos "cinco mais cinco"). A Lei 118/2005 veio afirmar que o prazo para repetição deve ser contado do pagamento indevido (cinco anos, apenas). Em um primeiro momento, o STJ entendeu que as novas regras eram aplicáveis apenas aos pagamentos indevidamente realizados após o início de vigência da LC 118/2005. No caso dos pagamentos anteriores, continuava valendo a regra do "cinco mais cinco", limitando o prazo de repetição a cinco anos contados do início da vigência da LC 118/2005. A presente questão foi elaborada e aplicada quando vigorava esse entendimento jurisprudencial, que chegou a ser fixado em Recurso Especial repetitivo (art. 543-C do CPC). Ocorre que a tese foi afastada parcialmente pelo STF, no julgamento do RE 566.621/RS em repercussão geral (j. 4.8.2011). Atualmente, o STJ continua interpretando as disposições da LC 118/2005 no sentido de que o prazo para repetição é de cinco anos contados do pagamento indevido. Entretanto, o Superior Tribunal de Justiça passou a adotar a orientação fixada pelo STF, no sentido de que a regra atual vale para todas as ações ajuizadas após o início de vigência da LC 118/2005 (o critério para aplicação da LC 118/2005 é, portanto, a data do ajuizamento da ação, e não mais a do pagamento indevido) – ver o EDcl AgRg AREsp 6.406/RS-STJ. Para as ações ajuizadas anteriormente, continua aplicável a tese do "cinco mais cinco". I: assertiva incorreta, pois, para as ações ajuizadas antes da LC 118/2005, vale a tese do "cinco mais cinco"; II: incorreta, pois a nova contagem vale para as ações ajuizadas a partir do início de vigência da LC 118/2005 (não de sua promulgação); III: incorreta, pois a contagem do "cinco mais cinco" aplica-se apenas ano casos de ações ajuizadas antes do início de vigência da LC 118/2005; IV e V: incorretas, pois o critério atualmente adotado pela jurisprudência é a data do ajuizamento da ação, conforme comentários iniciais. Obs.: com a atual jurisprudência, o gabarito oficial ficou prejudicado, pois não há alternativa correta. Gabarito "C".

(Magistratura/PA – 2009 – FGV) A proposição de Ação Anulatória, estando em curso Execução Fiscal, é:

(A) impossível, uma vez que o contribuinte deverá opor Embargos.
(B) inócua, pois o contribuinte não se furtará aos ônus da Execução.
(C) possível, mas a suspensão da exigibilidade do débito só se fará mediante prova do depósito integral do seu valor.
(D) possível, suspendendo inclusive a ação penal tributária em face do executado.
(E) possível, mas depende do depósito integral e em dinheiro do valor executado.

A alternativa C reflete o entendimento atual do STJ. Cabe ação anulatória mesmo após o início da execução fiscal, por conta do princípio da inafastabilidade da tutela jurisdicional, havendo conexão entre elas. O depósito integral em juízo não é pressuposto para a ação anulatória (apesar do que dispõe o art. 38 da Lei 6.830/1980), razão pela qual a alternativa E é incorreta – Súmula 247/TFR. De qualquer forma, a suspensão da exigibilidade do crédito depende da garantia do juízo (depósito integral do débito). A alternativa D é incorreta, pois a anulatória não suspende eventual ação penal. Gabarito "C".

(Magistratura/RS – 2009) A respeito da repetição de indébito tributário, assinale a assertiva correta.

(A) No caso de pagamento voluntário de tributos, demanda prova de que o pagamento foi efetuado por erro.
(B) No caso de impostos que comportem, por sua natureza, transferência do respectivo encargo financeiro, demanda prova de que o contribuinte assumiu tal encargo ou, no caso de tê-lo transferido a terceiro, expressa autorização deste para recebê-la.
(C) Não está sujeita a prazo decadencial.
(D) Está sujeita à incidência de juros capitalizáveis, a partir da citação.
(E) No caso de pagamento voluntário de tributos, só é possível se for realizado prévio protesto.

A e E: incorretas, pois a repetição de indébito tributário dispensa comprovação de erro no recolhimento ou prévio protesto – art. 165 do CTN; B: assertiva correta, pois reflete a exigência do art. 166 do CTN; C: embora possa haver algum debate doutrinário, sem maior efeito prático, a jurisprudência refere-se pacificamente a esse prazo como sendo prescricional. Essa assertiva parece-nos, portanto, correta; D: incorreta, pois os juros não são capitalizáveis e incidem apenas a partir do trânsito em julgado da sentença – art. 167, parágrafo único, do CTN e Súmula 188/STJ. Gabarito "B".

(Magistratura/SC – 2009) Assinale a alternativa INCORRETA:

(A) Nos embargos à execução fiscal não será admitida reconvenção, nem compensação, e as exceções, salvo as de suspeição, incompetência e impedimento, serão arguidas como matéria preliminar e serão processadas e julgadas com os embargos.
(B) Conforme o Código Tributário Nacional, a lei pode autorizar a autoridade administrativa a conceder, por despacho fundamentado, perdão total ou parcial do crédito tributário, atendendo à situação econômica do sujeito passivo.
(C) É vedada a substituição ou emenda da Certidão de Dívida Ativa após a propositura da execução fiscal.
(D) É cabível a propositura de ação anulatória de débito fiscal quando já iniciada a execução fiscal e ainda não foi realizada a garantia do juízo da execução.
(E) Segundo orientação dominante do STF, o ISS não incide na locação de bens móveis.

A: correta, nos termos do art. 16, § 3º, da Lei 6.830/1980; B: assertiva que se refere corretamente à remissão tributária prevista no art. 172, I, do CTN; C: incorreta, pois é possível a substituição ou emenda da CDA até a prolação da sentença – art. 203 do CTN; D: correta, pois o STJ entende que o início da execução fiscal não impede a propositura de ação anulatória ou mesmo de mandado de segurança, que independem da garantia do juízo, havendo conexão entre elas. A rigor, após a garantia em juízo da execução não há razão para a propositura da anulatória, já que o sujeito passivo pode embargar a pretensão do fisco. Gabarito "C".

(Procurador do Estado/SC – 2009) Tendo em vista o disposto na Lei nº 6.830, de 22.09.1980, que trata da execução fiscal, não ocorrendo o pagamento nem a garantia da execução legalmente prevista, a penhora poderá recair:

(A) em qualquer bem do executado, exceto, unicamente, os bens e rendas que a lei declara absolutamente impenhoráveis.
(B) em qualquer bem do executado, exceto, unicamente, os bens e rendas que a lei ou o ato voluntário do particular, formalizado anteriormente ao ajuizamento da execução, declarem impenhoráveis.
(C) em qualquer bem do executado, exceto os bens gravados por ônus real ou cláusula de impenhorabilidade em data anterior ao ajuizamento da execução.

(D) em qualquer bem do executado, ficando afastada qualquer previsão legal específica de impenhorabilidade, em norma de direito material ou processual.

(E) em qualquer bem do executado, excluídos os bens inalienáveis e os declarados, por ato voluntário, não sujeitos à execução, nos termos do Código de Processo Civil.

Nos termos do art. 10 da Lei 6.830/1980, não ocorrendo o pagamento, nem a garantia da execução, a penhora poderá recair sobre qualquer bem do executado, exceto os que a lei declare absolutamente impenhoráveis. Gabarito "A".

(Defensoria/PI – 2009 – CESPE) Para cobrar o valor atualizado de R$ 20.000,00, relativo ao ICMS, a Procuradoria Geral do Estado do Piauí, valendo-se do rito da LEF, Lei n.º 6.830/1980, ajuizou execução contra determinada empresa atacadista. O oficial de justiça, no cumprimento da diligência citatória, obteve sucesso em arrestar bens suficientes ao pagamento do valor total da execução, e a empresa, após ter sido regularmente citada, defendeu-se com a oposição de embargos. Nessa situação hipotética, os embargos opostos pela empresa

(A) suspenderão automaticamente a execução fiscal, já que a interpretação sistemática da LEF leva à conclusão de que os embargos são dotados de efeito suspensivo automático, isto é, existente pelo simples ajuizamento e a prévia garantia do juízo.

(B) não suspenderão automaticamente a execução fiscal, já que a disciplina dos seus efeitos sempre guardou total autonomia da sistemática estabelecida pelo CPC, por aplicação do princípio lex specialis derogat legi generali.

(C) não suspenderão automaticamente a execução fiscal, já que a disciplina dos seus efeitos deve ser extraída subsidiariamente do CPC, que, de sua parte, estabelece a possibilidade de concessão do efeito suspensivo ope judicis, mas não de efeito suspensivo automático.

(D) deverão ser rejeitados liminarmente, pois, na situação considerada, a LEF não prevê qualquer tipo de defesa do executado.

(E) deverão ser rejeitados liminarmente, pois, na hipótese em apreço, a LEF não prevê a defesa do executado por meio de embargos.

Aplica-se à execução fiscal o disposto no art. 739-A do CPC, incluído pela Lei 11.382/2006, nos termos do art. 1º da Lei 6.830/1980. Assim, os embargos do devedor não têm efeito suspensivo automático (art. 739-A). O juiz poderá, a requerimento do embargante, atribuir efeito suspensivo aos embargos quando, sendo relevantes seus fundamentos, o prosseguimento da execução manifestamente possa causar ao executado grave dano de difícil ou incerta reparação, e desde que a execução já esteja garantida – art. 739-A – ver AgRg no Resp 1.030.569/RS. Gabarito "C".

(Magistratura Federal/5ª Região – 2009 – CESPE) Constituída uma dívida tributária contra certo contribuinte, foi emitida a respectiva certidão de dívida ativa. Como o contribuinte não a pagou, o Estado ajuizou a devida ação de execução fiscal sem nada requerer em especial, quanto à citação. Nesse caso, e de acordo com a Lei de Execução Fiscal, o juiz deve, inicialmente, determinar a citação

(A) pelo correio, com aviso de recebimento, e a citação deve ser considerada feita na data da entrega da carta no endereço do executado.

(B) por oficial de justiça, e a citação será considerada feita quando da juntada aos autos do processo do mandado cumprido.

(C) pelo correio, com aviso de recebimento, e a citação deve ser considerada feita em 10 dias após a entrega da carta à agência postal.

(D) por oficial de justiça, e a citação deve ser considerada feita quando da data definida como de cumprimento do mandado.

(E) pelo correio, com aviso de recebimento, e a citação será considerada feita quando da juntada aos autos do processo do respectivo aviso de recebimento.

Nos termos do art. 8º, I e II, da Lei 6.830/1980, a citação é feita pelo correio, com aviso de recepção, se a Fazenda Pública não a requerer por outra forma, e considera-se realizada na data da entrega da carta no endereço do executado, ou, se a data for omitida, no aviso de recepção, 10 dias após a entrega da carta à agência postal. Gabarito "A".

(Magistratura/PA – 2008 – FGV) Com base na jurisprudência do STF e do STJ, assinale a afirmativa incorreta.

(A) A intervenção do Ministério Público nas execuções fiscais é desnecessária.

(B) A decisão que reconhece que o contribuinte de jure não recuperou do contribuinte de facto o quantum respectivo, admite a restituição do tributo pago indevidamente.

(C) A adoção da teoria do "pentapartite" pelo STF implica a adoção de cinco modalidades de tributos previstos na Constituição Federal. Em consequência, a Súmula 418 do STF, que dispõe que "o empréstimo compulsório não é tributo, e sua arrecadação não está sujeita à exigência constitucional de prévia autorização orçamentária", perdeu sua eficácia.

(D) A conjuntura que exija a absorção temporária de poder aquisitivo não pode ensejar a cobrança de empréstimo compulsório pela União, tendo em vista que esse dispositivo do CTN não foi recepcionado pela Constituição Federal.

(E) A compensação de créditos tributários pode ser deferida em ação cautelar ou por medida cautelar antecipatória, conforme orientação dominante no STJ.

A: a execução, por si, não demanda a participação do MP; B: art. 166 do CTN; C: o empréstimo compulsório e as contribuições especiais são tributos, no atual sistema constitucional tributário; D: art. 15, III, do CTN não recepcionado pela CF/1988; E: Súmula 212/STJ – não pode ser deferida a compensação nessas hipóteses. Gabarito "E".

(Magistratura/PA – 2008 – FGV) Em relação ao processo tributário, assinale a afirmativa incorreta.

(A) Segundo a doutrina majoritária, o contribuinte pode opor objeção de pré-executividade quando a execução fiscal violar preceitos de ordem pública, como, por exemplo, o pagamento do crédito realizado antes da execução.

(B) A importância do crédito tributário pode ser consignada judicialmente pelo sujeito passivo, como na hipótese de exigência por mais de uma pessoa jurídica de direito público, de tributo idêntico sobre o mesmo fato gerador.

(C) Julgado procedente o pedido formulado na ação de consignação, o pagamento se reputa efetuado e a importância consignada é convertida em renda. Se improcedente a consignação no todo ou em parte, o crédito pode ser cobrado com o acréscimo de juros de mora, sem prejuízo das penalidades cabíveis.

(D) Segundo a doutrina majoritária, o depósito preparatório do valor do débito, monetariamente corrigido e acrescido dos juros e multa de mora e demais encargos, não é pressuposto de admissibilidade da ação anulatória de débito fiscal; contudo, se efetuado o depósito do montante integral nesse caso, estará suspensa a exigibilidade do crédito por parte da Fazenda.

(E) Prescreve em cinco anos a ação anulatória da decisão administrativa que denegar a restituição de tributos pagos indevidamente.

A: a assertiva é verdadeira – cabe exceção de pré-executividade para matérias que podem ser conhecidas de ofício pelo juiz e que prescindem de dilação probatória; B: art. 164 do CTN; C: art. 164, § 2º, do CTN; D: a assertiva é verdadeira, apesar do disposto no art. 38 da Lei 6.830/1980 – Súmula 247/TFR; E: o prazo é de apenas dois anos – art. 169 do CTN. Gabarito "E".

(Magistratura/PI – 2008 – CESPE) Ao receber uma petição inicial de um processo de execução fiscal, determinado juiz despachou por seu deferimento. Nessa situação, consoante as regras processuais aplicáveis ao caso, as consequências naturais do referido despacho não incluem a

(A) determinação da citação do executado.

(B) determinação da penhora, pois esta depende de recebimento de manifestação do executado.

(C) determinação do arresto, se o executado não tiver domicílio ou dele se ocultar.

(D) ordenação do registro da penhora ou do arresto, independentemente do pagamento de custas ou outras despesas.

(E) ordenação da avaliação dos bens penhorados ou arrestados.

Art. 7º da Lei 6.830/1980 – o despacho que defere a inicial importa em ordem para citação, penhora (apenas se não houver pagamento ou garantia da execução), arresto (apenas se não houver domicílio ou dele se ocultar), registro (independentemente do pagamento de custas ou outras despesas) e avaliação. Gabarito "B".

(Magistratura/PI – 2008 – CESPE) Para certas situações em que o fisco verifique risco de tornar-se ineficaz a execução fiscal, a legislação brasileira prevê a ação cautelar fiscal. É permitida ao fisco a utilização desse instrumento contra

(A) devedor que tenta contrair dívidas independentemente de comprometer a liquidez do seu patrimônio.

(B) devedor que, apesar de ter domicílio certo, intenta alienar os bens que possui.

(C) devedor que, apesar de ter domicílio certo, deixa de pagar a obrigação no prazo fixado.

(D) devedor que, notificado pela fazenda pública para que proceda ao recolhimento do crédito fiscal, deixa de pagá-lo no prazo legal, por obter suspensão da sua exigibilidade.

(E) devedor que possui débitos, ainda não inscritos em dívida ativa, que, somados, ultrapassem 30% do seu patrimônio conhecido.

A: somente se comprometer a liquidez do patrimônio – art. 2º, IV, da Lei 8.397/1992; B e C: apenas se não houver domicílio certo – art. 2º, I, da Lei 8.397/1992; D: a suspensão da exigibilidade permite que o sujeito deixe de pagar – art. 2º, V, *a*, da Lei 8.397/1992; E: art. 2º, VI, da Lei 8.397/1992. Gabarito "E".

(Magistratura/PR – 2008) Assinale a alternativa correta:

(A) a medida cautelar fiscal prevista na Lei nº 8.397/1992 poderá ser requerida pelo contribuinte quando este estiver na iminência de sofre cobrança de tributo indevido.

(B) a medida cautelar fiscal não pode ser requerida no curso da execução fiscal.

(C) da sentença que decretar a medida cautelar fiscal caberá apelação, que sempre será recebida no efeito suspensivo.

(D) na medida cautelar fiscal, o requerido será citado para, no prazo de 15 (quinze) dias, contestar o pedido, indicando as provas que pretenda produzir.

A: a cautelar fiscal é requerida pelo fisco contra o sujeito passivo (art. 2º da Lei 8.397/1992); B: é possível no curso da execução – art. 1º da Lei 8.397/1992; C: art. 17 da Lei 8.397/1992 – a apelação não tem efeito suspensivo, salvo se houver garantia do débito; D: art. 8º da Lei 8.397/1992. Gabarito "D".

(Magistratura/PR – 2008) Assinale a alternativa incorreta:

(A) a Dívida Ativa da Fazenda Pública, compreendendo a tributária e não-tributária, abrange atualização monetária, juros e multa de mora e demais encargos previstos em lei ou contrato.

(B) a cobrança judicial da Dívida Ativa da Fazenda Pública sujeita-se a concurso de credores ou habilitação em concordata, liquidação, inventário ou arrolamento.

(C) até a decisão de primeira instância, a Certidão de Divida Ativa poderá ser emendada ou substituída, assegurada ao executado a devolução do prazo para embargos.

(D) nos processos de execução judicial da Dívida Ativa da Fazenda Pública, poderá ser dispensada a audiência do revisor, no julgamento das apelações.

A: art. 2º, § 2º, da Lei 6.830/1980; B: não há essa sujeição – art. 187 do CTN; C: art. 203 do CTN; D: art. 35 da Lei 6.830/1980. Gabarito "B".

(Magistratura/SC – 2008) Sobre as Execuções Fiscais, observadas as proposições abaixo, assinale a alternativa correta:

I. Não havendo outros bens passíveis de penhora, a jurisprudência tem admitido a penhora do faturamento de empresa executada, em percentual que não acarrete sua inviabilização e que varia de acordo com as características de cada empresa.

II. O rito da Lei n.º 6.830/80 também é aplicável nas execuções fiscais contra a Fazenda Pública, com a ressalva de que no caso não há necessidade de penhora para o oferecimento de embargos, em vista da impenhorabilidade dos bens públicos.

III. Todas as intimações ao representante da Fazenda Pública deverão ser feitas pessoalmente, sendo permitido sejam efetuadas mediante vista dos autos, com imediata remessa ao representante judicial, pelo cartório ou secretaria.

IV. A ação anulatória de ato declarativo da dívida, mesmo sem depósito, tem o condão de inibir a Fazenda Pública de promover a cobrança de crédito tributário.

(A) Somente a proposição II está correta.
(B) As proposições I, II e III estão corretas.
(C) Somente as proposições III e IV estão incorretas.
(D) Somente as proposições I e IV estão corretas
(E) Todas as proposições estão incorretas.

I: a assertiva é correta – art. 11, § 1º, da Lei 6.830/1980 e art. 655, VII, do CPC; II: cabe execução fiscal promovida por outra esfera governamental (v.g. INSS cobrando município); III: art. 25 da Lei 6.830/1980; IV: a ação anulatória, por si, não suspende a exigibilidade do crédito (é preciso depósito, antecipação de tutela ou liminar em cautelar). Gabarito "B".

(Magistratura/SC – 2008) Observadas as proposições abaixo, assinale a alternativa correta: A ação cautelar fiscal, instituída pela Lei n.º 8.397/92, poderá ser requerida contra o sujeito passivo tributário, quando o devedor:

I. Sem domicílio certo, intenta ausentar-se ou alienar bens que possui ou deixa de pagar a obrigação no prazo fixado.

II. Contrai ou tenta contrair dívidas que comprometam a liquidez do seu patrimônio.

III. Possui débitos, inscritos ou não em Dívida Ativa, que somados ultrapassem 25% (vinte e cinco por cento) do seu patrimônio conhecido.

IV. Caindo em insolvência, aliena ou tenta alienar bens.

(A) Somente as proposições I e IV estão incorretas
(B) Somente as proposições III e IV estão corretas.
(C) Todas as proposições estão incorretas.
(D) Somente as proposições I, II e IV estão corretas.
(E) Todas as proposições estão corretas.

I: art. 2º, I, da Lei 8.397/1992; II: art. 2º, IV, da Lei 8.397/1992; III: art. 2º, VI, da Lei 8.397/1992 – o limite é de 30%; IV: art. 2º, III, da Lei 8.397/1992. Gabarito "D".

(Magistratura/SC – 2008) A respeito da exceção de pré-executividade na execução fiscal, assinale a alternativa correta:

(A) A falta de notificação relativamente a tributos com lançamento por homologação em exceção de pré-executividade dever ser reconhecida se alegada.

(B) A extinção da execução pelo julgamento da exceção de pré-executividade, que é incidente, não permite a imposição de honorários de pré-executividade.

(C) A exceção de pré-executividade não admite discussão de matéria de fato ou que demande prova, nem mesmo aquela pré-constituída, apenas tolerando matérias de direito.

(D) É incabível a alegação, por exceção de pré-executividade, de ilegitimidade de parte para a execução fiscal em que haja redirecionamento ao sócio-gerente, independentemente da necessidade de produção de provas.

(E) É possível a alegação de inconstitucionalidade de lei como fundamento de exceção de pré-executividade.

A: é inviável a análise de matéria que demande dilação probatória – Súmula 393/STJ; B: o Judiciário tem fixado honorários, na hipótese, apesar do disposto no art. 26 da Lei 6.830/1980; C: se a prova pré-constituída afastar a necessidade de posterior dilação probatória, a exceção pode ser conhecida; D: cabe exceção de pré-executividade para as matérias que prescindam de dilação probatória; E: a matéria é estritamente de direito e não demanda dilação probatória, o que faz desta a melhor alternativa. Gabarito "E".

(Ministério Público/AM – 2008 – CESPE) Leandro, em dívida com o fisco estadual do Amazonas, foi regularmente citado em processo de execução fiscal e, ainda assim, não pagou nem apresentou bens à penhora no prazo legal e não foram encontrados bens penhoráveis. O juiz, então, determinou a indisponibilidade dos bens e direitos de Leandro. A propósito da situação hipotética acima, assinale a opção que, consoante o Código Tributário Nacional, não corresponde a um conjunto de órgãos ou entidades a quem deve o juiz comunicar sua decisão.

(A) órgãos e entidades que promovem registros de transferência de bens
(B) cartórios de registro de protesto
(C) cartórios de registro público de imóveis
(D) autoridades supervisoras do mercado bancário
(E) autoridades supervisoras do mercado bancário de capitais

Somente os cartórios de protestos não estão listados no art. 185-A do CTN, dentre as assertivas. Gabarito "B".

(Procurador do Estado/ES – 2008 – CESPE) Julgue o item seguinte.

(1) Caso a fazenda pública do estado de Goiás ajuíze ação de execução fiscal contra certo contribuinte e não sejam localizados bens penhoráveis, o processo deve ser suspenso por um ano, findo o qual se iniciará o prazo da prescrição qüinqüenal intercorrente.

1: Art. 40 da Lei 6.830/1980 e Súmula 314/STJ. Gabarito "C".

(Magistratura Federal – 4ª Região – XIII – 2008) Dadas as assertivas abaixo, assinalar a alternativa correta.

I. É pacífica na jurisprudência a admissibilidade da Ação Civil Pública para veicular pretensões que envolvam tributos, pois é uma das razões que deram origem a tal instrumento processual.
II. Mero ato normativo federal não pode ser objeto de declaração de constitucionalidade pelo Supremo Tribunal Federal em ação direta.
III. Em razão da presunção de liquidez e certeza que defende o crédito fiscal, a exceção de pré-executividade não pode ser acatada na execução fiscal.
IV. Mesmo antes da execução fiscal, a lei admite providências a serem requeridas pela Fazenda Pública, objetivando evitar que os bens do contribuinte inadimplente sejam transferidos irregularmente a terceiros.

(A) Está correta apenas a assertiva I.
(B) Está correta apenas a assertiva IV.
(C) Estão corretas apenas as assertivas II e III.
(D) Estão incorretas todas as assertivas.

I: art. 1º da Lei 7.347/1985 – entende-se que a ACP não se presta a essas demandas; II: ato normativo federal pode ser objeto de ação direta – art. 102, I, a, da CF; III: admite-se exceção de pré-executividade com relação a matérias que podem ser conhecidas de ofício pelo juiz e que não demandem dilação probatória; IV: existe a possibilidade de cautelar fiscal – Lei 8.397/1992. Gabarito "B".

(Procuradoria Distrital – 2007) Assinale a opção correta.
(A) A citação pessoal nas execuções fiscais só será realizada se a citação postal for frustrada.
(B) A citação postal se aperfeiçoa com a juntada do Aviso de Recebimento do Correio (AR) aos autos da execução fiscal.
(C) A citação por edital nas execuções fiscais tem prazo de 30 dias e a divulgação se faz com a publicação no órgão oficial e na imprensa local, apenas uma vez.
(D) O despacho do juiz que defere a inicial da execução fiscal importa em ordem para citação, penhora, arresto, registro da penhora ou do arresto, e avaliação dos bens penhorados ou arrestados.
(E) O despacho do juiz que ordenar a citação suspende a prescrição.

A: a primeira tentativa de citação é feita, em regra, por via postal, mas o fisco pode requerer a citação pessoal a qualquer momento – art. 8º, I, in fine, da Lei 6.830/1980; B: art. 8º, II, da Lei 6.830/1980 – considera-se feita no momento da entrega no domicílio do citado ou, se não houver indicação de data no registro, dez dias após a entrega na agência postal; C: art. 8º, IV, da Lei 6.830/1980 – não há necessidade de publicação a imprensa local; D: art. 7º da Lei 6.830/1980; E: o despacho interrompe (não suspende) a prescrição – art. 174, parágrafo único, I, do CTN. Gabarito "D".

(Procuradoria Distrital – 2007) Assinale a opção correta.
(A) Caso o falecimento do executado ocorra no curso da execução fiscal, a competência para processar e julgar a execução da dívida ativa desloca-se para o juízo universal da sucessão.
(B) Caso a falência seja decretada no curso da execução fiscal, a competência para processar e julgar a execução da dívida ativa não se desloca para o juízo universal falimentar.
(C) Em caso de reunião de diversas execuções intentadas pela Fazenda Pública contra o mesmo devedor, a prevenção é feita pelo despacho inicial e não pela citação válida.
(D) As pessoas jurídicas de direito público não são sujeitas ao concurso de preferências.
(E) A citação concederá ao executado o prazo de 24 horas para pagamento ou constituição de segurança em juízo.

A e B: o crédito tributário não se submete ao juízo da falência, do inventário ou do arrolamento – art. 187 do CTN; C: a prevenção refere-se à primeira distribuição – art. 28, parágrafo único, da Lei 6.830/1980; D: há o concurso de preferências previsto no art. 187, parágrafo único, do CTN; E: o prazo é de cinco dias – art. 8º da Lei 6.830/1980. Gabarito "B".

(Procuradoria Distrital – 2007) A medida cautelar fiscal
(A) pode ser instaurada antes ou após a constituição do crédito, mesmo já estando em curso a execução judicial da Dívida Ativa.
(B) pode ser requerida desde que o crédito tributário ou não tributário esteja regularmente constituído em procedimento administrativo.
(C) pode ser requerida independentemente da prévia constituição do crédito tributário somente na hipótese em que o devedor aliene bens ou direitos sem proceder à devida comunicação ao órgão da Fazenda Pública competente, quando exigível em virtude de lei.
(D) poderá ser requerida somente contra sujeito passivo de crédito tributário.
(E) será recebida, em regra, no duplo efeito, a apelação interposta em face da sentença que decreta a medida cautelar.

A e B: há, excepcionalmente, possibilidade de o fisco requerer cautelar fiscal antes da constituição do crédito – art. 1º, parágrafo único, da Lei 8.397/1992; C: outra hipótese de cautelar antes do lançamento é quando o devedor põe ou tenta pôr seus bens em nome de terceiros – art. 2º, V, b, da Lei 8.397/1992; D: é possível cautelar relativa a crédito não tributário – art. 2º, caput, da Lei 8.397/1992; E: a apelação não tem efeito suspensivo, exceto se garantido o débito – art. 17 da Lei 8.397/1992. Gabarito "A".

(Procuradoria Distrital – 2007) Assinale a opção incorreta.
(A) Não é cabível medida liminar contra atos do Poder Público, no procedimento cautelar ou em quaisquer outras ações de natureza cautelar ou preventiva, que esgote, no todo ou em parte, o objeto da ação.
(B) Não é cabível, no juízo de primeiro grau, medida cautelar inominada ou a sua liminar, quando impugnado ato de autoridade sujeita, na via de mandado de segurança, à competência originária de tribunal.
(C) Não é cabível a concessão de medida liminar em mandado de segurança impetrado em matéria financeira, tributária ou fiscal.
(D) Não é cabível medida liminar contra atos do Poder Público, no procedimento cautelar ou em quaisquer outras ações de natureza cautelar ou preventiva, toda vez que providência semelhante não puder ser concedida em ações de mandado de segurança, em virtude de vedação legal.
(E) Não é cabível tutela antecipada contra a Fazenda Pública que tenha por pressuposto, segundo entendimento majoritário do Supremo Tribunal Federal, a constitucionalidade ou a inconstitucionalidade da Lei n. 9.494/92, que dispõe sobre a matéria.

A: art. 1º, § 3º, da Lei 8.437/1992; B: art. 1º, § 1º, da Lei 8.437/1992; C: essa vedação não é aceita pelo Judiciário, exceto no caso de compensação (Súmula 212/STJ); D: art. 1º, caput, da Lei 8.437/1992; E: a assertiva é correta. Gabarito "C".

(Procuradoria Distrital – 2007) Assinale a opção correta.
(A) Para evitar grave lesão à ordem, à saúde, à segurança e à economia públicas, o Presidente do Tribunal, ao qual couber o conhecimento do respectivo recurso, poderá suspender, de ofício, a execução da liminar proferida, com fulcro no poder geral de cautela.
(B) Para evitar grave lesão à ordem, à saúde, à segurança e à economia públicas, o Presidente do Tribunal, ao qual couber o conhecimento do respectivo recurso, poderá suspender, se houver requerimento da pessoa jurídica de direito público, a execução da liminar proferida.

(C) Do indeferimento do pedido de suspensão de liminar, cabe recurso ordinário ao Presidente do Tribunal competente para conhecer de eventual recurso especial ou extraordinário.
(D) Para cassar os efeitos da decisão que defere medida cautelar, proferida monocraticamente pelo Relator do Mandado de Segurança, cabe a interposição de Agravo Regimental ao Plenário do Tribunal.
(E) O Presidente do Tribunal competente para julgar o pedido de suspensão de segurança poderá proferir decisão revogando ou modificando a liminar, mas é vedado o exame de mérito do Mandado de Segurança.

A e B: não há suspensão de ofício, mas mediante requerimento da pessoa jurídica de direito público interessada ou do Ministério Público – art. 4º da Lei 8.437/1992 e art. 15 da Lei 12.016/2009; C: da decisão do Presidente cabe agravo ao colegiado indicado no regimento interno do Tribunal – art. 4º, § 3º, da Lei 8.437/1992 e art. 15 da Lei 12.016/2009; D: o juiz de primeira instância pode deferir liminar em mandado de segurança, que se sujeita ao agravo de instrumento no Tribunal *ad quem* (art. 7º, § 1º, da Lei 12.016/2009). O art. 527, parágrafo único, do CPC prevê que a liminar em agravo de instrumento somente poderá ser reformada no momento do julgamento do próprio agravo de instrumento pelo colegiado, exceto se o relator a reconsiderar. O recurso contra a decisão monocrática não prejudica ou condiciona o pedido de suspensão ao Presidente do Tribunal – art. 4º, § 6º, da Lei 8.437/1992 e art. 15, § 3º, da Lei 12.016/2009. Da decisão monocrática do relator em mandado de segurança originário (impetrado diretamente no Tribunal), cabe agravo regimental (agravo interno) para o órgão colegiado indicado em seu regimento interno (não necessariamente ao Plenário); E: o Presidente do Tribunal pode apenas suspender a execução da liminar proferida na ação movida contra o Poder Público ou seus os agentes, não revogá-la ou modificá-la – art. 4º da Lei 8.437/1992 e art. 15 da Lei 12.016/2009. Gabarito "B".

(Magistratura/AL – 2007 – FCC) Para distinguir a ação declaratória de inexigibilidade de crédito fiscal e a ação anulatória de débito fiscal, basta considerar que
(A) a primeira somente pode ser proposta precedida de depósito preparatório do valor do débito fiscal.
(B) a primeira supõe inexistência de procedimento fiscal constitutivo do crédito tributário e a segunda sua constituição definitiva.
(C) a primeira deve ser interposta em primeira instância e a segunda perante a superior instância.
(D) a segunda é inibitória da sua inscrição como dívida ativa, enquanto a primeira não impede sua propositura e regular andamento.
(E) a propositura da primeira é privativa das pessoas jurídicas de direito privado.

A: apesar do disposto no art. 38 da Lei 6.830/1980, a anulatória prescinde de depósito judicial – Súmula 247/TFR; B: entende-se que a declaratória cabe antes do lançamento e a anulatória após a constituição do crédito; C: a assertiva não é verdadeira; D: as ações declaratórias e anulatórias não suspendem, por si, a exigibilidade do crédito nem inibem a inscrição em dívida ativa; E: não há essa restrição. Gabarito "B".

(Procurador do Estado/PR – 2007) Ajuíza a empresa "A" ação declaratória de inexistência de relação jurídico-tributária, cumulada com ação anulatória de ato administrativo tributário, no bojo da qual obteve medida antecipatória suspendendo a exigibilidade dos tributos referentes a períodos não fiscalizados.

Assinale a alternativa "FALSA": ALTERNATIVAS:
(A) São causas de suspensão da exigibilidade do crédito tributário: moratória, depósito de seu montante integral, as reclamações e os recursos, nos termos das leis reguladoras do processo tributário administrativo; a concessão de medida liminar em mandado de segurança; a concessão de medida liminar ou de tutela antecipada, em outras espécies de ação judicial e o parcelamento.
(B) São *numerus clausus*, as causas de suspensão da exigibilidade do crédito tributário.
(C) Tanto os períodos lançados como os períodos de apuração ainda não lançados podem ser objeto de "ação declaratória de inexistência de relação jurídico-tributária cumulada com anulatória de ato administrativo tributário" que comporta medida antecipatória suspensiva da exigibilidade do tributo.
(D) Se o processo administrativo com efeito suspensivo ainda está em curso, falece ao contribuinte o interesse de agir na propositura do mandado de segurança, mas diante da propositura da ação declaratória cumulada com anulatória o processo administrativo pode ser extinto "ex officio" pela administração.
(E) A administração tributária não pode formalizar o ato de lançamento durante o curso de ação declaratória de inexistência de relação jurídico-tributária em que tenha sido concedida antecipação de tutela suspensiva da exigibilidade do tributo.

A e B: art. 151 do CTN; C: há entendimento no sentido de que a declaratória cabe antes do lançamento e a anulatória após a constituição do crédito – o contribuinte propôs demanda com cumulação dos dois pedidos; D: incorreta, pois o acesso ao Judiciário não é, em princípio, vedado pelo curso do processo administrativo, inclusive quanto ao mandado de segurança – Súmula 429/STF, ver também o art. 38, p. único, da Lei 6.830/1980. O judiciário vinha aceitando o *writ* contra lançamento tributário, mesmo havendo recurso administrativo com efeito suspensivo, apesar do disposto no art. 5º, I, da Lei 1.533/1951, correspondente ao atual art. 5º, I, da Lei 12.016/2009; E: assertiva incorreta, pois a jurisprudência atual do STJ é no sentido de que a atividade de lançamento não fica inibida por antecipação de tutela ou por outras modalidades de suspensão de exigibilidade. Na verdade, se o fisco não lançar o tributo pode ocorrer a decadência, cujo prazo não se suspende ou se interrompe nesses casos (ver AgRg no REsp 946.083/SP). Obs.: entendemos que as assertivas "D" e "E" são falsas. Gabarito "E".

(Procurador do Estado/PR – 2007) Já transitados em julgado em desfavor da empresa "A", os processos que essa promoveu e já durante o curso da execução fiscal, sobrevêm decisão do Supremo Tribunal Federal proferida em Ação Direta de Inconstitucionalidade (ADIn), na qual julga-se inconstitucional a cobrança do tributo sob execução.

Assinale a alternativa "FALSA".
(A) O julgamento do STF, em sede ADIn, sobre matéria tributária implica na apreciação de inconstitucionalidade de "lei em tese", o que é permitido pelo nosso ordenamento.
(B) Nas ações diretas (ação direta de inconstitucionalidade ou ação declaratória de constitucionalidade) suas decisões possuem a característica de serem oponíveis "erga omnes".
(C) Por ter sido promovida a ação pela Confederação Nacional da Indústria somente as empresas industriais associadas podem socorrer-se dos efeitos da decisão.
(D) Os pedidos de liminares em ações diretas somente poderão ser deferidos pelo voto da maioria absoluta dos membros do STF, salvo nos períodos de recesso.
(E) Mesmo que a ação declaratória cumulada com anulatória promovida pela empresa "A" já tenha transitado em julgado, poderá essa promover no prazo legal ação rescisória com fundamento no art. 485, V do CPC.

A e B: as assertivas descrevem corretamente as ações diretas no STF; C: a decisão tem efeito para todos (*erga omnes*); D: art. 10 da Lei 9.868/1999; E: é possível a rescisória, na hipótese. Gabarito "C".

(Procurador do Estado/PR – 2007) Julgado pelo Superior Tribunal de Justiça e pelo Supremo Tribunal Federal definitivamente procedente o pedido anulatório do auto de infração por vícios concernentes à fiscalização que ensejou a autuação, mas julgado improcedente o pedido de inconstitucionalidade da lei instituidora do tributo e reconhecido judicialmente o montante do débito tributário, a Fazenda Pública lança novamente o débito da empresa "A", inscreve em dívida ativa, extrai certidão e promove a execução fiscal.

Assinale a alternativa "FALSA": ALTERNATIVAS:
(A) mesmo durante o curso da execução fiscal a Procuradoria da Fazenda pode promover medida cautelar fiscal com o propósito de tornar indisponíveis bens da executada por verificar que o débito em execução é superior a 30% do patrimônio conhecido da empresa "A".
(B) No bojo da medida cautelar poderá a Procuradoria pedir também a indisponibilidade de bens dos diretores da empresa "A".
(C) Mesmo após proposta a execução e citado o devedor, em sendo detectados vícios no título executivo judicial este poderá ser emendado ou mesmo substituído.

(D) Não sendo encontrado o devedor ou bens a serem penhorados o processo poderá ser suspenso pelo juiz, não correndo, por qualquer tempo, o prazo de prescrição.

(E) Em seus embargos à execução fiscal, poderá a empresa "A" invocar a compensação de seus débitos com créditos líquidos e certos de qualquer natureza que detenha contra o estado, atendido o requisito do art. 741, VI c/c o art. 745 do CPC.

A: art. 1º e 2º, VI, ambos da Lei 8.397/1992; B: art. 4º, § 1º, da Lei 8.397/1992; C: art. 203 do CTN; D: art. 40 da Lei 6.830/1980 – há, porém, hipótese de prescrição intercorrente (Súmula 314/STJ); E: inviável pleitear compensação nos embargos – art. 16, § 3º, da Lei 6.830/1980, embora seja possível arguir prévia extinção do crédito (se houve, por exemplo, anterior compensação, na forma da lei). Gabarito "E".

(Procurador do Estado/PR – 2007) Com a finalidade de promover judicialmente a defesa de seus interesses a empresa "A" diante do decreto de quebra de seu sigilo bancário durante o curso de processo administrativo, impetra mandado de segurança repressivo contra o ato administrativo que requisitou as informações bancárias e, por considerar ilegal a utilização de força policial na fiscalização e a lacração de seus arquivos com a interdição de suas atividades, impetra outro mandado de segurança repressivo para suspender, por estes motivos formais relativos à fiscalização, os efeitos do autos de infração.

Assinale a alternativa "FALSA".

(A) a lacração de salas e armários é providência lícita à administração tributária, afigurando-se incabível a impetração de mandado de segurança por inexistência de direito líquido e certo amparável pelo "writ".

(B) Mesmo sendo constatada a prática de fraudes fiscais é ilícita a interdição de atividade pela administração tributária, afigurando-se cabível a impetração de mandado de segurança.

(C) A quebra administrativa do sigilo bancário é matéria ainda controvertida e por ser considerada constitucional ou inconstitucional em virtude da inteligência a ser atribuída ao disposto no art. 5º, X e XII da CF, afigurando-se cabível a impetração de mandado de segurança para que seja dada solução pelo Poder Judiciário.

(D) A existência de vício formal no procedimento de fiscalização tributária não contamina o ato de lançamento, que dele independe.

(E) Na hipótese de concessão de liminar em mandado de segurança a Procuradoria da Fazenda pode agravar de instrumento e pedir ao Tribunal a imediata suspensão dos efeitos da medida concedida.

A e B: em princípio, a fiscalização tributária não pode interditar estabelecimentos, impedindo a atividade empresarial, como meio coercitivo para a cobrança de tributos – Súmula 70/STF – razão pela qual a assertiva em "B" é correta. Nesse contexto, a lacração de salas e armários (assertiva em "A") seria admitida apenas durante o prazo razoável, necessário para a realização da fiscalização, considerando que não impede, por si, o exercício das atividades do contribuinte (não há maiores informações na questão, quanto a relevância dessas salas e arquivos para a continuidade da atividade empresarial – de qualquer forma, o writ não admite dilação probatória); C: a quebra de sigilo é regulada pelo art. 6º da LC 105/2001; D: o vício formal prejudica o lançamento, sem prejuízo de renovação do ato, desde que observado o prazo decadencial; E: o agravo não prejudica, nem condiciona o pedido de suspensão ao Presidente do Tribunal – art. 4º, § 6º, da Lei 8.437/1992. Gabarito "D".

(Procurador da Fazenda Nacional – 2007 – ESAF)

• Nos casos de tributos lançados por homologação, tem o STJ entendido que, ocorrendo a homologação tácita, o prazo para propositura de ação de repetição de indébito é de dez anos.

• Para dar à ação declaratória ou anulatória o tratamento que daria à ação de embargos, no tocante ao efeito suspensivo da execução, é necessário que o juízo esteja garantido pela penhora ou pelo depósito.

• O procedimento cautelar fiscal poderá ser instaurado após a constituição do crédito, inclusive a constituição mediante entrega do auto de infração ao contribuinte.

(A) Só é falsa a segunda asserção.
(B) As três afirmações são verdadeiras.
(C) Só é falsa a terceira afirmação.
(D) Só são falsas as duas últimas.
(E) São todas falsas.

1ª: esse era o entendimento do STJ, mas que não se aplica a ações propostas após o início de vigência da LC 118/2005; 2ª: a assertiva refere-se a modalidades de garantia do juízo previstas para os embargos à execução e que podem ser exigidas no bojo de ação ordinária; 3ª: art. 1º da Lei 8.397/1992. Gabarito "B".

(Procurador da Fazenda Nacional – 2007.2 – ESAF) Examine a veracidade dos assertos abaixo e, em seguida, marque com V as proposições verdadeiras, e com F as falsas. Em seguida, indique a opção que contenha, na mesma seqüência, a resposta correta. 1.º) O registro de contrato ou outros documentos em Cartórios de Registro de Títulos e Documentos é um dos eventos que a lei prevê como indicadores da obrigatoriedade de comprovar a quitação de créditos tributários. 2.º) A ação de repetição de indébito tem lugar quando o contribuinte alega o pagamento de imposto devido, cuja prova não ingressou nos sistemas da Receita Federal do Brasil, nem o contribuinte dispõe dos comprovantes de sua alegação. 3.º) Uma execução fiscal, que tenha por objeto imposto territorial rural vencido e não pago, pode ser proposta no foro da situação do imóvel rural, embora o réu tenha dois domicílios conhecidos da Fazenda.

(A) V, V, V
(B) F, V, V
(C) V, V, F
(D) V, F, V
(E) F, F, F

1º: sob pena de responsabilidade do tabelião ou notário – art. 134, VI, do CTN; 2º: se não há registro de pagamento indevido ou comprovante em favor do interessado, não há possibilidade de repetição; 3º: art. 127, § 1º, do CTN – a execução pode ser proposta no local do imóvel. Gabarito "D".

(Defensoria Pública da União – 2007 – CESPE) Julgue o item a seguir.

(1) O contribuinte pode conseguir suspensão da exigibilidade do crédito tributário por medida liminar obtida tanto em mandado de segurança quanto em outras ações.

1: Art. 151, IV e V, do CTN. Gabarito "C".

17. PROCESSO ADMINISTRATIVO FISCAL

(Procurador do Estado/SC – 2010 – FEPESE) Conforme o Decreto nº 70.235, de 06 de março de 1972, que dispõe sobre o processo administrativo fiscal, assinale a alternativa **correta**.

(A) A impugnação da exigência instaura a fase litigiosa do procedimento administrativo fiscal.

(B) O sujeito passivo poderá formular consulta sobre dispositivos da legislação tributária aplicáveis a fato determinado, sendo vedada a formulação de consulta pelos órgãos da administração pública.

(C) A notificação de lançamento será expedida pelo órgão que administra o tributo e conterá obrigatoriamente a descrição do fato.

(D) Da decisão de primeira instância cabe pedido de reconsideração.

(E) As seções do Conselho Administrativo de Recursos Fiscais serão especializadas por matéria e constituídas por câmaras, não se admitindo a divisão destas em turmas.

A: Correta, conforme o art. 14 do Decreto 70.235/1972; B: Incorreta, pois os órgãos da administração pública e as entidades representativas de categorias econômicas ou profissionais também poderão formular consulta – art. 46, p. único, do Decreto 70.235/1972; C: Incorreta, pois o art. 11 do Decreto 70.235/1972 prevê a descrição do fato como elemento obrigatório da notificação de lançamento; D: Incorreta, pois não cabe pedido de reconsideração da decisão de primeira instância – art. 36 do Decreto 70.235/1972; E: Incorreta, pois é permitida a divisão das câmaras em turmas – art. 25, § 4º, do Decreto 70.235/1972. Gabarito "A".

(Procurador do Estado/SC – 2010 – FEPESE) De acordo com a Lei Complementar nº 465, de 3 de dezembro de 2009, que cria o Tribunal Administrativo Tributário do Estado de Santa Catarina, é **correto** afirmar:

(A) As autoridades julgadoras do Tribunal Administrativo Tributário são competentes para declarar a inconstitucionalidade ou ilegalidade de lei, decreto ou ato normativo de Secretário de Estado.

(B) A segunda instância do Tribunal Administrativo Tributário é constituída por cinco Câmaras de Julgamento, compostas por seis Conselheiros cada uma e respectivos Presidentes.

(C) É indispensável a presença do Procurador do Estado em qualquer sessão de julgamento junto ao Tribunal Administrativo Tributário, sob pena de nulidade da mesma, fato que implica em sua ciência e intimação, quanto a tudo que ali for decidido.

(D) A fase contenciosa do processo administrativo inicia-se com a apresentação de reclamação, pelo sujeito passivo, contra notificação fiscal, no prazo de 15 (quinze) dias contados da ciência do ato fiscal impugnado.

(E) O acesso, por meio eletrônico, à íntegra do processo administrativo, não afasta a exigência de notificação pessoal do interessado.

A: Incorreta, pois, a exemplo do que é previsto pela legislação de outras localidades, as autoridades administrativas julgadoras não podem, em regra, declarar a inconstitucionalidade ou ilegalidade de lei ou de normas infralegais – art. 4º da LC de SC 465/2009; B: Incorreta. A estrutura dos órgãos administrativos de julgamento é fixada pela legislação local. No caso, o art. 10 da LC de SC 465/2009 prevê 3 Câmaras de Julgamento; C: Correta, conforme o art. 18 da LC de SC 465/2009; D: Incorreta, pois o prazo para a reclamação é de 30 dias, contados da ciência do ato impugnado – art. 20, § 1º, da LC de SC 465/2009; E: Incorreta, pois, nos termos do art. 40 da LC de SC 465/2009, o acesso, por meio eletrônico, à íntegra do processo será considerada vista pessoal do interessado para todos os efeitos legais. "Gabarito "C"."

(Magistratura/MS – 2008 – FGV) Com base no processo tributário, assinale a afirmativa correta.

(A) É inconstitucional a exigibilidade do arrolamento de bens no valor equivalente a 30% da exigência fiscal, prevista pelo Decreto 70.235/72, como pressuposto de admissibilidade do recurso voluntário na esfera administrativa federal, conforme procedência do pedido na ADI 1976/07.

(B) O processo de consulta deverá ser apresentado por escrito e poderá versar sobre dispositivos da legislação tributária aplicável a fato determinado ou a uma situação hipotética formulada pelo contribuinte que possa ensejar uma exigência fiscal futura.

(C) A conversão do depósito judicial em renda não extingue o crédito tributário, hipótese em que o fisco pode exigir do contribuinte o total do crédito, acrescido de juros e correção monetária, salvo eventual multa fiscal.

(D) Segundo o CTN, a responsabilidade pela infração tributária, bem como os juros de mora são afastados pela denúncia espontânea, desde que esta seja acompanhada de pagamento ou parcelamento do crédito tributário pelo sujeito passivo.

(E) Na hipótese de o contribuinte discutir o crédito tributário por meio de recurso administrativo ou mandado de segurança com pedido de medida liminar, ainda que indeferida, a certidão de dívida ativa passa a ser positiva, com efeito de negativa.

A: o STF considerou inconstitucional a exigência, pois haveria cerceamento de direitos dos contribuintes – ver Súmula Vinculante 28/STF e Súmula 373/STJ; B: a consulta não cabe para situações hipotéticas; C: há extinção, no caso – art. 156, VI, do CTN; D: o STJ entende que o parcelamento não dá ensejo à denúncia espontânea (é preciso que haja pagamento integral do tributo, da correção e dos juros – art. 138 do CTN); E: a liminar precisa ser deferida para que haja suspensão da exigibilidade do crédito e, por consequência, possibilidade de emissão de certidão positiva com efeitos de negativa – art. 206 do CTN. "Gabarito "A"."

(Procurador do Estado/PR – 2007) Notificada do auto de infração por via postal com aviso de recebimento, a empresa "A" formulou tempestiva impugnação administrativa (reclamação) objetivando a anulação do ato administrativo.

Assinale a alternativa "FALSA": ALTERNATIVAS:

(A) a impugnação administrativa é a resistência formal do contribuinte à pretensão fiscal do Estado sobre seus bens e é direito que se assegura ao cidadão como meio de ver vivificado o primado da legalidade através do devido processo legal.

(B) A impugnação formulada pelo contribuinte caracteriza o conflito de interesses deduzido administrativamente, isto é, instala o litígio administrativo entre o órgão exator e o contribuinte e – já havendo formalmente "litigantes" – faz nascer o "processo administrativo" que recebe a incidência da norma constitucional garantidora da ampla defesa (art. 5º, LV, CF).

(C) Além da formulação da impugnação administrativa à pretensão fiscal assiste ao contribuinte o direito de se manifestar, na oportunidade prevista em lei, sobre as informações, pareceres, decisões, perícias e documentos formulados ou apresentados pelo órgão exator ou pela procuradoria, já que o "direito a ser ouvido" revela-se como uma das mais importantes manifestações do direito à ampla defesa.

(D) Iniciado o processo administrativo tributário, tem o contribuinte o direito de ver julgada sua impugnação e seus eventuais recursos e não pode ajuizar medidas judiciais versando a mesma matéria e a mesma lide até o esgotamento da instância administrativa.

(E) A prova ilícita, ainda que pertinente aos fatos "sub examen" deverá ser legalmente descartada como objeto de apreciação no processo administrativo.

A: o processo administrativo é direito do contribuinte; B: esse é o entendimento majoritário, no que se refere ao litígio – há consenso quanto à observância das garantias constitucionais, como a ampla defesa; C: o procedimento legal deve ser observado, garantindo-se o contraditório administrativo; D: o acesso ao Judiciário é garantia inafastável do contribuinte, ainda que prejudique o procedimento administrativo (art. 38, p. único, da Lei 6.830/1980); E: a prova ilícita é nula. "Gabarito "D"."

(Auditor Fiscal/MS – 2006 – FGV) No processo administrativo tributário deve ser adotada a seguinte regra:

(A) o processo administrativo tributário sempre se inicia de ofício.
(B) a motivação do ato deve indicar seus fundamentos de fato e de direito.
(C) a adoção dos preceitos constitucionais é relativa.
(D) o sujeito passivo não se submete ao princípio da boa-fé.
(E) devem ser observadas a celeridade, formalidade e economia processuais.

A: o processo administrativo tributário inicia-se, em geral, com recurso (reclamação, impugnação etc.) do contribuinte; B: a assertiva é correta; C: os preceitos constitucionais devem ser observados sempre; D: todos se submetem ao princípio da boa-fé; E: a formalidade não é regra absoluta no processo administrativo (observa-se, em grande medida, a informalidade). "Gabarito "B"."

(Auditor Fiscal/MS – 2006 – FGV) Com base na lei que regula o processo administrativo junto ao Fisco, analise as afirmativas a seguir:

I. Órgão julgador é o centro de competência especializada para decidir, exclusivamente de forma coletiva, os litígios cujas soluções estejam disciplinadas em lei própria.
II. Processo administrativo tributário é o conjunto de atos decorrentes da relação jurídica estabelecida em contraditório, entre a Administração Fazendária e o sujeito passivo de obrigação tributária ou de qualquer outro dever jurídico.
III. Procedimento administrativo tributário é a sucessão ordenada de atos e de formalidades, de natureza litigiosa, tendentes à formação do convencimento e à manifestação da vontade da Administração Tributária ou à sua execução. Assinale:

(A) se apenas a afirmativa II estiver correta.
(B) se apenas a afirmativa III estiver correta.
(C) se apenas as afirmativas I e II estiverem corretas.
(D) se apenas as afirmativas I e III estiverem corretas.
(E) se todas as afirmativas estiverem corretas.

I: o julgamento pode ser monocrático; II: a assertiva é correta; III: há procedimentos que não são litigiosos (v.g. consulta). "Gabarito "A"."

(Auditor Fiscal/MS – 2006 – FGV) Os chefes dos órgãos julgadores, no uso de suas atribuições:

(A) podem estabelecer prioridade nos julgamentos de impugnações ou recursos, em decorrência da importância do sujeito passivo e do valor do crédito tributário em discussão.
(B) podem estabelecer prioridade nos julgamentos de impugnações ou recursos, em decorrência do valor do crédito tributário em discussão e da importância do sujeito passivo.
(C) podem estabelecer prioridade nos julgamentos de impugnações ou recursos, apenas em decorrência da natureza da relação jurídica objeto do litígio.

(D) podem estabelecer prioridade nos julgamentos de impugnações ou recursos, apenas em decorrência do valor do crédito tributário em discussão.

(E) podem estabelecer prioridade nos julgamentos de impugnações ou recursos, em decorrência do valor do crédito tributário em discussão e da natureza da relação jurídica objeto do litígio.

A e B: discriminação em relação à suposta importância do sujeito passivo ofende, em princípio, a isonomia e a impessoalidade que regem a administração; C, D e E: é possível estabelecer prioridade em decorrência do valor do crédito (focar os maiores, por exemplo) e da natureza da relação jurídica (prestigiar as indenizações, por exemplo). Gabarito "E".

(Auditor Fiscal/MS – 2006 – FGV) A realização de uma nova investigação fiscal, sobre matéria contida em período de tempo já abrangido por fiscalização anterior, somente pode ser efetivada:

I. sob determinação expressa e fundamentada da autoridade de hierarquia superior à da autoridade fiscal;

II. enquanto não decorrido o prazo prescricional para o exercício da competência apta à realização do lançamento de ofício;

III. por requerimento de outra autoridade fiscal de igual hierarquia.

Assinale:

(A) se apenas a afirmativa I estiver correta.
(B) se apenas a afirmativa III estiver correta.
(C) se apenas as afirmativas I e II estiverem corretas.
(D) se apenas as afirmativas II e III estiverem corretas.
(E) se todas as afirmativas estiverem corretas.

I: a assertiva é correta, devendo ser observada a legislação local; II: o prazo decadencial é que deve ser observado, pois atinge o direito de lançar; III: a assertiva não parece correta, devendo ser observada a legislação local. Gabarito "A".

(Auditor Fiscal/MS – 2006 – FGV) Nos termos da Lei Estadual 2.315/01, situação de emergência é aquela que exige a prática de determinados atos, sem os quais poderia ter ocorrido ou possa ocorrer lesão grave ou de difícil reparação aos interesses:

I. da Fazenda Pública Estadual;
II. dos Órgãos Julgadores Administrativos Especializados;
III. do Administrado. Assinale:

(A) se apenas o item I estiver correto.
(B) se apenas o item II estiver correto.
(C) se apenas os itens I e II estiverem corretos.
(D) se apenas os itens I e III estiverem corretos.
(E) se todos os itens estiverem corretos.

A legislação estadual citada visa a proteger os interesses dos indicados nas três assertivas. Gabarito "E".

18. MICROEMPRESAS – ME E EMPRESAS DE PEQUENO PORTE – EPP

(Magistratura/AC – 2008 – CESPE) Um dos temas que têm trazido grandes preocupações ao Poder Legislativo federal tem sido a concessão de tratamento diferenciado para as microempresas e para as empresas de pequeno porte. Nesse sentido, foram inseridas no texto constitucional algumas regras que atribuem à lei complementar competência para instituir um regime único de arrecadação dos impostos e das contribuições. Assinale a opção incorreta acerca da previsão constitucional de tratamento diferenciado por meio de lei complementar.

(A) O regime único de arrecadação não permitirá o direito de opção para o contribuinte.
(B) A lei complementar poderá estabelecer condições de enquadramento diferenciadas por estado.
(C) No regime único, o recolhimento será unificado e centralizado.
(D) No regime único, a distribuição da parcela de recursos pertencentes aos respectivos entes federados será imediata.

A: essa é a assertiva incorreta, pois o contribuinte pode optar pelo regime unificado – art. 146, p. único, I, da CF; B, C e D: assertivas corretas, conforme o art. 146, parágrafo único, II e III, da CF. Gabarito "A".

(Magistratura/PA – 2008 – FGV) Em relação à legislação que instituiu o SuperSimples e a Super-Receita, assinale a alternativa correta.

(A) A pessoa jurídica, independentemente de seu objeto, desde que enquadrada na condição de microempresa e de empresa de pequeno porte, na forma da lei, estará automaticamente submetida aos benefícios do Estatuto Nacional da Microempresa e da Empresa de Pequeno Porte – Simples Nacional.

(B) O Simples Nacional implica o recolhimento mensal, mediante documento único de arrecadação, de vários tributos, entre eles o IPI e IOF.

(C) A lei que instituiu o SuperSimples, em atenção à relevância do ICMS e ISS no conjunto de impostos devidos pelas microempresas, e disposição do art. 179 da Constituição da República, determinou a inclusão desses impostos no âmbito do Simples após expressa autorização dos Estados e dos Municípios respectivamente.

(D) Os créditos tributários oriundos da aplicação da lei complementar 123/06, que instituiu o Simples Nacional, serão apurados, inscritos em Dívida Ativa da União e cobrados judicialmente pela Procuradoria-Geral da Fazenda Nacional (PGFN), que pode delegar aos Estados e Municípios, mediante convênio, a inscrição em dívida estadual e municipal e a cobrança judicial de tributos estaduais e municipais a que se refere essa lei.

(E) A Lei 11.457/07 instituiu a Secretaria da Receita Federal do Brasil, conhecida como Super-Receita, e unificou a Secretaria da Receita Federal e a Secretaria da Receita Previdenciária, extinguindo o INSS e transferindo para a Advocacia-Geral da União a representação judicial e extrajudicial do novo órgão, inclusive no que tange à matéria tributária.

A: assertiva incorreta, pois a LC 123/2006 traz uma série de requisitos e restrições para o enquadramento; B: incorreta, pois o IOF não está incluído na sistemática – art. 13, § 1º, I, da LC 123/2006; C: incorreta, pois não há opção dos Estados e Municípios ou subordinação à sua vontade; D: essa é a correta, conforme o art. 41, §§ 2º e 3º, da LC 123/2006, com as exceções previstas no § 5º do mesmo dispositivo; E: não houve extinção do INSS. Gabarito "D".

(Magistratura/SE – 2008 – CESPE) A lanchonete Comer Bem é uma empresa de pequeno porte enquadrada entre aquelas às quais a CF oferece tratamento diferenciado, nos termos de legislação complementar. Essa empresa está sujeita, em razão de seu porte, a norma constitucional aplicável especificamente a esse grupo, que se refere a

(A) tratamento diferenciado relativamente a impostos mas não a respeito de contribuições federais.
(B) uniformidade geográfica.
(C) regime único de arrecadação de impostos e contribuições federais.
(D) recolhimento descentralizado de impostos e contribuições.
(E) vedação ao compartilhamento da arrecadação.

A assertiva refere-se ao regime unificado de arrecadação previsto no art. 146, parágrafo único, da CF (Simples Nacional, ou "Supersimples"). Gabarito "C".

19. CRIMES TRIBUTÁRIOS

(Ministério Público/MS – 2011 – FADEMS) As condutas: I) omitir informação à fiscalização tributária da qual decorra redução do tributo e II) deixar de recolher tributo devido:

(A) não constituem crimes contra a ordem tributária;
(B) são tipificados como crimes à ordem tributária;
(C) a primeira conduta constitui crime contra a ordem tributária, a segunda, não;
(D) a primeira conduta não constitui crime contra a ordem tributária, a segunda, sim;
(E) a segunda conduta será sempre tipificada como apropriação indébita.

A omissão de informação à autoridade fazendária que implique suprimir ou reduzir tributo ou qualquer acessório é crime tipificado pelo art. 1º, I, da Lei 8.137/1990. O simples inadimplemento tributário não é crime, entretanto. Por essa razão, a alternativa "C" é a correta. Gabarito "C".

(Ministério Público/PB – 2010) Sobre as proposições adiante assinale a alternativa correta:

I. O ilícito criminal tributário tem como objeto o ardil ou artifício do agente em atingir o resultado do não recolhimento do tributo, não constituindo crime, portanto, o não recolhimento puro e simples.
II. O ilícito penal tributário está adstrito ao contribuinte ou àquele que por ele se responsabilize, não sendo prevista como conduta típica o ato do funcionário da administração pública que deixa de repassar aos cofres públicos valor tributário por ele recolhido.
III. A exclusão da responsabilidade com o pagamento do tributo, antes do início de qualquer procedimento fiscal referente à infração, impede a punição, quer administrativa, quer criminal.

(A) I, II e III estão corretas.
(B) Apenas II e III estão erradas.
(C) Apenas I e III estão erradas.
(D) Apenas I está errada.
(E) Apenas II está errada.

I: Assertiva correta, pois o simples inadimplemento tributário não é qualificado como crime; II: Incorreta, pois há tipos cujo agente é funcionário público (crimes funcionais contra a ordem tributária – por exemplo, no art. 3º da Lei 8.137/1990). A assertiva descreve o peculato, crime cometido por funcionário público, nos termos do art. 312 do Código Penal; III: Em princípio, a afirmativa é correta para os crimes materiais ou de resultado (em que o inadimplemento tributário compõe o tipo penal) – ver Súmula Vinculante 24/STF – ver também arts. 168-A e 337-A do CP, art. 15 da Lei 9.964/2000 e art. 9º da Lei 10.684/2003. Gabarito "E".

(Procurador do Município/Florianópolis-SC – 2010 – FEPESE) O servidor público punido com pena de demissão por violação de informações protegidas por sigilo fiscal permanece incompatibilizado para novo cargo, emprego ou função pública em órgão ou entidade da administração pública federal, pelo prazo de:

(A) Um ano.
(B) Dois anos.
(C) Três anos.
(D) Cinco anos.
(E) Dez anos.

O art. 4º da MP 507/2010 previa que a demissão, a destituição de cargo em comissão e a cassação de disponibilidade ou de aposentadoria, por violação do sigilo fiscal (ou por permitir ou facilitar a violação do sigilo fiscal), incompatibilizavam o ex-servidor para novo cargo, emprego ou função pública em órgão ou entidade da administração pública federal, pelo prazo de cinco anos. Por essa razão, a alternativa "D" era a correta. É importante salientar, entretanto, que essa MP não foi convertida em lei e perdeu a eficácia em 15.3.2011. Gabarito "D".

(Ministério Público/PB – 2010) Sobre as proposições abaixo assinale a alternativa correta:

I. O ilícito criminal tributário tem como objeto o ardil ou artifício do agente em atingir o resultado do não recolhimento do tributo, não constituindo crime, portanto, o não recolhimento puro e simples.
II. O ilícito penal tributário está adstrito ao contribuinte ou àquele que por ele se responsabilize, não sendo prevista como conduta típica o ato do funcionário da administração pública que deixa de repassar aos cofres públicos valor tributário por ele recolhido.
III. A exclusão da responsabilidade com o pagamento do tributo, antes do início de qualquer procedimento fiscal referente à infração, impede a punição, quer administrativa, quer criminal.

(A) I, II e III estão corretas.
(B) Apenas II e III estão erradas.
(C) Apenas I e III estão erradas.
(D) Apenas I está errada.
(E) Apenas II está errada.

I: assertiva correta, nos termos do art. 1º da Lei 8.137/1990; II: incorreta, pois há tipificação penal de diversas condutas de funcionários públicos – ver art. 3º da Lei 8.137/1990; III: assertiva correta – art. 34 da Lei 9.249/1995 e art. 9º da Lei 10.684/2003. É importante ressaltar que isso não afasta a penalidade pecuniária regida pelo direito tributário em sentido estrito. Gabarito "E".

(Delegado/PA – 2009 – MOVENS) A evasão tributária e a elisão tributária são institutos de direito tributário. A respeito dos crimes contra a ordem tributária, assinale a opção correta.

(A) A evasão tributária é mecanismo lícito.
(B) A ação de sonegar ou reduzir tributo, contribuição social e acessórios independe de prejuízo, porque se trata de crime de mera conduta.
(C) Em regra, e para a maioria dos doutrinadores, a elisão tributária configura ilícito tributário.
(D) Falsificar ou alterar nota fiscal, fatura ou duplicata será considerado conduta típica penal somente quando houver repercussão jurídica e se ficar provado que ocorreu prejuízo para o credor da competência.

A e C: incorretas, pois evasão é termo utilizado para se referir ao não pagamento ilícito de tributos, diferentemente da elisão, que corresponde ao planejamento tributário lícito; B: esses crimes são considerados materiais e, portanto, exigem o prejuízo ao erário para se configurarem – ver a Súmula Vinculante 24/STF; D: incorreta, pois no caso de crimes formais o resultado é irrelevante para a tipificação. Gabarito "D".

(Magistratura/AC – 2008 – CESPE) Os crimes praticados por funcionário público contra a ordem tributária não incluem

(A) o recebimento, para si ou para outrem, direta ou indiretamente, ainda que fora da função ou antes de iniciar seu exercício, mas em razão dela, de vantagem indevida, para deixar de lançar ou cobrar tributo ou contribuição social.
(B) a utilização ou a divulgação de programas de processamento de dados que permita ao sujeito passivo da obrigação tributária possuir informação contábil diversa daquela que é, por lei, fornecida à fazenda pública.
(C) o extravio de livro oficial, processo fiscal ou qualquer documento de que tenha a guarda em razão da função.
(D) o patrocínio, direto ou indireto, de interesse privado perante a administração fazendária, valendo-se da qualidade de funcionário público.

A: art. 3º, II, da Lei 8.137/1990; B: esse crime não se refere especificamente a funcionário público – art. 2º, V, da Lei 8.137/1990; C: art. 3º, I, da Lei 8.137/1990; D: art. 3º, III, da Lei 8.137/1990. Gabarito "B".

20. TEMAS COMBINADOS E OUTRAS MATÉRIAS

(Magistratura Federal-5ª Região – 2011) Considerando a competência tributária e as limitações do poder de tributar, assinale a opção correta.

(A) É compatível com a CF lei complementar estadual que isente os membros do MP do pagamento de custas judiciais, notariais, cartorárias e quaisquer taxas ou emolumentos.
(B) Segundo a jurisprudência do STF, ofende o princípio da isonomia tributária a instituição de lei que, por motivos extrafiscais, imprima tratamento desigual a microempresas de capacidade contributiva distinta, afastando do regime do SIMPLES aquelas cujos sócios tenham condição de disputar o mercado de trabalho sem auxílio estatal.
(C) A imunidade tributária recíproca impede a cobrança de impostos, taxas e contribuições entre os entes federativos.
(D) De acordo com o que dispõe o CTN, os tributos cuja receita seja distribuída, no todo ou em parte, a outras pessoas jurídicas de direito público pertencem à competência legislativa daquela a que tenham sido atribuídos.
(E) A atribuição da competência tributária compreende as garantias e os privilégios processuais que competem à pessoa jurídica de direito público que a conferir.

A: Incorreta, pois tal norma violaria o princípio da isonomia – ver ADI 3.260/RN. É importante salientar que a decisão do STF refere-se à lei que isentava os membros do Ministério Público, inclusive os inativos (não era benefício em favor da instituição, mas das pessoas naturais); B: Incorreta, pois o STF decidiu exatamente o oposto, no sentido de que não há ofensa ao princípio da isonomia tributária se a lei, por motivos extrafiscais, imprime tratamento desigual a microempresas e empresas de pequeno porte de capacidade contributiva distinta, afastando do regime do Simples Federal aquelas cujos sócios têm condição de disputar o mercado de trabalho sem assistência do Estado (referia-se a sociedades formadas por profissionais liberais, excluídos do antigo Simples Federal, anterior ao atual Simples Nacional) – ADI 1.643/UF; C: Incorreta, pois a imunidade recíproca refere-se exclusivamente aos impostos, e não às demais espécies tributárias – art. 150, VI, *a*, da CF; D: Essa é a assertiva correta, pois reflete o disposto no art. 6º, p. único, do CTN; E: Incorreta, pois a competência tributária é indelegável. A assertiva se refere à delegação da sujeição ativa – art. 7º, § 1º, do CTN. Gabarito "D".

(Magistratura/RO – 2011 – PUCPR) Dadas as assertivas abaixo, assinale a única **CORRETA**.

(A) Porque as dívidas tributárias de pequeno valor não são, em regra, ajuizadas enquanto mantiverem-se dentro do limite legal, terão sua prescrição suspensa até que superem esse limite.
(B) É inconstitucional a incidência de imposto sobre serviços de qualquer natureza sobre operações de locações de veículos.
(C) As taxas cobradas exclusivamente em razão dos serviços públicos de coleta, remoção e tratamento ou destinação de lixo ou resíduos provenientes de imóveis, viola o artigo 145, II, da Constituição Federal.
(D) A incidência de imposto municipal sobre as operações de *leasing* foi integralmente julgada inconstitucional pelo STF.
(E) Segundo entendimento sumular do STF, as taxas e os preços públicos se diferenciam pelo regime jurídico aplicável a elas.

A: Incorreta, pois não há previsão de suspensão da prescrição nessa hipótese – art. 174 c/c art. 151 do CTN; B: Assertiva correta, nos termos da Súmula Vinculante 31/STF (é interessante notar que, atualmente, o serviço não é sequer listado na LC 116/2006); C: Incorreta, pois o STF reconhece a validade da taxa, conforme a Súmula Vinculante 19/STF; D: Incorreta, pois o STF entendeu constitucional a incidência do ISS sobre *leasing* financeiro e o chamado *lease back*, afastando o imposto apenas no caso do *leasing* operacional (neste último caso, haveria locação, o que afasta o ISS) – ver RE 592.905/SC; E: Incorreta, pois, nos termos da Súmula 545/STF, "Preços de serviços públicos e taxas não se confundem, porque estas, diferentemente daquelas, são compulsórias e têm sua cobrança condicionada à prévia autorização orçamentária, em relação à lei que as instituiu." É importante notar que não subsiste, no sistema constitucional atual, o chamado princípio da anualidade, de modo que não se exige mais a prévia autorização orçamentária como requisito para validade do tributo. Gabarito "B".

Magistratura/RO – 2011 – PUCPR) Avalie as assertivas adiante:

I. Os produtos que sejam objetos de pautas fiscais que lhe prevejam base de cálculo adredemente fixada podem gerar, pela sua sistemática, prejuízos ou benefícios ao Estado-membro, sendo considerado pelo STF apenas modelo de facilitar a tributação.
II. Para realizar transação tributária, é necessário que haja lei prévia autorizando expressamente esse modo de extinção do crédito tributário, o que já acontece em algumas cidades brasileiras, mas não no âmbito federal, e a lei deverá prever a autoridade administrativa competente para autorizá-la.
III. A constitucionalidade da substituição tributária regressiva ou "para trás" não foi questionada como ocorreu com a substituição progressiva ou "para frente", já que naquela o próprio Estado deixa de receber o tributo no momento da ocorrência do fato gerador, para, por conveniência, postergar o seu recebimento, enquanto nesta presume antes a ocorrência do fato gerador que ainda, de fato, não ocorreu.
IV. O mínimo existencial é princípio constitucional que pode ser retirado essencialmente do princípio da capacidade contributiva, que visa proteger a exação desproporcional e conta com alguns indícios de proteção no direito positivo brasileiro, como no imposto de renda da pessoa física ou mesmo em alguns produtos da cesta básica, que foram desonerados, e que contam com o princípio da seletividade como instrumento importante para sua defesa.
V. A presunção de fraude do crédito tributário pode ocorrer por começo de oneração de renda, por sujeito passivo com dívida regularmente inscrita em dívida ativa.
VI. Como providência para gerar transparência fiscal, como também segurança jurídica aos contribuintes diante do cipoal de normas tributárias existentes, o Poder Executivo municipal, estadual e federal devem expedir, por decreto, até o final de janeiro de todo ano, a consolidação, em texto único, da legislação vigente relativa a cada um dos tributos.

Estão **CORRETAS**:
(A) Somente as assertivas I, V e VI.
(B) Somente as assertivas II e III.
(C) Somente as assertivas II e VI.
(D) Somente as assertivas IV e V.
(E) Todas as assertivas.

I: Adequada, pois o examinador se refere à substituição tributária "para frente", em que há prévia estimativa do valor da operação futura (estimativa da base de cálculo), ratificada pelo STF – art. 150, § 7º, da CF, ver ADI 1.851/AL. É importante salientar que o Supremo Tribunal Federal não tratou da situação como sendo pauta fiscal (embora seja comum o termo também para esse caso), até porque, no caso do ICMS, há regras objetivas para que o próprio sujeito passivo calcule o valor da base de cálculo presumida (ver art. 8º, II, da LC 87/1996); II: Correta, conforme art. 171 do CTN; III: Assertiva correta, pois, de fato, jamais houve discussão relevante quanto à substituição tributária "para trás" – ver a citada ADI 1.851/AL, em relação à substituição tributária "para frente"; IV: Assertiva correta, pois se refere adequadamente ao conceito do mínimo existencial, aceito pela doutrina; V: Assertiva correta, conforme o art. 185 do CTN; VI: Correta, pois a determinação está no art. 212 do CTN. Gabarito "E".

(Ministério Público/MS – 2011 – FADEMS) Assinale a alternativa **correta**:
(A) a legislação tributária pode ser aplicada a fatos geradores pendentes;
(B) a lei que reduz isenção de impostos que gravam o patrimônio e a renda entra em vigor na data de sua publicação;
(C) não é possível a revisão de ofício do lançamento, em nenhuma circunstância, por ser ato administrativo vinculado;
(D) a subordinação do recebimento de certo tributo ao cumprimento de exigências administrativas previstas em lei, autoriza a consignação judicial;
(E) o prazo prescricional para anular decisão administrativa que denega a restituição é de 05 (cinco) anos.

A: Assertiva correta, conforme o art. 105 do CTN; B: Incorreta, pois isso é vedado pelo art. 104, III, do CTN, segundo o qual essas normas entram em vigor apenas no primeiro dia do exercício seguinte ao da publicação; C: Incorreta, pois o art. 149 do CTN prevê diversas hipóteses que permitem a revisão de ofício do lançamento – art. 145, III, do CTN; D: Incorreta, pois somente a exigência administrativa sem fundamento legal dá ensejo à consignação judicial – art. 164, II, do CTN; E: Incorreta, pois o prazo, no caso, é de apenas 2 anos – art. 169 do CTN. Gabarito "A".

(Ministério Público/PR – 2011) Assinale a alternativa correta:
(A) Fato gerador é a previsão abstrata do nascimento da obrigação tributária.
(B) Imunidade tributária significa a não incidência do tributo em decorrência de norma legal específica.
(C) As isenções tributárias devem sempre ser concedidas sob contraprestação ou obrigação do contribuinte, de acordo com o artigo 176 e seguintes do Código Tributário Nacional.
(D) No sistema tributário nacional previsto no artigo 145 e seguintes da Constituição Federal existem apenas três modalidades de tributos: impostos, taxas e contribuições de melhoria.
(E) Todas as alternativas anteriores são incorretas.

A: Imprecisa, pois fato gerador da obrigação principal, na dicção do CTN, é a situação definida em lei como necessária e suficiente à sua ocorrência – art. 114 do CTN. A assertiva descreve a chamada *hipótese de incidência*, ou *fato gerador em abstrato* (a expressão *fato gerador* é utilizada por parte da doutrina com esse sentido, daí porque a assertiva é imprecisa); B: Incorreta, pois imunidade é norma constitucional que afasta a competência tributária; C: Incorreta, pois pode haver isenção sem exigência de contraprestação ou obrigação específica do contribuinte – art. 176 do CTN; D: Incorreta, pois, embora o art. 145 da CF refira-se apenas a essas três espécies (teoria tripartida), os dispositivos constitucionais seguintes referem-se às demais (empréstimos compulsórios e contribuições especiais); E: Essa é a alternativa a ser indicada, já que as anteriores são, de fato, incorretas (com a observação feita em relação à alternativa "A"). Gabarito "E".

(Cartório/AP – 2011 – VUNESP) Considere os seguintes itens sobre a Declaração de Operações Imobiliárias - DOI:

I. O não cumprimento desta obrigação gera obrigação tributária acessória consistente em multa de 0,1% ao mês-calendário ou fração, sobre o valor da operação, devido pelo Oficial de Registro de Imóveis e pelo adquirente, solidariamente.
II. Consiste na declaração sobre operação imobiliária de aquisição ou alienação, realizada por pessoa física ou jurídica, independentemente do seu valor, cujos documentos sejam lavrados, anotados, averbados, matriculados ou registrados em Cartório de Notas, de Registro de Imóveis e de Títulos e Documentos.

III. Tem por sujeito ativo o Estado ou Distrito Federal e por sujeito passivo o adquirente de bem imóvel, devendo a obrigação ser cumprida no ato do registro do título aquisitivo no cartório de Registro de Imóveis.

IV. Consiste na emissão de certidão pelo Oficial do Cartório de Registro de Imóveis ou do cartório de Títulos e Documentos, ou ainda pelo Notário, relativa a operação imobiliária cujos documentos sejam lavrados, anotados, averbados, matriculados ou registrados no respectivo cartório.

V. Tem por sujeito ativo a União e por sujeito passivo o Oficial do Cartório de Registro de Imóveis, o Oficial do Cartório de Títulos e Documentos e o notário.

Está correto o que se afirma SOMENTE em

(A) I e IV.
(B) II e V.
(C) I, II e V.
(D) I, III e V.
(E) II, III e IV.

I: Incorreta, pois não há responsabilidade solidária do adquirente – art. 8º, § 1º, da Lei 10.426/2002; II: Correta, conforme o art. 8º da Lei 10.426/2002; III: Incorreta, pois a exigência é da União (Secretaria da Receita Federal) e deve ser cumprida pelos serventuários da Justiça (oficial do cartório) – art. 8º da Lei 10.426/2002; IV: Incorreta, pois é declaração prestada à União por meio eletrônico, não simples certidão; V: Assertiva correta, conforme o art. 8º da Lei 10.426/2002. Gabarito "B".

(Ministério Público/MG – 2010 – FUNDEP) Analise as seguintes afirmativas e assinale a alternativa **INCORRETA**.

(A) Fato gerador da obrigação tributária principal é a situação definida em lei como necessária e suficiente à sua ocorrência.
(B) Sujeito ativo da obrigação tributária é a pessoa jurídica de direito público, titular da competência para exigir o seu cumprimento.
(C) A lei pode atribuir de modo expresso a responsabilidade pelo crédito tributário a terceira pessoa, vinculada ao fato gerador da respectiva obrigação, excluindo a responsabilidade do contribuinte ou atribuindo-a a este em caráter supletivo do cumprimento total ou parcial da referida obrigação.
(D) A capacidade tributária passiva depende da capacidade civil das pessoas naturais.

A: Correta, conforme o art. 114 do CTN; B: Correta, conforme o art. 119 do CTN. É importante não confundir com competência tributária, fixada constitucionalmente, que se refere à competência legislativa plena em relação ao tributo – art. 6º do CTN; C: Correta, nos termos do art. 128 do CTN; D: Incorreta, pois a capacidade tributária independe da capacidade civil das pessoas naturais – art. 126, I, do CTN. Gabarito "D".

(MINISTÉRIO PÚBLICO/RO – 2010 – CESPE) A respeito das regras constitucionais e legais que orientam o vigente Sistema Tributário Nacional, assinale a opção correta.

(A) O estado de Rondônia, nas hipóteses previstas pela CF, tem competência para instituir contribuição de intervenção no domínio econômico, referente às atividades do setor de mineração.
(B) Os municípios do estado de Rondônia estão impedidos de editar leis que criem tributos específicos para custear o serviço de iluminação pública local.
(C) Parte da receita do imposto sobre a propriedade de veículos automotores arrecadado pelo estado de Rondônia pode ser aplicada em quaisquer programas a seu cargo, como os da área de educação, saúde ou segurança pública.
(D) A atividade de edição de listas telefônicas não está amparada pelo benefício constitucional da imunidade tributária.
(E) Nos termos do Código Tributário Nacional, o fisco de Rondônia está autorizado a aplicar uma norma antielisão fiscal, de maneira a evitar excessos na prática do planejamento tributário, tendo sido essa norma recentemente regulamentada.

A: Incorreta, pois as CIDEs são da competência exclusiva da União – art. 149 da CF; B: Incorreta, pois os Municípios e o Distrito Federal detêm a competência para essa contribuição – art. 149-A da CF; C: Assertiva correta, pois, em princípio, a receita de impostos não é vinculada a despesa específica. A rigor, a vinculação é vedada, nos termos e com as exceções previstas no art. 167, IV, da CF; D: Incorreta, pois o STF entende que a imunidade dos periódicos abrange as listas telefônicas – ver AI 663.747 AgR/SP; E: Incorreta, pois o disposto no art. 116, p. único, do CTN não está regulamentado no âmbito federal (houve a MP 66/2002, mas os dispositivos relativos à norma antielisão não foram mantidos na conversão para a Lei 10.637/2002). Gabarito "C".

(Procurador do Estado/SC – 2010 – FEPESE) De acordo com as disposições constitucionais acerca do Sistema Tributário Nacional, assinale a alternativa **correta**.

(A) É vedado à União, aos Estados, ao Distrito Federal e aos Municípios instituírem isenções heterônomas, sem qualquer exceção.
(B) É vedado à União cobrar imposto sobre renda e proventos de qualquer natureza antes de decorridos 90 (noventa) dias da data em que haja sido publicada a lei que o instituiu ou aumentou.
(C) É vedado à União cobrar empréstimo compulsório, em caso de investimento público de caráter urgente e de relevante interesse nacional, no mesmo exercício financeiro em que haja sido publicada a lei que o instituiu ou aumentou.
(D) É vedado à União, aos Estados, ao Distrito Federal e aos Municípios instituírem impostos sobre patrimônio, renda ou serviços dos partidos políticos, inclusive suas fundações, das entidades sindicais patronais, das instituições de educação e de assistência social, sem fins lucrativos, atendidos os requisitos da lei.
(E) A imunidade recíproca é extensiva às autarquias, às sociedades de economia mista e às fundações instituídas e mantidas pelo Poder Público, no que se refere ao patrimônio, à renda e aos serviços, vinculados a suas finalidades essenciais ou às delas decorrentes.

A: Imprecisa, pois o Congresso Nacional pode, excepcionalmente, excluir as exportações de serviços da incidência do ISS – art. 156, § 3º, III, da CF; B: Incorreta, pois o IR não se submete à anterioridade nonagesimal – art. 150, § 1º, da CF; C: Assertiva correta, pois somente o empréstimo compulsório em caso de despesa extraordinária é exceção ao princípio da anterioridade anual e nonagesimal – art. 148, II, e 150, § 1º, da CF; D: Incorreta, pois a imunidade do art. 150, VI, c, da CF abrange apenas os sindicatos dos trabalhadores, não os patronais; E: Incorreta, pois as sociedades de economia mista não são abrangidas pela imunidade recíproca – art. 150, § 2º, da CF. Perceba que o dispositivo constitucional somente se refere às entidades de direito público da administração indireta (autarquias e fundações públicas), mas o STF já estendeu a imunidade recíproca aos Correios e à Infraero (empresas públicas), cujos serviços são de prestação obrigatória e exclusiva pelo Estado. Gabarito "C".

(Ministério Público/PB – 2010) Considere as assertivas abaixo e assinale a alternativa correta:

I. Pelo princípio da recepção, a norma tributária anterior tem vigência garantida quando não houver previsão sobre matéria idêntica na nova norma e for com esta materialmente compatível.
II. O fato gerador do tributo, uma vez proveniente de ato ilícito, necessariamente impede a tributação.
III. A contribuição de melhoria, tributo não vinculado, está sujeito ao princípio da anterioridade.

(A) Apenas II e III estão incorretas.
(B) Apenas I e II estão corretas.
(C) Apenas I e III estão incorretas.
(D) I, II e III estão corretas.
(E) I, II e III estão incorretas.

I: Adequada, pois não há, no caso, revogação implícita – art. 2º, § 1º, da Lei de Introdução às Normas do Direito Brasileiro – LINDB. É importante salientar, entretanto, que recepção é termo normalmente utilizado em relação à Constituição; II: Incorreta, pois o tributo jamais decorre de ato ilícito – art. 3º do CTN. Ademais, se a situação (em si lícita) que configura o fato gerador ocorreu ilicitamente, isso não afasta a validade da tributação (por exemplo, renda auferida por banqueiro do jogo do bicho, que se submete ao IR – princípio do *non olet*); III: Incorreta, pois a contribuição de melhoria, como a taxa, é considerada tributo vinculado, pois seu fato gerador está relacionado diretamente a uma atividade específica do Estado voltada ao contribuinte (no caso, a realização de obra pública que implique valorização imobiliária). Gabarito "A".

(Magistratura/SC – 2010) Assinale a alternativa correta:

(A) A União não pode fixar as alíquotas máximas do Imposto sobre Serviços de Qualquer Natureza (ISS).
(B) A União pode, por lei complementar, instituir um regime único de arrecadação dos impostos e contribuições da União, Estados, Distrito Federal e Municípios, para as microempresas e empresas de pequeno porte.

(C) A União pode instituir isenções sobre tributos da competência dos Estados, Distrito Federal e Municípios.

(D) A União pode instituir isenções de impostos de sua competência tributária e de contribuições sociais dos Estados, Municípios e Distrito Federal.

(E) À União é proibida a concessão de incentivos fiscais destinados a promover o equilíbrio do desenvolvimento socioeconômico entre as diferentes regiões porque lhe é vedado instituir tributos que não sejam uniformes em todo o território nacional.

A: Incorreta, pois cabe à lei complementar federal fixar as alíquotas mínimas e máximas do ISS – art. 156, § 3º, I, da CF; B: Correta, conforme o art. 146, p. único, da CF; C e D: Incorretas, pois o art. 151, III, da CF veda expressamente a concessão de isenção heterônoma pela União (impostos, contribuições ou quaisquer outras espécies tributárias); E: Incorreta, pois essa é a exceção ao princípio da uniformidade territorial, conforme o art. 151, I, da CF. Gabarito "B".

(MINISTÉRIO PÚBLICO/RO – 2010 – CESPE) A legislação vigente sobre responsabilidade fiscal contempla aspectos importantes da política tributária. Acerca desse assunto, assinale a opção correta.

(A) Os municípios, respeitando-se a sua autonomia financeira, estão obrigados a instituir e prever, mas não a arrecadar, todos os tributos que são de sua competência constitucional.

(B) Nos estados, admite-se a majoração ou criação de tributos, bem como a elevação de alíquotas, para custear despesas criadas por lei e que devam ser executadas ao longo de um período de três anos.

(C) Em razão da repartição de receitas tributárias com os demais entes federados, os recursos advindos dos impostos não são computados para fins de apuração da receita corrente líquida da União.

(D) O Poder Legislativo municipal está autorizado a reestimar a previsão das receitas de taxas ou impostos feita pelo Poder Executivo, no âmbito da tramitação da respectiva lei orçamentária anual, desde que haja prévia manifestação do tribunal de contas.

(E) É vedada a realização de transferências voluntárias ao município que não instituir legalmente determinada taxa, em razão do exercício do poder de polícia.

A: Incorreta, pois constituem requisitos essenciais da responsabilidade na gestão fiscal a instituição, previsão e efetiva arrecadação de todos os tributos da competência constitucional do ente da Federação – art. 11, caput, da Lei de Responsabilidade Fiscal – LRF (LC 101/2000); B: Correta, pois as despesas de caráter continuado (despesa corrente cuja obrigação se estende por mais de 2 exercícios) deve ser acompanhada da demonstração da origem dos recursos para seu custeio, como criação de tributos ou aumento de alíquotas – art. 17, § 1º, da LRF; C: Incorreta, pois a receita dos impostos é uma das importantes receitas (se não a mais importante) que compõem a receita corrente líquida da União – art. 2º, IV, da LRF; D: Incorreta, pois a reestimativa de receita por parte do Poder Legislativo só será admitida se comprovado erro ou omissão de ordem técnica ou legal – art. 12, § 1º, da LRF; E: Incorreta, pois a vedação às transferências voluntárias refere-se apenas à omissão na instituição e efetiva arrecadação de impostos (não de outras espécies tributárias) – art. 11, p. único, da LRF. Gabarito "B".

(Ministério Público/SC – 2010)

I. A privatividade ou exclusividade, indelegabilidade, incaducabilidade, inalterabilidade, irrenunciabilidade e facultabilidade podem ser consideradas características da competência tributária.

II. A exceção de pré-executividade é um meio jurídico colocado à disposição do executado a fim de obstar e/ou impugnar a execução fiscal, sem a necessidade de garantia de juízo, tendo sua previsão processual legal, consoante assentado na doutrina e jurisprudência, espeque no artigo 267, § 3º do CPC.

III. Segundo o disposto no art. 128 do CTN, a lei pode atribuir à terceira pessoa a responsabilidade pela obrigação tributária, excluindo a responsabilidade do contribuinte, independentemente desta terceira pessoa estar vinculada ao fato gerador da respectiva obrigação.

IV. A saída física de máquinas, utensílios e implementos, a título de comodato, caracteriza operação mercantil passível da incidência de ICMS, conforme assentado na Súmula 573 do STF.

V. A moratória, o depósito do seu montante integral, as reclamações e os recursos, nos termos das leis reguladoras do processo tributário administrativo, a concessão de medida liminar em mandado de segurança e a concessão de medida liminar ou de tutela antecipada, em outras espécies de ação judicial, são formas de suspensão do crédito tributário previsto no artigo 156 do CTN.

(A) Apenas as assertivas IV e V estão corretas.
(B) Apenas as assertivas II, III e V estão corretas.
(C) Apenas as assertivas I, II e IV estão corretas.
(D) Apenas as assertivas II e IV estão corretas.
(E) Apenas as assertivas I e II estão corretas.

I: Assertiva correta, conforme acatada lição doutrinária; II: Adequada, pois há entendimento nesse sentido. Outros autores defendem que se trata de pura construção jurisprudencial ou, ainda, norma derivada do art. 3º, p. único, da Lei 6.830/1980 (que se refere ao afastamento da presunção de liquidez pelo executado, não pelo embargante, necessariamente) – Súmula 393/STJ; III: Incorreta, pois o responsável deve estar vinculado (ainda que indiretamente) à situação que constitui o fato gerador da obrigação – art. 128 do CTN; IV: Incorreta, pois no comodato (empréstimo) não há circulação de mercadoria, não incidindo, portanto, o ICMS – Súmula 573/STF; V: Imprecisa, pois o dispositivo do CTN que prevê as modalidades de suspensão da exigibilidade do crédito é o art. 151, não o 156 (que trata das modalidades de extinção) – essa espécie de questão (pegadinha) é absurda, em nosso entender, mas o candidato deve estar atento e preparado (se essa assertiva fosse considerada verdadeira, não haveria alternativa correta, o que pode ajudar a perceber a pegadinha). Gabarito "E".

(Ministério Público/SC – 2010)

I. O adquirente do imóvel, por expressa determinação legal, **ex vi** art. 130 do CTN, é o responsável legal pelos créditos tributários relativos a impostos cujo fato gerador seja a propriedade, o domínio útil ou a posse dos bens imóveis.

II. O lançamento regularmente notificado ao sujeito passivo não pode ser modificado em respeito ao princípio da segurança jurídica e inalterabilidade

III. a importância do crédito tributário não pode ser consignada judicialmente pelo sujeito passivo.

IV. O Princípio da seletividade, previsto no art 155, § 2º, III, da CF, cujo teor encerra autorização legal para que as mercadorias e os serviços de primeira necessidade sejam menos onerados que os supérfluos ou suntuários é de observância obrigatória.

V. No caso de arrematação de um imóvel em hasta pública o adquirente do bem o receberá, livre e desembaraçado, após o pagamento dos créditos tributários relativos aos impostos incidentes sobre dito imóvel, descontando-se tal valor do montante do lanço ofertado.

(A) Apenas as assertivas I e II estão corretas.
(B) Apenas as assertivas II e V estão corretas.
(C) Apenas as assertivas II, III e V estão corretas.
(D) Apenas as assertivas I, III e IV estão corretas.
(E) Apenas as assertivas I e V estão corretas.

I: Correta, conforme o dispositivo legal, observadas as exceções nele previstas (certificação de inexistência de débitos no título translativo ou aquisição em hasta pública); II: Incorreta, pois o lançamento notificado pode ser modificado em caso de impugnação do sujeito passivo, recurso de ofício ou por iniciativa do fisco nas hipóteses do art. 149 do CTN – art. 145 do CTN; III: Incorreta, pois é possível a consignação judicial nos casos previstos no art. 164 do CTN; IV: Incorreta, pois, no caso do ICMS (art. 155, § 2º, da CF), a seletividade não é obrigatória (o ICMS pode ser seletivo, enquanto o IPI deve ter alíquotas seletivas conforme a essencialidade do produto); V: Assertiva correta, conforme o art. 130, p. único, do CTN. Gabarito "E".

(MINISTÉRIO PÚBLICO/SE – 2010 – CESPE) As ações governamentais destinadas a proteger o direito do consumidor incluem

I. fazer propaganda de alerta sobre tema de interesse do consumidor.

II. apoiar, por meio de incentivos, a criação de associação representativa dos consumidores.

III. indenizar o consumidor por defeitos dos produtos que tenham provocado grave dano à saúde.

Assinale a opção correta.

(A) Apenas o item I está certo.
(B) Apenas o item II está certo.
(C) Apenas os itens I e II estão certos.
(D) Apenas os itens II e III estão certos.
(E) Todos os itens estão certos.

I e II: Corretas, conforme o art. 4º, II, *a* e *b*, do Código de Defesa do Consumidor – CDC (Lei 8.078/1990); III: Incorreta, pois esse dever de indenização não é, em princípio, imputado ao governo – arts. 4º e 12 do CDC. Gabarito "C".

(Procurador do Estado/SC – 2010 – FEPESE) Conforme disposto na Constituição Federal de 1988, é **correto** afirmar:

(A) As contribuições sociais incidirão também sobre a importação de produtos estrangeiros ou serviços, mas não incidirão sobre as receitas decorrentes de exportação.
(B) A União poderá instituir, mediante lei complementar, na iminência ou no caso de guerra externa, impostos extraordinários, compreendidos ou não em sua competência tributária, os quais serão suprimidos, gradativamente, cessadas as causas de sua criação.
(C) Pertencem aos Estados e ao Distrito Federal cinquenta por cento do produto da arrecadação do imposto que a União instituir no exercício da competência residual.
(D) Os Municípios e o Distrito Federal poderão instituir taxas, na forma das respectivas leis, para o custeio do serviço de iluminação pública.
(E) Cabe à lei complementar a definição de tributos e de suas espécies, bem como, em relação aos impostos, a dos respectivos fatos geradores, bases de cálculo, alíquotas e contribuintes.

A: Assertiva correta, conforme o art. 149, § 2º, I e II, da CF; B: Imprecisa. Nada impede que seja utilizada lei complementar, mas basta simples lei ordinária federal para a instituição do imposto extraordinário – art. 154, II, da CF; C: Incorreta, pois a distribuição é de apenas 20% da receita do imposto da competência residual – art. 157, II, da CF; D: Incorreta, pois cabe a instituição de contribuição para custeio do serviço de iluminação pública, não taxa – art. 149-A da CF; E: Incorreta, pois não há exigência de lei complementar federal para a fixação das alíquotas dos impostos – art. 146, III, *a*, da CF. Gabarito "A".

(Procurador do Estado/SC – 2010 – FEPESE) De acordo com o Código Tributário Nacional, assinale a alternativa **correta**.

(A) É dispensada a exigência de lei para o estabelecimento de modificação da base de cálculo do tributo, ainda que importe em torná-lo mais oneroso.
(B) Salvo disposição em contrário, as decisões dos órgãos singulares ou coletivos de jurisdição administrativa, a que a lei atribua eficácia normativa, entram em vigor, quanto a seus efeitos, na data da sua publicação.
(C) A lei tributária aplica-se a ato ou fato pretérito quando seja expressamente interpretativa, sem prejuízo de aplicação da penalidade à infração dos dispositivos interpretados.
(D) Interpreta-se literalmente a legislação tributária que disponha sobre extinção, suspensão ou exclusão do crédito tributário.
(E) A lei tributária que define infrações, ou lhe comina penalidades, interpreta-se da maneira mais favorável ao acusado, em caso de dúvida quanto à autoria, imputabilidade, ou punibilidade.

A: Incorreta, pois a modificação da base de cálculo dos tributos é matéria a ser veiculada por lei – art. 150, I, da CF e art. 97, § 1º, do CTN; B: Incorreta, pois o prazo de início de vigência, quanto aos efeitos normativos, previsto no art. 103, II, do CTN, é de 30 dias a partir da publicação da decisão; C: Incorreta, pois, nesse caso, não há aplicação de penalidade por infração dos dispositivos interpretados – art. 106, I, *in fine*, do CTN; D: Imprecisa, pois o art. 111 CTN não prevê expressamente interpretação literal para normas relativas à extinção do crédito tributário; E: Correta, conforme o art. 112, III, do CTN. Gabarito "E".

(Procurador do Estado/SC – 2010 – FEPESE) Com fundamento no Código Tributário Nacional, assinale a alternativa **incorreta**.

(A) A ação para a cobrança do crédito tributário prescreve em cinco anos, contados da data da ocorrência do fato gerador.
(B) O lançamento constitui atividade administrativa vinculada e obrigatória, sob pena de responsabilidade funcional.
(C) A isenção, salvo se concedida por prazo certo e em função de determinadas condições, pode ser revogada ou modificada por lei, a qualquer tempo.
(D) É possível a alteração do lançamento regularmente notificado ao sujeito passivo, por iniciativa da autoridade administrativa, quando necessária a apreciação de fato não conhecido ou não provado por ocasião do lançamento anterior.
(E) Presume-se fraudulenta a alienação ou oneração de bens ou rendas, ou seu começo, por sujeito passivo em débito para com a Fazenda Pública, por crédito tributário regularmente inscrito como dívida ativa, salvo na hipótese de terem sido reservados, pelo devedor, bens ou rendas suficientes ao total pagamento da dívida inscrita.

A: Essa é a incorreta, pois o prazo prescricional quinquenal para a cobrança é contado da constituição definitiva do crédito, nos termos do art. 174 do CTN (ou seja, a partir da notificação do lançamento ou, para alguns autores e jurisprudência, a partir da decisão definitiva da impugnação administrativa). A rigor, pelo princípio da *actio nata*, entende-se que o prazo prescricional contra a fazenda começa a correr a partir do vencimento do tributo (antes disso, o fisco não poderia cobrar o débito, não fluindo, portanto, o prazo prescricional); B: Correta, nos termos do art. 142 do CTN; C: Correta, pois reflete o disposto no art. 178 do CTN; D: Assertiva correta, já que a hipótese permite a revisão do lançamento, nos termos do art. 149, VIII, do CTN; E: Correta, conforme o art. 185 do CTN. Gabarito "A".

(Procurador do Município/Florianópolis-SC – 2010 – FEPESE) Assinale a alternativa **incorreta**.

(A) O contribuinte do Imposto sobre a Propriedade Territorial Urbana (IPTU) é notificado do lançamento pelo envio do carnê ao seu endereço.
(B) É ilegítima a exigência de depósito prévio para admissibilidade de recurso administrativo.
(C) O lançamento regularmente notificado ao sujeito passivo não pode ser alterado pela autoridade administrativa.
(D) A entrega de declaração pelo contribuinte reconhecendo débito fiscal constitui o crédito tributário, dispensada qualquer outra providência por parte do fisco.
(E) O lançamento reporta-se à data da ocorrência do fato gerador da obrigação e rege-se pela lei então vigente.

A: Correta, conforme a Súmula 397/STJ; B: Assertiva correta, como reconhecido pela Súmula Vinculante 21/STF e pela Súmula 373/STJ; C: Essa é a alternativa incorreta, pois é possível a alteração do lançamento já notificado, nas hipóteses do art. 145 do CTN; D: Correta, conforme a Súmula 436/STJ; E: Assertiva correta, conforme o art. 144, *caput*, do CTN. Gabarito "C".

(Magistratura Federal/3ª Região – 2010) Assinale a alternativa incorreta:

(A) As taxas não poderão ter base de cálculo próprio de impostos;
(B) Cabe à lei complementar dispor sobre conflitos de competência, em matéria tributária, entre a União, os Estados, o Distrito Federal e os Municípios;
(C) A União poderá instituir taxas, em razão do exercício do poder de polícia ou pela utilização, efetiva ou potencial, de serviços públicos específicos e indivisíveis, prestados ao contribuinte ou postos a sua disposição;
(D) O Distrito Federal poderá instituir contribuição de melhoria, decorrente de obras públicas.

A: assertiva correta, nos termos do art. 145, § 2º, da CF – ver Súmula Vinculante 29/STF; B: correta, conforme o art. 146, I, da CF; C: incorreta, pois somente serviços **divisíveis** permitem a cobrança de taxa – art. 145, II, da CF; D: correta, pois a competência relativa às contribuições de melhoria é comum a todos os entes políticos, em relação às respectivas obras públicas – art. 145, III, da CF. Gabarito "C".

(Ministério Público/PB – 2010) Considerando a limitação do poder de tributar, assinale a alternativa correta:

I. Apenas para efeito de iniciar o processo legislativo, pode-se instituir ou majorar tributos por meio de medidas provisórias.
II. Em decorrência de inflação, deflação ou outro aspecto que atinja de algum modo o valor do bem, há que se editar lei, periodicamente, para atualizar a base de cálculo do tributo que incida sobre o mesmo.
III. Dentro de uma atuação discricionária, a autoridade administrativa da União pode alterar as alíquotas dos impostos sobre importação de produtos estrangeiros, operações de crédito, propriedade territorial rural e produtos industrializados.

(A) Apenas I está correta.
(B) I, II e III estão corretas.
(C) Apenas I e III estão corretas.
(D) I, II e III estão erradas.
(E) Apenas II e III estão corretas.

I: incorreta, pois é permitida a instituição e a majoração de tributos por medida provisória (não apenas para iniciar o processo legislativo), em substituição à lei ordinária, nos termos e com as limitações do art. 62, § 2º, da CF; II: incorreta, pois a simples atualização monetária da base de cálculo do tributo não corresponde à majoração (ou alteração real) do tributo, de modo que pode ser veiculada por norma infralegal – art. 97, § 2º, do CTN; III: incorreta, pois apenas II, IE, IPI e IOF podem ter suas alíquotas alteradas por norma infralegal, mas não o ITR – art. 153, § 1º, da CF. Gabarito "D".

(Magistratura/PR – 2010 – PUC/PR) Avalie as assertivas abaixo e assinale, a seguir, a alternativa CORRETA:

I. A transação de crédito tributário, embora ainda não possa ocorrer no âmbito federal, por falta de autorização legal, já ocorre em algumas cidades e Estados-membros, sendo necessário constar na lei a autoridade competente para autorizá-la.
II. Na substituição tributária regressiva ou "para trás", em face da existência do fato gerador presumido, o crédito é retido em operação anterior, antes da efetiva ocorrência do fato que faz nascer à exação, utilizando-se, para tanto, de presunções de ocorrência e de base de cálculo (pautas fiscais), que podem não ocorrer exatamente como previsto, não sendo devido, no entanto, nessa hipótese, qualquer devolução para o contribuinte da diferença que houver entre o fato presumido e o efetivamente ocorrido, conforme já decidido pelo Supremo Tribunal Federal.
III. A taxa e o preço-público se equivalem, já que em ambos é possível se obter deliberadamente a mais-valia, ou lucro, arrecadando-se, portanto, mais do que o custo da prestação do serviço, razão da possibilidade de utilização para remunerar qualquer serviço público, ainda que indivisível.
IV. A proteção vital, ou mínimo existencial, de ampla aplicação no Brasil, é princípio que visa a proteger a dignidade humana da exação desproporcional e violadora da capacidade contributiva, que carece ainda de lei para que possa ser respeitado, mas que conta com alguma proteção como a dos alimentos da cesta básica, e com o valioso auxílio da seletividade, que é amplamente aplicada a todas as exações no direito brasileiro.
V. A presunção de fraude do crédito tributário pode ocorrer por começo de oneração de renda, por sujeito passivo com dívida regularmente inscrita em dívida ativa.
VI. O Poder Executivo municipal, o estadual e o federal devem expedir, por decreto, até o final de janeiro de todo ano, a consolidação, em texto único, da legislação vigente relativa a cada um dos tributos.

(A) Somente as assertivas I, V e VI estão corretas.
(B) Somente as assertivas II e III estão erradas.
(C) A assertiva II está correta e a VI está incorreta.
(D) A assertiva IV está correta e a V está incorreta.

I: assertiva correta, nos termos do art. 171 do CTN; II: incorreta, pois a assertiva se refere à substituição tributária **"para frente"** – art. 150, § 7º, da CF; III: incorreta, pois a taxa (espécie de tributo, há compulsoriedade) não se confunde com o preço público (não é tributo, não há compulsoriedade); IV: incorreta, pois a seletividade não é amplamente aplicada a todas as exações no direito brasileiro, restringindo-se, no âmbito constitucional, ao IPI (que deve ser seletivo) e ao ICMS (que pode ser seletivo); V: assertiva correta, nos termos do art. 185 do CTN; VI: correta, nos termos do art. 212 do CTN. Gabarito "A".

(Magistratura/PA – 2009 – FGV) O Estado Moderno é caracterizado pelas *finanças funcionais*, ou seja, pela atividade financeira do Estado orientada no sentido de influir sobre a conjuntura econômica. Prova desse fato é:

(A) o *mix* tributário diversificado dos Estados.
(B) a criação de multas elevadas no âmbito fiscal.
(C) a extrafiscalidade marcante de alguns tributos.
(D) o tabelamento de preços, em situações de crise.
(E) a despersonalização dos impostos.

No âmbito tributário, a utilização dos tributos em sua função **extrafiscal** é a forma típica de intervenção na conjuntura econômica. Gabarito "C".

(Magistratura/PA – 2009 – FGV) Quanto à Elisão Fiscal é correto afirmar que:

(A) constitui procedimento lícito de economia de tributos, geralmente realizado antes da ocorrência do fato gerador.
(B) constitui procedimento dúbio que pode ser desqualificado e requalificado pela autoridade administrativa.
(C) constitui uma sucessão de atos ou negócios jurídicos realizados para dissimular a ocorrência do fato gerador.
(D) constitui prática atentatória ao princípio da solidariedade social e, portanto, inconstitucional.
(E) constitui mecanismo de economia fiscal, só possível quando a lei expressamente o permitir.

A: a assertiva descreve corretamente a elisão fiscal (= planejamento tributário lícito), que não se confunde com evasão fiscal, que é ilícita; B: incorreta, pois se os atos e negócios são licitamente praticados, sem vícios que os maculem, devem ter sua validade reconhecida pelo fisco; C: incorreta, pois dissimulação indica ocultação, intenção de esconder a ocorrência do fato gerador, o que deve ser desconsiderado pelo fisco – art. 167 do Código Civil; D: incorreta, pois, como dito, a elisão fiscal é válida; E: o planejamento tributário é construído a partir da legislação tributária existente, buscando-se os caminhos empresariais lícitos que onerem menos o contribuinte, de modo que não há necessidade de expressa permissão legal. Gabarito "A".

(Magistratura/SC – 2009) Assinale a alternativa INCORRETA:

(A) Segundo orientação dominante do STF, o imóvel de instituições educacionais permanece imune ao IPTU, ainda que alugado a terceiros, desde que o valor dos aluguéis seja aplicado nas atividades essenciais dessas entidades.
(B) Pertencem aos Municípios cinquenta por cento do produto da arrecadação do IPVA de veículos automotores licenciados em seus territórios.
(C) Compete a lei complementar definir as alíquotas mínimas e máximas do ISS.
(D) A Constituição Federal garante imunidade de impostos sobre renda, patrimônio e serviços nas operações com jornais, livros, periódicos e o papel destinado à sua impressão.
(E) A lei que aumenta a base de cálculo do IPTU e IPVA não se submete ao princípio da anterioridade nonagesimal.

A: correta, conforme a Súmula 724/STF; B: correta, conforme o art. 158, III, da CF; C: assertiva correta, pois reflete o disposto no art. 156, § 3º, I, da CF; D: essa é a assertiva incorreta, pois ao dispor sobre a imunidade dos livros e periódicos, o art. 150, VI, d, da CF não faz referência a impostos sobre renda, patrimônio e serviços. A rigor, o STF entende que a imunidade refere-se apenas à aquisição do papel (e de alguns outros poucos insumos) e à venda do livro ou periódico, não afastando a tributação sobre a renda auferida pela editora ou sobre a propriedade do imóvel onde localizada a gráfica, por exemplo; E: correta, nos termos do art. 150, § 1º, *in fine*, da CF. Gabarito "D".

(Magistratura/SC – 2009) Assinale a alternativa INCORRETA:

(A) A pessoa jurídica que adquirir estabelecimento comercial e continuar a exploração da mesma atividade responde pelos tributos relativos ao estabelecimento adquirido, devidos até à data do ato da alienação, salvo no caso de alienação judicial de filial ou unidade produtiva isolada, em processo de recuperação judicial.
(B) O inventariante possui responsabilidade pelos tributos devidos pelo espólio quando agir com culpa ou dolo.
(C) A solidariedade em direito tributário se aplica no caso de pessoas que tenham interesse comum na situação que constitua o fato gerador da obrigação principal.
(D) Segundo orientação dominante do STF, o prazo para pagamento de tributo deve estar definido em lei no sentido formal.
(E) Segundo orientação dominante do STJ, o benefício da denúncia espontânea não se aplica a tributos sujeitos a lançamento por homologação regularmente declarados, mas pagos a destempo.

A: correta, nos termos do art. 133 do CTN; B: correta, nos termos do art. 135, I, c/c art. 134, IV, do CTN; C: correta, pois descreve corretamente a solidariedade natural prevista no art. 124, I, do CTN; D: essa é a assertiva incorreta, pois o entendimento jurisprudencial é de que a fixação do vencimento pode ser feita por norma infralegal – ver RE 195.218/MG; E: correta, conforme a Súmula 360/STJ. Gabarito "D".

(Magistratura/SP – 2009 – VUNESP) A Emenda Constitucional n.o 42, de 19.12.03 (DOU-31.12.03), veio, segundo consta de sua denominação, para alterar o Sistema Tributário Nacional. Atentando-se para o conjunto das normas nela contido e examinando-o no seu aspecto teleológico, pode ser dito que a EC n.º 42/03

(A) deu maiores garantias ao contribuinte, como a ampliação do princípio da anterioridade, de maneira a impedir acréscimo na divisão pentapartida dos tributos, teoria esta adotada pelo Pretório Excelso.

(B) não alterou a estrutura do sistema tributário nacional, não favorecendo uma melhor racionalização dos meios de arrecadação tributária de maneira a reduzir o número de impostos.

(C) promoveu uma melhor repartição das receitas fiscais entre os entes da federação, como, por exemplo, transferindo da União para os municípios a fiscalização e a cobrança do ITR, inclusive competência para reduzir sua alíquota segundo as peculiaridades locais.

(D) preocupou-se com a desigualdade social, instituindo o Fundo de Combate à Pobreza no âmbito Federal a ser mantido com recursos oriundos de adicionais percentuais às alíquotas do IPI e ICMS.

A: incorreta, pois embora a EC 42/2003 tenha generalizado a anterioridade nonagesimal (art. 150, III, c, da CF), não tratou ou influiu na classificação pentapartida dos tributos; B: apesar de subjetiva, essa é a melhor alternativa, pois, efetivamente, não houve redução do número de impostos; C: incorreta, pois o Município não pode alterar as alíquotas do ITR, mesmo quando opta por fiscalizar e cobrar o imposto federal – art. 153, § 4º, III, da CF; D: incorreta, pois a EC 42/2003 não tratou desse fundo. Gabarito "B".

(Magistratura/SP – 2009 – VUNESP) Um tema recorrente no Brasil, diga-se, não só no Brasil, é o da carga tributária em sentido geral. Entre nós, parte considerável dos tributaristas considera-a excessiva e por isso inibitória da atividade econômica. No plano essencialmente jurídico-tributário, ou seja, de jure constituto, essa consideração crítica

(A) tem relevância apenas no que se refere ao exame casuístico do processo judicial, cuja lide se componha em torno da capacidade tributária ativa.

(B) está intimamente ligada ao fato de o Direito Tributário pátrio carecer, no caso de impostos, de uma norma específica sobre o princípio da capacidade contributiva pessoal.

(C) tem relevância apenas no que diz respeito ao exame casuístico, no âmbito do processo judicial, da lide que se componha em torno da aplicação do princípio da capacidade contributiva como corolário de Justiça Fiscal.

(D) decorre do fato de o ordenamento jurídico tributário nacional não acolher a graduação de alíquotas proporcional à essencialidade do produto.

A: assertiva incorreta, pois não há relação direta entre a alta carga tributária e eventual lide a respeito de quem deve cobrar determinado tributo (capacidade tributária ativa); B: incorreta, pois há norma específica em relação aos impostos, que, sempre que possível, serão graduados segundo a capacidade econômica do contribuinte – art. 145, § 1º, da CF; C: essa é a melhor alternativa, apesar de subjetiva, por exclusão das demais; D: incorreta, pois o IPI deve ser seletivo em função da essencialidade do produto (o que implica gradação das alíquotas) e o ICMS pode ser seletivo – arts. 153, § 3º, I, e 155, § 2º, III, da CF. Gabarito "C".

(Procurador do Estado/PE – CESPE – 2009) O montante da arrecadação tributária de um município estava abaixo do estabelecido para os gastos públicos pela LRF, o que levou o subsecretário da receita a tomar as decisões seguintes, visando o combate à sonegação e ao inadimplemento dos compromissos tributários.

Por portaria, majorou a multa aplicada a empresas pelo atraso no pagamento e antecipou o dia para recolhimento dos tributos, além de estabelecer correção monetária da base de cálculo sempre que o recolhimento do tributo ocorrer após vencido o prazo.

Por instrução normativa, estabeleceu multas por descumprimento de obrigações acessórias.

Suspendeu a fruição da isenção tributária nas atividades que enumera, pelo prazo de 90 dias. Com relação a essa situação hipotética, assinale a opção correta.

(A) Por afetar diretamente o planejamento físico e financeiro das empresas, a portaria não poderia alterar o dia do vencimento da obrigação tributária principal.

(B) A matéria veiculada pelo subsecretário é legislação tributária, não importando os meios utilizados para estabelecer as obrigações impostas.

(C) Tratando-se de suspensão de isenção tributária e não de seu indeferimento, tal ato é passível de veiculação por ato administrativo.

(D) As penalidades por descumprimento de obrigações acessórias podem ser estabelecidas por atos infralegais.

(E) A correção monetária da base de cálculo não implica majoração ou imposição tributária, sendo desnecessária a edição de lei para sua instituição.

A: incorreta, pois a data de vencimento dos tributos pode ser fixada por norma infralegal; B: assertiva incorreta, pois embora as portarias e instruções incluam-se no conceito de legislação tributária, não podem ser utilizadas para veicular qualquer espécie de norma – art. 100, I, do CTN; C: incorreta, pois a criação, alteração ou extinção de benefícios fiscais somente pode ser veiculada por lei – ver o art. 150, § 6º, da CF; D: incorreta, pois somente por meio de lei pode-se criar penalidades – art. 97, V, do CTN; E: assertiva correta, nos termos do art. 97, § 2º, do CTN. Gabarito "E".

(Procurador do Estado/SC – 2009) De acordo com o disposto na Constituição Federal, no Código Tributário Nacional, na Lei Complementar nº 116, de 31.07.2003, e em normas correlatas, analise as alternativas abaixo e assinale a **correta**:

(A) Compete aos municípios a instituição de impostos sobre serviços de qualquer natureza, definidos em lei complementar, incluindo-se os serviços de transporte e os serviços de comunicação, quando prestados nos limites territoriais do município, ficando afastada a competência dos Estados e do Distrito Federal.

(B) Sempre que ocorrer a aplicação de mercadorias na prestação dos serviços relacionados na Lista de Serviços anexa à Lei Complementar nº 116/03, incide o imposto sobre operações relativas à circulação de mercadorias e sobre prestações de serviços de transporte interestadual e intermunicipal e de comunicação (ICMS) sobre o valor das mercadorias e, também, incide o imposto sobre serviços de qualquer natureza (ISS), sobre o valor do serviço, salvo as exceções previstas na Lista, quando incidirá apenas o ISS, e a base de cálculo corresponderá ao valor da prestação do serviço e das mercadorias.

(C) Dentre os impostos, somente o imposto sobre operações relativas à circulação de mercadorias e sobre prestações de serviços de transporte interestadual e intermunicipal e de comunicação -(ICMS), o imposto sobre a importação de produtos estrangeiros (II), e o imposto sobre a exportação (IE) podem incidir sobre operações relativas a derivados de petróleo, combustíveis e minerais do País, mas não é inconstitucional a incidência de outros tributos, como no caso de contribuição de intervenção no domínio econômico, em relação a essas atividades.

(D) Compete exclusivamente à União instituir contribuições sociais e, portanto, os Estados não têm competência para instituir contribuições, com natureza jurídica de tributo, para o custeio de regime de previdência em benefício dos seus funcionários.

(E) Compete à União, aos Estados e ao Distrito Federal legislar concorrentemente sobre direito tributário, em relação ao qual, existindo lei federal sobre normas gerais, os Estados exercerão competência legislativa plena apenas quanto às suas peculiaridades.

A: incorreta, pois o ISS não incide sobre serviços de comunicação (sujeitos ao ICMS estadual) e, ademais, o Distrito Federal detém a competência também em relação aos tributos municipais; B: assertiva incorreta (além de confusa), pois, em regra, incide apenas o ISS no caso de serviços listados na LC 116/2003, ainda que prestados com fornecimento de mercadoria, exceto quando houver disposição em contrário – art. 1º, § 2º, da LC 116/2003; C: assertiva correta, conforme o art. 155, § 3º, da CF; D: incorreta, pois os Estados, o Distrito Federal e os Municípios devem instituir contribuição, cobrada de seus servidores, para o custeio, em benefício destes, do regime previdenciário próprio – art. 149, § 1º, da CF; E: incorreta, pois a competência supletiva dos Estados e do Distrito Federal ocorre apenas no caso de omissão da União em relação às normas gerais – art. 24, § 3º, da CF. Gabarito "C".

(Procurador do Estado/SC – 2009) Analise as alternativas abaixo relativas à quitação de tributos e à sujeição passiva, tendo em vista o que dispõe o Código Tributário Nacional e normas correlatas, e assinale a **correta**:

(A) O despacho do juiz deferindo o início do processo de recuperação judicial depende da apresentação de quitação de todos os tributos.
(B) Pelos tributos devidos até a morte, mas que somente foram constatados após a partilha e, por isso, não foram quitados, o "de cujus" é considerado o contribuinte e tanto os sucessores como o cônjuge meeiro são pessoalmente responsáveis, se não decorrido o prazo de decadência.
(C) Na concessão de recuperação judicial, caso não seja apresentada a prova de quitação de todos os tributos, estes devem ser pagos nos termos do Plano de Recuperação Judicial.
(D) De acordo com o Código Tributário Nacional, para ser proferida a sentença de julgamento da partilha, é suficiente que o imposto sobre transmissão "causa mortis" e doação, de quaisquer bens ou direitos (ITCMD) esteja quitado, visto terem os herdeiros responsabilidade tributária em relação aos demais tributos devidos pelo "de cujus" e ainda não quitados.
(E) Os tributos relativos a fatos geradores ocorridos no curso do processo de falência, sem contestação administrativa ou judicial, devem ser pagos após a quitação dos créditos extraconcursais, ou o juiz mandará reservar bens para a extinção dos créditos tributários.

A: incorreta, pois é a **concessão** da recuperação judicial que depende da prova de quitação de todos os tributos – art. 191 do CTN; B: correta, nos termos do art. 131, II, do CTN; C: incorreta, pois, conforme comentário à alternativa A, é preciso provar a quitação dos tributos para a concessão da recuperação judicial; D: incorreta, pois o juiz deve exigir prova de quitação de todos os tributos relativos aos bens do espólio, ou às suas rendas – art. 192 do CTN; E: incorreta, pois os créditos tributários relativos a fatos geradores ocorridos no curso do processo de falência **são extraconcursais**, ou seja, não entram no concurso de credores – art. 188 do CTN. "B".

(Procurador do Estado/SP – FCC – 2009) É correto afirmar:

(A) Na hipótese de encerramento irregular de sociedade limitada, é possível redirecionar a execução fiscal em face dos sócios que exerciam a gerência à época em que esse fato ocorreu.
(B) É facultado ao executado defender-se por meio de 'exceção de pré-executividade', a fim de questionar a legalidade do imposto apurado por auto de infração, que deu origem à execução fiscal.
(C) Em obediência aos princípios da ampla defesa e do contraditório, é obrigatório, antes de inscrever um débito no cadastro da dívida ativa, instaurar um procedimento administrativo, ainda que se trate de débito declarado pelo próprio contribuinte e não tenha sido recolhido no prazo legal.
(D) O ajuizamento de ação anulatória de débito fiscal impede a sua inscrição no cadastro da dívida ativa, pois tem a aptidão de suspender a exigibilidade do crédito tributário.
(E) Por se tratar de medida excepcional, a penhora *on line* de dinheiro em depósito ou aplicação financeira, em execução fiscal, somente pode ser deferida pelo juiz depois de esgotadas todas as possibilidades de localização de outros bens do devedor.

A: correta, pois o encerramento irregular é ilícito que gera responsabilidade do administrador, nos termos do art. 135, III, do CTN – Súmula 435/STJ; B: incorreta, pois a exceção de pré-executividade somente é admissível relativamente às matérias conhecíveis de ofício que não demandem dilação probatória – Súmula 393/STJ; C: incorreta, pois o título declarado pelo contribuinte, mas não pago pode ser imediatamente inscrito e executado – Súmula 436/STJ; D: o simples ajuizamento de ação não impede a inscrição e cobrança do crédito, sendo necessária, para isso, antecipação de tutela, liminar, depósito integral em dinheiro ou outra modalidade de suspensão da exigibilidade; E: incorreta, pois, atualmente, a penhora *on-line*, que equivale à constrição de dinheiro, é prioritária na execução fiscal – arts. 655, I, e 655-A do CPC e art. 185-A do CTN. "A".

(Procurador do Estado/SP – FCC – 2009) Temas variados.

I. Em virtude da sua competência legislativa e diante das normas gerais do CTN sobre o assunto, cabe aos Estados disciplinar o parcelamento relativo aos seus tributos.
II. Com base no art. 185-A do CTN, o juiz pode determinar a indisponibilidade de bens do devedor, se preenchidos determinados requisitos legais.
III. Quando mais benéficos, os efeitos da lei tributária retroagem, atingindo fatos geradores ocorridos antes da sua vigência, se pendente o recolhimento do tributo.
IV. Lei estadual que disciplina o IPVA pode atribuir ao sujeito passivo o dever de antecipar o pagamento do tributo, sem prévio exame da autoridade administrativa, configurando, nesta hipótese, o lançamento por homologação.
V. A atualização do valor monetário da base de cálculo constitui majoração do tributo, devendo ser estabelecida por meio de lei.

Está correto o que se afirma em

(A) I, II, III, IV e V.
(B) I, III e V, apenas.
(C) I, II e IV, apenas.
(D) II e V, apenas.
(E) III e IV, apenas.

I: assertiva correta, pois cabe a cada ente político legislar acerca do parcelamento de seus tributos – art. 155-A do CTN; II: correta, nos termos do art. 185-A do CTN; III: incorreta, pois a retroatividade da norma mais benéfica (*lex mitior*) refere-se apenas às penalidades pecuniárias – art. 106, II, do CTN; IV: correta, pois nada impede que o IPVA seja lançado por homologação, embora o mais comum seja o lançamento de ofício; V: incorreta, pois a simples correção monetária, dentro dos índices de inflação, não corresponde à majoração do tributo e pode, portanto, ser veiculada por norma infralegal – art. 97, § 2º, do CTN. "C".

(Defensoria/MG – 2009 – FURMARC) Marque a opção **INCORRETA**:

(A) As convenções e contratos particulares não interferem na definição da responsabilidade tributária.
(B) O crédito tributário se constitui pela ocorrência do fato gerador, e o lançamento atesta sua extinção.
(C) Medida Provisória pode dispor sobre matéria tributária, exceto a que for reservada à lei complementar.
(D) As normas da legalidade e da anterioridade tributárias constituem cláusulas pétreas que não podem ser retiradas do ordenamento jurídico nem mesmo por emenda constitucional.
(E) Uma elevação da alíquota do IOF pode ser exigida no dia seguinte à publicação do decreto que promover o referido aumento.

A: assertiva correta, nos termos do art. 123 do CTN; B: essa é a assertiva incorreta, pois o crédito tributário é constituído pelo lançamento, nos termo do art. 142 do CTN. O que surge com o fato gerador é a obrigação tributária – art. 113, § 1º, do CTN; C: correta, conforme o art. 62, § 1º, III, e § 2º, da CF; D: correta, pois são consideradas garantias individuais – ver ADI 939/DF; E: correta, pois a majoração do IOF não se submete à anterioridade anual ou à nonagesimal – art. 150, § 1º, da CF. "B".

(Magistratura Federal/1ª Região – 2009 – CESPE) No que se refere aos princípios gerais do Sistema Tributário Nacional (STN) e à elaboração legislativa, assinale a opção correta.

(A) Antes da vigência da CF, a União concedia isenção de IPI por meio de decreto-lei, consoante admitido pela carta revogada. Tal benefício, pelo novo STN, só é passível de concessão por meio de lei, em razão de que sobreveio inconstitucionalidade formal superveniente.
(B) Haverá regularidade formal sempre que a União editar lei ordinária regulando a fruição das imunidades tributárias estabelecidas na CF.
(C) Apesar da discussão jurisprudencial, o STF firmou entendimento de que a concessão de benefício tributário somente pode ocorrer por meio de lei complementar e que a alteração posterior há de ser efetivada por essa modalidade legislativa, por ter sido opção política do legislador infraconstitucional.
(D) O STF passou a entender que os estados e o DF podem estabelecer outros meios não previstos expressamente no Código Tributário Nacional de extinção de seus créditos tributários, máxime porque podem conceder remissão, e quem pode o mais pode o menos.
(E) No STN [sistema tributário nacinoal], a lei complementar deve ser observada quanto à forma, não havendo exigência de sua vinculação no que diz respeito à matéria veiculada.

A: incorreta, pois os decretos-lei foram, em regra, recepcionados pelo sistema constitucional atual, desde que seus conteúdos não confrontassem a nova Constituição; B: assertiva incorreta, pois a regulação das limitações constitucionais ao poder de tributar, dentre elas as imunidades, se dá por lei complementar federal – art. 146, II, da CF; C: incorreta, pois o benefício fiscal deve ser concedido, em regra, por lei ordinária. Caso o legislador conceda benefício por lei complementar, em relação a tributo que não exija essa forma, a lei será materialmente ordinária, podendo ser alterada ou revogada por lei ordinária posterior – ver RE 412.478/RJ AgR; D: há, de fato, precedente isolado nesse sentido, em cautelar de Adin (ADI 2.405/RS MC). Mais recentemente, entretanto, o STF julgou a Adin 1.917/DF e afastou a dação em pagamento de bens móveis criada por lei do DF (nova modalidade de extinção), mas não por conta da legislação tributária, e sim porque violaria a exigência de licitação na aquisição de bens pelo poder público. Difícil afirmar que há uma orientação firme do STF em relação à matéria. De qualquer forma, essa é a melhor alternativa, por exclusão das demais; E: incorreta, pois a Constituição exige lei complementar para a veiculação de determinadas matérias, em especial, aquelas do art. 146 da CF. Gabarito "D".

(Procurador do Estado/SP – FCC – 2009) Temas variados.

I. O lançamento reporta-se à data da ocorrência do fato gerador da obrigação e rege-se pela lei vigente à época, salvo se lei superveniente for mais benéfica ao contribuinte do tributo.
II. A apresentação de recurso administrativo, o depósito do valor integral e a celebração de acordo de parcelamento são hipóteses de suspensão da exigibilidade do crédito tributário.
III. A remissão e a anistia são hipóteses de exclusão do crédito tributário.
IV. O prazo de recolhimento de um imposto só pode ser fixado por meio de lei.
V. A norma contida no art. 138 do CTN, que trata da denúncia espontânea da infração, não autoriza o contribuinte do ICMS, que declarou o imposto e não o recolheu tempestivamente, efetuar, após a data do vencimento, o pagamento do tributo, acrescido de juros de mora, mas sem a multa moratória.

Está correto o que se afirma em

(A) I, II, III, IV e V.
(B) I, III e V, apenas.
(C) I, II e IV, apenas.
(D) II e V, apenas.
(E) III e IV, apenas.

I: incorreta, pois a retroatividade da lei mais benéfica (*lex mitior*) restringe-se às penalidades pecuniárias – arts. 144 e 106, II, do CTN; II: assertiva correta, nos termos do art. 151 do CTN; III: incorreta, pois as únicas modalidades de exclusão do crédito tributário, previstas no CTN, são a isenção e a anistia – art. 175 do CTN; IV: incorreta, pois o vencimento do tributo não é matéria reservada à lei, podendo ser veiculada por norma infralegal – ver RE 195.218/MG; V: correta, pois a jurisprudência entende que a declaração do valor devido, relativa a tributo lançado por homologação, não acompanhada do pagamento, afasta o benefício da denúncia espontânea – ver Súmula 360/STJ. Gabarito "D".

(Magistratura/MS – 2008 – FGV) Com base na jurisprudência sumulada pelo STF e pelo STJ, assinale a afirmativa incorreta.

(A) É defeso ao Município atualizar o IPTU, mediante Decreto, em percentual superior ao índice oficial de correção monetária.
(B) O mandado de segurança constitui ação adequada para a declaração do direito à compensação tributária.
(C) Os juros moratórios, na repetição de indébito tributário, são devidos a partir do trânsito em julgado da sentença.
(D) Norma legal que altera prazo de recolhimento de obrigação tributária se sujeita ao princípio da anterioridade tributária.
(E) É inconstitucional a lei que estabelece alíquotas progressivas para o ITBI – imposto de transmissão inter vivos de bens imóveis com base no valor venal do imóvel.

A: Súmula 160/STJ; B: Súmula 213/STJ; C: Súmula 188/STJ; D: não há sujeição ao princípio da anterioridade, na hipótese – Súmula 669/STF; E: Súmula 656/STF. Gabarito "D".

(Magistratura/PR – 2008) Assinale a alternativa correta:

(A) denominam-se vinculados os impostos de competência da União, cuja instituição depende de prévia lei complementar.
(B) o lançamento suspende a exigibilidade do crédito tributário.
(C) somente possuem competência tributária as pessoas políticas.
(D) aplica-se, em Direito Tributário, o princípio de que dívidas e créditos compensam-se automaticamente até o montante em que concorrerem.

A: os impostos são considerados tributos não-vinculados, pois seu fato gerador é situação independente de qualquer atividade estatal específica, relativa ao contribuinte (art. 16 do CTN); B: o lançamento constitui o crédito tributário – art. 142 do CTN; C: somente possuem competência tributária as pessoas políticas, que podem legislar (pessoas políticas) – art. 6º do CTN; D: a compensação, como forma de extinção do crédito tributário, depende de lei específica, produzida pelo ente tributante – art. 170 do CTN. Gabarito "C".

(Ministério Público/MG - 2008) Compete aos Estados e ao Distrito Federal instituir impostos sobre operações relativas à circulação de mercadorias e sobre prestações de serviços de transporte interestadual e intermunicipal e de comunicação, ainda que as operações e as prestações se iniciem no exterior. Sobre este tributo, assinale a alternativa **CORRETA**.

(A) Não poderá ser seletivo, ainda que em função da essencialidade das mercadorias e dos serviços.
(B) Alguns aspectos de sua disciplina são regulados por atos normativos que não têm a natureza de lei em sentido formal.
(C) Incidirá sobre o valor total da operação, quando mercadorias forem fornecidas com serviços compreendidos na competência tributária dos Municípios.
(D) Quando o destinatário da operação interestadual não for contribuinte do ICMS, a alíquota a ser praticada é a interestadual.
(E) NDA

A: o ICMS pode ser seletivo – art. 155, § 2º, III, da CF; B: os benefícios fiscais são concedidos por convênios interestaduais – art. 155, § 2º, XII, g, da CF. Ademais, resoluções do Senado regulam determinadas alíquotas – art. 155, § 3º, V, da CF; C: o ICMS incidirá apenas se o serviço não estiver compreendido na competência municipal, ou seja, se a atividade não estiver listada na LC 116/2003 – art. 155, § 2º, IX, b, da CF; D: nessa hipótese, a alíquota será a interna – art. 155, § 2º, VII, b, da CF. Gabarito "B".

(Ministério Público/PR – 2008) É correto afirmar:

(A) A União pode instituir tributos sobre o patrimônio, renda ou serviços, de outros entes, sendo vedado apenas a tributação das autarquias e das fundações instituídas e mantidas pelo Poder Público, no que se refere ao patrimônio, à renda e aos serviços, vinculados a suas finalidades essenciais ou às delas decorrentes.
(B) O STF tem entendido que a imunidade recíproca, aplicável à União, aos Estados, ao Distrito Federal e aos Municípios, é extensível à Empresa Brasileira de Correios e Telégrafos, ainda que esta seja empresa pública.
(C) No ICMS, a compensação do que for devido em cada operação relativa à circulação de mercadorias ou prestação de serviços de transporte interestadual e intermunicipal e de comunicação com o montante cobrado nas anteriores pelo mesmo ou por outro Estado, em relação à energia elétrica, quando consumido no processo de industrialização, somente poderá ser feita a partir do ano de 2010.
(D) Segundo a Constituição da República, em nenhum caso as alíquotas internas, nas operações relativas à circulação de mercadorias e nas prestações de serviços, poderão ser inferiores às previstas para as operações interestaduais.
(E) Compete aos municípios instituir impostos sobre transmissão "inter vivos", a qualquer título, por ato oneroso, de bens imóveis, por natureza ou acessão física, e de direitos reais sobre imóveis, exceto os de garantia, bem como cessão de direitos a sua aquisição. Este tributo também incide sobre a transmissão de bens ou direitos incorporados ao patrimônio de pessoa jurídica em realização de capital, bem como, em todos os casos em que haja a transmissão de bens ou direitos decorrente de fusão, incorporação, cisão ou extinção de pessoa jurídica.

A: isso violaria a imunidade recíproca, em relação aos impostos – art. 150, VI, a, da CF; B: o STF decidiu que a imunidade recíproca aproveita aos Correios e à Infraero (empresas públicas), cujos serviços são de prestação obrigatória e exclusiva pelo Estado; C: já era possível, antes de 2010, o imediato creditamento do ICMS relativo à energia elétrica consumida em processo industrial – art. 33, II, b, da LC 87/1996; D: existe possibilidade de alíquota interna inferior que a interestadual, no caso de deliberação dos Estados e do Distrito Federal – art. 155, § 2º, VI, da CF; E: não incide, em regra, ITBI na realização de capital ou em transformações societárias, nos termos do art. 156, § 2º, I, da CF. Gabarito "B".

(Ministério Público/PR – 2008) É INCORRETO afirmar:

(A) De acordo com o Código Tributário Nacional, a responsabilidade é pessoal ao agente quanto às infrações conceituadas por lei como crimes ou contravenções, salvo quando praticadas no exercício regular de administração, mandato, função, cargo ou emprego, ou no cumprimento de ordem expressa emitida por quem de direito. Se enquadram na mesma situação, as infrações em cuja definição o dolo específico do agente seja elementar.

(B) De acordo com o Código Tributário Nacional, nos casos de impossibilidade de exigência do cumprimento da obrigação principal pelo contribuinte, respondem solidariamente com este nos atos em que intervierem ou pelas omissões de que forem responsáveis os pais, pelos tributos devidos por seus filhos menores; os tutores e curadores, pelos tributos devidos por seus tutelados ou curatelados; os administradores de bens de terceiros, pelos tributos devidos por estes; o inventariante, pelos tributos devidos pelo espólio; o síndico e o comissário, pelos tributos devidos pela massa falida ou pelo concordatário; além de outros casos previstos por aquele Código.

(C) No lançamento por homologação, se a lei não fixar prazo para a homologação, será ele de cinco anos, a contar da ocorrência do fato gerador; expirado esse prazo sem que a Fazenda Pública se tenha pronunciado, considera-se homologado o lançamento e definitivamente extinto o crédito, salvo se comprovada a ocorrência de dolo, fraude ou simulação.

(D) O direito de a Fazenda Pública constituir o crédito tributário extingue-se após 5 (cinco) anos, contados: do primeiro dia do exercício seguinte àquele em que o lançamento poderia ter sido efetuado; da data em que se tornar definitiva a decisão que houver anulado, por vício formal, o lançamento anteriormente efetuado. Um dos casos de interrupção deste prazo se dá pelo despacho do juiz que ordenar a citação em execução fiscal.

(E) Segundo o Código Tributário Nacional, as autoridades administrativas federais poderão requisitar o auxílio da força pública federal, estadual ou municipal, e reciprocamente, quando vítimas de embaraço ou desacato no exercício de suas funções, ou quando necessário à efetivação dê medida prevista na legislação tributária, ainda que não se configure fato definido em lei como crime ou contravenção.

A: art. 137, I e II, do CTN; B: art. 134 do CTN; C: art. 150, § 4º, do CTN; D: o despacho do juiz que ordena a citação interrompe o prazo prescricional para a cobrança, não o prazo decadencial para constituir o crédito – art. 174, parágrafo único, I, do CTN; E: art. 200 do CTN. "D".

(Ministério Público/SC – 2008)

I. Na ausência de disposição expressa, a autoridade competente para aplicar a legislação tributária pode valer-se do princípio da eqüidade, empregando-a, inclusive, e se for o caso, para a dispensa do pagamento do tributo devido.
II. A competência tributária, que é indelegável, distingue-se da capacidade tributária ativa, que pode ser transferida a outrem.
III. O simples processamento de ação judicial em que se discute a existência ou inexistência de relação jurídico-tributário tem o condão de impedir o Fisco de constituir o crédito tributário.
IV. Verificada a hipótese de responsabilidade tributária por solidariedade, é defeso ao Fisco demandar isoladamente um dos obrigados.
V. Nas hipótese de auto-lançamento ou auto-imposição, ainda que feito o pagamento antecipado do tributo, a extinção deste somente poderá ser cogitada após a ratificação da atividade referida pela Administração Tributária, expressa ou tacitamente.

(A) apenas I e IV estão corretos.
(B) apenas III e V estão corretos.
(C) apenas II e V estão corretos.
(D) apenas I, III e IV estão corretos.
(E) apenas II e IV estão corretos.

I: o emprego da equidade não pode afastar o dever de recolher tributo – art. 108, § 2º, do CTN; II: art. 7º do CTN; III: o ajuizamento de ações não suspende, por si, a exigibilidade do crédito (é necessário depósito, liminar, antecipação de tutela etc.); IV: é o oposto, a solidariedade permite a cobrança imediata contra qualquer dos devedores – art. 124, p. único, do CTN; V: art. 150 do CTN. "C".

(Ministério Público/SC – 2008)

I. Nos termos do artigo 136 do CTN, para a configuração da infração tributária faz-se imprescindível à comprovação de dolo ou culpa.
II. O instituto da denúncia espontânea, prevista no artigo 138 do CTN, pelo qual o contribuinte quita espontaneamente o tributo em atraso, antes de iniciado qualquer procedimento administrativo ou medida de fiscalização relacionada com a infração, exclui não só a multa como também os juros de mora do cálculo do respectivo pagamento.
III. A imunidade tributária recíproca (CF, artigo 150 VI, a) somente é aplicável aos impostos, não alcançando as taxas.
IV. A imposição do princípio da imunidade tributária entre pessoas jurídicas de direito público alcança o ICMS exigido do Município por empresas concessionárias de serviços de telefonia ou de fornecimento de energia elétrica.
V. A remissão atinge o crédito já constituído (principal, multas e demais acessórios), total ou parcialmente, enquanto a anistia incide somente sobre as infrações (penalidades), impedindo a constituição do crédito.

(A) apenas II e IV estão corretos
(B) apenas I e III estão corretos
(C) apenas IV e V estão corretos
(D) apenas III e V estão corretos
(E) apenas I e IV estão corretos

I: não é necessária essa comprovação; II: a denúncia espontânea não afasta os juros de mora – na verdade, seu recolhimento, juntamente com o tributo, é pressuposto para o benefício; III: a imunidade recíproca afasta apenas os impostos, não as taxas ou as contribuições; IV: a imunidade recíproca não aproveita às concessionárias de serviço público – art. 150, § 3º, da CF; V: na dicção do CTN, remissão é perdão do crédito tributário, o que inclui tributos, penalidades e acessórios, e pressupõe o prévio lançamento, enquanto a anistia é exclusão do crédito (impede o lançamento) no que se refere à penalidade – arts. 172 e 180 do CTN. "D".

(Procurador do Estado/ES – 2008 – CESPE) Acerca do direito tributário brasileiro, julgue os itens que seguem.

(1) No direito tributário brasileiro, há um desnivelamento hierárquico entre os tratados internacionais e a legislação tributária interna, pois, quando em vigor, os tratados internacionais revogam ou modificam a legislação tributária interna e devem ser observados pela que lhes sobrevenha.

(2) Considere que um decreto presidencial tenha majorado a alíquota do imposto sobre a importação de determinado bem de 10% para 200%. Nesse caso, por se tratar de tributo com função extrafiscal de controle da balança comercial, a referida majoração não fere o princípio do não-confisco.

(3) A doutrina designa fato gerador continuado aquele cuja realização ocorre ao longo de um espaço de tempo, como no caso do imposto sobre a renda e proventos de qualquer natureza.

(4) Considere a seguinte situação hipotética. Em razão do pagamento a menor do imposto sobre operações relativas à circulação de mercadorias (ICMS), a autoridade fazendária competente lavrou auto de infração contra a Êxito Papelaria Ltda., em maio de 1995. Regularmente notificada, a contribuinte apresentou defesa, que foi julgada em 15/10/1999, sendo que o edital de notificação da contribuinte foi publicado em 20/1/2000. O débito foi devidamente inscrito em dívida ativa em 10/1/2001 e o aforamento da ação de execução fiscal ocorreu em 12/5/2004. Ao tomar conhecimento da ação de execução fiscal, a Êxito Papelaria Ltda. opôs exceção de pré-executividade, alegando a prescrição, em 10/1/2005. Nessa situação, o juízo competente deve acolher as alegações da Êxito Papelaria Ltda., uma vez que ocorreu a prescrição do crédito tributário.

(5) Considere que, em virtude de erro na determinação da alíquota do imposto sobre serviços (ISS), certo contribuinte tenha efetuado o pagamento a maior do tributo e, em razão disso, ajuizou ação de repetição de indébito contra a fazenda pública municipal, tendo sido julgado procedente o pedido do contribuinte. Nesse caso, os juros moratórios serão devidos a partir do trânsito em julgado da decisão que conceder a repetição do indébito.

(6) Considere que certo contribuinte decida promover ação de repetição de indébito em razão do recolhimento indevido do ICMS, cujo fato gerador ocorreu em janeiro de 2007. Nesse caso, conforme a jurisprudência do STJ, o prazo para o contribuinte propor ação de repetição de indébito tributário será de dez anos a contar da ocorrência do fato gerador.

(7) O STF já decidiu que é ilegítima a incidência da contribuição para o financiamento da seguridade social (COFINS) sobre o faturamento das empresas distribuidoras de derivados de petróleo, pois as mesmas gozam de imunidade tributária.

(8) Caso certa entidade municipal leve a efeito a construção de uma ponte, no valor de R$ 7.200.000,00, que beneficie a população de duas cidades, uma vez que a distância percorrida pelas pessoas diminuirá de 30 km para 7 km, para efeitos de cobrança da contribuição de melhoria, a valorização dos imóveis beneficiados será presumida, cabendo aos contribuintes interessados fazer prova da inexistência da valorização imobiliária.

1: O STF decidiu (em matéria não tributária) que o tratado ingressa no sistema jurídico nacional com força de lei ordinária federal; não pode regular matéria de competência exclusiva de Estados, do Distrito Federal e dos Municípios; os tratados comerciais (GATT, Mercosul etc.) não concedem benefícios fiscais relativos a tributos estaduais e municipais, apenas garantem tratamento isonômico ao similar importado; nesse sentido, pelo menos, não há superioridade hierárquica, o que afasta a aplicação do disposto no art. 98 do CTN; 2: A majoração é válida, desde que feita nos limites e nas condições previstas em lei – art. 153, § 1°, da CF; 3: Fato gerador continuado seria o do IPTU ou o do IPVA, como exemplos; 4: A execução fiscal iniciou-se dentro do prazo prescricional (12.5.2004), contado a partir do término do processo administrativo em 20.1.2000 (durante o qual a exigibilidade e o prazo para cobrança estavam suspensos); 5: Súmula 188/STJ; 6: A chamada "tese dos cinco mais cinco" ficou ultrapassada após a LC 118/2005. O prazo para repetição é de cinco anos contados do pagamento indevido; 7: As distribuidoras de petróleo não gozam de imunidade; 8: muitos entendem que, nos termos do art. 82, I, do CTN, a valorização imobiliária deve ser aferida e publicada previamente. Gabarito 1E, 2C, 3E, 4E, 5C, 6E, 7E, 8E

(Cartório/SC – 2008) Assinale a alternativa correta:

(A) Os Estados e Municípios não podem legislar sobre decadência e prescrição no tocante aos tributos de sua competência.

(B) A base de cálculo da contribuição de melhoria é o custo da obra pública.

(C) Fato gerador é a expressão que designa o fenômeno previsto em lei como passível de tributação.

(D) Somente créditos de natureza tributária podem ser inscritos em dívida ativa.

(E) As disposições do Código de Processo Civil não se aplicam às execuções fiscais.

A: trata-se de matéria reservada a lei complementar federal – art. 146, III, b, da CF; B: a base de cálculo deve refletir a valorização imobiliária decorrente da obra pública; C: fato gerador é expressão usualmente empregada para indicar a efetiva ocorrência do evento previsto na hipótese de incidência; D: os créditos não tributários também podem ser inscritos – art. 2º da Lei 6.830/1980; E: as disposições do Código de Processo Civil aplicam-se subsidiariamente às execuções fiscais – art. 1º, in fine, da Lei 6.830/1980. Gabarito "A".

(Magistratura Federal – 4ª Região – XIII – 2008) Dadas as assertivas abaixo, assinalar a alternativa correta.

I. A classificação de determinado ônus em quaisquer das espécies tributárias depende necessariamente da denominação que lhe deu o legislador.

II. Denomina-se evasão fiscal a adoção de comportamento lícito e eficaz para obter a supressão ou redução de deveres tributários.

III. A Caixa Econômica Federal, mesmo guardando natureza de direito privado, sujeita-se a controle do Tribunal de Contas da União.

IV. O Tribunal de Contas da União não tem personalidade jurídica.

(A) Estão corretas apenas as assertivas I e II.
(B) Estão corretas apenas as assertivas III e IV.
(C) Estão corretas apenas as assertivas I, II e III.
(D) Estão corretas apenas as assertivas II, III e IV.

I: a denominação é irrelevante – art. 4º, I, do CTN; II: evasão fiscal é expressão que se refere a comportamento ilícito, tipificado como crime – art. 1º da Lei 8.137/1990; III: trata-se de empresa pública sujeita ao controle do TCU; IV: o TCU é órgão ligado ao Legislativo Federal. Gabarito "B".

(Magistratura Federal – 4ª Região – XIII – 2008) Dadas as assertivas abaixo, assinalar a alternativa correta.

I. A imunidade tributária conferida a instituições de assistência social sem fins lucrativos alcança as entidades fechadas de previdência em que não haja contribuições dos beneficiários.

II. O princípio da anterioridade faz com que a lei tributária publicada no dia 2 de outubro, vigente "na data de sua publicação", ganhe eficácia no exercício financeiro seguinte.

III. As contribuições para a seguridade social, ainda que detenham índole tributária, não se fazem abranger pela imunidade pertinente a livros, jornais, periódicos e papel destinado à sua impressão.

IV. A Constituição brasileira atual consagra o princípio da anualidade, segundo o qual nenhum tributo será cobrado em cada exercício sem prévia autorização orçamentária, exceto a tarifa aduaneira e o imposto lançado por motivo de guerra.

(A) Estão corretas apenas as assertivas I e III.
(B) Estão corretas apenas as assertivas I, II e III.
(C) Estão corretas apenas as assertivas II, III e IV.
(D) Estão corretas todas as assertivas.

I: Súmula 730/STF; II: art. 150, III, b, da CF; III: a imunidade de livros e periódicos refere-se apenas a impostos – art. 150, VI, d, da CF; IV: o princípio da anualidade não foi previsto pela atual Constituição. Gabarito "B".

(Magistratura Federal – 4ª Região – XIII – 2008) Dadas as assertivas abaixo, assinalar a alternativa correta.

I. É pacífico na doutrina que a Constituição cria os tributos, constituindo absurdo defender que a gênese do imposto seja a lei ordinária.

II. A instituição por pessoa política de tributo alheio à esfera de sua competência constitui nulidade apenas relativa, sanável mediante ato ratificador da entidade detentora do poder de criação, desde que remetida a receita pertinente a esta última.

III. Muito embora sua importância na estrutura tributária de qualquer país, a legalidade tributária não se erige, em nosso Direito, em garantia fundamental, não sendo considerada, pois, cláusula pétrea.

IV. O Supremo Tribunal Federal iterativamente asseverou que a imunidade constitucional concernente à publicação de periódicos abrange a cobrança de ISS (Imposto sobre Serviços) sobre as listas telefônicas.

(A) Está correta apenas a assertiva III.
(B) Está correta apenas a assertiva IV.
(C) Estão corretas apenas as assertivas I e II.
(D) Estão incorretas todas as assertivas.

I: a Constituição não cria tributos, apenas fixa competências para os entes políticos instituírem, modificarem e extinguirem tributos por meio de lei ordinária (em regra, pois há tributos federais que demanda lei complementar); II: a competência é privativa e indelegável, havendo nulidade absoluta no caso de violação; III: a legalidade tributária é direito fundamental e essencial para o Estado Democrático de Direito; IV: a jurisprudência do STF é pacífica nesse sentido. Gabarito "B".

(Magistratura Federal – 4ª Região – XIII – 2008) Dadas as assertivas abaixo, assinalar a alternativa correta.

I. Para que se valha do privilégio da denúncia espontânea, basta apenas que o contribuinte informe ao Fisco a existência do débito, antes mesmo que seja surpreendido por qualquer fiscalização, isentando-se com tal procedimento dos juros e da correção monetária.

II. O Código Tributário Nacional prevê a responsabilidade pessoal dos diretores, gerentes ou representantes pelas obrigações tributárias resultantes de atos praticados com infração de lei, em razão do que surge ela *ipso facto* da declaração de falência.

III. Uma vez que a compensação de créditos tributários, em razão de sua irreversibilidade, não pode ser objeto de deferimento liminar, o mandado de segurança constitui meio impróprio para que declarado o direito de valer-se o contribuinte da faculdade de compensar.

IV. Em execução fiscal, não localizados bens penhoráveis, suspende-se o processo por um ano, findo o qual se inicia o prazo da prescrição intercorrente.

(A) Está correta apenas a assertiva III.
(B) Está correta apenas a assertiva IV.
(C) Estão corretas apenas as assertivas I e II.
(D) Estão incorretas todas as assertivas.

I: a denúncia espontânea exige pagamento integral do tributo e dos juros de mora, antes do início de qualquer procedimento fiscalizatório relacionado à exação – art. 138 do CTN; II: a declaração de falência, por si, não gera responsabilidade dos gestores; III: cabe mandado de segurança, na hipótese – Súmula 213/STJ; IV: art. 40 da Lei 6.830/1980 e Súmula 314/STJ. Gabarito "B".

(Magistratura Federal – 4ª Região – XIII – 2008) Dadas as assertivas abaixo, assinalar a alternativa correta.

I. Preserva-se de tributação o chamado "mínimo existencial" em decorrência da aplicação dos princípios da capacidade contributiva e da dignidade humana.
II. O Estado-Membro, desde que os efeitos da legislação atenham-se às suas fronteiras geográficas, e desde que não invadida a competência da União, pode instituir contribuições sociais de intervenção no domínio econômico.
III. As ações rescisórias versando sobre matéria tributária que, à ocasião do julgado rescindendo, não era pacífica nos tribunais, são rejeitáveis "de plano", ainda que versem matéria tributária constitucional.
IV. Em razão da imunidade recíproca constitucionalmente assegurada, não está o INSS (Instituto Nacional de Seguridade Social) sujeito ao pagamento de despesas de transporte do Oficial de Justiça, mesmo em se tratando de execução fiscal.

(A) Está correta apenas a assertiva I.
(B) Está correta apenas a assertiva III.
(C) Estão corretas apenas as assertivas I, II e IV.
(D) Estão incorretas todas as assertivas.

I: a assertiva reflete forte entendimento doutrinário; II: as CIDE são de competência exclusiva da União – art. 149 da CF; III: os Tribunais Superiores afastam a aplicação da Súmula 343/STF quando se trata de matéria constitucional; IV: a imunidade recíproca refere-se apenas a impostos (não a taxas ou a preços públicos – art. 150, VI, *a*, da CF). Gabarito "A".

(Magistratura Federal – 4ª Região – XIII – 2008) Dadas as assertivas abaixo, assinalar a alternativa correta.

I. O Código Tributário Nacional dispensa o crédito tributário de sujeição a concurso de credores ou a habilitação em falência, mas admite concorrência de créditos hierarquizando as pessoas de direito público.
II. A presunção de legitimidade do título fiscal, mesmo que emanada de processo onde exercido o contraditório, é apenas relativa; sujeita, pois, a seu desfazimento mediante prova inequívoca em contrário.
III. Embora alguns doutrinadores utilizem o termo "autolançamento", a legislação tributária reserva privativamente à autoridade administrativa a constituição do crédito tributário.
IV. A União, mesmo que abranja na concessão de moratória tributos de sua própria competência, não pode nela inserir tributos estaduais ou municipais.

(A) Estão corretas apenas as assertivas I e III.
(B) Estão corretas apenas as assertivas II e IV.
(C) Estão corretas apenas as assertivas I, II, e III.
(D) Estão corretas todas as assertivas.

I: art. 187, *caput* e parágrafo único, do CTN; II: a presunção de liquidez e certeza da dívida inscrita pode ser ilidida por prova inequívoca – art. 204 do CTN; III: art. 142 do CTN; IV: existe a possibilidade excepcional prevista no art. 152, I, *b*, do CTN. Gabarito "C".

(Magistratura Federal – 4ª Região – XIII – 2008) Dadas as assertivas abaixo, assinalar a alternativa correta.

I. Em matéria tributária, o Ministro da Fazenda pode expedir decretos, inclusive restringindo o texto legal regulamentado.
II. As multas, porque constituem sanção ao inadimplemento da obrigação tributária, abrangem-se no conceito de tributo, aplicando-se-lhes, em conseqüência, os princípios constitucionais limitadores do poder de tributar.
III. Deixar de apresentar ao Congresso Nacional proposta de orçamento da República no prazo legal é atitude que traz como única conseqüência o atraso na liberação de verbas públicas; mas em si mesma não gera qualquer espécie de sanção.
IV. A sonegação é toda ação ou omissão dolosa tendente a impedir ou retardar, total ou parcialmente, a ocorrência do fato gerador da obrigação tributária, ou a excluir ou modificar as suas características essenciais, de modo a reduzir o montante do imposto devido, ou a evitar ou diferir o seu pagamento.

(A) Está correta apenas a assertiva IV.
(B) Estão corretas apenas as assertivas I e IV.
(C) Estão corretas apenas as assertivas II e III.
(D) Estão incorretas todas as assertivas.

I: decreto é ato do Presidente da República – art. 84, IV, da CF; II: multa não é tributo, pois decorre de fato ilícito – art. 3º do CTN; III: art. 165, III, da CF – o atraso no envio da proposta viola diretamente a Constituição e desequilibra a relação com o Legislativo, a quem compete aprovar o orçamento anual; IV: a descrição refere-se à fraude – art. 72 da Lei 4.502/1964. Gabarito "D".

(Magistratura Federal – 4ª Região – XIII – 2008) Dadas as assertivas abaixo, assinalar a alternativa correta. As empresas que exploram as atividades de prestação cumulativa e contínua de serviços de assessoria creditícia, mercadológica, gestão de crédito, seleção de riscos, administração de contas a pagar e a receber, compras de direitos creditórios resultantes de vendas mercantis a prazo ou de prestação de serviços:

I. podem optar pelo SIMPLES.
II. estão sujeitas às regras do COAF (Conselho de Controle de Atividades Financeiras).
III. para todos os fins, são equiparadas a instituição financeira.
IV. podem operar sem a necessidade de celebrar contrato escrito com seus clientes.

(A) Estão corretas apenas as assertivas II e III.
(B) Estão corretas apenas as assertivas II e IV.
(C) Estão corretas apenas as assertivas I, III e IV.
(D) Estão corretas todas as assertivas.

I: incorreta, pois esses contribuintes não podem optar pelo Simples Nacional – art. 17, I, da LC 123/2006; II: correta, conforme o art. 9º da Lei 9.613/1998; III: incorreta, pois não há essa equiparação absoluta; IV: assertiva correta, considerando que não há restrição com relação à forma de contrato. Gabarito "B".

(Procurador da Fazenda Nacional – 2007 – ESAF)

- O Decreto n. 40.643/96, do Estado de São Paulo, que aprovou os termos do Convênio n. 132/95, concedeu certa isenção para os estabelecimentos industriais. A circunstância de a Lei Federal n. 4.502/64, que, para os fins nela previstos, equiparou o estabelecimento industrial ao importador, permite, segundo o CTN, a interpretação de que também o importador se beneficia da isenção?

- À luz do art. 38, § 2º, da Lei n. 6.374/89, do Estado de São Paulo, discutiu-se a atualização monetária do crédito do ICMS. Em face de norma estadual expressa, é admitido o uso das formas de integração do direito tributário, quais sejam, a analogia, os princípios gerais de direito tributário e de direito público e a eqüidade, se já previstas em lei federal (CTN, art. 108, I a IV)?

- O Plenário do STF, ao julgar o RE 213.396 (DJ de 01/12/2000), assentou a constitucionalidade do sistema de substituição tributária "para frente", mesmo antes da promulgação da EC n. 3/93. Nesse sistema, a obrigação tributária mostra-se anterior à realização concreta do fato tributável. O Convênio ICMS 10/89, que previu esse sistema, foi publicado no dia 30 de março. Poderia o Convênio alcançar os substitutos tributários por ele instituídos, já no mês de março de 1989?

(A) Sim, sim, sim
(B) Não, não, não
(C) Sim, não, sim
(D) Não, sim, não
(E) Sim, não, não

1ª: não, pois a norma isentiva deve ser interpretada estritamente (literalmente, na dicção do art. 111, II, do CTN); 2ª: não, pois a integração pressupõe lacuna, ou seja, inexistência de norma expressa acerca do assunto – art. 108 do CTN; 3ª: não há como, pois a substituição "para frente" implica inclusão do ônus relativo ao ICMS futuro no preço da mercadoria vendida pelo substituto – no caso, as saídas já realizadas até 30 de março não se submeteram à sistemática e é impossível alterá-las sem violar o ato jurídico perfeito. Gabarito "B".

(Procurador da Fazenda Nacional – 2007 – ESAF)

- É solidária a responsabilidade dos sócios, ainda que integrantes de sociedade por quotas de responsabilidade limitada, em virtude do disposto em lei específica, qual seja, a Lei n. 8.620/93, segundo a qual "o titular da firma individual e os sócios das empresas por cotas de responsabilidade limitada respondem solidariamente, com seus bens pessoais, pelos débitos junto à Seguridade Social". Essa norma foi julgada inválida pelo STJ só porque proveniente de lei ordinária?
- Em se tratando de contribuição para o salário-educação, competia não ao INSS, agente arrecadador, mas à União, que a instituiu e é, portanto, sujeito ativo da obrigação tributária nos termos do art. 119 do CTN, integrar o pólo passivo da ação de repetição de indébito?
- O resultado da venda de mercadorias constitui base de incidência de contribuição para a seguridade social?

(A) Sim, sim, sim
(B) Não, não, não
(C) Sim, não, sim
(D) Sim, não, não
(E) Sim, sim, não

1ª: sim, pois o STJ entende que a solidariedade prevista no art. 13 da Lei 8.620/1993 (atualmente revogado) deve ser interpretada em conjunto com o art. 135, III, do CTN, que tem força de lei complementar; 2ª: não, pois a instituição do tributo é feita por quem detém competência tributária (União), o que não se confunde com sujeição ativa ou legitimidade passiva para a repetição (INSS); 3ª: sim, pois o faturamento, que inclui as receitas de vendas de mercadorias, é fato gerador da contribuição social a cargo da empresa – art. 195, I, b, da CF. Gabarito "C".

(Procurador da Fazenda Nacional – 2007 – ESAF)

- A autoridade administrativa poderá desconsiderar atos ou negócios jurídicos praticados com a finalidade de dissimular a ocorrência do fato gerador do tributo, observados os procedimentos a serem estabelecidos em lei ordinária.
- O CTN omitiu-se em prever a possibilidade de, na forma e condições estabelecidas em lei, a dação em pagamento em bens móveis extinguir o crédito tributário.
- Segundo o CTN, prescrição da pretensão do fisco se interrompe pelo despacho do juiz que ordenar a citação em execução fiscal e não pela citação pessoal feita ao devedor em execução ou qualquer outro processo judicial.

(A) As três afirmações são verdadeiras.
(B) Só é falsa a segunda asserção.
(C) Só é falsa a terceira afirmação.
(D) Só são falsas as duas últimas.
(E) São todas falsas.

1ª: verdadeira, nos termos art. 116, parágrafo único, do CTN; 2ª: verdadeira, já que há previsão apenas para a dação de imóveis em pagamento – art. 156, XI, do CTN; 3ª: verdadeira, considerando que, atualmente, o despacho que ordena a citação em execução fiscal interrompe a prescrição – art. 174, parágrafo único, I, do CTN. Gabarito "A".

(Procurador da Fazenda Nacional – 2007 – ESAF) 1) O STJ, em matéria de direito internacional tributário, tem entendido que os tratados-leis, diferentemente dos tratados-contratos, não podem ser alterados pela legislação interna. 2) Cabe à lei complementar dispor sobre a vedação a que se estabeleçam limitações ao tráfego de pessoas ou bens, por meio de tributos interestaduais. 3) A União não pode criar situação de isenção ao ICMS, por via indireta, ou seja, por meio de tratado ou convenção internacional que garanta ao produto estrangeiro a mesma tributação do similar nacional.

(A) As três afirmações são verdadeiras.
(B) Só é verdadeira a primeira asserção.
(C) Só é falsa a terceira afirmação.
(D) Só são verdadeiras as duas últimas.
(E) São todas falsas.

1ª: correta, pois há jurisprudência nesse sentido (v.g. REsp 426.945/PR). Ver também RE 460.320/PR; 2ª: correta, pois as limitações constitucionais ao poder de tributar (art. 150, V, da CF) são reguladas por lei complementar (art. 146, II, da CF); 3ª: , incorreta, pois os Tribunais Superiores aceitam que tratado internacional firmado pela União (GATT, Mercosul etc.) garanta tratamento isonômico para o similar importado – ver REsp 309.769/RJ. Veja também o RE 229.096/RS, em que houve manifestação do STF pela possibilidade de concessão de isenção heterônoma (dada pela União, em relação a tributo de outro ente) por meio de tratado internacional. Gabarito "C".

(Procurador da Fazenda Nacional – 2007 – ESAF)

- O Decreto n. 70.235, de 6 de março de 1972, que dispõe sobre o Processo Administrativo Fiscal, considera nulos os atos com espaço em branco, ou com entrelinhas ou rasuras não ressalvadas?
- No Decreto n. 70.235, a palavra "representação" é utilizada no sentido de comunicação escrita ao chefe imediato, quando o servidor é incompetente para praticar determinado ato?
- A concessão de parcelamento de débitos junto à Secretaria da Receita Federal, à Procuradoria-Geral da Fazenda Nacional e ao Instituto Nacional do Seguro Social dependerá de apresentação de garantia ou de arrolamento de bens?

(A) Sim, sim, sim
(B) Não, não, não
(C) Não, sim, sim
(D) Não, sim, não
(E) Sim, não, não

1ª: não há previsão de nulidade – art. 2º do Decreto 70.235/1972; 2ª: é esse o sentido da palavra no art. 12 do Decreto 70.235/1972; 3ª: não há, em regra, essa exigência – arts. 4º, V, e 5º, § 3º, ambos da Lei 10.684/2003 (PAES). Gabarito "D".

(Magistratura/TO – 2007 – CESPE) Acerca do Sistema Tributário Nacional, dos tributos e da legislação tributária, assinale a opção correta.

(A) As taxas, que não poderão ter base de cálculo própria dos impostos, podem ser instituídas em razão da utilização efetiva ou potencial do poder de polícia.
(B) Considere que uma instituição de assistência social, sem fins lucrativos, possua um imóvel, alugado a terceiro, que explora atividade mercantil. Nessa hipótese, desde que o aluguel recebido pela instituição de assistência social seja integralmente aplicado na sua atividade essencial, o referido imóvel está imune à incidência do IPTU.
(C) Considere que Maria, domiciliada no estado do Tocantins, pretenda doar seus bens a uma fundação com sede em São Paulo; o bem imóvel encontra-se localizado no estado do Rio de Janeiro e os bens móveis, no estado do Tocantins. Nessa hipótese, o imposto sobre doação de quaisquer bens ou direitos relativo aos bens de Maria será recolhido em favor do estado do Tocantins.
(D) Deve ser interpretada de forma literal, em qualquer hipótese, a legislação tributária que disponha sobre suspensão ou exclusão do crédito tributário, outorga de isenção e infrações tributárias.

A: o exercício de poder de polícia, para que dê ensejo à tributação, deve ser efetivo – art. 78 do CTN; B: Súmula 724/STF; C: a doação relativa ao imóvel é tributada pelo Estado onde o bem está localizado (Rio de Janeiro – art. 155, § 1º, I, da CF), já que a doação dos bens móveis dá ensejo à tributação pelo Estado de domicílio da doadora (Tocantins – art. 155, § 1º, II, da CF); D: o art. 111 do CTN, que trata de interpretação literal, não faz referência às infrações. Gabarito "B".

Texto para as próximas duas questões.

Com base em lei complementar editada pelo Congresso Nacional em 2001, o fisco do estado do Tocantins requereu, de forma adequada, de uma instituição integrante do sistema financeiro, informações sobre a movimentação bancária da sociedade mercantil Alfa Ltda., domiciliada naquele estado. Com base nessas informações, procedeu ao lançamento tributário e notificou, em dezembro de 2005, o sujeito passivo para pagar a quantia relativa ao ICMS dos anos de 1998 a 2002. O sujeito passivo não contestou administrativamente o referido débito, o qual foi posteriormente inscrito em dívida ativa e ensejou o ajuizamento da ação executiva fiscal. A sociedade mercantil ingressou, então, com ação anulatória de débito fiscal com pedido de tutela antecipada visando a suspensão da exigibilidade do crédito tributário.

(Magistratura/TO – 2007 – CESPE) Com referência à situação hipotética descrita no texto e ao crédito tributário, assinale a opção correta.

(A) O lançamento tributário em tela não poderia basear-se nas informações obtidas pelo fisco estadual perante a instituição financeira relativas aos fatos geradores ocorridos antes de 2001, já que a lei complementar que permite a ampliação dos poderes de investigação não poderia ser aplicada retroativamente.

(B) Considerando-se que o lançamento ocorreu em dezembro de 2005, não poderiam ser incluídos no lançamento os fatos geradores relativos ao ICMS ocorridos nos anos de 1998 e 1999, diante da decadência do direito de constituição do crédito tributário.

(C) Como já há ação executiva em curso, o juízo que conhecer da ação declaratória somente poderá conceder a tutela antecipada, com vistas à suspensão da exigibilidade do crédito tributário, se o sujeito passivo apresentar o comprovante do depósito do montante integral e em dinheiro ou prestar caução.

(D) Se for requerida na ação em tela, o juiz poderá conceder a tutela antecipada para autorizar a compensação do referido débito, com outros créditos do sujeito passivo com o estado do Tocantins, até que sobrevenha o trânsito em julgado.

A: a norma que amplia os poderes de fiscalização aplica-se ao lançamento, ainda que se refira a fatos anteriores à nova legislação – art. 144, § 1º, do CTN; B: houve decadência dos fatos relativos a 1999 e a exercícios anteriores – art. 173, I, do CTN; C: o depósito não é pressuposto da anulatória, apesar do disposto no art. 38 da Lei 6.830/1980 – Súmula 247/TFR; D: não é possível compensação, com relação a tributo discutido judicialmente, antes do trânsito em julgado da sentença – art. 170-A do CTN e Súmula 212/STJ. Gabarito "B".

(Magistratura/TO – 2007 – CESPE) Acerca da situação hipotética descrita no texto e da responsabilidade tributária, das garantias e privilégios do crédito tributário e da administração tributária, assinale a opção correta.

(A) Considere que tenha ocorrido a penhora de bem pertencente à sociedade Alfa Ltda. por meio de execução fiscal e que, depois, tenha havido a decretação da sua falência. Nesse caso, tem-se que o resultado da alienação do bem penhorado não estará subordinado à concorrência preferencial dos créditos.

(B) Como há discussão judicial da exigibilidade do crédito, a sociedade Alfa Ltda. fará jus a certidão positiva com efeitos de negativa de débito.

(C) A prescrição da ação executiva fiscal interrompe-se com o despacho do juiz que ordenar a citação.

(D) Mesmo tratando-se de uma sociedade com responsabilidade limitada, uma vez decretada a falência, os sócios serão solidariamente responsáveis pela dívida tributária da sociedade.

A: embora a execução fiscal não se sujeite ao juízo da falência (art. 187 do CTN), o resultado da alienação do bem penhorado deve ser colocado à sua disposição, para que se observe a preferência entre credores (ver REsp 695.167/MS); B: a simples discussão judicial não suspende a exigibilidade do crédito e, portanto, não dá ensejo à certidão positiva com efeitos de negativa (art. 206 do CTN); C: art. 174, parágrafo único, I, do CTN; D: não há, em regra, essa responsabilidade. Gabarito "C".

(Magistratura/BA – 2006 – CESPE) O estado da Bahia, preocupado com a evasão fiscal em determinados setores da economia, máxime de produtos vindos de outros estados, estabeleceu, unilateralmente, na lei local instituidora do ICMS, que o Poder Executivo poderia estabelecer cobrança antecipada desse tributo, calculado sobre o preço presumido ao consumidor final, quando da entrada das mercadorias no território estadual, e incidente sobre os produtos que entendesse necessário. O Poder Executivo alterou o decreto regulamentar do ICMS, autorizando o secretário de Fazenda a relacionar os produtos sujeitos à cobrança antecipada, inclusive o valor da operação que deve ocorrer com o consumidor final, sendo que a alíquota obedeceria à estabelecida para produtos análogos nos convênios existentes no CONFAZ. Após essas alterações e para evitar a cobrança antecipada do ICMS, João Batista — comerciante de Salvador – BA enquadrado nos benefícios do regime simplificado, decorrentes de sua situação de pequeno empresário, e que adquiria produtos em outro estado para revender — passou a transportar sua mercadoria por estradas vicinais, evitando os postos de fronteira, enganando assim a fiscalização. Na venda dos produtos ao consumidor final, recolhia o ICMS, nos moldes incentivados. Em determinada operação, João Batista foi autuado pelo fisco, que apreendeu as mercadorias transportadas e, após findo procedimento administrativo que efetuou o lançamento fiscal, encaminhou representação criminal ao Ministério Público, inscreveu débito em dívida ativa e enviou à Procuradoria do Estado para executar a dívida apurada.

Em face da situação hipotética apresentada acima, julgue os itens seguintes.

(1) A nova forma de cobrança do ICMS estabelecida pelo estado da Bahia é lícita, por tratar-se de substituição tributária para frente.

(2) Como as alterações na cobrança do ICMS decorreram de lei local, a autorização legislativa ao Poder Executivo, consoante com jurisprudência firmada no STF, é lícita.

(3) Em tese, João Batista cometeu crime contra a ordem tributária, já que suprimiu o ICMS devido ao estado da Bahia, utilizando-se de meios que dificultavam o conhecimento por parte do fisco da operação tributária.

(4) Caso a sociedade comercial de João Batista, que é beneficiada com regime simplificado de apuração e recolhimento do tributo, recolhesse ICMS antecipadamente, ela estaria sendo bitributada, sempre que comercializasse produto objeto de recolhimento antecipado do imposto.

(5) A apreensão de mercadoria mencionada no texto foi irregular, já que não cabe ao estado da Bahia usar de meio coercitivo para garantir o pagamento de dívida fiscal.

(6) Caso João Batista tivesse ingressado com mandado de segurança na esfera judicial para reaver a mercadoria apreendida mencionada no texto e obtivesse liminar em seu favor, então o fisco não poderia prosseguir com o procedimento administrativo fiscal antes de passado em julgado o processo judicial, já que a liminar concedida em sede de mandado de segurança suspende a exigibilidade do crédito tributário.

(7) A autoridade fazendária agiu bem ao aguardar o lançamento definitivo do crédito tributário, para encaminhar a representação, já que, consoante jurisprudência dominante no STF, o Ministério Público não pode oferecer denúncia pela prática de crimes contra a ordem tributária, que é de ação penal pública incondicional, antes de encerrado o procedimento administrativo fiscal.

1: Não se trata de substituição tributária (não há substituto tributário), mas simples antecipação do recolhimento, incluindo o diferencial entre a alíquota interestadual e a interna; 2: O Legislativo não pode delegar competência para regular matéria restrita a lei; 3: Se o ICMS não é devido nessa hipótese, inexiste crime relacionado a supressão ou redução de tributo; 4: Há forte entendimento nesse sentido; no entanto, a assertiva não encontra respaldo em jurisprudência pacífica; atualmente, o Simples Nacional exclui a antecipação de ICMS da sistemática unificada e não há declaração de inconstitucionalidade – art. 13, § 1º, XIII, g e h, da LC 123/2006; 5: A mercadoria somente pode ser retida o tempo necessário para a autuação, e não como instrumento coercitivo para o pagamento – Súmula 323/STF; 6: A jurisprudência atual do STJ é no sentido de que a atividade de lançamento não fica inibida por liminares ou por outras modalidades de suspensão de exigibilidade; na verdade, se o fisco não lançar o tributo pode ocorrer a decadência, cujo prazo não se suspende ou se interrompe nesses casos (ver AgRg no REsp 946.083/SP); 7: Essa é a jurisprudência do STF com relação a crimes materiais ou de resultado (caso da supressão ou redução de tributo), mas não há restrição no caso de crimes formais ou de mera conduta (v.g. HC 81.611/DF). Gabarito 1E, 2E, 3E, 4C, 5C, 6E, 7C

(Ministério Público/BA – 2005) Marque a alternativa incorreta:

(A) A base de cálculo ou o fato gerador da taxa não poderão coincidir com os do imposto.
(B) A suspensão da exigibilidade do crédito tributário ocorrerrá nas hipóteses de moratória, de depósito de seu montante integral, de interposição de reclamações e recursos (nos termos das leis reguladoras do processo tributário administrativo) e de concessão de medida liminar em mandado de segurança.
(C) A lei, que dispõe sobre normas do IPTU (Imposto sobre Propriedade Predial e Territorial Urbana) no Distrito Federal, poderá ser questionada no STF (Supremo Tribunal Federal), por ação direta de inconstitucionalidade, se violar preceito tributário da Constituição Federal.
(D) A imunidade tributária se distingue da isenção porque é uma forma qualificada de não incidência, prevista pela Constituição Federal, que impede a aplicação da lei tributária infraconstitucional; já a isenção, que sempre decorre da lei, é parcela que esta retira da hipótese de incidência.
(E) Embora o Município goze de autonomia para fixar as alíquotas do ISSQN (Imposto Sobre Serviços de Qualquer Natureza), a União poderá, por lei complementar, fixar alíquotas máximas para esse imposto.

A: art. 145, § 2º, da CF, Súmula Vinculante 29/STF e art. 4º do CTN; B: art. 151 do CTN; C: a lei distrital que trata de IPTU equipara-se a lei municipal, que não se sujeita ao controle concentrado de constitucionalidade pelo STF – art. 102, I, da CF; D: a assertiva descreve corretamente a imunidade e a isenção; E: art. 156, § 3º, I, da CF. Gabarito "C".

(Magistratura Federal – 1ª Região – 2005) Analise as afirmações seguintes:

I. A prova de recolhimento indevido de tributo que comporta repercussão financeira é insuficiente para legitimar sua restituição.
II. Pessoa Jurídica de Direito Público pode ser sujeito passivo de obrigação tributária.
III. As multas, quando moratórias, são tributos por serem prestações pecuniárias compulsórias.
IV. O lançamento tem natureza constitutiva porque constitui o crédito tributário.
V. A prescrição do crédito tributário inicia-se com a ocorrência do fato gerador.

(A) Todas estão corretas;
(B) apenas uma está correta;
(C) somente a I e a II estão corretas;
(D) apenas a III, a IV e a V estão corretas.

I: o interessado precisa comprovar que assumiu o ônus financeiro do tributo ou tem autorização de quem o suportou – art. 166 do CTN; II: a assertiva é verdadeira (pode ser contribuinte com relação a taxas e contribuições, por exemplo); III: multas não são tributos, pois decorrem de fatos ilícitos – art. 3º do CTN; IV: art. 142 do CTN – há entendimento doutrinário no sentido de que o lançamento é declaratório, pois o crédito surge com a obrigação tributária; V: o prazo prescricional inicia-se com a notificação do lançamento – art. 174 do CTN. Gabarito "C".

(Magistratura Federal – 4ª Região – XII – 2005) Dadas as assertivas abaixo, assinalar a alternativa correta.

I. A redução de benefício fiscal a implicar aumento de tributos submete-se à observância do princípio da anterioridade.
II. Na ausência de disposição legal em contrário, as taxas, em face de sua índole contraprestacional, fazem-se automaticamente abranger pela isenção.
III. Desde que obedecido o princípio da hierarquia das leis, a isenção onerosa pode ser extinta a qualquer tempo.
IV. A remissão é ato de autoridade administrativa dotada de expressa autorização legal; a remição, por seu turno, é ato de resgate que pode ser realizado pelo particular em relação a bem penhorado em execução fiscal.

(A) Estão corretas apenas as assertivas I e IV.
(B) Estão corretas apenas as assertivas II e III.
(C) Estão corretas apenas as assertivas I, III e IV.
(D) Todas as assertivas estão incorretas.

I: a assertiva encontra respaldo na maior parte da doutrina – o CTN, no entanto, dispõe que somente a extinção ou a redução de isenção relativa a imposto sobre patrimônio e renda sujeitam-se à anterioridade, nos termos do art. 104, III, do CTN; II: salvo disposição em contrário, a isenção não abrange taxas ou contribuições de melhoria – art. 177, I, do CTN; III: a extinção de isenção não tem relação, em regra, com o princípio da hierarquia das leis, já que demanda apenas lei ordinária do ente tributante; IV: a assertiva é correta – art. 172 do CTN e art. 19, I, da Lei 6.830/1980. Gabarito "A".

(Delegado Federal – 2004 – CESPE) A fiscalização tributária apreendeu em estabelecimento farmacêutico controle paralelo de vendas de três anos anteriores à fiscalização, sem emissão de notas fiscais, de cápsulas para emagrecimento compostas de substância capaz de causar dependência psíquica e acionou imediatamente a polícia, que efetuou a prisão em flagrante do sócio-gerente por tráfego de entorpecente, já que tal substância estava estocada em prateleira, vindo a ser proferida sentença condenatória com trânsito em julgado. Com base na situação hipotética acima, julgue os itens a seguir.

(1) A lei não descreve atos ilícitos como hipótese de incidência do tributo, entretanto, a autoridade fazendária poderá exigir o tributo decorrente da venda dos psicotrópicos.
(2) O proprietário do estabelecimento cometeu, em tese, crime contra a ordem tributária.
(3) Se o estabelecimento em consideração for uma farmácia de manipulação e tiver fabricado as cápsulas apreendidas, o município poderá cobrar o ICMS devido sobre as vendas realizadas.
(4) A responsabilidade penal tributária e a tributária penal não se confundem, apesar de ambas adotarem a responsabilidade subjetiva.
(5) Na hipótese considerada, se o produto comercializado for sujeito a substituição tributária, não gerará, para a farmácia, obrigação de recolher ICMS.

1: A venda de mercadoria, prevista na hipótese de incidência tributária, não é fato ilícito (non olet – art. 118 do CTN). Há incidência tributária, na forma da legislação correspondente; 2: Art. 1º da Lei 8.137/1990; 3: O STJ entende que incide ISS (não ICMS) sobre o preparo de remédios de modo personalizado e sob encomenda (item 4.07 da lista anexa à LC 116/2003); 4: A responsabilidade penal é subjetiva. A responsabilidade tributária é considerada objetiva (art. 136 do CTN); 5: Considerando que a farmácia seria substituída, o tributo já teria sido recolhido pelo fornecedor dos medicamentos. Gabarito 1C, 2C, 3E, 4E, 5C

8. DIREITO EMPRESARIAL

Robinson Sakiyama Barreirinhas

1. TEORIA GERAL

1.1. EMPRESA, EMPRESÁRIO, CARACTERIZAÇÃO E CAPACIDADE

(Magistratura/GO – 2009 – FCC) É correto afirmar, em relação ao empresário e sociedade empresária:

(A) Ainda que legalmente impedido, quem exercer a atividade empresarial não responde pessoalmente pelas obrigações contraídas e sim a pessoa jurídica que representa.
(B) A lei assegurará, ao empresário rural e ao pequeno empresário, tratamento diferenciado, favorecido e simplificado, quanto à inscrição e respectivos efeitos.
(C) Considera-se como empresário, como regra, também quem exerça profissão intelectual, de natureza científica, literária ou artística.
(D) É facultativa a inscrição do empresário no Registro Público de Empresas Mercantis da respectiva sede, antes do início de sua atividade.
(E) Em nenhuma hipótese poderá o incapaz exercer a atividade empresarial, já que privativa de quem estiver em pleno gozo da capacidade civil.

A: incorreta, pois a pessoa legalmente impedida de exercer atividade própria de empresário, se a exercer, responderá pelas obrigações contraídas – art. 973 do CC; B: correta, pois reflete exatamente o disposto no art. 970 do CC; C: incorreta, pois esses profissionais não são considerados empresários, exceto se o exercício da profissão constituir elemento de empresa – art. 966, parágrafo único, do CC; D: incorreta, pois a inscrição é obrigatória – art. 967 do CC; E: incorreta, pois o incapaz pode, excepcionalmente, por meio de representante ou devidamente assistido, continuar a empresa antes exercida por ele enquanto capaz, por seus pais ou pelo autor de herança – art. 974 do CC. Gabarito "B".

(Magistratura/MG – 2009 – EJEF) Marque a opção INCORRETA. As características principais do Direito Empresarial são as seguintes:

(A) Informalismo.
(B) Fragmentário.
(C) Cosmopolita.
(D) Sistema jurídico harmônico.

A: o direito empresarial é significativamente menos formal em relação a outros ramos do direito, como o civil e o tributário, por exemplo, em atenção à realidade dinâmica que se pretende normatizar; B: de fato, o direito empresarial apresenta diversas subdivisões com características próprias, como cambial, falimentar, societário, contratual etc. Ademais, há diversos atos normativos (leis, decretos etc.) que compõem a legislação empresarial; C: o direito empresarial aspira à universalidade. A legislação brasileira empresarial acompanha, muitas vezes, a legislação, os usos e os costumes vigentes em outros países, sendo relativamente comuns tratados internacionais incorporados no âmbito interno (v.g. Lei Uniforme relativa a letras de câmbio e promissórias); D: esta é a alternativa a ser indicada, até por exclusão das demais. Ao descrever o direito empresarial como fragmentário, poder-se-ia concluir não se tratar de sistema jurídico harmônico. Gabarito "D".

(Magistratura/MG – 2009 – EJEF) No direito brasileiro, considera-se empresário:

(A) A pessoa física ou jurídica, privada, bem como os entes despersonalizados, que desenvolvem atividades organizadas de produção, circulação e construção de bens ou prestações de serviços, suscetíveis de falir e beneficiárias da recuperação judicial.

(B) O profissional da empresa inscrito na Registro Público de Empresas Mercantis da respectiva sede, antes do início da sua atividade.
(C) Quem exerce profissionalmente atividade econômica organizada para a produção ou circulação de bens ou de serviços.
(D) Toda pessoa física ou jurídica titular de organização de natureza civil ou mercantil destinada à exploração de qualquer atividade com fins econômicos.

Nos termos do art. 966 do CC, considera-se empresário quem exerce profissionalmente atividade econômica organizada para a produção ou a circulação de bens ou de serviços. Gabarito "C".

(Magistratura/MS – 2008 – FGV) De acordo com o Código Civil, analise as seguintes afirmativas:

I. Não se considera empresário quem exerce profissão de natureza intelectual, literária, científica ou artística, ainda que realizadas com o concurso de colaboradores, salvo se o exercício da profissão constituir elemento de empresa.
II. Considera-se empresário quem exerce profissionalmente atividade econômica organizada para a produção ou a circulação de bens ou serviços.
III. O empresário casado, qualquer que seja o regime de bens, pode alienar ou gravar de ônus real os bens imóveis que integrem o patrimônio da empresa.
IV. Na sociedade em conta de participação, a atividade constitutiva do objeto social é exercida unicamente pelo sócio-ostensivo.

Assinale:

(A) se somente as afirmativas I e II estiverem corretas.
(B) se somente as afirmativas II e IV estiverem corretas.
(C) se somente as afirmativas I, II e III estiverem corretas.
(D) se somente as afirmativas II, III e IV estiverem corretas;
(E) se todas as afirmativas estiverem corretas.

I: art. 966, parágrafo único, do CC; II: art. 966, caput, do CC; III: art. 978 do CC; IV: art. 991 do CC. Gabarito "E".

(Magistratura/PA – 2008 – FGV) Assinale a afirmativa correta.

(A) O empresário individual adquire personalidade jurídica com a inscrição de sua firma individual no Registro Público de Empresas Mercantis.
(B) O empresário individual, por ser pessoa física, não tem legitimidade para requerer recuperação judicial.
(C) O empresário casado pode, sem necessidade de vênia conjugal, independentemente do regime de bens, alienar bem imóvel que integre o patrimônio da empresa.
(D) A responsabilidade do empresário individual é limitada ao capital social informado na declaração de firma individual.
(E) O empresário individual pode adotar como nome empresarial firma ou razão social.

A: o empresário individual é a própria pessoa física que exerce a atividade econômica descrita no art. 966 do CC, de modo que sua personalidade jurídica não tem relação com a inscrição no registro competente. Dito de outra forma, apesar de a inscrição do empresário individual ser obrigatória – art. 967 do CC – ela refere-se apenas à sua regularidade, não à sua caracterização como empresário. A inscrição no registro público marca o início da personalidade jurídica apenas nos casos das pessoas jurídicas de direito privado indicadas no art. 44 do CC (c/c art. 45 do mesmo Código), como sociedades ou associações (não é o caso do empresário individual). De qualquer forma, o empresário não inscrito no Registro Público está em situação irregular (art. 967 do CC); B: a falência e a recuperação judicial e extrajudicial aplicam-se ao empresário individual, assim como à sociedade empresária – art. 1º da Lei 11.101/2005; C: art. 978 do CC; D: a responsabilidade do empresário individual é ilimitada (todos os seus bens respondem pelas obrigações que assumir); E: o empresário individual deve utilizar firma constituída por seu próprio nome, completo ou abreviado, adicionando, se quiser, designação mais precisa da sua pessoa ou do gênero de atividade (por exemplo, João A. da Silva Materiais de Construção) – art. 1.156 do CC. Gabarito "C."

(Magistratura/PE – 2011 – FCC) É correto afirmar que

(A) a lei assegurará tratamento isonômico ao empresário rural e ao pequeno empresário, quanto à inscrição empresarial e aos efeitos dela decorrentes.

(B) o empresário casado pode, sem necessidade de outorga conjugal, qualquer que seja o regime de bens, alienar os imóveis que integrem o patrimônio da empresa ou gravá-los de ônus real.

(C) é facultativa a inscrição do empresário no Registro Público de Empresas Mercantis da sede respectiva, antes do início de sua atividade.

(D) quem estiver legalmente impedido de exercer atividade própria de empresário, se a exercer, não responderá pelas obrigações que contrair.

(E) é vedado aos cônjuges contratar sociedade entre si ou com terceiros, qualquer que seja o regime de bens escolhido.

A: Assertiva incorreta, pois o art. 970 do CC determina que a lei assegurará tratamento favorecido, diferenciado e simplificado ao empresário rural e ao pequeno empresário, quanto à inscrição e aos efeitos daí decorrentes. Não há referência ao tratamento isonômico para as duas categorias. Ver também o art. 179 da CF; B: Correta, pois é exatamente o que dispõe o art. 978 do CC; C: Incorreta, pois a inscrição do empresário é obrigatória, não facultativa – art. 967 do CC; D: Assertiva incorreta, pois a pessoa legalmente impedida que exercer a atividade de empresário responderá pelas obrigações contraídas – art. 973 do CC; E: Assertiva incorreta, pois é possível que os cônjuges contratem sociedade entre si ou com terceiros, desde que não tenham casado no regime de comunhão universal de bens, ou no da separação obrigatória – art. 977 do CC. Gabarito "B."

(MAGISTRATURA/PB – 2011 – CESPE) A respeito da disciplina aplicável ao empresário individual, assinale a opção correta.

(A) O empresário individual que venha a se tornar civilmente incapaz poderá obter autorização judicial para a continuação de sua atividade; tal autorização, entretanto, deverá ser averbada na junta comercial e servirá para atos singulares, não podendo ser genérica.

(B) O servidor público pode ser empresário individual, desde que a atividade empresarial seja compatível com o cargo público que ele exerça.

(C) Ao empresário individual é permitida a alienação, sem a outorga de seu cônjuge, de bens imóveis destinados à sua atividade empresarial.

(D) O empresário individual assume os riscos da empresa até o limite do capital que houver destinado à atividade, não respondendo com seus bens pessoais por dívidas da empresa.

(E) Em atenção ao princípio da continuidade da empresa, os bens destinados pelo empresário individual à exploração de sua atividade não respondem por suas dívidas pessoais.

A: Incorreta na parte final, pois a autorização judicial não é, em princípio, restrita a atos singulares – arts. 974, §§ 1º e 3º, e 976 do CC; B: Incorreta, pois a possibilidade de o servidor público ser empresário individual ou administrador de sociedade empresária vai depender da legislação que rege o serviço público em cada ente político, sendo comum a vedação. No caso da União, por exemplo, a atividade empresária é proibida, exceto na condição de acionista, cotista ou comanditário (sem poder de gerência) – art. 117, X, da Lei 8.112/1990; C: Assertiva correta, conforme o art. 978 do CC; D e E: Incorretas, pois o empresário individual confunde-se com a própria pessoa natural, inclusive quanto a suas obrigações. A firma do empresário individual é seu próprio nome, ainda que abreviado ou acrescido de designação mais precisa de sua pessoa ou do gênero de atividade ("João da Silva Alfaiate" ou "Antonio Mendes Sapataria") e implica responsabilidade ilimitada – arts. 966 e 1.156 do CC. Gabarito "C."

(Magistratura/RO – 2011 – PUCPR) Dadas as assertivas abaixo, assinale a única **CORRETA:**

(A) Segundo a Lei (Código Civil), é considerado empresário todo aquele que exerce, de forma profissional, atividade econômica organizada para a produção ou a circulação de bens ou de serviços.

(B) Quem exerce profissão intelectual, de natureza científica, literária ou artística, também é sempre considerado empresário, sem exceção.

(C) A atividade empresária não pode ser exercida por pessoas jurídicas.

(D) O menor de 18 anos e maior de 16 anos, ainda que tenha economias próprias, jamais pode se estabelecer como empresário, pois não atingiu a maioridade e, portanto, é incapaz para a prática de atos.

(E) O estabelecimento empresarial é composto unicamente de bens móveis e imóveis, que são reunidos pelo empresário ou sociedade empresária para o exercício da atividade empresarial.

A: Assertiva correta, pois essa é a definição de empresário dada pelo art. 966 do CC; B: Incorreta, pois não se considera empresário quem exerce profissão intelectual, de natureza científica, literária ou artística, ainda que com o concurso de auxiliares ou colaboradores, salvo se o exercício da profissão constituir elemento de empresa – art. 966, p. único, do CC; C: Assertiva incorreta, pois a empresa pode ser exercida por pessoas naturais (empresários individuais) ou jurídicas (sociedades empresárias) – arts. 966 e 982 do CC; D: Incorreta, pois cessa a incapacidade do menor que tenha 16 anos completos, que se estabeleça como empresário e, em função disso, tenha economia própria – arts. 5º, p. único, V, e 972 do CC; E: Discutível, a depender da classificação dos bens que se adote. É comum afirmar que o estabelecimento empresarial é composto por bens materiais ou corpóreos (que incluiriam os bens móveis e imóveis em sentido estrito) e também por bens imateriais ou incorpóreos (marcas, patentes, ponto comercial) – art. 1.142 do CC. Por essa classificação, a assertiva seria incorreta (foi a linha adotada pelo examinador). É preciso ressalvar, entretanto, que é possível classificar todos os bens existentes em imóveis ou móveis (não há, por essa classificação, bem que não seja imóvel ou móvel), e os direitos pessoais de caráter patrimonial são abrangidos por essa última categoria (bens móveis – art. 83, III, do CC). Por essa linha interpretativa, a assertiva está correta. Gabarito "A."

(Magistratura/SC – 2010) Assinale a alternativa correta:

I. Para o ato ser considerado de comércio é necessário o cumprimento dos requisitos de exploração econômica, fins lucrativos e forma mercantil, ou que a lei declare esta qualidade.

II. O direito de empresa foi uma das mais relevantes mudanças inseridas no Código Civil de 2002, abolindo a dualidade de normatização das obrigações e de diversos tipos de contratos.

III. Quem exerce a profissão intelectual de natureza científica é sempre obrigado a se inscrever no Registro Público de Empresas Mercantis antes do início de sua atividade.

IV. Cônjuges casados sob regime de comunhão universal de bens ou de separação obrigatória não podem contratar sociedade entre si ou com terceiros.

(A) Somente as proposições I e IV estão corretas.
(B) Somente as proposições II, III e IV estão corretas.
(C) Somente as proposições I, II e IV estão corretas.
(D) Somente as proposições I e III estão corretas.
(E) Todas as proposições estão corretas.

I: Correta, pois a atividade empresarial caracteriza-se pela exploração de capital e trabalho com intuito lucrativo, organizada nos termos do art. 966 do CC; II: Assertiva adequada, considerando que o antigo Código Comercial subsiste apenas em relação a determinadas matérias específicas (basicamente comércio marítimo), sendo que o restante é regulado pelo Código Civil (como as normas gerais do direito das obrigações, com unificação da normatização empresarial e civilista) e leis especiais; III: Incorreta, pois não se considera empresário quem exerce profissão intelectual, de natureza científica, literária ou artística, ainda que com o concurso de auxiliares ou colaboradores, salvo se o exercício da profissão constituir elemento de empresa – art. 966, p. único, do CC; IV: Assertiva correta, pois há essa vedação específica para os casados no regime de comunhão universal ou de separação obrigatória – art. 977 do CC. Gabarito "C."

(Magistratura/SC – 2009) No que respeita ao empresário e ao estabelecimento comercial, é correto afirmar:

I. Não se considera empresário comercial quem exerce profissão intelectual, de natureza científica, literária ou artística, ainda que com o concurso de auxiliares ou colaboradores, mesmo quando o exercício da profissão constituir elemento da empresa.
II. O aspecto econômico da atividade comercial tem três acepções distintas: o intuito lucrativo, a assunção de riscos econômicos e a consecução de um fim.
III. Um artista que exerce uma profissão intelectual e que tenha sob suas ordens três funcionários é qualificado como empresário comercial, segundo a dicção do Código Civil.
IV. As perspectivas de lucro não constituem elemento a ser considerado na avaliação do estabelecimento comercial.
V. O trespasse ou transpasse do estabelecimento comercial é admitido no Direito brasileiro.

(A) Somente as proposições I e II estão corretas.
(B) Somente as proposições I e IV estão corretas.
(C) Somente as proposições I e V estão corretas.
(D) Somente as proposições II e V estão corretas.
(E) Somente as proposições II, III e IV estão corretas.

I: a assertiva é incorreta, pois se o exercício da profissão constituir elemento de empresa o sujeito será considerado empresário – art. 966, parágrafo único, *in fine*, do CC; II: correta, já que indica adequadamente três características da atividade empresarial ou comercial; III: incorreta, pois a existência de auxiliares ou colaboradores não implica, por si só, natureza empresarial (ou comercial) da atividade – art. 966, parágrafo único, do CC; IV: assertiva incorreta. O aviamento refere-se à aptidão da empresa para dar lucro, a mais-valia decorrente da exploração do estabelecimento empresarial, de modo que é altamente relevante para avaliá-lo; V: correta, já que o trespasse ou transpasse corresponde à alienação do estabelecimento empresarial, que é admitido e regulado pela legislação brasileira – art. 1.143 do CC. Gabarito "D".

(Ministério Público/CE – 2009 – FCC) Em relação ao empresário, é INCORRETO afirmar que

(A) se a pessoa legalmente impedida de exercer atividade empresarial assim agir, responderá pelas obrigações contraídas.
(B) de sua definição legal, destacam-se as noções de profissionalismo, atividade econômica organizada e produção ou circulação de bens ou serviços.
(C) a profissão intelectual, de natureza científica ou artística pode ser considerada empresarial, se seu exercício constituir elemento de empresa.
(D) a atividade empresarial pode ser exercida pelos que estiverem em pleno gozo da capacidade civil, não sendo impedidos legalmente.
(E) ainda que representado ou assistido, não pode o incapaz continuar a empresa antes exercida por ele enquanto capaz, por seus pais ou pelo autor da herança.

A: assertiva correta, nos termos do art. 973 do CC; B: de fato, essas características são indicadas no art. 966 do CC; C: correta, conforme o art. 966, parágrafo único, *in fine*, do CC; D: assertiva correta, pois reflete o disposto no art. 972 do CC; E: essa é a assertiva incorreta, pois o incapaz pode, excepcionalmente, por meio de representante ou devidamente assistido, continuar a empresa antes exercida por ele enquanto capaz, por seus pais ou pelo autor de herança – art. 974 do CC. Gabarito "E".

(Ministério Público/GO – 2005) A doutrina brasileira costuma apresentar quatro teorias relativas à conceituação do Direito Comercial/Empresarial. Qual foi adotada pelo novo Código Civil/2002:

(A) direito Comercial/Empresarial como Direito do Comerciante
(B) direito Comercial/Empresarial como Direito dos Atos de Comércio
(C) direito Comercial/Empresarial como Direito de Empresa
(D) direito Comercial/Empresarial como Direito do Comerciante e dos Atos de Comércio.

O Livro II, da Parte Especial do Código Civil de 2002, é denominado "Do Direito de Empresa", o que indica a adoção do conceito subjetivo de empresa (= atividade desenvolvida pelo empresário – art. 966 do CC) como objeto desse ramo do Direito Brasileiro. Gabarito "C".

(Ministério Público/GO – 2005) Por ser de risco, a atividade empresarial normalmente é vedada aos incapazes. Contudo, o Código Civil brasileiro de 2002 (art. 974, caput) prevê três hipóteses em que este, por meio de representante ou devidamente assistido, pode continuar a empresa. Isto ocorrerá quando a empresa:

(A) era antes exercida por ele enquanto capaz, por seus pais ou pelo autor da herança
(B) foi adquirida com dinheiro exclusivamente do incapaz
(C) era antes exercida por parente até o segundo grau, em linha reta ou colateral
(D) era antes exercida por ele, enquanto capaz, ou por seus pais.

O art. 974, *caput*, do CC dispõe que o incapaz poderá, por meio de representante ou devidamente assistido, continuar a empresa antes exercida (1) por ele enquanto capaz, (2) por seus pais ou (3) pelo autor de herança. Gabarito "A".

(Ministério Público/GO – 2005) A disciplina jurídica societária hodierna parte das seguintes premissas, exceto:

(A) a empresa não respeita as fronteiras da sociedade – pessoa jurídica, abrangendo sócios, administradores, empregados, credores, fornecedores e consumidores, e caracterizando-se pela orientação dos recursos segundo uma lógica de autoridade e de direção
(B) o poder de controle constitui o elemento central da empresa (fator de orientação dos recursos) podendo ser alocado, em graus diversos e a cada momento, a todos os participantes do empreendimento econômico, independentemente da propriedade do capital, devendo ser atribuídos ao respectivo titular, em última instância, os deveres e responsabilidades decorrentes do exercício da atividade empresarial
(C) a empresa apresenta concepção jurídica estreita, açambarcando pequeno complexo de relações internas, daí a grande relevância do poder de controle do capital, única instância de poder a ser considerada
(D) o equilíbrio do binômio poder-responsabilidade, que vigorava no direito societário clássico, deve ser reencontrado, pois dele depende a distribuição dos riscos entre os diversos participantes da atividade empresarial, de forma consentânea com os princípio gerais de direito e com as exigências inerentes ao ideal de justiça.

O direito empresarial tem por objeto a empresa, ou seja, toda a atividade do empresário e da sociedade empresária (conceito subjetivo moderno) – arts. 966 e 981 do CC. No caso das sociedades, a atividade é exercida por meio do administrador (relacionado ao poder de controle), figura, portanto, essencial para o direito empresarial brasileiro. O administrador pode ou não ser sócio e os limites de seu poder são definidos pela sociedade – arts. 997, VI, 1.016, 1.060 do CC, entre outros. A responsabilidade dos sócios (limitada ou não à respectiva participação no capital social) depende primordialmente do tipo societário adotado. O administrador, seja ou não sócio, responde ilimitadamente em caso de culpa no exercício de suas funções (art. 1.016 do CC), especialmente na seara tributária (arts. 134, II e VII, e 135, III, ambos do CTN). Gabarito "C".

(Ministério Público/RO – 2008 – CESPE) João exerce, profissionalmente, atividade rural organizada para a produção de bens, tendo conseguido, por meio dessa atividade, comprar três fazendas, que destinam ao mercado, anualmente, 100.000 unidades de diferentes animais. João, divorciado e pai de Francisco, de 15 anos de idade, nunca se inscreveu no Registro Público de Empresas Mercantis (RPEM). Recentemente, uma doença o incapacitou para o exercício pessoal dos atos da vida civil. Com base nessa situação hipotética, as sinale a opção correta.

(A) Como não houve inscrição no RPEM, as referidas fazendas não integram estabelecimento empresarial, compondo tão somente patrimônio civil de João, na qualidade de pessoa natural.
(B) Se provada a insolvência de João quanto a débitos de natureza mercantil, os credores estarão autorizados a pedir em juízo sua falência, já que ele atuava como empresário irregular.
(C) Francisco, se judicialmente autorizado, poderá continuar a atividade empresarial em questão, exercendo-a em nome de João, mas com a necessária participação de seu representante legal.
(D) Caso seja judicialmente permitido a Francisco continuar a referida atividade empresarial, ele deverá inscrever tanto a autorização judicial como nova firma no RPEM.
(E) A autorização judicial para Francisco prosseguir a atividade de João implica necessariamente emancipá-lo, cessando sua incapacidade, em decorrência de estabelecimento civil ou comercial em nome próprio.

A: o indivíduo que exerce atividade econômica descrita no art. 966 do CC, ainda que rural, é empresário (caracterizado pela atividade exercida, e não pelo registro); B: o registro do empresário rural é opcional, nos termos do art. 971 do CC (João não é empresário irregular); C e D: o juiz poderá autorizar o filho menor a continuar a empresa do pai, por meio de representante (art. 974, *caput* e § 1º, do CC). A autorização será inscrita no registro público, assim como a nova firma (art. 976, *caput* e parágrafo único, do CC); E: não é possível a emancipação do menor de dezesseis anos nessa hipótese (art. 5º, parágrafo único, I e V, do CC). Gabarito "D".

(Ministério Público/RR – 2008 – CESPE) Em relação às inovações trazidas pelo Código Civil de 2002 à disciplina da atividade empresarial, julgue os itens que se seguem.

(1) O Código Civil, para identificar quem será ou não considerado empresário, apóia-se ora em critérios subjetivos, ora em critérios objetivos, qualificando o sujeito de acordo com a sua natureza jurídica ou em razão da atividade que profissionalmente exerce.

(2) O conceito de empresário poderá envolver profissional intelectual de natureza científica, se caracterizado que ele exerce a atividade como elemento de empresa, significando isso exercê-la com o concurso de auxiliares ou colaboradores objetivando lucro.

(3) O Código Civil organizou as sociedades contratuais em dois grupos, as empresárias, que exercem atividade econômica, e as simples, para os demais casos.

1: Em princípio, o empresário é caracterizado pela atividade que desempenha (art. 966 do CC), o que pode ser considerado critério objetivo; no entanto, há previsões específicas que focam o sujeito de direito (critério subjetivo), sendo irrelevante o objeto empresarial: a sociedade por ações será sempre empresária e a sociedade cooperativa será sempre simples (art. 982, parágrafo único, do CC); 2: O concurso de auxiliares ou colaboradores não caracteriza o profissional intelectual como empresário – art. 966, parágrafo único, do CC; 3: O exercício de atividade econômica, por si, não caracteriza a sociedade empresária (é preciso que essa atividade seja organizada para a produção ou a circulação de bens ou de serviços) – art. 966, *caput*, c/c art. 982, ambos do CC; Gabarito 1C, 2E, 3E

(Ministério Público/SP – 2008) Assinale a alternativa incorreta.

(A) Considera-se empresário quem exerce profissionalmente atividade econômica organizada para a produção ou a circulação de bens.

(B) É obrigatória a inscrição do empresário no Registro Público de Empresas Mercantis da respectiva sede, antes do início da sua atividade.

(C) A incapacidade superveniente não impede o empresário de dar continuidade à empresa exercida até então, desde que representado ou assistido.

(D) O empresário casado não pode alienar imóveis que integram o patrimônio da empresa sem a outorga conjugal.

(E) A sentença que decreta ou homologa a separação judicial do empresário não pode ser oposta a terceiros antes de arquivada e averbada no Registro Público de Empresas Mercantis.

A: art. 966, *caput*, do CC; B: art. 967 do CC; C: art. 974 do CC (é necessária autorização judicial e inscrição no registro público – art. 976 do CC); D: é possível a alienação sem outorga conjugal – art. 978 do CC; E: art. 980 do CC. Gabarito "D".

(Magistratura Federal – 3ª Região – XIII) Assinale a alternativa inteiramente correta. Existem atividades negociais, em sentido amplo, que não se enquadram, necessariamente, no conceito mais restrito de atividade empresarial. São elas desenvolvidas:

(A) pelos pequenos empresários, caracterizados pela natureza artesanal de sua atividade, ou pela predominância do trabalho próprio, ou de familiares, em relação ao capital;

(B) pelos que exercem profissão intelectual de natureza científica, literária ou artística, ainda que não se organizem empresarialmente para tal fim;

(C) pelos empresários rurais, aos quais se faculta a inscrição no Registro das Empresas, para se subordinarem às normas que regem a atividade empresária como tal;

(D) as três alternativas anteriores estão corretas.

A: a atividade empresarial caracteriza-se pela exploração de capital e trabalho com intuito lucrativo e organizada nos termos do art. 966 do CC; B: art. 966, parágrafo único, do CC – não são empresários desde que o exercício da profissão não constitua elemento de empresa; C: art. 971 do CC. Gabarito "D".

(Magistratura Federal – 3ª Região – XIII) Na ordenação jurídica brasileira, considera-se empresário quem:

(A) desenvolve atividade de produção, montagem, criação, construção, transformação, importação, exportação, distribuição ou comercialização de produtos ou prestação de serviços;

(B) pratica atos de comércio com habitualidade;

(C) exerce profissionalmente atividade econômica organizada para a produção ou circulação de bens ou de serviços;

(D) desenvolve como principal profissão a atividade de empresário rural, independentemente de requerer inscrição no Registro Público de Empresas Mercantis.

A, B e C: a definição de empresário é dada pelo art. 966 do CC (alternativa C); D: art. 971 do CC – o empresário rural é, evidentemente, empresário, embora não no sentido estrito, pois submete-se integralmente ao regime jurídico empresarial somente se optar pelo registro. Gabarito "C".

(Magistratura Federal – 3ª Região – XIII) "Complexo de bens organizado, para exercício da empresa, por empresário, ou por sociedade empresária". Tal conceito corresponde:

(A) ao estabelecimento;
(B) à empresa;
(C) à clientela;
(D) ao aviamento.

Essa é a definição de estabelecimento empresarial – art. 1.142 do CC. Gabarito "A".

(Magistratura Federal-4ª Região – 2010) Dadas as assertivas abaixo, assinale a alternativa correta quanto à empresa, ao empresário e às sociedades simples e empresárias.

I. A empresa é uma atividade exercida pelo empresário, não pressupondo a existência de uma sociedade, podendo ser desenvolvida pelo empresário individual.

II. A sociedade simples distingue-se da sociedade empresária, pois naquela inexiste uma organização de bens materiais e imateriais (intelectuais) e recursos humanos voltados para a produção sistemática da riqueza, sendo a sociedade cooperativa um de seus exemplos.

III. Podem ser empresários os menores de 18 anos.

IV. Há identidade entre os conceitos de empresário e sócio da sociedade.

(A) Estão corretas apenas as assertivas I e IV.
(B) Estão corretas apenas as assertivas II e III.
(C) Estão corretas apenas as assertivas I, II e III.
(D) Estão corretas todas as assertivas.
(E) Nenhuma assertiva está correta.

I: Assertiva correta – art. 966 do CC; II: Assertiva correta, pois se entende que a sociedade simples não explora capital e trabalho com intuito lucrativo, na forma do art. 966, caput, do CC. A cooperativa, peculiarmente, será sempre considerada sociedade simples, independentemente do seu objeto – art. 982, p. único, do CC; III: Correta, pois cessa a incapacidade do menor que tenha 16 anos completos, que se estabeleça como empresário e, em função disso, tenha economia própria, além de outras hipóteses previstas no art. 5º, p. único, do CC. Ver também o art. 972 do CC; IV: Incorreta, apesar do conceito leigo de empresário ter essa conotação. A rigor, o sócio não é, necessariamente, empresário, nem gerente ou administrador da sociedade, ou seja, não atua diretamente na atividade empresarial. A sociedade empresária, dito de outra forma, não se confunde com a pessoa dos sócios. Gabarito "C".

(Magistratura Federal – 4ª Região – XIII – 2008) Dadas as assertivas abaixo, assinalar a alternativa correta quanto à empresa, ao empresário e às sociedades simples e às empresárias.

I. A empresa é uma atividade exercida pelo empresário, não pressupondo a existência de uma sociedade, podendo ser desenvolvida pelo empresário unipessoal.

II. A sociedade simples distingue-se da sociedade empresária, pois naquela inexiste uma organização de bens materiais e imateriais (intelectuais) e recursos humanos, voltados para a produção sistemática da riqueza, sendo a sociedade cooperativa um de seus exemplos.

III. Podem ser empresários os menores de 18 anos.

IV. Há identidade entre os conceitos de empresário e sócio da sociedade.

(A) Estão corretas apenas as assertivas I e IV.
(B) Estão corretas apenas as assertivas II e III.
(C) Estão corretas apenas as assertivas I, II e III.
(D) Estão corretas todas as assertivas.

I: art. 966 do CC – existe a figura do empresário individual; II: a atividade empresarial é caracterizada pela exploração de capital e trabalho com intuito lucrativo e organizada nos termos do art. 966 do CC (ver também art. 985 do CC) – ademais, a cooperativa é sempre sociedade simples, independentemente de seu objeto (art. 982, parágrafo único, do CC); III: art. 972 c/c art. 5º, parágrafo único, e art. 974, todos do CC; IV: empresário é quem exerce a atividade descrita no art. 966 do CC. O sócio pode integrar sociedade simples (não empresarial) ou simplesmente não exercer qualquer atividade empresarial (sócio que não é administrador), hipóteses em que não se confunde com o empresário. Gabarito "C".

(Magistratura Federal/5ª Região – 2009 – CESPE) De acordo com o sistema jurídico brasileiro,

(A) é permitido ao magistrado exercer atividade empresária.
(B) é facultativa a inscrição de empresário no Registro Público de Empresas Mercantis da respectiva sede, antes do início de suas atividades empresárias.
(C) em regra, quem exerce profissão intelectual é considerado empresário.
(D) quem é impedido de exercer a atividade empresária, caso a exerça, não responderá pelas obrigações que contrair.
(E) marido e mulher podem contratar, entre si, sociedade empresária desde que não sejam casados sob o regime de comunhão universal de bens ou no da separação obrigatória de bens.

A: incorreta, pois é vedado ao magistrado exercer o comércio ou participar de sociedade comercial, inclusive de economia mista, exceto como acionista ou quotista, ou exercer cargo de direção ou técnico de sociedade civil, associação ou fundação, de qualquer natureza ou finalidade, salvo de associação de classe, e sem remuneração – art. 36, I e II, da Lei Orgânica da Magistratura – LC 35/1979; B: incorreta, pois a inscrição é obrigatória – art. 967 do CC; C: assertiva incorreta, pois, em regra, quem exerce profissão intelectual, de natureza científica, literária ou artística não é considerado empresário – art. 966, parágrafo único, do CC; D: incorreta, pois a pessoa legalmente impedida de exercer atividade própria de empresário, se a exercer, responderá pelas obrigações contraídas – art. 973 do CC; E: assertiva correta, pois reflete exatamente o disposto no art. 977 do CC. Gabarito "E".

(Magistratura do Trabalho – 16ª Região – 2006) O conceito de empresário conjuga os seguintes elementos:

(A) Matrícula na Junta Comercial, elevado grau de aviamento e organização dos fatores de produção.
(B) Prática habitual da mercancia, maioridade civil e atividade econômica.
(C) Lucro, profissionalismo e matrícula na Junta Comercial.
(D) Capacidade produtiva, lucro e registro no órgão de classe.
(E) Atividade econômica, organização dos fatores de produção e profissionalismo.

A definição de empresário é dada pelo art. 966 do CC. O registro ou a maioridade civil não são elementos caracterizadores. Gabarito "E".

(Procurador da Fazenda Nacional – 2007.2 – ESAF) Qualificam-se como contratos de empresa aqueles que

(A) são celebrados pelo empresário.
(B) são celebrados entre duas ou mais empresas.
(C) são celebrados entre empresas para fins de fornecimento de energia elétrica.
(D) são celebrados para organizar o funcionamento de qualquer empresa.
(E) são celebrados entre empresas e consumidores esclarecidos.

Os contratos de empresa referem-se à organização da atividade empresarial (entendimento doutrinário adotado pela ESAF). Gabarito "D".

(Cartório/DF – 2008 – CESPE) Com relação à disciplina do empresário, das sociedades comerciais (empresárias), da empresa e do estabelecimento empresarial, conforme disposto no Código Civil de 2002, julgue os itens seguintes.

(1) O empresário é o sujeito de direito que exerce a empresa e sobre cujos bens recai o risco da atividade. Já os sujeitos que exercem profissão intelectual, de natureza científica, literária ou artística, ainda que com o concurso de auxiliares ou colaboradores, não podem ser considerados empresários, mesmo que o exercício da profissão constitua elemento de empresa.
(2) O empresário individual casado, qualquer que seja o regime de bens, pode, sem a necessidade da outorga conjugal, alienar os imóveis que integrem o patrimônio da empresa ou gravá-los de ônus reais. No entanto, salvo se casado em regime de separação absoluta, não pode prestar aval para garantir uma obrigação decorrente da atividade empresarial sem a outorga conjugal.
(3) Considera-se sociedade comercial (empresária) aquela cujo objeto é o exercício da atividade própria do empresário individual, ou seja, atividade econômica organizada para a produção de bens ou serviços, atividade essa que pode restringir-se a um ou mais negócios determinados, o que não se aplica ao empresário individual.
(4) Não constitui causa de decretação de falência o fato de um empresário transferir seu estabelecimento empresarial a terceiro sem o consentimento de todos os seus credores, de modo a ficar sem bens suficientes para solver o seu passivo.
(5) Se, entre os bens do estabelecimento empresarial, estiver incluído um bem imóvel, o negócio definitivo de sua alienação deverá ser realizado, necessariamente, por escritura pública, para que possa haver o efeito translativo ao adquirente do estabelecimento cedido.
(6) A autonomia patrimonial é característica tanto da sociedade limitada quanto da sociedade anônima, o que vale dizer que a sociedade responde pelas suas obrigações, de regra, com seus próprios bens, restringindo-se a responsabilidade dos sócios pelas obrigações sociais ao limite da integralização ou da subscrição do capital social.

1: Em regra, os riscos da atividade recaem sobre o capital do empresário investido na empresa; os bens pessoais do empresário respondem pelos riscos da empresa apenas excepcionalmente, a depender do tipo societário (em nome coletivo, por exemplo – art. 1.039 do CC) ou por culpa na administração (arts. 50 e 1.016 do CC); os profissionais intelectuais (liberais) são empresários caso sua atividade constitua elemento de empresa – art. 966, parágrafo único, in fine, do CC; 2: Em princípio, a outorga conjugal é exigida para todos os atos listados no art. 1.647 do CC (exceto no regime de separação absoluta), o que inclui a alienação de imóveis ou gravação de ônus real, além da concessão de aval ou de fiança; há regra excepcional, no entanto, que autoriza o empresário a alienar imóvel que integre o patrimônio da empresa ou gravá-lo de ônus real sem a outorga do cônjuge – art. 978 do CC; 3: Art. 966, caput, c/c art. 982, ambos do CC. A possibilidade de restrição da atividade a um ou mais negócios determinados refere-se apenas à sociedade empresária – art. 981, parágrafo único, do CC; 4: Art. 94, III, c, da Lei 11.101/2005 – é causa para decretação de falência; 5: Art. 1.144 do CC; 6: Arts. 1.052 e 1.088 do CC. Gabarito 1E, 2C, 3C, 4E, 5E, 6C

(Cartório/MS – 2009 – VUNESP) No que concerne à conceituação de empresário, é correto afirmar que se trata

(A) do intermediário de serviços e produtos.
(B) do comerciante.
(C) do sujeito de direito que exerce a produção ou a circulação de bens ou de serviços, mediante a organização dos fatores de produção, com ou sem fins lucrativos.
(D) do sujeito de direito que explora profissionalmente atividade econômica organizada para a produção ou circulação de bens ou de serviços.
(E) daquele que combina a aplicação de seus recursos com a finalidade de divisão dos frutos ou lucros.

Nos termos do art. 966 do CC, considera-se empresário quem exerce profissionalmente atividade econômica organizada para a produção ou a circulação de bens ou de serviços. A: incorreta, pois, como visto, a simples intermediação de serviços e bens não é elemento suficiente para caracterizar o empresário; B: incorreta, já que há empresários que não são comerciantes, em sentido estrito, como os prestadores de serviços e as instituições financeiras, por exemplo; C: assertiva incorreta, pois a busca do lucro, como resultado da atividade econômica, é característica básica do empresário; D: a assertiva reflete corretamente o disposto no art. 966 do CC; E: incorreta, pois a finalidade de divisão de frutos ou lucros não caracteriza o empresário. Gabarito "D".

(Cartório/SC – 2008) De acordo com as regras a respeito do Direito de Empresa no novo Código Civil, observadas as proposições abaixo, é correto afirmar:

I. As pessoas em pleno gozo da capacidade civil e que não forem legalmente impedidas podem exercer a atividade de empresário; poderá o incapaz, contudo, por meio de representante ou devidamente assistido, continuar a empresa antes exercida por ele enquanto capaz, ou exercida por seus pais ou pelo autor da herança.
II. Qualquer que seja o regime de bens, é permitido aos cônjuges contratar sociedade, entre si ou com terceiros; todavia, o empresário casado não pode, sem a outorga conjugal, alienar os imóveis que integrem o patrimônio da empresa, ou gravá-los de ônus real.
III. Para que a sentença que decreta ou homologa a separação judicial do empresário possa ser oposta a terceiros, deve ser averbada no Registro Público de Empresas Mercantis.
IV. A aquisição da personalidade jurídica de uma sociedade ocorre com a inscrição dos seus atos constitutivos no registro próprio e na forma da lei; enquanto não inscritos, e exceto naquelas por ações em organização, os bens e dívidas sociais constituem patrimônio especial, do qual os sócios são titulares em comum.

(A) Todas as proposições estão corretas.
(B) Somente as proposições I e II estão corretas.
(C) Somente as proposições III e IV estão corretas.
(D) Somente as proposições I e IV estão corretas.
(E) Somente as proposições I, III e IV estão corretas.

I: arts. 972 e 974 do CC; II: os cônjuges casados em regime de comunhão universal ou de separação obrigatória não podem contratar sociedade entre si ou com terceiros (art. 977 do CC) e a outorga conjugal é dispensada na alienação ou gravação de imóvel integrante do patrimônio empresarial (art. 978 do CC); III: art. 980 do CC; IV: arts. 45, 985 e 988 do CC. Gabarito "E".

1.2. DESCONSIDERAÇÃO DA PERSONALIDADE JURÍDICA

(Magistratura/PA – 2008 – FGV) A respeito da teoria da desconsideração da personalidade jurídica, analise as afirmativas a seguir:

I. A *disregard doctrine* começou a viger no Código de Defesa do Consumidor e estabelece a existência distinta da pessoa jurídica e seus sócios.
II. A teoria da desconsideração da personalidade jurídica não pode ser invocada pelo credor de sociedades em comum.
III. A desconsideração da personalidade jurídica pode ser aplicada de ofício pelo juiz, comprovado o desvio de finalidade praticado pelo administrador da sociedade.
IV. A teoria da desconsideração não se confunde com a teoria do ato *ultra vires*.

Assinale:
(A) se somente as afirmativas I e III estiverem corretas.
(B) se somente as afirmativas I e IV estiverem corretas.
(C) se somente as afirmativas II e III estiverem corretas.
(D) se somente as afirmativas II e IV estiverem corretas.
(E) se todas as afirmativas estiverem corretas.

I: a desconsideração da personalidade jurídica (*disregard*), em sentido contrário ao descrito na assertiva, afasta a distinção patrimonial entre a pessoa jurídica e seus sócios; II: a invocação da desconsideração é inócua, na hipótese, pois os sócios respondem ilimitadamente na sociedade em comum, nos termos dos arts. 988 e 990 do CC; III: a desconsideração depende de requerimento da parte ou do Ministério Público, nos termos do art. 50 do CC; IV: a desconsideração cabe em caso de abuso da personalidade jurídica (art. 50 do CC), o que não se confunde com os atos do administrador (sua validade ou sua eficácia) que extrapolem os poderes concedidos pela sociedade (*ultra vires*). Gabarito "D".

(Magistratura/SP – 2008) A desconsideração da personalidade jurídica

(A) atinge os quotistas de sociedade limitada, com capital integralizado, falida por dívidas comerciais, em caso de prática de crime falimentar.
(B) pode ser determinada em favor de consumidor, no caso de inatividade do fornecedor de produto, provocada por má-administração.
(C) pode ser requerida de ofício pelo Ministério Público, mediante prova dos prejuízos, ao tomar conhecimento de fraude, no curso de feito em que litigam pessoas jurídicas de direito privado, ainda que nele não intervenha.
(D) prescinde prova de abuso da personalidade, ou desvio de finalidade nos litígios entre empresários, como definido no Código Civil.

A: a falência ou a prática de crime falimentar por determinado administrador não implica, por si, desconsideração da personalidade em desfavor dos quotistas. Em princípio, os sócios da limitada respondem até o limite de suas cotas – art. 1.052 do CC; B: o dano ao consumidor permite a desconsideração da personalidade jurídica de maneira ampla, nos termos do art. 28 do CDC; C: o Ministério Público pode requerer a desconsideração da personalidade em caso de abuso da personalidade jurídica, caracterizado pelo desvio de finalidade, ou pela confusão patrimonial, nos termos do art. 50 do CC. Esse requerimento, no entanto, somente cabe nos feitos em que ocorre sua intervenção (art. 82 do CPC); D: o desvio de finalidade ou a confusão patrimonial devem ser comprovados para fins de caracterização do abuso da personalidade jurídica e, portanto, para a desconsideração – art. 50 do CC. Gabarito "B".

(Ministério Público/PR – 2009) A propósito da teoria da desconsideração da pessoa jurídica, pode-se dizer:

(A) O Ministério Público, agindo como fiscal da lei, não poderá pleitear a desconsideração da pessoa jurídica, providência que somente as partes poderão postular no processo judicial.
(B) A desconsideração da pessoa jurídica, no caso de sociedade empresária, poderá levar, conforme o caso, à responsabilização pessoal do sócio ou de administrador não sócio.
(C) A desconsideração da pessoa jurídica, em relação jurídica regida pelo Direito Comercial, pode ser aplicável a qualquer tempo, bastando a prova da inadimplência da obrigação e dos prejuízos causados.
(D) A desconsideração da pessoa jurídica, quando aplicada em processo judicial, importará no reconhecimento da invalidade do ato constitutivo, por ilicitude do objeto, conduzindo à imediata extinção da personalidade jurídica da entidade.
(E) n.d.a.

A: incorreta, pois o MP pode requerer a desconsideração, quando lhe couber intervir no processo – art. 50 do CC; B: assertiva correta, conforme o art. 50, *in fine*, do CC; C: incorreta, pois não basta a prova da inadimplência da obrigação e dos prejuízos causados para a desconsideração, sendo necessário, em regra, o abuso da personalidade jurídica, caracterizado pelo desvio de finalidade, ou pela confusão patrimonial – art. 50 do CC. Interessante ressaltar que a desconsideração foi positivada também no art. 28 do CDC e no art. 18 da Lei 8.884/1994, além de disposições específicas quanto a atos culposos ou dolosos praticados pelos administradores com efeitos em relação à sua responsabilidade pessoal (por exemplo, art. 1.016 do CC e arts. 134, II e VII, e 135, III, ambos do CTN); D: assertiva incorreta, já que a desconsideração da personalidade jurídica não extingue a sociedade, apenas estende os efeitos de certas e determinadas relações de obrigações aos bens particulares dos administradores ou sócios da pessoa jurídica – art. 50 do CC. Gabarito "B".

(Ministério Público/SP – 2011) A teoria da desconsideração da personalidade jurídica vem sendo, nos últimos anos, disciplinada por diversos textos legais. Todavia, é incorreto afirmar que:

(A) a falência é hipótese de incidência da desconsideração da personalidade jurídica, conforme o Código de Defesa do Consumidor.
(B) a desconsideração da personalidade jurídica, nas hipóteses de infração à ordem econômica, é prevista para os casos de abuso de direito.
(C) na disciplina legal da responsabilidade por lesões ao meio ambiente, há expressa previsão de desconsideração da personalidade jurídica para as hipóteses de fraude, erro substancial e violação a estatuto e contrato social.
(D) o desvio de finalidade e a confusão patrimonial são os únicos caracterizadores do abuso da personalidade jurídica, nos termos do art. 50 do Código Civil.
(E) a legitimação do Ministério Público para as hipóteses de abuso da personalidade jurídica está expressamente estabelecida em nossa Lei Civil.

A: Correta, conforme o art. 28 do CDC (Lei 8.078/1990); B: Assertiva correta, nos termos do art. 18 da Lei Antitruste – LAT (Lei 8.884/1994); C: Incorreta, pois a Lei 9.605/1998 prevê a desconsideração da pessoa jurídica sempre que sua personalidade for obstáculo ao ressarcimento de prejuízos causados à qualidade do meio ambiente – art. 4º; D:

Correta, nos termos do dispositivo legal citado; E: Correta, pois tanto a parte quanto o Ministério Público, quando lhe couber intervir no processo, podem requerer ao juiz a desconsideração, nos termos do art. 50 do CC. Gabarito "C".

(Procuradoria Distrital – 2007) A criação de sociedades personificadas faz surgir um ente autônomo com direitos e obrigações próprias, não se confundindo com a pessoa de seus membros, os quais investem apenas uma parcela do seu patrimônio, assumindo riscos limitados de prejuízo. Esta limitação de prejuízo só pode ser reforçada com as sociedades de responsabilidade limitada. Nesses tipos societários, destaca-se claramente a autonomia patrimonial, pela qual, a princípio, é o patrimônio da pessoa jurídica a garantia única dos seus credores e, por conseguinte, os credores, a princípio não possuem pretensão sobre os bens dos sócios. Excepcionalmente, tal autonomia é suspensa, para responsabilizar os sócios ou administradores, mesmo nas sociedades de responsabilidade limitada, por meio da desconsideração da personalidade jurídica, a qual:

(A) depende de previsão legal para poder ser determinada.
(B) acarreta a dissolução da pessoa jurídica ou ao menos a exclusão de um sócio.
(C) não pode ser deferida em favor do Distrito Federal, ou dos entes públicos em geral.
(D) poderá ser decretada no caso de dissolução irregular da pessoa jurídica, que se caracteriza como uma espécie de abuso de direito.
(E) nas relações regidas pelo Código Civil, depende da falência da pessoa jurídica.

A e E: o art. 50 do CC e o art. 28 do CDC preveem a desconsideração da personalidade jurídica, sem prejuízo de disposições específicas relativas a atos culposos ou dolosos praticados pelos administradores (art. 1.016 do CC e arts. 134, II e VII, e 135, III, ambos do CTN); B: não há essa previsão; C: a assertiva é falsa; D: a dissolução irregular é causa típica para desconsideração. Gabarito "D".

(Magistratura do Trabalho – 14ª Região – 2006) A desconsideração da pessoa jurídica, para estender aos bens particulares dos administradores ou seus sócios, os efeitos de certas e determinadas obrigações, exige que seja constatado:

(A) o encerramento da liquidação da pessoa jurídica não havendo bens suficientes para a quitação da totalidade das dívidas;
(B) o estado de insolvência da pessoa jurídica, caracterizado pela absoluta ausência de bens;
(C) o uso abusivo da personalidade jurídica, caracterizado pelo desvio de finalidade ou pela confusão patrimonial;
(D) a declaração de falência da pessoa jurídica;
(E) o enriquecimento do sócio e a insolvência da pessoa jurídica.

Art. 50 do CC. Gabarito "C".

(Advogado da União/AGU – CESPE – 2009) Julgue o item seguinte, que se referem à sociedade empresária.

(1) A teoria da desconsideração da personalidade jurídica é sempre aplicável aos casos em que os sócios ou administradores extrapolam seus poderes, violando a lei ou o contrato social, e a norma jurídica lhes impõe a responsabilidade por tais atos.

A desconsideração cabe em caso de abuso da personalidade jurídica (art. 50 do CC), o que não se confunde com os atos do administrador (sua validade ou sua eficácia) que extrapolem os poderes concedidos pela sociedade (*ultra vires*). Se a operação realizada pelo administrador for evidentemente estranha ao objeto social, não vincula a sociedade (teoria *ultra vires*), a depender do tipo societário – art. 1.015, parágrafo único, III, do CC. Gabarito 1E.

1.3. NOME EMPRESARIAL

(Magistratura/MG – 2009 – EJEF) É CORRETA a afirmação de que o empresário opera sob a firma:

(A) Constituída por seu nome, completo ou abreviado, aditando-lhe, se quiser, designação mais precisa da sua pessoa ou do gênero de atividade.
(B) Constituída por seu nome completo, aditando-lhe, se quiser, designação mais precisa da sua pessoa ou do gênero de atividade.
(C) Constituída por seu nome, aditando-lhe, se quiser, designação mais precisa da sua pessoa ou do gênero de atividade.
(D) Do seu antecessor, seguida por seu nome, aditando-lhe, se quiser, designação mais precisa da sua pessoa ou do gênero de atividade.

A: essa é a assertiva correta, pois traz a definição de firma, conforme o art. 1.156 do CC; B: incorreta, pois a firma pode apresentar o nome abreviado do empresário; C: assertiva imprecisa, pois a firma pode ser constituída pelo nome completo ou abreviado do empresário; D: incorreta, pois a firma indica o nome do empresário, não de seu antecessor. Gabarito "A".

(Magistratura/MG - 2007) Assinale a alternativa que NÃO represente um nome empresarial de sociedade empresária válido segundo a legislação vigente:

(A) Souza & Filhos.
(B) Mathias, Leal e Cia. Ltda.
(C) Construtora Genevaldo Pereira S.A.
(D) Paulo Rogério Guimarães – Microempresa.

A: a sociedade com sócios de responsabilidade ilimitada pode operar sob firma em que constem seus nomes ou o nome de um (ou alguns) acompanhado da expressão "e companhia" ou sua abreviação ("e Cia."), que pode ser substituída por "e filhos", "e irmãos" ou outro equivalente – art. 1.157 do CC; B: a sociedade por responsabilidade pode adotar firma (nomes dos sócios acompanhados da expressão "e companhia" ou sua abreviação), seguida de "Limitada" ou "Ltda." – art. 1.158 do CC; C: embora as sociedades anônimas não possam operar sob firma (= nome dos sócios, até porque são anônimos), admite-se que a denominação social adote o nome do fundador, acionista ou pessoa relevante para o êxito da formação da empresa, sempre integrada pelas expressões "sociedade anônima" ou "companhia" (ou suas abreviações) – art. 1.160 do CC; D: em sentido estrito, o empresário individual (Paulo Rogério Guimarães) não se confunde com microempresa (art. 72 da LC 123/2006), embora possa ser considerado pequeno empresário – PE (art. 68) ou microempreendedor individual – MEI (art. 18-A). No entanto, é importante ressaltar que o art. 3º, *caput*, da LC 123/2006 permite que o empresário individual seja considerado microempresa ou empresa de pequeno porte, para os efeitos daquela lei.

Veja a seguinte tabela para estudo dos nomes empresariais:

	Uso	Exemplo
Firma individual	a) empresário individual – responsabilidade ilimitada	a) João da Silva Marcenaria
Firma coletiva, razão social	b) sociedade em nome coletivo – responsabilidade ilimitada	b) João da Silva e companhia; João da Silva e Pedro de Souza; João da Silva e irmãos
	c) sociedade em comandita simples	c) João da Silva e companhia
	d) sociedade limitada – não há responsabilidade ilimitada, desde que conste a palavra "limitada" ou "Ltda."	d) João da Silva Marcenaria Ltda.
	e) comandita por ações – diretor responde subsidiária e ilimitadamente	e) João da Silva Marcenaria Comandita por Ações
Denominação social	f) sociedade limitada – não há responsabilidade ilimitada, desde que conste a palavra "limitada" ou "Ltda."	f) Marcenaria Modelo Ltda.
	g) sociedade anônima – responsabilidade limitada ao preço das ações	g) Marcenaria Modelo Sociedade Anônima; Companhia Marcenaria Modelo; João da Silva Marcenaria S.A.
	h) comandita por ações – diretor responde subsidiária e ilimitadamente	h) Marcenaria Modelo Comandita por Ações
	i) sociedade cooperativa – pode ser de responsabilidade limitada ou ilimitada	i) Cooperativa Modelo de Marceneiros

Gabarito "D".

(Magistratura/TO – 2007 – CESPE) Considere que SB Móveis Ltda. possua vários móveis, imóveis, marcas e lojas intituladas de Super Bom Móveis, em diversos pontos da cidade. Nessa situação, à luz da disciplina jurídica do direito de empresa, assinale a opção correta.

(A) O ponto empresarial confunde-se com o imóvel onde funciona cada loja da SB Móveis Ltda.
(B) O aviamento e o nome fantasia Super Bom Móveis são elementos integrantes do estabelecimento empresarial da SB Móveis Ltda.
(C) A lei veda a alienação do nome empresarial da SB Móveis Ltda.
(D) Pelo princípio da veracidade, o nome empresarial da SB Móveis Ltda. deve se distinguir de outros já existentes.

A: "ponto" é bem incorpóreo relacionado à localização do estabelecimento. Embora esteja relacionado, não se confunde com o imóvel onde funcionam as lojas, pois agrega o conhecimento da clientela a respeito de sua localização e não se vincula à propriedade (pertence, muitas vezes, ao locador); B: o aviamento não se inclui no conceito de estabelecimento empresarial (embora haja discussão doutrinária). O termo refere-se à aptidão da empresa para dar lucro (a mais-valia decorrente da exploração do estabelecimento empresarial); C: a vedação é prevista no art. 1.164 do CC; D: esse é o princípio da novidade, e não da veracidade – art. 1.163 do CC e art. 34 da Lei 8.934/1994. Gabarito "C".

(Ministério Público/AP – 2005) Assinale a alternativa correta:

Sabendo-se que uma empresa pode adotar nome comercial do tipo firma individual, firma social e denominação, assinale a alternativa correta entre os seguintes nomes comerciais;

(A) Vivante Tecidos S.A (firma social);
(B) Refinaria de Petróleo do Brasil LTDA (denominação);
(C) Pereira, Alves e Cia (firma individual);
(D) Cia de Tecidos da Amazônia (firma social).

A: sociedades anônimas (S.A.) não podem ter firma – art. 1.160 do CC; B: a firma indica, necessariamente, nome de pessoa física (um ou mais sócios) – a assertiva indica, portanto, denominação social – art. 1.158, § 2º, do CC; C: há nomes de duas pessoas físicas (além de haver mais sócios, indicados pela expressão "e companhia"), de modo que não pode ser firma individual – art. 1.156 do CC; D: "Companhia" ou "Cia." refere-se à sociedade anônima, que não pode funcionar sob firma – art. 1.160 do CC. Gabarito "B".

(Procurador do Estado/PI – 2008 – CESPE) Como regulado pelo Código Civil, o nome empresarial

(A) obedece ao princípio da novidade, que determina a impossibilidade legal de coexistirem dois nomes empresariais idênticos no território nacional.
(B) é elemento do estabelecimento comercial, podendo ser alienado com ou sem trespasse.
(C) refere-se à sociedade empresária, devendo o empresário limitar-se a usar o seu nome civil.
(D) será necessariamente firma, tratando-se de sociedade em conta de participação.
(E) formar-se-á necessariamente sob denominação, se o quadro societário da sociedade limitada a ser nomeada envolver apenas pessoas jurídicas.

A: o princípio da novidade, previsto no art. 1.163 do CC, impede a adoção de nome já inscrito no mesmo registro (não, necessariamente, em outro ponto do território nacional); B: o nome empresarial não pode ser alienado – art. 1.164 do CC; C: o empresário individual opera sob firma, que é uma espécie de nome empresarial – art. 1.156 do CC; D: sociedade em conta de participação não pode ter nome empresarial – art. 1.162 do CC; E: a adoção de firma pela sociedade de responsabilidade limitada depende da existência de sócio pessoa física, cujo nome civil possa compor o nome empresarial – art. 1.158, § 1º, do CC. Gabarito "E".

(Advogado da União/AGU – CESPE – 2009) Com relação ao nome empresarial, julgue os itens que se seguem.

(1) Considere que Lena seja sócia comanditada de certa sociedade em comandita simples, e João, sócio comanditário. Nessa hipótese, a razão social deve ser composta apenas com o nome de Lena, que possui responsabilidade solidária e ilimitada pelas obrigações sociais.
(2) Segundo a doutrina majoritária nacional, o direito ao nome empresarial é um direito personalíssimo.

1: assertiva correta, conforme os arts. 1.045 e 1.157 do CC; 2: assertiva correta, sendo vedada, inclusive, a alienação – art. 1.164 do CC. É preciso registrar, entretanto, a existência de entendimento em contrário, no sentido de que o nome é bem de propriedade do empresário e, nessa condição, integrante do estabelecimento. Gabarito 1C, 2C.

1.4. INSCRIÇÃO, REGISTROS, ESCRITURAÇÃO E LIVROS

(Magistratura/PA – 2009 – FGV) A respeito de Registro de Empresas Mercantis, analise as afirmativas a seguir.

I. O registro dos atos de comércio é constitutivo de direitos.
II. Os atos das sociedades mercantis serão arquivados no Registro Público das Empresas Mercantis independente de seu objeto, salvo as exceções previstas em lei.
III. As Juntas Comerciais são órgãos integrantes da administração estadual que desempenham uma função de natureza federal.
IV. Será cancelado administrativamente o registro de empresa mercantil que não comunicar à Junta Comercial que está em funcionamento, caso não tenha procedido a qualquer arquivamento no período de 15 anos consecutivos.

Assinale:

(A) se somente as afirmativas I e III estiverem corretas.
(B) se somente as afirmativas II e III estiverem corretas.
(C) se somente as afirmativas I, II e IV estiverem corretas.
(D) se somente as afirmativas II, III e IV estiverem corretas.
(E) se todas as afirmativas estiverem corretas.

I: incorreta, pois o registro não constitui direitos, embora o ato sujeito a registro, ressalvadas disposições especiais da lei, não pode, antes do cumprimento das respectivas formalidades, ser oposto a terceiro, salvo prova de que este o conhecia – art. 1.154 do CC; II: assertiva correta, pois reflete exatamente o disposto no art. 2º da Lei 8.934/1994; III: correta, conforme o art. 6º da Lei 8.934/1994; IV: incorreta, pois o período de inatividade que dá ensejo ao cancelamento do registro é de 10 anos – art. 60 da Lei 8.934/1994. Gabarito "B".

(Magistratura/PA – 2008 – FGV) O direito de sigilo dos livros comerciais pode ser quebrado:

(A) apenas em demanda judicial que envolva os interesses da União.
(B) apenas quando a demanda judicial envolver, pelo menos, dois empresários.
(C) quando houver requerimento de falência ou recuperação judicial.
(D) se houver requerimento administrativo assinado pelo interessado.
(E) apenas quando houver crime fiscal.

Art. 1.191 do CC – em princípio, o juiz só poderá autorizar a exibição integral dos livros e papéis de escrituração quando necessária para resolver questões relativas a sucessão, comunhão ou sociedade, administração ou gestão à conta de outrem, ou em caso de falência. Gabarito "C".

(Magistratura/PI – 2008 – CESPE) Assinale a opção correta no que concerne ao registro público de empresas mercantis.

(A) Considere-se que os sócios de certa sociedade empresária tenham confeccionado e firmado o contrato social em 5 de maio, mas apenas o apresentaram a arquivamento na junta comercial no dia 25 de maio do mesmo ano. Nesse caso, os efeitos do arquivamento deveriam ter retroagido a 5 de maio.
(B) A Junta Comercial do Distrito Federal subordina-se administrativamente ao governo do DF e, tecnicamente, ao Departamento Nacional de Registro do Comércio.
(C) O plenário das juntas comerciais é composto de vogais e respectivos suplentes, todos nomeados, nos estados e no DF, pelo ministro de Estado do Desenvolvimento, Indústria e Comércio Exterior.
(D) Os assentamentos das juntas comerciais somente poderão ser examinados por pessoas que demonstrem, mediante requerimento formal, interesse nos referidos documentos.
(E) O arquivamento dos contratos sociais e dos estatutos das sociedades empresárias está sujeito ao regime de decisão colegiada pelas juntas comerciais.

A: os efeitos do arquivamento retroagem à data da assinatura, quando ocorrer no prazo de 30 dias – art. 36 da Lei 8.934/1994; B: em regra, as Juntas Comerciais subordinam-se administrativamente ao governo do Estado respectivo e tecnicamente ao DNRC – excepcionalmente, a Junta Comercial do Distrito Federal subordina-se apenas ao DNRC – art. 6º da Lei 8.934/1994; C: nos Estados, os vogais e suplentes são nomeados, a maioria deles, pelos respectivos governos – arts. 11 e 12 da Lei 8.934/1994; D: qualquer pessoa pode consultar os registros e obter certidões (mediante pagamento de preço), sem comprovação de interesse – art. 29 da Lei 8.934/1994; E: em geral, o arquivamento se sujeita à decisão singular (art. 42 da Lei 8.934/1994, exceções no art. 41). Gabarito "A".

(Magistratura/SP – 2008) De acordo com o Código Civil, o empresário é obrigado a

(A) escriturar os livros obrigatórios, exceção feita aos pequenos empresários que estão dispensados dessa formalidade, ou devem escriturá-los de modo simplificado.

(B) registrar-se perante o órgão de registro das empresas 30 (trinta) dias após o início de suas atividades, sob pena de não deter legitimidade ativa para pedido de falência.

(C) obter a outorga conjugal para a alienação dos imóveis que representem mais de cinquenta por cento do patrimônio da empresa, quando o regime do casamento for o da comunhão universal de bens.

(D) manter sistema de contabilidade sempre mecanizado, composto por livros obrigatórios e facultativos que devem necessariamente ser autenticados no Registro Público das Empresas Mercantis.

A: art. 1.179, *caput* e § 2º, do CC; B: o registro deve ser efetuado antes do início das atividades – art. 967 do CC; C: não é necessária outorga conjugal, qualquer que seja o valor do imóvel, desde que pertença ao patrimônio da empresa, independentemente do regime de casamento – art. 978 do CC; D: o sistema de contabilidade pode ou não ser mecanizado (não é obrigatória a mecanização ou informatização) – art. 1.179 do CC. Gabarito "A".

(Magistratura/TO – 2007 – CESPE) A MN Transportadora Ltda. promoveu o arquivamento de seus atos constitutivos em maio de 1992. Em 1995, foi arquivada a primeira alteração contratual e, desde então, a referida sociedade não mais levou a efeito o arquivamento de quaisquer outros documentos e não comunicou à junta comercial competente se ainda se encontrava em atividade, razão pela qual teve seu registro cancelado, no início de 2007. Acerca dessa situação hipotética e com base nas normas sobre o registro público de empresas, assinale a opção correta.

(A) O cancelamento do registro da MN Transportadora Ltda., em razão da inatividade, acarreta sua dissolução.

(B) O nome empresarial da MN Transportadora Ltda. goza de proteção legal mesmo após o cancelamento de seu registro.

(C) A reativação da MN Transportadora Ltda. depende de simples requerimento endereçado à junta comercial competente.

(D) A junta comercial deve se ater apenas aos aspectos formais dos documentos da MN Transportadora Ltda. que forem a ela submetidos para arquivamento.

A e B: o cancelamento do registro, após dez anos de inatividade, faz presumir a inatividade da empresa, não sua dissolução, além de implicar perda da proteção do nome empresarial – art. 60, § 1º, da Lei 8.934/1994; C: a reativação obedecerá aos mesmos procedimentos para a constituição da empresa – art. 60, § 4º, da Lei 8.934/1994; D: art. 40 da Lei 8.934/1994. Gabarito "D".

(Ministério Público/GO – 2005) Caso: A empresa "A" pretende obter empréstimo junto a uma instituição financeira. Esta exige comprovação da capacidade de pagamento das parcelas pactuadas no contrato. Ciente de que a escrituração contábil de sua empresa denunciará o contrário, o empresário combina com seu contador a lavratura de demonstrativos contábeis fraudulentos, a fim de convencer a instituição financeira a aprovar o crédito. Pergunta: Analise a conduta do contador e, com base no art. 1.177 e seu parágrafo único do Código Civil/2002, marque a resposta correta:

(A) tendo havido dolo (fato possível de ser demonstrado por uma perícia contábil), o credor poderá, se não paga a dívida, exigi-la do empresário e/ou contador

(B) o contador não poderá ser responsabilizado pelo credor, pois responde, por dolo ou culpa, só perante seu cliente (o empresário)

(C) o contador não poderá ser responsabilizado pelo credor, porquanto aquele somente pode ser acionado quando demonstrada sua participação dolosa em sonegação de tributos

(D) há total isenção de responsabilidade do contador, haja vista caracterizar-se como mero auxiliar do comerciante/empresário.

Em caso de dolo por parte do contador (preposto), ele e o empresário (preponente) respondem solidariamente perante terceiros – art. 1.177, *caput* e parágrafo único, do CC. Gabarito "A".

(Defensoria/MG – 2009 – FURMARC) Analise as alternativas abaixo:

I. Departamento Nacional do Registro do Comércio é um órgão estadual responsável pela execução dos registros públicos das firmas individuais e sociedades empresariais.

II. Juridicamente, podemos conceituar a empresa como sendo a pessoa jurídica que exerce atividade econômica organizada de produção ou circulação de bens ou serviços.

III. Para ser caracterizado empresário, não é necessário estar inscrito na Junta Comercial, em conformidade com a teoria da empresa e com o efeito declaratório do registro.

IV. A recusa por uma parte da apresentação judicial parcial dos livros obrigatórios acarretará que os fatos alegados pela outra parte sejam tomados como verdadeiros, com base em seus próprios lançamentos, os quais merecem fé pública.

Pode-se afirmar que estão INCORRETAS:

(A) apenas as alternativas I e II.
(B) apenas as alternativas I e IV.
(C) apenas as alternativas II e III.
(D) apenas as alternativas I e III.
(E) apenas as alternativas III e IV.

I: incorreta, pois o DNRC é órgão federal com funções supervisora, orientadora, coordenadora e normativa, no plano técnico, e supletiva, no plano administrativo – art. 3º, I, da Lei 8.934/1994; II: incorreta, pois a empresa é a atividade exercida pelo empresário (pessoa natural) ou pela sociedade empresária (pessoa jurídica) e com eles não se confunde – arts. 966 e 982 do CC. Perceba, portanto, que embora seja comum, no dia a dia, usarmos o termo "empresa" para nos referir à sociedade empresária ("fulano é sócio da empresa tal"), havendo, inclusive, disposições legais que adotam essa significação, isso é incorreto à luz do Código Civil; III: correta, pois embora a inscrição seja obrigatória (art. 967 do CC), o empresário e a sociedade empresária sem registro ou irregulares também têm essa natureza (empresária), que é fixada pela atividade desenvolvida – arts. 966, 982 e 986 do CC; IV: a rigor, nas demandas relativas a sucessão, comunhão ou sociedade, administração ou gestão a conta de outrem, ou em caso de falência (casos de exibição **integral** – art. 1.191, *caput*, do CC e art. 381 do CPC), se houver recusa, os livros serão apreendidos judicialmente. Na hipótese de o juiz determinar a exibição parcial (art. 1.191, § 1º, do CC e art. 382 do CPC), a recusa implica presunção de veracidade daquilo que foi alegado pela parte contrária para se provar pelos livros – art. 1.192, *caput*, do CC – art. 1.192, parágrafo único, do CC. Gabarito "A".

(Procurador do Estado/PB – 2008 – CESPE) A respeito do registro público de empresas, assinale a opção correta.

(A) As juntas comerciais estão subordinadas, relativamente a matérias administrativas, ao Departamento Nacional de Registro do Comércio (DNRC).

(B) O registro a cargo das juntas comerciais compreende a matrícula dos atos constitutivos das sociedades empresárias.

(C) De acordo com a legislação, deve haver uma junta comercial em cada unidade federativa, com sede na capital e jurisdição na área da circunscrição territorial respectiva.

(D) Compete às juntas comerciais a matrícula de declarações de microempresas.

(E) A secretaria-geral, órgão de representação, integra a estrutura básica das juntas comerciais.

A: as juntas comerciais são administrativamente subordinadas ao governo do respectivo Estado e tecnicamente subordinadas ao DNRC (com exceção da junta do Distrito Federal, que é subordinada apenas ao DNRC) – art. 6º da Lei 8.934/1994; B: os atos constitutivos das sociedades empresariais são arquivados, não matriculados – art. 32, II, *a*, da Lei 8.934/1994; C: essa é a disposição do art. 5º da Lei 8.934/1994; D: as declarações de microempresas são arquivadas, não matriculadas – art. 32, II, *d*, da Lei 8.934/1994; E: a secretaria-geral é órgão administrativo (não de representação) – art. 9º, IV, da Lei 8.934/1994. Gabarito "C".

(Procurador do Estado/PB – 2008 – CESPE) Assinale a opção correta acerca da personalidade jurídica das sociedades.

(A) A eventual inscrição do contrato da sociedade em conta de participação na junta comercial atribui-lhe personalidade jurídica.
(B) As sociedades simples, para adquirirem personalidade jurídica, devem ser registradas na junta comercial.
(C) A sociedade em comum só adquire personalidade jurídica se atuar sob firma social.
(D) As companhias, para adquirirem personalidade jurídica, devem ser registradas na junta comercial.
(E) A personalidade jurídica das sociedades extingue-se a partir do ato de dissolução.

A: eventual registro da sociedade em conta de participação (não é obrigatório – art. 992 do CC) não lhe confere personalidade jurídica – art. 993 do CC; B: as sociedades simples são inscritas no Registro Civil das Pessoas Jurídicas – art. 998 do CC; C: a sociedade em comum não tem personalidade jurídica, por definição (é uma das espécies de sociedade não personificada previstas no CC, ao lado da sociedade por conta de participação) – art. 986 do CC; D: a existência legal de qualquer sociedade e o início de sua personalidade jurídica iniciam-se com o registro (na junta comercial, no caso das empresárias) – arts. 45 e 985 do CC; E: a pessoa jurídica subsiste até o final da liquidação, para este fim – art. 51 do CC. Gabarito "D".

(Procurador Federal – 2010 – CESPE) A seguir, é apresentada uma situação hipotética, seguida de uma assertiva a ser julgada no que se refere a direito comercial.

(1) Os empregados da pessoa jurídica X Ltda., insatisfeitos com os valores que lhes eram pagos a título de participação nos lucros da sociedade, ajuizaram ação cautelar pleiteando a exibição integral dos livros e papéis da escrituração empresarial. Nessa situação, o magistrado que analisar a questão deverá julgar improcedente o pedido, tendo em vista a ausência de respaldo legal para tanto.

Assertiva incorreta, pois o juiz só poderá autorizar a exibição integral dos livros e papéis de escrituração quando necessária para resolver questões relativas a sucessão, comunhão ou sociedade, administração ou gestão à conta de outrem, ou em caso de falência – art. 1.191 do CC. Gabarito 1E.

(Advogado da União/AGU – CESPE – 2009) Julgue os próximos itens, que dizem respeito ao registro de empresas.

(1) A lei determina que o arquivamento dos instrumentos de escrituração das sociedades empresárias seja feito na junta comercial competente.
(2) Considere que o instrumento de dissolução de certa sociedade empresária tenha sido assinado no dia 19 de dezembro de 2008 e apresentado à junta comercial competente, para arquivamento, no dia 2 de janeiro de 2009. Nesse caso, os efeitos do arquivamento retroagirão à data da assinatura do instrumento.

1: incorreta, pois os instrumentos de escrituração são apenas autenticados pelas Juntas Comerciais, não arquivados – arts. 32, III, e 39, I, da Lei 8.934/1994; 2: a assertiva é correta, pois os documentos, atos e declarações devem ser apresentados para arquivamento na Junta Comercial dentro de 30 dias de sua assinatura, data à qual retroagirão os efeitos do arquivamento, desde que respeitado aquele prazo – art. 36 da Lei 8.934/1994. Gabarito 1E, 2C.

(Delegado Federal – 2004 – CESPE) Julgue o item a seguir.

(1) Em uma situação em que João, empresário, tenha decidido casar-se e tenha celebrado, com sua futura mulher, pacto pré-nupcial, este deverá ser arquivado e averbado no Registro Público de Empresas Mercantis.

Exigem-se o arquivamento e a averbação nas hipóteses do art. 979 do CC também no Registro Público de Empresas Mercantis (além de no Registro Civil). Gabarito 1C.

(Cartório/MS – 2009 – VUNESP) O requerimento para inscrição do empresário individual deve

(A) ser protocolado perante a Junta Comercial, contendo o seu nome, nacionalidade, domicílio, estado civil (se casado o regime de bens), a firma, com a respectiva assinatura autógrafa, o capital, o objeto e a sede do estabelecimento.
(B) ser apresentado perante o Registro Civil de Pessoa Jurídica.
(C) apresentar o seu contrato social ao Departamento Nacional de Registro do Comércio.
(D) ser protocolado perante o Registro Civil de Pessoa Jurídica com cópia autenticada da sua cédula de identidade, e comprovante de endereço.
(E) apresentar requerimento para a formalização de sua constituição.

A: assertiva correta, pois reflete as exigências previstas no art. 968 do CC; B e D: incorretas, pois a inscrição do empresário e da sociedade empresária se dá no Registro Público de Empresas Mercantis (Juntas Comerciais), nos termos dos arts. 967 e 985 do CC; C: o DNRC não registra empresários ou sociedades empresárias, pois é órgão federal com funções supervisora, orientadora, coordenadora e normativa, no plano técnico, e supletiva, no plano administrativo – art. 3º, I, da Lei 8.934/1994; E: o empresário individual não é constituído, mas simplesmente inscrito, até porque se confunde com a pessoa natural. Gabarito "A".

(Cartório/MS – 2009 – VUNESP) O Sistema Nacional de Registro do Comércio é formado pelos seguintes órgãos:

(A) Junta Comercial e Registro Civil de Pessoa Jurídica.
(B) Registro Civil de Pessoa Jurídica e Departamento Nacional de Registro do Comércio.
(C) SINREM e Departamento Nacional de Registro do Comércio.
(D) Junta Comercial e Departamento Nacional de Registro do Comércio.
(E) Órgão oficial da União ou do Estado, conforme o local da sede do empresário ou da sociedade.

Nos termos do art. 3º da Lei 8.934/1994, o Sistema Nacional de Registro de Empresas Mercantis (Sinrem) é composto pelo (i) Departamento Nacional de Registro do Comércio e pelas (ii) Juntas Comerciais. Gabarito "D".

(Cartório/SP – 2008) Reza a lei regente que é obrigatória a inscrição do empresário no Registro Público de Empresas Mercantis da respectiva sede, antes do início de sua atividade (artigo 967, CC) e dispõe, outrossim, que a sociedade adquire personalidade jurídica com a inscrição, no registro próprio e na forma da lei, dos seus atos constitutivos (artigo 985, CC). Presentes esses conceitos, a inscrição do empresário, ou da sociedade empresária, no Registro Público de Empresas Mercantis, não é requisito essencial para delinear a sua

(A) regularidade e possibilidade de contratar com o Poder Público.
(B) eficácia inter partes e erga omnes e presunção, juris tantum, de autenticidade dos atos praticados e submetidos ao registro.
(C) caracterização, pois se admite o exercício da empresa sem tal providência.
(D) regularidade e a sua legitimidade ativa para pedir a falência de outro devedor empresário.

A: a empresa não inscrita está em situação irregular (na verdade, não existe como sociedade personificada) e, portanto, não pode contratar com o poder público – art. 967 do CC e art. 28, II e III, da Lei 8.666/1993; B: a eficácia *erga omnes* e a presunção de autenticidade dependem do registro – art. 1.154 do CC; C: o empresário e a sociedade empresária caracterizam-se pela atividade desenvolvida, e não pelo registro (antes da inscrição, existe sociedade em comum) – arts. 966, 982 e 986 do CC; D: a ausência de inscrição implica irregularidade e ilegitimidade para requerer falência do devedor – art. 97, § 1º, da Lei 11.101/2005. Gabarito "C".

1.5. LOCAÇÃO

(Magistratura/DF – 2011) Constitui requisito para o empresário locatário ter direito à renovação compulsória do contrato de locação empresarial:

(A) que esteja explorando seu comércio, no mesmo ramo, pelo prazo mínimo e ininterrupto de três (3) anos;
(B) que o contrato a renovar tenha sido firmado por escrito e com prazo indeterminado;
(C) que a duração mínima do contrato a renovar, admitida a *acessio temporis*, seja de três (3) anos;
(D) todas as alternativas acima (a, b, c) são corretas.

O direito à renovação do contrato existe quando, cumulativamente: (i) o contrato a renovar tenha sido celebrado por escrito e com prazo determinado; (ii) o prazo mínimo do contrato a renovar ou a soma dos prazos ininterruptos dos contratos escritos seja de cinco anos; e (iii) o locatário esteja explorando seu comércio, no mesmo ramo, pelo prazo mínimo e ininterrupto de três anos – arts. 51, I, II e III, da Lei 8.245/1991 (Lei do Inquilinato). A: Correta, conforme o art. 51, III, da Lei 8.245/1991; B: Incorreta, pois o contrato deve ser por prazo determinado – art. 51, I, da Lei 8.245/1991; C: Incorreta, pois a duração mínima do contrato a renovar é de 5 anos (permite-se a soma de prazos ininterruptos dos contratos escritos, ou seja, a acessio temporis) – art. 51, II, da Lei 8.245/1991; D: Incorreta, conforme comentários anteriores. Gabarito "A".

(Magistratura/DF – 2011) Direito de inerência:

(A) é o que o franqueado tem, no contrato de *franchising* ou franquia, à padronização da comercialização do produto (preço, promoções, *layout* da loja etc.);

(B) é o que o faturizador tem, no contrato de *factoring* ou faturização, de exercer o regresso contra o faturizado, havendo inadimplemento de crédito cedido;

(C) é o que o arrendatário tem, no contrato de arrendamento mercantil ou *leasing*, de adquirir o bem arrendado findo o contrato, mediante o preço residual previamente fixado;

(D) é o que o locatário empresário tem, no contrato de locação empresarial, de renovação compulsória, atendidas as exigências legais.

Direito de inerência ao ponto refere-se ao direito do locatário manter-se no imóvel por meio da renovação do contrato de aluguel, nos termos e nas condições do art. 51 da Lei 8.245/1991. Por essa razão, a alternativa "D" é a correta. Gabarito "D".

(Magistratura/DF – 2007) Julgue as proposições seguintes acerca do estabelecimento denominado shopping center, assinalando, após, a alternativa correta:

I. O lojista pode deixar de efetuar o pagamento total do preço do contrato de promessa de compra e venda de loja situada em shopping center se o incorporador-administrador descumpre sua obrigação de respeitar a cláusula de exclusividade na comercialização de determinado produto pelo lojista (mix), permitindo que loja âncora venda o mesmo produto vendido pelo lojista.

II. O incorporador-administrador, além de ter a obrigação de entregar a loja num ambiente com características comerciais pré-determinadas no contrato assinado com o lojista, não pode alterar tais características depois de instalado o shopping, isto é, durante todo o período de vigência do contrato entre lojista e empreendedor.

III. Pode-se afirmar que a relação comercial entre os lojistas deve ser simbiótica.

IV. A lei de locações não admite a renovação compulsória do contrato de locação de espaços em shopping centers.

(A) Todas as proposições são verdadeiras.
(B) Todas as proposições são falsas.
(C) Apenas uma das proposições é verdadeira.
(D) Apenas uma das proposições é falsa.

I: exceção do contrato não cumprido ou cumprido parcialmente ou defeituosamente (*exceptio non adimpleti contractus* ou *exceptio non rite adimpleti contractus*) – art. 476 do CC; II: em regra, o lojista contrata pensando na estrutura usual de um shopping, que não pode ser modificada em sua essência, sob pena de descumprimento do acordo; III: a *affectio* entre os lojistas relaciona-se à complementariedade das atividades de cada loja, que visa a atrair a clientela e evitar concorrência predatória. Nesse sentido, pode ser considerada relação simbiótica; IV: a locação em shopping centers submete-se à Lei do Inquilinato, observadas as peculiaridades daquele tipo de empreendimento (essa é a interpretação do STJ ao art. 54 da Lei 8.245/1991 – ver EREsp 331.365/MG). Assim, é possível a renovação, desde que preenchidos os requisitos legais – arts. 51 e 52, § 2º, da Lei 8.245/1991. Gabarito "D".

(Magistratura/MG - 2007) Quanto à locação não residencial, assinale a alternativa CORRETA.

(A) Nas locações de imóveis destinados ao comércio, o empresário ou a sociedade empresária, na condição de locatária, tem direito a renovar o contrato escrito, cujo prazo tenha-se indeterminado, desde que tenha permanecido no local por 05 (cinco) anos ou mais.

(B) As sociedades empresárias e as sociedades simples possuem o direito à renovação do contrato de locação, desde que presentes os pressupostos previstos na Lei do Inquilinato.

(C) Para que se tenha o direito à renovação do contrato de locação, é essencial que o locatário esteja explorando seu comércio, no mesmo ramo, pelo prazo mínimo e ininterrupto de cinco anos.

(D) Na ação renovatória o locatário não pode pleitear a alteração das condições da locação.

A, B e C: o direito à renovação do contrato existe quando, cumulativamente: (i) o contrato a renovar tenha sido celebrado por escrito e com prazo determinado; (ii) o prazo mínimo do contrato a renovar ou a soma dos prazos ininterruptos dos contratos escritos seja de cinco anos; e (iii) o locatário esteja explorando seu comércio, no mesmo ramo, pelo prazo mínimo e ininterrupto de três anos – art. 51, I, II e III, da Lei 8.245/1991 (Lei do Inquilinato); D: o locatário pode pedir alteração das condições de locação – art. 71, IV, da Lei 8.245/1991. Gabarito "B".

(Magistratura/SP – 2011 – VUNESP) Sobre as locações de espaço em *shopping centers*, indique a alternativa correta.

(A) O locador não poderá recusar a renovação do contrato, com fundamento no uso por ele próprio do imóvel.

(B) O locador poderá cobrar do lojista, havendo previsão contratual, o custo rateado da pintura das fachadas.

(C) O locador poderá recusar a renovação do contrato, com fundamento na transferência de fundo de comércio existente há mais de um ano, sendo detentor da maioria do capital o locador, seu cônjuge, ascendente ou descendente.

(D) O locatário terá direito à renovação do contrato, por igual prazo, desde que, cumulativamente, o contrato a renovar tenha sido celebrado por escrito e com prazo determinado, o prazo mínimo do contrato a renovar ou a soma dos prazos ininterruptos dos contratos escritos seja de cinco anos e o locatário esteja explorando seu comércio, no mesmo ramo, pelo prazo mínimo e ininterrupto de dois anos.

(E) Do direito à renovação decai aquele que não propuser a ação no interregno de dois anos, no máximo, até um ano, no mínimo, anteriores à data da finalização do prazo do contrato em vigor.

A locação em shopping center submete-se à Lei do Inquilinato, observadas as peculiaridades daquele tipo de empreendimento (essa é a interpretação do STJ ao art. 54 da Lei 8.245/1991 – ver EREsp 331.365/MG).
A: Assertiva correta, conforme o art. 52, § 2º, da Lei 8.245/1991; B: Incorreta, pois as despesas previstas no art. 22, p. único, a, b (que inclui a pintura de fachada) e d, da Lei 8.245/1991, não poderão ser cobradas do locatário em shopping center – art. 54, § 1º, a, da Lei 8.245/1991; C: Incorreta, pois a retomada da loja em shopping center é vedada nessa hipótese – art. 52, § 2º, da Lei 8.245/1991; D: Incorreta, pois é preciso que o locatário venha explorando o mesmo ramo de comércio há pelo menos 3 anos ininterruptos, como requisito para a renovatória – art. 51, III, da Lei 8.245/1991; E: Incorreta, pois a ação deve ser proposta no interregno de 1 ano (máximo) a 6 meses (mínimo) antes da data de finalização do contrato em vigor – art. 51, § 5º, da Lei 8.245/1991. Gabarito "A".

(Magistratura/SP – 2006) É condição para a renovação de contrato de locação não residencial que o contrato a renovar tenha sido celebrado por escrito e com prazo determinado, não inferior a 05 (cinco) anos,

(A) permitida a soma de períodos, desde que ininterruptos e que o locatário esteja explorando seu negócio, no mesmo ramo, pelo prazo mínimo, também ininterrupto, de 03 (três) anos.

(B) vedada a soma de períodos, ainda que ininterruptos e desde que o locatário esteja explorando seu negócio, no mesmo ramo, pelo prazo mínimo, também ininterrupto, de 03 (três) anos.

(C) permitida a soma de períodos, desde que ininterruptos e que o locatário esteja explorando seu negócio, no mesmo ramo, por todo o período de 05 (cinco) anos.

(D) vedada a soma de períodos, desde que o locatário esteja explorando seu negócio, no mesmo ramo, por todo o período de 05 (cinco) anos.

O direito à renovação do contrato existe quando, cumulativamente: (i) o contrato a renovar tenha sido celebrado por escrito e com prazo determinado; (ii) o prazo mínimo do contrato a renovar ou a soma dos prazos ininterruptos dos contratos escritos seja de cinco anos; e (iii) o locatário esteja explorando seu comércio, no mesmo ramo, pelo prazo mínimo e ininterrupto de três anos – art. 51, I, II e III, da Lei 8.245/1991. Gabarito "A".

1.6. ESTABELECIMENTO

(Magistratura/AL – 2008 – CESPE) O massagista Rogério colocou nos fundos de sua casa equipamentos voltados para a prática de exercícios físicos, que utilizou para prestar serviços onerosos ao público em geral por meio de uma academia de ginástica, identificada pela designação de Aleatória Work-Out, conforme cartaz afixado sobre a porta do imóvel. Após dois anos, a atividade alcançou substancial desempenho, o que levou Rogério a alugar um imóvel para reinstalar a academia, bem como a contratar uma secretária e dois fisioterapeutas para auxiliá-lo com os clientes. Esse sucesso chamou a atenção de Serviços do Corpo Ltda., academia concorrente, que propôs a Rogério o trespasse de seu estabelecimento empresarial para a sociedade limitada, celebrando-se esse negócio. Considerando essa situação hipotética, assinale a opção correta.

(A) A alienação só valerá se Rogério estiver inscrito no Registro Público de Empresas Mercantis como empresário ou como sociedade empresária, sem o que faltará requisito essencial ao negócio de trespasse.
(B) No preço do trespasse, poderá ser contabilizado o valor do aviamento, que corresponderá à soma das quantias concernentes aos aspectos subjetivo e objetivo desse bem imaterial, a serem transferidas, com a alienação, ao comprador.
(C) A designação Aleatória Work-Out constitui o título do estabelecimento alienado, e a negociação desse bem pelo trespasse ocorrerá sob as mesmas regras aplicáveis ao nome empresarial.
(D) Publicado o negócio de trespasse, os clientes da academia de Rogério deverão adimplir suas mensalidades perante o adquirente do estabelecimento, mas qualquer pagamento dessa natureza feito de boa-fé ao alienante valerá contra a sociedade limitada.
(E) Os débitos vincendos referentes às atividades da academia serão assumidos por Serviços do Corpo Ltda., mas Rogério continuará por eles solidariamente responsável pelo prazo de um ano, contado da data da publicação do negócio de trespasse.

A: a alienação do estabelecimento empresarial (= trespasse) independe da regularidade do empresário, embora somente tenha efeito perante terceiros se averbada à margem da inscrição no registro público e publicada na imprensa oficial – art. 1.144 do CC; B: o aviamento não se inclui no conceito de estabelecimento empresarial (embora haja discussão doutrinária). O termo refere-se à aptidão da empresa para dar lucro (a mais-valia decorrente da exploração do estabelecimento empresarial); C: o título do estabelecimento não se confunde com o nome empresarial e não se submete ao mesmo regime jurídico – art. 1.164, *caput* e parágrafo único, do CC – até porque, no caso, o nome empresarial deveria ser, necessariamente, firma individual (o próprio nome civil do empresário – art. 1.156 do CC); D: o adquirente sub-roga-se nos contratos relativos à exploração do estabelecimento (art. 1.148 do CC), mas os devedores que pagam, de boa-fé, ao antigo proprietário ficam exonerados da obrigação (art. 1.149 do CC); E: o alienante responde solidariamente pelos débitos vincendos pelo prazo de um ano contado de cada vencimento – art. 1.146 do CC. Gabarito "D".

(Magistratura/MG – 2009 – EJEF) Considera-se estabelecimento empresarial:

(A) Todo complexo de bens organizado, usado pelo empresário, ou sociedade empresária, para o exercício da sua atividade.
(B) Todo complexo de bens organizado, para o exercício da empresa, por empresário, ou por sociedade empresária.
(C) É o complexo de bens usado pelo empresário necessário à atividade empresarial.
(D) Todos os bens empregados pelo empresário, ou sociedade empresária, no exercício da empresa.

Nos termos do art. 1.142 do CC, estabelecimento é todo complexo de bens organizado, para exercício da empresa, por empresário, ou por sociedade empresária (universalidade de fato – art. 90 do CC). Gabarito "B".

(Magistratura/PI – 2008 – CESPE) Acerca da disciplina jurídica do estabelecimento empresarial, julgue os itens que se seguem.

I. Constitui o aviamento, ou goodwill of a trade, a mais valia do conjunto de bens do empresário em relação à soma dos valores individuais, relacionado à expectativa de lucros futuros.
II. O trespasse implica a transferência dos bens que compõem o estabelecimento empresarial e, por conseguinte, a transferência do aviamento.
III. A clientela, produto da melhor organização da atividade empresarial, não se inclui entre os elementos que compõem o estabelecimento.
IV. No caso de alienação de estabelecimento empresarial, o alienante não pode, sem expressa autorização, fazer concorrência ao adquirente nos cinco anos subseqüentes à transferência.

A quantidade de itens certos é igual a
(A) 0.
(B) 1.
(C) 2.
(D) 3.
(E) 4.

I: aviamento refere-se à aptidão da empresa para dar lucro (a mais-valia decorrente da exploração do estabelecimento empresarial); II: embora o aviamento não se confunda com o estabelecimento empresarial, a alienação deste último implica, no mais das vezes, transferência do primeiro (já que é pela exploração do estabelecimento que se percebe o aviamento); III: a doutrina moderna não inclui a clientela como elemento do estabelecimento, mas descreve-a como atributo da empresa; IV: a assertiva reflete o disposto no art. 1.147 do CC. Gabarito "E".

(Magistratura/PR – 2008) Assinale a alternativa correta:

(A) O estabelecimento pode ser objeto unitário de direitos e de negócios jurídicos, translativos ou constitutivos, que sejam compatíveis com a sua natureza.
(B) O contrato que tenha por objeto a alienação do estabelecimento, só produzirá efeitos entre as partes depois de averbado à margem da inscrição do empresário, ou da sociedade empresária, no Registro Público de Empresas Mercantis.
(C) O adquirente do estabelecimento responde individualmente pelo pagamento dos débitos anteriores à transferência, desde que regularmente contabilizados.
(D) O alienante do estabelecimento não pode fazer concorrência ao adquirente, nos três anos subseqüentes à transferência, mesmo diante de autorização expressa.

A: art. 1.143 do CC; B: a averbação é requisito para validade perante terceiros, e não entre as partes – art. 1.144 do CC; C: o alienante responde solidariamente pelo prazo de um ano, contado da publicação da transferência (débitos vencidos) ou dos vencimentos (débitos vincendos) – art. 1.146 do CC; D: se houver autorização expressa, o alienante pode fazer concorrência antes do prazo legal de cinco anos – art. 1.147 do CC. Gabarito "A".

(Magistratura/RO – 2011 – PUCPR) Dadas as assertivas abaixo, assinale a única **CORRETA**:

(A) Na omissão de contrato de trespasse de estabelecimento empresarial, pode ser aberto pelo vendedor estabelecimento empresarial idêntico ao vendido no mesmo ramo e local, desde que observado o prazo de não concorrencial restabelecimento de 4 (quatro) anos previstos em lei.
(B) Em contrato de trespasse de estabelecimento empresarial, a cláusula que prevê que a responsabilidade por débitos tributários anteriores à data da compra e venda é exclusiva do vendedor é ineficaz perante o Fisco, pois, de acordo com a lei (CTN), pode haver responsabilidade solidária (direta ou subsidiária) do comprador, por sucessão, pelos tributos relativos ao estabelecimento adquirido, ainda que decorrentes de fatos geradores anteriores ao trespasse do estabelecimento.
(C) A clientela integra o conceito de estabelecimento empresarial. É um de seus elementos, fazendo parte do patrimônio empresarial.
(D) Considerando o disposto na lei, tendo um empresário A celebrado contrato de trespasse de estabelecimento empresarial com um empresário B, referente a uma farmácia, é correto afirmar que o primeiro ficará impedido de abrir qualquer outra espécie de estabelecimento, ainda que em ramo de atividade diverso, na mesma área de atuação do estabelecimento objeto do trespasse.
(E) O contrato pelo qual uma pessoa adquire de outra quotas ou ações de uma sociedade empresária chama-se contrato de trespasse de estabelecimento empresarial.

A: Incorreta, pois o prazo em que o alienante não pode fazer concorrência ao adquirente é de 5 anos após o trespasse, salvo disposição contratual diversa – art. 1.147 do CC; B: Assertiva correta, até porque o acordo entre particulares não altera a sujeição passiva – art. 123 do CTN. A responsabilidade tributária do adquirente do estabelecimento é prevista no art. 133 do CTN. Ver também o art. 1.146 do CC; C: Incorreta, pois a doutrina dominante entende que a clientela, como conjunto de pessoas, não pode ser apropriada e, portanto, não compõe o estabelecimento empresarial. É importante ressaltar, entretanto, que o ponto é elemento imaterial que compõe o estabelecimento e tem, ainda que indiretamente, relação com a clientela (o ponto refere-se à localização do estabelecimento, que pode facilitar, por exemplo, o acesso da clientela aos bens e serviços oferecidos); D: Incorreta, pois a vedação à concorrência imposta ao alienante do estabelecimento (salvo disposição contratual em contrário) refere-se ao mesmo ramo de atividade (que possa, efetivamente, prejudicar a atividade do adquirente) – art. 1.147 do CC; Incorreta, pois trespasse é a alienação do estabelecimento empresarial (art. 1.142 do CC), que não se confunde com a transmissão de quotas ou ações de sociedade empresária. "Gabarito B".

(Ministério Público/AP – 2005) Assinale a alternativa correta:

(A) O adquirente do estabelecimento responde pelo pagamento dos débitos anteriores à transferência, desde que estejam regularmente contabilizados, sendo que, a responsabilidade do credor primitivo permanecerá pelo prazo de um ano, a contar da publicação da transferência, quando se referir a créditos vencidos, ou a contar da data do vencimento da dívida, quando se tratar de outros créditos;
(B) O estabelecimento comercial é composto por bens corpóreos e incorpóreos, sendo um complexo de bens organizados, podendo ser descentralizados, desde que com o mesmo valor econômico que se traduz em um sobrepreço do estabelecimento cujo valor agregado dá-se o nome de AVIAMENTO;
(C) O fundo de comércio é o conjunto de bens corpóreos e incorpóreos operado pelo empresário, sendo sujeito de direito, portanto, tendo poder para ingressar em juízo na defesa de seus interesses;
(D) A natureza jurídica do estabelecimento empresarial é uma universalidade de direito.

A: art. 1.146 do CC; B: o aviamento não se inclui no conceito de estabelecimento empresarial (embora haja discussão doutrinária). O termo refere-se à aptidão da empresa para dar lucro (a mais-valia decorrente da exploração do estabelecimento empresarial); C: o fundo de comércio ou estabelecimento empresarial, como complexo de bens (art. 1.142 do CC), é objeto de direito, e não sujeito de direito; D: no direito brasileiro, universalidade de direito refere-se a complexo de relações jurídicas (art. 91 do CC), enquanto o estabelecimento é complexo de bens corpóreos e incorpóreos (art. 1.142 do CC). "Gabarito A".

(Ministério Público/GO – 2005) Inspirado no Código Civil italiano/1942 (arts. 2.555 a 2.562), o legislador brasileiro resolveu, pela primeira vez, dar um tratamento legal consistente à matéria estabelecimento comercial/empresarial, o que certamente resultará em maior estabilidade às relações comerciais/empresariais, principalmente àquelas envolvendo sua transferência. Nesse diapasão, pode-se afirmar que sua natureza jurídica é, nos termos do Código Civil/2002 (especialmente art. 1.143):

(A) universalidade de fato
(B) universalidade de direito
(C) bem imaterial
(D) bem corpóreo

Considerando que o estabelecimento é um complexo de bens organizado para o exercício da empresa (art. 1.142 do CC), que pode ser objeto unitário de direitos e de negócios jurídicos (art. 1.143 do CC), pode-se classificá-lo com universalidade de fato (art. 90 do CC). "Gabarito A".

(Ministério Público/SP – 2006) É correto afirmar que o estabelecimento pode ser:

(A) objeto unitário de direitos e de negócios jurídicos translativos, que sejam compatíveis com a sua natureza; e, no caso de alienação, se ao alienante não restarem bens suficientes para solver o seu passivo, a eficácia da alienação do estabelecimento depende do pagamento de todos os credores, ou do consentimento destes, de modo expresso, em trinta dias a partir de sua notificação.
(B) objeto unitário de direitos e de negócios jurídicos translativos, que sejam compatíveis com a sua natureza; e, no caso de alienação, se ao alienante não restarem bens suficientes para solver o seu passivo, a eficácia da alienação do estabelecimento depende do pagamento de todos os credores, ou do consentimento destes, de modo expresso ou tácito, em trinta dias a partir de sua notificação judicial.
(C) objeto unitário de direitos e de negócios jurídicos, translativos ou constitutivos, que sejam compatíveis com a sua natureza; e, no caso de alienação, se ao alienante não restarem bens suficientes para solver o seu passivo, a eficácia da alienação do estabelecimento depende do pagamento de todos os credores, ou do consentimento destes, de modo expresso ou tácito, em trinta dias a partir de sua notificação.
(D) objeto unitário de direitos e de negócios jurídicos, translativos ou constitutivos, que sejam compatíveis com a sua natureza; e, no caso de alienação, ainda que ao alienante restem bens suficientes para solver o seu passivo, a eficácia da alienação do estabelecimento depende do pagamento de todos os credores, ou do consentimento destes, de modo expresso, em trinta dias a partir de sua notificação judicial.
(E) objeto unitário de direitos e de negócios jurídicos translativos, que sejam compatíveis com a sua natureza; e, no caso de alienação, ainda que ao alienante restem bens suficientes para solver o seu passivo, a eficácia da alienação do estabelecimento depende do pagamento de todos os credores, ou do consentimento destes, de modo expresso, em trinta dias a partir de sua notificação judicial.

O consentimento dos credores pode ser tácito e o prazo de trinta dias é contado da notificação, que não precisa ser judicial – art. 1.145 do CC. "Gabarito C".

(Defensoria/PA – 2009 – FCC) Quanto ao estabelecimento, atente às três postulações seguintes:

I. O adquirente do estabelecimento não responde pelo pagamento dos débitos anteriores à transferência, contabilizados ou não, exceção feita aos débitos fiscais.
II. Seu conceito é o de tratar-se de todo complexo de bens organizado para exercício da empresa, por empresário, ou por sociedade empresária.
III. Salvo autorização expressa, o alienante do estabelecimento não pode fazer concorrência ao adquirente, nos cinco anos subsequentes à transferência

É correto afirmar que SOMENTE

(A) os itens II e III são verdadeiros.
(B) o item I é verdadeiro.
(C) o item III é verdadeiro.
(D) os itens I e II são verdadeiros.
(E) os itens I e III são verdadeiros.

I: assertiva incorreta, pois o adquirente do estabelecimento responde pelo pagamento dos débitos anteriores à transferência, desde que regularmente contabilizados – art. 1.146 do CC; II: correta, pois reflete a definição de estabelecimento empresarial dada pelo art. 1.142 do CC; III: assertiva correta, nos termos do art. 1.147 do CC. "Gabarito A".

(Procurador do Estado/PR – 2007) Assinale a alternativa correta no que se refere ao estabelecimento comercial:

(A) é definido como o local em que o empresário exerce seu comércio;
(B) é sinônimo de fundo de comércio e se caracteriza como conjunto de bens de que se utiliza o empresário para exercer sua atividade;
(C) é integrado por bens corpóreos e incorpóreos do patrimônio da empresa e de seus sócios;
(D) goza de proteção nacional, uma vez registrado no Instituto Nacional de Propriedade Industrial;
(E) é pessoa jurídica de direito privado, distinta da pessoa do comerciante individual.

A: o estabelecimento, descrito no art. 1.142 do CC, não se confunde com localização; B: a assertiva é verdadeira; C: o patrimônio dos sócios não se confunde, em princípio, com o da empresa; D: o registro não protege o estabelecimento; E: o estabelecimento não tem personalidade jurídica. "Gabarito B".

(Magistratura Federal/1ª Região – 2009 – CESPE) À luz do Código Civil, assinale a opção correta acerca do estabelecimento empresarial.

(A) Estabelecimento empresarial não se confunde com fundo de comércio, tendo em vista que este é apenas o local onde a atividade comercial é desenvolvida, ao passo que o estabelecimento envolve todo o conjunto de bens que um empresário ou uma sociedade empresária organizam para o exercício de uma empresa.

(B) É pacífico o entendimento de que um ponto comercial não se restringe ao lugar onde se localiza uma empresa, abrangendo todos os bens tangíveis e intangíveis que incorporam a empresa, dos quais se excluem o aviamento e a clientela.

(C) Um estabelecimento comercial é composto de bens materiais (corpóreos), que correspondem aos equipamentos necessários ao exercício de uma atividade, como cadeiras, mesas e computadores, e de bens imateriais (incorpóreos), que correspondem a marcas, criações intelectuais, direito à titularidade dos sinais distintivos e ponto comercial.

(D) Um estabelecimento comercial não pode ser objeto de negócio jurídico em separado, porque este é incompatível com a natureza daquele.

(E) O adquirente de um estabelecimento comercial jamais responderá pelo pagamento dos débitos anteriores à transferência desse estabelecimento, tendo em vista que essa obrigação compete ao devedor primitivo.

A: incorreta, pois estabelecimento empresarial é expressão equivalente a fundo de comércio; B: a assertiva é incorreta, pois o ponto comercial não abrange todos os bens que incorporam a empresa. "Ponto" é bem incorpóreo relacionado à localização do estabelecimento. Embora esteja relacionado, não se confunde com o imóvel onde funcionam as lojas, pois agrega o conhecimento da clientela a respeito de sua localização e não se vincula à propriedade (pertence, muitas vezes, ao locador); C: a assertiva é correta, já que descreve característica do estabelecimento empresarial ou comercial – art. 1.142 do CC; D: incorreta, pois o estabelecimento é uma universalidade de fato (art. 90 do CC) e, como tal, pode ser objeto unitário de direitos e de negócios jurídicos, translativos ou constitutivos, que sejam compatíveis com a sua natureza, conforme expressamente previsto pelo art. 1.143 do CC; E: assertiva incorreta, pois o adquirente do estabelecimento responde pelo pagamento dos débitos anteriores à transferência, desde que regularmente contabilizados – art. 1.146 do CC. Gabarito "C."

(Magistratura Federal/1ª Região – 2009 – CESPE) Marta adquiriu de Ana um salão de beleza com determinado nome de fantasia. Quatro meses após alienação desse estabelecimento empresarial, Ana inaugurou, na mesma rua, a 200 metros do estabelecimento alienado, um novo salão de beleza com nome de fantasia semelhante ao anterior. Questionada por Marta, Ana alegou não haver, no documento da transação, cláusula contratual proibindo o estabelecimento de novo salão de beleza no local. Considerando essa situação hipotética, assinale a opção correta.

(A) A adquirente do estabelecimento não pode impedir o restabelecimento da alienante, tendo em vista a ausência de cláusula expressa a esse respeito no contrato realizado entre elas.

(B) Não há que se falar em concorrência desleal, pois o estabelecimento adquirido por Marta e o aberto por Ana são salões de beleza diferentes, ainda que possuam nomes semelhantes.

(C) A clientela dos estabelecimentos não é o objeto do negócio jurídico, especialmente porque se trata de atividade de prestação de serviço, que, em regra, é pessoal e não se transfere em razão de suas características. Assim, não há problemas de concorrência.

(D) Assiste razão a Marta, pois, ainda que na transação realizada por elas não haja cláusula contratual expressa proibindo o restabelecimento, não pode a alienante concorrer com o estabelecimento alienado.

(E) Não se pode falar em concorrência; o que se observa é que Ana empregou meio fraudulento para desviar, em proveito próprio, clientela que já era sua.

Ana não poderia ter aberto concorrência a Marta, pois isso é vedado ao alienante do estabelecimento nos cinco anos subsequentes à transferência, salvo autorização expressa (o que não houve) – art. 1.147 do CC. Gabarito "D."

(Procurador Federal – 2010 – CESPE) A seguir, é apresentada uma situação hipotética, seguida de uma assertiva a ser julgada no que se refere a direito comercial.

(1) Após percuciente análise, Beta Ltda. adquiriu, em 10/12/2009, o estabelecimento empresarial de Alfa Ltda., cujo contrato foi averbado à margem da inscrição da sociedade empresária, no Registro Público de Empresas Mercantis, e publicado na imprensa oficial em 15/1/2010. O referido estabelecimento, quando de sua alienação, apresentava inúmeros débitos regularmente contabilizados, todos com vencimento no dia 2/1/2011. Nessa situação, Alfa Ltda. continuará solidariamente obrigada ao pagamento dos aludidos débitos até 2/1/2012.

A assertiva é correta, pois o alienante do estabelecimento (= devedor primitivo) fica solidariamente obrigado pelo prazo de um ano, a partir, quanto aos créditos vencidos, da publicação, e, quanto aos outros, da data do vencimento. No caso, os créditos eram vincendos à época do trespasse (= alienação do estabelecimento), de modo que a responsabilidade do alienante vai até um ano contado do vencimento, ou seja, até 2.1.2012. Gabarito 1C.

(Procurador da Fazenda Nacional – 2007.2 – ESAF) O estabelecimento, como universalidade de fato, constitui

(A) um conjunto de bens materiais que não pode ser desmembrado.

(B) um conjunto de bens materiais e imateriais que serve ao exercício de atividades econômicas.

(C) complexo de relações jurídicas ativas e passivas derivadas do exercício da empresa.

(D) uma criação do direito para promover a organização da empresa.

(E) um mecanismo instrumental necessário para o desenvolvimento da empresa.

A: os elementos da universalidade de fato (caso do estabelecimento empresarial) podem ser objetos de relações jurídicas próprias – art. 90, parágrafo único, do CC; B: a assertiva descreve estabelecimento em conformidade com o art. 1.142 do CC; C: o estabelecimento é complexo de bens (universalidade de fato – art. 90 do CC), e não de relações jurídicas (universalidade de direito – art. 91 do CC); D e E: estabelecimento é o complexo de bens organizado pelo empresário (ou pela sociedade empresária) para o exercício da empresa – art. 1.142 do CC. Gabarito "B."

(Advogado da União/AGU – CESPE – 2009) Acerca da disciplina jurídica do estabelecimento empresarial, julgue o seguinte item.

(1) O estabelecimento empresarial, definido como todo complexo de bens materiais ou imateriais organizado por empresário ou por sociedade empresária, para o exercício da empresa, classifica-se como uma universalidade de direito.

A assertiva é incorreta, pois universalidade de direito refere-se a complexo de relações jurídicas (art. 91 do CC), enquanto o estabelecimento empresarial é complexo de bens corpóreos e incorpóreos (art. 1.142 do CC), ou seja, é universalidade de fato (art. 90 do CC). Gabarito 1E.

(Cartório/MS – 2009 – VUNESP) O contrato de trespasse produzirá efeitos perante terceiros quando

(A) publicado na imprensa oficial e noticiado aos credores.

(B) registrado perante a Junta Comercial e depois de efetivada comunicação aos credores para que remetam por escrito sua aceitação.

(C) registrado no Registro Civil de Pessoa Jurídica e averbado na Junta Comercial.

(D) averbado à margem da inscrição do empresário ou da sociedade empresária, no Registro Público de Empresas Mercantis e publicado na imprensa oficial.

(E) o estabelecimento for objeto unitário de direitos e de negócios jurídicos, translativos ou constitutivos, que sejam compatíveis com a sua natureza.

Nos termos do art. 1.144 do CC, o contrato que tenha por objeto a alienação, o usufruto ou o arrendamento do estabelecimento, só produzirá efeitos quanto a terceiros depois de averbado à margem da inscrição do empresário, ou da sociedade empresária, no Registro Público de Empresas Mercantis, e de publicado na imprensa oficial. Gabarito "D."

(Cartório/SP – 2008) Dentre as teorias do estabelecimento empresarial, destacou-se inicialmente, na doutrina, aquela que não lhe conferia o caráter de um novo bem, muito embora reconhecesse que, no momento da sua alienação, as coisas que o compunham eram transferidas em conjunto. Denomina-se essa teoria

(A) universalista.
(B) atomista.
(C) divisionista.
(D) unitária.

As teorias atomistas tendem a analisar o estabelecimento a partir de seus componentes individuais, embora reconheçam a unicidade no momento da alienação. As teorias universalistas, como indica o nome, apreciam o estabelecimento como uma universalidade de bens (complexo relacionado à mesma pessoa e com destinação única). Gabarito "B".

2. DIREITO SOCIETÁRIO

2.1. SOCIEDADE SIMPLES

(Magistratura/PR – 2008) Assinale a alternativa INCORRETA:

(A) As obrigações dos sócios na sociedade simples e na limitada começam imediatamente com o contrato, se este não fixar outra data, e terminam quando, liquidada a sociedade, se extinguirem as responsabilidades sociais.
(B) Na sociedade simples cabe aos sócios decidir, por meio de designação expressa no contrato social, se eles respondem, ou não, subsidiariamente, pelas obrigações sociais.
(C) O sócio, admitido em sociedade já constituída, não se exime das dívidas sociais anteriores à admissão.
(D) Na sociedade simples, responde o cedente solidariamente com o cessionário, perante a sociedade e terceiros, pelas obrigações que tinha como sócio até três anos depois de averbada a modificação do contrato.

A: arts. 1.001 e 1.053 do CC; B: art. 997, VIII, do CC: C: art. 1.025 do CC; D: o prazo de responsabilidade do cessionário é de dois anos, e não três – art. 1.003, parágrafo único, do CC. Gabarito "D".

(Magistratura/SP – 2011 – VUNESP) Nas sociedades simples, é correto afirmar que

(A) todos os sócios respondem solidária e ilimitadamente pelas obrigações sociais, excluído do benefício de ordem – referente à execução em primeiro lugar dos bens sociais – aquele que contratou pela sociedade.
(B) o sócio sempre participa dos lucros e das perdas na proporção das respectivas quotas.
(C) os poderes do sócio investido na administração por cláusula do contrato social podem ser revogados, a qualquer tempo, por meio de ato separado, desde que subscrito pela maioria dos sócios.
(D) a administração da sociedade, nada dispondo o contrato social, compete separadamente a cada um dos sócios.
(E) é anulável a estipulação contratual que exclua qualquer sócio de participar dos lucros e das perdas.

A: Incorreta, pois o contrato social da sociedade simples determinará se haverá responsabilidade subsidiária dos sócios – art. 997, VIII, do CC. A assertiva refere-se à responsabilidade dos sócios na sociedade em comum – art. 990 do CC; B: Incorreta, pois pode haver disposição contratual em contrário – art. 1.007 do CC; C: Incorreta, pois são irrevogáveis os poderes do sócio investido na administração por cláusula expressa do contrato social, salvo justa causa, reconhecida judicialmente, a pedido de qualquer dos sócios – art. 1.019, caput, do CC; D: Correta, pois reflete o disposto no art. 1.013, caput, do CC; E: Incorreta, pois é nula (não simplesmente anulável) a estipulação contratual que exclua qualquer sócio de participar dos lucros e das perdas – art. 1.008 do CC. Gabarito "D".

(Magistratura/SP – 2009 – VUNESP) Na sociedade simples,

(A) as obrigações dos sócios terminam quando a sociedade tornar-se inativa.
(B) as modificações do contrato social que tenham por objeto a denominação, o objeto, a sede e o prazo da sociedade podem ser decididas por maioria absoluta de votos.
(C) nos 60 (sessenta) dias subsequentes à sua constituição, a sociedade deverá requerer a inscrição do contrato social no Registro Civil das Pessoas Jurídicas do local de sua sede.
(D) a administração poderá ser exercida por pessoa nomeada por instrumento em separado, averbado à margem da inscrição da sociedade.

A: incorreta, pois as obrigações dos sócios terminam apenas quando se extinguem as responsabilidades sociais, em caso de liquidação da sociedade – art. 1.001 do CC; B: incorreta, pois essas modificações exigem deliberação unânime – art. 999 do CC; C: assertiva incorreta, pois o prazo para requerer a inscrição do contrato social é de 30 dias contados da constituição da sociedade – art. 998 do CC; D: correta, conforme o art. 1.012 do CC. Gabarito "D".

(Ministério Público/PR – 2011) Acerca da sociedade simples, assinale a alternativa correta.

(A) O Ministério Público pode postular a dissolução da sociedade no caso de cessação de sua autorização de funcionamento.
(B) Cabe ao Ministério Público a fiscalização das atividades da sociedade, participando de suas deliberações.
(C) O Ministério Público tem o dever de postular a extinção da sociedade nos casos de não haver pluralidade de sócios.
(D) Caberá ao Ministério Público postular em juízo a dissolução da sociedade nos casos de desacordo entre os sócios que ponha em risco a sua continuidade.
(E) Nenhuma das alternativas anteriores está correta.

A: Correta, conforme o art. 1.037 do CC; B, C e D: Incorretas, pois o Ministério Público não tem essas atribuições em relação às sociedades simples; E: Incorreta, já que a alternativa "A" é verdadeira. Gabarito "A".

(Magistratura Federal-5ª Região – 2011) Suponha que uma sociedade simples abandone o seu objeto social e passe a exercer como principal atividade a compra de bens móveis e sua posterior revenda no mercado, auferindo, após um ano, lucro de um milhão de reais. Em face dessa situação hipotética, assinale a opção correta consoante ao Código Civil.

(A) A sociedade, por ser simples, pode ser transformada em sociedade empresarial mediante aprovação da maioria dos sócios, em assembleia convocada para tal fim.
(B) A sociedade simples e os seus administradores serão qualificados como empresários irregulares.
(C) A sociedade, por ser simples, não pode ter acionistas, uma vez que somente sócios-quotistas poderão compor o seu quadro societário.
(D) Por não cumprir o seu objeto social, à referida sociedade aplicam-se as disposições que regulam a sociedade em comum.
(E) Caso os sócios queiram extinguir a sociedade, poderão fazê-lo por meio de fusão com uma sociedade empresarial que já exerça a atividade citada.

A: Assertiva incorreta. Como a sociedade passou a exercer atividade empresária, é preciso alterar seu objeto no contrato social – art. 982 do CC. Para isso, é necessário consentimento de todos os sócios – art. 999 c/c art. 997, II, do CC; B: Incorreta, pois o administrador não se confunde com a sociedade empresária (o administrador não será considerado empresário irregular); C: Discutível. A sociedade simples pode adotar qualquer dos tipos societários regulados no art. 1.039 a 1.092 do CC, inclusive o das sociedades por ações (com sócios acionistas, portanto) – art. 983 do CC. Entretanto, nesse caso, passará a ser considerada sociedade empresária, independentemente do seu objeto – art. 982, p. único, do CC; D: Incorreta, pois sociedade em comum é apenas aquela cujos atos constitutivos não foram inscritos – art. 986 do CC; E: Correta, pois a fusão implica extinção da sociedade, que pode ser acordada pelos sócios – art. 1.119 do CC. Gabarito "E".

(Magistratura Federal/3ª Região – 2010) Nas sociedades simples:

(A) O sócio investido de poderes de administração pelo Estatuto Social pode deles ser destituído por decisão da maioria dos sócios;
(B) Na hipótese de outorga de poderes por instrumento diverso no Estatuto Social, estes poderes somente serão revogados por justa causa, apurado segundo deliberação da maioria absoluta dos sócios;
(C) Em qualquer hipótese, o sócio administrador pode ser destituído mediante decisão judicial, que reconheça a ocorrência de justa causa para esta destituição;
(D) O sócio investido de poderes de administração pelo Estatuto Social não pode ser deles destituído em qualquer hipótese.

A: incorreta, pois os poderes do sócio investido na administração por cláusula expressa do contrato social são irrevogáveis, salvo justa causa, reconhecida judicialmente, a pedido de qualquer dos sócios – art. 1.019, *caput*, do CC. Importante lembrar que a modificação do contrato social necessária para alterar a cláusula relativa à administração depende do consentimento de todos os sócios – art. 999 c/c art. 997, VI, do CC; B: incorreta, pois se os poderes de administração conferidos ao sócio não estão no próprio contrato social, mas em instrumento apartado, não é necessária justa causa para revogação, bastando decisão por maioria absoluta de votos, desde que o contrato não exija deliberação unânime – arts. 999, *caput*, *in fine*, e 1.019, parágrafo único, do CC; C: assertiva correta, nos termos do art. 1.019, *caput*, do CC; D: incorreta, pois é possível a destituição no caso de justa causa reconhecida judicialmente – art. 1.019, *caput*, do CC. Gabarito "C".

(Procurador Federal – 2010 – CESPE) A seguir, é apresentada uma situação hipotética, seguida de uma assertiva a ser julgada no que se refere a direito comercial.

(1) Marcelo e Antônio decidiram constituir sociedade simples adotando a forma de sociedade limitada. Nessa situação, o registro de seus atos deverá ser feito no Registro Público de Empresas Mercantis a cargo das juntas comerciais.

Assertiva incorreta, pois o contrato social da sociedade simples é inscrito no Registro Civil das Pessoas Jurídicas, mesmo quando adotado o tipo societário das limitadas – art. 998, *caput*, do CC. Gabarito 1E.

(Cartório/MS – 2009 – VUNESP) No que se refere ao contrato de sociedade, de acordo com o Código Civil, pode-se afirmar que celebram contrato de sociedade as pessoas que

(A) desejam abrir uma empresa.
(B) desejam constituir uma pessoa jurídica sem fins lucrativos.
(C) reciprocamente se obrigam a contribuir, com bens ou serviços, para o exercício de atividade econômica e a partilha, entre si, dos resultados.
(D) constituem uma firma.
(E) registram empresas, para compatibilizar o atual regime à sistemática da inscrição pelo novo Código Civil de 2002.

A: a empresa é a atividade exercida pelo empresário (pessoa natural) ou pela sociedade empresária (pessoa jurídica) e com eles não se confunde – arts. 966 e 982 do CC. Perceba, portanto, que embora seja comum, no dia a dia, usarmos o termo "empresa" para nos referirmos à sociedade empresária ("fulano abriu a empresa tal") havendo, inclusive, disposições legais que adotam essa significação, isso é incorreto à luz do Código Civil; B: incorreta, pois o contrato de sociedade previsto no art. 981 do CC refere-se ao exercício de atividade econômica e a partilha, entre os sócios, dos resultados, ou seja, não se refere a pessoas sem fins lucrativos; C: correta, pois essa é a definição do art. 981 do CC; D: o termo "firma" refere-se ao empresário individual, especificamente ao seu nome empresarial – art. 1.156 do CC; E: incorreta, conforme comentário à alternativa A. Gabarito "C".

(Cartório/SP – 2008) Na sociedade simples, os bens pessoais dos sócios

(A) respondem, subsidiariamente, esgotado o patrimônio da própria sociedade, pelas obrigações sociais.
(B) respondem, ilimitadamente, pelas obrigações sociais.
(C) respondem, conforme o que for disposto no contrato social, pelas obrigações assumidas pela pessoa jurídica.
(D) respondem pelas obrigações sociais, mas só enquanto não for integralizado o capital.

Como regra, na sociedade simples, os bens pessoais dos sócios respondem subsidiariamente pelas dívidas (depois de esgotado o patrimônio social), na proporção em que participem das perdas sociais, exceto se houver previsão de solidariedade – arts. 1.023 e 1.024 do CC. Importante notar que o contrato social pode dispor de maneira diversa – art. 997, VIII, do CC. Gabarito "A".

2.2. SOCIEDADE EMPRESÁRIA.

(Magistratura/MG – 2008) Constitui ativo alienável de uma sociedade empresária:

(A) uma nota promissória com cláusula não à ordem expressa, da qual seja a sociedade empresária beneficiária.
(B) o nome empresarial.
(C) o direito ao ponto empresarial, ainda que o contrato de locação esteja vencido, desde que o empresário esteja no imóvel há mais de cinco anos e há mais de três anos no mesmo ramo de atividade.
(D) o capital social.

A: a nota promissória com a cláusula "não à ordem" pode ser alienada com os efeitos de uma cessão ordinária de crédito – art. 11 da Lei Uniforme; B: o nome empresarial é inalienável – art. 1.164 do CC; C: o direito ao ponto em favor do locatário somente subsiste se houver direito à renovatória, que deve ser proposta entre um ano (no máximo) e seis meses (no mínimo) antes do final do contrato. No caso, como o contrato venceu, não há direito à manutenção da locação e, portanto, possibilidade de alienação do ponto – art. 51, § 5º, da Lei 8.245/1991; D: capital social é conceito contábil que se refere ao patrimônio integralizado pelos sócios, para formação da sociedade – não há como aliená-lo. Gabarito "A".

(MAGISTRATURA/PB – 2011 – CESPE) Com relação à disciplina aplicável à formação e à personalidade jurídica da sociedade empresária, assinale a opção correta.

(A) A personalidade jurídica da sociedade empresária tem início com a formalização do contrato entre os sócios, independentemente da integralização do capital social.
(B) O sócio que for admitido em sociedade já constituída não responderá pelas dívidas anteriores à data de sua admissão, independentemente do tipo de sociedade.
(C) Em atenção ao princípio da continuidade da empresa, a sociedade empresarial, uma vez regularmente constituída, não se dissolve pela superveniência da falta de pluralidade de sócios e pode continuar operando por prazo indeterminado.
(D) A sociedade por ações é considerada sociedade empresária, independentemente do objeto.
(E) A desconsideração da personalidade jurídica implica o rompimento do vínculo contratual entre os sócios, desconstituindo a pessoa jurídica.

A: Incorreta, pois a personalidade jurídica da sociedade surge com a inscrição dos atos constitutivos no registro próprio, na forma da lei (não basta sua formalização entre os sócios) – arts. 45 e 985 do CC; B: Incorreta, pois o sócio admitido em sociedade simples já constituída não se exime das dívidas sociais anteriores à admissão – art. 1.025 do CC. A norma se aplica, em princípio, também às sociedades limitadas – art. 1.053, caput, do CC (exceto se o contrato da limitada prever a regência supletiva pelas normas das sociedades anônimas – p. único do art. 1.053 do CC); C: Incorreta, pois a falta de pluralidade de sócios é causa de extinção da sociedade, se não for reconstituída no prazo de 180 dias – art. 1.033, IV, do CC. O prazo é distinto no caso das sociedades por ações – art. 206, I, d, da Lei das Sociedades por Ações – LSA (Lei 6.404/1976); D: Correta, conforme o art. 982, p. único, do CC; E: Incorreta, pois a desconsideração da personalidade jurídica não extingue a sociedade, apenas estende os efeitos de certas e determinadas relações de obrigações aos bens particulares dos administradores ou sócios da pessoa jurídica – art. 50 do CC. Gabarito "D".

(Ministério Público/CE – 2009 – FCC) A sociedade empresária, como pessoa jurídica, é sujeito de direito personalizado. Posta a premissa, é FALSA a conseqüência seguinte:

(A) a responsabilização patrimonial, solidária e direta dos sócios, em relação aos credores, pelo eventual prejuízo causado pela sociedade.
(B) sua titularidade negocial, ou seja, é ela quem assume um dos pólos na relação negocial.
(C) sua titularidade processual, isto é, pode demandar e ser demandada em juízo.
(D) sua responsabilidade patrimonial, ou seja, tem patrimônio próprio, inconfundível e incomunicável com o patrimônio individual de seus sócios.
(E) extingue-se por um processo próprio, que compreende as fases de dissolução, liquidação e partilha de seu acervo.

A: essa é a falsa, pois a premissa de que a sociedade empresária é pessoa jurídica, sujeito de direito personalizado, não pode levar à conclusão de que seus sócios, que são pessoas distintas, respondem solidária e diretamente pelos prejuízos causados pela sociedade aos seus credores; B, C, D e E: as assertivas decorrem da personalização da sociedade, distinta da pessoa de seus sócios. Gabarito "A".

(Defensoria/PA – 2009 – FCC) O credor de uma sociedade empresária

(A) apenas quando se tratar de sociedade em nome coletivo poderá cobrar seus créditos diretamente dos sócios, solidariamente com a sociedade.
(B) só pode cobrar seus créditos diretamente da pessoa jurídica, pois esta não se confunde com seus sócios.
(C) pode cobrar seus créditos tanto da pessoa jurídica como dos sócios, diretamente e como regra, já que solidária a responsabilidade.

(D) somente em caso de extinção da pessoa jurídica poderá cobrar seus créditos dos sócios, já que nesse caso desaparece o patrimônio da sociedade.

(E) deverá cobrar seus créditos da pessoa jurídica e, subsidiariamente, poderá pedir a desconsideração de sua personalidade jurídica nos casos previstos em lei, para requerer a responsabilidade pessoal dos sócios.

A: incorreta, pois há sócios de outros tipos societários que também respondem solidariamente pelos débitos (por exemplo, os sócios comanditados – art. 1.045 do CC), além dos sócios das sociedades simples puras, desde que previsto em seu contrato social (art. 1.023 do CC); B: incorreta, pois é possível haver responsabilidade solidária dos sócios, como visto no comentário à alternativa anterior, ou mesmo subsidiária – art. 997, VIII, do CC; C: a assertiva é incorreta, pois, em regra, há separação do patrimônio da sociedade em relação ao de seus sócios. Já vimos, entretanto, que há exceções, como no caso da sociedade em comum (art. 990 do CC) ou da sociedade em nome coletivo (art. 1.039 do CC); D: incorreta, pois a liquidação válida não implica, em regra, responsabilização dos sócios; E: assertiva correta, pois apresenta adequadamente caso em que os sócios podem ser chamados a responder pelas obrigações sociais – art. 50 do CC. Gabarito "E".

(Procurador do Estado/PI – 2008 – CESPE) Considere que Cursos e Cursinhos Ltda., sociedade empresária com doze sócios, almeje ser incorporada pela Faculdades Unidas S.A. No que se refere a essa situação hipotética, assinale a opção correta.

(A) A compra das quotas dos sócios da sociedade incorporada pela sociedade incorporadora é indispensável para se perfazer a incorporação.

(B) É necessária prévia aprovação por, pelo menos, mais da metade do capital social votante da sociedade incorporada para que ocorra a incorporação.

(C) A manifestação dos sócios da sociedade incorporada deverá ocorrer, necessariamente, em assembléia previamente designada para essa finalidade.

(D) No caso de incorporação, os sócios que dissentirem dessa decisão não poderão exercer direito de recesso.

(E) Da incorporação resultará uma nova pessoa jurídica, extinguindo-se as que participaram do negócio.

A: a incorporação pode se dar por outros meios (v.g. substituição dos direitos dos sócios da limitada por ações da incorporadora) – art. 224 da Lei 6.404/1976; B: a aprovação deve ocorrer na forma estabelecida para cada tipo societário (art. 1.116 do CC). No caso da limitada (incorporada), são necessários votos correspondentes a no mínimo três quartos do capital social (arts. 1.076, I, c/c 1.071, VI, ambos do CC); C: arts. 1.071, VI, 1.072 e 1.117, todos do CC; D: os sócios que dissentirem poderão se retirar da sociedade – art. 1.077 do CC; E: na incorporação, a incorporadora subsiste e a(s) incorporada(s) extingue(m)-se – art. 1.118 do CC. Gabarito "C".

(Procurador do Estado/PI – 2008 – CESPE) João e José são administradores da Fábrica de Laticínios Ltda. Sem prévia comunicação aos sócios, eles celebraram, em nome da sociedade empresária, promessa de compra e venda de imóvel dessa sociedade empresária pelo valor de R$ 50.000,00. Entretanto, consoante averbado no Registro Público de Empresas Mercantis, encontra-se vedado a tais administradores alienar, sem prévia autorização do corpo societário, imóveis da pessoa jurídica em comento. Considerando essa situação hipotética, assinale a opção correta segundo o que dispõe o Código Civil.

(A) Aplica-se ao caso a teoria da aparência, segundo a qual o contrato vinculará a sociedade limitada.

(B) O contrato será considerado nulo, por defeito na representação da sociedade limitada.

(C) O contrato será considerado anulável, por erro quanto aos poderes do representante.

(D) A pessoa jurídica poderá se recusar a cumprir o contrato, opondo ao comprador o excesso cometido pelos administradores.

(E) Em face da situação de preposição, o contrato obrigará regularmente a pessoa jurídica, que poderá exercer direito de regresso contra os administradores.

O excesso dos administradores pode ser oposto ao adquirente do imóvel, pois houve averbação da limitação de poderes no registro público – art. 1.015, parágrafo único, I, do CC. Gabarito "D".

(Procurador Federal – 2010 – CESPE) A seguir, é apresentada uma situação hipotética, seguida de uma assertiva a ser julgada no que se refere a direito comercial.

(1) Marcos exerce atividade rural como sua principal profissão. Nessa situação, Marcos poderá requerer, observadas as formalidades legais, sua inscrição perante o Registro Público de Empresas Mercantis da respectiva sede, equiparando-se, após a sua inscrição, ao empresário sujeito a registro.

Assertiva correta, pois a inscrição, no caso de atividade rural, é opcional, nos termos do art. 971 do CC. Gabarito 1C.

(Procurador da Fazenda Nacional – 2007 – ESAF) A classificação da Lei n. 10.406/2002, no que diz respeito às sociedades, em simples e empresárias, adota como fundamento:

(A) a antiga noção de sociedades civis e mercantis, com base na intermediação na circulação de mercadorias.

(B) a distinção tem que ver com ser a prestação de cunho personalíssimo.

(C) a colaboração de terceiros para a consecução da atividade é elemento principal para a qualificação como empresa, ou não.

(D) atividades cujo objeto sejam de natureza científica, mas exercidas em conjunto, como no caso de laboratórios farmacêuticos, são empresariais por força da cooperação entre várias pessoas.

(E) o que importa, na qualificação de uma sociedade como empresária, ou não, é a opção pelo Registro Público de Empresas, ou o Registro de Pessoa Jurídica.

A, C e E: nos termos do art. 982 do CC, sociedade empresária é aquela que exerce atividade própria de empresário, conforme o art. 966 do mesmo Código. B, C e D: excluem-se do conceito de sociedade empresária, portanto, as sociedades formadas por profissionais liberais (art. 966, parágrafo único, do CC), em que a prestação do serviço se dá em caráter personalíssimo (advogados, contadores, arquitetos etc.), ainda que com o concurso de auxiliares e colaboradores. Gabarito "B".

2.3. SOCIEDADES EM COMUM, EM CONTA DE PARTICIPAÇÃO, EM NOME COLETIVO, EM COMANDITA

(Magistratura/MG – 2008) Quanto a uma sociedade em comum que explora o ramo da prestação de serviços mecânicos, assinale a alternativa INCORRETA.

(A) A sua existência pode ser comprovada pela transcrição, no Cartório de Títulos e Documentos, de instrumento celebrado entre os sócios.

(B) Está sujeita a falência.

(C) Com exceção daquele que contratou pela sociedade, os demais sócios, apesar de responderem solidária e ilimitadamente pelas obrigações sociais, gozam de benefício de ordem.

(D) É possível sua dissolução judicial, desde que o sócio requerente comprove a existência da sociedade ainda que por prova oral.

A: os sócios podem comprovar a existência da sociedade em comum por documento escrito e os terceiros podem comprovar por qualquer meio – art. 987 do CC; B: a sociedade empresária está sujeita à falência – art. 1º da Lei 11.101/2005; C: art. 990 do CC; D: o sócio somente pode comprovar a existência da sociedade em comum por escrito – art. 987 do CC. Gabarito "D".

(Magistratura/MG – 2008) Quanto à sociedade em conta de participação, é INCORRETO afirmar que:

(A) A falência do sócio ostensivo acarreta a dissolução da sociedade e a liquidação da respectiva conta, cujo saldo constituirá crédito quirografário.

(B) Falindo o sócio participante, o contrato social fica sujeito às normas que regulam os efeitos da falência nos contratos bilaterais do falido.

(C) Extingue-se pela dissolução, observando as disposições aplicáveis às sociedades simples no que se refere a sua liquidação.

(D) A constituição da sociedade independe de qualquer formalidade e pode provar-se por todos os meios de direito.

A: art. 994, § 2º, do CC; B: art. 994, § 3º, do CC; C: a liquidação da sociedade por conta de participação segue as regras da prestação de contas – art. 996 do CC; D: art. 992 do CC. Gabarito "C".

(Magistratura/PA – 2009 – FGV) Enquanto não inscritos os atos constitutivos da sociedade em comum, seus bens sociais responderão por atos:

(A) de gestão praticados por qualquer dos sócios, salvo pacto expresso limitativo de poderes, que somente terá eficácia contra o terceiro que o conheça ou deva conhecer.
(B) de comércio praticados tão-somente pelo sócio gerente, salvo disposição em contrário no contrato social, o qual nunca poderá ser eficaz perante o terceiro, mesmo que dele tenha ou possa ter conhecimento.
(C) de administração praticados pelos sócios cotistas, mesmo que exista disposição contrária no contrato social, a qual nenhuma eficácia terá contra o terceiro que dela possa ter conhecimento.
(D) de organização praticados pelos sócios participantes, salvo pacto limitativo de poderes, o qual terá eficácia contra o terceiro tão-somente se este expressamente tiver declarado seu conhecimento.
(E) de gerência praticados pelo sócio ostensivo, independentemente de pacto expresso limitativo de poderes, mas que poderá ser eficaz contra o terceiro que dele tiver declarado seu conhecimento.

Nos termos dos arts. 986 e 989 do CC, enquanto não inscritos os atos constitutivos, existe sociedade em comum, cujos bens sociais respondem pelos **atos de gestão** praticados por qualquer dos sócios, salvo pacto expresso limitativo de poderes, que somente terá eficácia contra o terceiro que o conheça ou deva conhecer. Gabarito "A".

(Magistratura/PA – 2009 – FGV) Em uma sociedade em nome coletivo, sem prejuízo da responsabilidade perante terceiro, os sócios podem limitar entre si a responsabilidade de cada um:

(A) no ato constitutivo, ou por convenção posterior aprovada pela maioria dos sócios.
(B) no ato constitutivo, ou por convenção posterior aprovada por dois terços dos sócios.
(C) no ato constitutivo, ou por unânime convenção posterior.
(D) somente se houver alteração no tipo de sociedade.
(E) somente no ato constitutivo.

Nos termos do art. 1.039, parágrafo único, do CC, sem prejuízo da responsabilidade perante terceiros, os sócios da sociedade em nome coletivo podem limitar entre si a responsabilidade de cada um, no **ato constitutivo** ou por **unânime** convenção posterior. Gabarito "C".

(Magistratura/SE – 2008 – CESPE) Com relação à classificação das sociedades, assinale a opção correta.

(A) As atuais sociedades em nome coletivo, cuja origem remonta à Idade Média, podem ser constituídas por pessoas físicas ou jurídicas, respondendo todos os sócios solidariamente pelas obrigações sociais.
(B) A administração das sociedades em comandita simples será exercida pelos sócios comanditários, os quais assumirão os riscos do empreendimento.
(C) O pedido de recuperação judicial, a ser levado a efeito por sociedade em conta de participação em crise econômico-financeira, somente poderá ocorrer se essa sociedade estiver em atividade há mais de 2 anos.
(D) Por não ter personalidade jurídica, a sociedade em comum não tem capacidade processual e não se sujeita ao processo falimentar.
(E) É imprescindível o consentimento de todos os sócios quando da modificação das cláusulas do contrato social de sociedade simples que envolva matéria atinente à participação dos mesmos nos lucros da sociedade.

A: as sociedades em nome coletivo são formadas por pessoas naturais – art. 1.039 do CC; B: a assertiva refere-se aos sócios comanditados, não aos comanditários – arts. 1.045 e 1.047 do CC; C: em princípio, a recuperação e a falência referem-se ao sócio ostensivo (art. 994, § 2º, do CC) – a liquidação da sociedade em conta de participação se dá pelas regras da prestação de contas (art. 996 do CC); D: a sociedade empresária sujeita-se à falência – art. 1º da Lei 11.101/2005; E: a assertiva reflete o disposto no art. 999 c/c art. 997, VII, ambos do CC. Gabarito "E".

(Ministério Público/SP – 2008) Na _____, a atividade constitutiva do objeto social é exercida unicamente pelo sócio ostensivo, em seu nome individual e sob sua própria e exclusiva responsabilidade, participando os demais dos resultados correspondentes.

Assinale a alternativa que preenche corretamente a lacuna.

(A) sociedade em conta de participação;
(B) sociedade em nome coletivo;
(C) sociedade cooperativa;
(D) sociedade em comandita simples;
(E) sociedade em comum.

Art. 991 do CC. Gabarito "A".

(Magistratura Federal – 3ª Região – XIII) Assinale a alternativa inteiramente correta. As sociedades não personificadas são:

(A) as simples;
(B) as em conta de participação;
(C) as em comum;
(D) somente a alternativa "a" está incorreta.

As espécies de sociedades não personificadas previstas no Código Civil são a comum e a em conta de participação – arts. 986 e 991 do CC. Gabarito "D".

(Magistratura Federal – 5ª Região – 2007 – CESPE) Julgue o seguinte item.

(1) É incompatível com a natureza das sociedades em nome coletivo a inclusão, no ato constitutivo, de disposição que limite a responsabilidade de cada um dos sócios.

É possível a limitação da responsabilidade entre os sócios (não perante terceiros) – art. 1.039, parágrafo único, do CC. Gabarito 1E.

(Defensoria Pública da União – 2007 – CESPE) Julgue o seguinte item.

(1) Os sócios de certa sociedade em conta de participação lavraram o seu ato constitutivo em janeiro de 2007, mas o referido instrumento foi levado a registro apenas após cerca de seis meses. Nessa situação, a sociedade somente passou a ter personalidade jurídica no momento da inscrição de seu contrato social no registro público de empresas mercantis.

A sociedade em conta de participação não tem, por definição, personalidade jurídica, mesmo na hipótese de inscrição dos atos constitutivos em registro público (art. 993 do CC). Gabarito 1E.

(Ministério Público do Trabalho – 14º) São sociedades não personificadas:

(A) simples e cooperativa;
(B) comandita simples e em conta de participação;
(C) em comum e em conta de participação;
(D) capital e indústria e cooperativa;
(E) não respondida.

As espécies de sociedades não personificadas previstas no Código Civil são a comum e a em conta de participação – arts. 986 e 991 do CC. Gabarito "C".

(Ministério Público do Trabalho – 14º) A sociedade em nome coletivo é uma sociedade de:

(A) capital;
(B) pessoas e de capital;
(C) de pessoas;
(D) mista;
(E) não respondida.

O aspecto pessoal (não o do capital) é essencial na sociedade em nome coletivo. A responsabilidade dos sócios (somente pessoas naturais) é solidária e ilimitada – art. 1.039 do CC. Gabarito "C".

2.4. DISSOLUÇÃO DAS SOCIEDADES EM GERAL

(Magistratura/SP – 2007) A sociedade simples pode ser dissolvida judicialmente, a requerimento de qualquer dos sócios, quando

(A) ocorrer discordância na administração social.
(B) anulada sua constituição, exaurido o fim social, ou verificada sua inexeqüilidade.
(C) ocorrer execução fiscal ou ilicitude de sua atividade.
(D) apenas se verificar a possibilidade de exaustão do fim social.

Art. 1.034 do CC. Gabarito "B".

(Ministério Público/SP – 2006) Em relação à dissolução da sociedade, o Ministério Público atuará se:

(A) ocorrer a extinção, na forma da lei, de autorização para funcionar e, tão logo lhe comunique a autoridade competente, promoverá a liquidação judicial da sociedade, se os administradores não o tiverem feito nos trinta dias seguintes à perda da autorização, ou se o sócio não houver requerido a liquidação judicial.
(B) exaurido o fim social, ou verificada a sua inexeqüibilidade, e, tão logo tome conhecimento por qualquer interessado, promoverá a liquidação judicial da sociedade, se os administradores não o tiverem feito nos trinta dias seguintes à perda da autorização, ou se o sócio não houver requerido a liquidação judicial.
(C) ocorrer a falta de pluralidade de sócios, não reconstituída no prazo de cento e oitenta dias, e, tão logo tome conhecimento, promoverá a liquidação judicial da sociedade, se os administradores não o tiverem feito nos trinta dias seguintes à perda da autorização, ou se o sócio não houver requerido a liquidação judicial.
(D) exaurido o fim social, ou verificada a sua inexeqüibilidade, ou se ocorrer a falta de pluralidade de sócios, não reconstituída no prazo de cento e oitenta dias, e, tão logo tome conhecimento, promoverá a liquidação judicial da sociedade, se os administradores não o tiverem feito nos trinta dias seguintes à perda da autorização, ou se o sócio não houver requerido a liquidação judicial.
(E) ocorrer a extinção, na forma da lei, de autorização para funcionar ou se exaurido o fim social, ou verificada a sua inexeqüibilidade, e, tão logo lhe comunique a autoridade competente, promoverá a liquidação judicial da sociedade, se os administradores não o tiverem feito nos trinta dias seguintes à perda da autorização, ou se o sócio não houver requerido a liquidação judicial.

A atuação do Ministério Público para fins de dissolução societária é prevista na hipótese do art. 1.037 c/c art. 1.033, V, ambos do CC. Gabarito "A".

(Cartório/SP – VI – VUNESP) Segundo a jurisprudência e a doutrina atualmente dominantes, em sociedade limitada constituída por vários sócios, na pretensão de retirada de um deles, mediante ação de dissolução parcial, para apuração de seus haveres,

(A) os demais sócios são partes ilegítimas para figurarem no polo passivo da demanda, devendo esta voltar-se somente contra a pessoa jurídica.
(B) a pessoa jurídica é parte ilegítima para figurar no polo passivo, pois a pretensão de retirada, enquanto envolve modificação do contrato social, só pode ser atendida pelos sócios remanescentes.
(C) somente deverão figurar no polo passivo da demanda a pessoa jurídica e os sócios que tiverem divergido da alteração contratual para a retirada do sócio dissidente e apuração de seus haveres para pagamento, na forma disposta no contrato social.
(D) todos os sócios remanescentes, indistintamente, e mais a pessoa jurídica, deverão figurar no polo passivo da ação, pois, conquanto a alteração contratual só pudesse ser atendida pelos primeiros, o certo é que, julgada procedente a ação, o patrimônio da sociedade é que arcará com o pagamento do que for devido ao que se retira.

A assertiva em D reflete o entendimento dominante. Importante lembrar que, nas sociedades por prazo indeterminado, o sócio pode retirar-se a qualquer momento, conforme o art. 1.029 do CC. Gabarito "D".

2.5. SOCIEDADE LIMITADA.

(Magistratura/AC – 2008 – CESPE) Antônio, com 14 anos de idade, Bonifácio e Clóvis, maiores e capazes, são primos e decidiram constituir a sociedade limitada Completa Serviços Gerais Ltda., para prestar serviços a pessoas jurídicas de direito público e privado. Em razão de Clóvis ter passado por crise econômico-financeira, Bonifácio sugeriu a inclusão de uma cláusula no contrato social que dispensasse Clóvis da contribuição para a formação do capital social. Após concluído, o contrato social foi lavrado por escritura pública.

Com relação à situação apresentada no texto e com base nas normas que disciplinam a sociedade limitada, assinale a opção correta.

(A) O contrato social da Completa Serviços Gerais Ltda. pode prever sua regência supletiva pelas normas das sociedades anônimas.
(B) Bonifácio somente poderá ceder suas quotas sociais a um dos sócios diante da anuência do terceiro sócio, se o contrato social for omisso a esse respeito.
(C) As quotas da Completa Serviços Gerais Ltda. são impenhoráveis por expressa disposição legal, já que se trata de uma sociedade limitada.
(D) As quotas da Completa Serviços Gerais Ltda. são divisíveis em relação à referida sociedade.

A: há essa possibilidade – art. 1.053, parágrafo único, do CC; B: na omissão do contrato, a cessão de quota para outro sócio independe da anuência do terceiro sócio – art. 1.057 do CC; C: incorreta, pois não há impedimento legal. Nesse sentido, o STJ reconhece a possibilidade de penhora das quotas de sociedade limitada, pois não implica, necessariamente, inclusão de novo sócio e porque o devedor responde com todos os seus bens – ver AgRg Ag 1.164.746/SP; D: as quotas, como regra, são indivisíveis em relação à sociedade – art. 1.056 do CC. Gabarito "A".

(Magistratura/MG – 2009 – EJEF) Caso autorize o contrato social de uma sociedade limitada a administração da sociedade por não sócios, é CORRETA a afirmação:

(A) Os sócios respondem subsidiariamente pelas obrigações sociais.
(B) Somente os sócios diretores respondem ilimitada e subsidiariamente pelas obrigações sociais, quando não se empregar a palavra *limitada* na firma ou denominação da sociedade.
(C) Os administradores respondem ilimitada e solidariamente pelas obrigações sociais quando omitirem no uso da firma ou denominação a palavra *limitada*.
(D) Todos os administradores respondem subsidiariamente pelas obrigações sociais, se agirem em desobediência à lei ou ao contrato.

A: incorreta, pois os sócios das limitadas não respondem subsidiariamente (muito menos solidariamente) pelas obrigações sociais – art. 1.052 do CC; B: incorreta, pois qualquer administrador (não precisa ser sócio diretor, pode ser gerente que não seja sócio, por exemplo) responde solidária e ilimitadamente, nesse caso – art. 1.158, § 3º, do CC; C: correta, conforme o citado art. 1.158, § 3º, do CC; D: incorreta, pois, a rigor, o excesso do administrador será imputado a ele apenas em caso de prejuízos causados – art. 1.016 do CC. Gabarito "C".

(Magistratura/MG – 2008) Assinale a opção que representa o quórum necessário para a alteração do contrato social de uma sociedade limitada enquadrada como empresa de pequeno porte, sabendo-se que o contrato social respectivo é omisso:

(A) 3/4 do capital social.
(B) 2/3 do capital social.
(C) maioria dos sócios presentes na reunião ou assembléia.
(D) primeiro número inteiro superior à metade do capital social.

O art. 70 da Lei Complementar 123/2006 afastou a exigência de reuniões ou assembleias para as deliberações das pequenas e micro-empresas, que decidirão, em regra, por maioria simples do capital social (primeiro número inteiro superior à metade). Gabarito "D".

(Magistratura/MG – 2008) Assinale a opção que representa o quórum necessário para a alteração do contrato social de uma sociedade limitada enquadrada como empresa de pequeno porte, sabendo-se que o contrato social respectivo é omisso:

(A) 3/4 do capital social.
(B) 2/3 do capital social.

(C) maioria dos sócios presentes na reunião ou assembléia.
(D) primeiro número inteiro superior à metade do capital social.

Art. 70, *caput*, da Lei Complementar 123/2006. Gabarito "D".

(Magistratura/PA – 2009 – FGV) Em uma sociedade limitada, é correto afirmar que:

(A) a investidura do administrado deverá ter anuência da totalidade dos sócios, se o capital já estiver integralizado.
(B) a quota de um sócio, na omissão do contrato, pode ser transferida a terceiros, mas é preciso que haja concordância de todos os demais sócios.
(C) o conselho fiscal é obrigatório, pois é um órgão de fiscalização e controle.
(D) o capital da sociedade poderá ser reduzido, mediante a correspondente modificação do contrato, não podendo o credor quirográfico opor-se a essa redução.
(E) o pedido de concordata, a nomeação e destituição dos liquidantes e o julgamento das suas contas dependem da deliberação dos sócios.

A: assertiva incorreta, pois, no caso de nomeação de administrador que seja sócio (em ato separado, não no contrato original), são necessários votos correspondentes a mais da metade do capital social (não da totalidade dos sócios, portanto), independentemente de haver ou não integralização do capital – art. 1.076, II, c/c art. 1.071, II, do CC. No caso de administrador que não seja sócio, desde que o contrato social permita, é necessária a aprovação de apenas dois terços dos sócios – art. 1.061 do CC; B: incorreta, pois, inexistindo previsão contratual, basta não haver oposição de titulares de mais de um quarto do capital social para que haja cessão da quota a terceiro – art. 1.057 do CC; C: incorreta, pois o Conselho Fiscal não é obrigatório nas limitadas – art. 1.066 do CC; D: assertiva incorreta, já que existe possibilidade de oposição de credor quirografário à redução do capital – art. 1.084, § 1º, do CC; E: essa é a assertiva correta, conforme disposto no art. 1.071, VII e VIII, do CC, lembrando que, atualmente, há recuperação extrajudicial ou judicial, mas não concordata. Gabarito "E".

(Magistratura/PA – 2008 – FGV) É correto afirmar que nas sociedades limitadas:

(A) a responsabilidade da sociedade é limitada ao valor total do capital social.
(B) os sócios respondem solidariamente pelas dívidas da sociedade, ainda que o capital social esteja integralizado.
(C) a sociedade simples que adotar a forma de limitada será considerada sociedade empresária.
(D) a responsabilidade dos sócios é solidária e limitada ao valor das quotas não integralizadas.
(E) a responsabilidade dos sócios é solidária e limitada ao valor que faltar a ser integralizado no capital social.

A: a responsabilidade dos sócios (não da sociedade) é limitada às respectivas cotas – art. 1.052 do CC; B: a responsabilidade dos sócios é restrita às suas respectivas cotas, embora haja responsabilidade solidária pela integralização do capital (não é o caso da assertiva) – art. 1.052 do CC; C: a sociedade simples pode constituir-se como limitada, sem que isso implique natureza empresarial – art. 983 do CC; D e E: a solidariedade refere-se apenas à integralização das cotas – art. 1.052 do CC. Gabarito "E".

(MAGISTRATURA/PB – 2011 – CESPE) A respeito da disciplina aplicável às sociedades limitadas, assinale a opção correta.

(A) Em razão da natureza jurídica da sociedade limitada, não é permitida a nomeação de administradores estranhos ao quadro social.
(B) A quebra da *affectio societatis* não é razão suficiente para excluir o sócio da sociedade limitada, haja vista a natureza desse tipo de sociedade.
(C) A penhora de quotas da sociedade limitada não é permitida pelo ordenamento jurídico, pois isso implicaria admitir, sem autorização dos sócios, o ingresso de pessoas estranhas na sociedade.
(D) Em razão do caráter *intuitu personae* da sociedade limitada, as quotas não podem ser cedidas, salvo se houver previsão contratual e autorização de todos os sócios.
(E) Na sociedade limitada, a responsabilidade dos sócios pela integralização do capital é solidária.

A: Incorreta, pois é possível a nomeação de administrador que não seja sócio da limitada – art. 1.061 do CC; B: Incorreta. Em princípio, apenas a quebra do affectio societatis não é, de fato, suficiente para a exclusão do sócio, mas não por conta da natureza da sociedade limitada. Na verdade, a limitada pode se configurar como sociedade de pessoas (diferente da sociedade de capital), em que as características subjetivas dos sócios são relevantes para a sociedade (quando a limitada não adota supletivamente as normas das sociedades por ações – art. 1.053, p. único, do CC). O sócio pode ser excluído judicialmente somente por falta grave no cumprimento de suas obrigações ou por incapacidade superveniente, mediante iniciativa da maioria dos demais sócios – art. 1.030 do CC. O sócio minoritário pode ser excluído também extrajudicialmente, caso esteja pondo em risco a continuidade da empresa, em virtude de atos de inegável gravidade, e desde que a exclusão por justa causa seja prevista no contrato social – art. 1.085 do CC. Existe ainda a possibilidade de exclusão do sócio remisso da limitada se não integralizar sua quota social no prazo definido – art. 1.058 do CC; C: Incorreta. O STJ reconhece a possibilidade de penhora das quotas de sociedade limitada, pois não implica, necessariamente, inclusão de novo sócio e porque o devedor responde com todos os seus bens – ver AgRg Ag 1.164.746/SP; D: Incorreta, pois, na omissão do contrato, o sócio da limitada pode ceder sua quota, total ou parcialmente, a quem seja sócio, independentemente de audiência dos outros, ou a estranho, se não houver oposição de titulares de mais de um quarto do capital social – art. 1.057 do CC; E: Correta, conforme o art. 1.052, in fine, do CC. Gabarito "E".

(Magistratura/PI – 2008 – CESPE) Julgue os itens que se seguem, acerca das sociedades limitadas.

I. Considere a seguinte situação hipotética. Lana, Taís e Bruna constituíram a LTB Móveis Usados Ltda. e, no momento da integralização do capital social, apenas Taís integralizou suas quotas. Nessa situação, Taís permanece solidariamente responsável pela integralização das quotas de Lana e Bruna.
II. A lei veda expressamente a regência supletiva da sociedade limitada pelas normas aplicáveis às sociedades anônimas.
III. O capital social das sociedades limitadas divide-se em quotas, as quais são sempre indivisíveis em relação à sociedade.
IV. Considere a seguinte situação hipotética. Irandir é sócio de sociedade limitada e pretende ceder a integralidade de suas quotas sociais a pessoa estranha ao quadro de sócios. Nessa situação, Irandir somente poderá ceder suas quotas, no caso de omissão do contrato social a respeito, se não houver oposição de titulares de mais de um quarto do capital social.

A quantidade de itens certos é igual a

(A) 0.
(B) 1.
(C) 2.
(D) 3.
(E) 4.

I: todos os sócios (inclusive Taís) são solidariamente responsáveis pela integralização das cotas – art. 1.052 do CC; II: o contrato social pode prever a regência supletiva pelas normas das sociedades anônimas (art. 1.053, parágrafo único, do CC); III: as cotas são indivisíveis em relação à sociedade, mas a regra não é absoluta (há exceção, na hipótese de transferência) – art. 1.056 do CC; IV: a assertiva é correta – art. 1.057 do CC. Gabarito "C".

(Magistratura/RO – 2011 – PUCPR) Um sócio de uma sociedade limitada foi dela excluído extrajudicialmente por deliberação da maioria absoluta do capital social. Havia previsão contratual para a exclusão extrajudicial e todo o procedimento legal para o ato foi observado, tendo sido arquivada a alteração de contrato social retratando a exclusão do sócio no órgão de registro competente. Diante disso, ele lhe pergunta como serão calculados e pagos os seus haveres. Considerando o contido no Código Civil a respeito da resolução da sociedade em relação a um sócio, sua resposta à referida indagação deveria ser uma das alternativas abaixo.

Assinale a única alternativa **CORRETA**:

(A) Os haveres do sócio excluído serão calculados e pagos de acordo com o contido no contrato social. Caso o contrato social seja omisso, os haveres do sócio excluído deverão ser calculados com base na situação patrimonial da sociedade, à data da exclusão, verificada em balanço especialmente levantado. Neste último caso (omissão do contrato social acerca de regras sobre o pagamento dos haveres), a quota liquidada deverá ser paga em dinheiro, no prazo de 90 (noventa) dias, a partir da apuração de seu valor em balanço especial.

(B) Os haveres do sócio excluído devem sempre ser calculados por perícia judicial, não valendo eventuais regras do contrato social a respeito do assunto; eis que o contrato social não pode contrariar a lei.
(C) Os haveres do sócio excluído serão calculados com base na situação patrimonial da sociedade, à data da exclusão, verificada em balanço especialmente levantado. A quota liquidada será paga em dinheiro, no prazo de noventa dias, a partir da liquidação, independentemente de previsão contratual em contrário.
(D) Para o cálculo dos seu haveres, o sócio deverá obrigatoriamente promover uma ação de dissolução total da sociedade.
(E) Todas as alternativas anteriores são falsas.

Nos casos em que a sociedade se resolver em relação a um sócio, o valor da sua quota, considerada pelo montante efetivamente realizado, liquidar-se-á, salvo disposição contratual em contrário, com base na situação patrimonial da sociedade, à data da resolução, verificada em balanço especialmente levantado. A quota liquidada será paga em dinheiro, no prazo de noventa dias, a partir da liquidação, salvo acordo, ou estipulação contratual em contrário – art. 1.031, *caput* e § 2º, do CC c/c art. 1.086 do mesmo Código. Por essa razão, a alternativa "A" é a correta. Gabarito "A".

(Magistratura/RO – 2011 – PUCPR) Considerando a disciplina legal das sociedades, assinale a única alternativa CORRETA.

(A) O *quorum* para alteração do contrato social em uma sociedade limitada é de maioria absoluta do capital social.
(B) As sociedades limitadas devem ser administradas por sócios, não se admitindo a figura do administrador não sócio.
(C) O contrato social das sociedades empresárias deve ser levado a registro perante o Cartório do Registro Civil das Pessoas Jurídicas. Já o contrato social das sociedades simples deve ser registrado perante a Junta Comercial.
(D) Sócios representando a maioria do capital social podem destituir sócio nomeado administrador de uma sociedade limitada no contrato social.
(E) Em uma sociedade limitada, o *quorum* para alteração do contrato social é de 3/4 (três quartos) do capital social. Já o *quorum* para a destituição de administrador sócio nomeado no contrato social é de 2/3 (dois terços) do capital social.

A: Incorreta, pois a modificação do contrato social da limitada depende de votos correspondentes a, no mínimo, ¾ do capital social – art. 1.076, I, c/c art. 1.071, V, do CC; B: Assertiva incorreta, pois é possível a nomeação de administrador que não seja sócio da limitada – art. 1.061 do CC; C: Incorreta, pois é o oposto, nos termos do art. 1.150 do CC. O empresário e a sociedade empresária vinculam-se ao Registro Público de Empresas Mercantis a cargo das Juntas Comerciais, e a sociedade simples ao Registro Civil das Pessoas Jurídicas, o qual deverá obedecer às normas fixadas para aquele registro, se a sociedade simples adotar um dos tipos de sociedade empresária; D: Incorreta, pois o sócio nomeado administrador no contrato somente será destituído pela aprovação de titulares de quotas correspondentes, no mínimo, a ⅔ do capital social, salvo disposição contratual diversa – art. 1.063, § 1º, do CC; E: Essa é a alternativa correta, conforme comentários às assertivas "A" e "D". Gabarito "E".

(Magistratura/SC – 2009 – adaptada) Observe as seguintes proposições sobre as sociedades por quotas de responsabilidade limitada e assinale a alternativa correta:

I. A desconsideração da personalidade jurídica não objetiva a anulação da personalidade jurídica em toda a sua extensão; cuida somente de declarar a sua ineficácia para determinado ato.
II. É dispensável a cláusula resolutória para a exclusão do sócio remisso.
III. A mora do sócio remisso deve estar acompanhada da sua prévia notificação para que, no prazo de dez dias, liquide a dívida. Ocorrendo a mora, os demais sócios podem promover ação de indenização, pedindo também o dano emergente.
IV. O capital social é representado pelo conjunto de bens da sociedade comercial, incluindo as quotas integralizadas.
V. O sócio-administrador pode delegar o uso da firma a terceiro mesmo que a isso se oponha o contrato social; neste caso, responderá pessoalmente pelas obrigações contraídas pelo seu substituto e terá direito aos lucros havidos com o negócio.

(A) Somente as proposições I e III estão corretas.
(B) Somente as proposições I e II estão corretas.
(C) Somente as proposições I, III e IV estão corretas.
(D) Somente as proposições II, III e IV estão corretas.
(E) Todas as proposições estão corretas.

I: assertiva correta, nos termos do art. 50 do CC; II: correta, pois a autorização de exclusão é dada diretamente pelo art. 1.058 do CC; III: incorreta, pois o prazo da notificação é de 30 dias, conforme o art. 1.004, *caput*, do CC, aplicável às limitadas por força do art. 1.053 do CC; IV: incorreta, pois as quotas representam a totalidade do capital social, integralizado ou não – art. 1.055 do CC; V: incorreta, pois o uso da firma ou da denominação social é privativo dos administradores que tenham os necessários poderes – arts. 1.064 e 1.018 do CC (discordamos do gabarito oficial, que indicava essa assertiva como correta). Não é possível, nesse contexto, afirmar que o sócio administrador **pode** delegar o uso da firma, no sentido de que, embora haja possibilidade fática, ela inexiste juridicamente. Não subsiste, no direito brasileiro, disposição equivalente ao art. 13, *in fine*, do Decreto 3.708/1919, que entendemos ter sido revogado tacitamente pelo atual Código Civil. Ademais, ainda que se considere vigente essa disposição legal, o sócio-administrador não poderia "reclamar da sociedade mais do que a sua parte das vantagens auferidas do negócio", de modo que a assertiva estaria incorreta, de qualquer modo. Gabarito "B".

(Magistratura/SC – 2009) Ainda na esfera das sociedades por quotas de responsabilidade limitada, assinale a alternativa correta:

I. Falecendo um dos sócios, o ingresso dos herdeiros na sociedade é obrigatório, desde que haja cláusula contratual expressa.
II. A exclusão do sócio "vivo" será sempre judicial quando a sociedade for composta por apenas dois sócios.
III. O Código Civil consagra hipótese excepcional de continuidade do exercício individual da empresa pelo incapaz não emancipado, exigindo que este esteja devidamente representado nos negócios e seja autorizado por alvará judicial.
IV. A sociedade comercial, embora tenha características distintas, recebe a aplicação dos princípios que norteiam o direito contratual, com as adaptações pertinentes à sua natureza. Primando-se, assim, pela teoria da autonomia da vontade, é prescindível a existência de cláusula autorizadora do direito de recesso na sociedade empresarial por prazo indeterminado.
V. A exclusão do sócio é de eficácia imediata, que se dá a partir do arquivamento perante a Junta Comercial.

(A) Todas as proposições estão corretas.
(B) Somente as proposições II, IV e V estão corretas.
(C) Somente as proposições II e III estão corretas.
(D) Somente as proposições I, II, III e IV estão corretas.
(E) Somente as proposições I, III e V estão corretas.

I: correta, pois é possível disposição contratual que evite a liquidação da quota do sócio falecido – art. 1.028, I, do CC, quando aplicável às limitadas por força do art. 1.053, *caput*, do mesmo Código; II: incorreta, pois é impossível haver maioria dos sócios favoráveis à exclusão, nesse caso – art. 1.085 do CC; III: assertiva correta, pois há essa hipótese excepcional – art. 974 do CC; IV: assertiva correta, pois, nas sociedades por prazo indeterminado, qualquer sócio pode se retirar a qualquer momento, mediante notificação aos demais sócios, com antecedência mínima de sessenta dias – art. 1.029 do CC; V: incorreta, pois a exclusão do sócio por falta grave ou incapacidade superveniente se dá judicialmente – art. 1.030 do CC. Gabarito "D".

(Magistratura/SE – 2008 – CESPE) Considere que um advogado tenha sido contratado para elaborar contrato social para constituição de sociedade limitada composta por 11 sócios e que, entre as diversas cláusulas contratuais, esse advogado tenha incluído as disposições transcritas nas opções a seguir. Com base na legislação de regência, assinale a opção que contenha cláusula contratual lícita.

(A) As deliberações dos sócios serão tomadas em reunião simples, ressalvados os casos previstos no contrato social em que for necessária a deliberação por assembléia.
(B) Os sócios participam dos lucros e das perdas, na proporção das respectivas quotas, mas aquele cuja contribuição consista em prestação de serviços somente participa dos lucros na proporção da média do valor das quotas.
(C) Enquanto não integralizado o capital, poderá ser designado, em assembléia, administrador não-sócio, mediante aprovação da maioria absoluta dos sócios.

(D) As obrigações dos sócios começam 60 dias após a assinatura do presente contrato social.
(E) O sócio que possuir número de quotas sociais em valor equivalente a menos de 1% do capital social integralizado não participará dos lucros e das perdas.

A: a deliberação em assembleia é obrigatória, pois há mais de dez sócios – art. 1.072, § 1º, do CC; B: nas limitadas, é vedada a contribuição consistente em prestação de serviços – art. 1.055, § 2º, do CC; C: enquanto o capital não estiver totalmente integralizado, a designação de administrador não sócio depende de unanimidade – art. 1.061 do CC; D: o contrato pode fixar data para o início das obrigações – art. 1.001 c/c art. 1.053, ambos do CC; E: é nula a cláusula que exclua participação nos lucros ou nas perdas – art. 1.008 c/c art. 1.053, ambos do CC. Gabarito "D".

(Magistratura/SP – 2011 – VUNESP) No tocante à sociedade limitada, é correto afirmar que

(A) nas omissões do respectivo capítulo do Código Civil que a regulamenta e do seu contrato social, rege-se pelas normas atinentes à sociedade anônima.
(B) a deliberação em assembleia será obrigatória se o número dos sócios for superior a dez, mas a reunião ou a assembleia torna-se dispensável quando todos os sócios decidirem, por escrito, sobre a matéria que seria objeto dela.
(C) a administração atribuída no contrato a todos os sócios estende-se, de pleno direito, aos que posteriormente adquiram essa qualidade.
(D) o capital social divide-se em quotas, iguais ou desiguais, cabendo uma ou diversas a cada sócio, permitida contribuição que consista em prestação de serviços.
(E) estabelecido um Conselho Fiscal, seus membros não poderão ser remunerados.

A: Incorreta, pois a sociedade limitada é regida subsidiariamente pelas normas das sociedades simples, exceto se o contrato social prever expressamente a regência supletiva pelas normas das sociedades por ações – art. 1.053 do CC; B: Essa é a assertiva correta, conforme o art. 1.072, §§ 1º e 3º, do CC; C: Incorreta, pois a administração não se estende de pleno direito aos sócios que ingressem posteriormente na sociedade – art. 1.060, p. único, do CC; D: Incorreta, pois não se admite a contribuição em serviço na sociedade limitada – art. 1.055, § 2º, da CC; E: Incorreta, pois compete à assembleia de sócios fixar a remuneração dos membros do conselho fiscal da limitada – art. 1.068 do CC. Gabarito "B".

(Magistratura/SP – 2008) Nas sociedades limitadas,

(A) é obrigatória a instituição de conselho fiscal, com 3 ou mais membros, quando a sociedade for composta por 10 ou mais quotistas.
(B) a aprovação, sem reserva, do balanço patrimonial do resultado econômico exonera irrevogavelmente a responsabilidade dos sócios.
(C) o administrador pode não ser quotista, mas sua designação dependerá de aprovação unânime dos quotistas, quando o capital não estiver integralizado.
(D) o capital social divide-se em quotas iguais, divisíveis ou indivisíveis.

A: a instituição do conselho fiscal não é obrigatória – art. 1.066 do CC; B: a aprovação do balanço, sem reserva, exonera os membros da administração e do conselho fiscal (se houver) – art. 1.078, § 3º, do CC; C: a assertiva reflete o disposto no art. 1.061 do CC; D: as cotas podem ser desiguais e, em regra, são indivisíveis em relação à sociedade – arts. 1.055 e 1.056 do CC. Gabarito "C".

(Magistratura/TO – 2007 – CESPE) O contrato social da SLT Alimentos Ltda., cujo capital social ainda não foi totalmente integralizado, prevê que a administração da sociedade será exercida por todos os sócios e também por pessoa estranha ao quadro de sócios. A partir dessa situação hipotética e com base na disciplina normativa das sociedades limitadas, assinale a opção correta.

(A) Os sócios da SLT Alimentos Ltda. respondem solidariamente pela exata estimação dos bens conferidos ao capital social até o prazo de cinco anos, a contar da data do registro da referida sociedade.
(B) A pessoa que, posteriormente à constituição da sociedade, se tornar sócia da SLT Alimentos Ltda. adquirirá automaticamente a qualidade de administrador dessa empresa.
(C) A designação de administrador estranho ao quadro de sócios da SLT Alimentos Ltda. depende da previsão em contrato e da aprovação da maioria simples de seus sócios.
(D) O sócio nomeado administrador no contrato social da SLT Alimentos Ltda. não poderá ser destituído.

A: todos os sócios respondem solidariamente pela integralização do capital – art. 1.052 do CC; B: os poderes de administração não se estendem automaticamente ao novo sócio – art. 1.060, parágrafo único, do CC; C: antes da total integralização do capital, a designação de administrador não sócio depende de unanimidade – art. 1.061 do CC; D: o sócio nomeado administrador no contrato social pode ser destituído, a qualquer tempo, pelo voto representativo de dois terços do capital, salvo disposição contratual diversa – art. 1.063, § 1º, do CC. Gabarito "A".

(Procurador do Estado/PB – 2008 – CESPE) No que se refere à responsabilidade dos sócios e dos administradores das sociedades limitadas, assinale a opção incorreta.

(A) Na sociedade limitada, a responsabilidade de cada sócio é restrita ao valor de suas quotas, mas todos respondem solidariamente pela integralização do capital social.
(B) A omissão da palavra limitada determina a responsabilidade solidária e ilimitada dos administradores que assim empregarem a firma ou a denominação da sociedade.
(C) Os sócios serão obrigados à reposição dos lucros e das quantias retiradas, a qualquer título, ainda que autorizados pelo contrato, quando tais lucros ou quantias se distribuírem com prejuízo do capital da sociedade limitada.
(D) Ocorrida a dissolução da limitada, cumpre aos administradores providenciar imediatamente a investidura do liquidante e restringir a gestão própria aos negócios inadiáveis, vedadas novas operações, pelas quais responderão solidária e ilimitadamente.
(E) A aprovação, sem reserva, do balanço patrimonial e do resultado econômico, independentemente de erro ou simulação, exonera de responsabilidade os membros da administração da limitada.

A: art. 1.052 do CC; B: art. 1.158, § 3º, do CC; C: art. 1.059 do CC: D: art. 1.036 c/c art. 1.053, ambos do CC; E: o erro, o dolo e a simulação afastam a exoneração dos membros da administração – art. 1.078, § 3º, do CC. Gabarito "E".

(Procurador do Estado/RR – 2006 – FCC) Nas sociedades limitadas, é admitida a expulsão de sócio no caso de

(A) não integralização de suas quotas, devendo ser deliberada pela maioria do capital social.
(B) não integralização de suas quotas, devendo ser deliberada pela unanimidade dos sócios remanescentes.
(C) falta grave, se previsto no contrato, deliberada pela maioria do capital social.
(D) falta grave, se previsto no contrato, deliberada pela maioria dos sócios remanescentes.
(E) falta grave, mesmo que não previsto no contrato, deliberada pela maioria dos sócios remanescentes.

Como regra geral, o sócio pode ser excluído por falta grave, por deliberação da maioria dos demais, por incapacidade superveniente, por sua falência ou se sua cota for liquidada – art. 1.030 do CC. No caso específico das limitadas, os demais sócios podem excluir aquele que não integralizar sua cota (art. 1.058 do CC), pelo voto de maioria representativa de três quartos do capital social (art. 1.076, I, c/c art. 1.071, V, ambos do CC). Também no caso das limitadas, a maioria dos sócios, representativa de mais da metade do capital social, poderá excluir aquele que pratique ato de inegável gravidade que ponha em risco a continuidade da empresa, por meio de alteração do contrato social, desde que preveja exclusão por justa causa (essa exclusão deverá ser decidida em reunião ou assembleia convocada para esse fim, garantindo-se o direito de defesa) – art. 1.085 do CC. Gabarito "C".

(Magistratura Federal/3ª Região – 2010) Estabelecendo o contrato da sociedade por quotas de responsabilidade limitada quorum superior a 50% dos titulares das suas quotas, para a alteração do contrato social:

(A) Esse quorum há de ser respeitado em qualquer hipótese;
(B) Havendo conflito, a respeito dessa alteração, entre majoritários e minoritários, atua, na espécie, o princípio que tutela o direito da maioria;
(C) Apenas em casos excepcionais deve prevalecer nessa hipótese o princípio majoritário;
(D) Caberá às partes o pleito de uma solução judicial harmonizadora dos interesses conflitantes dos sócios.

A e B: a exigência contratual de maioria dos titulares das quotas não é absoluta, podendo ser excepcionalmente afastada em caso de prejuízo aos interesses sociais e da maioria, considerando que a exigência legal, para alteração do contrato social, é de deliberação de, no mínimo, três quartos do capital social (o critério, perceba, é o capital social, não o número de titulares de cotas) – art. 1.076, I, do CC; C: incorreta, pois embora possa ser excepcionalmente afastada, a disposição contratual é válida e aplicável à generalidade dos casos; D: incorreta, pois a intervenção judicial não se aplica à hipótese. Gabarito "B".

(Defensoria Pública da União – 2007 – CESPE) Julgue o item seguinte.

(1) Lino, Simão e Nivaldo são sócios de determinada sociedade limitada. Lino foi investido na administração da sociedade por cláusula expressa do contrato social. Nessa situação, os poderes conferidos a Lino são irrevogáveis, salvo justa causa, reconhecida judicialmente e a pedido de Simão ou de Nivaldo.

O sócio designado administrador no próprio contrato social somente pode ser destituído pela maioria representativa de dois terços do capital social, exceto se o contrato fixar regra diversa – art. 1.063, § 1º, do CC. Como há apenas três sócios, considerando que têm a mesma participação no capital social, a única possibilidade de destituição é a exclusão de Lino da sociedade pelos demais, o que depende de justa causa, nos termos dos arts. 1.030 e 1.085 do CC. Gabarito 1C

(Procurador Federal – 2010 – CESPE) A seguir, é apresentada uma situação hipotética, seguida de uma assertiva a ser julgada no que se refere a direito comercial.

(1) Sérgio, administrador da pessoa jurídica Gama Ltda., celebrou contrato em nome dessa pessoa jurídica com a pessoa jurídica Delta Ltda. e, no respectivo instrumento, após a firma de Gama, omitindo tanto a palavra limitada como a sua abreviatura. Nessa situação, a omissão deve ser considerada mero erro material e não ensejará nenhuma repercussão jurídica.

Incorreta, pois a omissão da palavra limitada ou sua abreviação implica responsabilidade solidária e ilimitada do administrador signatário – art. 1.158, § 3º, do CC. Gabarito 1E

(Procurador Federal – 2010 – CESPE) A seguir, é apresentada uma situação hipotética, seguida de uma assertiva a ser julgada no que se refere a direito comercial.

(1) A pessoa jurídica W Participações Ltda. possui 40% das quotas sociais da pessoa jurídica Y Ltda. Y, por sua vez, possui 10% das quotas da pessoa jurídica W Participações Ltda., montante este superior, segundo o balanço patrimonial aprovado, ao valor de suas próprias reservas, excluída a reserva legal. Nessa situação, Y não terá direito a voto no montante correspondente às quotas em excesso, devendo aliená-las nos cento e oitenta dias seguinte à aprovação do balanço.

A assertiva é correta, pois, nos termos do art. 1.101 do CC, salvo disposição especial de lei, a sociedade não pode participar de outra, que seja sua sócia, por montante superior, segundo o balanço, ao das próprias reservas, excluída a reserva legal. Aprovado o balanço em que se verifique ter sido excedido esse limite, a sociedade não poderá exercer o direito de voto correspondente às ações ou quotas em excesso, as quais devem ser alienadas nos cento e oitenta dias seguintes àquela aprovação. Gabarito 1C

(Procurador de Contas TCE/ES – CESPE – 2009) Fernando, Daniel, Davi e Marcos, chefes de cozinha renomados, instituíram uma sociedade limitada para explorar o ramo de confeitaria. O capital social foi estipulado em R$ 240 mil, divididos em quatro cotas de R$ 60 mil. Cada um já contribuiu para o capital inicial com a quantia de R$ 30 mil. Restou estipulado no contrato social que aplicariam subsidiariamente à sociedade instituída, as normas da sociedade simples. Com relação a essa situação hipotética, assinale a opção correta.

(A) Sendo omisso o contrato social quanto à matéria, se Fernando e Daniel concordarem, Marcos poderá ceder a sua quota a terceiro.
(B) Não haveria óbice quanto à participação na sociedade, caso Davi fosse menor relativamente incapaz, se assistido pelos pais.
(C) Poderá Daniel contribuir para o capital social com imóvel particular seu, desde que haja prévia avaliação do bem.
(D) Caso Fernando não integralize a sua quota na forma estabelecida no contrato poderá ser excluído da sociedade pelos demais sócios pela via extrajudicial.
(E) Não será válida penhora recaída sobre os bens dos sócios por dívida contraída pela sociedade, caso os bens sociais sejam insuficientes para responder pela obrigação.

A: para que Marcos possa ceder quotas a terceiro (não sócio), é preciso que não haja oposição de titulares de mais de um quarto do capital social – art. 1.057 do CC; B: incorreta, pois o incapaz apenas pode continuar a empresa antes exercida por ele enquanto for capaz – art. 974 do CC. Interessante notar que a incapacidade do menor, com pelo menos 16 anos, pode ser cessada pela concessão dos pais ou pelo estabelecimento comercial que proveja economia própria a Davi (art. 5º, parágrafo único, I e V, do CC); C: incorreta, pois a integralização em bem imóvel depende da concordância dos demais sócios. A avaliação prévia é prevista expressamente no caso das sociedades por ações – art. 8º da Lei 6.404/1976; D: correta, conforme o art. 1.058 do CC; E: incorreta, pois os sócios respondem subsidiariamente, com seus bens pessoais, até o valor do capital subscrito que ainda não foi integralizado – art. 1.052 do CC. Gabarito "D".

(Delegado/PA – 2009 – MOVENS) José é credor de uma empresa constituída sob a forma de sociedade limitada, e pretende cobrar em juízo a totalidade das dívidas. Com base nessa situação hipotética e no que prescreve o Código Civil a respeito desse assunto, assinale a opção correta.

(A) Os bens particulares dos sócios e os bens sociais não podem ser executados pelas dívidas da sociedade.
(B) Os bens particulares dos sócios não podem ser executados pelas dívidas da sociedade, senão depois de executados os bens sociais.
(C) Somente os bens sociais podem ser executados pelas dívidas da sociedade.
(D) Somente os bens particulares dos sócios podem ser executados pelas dívidas da sociedade.

A e D: incorretas, pois os bens sociais respondem pela obrigação contraída pela sociedade; B: correta, pois, nas hipóteses excepcionais de responsabilidade pessoal dos sócios, ela será, em princípio, subsidiária (por exemplo, no caso de capital subscrito ainda não integralizado); C: incorreta, pois há casos excepcionais em que o sócio responde pessoalmente pelos débitos sociais. Gabarito "B".

(Cartório/AP – 2011 – VUNESP) Uma vez totalmente integralizado o capital social, a responsabilidade dos sócios, por dívidas sociais, nas sociedades limitadas

(A) é subsidiária e ocorrerá sempre que se esgote o patrimônio da sociedade.
(B) é exclusiva dos controladores e limitada ao valor de sua participação no capital social.
(C) atinge somente o patrimônio pessoal dos sócios controladores até o valor total do capital social.
(D) depende da comprovação da regularidade da sociedade na Junta Comercial local.
(E) é excepcional e depende de disposição legal específica, como no caso de desconsideração da personalidade jurídica.

Na sociedade limitada, a responsabilidade de cada sócio é restrita ao valor de suas quotas, mas todos respondem solidariamente pela integralização do capital social – art. 1.052 do CC. A, B e C: Incorretas, conforme comentário inicial; D: Incorreta. Não se deve confundir sociedade irregular (com registros desatualizados, por exemplo) com sociedade sem inscrição no registro competente. Havendo inscrição da sociedade limitada no registro, há personalidade jurídica própria e, portanto, afasta-se a responsabilidade pessoal dos sócios – arts. 45 e 985 do CC (não é preciso comprovar a regularidade, mas apenas a existência de inscrição válida no registro próprio). Apenas se não houvesse o registro é que existiria responsabilidade pessoal e ilimitada dos sócios da sociedade em comum – art. 990 do CC; E: Assertiva correta, conforme comentário inicial e art. 50 do CC. Gabarito "E".

(Cartório/SP – 2008) Na sociedade limitada, se o administrador for designado no próprio contrato social, ele pode ser destituído

(A) somente por deliberação unânime de todos sócios.
(B) por deliberação aprovada com quorum qualificado de dois terços dos sócios, se não houver disposição contratual diversa.
(C) por deliberação aprovada por maioria simples, contados votos por cabeça.
(D) por deliberação aprovada por maioria simples, contados votos conforme a participação de cada sócio no capital social.

Como regra, a designação de administrador (quando feita em ato separado do contrato) e sua destituição dependem de voto representativo de mais da metade do capital social – art. 1.076, II, c/c art. 1.071, II e III, ambos do CC. Caso se trate de sócio designado administrador no próprio contrato social, sua destituição depende de maioria representativa de dois terços do capital social, exceto se o contrato fixar regra diversa – art. 1.063, § 1º, do CC. Se o contrato permitir a designação de administrador não sócio, dependerá de unanimidade dos sócios, antes da integralização do capital, e maioria de dois terços, após a integralização – art. 1.061 do CC. Gabarito "B".

2.6. SOCIEDADE ANÔNIMA.

2.6.1. CONSTITUIÇÃO, CAPITAL SOCIAL, AÇÕES, DEBÊNTURES E OUTROS VALORES MOBILIÁRIOS

(Magistratura/PE – 2011 – FCC) Nas sociedades por ações,

(A) a cada ação ordinária corresponde um voto nas deliberações da assembleia geral e o estatuto não poderá deixar de conferir às ações preferenciais nenhum dos direitos reconhecidos às ações ordinárias, exceto a exclusão do direito de voto;
(B) o estatuto fixará o número das ações, que sempre terão valor nominal, o qual poderá não ser o mesmo para todas as ações;
(C) a constituição da companhia se dará mediante a subscrição por ao menos 7 (sete) pessoas, de todas as ações em que se divide o capital, e, no caso de constituição por subscrição pública, dependerá do prévio registro da emissão na Comissão de Valores Mobiliários e será efetuada necessariamente com a intermediação de instituição financeira;
(D) a incorporação de imóveis de qualquer valor para formação do capital social exige escritura pública;
(E) o estatuto poderá prever vantagens políticas, assegurando a uma ou mais classe de ações preferenciais o direito de eleger, por votação em separado, um ou mais membros dos órgãos de administração.

A: Incorreta, pois as ações preferenciais, diferentemente das ordinárias, podem não garantir direito a voto – art. 111 da Lei das Sociedades por Ações – LSA (Lei 6.404/1976); B: Incorreta, pois o art. 11 da LSA prevê a possibilidade de ações sem valor nominal; C: Incorreta, pois, para a constituição da companhia, exige-se o mínimo de duas pessoas que subscrevam todas as ações em que se divide o capital social fixado no estatuto – art. 80, I, da LSA. No mais, a assertiva é correta – art. 82 da LSA; D: Incorreta, pois não se exige escritura pública para a incorporação de imóveis para formação do capital – art. 89 da LSA; E: Correta, conforme o art. 18 da LSA. **Gabarito "E".**

(Magistratura/PI – 2008 – CESPE) Assinale a opção correta quanto à disciplina jurídica das sociedades anônimas.

(A) A emissão de ações por preço inferior ao seu valor nominal depende de prévia autorização de, no mínimo, um quarto dos acionistas.
(B) Uma vantagem política conferida a certas classes de ações preferenciais é o direito de se elegerem, em votação em separado, membros dos órgãos de administração da companhia.
(C) Em sociedades anônimas que admitam a negociação de suas ações no mercado de valores mobiliários, as ações somente poderão ser negociadas depois de realizados 60% do preço de emissão.
(D) Às sociedades anônimas é vedado, em qualquer hipótese, receber em garantia as próprias ações.
(E) As partes beneficiárias, valores mobiliários emitidos pelas companhias abertas e fechadas, podem ser atribuídas a acionistas como remuneração de serviços prestados à companhia emissora.

A: é vedada a emissão de ações por preço inferior ao valor nominal, sob pena de nulidade – art. 13 da LSA; B: essa vantagem política, que depende de disposição estatutária, é prevista no art. 18 da LSA; C: a negociação é permitida depois de realizados 30% do preço de emissão – art. 29 da LSA; D: a companhia pode receber as próprias ações em garantia, excepcionalmente, para assegurar a gestão de seus administradores – art. 30, § 3º, da LSA; E: as companhias abertas não podem emitir partes beneficiárias – art. 47, parágrafo único, da LSA. **Gabarito "B".**

(Magistratura/SP – 2008) A debênture é um título emitido

(A) somente por sociedade anônima e confere aos seus titulares direito de crédito contra ela.
(B) por sociedade anônima e sociedade em comandita por ações e confere aos seus titulares direito de crédito, sem privilégio, ou garantia, contra elas.
(C) somente por sociedade anônima e confere aos seus titulares direito de crédito contra ela, vedada sua conversão em ações.
(D) por sociedade anônima e sociedade comandita por ações e confere aos seus titulares direito de crédito, sendo facultada a previsão de garantia real ou flutuante.

A debênture pode ser emitida por sociedade anônima e em comandita por ações e confere ao titular direito de crédito contra a empresa – arts. 52 e 283 da LSA. É possível sua conversibilidade em ações – art. 57 da LSA. Admite previsão de garantia real ou flutuante, pode não gozar de preferência ou ser subordinada aos demais credores – art. 58 da LSA. **Gabarito "D".**

(Procurador do Estado/PR – 2007) A sociedade de capital autorizado é:

(A) uma sociedade que necessita de autorização do governo para funcionar;
(B) uma companhia que contém em seu estatuto previsão de aumento de capital até um determinado valor sem alteração estatutária;
(C) uma sociedade anônima que tem seu capital parcialmente subscrito com autorização para subscrição ulterior de ações até o valor do capital estatutário;
(D) uma sociedade limitada que atua na bolsa de valores com permissão para possuir capital inferior ao fixado pela Comissão de Valores Mobiliários; e) uma sociedade simples, de capital estrangeiro, registrada no Banco Central do Brasil.

Art. 168 da LSA – a assertiva B reflete a definição legal de capital autorizado. **Gabarito "B".**

(Procurador do Estado/SP – FCC – 2009) São características da sociedade anônima:

(A) arquivamento dos atos constitutivos no Registro Público de Empresas, exigência de capital mínimo, e existência obrigatória do conselho de administração com poderes para eleger e destituir os diretores.
(B) direito de voto na assembleia geral proporcional à participação no capital social, publicação das demonstrações financeiras na imprensa oficial, e garantia de participação dos acionistas minoritários na gestão da companhia.
(C) limitação da responsabilidade pessoal dos acionistas, igualdade de tratamento entre os acionistas, e gestão profissional.
(D) capital dividido em ações circuláveis, limitação da responsabilidade pessoal dos acionistas, e pagamento de dividendo mínimo por conta dos lucros apurados no exercício social.
(E) impossibilidade de integralização do capital em bens ou serviços, dissociação entre propriedade acionária e gestão, e possibilidade de emissão de debêntures.

A: incorreta, pois não há exigência de capital mínimo. Interessante lembrar que o conselho de administração somente é obrigatório nas companhias abertas e nas de capital autorizado – art. 138, § 2º, da Lei das Sociedades por Ações – LSA (Lei 6.404/1976); B: incorreta, pois os titulares de ações sem direito a voto, embora possam comparecer à assembleia geral e discutir as matérias, não votam, evidentemente – art. 125, parágrafo único, da LSA; C: incorreta, pois não há igualdade de tratamento entre os acionistas, considerando que há distinção entre as espécies de ações e os direitos por elas conferidos; D: assertiva correta, conforme os arts. 1º e 202 da LSA; E: incorreta, pois é possível a integralização do capital em dinheiro ou em qualquer espécie de bens suscetíveis de avaliação em dinheiro, mas não em serviços – art. 7º da LSA. **Gabarito "D".**

(Magistratura Federal/5ª Região – 2009 – CESPE) Tendo como referência a Lei n.º 6.404/1976, assinale a opção correta.

(A) Uma sociedade anônima é considerada aberta ou fechada conforme os valores mobiliários que emita possam ou não ser negociados no mercado de valores mobiliários.
(B) As ações de uma sociedade anônima são classificadas, de acordo com a espécie, em extraordinárias, ordinárias, preferenciais e de fruição.
(C) Em relação à sociedade anônima, a ação é sempre divisível.
(D) Mesmo constatada a mora, a companhia não pode mandar vender na bolsa de valores as ações do acionista remisso, por conta e risco deste.
(E) A responsabilidade do alienante de uma ação não integralizada cessa imediatamente após a transferência dessa ação ao adquirente.

A: essa é a assertiva correta, conforme o art. 4º da LSA; B: incorreta, pois nos termos do art. 15 da LSA, as ações, conforme a natureza dos direitos ou vantagens que confiram a seus titulares, são ordinárias, preferenciais, ou de fruição; C: incorreta, pois a ação é sempre indivisível em relação à companhia – art. 28 da LSA; D: incorreta, pois há essa possibilidade – art. 107, II, da LSA; E: incorreta, pois a responsabilidade do alienante, em relação à integralização da ação cedida, perdura por 2 anos contados da transferência – art. 108, parágrafo único, da LSA. **Gabarito "A".**

(Procurador de Contas TCE/ES – CESPE – 2009) A respeito da sociedade anônima aberta e das regras que lhe são aplicáveis, assinale a opção correta.

(A) A venda de ações para aumento de capital exige que o capital social esteja integralizado.
(B) Em regra, não há responsabilidade solidária entre os administradores.
(C) O estatuto não pode eliminar o direito de preferência para subscrição de ações.
(D) Se o representante age nos limites da lei e do contrato social, terá responsabilidade limitada.
(E) A subscrição do capital social é, em regra, retratável.

A: incorreta, nos termos do art. 166 da LSA; B: assertiva correta, conforme o art. 158 da LSA; C: incorreta, pois há essa possibilidade – art. 172 da LSA; D: incorreta, pois não há, nesse caso, responsabilidade pessoal – arts. 138, § 1º, in fine, e 158 da LSA; E: incorreta, pois a subscrição gera dever de integralização do capital – art. 107 da LSA. Gabarito "B".

(Delegado Federal – 2004 – CESPE) Julgue o item a seguir.

(1) Adolfo é sócio de determinada sociedade anônima e devedor inadimplente de Amauri, que contra ele promoveu execução forçada para que fosse satisfeito seu crédito. Nessa situação, não poderão ser penhorados bens de André relativos à sociedade anônima, uma vez que as ações da sociedade são impenhoráveis.

1: As ações são bens móveis penhoráveis. Gabarito 1E.

(Cartório/SC – 2008) A respeito das sociedades anônimas, observadas as proposições abaixo, assinale a alternativa correta:

I. Para sua constituição, todas as ações em que se divide o capital social fixado no estatuto devem ser subscritas por no mínimo duas pessoas.
II. No mínimo 10% do preço de emissão das ações deve ser realizado em dinheiro, e todo o valor dessa forma realizado deve ser depositado em estabelecimento bancário autorizado.
III. A constituição pode ser por subscrição pública ou particular, exigindo-se, no primeiro caso, o prévio registro na Comissão de Valores Mobiliários.
IV. A constituição por subscrição particular somente pode ser feita mediante escritura pública, e nenhuma companhia poderá funcionar sem que sejam arquivados e publicados seus atos constitutivos no Registro Público de Empresas Mercantis.

A Somente as proposições I e III estão corretas.
(B) Todas as proposições estão corretas.
(C) Somente as proposições II e IV estão corretas.
(D) Somente as proposições I, II e III estão corretas.
(E) Somente as proposições III e IV estão corretas.

I: art. 80, I, da LSA; II: art. 80, II e III, da LSA; III: arts. 82 e 88 da LSA; IV: a constituição por subscrição particular pode se dar por deliberação em assembleia geral ou por escritura pública – art. 88 da LSA. Os atos constitutivos de qualquer empresa devem ser arquivados e publicados antes do início de funcionamento – art. 94 da LSA. Gabarito "D".

(Cartório/SE – 2007 – CESPE) Quanto à disciplina jurídica das sociedades anônimas, julgue o item abaixo.

(1) Considere que três dos acionistas de certa sociedade anônima não tenham integralizado as ações por eles subscritas. Nesse caso, os demais acionistas são solidariamente responsáveis pelo valor das ações subscritas e não integralizadas.

Essa solidariedade, prevista com relação às cotas das sociedades limitadas (art. 1.052 do CC), não existe no caso das companhias. A sociedade anônima pode executar o crédito contra o sócio remisso (e eventuais responsáveis) ou mandar vender as ações em bolsa – art. 107 da LSA. Gabarito 1E.

(Cartório/SP – 2008) Acerca das partes beneficiárias, assinale a alternativa incorreta.

(A) Não podem ser, na atualidade, emitidas por companhias abertas.
(B) Só podem ser emitidas mediante autorização estatutária específica.
(C) Conferem direito de crédito eventual a seus titulares.
(D) Podem ser emitidas em diferentes classes, conferindo-se diferentes espécies de direitos aos seus titulares.

A: art. 47, parágrafo único, da LSA; B: arts. 46 e 47 da LSA; C: art. 46, § 1º, da LSA; D: é proibida a criação de mais de uma classe ou série – art. 46, § 4º, da LSA. Gabarito "D".

(Cartório/SP – 2008) Assinale a alternativa correta.

(A) As ações preferenciais sempre conferem direitos adicionais de natureza patrimonial.
(B) Caso existam diferentes classes de ações preferenciais, elas não podem diferir quanto à prioridade no recebimento de dividendos.
(C) As ações preferenciais, caso não sejam distribuídos dividendos por três exercícios consecutivos, conferem direito de voto a seus titulares.
(D) Não é possível, em hipótese alguma, ser criada uma classe de ações preferenciais dotada de poder de veto sobre deliberações assembleares.

A: além de direitos patrimoniais, como prioridade no recebimento de dividendos e reembolsos de capital, as ações preferenciais podem conferir vantagens políticas, como a eleição, em separado, de membros dos órgãos de administração – art. 18 da LSA; B: pode haver distinção quanto à prioridade no recebimento de dividendos – art. 17, § 4º, e art. 19 da LSA; C: art. 111, § 1º, da LSA; D: há peculiar possibilidade de poder de veto consignada no art. 17, § 7º, da LSA. Gabarito "C".

(Cartório/SP – 2008) A emissão de debêntures com garantia flutuante

(A) impede que a companhia possa alienar bens componentes de seu ativo permanente sem a aquiescência dos debenturistas.
(B) não influencia a disponibilidade de bens de titularidade da companhia emissora.
(C) confere aos debenturistas poder de veto sobre deliberações do conselho de administração e da assembléia geral da companhia emissora.
(D) impossibilita sejam emitidas outras e seqüenciais séries de debêntures.

A e B: a garantia flutuante não impede a negociação dos bens que compõem o ativo da companhia – art. 58, § 1º, da LSA; C: não há previsão legal nesse sentido; D: são possíveis novas emissões, sendo que as mais antigas têm prioridade em relação às mais novas – art. 58, § 3º, da LSA. Gabarito "B".

2.6.2. ACIONISTAS, ACORDOS E CONTROLE

(Magistratura/AC – 2008 – CESPE) A EBRAS Industrial S.A. é sociedade que admite a livre negociação de seus valores mobiliários na bolsa de valores. Deusmar era acionista da EBRAS Industrial S.A. e, ao falecer, deixou duas herdeiras: Beatriz e Cecília. Considerando a situação hipotética apresentada, assinale a opção incorreta quanto à disciplina normativa das sociedades anônimas.

(A) Ao herdarem as ações da EBRAS Industrial S.A., Beatriz e Cecília se tornarão acionistas dessa pessoa jurídica.
(B) Um acordo de acionistas que verse quanto à compra e à venda das ações da EBRAS Industrial S.A. somente vinculará essa sociedade se estiver devidamente arquivado na sede da referida companhia.
(C) As bolsas de valores, onde são negociados os valores mobiliários emitidos pela EBRAS Industrial S.A., são instituições civis sem fins lucrativos.
(D) Os titulares de ações preferenciais das sociedades anônimas têm sempre direito a voto nas assembléias.

A: acionista é o titular de ações da companhia; B: art. 118 da LSA; C: em princípio, as bolsas de valores são instituições civis sem fins lucrativos, no entanto, atualmente, a principal bolsa brasileira é uma sociedade anônima (BM&FBovespa S.A.), ou seja, sociedade empresária (art. 982, parágrafo único, do CC); D: as ações preferenciais, diferentemente das ordinárias, podem não garantir direito a voto – art. 111 da LSA. Gabarito "D".

(Magistratura/MG - 2007) Quanto ao acordo de acionistas, assinale a alternativa CORRETA.

(A) Os acordos de acionistas sobre a compra e venda de suas ações, preferência para adquiri-las, exercício do direito a voto, ou do poder de controle deverão ser observados pela companhia quando registrados no Cartório de Títulos e Documentos.
(B) Permite que os acionistas exerçam o direito de voto em detrimento do interesse da companhia.
(C) O presidente da assembléia ou do órgão colegiado de deliberação da companhia não computará o voto proferido com infração de acordo de acionistas devidamente arquivado na sede da companhia.
(D) As obrigações ou ônus decorrentes de acordo de acionistas não serão, em qualquer hipótese, oponíveis a terceiros.

A: os acordos de acionistas devem ser arquivados na sede da sociedade, para que sejam observados pela companhia – art. 118 da LSA; B: nenhum acordo pode ser feito em detrimento do interesse da companhia – art. 115 da LSA; C: art. 118, § 8°, da LSA; D: o acordo é oponível a terceiros depois de averbado nos livros de registro e nos certificados das ações, se emitidos – art. 118, § 1°, da LSA. Gabarito "C".

(Magistratura/MS – 2008 – FGV) Em tema de sociedades anônimas, analise os itens a seguir:

I. A alienação, direta ou indireta, do controle de companhia aberta somente poderá ser contratada sob a condição, suspensiva ou resolutiva, de que o adquirente se obrigue a fazer oferta pública de aquisição das ações com direito a voto de propriedade dos demais acionistas da companhia, de modo a lhes assegurar o preço igual a 100% (cem por cento) do valor pago por ação com direito a voto, integrante do bloco de controle.
II. As partes beneficiárias são títulos negociáveis, sem valor nominal, estranhos ao capital social e podem ser emitidos por companhias abertas ou fechadas.
III. Os acordos de acionistas, sobre a compra e venda de suas ações, preferência para adquiri-las, exercício do direito a voto, ou do poder de controle deverão ser observados pela companhia quando arquivados no Registro do Comércio.
IV. O estatuto poderá prever a participação, no Conselho de Administração, de representantes dos empregados, escolhidos pelo voto destes, em eleição direta, organizada pela empresa, em conjunto com as entidades sindicais que os representem.

Assinale:
(A) se somente o item III estiver correto.
(B) se somente o item IV estiver correto.
(C) se somente os itens II e IV estiverem incorretos.
(D) se somente os itens I, II e III estiverem corretos.
(E) se somente os itens II, III e IV estiverem corretos.

I: o preço para as ações dos demais acionistas é de pelo menos 80% daquele pago pelas ações do bloco de controle – art. 254-A da LSA (*tag along*); II: as companhias abertas não podem emitir partes beneficiárias – art. 47, parágrafo único, da LSA; III: os acordos de acionistas devem ser arquivados na sede da sociedade, para que sejam observados pela companhia – art. 118 da LSA; IV: art. 140, parágrafo único, da LSA. Gabarito "B".

(Magistratura/MS – 2008 – FGV) Nos termos da Lei 6.404/76, se um signatário de acordo de acionistas, devidamente arquivado na Companhia, votar contrariamente ao acordo firmado:

(A) ele responderá objetivamente pelos prejuízos decorrentes de seu voto perante os demais signatários.
(B) seu voto não será computado pelo presidente da assembléia ou do órgão colegiado de deliberação.
(C) ele responderá subjetivamente pelos prejuízos decorrentes de seu voto perante a Companhia.
(D) haverá a suspensão da deliberação, com instauração de assembléia especial da qual participarão somente os signatários do acordo para resolver a questão.
(E) haverá a anulação da deliberação no prazo legal por acionistas representando no mínimo 5% do capital votante.

Art. 118, § 8°, da LSA – o conteúdo do dispositivo legal é refletido na assertiva B. Gabarito "B".

(Magistratura/PR – 2010 – PUC/PR) Sobre o poder de controle nas Sociedades Anônimas, assinale a alternativa CORRETA:

(A) É suficiente para configuração do poder do controle a presença de pessoa, natural ou jurídica, ou grupo de pessoas vinculadas por acordo de voto, ou sob controle comum, que seja titular de direitos de sócio que lhe assegurem, de modo permanente, a maioria dos votos nas deliberações da assembleia geral e o poder de eleger a maioria dos administradores da companhia.
(B) Exercendo o acionista controlador cargo de administrador ou de fiscal da companhia, fica este vinculado unicamente às responsabilidades do cargo que ocupa na administração.
(C) O controlador que contratar com a companhia, diretamente ou através de outrem, ou de sociedade na qual tenha interesse, em condições de favorecimento ou não equitativas pode vir a ser responsabilizado pelos danos que causar por abuso do poder de controle, configurando tal conduta a utilização de partes beneficiárias.
(D) Na hipótese de existência de acordo de acionistas sobre o exercício de direito de voto que assegure a formação do poder de controle, o mandato outorgado nos termos deste acordo para proferir, em assembleia geral ou especial, voto contra ou a favor determinada deliberação, poderá prever prazo superior a um ano.

A: incorreta, pois para a configuração do controlador é preciso que se use efetivamente o poder para dirigir as atividades sociais e orientar o funcionamento dos órgãos da companhia – art. 116, b, da LSA; B: incorreta, pois a responsabilidade, nesse caso, é cumulativa, não excludente – art. 117, § 3°, da LSA; C: incorreta, pois o art. 117, § 1°, f, da LSA não faz essa equiparação relativa às partes beneficiárias; D: essa é a assertiva correta, conforme o art. 118, § 7°, c/c art. 126, § 1°, da LSA. Gabarito "D".

(Magistratura/TO – 2007 – CESPE) A Distribuidora de Veículos S.A. foi constituída para atuar no ramo de distribuição de automóveis nacionais e importados. João, que é deficiente mental e incapaz para a prática de atos na vida civil, pretende ingressar no quadro de acionistas da referida distribuidora de veículos. Diante dessa situação hipotética, e com referência à disciplina das sociedades anônimas, assinale a opção correta.

(A) João não pode se tornar acionista da Distribuidora de Veículos S.A.
(B) A responsabilidade dos acionistas da Distribuidora de Veículos S.A. é limitada ao preço de emissão das ações.
(C) O preço de emissão das ações da Distribuidora de Veículos S.A. corresponderá ao valor nominal dessas ações.
(D) As ações preferenciais sem direito a voto podem representar, no máximo, 10% do capital social da Distribuidora de Veículos S.A.

A: a capacidade civil é irrelevante para a participação societária em companhias (não há pessoalidade); B: a responsabilidade é limitada ao preço de emissão das ações que subscrever ou adquirir – art. 1.088 do CC; C: todas as ações da companhia têm o mesmo valor nominal, cuja somatória corresponde ao capital social (art. 11, § 2°, da LSA) – o preço de emissão, negociado no mercado, é igual ou superior ao valor nominal das ações (art. 13 da LSA); D: o limite para as ações preferenciais sem direito a voto (ou sujeitas a restrição a esse direito) é de até 50% do total de ações emitidas – art. 15, § 2°, da LSA. Gabarito "B".

(Procurador do Estado/RR – 2006 – FCC) Alberto, Bartolomeu e César são acionistas da ABC S.A., detendo respectivamente 40%, 40% e 20% das ações, todas ordinárias. Alberto e Bartolomeu celebraram acordo de acionistas, pelo qual se comprometeram a eleger Alberto Diretor-Presidente da companhia, na próxima assembléia geral ordinária. O acordo foi arquivado na sede da companhia. Durante a assembléia, Bartolomeu mudou de idéia e resolveu apoiar César para o cargo, contra Alberto. A solução que atende aos imediatos interesses de Alberto, para ser eleito Diretor-Presidente na própria assembléia, é

(A) apresentar para deliberação dos acionistas proposta de suspensão dos direitos de Bartolomeu, pois a inobservância do acordo consiste em infração aos deveres de acionista.
(B) pedir à mesa da assembléia geral que desconsidere o voto de Bartolomeu, por estar em desconformidade com o acordo de acionistas.

(C) ingressar com medida judicial, visando à condenação de Bartolomeu a proferir declaração de vontade, consistente no voto em Alberto para o cargo de Diretor-Presidente.

(D) pedir à mesa da assembléia geral que compute o voto de Bartolomeu como se fosse favorável a Alberto, na linha do que dispõe o acordo de acionistas.

(E) pedir em juízo a anulação da assembléia geral, bem como indenização contra Bartolomeu, por infração ao acordo de acionistas.

Não será computado o voto em desconformidade com o acordo de acionistas (desde que regularmente arquivado na sede da empresa) – art. 118, § 8º, da LSA. Gabarito "B".

(Magistratura do Trabalho – 24ª Região – 2007) Em relação às sociedades anônimas:

I. A Assembléia Geral não poderá suspender o exercício dos direitos do acionista que deixar de cumprir obrigação imposta pela lei ou pelo estatuto.

II. Constitui modalidade de exercício abusivo de poder, pelo acionista controlador, eleger administrador ou fiscal que sabe inapto, moral ou tecnicamente.

III. Pode ser legalmente considerado "acionista controlador" a pessoa, natural ou jurídica, ou o grupo de pessoas vinculadas por acordo de voto, ou sob controle comum, que é titular de direitos de sócio que lhe assegurem, de modo permanente, a maioria dos votos nas deliberações da assembléia geral e o poder de eleger a maioria dos administradores da companhia.

IV. Pode ser legalmente considerado "acionista controlador" a pessoa, natural ou jurídica, ou o grupo de pessoas vinculadas por acordo de voto, ou sob controle comum, que usa efetivamente seu poder para dirigir as atividades sociais e orientar o funcionamento dos órgãos da companhia.

Considere as proposições acima e RESPONDA:

(A) Apenas a proposição I está incorreta.
(B) Apenas a proposição II está incorreta.
(C) Apenas as proposições I e III estão incorretas.
(D) Apenas as proposições I e IV estão incorretas.
(E) Apenas as proposições II e III estão incorretas.

I: é possível a suspensão de direitos do acionista pela assembleia geral, nessas hipóteses – art. 120 da LSA; II: art. 117, § 1º, d, da LSA; III e IV: art. 116, a e b, da LSA. Gabarito "A".

(Procurador Federal – 2010 – CESPE) A seguir, é apresentada uma situação hipotética, seguida de uma assertiva a ser julgada no que se refere a direito comercial.

(1) Em assembleia realizada pelo órgão administrativo da pessoa jurídica Zeta S.A., foi deliberado a respeito da alienação de imóvel pertencente à empresa, ficando consignado que o imóvel seria transferido para Epta S.A., outra empresa do grupo a que pertence Zeta. Augusto, administrador participante da assembleia, não consentiu com a referida deliberação e solicitou que fosse oposta na ata a sua divergência. Nessa situação, sabendo-se que, de acordo com o estatuto social, a deliberação que tenha por objeto a alienação de imóvel dependerá da anuência de, pelo menos, 50% dos acionistas, serão pessoalmente responsáveis pelos eventuais prejuízos que advierem dessa deliberação, com exceção de Augusto, todos os administradores partícipes da assembleia.

Assertiva correta, pois a consignação da divergência em ata afasta a responsabilidade pessoal do administrador, conforme o art. 158, §1º, in fine, da LSA. Gabarito 1C.

(Advogado da União/AGU – CESPE – 2009) Julgue o item seguinte, que se referem à sociedade empresária.

(1) É lícito que um menor incapaz seja acionista de sociedade anônima, desde que suas ações estejam totalmente integralizadas e ele não exerça cargo de administração na referida sociedade.

Assertiva correta, pois, por se tratar de sociedade de capital, em que as características subjetivas dos sócios são pouco relevantes, não há óbice para que o incapaz seja acionista. A integralização total do capital significa que não há responsabilidade além do valor já pago pela ação – art. 1º da LSA. O administrador precisa ser pessoa capaz. Gabarito 1C.

(Cartório/AP – 2011 – VUNESP) Nas Sociedades Anônimas, é considerado controlador aquele que

(A) faz o poder de voto de suas ações prevalecer, de maneira permanente, nas deliberações sociais e nas eleições de administradores, orientando os negócios da companhia.
(B) possui mais de 75% das ações com direito a voto.
(C) é titular de mais de 50% do capital social da companhia e tenha integralizado sua participação tempestivamente, nos termos do quanto definido no estatuto social.
(D) tem o poder de assinar contratos e celebrar negócios em nome da companhia, individualmente.
(E) o estatuto social nomeie como controlador, a partir do momento em que tiver sido assinado o termo de compromisso respectivo.

Acionista controlador é a pessoa, natural ou jurídica, ou o grupo de pessoas vinculadas por acordo de voto, ou sob controle comum, que: (i) é titular de direitos de sócio que lhe assegurem, de modo permanente, a maioria dos votos nas deliberações da assembleia geral e o poder de eleger a maioria dos administradores da companhia; e (ii) usa efetivamente seu poder para dirigir as atividades sociais e orientar o funcionamento dos órgãos da companhia – art. 116, a e b, da LSA. Por essa razão, a alternativa "A" é correta. Gabarito "A".

(Cartório/MS – 2009 – VUNESP) De acordo com a Lei n.º 6.404/76, é correto afirmar que o acionista controlador

(A) fica subordinado às decisões superiores emanadas do conjunto de acionistas, devendo cumprir suas deliberações.
(B) deve usar o seu poder com o fim de fazer a companhia cumprir seu objetivo social e gerar lucro aos acionistas, independente do cumprimento da sua função social.
(C) deve usar seu poder para que a companhia gere lucro aos acionistas, independente do cumprimento da sua função social, mas devendo respeitar os direitos dos trabalhadores.
(D) deve usar o seu poder para que a companhia cumpra sua função social, independente da realização do seu objetivo social, o que não caracteriza desvio de função, devendo respeitar tão somente os direitos dos trabalhadores.
(E) deve usar seu poder com o fim de fazer a companhia realizar o seu objeto social e cumprir sua função social, com deveres e responsabilidades para com os demais acionistas, trabalhadores e comunidade, cujos direitos e interesses deve lealmente respeitar e atender.

A: incorreta, pois o controlador dirige as atividades sociais e orienta o funcionamento dos órgãos da companhia – art. 116, b, da LSA; B e C: incorretas, pois o cumprimento da função social deve ser visado pelo controlador – art. 116, parágrafo único, da LSA; D: incorreta, pois o controlador deve usar o poder com o fim de fazer a companhia realizar seu objeto social – art. 116, parágrafo único, da LSA; E: essa é a assertiva correta, pois reflete exatamente o disposto no art. 116, parágrafo único, da LSA. Gabarito "E".

2.6.3. ASSEMBLEIA GERAL, CONSELHO DE ADMINISTRAÇÃO, DIRETORIA, ADMINISTRADORES E CONSELHO FISCAL

(Magistratura/MG - 2007) Quanto à ação social de responsabilidade contra os administradores, está INCORRETO afirmar que:

(A) qualquer acionista, independentemente da quantidade de ações que possua, poderá promover a ação, caso a assembléia geral delibere não promovê-la.
(B) a deliberação sobre sua propositura poderá ser tomada em assembléia geral extraordinária.
(C) ela não exclui a ação que couber ao acionista diretamente prejudicado por ato de administrador.
(D) a deliberação sobre sua propositura poderá ser tomada em assembléia geral ordinária, ainda que não prevista na ordem do dia.

A: se a assembleia geral deliberar não promover a ação de responsabilização, somente acionistas que representem pelo menos 5% do capital social podem fazê-lo – art. 159, § 4º, da LSA; B e D: art. 159, § 1º, da LSA; C: art. 159, § 7º, da LSA. Gabarito "A".

(Magistratura/MT – 2009 – VUNESP) Em relação à ação de responsabilidade civil contra o administrador de companhia, pode-se afirmar que

(A) independe, em regra, de deliberação a ser tomada em assembleia geral.
(B) compete ordinariamente à própria companhia promovê-la.
(C) poderá ser promovida, ordinariamente, por qualquer acionista.
(D) é cabível para responsabilizar os membros do Conselho de Administração, mas não da Diretoria.
(E) deve ser promovida, ordinariamente, pelo acionista controlador.

A: incorreta, pois a ação depende, em regra, da prévia deliberação da assembleia geral – art. 159 da LSA; B: assertiva correta, nos termos do art. 159 da LSA; C e E: incorretas, pois a ação compete ordinariamente à própria companhia. Caberá, entretanto, a propositura por qualquer sócio caso a assembleia geral delibere pela ação, mas não a promova no prazo de 3 meses. Finalmente, se a assembleia deliberar não promover a ação, ela poderá ser proposta por acionistas que representem 5%, pelo menos, do capital social – art. 159, §§ 3º e 4º da LSA; D: incorreta, pois a ação aplica-se a qualquer administrador. Gabarito "B".

(Magistratura/PA – 2009 – FGV) Em regra, em uma sociedade anônima, a deliberação sobre a emissão de debêntures é da competência:

(A) exclusiva da Diretoria Especial de Debêntures.
(B) originária do Conselho Fiscal.
(C) privativa da Assembléia Geral.
(D) concorrente com o Conselho Fiscal.
(E) delegada à Assembléia de Debenturistas.

A competência para deliberação sobre emissão de debêntures é, em regra, da assembleia geral – arts. 59 e 122, IV, da LSA. Gabarito "C".

(Magistratura/RO – 2011 – PUCPR) Acerca das Sociedades Anônimas, assinale a única alternativa CORRETA.

(A) A Assembleia Geral Ordinária(AGO) pode ser realizada várias vezes no ano e tem competência para tratar de quaisquer assuntos do interesse da companhia.
(B) O capital social de uma Sociedade Anônima pode ser composto por ações ordinárias e preferenciais. As ações ordinárias sempre dão a seu titular o direito de voto. Já as preferenciais nunca conferem aos seus titulares o direito de voto, mas sim vantagens de natureza política ou econômica em relação às ações ordinárias.
(C) O agente fiduciário é o legitimado para a propositura de medidas judiciais em caso de inadimplemento, pela companhia emissora, de debêntures emitidas em subscrição pública por Sociedade Anônima de capital aberto.
(D) A competência para a eleição e destituição dos Diretores, em uma Sociedade Anônima de capital aberto, é da Assembleia Geral.
(E) O Conselho Fiscal, caso detecte alguma irregularidade nas operações da Diretoria de uma Sociedade Anônima, não tem competência para convocar Assembleia Geral Extraordinária. Para tanto, precisa fazer pedido formal para que a Diretoria da Companhia convoque uma Assembleia Geral Extraordinária.

A: Incorreta, pois a assembleia geral ordinária (AGO) distingue-se da extraordinária (AGE) essencialmente por conta da matéria a ser tratada – art. 131 da LSA. A AGO cuida apenas das matérias listadas no art. 132 da LSA e, ademais, ocorre anualmente, nos 4 primeiros meses seguintes ao término do exercício social – art. 132 da LSA. As AGEs podem ser realizadas a qualquer momento e não têm restrição quanto à matéria a ser tratada – art. 135 e seguintes da LSA; B: Incorreta, pois as ações preferenciais podem conferir direito a voto – art. 111, caput, da LSA; C: Correta, conforme o art. 68, § 3º, da LSA; D: Incorreta, pois compete ao conselho de administração eleger e destituir os diretores. A assembleia geral fará isso somente se inexistir conselho de administração – art. 143, caput, da LSA; E: Incorreta, pois o conselho fiscal tem competência para convocar a AGE diretamente, sempre que ocorrerem motivos graves ou urgentes, incluindo na agenda das assembleias as matérias que considerar necessárias – art. 163, V, da LSA. Gabarito "C".

(Magistratura/RS – 2009) No caso de eleição do conselho de administração de uma sociedade anônima em que haja utilização do processo de voto múltiplo solicitada pelo representante de um grupo de acionistas minoritário com mais de 10% do capital social votante, considere as assertivas abaixo.

I. Se forem cinco conselheiros, dois serão nomeados pelo grupo majoritário e dois pelo grupo minoritário e o último será nomeado pelo presidente da assembléia geral.

II. O grupo minoritário deve solicitar a instalação do processo de voto múltiplo em, pelo menos, 48 horas antes da assembléia geral.

III. Para obter-se a quantidade de votos de cada grupo na eleição para o conselho de administração, deve-se multiplicar o número de ações de cada grupo pelo número de vagas no conselho.

Quais são corretas?
(A) Apenas I
(B) Apenas II
(C) Apenas III
(D) Apenas II e III
(E) I, II e II

I: incorreta, pois não há nomeação de conselheiro pelo presidente da assembleia geral. Pode haver, entretanto, nos termos do art. 141, § 4º, da LSA, eleição em separado (excluído o acionista controlador) de (i) um conselheiro pelos detentores de pelo menos 15% das ações com direito a voto e de (i) outro conselheiro pelos titulares de ações preferenciais sem direito a voto ou com voto restrito de emissão de companhia aberta, que representem, no mínimo, 10% (dez por cento) do capital social, que não houverem exercido o direito previsto no estatuto, em conformidade com o art. 18 da LSA. Nessa hipótese, o controlador que detenha mais de 50% das ações com direito a voto poderá eleger conselheiros em número igual ao dos eleitos pelos demais acionistas, mais um – art. 141, § 7º da LSA; II: correta, conforme o art. 141, caput e § 1º da LSA; III: correta, conforme o art. 141, caput, da LSA. Gabarito "D".

(Magistratura/SP – 2009 – VUNESP) Nas sociedades anônimas,

(A) compete privativamente à assembléia geral eleger os diretores da companhia.
(B) é direito essencial do acionista o da preferência para a subscrição de debêntures conversíveis em ações, observado o disposto em lei.
(C) a diretoria será composta por três ou mais diretores, destituíveis a qualquer tempo pela assembléia geral.
(D) é vedado ao estatuto estabelecer a exigência de garantia, prestada por terceiro, para o exercício do cargo de administrador.

A: incorreta, pois essa competência pode ser exercida também pelo conselho de administração – arts. 122, II, e 142, II, da LSA; B: correta, conforme o art. 57, § 1º, da LSA; C: incorreta, pois a diretoria é formada por 2 ou mais diretores – art. 143 da LSA; D: incorreta, pois é possível a exigência de garantia da gestão – art. 148 da LSA. Gabarito "B".

(Magistratura/SP – 2008) Nas sociedades anônimas de capital fechado, tratadas na Lei n.º 6.404/76,

(A) a mudança do objeto da companhia não confere ao acionista o direito de retirada.
(B) o administrador da companhia deve empregar cuidado e diligência na administração dos negócios, considerando os interesses do grupo ou classe de acionistas que o elegeu.
(C) a assembléia que tem por objeto a reforma do estatuto somente será instalada com a presença de acionistas que representem 2/3 do capital com direito a voto.
(D) os acionistas que também são administradores devem comparecer à assembléia geral ordinária para prestar os esclarecimentos sobre as demonstrações financeiras apresentadas, mas sobre elas não poderão votar, quer como acionistas, quer como procuradores.

A: há direito de retirada, na hipótese – art. 137 c/c art. 136, VI, ambos da LSA; B: os deveres do administrador sobrepõem-se aos interesses específicos de grupos ou classes de acionistas – art. 154, § 1º, da LSA; C: a presença representativa de 2/3 do capital é exigida apenas em primeira convocação (na segunda, a assembleia extraordinária será instalada com qualquer número) – art. 135 da LSA; D: art. 115, § 1º, da LSA. Gabarito "D".

(Magistratura/SP – 2006) As regras dos deveres de diligência, de lealdade e de informar, do administrador de uma sociedade por ações, relacionam- se, de modo mais adequado, à noção

(A) de abuso de direito.
(B) da boa-fé subjetiva.
(C) da boa-fé objetiva.
(D) do estado de necessidade.

Os deveres de diligência, de lealdade e de informar são orientados pelo princípio da boa-fé objetiva e referem-se ao comportamento que se exige do administrador em função dos interesses da companhia, do bem público e da função social da empresa – arts. 153 e 154 da LSA. Gabarito "C".

(Ministério Público/RS – 2009) A respeito das sociedades em geral, assinale a alternativa correta.

(A) É competência da assembléia-geral definir a exclusão do direito de o acionista participar do acervo da companhia em caso de sua liquidação.
(B) O capital de sociedade anônima não pode ser formado exclusivamente com bens.
(C) Poderá ser indicada como forma de integralização do capital a sua realização com lucros futuros que o sócio venha a auferir na sociedade.
(D) O conselho fiscal é órgão privativo das sociedades anônimas, podendo a sociedade limitada, porém, instituir conselho de administração.
(E) Tratando-se de sociedade em conta de participação, a falência do sócio ostensivo acarreta a dissolução da sociedade e a liquidação da respectiva conta, cujo saldo constituirá crédito quirografário.

A: incorreta, pois é vedada essa exclusão, nos termos do art. 109, II, da LSA; B: incorreta, já que o capital social poderá ser formado com contribuições em dinheiro ou em qualquer espécie de bens suscetíveis de avaliação em dinheiro – art. 7º da LSA. Não é possível a integralização com serviços. Importante lembrar que a constituição da companhia exige realização imediata de 10%, no mínimo, do preço de emissão das ações subscritas em dinheiro – art. 80, II, da LSA; C: incorreta, pois a expectativa de lucros futuros não é aceita para a integralização do capital; D: incorreta, pois as limitadas também podem ter conselho fiscal – art. 1.066 do CC; E: essa é a assertiva correta, conforme o art. 994, § 2º, do CC. Gabarito "E".

(Procurador do Estado/RR – 2006 – FCC) A sociedade Alfa Ltda. é devedora da sociedade Beta Ltda. Em garantia da dívida, ofertou à credora penhor sobre ações ordinárias da sociedade Ômega S.A., da qual é acionista. O instrumento de constituição da garantia, devidamente averbado no livro de registro de ações nominativas da companhia, é omisso quanto ao exercício do direito de voto. Posteriormente, Alfa Ltda. requer, e lhe é concedida, recuperação judicial, tendo a credora Beta Ltda. regularmente habilitado seu crédito. O direito de voto inerente às ações empenhadas

(A) compete a Alfa Ltda., por seus administradores designados no contrato social.
(B) compete a Beta Ltda., por seus administradores designados no contrato social.
(C) compete a Alfa Ltda., pelo seu administrador judicial.
(D) apenas poderá ser exercido por Beta Ltda. se esta renunciar à habilitação do crédito na recuperação judicial.
(E) está suspenso enquanto durar a recuperação judicial.

O direito ao voto não é prejudicado pelo penhor ou pela recuperação, embora possa haver restrição ao exercício desse direito pelo acionista – art. 113 da LSA. Gabarito "A".

(Procurador do Estado/SP – FCC – 2009) Segundo o ordenamento jurídico brasileiro, a atuação do Estado como acionista controlador da sociedade de economia mista deve ser orientada pela

(A) necessidade de atendimento ao interesse público que justificou a criação da companhia, ainda que à custa do objetivo da maximização dos lucros.
(B) preocupação primordial de remunerar os recursos investidos pelo Estado na companhia, com base na mesma taxa de retorno demandada pelo capital privado.
(C) abstenção de perseguir objetivos de interesse público por intermédio da companhia.
(D) não interferência na definição do planejamento estratégico da companhia, cabendo aos administradores decidir sobre todos os assuntos de interesse social.
(E) ausência de responsabilidade patrimonial em face dos acionistas minoritários, relativamente às deliberações tomadas no âmbito da assembleia geral.

A: assertiva correta, à luz do art. 173 da CF; B e C: incorretas, pois a constituição e manutenção de empresas públicas e sociedades de economia mista tem por objetivo atender a necessidades da segurança nacional ou a relevante interesse coletivo – art. 173 da CF; D: incorreta, pois o Estado orienta prioritariamente a definição do planejamento estratégico da companhia para o atendimento ao interesse público que justificou a constituição e a manutenção da sociedade de economia mista – art. 238 da LSA; E: incorreta, pois os direitos dos minoritários são garantidos, também no caso das sociedades de economia mista, observadas as peculiaridades do caso – arts. 238 e 239 da LSA. Gabarito "A".

(Magistratura do Trabalho – 8ª Região – 2009) Marque a alternativa incorreta relativamente aos estatutos das sociedades anônimas:

(A) Pode haver a previsão de que os votos dos minoritários podem ser apurados em separado, quando para eleger membro, seu representante, do conselho fiscal ou do conselho de administração.
(B) Poderá ficar fixado que as divergências entre os acionistas entre si, entre estes e a companhia, entre os controladores e os minoritários, serão resolvidas unicamente por arbitragem.
(C) Não se pode conferir direito de voto, com restrições, às ações preferenciais.
(D) Não se pode atribuir voto plural a qualquer classe de Ações, mas pode estabelecer limitação ao numero de votos de cada acionista.
(E) É lícito assegurar a uma ou mais classes de ações preferenciais o direito de eleger, em votação em separado, um ou mais membros dos órgãos de administração.

A: correta, conforme os arts. 16, III, 18, 141, § 4º e 161, § 4º, a, da LSA; B: assertiva correta, pois reflete o disposto no art. 109, § 3º, da LSA; C: essa é a assertiva incorreta, pois o estatuto pode conferir às ações preferenciais direito de voto, ou conferi-lo com restrições – art. 111 da LSA; D: correta, conforme o art. 110 da LSA; E: correta, conforme o art. 18 da LSA. Gabarito "C".

(Ministério Público do Trabalho – 14º) Complete com a opção CORRETA. O Conselho de Administração das Sociedades Anônimas será composto por, no mínimo, _____ membros.

(A) 2;
(B) 3;
(C) 5;
(D) 7;
(E) não respondida.

Art. 140 da LSA. Gabarito "B".

(Procurador da Fazenda Nacional – 2007 – ESAF) A administração das companhias abertas, com dois colegiados, dá a um deles o poder para formular as políticas gerais da sociedade e ao outro a competência para sua execução. Dessa forma, se a diretoria não seguir as diretrizes formuladas pelo Conselho de Administração, visa-se a:

(A) facilitar a destituição dos diretores a qualquer tempo.
(B) permitir que os administradores sejam convocados para apresentarem explicação à Assembléia Geral.
(C) dividir a responsabilidade dos administradores, reduzindo a qualidade da informação aos acionistas com aumento da assimetria.
(D) dar transparência para apuração de responsabilidades por danos causados à sociedade por qualquer dos colegiados.
(E) reduzir o ônus para aqueles acionistas minoritários que tenham interesse em promover ações de responsabilidade quando entenderem haver prejuízos para a sociedade.

Dentre as assertivas, apenas a D reflete finalidade da divisão de poderes entre os dois órgãos societários, no que se refere a eventual dissídio entre a Diretoria e o Conselho de Administração – arts. 138 e ss da LSA. Gabarito "D".

2.6.4. DISSOLUÇÃO, LIQUIDAÇÃO E EXTINÇÃO

(Magistratura/SE – 2008 – CESPE) O liquidante judicial de determinada empresa, percebendo a existência de ativo remanescente, após ter pago todos os credores conhecidos, convocou a assembléia-geral, antes de ultimada a liquidação, para deliberarem a respeito da destinação do ativo apurado. Com o voto de 90% dos acionistas, a assembléia-geral aprovou que a partilha do ativo remanescente seria feita com a atribuição de bens aos sócios majoritários, pelo valor contábil. Feito o rateio do ativo remanescente e aprovadas as contas pela maioria de votos da assembléia-geral, foi encerrada a liquidação e extinta a referida sociedade, com a publicação da ata de encerramento no dia 30/1/2008.

A propósito dessa situação hipotética, assinale a opção correta.

(A) Eventuais credores não pagos da referida empresa terão 2 anos para ajuizar ação contra os acionistas e o liquidante, contado o prazo a partir da publicação da ata de encerramento da liquidação da companhia.

(B) No pagamento dos credores conhecidos, o liquidante, respeitados os direitos dos credores preferenciais, deverá pagar inicialmente as dívidas vencidas e, depois, as vincendas. Consumados todos os pagamentos, deverá o liquidante apurar a existência de ativo remanescente.
(C) A responsabilidade dos acionistas e liquidantes pelo pagamento do credor não satisfeito pela liquidação é limitada ao valor total do ativo remanescente, independentemente da soma individualmente recebida.
(D) O acionista que divergir da deliberação da assembléia-geral que aprovar a prestação final das contas da liquidação poderá promover a ação que lhe couber no prazo de um ano, a contar da publicação da respectiva ata.
(E) Havendo divergência em relação à partilha do ativo remanescente, aprovada em assembléia-geral com o voto de 90% dos acionistas, o acionista dissidente que provar que a partilha se operou em detrimento da parcela que lhe caberia poderá ajuizar ação de reparação de danos contra os sócios majoritários, que deverão indenizá-lo pelos prejuízos apurados.

A: art. 218 da LSA e art. 1.110 do CC – o prazo é de apenas 1 ano (art. 206, § 1º, V, do CC e art. 287, I, b, da LSA); B: como regra, o pagamento dá-se proporcionalmente, sem distinção entre dívidas vencidas e vincendas (esta últimas serão pagas com descontos) – art. 214, caput, da LSA e art. 1.106 do CC; C: o acionista pode ser cobrado até o limite da soma recebida e o liquidante poderá ser demandado por perdas e danos – art. 218 da LSA e art. 1.110 do CC; D: o prazo é de apenas 30 dias – art. 216, § 2º, da LSA e art. 1.109, parágrafo único, do CC; E: art. 215, § 2º, da LSA. Gabarito "E".

2.6.5. TRANSFORMAÇÃO, INCORPORAÇÃO, FUSÃO E CISÃO

(Magistratura/DF – 2007) Julgue as proposições seguintes, relacionadas às sociedades, de acordo com a Lei n. 6.404/76, assinalando, após, a alternativa correta:

I. É admissível a fusão de sociedades ainda que envolvam pessoas jurídicas não organizadas sob a mesma forma societária.
II. A incorporação consiste na operação em que se une uma sociedade limitada à outra de natureza anônima, subsistindo, ao final do procedimento, apenas uma delas.
III. Em ocorrendo a transformação de uma sociedade de natureza limitada em anônima, os credores poderão haver desta apenas as obrigações veiculadas no protocolo da operação, e desde que contra isso tenham se oposto oportunamente.
IV. Somente é possível a transformação de sociedades de S.A. para Ltda. e de Ltda. para S.A.

(A) Todas as proposições são verdadeiras.
(B) Todas as proposições são falsas.
(C) Apenas uma das proposições é verdadeira.
(D) Apenas uma das proposições é falsa.

I e II: admite-se a fusão e a incorporação entre sociedades de tipos distintos – art. 223 da LSA; III: a transformação não reduz os direitos e as garantias dos credores – art. 222 da LSA; IV: a transformação pode ser de qualquer tipo societário para qualquer outro – art. 220 da LSA. Gabarito "C".

(Procuradoria Distrital – 2007) A Lei Distrital n. 3.863/2006 autoriza a incorporação da Sociedade de Abastecimento de Brasília S.A. — SAB, às Centrais de Abastecimento do Distrito Federal S.A. — CEASA-DF, ambas empresas públicas sob o controle do Distrito Federal. Com a finalização do processo de incorporação:

(A) a SAB irá desaparecer e a CEASA-DF terá um aumento do capital social equivalente ao patrimônio líquido da SAB.
(B) o Distrito Federal, na condição de acionista controlador, é responsável pessoalmente por todas as obrigações das empresas citadas.
(C) ocorrerá o vencimento antecipado das obrigações da SAB.
(D) a CEASA-DF irá ter seu controle alterado.
(E) tanto a Sociedade de Abastecimento de Brasília S.A. — SAB, quanto as Centrais de Abastecimento do Distrito Federal S.A. — CEASA-DF irão desaparecer dando origem a uma nova sociedade.

A: a assertiva reflete a operação de incorporação – art. 227 da LSA e art. 1.116 do CC; B: o controlador não se confunde com as companhias – sua responsabilidade, em princípio, limita-se ao preço de emissão das ações subscritas ou adquiridas – art. 1.088 do CC; C: a incorporação não tem esse efeito, até porque os direitos dos credores não são prejudicados – art. 227, caput, da LSA; D: considerando que o Distrito Federal controla ambas as companhias e que não há alteração na participação societária, não ocorre modificação do controle por conta da incorporação – art. 116 da LSA; E: na incorporação, a incorporada desaparece e a incorporadora subsiste – art. 227 da LSA. Gabarito "A".

(Magistratura Federal – 1ª Região – 2005) Quanto às sociedades, não é correto dizer:

(A) a incorporação é a operação pela qual uma ou mais sociedades são absorvidas por outra, que lhes sucede em todos os direitos e obrigações.
(B) na cisão, a sociedade que absorver parcela do patrimônio da companhia cindida, não sucede a esta nos direitos e obrigações relacionados no ato da cisão.
(C) transformação é a operação pela qual a sociedade passa, independentemente de dissolução e liquidação, de um tipo para outro.
(D) transformação exige consentimento unânime dos sócios ou acionistas, salvo se prevista em estatuto ou no contrato social.

A: art. 1.116 do CC e art. 227 da LSA; B: a sociedade resultante da cisão sucede à cindida nos direitos e obrigações, nos termos dos arts. 229, § 1º, e 233, ambos da LSA; C: art. 1.113 do CC e art. 220 da LSA; D: art. 1.114 do CC e art. 221 da LSA. Gabarito "B".

(Procurador da Fazenda Nacional – 2007.2 – ESAF) A incorporação de uma sociedade por outra, qualquer que seja a natureza da atividade exercida,

(A) só será eficaz se não implicar perdas patrimoniais a nenhum sócio da incorporada.
(B) dará aos dissidentes o direito de se retirarem mediante a venda de suas participações aos controladores da sociedade incorporadora.
(C) deverá seguir a disciplina da Lei n. 6.404/1976 com as alterações posteriores.
(D) garantirá o direito de ressarcimento de perdas impostas aos sócios da incorporadora pelos sócios da incorporada.
(E) dependerá de ratificação dos acionistas titulares de ações sem direito de voto.

Todas as assertivas, com exceção da C, são estranhas à normatização das incorporações (arts. 1.116 a 1.118 do CC e arts. 223 a 227 e 230 a 232 da LSA). Gabarito "C".

(Procuradoria Federal – 2007 – CESPE) Julgue o item seguinte.

(1) O aumento de capital mediante capitalização de lucros ou de reservas não implica em alteração do valor nominal das ações nem distribuição de novas ações.

É o oposto: a capitalização de lucros ou de reservas implica alteração do valor nominal das ações ou distribuição de novas – art. 169 da LSA. Gabarito 1E.

(Cartório/AP – 2011 – VUNESP) Como consequência da fusão das sociedades "A" e "B"

(A) as ações ou quotas de "A" e "B" passam a pertencer integralmente à nova sociedade, surgida a partir da fusão.
(B) a maior das duas sociedades passa a ser composta não apenas por seus bens, direitos e obrigações, mas também pelos bens, direitos e obrigações da menor.
(C) extinguem-se as sociedades "A" e "B", surgindo com a fusão uma nova sociedade que as sucederá nos direitos e obrigações.
(D) os acionistas dissidentes na deliberação de fusão não terão direito a recesso.
(E) sob pena de perda do direito, credores das sociedades "A" e "B" terão 60 dias para manifestar-se e assegurar que seus créditos foram incluídos na nova sociedade.

A: Incorreta, pois as sociedades "A" e "B" deixam de existir com a fusão (art. 228 da LSA). Os sócios ou acionistas das sociedades incorporadas, fundidas ou cindidas receberão, diretamente da companhia emissora, as ações que lhes couberem – art. 223, § 2º, da LSA; B: Incorreta, pois "A" e "B" deixam de existir – art. 228 da LSA; C: Essa é a alternativa correta, conforme comentários anteriores e expressamente disposto no art. 228, caput, da LSA; D: Incorreta, pois há direito de retirada do acionista que discordou da fusão, conforme art. 137 c/c art. 136, IV, da LSA; E: Incorreta, pois existe prazo de 60 dias apenas para que os credores prejudicados peçam judicialmente a anulação da fusão, e não para se assegurarem que seus créditos foram incluídos na nova sociedade – art. 232 da LSA. *Gabarito "C".*

2.6.6. SOCIEDADES DE ECONOMIA MISTA

(Procuradoria Distrital – 2007) A administração indireta do Distrito Federal é composta também por empresas públicas e sociedades de economia mista, sendo que estas últimas adotam sempre a forma de S/A. Sobre essas sociedades de economia mista é correto afirmar que:

(A) não há submissão às regras da Lei n. 6.404/76, dada a sua natureza pública.
(B) o conselho de administração é facultativo, dependendo de previsão do estatuto.
(C) seus administradores fazem jus a uma remuneração a ser fixada pela assembléia geral.
(D) uma determinação feita pelo acionista controlador substitui a assembléia geral.
(E) suas ações serão nominativas, endossáveis ou ao portador.

A: as sociedades de economia mista são reguladas pela LSA, conforme seu art. 235; B: o conselho de administração é obrigatório – art. 239 da LSA; C: art. 152, c/c art. 239, parágrafo único, ambos da LSA; D: o acionista controlador submete-se às mesmas regras que sujeitam os controladores das demais companhias, embora possa orientar a empresa no sentido do interesse público que justificou sua criação (ou seja, não se sobrepõe à assembleia geral) – art. 238 da LSA; E: atualmente, as ações devem ser nominativas – art. 20 da LSA. *Gabarito "C".*

(Procurador do Estado/PR – 2007) Para a alienação de ações de titularidade do Estado numa sociedade anônima, algumas condições deverão ser atendidas:

(A) o preço mínimo de alienação das ações deverá ser fixado por lei, depois de desenvolvido criterioso trabalho de avaliação patrimonial da empresa;
(B) o preço de alienação das ações será livremente fixado pela Bolsa de Valores, tendo-se como parâmetro o valor de mercado destas ações;
(C) não há necessidade de fixação de valor mínimo das ações porque a sociedade de economia mista se sujeita às normas de mercado e estas é que definirão o valor a ser apresentado como lance mínimo na alienação;
(D) cabe à União Federal a iniciativa de projeto de lei que autorize a alienação das referidas ações em razão da previsão constitucional de competência legislativa da União para a disciplina de Direito Comercial;
(E) é imprescindível a prévia autorização da Assembléia Geral da Sociedade de Economia Mista, mediante quorum qualificado.

A Lei 8.666/1993 (art. 17, II, c) exige avaliação prévia, mas não prevê lei autorizativa ou licitação para a alienação de ações em bolsa. As Constituições estaduais, no entanto, costumam submeter as alienações à autorização legislativa, caso do Paraná (art. 87, XX), de São Paulo (art. 47, XV), do Rio de Janeiro (art. 69) e do Distrito Federal (Lei Orgânica, art. 100, XX). *Gabarito "A".*

2.6.7. LIGAÇÕES SOCIETÁRIAS. CONTROLE, COLIGAÇÃO, GRUPOS, CONSÓRCIOS, SUBSIDIÁRIAS

(Magistratura/MT – 2009 – VUNESP) A companhia que pode ser constituída, mediante escritura pública, tendo como único acionista sociedade brasileira, é denominada de

(A) coligada.
(B) controlada.
(C) holding.
(D) subsidiária integral.
(E) companhia pública de economia mista.

Essa é a definição de subsidiária integral, conforme o art. 251 da LSA. *Gabarito "D".*

(Magistratura/PR – 2008) Assinale a alternativa INCORRETA:

(A) Diz-se coligada a sociedade de cujo capital outra sociedade participa com dez por cento ou mais, do capital da outra, sem controlá-la.
(B) É controlada a sociedade de cujo capital outra sociedade possua a maioria dos votos nas deliberações dos quotistas ou da assembléia geral e o poder de eleger a maioria dos administradores.
(C) Formado o grupo de sociedades, ocorre a obrigatória unificação de personalidades e patrimônios.
(D) A sociedade controladora e suas controladas podem constituir grupo de sociedades, mediante convenção pela qual se obriguem a combinar recursos para participar de atividades ou empreendimentos comuns.

A: art. 1.099 do CC; B: art. 1.098, I, do CC; C: o grupo de sociedades não implica unificação de personalidades ou patrimônios (ou haveria fusão) – art. 266 da LSA; D: art. 265 da LSA. *Gabarito "C".*

(Procurador do Estado/PR – 2007) A reunião de sociedades visando executar um determinado empreendimento, sem a criação de um novo sujeito de direito, na qual elas mantêm sua autonomia, agem e respondem cada qual por suas obrigações, sem solidariedade, mas contribuem para as despesas comuns e deliberam sobre a administração do conjunto, caracteriza:

(A) Um consórcio, sem personalidade jurídica, que, porém, deve ser registrado na Junta Comercial;
(B) Um grupo de sociedades, sem personalidade jurídica, que deve ser identificado por uma denominação própria, sujeito a registro na Junta Comercial;
(C) Um grupo de sociedades, com personalidade jurídica a partir do seu registro na Junta Comercial;
(D) Uma coligação de participação recíproca de sociedades;
(E) Uma sociedade em conta de participação.

A assertiva descreve o consórcio, nos termos dos arts. 278 e 279 da LSA. O grupo de sociedades é definido pelo art. 265 da LSA. As coligadas são previstas pelo art. 1.099 do CC. A sociedade em conta de participação é regulada pelos arts. 991 a 996 do CC. *Gabarito "A".*

2.6.8. QUESTÕES COMBINADAS SOBRE SOCIEDADE ANÔNIMA

(MAGISTRATURA/PB – 2011 – CESPE) A respeito da disciplina aplicável às sociedades anônimas de capital aberto, assinale a opção correta.

(A) Os administradores de sociedade anônima devem compor a diretoria ou o conselho de administração, não se exigindo, em nenhum desses casos, que os membros sejam acionistas da sociedade.
(B) Mediante a emissão de debêntures, meio utilizado para a captação de recursos no mercado, os prestadores de capital tornam-se sócios da companhia.
(C) Permite-se o fechamento do capital da sociedade anônima desde que precedido de oferta pública para a aquisição de todas as ações em circulação por preço justo.
(D) Além dos valores mobiliários expressamente previstos em lei, outros poderão ser criados pelo Conselho Monetário Nacional, nos limites de sua esfera de competência.
(E) Em sociedades abertas, os titulares de ações preferenciais podem ter direito a voto nas assembleias, ao passo que os titulares de ações ordinárias, em regra, não têm direito a voto.

A: Incorreta. Importante salientar que, atualmente, com a Lei 12.431/2011, que alterou o art. 146 da LSA, não se exige mais que os membros do conselho de administração sejam acionistas. Os diretores, entretanto, já não precisavam ser acionistas antes da modificação legislativa; B: Incorreta, pois os debenturistas são credores da companhia, não sócios – art. 52 da LSA; C: Assertiva correta, conforme o art. 4º, § 4º, da LSA; D: Incorreta, pois o Conselho Monetário Nacional não tem competência para criar valores mobiliários, que são definidos pelo art. 2º da Lei 6.385/1976; E: Incorreta na parte final, pois as ações ordinárias conferem direito de voto a seus titulares – art. 110 da LSA. *Gabarito "C".*

(Magistratura/RO – 2011 – PUCPR) Sobre as Sociedades Anônimas, assinale única alternativa CORRETA.

(A) Quando uma sociedade anônima detém 100% das quotas de uma sociedade limitada, diz-se que esta é uma subsidiária integral da primeira.

(B) Em uma Companhia com o capital dividido em 1000 ações, sendo 500 ordinárias e 500 preferenciais sem direito a voto, o acionista A detém 251 ações ordinárias e 100 preferenciais, totalizando 351 ações. O acionista B detém 249 ordinárias e 400 preferenciais, totalizando 649 ações. Diante disso, é correto afirmar que o acionista A é o acionista controlador.

(C) Os acionistas em Assembleia não podem destituir, sem motivo justificado, os integrantes dos órgãos de administração.

(D) Caso a sociedade A detenha a maioria do capital social da sociedade B, é correto dizer que a sociedade B é controladora da sociedade A.

(E) Não existe previsão legal para a constituição, por sociedades anônimas e outras sociedades, de consórcio para executar determinado empreendimento.

A: Incorreta, pois a subsidiária integral deve ser, necessariamente, sociedade por ações – art. 251 da LSA. A sociedade limitada deve ter pelo menos dois sócios – art. 1.033, IV, do CC; B: Essa é a melhor alternativa, pois acionista controlador não é quem tem mais ações, mas sim aquele que é titular de direitos de sócio que lhe assegurem, de modo permanente, a maioria dos votos nas deliberações da assembleia geral e o poder de eleger a maioria dos administradores da companhia – art. 116, a, da LSA. A assertiva não é totalmente correta, pois, para que A seja considerado controlador, é preciso que ele utilize efetivamente seu poder para dirigir as atividades sociais e orientar o funcionamento dos órgãos da companhia – art. 116, a, da LSA. Ou seja, se A for omisso, apesar de ter a maioria das ações com direito a voto, B poderá ser considerado acionista controlador; C: Incorreta, pois a assembleia geral tem competência para destituir, a qualquer tempo, os administradores e fiscais da companhia – art. 122, II, da LSA. A decisão da assembleia geral é, portanto, soberana, ressalvando-se apenas que o acionista deve exercer o direito a voto no interesse da companhia (sem abuso do direito, que possa causar dano à sociedade ou aos demais acionistas) – art. 115 da LSA; D: Incorreta, pois, para identificar o controlador, é preciso saber quem é titular de direitos de sócio que lhe assegurem, de modo permanente, a maioria dos votos nas deliberações da assembleia geral e o poder de eleger a maioria dos administradores da companhia – art. 116, a, da LSA; E: Incorreta, pois o consórcio é previsto expressamente pelo art. 278 da LSA. Gabarito "B".

(Magistratura/SC – 2009) Sobre as sociedades anônimas assinale a alternativa correta:

I. A dissolução de uma companhia aberta não é direito potestativo da parte. O Poder Judiciário pode decidir sobre a sua conveniência pelo eventual desfalque financeiro provocado pelo direito de reembolso do retirante.

II. As reservas de contingência são formadas por deliberação dos sócios e objetivam suportar perdas prováveis no exercício futuro.

III. Na companhia aberta é necessário o Conselho de Administração.

IV. O acordo de acionistas pode dispor apenas das obrigações de fazer. Sua eficácia depende da averbação nos livros sociais e nos certificados (se houver), e o seu descumprimento redunda no direito à execução específica.

V. O voto múltiplo é uma espécie de voto repartido, podendo ser invocado por aqueles acionistas que representam um décimo do capital votante. A renúncia a este direito de voto é ineficaz em razão da interpretação sistemática de proteção aos acionistas minoritários.

(A) Somente as proposições II e III estão incorretas.
(B) Somente as proposições I e V estão incorretas.
(C) Todas as proposições estão incorretas.
(D) Somente as proposições I, III e IV estão incorretas.
(E) Somente a proposição IV está incorreta.

I: é possível a dissolução judicial, no caso – art. 206, II, da LSA; II: correta, conforme o art. 195 da LSA; III: assertiva correta, já que o Conselho de Administração é obrigatório para as sociedades abertas e para as de capital autorizado – art. 138, § 2º, da LSA; IV: incorreta, pois o acordo de acionistas pode se referir à compra e venda de ações, preferência para adquiri-las, exercício do direito a voto, ou do poder de controle, conforme o art. 118, §§ 1º e 3º, da LSA; V: assertiva correta, conforme o art. 141 da LSA. Gabarito "E".

(Ministério Público/AP – 2005) Assinale a alternativa correta:

(A) A responsabilidade objetiva do agente ocorre quando os administradores das S/As causam prejuízo à empresa, respondendo por culpa ou dolo, no âmbito de seus poderes ou quando violarem a lei ou o estatuto social;

(B) As partes beneficiárias são títulos emitidos pelas sociedades anônimas de capital fechado, desde que autorizadas pela Assembléia Geral e caracterizam-se por serem estranhos ao capital social e por conferirem aos seus proprietários direito de crédito apenas eventual contra a companhia;

(C) As ações das sociedades anônimas são endossáveis, preferenciais, nominativas e ordinárias;

(D) A composição do Conselho Fiscal de sociedade por ações não será inferior a três nem superior a cinco membros efetivos e suplentes em igual número, eleitos dentre aqueles que compõem os órgãos de administração.

A: não se trata de responsabilidade objetiva – art. 158, I e II, da LSA; B: arts. 46 e 47, parágrafo único, ambos da LSA; C: as ações podem ser ordinárias ou preferenciais (art. 15 da LSA) e, quanto à forma, são sempre nominativas (art. 20 da LSA); D: os conselheiros fiscais não podem ser membros dos órgãos de administração da companhia – art. 162, § 2º, da LSA. Gabarito "B".

(Magistratura Federal – 5ª Região – 2007 – CESPE) Julgue o seguinte item.

(1) Se alguns acionistas de uma sociedade anônima ajuizarem mandado de segurança com vistas a obter provimento jurisdicional obstativo de arquivamento de ata de assembléia geral extraordinária perante a respectiva junta comercial, nessa situação, competirá à justiça comum estadual o julgamento do mencionado mandado de segurança.

As juntas comerciais realizam os registros por delegação federal, razão pela qual o Mandado de Segurança impetrado contra seu presidente, relativos à matéria técnica de registro (objeto da delegação), é da competência da Justiça Federal – ver CC 31.357/MG-STJ. Entretanto, se a impugnação não tem relação direta com o serviço registrário, a competência é da justiça estadual. Por exemplo, se a pessoa é prejudicada por ato de alguém que falsificou sua assinatura em documento levado a registro, eventual demanda contra a junta comercial será julgada pela justiça estadual – ver AgRg no CC 101.060/RO-STJ. Gabarito 1E.

(MAGISTRATURA DO TRABALHO – 1ª REGIÃO – 2010 – CESPE) Acerca de sociedades anônimas, assinale a opção correta.

(A) A sociedade anônima que tem por objeto social atividades eminentemente rurais deve ser constituída na forma societária simples.

(B) Bônus de subscrição são valores mobiliários que conferem ao seu titular, nas condições constantes do certificado, direito de subscrever, em momento futuro, ações do capital social da companhia emissora.

(C) As companhias brasileiras não dependem de autorização do BACEN para a emissão de debêntures no exterior com garantia real ou flutuante de bens situados no país.

(D) Por ser titular de direitos de sócio que lhe asseguram, de modo permanente, a maioria dos votos nas deliberações da assembleia-geral e o poder de eleger a maioria dos administradores da companhia, o acionista controlador não pode ser responsabilizado por danos que causar à companhia por abuso de poder, uma vez que seus interesses e os da companhia são necessariamente convergentes.

(E) Nas companhias abertas, as atribuições do conselho de administração, que é órgão social de constituição facultativa, podem ser conferidas ao conselho fiscal.

A: incorreta, pois a sociedade anônima é sempre empresária – art. 982, parágrafo único, do CC; B: correta, pois essa é a definição de bônus de subscrição, conforme o art. 75 da LSA; C: incorreta, pois a autorização do Banco Central é essencial – art. 73 da LSA; D: incorreta, pois o controlador pode ser responsabilizado, conforme o art. 117 da LSA; E: incorreta, pois o Conselho de Administração é obrigatório para as sociedades abertas e para as de capital autorizado – art. 138, § 2º, da LSA. Gabarito "B".

(Cartório/SC – 2008) Considerando a Lei das Sociedades Anônimas, assinale a alternativa correta:

(A) Não compete ao registro do comércio verificar se as prescrições legais foram observadas na constituição da companhia e se no estatuto existem cláusulas contrárias à lei, à ordem pública e aos bons costumes.

(B) A sociedade anônima deverá compor nome empresarial por meio de firma.

(C) A constituição da companhia independe da subscrição das ações em que se divide o capital social fixado no estatuto.

(D) A incorporação, fusão ou cisão podem ser operadas apenas entre sociedades de tipos iguais e deverão ser deliberadas na forma prevista para a alteração dos respectivos estatutos ou contratos sociais.
(E) A transformação – operação pela qual a sociedade passa, independentemente de dissolução e liquidação, de um tipo para o outro – obedecerá aos preceitos que regulam a constituição e o registro do tipo a ser adotado pela sociedade.

A: os registros devem efetuar essa verificação – art. 97 da LSA; B: a sociedade anônima não poderá adotar firma, embora o nome do fundador, de acionista ou de pessoa relevante para o êxito da formação da empresa possa constar da denominação social – art. 3º da LSA; C: é o oposto – a constituição depende da subscrição de todas as ações – art. 80, I, da LSA; D: a incorporação, a fusão e a cisão podem se dar entre sociedades de tipos distintos – art. 223, *caput*, da LSA; E: art. 220 da LSA. Gabarito "E".

2.7. SOCIEDADE COOPERATIVA

(Magistratura/MG – 2008) Quanto às sociedades cooperativas singulares, assinale a alternativa INCORRETA.

(A) Cada sócio tem direito a um só voto nas deliberações, qualquer que seja o valor de sua participação.
(B) São intransferíveis as quotas do capital a terceiros estranhos à sociedade, ainda que por herança.
(C) É possível que uma cooperativa singular de crédito estabeleça, em seu estatuto, a livre admissão de associados.
(D) É composta exclusivamente por pessoas físicas, não sendo permitida em qualquer hipótese a admissão de pessoas jurídicas.

A: art. 1.094, VI, do CC; B: art. 1.094, IV, do CC; C: art. 30 da Lei 5.764/1971; D: é possível a admissão de pessoas jurídicas, excepcionalmente, conforme art. 6º, I, da Lei 5.764/1971. Gabarito "D".

(Magistratura/MT – 2009 – VUNESP) É característica da sociedade cooperativa

(A) a transferibilidade das quotas do capital a terceiros estranhos à sociedade.
(B) a variabilidade, ou dispensa do capital social.
(C) a responsabilidade sempre ilimitada dos cooperados.
(D) a divisibilidade do fundo de reserva entre os sócios.
(E) o direito de voto correspondente a sua participação no capital social.

A: incorreta, pois isso é vedado – art. 1.094, IV, do CC; B: correta, conforme o art. 1.094, I, do CC; C: assertiva incorreta, pois a responsabilidade dos sócios da cooperativa pode ser limitada ou ilimitada, nos termos do art. 1.095 do CC; D: incorreta, pois o fundo de reserva é indivisível entre os sócios, ainda que em caso de dissolução da sociedade – art. 1.094, VIII, do CC; E: assertiva incorreta, pois cada sócio da cooperativa tem direito a apenas um voto, independentemente da existência de capital social e de sua participação nele – art. 1.094, VI, do CC. Gabarito "B".

2.8. QUESTÕES COMBINADAS SOBRE SOCIEDADES E OUTROS TEMAS

(Magistratura/AL – 2008 – CESPE) Produção de Talheres e Garfos Ltda. é sociedade empresária cujo corpo societário é composto por 20 integrantes, entre eles os sócios-quotistas Alberto e Bruno, os quais detêm, cada um, 30% das quotas do capital social. A sociedade limitada é titular de 80% das ações com direito a voto de Fábrica de Alimentos Saudáveis S.A., sociedade anônima com capital fechado, de que Godofredo é o acionista titular dos 20% restantes. Diante desse quadro, Alberto e Bruno decidiram iniciar um processo de fusão entre as duas sociedades empresárias, mas sofrem irreversível oposição declarada por alguns dos outros sócios-quotistas. Com base nas informações apresentadas nessa situação hipotética, assinale a opção correta.

(A) Considerando que é vedado às sociedades por ações se transformarem em sociedades por quotas, com o processo de fusão a sociedade anônima necessariamente desaparecerá, para ser absorvida pela sociedade limitada.
(B) É indispensável, para que ocorra o processo de fusão, a aquiescência de Godofredo, por voto expresso em assembléia-geral que delibere quanto à participação da sociedade anônima nessa mudança societária.
(C) Considerando-se que os sócios-quotistas Alberto e Bruno são titulares da maioria do capital social, bastarão os seus votos em sentido afirmativo para determinar a participação da sociedade limitada no processo de fusão.
(D) A manifestação do corpo societário da sociedade limitada sobre a fusão poderá ser tomada em assembléia-geral ou reunião, bastando que na ata resultante conste a participação dos sócios Alberto e Bruno.
(E) Se for aprovado o processo de fusão na forma da lei, os sócios-quotistas que votarem contra essa decisão poderão se retirar da sociedade limitada, resolvendo-se a sociedade em relação a estes com a liquidação de suas quotas.

A: a transformação pode ser de qualquer tipo societário para qualquer outro – art. 220 da LSA; B e C: a fusão é decidida conforme o tipo da cada empresa envolvida – art. 1.120 do CC. No caso da limitada, é necessário voto representativo de três quartos do capital social (= 75%) – art. 1.076, I, c/c art. 1.071, VI, ambos do CC (Alfredo e Bruno detêm apenas 60%). A sociedade anônima deve aprovar a fusão por acionistas que representem no mínimo metade do capital votante (exceto se o estatuto prever percentual maior) – art. 136, IV, da LSA (o voto de Godofredo não é necessário); D: o sócio pode ser representado por outro sócio ou por advogado com mandato específico – art. 1.074, § 1º, do CC; E: arts. 1.077 e 1.031 do CC. Gabarito "E".

(Magistratura/DF – 2011) A respeito das sociedades, considere as proposições abaixo e assinale a <u>correta</u>:

(A) A quebra do *affectio societatis* não se erige como causa para a exclusão do sócio minoritário, mas apenas para dissolução (parcial) da sociedade;
(B) As sociedades intituladas em comum, igualmente içadas à conceituação de sociedades irregulares, ostentam natureza de sociedade, muito embora, nelas, não se avulte aquilo que se denomina de *affectio societatis*;
(C) Afigura-se como elemento proeminente da sociedade em conta de participação a circunstância de o sócio ostensivo assumir todo o negócio em seu nome individual, muito embora a ele não seja dado se obrigar, sozinho, perante terceiros, porquanto, neste caso, exige-se a presença do sócio oculto, especialmente porque este último participa com o capital;
(D) Segundo a jurisprudência do egrégio Superior Tribunal de Justiça, a desconsideração da personalidade jurídica das empresas é admissível em situações especiais, quando evidenciado o abuso da personificação jurídica, materializado em excesso de mandato, desvio de finalidade da empresa, confusão patrimonial entre a sociedade ou os sócios ou, ainda, nas hipóteses de dissolução irregular da empresa, sem a devida baixa na Junta Comercial. Ainda de acordo com a jurisprudência daquele Corte Superior, exatamente por força de tais particularidades é que a desconsideração, em última análise, importa na própria dissolução da pessoa jurídica.

A: Correta, pois, em princípio, apenas a quebra do *affectio societatis* não é, de fato, suficiente para a exclusão do sócio. O sócio pode ser excluído judicialmente somente por falta grave no cumprimento de suas obrigações ou por incapacidade superveniente, mediante iniciativa da maioria dos demais sócios – art. 1.030 do CC. O sócio minoritário pode ser excluído também extrajudicialmente, caso esteja pondo em risco a continuidade da empresa, em virtude de atos de inegável gravidade, e desde que a exclusão por justa causa seja prevista no contrato social – art. 1.085 do CC. Existe ainda a possibilidade de exclusão do sócio remisso da limitada, se não integralizar sua quota social no prazo definido – art. 1.058 do CC; B: Incorreta, pois se trata, em princípio, de sociedades de pessoas, em que o *affectio societatis* é essencial para manutenção da entidade empresarial – art. 986 do CC; C: Incorreta, pois somente o sócio ostensivo obriga a sociedade em conta de participação perante terceiros – art. 991, p. único, do CC; D: Incorreta na parte final, pois a desconsideração da personalidade jurídica não implica dissolução da sociedade, apenas estende os efeitos de certas e determinadas relações de obrigações aos bens particulares dos administradores ou sócios da pessoa jurídica – art. 50 do CC. Gabarito "A".

(Magistratura/DF – 2011) Considere as proposições formuladas abaixo e assinale a <u>incorreta</u>:

(A) Na sociedade em comandita por ações, somente o acionista tem qualidade para administrar a sociedade e, como diretor, responde subsidiária e ilimitadamente pelas obrigações da sociedade;
(B) A falência da sociedade transformada somente produzirá efeitos em relação aos sócios que, no tipo anterior, a eles estariam

sujeitos, se o pedirem os titulares de créditos anteriores à transformação e somente a estes beneficiará;
(C) Em se tratando de sociedade limitada, a responsabilidade de cada sócio é restrita ao montante de suas quotas. Por consectário lógico, não se lhes exige a responsabilização solidária pela integralização do capital social;
(D) Na liquidação da sociedade, incumbe ao liquidante representar a sociedade e praticar todos os atos necessários a tal propósito, inclusive alienar bens móveis ou imóveis, transigir, receber e dar quitação.

A: Correta, conforme o art. 1.091 do CC; B: Correta, conforme o art. 222, p. único, da LSA; C: Incorreta, pois, apesar da limitação da responsabilidade ao valor das quotas, existe responsabilidade solidária dos sócios da limitada pela integralização de todo o capital social – art. 1.052 do CC; D: Correta, em conformidade com o art. 1.105 do CC. "Gabarito C".

(Magistratura/DF - 2007) Julgue as proposições seguintes acerca dos tipos de sociedade, assinalando, após, a alternativa correta:

I. Nas sociedades em conta de participação, a inscrição do contrato social em qualquer registro lhe confere personalidade jurídica.
II. Nas sociedades simples, o sócio admitido em sociedade já constituída responde pelo saldo das dívidas que os bens da sociedade não cobrirem, na proporção de sua participação das perdas sociais, salvo cláusula de responsabilidade solidária.
III. O regime diferenciado e favorecido instituído pelo Estatuto Nacional da Microempresa e da Empresa de Pequeno Porte não se aplica às sociedades, entre as quais estão as sociedades por ações, aos bancos comerciais e às cooperativas em geral (excetuadas as de consumo).
IV. O regime da sociedade comandita por ações é o das anônimas.
(A) Todas as proposições são verdadeiras.
(B) Todas as proposições são falsas.
(C) Apenas uma das proposições é verdadeira.
(D) Apenas uma das proposições é falsa.

I: a sociedade em conta de participação não tem, por definição, personalidade jurídica, nem a adquire por meio de registro dos atos constitutivos – art. 993 do CC; II: art. 1.025 c/c arts. 997, VII, 1.007 e 1.023, todos do CC; III: art. 3º, § 4º, VI, VIII e X, da LC 123/2006; IV: as sociedades em comandita por ações regem-se pelas normas relativas às sociedades anônimas, com observância do disposto nos arts. 1.090 a 1.092 do CC. "Gabarito D".

(Magistratura/MG - 2007) Quanto às sociedades, assinale a alternativa CORRETA.
(A) O patrimônio social não pode ser inferior ao capital social.
(B) O patrimônio social líquido corresponde à totalidade de ativos da sociedade deduzido o capital social.
(C) Na sociedade empresária limitada, o capital social pode ser integralizado com a prestação de serviços.
(D) Nas sociedades anônimas, compete ao conselho de administração autorizar, se o estatuto não dispuser em contrário, a alienação de bens do ativo permanente.

A: o patrimônio social (apurado periodicamente) pode ser inferior ao capital social (valor investido na empresa pelos sócios) em casos de prejuízos, perdas de ativos etc.; B: o patrimônio líquido, de modo geral, corresponde ao capital social acrescido dos lucros ou diminuído dos prejuízos acumulados, além de determinados ajustes e reservas; C: isso não é possível – art. 1.055, § 2º, do CC; D: atualmente, a alienação de qualquer bem do ativo não circulante (não apenas do ativo imobilizado) depende da autorização do conselho de administração, salvo disposição estatutária em contrário) – art. 142, VIII, da LSA. "Gabarito D".

(MAGISTRATURA/PB – 2011 – CESPE) Os diversos tipos societários contemplados no ordenamento jurídico são configurados com base, entre outros critérios, na natureza da responsabilidade das pessoas dos sócios. Considerando essa responsabilidade em relação às obrigações da sociedade, assinale a opção correta.
(A) Nas sociedades limitadas e nas em comandita por ações, todos os sócios, incluindo-se o que exerça a função de diretor, respondem somente pelo valor das respectivas quotas ou ações.
(B) Nas sociedades simples, a responsabilidade dos sócios é sempre solidária.
(C) Nas sociedades despersonificadas e nas em nome coletivo, a responsabilidade dos sócios é solidária.
(D) Nas sociedades em nome coletivo e nas em comandita simples, todos os sócios respondem solidariamente pelas obrigações sociais.
(E) No que tange à responsabilidade dos acionistas, o tratamento dispensado pelo direito às sociedades anônimas e as em comandita por ações é exatamente o mesmo.

A: Incorreta, pois o acionista diretor da sociedade em comandita por ações responde subsidiária e ilimitadamente pelas obrigações da sociedade – art. 1.091 da LSA; B: Incorreta, pois o contrato social determinará se os sócios respondem, ou não, subsidiariamente, pelas obrigações sociais – art. 997, VIII, do CC; C: Essa é a melhor alternativa, por exclusão das demais. O Código Civil prevê duas espécies de sociedades sem personalidade jurídica, quais sejam a sociedade em comum e a sociedade em conta de participação. No caso da sociedade em comum, a assertiva é correta, pois os sócios respondem solidária e ilimitadamente pelas obrigações sociais – art. 990 do CC. Entretanto, no caso da sociedade em conta de participação, somente o sócio ostensivo se obriga perante terceiros, não sendo correto falar em responsabilidade solidária do sócio oculto em relação às obrigações sociais (que, a rigor, nem sequer existem perante terceiros – a sociedade não tem personalidade jurídica própria e a responsabilidade é exclusiva e individual do sócio ostensivo) – art. 991 do CC. Quanto à sociedade em nome coletivo, a assertiva também é correta, pois há responsabilidade solidária dos sócios – 1.039 do CC; D: Incorreta, pois, na sociedade em comandita simples, somente os sócios comanditados (que administram a sociedade) respondem solidária e ilimitadamente pelas obrigações sociais – art. 1.045 do CC; E: Incorreta, conforme comentário à alternativa "A". "Gabarito C".

(Magistratura/RO – 2011 – PUCPR) Dadas as assertivas abaixo, assinale a única **CORRETA**:
(A) Todas as sociedades no direito brasileiro possuem personalidade jurídica.
(B) Após totalmente integralizado o capital social em uma sociedade limitada, a regra é de que seus sócios respondem, de forma direta e pessoal, pelas obrigações da sociedade.
(C) Em caso de abuso da personalidade jurídica, caracterizado pelo desvio de finalidade ou pela confusão patrimonial, pode o juiz decidir, a requerimento da parte ou do Ministério Público (quando lhe couber intervir no processo), que os efeitos de certas e determinadas relações de obrigações sejam estendidos aos bens particulares dos administradores ou sócios de pessoas jurídicas. Uma decisão desta natureza implica a chamada "desconsideração da personalidade jurídica".
(D) O ato pelo qual o sócio se obriga a entregar para a sociedade bens ou direitos de sua propriedade, suscetíveis de apreciação econômica, para a formação do capital social, é chamado de integralização, enquanto que a subscrição de capital é a efetiva transferência, pelo sócio para a sociedade, do bem ou direito mencionado na integralização.
(E) O capital social das sociedades limitadas é dividido em ações, que podem ser ordinárias ou preferenciais, estas sem direito de voto.

A: Incorreta, pois as sociedades em comum e as sociedades em conta de participação não têm personalidade jurídica própria – arts. 986 e 991 do CC; B: Incorreta, pois, após totalmente integralizado o capital social, a responsabilidade dos sócios da limitada restringem-se ao valor de suas quotas – art. 1.052 do CC; C: Assertiva correta, pois reflete a desconsideração prevista no art. 50 do CC; D: Incorreta, pois é o oposto. Subscrição implica obrigação de realizar a integralização do capital. Integralização é a efetiva transferência do bem ou do direito para a sociedade – ver art. 106 da LSA; E: Incorreta, pois o capital da limitada é divido em quotas – art. 1.052 do CC. Ações referem-se a sociedades anônimas ou em comandita por ações. "Gabarito C".

(Magistratura/RO – 2011 – PUCPR) Considerando a disciplina legal das sociedades, assinale a única alternativa CORRETA.
(A) Independentemente de seu objeto, considera-se simples a sociedade por ações e empresária a sociedade cooperativa.
(B) Na sociedade em conta de participação, a atividade constitutiva do objeto social é exercida unicamente pelo sócio oculto/participante, em seu nome individual e sob sua própria e exclusiva responsabilidade.
(C) Nas sociedades simples, havendo empate e uma deliberação social, prevalece a decisão sufragada por maior número de sócios. Caso mesmo assim o empate persista, decidirá a questão o juiz, levando em conta o interesse da sociedade.

(D) O credor particular de sócio, na insuficiência de outros bens do devedor, não pode fazer recair a execução sobre o que ao sócio couber nos lucros da sociedade, nem na parte que couber ao sócio devedor em liquidação.
(E) Todas as alternativas anteriores estão incorretas.

A: Incorreta, pois é o oposto. A sociedade por ações é sempre empresária, e a cooperativa é sempre simples – art. 982, p. único, do CC; B: Incorreta, pois a atividade constitutiva do objeto social da sociedade em conta de participação é exercida unicamente pelo sócio ostensivo – art. 991 do CC; C: Correta, pois é o que determina o art. 1.010, § 2º, do CC; D: Incorreta, pois isso é possível, conforme o art. 1.026 do CC; E: Incorreta, pois a assertiva "C" é verdadeira. Gabarito "C".

(Magistratura/SC – 2010) Assinale a alternativa correta:

I. O Grupo de Consórcio não pode ser considerado uma sociedade.
II. As Cooperativas são sociedades empresárias.
III. Terceiros só podem provar, por escrito, a existência de uma sociedade.
IV. Somente Leis Tributárias e a Lei de Falência e Recuperação da Empresa desestimulam a atividade empresarial desorganizada que não mantenha seus livros obrigatórios e escrituração contábil em ordem.

(A) Somente as proposições I e IV estão incorretas.
(B) Somente as proposições I, III e IV estão incorretas.
(C) Somente as proposições III e IV estão incorretas.
(D) Somente as proposições I, II e III estão incorretas.
(E) Todas as proposições estão incorretas.

I: Incorreta, pois o grupo de consórcio é uma sociedade não personificada constituída por consorciados com a finalidade de propiciar a seus integrantes, de forma isonômica, a aquisição de bens ou serviços, por meio de autofinanciamento – art. 3º da Lei 11.795/2008; II: Incorreta, pois as cooperativas jamais são consideradas sociedades empresárias, qualquer que seja seu objeto social – art. 982, p. único, in fine, do CC; III: Incorreta, pois essa restrição aplica-se apenas aos sócios da sociedade em comum, não aos terceiros – art. 987 do CC; IV: A assertiva é confusa. É difícil afirmar que somente essas duas leis desestimulam a atividade empresarial desorganizada. O que se pode afirmar é que a legislação tributária impõe a organização dos registros empresariais para fins fiscais – arts. 14, III, e 195, p. único, do CTN, dentre muitos outros. Além disso, pode-se afirmar que a Lei de Falências e Recuperações estimula o registro e a escrituração da atividade empresarial, pois, caso isso não ocorra, pode-se impedir que o empresário ou a sociedade empresária formule pedido de recuperação, de autofalência ou de falência de terceiros – arts. 51, V, e 97, § 1º, da Lei 11.101/2005, por exemplo. Gabarito "D".

(Magistratura/SC – 2010) Assinale a alternativa correta:

I. A sociedade controladora sempre exerce o direito de voto em correspondência ao total das ações ou quotas que detenha da sua controlada.
II. As obrigações dos sócios começam a partir do arquivamento do contrato na Junta Comercial.
III. É nula a obrigação contraída por Magistrado em nome de sociedade comercial da qual seja administrador.
IV. Os poderes de administração conferidos por cláusula contratual ao sócio não podem ser revogados por deliberação dos demais sócios.

(A) Somente as proposições I, II e III estão incorretas.
(B) Somente as proposições I e IV estão incorretas.
(C) Somente as proposições I, III e IV estão incorretas.
(D) Somente as proposições III e IV estão incorretas.
(E) Todas as proposições estão incorretas.

I: Incorreta, pois nem todas as ações conferem ao titular direito a voto – art. 111 da LSA; II: Incorreta, pois mesmo antes do arquivamento há obrigações entre os sócios que acordaram a sociedade e, eventualmente, perante terceiros, na qualidade de sociedade em comum (antes da inscrição dos atos constitutivos) – art. 986 do CC; III: Incorreta, pois a pessoa legalmente impedida de exercer atividade própria de empresário (caso do magistrado), se a exercer, responderá pelas obrigações contraídas – art. 973 do CC; IV: Incorreta, é possível, excepcionalmente, a revogação dos poderes do sócio investido na administração por cláusula expressa do contrato social, desde que haja justa causa, reconhecida judicialmente, a pedido de qualquer dos sócios – art. 1.019 do CC. Ademais, no caso da sociedade limitada, o sócio nomeado administrador no contrato pode ser destituído pela aprovação de titulares de quotas correspondentes, no mínimo, a dois terços do capital social, salvo disposição contratual diversa – art. 1.063, § 1º, do CC. Gabarito "E".

(Ministério Público/ES – 2010 – CESPE) Assinale a opção correta no que concerne às operações societárias.

(A) Se a sociedade anônima emitiu debêntures, a operação de fusão que envolva essa sociedade dependerá, em qualquer hipótese, da prévia aprovação dos debenturistas.
(B) Quando a sociedade incorporadora possuir ativo inferior ao passivo, o credor da incorporada que tiver a garantia patrimonial de seu crédito reduzida, ainda que se sinta prejudicado, não terá legitimidade para pedir a anulação da operação.
(C) Conforme entendimento do STJ, o decreto de falência da sucedida, ré no processo de execução, não tem o atributo de alterar a condição ou a responsabilidade direta da sociedade empresária sucessora, decorrente de decisão judicial transitada em julgado.
(D) Na transformação, os direitos dos credores não são afetados, permanecendo com as mesmas garantias oferecidas pelo tipo societário anterior, salvo no que diz respeito à responsabilidade subsidiária ou solidária dos sócios.
(E) Na cisão com extinção da companhia cindida, as sociedades que absorverem parcelas do seu patrimônio responderão subsidiariamente pelas obrigações da companhia extinta.

A: Incorreta, pois será dispensada a aprovação pela assembleia dos debenturistas se for assegurado aos debenturistas o resgate das debêntures, durante o prazo mínimo de 6 meses a contar da data da publicação das atas das assembleias relativas à operação – art. 231, § 1º, da LSA; B: Incorreta, pois até 60 dias depois de publicados os atos relativos à incorporação ou à fusão, o credor anterior por ela prejudicado poderá pleitear judicialmente a anulação da operação – art. 232 da LSA; C: Correta, pois essa é a jurisprudência do STJ – ver Rcl. 2.227/MG; D: Incorreta, pois não há essa ressalva em relação à responsabilidade subsidiária ou solidária dos sócios – art. 222 da LSA; E: Incorreta, pois as sociedades que absorverem parcelas do patrimônio da cindida responderão solidariamente pelas obrigações deixadas por ela (pela cindida) – art. 233 da LSA. Gabarito "C".

(Ministério Público/PB – 2010) Considere as proposições adiante e assinale a opção correta:

I. Uma das características da sociedade cooperativa é a intransferibilidade das quotas do capital a terceiros estranhos à sociedade, ainda que por herança.
II. O sócio admitido em sociedade simples já constituída se exime das dívidas sociais anteriores à admissão.
III. Na sociedade limitada, além de outras atribuições determinadas na lei ou no contrato social, aos membros do conselho fiscal incumbe, conjuntamente, a aprovação das contas da administração.

(A) Apenas II e III estão erradas.
(B) Apenas I e II estão erradas.
(C) Apenas I e III estão erradas.
(D) Todas as proposições estão corretas.
(E) Todas as proposições estão erradas.

I: Assertiva correta, nos termos do art. 1.094, IV, do CC; II: Incorreta, pois o sócio admitido não se exime das dívidas sociais anteriores, nos termos do art. 1.025 do CC; III: Incorreta, pois a aprovação das contas se dá por deliberação dos sócios – art. 1.071, I, do CC. Gabarito "A".

(Magistratura/PR – 2010 – PUC/PR) A respeito do regime societário brasileiro, assinale a alternativa CORRETA:

I. Entre os objetivos da Lei 11.638/2007, está a uniformização do regime societário brasileiro em relação às demonstrações financeiras e padrões contábeis, anteriormente regidas pelo padrão conhecido por BRGAAP, ao padrão adotado internacionalmente (IFRS - International Financial Reporting Standards).
II. A partir da vigência da Lei 11.638/2007, independente da espécie societária, considera-se de grande porte, para os fins exclusivos da referida Lei, a sociedade ou conjunto de sociedades sob o controle comum que tiver, no exercício social anterior, ativo total superior a R$ 240.000.000,00 (duzentos e quarenta milhões de reais) ou receita bruta anual superior a R$ 300.000.000,00 (trezentos milhões de reais).

III. Independente do seu objeto, a sociedade anônima será sempre considerada empresária.

IV. As disposições da Lei das S/A, Lei n.6404/1976, a respeito da escrituração e elaboração de demonstrações financeiras e a obrigatoriedade de auditoria por auditor registrado perante a CVM – Comissão de Valores Mobiliários – aplicam-se às sociedades de grande porte definidas pela Lei 11.638/2007.

(A) Somente a alternativa III está correta.
(B) Somente as alternativas II e III estão corretas.
(C) Somente as alternativas I, II e III estão corretas.
(D) Todas as alternativas estão corretas.

I: assertiva correta. Ver, a propósito, o art. 177, § 5º, da LSA, com a redação dada pela Lei 11.638/2007; II e IV: corretas, pois se aplicam a essas empresas de grande porte, definidas pelo valor de seus ativos totais ou de suas receitas brutas anuais, as disposições da LSA sobre escrituração e elaboração de demonstrações financeiras e a obrigatoriedade de auditoria independente por auditor registrado na Comissão de Valores Mobiliários – art. 3º, parágrafo único, da Lei 11.638/2007; III: assertiva correta, conforme o art. 982, parágrafo único, do CC. Gabarito "D".

(Magistratura/PR – 2010 – PUC/PR) No que diz respeito ao direito de recesso, assinale a alternativa CORRETA, dadas as alternativas abaixo:

I. Em se tratando de sociedade empresária limitada que se utiliza subsidiariamente das normas relativas às sociedades simples, a apuração dos haveres do sócio dar-se-á de acordo com o valor das cotas por ele detidas, consideradas pelo montante efetivamente realizado, as quais serão liquidadas, salvo disposição contratual em contrário, com base na situação patrimonial da sociedade, à data do pagamento, verificada em balanço especialmente levantado.

II. Nas sociedades anônimas, o exercício do direito de recesso deve ser reclamado à companhia no prazo de 30 (trinta) dias, contados da data de realização da assembleia geral que decidiu a matéria objeto de dissidência.

III. Após informada sobre o exercício do direito de recesso por parte de sócio(s) dissidente(s), é facultado aos órgãos da administração, nos 10 (dez) dias subsequentes ao término do prazo para exercício do direito de recesso, convocar assembleia geral para ratificar ou reconsiderar a deliberação, se entenderem que o pagamento do preço do reembolso das ações ao(s) acionista(s) dissidente(s) que exerceu(ram) o direito de retirada porá em risco a estabilidade financeira da empresa.

IV. O direito de recesso poderá ser exercido nas hipóteses em que o sócio discordar de qualquer matéria objeto de deliberação em assembleia ou reunião de sócios, conforme aplicável, independente da espécie societária.

(A) Somente as alternativas II e III estão corretas.
(B) Somente as alternativas II e IV estão corretas.
(C) Somente a alternativa III está correta.
(D) Todas as alternativas estão incorretas.

I: incorreta, pois o valor das quotas refere-se à data da resolução, não do pagamento – art. 1.031 do CC; II: incorreta, pois o prazo de 30 dias é contado da data de **publicação da ata** da assembleia geral (não da data em que a assembleia geral foi realizada), nos termos do art. 137, IV e V, da LSA; III: assertiva correta, pois reflete o disposto no art. 137, § 3º, da LSA; IV: incorreta, pois o direito de recesso existe apenas em relação a determinadas matérias e atos societários – art. 137, caput, da LSA e art. 1.077 do CC. Gabarito "C".

(Magistratura/SC – 2009) Analise as proposições abaixo e assinale a alternativa correta:

I. O Código Civil considera a sociedade cooperativa como um tipo de sociedade simples, não empresarial. Seus atos constitutivos não necessitam de arquivamento na Junta Comercial para que a cooperativa alcance a personalidade jurídica.

II. O nome empresarial é um elemento inconfundível de identificação do empresário, seja pessoa física ou jurídica.

III. A sociedade estrangeira, qualquer que seja o seu objeto, não pode funcionar no Brasil sem autorização do Poder Executivo Federal, salvo quando sua instalação no país ocorrer através de estabelecimentos subordinados.

IV. A incorporação é o processo pelo qual uma ou várias sociedades, desde que de igual tipo societário, são absorvidas por outra que as sucede universalmente em todos os direitos e obrigações.

V. A transformação é a alteração da forma societária com a dissolução ou liquidação da sociedade anterior.

(A) Todas as proposições estão corretas.
(B) Somente a proposição II está correta.
(C) Somente as proposições I, II e V estão corretas.
(D) Somente as proposições I, III e V estão corretas.
(E) Somente as proposições II e IV estão corretas.

I: incorreta, pois, apesar de a sociedade cooperativa ser considerada simples (não empresária – art. 982, parágrafo único, do CC), seus atos constitutivos devem ser inscritos no registro próprio para que haja personalidade jurídica – art. 985 do CC. O Departamento Nacional do Registro do Comércio – DNRC e as Juntas Comerciais entendem aplicáveis as normas especiais dos arts. 17 e 18 da Lei 5.764/1971, que determinam a inscrição das cooperativas no Registro Público das Empresas Mercantis, apesar da natureza de sociedade simples, determinada pelo art. 982, parágrafo único, do CC; II: assertiva correta, conforme o art. 1.155 do CC; III: incorreta, pois é necessária autorização do Executivo federal mesmo quando a instalação de sociedade estrangeira no Brasil ocorrer por estabelecimento subordinado nos termos do art. 1.134 do CC; IV: incorreta, pois as sociedades incorporadas não precisam ser de igual tipo societário – art. 1.116 do CC; V: incorreta, pois a transformação é apenas a modificação do tipo societário, ou seja, não há dissolução ou liquidação da sociedade – art. 1.113 do CC. Gabarito "B".

(Magistratura/SE – 2008 – CESPE) Com relação ao direito de empresa, assinale a opção correta.

(A) Na sociedade anônima, a ação é o principal valor mobiliário emitido pela companhia, e os titulares de ações ordinárias têm direito de voto e prioridade no reembolso de capital.
(B) É regra geral no direito societário que os sócios respondem subsidiariamente pelas obrigações sociais, em virtude da autonomia patrimonial das pessoas jurídicas devidamente constituídas.
(C) Na sociedade anônima, os administradores são pessoas responsáveis pelas obrigações que assumirem em nome da sociedade e em virtude de ato regular de gestão. Todavia, por atos ilícitos e de má administração de outros administradores, só responderão se agirem com conivência ou negligência em relação a eles.
(D) É possível a sociedade limitada ter como sócio uma pessoa incapaz ou menor de idade, ainda que não esteja com o capital social totalmente integralizado, exigindo-se que o ingresso desse sócio ocorra por sucessão causa mortis.
(E) As sociedades institucionais, ou seja, aquelas cujo ato regulamentar é o estatuto social, são sociedades de pessoas e capital. Nessas sociedades, as ações são sempre impenhoráveis por dívida de sócio, e a morte de um dos sócios autoriza a dissolução parcial.

A: a prioridade no reembolso de capital é característica das ações preferenciais, não ordinárias – art. 17, II, da LSA; B: em princípio, a responsabilidade dos sócios limita-se ao capital social (arts. 1.052 e 1.088 do CC) – essa não é a regra, entretanto, no caso da sociedade simples (art. 1.024 c/c art. 997, VII, ambos do CC), da sociedade em comum (art. 990 do CC) e da sociedade em nome coletivo (art. 1.039 do CC); C: nos atos regulares de gestão, é a sociedade (não o administrador) que responde – art. 158 da LSA; D: o incapaz pode ser sócio somente se as cotas estiverem integralizadas, pois há responsabilidade solidária pela integralização de capital – art. 1.052 do CC; E: trata-se de sociedades de capital, em que o aspecto pessoal (inclusive a morte) dos sócios é pouco relevante (sociedades anônima e em comandita por ações). Gabarito "B".

(Ministério Público/AP – 2005) Assinale a alternativa correta:

(A) Dissolve-se a sociedade por deliberação dos sócios, por maioria absoluta, na sociedade de prazo determinado.
(B) Na administração da sociedade simples, o sócio-gerente passa a ter uma função secundária na empresa, passando a ser preposto do Administrador;
(C) Os Livros Especiais na Sociedade Limitada são o Livro de Atas da Administração, o Livro de Atas da Assembléia, o Livro de Reuniões e o Diário;
(D) O empresário casado em comunhão universal de bens necessita de outorga do cônjuge para vender ou dar em garantia os imóveis da empresa.

A: a sociedade por tempo determinado dissolve-se no vencimento do prazo de duração, salvo se não houver liquidação e oposição de sócio – art. 1.033, I, do CC; B: o art. 1.172 do CC define o gerente como "o preposto permanente no exercício da empresa, na sede desta, ou em sucursal, filial ou agência". No entanto, é importante salientar que o próprio sócio pode ser investido na administração da empresa – art. 1.019 do CC; C: a legislação não faz referência a esses livros especiais das sociedades limitadas – art. 1.179, § 1º, do CC; D: não é necessária outorga conjugal, qualquer que seja o regime do casamento – art. 978 do CC. Gabarito "B".

(Ministério Público/AP – 2005) Assinale a alternativa correta:

(A) O direito brasileiro arrola como sociedade empresária, a sociedade limitada, a sociedade anônima, a sociedade em comandita por ações, a sociedade em comandita simples, a sociedade em nome coletivo, a sociedade em conta de participação e as cooperativas;
(B) As sociedades comerciais passaram a ser reguladas pelo novo Código Civil Brasileiro e, quanto à figura do empresário, não se distingue da figura da empresa ou da sociedade empresária;
(C) "Empresária" é a sociedade titular de atividade econômica, na qual os sócios, enquanto pessoas naturais, não devem ser consideradas titulares da empresa, já que esta qualidade é exclusiva da pessoa jurídica, portanto, diferenciando-se nesse aspecto da sociedade "empresarial";
(D) O direito de anular a constituição das pessoas jurídicas de direito privado, por causa de defeito do respectivo ato, decai em 04 (quatro) anos, prazo esse contado da data de publicação de sua inscrição no registro.

A: a assertiva é incorreta. A sociedade empresária pode se constituir como sociedade em nome coletivo, em comandita simples, limitada, anônima ou em comandita por ações (art. 983). No entanto, independentemente de seus objetos, a sociedade por ações será sempre empresária e a cooperativa será sempre simples (não empresária) – art. 982, parágrafo único, do CC; B: o empresário é pessoa natural, que não se confunde com sociedade. Empresa é a atividade do empresário ou da sociedade empresária; C: há classificação doutrinária nesse sentido - esta é a melhor alternativa, por exclusão das demais; D: o prazo é de três anos – art. 45, parágrafo único, do CC. Gabarito "C".

(Ministério Público/DF – 2009) No que concerne ao direito societário, assinale a alternativa correta.

(A) As sociedades anônimas abertas e fechadas se constituem por subscrição pública de ações e são fiscalizadas pelo Banco Central. A administração dessa sociedade é realizada por seus diretores, que são nomeados pelo conselho de administração.
(B) Transformação é a mudança no tipo societário sem que haja liquidação ou dissolução da pessoa jurídica, sem modificação ou prejuízo aos direitos dos credores.
(C) Na incorporação haverá a extinção das sociedades incorporadas para formar uma sociedade nova, que lhe sucederá em todos os direitos e obrigações.
(D) Nas sociedades simples e nas empresárias, exceto na sociedade por ações, é permitido aos sócios contribuir com bem, dinheiro, prestação de serviço ou crédito para a formação do capital social.
(E) As cooperativas são consideradas sociedades simples e são formadas por pessoas que reciprocamente se obrigam a contribuir com bens ou serviços para o exercício de atividade econômica em proveito comum. Por isso, pelas obrigações sociais, a responsabilidade dos sócios é solidária e ilimitada.

A: incorreta, pois somente as sociedades abertas precisam se constituir por subscrição pública, para que possam captar recursos no mercado de capitais. Ademais, são fiscalizadas primordialmente pela Comissão de Valores Mobiliários – CVM – art. 82 da LSA; B: assertiva correta, pois define a transformação, conforme o art. 1.113 do CC; C: incorreta, pois não há criação de nova sociedade, considerando que a incorporadora já existe – art. 1.116 do CC; D: incorreta, pois, a depender do tipo societário, não é possível a integralização do capital com prestação de serviço. Isso é vedado no caso das limitadas e das sociedades anônimas – art. 1.055, § 2º, do CC e art. 7º da LSA; E: incorreta, pois a responsabilidade dos sócios da cooperativa pode ser limitada ou ilimitada, conforme disposto no art. 1.095 do CC. Gabarito "B".

(Ministério Público/SP – 2011) A respeito de sociedades, a única alternativa correta é:

(A) as sociedades comuns e em comandita simples são personificadas, sendo ilimitada a responsabilidade dos sócios.
(B) nas sociedades em conta de participação, respondem perante terceiros o sócio ostensivo e o participante, e sua personalidade jurídica tem início com o registro do contrato social.
(C) a dissolução judicial da sociedade simples somente pode ser requerida pelo sócio ou sócios majoritários, sendo que a apuração dos haveres depende de balanço especial.
(D) na sociedade limitada, as deliberações para alteração do contrato social são tomadas pelos votos correspondentes, no mínimo, a três quartos do capital social.
(E) nas sociedades cooperativas, a responsabilidade dos sócios é limitada, sendo que as matérias atinentes ao capital social somente podem ser votadas por votos correspondentes a dois terços do capital social.

A: Incorreta, pois as sociedades em comum não têm personalidade jurídica própria – art. 986 do CC. Ademais, nas sociedades em comandita simples, apenas os sócios comanditados (gestores da sociedade) respondem solidária e ilimitadamente pelas obrigações sociais – art. 1.045 do CC; B: Incorreta, pois somente o sócio ostensivo responde perante terceiros – art. 991, p. único, do CC. Ademais, eventual inscrição do instrumento constitutivo da sociedade em conta de participação não confere personalidade jurídica à sociedade – art. 993, *caput, in fine*, do CC; C: Incorreta, pois qualquer sócio pode requerer a dissolução judicial da sociedade simples, nos casos previstos no art. 1.034 do CC; D: Essa é a assertiva correta, conforme o art. 1.076, I, c/c o art. 1.071, V, do CC; E: Incorreta, pois a responsabilidade dos sócios da cooperativa pode ser limitada ou ilimitada, na forma do art. 1.095 do CC. Gabarito "D".

(Defensoria/SP – 2009 – FCC) Assinale a alternativa correta.

(A) Deve o empresário operar no mercado sob firma constituída, a qual poderá ser seu nome completo ou abreviado e, se quiser, designação de sua pessoa ou da atividade exercida.
(B) A instituição de sucursal, agência ou filial implica na averbação no primeiro assento do Registro Público de Empresas Mercantis para que se tenha como regular a atividade desta, sendo desnecessária outra inscrição.
(C) Para que uma pessoa possa ser reputada empresária tem-se que verificar sua inscrição perante o Registro Público de Empresas Mercantis.
(D) No ordenamento brasileiro, o incapaz não pode exercer a atividade de empresário, pois sobre os seus bens não podem recair os resultados negativos da empresa.
(E) O empresário casado, com exceção do regime de separação absoluta de bens, deve proceder à averbação dos pactos e declarações antenupciais no Registro Público de Empresas Mercantis, bem como fazer inserir nos assentamentos do registros público de imóveis a outorga uxória quando de gravação com ônus ou de alienação dos bens imóveis do patrimônio empresarial.

A: assertiva correta, pois reflete a definição de firma, conforme o art. 1.156 do CC; B: incorreta, pois é necessária a inscrição também no Registro Público de Empresas Mercantis da localidade da sucursal, da filial ou da agência – art. 969 do CC; C: incorreta, pois embora a inscrição seja obrigatória (art. 967 do CC) o empresário e a sociedade empresária sem registro ou irregulares também têm essa natureza (empresária), que é determinada pela atividade desenvolvida – arts. 966, 982 e 986 do CC; D: incorreta, pois o incapaz pode, excepcionalmente, por meio de representante ou devidamente assistido, continuar a empresa antes exercida por ele enquanto capaz, por seus pais ou pelo autor de herança – art. 974 do CC; E: assertiva incorreta, pois o empresário casado pode, sem necessidade de outorga conjugal, qualquer que seja o regime de bens, alienar os imóveis que integrem o patrimônio da empresa ou gravá-los de ônus real – art. 978 do CC. Gabarito "A".

(Procurador do Estado/PI – 2008 – CESPE) A respeito das sociedades reguladas pelo Código Civil, assinale a opção correta.

(A) O reconhecimento de pessoa jurídica como sociedade empresária impõe que ela tenha como objeto o exercício de atividade própria de empresário.
(B) Os sócios podem responder subsidiariamente pelas obrigações sociais, sendo sua responsabilidade, em casos tipificados, limitada.
(C) A sociedade simples pode ter como principal objeto o exercício de atividade não-econômica.
(D) Por decorrer de contrato, a existência de qualquer sociedade exige a presença ininterrupta de, pelo menos, duas pessoas em seu quadro societário.
(E) O valor do capital social da sociedade quantifica o valor de seu patrimônio líquido, como expresso na escrituração contábil da empresa.

A: a definição pela atividade desenvolvida é a regra (art. 982, *caput*, do CC), no entanto, a sociedade por ações é sempre empresária, independentemente de seu objeto (art. 982, parágrafo único, do CC); B: arts. 997, VIII, 1.023, 1.052 e 1.088 do CC, entre outros; C: toda sociedade tem por objeto atividade econômica – art. 981 do CC; D: é possível, transitoriamente (até 180 dias), a presença de apenas uma pessoa – art. 1.033, IV, do CC; E: o capital social corresponde ao montante investido pelos sócios na empresa, o que não se confunde com o patrimônio líquido, que abarca também lucros e prejuízos acumulados, além de determinadas reservas e ajustes. Gabarito "B".

(Magistratura Federal – 1ª Região – 2005) Quanto à teoria geral do direito societário, não é correto afirmar:

(A) da personalização das sociedades empresárias decorre o princípio da autonomia patrimonial, que é um dos elementos fundamentais do direito societário; em razão desse princípio, os sócios, em regra, não respondem pelas obrigações da sociedade;

(B) a personalidade jurídica da sociedade empresária começa com o registro de seus atos constitutivos na Junta comercial, e termina com o procedimento dissolutório, que pode ser judicial ou extrajudicial;

(C) são cinco os tipos de sociedades empresárias: nome coletivo, comandita simples, comandita por ações, anônima e por cota de responsabilidade limitada;

(D) a aplicação da teoria da desconsideração da pessoa jurídica implica a anulação/desfazimento do ato constitutivo da sociedade empresária.

A: arts. 997, VIII, 1.023, 1.052 e 1.088 do CC, entre outros; B: arts. 985 e 1.033 a 1.035, todos do CC; C: esses são os tipos que podem ser adotados pelas sociedades empresárias – art. 983 do CC; D: art. 50 do CC – a sociedade não é desconstituída ou anulada. Gabarito "D".

(Magistratura Federal/5ª Região – 2009 – CESPE) Julgue os itens a seguir, relativos a direito societário.

I. De acordo com o Código Civil, a sociedade adquire personalidade jurídica com a inscrição, no registro próprio e na forma da lei, de seus atos constitutivos.

II. Uma das mais importantes distinções entre as sociedades civis e as sociedades comerciais é a possibilidade de essas últimas pedirem falência, enquanto aquelas se submetem à insolvência civil.

III. Na sociedade limitada, a responsabilidade de cada sócio restringe-se ao valor de suas quotas, mas há solidariedade pela integralização do capital social.

IV. A desconsideração da personalidade jurídica não extingue a pessoa jurídica; apenas suspende episodicamente sua autonomia.

V. Entre outras características, a sociedade de pessoas diferencia-se da sociedade de capital pelo fato de que nesta se usa razão social, e não denominação.

A quantidade de itens certos é igual a

(A) 1.
(B) 2.
(C) 3.
(D) 4.
(E) 5.

I: assertiva correta, conforme o art. 985 do CC; II: assertiva correta, muito embora, atualmente, o Código Civil faça referência a sociedades simples e empresárias – art. 982 do CC; III: assertiva correta, conforme o art. 1.052 do CC; IV: correta, pois a desconsideração da personalidade jurídica não extingue a sociedade, apenas estende os efeitos de certas e determinadas relações de obrigações aos bens particulares dos administradores ou sócios da pessoa jurídica, o que pode ser considerado suspensão episódica da autonomia patrimonial – art. 50 do CC; V: a distinção entre sociedades de pessoas e de capital refere-se à relevância das características subjetivas dos sócios para a sociedade e não, diretamente, ao nome empresarial. Ademais, razão social significa firma coletiva e é adotada, primordialmente, nos casos em que há responsabilidade pessoal do sócio, ou seja, para sociedades de pessoas – arts. 1.157 e 1.158, § 1º, do CC, entre outros. As sociedades de capital, em que normalmente não há responsabilidade pessoal do sócio, adotam denominação – arts. 1.158, § 2º, e 1.160 do CC, entre outros. Gabarito "D".

(MAGISTRATURA DO TRABALHO – 1ª REGIÃO – 2010 – CESPE) A respeito dos diversos tipos societários, assinale a opção correta.

(A) A sociedade simples é tipo societário não personificado, mesmo que os seus atos constitutivos sejam devidamente registrados.

(B) Na sociedade em conta de participação, o sócio ostensivo responde de maneira ilimitada pelas dívidas sociais.

(C) Aplicam-se à sociedade anônima em fase de organização as regras atinentes à sociedade em comum enquanto não ultimados os atos de registro.

(D) A sociedade em nome coletivo é tipo societário personificado cujos sócios podem ser pessoas físicas ou jurídicas.

(E) Na sociedade limitada, a responsabilidade de cada sócio é restrita ao valor de suas quotas, inclusive a responsabilidade pela integralização do capital social.

A: incorreta, pois a sociedade simples é personificada – art. 997 do CC. Somente a sociedade em comum e a sociedade em conta de participação não são personificadas – arts. 986 e 991 do CC; B: correta, conforme o art. 991 do CC; C: assertiva incorreta, pois se aplicam as normas da LSA (ver, a propósito, o art. 91 da LSA). Apenas em caso de omissão da lei especial é que se aplicam as normas do Código Civil – art. 1.089 do CC; D: incorreta, pois somente pessoas naturais podem ser sócios da sociedade em nome coletivo – art. 1.039 do CC; E: incorreta, pois a responsabilidade pela integralização das quotas é solidária – art. 1.052 do CC. Gabarito "B".

(Magistratura do Trabalho – 14ª Região – 2006) Com base nas disposições contidas no novo Código Civil, considere as seguintes proposições:

I. Qualquer sócio poderá se retirar de uma sociedade por prazo indeterminado mediante notificação aos demais sócios com 60 (sessenta) dias de antecedência.

II. A nomeação do administrador deverá, obrigatoriamente, constar do contrato social.

III. A maioria dos sócios, representativa de mais da metade do capital social, poderá excluir um ou mais sócios que estejam pondo em risco a continuidade da sociedade, em virtude de atos de inegável gravidade, mediante alteração do contrato social, ainda que não haja previsão para tanto.

IV. A administração da sociedade compete exclusivamente a quem dela for sócio.

(A) Todas as proposições estão incorretas;
(B) Apenas a proposição I está correta;
(C) Apenas a proposição III está correta;
(D) Apenas as proposições II e IV estão corretas;
(E) Apenas as proposições I e III estão corretas.

I: art. 1.029 do CC; II: é possível a nomeação por documento em separado – art. 1.012 do CC; III: a possibilidade de exclusão por justa causa deve estar prevista no contrato social – art. 1.085 do CC; IV: a sociedade pode designar administrador que não seja sócio – art. 1.019, parágrafo único, do CC. Gabarito "B".

(Ministério Público do Trabalho – 13º) Em relação à responsabilidade dos sócios nos diferentes tipos de sociedade:

I. nas sociedades em comum, enquanto não inscritos os seus atos constitutivos, todos os sócios respondem solidária e ilimitadamente pelas obrigações sociais, excluído do benefício de ver executados em primeiro lugar os bens sociais, aquele que contratou pela sociedade;

II. como regra geral, nas sociedades simples, os bens particulares dos sócios não podem ser executados por dívidas sociais, senão depois de executados os bens da sociedade;

III. como regra geral, na sociedade limitada, a responsabilidade de cada sócio é restrita ao valor de suas quotas, mas todos respondem solidariamente pela integralização do capital social;

IV. na sociedade anônima, o capital é dividido em ações, obrigando-se cada sócio ou acionista somente pelo preço de emissão das ações que subscrever ou adquirir.

Analisando-se as asserções acima, pode-se afirmar que:

(A) todas as assertivas estão corretas;
(B) apenas as assertivas I e II estão corretas;
(C) apenas as assertivas II e III estão corretas;
(D) apenas as assertivas I e IV estão corretas;
(E) não respondida.

I: art. 990 do CC; II: art. 1.024 do CC; III: art. 1.052 do CC; IV: art. 1.088 do CC. Gabarito "A".

(Cartório/SE – 2007 – CESPE) Lucas e Caio constituíram a sociedade Comando Serviços Gerais Ltda., cujo objeto principal é a prestação de serviços de limpeza e conservação. A publicação da inscrição do contrato social da referida sociedade empresária, no registro competente, se deu no dia 3/5/2006. Contudo, o referido instrumento portava defeito quanto à discriminação do capital social. Tomando como parâmetro inicial a situação hipotética acima descrita, julgue os itens seguintes, acerca da disciplina jurídica do empresário e da sociedade empresária.

(1) A empresa é o complexo de bens de Comando Serviços Gerais Ltda. por meio dos quais a sociedade presta os serviços de limpeza e conservação.

(2) Segundo a teoria individualista, uma das que tentam explicar a natureza da personalidade das pessoas jurídicas, Lucas e Caio são detentores de personalidade e não a sociedade constituída por eles.

(3) O direito de anular a constituição da sociedade Comando Serviços Gerais Ltda., pelo defeito de seu ato constitutivo, decairá no prazo de 3 anos a contar do dia 3/5/2006.

(4) Após o regular arquivamento do contrato social de Comando Serviços Gerais Ltda. no Registro Público de Empresas Mercantis, somente poderão obter certidões acerca do referido instrumento os sócios e aqueles que provarem legítimo interesse, mediante deferimento de requerimento formal endereçado à junta comercial competente, no caso destes últimos.

1: Essa é a definição de estabelecimento empresarial (art. 1.142 do CC). Empresa é a atividade econômica organizada para a produção ou a circulação de bens ou de serviços, desenvolvida profissionalmente pelo empresário ou pela sociedade empresária (art. 966 do CC); 2: A assertiva reflete posição doutrinária. No entanto, o direito brasileiro reconhece a personalidade jurídica das sociedades, distinta da dos sócios – art. 985 do CC; 3: O prazo de três anos, contado da publicação da inscrição no registro, é previsto no art. 45, parágrafo único, do CC; 4: Qualquer pessoa pode consultar os registros públicos e obter certidões, independentemente de comprovação de interesse, desde que pague os preços eventualmente estabelecidos – art. 29 da Lei 8.934/1994; Gabarito 1E, 2C, 3C, 4E

3. DIREITO CAMBIÁRIO

3.1. TEORIA GERAL

(Magistratura/DF – 2011) Quanto à sua estrutura, constitui ordem de pagamento:

(A) o cheque;
(B) a duplicata;
(C) a letra de câmbio;
(D) todas as alternativas anteriores (a, b, c) são corretas.

Os títulos de crédito são classificados, quanto a sua estrutura, como ordens de pagamento ou promessa de pagamento. As ordens de pagamento são aquelas em que o emitente do título dá ordem para que um terceiro (o sacado) pague o valor ao titular da cártula, como o cheque, a duplicata e a letra de câmbio (alternativas "A", "B" e "C"). As promessas de pagamento são aquelas em que o próprio emitente obriga-se a pagar o título em seu vencimento, como é o caso da promissória. Por essas razões, a alternativa "D" deve ser indicada. Gabarito "D".

Veja as seguintes tabelas, com a classificação dos títulos de crédito:

Classificações dos Títulos de Crédito	
Critério	Espécies
Modelo	– vinculados – livres
Estrutura	– ordem de pagamento – promessa de pagamento
Hipóteses de emissão	– causais – limitados – não causais
Circulação	– ao portador – nominativos à ordem – nominativos não à ordem (ou ao portador, à ordem e nominativos)

(Magistratura/DF – 2007) Julgue as proposições seguintes acerca da Teoria Geral dos Títulos de Crédito, assinalando, após, a alternativa correta:

I. Em decorrência do princípio da autonomia, quem transaciona o crédito com possuidor ilegítimo do título (aquisição a *non domino*) tem sua boa-fé tutelada pelo direito cambiário.
II. O princípio da cartularidade não se aplica, no direito brasileiro, inteiramente à duplicata mercantil ou de prestação de serviços.
III. Ainda que prevaleça o princípio da autonomia das obrigações cambiais, os vícios que comprometem a validade de uma relação jurídica, documentada em título de crédito, se estendem às demais relações abrangidas no mesmo documento.
IV. O princípio da literalidade não se aplica inteiramente à disciplina da duplicata, cuja quitação pode ser dada, pelo legítimo portador do título, em documento em separado.

(A) Todas as proposições são verdadeiras.
(B) Todas as proposições são falsas.
(C) Apenas uma das proposições é verdadeira.
(D) Apenas uma das proposições é falsa.

I: o adquirente de boa-fé não será prejudicado, desde que tenha observado as regras para a circulação do título – art. 896 do CC; II: é possível, excepcionalmente, a execução sem a cártula (duplicata), desde que protestada por indicação (arts. 13, § 1º, e 15, § 2º, ambos da Lei 5.474/1968); III: em princípio, o direito do portador é autônomo, ou seja, não é comprometido por eventual invalidade de outra relação jurídica (entre outro possuidor e o devedor) – arts. 906 e 916 do CC; IV: de fato, o recibo pode ser dado em documento separado, que faça referência expressa à duplicata – art. 9º, § 1º, da Lei 5.474/1968. Gabarito "D".

(Magistratura/DF – 2007) Julgue as proposições seguintes acerca dos títulos de crédito, assinalando, após, a alternativa correta:

I. No caso do título de crédito à ordem, a cessão dos direitos nele incorporados realiza-se mediante endosso ou por tradição, quando se tratar de título ao portador.
II. O título de crédito abstrato é aquele cuja causa da emissão é determinada e a obrigação é vinculada a essa causa que gerou o negócio.
III. O princípio da cartularidade no direito cambial significa que todos os atos, declarações e assinaturas referentes ao título de crédito devem constar do próprio título.
IV. A circulação do título à ordem realiza-se por meio de uma série de endossos, que são representados pelas assinaturas dos endossantes, com a designação em favor de quem está sendo transferido o título, no caso do endosso em preto.

(A) Todas as proposições são verdadeiras.
(B) Todas as proposições são falsas.
(C) Apenas uma das proposições é verdadeira.
(D) Apenas uma das proposições é falsa.

I: o título de crédito com a cláusula "à ordem" (é a regra – art. 890 do CC) pode ser endossado (e a transferência completa-se com a tradição – art. 910, § 2º, do CC), embora, no caso de título ao portador (ou com endosso em branco), seja possível a transferência sem endosso (ou sem novo endosso, no caso do em branco), por simples tradição da cártula (arts. 904 e 913, *in fine*, ambos do CC); II: é o oposto – a abstração significa que o título não guarda relação com a causa de sua criação; III: art. 887 do CC; IV: arts. 910 e 911 do CC. Gabarito "D".

(Magistratura/MG – 2009 – EJEF) A respeito do endosso, é CORRETA a afirmação:

(A) No endosso caução, o endossatário deverá propor a respectiva ação de cobrança em nome próprio contra o devedor do título.
(B) O endosso-garantia confere ao endossatário propriedade do título, que, todavia, fica impedido de negociá-lo.
(C) No endosso-garantia, há entre o endossatário e o devedor relação jurídica cambial.
(D) Qualquer endosso, posterior ao endosso pignoratício, feito pelo possuidor do título, só vale como endosso a título de procuração.

A: incorreta, pois o endosso caução não transfere a titularidade do título, mas apenas o exercício dos direitos inerentes – art. 918 do CC e art. 19 da LU. Assim, o endossatário dever propor a ação de cobrança em nome do endossante; B: incorreta, pois não há transferência da titularidade do título e, de fato, o endossatário só pode endossar novamente o título na qualidade de procurador – art. 918, § 1º, do CC e art. 19 da LU; C: incorreta, pois o endossante mantém-se na relação cambial com o devedor; D: assertiva correta, conforme o art. 918, § 1º, do CC e o art. 19 da LU. Gabarito "D".

(Magistratura/MG – 2008) Quanto ao endosso caução, assinale a alternativa CORRETA.

(A) Aplica-se aos cheques, conforme previsão legal.
(B) Os coobrigados não podem invocar contra o portador as exceções fundadas sobre as relações pessoais deles com o endossante, a menos que o portador, ao receber a letra, tenha procedido conscientemente em detrimento do devedor.
(C) É translativo.
(D) O endosso que eventualmente o suceder será também caução.

A: a legislação (especialmente a Lei 7.357/1985) não prevê expressamente endosso-caução (= endosso-penhor) para os cheques; B: art. 918, § 2º, do CC; C e D: o endossatário do endosso-penhor somente pode lançar endosso-procuração no título, não transferi-lo – art. 918, § 1º, do CC. "Gabarito B."

(Magistratura/MG – 2008) As declarações abaixo, uma vez lançadas nos títulos de crédito, produzem efeitos, EXCETO

(A) o saque de uma duplicata pelo falso mandatário do sacador.
(B) o aval consistente na digital do analfabeto-avalista.
(C) na letra de câmbio com pluralidade de tomadores, o endosso lançado por apenas um deles.
(D) a emissão de um cheque por terceiro que não é o titular da conta corrente respectiva.

A: o falso mandatário responde pessoalmente (art. 892 do CC e art. 8º da Lei Uniforme), e o adquirente das mercadorias ou serviços se obriga, em caso de aceite; B: o aval deve ser dado por assinatura na cártula – art. 898 do CC e art. 31 da Lei Uniforme; C: o endosso não pode ser parcial (art. 912, parágrafo único, do CC), os múltiplos tomadores são solidários, o endosso, seguido da tradição, transfere o título (art. 910, § 2º, do CC) e o possuidor da cártula é considerado, para efeitos cambiais, o único credor (art. 39, § 1º, do Decreto 2.044/1908); D: o cheque pode ser emitido por mandatário, com poderes especiais, e aquele que assina responde pessoalmente em caso de inexistência ou excesso de poder (arts. 1º, VI, e 14, ambos da Lei 7.357/1985). "Gabarito B."

(Magistratura/MG - 2007) Quanto ao protesto, assinale a alternativa INCORRETA.

(A) Os cartórios fornecerão às entidades representativas da indústria e do comércio ou àquelas vinculadas à proteção do crédito, quando solicitada, certidão diária, em forma de relação, dos protestos tirados e dos cancelamentos efetuados, com a nota de se cuidar de informação reservada.
(B) A Cédula de Crédito Bancário poderá ser protestada por indicação, desde que o credor apresente declaração de posse da sua única via negociável, inclusive no caso de protesto parcial.
(C) O cancelamento do registro do protesto, se fundado em outro motivo que não no pagamento do título ou documento de dívida, será efetivado por determinação judicial.
(D) O protesto será registrado dentro de três dias úteis contados da intimação do devedor do título ou documento de dívida.

A: art. 29 da Lei 9.492/1997; B: art. 41 da Lei 10.931/2004; C: art. 26, § 3º, da Lei 9.492/1997; D: o prazo de três dias úteis para registro do protesto é contado da protocolização do título ou do documento de dívida – art. 12 da Lei 9.492/1997. "Gabarito D."

(Magistratura/MG - 2007) Assinale a alternativa CORRETA.

(A) Simples protesto cambiário não interrompe a prescrição.
(B) Considera-se não escrita na nota promissória a cláusula proibitiva de endosso.
(C) Com a vigência do Código Civil de 2002, passou a ser exigida a autorização do cônjuge para a validade da fiança e do aval.
(D) Admite-se aval parcial na nota promissória.

A: o protesto cambial é causa interruptiva da prescrição – art. 202, III, do CC; B: a vedação geral do Código Civil (art. 890 do CC) não subsiste se houver norma específica (art. 903 do CC), como é o caso da promissória, que admite a cláusula "não à ordem" (= proibitiva de endosso – art. 11 da Lei Uniforme); C: entende-se que a ausência de autorização não invalida o aval, mas apenas impede que seja oposto ao cônjuge que não assentiu (art. 1.647, III, do CC) – antes do CC atual, a outorga conjugal já era exigida no caso da fiança (art. 235, III, do CC/1916) e, atualmente, é desnecessária no regime de separação absoluta (art. 1.647, III, do CC); D: a vedação geral do Código Civil (art. 897, parágrafo único, do CC) não subsiste se houver norma específica (art. 903 do CC), como é o caso da promissória, que admite aval parcial (art. 30 da Lei Uniforme). "Gabarito D."

(Magistratura/MG - 2007) Deve ser extinta, de ofício, pelo juiz a execução:

(A) contra o endossante de uma nota promissória, movida sete meses após o protesto por falta de pagamento tirado tempestivamente.
(B) contra o avalista de uma nota promissória, casado sob o regime da comunhão universal, que tenha avalizado o título sem a autorização de seu cônjuge.
(C) contra o avalista de uma duplicata, sendo o avalizado absolutamente incapaz.
(D) contra o sacado de uma letra de câmbio, protestada por falta de aceite.

A: as prescrições relativas às letras de câmbio e às notas promissórias são (art. 70 da Lei Uniforme): (a) 3 anos do vencimento, contra o devedor principal (aceitante da letra e emitente da promissória) e seu avalista, (b) 1 ano do protesto tempestivo (ou do vencimento do título com cláusula "sem despesas"), contra coobrigados (endossantes, sacador e respectivos avalistas) e (c) 6 meses do pagamento ou do ajuizamento da execução cambial, para regresso contra qualquer coobrigado; B: entende-se que a ausência de autorização não invalida o aval, apenas impede que seja oposto ao cônjuge que não assentiu – art. 1.647, III, do CC; C: a incapacidade do avalizado não prejudica o aval; D: se não houve aceite, o sacado não se obrigou (a ação deve ser movida contra o sacador ou seu avalista) – arts. 9º e 28 da Lei Uniforme. "Gabarito D."

(Magistratura/MS – 2008 – FGV) O aval pode ser entendido como o ato pelo qual determinada pessoa passa a responder por obrigação cambial nas mesmas condições que a pessoa por ele avalizada. Observa-se, portanto, certa semelhança em seu funcionamento, quando comparado com a fiança. A esse respeito, assinale a afirmativa incorreta.

(A) A validade do aval e da fiança depende de vênia conjugal.
(B) O aval possui natureza de ato unilateral de vontade.
(C) A fiança é uma garantia subjetiva enquanto que o aval é uma garantia objetiva.
(D) O aval é uma garantia autônoma, enquanto a fiança uma garantia acessória.
(E) O avalista responde solidariamente pela obrigação assumida, salvo cláusula expressa em contrário.

A: o art. 1.647, III, do CC exige a outorga conjugal, exceto no regime de separação absoluta de bens – no entanto, entende-se que a ausência de autorização não invalida o aval, apenas impede que seja oposto ao cônjuge que não assentiu; B: a assertiva é verdadeira (aval é garantia prestada no título de crédito – art. 897 do CC); C: o aval garante o pagamento a quem quer que seja o titular da cártula (não é pessoal, como a fiança); D: o aval, como toda obrigação cambiária, é garantia autônoma (art. 899, § 2º, do CC e art. 32 da Lei Uniforme) – a fiança é sempre acessória à obrigação principal; E: o avalista sempre responde autonomamente pela obrigação garantida – art. 899 do CC. "Gabarito E."

(Magistratura/PA – 2009 – FGV) Em relação aos Títulos de Créditos, assinale a afirmativa incorreta.

(A) A nota promissória, relativamente ao endosso, segue as mesmas disposições da letra de câmbio.
(B) O protesto da duplicata pode ser fundado na falta de aceite, de devolução ou de pagamento.
(C) A letra de câmbio admite as formas de endosso denominadas endosso-mandato e endosso-caução.
(D) O aceite do sacado, na duplicata, é obrigatório, salvo nas hipóteses de avaria ou não-recebimento das mercadorias, quando a culpa for do comprador.
(E) O protesto do cheque só pode ocorrer pela ausência de fundos disponíveis para pagamento.

A: assertiva correta, conforme o art. 77 da Lei Uniforme – LU; B: correta, nos termos do art. 13 da Lei das Duplicatas – LD; C: correta, conforme os arts. 18 e 19 da LU; D: assertiva incorreta, pois se a culpa é do comprador (= sacado), não pode deixar de aceitar a duplicata. Os casos de recusa estão listados no art. 8º da LD, quais sejam, (i) avaria ou não recebimento das mercadorias, quando não expedidas ou não entregues por sua conta e risco, (ii) vícios, defeitos e diferenças na qualidade ou na quantidade das mercadorias, devidamente comprovados e (iii) divergência nos prazos ou nos preços ajustados; E: incorreta, pois o titular pode protestar o cheque inadimplido por qualquer motivo (por exemplo, sustação do pagamento), antes da expiração do prazo de apresentação – art. 48 LC. "Gabarito D."

(Magistratura/PA – 2008 – FGV) Analise as proposições a seguir:

I. A transferência de uma cambial por endosso completa-se com a tradição do título.
II. O avalista de uma duplicata se equipara àquele cujo nome indicar. O aval em branco se presume dado em favor do sacado ou devedor.
III. A duplicata não-aceita e protestada enseja o ajuizamento de ação cambial, bem como requerimento de falência do sacado, se empresário.

Assinale:

(A) se nenhuma proposição estiver correta.
(B) se somente a proposição I estiver correta.
(C) se somente a proposição II estiver correta.
(D) se somente a proposição III estiver correta.
(E) se todas as proposições estiverem corretas.

I: art. 910, § 2º, do CC; II: o aval em branco presume-se dado em favor do emitente (= sacador, não sacado) e do devedor final – art. 899 do CC; III: é possível o protesto e a execução de duplicata não aceita, desde que cumpridos os requisitos dos arts. 13, § 1º, e 15, II, ambos da Lei 5.474/1968. No entanto, para que seja requerida falência, não basta o protesto e a execução, sendo necessária a configuração de uma das situações previstas no art. 94 da Lei 11.101/2005 (inadimplemento qualificado, ausência de garantia à execução etc.). Gabarito "B".

(MAGISTRATURA/PB – 2011 – CESPE) Considerando a aplicabilidade, no direito cambiário, dos princípios da cartularidade, literalidade e autonomia, bem como de outros deles decorrentes, assinale a opção correta.

(A) O princípio da literalidade é relativizado pelo direito brasileiro, de sorte que o aval tanto pode ser prestado mediante assinatura do avalista no próprio título quanto em documento apartado.
(B) Consoante o princípio da inoponibilidade, o devedor de dívida representada por título de crédito só pode opor ao terceiro de boa-fé as exceções que tiver contra este e as fundadas nos aspectos formais do título.
(C) De acordo com o princípio da literalidade, o título de crédito deve satisfazer seus requisitos formais no momento da emissão, sendo, em regra, nulo o título que, emitido em branco ou incompleto, venha depois a ser preenchido ou complementado pelo beneficiário.
(D) De acordo com o princípio da abstração, o emitente de título cambial não pode opor ao beneficiário as exceções fundadas no negócio jurídico subjacente, ainda que o título não tenha entrado em circulação.
(E) Em razão do princípio da cartularidade, a duplicata mercantil só pode ser protestada se o credor estiver na posse do título.

A: Incorreta, pois o aval deve ser dado no verso ou no anverso (frente) do próprio título – art. 898 do CC. No máximo, pode ser escrito em folha anexa ao título, quando autorizado pela lei especial, caso do art. 31 da Lei Uniforme – LU (Decreto 57.663/1966), aplicável à letra de câmbio e à promissória, e do art. 29 da Lei do Cheque – LC (Lei 7.357/1985). Admite-se, como relativização do princípio da literalidade, o aceite informado por escrito, previsto no art. 29 da LU e a quitação da duplicata em documento separado – art. 9, § 1º, da Lei das Duplicatas – LD (Lei 5.474/1968); B: Essa é a assertiva correta, conforme os arts. 906 e 915 do CC; C: Incorreta, pois o título de crédito, incompleto ao tempo da emissão, deve ser preenchido de conformidade com os ajustes realizados – art. 891 do CC; D: Incorreta, pois a abstração e a inoponibilidade das exceções pessoais surgem apenas a partir da circulação do título; E: Incorreta, pois é possível o protesto da duplicata por indicação, que é relativização do princípio da cartularidade – art. 13, § 1º, da LD. Gabarito "B".

(Magistratura/PE – 2011 – FCC) Em relação ao protesto de títulos, é correto afirmar:

(A) O protesto será tirado por falta de pagamento, de aceite ou de devolução, só podendo ser efetuado o protesto por falta de aceite antes do vencimento da obrigação e após o decurso do prazo legal para o aceite ou a devolução.
(B) Em nenhum caso serão protestados títulos e outros documentos de dívida em moeda estrangeira, emitidos fora do Brasil.
(C) Todos os títulos serão examinados pelo tabelião de protesto em seus caracteres formais, inclusive quanto à ocorrência de prescrição ou caducidade, só tendo curso se não apresentarem vícios.
(D) Quando a intimação do devedor for efetivada excepcionalmente no último dia do prazo ou além dele, por motivo de força maior, o protesto será tirado antecipadamente.
(E) O protesto é ato personalíssimo, devendo sua intimação ocorrer sempre na figura do devedor e defesa a intimação por edital.

A: Correta, conforme o art. 21 da Lei 9.492/1997; B: Incorreta, pois poderão ser protestados títulos e outros documentos de dívida em moeda estrangeira, emitidos fora do Brasil, desde que acompanhados de tradução efetuada por tradutor público juramentado – art. 10 da Lei 9.492/1997; C: Incorreto, pois não cabe ao tabelião investigar a ocorrência de prescrição ou caducidade – art. 9º da Lei 9.492/1997; D: Incorreta, pois, nesse caso, o protesto será tirado no primeiro dia útil subsequente – art. 13 da Lei 9.492/1997; E: Incorreta, pois se admite a intimação por edital se a pessoa indicada para aceitar ou pagar for desconhecida, sua localização incerta ou ignorada, for residente ou domiciliada fora da competência territorial do tabelionato, ou, ainda, ninguém se dispuser a receber a intimação no endereço fornecido pelo apresentante – art. 15 da Lei 9.492/1997. Gabarito "A".

(Magistratura/PI – 2008 – CESPE) Acerca dos títulos de crédito, assinale a opção correta.

(A) Considere-se que Jussara endosse letra de câmbio anteriormente protestada por falta de pagamento. Nesse caso, o endosso de Jussara produz os mesmos efeitos de uma cessão civil de crédito.
(B) A cartularidade é o princípio de direito cambiário que determina que apenas têm eficácia para a relação jurídico-cambial os atos jurídicos instrumentalizados pela própria cártula a que se referem.
(C) O aceite de uma letra de câmbio resulta da simples assinatura do sacado no verso do título de crédito.
(D) A duplicata, assim como a letra de câmbio, é título de crédito que somente pode ser protestado em duas hipóteses: no caso de falta de aceite ou de pagamento do valor consignado no título.
(E) Suponha-se que Leonardo tenha emitido nota promissória que, posteriormente, tenha sido endossada por Letícia. Suponha-se, também, que, em razão da falta de pagamento, o título tenha sido protestado. Nesse caso, eventual ação cambial do portador contra Letícia deveria ter sido ajuizada no prazo de três anos contados da data do protesto.

A: o endosso após o vencimento tem o mesmo efeito do anterior (art. 920 do CC), mas se for posterior ao protesto por falta de pagamento, ou após o prazo para protesto, tem efeito de simples cessão de crédito (art. 20 da Lei Uniforme); B: a assertiva refere-se ao princípio da literalidade – o art. 887 do CC indica o princípio da cartularidade, segundo o qual o documento (= cártula) é necessário para o exercício dos direitos cambiários; C: se não houver a palavra "aceite" ou equivalente, a assinatura do aceitante deve ser aposta no averso (= frente, parte anterior) do título – art. 25 da Lei Uniforme; D: a duplicata pode também ser protestada por falta de devolução da cártula – art. 13 da Lei 5.474/1968; E: o prazo prescricional contra coobrigados (endossantes, sacador e respectivos avalistas) é de 1 ano do protesto tempestivo (ou do vencimento do título com cláusula "sem despesas") – art. 70 da Lei Uniforme. Gabarito "A".

(Magistratura/PR – 2010 – PUC/PR) Sobre os títulos de crédito, assinale a alternativa CORRETA:

(A) Em se tratando de título ao portador, seu possuidor tem direito à prestação nele indicada mediante a sua simples apresentação ao devedor, sendo a prestação devida ainda que o título tenha entrado em circulação contra a vontade do emitente.
(B) Pode o credor de título de crédito recusar o pagamento antes do vencimento do título, bem como o pagamento parcial no vencimento.
(C) Todos os títulos de crédito levados a protesto serão examinados em seus caracteres formais e terão curso se não apresentarem

vícios, cabendo ao Tabelião de Protesto investigar a ocorrência de prescrição ou caducidade.

(D) Quando endossado o título de crédito, aquele que paga o título está obrigado a verificar a regularidade da série de endossos e a autenticidade das assinaturas.

A: assertiva correta, pois reflete o disposto no art. 905 do CC; B: incorreta, pois embora o credor possa recusar o pagamento antes do vencimento, não pode recusar o pagamento parcial no vencimento – art. 902, *caput* e § 1º, do CC; C: incorreta, pois não cabe ao tabelião investigar a ocorrência de prescrição ou caducidade – art. 9º da Lei 9.492/1997; D: incorreta, pois quem paga o título está obrigado a verificar a regularidade da série de endossos, mas não a autenticidade das assinaturas – art. 911, parágrafo único, do CC. Gabarito "A".

(Magistratura/PR – 2008) Assinale a alternativa correta:

(A) Não implica invalidade do negócio jurídico que deu origem ao título de crédito a omissão de qualquer requisito legal, que tire ao escrito a sua validade como título de crédito.

(B) O título não poderá ser emitido a partir de caracteres criados em computador ou meio técnico equivalente, ainda que observados os requisitos mínimos previstos em lei.

(C) O aval só pode ser dado no anverso do título e para tal é suficiente a simples assinatura do avalista.

(D) A responsabilidade do avalista subsiste, ainda que nula a obrigação daquele a quem se equipara, mesmo que a nulidade decorra de vício de forma.

A: art. 888 do CC – a invalidade do título não prejudica o negócio jurídico que lhe deu origem; B: isso é possível – art. 889, § 3º, do CC; C: a assinatura do avalista pode ser lançada no verso do título, desde que haja indicação expressa de que é aval (ou poderá ser confundido com endosso) – art. 898 do CC; D: a responsabilidade é afastada exclusivamente no caso de nulidade por vício de forma – art. 899, § 2º, do CC. Gabarito "A".

(Magistratura/RO – 2011 – PUCPR) Relativamente aos títulos de crédito, analise as proposições a seguir:

I. Pelo princípio da abstração, o credor do título de crédito deve provar que se encontra na posse do documento para exercer o direito nele mencionado.

II. Atos consubstanciados em documentos apartados não influenciam no conteúdo das obrigações retratadas no título, pois dele não são considerados parte.

III. Pelo princípio da autonomia das obrigações cambiais, os vícios que comprometem a validade de uma relação jurídica, documentada em título de crédito, não se estendem às demais relações abrangidas no mesmo documento.

IV. Quando o título de crédito é posto em circulação pelo endosso, diz-se que se opera a abstração, isto é, a desvinculação do título em relação ao ato ou negócio jurídico que deu ensejo à sua criação.

V. O devedor pode opor a quem recebeu o título por endosso exceções fundadas sobre as relações pessoais com o credor primitivo (endossante), em virtude do negócio jurídico que deu causa à emissão do título.

Está(ão) CORRETA(S):

(A) Somente as proposições III e IV.
(B) Somente as proposições II, III e IV.
(C) Somente as proposições II e III.
(D) Somente a proposição IV.
(E) Todas as proposições.

I: Incorreta, pois a abstração, que surge a partir da circulação, refere-se à desvinculação do título em relação ao ato ou ao negócio jurídico que deu ensejo à sua criação. A assertiva refere-se à cartularidade; II: Assertiva correta, pois reflete o princípio da cartularidade. Importante lembrar, entretanto, que há caso de relativização do princípio (protesto da duplicata por indicação – art. 13, § 1º, da Lei das Duplicatas); III: Correta, pois descreve adequadamente o princípio da autonomia; IV: Correta, indicando as características da abstração; V: Incorreta, pois isso é inviável, conforme o princípio da autonomia e os subprincípios da abstração e da inoponibilidade de exceções pessoais ao terceiro de boa-fé – arts. 906 e 915 do CC. Gabarito "B".

Veja as seguintes tabelas, com os princípios do direito cambiário:

Princípios do Direito Cambiário	
Cartularidade: o documento (cártula) é necessário para o exercício dos direitos cambiários. Caso de relativização da *cartularidade:* protesto da duplicata por indicação – art. 13, § 1º, da Lei das Duplicatas.	
Literalidade: somente aquilo que está escrito no título produz efeitos jurídicos-cambiais. Caso de relativização da *literalidade:* aceite informado por escrito, previsto no art. 29 da Lei Uniforme.	
Autonomia: cada obrigação que deriva do título é autônoma em relação às demais – os vícios que comprometem a validade de uma relação jurídica, documentada em título de crédito, não se estendem às demais relações abrangidas no mesmo documento.	Subprincípio da **Abstração:** com a circulação, há desvinculação do título em relação ao ato ou ao negócio jurídico que deu ensejo à sua criação. Caso de relativização da *abstração:* necessidade de se indicar a origem do crédito para habilitação em falência (art. 9º, II, da Lei de Falências).
	Subprincípio da **Inoponibilidade:** o executado não pode opor exceções pessoais a terceiro de boa-fé.

(Magistratura/RS – 2009) Considere as assertivas abaixo relativas à prescrição da ação cambial.

I. Prescreve em um ano a ação dos endossantes uns contra os outros ou contra o sacador, a contar do dia em que o endossante pagou a letra ou em que ele próprio foi acionado.

II. Prescreve em um ano a contar da data do protesto feito em tempo útil ou da data do vencimento, quando se tratar de letra que contenha cláusula *sem despesas*, a ação cambial do portador contra os endossantes e contra o sacador e seus avalistas.

III. Prescreve em cinco anos, a contar do vencimento do título, a ação cambial contra o aceitante e seus avalistas.

Quais são corretas?

(A) Apenas I
(B) Apenas II
(C) Apenas III
(D) Apenas I e III
(E) I, II e II

I: incorreto, pois o prazo é de 6 meses – art. 70 da LU; II: assertiva correta, conforme o art. 70 da LU; III: incorreta, pois o prazo é de 3 anos.

Veja a seguinte tabela com os prazos prescricionais para cobrança de títulos de crédito, para estudo e memorização:

	Prazos prescricionais para letras de câmbio e promissórias – art. 70 da Lei Uniforme	Prazos prescricionais para duplicatas – art. 18 da Lei 5.474/1968
Contra o devedor principal (aceitante, na letra – sacado, na duplicata) e seus avalistas	3 anos a contar do vencimento	3 anos a contar do vencimento
Contra os coobrigados – endossantes e seus avalistas (também o sacador, no caso de letra aceita)	1 ano do protesto tempestivo ou do vencimento (se houve cláusula "sem despesas")	1 ano do protesto tempestivo
Regresso dos coobrigados uns contra os outros	6 meses do dia em que o coobrigado pagou o título ou em que ele próprio foi acionado	1 ano da data de pagamento do título

Gabarito "B".

(Magistratura/RS – 2009) Sobre protesto, considere as assertivas abaixo.

I. A legislação vigente exime o tabelião de protesto da responsabilidade de investigar a ocorrência de prescrição ou caducidade do título ou documento de dívida, responsabilizando-o apenas pela observância dos seus caracteres formais que obstam o registro do protesto.

II. Segundo o *caput* do art. 21 da Lei nº 9.492/1997, *o protesto será tirado por falta de pagamento, de aceite ou de devolução*. No caso de duplicata ou triplicata encaminhada a protesto, aceita ou não, depois de vencida, o protesto será necessariamente por falta de pagamento.

III. Para o cancelamento do registro do protesto, na hipótese de protesto em que tenha figurado apresentante por endosso-mandato, será necessária, além da declaração de anuência passada pelo credor-endossante, a do apresentante-mandatário.

Quais são corretas?

(A) Apenas I
(B) Apenas II
(C) Apenas III
(D) Apenas I e II
(E) I, II e III

I: assertiva correta, conforme o art. 9º da Lei 9.492/1997; II: correta, pois, após o vencimento, o protesto sempre será efetuado por falta de pagamento – art. 21, § 2º, da Lei 9.492/1997; III: incorreta, pois basta a declaração de anuência passada pelo credor endossante, nesse caso – art. 26, § 2º, da Lei 9.492/1997. Gabarito "D".

(Magistratura/SC – 2008) Relativamente aos títulos de crédito, observadas as proposições abaixo, assinale a alternativa correta:

I. Pelo princípio da cartularidade, o credor do título de crédito deve provar que se encontra na posse do documento para exercer o direito nele mencionado.

II. Atos consubstanciados em documentos apartados, ainda que válidos e eficazes entre os sujeitos envolvidos, não produzirão efeitos perante o portador do título.

III. Pelo princípio da autonomia das obrigações cambiais, os vícios que comprometem a validade de uma relação jurídica, documentada em título de crédito, não se estendem às demais relações abrangidas no mesmo documento.

IV. Quando o título de crédito é posto em circulação, diz-se que se opera a abstração, isto é, a desvinculação do ato ou negócio jurídico que deu ensejo à sua criação.

V. As pessoas acionadas em virtude de uma letra não podem opor ao portador exceções fundadas sobre as relações pessoais delas com o sacador ou com os portadores anteriores, a menos que o portador ao adquirir a letra tenha procedido conscientemente em detrimento do devedor.

(A) Somente as proposições II, III e IV estão incorretas.
(B) Todas as proposições estão incorretas.
(C) Somente as proposições I, III e V estão corretas.
(D) Somente a proposição I está incorreta.
(E) Todas as proposições estão corretas.

I: o art. 887 do CC indica o princípio da cartularidade, segundo o qual o documento (= cártula) é necessário para o exercício dos direitos cambiários; II: a assertiva coaduna-se como o princípio da literalidade; III e IV: as assertivas definem adequadamente o princípio da autonomia e a abstração dos títulos de crédito; V: essa regra decorre da autonomia e da abstração do título – arts. 906, 915 e 916 do CC. Gabarito "E".

(Magistratura/SC – 2008) Quanto às obrigações cambiais, observadas as proposições abaixo, assinale a alternativa correta:

I. Admite-se o aval no anverso do título, desde que assinado pelo avalista.

II. O endosso é modalidade de título de crédito à ordem no qual o endossante deve indicar endossatário, sendo suficiente para a validade do endosso, que deve ser dado no verso do título, a assinatura do endossante.

III. O aceite é ato pelo qual o sacador se constitui como devedor principal do título e o sacado como co-obrigado.

IV. É vedado o endosso parcial enquanto o aceite parcial é permitido.

V. O efeito do saque é constituir o emitente como co-obrigado pelo título.

(A) Somente as proposições II e III estão corretas.
(B) Somente as proposições I, III e V estão corretas.
(C) Somente as proposições I, II, III e V estão corretas.
(D) Todas as proposições estão corretas.
(E) Somente as proposições I, IV e V estão corretas.

I: a assinatura do avalista pode ser lançada no anverso (= frente) ou no verso do título, desde que, neste último caso (assinatura no verso) haja indicação expressa de que é aval (ou poderá ser confundido com endosso) – art. 898 do CC; II: o endosso é meio pelo qual se transfere títulos à ordem (a transferência se conclui pela tradição da cártula) – art. 910, *caput* e § 2º, do CC; III: o aceite é dado pelo sacado, que se torna o devedor principal – arts. 25 e 28 da Lei Uniforme; IV: art. 912, parágrafo único, do CC e arts. 12 e 26 da Lei Uniforme; V: o saque (termo normalmente usado para as letras de câmbio) é a emissão do título e o sacador é coobrigado – art. 43 da Lei Uniforme. Gabarito "E".

(Magistratura/SE – 2008 – CESPE) Assinale a opção correta relativamente aos títulos de crédito.

(A) A característica comum a todos os títulos de crédito, além da literalidade, é a abstração, isto é, eles circulam desvinculadamente da causa ou do negócio jurídico que lhes deu origem como forma de garantir-lhes a autonomia cambiária.

(B) O título de crédito à ordem não traz inscrito na cártula o nome do beneficiário do crédito, permitindo-se que o pagamento se faça àquele que apresentá-lo e exigir o cumprimento da obrigação.

(C) Por ser o aval uma garantia autônoma que se dá ao pagamento de um título de crédito, a responsabilidade do avalista deixa de existir caso a obrigação avalizada seja nula.

(D) O título nominativo pode ser transferido por meio de endosso, em branco ou em preto, sendo necessária a averbação do ato negocial no registro do emitente do título para que a transferência possa gerar efeitos.

(E) Com a circulação do título de crédito, o novo adquirente terá o seu direito regido pela relação cartular, podendo exigir do signatário anterior, observados os requisitos legais, somente o que consta do título, não se admitindo, entretanto, que a ele sejam opostas as exceções pessoais que o devedor originário tinha perante seu credor.

A: a abstração, diferentemente da literalidade e da autonomia, não é característica essencial de todos os títulos de crédito; B: a assertiva refere-se ao título ao portador; C: por conta da autonomia, a obrigação do avalista subsiste, exceto se a nulidade da obrigação avalizada decorrer de vício formal – art. 899, § 2º, do CC; D: o endosso no título nominativo deve ser em preto (embora o portador possa completar o endosso em branco) e a averbação é requisito para validade apenas em relação ao emitente – art. 923, *caput* e § 1º, do CC; E: essa regra decorre da autonomia e da abstração do título – arts. 906, 915 e 916 do CC. Gabarito "E".

(Magistratura/SP – 2009 – VUNESP) Relativamente aos títulos de crédito, pode-se dizer que,

(A) quando nominativo, não pode ser transferido por endosso que contenha o nome do endossatário.

(B) quando à ordem, o endosso deve ser lançado pelo endossante somente no verso do próprio título, ou em instrumento autônomo.

(C) quando ao portador, a prestação é indevida quando o título tenha entrado em circulação contra a vontade do emitente.

(D) quando ao portador, são nulos se emitidos sem autorização de lei especial.

A: incorreta, pois, além de transferência por termo no registro do emitente (art. 922 do CC), é possível a transferência do título nominativo por endosso que contenha o nome do endossatário – art. 923 do CC; B: incorreta, pois o endosso deve ser lançado pelo endossante no verso ou no anverso (= frente) do próprio título – art. 910 do CC; C: incorreta, pois o título deve ser pago ainda que tenha entrado em circulação contra a vontade do emitente – art. 905, parágrafo único, do CC; D: assertiva correta, conforme o art. 907 do CC. Gabarito "D".

(Magistratura/SP – 2008) É correto afirmar que

(A) os títulos de crédito nominativos "à ordem" circulam mediante tradição acompanhada de endosso.
(B) os títulos de crédito nominativos "não à ordem" dispensam a tradição, mas não a cessão civil.
(C) sacado de letra de câmbio tem o dever de aceitá-la, sendo responsável pela obrigação cambial.
(D) o aval é ato cambial que garante a integralidade de pagamento do título em favor do devedor principal.

A: essa é a norma do art. 910, *caput* e § 2º, do CC; B: a cláusula "não à ordem", que impede o endosso, é vedada, como regra geral (art. 890 do CC), embora subsistam as normas especiais (art. 903), como as da Lei Uniforme, da Lei das Duplicatas e da Lei do Cheque. De qualquer forma, os títulos nominativos "não à ordem" podem ser transferidos com os efeitos da cessão civil (art. 11 da Lei Uniforme). A tradição do título garante a titularidade do crédito cedido (art. 291 do CC); C: o sacado não é obrigado, pelas normas cambiais, a aceitar o título (daí o nome "aceite"). Se não houver aceite, o sacador é o principal devedor do título – art. 9º da Lei Uniforme; D: o aval pode ser dado em relação a qualquer coobrigado, ao devedor principal ou a todos – art. 899 do CC. Gabarito "A".

(Ministério Público/CE – 2009 – FCC) Quanto aos títulos de crédito, é correto afirmar:

(A) a emissão de duplicata mercantil que não corresponda à mercadoria vendida, em quantidade ou qualidade, corresponde a ilícito civil, sem consequências criminais.
(B) emitida a letra de câmbio pelo sacador, nasce de imediato a obrigação cambial de pagamento do título ao sacado.
(C) embora não admitam aceite, as notas promissórias podem ser emitidas com vencimento a certo termo da vista, devendo o credor, nessa hipótese, apresentar o título ao visto do emitente no prazo de um ano do saque.
(D) o credor do cheque pode responsabilizar o banco sacado pela inexistência ou insuficiência de fundos disponíveis, dada a responsabilidade objetiva do estabelecimento bancário.
(E) a divergência nos prazos ou nos preços ajustados com o vendedor não é motivo de recusa de aceite de uma duplicata mercantil pelo comprador.

A: incorreta, pois o ilícito é tipificado criminalmente (duplicata simulada) – art. 172 do CP; B: incorreta, pois a obrigação do devedor principal (sacado) surge apenas com o aceite; C: assertiva correta, conforme o art. 78 c/c art. 23 da LU; D: incorreta, pois o banco sacado não responde pela insuficiência de fundos – art. 4º da Lei do Cheque – LC (Lei 7.357/1985); E: incorreta, pois essas são causas válidas para recusa de aceite – art. 8º, III, da Lei das Duplicatas – LD (Lei 5.474/1968). Gabarito "C".

(Ministério Público/DF – 2009) No que concerne aos títulos de crédito, assinale a alternativa correta.

(A) A duplicata só pode ser emitida para documentar uma compra e venda mercantil ou um contrato de prestação de serviços. A regra específica para a duplicata é que o endossante responde pelo cumprimento da prestação constante do título, mas, se ele pagar o valor do título, tem ação de regresso contra os coobrigados anteriores.
(B) De acordo com o Código Civil, a cártula do título à ordem pode ser endossada a mais de uma pessoa, solidária ou conjuntamente. Nessa hipótese, em que ambos serão credores de obrigação divisível, eles devem se apresentar separados ou conjuntamente para exigir o pagamento do devedor, na proporção do crédito que lhes foi transferido.
(C) Ocorrendo o inadimplemento do avalizado estabelece-se uma relação de solidariedade passiva entre o avalista e o avalizado, diante do credor. No entanto, se a obrigação do avalizado se tornar nula ou for atingida por algum vício, este se transmite para a obrigação do avalista e o aval deixa de existir.
(D) Deve o título de crédito conter a data da emissão, a indicação precisa dos direitos que confere e a assinatura do emitente. A omissão de qualquer um desses requisitos legais implica na invalidade do título de crédito e do negócio jurídico que lhe deu origem.
(E) Tem-se um título de crédito à ordem quando a cártula não traz inscrito o nome do beneficiário do crédito ali inscrito, permitindo-se que o pagamento se faça àquele que apresentá-lo e exigir o cumprimento da obrigação.

A: assertiva correta, conforme os arts. 2º, 18, § 2º, e 20 da LD; B: incorreta, pois não há previsão no Código Civil nesse sentido, mas sim vedação ao endosso parcial – art. 912, parágrafo único, do CC; C: incorreta, pois a responsabilidade do avalista subsiste, ainda que a obrigação do avalizado seja nula, a menos que a nulidade decorra de vício de forma – art. 899, § 2º, do CC; D: incorreta, pois a invalidade do título não afeta o negócio jurídico que lhe deu origem – art. 888 do CC; E: incorreta, pois o título à ordem é aquele transferível por endosso – art. 910 do CC. Gabarito "A".

(Defensoria/PA – 2009 – FCC) Em relação ao título de crédito, examine as asserções seguintes:

I. Trata-se de documento necessário ao exercício do direito literal e autônomo nele contido, só produzindo efeito quando preenchidos os requisitos legais.

II. A omissão de qualquer requisito legal, que tire ao escrito sua validade como título de crédito, implica a invalidade do negócio jurídico que lhe deu origem.

III. O pagamento de título de crédito, que contenha obrigação de pagar soma determinada, pode ser garantido por aval, ainda que parcial.

Delas se extrai que

(A) os itens I, II e III são falsos.
(B) o item I é verdadeiro, bem como o item III, sendo falso o item II, pois o negócio jurídico será válido, mesmo despido de sua validade como título de crédito.
(C) o item I é verdadeiro, bem como o item II, sendo falso o item III, por ser vedada a concessão de aval parcial
(D) o item I é verdadeiro, sendo falsos os itens II e III, pois o negócio jurídico será válido, mesmo despido de sua validade como título de crédito e, quanto à garantia do pagamento do título de crédito, é vedada a concessão de aval parcial.
(E) o item I é falso, pois o exercício do direito é literal mas sempre vinculado a causas subjacentes, sendo verdadeiros os itens II e III.

I: assertiva correta, nos termos do art. 887 do CC; II: incorreta, pois a invalidade do título não afeta o negócio jurídico que lhe deu origem – art. 888 do CC; III: incorreta, pois o Código Civil veda o aval parcial – art. 897, parágrafo único, do CC. Importante lembrar que a regra do Código Civil não subsiste se houver norma específica (art. 903 do CC), como é o caso da letra de câmbio, da promissória e do cheque, cuja legislação admite aval parcial (arts. 30 e 77 da LU e art. 29 da Lei 7.357/1985). Gabarito "D".

(Magistratura Federal/1ª Região – 2009 – CESPE) Nos termos do art. 887 do Código Civil, o título de crédito, documento necessário ao exercício do direito literal e autônomo nele contido, somente produz efeito quando preenche os requisitos da lei. A respeito da teoria geral dos títulos de crédito, assinale a opção correta.

(A) Os títulos de crédito são atos jurídicos unilaterais que contêm direito autônomo, o qual se revela mais fortemente no momento em que o título circula.
(B) Tendo em vista a simplicidade que caracteriza os títulos de crédito e as regras gerais introduzidas pelo Código Civil a esse respeito, a cartularidade deixou de ser pressuposto para a eficácia legal desses títulos.
(C) Entende-se por independência ou autonomia do título de crédito — termos sinônimos — que ele não guarda relação com o contrato que lhe deu origem.
(D) A abstração — princípio absoluto dos títulos de crédito — é característica que serve à autonomia desses títulos e que é fundamental para a sua circulação.
(E) Os princípios aplicáveis aos títulos de crédito são absolutos, assim entendidos na doutrina e na jurisprudência como forma de dar credibilidade ao título que circula.

A: assertiva correta, à luz da *autonomia* (cada obrigação que deriva do título é autônoma em relação às demais – os vícios que comprometem a validade de uma relação jurídica, documentada em título de crédito, não se estendem às demais relações abrangidas no mesmo documento) e da *abstração* dos títulos de crédito (com a circulação, há desvinculação do título em relação ao ato ou ao negócio jurídico que deu ensejo à sua criação) – arts. 906, 915 e 916 do CC; B: assertiva incorreta. A *cartularidade* é essencial para o título de crédito, pois o documento (cártula) é necessário para o exercício dos direitos cambiários – art. 887 do CC; C: incorreta, pois *independência* (títulos que não integram, surgem ou resultam de outro documento) não equivale à *autonomia* e, ademais, a assertiva refere-se à *abstração*; D e E: incorretas, pois não há falar em princípios *absolutos*. Existe o caso do protesto da duplicata por indicação (relativização da *cartularidade* – art. 13, § 1º, da LD) e a necessidade de se indicar a origem do crédito para habilitação em falência (relativização da *autonomia* e *abstração* – art. 9º, II, da LF), como exemplos. Ademais, a *abstração* existe apenas quando há circulação e, caso se adote o termo em oposição aos títulos causais, não se aplica a todos os títulos. Gabarito "A".

(Magistratura Federal – 3ª Região – XIII) Segundo a célebre definição de Vivante, título de crédito é:

(A) documento necessário ao exercício do direito literal e autônomo nele contido;

(B) documento necessário ao exercício do direito literal e autônomo nele mencionado;

(C) documento necessário ao exercício do direito literal e autônomo nele incorporado;

(D) documento necessário ao exercício do direito literal e autônomo nele materializado.

A clássica definição de Vivante foi adotada pelo art. 887 do CC, muito embora o autor tenha usado a expressão "nele mencionado" e o Código refira-se a "nele contido". Gabarito "B".

(Magistratura Federal – 3ª Região – XIII) O chamado endosso-póstumo é:

(A) aquele feito pelo inventariante, nos títulos de crédito de que era beneficiário o de cujus, no interesse do espólio e dos herdeiros;

(B) aquele feito posteriormente ao vencimento do título, tendo os mesmos efeitos do endosso anterior;

(C) aquele feito posteriormente ao vencimento do título, tendo os mesmos efeitos de uma cessão ordinária de créditos;

(D) aquele feito posteriormente ao protesto por falta de pagamento, produzindo os efeitos de um aval condicionado.

O endosso póstumo ou tardio, lançado no título após o vencimento, tem os efeitos do endosso anterior – art. 920 do CC. No caso das letras de câmbio e das promissórias, se o endosso for posterior ao protesto por falta de pagamento, ou após o prazo para protesto, tem os efeitos de cessão ordinária de crédito – art. 20 da Lei Uniforme. Gabarito "B".

(Magistratura Federal/5ª Região – 2009 – CESPE) A respeito de títulos de crédito, é correto afirmar que

(A) a cambial emitida ou aceita com omissões não pode ser completada pelo credor de boa-fé antes da cobrança ou do protesto.

(B) a cláusula "não à ordem", lançada no título de crédito, impede a circulação do crédito.

(C) a duplicata, por ser título de crédito causal, não comporta endosso.

(D) o aval é o ato cambiário por meio do qual uma pessoa, o avalista, compromete-se a pagar o título de crédito nas mesmas condições que um devedor desse título, o avalizado.

(E) o prazo prescricional do cheque é de seis meses a contar da data da sua emissão.

A: incorreta, pois as omissões podem ser supridas pelo credor de boa-fé, em conformidade com os ajustes realizados – art. 891 do CC; B: incorreta, pois embora a cláusula "não à ordem" impeça a transmissão por meio de cessão de crédito; C: incorreta, pois a duplicata pode ser transmitida por endosso – art. 15, § 1º, da LD, entre outros; D: assertiva correta, pois reflete a definição dos arts. 897 e 899 do CC; E: incorreta, pois o prazo de 6 meses é contado da expiração do prazo de apresentação – art. 59 da LC. Gabarito "D".

(Advogado da União/AGU – CESPE – 2009) Acerca dos títulos de crédito, julgue o item subsequente.

(1) Para a validade do endosso dado no anverso do título de crédito, é suficiente a assinatura do endossante, imediatamente após a qual ocorre a transferência do referido título.

Assertiva incorreta. O endosso pode ser dado no verso ou no anverso (= frente) do título – art. 910 do CC. Entretanto, somente quando lançado no verso é que a assinatura sozinha é suficiente – art. 910, § 1º, do CC. Ou seja, quando o endosso é lançado na frente do título, é preciso que, além da assinatura, seja identificado o ato cambiário, para que não se confunda com o aval. Gabarito 1E.

(Procurador Federal – 2010 – CESPE) A seguir, é apresentada uma situação hipotética, seguida de uma assertiva a ser julgada no que se refere a direito comercial.

(1) B emitiu letra de câmbio em benefício de A para ser paga por C, com vencimento para o dia 10 de outubro de 2010. Em 5 de janeiro de 2010, foi decretada a falência de C. Nessa situação, considerando-se que ainda não havia sido dado o aceite do referido título de crédito, essa decretação de falência não alterará a data de vencimento da cártula.

Incorreta, pois a falência do sacado permite a cobrança antecipada da letra de câmbio, mesmo no caso em que ainda não havia aceitado o título – art. 43, § 2º, da Lei Uniforme – LU. Gabarito 1E.

(Cartório/SP – VI – VUNESP) Na sua classificação quanto ao modelo, os títulos de crédito dividem-se em:

(A) causais, limitados e abstratos.

(B) ao portador, nominativos à ordem e nominativos não à ordem.

(C) vinculados e livres.

(D) ordem de pagamento a vista, promessa de pagamento e ordem de pagamento a prazo.

Os títulos de crédito são classificados: (i) quanto ao **modelo** em *vinculados e livres;* (ii) quanto à **estrutura** em *ordem de pagamento* e *promessa de pagamento*, (iii) quanto às **hipóteses de emissão** em *causais, limitados* e *não causais;* e (iv) quanto à **circulação** em *ao portador, nominativos à ordem* e *nominativos não à ordem* (ou *ao portador, à ordem* e *nominativos*). Gabarito "C".

(Cartório/SP – 2008) Assinale a alternativa incorreta.

(A) O endosso-penhor confere, ao endossatário, direito real de garantia sobre o próprio título endossado.

(B) O endosso-mandato permite, ao endossatário, realizar um novo endosso, desde que ostente a mesma natureza do antecedente.

(C) O endosso parcial não é vedado.

(D) O endossante pode, mediante cláusula especial, limitar sua responsabilidade pela solvência do título.

A: art. 918 do CC; B: o endossatário de endosso-mandato somente pode lançar novo endosso mandato com os mesmos poderes que recebeu – art. 917, § 1º, do CC; C: é vedado o endosso parcial – art. 912, parágrafo único, do CC e art. 12 da Lei Uniforme; D: art. 914 do CC, observado o disposto no art. 903 do CC. Gabarito "C".

(Cartório/SP – 2008) A responsabilidade decorrente de aval, sendo espécie de obrigação cambial, com a morte do avalista

(A) não se transmite aos herdeiros, por se tratar de obrigação personalíssima, autônoma e decorrente de ato de declaração unilateral de vontade, subsistindo a responsabilidade só do avalizado.

(B) transmite-se sempre aos herdeiros, vez que a morte do responsável cambiário é modalidade de transferência anômala da obrigação, que é repassada aos herdeiros mesmo que o óbito tenha ocorrido antes do vencimento do título, respondendo estes, em proporção, até os limites das forças da herança.

(C) é repassada aos herdeiros legais só se a morte tiver ocorrido após o vencimento do título, porque antes disso não há, ainda, a constituição definitiva da obrigação cambial do de cujus, respondendo os herdeiros, então, até os limites das forças da herança.

(D) fica extinta, porque *mors omnia solvit*, subsistente a obrigação do avalizado, pela regra da independência das assinaturas no título de crédito, não cabendo ação cambial contra a herança ou os herdeiros e sucessores do avalista, legítimos ou testamentários.

As obrigações cambiárias são transferidas normalmente aos herdeiros, segundo as regras do Direito das Sucessões – arts. 1.792 e 1.821 do CC. Gabarito "B".

3.2. TÍTULOS EM ESPÉCIE

3.2.1. LETRA DE CÂMBIO

(Magistratura/AC – 2008 – CESPE) Ênio deve R$ 500,00 a Flora, que possui dívida com Frederico pela mesma quantia. Assim, Flora emitiu letra de câmbio, pagável a certo termo de vista, para que Ênio pagasse a Frederico a dívida de R$ 500,00. Como Frederico possuía dívida com Gilda, ele endossou o título de crédito a ela. Tendo como referência a situação hipotética apresentada, assinale a opção incorreta quanto à disciplina normativa dos títulos de crédito.

(A) Deve ser considerada como não-escrita, na letra de câmbio emitida por Flora, eventual cláusula de juros.
(B) Se a letra de câmbio emitida por Flora portar quaisquer omissões, poderá ser completada pelo credor de boa-fé antes da cobrança ou do protesto.
(C) O endosso de Frederico não pode se referir a valor inferior àquele constante da letra de câmbio.
(D) Para a validade do endosso, é suficiente a simples assinatura de Frederico no verso da letra de câmbio.

A: a vedação geral do art. 890 do CC não subsiste perante norma especial (art. 903 do CC). A legislação especial das letras de câmbio admite cláusula de juros exclusivamente quando seu vencimento for à vista ou a certo termo da vista (caso da letra emitida por Flora) – art. 5º da Lei Uniforme; B: é possível completar a letra de câmbio – art. 891 do CC e art. 10 da LU; C: é nulo o endosso parcial – art. 912, parágrafo único, do CC e art. 12 da LU; D: a simples assinatura no verso representa endosso (se for no anverso é necessária indicação de que se trata de endosso, ou poderá ser confundida com aval) – art. 910, *caput* e § 1º, do CC. Gabarito "A".

(Magistratura/DF – 2011) A letra de câmbio, por expressa disposição legal:

(A) é transferível por endosso, somente se contiver explícita a cláusula à ordem;
(B) é transferível por endosso, mesmo não contendo explícita a cláusula à ordem;
(C) não admite a cláusula "não à ordem";
(D) nenhuma das alternativas anteriores (a, b, c) é correta.

A: Incorreta, pois toda letra de câmbio, mesmo que não tenha a cláusula à ordem expressa, é transmissível por endosso – art. 11 da Lei Uniforme – LU (Decreto 57.663/1966); B: Correta, conforme comentário à alternativa anterior; C: Incorreta, pois é possível inserir na letra a cláusula não à ordem ou expressão equivalente, caso em que será transmissível apenas pela forma e como os efeitos de uma cessão ordinária de créditos – art. 11 da LU; D: Incorreta, pois a alternativa "B" é verdadeira. Gabarito "B".

(Magistratura Federal/3ª Região – 2010) Assinale a alternativa correta:

(A) Se a letra não for apresentada a aceite dentro do prazo estipulado, o portador perde os direitos cambiários;
(B) O aceite está sujeito ao princípio da literalidade, exceto no caso do art. 29 da Lei Uniforme de Genebra, que admite aceite fora da letra;
(C) Igual ao que ocorre com a emissão da letra de câmbio, não é imprescindível que o endosso seja datado;
(D) No endosso, a indicação do endossatário é requisito essencial à validade do endosso.

A: correta, pois, nesse caso, não há devedor (o sacado somente se torna devedor com o aceite). A obrigação do sacador, dos endossantes e dos seus avalistas somente existe se há recusa de aceite ou se o aceitante deixa de pagar no vencimento, desde que isso seja devidamente comprovado por protesto tempestivo; B: assertiva correta, pois o aceite informado por escrito, previsto no art. 29 da Lei Uniforme – LU, é exceção à literalidade; C: incorreta, pois a letra de câmbio deve ser necessariamente datada – arts. 1º, 7, e 2º da LU; D: incorreta, pois se admite o endosso em branco – art. 913 do CC e art. 12 da LU. Gabarito "A e B".

3.2.2. NOTA PROMISSÓRIA

(Magistratura/MG – 2009 – EJEF) Segundo a jurisprudência sumulada do Superior Tribunal de Justiça, é CORRETA a seguinte afirmação:

(A) A nota promissória vinculada a contrato de abertura de crédito não perde as suas características de título representativo de dívida líquida e certa, apta a fundamentar uma ação de execução por título extrajudicial.
(B) A nota promissória vinculada a contrato de abertura de crédito não goza de autonomia em razão da iliquidez do título que a originou.
(C) O título vinculado a contrato bancário para a garantia do seu cumprimento não perde as características de título cambial.
(D) Nenhuma das afirmações é correta.

Nos termos da Súmula 258/STJ, a nota promissória vinculada a contrato de abertura de crédito não goza de autonomia em razão da iliquidez do título que a originou. Por essa razão, as assertivas A e C são incorretas e a B, correta. Gabarito "B".

(Magistratura/MS – 2008 – FGV) Assinale a afirmativa correta.

(A) De acordo com entendimento consolidado do STJ, a nota promissória vinculada a contrato de abertura de crédito goza de autonomia em razão da liquidez do título que a originou.
(B) De acordo com entendimento sumulado, o instrumento de confissão de dívida, ainda que originário de contrato de abertura de crédito, constitui título executivo extrajudicial.
(C) De acordo com o Código Civil, o endossante responde pelo cumprimento da prestação constante do título, ressalvada cláusula expressa em contrário.
(D) No cheque cruzado o cruzamento especial pode ser convertido em geral.
(E) O art. 23 da Lei 5.474/68 autoriza a emissão de triplicata nas hipóteses de perda, extravio ou retenção indevida do título pelo sacado.

A: é o oposto – essa nota promissória não goza de autonomia em razão da iliquidez do título que a originou (Súmula 258/STJ); B: Súmula 300/STJ; C: é o oposto – o art. 914 do CC afasta a responsabilidade do endossante pela prestação constante do título, exceto disposição expressa em contrário; D: é o oposto – o cruzamento geral (sem indicação específica da instituição financeira) pode ser convertido em especial – art. 44, § 2º, da Lei LC; E: a triplicata é tirada em caso de perda ou de extravio (não de retenção) da duplicata – art. 23 da Lei LC. Gabarito "B".

(Magistratura/SE – 2008 – CESPE) Alfredo emitiu nota promissória em favor de Pedro e estabeleceu que seu vencimento se daria 6 meses após o vencimento do título. Entretanto, esqueceu-se de apor este acordo no título, que foi emitido sem data de vencimento. Pedro, por sua vez, negociou a nota promissória, colocando-a em circulação.

A respeito da situação hipotética acima, assinale a opção correta.

(A) Pedro pode tirar cópia da nota promissória e transferi-la por endosso, desde que a cópia indique que o original encontra-se em sua posse.
(B) Se, no curso da circulação da nota, for dado aval sem a indicação da pessoa por quem se dá, esse aval será considerado nulo.
(C) Caso o emitente tenha colocado a expressão "não a ordem", ou outra equivalente, a nota promissória será considerada intransferível.
(D) Se, durante a circulação da nota promissória emitida por Pedro, houver alteração de seu texto original, os signatários posteriores poderão aceitá-la ou não.
(E) No caso de a cártula da nota promissória ser preenchida consignando data de vencimento contrária à originalmente estabelecida, Pedro poderá negar-se ao pagamento antecipado da nota, independentemente da boa-fé do portador.

A: arts. 67 e 68 c/c art. 77, todos da Lei Uniforme; B: o aval em branco considera-se dado em favor do subscritor (emitente) da nota promissória – art. 77, *in fine*, da Lei Uniforme; C: a nota promissória com a cláusula "não à ordem" é transmissível pela forma e com os efeitos da cessão ordinária de crédito – art. 11 c/c art. 77, ambos da Lei Uniforme; D: os signatários posteriores obrigam-se nos termos do texto alterado (os anteriores, nos termos do texto original) – art. 69 c/c art. 77, ambos da Lei Uniforme; E: o portador de boa-fé não é prejudicado pelo preenchimento da nota em desconformidade com o acordado entre terceiros e o subscritor – art. 10 c/c art. 77, ambos da Lei Uniforme. Gabarito "A".

(Defensoria/MG – 2009 – FURMARC) Marlon Luiz abriu uma conta corrente garantida no Banco do Brasil S.A., com limite de crédito de R$5.000,00. Assinou o contrato de abertura de crédito em conta corrente e uma nota promissória em branco, como garantia, ficando como avalistas, por simples assinaturas, Pedro e sua esposa Margarida. Passando por dificuldades financeiras, Marlon foi obrigado a utilizar o limite do cheque especial, ficando inadimplente com a instituição financeira, que encerrou a sua conta e mandou que o departamento jurídico do Banco tomasse as providências cabíveis.

O advogado do Banco do Brasil, analisando o caso de Marlon e verificando que este emitiu uma nota promissória em branco, preencheu-a no valor utilizado do cheque especial e resolveu propor uma ação de execução contra todos os coobrigados. Assinale a opção CORRETA:

(A) O procedimento do advogado está correto, uma vez que a nota promissória é título executivo extrajudicial, a teor do art. 585 do CPC.

(B) O procedimento do advogado está correto, uma vez que a nota promissória é título executivo judicial e o aval prestado por Pedro contou com a outorga de sua esposa.

(C) O procedimento do advogado está incorreto, pois para cobrar dos devedores indiretos, Pedro e Margarida, deveria ter realizado previamente o protesto do título.

(D) O procedimento do advogado está incorreto, pois a nota promissória vinculada a contrato de abertura de crédito em conta corrente não goza de autonomia em razão da iliquidez do título que a originou, conforme sumulado pelo STJ.

(E) O procedimento do advogado está incorreto, pois o contrato de cheque especial não é título executivo, mesmo acompanhado de extrato da conta corrente e a lei não autoriza a emissão de título de crédito em branco.

Não é possível a execução, pois, nos termos da Súmula 258/STJ, a nota promissória vinculada a contrato de abertura de crédito não goza de autonomia em razão da iliquidez do título que a originou. Tampouco é possível a execução com base no contrato de abertura de crédito, ainda que acompanhado de extrato da conta-corrente, pois não é título executivo – Súmula 233/STJ. O que o banco pode fazer é propor ação monitória, pois o contrato de abertura de crédito em conta-corrente, acompanhado do demonstrativo de débito, constitui documento hábil para isso – Súmula 247/STJ. Gabarito "D".

(Procurador do Estado/RR – 2006 – FCC) Júlio é beneficiário de nota promissória emitida por Tito, no valor de R$ 10.000,00 (dez mil reais). A pedido deste, Otávio avalizou a nota promissória, garantindo o pagamento de R$ 6.000,00 (seis mil reais). Posteriormente, Júlio endossou o título a Caio, ressalvando que apenas transferia os direitos relativos à parte avalizada, permanecendo Júlio com o direito ao recebimento dos restantes R$ 4.000,00 (quatro mil reais) não garantidos. Neste caso,

(A) tanto o endosso quanto o aval são nulos.
(B) o endosso reputa-se não escrito, enquanto o aval reputa-se dado pelo valor total do título.
(C) o endosso é nulo, enquanto o aval reputa-se não escrito.
(D) o endosso é nulo e o aval é válido.
(E) o endosso e o aval são válidos.

O endosso parcial é nulo e o aval parcial é válido – arts. 12 e 30 c/c art. 77, todos da Lei Uniforme. Gabarito "D".

(Magistratura Federal-4ª Região – 2010) Os títulos de crédito são documentos que representam obrigação pecuniária. Um dos mais conhecidos é a nota promissória, que constitui uma promessa de pagamento que uma pessoa faz a outra. Dadas as assertivas adiante sobre nota promissória, assinale a alternativa correta.

I. A nota promissória em que não se indique a época do pagamento será considerada pagável no prazo de trinta dias contados da data da emissão.
II. Na falta de indicação especial, o lugar onde a nota promissória foi passada considera-se como sendo o lugar do pagamento.
III. Não são aplicáveis às notas promissórias as disposições da Lei Uniforme de Genebra atinentes às letras de câmbio.
IV. Conquanto a nota promissória de regra tenha autonomia, quando vinculada a contrato de abertura de crédito ela perde esse atributo, em razão da iliquidez do título que a originou.
V. O avalista de nota promissória vinculada a contrato de mútuo, quando figurar no contrato como devedor solidário, também responde pelas obrigações pactuadas.

(A) Estão corretas apenas as assertivas I, IV e V.
(B) Estão corretas apenas as assertivas II, III e IV.
(C) Estão corretas apenas as assertivas II, IV e V.
(D) Estão corretas apenas as assertivas I, II, IV e V.
(E) Estão corretas todas as assertivas.

I: Incorreta, pois a nota promissória em que se não indique a época do pagamento será considerada pagável à vista – art. 76 da Lei Uniforme – LU (Decreto 57.663/1966); II: Correta, conforme o art. 76 da LU; III: Incorreta, pois são aplicáveis à promissória as disposições atinentes à letra de câmbio, indicadas no art. 77 da LU; IV: Correta, conforme a Súmula 258/STJ; V: Correta, pois reflete o disposto na Súmula 26/STJ. Gabarito "C".

(Cartório/SP – VI – VUNESP) Endossar uma nota promissória significa

(A) transferir o direito cambial autônomo que ela representa.
(B) garantir o seu pagamento.
(C) alterar o seu valor nominal.
(D) realizar sua cobrança.

O endosso serve para transferir o título de crédito, razão pela qual a assertiva A é a correta. Importante salientar, entretanto, que endossante da promissória, salvo cláusula em contrário, garante o pagamento – art. 15 c/c art. 77 da LU. Não se aplica a disposição do art. 914, *caput*, do CC, por existir norma especial – art. 903 do CC. Gabarito "A".

(Cartório/SE – 2007 – CESPE) Joana vendeu alguns produtos de beleza a Inácia e, como a compradora não dispunha da quantia devida no momento da formalização da avença, firmou nota promissória com prazo de vencimento a certo termo de vista. Em razão do elevado valor dos produtos, Joana exigiu que o título de crédito fosse avalizado. Considerando essa situação hipotética e com fulcro nas normas que regem os títulos de crédito, julgue os itens que se seguem.

(1) A nota promissória emitida por Inácia é pagável à vista, pois a Lei Uniforme não admite a emissão de nota promissória com vencimento a certo termo de vista.
(2) Para ter validade, o aval prestado na nota promissória emitida por Inácia poderá se dar com a simples assinatura do avalista no verso ou no anverso do próprio título.

1: A nota promissória pode ter vencimento a certo termo da vista – art. 33 c/c art. 77 e art. 78, todos da Lei Uniforme; 2: O aval pode ser dado no anverso (frente, parte anterior) ou no verso do título, mas, neste último caso (verso) deve haver indicação de que se trata de aval (ou pode ser confundido com endosso) – art. 898 do CC e art. 31 c/c art. 77, ambos da Lei Uniforme. Gabarito 1E, 2E.

3.2.3. CHEQUE

(Magistratura/GO – 2009 – FCC) Em relação aos cheques, é INCORRETO afirmar que o

(A) endosso deve ser lançado no cheque ou na folha de alongamento e assinado pelo endossante, ou seu mandatário com poderes especiais.
(B) cheque pagável a pessoa nomeada, com ou sem cláusula expressa "à ordem", é transmissível por via de endosso.
(C) cheque pagável a pessoa nomeada, com cláusula "não à ordem", ou outra equivalente, é transmissível por endosso e também pela forma e com os efeitos de cessão.
(D) endosso pode ser feito ao emitente, ou a outro obrigado, que podem novamente endossar o cheque.
(E) endosso deve ser puro e simples, reputando-se como não escrita qualquer condição a que seja subordinado.

A: assertiva correta, pois reflete o disposto no art. 19 da Lei do Cheque – LC (Lei 7.357/1985); B: correta, conforme o art. 17 da LC; C: essa é a incorreta, pois a cláusula "não à ordem" impede a transmissão por endosso, sendo possível apenas pela forma e com os efeitos da cessão – art. 17, § 1º, da LC; D: assertiva correta, conforme o art. 17, § 2º, da LC; E: correta, nos termos do art. 18 da LC. Gabarito "C".

(Magistratura/MG – 2009 – EJEF) A assinatura de pessoa estranha à emissão do cheque, no anverso deste, é considerada:

(A) Endosso, porquanto o aval é aposto no anverso do cheque.
(B) Aval, ainda que não especificada a sua finalidade.
(C) Assinatura ineficaz, uma vez que não indicada a sua finalidade, levando-se em conta a formalidade estrita que deve nortear a operação cambial.
(D) Cessão de direito ao crédito representado pelo título, por ser figura estranha ao direito cambial.

Quando a assinatura de terceiro é aposta no anverso (= frente) do título, sem qualquer indicação, vale como aval – art. 30 da LC. Quando a assinatura isolada é lançada no verso do cheque, vale como endosso – art. 19, § 1º, da LC. Essa regra vale para a generalidade dos títulos de crédito – arts. 898, § 1º, e 910, § 1º, do CC. "B".

(Magistratura/RO – 2011 – PUCPR) Segundo as normas vigentes quanto ao cheque e prazo de sua apresentação, assinale a única alternativa CORRETA.

(A) Seis meses a partir da data de emissão.
(B) Seis meses, contados da expiração do prazo de apresentação, que é de 30 dias da data da emissão, quando emitido no lugar onde houver de ser pago.
(C) 60 dias da data da emissão, independentemente do lugar de pagamento.
(D) 30 (trinta) dias da data da emissão, quando emitido na mesma praça de pagamento, e 60 (sessenta) dias contados da data da emissão, quando emitido em praça distinta da do pagamento.
(E) Sete meses, a partir da data da emissão, independente do lugar da emissão.

Nos termos do art. 33 da Lei do Cheque – LC (Lei 7.357/1985), o cheque deve ser apresentado para pagamento, a contar do dia da emissão, no prazo de 30 dias, quando emitido no lugar onde houver de ser pago; e de 60 dias, quando emitido em outro lugar do País ou no exterior. Por essa razão, a alternativa "D" é a correta. "D".

(Magistratura/SE – 2008 – CESPE) Considerando que determinada pessoa tenha emitido cheque em posto de gasolina para aquisição de combustível para seu veículo automotor, assinale a opção correta com base na legislação de regência.

(A) Dependendo do contrato celebrado com a instituição financeira ou banco, o cheque emitido poderá conter declaração que subordine o pagamento da cártula ao aceite do sacado.
(B) Se o posto de gasolina endossar o cheque, o portador legitimado poderá exigir que o sacado lance, no verso do cheque, visto, certificado ou outra declaração equivalente, reservando o valor indicado no cheque durante o prazo de apresentação.
(C) Se o emitente do cheque, por distração, ao emiti-lo, escrever mais de uma vez a quantia, quer por extenso, quer por algarismos, prevalece, no caso de divergência, a indicação da menor quantia.
(D) O contrato celebrado entre a pessoa que emitiu o cheque e a instituição financeira ou banco a que estiver vinculada sua conta corrente poderá permitir a realização de endosso pelo sacado.
(E) Considerando-se que um amigo do emitente do cheque, que estava presente no ato da compra e venda de combustível, para dar maior garantia à satisfação do crédito consignado na cártula, tenha se disposto a avalizar parcialmente o cheque, é correto afirmar que, nesse caso, o aval feito pelo referido amigo é nulo.

A: o cheque não admite aceite, embora seja possível o visto pelo banco – arts. 6º e 7º da Lei LC; B: essa reserva de fundos em favor do portador legitimado (cheque visado) somente pode ser feita antes de qualquer endosso – art. 7º da Lei LC; C: art. 12 da Lei LC; D: o sacado (banco) não pode endossar o cheque – art. 18, § 1º, in fine, da Lei LC; E: a vedação geral do art. 897, parágrafo único, do CC não subsiste perante norma especial (art. 903 do CC). A legislação especial relativa ao cheque admite o aval parcial – art. 29 da Lei LC. "C".

(Magistratura/SP – 2009 – VUNESP) Quanto ao cheque, é correto afirmar que

(A) deve ser apresentado para pagamento, a contar do dia da emissão, no prazo de 60 (sessenta) dias, quando emitido no lugar onde houver de ser pago; e de 90 (noventa) dias, quando emitido em outro lugar do Brasil ou no exterior.
(B) pode ter seu pagamento garantido, no todo ou em parte, por aval prestado por terceiro, exceto o sacado, ou mesmo pelo signatário do título.
(C) nele não se poderá estipular que o seu pagamento seja feito a pessoa nomeada, com ou sem cláusula expressa "à ordem".
(D) é valido o endosso do sacado.

A: incorreta, pois os prazos de apresentação, contados da emissão, são de 30 dias, quando emitido no lugar onde houver de ser pago, e de 60 dias, quando emitido em outro lugar do País ou no exterior – art. 33 da LC; B: assertiva correta, pois reflete exatamente o disposto no art. 29 da LC; C: incorreta, pois isso é possível, nos termos do art. 8º, I, da LC; D: incorreta, pois não se admite que o banco sacado endosse o cheque. "B".

(Magistratura/TO – 2007 – CESPE) Luana adquiriu algumas roupas em um shopping de São Paulo e efetuou o pagamento em cheque, que foi posteriormente endossado por Júlio. Acerca dessa situação hipotética e com base na disciplina jurídica dos títulos de crédito, assinale a opção correta.

(A) O endosso efetuado por Júlio somente será válido se a sua assinatura tiver sido firmada no verso do cheque emitido por Luana.
(B) Desde que cumpridas as formalidades legais, o cheque emitido por Luana poderá ser garantido por vários e sucessivos endossos.
(C) A obrigação cambial de Júlio é estritamente a de garantir a existência do crédito consubstanciado no título de crédito.
(D) É lícito que Júlio proíba que seja levado a efeito novo endosso no cheque.

A: a simples assinatura no verso representa endosso, mas é possível que seja aposta no anverso (frente), hipótese em que será necessária indicação de que se trata de endosso, ou poderá ser confundida com aval – art. 910, caput e § 1º, do CC e art. 19, § 1º, da Lei LC; B: a rigor, o endosso serve para transmitir o título, embora o endossante, em regra, garanta o pagamento – arts. 20 e 21 da LC. O meio específico para garantia do título é o aval – art. 29 da Lei LC; C: o endossante garante não apenas a existência do crédito, mas também o pagamento (salvo estipulação em contrário) – art. 21 da Lei LC; D: o endossante pode vedar novo endosso, hipótese em que não garante o pagamento em favor de novos endossatários – art. 21, parágrafo único, da Lei LC. "D".

(Defensoria/PA – 2009 – FCC) Por ser o cheque uma ordem de pagamento a vista,

(A) o postulado da questão é parcialmente verdadeiro, pois a natureza do cheque permite que seja tanto uma ordem de pagamento a vista como um título de crédito a prazo.
(B) é ilegal a emissão de cheque pós-datado, que não gera qualquer efeito jurídico ao emitente ou ao beneficiário.
(C) embora a pós-datação não produza efeito cambial, pode gerar efeitos reparatórios civis se a data futura não foi obedecida pelo beneficiário, por lesão à boa-fé objetiva.
(D) como a pós-datação não produz efeito cambial, também não pode gerar efeitos reparatórios civis se a data futura não for obedecida pelo beneficiário.
(E) a pós-datação gera efeitos cambiais, por isso sendo obstada a apresentação do título a pagamento antes da data futura aposta.

A: incorreta, pois o cheque é ordem de pagamento à vista por expressa determinação legal – art. 32 da LC; B: apesar do disposto no art. 32 da LC, admitem-se efeitos jurídicos decorrentes da emissão de cheque pós-datado (ou "pré-datado", termo mais comumente utilizado); C: assertiva correta, conforme o disposto na Súmula 370/STJ "Caracteriza dano moral a apresentação antecipada de cheque pré-datado"; D: incorreta, conforme a citada Súmula 370/STJ; E: incorreta, pois, sendo ordem de pagamento à vista, o banco não deixará de pagar o cheque, sem prejuízo de indenização por eventual dano causado ao emitente. "C".

(Defensoria/SP – 2009 – FCC) Considerando as espécies de cheques, assinale a definição correta.

(A) Cheque cruzado especial é aquele em que o emitente apõe dois traços no anverso do título e escreve entre estes o dizer "banco".
(B) Cheque de viagem é o emitido em moeda estrangeira e pago na moeda do país em que é apresentado, conforme com o câmbio do dia.
(C) O cheque administrativo é aquele em que o emitente, para os fins de liquidez e tranquilidade do beneficiário, solicita do sacado que aponha visto ou certificado, bem como reserve o valor.
(D) Cheque marcado é aquele que é pago somente ao beneficiário que tiver o nome indicado e, por isso, não comporta endosso.
(E) Diz-se visado o cheque emitido pelo sacado contra ele mesmo em favor da pessoa indicada por terceiro, geralmente o correntista do banco.

A: incorreta, pois a assertiva descreve o cruzamento geral, quando entre os dois traços não se escreve nada, ou apenas "banco" ou outra palavra equivalente – art. 44, § 2º, da LC; B: assertiva correta, pois descreve adequadamente o cheque de viagem (traveller's check) – art. 66 da LC; C: incorreta, pois o cheque administrativo é emitido pelo próprio banco (o emitente é também o sacado) – art. 9º, III, da LC. A assertiva refere-se ao cheque visado, em que o banco certifica a existência de fundos e reserva os valores para pagamento, na forma do art. 7º da LC; D: incorreta. O que existe é o cheque com cláusula "não à ordem", que impede a cessão por endosso – art. 17, § 1º, da LC; E: incorreta, pois a descrição se refere ao cheque administrativo, não ao visado, conforme comentários à alternativa C. Gabarito "B".

(Magistratura Federal-4ª Região – 2010) Dadas as assertivas adiante, assinale a alternativa correta.

I. O portador de um cheque emitido na mesma praça, mesmo tendo apresentado o título ao sacado, perderá o direito de executá-lo, caso não tome a iniciativa de promover a execução, se decorridos mais de 180 dias da data de sua emissão.

II. Em se tratando o cheque de um documento formal, valerá apenas como princípio de prova de dívida no caso de ser apresentado sem constar o local de sua emissão.

III. Ocorrendo a prescrição da via executiva, terá o portador o prazo de 2 (dois) anos a contar da data da emissão do cheque para promover a ação de enriquecimento ilícito contra o emitente.

IV. O cheque pós-datado não poderá ser apresentado ao sacador se ocorrer a morte do emitente em data anterior à ajustada para a sua apresentação.

(A) Estão corretas apenas as assertivas I e II.
(B) Estão corretas apenas as assertivas II e IV.
(C) Estão corretas apenas as assertivas I, II e III.
(D) Estão corretas todas as assertivas.
(E) Nenhuma assertiva está correta.

I: Incorreta, pois o prazo prescricional para a ação de execução do cheque é de 6 meses contados da expiração do prazo de apresentação (que é de 30 ou 60 dias contados da emissão, se for emitido no lugar do pagamento ou fora dele, respectivamente) – art. 59 c/c art. 33 da LC (ou seja, o prazo prescricional é de aproximadamente 210 a 240 dias contados da emissão do cheque); II: Incorreta, pois, se não for indicado o local da emissão, considera-se emitido o cheque no lugar indicado junto ao nome do emitente – art. 2º, II, da LC; III: Incorreta, pois o prazo bienal para a ação de enriquecimento ilícito é contado do dia em que se consumar a prescrição para a ação de execução – art. 61 da LC. É interessante lembrar que o titular do cheque pode ainda propor ação monitória, cujo prazo prescricional é quinquenal – art. 206, § 5º, I, do CC, ver REsp 926.312/SP; IV: Incorreta, pois o sacador é o próprio emitente, que morreu (não há como apresentar o cheque a ele). O cheque é apresentado ao banco sacado – art. 3º da LC. Ver o art. 37 da LC e a Súmula 370/STJ. Gabarito "E".

(Magistratura do Trabalho – 9ª Região – 2009 – adaptada) Considere as seguintes proposições:

I. O título de crédito terá eficácia executiva se a obrigação nele consubstanciada for certa, líquida e exigível, e desde que a condição de título executivo seja outorgada por norma legal, como ocorre com a letra de câmbio, a nota promissória, a duplicata, a debênture e o cheque.

II. A ação de execução de cheque tem prazo prescricional de seis meses contados do término dos prazos para sua apresentação, que são de trinta dias, quando emitido no lugar onde houver de ser pago, e de sessenta dias, quando emitido em outro lugar do país ou no exterior.

III. O cheque não pode ser utilizado para o pagamento das verbas rescisórias porque o empregador, como qualquer correntista, pode impedir o pagamento de um cheque já emitido por oposição ao pagamento ou sustação e contra-ordem ou revogação.

IV. A penhora de crédito, representada por letra de câmbio, nota promissória, duplicata, cheque ou outros títulos, far-se-á pela apreensão do documento, esteja ou não em poder do devedor.

V. O cheque é uma ordem de pagamento à vista, sacada por uma pessoa contra um banco ou instituição financeira equiparada.

(A) somente uma proposição está correta
(B) somente duas proposições estão corretas
(C) somente três proposições estão corretas
(D) somente quatro proposições estão corretas
(E) todas as proposições estão corretas

I: correta, pois todos os títulos a que a lei atribuir expressamente força executiva são títulos executivos extrajudiciais, conforme o art. 585, VIII, do CPC, especialmente a letra de câmbio, a nota promissória, a duplicata, a debênture e o cheque, citados nominalmente pelo inciso I do dispositivo processual; II: assertiva correta, conforme o art. 59 c/c art. 33 da LC; III: incorreta, pois as verbas rescisórias podem ser pagas com cheque visado (art. 477, § 4º, da CLT), além de dinheiro, depósito ou transferência para conta bancária ou cheque administrativo; IV: assertiva correta, pois reflete exatamente o disposto no art. 672 do CPC; V assertiva correta, conforme os arts. 1º, I e III, e 32 da LC. Adaptamos essa alternativa, pois fazia referência à jurisprudência específica do TRT-9. Gabarito "D".

(Delegado Federal – 2004 – CESPE) Julgue o item a seguir.

(1) Ana e Carolina celebraram contrato de compra e venda de automóvel, no valor de R$ 48.000,00. Para garantir a efetividade da avença, Carolina emitiu cheque pré-datado correspondente ao valor do automóvel. Por solicitação de Ana, o referido título de crédito foi avalizado por José, garantindo apenas o montante de R$ 10.000,00. Nessa situação, o aval prestado por José para garantir parte da dívida é perfeitamente válido.

1: A vedação geral do art. 897, parágrafo único, do CC não subsiste perante norma especial (art. 903 do CC). A legislação especial relativa ao cheque admite o aval parcial – art. 29 da Lei LC. Gabarito 1C.

(Cartório/SP – VI – VUNESP) O cheque pode ser emitido contra o próprio banco sacador?

(A) Sim, desde que não ao portador.
(B) Sim, desde que ao portador.
(C) Sim, sempre.
(D) Não, jamais.

Trata-se do cheque administrativo, sacado pelo banco contra ele mesmo (o sacador é também o sacado), e que não pode ser ao portador – art. 9º, III, da LC. Gabarito "A".

3.2.4. DUPLICATA

(Magistratura/AL – 2008 – CESPE) Malhas e Tecidos S.A. alienou R$ 200 mil em camisas para Comércio de Têxteis Ltda., venda comercial que originou a emissão de duplicata mercantil, nesse valor, com vencimento em 30/6/2007. Antes do termo final, a duplicata foi endossada a Rubens e Filhos Laticínios Ltda. Na data de pagamento, porém, a devedora recusou-se a honrar a dívida, alegando defeito nas mercadorias adquiridas. Com base nessas informações, assinale a opção correta.

(A) A duplicata poderá ser emitida com cláusula à ordem ou não à ordem, o que repercutirá na possibilidade de endosso do título, que será permitido na primeira hipótese, mas não na outra, quando estará proibido por declaração do emitente.

(B) Se o título for remetido para aceite antes do vencimento, e o sacado se recusar a prestá-lo, tal ato acarretará o vencimento antecipado do título, independentemente de protesto, que só será necessário para garantir o direito de regresso do endossatário contra os coobrigados.

(C) Se o endossatário resolver protestar a duplicata, poderá fazê-lo por indicação, bastando remeter ao cartório tão-só os documentos que provem a entrega da mercadoria e o inadimplemento do débito, dispensando-se a apresentação do título, cuja existência é presumida.

(D) Caso ocorra o extravio ou a perda do título em posse do endossatário, este poderá extrair triplicata, que terá os mesmo efeitos e requisitos e obedecerá às mesmas formalidades da duplicata já emitida.

(E) A duplicata poderá ter seu valor ou seu prazo de vencimento alterado por acordo entre o endossatário e o sacado, mediante declaração em separado ou nela escrita, sendo também necessária a anuência de demais intervenientes para estes se obrigarem ao acordado.

A: a duplicata deve ser emitida com a cláusula "à ordem" – art. 2º, § 1º, VII, da Lei 5.474/1968; B: é preciso protestar a duplicata para cobrança contra o sacador, inclusive – arts. 13 e 15, II e § 1º, da Lei das Duplicatas – LD (Lei 5.474/1968) e arts. 43, 1º, e 44 da Lei Uniforme, observado o disposto no art. 25 da LD; C: o protesto dispensa a comprovação de que mercadoria foi entregue (isso será exigido somente no momento da execução) – art. 13, § 1º, da LD; D: a triplicata é extraída pelo vendedor (não pelo endossatário) – art. 23 da LD; E: arts. 10 e 11 da LD. Gabarito "E".

(Magistratura/DF – 2011) A pretensão à execução da duplicata prescreve:

(A) em três (3) anos, contados da data do vencimento do título, contra o sacado e respectivos avalistas;
(B) em um (1) ano, contado da data do protesto, contra o endossante e seus avalistas;
(C) em um (1) ano, contado da data em que haja sido efetuado o pagamento do título, de qualquer dos coobrigados contra os demais;
(D) todas as alternativas anteriores (a, b, c) são corretas.

O prazo prescricional para a cobrança da duplicata é de (i) 3 anos a contar do vencimento, contra o devedor principal (sacado) e seus avalistas e de (ii) 1 ano contado do protesto tempestivo, contra os coobrigados (endossantes e avalistas) e (iii) 1 ano contado da data de pagamento da duplicata, para regresso do coobrigado contra os outros – art. 18 da Lei das Duplicatas – LD (Lei 5.474/1968). Por essa razão, a alternativa "D" deve ser indicada. Gabarito "D".

(Magistratura/DF – 2007) Julgue as proposições seguintes acerca da duplicata, à luz da jurisprudência do Superior Tribunal de Justiça, assinalando, após, a alternativa correta:

I. Pode ser executada contra o sacador-endossante e seus garantes, a duplicata desprovida de prova da entrega da mercadoria ou da prestação de serviço e sem o respectivo aceite.
II. O endossatário de duplicata sem aceite, desacompanhada da prova da entrega da mercadoria, não pode executá-la contra o sacado, mas pode executá-la contra o endossante e avalista.
III. As duplicatas sem causa perdem a natureza de título de crédito, não se mostrando aptas a embasar a execução da carta de fiança.
IV. A duplicata sem aceite, posto que esvaziada de seu conteúdo causal, uma vez endossada, o endossatário, mesmo sem protesto, poderá exercer o direito de regresso, mormente quando, no título dado em garantia, firma-se, também, aval e avença-se cláusula, dispensando-se protesto.

(A) Todas as proposições são verdadeiras.
(B) Todas as proposições são falsas.
(C) Apenas uma das proposições é verdadeira.
(D) Apenas uma das proposições é falsa.

As assertivas I e II refletem a jurisprudência do STJ – ver REsp 823.151/GO. A duplicata sem causa ou simulada (aquela que não se refere a operação comercial válida) não tem efeito com relação ao sacado (REsp 176.662/MG), embora o endossatário de boa-fé tenha direito contra o endossante (sacador ou não) e demais coobrigados (EDcl no REsp 254.433/SP). Sem dúvida, isso não prejudica a responsabilidade criminal do sacador (art. 172 do CP). A duplicata sem aceite deve ser protestada para se tornar exequível – ver REsp 257.595/SP. Gabarito "D".

(Magistratura/DF – 2007) Julgue as proposições seguintes acerca da duplicata, assinalando, após, a alternativa correta:

I. A duplicata é título de crédito próprio de sociedades empresárias, sendo vedada sua emissão por pessoas físicas.
II. Assim como o cheque, considera-se a duplicata um título cambiariforme, pois não se vislumbra nela uma operação típica de crédito.
III. A duplicata é um título de crédito sacado exclusivamente em razão de compra e venda à prazo de mercadorias para cobrança futura.
IV. É facultativo, ao empresário que opta pelo saque da duplicata, escriturar a operação em livro próprio.

(A) Todas as proposições são verdadeiras.
(B) Todas as proposições são falsas.
(C) Apenas uma das proposições é verdadeira.
(D) Apenas uma das proposições é falsa.

I: o empresário individual (não apenas sociedade empresária), inclusive o indivíduo prestador de serviço, pode emitir duplicata – arts. 1º, 2º e 20 da LD; II a assertiva refere-se à classificação entre títulos cambiais e cambiariformes, adotada por diversos autores; III: a duplicata pode se referir à prestação de serviço (art. 20 da LD) e vencer à vista (art. 2º, § 1º, III, in fine, da LD); IV: a escrituração no Livro de Registros de Duplicatas é obrigatória – art. 19 da LD. Gabarito "C".

(Magistratura/MG – 2007) Quanto às duplicatas, assinale a alternativa CORRETA.

(A) As modalidades de vencimento das duplicatas são as mesmas das letras de câmbio, tendo em vista que a Lei Uniforme de Genebra se aplica, de forma subsidiária, a elas.
(B) O sacado que não tenha lançado seu aceite na duplicata, ainda assim poderá ser executado, bastando que o título esteja acompanhado do comprovante de entrega de mercadoria.
(C) A duplicata que contenha a expressão "não à ordem" é válida, mas só circula com a forma e com os efeitos da cessão de crédito.
(D) Uma duplicata simulada que circula por endosso translativo é válida, sem prejuízo da responsabilidade criminal do sacador.

A: a LD (art. 2º, § 1º, III) fixa regras específicas de vencimento das duplicatas, de modo que não se aplicam indistintamente as normas da Lei Uniforme; B: é necessário também o prévio protesto e que o sacado não tenha recusado o aceite nas hipóteses legalmente admitidas – art. 15, II, a e c, da LD; C: a duplicata deve ser emitida com a cláusula "à ordem" – art. 2º, § 1º, VII, da LD; D: a duplicata sem causa ou simulada (aquela que não se refere a operação comercial válida) não tem efeito com relação ao sacado (REsp 176.662/MG), embora o endossatário de boa-fé tenha direito contra o endossante (sacador ou não) e demais coobrigados (EDcl no REsp 254.433/SP). Sem dúvida, isso não prejudica a responsabilidade criminal do sacador (art. 172 do CP). Gabarito "D".

(Magistratura/PE – 2011 – FCC) No que tange à duplicata:

(A) o comprador poderá deixar de aceitá-la por vícios, defeitos e diferenças na qualidade ou na quantidade das mercadorias, exclusivamente.
(B) é lícito ao comprador resgatá-la antes do aceite, mas não antes do vencimento.
(C) trata-se de título causal, que por isso não admite reforma ou prorrogação do prazo de vencimento.
(D) é título protestável por falta de aceite, de devolução ou de pagamento, podendo o protesto ser tirado mediante apresentação da duplicata, da triplicata, ou ainda por simples indicações do portador, na falta de devolução do título.
(E) em nenhum caso poderá o sacado reter a duplicata em seu poder até a data do vencimento, devendo comunicar eventuais divergências à apresentante com a devolução do título.

A: Incorreta, pois o comprador poderá deixar de aceitar a duplicata também por motivo de (i) avaria ou não recebimento das mercadorias, quando não expedidas ou não entregues por sua conta e risco e de (ii) divergência nos prazos ou nos preços ajustados – art. 8º da LD; B: Incorreta, pois o comprador pode resgatar a duplicata antes de aceitá-la ou antes da data do vencimento – art. 9º da LD; C: Incorreta, pois a duplicata admite reforma ou prorrogação do prazo de vencimento, mediante declaração em separado ou nela escrita, assinada pelo vendedor ou endossatário, ou por representante com poderes especiais – art. 11 da LD; D: Essa é a alternativa correta, nos termos do art. 13 da LD; E: Incorreta, pois, havendo expressa concordância da instituição financeira cobradora, o sacado poderá reter a duplicata em seu poder até a data do vencimento, desde que comunique, por escrito, à apresentante o aceite e a retenção – art. 7º, § 1º, da LD. Gabarito "D".

(Magistratura/SP – 2011 – VUNESP) Leia as afirmativas sobre as Duplicatas.

I. Poderão ser extraídas da fatura no ato de sua emissão para circulação como efeito comercial, não sendo admitida qualquer outra espécie de título de crédito para documentar o saque do vendedor pela importância faturada ao comprador.
II. O foro competente para a cobrança judicial da duplicata ou da triplicata é o da praça de pagamento constante do título, ou outra de domicílio do comprador e, no caso de ação regressiva, a dos sacadores, dos endossantes e respectivos avalistas.
III. Quando o comprador tiver direito a qualquer rebate, a duplicata indicará exclusivamente o valor líquido que o comprador deverá reconhecer como obrigação de pagar.
IV. As empresas, individuais ou coletivas, fundações ou sociedades civis, que se dediquem à prestação de serviços, poderão, também, na forma da lei, emitir fatura e duplicata.

É correto apenas o que se afirma em

(A) I.
(B) I, II e III.
(C) I, II e IV.
(D) II.
(E) I e III.

I: Correta, pois corresponde ao art. 2º da LD; II: Correta, pois é a regra do art. 17 da LD; III: Assertiva incorreta, pois a duplicata indicará sempre o valor total da fatura, ainda que o comprador tenha direito a qualquer rebate, mencionando o vendedor o valor líquido que o comprador deverá reconhecer como obrigação de pagar – art. 3º da LD; IV: Correta, pois há também duplicata de prestação de serviços – art. 20 da LD. Gabarito "C".

(Magistratura/TO – 2007 – CESPE) A Limp Produtos de Limpeza Ltda. forneceu produtos à BC Serviços Gerais Ltda., razão pela qual foi emitida duplicata mercantil. Contudo, a BC Serviços Gerais não aceitou o título de crédito e também não efetuou o pagamento do valor devido. No tocante a essa situação hipotética e à luz das normas referentes a duplicata mercantil, assinale a opção correta.

(A) Uma única duplicata emitida pela Limp Produtos de Limpeza Ltda. pode corresponder a mais de uma fatura.
(B) A duplicata somente poderá ser protestada por falta de pagamento.
(C) A ação de execução da Limp Produtos de Limpeza Ltda. contra a BC Serviços Gerais Ltda. prescreverá no prazo de três anos a contar da data do vencimento da duplicata.
(D) No valor total da duplicata, devem ser incluídos os abatimentos de preços das mercadorias feitas pela Limp Produtos de Limpeza Ltda. até o ato do faturamento, desde que constem da fatura.

A: a duplicata, como indica o nome, refere-se a uma única e determinada fatura – art. 2º, § 2º, da LD; B: admite-se o protesto da duplicata por falta de pagamento, de aceite ou de devolução – art. 13 da LD; C: esse é o prazo prescricional contra o sacado (BC Serviços Gerais Ltda.) e eventuais avalistas – art. 18, I, da LD; D: os abatimentos devem ser excluídos (não incluídos) do valor da duplicata, de modo que ela reflita a fatura e o preço a ser pago pelas mercadorias ou pelos serviços – art. 3º, § 1º, da LD. Gabarito "C".

(Magistratura do Trabalho – 8ª Região – 2007) Assinale a alternativa incorreta:

(A) A compra e venda mercantil ou a prestação de serviços a prazo só podem ser representadas pela emissão da duplicata, sendo nula a emissão de qualquer outro título de crédito.
(B) Para a duplicata, não prevalece como regra o princípio da abstração das obrigações cambiais, em razão da sua própria natureza jurídica.
(C) A duplicata mercantil não pode circular com a cláusula "não à ordem", pela razão de que toda duplicata pode ser transferida por endosso.
(D) A duplicata mercantil é um título causal, sendo que se os avais em branco estiverem superpostos, consideram-se simultâneos e não sucessivos.
(E) Admitem-se dois tipos de vencimento para duplicata: a tempo certo da data e a tempo certo da vista.

A: arts. 2º e 20 da LD; B: a duplicata é considerada título causal; C: a duplicata deve ser emitida com a cláusula "à ordem" – art. 2º, § 1º, VII, da LD; D: a assertiva é verdadeira; E: a duplicata somente pode ser emitida com vencimento em data certa ou à vista – art. 2º, § 1º, III, da 5.474/1968. Gabarito "E".

(Magistratura do Trabalho – 16ª Região – 2006) A duplicata constitui título de crédito causal considerando que:

(A) Sua emissão somente pode decorrer da documentação de crédito nascido de uma relação de compra e venda mercantil.
(B) Sua emissão depende do aceite do comprador.
(C) Sua cobrança judicial sempre depende do protesto cambial.
(D) Sua cobrança judicial deve ser aparelhada com o contrato de compra e venda mercantil.
(E) Sua emissão pode decorrer da documentação de crédito e sua cobrança judicial deve ser precedida de interpelação.

A: a assertiva refere-se adequadamente à causalidade da duplicata – art. 2º da LD; B: a emissão é anterior ao aceite, que pode não ocorrer (sem que isso prejudique, necessariamente, a validade da duplicata) – art. 2º da LD; C: é possível a execução da duplicata aceita sem prévio protesto – art. 15, I, da LD; D: não há essa exigência; E: a emissão decorre de venda mercantil ou prestação de serviço (arts. 2º e 20 da LD) e é possível a execução da duplicata aceita sem prévio protesto – art. 15, I, da LD. Gabarito "A".

(Cartório/AP – 2011 – VUNESP) Na duplicata mercantil, o aceite é

(A) facultativo e poderá ser suprido pelo protesto do título juntamente com a comprovação da entrega da mercadoria.
(B) obrigatório e poderá ser suprido pelo protesto do título juntamente com a comprovação da entrega da mercadoria.
(C) facultativo e poderá ser suprido pela anuência do endossante.
(D) obrigatório e poderá ser suprido pela anuência do endossante.
(E) facultativo e poderá ser recusado em caso de vício na mercadoria.

Diferentemente da letra de câmbio, o aceite da duplicata é obrigatório, exceto nas hipóteses do art. 8º da LD. Caso o comprador não aceite o título, ainda assim é possível executá-lo, desde que (i) a duplicata tenha sido protestada, (ii) esteja acompanhada de documento hábil comprobatório da entrega e recebimento da mercadoria e (iii) o sacado não tenha, comprovadamente, recusado o aceite, no prazo, nas condições e pelos motivos previstos nos arts. 7º e 8º da LD – art. 15, II, da LD. Por essa razão, a alternativa "B" é a correta. Gabarito "B".

3.2.5. OUTROS TÍTULOS E QUESTÕES COMBINADAS

(Magistratura/BA – 2006 – CESPE) Julgue os itens subseqüentes, a respeito do instituto relativo aos títulos de crédito.

(1) Considere a seguinte situação hipotética. Joana possui em sua residência pequena confecção de roupas infantis, as quais são vendidas mediante pagamento a prazo, desde que o devedor assine nota promissória, ou à vista. Assim, Joana ajustou com Sara contrato de compra de venda de algumas peças de roupas. Sara, por sua vez, firmou nota promissória da qual constou cláusula de juros de mora, no verso do título. Nessa situação, para efeitos da legislação civil, considera-se não escrita a cláusula de juros de mora aposta no referido título de crédito.

(2) Considere a seguinte situação hipotética. Alcir emprestou R$ 3.500,00 a Batista, que, para garantir o pagamento, entregou a Alcir cheque devidamente assinado. Ante a solicitação de Alcir para que o título fosse avalizado, o irmão de Batista avalizou, mas apenas o montante de R$ 2.000,00. Nessa situação, Batista deverá providenciar outro avalista, pois a legislação pátria veda o aval parcial.

(3) Subsistirá o aval mesmo que o avalista firme letra de câmbio em que seja fictícia a pessoa do aceitante.

(4) Considere a seguinte situação hipotética. Jonas vendeu um computador a Bernadete, no importe de R$ 2.800,00. No ato da compra, a devedora pagou R$ 1.400,00 e firmou nota promissória, representativa do restante devido, para que fosse paga no mês seguinte. Na data aprazada, Bernadete procurou Jonas para lhe entregar, em dinheiro, a importância de R$ 1.000,00 e declarou que, naquele momento, não dispunha da diferença do débito. Nessa situação, Jonas deveria ter recebido a importância ofertada por Bernadete, pois ao credor é vedado recusar pagamento na data do vencimento, ainda que parcial.

(5) Considera-se vencida a letra de câmbio protestada por recusa do aceite.

(6) Considera-se nula a emissão de letra de câmbio sem a indicação da data de vencimento, bem como do local de pagamento, por estarem ausentes os requisitos mínimos para a validade do título.

(7) Considere o inadimplemento de letra de câmbio emitida para vencimento em maio de 2005. Nessa situação, o titular da cártula deverá promover ação de cobrança contra o devedor até maio de 2006, contados da data em que deveria ter sido pago o referido título, sob pena de prescrição.

(8) A nota promissória emitida a certo termo da vista deve ser protestada em razão da recusa do subscritor a dar o seu visto.

(9) Caso determinada cártula de cheque tenha sido endossada por três pessoas, é lícito que o portador do título promova ação cambial contra um ou todos os endossantes, em única ação ou separadamente.

(10) As letras imobiliárias, também denominadas letras hipotecárias, são títulos de crédito comumente emitidos por sociedades empresárias e gozam de privilégio em relação aos demais bens do emissor.

1: A legislação especial das notas promissórias admite cláusula de juros exclusivamente quando seu vencimento for à vista ou a certo termo da vista (não é o caso da nota emitida por Joana) – art. 5º c/c art. 77, ambos da Lei Uniforme; importante lembrar que a vedação geral do art. 890 do CC não subsiste perante norma especial (art. 903 do CC); 2: A vedação geral do Código Civil (art. 897, parágrafo único, do CC) não subsiste se houver norma específica (art. 903 do CC), como é o caso do cheque, que admite aval parcial (art. 29 da Lei LC); 3: O aval é autônomo, razão pela qual subsiste mesmo em caso de nulidade de outra obrigação cambiária (exceto nulidade por vício formal da obrigação avalizada) – art. 899, § 2º, do CC e art. 32 da Lei Uniforme; 4: Art. 902, § 1º, do CC e art. 39 c/c art. 77, ambos da Lei Uniforme; 5: Arts. 43, § 1º, e 44, ambos da Lei Uniforme; 6: Art. 2º da Lei Uniforme. Na hipótese, entende-se que a letra de câmbio deve ser paga à vista e o lugar de pagamento é o indicado ao lado do sacado (que é também considerado seu domicílio); 7: A prescrição em relação ao sacado é de três anos contados do vencimento – art. 70 da Lei Uniforme; 8: Em caso de recusa, a data do protesto indica o início do termo da vista – art. 78 da Lei Uniforme; 9: O portador pode promover a cobrança contra todos, individual ou coletivamente, independentemente de ordem, pois há solidariedade – art. 51, § 1º, da Lei LC; a ação é única, como regra, pois exige a apresentação da cártula; 10: As letras imobiliárias (art. 44 da Lei 4.380/1964) não se confundem com as letras hipotecárias (Lei 7.684/1988). Gabarito 1C, 2E, 3C, 4C, 5C, 6E, 7E, 8C, 9E, 10E

(Magistratura/DF – 2007) Julgue as proposições seguintes, assinalando, após, a alternativa correta:

I. Nos casos de duplicatas simuladas, tratando-se de terceiro de boa-fé ou não, os títulos respectivos são passíveis de protesto.
II. Como regra geral, no direito cambial, as exceções pessoais ou relativas ao negócio jurídico subjacente não podem ser opostas ao endossatário de boa-fé, não comportando, tal premissa, mitigações decorrentes das diversas modalidades de títulos creditícios.
III. Endossada a duplicata, aplicam-se as normas reguladoras das relações de natureza cambial, o que restringe o endossatário de exercer, todos os direitos emergentes do título, contra quem se houver vinculado cambialmente.
IV. A *affectio societatis*, designada pela cooperação efetiva entre os sócios, distingue-se como característica de todas as sociedades empresariais.

(A) Todas as proposições são verdadeiras.
(B) Todas as proposições são falsas.
(C) Apenas uma das proposições é verdadeira.
(D) Apenas uma das proposições é falsa.

I: o endossatário de boa-fé (não o que esteja de má-fé) pode protestar a duplicata simulada para garantir os direitos contra o endossante (sacador ou não) e demais coobrigados, embora responda por danos morais eventualmente causados ao sacado, por conta do protesto (EDcl no REsp 254.433/SP); II: a regra da inoponibilidade não é absoluta, comportando exceções; III: é o oposto – as normas cambiais garantem ao endossatário os direitos relacionados ao título (responsabilidade dos endossantes, avalistas etc.); IV: a *affectio societatis* não é relevante nas sociedades de capital (*v.g.* sociedades anônimas). Gabarito "B".

(Magistratura/MG – 2008) Quanto a Cédula de Crédito Bancário, é INCORRETO afirmar:

(A) a Cédula de Crédito Bancário em favor de instituição domiciliada no exterior poderá ser emitida em moeda estrangeira.
(B) a Cédula de Crédito Bancário será transferível mediante endosso em preto, ao qual se aplicarão, no que couberem, as normas do direito cambiário, caso em que o endossatário, mesmo não sendo instituição financeira ou entidade a ela equiparada, poderá exercer todos os direitos por ela conferidos, inclusive cobrar os juros e demais encargos na forma pactuada no título.
(C) é necessário o protesto da Cédula de Crédito Bancário para garantir o direito de cobrança contra os endossantes e seus respectivos avalistas.
(D) a Cédula de Crédito Bancário é emitida em tantas vias quantas forem as partes que nela intervierem, mas somente a via do credor será negociável.

A: art. 26, § 2º, da Lei 10.931/2004; B: art. 29, § 1º, da Lei 10.931/2004; C: o protesto não é exigido para garantir o direito de cobrança contra endossantes, respectivos avalistas e terceiros garantidores – art. 44 da Lei 10.931/2004; D: art. 29, §§ 2º e 3º, da Lei 10.931/2004. Gabarito "C".

(Magistratura/RO – 2011 – PUCPR) Sobre as cédulas de crédito comercial, industrial e rural, avalie as assertivas adiante:

I. Não são consideradas títulos de crédito.
II. São ordens de pagamento, e não promessas de pagamento.
III. Não admitem aval nem garantia pignoratícia ou hipotecária.
IV. Admitem o pacto de capitalização dos juros remuneratórios.
V. O credor endossatário fica coobrigado perante o devedor endossante.

Está(ão) CORRETA(S):

(A) Somente as assertivas I e III.
(B) Somente as assertivas II e IV.
(C) Somente a assertiva IV.
(D) Somente as assertivas IV e V.
(E) Todas as assertivas.

I: Incorreta, pois as cédulas de crédito comercial, industrial e rural são títulos de crédito – arts. 9º e 10 do DL 413/1969 (relativo à cédula de crédito industrial, aplicável também à comercial, por força do art. 5º da Lei 6.840/1980) e arts. 9º e 10 do DL 167/1967 (cédula de crédito rural); II: Incorreta, pois as cédulas são promessa de pagamento, conforme os dispositivos citados anteriormente; III: Incorreta, pois as cédulas admitem aval – art. 52 do DL 413/1969 e art. 60 do DL 167/1967; IV: Correta, conforme o art. 14, VI, do DL 413/1969 e o art. 5º do DL 167/1967; V: Incorreta, até porque não teria sentido o credor endossatário (quem recebeu o título) ser coobrigado perante o devedor endossante (quem transmitiu o título). Gabarito "C".

(Magistratura/SE – 2008 – CESPE) Considerando que determinado produtor rural, visando fomentar sua atividade, tenha firmado, com órgão integrante do Sistema Nacional de Crédito Rural, uma cédula rural hipotecária, a qual foi posteriormente avalizada, assinale a opção correta quanto aos títulos de financiamento.

(A) A cédula rural hipotecária é também conhecida como nota de crédito rural.
(B) O produtor rural emitente da cédula rural hipotecária deve ser uma pessoa jurídica.
(C) A cédula rural hipotecária não admite o aval parcial.
(D) A lei determina que a cédula rural hipotecária deva ser protestada para garantir o direito de regresso contra coobrigados.
(E) A legislação de regência dispõe que a cédula rural hipotecária é título de crédito civil.

A: a cédula rural hipotecária e a nota de crédito rural são espécies de cédulas de crédito rural que não se confundem – art. 9º, II e IV, do DL 167/1967; B: o emitente das cédulas de crédito rural (incluindo a cédula rural hipotecária) pode ser pessoa física ou jurídica – art. 1º do DL 167/1967; C: o art. 60 do DL 167/1967 determina a aplicação das normas de direito cambial, no que se refere ao aval. À época do DL 167/1967, a regra geral era pela possibilidade de aval parcial – art. 30 da Lei Uniforme (atualmente, não – art. 897, parágrafo único, do CC); D: o protesto é desnecessário para o direito de regresso contra coobrigados – art. 60 do DL 167/1967; E: não há essa disposição legal. O art. 24 do DL 167/1967 determina a aplicação, à cédula rural hipotecária, dos princípios da legislação ordinária sobre hipotecas, no que não confrontarem as normas especiais. Gabarito "E".

(Magistratura/SE – 2008 – CESPE) Acerca da lei que regulamenta os serviços concernentes ao protesto de títulos, assinale a opção correta.

(A) O tabelião de protesto de títulos tem competência privativa para lavrar e registrar o protesto, devendo sempre investigar a ocorrência de prescrição ou caducidade do título apresentado.
(B) Qualquer interessado é legalmente habilitado a requerer o cancelamento do registro de protesto, desde que apresente o documento protestado.
(C) A lei admite o protesto de títulos de dívida em moeda estrangeira, sob a condição de que tenham sido emitidos no Brasil.
(D) É de 20 anos o prazo de arquivamento dos livros de protocolo e dos livros de registros de protesto e respectivos títulos.
(E) Para os serviços prestados por tabelião de protesto de títulos, somente poderão ser adotados os sistemas de microfilmagem e gravação eletrônica de imagens mediante prévia autorização judicial.

A: não cabe ao tabelião verificar prescrição ou caducidade – art. 9º da Lei 9.492/1997; B: art. 26 da Lei 9.492/1997; C: o título em moeda estrangeira deve ter sido emitido fora do Brasil, para que possa ser protestado pelo tabelião brasileiro – art. 10 da Lei 9.492/1997; D: o prazo para arquivamento do livro de protocolo é de três anos e o do livro de registro é de dez anos – art. 36 da Lei 9.492/1997; E: a adoção desses sistemas pelo tabelião independe de autorização – art. 41 da Lei 9.492/1997. Gabarito "B".

(Magistratura/SP – 2011 – VUNESP) Emitida cédula de crédito comercial representativa de uma dívida:

I. sua inadimplência poderá redundar, caso mencionada a circunstância no documento, na aplicação de juros capitalizados mensalmente;
II. a cédula de crédito comercial é promessa de pagamento em dinheiro, com garantia real, cedularmente constituída;
III. a cédula de crédito comercial não poderá ser redescontada;
IV. importa em vencimento antecipado da dívida resultante da cédula, independentemente de aviso ou de interpelação judicial, a inadimplência de qualquer obrigação do emitente do título ou, sendo o caso, do terceiro prestante da garantia real.

Está correto apenas o contido em

(A) II e IV.
(B) II e III.
(C) II, III e IV.
(D) II.
(E) I, II e IV.

I: Correta, conforme o arts. 11, § 2º, e 14, VI, do DL 413/1969, aplicável à cédula de crédito comercial nos termos do art. 5º da Lei 6.840/1980; II: Correta, conforme o art. 9º do DL 413/1969; III: Incorreta, pois admite-se o redesconto, nos termos do art. 61 do DL 413/1969; IV: Correta, pois reflete o disposto no art. 11 do DL 413/1969. Gabarito "E".

(Ministério Público/AP – 2005) Assinale a alternativa correta:

(A) O protesto judicial é o ato formal e solene pelo qual se comprova a recusa do aceite de um título cambial;
(B) A data do vencimento das letras a um certo termo de vista, se conta a partir do aceite e, na falta deste, a partir do protesto do título;
(C) A falta de aceite tanto no cheque quanto na nota promissória acarreta vencimento antecipado;
(D) A duplicata pode ser protestada por indicação do credor, ou seja, sem a apresentação do título no cartório, por se tratar de uma exceção à característica da literalidade;

A: o protesto comprova a inadimplência e o descumprimento de obrigação originada em títulos e outros documentos de dívida – art. 1º da Lei 9.492/1997; B: art. 35 da Lei Uniforme; C: o cheque e a nota promissória não admitem aceite – art. 6º da Lei LC e art. 78 da Lei Uniforme; D: trata-se de exceção à cartularidade – art. 13, § 1º, in fine, da Lei das Duplicatas – LD (Lei 5.474/1968). Gabarito "B".

(Ministério Público/PB – 2010) Considere as asserções a seguir e assinale a opção correta:

I. Na cédula de crédito bancário, o protesto é dispensado para garantir direito de regresso contra endossantes, avalistas e terceiros garantidores.
II. A cédula de crédito bancário será transferível mediante endosso em preto, ao qual se aplicarão, no que couberem, as normas do direito cambiário, caso em que o endossatário, mesmo não sendo instituição financeira ou entidade a ela equiparada, poderá exercer todos os direitos por ela conferidos, inclusive, cobrar os juros e demais encargos na forma pactuada na cédula.
III. Independentemente de ter agido com má-fé ou intuito fraudatório, o credor que em ação judicial cobrar o valor do crédito exeqüendo em desacordo com o expresso na cédula de crédito bancário fica obrigado a pagar ao devedor o dobro do cobrado a maior.

(A) Apenas I e II estão corretas.
(B) Apenas I e III estão corretas.
(C) Apenas II e III estão corretas.
(D) Todas as asserções estão erradas.
(E) Todas as asserções estão corretas.

I: Correta, nos termos do art. 44 da Lei 10.931/2004; II: Assertiva correta, conforme o art. 29, § 1º, da Lei 10.931/2004; III: Correta, pois reflete o disposto no art. 28, § 3º, da Lei 10.931/2004. Gabarito "E".

(Ministério Público/PB – 2010) Considere as asserções a seguir e assinale a opção correta:

I. Na cédula de crédito bancário, o protesto é dispensado para garantir direito de regresso contra endossantes, avalistas e terceiros garantidores.
II. A cédula de crédito bancário será transferível mediante endosso em preto, ao qual se aplicarão, no que couberem, as normas do direito cambiário, caso em que o endossatário, mesmo não sendo instituição financeira ou entidade a ela equiparada, poderá exercer todos os direitos por ela conferidos, inclusive, cobrar os juros e demais encargos na forma pactuada na cédula.
III. Independentemente de ter agido com má-fé ou intuito fraudatório, o credor que em ação judicial cobrar o valor do crédito exeqüendo em desacordo com o expresso na cédula de crédito bancário, fica obrigado a pagar ao devedor o dobro do cobrado a maior.

(A) Apenas I e II estão corretas.
(B) Apenas I e III estão corretas.
(C) Apenas II e III estão corretas.
(D) Todas as asserções estão erradas.
(E) Todas as asserções estão corretas.

I: correta, pois o protesto não é exigido para garantir o direito de cobrança contra endossantes, respectivos avalistas e terceiros garantidores – art. 44 da Lei 10.931/2004; II: assertiva correta, pois reflete o disposto no art. 29, § 1º, da Lei 10.931/2004; III: correta, nos termos do art. 28, § 3º, da Lei 10.931/2004. Gabarito "E".

(Ministério Público/SP – 2011) Considere as seguintes assertivas, relacionadas com Títulos de Crédito:

I. o aval dado, na duplicata, após o vencimento produz o mesmo efeito daquele prestado anteriormente ao vencimento;
II. a ação de execução do cheque prescreve em 6 (seis) meses da data do vencimento da cártula;
III. na Nota Promissória, seu subscritor não responde da mesma forma que o aceitante da Letra de Câmbio;
IV. a Cédula de Produto Rural (CPR) é Título de Crédito próprio, sendo exigível o protesto para assegurar o direito de regresso contra avalistas.

Pode-se afirmar que está correto apenas o contido em

(A) I.
(B) II.
(C) I e II.
(D) II e III.
(E) III e IV.

I: Correta, conforme o art. 900 do CC e art. 12, p. único, da LD; II: Incorreta, pois o prazo prescricional para a ação de execução do cheque é de 6 meses contados da expiração do prazo de apresentação (que é de 30 ou 60 dias contados da emissão, se for emitido no lugar do pagamento ou fora dele, respectivamente) – art. 59 c/c art. 33 da LC (ou seja, o prazo prescricional é de aproximadamente 210 a 240 dias contados da emissão do cheque); III: Incorreta, pois o emitente ou subscritor da nota promissória é o devedor principal (quem promete pagar o valor), assim como o aceitante da letra de câmbio (que aceita pagar); IV: Incorreta, pois, a exemplo das cédulas de crédito comercial, industrial e rural, é dispensável o protesto da cédula de produto rural para assegurar o direito de regresso contra os avalistas – art. 10, III, da Lei 8.929/1994 – ver também art. 52 do DL 413/1969 e art. 60 do DL 167/1967. Gabarito "A".

(Ministério Público/SP – 2008) Considere as assertivas seguintes:

I. É admissível a ação monitória fundada em cheque prescrito, independentemente de indicação da causa de emissão.
II. É admissível a execução fundada em cheque prescrito, desde que a causa de emissão seja indicada.
III. Não é admissível execução fundada em nota promissória vinculada a contrato de abertura de crédito, dada a falta de autonomia e, conseqüentemente, de liquidez.

Assinale a alternativa correta.

(A) Somente I é verdadeira.
(B) Somente I e II são verdadeiras.
(C) Somente I e III são verdadeiras.

(D) Somente II e III são verdadeiras.
(E) Todas as assertivas são verdadeiras.

I: o cheque prescrito pode ser cobrado por ação monitória – Súmula 299/STJ; II: a prescrição do cheque impede a execução – art. 59 da Lei LC; III: a nota promissória vinculada a contrato de abertura de crédito não goza de autonomia em razão da iliquidez do título que a originou (Súmula 258/STJ) e o contrato de abertura de crédito, ainda que acompanhado do extrato da conta-corrente, não é título executivo (Súmula 233/STJ). Gabarito "C".

(Ministério Público/SP – 2006) Assinale a alternativa incorreta.

(A) O comprador só poderá deixar de aceitar a duplicata por motivo de avaria ou não-recebimento das mercadorias, quando não expedidas ou não entregues por sua conta e risco; vícios, defeitos e diferenças na qualidade ou na quantidade das mercadorias, devidamente comprovados; divergência nos prazos ou nos preços ajustados.
(B) Uma letra de câmbio pode ser sacada à vista, a um certo termo de vista, a um certo termo de data e pagável num dia fixado, com vencimentos diferentes e vencimentos sucessivos.
(C) A nota promissória vinculada a contrato de abertura de crédito não goza de autonomia em razão da iliquidez do título que a originou.
(D) O avalista do título de crédito vinculado a contrato de mútuo também responde pelas obrigações pactuadas, quando no contrato figurar como devedor solidário.
(E) O contrato de abertura de crédito, ainda que acompanhado de extrato da conta-corrente, não é título executivo.

A: art. 8º da LD; B: a letra de câmbio não pode apresentar vencimentos diferentes ou sucessivos – art. 33 da Lei Uniforme; C: Súmula 258/STJ; D: Súmula 26/STJ; E: Súmula 233/STJ. Gabarito "B".

(Procurador do Estado/PR – 2007) Quanto aos títulos de crédito em espécie:

(A) a nota promissória e o cheque são títulos que foram criados pelo direito brasileiro, adaptando-se às necessidades do comércio da época de sua elaboração legislativa.
(B) As debêntures são títulos de emissão exclusiva das sociedades anônimas e sociedades por quotas de responsabilidade limitada em razão do disposto no art. 18 do Decreto nº 3.708/19 que prevê a aplicação subsidiária da lei das sociedades anônimas.
(C) A duplicata recebeu esta denominação porque surgiu como uma cópia circulante da fatura. A fatura é documento de emissão obrigatória para compra e venda e prestação de serviço à prazo, não sendo obrigatória a emissão de duplicata.
(D) A letra de câmbio, muito embora prevista no Decreto nº 3.708/19 não tem utilização prática no Brasil em razão do não acolhimento da Lei Uniforme de Genebra quanto a tal título.
(E) A disciplina do cheque foi recentemente modificada a fim de se admitir expressamente, na legislação brasileira, o cheque chamado de pré ou pós-datado.

A: a nota promissória é título antiquíssimo, adotado há tempos no mundo todo, muito antes da normatização brasileira. O cheque, ainda que mais recente, é título também originado no sistema bancário estrangeiro; B: as debêntures são emitidas por sociedades anônimas e em comandita por ações – arts. 52 e 283 da LSA; C: as assertivas são verdadeiras – arts. 1º e 2º da LD; D: a regulamentação da letra de câmbio pela Lei Uniforme foi adotada pelo Brasil (Decreto 57.663/1966) e o título é largamente utilizado no país; E: a legislação dispõe que o cheque é título de crédito para pagamento à vista (art. 32 da Lei LC), embora a jurisprudência reconheça os direitos relacionados à emissão de cheques pré-datados (a apresentação antecipada caracteriza dano moral – Súmula 370/STJ). Gabarito "C".

(Magistratura Federal – 5ª Região – 2007 – CESPE) Julgue os seguintes itens.

(1) Considere que José tenha prestado fiança em contrato de mútuo e, também, avalizado título de crédito vinculado ao mesmo contrato. Nessa hipótese, José é obrigado a cumprir todos os encargos do contrato, ainda que não insertos no título de crédito.

Súmula 26/STJ: O avalista do título de crédito vinculado a contrato de mútuo também responde pelas obrigações pactuadas, quando no contrato figurar como devedor solidário. Gabarito 1E.

(Cartório/AP – 2011 – VUNESP) Quanto ao resseguro é correto afirmar:

(A) Por ele, duas ou mais seguradoras dividem em quotas iguais a responsabilidade pela indenização do segurado no caso de sinistro.
(B) Há resseguro quando a SUSEP (Superintendência de Seguros Privados) determina que uma seguradora seja substituída por outra com maior capacidade financeira para assumir o risco de indenização do sinistro.
(C) Significa a renovação automática de um contrato de seguro na data de seu vencimento.
(D) Trata-se de meio de distribuição de cobertura de risco que pressupõe que uma resseguradora cubra parte da prestação da seguradora em caso de sinistro.
(E) As seguradoras brasileiras não estão obrigadas a contratar resseguro.

A: Incorreta. Resseguro, na definição do art. 2º, § 1º, III, da LC 126/2007, é a operação de transferência de riscos de uma cedente para um ressegurador, ressalvada a possibilidade de retrocessão. A retrocessão, por sua vez, é a operação de transferência de riscos de resseguro de resseguradores para resseguradores ou de resseguradores para sociedades seguradoras locais (inciso IV do mesmo dispositivo); B: Incorreta, conforme comentário à alternativa anterior; C: Incorreta, conforme comentário à alternativa "A"; D: Essa é a alternativa correta, conforme a normatização da LC 126/2007; E: Incorreta, pois o resseguro é obrigatório quando o valor segurado supera a capacidade de uma seguradora. Gabarito "D".

(Cartório/SC – 2008) A respeito de títulos de crédito, observadas as proposições abaixo, assinale a alternativa correta:

I. Em nenhuma hipótese o emitente de um cheque ou nota promissória pode opor ao portador endossatário todas as exceções que poderia opor contra o endossante.
II. Para a execução de uma duplicata ou triplicata não aceita e não devolvida, é necessário o protesto por indicação e a comprovação hábil da remessa da mercadoria.
III. O aval pode ser dado no cheque, na sua parte anterior ou face; no verso, quando a assinatura é antecedida de expressões como "por aval" ou "em aval de", ou outras equivalentes; ou ainda em folha anexa, mesmo que esta não circule juntamente com o cheque.
IV. Se, numa nota promissória, a importância estiver escrita mais de uma vez e apenas por extenso, ou apenas em algarismos, havendo divergência, valerá a importância menor.

(A) Somente as proposições I e IV estão corretas.
(B) Somente a proposição III está correta.
(C) Somente as proposições II e III estão corretas.
(D) Somente a proposição II está correta.
(E) Somente a proposição IV está correta.

I: em caso de má-fé do portador, afasta-se a inoponibilidade de exceções pessoais – art. 25, in fine, da LC e art. 17, in fine, da Lei Uniforme; II: além do protesto, não basta comprovar a remessa, é necessário prova de que a mercadoria foi recebida pelo sacado e que não tenha recusado o aceite nas hipóteses legalmente admitidas – art. 15, II, b e c, da LD; III: a folha anexa (folha de alongamento), em que conste o aval, deve circular juntamente com o cheque – art. 30 da Lei LC; IV: art. 6º da Lei Uniforme. Gabarito "E".

4. DIREITO CONCURSAL – FALÊNCIA E RECUPERAÇÃO

4.1. ASPECTOS GERAIS

(Magistratura/DF – 2011) Considere as proposições formuladas a seguir e assinale a correta:

(A) Deferido o processamento da recuperação judicial, ou decretada a falência do devedor, todas as ações e execuções individuais sofrem a força atrativa do Juízo da execução coletiva ou do procedimento coletivo de recuperação judicial, que as suspende por tempo indeterminado, até que a ele compareçam os credores para habilitar os seus créditos;
(B) Posto que a Lei de Falências preconize que podem contestar a impugnação os credores cujos créditos foram impugnados, o moderno entendimento se direciona no sentido de que qualquer interessado, provando essa sua condição, pode contestar a impugnação no prazo de cinco dias, carreando os documentos que tiver e indicando outras provas que reputar necessárias;

(C) Segundo a legislação de regência, a decretação da falência ou o deferimento do processamento da recuperação judicial suspende o curso da prescrição. Nesse contexto, a nota promissória, ainda que prescrita, constitui título hábil a instruir requerimento de falência;

(D) O deferimento do processamento da recuperação judicial pode, a critério do Juiz, redundar na suspensão de execução de natureza fiscal, sendo certo que, na falência, os créditos fiscais e previdenciários deverão ser comunicados ao Juízo falimentar, a fim de que sejam liquidados na ordem estabelecida pela lei.

A: Incorreta, pois nem todas as ações e execuções são suspensas e há limitação para o prazo, no caso da recuperação judicial. Por exemplo, (i) a ação que demandar quantia ilíquida prossegue no juízo original, (ii) as ações trabalhistas prosseguem na justiça especializada até a apuração do crédito, (iii) na recuperação judicial, a suspensão não ultrapassará 180 dias, (iv) as execuções fiscais não são suspensas pelo deferimento da recuperação ou pela decretação de falência – art. 6º, §§ 1º, 2º, 4º e 7º da Lei de Falência e Recuperação de Empresas – LF (Lei 11.101/2005) e arts. 5º e 29 da Lei de Execução Fiscal – LEF (Lei 6.830/1980). É interessante ressaltar que o juízo da falência não abrange as causas trabalhistas, fiscais e aquelas não reguladas na LF em que o falido figurar como autor ou litisconsorte ativo – art. 76 da LF; B: Assertiva correta – art. 11 da LF. Ademais, cabe, a seguir, manifestação do falido e do comitê de credores sobre a matéria litigiosa – art. 12 da LF; C: Incorreta, pois o título executivo prescrito não possibilita o pedido de falência – art. 96, II, da LF; D: Incorreta, pois os créditos tributários não são incluídos na recuperação judicial – art. 57 da LF. Gabarito "B".

(Magistratura/DF – 2007) Julgue as proposições seguintes acerca da falência, no regime da Lei n. 11.101/2005, assinalando, após, a alternativa correta:

I. Na recuperação judicial ou na falência, as obrigações a título gratuito são exigíveis do devedor.
II. Na recuperação judicial ou na falência, as despesas que os credores fizerem para nelas tomar parte, salvo as custas judiciais decorrentes de litígio com o devedor são exigíveis deste.
III. As empresas em geral, sejam públicas ou privadas sujeitam-se aos termos da Lei n. 11.101/2005.
IV. Compete ao juízo do local da sede do empresário ou da sociedade empresária, ou da filial de empresa que tenha sede fora do Brasil, homologar o plano de recuperação extrajudicial, deferir a recuperação judicial ou decretar a falência.

(A) Todas as proposições são verdadeiras.
(B) Todas as proposições são falsas.
(C) Apenas uma das proposições é verdadeira.
(D) Apenas uma das proposições é falsa.

I: as obrigações a título gratuito não são exigíveis do devedor, na recuperação ou na falência – art. 5º, I, da LF; II: é o oposto – as despesas para tomar parte da recuperação ou da falência, salvo as custas judiciais, não são exigíveis do devedor – art. 5º, II, da LF; III: conforme o art. 2º, I, da LF, as empresas públicas ou de economia mista não se sujeitam à Lei de Recuperações e Falências; IV: a competência é do juízo do local do principal estabelecimento do devedor (não de sua sede, necessariamente) – art. 3º da LF. Gabarito "B".

(Magistratura/MG - 2007) NÃO se sujeita à falência:

(A) uma pessoa natural, com registro na Junta Comercial, que exerça profissionalmente atividade econômica organizada para a produção ou a circulação de bens ou de serviços.
(B) uma sociedade de advogados com complexa estrutura organizacional e inúmeros advogados contratados.
(C) uma sociedade empresária limitada que não recomponha a pluralidade de sócios no prazo de cento e oitenta dias.
(D) uma sociedade anônima que tenha por objeto o exercício de atividade intelectual e de natureza científica.

A: o empresário individual (art. 966 do CC) sujeita-se à falência (art. 1º da LF); B: a sociedade de advogados exerce atividade intelectual, que não se qualifica como empresarial (art. 966, parágrafo único, do CC, não incidindo o disposto no art. 982 do CC), de modo que não se sujeita à falência. Essa é a jurisprudência do STJ, ao não reconhecer a natureza empresarial para fins de cobrança de ISS – ver REsp 897.813/RJ; C: na situação descrita, a entidade deixa de ser sociedade (art. 1.033, IV, do CC), subsistindo simples empresário individual (caso continue exercendo a empresa – arts. 966 e 1.033, parágrafo único, do CC), que também se sujeita à falência; D: toda sociedade por ações (caso da sociedade anônima) é considerada empresária, independentemente de seu objeto (art. 982, parágrafo único, do CC), de modo que se sujeita à falência. Gabarito "B".

(Magistratura/PR – 2010 – PUC/PR) Sobre a figura do administrador judicial, assinale a afirmativa CORRETA:

I. O administrador judicial será profissional idôneo, preferencialmente advogado, economista, administrador de empresas ou contador, sendo admissível que a função do administrador judicial seja exercida por pessoa jurídica especializada.
II. O juiz fixará o valor e a forma de pagamento da remuneração do administrador judicial, observados a capacidade de pagamento do devedor, o grau de complexidade do trabalho e os valores praticados no mercado para o desempenho de atividades semelhantes, sendo que, em qualquer hipótese, o total pago ao administrador judicial não excederá 6% (seis por cento) do valor devido aos credores submetidos à recuperação judicial ou do valor de venda dos bens na falência.
III. O juiz fixará o valor e a forma de pagamento da remuneração do administrador judicial, observados a capacidade de pagamento do devedor, o grau de complexidade do trabalho e os valores praticados no mercado para o desempenho de atividades semelhantes, sendo que será reservado 40% (quarenta por cento) do montante devido ao administrador judicial para pagamento após o julgamento das contas e da apresentação do relatório final da falência.
IV. O administrador judicial substituído será remunerado proporcionalmente ao trabalho realizado, salvo se renunciar sem relevante razão ou for destituído de suas funções por desídia, culpa, dolo ou descumprimento das obrigações fixadas na Lei 11.101/05, hipóteses em que não terá direito à remuneração.

(A) Apenas as afirmativas I, II, III e IV estão corretas.
(B) Apenas as afirmativas I, III e IV estão corretas.
(C) Apenas as afirmativas I, II e IV estão corretas.
(D) Apenas as afirmativas II e III estão corretas.

I: assertiva correta, pois reflete exatamente o disposto no art. 21 da Lei de Falência e Recuperação de Empresas – LF (Lei 11.101/2005); II: incorreta, pois o limite para a remuneração é de 5% do valor devido aos credores submetidos à recuperação judicial ou do valor de venda dos bens na falência – art. 24, *caput*, e § 1º, da LF; III: assertiva correta, pois reflete o disposto no art. 24, *caput*, e § 2º, da LF; IV: correta, nos termos do art. 24, *caput*, e § 3º, da LF. Gabarito "B".

(Magistratura/SC – 2010) Segundo a Lei n. 11.101/2005, que trata da Falência e da Recuperação da Empresa, assinale a alternativa **correta**:

I. As microempresas e as empresas de pequeno porte, conforme definidas em lei, poderão apresentar plano especial de recuperação judicial, desde que afirmem sua intenção de fazê-lo na petição inicial e cujo plano não poderá prever parcelamento superior a 36 (trinta e seis) parcelas mensais, iguais e sucessivas, corrigidas monetariamente e acrescidas de juros de 12% a.a. (doze por cento ao ano).
II. O juiz fixará o valor e a forma de pagamento da remuneração do administrador judicial, observados a capacidade de pagamento do devedor, o grau de complexidade do trabalho e os valores praticados no mercado para o desempenho de atividades semelhantes. Deste valor será reservado 60% (sessenta por cento) do montante devido ao administrador judicial para pagamento após aprovadas as suas contas.
III. Após a distribuição do pedido de recuperação judicial, o devedor não poderá alienar ou onerar bens ou direitos de seu ativo permanente, salvo evidente utilidade reconhecida pelo juiz, depois de ouvido o Comitê, com exceção daqueles previamente relacionados no plano de recuperação judicial.
IV. São exigíveis do devedor, na recuperação judicial ou na falência, as despesas que os credores fizerem para tomar parte na recuperação judicial ou na falência, inclusive as custas judiciais decorrentes de litígio com o devedor.

(A) Somente as proposições I e IV estão corretas.
(B) Somente as proposições II, III e IV estão corretas.
(C) Somente as proposições I, II e IV estão corretas.
(D) Somente as proposições I e III estão corretas.
(E) Todas as proposições estão corretas.

I: Correta, conforme os arts. 70 e 71 da LF; II: Incorreta, pois o percentual da remuneração que será reservado é de apenas 40% - art. 24, § 2º, da LF; III: Correta, pois é a restrição fixada no art. 66 da LF; IV: Incorreta, pois não são exigíveis do devedor as despesas que os credores fizerem para tomar parte na recuperação judicial ou na falência, salvo as custas judiciais decorrentes de litígio com o devedor. Gabarito "D".

(Ministério Público/PR – 2011) Acerca da atuação do Ministério Público e a Lei de Recuperação Judicial de Empresas e Falências, assinale a alternativa correta:

(A) o Ministério Público deve participar em todas as fases do processo sob pena de nulidade dos atos praticados;
(B) o Ministério Público nunca atua em qualquer fase dos processos de recuperação judicial ou falências;
(C) o Ministério Público deve ser intimado pessoalmente para opinar sobre a indicação do administrador judicial;
(D) o Ministério Público pode impugnar o quadro geral de credores e promover a ação revocatória dos atos praticados com a intenção de prejudicar credores;
(E) o Ministério Público deve emitir parecer sobre a fixação de remuneração do administrador judicial.

A e B: Incorretas, pois o Ministério Público atua em determinadas fases do processo de falência e de recuperação, conforme a LF; C e E: Incorretas, pois não há essa determinação legal – arts. 21 e 24 da LF; D: Essa é a alternativa correta, nos termos dos arts. 8º e 132 da LF. Gabarito "D".

(Ministério Público/SP – 2011) A atual Lei de Falências, que regula a Recuperação Judicial, a Extrajudicial e a Falência do empresário e da sociedade empresária, instituída por meio da Lei n° 11.101, de 9 de fevereiro de 2005, trouxe uma profunda reforma no direito falimentar brasileiro. Das alternativas a seguir, a única correta é:

(A) a suspensão das ações de execução contra o devedor, na Recuperação Judicial, não excederá o prazo de 180 (cento e oitenta) dias, contados do deferimento do processamento da Recuperação, prorrogáveis uma única vez por 60 (sessenta) dias, a critério do Juiz.
(B) a remuneração do administrador judicial não pode exceder a 10% (dez por cento) do valor devido aos credores submetidos à Recuperação Judicial.
(C) a constituição do Comitê de Credores é obrigatória, na Falência e na Recuperação Judicial, e, dentre suas responsabilidades, estão a fiscalização e o exame das contas do administrador judicial.
(D) havendo objeção ao Plano de Recuperação Judicial, o Juiz deverá deliberar sobre o assunto, após parecer do Comitê de Credores, administrador judicial e Ministério Público.
(E) a intimação do Ministério Público será realizada, no processo de Recuperação Judicial, após o deferimento do processamento da Recuperação Judicial.

A: Incorreta, pois o prazo de 180 dias é improrrogável – art. 6º, § 4º, da LF; B: Incorreta, pois é de 5% o limite para a remuneração do administrador, calculado sobre o valor devido aos credores na recuperação ou sobre o valor de venda dos bens na falência – art. 24, § 1º, da LF; C: Incorreta, pois somente em caso de deliberação de classe de credores na assembleia geral é que se constitui o comitê de credores – art. 26 da LF. Inexistindo comitê de credores, caberá ao administrador judicial ou, na incompatibilidade deste, ao juiz exercer suas atribuições – art. 28 da LF; D: Incorreta, pois, havendo objeção de qualquer credor, o juiz convocará a assembleia geral de credores para deliberar sobre o plano de recuperação. Caso a assembleia geral rejeite o plano, o juiz decretará a falência do devedor – art. 56 da LF; E: Assertiva correta, conforme os arts. 58 e 59, § 2º, da LF. Gabarito "E".

(Procurador do Estado/CE – 2008 – CESPE) A Lei n.º 11.101/2005, que regula a recuperação judicial, a recuperação extrajudicial e a falência do empresário e da sociedade empresária, aplica-se a

(A) empresa pública exploradora de atividade econômica.
(B) instituição financeira privada.
(C) sociedade de capitalização.
(D) sociedades simples.
(E) pessoas jurídicas irregulares.

A, B e C: a Lei de Recuperações e Falências não se aplica a empresas públicas, sociedades de economia mista, instituições financeiras, sociedades de capitalização e outras listadas no art. 2º, I e II, da LF; D: somente entidades que exerçam atividade empresarial sujeitam-se à sistemática da LF, o que exclui as sociedades simples (não são empresárias – art. 982, in fine, do CC); E: a sociedade irregular pode ser despersonalizada (nunca houve registro – é sociedade em comum – art. 986 do CC) ou pode ter personalidade jurídica (houve registro, mas, posteriormente, descumpriu-se algum requisito para a regularidade registrária) – em qualquer dessas hipóteses, submete-se à Lei de Recuperações e Falências, desde que exerça atividade empresária. Gabarito "E".

(Magistratura Federal – 3ª Região – XIII) A Lei n° 11.101/2005 (Lei de Recuperação de Empresas e de Falências) não se aplica:

(A) às empresas públicas e às sociedades de economia mista;
(B) aos empresários individualmente considerados;
(C) às sociedades por ações, independentemente do objeto social que tiverem;
(D) às sociedades que, mesmo sem estarem legalmente obrigadas a ter a forma de sociedade empresária, optarem por tal modelo e não pelo modelo da sociedade simples;

A: art. 2º, I, da LF; B: o empresário individual (art. 966 do CC) sujeita-se à falência (art. 1º da LF); C: toda sociedade por ações (caso da sociedade anônima) é considerada empresária, independentemente de seu objeto (art. 982, parágrafo único, do CC), de modo que se sujeita à Lei de Recuperações e Falências (art. 1º da LF); D: a sociedade empresária sujeita-se à Lei de Recuperações e Falências, ainda que tenha optado por essa forma constitutiva – art. 982, parágrafo único, do CC. Gabarito "A".

(Magistratura Federal – 3ª Região – XIII) Assinale a alternativa correta:

(A) instituição financeira pública ou privada está sujeita à nova Lei de Recuperação de Empresas e de Falências (Lei n° 11.101/2005);
(B) a concordata preventiva ainda pode ser objeto de requerimento por parte do devedor que, não tendo os impedimentos do art. 140, satisfaça os requisitos do art. 158 do Decreto-Lei 7.661/45;
(C) o instituto da recuperação judicial poderá ser requerido pelo devedor que, no momento do pedido, exerça regularmente suas atividades há mais de 2 (dois) anos e não tenha, há menos de 3 (três) anos, obtido a concessão de tal instituto;
(D) nenhuma das alternativas anteriores está certa.

A: as instituições financeiras não se sujeitam à sistemática da LF – art. 2º, II; B: as sistemáticas das recuperações extrajudicial e judicial substituíram a concordata; C: o devedor não pode ter obtido a concessão de recuperação judicial nos últimos cinco anos (não três) – art. 48, II, da LF. Gabarito "D".

(Procurador da Fazenda Nacional – 2007 – ESAF) A Lei n. 11.101/2005, que introduz no direito brasileiro a reorganização das empresas em crise, com a conseqüente revogação da concordata, seja a preventiva seja a suspensiva, visou:

(A) facilitar a continuação da atividade das empresas mercantis em crise.
(B) pretendeu facilitar a preservação de postos de trabalho nos casos de abalo no crédito que leva à crise da empresa.
(C) enfatizar a importância da tutela da circulação do crédito.
(D) apresentar nova forma de direito potestativo que atende ao interesse dos credores.
(E) permitir que os credores, aqueles sobre os quais recaem, de forma indireta, os efeitos da crise, sejam ouvidos.

As assertivas são subjetivas. O art. 47 da LF dispõe que "a recuperação judicial tem por objetivo viabilizar a superação da situação de crise econômico-financeira do devedor, a fim de permitir a manutenção da fonte produtora, do emprego dos trabalhadores e dos interesses dos credores, promovendo, assim, a preservação da empresa, sua função social e o estímulo à atividade econômica". O art. 75 define que a falência "visa a preservar e otimizar a utilização produtiva dos bens, ativos e recursos produtivos, inclusive os intangíveis, da empresa". Assim, a sistemática da LF visa a preservar e a otimizar a alocação econômica do capital produtivo, o que interessa a credores, a empresários, a trabalhadores e a toda sociedade. Gabarito "E".

(Cartório/AP – 2011 – VUNESP) Empresário que exerce atividade empresária sem prévia inscrição no Registro do Comércio

(A) poderá pleitear recuperação judicial em caso de crise econômico financeira.
(B) estará sujeito à decretação de sua falência no caso de impontualidade.
(C) poderá requerer a falência de empresário irregular.
(D) poderá requerer a falência de empresário regular.
(E) não poderá habilitar seu crédito na recuperação judicial de empresário regular.

A: Incorreta, pois somente o empresário regular pode pleitear recuperação judicial – art. 51, II, da LF; B: Correta, pois mesmo o empresário não inscrito se sujeita à falência, bastando que exerça a atividade empresária – art. 966 do CC e art. 1º da LF. Em relação às sociedades, mesmo a despersonalizada (nunca houve inscrição no registro competente – é sociedade em comum – art. 986 do CC) ou a simplesmente irregular (houve inscrição no registro competente, mas, posteriormente, descumpriu-se algum requisito para a regularidade registrária) submetem-se à Lei de Recuperações e Falências, desde que exerçam atividade empresária; C e D: Incorretas, pois somente o empresário ou a sociedade empresária regular poderá requerer a falência de outro ou a autofalência – arts. 97, § 1º, e 105, I, da LF; E: Incorreta, pois a habilitação do crédito não depende da regularidade do credor – art. 9º da LF. "B". Gabarito

(Cartório/SE – 2007 – CESPE) O item seguinte apresenta uma situação hipotética seguida de uma assertiva a ser julgada, acerca da disciplina normativa da falência das sociedades empresárias.

(1) Determinada sociedade empresária, constituída há mais de 5 anos, tem-se esquivado de efetuar o pagamento de vários títulos executivos protestados, sem relevante razão de direito, cuja soma é de cerca de R$ 13.980,00. Nessa situação, requerida a falência da sociedade empresária, o juízo competente não poderá decretá-la, por ausência de requisitos legais.

O débito inadimplido deve ser superior a 40 (quarenta) salários-mínimos (montante maior que R$ 13.980,00) para a decretação de falência, na hipótese do art. 94, I, da LF. No entanto, poderá ser decretada a falência caso haja execução e o débito não seja pago ou garantido por depósito ou penhora (art. 94, II, da LF), ou ainda se o devedor praticar os atos descritos no art. 94, III, da Lei de Recuperações e Falências. Gabarito 1C

4.2. FALÊNCIA.

(Magistratura/AC – 2008 – CESPE) A CBA Livraria Ltda. procedeu à liquidação antecipada de seus ativos e, por essa razão, alguns de seus credores decidiram requerer sua falência. Considerando a situação hipotética acima, assinale a opção correta acerca das normas que regem a falência das sociedades empresárias.

(A) Qualquer credor da CBA Livraria Ltda. pode requerer sua falência, desde que preste caução relativa às custas do processo.

(B) A CBA Livraria Ltda. pode requerer sua autofalência ainda que seus atos constitutivos não estejam regularmente registrados na junta comercial competente.

(C) O juízo competente para decretar a falência da CBA Livraria Ltda. é o do local em que se encontra o principal estabelecimento da empresa, conforme descrito no seu contrato social, ainda que, nesse local, esteja centrado o menor volume de negócios da mencionada sociedade.

(D) Citada no processo falimentar, a CBA Livraria Ltda. pode apresentar contestação no prazo de 15 dias.

A: qualquer credor (em situação regular perante o registro público, no caso de empresário) poderá requerer a falência, sendo que a caução é exigida apenas daquele domiciliado no exterior – art. 97, IV, e §§ 1º e 2º, da LF; B: a regularidade do devedor não é requisito para a falência; C: o principal estabelecimento refere-se à atividade empresarial efetivamente exercida e não é, necessariamente, aquele indicado no contrato ou estatuto social – art. 3º da LF (ver CC 27.835/DF-STJ); D: o prazo para contestação é de 10 (dez) dias – art. 98 da LF. "B". Gabarito

(Magistratura/DF – 2011) A norma de regência preconiza que "será decretada a falência do devedor que, sem relevante razão de direito, não paga, no vencimento, obrigação líquida materializada em título ou títulos executivos protestados, cuja soma ultrapasse o equivalente a 40 (quarenta) salários mínimos na data do pedido de falência". À luz da inteligência supra, considere as proposições formuladas abaixo e assinale a incorreta:

(A) Há pespego à formação de litisconsórcio de credores para que, acudindo ao comando legal, reúnam-se de molde a formatar o valor exigido, superior a 40 (quarenta) salários mínimos, na perspectiva do requerimento falimentar;

(B) Com a expressão "sem razão relevante", objetiva-se evidenciar a falta de motivo, fundamento ou causa capaz de justificar o estado moroso, fazendo-se presumir o absoluto inadimplemento, sendo certo que, se sobrevier fato modificativo ou extintivo, deverá ser suscitado na oportunidade de defesa;

(C) O valor superior a 40 (quarenta) salários mínimos, na data do ajuizamento, reporta-se ao importe original da obrigação, sem a perspectiva de atualização monetária e incidência de juros;

(D) A situação determina a condição necessária de empresarialidade e o importe mínimo de obrigação líquida e certa, no teto de 40 (quarenta) salários mínimos vigentes, no propósito de se impedirem somas irrisórias que pudessem tisnar a relação custo/benefício do procedimento.

A: Essa é a assertiva incorreta, pois não há impedimento (= pespego) para que os credores somem seus créditos para atingir o valor mínimo previsto no art. 94, I, da LF, e formem litisconsórcio ativo, conforme o § 1º desse dispositivo; B: Correta. A decretação de falência decorre da insolvência jurídica, caracterizada pela (i) impontualidade injustificada, (ii) execução frustrada ou (iii) prática de atos de falência – art. 94, I, II e III, da LF. É possível afastar a decretação de falência, inclusive na hipótese de impontualidade citado na assertiva, caso o requerido comprove nulidade da obrigação, ato extintivo ou suspensivo etc. – art. 96 da LF; C: Discutível. O art. 94, I, da LF refere-se ao montante equivalente a 40 salários-mínimos na data do pedido da falência, sendo respeitável a interpretação no sentido de que o dispositivo permite a correção monetária do crédito até esse momento; D: Incorreta. A qualificação do devedor como empresário ou sociedade empresária, condição necessária para a falência, não é feita por esse dispositivo, mas sim pelo art. 1º da LF. Ademais, o valor de 40 salários-mínimos é piso, não teto (limite mínimo, não máximo). "A". Gabarito

(Magistratura/DF – 2011) Referindo-se aos personagens, instituições e órgãos que participam do processo falimentar, considere as preposições abaixo formuladas e assinale a incorreta:

(A) O órgão do *Parquet* está presente na falência e na recuperação judicial, com o fim precípuo de impedir que tais se transformem num meio de exploração lucrativo, que possa redundar em notórios e graves prejuízos à economia e, em consequência, à sociedade;

(B) O *comitê de credores* é facultativo, porquanto depende para a sua constituição da complexidade da falência ou da recuperação judicial, recaindo sobre si a fiscalização das atividades do administrador judicial;

(C) Pesa sobre o *administrador judicial* a administração e representação dos interesses dos credores e do falido, agindo como órgão ou agente auxiliar da justiça, sendo-lhe lícito, inclusive, desde que comprovadas sua boa-fé e lisura na condução do seu encargo, e por ordem expressa do Juiz, adquirir bens da massa falida ou de devedor em recuperação judicial;

(D) Inserem-se como atribuições da *assembléia-geral de credores* aprovar, rejeitar ou modificar o plano de recuperação judicial, a constituição do comitê de credores, bem assim a adoção de modalidades de realização de ativo.

A: Apesar de subjetiva, a afirmação é válida, pois, de fato, o Ministério Público participa dos processos de falência e de recuperação como guardião do interesse coletivo; B: Correta, pois somente em caso de deliberação de classe de credores na assembleia geral é que se constitui o comitê de credores – art. 26 da LF. Inexistindo comitê de credores, caberá ao administrador judicial ou, na incompatibilidade deste, ao juiz exercer suas atribuições – art. 28 da LF; C: Incorreta, pois haveria claro conflito de interesses, nessa hipótese de aquisição de bens da massa ou do devedor em recuperação; D: Correta, conforme o art. 35, I, *a*, e II, *c*, da LF. "C". Gabarito

(Magistratura/GO – 2009 – FCC) A decretação da falência ou o deferimento do processamento da recuperação judicial

(A) suspende o curso da prescrição, mas não o das ações e execuções em face do devedor.

(B) suspende o curso de todas as ações e execuções em face do devedor, exceto aquelas dos credores particulares do sócio solidário.

(C) não suspende a prescrição das ações cíveis.

(D) interrompe a prescrição das ações cíveis e suspende as demandas criminais.

(E) suspende o curso de todas as ações e execuções em face do devedor, inclusive aquelas dos credores particulares do sócio solidário.

A: incorreta, pois as ações e execuções em face do devedor também ficam, em regra, suspensas – art. 6º, *caput*, da LF; B: incorreta, pois as ações e execuções promovidas pelos credores particulares do sócio solidário também ficam suspensas – art. 6º, *caput*, da LF; C: incorreta, pois a prescrição fica suspensa – art. 6º, *caput*, da LF; D: incorreta, pois as demandas criminais não são afetadas pelo processo falimentar ou de recuperação; E: essa é a assertiva correta, pois reflete exatamente o disposto no art. 6º, *caput*, da LF. "E". Gabarito

(Magistratura/MG – 2009 – EJEF) No procedimento falencial, a restituição em dinheiro será precedida do pagamento:

(A) dos créditos trabalhistas de natureza estritamente salarial vencidos nos 3 (três) meses anteriores à decretação da falência, até o limite de 5 (cinco) salários mínimos por trabalhador.
(B) dos créditos com garantia real.
(C) dos créditos trabalhistas vencidos nos 3 (três) meses anteriores à decretação da falência, até o limite de 10 (dez) salários mínimos.
(D) dos créditos decorrentes de acidentes de trabalho relativos a serviços prestados após a decretação da falência.

As restituições em dinheiro são efetuadas somente após o pagamento dos créditos trabalhistas de natureza estritamente salarial vencidos nos 3 meses anteriores à decretação da falência, até o limite de 5 salários-mínimos por trabalhador – art. 86, parágrafo único, c/c art. 151 da LF. Gabarito: "A".

(Magistratura/MG – 2009 – EJEF) Em se tratando de processo falencial, é CORRETA a afirmação:

(A) Há relativização dos princípios cambiários somente no que se refere aos títulos emitidos pelo falido, nas habilitações de crédito, após o termo legal da quebra.
(B) Não há relativização dos princípios cambiários.
(C) Há relativização dos princípios cambiários somente no que se refere aos títulos emitidos pelo falido, nas habilitações de crédito, antes do termo legal da quebra.
(D) Há relativização dos princípios cambiários, nas habilitações de crédito.

Para habilitar seu crédito, o interessado deverá indicar sua origem, nos termos do art. 9º, II, da LF, de modo a evitar fraudes contra credores. Isso relativiza, de certa forma, o princípio da autonomia e abstração, pois, em regra, o título de crédito em circulação se desvincula do ato ou do negócio jurídico que lhe deu origem – ver REsp 890.518/SC. Gabarito: "D".

(Magistratura/MG – 2009 – EJEF) Para a doutrina, na ação revocatória falencial, a pretensão imediata do autor está limitada:

(A) À declaração de nulidade do ato fraudulento e à arrecadação dos respectivos bens pelo administrador da falência.
(B) À anulação do ato fraudulento e à arrecadação dos respectivos bens pelo administrador da falência.
(C) À declaração de ineficácia do ato fraudulento e à arrecadação dos respectivos bens pelo administrador da falência.
(D) À indenização em razão do prejuízo causado pelo negócio fraudulento e à arrecadação dos respectivos bens pelo administrador da falência.

O art. 130 da LF consigna que são **revogáveis os atos** praticados com a intenção de prejudicar credores, provando-se o conluio fraudulento entre o devedor e o terceiro que com ele contratar e o efetivo prejuízo sofrido pela massa falida. Entende-se que há **ineficácia subjetiva dos atos perante a massa**, de modo que a ação revocatória busca a **declaração** dessa ineficácia e o consequente **retorno dos bens** à massa falida – art. 135 da LF. Gabarito: "C".

(Magistratura/MG – 2009 – EJEF) É CORRETA a afirmação sobre o crédito do comissário na falência ou insolvência do comitente:

(A) Os créditos do comissário são quirografários.
(B) O crédito do comissário, relativo a comissões e despesas feitas, goza da preferência a que é atribuída aos trabalhistas em razão da sua natureza alimentar.
(C) O crédito referente às despesas feitas no cumprimento do contrato de comissão são considerados extraconcursais em razão da sua natureza alimentar.
(D) O crédito do comissário, relativo a comissões e despesas feitas, goza de privilégio geral.

Nos termos do art. 707 do CC, o crédito do comissário, relativo a comissões e despesas feitas, goza de **privilégio geral**, no caso de falência ou insolvência do comitente. Essa qualificação dada pelo Código Civil é acolhida pela legislação falimentar – art. 83, V, c, da LF. Gabarito: "D".

(Magistratura/MG – 2007) Quanto ao administrador judicial na falência, assinale a alternativa INCORRETA.

(A) Pode ser uma pessoa jurídica especializada.
(B) Pode ser um economista.
(C) Tem capacidade postulatória em razão do exercício de suas funções.
(D) Compete a ele dar extratos dos livros do devedor, que merecerão fé de ofício, a fim de servirem de fundamento nas habilitações e impugnações de créditos.

A e B: o administrador judicial será profissional idôneo, preferencialmente advogado, economista, administrador de empresas ou contador, ou pessoa jurídica especializada – art. 21 da LF; C: o administrador judicial assume a representação judicial da massa falida, mas deverá contratar advogado para atuar nas demandas (como regra, é o advogado, e não o administrador, que tem capacidade postulatória) – art. 22, III, c e n, da LF; D: art. 22, I, c, da LF. Gabarito: "C".

(Magistratura/MG – 2007) Assinale a alternativa INCORRETA.

(A) Os sócios da sociedade limitada declarada falida são considerados falidos.
(B) Com a decretação de falência, não pode o sócio da sociedade falida exercer direito de retirada ou receber o valor de suas quotas ou ações.
(C) Após a decretação da falência, não há qualquer modalidade de concessão de recuperação judicial em favor do falido, salvo se declaradas extintas, por sentença transitada em julgado, as responsabilidades decorrentes da falência.
(D) Na falência do devedor alienante, fica assegurado ao credor ou proprietário fiduciário o direito de pedir a restituição do bem alienado fiduciariamente.

A: os sócios não se confundem com a sociedade limitada falida, embora possa haver sua responsabilização pessoal, na forma da lei – art. 82 da LF; B: 116, II, da LF; C: art. 48, I, da LF; D: art. 85 da LF. Gabarito: "A".

(Magistratura/MT – 2009 – VUNESP) A sentença que decretar a falência do devedor, dentre outras determinações, fixará o termo legal da falência, sem poder retrotraí-lo por mais de 90 dias contados

(A) do deferimento da recuperação judicial.
(B) da decretação da falência.
(C) do primeiro protesto por falta de pagamento.
(D) do último protesto por falta de pagamento tirado antes da decretação da falência.
(E) da distribuição da primeira execução.

No termos do art. 99, II, da LF, a sentença que decreta a quebra fixará o termo legal da falência (período suspeito), sem poder retrotraí-lo por mais de 90 dias contados do **pedido de falência**, do **pedido de recuperação judicial** ou do **primeiro protesto por falta de pagamento**, excluindo-se, para esta finalidade, os protestos que tenham sido cancelados. Gabarito: "C".

(Magistratura/PA – 2009 – FGV) As condutas relacionadas nas alternativas a seguir, quando realizadas pelo devedor, podem ser consideradas como atos de falência, à exceção de uma. Assinale-a.

(A) Deixar de pagar, no vencimento, obrigação líquida materializada em título ou títulos executivos protestados.
(B) Transferir estabelecimento a terceiro, credor ou não, sem o consentimento de todos os credores e sem ficar com bens suficientes para solver seu passivo.
(C) Simular a transferência de seu principal estabelecimento com o objetivo de burlar a legislação ou a fiscalização ou para prejudicar credor.
(D) Dar ou reforçar garantia a credor por dívida contraída anteriormente sem ficar com bens livres e desembaraçados suficientes para saldar seu passivo.
(E) Deixar de cumprir, no prazo estabelecido, obrigação assumida no plano de recuperação judicial.

A: essa é a alternativa que não indica ato de falência, pois não está listado no art. 94, III, da LF. A situação pode configurar impontualidade injustificada, desde que o valor ultrapasse 40 salários-mínimos – art. 94, I, da LF; B: a assertiva indica ato de falência previsto no art. 94, III, c, da LF; C: ato de falência previsto no art. 94, III, d, da LF; D: ato de falência previsto no art. 94, III, e, da LF; E: a assertiva indica ato de falência previsto no art. 94, III, g, da LF. Gabarito: "A".

(Magistratura/PA – 2008 – FGV) Assinale a alternativa correta.

(A) Os créditos tributários relativos a fatos geradores ocorridos após a decretação da falência preferem aos créditos com garantia real.
(B) O crédito acidentário prefere ao crédito com garantia real até o limite de cento e cinquenta salários mínimos.

(C) Os créditos trabalhistas devidos após a decretação da falência, em razão da continuação do negócio do falido, devem ser pagos com a observância do limite de cento e cinqüenta salários mínimos.

(D) A responsabilidade pessoal dos sócios de sociedade limitada que teve a falência decretada deve ser apurada no juízo falimentar, mediante ação de responsabilidade, observado o procedimento ordinário previsto no Código de Processo Civil e o prazo prescricional de dois anos a contar da decretação da falência.

(E) As multas contratuais e as penas pecuniárias por infração das leis penais e administrativas, inclusive as multas tributárias, preferem aos créditos quirografários.

A: os créditos tributários relativos a fatos geradores posteriores à decretação de falência são extraconcursais (art. 188 do CTN e art. 84, V, da LF), o que significa que eles preferem a todos os créditos relativos a obrigações anteriores à falência (art. 83 da LF – incluindo aqueles com garantia real). No entanto, se o crédito com garantia real referir-se a obrigação validamente contraída após a decretação de falência, ele preferirá ao crédito tributário (art. 84, V, *in fine*, da LF); B: o crédito acidentário, ao lado dos trabalhistas, prefere a todos os outros e é ilimitado, para fins dessa preferência (o limite de 150 salários-mínimos refere-se apenas aos créditos trabalhistas – art. 83, I, *in fine*, da LF); C: os créditos trabalhistas relativos ao período posterior à decretação de falência são extraconcursais e ilimitados, para fins de preferência – art. 84, I, da LF; D: o prazo prescricional, na hipótese descrita, é de dois anos contados do trânsito em julgado da sentença de encerramento da falência – art. 82, § 1º, da LF; E: as multas contratuais e as penas pecuniárias estão abaixo dos créditos quirografários, na ordem de preferência – art. 83, VI e VII, da LF. Gabarito "A".

(MAGISTRATURA/PB – 2011 – CESPE) A respeito do processo falimentar, assinale a opção correta.

(A) Durante o prazo legal de defesa no processo falimentar, a sociedade empresária pode apresentar exceções fundadas na ausência dos requisitos para o requerimento de falência ou elidi-la mediante o pagamento do título, não lhe sendo permitido, entretanto, cumular a defesa com o referido pagamento.

(B) Da sentença declaratória da falência é cabível recurso de apelação.

(C) É pressuposto para a declaração da falência que a sociedade empresária tenha passivo maior que o ativo, situação que caracteriza insolvência jurídica.

(D) O credor cujo título não esteja vencido pode requerer a falência da sociedade empresária devedora, desde que fundamente o pedido em ato de falência, impontualidade injustificada ou execução frustrada em relação a título de outro devedor.

(E) Sendo o juízo da falência universal, estabelecida sua competência, ele deverá processar e julgar todas as ações referentes aos bens, interesses e negócios da massa falida, incluindo-se as ações em que a massa falida for autora ou litisconsorte ativa.

A: Incorreta, pois não há vedação à apresentação de defesa com a realização do depósito elisivo – art. 98, p. único, da LF; B: Incorreta, pois da decisão que decreta a falência cabe agravo. A apelação é interposta contra a sentença que julga a improcedência do pedido – art. 100 da LF; C: Incorreta, pois a decretação de falência decorre da insolvência jurídica, caracterizada pela (i) impontualidade injustificada, (ii) execução frustrada ou (iii) prática de atos de falência – art. 94, I, II e III, da LF; D: Essa é a alternativa correta, conforme comentário à alternativa anterior e o disposto no art. 97, IV, da LF; E: Incorreta, pois o juízo da falência não abrange as causas trabalhistas, fiscais e aquelas não reguladas na LF em que o falido figurar como autor ou litisconsorte ativo – art. 76 da LF. Gabarito "D".

(Magistratura/PR – 2010 – PUC/PR) Sobre os efeitos da decretação da falência quanto às obrigações do devedor, assinale a afirmativa CORRETA:

(A) Os contratos bilaterais se resolvem pela falência e não podem ser cumpridos pelo administrador judicial.

(B) O contratante pode interpelar o administrador judicial, no prazo de até 90 (noventa) dias, contado da assinatura do termo de sua nomeação, para que, dentro de 30 (trinta) dias, declare se cumpre ou não o contrato.

(C) A falência do locador resolve o contrato de locação e, na falência do locatário, o administrador judicial pode, a qualquer tempo, denunciar o contrato.

(D) O administrador judicial, mediante autorização do Comitê, poderá dar cumprimento a contrato unilateral se esse fato reduzir ou evitar o aumento do passivo da massa falida ou for necessário à manutenção e preservação de seus ativos, realizando o pagamento da prestação pela qual está obrigada.

A: assertiva incorreta, pois os contratos bilaterais não se resolvem pela falência e podem ser cumpridos pelo administrador judicial se o cumprimento reduzir ou evitar o aumento do passivo da massa falida ou for necessário à manutenção e à preservação de seus ativos, mediante autorização do comitê de credores – art. 117 da LF; B: incorreta, pois o prazo para resposta do administrador é de 10 dias – art. 117, § 1º, da LF; C: incorreta, pois a falência do locador **não** resolve o contrato de locação – art. 119, VII, da LF; D: assertiva correta, pois reflete o disposto no art. 118 da LF. Gabarito "D".

(Magistratura/RO – 2011 – PUCPR) Em relação à falência do empresário e sociedades empresárias, assinale a única alternativa CORRETA.

(A) A defesa daquele que é citado em um pedido de falência é denominada de contestação, e o prazo em que deve ser apresentada é de 15 dias contados da juntada aos autos do mandado de citação.

(B) O recurso cabível contra a decisão que decreta a falência é o recurso de apelação. Já contra a decisão que julga a improcedência de pedido de falência, o recurso cabível é o de agravo de instrumento.

(C) O recurso cabível da decisão que julga a impugnação de crédito é o de apelação, que deve ser interposta no prazo de 15 (quinze) dias.

(D) É competente para decretar a falência o juízo do local do principal estabelecimento do devedor que tem estabelecimentos em várias localidades do país.

(E) A sociedade empresária ou empresário irregulares não podem requerer falência. Essa é uma sanção legal pelo descumprimento aos deveres inerentes aos empresários/sociedades empresárias, e um benefício aos empresários e sociedades empresárias em situação regular.

A: Incorreta, pois o prazo para contestação do devedor é de 10 dias – art. 98, p. único, da LF; B: Incorreta, pois, da decisão que decreta a falência cabe agravo. A apelação é interposta contra a sentença que julga a improcedência do pedido – art. 100 da LF; C: Incorreta, pois cabe agravo da decisão judicial sobre a impugnação do crédito – art. 17 da LF; D: Essa é a assertiva correta, conforme o art. 3º da LF; E: A assertiva é bastante subjetiva. Cabe ressaltar que, de fato, a sociedade empresária e o empresário irregular não podem requerer falência de outro ou autofalência – arts. 97, § 1º, e 105, I, da LF. Gabarito "D".

(Magistratura/RS – 2009) Sobre a Lei no 11.101/2005 (Lei de Falência e Recuperação de Empresas), assinale a assertiva incorreta.

(A) O Comitê é um órgão consultivo e de fiscalização da recuperação judicial e pode ser constituído por qualquer classe de credores da sociedade.

(B) A convolação em falência se dará, entre outras hipóteses, no caso de a sociedade empresária não cumprir o plano homologado ou aprovado pelo juiz.

(C) A homologação obrigatória, na recuperação extrajudicial, se dará quando o devedor conseguir obter a adesão de parte significativa dos seus credores ao plano de recuperação.

(D) À semelhança da sociedade empresária, o empresário individual está sujeito à falência e pode pleitear recuperação judicial, atendidos os respectivos pressupostos.

(E) Tem legitimidade para convocar a assembléia de credores, além do juiz, qualquer credor legalmente admitido, independentemente do valor de seu crédito.

A: correta, pois reflete o disposto no art. 26, *caput*, da LF; B: correta, já que o art. 73 da LF prevê a convolação da recuperação judicial em falência (i) por deliberação da assembleia geral de credores, na forma do art. 42 da LF, (ii) pela não apresentação, pelo devedor, do plano de recuperação no prazo do art. 53 da LF, (iii) quando houver sido rejeitado o plano de recuperação, nos termos do art. 56, § 4º, da LF, e (iv) por descumprimento de qualquer obrigação assumida no plano de recuperação, na forma do art. 61, § 1º da LF; C: correta, pois o devedor pode requerer homologação de plano que obriga todos os credores por ele abrangidos, desde que consiga a concordância de credores que representem mais de 3/5 de todos os créditos de cada espécie – art. 163 da LF; D: assertiva correta, pois a legislação falimentar abrange o empresário individual e a sociedade empresária – art. 1º da LF; E: essa é a assertiva incorreta, pois a assembleia geral é **sempre convocada pelo juiz**. Na verdade, o administrador judicial e o comitê de credores podem **requerer ao juiz** a convocação da assembleia, nos termos da lei (arts. 22, I, *g*, e 27, I, *e*, da LF), assim como credores que representem no mínimo 25% do valor total dos créditos de uma determinada classe (art. 36, § 2º, da LF). Gabarito "E".

(Magistratura/SC – 2009 - adaptada) Sobre a esfera falimentar e na recuperação judicial, assinale a alternativa correta:

I. No caso de falência do sócio por crédito particular, é legítimo ao administrador judicial pedir a apuração dos haveres.

II. O juiz fixará o valor e a forma de pagamento da remuneração do administrador judicial, observados a capacidade de pagamento do devedor, o grau de complexidade do trabalho e os valores praticados no mercado para o desempenho de atividades semelhantes. O total pago ao administrador judicial não excederá cinco por cento do valor devido aos credores submetidos à recuperação judicial ou do valor de venda dos bens na falência.

III. Na falência, os créditos retardatários não perderão o direito a rateios eventualmente realizados, mas ficarão sujeitos ao pagamento de custas, não se computando os acessórios compreendidos entre o término do prazo e a data do pedido de habilitação.

IV. O administrador judicial, para o célere andamento do feito, somente poderá se manifestar nos autos nos casos expressamente previstos na Lei de Recuperação e Falências.

V. A declaração da falência suspende o direito de recesso do sócio, mas não resolve os contratos bilaterais que podem ser cumpridos pelo administrador judicial. Silenciando este último, o contratante pode interpelá-lo para que, em 15 dias, declare se cumprirá ou não o contrato.

(A) Somente as proposições II e V estão corretas.
(B) Somente a proposição II está correta.
(C) Somente as proposições I, III e IV estão corretas.
(D) Somente as proposições I e II estão corretas.
(E) Somente as proposições III, IV e V estão corretas.

I: correta, pois a falência da sociedade implica falência do sócio com responsabilidade ilimitada (art. 81 da LF), sendo que as habilitações dos credores particulares desse sócio seguem as normas da LF – art. 20 da LF. Assim, fica claro que o administrador judicial tem a atribuição de apurar seus haveres – arts. 22, III, *f*, e 190 da LF. Adaptamos essa assertiva, excluindo a parte final que dizia "mas tal direito também é conferido aos arrematantes não admitidos na sociedade", pois não compreendemos o que o examinador quis dizer com "arrematantes não admitidos na sociedade"; II: assertiva correta, nos termos do art. 24, *caput* e § 1º, da LF; III: assertiva incorreta, pois os créditos retardatários perderão o direito a rateios eventualmente realizados – art. 10, § 3º, da LF; IV: incorreta, pois o administrador judicial representa a massa falida em juízo, podendo requerer todas as medidas e diligências que forem necessárias para o cumprimento da LF, a proteção da massa ou a eficiência da administração – art. 22, *n* e *o*, da LF; V: incorreta, pois o prazo para que o administrador responda acerca do cumprimento dos contratos bilaterais é de 10 dias – art. 117, § 1º, da LF. Gabarito "D".

(Magistratura/SC – 2008) Relativamente à Lei n.º 11.101, de 9 de fevereiro de 2005, observadas as proposições abaixo, assinale a alternativa correta:

I. A decretação da falência suspende o curso da prescrição e de todas as execuções em face do devedor, exceto aquelas dos credores particulares do sócio solidário.

II. Na classificação dos créditos na falência, aqueles advindos da legislação do trabalho serão satisfeitos em primeiro lugar, não havendo como encaixá-los no conceito de quirografários.

III. Para decretação da falência do devedor que, executado por qualquer quantia líquida, não paga, não deposita e não nomeia a penhora bens suficientes dentro do prazo legal, exige-se que o pedido de falência esteja instruído com certidão comprobatória desta condição, a ser expedida pelo juízo de falências.

IV. Constitui mera liberalidade do administrador judicial na falência, o cumprimento dos contratos bilaterais, que com aquela não se resolvem.

V. Os crimes falenciais serão processados e julgados perante o juiz criminal da Comarca onde tenha sido decretada a falência, sendo a ação movida para fim de apuração de ditos crimes, ação penal pública incondicionada e nunca privada subsidiária da pública.

(A) Todas as proposições estão incorretas.
(B) Somente as proposições IV e V estão corretas.
(C) Somente as proposições I, II e V estão corretas.
(D) Somente as proposições I, II, III e IV estão corretas.
(E) Somente as proposições II, III e IV estão corretas.

I: a decretação de falência suspende o prazo prescricional inclusive em favor do credor particular do sócio solidário – art. 6º da LF; II: apenas o crédito trabalhista no montante de até 150 salários-mínimos por credor é privilegiado em relação a todos os outros (os valores acima de 150 salários-mínimos são quirografários) – art. 83, I, e VI, *c*, da LF; III: a certidão a que se refere a assertiva deve ser emitida pelo juiz da execução (não pelo juiz da falência) – art. 94, § 4º, da LF; IV: os contratos bilaterais podem ser cumpridos mediante autorização do comitê de credores (não por liberalidade do administrador), nas hipóteses do art. 117 da LF; V: o credor habilitado ou o administrador judicial poderão oferecer ação penal privada subsidiária da pública, na hipótese do art. 184, parágrafo único, da LF (após o prazo para oferecimento da denúncia pelo Ministério Público). Gabarito "A".

(Magistratura/SE – 2008 – CESPE) Assinale a opção correta acerca do direito falimentar.

(A) Os bens arrecadados no curso do processo falimentar que sejam de conservação dispendiosa poderão ser vendidos antecipadamente.
(B) Na classificação dos créditos falimentares, os créditos tributários constituídos antes da decretação da falência terão preferência sobre os créditos com garantia real.
(C) Consideram-se extraconcursais os créditos trabalhistas relativos a serviços prestados após a propositura da ação falimentar.
(D) É ilícita a decretação da falência daquele que, executado por quantia líquida, não paga, não deposita e não nomeia à penhora bens suficientes dentro do prazo legal, se provar que cessou suas atividades empresariais mais de 5 anos antes do pedido de falência.
(E) Após a decretação da falência, os sócios têm a faculdade de exercer o direito de retirada, não recebendo, contudo, o valor de suas quotas por parte da sociedade falida.

A: art. 113 da LF; B: os créditos com garantia real preferem aos tributários (relativos ao período anterior à falência), até o limite da garantia – art. 83, II e III, da LF; C: são extraconcursais apenas os créditos trabalhistas relativos ao período posterior à decretação da falência (não da propositura da ação) – art. 84, I, da LF; D: o prazo mínimo de cessação da atividade empresarial, que afasta a decretação de falência, é de 2 anos (não cinco) – art. 96, VIII, da LF; E: a decretação de falência suspende o direito de retirada – art. 116, II, da LF. Gabarito "A".

(Magistratura/SP – 2011 – VUNESP) Assinale a alternativa correta.

Decretada a falência de comerciante,

(A) fica suspenso o exercício do direito de retirada ou de recebimento do valor de suas quotas ou ações, por parte dos sócios da sociedade falida.
(B) resolvem-se os contratos bilaterais.
(C) extinguir-se-á desde logo o mandato por ele conferido, antes da falência, objetivando a sua representação judicial.
(D) o vendedor pode obstar a entrega das coisas expedidas ao devedor e ainda em trânsito, mesmo se o comprador, antes do requerimento da falência, as tiver revendido, sem fraude, à vista das faturas e conhecimentos de transporte, entregues ou remetidos pelo vendedor.
(E) quando ele for o locador, resolve-se o contrato de locação, e, quando locatário, o administrador judicial não poderá denunciá-lo.

A: Assertiva correta, conforme o art. 116, II, da LF; B: Incorreta, pois os contratos bilaterais não se resolvem pela falência e podem ser cumpridos pelo administrador judicial, se o cumprimento reduzir ou evitar o aumento do passivo da massa falida ou for necessário à manutenção e preservação de seus ativos, mediante autorização do comitê de credores – art. 117 da LF; C: Incorreta, pois o mandato conferido para representação judicial do devedor continua em vigor até que seja expressamente revogado pelo administrador judicial – art. 120, § 1º, da LF. É importante notar que o mandato para a realização de negócios, conferido pelo devedor antes da falência, cessa seus efeitos com a decretação de falência – art. 120 *caput*, da LF; D: Incorreta, pois nessa hipótese não é permitido obstar a entrega das coisas – art. 119, I, da LF; E: Incorreta, pois a falência do locador não resolve o contrato de locação e, na falência do locatário, o administrador judicial pode, a qualquer tempo, denunciar o contrato – art. 119, VII, da LF. Gabarito "A".

(Magistratura/SP – 2011 – VUNESP) O juiz decretará a falência durante o processo de recuperação judicial:

I. quando houver sido rejeitado o plano de recuperação;

II. por descumprimento de qualquer obrigação assumida no plano de recuperação;

III. pela não apresentação, pelo devedor, do plano de recuperação no prazo improrrogável de trinta dias da publicação da decisão que deferir o processamento da recuperação judicial;

IV. se o devedor, sem previsão no plano de recuperação judicial, procede à liquidação precipitada de seus ativos.

É correto apenas o que se afirma em

(A) I, II e IV.
(B) I, II e III.
(C) I e II.
(D) II.
(E) IV.

I: Assertiva correta, já que, caso a assembleia geral rejeite o plano de recuperação judicial, o juiz decretará a falência do devedor – arts. 56, § 4º, e 73, III, da LF; II: Correta, nos termos do art. 73, IV, da LF; III: Incorreta, pois o prazo para apresentação do plano é de 60 dias, contados da decisão que deferir o processamento da recuperação judicial – arts. 53, *caput*, e 73, II, da LF; IV: Correta, pois essa também é causa para a decretação de falência – art. 94, III, a, da LF. Gabarito "A".

(Magistratura/SP – 2009 – VUNESP) Conforme a Lei n.º 11.101, de 2005,

(A) o juiz decretará a falência do devedor que não pague, no vencimento, obrigação líquida materializada em título executivo protestado cujo valor ultrapasse o equivalente a trinta salários-mínimos na data do pedido de falência, mesmo se demonstrado vício no protesto.

(B) o juiz poderá decretar a falência pelo inadimplemento de obrigação não sujeita à recuperação judicial, nos termos do disposto em lei.

(C) desde que previsto no respectivo contrato, a decretação da falência de concessionária de serviços públicos implicará a extinção da concessão, na forma da lei.

(D) caso o contratante não tivesse, à época, conhecimento do estado de crise econômicofinanceira do devedor, será considerado válido, em relação à massa falida, o ato a título gratuito praticado 18 (dezoito) meses antes da decretação da falência.

A: assertiva incorreta. A decretação de falência decorre da insolvência jurídica, caracterizada pela (i) impontualidade injustificada, (ii) execução frustrada ou (iii) prática de atos de falência – art. 94, I, II e III, da LF. A impontualidade injustificada refere-se a débitos superiores a 40 salários-mínimos (não 30, como consta da assertiva); B: assertiva correta, pois os casos de convolação da recuperação judicial em falência não afastam as hipóteses de decretação de falência previstas no art. 94 da LF – art. 73, parágrafo único, da mesma Lei; C: incorreta, pois a extinção da concessão independe de previsão contratual, decorrendo diretamente do disposto no art. 195 da LF; D: incorreta, pois esses atos a título gratuito não têm eficácia perante a massa, independentemente do conhecimento ou da intenção das partes (= ineficácia objetiva), desde que praticados nos 2 anos anteriores à decretação de falência – art. 129, IV, da LF. Gabarito "B".

(Magistratura/SP – 2009 – VUNESP) É (são) ineficaz(es), em relação à massa falida,

(A) os registros de direitos reais e de transferência de propriedade entre vivos, por título oneroso ou gratuito, ou a averbação relativa a imóveis realizados após a decretação da falência, salvo se tiver havido prenotação anterior.

(B) a renúncia à herança sem a intenção de fraudar credores.

(C) a renúncia ao legado, realizada desde 3 (três) anos antes da decretação da falência.

(D) o pagamento, independentemente da respectiva forma, de quaisquer dívidas vencidas e exigíveis, realizado dentro do termo legal.

A: assertiva correta, pois esses registros e averbações são ineficazes perante a massa, nos termos do art. 129, VII, da LF; B: assertiva imprecisa, pois a renúncia à herança ou ao legado é ineficaz apenas se ocorrida até 2 anos antes da decretação da falência. Interessante lembrar que a intenção do sujeito, no caso, é irrelevante, pois a ineficácia é objetiva – art. 129, V, da LF; C: incorreta, pois a renúncia ao legado é ineficaz quando ocorrida até 2 anos antes da decretação da falência – art. 129, V, da LF; D: incorreta, pois o pagamento realizado dentro do termo legal, de dívidas exigíveis e vencidas, somente é ineficaz perante a massa se realizado por forma diferente daquela prevista no contrato respectivo – art. 129, II, da LF. Gabarito "A".

(Magistratura/SP – 2008) O administrador judicial de falência

(A) atua sob fiscalização do juiz e do Comitê de credores e tem por atribuição representar a massa falida, avaliar os bens arrecadados e realizar transações consideradas de difícil recebimento, sem autorização judicial.

(B) pratica atos conservatórios de direito, podendo vender antecipadamente bens deterioráveis sujeitos à desvalorização.

(C) na qualidade de representante da massa, pode contratar advogado e fixar sua remuneração.

(D) é remunerado e seu crédito deve ser satisfeito antes do pagamento dos credores, em dinheiro.

A: o administrador não pode, sem autorização judicial, transigir sobre obrigações e direitos da massa falida e conceder abatimento de dívidas, ainda que sejam consideradas de difícil recebimento – art. 22, § 3º, da LF; B: o administrador judicial deverá requerer ao juiz a venda antecipada de bens deterioráveis e sujeitos a considerável desvalorização (o administrador não pode vendê-los diretamente) – art. 22, III, *j*, da LF; C: a remuneração do advogado será previamente ajustada e aprovada pelo comitê de credores – art. 22, III, *n*, da LF; D: a remuneração do administrador judicial é crédito extraconcursal – art. 84, I, da LF. Gabarito "D".

(Magistratura/SP – 2007) Os principais efeitos da sentença de quebra sobre os direitos dos credores são os seguintes:

(A) formação da massa de credores; vencimento antecipado dos créditos; suspensão de todas as ações ou execuções individuais dos credores; suspensão da fluência dos juros contra a massa falida.

(B) formação da massa falida subjetiva; vencimento antecipado dos créditos sem implicação fiscal; suspensão das ações individuais dos credores e não suspensão das execuções; suspensão da fluência dos juros contra a massa falida.

(C) formação da massa falida objetiva; vencimentos antecipados dos créditos sem implicação contábil; suspensão de todas as execuções individuais dos credores; suspensão da fluência de juros contra a massa falida.

(D) formação da massa falida objetiva e subjetiva; vencimento antecipado dos créditos derivados da legislação trabalhista, suspensão da correção monetária e não-suspensão da fluência de juros contra a massa falida.

A assertiva A descreve adequadamente os efeitos da decretação de falência, previstos nos arts. 6º, 77, 115 e 124 da LF. Gabarito "A".

(Magistratura/SP – 2007) Na falência, são considerados créditos extraconcursais

(A) os créditos derivados da legislação do trabalho, limitados a 150 (cento e cinqüenta) salários-mínimos por credor, e os decorrentes de acidentes de trabalho.

(B) créditos tributários, independentemente da sua natureza e tempo de constituição, excetuadas as multas tributárias.

(C) custas judiciais relativas às ações e execuções em que a massa falida tenha sido vencida.

(D) créditos com garantia real até o limite do valor do bem gravado.

Os créditos extraconcursais referem-se, em regra, ao período posterior à decretação da falência (além de determinadas obrigações decorrentes de atos validamente praticados durante a recuperação judicial) e são descritos no art. 84 da LF. Apenas a assertiva em C encaixa-se na definição (art. 84, IV, da LF). Gabarito "C".

(Magistratura/SP – 2006) Os portadores de valores mobiliários, emitidos por ente securitizador, com base em cessão de obrigação ativa pelo devedor que, após a cessão, tem a sua falência decretada,

(A) são alcançados pela ação revocatória de atos praticados pelo devedor cedente de obrigações ativas apenas em relação àquelas que não tiverem sido resgatadas no momento em que se der a citação do cessionário de tais obrigações.

(B) são alcançados pela ação revocatória de atos praticados pelo devedor cedente da obrigação ativa, desde que a cessão tenha sido efetiva no termo legal da falência.

(C) são alcançados pela ação revocatória de atos praticados pelo devedor cedente da obrigação ativa, apenas e quando o resgate de tal obrigação tiver sido aprazado a partir do termo legal da falência.

(D) não são alcançados pela ação revocatória de atos praticados pelo devedor cedente da obrigação ativa.

O ato de cessão, descrito na assertiva, não é prejudicado pela falência – art. 136, § 1º, da LF. Gabarito "D".

(Magistratura/TO – 2007 – CESPE) Assinale a opção correta quanto à convolação da recuperação judicial em falência e ao procedimento judicial da falência.

(A) Com a decretação da falência, são anulados todos os atos de alienação ocorridos durante o processamento da recuperação judicial, se a convolação tiver se dado por deliberação da assembléia-geral de credores.

(B) Os créditos decorrentes de multas de igual natureza são classificados como créditos de natureza tributária.

(C) A ação de responsabilidade dos sócios de responsabilidade limitada será processada no juízo da falência, independentemente da realização do ativo e da prova de sua insuficiência para cobrir o passivo.

(D) Havendo vencimento antecipado de obrigação contratual, decorrente da decretação da falência, a cláusula penal prevista contratualmente deverá ser incluída na massa e classificada como crédito quirografário.

A: os atos de alienação presumem-se válidos, desde que realizados na forma da lei – art. 74 da LF; B: as multas tributárias não se confundem com os créditos de tributos e são classificadas abaixo dos créditos quirografários – art. 83, VII, da LF; C: art. 82 da LF; D: em princípio, as multas contratuais são classificadas abaixo dos créditos quirografários – art. 83, VII, da LF. Em caso de contratos unilaterais, eventual cláusula penal não será atendida se o vencimento decorrer da decretação de falência – art. 83, § 3º, da LF. Gabarito "C".

(Ministério Público/AM – 2008 – CESPE) A instituição de juízo universal, atrativo das ações que envolvem o devedor falido, como previsto na Lei n.º 11.101/2005, é efeito notório da decretação da falência. Com relação a essa regra e suas exceções, assinale a opção correta.

(A) As ações de competência da justiça do trabalho serão integralmente processadas nesse foro, cabendo ao juiz da execução requisitar ao juízo falimentar a quantia necessária para o pagamento dos valores apurados, ocorrendo o posterior adimplemento perante a justiça especializada.

(B) As ações em curso que se refiram a questões patrimoniais, tais como cobrança de títulos de crédito ou indenização por dano moral, terão prosseguimento no juízo falimentar, que solucionará as demandas que envolvam quantias ilíquidas e qualificará os créditos resultantes.

(C) As ações em que a massa falida for autora, ou litisconsorte ativo, como, por exemplo, ação revocatória ou pedido de restituição, afastam a competência do juízo falimentar, nelas se adotando as regras fixadas pelas demais leis aplicáveis a cada caso.

(D) As cobranças judiciais de crédito tributário, em curso ou oferecidas após a decretação da falência, serão integralmente processadas no juízo falimentar.

(E) A cobrança de débitos patrimoniais do devedor falido, tal como o crédito decorrente de pensão alimentícia, será processada no juízo falimentar, ressalvadas as exceções legais.

A: o valor determinado na sentença trabalhista será inscrito no quadro geral de credores – art. 6º, § 2º, da LF; B: as ações relativas a quantias ilíquidas prosseguirão no juízo em que se estiverem processando – art. 6º, § 1º, da LF; C: o juízo da falência não tem competência para as ações não reguladas pela Lei de Recuperações e Falências, em que o falido figure como autor ou litisconsorte ativo – art. 76 da LF; D: as execuções fiscais tramitam no juízo próprio – art. 76 da LF; E: art. 76 da LF. Gabarito "E".

(Ministério Público/AP – 2005) Assinale a alternativa correta:

(A) Pela nova lei, quem por dolo requerer a falência de outrem será condenado, na sentença que julgar improcedente o pedido, a indenizar o devedor, apurando-se as perdas e danos em liquidação de sentença;

(B) Na falência, o administrador judicial poderá, sem autorização judicial, após ouvidos o Comitê e o devedor no prazo comum de 2 (dois) dias, transigir sobre obrigações e direitos da massa falida e conceder abatimento de dívidas, ainda que sejam consideradas de difícil recebimento;

(C) A decretação da falência não determina o vencimento antecipado das dívidas do devedor e dos sócios ilimitada e solidariamente responsáveis, com o abatimento proporcional dos juros, e não converte todos os créditos em moeda estrangeira para a moeda do País, pelo câmbio do dia da decisão judicial;

(D) O plano de recuperação judicial poderá prever prazo superior a 01 (um) ano para pagamento dos créditos derivados da legislação do trabalho ou decorrentes de acidentes de trabalho vencidos até a data do pedido de recuperação judicial.

A: art. 101 da LF; B: essas transações dependem de autorização judicial – art. 22, § 3º, da LF; C: é o oposto – a decretação de falência tem esses efeitos – art. 77 da LF; D: o prazo para pagamento dos débitos trabalhistas e acidentários, vencidos até a data do pedido de recuperação, não pode ser superior a um ano – art. 54 da LF. Gabarito "A".

(Ministério Público/CE – 2009 – FCC) Na falência, na recuperação judicial e na recuperação extrajudicial de sociedades, os seus sócios, diretores, gerentes, administradores e conselheiros, de fato ou de direito, bem como o administrador judicial, equiparam-se ao devedor ou falido para todos os efeitos penais decorrentes desta Lei, na medida da sua culpabilidade. Este texto, em face da Lei nº 11.101/2005, é

(A) parcialmente verdadeira, pela não abrangência da situação exposta nas recuperações extrajudiciais de sociedades.

(B) inteiramente verdadeira.

(C) parcialmente verdadeira, pela não abrangência dos conselheiros de sociedades na equiparação ao devedor ou falido para efeitos penais.

(D) parcialmente verdadeira, pela não abrangência do administrador judicial na equiparação ao devedor ou falido para efeitos penais.

(E) inteiramente falsa, pois inexiste qualquer equiparação, para efeitos penais, no que concerne ao devedor ou falido.

O texto é inteiramente verdadeiro à luz da LF, pois é transcrição exata do seu art. 179. Gabarito "B".

(Ministério Público/CE – 2009 – FCC) Na falência e na recuperação judicial,

(A) embora funcione como fiscal da lei, da decisão que conceder a recuperação judicial o Ministério Público não poderá agravar, cabendo tal recurso apenas a qualquer credor, por se tratar de interesse patrimonial.

(B) não há legitimidade ministerial para a propositura de ação revocatória, após a falência, por se tratar de procedimento civil.

(C) deferido o processamento da recuperação judicial, faculta-se ao juiz intimar o Ministério Público para oficiar no feito.

(D) alienado o ativo da sociedade falida, em qualquer modalidade, o Ministério Público será intimado pessoalmente, sob pena de nulidade.

(E) na modalidade de alienação do ativo da sociedade falida por leilão, dada sua publicidade, não é necessária a intimação pessoal do Ministério Público.

A: incorreta, pois o MP pode agravar a decisão que concede a recuperação judicial – art. 59, § 2º, da LF; B: incorreta, pois o MP tem legitimidade para propor ação revocatória, assim como o administrador judicial e qualquer credor – art. 132 da LF; C: incorreta, pois o juiz deve obrigatoriamente intimar o MP no mesmo ato em que defere o processamento da recuperação judicial – art. 52, V, da LF; D e E: em qualquer modalidade de alienação, o Ministério Público será intimado pessoalmente, sob pena de nulidade, de modo que a D é a melhor alternativa, e a E, incorreta – art. 142, § 7º, da LF. Gabarito "D".

(Ministério Público/DF – 2009) A respeito do direito falimentar, assinale a alternativa correta.

(A) A inabilitação do falido para qualquer atividade empresarial se dá a partir do trânsito em julgado da sentença de sua condenação por crime falimentar e enquanto não se der a sua reabilitação penal.
(B) O juízo da falência é indivisível e competente para conhecer todas as ações sobre bens, interesses e negócios do falido, exceto as causas em que ele figurar como autor ou litisconsorte ativo ou passivo necessário.
(C) As dívidas menores, de até quarenta salários-mínimos, não são, por si sós, suficientes para caracterizar uma situação de inviabilidade da empresa e requerer a decretação de sua falência. Mas, podem esses credores somar seus créditos a fim de que a soma ultrapasse o equivalente a quarenta salários mínimos e pedir, em litisconsórcio, a falência do devedor.
(D) Segundo precedentes do STJ, a Fazenda Pública tem legitimidade para requerer a falência do devedor fiscal, pois conforme dispõe a lei específica, qualquer credor poderá requerer a falência do devedor.
(E) Contra a sentença que decreta a falência ou a que julga a improcedência do pedido de falência é cabível o recurso de apelação, que será recebido no efeito devolutivo.

A: assertiva incorreta, pois a inabilitação decorrente de crime falimentar, motivadamente declarada na sentença, perdurará até 5 anos após a extinção da punibilidade (esse é o erro da assertiva), embora possa cessar antes pela reabilitação penal – art. 181, § 1º, da LF; B: incorreta, pois a exceção à competência do juízo da falência refere-se às causas **não reguladas pela LF** em que o falido figurar como **autor** ou litisconsorte **ativo** (não passivo necessário, como consta da assertiva) – art. 76, *caput*, da LF; C: assertiva correta, pois o pedido de falência por impontualidade injustificada refere-se a débitos de pelo menos 40 salários-mínimos, admitindo-se a reunião de credores em litisconsórcio para perfazer o limite mínimo – art. 94, § 1º, da LF; D: incorreta, pois embora o fisco possa habilitar crédito tributário na falência (é prerrogativa, não imposição), não é legitimado para requerer a quebra – ver REsp 1.103.405/MG. Gabarito "C".

(Ministério Público/ES – 2010 – CESPE) Assinale a opção correta relativamente à falência, levando em consideração o entendimento do STJ sobre a matéria.

(A) Quem exerce o comércio em prédio locado pela falida não possui legitimidade para opor embargos de terceiro contra o ato de arrecadação do imóvel.
(B) Não será decretada a falência do devedor que, sem relevante razão de direito, não pagar, no vencimento, a obrigação líquida materializada em título ou títulos executivos protestados cuja soma ultrapasse o equivalente a quarenta salários mínimos na data do pedido de falência, se demonstrar a cessação das atividades empresariais um ano antes do pedido de falência, comprovada por documento hábil do registro público de empresas, o qual não prevalecerá contra a prova de exercício posterior ao ato registrado.
(C) A decretação da falência não interfere no exercício do direito de retenção sobre os bens sujeitos à arrecadação.
(D) As transações realizadas pelo falido continuam tendo eficácia enquanto não forem declaradas ineficazes, o que somente pode ser obtido por meio da propositura da competente ação revocatória.
(E) Para a cobrança em juízo dos créditos tributários e equiparados, o ente de direito público tem a prerrogativa de optar entre o ajuizamento de execução fiscal ou a habilitação de crédito na falência, mas, escolhida uma via judicial, ocorre a renúncia com relação à outra.

A: assertiva incorreta, pois o STJ reconhece a legitimidade do locador, que pretende preservar sua atividade empresarial – ver REsp 579.490/MA; B: incorreta, pois a cessação das atividades deve ter ocorrido mais de 2 anos antes do pedido de falência, para afastar a decretação da quebra – art. 96, VIII, da LF; C: incorreta, pois a decretação de falência suspende o exercício do direito de retenção sobre os bens sujeitos à arrecadação, os quais deverão ser entregues ao administrador judicial – art. 116, I, da LF; D: incorreta, pois há determinados atos que são ineficazes em relação à massa falida, independentemente de ação revocatória – art. 129 da LC; E: essa é a assertiva correta, pois o STJ entende que o art. 187 do CTN e o art. 29 da Lei 6.830/1980 (a cobrança de crédito tributário não se sujeita à habilitação em falência) definem prerrogativa do fisco, não imposição a ele, de modo que é possível optar pela habilitação – ver REsp 1.103.405/MG. Gabarito "E".

(Ministério Público/PB – 2010) Sobre a convolação da recuperação judicial em falência, analise as proposições abaixo e, após, marque a alternativa correta:

I. Na fase postulatória, o juiz decretará a falência do devedor, por deliberação da assembléia geral de credores.
II. Na fase postulatória, o juiz decretará a falência se o devedor não apresentar o plano de recuperação no prazo legal.
III. O juiz decretará a falência durante o processo de recuperação judicial, quando houver rejeição do plano de recuperação judicial, nos termos previstos em lei.
IV. Na fase executória, o juiz decretará a falência, quando houver descumprimento de qualquer obrigação assumida no plano de recuperação.

(A) Apenas I, III e IV estão corretas.
(B) Todas estão corretas.
(C) Apenas I e III estão corretas.
(D) Apenas II e IV estão corretas.
(E) Apenas III e IV estão corretas.

I e III: Assertivas corretas, já que, caso a assembleia geral rejeite o plano de recuperação judicial, o juiz decretará a falência do devedor – arts. 56, § 4º, e 73, III, da LF; II: Correta, lembrando que o prazo para apresentação do plano é de 60 dias, contados da decisão que deferir o processamento da recuperação judicial – arts. 53, *caput*, e 73, II, da LF; IV: Correta, pois essa também é causa para a decretação de falência – art. 94, III, g, da LF. Gabarito "B".

(Ministério Público/PB – 2010) Leia com atenção as proposições abaixo:

I. A sociedade em comum, sucedânea da sociedade de fato, está sujeita à falência, que acarretará, igualmente, a falência de seus respectivos sócios.
II. Na ordem preferencial dos créditos falimentares, aqueles com privilégio especial gozam de preferência sobre os tributários.
III. Na falência, uma das atribuições da assembléia geral de credores é fiscalizar as atividades do administrador judicial.
IV. Não se inclui no crédito habilitado em falência, a multa fiscal simplesmente moratória.

A quantidade de proposições corretas é igual a:

(A) 0
(B) 1
(C) 2
(D) 3
(E) 4

I: Correta. Embora haja debate, entende-se que a sociedade despersonalizada se sujeita à falência, desde que exerça atividade empresária. Assim, considerando que os sócios respondem solidária e ilimitadamente pelas obrigações sociais, a quebra da sociedade implica falência deles também – art. 81 da LF; II: Incorreta, pois os créditos com privilégio especial vêm abaixo dos tributários, na ordem de preferência – art. 83, III e IV, da LF; III: Incorreta, pois o art. 27, I, a, da LF prevê essa competência especificamente para o comitê de credores (ou ao juiz, caso não haja comitê – art. 28 da LF). Entretanto, é importante salientar que cabe à assembleia geral deliberar sobre qualquer matéria de interesse dos credores, o que pode incluir as atividades do administrador – art. 35, I, f e II, d, da LF; IV: Discutível. Em relação aos processos falimentares regidos pela legislação anterior (art. 23, parágrafo único, III, do DL 7.661/1945), não se admite a inclusão da multa fiscal moratória no crédito habilitado em falência, por ser considerada pena administrativa – Súmulas 192 e 565/STF. Ocorre que esse entendimento ficou ultrapassado em relação aos processos falimentares regidos pela atual Lei 11.101/2005, que classifica as multas tributárias como créditos exigíveis da massa, na forma do seu art. 83, VII. Gabarito "B".

Veja a seguinte tabela com a ordem de classificação dos créditos na falência (art. 83 da LF):

Ordem de classificação dos créditos na falência (art. 83 da LF)
1º – os créditos derivados da legislação do trabalho, limitados a 150 (cento e cinquenta) salários-mínimos por credor, os decorrentes de acidentes de trabalho. Também os créditos equiparados a trabalhistas, como os relativos ao FGTS (art. 2º, § 3º, da Lei 8.844/1994) e os devidos ao representante comercial (art. 44 da Lei 4.886/1965).
2º – créditos com garantia real até o limite do valor do bem gravado (será considerado como valor do bem objeto de garantia real a importância efetivamente arrecadada com sua venda, ou, no caso de alienação em bloco, o valor de avaliação do bem individualmente considerado).
3º – créditos tributários, independentemente da sua natureza e tempo de constituição, excetuadas as multas tributárias.
4º – com privilégio especial (= os previstos no art. 964 da Lei 10.406/2002; os assim definidos em outras leis civis e comerciais, salvo disposição contrária da LF; e aqueles a cujos titulares a lei confira o direito de retenção sobre a coisa dada em garantia).
5º – créditos com privilégio geral (= os previstos no art. 965 da Lei nº 10.406/2002; os previstos no parágrafo único do art. 67 da LF; e os assim definidos em outras leis civis e comerciais, salvo disposição contrária da LF).
6º – créditos quirografários (= aqueles não previstos nos demais incisos do art. 83 da LF; os saldos dos créditos não cobertos pelo produto da alienação dos bens vinculados ao seu pagamento; e os saldos dos créditos derivados da legislação do trabalho que excederem o limite estabelecido no inciso I do *caput* do art. 83 da LF). Ademais, os créditos trabalhistas cedidos a terceiros serão considerados quirografários.
7º – as multas contratuais e as penas pecuniárias por infração das leis penais ou administrativas, inclusive as multas tributárias.
8º – créditos subordinados (= os assim previstos em lei ou em contrato; e os créditos dos sócios e dos administradores sem vínculo empregatício).
Lembre-se que os **créditos extraconcursais** (= basicamente os surgidos no curso do processo falimentar, que não entram no concurso de credores) são pagos com precedência sobre todos esses anteriormente mencionados, na ordem prevista no art. 84 da LF: **(i)** remunerações devidas ao administrador judicial e seus auxiliares, e créditos derivados da legislação do trabalho ou decorrentes de acidentes de trabalho relativos a serviços prestados após a decretação da falência; **(ii)** quantias fornecidas à massa pelos credores; **(iii)** despesas com arrecadação, administração, realização do ativo e distribuição do seu produto, bem como custas do processo de falência; **(iv)** custas judiciais relativas às ações e execuções em que a massa falida tenha sido vencida; e **(v)** obrigações resultantes de atos jurídicos válidos praticados durante a recuperação judicial, nos termos do art. 67 da LF, ou após a decretação da falência, e tributos relativos a fatos geradores ocorridos após a decretação da falência, respeitada a ordem estabelecida no art. 83 da LF.

(Ministério Público/PR – 2009) Nos processos de falência e de recuperação judicial, é correto afirmar:

(A) A sociedade de economia mista tem legitimidade ativa para deduzir pedido de auto-falência e de recuperação judicial.
(B) Decretada a falência ou deferido o processamento da recuperação judicial de empresário, ficam suspensas todas as ações propostas em seu desfavor, ainda que envolvam pretensão por crédito ilíquido.
(C) O devedor, demandado em ação de falência proposta por credor, poderá a qualquer tempo formular pedido de recuperação judicial, desde que o faça antes da prolação de sentença.
(D) Os processos de falência ou de concordata ajuizados antes do início da vigência da Lei 11.101/2005 serão concluídos nos termos do Decreto-lei 7.661/45, vedada porém a concessão de concordata suspensiva.
(E) n.d.a.

A: incorreta, pois a sociedade de economia mista, a exemplo da empresa pública, não se sujeita à falência e à recuperação judicial – art. 2º, I, da LF; B: incorreta, pois as ações que demandam quantia ilíquida continuam no juízo originário. Uma vez reconhecido líquido o direito, o crédito correspondente será incluído na classe própria no processo falimentar – art. 6º, §§ 1º e 3º, da LF; C: incorreta, pois o pedido de recuperação deve ser formulado no prazo da contestação (10 dias contados da citação) – arts. 95 e 98 da LF; D: assertiva correta, nos termos do art. 192, *caput* e § 1º, da LF. Gabarito "D".

(Ministério Público/SP – 2008) Considere as assertivas seguintes:

I. A sociedade cooperativa e a sociedade em nome coletivo não estão sujeitas a falência.
II. Nos casos em que não couber no processo falimentar pedido de restituição, fica resguardado o direito dos credores de opor embargos de terceiro.
III. A declaração de ineficácia de atos em relação à massa falida depende da propositura de ação revocatória.

Assinale a alternativa correta.

(A) Somente I é verdadeira.
(B) Somente II é verdadeira.
(C) Somente III é verdadeira.
(D) Somente I e III são verdadeiras.
(E) Todas as assertivas são falsas.

I: assertiva correta. A sociedade cooperativa, independentemente de seu objeto, e a sociedade em nome coletivo não são empresariais, de modo que não se sujeitam à falência – arts. 982, parágrafo único, e 983 do CC e art. 4º da Lei 5.764/1971; II: correta, conforme o art. 93 da LF; III: incorreta, pois a ineficácia pode ser declarada de ofício pelo juízo falimentar, alegada em defesa ou pleiteada no curso do processo, além da possibilidade de ação revocatória – art. 129, parágrafo único, da LF. Obs.: discordamos do gabarito oficial, pois as assertivas I e II são corretas. Gabarito "B".

(Ministério Público/SP – 2006) A decretação da falência:

(A) não suspende o exercício do direito de retenção sobre os bens sujeitos à arrecadação, os quais deverão ser entregues ao administrador judicial, mas suspende o exercício do direito de retirada ou de recebimento do valor de suas quotas ou ações, por parte dos sócios da sociedade falida.
(B) suspende o exercício do direito de retenção sobre os bens sujeitos à arrecadação, os quais deverão ser entregues ao administrador judicial, mas não suspende o exercício do direito de retirada ou de recebimento do valor de suas quotas ou ações, por parte dos sócios da sociedade falida.
(C) não suspende o exercício do direito de retenção sobre os bens sujeitos à arrecadação, os quais deverão ser entregues ao administrador judicial, nem o exercício do direito de retirada ou de recebimento do valor de suas quotas ou ações, por parte dos sócios da sociedade falida.
(D) suspende o exercício do direito de retenção sobre os bens sujeitos à arrecadação, os quais deverão ser entregues ao administrador judicial, e o exercício do direito de retirada ou de recebimento do valor de suas quotas ou ações, por parte dos sócios da sociedade falida.
(E) suspende o exercício do direito de retenção sobre os bens sujeitos à arrecadação, os quais deverão ser entregues ao juiz da falência em 10 dias da decretação, e o exercício do direito de retirada ou de recebimento do valor de suas quotas ou ações, por parte dos sócios da sociedade falida.

A decretação de falência suspende o direito de retenção dos bens sujeitos à arrecadação (que devem ser entregues ao administrador judicial) e o direito de retirada ou de recebimento do valor das cotas e ações, por parte dos sócios da sociedade falida – art. 116, I e II, da LF. Gabarito "D".

(Ministério Público/SP – 2006) Considere os seguintes enunciados:

I. A falência do locador não resolve o contrato de locação e, na falência do locatário, o administrador judicial pode, a qualquer tempo, denunciar o contrato, proibida a desistência em ação renovatória.
II. Na promessa de compra e venda de imóveis, aplicar-se-á a legislação respectiva.
III. Os patrimônios de afetação, constituídos para cumprimento de destinação específica, obedecerão ao disposto na legislação respectiva, permanecendo seus bens, direitos e obrigações separados dos do falido até o advento do respectivo termo ou até o cumprimento de sua finalidade, ocasião em que o administrador judicial arrecadará o saldo a favor da massa falida ou inscreverá na classe própria o crédito que contra ela remanescer.
IV. Na falência do espólio, sem suspensão do processo de inventário, caberá ao administrador judicial a realização de atos pendentes em relação aos direitos e obrigações da massa falida.

V. O mandato conferido pelo devedor, antes da falência, para a realização de negócios, cessará seus efeitos com a decretação da falência, cabendo ao mandatário prestar contas de sua gestão e o mandato conferido para representação judicial do devedor continua em vigor até que seja expressamente revogado pelo administrador judicial.

(A) Os enunciados I e II são falsos.
(B) Os enunciados II, III e V são verdadeiros.
(C) O enunciado I é verdadeiro e os enunciados II e III são falsos.
(D) Os enunciados IV e V são falsos.
(E) O enunciado I é falso e os enunciados II e IV são verdadeiros.

I: não há proibição com relação à renovatória – art. 119, VII, da LF; II: art. 119, VI, da LF; III: art. 119, IX, da LF; IV: o processo de inventário fica suspenso, na falência do espólio – art. 125 da LF; V: art. 120, *caput* e § 1º, da LF. Gabarito "B".

(Magistratura/SP – 2006) A decretação da falência de concessionária de serviços públicos

(A) não implica a extinção da concessão, desde que o administrador judicial, em prazo a ser fixado pelo Juiz da falência, aponte que a massa falida reúne meios suficientes para a sua continuidade.
(B) não é possível, por não se submeter ao regime da lei de falência.
(C) implica a extinção da concessão.
(D) não implica a extinção da concessão, pois nela será subrogado quem, previamente qualificado pelo órgão concedente, fizer a maior oferta de preço, que será pago para a massa falida.

A decretação da falência implica extinção da concessão de serviço público – art. 195 da LF. Gabarito "C".

(Procurador do Estado/CE – 2008 – CESPE) Acerca dos efeitos da decretação da falência sobre as obrigações do devedor, assinale a opção correta.

(A) Considere que Leo seja mandatário de certa sociedade empresária para a realização de negócios afetos à sua atividade-fim. Nesse caso, a decretação da falência da sociedade cessará os efeitos do mandato conferido a Leo.
(B) Considere que a VR Administração e Participações Ltda. tenha locado imóvel à P&B Livraria Ltda.-ME. Nessa situação, a decretação da falência da VR Administração e Participações Ltda. acarreta a resolução do contrato de locação firmado com a P&B Livraria Ltda.-ME.
(C) Todos os contratos de execução continuada do devedor, sejam eles bilaterais, unilaterais ou administrativos, serão extintos automaticamente com a decretação da falência.
(D) Devem ser compensadas, com preferência sobre todos os outros créditos, as dívidas do falido vencidas até a data da decretação da falência, desde que o vencimento seja proveniente da sentença que decretou a falência.
(E) A decretação da falência priva a sociedade empresária falida da administração de seus bens, mas mantém incólume o direito de qualquer sócio de exercer o direito de retirada ou de recebimento do valor de suas quotas.

A: cessam os efeitos do mandato, na hipótese – art. 120 da LF; B: a falência do locador não implica resolução do contrato de locação – art. 119, VII, da LF; C: as execuções fiscais tramitam no juízo próprio – art. 76 da LF; D: a causa do vencimento (decretação da falência ou não) é irrelevante para a preferência relativa à compensação, nos termos do art. 122 da LF; E: a decretação de falência suspende o direito de retirada ou de recebimento do valor das cotas e ações, por parte dos sócios da sociedade falida – art. 116, II, da LF. Gabarito "A".

(Procuradoria Distrital – 2007) Em julho de 2005, foi requerida a falência da sociedade empresária K-Lote Ltda. que atua no ramo da construção civil. Tal falência foi decretada em maio de 2006, encerrando a fase pré-falimentar. Nesse processo:

(A) o falido continuará na administração dos seus negócios, sendo apenas fiscalizado pelo Administrador judicial.
(B) quem adquirir os bens vendidos para satisfação dos credores, não sucede o falido em nenhuma obrigação.
(C) os créditos fiscais não se sujeitam à habilitação, gozando de preferência sobre todos os créditos, exceto os trabalhistas e os decorrentes de acidente de trabalho.
(D) o administrador judicial fará jus a uma remuneração que será classificada como crédito trabalhista.
(E) antes de iniciar a liquidação da massa falida, o falido terá a chance de requerer uma recuperação judicial suspensiva.

A: o falido perde o direito de administrar seus negócios – art. 103 da LF; B: art. 141, II, da LF; C: o crédito tributário fica abaixo também do crédito com garantia real. As multas tributárias ficam ainda mais abaixo, após os créditos quirografários – art. 83, III e VII, da LF e art. 186, parágrafo único, do CTN; D: a remuneração do administrador constitui crédito extraconcursal (não entra no concurso de credores) – art. 84, I, da LF; E: não há essa previsão na Lei de Recuperações e Falências. Gabarito "B".

(Procurador do Estado/PB – 2008 – CESPE) A respeito da falência e da recuperação judicial, assinale a opção correta.

(A) A empresa irregular não pode requerer autofalência nem falência de um devedor seu, embora possa figurar no pólo passivo de pedido falimentar.
(B) Cabe pedido de restituição de bens baseado em direito real ou relação obrigacional preexistente à falência, ou desta oriunda, salvo quando se tratar de dinheiro, e, para que seja reconhecido o direito do reclamante, exige-se prova da propriedade do bem e da arrecadação indevida.
(C) No contrato de depósito bancário, o banco não tem plena disponibilidade sobre o dinheiro dos seus depositantes, estando obrigado a devolvê-lo tão logo lhe seja solicitado pelo depositante, o que torna possível a sua restituição no caso de falência da instituição financeira.
(D) As sociedades de economia mista e as fundações estão sujeitas tão somente ao processo de recuperação judicial; os seus administradores respondem solidária e ilimitadamente, entre si, pela má administração da sociedade empresária.
(E) O juízo da falência é indivisível e competente para todas as ações e reclamações sobre bens, interesses e negócios da massa falida, ressalvadas as causas trabalhistas, fiscais e aquelas não reguladas pela Lei de Falências em que o falido figurar como autor ou litisconsorte ativo.

A: a empresa irregular pode requerer autofalência – art. 105, IV, da LF; B: em regra, somente o proprietário do bem pode pedir sua restituição (não o titular de direito real ou obrigacional) – art. 85 da LF; C: as instituições financeiras não se sujeitam à falência – art. 2º, II, da LF; D: as sociedades de economia mista e as empresas públicas não se sujeitam à Lei de Recuperações e Falências – art. 2º, I, da LF; E: art. 76 da LF. Gabarito "E".

(Procurador do Estado/PE – CESPE – 2009) Considerando os aspectos jurídicos atinentes à falência de sociedades empresárias e à recuperação judicial de empresas, assinale a opção correta.

(A) Os créditos tributários da fazenda pública estadual sujeitam-se aos efeitos da recuperação judicial de empresas.
(B) O recebimento do crédito tributário em falência de sociedade empresária é deferido, em caso de concurso entre as entidades fazendárias, sucessivamente, aos municípios, aos estados federados e, por último, à União.
(C) Os créditos trabalhistas de qualquer valor preferem os créditos das fazendas públicas.
(D) Na hipótese de o plano de recuperação judicial de determinada sociedade empresária prever a venda de bens imóveis, o adquirente, dado o caráter *propter rem* da obrigação tributária, responderá pelos débitos incidentes sobre o imóvel.
(E) Os débitos tributários cujos fatos geradores ocorreram após a declaração da falência são classificados como créditos extraconcursais.

A: incorreta, pois crédito tributário não pode ser incluído no plano de recuperação judicial. A rigor, o devedor deve apresentar certidões negativas de débitos tributários para que o juiz possa conceder a recuperação judicial – art. 57 da LF; B: incorreta, pois a União vem em primeiro lugar na ordem de preferência, seguida dos Estados e Distrito Federal e, ao final, Municípios – art. 187, parágrafo único, do CTN; C: incorreta, pois a preferência dos créditos trabalhistas limita-se a 150 salários-mínimos por credor. Acima desse valor, os créditos trabalhistas são considerados quirografários e ficam abaixo dos tributários (exceto multas tributárias, que ficam ainda mais abaixo na ordem de classificação) – art. 83, I, e VI, *c*, da LF; D: incorreta, pois o adquirente recebe os bens livres de ônus – arts. 60, parágrafo único, e 141, II, e § 1º, da LF; E: assertiva correta, nos termos do art. 84, V, da LF. Gabarito "E".

(Procurador do Estado/PI – 2008 – CESPE) Com relação à cobrança dos créditos tributários na falência, assinale a opção correta.

(A) O processo falimentar envolve o crédito tributário, mas exclui a multa tributária.
(B) As execuções fiscais em curso serão suspensas com a decretação de falência, consoante a lei processual que disciplina a cobrança do crédito tributário.
(C) A propositura de execução fiscal posterior à decretação de falência ocorrerá no juízo falimentar.
(D) A decretação da falência interrompe o prazo de prescrição do crédito tributário.
(E) Os créditos tributários serão adimplidos após realizado o pagamento dos créditos com garantia real, até o limite do apurado com os bens gravados.

A, B, C e D: as ações fiscais não se sujeitam ao juízo falimentar e a falência não afeta a prescrição tributária ou suspende a execução fiscal – art. 76 da LF e arts. 174 e 187 do CTN; E: os créditos com garantia real preferem aos tributários – art. 83, II e III, da LF. Gabarito "E".

(Magistratura Federal – 5ª Região – 2007 – CESPE) Julgue os seguintes itens.

(1) A lei admite a decretação de falência daquele que, mesmo impedido, exerce atividade empresarial.
(2) O indivíduo que for nomeado administrador judicial em processo falimentar deve ser remunerado com valor não excedente a 5% dos bens vendidos na falência, e essa remuneração, por ser considerada crédito extraconcursal, deve ser paga com precedência em relação aos créditos sujeitos à falência.

1: A pessoa legalmente impedida que exerça a atividade empresarial se sujeita à legislação falimentar – art. 1º da LF c/c art. 973 do CC; 2: Arts. 24, § 1º, e 84, I, da LF. Gabarito 1C, 2C.

(Magistratura do Trabalho – 3ª Região – 2009) Sobre a falência e a recuperação judicial, leia as afirmações abaixo e, em seguida, assinale a alternativa correta:

I. As ações de natureza trabalhista serão processadas perante a justiça especializada até a apuração do respectivo crédito, que será inscrito no quadro-geral de credores pelo valor determinado em sentença. O juiz do trabalho poderá determinar a reserva da importância que estimar devida na recuperação judicial ou na falência, e, uma vez reconhecido líquido o direito, será o crédito incluído na classe própria.
II. A decretação da falência ou o deferimento do processamento da recuperação judicial suspende o curso da prescrição e de todas as ações e execuções em face do devedor, inclusive aquelas dos credores particulares do sócio solidário e aquelas nas quais se demanda quantia ilíquida.
III. Na recuperação judicial, após o prazo de suspensão – que não poderá exceder 180 (cento e oitenta) dias contados do deferimento do processamento da recuperação – as execuções trabalhistas poderão ser normalmente concluídas, ainda que o crédito já esteja inscrito no quadro geral de credores.
IV. A petição inicial de recuperação judicial será instruída com a relação, subscrita pelo devedor, de todas as ações judiciais em que este figure como parte, inclusive as de natureza trabalhista, com a estimativa dos respectivos valores demandados.
V. A Lei 11.101/2005, que atualmente disciplina a recuperação judicial, a recuperação extrajudicial e a falência do empresário e da sociedade empresária, não se aplica às seguintes entidades: empresa pública, sociedade de economia mista, instituição financeira pública ou privada, cooperativa de crédito, consórcio, entidade de previdência complementar, sociedade operadora de plano de assistência à saúde, sociedade seguradora, sociedade de capitalização e outras entidades legalmente equiparadas às anteriores.

(A) Somente uma afirmativa está correta.
(B) Somente duas afirmativas estão corretas.
(C) Somente três afirmativas estão corretas.
(D) Somente quatro afirmativas estão corretas.
(E) Todas as afirmativas estão corretas.

I: assertiva correta, conforme o art. 6º, caput e §§ 1º, 2º e 3º, da LF; II: assertiva incorreta, pois as demandas relativas a quantias ilíquidas continuam no juízo originário, até eventual liquidação, quando o crédito correspondente será incluído na classe própria no processo falimentar ou de recuperação – art. 6º, §§ 1º e 3º, da LF; III: assertiva correta, nos termos do art. 6º, § 4º, da LF; IV: art. 51, IX, da LF; V: assertiva correta, nos termos do art. 2º, I e II, da LF. Gabarito "D".

(Magistratura do Trabalho – 9ª Região – 2009) Analise as proposições abaixo com base na Lei 11.101, de 9-2-2005, que regula a recuperação judicial, a extrajudicial e a falência do empresário e da sociedade empresária:

I. A decretação da falência ou o deferimento do processamento da recuperação judicial suspende o curso da prescrição e de todas as ações e execuções em face do devedor, exceto aquelas dos credores particulares do sócio solidário e as execuções de natureza fiscal.
II. Na recuperação judicial, a suspensão do curso da prescrição e de todas as ações e execuções em face do devedor, em hipótese nenhuma excederá o prazo improrrogável de 180 (cento e oitenta) dias contado do deferimento do processamento da recuperação, restabelecendo-se, após o decurso do prazo, o direito dos credores de iniciar ou continuar suas ações e execuções, independentemente de pronunciamento judicial.
III. O plano de recuperação judicial não poderá prever prazo superior a 1 (um) ano para pagamento dos créditos derivados da legislação do trabalho ou decorrentes de acidentes do trabalho vencidos até a data do pedido de recuperação judicial e não poderá prever prazo superior a 30 (trinta) dias para o pagamento, até o limite de 5 (cinco) salários-mínimos por trabalhador, dos créditos de natureza estritamente salarial vencidos nos 3 (três) meses anteriores ao pedido de recuperação judicial.
IV. O plano de recuperação será apresentado pelo devedor em juízo no prazo improrrogável de 60 (sessenta) dias da publicação da decisão que deferir o processamento da recuperação judicial, sob pena de convolação em falência.
V. A decisão que decreta a falência da sociedade com sócios ilimitadamente responsáveis também acarreta a falência destes, que ficam sujeitos aos mesmos efeitos jurídicos produzidos em relação à sociedade falida, sendo, todavia, desnecessária a citação destes para apresentar contestação, se assim o desejarem, ante a presunção de conhecimento da ação de falência já dirigida à sociedade empresária.

(A) somente as proposições I, II e V são corretas
(B) somente as proposições III, IV e V são corretas
(C) somente as proposições II, III e IV são corretas
(D) somente as proposições I, II e III são corretas
(E) todas as proposições são corretas

I: incorreta, já que as ações dos credores particulares contra o sócio solidário também ficam suspensas, nos termos do art. 6º, caput, in fine, da LF; II: assertiva correta, pois reflete o disposto no art. 6º, § 4º, da LF; III: correta, conforme o art. 54 da LF; IV: correta, pois esse é o texto do art. 53, caput, da LF; V: incorreta, pois os sócios ilimitadamente responsáveis devem ser pessoalmente citados – art. 81 da LF. Gabarito "C".

(Magistratura do Trabalho – 24ª Região – 2007) Analise as proposições abaixo acerca da "Habilitação de Créditos" prevista na Lei de Falência e de Recuperação de Empresa:

I. Na falência, os créditos retardatários perderão o direito a rateios eventualmente realizados e ficarão sujeitos ao pagamento de custas, não se computando os acessórios compreendidos entre o término do prazo e a data do pedido de habilitação.
II. Os credores cujos créditos forem impugnados serão intimados para contestar a impugnação, no prazo de 5 (cinco) dias, juntando os documentos que tiverem e indicando outras provas que reputem necessárias.

III. O Juiz determinará, para fins de rateio, a reserva de valor para satisfação do crédito impugnado. Sendo parcial, a impugnação não impedirá o pagamento da parte incontroversa.

IV. Da decisão judicial sobre a impugnação, caberá agravo. Recebido o agravo, o relator poderá conceder efeito suspensivo à decisão que reconhece o crédito ou determinar a inscrição ou modificação do seu valor ou classificação no quadro-geral de credores, para fins de exercício do direito de voto em assembléia-geral.

V. O Comitê, qualquer credor, o devedor ou seus sócios ou o Ministério Público podem apresentar ao Juiz impugnação contra a relação de credores.

RESPONDA:

(A) Todas as proposições estão incorretas.
(B) Todas as proposições estão corretas.
(C) Apenas a proposição I está incorreta.
(D) Apenas a proposição III está incorreta.
(E) Apenas as proposições I e II estão incorretas.

I: correta, conforme o art. 10, § 3º, da LF; II: assertiva correta, nos termos do art. 11 da LF; III: correta, nos termos do art. 16 da LF; IV: assertiva correta, pois reflete o disposto no art. 17 da LF; V: correta, em conformidade com o art. 8º da LF. Gabarito "B".

(Magistratura do Trabalho – 24ª Região – 2007) Assinale a alternativa INCORRETA:

(A) Os contratos bilaterais não se resolvem pela falência e podem ser cumpridos pelo administrador judicial se o cumprimento reduzir ou evitar o aumento do passivo da massa falida ou for necessário à manutenção e preservação de seus ativos, mediante autorização do Comitê.
(B) A formação de massa falida subjetiva é um dos efeitos da sentença declaratória de falência em relação aos credores.
(C) A decretação da falência não suspende o exercício do direito de retenção sobre os bens sujeitos à arrecadação.
(D) A decisão que decreta a falência da sociedade com sócios ilimitadamente responsáveis também acarreta a falência destes, que ficam sujeitos aos mesmos efeitos jurídicos produzidos em relação à sociedade falida e, por isso, deverão ser citados para apresentar contestação, se assim o desejarem.
(E) A decretação da falência sujeita todos os credores, que somente poderão exercer os seus direitos sobre os bens do falido e do sócio ilimitadamente responsável na forma que a Lei de Falências e de Recuperação de Empresas prescrever.

A: art. 117 da LF; B e E: o art. 115 da LF prevê a sujeição de todos os credores do falido ao regime falimentar (massa falida subjetiva); C: a decretação de falência suspende esse direito – art. 116, I, da LF; D: art. 81 da LF. Gabarito "C".

(Defensoria Pública da União – 2007 – CESPE) Julgue o item que se segue, quanto a falência.

(1) Em assembléia geral de credores, no curso de processo falimentar, o titular de crédito derivado da legislação do trabalho votará com o total de seu crédito, qualquer que seja o seu valor.

1: Art. 41, § 1º, da LF. Gabarito 1C.

(Delegado Federal – 2004 – CESPE) Julgue o item a seguir.

(1) No curso de determinado processo de falência, houve indícios da ocorrência de crime falimentar, razão por que foi instaurado inquérito judicial. Nessa situação, o referido inquérito possui caráter meramente investigatório, não havendo, por isso, necessidade de intimação pessoal do devedor falido.

1 O art. 106 do Decreto-Lei 7.661/1945 (revogado pela atual LF) previa a intimação pessoal do falido, para fins do inquérito judicial. Gabarito 1E.

(Delegado Federal – 2004 – CESPE) Julgue o item a seguir.

(1) Após trâmite processual regular, foi declarada a falência de Pedro. Nessa situação, se Pedro se abstiver de cumprir quaisquer das obrigações impostas pela lei de falências, a ele poderá ser decretada prisão, que não poderá exceder de sessenta dias, a requerimento de qualquer credor.

Não são todas as obrigações falimentares que ensejam sanção penal em caso de descumprimento. Gabarito 1E.

(Cartório/SC – 2008) Tendo em vista a nova Lei de Recuperação de Empresas e de Falência (Lei nº 11.101, de 9-2-2005), observadas as proposições abaixo, assinale a alternativa correta:

I. Sujeitam-se e podem se beneficiar da nova Lei as sociedades rurais que, observadas as formalidades do art. 968 do Código Civil, estejam inscritas no Registro de Empresa.

II. Está sujeito à falência o devedor que não paga, no vencimento, obrigação líquida materializada em título ou títulos executivos protestados cuja soma ultrapasse 20 salários mínimos na data do pedido de falência.

III. As despesas que os credores fizerem para tomar parte na recuperação judicial e na falência, salvo as custas judiciais decorrentes de litígio com o devedor, não são exigíveis na recuperação judicial e na falência.

IV. O pagamento aos credores do falido, depois de liquidados os créditos extraconcursais e feitas as restituições devidas, deve ser iniciado, qualquer que seja o valor individual por credor, pelos créditos derivados da legislação do trabalho e os decorrentes de acidentes de trabalho.

(A) Somente as proposições I e III estão corretas.
(B) Somente as proposições I e II estão corretas.
(C) Somente a proposições III está correta.
(D) Somente a proposição IV está incorreta.
(E) Todas as proposições estão corretas.

I: as sociedades rurais inscritas no registro público, nos termos do art. 968 do CC, equiparam-se às sociedades empresarias e sujeitam-se à Lei de Recuperações e Falências – art. 984 do CC; II: o limite mínimo, para o pedido de falência por inadimplência, é de 40 salários-mínimos – art. 94, I, da LF; III: art. 5º, II, da LF; IV: arts. 149, 150 e 151 da LF. Gabarito "A".

(Cartório/SP – VI – VUNESP) A lei especial prevê hipóteses de exclusão, total ou parcial, das sociedades empresárias do regime falencial, submetendo-as, dessarte, ou sempre a regime concursal diverso do falimentar, quando total a exclusão, ou a procedimento extrajudicial de liquidação concursal alternativo ao processo falimentar, quando parcial a exclusão. Sendo assim, assinale a alternativa correta.

(A) Em nenhum caso o empresário excluído, absoluta ou relativamente, do processo falimentar, submete-se à insolvência civil.
(B) As câmaras ou prestadoras de serviços de compensação e liquidação financeira estão excluídas relativamente do processo falimentar, podendo, em certas circunstâncias especiais, ter a falência decretada.
(C) As seguradoras estão excluídas de forma absoluta do processo falimentar, não podendo ver decretada a falência em nenhuma hipótese, pois só podem ser submetidas ao procedimento específico de execução concursal, denominado liquidação compulsória, sob condução da Susep – Superintendência de Seguros Privados.
(D) Tanto as entidades abertas quanto as fechadas, de previdência complementar, estão excluídas, de forma absoluta, do processo falimentar, pois ambas estão sujeitas, unicamente, à liquidação extrajudicial.

Estão *absolutamente* excluídas da legislação falimentar: (i) empresas públicas e sociedades de economia mista – art. 2º, I, da LF; (ii) câmaras ou prestadoras de serviços de compensação e de liquidação financeira – art. 194 da LF; e (iii) entidades fechadas de previdência complementar – art. 47 da LC 109/2001.
Estão *relativamente* excluídas: (i) companhias de seguro – art. 26 do DL 73/1966; (ii) operadoras de planos privados de assistência à saúde – Lei 9.656/1998 e MP 2.177-44/2001; e (iii) instituições financeiras e equiparadas (empresas de *leasing*, consórcios, fundos, sociedades de capitalização etc.) – Lei 6.024/1974, Lei 5.768/1971 e DL 261/1967.
Em nenhuma hipótese essas entidades sujeitam-se à insolvência civil, razão pela qual a assertiva A é a correta. Gabarito "A".

4.3. RECUPERAÇÃO JUDICIAL E EXTRAJUDICIAL

Texto para as duas questões seguintes Revenda de Carros Especiais Ltda. atua em todo o país no ramo de compra e venda de carros, sendo especializada em unidades voltadas para portadores de necessidades especiais. A Sociedade empresária não apenas comercializa os veículos alterados, mas também realiza tais adaptações em suas oficinas, se requeridas por terceiros. Entretanto, em razão de várias circunstâncias comerciais, ela se encontra com elevados passivos de natureza tributária, trabalhista e previdenciária, e seus bens mais valiosos sofrem gravame de direito real para garantir empréstimos obtidos em instituições financeiras, levando-a a pedir o benefício da recuperação judicial.

(Magistratura/AL – 2008 – CESPE) Com base na situação hipotética apresentada no texto, assinale a opção correta.

(A) Para obter o deferimento do processamento de recuperação judicial, a sociedade limitada deverá demonstrar de plano a relevância da função social da empresa, só atingida se o objeto de sua atividade também se voltar ao atendimento de interesses sociais protegidos.

(B) Durante o procedimento de recuperação judicial, o devedor ou seus administradores serão mantidos na condução da atividade empresarial, salvo a ocorrência de hipótese de exclusão, quando, necessariamente, assumirá o comando da empresa o administrador judicial.

(C) Deferido o processamento da recuperação judicial, os credores deverão discutir seus créditos em etapa processual específica para a respectiva verificação e habilitação, que ocorrerá concomitantemente ao procedimento para aprovação do plano de recuperação apresentado.

(D) O deferimento do pedido de recuperação judicial não implicará a suspensão de algumas ações e execuções contra a requerente, tais como execuções relativas a créditos fiscais, créditos com garantia real e adiantamento de contrato de câmbio para exportação.

(E) A recuperação judicial envolverá créditos vencidos e vincendos, desde que existentes na data do pedido, os quais serão considerados extraconcursais, se convolada a recuperação judicial em falência.

A: embora a preservação da função social da empresa seja um dos objetivos da recuperação judicial (art. 47 da LF), não há exigência de comprovação de plano, para fins de deferimento do pedido; B: em caso de destituição, o administrador será substituído na forma de seus atos constitutivos ou do plano de recuperação – art. 64, parágrafo único, da LF (ao administrador judicial compete, primordialmente, fiscalizar o devedor e o cumprimento do plano de recuperação, na forma do art. 22, II, a, da LF); C: art. 52, § 1º, III, c/c art. 7º, § 1º, ambos da LF; D: as ações e execuções relativas a créditos com garantia real não são excluídas da suspensão – art. 52, III, da LF; E: somente os créditos relativos a obrigações contraídas durante a recuperação judicial serão considerados extraconcursais, em caso de falência – art. 67, caput, da LF. Gabarito "C".

(Magistratura/AL – 2008 – CESPE) Ainda com base na situação hipotética descrita no texto e considerando que a recuperação judicial de Revenda de Carros Especiais Ltda. não tenha chegado a bom termo, causando a decretação de sua falência, assinale a opção correta.

(A) Os credores atingidos pelo plano de recuperação judicial terão reconstituídos seus direitos e garantias nas condições originalmente contratadas, deduzidos os valores eventualmente pagos e ressalvados os atos validamente praticados no âmbito da recuperação judicial.

(B) Os credores terão seus créditos organizados em dois quadros gerais: um relativo a créditos extraconcursais e outro relativo a créditos concursais, no qual os créditos com garantias reais ou com privilégios especiais serão pagos antes dos créditos tributários.

(C) Os contratos bilaterais do devedor falido serão imediatamente resolvidos com a decretação de falência, sendo que o administrador judicial poderá dar cumprimento a contrato unilateral se esse fato reduzir ou evitar o aumento do passivo da massa falida.

(D) Serão considerados nulos os pagamentos de dívidas não vencidas realizados pelo devedor dentro do termo legal da falência, se feitos por qualquer meio extintivo do direito de crédito, ainda que pelo desconto do próprio título que o represente.

(E) As obrigações do falido serão extintas se, depois de realizado todo o ativo, ele efetuar o pagamento de mais de 50% dos créditos de todas as classes, sendo-lhe facultado o depósito da quantia necessária para atingir essa porcentagem.

A: art. 61, § 2º, da LF; B: os créditos tributários (exceto multas) estão abaixo dos créditos com garantia real, mas acima dos créditos com privilégios especiais (as multas tributárias estão mais abaixo, depois dos créditos quirografários) – art. 83, II a IV, da LF; C: os contratos bilaterais não se resolvem pela falência – art. 117 da LF; D: esses pagamentos são ineficazes (não nulos) em relação à massa falida – art. 129, I, da LF; E: o art. 158, II, da LF prevê hipótese de extinção das obrigações do falido pelo pagamento de mais de 50% dos créditos quirografários (não de todas as classes), após a realização do ativo, permitido o depósito da quantia necessária para atingir esse percentual. Gabarito "A".

(Magistratura/AL – 2007 – FCC) NÃO se submeterão aos efeitos da recuperação judicial os créditos

(A) com garantia real ou fidejussória.

(B) existentes mas não vencidos até a data do pedido de recuperação judicial.

(C) derivados da legislação do trabalho ou decorrentes de acidente do trabalho vencidos até a data do pedido de recuperação judicial.

(D) de quem for titular da posição de proprietário fiduciário de bens móveis, mas durante o prazo de 180 (cento e oitenta) dias a contar do deferimento da recuperação judicial, não será permitida a retirada do estabelecimento do devedor os bens de capital essenciais a sua atividade empresarial.

(E) em moeda estrangeira, ou cujo indexador esteja vinculado à variação cambial.

Como regra, todos os créditos existentes na data do pedido (vencidos ou vincendos) são incluídos na recuperação judicial. Dentre as alternativas, apenas a D indica exceção à norma geral de inclusão – art. 49, § 3º, da LF. Gabarito "D".

(Magistratura/GO – 2009 – FCC) Em relação à recuperação judicial,

(A) o pedido de recuperação judicial com base no plano especial para microempresas e empresas de peque no porte só pode ser requerido uma única vez.

(B) é requisito de admissibilidade do pedido de recuperação judicial o exercício regular das atividades empresariais há pelo menos cinco anos.

(C) o pedido de recuperação judicial é personalíssimo do devedor, não podendo ser pleiteado pelo cônjuge sobrevivente, herdeiros, inventariante ou sócio remanescente.

(D) apenas os créditos vencidos na data do pedido de recuperação judicial estão a ela sujeitos.

(E) os credores do devedor em recuperação judicial conservam seus direitos e privilégios contra os coobrigados, fiadores e obrigados de regresso.

A: assertiva incorreta, pois não há essa limitação – art. 70 da LF. Entretanto, o devedor que obteve a concessão da recuperação especial não poderá requerer a recuperação judicial comum no prazo de 8 anos – art. 48, III, da LF; B: incorreta, pois a exigência é de 2 anos de atividade empresarial regular – art. 48, caput, da LF; C: incorreta, pois essas pessoas podem também requerer a recuperação judicial – art. 48, parágrafo único, da LF; D: incorreta, pois todos os créditos existentes na data do pedido estão sujeitos à recuperação judicial, inclusive os ainda não vencidos – art. 49, caput, da LF; E: assertiva correta, nos termos do art. 49, § 1º, da LF. Gabarito "E".

(Magistratura/MG – 2008) Quanto à recuperação judicial, é INCORRETO afirmar que:

(A) A decisão que defere o processamento da recuperação judicial suspende o curso da prescrição, por prazo indeterminado, de todas as ações e execuções em face do empresário.

(B) A decisão que defere o processamento da recuperação judicial suspende o curso da prescrição e de todas as ações e execuções movidas pelos credores particulares do sócio solidário à sociedade empresária.

(C) Não se sujeitará aos efeitos da recuperação judicial a importância entregue ao devedor, em moeda corrente nacional, decorrente de adiantamento a contrato de câmbio para exportação, desde que o prazo total da operação, inclusive eventuais prorrogações, não exceda o previsto nas normas específicas da autoridade competente.

(D) A cisão, a incorporação, a fusão, a transformação da sociedade e a constituição de subsidiária integral constituem meios de recuperação judicial.

A: o prazo máximo e improrrogável de suspensão é de 180 (cento e oitenta) dias – art. 6º, § 4º, da LF; B: art. 6º, *caput*, da LF; C: art. 49, § 4º, c/c art. 86, II, ambos da LF; D: art. 50, II, da LF. "Gabarito "A".

(Magistratura/MS – 2008 – FGV) Analise as afirmativas a seguir:

I. Estão sujeitos à recuperação judicial somente os créditos vencidos na data do pedido.

II. O art. 73 da Lei 11.101/05 determina que, após a juntada aos autos do plano aprovado pela assembleia-geral de credores, o devedor deve apresentar certidões negativas de débitos tributários nos termos do arts. 151, 205 e 206 do Código Tributário Nacional, sob pena de conversão do pedido de recuperação em falência.

III. As sociedades em conta de participação não têm legitimidade para requerer sua recuperação judicial, ainda que comprovem o devido registro de seus atos no órgão competente.

Assinale:

(A) se somente a afirmativa I estiver correta.
(B) se somente a afirmativa II estiver correta.
(C) se somente a afirmativa III estiver correta.
(D) se somente as afirmativas I e II estiverem corretas.
(E) se somente as afirmativas II e III estiverem corretas.

I: os créditos vincendos também estão incluídos, desde que relativos ao período anterior ao pedido de recuperação – art. 49 da LF; II: o art. 73 da LF trata da convolação da recuperação judicial em falência. A exigência de certidões negativas de débitos tributários para a concessão de recuperação judicial é prevista pelo art. 57 da LF e pelo art. 191-A do CTN; III: a regular inscrição no registro público é requisito para a recuperação judicial (art. 51, V, da LF). Ocorre que a sociedade em conta de participação não tem personalidade jurídica, mesmo que seus atos constitutivos estejam inscritos no registro público (art. 993 do CC). Ainda que a jurisprudência reconheça personalidade judiciária em relação a entidades sem personalidade jurídica (têm capacidade de ser parte em juízo – ver RMS 8.967/SP-STJ e art. 12, VII, do CPC), não é possível o pedido de recuperação judicial em favor da sociedade em conta de participação, pois apenas o sócio ostensivo (não a sociedade) obriga-se perante terceiros (art. 991, parágrafo único, do CC). Na hipótese, é o sócio ostensivo que figura como devedor e, portanto, pode pleitear, em nome próprio, a recuperação judicial (desde que exerça atividade empresária e preencha os demais requisitos legais). Gabarito "C".

(Magistratura/MT – 2009 – VUNESP) Os créditos decorrentes de obrigações contraídas pelo devedor durante a recuperação judicial, inclusive aqueles relativos a despesas com fornecedores de bens ou serviços e contratos de mútuo, em caso de decretação de falência, serão considerados créditos

(A) extraconcursais.
(B) com privilégio especial.
(C) com privilégio geral.
(D) quirografários.
(E) subordinados.

Esses créditos são extraconcursais, ou seja, não entram no concurso de credores habilitados na falência – arts. 67 e 84, V, da LF. Gabarito "A".

(Magistratura/PA – 2008 – FGV) Em relação à recuperação judicial, assinale a alternativa correta.

(A) Estão sujeitos à recuperação judicial somente os créditos vencidos na data do pedido.
(B) O devedor não poderá alienar ou onerar bens ou direitos de seu ativo permanente, após o despacho de processamento da recuperação judicial.
(C) A sociedade em conta de participação, com atos devidamente registrados no Registro Público de Empresas Mercantis, não tem legitimidade para requerer sua recuperação judicial.
(D) O juiz decretará a falência durante o processo de recuperação judicial se o devedor não apresentar o plano de recuperação no prazo de noventa dias a contar do despacho de processamento.
(E) O plano de recuperação judicial poderá prever prazo superior a um ano para pagamento dos créditos derivados da legislação do trabalho ou decorrentes de acidente de trabalho vencidos até a data do pedido de recuperação judicial.

A: os créditos vincendos também estão incluídos, desde que relativos ao período anterior ao pedido de recuperação – art. 49 da LF; B: é possível a alienação ou oneração de bens do ativo permanente, com autorização judicial, ou daqueles previamente relacionados no plano de recuperação – art. 66 da LF; C: a regular inscrição no registro público é requisito para a recuperação judicial (art. 51, V, da LF). Ocorre que a sociedade em conta de participação não tem personalidade jurídica, mesmo que seus atos constitutivos estejam inscritos no registro público (art. 993 do CC). Ainda que a jurisprudência reconheça personalidade judiciária em relação a entidades sem personalidade jurídica (têm capacidade de ser parte em juízo – ver RMS 8.967/SP-STJ e art. 12, VII, do CPC), não é possível o pedido de recuperação judicial em favor da sociedade em conta de participação, pois apenas o sócio ostensivo (não a sociedade) obriga-se perante terceiros (art. 991, parágrafo único, do CC). Na hipótese, é o sócio ostensivo que figura como devedor e, portanto, pode pleitear, em nome próprio, a recuperação judicial (desde que exerça atividade empresária e preencha os demais requisitos legais). D: o prazo para apresentação do plano de recuperação é de sessenta dias (não noventa) – art. 53 da LF; E: o prazo máximo para pagamento de créditos trabalhistas e decorrentes de acidentes de trabalho é de um ano – art. 54 da LF. Gabarito "C".

(Magistratura/PE – 2011 – FCC) Deferido o processamento da recuperação judicial,

(A) serão suspensas as execuções de natureza fiscal, mas não as de natureza trabalhista com penhora efetivada.
(B) serão atraídas pelo Juízo que o deferiu todas as demandas por quantias ilíquidas.
(C) suspende-se o curso da prescrição em face do devedor, não se dando, todavia, essa suspensão quando o pedido de recuperação judicial se fizer com base em plano especial apresentado por microempresas ou empresas de pequeno porte, no tocante aos créditos por ele não abrangidos.
(D) o Juiz nomeará administrador judicial, que não poderá, em nenhuma hipótese, ser pessoa jurídica e, preferencialmente, a nomeação recairá em advogado ou contador de notória idoneidade e experiência profissional comprovada.
(E) ficará o devedor dispensado da apresentação de certidões negativas para contratação com o Poder Público, mas, no respectivo contrato, deverá ser acrescida, após o nome comercial, a expressão "em Recuperação Judicial".

A: Incorreta, pois os créditos tributários não são incluídos na recuperação judicial, nem há suspensão das execuções fiscais – arts. 6º, § 7º, e 57 da LF; B: Incorreta, pois terá prosseguimento no juízo no qual estiver se processando a ação que demandar quantia ilíquida – art. 6º, § 1º, da LF; C: Essa é a assertiva correta, conforme os arts. 6º, *caput*, e 71, p. único, da LF; D: Incorreta, pois o administrador judicial poderá ser pessoa jurídica especializada ou profissional idôneo, preferencialmente advogado, economista, administrador de empresas ou contador – art. 21 da LF; E: Incorreta, pois a dispensa de apresentação de certidões negativas não se aplica às contratações com o poder público, nem para o recebimento de benefícios ou incentivos fiscais ou creditícios – art. 52, II, da LF. Gabarito "C".

(Magistratura/PI – 2008 – CESPE) Acerca das recuperações judicial e extrajudicial, da falência do empresário e da sociedade empresária, assinale a opção correta.

(A) As ações de natureza trabalhista devem ser processadas perante o juízo falimentar, a fim de ser apurado o respectivo crédito, e este, posteriormente, inscrito no quadro geral de credores, pois o juízo da falência é indivisível e competente para conhecer todas as ações sobre bens, interesses e negócios do devedor falido.
(B) No curso da recuperação judicial, não havendo comitê de credores, caberá ao administrador judicial exercer as atribuições do comitê e, na incompatibilidade deste administrador, caberá ao juiz da causa exercer as atribuições do referido comitê.
(C) Considere-se que o juízo competente tenha deferido o pedido de recuperação judicial de certo empresário devedor. Nesse caso, a desistência do pedido somente teria sido possível com a aprovação do administrador judicial nomeado.

(D) Na recuperação judicial, é defeso ao administrador judicial requerer a falência do devedor, mesmo no caso de descumprimento de obrigação assumida no plano de recuperação.

(E) Considere-se que uma empresa de pequeno porte tenha requerido, perante o juízo competente, sua recuperação judicial. Nessa hipótese, o plano especial de recuperação judicial da sociedade empresária devedora abrangeria exclusivamente os créditos derivados da legislação do trabalho ou decorrentes de acidentes de trabalho.

A: as ações trabalhistas tramitam perante o juízo próprio, até o momento da apuração do crédito – art. 6º, § 2º, da LF; B: art. 28 da LF; C: a desistência deve ser aprovada pela assembleia geral de credores – art. 52, § 4º, da LF; D: o administrador judicial tem essa atribuição – art. 22, II, b, da LF; E: o plano especial de recuperação abrange apenas créditos quirografários – art. 71, I, da LF. Gabarito "B".

(Magistratura/PR – 2010 – PUC/PR) Sobre o plano de recuperação judicial, assinale a afirmativa CORRETA:

(A) O plano de recuperação judicial deverá ser apresentado pelo devedor em juízo no prazo improrrogável de 90 (noventa) dias.

(B) O plano de recuperação judicial não poderá prever prazo superior a 180 (cento e oitenta) dias para pagamento dos créditos derivados da relação de trabalho ou decorrentes de acidente de trabalho.

(C) O plano de recuperação judicial não poderá prever prazo superior a 30 (trinta) dias para o pagamento, até o limite de 5 (cinco) salários-mínimos por trabalhador, dos créditos de natureza estritamente salarial vencidos nos 3 (três) meses anteriores ao pedido de recuperação judicial.

(D) Rejeitado o plano de recuperação pela assembleia geral de credores, o juiz determinará que o devedor apresente novo plano de recuperação judicial ou alteração do plano apresentado, devendo decretar a falência do devedor se tais procedimentos não forem cumpridos pelo devedor.

A: incorreta, pois o prazo para apresentação do plano de recuperação judicial é de 60 dias da publicação da decisão que deferir o processamento da recuperação – art. 53 da LF; B: incorreta, pois o prazo máximo é de 1 ano, para o pagamento dos créditos trabalhistas e acidentários vencidos até a data de pedido de recuperação judicial – art. 54 da LF; C: assertiva correta, pois reflete exatamente o disposto no art. 54, parágrafo único, da LF; D: incorreta, pois se a assembleia geral de credores rejeitar o plano de recuperação judicial, o juiz decretará a falência do devedor – art. 56, § 4º, da LF. Gabarito "C".

(Magistratura/PR – 2010 – PUC/PR) Sobre a recuperação extrajudicial, assinale a afirmativa CORRETA:

I. O devedor poderá requerer a homologação em juízo do plano de recuperação extrajudicial, juntando sua justificativa e o documento que contenha seus termos e condições, com as assinaturas dos credores que a ele aderiram.

II. O devedor poderá requerer a homologação de plano de recuperação extrajudicial, desde que assinado por credores que representem mais de 3/4 (três quartos) de todos os créditos de cada espécie por ele abrangidos, o qual obrigará tanto aqueles que aderiram quanto os que não concordaram com o plano.

III. O procedimento da recuperação extrajudicial é o mecanismo criado pela Lei 11.101/05 para facilitar a recuperação das microempresas e das empresas de pequeno porte.

IV. O plano de recuperação extrajudicial não poderá ser aplicado aos créditos de natureza tributária, aos créditos com garantia real e aos créditos derivados da legislação do trabalho ou decorrentes de acidente de trabalho.

(A) As afirmativas I, II, III e IV estão corretas.
(B) Apenas as afirmativas I e IV estão corretas.
(C) Apenas a afirmativa I está correta.
(D) Apenas as afirmativas I e II estão corretas.

I: a assertiva é correta, pois reflete o disposto no art. 162 da LF; II: incorreta, pois para o pedido de homologação de plano de recuperação extrajudicial que obrigue a todos os credores por ele abrangidos são necessárias assinaturas de credores que representem mais de 3/5 (não 3/4, como consta na assertiva) de todos os créditos de cada espécie – art. 163 da LF; III: incorreta, pois o plano de recuperação extrajudicial não se restringe a microempresas e a empresas de pequeno porte – art. 161 da LF;

IV: incorreta, pois embora a recuperação extrajudicial não abranja os créditos de natureza tributária, derivados da legislação do trabalho ou decorrentes de acidente de trabalho (art. 161, § 1º, da LF), é possível a inclusão dos créditos com garantia real. Gabarito "C".

(Magistratura/TO – 2007 – CESPE) Assinale a opção correta no que concerne à habilitação dos créditos e respectiva impugnação, e à assembléia-geral de credores, na recuperação judicial.

(A) As impugnações à relação de credores deverão ser feitas no prazo máximo de quinze dias, contados da publicação do edital que contenha a referida relação.

(B) Os credores retardatários não terão direito a voto nas deliberações da assembléia-geral de credores, independentemente da natureza dos créditos.

(C) As habilitações de créditos retardatários somente serão recebidas se apresentadas antes da homologação do quadro geral de credores.

(D) Uma das atribuições da assembléia-geral de credores, na recuperação judicial, é a de deliberar acerca da desistência do pedido de recuperação judicial, após o deferimento de seu processamento.

A: o prazo para impugnação da relação de credores é de dez dias (não quinze) – art. 8º da LF; B: os titulares de créditos decorrentes da relação de trabalho terão direito a voto, ainda que sejam credores retardatários – art. 10, § 1º, da LF; C: após a homologação do quadro geral de credores, é possível requerer ao juiz sua retificação para habilitação retardatária de crédito – art. 10, § 6º, da LF; D: a desistência deve ser aprovada pela assembleia geral de credores – art. 52, § 4º, da LF. Gabarito "D".

(Ministério Público/AM – 2008 – CESPE) Entre as inovações promovidas pela Lei n.º 11.101/2005, destaca-se a disciplina da recuperação judicial, que incorpora o objetivo de preservar a empresa em razão de sua função econômica e social. A respeito da disciplina dos créditos do devedor em recuperação judicial, assinale a opção correta.

(A) Abrange os créditos empresariais em geral, como os decorrentes de compra e venda, locação e arrendamento mercantis.

(B) Não envolve os créditos com privilégio especialíssimo, assim denominados os trabalhistas e os previdenciários.

(C) Ordena a precedência do pagamento dos créditos com garantia real ante os créditos quirografários.

(D) Privilegia os créditos decorrentes de obrigações contraídas pelo devedor durante a recuperação judicial, qualificando-os como extraconcursais no caso de falência.

(E) Obriga a fazenda pública a parcelar seus créditos oponíveis ao devedor em recuperação judicial, devendo-se adotar, para tanto, os critérios previstos na lei tributária.

A: os créditos decorrentes de arrendamento mercantil e de promessa de venda de imóvel (desde que haja cláusula de irrevogabilidade ou irretratabilidade), entre outros, não são abrangidos pela recuperação judicial – art. 49, § 3º, da LF; B: os créditos trabalhistas são abrangidos pela recuperação judicial – art. 49, caput, da LF; C: não há essa preferência na recuperação judicial; D: art. 67 da LF; E: o parcelamento de créditos tributários é prerrogativa (não dever) do Fisco – art. 68 da LF. Gabarito "D".

(Ministério Público/DF – 2009) Quanto à recuperação judicial, assinale a alternativa correta.

(A) A decisão que defere o processamento da recuperação judicial suspende, pelo prazo de até um ano, o curso da prescrição e de todas as ações e execuções movidas contra o empresário, inclusive a execução fiscal e aquelas promovidas por seus credores particulares.

(B) As novações e outras renegociações realizadas na recuperação judicial valem e são eficazes para todos os efeitos. Assim, caso se verifique a convolação da recuperação judicial em falência, os credores serão pagos no processo falimentar como renegociado no plano de recuperação e não como na dívida originária.

(C) Depois de deferido o pedido de recuperação judicial, o devedor poderá dele desistir, sem a aquiescência da assembleia de credores, exigindo-se, no entanto, a aprovação do pedido pelo Ministério Público e que seja comprovado a inexistência de débito tributário.

(D) Convolada a recuperação judicial em falência, por qualquer razão, os credores quirografários e os com garantia real posteriores à distribuição do pedido serão reclassificados e serão tratados na falência como credores extracontratuais.

(E) Se o empresário for beneficiário da recuperação judicial e deixar de cumprir, no prazo estabelecido, sem justificativa, uma das obrigações assumidas no plano de reorganização, será decretada a sua falência, pois o seu inadimplemento, a qualquer tempo, caracteriza-se como um ato de falência.

A: incorreta, pois a suspensão é de até 180 dias contados do deferimento do processamento da recuperação – art. 6º, § 4º, da LF; B: incorreta, pois, com a decretação da falência, os credores terão reconstituídos seus direitos e garantias nas condições originalmente contratadas, deduzidos os valores eventualmente pagos e ressalvados os atos validamente praticados no âmbito da recuperação judicial – art. 61, § 2º, da LF; C: incorreta, pois, após o deferimento do processamento da recuperação judicial, a desistência do devedor deve ser aprovada pela assembleia geral de credores – art. 52, § 4º, da LF; D: incorreta, pois os créditos relativos a obrigações posteriores ao pedido de recuperação não estavam incluídos nela (art. 49, *caput*, da LF), ou seja, não há reclassificação, mas sim inclusão como créditos extraconcursais na falência – art. 67 da LF; E: assertiva correta, conforme o art. 73, IV, da LF. Gabarito "E".

(Ministério Público/PB – 2010) Dentre as alternativas abaixo, assinale aquela que contenha a indicação de créditos abrangidos pela recuperação extrajudicial:

(A) Créditos trabalhistas e decorrentes de acidente de trabalho.
(B) Créditos garantidos com arrendamento mercantil.
(C) Créditos tributários.
(D) Créditos garantidos com alienação fiduciária.
(E) Créditos com garantia real, até o limite do valor do bem gravado.

Não se aplica a recuperação extrajudicial a titulares de créditos de natureza tributária, derivados da legislação do trabalho ou decorrentes de acidente de trabalho, assim como àqueles previstos nos arts. 49, § 3º, (credor fiduciário, arrendador mercantil etc.) e 86, II, (adiantamento a contrato de câmbio para exportação) da LF – art. 161, § 1º, da LF. A, B, C, D: essas alternativas indicam créditos não incluídos na recuperação extrajudicial, conforme comentário inicial; E: essa é a melhor alternativa, embora o limite do bem gravado seja relevante apenas para fins de preferência (todo o crédito pode, em princípio, ser incluído na recuperação, se não for hipótese do art. 161, § 1º, da LF) – art. 163, § 1º, c/c art. 83, II, da LF. Gabarito "E".

(Ministério Público/PB – 2010) Analise as proposições abaixo e, após, marque a alternativa correta.

I. Na recuperação judicial, a suspensão das ações e execuções em face do devedor, em nenhuma hipótese, excederá o prazo improrrogável de cento e oitenta dias, contado do deferimento do processamento de recuperação.

II. As sociedades seguradoras, as instituições financeiras, as companhias securitizadoras e as sociedades exploradoras de serviços aéreos são impedidas de impetrar recuperação judicial e extrajudicial.

III. A recuperação judicial de microempresas e empresas de pequeno porte somente atinge os créditos trabalhistas e quirografários, e seu pedido não acarreta a suspensão do curso da prescrição, nem das ações e execuções por créditos não abrangidos pelo plano.

IV. São efeitos automáticos da condenação por crime falimentar: a inabilitação para o exercício de atividade empresarial, o impedimento para o exercício de cargo ou função em conselho de administração diretoria ou gerência das sociedades sujeitas a Lei nº 11.101/2005 e a impossibilidade de gerir empresa por mandato ou por gestão de negócio.

(A) Apenas duas das proposições anteriores estão inteiramente corretas.
(B) Apenas três das proposições anteriores estão inteiramente corretas.
(C) Todas as quatro proposições anteriores estão inteiramente corretas.
(D) Apenas uma das proposições ateriores está inteiramente correta.
(E) Todas as quatro proposições anteriores estão inteiramente erradas.

I: Assertiva correta, pois reflete o disposto no art. 6º, § 4º, da LF; II: A assertiva é claramente incorreta, pois não há discussão quanto à possibilidade de sociedades exploradoras de serviço aéreo pleitearem recuperação judicial e extrajudicial. É interessante ressaltar que estão *absolutamente* excluídas da legislação falimentar: (i) empresas públicas e sociedades de economia mista – art. 2º, I, da LF; (ii) câmaras ou prestadoras de serviços de compensação e de liquidação financeira – art. 194 da LF; e (iii) entidades fechadas de previdência complementar – art. 47 da LC 109/2001. Estão *relativamente* excluídas: (i) companhias de seguro – art. 26 do DL 73/1966; (ii) operadoras de planos privados de assistência à saúde – Lei 9.656/1998 e MP 2.177-44/2001; e (iii) instituições financeiras e equiparadas (empresas de *leasing*, consórcios, fundos, sociedades de capitalização etc.) – Lei 6.024/1974, Lei 5.768/1971 e DL 261/1967; III: Incorreta, pois o plano de recuperação judicial para microempresas e empresas de pequeno porte abrange exclusivamente os créditos quirografários, com a exceção prevista no art. 71, I, da LF; IV: Incorreta, pois os efeitos da condenação por crime falimentar não são automáticos, devendo ser motivadamente declarados na sentença, e perdurarão até 5 anos após a extinção da punibilidade, podendo, contudo, cessar antes pela reabilitação penal – art. 181, § 1º, da LF. Gabarito "D".

(Ministério Público/PB – 2010) Dentre as alternativas abaixo, assinale aquela que contenha a indicação de créditos abrangidos pela recuperação extrajudicial:

(A) Créditos trabalhistas e decorrentes de acidente de trabalho.
(B) Créditos garantidos com arrendamento mercantil.
(C) Créditos tributários.
(D) Créditos garantidos com alienação fiduciária.
(E) Créditos com garantia real, até o limite do valor do bem gravado.

A: créditos trabalhistas e acidentários não podem ser incluídos na recuperação extrajudicial – art. 161, § 1º, da LF; B: créditos garantidos com arrendamento mercantil tampouco podem ser incluídos na recuperação extrajudicial – art. 161, § 1º, c/c art. 49, § 3º, da LF; C: créditos tributários não podem ser incluídos na recuperação extrajudicial – art. 161, § 1º, da LF; D: créditos garantidos por alienação fiduciária não podem ser incluídos na recuperação extrajudicial – art. 161, § 1º, c/c art. 49, § 3º, da LF; E: essa é a assertiva correta, pois os créditos com garantia real podem ser incluídos na recuperação extrajudicial – art. 161 da LF. Gabarito "E".

(Ministério Público/PB – 2010) Analise as proposições abaixo e, após, marque a alternativa correta.

I. Na recuperação judicial, a suspensão das ações e execuções em face do devedor, em nenhuma hipótese, excederá o prazo improrrogável de cento e oitenta dias, contado do deferimento do processamento de recuperação.

II. As sociedades seguradoras, as instituições financeiras, as companhias securitizadoras e as sociedades exploradoras de serviços aéreos são impedidas de impetrar recuperação judicial e extrajudicial.

III. A recuperação judicial de microempresas e empresas de pequeno porte somente atinge os créditos trabalhistas e quirografários, e o seu pedido não acarreta a suspensão do curso da prescrição, nem das ações e execuções por créditos não abrangidos pelo plano.

IV. São efeitos automáticos da condenação por crime falimentar: a inabilitação para o exercício de atividade empresarial; o impedimento para o exercício de cargo ou função em conselho de administração diretoria ou gerência das sociedades sujeitas a Lei nº 11.101/2005 e a impossibilidade de gerir empresa por mandato ou por gestão de negócio.

(A) Apenas duas das proposições acima estão inteiramente corretas.
(B) Apenas três das proposições acima estão inteiramente corretas.
(C) Todas as quatro proposições acima estão inteiramente corretas.
(D) Apenas uma das proposições acima está inteiramente correta.
(E) Todas as quatro proposições acima estão inteiramente erradas.

I: correta, nos termos do art. 6º, § 4º, da LF; II: incorreta, pois não há vedação em relação às sociedades prestadoras de serviços aéreos – art. 2º da LF; III: incorreta, pois o plano especial de recuperação para microempresas e empresas de pequeno porte abrange exclusivamente créditos quirografários – art. 71, I, da LF; IV: incorreta, pois esses efeitos não são automáticos, devendo ser motivadamente declarados na sentença – art. 181, § 1º, da LF. Gabarito "D".

(Ministério Público/RR – 2008 – CESPE) A Lei n.º 11.101/2005, que regula a recuperação judicial, a extrajudicial e a falência do empresário e da sociedade empresária, trouxe substanciais mudanças à disciplina da matéria.

Com base nessas novas disposições, julgue os itens a seguir.

(1) A lei permite que a recuperação judicial seja requerida pelo cônjuge de empresário falecido, embora ela não identifique expressamente quem será o eventual empresário em recuperação judicial, caso deferido o requerimento.

(2) Deferido o processamento de recuperação judicial, o devedor terá sessenta dias para apresentar o plano de recuperação judicial, que só será submetido à assembléia-geral de credores se sofrer objeção por qualquer credor.

(3) A verificação e a habilitação dos créditos consubstancia-se em procedimento restrito às situações de falência, visando estabelecer quem são os credores do devedor falido, bem como a liquidez e certeza dos respectivos créditos, para então consolidá-los no quadro geral de credores assim habilitados.

1: Art. 48, parágrafo único, da LF; 2: Arts. 53 e 56 da LF; 3: A sistemática de verificação e habilitação dos créditos é normatizada de forma unificada, para recuperações e falências, pelos arts. 7º e 20 da LF. Gabarito 1C, 2C, 3E

(Defensoria/MG – 2009 – FURMARC) Um empresário rural, devidamente registrado há mais de dois anos no Registro Civil de Pessoas Jurídicas, tem seus negócios concentrados em Uberaba, possuindo ainda filial em Pouso Alegre e sede contratual em Varginha. Qual o foro competente para se requerer a sua recuperação judicial?

(A) Uberaba.
(B) Pouso Alegre ou Varginha.
(C) Nenhum deles, pois não está sujeito à Lei de Recuperação e Falência de Empresas.
(D) O foro do credor onde se deu o negócio subjacente.
(E) Uberaba ou Pouso Alegre ou Varginha.

O empresário rural não é obrigado a se inscrever no Registro Público de Empresas Mercantis (Junta Comercial) – art. 971 do CC. No caso, o empresário em questão inscreveu-se no Registro Civil de Pessoas Jurídicas, de modo que não pode requerer recuperação judicial, pois, para isso, seria preciso apresentar certidão de regularidade no Registro Público de Empresas – art. 51, V, da LF. Interessante lembrar que o foro competente seria o do estabelecimento principal do devedor – art. 3º da LF. Gabarito "C".

(Procuradoria Distrital – 2007) Modernamente empresas têm sofrido várias crises, que podem significar uma deterioração das condições econômicas de sua atuação, bem como uma dificuldade de ordem financeira para o prosseguimento da atividade. Tais crises podem advir de fatores alheios ao empresário, mas também podem advir de características intrínsecas à sua atuação. Entre as possíveis soluções para essa crise, está a recuperação judicial, sobre a qual é correto afirmar:

(A) os credores fiscais ficam sujeitos às condições aprovadas no plano de recuperação judicial.
(B) não haverá a nomeação de administrador judicial.
(C) a lei enumera taxativamente as medidas que podem ser invocadas na recuperação.
(D) as sociedades limitadas, ainda que não tenham objeto empresarial, podem requerer a recuperação judicial.
(E) a não aprovação do plano de recuperação judicial, pela assembléia de credores, acarretará a convolação em falência.

A: a recuperação judicial não abarca, em princípio, os créditos fiscais (art. 57 da LF e art. 191-A do CTN), embora possa haver parcelamento previsto em legislação específica (art. 68 da LF); B: há nomeação de administrador judicial, ainda que o devedor (ou seu administrador) continue na condução da empresa – art. 52, I, da LF; C: a listagem do art. 50 da LF não é taxativa; D: somente os empresários e as sociedades empresárias podem requerer recuperação judicial – art. 1º da LF; E: art. 56, § 4º, da LF. Gabarito "E".

(Procurador do Estado/PE – CESPE – 2009) Tendo em vista o instituto da recuperação judicial da empresa, assinale a opção correta.

(A) O despacho que determina o processamento da recuperação judicial suspende as ações e execuções dos credores a ela submetidos pelo prazo mínimo de cento e oitenta dias.
(B) O administrador judicial é nomeado pelo despacho que concede a recuperação judicial.
(C) Não é possível a desistência do pedido de recuperação judicial pelo devedor-requerente antes da publicação do despacho que defere o seu processamento sem a autorização da assembleia geral de credores.
(D) O peso do voto nas deliberações da classe de credores trabalhistas para aprovação do plano de recuperação será apurado pelo valor proporcional dos créditos.
(E) Contra a decisão que concede a recuperação judicial é possível a interposição de agravo de instrumento.

A: incorreta, pois esse é o prazo máximo – arts. 6º, § 4º, e 52, III, da LF; B: incorreta, pois o administrador judicial é nomeado antes, no momento em que o juiz defere o processamento da recuperação judicial – art. 52, I, da LF; C: incorreta, pois somente após o deferimento do processamento da recuperação judicial exige-se a aprovação, pela assembleia geral de credores, da desistência do devedor – art. 52, § 4º, da LF; D: incorreta, pois nas deliberações sobre o plano de recuperação judicial a proposta deve ser aprovada, na classe dos créditos trabalhistas e acidentários, por maioria simples dos credores presentes, independentemente do valor de seus créditos – art. 45, § 2º, da LF; E: assertiva correta, pois cabe agravo, que pode ser interposto por qualquer credor e pelo Ministério Público – art. 59, § 2º, da LF. Gabarito "E".

(Procurador do Estado/PI – 2008 – CESPE) Acerca do pedido de recuperação judicial, assinale a opção correta.

(A) Ele poderá ser homologado no foro de qualquer cidade onde houver estabelecimento permanente do requerente.
(B) A petição inicial deverá estar acompanhada do plano de recuperação, sob pena de indeferimento.
(C) Os credores relacionados na petição devem ser intimados por edital, para contestar a ação, no prazo de 10 dias.
(D) O deferimento do processamento da recuperação judicial não suspenderá o trâmite das execuções fiscais em curso contra o requerente.
(E) A recuperação judicial só poderá ser concedida após a devida aprovação do plano de recuperação pela assembléia de credores.

A: o juízo competente é o do local do principal estabelecimento do devedor ou da filial de empresa que tenha sede fora do Brasil – art. 3º da LF; B: o plano de recuperação judicial deve ser apresentado em até sessenta dias após a publicação do despacho que defere o processamento da recuperação judicial – art. 53 da LF; C: os credores não contestam a ação, mas podem impugnar a relação de credores (art. 8º da LF – prazo de 10 dias) e o plano de recuperação (art. 55 da LF – prazo de 30 dias); D: art. 6º, § 7º, da LF; E: o plano de recuperação é submetido à assembleia geral de credores apenas se houver objeção por qualquer credor (nem sempre isso ocorre), hipótese em que sua rejeição (pela assembleia) implica decretação da falência – arts. 56, *caput* e § 4º, e 58, ambos da LF. Gabarito "D".

(Procurador do Estado/PI – 2008 – CESPE) A respeito dos efeitos jurídicos, nas relações entre credores e devedores, decorrentes da concessão da recuperação judicial, assinale a opção correta.

(A) Os credores trabalhistas não poderão ser envolvidos pela recuperação judicial.
(B) Haverá novação dos créditos abrangidos pela recuperação judicial.
(C) As garantias já oferecidas por avalistas e fiadores serão limitadas aos novos valores dos créditos como definidos no plano de recuperação judicial.
(D) A recuperação judicial envolverá os créditos contraídos em até dois anos após a sua concessão.
(E) Ocorrendo posterior falência, os valores devidos pelo falido obedecerão àqueles estabelecidos no plano de recuperação judicial.

A: os créditos trabalhistas são abrangidos pela recuperação judicial – art. 49, *caput*, da LF; B: art. 59 da LF; C: os direitos e privilégios dos credores contra fiadores, coobrigados e obrigados de regresso são mantidos na recuperação judicial – art. 49, § 1º, da LF; D: a recuperação judicial abrange os créditos relativos ao período anterior ao pedido – art. 49, *caput*, da LF; E: no caso de falência, serão reconstituídos os direitos e as garantias dos credores nas condições originariamente contratadas – art. 61, § 2º, da LF. Gabarito "B".

(Procurador do Estado/SP – FCC – 2009) NÃO são atribuições compreendidas na competência legal do comitê de credores da sociedade empresária em recuperação judicial:

(A) Apurar reclamações dos credores e zelar pelo bom andamento do processo.
(B) Opinar sobre a constituição de garantias reais e a alienação de bens do ativo permanente do devedor.

(C) Escolher o administrador judicial e determinar o seu afastamento quando constado qualquer desvio de conduta.
(D) Fiscalizar as atividades do devedor e requerer ao juiz a convocação da assembleia geral de credores.
(E) Fiscalizar a execução do plano de recuperação judicial e denunciar a qualquer tempo ao juiz o seu descumprimento.

A, B, D e E: essas atribuições do comitê de credores estão previstas no art. 27, I, *a*, *d*, *e* e II, *a*, *b* e *c*, da LF; C: essa não é atribuição do comitê de credores, mas sim do juiz – arts. 31 e 52, I, e 64, parágrafo único, da LF. Gabarito "C".

(Magistratura Federal – 5ª Região – 2007 – CESPE) Considere a seguinte situação hipotética.

(1) Certa empresa que atua no ramo de prestação de serviços de manutenção predial, cumprindo os requisitos exigidos para o requerimento da recuperação judicial, propôs aos seus credores plano de recuperação extrajudicial. Nessa situação, o plano de recuperação extrajudicial proposto não se aplica a créditos trabalhistas, tributários, de acidente de trabalho, nem a credor titular da posição de proprietário fiduciário de bens móveis ou imóveis; arrendador mercantil; proprietário em contrato de venda com reserva de domínio; proprietário ou promitente vendedor de imóvel cujos respectivos contratos contenham cláusula de irrevogabilidade ou irretratabilidade, incluindo-se aqueles relativos a incorporações imobiliárias.

Art. 161, § 1º, da LF. Gabarito 1C.

(MAGISTRATURA DO TRABALHO – 1ª REGIÃO – 2010 – CESPE) De acordo com a Lei n.º 11.101/2005, que instituiu a recuperação judicial e extrajudicial da empresa e promoveu alterações na legislação falimentar, assinale a opção correta.

(A) A lei estabelece a venda parcial de bens da empresa recuperanda como uma das formas de recuperação judicial. Isso não impede que o adquirente desses bens seja sucessor, quanto às dívidas trabalhistas, da empresa em recuperação.
(B) Dada a indisponibilidade dos direitos de natureza trabalhista, o plano de recuperação da empresa não poderá propor a redução salarial e da jornada de trabalho como formas de recuperação, ainda que mediante acordo ou convenção coletiva.
(C) A execução trabalhista com penhora de bens anterior à declaração da falência determina a competência do juízo trabalhista, em detrimento do juízo universal, para o prosseguimento da execução.
(D) Nas deliberações tomadas na assembleia geral de credores, os votos dos pertencentes à classe dos credores trabalhistas têm peso proporcional ao valor do crédito.
(E) No processo de recuperação judicial, os titulares de créditos trabalhistas retardatários, assim entendidos aqueles habilitados fora do prazo estipulado, têm normalmente assegurado o direito de voto na assembleia geral de credores.

A: incorreta, pois o objeto da alienação estará livre de qualquer ônus e não haverá sucessão do arrematante nas obrigações do devedor art. 60, parágrafo único, da LF; B: incorreta, pois é possível redução salarial, compensação de horários e redução da jornada, mediante acordo ou convenção coletiva, como meio para a recuperação judicial – art. 50, VIII, da LF; C: incorreta, pois a competência do juiz trabalhista vai até a sentença condenatória. O crédito deverá ser habilitado na falência, ainda que haja penhora na execução trabalhista, conforme o art. 6º, § 2º, da LF – ver precedente do STJ, CC 100.922/SP; D: incorreta, pois nas deliberações sobre o plano de recuperação judicial, a proposta deve ser aprovada, na classe dos créditos trabalhistas e acidentários, por maioria simples dos credores presentes, independentemente do valor de seus créditos – art. 45, § 2º, da LF; E: assertiva correta, conforme o art. 10, § 1º, da LF. Gabarito "E".

(Procuradoria Federal – 2007 – CESPE) Acerca da recuperação judicial de empresas, julgue o item que se segue.

(1) Caso certa empresa de aviação comercial efetue pedido de recuperação judicial perante o juízo competente, o deferimento do pedido de recuperação judicial suspenderá eventuais ações de execução fiscal em curso contra a referida empresa.

As execuções fiscais não são suspensas por conta da recuperação judicial, exceto se houver parcelamento previsto em legislação específica – art. 6º, § 7º, da LF. Gabarito 1E.

(Procurador da Fazenda Nacional – 2007.2 – ESAF) A recuperação judicial das sociedades empresárias tem por finalidade

(A) facilitar a reorganização da atividade empresarial.
(B) facilitar a continuidade da empresa.
(C) dar maior segurança aos trabalhadores com a preservação de postos de trabalho.
(D) substituir a concordata preventiva.
(E) manter a atividade econômica quando detectada crise estrutural da empresa.

As assertivas são subjetivas. O art. 47 da LF dispõe que "a recuperação judicial tem por objetivo viabilizar a superação da situação de crise econômico-financeira do devedor, a fim de permitir a manutenção da fonte produtora, do emprego dos trabalhadores e dos interesses dos credores, promovendo, assim, a preservação da empresa, sua função social e o estímulo à atividade econômica". Gabarito "A".

(Procurador Federal – 2010 – CESPE) A seguir, é apresentada uma situação hipotética, seguida de uma assertiva a ser julgada no que se refere a direito comercial.

(1) A pessoa jurídica Ômega Ltda., durante processo de recuperação judicial, para garantir o cumprimento de dívida contraída anteriormente, conforme previsto no plano de recuperação judicial aprovado pela assembleia geral de credores, reforçou a garantia inicialmente dada, ficando sem bens livres e desembaraçados suficientes para saldar integralmente seu passivo. Nessa situação, a conduta de Ômega Ltda. deve ser considerada legítima, não sendo passível de ser convolada a recuperação judicial em falência, em virtude desse fato.

1: a assertiva é correta, pois o reforço de garantia descrita, quando previsto no plano de recuperação judicial, não leva à decretação de falência – art. 94, III, *e*, da LF. Gabarito 1C.

(Cartório/AP – 2011 – VUNESP) Quanto à recuperação extrajudicial é correto afirmar:

(A) O plano pode abranger somente os credores signatários, hipótese em que pode tratá-los de modo heterogêneo.
(B) Os atos praticados em cumprimento ao plano homologado judicialmente não estão sujeitos a revogação, na hipótese de decretação de falência, ainda que demonstrado prejuízo a outros credores.
(C) O plano deve contemplar o pagamento integral dos créditos trabalhistas no prazo máximo de 1 ano a contar da homologação judicial.
(D) Enquanto estiver cumprindo regularmente o plano homologado, o devedor não poderá ter sua falência decretada, ainda que a pedido de credor não sujeito ao plano.
(E) É a Assembleia Geral de Credores que aprova o plano, por meio de *quorum* especial.

A: Correta, conforme o art. 161, *caput*, e §§ 4º e 5º, da LF; B: Incorreta, pois são revogáveis os atos praticados com a intenção de prejudicar credores, provando-se o conluio fraudulento entre o devedor e o terceiro que com ele contratar e o efetivo prejuízo sofrido pela massa falida – art. 130 da LF. Ademais, o ato pode ser declarado ineficaz ou revogado, ainda que praticado com base em decisão judicial – art. 138 da LF; C: Incorreta, pois os créditos trabalhistas não são abrangidos pela recuperação extrajudicial – art. 161, § 1º, da LF. A assertiva se refere à recuperação judicial – art. 54 da LF; D: Incorreta, pois o pedido de homologação do plano de recuperação extrajudicial não acarretará suspensão de direitos, ações ou execuções, nem a impossibilidade do pedido de decretação de falência dos credores não sujeitos ao plano de recuperação extrajudicial – art. 161, § 4º, da LF; E: Incorreta, pois não há assembleia de credores na recuperação extrajudicial, sendo que o plano é proposto e negociado diretamente pelo devedor aos credores – art. 161 da LF. Gabarito "A".

(Cartório/SP – 2008) Estão sujeitos à recuperação judicial

(A) todos créditos vencidos e inadimplidos pelo empresário individual ou pela sociedade empresária.
(B) os créditos quirografários vencidos e inadimplidos pelo empresário individual ou pela sociedade empresária.
(C) todos créditos existentes na data do ajuizamento do pedido pelo empresário individual ou pela sociedade empresária.
(D) todos créditos quirografários vencidos e vincendos.

O *caput* do art. 49 da LF dispõe que a recuperação judicial abrange todos os créditos vencidos e vincendos existentes na data do pedido. Importante observar, no entanto, que há exceções à regra geral (caso dos tributos, que não são incluídos na recuperação, sem prejuízo da possibilidade de parcelamento, desde que previsto em legislação específica – art. 6º, § 7º, da LF). Gabarito "C".

(Magistratura do Trabalho – 24ª Região – 2007) Sobre as disposições que regem a recuperação judicial, a recuperação extrajudicial e a falência do empresário e da sociedade empresária, considere as proposições abaixo:

I. A decretação da falência ou o deferimento do processamento da recuperação judicial suspende o curso da prescrição e de todas as ações e execuções em face do devedor, inclusive aquelas dos credores particulares do sócio solidário.

II. A Lei 11.101/05, que disciplina a recuperação judicial, a recuperação extrajudicial e a falência do empresário e da sociedade empresária, não se aplica a empresa pública e sociedade de economia mista.

III. A Lei 11.101/05, que disciplina a recuperação judicial, a recuperação extrajudicial e a falência do empresário e da sociedade empresária, não se aplica a instituição financeira pública ou privada, cooperativa de crédito, consórcio, entidade de previdência complementar, sociedade operadora de plano de assistência à saúde, sociedade seguradora, sociedade de capitalização e outras entidades legalmente equiparadas às anteriores.

IV. É competente para homologar o plano de recuperação extrajudicial, deferir a recuperação judicial ou decretar a falência o juízo do local do principal estabelecimento do devedor ou da filial de empresa que tenha sede fora do Brasil.

V. A distribuição do pedido de falência ou de recuperação judicial previne a jurisdição para qualquer outro pedido de recuperação judicial ou de falência, relativo ao mesmo devedor.

RESPONDA:

(A) Apenas as proposições II, III e IV estão corretas.
(B) Apenas as proposições I, II, III e V estão corretas.
(C) Apenas as proposições III e IV estão incorretas.
(D) Apenas as proposições III, IV e V estão incorretas.
(E) Todas as proposições estão corretas.

I: essa é a disposição do art. 6º, *caput*, da LF, mas é importante lembrar que há exceções (caso das ações trabalhistas e execuções fiscais - §§ 6º e 7º); II e III: art. 2º, I e II, da LF; IV: art. 3º da LF; V: art. 6º, § 8º, da LF. Gabarito "E".

(Magistratura do Trabalho – 8ª Região – 2007) Assinale a alternativa correta a respeito de quem pode requerer a recuperação judicial:

(A) O devedor que, no momento do pedido, exerça suas atividades há mais de três anos e não seja falido e, se o foi, estejam declaradas extintas, por sentença transitada em julgado, as responsabilidades daí decorrentes.

(B) O devedor que, no momento do pedido, exerça suas atividades há mais de dois anos e, há menos de seis anos, não tenha obtido concessão de recuperação judicial.

(C) O devedor que, no momento da ação de execução, exerça suas atividades há mais de dois anos e não tenha, há menos de oito anos, obtido concessão de recuperação judicial com base no plano especial de que trata a Lei que regula a recuperação judicial, a extrajudicial e a falência do empresário e da sociedade empresária.

(D) O devedor que, no momento do pedido, exerça suas atividades há mais de dois anos e não tenha sido condenado ou não tenha, como administrador ou sócio controlador, pessoa condenada por qualquer dos crimes previstos na Lei que regula a recuperação judicial, a extrajudicial e a falência do empresário e da sociedade empresária.

(E) A recuperação judicial também poderá ser requerida pelo cônjuge sobrevivente, herdeiros do devedor, inventariante, tutor ou curador, não podendo ser requerida pelo sócio remanescente.

A: o prazo é de mais de dois anos (não três) de atividade empresarial – art. 48, *caput*, e I, da LF; B: o prazo é de menos de cinco anos (não seis), com relação à anterior concessão de recuperação judicial – art. 48, II, da LF; C: o prazo de dois anos de atividade empresarial é aferido no momento do pedido (não da ação de execução) – art. 48, *caput*, da LF; D: art. 48, IV, da LF; E: o sócio remanescente também pode requerer a recuperação judicial – art. 48, parágrafo único, da LF. Gabarito "D".

(Ministério Público do Trabalho – 13º) Em relação à nova Lei de Falências e Recuperação de Empresas (Lei nº 11.101/2005):

I. a recuperação extrajudicial, que tem por objetivo a continuidade da vida da empresa e a manutenção dos empregos, não afeta os contratos de trabalho e os créditos dos trabalhadores;

II. o plano de recuperação judicial não poderá prever prazo superior a um ano para pagamento dos créditos decorrentes das relações de trabalho ou decorrentes de acidentes do trabalho vencidos até a data do pedido da recuperação judicial;

III. o plano de recuperação judicial não poderá prever prazo superior a 90 (noventa) dias para o pagamento, até o limite de cinco salários-mínimos, dos créditos de natureza estritamente salarial, vencidos nos seis meses anteriores ao pedido de recuperação judicial;

IV. na falência, os créditos trabalhistas são classificados em primeiro lugar para pagamento, mas limitados a cento e cinquenta salários mínimos por trabalhador.

Analisando-se as asserções acima, pode-se afirmar que:

(A) todas as assertivas estão corretas;
(B) apenas as assertivas II e IV estão incorretas;
(C) apenas as assertivas I, II e IV estão corretas;
(D) todas as alternativas estão incorretas;
(E) não respondida.

I, II e III: em princípio, os contratos de trabalho e os créditos dos trabalhadores não são afetados pela recuperação judicial. No entanto, é bom lembrar que pode haver, durante a recuperação judicial, redução salarial, compensação de horários e redução da jornada, mediante acordo ou convenção coletiva – art. 50, VIII, da LF. Por outro lado, o plano de recuperação judicial não poderá prever prazo superior a 1 ano para pagamento dos créditos derivados da legislação do trabalho ou decorrentes de acidentes de trabalho vencidos até a data do pedido de recuperação judicial ou prazo superior a 30 dias (não noventa) para o pagamento, até o limite de cinco salários-mínimos por trabalhador, dos créditos de natureza estritamente salarial vencidos nos 3 meses anteriores ao pedido de recuperação judicial – art. 54 da LF; IV: art. 83, I, da LF. Gabarito "C".

4.4. TEMAS COMBINADOS DE DIREITO CONCURSAL

(Magistratura/SC – 2010) Segundo a Lei nº 11.101/2005, que trata da Falência e da Recuperação da Empresa, assinale a alternativa **correta**:

I. Na falência os bens perecíveis, deterioráveis, sujeitos à considerável desvalorização ou que sejam de conservação arriscada ou dispendiosa, poderão ser vendidos antecipadamente, após a arrecadação e a avaliação, mediante autorização judicial, ouvidos o Comitê e o falido no prazo de 48 (quarenta e oito) horas.

II. O administrador judicial poderá alugar ou celebrar outro contrato referente aos bens da massa falida, com o objetivo de produzir renda para massa falida, mediante autorização do Comitê. O bem objeto da contratação poderá ser alienado a qualquer tempo, independentemente do prazo contratado, rescindindo-se, sem direito a multa, o contrato realizado, salvo se houver anuência do adquirente.

III. Os créditos tributários, independentemente da sua natureza e tempo de constituição, excetuadas as multas tributárias, antecedem aos créditos derivados da legislação do trabalho, mesmo os limitados a 150 salários mínimos por credor e os créditos com garantia real até o limite do valor do bem gravado, na ordem de classificação dos créditos.

IV. Na falência, os créditos retardatários perderão o direito a rateios eventualmente realizados e ficarão sujeitos ao pagamento de custas, não se computando os acessórios compreendidos entre o término do prazo e a data do pedido de habilitação.

(A) Somente as proposições I, II e IV estão corretas.
(B) Somente as proposições I, II e III estão corretas.
(C) Somente as proposições II e IV estão corretas.
(D) Somente as proposições I, II e III estão corretas.
(E) Todas as proposições estão corretas.

I: Correta, pois a possibilidade é prevista no art. 113 da LF; II: Assertiva correta, em conformidade com o art. 114, *caput* e § 2º, da LF; III: Incorreta, pois os créditos trabalhistas (observado o limite citado), os decorrentes de acidentes de trabalho e os com garantia real (até o limite do bem gravado) antecedem os créditos tributários na ordem de preferência – art. 83, I, II e III, da LF; IV: Correta, conforme o art. 10, § 3º, da LF. Gabarito "A".

(Magistratura/MG – 2008) Quanto à falência e à recuperação judicial, é INCORRETO afirmar que:

(A) Na falência, os créditos retardatários perderão o direito a rateios eventualmente realizados e ficarão sujeitos ao pagamento de custas, não se computando os acessórios compreendidos entre o término do prazo e a data do pedido de habilitação.

(B) Após a homologação do quadro-geral de credores, aqueles que não habilitaram seu crédito poderão, observado, no que couber, o procedimento ordinário previsto no Código de Processo Civil, requerer ao juízo da falência ou da recuperação judicial a retificação do quadro-geral para inclusão do respectivo crédito.

(C) Na recuperação judicial, os titulares de créditos retardatários têm direito a voto nas deliberações da assembléia-geral de credores.

(D) As habilitações de crédito retardatárias, se apresentadas antes da homologação do quadro-geral de credores, serão recebidas como impugnação.

A: art. 10, § 3º, da LF; B: art. 10, § 6º, da LF; C: com exceção dos titulares de créditos decorrentes da relação de trabalho, os titulares de créditos retardatários não têm direito a voto na assembleia geral de credores – art. 10, § 1º, da LF; D: art. 10, § 5º, da LF. Gabarito "C".

(Magistratura/MS – 2008 – FGV) Assinale a alternativa correta.

(A) A falência do devedor empresário pode ser requerida com base em título de crédito prescrito, desde que devidamente protestado.

(B) O devedor na falência deve ser citado para pagamento do valor devido ao credor.

(C) A existência de pedido de concordata anterior à vigência da Lei 11.101/05 não obsta o pedido de recuperação judicial pelo devedor que não houver descumprido obrigação no âmbito da concordata.

(D) A sentença que decretar a falência fixará o termo legal da falência, sem poder retrotraí-lo por mais de 60 (sessenta dias) contados do pedido de falência, do pedido de recuperação judicial ou do protesto por falta de pagamento.

(E) As sociedades de arrendamento mercantil podem se beneficiar do instituto da recuperação.

A: o título prescrito não dá ensejo ao pedido de falência – art. 96, II, da LF; B: o devedor é citado para apresentar contestação em dez dias e, nesse prazo, poderá depositar o valor total do crédito exigido, com os acréscimos (correção monetária, juros e honorários) – art. 98 da LF; C: art. 192, § 2º, da LF; D: o prazo máximo de retrotração é de 90 dias (não sessenta) – art. 99, II, da LF; E: as instituições financeiras e entidades equiparadas (caso das sociedades de arrendamento mercantil) não se submetem à Lei de Recuperações e Falências – art. 2º, II, *in fine*, da LF, c/c arts. 17 e 18 da Lei 4.595/1964. Gabarito "C".

(Magistratura/PR – 2008) Assinale a alternativa INCORRETA:

(A) Na recuperação judicial a verificação dos créditos será realizada pelo administrador judicial, com base nos livros contábeis e documentos comerciais e fiscais do devedor e nos documentos que lhe forem apresentados pelos credores.

(B) O juiz, de ofício, poderá determinar a destituição do administrador judicial quando verificar omissão, negligência ou prática de ato lesivo às atividades do devedor ou a terceiros.

(C) O juízo da falência é indivisível e competente para conhecer todas as ações sobre bens, interesses e negócios do falido, causas trabalhistas e fiscais.

(D) O juiz que adquirir bens de massa falida ou de devedor em recuperação judicial, ou, em relação a estes, entrar em alguma especulação de lucro, quando tenham atuado nos respectivos processos, comete crime de violação de impedimento.

A: art. 7º da LF; B: art. 31 da LF; C: as causas trabalhistas e fiscais não se submetem ao juízo da falência – art. 76 da LF; D: art. 177 da LF. Gabarito "C".

(Ministério Público/SC – 2008)

I. Embora a habilitação de créditos tenha feição administrativa, a impugnação é de natureza contenciosa, exigindo atividade jurisdicional.

II. O falido, dada a sua incapacidade de gerenciar negócios não pode ser testamenteiro.

III. Como a fraude contra credores implica a nulidade do negócio jurídico, qualquer interessado atual poderá alegá-la, mesmo que não fosse credor à época da fraude.

IV. São nulos os registros de imóveis efetuados após sentença de abertura de falência, ou do termo legal nele fixado, salvo se a apresentação tiver sido feita anteriormente. Trata-se de nulidade por definição legal e não importa se o falido teve ou não intenção de fraudar credores.

V. Decreta a falência ou homologada a recuperação judicial, o Ministério Público, constatando a existência de crime falimentar, oferecerá denúncia no Juízo universal da falência.

(A) apenas I e III estão corretos
(B) apenas II e IV estão corretos.
(C) apenas I e IV estão corretos.
(D) apenas II, III e V estão corretos.
(E) apenas I, II e V estão corretos.

I: as habilitações são apresentadas diretamente ao administrador judicial, mas as impugnações são dirigidas ao juiz – arts. 7º, § 1º, e 8º, ambos da LF; II: a inabilitação do falido refere-se apenas à atividade empresarial – art. 102 da LF; III: nos termos do art. 130 da LF, são revogáveis (não nulos) os atos praticados com a intenção de prejudicar credores (decorrentes de conluio fraudulento e que impliquem efetivo prejuízo sofrido pela massa). O administrador judicial, o comitê de credores, qualquer credor ou o membro do Ministério Público poderá pedir a exclusão, a reclassificação ou a retificação de crédito, no caso de fraude – art. 19 da LF; IV: art. 129, VII, da LF; V: o conhecimento dos crimes falimentares compete ao juiz criminal da jurisdição onde tenha sido decretada a falência, concedida a recuperação judicial ou homologado o plano de recuperação extrajudicial – art. 183 da LF. Gabarito "C".

(Ministério Público/SP – 2008) Assinale a alternativa correta.

(A) O Ministério Público não tem legitimidade para impugnar a relação de credores que instrui o pedido de recuperação judicial.

(B) O devedor pode, unilateralmente e a qualquer momento, desistir do pedido de recuperação judicial, em razão do princípio dispositivo.

(C) O Ministério Público tem legitimidade para a ação revocatória, que deve ser proposta no prazo de três anos da decretação da falência.

(D) É vedada a reunião de credores em litisconsórcio para alcançar o valor mínimo exigido pela lei para o requerimento de falência, em razão do princípio da continuidade da empresa.

(E) Não é admissível a nomeação de pessoa jurídica para a função de administrador judicial, que deve ser necessariamente desempenhada por profissional de nível universitário, inscrito no órgão de classe competente.

A: o Ministério Público tem legitimidade para impugnar a relação de credores – art. 8º da LF; B: o devedor não pode desistir do pedido de recuperação judicial após o deferimento de seu processamento, exceto se houver concordância por parte da assembleia geral de credores – art. 52, § 4º, da LF; C: art. 132 da LF; D: é possível essa reunião de credores, para alcançar o valor mínimo para pedido de falência por inadimplemento – art. 94, § 1º, da LF; E: o administrador judicial pode ser pessoa jurídica especializada – art. 21 da LF. Gabarito "C".

(Cartório/SP – 2008) Na falência ou na recuperação judicial, inclui-se entre as atribuições do comitê de credores

(A) consolidar quadro geral de credores.
(B) fiscalizar a atuação do administrador judicial.
(C) deliberar sobre a alienação de bens ou a realização do ativo do devedor.
(D) convocar a assembléia geral de credores.

A: a consolidação do quadro geral de credores é atribuição do administrador judicial – art. 18 da LF; B: art. 27, I, *a*, da LF; C: o comitê pode apenas orientar o juiz na alienação dos ativos, conforme o art. 142 da LF, além de submeter à apreciação do juiz a alienação de bens do ativo permanente antes da aprovação do plano de recuperação judicial, nas hipóteses e condições do art. 27, II, *c*, da LF; D: a assembleia geral de credores é convocada pelo juiz – art. 36 da LF. Gabarito "B".

(Magistratura do Trabalho – 14ª Região – 2006) Em relação à recuperação judicial, extrajudicial e a falência do empresário e da sociedade empresária, aponte a alternativa INCORRETA:

(A) Não são exigíveis do devedor, na recuperação judicial ou na falência, as obrigações a título gratuito e as despesas que os credores fizerem para tomar parte na recuperação judicial ou na falência, salvo as custas judiciais decorrentes de litígio com o devedor.
(B) A decretação da falência ou o deferimento do processamento da recuperação judicial suspende o curso da prescrição e de todas as ações e execuções em face do devedor, inclusive aquelas dos credores particulares do sócio solidário
(C) O administrador judicial que não apresentar, no prazo estabelecido, suas contas ou qualquer dos relatórios previstos nesta Lei será intimado pessoalmente a fazê-lo no prazo de 5 (cinco) dias, sob pena de desobediência. Decorrido o citado prazo, o juiz destituirá o administrador judicial e nomeará substituto para elaborar relatórios ou organizar as contas, explicitando as responsabilidades de seu antecessor.
(D) A recuperação judicial também poderá ser requerida pelo cônjuge sobrevivente, herdeiros do devedor, inventariante ou sócio remanescente.
(E) Estão sujeitos à recuperação judicial todos os créditos existentes na data do pedido, desde que estejam vencidos.

A: art. 5º da LF; B: essa é a disposição do art. 6º, *caput*, da LF, mas é importante lembrar que há exceções (caso das ações trabalhistas e execuções fiscais - §§ 6º e 7º); C: art. 23 da LF; D: art. 48, parágrafo único, da LF; E: os créditos a vencer (vincendos) também são abrangidos pela recuperação judicial – art. 49 da LF. Gabarito "E".

(Ministério Público/SP – 2006) Considere os seguintes enunciados:

I. A decretação da falência das concessionárias de serviços públicos implica extinção da concessão, na forma da lei.
II. O devedor poderá requerer a homologação em juízo do plano de recuperação extrajudicial que obriga a todos os credores por ele abrangidos, desde que assinado por credores que representem mais de 3/5 de todos os créditos de cada espécie por ele abrangidos.
III. No procedimento para a decretação de falência, citado, o devedor poderá apresentar contestação no prazo de 15 dias, podendo, ainda, no mesmo prazo, depositar o valor correspondente ao total do crédito, acrescido de correção monetária, juros e honorários advocatícios, hipótese em que a falência não será decretada.
IV. Os créditos derivados de legislação trabalhista, ainda que cedidos a terceiros, terão preferência sobre os demais, limitados os valores, porém, a 150 salários mínimos por credor.
V. Na falência, as cláusulas penais dos contratos unilaterais não serão atendidas se as obrigações neles estipuladas se vencerem em virtude da quebra.

(A) São verdadeiros os enunciados I e II, mas o enunciado V é falso.
(B) São verdadeiros os enunciados I, II e IV.
(C) São falsos os enunciados III e IV.
(D) São falsos os enunciados I, IV e V.
(E) São verdadeiros os enunciados II, III e IV.

I: art. 195 da LF; II: art. 163 da LF; III: o prazo para contestação é de 10 dias (não 15) – art. 98 da LF; IV: os créditos trabalhistas cedidos a terceiros são classificados como quirografários – art. 83, § 4º, da LF; V: art. 83, § 3º, da LF. Gabarito "C".

5. INVERVENÇÃO E LIQUIDAÇÃO EXTRAJUDICIAL

(Magistratura Federal-5ª Região – 2011) Com base na Lei n.º 6.024/1974, assinale a opção correta a respeito da liquidação extrajudicial de instituições financeiras.

(A) A decretação da liquidação não suspende as execuções de sentença já em curso contra a instituição financeira sob intervenção, o que só ocorrerá se for declarada a sua falência.
(B) Administradores, membros do conselho fiscal e até terceiros à instituição financeira em liquidação podem ficar com bens indisponíveis, sendo impedidos de aliená-los até se apurar sua responsabilidade.
(C) A liquidação dos bens de instituição financeira deve obedecer às disposições sobre realização do ativo previstas na legislação falimentar em vigor.
(D) As sociedades que podem ser submetidas a liquidação extrajudicial são essencialmente empresariais e devem estar organizadas como sociedades anônimas com capital aberto ou fechado.
(E) A liquidação extrajudicial pode ser iniciada por decisão administrativa ou, na ausência injustificada desta, por decisão judicial, garantidos, nesse caso, o contraditório e a ampla defesa à sociedade empresarial.

A: Incorreta, pois a decretação da liquidação extrajudicial implicará imediata suspensão das ações e execuções iniciadas sobre direitos e interesses relativos ao acervo da entidade liquidanda, não podendo ser intentadas quaisquer outras, enquanto durar a liquidação – art. 18, *a*, da Lei 6.024/1974; B: Essa é a assertiva correta, conforme o art. 36 da Lei 6.024/1974; C: Incorreta, aplicando-se o disposto na Lei 6.024/1974 (ver art. 16, § 1º); D: Incorreta, pois a liquidação extrajudicial refere-se especificamente a instituições financeiras privadas e a públicas não federais, assim como a cooperativas de crédito – art. 1º da Lei 6.024/1974. Ademais, as cooperativas não têm natureza empresarial – art. 25 da Lei 4.595/1964 e art. 982, p. único, *in fine*, do CC; E: Incorreta, pois a intervenção será decretada de ofício pelo Banco Central do Brasil, ou por solicitação dos administradores da instituição, se o respectivo estatuto lhes conferir esta competência – art. 3º da Lei 6.024/1974. Gabarito "B".

(Magistratura/SE – 2008 – CESPE) Em virtude de má gestão, o Banco Zeugma S.A. acumulou prejuízos nos últimos 5 anos e, como inúmeras obrigações assumidas durante esse período não foram satisfeitas, o banco estava na iminência de ter sua falência decretada. Por tudo isso, o referido banco teve decretada sua intervenção e, conseqüentemente, a indisponibilidade dos bens dos ex-administradores e a instauração de inquérito para apuração de responsabilidades. Com base na situação hipotética apresentada e na legislação pertinente, assinale a opção correta.

(A) A responsabilidade dos administradores do Banco Zeugma é subsidiária e restringe-se às obrigações assumidas durante suas respectivas gestões.
(B) É responsabilidade exclusiva do Ministério Público proceder ao inquérito para apurar as causas que levaram o Banco Zeugma a ter sua intervenção decretada.
(C) Caso o inquérito conclua pela existência de prejuízos, será ele, com o respectivo relatório, remetido diretamente ao Ministério Público, que poderá requerer o seqüestro dos bens dos ex-administradores, ressalvados os bens que já tenham sido atingidos por eventual indisponibilidade.
(D) Transitada em julgado a sentença que declarar a responsabilidade dos ex-administradores do referido banco, eventuais arrestos e indisponibilidade de bens ocorridos durante a intervenção serão convolados em penhora, seguindo-se o processo de execução.
(E) Caso fosse decretada liquidação extrajudicial em vez de intervenção, não seria possível decretar a indisponibilidade dos bens dos administradores do Banco Zeugma.

A: a responsabilidade dos administradores é solidária – art. 40 da Lei 6.024/1974; B: compete ao Banco Central promover o inquérito, nos termos do art. 41 da Lei 6.024/1974; C: o inquérito será remetido ao juiz competente, cabendo ao Ministério Público requerer o sequestro dos bens dos ex-administradores que não tenham sido atingidos pela indisponibilidade, suficientes para cobrir os prejuízos – art. 45 da Lei 6.024/1974; D: art. 49 da Lei 6.024/1974; E: a indisponibilidade decorre tanto da liquidação como da intervenção – art. 36 da Lei 6.024/1974. Gabarito "D".

(Magistratura Federal – 5ª Região – 2007 – CESPE) Julgue o item seguinte. A decretação de liquidação extrajudicial de instituição financeira acarreta a automática indisponibilidade dos bens de seus diretores e membros do conselho fiscal que tenham estado no exercício das respectivas funções nos doze meses anteriores ao referido ato.

Art. 36, *caput*, e § 1º, da Lei 6.024/1974. Gabarito "C".

(Procurador do Estado/RR – 2006 – FCC) Determinado banco comercial recebeu, por meio de endosso-mandato, duplicatas sacadas por um empresário, para fins de cobrança. Enquanto estava na posse das duplicatas, sobreveio a liquidação extrajudicial do banco. A superveniência da liquidação extrajudicial

(A) implica o desfazimento do endosso, com a devolução das duplicatas ao sacador.
(B) torna as duplicatas inexigíveis, junto com os demais ativos da instituição financeira.
(C) suspende imediatamente as medidas de cobrança tomadas pelo banco, judiciais ou extrajudiciais.
(D) implica a arrecadação das duplicatas, como medida de apuração do ativo da instituição financeira.
(E) confere ao liquidante, com autorização do Banco Central, a opção de continuar ou não com a cobrança.

O liquidante pode, mediante prévia e expressa autorização do Banco Central, ultimar os negócios pendentes (inclusive a cobrança contratada com o mandatário), sempre no interesse da massa – art. 16, § 1º, da Lei 6.024/1974. Gabarito "E".

(Magistratura Federal – 1ª Região – 2005) Quanto à liquidação extrajudicial, não é correto afirmar:

(A) será executada por liquidante nomeado pelo Banco Central do Brasil, com amplos poderes de administração e liquidação, especialmente os de verificação e classificação de créditos, podendo nomear e demitir funcionários, fixando-lhes os vencimentos, outorgar e cassar mandatos, e representar a massa, judicial e extrajudicialmente;
(B) os honorários do liquidante são fixados pelo Banco Central do Brasil, mas são pagos pela massa liquidanda;
(C) uma vez decretada a liquidação extrajudicial, não cabe aplicar correção monetária às dívidas da massa;
(D) a decretação da liquidação extrajudicial interrompe a prescrição relativa a obrigações de responsabilidade da liquidanda.

A: art. 16 da Lei 6.024/1974; B: art. 16, § 2º, da Lei 6.024/1974; C: apesar do disposto no art. 18, f, da Lei 6.024/1974 e de alguns precedentes jurisprudenciais nesse sentido (ver REsp 848.905/BA), é importante salientar que há normas especiais que preveem a correção monetária em liquidação extrajudicial (v.g. DL 2.420/1988) e precedentes específicos favoráveis à correção (v.g. REsp 2.512/RJ); D: art. 18, e, da Lei 6.024/1974. Gabarito "C".

(Ministério Público/AP – 2005) Assinale a alternativa correta:

(A) A Liquidação Extrajudicial é a modalidade de ato administrativo discricionário, sendo o Banco Central o órgão da administração indireta federal competente para sua decretação;
(B) O ato de decretação da liquidação extrajudicial não torna exigível a cláusula penal dos contratos unilaterais antecipadamente vencidos, os juros posteriores à decretação, se não pago integralmente o passivo;
(C) Os administradores das instituições financeiras em intervenção, em liquidação extrajudicial, ficarão com parte de seus bens indisponíveis podendo na parte desobrigada, por qualquer forma, direta ou indireta, aliená-los ou onerá-los;
(D) A indisponibilidade dos bens decorrente do ato que decretar a intervenção, atinge a todos os administradores que tenham estado no exercício das funções nos doze meses anteriores ao mesmo ato.

A: a liquidação é, primordialmente, ato vinculado, pois deve ser decretada nas hipóteses previstas no art. 15 da Lei 6.024/1974, embora haja alguma margem para a decisão do Banco Central (§ 1º); B: apesar do disposto no art. 18, c e d, da Lei 6.024/1974 e de alguns precedentes em sentido contrário (ver REsp 848.905/BA), a jurisprudência majoritária admite a cobrança de juros moratórios na liquidação extrajudicial – ver AgRg no Ag 987.423/RJ-STJ; C e D: a indisponibilidade atinge todos os bens de todos os administradores que tenham estado no exercício das funções nos doze meses anteriores à decretação da intervenção ou da liquidação extrajudicial – art. 36, caput, e § 1º, da Lei 6.024/1974. Gabarito "D".

6. SISTEMA FINANCEIRO NACIONAL

(Ministério Público/AM – 2008 – CESPE) Acerca da competência e da natureza jurídica das entidades que compõem o Sistema Financeiro Nacional, assinale a opção correta.

(A) Compete ao Conselho Monetário Nacional, autarquia de caráter especial vinculada ao Ministério da Fazenda, disciplinar o crédito, em todas as suas modalidades, e as operações creditícias, em todas as suas formas, inclusive aceites, avais e prestações de quaisquer garantias por parte das instituições financeiras.
(B) Compete ao Banco Central da República do Brasil, autarquia federal, emitir moeda-papel e moeda metálica, nas condições e limites autorizados pelo Conselho Monetário Nacional.
(C) Compete à Comissão de Valores Mobiliários, órgão especial da Presidência da República, disciplinar e fiscalizar a auditoria das companhias abertas.
(D) Compete ao Conselho Nacional de Seguros Privados, autarquia federal, fixar as diretrizes e normas da política de seguros privados e regular as operações de seguros e resseguros.
(E) Compete à Superintendência de Seguros Privados, órgão especial do Ministério da Fazenda, fiscalizar o mercado de seguro, previdência complementar aberta e capitalização.

A: o CMN não tem natureza autárquica – trata-se de órgão formado pelo Ministro da Fazenda, pelo Ministro do Planejamento, Orçamento e Gestão e pelo Presidente do Banco Central do Brasil (art. 8º da Lei 9.069/1995). A assertiva, no entanto, indica corretamente competências do CMN – art. 4º, VI, da Lei 4.595/1964; B: arts. 8º e 10, I, da Lei 4.595/1964; C: A CVM é entidade autárquica especial, vinculada ao Ministério da Fazenda (não é órgão da Presidência) – art. 5º da Lei 6.385/1976. A assertiva, no entanto, indica corretamente competências da CVM – art. 8º, V, da Lei 6.385/1976; D: o CNSP não tem natureza autárquica – trata-se de órgão formado pelo Ministro da Fazenda, ou seu representante, pelo Superintendente da SUSEP e pelos representantes do Ministério da Justiça, do Ministério da Previdência e Assistência Social, do Banco Central do Brasil e da CVM – art. 33 do DL 73/1966. A assertiva, no entanto, indica corretamente competências do CNSP – art. 32 do DL 73/1966; E: a SUSEP é entidade autárquica especial vinculada ao Ministério da Fazenda (não é órgão do Ministério da Fazenda). A assertiva, no entanto, indica corretamente competências do CNSP – art. 36, h, do DL 73/1966. Gabarito "B".

(Ministério Público/RO – 2008 – CESPE) Em relação à estruturação do Sistema Financeiro Nacional e à regulação concernente às instituições financeiras privadas, assinale a opção correta.

(A) As instituições financeiras privadas constituir-se-ão unicamente sob a forma de sociedade anônima, devendo o seu capital com direito a voto ser representado por ações nominativas.
(B) As instituições financeiras privadas terão suas atividades, capacidade e modalidade individualmente reguladas pelo CMN, devendo submeter à prévia aprovação desse órgão os seus programas de recursos e aplicações.
(C) As instituições financeiras privadas serão fiscalizadas pela Comissão de Valores Mobiliários (CVM), à qual competirá autorizar-lhes o funcionamento e verificar se observam as normais legais e regulamentares sobre seu funcionamento.
(D) As instituições financeiras privadas não poderão conceder empréstimos e adiantamentos aos seus diretores ou aos membros de seus conselhos administrativo e fiscal, bem como aos respectivos cônjuges e parentes de primeiro e segundo graus.
(E) As instituições financeiras privadas, exceto as de investimento, só poderão participar de capital de quaisquer outras sociedades se prévia e individualmente autorizadas pelo CMN, ressalvados os casos de garantia de subscrição.

A: as cooperativas de crédito não se submetem a essa restrição – art. 25 da Lei 4.595/1964; B e C: as instituições financeiras submetem-se à autorização e à fiscalização pelo Banco Central do Brasil – arts. 10, IX e X, e 18, ambos da Lei 4.595/1964; D: art. 34, I e II, da Lei 4.595/1964; E: exige-se autorização do Banco Central do Brasil, na hipótese – art. 30 da Lei 4.595/1964. Gabarito "D".

(Procurador do Estado/CE – 2008 – CESPE) A respeito do sistema financeiro nacional, assinale a opção correta.

(A) A lei determina que a presidência do Conselho Monetário Nacional seja exercida pelo presidente do Banco Central.
(B) A lei veda às instituições financeiras adquirir bens imóveis que não sejam destinados ao próprio uso, salvo os recebidos em liquidação de empréstimos de difícil solução.
(C) Compete ao Conselho Monetário Nacional efetuar operações de compra e venda de títulos públicos federais, como instrumento de política monetária.
(D) É lícito ao Banco Central operar com instituições financeiras públicas e privadas, cooperativas de crédito, consórcio e entidades de previdência complementar.
(E) Compete ao presidente do Banco Central nomear o presidente do Banco do Brasil, após aprovação do Congresso Nacional.

A: incorreta, pois a presidência do CMN é exercida pelo Ministro da Fazenda – art. 8º, I, da Lei 9.069/1995; B: correta, pois a vedação é prevista no art. 35, II, da Lei 4.595/1964; C: incorreta, pois essa competência privativa é do Banco Central do Brasil – art. 10, XII, da Lei 4.595/1964; D: incorreta, já que o Banco Central do Brasil opera exclusivamente com instituições financeiras públicas ou privadas, salvo autorização legal expressa – art. 12 da Lei 4.595/1964; E: assertiva incorreta, pois a nomeação do presidente do Banco do Brasil é feita pelo Presidente da República – art. 21, § 1º, da Lei 4.595/1964. Gabarito "B".

(Magistratura Federal – 5ª Região – 2007 – CESPE) Julgue o item que segue.

(1) O ato que empossa acionista no cargo de diretor de certa instituição financeira privada deve ser comunicado ao Banco Central do Brasil no prazo de quinze dias a contar da sua ocorrência.

Art. 33 da Lei 4.595/1964. Gabarito "C".

(Procuradoria Federal – 2007 – CESPE) Julgue o item seguinte, relativo ao Sistema Financeiro Nacional.

(1) A lei veda às instituições financeiras a concessão de empréstimos a seus diretores, bem como a aquisição de imóveis que não sejam destinados ao próprio uso da entidade.

Arts. 34, I, e 35, II, ambos da Lei 4.595/1964. Gabarito "C".

7. CONTRATOS EMPRESARIAIS

7.1. ALIENAÇÃO FIDUCIÁRIA

(Magistratura do Trabalho – 23ª Região – 2009) Analise os itens abaixo e marque a alternativa CORRETA: A alienação fiduciária em garantia de coisa móvel:

I. não transfere ao credor o domínio resolúvel.
II. transfere ao credor apenas a posse indireta.
III. transfere ao credor o domínio resolúvel e a posse indireta desde que ocorra a efetiva tradição do bem.
IV. sem a tradição do bem, transfere ao credor exclusivamente o domínio resolúvel.

(A) Apenas os itens I e II são verdadeiros.
(B) Apenas os itens III e IV são verdadeiros.
(C) Apenas os itens I e II são falsos.
(D) Todos os itens são verdadeiros.
(E) Todos os itens são falsos.

Na alienação fiduciária em garantia o devedor transfere ao credor o domínio resolúvel do bem, conforme o art. 1.361 do CC. Não há tradição do bem, de modo que há o desdobramento da posse – art. 1.361, § 2º, do CC. O devedor mantém-se na posse direta e o credor tem apenas a posse indireta. I: incorreta, pois há transferência do domínio resolúvel para o credor; II: incorreta, pois o credor, além da posse indireta, passa a ter o domínio resolúvel do bem; III: incorreta, já que não há tradição do bem; IV: incorreta, pois além do domínio resolúvel, o credor fica com a posse indireta do bem. Gabarito "E".

(Magistratura/AC – 2008 – CESPE) Laura firmou contrato de alienação fiduciária em garantia com certa instituição financeira, tornando-se fiel depositária de veículo automotor. Tendo como referência a situação hipotética apresentada, assinale a opção correta acerca das normas que regem o contrato de alienação fiduciária em garantia.

(A) Esse tipo de contrato constitui venda a crédito com reserva de domínio.
(B) Se o automóvel citado já integrava o patrimônio de Laura, então este não pode ser objeto do referido contrato.
(C) É nula uma cláusula contratual que autorize a instituição financeira a ficar com o veículo automotor alienado em garantia se a dívida não for paga por Laura na data do vencimento.
(D) Caso aliene a terceiro o automóvel objeto do contrato de alienação fiduciária em garantia, Laura estará sujeita apenas a sanções civis.

A: não há reserva de domínio por parte do vendedor (art. 521 do CC), pois o bem é alienado pelo adquirente à instituição financeira (há transferência da propriedade resolúvel – art. 1.361 do CC); B: o contrato pode ter por objeto bem que já pertencia ao devedor, anteriormente ao negócio – Súmula 28/STJ; C: art. 1.365 do CC; D: há sanção penal – art. 66-B, § 2º, da Lei 4.728/1965 c/c art. 171, § 2º, I, do CP. Gabarito "C".

(Ministério Público/SP – 2008) Assinale a alternativa correta.

(A) A notificação destinada à comprovação da mora em dívida garantida por alienação fiduciária deve trazer o valor total do débito para a devida ciência do devedor.
(B) O protesto do título para a comprovação da mora em dívida garantida por alienação fiduciária não pode ser feito por edital.
(C) No caso de mora em obrigação garantida mediante alienação fiduciária, o credor não pode vender a coisa a terceiros antes da avaliação judicial do bem.
(D) É vedada a concessão liminar da busca e apreensão do bem alienado fiduciariamente, em respeito ao princípio do contraditório.
(E) Na resposta à ação de busca e apreensão fundada em obrigação garantida por alienação fiduciária, o devedor pode discutir a legalidade de cláusulas contratuais.

A: não é necessária a indicação do valor do débito – Súmula 245/STJ; B: não há essa restrição – art. 2º, § 2º, do Decreto-Lei 911/1969; C: é possível a venda, independentemente de avaliação prévia – art. 2º, caput, do Decreto-Lei 911/1969; D: a concessão de liminar é prevista expressamente no art. 3º, caput, do Decreto-Lei 911/1969; E: art. 3º, § 3º, do Decreto-Lei 911/1969. Gabarito "E".

(Magistratura/PA – 2008 – FGV) A respeito da alienação fiduciária em garantia, assinale a afirmativa incorreta.

(A) É nula a cláusula contratual que autoriza o credor fiduciário a ficar com a coisa alienada em garantia, se a dívida não for paga no vencimento.
(B) A mora do devedor fiduciante é considerada ex re, ou seja, caracteriza-se pelo simples inadimplemento da obrigação pactuada no prazo avençado.
(C) Na sentença que decretar a improcedência do pedido da ação de busca e apreensão, o juiz condenará o credor fiduciário ao pagamento de multa em favor do devedor fiduciante, no valor equivalente ao originariamente financiado.
(D) O credor fiduciário poderá alienar a coisa a terceiros, independentemente de leilão, hasta pública ou avaliação do bem, na hipótese de inadimplemento da obrigação assumida pelo devedor fiduciante.
(E) De acordo com entendimento consolidado pelo STF, a notificação destinada a comprovar a mora nas dívidas garantidas por alienação fiduciária dispensa a indicação do valor do débito.

A: art. 1.365 do CC; B: art. 2º, § 2º, do Decreto-Lei 911/1969; C: a multa, devida caso o bem tenha sido alienado, corresponde a 50% do valor originalmente financiado – art. 3º, § 6º, do Decreto-Lei 911/1969; D: art. 2º, caput, do Decreto-Lei 911/1969; E: Súmula 245/STJ. Gabarito "C".

(Ministério Público/SP – 2006) Assinale a alternativa incorreta.

(A) A cobrança antecipada do valor residual garantido (VRG) não descaracteriza o contrato de arrendamento mercantil.
(B) A notificação destinada a comprovar a mora nas dívidas garantidas por alienação fiduciária dispensa a indicação do valor do débito.

(C) A purga da mora, nos contratos de alienação fiduciária, só é permitida quando já pagos pelo menos 40% do valor financiado.
(D) A terceiro de boa-fé não é oponível a alienação fiduciária não anotada no Certificado de Registro do veículo automotor.
(E) O contrato de alienação fiduciária em garantia não pode ter por objeto bem que já integrava o patrimônio do devedor.

A: Súmula 293/STJ; B: não é necessária a indicação do valor do débito – Súmula 245/STJ; C: a partir da Lei 10.931/2004, o art. 3º do DL 911/1969 não mais prevê expressamente a purga da mora quando já pagos 40% do valor financiado (norma ratificada pela Súmula 284/STJ). A redação atual do art. 3º, § 2º, do DL 911/1969 prevê apenas a possibilidade de pagamento integral da dívida pendente, para fins de restituição do bem, livre de ônus; D: art. 1.361, § 1º, do CC – a inexistência de registro implica inoponibilidade do contrato a terceiro de boa-fé; E: o contrato pode ter por objeto bem que já pertencia ao devedor, anteriormente ao negócio – Súmula 28/STJ. Gabarito "E".

(Ministério Público/AP – 2005) Assinale a alternativa correta:

(A) A busca e apreensão de bem alienado fiduciariamente constitui processo autônomo e independente de qualquer procedimento posterior;
(B) Se o bem alienado fiduciariamente não for encontrado ou não se achar na posse do devedor, o credor poderá requerer a conversão do pedido de busca e apreensão, em ação de depósito, em autos separados;
(C) A mora e o inadimplemento de obrigações contratuais garantidas por alienação fiduciária ou a ocorrência legal ou convencional de algum dos casos de antecipação de vencimento da dívida facultarão ao credor considerar, de pleno direito, vencidas todas as obrigações contratuais, apenas dependendo de aviso ou notificação judicial ou extrajudicial, para legalidade do ato;
(D) No caso de inadimplemento da obrigação garantida em alienação fiduciária, o proprietário fiduciário somente poderá vender a coisa a terceiros e aplicar preço da venda no pagamento do seu crédito e das despesas decorrentes da cobrança, entregando ao devedor o saldo porventura apurado, se houver, desde que autorizado judicialmente.

A: art. 3º, § 8º, do Decreto-Lei 911/1969; B: a conversão dá-se nos mesmos autos – art. 4º do Decreto-Lei 911/1969; C: essa faculdade do credor não depende de aviso ou notificação – art. 2º, § 3º, do Decreto-Lei 911/1969; D: não se exige autorização judicial para a alienação, na hipótese – art. 2º, caput, do Decreto-Lei 911/1969. Gabarito "A".

7.2. ARRENDAMENTO MERCANTIL / LEASING

(Magistratura/DF – 2011) A espécie de *leasing* em que o bem arrendado já pertence à empresa arrendadora é:

(A) *leasing* financeiro;
(B) *leasing* de retorno;
(C) *leasing* operacional;
(D) nenhuma das alternativas anteriores (a, b, c) é correta.

O arrendamento mercantil ou *leasing* é contrato em que o arrendatário paga prestações pelo uso de um bem por determinado período e, ao final, tem a opção de adquiri-lo, mediante pagamento do valor residual, ou devolvê-lo ao arrendatário. *Leasing* operacional ou *leasing renting* ocorre quando o bem pertence previamente à arrendadora, que o arrenda ao interessado (ao arrendatário). Nessa modalidade, muitas vezes as despesas de manutenção, assistência técnica e serviços correlatos à operacionalidade do bem ficam a cargo do arrendador – art. 6º da Resolução CMN 2.309/1996. *Leasing* financeiro ou *leasing* puro existe quando o arrendatário indica o bem que a arrendadora adquirirá de terceiro e, em seguida, arrendará ao primeiro (ao arrendatário). Nessa modalidade, as despesas de manutenção, assistência técnica e serviços correlatos à operacionalidade do bem ficam a cargo do arrendatário – art. 5º da Resolução CMN 2.309/1996. *Lease back* ou *leasing* de retorno ocorre quando o proprietário do bem (arrendatário) vende-o à arrendadora, que, em seguida, arrenda o mesmo bem para o antigo proprietário (ao arrendatário). A assertiva refere-se ao *leasing* operacional, conforme comentários anteriores, de modo que a alternativa "C" é a correta. Gabarito "C".

(Magistratura/DF – 2011) No contrato de *leasing* que contenha cláusula resolutiva expressa, tornando-se a empresa arrendatária inadimplente, a empresa arrendadora:

(A) pode ajuizar diretamente ação de reintegração de posse, sendo desnecessária a notificação prévia da empresa arrendatária para constituí-la em mora;
(B) pode ajuizar ação de reintegração de posse, uma vez notificada previamente a empresa arrendatária, sem que tenha devolvido o bem arrendado;
(C) pode buscar e apreender extrajudicialmente o bem arrendado, porque o contrato considera-se resolvido com o inadimplemento, em face da cláusula resolutiva expressa;
(D) nenhuma das alternativas anteriores (a, b e c) é correta.

A: Incorreta, pois, nos termos da Súmula 369/STJ, "No contrato de arrendamento mercantil (*leasing*), ainda que haja cláusula resolutiva expressa, é necessária a notificação prévia do arrendatário para constituí-lo em mora"; B: Correta, conforme comentário à alternativa anterior; C: Incorreta, conforme comentário à alternativa "A"; D: Incorreta, pois a assertiva "B" é verdadeira. Gabarito "B".

(Defensoria Pública/SP – 2010 – FCC) Assinale a alternativa INCORRETA.

(A) O arrendatário inadimplente que não devolver o bem pratica esbulho e sujeita-se à reintegratória.
(B) O arrendador, no caso de inadimplência do arrendatário, pode exigir deste o valor de pagamento das prestações vencidas e vincendas.
(C) O arrendatário deve ser notificado da inadimplência.
(D) O arrendatário deve pagar as prestações vencidas até a data da efetiva retomada do bem pelo arrendador.
(E) Verificando que as prestações tornaram-se excessivamente onerosas poderá o arrendatário postular judicialmente a revisão da cláusula contratual pertinente.

A: assertiva correta, pois a retenção indevida do bem torna injusta a posse, caracterizando o esbulho possessório e possibilitando a ação de reintegração de posse – ver REsp 329.932/SP; B: incorreta, pois somente podem ser exigidas as parcelas vencidas até a entrega do bem ao arrendante – ver REsp 211.570/PR; C: assertiva correta, pois o arrendatário deve ser previamente notificado, para configuração da mora – ver EREsp 162.185/SP; D: correta, conforme comentário à alternativa B; E: correta, pois é possível pleitear judicialmente a revisão contratual em situação de excepcional e excessiva onerosidade – ver AgRg no REsp 699.871/DF. Gabarito "B".

(Advogado da União/AGU – CESPE – 2009) A respeito dos contratos de empresas, julgue o item seguinte.

(1) Caracteriza-se leasing operacional quando uma sociedade empresária aliena um bem de sua propriedade à companhia de leasing, que o arrenda à mesma pessoa jurídica que o vendeu.

Assertiva incorreta, pois refere-se ao *lease back*, e não ao *leasing* operacional.
O arrendamento mercantil ou *leasing* é um contrato em que o arrendatário paga prestações pelo uso de um bem por determinado período e, ao final, tem a opção de adquiri-lo, mediante pagamento do valor residual, ou devolvê-lo ao arrendatário. *Leasing* operacional ou *leasing renting* ocorre quando o bem pertence previamente à arrendadora, que o arrenda ao interessado (ao arrendatário). Nessa modalidade, muitas vezes as despesas de manutenção, assistência técnica e serviços correlatos à operacionalidade do bem ficam a cargo do arrendador – art. 6º da Resolução CMN 2.309/1996. *Leasing* financeiro ou *leasing* puro existe quando o arrendatário indica o bem que a arrendadora adquirirá de terceiro e, em seguida, arrendará ao primeiro (ao arrendatário). Nessa modalidade, as despesas de manutenção, assistência técnica e serviços correlatos à operacionalidade do bem ficam a cargo do arrendatário – art. 5º da Resolução CMN 2.309/1996.
Lease back ou *leasing* de retorno ocorre quando o proprietário do bem (arrendatário) vende-o à arrendadora, que, em seguida, arrenda o mesmo bem para o antigo proprietário (ao arrendatário). Gabarito "E".

(Magistratura/TO – 2007 – CESPE) Considere que a Sol Locadora de Veículos Ltda. tenha firmado contrato de arrendamento mercantil com certa arrendadora, cujo objeto são cinco veículos. Nessa situação, assinale a opção correta acerca do contrato de arrendamento mercantil.

(A) É vedado, no contrato firmado entre a Sol Locadora de Veículos Ltda. e a arrendadora, prever-se que as prestações devam ser solvidas com periodicidade superior a três meses.
(B) Na operação de arrendamento mercantil ajustada entre a Sol Locadora de Veículos Ltda. e a arrendadora incide o imposto sobre serviços (ISS).
(C) É lícito que a arrendadora assuma a forma jurídica de sociedade limitada, desde que seja registrada no Banco Central e por ele autorizada a atuar nesse ramo.
(D) A lei do sigilo bancário não é aplicável às sociedades arrendadoras.

A: as prestações podem ter prazo máximo de um semestre (haverá, no máximo, parcelas semestrais) – art. 5º, b, da Lei 6.099/1974; B: Súmula 138/STJ; C: o Banco Central do Brasil determina que a arrendadora constitua-se como sociedade anônima, equiparando-a à instituição financeira privada – art. 25 da Lei 4.595/1964; D: a sociedade de arrendamento mercantil é equiparada a instituição financeira para fins de submissão às normas de sigilo bancário – art. 1º, § 1º, VII, da LC 105/2001. Gabarito "B".

7.3. FACTORING

(Magistratura/DF – 2007) Julgue as proposições seguintes, assinalando, após, a alternativa correta:

I. De acordo com a jurisprudência do Superior Tribunal de Justiça, a nota promissória emitida para o resgate de duplicatas frias, objeto de factoring, é título hábil para instruir pedido de falência.

II. É lícita a recompra de títulos "frios" transferidos em operação de factoring.

III. Da autonomia e da independência emana a regra de que o cheque não se vincula ao negócio jurídico que lhe deu origem, pois o possuidor de boa-fé não pode ter o seu direito restringido em virtude das relações entre anteriores possuidores e o emitente, ainda que reconhecida a prescrição do título para efeito de execução.

IV. Comprovada a ciência, pelo terceiro adquirente, sobre a mácula no negócio jurídico que deu origem à emissão do cheque, as exceções pessoais do devedor passam a ser oponíveis ao portador, ainda que se trate de empresa de factoring.

(A) Todas as proposições são verdadeiras.
(B) Todas as proposições são falsas.
(C) Apenas uma das proposições é verdadeira.
(D) Apenas uma das proposições é falsa.

I e II: essa é a jurisprudência do STJ (ver REsp 419.718/SP); III: arts. 906 e 915 do CC e art. 25 da Lei 7.357/1985; IV: art. 916 do CC e art. 25 da Lei 7.357/1985. Gabarito "A".

(Magistratura Federal – 5ª Região – 2007 – CESPE) Julgue o item a seguir.

(1) Os juros cobrados pelas empresas administradoras de cartões de crédito e pelas operadoras de factoring não se sujeitam aos limites estabelecidos pela lei da usura.

As empresas operadoras de factoring não são consideradas instituições financeiras, para fins de subordinação ao limite de juros remuneratórios da Lei de Usura (Decreto 22.626/1933), o que implica não poderem cobrar mais de 12% ao ano – ver REsp 1.048.341/RS. Já as administradoras de cartão de crédito são equiparadas a instituições financeiras e, portanto, não se submetem ao limite de juros da Lei de Usura (12% ao ano – Decreto 22.626/1933) – ver AgRg no Ag 748.561/RS-STJ. Gabarito 1E.

7.4. FRANQUIA

(Magistratura/SE – 2008 – CESPE) Felipe entrou em contato com a Beta Comércio de Alimentos Ltda. afirmando-se interessado em tornar-se franqueado dessa empresa. Em razão disso, a referida empresa forneceu a Felipe circular de oferta de franquia. Com base nessa situação hipotética, assinale a opção correta a respeito das formalidades preliminares, dos requisitos e da anulabilidade do contrato de franquia.

(A) Para que o contrato de franquia que Felipe venha a celebrar com a empresa seja válido, será necessário o registro no Instituto Nacional de Propriedade Industrial (INPI).
(B) O contrato firmado entre Felipe e a empresa Beta deve ser necessariamente escrito e assinado na presença de 2 testemunhas.
(C) O contrato de franquia deve ser assinado no prazo máximo de 5 dias a partir da data da entrega da circular de oferta de franquia.
(D) O contrato de franquia celebrado entre Felipe e a empresa Beta não poderá envolver a cessão de direito de uso de patente, em decorrência de vedação legal.
(E) A referida empresa poderá exigir o pagamento de taxa de filiação previamente à assinatura do contrato, em prazo não superior a 5 dias da data da entrega da circular de oferta de franquia.

A: não há exigência de registro do contrato em cartório ou órgão público – art. 6º da Lei 8.955/1994; B: a exigência é prevista no art. 6º da Lei 8.955/1994; C e E: a COF deve ser entregue pelo menos 10 dias antes da assinatura do contrato ou pré-contrato de franquia ou ainda do pagamento de qualquer tipo de taxa pelo franqueado – art. 4º da Lei 8.955/1994; D: o contrato de franquia tem como característica a cessão de uso de marca ou de patente – art. 2º da Lei 8.955/1994. Gabarito "B".

(Magistratura/DF – 2007) Julgue as proposições seguintes acerca do contrato de franquia empresarial, assinalando, após, a alternativa correta:

I. O contrato de franquia (franchising) resulta da conjugação de dois outros contratos empresariais: a licença de uso da patente e a prestação de serviços de organização de empresa.

II. A venda de produtos, do franqueador para o franqueado, não é requisito essencial da franquia, mesmo da comercial.

III. A lei brasileira, sobre franquias, não confere tipicidade ao contrato, uma vez que não define direitos e deveres dos contratantes, mas apenas obriga os empresários que pretendem franquear seu negócio a expor, anteriormente à conclusão do acordo, aos interessados algumas informações essenciais.

IV. A Circular de Oferta de Franquia – COF, instrumento fundamental para a formação válida do vínculo entre franqueador e franqueado, introduzido no direito brasileiro pela Lei n. 8.955/94, deve apresentar o conteúdo exigido pela lei, conter somente informações verídicas e ser entregue ao interessado em aderir ao sistema, com a antecedência mínima de dez dias, sob pena de anulabilidade do contrato que vier a ser firmado, devolução de todos os valores pagos a título de taxa de filiação e royalites, além de indenização.

(A) Todas as proposições são verdadeiras.
(B) Todas as proposições são falsas.
(C) Apenas uma das proposições é verdadeira.
(D) Apenas uma das proposições é falsa.

I: A cessão de uso da marca (não apenas de patentes) costuma ser apontada, pela doutrina, como elemento definidor do contrato de franquia. O art. 1º da Lei 8.955/1994 prevê a cessão do uso de marca ou de patente; II: essa obrigação não é essencial para o contrato de franquia. É comum que o próprio franqueado produza os bens a serem vendidos ou adquira-os de terceiros – art. 3º, XI, da Lei 8.955/1994; III: a assertiva descreve de maneira clara e fundamentada entendimento bastante aceito na doutrina (art. 3º da Lei 8.955/1994), embora haja posicionamento doutrinário e jurisprudencial (ainda que minoritário) pela tipicidade do contrato (ver AgRg no Ag 746.597/RJ-STJ); IV: a assertiva descreve o disposto nos arts. 3º e 4º da Lei 8.955/1994. Gabarito "D".

(Magistratura/SP – 2007) O art. 4.º da Lei n.º 8.955/94 dita que: "A Circular de Oferta de Franquia deverá ser entregue ao candidato a franqueado no mínimo 10 (dez) dias antes da assinatura do contrato ou pré-contrato de franquia ou ainda do pagamento de qualquer tipo de taxa pelo franqueado ao franqueador ou a empresa ou pessoa ligada a este". O não-recebimento da circular de oferta de franquia nos termos da referida norma

(A) suspende a eficácia do contrato de franquia até que seja sanada a irregularidade.
(B) permite ao franqueado o direito de obter a revisão das cláusulas contratuais, desde que demonstre o prejuízo relativo ao negócio.
(C) assegura, pelo prazo de um ano, a resolução imotivada do contrato de franquia, por parte do franqueado, e, após esse período, mediante prévia notificação, poderá exigir devolução de todas as quantias que já houver pago ao franqueador ou a terceiros por ele indicado, a título de taxa de filiação e royalties, devidamente corrigidas, pela variação do IGPM.
(D) permite ao franqueado argüir a anulabilidade do contrato e exigir devolução de todas as quantias que já houver pago ao franqueador ou a terceiros por ele indicados, a título de taxa de filiação e royalties, devidamente corrigidas, pela variação da remuneração básica dos depósitos de poupança mais perdas e danos.

A assertiva D descreve a sanção prevista no art. 4º, parágrafo único, da Lei 8.955/1994. Gabarito "D".

(Ministério Público/SP – 2006) A Circular de Oferta de Franquia deverá ser entregue ao candidato a franqueado no prazo mínimo de:

(A) 15 dias antes da assinatura do contrato de franquia ou ainda do pagamento de qualquer tipo de taxa pelo franqueado ao franqueador ou a empresa ou pessoa ligada a este, sob pena de nulidade do contrato e obrigação de devolução de todas as quantias que o franqueado já houver pago ao franqueador, devidamente corrigidas pela variação da remuneração básica dos depósitos de poupança mais perdas e danos.

(B) 15 dias antes da assinatura do contrato ou pré-contrato de franquia ou ainda do pagamento de qualquer tipo de taxa pelo franqueado ao franqueador ou a empresa ou pessoa ligada a este, sob pena de nulidade do contrato e obrigação de devolução de todas as quantias que o franqueado já houver pago ao franqueador, devidamente corrigidas pela variação da remuneração básica dos depósitos de poupança mais perdas e danos.

(C) 30 dias antes da assinatura do contrato de franquia ou ainda do pagamento de qualquer tipo de taxa pelo franqueado ao franqueador ou a empresa ou pessoa ligada a este, sob pena de nulidade do contrato e obrigação de devolução de todas as quantias que o franqueado já houver pago ao franqueador ou a terceiros por ele indicados, devidamente corrigidas pela variação da remuneração básica dos depósitos de poupança mais perdas e danos.

(D) 10 dias antes da assinatura do contrato ou pré-contrato de franquia, ou, ainda, do pagamento de qualquer tipo de taxa pelo franqueado ao franqueador, ou, a empresa ou pessoa ligada a este, sob pena de anulabilidade do contrato e obrigação de devolução de todas as quantias que o franqueado já houver pago ao franqueador, ou, a terceiros por ele indicados, devidamente corrigidas pela variação da remuneração básica dos depósitos de poupança mais perdas e danos.

(E) 10 dias antes da assinatura do contrato de franquia ou ainda do pagamento de qualquer tipo de taxa pelo franqueado ao franqueador ou a empresa ou pessoa ligada a este, sob pena de nulidade do contrato e obrigação de devolução de todas as quantias que o franqueado já houver pago ao franqueador, devidamente corrigidas pela variação da remuneração básica dos depósitos de poupança mais perdas e danos.

Art. 4º da Lei 8.955/1994. A, B e C: o prazo é de 10 dias (não 15 ou 30); D: a assertiva descreve a previsão legal; E: trata-se de anulabilidade (não nulidade) do contrato, que pode ser arguida pelo franqueado. Gabarito "D".

7.5. COMPRA E VENDA

(Magistratura/SP – 2011 – VUNESP) Relativamente à compra e venda, aponte a alternativa correta.

(A) Anulável será o contrato quando se deixar ao arbítrio exclusivo de uma das partes a fixação do preço.
(B) É lícito aos contratantes estipular o preço em função de índices ou parâmetros, desde que suscetíveis de objetiva determinação, ou sujeitá-lo à taxa de mercado ou de bolsa, em certo e determinado dia e lugar, ou ainda ao arbítrio de terceiro que prometerem designar.
(C) A venda feita a contento do comprador entende-se realizada sob condição resolutiva, ainda que a coisa lhe tenha sido entregue, e não se reputará perfeita, enquanto o adquirente não manifestar seu agrado.
(D) É ilícita a compra e a venda entre cônjuges.
(E) Nas coisas vendidas conjuntamente, o defeito oculto de uma autoriza a rejeição de todas.

A: Incorreta, pois é nulo (não simplesmente *anulável*) o contrato de compra e venda, quando se deixa ao arbítrio exclusivo de uma das partes a fixação do preço – há vedação da cláusula puramente potestativa pelo art. 489 do CC; B: Assertiva correta, pois isso é admitido, conforme os arts. 485, 486 e 487 do CC; C: Incorreta, pois se trata de condição suspensiva, não resolutiva – art. 509 do CC; D: Incorreta, pois é lícita a compra e venda entre cônjuges, com relação a bens excluídos da comunhão – art. 499 do CC; E: Incorreta, pois, nas coisas vendidas conjuntamente, o defeito oculto de uma *não autoriza* a rejeição de todas – art. 503 do CC. Gabarito "B".

(Magistratura Federal/3ª Região – 2010) A compra e venda comercial celebrada "a non domino" é:

(A) Nula;
(B) Anulável;
(C) Ineficaz;
(D) Fato gerador da responsabilidade por evicção.

Venda a *non domino* é aquela realizada por quem não tem poder de disposição da coisa – ver REsp 982.584/PE. Há entendimento no sentido de que a venda a *non domino* é ineficaz (plano da eficácia), conforme o gabarito oficial – ver REsp 942.270/SC. Caso o alienante adquira posteriormente a propriedade, o negócio jurídico pode vir a ter eficácia – art. 1.268, § 1º, do CC. Interessante registrar, entretanto, entendimento no sentido de que a venda a *non domino* é nula (plano da validade) – ver REsp 185.605/RJ e AgRg no Ag 51.045/PR. Gabarito "C".

(Magistratura/SP – 2007) O contrato de compra e venda mercantil torna-se perfeito e acabado

(A) quando é pago o preço.
(B) com o pagamento de 50% (cinquenta por cento) do preço.
(C) quando as partes acordam na coisa, no preço e nas condições estabelecidas.
(D) quando é entregue a coisa.

Trata-se de contrato consensual, que se conclui (no caso da compra e venda pura) com o acordo de vontades acerca do objeto e do preço (os elementos essenciais são acordo, coisa e preço) – art. 482 do CC. Gabarito "C".

(Magistratura/TO – 2007 – CESPE) Acerca de contrato de compra e venda mercantil, assinale a opção correta.

(A) Considera-se perfeita a compra e venda pura quando as partes acordam quanto ao preço e ao objeto.
(B) É vedada a compra e venda sem fixação de preço.
(C) A compra e venda mercantil não pode ter por objeto coisa futura.
(D) Com relação a bens excluídos da comunhão, a lei veda a compra e venda entre cônjuges.

A: a compra e venda, quando pura, conclui-se com o acordo de vontades acerca do objeto e do preço (os elementos essenciais são acordo, coisa e preço) – art. 482 do CC; B: o preço pode ser futuramente fixado por terceiro (árbitro previamente designado pelas partes, ou que se comprometam a designar) ou por índice de mercado ou de bolsa (em certo e determinado local e data) – arts. 485 e 486 do CC; C: é possível ter por objeto coisa atual ou futura – art. 483 do CC; D: é possível a venda entre cônjuges de bens excluídos da comunhão – art. 499 do CC. Gabarito "A".

7.6. CONTRATOS BANCÁRIOS E CARTÃO DE CRÉDITO

(Magistratura/SC – 2010) Assinale a alternativa correta:

I. Quando pactuada, é admissível a cobrança da comissão de permanência, respeitado o limite dos juros remuneratórios avençados, desde que não excedida a taxa média de mercado aferida pelo Banco Central do Brasil, em todos os contratos bancários, mesmo os já quitados.
II. Nas ações de busca e apreensão fundadas em contratos de financiamento garantidos por alienação fiduciária de bens móveis, justifica-se a conversão da busca e apreensão em ação de depósito quando já deferida e angularizada a relação processual.
III. A nota promissória vinculada a contrato de cheque especial goza de autonomia.
IV. Na ausência de pactuação expressa do indexador, aplica-se a taxa referencial como fator de correção monetária nos contratos do Sistema Financeiro da Habitação, porque aplicados aos saldos das cadernetas de poupança.

(A) Somente as proposições I, III e IV estão incorretas.
(B) Somente as proposições I e IV estão incorretas.
(C) Somente as proposições I, II e IV estão incorretas.
(D) Somente as proposições I e III estão incorretas.
(E) Todas as proposições estão incorretas.

I: Incorreta na parte final. "A **comissão de permanência**, que deve observar a **taxa média** dos juros de mercado, apurada pelo BACEN e limitada à **taxa** contratada para o período da normalidade (súmula 294/STJ), é devida para a inadimplência, desde que não cumulada com correção monetária (súmula 30/STJ), juros remuneratórios, moratórios e multa" (AgRg no Ag 1.096.464/RS-STJ). A assertiva é incorreta, pois a média do mercado é apurada em relação aos contratos atuais; II: Assertiva correta – ver AgRg no Ag 749.486/SP-STJ; III: Incorreta, pois, nos termos da Súmula 258/STJ, "A nota promissória vinculada a contrato de abertura de crédito não goza de autonomia em razão da iliquidez do título que a originou"; IV: Incorreta, pois admite-se a adoção da taxa referencial (TR) como indexador para contratos posteriores à Lei 8.177/1991, desde que pactuada – Súmula 295/STJ. Gabarito "A".

Veja a seguinte tabela, com as principais súmulas relativas ao direito bancário, para estudo:

Súmulas de Direito Bancário	
Súmula 596/STF	As disposições do Decreto 22.626/1933 [Lei de Usura, que limita a taxa de juros] não se aplicam às taxas de juros e aos outros encargos cobrados nas operações realizadas por instituições públicas ou privadas, que integram o sistema financeiro nacional.
Súmula 382/STJ	A estipulação de juros remuneratórios superiores a 12% ao ano, por si só, não indica abusividade.
Súmula 381/STJ	Nos contratos bancários, é vedado ao julgador conhecer, de ofício, da abusividade das cláusulas.
Súmula 379/STJ	Nos contratos bancários não regidos por legislação específica, os juros moratórios poderão ser convencionados até o limite de 1% ao mês.
Súmula 328/STJ	Na execução contra instituição financeira, é penhorável o numerário disponível, excluídas as reservas bancárias mantidas no Banco Central.
Súmula 322/STJ	Para a repetição de indébito, nos contratos de abertura de crédito em conta-corrente, não se exige a prova do erro.
Súmula 300/STJ	O instrumento de confissão de dívida, ainda que originário de contrato de abertura de crédito, constitui título executivo extrajudicial.
Súmula 299/STJ	É admissível a ação monitória fundada em cheque prescrito.
Súmula 297/STJ	O Código de Defesa do Consumidor é aplicável às instituições financeiras.
Súmula 296/STJ	Os juros remuneratórios, não cumuláveis com a comissão de permanência, são devidos no período de inadimplência, à taxa média de mercado estipulada pelo Banco Central do Brasil, limitada ao percentual contratado.
Súmula 294/STJ	Não é potestativa a cláusula contratual que prevê a comissão de permanência, calculada pela taxa média de mercado apurada pelo Banco Central do Brasil, limitada à taxa do contrato.
Súmula 286/STJ	A renegociação de contrato bancário ou a confissão da dívida não impede a possibilidade de discussão sobre eventuais ilegalidades dos contratos anteriores.
Súmula 285/STJ	Nos contratos bancários posteriores ao Código de Defesa do Consumidor incide a multa moratória nele prevista.
Súmula 283/STJ	As empresas administradoras de cartão de crédito são instituições financeiras e, por isso, os juros remuneratórios por elas cobrados não sofrem as limitações da Lei de Usura.
Súmula 258/STJ	A nota promissória vinculada a contrato de abertura de crédito não goza de autonomia em razão da iliquidez do título que a originou.
Súmula 247/STJ	O contrato de abertura de crédito em conta-corrente, acompanhado do demonstrativo de débito, constitui documento hábil para o ajuizamento da ação monitória.
Súmula 233/STJ	O contrato de abertura de crédito, ainda que acompanhado de extrato da conta-corrente, não é título executivo.
Súmula 30/STJ	A comissão de permanência e a correção monetária são inacumuláveis.

(Magistratura Federal-4ª Região – 2010) O contrato de conta-corrente é um dos mais usuais na área bancária, estabelecendo-se relação na qual o banco se compromete a receber os valores remetidos pelo cliente ou por terceiros, bem assim a cumprir as ordens de pagamentos emitidas até o limite do valor depositado ou, firmado também pacto de abertura de crédito, até o limite estabelecido.

Muitas vezes ocorrem problemas na execução desses contratos, dando causa a inúmeras ações que tramitam no judiciário brasileiro. Dadas as assertivas abaixo sobre os contratos de conta-corrente e de abertura de crédito, assinale a alternativa correta.

I. O contrato de abertura de crédito, ainda que acompanhado de extrato da conta-corrente, não é título executivo, mas, instruído com demonstrativo de débito, constitui documento hábil para o ajuizamento da ação monitória.
II. O instrumento de confissão de dívida, ainda que originário de contrato de abertura de crédito, constitui título executivo extrajudicial.
III. Nos contratos bancários é vedado ao julgador conhecer, de ofício, da abusividade das cláusulas.
IV. A renegociação de contrato bancário ou a confissão da dívida não impede a possibilidade de discussão sobre eventuais ilegalidades dos contratos anteriores.
V. Não é potestativa a cláusula contratual que prevê a comissão de permanência, calculada pela taxa média de mercado apurada pelo Banco Central do Brasil, limitada à taxa do contrato.

(A) Estão corretas apenas as assertivas I e II.
(B) Estão corretas apenas as assertivas I, IV e V.
(C) Estão corretas apenas as assertivas III, IV e V.
(D) Estão corretas apenas as assertivas I, II, III e IV.
(E) Estão corretas todas as assertivas.

I: Correta, conforme as Súmulas 233 e 247/STJ; II: Correta, conforme a Súmula 300/STJ; III: Correta, nos termos da Súmula 381/STJ; IV: Assertiva correta, pois reflete o disposto na Súmula 286/STJ; V: Assertiva também correta, conforme a Súmula 294/STJ. Gabarito "E".

(Magistratura/MG – 2009 – EJEF) Nas ações referentes a contratos bancários, é CORRETA a afirmação:

(A) O Juiz pode e deve, por se tratar de matéria de ordem pública, apreciar, de ofício, toda a matéria referente à regularidade do contrato.
(B) É vedado ao julgador conhecer, de ofício, da abusividade das cláusulas.
(C) O Juiz só está autorizado a examinar, de ofício, questões relativas às condições da ação.
(D) O Juiz deve aplicar, analogicamente, as disposições pertinentes às relações de consumo.

A: incorreta, pois o juiz não pode conhecer de ofício toda a matéria referente à regularidade do contrato, já que não se trata, necessariamente, de matéria de ordem pública; B: essa é a assertiva correta, nos termos da Súmula 381/STJ; C: incorreta, pois, dentre outras matérias, o juiz conhecerá de ofício aquelas relativas aos pressupostos de constituição e de desenvolvimento válido e regular do processo, perempção, litispendência, coisa julgada, além das condições da ação (possibilidade jurídica do pedido, legitimidade das partes e interesse processual) – art. 267, IV, V e VI, e § 3º, do CPC; D: incorreta, pois os contratos bancários sujeitam-se às normas consumeristas, conforme decidido pelo STF (ADIn 2.591/DF), de modo que o juiz deve aplicá-las diretamente, não simplesmente por analogia. Gabarito "B".

(Advogado da União/AGU – CESPE – 2009) A respeito dos contratos de empresas, julgue o item seguinte.

(1) O contrato de conta-corrente classifica-se como atípico, puro, aleatório, de execução futura e, por natureza, *intuitu personae*.

A classificação é adequada. O contrato bancário de conta-corrente é: *atípico*, pois não é especificamente regulado por lei; *puro*, porque não se trata de combinação de vários outros contratos; *aleatório*, já que o saldo final da conta-corrente não é previamente determinável; *de execução futura*, na medida em que é celebrado em um momento presente para ser executado no período futuro; *intuitu personae*, já que as características subjetivas das partes são essenciais para a celebração e a manutenção da relação contratual. Gabarito 1C.

(Defensoria/PA – 2009 – FCC) Nos contratos de crédito bancário,

(A) os juros remuneratórios são livres, é potestativa a comissão de permanência, que não pode ser cobrada, e a multa moratória limita-se em qualquer caso a 2% mensais.
(B) são livres os juros remuneratórios, limitada a taxa de comissão de permanência, em caso de inadimplência, aos juros contratados, e a multa moratória a 2% mensais nas relações consumeristas.
(C) são livres os juros remuneratórios, bem como a taxa de comissão de permanência, limitada a multa a 10% mensais, em qualquer caso
(D) os juros remuneratórios obedecem ao limite de uma taxa diária do Banco Central, bem como a comissão de permanência; a multa moratória não pode ultrapassar 2% mensais, nas relações de consumo.
(E) os juros remuneratórios são limitados a 1% ao mês, bem como a comissão de permanência, com multa moratória de 2% mensais nas relações de consumo.

A: incorreta, pois a cláusula que prevê comissão de permanência não é potestativa – Súmula 294/STJ. Ademais, a limitação da multa moratória a 2% aplica-se apenas às relações em que o cliente do banco é consumidor (não se aplica, por exemplo, às operações bancárias entre instituições financeiras) – art. 52, § 1º, do CDC; B: assertiva correta, conforme as Súmulas 596/STF, 294/STJ e 297/STJ e o art. 52, § 1º, do CDC. Ademais, a jurisprudência do STJ é pacífica no sentido de que é inviável a cobrança de comissão de permanência sem que tenha havido pactuação prévia – ver AgRg nos EDcl nos EREsp 833.711/RS; C, D e E: incorretas, conforme comentários anteriores. Gabarito "B".

(Magistratura/SC – 2009) Diante das afirmações abaixo, assinale a alternativa correta:

I. O contrato bancário de abertura de crédito rotativo em dinheiro é caracterizado como mútuo feneratício. O tomador paga os juros apenas sobre os valores efetivamente utilizados. No entanto, a instituição financeira não pode cobrar a comissão de abertura de crédito se não houve utilização do valor em parte ou total.
II. O aceite ordinário de duplicata mercantil é aquele dado no campo próprio do título, enquanto o aceite por comunicação é confirmado por escrito. O aceite ordinário permite a circulação do título, já o aceite por comunicação não torna hábil a duplicata para a circulação, embora o torne suficiente para o protesto e para a ação de execução.
III. Nos contratos de seguro marítimo é dispensável a inspeção judicial para que seja declarado o direito à indenização.
IV. A invalidade da cambial implica a nulidade da relação jurídica que a criou.
V. A resilição unilateral do contrato de prestação de serviços poderá ter seus efeitos adiados até transcorrido prazo suficiente para que a parte prejudicada que fez investimentos de vulto não sofra maiores consequências, analisadas as circunstâncias do caso concreto pelo Judiciário. Por seu turno, a resolução do contrato de prestação de serviços pode ocorrer através de pacto comissório e, na ausência de estipulação, diz-se que ele é tácito quando ocorrer o inadimplemento de uma das obrigações.

(A) Todas as proposições estão corretas.
(B) Somente as proposições II e IV estão corretas.
(C) Somente as proposições II, III, IV e V estão corretas.
(D) Somente as proposições I, III e V estão corretas.
(E) Somente as proposições II, III e V estão corretas.

I: assertiva incorreta. Na verdade, a abertura de crédito representa apenas compromisso ou concordância das partes em realizar, futura e eventualmente, mútuo feneratício (empréstimo oneroso); II: assertiva correta, conforme o art. 7º, caput e §§ 1º e 2º, da Lei das Duplicatas – LD (Lei 5.474/1968); III: correta, conforme o art. 666 do Código Comercial; IV: incorreta, pois a invalidade do título não prejudica o negócio jurídico que lhe deu origem – art. 888 do CC; V: assertiva correta. Interessante notar que essas regras valem para a generalidade dos contratos bilaterais, conforme os arts. 473, parágrafo único, 474 e 475 do CC. Importante lembrar que a expressão "pacto comissório" é também utilizada para se referir à cláusula vedada pelo art. 1.428 do CC, relativa à retenção do bem pelo credor pignoratício, anticrético ou hipotecário, que não tem relação com o pacto comissório lícito do art. 474 do CC (cláusula resolutiva). Gabarito "E".

(Magistratura Federal/1ª Região – 2009 – CESPE) Do ponto de vista jurídico, entende-se por atividade bancária a coleta, a intermediação ou a aplicação de recursos financeiros próprios em moeda nacional ou estrangeira. Por contrato bancário, entende-se aquele em que um dos contratantes é um banco. Com relação aos contratos bancários, assinale a opção correta.

(A) O contrato bancário compreendido como operação passiva é aquele que torna o cliente devedor do banco, a exemplo dos contratos de mútuo bancário, que, dessa natureza, são os mais comuns.
(B) O contrato de alienação fiduciária em garantia é classificado como contrato bancário impróprio e só pode ter como objeto bem móvel.
(C) O mútuo bancário é contrato real, tendo em vista que se aperfeiçoa com a entrega do dinheiro objeto do empréstimo pelo banco ao mutuário.
(D) O arrendamento mercantil é espécie legal de contrato de mútuo que permite ao mutuário, ao término do contrato, adquirir o bem objeto do contrato, desde que pague um valor residual, que pode ser amortizado no decorrer do contrato, caso tenha havido a intenção preliminar de adquiri-lo ou restituí-lo ao término do contrato de mútuo.
(E) Em determinado contrato de mútuo bancário, a imposição de performance bonde significa que o mutuário confere ao dinheiro vinculação específica definida em contrato.

A: incorreta, pois operações passivas são aquelas pelas quais os bancos captam dinheiro e, portanto, são devedores. Operações ativas são aquelas pelas quais os bancos fornecem dinheiro e, portanto, são credores (caso dos mútuos); B: incorreta, pois o contrato de alienação fiduciária é considerado contrato bancário impróprio, porque não se refere, estritamente, à intermediação de dinheiro. Ademais, é possível alienação fiduciária de bens imóveis – arts. 22 a 33 da Lei 9.514/1997; C: a assertiva é correta; D: incorreta, pois não se trata de mútuo bancário, já que não é empréstimo de dinheiro. O arrendamento é contrato distinto, em que o arrendatário paga prestações pelo uso de determinado bem durante o período de duração do contrato e, ao final, tem a opção de adquiri-lo mediante pagamento do valor residual; E: incorreta, pois o performance bond é uma garantia bancária pela execução de obras ou pelo fornecimento de serviços por uma empresa. Gabarito "C".

(Magistratura/MG – 2008) As alternativas abaixo relacionadas aos contratos bancários estão corretas, EXCETO

(A) O contrato de câmbio, desde que protestado por oficial competente para o protesto de títulos, constitui instrumento bastante para requerer a ação executiva.
(B) A mora e o inadimplemento de obrigações contratuais garantidas por alienação fiduciária, ou a ocorrência legal ou convencional de algum dos casos de antecipação de vencimento da dívida, facultarão ao credor considerar, de pleno direito, vencidas todas as obrigações contratuais, independentemente de aviso ou notificação judicial ou extrajudicial.
(C) O contrato de abertura de crédito em conta corrente, acompanhado do demonstrativo de débito, constitui documento hábil para o ajuizamento da ação monitória, segundo entendimento sumulado do Superior Tribunal de Justiça.
(D) O avalista do título de crédito vinculado a contrato de mútuo não responde pelas obrigações pactuadas, ainda que no contrato figure como devedor solidário.

A: art. 75 da Lei 4.728/1965; B: art. 2º, § 3º, do Decreto-Lei 911/1969; C: Súmula 247/STJ; D: Súmula 26/STJ: O avalista do título de crédito vinculado a contrato de mútuo também responde pelas obrigações pactuadas, quando no contrato figurar como devedor solidário. Gabarito "D".

(Magistratura/SC – 2008) No que concerne aos encargos de inadimplência, considerando o entendimento dominante do Tribunal de Justiça do Estado de Santa Catarina definido por Enunciados do Grupo de Câmaras de Direito Comercial, aplicados aos contratos bancários, observadas as proposições abaixo, assinale a alternativa correta:

I. É admitida a cobrança cumulada da comissão de permanência, multa contratual e correção monetária.
II. Inexistindo no contrato a pactuação de encargos para o período de inadimplência, este período não é passível de remuneração.
III. A comissão de permanência deve observar, como parâmetro para sua cobrança, a taxa média de mercado para o período de normalidade contratual.

IV. A multa contratual incide no patamar de 2% (dois por cento) e os juros de mora no percentual de 1% (um por cento) ao ano, conforme previsão do Decreto-lei n.º 22.626/33.
V. A comissão de permanência tem duplo objetivo quando aplicada aos contratos bancários, quais sejam, o de atualizar o valor da dívida a partir de seu vencimento e o de remunerar o credor pelo inadimplemento da obrigação.

(A) Somente as proposições I, III e V estão corretas.
(B) Somente as proposições III e V estão corretas.
(C) Somente a proposição V está correta.
(D) Somente as proposições I, II e IV estão corretas.
(E) Somente as proposições II e IV estão corretas.

I, III e V: os juros remuneratórios, não cumuláveis com a comissão de permanência, são devidos no período de inadimplência, à taxa média de mercado estipulada pelo Banco Central do Brasil, limitada ao percentual contratado (Súmula 296/STJ). A comissão de permanência tampouco pode ser cumulada com correção monetária (Súmula 30/STJ), multa ou juros moratórios – ver AgRg no REsp 677.851/PR; II: inexistindo pactuação, é possível apenas a cobrança de juros remuneratórios (não da comissão de permanência) – ver AgRg no REsp 631.695/RS; IV: a Lei de Usura (Decreto 22.626/1933) prevê juros máximos de 12% ao ano. A multa contratual, nos termos do art. 8º do Decreto 22.626/1933, serve para atender às despesas judiciais e aos honorários de advogados. Gabarito "B".

(Magistratura/SE – 2008 – CESPE) Considerando que determinada pessoa tenha firmado, com certa instituição financeira, contrato de mútuo da importância de R$ 5.000,00, com vencimento superior a 180 dias, assinale a opção correta acerca do contrato de mútuo bancário.

(A) O contrato firmado entre essa pessoa e a instituição financeira é classificado como consensual, por ter-se tornado perfeito no momento em que as partes entraram em acordo.
(B) Como seu prazo de vencimento é inferior a um ano, o mútuo bancário contraído é considerado um contrato de curto prazo.
(C) A avença bancária firmada não se sujeita à limitação das taxas de juros prescritas na CF.
(D) Em regra, o contrato de mútuo bancário deve ser celebrado por instrumento público.
(E) A bilateralidade é uma das principais características do mútuo bancário, pois gera direitos e obrigações para ambas as partes.

A: o mútuo bancário é contrato real (não consensual), pois se conclui com a entrega da coisa (e não com o acordo de vontades); B: contabilmente, o mútuo de curto prazo (passivo circulante) é aquele que deve ser pago até o final do exercício seguinte; C: o mútuo bancário não se submete ao limite da Lei de Usura (Decreto 22.626/1933), nem se submetia à antiga limitação constitucional de juros reais a 12% ao ano (o § 3º do art. 192 da CF foi revogado pela EC 40/2003); D: o contrato de mútuo bancário pode ser celebrado por instrumento particular (é o mais comum); E: o mútuo bancário é contrato unilateral, pois, após a tradição do dinheiro (que aperfeiçoa o acordo), somente o mutuário tem dever contratual (= restituir o dinheiro acrescido da remuneração). Gabarito "C".

(Cartório/SP – 2008) Dentre as operações bancárias, encontram-se os chamados contratos de garantia de boa execução à primeira solicitação ou performance bond, que se caracterizam por serem uma

(A) operação bancária ativa, pela qual terceiros garantem, à simples solicitação do banco, o cumprimento das obrigações do garantido inadimplente.
(B) operação bancária passiva, pela qual o banco obriga-se, perante um seu cliente, ordenante, a pagar a terceiro, caso este último apresente-lhe documentos comprobatórios do cumprimento das obrigações contraídas junto ao cliente, o valor do seu crédito, mediante a simples exibição destes.
(C) operação bancária passiva, pela qual o banco assume por uma empreiteira, perante o contratante de uma obra, a obrigação de pagar, até certo valor, a quantia que o titular da garantia lhe solicitar, por indenização em decorrência do atraso ou da defeituosa realização dos serviços pelo garantido.
(D) operação de garantia fidejussória ativa, pela qual o banco aceita fiança pessoal dos sócios da sociedade empresária, em garantia de descontos de títulos, com a cláusula de pronta reposição dos valores daqueles que não forem pagos pelos sacados exatamente dentro dos seus vencimentos.

Performance bond refere-se à outorga onerosa de garantia por instituição financeira, exemplificada adequadamente pela assertiva C. Gabarito "C".

(Magistratura Federal – 5ª Região – 2007 – CESPE) Julgue o item a seguir.

(1) No contrato de crédito documentário, conhecido por revolving credit, a parte beneficiária tem legitimidade ativa para cobrar o cumprimento da carta de crédito diretamente do banco emissor.

No contrato de crédito documentário (revolving credit é uma espécie de documentary credit), determinado ordenante (v.g. um importador) contrata o banco para que emita carta de crédito e se comprometa a pagar ao beneficiário (v.g. um exportador) determinado montante de dinheiro. Para que o pagamento ocorra, o beneficiário (v.g. exportador) deve apresentar ao banco emissor a carta de crédito acompanhada de documentos comprobatórios da realização do negócio estipulado entre o ordenante e o beneficiário (v.g. comprovação de que a mercadoria exportada foi entregue ou remetida ao importador). O STJ ratifica o entendimento de que o beneficiário tem legitimidade ativa para cobrar o cumprimento da carta de crédito diretamente do banco emissor – ver REsp 235.645/SP. Gabarito "C".

(Procurador da Fazenda Nacional – 2007.2 – ESAF) Os contratos de conta corrente caracterizam-se por

(A) uma das partes ser instituição financeira autorizada a funcionar.
(B) a movimentação da conta dar-se por meio de depósitos financeiros e os saques por cheques.
(C) definirem uma forma de redução de incidência tributária.
(D) terem natureza mercantil.
(E) serem uma operação entre empresários comerciais para compensação futura.

A conta-corrente mercantil ou empresarial é definida pela assertiva E. Empresários acordam a utilização de recursos uns dos outros para acerto final do saldo em momento futuro. Gabarito "E".

(Magistratura/MG - 2007) São entendimentos sumulados pelo Superior Tribunal de Justiça, EXCETO

(A) o contrato de abertura de crédito, ainda que acompanhado de extrato da conta-corrente, não é título executivo.
(B) a cobrança antecipada do valor residual garantido (VRG) não descaracteriza o contrato de arrendamento mercantil.
(C) não é potestativa a cláusula contratual que prevê a comissão de permanência, calculada pela taxa média de mercado apurada pelo Banco Central do Brasil, limitada à taxa do contrato.
(D) as empresas administradoras de cartão de crédito não são instituições financeiras e, por isso, os juros remuneratórios por elas cobrados sofrem as limitações da Lei de Usura.

A: Súmula 233/STJ; B: Súmula 293/STJ; C: Súmula 294/STJ; D: as administradoras de cartão de crédito são equiparadas a instituições financeiras e, portanto, não se submetem ao limite de juros da Lei de Usura (12% ao ano – Decreto 22.626/1933) – ver AgRg no Ag 748.561/RS-STJ. Gabarito "D".

(Cartório/SE – 2007 – CESPE) José firmou contrato de cartão de crédito com certa administradora. Ao tentar efetuar a compra de um veículo automotor, em valor bem inferior ao crédito concedido, a concessionária, credenciada perante a administradora do cartão de crédito, se recusou a levar a efeito a venda. Tendo como motivação inicial a situação hipotética acima descrita, julgue os itens subseqüentes, acerca da disciplina normativa do contrato de cartão de crédito.

(1) Mesmo credenciada pela administradora do cartão de crédito, a concessionária pode se recusar a vender o veículo automotor, não tendo qualquer responsabilidade perante José.
(2) Por ser considerada uma instituição financeira, a administradora do cartão de crédito deve conservar sigilo em suas operações e serviços.

1: O contrato entre a administradora de cartão de crédito e a empresa (concessionária) normalmente não impõe o dever de vender qualquer bem por esse meio de pagamento. Ainda que houvesse previsão contratual nesse sentido entre a empresa e a administradora de cartão, ninguém é legalmente obrigado a aceitar qualquer meio de pagamento que não seja moeda corrente (muito menos financiar a compra, o que acontece na venda por cartão de crédito, já que a concessionária receberia o pagamento apenas 30 dias depois, aproximadamente). Caso houvesse previsão contratual, a recusa poderia implicar, apenas, sanção contratual da operadora contra a empresa. 2: A administradora de cartão de crédito é equiparada a instituição financeira para fins de submissão às normas de sigilo bancário – art. 1º, § 1º, VI, da LC 105/2001. Gabarito 1C, 2C.

7.7. CONTRATO DE SEGURO

(Cartório/SP – VI – VUNESP) O seguro empresarial é um contrato de adesão, comutativo e consensual, no qual o prêmio tecnicamente representa

(A) o valor a ser pago pela segurada à seguradora, para garantia do seu interesse contra riscos determinados.
(B) o valor da indenização paga pela seguradora à segurada em caso de sinistro.
(C) o valor do desconto na renovação do contrato de seguro em que não houve sinistro.
(D) a dispensa do pagamento da franquia em caso de sinistro.

O termo "prêmio" refere-se ao valor que o segurado paga ao segurador, nos termos da assertiva A, que reflete o disposto no art. 757 do CC. Gabarito "A".

(Procurador do Estado/CE – 2008 – CESPE) Assinale a opção correta quanto ao direito securitário.

(A) A lei admite a transferência do seguro de dano por ato inter vivos ou *causa mortis*, mas o seguro de pessoa somente pode ser transferido por ato inter vivos, por cessão de crédito.
(B) Considere que Luís seja beneficiário de seguro de vida no importe de R$ 50.000,00 e que o segurado tenha deixado dívidas no importe de R$ 35.000,00. Nessa situação, de acordo com disposições legais, Luís somente receberá a importância de R$ 15.000,00, após o pagamento dos credores do segurado.
(C) Caso certa empresa pública tenha estipulado seguro de saúde em grupo em favor de seus empregados, somente com a anuência expressa de três quartos dos empregados segurados poderão ser feitas modificações da apólice em vigor.
(D) No seguro de vida, a apólice ou o bilhete de seguro serão nominativos, à ordem ou ao portador, e mencionarão os riscos assumidos, o início e o fim de sua validade, o limite da garantia e o prêmio devido.
(E) A lei veda que, no caso do seguro de vida, se estipule prazo de carência, período em que o segurador não será obrigado a pagar o prêmio caso se verifique a ocorrência de sinistro.

A: o seguro de pessoa pode ser transferido por ato entre vivos ou de última vontade – art. 791 do CC; B: o valor recebido pelo beneficiário do seguro de vida não se sujeita às dívidas deixadas pelo segurado – art. 794 do CC; C: essa é a disposição do art. 801, § 2º, do CC; D: no seguro de pessoa, a apólice não pode ser ao portador – art. 760, parágrafo único, do CC; E: é possível estipular prazo de carência, na hipótese – art. 797 do CC. Gabarito "C".

(Procurador do Estado/CE – 2008 – CESPE) Assinale a opção correta em relação ao seguro de pessoa.

(A) No caso de ocorrência da morte de segurado por seguro de vida, se não houver indicação de beneficiário nem de herdeiros ou cônjuge supérstite, será beneficiária a pessoa que provar que a morte do segurado a privou dos meios necessários à subsistência.
(B) É lícito ao segurado contratar mais de um seguro de vida, desde que o novo contrato seja celebrado com o mesmo segurador.
(C) Considere que José estipule seguro sobre a vida de sua filha, Ana. Nesse caso, no ato da celebração do contrato, José é obrigado a declarar, sob pena de falsidade, seu interesse na preservação da vida de Ana, pois tal interesse não pode ser presumido.
(D) Se um senhor estipulasse seguro de vida em janeiro de 2006 e se suicidasse em dezembro do mesmo ano, nesse caso, o beneficiário teria direito a apenas 50% do capital estipulado.
(E) É lícito ao segurador eximir-se do pagamento do seguro se a morte do segurado for proveniente da prática de esportes radicais, desde que conste da apólice a referida restrição.

A: art. 792, parágrafo único, do CC; B: o segurado pode contratar quantos seguros de vida quiser, com o mesmo ou com diversos seguradores – art. 789 do CC; C: presume-se o interesse no caso de cônjuges, ascendentes e descendentes – art. 790, parágrafo único, do CC; D: salvo disposição em contrário, o seguro de vida não cobre suicídio do segurado nos dois primeiros anos do contrato (ou da recondução, depois de suspenso) – art. 798 do CC; E: não é possível eximir-se de pagamento do seguro, na hipótese – art. 799 do CC. Gabarito "A".

(Cartório/SP – 2008) Nos contratos de seguro, distinguem-se duas espécies, os seguros de dano, e os seguros de pessoas. Em relação aos seguros de dano, é correto afirmar que

(A) na hipótese de sinistro, a prestação devida pela seguradora tem natureza indenizatória, e a liquidação do seguro não pode, em nenhuma hipótese, importar enriquecimento ao segurado.
(B) contratado o seguro de certo bem com cobertura limitada a determinada quantia expressamente referida na apólice, verificado o sinistro, a seguradora é obrigada a pagar tal importância, ainda que, à época, o valor de mercado do bem segurado seja sensivelmente inferior ao valor contratado, aplicando-se o princípio pacta sunt servanda.
(C) é lícito ao segurado contratar sobresseguro, referente ao mesmo interesse, por valor integral.
(D) na hipótese conhecida como infra-seguro, isto é, quando o interesse for segurado por importância inferior ao seu real valor, nisso aquiescendo a seguradora, esta responde, ocorrendo o sinistro, pelo pagamento da indenização pelo valor real.

A e B: no seguro de dano, a garantia prometida não pode ultrapassar o valor do interesse segurado no momento do contrato, e a indenização não pode ultrapassar o valor do interesse segurado no momento do sinistro – arts. 778 e 781 do CC; C: a somatória das garantias contratadas contra o mesmo risco não pode ultrapassar o valor do interesse segurado – art. 782 do CC; D: na hipótese, o pagamento será limitado ao valor da garantia e, em caso de sinistro parcial, o pagamento será reduzido proporcionalmente – arts. 781 e 783 do CC. Gabarito "A".

(Procuradoria Federal – 2007 – CESPE) Toni firmou contrato de seguro de dano com certa seguradora, cujo objeto era um automóvel recentemente adquirido. Acerca dessa situação hipotética e do direito securitário, julgue o seguinte item.

(1) Na vigência do contrato, Toni não poderá contratar, pelo seu valor integral, novo contrato de seguro sobre o mesmo bem e sobre os mesmos riscos junto a outra seguradora de automóveis.

A somatória das garantias contratadas contra o mesmo risco não pode ultrapassar o valor do interesse segurado – art. 782 do CC. Gabarito 1C.

7.8. CONTRATOS DE COLABORAÇÃO

(Magistratura Federal/3ª Região – 2010) No direito brasileiro, o contrato de distribuição, previsto nos arts. 710 e seguintes do Código Civil:

(A) É um contrato inominado legitimado apenas pela liberdade de contratar;
(B) É uma espécie de contrato de agência;
(C) Somente se aplica na forma da Lei 6.729/79 (Lei Ferrari);
(D) Quando firmado por prazo indeterminado, sua rescisão imotivada gera direito à indenização.

A: incorreta, pois o contrato de distribuição previsto no art. 710 do CC é nominado e típico; B: assertiva correta, pois a distribuição é o contrato de agência em que o agente tem à sua disposição a coisa a ser negociada – art. 710, caput, in fine, do CC; C: incorreta, pois a Lei Ferrari (Lei 6.729/1979) refere-se especificamente ao contrato de concessão comercial entre produtores e distribuidores de veículos automotores de via terrestre; D: a assertiva é imprecisa (razão pela qual foi considerada correta), pois haverá direito à indenização se a rescisão imotivada do contrato por prazo indeterminado ocorrer sem aviso-prévio de 90 dias ou antes do prazo necessário para a recuperação do investimento feito pelo agente – art. 720 do CC. Gabarito "B e D".

(Magistratura/MT – 2009 – VUNESP) No contrato de representação comercial autônoma a prazo certo, a indenização corresponderá à importância equivalente à

(A) 1/12 do total da retribuição auferida até a data da rescisão.
(B) 1/12 da média mensal da retribuição auferida até a data da rescisão, multiplicada pela metade dos meses resultantes do prazo contratual.
(C) 15% do valor de todas as retribuições auferidas até a data da rescisão.
(D) 15% da média mensal da retribuição auferida até a data da rescisão, multiplicada pela metade dos meses resultantes do prazo contratual.
(E) média mensal da retribuição auferida até a data da rescisão, multiplicada pela metade dos meses resultantes do prazo contratual.

No caso de contrato a prazo certo, a indenização corresponderá à importância equivalente à média mensal da retribuição auferida até a data da rescisão, multiplicada pela metade dos meses resultantes do prazo contratual – art. 27, § 1º, da Lei 4.886/1965. Gabarito "E".

(Magistratura/SP – 2009 – VUNESP) Sobre a representação comercial autônoma, conforme disciplinada na Lei Federal n.º 4.886, de 1965, é correto afirmar que

(A) a exerce a pessoa física ou jurídica que, sem relação de emprego, desempenhe em caráter não eventual, por conta de uma ou mais pessoas, a mediação para a realização de negócios mercantis.

(B) pode exercê-la quem não puder ser comerciante.

(C) pode exercê-la quem tenha sido condenado, pelo crime de lenocínio, a pena inferior a 2 (dois) anos de reclusão.

(D) nos pertinentes contratos, será facultativa a indicação da zona ou das zonas em que será exercida a representação.

A: assertiva correta, pois reflete o disposto no art. 1º da Lei 4.886/1965; B: incorreta, pois isso é vedado, nos termos do art. 4º, *a*, da Lei 4.886/1965; C: incorreta, pois a condenação por lenocínio impede o exercício da representação comercial – art. 4º, *c*, da Lei 4.886/1965; D: incorreta, pois a indicação da zona ou zonas é obrigatória nos contratos de representação comercial – art. 27, *d*, da Lei 4.886/1965. Gabarito "A".

(Magistratura/SP – 2008) O contrato de distribuição regulado pelo Código Civil

(A) é celebrado em caráter eventual e não pressupõe a disponibilização da coisa a ser negociada.

(B) em vigor, por prazo indeterminado, pode ser rescindido, dentro de prazo que deve levar em consideração a natureza e o vulto exigidos do agente.

(C) não admite convenção das partes no que se refere à possibilidade de se instituir mais de um agente na mesma zona, com mesma incumbência, nem tampouco sobre a distribuição de despesas decorrentes da promoção.

(D) todas as afirmações acima são corretas.

A: o contrato de distribuição é não eventual e o agente tem à disposição a coisa a ser negociada – art. 710 do CC; B: art. 720 do CC – observa-se também o prazo mínimo de 90 dias para a rescisão; C: é possível convenção nesse sentido – arts. 711 e 713 do CC. Gabarito "B".

(Cartório/SP – 2008) Considerado o contrato de comissão, assinale a alternativa correta.

(A) São conferidos, ao comissário, poderes para representar o comitente, obrigando-o perante terceiros.

(B) O comissário responde, diretamente, perante terceiros, pelas obrigações assumidas no interesse do comitente.

(C) O comissário só responde, diretamente, perante terceiros, pelas obrigações assumidas no interesse do comitente, na hipótese de falência deste último.

(D) O comissário responde sempre pela insolvência das pessoas com que tratar.

A: o comissário age em nome próprio, por conta de terceiro. Não há poderes para assumir obrigações em nome do comitente (ou seria mandato) – art. 693 do CC; B e C: o comissário responde pessoalmente perante terceiros pelas obrigações assumidas por conta do comitente – art. 694 do CC; D: o comissário não responde pela insolvência das pessoas com quem contrata, salvo culpa ou cláusula *del credere* – arts. 697 e 698 do CC. Gabarito "B".

(Magistratura/SP – 2007) No que tange à representação comercial, pode-se afirmar que

(A) o contrato de representação comercial é regido por lei especial; a atividade é fiscalizada pelos Conselhos Federal e os Regionais dos Representantes Comerciais; o crédito de representante comercial em processo falimentar é classificado como trabalhista.

(B) o contrato de representação comercial é regido pela legislação trabalhista; a atividade é fiscalizada pelas Delegacias Regionais do Trabalho e pela Justiça do Trabalho; o crédito de representante comercial em processo falimentar é classificado como trabalhista.

(C) o contrato de representação comercial é regido pelas disposições não revogadas do Código Comercial; a atividade é fiscalizada pela Junta Comercial e pelo Poder Judiciário; o crédito de representante comercial em processo falimentar é classificado como quirografário.

(D) o contrato de representação comercial passou a ser regido pelo Novo Código Civil em vigor; a atividade sob a égide do direito civil passou a ser fiscalizada pelo Poder Judiciário; o crédito de representante comercial em processo falimentar é classificado como privilégio especial.

O contrato de representação comercial autônoma é regulado por lei especial (Lei 4.886/1965), apesar das disposições no Código Civil (arts. 710-721) relativas aos contratos de agência e distribuição. A atividade é fiscalizada pelo Conselho Federal e pelos Conselhos Regionais dos Representantes Comerciais – art. 6º da Lei 4.886/1965. Em caso de falência do representado, os créditos dos representantes comerciais (relacionados ao contrato de representação) são classificados como trabalhistas – art. 44 da Lei 4.886/1965. Gabarito "A".

(Magistratura/SP – 2006) O contrato de comissão tem por objeto

(A) a intermediação de aquisição ou venda de bens de terceiro.

(B) a aquisição ou a venda de bens pelo comissário, em seu próprio nome, por conta de terceiro.

(C) apenas a intermediação de venda de bens de terceiro.

(D) qualquer modalidade de intermediação, inclusive de serviços.

A assertiva em B descreve o contrato de comissão, conforme disposto no art. 693 do CC. Gabarito "B".

(Magistratura do Trabalho – 14ª Região – 2006) Dadas as proposições acerca do contrato de representação comercial, aponte abaixo a alternativa CORRETA:

I. É vedada a inclusão de cláusulas *del credere* no contrato de representação comercial.

II. No silêncio do contrato, está implícita a inclusão de cláusulas *del credere*.

III. Não é permitida a exigência contratual de exclusividade na representação comercial.

IV. A exclusividade de representação não se presume na ausência de ajustes expressos.

(A) Todas as proposições estão corretas;

(B) Apenas as proposições I e II estão corretas;

(C) Apenas as proposições I, II e IV estão corretas;

(D) Apenas as proposições III e IV estão corretas;

(E) Apenas as proposições I e IV estão corretas.

I e II: o art. 43 da Lei 4.886/1965 veda expressamente a cláusula *del credere* nos contratos de representação comercial (não confunda: essa responsabilidade solidária do comissário com o terceiro perante o comitente é permitida no contrato de comissão, regulado pelo Código Civil – art. 698); III e IV: o contrato deverá dispor a respeito da exclusividade em relação à área de atuação do representante (se poderá haver outro representante no local) e em relação ao representado (se o representante poderá representar outro) – art. 27, *e* e *i*, da Lei 4.886/1965. Na representação comercial, se não existir disposição contratual expressa, haverá presunção de exclusividade em favor do representante (tem direito à comissão pelos negócios realizados em sua área de atuação, ainda que diretamente pelo representado ou por intermédio de terceiros), mas não em favor do representado – art. 31, *caput* e parágrafo único, da Lei 4.886/1965. Não confunda: nos casos dos contratos de agência e distribuição regulados pelo Código Civil há presunção de exclusividade em favor do agente e do proponente – art. 711 do CC. Gabarito "E".

7.9. OUTROS CONTRATOS E QUESTÕES COMBINADAS

(MAGISTRATURA DO TRABALHO – 1ª REGIÃO – 2010 – CESPE) Assinale a opção correta no que se refere às diversas espécies de contratos mercantis.

(A) Arrendamento mercantil é o negócio jurídico realizado entre pessoa física ou jurídica, na qualidade de arrendadora, e pessoa física ou jurídica, na qualidade de arrendatária, e que tenha por objeto o arrendamento de bens adquiridos pela arrendadora, segundo especificações da arrendatária e para uso próprio desta.

(B) No contrato de faturização (factoring), determinada pessoa cede a outra o direito de uso de marca ou patente, associado ao direito de distribuição exclusiva ou semiexclusiva de produtos ou serviços e, eventualmente, também ao direito de uso de tecnologia de implantação e administração de negócio ou sistema operacional desenvolvidos ou detidos pela empresa faturizada, mediante remuneração direta ou indireta, sem que, no entanto, fique caracterizado vínculo empregatício.

(C) É possível a alienação fiduciária de bens imóveis em que o devedor, com o escopo de ofertar garantia, contrata a transferência ao credor da propriedade resolúvel de coisa imóvel, transmitindo ao fiduciário a posse indireta do bem.

(D) O devedor fica automaticamente constituído em mora (mora ex re) em caso de inadimplemento do contrato com alienação fiduciária em garantia, sendo desnecessária sua notificação para caracterização do atraso.

(E) A concessão mercantil é o contrato pelo qual pessoa física ou jurídica, sem relação de emprego, desempenha, em caráter não eventual, a mediação para realizar negócios mercantis, agenciando propostas ou pedidos, para transmiti-los ao concedente, praticando ou não atos relacionados com a execução dos negócios.

A: incorreta, pois a arrendadora é sempre pessoa jurídica; B: incorreta, pois a assertiva refere-se ao contrato de franquia – art. 2º da Lei 8.955/1994; C: assertiva correta, conforme o art. 22 da Lei 9.514/1997. Perceba que o credor é o fiduciário (são termos equivalentes, para esse contrato) e o devedor é o fiduciante; D: incorreta, pois embora a mora decorra do simples vencimento do prazo para pagamento, ela deverá ser comprovada por carta registrada expedida por intermédio de Cartório de Títulos e Documentos ou pelo protesto do título, a critério do credor – art. 2º, § 2º, do DL 911/1969 – ver AgRg no REsp 1.213.926/RS; E: incorreta, pois a assertiva refere-se à representação comercial autônoma – art. 1º da Lei 4.886/1965. Na concessão, o concessionário se obriga a comercializar os produtos do concedente. Gabarito "C".

(Ministério Público/CE – 2009 – FCC) Em relação a contratos mercantis, é correto afirmar que

(A) por sua natureza, o mandato mercantil pode ser oneroso ou gratuito.

(B) a compra e venda é mercantil quando o vendedor ou comprador são empresários, podendo uma das partes sê-lo ou não.

(C) a alienação fiduciária em garantia tem sua abrangência restrita a bens móveis.

(D) as empresas de faturização, ou fomento mercantil, a exemplo das instituições financeiras, devem manter sigilo sobre suas operações.

(E) o arrendamento mercantil é a locação caracterizada pela compra compulsória do bem locado ao término da locação.

A: incorreta, pois o mandato mercantil, a exemplo da generalidade dos contratos empresariais, é oneroso; B: incorreta, pois os contratos mercantis ou empresariais caracterizam-se por haver comerciantes ou empresários nos dois polos da relação obrigacional; C: incorreta, pois é possível (e mais comum, inclusive) a alienação fiduciária em relação a bens móveis – art. 66-B da Lei 4.728/1965, DL 911/1969 e arts. 22 a 33 da Lei 9.514/1997; D: assertiva correta, nos termos do art. 1º, § 1º, VII, da LC 105/2001; E: incorreta, pois a aquisição do bem ao término do contrato é opção (não obrigação) do arrendatário. Gabarito "D".

(Magistratura Federal/5ª Região – 2009 – CESPE) Acerca de aspectos diversos do direito civil e do direito empresarial, assinale a opção incorreta.

(A) Encontra-se já sedimentado na jurisprudência do STJ que, nos contratos garantidos por alienação fiduciária, não há depósito típico, razão pela qual não há que se falar em imposição de prisão civil, possibilidade presente apenas para o devedor de pensão alimentícia.

(B) Nos contratos de leasing, caso conste cláusula resolutiva expressa, não se exige a notificação prévia do arrendatário para que o contrato seja considerado em mora.

(C) Os contratos de colaboração empresarial são aqueles que se definem por uma obrigação particular, em que um dos contratantes (o colaborador) assume, em relação aos produtos ou serviços do outro (o fornecedor), a criação ou ampliação do mercado.

(D) De acordo com a jurisprudência, as administradoras de cartões de crédito são consideradas instituições financeiras.

(E) A bandeira de um país não é registrável como uma marca.

A: assertiva correta – ver HC 129.840/MS do STJ. A rigor, o STF não aceita a prisão civil do depositário infiel, qualquer que seja a modalidade do depósito – Súmula Vinculante 25/STF; B: assertiva incorreta, conforme entendimento jurisprudencial do STJ – ver REsp 285.825/RS; C: assertiva correta, sendo espécies de contrato de colaboração a distribuição, a concessão, o mandato, a comissão, a representação comercial autônoma e a agência; D: assertiva correta – ver AgRg no Ag 953.299/RS do STJ; E: assertiva correta, conforme o art. 124, I, da Lei de Propriedade Industrial – LPI (Lei 9.279/1996). Gabarito "B".

(Magistratura do Trabalho – 9ª Região – 2009 – adaptada) Analise as seguintes proposições:

I. Exerce a representação comercial autônoma a pessoa jurídica ou a pessoa física, sem relação de emprego, que desempenha, em caráter não eventual, por conta de uma ou mais pessoas, a mediação para a realização de negócios mercantis, agenciando propostas ou pedidos, para transmiti-los aos representados, praticando ou não atos relacionados com a execução dos negócios.

II. Leasing ou arrendamento mercantil é a operação pela qual um comerciante, titular de uma marca comum, cede seu uso, num setor geográfico definido, a outro comerciante, cabendo ao beneficiário da operação remunerar o cedente com uma porcentagem calculada sobre o volume dos negócios.

III. Considera-se arrendamento mercantil ou leasing, o negócio jurídico realizado entre pessoa jurídica, na qualidade de arrendadora, e pessoa física ou jurídica, na qualidade de arrendatária, e que tenha por objeto o arrendamento de bens adquiridos pela arrendadora, segundo especificações da arrendatária e para uso próprio desta.

(A) todas as proposições estão incorretas
(B) somente as proposições I e III são corretas
(C) somente as proposições I e II são corretas
(D) somente a proposição I é corretas
(E) somente a proposição II é correta.

I: assertiva correta, pois essa é a definição dada pelo art. 1º da Lei 4.886/1965; II: incorreta, pois no leasing o arrendatário paga prestações pelo uso de determinado bem durante o período de duração do contrato e, ao final, tem a opção de adquiri-lo mediante pagamento do valor residual; III: assertiva correta, referindo-se à modalidade leasing financeiro. Adaptamos esta questão para excluir as duas primeiras assertivas, que tratavam de matéria trabalhista. Gabarito "B".

(Cartório/SP – VI – VUNESP) No contrato de fretamento, o instrumento contratual correspondente é chamado de

(A) conhecimento de carga.
(B) conhecimento de frete.
(C) carta partida.
(D) mandato mercantil.

O instrumento contratual do fretamento é a carta partida ou carta de fretamento. Quando o responsável pelo transporte (capitão, no Código Comercial) recebe a carga, emite o conhecimento – art. 566 do Código Comercial. Gabarito "C".

(Cartório/SP – VI – VUNESP) O contrato pelo qual um banco paga ao distribuído (fornecedor) o preço à vista das mercadorias vendidas ao distribuidor (colaborador, concessionário) e cobra deste a prazo com os acréscimos remuneratórios do capital, em operação com que o fornecedor, que a garante, visa facilitar a atuação do seu colaborador na criação ou na consolidação de mercado dos seus produtos, denomina-se contrato de

(A) mútuo bancário.
(B) crédito documentário.

(C) fomento mercantil.
(D) vendor.

A assertiva refere-se ao contrato de vendor, espécie de contrato de empréstimo bancário rotativo – ver REsp 439.511/PB. Gabarito "D".

(Cartório/SC – 2008) A respeito dos contratos mercantis, observadas as proposições abaixo, assinale a alternativa correta:

I. A compra e venda mercantil é aquela realizada entre dois empresários, tendo por objeto uma mercadoria e por finalidade a sua circulação.
II. Na comissão mercantil, uma das partes (comissário) se obriga a praticar atos por conta e em nome da outra (comitente).
III. No mútuo bancário, o limite máximo da taxa de juros é aquela prevista pelo Código Civil de 2002.
IV. No seguro empresarial, o segurado é invariavelmente empresário e a garantia pretendida com o contrato recaia sobre um insumo para a empresa.

(A) Somente as proposições I e IV estão corretas.
(B) Somente as proposições II e IV estão corretas.
(C) Somente as proposições I e III estão corretas.
(D) Somente as proposições II e III estão corretas.
(E) Somente as proposições I, II e IV estão corretas.

I: a assertiva descreve adequadamente o contrato de compra e venda mercantil; II: o comissário age em nome próprio, por conta de terceiro. Não há poderes para assumir obrigações em nome do comitente (ou seria mandato) – art. 693 do CC; III: o mútuo bancário não se submete ao limite de juros da Lei de Usura (Decreto 22.626/1933), ao índice previsto no art. 406 do CC, nem se submetia à antiga limitação constitucional de juros reais a 12% ao ano (o § 3º do art. 192 da CF foi revogado pela EC 40/2003); IV: a garantia pode recair sobre um insumo, mas também sobre outros bens da empresa. Gabarito "A".

(Procurador da Fazenda Nacional – 2007 – ESAF) Contratos empresariais caracterizam-se por:

(A) uma das partes ser empresária.
(B) terem por objeto o exercício da empresa.
(C) serem uma das formas de organização da atividade empresária.
(D) haver cooperação entre diferentes agentes econômicos na organização dos negócios.
(E) serem essenciais para a circulação de bens e serviços em mercados.

Os contratos de empresa referem-se à organização da atividade empresarial*. (*Entendimento doutrinário adotado pela ESAF). Gabarito "C".

(Magistratura/BA – 2006 – CESPE) Com relação ao direito bancário e securitário e aos contratos de consórcios para aquisição de bens, julgue os seguintes itens.

(1) Considere que determinado consórcio de automóveis, regularmente constituído, vise levar a efeito contratos de alienação fiduciária em garantia. Nessa situação, deverão ser utilizados os serviços de uma instituição financeira, única entidade legitimada para efetuar financiamentos dessa natureza.
(2) Salvo interesse do governo brasileiro, é vedada a instalação, no território nacional, de novas agências de instituições financeiras domiciliadas no exterior.
(3) Considere a seguinte situação hipotética. Cláudia provocou, por negligência, dano em bem móvel devidamente segurado por Luís, seu marido. Nessa situação, a seguradora deve pagar a Luís a indenização devida e se sub-rogar no valor respectivo, podendo promover ação contra a causadora do dano, para recebimento do valor pago.

1: O grupo de consórcio pode ser garantido por alienação fiduciária, por expressa previsão legal – art. 14, §§ 6º e 7º, da Lei 11.795/2008; 2: Art. 52, I, e parágrafo único, do ADCT; 3: Na hipótese de negligência do cônjuge causador do dano, não há sub-rogação em favor do segurador (haveria sub-rogação apenas na hipótese de dolo) – art. 786, § 1º, do CC. Gabarito 1E; 2C; 3E.

8. PROPRIEDADE INDUSTRIAL

(Magistratura/SP – 2011 – VUNESP) São patenteáveis:

I. descobertas, teorias científicas e métodos matemáticos;
II. o objeto de uso prático, ou parte deste, suscetível de aplicação industrial, que apresente nova forma ou disposição, envolvendo ato inventivo, que resulte em melhoria funcional no seu uso ou em sua fabricação;
III. técnicas e métodos operatórios ou cirúrgicos para aplicação no corpo humano;
IV. a invenção que atenda aos requisitos de novidade, atividade inventiva e aplicação industrial.

Está correto apenas o contido em
(A) I, II e IV.
(B) I, II e III.
(C) II, III e IV.
(D) II e IV.
(E) IV.

I e III: Incorretas, pois não se considera invenção nem modelo de utilidade patenteáveis: (i) descobertas, teorias científicas e métodos matemáticos, (ii) técnicas e métodos operatórios ou cirúrgicos, bem como métodos terapêuticos ou de diagnóstico, para aplicação no corpo humano ou animal – art. 10, I e VIII, da Lei de Propriedade Industrial – LPI (Lei 9.279/1996); II: Assertiva correta, pois se refere ao modelo de utilidade patenteável – art. 9º da LPI; IV: Correta, pois descreve a invenção patenteável – art. 8º da LPI. Gabarito "D".

(Procurador Federal – 2010 – CESPE) A seguir, é apresentada uma situação hipotética, seguida de uma assertiva a ser julgada no que se refere a direito comercial.

(1) Determinada sociedade estrangeira, com objetivo de patentear invenção de sua titularidade, realizou o depósito de seu pedido de patente em país que mantém acordo relativo à propriedade intelectual com o Brasil, em abril de 2009. Nessa situação, dentro do prazo previsto no aludido acordo internacional, será assegurado o direito de prioridade à referida sociedade, não sendo o depósito invalidado ou prejudicado por fatos ocorridos durante esse prazo.

1: assertiva correta, pois reflete o disposto no art. 16 da Lei de Propriedade Industrial – LPI (Lei 9.279/1996). Gabarito 1C.

(Magistratura/MT – 2009 – VUNESP) A marca

(A) identifica diretamente o empresário e a sociedade empresária.
(B) uma vez registrada, garante o uso exclusivo ao titular por 05 anos.
(C) independe de registro para garantir o uso exclusivo ao seu criador.
(D) pode ser licenciada contratualmente, mas não cedida a terceiros.
(E) pode ser tridimensional.

A: incorreta, pois a marca se refere a produtos e serviços, para distingui-los, certificá-los, identificá-los etc., e não, diretamente, ao empresário ou à sociedade empresária – art. 123 da LPI; Gabarito "E".

(Magistratura/RS – 2009) A respeito da Lei nº 9.279/1996 (Lei de Propriedade Industrial), assinale a assertiva correta.

(A) O pedido de patente de invenção terá de se referir a uma única invenção ou a um grupo de invenções inter-relacionadas de maneira a compreenderem um único conceito inventivo.
(B) São patenteáveis invenções mesmo que contrárias à moral, aos bons costumes e à segurança.
(C) O pedido de patente retirado ou abandonado não necessita ser publicado.
(D) A patente de invenção vigorará pelo prazo de dez anos, e a de modelo de utilidade, pelo prazo de cinco anos contados da data do depósito.
(E) Prescreve em três anos a ação para reparação de dano causado ao direito de propriedade industrial.

A: assertiva correta, pois reflete exatamente o disposto no art. 22 da LPI; B: incorreta, pois as invenções contrárias à moral, aos bons costumes e à segurança não são patenteáveis – art. 18, I, da LPI; C: incorreta, pois o pedido de patente retirado ou abandonado será obrigatoriamente publicado – art. 29 da LPI; D: assertiva incorreta quanto aos prazos, pois a patente de invenção vigorará pelo prazo de 20 anos e a de modelo de utilidade pelo prazo 15 anos contados da data de depósito – art. 40 da LPI; E: incorreta, pois o prazo prescricional para a ação para reparação de dano causado ao direito de propriedade industrial é de 5 anos – art. 225 da LPI. Gabarito "A".

(Ministério Público/RS – 2009) Considere as afirmações abaixo, relativas à propriedade industrial:

I. Para os fins e efeitos da Lei nº 9.279, de 14/05/1996, que regula os direitos e obrigações relativos à propriedade industrial, programas de computador em si são considerados invenções ou modelos de utilidade, conforme a sua utilidade funcional;

II. É patenteável como modelo de utilidade a forma plástica ornamental de um objeto ou o conjunto ornamental de linhas e cores que possa ser aplicado a um produto, proporcionando resultado visual novo e original na sua configuração externa e que possa servir de tipo de fabricação industrial.

III. O fato de o inventor, 15 (quinze) meses antes da data do depósito do pedido de patente, ter detalhado o seu objeto, em palestra proferida em evento científico, não exclui seu direito de obter a respectiva patente, dado que a divulgação, nesse caso, foi procedida pelo próprio inventor.

Quais estão INCORRETAS?

(A) Apenas I.
(B) Apenas II.
(C) Apenas II e III.
(D) Apenas III.
(E) I, II e III.

I: incorreta, pois os programas de computador em si não são considerados invenção, nem modelo de utilidade – art. 10, V, da LPI; II: incorreta, pois a assertiva se refere a desenho industrial, e não a modelo de utilidade – art. 95 da LPI; III: assertiva incorreta, pois a palestra tornou o invento acessível ao público, incluindo-o no estado da técnica e impossibilitando a patente. Não seria considerado como estado da técnica e, portanto, seria patenteável o invento caso o inventor tivesse divulgado a invenção durante os 12 meses que precederam a data de depósito ou a da prioridade do pedido de patente (no caso, houve a divulgação 15 meses antes) – art. 12, I, da LPI. Gabarito "E".

(Magistratura Federal/1ª Região – 2009 – CESPE) Assinale a opção correta no que se refere ao direito da propriedade industrial.

(A) Se um pesquisador desenvolve método de diagnóstico para aplicação no corpo humano, completamente desconhecido da comunidade técnica, científica e industrial, ele deve patentear esse método, para evitar plágio.
(B) O modelo de utilidade, conhecido como design ou desenho industrial, suscetível de registro no Instituto Nacional da Propriedade Industrial, corresponde a um novo formato dado a objeto original que resulta em melhores condições de uso ou fabricação.
(C) A patenteabilidade das invenções está sujeita aos requisitos da novidade, atividade inventiva e aplicação industrial e à inexistência de impedimento legal com relação à invenção.
(D) No Brasil, o registro de qualquer marca tem como requisito a novidade absoluta.
(E) O registro de uma marca tem como efeito o surgimento de direito real em favor do seu titular, que não é suscetível de caducidade e não se extingue com o decurso do tempo nem por falta de uso.

A: incorreta, pois não são considerados inventos ou modelos de utilidade e, portanto, não são patenteáveis técnicas e métodos operatórios ou cirúrgicos, bem como métodos terapêuticos ou de diagnóstico, para aplicação no corpo humano ou animal – art. 10, VIII, da LPI; B: incorreta, pois a assertiva refere-se ao modelo de utilidade, que não se confunde com design ou desenho industrial. Ademais, o modelo de utilidade é patenteável, não registrável – art. 9º da LPI. O desenho industrial, esse sim registrável, é definido no art. 95 da LPI; C: correta, pois esses são os requisitos de patenteabilidade (novidade, atividade inventiva, aplicação industrial e desimpedimento) – arts. 8º e 18 da LPI; D: incorreta, pois os requisitos para registro da marca são (i) novidade relativa (não absoluta), (ii) não colidência com marca notoriamente conhecida e (iii) desimpedimento – arts. 122 a 126 da LPI; E: incorreta, pois os direitos de propriedade industrial são considerados bens móveis e se extinguem pela expiração do prazo de vigência e pela caducidade – arts. 5º, 78, I e III, e 142, I e III.

Veja a seguinte tabela, com os requisitos de patenteabilidade e de registrabilidade, para estudo e memorização:

Requisitos de patenteabilidade de invenção e modelo de utilidade	
Novidade	não pode estar compreendida no estado da técnica, ou seja, não pode ter sido tornada acessível ao público antes do depósito do pedido de patente – art. 11 da LPI
Atividade inventiva	não pode simplesmente decorrer, para um técnico no assunto, de maneira evidente ou óbvia, do estado da técnica – art. 13 da LPI
Aplicação industrial	deve ser suscetível de aplicação industrial – art. 15 da LPI
Desimpedimento	não é patenteável aquilo que está listado no art. 18 da LPI

Requisitos para registro de desenho industrial	
Novidade	não pode estar compreendido no estado da técnica, ou seja, não pode ter sido tornado acessível ao público antes do depósito do pedido de registro – art. 96 da LPI
Originalidade	dele deve resultar uma configuração visual distintiva, em relação a outros objetos anteriores – art. 97 da LPI
Desimpedimento	não é registrável aquilo que está listado nos arts. 98 e 100 da LPI

Requisitos para registro de marca	
Novidade relativa	não pode ter sido previamente registrada (princípio da novidade) para a classe do produto ou do serviço (princípio da especificidade)
Não violação de marca notoriamente conhecida	não pode violar marca de alto renome ou notoriamente conhecida – arts. 125 e 126 da LPI
Desimpedimento	Não é registrável aquilo que está listado no art. 124 da LPI

Gabarito "C".

(Magistratura Federal/5ª Região – 2009 – CESPE) A respeito de propriedade industrial, assinale a opção correta.

(A) Entre os requisitos de patenteabilidade, inclui-se o da economicidade.
(B) O direito industrial brasileiro impede a patente de quaisquer organismos vivos transgênicos.
(C) De acordo com o princípio da especificidade, a proteção da marca registrada é restrita, via de regra, à classe dos produtos ou serviços a que pertence o objeto marcado.
(D) O titular de uma patente tem o direito de impedir terceiros de produzir, em caráter privado, o produto objeto da patente, mesmo que não sofra, com isso, prejuízos econômicos e que não haja, por parte do terceiro, finalidade comercial.
(E) O direito de propriedade intelectual, se exercido ininterruptamente pelo seu titular, não caduca.

A: incorreta, pois os requisitos de patenteabilidade são novidade, atividade inventiva, aplicação industrial e desimpedimento – arts. 8º e 18 da LPI; B: incorreta, pois são patenteáveis os micro-organismos transgênicos que atendam aos requisitos da novidade, da atividade inventiva e da aplicação industrial, e que não sejam mera descoberta – art. 18, III, da LPI; C: assertiva correta, pois se refere adequadamente ao princípio da especificidade; D: incorreta, pois o titular da patente não pode impedir atos praticados por terceiros em caráter privado e sem finalidade comercial, desde que não acarretem prejuízo ao interesse econômico do titular da patente – art. 43, I, da LPI; E: incorreta, pois, no caso de licenciamento compulsório, a patente caduca se, decorridos 2 anos da concessão da primeira licença compulsória, o prazo não tiver sido suficiente para prevenir ou sanar o abuso ou desuso, salvo motivos justificáveis – art. 80 da LPI. Gabarito "C".

(Magistratura/MG – 2008) Sobre as marcas, é CORRETO afirmar que:

(A) A marca de alto renome goza de proteção especial, independentemente de estar previamente depositada ou registrada no Brasil.
(B) O contrato de licença para uso da marca produz efeitos em relação a terceiros se averbado no Cartório de Títulos e Documentos.
(C) Pessoas jurídicas de direito público podem requerer o registro de marca.
(D) O titular da marca poderá impedir que comerciantes ou distribuidores utilizem sinais distintivos que lhes são próprios, juntamente com a marca do produto, na sua promoção e comercialização.

A: a proteção especial à marca de alto renome depende de registro no Brasil – art. 125 da LPI; B: para que produza efeitos em relação a terceiros, é necessária averbação do contrato de licença no INPI – art. 140 da LPI; C: o registro de marca pode ser requerido por pessoas físicas ou jurídicas de direito público ou privado – art. 128 da LPI; D: o titular da marca não tem esse direito – art. 132, I, da LPI. Gabarito "C".

(Magistratura/PI – 2008 – CESPE) No que se refere à disciplina normativa relativa à propriedade industrial e intelectual, a produção intelectual patenteável inclui

(A) novo método matemático para cálculo da velocidade de aeronaves.
(B) obra literária relacionada à psicanálise.
(C) parte de microrganismo transgênico que não seja mera descoberta.
(D) novas regras aplicáveis ao jogo de xadrez que o tornem mais complexo.
(E) técnicas cirúrgicas, bem como métodos terapêuticos ou de diagnóstico, para aplicação no corpo humano.

As assertivas em A (método matemático), B (obra literária – sujeita ao direito autoral), D (regras de jogo) e E (técnicas cirúrgicas e métodos terapêuticos ou de diagnóstico) indicam matérias não patenteáveis – art. 10, I, IV, VII e VIII, da LPI. C: art. 18, III, da LPI. Gabarito "C".

(Magistratura/PR – 2008) Assinale a alternativa correta:

(A) Se dois ou mais autores tiverem realizado a mesma invenção ou modelo de utilidade, de forma independente, o direito de obter patente será assegurado àquele que provar a data da invenção ou do modelo de utilidade mais antiga por meio de testemunhos.
(B) É patenteável a invenção de objeto de uso prático, ou parte deste, que apresente nova forma ou disposição, envolvendo ato inventivo, que resulte em melhoria funcional no seu uso ou em sua fabricação.
(C) Os materiais biológicos encontrados na natureza, ou ainda que dela isolados não são considerados invenção nem modelo de utilidade.
(D) São patenteáveis o todo ou parte dos seres vivos, inclusive os microorganismos transgênicos que atendam aos requisitos de patenteabilidade como novidade, atividade inventiva e aplicação industrial e que não sejam mera descoberta.

A: o direito de obter patente será assegurado àquele que provar o depósito mais antigo, independentemente das datas de invenção ou criação – art. 7º da LPI; B: falta um requisito para a patenteabilidade, qual seja, a aplicação industrial industrial ou industriabilidade – art. 9º da LPI; C: art. 10, IX, da LPI; D: o todo ou a parte dos seres vivos não são patenteáveis, exceto micro-organismos transgênicos que atendam aos requisitos de patenteabilidade (novidade, atividade inventiva, aplicação industrial e desimpedimento) e que não sejam mera descoberta – art. 18, III, da LPI. Gabarito "C".

(Magistratura/PR – 2008) Assinale a alternativa correta:

(A) A patente de invenção vigorará pelo prazo de 15 (quinze) anos e a de modelo de utilidade pelo prazo 10 (dez) anos contados da data de depósito.
(B) À pessoa de boa fé que, antes da data de depósito ou de prioridade de pedido de patente, explorava seu objeto no País, será assegurado o direito de em 5 (cinco) anos encerrar a exploração, sem arcar com indenizações ao titular da patente.
(C) A patente confere ao seu titular o direito de impedir terceiro, sem o seu consentimento, de produzir, usar, colocar à venda, vender ou importar com estes propósitos produto objeto de patente incluindo preparação de medicamento de acordo com prescrição médica para casos individuais, executada por profissional habilitado.
(D) Ao titular da patente é assegurado o direito de obter indenização pela exploração indevida de seu objeto, inclusive em relação à exploração ocorrida entre a data da publicação do pedido e a da concessão da patente.

A: a patente de invenção vigora por 20 anos e a patente de modelo de utilidade por 15 anos contados da data do depósito do pedido – art. 40 da LPI; B: é assegurado o direito de continuar a exploração, sem ônus, nos termos do art. 45 da LPI; C: a preparação de medicamentos, conforme descrito, não é impedida – art. 43, III, da LPI; D: art. 44 da LPI. Gabarito "D".

(Magistratura/PR – 2008) Assinale a alternativa correta:

(A) Não é registrável como marca sinal que imite em parte marca que o requerente evidentemente não poderia desconhecer em razão de sua atividade, cujo titular seja sediado ou domiciliado em território nacional se a marca se destinar a distinguir produto afim, suscetível de causar confusão ou associação com aquela marca alheia.
(B) À marca registrada no Brasil considerada de alto renome será assegurada proteção especial unicamente no ramo de atividade.
(C) Podem requerer registro de marca somente as pessoas físicas ou jurídicas de direito privado.
(D) O registro da marca vigorará pelo prazo improrrogável de 10 (dez) anos, contados da data da concessão do registro.

A: art. 124, XXIII, da LPI; B: a proteção à marca de alto renome abrange todos os ramos de atividade – art. 125 da LPI; C: o registro de marca pode ser requerido por pessoas físicas ou jurídicas de direito público ou privado – art. 128 da LPI; D: o prazo de 10 anos é prorrogável por iguais e sucessivos períodos – art. 133 da LPI. Gabarito "A".

(Ministério Público/AM – 2008 – CESPE) Arnaldo, editor gráfico, percebeu um aumento expressivo no mercado de jogos de mesa infantis. Entusiasmado, criou um conjunto de regras inéditas para jogo de tabuleiro com enorme potencial de sucesso. Precavido, resolveu requerer a patente dessa invenção ao INPI. Considerando essa situação hipotética, assinale a opção correta.

(A) Se comprovado que a invenção de Arnaldo é nova, dotada de atividade inventiva e aplicabilidade industrial, a patente deverá ser concedida obrigatoriamente pelo INPI, por se tratar de atividade administrativa vinculada.
(B) Durante o período anterior ao deferimento ou indeferimento do privilégio temporário pelo INPI, Arnaldo poderá ceder a terceiros o pedido da patente em questão.
(C) Por se tratar de pretensão a patente válida apenas no território nacional, para a sua concessão basta que seja provado o ineditismo do objeto no Brasil, sendo irrelevante se ele foi divulgado em países estrangeiros anos antes da data do pedido.
(D) Uma vez deferido, o direito de patente será temporário, vigorando por até 20 anos, contados da data de sua concessão pelo INPI.
(E) Revelando-se que o direito de patente foi concedido com nulidade, o INPI poderá, de ofício, promover sua anulação no prazo de duração do privilégio, em decorrência do poder de auto-tutela da administração.

A: regras de jogo não são patenteáveis – art. 10, VII, da LPI; B: é possível ceder o pedido de patente – art. 58 da LPI; C: a divulgação de invenção no exterior pode representar estado da técnica, que afasta a novidade – art. 11, § 1º, da LPI; D: a patente de invenção vigora por 20 anos contados da data do depósito do pedido (não da concessão da patente) – art. 40 da LPI; E: o INPI poderá instaurar de ofício o processo administrativo de nulidade no prazo de 6 meses contados da concessão da patente (art. 51 da LPI) ou propor a ação judicial de nulidade a qualquer tempo da vigência da patente (art. 56 da LPI). Gabarito "B".

(Ministério Público/AM – 2008 – CESPE) No Brasil, há conhecido debate a respeito da natureza jurídica do regime de proteção às marcas de indústria e comércio. Nesse âmbito, pergunta-se se a propriedade das marcas, como prevista na CF, iguala-se à propriedade regulada pelo Código Civil, assim permitindo a utilização de figuras como a aquisição por ocupação e a usucapião. Um ponto central nesse debate decorre do fato de que, de acordo com as leis em vigor,

(A) a propriedade de marca é adquirida pelo efetivo uso, independentemente de registro no INPI. Nessa hipótese, o posterior deferimento do pedido pela autarquia ocasionará apenas os efeitos declaratório e probatório da titularidade antes adquirida.

(B) no caso de duas pessoas disputarem marcas idênticas ou semelhantes, para identificar produtos idênticos ou semelhantes, terá precedência ao registro o usuário de boa-fé que provar uso prévio da marca por, no mínimo, seis meses anteriores à data do depósito da marca disputada.

(C) se ficar provado que a marca não está sendo usada há pelo menos dois anos pelo titular do registro do INPI, outra pessoa poderá registrá-la para si, desde que prove que a utiliza regularmente e sem oposição.

(D) a característica central da propriedade da marca é a presença de absoluto direito *erga omnes*, o qual ordinariamente confere ao respectivo titular o poder de impedir terceiros de utilizá-la para identificar outros produtos e serviços de quaisquer ramos de atividade.

(E) em face da disciplina do direito de marcas se organizar por meio de registro público, equivalente ao registro de imóveis, tal direito é considerado, para todos os efeitos legais, bem imóvel.

A: a propriedade da marca adquire-se pelo registro validamente expedido – art. 129 da LPI; B: art. 129, § 1º, da LPI; C: o prazo para caducidade do registro da marca é de 5 anos, nos termos e nas condições do art. 143 da LPI; D: o direito não é absoluto e, em princípio, refere-se apenas à atividade efetivamente exercida pelo titular – art. 128, § 1º, da LPI; E: os direitos de propriedade industrial (incluindo marcas) são considerados bens móveis – art. 5º da LPI. Gabarito "B".

(Ministério Público/AM – 2008 – CESPE) Um tema recorrente relativo à disciplina das patentes refere-se ao licenciamento compulsório, atualmente objeto de crescente interesse nacional e internacional. No que concerne às opções implementadas pelo legislador brasileiro para discipliná-lo, é correto afirmar que o licenciamento compulsório

(A) pressupõe, necessariamente, prova de conduta ilícita cometida pelo titular da patente, por exercer seus direitos de modo abusivo.

(B) exige procedimento judicial prévio, garantindo-se ampla defesa e o contraditório ao titular da patente.

(C) será sempre concedido sem exclusividade, não se admitindo o sublicenciamento.

(D) é obrigatório no caso de patentes de interesse nacional.

(E) será extinto no caso de ocorrer cessão, alienação ou arrendamento do empreendimento autorizado a explorar a patente.

A: é possível licenciamento compulsório sem que haja conduta ilícita, nos casos de falta ou insuficiência de exploração ou de comercialização, conforme previsto no art. 68, § 1º, da LPI; B: admite-se licenciamento compulsório decidido administrativamente – art. 68, *caput*, *in fine*, da LPI; C: art. 72 da LPI; D: é possível (não obrigatório) o licenciamento compulsório no caso de interesse público não atendido pelo titular da patente (ou pelo licenciado) – art. 71 da LPI; E: há cessão da licença compulsória, na hipótese – art. 74, § 3º, da LPI. Gabarito "C".

(Ministério Público/RO – 2008 – CESPE) A legislação brasileira de proteção às patentes de invenção

(A) permite o patenteamento de qualquer invenção nova e com aplicabilidade industrial, protegendo, assim, produtos e processos para a sua respectiva obtenção, como ocorre, por exemplo, nos casos de programas de computador e medicamentos.

(B) estabelece como fato jurídico constitutivo do direito de patente o momento em que o inventor expressa a idéia inventiva em um objeto tangível, exteriorizando, dessa maneira, a invenção.

(C) concebe o direito de patente como um monopólio temporário, pelo qual se impede, de modo geral, fabricar, importar e vender produto, ou usar processo, devidamente patenteado, sem que haja a autorização do titular da patente, ressalvadas as exceções de ordem pública.

(D) institui a patente como direito de vigência temporária, com termo inicial de 25 anos, renovável por igual período.

(E) concede, de ofício, quando diante de patente de interesse da defesa nacional, licença compulsória, temporária e não exclusiva para a sua exploração, sem prejuízo dos direitos do respectivo titular.

A: os programas de computador em si não são patenteáveis – art. 10, V, da LPI (os direitos autorais, no entanto, são protegidos – art. 7º, XII, da Lei 9.610/1998); B: a proteção dos direitos relativos às invenções depende da concessão de patente – arts. 2º, I, e 42, ambos da LPI; C: a assertiva descreve adequadamente os caracteres do direito de patente – art. 42 da LPI; D: incorreta, pois a patente de invenção vigorará pelo prazo de 20 anos – art. 40 da LPI; E: a patente de interesse da defesa nacional submete-se a procedimento sigiloso, nos termos do art. 75 da LPI, e não, necessariamente, ao licenciamento compulsório. É possível (não obrigatório) o licenciamento compulsório no caso de interesse público não atendido pelo titular da patente (ou pelo licenciado) – art. 71 da LPI. Gabarito "C".

(Ministério Público/RR – 2008 – CESPE) Acerca da disciplina brasileira sobre propriedade industrial e intelectual, julgue os itens subseqüentes.

(1) A patente de invenção e os direitos autorais são caracterizados como bens incorpóreos que decorrem da criação humana. Sua elaboração, uma vez expressa em suporte tangível, causa a imediata aquisição daqueles direitos, sendo o registro da obra no órgão competente resguardado para fins probatórios.

(2) O direito sobre marcas de indústria e comércio não exige que o seu titular tenha criado novo sinal visual. Assim, o antigo objeto pode ser registrado como marca por outra pessoa, por exemplo, após ser declarada a caducidade do registro, dessa maneira extinguindo o direito do titular anterior.

(3) Considera-se desenho industrial a forma ou conjunto de linhas e cores que possa ser aplicado a um produto, proporcionando resultado que crie efeito técnico relevante, apto a lhe oferecer nova função industrial ou ampliar função anterior já conhecida.

(4) A propriedade de segredo industrial ou comercial independe de registro, mas a sua negociação só valerá se os respectivos contratos forem averbados no Instituto Nacional da Propriedade Industrial (INPI).

1: Diferentemente do que ocorre no direito autoral (art. 18 da Lei 9.610/1998), a proteção dos direitos relativos à propriedade industrial (o que inclui as invenções) depende de patentes e registros – arts. 2º, 42, 109 e 129 da LPI. Ademais, a obra intelectual, protegida pelo direito autoral, prescinde de suporte tangível – art. 7º da Lei 9.610/1998; 2: A inércia quanto ao uso da marca durante 5 anos, nos termos e nas condições do art. 143 da LPI, implica caducidade e permite novo registro por terceiro; 3: A criação de efeito técnico relevante, de nova função industrial ou de ampliação da função anterior é irrelevante para a caracterização do desenho industrial; considera-se desenho industrial a forma plástica ornamental de um objeto ou o conjunto ornamental de linhas e cores que possa ser aplicado a um produto, proporcionando resultado visual novo e original na sua configuração externa e que possa servir de tipo de fabricação industrial – art. 95 da LPI; 4: O segredo industrial não é objeto de domínio protegido pela legislação especial – art. 2º da LPI. Gabarito 1E, 2C, 3E, 4E.

(Procurador do Estado/CE – 2008 – CESPE) Acerca da propriedade industrial e intelectual, assinale a opção correta.

(A) É lícito que um sinal empregado apenas como meio de propaganda seja registrado como marca.

(B) A marca goza de proteção nacional, com o registro na junta comercial, e de proteção internacional, após o registro no Instituto Nacional de Propriedade Industrial (INPI).

(C) São suscetíveis de registro as marcas visual e sonoramente perceptíveis.

(D) A proteção à marca de alto renome restringe-se ao seu ramo de atividade econômica.

(E) É lícito ao INPI indeferir de ofício o pedido de registro de marca que imite, em parte, marca notoriamente conhecida.

A: a expressão ou o sinal empregado apenas como meio de propaganda não pode ser registrado como marca – art. 124, VII, da LPI; B: a proteção nacional da marca depende do registro no INPI – art. 129 da LPI. A proteção internacional depende da legislação estrangeira e dos tratados internacionais de que o Brasil seja signatário – art. 127 da LPI; C: são suscetíveis de registro como marca somente os sinais distintivos visualmente perceptíveis – art. 122 da LPI; D: a proteção à marca de alto renome abrange todos os ramos de atividade – art. 125 da LPI; E: art. 126, § 2º, da LPI. Gabarito "E".

(Procurador do Estado/CE – 2008 – CESPE) Ainda no que se refere a propriedade industrial e intelectual, assinale a opção correta.

(A) A proteção dos direitos relativos à propriedade industrial de autor de desenho industrial é efetuada pela concessão de patente, a ser requerida ao INPI.

(B) Se duas pessoas realizarem o mesmo modelo de utilidade, de forma independente, o direito de obter patente será daquela que provar a criação mais antiga, independentemente da data de requerimento de concessão da patente.

(C) Requerida a concessão de registro de desenho industrial, o pedido será mantido em sigilo pelo prazo de 18 meses, contados a partir da data do depósito, após o que será publicado e concedido o registro.

(D) O foro da justiça federal é o foro competente para conhecer de ação de nulidade de patente e o INPI, quando não for autor, intervirá no feito.

(E) A lei admite que seja instaurado de ofício processo administrativo de nulidade de patente, o qual será arquivado no caso de extinção da patente.

A: os direitos relativos a desenho industrial são protegidos por meio de registro (não de patente) – art. 94 da LPI; B: o direito de obter patente será assegurado àquele que provar o depósito mais antigo, independentemente das datas de invenção ou criação – art. 7º da LPI; C: o pedido de registro pode ser mantido em sigilo, a pedido do depositante (não é a regra), por 180 dias – art. 106, § 1º, da LPI; D: art. 57 da LPI; E: o processo administrativo de nulidade não é arquivado em caso de extinção da patente – art. 51, parágrafo único, da LPI. Gabarito "D".

(Procurador do Estado/PI – 2008 – CESPE) Considerando a bandeira de uma unidade federada, a designação de uma autarquia e a imitação de uma cédula de dinheiro emitida pela União, assinale a opção correta.

(A) Nem a bandeira do estado, nem a designação da autarquia, nem a imitação da cédula poderão ser registradas como marca.

(B) A bandeira do estado e a designação da autarquia poderão ser registradas como marca, mas a imitação da cédula, não.

(C) A designação da autarquia poderá ser registrada como marca, mas a bandeira do estado e a imitação da cédula, não.

(D) A bandeira do estado poderá ser registrada como marca, mas a designação da autarquia e a imitação da cédula, não.

(E) Todos os elementos referidos poderão ser registrados como marca.

A bandeira e a imitação da cédula de dinheiro não podem ser registradas como marca – art. 124, I e XIV, da LPI. A designação da autarquia pode ser registrada apenas pela própria entidade – art. 124, IV, da LPI. Gabarito "C".

(Procuradoria Federal – 2007 – CESPE) Julgue o item seguinte.

(1) A BMX Indústria de Móveis Ltda., fabricante de móveis para escritório, possui marca registrada no Instituto Nacional de Propriedade Industrial (INPI) para a cadeira giratória de sua fabricação denominada Sincronya. A MOB Móveis para escritório Ltda., que atua no mesmo ramo de mercado da BMX Indústria de Móveis Ltda., protocolizou requerimento perante o INPI, com o objetivo de registrar a marca Sincronia para sua cadeira, mediante expressa autorização de sua concorrente. Nessa situação, em conformidade com as normas atinentes à propriedade industrial, o INPI deve efetuar o registro de marca solicitado pela MOB Móveis para escritório Ltda.

1: É vedado o registro da marca, pois pode causar confusão quanto à identificação de produto idêntico ou semelhante – art. 124, XIX, da LPI. Gabarito 1E.

(Magistratura/SP – 2007) A proteção dos direitos relativos à propriedade industrial efetua-se mediante

(A) concessão de patentes de invenção e de modelo de utilidade e concessão de registro de desenho industrial nos termos da Lei de Propriedade Industrial (Lei n.º 9.279/96), sendo a proteção relativa à marca submetida às regras do direito autoral (Lei n.º 9.610/98).

(B) as regras do Direito Autoral previstas no Código Civil.

(C) registro público empresarial com o devido depósito da marca e patente efetuado nos termos da Lei n.º 8.934/94, que dispõe sobre o registro público de empresas mercantis e atividades afins.

(D) concessão de patentes de invenção e de modelo de utilidade; concessão de registro de desenho industrial e de marca; repressão às falsas indicações geográficas; repressão à concorrência desleal, nos termos de Propriedade Industrial (Lei n.º 9.279/96).

A assertiva em D indica os meios pelos quais os direitos relativos à propriedade industrial são protegidos, considerado o seu interesse social e o desenvolvimento tecnológico e econômico do País – art. 2º da LPI. Gabarito "D".

(Magistratura/SP – 2007) Marca de produto ou serviço é

(A) a usada para distinguir produto ou serviço de outro idêntico, semelhante ou afim, de origem diversa.

(B) a usada pela indústria farmacêutica.

(C) a usada para identificação de produtos ou serviços provindos de membros de determinada entidade farmacêutica.

(D) a utilizada para atestar a conformidade de um produto ou serviço com certas normas técnicas, notadamente quanto à qualidade, natureza, material usado e metodologia.

A assertiva em A reproduz a definição de marca de produto ou serviço fixada pelo art. 123, I, da LPI. Gabarito "A".

(Magistratura/SP – 2006) A patente de invenção e o modelo de utilidade vigoram pelo prazo de 20 (vinte) anos

(A) e 15 (quinze) anos, respectivamente, contados da data da concessão.

(B) e 15 (quinze) anos, respectivamente, contados da data do depósito.

(C) contados da data do depósito.

(D) contados da data da concessão.

A patente de invenção vigora por 20 anos e a patente de modelo de utilidade por 15 anos contados da data do depósito do pedido – art. 40 da LPI. Gabarito "B".

(Magistratura/BA – 2006 – CESPE) Julgue os itens que se seguem, relativos à propriedade industrial e intelectual.

(1) Tal como ocorre no direito autoral, o autor de propriedade industrial, em regra, tem seus direitos materiais resguardados desde o momento da criação de sua obra.

(2) Não serão objeto de patente, concedida pelo Instituto Nacional da Propriedade Industrial (INPI), produtos alimentícios, químico-farmacêuticos e medicamentos de qualquer espécie, como forma de se resguardar o interesse público.

(3) Considere que alguém modifique a forma de uns óculos e isso resulte em um novo modelo, facilmente adaptável à cabeça. Nessa situação, para efeito de patente, esse novo objeto poderá, legalmente, ser considerado um modelo de utilidade e o prazo de proteção da patente será de 15 anos.

(4) Considere que o autor de uma invenção tenha feito, no dia 1.º de janeiro de 2004, o depósito relativo ao pedido de patente no INPI. Nessa situação, o exame do pedido de patente deve ser requerido até o dia 1.º de janeiro de 2007, sob pena de ser arquivado.

(5) Determinada pessoa, autora de modelo de utilidade, promoveu o depósito referente ao pedido de patente de sua obra e, decorrido longo período, tomou conhecimento de que algumas pessoas, antes da data do depósito no INPI, já utilizavam, de boa-fé, tal objeto. Nessa situação, o autor deveria ter notificado as pessoas para que cessassem a exploração do objeto, pois aos criadores de obras intelectuais é assegurado o direito de exploração, oponível contra todos.

(6) Caso os agentes do INPI verifiquem que tenha sido patenteada determinada invenção contrária à saúde pública, o próprio INPI poderá propor ação de nulidade de patente, a qual deverá ser ajuizada no foro da justiça federal.

(7) Será passível de licença compulsória a patente concedida a empresário que utilize os direitos dela decorrentes de forma a praticar abuso do poder econômico comprovado nos termos da lei, por decisão administrativa ou judicial.

1: Diferentemente do que ocorre no direito autoral (art. 18 da Lei 9.610/1998), a proteção dos direitos relativos à propriedade industrial depende de patentes e registros – arts. 2º, 42, 109 e 129 da LPI; 2: Admite-se a patente relativa a esses produtos, observadas as normas específicas, especialmente o disposto no art. 229-C da LPI (anuência prévia da ANVISA no caso de produtos e processos farmacêuticos); 3: A melhoria funcional caracteriza o modelo de utilidade patenteável – art. 9º da LPI. O prazo de proteção é de 15 anos, a partir do depósito do pedido – art. 40 da LPI; 4: Art. 33 da LPI; 5: O direito do autor é protegido a partir da concessão da patente – arts. 2º, I, e 42, ambos da LPI; 6: Art. 57 c/c art. 18, I, ambos da LPI; 7: Art. 68 da LPI. Gabarito 1E, 2E, 3C, 4C, 5E, 6C, 7C

9. DIREITO DO CONSUMIDOR

(MAGISTRATURA/PB – 2011 – CESPE) De acordo com a sistemática adotada no CDC em relação à responsabilidade do fornecedor, assinale a opção correta.

(A) O comerciante responde solidariamente pelo fato do produto juntamente com o fabricante, ainda que este possa ser identificado pelo consumidor.

(B) O produto será considerado defeituoso, ensejando-se a responsabilidade do fornecedor, pelo fato de produto equivalente, porém de melhor qualidade, ter sido colocado no mercado.

(C) No que concerne a vício do produto, a responsabilidade do fornecedor, em regra, não ultrapassa o limite do valor do próprio produto ou serviço, não se impondo tal limitação em caso de responsabilidade pelo fato do produto.

(D) Os profissionais liberais equiparam-se aos fornecedores para efeito de responsabilidade pelos serviços prestados.

(E) Em razão da responsabilidade objetiva, o fornecedor responde pelo dano causado pelo uso do produto, ainda que a culpa seja de terceiro.

A: Incorreta, pois a responsabilidade do comerciante, nos termos do art. 13, I, do Código de Defesa do Consumidor – CDC (Lei 8.078/1990) ocorre quando o fabricante, o construtor, o produtor ou o importador *não* puderem ser identificados; B: Incorreta, pois o produto não é considerado defeituoso pelo fato de outro de melhor qualidade ter sido colocado no mercado – art. 12, § 2º, do CDC; C: Essa é a alternativa correta, conforme os arts. 14 e 18 do CDC; D: Incorreta, pois, diferentemente, a responsabilidade pessoal dos profissionais liberais será apurada mediante a verificação de culpa – art. 14, § 4º, do CDC; E: Incorreta, pois o fornecedor não responde pelo dano se comprovar a culpa exclusiva do consumidor ou de terceiro – art. 12, § 1º, III, do CDC. Gabarito "C".

(Magistratura/PA – 2009 – FGV) Com base no Código de Defesa do Consumidor, assinale a afirmativa incorreta.

(A) O Estado pode intervir diretamente para proteger de forma efetiva o consumidor em consonância com os princípios da dignidade da pessoa humana e da isonomia.

(B) As sociedades integrantes dos grupos societários são subsidiariamente responsáveis pelas obrigações decorrentes do Código de Defesa do Consumidor.

(C) O fornecedor está obrigado a informar sobre seus produtos e serviços oferecidos e colocados no mercado.

(D) O juiz poderá desconsiderar a personalidade jurídica da sociedade quando houver falência, estado de insolvência, encerramento ou inatividade da pessoa jurídica, provocados por má administração.

(E) A hipossuficiência do consumidor é a única condição que vincula o juiz a decidir pela inversão do ônus da prova.

A: assertiva correta, nos termos do art. 4º, II, *a*, do CDC; B: correta, pois a assertiva reflete exatamente o disposto no art. 28, § 2º, do CDC; C: correta, conforme os arts. 31 e 37, § 3º, do CDC, entre outros; D: correta, nos termos do art. 28 do CDC; E: essa é a assertiva incorreta, pois o juiz dever inverter o ônus da prova também quando a alegação do consumidor for verossímil – art. 6º, VIII, do CDC. Gabarito "E".

(Magistratura/PA – 2009 – FGV) As cláusulas gerais do contrato de adesão, regulado pelo Código de Defesa do Consumidor – Lei n.º 8.078/90, têm as seguintes características apresentadas nas alternativas a seguir, à exceção de uma. Assinale-a.

(A) Rigidez.
(B) Concretude.
(C) Preestabelecimento.
(D) Uniformidade.
(E) Unilateralidade.

As cláusulas dos contratos de adesão são caracterizadas pelo (i) *preestabelecimento* – já estão prontas antes do acordo com o consumidor; (ii) *unilateralidade* – são fixadas pelo fornecedor; (iii) *uniformidade* – referem-se a todos os negócios a serem realizados pelo fornecedor em relação a determinado objeto; (iv) *rigidez* – o consumidor não pode discutir ou modificar substancialmente seu conteúdo; e (v) *abstração* – aplicam-se a todos os consumidores que queiram contratar com o fornecedor – art. 54 do CDC. Como se vê, a alternativa B destoa, pois a cláusula típica do contrato de adesão é *abstrata*, não concreta. Gabarito "B".

(Magistratura/SP – 2009 – VUNESP) Conforme a Lei n.º 8.078, de 1990,

(A) salvo estipulação em contrário, o valor do orçamento prévio apresentado pelo fornecedor de serviço terá validade pelo prazo de 15 (quinze) dias contados de seu recebimento pelo consumidor.

(B) as declarações de vontade constantes de recibos vincularão o fornecimento somente se ratificadas no instrumento contratual definitivo.

(C) é nula de pleno direito a cláusula contratual que transfira responsabilidade a terceiro, e também aquela que determine a utilização compulsória da arbitragem.

(D) é enganosa a publicidade que se aproveite da deficiência e julgamento da criança, ou de sua inexperiência.

A: incorreta, pois a validade do orçamento prévio é, em regra, de 10 dias – art. 40, § 1º, do CDC; B: incorreta, pois as declarações de vontade constantes de escritos particulares, recibos e pré-contratos relativos às relações de consumo vinculam o fornecedor, ensejando inclusive execução específica – art. 48 do CDC; C: assertiva correta, nos termos do art. 51, III e VII, do CDC; D: incorreta, pois a publicidade é *abusiva*, nesse caso, não *enganosa* – art. 37, § 2º, do CDC. Gabarito "C".

(Magistratura/SP – 2009 – VUNESP) É permitido ao fornecedor de produtos ou serviços

(A) repassar informação depreciativa, referente a ato praticado pelo consumidor no exercício de seus direitos.

(B) manter cadastro de consumidor com informações negativas referentes a período superior a 6 (seis) anos.

(C) majorar o valor inicialmente orçado, quando esse acréscimo decorrer da necessidade de contratar os serviços de terceiros.

(D) abrir cadastro, ficha, registro e dados pessoais e de consumo do consumidor, comunicando-lhe por escrito quando a abertura por ele não tiver sido solicitada.

A: incorreta, pois isso é considerada prática abusiva e vedada, portanto, ao fornecedor – art. 39, VII, do CDC; B: incorreta, pois o período máximo para a manutenção de informações negativas é de 5 anos – art. 43, § 1º, do CDC; C: incorreta, pois o orçamento aprovado pelo consumidor não pode ser alterado unilateralmente e, ademais, o consumidor não responde por quaisquer ônus ou acréscimos decorrentes da contratação de serviços de terceiros não previstos no orçamento prévio – art. 40, §§ 2º e 3º do CDC; D: assertiva correta, nos termos do art. 43, § 2º, do CDC. Gabarito "D".

(Magistratura do Trabalho – 3ª Região – 2009) A respeito do Código de Defesa do Consumidor, leia as afirmações abaixo e, em seguida, assinale a alternativa correta:

I. É estabelecida a facilitação da defesa dos direitos do consumidor, inclusive com a inversão do ônus da prova, a seu favor, no processo civil, quando, a critério do juiz, for verossímil a alegação ou quando for ele hipossuficiente, segundo as regras ordinárias de experiências.

II. A definição legal de produto é qualquer bem, móvel ou imóvel, material ou imaterial, enquanto que a de serviço é qualquer atividade fornecida no mercado de consumo, mediante remuneração, inclusive as de natureza bancária, financeira, de crédito e securitária, e as decorrentes das relações de caráter trabalhista.

III. O juiz poderá desconsiderar a personalidade jurídica da sociedade quando, em detrimento do consumidor, houver abuso de direito, excesso de poder, infração da lei, fato ou ato ilícito ou violação dos estatutos ou contrato social. A desconsideração, porém, não será efetivada quando houver falência, estado de insolvência, encerramento ou inatividade da pessoa jurídica, em virtude da atração do juízo universal.

IV. O consumidor pode desistir do contrato, no prazo de 7 dias a contar de sua assinatura ou do ato de recebimento do produto ou serviço, sempre que a contratação de fornecimento de produtos e serviços ocorrer fora do estabelecimento comercial, especialmente por telefone ou a domicílio. Se o consumidor exercitar o direito de arrependimento, os valores eventualmente pagos, a qualquer título, durante o prazo de reflexão, serão devolvidos, de imediato, monetariamente atualizados.

V. Contrato de adesão é aquele cujas cláusulas tenham sido aprovadas pela autoridade competente ou estabelecidas unilateralmente pelo fornecedor de produtos ou serviços, sem que o consumidor possa discutir ou modificar substancialmente seu conteúdo.

(A) Somente uma afirmativa está correta.
(B) Somente duas afirmativas estão corretas.
(C) Somente três afirmativas estão corretas.
(D) Somente quatro afirmativas estão corretas.
(E) Todas as afirmativas estão corretas.

I: assertiva correta, pois reflete o disposto no art. 6°, VIII, do CDC; II: assertiva incorreta, pois as atividades decorrentes das relações de caráter trabalhista não são serviços para fins de aplicação do Código de Defesa do Consumidor – art. 3°, § 2°, *in fine*, do CDC; III: assertiva incorreta, pois a desconsideração também será efetivada quando houver falência, estado de insolvência, encerramento ou inatividade da pessoa jurídica provocados por má administração – art. 28, *caput*, do CDC; IV: assertiva correta, pois reflete exatamente o disposto no art. 49 do CDC; V: assertiva correta, pois essa é a definição de contrato de adesão, nos termos do art. 54 do CDC. Gabarito "C".

(Magistratura do Trabalho – 9ª Região – 2009) Considere as proposições a seguir, segundo o Código de Defesa do Consumidor:

I. Serviço é qualquer atividade fornecida no mercado de consumo, mediante remuneração, inclusive as de natureza bancária, financeira, de crédito e securitária, salvo as decorrentes das relações de caráter trabalhista.

II. São princípios de regência da Política Nacional das Relações de Consumo, dentre outros: a racionalização e melhoria dos serviços públicos e o reconhecimento da vulnerabilidade do consumidor no mercado de consumo, exceto se o fornecedor estiver enquadrado como micro ou pequeno empresário.

III. O juiz poderá desconsiderar a personalidade jurídica da sociedade quando, em detrimento do consumidor, houver abuso de direito, excesso de poder, infração da lei, fato ou ato ilícito ou violação dos estatutos ou contrato social. A desconsideração também será efetivada quando houver falência, estado de insolvência, encerramento ou inatividade da pessoa jurídica provocados por má administração.

IV. O Ministério Público e as associações legalmente constituídas há pelo menos um ano e que incluam entre seus fins institucionais a defesa dos interesses e direitos protegidos pelo Código de Defesa do Consumidor são legitimados concorrentemente para a defesa em juízo dos interesses ou direitos difusos e interesses ou direitos coletivos, mas não para defesa de interesses ou direitos individuais homogêneos, assim entendidos os decorrentes de origem comum.

V. Para efeitos do Código de Defesa do Consumidor, interesses ou direitos coletivos, são os transindividuais, de natureza indivisível de que seja titular grupo, categoria ou classe de pessoas ligadas entre si ou com a parte contrária por uma relação jurídica base.

(A) somente as proposições I, II, III e IV são corretas
(B) somente as proposições II, III, IV e V são corretas
(C) somente as proposições II, III e IV são corretas
(D) somente as proposições I, III e V são corretas
(E) todas as proposições são corretas

I: assertiva correta, nos termos do art. 3°, § 2°, do CDC; II: assertiva incorreta, pois a qualificação do consumidor como micro ou pequeno empresário não afasta o reconhecimento de sua vulnerabilidade – art. 4°, I, do CDC; III: correta, em conformidade com o art. 28 do CDC; IV: incorreta, pois o MP e essas associações têm legitimidade também para a defesa coletiva dos direitos individuais homogêneos, nos termos do art. 82, I e III, c/c art. 81, parágrafo único, III, do CDC; V: assertiva correta, pois essa é a definição dada pelo art. 81, II, do CDC. Gabarito "D".

(Magistratura do Trabalho – 23ª Região – 2009) Analise as assertivas abaixo e marque a alternativa CORRETA:

I. Em matéria de relações de consumo, a inversão do ônus da prova em favor do consumidor cabe quando, entre outras hipóteses, a critério do juiz, for verossímil a alegação.

II. Não é viável a inversão do ônus da prova, à luz do Código de Defesa do Consumidor, quando o fornecedor é o Poder Público.

III. Conforme previsão contida no Código de Defesa do Consumidor, o juiz poderá desconsiderar a personalidade jurídica da sociedade quando, em detrimento do consumidor, houver abuso de direito, excesso de poder, infração da lei, fato ou ato ilícito ou violação dos estatutos ou contrato social, e ainda quando houver falência, estado de insolvência, encerramento ou inatividade da pessoa jurídica provocada por má administração.

IV. Segundo a jurisprudência majoritária, são aplicáveis as normas do Código de Defesa do Consumidor aos contratos de prestação de serviços advocatícios, especialmente para aferir abusividade da cláusula pertinente ao percentual dos honorários.

(A) Apenas os itens I e II são verdadeiros.
(B) Apenas os itens II e III são verdadeiros.
(C) Apenas os itens I e III são verdadeiros.
(D) Apenas os itens III e IV são verdadeiros.
(E) Apenas os itens II e IV são verdadeiros.

I: assertiva correta, pois o juiz determinará a inversão do ônus da prova, no processo civil, em favor do consumidor quando ele for hipossuficiente ou quando for verossímil a alegação – art. 6°, VIII, do CDC; II: incorreta, pois não há essa vedação – art. 6°, VIII, do CDC; III: assertiva correta, pois reflete exatamente o disposto no art. 28 do CDC; IV: incorreta, pois o STJ tem se posicionado pela inaplicabilidade do CDC aos serviços advocatícios – ver AgRg no Ag 1.380.692/SC. Gabarito "C".

(Magistratura/PR – 2008) Assinale a alternativa INCORRETA:

(A) É direito básico do consumidor a modificação das cláusulas contratuais que estabeleçam prestações desproporcionais ou sua revisão em razão de fatos supervenientes que as tornem excessivamente onerosas.

(B) A oferta e apresentação de produtos ou serviços devem assegurar informações corretas, claras, precisas, ostensivas e em língua portuguesa sobre o respectivo preço.

(C) Os contratos que regulam as relações de consumo não obrigarão os consumidores, se não lhes for dada a oportunidade de tomar conhecimento prévio de seu conteúdo.

(D) O consumidor pode desistir por arrependimento do contrato, no prazo de 7 dias a contar de sua assinatura ou do ato de recebimento do produto ou serviço, sempre que a contratação de fornecimento de produtos e serviços ocorrer no estabelecimento comercial.

A: art. 6°, V, do CDC; B: art. 31 do CDC; C: art. 46 do CDC; D: o prazo de 7 dias para a desistência refere-se à contratação fora do estabelecimento comercial – art. 49 do CDC. Gabarito "D".

(Magistratura/SP – 2008) O Código de Defesa do Consumidor

(A) estabelece a responsabilidade objetiva do fornecedor pelos defeitos causados por riscos que legitimamente se espera do produto.

(B) isenta a responsabilidade do fornecedor direto por vício de produto *in natura*, caso seu produtor seja claramente identificado.

(C) é lei de ordem pública e exclui outros dispositivos legais que tratem de direitos e deveres do consumidor.

(D) estabelece a responsabilidade objetiva dos fornecedores de serviços, ainda que liberais.

A: não há responsabilidade objetiva do fornecedor com relação a riscos que razoavelmente se esperam do produto – art. 12, § 1º, II, do CDC; B: art. 18, § 5º, do CDC; C: o CDC estabelece normas de ordem pública e de interesse social, mas que não excluem outros dispositivos legais que tratem da matéria – arts. 1º e 7º do CDC; D: a responsabilidade dos profissionais liberais depende de culpa – art. 14, § 4º, do CDC. Gabarito "B".

(Magistratura/SP – 2007) Com o advento da Sociedade da Informação, José comprou, por meio de internet, um equipamento eletrônico, tendo autorizado o débito em conta corrente em três parcelas iguais. Depois do primeiro pagamento, José recebeu o produto em sua residência. Ao vislumbrar pessoalmente o produto, José não gostou do bem adquirido, o que o fez desistir do contrato após cinco dias da entrega do produto. Assinale a alternativa correta.

(A) José terá direito, imediatamente, à devolução da primeira prestação não corrigida monetariamente.

(B) José terá direito, após 30 dias contatos da retirada do produto pelo fornecedor, à devolução da primeira prestação não corrigida monetariamente.

(C) José terá direito, imediatamente, à devolução da primeira prestação corrigida monetariamente.

(D) José não terá direito à devolução do produto, pois o exercício do direito de arrependimento com a desistência do contratado deve ser exercido no prazo de três dias.

O consumidor pode desistir da aquisição realizada fora do estabelecimento comercial no prazo de 7 dias contados da contratação ou da entrega. Na hipótese, é devida a devolução imediata do que foi pago, corrigido monetariamente – art. 49 do CDC. Gabarito "C".

(Magistratura Federal – 3ª Região – XIII) A proteção ao consumidor no Brasil está prevista:

(A) na Constituição da República, no Código de Defesa do Consumidor e nas Portarias da Secretaria de Defesa Econômica do Ministério da Justiça;

(B) na Constituição da República;

(C) no Código de Defesa do Consumidor;

(D) nas Portarias da Secretaria de Defesa Econômica do Ministério da Justiça.

A Constituição Federal (art. 5º, inciso XXXII), o CDC e Portarias da SDE preveem a proteção ao consumidor. Gabarito "A".

(Magistratura do Trabalho – 24ª Região – 2007) Considerando as disposições do Código de Defesa do Consumidor, assinale a alternativa INCORRETA:

(A) É direito básico do consumidor a inversão do ônus da prova a seu favor, no processo civil, quando, a critério do Juiz, for verossímil a alegação ou quando for ele hipossuficiente, segundo as regras ordinárias de experiência.

(B) O Juiz poderá desconsiderar a personalidade jurídica da sociedade quando, em detrimento do consumidor, houver abuso de direito, excesso de poder, infração da lei, fato ou ato ilícito ou violação dos estatutos ou contrato social. A desconsideração também será efetivada quando houver falência, estado de insolvência, encerramento ou inatividade da pessoa jurídica provocados por má administração.

(C) As sociedades integrantes dos grupos societários e as sociedades controladas são subsidiariamente responsáveis pelas obrigações decorrentes do Código de Defesa do Consumidor.

(D) As sociedades consorciadas e as sociedades coligadas são subsidiariamente responsáveis pelas obrigações decorrentes do Código de Defesa do Consumidor.

(E) Para efeitos do Código de Defesa do Consumidor, entende-se por interesses ou direitos individuais homogêneos os decorrentes de origem comum.

A: art. 6º, VIII, do CDC; B: art. 28 do CDC; C: art. 28, § 2º, do CDC; D: as consorciadas são solidariamente responsáveis e as coligadas respondem apenas por culpa – art. 28, §§ 3º e 4º, do CDC; E: art. 81, parágrafo único, III, do CDC. Gabarito "D".

(Magistratura do Trabalho – 14ª Região – 2006) Analise as proposições abaixo:

I. Constituem princípios da política Nacional de Relações de Consumo, conforme o Código de Defesa do Consumidor, entre outros: educação e informação de fornecedores e consumidores, quanto aos seus direitos e deveres, com vistas à melhoria do mercado de consumo; a racionalização e melhoria dos serviços públicos; estudo constante das modificações do mercado de consumo.

II. A inversão do ônus da prova está expressamente prevista no CDC, como um dos direitos básicos do consumidor visando a facilitação da respectiva defesa, estando o juiz cível autorizado, a seu critério, a aplicá-la quando for verossímil a alegação ou quando o consumidor for hipossuficiente, segundo as regras ordinárias de experiência.

III. A efetiva prevenção e reparação de danos patrimoniais e morais, individuais, coletivos e difusos, constituem em certos direitos básicos do consumidor.

IV. A instauração de inquérito civil, até seu encerramento, suspende o prazo decadencial para o consumidor reclamar pelos vícios existentes em produtos ou serviços.

(A) Apenas as proposições I, II e III estão corretas;
(B) Apenas as proposições II, III e IV estão corretas;
(C) Apenas as proposições II e III estão corretas;
(D) Apenas as proposições III e IV estão erradas;
(E) Todas as proposições estão corretas.

I: art. 4º do CDC; II: art. 6º, VIII, do CDC; III: art. 6º, VI, do CDC; IV: art. 26, § 2º, III, do CDC. Gabarito "E".

(Ministério Público do Trabalho – 13º) Em relação ao Código de Defesa do Consumidor:

I. o juiz poderá desconsiderar a personalidade jurídica da sociedade quando, em detrimento do consumidor, houver abuso de direito, excesso de poder, infração da lei, fato ou ato ilícito, ou violação dos estatutos ou contrato social;

II. os contratos que regulam as relações de consumo não obrigarão os consumidores se não lhes for dada a oportunidade de tomar conhecimento prévio de seu conteúdo, ou se os respectivos instrumentos forem redigidos de modo a dificultar sua compreensão;

III. tendo mais de um autor a ofensa, todos responderão solidariamente pela reparação dos danos previstos nas normas de consumo;

IV. também poderá ser desconsiderada a pessoa jurídica sempre que sua personalidade for, de alguma forma, obstáculo ao ressarcimento de prejuízos causados ao consumidor.

Analisando-se as asserções acima, pode-se afirmar que:

(A) apenas as afirmativas I, II e IV estão corretas;
(B) apenas as afirmativas I e IV estão incorretas;
(C) todas as afirmativas estão corretas;
(D) apenas as afirmativas II e III estão corretas;
(E) não respondida.

I e IV: art. 28, *caput* e § 5º, do CDC; II: art. 46 do CDC; III: art. 7º, parágrafo único, do CDC. Gabarito "C".

10. TEMAS COMBINADOS

(Magistratura/DF – 2011) Considere as proposições formuladas abaixo e assinale a <u>correta</u>:

(A) A falência da sociedade estende-se, no sistema atual, aos sócios ilimitadamente responsáveis pelas obrigações sociais, daí que seus bens igualmente serão arrecadados e vendidos, para pagamento das dívidas da sociedade, sendo certo que os credores particulares dos sócios da sociedade devedora também habilitarão seus créditos, serão relacionados pelo administrador judicial, mas não se lhes reserva a oportunidade de oferecer habilitação retardatária;

(B) Nas sociedades por ações, a assembléia-geral ordinária e a assembléia-geral extraordinária poderão ser, cumulativamente, convocadas e realizadas no mesmo local, data e hora, bem assim instrumentadas em ata única;
(C) Na sociedade anônima, o estatuto da companhia estabelecerá o número das ações em que se divide o capital social e concluirá se as ações terão ou não valor nominal, sendo que, em se tratando de companhia com ações sem valor nominal, não é dado ao regramento estatuário engendrar uma ou mais classes de ações preferenciais com valor nominal;
(D) É facultado ao acionista, na sociedade por ações, realizar, nas condições previstas no estatuto ou no boletim de subscrição, a prestação correspondente às ações subscritas ou adquiridas.

A: Incorreta, pois as habilitações dos credores particulares do sócio ilimitadamente responsável processar-se-ão de acordo com as disposições gerais da Falência e Recuperação de Empresas – LF (Lei 11.101/2005), inclusive quanto à habilitação retardatária – art. 20 da LF, ver também os arts. 81 e 115 da LF; B: Essa é a assertiva correta, pois a possibilidade é prevista no art. 131, p. único, da Lei das Sociedades por Ações – LSA (Lei 6.404/1976); C: Incorreta, pois, na companhia com ações sem valor nominal, o estatuto poderá criar uma ou mais classes de ações preferenciais com valor nominal – art. 11, § 1º, da LSA; D: Incorreta, pois não se trata de faculdade, mas sim obrigação, nos termos do art. 106 da LDA. Gabarito "B".

(Magistratura/SP – 2011 – VUNESP) Sobre o CADE (Conselho Administrativo de Defesa Econômica), assinale a alternativa correta.
(A) Fundação vinculada ao Ministério da Justiça, é órgão judicante com jurisdição em todo o território nacional, com sede e foro no Distrito Federal.
(B) É composto por um Presidente e seis Conselheiros com mandato de três anos, permitida uma recondução.
(C) Verificada infração à ordem econômica, poderá aplicar à empresa responsável multa de um a trinta por cento do valor do faturamento bruto no seu último exercício, excluídos os impostos, a qual nunca será inferior à vantagem auferida, quando quantificável.
(D) Tem por atribuição examinar os atos, sob qualquer forma manifestados, que possam limitar ou de qualquer forma prejudicar a livre concorrência, ou resultar na dominação de mercados relevantes de bens ou serviços, nestes incluídos aqueles que visem a qualquer forma de concentração econômica, seja através de fusão ou incorporação de empresas, constituição de sociedade para exercer o controle de empresas ou qualquer forma de agrupamento societário, que implique participação de empresa ou grupo de empresas resultante em quinze por cento de um mercado relevante, ou em que qualquer dos participantes tenha registrado faturamento bruto anual no último balanço equivalente a R$ 100.000.000,00 (cem milhões de reais).
(E) A execução judicial das decisões proferidas pelo CADE incluirá, caso necessária, a intervenção na empresa, cabendo todavia ao Ministro da Justiça, sob prévia aprovação do Presidente do Superior Tribunal de Justiça, a nomeação do interventor.

A: Incorreta, pois o CADE é autarquia federal – art. 3º da Lei Antitruste – LAT (Lei 8.884/1994); B: Assertiva incorreta, pois o mandato do presidente e dos conselheiros do CADE é de 2 anos, permitida uma recondução – art. 4º, § 1º, da LAT; C: Essa é a assertiva correta, pois reflete o disposto no art. 23, I, da LAT; D: Incorreta, pois o limite relativo à concentração econômica é de 20% de um mercado relevante (não 15%, como consta da assertiva). Ademais, o faturamento bruto anual que implica necessidade de submissão do ato ao CADE é de R$ 400 milhões (não R$ 100 milhões, como na assertiva) – art. 54, § 3º, da LAT; E: Incorreta, pois o interventor é nomeado pelo juiz – arts. 63 e 69 da LAT. Gabarito "C".

(Magistratura/SC – 2010) Assinale a alternativa correta:
I. O *warrant*, quando destacado do conhecimento de depósito, torna-se título abstrato.
II. A duplicata de fatura é título que admite aval.
III. Número inferior a três membros não impede o funcionamento do Comitê de Credores na falência.
IV. O deferimento do processamento da recuperação judicial é causa suspensiva da prescrição de execução movimentada por credores particulares em face do sócio solidário.

(A) Somente as proposições I e IV estão corretas.
(B) Somente as proposições II, III e IV estão corretas.
(C) Somente as proposições I, III e IV estão corretas.
(D) Somente as proposições II e III estão corretas.
(E) Todas as proposições estão corretas.

I: Incorreta, pois, mesmo quando separado do conhecimento de depósito, o *warrant* mantém vínculo com o contrato que deu origem aos títulos, sendo que o titular tem direito de penhor sobre a mercadoria depositada, por exemplo – art. 18, § 2º, do Decreto 1.102/1903; II: Correta, conforme o art. 12 da Lei das Duplicatas – LD (Lei 5.474/1968); III: Correta, pois a falta de indicação de representante por quaisquer das classes de credores não prejudicará a constituição do comitê, que poderá funcionar com número inferior ao previsto no *caput* do art. 26 da LF – § 1º desse dispositivo; IV: Assertiva correta, nos termos do art. 6º, *caput*, da LF. Gabarito "B".

(Magistratura/SC – 2010) Assinale a alternativa correta:
I. O empresário casado sob regime de comunhão universal pode alienar, ou gravar de ônus, imóvel integrante do patrimônio da empresa, sem outorga uxória.
II. O Código Civil veda a quem tenha como sua principal profissão a atividade rural a possibilidade de requerer inscrição no Registro Público de Empresas Mercantis.
III. O sócio não pode ser impedido de examinar, a qualquer tempo, livros e documentos da sociedade.
IV. A tabela *price* não implica capitalização.

(A) Somente as proposições I e IV estão incorretas.
(B) Somente as proposições I, II e IV estão incorretas.
(C) Somente as proposições II e III estão incorretas.
(D) Somente as proposições II, III e IV estão incorretas.
(E) Todas as proposições estão incorretas.

I: Correta, conforme o art. 978 do CC; II: Incorreta, pois a inscrição do empresário rural lhe é facultada, nos termos do art. 971 do CC; III: Incorreta, pois, salvo estipulação que determine época própria, o sócio pode, a qualquer tempo, examinar livros e documentos, e o estado da caixa e da carteira da sociedade – art. 1.021 do CC; IV: Assertiva incorreta, já que a tabela *price* implica capitalização dos juros (cálculo de juros sobre juros). Entretanto, é interessante ressaltar que a questão não é pacífica, inexistindo jurisprudência uniforme, pois o STJ entende que a matéria requer exame fático-probatório (inviável em Recurso Especial – ou seja, não há jurisprudência que unifique a interpretação da legislação federal relativa ao anatocismo na tabela *price*) – ver AgRg no Ag 1.014.387/RS. Gabarito "D".

(MAGISTRATURA DO TRABALHO – 1ª REGIÃO – 2010 – CESPE) As empresas Alfa S.A. e Delta Ltda. possuem relações comerciais de trato sucessivo em que a primeira fornece à segunda produtos derivados do leite e cortes de carnes nobres para venda ao consumidor final. Os produtos são entregues semanalmente no estabelecimento da compradora, sob comprovante de recebimento da mercadoria na quantidade e qualidade indicadas na nota fiscal-fatura. Ao fim de cada mês, sacam-se duplicatas mercantis para cada fatura, que, após o aceite, são devolvidas ao sacador, sendo os títulos liquidados no prazo de dez dias, contados da data do aceite. Com base nessa situação hipotética, assinale a opção correta.
(A) Em caso de não pagamento do título já aceito na data aprazada, o sacador somente poderá ajuizar a execução se promover protesto por falta de pagamento da cártula.
(B) Em razão da incidência do Código de Defesa do Consumidor na relação entre as empresas, o sacado não estará obrigado ao pagamento do título já aceito na hipótese de verificar-se que os produtos foram fornecidos em quantidade e qualidade inferior à descrição da fatura.
(C) Em caso de falência da Delta Ltda., o fornecedor poderá requerer a restituição das mercadorias ainda não alienadas, vendidas a crédito e entregues nos quinze dias anteriores ao requerimento da falência, antes mesmo do pagamento dos credores trabalhistas.
(D) A Alfa S.A. não poderá ser responsabilizada por vícios nos produtos que os tornem impróprios ao consumo pelos consumidores finais, uma vez que não possui, com os consumidores, relação jurídica.
(E) Na hipótese de ser prestado aval em favor do aceitante, a exigência da obrigação do avalista somente poderá ser exigida subsidiária e sucessivamente à do avalizado.

A: incorreta, pois a cobrança contra o aceitante independe de protesto por falta de pagamento – art. 15, I, da Lei das Duplicatas – LD (Lei 5.474/1968); B: incorreta, pois o CDC não se aplica, no caso, pois Delta Ltda. não é consumidor, nos termos do art. 2º do CDC (não é destinatário final e não há, em princípio, hipossuficiência). O adquirente das mercadorias poderia ter se recusado a aceitar, por conta dos vícios (art. 8º, II, da LD). De qualquer forma, pode opor contra a vendedora das mercadorias (e somente contra ela) suas exceções pessoais para evitar pagar a duplicata, mas jamais contra eventual endossatário do título; C: essa é a assertiva correta, pois é possível o pedido de restituição, nos termos do art. 85, parágrafo único, da Lei de Falências, que não se sujeita ao concurso de credores – LF (Lei 11.101/2005); D: incorreta, pois todos os fornecedores dos produtos respondem solidariamente pelos vícios perante o consumidor – art. 18 do CDC; E: incorreta, pois a responsabilidade do avalista é solidária – art. 12 da LD. Gabarito "C".

(Magistratura Federal/5ª Região – 2009 – CESPE) Com relação ao direito empresarial, julgue os itens seguintes.

I. A regra, no sistema jurídico brasileiro, é a da divisão patrimonial entre sócio e empresa. No entanto, em termos de obrigação tributária, o sócio-gerente pode ser responsabilizado pessoalmente, bastando a constatação de inadimplemento tributário da empresa.

II. O processo e o julgamento das causas em que são partes instituições financeiras em regime de liquidação extrajudicial competem à justiça estadual, a menos que a União, suas entidades autárquicas ou suas empresas públicas sejam interessadas, na condição de autoras, rés, assistentes ou opoentes.

III. As juntas comercias são órgãos federais.

Assinale a opção correta.

(A) Apenas um item está certo.
(B) Apenas os itens I e II estão certos.
(C) Apenas os itens I e III estão certos.
(D) Apenas os itens II e III estão certos.
(E) Todos os itens estão certos.

I: incorreta, pois o simples inadimplemento tributário não implica responsabilidade do sócio administrador, prevista no art. 135 do CTN – Súmula 430/STJ; II: assertiva correta, conforme a jurisprudência do STJ – ver CC 43.128/SP; III: incorreta, pois as Juntas Comerciais são órgãos estaduais, que se subordinam administrativamente ao Estado respectivo e, tecnicamente, ao Departamento Nacional de Registro do Comércio – DNRC – art. 6º da Lei 8.934/1994. Gabarito "A".

(Magistratura/PA – 2008 – FGV) Assinale a alternativa correta.

(A) O aval posterior ao vencimento do título de crédito não produz efeitos.
(B) Em regra, cada ação ordinária corresponde a um voto nas deliberações da assembléia geral, salvo cláusula estatutária expressa que atribua o voto plural.
(C) Nas sociedades de economia mista, o Conselho Fiscal terá funcionamento permanente.
(D) A sentença que decretar a falência de sociedade em nome coletivo não acarreta falência pessoal dos sócios, por não serem considerados empresários.
(E) O *tag along* poderá ser estendido às ações preferenciais com voto restrito.

A: o aval posterior ao vencimento tem o mesmo efeito do anteriormente dado – art. 900 do CC; B: é vedado atribuir voto plural a qualquer classe de ações – art. 110, § 2º, da LSA; C: art. 240 da LSA; D: é o oposto – a decretação de falência da sociedade em nome coletivo acarreta a falência dos sócios, que têm responsabilidade ilimitada – art. 81 da Lei 11.101/2005 c/c art. 1.039 do CC; E: o *tag along* refere-se ao direito dos demais acionistas, não integrantes do bloco de controle da companhia aberta, aderirem à venda de ações com direito a voto (não todas as ações, excluindo-se aquelas com voto restrito) para alienação do controle acionário – art. 254-A da LSA. Gabarito "C".

(Magistratura/SE – 2008 – CESPE) Assinale a opção correta acerca do direito de empresa.

(A) Para a transformação de sociedade em nome coletivo em sociedade limitada, exige-se a regular dissolução e liquidação da sociedade em nome coletivo e, posteriormente, a constituição da nova sociedade.
(B) Na sociedade em comandita simples, os comanditários, pessoas físicas, são responsáveis solidária e ilimitadamente pelas obrigações sociais.
(C) A fusão de sociedades somente pode ocorrer entre pessoas jurídicas organizadas sob a mesma espécie societária, que se unem para formar uma nova sociedade da mesma espécie.
(D) Estabelecimento empresarial é o complexo de bens, materiais e imateriais, que constituem o instrumento utilizado para o exercício da empresa, por empresário, ou por sociedade empresária.
(E) A sociedade em conta de participação tem personalidade jurídica, seu contrato social é registrado na junta comercial, mas a atividade constitutiva do objeto social é exercida unicamente pelo sócio ostensivo, em seu nome individual, participando os demais sócios somente dos resultados financeiros da sociedade.

A: a transformação, de um tipo para outro, não implica dissolução ou liquidação da sociedade – art. 1.113 do CC e art. 220 da LSA; B: os sócios comanditários respondem apenas pelo valor de suas cotas – art. 1.045 do CC; C: a fusão pode ocorrer entre sociedades de tipos diversos – art. 1.120 do CC e art. 223 da LSA; D: art. 1.142 do CC; E: a sociedade em conta de participação é, por definição, despersonalizada – art. 993 do CC. Gabarito "D".

(Ministério Público/PR – 2008) É correto afirmar:

(A) São consideradas sociedades empresárias aquelas que exercem profissionalmente atividade econômica organizada para a produção ou a circulação de bens ou de serviços. Entretanto não são consideradas empresárias as sociedades que exercem profissão intelectual, de natureza científica, literária ou artística, ainda com o concurso de auxiliares ou colaboradores, salvo se o exercício da profissão constituir elemento de empresa.
(B) Na sociedade em comum todos os sócios respondem solidária e ilimitadamente pelas obrigações sociais, não podendo ser alegado em nenhum caso o benefício de ordem.
(C) Pela lei que regula os direitos e obrigações relativos à propriedade industrial. É crime reproduzir ou imitar, de modo que possa induzir em erro ou confusão, armas, brasões ou distintivos oficiais nacionais, estrangeiros ou internacionais, sem a necessária autorização, no todo ou em parte, em marca, patente, modelo de utilidade, desenho industrial, nome comercial, insígnia ou sinal de propaganda, ou usar essas reproduções ou imitações com fins econômicos. A punição aplicada para tal crime é de detenção, de 1 (um) a 3 (três) anos, ou multa.
(D) Segundo o Código Civil, o estabelecimento, para fins do direito empresarial, pode ser considerado como o imóvel utilizado pelo empresário para o exercício de empresa.
(E) Sobre as disposições do Código Civil a respeito do nome empresarial, a sociedade em que houver sócios de responsabilidade ilimitada operará sob firma ou denominação, mas a sociedade anônima opera sob denominação apenas, podendo constar da denominação da S.A. o nome do fundador, acionista, ou pessoa que haja concorrido para o bom êxito da formação da empresa.

A: art. 982 c/c art. 996, ambos do CC; B: somente aquele que contratou em nome da sociedade em comum é excluído do benefício de ordem – art. 990 do CC; C: o tipo definido no art. 191 da LPI não inclui a reprodução em patente, modelo de utilidade ou desenho industrial. Ademais, a pena é de 1 a 3 meses (não anos) de detenção ou multa; D: o estabelecimento empresarial não se confunde com o imóvel utilizado para o exercício da empresa – art. 1.142 do CC; E: a sociedade em que há sócio de responsabilidade ilimitada opera sob firma, apenas (nunca sob denominação) – art. 1.157 do CC. Gabarito "A".

(Ministério Público/PR – 2008) É INCORRETO afirmar:

(A) Com a publicação da Lei n.º 11.101, de 9 de fevereiro de 2005, o Decreto-Lei nº 7.661, de 21 de junho de 1945 foi revogado, com exceção aos processos de falência ou de concordata ajuizados anteriormente ao início da vigência daquela Lei, quais serão concluídos nos termos do citado Decreto-Lei.
(B) Conforme o Código Civil, no caso de omissões das normas previstas para a sociedade limitada, reger-se-á ela supletivamente pelas normas da sociedade simples. Contudo, é possível o contrato social prever a regência supletiva da sociedade limitada pelas normas da sociedade anônima.
(C) A deliberação dos sócios para modificação do contrato social da sociedade limitada requer no mínimo mais da metade dos votos representantes do capital social.

(D) Independentemente de seu objeto, considera-se empresária a sociedade por ações; e, simples, a cooperativa.

(E) Começa a existência legal das pessoas jurídicas de direito privado com a inscrição do ato constitutivo no respectivo registro, precedida, quando necessário, de autorização ou aprovação do Poder Executivo, averbando-se no registro todas as alterações por que passar o ato constitutivo. Assim, para que comece a existência legal de uma sociedade empresária, é necessária sua inscrição na Junta Comercial.

A: arts. 192 e 200 da Lei 11.101/2005; B: art. 1.053, *caput* e parágrafo único, do CC; C: exige-se o voto representativo de no mínimo três quartos do capital para modificação do contrato social – art. 1.076, I, c/c art. 1.071, V, ambos do CC; D: art. 982, parágrafo único, do CC; E: art. 45 do CC c/c arts. 8º e 32 da Lei 8.934/1994. Gabarito "C".

(Cartório/DF – 2008 – CESPE) Joaquim Silva e Pedro Parente, pessoas físicas domiciliadas em Brasília – DF, constituíram uma sociedade empresária à qual deram o nome empresarial Joaquim Silva e Pedro Parente Ltda., com sede em Brasília – DF e registro na Junta Comercial do DF, onde os sócios-administradores tomam as decisões sobre os seus interesses sociais. A atividade principal dessa sociedade empresária consiste na fabricação de embalagens plásticas à base de polietileno. Dadas as facilidades e os incentivos fiscais oferecidos pelo estado de Goiás, o estabelecimento empresarial — a fábrica — foi instalado no município de Aparecida de Goiânia – GO, em imóvel de propriedade da sociedade, onde foi criada uma filial e feito o registro perante a Junta Comercial daquele estado. Para a formação do capital social da sociedade, Joaquim Silva contribuiu com o valor de R$ 1.000.000,00, dividido em 10 dez parcelas mensais e consecutivas de R$ 100.000,00, com vencimento da primeira parcela no momento da formalização do contrato de constituição da sociedade. Já o sócio Pedro Parente obrigou-se, no contrato de sociedade, à transferência de uma nota promissória emitida à sua ordem por Francisco, no valor de R$ 1.000.000,00.

Com base nessa situação hipotética, julgue os itens seguintes.

(1) A espécie do nome empresarial adotado é firma social, conforme facultado pela lei para a espécie de sociedade empresária criada, o que indica que os sócios respondem pelas obrigações da sociedade de forma subsidiária.

(2) Para a espécie de sociedade mencionada, a criação do conselho fiscal é facultativa e os sócios podem, no contrato social, prever a regência supletiva da sociedade pelas normas dispostas para as sociedades anônimas.

(3) A contribuição do sócio com o direito de crédito incorporado na mencionada nota promissória, que é um título de crédito a ordem, monetário e abstrato, se não realizada por meio do endosso, tem efeito de cessão civil, não respondendo, portanto, o sócio Pedro Parente, perante a sociedade, pela solvência do emitente do aludido título de crédito.

(4) Caso o sócio Joaquim Silva tivesse ficado inadimplente na sua contribuição estabelecida no contrato social e tivesse adimplido tal obrigação nos trinta dias seguintes ao da notificação pela sociedade, ele responderia, mesmo assim, perante esta por dano emergente de sua mora.

(5) Na eventualidade de um pedido de recuperação judicial em decorrência de crise financeira da sociedade, o juízo da Comarca de Brasília – DF seria competente para deferir a recuperação judicial, homologar o plano de recuperação extrajudicial ou decretar uma possível falência.

(6) Caso um dos sócios faleça e não haja, após cento e oitenta dias da morte, a reconstituição, a sociedade será dissolvida.

(7) Havendo o saque de uma duplicata mercantil contra a sociedade em questão, relativa à compra de matéria-prima, sem a remessa à sacada para aceite, seria válido o protesto da duplicata por indicação, a ser realizado por meio de boleto bancário.

(8) Se a sociedade alienasse seu estabelecimento comercial após ter realizado um contrato de arrendamento mercantil de alguns de seus bens, a transferência do estabelecimento, não havendo disposição contratual ou legal em contrário, importaria na sub-rogação do adquirente no referido contrato, mesmo contra a vontade da sociedade arrendadora de tais bens.

(9) No caso de eventual recuperação judicial da sociedade em questão, nem o credor do contrato de arrendamento mercantil nem o credor de contrato de alienação fiduciária em garantia, desde que tais contratos contivessem cláusula de irrevogabilidade ou irretratabilidade, se submeteriam aos efeitos da recuperação judicial, prevalecendo o direito de propriedade sobre as coisas e as condições contratuais estabelecidas.

1: A sociedade limitada pode adotar firma, sem que isso signifique responsabilidade pessoal dos sócios, desde que conste do nome a palavra "Limitada" ou sua abreviação (Ltda.). No caso, os sócios respondem apenas pelo valor de suas cotas – arts. 1.052 e 1.158 do CC; 2: Arts. 1.053, *caput* e parágrafo único, e 1.066, ambos do CC; 3: Apesar do disposto nos arts. 295, 296 e 919 do CC, o sócio que transmite título de crédito para formação do capital responde pela solvência do devedor – art. 1.005 c/c art. 1.053, *caput*, ambos do CC; 4: A responsabilidade por dano emergente da mora somente ocorre pela inadimplência após 30 dias contados da notificação – art. 1.004 do CC c/c art. 1.053, *caput*, ambos do CC; 5: A competência do juízo da recuperação e da falência é fixada pelo local em que está o principal estabelecimento da empresa, qual seja o centro das atividades empresariais (ver CC 37.736/SP-STJ) – art. 3º da Lei 11.101/2005; o local onde são tomadas as decisões sociais (DF) é um critério importante para essa definição, muito embora a instalação da fábrica em Goiás possa causar controvérsia a respeito; 6: Art. 1.033, IV, c/c art. 1.053, *caput*, ambos do CC; 7: O protesto da duplicata por indicação ocorre pela falta de devolução (o que pressupõe o envio da cártula para aceite) – art. 13, § 1º, *in fine*, da Lei 5.474/1968; 8: Art. 1.148 do CC; 9: Art. 49, § 3º, da Lei 11.101/2005. Gabarito "C". 1E, 2C, 3E, 4E, 5C, 6C, 7E, 8C, 9C.

(Magistratura Federal – 4ª Região – XIII – 2008) Dadas as assertivas abaixo, assinalar a alternativa correta quanto ao empresário, à falência e à recuperação judicial, nos moldes do Código Civil de 2002 e da Lei Federal nº 11.101/2005.

I. Não se considera empresário e não pode ser considerado sujeito passivo de falência aquele que exerce a profissão intelectual, de natureza científica, literária ou artística.

II. Apesar da recuperação judicial depender da homologação judicial, sua natureza é contratual.

III. O trespasse do estabelecimento comercial (filiais ou unidade produtiva), como elemento da recuperação judicial, não importa na sub-rogação das obrigações do devedor ao sucessor, ocorrendo a título universal, mesmo quanto às obrigações de natureza tributária.

IV. As dívidas tributárias nunca se submetem à recuperação judicial, a qual não poderá ser deferida na existência daquelas, ressalvadas as hipóteses de efetiva suspensão de exigibilidade.

(A) Estão corretas apenas as assertivas I e IV.
(B) Estão corretas apenas as assertivas I, II e III.
(C) Estão corretas apenas as assertivas II, III e IV.
(D) Estão corretas todas as assertivas.

I: aquele que exerce profissão intelectual, de natureza científica, literária ou artística pode, excepcionalmente, ser considerado empresário, desde que o exercício da profissão constitua elemento de empresa – art. 966, parágrafo único, *in fine*, do CC (*v.g.* quando há estrutura complexa, muitos empregados, relevância do capital no empreendimento etc.). Nessa hipótese, estará sujeito à falência – art. 1º da Lei 11.101/2005; II: se não houver concordância dos credores, na forma da lei, a recuperação é convolada em falência – art. 73, I e III, da Lei 11.101/2005; III: art. 60, parágrafo único, da Lei 11.101/2005 e art. 133, § 1º, II, do CTN; IV: a recuperação judicial não abarca os créditos fiscais (art. 57 da Lei 11.101/2005) e a concessão da recuperação depende da quitação de todos os tributos (art. 191-A do CTN), embora possa haver parcelamento previsto em legislação específica (art. 68 da Lei 11.101/2005). Gabarito "C".

(Magistratura do Trabalho – 8ª Região – 2007) Assinale a alternativa correta:

(A) O protesto por falta de aceite da letra de câmbio é extraído contra o sacado por ser o devedor cambial vinculado à obrigação cambiária.

(B) Não extraído o protesto no prazo determinado em lei, o portador do título perderá o direito de crédito contra o aceitante e seus avalistas, o sacador, endossantes e respectivos avalistas.

(C) No aval simultâneo, lançado nos títulos de crédito, todos os avalistas garantem o mesmo avalizado, enquanto no aval sucessivo não ocorre a solidariedade, vez que o avalista posterior avaliza o avalista anterior.

(D) O acionista de S/A tem direito de receber dividendo e participar do acervo da companhia, em caso de liquidação da sociedade, mesmo que a S/A seja devedora do INSS, já que a lei do custeio da seguridade social não proíbe a distribuição de lucros nas sociedades com débito previdenciário.
(E) A sociedade anônima é sempre empresária, podendo adotar firma ou denominação sendo que a cobrança judicial do acionista remisso terá como título executivo o boletim de subscrição, acompanhado, se for o caso, da chamada de capital, como título executivo extrajudicial.

A: o sacador garante o aceite (art. 9º da Lei Uniforme). Se não houver aceite, o sacado não figura como devedor, de modo que o portador exigirá o pagamento do sacador ou de eventuais coobrigados – arts. 43 e 44 da Lei Uniforme; B: o protesto é facultativo com relação ao devedor principal (aceitante) e seus avalistas. Ou seja, a falta de protesto implica perda de direito apenas contra coobrigados (sacador, endossantes e seus avalistas) – art. 53 da Lei Uniforme; C: a assertiva é verdadeira, devendo ser observada a ordem de assinaturas na cártula e a quem o aval é dado; D: é vedada a distribuição de lucros, exceto se houver garantia do débito tributário – art. 32 da Lei 4.357/1964 c/c art. 52 da Lei 8.212/1991; E: a sociedade anônima não pode adotar firma, embora possa constar de sua denominação o nome do fundador, de acionista ou de pessoa relevante para êxito da formação da empresa art. 1.160 do CC. Gabarito "C".

(Magistratura/DF – 2007) Julgue as proposições seguintes, assinalando, após, a alternativa correta:

I. Na locação ou compra de uma loja de um shopping center, tal qual ocorre com qualquer imóvel, o locador/vendedor se compromete com o êxito negocial do locatário/comprador.
II. Numa relação de compra e venda de loja em shopping center, em ocorrendo a entrega da loja, não há base para o acolhimento da *exceptio non adimpleti contractus*, considerando que a obrigação principal constante do contrato foi cumprida. Hipótese de aplicação da *exceptio non rite adimpleti contractus*.
III. No contrato de *factoring*, é impositivo ao faturizador assumir os riscos do não-pagamento, pois, ao ceder seus ativos, o faturizado desvincula-se de qualquer obrigação em caso de inadimplemento do devedor-sacado.
IV. A emissão de cheque pós-datado não o desnatura como título de crédito.

(A) Todas as proposições são verdadeiras.
(B) Todas as proposições são falsas.
(C) Apenas uma das proposições é verdadeira.
(D) Apenas uma das proposições é falsa.

I: não há esse comprometimento; II: a entrega da loja implica total cumprimento do dever imposto ao vendedor, não cabendo alegar, por essa razão, exceção do contrato não cumprido ou cumprido parcialmente ou defeituosamente (*exceptio non adimpleti contractus* ou *exceptio non rite adimpleti contractus*) – art. 476 do CC; III: o contrato de faturização (*factoring*) implica cessão do crédito do faturizado para o faturizador. Na hipótese, o faturizador (cessionário) assume isoladamente o risco do inadimplemento e o faturizado (cedente) garante apenas a existência do crédito – arts. 295 e 296 do CC; IV: a legislação dispõe que o cheque é título de crédito para pagamento à vista (art. 32 da Lei do Cheque – LC, Lei 7.357/1985), embora a jurisprudência reconheça os direitos relacionados à emissão de cheques pré-datados (a apresentação antecipada caracteriza dano moral – Súmula 370/STJ). Gabarito "C".

(Magistratura/DF – 2007) Julgue as proposições seguintes, assinalando, após, a alternativa correta:

I. O nome empresarial, também designado de nome de domínio, e a marca não se confundem. O primeiro, refere-se ao sujeito de direito e a segunda, serve para identificar produtos ou serviços.
II. Pelo princípio da especialidade ou da especificidade, a proteção ao signo, objeto de registro no INPI, estende-se somente a produtos ou serviços idênticos, semelhantes ou afins, desde que haja possibilidade de causar confusão a terceiros.
III. Ainda que o devedor renegocie com o credor o contrato bancário, confessando dívida, tal não se constitui em obstáculo à discussão sobre possíveis ilegalidades das avenças anteriores.
IV. A pessoa que subscreveu ações de uma sociedade anônima, mas não recebeu a quantidade devida de ações, não é acionista da companhia em relação às ações não recebidas e, por isso mesmo, ainda não tem qualquer direito de acionista em relação à companhia por conta das referidas ações.

(A) Todas as proposições são verdadeiras.
(B) Todas as proposições são falsas.
(C) Apenas uma das proposições é verdadeira.
(D) Apenas uma das proposições é falsa.

I: o nome empresarial refere-se ao empresário ou à sociedade empresária (sujeitos de direitos) – art. 1.155 do CC. A marca relaciona-se a produtos e serviços (objetos de direitos) – art. 123 da Lei de Propriedade Industrial – LPI (Lei 9.279/1996); II: art. 124, XIX, da LPI; III: a discussão quanto a eventuais ilegalidades relacionadas às avenças anteriores não é prejudicada por confissão de dívida; IV: o subscritor ou adquirente de ações é acionista da sociedade anônima – art. 1.088 do CC e art. 106 da LSA. Gabarito "D".

9. Direito do Trabalho

Ana Paula Garcia e Hermes Cramacon

1. INTRODUÇÃO, FONTES E PRINCÍPIOS

(Ministério Público/CE – 2009 – FCC) A garantia constitucional de proteção à relação de emprego, assegurada pelo artigo 7º, I da Constituição da República,

(A) foi introduzida e permanece no ordenamento nacional pela ratificação da Convenção 158 da OIT, em 1996.
(B) depende da publicação de lei ordinária federal.
(C) tem eficácia plena, apenas para os trabalhadores da iniciativa privada.
(D) subordina-se à edição de lei complementar.
(E) já se encontra estabelecida, definitivamente, pela instituição do sistema do Fundo de Garantia por Tempo de Serviço.

Conforme dispõe o art. 7º, I, da CF, é direito do trabalhador a relação de emprego protegida contra dispensa arbitrária ou sem justa causa, nos termos de lei complementar. Gabarito "D".

(Procurador do Estado/RO – 2011 – FCC) Em relação aos princípios do Direito do Trabalho, é INCORRETO afirmar:

(A) O princípio da aplicação da norma mais favorável aplica-se da seguinte forma: havendo normas válidas incidentes sobre a relação de emprego, deve-se aplicar aquela mais benéfica ao trabalhador.
(B) O princípio da continuidade da relação de emprego tem como finalidade a preservação do contrato de trabalho, de modo que haja presunção de que este seja por prazo indeterminado, permitindo-se a contratação por prazo certo apenas como exceção.
(C) O princípio da primazia da realidade indica que os fatos reais devem prevalecer sobre os documentos assinados pelo empregado.
(D) O princípio da irrenunciabilidade significa a não admissão, em tese, que o empregado abra mão de seus direitos trabalhistas, em grande parte imantados de indisponibilidade absoluta.
(E) O princípio protetor é representado pela tríplice vertente: *in dubio pro societate*, a aplicação da norma mais favorável e a condição mais benéfica.

A: opção correta, pois reflete o princípio da norma mais favorável, devendo ser aplicada a norma mais benéfica ao trabalhador, independentemente da sua posição na hierarquia das leis. Nosso ordenamento jurídico se utiliza da teoria do conglobamento mitigado, de acordo com o art. 3º, II, da lei 7.064/82; B: opção correta, pois trata do princípio da continuidade da relação de emprego. Veja os arts. 10 e 448 da CLT que tratam da sucessão trabalhista; C: opção correta, pois por meio desse princípio deve prevalecer a efetiva realidade dos fatos e não eventual forma construída em desacordo com a verdade. D: opção correta, pois em algumas situações o empregado poderá renunciar a seus direitos trabalhistas, como, por exemplo, quando pede demissão sendo detentor de garantia de emprego. E: opção incorreta, pois embora sejam vertentes do princípio protetor a aplicação da norma mais favorável e a condição mais benéfica, não existe o princípio *in dubio pro societate*, existindo sim o princípio *in dubio pro misero* ou *in dubio pro operario*. Gabarito "E".

(Procurador do Estado/SP – FCC – 2009) No que atine às fontes do direito do trabalho,

(A) a sentença normativa é fonte formal autônoma.
(B) a convenção coletiva de trabalho é fonte formal heterônoma.
(C) o acordo coletivo de trabalho é fonte formal autônoma.
(D) o decreto executivo é fonte formal autônoma.
(E) a lei ordinária é fonte material.

A: incorreta, pois a sentença normativa, por estabelecer condições de trabalho a serem aplicadas aos envolvidos no conflito coletivo, é fonte formal, porém é heterônoma, pois é imposta pelo Poder Judiciário; B: incorreta, pois a convenção coletiva de trabalho é firmada pelos próprios sindicatos e é considerada, por isso, fonte formal autônoma; C: correta, pois o acordo coletivo é um instrumento normativo firmado entre o sindicato dos empregadores com a empresa ou empresas e é, por isso, fonte formal autônoma; D: incorreta, pois o decreto executivo é fonte formal heterônoma; E: incorreta, pois a lei ordinária é fonte formal heterônoma. Gabarito "C".

(Procurador do Estado/SC – 2009) Em relação ao Princípio da Indisponibilidade dos Direitos Trabalhistas, seria equivocado dizer sobre ele que:

(A) Consiste na impossibilidade jurídica de o empregado privar-se voluntariamente das vantagens conferidas pelo Direito do Trabalho.
(B) Constitui uma limitação à autonomia da vontade contratual que previne vícios do consentimento e renúncia de vantagens por pressão do poder econômico do empregador.
(C) Admite poucas formas de transação de direitos, desde que em consonância com preceito constitucional e negociada coletivamente com a participação dos sindicatos.
(D) Admite a possibilidade de transação de direitos, mesmo com prejuízo para o empregado, desde que considere o ajuste como uma cláusula liberatória ampla.
(E) Revela o caráter imperativo das normas trabalhistas, bem como a sua essência social.

Para elucidar a questão o ministro do TST trata com pertinência a matéria: "A indisponibilidade inata aos direitos trabalhistas constitui-se talvez no veículo principal utilizado pelo Direito do Trabalho para tentar igualizar, no plano jurídico, a assincronia clássica existente entre os sujeitos da relação socioeconômica de emprego. O aparente contingenciamento da liberdade obreira que resultaria da observância desse princípio desponta, na verdade, como o instrumento hábil a assegurar efetiva liberdade no contexto da relação empregatícia: é que aquele contingenciamento atenua ao sujeito individual obreiro a inevitável restrição da vontade que naturalmente tem perante o sujeito coletivo empresarial. É comum a doutrina valer-se da expressão *irrenunciabilidade dos direitos trabalhistas* para enunciar o presente princípio. Seu conteúdo é o mesmo já exposto, apenas adotando-se diferente epíteto. Contudo, a expressão irrenunciabilidade não parece adequada a revelar a amplitude do princípio enfocado. Renúncia é ato unilateral, como se sabe. Entretanto, o princípio examinado vai além do simples ato unilateral, interferindo também nos atos *bilaterais* de disposição de direitos (transação, portanto). Para a ordem justrabalhista, não serão válidas quer a renúncia, quer a transação que importe objetivamente em prejuízo ao trabalhador" (Maurício Godinho Delgado, *Curso de Direito do Trabalho*, p. 201-202). Gabarito "D".

(Procurador do Estado/SC – 2009) Em relação ao Princípio da Primazia da Realidade, seria equivocado dizer sobre ele que:

(A) Deve-se observar a realidade dos fatos em detrimento dos aspectos formais que eventualmente os atestem.
(B) É comum verificar alterações nas condições de trabalho pactuadas verbalmente, alterações essas que não sendo incorporadas formalmente ao contrato de trabalho deixam incertezas no futuro, trazendo ao empregado dificuldade de prová-las.
(C) Em conjunto com este princípio encontra-se outro, que é o "in dubio pro operário" ou "in dubio pro misero", ambos derivados do Princípio de Proteção, que considera o empregado como parte contratual hipossuficiente.
(D) Os contratos de trabalho podem ser escritos ou verbais.
(E) A contratação de trabalhadores por empresa interposta é ilegal e, nesse caso, o vínculo de emprego forma-se diretamente com o tomador dos serviços, então o vínculo trabalhista pode ser declarado com órgãos da Administração Pública Direta e Indireta.

A: correta, pois a alternativa traz o conceito do princípio da primazia da realidade; B: correta, pois, de fato, as alterações verbais no curso do contrato de trabalho são de difícil comprovação futura; C: correta, pois o princípio da proteção, que visa atenuar no plano jurídico o desequilíbrio existente no plano fático do contrato de trabalho e dele derivam outros, como "in dúbio pro operário" e "in dúbio pro misero"; D: correta, pois a assertiva reflete o disposto no art. 443, caput, da CLT; E: incorreta, pois a alternativa não está de acordo com a Súmula 331, II, do TST: "CONTRATO DE PRESTAÇÃO DE SERVIÇOS. LEGALIDADE (...) II - A contratação irregular de trabalhador, mediante empresa interposta, não gera vínculo de emprego com os órgãos da administração pública direta, indireta ou fundacional (art. 37, II, da CF/1988)". Gabarito "E".

(Procuradoria Distrital – 2007) Examine os itens seguintes:

I. A fonte material do Direito do Trabalho é originária da pressão exercida sobre o Estado capitalista pela reivindicação dos trabalhadores;
II. A Constituição, a lei, a sentença normativa e a convenção coletiva são fontes formais e heterônomas do Direito do Trabalho, e o regulamento de empresa, a sua vez, já não é mais considerado fonte do Direito do Trabalho;
III. Norma constitucional de conteúdo material trabalhista pode ser desaplicada, no Direito do Trabalho, diante de conflito com norma profissional ou contratual mais favorável, desde que aquelas não tenham conteúdo de lei proibitiva;
IV. Nos contratos de trabalho é legal a transformação das condições de trabalho por mútuo consentimento do empregador e do empregado;
V. São nulos os atos praticados pelo empregador com o objetivo de desvirtuar a aplicação dos preceitos trabalhistas, salvo se ratificados posteriormente pelo empregado.

A quantidade de itens corretos é igual a:

(A) 1
(B) 2
(C) 3
(D) 4
(E) 5

Existem duas afirmativas verdadeiras. I: verdadeira, eis que fonte material é a pressão de fatos sociais, são as que ditam a substância do próprio direito.; II: falsa, pois convenção coletiva é classificada como fonte formal autônoma; III: verdadeira, pois no Direito do Trabalho existe o princípio da aplicação da norma mais benéfica ao empregado; IV: falsa, pois a afirmativa está em desacordo com o disposto no art. 468 da CLT; V: falsa, pois a alternativa não está de acordo com o art. 9º da CLT. Gabarito "B".

(Defensoria/MA – 2009 – FCC) Considerando-se que todas as normas de direito do trabalho têm natureza de tutela de direitos humanos, as Convenções da Organização Internacional do Trabalho (OIT), adotadas pelo Brasil, sob a vigente Constituição da República, com a redação que lhe deu a Emenda Constitucional nº 45/2004:

(A) assumirão natureza de emenda constitucional, se aprovadas, em cada Casa do Congresso Nacional, em dois turnos, por três quintos dos votos dos respectivos membros.
(B) submeter-se-ão à confirmação, pelo Congresso Nacional, por meio de publicação de Lei Complementar.
(C) só terão validade se confirmada por lei ordinária, posterior ao Decreto de promulgação da Convenção.
(D) assumirão natureza de lei ordinária federal, situando-se, hierarquicamente, abaixo das Leis Complementares e da Constituição da República.
(E) terão natureza de emenda constitucional, se assim decidir o Presidente da República, o que deverá ser previsto na mensagem que encaminhar ao Congresso Nacional a ratificação da norma pelos representantes do País na Convenção da OIT.

Art. 5º, § 3º, da CF. Gabarito "A".

(Defensoria/MA – 2009 – FCC) Relação de trabalho é

(A) espécie, da qual relação de emprego é o gênero.
(B) gênero, do qual relação de emprego é espécie.
(C) espécie de prestação de serviços que não se regula pela Consolidação das Leis do Trabalho, nem pelo estatuto dos servidores públicos ou pelo Código Civil.
(D) gênero, que se equipara à prestação de serviços subordinada.
(E) exclusivamente contrato de emprego, porque a carteira em que se registram os contratos é de "trabalho e previdência social", não de "emprego e previdência social".

A relação de trabalho é gênero que tem como uma de suas espécies a relação de emprego, assim como o trabalho eventual, autônomo, avulso e voluntário. Gabarito "B".

(Procurador do Município/Florianópolis-SC – 2010 – FEPESE) Qual o princípio de Direito do Trabalho que busca proporcionar uma forma de compensar a superioridade econômica do empregador em relação ao empregado, dando a este último uma superioridade jurídica?

(A) Princípio da proteção.
(B) Princípio da isonomia.
(C) Princípio da continuidade.
(D) Princípio da primazia da realidade.
(E) Princípio da irrenunciabilidade de direitos.

O princípio protetor tem por escopo atribuir uma proteção maior ao empregado, parte hipossuficiente da relação jurídica laboral. Em outras palavras, visa atenuar a desigualdade existente entre as partes do contrato de trabalho. Tem como vertentes os seguintes princípios: a) aplicação da norma mais favorável, b) in dubio pro operario e c) condição mais benéfica. Gabarito "A".

(Procurador do Município/Teresina-PI – 2010 – FCC) São fontes heterônomas do Direito do Trabalho, dentre outras,

(A) as Convenções Internacionais e as Convenções Coletivas de Trabalho.
(B) o Contrato Coletivo de Trabalho e os Acordos Coletivos.
(C) as Convenções Coletivas de Trabalho e os Acordos Coletivos.
(D) os Tratados, as Convenções Internacionais e a Constituição Federal.
(E) a Constituição Federal e os Usos e Costumes.

As fontes do Direito do Trabalho se dividem em: fontes materiais e fontes formais. As fontes materiais correspondem ao momento pré-jurídico da norma, ou seja, a norma ainda não positivada. Representa a pressão exercida pelos trabalhadores contra o Estado buscando melhores condições de trabalho. Referem-se aos fatores sociais, econômicos, históricos e políticos e, ainda, filosóficos, que originam o direito, influenciando na criação da norma jurídica. Já as fontes formais correspondem à norma jurídica já constituída, já positivada. Em outras palavras, representam a exteriorização dessas normas, ou seja, é a norma materializada e se subdividem em Fontes formais heterônomas, que decorrem da atividade normativa do Estado. Caracterizam-se pela participação de um agente externo (Estado) na elaboração da norma jurídica. São exemplos: a Constituição Federal, a CLT, leis, sentença normativa, tratados internacionais ratificados pelo Brasil. As fontes formais autônomas se caracterizam por serem formadas com a participação imediata dos próprios destinatários da norma jurídica. Os próprios destinatários da norma participam diretamente no processo de sua elaboração sem a interferência do agente externo (Estado). São exemplos: a convenção coletiva e o acordo coletivo de trabalho. Gabarito "D".

(Magistratura do Trabalho – 24ª Região – 2007) Assinale a alternativa INCORRETA:

(A) O laudo arbitral é considerado fonte do Direito do Trabalho.
(B) As teorias da Acumulação e do Conglobamento buscam informar critérios de determinação da norma mais favorável.
(C) O critério normativo hierárquico justrabalhista não prevalecerá ante normas heterônomas estatais proibitivas.

(D) A auto-integração é o preenchimento de lacunas da lei, utilizando-se da analogia.

(E) No Direito do Trabalho moderno, o intérprete deverá valer-se dos métodos, técnicas e elementos de interpretação propostos pela Escola Exegética.

A: verdadeira, pois o laudo arbitral é considerado fonte formal heterônoma; B: verdadeira, pois ambas teorias objetivam a aplicação da norma mais favorável ao empregado; C: verdadeira, pois as normas estatais revestem-se do chamado *imperium* específico conferido à entidade estatal; D: verdadeira, art. 8º da CLT; E: falsa, pois a Escola Exegética propunha métodos de interpretação da lei e não os métodos descritos no art. 8º da CLT. Gabarito "E".

(Magistratura do Trabalho – 23ª Região – 2006) Existindo lacunas normativas, o aplicador do direito do trabalho poderá recorrer à autointegração ou buscar auxílio em outros ramos do direito. Tal tarefa deverá ser efetuada com observância de alguns critérios que no direito brasileiro são:

I. na falta de norma, o aplicador do direito do trabalho poderá deixar de decidir o conflito, com base no princípio da legalidade, que estabelece: "ninguém é obrigado a fazer ou deixar de fazer alguma coisa senão em virtude da lei";

II. prevalência do interesse do trabalhador, sobrepondo-se a qualquer outro interesse, segundo o princípio do in dubio pro operario;

III. a jurisprudência e a analogia são fontes a que deve recorrer o aplicador do direito do trabalho na sua tarefa de preencher as lacunas normativas;

IV. a incompatibilidade entre as normas de direito comum e os princípios do direito do trabalho não é impedimento para a aplicação subsidiária daquele na solução dos conflitos decorrentes da relação de trabalho, desde que não haja norma trabalhista para o caso;

V. proibição de se recorrer aos costumes, em face do caráter legislado do nosso direito.

(A) somente a afirmativa III está correta.
(B) todas as afirmativas estão incorretas;
(C) somente as afirmativas II, III e V estão corretas;
(D) somente as afirmativas III e V estão corretas;
(E) somente a afirmativa V está correta;

I: falsa, art. 8º da CLT; II: falsa, em razão da redação da parte final do art. 8º da CLT; III: verdadeira, art. 8º da CLT; IV: falsa, art. 8º, parágrafo único, da CLT; V: falsa, pois o art. 8º da CLT prevê a aplicação dos costumes. Gabarito "A".

(Magistratura do Trabalho – 23ª Região – 2006) O caput do art. 7º da Lei Maior estatui: "São direitos dos trabalhadores urbanos e rurais, além de outros que visem à melhoria de sua condição social..." Este dispositivo consagra um princípio cardeal no Direito do Trabalho, assegurando um mínimo de garantias sociais para o empregado, passível de tratamento mais benéfico pela vontade das partes ou outra fonte do Direito. Trata-se de qual princípio?

(A) Princípio da proteção;
(B) Princípio do in dubio pro operario;
(C) Princípio da indisponibilidade dos direitos trabalhistas;
(D) Princípio da isonomia;
(E) Princípio da irredutibilidade salarial.

A: verdadeiro, o princípio da proteção objetiva um tratamento diferenciado por meio de medidas protetoras; B: falso, pois o princípio do *in dubio pro operario* determina que àquela norma que admite diversas interpretações, seja dada a interpretação mais favorável ao empregado; C: falso, pois referido princípio veda que o trabalhador transacione sobre direitos que o legislador entendeu ser fundamentais; D: falso, referido princípio prevê tratamento iguais a todos trabalhadores; E: falso, pois esse princípio veda a redução salarial do empregado. Gabarito "A".

(Magistratura do Trabalho – 23ª Região – 2006) A Súmula 207 do Tribunal Superior do Trabalho estabelece que "a relação jurídica trabalhista é regida pelas leis vigentes no país da prestação de serviços e não por aquelas do local da contratação". Trata-se do princípio:

(A) Ratione loci;
(B) Lex loci executionis;
(C) Foro privilegiado;
(D) Extraterritorialidade;
(E) Nenhuma das alternativas acima está correta.

A: falso, pois na competência *ratione loci* (em razão do local) é utilizado o domicílio do obreiro para se fixar a competência; B: correta, em razão do art. 651 da CLT; C: falso, pois o foro privilegiado, ou foro por prerrogativa de função é aquele utilizado para pessoas que exercem cargos e funções de especial relevância para o Estado; D: falso, pois o princípio da extraterritoriedade determina a aplicação da lei brasileira fora do território nacional; E: falso, pois a alternativa B é a correta. Gabarito "B".

(Magistratura do Trabalho – 18ª Região – 2006) O artigo 795 da Consolidação das Leis do Trabalho, que preceitua que "as nulidades não serão declaradas senão mediante provocação das partes, as quais deverão argüi-las à primeira vez em que tiverem de falar em audiência ou nos autos", consagra um importante princípio. Qual é ele?

(A) princípio da convalidação
(B) princípio da transcendência
(C) princípio do interesse
(D) princípio do prejuízo
(E) princípio da economia processual

A: correta, pois ocorrerá a convalidação do ato nulo se o interessado não fizer a arguição da nulidade no momento oportuno; B: falsa, pois referido princípio ensina que somente haverá nulidade quando resultar dos atos inquinados manifesto prejuízo às partes, art. 794 da CLT; C: falsa, pois este princípio está ligado às idéias de necessidade e utilidade **do processo; D: falsa, o** princípio do prejuízo também é chamado de princípio da transcendência, **art. 794 da CLT; E: falsa, pois** referido princípio visa a obtenção do máximo rendimento da lei, com o mínimo de atos *processuais*. Gabarito "A".

(Magistratura do Trabalho – 18ª Região – 2006) O dever patronal de não discriminar está materializado em vários dispositivos constitucionais e legais. A propósito, considere as assertivas abaixo e assinale a alternativa correta.

I. A Constituição Federal proíbe diferença de salários, de exercício de funções e de critério de admissão por motivo de sexo, idade, cor ou estado civil.

II. A Constituição Federal proíbe qualquer discriminação no tocante a salário e critérios de admissão do trabalhador portador de deficiência.

III. A Constituição Federal proíbe a distinção entre trabalho manual, técnico e intelectual ou entre os profissionais respectivos.

IV. A Constituição Federal garante a igualdade de direitos entre o trabalhador com vínculo empregatício permanente e o trabalhador autônomo.

V. A CLT garante igual salário, sem distinção de sexo, nacionalidade ou idade, a todo trabalho de igual valor, prestado ao mesmo empregador, na mesma localidade, desde que presente uma única condição, que é a identidade de função.

(A) as três primeiras são incorretas
(B) as duas últimas são corretas
(C) apenas a última é correta
(D) as três primeiras são corretas e as duas últimas são incorretas
(E) todas são corretas

I: correta, art. 7º, XXX, da CF; II: correta, art. 7º, XXXI, da CF; III: correta, art. 7º, XXXII, da CF; IV: falsa, art. 7º, XXXIV, da CF; V: falsa, art. 461 da CLT e Súmula 6, III, do TST. Gabarito "D".

(Magistratura do Trabalho – 16ª Região – 2006) Assinale a alternativa a INCORRETA:

(A) Constituem fontes típicas do direito do trabalho a convenção coletiva, o acordo coletivo, a sentença normativa, o regulamento de empresa e o estatuto sindical.

(B) Frustrada a negociação coletiva, as partes poderão eleger árbitros. Recusando-se qualquer das partes à negociação coletiva ou à arbitragem, é facultado às mesmas, de comum acordo, ajuizar dissídio coletivo de natureza econômica, podendo a Justiça do Trabalho decidir o conflito, respeitadas as disposições mínimas legais de proteção ao trabalho, bem como as convencionadas anteriormente.

(C) A convenção coletiva tem aplicação sobre toda a categoria econômica e profissional interessada, enquanto que a abrangência do acordo coletivo restringe-se a uma ou determinadas empresas.

(D) As fontes materiais de direito equivalem aos fenômenos sociais, econômicos e políticos.
(E) São fontes típicas do direito do trabalho a eqüidade, a analogia, o contrato, a Constituição e a lei.

A: correta, pois todos esses institutos emanam comandos aplicáveis ao Direito do Trabalho; B: correta, em decorrência do art. 114, § 2º, da CF; C: correta, em razão do art. 611, caput e § 1º, da CLT; D: correta, pois o momento prejurídico à norma é considerado fonte material do Direito do Trabalho; E: incorreta, pois os institutos apontados representam fontes subsidiárias do Direito do Trabalho, nos termos do art. 8º, da CLT. Gabarito "E".

(Magistratura do Trabalho – 16ª Região – 2006) Assinale a alternativa CORRETA:

(A) Outras controvérsias decorrentes de relações de trabalho, de caráter autônomo, não podem ser dirimidas na Justiça do Trabalho, ainda que haja lei ordinária nesse sentido, porque, à luz do texto constitucional, compete àquela Justiça Especializada julgar apenas as causas resultantes de relação de emprego subordinado.
(B) O trabalho comporta um conceito econômico e um conceito social, mas não um conceito jurídico.
(C) O direito do trabalho não é um ramo autônomo da ciência jurídica.
(D) O principal fundamento do direito do trabalho é o reconhecimento da dignidade do trabalhador.
(E) Ao longo da história o homem trabalhador sempre foi sujeito de direito, diverso das mercadorias.

A: falsa, em razão do art. 114, I, da CF; B: falsa, pois trabalho, nas lições de Aurélio Buarque de Holanda, pode ser conceituado juridicamente como: "a aplicação das forças e faculdades humanas para alcançar um determinado fim"; C: falsa, por possuir princípios próprios, o Direito do Trabalho é considerado um ramo autônomo da ciência jurídica; D: correta, pois no Direito do Trabalho busca-se alcançar a dignidade do trabalhador, elemento importante no cenário econômico de um país, parte hipossuficiente na relação de emprego; E: falsa, pois na sociedade pré-industrial existia a escravidão onde o trabalhador era considerado um objeto. Gabarito "D".

(Magistratura do Trabalho – 16ª Região – 2006) Assinale a alternativa CORRETA:

(A) Empresa integrante do mesmo grupo econômico somente é responsável pelos encargos trabalhistas de seus próprios empregados, não podendo, de modo algum, assumir, em caráter solidário, os ônus sociais relativos a empregados de outra empresa consorciada ao grupo.
(B) O direito comum não pode ser invocado como fonte subsidiária do direito do trabalho.
(C) Na aplicação do direito do trabalho, será levado em conta que nenhum interesse particular ou de classe deve prevalecer sobre o interesse público.
(D) As transformações sócio-econômicas são irrelevantes ao intérprete do direito do trabalho.
(E) A interpretação gramatical é sempre a mais adequada nas questões trabalhistas, considerando a hipossuficiência do trabalhador.

A: falsa, em função da responsabilidade solidária estabelecida no art. 2º, § 2º, da CLT; B: falso, art. 8º, parágrafo único, da CLT; C: correta, art. 8º, parte final, da CLT; D: falsa, pois é de acordo com essas transformações que o direito deve ser interpretado; E: falsa, em razão do princípio da aplicação da norma mais favorável ao empregado. Gabarito "C".

(Magistratura do Trabalho – 16ª Região – 2006) Assinale a alternativa CORRETA:

(A) A Constituição consagra, dentre outros, os princípios da valorização social do trabalho, da irredutibilidade relativa dos salários e da não discriminação entre trabalhadores de igual nível manual, técnico ou intelectual.
(B) O princípio da aplicação da norma mais favorável equivale, de certo modo, ao conceito do direito adquirido, enquanto que o princípio da condição mais benéfica autoriza o juiz a decidir sempre em benefício do trabalhador, em matéria de fato ou de direito.
(C) Não se admite a inversão do ônus da prova no direito trabalhista, à falta de lei sobre a matéria.
(D) Para maior segurança dos atos jurídicos, no direito do trabalho a formalidade deve prevalecer, como regra geral, sobre a realidade dos fatos.
(E) Pelo princípio do in dubio pro operario, em havendo dúvida no exame probatório do processo, deve ser aceita aquela prova que for favorável ao trabalhador.

A: correta, arts. 6º e. 7º, VI e XXXII da CF; B: falsa, equivale ao conceito de direito adquirido o princípio da condição mais benéfica que impõe a garantia de preservação da cláusula contratual mais vantajosa ao trabalhador; C: falsa, por aplicação subsidiária do *artigo* **6º**, VIII, do CDC; D: falsa, em razão do princípio da primazia da realidade; E: falsa, pois referido princípio não é aplicável no campo processual. Gabarito "A".

(Magistratura do Trabalho – 14ª Região – 2006) Princípios e fontes do Direito do Trabalho.

I. Enquanto as fontes heterônomas caracterizam-se pela participação dos destinatários principais em sua produção (por exemplo, os costumes), as fontes autônomas, caracterizam-se pela ausência dessa participação (por exemplo, a lei).
II. No Direito do Trabalho há uma rígida hierarquia de suas fontes, estando no ápice a Constituição da República, seguida das leis, decretos, regulamento de empresa e normas contratuais.
III. O princípio da norma mais favorável disciplina que, havendo razoável interpretação de duas normas, deve-se optar por aquela mais vantajosa ao trabalhador. Referida princípio não é aplicado no plano processual, nesse sentido aplica-se o princípio in dúbio pro misero significando que, havendo dúvida na interpretação das provas produzidas, deve-se decidir a demanda favoravelmente ao trabalhador.
IV. O princípio da primazia da realidade disciplina que os fatos definem a verdadeira relação jurídica havida entre as partes, contudo, referido princípio não permite a prevalência da prova testemunhal sobre a documental.

(A) todas as opções estão corretas;
(B) apenas três opções estão corretas;
(C) apenas duas opções estão corretas;
(D) apenas uma opção está correta;
(E) todas as opções estão incorretas.

I: falsa, pois as fontes heterônomas caracterizam-se pela interferência do órgão do Estado (por exemplo a lei) e as autônomas pela participação dos interessados (por exemplo convenção coletiva de trabalho); II: falsa, pois não há que se falar em hierarquia de normas, sendo esta plástica e variável; III: falsa, pois o princípio *in dúbio pro misero* não se aplica em matéria processual; IV: falsa, pois pelo referido princípio permite-se a prevalência da prova testemunhal sobre a documental. Gabarito "E".

(Magistratura do Trabalho – 9ª Região – 2006) No Direito de Trabalho, em processo de aplicação e interpretação, é correto afirmar:

I. No processo de autointegração o preenchimento das lacunas legais se dá pela analogia e eqüidade.
II. A legislação trabalhista arrola a jurisprudência como forma de integração do sistema jurídico.
III. O processo de analogia "iuris" é mais amplo que o de analogia "legis", abarcando aquele recurso aos princípios gerais do direito.
IV. A analogia e a interpretação extensiva são métodos de integração do sistema jurídico, tendo por escopo cobrir lacunas da lei.
V. As convenções coletivas de trabalho são fontes formais do Direito do Trabalho.

(A) todas as proposições são verdadeiras
(B) somente as proposições I e V são verdadeiras
(C) somente as proposições II, III e V são verdadeiras
(D) somente as proposições I , IV e V são verdadeiras
(E) somente as proposições I, II e III são verdadeiras

I: falsa, art. 8º da CLT; II: correta, art. 8º da CLT; III: correto, pois a analogia *legis* consiste na aplicação de uma regra jurídica existente a caso semelhante, não previsto pelo legislador, ao passo que a analogia *juris* sugere que, caso não encontrando regra jurídica para o caso semelhante, ao julgador é permitido extrair filosoficamente a idéia predominante de um conjunto de regras ou de um instituto; IV: falso, pois não se admite a interpretação extensiva; V: correta, pois representam fontes formais autônomas do Direito do Trabalho. Gabarito "C".

(Magistratura do Trabalho – 7ª Região – 2005) Examine as proposições abaixo e assinale a opção correta.

I. Havendo duas ou mais normas passíveis de aplicação, informa o princípio da norma mais favorável que poderá ser aplicada aquela que for mais benéfica ao trabalhador, independentemente da sua posição na escala hierárquica. A teoria do conglobamento orgânico ou por instituto constitui um dos critérios para identificação da norma mais favorável, caracterizando-se pela seleção, em cada uma das normas objeto de comparação, do preceito que mais favoreça o trabalhador.

II. O fenômeno da flexibilização na aplicação das normas legais trabalhistas mitiga o princípio da irrenunciabilidade e permite que, por convenção coletiva de trabalho, alguns preceitos contidos na Consolidação das Leis do Trabalho não sejam aplicados. Dentro dessa perspectiva, é possível afirmar que, de acordo com entendimento prevalente no âmbito do Tribunal Superior do Trabalho, tem validade convenção coletiva que preveja a supressão do intervalo intrajornada para os trabalhadores, uma vez respeitadas as jornadas diária e semanal, respectivamente de oito e quarenta e quatro horas.

III. Do princípio protetor emana o princípio da condição mais benéfica, que determina a prevalência das condições mais vantajosas ao trabalhador, ajustadas em contrato ou em regulamento da empresa, salvo quando sobrevier norma jurídica imperativa prescrevendo menor nível de proteção e que com esta não sejam elas incompatíveis.

IV. O princípio da não-discriminação, consagrado na Constituição Federal, proíbe diferença de critérios de admissão, de exercício de funções e de salário, por motivo de sexo, idade, cor ou estado civil. É também vedada a discriminação no tocante ao salário e critérios de admissão do portador de deficiência física, à luz do dispositivo constitucional.

V. O princípio da continuidade da relação de emprego objetiva a proteção do empregado, pautado na concepção de que a permanência do vínculo constitui fator de segurança econômica do trabalhador, propiciando a sua incorporação ao organismo empresarial. Deflui, do citado princípio, à luz da jurisprudência uniforme do Tribunal Superior do Trabalho, presunção favorável ao empregador, quando, em juízo, há que se provar o término do contrato de trabalho e são negados a prestação de serviços e o despedimento.

(A) Todas as proposições são verdadeiras.
(B) Todas as proposições são falsas.
(C) Somente a proposição IV é verdadeira.
(D) Somente as proposições I e II são verdadeiras.
(E) Somente as proposições I, III e IV são verdadeiras.

I: falso, pois na referida teoria é aplicada aquela que em seu conjunto é mais favorável ao empregado; II: falso, Orientação Jurisprudencial 342 da SDI 1 do TST; III: falso, na medida em que prevalece o direito adquirido dos trabalhadores; IV: correto, art. 7º, XXX e XXXI, da CF; V: falso, Súmula 212 do TST. *Gabarito "C".*

(Magistratura do Trabalho – 7ª Região – 2005) Analise as proposições abaixo, conforme sejam verdadeiras (V) ou falsas (F) e assinale a opção correta.

( ) O processo de integração do Direito atende ao princípio da plenitude da ordem jurídica, segundo o qual a ordem jurídica sempre terá, necessariamente, uma resposta normativa para qualquer caso concreto. É possível afirmar que a Consolidação das Leis do Trabalho, ao versar sobre esse tema, elegeu a jurisprudência como uma das fontes integrativas.

( ) Em harmonia com o princípio da aderência contratual, as cláusulas contratuais constituem hipótese de aderência plena, enquanto que as normas jurídicas representam hipótese de aderência relativa. Os dispositivos constantes dos regulamentos de empresa também constituem hipótese de aderência plena, na medida em que passam a integrar o contrato de trabalho e a sua alteração só poderá ocorrer quando não importar em prejuízo ao empregado.

( ) As convenções e acordos coletivos de trabalho constituem, à luz da jurisprudência do Tribunal Superior do Trabalho, modalidade de aderência limitada por revogação, isto é, os dispositivos constantes das convenções e acordos coletivos integram o contrato individual do trabalho e só poderão ser reduzidos ou suprimidos por posterior acordo, convenção ou contrato coletivo de trabalho.

( ) Na aplicação do Direito do Trabalho no espaço, pode-se afirmar que o princípio da territorialidade não é absoluto. Exemplo típico de exceção a esse princípio é a possibilidade de aplicação das normas brasileiras de proteção ao trabalho aos empregados contratados por empresa prestadora de serviços de engenharia, sediada no Brasil, para trabalharem no exterior.

( ) São exemplos da modalidade de heterointegração da lei o recurso à eqüidade, aos costumes, aos princípios gerais do direito, à analogia e à jurisprudência.

(A) V - F - F - V - V
(B) F - F - F - V - F
(C) V - V - V - V - F
(D) V - V - F - V - F
(E) F - F - V - V - V

1ª: verdadeiro, art. 8º da CLT; 2ª: verdadeiro, princípio da condição mais benéfica; 3ª: falso, Súmula 277 do TST; 4ª: verdadeiro, art. 3º da lei 7.064/82; 5ª: falso, pois são formas de auto-integração. *Gabarito "D".*

(Ministério Público do Trabalho – 13º) Em relação aos princípios do Direito do Trabalho, é INCORRETO afirmar que:

(A) o princípio da irrenunciabilidade vem sendo afetado pela tese da flexibilização;
(B) o princípio da norma mais favorável significa aplicar, em cada caso, a norma jurídica mais favorável ao trabalhador, independentemente de sua colocação na escala hierárquica das fontes do direito;
(C) o princípio da continuidade da relação de emprego confere suporte teórico ao instituto da sucessão de empregadores;
(D) a adoção de medidas tendentes a facilitar o acesso ao mercado de trabalho dos negros constitui violação ao princípio da não discriminação, que proíbe diferença de critério de admissão por motivo de raça;
(E) não respondida.

A: correto, pois a flexibilização dos direitos mitigam os direitos trabalhistas que, em regra, são irrenunciáveis; B: correto, pois referido princípio ensina que o operador do direito deve optar pela regra mais favorável, independentemente de sua hierarquia; C: correto, arts. 10 e 448 da CLT; D: falso, pois a medida procura minimizar os efeitos da discriminação histórica sofrida contra negros. *Gabarito "D".*

(Ministério Público do Trabalho – 13º) Em relação aos princípios da igualdade e da não discriminação, é CORRETO afirmar que:

(A) não constitui discriminação a constatação de distinções, exclusões ou preferências fundadas em qualificações exigidas para um determinado emprego;
(B) são requisitos para a equiparação salarial: identidade de funções, trabalho de igual valor, serviço prestado para o mesmo empregador e na mesma localidade, diferença de tempo de serviço na função inferior a três anos e inexistência de quadro de carreira devidamente homologado;
(C) a licença maternidade, que constitui norma de proteção especial ao trabalho da mulher, não é, entretanto, aplicável nos casos de adoção;
(D) as empresas privadas que possuam 200 empregados não são obrigadas a contratar pessoas com deficiência;
(E) não respondida.

A: correto, arts. 1º e 2º da convenção 111 da O.I.T.; B: falso, art. 461, § 1º, da CLT; C: falso, art. 392-A da CLT; D: falso, art. 93, I, da lei 8.213/91. *Gabarito "A".*

(Ministério Público do Trabalho – 13º) Em relação à indisponibilidade e flexibilização das normas trabalhistas:

I. a anotação do contrato de trabalho na Carteira de Trabalho e Previdência Social é exemplo de norma de natureza dispositiva;
II. a primazia dos preceitos de ordem pública na formação do conteúdo do contrato de trabalho está expressamente enunciada na lei;

III. a flexibilização é uma fenda no princípio da inderrogabilidade das normas de proteção ao trabalho, admitida nos limites do sistema jurídico nacional traçado na Constituição Federal;
IV. a transação e a renúncia são institutos incompatíveis com o Direito do Trabalho, sendo vedadas pelo sistema juslaboral.

Analisando-se as asserções acima, pode-se afirmar que:

(A) todas as afirmativas estão corretas;
(B) apenas as afirmativas I, II e III estão corretas;
(C) apenas as afirmativas II e III estão corretas;
(D) apenas a afirmativa I está incorreta;
(E) não respondida.

I: falso, em razão do art. 442 da CLT; II: correto, art. 444 da CLT; III: correto, pois a flexibilização representa uma mitigação ao princípio da proteção; IV: falso, pois ambos os institutos são permitidos. Gabarito "C".

(FGV – 2010) Assinale a alternativa que indique o princípio do Direito do Trabalho que prevê a proteção dos salários contra descontos não previstos em lei.

(A) Princípio da unidade salarial.
(B) Princípio da primazia da realidade.
(C) Princípio da materialidade salarial.
(D) Princípio da legalidade.
(E) Princípio da intangibilidade.

O princípio da intangibilidade salarial assegura a irredutibilidade salarial e garante ao trabalhador receber a contraprestação a que faz jus de forma estável, impedindo o empregador de efetuar qualquer desconto não previsto em lei. Referido princípio está previsto na Constituição (art. 7º, VI e X). Gabarito "E".

(FGV – 2010) No Direito do Trabalho, o acordo coletivo é classificado como uma fonte:

(A) jurisprudencial.
(B) material heterônoma.
(C) material autônoma.
(D) costumeira.
(E) formal.

Acordo coletivo, segundo Gustavo Filipe Barbosa Garcia (Curso de Direito do Trabalho, Gen, 4ª edição), "é o instrumento normativo negociado firmado entre o sindicato da categoria profissional e uma ou mais empresas solucionando conflito coletivo envolvendo os empregados de uma ou mais empresas e seus empregadores" e se trata de fonte formal do direito do trabalho, assim como a CF, as leis, atos do Poder Executivo, as sentenças normativas, jurisprudência, sentença normativa, usos e costumes, regulamento de empresa, contrato de trabalho e princípios jurídicos. Gabarito "E".

2. CONTRATO INDIVIDUAL DE TRABALHO

(Ministério Público/GO – 2005) Assinale a alternativa errada:

(A) o contrato de trabalho por prazo determinado não poderá ser estipulado por mais de 02 anos ou prorrogado por mais de duas vezes, sob pena de passar a vigorar sem determinação de prazo
(B) o contrato de trabalho poderá ser acordado tácita ou expressamente, verbalmente ou por escrito e por prazo determinado ou indeterminado
(C) considera-se por prazo indeterminado todo contrato que suceder, dentro de 06 meses, a outro contrato por prazo determinado, salvo se a expiração deste dependeu da execução de serviços especializados ou da realização de certos acontecimentos
(D) na falência, constituirão créditos privilegiados os salários devidos aos empregados e as indenizações a que tiverem direito até o limite de 150 salários mínimos por credor

A: incorreta (arts. 445 e 451 da CLT); B: correta (art. 443 da CLT); C: correta (art. 452 da CLT); D: correta (art. 83, I, da Lei 11.101/2005). Gabarito "A".

(Procurador do Estado/RO – 2011 – FCC) Nos termos da Constituição Federal, é direito dos trabalhadores urbanos e rurais, além de outros que visem à melhoria de sua condição social,

(A) o décimo terceiro salário com base na remuneração proporcional ou no valor da aposentadoria.
(B) o seguro-desemprego, em caso de pedido de demissão.
(C) o seguro contra acidentes de trabalho, a cargo do empregador, sem excluir a indenização a que este está obrigado, quando incorrer em dolo ou culpa.
(D) a licença à gestante, sem prejuízo do emprego e do salário, com a duração de cento e cinquenta dias.
(E) o adicional de penosidade, se a atividade exercida pelo empregado suscitar esforços físicos acima dos padrões médios tolerados, com adicional de 30% sobre o salário contratual.

A: opção incorreta, pois nos termos do art. 7º, XII, da CF o 13º salário será calculado com base na remuneração integral e não proporcional como induz a assertiva; B: opção incorreta, pois o seguro-desemprego será concedido em caso de desemprego involuntário, nos termos do art. 7º, II, da CF; C: opção correta, pois reflete o disposto no art. 7º, XXVII, CF; D: opção incorreta, a licença gestante prevista no art. 7º, XVIII, da CF prevê a duração de 120 dias; E: opção incorreta, pois não há lei regulamentando o adicional de penosidade, previsto no art. 7º, XXIII, da CF. Gabarito "C".

(Procurador do Estado/SC – 2010 – FEPESE) Assinale a alternativa **correta**, de acordo com a consolidação das leis do trabalho.

(A) Considera-se empregado toda pessoa física ou jurídica que prestar serviços de natureza não eventual a empregador, sob a dependência deste e mediante salário.
(B) Não se computará, na contagem de tempo de serviço, para efeito de indenização e estabilidade, os períodos em que o empregado estiver afastado do trabalho prestando serviço militar.
(C) A alteração na estrutura jurídica da empresa afetará diretamente os direitos adquiridos por seus empregados.
(D) Não se distingue entre o trabalho realizado no estabelecimento do empregador e o executado no domicílio do empregado, desde que esteja caracterizada a relação de emprego.
(E) A prestação de trabalho intelectual, técnico e manual enseja distinções relativas à espécie de emprego e à condição de trabalhador.

A: opção incorreta, pois a pessoa jurídica não pode ser considerada empregada, nos termos do art. 3º da CLT; B: opção incorreta, pois o período será computado como tempo de serviço, nos termos do art. 4º, parágrafo único, da CLT; C: opção incorreta, pois, de acordo com os arts. 10 e 448 da CLT que cuidam da sucessão trabalhista, qualquer alteração na estrutura jurídica da empresa não afetará os direitos adquiridos pelos empregados; D: opção correta, pois reflete o disposto no art. 6º da CLT; E: opção incorreta, pois nos termos do art. 3º, parágrafo único, da CLT não poderá haver distinções entre o trabalho intelectual, técnico e manual. Gabarito "D".

(Procurador do Estado/SC – 2009) Decorrentes do Contrato de Trabalho, sobre os direitos dos empregados, assinale a alternativa correta:

(A) São afetados quando se altera a estrutura jurídica da empresa de sociedade limitada para sociedade anônima.
(B) Não são afetados pela mudança de propriedade da empresa e nem pela alteração da sua estrutura jurídica.
(C) Devem adaptar-se às contingências da mudança de propriedade da empresa, até mesmo com redução salarial, desde que com cláusula de garantia efetiva e expressa de continuidade do emprego.
(D) São afetados quando há mudança de empresa individual para sociedade limitada ou quando se altera o quadro dirigente de uma sociedade anônima.
(E) Não são afetados pela alteração de sua estrutura jurídica, salvo quando se tratar de empresa pública ou órgão da Administração Pública Direta e Indireta. Para eles há permissão de reduzir direitos adquiridos dos empregados.

A: incorreta, pois a alteração da estrutura jurídica da empresa não afeta os direitos dos empregados (art. 10 da CLT); B: correta, pois a assertiva está de acordo com o disposto no art. 448 da CLT; C: incorreta, pois a mudança de propriedade da empresa não afeta os contratos de trabalho (art. 448 da CLT); D e E: incorretas, pois a mudança na estrutura da empresa não afeta os contratos de trabalho (art. 10 da CLT). Gabarito "B".

(Procurador do Estado/SC – 2009) Sobre o Contrato de Trabalho, assinale a alternativa incorreta:

(A) Os riscos econômicos do negócio são exclusivamente do empregador.
(B) Quando há participação nos lucros, o empregado assume os riscos da atividade econômica conjuntamente com o empregador.

(C) O trabalho desenvolvido pelo empregado deve ser prestado pessoalmente, ou seja, exclusiva e unicamente pelo contratado, não podendo tal prestação ser delegada ou repassada a terceiros.

(D) É uma das várias espécies de relação de trabalho.

(E) O peculiar da relação de emprego é a subordinação, razão pela qual é também denominada como relação de trabalho subordinado.

A: correta, pois a assertiva está de acordo com o disposto no art. 2º, *caput*, da CLT; B: incorreta, pois o empregado nunca assume os riscos da atividade econômica, mesmo quando haja participação nos lucros, eis que o empregador que assume os riscos do negócio (art. 2º, *caput*, da CLT); C: correta, pois a pessoalidade do empregado é uma das características da relação de emprego (art. 3º, *caput*, da CLT); D: correta, pois conforme Gustavo Filipe Barbosa Garcia, que trata da matéria nos seguintes termos: "é corrente a utilização dos termos *relação de emprego* e *contrato de trabalho* significando o vínculo empregatício existente entre empregado e empregador. Trata-se, assim, do contrato individual de trabalho. Pode-se dizer que a relação de trabalho é um gênero que tem como uma de suas espécies a relação de emprego" (Curso de Direito do Trabalho, 4ª edição, p. 139); E: correta, pois uma das principais características da relação de emprego é a subordinação do empregado perante o empregador. Gabarito "B".

(Procurador do Estado/CE – 2008 – CESPE) Acerca do contrato individual de trabalho, seus conceitos, requisitos, classificação, sujeitos e responsáveis, assinale a opção correta.

(A) Contrato individual de trabalho é o acordo tácito ou expresso, correspondente à relação de emprego, que envolve não eventualidade, pessoalidade, onerosidade e subordinação entre o empregado, que presta os serviços contratados, e o empregador, que o aproveita, dirige e remunera.

(B) O contrato individual de trabalho deve observar forma escrita e fixação de prazo de vigência, quando determinado, sob pena de ser considerado firmado por prazo indeterminado.

(C) O contrato de trabalho por prazo determinado não pode ser estipulado por mais de 90 dias, sendo admitida uma prorrogação, sob pena de ele passar a vigorar por prazo indeterminado.

(D) As empresas integrantes de mesmo grupo econômico são, entre si, subsidiariamente responsáveis.

(E) A mudança jurídica na propriedade ou na estrutura jurídica da empresa não afetará os contratos de trabalho dos empregados posteriormente admitidos.

A: correta, pois o conceito de contrato individual de trabalho está correto e de acordo com o disposto nos arts. 2º, 3º e 442 da CLT; B: errada, pois a alternativa não está de acordo com o art. 443, *caput*, da CLT; C: errada, pois a assertiva está em confronto com o art. 445 da CLT; D: errada, pois as empresas de um mesmo grupo econômico são solidariamente responsáveis por expressa disposição legal (art. 2º, § 2º, da CLT); E: errada, pois a mudança jurídica da empresa não afeta os contratos de trabalho com os empregados (art. 448 da CLT). Gabarito "A".

(Procurador do Estado/PB – 2008 – CESPE) Julgue os itens seguintes, que se referem ao contrato individual de trabalho.

I. Contrato individual de trabalho é o acordo, tácito ou expresso, que corresponde à relação de emprego, podendo estabelecer-se por prazo determinado ou indeterminado.

II. A mudança na propriedade ou na estrutura jurídica da empresa não afetará os contratos de trabalho dos respectivos empregados.

III. Nos contratos individuais de trabalho, apenas é lícita a alteração das respectivas condições de trabalho quando decorram de mútuo consentimento e, ainda assim, desde que não resultem, direta ou indiretamente, em prejuízos ao empregado, sob pena de nulidade da cláusula infringente dessa garantia.

IV. Aos contratos por prazo determinado que contiverem cláusula assecuratória do direito recíproco de rescisão antes de expirado o termo ajustado, aplicam-se, caso tal direito seja exercido por qualquer das partes, os princípios que regem a rescisão dos contratos por prazo indeterminado.

V. No caso de paralisação temporária ou definitiva do trabalho motivada por ato de autoridade municipal, estadual ou federal, ou pela promulgação de lei ou resolução que impossibilite a continuação da atividade, prevalecerá o pagamento da indenização, que ficará a cargo do governo responsável, se assim chamado à autoria pelo empregador quando de sua defesa perante a justiça do trabalho.

Assinale a opção correta.

(A) Apenas os itens I e III estão certos.
(B) Apenas os itens II e V estão certos.
(C) Apenas os itens III e IV estão certos.
(D) Apenas os itens I, II e V estão certos.
(E) Todos os itens estão certos.

I: certo, pois o conceito de contrato individual de trabalho está de acordo com os arts. 442 e 443 da CLT; II: certo (art. 448 da CLT); III: certo (art. 468 da CLT); IV: certo (art. 481 da CLT); V: certo (art. 486 da CLT). Gabarito "E".

(Procurador do Estado/PB – 2008 – CESPE) Com base na CF, na CLT e na jurisprudência sumulada e consolidada do STF e do TST, assinale a opção correta quanto dos empregados públicos.

(A) A despedida de empregados de empresa pública e de sociedade de economia mista, ainda quando admitidos por concurso público, independe de ato motivado para a sua validade, excetuada a exigência de motivação como condição para a despedida quando gozar a empresa do mesmo tratamento destinado à Fazenda Pública em relação à imunidade tributária e à execução por precatório, além das prerrogativas de foro, prazos e custas processuais.

(B) O ingresso como empregado público prescinde de prévia aprovação em concurso público, exigência restrita ao ingresso como servidor público estatutário.

(C) Ao empregado público de empresa pública ou de sociedade de economia mista admitido após aprovação em concurso público é garantida a estabilidade no emprego.

(D) A contratação de empregado público, após a Constituição de 1988, sem prévia aprovação em concurso público, resulta na nulidade do contrato e no direito do trabalhador a receber as verbas rescisórias decorrentes e o FGTS.

(E) A contratação irregular do trabalhador, mediante empresa interposta, gera vínculo de emprego com os órgãos da administração pública direta, indireta ou fundacional que se hajam beneficiado dos respectivos serviços.

A: correta, Orientação Jurisprudencial 247 da SDI 1 do TST; B: falso, art. 37, II, da CF; C: falso, Súmula 390, II, do TST; D: falso, Súmula 363 do TST; E: falso, Súmula 331, II, do TST. Gabarito "A".

(Procurador do Estado/PE – 2004 – FCC) O contrato individual de trabalho pode ser acordado

(A) tacitamente somente se houver contrato coletivo que assim autorize.
(B) tácita ou expressamente, mas sempre reduzido a termo.
(C) expressamente sempre, salvo no caso de categoria diferenciada.
(D) tácita ou expressamente, verbalmente ou por escrito.
(E) expressamente sempre no caso de contrato a prazo indeterminado.

A: falso, art. 442 da CLT; B: falso, art. 443 da CLT; C: falso, art. 442 da CLT; D: correto, arts. 442 e 443 da CLT; E: falso, art. 443 da CLT. Gabarito "D".

(Procurador do Município/Florianópolis-SC – 2010 – FEPESE) Assinale a alternativa **correta**.

(A) Trabalhador doméstico é o que presta serviços eventuais no âmbito residencial.

(B) Trabalhador avulso é aquele que presta serviços em caráter eventual, a uma ou mais empresas, sem relação de emprego, mediante a intermediação de sindicato ou entidade gestora de mão de obra.

(C) Trabalhador autônomo é aquele que presta serviços de forma não contínua a um mesmo empregador.

(D) Trabalhador rural é a pessoa física ou jurídica, que em propriedade rural presta serviços de natureza eventual a empregador rural.

(E) Trabalhador eventual é aquele que labora por conta própria, em ocasiões eventuais, dirigindo os rumos da própria atividade.

A: opção incorreta, pois nos termos do art. 1º da Lei 5.859/72, que disciplina a profissão, são considerados empregados domésticos aqueles que prestam serviços de natureza contínua, à pessoa ou à família, no âmbito residencial dessas que não desenvolve atividade econômica; B: opção correta, pois de acordo com a redação do art. 12, VI, da Lei 8.212/91 trabalhador avulso é entendido como quem presta, a diversas empresas, sem vínculo empregatício, serviços de natureza urbana ou rural. O trabalho avulso encontra-se disciplinado na Lei 8.630/93; C: opção incorreta, pois conforme dispõe o art. 12, IV, *b*, da Lei 8.212/91, trabalhador autônomo é a pessoa física que exerce por conta própria atividade econômica de natureza urbana, com fins lucrativos ou não; D: opção incorreta, pois nos temos do art. 2º da Lei 5.889/73 empregado rural é toda pessoa física que, em propriedade rural ou prédio rústico, presta serviços de natureza não eventual a empregador rural, sob a dependência deste e mediante salário; E: opção incorreta, pois eventual é o trabalhador admitido numa empresa para determinado evento. Em outras palavras, é o trabalho realizado de maneira eventual, de curta duração, cujos serviços não coincidentes com os fins normais da empresa. O trabalhador eventual é vulgarmente chamado de "bico" ou "freelancer". Gabarito "B".

(Procurador do Município/Florianópolis-SC – 2010 – FEPESE) Assinale a **incorreta**, com relação às anotações na Carteira do Trabalho e Previdência Social.

(A) É vedado ao empregador efetuar anotações desabonadoras à conduta do empregado em sua Carteira de Trabalho e Previdência Social.

(B) Os acidentes do trabalho serão obrigatoriamente anotados pelo Instituto Nacional de Previdência Social na carteira do acidentado.

(C) As anotações relativas a alterações no estado civil dos portadores de Carteira de Trabalho e Previdência Social serão feitas mediante prova documental.

(D) A Carteira de Trabalho e Previdência Social será obrigatoriamente apresentada, contra recibo, pelo trabalhador ao empregador que o admitir, o qual terá o prazo de cinco dias para promover a sua anotação.

(E) Tratando-se de serviço de profissionais de qualquer atividade, exercido por empreitada individual ou coletiva, com ou sem fiscalização da outra parte contratante, a carteira será anotada pelo respectivo sindicato profissional ou pelo representante legal de sua cooperativa.

A: opção correta, pois reflete o disposto no art. 29, § 4º, da CLT; B: opção correta, pois reflete o disposto no art. 30 da CLT; C: opção correta, pois reflete o disposto no art. 32 da CLT; D: opção incorreta, pois as anotações deverão ser feitas em até 48 (quarenta e oito) horas, nos termos do art. 29, *caput*, da CLT; E: opção correta, pois reflete o disposto no art. 34 da CLT. Gabarito "D".

(Procurador do Município/Aracaju – 2008 – CESPE) Acerca da relação de emprego e seus integrantes, assim como os requisitos, direitos e obrigações para as diversas modalidades de contrato de trabalho, julgue os itens que se seguem.

(1) O contrato de trabalho deverá sempre ser anotado na CTPS, sob pena de ser considerado o trabalho prestado como mera empreitada ou serviço autônomo, sem gerar ao trabalhador os direitos próprios de empregado.

(2) Quando não houver termo ou condição expressamente ajustado para o contrato, este será considerado por prazo indeterminado.

(3) Considera-se empregado, urbano ou rural, a pessoa física que prestar serviços remunerados de natureza não eventual a outrem, que pode ser pessoa física ou jurídica, considerada como seu empregador, ao qual será subordinado.

(4) O empregado doméstico distingue-se dos demais empregados em geral porque mantém vínculo de emprego com pessoa física e respectiva família para desempenhar serviços no âmbito da residência destes, possuindo, por conta de comando constitucional, direitos diferenciados ou reduzidos à conta dessa peculiaridade.

(5) As empresas de um mesmo grupo econômico podem ser responsabilizadas subsidiariamente pelo que qualquer outra dele integrante inadimplir, já que, embora não possam ser consideradas como empregadoras únicas, o fato de terem laços comerciais e benefícios, diretos ou indiretos, decorrentes da prestação de serviços pelo trabalhador resulta que todas possam ser chamadas a responder por eventuais créditos trabalhistas devidos.

1: Errado, pois a falta de anotação em carteira é infração cometida pelo empregador e não pode gerar qualquer prejuízo ao empregado; 2: Certo, pois, de fato, caso não esteja expressamente previsto o termo do contrato, em respeito ao princípio da continuidade da relação de emprego, ele é considerado por tempo indeterminado; 3: Certo, pois a assertiva está de acordo com o art. 3º da CLT; 4: Certo, pois a assertiva está de acordo com o disposto no art. 1º da Lei 5.859/72 e art. 7º, parágrafo único, da CF; 5: Errado, pois a afirmativa está em desacordo com o art. 2º, § 2º, da CLT. Gabarito 1E, 2C, 3C, 4C, 5E.

(Procurador do Município/Aracaju – 2008 – CESPE) A jurisprudência trabalhista tem orientado as responsabilidades em caso de terceirização de mão-de-obra, sobretudo quando envolvido, na condição de tomador dos serviços, o poder público. Também passou o Tribunal Superior do Trabalho (TST) a orientar, por súmula, os casos de contratos nulos de emprego no âmbito do poder público, assim como seus efeitos. Acerca desse tema, julgue os itens seguintes.

(1) O inadimplemento das obrigações trabalhistas, por parte do empregador, implica na responsabilização subsidiária do tomador dos serviços quanto àquelas obrigações, exceto quando o tomador for órgão da ad-ministração pública direta, das autarquias, das fundações públicas, das empresas públicas e das socieda-des de economia mista, quando, por conta da nulidade na contratação irregular à falta de prévio concurso público, nesse caso, apenas será responsabilizado com o pagamento dos salários inadimplidos e o FGTS do período trabalhado.

(2) No caso de haver sucessão de empregadores, quando mantido o negócio com estrutura jurídica diferencia-da sem solução de continuidade na prestação dos serviços pelos trabalhadores, os anteriores empregado-res podem ser responsabilizados subsidiariamente no caso de os novos não adimplirem as obrigações tra-balhistas assumidas, ante os encargos que persistem pela terceirização de mão-de-obra ocorrida com a transação de transferência do negócio comercial.

(3) Por conta da exigência constitucional de prévio concurso público, no âmbito da administração pública não é possível considerar qualquer vínculo de emprego com o trabalhador que lhe haja prestado serviços por em-presa interposta.

(4) No âmbito das relações privadas, é ilegal a terceirização de mão-de-obra, exceto se for o caso de trabalho temporário, serviços de vigilância e de conservação e limpeza ou serviços especializados ligados à ativida-de-meio do tomador dos serviços, desde que não configurada a pessoalidade e a subordinação direta entre este e o trabalhador.

1: Errado, pois de acordo com o entendimento consolidado pelo TST a Administração Pública responde subsidiariamente em caso de figurar como tomadora de serviços, a teor da Súmula 331, IV, do TST: "IV - O inadimplemento das obrigações trabalhistas, por parte do empregador, implica a responsabilidade subsidiária do tomador de serviços quanto àquelas obrigações, desde que haja participado da relação processual e conste também do título executivo judicial."; 2: Errado, pois, a princípio, os empregadores sucedidos não respondem pelas obrigações trabalhistas assumidas pelo novo empregador, exceto quando presente fraude ou mesmo situação de comprometimento das garantias empresariais deferidas ao contrato de trabalho, aptas a provocar a incidência da responsabilização subsidiária do empregador sucedido; 3: Certo, pois a assertiva reflete o disposto na Súmula 331, II, do TST: "I - A contratação irregular de trabalhador, mediante empresa interposta, não gera vínculo de emprego com os órgãos da administração pública direta, indireta ou fundacional (art. 37, II, da CF/1988)"; 4: Certo, pois a assertiva reflete o disposto na Súmula 331, III, do TST: "III - Não forma vínculo de emprego com o tomador a contratação de serviços de vigilância (Lei nº 7.102, de 20.06.1983) e de conservação e limpeza, bem como a de serviços especializa-dos ligados à atividade-meio do tomador, desde que inexistente a pessoalidade e a subordinação direta". Gabarito 1E, 2E, 3C, 4C.

(Defensoria/MA – 2009 – FCC) O professor que ministrou dois períodos de trinta dias cada um, para determinado estabelecimento de ensino, em abril e novembro de determinado ano, para substituir outros trabalhadores em licença médica foi

(A) empregado da escola, em caráter eventual.

(B) empregado da escola, como servidor estatutário.

(C) empregado da escola, na modalidade de contrato temporário.

(D) trabalhador avulso, mesmo sem a intermediação do sindicato ou do órgão gestor de mão-de-obra.
(E) trabalhador cooperado, porque ajudou a empresa num momento de necessidade.

Art. 2º da Lei 6.019/74 (Lei do Trabalho Temporário). Gabarito "C".

(Defensor Público/MS – 2008 – VUNESP) Sobre as expressões "relação de trabalho" e "relação de emprego", assinale a alternativa correta.

(A) A relação de trabalho é gênero do qual a relação de emprego é espécie. Além da relação de emprego, são também formas de relação de trabalho o trabalho autônomo, o eventual, o avulso, o estágio, entre outros.
(B) A relação de trabalho sempre foi utilizada como sinônimo de relação de emprego, presumindo a ocorrência de trabalho pessoal, subordinado, sob dependência econômica e habitual.
(C) Pode haver relação de trabalho entre pessoas jurídicas, embora jamais seja possível uma relação de emprego entre pessoas jurídicas, dada a imprescindibilidade de existência de pessoalidade na relação de emprego.
(D) A relação de emprego não admite sazonalidade, pois pressupõe continuidade, característica que se eleva, inclusive, à condição de princípio do Direito do Trabalho.

A: opção correta, pois de fato relação de trabalho é gênero do qual são espécies a relação de emprego, o trabalho autônomo, o estagiário, que hoje é regulado pela Lei 11.788/2008, e o trabalhador avulso. B: opção incorreta, pois o termo "relação de trabalho" refere-se a todo tipo de trabalho prestado pelo homem, que inclui, por exemplo, o trabalho autônomo, espécie de relação de trabalho em que inexiste o elemento subordinação. C: opção incorreta, pois é um elemento caracterizador da relação de emprego, o trabalho prestado por pessoa física, nos termos do art. 3º CLT. D: opção incorreta, pois o Direito do Trabalho admite como exceções as hipóteses de contrato de trabalho por prazo determinado, nas hipóteses trazidas, por exemplo: pelo art. 443, §§ 2º e 3º, CLT, Lei 6.019/74. Gabarito "A".

(Procurador da Fazenda Nacional – 2007.2 – ESAF) Julgue os itens abaixo marcando V a afirmativa verdadeira e F a afirmativa falsa e, em seguida, assinale a opção correta.

( ) Entre as características do contrato individual de trabalho pode-se afirmar que é um acordo de direito privado, sinalagmático, de trato sucessivo, oneroso, consensual e celebrado intuito personae tanto em relação ao empregado quanto ao empregador.
( ) Desnatura a característica de onerosidade do contrato de trabalho a circunstância de, eventualmente, a remuneração ser paga, ainda que parcialmente, por terceiros ou in natura.
( ) A regra prevista em contrato individual de trabalho, mesmo contrariando norma inserta em acordo coletivo de trabalho, terá prevalência pois a lei privilegia o ajuste direto entre empregado e empregador.
( ) O contrato de trabalho do artista profissional, ainda que celebrado em desacordo com as formalidades previstas na legislação produzirá efeitos no âmbito trabalhista, pois a lei não suprime por inteiro dita eficácia.

(A) V, V, F, V
(B) F, F, V, F
(C) F, F, F, V
(D) V, F, V, V
(E) F, F, F, F

Falso, pois o contrato de trabalho é intuito personae apenas com relação ao empregado; Falso, pois a remuneração pode ser paga por terceiro ou in natura, de forma parcial, sem desnaturar o contrato de trabalho (art. 458, caput, da CLT); Falso, pois a alternativa está em desacordo com o art. 620 da CLT; Verdadeiro, pois a afirmativa está de acordo com o princípio da primazia da realidade. Gabarito "C".

(Magistratura do Trabalho – 24ª Região – 2007) Assinale a alternativa INCORRETA:

(A) Contratos de trabalho intrinsecamente especiais são aqueles que, por sua índole e finalidade, têm em vista não só o interesse das partes, mas também o interesse público.
(B) O ponto comum entre o trabalho subordinado a domicílio e o trabalho doméstico é a familiaridade do serviço prestado.
(C) Por se reconhecer que o requisito do consentimento na formação do pacto laboral está vinculado à relatividade da liberdade de contratar é que se exclui a relação de emprego do presidiário que presta serviços à penitenciária a que está recolhido.

(D) O fator "ambiente" em que se desenvolve a atividade, muitas vezes estranho à empresa, é peculiaridade a justificar a classificação de um contrato de trabalho como especial.
(E) A natureza singular da empresa é peculiaridade a justificar a classificação de um contrato de trabalho como especial.

A: correta, pois são aqueles contratos que possuem cláusulas especiais em razão da natureza ou da finalidade do contrato; B: falsa, pois a atividade prestada no âmbito familiar é o ponto que distingue os contratos; C: correta, pois o preso não tem liberdade para contratar, além de que seu trabalho é um dever social com finalidade educativa; D: correta, na medida em que resulta numa circunstância peculiar do contrato; E: correta, em razão da especificidade da empresa. Gabarito "B".

(Magistratura do Trabalho – 18ª Região – 2006) Considere as assertivas abaixo e assinale a alternativa correta, de acordo com a jurisprudência sumulada do TST.

I. A contratação irregular de trabalhador, mediante empresa interposta, não gera vínculo de emprego com os órgãos da administração pública direta, indireta ou fundacional.
II. Salvo os casos de trabalho temporário e de serviço de vigilância, previstos nas Leis nºs 6.019, de 03.01.74, e 7.102, de 20.06.83, é ilegal a contratação de trabalhadores por empresa interposta, formando-se o vínculo empregatício diretamente com o tomador dos serviços, inclusive ente público, em relação ao período anterior à vigência da CF/88.
III. Preenchidos os requisitos do art. 3º da CLT, é legítimo o reconhecimento de relação de emprego entre policial militar e empresa privada, independentemente do eventual cabimento de penalidade disciplinar prevista no Estatuto do Policial Militar.
IV. Não forma vínculo de emprego com o tomador a contratação de serviços de vigilância (Lei nº 7.102, de 20.06.1983) e de conservação e limpeza, bem como a de serviços especializados ligados à atividade-meio do tomador, desde que inexistente a pessoalidade e a subordinação direta.
V. Não se caracteriza o vínculo empregatício na nomeação para o exercício das funções de oficial de justiça ad hoc, ainda que feita de forma reiterada, pois exaure-se a cada cumprimento de mandado.

(A) todas são verdadeiras
(B) apenas a segunda não é verdadeira
(C) apenas a última não é verdadeira
(D) apenas a primeira e a quarta são verdadeiras
(E) apenas as assertivas I, III e IV são verdadeiras

I: correta, Súmula 331, II, do TST; II: correto, Súmula 331, I, II e III do TST; III: correta, Súmula 386 do TST; IV: correto, Súmula 331, III, do TST; V: correto, orientação jurisprudencial 164 da SDI 1 do TST. Gabarito "A".

(Magistratura do Trabalho – 14ª Região – 2006) Assinale a alternativa INCORRETA:

(A) O sábado do bancário é dia útil não trabalhado, não dia de repouso remunerado. Não cabe a repercussão do pagamento de horas extras habituais em sua remuneração;
(B) O caixa bancário, ainda que caixa executivo, não exerce cargo de confiança. Se perceber gratificação igual ou superior a um terço do salário do posto efetivo, essa remunera apenas a maior responsabilidade do cargo e não as duas horas extraordinárias além da sexta;
(C) As empresas de crédito, financiamento ou investimento, também denominadas financeiras, equiparam-se aos estabelecimentos bancários para os efeitos do art. 224 da CLT;
(D) Não integra a remuneração do bancário a vantagem pecuniária por ele auferida na colocação ou na venda de papéis ou valores mobiliários de empresas pertencentes ao mesmo grupo econômico, ainda que exercida essa atividade no horário e no local de trabalho e com o consentimento, tácito ou expresso, do banco empregador;
(E) O bancário exercente de função de confiança, que percebe a gratificação não inferior ao terço legal, ainda que norma coletiva contemple percentual superior, não tem direito às sétima e oitava horas como extras, mas tão-somente às diferenças de gratificação de função, se postuladas.

A: correto, Súmula 113 do TST; B: correto, Súmula 112, VI, do TST; C: correto, Súmula 55 do TST; D: falso, Súmula 93 do TST; E: correto, Súmula 102, VII, do TST. Gabarito "D".

(Magistratura do Trabalho – 9ª Região – 2006) Numa relação de subcontratação, em que a empresa locadora de mão-de-obra oferece trabalhadores para desenvolverem atividade-fim da empresa tomadora da mão-de-obra, em caráter permanente, a relação de emprego do trabalhador, segundo a jurisprudência predominante do TST, se estabelece:

(A) Com a locadora da mão-de-obra, que só oferece à tomadora os serviços dos trabalhadores contratados.
(B) Com a tomadora dos serviços, pois há fraude na locação permanente de mão-de-obra para atividade-fim da tomadora.
(C) Com a locadora da mão-de-obra, desde que previsto no contrato de subcontratação a responsabilidade desta pelos créditos trabalhistas.
(D) Não há relação de emprego, uma vez que o empregado é contratado por uma empresa, mas presta serviços em outra.
(E) Com ambas as empresas, na medida em que ambas respondem solidariamente pelos créditos trabalhistas.

A: falso, pois não se forma o vínculo com a locadora da mão-de-obra; B: correto, Súmula 331, I, do TST; C: falso, pois tal disposição contratual será nula; D: falso, nos termos do princípio da prevalência da realidade dos fatos sobre a norma; E: falso, Súmula 331, I, do TST. Gabarito "B".

(Magistratura do Trabalho – 7ª Região – 2005) Analise as proposições abaixo e assinale a opção correta.

I. Em contraposição ao que estabelece a lei ao conceituar o empregador doméstico, a Consolidação das Leis do Trabalho consagra a finalidade lucrativa como elemento indissociável da noção de empregador comum.
II. Ao empregador são atribuídos, com exclusividade, os riscos do empreendimento ou trabalho, compreensão que enaltece a proteção conferida ao empregado na relação jurídica estabelecida. Ocorrendo, porém, força maior ou prejuízos devidamente comprovados, o empregador poderá reduzir os salários dos seus empregados, desde que referida redução não seja superior a 25% do salário nominal do trabalhador e seja observado o salário mínimo.
III. A despersonalização do empregador, ao tempo em que permite o prosseguimento da relação de emprego, empresta segurança ao trabalhador, preservando-o de alterações contratuais danosas. Cessando, porém, as atividades da empresa por morte do empregador, aos empregados será assegurada a percepção das indenizações cabíveis, inclusive a do aviso prévio.

(A) Apenas a primeira proposição é falsa.
(B) Todas as proposições são falsas.
(C) Todas as proposições são verdadeiras.
(D) São falsas as duas primeiras e verdadeira a última.
(E) São falsas a primeira e a última, sendo verdadeira a segunda.

I: falsa, art. 2º, § 2º, da CLT; II: falsa, art. 7º, VI, da CF; III: verdadeira, art. 485 da CLT. Gabarito "D".

(Magistratura do Trabalho – 7ª Região – 2005) Analise as proposições abaixo e assinale a opção correta.

I. O contrato estabelecido entre as empresas de serviços temporários e a tomadora ou cliente deverá ser obrigatoriamente escrito, exigência que também se aplica ao contrato celebrado entre a empresa de serviços temporários e cada um dos assalariados postos à disposição da empresa tomadora dos serviços.
II. Justifica-se a celebração de contrato de trabalho temporário para atender à necessidade transitória de substituição de seu pessoal regular e permanente ou a acréscimo extraordinário de serviços, devendo a duração desse contrato não exceder três meses, facultada uma prorrogação, por idêntico prazo, por convenção das partes.
III. Entre os direitos conferidos aos trabalhadores temporários destaca-se a remuneração equivalente à percebida pelos empregados de mesma categoria da empresa tomadora ou cliente.
IV. Compreendem-se como empresas de trabalho temporário a pessoa física ou jurídica urbana, cuja atividade consiste em colocar à disposição de outras empresas, temporariamente, trabalhadores, devidamente qualificados, por elas remunerados e assistidos.
V. Há previsão legal de responsabilidade solidária da empresa tomadora ou cliente por indenizações e remuneração do período em que o trabalhador esteve sob suas ordens, quando ocorrer a falência da empresa de trabalho temporário.

(A) As proposições I e II são falsas, sendo verdadeiras as demais.
(B) As proposições I, III e IV são falsas, sendo verdadeiras as demais.
(C) Todas as proposições são falsas.
(D) Todas as proposições são verdadeiras.
(E) Somente a proposição II é falsa.

I: correto, arts. 9º e 11 da lei 6.019/74; II: falso, parte final em desacordo com o art. 10 da lei 6.019/74; III: correto, art. 12, "a", da lei 6.019/74; IV: correto, art. 4º da lei 6.019/74; V: correto, art. 16 da lei 6.019/74. Gabarito "E".

(Magistratura do Trabalho – 7ª Região – 2005) Analise as proposições abaixo e assinale a opção correta.

I. Pertencerá exclusivamente ao empregado a propriedade de invenção ou de modelo de utilidade por ele desenvolvido, decorrente da utilização de equipamentos do empregador, desde que desvinculado do contrato de trabalho.
II. Salvo prova em contrário, consideram-se desenvolvidos na vigência do contrato de trabalho a invenção ou o modelo de utilidade, cuja patente seja requerida pelo empregado até dois anos após a extinção do contrato de trabalho, nas hipóteses em que o aludido vínculo, executado no Brasil, tenha por objeto a pesquisa ou atividade inventiva.
III. O empregador, titular da patente, poderá conceder ao empregado, autor do invento, ganhos econômicos resultantes da exploração da mencionada patente, os quais não se incorporarão, a qualquer título, ao salário do empregado.

(A) Apenas as duas primeiras proposições são falsas.
(B) As três proposições são falsas.
(C) As três proposições são verdadeiras.
(D) Apenas as duas primeiras proposições são verdadeiras.
(E) Somente a última proposição é falsa.

I: falso, art. 90 da lei 9.279/96; II: falso, art. 88, § 2º, da lei 9.279/96; III: correta, art. 89 e parágrafo único, da lei 9.279/96. Gabarito "A".

(Ministério Público do Trabalho – 14º) Assinale a alternativa CORRETA:

I. O Direito do Trabalho estende sua esfera normativa ao empregado a domicílio, não fazendo distinção entre o trabalho realizado no estabelecimento do empregador e o executado no domicílio do empregado, desde que presentes os elementos caracterizadores da relação de emprego.
II. O fato de o empregador ter permitido que o empregado execute as atividades em seu domicílio significa que renunciou ao poder diretivo.
III. A situação jurídica da mãe-social está disciplinada por lei que estabelece os direitos trabalhistas a que faz jus, dentre eles, anotação na CTPS, repouso semanal remunerado de 24 horas consecutivas, férias anuais de 30 dias, 13º salário e FGTS.
IV. São assegurados aos aeronautas férias anuais em dois períodos de 20 dias.

(A) apenas uma das assertivas está incorreta;
(B) apenas duas das assertivas estão incorretas;
(C) apenas três das assertivas estão incorretas;
(D) todas as assertivas estão incorretas;
(E) não respondida.

I: correto, art. 6º da CLT; II: falso, pois essa permissão faz parte do poder diretivo do empregador; III: correto, art. 5º da lei 7.644/87; IV: falso, art. 47 da lei 7.183/84. Gabarito "B".

(Ministério Público do Trabalho – 14º) Assinale a alternativa CORRETA:

I. As cooperativas não se igualam às demais empresas em relação aos seus empregados para fins de legislação trabalhista e previdenciária.
II. O contrato de prestação de serviços firmado entre a empresa constituída pelo ex-empregado da tomadora como condição para permanecer laborando e a sua "ex-empregadora", para o Direito do Trabalho é anulável, mesmo que presentes os requisitos caracterizadores da relação de emprego.
III. A empresa de trabalho temporário é necessariamente urbana, conseqüentemente, é vedada a contratação de rurícola nessas condições.
IV. O contrato entre a empresa de trabalho temporário e a empresa tomadora de serviço ou cliente deverá ser obrigatoriamente escrito e dele deverá constar expressamente o motivo justificador da demanda de trabalho temporário, assim como a modalidade de remuneração da prestação de serviço.

(A) somente as assertivas I, II e III estão corretas;
(B) somente as assertivas I, III e IV estão corretas;
(C) somente as assertivas I, II, e IV estão corretas;
(D) somente as assertivas III e IV estão corretas;
(E) não respondida.

I: falso, art. 91 da lei 5.764/71; II: falso, art. 11, parágrafo único, da lei 6.019/74; III: correto, art. 4º da lei 6.019/74; IV: correto, art. 9º da lei 6.019/74. "Gabarito "D".

(Ministério Público do Trabalho – 14º) Segundo a jurisprudência do Tribunal Superior do Trabalho, são fatores que indicam a existência de fraude trabalhista, ou seja, de mera intermediação de mão-de-obra:

I. determinação pela tomadora do modo, tempo e forma que o trabalho deve ser realizado;
II. indicação pela tomadora da quantidade de trabalhadores e quais funções deverão ser preenchidas pela empresa prestadora;
III. saber-fazer específico ("Know-how") da empresa prestadora de serviços, com utilização de meios materiais próprios para a execução do contrato;
IV. repasse da atividade central da empresa tomadora à prestadora de serviços.

Assinale a alternativa CORRETA:

(A) somente as assertivas I, II e III estão corretas;
(B) somente as assertivas I, III e IV estão corretas;
(C) somente as assertivas I, II, e IV estão corretas;
(D) somente as assertivas II, III e IV estão corretas;
(E) não respondida.

I: correto, em razão da subordinação; II: correto, poder de direção; III: falso; para caracterizar-se a fraude não é necessário o *know-row*; IV: correto, repasse da atividade-fim. Gabarito "C".

(Ministério Público do Trabalho – 14º) O fenômeno da relação de emprego somente se completa do ponto de vista de seus plenos efeitos jurídicos, se reunidos, na mesma relação os elementos fáticos e jurídicos. Assim considerando, podemos afirmar que:

I. a lei que disciplina o trabalho do atleta profissional de futebol proíbe a contratação de adolescentes de 16 anos. Entre 16 e 20 anos, a contratação necessita de consentimento expresso do responsável legal.
II. para a jurisprudência dominante, o trabalho realizado pelo menor de 16 anos é proibido, salvo na condição de aprendiz, a partir dos 14 anos. Assim, o contrato firmado nestas circunstâncias é nulo, mas produz todos os efeitos trabalhistas, a fim de impedir o enriquecimento ilícito do empregador.
III. segundo Orientação Jurisprudencial do Tribunal Superior do Trabalho, o contrato de trabalho celebrado entre o bicheiro e o apontador do 'jogo do bicho' é nulo, porque o objeto é ilícito, por traduzir contravenção penal.
IV. o entendimento do Tribunal Superior do Trabalho é no sentido de que a contratação de servidor público, após a Constituição da República de 1988, sem prévia aprovação em concurso público e para atender necessidade temporária de excepcional interesse público é nula, razão pela qual, o trabalhador só terá direito ao pagamento da contraprestação pactuada em relação ao número de horas trabalhadas e dos valores referentes aos depósitos do FGTS.

Assinale a alternativa CORRETA:

(A) apenas uma das assertivas está correta;
(B) apenas duas das assertivas estão corretas;
(C) apenas três das assertivas estão corretas;
(D) todas as assertivas estão corretas;
(E) não respondida.

I: correta, art. 5º da lei 6.354/76; II: correto, embora o contrato seja nulo, art. 145, I, do CC, tem eficácia; III: correto, orientação jurisprudencial 199 da SDI 1 do TST; IV: falso, pois nesse caso é admitida a contratação sem prévia aprovação em concurso público. Gabarito "C".

(Ministério Público do Trabalho – 13º) Em relação ao fenômeno da terceirização no Direito do Trabalho, é INCORRETO afirmar que:

(A) o segmento privado da economia, ao longo dos últimos trinta anos, passou a incorporar, de maneira crescente, práticas de terceirização da força de trabalho, independentemente da existência de lei que autorize tal contratação, que constitui exceção ao modelo empregatício clássico;
(B) segundo a jurisprudência sumulada do Tribunal Superior do Trabalho, não constitui vínculo de emprego com o tomador a contratação de serviços de vigilância, conservação e limpeza, bem como a de serviços especializados ligados à atividade-meio do tomador, mesmo que existente a pessoalidade e a subordinação direta;
(C) configurada a terceirização ilícita (marchandage), o vínculo de emprego se forma diretamente com o tomador de serviços;
(D) a cooperativa de mão-de-obra é a pessoa jurídica cuja função é colocar a força de trabalho subordinado de seus cooperados, especializada ou não, a serviço de outras empresas;
(E) não respondida.

A: correto; de fato vem ocorrendo essa situação nas ultimas três décadas; B: falso, Súmula 331, III, do TST; C: correto, Súmula 331, I, do TST; D: correto, pois essa é a função da cooperativa de mão-de-obra. Gabarito "B".

(Ministério Público do Trabalho – 13º) Em relação às formas atípicas de trabalho:

I. o trabalho temporário tem como objetivo dotar as empresas de mecanismos de contratação de trabalhadores em situações transitórias, sem que com isso sejam obrigadas a aumentar o quadro permanente;
II. o contrato de trabalho temporário, seguindo a regra geral dos contratos de trabalho, pode ser escrito ou verbal, expresso ou tácito;
III. serviço voluntário é a atividade não remunerada, prestada por pessoa física a entidade pública de qualquer natureza, ou a instituição privada de fins não lucrativos, que tenha objetivos cívicos, culturais, educacionais, científicos, recreativos ou de assistência social, inclusive mutualidade;
IV. o teletrabalho poderá ser prestado de forma autônoma ou subordinada, devendo-se visualizar em concreto como é exercido, adotando-se o princípio da primazia da realidade.

Analisando-se as asserções acima, pode-se afirmar que:

(A) todas as afirmativas estão corretas;
(B) somente as afirmativas I, III e IV estão corretas;
(C) somente as afirmativas I e III estão corretas;
(D) somente as afirmativas II e IV estão corretas;
(E) não respondida.

I: correto, art. 2º da lei 6.019/74; II: falso, art. 9º da lei 6.019/74; III: correto, art. 1º da lei, IV: correto, pois pode ser desenvolvido de forma autônoma ou subordinada, observando-se o princípio da primazia da realidade. Gabarito "B".

(Ministério Público do Trabalho – 13º) A respeito da atividade portuária, assinale a alternativa INCORRETA:

(A) conserto de carga consiste no reparo e restauração das embalagens de mercadorias, nas operações de carregamento e descarga de embarcações, reembalagem, marcação, remarcação, carimbagem, etiquetagem, abertura de volumes para vistoria e posterior recomposição;

(B) estiva consiste na atividade de movimentação de mercadorias nas instalações de uso público, compreendendo o recebimento, conferência, transporte interno, abertura de volumes para a conferência aduaneira, manipulação, arrumação e entrega, bem como o carregamento e descarga de embarcações, quando efetuados por aparelhamento portuário;

(C) bloco consiste na atividade de limpeza e conservação de embarcações mercantes e de seus tanques, incluindo batimento de ferrugem, pintura, reparos de pequena monta e serviços correlatos;

(D) vigilância de embarcações consiste na atividade de fiscalização da entrada e saída de pessoas a bordo das embarcações atracadas ou fundeadas ao largo, bem como da movimentação de mercadorias nos portalós, rampas, porões, conveses, plataformas e em outros locais da embarcação;

(E) não respondida.

A: correto, art. 57, § 3º, IV, da lei 8.630/93; B: falso, art. 57, § 3º, II, da lei 8.630/93; C: correto, art. 57, § 3º, VI, da lei 8.630/93; D: correto, art. 57, § 3º, V, da lei 8.630/93. Gabarito "B".

(FGV – 2008) Em relação ao contrato de trabalho instituído pela Lei de Estímulo aos Novos Empregos – Lei 9.601/98, considere as seguintes assertivas:

I. As estabilidades da gestante, do dirigente sindical e do acidentado são garantidas durante o curso do contrato de trabalho.

II. A prorrogação por mais de uma vez é permitida, desde que respeitado o prazo máximo de dois anos previsto no *caput* do art. 445 da CLT.

III. A empresa terá alguns incentivos, entre eles, uma redução na ordem de 2% (dois por cento) na contribuição para o FGTS ao mês, tendo em vista a intenção social da lei.

IV. Ao término da duração do contrato será indevida a indenização sobre os depósitos do FGTS e aviso prévio.

V. O valor da indenização de rescisão antecipada devida pela parte que der causa imotivada a ela será previsto na norma coletiva.

Assinale:

(A) se apenas as assertivas I, II e V estiverem corretas.
(B) se apenas as assertivas I, II e IV estiverem corretas.
(C) se apenas as assertivas II, III e IV estiverem corretas.
(D) se apenas as assertivas I, II, IV e V estiverem corretas.
(E) se todas as assertivas estiverem corretas.

I: correta (art. 1º, § 4º, da Lei 9.601/98); II: correta, de fato, a jurisprudência majoritária entende que o contrato pode ser prorrogado, mas respeitando-se o prazo máximo de 2 anos (art. 445 da CLT); III: incorreta (atenção, a redução é **para** 2% e não **de** 2% na alíquota da contribuição para o FGTS – art. 2º, II, da Lei 9.601/98); IV e V: corretas (art. 1º, § 1º, I, da Lei 9.601/98). Gabarito "D".

3. CONTRATO DE TRABALHO COM PRAZO DETERMINADO

(Procurador do Estado/SC – 2010 – FEPESE) Assinale a alternativa **correta**, de acordo com a consolidação das leis do trabalho.

(A) O contrato de trabalho por prazo determinado não poderá ser estipulado por mais de 3 (três) anos.
(B) O contrato individual de trabalho somente poderá ser acordado de forma expressa e por escrito.
(C) Para fins de contratação, o empregador não exigirá do candidato a emprego comprovação de experiência prévia por tempo superior a 6 (seis) meses no mesmo tipo de atividade.
(D) O contrato de experiência não poderá ser estipulado por mais de 45 (quarenta e cinco dias) dias, podendo ser prorrogado uma única vez, de forma a não exceder um total de 90 (noventa) dias.
(E) O vínculo empregatício que existe entre a sociedade cooperativa e seus associados, entre estes e os tomadores de serviços daquela, independe do ramo de atividade explorado.

A: opção incorreta, pois o texto consolidado dispõe no art. 445 que o contrato não poderá ser estipulado por mais de 2 (dois) anos; B: opção incorreta, pois nos termos dos arts. 442 e 443 da CLT o contrato de trabalho poderá ser escrito ou verbal; C: opção correta, pois reflete o disposto no art. 442-A CLT; D: opção incorreta, pois nos termos do art. 445, parágrafo único, da CLT não há impedimento para a celebração do contrato de experiência por 45 (quarenta e cinco) dias, desde que respeitado o prazo total de 90 (noventa) dias; E: opção incorreta, pois não há vínculo de emprego entre a sociedade cooperativa e seus associados ou entre estes e os tomadores de serviço, desde que não fique caracterizada a falsa cooperativa, ou seja, cooperativas que fazem intermediação de mão de obra, em que o empregado trabalha de forma subordinada, em atividade fim da empresa, sem qualquer traço de cooperativismo. Gabarito "C".

(Procurador do Estado/RR – 2006 – FCC) O contrato de trabalho a prazo pode ser ajustado nos serviços

(A) transitórios; nas atividades empresariais transitórias; e a título de experiência.
(B) transitórios; nas atividades empresariais de longa duração; e a título de experiência.
(C) transitórios; nas atividades empresariais transitórias; e sem qualquer experiência.
(D) de longa duração; nas atividades empresariais transitórias; e a título de experiência.
(E) de longa duração; nas atividades empresariais de longa duração; e sem qualquer experiência.

Três são as hipóteses de pactuação de contrato de trabalho a termo, conforme disposto no art. 443, § 2º, a, b e c, da CLT. Gabarito "A".

(Procurador do Município/Florianópolis-SC – 2010 – FEPESE) Analise as afirmativas abaixo sobre o contrato individual do trabalho:

1. Qualquer que seja o ramo de atividade da sociedade cooperativa, não existe vínculo empregatício entre ela e seus associados, nem entre estes e os tomadores de serviços daquela.
2. Considera-se por prazo indeterminado todo contrato que suceder, dentro de 6 (seis) meses, a outro contrato por prazo determinado, salvo se a expiração deste dependeu da execução de serviços especializados ou da realização de certos acontecimentos.
3. Em decorrência do princípio da continuidade da relação de emprego, é vedada a estipulação de contrato de trabalho por prazo determinado.

Assinale a alternativa que indica todas as afirmativas **corretas**.

(A) É correta apenas a afirmativa 3.
(B) São corretas apenas as afirmativas 1 e 2.
(C) São corretas apenas as afirmativas 1 e 3.
(D) São corretas apenas as afirmativas 2 e 3.
(E) São corretas as afirmativas 1, 2 e 3.

1: Opção correta, pois reflete o disposto no art. 90 da Lei 5.674/71; 2: Opção correta, pois reflete o disposto no art. 452 da CLT; 3: Opção incorreta, pois a CLT prevê a possibilidade de contrato com prazo certo no art. 443 da CLT. Gabarito "B".

(Magistratura do Trabalho – 23ª Região – 2009) Analise os itens abaixo e marque a alternativa CORRETA:

I. Compreende-se como empresa de trabalho temporário a pessoa física ou jurídica urbana, cuja atividade consiste em colocar à disposição de outras empresas, temporariamente, trabalhadores, devidamente qualificados, por elas remunerados e assistidos.

II. É defeso às empresas de prestação de serviço temporário a contratação de estrangeiros.

III. O funcionamento da empresa de trabalho temporário dependerá de registro no Departamento Nacional de Mão-de-Obra do Ministério do Trabalho e Previdência Social.

(A) Apenas os itens II e III são verdadeiros.
(B) Apenas os itens I e II são verdadeiros.
(C) Apenas os itens I e III são verdadeiros.

(D) Todos os itens são falsos.
(E) Todos os itens são verdadeiros.

I: verdadeiro, pois a assertiva reflete o disposto no art. 4º da Lei 6.019/74; II: falso, pois é defeso às empresas a contratação de estrangeiros com visto provisório de permanência do país (art. 17 da Lei 6.019/74); III: verdadeiro, pois a assertiva reflete o disposto no art. 5º da Lei 6.019/74. Gabarito "C".

(Magistratura do Trabalho – 23ª Região – 2006) Excepcionando a aplicação do princípio da continuidade da relação de emprego que orienta o Direito do Trabalho, a Lei 6.019 de 03.01.74 instituiu o regime de trabalho temporário, com a finalidade de suprir necessidade transitória de substituição de pessoal regular e permanente do tomador ou para atender necessidade decorrente de acréscimo extraordinário de seus serviços. O diploma legal que regulamenta esta modalidade contratual prevê requisitos para sua validade, dentre os quais podem ser apontados:

I. celebração de contrato escrito entre a empresa tomadora e a empresa fornecedora de trabalho temporário, esta devidamente registrada no Ministério do Trabalho, consignando expressamente o motivo justificador da demanda de trabalho temporário;
II. celebração de contrato escrito entre a empresa de trabalho temporário e o trabalhador assalariado, no qual conste os direitos assegurados ao mesmo, e com a possibilidade de estipulação de cláusula de reserva, proibindo a contratação do trabalhador pela tomadora ou cliente ao fim do prazo em que se encontrava à sua disposição;
III. período de vigência que, em qualquer hipótese, não poderá ultrapassar de 3 meses, sob pena de transmudar-se em contrato por prazo indeterminado;
IV. comprovação de pagamento pelo trabalhador temporário de valor a título de mediação da contratação, em favor da empresa de trabalho temporário.

De conformidade com a pertinência das afirmativas acima, assinale a alternativa correta:

(A) todas as alternativas estão corretas;
(B) as alternativas I, II e III estão corretas;
(C) as alternativas I e III estão corretas;
(D) apenas a alternativa I está correta;
(E) todas as alternativas estão incorretas;

I: correta (art. 9º da lei 6.019/74); II: falsa (art. 11, parágrafo único, da lei 6.019/74); III: falsa (art. 10 da lei 6.019/74); IV: falso (art. 18 da lei 6.019/74). Gabarito "C".

(Magistratura do Trabalho – 14ª Região – 2006) Contrato de trabalho por prazo determinado.

I. Considera-se como de prazo determinado o contrato de trabalho cuja vigência dependa de termo prefixado ou da execução de serviços especificados ou ainda da realização de certo acontecimento suscetível de previsão aproximada. O contrato de trabalho por prazo determinado, salvo o de experiência, não poderá exceder a dois anos e admite uma única prorrogação.
II. O contrato de experiência poderá ser prorrogado mais de uma vez, desde que o prazo total não exceda a 90 (noventa) dias.
III. Havendo termo estipulado o empregado não se poderá desligar do contrato, sem justa causa, sob pena de ser obrigado a indenizar o empregador dos prejuízos que desse fato lhe resultarem.
IV. Nos contratos que tenham termo estipulado, o empregador que, sem justa causa, despedir o empregado, será obrigado a pagar-lhe, a título de indenização, e por metade, a remuneração a que teria direito até o termo do contrato.

Responda:
(A) todas as opções estão corretas;
(B) apenas três opções estão corretas;
(C) apenas duas opções estão corretas;
(D) apenas uma opção está correta;
(E) todas as opções estão incorretas.

I: correta, arts. 443, § 1º e 445, *caput*, da CLT; II: incorreta, art. 451, da CLT; III: correta, art. 480 da CLT; IV: correta, art. 479 da CLT. Gabarito "B".

(Magistratura do Trabalho – 9ª Região – 2009) O prazo máximo fixado para o trabalho temporário (Lei 6.019/74) para a utilização pela empresa tomadora dos serviços, salvo no caso de autorização de prorrogação conferida pelo órgão local do Ministério do Trabalho e Emprego, é de:

(A) um mês
(B) dois meses
(C) três meses
(D) seis meses
(E) um ano

Art. 10 da Lei 6.019/74. Gabarito "C".

(Magistratura do Trabalho – 8ª Região – 2007) A respeito do contrato de trabalho a termo, é correto afirmar:

(A) O texto consolidado trata da possibilidade de aplicação do instituto do aviso prévio ao contrato por prazo determinado.
(B) Considera-se por prazo indeterminado todo contrato que suceder, dentro de três meses, a outro contrato por prazo determinado, salvo se a expiração deste dependeu da execução de serviços especializados ou da realização de certos acontecimentos.
(C) O contrato a termo só será válido em se tratando de serviço cuja natureza e transitoriedade indique a determinação do prazo.
(D) O prazo do contrato a termo sempre será superior ao aviso prévio.
(E) Contrato de experiência é tipo de contrato a termo que tem como característica o prazo máximo de três meses.

A: correto, art. 481 da CLT; B: falso, art. 452 da CLT; C: falso, art. 443, § 2º, da CLT; D: falso, o prazo do contrato a termo está disciplinado no art. 445 da CLT; E: falso, art. 445, parágrafo único, da CLT. Gabarito "A".

(Magistratura do Trabalho – 7ª Região – 2005) Em relação ao contrato por prazo determinado, leia as proposições abaixo e assinale a opção correta.

I. A extensão dos efeitos produzidos pela interrupção ou suspensão do contrato de trabalho possui tratamento diverso quando o pacto laboral é estabelecido por prazo determinado. Nessa circunstância, estabelece a CLT que, salvo convenção entre as partes interessadas, o período de afastamento será computado na contagem do prazo para a respectiva terminação.
II. A celebração de um segundo contrato de trabalho a termo, em período inferior a seis meses do término do primeiro, não gera automática alteração objetiva para contrato por prazo indeterminado, quando a extinção desse último contrato se justificar pela execução de serviços especializados.
III. A validade do contrato por prazo determinado está condicionada à ocorrência de serviços cuja natureza ou transitoriedade justifique a fixação de prazos, de atividades empresariais transitórias ou da necessidade de celebração de contrato de experiência. Admite-se, no entanto, a possibilidade de celebração de contratos a termo, sem observância desses requisitos, quando as admissões representarem acréscimo no número de empregados e forem instituídas por convenção ou acordo coletivo de trabalho. O empregado admitido nessas condições, detentor de estabilidade por ter sido eleito suplente da CIPA, tem garantida a estabilidade provisória, não podendo ter o contrato rescindido antes do prazo ajustado.
IV. A rescisão antecipada e imotivada do contrato de trabalho por prazo determinado, de iniciativa do empregador, não gera a esse a obrigação pertinente ao pagamento da indenização de 40% incidente sobre os depósitos do FGTS, ante a natureza do contrato celebrado.

(A) São falsas somente as proposições I e III.
(B) São falsas somente as proposições III e IV.
(C) São falsas somente as proposições II, III e IV.
(D) São verdadeiras somente as proposições III e IV.
(E) São verdadeiras somente as proposições I, II e III.

I: correto, art. 472, § 2º, da CLT; II: correto, art. 452 da CLT; III: correto, art. 443, § 2º, da CLT, lei 9.601/98 e Súmula 676 do STF; IV: falso, art. 479 da CLT. Gabarito "E".

(Ministério Público do Trabalho – 14°) Complete com a opção CORRETA.

O contrato de trabalho do jogador de futebol é de prazo determinado, com vigência nunca inferior a _____ meses e nem superior a _____ anos.

(A) 3; 2;
(B) 3; 5;
(C) 6; 3;
(D) 12; 5;
(E) não respondida.

A: falso, redação do art. 3°, II, da lei 6.354/76 revogado pelo art. 96 da lei 9.615/98; B: correto, art. 30 da lei 9.615/98; C: falso, art. 30 da lei 9.615/98, D: falso, art. 30 da lei 9.615/98. Gabarito "B".

4. TRABALHO DA MULHER, DO MENOR, DOMÉSTICO, AVULSO, EVENTUAL E RURAL

(Ministério Público/GO – 2005) Quanto ao empregado doméstico, não lhe é assegurado pela Constituição da República:

(A) irredutibilidade do salário, salvo o disposto em convenção ou acordo coletivo
(B) décimo terceiro salário com base na remuneração integral ou no valor da aposentadoria
(C) duração do trabalho normal não superior a oito horas diárias e quarenta e quatro semanais, facultada a compensação de horários e a redução da jornada, mediante acordo ou convenção coletiva de trabalho
(D) repouso semanal remunerado, preferencialmente aos domingos

A: incorreta, pois a irredutibilidade do salário é assegurada ao empregado doméstico (art. 7°, VI, e parágrafo único, da CF); B: incorreta, pois o empregado doméstico tem assegurado o décimo terceiro salário (art. 7°, VIII, e parágrafo único, da CF); C: correta, pois a assertiva reflete o disposto no art. 7°, XIII, e parágrafo único, da CF; D: incorreta, pois ao empregado doméstico é assegurado o repouso semanal remunerado preferencialmente aos domingos (art. 7°, XV, e parágrafo único, da CF). Gabarito "C".

(Procurador do Estado/RO – 2011 – FCC) Em relação às disposições legais trabalhistas sobre o trabalho da mulher é INCORRETO afirmar:

(A) Para amamentar o próprio filho, até que este complete 6 (seis) meses de idade, a mulher terá direito, durante a jornada de trabalho, a dois descansos especiais, de meia hora cada um.
(B) As empresas com mais de cem empregados, de ambos os sexos, deverão manter programas especiais de incentivos e aperfeiçoamento profissional de mão de obra.
(C) Em caso de aborto não criminoso, comprovado por atestado médico oficial, a mulher terá um repouso remunerado de 2 (duas) semanas, ficando-lhe assegurado o direito de retornar à função que ocupava antes de seu afastamento.
(D) Ao empregador é vedado empregar a mulher em serviço que demande o emprego de força muscular superior a 25 (vinte e cinco) quilos, para o trabalho contínuo, ou 20 (vinte) quilos, para o trabalho ocasional.
(E) A pessoa jurídica poderá associar-se a entidade de formação profissional, sociedades civis, sociedades cooperativas, órgãos e entidades públicas ou entidades sindicais, bem como firmar convênios para o desenvolvimento de ações conjuntas, visando à execução de projetos relativos de incentivo ao trabalho da mulher.

A: opção correta, pois reflete o disposto no art. 396 da CLT. B: opção correta, pois reflete o disposto no art. 390-C da CLT; C: opção correta, pois reflete o disposto no art. 395 da CLT; D: opção incorreta, pois nos termos do art. 390 da CLT para trabalhos contínuos, a força muscular é superior a 20 quilos e 25 quilos, para o trabalho ocasional; E: opção correta, pois reflete o disposto no art. 390-E da CLT. Gabarito "D".

(Procurador do Estado/RO – 2011 – FCC) Em relação ao trabalho do menor é INCORRETO afirmar:

(A) Se a autoridade competente verificar que o trabalho executado pelo menor é prejudicial à sua saúde, ao seu desenvolvimento físico ou à sua moralidade, poderá ela obrigá-lo a abandonar o serviço, devendo a respectiva empresa, quando for o caso, proporcionar ao menor todas as facilidades para mudar de funções.

(B) Ao responsável legal do menor é facultado pleitear a extinção do contrato de trabalho, desde que o serviço possa acarretar para ele prejuízo de ordem física ou moral.
(C) O empregador, cuja empresa ou estabelecimento ocupar menores, será obrigado a conceder-lhes o tempo que for necessário para a frequência às aulas.
(D) Ao menor de 18 anos é vedado o trabalho noturno, considerado, na área urbana ou rural, o que for executado no período compreendido entre as 20 (vinte) e as 5 (cinco) horas.
(E) Os estabelecimentos situados em lugar onde a escola estiver a maior distância que dois quilômetros e que ocuparem, permanentemente, mais de trinta menores analfabetos, serão obrigados a manter local apropriado em que lhes seja ministrada a instrução primária.

A: opção correta, pois reflete o disposto no art. 407 da CLT; B: opção correta, pois reflete o disposto no art. 408 da CLT; C: opção correta, pois reflete o disposto no art. 427 da CLT; D: opção incorreta, pois, nos termos do art. 7° da Lei 5.889/73, considera-se trabalho noturno o executado entre as 21 horas de um dia e as 5 horas do dia seguinte, na lavoura, e entre as 20 horas de um dia e as 4 horas do dia seguinte, na atividade pecuária; E: opção correta, pois reflete o disposto no art. 427, parágrafo único, da CLT. Gabarito "D".

(Procurador do Estado/PI – 2008 – CESPE) Antônio, que era funcionário contratado da Empresa Céu Azul Ltda. desde 1999, faleceu em julho de 2004. Em fevereiro de 2008, o espólio de Antônio, em nome de seu filho menor Pedro, representado por sua mãe, Maria, ingressou com uma reclamação trabalhista contra a referida empresa, pleiteando verbas trabalhistas devidas a Antônio. Com base nessa situação hipotética, assinale a opção correta.

(A) O tempo transcorrido após o rompimento do vínculo empregatício — mais de dois anos — acarreta a prescrição para o ajuizamento da referida ação, que, por isso, não merece prosperar.
(B) A ação não merece prosperar, pois o direito a verbas trabalhistas é pessoal e intransmissível aos herdeiros.
(C) A ação merece prosperar, pois o prazo prescricional para o seu ajuizamento não corre quando o processo envolve herdeiro menor.
(D) A ação somente pode prosperar após a conclusão do processo de inventário de Antônio.
(E) A ação deve ser extinta sem o julgamento do mérito, por ilegitimidade ativa do espólio de Antônio, em nome de seu filho menor Pedro.

A: falso, art. 440 da CLT; B: falso, pois referido direito é transferível aos herdeiros (art. 1° da lei 6.858/80); C: correto, art. 440 da CLT; D: falso, art. 1° da lei 6.858/80; E: falso, pois está correta a representação. Gabarito "C".

(Procurador do Estado/PB – 2008 – CESPE) Com relação aos direitos constitucionais assegurados às mulheres trabalhadoras, assinale a opção correta.

(A) À gestante é assegurada licença com a duração de 120 dias, período que coincide com sua garantia de emprego e salário.
(B) É vedada a dispensa da empregada gestante, desde a confirmação da gravidez até cinco meses após o parto, período que coincide com a licença-maternidade.
(C) À empregada gestante é assegurada licença com a duração de 120 dias, ficando vedada sua dispensa desde a confirmação da gravidez até cinco meses após o parto.
(D) À empregada gestante é assegurada licença com a duração de cinco meses, ficando vedada sua dispensa desde a confirmação da gravidez até 120 dias após o parto.
(E) É vedada a dispensa da empregada gestante, desde a confirmação da gravidez até o término do período de 180 dias da licença-maternidade.

A licença maternidade é de 120 dias (art. 7°, XVIII, da CF), ressalvadas as empregadas de empresas optantes pelo Programa Empresa Cidadã, criado pela lei 11.770/2008, que tem acrescido períodos de 60 dias à licença maternidade. A garantia de emprego compreende o período desde a confirmação da gravidez até cinco meses após o parto (art. 10, II, *b*, do ADCT). Gabarito "C".

(Defensoria Pública da União – 2010 – CESPE) Acerca do trabalho da mulher e da estabilidade provisória da gestante, julgue os itens subsequentes.

(1) Ao empregador é vedado empregar mulheres em serviço que demande o emprego de força muscular superior a 20 quilos, ainda que o trabalho seja ocasional, não estando compreendida, em tal vedação, a remoção de material feita por impulsão ou tração de vagonetes sobre trilhos, de carros de mão ou por quaisquer aparelhos mecânicos.

(2) Considerando-se que a estabilidade constitui garantia de emprego, a estabilidade provisória da gestante garante unicamente a reintegração da trabalhadora, sendo cabível a conversão em indenização tão-somente quando o juiz entender que a reintegração é desaconselhável, por existir elevado grau de animosidade entre as partes.

1: Errada, pois ao empregador é vedado empregar a mulher em serviço que demande o emprego de força muscular superior a 25 quilos em caso de trabalho ocasional (art. 390 da CLT); 2: Errada, pois não há necessidade de elevado grau de animosidade entre as partes, mas mero grau de incompatibilidade em razão do dissídio poderá gerar a conversão da reintegração em indenização (art. 496 da CLT). Gabarito 1E, 2E

(Defensor Público/MS – 2008 – VUNESP) Assinale a afirmação correta.

(A) Os trabalhadores domésticos não sofrem prescrição de suas pretensões, pois o inciso XXIX do art. 7.º da Constituição Federal não está listado entre os incisos aplicáveis aos domésticos e o artigo 11 a eles não se aplica, diante do artigo 7.º, "a", da CLT.
(B) Empregados domésticos não têm direito à limitação da jornada de trabalho, não recebem adicional noturno, não estão abrangidos pelo regime da CLT e foram contemplados apenas com nove incisos do rol dos direitos constitucionais dos trabalhadores.
(C) Motoristas não podem ser considerados trabalhadores domésticos, pois não trabalham para o âmbito do lar e essa é a condição essencial para a configuração do trabalho doméstico, segundo as disposições da Lei n.º 5.859/1972.
(D) O exercício de alguma atividade econômica na residência do empregador desnatura a condição de trabalho doméstico, pois é imprescindível que o empregador não exerça atividade econômica com ânimo de lucro, mas se houver prejuízo mantém-se a condição de doméstico.

A: opção incorreta, pois o prazo prescricional aplicável à categoria dos empregados domésticos é o previsto no inciso XXIX do art. 7º da CF, que disciplina o instituto da prescrição como norma que abriga todos os trabalhadores urbanos, também incluídos os domésticos. B: opção correta, pois, nos termos do parágrafo único do art. 7º da CF os incisos IX e XIII não foram estendidos aos empregados domésticos. A CLT dispõe no art. 7º, "a", que os preceitos nela constantes não serão aplicáveis ao empregado doméstico. C: opção incorreta, pois, desde que não laborem em âmbito de residência com finalidade lucrativa, o motorista será considerado empregado doméstico nos termos do art. 1º da Lei 5.859/72. D: opção incorreta, pois, independente de prejuízos ao negócio, uma vez mantida a atividade econômica, restará descaracterizada a condição de empregador doméstico. Gabarito "B".

(Procurador Federal – 2010 – CESPE) No que se refere ao contrato de aprendizagem, julgue os itens que se seguem.

(1) Não são aplicadas ao trabalhador portador de necessidades especiais as restrições típicas do contrato de aprendizagem inerentes à idade máxima de vinte e quatro anos, tampouco a limitação de prazo contratual de dois anos.
(2) Ao menor aprendiz que trabalha em jornada de seis horas é garantido o salário mínimo mensal.

1: Certo, pois o enunciado está de acordo com o disposto no art. 428, § 5º, da CLT; 2: Errado, pois o menor aprendiz tem assegurado o salário mínimo hora (art. 428, § 2º, da CLT). Gabarito 1C, 2E

(Magistratura do Trabalho – 24ª Região – 2007) Nos termos da CLT, em tema de prorrogação do trabalho do menor com idade entre 16 anos e 18 anos, assinale Verdadeira (V) ou Falsa (F) e, a seguir, a alternativa que exprime a seqüência CORRETA:

I. É autorizada a prorrogação do trabalho do menor até duas horas diárias em regime de compensação, mediante acordo individual firmado com o empregador com a assistência dos pais.

II. Na hipótese de força maior e desde que o serviço do menor seja imprescindível ao funcionamento do estabelecimento é autorizada a prorrogação por mais de 12 (doze) horas, devendo o fato ser comunicado à autoridade competente em 48 (quarenta e oito) horas.

III. Em caso de prorrogação do horário normal, será obrigatório um descanso de 15 (quinze) minutos no mínimo, antes do início do período extraordinário do trabalho.

IV. Quando o menor de 18 (dezoito) anos for empregado em mais de um estabelecimento, as horas de trabalho em cada um serão totalizadas.

(A) V, V, F, V.
(B) F, F, V, F.
(C) F, F, V, V.
(D) F, V, F, F.
(E) V, F, V, V.

I: falso, art. 413, I, da CLT; II: falso, art. 413, II, da CLT; III: verdadeiro, art. 413, parágrafo único, da CLT; IV: verdadeiro, art. 414 da CLT. Gabarito "C".

(Magistratura do Trabalho – 24ª Região – 2007) Considerando o tratamento legal aplicado ao Empregado Doméstico:

I. É vedado ao empregador doméstico efetuar descontos no salário do empregado por fornecimento de alimentação, vestuário, higiene ou moradia.
II. Poderão ser descontadas as despesas com moradia quando essa se referir a local diverso da residência em que ocorrer a prestação de serviço, e desde que essa possibilidade tenha sido expressamente acordada entre as partes.
III. Terá direito a férias anuais remuneradas de 20 (vinte) dias úteis com, pelo menos, 1/3 (um terço) a mais do que o salário normal, após cada período de 12 (doze) meses de trabalho, prestado à mesma pessoa ou família.
IV. É obrigatória a inclusão do empregado doméstico no Fundo de Garantia do Tempo de Serviço - FGTS, de que trata a Lei nº 8.036, de 11 de maio de 1990, mediante requerimento do empregador, na forma do regulamento.
V. É vedada a dispensa arbitrária ou sem justa causa da empregada doméstica gestante desde a confirmação da gravidez até 5 (cinco) meses após o parto.

RESPONDA:

(A) Todas as proposições estão corretas.
(B) Apenas as proposições II, III e IV estão corretas.
(C) Apenas as proposições III e IV estão incorretas.
(D) Apenas as proposições III, IV e V estão incorretas.
(E) Apenas as proposições I, II, III e V estão corretas.

I: correto, art. 2º-A da lei 5.859/72; II: correto, art. 2º-A, § 1º, da lei 5.859/72; III: falso, art. 3º da lei 5.859/72; IV: falso, art. 3º-A da lei 5.859/72; V: correto, art. 4º-A da lei 5.859/72. Gabarito "C".

(Magistratura do Trabalho – 18ª Região – 2006) Considere as assertivas abaixo, de acordo com a CLT, e assinale a alternativa correta.

I. Contrato de aprendizagem é o contrato de trabalho especial, ajustado por escrito e por prazo determinado, em que o empregador se compromete a assegurar ao maior de quatorze e menor de dezoito anos, inscrito em programa de aprendizagem, formação técnico-profissional metódica, compatível com o seu desenvolvimento físico, moral e psicológico, e o aprendiz, a executar, com zelo e diligência, as tarefas necessárias a essa formação.
II. Contrato de aprendizagem é o contrato de trabalho especial, ajustado por escrito e por prazo determinado, em que o empregador se compromete a assegurar ao maior de 14 (quatorze) e menor de 24 (vinte e quatro) anos inscrito em programa de aprendizagem formação técnico-profissional metódica, compatível com o seu desenvolvimento físico, moral e psicológico, e o aprendiz, a executar com zelo e diligência as tarefas necessárias a essa formação.
III. No contrato de aprendizagem a limitação de idade não se aplica a aprendizes portadores de deficiência.

IV. No contrato de aprendizagem, a comprovação da escolaridade de aprendiz portador de deficiência mental deve considerar, sobretudo, as habilidades e competências relacionadas com a profissionalização.

V. O contrato de aprendizagem extinguir-se-á no seu termo ou quando o aprendiz completar 24 (vinte e quatro) anos, exceto quando se tratar de aprendizes portadores de deficiência.

(A) Apenas a primeira é correta
(B) Apenas a segunda é correta
(C) Apenas a primeira é incorreta
(D) Apenas a última é incorreta
(E) Apenas a terceira é incorreta

I: incorreta, art. 428 da CLT; II: correta, art. 428 da CLT; III: correta, art. 428, § 5º, da CLT; IV: correta, art. 428, § 6º, da CLT; V: correta, art. 433 da CLT. "Gabarito C."

(Ministério Público do Trabalho – 13º) Assinale a alternativa INCORRETA:

(A) o estágio pode ser considerado uma etapa da aprendizagem escolar que se realiza na empresa;
(B) o estagiário não poderá substituir mão-de-obra permanente da parte concedente do estágio, já que o seu caráter é didático-pedagógico;
(C) as instituições interessadas poderão se valer de agentes de integração para viabilizar o estágio;
(D) as entidades sem fins lucrativos, que tenham por objetivo a assistência ao adolescente e à educação profissional, podem oferecer cursos de aprendizagem metódica para adolescentes, desde que registradas no Ministério do Trabalho e Emprego;
(E) não respondida.

A: correto, art. 1º da lei 11.788/08; B: correto, art. 15 da lei 11.788/08; C: correto, art. 5º da lei 11.788/08; D: falso, pois devem ser registradas no Conselho Municipal dos Direitos da Criança e do Adolescente, art. 8º, III, do Decreto 5.598/05 "Gabarito D."

(Magistratura do Trabalho – 9ª Região – 2009) Considere as seguintes proposições:

I. O ordenamento jurídico brasileiro proíbe qualquer trabalho ao menor de 16 anos, salvo na condição de aprendiz ou estagiário, a partir de 14 anos, e o trabalho noturno, perigoso ou insalubre ao menor de 18 anos.
II. O responsável legal pelo empregado menor de 18 anos pode pleitear a extinção do contrato de trabalho, desde que o serviço executado possa acarretar prejuízos de ordem física ou moral ao trabalhador, exceto se o empregador fornecer equipamentos de proteção individual.
III. O contrato de trabalho mantido com empregado menor de 16 anos preservará todos os efeitos do contrato de trabalho válido, mesmo quando o objeto for ilícito, já que se trata de "incapacidade de proteção".
IV. Contra os menores de 18 anos não corre nenhum prazo de prescrição em ação trabalhista na condição de empregado.
V. É lícito ao menor de 18 anos firmar recibo pelo pagamento dos salários, mas lhe é vedado dar quitação ao empregador em rescisão do contrato de trabalho sem assistência de seus responsáveis legais, exceto quando o contrato de trabalho teve duração menor do que um ano.

(A) todas as proposições são corretas
(B) somente quatro proposições são corretas
(C) somente três proposições são corretas
(D) somente duas proposições são corretas
(E) somente uma proposição é correta

I: incorreta, pois ao menor de dezesseis, é proibido qualquer trabalho, inclusive de estágio, salvo na condição de aprendiz, a partir dos quatorze anos (art. 403 da CLT); II: incorreta, pois o responsável legal pode pleitear a extinção do contrato de trabalho se o serviço executado possa acarretar ao menor prejuízos de ordem física ou moral, ainda que o empregador forneça equipamentos de proteção individual (art. 408 da CLT); III: incorreta, pois o trabalho ilícito não merece qualquer proteção. Importante distinguir o trabalho ilícito do trabalho proibido, sendo que o primeiro não merece guarida no direito. Exemplificando: se um empregado é contratado para vender tóxico ou coisa parecida o trabalho é ilícito, não merecendo nenhuma proteção jurídica. Por outro lado, se um empregado menor é contratado, tendo menos de 12 anos, estamos no terreno do trabalho proibido, que, nem por isso, deixa de gerar direito e obrigações. Trabalho proibido decorrente de contratação proibida. No caso, houve contratação proibida e ilícita; IV: correta, pois a assertiva reflete o disposto no art. 440 da CLT; V: incorreta, pois mesmo nos casos de contrato de trabalho com duração menor do que um ano, o menor não pode dar quitação sem assistência de seus responsáveis legais (art. 439 da CLT). "Gabarito E."

(Magistratura do Trabalho – 9ª Região – 2006) É correto afirmar:

I. O Trabalho do menor de 14 anos, fora da hipótese de contrato aprendizagem, é proibido, e assim não gera qualquer efeito trabalhista.
II. Ao menor de 18 anos e maior de 16 anos é permitido o trabalho noturno, mediante assistência de seu responsável legal, por ocasião da contratação a esse respeito.
III. Contra os sucessores, ainda que maiores, não corre prescrição em face do falecimento do empregado menor de 18 anos.
IV. No contrato de trabalho do aprendiz é vedada a prorrogação de jornada, sendo permitida, no entanto a compensação de jornada.
V. O contrato de aprendizagem exige ajuste por escrito e não pode ser estipulado por mais de dois anos.

(A) somente a proposição V é correta
(B) somente as proposições II e IV são corretas
(C) somente as proposições I, III e V são corretas
(D) somente as proposições II, IV e V são corretas
(E) somente as proposições III e IV são corretas

I: falso, embora seja proibido, gera efeitos trabalhistas; II: falso, art. 404 da CLT; III: falso, art. 440 da CLT; IV: falso, art. 432 da CLT; V: correto, art. 428, caput e § 3º, da CLT. "Gabarito A."

(Magistratura do Trabalho – 9ª Região – 2006) Sobre o trabalho rural, analisadas as seguintes proposições, assinale a alternativa correta:

I. Empregado rural é toda pessoa física que, em propriedade rural ou prédio rústico, presta serviços de natureza não eventual a empregador rural, sob a dependência deste e mediante salário.
II. O horário noturno do rurícola é, na lavoura, das vinte e uma horas de um dia às cinco horas do dia seguinte e, na pecuária, das vinte horas de um dia às quatro horas do dia seguinte.
III. Os empregadores rurais pessoas físicas poderão contratar empregados através de "Consórcio de Empregadores Rurais", anotando a CTPS dos empregados, respondendo os empregadores solidariamente pelas obrigações trabalhistas e previdenciárias decorrentes desta contratação.
IV. A prescrição dos direitos do trabalhador rural é de dois anos após a extinção do contrato de trabalho, não se lhe aplicando a prescrição qüinqüenal prevista na Constituição Federal.

(A) somente a assertiva III está correta
(B) somente as assertivas II e IV estão corretas
(C) somente as assertivas I e II estão corretas
(D) somente as assertivas I, II e III estão corretas
(E) todas as assertivas estão corretas

I: correto, art. 2º da lei 5.889/73; II: correto, art. 7º da lei 5.889/73; III: correto, art. 25-A da lei 8.212/91; IV:falso, art. 7º, XXIX, da CF. "Gabarito D."

(Magistratura do Trabalho – 9ª Região – 2006) Ressalvadas as disposições legais destinadas a corrigir as distorções que afetam o acesso da mulher ao mercado de trabalho e certas especificidades estabelecidas nos acordos coletivos trabalhistas, é vedado:

I. Publicar ou fazer publicar anúncio de emprego no qual haja referência ao sexo, à idade, à cor ou situação familiar, salvo quando a natureza da atividade a ser exercida, pública e notoriamente, assim o exigir.
II. Recusar emprego, promoção ou motivar a dispensa do trabalho em razão de sexo, idade, cor, situação familiar ou estado de gravidez, salvo quando a natureza da atividade seja notória e publicamente incompatível.

III. Considerar o sexo, a idade, a cor ou situação familiar como variável determinante para fins de remuneração, formação profissional e oportunidades de ascensão profissional.

IV. Exigir atestado ou exame, de qualquer natureza, para comprovação de esterilidade ou gravidez, na admissão ou permanência no emprego, bem como proceder o empregador ou preposto a revistas íntimas nas empregadas ou funcionárias.

Com base nas proposições acima, indique a alternativa correta:

(A) somente a assertiva I está correta
(B) somente as assertivas II, III e IV estão corretas
(C) somente as assertivas I, II e III estão corretas
(D) somente as assertivas I, II e IV estão corretas
(E) todas as assertivas estão corretas

I: correto, art. 373-A, I, da CLT; II: correto, art. 373-A, II, da CLT; III: correto, art. 373-A, III, da CLT; IV: art. 373-A, IV e VI, da CLT. Gabarito "E".

(Magistratura do Trabalho – 8ª Região – 2007) Observadas as disposições da Consolidação das Leis do Trabalho que dizem respeito à proteção ao trabalho da mulher e do menor, é correto afirmar:

(A) É vedado considerar o sexo, a idade, a cor ou situação familiar como variável determinante para fins de remuneração, formação profissional e oportunidades de ascensão profissional, bem como recusar emprego, promoção ou motivar a dispensa do trabalho em razão de sexo, idade, cor, situação familiar ou estado de gravidez, salvo quando a natureza da atividade a ser exercida for notória e publicamente incompatível.
(B) Nas hipóteses permitidas, o trabalho exercido nas ruas, praças e outros logradouros, dependerá de prévia autorização do Juiz do Trabalho, ao qual cabe verificar se a ocupação é indispensável à sua própria subsistência ou à de seus pais, avós ou irmãos e se dessa ocupação não poderá advir prejuízo à sua formação moral.
(C) O capítulo da Consolidação das Leis do Trabalho que trata da proteção ao trabalho da mulher foi inteiramente revogado pela disposição constitucional que assegura a igualdade entre homens e mulheres, em direitos e obrigações.
(D) A Consolidação das Leis do Trabalho considera ilegal o trabalho do menor de dezesseis anos e, mesmo nesta situação, admite-o apenas na condição de aprendiz, até a idade limite de dezoito anos.
(E) Ao menor de dezoito anos é vedado o trabalho noturno, considerado este o que for executado no período compreendido entre as vinte e duas e às seis horas.

A: correto, art. 373-A, III e II, da CLT; B: falso, art. 405, § 2º, da CLT; C: falso, em razão do princípio da isonomia, que impõe *tratar igualmente os iguais e desigualmente os desiguais*; D: falso, art. 403 da CLT; E: falso, art. 404 da CLT. Gabarito "A".

(Magistratura do Trabalho – 8ª Região – 2007) Assinale a alternativa que não contém erro:

(A) O trabalhador rural tem estatuto próprio, portanto, a ele não é assegurado o rol de direitos previsto ao trabalhador urbano.
(B) Os trabalhadores que prestam serviços de natureza contínua e de finalidade lucrativa à pessoa ou à família, no âmbito residencial destas, são domésticos, aplicando apenas parcialmente os direitos trabalhistas constantes da Consolidação das Leis do Trabalho e da Constituição Federal.
(C) O regime jurídico do empregado doméstico é regulado somente pela lei dos domésticos e a Constituição Federal.
(D) Ao empregado doméstico aplicam-se as hipóteses de dispensa por justo motivo, previstas no texto consolidado.
(E) Na regulação do trabalho rural, vemos que em qualquer trabalho contínuo de duração superior a seis horas, será obrigatória a concessão de um intervalo para repouso ou alimentação, observados os usos e costumes da região, não se computando este intervalo na duração do trabalho.

A: falso, art. 7º, *caput*, da CLT; B: falso, art. 1º da lei 5.859/72; C: falso, art. 6º-A, § 2º da lei 5.859/72 e art. 2º do Decreto 71.885/73; D: falso, art. 6º-A, § 2º da lei 5.859/72; E: correto, art. 5º da lei 5.889/73. Gabarito "E".

(Magistratura do Trabalho – 8ª Região – 2007) Cláudia, empregada de uma grande empresa da área de cosméticos, obteve a guarda judicial de Felipe, uma criança com três anos de idade, para fins de adoção. De acordo com a legislação vigente, marque a alternativa correta:

(A) Cláudia fará jus a trinta dias de licença-maternidade.
(B) Cláudia fará jus a sessenta dias de licença-maternidade.
(C) Cláudia fará jus a cento e vinte dias de licença-maternidade.
(D) Cláudia não fará jus à licença-maternidade, eis que a concessão de tal benefício, no caso de simples obtenção de guarda judicial, ainda que para fins de adoção, não tem amparo na lei brasileira.
(E) Nenhuma das respostas anteriores.

A: falso, art. 392-A, § 3º, da CLT; B: correto, art. 392-A, § 2º, da CLT; C: falso, art. 392-A, § 1º, da CLT; D: falso, art. 392-A da CLT; E: falso, pois a alternativa "b" é a correta. Gabarito "B".

(FGV – 2008) Considere as seguintes assertivas sobre o Trabalho da Mulher e a Proteção à Maternidade:

I. O trabalho noturno da mulher é permitido, sendo devido o adicional noturno de 25% (vinte e cinco por cento) no mínimo.
II. Ao empregador é vedado utilizar a empregada em atividades que impliquem o emprego de força muscular igual ou superior a 20 (vinte) quilos para o trabalho contínuo.
III. Para amamentar o próprio filho até que complete 6 (seis) meses, a mãe terá direito a três intervalos especiais, de meia hora cada um.
IV. A mãe adotiva tem direito à licença-maternidade pelo período de 120 (cento e vinte) dias e ao salário-maternidade.
V. Em consonância com a Constituição Federal/88, é necessária a existência de creches para assistência gratuita aos filhos e dependentes do trabalhador do sexo feminino ou masculino desde o nascimento até 6 (seis) anos de idade.

Assinale:

(A) se somente uma assertiva for falsa.
(B) se somente duas assertivas forem falsas.
(C) se somente três assertivas forem falsas.
(D) se somente quatro assertivas forem falsas.
(E) se todas as assertivas forem falsas.

I: falso, pois o adicional noturno, para ambos os sexos, é de 20% (art. 73, *caput*, e 381, § 1º, ambos da CLT); II: falso, pois ao empregador é vedado empregar a mulher em serviço que demande o emprego de força muscular **superior a 20 quilos** (art. 390, *caput*, da CLT); III: falso, pois a mãe terá **dois** intervalos de meia hora cada um durante a jornada de trabalho para amamentar o filho até que este complete 6 meses de idade (art. 396, *caput*, da CLT); IV: falso: atenção para a alternativa. Hoje, com a promulgação da Lei 12.010/2009, que revogou os §§1º a 3º do art. 392 da CLT, a mãe adotiva tem direito à licença-maternidade pelo período de 120 dias, seja qual for a idade da criança adotada, ou de até 180 dias se a criança tiver até um ano de idade e a empresa que aderir ao Programa da Empresa Cidadã (Lei 11.770/2008). Quanto ao período do salário-maternidade, de acordo com o art. 71-A da Lei 8.213/91, acrescentado pela Lei 10.421/2002, dependerá da idade da criança adotada, ocorre que, uma interpretação sistemática nos leva a entender pela revogação tácita desse dispositivo, igualando o prazo de licença-maternidade ao do salário-maternidade, de 120 dias independentemente da idade da criança adotada; V: falso, pois a assistência é até os **5 anos** de idade (art. 7º, XXV, da CF). Gabarito "E".

(FGV – 2008) As alternativas a seguir apresentam alguns direitos dos trabalhadores urbanos e rurais, previstos na Constituição de 1988, à exceção de uma. Assinale-a.

(A) Estabilidade.
(B) Licença paternidade.
(C) Irredutibilidade de salário, salvo o disposto em convenção ou acordo coletivo.
(D) Participação nos lucros.
(E) Assistência gratuita aos filhos e dependentes desde o nascimento até 5 (cinco) anos de idade em creches e pré-escolas.

A: a estabilidade de emprego não é direito do trabalhador celetista; B: art. 7º, XIX, da CF; C: art. 7º, VI, da CF; D: art. 7º, XI, da CF; E: art. 7º, XXV, da CF. Gabarito "A".

(FGV – 2004) Se, durante o contrato de trabalho, a empregada engravidar, ela:

(A) terá estabilidade por apenas 6 meses.
(B) terá estabilidade por apenas 4 meses.
(C) não terá estabilidade.
(D) só poderá ser dispensada por justa causa.
(E) só poderá ser dispensada após o término da gravidez.

Art. 10, II, *b*, do Ato das Disposições Constitucionais Transitórias. "D". Gabarito

5. ALTERAÇÃO, INTERRUPÇÃO E SUSPENSÃO DO CONTRATO DE TRABALHO

(Ministério Público/GO – 2005) Quanto às assertivas abaixo:

I. Nos contratos individuais de trabalho só é lícita a alteração das respectivas condições, por mútuo consentimento, e, ainda assim, desde que não resultem, direta ou indiretamente, prejuízos ao empregado, sob pena de nulidade da cláusula infringente desta garantia
II. Não se considera alteração unilateral a determinação do empregador para que o respectivo empregado reverta ao cargo efetivo, anteriormente ocupado, deixando o exercício de função de confiança
III. Ao empregado, afastado do emprego, são asseguradas, por ocasião de sua volta, todas as vantagens que, em sua ausência, tenham sido atribuídas à categoria a que pertencia na empresa
IV. O empregado que for aposentado por invalidez terá suspenso o seu contrato de trabalho durante o prazo fixado pelas leis de previdência social para a efetivação do benefício

Somente é correto o que se afirma em:

(A) I
(B) I e II
(C) I, II e III
(D) I, II, III e IV

I: correto (art. 468, *caput*, da CLT); II: correto (art. 468, parágrafo único, da CLT); III: correto (art. 471 da CLT); IV: correto (art. 475 da CLT). Gabarito "D".

(Procurador do Estado/SC – 2010 – FEPESE) Sobre os institutos da interrupção e da suspensão do contrato de trabalho

1. Há pagamento de salários durante a interrupção do contrato de trabalho.
2. Não há contagem de tempo de serviço durante a interrupção do contrato de trabalho.
3. Há pagamento de salários durante o período de suspensão do contrato de trabalho.
4. Não há contagem de tempo de serviço durante a suspensão do contrato de trabalho.

Assinale a alternativa que indica todas as afirmativas **corretas**.

(A) São corretas apenas as afirmativas 1 e 4.
(B) São corretas apenas as afirmativas 2 e 4.
(C) São corretas apenas as afirmativas 3 e 4.
(D) São corretas apenas as afirmativas 1, 2 e 3.
(E) São corretas apenas as afirmativas 2, 3 e 4.

Na interrupção do contrato de trabalho o empregado suspende a prestação de serviços, mas continua recebendo a remuneração pelo empregador. Há uma simples interrupção na prestação de serviços pelo empregado, prevalecendo, para o empregador, a obrigatoriedade de pagar os salários, no todo ou em parte. Assim, embora não trabalhe, ou seja, não preste serviços, o empregado continuará recebendo sua remuneração, contando-se esse período como tempo de serviço. São exemplos: a) acidente de trabalho ou doença até o 15º dia, tendo em vista que o pagamento dos primeiros 15 (quinze) dias de ausência é de responsabilidade do empregador, em conformidade com o art. 60, § 3º, da Lei 8.213/91; b) licença-maternidade, que se encontra prevista no art. 7º, XVIII, da CF, c/c o art. 71 da Lei 8.213/91, pelo período de 120 dias.

Já a suspensão é representada por fatos que determinam que, temporariamente, o contrato de trabalho pare de produzir seus efeitos tanto para o empregado como para o empregador. Assim, o empregado não prestará serviços e não pagará seus salários. São exemplos: a) acidente de trabalho ou doença, a partir do 16º dia, tendo em vista que o trabalhador percebe o benefício do auxílio-doença, que é pago pela Previdência Social, art. 59 da Lei 8.213/91; c) aposentadoria por invalidez, nos termos do art. 475 da CLT. Gabarito "A".

(Procurador do Estado/CE – 2008 – CESPE) Acerca das férias em direito do trabalho, segundo a Constituição Federal, a CLT e jurisprudência sumulada e consolidada do TST, julgue os itens a seguir.

I. A aquisição do direito às férias ocorre a cada ano de vigência do contrato de trabalho, sem ocasionar perda do direito à remuneração correspondente.
II. A concessão das férias deve ocorrer nos doze meses subseqüentes à data em que o empregado tiver adquirido o direito, sendo a época definida pelo empregador, conforme seu interesse, ressalvado o direito de membros da mesma família gozarem férias no mesmo período, se assim desejarem e disso não resultar prejuízo para o serviço, e o direito do empregado estudante de ter coincididas suas férias do trabalho com o período de férias escolares.
III. O empregador deverá pagar em dobro a remuneração do período de férias sempre que elas forem concedidas após o período concessivo regular.
IV. As férias devem ser remuneradas com adicional de, pelo menos, um terço do valor do salário normal, inclusive sobre a parcela que eventualmente for convertida em pecúnia.
V. A prescrição do direito de reclamar a concessão das férias ou o pagamento da respectiva remuneração ou adicional é contada do término do período aquisitivo ou, se for o caso, da cessação do contrato de trabalho.

A quantidade de itens certos é igual a

(A) 1.
(B) 2.
(C) 3.
(D) 4.
(E) 5.

São quatro itens certos. I: certo, pois a assertiva reflete o disposto no art. 129 da CLT; II: certo, pois a assertiva reflete o disposto no art. 136, § 2º, da CLT; III: certo, a assertiva reflete o disposto no art. 137, *caput*, da CLT; IV: certo, pois a assertiva reflete o disposto no art. 7º, XVII, da CF e da Súmula 328 do TST: "FÉRIAS. TERÇO CONSTITUCIONAL O pagamento das férias, integrais ou proporcionais, gozadas ou não, na vigência da CF/1988, sujeita-se ao acréscimo do terço previsto no respectivo art. 7º, XVII"; V: errado, pois a prescrição das férias, durante a fluência do contrato de trabalho, conta-se do término do período concessivo, conforme dispõe o art. 149 da CLT. Gabarito "D".

(Procurador do Estado/PB – 2008 – CESPE) No que se refere ao direito a férias, assinale a opção correta.

(A) Após cada período de 12 meses de vigência do contrato de trabalho, a empregada terá direito a férias em proporção conforme a quantidade de faltas que haja tido no período, não se considerando falta ao serviço a ausência da empregada durante o período de licença-maternidade.
(B) O período das férias será computado como tempo de serviço acrescido de um terço.
(C) A época da concessão das férias será a que melhor atenda aos interesses do empregado, inclusive, para fazê-las coincidir com férias da família ou com as férias escolares, quando for estudante.
(D) O empregado deve perceber, durante as férias, a remuneração média que lhe houver sido paga durante o período aquisitivo pertinente.
(E) A prescrição do direito de o empregado reclamar a concessão das férias ou o pagamento da respectiva remuneração é contado do término do período aquisitivo ou, se for o caso, da cessação do contrato de trabalho.

A: correta, pois a assertiva reflete o disposto nos arts. 130 e 131, II, da CLT; B: incorreta, pois embora o período de férias seja computado como tempo de serviço, não é acrescido de um terço para esse fim (art. 130, § 2º, da CLT); C: incorreta, pois a época das férias a que melhor atenda aos interesses do empregador, conforme dispõe o art. 136, *caput*, da CLT; D: incorreta, pois a assertiva não reflete o disposto no art. 142, *caput*, da CLT; E: incorreta, pois a prescrição das férias, durante a fluência do contrato de trabalho, conta-se do término do período concessivo, conforme dispõe o art. 149 da CLT. Gabarito "A".

(Procurador do Estado/PE – 2004 – FCC) Relativamente à alteração do contrato de trabalho, é correto afirmar que pode ocorrer

(A) desde que ajustada expressamente no contrato de trabalho, independentemente de prejuízo ao empregado.
(B) desde que ajustada tacitamente no contrato de trabalho, independentemente de prejuízo ao empregado.
(C) desde que ajustada por mútuo consentimento e ainda assim desde que não resulte prejuízo direto ou indireto ao empregado.
(D) desde que ajustada por mútuo consentimento e ainda assim desde que não resulte prejuízo direto apenas ao empregado.
(E) somente relativa a horário de trabalho e função, mas sempre com fundamento expresso no contrato individual ou coletivo de trabalho.

A: falso; não pode haver prejuízo (art. 468 da CLT); B: falso, art. 468 da CLT; C: correto, art. 468 da CLT; D: falso, pois a lei diz prejuízo direto ou indireto (art. 468 da CLT); E: falso, pois pode ocorrer qualquer alteração desde que não cause prejuízo ao empregado. Gabarito "C".

(Procurador Federal – 2010 – CESPE) Julgue os próximos itens, a respeito dos institutos da interrupção e da suspensão do contrato de trabalho.

(1) No caso de recuperação da capacidade de trabalho e cancelamento de aposentadoria de empregado afastado por invalidez, pode o empregador rescindir o contrato com empregado admitido para substituir o empregado aposentado, sem incorrer em indenização rescisória, se, no momento da celebração do contrato, tiver restado inequívoca a ciência da interinidade.
(2) O empregado afastado em virtude das exigências do serviço militar deve notificar seu empregador acerca do retorno às atividades no prazo máximo de dez dias contados da data em que se verificar a respectiva baixa.

1: Certo, pois o enunciado corresponde ao disposto no art. 475, §§ 1º e 2º, da CLT; 2: Errado, pois o prazo para o empregado notificar o empregador dando conta de sua intenção de voltar às atividades é de 30 (trinta) dias (art. 472, § 1º, da CLT). Gabarito 1C, 2E.

(Procurador Federal – 2010 – CESPE) No que concerne a alteração do contrato de trabalho, julgue o item abaixo.

(1) Presume-se abusiva a transferência de empregado que exerça cargo de confiança, sem a devida comprovação da necessidade do serviço.

Certo, pois o enunciado corresponde ao disposto na Súmula 43 do TST: "TRANSFERÊNCIA Presume-se abusiva a transferência de que trata o § 1º do art. 469 da CLT, sem comprovação da necessidade do serviço". Gabarito "C".

(Procurador Federal – 2010 – CESPE) A respeito de férias, julgue os seguintes itens.

(1) É assegurada ao empregado, para efeito da aquisição do direito a férias, a contagem do tempo de trabalho anterior à sua apresentação para serviço militar obrigatório no período aquisitivo, desde que ele compareça ao estabelecimento, no máximo, trinta dias após a data em que se verificar a respectiva baixa.
(2) É facultado ao empregado sob o regime parcial converter um terço do período de férias a que tiver direito em abono pecuniário, no valor da remuneração que lhe seria devida nos dias correspondentes.

1: Errado, pois o prazo máximo para que o empregado compareça ao estabelecimento, após a data da baixa, é de 90 (noventa) dias (art. 132 da CLT); 2: Errado, pois a faculdade de conversão de um terço das férias em abono pecuniário não se aplica ao empregado sob regime parcial (art. 143, § 3º, da CLT). Gabarito 1E, 2E.

(Procurador do Município/Florianópolis-SC – 2010 – FEPESE) Com relação à Consolidação das Leis do Trabalho, assinale a alternativa **incorreta**.

(A) A época da concessão das férias será a que melhor consulte os interesses do empregador.
(B) Poderão ser concedidas férias coletivas a todos os empregados de uma empresa ou de determinados estabelecimentos ou setores da empresa.
(C) No caso de férias coletivas, o empregador comunicará ao órgão local do Ministério do Trabalho, com a antecedência mínima de quinze dias, as datas de início e fim das férias, precisando quais os estabelecimentos ou setores abrangidos pela medida.
(D) Ao empregador, é facultado converter um terço do período de férias a que tiver direito o empregado em abono pecuniário, este no valor da remuneração que lhe seria devida nos dias correspondentes.
(E) Não terá direito a férias o empregado que, no curso do período aquisitivo, tiver percebido da Previdência Social prestações de acidente de trabalho ou de auxílio-doença por mais de seis meses, embora descontínuos.

A: opção correta, pois reflete o disposto no art. 136 da CLT; B: opção correta, pois reflete o disposto no art. 139 da CLT; C: opção correta, pois reflete o disposto no art. 139, § 2º, da CLT; D: opção incorreta, pois trata-se de faculdade do empregado e não do empregador, como induz a assertiva; E: opção correta, pois reflete o disposto no art. 133, II, da CLT. Gabarito "D".

(Procurador do Município/Florianópolis-SC – 2010 – FEPESE) **Não** é exemplo de interrupção do contrato de trabalho:

(A) férias;
(B) alistamento eleitoral;
(C) aposentadoria por invalidez;
(D) repouso semanal remunerado;
(E) afastamento por doença, durante os primeiros quinze dias.

Na interrupção do contrato de trabalho o empregado suspende a prestação de serviços, mas continua recebendo a remuneração pelo empregador. Há uma simples interrupção na prestação de serviços pelo empregado, prevalecendo, para o empregador, a obrigatoriedade de pagar os salários, no todo ou em parte. Assim, embora não trabalhe, ou seja, não preste serviços, o empregado continuará recebendo sua remuneração, contando-se esse período como tempo de serviço. São exemplos: a) acidente de trabalho ou doença até o 15º dia, tendo em vista que o pagamento dos primeiros 15 (quinze) dias de ausência é de responsabilidade do empregador, em conformidade com o art. 60, § 3º, da Lei 8.213/91; b) licença-maternidade, que se encontra prevista no art. 7º, XVIII, da CF, c/c o art. 71 da Lei 8.213/91, pelo período de 120 dias. Já a suspensão é representada por fatos que determinam que, temporariamente, o contrato de trabalho pare de produzir seus efeitos tanto para o empregado como para o empregador. Assim, o empregado não prestará serviços e o empregador não pagará seus salários. São exemplos: a) acidente de trabalho ou doença, a partir do 16º dia, tendo em vista que o trabalhador percebe o benefício do auxílio-doença, que é pago pela Previdência Social, art. 59 da Lei 8.213/91; c) aposentadoria por invalidez, nos termos do art. 475 da CLT. Gabarito "C".

(Procurador do Município/Teresina-PI – 2010 – FCC) As férias

(A) serão remuneradas sem incidência do adicional extraordinário e noturno, não servido estes como base de cálculo de sua remuneração.
(B) coletivas devem ser comunicadas ao órgão local do Ministério do Trabalho e Emprego, com a antecedência mínima de 60 dias, com a menção das datas de início e fim.
(C) dos maiores de 50 anos poderão ser concedidas em dois períodos, sendo que um deles não poderá ser inferior a 15 dias corridos.
(D) vencidas, na ruptura contratual, incidirão em benefício do obreiro, qualquer que seja a causa de extinção do contrato de trabalho, inclusive havendo justa causa obreira.
(E) coletivas não poderão ser gozadas em dois períodos, sendo obrigatoriamente gozadas em 30 dias corridos.

A: opção incorreta, pois nos termos do art. 142, § 5º, da CLT os adicionais por trabalho extraordinário, noturno, insalubre ou perigoso serão computados no salário que servirá de base ao cálculo da remuneração das férias; B: opção incorreta, pois o prazo de comunicação é de 15 (quinze) dias, nos termos do art. 139, § 2º, da CLT; C: opção incorreta, pois de acordo com o art. 134, § 2º, da CLT não poderá haver o fracionamento das férias; D: opção correta, pois reflete o disposto no art. 146 da CLT; E: opção incorreta, pois as férias coletivas poderão ser fracionadas, nos termos do art. 139, § 1º, da CLT. Gabarito "D".

(Procurador do Município/Teresina-PI – 2010 – FCC) Maria, antes de completar o período aquisitivo de doze meses de suas férias, teve seu contrato individual de trabalho rescindido sem justa causa pela empresa empregadora. Neste caso, Maria

(A) terá direito ao pagamento de 2/3 da remuneração das férias proporcionais ao período trabalhado.
(B) terá direito ao pagamento de 1/3 da remuneração das férias proporcionais ao período trabalhado.
(C) não terá direito ao pagamento da remuneração das férias proporcionais.

(D) terá direito ao pagamento de 50% da remuneração das férias proporcionais ao período trabalhado.
(E) terá direito ao pagamento da remuneração das férias proporcionais.

Nos termos do art. 147 da CLT o empregado que for despedido sem justa causa, ou cujo contrato de trabalho se extinguir em prazo predeterminado, antes de completar 12 (doze) meses de serviço, terá direito à remuneração relativa ao período incompleto de férias. Gabarito "E".

(Procurador da Fazenda Nacional – 2007.2 – ESAF) Em relação às férias assinale a opção correta.

(A) Dado ao seu caráter imperativo, a aquisição das férias, pelo trabalhador, durante o pacto laboral bem assim a fixação de sua duração não se assenta na assiduidade do empregado apurada durante o período aquisitivo.
(B) As parcelas que têm feição salarial, como por exemplo, as gratificações anuais, semestrais ou trimestrais integram a remuneração para efeito de cálculo das férias.
(C) A alimentação fornecida habitualmente ao trabalhador pelo empregador não integra o cálculo da remuneração das férias mesmo quando o trabalhador deixe de percebê-la durante o período de gozo das mesmas.
(D) O empregado que, no curso do período aquisitivo, pede demissão ou se aposenta espontaneamente e, não sendo readmitido em 60 (sessenta) dias de sua saída, não fará jus às férias.
(E) O vale-transporte apesar de não ter natureza salarial mas considerando o caráter social da parcela se incorpora à remuneração para efeito de cálculo das férias.

A: incorreta, pois conforme dispõe o art. 130 da CLT, o direito à férias está diretamente ligado à assiduidade do empregado ao trabalho; B: incorreta, pois as gratificações anuais, semestrais ou trimestrais, embora tenham caráter salarial, não integram o cálculo para remuneração das férias e o Ministro Maurício Godinho Delgado explica: "Tais verbas são devidas em épocas próprias, independentemente da circunstância de o empregado estar (ou não) em gozo de férias" (Curso de Direito do Trabalho, LTR, 9ª edição, p. 914); C: incorreta, pois o valor da alimentação fornecida habitualmente deverá integrar conforme valor constante na anotação em CTPS ou, se não houver anotação, segundo valor estimado. O valor só não será computado se o empregado continuar recebendo, *in natura*, durante o período de férias por já estarem sendo efetivamente fruídas; D: correta, pois a assertiva reflete o art. 133, I, da CLT; E: incorreta, pois o vale-transporte, por não ter natureza salarial, conforme determinação contida no art. 2º da Lei 7.418/85, não terá seu valor incorporado para o cálculo das férias. Recentemente o STF decidiu, por maioria, vencidos os ministros Marco Aurélio e Joaquim Barbosa, que o vale-transporte, tanto em tíquete como em dinheiro, tem natureza indenizatória e sobre o mesmo não há qualquer reflexo trabalhista ou fiscal (Recurso Extraordinário 478.410, j. 10/03/2010). Gabarito "D".

(Defensoria Pública da União – 2010 – CESPE) Acerca do que dispõem a Consolidação das Leis do Trabalho (CLT) e a jurisprudência a respeito das férias, julgue os itens que se seguem.

(1) O cálculo da remuneração das férias do tarefeiro deve ser realizado com base na média da produção do período aquisitivo, garantida a observância do valor da remuneração da tarefa na data da concessão.
(2) A indenização por férias não concedidas em tempo oportuno deve ser calculada com base na remuneração devida ao empregado na época de eventual reclamação ou, se for o caso, quando da extinção do contrato.

1: Certo, pois o enunciado está de acordo com a Súmula 149 do TST: "TAREFEIRO. FÉRIAS. A remuneração das férias do tarefeiro deve ser calculada com base na média da produção do período aquisitivo, aplicando-se-lhe a tarifa da data da concessão"; 2: Certo, pois o enunciado está de acordo com a Súmula 7 do TST: "FÉRIAS. A indenização pelo não-deferimento das férias no tempo oportuno será calculada com base na remuneração devida ao empregado na época da reclamação, ou, se for o caso, na da extinção do contrato". Gabarito 1C, 2C.

(Defensoria Pública da União – 2007 – CESPE) Ao empregado afastado do emprego em razão de suspensão do contrato de trabalho não se asseguram, por ocasião de sua volta, as vantagens que, em sua ausência, tenham sido atribuídas à categoria a que pertence na empresa.

A assertiva não reflete o disposto no art. 471 da CLT: "Ao empregado afastado do emprego, são asseguradas, por ocasião de sua volta, todas as vantagens que, em sua ausência, tenham sido atribuídas à categoria a que pertence na empresa". Gabarito "E".

(Defensor Público/MS – 2008 – VUNESP) Considere o texto que segue e assinale a alternativa correta.

Um trabalhador contrata com seu empregador a redução das horas de trabalho, com redução proporcional de salário, declarando, ainda, a ausência de prejuízo, na medida em que foram mantidos os valores por hora, a despeito de o pagamento ser mensal. Na situação anterior, mantinha jornada prorrogada por acordo de 8:48 horas diárias. Tais jornadas foram reduzidas a 5 horas diárias, considerando a necessidade do trabalhador de dispor desse tempo para cursar pós-graduação.

(A) O acordo individual, considerando a inexistência de redução salarial pela base horária e a anuência do empregado, é válido e eficaz, merecendo ser respeitado em caso de questionamento judicial.
(B) Somente mediante acordo coletivo é que se poderia fixar essa redução de jornada, e sem redução proporcional do salário, pois esta seria inválida por ferir o artigo 468 da Consolidação das Leis do Trabalho.
(C) O ajuste viola o inciso VI do artigo 7.º da Constituição da República, bem como o princípio da inalterabilidade lesiva das condições contratuais, pouco importando a anuência do empregado.
(D) A duração do trabalho e a remuneração são matérias de ordem pública, não podendo, sob hipótese alguma, serem objeto de modificação das condições contratadas originalmente.

A: opção incorreta, pois nos termos do art. 7º, VI, CF a redução salarial somente é permitida por acordo coletivo ou convenção coletiva de trabalho. B: opção incorreta, pois a redução salarial poderá ser feita, também, por convenção coletiva. C: opção correta, pois, embora tenha existido a anuência do empregado, a redução do salário ocorreu de forma indireta, o que é vedado pelo ordenamento jurídico brasileiro, sendo admitido apenas por acordo ou convenção coletiva de trabalho, nos termos do art. 7º, VI, CF. D: opção incorreta, pois poderão ser modificadas por acordo ou convenção coletiva, art. 7º, VI e XII, CF. Gabarito "C".

(Defensor Público/MS – 2008 – VUNESP) Acerca das férias, assinale a alternativa correta.

(A) Quando o empregador não respeita o período concessivo de férias e impede a fruição no prazo regular, fica obrigado a concedê-las em dobro, ampliando o período de descanso do trabalhador.
(B) As férias dos trabalhadores de idade superior a 50 (cinquenta) anos de idade sujeitam-se a um regime especial, no qual há um acréscimo remuneratório superior ao dos trabalhadores mais jovens.
(C) Com a promulgação, vigência e eficácia da Convenção 132 da Organização Internacional do Trabalho, houve modificações quanto à contagem dos dias e fracionamento das férias.
(D) Considerando que dizem respeito à saúde do trabalhador, as férias constituem um direito que não se sujeita a prescrição, admitindo a cobrança a qualquer tempo.

A: opção incorreta, pois sempre que as férias forem concedidas após o período concessivo, o empregador pagará em dobro a respectiva remuneração, não alterando o período de descanso, em conformidade com o art. 137 da CLT. B: opção incorreta, pois não existe tal benefício. Existe uma regra especial para as férias dos trabalhadores com idade superior a 50 (cinquenta) anos de idade disposta no art. 134, § 2º, CLT, que se refere, todavia, à impossibilidade de fracionamento do período de férias. C: opção correta, pois a Convenção 132 da OIT, em vigor no País desde 23 de setembro de 1999 determinou a ampliação de um dos períodos de fracionamento de 10 (dez) para 15 (quinze) dias, art. 8º-2 da Convenção. Note, todavia, que para o ilustre Professor Maurício Godinho Delgado *(Curso de Direito do Trabalho. 8ª edição, LTr, pág. 895)*, essa regra não é de observância obrigatória. D: opção incorreta, pois nos termos do art. 149 da CLT a prescrição do direito de reclamar a concessão das férias ou o pagamento da respectiva remuneração é contada do término do período concessivo ou, se for o caso, da cessação do contrato de trabalho. Gabarito "C".

(Magistratura do Trabalho – 24ª Região – 2007) Acerca dos institutos da Suspensão e Interrupção, considere as proposições abaixo:

I. Tanto na suspensão como na interrupção do contrato são asseguradas ao empregado, afastado do emprego, por ocasião de sua volta, todas as vantagens que, em sua ausência, tenham sido atribuídas à categoria a que pertence na empresa.

II. O período de tempo em que o empregado tiver de cumprir as exigências do serviço militar, como o comparecimento anual para fins de apresentação das reservas, configura interrupção contratual trabalhista.

III. Durante o período de suspensão contratual para participação em curso ou programa de qualificação profissional, oferecido pelo empregador, o empregado fará jus aos benefícios voluntariamente concedidos pelo empregador.

IV. O prazo de suspensão do contrato de trabalho na hipótese de participação do empregado em curso ou programa de qualificação profissional, oferecido pelo empregador, será de 2 (dois) a 5 (cinco) meses, podendo esse prazo ser prorrogado mediante convenção ou acordo coletivo de trabalho e aquiescência formal do empregado, desde que o empregador arque com o ônus correspondente ao valor da bolsa de qualificação profissional, no respectivo período.

V. O empregado eleito para ocupar o cargo de diretor tem o respectivo contrato de trabalho suspenso, não se computando o tempo de serviço deste período, salvo se permanecer a subordinação jurídica inerente à relação de emprego. Considerando as proposições acima,

RESPONDA:

(A) Apenas as proposições I e II estão incorretas.
(B) Apenas as proposições IV e V estão incorretas.
(C) Apenas a proposição III está incorreta.
(D) Todas as proposições estão corretas.
(E) Todas as proposições estão incorretas.

I: correto, art. 471 da CLT; II: correto, art. 4º, parágrafo único, da CLT; III: correto, art. 476-A, § 4º, da CLT; IV: correto, art. 476-A, da CLT; V: correto, Súmula 269 do TST. Gabarito "D."

(Magistratura do Trabalho – 23ª Região – 2009) Analise os itens abaixo e marque a alternativa CORRETA:

O empregado eleito para exercer o cargo de diretor, conforme o entendimento jurisprudencial sedimentado:

I. Tem o seu contrato de trabalho suspenso.
II. Tem o seu contrato de trabalho interrompido.
III. O tempo de exercício do cargo não é computado no tempo de serviço.
IV. Somente em permanecendo a subordinação, conta-se, para efeito de tempo de serviço, o período em que o exercer.
V. O contrato de trabalho continua em plena execução e produzindo todos os seus efeitos.

(A) V, F, F, V, F.
(B) F, V, V, F, F.
(C) V, F, V, F, F.
(D) F, F, F, F, V.
(E) V, F, V, V, F.

No conteúdo da Súmula 269 do TST está a resposta de todos os itens: "O empregado eleito para ocupar cargo de diretor tem o respectivo contrato de trabalho suspenso, não se computando o tempo de serviço deste período, salvo se permanecer a subordinação jurídica inerente à relação de emprego" (g.n.). Gabarito "E."

(Magistratura do Trabalho – 23ª Região – 2006) Em relação às férias, considerando as afirmativas abaixo e o que dispõe a CLT, assinale a alternativa correta:

I. A escolha da época para o gozo é direito do empregado;
II. podem ser fracionadas em até dois períodos de 15 dias;
III. Os membros de uma mesma família que trabalharem no mesmo estabelecimento ou empresa deverão gozar as férias no mesmo período;
IV. o empregado estudante tem direito de fazer coincidir suas férias com as férias escolares;
V. podem ser concedidas de forma fracionada em até dois períodos, exceto para os empregados menores de 18 anos e maiores de 60 anos de idade.

(A) quatro alternativas estão incorretas;
(B) três alternativas estão incorretas;
(C) duas alternativas estão incorretas;
(D) todas as alternativas estão incorretas;
(E) todas as alternativas estão corretas.

I: falso, art. 136 da CLT; II: falso, art. 134, § 1º, da CLT; III: falso, art. art. 136, § 1º, da CLT; IV: falso, art. 136, § 2º, da CLT; V: falso, art. 134, § 2º, da CLT. Gabarito "D."

(Magistratura do Trabalho – 18ª Região – 2006) Considere o enunciado e as assertivas abaixo e assinale a alternativa correta. De acordo com a CLT, não será considerada falta ao serviço, para os efeitos da duração do período de férias, a ausência do empregado:

I. durante o licenciamento compulsório da empregada por motivo de maternidade ou aborto não criminoso, observados os requisitos para percepção do salário-maternidade custeado pela Previdência Social.

II. durante o licenciamento compulsório da empregada por motivo de maternidade ou aborto, observados os requisitos para percepção do salário-maternidade custeado pela Previdência Social.

III. por motivo de acidente do trabalho ou enfermidade atestada pelo Instituto Nacional do Seguro Social - INSS, exceto se tiver percebido da Previdência Social prestações de acidente de trabalho ou de auxílio-doença por mais de 6 (seis) meses, embora descontínuos.

IV. por motivo de acidente do trabalho ou de incapacidade que propicie concessão de auxílio-doença pela Previdência Social, exceto se tiver percebido da Previdência Social prestações de acidente de trabalho ou de auxílio-doença por mais de 6 (seis) meses, embora descontínuos.

V. justificada pela empresa, entendendo-se como tal a que não tiver determinado o desconto do correspondente salário.

(A) As assertivas I, III e V são corretas
(B) As assertivas I e IV são corretas
(C) As assertivas II e III e V são corretas
(D) As assertivas II e IV são corretas
(E) As assertivas I e III são incorretas

I: falsa, art. 131, II, da CLT; II: correta, art. 131, II, da CLT; III: correta, art. 133, III, da CLT; IV: falsa, art. 133, III, da CLT; V: correta, art. 133, IV, da CLT. Gabarito "C."

(Magistratura do Trabalho – 14ª Região – 2006) Férias.

I. Na modalidade do regime de tempo parcial após cada período de doze meses de vigência do contrato de trabalho, o empregado terá direito a férias de quatorze dias, quando a duração do trabalho semanal for superior a quinze horas, até vinte horas.

II. O empregador poderá deduzir do período de férias as faltas injustificadas do empregado ao serviço.

III. As férias do empregado menor de 18 (dezoito) anos, somente em casos excepcionais, poderão ser concedidas em dois períodos, um dos quais não poderá ser inferior a 10 (dez) dias corridos.

IV. Segundo entendimento consolidado do Tribunal Superior do Trabalho, mesmo na hipótese de dispensa do empregado por justa causa, a extinção do contrato de trabalho sujeita o empregador ao pagamento da remuneração das férias proporcionais, ainda que incompleto o período aquisitivo de 12 (doze) meses.

Responda:

(A) todas as opções estão corretas;
(B) apenas três opções estão corretas;
(C) apenas duas opções estão corretas;
(D) apenas uma opção está correta;
(E) todas as opções estão incorretas.

I: correto, art. 130-A, III, da CLT; II: falso, art. 130, § 1º, da CLT; III: falso, art. 134, § 2º, da CLT; IV: falso, Súmula 171 do TST. Gabarito "D."

(Magistratura do Trabalho – 9ª Região – 2006) A mudança de sede da empresa, dentro dos limites do município em que o empregado tem seu domicílio:

(A) Configura transferência provisória, acarretando a obrigação de pagamento aos empregados de adicional de 25%.
(B) Configura transferência definitiva, ensejando o pagamento de ajuda de custo aos empregados.
(C) Somente é permitida pela legislação trabalhista mediante acordo coletivo.
(D) Constitui legítimo exercício do poder diretivo patronal, não caracterizando transferência.
(E) Não gera direito ao adicional de transferência, desde que haja expressa previsão em contrato de trabalho contemplando possibilidade de mudança do local da prestação dos serviços.

A: falsa, art. 469, da CLT; B: falsa, art. 469, da CLT; C: falso; não necessita de acordo coletivo; D: correto; é permitida, pois está dentro do poder de direção do empregador (art. 469 da CLT); E: falso; não gera o adicional, pois a mudança é legal. Gabarito "D".

(Magistratura do Trabalho – 8ª Região – 2007) Marque a resposta que está em desacordo com a Consolidação das Leis do Trabalho, no tocante às férias:

(A) As férias serão concedidas por ato do empregador, em um só período, nos doze meses subseqüentes à data em que o empregado tiver adquirido o direito.
(B) Vencido o prazo legal para concessão das férias, deverá o empregado ajuizar reclamação pedindo a fixação, por sentença, da época de gozo das mesmas.
(C) O empregado terá direito a dezoito dias corridos de férias, quando houver tido de quinze a vinte e três faltas.
(D) Se deixar de trabalhar, com percepção do salário, por mais de trinta dias, em virtude de paralisação parcial ou total dos serviços da empresa, o empregado não terá direito às férias.
(E) O empregado contratado sob o regime de tempo parcial que tiver mais de sete faltas injustificadas ao longo do período aquisitivo terá o seu período de férias reduzido à metade.

A: correto, art. 134 da CLT; B: falso, art. 137, § 1º, da CLT; o empregado poderá; C: correto, art. 130, III, da CLT; D: art. 133, III, da CLT; E: correto, art. 130-A, parágrafo único, da CLT. Gabarito "B".

(Magistratura do Trabalho – 7ª Região – 2005) Analise as proposições abaixo, conforme sejam verdadeiras (V) ou falsas (F) e assinale a opção correta.

I. A Consolidação das Leis do Trabalho consagra o princípio da inalterabilidade contratual lesiva, estabelecendo que não será lícita a alteração das condições de trabalho, ainda que por mútuo consentimento, quando dessa modificação resultar, direta ou indiretamente, prejuízo ao trabalhador. Não compõe, todavia, o espectro da alteração contratual lesiva a determinação de retorno do trabalhador ao cargo efetivo, deixando, assim, de ocupar função de confiança. A jurisprudência pacificada do Tribunal Superior do Trabalho, todavia, pautada no princípio da estabilidade econômica, veda a supressão da gratificação de função percebida pelo empregado por dez ou mais anos, quando o empregador, sem justo motivo, reverte o trabalhador ao cargo efetivo.
II. O princípio da inalterabilidade unilateral do contrato de trabalho sofre mitigação quando o objeto dessa modificação guarda identidade com o local da prestação de serviços. A transferência do empregado será válida, quando se tratar de ocupante de cargo de confiança ou de relação contratual em que a possibilidade de transferência seja condição implícita ou explícita. Não havendo, porém, demonstração da real necessidade de trabalho, a transferência do emprego, mesmo nas duas situações mencionadas, será ilícita.
III. A modificação do local da prestação de serviços, que não importar necessariamente a mudança de domicílio do empregado, não se insere na regra geral de vedação da transferência. Em tal hipótese, à luz da jurisprudência unificada do TST, não está o empregador obrigado a suprir acréscimos de despesa do empregado com transporte, por ter sido transferido para local mais distante da sua residência.
IV. As transferências provisórias são permitidas por lei e o empregador terá como ônus o pagamento de um adicional de 25% dos salários, parcela que não integrará o salário, podendo ser suprimida quando cessada a transferência.

(A) V - V - F - V
(B) F - V - V - F
(C) F - F - V - F
(D) F - F - F - V
(E) V - F - F - V

I: verdadeiro, art. 468 *caput* e parágrafo único, da CLT e Súmula 372 do TST; II: verdadeiro, arts. 468, parágrafo único e 469 da CLT e Súmula 43 do TST; III: falso, art. 470 da CLT; IV: verdadeiro, art. 469, § 3º, da CLT. Gabarito "A".

(Magistratura do Trabalho – 7ª Região – 2005) Analise as proposições abaixo e assinale a opção correta.

I. Os trabalhadores sujeitos ao regime de tempo parcial têm assegurado o direito a férias após 12 meses de vigência do contrato de trabalho, porém em quantidade inferior a trinta dias. Havendo faltas injustificadas ao trabalho em número superior a sete durante o período aquisitivo, o trabalhador sujeito ao aludido regime de trabalho perderá o direito às férias.
II. O período em que o empregado permanecer preso preventivamente não será considerado falta ao serviço para desconto dos dias de férias, quando for ele absolvido no processo criminal.
III. Não perderá o direito às férias o empregado que, no período aquisitivo, deixar o emprego e for readmitido quarenta e cinco dias após a sua saída.
IV. O tempo de trabalho anterior à apresentação do empregado para o serviço militar obrigatório será computado no período aquisitivo, desde que ele compareça ao estabelecimento dentro de quatro meses da data em que se verificar a respectiva baixa.

(A) Todas as proposições são falsas.
(B) Somente as proposições I, II e III são falsas.
(C) Somente as proposições II e III são falsas.
(D) Somente as proposições I e IV são falsas.
(E) Somente a proposição II é falsa.

I: falso, art. 130-A, p. único, da CLT; II: correto, art. 131, V, da CLT; III: correto, art. 133, I, da CLT; IV: falso, art. 132 da CLT. Gabarito "D".

(FGV – 2010) No Direito do Trabalho, o período de sustação das cláusulas do contrato de trabalho, sem que haja pagamento total ou parcial dos salários, é chamado de:

(A) suspensão.
(B) interrupção.
(C) paralisação.
(D) descontinuidade.
(E) inatividade.

A suspensão e a interrupção do contrato de trabalho são formas de suspender os serviços prestados pelo empregado. Nos dois casos o contrato fica paralisado temporariamente. Na interrupção o salário é devido e o tempo que ficou o contrato paralisado é computado como tempo de serviço do empregado. Já no caso da suspensão **o salário não é devido** e o tempo não é computado. Gabarito "A".

(FGV – 2008) A respeito do tema Suspensão e Interrupção do Contrato de Trabalho, assinale a afirmativa correta.

(A) A participação de empregado em movimento grevista implica suspensão do contrato de trabalho, ficando o empregador, portanto, autorizado a não efetuar o pagamento dos salários nos dias de paralisação, observada a Lei 7.783/89.
(B) Durante a suspensão do contrato o empregador não pode despedir os empregados que aderiram ao movimento grevista, podendo, no entanto, contratar, em qualquer caso, trabalhadores substitutos.
(C) O afastamento da mulher vítima de violência por até 6 meses é caso de interrupção do contrato de trabalho, estando garantido o pagamento dos salários do período.

(D) Quando dirigente sindical tiver que se ausentar por motivo de viagem internacional representando o sindicato, o tempo de ausência caracteriza-se como licença não-remunerada, hipótese de suspensão do contrato.

(E) A partir do 15º dia do acidente de trabalho, o contrato é suspenso, mas o empregador continua obrigado ao depósito do FGTS e o tempo de serviço é computado para todos os efeitos.

A: correta, pois, de fato, o período de greve é considerado suspensão do contrato de trabalho (art. 2º da Lei 7.783/89); B: incorreta, pois durante o movimento grevista é vedado ao empregador contratar trabalhadores substitutos (art. 7º, parágrafo único, da Lei 7.783/89); C: incorreta, pois o afastamento da mulher nessa situação é caso de suspensão do contrato de trabalho, eis que a norma não prevê o pagamento de salário durante o período de afastamento (art. 9º, § 2º, da Lei 11.340/06); D: incorreta, pois se trata de hipótese de interrupção do contrato de trabalho, pois há previsão de pagamento do salário (art. 473, IX, da CLT); E: incorreta, pois a partir do 16º dia do acidente de trabalho o contrato é suspenso, até o 15º dia trata-se de interrupção do contrato de trabalho, eis que o empregador ainda é responsável pelo pagamento do salário do empregado afastado (art. 4º, parágrafo único, e 131, III, da CLT; art. 15, § 5º, da Lei 8.036/90; Súmula 46 do TST; e arts. 59, *caput*, e 60, § 3º, da Lei 8.213/91). *Gabarito "A".*

6. REMUNERAÇÃO E SALÁRIO

(Ministério Público/GO – 2005) Quanto às afirmações abaixo:

I. Compreendem-se na remuneração do empregado, para todos os efeitos legais, além do salário devido e pago diretamente pelo empregador, como contraprestação do serviço, as gorjetas que receber

II. Integram o salário, não só a importância fixa, estipulada, como também as comissões, percentagens, gratificações ajustadas, diárias para viagem que excederem a 50% do salário percebido e abonos pagos pelo empregador

III. Incluem-se, também, nos salários as ajudas de custo, assim como as diárias para viagem que não excedam de 50% (cinqüenta por cento) do salário percebido pelo empregado

IV. Considera-se gorjeta apenas a importância espontaneamente dada pelo cliente ao empregado

Somente é correto o que se afirma em:

(A) I
(B) I e II
(C) I, II e III
(D) I, II, III e IV

I: correto, pois a assertiva reflete o disposto no art. 457, *caput*, da CLT; II: correto, pois a assertiva reflete o disposto no art. 457, §§ 1º e 2º, da CLT; III: incorreto, pois a assertiva está em confronto com o disposto no art. 457, § 2º, da CLT; IV: incorreto, pois a assertiva está em confronto com o disposto no art. 457, § 3º, da CLT. *Gabarito "B".*

(Procurador do Estado/SC – 2010 – FEPESE) Sobre a remuneração do empregado, a Consolidação das Leis Trabalhistas estabelece que:

1. Compreende-se no salário, para todos os efeitos legais, a alimentação, a habitação, o vestuário ou outras prestações "in natura" que a empresa, por força do contrato ou do costume, fornecer habitualmente ao empregado.

2. Não se incluem nos salários as ajudas de custo, assim como as diárias para viagem que não excedam de 50% (cinquenta por cento) do salário percebido pelo empregado.

3. Considera-se gorjeta não só a importância espontaneamente dada pelo cliente ao empregado, como também aquela que for cobrada pela empresa ao cliente, como adicional nas contas, a qualquer título, e destinada à distribuição aos empregados.

4. O transporte destinado ao deslocamento para o trabalho e retorno, em percurso servido ou não por transporte público, quando concedido pelo empregador será considerado salário.

Assinale a alternativa que indica todas as afirmativas **corretas**.

(A) São corretas apenas as afirmativas 1 e 2.
(B) São corretas apenas as afirmativas 2 e 3.
(C) São corretas apenas as afirmativas 3 e 4.
(D) São corretas apenas as afirmativas 1, 2 e 3.
(E) São corretas as afirmativas 1, 2, 3 e 4.

1: opção correta, pois reflete o disposto no art. 458, *caput*, da CLT; 2: opção correta, pois reflete o disposto no art. 457, § 2º, da CLT; 3: opção correta, pois reflete o disposto no art. 457, § 3º, da CLT; 4: opção incorreta, pois nos termos do art. 458, § 2º, III, da CLT. *Gabarito "D".*

(Procurador do Estado/PE – CESPE – 2009) Acerca do repouso semanal remunerado, assinale a opção correta.

(A) O adicional de insalubridade não remunera os dias de repouso semanal.

(B) O professor que recebe salário mensal à base de hora-aula tem direito ao acréscimo de um sexto a título de repouso semanal remunerado, considerando-se para esse fim o mês de quatro semanas e meia.

(C) As gratificações por tempo de serviço e produtividade pagas mensalmente repercutem no cálculo do repouso semanal remunerado.

(D) O trabalho prestado em domingos e feriados, não compensado, deve ser pago em dobro, restando prejudicada a remuneração relativa ao repouso semanal propriamente dita.

(E) No regime de revezamento, as horas trabalhadas em seguida ao repouso semanal de 24 horas, com prejuízo do intervalo mínimo de 11 horas consecutivas para descanso entre jornadas, não devem ser remuneradas como extraordinárias.

A: incorreta, pois a alternativa não está de acordo com a Orientação Jurisprudencial 103 da SDI-I do TST: "ADICIONAL DE INSALUBRIDADE. REPOUSO SEMANAL E FERIADOS. O adicional de insalubridade já remunera os dias de repouso semanal e feriados"; B: correta, pois a assertiva está de acordo com o teor da Súmula 351 do TST: "PROFESSOR. REPOUSO SEMANAL REMUNERADO. ART. 7º, § 2º, DA LEI Nº 605, DE 05.01.1949 E ART. 320 DA CLT. O professor que recebe salário mensal à base de hora-aula tem direito ao acréscimo de 1/6 a título de repouso semanal remunerado, considerando-se para esse fim o mês de quatro semanas e meia"; C: incorreta, pois a alternativa não está de acordo com a Súmula 225 do TST: "REPOUSO SEMANAL. CÁLCULO. GRATIFICAÇÕES POR TEMPO DE SERVIÇO E PRODUTIVIDADE. As gratificações por tempo de serviço e produtividade, pagas mensalmente, não repercutem no cálculo do repouso semanal remunerado"; D: incorreta, pois a alternativa não está de acordo com a Súmula 146 do TST: "TRABALHO EM DOMINGOS E FERIADOS, NÃO COMPENSADO. O trabalho prestado em domingos e feriados, não compensado, deve ser pago em dobro, sem prejuízo da remuneração relativa ao repouso semanal"; E: incorreta, pois a alternativa não está de acordo com a Súmula 110 do TST: "JORNADA DE TRABALHO. INTERVALO. No regime de revezamento, as horas trabalhadas em seguida ao repouso semanal de 24 horas, com prejuízo do intervalo mínimo de 11 horas consecutivas para descanso entre jornadas, devem ser remuneradas como extraordinárias, inclusive com o respectivo adicional". *Gabarito "B".*

(Procurador do Estado/CE – 2008 – CESPE) Acerca da remuneração e do salário, assinale a opção correta.

(A) Compreendem-se na remuneração do empregado, para todos os efeitos legais, além do salário devido e pago diretamente pelo empregador, como contraprestação do serviço, as gorjetas que receber, assim consideradas tanto as recebidas em decorrência de rateio dos valores a tal título cobradas nas notas de serviço pelo empregador em relação a seus clientes, como ainda aquelas importâncias espontaneamente dadas pelo cliente ao empregado.

(B) A remuneração engloba todas as importâncias pagas pelo empregador ao empregado.

(C) Integram o salário, não apenas a importância fixa estipulada, como também os valores a título de comissões, percentagens, gratificações ajustadas, diárias para viagens, ressarcimento de despesas em viagem e os abonos pagos espontaneamente pelo empregador ao empregado.

(D) Além do pagamento em dinheiro, compreendem-se no salário, para todos os efeitos legais, a alimentação, a habitação, o vestuário e quaisquer outras prestações pecuniárias pagas in natura por força do contrato ou costume.

(E) Sendo idêntica a função, a todo trabalho de igual valor, prestado ao mesmo empregador, na mesma localidade, corresponderá igual salário, sem distinção de sexo, nacionalidade ou idade, considerado como de igual valor o trabalho que for feito com igual produtividade e perfeição técnica, entre pessoas cuja diferença de tempo de serviço não seja superior a dois anos, ainda quando o empregador tiver pessoal organizado em quadro de carreira.

A: correta, pois a assertiva reflete o disposto no art. 457, *caput* e § 3º, da CLT; B: incorreta, pois a remuneração não engloba todas as importâncias pagas, a teor do disposto no art. 457, *caput*, da CLT; C: incorreta, pois a assertiva não reflete o disposto no art. 457, § 1º, da CLT; D: incorreta, pois a assertiva está em confronto com o disposto no art. 458, *caput*, da CLT; E: incorreta, pois a equiparação salarial não é aplicável quando o empregador tiver pessoal organizado em quadro de carreira (art. 461, § 2º, da CLT). Gabarito "A".

(Procurador do Estado/PB – 2008 – CESPE) Acerca da remuneração pelo trabalho sob vínculo de emprego, assinale a opção incorreta.

(A) Compreendem-se, na remuneração do empregado, além do salário devido e pago diretamente pelo empregador como contraprestação do serviço, também as gorjetas que receber.
(B) O pagamento do salário, qualquer que seja a modalidade do trabalho, não deve ser estipulado por período superior a um mês, salvo no que concerne a comissões, percentagens e gratificações, observada, para os que percebam valores variáveis, a garantia mínima correspondente ao salário mínimo.
(C) Na falta de estipulação do salário ou não havendo prova sobre a importância ajustada, o empregado terá direito a perceber salário igual ao daquele que, na mesma empresa, fizer serviço equivalente, ou do que for habitualmente pago para serviço semelhante.
(D) Considera-se gorjeta a importância paga pelo cliente como adicional na conta cobrada pelo empregador e destinada à distribuição entre os empregados, não se caracterizando como tal, para fins de integração à remuneração, a verba paga pelo cliente, em caráter voluntário, diretamente ao empregado que o haja servido.
(E) Em caso de rescisão contratual, havendo controvérsia sobre o montante das verbas rescisórias, o empregador é obrigado a pagar ao trabalhador, à data do comparecimento à justiça do trabalho, a parte incontroversa dessas verbas, sob pena de pagá-las acrescidas de 50%, entretanto, tal disposição não se aplica à União, aos estados, ao DF, aos municípios e às suas autarquias e fundações públicas.

A: correta, pois a assertiva está de acordo com o art. 457, *caput*, da CLT; B: correta, pois a assertiva reflete o disposto no art. 7º, IV, da CF e art. 459, caput, da CLT; C: correta, pois a assertiva reflete o disposto no art. 460 da CLT; D: incorreta, pois a assertiva está contrária ao disposto no art. 457, § 3º, da CLT; E: correta, pois a assertiva está de acordo com o art. 467 da CLT. Gabarito "D".

(Procurador do Estado/RR – 2006 – FCC) O salário família

(A) é pago na proporção de número de dependentes, anualmente.
(B) é pago na proporção de número de dependentes, sendo desprovido de natureza salarial.
(C) é pago a todos os trabalhadores.
(D) é pago pela Previdência Social, como benefício previdenciário.
(E) integra a remuneração do empregado para todos os efeitos.

O salário-família, previsto no art. 7º, XII, da CF, foi regulamentado pelos arts. 65 a 70 da Lei 8.213/91. Trata-se, de fato, de direito de natureza previdenciária e não salarial, embora as cotas sejam pagas pela empresa, ela efetiva a compensação quando do recolhimento da contribuição previdenciária (art. 68 da Lei 8.213/91). Assim, a alternativa B reflete o conceito acima e o disposto no art. 65, *caput*, da Lei 8.213/91 que dispõe que "O salário-família será devido, mensalmente, ao segurado empregado, exceto ao doméstico, e ao segurado trabalhador avulso, na proporção do respectivo número de filhos ou equiparados nos termos do § 2º do art. 16 desta Lei, observado o disposto no art. 66". Gabarito "B".

(Procurador do Estado/ES – 2008 – CESPE) Considere que um indivíduo tenha sido contratado para trabalhar em uma empresa pelo salário de R$ 600,00 e com gratificação bimestral de R$ 200,00. Considere, ainda, que o empregador financiava, para esse empregado, curso de pós-graduação em instituição de ensino privada, fora do horário de expediente, no valor mensal de R$ 250,00. Com base nessa situação, julgue os itens que se seguem.

(1) Nessa situação, o pagamento da gratificação de dois em dois meses é legalmente válido e tem natureza salarial, produzindo reflexos no cálculo, por exemplo, do 13.º salário.
(2) No período de férias desse empregado, é necessário considerar o cômputo do terço constitucional sobre o valor de R$ 250,00 correspondente ao curso de pós-graduação, pois, segundo a legislação, trata-se de salário in natura.

1: correto, art. 457, § 1º, da CLT; 2: falso, art. 458, § 2º, II, da CLT. Gabarito 1C, 2E.

(Procurador do Estado/ES – 2008 – CESPE) Com relação à pessoa jurídica de direito público como parte em processo trabalhista, julgue os itens que se seguem.

(1) O não-comparecimento do representante da pessoa jurídica de direito público na audiência em que deveria produzir defesa não importa revelia e confissão quanto à matéria de fato, prevalecendo, na hipótese, a busca da verdade real, por tratar-se de interesse público indisponível.
(2) O prazo para a interposição de embargos de declaração por pessoa jurídica de direito público é em dobro.
(3) A execução, contra a fazenda pública, de quantia enquadrada como de pequeno valor dispensa a expedição de precatório, não sendo ilegal a determinação de seqüestro da importância devida pelo ente público na hipótese.

1: falso, art. 844 da CLT; 2: correto, art. 188 do CPC; 3: correto, art. 100, §§ 2º e 3º, da CF. Gabarito 1E, 2C, 3C.

(Procurador do Estado/PI – 2008 – CESPE) Ana e Clara foram contratadas pela Empresa Tudo Limpo Ltda. na mesma época. Ana, auxiliar de serviços de escritório, recebia remuneração de R$ 1.000,00 por mês, e Clara, supervisora de escritório, recebia salário de R$ 1.500,00. Ambas possuíam níveis de escolaridade e qualificação profissional semelhantes. Após um ano, Clara foi demitida sem justa causa e Ana foi designada para substituí-la na função de supervisora, mas continuou a receber salário de R$ 1.000,00, razão pela qual moveu reclamação trabalhista contra a empresa, pleiteando equiparação salarial com Clara.

A respeito da situação hipotética apresentada, assinale a opção correta.

(A) É devida a equiparação salarial, já que Ana possuía a mesma qualificação técnica de Clara.
(B) É devida a equiparação salarial, pois não havia diferença de tempo de serviço superior a dois anos entre Ana e Clara.
(C) Não é devida a equiparação salarial, já que um dos requisitos da equiparação, a simultaneidade na prestação de serviços entre o paradigma e o trabalhador que requer a equiparação, não foi preenchido.
(D) Não é devida a equiparação, pois a empresa pode estabelecer, dentro do seu poder de mando, condições diferenciadas entre empregados.
(E) Não é devida a equiparação, mas, sim, o pagamento de diferenças salariais.

A: falso, pois não possuíam a mesma função; B: falso, Súmula 6, II e III, do TST; C: correto, Súmula 6, III, do TST; D: falso, a equiparação não é devida ante a ausência de requisitos; E: falso, art. 450 da CLT e Súmula 159, II, do TST. Gabarito "C".

(Procurador do Estado/PI – 2008 – CESPE) A CF, no art. 37, inciso XI, estabeleceu o teto para a remuneração e para o subsídio dos ocupantes de cargos, funções e empregos públicos da administração direta, autárquica e fundacional. No que diz respeito à aplicação do referido dispositivo constitucional às sociedades de economia mista e empresas públicas, assinale a opção correta.

(A) As sociedades de economia mista e empresas públicas estão sujeitas ao teto remuneratório em questão.
(B) Apenas as sociedades de economia mista estão sujeitas ao mencionado teto remuneratório.
(C) Apenas as empresas públicas estão sujeitas ao teto remuneratório em apreço.
(D) As sociedades de economia mista e empresas públicas, por serem pessoas jurídicas de direito privado, não se sujeitam ao referido teto remuneratório.
(E) Ainda não há um posicionamento da jurisprudência a respeito da aplicação do teto remuneratório às sociedades de economia mista e empresas públicas.

A: correto, orientação jurisprudencial 339 da SDI 1 do TST; B: falso, não apenas as sociedades de economia mista, orientação jurisprudencial 339 da SDI 1 do TST; C: falso, não apenas as empresas públicas, orientação jurisprudencial 339 da SDI 1 do TST; D: falso, orientação jurisprudencial 339 da SDI 1 do TST; E: falso, pois existe a orientação jurisprudencial 339 da SDI 1 do TST. Gabarito "A".

(Procurador do Município/Florianópolis-SC – 2010 – FEPESE) Assinale a alternativa **correta**.

(A) Na equiparação de salário, em caso de trabalho igual, toma-se em conta o tempo de serviço na função, e não no emprego.
(B) O empregado readaptado em nova função, por motivo de deficiência física ou mental atestada pelo órgão competente da Previdência Social, poderá ser utilizado como paradigma para fins de equiparação salarial.
(C) Para fins de equiparação salarial, considera-se trabalho de igual valor aquele feito com igual produtividade e com a mesma perfeição técnica, entre pessoas cuja diferença de tempo de serviço não for superior a quatro anos.
(D) As regras de equiparação salarial previstas na Consolidação das Leis do Trabalho prevalecerão sobre quaisquer outros instrumentos normativos, mesmo quando o empregador tiver pessoal organizado em quadro de carreira.
(E) Não é possível em hipótese alguma a equiparação de salários entre empregados.

A: opção correta, pois reflete o entendimento consubstanciado na súmula 6, II, do TST; B: opção incorreta, pois o empregado readaptado não serviria de paradigma, nos termos do art. 461, § 4º, da CLT; C: opção incorreta, pois nos termos do art. 461, § 1º, da CLT a diferença de tempo de serviço não poderá ser superior a 2 (dois) anos; D: opção incorreta, pois, existindo quadro de carreiras, devidamente homologado no Ministério do Trabalho (súmula 6, item I, do TST) não será possível o pedido de equiparação; E: opção incorreta, pois preenchidos os requisitos do art. 461 da CLT (veja, também, a súmula 6 do TST) a equiparação salarial será devida. Gabarito "A".

(Procurador do Município/Teresina-PI – 2010 – FCC) A gratificação por tempo de serviço

(A) não integra o salário apenas para o cálculo de aviso prévio, descanso semanal remunerado e adicional noturno.
(B) não integra o salário para nenhum efeito legal em razão da sua natureza indenizatória.
(C) integra o salário apenas para o cálculo de aviso prévio.
(D) integra o salário apenas para o cálculo de horas extras e férias.
(E) integra o salário para todos os efeitos legais.

O TST firmou entendimento na súmula 203 entendendo que a gratificação por tempo de serviço integra o salário para todos os efeitos legais. Gabarito "E".

(Procurador do Município/Teresina-PI – 2010 – FCC) O Município V fornece como utilidade seguro de vida e de acidentes pessoais; o Município X fornece vestuários para a utilização na prestação do serviço; o Município Y fornece transporte destinado ao deslocamento para o trabalho e retorno em percurso servido por transporte público e o Município Z fornece transporte destinado ao deslocamento para o trabalho e retorno em percurso não servido por transporte público. Nestes casos, NÃO são consideradas como salários as utilidades fornecidas pelos Municípios

(A) V, X, Y e Z.
(B) X e Y, apenas.
(C) Y e Z, apenas.
(D) V, X e Z, apenas.
(E) V, X e Y, apenas.

V: Nos termos do art. 458, § 2º, V, da CLT o seguro de vida e de acidentes pessoais não poderão ser considerados como salário *in natura*; X: Nos termos do art. 458, § 2º, I, da CLT o vestuário não poderá ser considerado como salário *in natura*; Y: Nos termos do art. 458, § 2º, III, da CLT o vestuário não poderá ser considerado como salário *in natura*; Z: Nos termos do art. 458, § 2º, III, da CLT o vestuário não poderá ser considerado como salário *in natura*. Gabarito "A".

(Defensoria Pública da União – 2010 – CESPE) Acerca do salário-família, julgue o item a seguir.

(1) O termo inicial do direito ao salário-família, quando provado em juízo, corresponde à data de ajuizamento do pedido, salvo quando comprovado que o empregador se tenha recusado a receber, anteriormente, a certidão de nascimento de filho do empregado.

Certo, pois o enunciado está de acordo com a Súmula 254 do TST: "SALÁRIO-FAMÍLIA. TERMO INICIAL DA OBRIGAÇÃO. O termo inicial do direito ao salário-família coincide com a prova da filiação. Se feita em juízo, corresponde à data de ajuizamento do pedido, salvo se comprovado que anteriormente o empregador se recusara a receber a respectiva certidão". Gabarito 1C.

(Defensoria Pública da União – 2010 – CESPE) Julgue os itens seguintes no que diz respeito à equiparação salarial.

(1) A cessão de empregados a órgão governamental estranho ao órgão cedente, ainda que este responda pelos salários do paradigma e do reclamante, exclui o direito à equiparação salarial.
(2) São vedadas a vinculação ou a equiparação de quaisquer espécies remuneratórias para o efeito de remuneração de pessoal do serviço público, excetuando-se a dos empregados públicos, por serem estes regidos pela CLT.

1: Errado, pois o enunciado contraria o disposto na Súmula 6, V, do TST: "EQUIPARAÇÃO SALARIAL. ART. 461 DA CLT (...) V - A cessão de empregados não exclui a equiparação salarial, embora exercida a função em órgão governamental estranho à cedente, se esta responde pelos salários do paradigma e do reclamante"; 2: Errado, pois o enunciado contraria o disposto no art. 37, XIII, da CF, que veda a equiparação salarial para pessoal de serviço público, não excetuando os empregados públicos, conforme prescreve a Orientação Jurisprudencial 297 da SDI-I do TST: "EQUIPARAÇÃO SALARIAL. SERVIDOR PÚBLICO DA ADMINISTRAÇÃO DIRETA, AUTÁRQUICA E FUNDACIONAL. ART. 37, XIII, DA CF/1988. O art. 37, inciso XIII, da CF/1988, veda a equiparação de qualquer natureza para o efeito de remuneração do pessoal do serviço público, sendo juridicamente impossível a aplicação da norma infraconstitucional prevista no art. 461 da CLT quando se pleiteia equiparação salarial entre servidores públicos, independentemente de terem sido contratados pela CLT". Gabarito 1E, 2E.

(Defensoria Pública da União – 2010 – CESPE) Quanto à indenização rescisória, julgue o item a seguir.

(1) A indenização adicional devida em razão de rescisão contratual imotivada no trintídio que antecede a data-base corresponde ao salário mensal, no valor devido na data da comunicação do despedimento, integrado pelos adicionais legais ou convencionados, ligados à unidade de tempo mês, não sendo computável a gratificação natalina.

Certo, pois o enunciado está de acordo com a Súmula 242 do TST: "INDENIZAÇÃO ADICIONAL. VALOR. A indenização adicional, prevista no art. 9º da Lei nº 6.708, de 30.10.1979 e no art. 9º da Lei nº 7.238 de 28.10.1984, corresponde ao salário mensal, no valor devido na data da comunicação do despedimento, integrado pelos adicionais legais ou convencionados, ligados à unidade de tempo mês, não sendo computável a gratificação natalina". Gabarito 1C.

(Defensoria Pública da União – 2007 – CESPE) O transporte fornecido pelo empregador para o deslocamento do empregado até o trabalho e o seu retorno para casa não é considerado salário in natura, independentemente do fato de o percurso feito pelo empregado para chegar ao trabalho ser ou não servido por transporte público.

Certo, pois a assertiva reflete o disposto no art. 458, § 2º, III, da CLT. Gabarito "C".

(Defensor Público/CE – 2007 – CESPE) Um empregado contratado como motorista é responsável pela entrega de equipamentos para a empresa para a qual trabalha. Além de realizar as entregas dos equipamentos, o empregado também efetua a instalação dos mesmos. Descontente com essa cumulação de funções, o empregado pleiteou e recebeu a promessa de seu empregador de que receberia, juntamente com o salário mensal, o pagamento de uma quantia suplementar por instalação realizada. Contudo, tal promessa, feita oralmente, não foi cumprida pelo empregador, o qual jamais procedeu ao pagamento da quantia suplementar prometida em decorrência das instalações realizadas pelo empregado.

A partir da situação hipotética apresentada, julgue os itens a seguir à luz da CLT.

(1) O empregado poderá considerar rescindido o contrato de trabalho, por culpa do empregador, pleiteando a indenização devida sob o argumento de que o empregador descumpriu as obrigações decorrentes do contrato ao deixar de pagar os valores prometidos pela instalação dos equipamentos entregues pelo mesmo.
(2) O empregado não poderá pleitear em juízo o pagamento das quantias retidas referentes aos equipamentos que instalara, pois inexistiu efetiva redução salarial, já que as quantias prometidas jamais foram pagas ao mesmo pelo empregador e, portanto, não integram o seu salário.
(3) Caso seja deferido em juízo o pagamento dos valores retidos pelo empregador referentes aos equipamentos instalados pelo empregado, deverão tais valores surtir efeitos reflexos sobre as demais verbas recebidas pelo empregado, em face da natureza salarial que ostentam.

1: opção correta, pois a promessa feita vincula o empregador e constitui uma obrigação não cumprida, acarretando na rescisão do contrato de trabalho por culpa do empregador. Note que pelo informalismo do Direito do Trabalho, o contrato de trabalho, bem como suas cláusulas, pode ser verbal, art. 442 CLT. 2: opção incorreta, pois a quantia prometida é uma "cláusula contratual", que pode ser instituída verbalmente, e o não cumprimento poderá dar ensejo a propositura de reclamação trabalhista. 3: opção correta, pois, nos termos do art. 457, § 1º, CLT integram o salário não só a importância fixa estipulada, como também as comissões, percentagens, gratificações ajustadas, diárias para viagens e abonos pagos pelo empregador. Gabarito 1C, 2E, 3C

(Defensor Público/CE – 2007 – CESPE) Considerando a CLT e a Constituição Federal de 1988, julgue os próximos itens.

(1) O salário mínimo é nacionalmente unificado e, portanto, não podem os estados da Federação estabelecer salários mínimos em seus territórios cujos valores sejam inferiores ao previsto na lei federal que o instituiu.

(2) A garantia do salário mínimo atinge tanto os empregados que percebem remuneração variável, como aqueles que recebem valores fixos.

(3) Integram o salário não apenas a importância fixa estipulada, como também comissões, percentagens, gratificações ajustadas, abonos pagos pelo empregador e ajudas de custo.

(4) O piso salarial deve ser proporcional à extensão e à complexidade do trabalho.

(5) Qualquer que seja a modalidade do trabalho, o pagamento do salário não deve ser estipulado por período superior a 1 mês, salvo no que concerne a comissões, percentagens e gratificações.

(6) Quando o empregador não tiver pessoal organizado em quadro de carreira que estabeleça promoções alternadamente por critérios de antiguidade e merecimento, em se tratando de funções idênticas exercidas por pessoas cujo tempo de serviço não seja superior a 2 anos, a todo trabalho feito com idêntica produtividade e com a mesma perfeição técnica, prestado ao mesmo empregador e na mesma localidade, corresponderá igual salário, sem distinção de sexo, nacionalidade ou idade.

1: opção correta, pois está em conformidade com o art. 7, IV, CF. Veja, também, os arts. 76 a 127 da CLT. 2: opção correta, pois reflete o disposto no art. 7º, VII, CF. Veja, também, o art. 78, parágrafo único, CLT. 3: opção incorreta, pois nos termos do art. 457, § 2º, CLT as ajudas de custo não se incluem no salário. Note que o enunciado faz a cópia do art. 457, § 1º, CLT, porém com uma alteração no final com o objetivo de confundir o candidato. 4: opção correta, pois reflete o disposto no art. 7º, V, CF. 5: opção correta, pois reflete o disposto no art. 459, CLT. 6: opção correta, pois reflete o disposto no art. 461, CLT. Veja, também, o art. 7º, XXX, XXXI, XXXII, CF. Gabarito 1C, 2C, 3E, 4C, 5C, 6C

(Procurador Federal – 2010 – CESPE) Julgue os itens a seguir, que versam sobre gratificação natalina.

(1) Inexiste previsão legal expressa no ordenamento jurídico brasileiro acerca de penalidade administrativa por eventual infração patronal à legislação inerente à gratificação natalina.

(2) As faltas ou ausências decorrentes de acidente do trabalho são consideradas para os efeitos de cálculo da gratificação natalina.

1: Errado, pois há previsão de penalidade administrativa (multa) em caso de desrespeito ao direito à gratificação natalina do empregado, conforme disposto no art. 3º, I, da Lei 7.855/89; 2: Errado, pois o enunciado não está de acordo com a Súmula 46 do TST: "ACIDENTE DE TRABALHO. As faltas ou ausências decorrentes de acidente do trabalho não são consideradas para os efeitos de duração de férias e cálculo da gratificação natalina". Gabarito 1E, 2E

(Procurador Federal – 2010 – CESPE) Julgue os seguintes itens, relativos a equiparação salarial.

(1) Dois trabalhadores que exercem funções idênticas, trabalho de igual valor, e prestam serviços ao mesmo empregador, em municípios distintos, mas integrantes de uma mesma região metropolitana, não fazem jus à equiparação salarial, pois não laboram na mesma localidade.

(2) Para efeito de equiparação de salários em caso de trabalho igual, conta-se o tempo de serviço na função, e não no emprego.

1: Errado, pois de acordo com a Súmula 6, X, do TST, o conceito de "mesma localidade" contido no art. 461 da CLT refere-se ao mesmo município, ou a municípios distintos que, comprovadamente, pertençam à mesma região metropolitana; 2: Certo, pois o enunciado está de acordo com a Súmula 6, II, do TST: "EQUIPARAÇÃO SALARIAL. ART. 461 DA CLT. I - Para os fins previstos no § 2º do art. 461 da CLT, só é válido o quadro de pessoal organizado em carreira quando homologado pelo Ministério do Trabalho, excluindo-se, apenas, dessa exigência o quadro de carreira das entidades de direito público da administração direta, autárquica e fundacional aprovado por ato administrativo da autoridade competente. II - Para efeito de equiparação de salários em caso de trabalho igual, conta-se o tempo de serviço na função e não no emprego. III - A equiparação salarial só é possível se o empregado e o paradigma exercerem a mesma função, desempenhando as mesmas tarefas, não importando se os cargos têm, ou não, a mesma denominação. IV - É desnecessário que, ao tempo da reclamação sobre equiparação salarial, reclamante e paradigma estejam a serviço do estabelecimento, desde que o pedido se relacione com situação pretérita. V - A cessão de empregados não exclui a equiparação salarial, embora exercida a função em órgão governamental estranho à cedente, se esta responde pelos salários do paradigma e do reclamante. VI - Presentes os pressupostos do art. 461 da CLT, é irrelevante a circunstância de que o desnível salarial tenha origem em decisão judicial que beneficiou o paradigma, exceto se decorrente de vantagem pessoal ou de tese jurídica superada pela jurisprudência de Corte Superior. VII - Desde que atendidos os requisitos do art. 461 da CLT, é possível a equiparação salarial de trabalho intelectual, que pode ser avaliado por sua perfeição técnica, cuja aferição terá critérios objetivos. VIII - É do empregador o ônus da prova do fato impeditivo, modificativo ou extintivo da equiparação salarial. IX - Na ação de equiparação salarial, a prescrição é parcial e só alcança as diferenças salariais vencidas no período de 5 (cinco) anos que precedeu o ajuizamento. X - O conceito de "mesma localidade" de que trata o art. 461 da CLT refere-se, em princípio, ao mesmo município, ou a municípios distintos que, comprovada-mente, pertençam à mesma região metropolitana". Gabarito 1E, 2C

(Procuradoria Federal – 2007 – CESPE) Julgue os seguintes itens.

(1) Empregado que exerce função de confiança e é revertido ao cargo efetivo perde o direito de receber a gratificação correspondente à função, independentemente do tempo de seu exercício.

(2) Empregado público na administração direta federal em desvio de função não possui direito ao pagamento das diferenças salariais pela função exercida.

1: falso, Súmula 372, I, do TST; 2: – falso, Súmula 378 do STJ. Gabarito 1E, 2E

(Magistratura do Trabalho – 24ª Região – 2007) Considerando as Súmulas da jurisprudência do Colendo Tribunal Superior do Trabalho, analise as proposições abaixo:

I. Os percentuais fixados em lei relativos ao salário "in natura" apenas se referem às hipóteses em que o empregado percebe salário mínimo, apurando-se, nas demais, o real valor da utilidade.

II. Em se tratando de pedido de reenquadramento, a prescrição é total, contada da data do enquadramento do empregado.

III. O cálculo do valor das horas extras habituais, para efeito de reflexos em verbas trabalhistas, observará o número de horas efetivamente prestadas e a ele aplica-se o valor do salário-hora da época do pagamento daquelas verbas.

IV. O professor que recebe salário mensal à base de hora-aula tem direito ao acréscimo de 1/6 a título de repouso semanal remunerado, considerando-se para esse fim o mês de quatro semanas e meia.

V. A habitação, a energia elétrica e veículo fornecidos pelo empregador ao empregado, quando indispensáveis para a realização do trabalho, não têm natureza salarial, ainda que, no caso de veículo, seja ele utilizado pelo empregado também em atividades particulares. Considerando as proposições acima,

RESPONDA:

(A) Apenas a proposição IV está incorreta.
(B) Apenas a proposição V está incorreta.
(C) Apenas as proposições I e II estão corretas.
(D) Apenas as proposições IV e V estão incorretas.
(E) Todas as proposições estão corretas.

I: correto, Súmula 258 do TST; II: correto, Súmula 275, II, do TST; III: correto, Súmula 347 do TST, IV: correto, Súmula 351 do TST; V: correto, Súmula 367, I, do TST. Gabarito "E".

(Magistratura do Trabalho – 24ª Região – 2007) O Juiz do Trabalho comumente conhece, instrui e julga reclamações nas quais a retribuição salarial pelo trabalho prestado não está pactuada nem há prova do valor pago. Assinale a alternativa INCORRETA:

(A) Há previsão legal de arbitramento para os casos em que há falta de estipulação do salário ou de prova sobre a importância ajustada.
(B) O arbitramento judicial dá origem ao chamado salário supletivo.
(C) A lei autoriza o arbitramento judicial, mas orienta que se reconheça salário igual para trabalho igual, com a mesma produtividade e perfeição técnica.
(D) São dois critérios que o Juiz deve observar no momento do arbitramento: salário igual ao daquele que, na mesma empresa, fizer serviço equivalente ou salário que for habitualmente pago para serviço semelhante.
(E) Por se reconhecer ao órgão judicial a possibilidade de definir a retribuição salarial para o caso concreto, há correlação conceitual entre "salário supletivo" e "salário judicial" (este, em sentido amplo).

A: correto, art. 460 da CLT; B: correto, pois caracteriza-se pela fixação de salário por meio de processo judicial; C: falso, art. 460 da CLT; D: correto, art. 460 da CLT; E: correto, pois salário judicial seria o gênero, de que o salário individual ou supletivo e o salário coletivo ou normativo seriam as modalidades. Gabarito "C".

(Magistratura do Trabalho – 23ª Região – 2006) Em relação ao salário do empregado analise as afirmativas abaixo e assinale a alternativa correta:

I. Não havendo estipulação de salário, o empregado terá direito ao salário mínimo, salvo se demonstrar a existência de paradigma que exerça função idêntica com maior remuneração;
II. Trabalhador readaptado em nova função por motivo de deficiência física atestada pelo órgão competente não serve de paradigma para fins de equiparação salarial;
III. O empregador que, sem justo motivo, não liquidar as obrigações que resultem do despedimento imotivado, valores incontroversos, na data da audiência inaugural, responderá pelo pagamento em dobro, além de atualização monetária e juros moratórios;
IV. De acordo com o entendimento sumulado no Colendo TST, empregado cedido não pode postular equiparação salarial com paradigma que presta serviços à cedente mesmo que esta responda pela remuneração de ambos;
V. Segundo o parágrafo 5º do artigo 477 da CLT, qualquer compensação praticada no recibo de quitação final não poderá exceder o equivalente a um mês de remuneração do empregado.

(A) Todas as alternativas são falsas;
(B) Somente uma alternativa é verdadeira;
(C) Somente duas alternativas são verdadeiras;
(D) Somente três alternativas são verdadeiras;
(E) Somente quatro alternativas são verdadeiras.

I: falso, art. 460 da CLT; II: correto, art. 461, § 4º, da CLT; III: falso, art. 467 da CLT; IV: falso, Súmula 6, V, do TST; V: correto, art. 477, § 5º, da CLT. Gabarito "C".

(Magistratura do Trabalho – 18ª Região – 2006) A respeito dos descontos em folha de pagamento, assinale a alternativa incorreta.

(A) O empregado poderá autorizar, de forma irrevogável e irretratável, o desconto em folha de pagamento dos valores referentes ao pagamento de empréstimos, financiamentos e operações de arrendamento mercantil concedidos por instituições financeiras e sociedades de arrendamento mercantil, quando previsto nos respectivos contratos.
(B) O desconto em folha de pagamento também poderá incidir sobre verbas rescisórias devidas pelo empregador, ilimitadamente.
(C) Os titulares de benefícios de aposentadoria e pensão do Regime Geral de Previdência Social poderão autorizar o Instituto Nacional do Seguro Social – INSS a proceder aos descontos dos valores referentes ao pagamento de empréstimos, financiamentos e operações de arrendamento mercantil concedidos por instituições financeiras e sociedades de arrendamento mercantil, quando previsto nos respectivos contratos, bem como autorizar, de forma irrevogável e irretratável, que a instituição financeira na qual recebam seus benefícios retenha, para fins de amortização, valores referentes ao pagamento mensal de empréstimos, financiamentos e operações de arrendamento mercantil por ela concedidos, quando previstos em contrato, nas condições estabelecidas em regulamento, observadas as normas editadas pelo INSS.
(D) O empregador pode descontar na folha de pagamento do mutuário os custos operacionais decorrentes da realização do desconto em folha de pagamento dos valores referentes ao pagamento de empréstimos, financiamentos e operações de arrendamento mercantil concedidos por instituições financeiras e sociedades de arrendamento mercantil, observado o disposto em regulamento e nos casos nele admitidos.
(E) É vedado ao empregador impor ao mutuário e à instituição consignatária escolhida pelo empregado qualquer condição que não esteja prevista na lei e no respectivo regulamento para a efetivação do contrato e a implementação dos descontos autorizados.

A: correto, art. 1º da lei 10.820/03; B: falso, art. 1º, § 1º, da lei 10.820/03; C: art. 6º da lei 10.820/03; D: correto, art. 3º, § 2º, da lei 10.820/03; E: correto, art. 3º, § 1º, da lei 10.820/03. Gabarito "B".

(Magistratura do Trabalho – 18ª Região – 2006) João ajustou salário fixo de R$ 10.000,00 (dez mil reais), anotado em CTPS, e ainda morava num apartamento cedido pela empresa. O aluguel do apartamento, segundo valores de mercado, é de R$ 3.000,00 (três mil reais), mas nunca foi considerado pelo empregador, para nenhum fim. Estudando o assunto, João concluiu que o valor do aluguel deve ser integralmente considerado como parte de seu salário, de acordo com o direito brasileiro. João está correto?

(A) não, porque o vestuário, a educação, o transporte, a assistência médica, hospitalar e odontológica, os seguros de vida e de acidentes pessoais, as prestações de previdência privada e a habitação não são consideradas salário.
(B) não, porque a habitação fornecida como salário-utilidade não poderá exceder a 25% (vinte e cinco por cento) do salário-contratual.
(C) não, porque isso não foi ajustado nem anotado na CPTS.
(D) em parte, porque a habitação fornecida como salário-utilidade não poderá exceder a 25% (vinte e cinco por cento) do salário-contratual.
(E) sim.

A: falso, art. 458, § 2º, da CLT; B: falso, quando pactuada, art. 458, § 3º, da CLT; C: falso, em razão do princípio da primazia da realidade; D: falso, art. 458, § 3º, da CLT; E: correto, como o valor não era considerado, deve integrar de forma total, art. 458, *caput*, da CLT. Gabarito "E".

(Magistratura do Trabalho – 16ª Região – 2006) Assinale a alternativa CORRETA:

(A) É indevido o 13º salário proporcional na extinção dos contratos a prazo, entre estes incluídos os de safra, ainda que a relação de emprego haja terminado antes de dezembro.
(B) Para os efeitos legais, só é válido o quadro de pessoal organizado em carreira quando homologado pela Justiça do Trabalho, excluindo-se, apenas, dessa exigência o quadro de carreira das entidades de direito público da administração direta, autárquica e fundacional aprovado por ato administrativo da autoridade competente.
(C) Para efeito de equiparação de salários em caso de trabalho igual, conta-se o tempo de serviço na função e não no emprego.
(D) É necessário que, ao tempo da reclamação sobre equiparação salarial, reclamante e paradigma estejam a serviço do estabelecimento.
(E) A cessão de empregados exclui a equiparação salarial, embora exercida a função em órgão governamental estranho à cedente, se esta responde pelos salários do paradigma e do reclamante.

A: falso, art. 1º, § 3º, I, da lei 4.090/62; B: falso, Súmula 6, I, do TST; C: correto, Súmula 6, II, do TST; D: falso, Súmula 6, IV, do TST; E: falso, Súmula 6, V, do TST. Gabarito "C".

(Magistratura do Trabalho – 16ª Região – 2006) Assinale a alternativa INCORRETA:

(A) Presentes os pressupostos legais, é irrelevante a circunstância de que o desnível salarial tenha origem em decisão judicial que beneficiou o paradigma, exceto se decorrente de vantagem pessoal ou de tese jurídica superada pela jurisprudência de Corte Superior.
(B) Desde que atendidos os requisitos previstos em lei, é possível a equiparação salarial de trabalho intelectual, que pode ser avaliado por sua perfeição técnica, cuja aferição terá critérios objetivos.
(C) É do empregador o ônus da prova do fato impeditivo, modificativo ou extintivo da equiparação salarial.
(D) Na ação de equiparação salarial, a prescrição é parcial e só alcança as diferenças salariais vencidas no período de 2 (dois) anos que precedeu o ajuizamento.
(E) O conceito de "mesma localidade" de que trata a legislação trabalhista refere-se, em princípio, ao mesmo município, ou a municípios distintos que, comprovadamente, pertençam à mesma região metropolitana.

A: correto, Súmula 6, VI, do TST; B: correto, Súmula 6, VII, do TST; C: correto, Súmula 6, VIII, do TST; D: falso, Súmula 6, IX, do TST; E: Súmula 6, X, do TST. Gabarito "D".

(Magistratura do Trabalho – 14ª Região – 2006) Proteção ao salário.

I. É nula a cláusula contratual que fixa determinada importância ou percentagem para atender englobadamente vários direitos legais ou contratuais do trabalhador.
II. O pagamento dos salários até o 5º dia útil do mês subseqüente ao vencido não está sujeito à correção monetária. Se essa data limite for ultrapassada, incidirá o índice da correção monetária do mês subseqüente ao da prestação dos serviços, a partir do dia 1º.
III. Ao empregador é vedado efetuar qualquer desconto nos salários do empregado, salvo quando este resultar de adiantamentos, de dispositivos de lei ou contrato coletivo. Em caso de dano causado pelo empregado, o desconto será lícito nos casos de conduta dolosa ou culposa, desde que, no último caso, a hipótese tenha sido acordada.
IV. O pagamento de comissões e percentagens só é exigível depois de ultimada a transação a que se referem.

Responda:

(A) todas as opções estão corretas;
(B) apenas três opções estão corretas;
(C) apenas duas opções estão corretas;
(D) apenas uma opção está correta;
(E) todas as opções estão incorretas.

I: correto, Súmula 91 do TST; II: correto, Súmula 381 do TST; III: correto, art. 462, caput e §§ 1º, da CLT; IV: correto, art. 466 da CLT. Gabarito "A".

(Magistratura do Trabalho – 9ª Região – 2006) Assinale a alternativa correta:

(A) Integram a remuneração do empregado, para todos os efeitos legais, somente os valores pagos diretamente pelo empregador, ou por empresa do mesmo grupo econômico.
(B) Um empregador que fornece a seu empregado, habitual e gratuitamente, benefícios como plano de saúde e auxílio-educação correspondente a 50% da mensalidade escolar do empregado, deverá adotar como base de cálculo das horas extras, do 13º salário e das férias o valor correspondente à soma do salário com a quantia correspondente aos benefícios mencionados.
(C) As partes contratantes, na relação jurídica de emprego, têm liberdade para estipular e negociar os salários pagos pelo serviço prestado, desde que observem os limites mínimos impostos pelas disposições de proteção ao trabalho.
(D) Uma empresa que fornece habitação a seus empregados, por força do contrato de trabalho, habitual e gratuitamente, deverá integrar este benefício aos salários. Neste caso, a mesma unidade residencial poderá ser utilizada por diversas famílias, e o valor do salário-utilidade corresponderá ao resultado da divisão do valor da habitação pelo número de ocupantes da unidade residencial.
(E) São lícitos os descontos salariais realizados pelo empregador a título de seguro de vida e de acidentes pessoais, autorizados verbalmente pelo empregado por ocasião da admissão, sendo que a utilidade recebida, correspondente apenas à parcela do benefício suportada pelo empregador, integra a remuneração para todos os efeitos legais.

A: falso, art. 457 da CLT; B: falso, art. 458, § 2º, da CLT; C: correto, art. 444 da CLT; D: falso, art. 458, § 4º, da CLT; E: falso, art. 462 da CLT e Súmula 342 do TST. Gabarito "C".

(FGV – 2010) O atraso no pagamento dos salários dará direito ao empregado:

(A) de exigir recibo expresso do não-pagamento dos valores.
(B) de receber multa de 30% sobre os valores devidos.
(C) de cobrar o salário em dobro após três meses de mora.
(D) de reduzir a carga horária de trabalho.
(E) de aplicar justa causa ao empregador.

O atraso no pagamento do salário (mora salarial) implica na chamada rescisão indireta e está prevista no art. 483, "d", da CLT. Veja também a Súmula 14 do TST. Gabarito "E".

(FGV – 2010) O valor do piso salarial determinado em norma coletiva é denominado de:

(A) salário diferido.
(B) salário garantido.
(C) salário-base.
(D) salário relativo.
(E) salário absoluto.

O piso salarial fixado em norma coletiva é denominado pela doutrina de salário relativo, eis que relativo àquela categoria da norma. Gabarito "D".

(FGV – 2004) O trabalho em condições de periculosidade assegura ao empregado um adicional de:

(A) 10% sobre o salário mínimo.
(B) 20% sobre o salário mínimo.
(C) 40% sobre o salário mínimo.
(D) 20% sobre o salário sem os acréscimos resultantes de gratificações, prêmios ou participações nos lucros da empresa.
(E) 30% sobre o salário sem os acréscimos resultantes de gratificações, prêmios ou participações nos lucros da empresa.

Art. 193, § 1º, da CLT. Gabarito "E".

7. JORNADA DE TRABALHO

(Procurador do Município/Florianópolis-SC – 2010 – FEPESE) Assinale a alternativa **incorreta**, de acordo com a Consolidação das Leis do Trabalho.

(A) Não excedendo de seis horas o trabalho, será facultado um intervalo de quinze minutos quando a duração ultrapassar quatro horas.
(B) É assegurado a todo empregado um descanso semanal de vinte e quatro horas consecutivas.
(C) Os intervalos de descanso não serão computados na duração do trabalho.
(D) Entre duas jornadas de trabalho haverá um período mínimo de onze horas consecutivas para descanso.
(E) Nos serviços que exijam trabalho aos domingos, com exceção quanto aos elencos teatrais, será estabelecida escala de revezamento, mensalmente organizada e constando de quadro sujeito à fiscalização.

A: opção incorreta, pois será devido o descanso caso a jornada ultrapasse 6 (seis) horas, nos termos do art. 71, § 1º, da CLT; B: opção correta, pois reflete o disposto no art. 7º, XV, da CF e art. 67 da CLT; C: opção correta, pois reflete o disposto no art. 71, § 2º, da CLT; D: opção correta, pois trata do intervalo interjornada previsto no art. 66 da CLT; E: opção correta, pois reflete o disposto no art. 67 da CLT. Veja, também, a Lei 605/1949. Gabarito "A".

(Procurador do Município/Florianópolis-SC – 2010 – FEPESE) Analise as afirmativas a seguir acerca da compensação de jornada:

1. A compensação de jornada de trabalho deve ser ajustada por acordo individual escrito, acordo coletivo ou convenção coletiva.
2. O acordo individual para compensação de horas é válido, salvo se houver norma coletiva em sentido contrário.
3. A prestação de horas extras habituais descaracteriza o acordo de compensação de jornada.

Assinale a alternativa que indica todas as afirmativas **corretas**.
(A) É correta apenas a afirmativa 1.
(B) É correta apenas a afirmativa 2.
(C) É correta apenas a afirmativa 3.
(D) São corretas apenas as afirmativas 2 e 3.
(E) São corretas as afirmativas 1, 2 e 3.

1: opção correta, pois reflete o entendimento contido na súmula 85, item I, do TST. Tome nota do item V inserido na súmula 85 em maio de 2011 o qual distingue o sistema chamado de compensação em "banco de horas", que somente será instituído por negociação coletiva; 2: opção correta, pois reflete o entendimento contido na súmula 85, item II, do TST; 3: opção correta, pois reflete o entendimento contido na súmula 85, item IV, do TST. Gabarito "E".

(Procurador do Estado/CE – 2008 – CESPE) Com base na Constituição Federal e na CLT, assinale a opção correta acerca da jornada de trabalho quanto a horas extras, horas noturnas e intervalos intrajornadas, consideradas as regras gerais, assim excluídas as normas especiais que possam ser descritas em normas coletivas de trabalho.

(A) A hora extra de trabalho deve ser remunerada com adicional de, pelo menos, 50% sobre a hora normal de trabalho; a hora noturna trabalhada deve ser remunerada com adicional de, pelo menos, 50% sobre a hora normal de trabalho; e o intervalo intrajornada não gozado deve ser indenizado no valor correspondente, no mínimo, a 50% do valor da remuneração da hora extra de trabalho.
(B) A hora extra de trabalho deve ser remunerada com adicional de, pelo menos, 20% sobre a hora normal de trabalho; a hora noturna trabalhada deve ser remunerada com adicional de, pelo menos, 50% sobre a hora normal de trabalho; e o intervalo intrajornada não gozado deve ser remunerado no valor correspondente, no mínimo, a 50% do valor da remuneração da hora extra de trabalho.
(C) A hora extra de trabalho deve ser remunerada com adicional de, pelo menos, 50% sobre a hora normal de trabalho; a hora noturna trabalhada deve ser remunerada com adicional de, pelo menos, 50% sobre a hora normal de trabalho; e o intervalo intrajornada não gozado deve ser indenizado no valor correspondente, no mínimo, a 50% do valor da remuneração da hora normal de trabalho.
(D) A hora extra de trabalho deve ser remunerada com adicional de, pelo menos, 50% sobre a hora normal de trabalho; a hora noturna trabalhada deve ser remunerada com adicional de, pelo menos, 20% sobre a hora normal de trabalho; e o intervalo intrajornada não gozado deve ser indenizado no valor correspondente, no mínimo, a 50% do valor da remuneração da hora normal de trabalho.
(E) A hora extra de trabalho deve ser remunerada com adicional de, pelo menos, 50% sobre a hora normal de trabalho; a hora noturna trabalhada deve ser remunerada com adicional de, pelo menos, 20% sobre a hora normal de trabalho; e o intervalo intrajornada não gozado deve ser indenizado no valor correspondente, no mínimo, a 100% do valor da remuneração da hora normal de trabalho.

A: incorreta, pois o trabalho noturno terá remuneração superior à do diurno em, no mínimo, 20% a mais, conforme dispõe o art. 73, *caput*, da CLT, e o intervalo intrajornada não gozado deve ser indenizado no valor correspondente, no mínimo, a 50% do valor da remuneração da hora normal de trabalho, a teor do disposto na Orientação Jurisprudencial 307 da SDI-I do TST: "INTERVALO INTRAJORNADA (PARA REPOUSO E ALIMENTAÇÃO). NÃO CONCESSÃO OU CONCESSÃO PARCIAL. LEI Nº 8.923/94. Após a edição da Lei nº 8.923/94, a não-concessão total ou parcial do intervalo intrajornada mínimo, para repouso e alimentação, implica o pagamento total do período correspondente, com acréscimo de, no mínimo, 50% sobre o valor da remuneração da hora normal de trabalho (art. 71 da CLT)"; B: incorreta, pois a hora extra terá remuneração superior, no mínimo, em 50% à da hora normal, conforme dispõe o art. 7º, XVI, da CF, e o trabalho noturno terá remuneração superior à do diurno em, no mínimo, 20% a mais, conforme dispõe o art. 73, *caput*, da CLT; C: incorreta, pois o trabalho noturno terá remuneração superior à do diurno em, no mínimo, 20% a mais, conforme dispõe o art. 73, *caput*, da CLT; D: correta, pois a assertiva reflete o disposto no art. 73, *caput*, da CLT, no art. 7º, XVI, da CF e na Orientação Jurisprudencial 307 da SDI-I do TST: "INTERVALO INTRAJORNADA (PARA REPOUSO E ALIMENTAÇÃO). NÃO CONCESSÃO OU CONCESSÃO PARCIAL. LEI Nº 8.923/94. Após a edição da Lei nº 8.923/94, a não-concessão total ou parcial do intervalo intrajornada mínimo, para repouso e alimentação, implica o pagamento total do período correspondente, com acréscimo de, no mínimo, 50% sobre o valor da remuneração da hora normal de trabalho (art. 71 da CLT)"; E: incorreta, pois o intervalo intrajornada não gozado deve ser indenizado no valor correspondente, no mínimo, a 50% do valor da remuneração da hora normal de trabalho, a teor do disposto na Orientação Jurisprudencial 307 da SDI-I do TST. Gabarito "D".

(Procurador do Estado/RR – 2006 – FCC) No que tange à duração do trabalho é correto afirmar:
(A) O divisor para cálculo do salário hora do empregado que trabalha em jornada de 6 (seis) horas é 220.
(B) O repouso de 10 (dez) minutos para o digitador é dedutível da duração normal do trabalho, considerando uma jornada de 8 (oito) horas, o digitador deve ter cinco repousos de dez minutos.
(C) Nas atividades insalubres e perigosas, quaisquer prorrogações de jornada só poderão ser acordadas mediante licença prévia das autoridades competentes em matéria de medicina, higiene e segurança do trabalho.
(D) O limite legal de intervalo intrajornada pode ser elastecido, a critério do empregador, desde que respeitada a jornada diária de 8 (oito) horas de trabalho efetivo.
(E) O limite mínimo de intervalo de uma hora, para jornada que exceda seis horas, pode ser reduzido, por ato do Ministro do Trabalho, se o estabelecimento atender as exigências relativas a refeitórios e os empregados não estiverem sob regime de prorrogação de jornada.

A: incorreta, pois o divisor nesse caso será 180 (6x30), a teor do disposto no art. 64, *caput*, da CLT; B: incorreta, pois a assertiva não reflete o disposto na Súmula 346 do TST: "DIGITADOR. INTERVALOS INTRAJORNADA. APLICAÇÃO ANALÓGICA DO ART. 72 DA CLT. Os digitadores, por aplicação analógica do art. 72 da CLT, equiparam-se aos trabalhadores nos serviços de mecanografia (datilografia, escrituração ou cálculo), razão pela qual têm direito a intervalos de descanso de 10 (dez) minutos a cada 90 (noventa) de trabalho consecutivo" e art. 71, § 2º, da CLT; C: incorreta, pois a assertiva não reflete o disposto no art. 60 da CLT; D: incorreta, pois a assertiva contraria o disposto no art. 71, *caput*, da CLT; E: correta, pois a assertiva reflete o disposto no art. 71, § 3º, da CLT. Gabarito "E".

(Procurador do Estado/ES – 2008 – CESPE) Empresa prestadora de serviços na área de vigilância observa a escala de horários de 12 × 36 prevista em acordo coletivo de trabalho, sem a concessão dos intervalos intrajornadas mínimos previstos em lei, conforme autorização expressa contida no referido acordo coletivo. Considerando essa situação, julgue os itens subseqüentes de acordo com a jurisprudência atual do TST.

(1) O intervalo intrajornada constitui medida de segurança, saúde e higiene no trabalho, não podendo ser eliminado ou reduzido sequer por acordo coletivo de trabalho. O período destinado ao intervalo deve ser remunerado com o acréscimo de 50% sobre o valor da hora normal e possui natureza salarial.
(2) Quanto ao excesso de horas em cada dia de trabalho, não cabe a remuneração como extras das que ultrapassam a décima hora como hora extra, na medida em que elas foram compensadas.

1: correto, orientação jurisprudencial 342 da SDI 1 do TST; 2: errado, art. 59, § 2º, da CLT. Gabarito 1C, 2E.

(Procurador Federal – 2010 – CESPE) Acerca de duração do trabalho, jornada de trabalho e intervalos, julgue os itens subsequentes.
(1) É vedada ao empregado contratado sob o regime de tempo parcial a prestação de horas extras.
(2) Instrumento coletivo silente quanto à compensação de jornada possibilita a entabulação de acordo individual escrito para compensação de horas.
(3) Um empregado cujos horários de início e término da jornada sejam incompatíveis com os horários do transporte público regular tem o direito às horas *in itinere*.

1: Certo, pois o enunciado está de acordo com o disposto no art. 59, § 4º, da CLT; 2: Certo, pois o enunciado está de acordo com o disposto na Súmula 85, I e II, do TST: "COMPENSAÇÃO DE JORNADA I. A compensação de jornada de trabalho deve ser ajustada por acordo individual escrito, acordo coletivo ou convenção coletiva. II. O acordo individual para compensação de horas é válido, salvo se houver norma coletiva em sentido contrário"; 3: Certo, pois o enunciado está de acordo com o disposto na Súmula 90, II, do TST: "HORAS 'IN ITINERE'. TEMPO DE SERVIÇO II - A incompatibilidade entre os horários de início e término da jornada do empregado e os do transporte público regular é circunstância que também gera o direito às horas *in itinere*". Gabarito 1C, 2C, 3C.

(Procurador da Fazenda Nacional – 2007.2 – ESAF) No que pertine à jornada de trabalho, indique a opção correta.

(A) A legislação trabalhista pontua que a jornada de trabalho que não suporta controle e fiscalização por parte do empregador não rende ensejo ao pagamento das horas extras eventualmente laboradas.

(B) Na jornada contínua e excedente a seis horas diárias, a concessão de intervalo para repouso ou alimentação é obrigatória, a qual será de no mínimo duas horas e, salvo acordo escrito ou contrato coletivo em contrário, não poderá exceder de três horas.

(C) Serão descontadas e computadas como jornada extraordinária as variações de horário consignadas em registro de ponto que não excedam a cinco minutos, observado o limite máximo de dez minutos diários.

(D) Na jornada de trabalho cuja duração ultrapasse a quatro e não exceda a seis horas diárias, o intervalo intrajornada não será obrigatório considerando-se a curta duração do labor.

(E) Nas atividades legalmente consideradas insalubres a prorrogação da jornada de trabalho, desde que ultimada via acordo escrito, poderá ser livremente ajustada, sendo despicienda licença prévia das autoridades competentes em matéria de higiene do trabalho.

A: correta, pois a assertiva reflete o disposto no art. 62 da CLT; B: incorreta, pois o intervalo será de no mínimo uma hora, conforme dispõe o art. 71, caput, da CLT; C: incorreta, pois a assertiva contraria o disposto no art. 58, § 1º, da CLT; D: incorreta, pois no caso o intervalo intrajornada de 15 minutos é obrigatório, conforme art. 71, § 1º, da CLT; E: incorreta, pois nesse tipo de atividade quaisquer prorrogações só poderão ser acordadas mediante licença prévia das autoridades competentes em matéria de higiene do trabalho, de acordo com o art. 60 da CLT. Gabarito "A".

(Procurador da Fazenda Nacional – 2007 – ESAF) No que pertine à jornada de trabalho indique a opção correta.

(A) Entre duas jornadas de trabalho deverá existir um período mínimo de descanso de 12 (doze) horas consecutivas.

(B) Os empregados sujeitos ao regime de tempo parcial poderão prestar horas extraordinárias, desde que não excedam de 2 (duas) diárias, que serão remuneradas, pelo menos, com adicional de 50% (cinqüenta por cento).

(C) Entende-se por tempo de sobreaviso o período que integra o tempo de serviço do trabalhador ferroviário no qual permanece em sua residência aguardando a qualquer instante ser convocado a prestar serviço.

(D) Os menores de 18 (dezoito) anos não estão proibidos de trabalhar em horário noturno, desde que tal circunstância resulte devidamente anotada em sua Carteira de Trabalho e Previdência Social.

(E) A simples insuficiência de transporte público constitui elemento permissivo do pagamento das horas in itinere (tempo de deslocamento).

A: incorreta, pois o descanso mínimo será de 11 horas, conforme art. 66 da CLT; B: incorreta, pois a assertiva contraria o art. 59, § 4º, da CLT; C: correta, pois reflete o disposto no art. 244, § 2º, da CLT; D: incorreta, pois a assertiva contraria o disposto no art. 404 da CLT, que não admite o trabalho noturno do menor de 18 anos; E: incorreta, pois a assertiva contraria a Súmula 90 do TST: "HORAS 'IN ITINERE'. TEMPO DE SERVIÇO (...) III - A mera insuficiência de transporte público não enseja o pagamento de horas 'in itinere'". Gabarito "C".

(Procurador da Fazenda Nacional – 2007 – ESAF) No que pertine à jornada de trabalho indique a opção correta.

(A) Entre duas jornadas de trabalho deverá existir um período mínimo de descanso de 12 (doze) horas consecutivas.

(B) Os empregados sujeitos ao regime de tempo parcial poderão prestar horas extraordinárias, desde que não excedam de 2 (duas) diárias, que serão remuneradas, pelo menos, com adicional de 50% (cinqüenta por cento).

(C) Entende-se por tempo de sobreaviso o período que integra o tempo de serviço do trabalhador ferroviário no qual permanece em sua residência aguardando a qualquer instante ser convocado a prestar serviço.

(D) Os menores de 18 (dezoito) anos não estão proibidos de trabalhar em horário noturno, desde que tal circunstância resulte devidamente anotada em sua Carteira de Trabalho e Previdência Social.

(E) A simples insuficiência de transporte público constitui elemento permissivo do pagamento das horas in itinere (tempo de deslocamento).

A: falso, art. 66 da CLT; B: falso, art. 59, § 4º, da CLT; C: correto, art. 244, § 2º, da CLT; D: falso, art. 404 da CLT; E: falso, Súmula 90, III, do TST. Gabarito "C".

(Defensoria Pública da União – 2007 – CESPE) Antônio cumpre jornada de trabalho de sete horas corridas, das 16 h às 23 h, de segunda a sexta, e não está submetido à jornada especial prevista em lei. Com base na situação descrita, julgue o item seguinte de acordo com a CLT e a jurisprudência do TST.

(1) Considerando-se que a duração do trabalho de Antônio é inferior a 8 horas diárias e a 44 horas semanais, a concessão de intervalo para descanso e alimentação de, no mínimo, uma hora, previsto em lei, pode ser dispensada por negociação coletiva, sem o pagamento do período correspondente acrescido do adicional de 50%.

1: errado, orientação jurisprudencial 342 da SDI 1 do TST. Gabarito 1E.

(Magistratura do Trabalho – 24ª Região – 2007) Assinale a alternativa INCORRETA:

(A) Estabelecida jornada superior a seis horas e limitada a oito horas por meio de regular negociação coletiva, os empregados submetidos a turnos ininterruptos de revezamento não têm direito ao pagamento das 7ª e 8ª horas como extras.

(B) Os empregados sob o regime de tempo parcial não poderão prestar horas extras.

(C) Durante o prazo do aviso prévio, se a rescisão tiver sido promovida pelo empregador, o empregado rural terá direito a um dia por semana, sem prejuízo do salário integral, para procurar outro trabalho.

(D) Como regra geral, a CLT prevê que a duração normal do trabalho dos empregados em bancos ficará compreendida entre sete e vinte e duas horas.

(E) Na conformidade da jurisprudência sumulada do Colendo Tribunal Superior do Trabalho, a validade do acordo coletivo ou convenção coletiva de compensação de jornada de trabalho em atividade insalubre depende da inspeção da autoridade competente em matéria de higiene do trabalho.

A: correto, Súmula 423 do TST; B: correto, art. 59, § 4º, da CLT; C: correto, art. 15 da lei 5.889/73; D: correto, art. 224, § 1º, da CLT; E: falso, Súmula 349 do TST. Gabarito "E".

(Magistratura do Trabalho – 23ª Região – 2006) No tema da proteção relativa à duração do trabalho, analise das afirmativas e assinale a resposta correta:

I. Embora o artigo 60 da CLT exija que nas atividades insalubres, quaisquer prorrogações só poderão ser acordadas mediante licença prévia das autoridades competentes em matéria de higiene do trabalho que deverão fazer os necessários exames locais e a verificação dos métodos e processo do trabalho, o TST afastou parcialmente a incidência da norma, atribuindo validade a acordo coletivo ou convenção coletiva de compensação de jornada de trabalho em atividade insalubre sem a inspeção prévia da autoridade acima citada.

II. O intervalo concedido ao empregado que trabalha no interior de câmara frigorífica, de vinte minutos após uma hora e quarenta minutos de trabalho contínuo, não é computado como tempo de serviço, assegurando-se o mesmo direito ao empregado que trabalha movimentando mercadoria do ambiente quente ou normal para o frio e vice-versa, reduzido o intervalo a 10 minutos para cada uma hora e vinte minutos de labor;

III. O regime de compensação horária, desde que não se refira à atividade insalubre, deve ser acordado entre empregado e empregador, ainda que tacitamente;

IV. é proibida a prestação de horas extras aos empregados que estiverem sob regime de tempo parcial;

V. A prestação de horas extras habituais descaracteriza o acordo de compensação de jornada de forma que as horas que ultrapassarem a jornada semanal normal deverão ser pagas como horas extraordinárias e, quanto àquelas destinadas à compensação, deverá ser pago a mais apenas o adicional por trabalho extraordinário;

(A) todas as afirmativas estão corretas;
(B) todas as afirmativas estão incorretas;
(C) somente estão corretas as afirmativas I e IV;
(D) somente estão corretas as afirmativas I, IV e V;
(E) somente estão corretas as afirmativas III, IV e V.

I: correta, Súmula 349 do TST; II: falso, art. 253 da CLT; III: falso, Súmula 85, I, do TST; IV: correto, art. 59, § 4º, da CLT; V: correto, Súmula 85, IV, do TST. Gabarito "D".

(Magistratura do Trabalho – 23ª Região – 2006) Com relação ao regime de tempo parcial, assinale a alternativa correta:

I. O salário a ser pago aos empregados sob o regime de tempo parcial será proporcional à sua jornada, em relação aos empregados que cumprem, nas mesmas funções, tempo integral;

II. No contrato em regime de tempo parcial, as férias dos empregados que trabalhem mais de 20 horas semanais, até o limite de 22 horas semanais, será de 15 (quinze) dias.

III. A ocorrência de mais de sete faltas injustificadas, no respectivo período aquisitivo, implicará na redução das férias em três dias;

IV. Os empregados sob o regime de tempo parcial não poderão prestar horas extras;

V. Um contrato de tempo parcial à base de 24 horas semanais pode ser cumprido seja através de jornadas de quatro horas ao dia (durante seis dias na semana), como também através de jornadas mais amplas, de oito horas ao dia, por exemplo (laborando-se, em conseqüência, somente três dias ao longo de toda a semana).

(A) Todas as alternativas são corretas;
(B) Somente uma alternativa é verdadeira;
(C) Somente duas alternativas são verdadeiras;
(D) Somente três alternativas são verdadeiras;
(E) Somente quatro alternativas são verdadeiras.

I: correto, art. 58-A, § 1º, da CLT; II: falso, art. 130-A, II, da CLT; III: falso, art. 130-A, parágrafo único, da CLT; IV: correto, art. 59, § 4º, da CLT; V: correto, art. 58-A da CLT. Gabarito "D".

(Magistratura do Trabalho – 16ª Região – 2006) Assinale a alternativa INCORRETA:

(A) A ocorrência de justa causa, salvo a de improbidade, no decurso do prazo do aviso prévio dado pelo empregador, retira do empregado qualquer direito às verbas rescisórias de natureza indenizatória.

(B) Nula é a punição de empregado se não precedida de inquérito ou sindicância internos a que se obrigou a empresa por norma regulamentar.

(C) A compensação de jornada de trabalho deve ser ajustada por acordo individual escrito, acordo coletivo ou convenção coletiva.

(D) O acordo individual para compensação de horas é válido, salvo se houver norma coletiva em sentido contrário.

(E) A prestação de horas extras habituais descaracteriza o acordo de compensação de jornada. Nesta hipótese, as horas que ultrapassarem a jornada semanal normal deverão ser pagas como horas extraordinárias e, quanto àquelas destinadas à compensação, deverá ser pago a mais apenas o adicional por trabalho extraordinário.

A: falso, Súmula 73 do TST; B: correto, Súmula 77 do TST; C: correto, Súmula 85, I, do TST; D: correto, Súmula 85, II, do TST; E: correto, Súmula 85, IV, do TST. Gabarito "A".

(Magistratura do Trabalho – 16ª Região – 2006) Assinale a alternativa CORRETA:

(A) O professor que recebe salário mensal à base de hora-aula tem direito ao acréscimo de 1/6 a título de repouso semanal remunerado, considerando-se para esse fim o mês de quatro semanas.

(B) A validade de acordo coletivo ou convenção coletiva de compensação de jornada de trabalho em atividade insalubre prescinde da inspeção prévia da autoridade competente em matéria de higiene do trabalho.

(C) O cálculo do valor das horas extras habituais, para efeito de reflexos em verbas trabalhistas, observará o número de horas efetivamente prestadas e a ele aplica-se o valor do salário-hora da época da realização daquelas verbas.

(D) O empregado, sujeito a controle de horário, remunerado à base de comissões, tem direito ao adicional de, no mínimo, 20% (vinte por cento) pelo trabalho em horas extras, calculado sobre o valor-hora das comissões recebidas no mês, considerando-se como divisor o número de horas efetivamente trabalhadas.

(E) Se o empregador cobrar, parcialmente ou não, importância pelo transporte fornecido, para local de difícil acesso ou não servido por transporte regular, o trabalhador não terá direito à percepção das horas "in itinere".

A: falso, Súmula 351 do TST; B: correto, Súmula 349 do TST; C: falso, Súmula 347 do TST; D: falso, Súmula 340 do TST; E: falso, Súmula 320 do TST. Gabarito "B".

(Magistratura do Trabalho – 14ª Região – 2006) Trabalho noturno.

I. Considera-se noturno para o trabalhador urbano aquele realizado entre as 22 horas de um dia e 05 horas do dia seguinte; para o trabalhador rural, considera-se noturno o trabalho realizado entre as 20 horas de um dia e as 05 horas do dia seguinte, na lavoura, e entre as 20 horas de um dia e as 04 horas do dia seguinte na pecuária.

II. Cumprida integralmente a jornada no período noturno e prorrogada esta, devido é também o adicional quanto às horas prorrogadas.

III. É legal a transferência do trabalhador do período noturno para o período diurno de trabalho, contudo, em face do princípio da irredutibilidade salarial, neste caso, é vedada a supressão do adicional noturno.

IV. Ao menor de 16 anos é proibido o trabalho noturno, considerado este o que for executado no período compreendido entre as 22 e as 05 horas. Ao menor entre 16 e 18 anos é lícito o trabalho noturno desde que em locais ou serviços não prejudiciais à sua moralidade.

Responda:

(A) todas as opções estão corretas;
(B) apenas três opções estão corretas;
(C) apenas duas opções estão corretas;
(D) apenas uma opção está correta;
(E) todas as opções estão incorretas.

I: falso, art. 73, § 2º, da CLT e art. 7º da lei 5.889/73; II: correto, Súmula 60, II, do TST; III: falso, Súmula 265 do TST; IV: falso, art. 404 da CLT. Gabarito "D".

(Magistratura do Trabalho – 14ª Região – 2006) Assinale a alternativa INCORRETA:

(A) Os digitadores, por aplicação analógica do art. 72 da CLT, equiparam-se aos trabalhadores nos serviços de mecanografia (datilografia, escrituração ou cálculo), razão pela qual têm direito a intervalos de descanso de 10 (dez) minutos a cada 90 (noventa) de trabalho consecutivo;

(B) Para amamentar o próprio filho, até que este complete 06 (seis) meses de idade, a mulher terá direito, durante a jornada de trabalho, a 02 (dois) descansos especiais, de meia hora cada um, podendo o período, se necessário, ser dilatado, a critério da autoridade competente;

(C) No trabalho nas minas de subsolo, em cada período de 03 (três) horas consecutivas de trabalho, será obrigatório um intervalo de 15 (quinze) minutos para repouso, o qual será computado na duração normal do trabalho efetivo;

(D) Para os empregados que trabalham no interior de câmaras frigoríficas e para os que movimentam mercadorias do ambiente quente ou normal para o frio e vice-versa, depois de 01 (uma) hora e 30 (trinta) minutos de trabalho contínuo, será assegurado um intervalo de 30 (trinta) minutos de repouso, computando esse intervalo na jornada de trabalho;
(E) No regime de revezamento, as horas trabalhadas em seguida ao repouso semanal de 24 horas, com prejuízo do intervalo mínimo de 11 horas consecutivas para descanso entre jornadas, devem ser remuneradas como extraordinárias, inclusive com o respectivo adicional.

A: correto, Súmula 346 do TST; B: correto, art. 396 da CLT; C: correto, art. 298 da CLT; D: falso, art. 253 da CLT; E: correto, Súmula 110 do TST. Gabarito "D".

(Magistratura do Trabalho – 14ª Região – 2006) Horas "in itinere".

I. O tempo despendido pelo empregado, em condução fornecida pelo empregador, até o local de trabalho de difícil acesso, ou não servido por transporte público regular, e para o seu retorno é computável na jornada de trabalho.
II. A incompatibilidade entre os horários de início e término da jornada do empregado e os do transporte público regular é circunstância que não gera o direito às horas "in itinere".
III. Ainda que haja transporte público regular em parte do trajeto percorrido em condução da empresa, as horas "in itinere" remuneradas serão calculadas sobre todo o tempo gasto no trajeto, não se limitando ao trecho não alcançado pelo transporte público.
IV. Considerando que as horas "in itinere" são computáveis na jornada de trabalho, o tempo que extrapola a jornada legal é considerado como extraordinário e sobre ele deve incidir o adicional respectivo.

Responda:
(A) todas as opções estão corretas;
(B) apenas três opções estão corretas;
(C) apenas duas opções estão corretas;
(D) apenas uma opção está correta;
(E) todas as opções estão incorretas.

I: correto, Súmula 90, I, do TST; II: falso, Súmula 90, II, do TST; III: falso, Súmula 90, IV, do TST; IV: correto, Súmula 90, V, do TST. Gabarito "C".

(Magistratura do Trabalho – 7ª Região – 2005) Analise as proposições abaixo e assinale a opção correta.

I. Os trabalhadores no setor ferroviário podem ser submetidos aos regimes de sobreaviso e de prontidão. A especial diferença entre tais regimes situa-se no grau de disponibilidade pessoal conferida ao trabalhador, sendo mais atenuada no regime de sobreaviso, quando o empregado poderá aguardar o chamado da empresa em sua residência. Disso resulta que no regime de prontidão a escala não poderá ser superior a 12 horas e essas serão contadas à razão de 2/3 do salário, ao passo que a escala de sobreaviso não poderá ser superior a 24 horas, que serão contadas à razão de 1/3 do salário.
II. O tempo despendido pelo empregado até o local de trabalho e para o seu retorno, por qualquer meio de transporte, não será computado na jornada de trabalho, salvo quando, tratando-se de local de difícil acesso ou não servido por transporte público, o empregador fornecer a condução. Havendo, porém, transporte público regular em parte do trajeto percorrido em condução da empresa, não serão devidas horas in itinere pelo deslocamento da residência ao trabalho e vice-versa, nos termos do entendimento jurisprudencial pacificado no Tribunal Superior do Trabalho.
III. A mera insuficiência de transporte público não enseja o pagamento de horas in itinere. Havendo, porém, incompatibilidade entre os horários de início e término da jornada do empregado e os do transporte público regular, serão devidas as horas in itinere, conforme entendimento pacificado no âmbito do Tribunal Superior do Trabalho.
IV. A jurisprudência pacificada do Tribunal Superior do Trabalho considera irrelevante, para consagrar o direito à percepção das horas in itinere, o fato de o empregador cobrar, parcialmente ou não, importância pelo transporte fornecido para local de difícil acesso ou não servido por transporte regular.

(A) São verdadeiras as duas primeiras proposições e falsas as duas últimas.
(B) São verdadeiras as proposições I, III e IV, sendo falsa a segunda.
(C) São falsas as duas primeiras proposições e verdadeiras as duas últimas.
(D) São falsas as três primeiras proposições e verdadeira a última.
(E) São falsas as proposições I, II e IV e verdadeira a terceira.

I: correto, art. 244, §§ 2º e 3º, da CLT; II: falso, Súmula 90, IV, do TST; III: correto, Súmula 90, III, do TST; IV: correto, Súmula 320 do TST. Gabarito "B".

(Ministério Público do Trabalho – 14º) Complete com a opção CORRETA.

Poderá a duração normal do trabalho do jornalista ser elevada a _____ horas, mediante acordo escrito, em que se estipule aumento de ordenado, correspondente ao excesso de tempo de trabalho, em que se fixe um intervalo destinado a repouso ou a refeição.

(A) 7 horas
(B) 8 horas;
(C) 10 horas;
(D) 12 horas;
(E) não respondida.

Art. 304 da CLT. Gabarito "A".

(Ministério Público do Trabalho – 14º) Complete com a opção CORRETA.

Em relação ao trabalho em minas no subsolo, em cada período de _____ consecutivas de trabalho, será obrigatória uma pausa de _____ minutos para repouso, a qual será computada na duração normal de trabalho efetivo.

(A) 1hora e 40minutos; 20;
(B) 2 horas; 20;
(C) 3 horas; 15;
(D) 3 horas; 20;
(E) não respondida.

A: falso; corresponde ao intervalo dos empregados dos serviços de frigorífico (art. 253 da CLT); B: falso, art. 298 da CLT; C: correto, art. 298 da CLT; D: falso; corresponde ao intervalo dos empregados de serviços de telefonia (art. 229 da CLT). Gabarito "C".

(Ministério Público do Trabalho – 14º) Complete com a opção CORRETA.

Os operadores cinematográficos estão sujeitos a _____ horas consecutivas de trabalho em cabina, durante o funcionamento cinematográfico.

(A) 4;
(B) 5;
(C) 6;
(D) 7;
(E) não respondida.

Art. 234 da CLT. Gabarito "B".

(Ministério Público do Trabalho – 14º) O horário noturno do advogado é das:
(A) 20 às 4 horas;
(B) 20 às 5 horas;
(C) 21 às 5 horas;
(D) 22 às 5 horas;
(E) não respondida.

A; falso, pois corresponde ao horário noturno do trabalhador rural na pecuária (art. 7º da lei 5.889/73); B: correto, art. 20, § 3º, da lei 8.906/94; C: falso, pois corresponde ao horário noturno do trabalhador rural na agricultura (art. 7º da lei 5.889/73); D: falso, pois corresponde ao horário noturno dos trabalhadores urbanos (art. 73 da CLT). Gabarito "B".

(Ministério PúblicXo do Trabalho – 13°) Em relação à duração do trabalho:

I. um dos fundamentos para a limitação do tempo de trabalho é de natureza biológica, uma vez que visa a combater os problemas psicofisiológicos oriundos da fadiga;
II. trabalho em regime de tempo parcial é aquele cuja duração não excede a vinte e cinco horas semanais;
III. a compensação de jornadas, antes restrita à semana, atualmente pode verificar-se no prazo máximo de 90 (noventa) dias.

Analisando-se as asserções acima, pode-se afirmar que:

(A) todas as assertivas estão corretas;
(B) apenas as assertivas I e II estão corretas;
(C) todas as assertivas estão incorretas;
(D) apenas as assertivas II e III estão incorretas;
(E) não respondida.

I: correto, pois esse é o fundamento para a limitação da jornada; II: correto, art. 58-A da CLT; III: falso, art. 59, § 2°, da CLT. Gabarito "B".

(Procurador da Fazenda Nacional – 2007 – ESAF) No que pertine à jornada de trabalho indique a opção correta.

(A) Entre duas jornadas de trabalho deverá existir um período mínimo de descanso de 12 (doze) horas consecutivas.
(B) Os empregados sujeitos ao regime de tempo parcial poderão prestar horas extraordinárias, desde que não excedam de 2 (duas) diárias, que serão remuneradas, pelo menos, com adicional de 50% (cinquenta por cento).
(C) Entende-se por tempo de sobreaviso o período que integra o tempo de serviço do trabalhador ferroviário no qual permanece em sua residência aguardando a qualquer instante ser convocado a prestar serviço.
(D) Os menores de 18 (dezoito) anos não estão proibidos de trabalhar em horário noturno, desde que tal circunstância resulte devidamente anotada em sua Carteira de Trabalho e Previdência Social.
(E) A simples insuficiência de transporte público constitui elemento permissivo do pagamento das horas *in itinere* (tempo de deslocamento).

A: incorreta, pois o descanso mínimo será de 11 horas, conforme art. 66 da CLT; B: incorreta, pois a assertiva contraria o art. 59, § 4°, da CLT; C: correta, pois reflete o disposto no art. 244, § 2°, da CLT; D: incorreta, pois a assertiva contraria o disposto no art. 404 da CLT, que não admite o trabalho noturno do menor de 18 anos; E: incorreta, pois a assertiva contraria a Súmula 90 do TST: "HORAS 'IN ITINERE'. TEMPO DE SERVIÇO (...) III - A mera insuficiência de transporte público não enseja o pagamento de horas 'in itinere'". Gabarito "C".

(FGV – 2010) Em relação à jornada de trabalho, assinale a afirmativa INCORRETA.

(A) Os empregados que exercem atividades externas incompatíveis com qualquer modalidade de controle do empregador e que tenham essa situação anotada na Carteira de Trabalho e Previdência Social não estão sujeitos à limitação da jornada de trabalho.
(B) A norma constitucional que fixa a duração normal de trabalho em 8 horas diárias e 44 semanais tem natureza imperativa e por isso veda que novas leis ou convenções coletivas venham a estabelecer jornadas diárias diferenciadas, ainda que a profissão ou a função exercida se caracterize por singularidade e especialidade.
(C) O tempo de deslocamento, também conhecido como *in itinere*, corresponde ao lapso temporal despendido pelo empregado até o trabalho e vice-versa, sendo considerado como parte integrante da jornada laboral quando o local de trabalho é de difícil acesso, não servido por transporte público, e o empregador forneça condução.
(D) Quando a jornada de trabalho é fixada em 6 horas contínuas, o intervalo será de 15 minutos. Quando for fixada em 7 horas, o intervalo corresponderá a, no mínimo, uma e, no máximo, duas horas.
(E) A não concessão de intervalos ou redução dos intervalos estabelecidos em lei implica pagamento equivalente à remuneração do período do intervalo, acrescido de, no mínimo, 50%.

A: correta (art. 62, I, da CLT); B: incorreta (art. 7°, XIII, da CF); C: correta (art. 58, § 2°, da CLT); D: correta (art. 71, *caput* e § 1°, da CLT); E: correta (art. 71, § 4°, da CLT). Gabarito "B".

(FGV – 2004) A duração máxima da jornada de trabalho dos operadores de serviços de telefonia é de:

(A) 8 horas diárias ou 44 horas semanais.
(B) 6 horas contínuas de trabalho por dia ou 36 horas semanais.
(C) 4 horas por dia ou 24 horas semanais.
(D) 7 horas por dia ou 42 horas semanais.
(E) 5 horas por dia ou 30 horas semanais.

A jornada máxima dos operadores de serviços de telefonia é de 6 horas contínuas de trabalho por dia ou 36 horas semanais, conforme prescreve o art. 227, *caput*, da CLT. Gabarito "B".

8. AVISO PRÉVIO, EXTINÇÃO DO CONTRATO DE TRABALHO E HAVERES RESCISÓRIOS

(Ministério Público/GO – 2005) No que se refere à dissolução do contrato de trabalho, não se pode afirmar que:

(A) o pedido de demissão ou recibo de quitação de rescisão do contrato de trabalho, firmado por empregado com mais de 1 (um) ano de serviço, só será válido quando feito com a assistência do respectivo sindicato ou perante a autoridade do Ministério do Trabalho
(B) quando não existir na localidade nenhum dos órgãos previstos neste artigo, a assistência será prestada pelo Representante do Ministério Público ou, onde houver, pelo Defensor Público e, na falta ou impedimento deste, pelo Juiz de Paz
(C) o pagamento a que fizer jus o empregado será efetuado no ato da homologação do contrato de trabalho, em dinheiro ou em cheque visado, conforme acordem as partes, salvo se o empregado for analfabeto, quando o pagamento somente poderá ser feito em dinheiro
(D) qualquer que seja a causa ou a forma de dissolução do contrato, o instrumento de rescisão ou recibo de quitação, que não trouxer especificada a natureza de cada parcela, será válido relativamente a toda e qualquer parcela devida ao empregado

A: correta, pois a assertiva está de acordo com o art. 477, § 1°, da CLT; B: correta, pois a assertiva está de acordo com o art. 477, § 3°, da CLT; C: correta, pois a assertiva está de acordo com o art. 477, § 4°, da CLT; D: incorreta, pois a assertiva contraria o disposto no art. 477, § 2°, da CLT. Gabarito "D".

(Procurador do Estado/SC – 2010 – FEPESE) Acerca do aviso prévio, assinale a alternativa **incorreta**, de acordo com a Consolidação das Leis do Trabalho.

(A) A falta do aviso prévio por parte do empregador dá ao empregado o direito aos salários correspondentes ao prazo do aviso, garantida sempre a integração desse período no seu tempo de serviço.
(B) O horário normal de trabalho do empregado, durante o prazo do aviso, e se a rescisão tiver sido promovida pelo empregador, será reduzido de 2 (duas) horas diárias, sem prejuízo do salário integral.
(C) O empregado que, durante o prazo do aviso prévio, cometer qualquer das faltas consideradas pela lei como justas para a rescisão, não perde o direito ao restante do respectivo prazo.
(D) Dado o aviso prévio, a rescisão torna-se efetiva depois de expirado o respectivo prazo, mas, se a parte notificante reconsiderar o ato, antes de seu termo, à outra parte é facultado aceitar ou não a reconsideração.
(E) Caso seja aceita a reconsideração ou continuando a prestação depois de expirado o prazo, o contrato continuará a vigorar, como se o aviso prévio não tivesse sido dado.

A: opção correta, pois reflete o disposto no art. 487, § 1°, da CLT; B: opção correta, pois reflete o disposto no art. 488 da CLT; C: opção incorreta, pois de acordo com o art. 491 da CLT o empregado perderá o direito ao restante do prazo do aviso prévio; D: opção correta, pois reflete o disposto no art. 489 da CLT; E: opção correta, pois reflete o disposto no art. 489, parágrafo único, da CLT. Gabarito "C".

(Procurador do Estado/SP – FCC – 2009) Inobstante vedações inseridas nas legislações infraconstitucional e constitucional, aplicáveis à Administração Pública, em relação à recentíssima Orientação Jurisprudencial laboral, é correto afirmar que a aposentadoria espontânea

(A) não é causa de extinção do contrato de trabalho se o empregado permanece prestando serviços ao empregador após a jubilação, não se desobrigando o empregador do pagamento da multa de 40% do FGTS sobre a totalidade dos depósitos efetuados.

(B) não é causa de extinção do contrato de trabalho se o empregado permanece prestando serviços ao empregador após a jubilação, não se desobrigando o empregador do pagamento da multa de 40% do FGTS sobre os depósitos efetuados no período anterior a concessão do benefício previdenciário.

(C) é causa de extinção do contrato de trabalho, mesmo que o empregado permaneça prestando serviços ao empregador após a jubilação, não se desobrigando o empregador do pagamento da multa de 40% do FGTS sobre a totalidade dos depósitos efetuados.

(D) é causa de extinção do contrato de trabalho, mesmo que o empregado permaneça prestando serviços ao empregador após a jubilação, não se desobrigando o empregador do pagamento da multa do FGTS sobre os depósitos efetuados no período anterior a concessão do benefício previdenciário.

(E) é causa de extinção do contrato de trabalho se o empregado permanece prestando serviços ao empregador após a jubilação, não se desobrigando o empregador do pagamento da multa de 40% do FGTS sobre os depósitos efetuados no período posterior a concessão do benefício previdenciário.

A alternativa A está de acordo com o disposto na Orientação Jurisprudencial 361 da SDI-I do TST: "APOSENTADORIA ESPONTÂNEA. UNICIDADE DO CONTRATO DE TRABALHO. MULTA DE 40% DO FGTS SOBRE TODO O PERÍODO. A aposentadoria espontânea não é causa de extinção do contrato de trabalho se o empregado permanece prestando serviços ao empregador após a jubilação. Assim, por ocasião da sua dispensa imotivada, o empregado tem direito à multa de 40% do FGTS sobre a totalidade dos depósitos efetuados no curso do pacto laboral". Gabarito "A".

(Procurador do Estado/ES – 2008 – CESPE) Um empregado contratado em 2 de janeiro de 2004 foi dispensado sem justa causa em 28 de junho de 2007, com aviso prévio indenizado, havendo gozado apenas um período de férias de trinta dias em março de 2005, remuneradas de acordo com a legislação. Considerando essa situação, julgue os itens a seguir.

(1) Por ocasião da rescisão do contrato de trabalho, o empregado faz jus à remuneração correspondente a dois períodos integrais de férias, sendo um simples e outro em dobro, além das férias proporcionais, acrescendo-se a tudo o terço constitucional.

(2) O período de férias proporcionais corresponde a sete doze avos.

1: correto, art. 146 da CLT; 2: correto, seis meses trabalhados e um referente ao aviso prévio. Gabarito 1C, 2C.

(Procurador do Estado/ES – 2008 – CESPE) Considere que, por tempo indeterminado, foi realizado contrato de trabalho entre uma pessoa jurídica de direito público e um indivíduo, admitido sem aprovação em concurso público, para prestar serviços de segunda a sexta, em jornada de onze horas. Com base nessa situação, julgue os itens a seguir, quanto aos efeitos atribuídos pelo Tribunal Superior do Trabalho (TST) à nulidade desse contrato de trabalho.

(1) O empregado mencionado terá direito ao pagamento de todas as horas trabalhadas, inclusive das que excedem a jornada normal prevista na legislação, mas sem o adicional de 50%, a título de horas extras, respeitado o valor do salário mínimo.

(2) No caso de ser dispensado sem justa causa, o empregado em pauta faz jus à concessão ou indenização do aviso prévio.

(3) São devidos ao empregado os depósitos do fundo de garantia por tempo de serviço (FGTS), uma vez que ele tem direito aos salários, mas sem a indenização de 40% sobre o valor depositado.

1: Certa, pois a assertiva reflete a posição consolidada na Súmula 363 do TST: "CONTRATO NULO. EFEITOS. A contratação de servidor público, após a CF/1988, sem prévia aprovação em concurso público, encontra óbice no respectivo art. 37, II e § 2º, somente lhe conferindo direito ao pagamento da contraprestação pactuada, em relação ao número de horas trabalhadas, respeitado o valor da hora do salário-mínimo, e dos valores referentes aos depósitos do FGTS"; 2: Errada, pois conforme consta da Súmula 363 o empregado não fará jus a outras verbas, somente ao pagamento da contraprestação pactuada, ou seja, da remuneração e depósitos do FGTS; 3: Certa, pois de acordo com o teor da Súmula 363 o empregado fará jus aos valores referentes aos depósitos do FGTS, mas sem a indenização de 40%. Gabarito 1C, 3C.

(Procurador do Estado/ES – 2008 – CESPE) A respeito da contratação de empregados pela administração pública, julgue os próximos itens.

(1) A administração pública direta, autárquica e fundacional das esferas federal, estadual e municipal não pode livremente optar pelo regime de emprego público, uma vez que o STF restabeleceu a redação original de artigo da Constituição, que prevê o Regime Jurídico Único.

(2) Caso um empregado regularmente contratado por ente da administração pública seja desviado para função mais relevante e mais bem remunerada, ele não terá direito, nesse caso, ao pagamento das diferenças salariais em razão da nova função exercida.

(3) A despedida de empregado de sociedade de economia mista ou de empresa pública, em geral, só é válida se decorrente de ato motivado.

1: Certa, pois o art. 39, caput, da Constituição, em sua redação original, exigia que cada ente federativo instituísse um **regime jurídico único** aplicável a todos os agentes da sua administração direta, autárquica e fundacional, ou seja, um mesmo conjunto de regras e princípios jurídicos que regulasse a relação funcional desses agentes administrativos. A EC 19/98, todavia, ao alterar o referido dispositivo constitucional, acabou com a obrigatoriedade de adoção do referido regime jurídico único, com o que a União, cada Estado, o Distrito Federal e cada Município passaram a ter liberdade na escolha do regime de pessoal dos agentes administrativos da sua administração direta, autárquica e fundacional. Assim, com o fim da obrigatoriedade do regime jurídico único, as entidades políticas, as autarquias e as funções públicas passaram a poder compor seu quadro de pessoal se valendo de ambos os regimes de pessoal da Administração, o celetista e o estatutário. Ocorre que o Supremo Tribunal Federal, em 2.8.2007 (ADI 2135 MC/DF) proferiu decisão liminar suspendendo a vigência do caput art. 39 da Constituição, com a redação dada pela EC 19/98, de modo a restabelecer provisoriamente, sua redação original e, portanto, a obrigatoriedade de adoção do regime jurídico único para o pessoal da Administração direta, autárquica e fundacional. Atualmente e até que o STF decida definitivamente a questão, em cada esfera da Federação deve obrigatoriamente ser adotado o mesmo regime jurídico para o pessoal da administração direta, autárquica e fundacional; 2: Errada, pois o empregado terá direito à diferença salarial, mas não ao reenquadramento, conforme dispõe a Orientação Jurisprudencial 125 da SDI-I do TST: "DESVIO DE FUNÇÃO. QUADRO DE CARREIRA. O simples desvio funcional do empregado não gera direito a novo enquadramento, mas apenas às diferenças salariais respectivas, mesmo que o desvio de função haja iniciado antes da vigência da CF/1988"; 3: Errada, pois a despedida de empregado público de Sociedade de Economia Mista e de Empresa Pública independe de ato normativo, com exceção apenas ao empregado da Empresa Brasileira de Correios e Telégrafos, que depende de motivação em razão das prerrogativas que goza essa empresa, consoante entendimento consolidado pela Orientação Jurisprudencial 247 da SDI-I do TST: "SERVIDOR PÚBLICO. CELETISTA CONCURSADO. DESPEDIDA IMOTIVADA. EMPRESA PÚBLICA OU SOCIEDADE DE ECONOMIA MISTA. POSSIBILIDADE I - A despedida de empregados de empresa pública e de sociedade de economia mista, mesmo admitidos por concurso público, independe de ato motivado para sua validade. II - A validade do ato de despedida do empregado da Empresa Brasileira de Correios e Telégrafos (ECT) está condicionada à motivação, por gozar a empresa do mesmo tratamento destinado à Fazenda Pública em relação à imunidade tributária e à execução por precatório, além das prerrogativas de foro, prazos e custas processuais". Gabarito 1C, 2E, 3E.

(Procurador do Estado/PI – 2008 – CESPE) A empresa Lua de Prata Ltda. demitiu Francisco por justa causa, em 28 de março de 2008. No dia 1.º de abril do mesmo ano, foi marcada a homologação do termo de rescisão do contato de trabalho no sindicato da categoria profissional de Francisco, bem como o pagamento das verbas devidas. Nesse dia, contudo, Francisco recusou-se a receber o pagamento, razão pela qual a empresa optou por aguardar a ação judicial para efetuá-lo. Considerando essa situação hipotética, assinale a opção correta.

(A) Não deve ser aplicada a multa prevista no art. 477, § 8.º, da CLT, decorrente do atraso no pagamento da rescisão contratual, já que foi o empregado quem se recusou a receber as verbas rescisórias.

(B) Não deve ser aplicada a multa prevista no art. 477, § 8.º, da CLT, já que houve homologação do termo de rescisão do contrato de trabalho no sindicato da categoria profissional de Francisco.

(C) A CLT apenas disciplina a aplicação da multa por atraso no pagamento quando ocorrer inadimplência por parte do empregador, não fazendo qualquer tipo de previsão quanto à inadimplência decorrente de atitude do empregado.
(D) Deve ser aplicada a multa prevista no art. 477, § 8.º, da CLT, uma vez que a empresa deveria ter efetuado ou o depósito da quantia referente às verbas rescisórias na conta corrente do empregado, ou o depósito em consignação.
(E) A multa prevista no art. 477, § 8.º, da CLT apenas pode ser aplicada nos casos de demissão sem justa causa.

A: falsa, pois não foi observada a regra do art. 477, § 6º, da CLT; B: falsa, pois não foi observada a regra do art. 477, § 6º, da CLT; C: falsa, pois cabe ao empregador efetuar o pagamento nos prazos do art. 477, § 6º, da CLT; D: correto; depósito em conta, em conformidade com a Instrução Normativa 3 da Secretaria de Relações do Trabalho do Ministério do Trabalho e Emprego, e consignação em pagamento (art. 890 e seguintes do CPC); E: falso, pois será aplicada, também, para hipóteses de justa causa. Gabarito "D".

(Procurador do Estado/PB – 2008 – CESPE) Suponha-se que a União contrate, mediante licitação, empresa para fornecimento de mão-de-obra em atividade de conservação e limpeza e que essa empresa, antes do encerramento do prazo do contrato, deixe de pagar a seus empregados. Suponha-se, ainda, que estes permaneçam trabalhando em favor da União. A respeito dessa situação hipotética, assinale a opção correta, com base na CF, na CLT e na jurisprudência sumulada e consolidada do Tribunal Superior do Trabalho (TST).

(A) Esses empregados têm direito a postular vínculo de emprego diretamente com a União, visto que esta é a beneficiária real de seus serviços.
(B) A União pode ser responsabilizada em caráter solidário com a empresa inadimplente.
(C) A União pode ser chamada à autoria após a tentativa de execução da empresa inadimplente, dada a sua responsabilidade, apenas, em grau subsidiário.
(D) A União, se houver integrado a lide e constar do título executivo, pode ser responsabilizada em segundo grau, subsidiariamente à empresa inadimplente, sem responder, contudo, por qualquer eventual pedido de vínculo de emprego que lhe seja dirigido.
(E) A União pode ser, apenas, responsabilizada após ser reconhecido o vínculo de emprego desta com o em-pregado, sendo, assim, afastada a empresa inadimplente da relação executória.

A: incorreta, pois a assertiva conflita com a Súmula 331, II, do TST: "CONTRATO DE PRESTAÇÃO DE SERVIÇOS. LEGALIDADE II - A contrata-ção irregular de trabalhador, mediante empresa interposta, não gera vínculo de emprego com os órgãos da administração pública direta, indireta ou fundacional (art. 37, II, da CF/1988)"; B: incorreta, pois se trata de responsabilidade subsidiária, conforme dispõe a Súmula 331, IV, do TST: "V - Os entes integrantes da administração pública direta e indireta respondem subsidiariamente, nas mesmas condições do item IV, caso evidenciada a sua conduta culposa no cumprimento das obrigações da Lei n. 8.666/93, especialmente na fiscalização do cumprimento das obrigações contratuais e legais da prestadora de serviço como empregadora. A aludida responsabilidade não decorre de mero inadimplemento das obrigações trabalhistas assumidas pela empresa regularmente contratada"; C: incorreta, pois para que a União responda subsidiariamente deverá participar da relação processual desde a fase de conhecimento, conforme Súmula 331, IV, do TST; D: correta, pois a assertiva está de acordo com a Súmula 331 do TST, já transcrita acima, porém agora, com o julgamento da ADC 16 pelo STF e nova redação da Súmula 331, V, do TST, importante salientar que a responsabilidade não decorre do mero inadimplemento da empresa contratada; E: incorreta, eis que a União responderá subsidiariamente sem reconhecimento de vínculo, a teor do disposto na Súmula 331 do TST. Gabarito "D".

(Procurador do Estado/PR – 2007) Tendo o Estado do Paraná, no dia 01.04.2002, rescindido sem justa causa um contrato de trabalho celebrado há mais de um ano com uma servidora pública estadual, é correto afirmar que:

(A) Sendo ente público, não está sujeito à homologação da rescisão;
(B) Deverá depositar, a título de multa fundiária prevista no art. 10, inciso I, do ADCT da CR/88, o equivalente a 50% do total dos depósitos devidos na conta vinculada do FGTS do empregado;
(C) Será condenado a pagar com um acréscimo de 50% o montante incontroverso das verbas rescisórias não pagas na data do comparecimento em juízo;
(D) Deverá pagar à servidora pública estadual o equivalente à contribuição mensal ao FGTS de 8% relativa ao mês da rescisão e ao último mês de trabalho que ainda não houver sido recolhida;
(E) Apenas as alternativas A e B estão corretas.

A: correta, pois de acordo com o art. 1º, I, do Decreto-Lei 779/1969, a União, os Estados, o Distrito Federal, os Municípios, as autarquias e fundações de direito público que não explorem atividade econômica possuem a prerrogativa de presunção relativa de validade dos recibos de quitação ou pedidos de demissão de seus empregados, **ainda que não homologados**, sem que sejam submetidos à assistência mencionada no art. 477 da CLT; B: correta, pois será devida a indenização compensatória de 40% (art. 18, § 1º, da Lei 8.036/1990) e contribuição social de 10% (art. 1º da Lei Complementar 110/2001), o que resulta em depósito de 50% sobre o montante de todos os depósitos devidos referentes ao FGTS durante a vigência do contrato; C: incorreta, pois referida multa não se aplica à União, Estados, Distrito Federal e Municípios, conforme disposto no art. 467, parágrafo único, da CLT; D: incorreta, pois os valores devidos a título de depósito de FGTS deverão ser sempre depositados em conta vinculada até o dia 7 de cada mês, na importância de 8% da remuneração paga no mês anterior e nunca pagos diretamente ao empregado; E: as alternativas A e B estão corretas. Gabarito "E".

(Procurador do Estado/PR – 2007) Assinale a alternativa correta:

(A) Justifica-se a inclusão da condenação criminal como justa causa ante a quebra de necessária confiança que deve existir entre as partes.
(B) O ato de improbidade pode se configurar ainda que não haja prejuízo ao empregador, colegas de trabalho ou terceiro, bastando para tanto a mera tentativa pelo empregado.
(C) A negociação habitual somente se configura como justa causa se importar em atos de concorrência com o empregador.
(D) O elemento dolo pode estar presente na ocorrência de desídia, embora não seja indispensável à caracterização desta falta.
(E) A reiterada imperícia do empregado pode justificar a rescisão por justa causa.

A: errada, pois a interpretação teleológica da inclusão da condenação criminal como justa causa refere-se a inviabilidade de o empregado continuar prestando serviços, eis que deverá cumprir pena restritiva de liberdade e, segundo Gustavo Filipe Barbosa Garcia: "Tanto é assim que, de acordo com o referido dispositivo legal, a justa causa só se verifica se não tiver sido concedida a suspensão da execução da pena, ou seja, desde que não exista *sursis*" (Curso de Direito do Trabalho, Gen, 4ª edição, p. 627); B: correta, pois sobre o tema há duas vertentes. A primeira, e mais restritiva, entende que há necessidade de configuração de dano patrimonial. A segunda, mais ampla, e que vem ganhando força, entende que não há necessidade de lesão ao patrimônio da empresa, bastando que haja conduta desonesta grave; C: errada, pois há duas situações diferentes contempladas pelo art. 482, c, da CLT. A primeira exige que o ato constitua concorrência ao empregador, e a segunda, não citada na assertiva, exige que a negociação habitual seja prejudicial ao serviço; D: errada, pois a conduta desidiosa apta a ensejar a justa causa é aquela desatenção reiterada, desinteresse contínuo, desleixo com as obrigações. Assim, para caracterizar a desídia é necessária a evidenciação de um comportamento habitual e que, mesmo após o empregador ter tomado outras medidas com fundamento no poder disciplinar, o trabalhador continue com seu comportamento desidioso; E: errada, pois a imperícia não é hipótese de justa causa, eis que não consta do rol taxativo do art. 482 da CLT. Gabarito "B".

(Procurador do Estado/PR – 2007) Um Secretário de Estado contrata vários funcionários, sem concurso público, pelo regime CLT. O Ministério Público do Trabalho, entende ilegal a contratação e determina que não se efetuem quaisquer pagamentos. Assim, de pronto, ocorre a rescisão dos contratos de trabalho, verbalmente, sem qualquer formalidade ou pagamento. Diante desse quadro, é correto afirmar:

(A) os funcionários não terão direito a nada.
(B) Os funcionários terão direito tão somente ao saldo de salário e saque dos valores existentes no FGTS.
(C) Os funcionários terão direito a rescisão contratual, saldo de salário, verbas rescisórias e FGTS com a indenização legal, além das guias de seguro desemprego.
(D) Os funcionários terão direito a todas as parcelas decorrentes do vínculo de emprego, a título de indenização.
(E) Os funcionários somente terão direito a sacar os valores depositados no FGTS, mais indenização legal e receber as guias de seguro desemprego.

A alternativa B está correta, pois os funcionários terão direito a receber o saldo de salário e valor do FGTS, a teor da Súmula 363 do TST: "CONTRATO NULO. EFEITOS. A contratação de servidor público, após a CF/1988, sem prévia aprovação em concurso público, encontra óbice no respectivo art. 37, II e § 2º, somente lhe conferindo direito ao pagamento da contraprestação pactuada, em relação ao número de horas trabalhadas, respeitado o valor da hora do salário-mínimo, e dos valores referentes aos depósitos do FGTS". Gabarito "B".

(Procurador do Estado/RR – 2006 – FCC) A empresa encerrou suas atividades em razão de ato de desapropriação do Poder Público e por conseqüência os contratos de trabalho foram rescindidos, por

(A) força maior, sendo indevida qualquer indenização aos empregados.
(B) culpa recíproca, ficando o empregador responsável pelo pagamento da metade da indenização devida aos empregados.
(C) *factum principis*, incumbindo ao órgão expropriante o pagamento da indenização devida aos empregados.
(D) rescisão sem justa causa, incumbindo ao órgão expropriante e ao empregador, em partes iguais, o pagamento de indenização devida ao empregado.
(E) rescisão indireta, ficando o empregador responsável pelo pagamento da indenização devida aos empregados.

A alternativa C está correta, pois se trata de fato do príncipe, que, segundo Hely Lopes Meirelles, "é toda determinação estatal, positiva ou negativa, geral, imprevista e imprevisível, que onera substancialmente a execução do contrato administrativo" (Direito Administrativo Brasileiro, Malheiros, 26ª edição, p. 229). Assim, no caso de desapropriação pelo Poder Público, a empresa encerrou suas atividades, rescindindo o contrato de trabalho por causa alheia à sua vontade, razão pela qual incide a regra do art. 486, *caput*, da CLT: "No caso de paralisação temporária ou definitiva do trabalho, motivada por ato de autoridade municipal, estadual ou federal, ou pela promulgação de lei ou resolução que impossibilite a continuação da atividade, prevalecerá o pagamento da indenização, que ficará a cargo do governo responsável". Gabarito "C".

(Procuradoria Federal – 2007 – CESPE) Empregado público na administração direta federal em desvio de função não possui direito ao pagamento das diferenças salariais pela função exercida.

Errada, pois o empregado público terá direito à diferença salarial, mas não ao reenquadramento, conforme dispõe a Orientação Jurisprudencial 125 da SDI-I do TST: "DESVIO DE FUNÇÃO. QUADRO DE CARREIRA. O simples desvio funcional do empregado não gera direito a novo enquadramento, mas apenas às diferenças salariais respectivas, mesmo que o desvio de função haja iniciado antes da vigência da CF/1988". Gabarito "E".

(Procuradoria Federal – 2007 – CESPE) A aposentadoria espontânea não necessariamente constitui hipótese de extinção do contrato de trabalho.

Certa, pois a assertiva reflete posição consolidada pela Orientação Jurisprudencial 361 da SDI-I do TST: "APOSENTADORIA ESPONTÂNEA. UNICIDADE DO CONTRATO DE TRABALHO. MULTA DE 40% DO FGTS SOBRE TODO O PERÍODO. A aposentadoria espontânea não é causa de extinção do contrato de trabalho se o empregado permanece prestando serviços ao empregador após a jubilação. Assim, por ocasião da sua dispensa imotivada, o empregado tem direito à multa de 40% do FGTS sobre a totalidade dos depósitos efetuados no curso do pacto laboral". Gabarito "C".

(Procuradoria Federal – 2007 – CESPE) Em caso de rescisão do contrato de trabalho com a União, esta é obrigada a pagar ao trabalhador, à data do comparecimento na justiça do trabalho, a parte incontroversa das verbas rescisórias, sob pena de pagá-las acrescidas de 50%.

Errada, pois a assertiva contraria o disposto no art. 467, parágrafo único, da CLT: "Em caso de rescisão de contrato de trabalho, havendo controvérsia sobre o montante das verbas rescisórias, o empregador é obrigado a pagar ao trabalhador, à data do comparecimento à Justiça do Trabalho, a parte incontroversa dessas verbas, sob pena de pagá-las acrescidas de cinquenta por cento. Parágrafo único. O disposto no *caput* não se aplica à União, aos Estados, ao Distrito Federal, aos Municípios e às suas autarquias e fundações públicas". Gabarito "E".

(Procurador do Município/Teresina-PI – 2010 – FCC) Joana estava cumprindo aviso prévio quando cometeu falta grave passível de acarretar a rescisão do contrato de trabalho por justa causa. Neste caso, considerando que Joana não abandonou o emprego, ela

(A) terá direito a 50% das verbas rescisórias de natureza indenizatória em razão da falta ter ocorrido no período de cumprimento do aviso prévio.
(B) não terá direito a qualquer verba rescisória de natureza indenizatória.
(C) terá direito normalmente às verbas rescisórias de natureza indenizatória, uma vez que já se encontrava em aviso prévio.
(D) terá direito a 1/3 das verbas rescisórias de natureza indenizatória em razão da falta ter ocorrido no período de cumprimento do aviso prévio.
(E) terá direito apenas às multas normativas previstas em Convenção Coletiva de Trabalho.

No curso do aviso pode ocorrer falta grave, seja pelo empregado, seja pelo empregador. Nesse caso, a rescisão passará a ser uma rescisão por justa causa do empregado ou por rescisão indireta, justa causa do empregador. Nessa linha, o TST editou a súmula 73 entendendo que a ocorrência de justa causa, salvo a de abandono de emprego, no decurso do prazo do aviso prévio dado pelo empregador, retira do empregado qualquer direito às verbas rescisórias de natureza indenizatória. Gabarito "B".

(Magistratura do Trabalho – 24ª Região – 2007) De acordo Súmula da jurisprudência do Colendo Tribunal Superior do Trabalho, em tema de aviso prévio:

I. A cessação da atividade da empresa, com o pagamento da indenização, simples ou em dobro, não exclui, por si só, o direito do empregado ao aviso prévio.
II. A ocorrência de justa causa, salvo a de abandono de emprego, no decurso do prazo do aviso prévio dado pelo empregador, retira do empregado qualquer direito às verbas rescisórias de natureza indenizatória.
III. Cabe aviso prévio nas rescisões antecipadas dos contratos de experiência, na forma do art. 481 da CLT.
IV. É ilegal substituir o período que se reduz da jornada de trabalho, no aviso prévio, pelo pagamento das horas correspondentes.
V. É inválida a concessão do aviso prévio na fluência da garantia de emprego, ante a incompatibilidade dos dois institutos.

RESPONDA:
(A) Todas as proposições estão corretas.
(B) Apenas as proposições I e II estão corretas.
(C) Apenas a proposição II e IV estão corretas.
(D) Apenas as proposições III e V estão corretas.
(E) Apenas as proposições II, III e IV estão corretas.

I: correto, Súmula 44 do TST; II: correto, Súmula 73 do TST; III: correto, Súmula 163 do TST; IV: correto, Súmula 230 do TST; V: correto, Súmula 348 do TST. Gabarito "A".

(Magistratura do Trabalho – 24ª Região – 2007) Assinale a alternativa INCORRETA:

(A) A recusa injustificada de executar serviço extraordinário, em caso de urgência ou de acidentes que afetem a segurança ou regularidade do serviço, tipifica justa causa no serviço ferroviário.
(B) O trabalhador contratado como motorista e que se recusa a trabalhar como vigia do estabelecimento comete falta grave.
(C) Não tipifica falta grave o fato de o trabalhador deixar de cumprir ordens cuja execução lhe possa acarretar sério risco à integridade física.
(D) A desídia se caracteriza por um somatório de pequenas faltas repetidas; porém, pode caracterizar-se em um só ato, dependendo da gravidade do dano causado ao empregador pela negligência do empregado.
(E) O fato de ser legal ou tolerado o jogo de azar, praticado habitual e periodicamente pelo empregado, não o isenta de punição pelo empregador.

A: correto, art. 240 da CLT; B: falso, não está tipificado no art. 482 da CLT; C: correto, pois o trabalhador pode recusar-se a trabalhar nessa situação; D: correto, art. 482, "e", da CLT; E: correto, art. 482, "l", da CLT. Gabarito "B".

(Magistratura do Trabalho – 23ª Região – 2006) Analise as assertivas abaixo e assinale a alternativa correta:

I. No caso de morte do empregador constituído em empresa individual, é facultado ao empregado rescindir o contrato de trabalho;

II. Reconhecida em juízo a culpa recíproca quanto ao término contratual, o acréscimo rescisório sobre o Fundo de Garantia, de 40%, será devido apenas pela metade. Também se deve reduzir pela metade o aviso prévio indenizado, o décimo terceiro salário proporcional e férias proporcionais e seu terço;

III. É lícito ao menor de dezoito anos firmar recibo pelo pagamento de salários, todavia, quando da quitação das verbas rescisórias, ele deverá estar assistido pelos responsáveis legais, sob pena de nulidade;

IV. O atleta profissional de futebol poderá postular a rescisão indireta de seu contrato de trabalho, ficando inclusive livre para se transferir para outra agremiação, quando o empregador estiver em atraso com o pagamento de salário, no todo ou em parte, por período igual ou superior a três meses. São considerados salários, para estes efeitos, o abono de férias, o décimo terceiro salário, as gratificações, os prêmios e demais verbas inclusas no contrato de trabalho;

V. Chegando a termo o contrato de experiência, serão devidas as férias e a gratificação natalina proporcionais. O empregado ainda terá direito a sacar o saldo da conta vinculada do FGTS, com a multa de 40%.

(A) todas as alternativas estão corretas;
(B) todas as afirmativas estão incorretas;
(C) somente a afirmativa V está incorreta;
(D) somente as afirmativas III e V estão incorretas;
(E) somente a afirmativa III e IV estão incorretas.

I: correto, art. 483, § 2º, da CLT; II: correto, art. 484 da CLT; III: correto, art. 439 da CLT; IV: correto, art. 31 da Lei n.º 9.615/98; V: falso, pois não há pagamento da multa de 40%. Gabarito "C".

(Magistratura do Trabalho – 23ª Região – 2006) Considerando-se as afirmações abaixo, marque a alternativa correta:

I. o recibo de pagamento de rescisão contratual é válido como quitação de todas as verbas trabalhistas, mesmo que não as discrimine, desde que se encontre devidamente assinado pelo empregado e homologado pelo seu sindicato;

II. o pedido de demissão de trabalhador maior de 18 (dezoito) anos, absolutamente capaz, com mais de 2 (dois) anos de emprego, prescinde de assistência, quer seja do seu sindicato ou de autoridade pública, desde que feito por escrito e se encontre devidamente assinado pelo trabalhador, juntamente com duas testemunhas;

III. nos contratos a termo, o empregador poderá rescindir o pacto antes do prazo estipulado, pagando ao empregado, além da remuneração do período trabalhado, as verbas decorrentes da rescisão indireta;

IV. o pagamento das parcelas decorrentes da despedida deverá ser efetuado no último dia do contrato;

V. desde que o empregado, mesmo analfabeto, concorde e seja assistido pelo sindicato da sua categoria, o pagamento das verbas rescisórias pode ser efetuado em gêneros alimentícios.

(A) todas as alternativas estão corretas;
(B) somente as alternativas I e II estão corretas;
(C) todas as alternativas estão incorretas;
(D) somente a alternativa IV está correta;
(E) somente as alternativas III e V estão corretas.

I: falso, Súmula 330, I, do TST; II: falso, art. 477, § 2º, da CLT; III: falso, art. 479 da CLT; IV: falso, pois devem observar o prazo do art. 477, § 6º, da CLT; V: falso, pois deve ser feito em moeda corrente. Gabarito "C".

(Magistratura do Trabalho – 23ª Região – 2006) Considerando as normas que tratam da prescrição na CLT, assinale a alternativa correta:

I. a prescrição aplicável à trabalhadora, na vigência do contrato de trabalho, é de 5 (cinco) anos, e de 2 (dois) anos após a extinção do pacto laboral;

II. a prescrição aplica-se de igual modo ao trabalhador rural e ao trabalhador urbano;

III. um trabalhador urbano, menor de 17 (dezessete) anos, pode pleitear os seus direitos, perante a Justiça do Trabalho, depois do prazo de 2 (dois) anos da extinção do contrato de trabalho;

IV. é imprescritível o direito de pleitear anotação de contrato de trabalho em carteira profissional, a fim de fazer prova perante a Previdência Social;

V. a contagem do prazo prescricional inicia-se no momento em que o empregado completa o período aquisitivo do direito às férias.

(A) as alternativas I, II, III e V estão corretas;
(B) as alternativas I, II, III e IV estão corretas;
(C) todas as alternativas estão corretas;
(D) as alternativas I, II e IV estão corretas;
(E) as alternativas I, II e V estão corretas.

I: correto, art. 7º, XXXIX, da CF; II: correto, art. 7º, XXXIX, da CF; III: correto, art. 440 da CLT; IV: correto, art. 11, § 1º, da CLT; V: falso, art. 149 da CLT. Gabarito "B".

(Magistratura do Trabalho – 18ª Região – 2006) Considere as assertivas abaixo e assinale a alternativa correta, de acordo com a jurisprudência sumulada do TST.

I. A contratação irregular de trabalhador, mediante empresa interposta, não gera vínculo de emprego com os órgãos da administração pública direta, indireta ou fundacional.

II. Salvo os casos de trabalho temporário e de serviço de vigilância, previstos nas Leis nºs 6.019, de 03.01.74, e 7.102, de 20.06.83, é ilegal a contratação de trabalhadores por empresa interposta, formando-se o vínculo empregatício diretamente com o tomador dos serviços, inclusive ente público, em relação ao período anterior à vigência da CF/88.

III. Preenchidos os requisitos do art. 3º da CLT, é legítimo o reconhecimento de relação de emprego entre policial militar e empresa privada, independentemente do eventual cabimento de penalidade disciplinar prevista no Estatuto do Policial Militar.

IV. Não forma vínculo de emprego com o tomador a contratação de serviços de vigilância (Lei nº 7.102, de 20.06.1983) e de conservação e limpeza, bem como a de serviços especializados ligados à atividade-meio do tomador, desde que inexistente a pessoalidade e a subordinação direta.

V. Não se caracteriza o vínculo empregatício na nomeação para o exercício das funções de oficial de justiça ad hoc, ainda que feita de forma reiterada, pois exaure-se a cada cumprimento de mandado.

(A) todas são verdadeiras
(B) apenas a segunda não é verdadeira
(C) apenas a última não é verdadeira
(D) apenas a primeira e a quarta são verdadeiras
(E) apenas as assertivas I, III e IV são verdadeiras

I: correto, Súmula 331, II, do TST; II: correto, Súmula 331, I e II, do TST; III: correto, Súmula 386 do TST, IV: correto, Súmula 331, II, do TST; V: correto, orientação jurisprudencial 164 da SDI 1 do TST. Gabarito "A".

(Magistratura do Trabalho – 18ª Região – 2006) Em quais hipóteses pode o empregado pleitear a rescisão indireta do contrato de trabalho permanecendo no serviço até final decisão do processo?

(A) descumprimento de obrigações contratuais por parte do empregador e exigência de serviços superiores às sua forças e defesos por lei.

(B) redução do trabalho, sendo este por peça ou tarefa, de forma a afetar sensivelmente a importância dos salários e prática pelo empregador ou seus prepostos de ato lesivo da honra e boa fama contra o empregado ou pessoas de sua família.

(C) ofensas físicas praticadas pelo empregador, salvo em caso de legítima defesa, própria ou de outrem, e descumprimento de obrigações contratuais por parte do empregador.

(D) descumprimento de obrigações contratuais por parte do empregador e tratamento com rigor excessivo também por parte do empregador ou pelos superiores hierárquicos.

(E) descumprimento de obrigações contratuais por parte do empregador e redução do trabalho, sendo este por peça ou tarefa, de forma a afetar sensivelmente a importância dos salários.

A: falso, pois a segunda parte da alternativa não autoriza; B: falso, pois a segunda parte da alternativa não autoriza; C: falso, pois a primeira parte da alternativa não autoriza; D: falso, pois a segunda parte da alternativa não autoriza; E: correto, art. 483, § 3º, da CLT. Gabarito "E".

(Magistratura do Trabalho – 14ª Região – 2006) Aviso prévio.

I. Reconhecida a culpa recíproca na rescisão do contrato de trabalho (art. 484 da CLT), o empregado tem direito a 50% (cinqüenta por cento) do valor do aviso prévio.
II. A ocorrência de justa causa, salvo a de abandono de emprego, no decurso do prazo do aviso prévio dado pelo empregador, retira do empregado qualquer direito às verbas rescisórias de natureza indenizatória.
III. É ilegal substituir o período que se reduz da jornada de trabalho, no aviso prévio, pelo pagamento das horas correspondentes.
IV. O direito ao aviso prévio é irrenunciável pelo empregado. O pedido de dispensa de cumprimento não exime o empregador de pagar o respectivo valor, salvo comprovação de haver o prestador dos serviços obtido novo emprego.

Responda:

(A) todas as opções estão corretas;
(B) apenas três opções estão corretas;
(C) apenas duas opções estão corretas;
(D) apenas uma opção está correta;
(E) todas as opções estão incorretas.

I: correto, art. 484 da CLT; II: correto, Súmula 73 do TST; III: correto, Súmula 230 do TST; IV: correto, Súmula 276 do TST. Gabarito "A".

(Magistratura do Trabalho – 14ª Região – 2006) Prescrição.

I. Na ação de equiparação salarial, a prescrição é total e inicia-se após o término do contrato de trabalho do reclamante ou paradigma, respeitado o período de 5 (cinco) anos que precedeu o ajuizamento.
II. Respeitado o biênio subseqüente à cessação contratual, a prescrição da ação trabalhista concerne às pretensões imediatamente anteriores a cinco anos, contados da data da extinção do contrato de trabalho e, não, às anteriores ao qüinqüênio da data do ajuizamento da reclamação.
III. A ação trabalhista, ainda que arquivada, interrompe a prescrição somente em relação aos pedidos idênticos.
IV. A transferência do regime jurídico de celetista para estatutário implica extinção do contrato de trabalho, fluindo o prazo da prescrição bienal a partir da mudança de regime.

Responda:

(A) todas as opções estão corretas;
(B) apenas três opções estão corretas;
(C) apenas duas opções estão corretas;
(D) apenas uma opção está correta;
(E) todas as opções estão incorretas.

I: falso, Súmula 6, IX, do TST; II: falso, art. 7º, XXXIX, da CF; III: correto, Súmula 268 do TST; IV: correto, Súmula 382 do TST. Gabarito "C".

(Magistratura do Trabalho – 14ª Região – 2006) Assinale a alternativa INCORRETA:

(A) Presume-se o abandono de emprego se o trabalhador não retornar ao serviço no prazo de 30 (trinta) dias após a cessação do benefício previdenciário nem justificar o motivo de não o fazer;
(B) Enquanto a indisciplina é o descumprimento de regras gerais impostas pelo empregador indistintamente a todos os empregados, a insubordinação é o descumprimento de ordens especificamente dirigidas a determinado empregado ou grupo de empregados;
(C) A pornografia, a libertinagem, o desregramento sexual caracterizam a incontinência de conduta ensejadora da dispensa do empregado com justa causa;
(D) Considera-se justa causa, para efeito de rescisão do contrato de trabalho do empregado bancário, a falta contumaz de pagamento de dívidas legalmente exigíveis;
(E) Constitui justa causa para a rescisão do contrato de trabalho pelo empregador a condenação criminal do empregado, passada em julgado, caso não tenha havido a suspensão da execução da pena, exclusivamente no tocante a crimes decorrentes do cumprimento do contrato de trabalho.

A: correto, Súmula 32 do TST; B: correto, art. 482, "h", da CLT; C: correto, art. 482, "b", da CLT; D: correto, art. 508 da CLT; E: falso, art. 482, "d", da CLT. Gabarito "E".

(Magistratura do Trabalho – 9ª Região – 2006) Assinale a alternativa incorreta:

(A) Empregado e empregador firmaram contrato de trabalho por prazo determinado, sem cláusula prevendo direito recíproco de rescisão antecipada. Antes do termo final estipulado, o empregador despede o empregado sem justo motivo. Neste quadro, o empregado tem direito de receber indenização equivalente à metade da remuneração que teria direito entre a data da dispensa e a data do termo final do contrato.
(B) Um empregado foi despedido sem justa causa e cumpriu regular e integralmente o aviso prévio concedido pelo empregador. Recebeu as verbas rescisórias no décimo dia, contado da data do término do contrato. Neste quadro, o empregado não tem direito à multa em valor equivalente ao seu salário porque as parcelas constantes do instrumento de rescisão ou recibo de quitação foram pagas dentro do prazo legal.
(C) A rescisão do contrato de trabalho somente se torna efetiva depois de expirado o prazo do aviso prévio concedido pelo empregador ao empregado, uma vez que se o empregado aceita eventual reconsideração do empregador ou continua a prestar serviços após o decurso do prazo de 30 dias, o contrato continua em vigor, como se o aviso não tivesse existido.
(D) Em se tratando de empregado não estável e com menos de um ano de serviço, a lei não exige homologação do pedido de demissão.
(E) O empregado que pleiteia a rescisão indireta do seu contrato de trabalho alegando o não cumprimento, pelo empregador, das obrigações contratuais, tem a faculdade de permanecer ou não no emprego até final decisão do processo.

A: correto, art. 479 da CLT; B: falso, art. 477, § 6º, "a", da CLT; C: correto, art. 489 da CLT; D: correto, art. 477, § 1º, da CLT; E: correto, art. 483, § 3º, da CLT. Gabarito "B".

(Magistratura do Trabalho – 8ª Região – 2007) Assinale a alternativa correta, de acordo com o texto consolidado:

(A) O valor probatório das anotações da Carteira de Trabalho e Previdência Social encerra presunção absoluta, não autorizando prova em contrário, em razão do princípio protetor do Direito do Trabalho.
(B) A gratificação natalina proporcional é devida na extinção dos contratos a prazo somente quando a relação de emprego haja findado em dezembro.
(C) O décimo terceiro salário não é devido ao empregado que toma a iniciativa da resilição contratual.
(D) Em caso de rescisão do contrato do trabalho, motivada pelo empregador ou pelo empregado, e havendo controvérsia sobre parte da importância dos salários, o primeiro é obrigado a pagar a este à data do seu comparecimento ao Tribunal de Trabalho a parte incontroversa dos mesmos salários, sob pena de ser, quanto a essa parte, condenado a pagá-la acrescida de cinquenta por cento.
(E) Ao empregador é vedado transferir o empregado, sem a sua anuência, para localidade diversa da que resultar do contrato, não se considerando transferência a que não acarretar necessariamente a mudança do seu domicílio, porém é lícita a transferência quando ocorrer extinção do estabelecimento em que trabalhar o empregado.

A: falso, Súmula 12 do TST; B: falso, art. 1º, § 3º, I, da lei 4.090/62; C: falso, art. 3º da lei 4.090/62; D: falso, art. 467 da CLT; E: correto, art. 469, caput e § 2º, da CLT. Gabarito "E".

(Magistratura do Trabalho – 8ª Região – 2007) Marque a alternativa correta:

(A) O aviso prévio é um instituto jurídico unilateral, portanto, somente ao empregador é obrigatória a sua concessão.
(B) A duração do aviso prévio deve ser de, no máximo, trinta dias.
(C) Se antes do término do prazo do aviso prévio a parte notificante reconsiderar o ato, a outra parte deve aceitar esse pedido de reconsideração.
(D) A continuidade da prestação de serviços, depois de expirado o prazo do aviso prévio, constitui-se em novo contrato de trabalho.
(E) Durante o prazo do aviso prévio, se a rescisão tiver sido promovida pelo empregador, o empregado rural terá direito a um dia por semana, sem prejuízo do salário integral, para procurar outro trabalho.

A: falso, art. 487 da CLT; B: falso, art. 7º, XXI, da CF; C: falso, art. 489 da CLT; D: falso, art. 489, parágrafo único, da CLT; E: correto, art. 15 da lei 5.889/73. Gabarito "E".

(Magistratura do Trabalho – 8ª Região – 2007) Sobre a resolução contratual, marque a alternativa correta:

(A) As hipóteses de justa causa previstas na Consolidação das Leis do Trabalho são apenas exemplificativas, portanto, a falta pode ser livremente apreciada pelo juiz, fora dos contornos fixados na lei.
(B) O empregado poderá pleitear a resolução do seu contrato de trabalho, nas hipóteses previstas no texto consolidado de prática de falta grave pelo empregador, desde que permaneça no serviço até final decisão do processo.
(C) Ocorre a resolução contratual, por culpa recíproca, quando ambas as partes contribuíram proporcionalmente e, nesse caso, a indenização será reduzida à metade do que seria devido em caso de culpa exclusiva do empregador.
(D) A resolução contratual, por culpa do empregado, retira-lhe o direito de receber aviso prévio, décimo terceiro salário proporcional ao ano da ruptura contratual, férias simples e proporcionais mais um terço, bem como Fundo de Garantia do Tempo de Serviço, mais a multa de quarenta por cento.
(E) O ato de improbidade só se caracteriza quando por ação ou omissão dolosas o empregado visa a uma vantagem pessoal.

A: falso, pois as hipóteses previstas na CLT são taxativas; B: falso, pois somente poderá continuar nas hipóteses do art. 483, § 3º, da CLT; C: correto, art. 484 da CLT; D: falso; serão retirados: aviso prévio, saque dos depósitos do FGTS e multa de 40%; E: falso, pois somente pode ser legalmente tipificado quando do ato resultar prejuízos ao patrimônio do empregador. Gabarito "C".

(FGV – 2004) O empregado que, durante o prazo do aviso prévio, cometer qualquer das faltas consideradas pela lei como justas para rescisão:

(A) perde o direito ao restante do respectivo prazo.
(B) tem direito ao recebimento integral do mês do aviso prévio.
(C) tem direito ao recebimento em dobro do mês do aviso prévio.
(D) não faz jus ao pagamento de qualquer valor do aviso prévio.
(E) não poderá ser punido, em razão de já estar cumprindo o aviso prévio.

A alternativa A é a correta, pois reflete o disposto no art. 491 da CLT: "O empregado que, durante o prazo do aviso-prévio, cometer qualquer das faltas consideradas pela lei como justas para a rescisão, perde o direito ao restante do respectivo prazo". Gabarito "A".

9. ESTABILIDADE E FGTS

(Procurador do Estado/PE – CESPE – 2009) Acerca da estabilidade decenal, assinale a opção correta.

(A) O empregado que completou dez anos de serviço, na mesma empresa, em setembro de 2009 não pode ser despedido senão por motivo de falta grave ou circunstância de força maior, devidamente comprovadas.
(B) A estabilidade contratual ou a derivada de regulamento de empresa são compatíveis com o regime do FGTS. Diversamente ocorre com a estabilidade decenal de que trata a CLT, que é renunciada com a opção pelo FGTS.
(C) A equivalência entre os regimes do FGTS e da estabilidade prevista na CLT, além de jurídica, apresenta condão econômico, sendo devidos valores a título de reposição de diferenças.
(D) Quando a reintegração do empregado estável é desaconselhável, considerando o grau de incompatibilidade resultante do dissídio, especialmente quando é o empregador pessoa física, o tribunal do trabalho deve converter aquela obrigação em indenização.
(E) O tempo de serviço anterior à CF pode ser transacionado entre empregador e empregado, respeitado o limite mínimo de 80% da indenização prevista.

A: incorreta, pois só possuem estabilidade decenal aqueles que já tinham 10 anos de serviço até 04.10.88, não sendo optantes do regime do FGTS; B: correta, pois com a criação do FGTS (Lei 5.107/66), a estabilidade decenal passou a atingir somente os não-optantes do sistema do FGTS. A CF/88, por sua vez, tornou o regime do FGTS obrigatório. Com isso, só possuem estabilidade decenal aqueles que adquiriram 10 anos de serviço até 04.10.88, não sendo optantes do regime do FGTS. Desta forma a Constituição Federal aboliu o regime da estabilidade decenal; C: incorreta, pois não existe qualquer equivalência econômica; D: incorreta, pois nesses casos o tribunal do trabalho poderá converter a reintegração em indenização (art. 496 da CLT); E: incorreta, pois o limite mínimo da indenização prevista é de 60% (art. 14, § 2º, da Lei 8.036/90). Gabarito "B".

(Procurador do Estado/PE – CESPE – 2009) A respeito dos depósitos fundiários, assinale a opção correta.

(A) Incide a contribuição para o FGTS sobre as férias indenizadas.
(B) É de responsabilidade da União o pagamento da diferença da multa de 40% sobre os depósitos do FGTS, decorrente da atualização monetária em face dos expurgos inflacionários.
(C) O FGTS não incide sobre as parcelas de natureza salarial pagas ao empregado em virtude de prestação de serviços no exterior.
(D) Os créditos referentes ao FGTS, decorrentes de condenação judicial, serão corrigidos pelos mesmos índices aplicáveis aos débitos trabalhistas.
(E) Definido pelo reclamante, o período no qual não houve depósito do FGTS, ou houve em valor inferior, alegada pela reclamada a inexistência de diferença nos recolhimentos de FGTS, atrai para si, o empregado, o ônus da prova, a fim de demonstrar o fato constitutivo de seu direito.

A: incorreta, pois a assertiva está em confronto com a Orientação Jurisprudencial 195 da SDI-I do TST: "FÉRIAS INDENIZADAS. FGTS. NÃO-INCIDÊNCIA. Não incide a contribuição para o FGTS sobre as férias indenizadas"; B: incorreta, pois a responsabilidade é do empregador, conforme Orientação Jurisprudencial 341 da SDI-I do TST: "FGTS. MULTA DE 40%. DIFERENÇAS DECORRENTES DOS EXPURGOS INFLACIONÁRIOS. RESPONSABILIDADE PELO PAGAMENTO. É de responsabilidade do empregador o pagamento da diferença da multa de 40% sobre os depósitos do FGTS, decorrente da atualização monetária em face dos expurgos inflacionários"; C: incorreta, pois a assertiva está em desacordo com a Orientação Jurisprudencial 232 da SDI-I do TST: "FGTS. INCIDÊNCIA. EMPREGADO TRANSFERIDO PARA O EXTERIOR. REMUNERAÇÃO. O FGTS incide sobre todas as parcelas de natureza salarial pagas ao empregado em virtude de prestação de serviços no exterior"; D: correta, a alternativa está de acordo com a Orientação Jurisprudencial 302 da SDI-I do TST: "FGTS. ÍNDICE DE CORREÇÃO. DÉBITOS TRABALHISTAS. Os créditos referentes ao FGTS, decorrentes de condenação judicial, serão corrigidos pelos mesmos índices aplicáveis aos débitos trabalhistas"; E: incorreta, pois a assertiva está em desacordo com a Orientação Jurisprudencial 301 da SDI-I do TST: "FGTS. DIFERENÇAS. ÔNUS DA PROVA. LEI Nº 8.036/90, ART. 17. Definido pelo reclamante o período no qual não houve depósito do FGTS, ou houve em valor inferior, alegada pela reclamada a inexistência de diferença nos recolhimentos de FGTS, atrai para si o ônus da prova, incumbindo-lhe, portanto, apresentar as guias respectivas, a fim de demonstrar o fato extintivo do direito do autor (art. 818 da CLT c/c art. 333, II, do CPC)". Gabarito "D".

(Procurador do Estado/SP – FCC – 2009) NÃO se trata de situação de estabilidade especial:

(A) empregado da Administração Pública direta, das autarquias e fundações de direito público, em exercício na data da promulgação da Constituição Federal de 1988, há pelo menos 5 anos continuados, sem o devido concurso público.
(B) empregada gestante, desde a confirmação da gravidez até cinco meses após o parto.
(C) empregado que sofreu acidente do trabalho, pelo prazo mínimo de doze meses, após a cessação do respectivo auxílio-doença.

(D) empregado eleito como dirigente de organização sindical, desde o registro de sua candidatura até um ano após o final do seu mandato.

(E) empregado eleito para cargo de direção de comissão interna de prevenção de acidentes, desde o registro de sua candidatura até um ano após o final do seu mandato.

A: incorreta, pois a estabilidade de que cuida o art. 19 do Ato das Disposições Constitucionais Transitórias - ADCT é excepcional, não havendo que se falar, para sua aquisição, de nomeação em caráter efetivo ou do cumprimento de estágio probatório, mas sim de admissão sem prévio certame público e do exercício mínimo de cinco anos continuados, na data da promulgação da Lei Maior; B: correta, pois a gestante, desde a confirmação da gravidez até cinco meses após o parto, tem estabilidade especial (art. 10, II, *b*, do ADCT); C: correta, pois o empregado acidentado tem estabilidade especial (art. 118 da Lei 8.213/91); D: correta, pois o empregado eleito como dirigente de organização sindical tem estabilidade especial (art. 8º, VIII, da CF e art. 543, § 3º, da CLT); E: correta, pois o empregado eleito para cargo de direção de CIPA tem estabilidade especial (art. 10, II, *a*, do ADCT e Súmula 339 do TST). Gabarito "A".

(Procurador do Estado/CE – 2008 – CESPE) Acerca do FGTS, segundo a legislação aplicável e a jurisprudência sumulada e consolidada do TST, assinale a opção incorreta.

(A) A conta vinculada do trabalhador no FGTS poderá ser movimentada, entre outras hipóteses, quando ocorrer despedida sem justa causa, inclusive a indireta, rescisão contratual por culpa recíproca ou no caso de força maior.

(B) Incide contribuição previdenciária sobre os valores levantados do FGTS pelo empregado.

(C) Não é cabível medida liminar em mandado de segurança, em procedimento cautelar ou em qualquer outra ação de natureza cautelar ou preventiva, nem tutela antecipada que impliquem saque ou movimentação da conta vinculada do trabalhador no FGTS.

(D) É trintenária a prescrição do direito de reclamar contra o não-recolhimento da contribuição para o FGTS, observado o prazo de dois anos após o término do contrato de trabalho.

(E) Ainda quando anulado o contrato de trabalho de servidor público por falta de prévia aprovação em concurso público, são devidos os valores referentes aos depósitos do FGTS.

A: assertiva correta, pois reflete o disposto no art. 20, I, da Lei 8.036/90; B: assertiva incorreta, pois não incide contribuição previdenciária sobre os valores levantados do FGTS pelo empregado, eis que o valor da contribuição deve incidir sobre o salário respectivo; C: assertiva correta, pois reflete o disposto no art. 29-B da Lei 8.036/90; D: assertiva correta, pois reflete o teor da Súmula 362 do TST: "FGTS. PRESCRIÇÃO. É trintenária a prescrição do direito de reclamar contra o não-recolhimento da contribuição para o FGTS, observado o prazo de 2 (dois) anos após o término do contrato de trabalho"; E: assertiva correta, pois reflete o disposto na Súmula 363 do TST: "CONTRATO NULO. EFEITOS. A contratação de servidor público, após a CF/1988, sem prévia aprovação em concurso público, encontra óbice no respectivo art. 37, II e § 2º, somente lhe conferindo direito ao pagamento da contraprestação pactuada, em relação ao número de horas trabalhadas, respeitado o valor da hora do salário mínimo, e dos valores referentes aos depósitos do FGTS". Gabarito "B".

(Procurador Federal – 2010 – CESPE) Acerca da estabilidade provisória dos dirigentes sindicais, julgue os itens subsequentes.

(1) A ausência de comunicação escrita à empresa pela entidade sindical, dando ciência da candidatura a cargo de direção sindical de empregado por ela contratado, não afasta o direito à estabilidade provisória, já que pode ser suprida por outros meios de prova.

(2) O trabalhador que se candidatar a cargo integrante do conselho fiscal de entidade sindical não poderá ser dispensado a partir do momento do registro de sua candidatura, até um ano após o final do seu cmandato, mesmo que seja eleito como suplente. Se cometer falta grave devidamente apurada nos termos da Consolidação das Leis do Trabalho, o trabalhador perde esse direito.

1: Errado, pois a assertiva não está de acordo com a Súmula 369, I, do TST: "DIRIGENTE SINDICAL. ESTABILIDADE PROVISÓRIA I - É indispensável a comunicação, pela entidade sindical, ao empregador, na forma do § 5º do art. 543 da CLT"; 2: Errado, pois de acordo com a Orientação Jurisprudencial 365 da SDBI-I, membro de conselho fiscal não goza de estabilidade: "ESTABILIDADE PROVISÓRIA. MEMBRO DE CONSELHO FISCAL DE SINDICATO. INEXISTÊNCIA. Membro de conselho fiscal de sindicato não tem direito à estabilidade prevista nos arts. 543, § 3º, da CLT e 8º, VIII, da CF/1988, porquanto não representa ou atua na defesa de direitos da categoria respectiva, tendo sua competência limitada à fiscalização da gestão financeira do sindicato". Gabarito "E, E".

(Procuradoria Federal – 2007 – CESPE) Considere que um empregado, detentor de estabilidade provisória, após ter sido indevidamente despedido, tenha ingressado com reclamação trabalhista pleiteando reintegração, mas que o período de estabilidade já tenha se exaurido. Nessa situação, se o juiz deferir o pagamento dos salários referentes ao período compreendido entre a data da demissão e o final do período de estabilidade, não haverá nulidade por julgamento extra petita.

Certa, pois a assertiva reflete o teor da Súmula 396 do TST: "ESTABILIDADE PROVISÓRIA. PEDIDO DE REINTEGRAÇÃO. CONCESSÃO DO SALÁRIO RELATIVO AO PERÍODO DE ESTABILIDADE JÁ EXAURIDO. INEXISTÊNCIA DE JULGAMENTO 'EXTRA PETITA' I - Exaurido o período de estabilidade, são devidos ao empregado apenas os salários do período compreendido entre a data da despedida e o final do período de estabilidade, não lhe sendo assegurada a reintegração no emprego. II - Não há nulidade por julgamento 'extra petita' da decisão que deferir salário quando o pedido for de reintegração, dados os termos do art. 496 da CLT". Gabarito "C".

(Procuradoria Federal – 2007 – CESPE) É inválida a cláusula de convenção ou acordo coletivo trabalhista que condiciona o direito de estabilidade da gestante à comunicação da gravidez pela empregada ao empregador.

Certa, pois o entendimento consolidado na Orientação Jurisprudencial 88 da SDI-I do TST foi alterado pelo STF que, ao decidir sobre a questão, entendeu ser inconstitucional a ressalva prevista em norma coletiva, o que deu ensejo a posterior alteração da citada Orientação Jurisprudencial pelo TST, que foi incorporada pela Súmula 244, I, do TST, que hoje tem a seguinte redação: "GESTANTE. ESTABILIDADE PROVISÓRIA I - O desconhecimento do estado gravídico pelo empregador não afasta o direito ao pagamento da indenização decorrente da estabilidade". Gabarito "C".

(Defensor Público/MS – 2008 – VUNESP) Sobre o tema estabilidade, indique a alternativa correta.

(A) Desde a Constituição Federal, não vigora mais o regime de estabilidade no emprego no Brasil, substituído, definitivamente, pelo Fundo de Garantia do Tempo de Serviço. Por lei, há diversas estabilidades provisórias.

(B) Temos diversas espécies de estabilidades, provisórias e definitivas, contratuais e legais, normativas e judiciais, sempre permitida a dispensa, desde que devidamente indenizada.

(C) O empregado estável pode ser dispensado, mas o pagamento das verbas rescisórias deverá ser dobrado, como indenização pelo descumprimento da cláusula de estabilidade.

(D) É impossível a dispensa arbitrária do empregado pelo empregador, e se assegura à gestante e ao titular de representação de empregados na CIPA, além do dirigente sindical, uma estabilidade provisória absoluta.

A: opção correta, pois a estabilidade em questão denomina-se: "estabilidade decenal", hipótese prevista no art. 492 da CLT, que com a promulgação da CF/88 foi revogada, na medida em que tornou-se obrigatório o regime do FGTS, art. 7º, III, CF e Lei 8.036/90. Porém, os empregados que adquiriram a estabilidade preservam esse direito. São alguns exemplos de estabilidade provisória: estabilidade sindical, art. 8º, VIII, da CF/88 e do § 3º, do art. 543 da CLT; representantes dos empregados na CIPA, art. 10, inciso II, "a", do ADCT; empregada gestante, disciplinada no art. 10, inciso II, "b", do ADCT, entre outras. B: opção incorreta, pois, embora existam diversas formas de estabilidade provisória, ao empregado celetista, resta apenas 1 (um) exemplo de estabilidade definitiva, qual seja a dos empregados contratados pelo regime celetista antigo do art. 492 CLT (estabilidade decenal). C: opção incorreta, pois o empregado estável somente poderá ser dispensado por cometimento de falta grave. D: opção incorreta, pois esses empregados poderão ser dispensados somente por cometimento de falta grave. Gabarito "A".

(Advogado da União/AGU – CESPE – 2009) Considerando as estabilidades provisórias, julgue os itens a seguir.

(1) Suponha que Plínio seja eleito diretor esportivo do Sindicato dos Empregados em Estabelecimentos de Ensino de São Paulo. Nessa situação hipotética, caso Plínio seja o 15.º diretor da entidade, ele não será detentor de estabilidade sindical.

(2) Considere que uma empregada contratada em 20/11/2006 tenha engravidado no curso da relação de emprego, tendo seu filho nascido no dia 5/12/2008. Nessa situação, a estabilidade da empregada se extinguirá em 5/4/2009.

1: Certo, pois o TST já firmou entendimento no sentido de que no máximo 7 membros do Sindicato gozam da estabilidade sindical, conforme interpretação do art. 522 da CLT; 2: Errado, pois o artigo 10, II, "b" do Ato das Disposições Constitucionais Transitórias da Constituição Federal/88 confere à empregada gestante a estabilidade provisória, desde a confirmação da gravidez até cinco meses após o parto, no caso até 5/5/2009. Gabarito 1C, 2E

(Defensoria Pública da União – 2010 – CESPE) Julgue os itens a seguir, acerca do Fundo de Garantia por Tempo de Serviço (FGTS).

(1) A estabilidade decenal, a estabilidade contratual e a derivada de regulamento de empresa são incompatíveis com o regime do FGTS.

(2) Os reflexos de horas extras sobre os depósitos fundiários que venham a ser postulados por empregado perante a justiça do trabalho são alcançados pela prescrição quinquenal.

1: Errada, pois a estabilidade decenal é atualmente incompatível com o regime do FGTS porque a partir da nova ordem constitucional (05/10/1988) ela foi substituída, de forma completa, pelo sistema do FGTS, assegurado o direito adquirido daqueles trabalhadores que na data da promulgação da Constituição já tinham direito à estabilidade no emprego. No tocante a estabilidade contratual, é derivada de regulamento de empresa e, ao contrário da decenal, é compatível com o regime de FGTS, conforme entendeu o TST, Súmula 98, II: "INDENIZAÇÃO. EQUIVALÊNCIA. COMPATIBILIDADE II - A estabilidade contratual ou a derivada de regulamento de empresa são compatíveis com o regime do FGTS. Diversamente ocorre com a estabilidade legal (decenal, art. 492 da CLT), que é renunciada com a opção pelo FGTS"; 2: Certa, pois os reflexos de horas extras seguem a regra geral de prescrição quinquenal, apenas quando o FGTS for postulado de forma principal, ou seja, sobre verbas remuneratórias já pagas ao longo do contrato de trabalho, é que obedecerá a regra de prescrição trintenária. Súmulas do TST 206: "FGTS. INCIDÊNCIA SOBRE PARCELAS PRESCRITAS. A prescrição da pretensão relativa às parcelas remuneratórias alcança o respectivo recolhimento da contribuição para o FGTS" e 362: "FGTS. PRESCRIÇÃO. É trintenária a prescrição do direito de reclamar contra o não-recolhimento da contribuição para o FGTS, observado o prazo de 2 (dois) anos após o término do contrato de trabalho". Gabarito 1E, 2C

(Defensoria Pública da União – 2007 – CESPE) Segundo a jurisprudência, a confirmação da gravidez, para fins de estabilidade gestante, é de caráter subjetivo, de modo que o direito à estabilidade depende da comunicação da gravidez ao empregador.

Errada, pois a assertiva está em confronto com a atual posição do TST a respeito do tema, conforme consta da Súmula 244, I, do TST: "GESTANTE. ESTABILIDADE PROVISÓRIA I - O desconhecimento do estado gravídico pelo empregador não afasta o direito ao pagamento da indenização decorrente da estabilidade". Assim, hoje o entendimento é no sentido de que a responsabilidade do empregador, quando a ciência do estado de gravidez, é objetiva. Gabarito "E".

(Magistratura do Trabalho – 16ª Região – 2006) Assinale a alternativa INCORRETA:

(A) Exaurido o período de estabilidade, são devidos ao empregado apenas os salários do período compreendido entre a data da despedida e o final do período de estabilidade, não lhe sendo assegurada a reintegração no emprego.

(B) O dirigente sindical somente poderá ser dispensado por falta grave mediante a apuração em inquérito interno.

(C) A limitação legal da jornada suplementar a duas horas diárias não exime o empregador de pagar todas as horas trabalhadas.

(D) O valor das horas extras habitualmente prestadas integra o cálculo dos haveres trabalhistas, independentemente da limitação prevista na legislação trabalhista.

(E) Mantido o empregado no exercício da função comissionada, não pode o empregador reduzir o valor da gratificação.

A: correto, Súmula 396, I, do TST; B: falso, Súmula 379 do TST; C: correto, Súmula 376, I, do TST; D: correto, Súmula 376, II, do TST; E: correto, Súmula 372, II, do TST. Gabarito "B".

(Magistratura do Trabalho – 14ª Região – 2006) Assinale a alternativa INCORRETA:

(A) O empregado de categoria diferenciada eleito dirigente sindical só goza de estabilidade se exercer na empresa atividade pertinente à categoria profissional do sindicato para o qual foi eleito dirigente;

(B) Não há direito da empregada gestante à estabilidade provisória na hipótese de admissão mediante contrato de experiência, visto que a extinção da relação de emprego, em face do término do prazo, não constitui dispensa arbitrária ou sem justa causa;

(C) A equivalência entre os regimes do Fundo de Garantia do Tempo de Serviço e da estabilidade prevista na CLT é meramente jurídica e não econômica, sendo indevidos valores a título de reposição de diferenças;

(D) A estabilidade provisória do cipeiro não constitui vantagem pessoal, mas garantia para as atividades dos membros da CIPA. Contudo, ainda que extinto o estabelecimento e, portanto, impossível a reintegração, é devida a indenização do período estabilitário;

(E) São pressupostos para a concessão da estabilidade decorrente de acidente de trabalho o afastamento superior a 15 dias e a conseqüente percepção do auxílio doença acidentário, salvo se constatada, após a despedida, doença profissional que guarde relação de causalidade com a execução do contrato de emprego.

A: correto, Súmula 369, III, do TST; B: correto, Súmula 244, III, do TST; C: correto, Súmula 98, I, do TST; D: falso, Súmula 339, II, do TST; E: correto, Súmula 378, II, do TST. Gabarito "D".

(Magistratura do Trabalho – 9ª Região – 2006) Com relação às estabilidades provisórias, analise as assertivas abaixo e assinale a alternativa correta:

I. O desconhecimento, pelo empregador, do estado gravídico da empregada não afasta o direito ao pagamento da indenização decorrente da estabilidade à gestante, conforme jurisprudência do TST.

II. Marina é componente da CIPA na qualidade de vice-presidente. A CIPA terá duração de 1 ano. Nessa mesma composição, mediante indicação do empregador, Sueli exerce a atribuição de secretária da CIPA. Com base nesses dados é possível afirmar que apenas Marina terá estabilidade de 1 ano após o término do mandato.

III. Havendo extinção da atividade empresarial no âmbito da base territorial do sindicato, não há razão para subsistir a estabilidade do dirigente sindical, conforme jurisprudência do TST.

IV. Os empregados que sejam eleitos diretores de sociedades cooperativas, gozarão de garantia de emprego nas mesmas condições asseguradas aos dirigentes sindicais, abrangendo inclusive os membros suplentes, conforme jurisprudência do TST.

(A) somente a III está correta
(B) somente as assertivas II, III e IV estão corretas
(C) somente as assertivas I, II e III estão corretas
(D) somente as assertivas I, II e IV estão corretas
(E) todas as assertivas estão corretas

I: correto, Súmula 244, I, do TST; II: correto, art. 10, II, "a", do ADCT; III: correto, Súmula 369, IV, do TST; IV: falso, eis que o art. 55 da lei 5.764/71 não estendeu a estabilidade aos suplentes. Gabarito "C".

(Magistratura do Trabalho – 7ª Região – 2005) Analise as proposições abaixo e assinale a opção correta.

I. A estabilidade conferida ao empregado eleito para cargo de administração sindical ou de representação profissional, na forma do artigo 543, da CLT, é também assegurada aos empregados eleitos diretores de sociedades cooperativas por eles mesmos criadas.

II. Em conformidade com a jurisprudência pacificada do Tribunal Superior do Trabalho, embora sejam o afastamento por 15 dias e a percepção de auxílio acidentário pressupostos para o reconhecimento da estabilidade de que trata o artigo 118, da Lei nº 8.213/91, não são eles exigidos quando se tratar de doença profissional constatada após a despedida e que guarde nexo de causalidade com as atividades exercidas pelo trabalhador no período em que vigorou o contrato de trabalho.

III. Goza de estabilidade o empregado que, no período do aviso prévio, tem a sua candidatura registrada à eleição para cargo de dirigente sindical, conforme jurisprudência pacificada do Tribunal Superior do Trabalho.

IV. Os empregados suplentes das Comissões Internas de Prevenção de Acidentes, designados pelo empregador, gozam de estabilidade, não lhes sendo devido, porém, o pagamento de indenização na hipótese de rescisão contratual determinada pela extinção do estabelecimento.

V. Os membros do Conselho Curador do FGTS, representantes dos empregados, que são indicados pelas respectivas centrais sindicais e nomeados pelo Ministro do Trabalho, gozam de estabilidade no emprego até um ano após o término do mandato de representação.

(A) Todas as proposições são verdadeiras.
(B) As duas primeiras proposições são verdadeiras, sendo falsas as demais.
(C) São verdadeiras apenas a primeira, a segunda e a quinta.
(D) São verdadeiras apenas a primeira, a quarta e a quinta.
(E) São verdadeiras apenas a segunda, a terceira e a quarta.

I: correto, art. 55 da lei 5.764/71; II: correto, Súmula 378, II, do TST; III: falso, Súmula 369, V, do TST; IV: falso, pois só possuem estabilidade aqueles eleitos pelos empregados, art. 10, II, "a", do ADCT; V: correto, art. 3º, § 3º e § 9º, da lei 8.036/90. Gabarito "C".

(Ministério Público do Trabalho – 14º) Analise as assertivas abaixo sobre a garantia de emprego do dirigente sindical, tendo em conta a jurisprudência do Tribunal Superior do Trabalho:

I. O registro da candidatura a cargo de dirigente sindical no curso de eventual aviso prévio concedido pelo empregador implica a suspensão do término do contrato de trabalho inicialmente previsto.

II. O reconhecimento da estabilidade do dirigente de sindicato de categoria diferenciada depende, entre outras exigências, das atividades que o empregado exerce na empresa.

III. A comunicação pela entidade sindical do registro da candidatura a cargo sindical, no prazo de 24 horas, assim como da eventual eleição e posse, no mesmo prazo, é dispensável, pois sua ausência não prejudica a estabilidade do empregado, caso ele preencha os demais requisitos para o exercício do direito.

IV. Caso o empregado seja detentor de estabilidade sindical, a sua dispensa pelo empregador em razão de falta cometida durante o período de garantia do emprego, depende de apuração em inquérito judicial.

Assinale a opção CORRETA:
(A) apenas os itens I e II são corretos;
(B) apenas os itens II e IV são corretos;
(C) apenas os itens I e IV são corretos;
(D) todos os itens são incorretos;
(E) não respondida.

I: falso, Súmula 369, V, do TST; II: correto, Súmula 369, III, do TST; III: falso, art. 543, § 5º, da CLT e Súmula 369, I, do TST; IV: correto, Súmula 379 do TST. Gabarito "B".

(Ministério Público do Trabalho – 13º) Assinale a alternativa CORRETA:
(A) o ajuizamento do inquérito judicial para apuração de falta grave deve ser feito dentro de 60 dias a contar da suspensão do empregado;
(B) a sentença de improcedência no inquérito judicial para apuração de falta grave, quando não houver a suspensão do empregado, tem natureza constitutiva negativa;
(C) a natureza da decisão de procedência nas ações anulatórias de cláusulas convencionais é constitutiva negativa;
(D) a ação anulatória de cláusulas convencionais coletivas pode ser proposta pelo Ministério Público do Trabalho e por qualquer sindicato, desde que não tenha participado da contratação;
(E) não respondida.

A: falso, art. 853 da CLT; B: falso, pois possui natureza declaratória; C: correto, pois essa é a natureza jurídica da referida sentença; D: falso, art. 83, IV, da Lei Complementar 75/93. Gabarito "C".

(Magistratura do Trabalho – 9ª Região – 2006) Com relação ao Diretor, não empregado, de empresas sujeitas ao regime da legislação trabalhista, marque a alternativa correta:

(A) Será obrigatoriamente vinculado ao regime do FGTS.
(B) Será vinculado ao regime do FGTS se manifestar expressamente sua vontade neste sentido.
(C) Será vinculado ao regime do FGTS, a critério da empresa, que o equiparará para este efeito aos empregados sujeitos a esse regime.
(D) Será submetido ao regime do FGTS somente se renunciar à condição de Diretor, sujeitando-se à condição de empregado.
(E) Não será possível a vinculação ao regime do FGTS, pois trata-se de contribuição devida pela empresa apenas no que tange aos participantes de uma autêntica relação de emprego.

A: falso, pois trata-se de faculdade da empresa (art. 16 da lei 8.036/90); B: falso, pois a vinculação fica a cargo da empresa; C: correto, art. 16 da lei 8.036/90; D: falso, pois a critério da empresa ele pode ser vinculado; E: falso, em razão do art. 16 da lei 8.036/90. Gabarito "C".

10. DIREITO COLETIVO DO TRABALHO

10.1. SINDICATOS

(Procurador do Estado/RO – 2011 – FCC) Sobre as organizações sindicais, é correto afirmar que

(A) a lei poderá exigir autorização do Estado para fundação do sindicato.
(B) para os integrantes da categoria diferenciada, a filiação ao sindicato representativo da categoria é compulsória.
(C) cabe a defesa dos direitos e interesses coletivos ou individuais da categoria, inclusive em questões judiciais ou administrativas.
(D) é garantido ao servidor público civil e militar o direito à livre associação sindical.
(E) é faculdade a participação dos sindicatos nas negociações coletivas de trabalho.

A: opção incorreta, pois, nos termos do art. 8º, I, da CF foi eliminado o controle político-administrativo sobre a estrutura dos sindicatos, seja com relação a sua criação, seja quanto a sua gestão. B: opção incorreta, pois, nos termos do art. 8º, V, da CF ninguém será obrigado a filiar-se ou manter-se filiado a sindicato. C: opção correta, pois reflete o disposto no art. 8º, III, da CF. D: opção incorreta, pois somente ao servidor público civil é garantido o direito à livre associação sindical. Ao militar são proibidas a sindicalização e a greve, nos termos do art. 142, IV, CF. E: opção incorreta, pois a participação dos sindicatos é obrigatória, nos termos do art. 8º, VI, da CF. Gabarito "C".

(Procurador do Estado/SC – 2010 – FEPESE) Com relação à organização sindical, a Consolidação das Leis Trabalhistas dispõe:
(A) Os sindicatos possuem natureza de pessoa jurídica de direito público.
(B) Os sindicatos, pelas atividades representativas que exercem, são classificados como entidades sindicais de grau superior.
(C) As federações organizar-se-ão com o mínimo de 3 (três) sindicatos e terão sede na Capital da República.
(D) Categoria profissional diferenciada é aquela cujos interesses econômicos dos que empreendem atividades idênticas, similares ou conexas, constituem o vínculo social básico.
(E) É facultado aos sindicatos, quando em número não inferior a 5 (cinco), desde que representem a maioria absoluta de um grupo de atividades ou profissões idênticas, similares ou conexas, organizarem-se em federação.

A: opção incorreta, pois o sindicato é uma pessoa jurídica de direito privado e possui formato de ASSOCIAÇÃO. Nesse sentido, segue o Enunciado 142 da III Jornada de Direito Civil: "Os partidos políticos, os sindicatos e as associações religiosas possuem natureza associativa, aplicando-se lhes o Código Civil.", e ainda o Enunciado 144 da III Jornada de Direito Civil, "A relação das pessoas jurídicas de Direito Privado, constante do art. 44, incisos I a V, do Código Civil, não é exaustiva"; B: opção incorreta, pois os sindicatos não são considerados entidades de grau superior. As entidades de grau superior são: federações e confederações; C: opção incorreta, pois as federações são formadas por número não inferior a 5 (cinco) sindicatos; D: opção incorreta, pois nos termos do art. 511, § 3°, da CLT categoria profissional diferenciada é aquela formada por empregados que exerçam profissões ou funções diferenciadas por força de estatuto profissional especial ou em consequência de condições de vida singulares; E: opção correta, pois reflete o disposto no art. 534 da CLT. Gabarito "E".

(Procurador do Estado/SC – 2009) Sobre as entidades sindicais do Direito Coletivo do Trabalho, assinale a alternativa incorreta:

(A) A substituição processual é uma medida que confere aos sindicatos legitimação processual para a defesa de direitos individuais e coletivos trabalhistas em nome dos associados.
(B) A central sindical é a entidade de representação geral dos trabalhadores, constituída em âmbito nacional que tem uma atribuição legal de coordenar a representação dos trabalhadores por meio das organizações sindicais a ela filiadas.
(C) Constituem associações sindicais de grau superior as confederações, as quais são formadas por resolução de uma central sindical segundo uma base territorial estadual mínima.
(D) A aferição dos requisitos de representatividade das centrais sindicais será realizada pelo Ministério do Trabalho e Emprego.
(E) Os sindicatos desempenham funções que podem ser divididas em dois grupos: as funções derivadas da investidura sindical e as funções derivadas da natureza jurídica de associação privada.

A: correta, pois a substituição processual é uma das funções do sindicato, que possui legitimação extraordinária, possibilitando exercer a defesa de direitos individuais e coletivos trabalhistas dos associados, conforme art. 8°, III, da CF; B: correta, pois, segundo Gustavo Filipe Barbosa Garcia "As centrais sindicais são órgãos de cúpula, intercategoriais, de âmbito nacional, coordenando os demais órgãos, sem integrar o sistema sindical confederativo regulado na Constituição Federal. (...) Cabe esclarecer e destacar, no entanto, que a recente Lei 11.648, de 31 de março de 2008 (publicada no DOU de 31.03.2008, edição extra, com entrada em vigor na data de sua publicação, conforme o art. 8°), dispõe sobre o reconhecimento formal das centrais sindicais para os fins que especifica, alterando a Consolidação das Leis do Trabalho. Nesse sentido, o art. 1° do mencionado diploma legal assim prevê: 'Art. 1° A central sindical, entidade de representação geral dos trabalhadores, constituída em âmbito nacional, terá as seguintes atribuições e prerrogativas: I – coordenar a representação dos trabalhadores por meio das organizações sindicais a ela filiadas (...)'" (Curso de Direito do Trabalho, Gen, 4ª edição, p. 1229/30); C: incorreta, pois as confederações são associações sindicais de grau superior formadas por federações e tem sede na Capital da República (art. 535 da CLT); D: correta, pois a assertiva reflete o disposto no art. 4°, caput, da Lei 11.648/2008; E: correta, pois as principais funções do sindicato podem, de fato, ser assim divididas: derivadas da investidura sindical e derivadas da natureza jurídica de associação privada. Gabarito "C".

(Procurador do Estado/SP – FCC – 2009) No que se refere ao sistema de organização sindical previsto na Constituição Federal, é correto afirmar que

(A) o sistema é o da pluralidade sindical.
(B) o sistema é misto, sendo facultada a unicidade ou a pluralidade.
(C) o sistema é o da unicidade sindical e impossibilita a criação de mais de uma organização sindical na mesma base territorial, não inferior à área de um Estado.
(D) o sistema é o da unicidade sindical e impossibilita a criação de mais de uma organização sindical na mesma base territorial, não inferior a área de um Município.
(E) a unicidade sindical não impossibilita a livre criação de associações sindicais representativas da mesma categoria econômica ou profissional em idêntica base territorial.

A alternativa D está correta, pois reflete o disposto no art. 8°, II, da CF. Gabarito "D".

(Procurador do Estado/PB – 2008 – CESPE) Com base na CF, na Consolidação das Leis do Trabalho (CLT) e na jurisprudência sumulada do STF e do TST, julgue os itens seguintes, com relação aos sindicatos.

I. A lei não pode exigir autorização estatal para a fundação de sindicato, sem prejuízo do registro perante o Ministério do Trabalho e Emprego, que não pode, sob tal atribuição, interferir ou intervir na organização sindical.

II. A contribuição destinada ao custeio do sistema confederativo de representação sindical deve ser aprovada pela assembléia geral do sindicato e alcança todos os integrantes da categoria profissional, mediante desconto em folha.
III. O sindicato pode atuar como substituto processual na defesa judicial dos interesses da categoria.
IV. Depois de aposentado, o filiado ao sindicato pode, apenas, participar das deliberações que digam respeito aos direitos dos aposentados da categoria.
V. O empregado candidato a cargo de direção ou de representação sindical adquire estabilidade no emprego desde o registro da respectiva candidatura até, se eleito, um ano após o final do mandato, exceto se cometer falta grave que motive a sua demissão por justa causa.

Estão certos apenas os itens

(A) I, II e IV.
(B) I, III e V.
(C) I, IV e V.
(D) II, III e IV.
(E) II, III e V.

I: certo, pois a assertiva reflete o princípio da liberdade de fundação e de organização sindical, previstos no art. 8°, I, da CF. Importante lembrar que conforme entendimento consagrado na Orientação Jurisprudencial 15 da SDC do TST: "SINDICATO. LEGITIMIDADE "AD PROCESSUM". IMPRESCINDIBILIDADE DO REGISTRO NO MINISTÉRIO DO TRABALHO. A comprovação da legitimidade 'ad processum' da entidade sindical se faz por seu registro no órgão competente do Ministério do Trabalho, mesmo após a promulgação da Constituição Federal de 1988"; II: errado, pois embora a contribuição confederativa, prevista no art. 8°, IV, da CF, tenha como finalidade custear o sistema confederativo, seja fixada na assembleia do sindicato e descontada em folha de pagamento, ela não pode ser exigida do não associado ao sindicato. Nesse sentido a Orientação Jurisprudencial 17 da SDC do TST: "CONTRIBUIÇÕES PARA ENTIDADES SINDICAIS. INCONSTITUCIONALIDADE DE SUA EXTENSÃO A NÃO ASSOCIADOS. As cláusulas coletivas que estabeleçam contribuição em favor de entidade sindical, a qualquer título, obrigando trabalhadores não sindicalizados, são ofensivas ao direito de livre associação e sindicalização, constitucionalmente assegurado, e, portanto, nulas, sendo passíveis de devolução, por via própria, os respectivos valores eventualmente descontados"; III: certo, pois o sindicato tem como uma de suas funções a de substituição processual, possibilitando a defesa dos interesses e direitos dos integrantes da categoria, conforme art. 8°, III, da CF; IV: errado, pois o filiado aposentado tem direito de votar e ser votado, sem restrições, conforme art. 8°, VII, da CF; V: certo, pois a assertiva reflete o disposto no art. 8°, VIII, da CF e art. 543, § 3°, da CLT. Gabarito "B".

(Defensor Público/CE – 2007 – CESPE) Julgue os itens subseqüentes, acerca de direito material e processual do trabalho.

(1) A lei não poderá exigir autorização do Estado para a fundação de sindicato, ressalvado o registro no órgão competente.
(2) A defesa, pelo sindicato, dos direitos e interesses individuais da categoria restringe-se às questões judiciais.
(3) A greve em atividade essencial, com risco de lesão do interesse público, possibilita ao Ministério Público do Trabalho o ajuizamento de dissídio coletivo, cabendo o julgamento respectivo ao tribunal do trabalho competente para dirimir o conflito.
(4) Acordo coletivo de trabalho é o acordo de caráter normativo, firmado por dois ou mais sindicatos representativos das categorias econômica e profissionais, que estipulam condições de trabalho aplicáveis no âmbito das respectivas representações, às relações individuais do trabalho.
(5) Ainda que se trate de relação jurídica continuativa, a modificação posterior no estado de fato ou de direito não possibilita a revisão do que fora estatuído na sentença transitada em julgado, em face dos efeitos decorrentes da coisa julgada, que tem força de lei entre as partes às quais é dada.

1: opção correta, pois reflete o disposto no art. 8°, I, CF. 2: opção incorreta, pois nos termos do art. 8°, III, a defesa pelo sindicato dos direitos e interesses individuais da categoria não está restrita às questões judiciais, envolvendo, também, as questões administrativas. 3: opção correta, pois reflete o disposto no art. 114, § 3°, CF e arts. 677 e 678, I, "a", CLT. 4: opção incorreta, pois, em conformidade com o art. 611, § 1°, CLT acordo coletivo é firmado entre o sindicato das categorias profissionais, ou seja, dos trabalhadores, com uma ou mais empresas da correspondente categoria econômica. Note que existe o sindicato dos trabalhadores negociando com a empresa. Diferente é a convenção coletiva que constitui o acordo normativo, pelo qual dois ou mais sindicatos representativos de categorias econômicas e profissionais estipulam condições de trabalho, art. 611, *caput*, CLT. Neste existe a negociação entre os sindicatos das categorias profissionais (trabalhadores) e o sindicato da categoria econômica (empregadores), não existindo, portanto, negociação com a empresa, mas sim com o sindicato. 5: opção incorreta, pois nos termos do art. 471, I, CPC, a modificação posterior no estado de fato ou de direito possibilita a revisão pelo Juiz do que fora estatuído na sentença transitada em julgado. Gabarito 1C, 2E, 3C, 4E, 5E

10.2. CONVENÇÃO E ACORDO COLETIVO

(Procurador do Estado/SC – 2010 – FEPESE) Assinale a alternativa **correta**, de acordo com a Consolidação das Leis do Trabalho.

(A) O prazo máximo de validade das convenções e acordos coletivos é de 4 (quatro) anos.
(B) As Convenções e os Acordos entrarão em vigor na data de sua publicação.
(C) Os Sindicatos representativos de categorias econômicas ou profissionais e as empresas, inclusive as que não tenham representação sindical, quando provocados, não podem recusar-se à negociação coletiva.
(D) Em decorrência do direito à sindicalização, pode o servidor público negociar mediante acordo ou convenção coletiva de trabalho.
(E) Em decorrência do princípio da autonomia da vontade e da primazia da realidade, prevalecerão as disposição pactuadas no contrato individual de trabalho quando contrariem normas de Convenção ou Acordo Coletivo de Trabalho.

A: opção incorreta, pois nos termos do art. 611, § 3º, da CLT o prazo não poderá ser superior a 2 (dois) anos; B: opção incorreta, pois nos termos do art. 614, § 1º, da CLT entram em vigor 3 (três) dias após a data da sua entrega no Ministério do Trabalho; C: opção correta, pois reflete o disposto no art. 616 da CLT; D: opção incorreta, pois o TST consolidou entendimento na orientação jurisprudencial 6 da SDI 1, aos servidores públicos não foi assegurado o direito ao reconhecimento de acordos e convenções coletivos de trabalho embora seja reconhecido aos servidores públicos em geral o direito à sindicalização, sem restrição alguma, art. 37, VI, da CF, exceto em relação aos militares (CF, art. 142, § 3º, IV), é impossível assegurar ao servidor público o direito à negociação coletiva, que compreende acordo entre sindicatos de empregadores e empregados, ou entre sindicatos de empregados e empresas; E: opção incorreta, pois somente prevalecerá se a norma for mais benéfica. Assim, as condições mais vantajosas estabelecidas no contrato de trabalho irão prevalecer na hipótese de edição de norma superveniente menos favorável ao empregado. Veja, também, a súmula 51, item I, do TST. Gabarito "C".

(Procurador do Estado/SC – 2009) Na teoria do Direito Coletivo do Trabalho, encontra-se incorreta a seguinte alternativa:

(A) O Direito Coletivo do Trabalho pode, assim, ser definido como uma parte do Direito do Trabalho que estuda a organização sindical, a negociação coletiva, convenção coletiva e os conflitos coletivos do trabalho.
(B) Liberdade sindical é o direito assegurado aos trabalhadores e empregadores de associarem- se livremente, constituindo sindicatos, os quais não poderão sofrer intervenções estatais ou privadas, com a finalidade de realizar interesses próprios.
(C) A organização sindical brasileira está baseada na unicidade sindical e na sindicalização paralela de trabalhadores e empresários entendidos como polos opostos.
(D) O acordo coletivo de trabalho está situado em um nível de menor abrangência do que a convenção coletiva; portanto, o seu conteúdo e os seus efeitos não podem ser os mesmos e devem versar sobre outros assuntos que não foram tratados em convenção coletiva.
(E) Quando o empregador determinar o fechamento do seu estabelecimento de forma intencional, com a finalidade de pressionar os seus empregados a aceitarem condições menos favoráveis, prejudicando a negociação coletiva, temos o chamado movimento de *"lock-out"*.

A: correta, pois a assertiva traz o conceito correto do conteúdo do Direito Coletivo do Trabalho; B: correta, pois o princípio da liberdade sindical está previsto no art. 8º, I, da CF; C: correta, pois segundo o art. 8º, II, da CF, adotamos o princípio da unicidade sindical e da sindicalização paralela, pois há previsão dos sindicatos profissionais (de empregados) e dos econômicos (de empregadores); D: incorreta, pois embora a convenção coletiva tenha em seus pólos subjetivos entidades sindicais e o acordo coletivo em um de seus pólos subjetivos empregadores, sendo que apenas os empregados estarão representados por seus sindicatos e a convenção incida, de fato, em um universo mais amplo, caracterizado pela base profissional e econômica por seus sindicatos, no acordo poderão ser tratados assuntos já tratados em convenção coletiva e os efeitos serão os mesmos; E: correta, pois "lockout", segundo Maurício Godinho Delgado "é a paralisação provisória das atividades da empresa, estabelecimento ou setor, realizada por determinação empresarial, com o objetivo de exercer pressões sobre os trabalhadores, frustrando negociação coletiva ou dificultando o atendimento a reivindicações coletivas obreiras" (Curso de Direito do Trabalho, p. 1308). Gabarito "D".

(Procurador do Município/Florianópolis-SC – 2010 – FEPESE) Assinale a alternativa **incorreta**, de acordo com a Consolidação das Leis do Trabalho.

(A) Não será permitido estipular duração de convenção ou acordo superior a 2 (dois) anos.
(B) As convenções e os acordos entrarão em vigor três dias após a data da entrega dos mesmos no órgão referido neste artigo.
(C) Em relação aos direitos estatutários dos servidores públicos civis, é lícito a Administração Pública celebrar convenção coletiva de trabalho com os sindicatos de classe.
(D) Convenção coletiva de trabalho é o acordo de caráter normativo pelo qual dois ou mais Sindicatos representativos de categorias econômicas e profissionais estipulam condições de trabalho aplicáveis, no âmbito das respectivas representações, às relações individuais de trabalho.
(E) É facultado aos Sindicatos representativos de categorias profissionais celebrar acordos coletivos com uma ou mais empresas da correspondente categoria econômica, que estipulem condições de trabalho, aplicáveis no âmbito da empresa ou das acordantes às respectivas relações de trabalho.

A: opção correta, pois reflete o disposto no art. 614, § 3º, da CLT; B: opção correta, pois reflete o disposto no art. 614, § 1º, da CLT; C: opção incorreta, pois o TST consolidou entendimento na orientação jurisprudencial 6 da SDI 1, no sentido de que aos servidores públicos não foi assegurado o direito ao reconhecimento de acordos e convenções coletivos de trabalho embora seja reconhecido aos servidores públicos em geral o direito à sindicalização, sem restrição alguma, art. 37, VI, da CF, exceto em relação aos militares (CF, art. 142, § 3º, IV); D: opção correta, pois reflete o disposto no art. 611, *caput*, da CLT; E: opção correta, pois reflete o disposto no art. 611, § 1º, da CLT. Gabarito "C".

(Procurador do Município/Florianópolis-SC – 2010 – FEPESE) Em relação à sentença normativa na Justiça do Trabalho, assinale a alternativa **correta**.

(A) O prazo máximo de vigência da sentença normativa é quatro anos.
(B) A sentença normativa sempre entrará em vigor após a sua publicação
(C) Somente caberá revisão da sentença normativa após dois anos de sua vigência.
(D) A sentença normativa somente produz efeitos às partes envolvidas no dissídio coletivo, não podendo ser estendida a outros empregados da respectiva categoria profissional.
(E) Não cabe revisão de sentença normativa, devendo, pois, ser ajuizado um novo dissídio coletivo para se estipular novas condições para determinada categoria profissional.

A: opção correta, pois reflete o disposto no art. 868, parágrafo único, da CLT; B: opção incorreta, pois entrará em vigor a partir da data de sua publicação, quando ajuizado o dissídio após o prazo de 60 (sessenta) dias anteriores ao respectivo termo final, ou, quando não existir acordo, convenção ou sentença normativa em vigor, da data do ajuizamento. Todavia, entrará em vigor a partir do dia imediato ao termo final de vigência do acordo, convenção ou sentença normativa, quando ajuizado o dissídio no prazo acima informado; C: opção incorreta, pois nos termos do art. 873 da CLT a sentença normativa poderá ser revista após 1 (um) ano; D: opção incorreta, pois poderá ser estendida nas hipóteses previstas nos arts. 869, 870 e 871 todos da CLT. Gabarito "A".

(FGV – 2010) Analise as assertivas abaixo:

As convenções coletivas de trabalho são instrumentos coletivos pactuados entre entidades sindicais representativas de categorias profissionais e de categorias econômicas.

PORQUE

A Constituição estabeleceu a obrigatoriedade de participação dos sindicatos nas negociações coletivas.

Assinale a alternativa correta.

(A) As duas afirmações são falsas.
(B) As duas afirmações são verdadeiras, e a segunda justifica a primeira.
(C) As duas afirmações são verdadeiras, e a segunda não justifica a primeira.
(D) A primeira afirmação é verdadeira, e a segunda é falsa.
(E) A primeira afirmação é falsa, e a segunda é verdadeira.

A primeira proposição é verdadeira e traz o conceito correto de convenção coletiva que é verdadeira fonte formal de direito do trabalho (art. 611, *caput*, da CLT). A segunda proposição também é verdadeira (art. 8°, VI, da CF), mas o fato de a participação dos sindicatos nas negociações coletivas ser obrigatória não explica o conceito de convenção coletiva de trabalho. Gabarito "C".

10.3. GREVE

(Procurador do Estado/PI – 2008 – CESPE) O exercício do direito de greve é uma garantia prevista na CF, e, no âmbito da iniciativa privada, esse direito é regulamentado pela Lei n.° 7.783/1999, que estabelece algumas formalidades para o seu exercício. Essas formalidades não incluem o(a)

(A) comunicação prévia da data de início da paralisação.
(B) aferição de *quorum* previsto no estatuto do sindicato nas assembléias que deliberam pela paralisação.
(C) concessão de livre acesso aos trabalhadores que não aderirem ao movimento grevista às dependências da empresa.
(D) manutenção dos serviços essenciais.
(E) ajuizamento prévio de dissídio coletivo na justiça do trabalho.

A: assertiva correta, pois o art. 3°, parágrafo único, da Lei 7.783/99 prevê a necessidade de comunicação da entidade patronal ou empregadores com antecedência mínima de 48 horas; B: assertiva correta, pois há necessidade de aferição do *quorum* previsto no estatuto, conforme consta do art. 4°, § 1°, da Lei 7.783/99; C: assertiva correta, pois o art. 6°, § 3°, da Lei 7.783/99 veda manifestações que possam impedir o acesso ao trabalho, ameaça ou dano à propriedade ou à pessoa; D: assertiva correta, pois o art. 11, *caput*, da Lei 7.783/99 determina que nos serviços ou atividades essenciais deve ficar garantida a prestação dos serviços indispensáveis ao atendimento das necessidades inadiáveis da comunidade; E: assertiva incorreta, pois não há previsão legal nesse sentido. O art. 3° da Lei 7.783/99 fala apenas em "frustrada a negociação ou verificada a impossibilidade de recursos via arbitral..." (g.n.), não mencionando qualquer exigência de prévio dissídio coletivo na justiça do trabalho. Gabarito "E".

(Procurador do Estado/ES – 2008 – CESPE) O direito de greve no serviço público está previsto na Constituição brasileira, podendo ser exercido nos termos e limites de lei específica. Acerca da interpretação desse dispositivo constitucional pelo STF, julgue o item abaixo.

(1) A greve no serviço público só é reconhecida como um direito para o empregado público nos termos da Lei de Greve existente para a iniciativa privada; os servidores públicos estatutários não podem exercê-la até que lei específica seja aprovada.

Falso, pois o STF decidiu (Mandados de Injunção 670 e 712) que dispositivos da Lei de Greve (Lei 7.783/89), que rege o exercício de greve dos trabalhadores da iniciativa privada, também valem para as greves do serviço público. Gabarito 1E.

(Procurador do Estado/PB – 2008 – CESPE) Com base na CF, na Consolidação das Leis do Trabalho (CLT) e na jurisprudência sumulada do STF e do TST, julgue os itens seguintes, com relação aos sindicatos.

I. A lei não pode exigir autorização estatal para a fundação de sindicato, sem prejuízo do registro perante o Ministério do Trabalho e Emprego, que não pode, sob tal atribuição, interferir ou intervir na organização sindical.
II. A contribuição destinada ao custeio do sistema confederativo de representação sindical deve ser aprovada pela assembléia geral do sindicato e alcança todos os integrantes da categoria profissional, mediante desconto em folha.
III. O sindicato pode atuar como substituto processual na defesa judicial dos interesses da categoria.
IV. Depois de aposentado, o filiado ao sindicato pode, apenas, participar das deliberações que digam respeito aos direitos dos aposentados da categoria.
V. O empregado candidato a cargo de direção ou de representação sindical adquire estabilidade no emprego desde o registro da respectiva candidatura até, se eleito, um ano após o final do mandato, exceto se cometer falta grave que motive a sua demissão por justa causa.

Estão certos apenas os itens

(A) I, II e IV.
(B) I, III e V.
(C) I, IV e V.
(D) II, III e IV.
(E) II, III e V.

I: correto, art. 8°, I, da CF; II: falso, art. 8°, IV, da CF; III: correto, art. 8°, III, da CF; IV: falso, art. 8°, VII, da CF; V: correto, art. 8°, VIII, da CF. Gabarito "B".

(Magistratura do Trabalho – 24ª Região – 2007) Em relação à Lei de Greve (Lei 7.783/89), assinale a alternativa INCORRETA:

(A) Caberá à entidade sindical correspondente convocar, na forma do seu estatuto, assembléia geral que definirá as reivindicações da categoria e deliberará sobre a paralisação coletiva da prestação de serviços.
(B) São assegurados aos grevistas, dentre outros direitos, o emprego de meios pacíficos tendentes a persuadir ou aliciar os trabalhadores a aderirem à greve.
(C) Na greve, em serviços ou atividades essenciais, ficam as entidades sindicais ou os trabalhadores, conforme o caso, obrigados a comunicar a decisão aos empregadores e aos usuários com antecedência mínima de 48 (quarenta e oito) horas da paralisação.
(D) São considerados serviços ou atividades essenciais, dentre outros, o tratamento e abastecimento de água; produção e distribuição de energia elétrica, gás e combustíveis; distribuição e comercialização de medicamentos e alimentos; funerários; controle de tráfego aéreo; compensação bancária.
(E) Nos serviços ou atividades essenciais, os sindicatos, os empregadores e os trabalhadores ficam obrigados, de comum acordo, a garantir, durante a greve, a prestação dos serviços indispensáveis ao atendimento das necessidades inadiáveis da comunidade.

A: correto, art. 4° da lei 7.783/89; B: correto, art. 6°, I, da lei 7.783/89; C: falso, art. 13 da lei 7.783/89; D: correto, art. 10 da lei 7.783/89; E: correto, art. 11 da lei 7.783/89. Gabarito "C".

(Magistratura do Trabalho – 23ª Região – 2006) Assinale a alternativa incorreta:

(A) Lock-out é a paralisação provisória das atividades da empresa, estabelecimento ou seu setor, realizada por determinação empresarial, com o objetivo de exercer pressões sobre os trabalhadores, frustrando negociação coletiva ou dificultando o atendimento a reivindicações coletivas obreiras;
(B) A Lei de Greve brasileira não proíbe, de forma expressa, o lock-out;
(C) No lock-out, o período de afastamento obreiro será considerado como mera interrupção da prestação de serviços;
(D) O lock-out constitui falta empresarial por descumprimento do contrato e da ordem jurídica. Sendo grave a falta, em consonância com as circunstâncias do caso concreto, poderá ensejar a ruptura contratual por justa causa do empregador;
(E) É certo dizer que o lock-out é considerado um instrumento de autotutela de interesses empresariais socialmente injusto.

A: correto, art. 17 da lei 7.783/89; B: falso, art. 17 da lei 7.783/89; C: correto, art. 17, parágrafo único da lei 7.783/89; D: correto, art. 483, "a", da CLT; E: correto, em vista da proibição contida no art. 17 da lei 7.783/89. Gabarito "B".

(Magistratura do Trabalho – 18ª Região – 2006) Considere as assertivas abaixo e assinale a alternativa correta.

I. A participação em greve interrompe o contrato de trabalho, se forem observadas as condições previstas na lei específica, mas é sempre vedada a rescisão de contrato de trabalho durante a greve, bem como a contratação de trabalhadores substitutos.
II. É proibida a greve nos serviços essenciais.

III. Controle de tráfego aéreo e compensação bancária são considerados serviços ou atividades essenciais, mas não os serviços de telecomunicações.

IV. Na vigência de acordo, convenção ou sentença normativa não constitui abuso do exercício do direito de greve a paralisação que tenha por objetivo exigir o cumprimento de cláusula ou condição ou que seja motivada pela superveniência de fatos novo ou acontecimento imprevisto que modifique substancialmente a relação de trabalho.

V. É permitida a paralisação das atividades, por iniciativa do empregador, com o objetivo de frustrar negociação ou dificultar o atendimento de reivindicações dos respectivos empregados.

(A) todas são falsas
(B) apenas a última é falsa
(C) apenas a IV é verdadeira
(D) apenas as três primeiras são falsas
(E) apenas as assertivas II e III são verdadeiras

I: falso, art. 7º, parágrafo único da lei 7.783/89; II: falso, arts. 11 e 13 da lei 7.783/89; III: falso, art. 10, VII, da lei 7.783/89; IV: correto, art. 14, parágrafo único, I, da lei 7.783/89; V: falso, art. 17 da lei 7.783/89. Gabarito "C".

(Magistratura do Trabalho – 16ª Região – 2006) Assinale a alternativa INCORRETA:

(A) Empregado integrante de categoria profissional diferenciada não tem o direito de haver de seu empregador vantagens previstas em instrumento coletivo no qual a empresa não foi representada por órgão de classe de sua categoria.
(B) Os reajustes salariais previstos em norma coletiva de trabalho prevalecem frente à legislação superveniente de política salarial.
(C) O empregado de categoria diferenciada eleito dirigente sindical só goza de estabilidade se exercer na empresa atividade pertinente à categoria profissional do sindicato para o qual foi eleito dirigente.
(D) É considerado trabalhador rural o motorista que trabalha no âmbito de empresa cuja atividade é preponderantemente rural, considerando que, de modo geral, não enfrenta o trânsito das estradas e cidades.
(E) Havendo extinção da atividade empresarial no âmbito da base territorial do sindicato, não há razão para subsistir a estabilidade.

A: correto, Súmula 374 do TST; B: falso, Súmula 375 do TST; C: correto, Súmula 369, III, do TST; D: correto, orientação jurisprudencial 315 da SDI 1 do TST; E: correto, Súmula 369, IV, da CLT. Gabarito "B".

(Magistratura do Trabalho – 16ª Região – 2006) O dissídio coletivo:

(A) É recurso contra a instauração de greve, para a interpretação de normas coletivas, apreciado por Juiz Titular da Vara do Trabalho, Juiz do Trabalho Substituto ou Juiz de Direito investido de jurisdição trabalhista.
(B) É ação instaurada, em regra, perante o TRT, que, nesse caso, funciona como órgão de primeiro grau, sobretudo para a criação de novas condições de trabalho, quando frustrada a negociação coletiva, devendo o julgamento do conflito respeitar as disposições mínimas legais de proteção ao trabalho, bem como as convencionadas anteriormente.
(C) É recurso interposto perante o TST, contra decisões proferidas por mais de um TRT, em matéria de direito coletivo.
(D) É ação ajuizada perante o TST, com vistas a desconstituir sentença proferida com violação a norma coletiva de determinada categoria profissional.
(E) É recurso interposto perante o TRT, contra decisão proferida por Juiz do Trabalho Titular da Vara do Trabalho ou Juiz do Trabalho Substituto, em matéria relacionada à greve de trabalhadores.

A: falso, pois o dissídio coletivo não é considerado recurso; B: correto, conceito de dissídio coletivo; C: falso, pois não possui natureza de recurso trabalhista; D: falso, pois não visa desconstituir sentença; E: falso, pois não possui natureza de recurso. Gabarito "B".

(Magistratura do Trabalho – 14ª Região – 2006) Sobre o direito de greve, assinale a alternativa CORRETA:

(A) Na greve em serviços ou atividades essenciais, ficam as entidades sindicais ou os trabalhadores, conforme o caso, obrigados a comunicar a decisão aos empregadores e aos usuários com antecedência mínima de 72 (setenta e duas) horas da paralisação;
(B) Compete à Justiça Comum Estadual processar e julgar as ações que envolvam o exercício do direito de greve;
(C) A participação em greve suspende o contrato de trabalho e, conseqüentemente, em nenhuma hipótese serão devidos os salários relativos a esse período;
(D) Não se tratando de serviços ou atividades essenciais, os empregadores e ou a entidade patronal correspondente serão notificação da realização da greve com antecedência mínima de 24 (vinte e quatro) horas;
(E) Em nenhuma hipótese será possível a rescisão do contrato de trabalho durante o período de greve.

A: correto, art. 13 da lei 7.783/89; B: falso, art. 114, II, da CF; C: falso, art. 7º da lei 7.783/89, pois a norma coletiva pode prever o pagamento de salários; D: falso, art. 3º, parágrafo único, da lei 7.783/89; E: falso, art. 7º, parágrafo único, da lei 7.783/89. Gabarito "A".

(Magistratura do Trabalho – 14ª Região – 2006) Não será permitido estipular duração de Convenção ou Acordos superior a:

(A) 01 mês;
(B) 06 meses;
(C) 01 ano;
(D) 18 meses;
(E) 02 anos.

Art. 614, § 3º, da CLT. Gabarito "E".

(Magistratura do Trabalho – 14ª Região – 2006) Dissídio coletivo.

I. A revisão das decisões proferidas em dissídio coletivo, segundo a CLT, pode ser promovida após um ano da sua vigência, desde que tenha havido modificação das circunstâncias que as ditaram, de modo que as condições de trabalho se hajam tornado injustas ou inaplicáveis.

II. A decisão sobre novas condições de trabalho poderá também ser estendida a todos os empregados da mesma categoria profissional compreendida na jurisdição do Tribunal, por solicitação de um ou mais sindicatos de empregados, de um ou mais empregadores, ou qualquer sindicato destes.

III. Na audiência designada, comparecendo ambas as partes ou seus representantes, o presidente do Tribunal as convidará para se pronunciarem sobre as bases da conciliação. Caso não sejam aceitas as bases propostas, o presidente submeterá aos interessados a solução que lhe pareça capaz de resolver o dissídio. Se houver acordo lavrar-se-á o termo, assinado pelo presidente e pelas partes, consignando-se o prazo e demais condições para seu cumprimento.

IV. A representação dos sindicatos para instauração da instância fica subordinada à aprovação da assembléia, da qual participem os associados interessados na solução do dissídio coletivo, em primeira convocação, por maioria de 2/3 (dois terços) dos mesmos, ou, em segunda convocação, por 2/3 (dois terços) dos presentes.

(A) Todas as proposições estão incorretas;
(B) Apenas a proposição III está incorreta;
(C) Apenas a proposição IV está incorreta;
(D) Apenas as proposições III e IV estão incorretas;
(E) Apenas a proposição I está correta;

I: correto, art. 873 da CLT; II: correto, art. 869 da CLT; III: falso, art. 862 da CLT; IV: correto, art. 859 da CLT. Gabarito "B".

(Magistratura do Trabalho – 14ª Região – 2006) Considerando a jurisprudência consolidada do C. TST, analise as proposições dadas, apontando a alternativa CORRETA:

I. À falta de previsão legal, aos servidores públicos não foi assegurado o direito ao reconhecimento de convenções e acordos coletivos de trabalho, pelo que, por conseguinte, também não lhe é facultada a via do dissídio coletivo.

II. A comprovação da legitimidade ad processum da entidade sindical se faz por seu registro no órgão competente do Ministério do Trabalho, mesmo após a promulgação da Constituição Federal de 1988.

III. A deserção se impõe mesmo não tendo havido intimação para o recolhimento das custas, pois incumbe à parte, na defesa do próprio interesse, obter os cálculos necessários para efetivar o preparo.

IV. No tocante à estabilidade do acidentado, não é possível a prevalência de acordo sobre legislação vigente, quando ele é menos benéfico do que a própria lei, porquanto o caráter imperativo dessa última restringe o campo de atuação da vontade das partes.

(A) Todas as proposições estão corretas;
(B) Apenas as proposições I e II estão corretas;
(C) Apenas as proposições I, II e IV estão corretas;
(D) Apenas as proposições III e IV estão corretas;
(E) Apenas as proposições I e III estão corretas.

I: correto, orientação jurisprudencial 5 da SDC do TST; II: correto, orientação jurisprudencial 15 da SDC do TST; III: correto, orientação jurisprudencial 27da SDC do TST; IV: correto, orientação jurisprudencial 31da SDC do TST. Gabarito "A".

(Magistratura do Trabalho – 9ª Região – 2006) No modelo sindical atual, é permitido que:

(A) Seja criada mais de uma organização sindical, em qualquer grau, representativa de igual categoria profissional ou econômica, na mesma base territorial ou Município.
(B) O Poder Público interfira e intervenha na organização sindical.
(C) O aposentado filiado vote e seja votado nas organizações sindicais.
(D) A lei exija autorização do Estado para a fundação do sindicato.
(E) As entidades sindicais instituam a cobrança de contribuições compulsórias para a manutenção do sistema sindical inclusive com abrangência superior a base territorial dos sindicatos envolvidos na negociação coletiva.

A: falso, art. 8º, II, da CF; B: falso, art. 8º, I, da CF; C: correto, art. 8º, VII, da CF; D: falso, art. 8º, I, da CF; E: falso, art. 8º, IV, da CF e art. 578 da CLT. Gabarito "C".

(Magistratura do Trabalho – 9ª Região – 2006) Não havendo acordo em dissídio coletivo e não comparecendo ambas as partes em audiência designada, o Presidente do Tribunal deverá:

(A) Extinguir o processo sem julgamento do mérito por falta de interesse processual.
(B) Submeter o processo a julgamento, depois de realizadas as diligências que entender necessárias e ouvida a Procuradoria.
(C) Arquivar o feito em razão da ausência do suscitante.
(D) Decretar a revelia do suscitado.
(E) Intimar as partes para o comparecimento em nova audiência designada que não poderá ultrapassar o prazo de 10 dias.

A: falso, art. 864 da CLT; B: correto, art. 864 da CLT; C: falso, art. 864 da CLT; D: falso, art. 864 da CLT; E: falso, art. 864 da CLT. Gabarito "B".

(Magistratura do Trabalho – 8ª Região – 2007) Marque a resposta correta a respeito da greve:

(A) Em pleno exercício de greve em qualquer hipótese ao empregador fica vedada a contratação de trabalhadores substitutos.
(B) A participação em greve interrompe o contrato de trabalho, devendo as relações obrigacionais durante o período ser regidas pelo acordo, convenção, laudo arbitral ou decisão da Justiça do Trabalho.
(C) A comunicação aos empregadores e aos usuários, quando a greve for ocorrer em serviços ou atividades essenciais, deve se dar com antecedência mínima de quarenta e oito horas da paralisação.
(D) Considerando que não é amparado pelo ordenamento jurídico brasileiro, o lockout, quando praticado, sempre garante a percepção dos salários durante a paralisação das atividades.
(E) Legítimo exercício do direito de greve é a interrupção coletiva, temporária ou pacífica, total ou parcial, de prestação pessoal de serviços a empregador.

A: falso, art. 7º, parágrafo único, da lei 7.783/89; B: falso, art. 7º da lei 7.783/89; C: falso, art. 13 da lei 7.783/89; D: correto, art. 17 da lei 7.783/89; E: falso, art. 2º da lei 7.783/89. Gabarito "D".

(Ministério Público do Trabalho – 14º) Assinale a alternativa CORRETA:

(A) o piquete pacífico não é admitido pela legislação brasileira;
(B) a "greve de rendimento" não é permitida pela legislação brasileira;
(C) as greves que não impliquem a cessação do trabalho estão amparadas pela legislação brasileira pertinente;
(D) a mera adesão à greve pode constituir falta grave se o movimento for considerado abusivo pelas Cortes Trabalhistas;
(E) não respondida.

A: falso, art. 6º, I, da lei 7.783/89; B: correto, pois não se enquadram no conceito de greve, já que não propiciam sustação plena das atividades laborativas; C: falso, arts. 2º e 3º da lei 7.783/89; D: falso, Súmula 316 do STF. Gabarito "B".

(Ministério Público do Trabalho – 13º) A respeito da greve, assinale a alternativa INCORRETA:

(A) na vigência de acordo coletivo de trabalho é possível a greve que tenha por objetivo exigir o cumprimento de cláusula;
(B) o serviço funerário é considerado atividade essencial;
(C) é permitido aos grevistas o aliciamento pacífico dos trabalhadores para a adesão à greve;
(D) nas atividades não consideradas essenciais, o prazo mínimo para a comunicação aos empregadores diretamente interessados é de 72 (setenta e duas) horas;
(E) não respondida.

A: correto, art. 14, parágrafo único, I da lei 7.783/89; B: correto, art. 10, IV, da lei 7.783/89; C: correto, art. 6º, I, da lei 7.783/89; D: falso, art. 3º, parágrafo único, da lei 7.783/89. Gabarito "D".

11. ACIDENTE E DOENÇA DO TRABALHO

(Ministério Público/PR – 2008) Dentre as proposições abaixo, assinale a INCORRETA:

(A) É direito dos trabalhadores urbanos e rurais, previsto na Constituição Federal de 1988, a redução dos riscos inerentes ao trabalho, por meio de normas de saúde, higiene e segurança.
(B) A responsabilidade civil do empregador por acidente de trabalho sofrido pelo empregado, de regra, apresenta natureza subjetiva, posto ser necessária a configuração do dolo ou da culpa por parte daquele.
(C) O acidente do trabalho não proporciona ao empregado a possibilidade de acumular indenizações por dano material e dano moral, quando oriundos do mesmo fato e há a possibilidade de identificá-los em separado.
(D) Dentre os propósitos da política de saúde do trabalhador para o SUS, asseguram-se ao acidentado do trabalho, atenção integral à sua saúde, com articulação intra e intersetorial, estruturação de rede de informações em saúde do trabalhador e o desenvolvimento e a capacitação de recursos humanos.
(E) Responder pela prática do delito de homicídio pode ser uma das conseqüências impostas ao empregador que deixa de disponibilizar Equipamentos de Proteção Individuais-EPI's ao empregado e advém o resultado morte na execução do trabalho.

A: correta, pois a assertiva reflete o disposto no art. 7º, XXII, da CF; B: correta, pois a responsabilidade civil do empregador depende de três requisitos: dano, nexo de causalidade e conduta culposa ou dolosa do empregador, respeitada a tese minoritária defendida por uma parte da doutrina que entende que a responsabilidade do empregador é objetiva, porém, sem fundamento legal a albergar referido posicionamento. A assertiva ainda encontra fundamento na Súmula 229 do STF; C: incorreta, pois a assertiva está em desacordo com a Súmula 37 do STJ: "**Indenizações - Danos - Material e Moral - Mesmo Fato – Cumulação** São cumuláveis as indenizações por dano material e dano moral oriundos do mesmo fato"; D: correta, pois a assertiva reflete o disposto na Política Nacional de Saúde do Trabalhador (http://portal.saude.gov.br); E: correta, pois pela regra de responsabilidade, aquele que, por negligência (o empregador deixou de fornecer o equipamento de proteção individual obrigatório ao trabalhador), der causa a morte do outro, responderá por homicídio culposo. Gabarito "C".

(Ministério Público/CE – 2009 – FCC) A responsabilidade pela reparação dos danos decorrentes de acidente de trabalho será

(A) objetiva para o INSS e dependente de falta grave ou dolo do empregador.
(B) sempre objetiva, para o INSS e para o empregador.
(C) objetiva para o empregador e subjetiva para o INSS, desde que a autarquia não tenha agido com má-fé.
(D) objetiva para o INSS e sempre subjetiva para o empregador, mesmo na hipótese de dolo.
(E) sempre objetiva para o INSS e objetiva para o empregador cuja atividade normalmente desenvolvida implicar, por sua natureza, risco para os direitos de outrem.

A doutrina majoritária entende que a responsabilidade do empregador depende de três requisitos: dano, nexo de causalidade e conduta culposa ou dolosa do empregador. Assim, a responsabilidade do empregador é, em regra, **subjetiva**. Há, porém, que se ressaltar que em atividades de risco para a saúde do trabalhador, ou para a sua integridade física, ou seja, em que o risco de doenças ou de acidentes sejam mais acentuados que o normal, considerando-se o padrão médio da sociedade e as probabilidades de ocorrência de sinistros, como o trabalho em condições de insalubridade ou periculosidade, a responsabilidade do empregador é **objetiva**, em razão da aplicação da teoria do risco criado, prevista no art. 927, parágrafo único, do Código Civil. A lei não define o que é atividade de risco. Dispõe o artigo 927, parágrafo único, do CC: "Haverá obrigação de reparar o dano, independentemente de culpa, nos casos especificados em lei, ou quando a atividade normalmente desenvolvida pelo autor do dano implicar, por sua natureza, risco para os direitos de outrem". Como a lei não define o que é atividade de risco, caberá à doutrina e jurisprudência, pautando-se pela equidade e razoabilidade, aquilatar se a atividade é de risco ou não. Quanto ao INSS, se o trabalhador é segurado, comprovado o acidente do trabalho e a incapacidade, seja parcial ou total, fará jus à indenização, sendo o caso, portanto, de responsabilidade objetiva. Gabarito "E".

(Ministério Público/PR – 2009) Dentre as proposições abaixo, assinale a INCORRETA:

(A) acidente do trabalho é o infortúnio que ocorre pelo exercício do trabalho, acarretando lesão corporal ou perturbação funcional que cause a morte ou a perda ou redução, permanente ou temporária, da capacidade para o trabalho;
(B) o ato de imprudência, de negligência ou de imperícia de terceiro ou de companheiro de trabalho, durante a atividade laboral, deixa de ser equiparado a acidente de trabalho, para utilização dos benefícios da Previdência Social;
(C) os dependentes do trabalhador somente farão jus ao benefício acidentário caso o segurado faleça em virtude do acidente, ou por doença relacionada ao trabalho que desempenhou;
(D) o segurado que sofreu acidente do trabalho tem garantido, pelo prazo mínimo de doze meses, a manutenção do seu contrato de trabalho na empresa, após a cessação do auxílio-doença acidentário, independentemente de percepção de auxílio-acidente;
(E) a empresa é responsável pela adoção e uso de medidas coletivas e individuais de proteção e segurança da saúde do trabalhador, também devendo prestar a este informações pormenorizadas sobre os riscos da operação a executar e do produto a manipular.

A: correta, pois a assertiva reflete o disposto no art. 19, *caput*, da Lei 8.213/91; B: incorreta, pois de acordo com o disposto no art. 21, II, *c*, da Lei 8.213/91, a conduta será equiparada a acidente de trabalho para os efeitos da lei; C: correta, pois caso o segurado faleça por outra razão os dependentes farão jus à pensão por morte (art. 74 da Lei 8.213/91); D: correta, pois a assertiva reflete o disposto no art. 118 da Lei 8.213/91; E: correta, pois a assertiva reflete o disposto no art. 19, §§ 1º e 3º, da Lei 8.213/91. Gabarito "B".

12. SEGURANÇA E MEDICINA DO TRABALHO

(Procurador do Estado/PE – CESPE – 2009) Acerca da segurança, higiene e medicina do trabalho, assinale a opção correta.

(A) Basta a constatação da insalubridade por meio de laudo pericial para que o empregado tenha direito ao respectivo adicional, sendo, nesse caso, desnecessária a classificação da atividade insalubre na relação oficial elaborada pelo Ministério do Trabalho e Emprego.
(B) A limpeza em residências e escritórios e a respectiva coleta de lixo são consideradas atividades insalubres, desde que constatadas por laudo pericial.
(C) A fixação do adicional de periculosidade, em percentual inferior ao legal e proporcional ao tempo de exposição ao risco, deve ser respeitada, desde que pactuada em acordos ou convenções coletivos.
(D) Faz jus ao adicional de periculosidade o empregado exposto permanentemente, intermitentemente ou mesmo fortuitamente a condições de risco.
(E) A verificação mediante perícia de prestação de serviço em condições nocivas, considerado agente insalubre diverso do apontado na inicial, prejudica o pedido de adicional de insalubridade.

A: incorreta, pois a assertiva está em confronto com a Orientação Jurisprudencial 4, I, da SDI-I do TST: "ADICIONAL DE INSALUBRIDADE. LIXO URBANO I - Não basta a constatação da insalubridade por meio de laudo pericial para que o empregado tenha direito ao respectivo adicional, sendo necessária a classificação da atividade insalubre na relação oficial elaborada pelo Ministério do Trabalho"; B: incorreta, pois a assertiva está em contrariedade ao disposto na Orientação Jurisprudencial 4, II, da SDI-I do TST: "ADICIONAL DE INSALUBRIDADE. LIXO URBANO II - A limpeza em residências e escritórios e a respectiva coleta de lixo não podem ser consideradas atividades insalubres, ainda que constatadas por laudo pericial, porque não se encontram dentre as classificadas como lixo urbano na Portaria do Ministério do Trabalho"; C: correta, pois a assertiva reflete o disposto na Súmula 364, II, do TST: "ADICIONAL DE PERICULOSIDADE. EXPOSIÇÃO EVENTUAL, PERMANENTE E INTERMITENTE II - A fixação do adicional de periculosidade, em percentual inferior ao legal e proporcional ao tempo de exposição ao risco, deve ser respeitada, desde que pactuada em acordos ou convenções coletivos"; D: incorreta, pois a assertiva conflita com o disposto na Súmula 364, I, do TST: "ADICIONAL DE PERICULOSIDADE. EXPOSIÇÃO EVENTUAL, PERMANENTE E INTERMITENTE I - Faz jus ao adicional de periculosidade o empregado exposto permanentemente ou, de forma intermitente, sujeita-se a condições de risco. Indevido, apenas, quando o contato dá-se de forma eventual, assim considerado o fortuito, ou o que, sendo habitual, dá-se por tempo extremamente reduzido" (g.n.); E: incorreta, pois a assertiva conflita com o disposto na Súmula 293 do TST: "ADICIONAL DE INSALUBRIDADE. CAUSA DE PEDIR. AGENTE NOCIVO DIVERSO DO APONTADO NA INICIAL. A verificação mediante perícia de prestação de serviços em condições nocivas, considerado agente insalubre diverso do apontado na inicial, não prejudica o pedido de adicional de insalubridade". Gabarito "C".

(Defensor Público/MS – 2008 – VUNESP) Assinale a alternativa correta.

(A) a saúde e segurança do trabalho podem ser objeto de regulamentação por portarias ministeriais do Ministro do Trabalho e tais normas adquirem imediata obrigatoriedade para todos os empregadores.
(B) É obrigatória a constituição de Comissão Interna de Prevenção de Acidentes (CIPA) em todas as empresas com mais de dez trabalhadores empregados, segundo instruções do Ministério do Trabalho e Emprego.
(C) Os titulares e suplentes de representação da CIPA são sempre titulares de estabilidade no emprego, não podendo ser dispensados senão pela prática de ato que configure justa causa para despedimento.
(D) Por sua natureza, as normas de segurança, saúde e higiene do trabalho não admitem flexibilização, negociação coletiva, disponibilidade, obrigando o cumprimento a todas as empresas, independentemente do porte ou da atividade.

A: opção correta, nos termos do art. 155, II, CF; art. 27, XXI, da Lei 10.683/2003; art. 14, II, do Decreto 5.063/2004. B: opção incorreta, pois nos termos do art. 163 da CLT a constituição da CIPA será obrigatória, porém dependerá da gradação do risco da atividade principal e do número total de empregados do estabelecimento. Empresas com no mínimo 50 empregados deverão constituir CIPA, em conformidade com a Norma Regulamentadora 4 do MTE. C: opção incorreta, pois extinto o estabelecimento não há direito à estabilidade, em conformidade com a súmula 339, II, TST. D: opção incorreta, pois tais normas podem ser flexibilizadas, como se verifica, por exemplo, no art. 7º, XIII, CF. **Gabarito "A".**

(Advogado da União/AGU – CESPE – 2009) Julgue os itens a seguir, relativos a segurança e medicina do trabalho.

(1) Pode ser considerado praticante de ato ensejador de justa causa o empregado que não observa as instruções dadas pela empresa quanto ao uso do equipamento de proteção individual ou se recusa a utilizá-lo sem justificativa. No que se refere à CLT, embora tal previsão não tenha sido inserida de forma expressa no rol dos fatos que ensejam a justa causa no capítulo dedicado à rescisão do contrato de trabalho, ela está incluída no capítulo que trata da segurança e medicina do trabalho.

(2) O empregado que trabalhe em contato direto com inflamáveis tem direito à percepção do adicional de periculosidade, correspondente ao percentual de 30% calculado sobre o salário acrescido das parcelas de natureza salarial.

(3) Suponha que um empregado trabalhe, desde 20/10/2006, como auxiliar do zelador, em um condomínio com 72 apartamentos, coletando o lixo de 36 apartamentos localizados na entrada A, sem que lhe sejam fornecidas botas nem luvas especiais. Nessa situação, o empregado não tem direito à percepção do adicional de insalubridade.

1: Certa, pois a assertiva reflete o disposto no art. 158, parágrafo único, da CLT, que considera ato faltoso do empregado a recusa injustificada às instruções expedidas pelo empregador quanto às precauções a tomar no sentido de evitar acidentes do trabalho ou doenças ocupacionais e ao uso dos equipamentos de proteção individual fornecidos pela empresa; 2: Errada, pois a assertiva está em desacordo com o disposto no art. 193, § 1º, da CLT, que determina que o adicional de periculosidade será de 30% sobre o salário sem os acréscimos resultantes de gratificações, prêmios ou participações nos lucros da empresa. Ou seja, a lei determina que o adicional será calculado sobre o salário base, independentemente de as demais gratificações e prêmios terem natureza salarial; 3: Certa, pois a assertiva reflete o entendimento consolidado na Orientação Jurisprudencial 4, II, da SDI-I do TST: "ADICIONAL DE INSALUBRIDADE. LIXO URBANO II - A limpeza em residências e escritórios e a respectiva coleta de lixo não podem ser consideradas atividades insalubres, ainda que constatadas por laudo pericial, porque não se encontram dentre as classificadas como lixo urbano na Portaria do Ministério do Trabalho". Importante frisar que o TST tem concedido o adicional de insalubridade em casos especiais em que o laudo comprova que o funcionário ficava exposto a riscos biológicos, em razão do volume de lixo e da constância com que lidava com a coleta em casos que prédios com grande número de apartamentos. **Gabarito 1C, 2E, 3C**

(Magistratura do Trabalho – 24ª Região – 2007) Assinale a alternativa INCORRETA:

(A) O Ministério do Trabalho aprovará o quadro das atividades e operações insalubres e adotará normas sobre os critérios de caracterização da insalubridade, os limites de tolerância aos agentes agressivos, meios de proteção e o tempo máximo de exposição do empregado a esses agentes.
(B) Os que trabalharem em serviços de eletricidade ou instalações elétricas devem estar familiarizados com os métodos de socorro a acidentados por choque elétrico.
(C) As pessoas que trabalharem na movimentação de materiais deverão estar familiarizadas com os métodos racionais de levantamento de cargas.
(D) Serão consideradas atividades ou operações insalubres aquelas que, por sua natureza, condições ou métodos de trabalho, exponham os empregados a agentes nocivos à saúde, acima dos limites de tolerância fixados em razão da natureza e da intensidade do agente e do tempo de exposição aos seus efeitos.
(E) Em nenhum dos casos de identificação de agentes nocivos à saúde é dispensada a avaliação qualitativa e quantitativa da autoridade em higiene e segurança do trabalho.

A: correto, art. 190 da CLT; B: correto, art. 181 da CLT; C: correto, art. 183 da CLT; D: correto, art. 189 da CLT; E: falso. **Gabarito "E".**

(Magistratura do Trabalho – 18ª Região – 2006) Considere as assertivas abaixo e assinale a alternativa correta.

I. Um estabelecimento poderá iniciar suas atividades sem prévia inspeção e aprovação das respectivas instalações pela autoridade regional competente em matéria de segurança e medicina do trabalho, mas nova inspeção deverá ser feita quando ocorrer modificação substancial nas instalações, inclusive equipamentos, que a empresa fica obrigada a comunicar, prontamente, à Delegacia Regional do Trabalho.
II. A interdição ou embargo de estabelecimento poderão ser requeridos pelo serviço competente da Delegacia Regional do Trabalho e, ainda, por agente da inspeção do trabalho ou por entidade sindical.
III. O Delegado Regional do Trabalho, à vista do laudo técnico do serviço competente que demonstre grave e iminente risco para o trabalhador, poderá interditar estabelecimento, setor de serviço, máquina ou equipamento, ou embargar obra, indicando na decisão, tomada com a brevidade que a ocorrência exigir, as providências que deverão ser adotadas para prevenção de infortúnios de trabalho.
IV. O Delegado Regional do Trabalho, independente de recurso e de laudo técnico do serviço competente, poderá levantar a interdição.
V. Da decisão do Delegado Regional do Trabalho sobre o pedido de interdição cabe recurso sempre com efeito suspensivo.

(A) todas são corretas
(B) as afirmações I, IV e V são incorretas
(C) as afirmações I e II são corretas
(D) as afirmações III, IV e V são incorretas
(E) as afirmações I, II e III são incorretas

I: falso, art. 160 da CLT; II: correto, art. 161, § 2º, da CLT; III: correto, art. 161 da CLT; IV: falso, art. 161, § 5º, da CLT; V: falso, art. 161, § 3º, da CLT. **Gabarito "B".**

(Magistratura do Trabalho – 18ª Região – 2006) João, contador da Companhia Energética de Goiás (CELG), ouviu dizer que todos os empregados no setor de energia elétrica fazem jus ao recebimento do adicional de periculosidade. Estudando o assunto por conta própria, João descobriu que o artigo 193 da CLT dispõe que "São consideradas atividades ou operações perigosas, na forma da regulamentação aprovada pelo Ministério do Trabalho, aquelas que, por sua natureza ou métodos de trabalho, impliquem o contato permanente com inflamáveis ou explosivos em condições de risco acentuado". Analisando o disposto no referido artigo 193 da CLT, João alcançou duas conclusões: primeira, o adicional de periculosidade somente é devido no caso de contato permanente com inflamáveis ou explosivos; segunda, corolário da primeira, que não faz jus ao referido adicional. A respeito das conclusões de João, assinale a alternativa correta:

(A) as conclusões de João estão corretas.
(B) as duas conclusões estão erradas, porque todos os empregados no setor de energia elétrica fazem jus ao recebimento do adicional de periculosidade, de acordo com a lei - inclusive João.
(C) João errou na primeira, porque o adicional de periculosidade é devido ao empregado que exerce atividade no setor de energia elétrica em condições de periculosidade, de acordo com a lei, mas acertou acidentalmente na segunda, porque não trabalha em condições de periculosidade.
(D) João errou na primeira, porque o adicional de periculosidade é devido ao empregado que exerce atividade no setor de energia elétrica em condições de periculosidade, de acordo com Norma Regulamentar aprovada pelo Ministério do Trabalho, mas acertou na segunda, porque não trabalha em condições de periculosidade.
(E) João errou na primeira, porque apenas os empregados de empresas geradoras e transmissoras de eletricidade fazem jus ao recebimento do adicional de periculosidade, de acordo com a lei, mas acertou na segunda, porque não trabalha em condições de periculosidade.

A: falso; apenas a segunda conclusão está correta, pois não labora em atividade perigosa; B: falso; apenas a primeira é errada, pois é devido adicional para os eletricitários; C: correto, art. 1º da Lei 7.369/85 e Súmula 361 do TST; D: falso; o adicional é devido pela redação do art. 1º da Lei 7.369/85; E: falso, Lei 7.369/85. Gabarito "C".

(Magistratura do Trabalho – 14ª Região – 2006) Insalubridade e periculosidade.

I. O adicional de insalubridade devido a empregado que, por força de lei, convenção coletiva ou sentença normativa, percebe salário profissional será sobre este calculado.

II. A verificação mediante perícia de prestação de serviços em condições nocivas, considerado agente insalubre diverso do apontado na inicial, não prejudica o pedido de adicional de insalubridade.

III. A fixação do adicional de periculosidade, em percentual inferior ao legal e proporcional ao tempo de exposição ao risco, é nula, ainda que pactuada em acordos ou convenções coletivos.

IV. O adicional de periculosidade incide apenas sobre o salário básico e não sobre este acrescido de outros adicionais. Em relação aos eletricitários, o cálculo do adicional de periculosidade deverá ser efetuado sobre a totalidade das parcelas de natureza salarial.

Responda:

(A) todas as opções estão corretas;
(B) apenas três opções estão corretas;
(C) apenas duas opções estão corretas;
(D) apenas uma opção está correta;
(E) todas as opções estão incorretas.

I: correto, Súmula 17 do TST; II: correto, Súmula 293 do TST; III: falso, Súmula 364, II, do TST; IV: correto, Súmula 191 do TST. Gabarito "B".

(Magistratura do Trabalho – 9ª Região – 2006) Assinale a alternativa correta, considerando o entendimento sumulado pelo Tribunal Superior do Trabalho:

(A) Não é devido o pagamento do adicional de periculosidade durante as horas de sobreaviso.
(B) O adicional de periculosidade, como regra, incide sobre o salário básico acrescido de outros adicionais.
(C) O adicional de periculosidade devido ao eletricitário incide apenas sobre o salário básico.
(D) O empregado sujeito, de forma intermitente, a condições de risco não tem direito ao adicional de periculosidade.
(E) Não é válida a cláusula, pactuada em acordo ou convenção coletiva de trabalho, que preveja adicional de periculosidade em percentual inferior ao legal e proporcional ao tempo de exposição ao risco.

A: correto, Súmula 132, II, do TST; B: falso, art. 193, § 1º, da CLT; C: falso, Súmula 191 do TST; D: falso, Súmula 364, I, do TST; E: falso, Súmula 364, II, do TST. Gabarito "A".

(Magistratura do Trabalho – 7ª Região – 2005) De acordo com a jurisprudência pacificada no âmbito do Tribunal Superior do Trabalho é possível afirmar:

I. Tem validade a fixação de adicional de periculosidade em percentual inferior ao previsto em lei e proporcional ao tempo de exposição ao risco, quando levada a efeito em convenção ou acordo coletivo de trabalho.

II. Faz jus ao adicional de periculosidade o empregado que, de forma habitual, expõe-se a risco, ainda que por tempo extremamente reduzido.

III. O empregador tem o dever de exigir a efetiva utilização dos equipamentos de proteção individual, não se eximindo do pagamento do adicional de insalubridade com o simples fornecimento desses equipamentos.

IV. O adicional de insalubridade devido ao empregado será calculado sobre o salário mínimo vigente ao tempo do contrato de trabalho, mesmo quando, por força de lei, convenção coletiva ou sentença normativa, perceber o trabalhador salário profissional.

(A) Todas as proposições estão corretas.
(B) Apenas a primeira e terceira estão corretas.
(C) Apenas a primeira e a segunda estão corretas.
(D) Apenas a segunda e quarta estão corretas.
(E) Apenas a terceira e a quarta estão corretas.

I: correto, Súmula 364, II, do TST; II: falso, Súmula 364, I, do TST; III: correto, norma regulamentadora 6, 6.6.1, "b" do M.T.E. e Súmula 289 do TST; IV: falso, Súmula 17 do TST. Gabarito "B".

(Ministério Público do Trabalho – 14º) Assinale a alternativa CORRETA:

I. Conforme entendimento uniforme do Tribunal Superior do Trabalho, o fornecimento do aparelho de proteção pelo empregador o exime do pagamento do adicional de insalubridade.

II. Ao empregador é vedado exigir a remoção individual pelo empregado de peso superior a cinqüenta quilos, como também, a empregar mulher em serviço que demande emprego de força muscular superior a vinte quilos para o trabalho contínuo, ou vinte e cinco, para o trabalho ocasional.

III. Segundo entendimento uniforme do Tribunal Superior do Trabalho, o trabalho executado, em condições insalubres, em caráter intermitente, não afasta, só por essa circunstância, o direito à percepção do respectivo adicional.

IV. Constitui ato faltoso do empregado a recusa injustificada à observância das instruções recebidas nos treinamentos oferecidos pelo Programa de Prevenção de Riscos Ambientais.

(A) somente as assertivas I e II estão corretas;
(B) somente as assertivas I, III e IV estão corretas;
(C) somente as assertivas II, III e IV estão corretas;
(D) somente as assertivas III e IV estão corretas;
(E) não respondida.

I: falso, Súmula 289 do TST; II: falso, art. 198 da CLT; III: correto, Súmula 364, I, do TST, IV: correto, norma regulamentadora 31 do M.T.E. Gabarito "D".

(Ministério Público do Trabalho – 13º) Quanto aos equipamentos de proteção individual – EPIs:

I. Equipamento Conjugado de Proteção Individual é aquele composto por vários dispositivos, que o fabricante tenha associado contra um ou mais riscos que possam ocorrer simultaneamente e que sejam suscetíveis de ameaçar a segurança e a saúde no trabalho;

II. compete ao Serviço Especializado em Engenharia de Segurança e em Medicina do Trabalho – SESMT, nas empresas obrigadas a manter tal órgão, recomendar ao empregador o EPI adequado ao risco existente em determinada atividade;

III. o EPI, nacional ou importado, só poderá ser posto à venda ou utilizado com a indicação do Certificado de Aprovação – CA, expedido pelo órgão nacional competente em matéria de segurança e saúde no trabalho do Ministério do Trabalho e Emprego;

IV. o empregador, enquanto as medidas de proteção coletiva estiverem sendo implantadas, é obrigado a fornecer aos empregados, gratuitamente, EPI adequado ao risco, em perfeito estado de conservação e funcionamento.

Analisando as asserções acima, pode-se afirmar que:

(A) apenas as de número I e III estão corretas;
(B) apenas as de número I e IV estão corretas;
(C) apenas as de número II e IV estão corretas;
(D) todas estão corretas;
(E) não respondida.

I: correto, norma regulamentadora 6, item 6.1.1, do M.T.E.; II: correto, norma regulamentadora 6, item 6.5, do M.T.E.; III: correto, norma regulamentadora 6, item 6.2, do M.T.E.; IV: correto, norma regulamentadora 6, item 6.3, "b", do M.T.E. Gabarito "D".

13. TEMAS COMBINADOS

(Procurador do Estado/SC – 2010 – FEPESE) Assinale a alternativa **correta**, de acordo com a consolidação das leis do trabalho.

(A) Não é devido aviso prévio na despedida indireta.
(B) A idade mínima para qualquer trabalho, sem exceção, é de dezesseis anos de idade.
(C) A ação contra o não-recolhimento da contribuição para o FGTS segue o prazo prescricional de cinco anos para os trabalhadores urbanos e rurais, até o limite de dois anos após a extinção do contrato de trabalho.
(D) Em decorrência do poder de direção inerente à pessoa do empregador, é possível a transferência de empregado, sem a sua anuência, para localidade diversa da que resultar do contrato.
(E) O pedido de demissão ou recibo de quitação de rescisão do contrato de trabalho, firmado por empregado com mais de 1 (um) ano de serviço, só será válido quando feito com a assistência do respectivo Sindicato ou perante a autoridade do Ministério do Trabalho e Previdência Social.

A: opção incorreta, pois nos termos do art. 487, § 4º, da CLT o aviso prévio será devido; B: opção incorreta, pois a idade mínima para o trabalho, na condição de aprendiz, é 14 (quatorze) anos, nos termos do art. 403 da CLT. Veja, também, o art. 428 da CLT; C: opção incorreta, pois de acordo com o entendimento cristalizado na súmula 362 do TST a prescrição para a cobrança dos depósitos de FGTS, desde que respeitado o prazo da prescrição bienal, será de 30 (trinta) anos; D: opção incorreta, pois nos termos do art. 469 da CLT deve haver anuência do empregado; E: opção correta, pois reflete o disposto no art. 477, § 1º, da CLT. Gabarito "E".

(Procurador do Estado/PR – 2007) Leia as afirmativas abaixo.

I. A relação de emprego apenas ficará caracterizada quando, no trabalho executado, tivermos a pessoalidade, a onerosidade, a continuidade e a subordinação, sendo que a falta de um deles descaracteriza o instituto.
II. Sempre que em um contrato de Estágio estiverem presentes as condições consideradas pela Lei como próprias de uma relação de emprego o estagiário será considerado empregado, exceção feita ao serviço público.
II. O contrato de subempreitada é aquele no qual quem se comprometeu a realizar determinada obra repassa a obrigação pela execução do contrato, total ou parcialmente, a outrem. Neste caso o subempreiteiro responde pelas obrigações derivadas do contrato de trabalho que celebrar. Se descumprí-las o empregado terá direito a reclamar seus direitos contra o empreiteiro, com quem passará a ter, inclusive, vínculo de emprego.

Considerando as afirmativas acima assinale a resposta correta:

(A) as alternativas I e III estão erradas;
(B) as alternativas II e III estão erradas;
(C) as alternativas I e II estão erradas;
(D) Apenas a alternativa I está errada;
(E) Apenas a alternativa II está errada;

I: errada, pois a assertiva não contemplou o requisito do trabalho por pessoa física (art. 3º, caput, da CLT), e o requisito "continuidade" é controvertido, sendo mais bem nominado pela doutrina como "não eventualidade"; II: certa, pois a assertiva reflete o disposto no art. 15, caput, da Lei 11.788/08, sendo certo que quanto a Administração Pública há necessidade de prévio concurso público, razão pela qual não será o estagiário considerado empregado (art. 37 da CF); III: errada, pois a assertiva conflita com o disposto no art. 455 da CLT no que se refere a possibilidade de o empregado reclamar vínculo de emprego com o empreiteiro principal. Apenas para maior esclarecimento sobre a matéria, o TST reconhece o vínculo de emprego do empregado diretamente com o empreiteiro nos casos de subempreitada ilícita, o que deve ser comprovado no processo específico, pois, em regra, o empregado NÃO tem vínculo de emprego com o empreiteiro. Gabarito "A".

(Procurador do Município/Aracaju – 2008 – CESPE) Acerca da remuneração, salário, alteração, interrupção, suspensão e rescisão do contrato de emprego, julgue os itens seguintes.

(1) O salário é irredutível, salvo o disposto em convenção coletiva de trabalho, sendo nulas as alterações nele empreendidas, para menor, por conta de acordo individual ou coletivo.
(2) Compreendem-se na remuneração do empregado, para todos os efeitos legais, além do salário devido e pago diretamente pelo empregador, como contraprestação pelos serviços, também as gorjetas que receber, tanto espontaneamente oferecidas pelos clientes do empregador ao empregado, como também aquela que for cobrada pela empresa, como adicional de conta do cliente, destinada à distribuição entre os empregados.
(3) No caso de paralisação, temporária ou definitiva, do trabalho, motivada por ato de autoridade municipal, estadual ou federal, ou pela promulgação de lei que impossibilite a continuação da atividade empresarial, a indenização ficará a cargo do governo responsável pelo ato ou lei impeditiva, quando chamado à autoria no processo judicial perante a justiça do trabalho, mediante requerimento contido na defesa do empregador.
(4) As despedidas imotivadas, feitas pelo empregador, garantem ao empregado, nos contratos por prazo indeterminado, indenização compensatória correspondente, como multa rescisória, a 40% do valor do FGTS devido.

1: Errada, pois a assertiva conflita com o disposto no art. 7º, VI, da CF, que estabelece que "o salário é irredutível, salvo o disposto em convenção ou acordo coletivo"; 2: Certo, pois a assertiva reflete o disposto no art. 457, caput e § 3º, da CLT; 3: Certo, pois a assertiva reflete o disposto no art. 486, caput, da CLT; 4: Certo, pois a assertiva reflete o disposto no art. 18, § 1º, da Lei 8.036/1990. Gabarito 1E, 2C, 3C, 4C.

(Magistratura do Trabalho – 7ª Região – 2005) Analise as proposições abaixo, conforme sejam verdadeiras (V) ou falsas (F) e assinale a opção correta.

( ) Por força de regra estabelecida na lei que disciplina o vínculo de emprego rural, sempre que uma ou mais empresas, embora tendo cada uma delas personalidade jurídica própria, estiverem sob a direção, controle ou administração de outra, ou ainda quando, mesmo guardando cada uma sua autonomia, integrem grupo econômico ou financeiro rural, serão responsáveis solidariamente nas obrigações decorrentes da relação de emprego.
( ) A ampliação das possibilidades de garantia do crédito trabalhista norteou a edificação da figura do grupo econômico trabalhista, cujo reconhecimento não demanda necessariamente a presença das modalidades jurídicas típicas do Direito Econômico ou Comercial, bastando a comprovação de elementos que revelem integração interempresarial.
( ) A solidariedade proporcionada pela existência do grupo econômico pode ser conceituada como dual, ou seja, ao tempo em que consagra a solidariedade passiva das empresas, permite o reconhecimento da existência de empregador único. Assim, consoante jurisprudência prevalente no Tribunal Superior do Trabalho, a prestação de serviços a mais de uma empresa do mesmo grupo, durante a mesma jornada de trabalho, não caracteriza a coexistência de mais de um contrato de trabalho, salvo ajuste em contrário.
( ) A tipificação do grupo econômico para os fins estabelecidos na Consolidação das Leis do Trabalho não se prende ao aspecto exclusivamente econômico, sendo viável o seu reconhecimento entre entidades autárquicas ou empregadores domésticos.
( ) A transferência de titularidade na propriedade da empresa não afeta os contratos de trabalho já existentes. A responsabilidade quanto aos débitos trabalhistas constituídos em momento anterior a essa alteração poderá, por convenção entre o antigo e novo proprietário, ser atribuída ao primeiro, cláusula que, todavia, não possui valor para o Direito do Trabalho.

(A) V - V - V - V - F
(B) V - F - V - F - V
(C) F - V - V - V - V
(D) F - V - F - F - V
(E) V - V - V - F - V

I: verdadeira, art. 3º, § 2º, da lei 5.889/73; II: verdadeira, art. 2º, § 2º, da CLT; III: verdadeira, Súmula 129 do TST; IV: falsa, pois o Estado não pode integrar grupo econômico; o empregador doméstico não desenvolve atividade econômica; V: verdadeira, arts. 10 e 448 da CLT. Gabarito "E".

(Magistratura do Trabalho – 24ª Região – 2007) Assinale a alternativa INCORRETA:

(A) Extinto, automaticamente, o vínculo empregatício com a cessação das atividades da empresa, os salários só são devidos até a data da extinção.
(B) É classificada como estabilidade imprópria a do trabalhador que vai prestar o serviço militar.
(C) Em se tratando da antiga e clássica estabilidade decenária, a extinção da empresa ou estabelecimento, mesmo nos casos de força maior, assegura ao trabalhador estável, quando despedido, o direito a receber a indenização em dobro.
(D) A evolução das relações de trabalho, com ênfase na observação da experiência estrangeira, autoriza dizer que há um processo de socialização da empresa provocado pelos mecanismos negociais das condições de trabalho, da ação sindical no âmbito da empresa e dos sistemas de controle de sua gestão.
(E) A Lei do FGTS (Lei 5.107/66), fruto da experiência jurídica brasileira, é considerada monumento de flexibilização normativa do Direito do Trabalho.

A: correto, Súmula 173 do TST; B: correto; nome dado por parte da doutrina ao trabalhador que irá prestar serviços militares (precedente normativo 80 do TST); C: falso, arts. 497 e 502, I, da CLT; D: correto; flexibilização; E: correto, pois a criação do FGTS pela lei 5.107/66 foi a primeira grande flexibilização ocorrida no ordenamento jurídico trabalhista brasileiro. Gabarito "C".

(Magistratura do Trabalho – 24ª Região – 2007) De acordo Súmula da jurisprudência do Colendo Tribunal Superior do Trabalho:

I. É bancário o empregado de empresa de processamento de dados que presta serviço a banco integrante do mesmo grupo econômico, exceto quando a empresa de processamento de dados presta serviços a banco e a empresas não bancárias do mesmo grupo econômico ou a terceiros.
II. O adicional por tempo de serviço integra o cálculo da gratificação prevista no art. 224, § 2º, da CLT.
III. A parcela paga aos bancários sob a denominação "quebra de caixa" possui natureza salarial, integrando o salário do prestador de serviços, para todos os efeitos legais.
IV. O vigilante, contratado diretamente por banco ou por intermédio de empresas especializadas, não é bancário.
V. A jornada de trabalho do empregado de banco gerente de agência é regida pelo art. 224, § 2º, da CLT. Quanto ao gerente-geral de agência bancária, presume-se o exercício de encargo de gestão, aplicando-se-lhe o art. 62 da CLT.

RESPONDA:
(A) Apenas as proposições I, II e V estão corretas.
(B) Apenas as proposições III, IV e V estão corretas.
(C) Apenas as proposições II, IV e V estão corretas.
(D) Apenas as proposições II, III e V estão corretas.
(E) Todas as proposições estão corretas.

A: correto, Súmula 239 do TST; II: correto, Súmula 240 do TST; III: correto, Súmula 247 do TST; IV: correto, Súmula 257 do TST; V: correto, Súmula 287 do TST. Gabarito "E".

(Magistratura do Trabalho – 24ª Região – 2007) Assinale a alternativa que está em desconformidade com Súmula da jurisprudência do Colendo Tribunal Superior do Trabalho:

(A) A cessação da atividade da empresa, com o pagamento da indenização, simples ou em dobro, não exclui, por si só, o direito do empregado ao aviso prévio.
(B) A indenização pelo não-deferimento das férias no tempo oportuno será calculada com base na remuneração devida ao empregado na época da reclamação ou, se for o caso, na da extinção do contrato.
(C) Os empregados de empresas distribuidoras e corretoras de títulos e valores mobiliários têm direito à jornada especial dos bancários.
(D) A remuneração das férias do tarefeiro deve ser calculada com base na média da produção do período aquisitivo, aplicando-se-lhe a tarifa da data da concessão.
(E) As gratificações por tempo de serviço e produtividade, pagas mensalmente, não repercutem no cálculo do repouso semanal remunerado.

A: correto, Súmula 44 do TST; B: correto, Súmula 7 do TST; C: falso, Súmula 119 do TST; D: correto, Súmula 149 do TST; E: correto, Súmula 225 do TST. Gabarito "C".

(Magistratura do Trabalho – 18ª Região – 2006) De acordo com a jurisprudência sumulada do STF, considere as assertivas abaixo e assinale a alternativa correta.

I. Exceto quando exerça atividade rural, o empregado de empresa industrial ou comercial é classificado de acordo com a categoria do empregador.
II. Músico integrante de orquestra da empresa, mesmo com atuação permanente e vínculo de subordinação, está sujeito à legislação especial dos artistas.
III. Os intervalos fixados para descanso e alimentação durante a jornada de seis horas não descaracterizam o sistema de turnos ininterruptos de revezamento para o efeito do art. 7º, XIV, da Constituição.
IV. É devido o adicional de serviço noturno, ainda que sujeito o empregado ao regime de revezamento.
V. Provada a identidade entre o trabalho diurno e o noturno, é devido o adicional, quanto a este, sem a limitação do art. 73, § 3º, da Consolidação das Leis do Trabalho independentemente da natureza da atividade do empregador.

(A) Apenas a primeira é correta
(B) Apenas a segunda é correta
(C) Apenas a terceira não é correta
(D) As duas primeiras são corretas
(E) As três últimas são corretas

I: falso, Súmula 196 do STF; II: falso, Súmula 312 do STF; III: correto, Súmula 675 do STF; IV: correto, Súmula 213 do STF; V: correto, Súmula 313 do STF. Gabarito "E".

(Magistratura do Trabalho – 18ª Região – 2006) De acordo com a jurisprudência sumulada do STF, considere as assertivas abaixo e assinale a alternativa correta.

I. Sem prévia aprovação em concurso público, é inconstitucional toda modalidade de provimento que propicie ao servidor investir-se em cargo que integre a carreira na qual anteriormente investido.
II. A fixação de vencimentos dos servidores públicos não pode ser objeto de convenção coletiva.
III. A garantia da estabilidade provisória prevista no art. 10, II, "a", do Ato das Disposições Constitucionais Transitórias, também se aplica ao suplente do cargo de direção de comissões internas de prevenção de acidentes (CIPA).
IV. Até que lei venha a dispor a respeito, é dispensada a observância do princípio da unicidade.
V. O imposto sindical de que trata o art. 8º, IV, da Constituição, só é exigível dos filiados ao sindicato respectivo.

(A) Apenas a última está correta
(B) Apenas a primeira está incorreta
(C) Apenas a segunda e a terceira estão corretas
(D) Apenas as três primeiras estão corretas
(E) Apenas as três últimas estão corretas

I: falso, Súmula 685 do STF; II: correto, Súmula 679 do STF; III: correto, Súmula 676 do STF; IV: falso, Súmula 677 do STF; V: falso, Súmula 666 do STF. Gabarito "C".

(Magistratura do Trabalho – 18ª Região – 2006) Acerca da composição da tripulação, segundo o Código Brasileiro de Aeronáutica (Lei n. 7.565, de 19 de dezembro de 1986), é incorreto afirmar:

(A) A função remunerada a bordo de aeronaves nacionais é privativa de titulares de licenças específicas, emitidas pelo Ministério da Aeronáutica e reservada a brasileiros natos ou naturalizados.
(B) No serviço aéreo internacional poderão ser empregados comissários estrangeiros, contanto que o número não exceda a 1/3 (um terço).

(C) São tripulantes as pessoas devidamente habilitadas que exercem função a bordo de aeronaves.
(D) Na falta de tripulantes brasileiros, a juízo da autoridade aeronáutica, poderão ser admitidos como tripulantes, em caráter provisório, instrutores estrangeiros.
(E) O prazo do contrato do tripulante estrangeiro, admitido em caráter provisório em razão da falta de tripulantes brasileiros, não poderá exceder de 1 ano.

A: correto, art. 156, § 1º, da lei 7.565/86; B: correto, art. 156, § 3º, da lei 7.565/86; C: correto, art. 156, *caput*, da lei 7.565/86; D: correto, art. 158, *caput*, da lei 7.565/86; E: falso, art. 158, parágrafo único, da lei 7.565/86. Gabarito "E".

(Magistratura do Trabalho – 16ª Região – 2006) Assinale a alternativa INCORRETA:
(A) A projeção do contrato de trabalho para o futuro, pela concessão do aviso prévio indenizado, tem efeitos limitados às vantagens econômicas obtidas no período de pré-aviso, ou seja, salários, reflexos e verbas rescisórias. No caso de concessão de auxílio-doença no curso do aviso prévio, todavia, só se concretizam os efeitos da dispensa depois de expirado o benefício previdenciário.
(B) Considerando que a regulamentação legal não estipula a jornada reduzida, mas apenas estabelece o salário mínimo da categoria para uma jornada de 4 horas quanto aos médicos e de 6 horas quanto aos engenheiros, não são devidas horas extras, salvo as excedentes à oitava, desde que seja respeitado o salário mínimo/horário das categorias.
(C) A interrupção do trabalho destinada a repouso e alimentação, dentro de cada turno, ou o intervalo para repouso semanal, descaracteriza o turno de revezamento com jornada de 6 (seis) horas previsto na Constituição Federal.
(D) A habitação, a energia elétrica e veículo fornecidos pelo empregador ao empregado, quando indispensáveis para a realização do trabalho, não têm natureza salarial, ainda que, no caso de veículo, seja ele utilizado pelo empregado também em atividades particulares.
(E) A fixação do adicional de periculosidade, em percentual inferior ao legal e proporcional ao tempo de exposição ao risco, deve ser respeitada, desde que pactuada em acordos ou convenções coletivos.

A: correto, Súmula 371 do TST; B: correto, Súmula 370 do TST; C: falso, Súmula 360 do TST; D: correto, Súmula 367 do TST; E: correto, Súmula 364, II, do TST. Gabarito "C".

(Magistratura do Trabalho – 16ª Região – 2006) Assinale a alternativa INCORRETA:
(A) O fornecimento do aparelho de proteção pelo empregador o exime do pagamento do adicional de insalubridade.
(B) Tratando-se de terminais privativos destinados à navegação de cabotagem ou de longo curso, não é obrigatória a requisição de vigia portuário indicado por sindicato.
(C) A supressão, pelo empregador, do serviço suplementar prestado com habitualidade, durante pelo menos 1 (um) ano, assegura ao empregado o direito à indenização correspondente ao valor de 1 (um) mês das horas suprimidas para cada ano ou fração igual ou superior a seis meses de prestação de serviço acima da jornada normal. O cálculo observará a média das horas suplementares efetivamente trabalhadas nos últimos 12 (doze) meses, multiplicada pelo valor da hora extra do dia da supressão.
(D) A complementação dos proventos da aposentadoria é regida pelas normas em vigor na data da admissão do empregado, observando-se as alterações posteriores desde que mais favoráveis ao beneficiário do direito.
(E) O empregado eleito para ocupar cargo de diretor tem o respectivo contrato de trabalho suspenso, não se computando o tempo de serviço desse período, salvo se permanecer a subordinação jurídica inerente à relação de emprego.

A: falso, Súmula 289 do TST; B: correto, Súmula 309 do TST; C: correto, Súmula 291 do TST; D: correto, Súmula 288 do TST; E: correto, Súmula 269 do TST. Gabarito "A".

(Magistratura do Trabalho – 16ª Região – 2006) Assinale a alternativa CORRETA:
(A) A transferência para o período diurno de trabalho não implica a perda do direito ao adicional noturno.
(B) O vigilante, contratado diretamente por banco ou por intermédio de empresas especializadas, é considerado bancário.
(C) Vago o cargo em definitivo, o empregado que passa a ocupá-lo sempre terá direito a salário igual ao do antecessor.
(D) O adicional de periculosidade incide apenas sobre o salário básico e não sobre este acrescido de outros adicionais. Em relação aos eletricitários, o cálculo do adicional de periculosidade deverá ser efetuado sobre a totalidade das parcelas de natureza salarial.
(E) A relação jurídica trabalhista é regida pelas leis que vigoram no local da contratação.

A: falso, Súmula 265 do TST; B: falso, Súmula 257 do TST; C: falso, Súmula 159, II, do TST; D: correto, Súmula 191 do TST; E: falso, Súmula 207 do TST. Gabarito "D".

(Magistratura do Trabalho – 16ª Região – 2006) Assinale a alternativa CORRETA:
(A) A prestação de serviços a mais de uma empresa do mesmo grupo econômico, durante a mesma jornada de trabalho, não caracteriza a coexistência de mais de um contrato de trabalho, salvo ajuste em contrário.
(B) Quadro de pessoal organizado em carreira, aprovado pelo órgão competente, excluída a hipótese de equiparação salarial, obsta reclamação fundada em preterição, enquadramento ou reclassificação.
(C) Os empregados de empresas distribuidoras e corretoras de títulos e valores mobiliários têm direito à jornada especial dos bancários.
(D) Integram o salário, pelo seu valor total e para efeitos indenizatórios, as diárias de viagem que excedam a 100% (cem por cento) do salário do empregado, enquanto perdurarem as viagens.
(E) A permanência do tripulante a bordo do navio, no período de repouso, além da jornada, importa presunção de que esteja à disposição do empregador ou em regime de prorrogação de horário.

A: correto, Súmula 129 do TST; B: falso, Súmula 127 do TST; C: falso, Súmula 119 do TST; D: falso, Súmula 101 do TST; E: falso, Súmula 96 do TST. Gabarito "A".

(Magistratura do Trabalho – 14ª Região – 2006) Assinale a alternativa INCORRETA:
(A) A contratação de servidor público, após a CF/1988, sem prévia aprovação em concurso público, encontra óbice no respectivo art. 37, II e § 2º, somente lhe conferindo direito ao pagamento da contraprestação pactuada, em relação ao número de horas trabalhadas, respeitado o valor da hora por salário mínimo, e dos valores referentes aos depósitos do FGTS;
(B) O inadimplemento das obrigações trabalhistas, por parte do empregador, implica a responsabilidade subsidiária do tomador dos serviços, quanto àquelas obrigações, inclusive quanto aos órgãos da administração direta, das autarquias, das fundações públicas, das empresas públicas e das sociedades de economia mista, desde que hajam participado da relação processual e constem também do título executivo judicial;
(C) A União, os Estados, o Distrito Federal, os Municípios e respectivas autarquias, fundações públicas, sociedades de economia mista e empresas públicas são isentas do pagamento das custas;
(D) Ao empregado de empresa pública ou de sociedade de economia mista, ainda que admitido mediante aprovação em concurso público, não é garantida a estabilidade prevista no art. 41 da CF/1988;
(E) O servidor público celetista da administração direta, autárquica ou fundacional é beneficiário da estabilidade prevista no art. 41 da CF/1988.

A: correto, Súmula 363 do TST; B: correto, Súmula 331, IV, do TST; C: falso, art. 790-A da CLT; D: correto, Súmula 390, II, do TST; E: correto, Súmula 390, I, do TST. Gabarito "C".

(Magistratura do Trabalho – 9ª Região – 2006) É correto afirmar:

I. A lei cria óbices à alteração contratual trabalhista subjetiva, em especial na figura do empregador, a fim de preservar o princípio da continuidade da relação de emprego.

II. Na lei falimentar e de recuperação empresarial (Lei 11.101/2005) não ocorre sucessão de empregadores no caso de alienação do estabelecimento, ainda que se verifique a continuidade de trabalho de antigos empregados da empresa extinta.

III. Como regra geral, o sucedido também responde pelos créditos trabalhistas, inclusive pelos contraídos depois da sucessão, juntamente com o sucessor, visto que a CLT está informada pelo princípio protetivo do hipossuficiente.

IV. O trabalho temporário, no meio rural, pode ser viabilizado através de consórcio de empregadores rurais, mediante formação de grupo de empresas.

(A) somente as alternativas I, III e IV são verdadeiras
(B) somente a alternativa II é verdadeira
(C) somente as alternativas I, II e III são verdadeiras
(D) somente a alternativa I é verdadeira
(E) todas as alternativas são falsas

I: falso, pois não existem óbices (arts. 10 e 448 da CLT); II: correto, arts. 60, parágrafo único e 141, II, da lei 11.101/05; III: falso, pois o sucedido não responde pelos créditos contraídos depois da sucessão; IV: falso, art. 4º da lei 6.019/74. Gabarito "B".

(Magistratura do Trabalho – 9ª Região – 2006) Assinale a alternativa correta:

(A) Em razão de um contrato de prestação de serviços, o tomador responderá subsidiariamente pelos débitos trabalhistas da empresa prestadora, desde que os empregados desta estejam diretamente subordinados àquele tomador.

(B) É lícita a diferença na remuneração percebida pelo trabalhador temporário em relação à remuneração percebida pelos empregados da mesma categoria da empresa tomadora ou cliente.

(C) Em razão da falência da empresa de trabalho temporário, a empresa tomadora ou cliente será subsidiariamente responsável em relação à falida pelos créditos reconhecidos pela lei do trabalho prestado por empresa de trabalho temporário.

(D) É sempre possível o reconhecimento judicial da relação jurídica de emprego entre o trabalhador e um Município, quando aquele presta serviços de natureza não eventual, mediante salário e subordinação jurídica direta a este, apesar de formalmente contratado por empresa interposta, pela simples aplicação do princípio da primazia da realidade sobre a forma.

(E) A contratação de trabalhadores por empresa interposta é, em princípio, ilegal, constituindo exceção a esta regra o trabalho prestado por intermédio de empresa de trabalho temporário.

A: falso, pois a responsabilidade é da empresa de trabalho temporário; é com ela que o trabalhador mantém relação jurídica; B: falso, art. 12, "a", da lei 6.019/74; C: falso, art. 16 da lei 6.019/74; D: falso, Súmula 331, II, do TST; E: correto, Súmula 331, I, do TST. Gabarito "E".

(FGV – 2010) Analise as afirmativas a seguir:

I. É permitido o trabalho em feriados nas atividades do comércio em geral, desde que autorizado em convenção coletiva de trabalho e observada a legislação municipal, nos termos do art. 30, inciso I, da Constituição.

II. É assegurada a participação dos trabalhadores e empregadores nos colegiados dos órgãos públicos em que seus interesses profissionais ou previdenciários sejam objeto de discussão e deliberação.

III. É vedada a dispensa do empregado sindicalizado a partir do registro da candidatura a cargo de direção ou representação sindical e, se eleito, ainda que suplente, até o final do mandato, salvo se cometer falta grave nos termos da lei.

IV. O afastamento superior a 15 dias e a percepção do auxílio doença acidentário são pressupostos para a concessão de estabilidade provisória prevista na Lei 8.213, salvo se constatada, após a despedida, doença profissional que guarde relação de causalidade com a execução do contrato de emprego.

Assinale

(A) se apenas as afirmativas I, II e IV estiverem corretas.
(B) se apenas as afirmativas I, II e III estiverem corretas.
(C) se apenas as afirmativas I e II estiverem corretas.
(D) se todas as afirmativas estiverem corretas.
(E) se apenas as afirmativas III e IV estiverem corretas.

I: correta, pois a assertiva reflete o disposto no art. 6º-A, da Lei 10.101/2000, acrescentado pela Lei 11.603/2007; II: correta, pois a assertiva está de acordo com o disposto no art. 10 da CF; III: falsa, a vedação se estende até um ano após o final do mandato (art. 543, § 3º, da CLT); IV: correta, pois a assertiva reflete o disposto na Súmula 378, II, do TST: "ESTABILIDADE PROVISÓRIA. ACIDENTE DO TRABALHO. ART. 118 DA LEI Nº 8.213/1991. CONSTITUCIONALIDADE. PRESSUPOSTOS II - São pressupostos para a concessão da estabilidade o afastamento superior a 15 dias e a consequente percepção do auxílio-doença acidentário, salvo se constatada, após a despedida, doença profissional que guarde relação de causalidade com a execução do contrato de emprego". Gabarito "A".

10. Direito Processual do Trabalho

Ana Paula Garcia e Hermes Cramacon

1. PRINCÍPIOS, ORGANIZAÇÃO DA JUSTIÇA DO TRABALHO, COMPETÊNCIA E NULIDADES PROCESSUAIS

(Procurador do Estado/RO – 2011 – FCC) Compete à Justiça do Trabalho processar e julgar, EXCETO:

(A) as ações possessórias que decorram do exercício do direito de greve.
(B) as ações indenizatórias decorrentes de acidente do trabalho que decorram da relação de trabalho contra o empregador e/ou Instituto Nacional do Seguro Social (INSS).
(C) os dissídios resultantes de contratos de empreitadas em que o empreiteiro seja operário ou artífice.
(D) as ações sobre representação sindical, entre sindicatos, entre sindicatos e trabalhadores, e entre sindicatos e empregadores.
(E) as ações relativas às penalidades administrativas impostas aos empregadores pelos órgãos de fiscalização das relações de trabalho.

A: Opção correta, pois nos termos do art. 114, II, da CF, compete à Justiça do Trabalho julgar as ações que envolvam o exercício do direito de greve. B: Opção incorreta, pois embora as ações contra o empregador sejam de competência da Justiça do Trabalho, art. 114, VI, CF, as ações do empregado contra o INSS serão processadas e julgadas pela justiça comum estadual, nos termos do art. 109, I, da CF; C: Opção correta, pois reflete o disposto no art. 652, III, CLT. Esta empreitada deve ser entendida como uma obra de pequeno vulto econômico, não podendo ser confundida com a empreitada disposta nos arts. 610 a 626 do CC, cuja competência seria da justiça comum; D: Opção correta, pois reflete o disposto no art. 114, III, da CF; E: Opção correta, pois reflete o disposto no art. 114, VII, da CF. Gabarito "B".

(Procurador do Estado/PE – CESPE – 2009) Com relação aos princípios processuais, assinale a opção correta.

(A) Recurso ordinário interposto contra despacho monocrático indeferitório da petição inicial de ação rescisória ou de mandado de segurança pode, pelo princípio da fungibilidade recursal, ser recebido como agravo regimental.
(B) Em matéria processual trabalhista, o fato de eventual decisão denegatória ser exarada pelo relator, sem a participação do colegiado, viola flagrantemente o princípio da publicidade inscrito na CF.
(C) Os princípios da legalidade, do devido processo legal, do contraditório e da ampla defesa podem servir de fundamento para a desconstituição de decisão judicial transitada em julgado, mesmo quando se apresentam sob a forma de pedido genérico, considerando-se o caráter de direitos fundamentais a eles inerentes.
(D) Ofende o princípio do duplo grau de jurisdição eventual decisão do TST que, após afastar a decadência em sede de recurso ordinário em ação rescisória, aprecia desde logo a lide, ainda que a causa esteja em condições de imediato julgamento e verse acerca de questão exclusivamente de direito.
(E) O princípio da identidade física do juiz se aplica às varas do trabalho.

A: correta, pois a afirmativa está de acordo com a Orientação Jurisprudencial 69 da SDI-II do TST: "Recurso ordinário interposto contra despacho monocrático indeferitório da petição inicial de ação rescisória ou de mandado de segurança pode, pelo princípio de fungibilidade recursal, ser recebido como agravo regimental. Hipótese de não conhecimento do recurso pelo TST e devolução dos autos ao TRT, para que aprecie o apelo como agravo regimental"; B: incorreta, o princípio da publicidade não é violado, assim dispõe a Orientação Jurisprudencial 73 da SDI-II do TST: "Art. 557 do CPC. Constitucionalidade. Não há como se cogitar da inconstitucionalidade do art. 557 do CPC, meramente pelo fato de a decisão ser exarada pelo Relator, sem a participação do Colegiado, porquanto o princípio da publicidade insculpido no inciso IX do art. 93 da CF/1988 não está jungido ao julgamento pelo Colegiado e sim ao acesso ao processo pelas partes, seus advogados ou terceiros interessados, direito preservado pela Lei nº. 9.756/1998, ficando, outrossim, assegurado o acesso ao Colegiado através do agravo"; C: incorreta, pois a assertiva está em confronto com a Orientação Jurisprudencial 97 da SDI-II do TST: "Os princípios da legalidade, do devido processo legal, do contraditório e da ampla defesa não servem de fundamento para a desconstituição de decisão judicial transitada em julgado, quando se apresentam sob a forma de pedido genérico e desfundamentado, acompanhando dispositivos legais que tratam especificamente da matéria debatida, estes sim, passíveis de fundamentarem a análise do pleito rescisório" (g.n.); D: incorreta, pois a afirmativa contraria a Súmula 100 do TST, VII: "Não ofende o princípio do duplo grau de jurisdição a decisão do TST que, após afastar a decadência em sede de recurso ordinário, aprecia desde logo a lide, se a causa versar questão exclusivamente de direito e estiver em condições de imediato julgamento" (g.n.); E: incorreta, a assertiva está em confronto com a Súmula 136 do TST: "Não se aplica às Varas do Trabalho o princípio da identidade física do juiz" (g.n.). Gabarito "A".

(Procurador do Estado/SC – 2009) Em relação ao acesso à Justiça do Trabalho, é incorreto afirmar que:

(A) Em relação à reclamada, a lei não permite isenção de custas processuais às sociedades empresárias.
(B) O trabalhador que estiver desempregado, afirmando estado de miserabilidade, pode estar isento de custas processuais.
(C) Em nenhum caso as partes serão admitidas em juízo sem a representação de advogado, pois o artigo 133 da Constituição da República de 1988, revogou expressamente o "jus postulandi".
(D) A petição de recurso ordinário, bem como toda postulação em segunda instância e no Tribunal Superior do Trabalho, deverá estar subscrita por advogado.
(E) Na Justiça do Trabalho, a assistência judiciária, prestada pelo sindicato representante da categoria a que pertence o trabalhador necessitado, enseja o direito à percepção de honorários advocatícios como sucumbência.

A: correta, pois, de fato, não há previsão de isenção de custas processuais às sociedades empresárias e os Tribunais Superiores já firmaram entendimento no sentido de que apenas aos empresários individuais que se enquadrarem nas exigências da Lei é que a isenção de custas poderá ser deferida; B: correta, a assertiva está de acordo com os termos do art. 14, § 1º, da Lei 5.584/70; C: incorreta, pois, segundo Renato Saraiva: "uma corrente minoritária defendia que, após a Constituição Federal de 1988, em função de o art. 133 estabelecer que o advogado é indispensável à administração da justiça, o art. 791 da CLT não mais estaria em vigor, em face da incompatibilidade com o texto constitucional mencionado. (...) Os tribunais trabalhistas, contudo, em sua maioria, firmaram jurisprudência no sentido de que o art. 791 da CLT está em vigor, permanecendo o *jus postulandi* da parte na Justiça do Trabalho, mesmo após a promulgação da Constituição Federal de 1988. Tal jurisprudência restou confirmada com o julgamento da ADI 1.127, proposta pela Associação dos Magistrados do Brasil – AMB, na qual o Supremo Tribunal Federal declarou inconstitucional a expressão "qualquer", constante do art. 1º, I, da Lei 8.906/1994 (Estatuto da OAB), prevalecendo o entendimento de que é possível a parte postular sem a presença do advogado em algumas hipóteses" (Curso de Direito Processual do Trabalho, 7ª edição, Método, p. 38/9); D: correta, embora a assertiva seja bastante polêmica. Como colocado acima, a maioria da doutrina e jurisprudência entende que o *jus postulandi* foi recepcionado pela nova ordem constitucional. Porém, parte da doutrina entende que, para garantia de tal princípio, necessário que a parte possa ir até o fim da demanda postulando sozinha, encontrando óbice somente nas instâncias extraordinárias (TST e STF), nesse sentido o TST firmou o seu entendimento (E-AIRR e RR 85.851/2003-900.02.00-5, Rel. João Oreste Dalazen, j. 13.10.2009). Ocorre que ainda outra parte da doutrina, e aqui tomo a liberdade de dizer que se trata de minoria, embora a alternativa tenha sido considerada correta pelo gabarito oficial, que o *jus postulandi* limita-se ao primeiro grau de jurisdição, sendo necessária a presença de advogado já na propositura de recurso ordinário; E: correta, pois a assertiva está nos termos da Súmula 219 do TST: "HONORÁRIOS ADVOCATÍCIOS. HIPÓTESE DE CABIMENTO I - Na Justiça do Trabalho, a condenação ao pagamento de honorários advocatícios, nunca superiores a 15% (quinze por cento), não decorre pura e simplesmente da sucumbência, devendo a parte estar assistida por sindicato da categoria profissional e comprovar a percepção de salário inferior ao dobro do salário-mínimo ou encontrar-se em situação econômica que não lhe permita demandar sem prejuízo do próprio sustento ou da respectiva família". Gabarito "C".

(Procurador do Estado/SC – 2009) No Processo do Trabalho, é incorreto afirmar que:

(A) Denomina-se reclamação trabalhista plúrima a situação verificada quando mais de um reclamante postula contra a mesma reclamada direitos individuais decorrentes do contrato de trabalho com a característica de ter a causa de pedir e pedidos semelhantes, sendo facultado ao juiz aceitar ou não este litisconsórcio ativo.

(B) O Tribunal Regional do Trabalho (TRT) da 12ª Região tem jurisdição sobre todo território do Estado de Santa Catarina, enquanto que em São Paulo existem dois TRTs para dividirem sobre seu território as suas respectivas jurisdições.

(C) A conciliação é um objetivo a ser perseguido por todo o Poder Judiciário brasileiro e, na Justiça do Trabalho, é cabível a qualquer momento.

(D) O Ministério Público do Trabalho, em caso de greve em atividade essencial e com possibilidade de lesão do interesse público, é competente para propor o dissídio coletivo perante a Justiça do Trabalho.

(E) O juiz do trabalho não é obrigado a aceitar acordo de conciliação, tampouco é uma obrigação dele fundamentar por que o acordo não foi homologado.

A: correta, pois a alternativa traz o conceito correto de reclamação trabalhista plúrima (como a CLT não trata expressamente sobre o litisconsórcio – art. 842 da CLT, aplica-se o art. 46, parágrafo único, do CPC); B: correta (art. 670 da CLT, art. 1º da Lei 6.928/81, que criou a 12ª Região da Justiça do Trabalho, art. 1º da Lei 7.520/86, que criou a 15ª Região da Justiça do Trabalho, com sede em Campinas, no Estado de São Paulo); C: correta, pois a conciliação é cabível a qualquer momento e o juiz deverá propô-la na abertura da audiência e após as razões finais (arts. 846 e 850 da CLT); D: correta, a afirmativa está de acordo o art. 114, § 3º, da CF; E: incorreta, embora o juiz possa, de fato, deixar de homologar acordo caso verifique que as bases acordadas são prejudiciais ao obreiro sendo, na verdade, renúncia aos seus direitos, em respeito ao princípio da motivação das decisões (art. 93, IV, da CF), o juiz deverá sempre motivar suas decisões, sob pena de nulidade. Gabarito "E".

(Procurador do Estado/ES – 2008 – CESPE) Acerca da ampliação da competência da justiça do trabalho promovida pela chamada reforma do Poder Judiciário (Emenda Constitucional n.º 45/2004), julgue os itens a seguir.

(1) As controvérsias entre os servidores públicos estatutários e as pessoas jurídicas de direito público sobre a aplicação do respectivo estatuto passaram para a competência da justiça do trabalho.

(2) Com a previsão expressa da competência para o julgamento de mandados de segurança quando o ato questionado envolver matéria sujeita à jurisdição trabalhista, haverá julgamento de recursos em mandados de segurança na subseção especializada do TST (SBDI-2) e também nas turmas desse tribunal.

(3) Os processos sobre indenização pelo empregador por dano moral ou patrimonial decorrentes de acidente do trabalho já sentenciados antes do advento da EC mencionada devem ser deslocados para a justiça do trabalho, em razão da nova competência.

1: Errada, pois segundo Amauri Mascaro Nascimento: "A competência da Justiça do Trabalho limita-se às demandas de servidores públicos civis regidos pela legislação trabalhista, caso em que há, na verdade, relação de emprego no serviço público. Exclui as lides de servidores públicos estatutários, que são os funcionários públicos. Essas regras, que continuam a prevalecer, foram em parte abaladas pelos debates, mas hoje readquiriram aceitação" (Curso de Direito Processual do Trabalho, 25ª edição, Saraiva, p. 291). A jurisprudência restou consolidada pela Súmula 137 do STJ que se mantém incólume mesmo diante da nova redação dada ao art. 114, I, da CF/88 pela Emenda Constitucional 45/2004, consoante decisão liminar proferida pelo Ministro Presidente do STF, com efeito *ex tunc*, na ADI 3395 MC/DF, que suspendeu qualquer interpretação que inclua na competência da Justiça do Trabalho a apreciação de ação movida contra o Poder Público por servidor público subordinado ao regime estatutário; 2: Certa, a assertiva está de acordo com o art. 114, IV, da CF e art. 3º, III, a, da Lei 7.701/88; 3: Errada, em razão da modificação da competência em relação às ações dessa natureza, o STJ editou a Súmula 367: "**Competência Vinculante - Processos já Sentenciados**. A competência estabelecida pela EC n. 45/2004 não alcança os processos já sentenciados". Gabarito 1E, 2C, 3E.

(Procurador do Estado/CE – 2008 – CESPE) Com base na Lei Complementar n.º 75, em relação a organização, atribuições e carreira do Ministério Público da União, julgue os itens abaixo.

I. O Ministério Público do Trabalho integra o Ministério Público da União.

II. A carreira do Ministério Público do Trabalho compreende os cargos de procurador do trabalho, como nível inicial, procurador regional do trabalho, subprocurador-geral do trabalho e procurador-geral do Trabalho, como nível final.

III. Compete ao Ministério Público do Trabalho instaurar dissídio coletivo em caso de greve, quando a defesa da ordem jurídica ou o interesse público assim o exigir.

IV. O Ministério Público do Trabalho poderá atuar como árbitro em dissídios da competência da justiça do trabalho, quando assim solicitado pelas partes em litígio.

V. O procurador-geral do trabalho é o chefe do Ministério Público do Trabalho, que é nomeado pelo presidente da República após escolha feita pelo procurador-geral da República entre os indicados em lista tríplice pelo Colégio de Procuradores do Trabalho.

Estão certos apenas os itens

(A) I, II e III.
(B) I, II e V.
(C) I, III e IV.
(D) II, IV e V.
(E) III, IV e V.

I: correto, art. 128, I, "b", da CF e art. 24 da Lei Complementar 75/93; II: falso, art. 86 da Lei Complementar 75/93; III: correto, art. 114 da CF e art. 83, VIII, da Lei Complementar 75/93; IV: correto, art. 83, XI, da Lei Complementar 75/93; V: falso, art. 88 da Lei Complementar 75/93. Gabarito "C".

(Procurador do Estado/CE – 2008 – CESPE) Com base na Constituição Federal vigente, assinale a opção incorreta em relação à composição do Tribunal Superior do Trabalho (TST).

(A) O TST deve ser composto, segundo a Constituição Federal, por 27 ministros.

(B) Entre os ministros do TST, 21 devem ser oriundos da magistratura de carreira.

(C) Os ministros são nomeados pelo presidente da República após aprovada sua escolha pela maioria absoluta do Senado Federal.

(D) Os ministros devem ser escolhidos entre brasileiros natos.

(E) O TST é integrado por, além de magistrados de carreira, advogados com mais de dez anos de efetiva atividade profissional e membros do Ministério Público do Trabalho com mais de dez anos de efetivo exercício, indicados pelos respectivos órgãos de representação de classe em listas sêxtuplas, depois reduzidas a listas tríplices pelo próprio TST para escolha do nome pelo presidente da República.

A e C: corretas (art. 111-A, *caput*, da CF); B: correta (art. 111-A, II, da CF); D: incorreta, pois a Constituição Federal enumera os cargos privativos de brasileiro nato em seu art. 12, § 3º, dentre os quais não está o de ministro do TST; E: correta (art. 111-A, I, da CF). Gabarito "D".

(Procurador do Estado/CE – 2008 – CESPE) A competência da justiça do trabalho, a partir da Emenda Constitucional n.º 45/2004, passou a envolver, no plano constitucional,

(A) a execução, de ofício, de imposto de renda decorrente das sentenças que proferir.
(B) os habeas corpus, quando envolvido, como paciente, juiz do trabalho.
(C) conflitos de atribuições entre delegacias regionais do trabalho.
(D) os mandados de segurança, quando o ato questionado envolver matéria de representação sindical.
(E) as ações que abarquem servidores públicos estatutários da administração direta e indireta da União, dos estados, do DF e dos municípios.

A: incorreta, pois a previsão constitucional trata apenas das contribuições sociais (art. 114, VIII, da CF); B: incorreta (art. 114, IV, da CF); C: incorreta (art. 114, V, da CF); D: correta (art. 114, III, da CF); E: incorreta, pois segundo Amauri Mascaro Nascimento: "A competência da Justiça do Trabalho limita-se às demandas de servidores públicos civis regidos pela legislação trabalhista, caso em que há, na verdade, relação de emprego no serviço público. Exclui as lides de servidores públicos estatutários, que são os funcionários públicos. Essas regras, que continuam a prevalecer, foram em parte abaladas pelos debates, mas hoje readquiriram aceitação" (Curso de Direito Processual do Trabalho, 25ª edição, Saraiva, p. 291). A jurisprudência restou consolidada pela Súmula 137 do STJ que se mantém incólume mesmo diante da nova redação dada ao art. 114, I, da CF/88 pela Emenda Constitucional 45/2004, consoante decisão liminar proferida pelo Ministro Presidente do STF, com efeito *ex tunc*, na ADI 3395 MC/DF, que suspendeu qualquer interpretação que inclua na competência da Justiça do Trabalho a apreciação de ação movida contra o Poder Público por servidor público subordinado ao regime estatutário. Gabarito "D".

(Procurador do Estado/CE – 2008 – CESPE) Com relação ao processo do trabalho, assinale a opção correta.

(A) Os juízes e tribunais do trabalho terão ampla liberdade na direção do processo e velarão pelo andamento célere das causas, podendo determinar qualquer diligência necessária ao esclarecimento delas.
(B) O direito processual comum será aplicado sempre que houver omissão no direito processual trabalhista.
(C) A compensação ou retenção pode ser argüida como matéria de defesa até o recurso interponível para o tribunal regional do trabalho (TRT).
(D) Se as partes resolverem conciliar-se, o juiz do trabalho deve suspender o processo e aguardar a homologação ou não do acordo pela Comissão de Conciliação Prévia, uma vez que é obrigatória a submissão àquele órgão extrajudicial.
(E) O princípio da simplicidade das formas não vigora no processo do trabalho quando as partes estão representadas por advogados, prevalecendo, no caso, o princípio da formalidade absoluta.

A: correta, pois a alternativa reflete o disposto no art. 765 da CLT; B: incorreta, já que nos casos omissos o direito processual civil será fonte subsidiária, exceto naquilo em que for incompatível (art. 769 da CLT); C: incorreta, pois a compensação e a retenção só poderão ser arguidas como matéria de defesa (art. 767 da CLT); D: incorreta, pois a conciliação é fase obrigatória no próprio processo e proposta pelo próprio juiz da causa (art. 764 da CLT); E: incorreta, pois o princípio da simplicidade das formas é sempre aplicado (art. 154 do CPC). Gabarito "A".

(Procurador do Estado/CE – 2008 – CESPE) Com relação às nulidades em processo do trabalho, é correto afirmar que a nulidade apenas será declarada se houver

(A) provocação da parte e dela resultar prejuízo manifesto àquela que a argüir, desde que não seja possível suprir a falta ou repetir o ato.
(B) provocação da parte que não lhe houver dado causa, resultar prejuízo manifesto à parte requerente e não se tratar de questão de ordem pública.
(C) provocação da parte que não lhe houver dado causa; resultar prejuízo manifesto à parte requerente; não for possível suprir a falta ou repetir o ato questionado; e houverem sido argüidas na primeira oportunidade que a parte interessada tinha em seguida ao ato ou falta, ressalvada, em qualquer situação, a hipótese de declaração de ofício em caso de nulidade fundada em incompetência do juiz ou tribunal.
(D) prejuízo à parte requerente, tratando-se de questão de ordem pública; não for possível suprir a falta ou repetir o ato questionado; houver sido argüida na primeira oportunidade em que a parte interessada tinha para manifestar-se nos autos.
(E) contaminação dos atos anteriores ou disso resultar prejuízo à parte que lhe houver dado causa, exceto quando a questão emergir de interesse público, hipótese em que o silêncio da parte não prejudicará que o próprio juiz ou tribunal anule todo o processo onde se verifique a nulidade insanável.

Arts. 794, 795, § 1º, e 796, *a* e *b*, da CLT. Gabarito "C".

(Procurador do Estado/PB – 2008 – CESPE) Acerca da competência da justiça do trabalho, a partir do disposto na CF, na CLT e em decorrência da jurisprudência sumulada e consolidada do STF e do TST, assinale a opção correta.

(A) Compete à justiça do trabalho processar e julgar as ações oriundas da relação de trabalho, abrangidas as que envolvam a administração direta e indireta da União, dos estados, do DF e dos municípios e seus empregados.
(B) A justiça do trabalho apenas detém competência para processar e julgar os mandados de segurança que envolvam, como autoridade impetrada, juízo ou tribunal do trabalho.
(C) Os habeas corpus de competência da justiça do trabalho resultam na competência, também, para as ações penais que tenham como objeto crime cometido no âmbito das relações de trabalho ou contra a organização do trabalho.
(D) Compete à justiça do trabalho processar e julgar as ações de representação sindical, excetuados os mandados de segurança que envolvam autoridade do Ministério do Trabalho e Emprego e sejam pertinentes a registro sindical, por estar vinculado o ato à competência da justiça federal.
(E) As ações civis públicas que envolvam a discussão de nulidade de contratação de servidor público estatutário são de competência da justiça do trabalho quando puder ser estabelecido direito residual ao servidor contratado irregularmente.

A: correta (art. 114, I, da CF); B: incorreta, pois a afirmativa não reflete o disposto no art. 114, IV, da CF; C: incorreta, eis que a competência da justiça do trabalho não abrange as ações penais, ainda que tenham como objeto crime cometido no âmbito das relações de trabalho; D: incorreta, pois a competência da justiça do trabalho inclui os mandados de segurança que envolvam autoridade do Ministério do Trabalho, nos termos do art. 114, IV, da CF; E: incorreta, já que, de fato, após a promulgação da Emenda Constitucional 45/2004 alguns doutrinadores passaram a entender que a competência da justiça do trabalho abrangia as ações envolvendo servidores públicos estatutários. Porém o STF já se manifestou sobre a matéria (Ação Direta de Inconstitucionalidade 3.395-6) e decidiu que a Justiça do Trabalho é incompetente para conciliar e julgar as ações envolvendo servidores estatutários. A jurisprudência restou consolidada pela Súmula 137 do STJ que se mantém incólume mesmo diante da nova redação dada ao art. 114, I, da CF/88 pela Emenda Constitucional 45/2004, consoante decisão liminar proferida pelo Ministro Presidente do STF, com efeito *ex tunc*, na ADI 3395 MC/DF, que suspendeu qualquer interpretação que inclua na competência da Justiça do Trabalho a apreciação de ação movida contra o Poder Público por servidor público subordinado ao regime estatutário. Gabarito "A".

(Procurador do Estado/PB – 2008 – CESPE) De acordo com a CF, compreendem a justiça do trabalho

(A) o STF, o TST, os tribunais regionais do trabalho e os juízes do trabalho.
(B) o STF, o Conselho Nacional de Justiça, o TST, os tribunais regionais do trabalho e os juízes do trabalho.
(C) o TST, os tribunais regionais do trabalho e os juízes do trabalho.
(D) o TST, o Conselho Superior da Justiça do Trabalho, os tribunais regionais do trabalho e os juízes do trabalho.
(E) o TST, os tribunais regionais do trabalho, os juízes do trabalho e os juízes de direito investidos de jurisdição trabalhista.

Art. 111 da CF. Gabarito "C".

(Procurador do Estado/PB – 2008 – CESPE) Um grupo de empregados públicos ajuizou, perante a justiça do trabalho, reclamação trabalhista contra a empresa pública estadual em que atuavam como empregados, com pedido de liminar para antecipação de tutela, alegando que o presidente da empresa teria aplicado ilegalmente pena disciplinar de suspensão contra todos, sob o fundamento de descumprimento de normas regulamentares e desobediência a ordens superiores. O juiz do trabalho deferiu a liminar para suspender a punição aplicada, sob o fundamento de que a lei estadual que instituíra a empresa previa o regime jurídico celetista para seus empregados e também exigia a prévia instauração de inquérito administrativo para a aplicação de pena disciplinar. Segundo o juiz, a inexistência desse inquérito teria causado ofensa ao direito de ampla defesa e contraditório por parte dos empregados punidos, entendendo configurados os requisitos de plausibilidade jurídica e risco pela demora no provimento judicial. Considerando a situação hipotética acima e com base na CF, na CLT, na legislação específica e na jurisprudência sumulada e consolidada do STF e do TST, assinale a opção correta.

(A) A justiça do trabalho não detém competência para a causa porque a via própria para postular a suspensão do ato do administrador da empresa pública estadual seria o mandado de segurança e, não, a reclamação trabalhista, razão pela qual o juiz do trabalho deveria ter declinado da causa para a justiça estadual.
(B) A empresa pública pode impetrar mandado de segurança, perante o respectivo Tribunal Regional do Trabalho (TRT), contra o ato do juiz do trabalho que deferiu a liminar antecipando a tutela requerida pelos empregados, visto que não há recurso interponível de imediato contra tal decisão judicial, antes de proferida a sentença que confirme, ou não, a liminar.
(C) O juiz do trabalho não detém competência para a causa porque, em se tratando de grupo de empregados públicos, a repercussão coletiva desloca a questão para o TRT respectivo, motivo pelo qual o juiz deveria ter declinado da causa para o TRT.
(D) A empresa pública pode ajuizar ação cautelar perante o TRT ao qual esteja vinculado o juiz prolator da decisão atacada, postulando a concessão de efeito suspensivo à liminar antes deferida.
(E) A empresa pública deve interpor recurso ordinário ao TRT contra a decisão proferida pelo juiz do trabalho, visto que, em se tratando de antecipação de tutela, os efeitos imediatos devolvem a questão, desde logo, a esse tribunal.

A: incorreta, pois a justiça do trabalho também é competente para julgar mandado de segurança quando o ato questionado envolver matéria sujeita à sua jurisdição (art. 114, IV, da CF); B: correta, pois, de fato, na justiça do trabalho as decisões interlocutórias são irrecorríveis de imediato (art. 893, § 1º, da CLT). Nesse sentido a Súmula 414 do TST: "MANDADO DE SEGURANÇA. ANTECIPAÇÃO DE TUTELA (OU LIMINAR) CONCEDIDA ANTES OU NA SENTENÇA. I - A antecipação da tutela concedida na sentença não comporta impugnação pela via do mandado de segurança, por ser impugnável mediante recurso ordinário. A ação cautelar é o meio próprio para se obter efeito suspensivo a recurso. II - No caso da tutela antecipada (ou liminar) ser concedida antes da sentença, cabe a impetração do mandado de segurança, em face da inexistência de recurso próprio. III - A superveniência da sentença, nos autos originários, faz perder o objeto do mandado de segurança que impugnava a concessão da tutela antecipada (ou liminar)"; C: incorreta, eis que não existe essa previsão legal de deslocamento de competência para o TRT; D: incorreta, pois, como explicado acima, a medida cabível seria a impetração de mandado de segurança; E: incorreta, pois, como já explicado, as decisões interlocutórias, salvo algumas exceções, são irrecorríveis de imediato, sendo cabível, no caso, o mandado de segurança. Gabarito "B".

(Procurador do Estado/PI – 2008 – CESPE) Considere que, em uma comarca do interior do estado do Piauí, não abrangida pela competência de nenhuma das varas do trabalho, um juiz de direito tenha julgado uma reclamação trabalhista. Nessa situação, se houver interesse em recorrer da decisão, as partes devem interpor recurso ao

(A) TJPI.
(B) TRT da 22.ª Região.
(C) TRF da 1.ª Região.
(D) TRF da 5.ª Região.
(E) TST.

Art. 112 da CF. Lembre-se de que o TRT da 22ª Região corresponde ao Estado do Piauí, mas seria desnecessário que o candidato tivesse conhecimento da região correspondente já que somente uma das alternativas contempla Tribunal Regional do Trabalho. Gabarito "B".

(Procurador do Estado/PI – 2008 – CESPE) As competências da justiça do trabalho não incluem o processamento e o julgamento de

(A) ações que envolvam o exercício do direito de greve.
(B) ações relativas às penalidades administrativas impostas aos empregadores pelos órgãos de fiscalização das relações de trabalho.
(C) crimes contra a organização do trabalho.
(D) ações de indenização por dano moral ou patrimonial, decorrentes da relação de trabalho.
(E) ações sobre representação sindical.

A: incorreta, pois se trata de competência da justiça do trabalho (art. 114, II, da CF); B: incorreta, pois se trata de competência da justiça do trabalho (art. 114, VII, da CF); C: correta, pois, de fato, os crimes contra a organização do trabalho não se incluem na competência da justiça do trabalho (nesse sentido: "compete à Justiça Federal julgar crimes contra a organização do trabalho, que envolvam a exposição da vida e saúde dos trabalhadores a perigo, redução à condição análoga de escravo, frustação de direito assegurado por lei trabalhista e omissão de dados da CTPS" - RE 541627/PA, rel. Min. Ellen Gracie, 14.10.2008); D: incorreta, pois se trata de competência da justiça do trabalho (art. 114, VI, da CF); E: incorreta, pois se trata de competência da justiça do trabalho (art. 114, III, da CF). Gabarito "C".

(Procurador do Município/Aracaju – 2008 – CESPE) Acerca de jurisdição e competência, organização, composição e funcionamento da justiça do trabalho, julgue os itens subseqüentes.

(1) Os conflitos de competência envolvendo juiz de direito investido de jurisdição trabalhista e juiz do trabalho, no âmbito da mesma região da justiça do trabalho, compete ao Superior Tribunal de Justiça.
(2) Havendo conflito de competência entre TRT e juízo do trabalho ao mesmo vinculado, caberá a decisão pertinente ao TST.
(3) São órgãos da justiça do trabalho, além do TST, dos tribunais regionais do trabalho (TRTs) e dos juízes do trabalho, também os juízes de direito nas comarcas onde não houver instalada vara do trabalho, caso em que os recursos interponíveis serão para os respectivos tribunais de justiça.
(4) Conforme entendimento do STF, a justiça do trabalho passou a ser competente para todas as causas envolvendo relação de trabalho, exceto quando envolvidos servidor público federal e a União.

1: Errada, pois a assertiva contraria o disposto na Súmula 180 do STJ: "**Lide Trabalhista - Competência - Conflito de Competência - Juiz Estadual e Junta de Conciliação e Julgamento**. Na lide trabalhista, compete ao Tribunal Regional do Trabalho dirimir conflito de competência verificado, na respectiva Região, entre Juiz Estadual e Junta de Conciliação e Julgamento"; 2: Errada, pois a afirmativa não reflete o disposto na Súmula 420 do TST: "COMPETÊNCIA FUNCIONAL. CONFLITO NEGATIVO. TRT E VARA DO TRABALHO DE IDÊNTICA REGIÃO. NÃO CONFIGURAÇÃO. Não se configura conflito de competência entre Tribunal Regional do Trabalho e Vara do Trabalho a ele vinculada"; 3: Errada, eis que os juízes de direito nas comarcas onde não houver instalada vara do trabalho exercem a jurisdição, mas não são órgãos da justiça do trabalho (art. 111 da CF); 4: Errada, pois, segundo Amauri Mascaro Nascimento: "A competência da Justiça do Trabalho limita-se às demandas de servidores públicos civis regidos pela legislação trabalhista, caso em que há, na verdade, relação de emprego no serviço público. Exclui as lides de servidores públicos estatutários, que são os funcionários públicos. Essas regras, que continuam a prevalecer, foram em parte abaladas pelos debates, mas hoje readquiriram aceitação" (Curso de Direito Processual do Trabalho, 25ª edição, Saraiva, p. 291). A jurisprudência restou consolidada pela Súmula 137 do STJ que se mantém incólume mesmo diante da nova redação dada ao art. 114, I, da CF/88 pela Emenda Constitucional 45/2004, consoante decisão liminar proferida pelo Ministro Presidente do STF, com efeito *ex tunc*, na ADI 3395 MC/DF, que suspendeu qualquer interpretação que inclua na competência da Justiça do Trabalho a apreciação de ação movida contra o Poder Público por servidor público subordinado ao regime estatutário. Gabarito 1E, 2E, 3E, 4E.

(Defensoria/MA – 2009 – FCC) A competência territorial da Justiça do Trabalho será fixada pelo critério do local de execução do contrato, EXCETO se o

(A) trabalhador, mesmo sendo brasileiro, for contratado no exterior, por empresa estrangeira, para prestar serviços no exterior, hipótese em que o Juízo Competente será o da Capital Federal (Brasília).
(B) empregador promover a prestação de serviços em locais diferentes, todas dentro do Brasil, hipótese em que a competência será fixada pela situação da filial da empresa no Distrito Federal, tendo sido este ou não o lugar da contratação.
(C) contrato for firmado num local, para prestação dos serviços em outro, ambos no Brasil, hipótese em que o empregado –autor da ação– escolherá o Juízo de qualquer dos dois locais.
(D) empregador promover a prestação de serviços em dois ou mais locais do território nacional e o trabalhador for contratado no exterior, para prestar serviços no exterior, hipótese em que a competência será da Vara do Trabalho do local em que o empregador mantiver sua sede.
(E) empregado for contratado na filial de São Paulo, para prestar serviços na filial de Fortaleza, hipótese em que o Juízo Competente será o da matriz da empresa, em Florianópolis.

Art. 651, § 3º, da CLT. Gabarito "C".

(Defensoria/MA – 2009 – FCC) O conflito positivo de jurisdição entre um Juiz do Trabalho e um Juiz de Direito, este no exercício da jurisdição trabalhista, na forma do artigo 668 da Consolidação das Leis do Trabalho, deverá ser julgado pelo

(A) Tribunal Superior do Trabalho, em qualquer hipótese.
(B) Superior Tribunal de Justiça, em qualquer hipótese.
(C) Tribunal Regional do Trabalho, se a competência geográfica de ambos estiver afeta a um mesmo Tribunal Regional do Trabalho.
(D) Tribunal de Justiça do Estado em que se situar a Vara Cível.
(E) Tribunal Regional Federal em que se situarem as unidades judiciárias conflitantes.

Súmula 180 do STJ: "**Lide Trabalhista - Competência - Conflito de Competência - Juiz Estadual e Junta de Conciliação e Julgamento.** Na lide trabalhista, compete ao Tribunal Regional do Trabalho dirimir conflito de competência verificado, na respectiva Região, entre Juiz Estadual e Junta de Conciliação e Julgamento". Gabarito "C".

(Defensor Público/MS – 2008 – VUNESP) Considerando a competência da Justiça do Trabalho, assinale a alternativa correta.

(A) A Justiça do Trabalho adquiriu, com a Ementa Constitucional 45, competência para apreciação, também, das lides decorrentes das relações de consumo, acidentárias, tributárias, administrativas e criminais, sempre que houver alguma vinculação da pretensão com o trabalho humano.
(B) Já existia, anteriormente à modificação da competência da Justiça do Trabalho pela Emenda Constitucional 45, a previsão da competência para julgar lides decorrentes de uma relação específica de consumo, entre o empreiteiro operário ou artífice, bem como de trabalhadores de todas as modalidades de vinculação jurídica.
(C) A Justiça do Trabalho teve sua competência material gradativamente ampliada, e hoje, além de tê-la fixada segundo as antigas disposições da Consolidação das Leis do Trabalho, acresceu todas as ações que envolvam a matéria alusiva a greve, inclusive de servidores públicos, conforme entendimento da Suprema Corte.
(D) À Justiça do Trabalho compete o julgamento de todas as controvérsias decorrentes de relação de trabalho, tanto individuais como coletivas, excluídas as ações penais, as que envolvam servidores públicos estatutários e as de caráter jurídico-administrativo.

A: opção incorreta, pois com o advento da EC 45/04 somente as lides decorrentes da relação de trabalho serão submetidas à jurisdição trabalhista. As ações de consumo, bem como as ações acidentárias, serão de competência da justiça comum. B: opção incorreta, pois, anteriormente à modificação da competência da Justiça do Trabalho pela EC 45/04, somente as lides decorrentes da relação de emprego eram de competência da Justiça do Trabalho. C: opção incorreta, pois no julgamento da ADIn 3395-6 o STF entendeu que a Justiça do Trabalho não é competente para processar e julgar as ações envolvendo servidores da administração pública, a ela vinculados por típica relação de ordem estatutária ou de caráter jurídico-administrativo. Somente os empregados públicos, que são regidos pela CLT, são de competência da Justiça do Trabalho. Veja, também, as súmulas 137 e 218 do STJ. D: opção correta, pois reflete o disposto no art. 7º, I e IX, da CF, juntamente com o julgamento da ADIn 3395-6. Gabarito "D".

(Defensoria Pública da União – 2007 – CESPE) A justiça do trabalho é competente para julgar todas as controvérsias decorrentes das relações de trabalho, inclusive, de acordo com a jurisprudência, as resultantes da relação estatutária com o servidor público.

Errada, pois segundo Amauri Mascaro Nascimento: "A competência da Justiça do Trabalho limita-se às demandas de servidores públicos civis regidos pela legislação trabalhista, caso em que há, na verdade, relação de emprego no serviço público. Exclui as lides de servidores públicos estatutários, que são os funcionários públicos. Essas regras, que continuam a prevalecer, foram em parte abaladas pelos debates, mas hoje readquiriram aceitação" (Curso de Direito Processual do Trabalho, 25ª edição, Saraiva, p. 291). A jurisprudência restou consolidada pela Súmula 137 do STJ que se mantém incólume mesmo diante da nova redação dada ao art. 114, I, da CF/88 pela Emenda Constitucional 45/2004, consoante decisão liminar proferida pelo Ministro Presidente do STF, com efeito *ex tunc*, na ADI 3395 MC/DF, que suspendeu qualquer interpretação que inclua na competência da Justiça do Trabalho a apreciação de ação movida contra o Poder Público por servidor público subordinado ao regime estatutário. Gabarito "E".

(Defensoria Pública da União – 2007 – CESPE) A justiça do trabalho é competente para julgar as ações relativas às penalidades administrativas impostas aos empregadores pelos órgãos de fiscalização das relações de trabalho.

Correta, a afirmativa está de acordo com o disposto no art. 114, VII, da CF. Gabarito "C".

(Procurador Federal – 2010 – CESPE) No que se refere à organização e competência da justiça do trabalho, julgue os itens que se seguem.

(1) A sentença normativa poderá ser objeto de ação de cumprimento a partir do oitavo dia subsequente ao do julgamento, fundada no acórdão ou na certidão de julgamento, salvo se concedido efeito suspensivo pelo presidente do Tribunal Superior do Trabalho.
(2) A seção especializada em dissídios coletivos tem competência para julgar as ações rescisórias propostas contra suas sentenças normativas.

1: Errada, pois conforme dispõe o art. 872, parágrafo único, da CLT, não há necessidade do trânsito em julgado da decisão normativa para propositura da ação de cumprimento. Basta que o recurso não tenha sido recebido com efeito suspensivo. Segundo Amauri Mascaro Nascimento "Quando não é dado efeito suspensivo ao recurso ordinário da decisão regional, a ação de cumprimento pode desde logo ser ajuizada" (Curso de Direito Processual do Trabalho, Saraiva, p. 948); 2: Certa, pois a afirmativa está de acordo com o art. 2º, I, c, da Lei 7.701/88. Gabarito 1E, 2C.

(Procuradoria Federal – 2007 – CESPE) É da competência da justiça do trabalho o processamento e o julgamento das causas que envolvam pedido de condenação de ente público ao pagamento de indenização por danos morais e materiais decorrentes de acidente do trabalho sofrido por servidor público estatutário.

Errada, pois segundo Amauri Mascaro Nascimento: "A competência da Justiça do Trabalho limita-se às demandas de servidores públicos civis regidos pela legislação trabalhista, caso em que há, na verdade, relação de emprego no serviço público. Exclui as lides de servidores públicos estatutários, que são os funcionários públicos. Essas regras, que continuam a prevalecer, foram em parte abaladas pelos debates, mas hoje readquiriram aceitação" (Curso de Direito Processual do Trabalho, 25ª edição, Saraiva, p. 291). A jurisprudência restou consolidada pela Súmula 137 do STJ que se mantém incólume mesmo diante da nova redação dada ao art. 114, I, da CF/88 pela Emenda Constitucional 45/2004, consoante decisão liminar proferida pelo Ministro Presidente do STF, com efeito *ex tunc*, na ADI 3395 MC/DF, que suspendeu qualquer interpretação que inclua na competência da Justiça do Trabalho a apreciação de ação movida contra o Poder Público por servidor público subordinado ao regime estatutário. Gabarito "E".

(Procurador da Fazenda Nacional – 2007 – ESAF) No âmbito do processo do trabalho, a nulidade de todo o processado não pode ser declarada quando ocorrer a possibilidade de aproveitamento de determinado ato válido praticado no processo. Indique entre as opções abaixo aquela que encerra o princípio revelado pelo enunciado da questão.

(A) Princípio da transcendência ou do prejuízo.
(B) Princípio da convalidação.

(C) Princípio do interesse de agir.
(D) Princípio da instrumentalidade das formas.
(E) Princípio da utilidade.

A: a assertiva está errada, pois o princípio da transcendência ou prejuízo, previsto no art. 794 da CLT, ensina que somente haverá nulidade quando resultar dos atos inquinados manifesto prejuízo processual aos litigantes; B: a assertiva está errada, pois o princípio da convalidação, previsto no art. 795 da CLT, significa que as nulidades não serão declaradas senão mediante provocação das partes, que deverão arguir na primeira oportunidade que falarem nos autos; C: a assertiva está errada, pois o princípio do interesse, previsto no art. 796, *b*, da CLT, indica que a nulidade não será pronunciada quando arguida por quem lhe deu causa; D: a assertiva está errada, pois o princípio da instrumentalidade das formas (arts. 154 e 244 do CPC) ensina que a forma é apenas um instrumento para se alcançar a finalidade do processo, sendo que o juiz considerará válido o ato que, realizado de outra forma, alcançar a finalidade; E: a assertiva está correta, pois o princípio da utilidade, previsto no art. 798 da CLT, determina que a nulidade do ato não prejudicará senão os posteriores que dele dependam, que é o caso da questão. Gabarito "E".

(Advogado da União/AGU – CESPE – 2009) Acerca do Direito Processual do Trabalho, julgue os próximos itens.

(1) Os princípios do Direito Processual do Trabalho funcionam como orientadores das partes, que devem apresentar fatos e postular a solução, e do juiz, o qual deve interpretar os fatos que lhe são apresentados e, aplicando a lei aos casos concretos, solucionar a lide. Tais princípios inspiram preceitos legais, orientam os intérpretes e sanam as omissões legais.

(2) O princípio do dispositivo confere ao juiz a prerrogativa de procurar e reunir o material do processo, devendo o magistrado observar sempre o respeito à igualdade das partes perante a lei. A inspeção judicial constitui uma das formas de observância de tal princípio.

(3) Em atenção ao princípio do duplo grau de jurisdição, que possibilita o reexame da sentença definitiva por órgão de jurisdição não-prolator da decisão, via de regra, de hierarquia superior, cabe a remessa oficial caso a fazenda pública seja condenada a pagar, por exemplo, R$ 15.000,00 em uma ação trabalhista.

1: A alternativa está correta e traz o conceito de princípios e suas funções na Justiça do Trabalho; 2: Errada, pois o princípio dispositivo, segundo Renato Saraiva, "também chamado de princípio da inércia da jurisdição, previsto no art. 2º do CPC, informa que nenhum juiz prestará a tutela jurisdicional senão quando a parte ou o interessado a requerer. Logo, o processo começa com a iniciativa da parte, muito embora se desenvolva por impulso oficial (art. 262 do CPC). Em outras palavras, o princípio dispositivo impede que o magistrado instaure *ex officio* o processo trabalhista" (Curso de Direito Processual do Trabalho, 7ª edição, Método, p. 30). O princípio referido na alternativa é o princípio inquisitório, consubstanciado no art. 765 da CLT; 3: Errada, pois segundo dispõe o art. 475, § 2º, do CPC e Súmula 303 do TST: "FAZENDA PÚBLICA. DUPLO GRAU DE JURISDIÇÃO I - Em dissídio individual, está sujeita ao duplo grau de jurisdição, mesmo na vigência da CF/1988, decisão contrária à Fazenda Pública, salvo: a) quando a condenação não ultrapassar o valor correspondente a 60 (sessenta) salários mínimos; b) quando a decisão estiver em consonância com decisão plenária do Supremo Tribunal Federal ou com súmula ou orientação jurisprudencial do Tribunal Superior do Trabalho". No caso, tratando-se de condenação do valor de R$ 15.000,00 em 2009, o salário-mínimo vigente na data da prova era de R$ 465,00 que, multiplicado por 60 fica um valor mínimo de R$ 27.900,00, acima, portanto, do valor da condenação. Gabarito 1C, 2E, 3E.

(Magistratura do Trabalho – 24ª Região – 2007) Assinale a alternativa INCORRETA:

(A) Compete ao Corregedor-Geral, eleito dentre os Ministros do Tribunal Superior do Trabalho, exercer funções de inspeção e correição permanente com relação aos Tribunais Regionais e seus Presidentes.

(B) Compete ao Corregedor-Geral, eleito dentre os Ministros do Tribunal Superior do Trabalho, decidir reclamações contra os atos atentatórios da boa ordem processual praticados pelos Tribunais Regionais e seus Presidentes quando inexistir recurso específico.

(C) Das decisões proferidas pelo Corregedor-Geral, em suas funções de inspeção e correição permanente e nas decisões proferidas nas reclamações contra os atos atentatórios da boa ordem processual, caberá agravo regimental.

(D) O Corregedor-Geral não integrará as Turmas do Tribunal, mas participará, com voto, das sessões do Tribunal Pleno, quando não se encontrar em correição ou em férias, embora não relate nem revise processos, cabendo-lhe, outrossim, votar em incidente de inconstitucionalidade, nos processos administrativos e nos feitos em que estiver vinculado por visto anterior à sua posse na Corregedoria.

(E) A atividade correicional não foi alçada a patamar constitucional.

A: correto, art. 709, I, da CLT; B: correto, art. 709, II, da CLT; C: correto, art. 709, § 1º, da CLT; D: correto, art. 709, § 2º, da CLT; E: falso, art. 111-A, § 2º, II, da CF. Gabarito "E".

(Magistratura do Trabalho – 14ª Região – 2006) Considere as proposições abaixo.

I. Quando houver controvérsia entre autoridades judiciárias trabalhistas sobre a reunião ou separação de processos, dá-se o conflito de competência.

II. No TST, o Ministro-relator poderá determinar, a requerimento de qualquer das partes ou mesmo de ofício, o sobrestamento do processo, na hipótese de o conflito de competência ser positivo, e, sendo negativo o conflito, poderá designar um dos órgãos para, em caráter provisório, decidir as medidas urgentes.

III. É da competência do juiz corregedor executar as decisões, em única ou última instância, proferidas pelo Tribunal Superior do Trabalho.

IV. Havendo conflito de competência, positivo ou negativo, entre órgão de primeiro grau de jurisdição da Justiça do Trabalho e órgão de primeiro grau de jurisdição da Justiça Estadual não investido de jurisdição trabalhista é o Superior Tribunal de Justiça o órgão competente para decidir o conflito.

(A) Todas as proposições estão corretas;
(B) Apenas a proposição I está incorreta;
(C) Apenas a proposição II está incorreta;
(D) Apenas a proposição III está incorreta;
(E) Apenas a proposição IV está incorreta;

I: correto, art. 115, III, do CPC; II: correto, art. 120 do CPC; III: falso; ausência de previsão; IV: correto, art. 105, I, "d", da CF. Gabarito "D".

(Magistratura do Trabalho – 14ª Região – 2006) Em matéria de competência, dadas as proposições, aponte a alternativa CORRETA:

I. Em se tratando de empregador que promova realização de atividades fora do lugar do contrato de trabalho, é assegurado ao empregado apresentar ação trabalhista no foro da prestação de serviços ou no do seu domicílio.

II. Quando for parte no dissídio agente ou viajante comercial, a competência será da vara da localidade em que a empresa tenha agência ou filial e a esta o empregado esteja subordinado e, na falta, será competente a vara da localidade em que o empregado tenha domicílio ou a localidade mais próxima.

III. Não havendo convenção internacional dispondo em sentido contrário, a competência territorial das Varas do Trabalho estende-se às lides ocorridas em agência ou filial no estrangeiro, desde que o empregado seja brasileiro, independentemente da nacionalidade do empregador.

IV. A competência das Varas do Trabalho é determinada pela localidade onde o empregado prestar serviços ao empregador, no local da contratação ou do seu domicílio.

(A) Todas as proposições estão corretas;
(B) Apenas as proposições I e II estão corretas;
(C) Apenas as proposições II, III e IV estão corretas;
(D) Apenas as proposições II e III estão corretas;
(E) Apenas as proposições I e IV estão corretas.

I: falsa, art. 651, § 3º, da CLT; II: correto, art. 651, § 1º, da CLT; III: correto, art. 651, § 2º, da CLT; IV: falso, art. 651 da CLT. Gabarito "D".

(Magistratura do Trabalho – 9ª Região – 2006) No que se refere à atual competência da Justiça do Trabalho, analise as assertivas abaixo e assinale a correta:

I. Compete julgar as ações de indenização por dano moral ou patrimonial, decorrentes da relação de trabalho.
II. Não compete julgar ações relativas a execução das penalidades administrativas impostas aos empregadores pelos órgãos de fiscalização das relações de trabalho.
III. Compete julgar os dissídios coletivos de natureza econômica, que poderão ser ajuizados por qualquer das partes, independentemente da concordância da parte contrária, desde que frustrada a negociação coletiva.
IV. Compete julgar somente as ações oriundas da relação de emprego.

(A) as assertivas I e IV estão corretas
(B) as assertivas I, II e III estão incorretas
(C) somente a assertiva I está correta
(D) as assertivas III e IV estão incorretas
(E) todas as assertivas estão incorretas

I: correto, art. 114, VI, da CF; II: falso, art. 114, VII, da CF; III: falso, art. 114, § 2º, da CF; IV: falso, art. 114, I, da CF. Gabarito "C".

(Magistratura do Trabalho – 9ª Região – 2006) Assinale a alternativa correta:

(A) Um empregado foi contratado e sempre prestou serviços em São José dos Pinhais, local onde a reclamada mantém seu único estabelecimento comercial. Este empregado, residindo em Curitiba, ajuíza a ação que é distribuída a seu pedido para uma das Varas do Trabalho da Capital. A reclamada apresenta exceção de incompetência em razão do lugar. Neste quadro, convencendo-se o Juiz do Trabalho que assiste total razão à excipiente pela simples leitura da petição apresentada pela parte, deve ele resolver de plano a exceção e determinar a imediata remessa dos autos para a Vara do Trabalho de São José dos Pinhais.
(B) Determinado trabalhador foi tentar a sorte em Manaus, e naquela cidade foi contratado como cabeleireiro por modesto salão de beleza, cuja atividade econômica era explorada pela firma individual do empregador. Após um ano e meio de contrato, o empregado é despedido pelo encerramento das atividades da empresa e resolve retornar à cidade de origem. Entendendo que não recebeu todas as verba rescisórias, ajuíza a ação em Curitiba, local onde tem seu domicílio. Neste quadro, é correto afirmar que pela regra geral consolidada de distribuição de competência, a exceção apresentada pelo empregador deve ser rejeitada, para permitir ao empregado o amplo acesso à Justiça, enquanto parte mais fraca economicamente na relação de direito material.
(C) Um empregado ajuíza ação trabalhista em relação ao seu antigo empregador e também em relação à tomadora de serviços, justificando o litisconsórcio passivo na alegada responsabilidade subsidiária decorrente do contrato de prestação de serviços firmado entre os reclamados. Neste quadro, é possível afirmar que a preliminar de ilegitimidade de parte apresentada na defesa da tomadora de serviços deve ser acolhida, considerando que esta empresa não contratou, assalariou nem dirigiu a prestação de serviços daquele empregado.
(D) Um empregado sofre dano moral decorrente da relação jurídica de emprego e, por isto, ajuíza ação trabalhista em relação ao seu atual empregador buscando a indenização correspondente. Em sua defesa, o reclamado apresenta exceção argüindo incompetência material da Justiça do Trabalho. O advogado da parte requer a suspensão do feito até julgamento da exceção de incompetência. Neste quadro, é correto afirmar que decide de modo adequado o Juiz que indefere na audiência o pedido de suspensão do feito e decide a questão suscitada na sentença, como preliminar de mérito, rejeitando-a por entender que a ação deve ser processada perante a Justiça do Trabalho.
(E) O processo do trabalho não admite litisconsórcio ativo, ante a incompatibilidade com o princípio da celeridade processual.

A: falso, arts. 799 e 800 da CLT; B: falso, pois deve ser observada a regra do art. 651 da CLT; C: falso, Súmula 331, IV do TST; D: correto; incompetência absoluta (art. 799, § 1º, da CLT); E: falso; é perfeitamente possível; o art. 842 da CLT permite a reclamação plúrima. Gabarito "D".

(Magistratura do Trabalho – 7ª Região – 2005) São atribuições conferidas ao Ministério Público do Trabalho, perante a Justiça do Trabalho, por força de Lei Complementar:

I. Atuar como árbitro, se assim solicitado pelas partes, nos dissídios de competência da Justiça do Trabalho.
II. Recorrer das decisões da Justiça do Trabalho, tanto nos processos em que for parte, como naqueles em que oficiar como fiscal da lei, quando entender necessário.
III. Intervir obrigatoriamente em todos os feitos nos segundo e terceiro graus de jurisdição da Justiça do Trabalho.
IV. Propor ações cabíveis para declaração de nulidade de cláusula de convenção coletiva, acordo coletivo ou ainda de contrato, quando violadas as liberdades individuais ou coletivas ou os direitos individuais indispensáveis do trabalhador.

(A) São falsas todas as proposições, à exceção da terceira.
(B) As três primeiras proposições são falsas, sendo verdadeira a última.
(C) Todas as proposições são falsas.
(D) Apenas a primeira proposição é falsa.
(E) Apenas a terceira proposição é falsa.

I: correto, art. 83, XI, da Lei Complementar 75/98, II: correto, art. 83, VI, da Lei Complementar 75/98; III: falsa, art. 83, XIII, da Lei Complementar 75/98; IV: correto, art. 83, IV, da Lei Complementar 75/98. Gabarito "E".

(Magistratura do Trabalho – 7ª Região – 2005) Examine as proposições abaixo, conforme sejam verdadeiras (V) ou falsas (F) e assinale a opção correta.

( ) Nos dissídios individuais que tenham como parte empregado agente ou viajante comercial, a Vara competente para solucionar o conflito será a do domicílio do empregado ou da localidade mais próxima. Havendo, porém, Vara do Trabalho na localidade em que a empresa tenha agência ou filial, ainda que a ela não esteja subordinado o empregado, o aludido órgão judiciário será, preferencialmente, o competente para conhecer da reclamação trabalhista e julgá-la.
( ) Não havendo convenção internacional dispondo em sentido contrário, a competência territorial das Varas do Trabalho estende-se às lides ocorridas em agência ou filial no estrangeiro, desde que o empregado seja brasileiro, independentemente da nacionalidade do empregador.
( ) Tratando-se de empregador que promova realização de atividades fora do lugar do contrato de trabalho, ao trabalhador a lei assegura a opção de ajuizamento da reclamação trabalhista no foro da prestação de serviços ou no do seu domicílio.
( ) Tratando-se de contrato individual de trabalho, a cláusula que estipula foro de eleição não possui validade, ante as inderrogáveis disposições legais que delimitam a competência da Justiça do Trabalho. Ajuizada, porém, reclamação trabalhista perante a Vara do Trabalho da localidade escolhida no contrato, prorrogada estará a competência daquele juízo, se não oposta, tempestivamente, a exceção de incompetência em razão do lugar.

(A) V - V - F - F
(B) F - V - F - V
(C) F - F - V - V
(D) V - F - V - V
(E) F - V - F - F

I: falso, art. 651, § 1º, da CLT; II: verdadeiro, art. 651, § 2º, da CLT; III: falso, art. 651, § 3º, da CLT; IV: verdadeiro, art. 114 do CPC. Gabarito "B".

(Ministério Público do Trabalho – 14°) Quanto à temática da competência da Justiça do Trabalho, assinale a alternativa ERRADA:

(A) É da Justiça do Trabalho a competência para julgar os danos materiais e morais provenientes de doença ocupacional, ficando privada, todavia, de apreciar pedidos de benefícios previdenciários decorrentes.
(B) Não se configura conflito de competência entre Tribunal Regional do Trabalho e Vara do Trabalho a ele vinculada.
(C) A partir da promulgação da Emenda Constitucional nº 45, compete à Justiça do Trabalho processar e julgar as ações penais exclusivamente e diretamente decorrentes das relações de trabalho.

(D) Compete ao Tribunal Regional do Trabalho o julgamento dos conflitos de competência entre juízes do trabalho e juízes de direito investidos de jurisdição trabalhista, na respectiva Região.
(E) Não respondida.

A: correto, art. 114, VI, da CF; B: correto, art. 808 da CLT; C: falso, pois a Justiça do Trabalho não possui competência em matéria penal; D: correto, art. 808 da CLT. "Gabarito C".

(Ministério Público do Trabalho – 13º) Em relação à competência da Justiça do Trabalho, é INCORRETO afirmar que:

(A) a Presidência do Supremo Tribunal Federal, em decisão liminar em sede de ação direta de inconstitucionalidade, suspendeu toda e qualquer interpretação que inclua na competência da Justiça do Trabalho a apreciação de causas entre o Poder Público e seus servidores, a ele vinculados por típica relação de ordem estatutária ou de caráter jurídico-administrativo;
(B) compete à Justiça do Trabalho processar e julgar as ações oriundas da relação de trabalho;
(C) é competência da Justiça do Trabalho a apreciação de ação proposta por empresa para anulação de penalidade imposta em auto de infração lavrado por auditor fiscal do trabalho, por inobservância da cota de contratação de pessoas com deficiência;
(D) as ações de indenização por dano moral decorrentes da relação de trabalho são de competência da Justiça do Trabalho somente a partir da Emenda Constitucional 45, conforme a jurisprudência do Tribunal Superior do Trabalho, que antes não admitia o processamento de tais ações na Justiça Especializada;
(E) não respondida.

A: correto; decisão proferida na ADIn 3395-6; B: correto, art. 114, I, da CF; C: correto, art. 114, VII, da CF; D: falso, antes mesmo da promulgação da EC 45 a jurisprudência do TST já vinha admitido. "Gabarito D".

(FGV – 2010) Com relação às nulidades nos processos sujeitos à apreciação da Justiça do Trabalho, analise as alternativas a seguir:

I. Haverá nulidade quando do ato processual puder resultar prejuízo às partes litigantes, ou se houver prejuízo ao direito financeiro ou econômico, decorrente do conflito de direito material.
II. A incompetência do juízo não poderá ser declarada *ex officio* pelo magistrado, mas somente arguida pela parte interessada, no primeiro momento em que puder falar nos autos.
III. A nulidade do ato não prejudicará senão os posteriores que dele dependam ou sejam consequência.

Assinale:

(A) se somente a afirmativa I estiver correta.
(B) se somente a afirmativa III estiver correta.
(C) se somente as afirmativas I e II estiverem corretas.
(D) se somente as afirmativas II e III estiverem corretas.
(E) se todas as afirmativas estiverem corretas.

I: incorreta (art. 794 da CLT); II: incorreta (art. 795, § 1º, da CLT); III: correta (art. 798 da CLT). "Gabarito B".

2. PRESCRIÇÃO

(Procurador do Estado/PI – 2008 – CESPE) O art. 219, § 5.º, do CPC determina que o juiz pronunciará, de ofício, a prescrição. A respeito dessa determinação, e considerando o posicionamento da jurisprudência do TST acerca desse assunto, assinale a opção correta.

(A) A declaração de prescrição de ofício, como prevê o artigo em apreço, é inaplicável à justiça do trabalho, devido à natureza alimentar dos créditos trabalhistas.
(B) A regra prevista no artigo sob análise aplica-se de forma subsidiária ao processo do trabalho, uma vez que a CLT é omissa nesse ponto.
(C) A regra em questão apenas poderia ser aplicada ao processo do trabalho se houvesse dispositivo semelhante escrito na CLT.
(D) Caberá ao juiz do trabalho, ao analisar o processo, decidir se reconhece a prescrição de ofício ou se abre prazo para a parte contrária alegar a prescrição.
(E) Uma vez que não existe um código de processo do trabalho, todas as regras previstas no CPC são aplicáveis também ao processo do trabalho.

De fato, o TST posicionou-se sobre a questão no sentido de ser inaplicável o disposto no art. 219, § 5º, do CPC, o Ministro Maurício Godinho Delgado, relator da Sexta Turma do TST, defendeu a tese de que o dispositivo legal que permite a prescrição de ofício estaria em "choque com vários princípios constitucionais, como da valorização do trabalho e do emprego, da norma mais favorável e da submissão da propriedade à sua função socioambiental, além do próprio princípio da proteção" (RR—141941-31.2005.5.03.0073). "Gabarito A".

(Procurador do Estado/PB – 2008 – CESPE) Acerca da prescrição de direitos do trabalhador, assinale a opção correta.

(A) O direito de ação quanto a créditos resultantes das relações de trabalho prescreve em cinco anos para o trabalhador urbano, até o limite de dois anos após a extinção do contrato de trabalho, e, em dois anos, após a extinção do contrato de trabalho, para o trabalhador rural.
(B) O direito de ação quanto a créditos decorrentes das relações de trabalho prescreve em dois anos para os trabalhadores urbanos e rurais, a partir do respectivo fato que o enseja.
(C) O direito de ação quanto aos créditos resultantes das relações de trabalho prescreve em cinco anos para os trabalhadores urbanos e rurais, a partir da extinção do contrato de trabalho.
(D) O direito de ação quanto ao não-recolhimento da contribuição para o FGTS prescreve em trinta anos para os trabalhadores urbanos e rurais, observado o prazo de dois anos após o término do contrato de trabalho.
(E) O direito de ação quanto a créditos resultantes das relações de trabalho e quanto ao não-recolhimento da contribuição para o FGTS prescreve em cinco anos para os trabalhadores urbanos e rurais, observado o prazo de dois anos após a extinção do contrato de trabalho.

A: incorreta, pois com a Emenda Constitucional 28, que entrou em vigor em 25 de maio de 2000, o prazo prescricional para os trabalhadores rurais passou a ter a mesma aplicação que para os urbanos e, de acordo com a Súmula 362 do TST: "FGTS. PRESCRIÇÃO. É trintenária a prescrição do direito de reclamar contra o não recolhimento da contribuição para o FGTS, observado o prazo de 2 (dois) anos após o término do contrato de trabalho"; B: incorreta, pois com a Emenda Constitucional 28, que entrou em vigor em 25 de maio de 2000, o prazo prescricional para os trabalhadores rurais passou a ter a mesma aplicação que para os urbanos. (Art. 7º, XXIX, da CF: "ação, quanto aos créditos resultantes das relações de trabalho, com prazo prescricional de cinco anos para trabalhadores urbanos e rurais, até o limite de dois após a extinção do contrato de trabalho"). Assim, a ordem trazida pela Emenda Constitucional impõe que o regime prescricional dos trabalhadores urbanos seja o mesmo aplicável ao trabalhador rural; C: incorreta, eis que, de fato o prazo prescricional é de cinco anos, até o limite de dois anos após a extinção do contrato de trabalho (art. 7º, XXIX, da CF); D: correta, pois a assertiva está de acordo com a Súmula 362 do TST: "FGTS. PRESCRIÇÃO. É trintenária a prescrição do direito de reclamar contra o não recolhimento da contribuição para o FGTS, observado o prazo de 2 (dois) anos após o término do contrato de trabalho"; E: incorreta, pois prescreve em trinta anos a ação quanto ao não recolhimento da contribuição para o FGTS. "Gabarito D".

(Procurador do Estado/PE – CESPE – 2009) Acerca da prescrição no processo trabalhista, assinale a opção correta.

(A) A prescrição da pretensão relativa às parcelas remuneratórias não alcança o respectivo recolhimento da contribuição para o FGTS, à medida que a prescrição fundiária é trintenária, observado o prazo de dois anos após o término do contrato de trabalho.
(B) A ação trabalhista, ainda que arquivada, interrompe a prescrição relativamente a pedidos relativos a todo o vínculo empregatício.
(C) Tratando-se de ação que envolva pedido de prestações sucessivas decorrentes de alteração do pactuado, a prescrição é total, mesmo quando o direito à parcela esteja também assegurado por preceito de lei.

(D) Tratando-se de pedido de complementação de aposentadoria oriunda de norma regulamentar e jamais paga ao exempregado, a prescrição aplicável é a parcial.
(E) A ação movida por sindicato, na qualidade de substituto processual, interrompe a prescrição, ainda que tenha sido considerado parte ilegítima ad causam.

A: incorreta, pois a alternativa está em desacordo com a Súmula 206 do TST: "FGTS. INCIDÊNCIA SOBRE PARCELAS PRESCRITAS. A prescrição da pretensão relativa às parcelas remuneratórias alcança o respectivo recolhimento da contribuição para o FGTS"; B: incorreta, pois a alternativa está em desacordo com a Súmula 268 do TST: "PRESCRIÇÃO. INTERRUPÇÃO. AÇÃO TRABALHISTA ARQUIVADA. A ação trabalhista, ainda que arquivada, interrompe a prescrição somente em relação aos pedidos idênticos"; C: incorreta, pois a alternativa está em desacordo com a Súmula 294 do TST: "PRESCRIÇÃO. ALTERAÇÃO CONTRATUAL. TRABALHADOR URBANO. Tratando-se de ação que envolva pedido de prestações sucessivas decorrente de alteração do pactuado, a prescrição é total, exceto quando o direito à parcela esteja também assegurado por preceito de lei"; D: incorreta, pois a alternativa está em desacordo com a Súmula 326 do TST: "COMPLEMENTAÇÃO DOS PROVENTOS DE APOSENTADORIA. PARCELA NUNCA RECEBIDA. PRESCRIÇÃO TOTAL. Tratando-se de pedido de complementação de aposentadoria oriunda de norma regulamentar e jamais paga ao ex-empregado, a prescrição aplicável é a total, começando a fluir o biênio a partir da aposentadoria"; E: correta, pois a assertiva está de acordo com a Orientação Jurisprudencial 359 da SDI-I do TST: "SUBSTITUIÇÃO PROCESSUAL. SINDICATO. LEGITIMIDADE. PRESCRIÇÃO. INTERRUPÇÃO. A ação movida por sindicato, na qualidade de substituto processual, interrompe a prescrição, ainda que tenha sido considerado parte ilegítima ad causam". Gabarito "E".

(Procurador do Município/Florianópolis-SC – 2010 – FEPESE) Assinale a alternativa **correta**.
(A) São imprescritíveis as verbas de caráter salarial.
(B) O prazo decadencial para ajuizamento de ação rescisória é de um ano.
(C) A ação para cobrança das contribuições para o Fundo de Garantia por Tempo de Serviço – FGTS – prescreve em vinte anos.
(D) O prazo prescricional para ingressar com ação trabalhista é de cinco anos, contado do término do aviso prévio.
(E) O trabalhador tem direito à ação, quanto aos créditos resultantes das relações de trabalho, com prazo prescricional de cinco anos para os trabalhadores urbanos e rurais, até o limite de dois anos após a extinção do contrato de trabalho.

A: Opção incorreta, pois prescrevem de acordo com o prazo estabelecido no art. 7º, XXIX, da CF e art. 11 da CLT; B: Opção incorreta, pois o prazo decadencial é de 2 (dois) anos, nos moldes do art. 495 da CLT. Veja, também, o art. 836 da CLT; C: Opção incorreta, pois nos moldes da súmula 362 do TST, desde que obedecido o prazo da prescrição bienal, é trintenária a prescrição do direito de reclamar contra o não-recolhimento da contribuição para o FGTS; D: Opção incorreta, pois o prazo é de 2 (dois) anos, nos termos do art. 7º, XXIX, da CF e art. 11 da CLT; E: Opção correta, pois reflete o disposto no art. 7º, XXIX, da CF e art. 11 da CLT. Gabarito "E".

(Defensoria/MA – 2009 – FCC) A prescrição trintenária do direito de ação para exigir valores devidos em conta do fundo de garantia por tempo de serviço, prevista pela Lei nº 8.036/90, para o trabalhador
(A) será contada sempre a partir do encerramento do contrato de emprego, operando-se apenas 30 anos após a terminação do vínculo.
(B) não será considerada, durante a vigência do contrato de trabalho.
(C) deverá ser considerada, mas se submete ao prazo de dois anos após a terminação do contrato de emprego.
(D) terá aplicação apenas e tão somente se o autor for assistido pela Caixa Econômica Federal, gestora do Fundo.
(E) será contada sempre a partir do encerramento do contrato de emprego, operando-se apenas 5 anos após a terminação do vínculo.

Súmula 362 do TST: "FGTS. PRESCRIÇÃO. É trintenária a prescrição do direito de reclamar contra o não recolhimento da contribuição para o FGTS, observado o prazo de 2 (dois) anos após o término do contrato de trabalho". Gabarito "C".

(Defensor Público/MS – 2008 – VUNESP) Assinale a alternativa correta.
(A) A prescrição trabalhista só se interrompe pela distribuição de reclamação trabalhista com a identificação correta da causa de pedir, não admitindo medidas cautelares interruptivas de prescrição.
(B) Ações trabalhistas não prescrevem. Somente créditos trabalhistas é que se sujeitam à prescrição da pretensão, mas estão sujeitos às causas interruptivas de prescrição, previstas na legislação civil.
(C) Há previsão constitucional e legal de prescrição total e parcial dos créditos trabalhistas e estes se sujeitam aos mesmos prazos prescricionais de dois anos após a cessação do contrato de trabalho.
(D) A distinção teórica entre prescrição e decadência, no âmbito do processo do trabalho, não tem qualquer relevância prática, de modo que não produz efeito algum nas lides judiciais trabalhistas.

A: opção incorreta, pois embora a principal causa interruptiva de prescrição é a propositura da reclamação trabalhista, ela não é a única, na medida em que a prescrição pode ocorrer pelo protesto judicial ou ainda mesmo por ato do devedor que reconheça o direito ao empregado, art. 202, VI, CC. B: opção correta, pois nos termos do art. 7º, XXIX, CF e art. 11 da CLT são os créditos que estão sujeitos à prescrição. Por força do art. 8º, parágrafo único da CLT, as regras dispostas nos arts. 202 a 204 do Código Civil serão aplicadas ao Direito do Trabalho. C: opção incorreta, pois nos termos do art. 7º, XXIX, CF e art. 11 da CLT, embora a prescrição bienal seja contada a partir da extinção do contrato de trabalho, a prescrição quinquenal é contada a partir dos 5 anos anteriores à data da distribuição da reclamação trabalhista. D: opção incorreta, pois verificando-se a decadência, como por exemplo, na ação rescisória que possui prazo decadencial de 2 anos para sua propositura, art. 836 CLT e art. 485 e seguintes do CPC, o autor perderá o próprio direito e não apenas a pretensão. Gabarito "B".

3. RESPOSTAS/INSTRUÇÃO PROCESSUAL/ PROCEDIMENTOS E SENTENÇA

(Procurador do Estado/RO – 2011 – FCC) Sobre as provas no processo do trabalho, como regra, é correto afirmar:
(A) O documento em cópia oferecido para prova poderá ser declarado autêntico pelo próprio advogado, sob sua responsabilidade.
(B) No procedimento sumaríssimo trabalhista, as testemunhas são arroladas na peça inicial e na contestação, sob pena de preclusão.
(C) A prova documental poderá ser ofertada juntamente com as alegações finais do processo.
(D) O ônus de provar o término do contrato de trabalho, quando negados a prestação de serviço e o despedimento, é do empregado.
(E) A não apresentação injustificada dos controles de frequência pelo empregador gera presunção relativa de veracidade da jornada de trabalho, a qual não pode ser elidida por prova em contrário.

A: opção correta, pois reflete o entendimento disposto no art. 365, IV, do CPC; B: opção incorreta, pois nos termos do art. 852-H, § 2º, da CLT as testemunhas até o máximo de 2 para cada parte, comparecerão à audiência independente de intimação; C: opção incorreta, pois nos termos do art. 850 da CLT as alegações finais poderão ser ofertadas somente após encerrada a instrução. Veja, também, o art. 396 do CPC; D: opção incorreta, pois nos termos da súmula 212 do TST o ônus de provar o término do contrato de trabalho, quando negados a prestação de serviço e o despedimento, é do empregador, pois o princípio da continuidade da relação de emprego constitui presunção favorável ao empregado; E: opção incorreta, pois de acordo com a súmula 338, item I, do TST embora a não apresentação injustificada dos controles de frequência gere presunção relativa de veracidade da jornada de trabalho, poderá ser elidida por prova em contrário. Gabarito "A".

(Procurador do Estado/RO – 2011 – FCC) Assinale a alternativa INCORRETA.
(A) Exceto quanto à reclamação de empregado doméstico, ou contra micro ou pequeno empresário, o preposto deve ser necessariamente empregado do reclamado.
(B) Na audiência, é facultado ao empregador fazer-se substituir pelo gerente, ou qualquer outro preposto que tenha conhecimento do fato, e cujas declarações obrigarão o preponente.
(C) Na audiência inicial, não havendo acordo, o reclamado terá vinte minutos para aduzir sua defesa.
(D) O não comparecimento do reclamante ou do reclamado à audiência inicial importa o arquivamento da reclamação.
(E) No procedimento sumaríssimo, não se fará a citação por edital, incumbindo ao autor a correta indicação do nome e endereço do reclamado.

A: opção correta, pois reflete o entendimento disposto na súmula 377 do TST; B: opção correta, pois reflete o disposto no § 1º do art. 843 da CLT; C: opção correta, pois reflete o disposto no art. 847 da CLT; D: opção incorreta, pois embora o não comparecimento do reclamante importa no arquivamento da reclamação, o não comparecimento da reclamada importará na revelia quanto à matéria fática, nos termos do art. 844 da CLT; E: opção correta, pois reflete o disposto no art. 852-B, II, da CLT. "D" Gabarito

(Procurador do Estado/SC – 2010 – FEPESE) Em relação ao procedimento sumaríssimo na Justiça do Trabalho, assinale a alternativa **correta**.

(A) A citação por edital deve ser realizada no prazo máximo de 30 (trinta) dias.
(B) As testemunhas, até o máximo de duas para cada parte, comparecerão à audiência de instrução e julgamento independentemente de intimação.
(C) A Administração Pública direta, autárquica e fundacional são partes legítimas para figurarem como rés, opoentes, intervenientes e litisconsortes.
(D) Todas as provas deverão ser requeridas na petição inicial e na contestação, sob pena de preclusão.
(E) Os incidentes e as exceções que possam interferir no prosseguimento da audiência e do processo serão decididos em 48 (quarenta e oito) horas.

A: opção incorreta, pois no procedimento sumaríssimo não é possível a citação por edital, nos termos do art. 852-B, II, da CLT; B: opção correta, pois reflete o disposto no art. 852-H, § 2º, da CLT; C: opção incorreta, pois a Administração Pública direta, autárquica e fundacional, nos termos do art. 852-A, parágrafo único, da CLT estão excluídas deste procedimento, não podendo figurar como parte; D: opção incorreta, pois nos termos do art. 852-H, *caput*, da CLT todas as provas, ainda que não requeridas previamente, serão produzidas na audiência de instrução e julgamento; E: opção incorreta, pois nos termos do art. 852-G, da CLT, devem ser resolvidos de plano. "B" Gabarito

(Procurador do Estado/PE – CESPE – 2009) Com referência ao inquérito para apuração de falta grave, assinale a opção correta.

(A) Para efeito de impetração de mandado de segurança, constitui direito líquido e certo do empregador a suspensão do empregado, ainda que detentor de estabilidade sindical, até a decisão final do inquérito em que se apure a falta grave a ele imputada.
(B) Cada uma das partes não pode indicar mais de três testemunhas.
(C) Mesmo se tiver havido prévio reconhecimento da estabilidade do empregado, o julgamento do inquérito pelo juízo prejudica a execução para pagamento dos salários devidos ao empregado, até a data da instauração do inquérito.
(D) Qualquer representante sindical somente pode ser dispensado por falta grave mediante a apuração em inquérito judicial.
(E) O prazo de decadência do direito do empregador de ajuizar inquérito em face do empregado que incorre em abandono de emprego é contado a partir do momento em que o empregado se afastou de suas atividades.

A: correta, pois a assertiva está de acordo com a Orientação Jurisprudencial 137 da SDI-I do TST: "MANDADO DE SEGURANÇA. DIRIGENTE SINDICAL. ART. 494 DA CLT. APLICÁVEL. Constitui direito líquido e certo do empregador a suspensão do empregado, ainda que detentor de estabilidade sindical, até a decisão final do inquérito em que se apure a falta grave a ele imputada, na forma do art. 494, "caput" e parágrafo único, da CLT"; B: incorreta, pois no caso de inquérito para apuração de falta grave cada parte pode indicar até 6 testemunhas (art. 821 da CLT); C: incorreta (art. 855 da CLT); D: incorreta, pois a estabilidade dos dirigentes sindicais encontra algumas limitações, conforme Súmula 369 do TST: "DIRIGENTE SINDICAL. ESTABILIDADE PROVISÓRIA. I - É indispensável a comunicação, pela entidade sindical, ao empregador, na forma do § 5º do art. 543 da CLT. II - O art. 522 da CLT, que limita a sete o número de dirigentes sindicais, foi recepcionado pela Constituição Federal de 1988. III- O empregado de categoria diferenciada eleito dirigente sindical só goza de estabilidade se exercer na empresa atividade pertinente à categoria profissional do sindicato para o qual foi eleito dirigente. IV - Havendo extinção da atividade empresarial no âmbito da base territorial do sindicato, não há razão para subsistir a estabilidade. V - O registro da candidatura do empregado a cargo de dirigente sindical durante o período de aviso-prévio, ainda que indenizado, não lhe assegura a estabilidade, visto que inaplicável a regra do § 3º do art. 543 da Consolidação das Leis do Trabalho"; E: incorreta, pois o prazo para ajuizar inquérito é contado a partir do momento em que o empregado pretendeu seu retorno ao serviço (Súmula 62 do TST: "ABANDONO DE EMPREGO. O prazo de decadência do direito do empregador de ajuizar inquérito em face do empregado que incorre em abandono de emprego é contado a partir do momento em que o empregado pretendeu seu retorno ao serviço"). "A" Gabarito

(Procurador do Estado/SC – 2009) Sobre o Processo do Trabalho, assinale a alternativa correta:

(A) A confissão pode ser real ou ficta.
(B) A confissão sempre implica revelia.
(C) A confissão no processo do trabalho é a situação daquele que não oferece resistência, ou seja, ausência de defesa.
(D) A confissão revela-se como uma pena pela ausência de depoimento de testemunhas que estavam obrigadas a depor.
(E) A revelia é uma pena que não impede a posterior produção de provas pela reclamada.

Segundo ensina Sergio Pinto Martins, abrangendo os temas da questão: "Distingue-se a confissão da revelia. Revelia é a ausência de defesa do réu, que foi regularmente citado para se defender. Confissão é um dos efeitos da revelia. Havendo revelia, há presunção de serem considerados verdadeiros os fatos alegados na inicial (art. 302 do CPC). Em relação à possibilidade de produção de prova em contrário, a confissão pode ser real ou ficta. Confissão real é aquela realizada expressamente pela parte. A confissão ficta é apenas uma presunção relativa (*iuris tantum*) de que os fatos alegados pela parte contrária são verdadeiros, podendo ser elidida por outras provas existentes nos autos" (*Direito Processual do Trabalho*, 18ª edição, Atlas, p. 298). Importante também lembrar que a confissão não se aplica às testemunhas e que a revelia impede a produção de provas pela reclamada, acarretando a pena de confissão. "A" Gabarito

(Procurador do Estado/SP – FCC – 2009) Nos processos perante a Justiça do Trabalho, constituem privilégios e/ou prerrogativas processuais da Fazenda do Estado de São Paulo, das autarquias e fundações de direito público que não explorem atividades econômicas:

(A) o pagamento do valor correspondente ao depósito para interposição de recurso somente após o trânsito em julgado.
(B) o recurso ordinário ex officio das decisões que sejam total ou parcialmente contrárias, dependendo do valor da condenação.
(C) o prazo em dobro para comparecimento em audiência e apresentação de contestação.
(D) o prazo em quádruplo para interposição de recurso.
(E) o pagamento do valor correspondente às custas somente após o trânsito em julgado.

A: incorreta, pois a Fazenda do Estado é isenta do preparo (art. 790-A da CLT); B: correta, pois a assertiva está de acordo com o art. 475, § 2º, do CPC e Súmula 303 do TST: "FAZENDA PÚBLICA. DUPLO GRAU DE JURISDIÇÃO I - Em dissídio individual, está sujeita ao duplo grau de jurisdição, mesmo na vigência da CF/1988, decisão contrária à Fazenda Pública, salvo: a) quando a condenação não ultrapassar o valor correspondente a 60 (sessenta) salários-mínimos; b) quando a decisão estiver em consonância com decisão plenária do Supremo Tribunal Federal ou com súmula ou orientação jurisprudencial do Tribunal Superior do Trabalho"; C: incorreta, pois o prazo deve ser computado em quádruplo, de acordo com o Decreto-Lei 779/69, e será contado entre o recebimento da citação e a data designada para a audiência (em regra 5 dias) que, no caso, para a Fazenda Pública, seria de vinte dias; D: incorreta, pois o prazo para interposição de recurso é contado em dobro (art. 1º, III, do Decreto-Lei 779/69); E: incorreta, eis que a Fazenda Pública do Estado goza de isenção de custas (art. 790-A da CLT). "B" Gabarito

(Procurador do Estado/SP – FCC – 2009) No que atine ao valor da causa,

(A) quando impugnado tempestivamente e se mantido o valor incompatível pelo juízo da causa, poderá ser interposto recurso de pedido de revisão à Corregedoria Regional, facultando-se a retratação.
(B) se indeterminado na inicial, há dispositivo legal que permite que seja fixado pelo juiz.
(C) se atribuído na inicial valor incompatível com o objeto da demanda, a parte não poderá impugná-lo.
(D) se atribuído na inicial valor incompatível com o objeto da demanda, a parte poderá impugná-lo somente em razões finais.
(E) quando impugnado tempestivamente e se mantido o valor incompatível pelo juízo da causa, poderá ser interposto recurso de pedido de revisão à Presidência do Tribunal Regional, não se facultando a retratação.

A: incorreta, pois o pedido de revisão deve ser interposto diretamente no Tribunal Regional do Trabalho respectivo, no prazo de 48 horas, encaminhado ao Presidente do mesmo Tribunal (art. 2º da Lei 5.584/70); B: correta, eis que segundo dispõe o art. 2º, *caput*, da Lei 5.584/70, o juiz, antes da instrução, fixará o valor da causa; C e D: incorretas, pois a parte poderá impugnar o valor da causa assim que fixado pelo juiz e, caso o juiz mantenha o valor, caberá pedido de revisão (art. 2º, § 1º, da Lei 5.584/70); E: incorreta, pois há possibilidade de retratação no prazo de 48 horas (art. 2º, § 1º, da Lei 5.584/70). "B" Gabarito

(Procurador do Estado/CE – 2008 – CESPE) Com relação ao processo do trabalho, assinale a opção correta.

(A) Os juízos e tribunais do trabalho terão ampla liberdade na direção do processo e velarão pelo andamento célere das causas, podendo determinar qualquer diligência necessária ao esclarecimento delas.
(B) O direito processual comum será aplicado sempre que houver omissão no direito processual trabalhista.
(C) A compensação ou retenção pode ser argüida como matéria de defesa até o recurso interponível para o tribunal regional do trabalho (TRT).
(D) Se as partes resolverem conciliar-se, o juiz do trabalho deve suspender o processo e aguardar a homologação ou não do acordo pela Comissão de Conciliação Prévia, uma vez que é obrigatória a submissão àquele órgão extrajudicial.
(E) O princípio da simplicidade das formas não vigora no processo do trabalho quando as partes estão representadas por advogados, prevalecendo, no caso, o princípio da formalidade absoluta.

A: correto, art. 765 da CLT; B: falso, art. 769 da CLT; C: falso, art. 767 da CLT; D: falso, art. 764 da CLT; E: falso, pois referido princípio deve ser aplicado ainda que as partes estejam representadas por advogado. Gabarito "A".

(Procurador do Estado/ES – 2008 – CESPE) Ex-empregado, carente de recursos econômicos, pretende ingressar com reclamação trabalhista na justiça do trabalho para exigir de seu ex-empregador o pagamento do adicional de periculosidade. Considerando essa situação, julgue os próximos itens.

(1) O empregado em questão deverá, obrigatoriamente, contratar advogado para ingressar com a ação trabalhista, considerando que o jus postulandi na justiça do trabalho não mais subsiste, tendo sido validamente revogado pela legislação que regula a atividade da advocacia.
(2) Caso não seja constatada a periculosidade alegada pelo reclamante, e considerando que ele tenha obtido o benefício da justiça gratuita, a atividade do perito designado pelo juiz do trabalho será enquadrada como trabalho voluntário, uma vez que nem o reclamante nem o Estado suportarão o pagamento dos honorários periciais.
(3) O benefício da justiça gratuita pode ser concedido em qualquer instância, a requerimento ou de ofício, àqueles que perceberem salário igual ou inferior ao dobro do mínimo legal, ou declararem, sob as penas da lei, que não estão em condições de pagar as custas do processo sem prejuízo do sustento próprio ou de sua família.

1: falso, art. 791 da CLT; 2: falso, pois o artigo 5º, LXXIV, da CF abrange todas as despesas processuais; assim, cabe ao Estado o custeio dos honorários periciais para os beneficiários da justiça gratuita; vide art. 1º da Resolução 35 Conselho Superior da Justiça do Trabalho; 3: art. 790, § 3º, da CLT. Gabarito 1E, 2E, 3C.

(Procurador do Estado/ES – 2008 – CESPE) Em audiência, o juiz do trabalho indeferiu o pleito de uma parte de produzir prova testemunhal e, no mérito, julgou desfavoravelmente a essa parte. Considerando essa situação e as previsões da Consolidação das Leis do Trabalho pertinentes, julgue o item abaixo.

(1) A nulidade do ato de indeferimento da produção de prova testemunhal deve ser argüida pela primeira vez no recurso ordinário para o tribunal regional do trabalho, porque, antes da sentença, não é possível constatar a existência de prejuízo que justifique a pronúncia da nulidade do referido ato.

Art. 795, caput, da CLT. Gabarito "E".

(Procurador do Estado/ES – 2008 – CESPE) De acordo com a jurisprudência do TST, julgue os itens a seguir, referentes ao ônus da prova no processo trabalhista.

(1) O empregador com mais de dez empregados está obrigado a registrar a jornada de trabalho de seus empregados, cabendo-lhe, portanto, em processo trabalhista, o ônus de apresentar esses registros; se não o fizer, o juiz deferirá de plano o pedido formulado na inicial, na medida em que não poderá aceitar a produção de prova em contrário.
(2) Os registros de ponto que apresentem horários de entrada e saída uniformes são inválidos como meio de prova, invertendo-se o ônus da prova, relativo às horas extras, que passa a ser do empregador, prevalecendo a jornada da inicial se dele não se desincumbir.
(3) O ônus de provar o término do contrato de trabalho, quando negados a prestação de serviço e o despedimento, é do empregador, pois o princípio da continuidade da relação de emprego constitui presunção favorável ao empregado.

1: A afirmativa não reflete o disposto na Súmula 338 do TST: "JORNADA DE TRABALHO. REGISTRO. ÔNUS DA PROVA. I - É ônus do empregador que conta com mais de 10 (dez) empregados o registro da jornada de trabalho na forma do art. 74, § 2º, da CLT. A não apresentação injustificada dos controles de frequência gera presunção relativa de veracidade da jornada de trabalho, a qual pode ser elidida por prova em contrário. II - A presunção de veracidade da jornada de trabalho, ainda que prevista em instrumento normativo, pode ser elidida por prova em contrário"; 2: Correta, pois a assertiva está de acordo com a Súmula 338, III, do TST: "(...) Os cartões de ponto que demonstram horários de entrada e saída uniformes são inválidos como meio de prova, invertendo-se o ônus da prova, relativo às horas extras, que passa a ser do empregador, prevalecendo a jornada da inicial se dele não se desincumbir"; 3: Correta, pois a afirmativa está de acordo com a Súmula 212 do TST: "DESPEDIMENTO. ÔNUS DA PROVA. O ônus de provar o término do contrato de trabalho, quando negados a prestação de serviço e o despedimento, é do empregador, pois o princípio da continuidade da relação de emprego constitui presunção favorável ao empregado". Gabarito 1E, 2C, 3C.

(Procurador do Estado/ES – 2008 – CESPE) Com relação à pessoa jurídica de direito público como parte em processo trabalhista, julgue os itens que se seguem.

(1) O não-comparecimento do representante da pessoa jurídica de direito público na audiência em que deveria produzir defesa não importa revelia e confissão quanto à matéria de fato, prevalecendo, na hipótese, a busca da verdade real, por tratar-se de interesse público indisponível.
(2) O prazo para a interposição de embargos de declaração por pessoa jurídica de direito público é em dobro.
(3) Os estados e os municípios, por intermédio de seus procuradores, detêm legitimidade para recorrer em nome de entidades autárquicas com personalidade jurídica.
(4) A execução, contra a fazenda pública, de quantia enquadrada como de pequeno valor dispensa a expedição de precatório, não sendo ilegal a determinação de seqüestro da importância devida pelo ente público na hipótese.

1: Errada, pois a alternativa não reflete o disposto na Orientação Jurisprudencial 152 da SDI-I do TST: "REVELIA. PESSOA JURÍDICA DE DIREITO PÚBLICO. APLICÁVEL. Pessoa jurídica de direito público sujeita-se à revelia prevista no artigo 844 da CLT"; 2: Certa, pois a assertiva está de acordo com o art. 188 do CPC; 3: Errada, pois segundo consta da Orientação Jurisprudencial 318 da SDI-I: "REPRESENTAÇÃO IRREGULAR. AUTARQUIA. Os Estados e os Municípios não têm legitimidade para recorrer em nome das autarquias detentoras de personalidade jurídica própria, devendo ser representadas pelos". Porém, importante ressaltar que em alguns estados, como por exemplo no estado de São Paulo, há previsão constitucional da representatividade das autarquias pela Procuradoria do Estado (art. 99, I, da Constituição do Estado de São Paulo); 4: Certa, pois a afirmativa está de acordo com o art. 100, §§ 2º e 3º, da CF. Gabarito 1E, 2C, 3E, 4C.

(Procurador do Estado/PI – 2008 – CESPE) José moveu reclamação trabalhista contra uma autarquia do estado do Piauí. O juiz do trabalho julgou procedente a reclamação e condenou a autarquia. Joaquim, procurador do estado do Piauí, interpôs, então, recurso ordinário contra a decisão do juiz do trabalho em nome do estado do Piauí. Acerca dessa situação hipotética, assinale a opção correta.

(A) O estado do Piauí possui legitimidade para recorrer, uma vez que a autarquia pertence à administração direta do estado.
(B) O estado do Piauí possui legitimidade para recorrer, uma vez que a condenação deverá ser suportada pelos cofres públicos do estado.
(C) O estado do Piauí não possui legitimidade para recorrer, uma vez que não existe previsão legal para isso na CLT.
(D) O estado do Piauí não possui legitimidade para recorrer em nome da autarquia, pois esta é detentora de personalidade jurídica própria.
(E) A demanda jamais poderia ser discutida na justiça do trabalho, já que autarquias não podem ter em seus quadros, em nenhuma hipótese, empregados públicos regidos pela CLT.

O estado do Piauí não possui legitimidade para recorrer em nome de autarquia, conforme dispõe a Orientação Jurisprudencial 318 da SDI-I: "REPRESENTAÇÃO IRREGULAR. AUTARQUIA. Os Estados e os Municípios não têm legitimidade para recorrer em nome das autarquias detentoras de personalidade jurídica própria, devendo ser representadas pelos". Porém, importante ressaltar que em alguns estados, como por exemplo no estado de São Paulo, há previsão constitucional da representatividade das autarquias pela Procuradoria do Estado (art. 99, I, da Constituição do Estado de São Paulo). Gabarito "D".

(Procurador do Estado/PI – 2008 – CESPE) João moveu reclamação trabalhista contra a empresa Nordeste Ltda., pleiteando o pagamento do adicional de insalubridade. O juiz determinou a realização de perícia técnica, facultando às partes a indicação de assistente técnico. João, então, indicou Marcelo como seu assistente técnico. Após a conclusão da perícia, o juiz julgou procedente a reclamação, condenando a empresa Nordeste Ltda. a pagar a João os valores referentes ao adicional de insalubridade. Diante dessa situação hipotética, assinale a opção correta.

(A) Os honorários do assistente técnico indicado por João devem ser pagos pela empresa Nordeste Ltda., já que esta foi vencida no objeto da perícia.
(B) Não há que se falar em qualquer tipo de pagamento de honorários de assistente técnico, pois não existe previsão legal para tal pagamento.
(C) O pagamento dos honorários do assistente técnico deve ser suportado pelo TRT correspondente.
(D) Não existe possibilidade de indicação de assistente técnico a perícias realizadas no processo do trabalho.
(E) A indicação de assistente técnico é uma faculdade da parte e, por isso, cabe a João efetuar o pagamento do assistente técnico por ele indicado, independentemente do resultado da perícia.

De acordo com o art. 826 da CLT, é possível às partes indicarem assistente técnico, e conforme dispõe a Súmula 341 do TST: "HONORÁRIOS DO ASSISTENTE TÉCNICO. A indicação do perito assistente é faculdade da parte, a qual deve responder pelos respectivos honorários, ainda que vencedora no objeto da perícia". Gabarito "E".

(Procurador do Estado/PB – 2008 – CESPE) Considere-se que o empregado de certa empresa pública tenha ajuizado reclamação trabalhista, sob o rito sumaríssimo, postulando horas extras e reflexos não pagos, e atribuindo ao valor da causa o correspondente a quarenta salários mínimos.
A respeito dessa situação hipotética, assinale a opção correta, com base na CF, na CLT, na legislação específica e na jurisprudência sumulada e consolidada do STF e do TST.

(A) O juiz deve indeferir a petição inicial, visto que não cabe reclamação trabalhista sob rito sumaríssimo contra empresa pública, que é parte integrante da administração pública indireta.
(B) A demanda não pode ser processada sob o rito sumaríssimo, por ter excedido o valor de alçada, cabendo prosseguir sob o rito comum das reclamações trabalhistas.
(C) A prova testemunhal deve limitar-se a três testemunhas por parte, cabendo ao reclamante e à reclamada providenciar o convite às testemunhas para oitiva, visto que o juiz só poderá determinar sua imediata condução coercitiva caso as testemunhas deixem de comparecer, após devidamente convidadas pela parte.
(D) No TRT, o relator e o revisor terão prazo máximo de 10 dias para liberar os autos ao julgamento do eventual recurso interposto contra a sentença do juiz do trabalho, que poderá ser apreciado por turma especializada para examinar os recursos ordinários interpostos nas demandas sujeitas ao rito sumaríssimo.
(E) O recurso de revista contra o acórdão do TRT apenas poderá ser admitido quando houver violação direta à CF pela decisão recorrida ou esta contrariar súmula do TST.

A: incorreta (art. 852-A, parágrafo único, da CLT); B: incorreta (art. 852-A, *caput*, da CLT); C: incorreta (art. 852-H, § 2º, da CLT); D: incorreta (art. 895, § 1º, II, da CLT); E: correta (art. 896, § 6º, da CLT). Gabarito "E".

(Procurador do Estado/PI – 2008 – CESPE) O art. 191 do CPC estabelece que, existindo litisconsortes com diferentes procuradores, os prazos devem ser contados em dobro para contestar, para recorrer e, de modo geral, para falar nos autos. Sendo assim, a regra contida no referido artigo

(A) se aplica ao processo do trabalho, uma vez que a CLT é omissa, sendo, por isso, o CPC aplicado de forma subsidiária.
(B) se aplica ao processo do trabalho, uma vez que a CLT também prevê a aplicação do prazo em dobro aos litisconsortes com procuradores distintos.
(C) não se aplica ao processo do trabalho, por ser incompatível com o princípio da celeridade, inerente ao processo trabalhista.
(D) não se aplica ao processo do trabalho, já que regras específicas de processo civil não podem ser aplicadas a esse tipo de processo.
(E) não se aplica ao processo do trabalho, por ser incompatível com norma expressa da CLT.

A regra de contagem do prazo em dobro para litisconsortes com procuradores diferentes não se aplica ao processo do trabalho por ser incompatível com o princípio da celeridade processual trabalhista, nos termos da Orientação Jurisprudencial 310 da SDI-I do TST: "LITISCONSORTES. PROCURADORES DISTINTOS. PRAZO EM DOBRO. ART. 191 DO CPC. INAPLICÁVEL AO PROCESSO DO TRABALHO. A regra contida no art. 191 do CPC é inaplicável ao processo do trabalho, em decorrência da sua incompatibilidade com o princípio da celeridade inerente ao processo trabalhista". Gabarito "C".

(Procurador do Estado/RR – 2006 – FCC) No processo do trabalho, o quádruplo do prazo fixado para oferecimento da defesa é garantia da

(A) União, Estados, Municípios e das autarquias ou fundações de direito público federais, estaduais ou municipais que não explorem atividade econômica e sociedades de economia mista.
(B) União, Estados, Distrito Federal, Municípios e das autarquias ou fundações de direito público federais, estaduais ou municipais que não explorem atividade econômica, bem como sociedades de economia mista e empresas públicas.
(C) União, Estados, Municípios e das autarquias ou fundações de direito público federais, estaduais ou municipais que não explorem atividade econômica, bem como sociedades de economia mista e empresas públicas.
(D) União, Estados, Distrito Federal, Municípios e das autarquias ou fundações de direito público federais, estaduais ou municipais que não explorem atividade econômica.
(E) União, Estados, Municípios e das autarquias ou fundações de direito público federais, estaduais ou municipais que não explorem atividade econômica e empresas públicas.

A Fazenda Pública (União, Estados, Distrito Federal, Municípios, autarquias e as fundações de direito publico federais, estaduais e municipais que não explorem atividade econômica) e o Ministério Público possuem tratamento diverso quanto aos prazos, conforme prevê o art. 188 do CPC: "Computar-se-á em quádruplo o prazo para contestar e em dobro para recorrer quando a parte for a Fazenda Pública ou o Ministério Público". Importante lembrar que às empresas públicas e sociedades de economia mista não se aplicam a prerrogativa do prazo em quádruplo para apresentação de defesa, pois são pessoas jurídicas de direito privado. Gabarito "D".

(Procurador do Estado/RR – 2006 – FCC) No procedimento sumaríssimo deverão ser decididos de plano as questões relativas à

(A) prescrição e decadência.
(B) litispendência, conexão e coisa julgada.
(C) compensação e retenção.
(D) prescrição e litispendência.
(E) compensação e coisa julgada.

No procedimento sumaríssimo o juiz decidirá de plano todos os incidentes e exceções que possam interferir no prosseguimento da audiência e do processo (art. 852-G da CLT), como é o caso da litispendência, conexão e coisa julgada, já que são causas de extinção do processo sem apreciação do mérito. A compensação e retenção só poderão ser alegadas como matéria de defesa (art. 767 da CLT). Gabarito "B".

(Procurador do Estado/RR – 2006 – FCC) A reclamada ao receber a intimação para comparecimento em audiência e oferecimento da defesa, em reclamação trabalhista ajuizada por ex-empregado, verifica que na petição inicial está sendo repetido pedido de horas extras já decidido por sentença transitada em julgado. Em sua defesa deverá

(A) opor exceção de coisa julgada.
(B) opor exceção de nulidade.

(C) argüir litigância de má-fé.
(D) argüir preliminar de carência de ação.
(E) argüir preliminar de coisa julgada.

De fato, quando o reclamante pleiteia pedido já julgado por sentença com trânsito em julgado, estar-se-á diante da coisa julgada, cabendo ao reclamado alegar a sua ocorrência em preliminar de sua defesa (art. 301, VI, do CPC). Gabarito "E".

(Procurador do Estado/PE – 2004 – FCC) Nos processos perante a Justiça do Trabalho, são beneficiários da isenção do pagamento de custas:

(A) a União, os Estados e os Municípios, exclusivamente.
(B) a União, os Estados e os Municípios, o Ministério Público do Trabalho e as entidades fiscalizadoras do exercício profissional.
(C) a União, os Estados e os Municípios e respectivas autarquias e fundações públicas federais, estaduais e municipais, que não explorem atividade econômica e o Ministério Público do Trabalho.
(D) a União, os Estados e os Municípios e respectivas autarquias e fundações públicas federais, estaduais e municipais, que não explorem atividade econômica; o Ministério Público do Trabalho e as entidades fiscalizadoras do exercício profissional.
(E) a União, os Estados e os Municípios e respectivas autarquias e fundações públicas federais, estaduais e municipais, que não explorem atividade econômica e o Ministério Público do Trabalho, alcançando a referida isenção eventuais despesas realizadas pela parte vencedora.

Art. 790-A, I, da CLT. Gabarito "C".

(Procurador do Estado/PE – 2004 – FCC) O reclamante ajuíza uma ação trabalhista contra sociedade de economia mista estadual, que explora atividade econômica, buscando reconhecimento de contrato de trabalho e os consectários legais. A reclamada alega que não há vínculo de emprego, pois a relação havida reveste-se de natureza especial, tratando-se de regime próprio da Administração Pública, que exclui o regime trabalhista privado. O juiz da vara do trabalho, ao julgar a reclamação trabalhista, deverá considerar que os estatutos das empresas públicas, sociedades de economia mista e suas subsidiárias que explorem atividade econômica, devem observar, no que respeita às relações de trabalho, o regime jurídico

(A) da Administração Pública direta.
(B) das empresas privadas.
(C) próprio, conforme deliberação de sua diretoria.
(D) alternativamente da Administração Pública direta, ou da empresa privada, conforme disposição de seus atos constitutivos.
(E) da empresa privada até a aquisição de estabilidade pelo servidor e, daí em diante da Administração Pública direta.

Sociedade de economia mista é pessoa jurídica de direito privado e deve observar o regime jurídico de direito privado, a teor do disposto no art. 173, § 1º, II, da CF. Gabarito "B".

(Procurador do Município/Florianópolis-SC – 2010 – FEPESE) Em matéria processual trabalhista, assinale a alternativa **correta**.

(A) Cada uma das partes não poderá indicar mais de dez testemunhas.
(B) A revelia não produz confissão na ação rescisória.
(C) A presença de advogado devidamente credenciado ilidi a revelia. A ausência da reclamada à audiência em que deveria apresentar defesa, não produz a revelia quando presente seu advogado munido de procuração.
(D) O não comparecimento do reclamante à audiência acarretará o adiamento do ato, em decorrência do princípio da proteção ao empregado.
(E) Torna-se suspeita a testemunha pelo simples fato de estar litigando ou de ter litigado contra o mesmo empregador.

A: opção incorreta, pois nos termos do art. 821 da CLT em se tratando de procedimento ordinário cada parte poderá indicar até 3 (três) testemunhas, salvo quando se tratar de inquérito, caso em que esse número poderá ser elevado a 6 (seis). No procedimento sumaríssimo esse número é reduzido para 2 (duas) testemunhas por parte, nos termos do art. 852-H, § 2º, da CLT; B: opção correta, pois reflete o entendimento disposto na súmula 398 do TST; C: opção incorreta, pois, não estando presente a parte, ainda que esteja presente o advogado, serão aplicados os efeitos da revelia, em conformidade com a súmula 122 do TST; D: opção incorreta, pois não comparecendo o reclamante o processo será arquivado, em conformidade com o art. 844 da CLT; E: opção incorreta, pois nos termos da súmula 357 do TST não torna suspeita a testemunha o simples fato de estar litigando ou de ter litigado contra o mesmo empregador. Gabarito "B".

(Procurador do Município/Florianópolis-SC – 2010 – FEPESE) O jus postulandi das partes na Justiça do Trabalho **não** alcança:

(A) a ação cautelar, o mandado de segurança e os recursos ordinários.
(B) a ação rescisória, a ação cautelar, o mandado de segurança e os recursos de competência do Tribunal Superior do Trabalho.
(C) a ação rescisória e os recursos de competência do Tribunal Superior do Trabalho.
(D) a ação paulina, a ação anulatória de contrato de trabalho, o mandado de segurança e os recursos de competência do Tribunal Superior do Trabalho.

A: opção incorreta, pois nos termos da súmula 425 do TST permite-se o jus postulandi em recurso de natureza ordinária; B: opção correta, pois reflete o entendimento cristalizado na súmula 425 do TST; C: opção incorreta, pois a ação cautelar também não poderá ser feita por meio do jus postulandi; D: Opção incorreta, pois a ação paulina é instrumento processual que visa anular os contratos onerosos do devedor, celebrados com o intuito de fraudar os credores, quando a insolvência for notória ou houver motivo para ser conhecida do outro contratante, nos termos do art. 159 do atual do Código Civil. Assim, não se enquadra na competência da Justiça do Trabalho esculpida no art. 114 da CF/88, por ser matéria eminentemente cível. Gabarito "B".

(Procurador do Município/Teresina-PI – 2010 – FCC) Em uma reclamação trabalhista a autarquia municipal X pretende arguir compensação de valores. Neste caso, a compensação

(A) deverá ser arguida na execução através de embargos à execução.
(B) só poderá ser arguida em contestação.
(C) poderá ser arguida em qualquer momento processual desde que antes do trânsito em julgado.
(D) poderá ser arguida em qualquer momento processual, inclusive através de ação rescisória.
(E) só poderá ser arguida na liquidação de sentença através de manifestação expressa.

A: oOpção incorreta, pois as matérias que podem ser alegadas nos embargos à execução são aquelas elencadas nos arts. 884, § 1º, da CLT e arts. 475-L e 745 do CPC; B: opção correta, pois reflete o disposto no art. 767 da CLT. Veja, também, as súmulas 18 e 48 do TST; C: opção incorreta, pois a compensação é matéria exclusiva e deve ser alegada na contestação, art. 767 da CLT e súmula 48 do TST; D: opção incorreta, vide comentários anteriores; E: opção incorreta, vide comentários anteriores. Gabarito "B".

(Defensoria/MA – 2009 – FCC) A perempção, no processo do trabalho, ocorre nas hipóteses de

(A) arquivamento da reclamação, por ausência do trabalhador, por quatro vezes seguidas, em relação aos mesmos pedidos; e falta de confirmação da reclamação verbal, por duas vezes seguidas, em relação aos mesmos pedidos.
(B) arquivamento da reclamação, por extinção sem resolução do mérito, em razão da falta de liquidação dos pedidos apresentados no rito sumaríssimo, por quatro vezes; e falta de confirmação da reclamação verbal, por duas vezes seguidas, em relação aos mesmos pedidos.
(C) abandono da causa, por mais de um ano, depois da intimação pessoal do trabalhador, para dar andamento ao feito; e falta de confirmação da reclamação verbal, por duas vezes seguidas, em relação aos mesmos pedidos.
(D) arquivamento da reclamação, por ausência do trabalhador, por duas vezes seguidas, em relação aos mesmos pedidos; e falta de confirmação da reclamação verbal apresentada ao distribuidor.
(E) arquivamento da reclamação, por ausência do trabalhador, por duas vezes seguidas, em relação aos mesmos pedidos; e falta de confirmação da reclamação verbal, por duas vezes seguidas, em relação a pedidos diferentes.

Arts. 731 e 732 da CLT. Gabarito "D".

(Defensor Público/MS – 2008 – VUNESP) Assinale a alternativa correta.

(A) Tratando-se de feito trabalhista sujeito ao procedimento sumaríssimo, a emenda à inicial é possível, desde que o Juiz abra prazo para tanto, na forma do artigo 284 do CPC, aplicável ante o silêncio da lei específica.

(B) No procedimento sumaríssimo, não se admite a citação do réu por edital, nem tampouco o réu pode ser empresa pública ou sociedade de economia mista, já que integram a administração pública indireta.

(C) É indispensável que, no processo de rito sumaríssimo, o pedido seja determinado, líquido e certo e não pode superar o equivalente a 40 (quarenta) salários mínimos, limite econômico máximo da ação sujeita a tal rito.

(D) O procedimento sumaríssimo limita o recurso na Justiça do Trabalho, consistindo em procedimento de alçada única, exceção feita à violação da Constituição Federal, que desafia recurso extraordinário.

A: opção incorreta, pois no procedimento sumaríssimo não se admite a emenda da petição inicial, pois nos termos do art. 852-B, inciso I, CLT, o pedido deverá ser certo ou determinado, indicando o valor correspondente. B: opção incorreta, pois, embora no procedimento sumaríssimo não se admita a citação editalícia, permite-se que seja parte nas demandas a sociedade de economia mista e a empresa pública, sendo excluídas do procedimento sumaríssimo as demandas em que é parte a Administração Pública direta, autárquica e fundacional, nos termos do art. 852-A, parágrafo único, da CLT. C: opção correta, pois está em conformidade com os arts. 852-A, *caput*, e 852-B, I, ambos da CLT. D: opção incorreta, pois o recurso extraordinário é admitido no procedimento sumaríssimo, desde que a decisão recorrida viole direta e literalmente norma da CF. Gabarito "C".

(Defensor Público/CE – 2007 – CESPE) A respeito do procedimento sumaríssimo previsto na CLT, julgue os seguintes itens.

(1) Serão submetidos ao procedimento sumaríssimo os dissídios individuais cujo valor não exceda 40 vezes o salário mínimo vigente na data do ajuizamento da reclamação, ainda que figure como parte a administração pública direta.

(2) Em retornando a notificação citatória remetida ao reclamado, sob a indicação de que o endereço indicado estava incompleto, deverá o juiz do trabalho intimar o reclamante para, em 10 dias, informar o correto endereço onde deverá ser citado o reclamado, sob pena de extinção do processo sem exame do mérito.

(3) É vedada a utilização de eqüidade nos julgamentos das causas submetidas ao rito sumaríssimo.

(4) É possível aos tribunais regionais do trabalho, divididos em Turmas, designar Turma para o julgamento dos recursos ordinários interpostos das sentenças prolatadas nos processos submetidos ao rito sumaríssimo.

(5) Cabe recurso de revista para Turma do TST quando houver sido proferida a decisão, em dissídio individual, pelo tribunal regional do trabalho, em grau de recurso ordinário, com violação literal de disposição de lei federal.

1: opção incorreta, pois, nos termos do art. 852-A, parágrafo único, da CLT não é permitido que a administração pública direta, autárquica e fundacional, figurem como parte em causas submetidas ao procedimento sumaríssimo. 2: opção incorreta, pois compete ao autor, nos termos do art. 852-B, II, da CLT a correta indicação do nome e endereço do reclamado, sendo que o não atendimento importará no arquivamento da reclamação e condenação ao pagamento de custas sobre o valor da causa, art. 852-B, § 1º, CLT. 3:opção incorreta, pois nos termos do art. 852-I, § 1º, CLT, deverá o Juiz do Trabalho deverá adotar a decisão que considerar mais justa e equânime. 4: opção correta, pois reflete o disposto no art. 895, § 2º, CLT. 5: opção incorreta, pois nos termos do art. 896, § 6º, CLT, no procedimento sumaríssimo o recurso de revista somente será admitido por contrariedade à súmula do TST e/ou violação direta da CF. Note que a contrariedade é apenas com relação às súmulas e não às orientações jurisprudenciais. Gabarito 1E, 2E, 3E, 4C, 5E

(Procurador Federal – 2010 – CESPE) Acerca dos honorários advocatícios no processo do trabalho, julgue os itens seguintes.

(1) O percentual limite de honorários advocatícios no processo do trabalho é de 15% sobre o líquido apurado na execução da sentença.

(2) Na justiça do trabalho, o deferimento de honorários advocatícios sujeita-se à constatação da ocorrência de assistência por sindicato.

1: Certa, pois a assertiva está de acordo com a Orientação Jurisprudencial 348 da SDI-I do TST: "Os honorários advocatícios, arbitrados nos termos do art. 11, § 1º, da Lei nº 1.060, de 05.02.1950, devem incidir sobre o valor líquido da condenação, apurado na fase de liquidação de sentença, sem a dedução dos descontos fiscais e previdenciários";
2: Errada, pois a afirmativa não reflete o disposto na Orientação Jurisprudencial 305 da SDI-I do TST: "Na Justiça do Trabalho, o deferimento de honorários advocatícios sujeita-se à constatação da ocorrência concomitante de dois requisitos: o benefício da justiça gratuita e a assistência por sindicato" (g.n.). Gabarito 1C, 2E.

(Procurador da Fazenda Nacional – 2007.2 – ESAF) No que tange às decisões homologatórias de acordos no âmbito da justiça do trabalho é correto afirmar:

(A) a União será intimada mesmo quando contenham parcela de natureza indenizatória. Contudo, delas não poderá recorrer já que sobre a referida parcela não incide tributação.

(B) a União será intimada quando contenham parcela indenizatória, facultada a interposição de recurso relativo aos tributos que lhe forem devidos.

(C) a União será intimada quando contenham parcela indenizatória e estará obrigada a recorrer quanto aos tributos que lhe forem devidos.

(D) o Ministro de Estado da Fazenda ou o Procurador da Fazenda Nacional poderão, mediante ato fundamentado, dispensar a manifestação da União nas decisões homologatórias de acordo, em que o montante da parcela indenizatória envolvida resultar perda de escala decorrente da atuação do órgão jurídico.

(E) uma vez intimada da sentença homologatória de acordo a União não poderá interpor recurso questionando a natureza jurídica das parcelas constantes do acordo pois tal discriminação tem feição de decisão interlocutória.

Art. 832, § 4º, da CLT. Gabarito "B".

(Procurador da Fazenda Nacional – 2007 – ESAF) No âmbito do processo do trabalho, a nulidade de todo o processado não pode ser declarada quando ocorrer a possibilidade de aproveitamento de determinado ato válido praticado no processo. Indique entre as opções abaixo aquela que encerra o princípio revelado pelo enunciado da questão.

(A) Princípio da transcendência ou do prejuízo.
(B) Princípio da convalidação.
(C) Princípio do interesse de agir.
(D) Princípio da instrumentalidade das formas.
(E) Princípio da utilidade.

A: falso, referido princípio encontra-se no art. 794 da CLT; B: falso, pois referido princípio ensina que as nulidades relativas serão convalidadas se não argüidas no momento oportuno; C: falso, pois deve ser arguida por quem não deu causa (art. 796, "b", da CLT); D: falso, pois referido princípio aproveita o ato se atingir sua finalidade ainda que se praticado de forma diversa da prevista; E: correto, pois os atos válidos serão aproveitados (art. 798 da CLT). Gabarito "E".

(Magistratura do Trabalho – 24ª Região – 2007) Em conformidade com a CLT e o procedimento ordinário:

I. Se a testemunha for funcionário civil ou militar, e tiver de depor em hora de serviço, será requisitada ao chefe da repartição para comparecer à audiência marcada.

II. O Juiz ou Presidente providenciará para que o depoimento de uma testemunha não seja ouvido pelas demais que tenham de depor no processo.

III. As testemunhas comparecerão à audiência independentemente de notificação ou intimação. As que não comparecerem serão intimadas, ex-officio ou a requerimento da parte, ficando sujeitas à condução coercitiva, além de sujeitarem-se à imposição de multa, caso, sem motivo justificado, não atendam à intimação.

IV. Toda testemunha, antes de prestar o compromisso legal, será qualificada, indicando o nome, nacionalidade, profissão, idade, residência, e, quando empregada, o tempo de serviço prestado ao empregador, ficando sujeita, em caso de falsidade, às leis penais.

V. A testemunha que for parente até o terceiro grau civil, amigo íntimo ou inimigo de qualquer das partes, não prestará compromisso, e seu depoimento valerá como simples informação.

RESPONDA:

(A) Todas as proposições estão corretas.
(B) Apenas a proposição IV está incorreta.
(C) Apenas as proposições I e II estão corretas.
(D) Apenas as proposições I e III estão incorretas.
(E) Todas as proposições estão incorretas.

I: correto, art. 823 da CLT; II: correto, art. 824 da CLT; III: correto, art. 825 da CLT; IV: correto, art. 828 da CLT; V: correto, art. 829 da CLT. Gabarito "A".

(Magistratura do Trabalho – 24ª Região – 2007) De acordo com a CLT:

I. As audiências dos órgãos da Justiça do Trabalho serão públicas e realizar-se-ão na sede do Juízo ou Tribunal em dias úteis previamente fixados, entre 8 (oito) e 18 (dezoito) horas, não podendo ultrapassar cinco horas seguidas, salvo quando houver matéria urgente.
II. Em casos especiais, poderá ser designado outro local para a realização das audiências, mediante edital afixado na sede do Juízo ou Tribunal, com a antecedência mínima de 24 (vinte e quatro) horas.
III. Sempre que for necessário, poderão ser convocadas audiências extraordinárias, observada a antecedência mínima de 24 (vinte e quatro) horas.
IV. Às audiências deverão estar presentes, comparecendo com a necessária antecedência, os escrivães ou chefe de secretaria.
V. À hora marcada, o Juiz ou Presidente declarará aberta a audiência, sendo feita pelo chefe de secretaria ou escrivão a chamada das partes, testemunhas e demais pessoas que devam comparecer.

RESPONDA:

(A) Todas as proposições estão corretas.
(B) Apenas a proposição III está incorreta.
(C) Apenas as proposições I e II estão corretas.
(D) Apenas as proposições I e III estão incorretas.
(E) Todas as proposições estão incorretas.

I: correto, art. 813 da CLT; II: correto, art. 813, § 1º, da CLT; III: correto, art. 813, § 2º, da CLT; IV: correto, art. 814 da CLT; V: correto, art. 815 da CLT. Gabarito "A".

(Magistratura do Trabalho – 24ª Região – 2007) De acordo com a jurisprudência sumulada do Colendo Tribunal Superior do Trabalho:

I. A prova pré-constituída nos autos pode ser levada em conta para confronto com a confissão ficta (art. 400, I, CPC), não implicando cerceamento de defesa o indeferimento de provas posteriores.
II. É do empregador o ônus da prova do fato impeditivo, modificativo ou extintivo da equiparação salarial.
III. É ônus do empregador que conta com mais de 10 (dez) empregados o registro da jornada de trabalho na forma do art. 74, § 2º, da CLT. A não-apresentação injustificada dos controles de freqüência gera presunção relativa de veracidade da jornada de trabalho, a qual pode ser elidida por prova em contrário.
IV. A presunção de veracidade da jornada de trabalho, ainda que prevista em instrumento normativo, pode ser elidida por prova em contrário.
V. Os cartões de ponto que demonstram horários de entrada e saída uniformes são inválidos como meio de prova, invertendo-se o ônus da prova, relativo às horas extras, que passa a ser do empregador, prevalecendo a jornada da inicial se dele não se desincumbir.

RESPONDA:

(A) Todas as proposições estão incorretas.
(B) Todas as proposições estão corretas.
(C) Apenas as proposições I e V estão corretas.
(D) Apenas a proposição V está correta.
(E) Apenas as proposições I e II estão corretas.

I: correto, Súmula 74, II, do TST; II: correto, Súmula 6, VIII, do TST; III: correto, Súmula 338, I, do TST; IV: correto, Súmula 338, II, do TST; V: correto, Súmula 338, III, do TST. Gabarito "B".

(Magistratura do Trabalho – 23ª Região – 2006) No que diz respeito ao procedimento sumaríssimo, considerando as afirmações abaixo, assinale a alternativa correta:

I. As testemunhas, até o máximo de duas para cada fato, comparecerão à audiência de instrução e julgamento independentemente de intimação.
II. nas reclamações sujeitas ao rito sumaríssimo, o recurso ordinário será imediatamente distribuído, uma vez recebido no Tribunal, devendo o relator liberá-lo no prazo máximo de cinco dias, e a Secretaria do Tribunal ou Turma colocá-lo imediatamente em pauta para julgamento, sem revisor.
III. Não se admite recurso de revista nas causas sujeitas ao procedimento sumaríssimo, salvo por contrariedade à Constituição da República.
IV. As demandas sujeitas a rito sumaríssimo serão instruídas e julgadas em audiência única, sob a direção de juiz presidente ou substituto, sendo que este poderá ser convocado para atuar simultaneamente com o titular.
V. Quando a prova do fato o exigir ou for legalmente imposta, será deferida a prova técnica requerida na audiência, ainda que na petição inicial não tenha o autor protestado pela sua produção.

(A) todas as alternativas são incorretas;
(B) somente duas alternativas estão incorretas;
(C) somente três alternativas estão incorretas;
(D) somente quatro alternativas estão incorretas;
(E) todas as alternativas estão corretas.

I: correto, art. 852-H, § 2º, da CLT; II: falso, art. 895, § 1º, II, da CLT; III: falso, art. 896, § 6º, da CLT; IV: correto, art. 852-C, da CLT; V: correto, art. 852-H, § 4º, da CLT. Gabarito "C".

(Magistratura do Trabalho – 23ª Região – 2006) A respeito do ônus da prova, observando-se os posicionamentos jurisprudenciais majoritários, assinale a alternativa correta:

I. Com relação às empresas que possuem mais de dez empregados, a não apresentação injustificada dos controles de freqüência gera presunção relativa de veracidade da jornada de trabalho, a qual pode ser elidida por prova em contrário.
II. O ônus de provar a data do término do contrato laboral pertence ao empregado, se negado o despedimento, considerando-se a regra de que o "a prova das alegações incumbe à parte que as fizer".
III. É do empregador o ônus da prova do fato impeditivo, modificativo ou extintivo da equiparação salarial.
IV. As anotações na carteira profissional do empregado, quando apostas pelo empregador geram presunção "juris et de jure".
V. Os cartões de ponto que demonstram horários de entrada e saída uniforme são inválidos como meio de prova, invertendo-se o ônus da prova, relativo às horas extras, que passa a ser do empregador, prevalecendo a jornada da inicial se dele não se desincumbir.

(A) Todas as alternativas são corretas;
(B) Somente uma alternativa é verdadeira;
(C) Somente duas alternativas são verdadeiras;
(D) Somente três alternativas são verdadeiras;
(E) Somente quatro alternativas são verdadeiras.

I: correto, Súmula 338, I, do TST; II: falso, Súmula 212 do TST; III: correto, Súmula 6, VIII, do TST; IV: falso, Súmula 12 do TST; V: correto, Súmula 338, III, do TST. Gabarito "D".

(Magistratura do Trabalho – 23ª Região – 2006) Assinale a alternativa incorreta:

(A) Não havendo acordo, o reclamado terá vinte minutos para aduzir sua defesa, após a leitura da reclamação, quando esta não for dispensada por ambas as partes;
(B) Terminada a defesa, seguir-se-á a instrução do processo, sendo que qualquer dos litigantes poderá retirar-se quando findo o interrogatório, prosseguindo a instrução como seu representante;

(C) Terminada a instrução, poderão as partes aduzir razões finais, em prazo não excedente de 10 (dez) minutos para cada uma;
(D) A audiência de julgamento será contínua; mas se não for possível, por motivo de força maior, concluí-la no mesmo dia, o juiz ou presidente marcará a sua continuação para a primeira desimpedida, notificando as partes;
(E) Os trâmites de instrução e julgamento da reclamação serão resumidos em ata, de que constará, na íntegra, a decisão.

A: correto, art. 847 da CLT; B: correto, art. 848, caput e § 1º, da CLT; C: correto, art. 850 da CLT; D: falso, art. 849 da CLT; E: correto, art. 851 da CLT. Gabarito "D".

(Magistratura do Trabalho – 18ª Região – 2006) Assinale a alternativa incorreta de acordo com a jurisprudência sumulada do TST.

(A) A intervenção assistencial, simples ou adesiva, só é admissível se demonstrado o interesse jurídico e não o meramente econômico.
(B) Aplica-se a pena de confissão à parte que, expressamente intimada com aquela cominação, não comparecer à audiência em prosseguimento, na qual deveria depor.
(C) A prova pré-constituída nos autos pode ser levada em conta para confronto com a confissão ficta, não implicando cerceamento de defesa o indeferimento de provas posteriores.
(D) A confissão que constitui fundamento para rescisão de decisão judicial é a real, fruto de erro, dolo ou coação, e não à confissão ficta resultante de revelia.
(E) A juntada de documentos na fase recursal só se justifica quando se referir a fato posterior à sentença.

A: correto, Súmula 82 do TST; B: correto, Súmula 74, I, do TST; C: correto, Súmula 74, II, do TST; D: correto, Súmula 404 do TST; E: falso, Súmula 8 do TST. Gabarito "E".

(Magistratura do Trabalho – 18ª Região – 2006) Quanto à revelia no processo do trabalho, segundo a jurisprudência sumulada do Tribunal Superior do Trabalho, é correto afirmar:

(A) A partir da Lei nº 10.272, de 5.9.2001, havendo rescisão do contrato de trabalho e sendo revel e confesso quanto à matéria fática, o empregador deve ser condenado ao pagamento de todos os direitos trabalhistas com o acréscimo de 50%, quando as verbas não forem pagas na primeira audiência.
(B) Para não incidir em revelia, o preposto deve ser sempre empregado do patrão.
(C) A reclamada, ausente à audiência em que deveria apresentar defesa, é revel, ainda que presente seu advogado munido de procuração.
(D) Pessoa jurídica de direito público não pode ficar sujeita à aplicação da pena de revelia prevista no artigo 844 da CLT, uma vez que o direito tutelado é indisponível.
(E) A revelia produz confissão na ação rescisória quando ela versar sobre direito disponível.

A: falso, art. 467 da CLT; B: falso, Súmula 377 do TST; C: correto, Súmula 122 do TST; D: falso, orientação jurisprudencial 152 da SDI 1 do TST; E: falso, Súmula 398 do TST. Gabarito "C".

(Magistratura do Trabalho – 16ª Região – 2006) Assinale a alternativa CORRETA:

(A) A qualquer momento as partes podem celebrar acordo no dissídio individual trabalhista.
(B) No processo trabalhista ordinário, inclusive em caso de inquérito para apuração de falta grave de empregado estável, cada parte pode arrolar até três (3) testemunhas.
(C) São imediatamente recorríveis as decisões interlocutórias no processo trabalhista.
(D) Na audiência trabalhista, perante a Vara do Trabalho, as razões finais são apresentadas após a segunda proposta de conciliação.
(E) Já contestada a reclamação, não cabe a aplicação da pena de confissão ficta ao reclamante que deixar de comparecer a audiência de prosseguimento para depoimento das partes e instrução do processo, mas o seu arquivamento.

A: correto, art. 764 da CLT; B: falso, art. 821 da CLT; C: falso, art. 893, § 1º, da CLT; D: falso, art. 850 da CLT; E: falsa, Súmula 74, I, do TST. Gabarito "A".

(Magistratura do Trabalho – 16ª Região – 2006) Marque a alternativa CORRETA:

(A) Declara-se a nulidade processual quando argüida pela parte que lhe tiver dado causa.
(B) O ato processual fica sanado se a parte não se manifestar na primeira vez que deva falar em audiência ou nos autos.
(C) Os fatos incontroversos dependem de prova.
(D) Se o reclamante der causa ao arquivamento da reclamação, por duas vezes seguidas, incorrerá na perda, pelo prazo de três meses, do direito de reclamar perante a Justiça do Trabalho.
(E) O recurso ordinário é incabível contra as decisões dos Tribunais Regionais do Trabalho nos processos de sua competência originária.

A: falso, art. 796, "b", da CLT; B: correto, art. 795 da CLT; C: falso, art. 334, III, do CPC; D: falso, art. 732 da CLT; E: falso, art. 895, "b", da CLT. Gabarito "B".

(Magistratura do Trabalho – 16ª Região – 2006) Marque a alternativa CORRETA:

(A) A prova documental somente será válida se apresentada no original.
(B) A contradita é o ato pelo qual a parte impugna o depoimento da testemunha que falseou a verdade em seu interrogatório prestado em juízo.
(C) Em regra, as testemunhas devem ser apresentadas pelas partes na data do comparecimento à audiência.
(D) A perícia para caracterização de insalubridade ou periculosidade deve ser realizada por médico ou engenheiro do trabalho registrado no Tribunal Regional do Trabalho e nomeado exclusivamente pelas partes.
(E) Cabe recurso ordinário ao Tribunal Superior do Trabalho contra decisão do Relator que indefere liminarmente petição inicial de ação rescisória proposta perante o Tribunal Regional do Trabalho.

A: falso, art. 830 da CLT; B: falso, art. 414, § 1º, do CPC; C: correto, art. 825 da CLT; D: falso, art. 195, § 1º, da CLT; E: falso, art. 243, VIII, RITST. Gabarito "C".

(Magistratura do Trabalho – 16ª Região – 2006) Na reclamação individual plúrima:

(A) A demanda é ajuizada contra diversas empresas do mesmo grupo econômico.
(B) A demanda é ajuizada por diversos trabalhadores, independentemente da identidade de matéria.
(C) A demanda é ajuizada pelo sindicato, para reivindicar interesses abstratos da categoria profissional.
(D) A demanda é proposta por diversos trabalhadores, da mesma empresa, desde que haja identidade de matéria.
(E) Configura-se o fenômeno do litisconsórcio passivo.

A: falso, pois não se trata de litisconsórcio passivo; B: falso, pois deve existir identidade de matéria; C: falso, pois a reclamação é ajuizada pelos próprios trabalhadores; D: correto; litisconsórcio ativo e identidade de matéria; E: falso, pois trata-se de litisconsórcio ativo. Gabarito "D".

(Magistratura do Trabalho – 16ª Região – 2006) Sobre a defesa do réu pode-se afirmar:

I. Somente é possível ao réu reconvir se o magistrado da causa principal, que tem competência funcional para julgar a reconvenção, tiver competência em razão da matéria e da pessoa para julgar a causa.
II. As exceções de incompetência, impedimento e suspeição poderão ser oferecidas mesmo depois de decorrido o prazo para a resposta do demandado.
III. O revel, em processo civil, pode produzir provas, desde que compareça em momento oportuno, sendo relativo o chamado efeito material da revelia.
IV. Tendo os juízos a mesma competência territorial, prevento é aquele que realizou a primeira citação válida. Se, contudo diferentes as competências territoriais de um e de outro juízo, prevento aquele que primeiro proferiu despacho positivo.
V. É direta a defesa que em ação de cobrança nega a própria validade do contrato e indireta aquela que sustenta pagamento parcial do valor devido.

(A) As assertivas I, II e V estão corretas.
(B) As assertivas II, IV e V estão incorretas.
(C) As assertivas I, III e V estão corretas
(D) As assertivas I, III e IV estão corretas.
(E) Somente IV e V estão corretas.

I: correto, art. 109 do CPC; II: falso, art. 847 da CLT; III: correto, Súmula 231 do STF; IV: falso, arts. 87 e 219 do CPC; V: correto; defesa direta de mérito porque ataca fato constitutivo do autor; e defesa indireta de mérito porque alega fato modificativo do direito do autor. Gabarito "C".

(Magistratura do Trabalho – 16ª Região – 2006) Marque a alternativa INCORRETA:

(A) Cabe no processo trabalhista o aditamento à reclamação, desde que apresentado antes da contestação.
(B) A reconvenção não cabe no processo trabalhista porque o instituto não é previsto na CLT.
(C) Na petição inicial trabalhista é desnecessário requerer a notificação da parte reclamada, porque esse ato é praticado automaticamente pela Secretaria da Vara do Trabalho ou Serviço de Distribuição.
(D) A reconvenção é cabível no processo trabalhista.
(E) Na petição inicial trabalhista, tal como previsto na CLT, não é obrigatório constar os fundamentos jurídicos do pedido e a indicação dos meios de prova para demonstração dos fatos alegados.

A: correto, art. 294 do CPC, desde que feito antes da apresentação da defesa; B: falso, pois é compatível com o processo do trabalho ante os princípios da economia e celeridade processual; C: correto, art. 841 da CLT; D: correto, vide orientação da alternativa "B"; E: correto, art. 840, § 1º, da CLT. Gabarito "B".

(Magistratura do Trabalho – 16ª Região – 2006) A aplicação subsidiária do direito processual comum requer:

(A) A omissão da legislação processual trabalhista.
(B) A conveniência e a oportunidade de cada caso concreto.
(C) A omissão da lei processual trabalhista e a compatibilidade com os princípios do processo do trabalho.
(D) A omissão da legislação processual trabalhista, a incompatibilidade com os princípios do processo do trabalho e o pedido do interessado.
(E) O pedido do interessado, a conveniência e a oportunidade de cada caso concreto.

A: falso; não basta apenas a omissão (art. 769 da CLT); B: falso, art. 769 da CLT; C: correto, art. 769 da CLT; D: falso, pois deve haver compatibilidade e não precisa haver pedido do interessado; E: falso, art. 769 da CLT. Gabarito "C".

(Magistratura do Trabalho – 14ª Região – 2006) Em relação ao procedimento Sumaríssimo. Marque a alternativa INCORRETA:

(A) A apreciação da ação trabalhista deverá ocorrer no prazo máximo de quinze dias, a contar da data do seu ajuizamento;
(B) a não indicação correta do nome e/ou endereço do reclamado, importará na extinção do processo sem apreciação do mérito, com o conseqüente arquivamento dos autos;
(C) O juiz dirigirá o processo com liberdade para determinar as provas a serem produzidas, podendo, inclusive, dar especial valor às regras de experiência comum ou técnica;
(D) Todas as provas, ainda que não requeridas previamente pelas partes, serão produzidas na audiência designada, que será una. As exceções e os incidentes processuais havidos serão resolvidos na sentença.
(E) Só será deferida intimação de testemunha que, comprovadamente convidada, deixar de comparecer. Não comparecendo a testemunha intimada, o juiz poderá determinar sua imediata condução coercitiva.

A: correto, art. 852-B, III, da CLT; B: correto, art. 852-B, II e § 1º, da CLT; C: correto, 852-D, da CLT; D: falso, arts. 852-H e 852-G, da CLT; E: correto, art. 852-H, § 3º, da CLT. Gabarito "D".

(Magistratura do Trabalho – 9ª Região – 2006) Assinale a alternativa incorreta:

(A) Há litispendência ou coisa julgada quando se reproduz ação anteriormente ajuizada, considerando-se a identidade de ações quando se repetem as mesmas partes, a mesma causa de pedir e o mesmo pedido.
(B) Não há litispendência quando se reproduz ação anteriormente ajuizada, já arquivada pelo não comparecimento do empregado à audiência inicial.
(C) Os sindicatos têm legitimidade para propor ação de cumprimento objetivando a observância de acordo ou de convenção coletiva de trabalho.
(D) A sentença condenatória deve desde logo fixar o valor dos honorários devidos ao perito assistente da parte vencedora no objeto da perícia, que devem ser pagos pela parte sucumbente, conforme jurisprudência do TST.
(E) O simples fato da testemunha estar litigando ou ter litigado contra o mesmo empregador, não enseja o acolhimento da contradita apresentada pela ré.

A: correto, art. 301, § 3º, do CPC; B: correto, tendo em vista que a primeira ação não está em curso, art. 301, § 3º, primeira parte, do CPC; C: correto, Súmula 286 do TST; D: falso, art. 790-B, da CLT; E: correto, Súmula 357 do TST. Gabarito "D".

(Magistratura do Trabalho – 8ª Região – 2007) Sobre o processo do trabalho, é incorreto afirmar:

(A) No processo do trabalho a nulidade só será pronunciada se causar manifesto prejuízo às partes, devendo ser argüida por quem não lhe houver dado causa na primeira oportunidade que se manifestar nos autos, sob pena de preclusão. Todavia, não será pronunciada se for possível suprir-lhe a falta ou repetir-se o ato.
(B) A nulidade do ato prejudicará apenas os atos posteriores que dele dependam ou sejam conseqüência.
(C) A regra da Consolidação das Leis do Trabalho que determina seja declarada ex officio a nulidade fundada em incompetência do foro, não se aplica nos processos em que se discute a incompetência ex ratione locci.
(D) Como regra, a nulidade deve ser argüida pela parte, porém em se tratando de nulidade do contrato de trabalho, por vício formal em face da Constituição Federal, é cabível a argüição de nulidade do contrato de trabalho em favor de ente público, suscitada pelo Ministério Público do Trabalho, mediante parecer, mesmo quando a parte não a suscitou em defesa.
(E) A inércia da parte em aforar o recurso apropriado, imediatamente após a decisão proferida em face de exceção de suspeição, decidida por Juiz singular em Vara do Trabalho, não faz precluir a possibilidade de suscitar novamente a matéria, em sede de Recurso Ordinário que maneje contra a decisão final.

A: correto, arts. 794 e 795 da CLT; B: correto, art. 798 da CLT, princípio da utilidade; C: correto, pois trata-se de incompetência relativa; D: falso, orientação jurisprudencial 350 da SDI 1 do TST; E: correto, art. 799, § 2º, da CLT. Gabarito "D".

(Magistratura do Trabalho – 8ª Região – 2007) Marque a alternativa correta:

(A) O prazo para juntada aos autos dos originais de recursos encaminhados por fac-símile, de acordo com a respectiva lei, é de oito dias a contar do término do prazo para a prática desse ato processual.
(B) Pelos princípios da instrumentalidade e economia processuais, que são absorvidos pelo direito processual trabalhista, o juiz não declarará a nulidade do ato quando for possível suprir a sua falta ou repeti-lo. Caso não seja possível, deverá considerar o ato inválido de ofício, ainda que se trate de nulidade relativa.
(C) Na execução as custas sempre ficam a cargo do executado e constituem pressuposto de admissibilidade dos recursos cabíveis nessa fase.
(D) O jus postulandi não é prerrogativa exclusiva da Justiça Laboral. Quando da interposição de recurso extraordinário, em processo trabalhista, o referido instituto não é aplicado.
(E) A condenação ao pagamento de honorários advocatícios na Justiça do Trabalho, em valor nunca inferior a quinze por cento, não decorre pura e simplesmente da sucumbência, pois a parte deve estar assistida pelo sindicato que representa a sua categoria profissional ou encontrar-se em situação econômica que não lhe permita demandar sem prejuízo do seu sustento ou de sua família.

A: falso, art. 2º da lei 9.800/99; B: falso, a nulidade relativa deve ser argüida pela parte, art. 112 do CPC; C: falso, art. 789-A da CLT; D: correto, art. 791 da CLT, apenas na Justiça do Trabalho. E: Art 14 da lei 5.584/70. Gabarito "D".

(Ministério Público do Trabalho – 13º) Em relação ao sistema de nulidades adotado no processo do trabalho, é INCORRETO afirmar que:

(A) toda e qualquer nulidade é passível de declaração ex officio;
(B) a nulidade não será pronunciada quando suscitada por quem lhe deu causa;
(C) a nulidade decorrente da incompetência territorial somente será declarada se houver provocação da parte;
(D) se for possível suprir a falta do ato ou ordenar sua repetição, o juiz não decretará a nulidade;
(E) não respondida.

A: falso, pois a nulidade relativa não pode ser declarada ex officio pelo juiz; B: correto, art. 796, "b", da CLT; C: correto, art. 795 da CLT; D: correto, art. 249, § 1º, do CPC. Gabarito "A".

(Ministério Público do Trabalho – 13º) Assinale a afirmativa CORRETA:

(A) a ausência do reclamante, quando adiada a instrução após contestada a ação em audiência, não importa arquivamento do processo;
(B) segundo jurisprudência sumulada pelo Tribunal Superior do Trabalho, a pena de confissão aplica-se tão somente ao reclamado que deixar de comparecer à audiência em prosseguimento, para a qual foi expressamente intimado com aquela cominação;
(C) a confissão presumida conduz à veracidade dos fatos alegados pela parte, e não pode ser elidida pela prova pré-constituída nos autos;
(D) se o reclamante der causa a dois arquivamentos, ficará proibido de mover reclamação na Justiça do Trabalho pelo prazo de um ano;
(E) não respondida.

A: correto, Súmula 9 do TST; B: falso, Súmula 74 do TST; C: falso, pois poderá se valer das provas já constituídas nos autos; D: falso, arts. 731 e 732 da CLT. Gabarito "A".

(Ministério Público do Trabalho – 13º) Assinale a afirmativa INCORRETA:

(A) no procedimento ordinário, a proposta de conciliação da lide pelo magistrado deve ser feita, obrigatoriamente, em dois momentos: antes da apresentação da defesa e após a apresentação das razões finais;
(B) o termo de conciliação judicial vale como decisão irrecorrível, salvo para a Previdência Social quanto às contribuições que lhe forem devidas;
(C) nos dissídios individuais, cada parte somente poderá indicar e ouvir três testemunhas; nos processos sujeitos ao rito sumaríssimo, cada parte poderá ouvir apenas duas testemunhas; e nos inquéritos para apuração de falta grave de empregado estável, este número é elevado para seis;
(D) é nula a sentença que determina a conversão da reintegração do empregado estável dispensado pelo empregador em pagamento de indenização dobrada, na ausência de pedido expresso;
(E) não respondida.

A: correto, arts. 846 e 850 da CLT; B: correto, art. 831, parágrafo único, da CLT; C: correto, arts. 821 e 852-H, § 2º, da CLT; D: falso, art. 496 da CLT. Gabarito "D".

(Ministério Público do Trabalho – 13º) Em relação ao procedimento sumaríssimo, é CORRETO afirmar que:

(A) o legislador excluiu da incidência do procedimento sumaríssimo as causas em que figurem como parte entes da Administração Pública Direta e Indireta;
(B) as ações civis públicas propostas pelo Ministério Público do Trabalho em defesa dos interesses difusos, coletivos ou individuais homogêneos são compatíveis com o procedimento sumaríssimo;
(C) a sentença mencionará os elementos de convicção do juízo, com resumo dos fatos relevantes, dispensado o relatório;
(D) na hipótese de recurso ordinário, os autos serão remetidos previamente ao Ministério Público do Trabalho para exame e parecer escrito;
(E) não respondida.

A: falso, art. 852-A, parágrafo único, da CLT; B: falso, pois possuem lei específica Lei 7.347/85; C: correto, art. 852-I, da CLT; D: falso, art. 895, § 1º, da CLT. Gabarito "C".

(FGV – 2010) Nos termos da Consolidação das Leis do Trabalho, a demanda trabalhista contra uma empresa de economia mista, no valor de trinta vezes o salário mínimo vigente na data do ajuizamento da reclamação, ficará submetida ao procedimento:

(A) sumário.
(B) sumaríssimo.
(C) ordinário.
(D) especial.
(E) comum.

Tratando-se de demanda com valor que não excede quarenta vezes o salário-mínimo e que não seja parte a Administração Pública direta, autárquica e fundacional, o procedimento será o sumaríssimo (art. 852-A da CLT). O candidato deverá lembrar que Sociedade de Economia Mista é um ente de direito privado. Gabarito "B".

(FGV – 2010) Em reclamação trabalhista na qual se postulava o vínculo de emprego, a empresa apresenta defesa em que reconhece a prestação de serviços do reclamante, sustentando a natureza autônoma da relação. Na ausência total de provas no processo, a sentença acolheu o pedido e condenou a reclamada a reconhecer o vínculo de emprego entre as partes. Em relação à decisão, assinale a alternativa correta.

(A) É correta ao acolher o pedido, com o fundamento de que a reclamada não se desincumbiu do ônus de comprovar o alegado fato impeditivo do direito postulado.
(B) É correta ao acolher o pedido sob o argumento de que a relação de emprego precede a relação de trabalho e se presume em processos trabalhistas.
(C) É incorreta porque a Vara do Trabalho é incompetente em razão da matéria para apreciar pedido de diferenças remuneratórias decorrentes de prestação de serviços autônoma.
(D) É incorreta, tendo que a Vara do Trabalho afrontou os artigos 333, II, do CPC e 818 da CLT, que estabelecem a distribuição do ônus da prova no processo do trabalho.
(E) É suscetível de ser impugnada mediante recurso de apelação, no prazo de 15 dias, tendo em vista que se trata de discussão de matéria concernente à relação de trabalho, nos termos do novo artigo 114 da Constituição.

No caso relatado a empresa reconheceu a prestação do serviço pelo reclamante, mas apresenta fato impeditivo do direito postulado pelo reclamante, ou seja, alega que ele era autônomo. Nesse ponto, caberia à empresa reclamada comprovar esse fato impeditivo, seja por documentos ou testemunhas. Porém, ao que consta a empresa não se desincumbiu de seu ônus, razão pela qual a decisão do juiz foi correta ao julgar procedente o pedido. Gabarito "A".

(FGV – 2010) Em relação a normas de direito processual do trabalho, assinale a afirmativa INCORRETA.

(A) Há previsão específica contida na CLT que faculta ao juiz do trabalho conceder medida liminar, até decisão final do processo, em reclamações trabalhistas que visem reintegrar no emprego dirigente sindical afastado, suspenso ou dispensado pelo empregador.
(B) Os dissídios individuais ou coletivos submetidos à apreciação da Justiça do Trabalho serão sempre sujeitos à conciliação.
(C) As custas relativas ao processo de conhecimento em dissídios individuais incidirão à base de 2% (dois por cento) da condenação ou acordo, quando houver, se serão cobradas imediatamente após o pagamento sem qualquer limite máximo ou mínimo.
(D) A responsabilidade pelo pagamento dos honorários periciais é da parte sucumbente na pretensão objeto da perícia, salvo se beneficiária de justiça gratuita.
(E) Nos processos sujeitos à apreciação da Justiça do Trabalho só haverá nulidade quando resultar dos atos inquinados manifesto prejuízo às partes litigantes.

A: correta (art. 659, X, da CLT); B: correta (art. 764 da CLT); C: incorreta (há previsão de um limite mínimo no art. 789, *caput*, da CLT); D: correta (art. 790-B da CLT); E: correta (art. 794 da CLT). Gabarito "C".

(FGV – 2004) O NÃO comparecimento do reclamante à audiência importa:

(A) o arquivamento da Reclamação Trabalhista.
(B) a revelia do reclamando.
(C) a procedência do pedido.
(D) a improcedência do pedido.
(E) a extinção do processo com julgamento do mérito.

O não comparecimento do reclamante na audiência importa no arquivamento da reclamação (art. 844 da CLT). Gabarito "A".

4. RECURSOS

(Procurador do Estado/RO – 2011 – FCC) Sobre os embargos de declaração no processo do trabalho, é INCORRETO afirmar:

(A) São cabíveis nos casos de omissão e contradição no julgado e manifesto equívoco no exame dos pressupostos extrínsecos do recurso.
(B) É passível de nulidade decisão que acolhe embargos de declaração com efeito modificativo sem que seja concedida oportunidade de manifestação prévia à parte contrária.
(C) Quando os litisconsortes estiverem com procuradores diferentes, ser-lhes-ão contados em dobro o prazo dos embargos de declaração.
(D) Incumbe à parte interessada, desde que a matéria haja sido invocada no recurso principal, opor embargos declaratórios objetivando o pronunciamento sobre o tema, sob pena de preclusão.
(E) Considera-se pré-questionada a questão jurídica invocada no recurso principal sobre a qual se omite o Tribunal de pronunciar tese, não obstante opostos embargos de declaração.

A: opção correta, pois reflete o disposto no art. 897-A da CLT; B: opção correta, pois reflete o entendimento cristalizado pelo TST disposto na orientação jurisprudencial 142 da SDI 1 do TST; C: opção incorreta, pois de acordo com o entendimento consubstanciado na orientação jurisprudencial 310 da SDI 1 do TST a regra contida no art. 191 do CPC é inaplicável ao processo do trabalho, em decorrência da sua incompatibilidade com o princípio da celeridade inerente ao processo trabalhista; D: opção correta, pois reflete o entendimento disposto na súmula 297, II, do TST; E: opção correta, pois reflete o entendimento disposto na súmula 297, III, do TST. Gabarito "C".

(Procurador do Estado/SC – 2010 – FEPESE) Sobre o recurso de revista, assinale a alternativa **correta**.

(A) Cabe Recurso de Revista para Turma do Tribunal Superior do Trabalho das decisões proferidas em grau de recurso ordinário, em dissídio individual e coletivo, pelos Tribunais Regionais do Trabalho.
(B) O Recurso de Revista, dotado de efeito devolutivo e suspensivo, será apresentado ao Presidente do Tribunal recorrido, que poderá recebê-lo ou denegá-lo, fundamentando, em qualquer caso, a decisão.
(C) As decisões superadas por iterativa, notória e atual jurisprudência do Tribunal Superior do Trabalho são impugnadas por meio de recurso de revista.
(D) Nunca caberá recurso de revista das decisões proferidas pelos Tribunais Regionais do Trabalho ou por suas Turmas, em execução de sentença, inclusive em processo incidente de embargos de terceiro.
(E) O fato de o juízo primeiro de admissibilidade do recurso de revista entendê-lo cabível, apenas quanto à parte das matérias veiculadas, não impede a apreciação integral pela turma do Tribunal Superior do Trabalho, sendo imprópria a interposição de agravo de instrumento.

A: opção incorreta, pois não caberá recurso de revista em dissídios coletivos, nos termos do art. 896, *caput*, da CLT. Por ser o dissídio coletivo de competência originária dos TRTs, nos termos do art. 895, II, da CLT caberá a interposição de recurso ordinário; B: opção incorreta, pois nos termos do art. 896, § 1º, da CLT o recurso de revista é dotado unicamente de efeito devolutivo; C: opção incorreta, pois, se a decisão recorrida estiver em consonância com súmula do TST, poderá o Ministro Relator negar seguimento ao Recurso de Revista, nos termos do art. 896, § 5º, da CLT; D: opção incorreta, pois nos termos do art. 896, § 2º, da CLT, na fase de execução caberá recurso de revista em caso de ofensa direta e literal à Constituição Federal; E: opção correta, pois reflete o entendimento consubstanciado na súmula 285 do TST. Gabarito "E".

(Procurador do Estado/SC – 2010 – FEPESE) Na Justiça do Trabalho, da decisão que denegar a interposição de recurso caberá:

(A) agravo de instrumento.
(B) agravo de petição.
(C) recurso de revista.
(D) recurso inominado.
(E) mandado de segurança.

A: opção correta, pois em conformidade com o art. 897, *b*, da CLT; B: opção incorreta, pois o agravo de petição será cabível das decisões proferidas na execução, nos termos do art. 897, *a*, da CLT; C: opção incorreta, pois o recurso de revista será interposto contra acórdãos proferidos pelos TRTs em recurso ordinário, nos termos do art. 896 da CLT; D: opção incorreta, pois o recurso inominado previsto nos arts. 41 e 42 da Lei 9.099/95 não é cabível na Justiça do Trabalho; E: opção incorreta, pois o Mandado de Segurança será cabível contra atos taxados de abusivos ou ilegais que violarem direito líquido e certo, art. 5º, LXIX e LXX da CF e Lei 12.012009. Gabarito "A".

(Procurador do Estado/PE – CESPE – 2009) Acerca do recurso de embargos, assinale a opção correta.

(A) É cabível o recurso de embargos para reexame de fatos e provas, desde que a decisão combatida não seja unânime.
(B) Conhece-se de recurso de embargos caso a jurisprudência transcrita abranja parte dos fundamentos de item de pedido analisado pela decisão recorrida.
(C) Acórdão rescindendo do TST que não conhece de recurso de embargos, analisando arguição de violação de dispositivo de lei material ou decidindo em consonância com súmula de direito material ou com iterativa, notória e atual jurisprudência de direito material da seção de dissídios individuais, examina o mérito da causa, cabendo ação rescisória da competência do TST.
(D) Cabem embargos para o pleno de decisão de turma do TST, prolatada em agravo regimental.
(E) Interpretação razoável de preceito de lei, não sendo a melhor, dá ensejo à admissibilidade ou ao conhecimento de recurso de embargos.

A: incorreta, pois a assertiva não reflete o disposto na Súmula 126 do TST: "RECURSO. CABIMENTO. Incabível o recurso de revista ou de embargos (arts. 896 e 894, "*b*", da CLT) para reexame de fatos e provas"; B: incorreta, pois a assertiva confronta o disposto na Súmula 23 do TST: "RECURSO. Não se conhece de recurso de revista ou de embargos, se a decisão recorrida resolver determinado item do pedido por diversos fundamentos e a jurisprudência transcrita não abranger a todos"; C: correta, pois a assertiva está de acordo com a Súmula 192, II, do TST: "AÇÃO RESCISÓRIA. COMPETÊNCIA E POSSIBILIDADE JURÍDICA DO PEDIDO (...) II - Acórdão rescindendo do Tribunal Superior do Trabalho que não conhece de recurso de embargos ou de revista, analisando arguição de violação de dispositivo de lei material ou decidindo em consonância com súmula de direito material ou com iterativa, notória e atual jurisprudência de direito material da Seção de Dissídios Individuais (Súmula nº 333), examina o mérito da causa, cabendo ação rescisória da competência do Tribunal Superior do Trabalho"; D: incorreta, pois a assertiva confronta o teor da Súmula 195 do TST: "EMBARGOS. AGRAVO REGIMENTAL. CABIMENTO. Não cabem embargos para o Pleno de decisão de Turma do Tribunal Superior do Trabalho, prolatada em agravo regimental". A questão merece atenção, eis que a Súmula transcrita foi objeto de cancelamento e nova súmula foi editada sobre o assunto: "Súmula 353 do TST. EMBARGOS. AGRAVO. CABIMENTO. Não cabem embargos para a Seção de Dissídios Individuais de decisão de Turma proferida em agravo, salvo: a) da decisão que não conhece de agravo de instrumento ou de agravo pela ausência de pressupostos extrínsecos; b) da decisão que nega provimento a agravo contra decisão monocrática do Relator, em que se proclamou a ausência de pressupostos extrínsecos de agravo de instrumento; c) para revisão dos pressupostos extrínsecos de admissibilidade do recurso de revista, cuja ausência haja sido declarada originariamente pela Turma no julgamento do agravo; d) para impugnar o conhecimento de agravo de instrumento; e) para impugnar a imposição de multas previstas no art. 538, parágrafo único, do CPC, ou no art. 557, § 2º, do CPC"; E: incorreta, pois a assertiva está em desacordo com a Súmula 221 do TST: "RECURSOS DE REVISTA OU DE EMBARGOS. VIOLAÇÃO DE LEI. INDICAÇÃO DE PRECEITO. INTERPRETAÇÃO RAZOÁVEL (...) II - Interpretação razoável de preceito de lei, ainda que não seja a melhor, não dá ensejo à admissibilidade ou ao conhecimento de recurso de revista ou de embargos com base, respectivamente, na alínea "*c*" do art. 896 e na alínea "*b*" do art. 894 da CLT. A violação há de estar ligada à literalidade do preceito". Gabarito "C".

(Procurador do Estado/PE – CESPE – 2009) Assinale a opção correta acerca dos embargos de declaração.

(A) Para o TST, a natureza da contradição suprida pelo julgamento de embargos declaratórios pode ocasionar efeito modificativo no julgado.
(B) O prequestionamento por embargos de declaração é inafastável, ainda que, na decisão impugnada, haja sido adotada, explicitamente, tese a respeito.
(C) Incumbe à parte interessada, mesmo quando a matéria não tenha sido invocada no recurso principal, opor embargos declaratórios, com vistas ao pronunciamento acerca do tema, sob pena de preclusão.
(D) Não obstante opostos embargos de declaração, não se considera prequestionada a questão jurídica invocada no recurso principal sobre a qual se omite o tribunal de pronunciar tese.
(E) Tendo a decisão monocrática de provimento ou denegação de recurso do relator conteúdo decisório definitivo e conclusivo da lide, comporta ser esclarecida pela via dos embargos de declaração, em decisão aclaratória, também monocrática, quando se pretende tão somente suprir omissão e não, modificação do julgado. Em face dos princípios da fungibilidade e celeridade processual, eventuais embargos declaratórios com pedido de efeito modificativo devem ser convertidos em agravo e devem, consequentemente, ser submetidos ao pronunciamento do colegiado.

A: incorreta, pois a alternativa está em desacordo com a Súmula 278 do TST: "EMBARGOS DE DECLARAÇÃO. OMISSÃO NO JULGADO. A natureza da omissão suprida pelo julgamento de embargos declaratórios pode ocasionar efeito modificativo no julgado" (g.n.); B, C e D: incorretas, pois as alternativas estão em desacordo com a Súmula 297 do TST: "PREQUESTIONAMENTO. OPORTUNIDADE. CONFIGURAÇÃO I. Diz-se prequestionada a matéria ou questão quando na decisão impugnada haja sido adotada, explicitamente, tese a respeito. II. Incumbe à parte interessada, desde que a matéria haja sido invocada no recurso principal, opor embargos declaratórios objetivando o pronunciamento sobre o tema, sob pena de preclusão. III. Considera-se prequestionada a questão jurídica invocada no recurso principal sobre a qual se omite o Tribunal de pronunciar tese, não obstante opostos embargos de declaração" (g.n.); E: correta, pois a afirmativa está de acordo com a Súmula 421 do TST: "EMBARGOS DECLARATÓRIOS CONTRA DECISÃO MONOCRÁTICA DO RELATOR CALCADA NO ART. 557 DO CPC. CABIMENTO I - Tendo a decisão monocrática de provimento ou denegação de recurso, prevista no art. 557 do CPC, conteúdo decisório definitivo e conclusivo da lide, comporta ser esclarecida pela via dos embargos de declaração, em decisão aclaratória, também monocrática, quando se pretende tão-somente suprir omissão e não, modificação do julgado. II - Postulando o embargante efeito modificativo, os embargos declaratórios deverão ser submetidos ao pronunciamento do Colegiado, convertidos em agravo, em face dos princípios da fungibilidade e celeridade processual". Gabarito "E".

(Procurador do Estado/PB – 2008 – CESPE) No que se refere a recursos em processo trabalhista, julgue os itens que se seguem.

I. Os incidentes processuais devem ser resolvidos pelo próprio juízo ou tribunal do trabalho, admitindo-se a apreciação do merecimento das decisões interlocutórias, apenas, em recurso contra a decisão definitiva, exceto quando a decisão do TRT for contrária a súmula ou orientação jurisprudencial do TST, quando for a decisão interlocutória suscetível de impugnação mediante recurso para o mesmo tribunal, ou quando for a decisão de acolhimento de exceção de incompetência territorial com declinação da causa para TRT distinto daquele a que se vincula o juízo excepcionado.
II. Contra as decisões definitivas dos juízes do trabalho ou dos tribunais regionais do trabalho, em processos de sua competência originária, pode ser interposto recurso ordinário, respectivamente, para o TRT ao qual esteja vinculado o juízo, em não havendo restrição de alçada, ou para o TST.
III. Cabe recurso de revista para o TST contra as decisões em grau de recurso ordinário proferidas por TRT, havendo afronta direta e literal da decisão recorrida com a CF ou violação literal de dispositivo de lei federal, ou se houver interpretação divergente entre a interpretação recorrida e a que haja sido dada por outro TRT, ou a Seção de Dissídios Individuais do TST em relação a dispositivo de lei federal ou a dispositivo de lei estadual, sentença normativa, acordo ou convenção coletiva de trabalho ou regulamento empresarial de observância em área territorial que exceda a jurisdição do TRT prolator da decisão recorrida. Quando a decisão recorrida, contudo, houver sido proferida em execução de sentença ou processo incidente, o recurso de revista contra o acórdão do TRT apenas caberá para o TST quando houver ofensa direta e literal de norma da CF.
IV. No âmbito do TST, cabem embargos contra as decisões não unânimes proferidas em homologação de acordo ou julgamento de dissídios coletivos de competência originária do TST ou das que estendam ou revejam sentença normativa proferida pelo próprio TST, assim como embargos contra as decisões das Turmas do TST que hajam divergido entre si ou com decisão da Seção de Dissídios Individuais do TST se a decisão recorrida já não estiver em consonância com a jurisprudência atual traduzida em súmula ou em orientação jurisprudencial do TST ou do STF.
V. Os relatores, nos tribunais do trabalho, podem, por decisão monocrática, denegar seguimento a recurso manifestamente inadmissível, improcedente, prejudicado ou em confronto com súmula ou jurisprudência dominante do respectivo tribunal, de tribunal superior ou do STF, ou dar provimento a recurso quando a decisão recorrida estiver em manifesto confronto com súmula ou jurisprudência dominante do STF ou de tribunal superior. Eventuais embargos de declaração opostos contra a decisão singular do relator serão decididos pelo próprio relator quando apenas pretender-se suprir omissão ou vício técnico que não importe modificação do julgado, ou recebidos como agravo e submetidos ao colegiado antes competente para o exame do recurso trancado ou provido monocraticamente quando houver neles contida pretensão de efeito modificativo.

Assinale a opção correta.

(A) Apenas os itens I, II e III estão certos.
(B) Apenas os itens I, II e IV estão certos.
(C) Apenas os itens I, IV e V estão certos.
(D) Apenas os itens II, III, e V estão certos.
(E) Todos os itens estão certos.

I: certa, pois a alternativa está de acordo com a Súmula 214 do TST: "DECISÃO INTERLOCUTÓRIA. IRRECORRIBILIDADE. Na Justiça do Trabalho, nos termos do art. 893, § 1º, da CLT, as decisões interlocutórias não ensejam recurso imediato, salvo nas hipóteses de decisão: a) de Tribunal Regional do Trabalho contrária à Súmula ou Orientação Jurisprudencial do Tribunal Superior do Trabalho; b) suscetível de impugnação mediante recurso para o mesmo Tribunal; c) que acolhe exceção de incompetência territorial, com a remessa dos autos para Tribunal Regional distinto daquele a que se vincula o juízo excepcionado, consoante o disposto no art. 799, § 2º, da CLT"; II: certa (art. 895, I e II, da CLT); III: certa (art. 896, a, b, c, e § 2º, da CLT); IV: certa (art. 894, I e II, da CLT); V: certa, pois o art. 557 do CPC é aplicável ao processo do trabalho, conforme já decidiu o TST, que regulamentou a matéria por meio da Instrução Normativa 17/2000: "... III - Aplica-se ao processo do trabalho o caput do art. 557 do Código de Processo Civil, com a redação dada pela Lei n. 9.756/98, salvo no que tange aos recursos de revista, embargos e agravo de instrumento, os quais continuam regidos pelo § 5º do art. 896 da Consolidação das Leis do Trabalho – CLT, que regulamenta as hipóteses de negativa de seguimento a recurso...". Sobre a matéria o TST editou a Súmula 421: "EMBARGOS DECLARATÓRIOS CONTRA DECISÃO MONOCRÁTICA DO RELATOR CALCADA NO ART. 557 DO CPC. CABIMENTO I - Tendo a decisão monocrática de provimento ou denegação de recurso, prevista no art. 557 do CPC, conteúdo decisório definitivo e conclusivo da lide, comporta ser esclarecida pela via dos embargos de declaração, em decisão aclaratória, também monocrática, quando se pretende tão somente suprir omissão e não, modificação do julgado. II - Postulando o embargante efeito modificativo, os embargos declaratórios deverão ser submetidos ao pronunciamento do Colegiado, convertidos em agravo, em face dos princípios da fungibilidade e celeridade processual". Gabarito "E".

(Procurador do Estado/PI – 2008 – CESPE) O prazo para interposição de agravo de instrumento contra despacho do ministro-presidente do TST que nega seguimento ao recurso extraordinário é de

(A) 5 dias.
(B) 8 dias.
(C) 10 dias.
(D) 15 dias.
(E) 30 dias.

Art. 269 do Regimento Interno do TST (Resolução Administrativa 1295/2008). Gabarito "C".

(Procurador do Estado/PI – 2008 – CESPE) Considere que, em uma comarca do interior do estado do Piauí, não abrangida pela competência de nenhuma das varas do trabalho, um juiz de direito tenha julgado uma reclamação trabalhista. Nessa situação, se houver interesse em recorrer da decisão, as partes devem interpor recurso ao

(A) TJPI.
(B) TRT da 22.ª Região.
(C) TRF da 1.ª Região.
(D) TRF da 5.ª Região.
(E) TST.

A: falso, pois o recurso não será interposto na justiça comum, art. 112 da CF; B: correto, art. 112 da CF; C: falso, pois o recurso não será interposto na justiça federal, art. 112 da CF; D: falso, pois o recurso não será interposto no TRF da respectiva região, art. 112 da CF; E: falso, pois o TST não tem tal competência. Gabarito "B".

(Procuradoria Distrital – 2007) Examine os seguintes itens decorrentes da jurisprudência do Tribunal Superior do Trabalho:

I. O prazo para recurso da parte que, intimada, não comparecer à audiência em prosseguimento para a prolação da sentença conta-se de sua publicação;

II. Quanto ao prequestionamento na ação rescisória, é certo que a conclusão acerca da ocorrência de violação literal de lei pressupõe pronunciamento explícito, na sentença rescindenda, sobre a matéria veiculada, devendo a decisão rescindenda indigitar o dispositivo tido por violado;

III. O recurso adesivo é compatível com o processo do trabalho onde cabe, no prazo de 8 (oito) dias, no recurso ordinário, na revista, nos embargos para o Pleno, devendo guardar relação com o recurso interposto pela parte contrária;

IV. O fato de o juízo primeiro de admissibilidade do recurso de revista entendê-lo cabível apenas quanto à parte das matérias veiculadas impede a apreciação integral pela Turma do Tribunal Superior do Trabalho, sendo apropriada a interposição de agravo de instrumento;

V. Não cabem embargos para o Pleno do TST contra decisão de turma proferida em agravo de instrumento e agravo regimental, salvo para reexame dos pressupostos extrínsecos dos agravos ou da revista respectiva.

A quantidade de itens incorretos é igual a:

(A) 1;
(B) 2;
(C) 3;
(D) 4;
(E) 5.

I: correto, Súmula 197 do TST; II: falso, Súmula 298 do TST; III: falso, Súmula 283 do TST; IV: falso, Súmula 285 do TST; V: falso, Súmula 353 do TST. Gabarito "D".

(Procurador do Município/Teresina-PI – 2010 – FCC) Das decisões que negarem seguimento a recurso de embargos no Tribunal Superior do Trabalho caberá

(A) recurso de revista.
(B) novo embargo no prazo de 8 dias.
(C) agravo de instrumento.
(D) agravo de petição.
(E) agravo regimental.

A: opção incorreta, pois o recurso de revista é cabível das decisões proferidas pelos TRTs em sede de recurso ordinário; B: opção incorreta, pois nos termos do art. 894, II, CLT os embargos de divergência são cabíveis das decisões das Turmas que divergirem entre si, ou das decisões proferidas pela Seção de Dissídios individuais (veja a súmula 353 do TST); C: opção incorreta, pois o agravo de instrumento será interposto das decisões de Juízes da Vara ou dos TRTs que denegarem seguimentos a recursos; D: opção incorreta, pois o agravo de petição é o recurso cabível contra as decisões na execução; E: opção correta, pois se por intermédio de decisão monocrática for negado seguimento ao recurso, o recurso cabível será o agravo regimental, nos termos do art. 235, VII, do Regimento interno do TST. Gabarito "E".

(Procurador do Município/Teresina-PI – 2010 – FCC) As empresas públicas A e B estão no polo passivo da reclamação trabalhista ajuizada por Soraya. Ambas pretendem a exclusão da lide. A reclamação foi julgada totalmente procedente e as empresas condenadas solidariamente. Considerando que tanto a empresa A como a empresa B interpuseram Recurso Ordinário, mas apenas a empresa A efetuou o depósito recursal, este depósito

(A) deverá ser efetuado na proporção da condenação de cada empresa, respeitado o limite mínimo pré-estipulado.
(B) será aproveitado pela empresa B em razão do da reclamação trabalhista ter sido julgada totalmente procedente.
(C) será aproveitado pela empresa B em razão da solidariedade da condenação.
(D) não será aproveitado pela empresa B.
(E) é desnecessário, tendo em vista que as empresas públicas estão isentas de efetuá-lo.

A: opção incorreta, pois nos termos da súmula 128, item i, do TST é ônus da parte recorrente efetuar o depósito legal, integralmente, em relação a cada novo recurso interposto, sob pena de deserção; B: opção incorreta, pois, como a empresa pretende a exclusão da lide, o depósito não aproveitará a outra; C: opção incorreta, pois o depósito não será aproveitado em razão do pedido de exclusão da lide; D: opção correta, pois, como a empresa B pediu a exclusão da lide, o depósito deverá ser feito por ambas as empresas, veja a súmula 128 do TST; E: opção incorreta, pois não há previsão de isenção para o depósito recursal. Gabarito "D".

(Procurador do Município/Teresina-PI – 2010 – FCC) Considere as seguintes assertivas a respeito das custas processuais:

I. As custas serão pagas pelo vencido, após o trânsito em julgado da decisão. No caso de recurso, serão pagas e comprovado o recolhimento dentro do prazo peremptório de cinco dias após a publicação do respectivo acórdão.

II. A parte vencedora na primeira instância, se vencida na segunda, está obrigada, independentemente de intimação, a pagar as custas fixadas na sentença originária, das quais ficara isenta a parte então vencida.

III. As autarquias municipais e as fundações públicas municipais que não explorem atividade econômica não são isentas do pagamento de custas.

IV. Nos dissídios individuais as custas relativas ao processo de conhecimento incidirão à base de 2% e serão calculadas, quando houver acordo ou condenação, sobre o respectivo valor.

Está correto o que se afirma SOMENTE em

(A) II, III e IV.
(B) I e III.
(C) II e IV.
(D) I, II e III.
(E) I, II e IV.

I: opção incorreta, pois nos termos do art. 789, § 1º, da CLT em caso de recurso as custas deverão ser pagas e comprovado seu recolhimento dentro do depósito recursal, que nos termos do art. 6º da Lei 5.584/70 é de 8 (oito) dias; II: opção correta, pois reflete o entendimento disposto na súmula 25 do TST; III: opção incorreta, pois as autarquias municipais e as fundações públicas municipais que não explorem atividade econômica são isentas do pagamento de custas, nos termos do art. 790-A, I, da CLT; IV: opção correta, pois reflete o disposto no art. 789, I, da CLT. Gabarito "C".

(Defensoria/MA – 2009 – FCC) São pressupostos recursais no processo do trabalho:

(A) sucumbência, preparo e garantia do Juízo, sempre pela penhora.
(B) tempestividade, fungibilidade, gratuidade e duplo grau.
(C) fungibilidade, tempestividade, legitimidade e assiduidade.
(D) recorribilidade da decisão, tempestividade e gratuidade processual.
(E) sucumbência, recolhimento de custas e do depósito recursal e tempestividade.

Segundo Amauri Mascaro Nascimento, "Os pressupostos a serem observados, para a interposição do recurso ordinário e que conduzem à admissibilidade ou inadmissibilidade do recurso, o que significa a sua regularidade processual para que venha a ser processado, são objetivos e subjetivos. Pressupostos subjetivos são os pertinentes à pessoa que quer recorrer. Embora não haja enumeração pacífica entre os autores, são básicos, como pressupostos subjetivos, a legitimação e o interesse." E adiante completa: "Pressupostos objetivos são os pertinentes à situação processual (...) Entre essas listas mais sucintas está a que indica como pressupostos objetivos a lesividade, a tempestividade e o preparo" (*Curso de Direito Processual do Trabalho*, 25ª edição, Saraiva, p. 698/9). Importante frisar que lesividade é para alguns autores chamada de sucumbência e que preparo, na acepção ampla, refere-se às custas processuais, emolumentos e depósito recursal. Gabarito "E".

(Defensor Público/MS – 2008 – VUNESP) No que tange aos recursos no processo trabalhista, é correto afirmar:

(A) Considerando o princípio do duplo grau de jurisdição, sempre será possível interpor recurso ordinário no processo trabalhista.
(B) Os recursos trabalhistas não têm efeitos suspensivo, translativo, substitutivo, extensivo ou regressivo, porque são dotados apenas de efeito devolutivo.
(C) Todos os recursos têm, sempre, o prazo único de oito dias, fixado pela Lei n.º 5.584/1970, independentemente de sua espécie ou natureza.
(D) O recurso de revista tem hipóteses limitadas de cabimento e não se destinam a corrigir *error in judicando* na apreciação dos fatos e provas.

A: opção incorreta, pois as hipóteses de cabimento de recurso ordinário estão dispostas no art. 895 da CLT. B: opção incorreta, pois o recurso ordinário interposto em dissídio coletivo poderá ter atribuído efeito suspensivo. Assim como pode ser pedido efeito suspensivo para recursos por meio de ação cautelar, em conformidade com a súmula 414, I, parte final, do TST. C: opção incorreta, pois embora, em regra, o prazo recursal trabalhista seja de 8 (oito) dias, o prazo para oposição de embargos de declaração é 5 (cinco) dias, art. 897-A CLT; o prazo para interposição de recurso extraordinário é de 15 dias, art. 508 CPC, e o recurso denominado pedido de revisão tem o prazo de 48 horas, art. 2º, § 1º, da Lei 5.584/70. D: opção correta, pois as hipóteses de cabimento de recurso de revista estão dispostas no art. 896 e parágrafos, da CLT. Ademais, de acordo com a súmula 126 do TST, não se presta para o reexame de fatos e provas. Gabarito "D".

(Procuradoria Federal – 2007 – CESPE) Em grau recursal, matéria constitucional sobre direito do trabalho somente pode chegar ao STF depois de analisada pelo TST.

Certa, pois caberá recurso extraordinário ao STF em última instância, no caso, após análise da questão pelo TST, de acordo com o art. 102, III, da CF. Gabarito "C".

(Procurador da Fazenda Nacional – 2007.2 – ESAF) Julgue os itens abaixo marcando V a afirmativa verdadeira e F a afirmativa falsa e, em seguida, assinale a opção correta.

I. O princípio da unirecorribilidade não se aplica ao processo trabalhista posto que a parte poderá manejar simultaneamente o recurso de revista e o agravo de instrumento.
II. O Recurso Ordinário interposto contra decisão de primeiro grau de jurisdição prolatada em processo de conhecimento pode ser manejado por simples petição, sendo desnecessária a fundamentação.
III. O objetivo tanto do recurso de revista (art. 896 da CLT) quanto dos embargos (art. 894 da CLT) é, fundamentalmente, a uniformização da interpretação em torno da jurisprudência das Turmas do Tribunal Superior do Trabalho.
IV. Não cabe recurso ordinário contra a decisão de primeiro grau que determina o arquivamento do feito em face do não comparecimento do reclamante à audiência inaugural.

(A) F, F, F, F
(B) V, F, V, V
(C) V, F, V, F
(D) F, F, F, V
(E) F, V, F, F

I: falso, pois o princípio da unirrecorribilidade aplica-se ao processo do trabalho e indica que não podem ser utilizados vários recursos simultaneamente, mas só sucessivamente; II: verdadeiro, eis que, nos termos do art. 899 da CLT, a maioria dos doutrinadores entende que, em razão do princípio do *jus postulandi* das partes, basta a petição de recurso, sem a necessidade de razões recursais, o que inviabilizaria um leigo do seu direito de recorrer; III: falso, pois o recurso de revista tem como objetivos a uniformização de interpretação dos tribunais regionais entre eles e deles em relação ao Tribunal Superior do Trabalho, bem como garantir aplicação do dispositivo de lei federal e da Constituição Federal; IV: falso, pois se trata de decisão terminativa e é cabível o recurso ordinário, nos termos do art. 895, I, da CLT. Sobre a matéria leciona Amauri Mascaro Nascimento: "o arquivamento do processo, decorrente da ausência do reclamante na audiência inicial, põe fim à atuação da Vara no dissídio individual. Assim, ele cabe, em tese, do termo do arquivamento, como consequência do mesmo princípio geral. Terminada a prestação jurisdicional, segue-se, correlatamente, o direito ao seu uso" (*Curso de Direito Processual do Trabalho*, Saraiva, 25ª edição, p. 719). Gabarito "E".

(Procurador da Fazenda Nacional – 2007 – ESAF) Julgue os itens abaixo marcando V para a asserção verdadeira e F para a falsa e, em seguida, assinale a opção correta.

(1) O prazo recursal para interposição do Recurso Ordinário contra decisões definitivas das Varas do Trabalho é de 8 (oito) dias. Contudo, tal regra não se aplica à reclamação sujeita ao rito sumaríssimo quando tal prazo é reduzido para 4 (quatro) dias.
(2) O Recurso de Revista, mercê de ostentar feição de recurso de natureza extraordinária no âmbito do processo do trabalho, não admite o reexame de fatos e provas, com exceção das hipóteses em que se discute a existência ou não do vínculo empregatício entre as partes.
(3) Contra decisão em execução de sentença proferida pelo juízo de 1º grau em embargos de terceiro cabe Recurso Ordinário para o Tribunal Regional do Trabalho no prazo de 8 (oito) dias.
(4) Na órbita do processo do trabalho, o recurso de Agravo de Instrumento busca atacar despacho denegatório de recurso.

(A) F, V, V, F
(B) V, F, V,V
(C) V, V, V, F
(D) F, F, F, V
(E) V, F,V, F

I: falso, pois em qualquer procedimento o prazo do recurso ordinário é de 8 dias (art. 895, I, da CLT); II: falso, eis que não existe exceção para reexame de fatos e provas em sede de recurso de revista, a teor da Súmula 126 do TST: "RECURSO. CABIMENTO. Incabível o recurso de revista ou de embargos (arts. 896 e 894, "*b*", da CLT) para reexame de fatos e provas"; III: falso, pois no caso caberá agravo de petição (art. 897, *a*, da CLT); IV: verdadeiro, pois a assertiva está de acordo com o art. 897, *b*, da CLT. Gabarito "D".

(Advogado da União/AGU – CESPE – 2009) Julgue os itens subsequentes, relativos aos recursos trabalhistas.

(1) O recurso de revista é o remédio cabível para se discutirem julgados proferidos em dissídio coletivo pelos tribunais regionais do trabalho bem como os julgados em dissídio individual pelas turmas desses tribunais.
(2) No processo do trabalho, não cabem embargos infringentes, por total omissão da CLT e incompatibilidade com o processo civil.

1: Errada, pois o recurso de revista só é cabível em dissídio individual (art. 896 da CLT); 2: Errada, eis que no processo do trabalho é cabível embargos infringentes e há previsão expressa no art. 894 da CLT. Gabarito 1E, 2E.

(Defensoria Pública da União – 2010 – CESPE) Com relação à competência em matéria recursal e aos recursos no processo trabalhista, julgue os itens subsequentes.

(1) Das decisões proferidas pelos tribunais regionais do trabalho ou por suas turmas, em processo incidente de embargos de terceiro, somente deve ser admitido recurso de revista quando elas contiverem contrariedade a súmula de jurisprudência uniforme do Tribunal Superior do Trabalho e violação direta da CF.
(2) Das decisões das turmas nos tribunais regionais do trabalho assim organizados não cabe recurso para o Tribunal Pleno, exceto contra multas impostas por esses órgãos fracionários.

1: Errado, pois de acordo com o disposto no art. 896, § 2º, da CLT, não caberá Recurso de Revista em incidente de embargos de terceiro, salvo na hipótese de ofensa direta e literal de norma da Constituição Federal; 2: Certo, pois a alternativa está de acordo com o art. 678, I, c, 1, da CLT. Gabarito 1E, 2C.

(Defensoria Pública da União – 2007 – CESPE) À Subseção de Dissídios Individuais I do TST somente cabe recurso de embargos por violação direta da CF ou da legislação federal, tendo sido eliminada a possibilidade de sua interposição por divergência jurisprudencial entre as Turmas do referido tribunal.

Errada, pois a assertiva não reflete o disposto no art. 894, II, da CLT. Gabarito "E".

(Magistratura do Trabalho – 24ª Região – 2007) Assinale a alternativa que está em desconformidade com Súmula do Tribunal Superior do Trabalho:

(A) Em dissídio individual, a decisão contrária à Fazenda Pública que estiver em consonância com decisão plenária do Supremo Tribunal Federal ou com Súmula ou orientação jurisprudencial do Tribunal Superior do Trabalho não estará sujeita ao duplo grau de jurisdição.
(B) O efeito devolutivo em profundidade do recurso ordinário, que se extrai do § 1º do art. 515 do CPC, transfere automaticamente ao Tribunal a apreciação de fundamento da defesa não examinado pela sentença, ainda que não renovado em contra-razões, bem como de pedido não apreciado na sentença.
(C) O art. 462 do CPC, que admite a invocação de fato constitutivo, modificativo ou extintivo do direito, superveniente à propositura da ação, é aplicável de ofício aos processos em curso em qualquer instância trabalhista.
(D) A antecipação da tutela concedida na sentença não comporta impugnação pela via do mandado de segurança, por ser impugnável mediante recurso ordinário. A ação cautelar é o meio próprio para se obter efeito suspensivo a recurso.
(E) Pode uma questão processual ser objeto de rescisão desde que consista em pressuposto de validade de uma sentença de mérito.

A: correto, Súmula 303, II, do TST; B: falso, Súmula 393 do TST; C: correto, Súmula 394 do TST; D: correto, Súmula 414, I, do TST; E: correto, Súmula 412 do TST. Gabarito "B".

(Magistratura do Trabalho – 23ª Região – 2006) Em audiência, se a parte impugnar o valor fixado à causa e o juiz o mantiver, o recurso cabível é:

(A) agravo de instrumento, no prazo de cinco dias;
(B) recurso inominado;
(C) pedir revisão da decisão, no prazo de quarenta e oito horas, ao Presidente do Tribunal Regional;(D) a decisão é irrecorrível, devendo a parte argüir preliminar quando da interposição do recurso ordinário;
(E) Nenhuma das alternativas acima está correta.

A: falso, art. 897, "b", da CLT; B: falso, não há previsão do recurso no processo do trabalho; C: correto, art. 2º e parágrafos, da lei 5.584/70; D: falso, art. 2º e parágrafos, da lei 5.584/70; E: falsa, alternativa C é a correta. Gabarito "C".

(Magistratura do Trabalho – 18ª Região – 2006) Assinale a alternativa incorreta de acordo com a jurisprudência sumulada do TST.

(A) Não se conhece de recurso de revista ou de embargos, se a decisão recorrida resolver determinado item do pedido por diversos fundamentos e a jurisprudência transcrita não abranger a todos.
(B) É incabível o recurso de revista ou de embargos para reexame de fatos e provas.
(C) Ocorre preclusão se não forem opostos embargos declaratórios para suprir omissão apontada em recurso de revista ou de embargos.
(D) Na Justiça do Trabalho as decisões interlocutórias nunca ensejam recurso imediato.
(E) A admissibilidade do recurso de revista interposto de acórdão proferido em agravo de petição, na liquidação de sentença ou em processo incidente na execução, inclusive os embargos de terceiro, depende de demonstração inequívoca de violência direta à Constituição Federal.

A: correto, Súmula 23 do TST; B: correto, Súmula 126 do TST; C: correto, Súmula 184 do TST; D: falso, Súmula 214 do TST; E: correto, Súmula 266 do TST. Gabarito "D".

(Magistratura do Trabalho – 18ª Região – 2006) Assinale a alternativa incorreta de acordo com a jurisprudência sumulada do TST.

(A) Em dissídio individual, toda decisão contrária à Fazenda Pública está sujeita ao duplo grau de jurisdição.
(B) A alçada é fixada pelo valor dado à causa na data de seu ajuizamento, desde que não impugnado, sendo inalterável no curso do processo.
(C) Salvo se versarem sobre matéria constitucional, nenhum recurso caberá das sentenças proferidas nos dissídios que tenham valor de causa inferior a dois salários mínimos.
(D) Não se aplica a alçada em ação rescisória e em mandado de segurança.
(E) Em mandado de segurança, somente cabe remessa "ex officio" se, na relação processual, figurar pessoa jurídica de direito público como parte prejudicada pela concessão da ordem; tal situação não ocorre na hipótese de figurar no feito como impetrante e terceiro interessado pessoa de direito privado, ressalvada a hipótese de matéria administrativa.

A: falso, Súmula 303 do TST; B: correto, Súmula 71 do TST; C: correto, art. 2º, § 4º, da lei 5.584/70; D: correto, Súmula 365 do TST; E: correto, Súmula 303, III, do TST. Gabarito "A".

(Magistratura do Trabalho – 18ª Região – 2006) Assinale a alternativa incorreta de acordo com a jurisprudência sumulada do TST.

(A) A relação jurídica trabalhista é regida pelas leis vigentes no país da prestação de serviço e não por aquelas do local da contratação.
(B) O conflito de competência entre Tribunal Regional do Trabalho e Vara do Trabalho a ele vinculada deve ser solucionado pela SDI, do TST.
(C) O descumprimento de qualquer cláusula constante de instrumentos normativos diversos não submete o empregado a ajuizar várias ações, pleiteando em cada uma o pagamento da multa referente ao descumprimento de obrigações previstas nas cláusulas respectivas.
(D) Tendo a decisão monocrática de provimento ou denegação de recurso, prevista no art. 557 do CPC, conteúdo decisório definitivo e conclusivo da lide, comporta ser esclarecida pela via dos embargos de declaração, em decisão aclaratória, também monocrática, quando se pretende tão-somente suprir omissão e não, modificação do julgado.
(E) No caso de embargos declaratórios contra decisão monocrática do relator calcada no art. 557 do CPC, em que se postule efeito modificativo, os embargos declaratórios deverão ser submetidos ao pronunciamento do Colegiado, convertidos em agravo, em face dos princípios da fungibilidade e celeridade processual.

A: correto, Súmula 207 do TST; B: falso, art. 105, I, d, da CF; C: correto, Súmula 384, I, do TST; D: correto, Súmula 421, I, do TST; E: correto, Súmula 421, II, do TST. Gabarito "B".

(Magistratura do Trabalho – 18ª Região – 2006) Assinale a alternativa incorreta de acordo com a jurisprudência sumulada do TST.

(A) Havendo recurso ordinário em sede de rescisória, o depósito recursal só é exigível quando for julgado procedente o pedido e imposta condenação em pecúnia, devendo este ser efetuado no prazo recursal, no limite e nos termos da legislação vigente, sob pena de deserção.
(B) O depósito recursal é exigível mesmo quando não há condenação a pagamento em pecúnia.
(C) É ônus da parte recorrente efetuar o depósito legal, integralmente, em relação a cada novo recurso interposto, sob pena de deserção, e uma vez atingido o valor da condenação, nenhum depósito mais é exigido para qualquer recurso.
(D) Garantido o juízo, na fase executória, não é exigível depósito para recorrer, mas havendo elevação do valor do débito, exige-se a complementação da garantia do juízo.
(E) Havendo condenação solidária de duas ou mais empresas, o depósito recursal efetuado por uma delas aproveita as demais, quando a empresa que efetuou o depósito não pleiteia sua exclusão da lide.

A: correto, Súmula 99 do TST; B: falso, Súmula 161 do TST; C: correto, Súmula 128, I, do TST; D: correto, Súmula 128, II, do TST; E: correto, Súmula 128, III, do TST. Gabarito "B".

(Magistratura do Trabalho – 18ª Região – 2006) Assinale a alternativa incorreta de acordo com a jurisprudência sumulada do TST.

(A) O efeito devolutivo em profundidade do recurso ordinário, que se extrai do § 1º do art. 515 do CPC, transfere automaticamente ao Tribunal a apreciação de fundamento da defesa não examinado pela sentença, ainda que não renovado em contra-razões, mas não se aplica no caso de pedido não apreciado na sentença.
(B) A cassação de efeito suspensivo concedido a recurso interposto de sentença normativa retroage à data do despacho que o deferiu.
(C) A natureza da omissão suprida pelo julgamento de embargos declaratórios só pode ocasionar efeito modificativo no julgado se a decisão contiver omissão.
(D) As horas em que o empregado falta ao serviço para comparecimento necessário, como parte, à Justiça do Trabalho não serão descontadas de seus salários.
(E) Ao julgar ou homologar ação coletiva ou acordo nela havido, o Tribunal Superior do Trabalho exerce o poder normativo constitucional, não podendo criar ou homologar condições de trabalho que o Supremo Tribunal Federal julgue iterativamente inconstitucionais.

A: correto, Súmula 393 do TST; B: Súmula 279 do TST; C: falso, Súmula 278 do TST; D: correto, Súmula 155 do TST; E: correto, Súmula 190 do TST. Gabarito "C".

(Magistratura do Trabalho – 16ª Região – 2006) Assinale a alternativa CORRETA:

(A) A execução deve ser sempre promovida por iniciativa do exeqüente.
(B) A parte recorrente está obrigada a efetuar o depósito legal, integralmente, em relação a cada novo recurso interposto, sob pena de deserção, porém atingido o valor da condenação, nenhum depósito mais é exigido para qualquer recurso.
(C) A renúncia ao direito de recorrer depende da aceitação da outra parte.
(D) Cabe agravo de instrumento, na Justiça do Trabalho, contra despacho que admite recurso de revista.
(E) O recurso de revista só cabe quando demonstrada a violação à Constituição da República.

A: falso, art. 878 da CLT; B: correto, Súmula 128, I, do TST; C: falso, art. 502 do CPC; D: falso, art. 897, "b", da CLT; E: falso, art. 896 da CLT. Gabarito "B".

(Magistratura do Trabalho – 14ª Região – 2006) Considerando a jurisprudência consolidada do C. TST, analise as proposições dadas, apontando a alternativa CORRETA:

I. Há interesse do Ministério Público do Trabalho para recorrer contra decisão que declara a existência de vínculo empregatício com sociedade de economia mista, após a Constituição Federal de 1988, sem prévia aprovação em concurso público.
II. Incabível recurso de revista de ente público que não interpôs recurso ordinário voluntário da decisão de primeira instância, ressalvada a hipótese de ter sido agravada, na segunda instância, a condenação imposta.
III. Desnecessária a outorga de poderes especiais ao patrono da causa para firmar declaração de insuficiência econômica, destinada à concessão dos benefícios da Justiça Gratuita.
IV. Válidos são os atos praticados por estagiário se, entre o substabelecimento e a interposição de recurso, sobreveio a habilitação, do então estagiário, para atuar como advogado.

(A) Todas as proposições estão corretas;
(B) Apenas as proposições I e II estão corretas;
(C) Apenas as proposições I, II e IV estão corretas;
(D) Apenas as proposições III e IV estão corretas;
(E) Apenas as proposições I e III estão corretas.

I: correto, orientação jurisprudencial 338 da SDI 1 do TST; II: correto, orientação jurisprudencial 334 da SDI 1 do TST; III: correto, orientação jurisprudencial 331 da SDI 1 do TST; IV: correto, orientação jurisprudencial 319 da SDI 1 do TST. Gabarito "A".

(Magistratura do Trabalho – 9ª Região – 2006) O Recurso de Revista de acórdão oriundo de ação sujeita ao procedimento sumaríssimo, tem a seguinte característica:

(A) Será admitido em caso de violação direta da Consolidação das Leis do Trabalho.
(B) Será admitido quando contrariar norma coletiva de trabalho.
(C) Não será admitido em hipótese alguma.
(D) Será admitido quando houver contrariedade à Súmula de jurisprudência uniforme do TST e violação direta da Constituição Federal.
(E) Será admitido somente quando houver violação direta da Constituição Federal.

A: falso; quando contrariar lei federal, apenas no procedimento ordinário (art. 896, "a" da CLT); B: falso; quando contrariar norma coletiva, apenas no procedimento ordinário (art. 896, "b", da CLT); C: falso, art. 896, § 6º, da CLT; D: correto, art. 896, § 6º, da CLT; E: falso, pois também será admitido se contrariar Súmula do TST, art. 896, § 6º, da CLT. Gabarito "D".

(Magistratura do Trabalho – 9ª Região – 2006) Com relação aos recursos no processo do trabalho, assinale a alternativa incorreta:

(A) Não se conhece de recurso de revista ou de embargos, se a decisão recorrida resolver determinado item do pedido por diversos fundamentos e a jurisprudência transcrita não abranger a todos.
(B) É incabível recurso de revista interposto de acórdão regional prolatado em agravo de instrumento.
(C) A admissibilidade do recurso de revista e de embargos por violação tem como pressuposto a indicação expressa do dispositivo de lei ou da Constituição tido como violado.
(D) O fato de o juízo primeiro de admissibilidade do recurso de revista entendê-lo cabível apenas quanto a parte das matérias veiculadas não impede a apreciação integral pela Turma do TST, sendo imprópria a interposição de agravo de instrumento.
(E) A contagem do qüinqüídio para apresentação dos originais de recurso interposto por intermédio de fac-símile começa a fluir no dia seguinte à interposição do recurso, mesmo que esta tenha se dado antes do termo final do prazo recursal.

A: correto, Súmula 23 do TST; B: correto, Súmula 218 do TST; C: correto, Súmula 221, I, do TST; D: correto, Súmula 285 do TST; E: falso, Súmula 387, II, do TST. Gabarito "E".

(Magistratura do Trabalho – 8ª Região – 2007) A sistemática recursal trabalhista apresenta algumas peculiaridades que ensejam resultados mais vantajosos para o trâmite processual, por representar caráter dinâmico e flexível para os recursos laborais. Das alternativas abaixo, assinale a que não se coaduna com o processo do trabalho, por não integrar sua construção ideológica básica:

(A) Em regra, a irrecorribilidade imediata das decisões interlocutórias.
(B) A existência de simultaneidade na interposição de recursos, bem como a sucessividade recursal, em decorrência dos princípios da celeridade e fungibilidade.
(C) O recurso ordinário é dotado apenas de efeito devolutivo, permitindo-se a execução provisória até a constrição do bem.
(D) Das decisões de exceção de suspeição não caberá recurso imediato.
(E) Em caso de sucumbência recíproca, se o reclamante interpor recurso ordinário e o reclamado aforar embargos de declaração com pedido de efeito modificativo e sendo este acolhido modificando-se o julgado, ao reclamante será facultado interpor novo recurso ordinário ou até aditar o recurso anterior.

A: correto, art. 893, § 1º, da CLT; B: falso, pois o princípio da unirrecorribilidade é aplicável ao processo do trabalho; C: correto, art. 899 da CLT; D: correto, art. 799, § 2º, da CLT; E: correto, pois nesse caso é permitido novo recurso em vista da modificação do julgado. Gabarito "B".

(Magistratura do Trabalho – 7ª Região – 2005) Analise as proposições abaixo e assinale a opção correta.

I. O efeito translativo, inerente ao recurso de apelação, é aplicável, supletivamente, ao recurso ordinário, permitindo, assim, que questões suscitadas e discutidas pelas partes, ainda que não apreciadas integralmente pela sentença, possam ser examinadas pelo Tribunal.

II. São pressupostos extrínsecos do recurso ordinário a legitimidade, a capacidade e o interesse.

III. As decisões interlocutórias, no processo do trabalho, não desafiam recurso imediato. Tratando-se, porém, de decisão que acolhe exceção de incompetência em razão do lugar, a jurisprudência pacificada no âmbito do Tribunal Superior do Trabalho admite a imediata interposição de recurso, quando o juízo excepcionado estiver vinculado a Tribunal Regional diverso daquele prolator da decisão.

IV. Em reclamação trabalhista movida em face da União, houve condenação desta no valor exato de R$ 18.000,00 (dezoito mil reais). Não tendo as partes interposto recurso ordinário, conclui-se, à luz da jurisprudência prevalente no Tribunal Superior do Trabalho, que a referida sentença transitou em julgado.

(A) Estão corretas as proposições I e III, sendo falsas as demais.
(B) Estão corretas as proposições I, III e IV, e falsa a II.
(C) Estão corretas as proposições I e IV e falsas as demais.
(D) Estão corretas as proposições I, II e IV e falsa a III.
(E) Estão corretas as proposições II e III e falsas as demais.

I: correto, arts. 515 e 516 do CPC; II: falso, pois todos eles correspondem a pressupostos intrínsecos ou subjetivos dos recursos; III: correto, art. 893, § 1º e Súmula 214, c, do TST; IV: correto; trata-se de preclusão temporal. Gabarito "B".

(Magistratura do Trabalho – 7ª Região – 2005) Analise as proposições abaixo e assinale a opção correta.

I. A regra disposta no artigo 557, do CPC, que autoriza, nas hipóteses ali versadas, decisão monocrática do Relator, não se aplica ao recurso de revista.

II. O recurso de revista é cabível contra decisões proferidas pelos Tribunais Regionais do Trabalho, em grau de recurso ordinário, em sede de dissídio individual. Admite-se, também, recurso de revista contra decisões proferidas pelos Tribunais Regionais ou suas Turmas, em sede de execução de sentença, inclusive em incidentes como a ação de embargos de terceiro, desde que haja direta violação à lei federal ou à Constituição Federal.

III. O dissenso jurisprudencial acerca da interpretação do dispositivo de lei federal que autoriza a interposição do recurso de revista deve ocorrer entre o mesmo ou outro Tribunal Regional, através de Pleno ou de Turmas; ou em relação à Seção de Dissídios Individuais do Tribunal Superior do Trabalho ou em relação à Súmula de jurisprudência uniforme dessa Corte.

IV. Havendo divergência jurisprudencial entre os órgãos judiciais descritos em lei, admite-se recurso de revista quando a interpretação recair sobre convenção coletiva de trabalho ou regulamento de empresa, desde que referidas normas tenham abrangência superior ao limite de jurisdição do tribunal prolator da decisão.

(A) Há apenas uma proposição correta.
(B) Há apenas duas proposições corretas.
(C) Há apenas três proposições corretas.
(D) Não há proposições corretas.
(E) As quatro proposições estão corretas.

I: correto, instrução normativa 17 do TST; II: falso, art. 896 e § 2º, da CLT; III: falso, art. 896, "a", da CLT dispõe apenas TRTs diversos; IV: correto, art. 896, "b", da CLT. Gabarito "B".

(Magistratura do Trabalho – 7ª Região – 2005) Analise as proposições abaixo e assinale a opção correta.

I. Além da omissão, da obscuridade e da contradição, manifesto equívoco no exame dos pressupostos extrínsecos de admissibilidade do recurso desafiam embargos de declaração, aos quais poderá ser emprestado efeito modificativo, com o objetivo de sanar mencionados vícios.

II. Havendo manifesto propósito protelatório nos embargos declaratórios, o embargante será apenado com multa não superior a 1% do valor da causa, sendo o respectivo depósito condição de admissibilidade dos recursos posteriores.

III. Intimadas da publicação da sentença em 30/09/2005, sexta-feira, ambas as partes opuseram embargos de declaração, sendo os da reclamada protocolizados no dia 07/10/2005 e os do reclamante, no dia 10/10/2005. Os embargos empresariais foram conhecidos e desprovidos, enquanto que os do reclamante não foram conhecidos, porquanto intempestivos. Intimadas dessa decisão no dia 17/10/2005, segunda-feira, ambas as partes interpuseram recurso ordinário no dia 25/10/2005. Considerando a inexistência de feriados no dia 03/10/2005, segunda-feira, é possível afirmar que o recurso ordinário interposto pelo reclamante encontra-se intempestivo.

IV. Somente acórdãos ou sentenças são passíveis de embargos de declaração, nos termos do artigo 897-A, da CLT. Admite a jurisprudência do Tribunal Superior do Trabalho a possibilidade de oposição dos embargos de declaração contra decisão monocrática do relator, que nega ou concede provimento a recurso. Em tal hipótese, a decisão será também monocrática, quando objetivada a concessão de efeito modificativo.

(A) Todas as proposições são falsas.
(B) As proposições são falsas, exceto a primeira.
(C) As proposições são falsas, exceto as duas últimas.
(D) As proposições são falsas, exceto a primeira e a última.
(E) As proposições são falsas, exceto a segunda e a terceira.

I: correto, art. 897-A da CLT; II: falso, art. 538, parágrafo único do CPC; III: falso; efeito interruptivo dos Embargos de declaração (art. 538 do CPC); ademais, o recurso ordinário foi interposto no prazo correto descrito no art. 895 da CLT; IV: falso, Súmula 421, II, do TST. Gabarito "C".

(Ministério Público do Trabalho – 13º) Segundo jurisprudência consolidada do Tribunal Superior do Trabalho, é INCORRETO afirmar que:

(A) o efeito devolutivo em profundidade do recurso ordinário transfere automaticamente ao Tribunal a apreciação de fundamento da defesa não examinado pela sentença, ainda que não renovado em contra-razões, não se aplicando, todavia, ao caso de pedido não apreciado na sentença;
(B) a regra que prevê o prazo em dobro para recurso de litisconsortes com procuradores distintos não se aplica ao processo do trabalho;
(C) as sociedades de economia mista possuem prazo em dobro para interposição de embargos declaratórios;
(D) a União, Estados, Municípios, Distrito Federal, suas autarquias e fundações públicas, quando representadas em juízo por seus procuradores, estão dispensados da juntada de instrumento de mandato;
(E) não respondida.

A: correto, Súmula 393 do TST; B: correto, orientação jurisprudencial 310 da SDI 1 do TST; C: falso, art. 188 do CPC; D: correto, orientação jurisprudencial 52 da SDI 1 do TST. Gabarito "C".

(Ministério Público do Trabalho – 13º) Em relação ao sistema recursal trabalhista, é INCORRETO afirmar que:

(A) as pessoas jurídicas de direito público e o Ministério Público do Trabalho não estão sujeitos ao depósito recursal;
(B) a juntada de documentos na fase recursal se justifica quando provado o justo impedimento para sua oportuna apresentação ou se referir a fato posterior à sentença;

(C) o juízo de oportunidade e conveniência a respeito da interposição do recurso é do órgão do Ministério Público, seja nos processos em que atua como órgão agente, seja naqueles em que oficia como fiscal da lei;
(D) os Tribunais Regionais do Trabalho procederão à uniformização de sua jurisprudência, servindo a Súmula respectiva para ensejar a admissibilidade do recurso de revista;
(E) não respondida.

A: correto, art. 790-A da CLT; B: correto, Súmula 8 do TST; C: correto, art. 83, VI, da Lei Complementar 75/93; D: falso, art. 896, § 3º, da CLT. Gabarito "D".

(FGV – 2010) Assinale a alternativa que apresente um pressuposto processual subjetivo dos recursos da Justiça do Trabalho.
(A) Previsão legal.
(B) Capacidade.
(C) Adequação.
(D) Tempestividade.
(E) Preparo.

Os pressupostos recursais objetivos são: recorribilidade da decisão, singularidade do recurso, adequação, regularidade formal, tempestividade, preparo e depósito recursal. Já os pressupostos subjetivos dizem respeito à pessoa do recorrente e são: legitimidade ou capacidade e interesse. Gabarito "B".

(FGV – 2004) Da sentença proferida por juiz trabalhista nos Embargos à Execução, cabe:
(A) agravo de petição.
(B) embargos infringentes.
(C) recurso ordinário.
(D) apelação.
(E) recurso de revista.

Art. 897, a, da CLT. Gabarito "A".

5. EXECUÇÃO TRABALHISTA

(Procurador do Estado/SP – FCC – 2009) No processo de execução trabalhista, é correto afirmar que:
(A) o agravo de petição só será recebido quando o agravante delimitar, justificadamente, as matérias e os valores refutados.
(B) não caberá recurso de revista, salvo nas hipóteses de ofensa à dispositivo da legislação infraconstitucional ou constitucional.
(C) na fase de liquidação o cálculo não abrangerá as contribuições previdenciárias incidentes.
(D) a partir de setembro de 2000 é de 0,5% a taxa de juros a ser observada nas execuções de sentenças proferidas contra a Fazenda do Estado de São Paulo.
(E) a Fazenda do Estado de São Paulo deverá garantir previamente o Juízo para opor embargos à execução.

A: correta (art. 897, § 1º, da CLT); B: incorreta (art. 896, § 2º, da CLT); C: incorreta (art. 879, § 1º-A, da CLT); D: incorreta, pois a afirmativa está em desacordo com a Orientação Jurisprudencial 7 do Tribunal Pleno: "PRECATÓRIO. JUROS DE MORA. CONDENAÇÃO DA FAZENDA PÚBLICA. LEI Nº 9.494, DE 10.09.1997, ART. 1º- F. São aplicáveis, nas condenações impostas à Fazenda Pública, os juros de mora de 0,5% (meio por cento) ao mês, a partir de setembro de 2001, conforme determina o art. 1º-F da Lei nº 9.494, de 10.09.1997, introduzido pela Medida Provisória nº 2.180-35, de 24.08.2001, procedendo-se a adequação do montante da condenação a essa limitação legal, ainda que em sede de precatório"; E: incorreta, pois conforme explica Mauro Schiavi: "Fixado o valor devido, a Fazenda Pública será citada para, em querendo opor embargos à execução, sem garantia do juízo (...) (art. 730 do CPC)" (g.n.) (Execução no Processo do Trabalho, 2ª ed., LTR, p. 376). Gabarito "A".

(Procurador do Estado/PB – 2008 – CESPE) No que diz respeito à execução trabalhista contra a Fazenda Pública, assinale a opção incorreta, com base na CF, no CPC, na CLT e na jurisprudência sumulada e consolidada do STF e do TST.
(A) Podem ser opostos embargos pela Fazenda Pública no prazo de trinta dias após citada da execução.
(B) Não cabe remessa oficial contra decisão do presidente do tribunal em sede de precatório, ainda quando haja agravamento da condenação imposta à Fazenda Pública.
(C) Contra decisão proferida por presidente de TRT em sede de precatório, dada a sua natureza administrativa, cabe a impetração de mandado de segurança.
(D) Nos casos de reclamações trabalhistas plúrimas, a apuração do valor para fins de eventual dispensa do precatório em prol de requisição de pequeno valor deve considerar a soma dos créditos de cada reclamante.
(E) Não cabe recurso extraordinário contra decisão proferida pelo TST no processamento de precatório.

A: correta, eis que embora conste do art. 730 do CPC, aplicável à espécie em respeito ao princípio da especialidade, o prazo de 10 dias para opor embargos à execução, a Lei 9.494/97 alterou o prazo dos embargos para 30 dias, que é aplicável na execução trabalhista por ser lei especial. O STF albergou esse entendimento: "FAZENDA PÚBLICA – PRAZO PROCESSUAL – EMBARGOS À EXECUÇÃO. Prazos previstos no art. 730 do CPC e no art. 884 da CLT. Ampliação pela Medida Provisória n. 2.180-35/2001, que acrescentou o art. 1º-B à Lei Federal n. 9.494/97. Limites constitucionais de urgência e relevância não ultrapassados. Dissídio jurisprudencial sobre a norma. Ação direta de constitucionalidade. Liminar deferida. Aplicação do art. 21, caput, da Lei 9.868/99. Ficam suspensos todos os processos em que se discuta a constitucionalidade do art. 1º-B da Medida Provisória n. 2.180-35" (STF Pleno, ADC-MC 11/DF, Rel. Min. Cesar Peluso, j. 28/03/2007); B: correta, pois a alternativa está de acordo com a Orientação Jurisprudencial 8 do Tribunal Pleno: "PRECATÓRIO. MATÉRIA ADMINISTRATIVA. REMESSA NECESSÁRIA. NÃO CABIMENTO. Em sede de precatório, por se tratar de decisão de natureza administrativa, não se aplica o disposto no art. 1º, V, do Decreto-Lei nº 779, de 21.08.1969, em que se determina a remessa necessária em caso de decisão judicial desfavorável a ente público"; C: correta, pois a alternativa está de acordo com a Orientação Jurisprudencial 10 do Tribunal Pleno: "PRECATÓRIO. PROCESSAMENTO E PAGAMENTO. NATUREZA ADMINISTRATIVA. MANDADO DE SEGURANÇA. CABIMENTO. É cabível mandado de segurança contra atos praticados pela Presidência dos Tribunais Regionais em precatório em razão de sua natureza administrativa, não se aplicando o disposto no inciso II do art. 5º da Lei nº 1.533, de 31.12.1951"; D: incorreta, pois a afirmativa está em confronto com o disposto no art. 7º da Instrução Normativa 32/2007 do TST: "Na hipótese de reclamação plúrima será considerado o valor devido a cada litisconsorte, expedindo-se, simultaneamente, se for o caso: a) requisições de pequeno valor em favor dos exequentes cujos créditos não ultrapassam os limites definidos no art. 3º desta INSTRUÇÃO; e b) requisições mediante precatório para os demais credores"; E: correta, pois a alternativa reflete o teor da Súmula 733 do STF: "Não cabe recurso extraordinário contra decisão proferida pelo TST no processamento de precatório". Gabarito "D".

(Procurador do Estado/RR – 2006 – FCC) Quando a penhora for além dos bens do executado e alcançar aqueles que pertençam a um terceiro, oferece a lei ao interessado embargos
(A) de terceiros, opostos a qualquer tempo, no processo de execução até 5 (cinco) dias antes da arrematação e assinatura da respectiva carta.
(B) de terceiros, opostos a qualquer tempo, no processo de execução até 8 (oito) dias depois da arrematação e antes da assinatura da respectiva carta.
(C) de terceiros, opostos a qualquer tempo, no processo de conhecimento enquanto não transitada em julgado a sentença.
(D) à execução, somente, no processo de execução até 5 (cinco) dias depois da adjudicação e antes da assinatura da respectiva carta.
(E) à execução, somente, no processo de execução enquanto não transitada em julgado a sentença.

Os embargos de terceiro estão previstos no Código de Processo Civil e, por aplicação dos arts. 769 e 889 da CLT, são compatíveis com o processo do trabalho. Conforme dispõe o art. 1.048 do CPC os embargos de terceiro podem ser opostos a qualquer tempo no processo de conhecimento enquanto não transitada em julgado a sentença, e, no processo de execução, até 5 dias depois da arrematação, adjudicação ou remição, mas sempre antes da assinatura da respectiva carta. Importante consignar que terceiro à lide não tem legitimidade para opor embargos à execução e que a medida correta ao caso são os embargos de terceiro. Gabarito "C".

(Procurador do Município/Florianópolis-SC – 2010 – FEPESE) No que se refere à execução trabalhista, assinale a alternativa correta, de acordo com a Consolidação das Leis do Trabalho.
(A) O executado poderá arguir como matéria de defesa todos os fatos supervenientes à sentença.
(B) A sentença de liquidação poderá ser impugnada via agravo de petição no prazo de oito dias após a sua publicação.
(C) Garantida a execução ou penhorados os bens, terá o executado 5 (cinco) dias para apresentar embargos, cabendo igual prazo ao exequente para impugnação.

(D) Haverá liquidação por arbitramento quando houver a necessidade de provar fatos novos que devam servir de base para fixar o *quantum* da condenação.

(E) Não é cabível exceção de pré-executividade em matéria trabalhista.

A: opção incorreta, pois, nos termos do art. 475-L do CPC, aplicado por força do art. 769 da CLT, fato superveniente à sentença somente poderá alegar qualquer causa impeditiva, modificativa ou extintiva da obrigação, como pagamento, novação, compensação, transação ou prescrição; B: opção incorreta, pois, por ser a sentença de liquidação uma decisão interlocutória, não poderá ser recorrida de imediato; C: opção correta, pois reflete o disposto no art. 884 da CLT; D: opção incorreta, pois, quando houver necessidade de se provar fatos novos, a liquidação será feita por artigos, nos termos do art. 475-E da CLT; E: opção incorreta, pois a doutrina e a jurisprudência vêm admitindo a exceção de pré-executividade. O TST inclusive admite a exceção de pré-executividade na súmula 387. Gabarito "C".

(Defensoria Pública da União – 2010 – CESPE) Acerca da execução no processo trabalhista e dos embargos a ela inerentes, julgue o item seguinte.

(1) No caso de execução por carta precatória, os embargos de terceiro podem ser oferecidos no juízo deprecante ou no deprecado, sendo competente para o julgamento o deprecante, pelo fato de ser o responsável pela ordenação da apreensão, ainda que os referidos embargos tratem unicamente de vícios ou irregularidades da penhora, avaliação ou alienação de bens praticados pelo juízo deprecado.

Errada, pois a alternativa não está de acordo com a Súmula 419 do TST: "COMPETÊNCIA. EXECUÇÃO POR CARTA. EMBARGOS DE TERCEIRO. JUÍZO DEPRECANTE. Na execução por carta precatória, os embargos de terceiro serão oferecidos no juízo deprecante ou no juízo deprecado, mas a competência para julgá-los é do juízo deprecante, salvo se versarem, unicamente, sobre vícios ou irregularidades da penhora, avaliação ou alienação dos bens, praticados pelo juízo deprecado, em que a competência será deste último". Gabarito "E".

(Magistratura do Trabalho – 24ª Região – 2007) Assinale a alternativa INCORRETA:

(A) Por aplicação subsidiária do Código de Processo Civil, o executado que frauda a execução comete ato atentatório à dignidade da justiça e incidirá em multa fixada pelo Juiz, em montante não superior a 20% (vinte por cento) do valor atualizado do débito em execução, sem prejuízo de outras sanções de natureza processual ou material, multa essa que reverterá em proveito do credor, exigível na própria execução.

(B) Qualquer interessado pode promover a execução.

(C) Tratando-se de prestações sucessivas por tempo indeterminado, a execução compreenderá inicialmente as prestações devidas até à data do ingresso na execução.

(D) É competente para a execução de título executivo extrajudicial o Juiz que teria competência para o processo de conhecimento relativo à matéria.

(E) Por aplicação subsidiária da Lei de Execução Fiscal (Lei 6.830/80), será admitida a reconvenção nos Embargos à Execução contra a Fazenda Pública.

A: correto, art. 601 do CPC; B: correto, art. 878 da CLT; C: correto, art. 892 da CLT; D: correto, art. 877-A da CLT; E: falso, art. 16, § 3º, da lei 6.830/80. Gabarito "E".

(Defensor Público/CE – 2007 – CESPE) Um empregado ajuizou reclamação trabalhista contra seu empregador, tendo obtido êxito em sua demanda, tendo o empregador sido condenado ao pagamento das parcelas pleiteadas na petição inicial. Este não teve seu recurso ordinário conhecido, por deserto. A sentença transitou em julgado, tendo sido liquidada e determinada a regular citação do executado, o que foi feito. No prazo legal, o executado nomeou um imóvel em garantia à execução, cujo valor era suficiente à satisfação do crédito exeqüendo. Nada obstante a oferta do executado, foi determinada pelo juiz do trabalho a penhora em dinheiro do executado.

Considerando a situação hipotética acima, julgue os itens a seguir, acerca do direito processual do trabalho, e considerando, ainda, no que for pertinente, a Consolidação das Leis do Trabalho (CLT).

(1) À luz do entendimento jurisprudencial sumulado do TST, fere direito líquido e certo do executado, tutelável pela via do mandado de segurança, o ato judicial que determina a penhora em dinheiro do executado quando nomeados outros bens à penhora, pois o executado tem direito a que a execução, ainda que definitiva, se processe da forma que lhe seja menos gravosa.

(2) Na situação descrita e nos termos da CLT, o prazo para apresentação de embargos à execução é de 8 dias, contados da nomeação do bem imóvel pelo executado.

(3) Nos termos da CLT, é inexigível o título judicial fundado em interpretação tida por incompatível com a Constituição Federal, afastando-se, nessa situação, os efeitos próprios da coisa julgada.

1: opção incorreta, pois, por meio da súmula 417, item III, o TST entende que somente irá ferir direito líquido e certo tutelável via mandado de seguranças, na hipótese de execução provisória. Note que, nos termos da súmula 417, item I, o TST entende que, em se tratando de execução definitiva, não fere direito líquido e certo o ato judicial que determina a penhora de dinheiro, quando nomeados outros bens à penhora. 2: Opção incorreta, pois nos termos do art. 884, *caput*, da CLT o prazo para oposição de embargos à execução é de 5 dias. 3: opção correta, pois reflete o disposto no art. 884, § 5º, CLT. Gabarito 1E, 2E, 3C.

(Magistratura do Trabalho – 23ª Região – 2006) Sobre execução, assinale a alternativa correta:

I. Em hasta pública, se o arrematante ou seu fiador, não pagar dentro de 48 (quarenta e oito) horas o preço da arrematação, perderá em benefício da execução, o sinal de 20% do valor da arrematação.

II. Medida Provisória posteriormente convertida em lei ordinária, o que afastou a inconstitucionalidade por vício formal, estabeleceu que se considera inexigível o título judicial fundado em lei ou ato normativo declarados inconstitucionais pelo Supremo Tribunal Federal ou em aplicação ou interpretação tidas por incompatíveis com a Constituição Federal.

III. Se o executado, procurado por duas vezes no espaço de 48 horas, não for encontrado, far-se-á a citação por hora certa.

IV. A execução das decisões proferidas em qualquer instância poderá ser promovida por qualquer interessado, ou ex officio, pelo próprio juiz ou pela Procuradoria da Justiça do Trabalho.

V. Elaborada a conta pela parte ou pelos órgãos auxiliares da Justiça do Trabalho, o juiz procederá a intimação por via postal do Instituto Nacional do Seguro Social – INSS, por intermédio do órgão competente, para manifestação, no prazo de oito dias, sob pena de preclusão.

(A) Todas as alternativas são corretas;
(B) Somente uma alternativa é verdadeira;
(C) Somente duas alternativas são verdadeiras;
(D) Somente três alternativas são verdadeiras;
(E) Todas as alternativas são falsas.

I: falso, art. 888, § 4º, da CLT; II: falso, art. 741, parágrafo único, do CPC; III: falso, art. 880, § 3º, da CLT; IV: falso, art. 878 da CLT; V: falso, art. 879, § 3º, da CLT. Gabarito "E".

(Magistratura do Trabalho – 23ª Região – 2006) Sobre a exceção de pré-executividade, assinale a alternativa incorreta:

(A) Suspende o prazo para oferecimento dos bens à penhora pelo devedor ou a indicação dos bens penhoráveis pelo credor;

(B) Constitui uma possibilidade conferida ao devedor para que este, antes mesmo de ver seus bens constritos, ingresse no processo de execução com o objetivo específico de demonstrar a inexigibilidade do título executivo;

(C) Na exceção de pré-executividade não há garantia do juízo;

(D) Deve ser apresentada após a citação do devedor e antes da penhora;

(E) A decisão judicial que acolhe a exceção de pré-executividade, extinguindo, total ou parcialmente, a execução desafia a interposição do agravo de petição.

A: falso, pois a oposição de exceção de pré-executividade não suspende o prazo para nomeação de bens; B: correto, pois a exceção de pré-executividade é um meio de defesa do devedor, destinada a atacar o título executivo; C: correto; meio de defesa que independente de garantia do juízo; D: de fato, embora não exista prazo certo, após a penhora é possível a oposição de embargos; E: em fase de execução é cabível o recurso de agravo. Gabarito "A".

(Magistratura do Trabalho – 23ª Região – 2006) Em audiência de praça, previamente designada para vender um veículo Fusca avaliado em R$ 20.000,00 (vinte mil reais), compareceram três licitantes, tendo sido apresentadas, na ordem, as seguintes propostas: R$ 8.000,00 (oito mil reais), R$ 12.000,00 (doze mil reais), 13.000,00 (treze mil reais), além do exeqüente que requereu a adjudicação do bem pelo valor do menor lance. Qual o procedimento a ser adotado pelo juiz da execução?

(A) Indeferir a arrematação e a adjudicação, porquanto configurado lanço vil;
(B) Deferir o pedido de adjudicação, pois no processo do trabalho a adjudicação sempre prefere à arrematação;
(C) Indeferir todas as propostas, inclusive o pedido de adjudicação, pois todas inferiores ao valor da avaliação;
(D) Deferir o pedido de arrematação pelo valor de R$ 8.000,00 (oito mil reais), pois foi a primeira proposta a ser oferecida;
(E) Deferir o último pedido de arrematação, de R$ 13.000,00 (treze mil reais), pois o de maior valor, inclusive preferindo à adjudicação requerida pela exeqüente.

A: falso, pois o lance não é vil, na medida em que alcança 65% do valor do bem avaliado; B: falso, art. 685-A do CPC; C: falso, pois o bem deverá ser vendido para o licitante que ofereceu maior valor; D: falso, pois deve preferir o maior valor, art. 888, § 1º, da CLT; E: correto, art. 888, § 1º, da CLT e art. 685-A do CPC. Gabarito "E".

(Magistratura do Trabalho – 18ª Região – 2006) Assinale a alternativa incorreta de acordo com a jurisprudência sumulada do TST.

(A) Não há ofensa à coisa julgada se o juízo executório determina os descontos previdenciários e fiscais, ainda que a sentença exeqüenda tenha sido omissa sobre a questão.
(B) Por se tratar de imperativo legal, não há ofensa à coisa julgada se o juízo executório determina os descontos previdenciários e fiscais, mesmo que o título exeqüendo, expressamente, tenha afastado a dedução dos valores a título de imposto de renda e de contribuição previdenciária.
(C) Não fere direito líquido e certo do impetrante o ato judicial que determina penhora em dinheiro do executado, em execução definitiva, para garantir crédito exeqüendo, uma vez que obedece à gradação prevista no art. 655 do CPC.
(D) Havendo discordância do credor, em execução definitiva, não tem o executado direito líquido e certo a que os valores penhorados em dinheiro fiquem depositados no próprio banco, ainda que atenda aos requisitos do art. 666, I, do CPC.
(E) Em se tratando de execução provisória, fere direito líquido e certo do impetrante a determinação de penhora em dinheiro, quando nomeados outros bens à penhora, pois o executado tem direito a que a execução se processe da forma que lhe seja menos gravosa, nos termos do art. 620 do CPC.

A: correto, Súmula 401 do TST; B: falso, Súmula 401 do TST, segunda parte; C: correto, Súmula 417, I, do TST; D: correto, Súmula 417, II, do TST, E: correto, Súmula 417, III, do TST. Gabarito "B".

(Magistratura do Trabalho – 14ª Região – 2006) Considere as proposições dadas, aponte abaixo a alternativa CORRETA:

I. Tratando-se de prestações sucessivas, por tempo indeterminado, a execução pelo não pagamento de uma prestação compreenderá as que lhe sucederem.
II. A execução da decisão proferida em ação rescisória far-se-á nos próprios autos da ação que lhe deu origem.
III. A liquidação de sentença por artigos, no Processo do Trabalho, pode ser iniciada tanto pelo credor, quanto pelo devedor ou, ainda, ex officio pelo juiz. Por isso, persiste o entendimento consagrado em Súmula, no sentido que a prescrição intercorrente não é compatível com a execução trabalhista.
IV. Os débitos trabalhistas das entidades submetidas aos regimes de intervenção ou liquidação extrajudicial estão sujeitos à correção monetária desde o respectivo vencimento até o seu efetivo pagamento, sem interrupção ou suspensão, não incidindo, entretanto, sobre tais débitos, juros de mora.

(A) Todas as proposições estão corretas;
(B) Apenas as proposições I e II estão corretas;
(C) Apenas as proposições II, III e IV estão corretas;
(D) Apenas as proposições III e IV estão corretas;
(E) Apenas as proposições II e IV estão corretas.

I: falso, art. 892 da CLT; II: correto; III: falsa, pois na liquidação por artigos é necessário provar fatos novos, não possibilitando o início de ofício pelo juiz; IV: correto, Súmula 304 do TST. Gabarito "E".

(Magistratura do Trabalho – 9ª Região – 2006) A sentença proferida pelo Juiz do Trabalho transitou em julgado, condenando a reclamada ao pagamento de algumas parcelas decorrentes do contrato de trabalho. Após a liquidação da sentença, o Juiz homologou o cálculo e determinou a citação da reclamada para pagamento dos respectivos valores. Neste quadro, é incorreto afirmar, à luz da CLT:

(A) Através do mandado o executado será citado para pagar os valores indicados nos cálculos homologados, devidamente atualizados, em quarenta e oito horas, ou garantir a execução, sob pena de penhora.
(B) O executado que não pagar os valores devidos poderá garantir a execução mediante depósito dos mesmos ou nomear bens à penhora.
(C) Garantida a execução por depósito em dinheiro realizado pelo devedor, nenhum valor poderá ser liberado ao credor até o trânsito em julgado da sentença que resolver os embargos à execução, uma vez que a execução torna-se provisória como decorrência da apresentação do mencionado recurso.
(D) O prazo para interposição dos embargos à execução é contado da ciência pelo executado da garantia da execução ou da penhora dos bens, e não da data da juntada do mandado de penhora cumprido aos respectivos autos.
(E) Ciente da garantia da execução ou da penhora de bens, o exeqüente terá cinco dias para apresentar impugnação à sentença de liquidação, sendo que os embargos à execução e a impugnação serão julgados na mesma sentença.

A: correto, art. 880 da CLT; B: correto, art. 882 da CLT; C: falso, pois relativamente aos valores incontroversos o exequente poderá desde então requerer o seu levantamento; D: correto, pois o prazo inicia-se com o depósito da coisa penhorada ou de sua intimação; E: correto, art. 884, § 3º, da CLT. Gabarito "C".

(Magistratura do Trabalho – 9ª Região – 2006) Assinale a alternativa correta:

(A) Os únicos títulos executivos que podem ser objeto de execução perante a Justiça do Trabalho são judiciais, quais sejam, os acordos homologados e não cumpridos e as sentenças passadas em julgado ou das quais não tenha havido recurso com efeito suspensivo.
(B) Somente o próprio exeqüente, ou seu sucessor, poderá promover a execução do título executivo trabalhista, sendo que uma vez intimado o credor e decorrido o prazo deferido pelo Juízo, começará a correr o prazo de prescrição intercorrente.
(C) Por força do artigo 889 da CLT, a penhora de bens obedecerá a ordem prevista no artigo 11 da Lei 6.830/80, que dispõe sobre a cobrança judicial da dívida ativa da Fazenda Pública.
(D) Poder-se-ão discutir nos embargos apresentados pelo devedor unicamente questões de direito, uma vez que na liquidação da sentença não se poderá modificar, ou inovar, a sentença liquidanda, nem discutir matéria pertinente à causa principal, cabendo ao Juiz indeferir o requerimento de produção de provas orais, amparado pelo artigo 765 da CLT.
(E) A liquidação do título executivo poderá ser feita por artigos, arbitramento ou por cálculos, e abrangerá também o cálculo das contribuições previdenciárias devidas. Uma vez elaborada a conta, o Juiz deve determinar a intimação do Instituto Nacional do Seguro Social, para manifestação, no prazo de 10 dias, sob pena de preclusão.

A: falso, art. 876 da CLT; B: falso, art. 878 da CLT; C: falso, art. 882 da CLT; D: falso, art. 884, § 1º, da CLT, na liquidação por artigos, art. 475-E do CPC, pode haver pedido de provas; E: correto, art. 879 e § 3º, da CLT. Gabarito "E".

(Magistratura do Trabalho – 8ª Região – 2007) Marque a alternativa correta:

(A) No processo trabalhista, no caso de a sentença exeqüenda ser proferida de forma ilíquida, ordenada a liquidação por cálculo e homologados por sentença os cálculos apresentados pelo servidor competente, o juiz deverá obrigatoriamente, atendendo o princípio da ampla defesa, abrir prazo sucessivo às partes, de dez dias, para impugnação fundamentada, com a indicação dos itens e valores objeto da discordância, sob pena de preclusão.

(B) Considera-se inexigível o título judicial fundado em lei ou ato normativo declarados inconstitucionais pelo Supremo Tribunal Federal ou em aplicação ou interpretação tidas por incompatíveis com a Constituição Federal.

(C) A adjudicação, que é o ato processual através do qual o credor recebe o bem objeto de constrição judicial para pagamento do seu crédito ou de parte dele, não prefere à arrematação, pela prevalência do princípio de que a execução se processa de maneira menos gravosa para o devedor.

(D) A remição, uma das formas de extinção da execução no processo trabalhista, é o instituto que permite ao devedor liberar o bem constrito, depositando nos autos o valor de sua avaliação, desde que o faça antes do pedido de adjudicação, que prefere àquela.

(E) O termo de acordo homologado pelo juízo trabalhista valerá como decisão irrecorrível, inclusive quanto às contribuições devidas à Previdência Social.

A: falso, art. 879, § 2º, da CLT; B: correto, art. 884, § 5º, da CLT; C: falso, art. 685-A do CPC; D: falso, art. 13 da lei 5.584/70; E: falso, art. 831, parágrafo único, da CLT. Gabarito "B".

(Magistratura do Trabalho – 8ª Região – 2007) No tocante à execução trabalhista, marque a resposta que está em desacordo com o estabelecido pela Consolidação das Leis do Trabalho:

(A) Ao devedor é facultado o pagamento imediato de parte que entender à Previdência Social, sem prejuízo de cobrança de eventuais diferenças encontradas na execução ex offício.

(B) As decisões passadas em julgado ou das quais não tenha havido recurso com efeito devolutivo, os acordos, quando não cumpridos, bem como os termos de ajuste de condutas firmados perante o Ministério Público do Trabalho e os termos de conciliação firmados perante as Comissões de Conciliação Prévia, serão executados conforme o que determina a Consolidação das Leis do Trabalho.

(C) Os créditos previdenciários devidos em decorrência de decisão proferida pelos Juízes e Tribunais do Trabalho, resultante de condenação ou homologação de acordo serão executados ex offício.

(D) Os critérios estabelecidos na legislação previdenciária deverão ser observados quando se tratar de atualização do crédito devido à Previdência Social.

(E) Não se pode discutir matéria pertinente à causa principal na liquidação da sentença, nem tampouco modificar ou inovar a sentença liquidanda.

A: correto, art. 878-A da CLT; B: falso, art. 876 da CLT; C: correto, art. 876, parágrafo único, da CLT; D: correto, art. 879, § 4º, da CLT; E: correto, art. 879, § 1, da CLT. Gabarito "B".

(Magistratura do Trabalho – 7ª Região – 2005) Analise as proposições abaixo, conforme sejam verdadeiras (V) ou falsas (F) e assinale a opção correta.

( ) Doutrina e jurisprudência consagram a possibilidade de dedução, em sede de embargos, de matérias outras que não as relacionadas com a quitação ou prescrição da dívida e o cumprimento da decisão ou do acordo. Em relação à quitação da dívida, essa deve guardar relação com o período posterior à prolação da sentença.

( ) Nas execuções trabalhistas realizadas por carta, competirá ao Juiz Deprecante o julgamento dos embargos à execução, quando a matéria neles versada concernir exclusivamente a questões relacionadas com a penhora.

( ) A Fazenda Pública possui a prerrogativa do prazo em dobro para oposição de embargos à execução.

( ) Embargos à Adjudicação, segundo a jurisprudência do Tribunal Superior do Trabalho, é a medida cabível para atacar a decisão do juiz do trabalho que homologa adjudicação com ofensa a lei.

(A) V - F - F - V
(B) V - V - V - F
(C) F - F - V - F
(D) F - V - F - V
(E) V - F - F - F

I: verdadeiro, pois aplicam-se os arts. 475-L e 745, ambos do CPC; II: falso, pois nesse caso o julgamento será do juízo deprecado, inteligência da Súmula 419 do TST; III: falso, pois o prazo em dobro do art. 188 do CPC é para recorrer; IV: correto, art. 746 do CPC. Gabarito "A".

(Ministério Público do Trabalho – 14º) Assinale a alternativa INCORRETA, quanto à execução no processo do trabalho:

(A) Na execução por carta precatória, os embargos de terceiro serão oferecidos no juízo deprecante ou no juízo deprecado, mas a competência para julgá-los é do juízo deprecante, salvo se versarem, unicamente, sobre vícios ou irregularidades da penhora, avaliação ou alienação dos bens, praticados pelo juízo deprecado, em que a competência será deste último.

(B) Serão executadas ex officio as contribuições sociais devidas em decorrência de decisão proferida pelos Juízes e Tribunais do Trabalho, resultantes de condenação ou homologação de acordo, inclusive sobre os salários pagos durante o período contratual reconhecido.

(C) Tratando-se de reclamações trabalhistas plúrimas, a aferição do que vem a ser obrigação de pequeno valor, para efeito de dispensa de formação de precatório e aplicação do disposto no § 3º do art. 100 da Constituição Federal, deve ser realizada considerando-se a soma total dos créditos dos reclamantes.

(D) É válida a penhora em bens de pessoa jurídica de direito privado, realizada anteriormente à sucessão pela União ou por Estado-membro, não podendo a execução prosseguir mediante precatório.

(E) Não respondida.

A: correto, Súmula 419 do TST; B: correto, art. 876, parágrafo único, da CLT; C: falso, orientação jurisprudencial 9 do Tribunal Pleno do TST; D: correto, orientação jurisprudencial 343 da SDI 1 do TST. Gabarito "C".

(Ministério Público do Trabalho – 13º) São títulos executivos expressamente previstos na legislação processual trabalhista:

I. decisões das quais não tenha havido recurso com efeito suspensivo;

II. acordos judiciais não cumpridos;

III. termos de ajuste de conduta firmados perante o Ministério Público do Trabalho;

IV. termos de conciliação firmados perante comissão de conciliação prévia.

De acordo com as alternativas acima, pode-se afirmar que:

(A) todas estão certas;
(B) a I está errada;
(C) a III está errada;
(D) a IV está errada;
(E) não respondida.

I: correto, art. 876 da CLT; II: correto, art. 876 da CLT; III: correto, art. 876 da CLT; IV: correto, art. 876 da CLT. Gabarito "A".

(Ministério Público do Trabalho – 13º) Quanto à arrematação na execução no processo do trabalho, assinale a alternativa INCORRETA:

(A) os bens serão vendidos, na praça, pelo maior lance;
(B) a adjudicação prefere a arrematação;
(C) o arrematante deve garantir o lance com sinal igual a 25% do seu valor;

(D) não havendo licitante e não havendo adjudicação os bens poderão ser vendidos por leiloeiro nomeado pelo juiz;

(E) não respondida.

A: correto, art. 888, § 1º, da CLT; B: correto, art. 685-A do CPC; C: falso, art. 888, § 2º, da CLT; D: correto, art. 888, § 3º, da CLT. Gabarito "C".

(FGV – 2004) No processo trabalhista, garantida a execução ou penhorados os bens, o executado terá, para apresentar embargos, o prazo de:

(A) 15 dias.
(B) 10 dias.
(C) 8 dias.
(D) 5 dias.
(E) 48 horas.

O prazo para apresentação de embargos à execução é de 5 dias (art. 884, *caput*, da CLT). Gabarito "D".

6. AÇÕES ESPECIAIS

(Procurador do Estado/SC – 2010 – FEPESE) Sobre a ação rescisória na Justiça do Trabalho, assinale a alternativa **correta**.

(A) Não cabe ação rescisória na Justiça do Trabalho.
(B) Em se tratando de rescisória, o vício apontado deve nascer na decisão rescindenda, não se admitindo a rediscussão do acerto do julgamento da rescisória anterior.
(C) O Sindicato, substituto processual e autor da reclamação trabalhista, em cujos autos fora proferida a decisão rescindenda, não possui legitimidade para figurar como réu na ação rescisória, sendo exigida a citação de todos os empregados substituídos, porquanto caracterizado o litisconsórcio passivo necessário.
(D) Na ação rescisória calcada unicamente em violação de lei, é admitido o reexame de fatos e provas do processo que originou a decisão rescindenda.
(E) Não se admite ação rescisória para se questionar questão processual, mesmo que a matéria consista em pressuposto de validade de uma sentença de mérito.

A: opção incorreta, pois o art. 836 da CLT traz a previsão legal da ação rescisória na Justiça do Trabalho; B: opção correta, pois reflete o entendimento solidificado disposto na súmula 400 do TST; C: opção incorreta, pois em conformidade com a súmula 406, II, do TST há legitimidade do sindicato para configurar como réu na ação; D: opção incorreta, pois nos termos da súmula 410 do TST não haverá possibilidade de reexame de fatos e provas; E: opção incorreta, pois desde que consista em pressuposto de validade de uma sentença de mérito, uma questão processual poderá ser matéria de ação rescisória. Gabarito "B".

(Procurador do Estado/SP – FCC – 2009) Da decisão definitiva do Tribunal Regional do Trabalho, em mandado de segurança julgado pelo mérito e originariamente impetrado perante esse órgão colegiado, caberá

(A) agravo regimental.
(B) reclamação correicional.
(C) recurso ordinário.
(D) recurso de revista.
(E) agravo de instrumento.

Segundo a Súmula 201 do TST caberá recurso ordinário: "RECURSO ORDINÁRIO EM MANDADO DE SEGURANÇA. Da decisão de Tribunal Regional do Trabalho em mandado de segurança cabe recurso ordinário, no prazo de 8 (oito) dias, para o Tribunal Superior do Trabalho, e igual dilação para o recorrido e interessados apresentarem razões de contrariedade". Gabarito "C".

(Procurador do Estado/ES – 2008 – CESPE) Em relação à tutela dos interesses metaindividuais na justiça do trabalho e levando em conta a jurisprudência do STF a respeito do assunto, julgue os itens subseqüentes.

(1) A substituição processual pelo sindicato é ampla, não se restringindo às hipóteses expressamente previstas na legislação, podendo ocorrer até mesmo na fase de execução de sentença.

1: correto, pois o STF entendeu que o art. 8º, III, da CF estabelece a legitimidade extraordinária dos sindicatos, sendo esta ampla, abrangendo a liquidação e a execução dos créditos reconhecidos aos trabalhadores integrantes da categoria que representam (STF – RE/193503). Gabarito 1C.

(Procurador do Estado/CE – 2008 – CESPE) Com base na legislação e na jurisprudência sumulada e consolidada do TST acerca de ação rescisória e mandado de segurança no âmbito da justiça do trabalho, julgue os itens seguintes.

I. A ação rescisória apenas será admitida quando efetivado prévio depósito correspondente a 20% do valor da causa, salvo prova de miserabilidade do autor.

II. O mandado de segurança é incabível para a obtenção de sentença genérica, aplicável a eventos futuros, cuja ocorrência é incerta.

III. O valor da causa, na ação rescisória de sentença de mérito advinda de processo de conhecimento, deve corresponder ao valor da causa fixado no processo originário, corrigido monetariamente; no caso de pleitear-se a rescisão de decisão proferida na fase de execução, o valor da causa deve corresponder ao montante da condenação.

IV. Pode uma questão processual ser objeto de ação rescisória desde que consista em pressuposto de validade de uma sentença de mérito.

V. Não cabe emenda à inicial em sede de mandado de segurança, quando verificada, na petição inicial, a ausência de documento essencial ou de sua autenticação, eis que exigida prova documental pré-constituída.

A quantidade de itens certos é igual a

(A) 1.
(B) 2.
(C) 3.
(D) 4.
(E) 5.

I: certo, pois a assertiva reflete o disposto no art. 836 da CLT, com a redação dada pela Lei 11.495/2007; II: certo, pois a afirmativa está de acordo com a Orientação 144 da SDI-II do TST: "MANDADO DE SEGURANÇA. PROIBIÇÃO DE PRÁTICA DE ATOS FUTUROS. SENTENÇA GENÉRICA. EVENTO FUTURO. INCABÍVEL. O mandado de segurança não se presta à obtenção de uma sentença genérica, aplicável a eventos futuros, cuja ocorrência é incerta"; III: certo, pois a assertiva reflete o disposto na Orientação Jurisprudencial 147 da SDI-II do TST: "AÇÃO RESCISÓRIA. VALOR DA CAUSA. O valor da causa, na ação rescisória de sentença de mérito advinda de processo de conhecimento, corresponde ao valor da causa fixado no processo originário, corrigido monetariamente. No caso de se pleitear a rescisão de decisão proferida na fase de execução, o valor da causa deve corresponder ao montante da condenação". O candidato deve ficar atento à questão, eis que a OJ citada foi cancelada e a questão deverá ser respondida com base na instrução normativa 31 do E. TST, que dispõe: "Art. 2º O valor da causa da ação rescisória que visa desconstituir decisão da fase de conhecimento corresponderá: I – no caso de improcedência, ao valor dado à causa do processo originário ou aquele que for fixado pelo Juiz; II – no caso de procedência, total ou parcial, ao respectivo valor arbitrado à condenação. Art. 3º O valor da causa da ação rescisória que visa desconstituir decisão da fase de execução corresponderá ao valor apurado em liquidação de sentença"; IV: certo, pois a assertiva está de acordo com a Súmula 412 do TST: "AÇÃO RESCISÓRIA. SENTENÇA DE MÉRITO. QUESTÃO PROCESSUAL. Pode uma questão processual ser objeto de rescisão desde que consista em pressuposto de validade de uma sentença de mérito"; V: certo, pois a assertiva está de acordo com a Súmula 415 do TST: "MANDADO DE SEGURANÇA. ART. 284 DO CPC. APLICABILIDADE. Exigindo o mandado de segurança prova documental pré-constituída, inaplicável se torna o art. 284 do CPC quando verificada, na petição inicial do "mandamus", a ausência de documento indispensável ou de sua autenticação". Gabarito "E".

(Procurador do Município/Florianópolis-SC – 2010 – FEPESE) Determinado Juiz do Trabalho recebeu a ação trabalhista ajuizada por um trabalhador e concedeu a antecipação da tutela. Devidamente instruído o processo, com a realização das provas requeridas sobreveio a sentença, a qual julgou procedente o pedido formulado. A Procuradoria do Município apresentou o recurso competente, contudo, o juízo *a quo* negou seguimento.

Assinale a alternativa que indica os instrumentos processuais pertinentes ao caso proposto.

(A) mandado de segurança, recurso ordinário e agravo de instrumento.
(B) mandado de segurança, apelação e agravo de instrumento.
(C) embargos de declaração, recurso ordinário e agravo de petição.
(D) agravo de instrumento, apelação e mandado de segurança.
(E) agravo de instrumento, recurso ordinário e agravo de instrumento.

Para impugnar a concessão da tutela antecipada deverá a parte impetrar mandado de segurança, tendo em vista o entendimento cristalizado na súmula 414, item II, do TST. Já em face da decisão proferida pelo juiz deverá a parte interpor recurso ordinário, com fulcro no art. 895, I, da CLT. Por último, contra o despacho que negou seguimento ao recurso, deverá a parte interpor agravo de instrumento, com fundamento no art. 897, b, da CLT. Gabarito "A".

(Procurador do Município/Teresina-PI – 2010 – FCC) Considere as seguintes assertivas a respeito da ação rescisória:

I. É incabível ação rescisória para impugnar decisão homologatória de adjudicação ou arrematação.
II. Considera-se documento novo o documento cronologicamente recente apto a viabilizar a desconstituição de julgado.
III. A ação rescisória calcada em violação de lei admite reexame de fatos e provas do processo que originou a decisão rescindenda.
IV. Pode uma questão processual ser objeto de rescisão desde que consista em pressuposto de validade de uma sentença de mérito.

Está correto o que se afirma SOMENTE em
(A) I, III e IV.
(B) I e III.
(C) I e IV.
(D) II e IV.
(E) I, II e IV.

I: opção correta, pois reflete o entendimento consubstanciado na súmula 399, item I, do TST; II: opção incorreta, pois documento novo nos termos da súmula 402 do TST é o cronologicamente velho, já existente ao tempo da decisão rescindenda, mas ignorado pelo interessado ou de impossível utilização, à época, no processo; III: opção incorreta, pois contraria o entendimento consubstanciado na súmula 400 do TST; IV: Opção correta, pois reflete o entendimento consubstanciado na súmula 412 do TST. Gabarito "C".

(Procurador do Município/Teresina-PI – 2010 – FCC) Com relação ao mandado de segurança é INCORRETO afirmar:

(A) A antecipação da tutela concedida na sentença comporta impugnação pela via do mandado de segurança.
(B) Não cabe mandado de segurança contra ato judicial passível de recurso ou correição.
(C) Devendo o agravo de petição delimitar justificadamente a matéria e os valores objeto de discordância, não fere direito líquido e certo o prosseguimento da execução quanto aos tópicos e valores não especificados no agravo.
(D) Não fere direito líquido e certo do impetrante o ato judicial que determina penhora em dinheiro do executado, em execução definitiva, para garantir crédito exequendo.
(E) A concessão de liminar ou a homologação de acordo constituem faculdade do juiz, inexistindo direito líquido e certo tutelável pela via do mandado de segurança.

A: opção incorreta, pois nos termos do art. 414, item I, do TST se concedida na sentença, deverá ser impugnada via recurso ordinário; B: opção correta, pois reflete o entendimento consubstanciado na orientação jurisprudencial 92 da SDI 1 do TST; C: opção correta, pois reflete o entendimento cristalizado na súmula 416 do TST; D: opção correta, pois reflete o entendimento cristalizado na súmula 417, item I, do TDT; E: opção correta, pois reflete o entendimento disposto na súmula 418 do TST. Gabarito "A".

(Advogado da União/AGU – CESPE – 2009) No que concerne à ação rescisória no processo do trabalho, julgue os seguintes itens.

(1) Prorroga-se, até o primeiro dia útil imediatamente subsequente, o prazo decadencial para ajuizamento de ação rescisória quando expira em férias forenses, feriados, finais de semana ou em dia em que não haja expediente forense.
(2) Compete originariamente à Seção Especializada em Dissídios Coletivos do TST julgar as ações rescisórias propostas contra as sentenças normativas desse tribunal.

1: Certo, pois o enunciado está de acordo com a Orientação Jurisprudencial 13 da SDI-II do TST: "AÇÃO RESCISÓRIA. DECADÊNCIA. "DIES AD QUEM". ART. 775 DA CLT. APLICÁVEL. Prorroga-se até o primeiro dia útil imediatamente subseqüente o prazo decadencial para ajuizamento de ação rescisória quando expira em férias forenses, feriados, finais de semana ou em dia em que não houver expediente forense. Aplicação do art. 775 da CLT"; 2: Certo, pois o enunciado está de acordo com o art. 2º, I, c, da Lei 7.701/88. Gabarito 1C, 2C.

(Defensoria Pública da União – 2010 – CESPE) No que diz respeito aos processos especiais, julgue os itens seguintes.

(1) Para efeito de mandado de segurança, constitui direito líquido e certo do empregador a suspensão do empregado, ainda que este seja detentor de estabilidade sindical, até a decisão final do inquérito em que se apure falta grave a ele imputada.
(2) Pedido de rescisão de julgado proferido em agravo de instrumento que se limite a aferir eventual desacerto de juízo de admissibilidade de recurso de revista é juridicamente impossível, dado que essa decisão não substitui acórdão regional.

1: A alternativa está correta, pois segundo o disposto na Orientação Jurisprudencial 137 da SDI-II do TST: "MANDADO DE SEGURANÇA. DIRIGENTE SINDICAL. ART. 494 DA CLT. APLICÁVEL. Constitui direito líquido e certo do empregador a suspensão do empregado, ainda que detentor de estabilidade sindical, até a decisão final do inquérito em que se apure a falta grave a ele imputada, na forma do art. 494, "caput" e parágrafo único, da CLT"; 2: A alternativa está correta, pois de acordo com a Súmula 192 do TST: "AÇÃO RESCISÓRIA. COMPETÊNCIA E POSSIBILIDADE JURÍDICA DO PEDIDO (...) IV - É manifesta a impossibilidade jurídica do pedido de rescisão de julgado proferido em agravo de instrumento que, limitando-se a aferir o eventual desacerto do juízo negativo de admissibilidade do recurso de revista, não substitui o acórdão regional, na forma do art. 512 do CPC". Gabarito 1C, 2C.

(Defensoria Pública da União – 2007 – CESPE) Não é cabível mandado de segurança contra tutela antecipada concedida antes da sentença, por existir recurso próprio.

Errada, eis que a afirmativa está em desacordo com a Súmula 414 do TST: "MANDADO DE SEGURANÇA. ANTECIPAÇÃO DE TUTELA (OU LIMINAR) CONCEDIDA ANTES OU NA SENTENÇA I - A antecipação da tutela concedida na sentença não comporta impugnação pela via do mandado de segurança, por ser impugnável mediante recurso ordinário. A ação cautelar é o meio próprio para se obter efeito suspensivo a recurso. II - No caso da tutela antecipada (ou liminar) ser concedida antes da sentença, cabe a impetração do mandado de segurança, em face da inexistência de recurso próprio. III - A superveniência da sentença, nos autos originários, faz perder o objeto do mandado de segurança que impugnava a concessão da tutela antecipada (ou liminar)". Gabarito "E".

(Magistratura do Trabalho – 24ª Região – 2007) Assinale a alternativa INCORRETA:

(A) Segundo a jurisprudência majoritária, poderá o impetrante desistir do mandado de segurança, independentemente de anuência do impetrado.
(B) A ação de prestação de contas compete a quem tiver o direito de exigi-las ou a obrigação de prestá-las.
(C) Nas ações coletivas para a defesa de Interesses Individuais Homogêneos, em caso de procedência do pedido, a condenação será genérica, fixando a responsabilidade do réu pelos danos causados.
(D) Nas ações coletivas de que trata o Código de Defesa do Consumidor, a sentença fará coisa julgada erga omnes, apenas no caso de procedência do pedido, para beneficiar todas as vítimas e seus sucessores, na hipótese de interesses ou direitos individuais homogêneos.
(E) Nos termos do Código de Defesa do Consumidor, as ações coletivas induzem litispendência para as ações individuais.

A: correto, pois no Mandado de Segurança não há um litígio entre direitos contrapostos; B: correto, art. 914 do CPC; C: correto, art. 95 do CDC; D: correto, art. 103, III, do CDC; E: falso, art. 103,. § 3º do CDC. Gabarito "E".

(Magistratura do Trabalho – 23ª Região – 2006) No tocante à ação rescisória, levando-se em consideração as orientações e Súmulas do C. TST, assinale a alternativa incorreta:

(A) Não padece de inépcia a petição inicial de ação rescisória apenas porque omite a subsunção ao fundamento de rescindibilidade no art. 485 do CPC ou o capitula erroneamente em um dos seus incisos. Contanto que não se afaste dos fatos e fundamentos invocados como causa de pedir, ao Tribunal é lícito emprestar-lhes adequada qualificação jurídica (iura novit curia). No entanto, fundando-se a ação rescisória no art. 485, inc. V, do CPC, é indispensável expressa indicação na petição inicial da ação rescisória, do dispositivo legal violado, por se tratar de causa de pedir da rescisória, não se aplicando, no caso, o princípio iura novit curia.;

(B) É incabível ação rescisória para impugnar decisão homologatória de adjudicação ou arrematação;
(C) O litisconsórcio, na ação rescisória, é necessário em relação ao pólo passivo da demanda, porque supõe uma comunidade de direitos ou de obrigações que não admite solução díspar para os litisconsortes, em face da indivisibilidade do objeto. Já em relação ao pólo ativo, o litisconsórcio é facultativo, uma vez que a aglutinação de autores se faz por conveniência e não, pela necessidade decorrente da natureza do litígio, pois não se pode condicionar o exercício do direito individual de um dos litigantes no processo originário à anuência dos demais para retomar a lide;
(D) O sindicato, substituto processual e autor da reclamação trabalhista, em cujos autos fora proferida a decisão rescindenda, possui legitimidade para figurar como réu na ação rescisória, sendo descabida a exigência de citação de todos os empregados substituídos, porquanto inexistente litisconsórcio passivo necessário;
(E) O valor da causa, na ação rescisória de sentença de mérito advinda de processo de conhecimento, corresponde ao valor da condenação fixado no processo originário.

A: correto, Súmula 408 do TST; B: correto, Súmula 399, I, do TST; C: correto, Súmula 406, I, do TST; D: correto, Súmula 406, II, do TST; E: falso, orientação jurisprudencial 147 da SDI 2 do TST cancelada pela resolução 142/07. "Gabarito "E".

(Magistratura do Trabalho – 18ª Região – 2006) Assinale a alternativa correta de acordo com a jurisprudência sumulada do TST.
(A) O acordo homologado judicialmente tem força de decisão irrecorrível, na forma do art. 831 da CLT, mas isto não significa que o termo conciliatório transita em julgado na data da sua homologação judicial.
(B) É possível a desconstituição de decisão homologatória de acordo, pela via rescisória, com apoio no inciso III do art. 485 do CPC (dolo da parte vencedora em detrimento da vencida).
(C) A homologação de acordo constitui faculdade do juiz, inexistindo direito líquido e certo tutelável pela via do mandado de segurança.
(D) Ainda que o empregado dê plena e ampla quitação, sem qualquer ressalva, o acordo homologado judicialmente não obsta a propositura de nova reclamação trabalhista.
(E) O acordo homologado judicialmente pode ser atacado pela via recursal ordinária.

A: falso, Súmula 100, V, do TST; B: falso, Súmula 403, II, do TST; C: correto, Súmula 418 do TST; D: falso, orientação jurisprudencial 132 da DI 2 do TST; E: falso, Súmula 259 do TST. "Gabarito "C".

(Magistratura do Trabalho – 18ª Região – 2006) Assinale a alternativa incorreta de acordo com a jurisprudência sumulada do TST.
(A) É cabível o pedido liminar formulado na petição inicial de ação rescisória ou na fase recursal, visando a suspender a execução da decisão rescindenda.
(B) Não é admissível a antecipação de tutela em sede rescisória e por isto o pedido de antecipação de tutela em ação rescisória será sempre rejeitado, vedado seu recebimento como medida acautelatória.
(C) A antecipação da tutela concedida na sentença não comporta impugnação pela via do mandado de segurança, por ser impugnável mediante recurso ordinário.
(D) No caso da tutela antecipada (ou liminar) ser concedida antes da sentença, cabe a impetração do mandado de segurança, em face da inexistência de recurso próprio.
(E) A superveniência da sentença, nos autos originários, faz perder o objeto do mandado de segurança que impugnava a concessão da tutela antecipada (ou liminar).

A: correto, Súmula 405, I, do TST; B: falso, Súmula 405, II, do TST; C: correto, Súmula 414, I, do TST; D: correto, Súmula 414, II, do TST; E: correto, Súmula 414, III, do TST. "Gabarito "B".

(Magistratura do Trabalho – 18ª Região – 2006) Acerca da AÇÃO RESCISÓRIA, é correto afirmar segundo o entendimento sumulado do Tribunal Superior do Trabalho:
(A) A decisão homologatória de cálculos nunca comporta rescisão.
(B) É cabível ação rescisória para impugnar decisão homologatória de adjudicação ou arrematação.
(C) Padece de inépcia a petição da ação rescisória que omite a subsunção do fundamento de rescindibilidade no artigo 485 do CPC ou o capitula erroneamente em um de seus incisos.
(D) O princípio jura novit curia é aplicável na rescisória fundada em violação a literal dispositivo de lei, bastando a narração fática, sem a indicação do preceito legal violado.
(E) Não é documento novo apto a viabilizar a desconstituição do julgado a sentença normativa preexistente à sentença rescindenda, mas não exibida no processo principal, em virtude de negligência da parte, quando podia e deveria louvar-se de documento já existente e não ignorado quando emitida a decisão rescindenda.

A: falso, Súmulas 259 e 403, II, do TST; B: falso, Súmula 399, I, do TST; C: falso, Súmula 408 do TST, primeira parte; D: falso, Súmula 408 do TST, segunda parte; E: correto, Súmula 402 do TST. "Gabarito "E".

(Magistratura do Trabalho – 18ª Região – 2006) Na ação civil coletiva, não havendo habilitação de interessados em número compatível com a gravidade do dano, os demais legitimados previstos em lei poderão promover a liquidação e execução da indenização devida no prazo de:
(A) 30 dias
(B) 3 meses
(C) 6 meses
(D) 1 ano
(E) 2 anos

Art. 100 do CDC. "Gabarito "D".

(Magistratura do Trabalho – 9ª Região – 2006) De acordo com entendimento sumulado pelo TST a respeito da ação rescisória, analise as assertivas abaixo e assinale a alternativa correta:

I. O prazo de decadência, na ação rescisória, conta-se do dia imediatamente subseqüente ao trânsito em julgado da última decisão proferida na causa, seja de mérito ou não.
II. Salvo se houver dúvida razoável, a interposição de recurso intempestivo ou a interposição de recurso incabível não protrai o termo inicial do prazo decadencial.
III. Havendo recurso parcial no processo principal, o trânsito em julgado dá-se em momentos e em tribunais diferentes, contando-se o prazo decadencial para a ação rescisória do trânsito em julgado de cada decisão, salvo se o recurso tratar de preliminar ou prejudicial que possa tornar insubsistente a decisão recorrida, hipótese em que flui a decadência a partir do trânsito em julgado da decisão que julgar o recurso parcial.
IV. O juízo rescindente não está adstrito à certidão de trânsito em julgado juntada com a ação rescisória, podendo formar sua convicção através de outros elementos dos autos quanto à antecipação ou postergação do dies a quo do prazo decadencial.

(A) apenas as assertivas I e IV estão corretas
(B) apenas as assertivas I, II e III estão corretas
(C) apenas as assertivas II, III e IV estão correta
(D) todas as assertivas estão corretas
(E) todas as assertivas estão incorretas

I: correto, Súmula 100, I, do TST; II: correto, Súmula 100, III, do TST; III: correto, Súmula 100, II, do TST; IV: correto, Súmula 100, IV, do TST. "Gabarito "D".

(Ministério Público do Trabalho – 14°) Quanto à ação rescisória no processo do trabalho:

I. A ação rescisória será admitida na Justiça do Trabalho, desde que sujeita ao depósito prévio de 20% (vinte por cento) do valor da causa, salvo prova da miserabilidade jurídica do autor.

II. Sempre que não houver o conhecimento de recurso de revista ou de embargos, a competência para julgar ação que vise a rescindir a decisão de mérito é do Tribunal Regional do Trabalho.
III. Cabe ação rescisória por violação ao art. 896, "a", da CLT, contra decisão que não conhece do recurso de revista, com base em divergência jurisprudencial.
IV. A decisão que conclui estar preclusa a oportunidade de impugnação da sentença de liquidação, por ensejar tão-somente a formação de coisa julgada formal, não é suscetível de rescindibilidade.

De acordo com as proposições acima, pode-se afirmar que:

(A) apenas as proposições I, II e III estão corretas;
(B) todas as proposições estão corretas;
(C) apenas as alternativas II e III estão erradas;
(D) apenas as alternativas I e II estão erradas;
(E) não respondida.

I: correto, art. 836 da CLT; II: falso, Súmula 192, I, do TST; III: falso, Súmula 413 do TST; IV: correto, orientação jurisprudencial 134 da SDI 2 do TST. Gabarito "C".

(Ministério Público do Trabalho – 13°) A respeito da ação rescisória, são hipóteses de seu cabimento no processo do trabalho:

I. quando for proferida por juiz impedido ou absolutamente incompetente;
II. quando ofender a coisa julgada;
III. quando se fundar em prova, cuja falsidade tenha sido apurada em processo criminal ou seja provada na própria ação rescisória;
IV. quando se verificar que foi dada por prevaricação do juiz.

De acordo com as assertivas acima, pode-se afirmar que:

(A) todas estão certas;
(B) a III está errada;
(C) somente a I e a IV estão certas;
(D) nenhuma das anteriores;
(E) não respondida.

I: correto, art. 485, II, do CPC; II: correto, art. 485, IV, do CPC; III: correto, art. 485, VI, do CPC; IV: correto, art. 485, I, do CPC. Gabarito "A".

7. DISSÍDIOS COLETIVOS

(Procurador do Estado/SP – FCC – 2009) Em caso de dissídio coletivo contra pessoa jurídica de direito público e de competência da Justiça do Trabalho, é correto afirmar que:

(A) ocorrendo movimento grevista em atividade essencial, com possibilidade de lesão ao interesse público, o natural legitimado ativo do dissídio coletivo será o sindicato representativo da categoria econômica.
(B) o exercício do direito de greve do servidor público encontra-se devidamente regulamentado.
(C) admite-se o ajuizamento de dissídio coletivo para discussão de cláusulas econômicas.
(D) admite-se o ajuizamento de dissídio coletivo para discussão de cláusulas sociais.
(E) ocorrendo movimento grevista em atividade essencial, com possibilidade de lesão ao interesse público, o natural legitimado ativo do dissídio coletivo será o sindicato representativo da categoria profissional.

A e E: incorretas, pois de acordo com o disposto no art. 114, § 3°, da CF, o natural legitimado será o Ministério Público do Trabalho. Importante lembrar também que o TST não tem admitido que o sindicato representativo da categoria profissional suscite dissídio coletivo de greve. Porém, em 30/04/2010 o TST cancelou a Orientação Jurisprudencial 12 da SDC: "GREVE. QUALIFICAÇÃO JURÍDICA. ILEGITIMIDADE ATIVA 'AD CAUSAM' DO SINDICATO PROFISSIONAL QUE DEFLAGRA O MOVIMENTO. Não se legitima o Sindicato profissional a requerer judicialmente a qualificação legal de movimento paredista que ele próprio fomentou", o que torna a questão polêmica nesse ponto; B: incorreta, pois o exercício do direito de greve pelos servidores públicos não se encontra, até hoje, devidamente regulamentado. O STJ posicionou-se recentemente:

"Resguardado pela Constituição Federal, o direito de greve ainda encontra obstáculos para ser exercido no serviço público. A falta de regulamentação para o setor levou a questão para os tribunais, e está sob o crivo dos magistrados. O Superior Tribunal de Justiça (STJ) é competente para decidir sobre greves de servidores públicos civis quando a paralisação for nacional ou abranger mais de uma unidade da federação. A competência foi definida em julgamento no Supremo Tribunal Federal (STF). Na ocasião, a Corte Constitucional assegurou a todas as categorias – inclusive aos servidores públicos – o direito à greve. Determinou ainda que, até ser editada norma específica, deve-se utilizar por analogia a Lei n. 7.738/89, que disciplina o exercício do direito de greve para os trabalhadores em geral. No STJ, o caminho adotado tem sido o do reconhecimento da legalidade das paralisações, porém, com limitações. 'A situação deve ser confrontada com os princípios da supremacia do interesse público e da continuidade dos serviços essenciais', afirmou o ministro Humberto Martins, ao decidir liminar na Petição n. 7985. Os ministros consideram que cada greve apresenta um quadro fático próprio e, por isso, deve ser analisada segundo suas peculiaridades" (www.stj.gov.br); C: incorreta, pois a afirmativa contraria o teor da Orientação Jurisprudencial 5 da SDC do TST: "DISSÍDIO COLETIVO CONTRA PESSOA JURÍDICA DE DIREITO PÚBLICO. IMPOSSIBILIDADE JURÍDICA. Aos servidores públicos não foi assegurado o direito ao reconhecimento de acordos e convenções coletivas de trabalho, pelo que, por conseguinte, também não lhes é facultada a via do dissídio coletivo, à falta de previsão legal"; D: correta, pois, de fato, a jurisprudência e doutrina mais modernas tem admitido o dissídio coletivo para discussão de cláusulas sociais, eis que a vedação de qualquer aumento remuneratório que fundamenta a impossibilidade de pessoa jurídica de direito público participar de dissídios coletivos econômicos não justifica a impossibilidade quanto a dissídios para discussão de cláusulas sociais. Gabarito "D".

(Procurador do Estado/PE – 2004 – FCC) No processo do trabalho, relativamente a dissídio coletivo decorrente de convenção coletiva que não se realizou, a instauração da instância pode se dar pelos sindicatos interessados,

(A) pelo Presidente do Tribunal ou a requerimento da Procuradoria do Trabalho, sendo possível a celebração de acordo, homologado pelo Tribunal competente.
(B) ou pelo Presidente do Tribunal exclusivamente, sendo possível a celebração de acordo, homologado pelo próprio Presidente do Tribunal.
(C) pelo Presidente do Tribunal ou a requerimento da Procuradoria do Trabalho, sendo possível a celebração de acordo, homologado pelo próprio Presidente do Tribunal.
(D) exclusivamente, sendo vedada a possibilidade de acordo, dado o caráter coletivo da decisão.
(E) exclusivamente, sendo possível a celebração de acordo, homologado pelo Tribunal competente.

Arts. 856 e 863 da CLT. Gabarito "A".

(FGV – 2010) Com relação aos Dissídios Coletivos, analise as alternativas a seguir:

I. A competência no Tribunal Superior do Trabalho para julgamento dos dissídios coletivos é da Seção Especializada em Dissídios Coletivos.
II. Os dissídios coletivos de natureza jurídica são aqueles destinados a reavaliar normas e condições coletivas de trabalho preexistentes, que se hajam tornado injustas.
III. O dissídio coletivo é o processo que visa a dirimir controvérsias entre pessoas jurídicas e grupo de empregados determinados, em que se discute interesses concretos de acordo com as normas já existentes no mundo jurídico.

Assinale:

(A) se somente a afirmativa I estiver correta.
(B) se somente a afirmativa II estiver correta.
(C) se somente as afirmativas I e III estiverem corretas.
(D) se somente as afirmativas II e III estiverem corretas.
(E) se todas as afirmativas estiverem corretas.

I: correta, pois a afirmativa está de acordo com o disposto no art. 70, I, a, do Regimento Interno do TST – Resolução Administrativa 1295/2008; II: incorreta, pois os dissídios coletivos de natureza jurídica visam a interpretação de norma preexistente, mas não quando a parte entende que a norma é injusta, eis que o dissídio não tem o condão de alterar a norma, mas apenas fixar a sua interpretação; III: incorreta, pois o dissídio coletivo é o processo que visa dirimir conflito de toda uma categoria e com a presença do sindicato como parte na ação e não de empregador determinado. Gabarito "A".

(Magistratura do Trabalho – 18ª Região – 2006) Assinale a alternativa correta de acordo com a jurisprudência sumulada do TST.

(A) Nas ações de cumprimento, o substituído processualmente pode, a qualquer tempo, desistir da ação, desde que, comprovadamente, tenha havido transação.
(B) O substituído processualmente pode, antes da sentença de primeiro grau, desistir da ação.
(C) A federação não tem legitimidade para ajuizar a ação de cumprimento prevista no art. 872, parágrafo único, da CLT na qualidade de substituto processual da categoria profissional inorganizada.
(D) O prazo de prescrição com relação à ação de cumprimento de decisão normativa flui apenas da data de seu trânsito em julgado.
(E) O sindicato não é parte legítima para propor, como substituto processual, demanda que vise a observância de convenção coletiva.

A: falso, Súmula 189 do TST cancelada pela resolução 121/03; B: falso, Súmula 255 do TST cancelada pela resolução 121/03; C: falso, Súmula 359 do TST cancelada pela resolução 121/03; D: correto, Súmula 350 do TST; E: falso, Súmula 286 do TST. Gabarito "D".

(Magistratura do Trabalho – 14ª Região – 2006) Considerando a jurisprudência consolidada do C. TST, sobre ação rescisória, analise as proposições dadas, apontando a alternativa CORRETA:

I. sentença normativa proferida ou transitada em julgado posteriormente à sentença rescindenda, não é documento novo apto a viabilizar a desconstituição do julgado por intermédio de ação rescisória.
II. É incabível ação rescisória para impugnar decisão homologatória de adjudicação ou arrematação.
III. O sindicato, substituto processual e autor da reclamação trabalhista, em cujos autos fora proferida a decisão rescindenda, possui legitimidade para figurar como réu na ação rescisória, sendo, entretanto, necessária a citação de todos os empregados substituídos, porquanto existente litisconsórcio passivo necessário.
IV. A ação rescisória calcada em violação de lei não admite reexame de fatos e provas do processo que originou a decisão rescindenda.

(A) Todas as proposições estão corretas;
(B) Apenas as proposições I e II estão corretas;
(C) Apenas as proposições I, II e IV estão corretas;
(D) Apenas as proposições III e IV estão corretas;
(E) Apenas as proposições I e III estão corretas.

I: correto, Súmula 402, a, do TST; II: correto, Súmula 399, I, do TST; III: falso, Súmula 406, II, do TST; IV: correto, Súmula 410 do TST. Gabarito "C".

8. TEMAS COMBINADOS

(Procurador do Estado/RO – 2011 – FCC) Nas reclamações trabalhistas envolvendo os empregados públicos e a Fazenda Pública na Justiça do Trabalho, é correto afirmar:

(A) tem prazos em quádruplo para contestar e em dobro para os demais atos processuais.
(B) a representação processual exige o instrumento de mandato para os procuradores estaduais e municipais, ficando dispensados os procuradores federais.
(C) os recursos não têm efeito devolutivo.
(D) quando condenada subsidiariamente, os juros de mora observarão o regramento específico para a Fazenda Pública, sendo de 0,5% ao mês.
(E) em dissídios individuais, as decisões que estiverem em consonância com as orientações jurisprudenciais do TST não estão sujeitas à remessa obrigatória.

A: opção incorreta, pois nos termos do art. 188 do CPC, embora o prazo seja contado em quádruplo para contestar, ele será em dobro para recorrer; B: opção incorreta, pois os procuradores da Fazenda Pública e das autarquias não necessitam juntar procuração em processos judiciais, por se presumir conhecido o mandato pelo seu título de nomeação. Veja o art. 12, I e II, do CPC; C: opção incorreta, pois os recursos possuem efeito devolutivo; D: opção incorreta, pois, na condenação da Fazenda Pública de forma subsidiária, a aplicação dos juros de mora é regulada pela regra geral prevista na Lei 8.177/91, com juros de 1% ao mês e não dos juros previstos no art. 1º-F da Lei 9.497/97, de 0,5% ao mês; E: opção correta, pois reflete o entendimento consubstanciado na súmula 303, item I, b, do TST. Gabarito "E".

(Procurador do Estado/SC – 2010 – FEPESE) Sobre Direito Processual do Trabalho, assinale a alternativa **incorreta**.

(A) Compete à Justiça do Trabalho processar e julgar causas que versam sobre direitos estatutários de servidores públicos civis.
(B) O depósito recursal deve ser feito e comprovado no prazo alusivo ao recurso. A interposição antecipada deste não prejudica a dilação legal.
(C) Na Justiça do Trabalho, a condenação ao pagamento de honorários advocatícios, nunca superiores a 15% (quinze por cento), não decorre pura e simplesmente da sucumbência.
(D) É dispensável o trânsito em julgado da sentença normativa para a propositura da ação de cumprimento.
(E) Da decisão de Tribunal Regional do Trabalho em mandado de segurança cabe recurso ordinário, no prazo de 8 (oito) dias, para o Tribunal Superior do Trabalho, e igual dilação para o recorrido e interessados apresentarem razões de contrariedade.

A: opção incorreta, pois em razão do julgamento da ADI 3395-6 o STF entendeu que não compete à Justiça do Trabalho o julgamento das causas entre servidores estatutários; B: opção correta, pois reflete o entendimento solidificado pelo TST na súmula 245; C: opção correta, pois reflete o entendimento disposto na súmula 219, item I, do TST; D: opção correta, pois reflete o disposto na súmula 246 do TST; E: opção correta, pois está em conformidade com o art. 895, II, da CLT. Gabarito "A".

(Procurador do Estado/SP – FCC – 2009) Firmado contrato de prestação de serviços entre a Administração Pública direta e empresa de vigilância, sendo ajuizada reclamatória pelo empregado contra o empregador e Fazenda do Estado de São Paulo, segundo entendimento sumulado no âmbito laboral, embora o tema seja ainda debatido nas Varas do Trabalho, Tribunais Regionais e Superior do Trabalho, como, igualmente, no Supremo Tribunal Federal, é correto afirmar que a Fazenda do Estado de São Paulo

(A) poderá integrar o pólo passivo, pois embora não se forme vínculo de emprego, há responsabilidade solidária do Estado quanto às obrigações trabalhistas.
(B) poderá integrar o pólo passivo, pois embora não se forme vínculo de emprego, há responsabilidade subsidiária do Estado quanto às obrigações trabalhistas.
(C) não poderá integrar o pólo passivo, pois não se forma vínculo de emprego entre o Estado e o empregado.
(D) não poderá integrar o pólo passivo, pois a relação contratual foi firmada com a empresa de vigilância.
(E) poderá integrar o pólo passivo, pois há vínculo de emprego entre o Estado e o empregado.

A alternativa B é a correta, pois está de acordo com o disposto na Súmula 331 do TST: "CONTRATO DE PRESTAÇÃO DE SERVIÇOS. LEGALIDADE (...) IV - O inadimplemento das obrigações trabalhistas, por parte do empregador, implica a responsabilidade subsidiária do tomador dos serviços, quanto àquelas obrigações, inclusive quanto aos órgãos da administração direta, das autarquias, das fundações públicas, das empresas públicas e das sociedades de economia mista, desde que hajam participado da relação processual e constem também do título executivo judicial (art. 71 da Lei nº 8.666, de 21.06.1993)". Gabarito "B".

(Procurador do Município/Florianópolis-SC – 2010 – FEPESE) No que se refere às comissões de conciliação prévia, assinale a alternativa **incorreta**, de acordo com a Consolidação das Leis do Trabalho.

(A) As empresas e os sindicatos podem instituir Comissões de Conciliação Prévia, de composição paritária, com representante dos empregados e dos empregadores, com a atribuição de tentar conciliar os conflitos individuais do trabalho.
(B) Qualquer demanda de natureza trabalhista será submetida à Comissão de Conciliação Prévia se, na localidade da prestação de serviços, houver sido instituída a Comissão no âmbito da empresa ou do sindicato da categoria.

(C) Não prosperando a conciliação, será fornecida ao empregado e ao empregador declaração da tentativa conciliatória frustrada com a descrição de seu objeto, firmada pelos membros da Comissão, que deverá ser juntada à eventual reclamação trabalhista.

(D) As Comissões de Conciliação Prévia têm prazo de dez dias para a realização da sessão de tentativa de conciliação a partir da provocação do interessado, não se suspendendo durante esse período o prazo prescricional para o ajuizamento da ação trabalhista.

(E) Caso exista, na mesma localidade e para a mesma categoria, Comissão de empresa e Comissão sindical, o interessado optará por uma delas para submeter a sua demanda, sendo competente aquela que primeiro conhecer do pedido.

A: opção correta, pois reflete o disposto no art. 625-A da CLT; B: opção correta, pois reflete o disposto no art. 625-D da CLT. É importante frisar que referido dispositivo é objeto das ADIs 2139 e 2160 onde foi deferida parcialmente a cautelar para dar interpretação conforme a Constituição Federal; C: opção correta, pois reflete o disposto no art. 625-D, § 2º, da CLT; D: opção incorreta, pois, embora exista o prazo de 10 (dez) dias para a realização da sessão de tentativa de conciliação, art. 625-F da CLT, determinado o art. 625-G da CLT que o prazo será suspenso a partir da provocação da Comissão de Conciliação Prévia; E: opção correta, pois reflete o disposto no art. 625-D, § 4º, da CLT. "Gabarito "D".

(Procurador do Município/Florianópolis-SC – 2010 – FEPESE) Assinale a alternativa **correta**, de acordo com a Consolidação das Leis do Trabalho.

(A) Não cabe nas reclamações sujeitas ao procedimento sumaríssimo.
(B) O prazo para interposição é de quinze dias.
(C) É cabível apenas das decisões definitivas proferidas pelas Varas e Juízos, no prazo de oito dias.
(D) É cabível das decisões definitivas ou terminativas dos Tribunais Regionais, em processos de sua competência originária, no prazo de oito dias, quer nos dissídios individuais, quer nos dissídios coletivos.
(E) Deve ser dirigido ao Superior Tribunal de Justiça e é cabível em mandados de segurança decididos em única instância pelos Tribunais Regionais Federais ou pelos tribunais dos Estados, do Distrito Federal e Territórios, quando denegatória a decisão.

A: opção incorreta, pois o procedimento sumaríssimo vem disposto nos art. 852-A ao 852-I da CLT; B: opção incorreta, pois nos termos do art. 6º da Lei 5.584/70 o prazo para interpor e contra-arrazoar qualquer recurso é de 8 (oito) dias; C: opção incorreta, pois também será cabível das decisões terminativas; D: opção correta, pois reflete o disposto no art. 895 da CLT; E: opção incorreta, pois será dirigido ao TRT da região em que estiver tramitando a reclamação. Gabarito "D".

(Procurador do Município/Florianópolis-SC – 2010 – FEPESE) Assinale a alternativa **correta**, de acordo com a Consolidação das Leis do Trabalho.

(A) Na Justiça do Trabalho, a prova das alegações incumbe ao empregador.
(B) A Justiça do Trabalho não é competente para determinar o recolhimento das contribuições fiscais.
(C) A oposição de exceções, nas causas da jurisdição da Justiça do Trabalho, acarreta a suspensão do feito.
(D) As contribuições sociais devidas em decorrência de decisão proferida pelos Juízes e Tribunais do Trabalho, resultantes de condenação ou homologação de acordo, inclusive sobre os salários pagos durante o período contratual reconhecido, serão executadas pela União após o trânsito em julgado da ação.
(E) A Justiça do Trabalho é competente para processar e julgar as ações de indenização por danos morais e patrimoniais decorrentes de acidente de trabalho propostas por empregado contra empregador, inclusive aquelas que ainda não possuíam sentença de mérito em primeiro grau quando da promulgação da Emenda Constitucional no 45/04.

A: opção incorreta, pois nos termos do art. 818 da CLT a prova das alegações incumbe à parte que as fizer; B: opção incorreta, pois a Justiça do Trabalho é competente, nos termos do art. 114, VIII, da CF. Veja, também, a súmula 368, item I, do TST; C: opção incorreta, pois nos termos do art. 799 da CLT somente podem ser opostas com suspensão do feito as exceções de suspensão ou incompetência; D: opção incorreta, pois em conformidade com a súmula 368, item I, parte final a competência da Justiça do Trabalho para execução das contribuições previdenciárias alcança as parcelas integrantes do salário de contribuição, pagas em virtude de contrato de emprego reconhecido em juízo, ou decorrentes de anotação da Carteira de Trabalho e Previdência Social - CTPS, objeto de acordo homologado em juízo; E: opção correta, pois reflete o disposto no art. 114, VI, da CF. Gabarito "E".

(Magistratura do Trabalho – 24ª Região – 2007) Considerando as Súmulas da jurisprudência do Colendo Tribunal Superior do Trabalho, analise as proposições abaixo:

I. É inadmissível, em instância recursal, o oferecimento tardio de procuração, nos termos do art. 37 do CPC, ainda que mediante protesto por posterior juntada, já que a interposição de recurso não pode ser reputada ato urgente.

II. Inadmissível na fase recursal a regularização da representação processual, na forma do art. 13 do CPC, cuja aplicação se restringe ao Juízo de 1º grau.

III. Válido é o instrumento de mandato com prazo determinado que contém cláusula estabelecendo a prevalência dos poderes para atuar até o final da demanda.

IV. Diante da existência de previsão, no mandato, fixando termo para sua juntada, o instrumento de mandato só tem validade se anexado ao processo dentro do aludido prazo.

V. Configura-se a irregularidade de representação se o substabelecimento é anterior à outorga passada ao substabelecente.

RESPONDA:

(A) Apenas as proposições I, II e V estão corretas.
(B) Apenas as proposições III, IV e V estão corretas.
(C) Apenas as proposições II, IV e V estão corretas.
(D) Apenas a proposição V está correta.
(E) Todas as proposições estão corretas.

I: correto, Súmula 383, I, do TST; II: correto, Súmula 383, II, do TST; III: correto, Súmula 395, I, do TST; IV: correto, Súmula 395, II, do TST, V: correto, Súmula 395, IV, do TST. Gabarito "E".

(Magistratura do Trabalho – 24ª Região – 2007) Assinale a alternativa que está em desconformidade com a CLT:

(A) O agravo de instrumento interposto contra o despacho que não receber agravo de petição não suspende a execução da sentença.
(B) Nas causas sujeitas ao procedimento sumaríssimo, somente será admitido recurso de revista por contrariedade à Súmula de jurisprudência uniforme do Tribunal Superior do Trabalho e violação direta da Constituição da República.
(C) Tratando-se de empregado que não tenha obtido o benefício da justiça gratuita, ou isenção de custas, o sindicato que houver intervindo no processo responderá solidariamente pelo pagamento das custas devidas.
(D) O Juiz é obrigado a dar-se por suspeito, e pode ser recusado, por alguns dos seguintes motivos, em relação à pessoa dos litigantes: inimizade pessoal; amizade íntima; parentesco por consangüinidade ou afinidade até o terceiro grau civil; interesse particular na causa.
(E) O depoimento das partes que não souberem falar a língua nacional será feito por meio de intérprete nomeado pelo Juiz, exceto em caso de surdo-mudo, quando ser-lhe-á nomeado curador à lide.

A: correto, art. 897, § 2º, da CLT; B: correto, art. 896, § 6º, da CLT; C: correto, art. 790, § 1º, da CLT; D: correto, art. 801 da CLT; E: falso, art. 819, caput e § 1º, da CLT. Gabarito "E".

(Magistratura do Trabalho – 24ª Região – 2007) Considerando as disposições da CLT, assinale a alternativa INCORRETA:

(A) A penhora poderá realizar-se em domingo ou dia feriado, desde que o Oficial de Justiça esteja em cumprimento de seu dever de ofício.
(B) O processo do trabalho admite a conversão do juízo conciliatório frustrado em juízo arbitral.
(C) No processo do trabalho, mesmo após encerrado o juízo conciliatório, é lícita a celebração de acordo para pôr fim ao processo.

(D) Nos dissídios sobre estipulação de salários, serão estabelecidas condições que, assegurando justo salário aos trabalhadores, permitam também justa retribuição às empresas interessadas.
(E) Os prazos que se vencerem em sábado, domingo ou dia feriado, terminarão no primeiro dia útil seguinte.

A: falso, art. 770, parágrafo único, da CLT; B: correto, art. 764, § 2º, da CLT; C: correto, art. 764, § 3º, da CLT; D: correto, art. 766 da CLT; E: correto, art. 775, parágrafo único, da CLT. Gabarito "A".

(Magistratura do Trabalho – 23ª Região – 2006) Assinale a alternativa incorreta:

(A) Ao julgar ou homologar ação coletiva ou acordo nela havido, o Tribunal Superior do Trabalho exerce o poder normativo constitucional, não podendo criar ou homologar condições de trabalho que o Supremo Tribunal Federal julgue iterativamente inconstitucionais.
(B) A Justiça do Trabalho só tem competência para autorizar o levantamento do depósito do Fundo de Garantia do Tempo de Serviço na ocorrência de dissídio entre empregado e empregador.
(C) A admissibilidade do recurso de revista tem como pressuposto a indicação expressa do dispositivo de lei ou da Constituição tido como violado.
(D) A admissibilidade do recurso de revista interposto de acórdão proferido em agravo de petição, na liquidação de sentença ou em processo incidente na execução, inclusive os embargos de terceiro, depende de demonstração inequívoca de violência direta à Constituição Federal.
(E) Compete à Justiça do Trabalho processar e julgar ações ajuizadas por empregados em face de empregadores relativas ao cadastramento no Programa de Integração Social – PIS.

A: correto, Súmula 190 do TST; B: falso, Súmula 176 cancelada pela resolução 121/03; C: correto, Súmula 221 do TST; D: correto, Súmula 266 do TST; E: correto, Súmula 300 do TST. Gabarito "B".

(Magistratura do Trabalho – 23ª Região – 2006) Assinale a alternativa incorreta:

(A) Os atos processuais serão públicos, salvo quando o contrário determinar o interesse social, e realizar-se-ão nos dias úteis das 6 às 20 horas.
(B) Tratando-se de notificação postal, no caso de não ser encontrado o destinatário ou no de recusa de recebimento, o Correio ficará obrigado, sob pena de responsabilidade do servidor, a devolvê-la no prazo de 48 horas, ao Tribunal de origem.
(C) As audiências dos órgãos da Justiça do Trabalho realizar-se-ão na sede do Juízo ou Tribunal em dias úteis previamente fixados entre 8 e 18 horas, não podendo ultrapassar cinco horas seguidas, salvo quando houver matéria urgente.
(D) Recebida e protocolada a reclamação, o escrivão ou chefe de Secretaria, dentro de 48 horas, remeterá a segunda via da petição do termo ao reclamado, notificando-o ao mesmo tempo, para comparecer à audiência de julgamento, que será a primeira desimpedida, depois de cinco dias.
(E) Apresentada a exceção de incompetência, abrir-se-á vista dos autos ao exceto, por 48 horas improrrogáveis, devendo a decisão ser proferida na primeira audiência ou sessão que se seguir.

A: correto, art. 770 da CLT; B: correto, art. 774, parágrafo único, da CLT; C: correto, art. 813 da CLT; D: correto, art. 841 da CLT; E: falso, art. 800 da CLT. Gabarito "E".

(Magistratura do Trabalho – 23ª Região – 2006) – Leia os enunciados abaixo e assinale a alternativa correta:

I. De acordo com a CLT, as partes poderão requerer certidões dos processos em curso ou arquivados, as quais serão lavradas pelos escrivães ou chefes de secretaria, mas não serão emitidas certidões de processos que correrem em segredo de justiça;
II. Toda testemunha antes de prestar compromisso legal, será devidamente qualificada e, não portando no ato documento de identidade, não poderá ser ouvida sob compromisso legal, o que não a impede de ser ouvida como informante;
III. De acordo com a Súmula 136 do TST, o princípio da identidade física do juiz não se aplicava no processo do trabalho em razão da decisão ser proferida por um Colegiado. Com a extinção da representação classista eliminou-se o óbice e o TST cancelou referida Súmula;
IV. A União, Estados, o Distrito Federal, os Municípios e respectivas autarquias e fundações públicas federais, estaduais ou municipais que não explorem atividade econômica são isentos do pagamento de custas e desobrigadas de reembolsar as despesas judiciais realizadas pela parte vencedora;
V. no caso de procedência do pedido formulado em ação declaratória e em ação constitutiva, o valor das custas será arbitrado pelo juiz.

(A) todas as afirmativas estão corretas;
(B) somente a afirmativa II está correta;
(C) somente as afirmativas II e III estão corretas;
(D) somente as afirmativas II, III e IV estão corretas;
(E) todas as afirmativas estão incorretas.

I: falso, art. 781, caput e parágrafo único, da CLT; II: falso, pois a testemunha sem documento não pode ser qualificada, tampouco prestar compromisso; III: falso; a Súmula 136 está mantida; IV: falso, art. 790-A da CLT; V: falso, art. 789, III, da CLT. Gabarito "E".

(Magistratura do Trabalho – 14ª Região – 2006) Considere as proposições abaixo.

I. Fixado o valor da causa pelo juiz, qualquer das partes poderá, em razões finais, impugnar o valor fixado e, se o juiz o mantiver, é cabível o pedido de revisão, no prazo de 48 horas, dirigido ao Presidente do Tribunal Regional respectivo.
II. De acordo com a jurisprudência consolidada do C. TST, foi recepcionado pela Constituição de 1988 o § 4º, art. 2º, da Lei 5.584/70, o qual fixa em dois salários mínimos os dissídios de alçada exclusiva das Varas do Trabalho.
III. O prazo para o reclamado comprovar a efetivação do depósito recursal e o recolhimento das custas judiciais é o do recurso, sob pena de deserção.
IV. Ainda que não seja associado do sindicato, o trabalhador poderá receber a assistência judiciária sindical de que fala a Lei n.º 5.584/70.

(A) Todas as proposições estão corretas;
(B) Apenas as proposições I e II estão corretas;
(C) Apenas as proposições II, III e IV estão corretas;
(D) Apenas as proposições II e IV estão corretas;
(E) Apenas as proposições I e IV estão corretas.

I: correto, art. 2º, caput e § 1º, da lei 5.584/70; II: correto, Súmula 356 do TST; III: correto, Súmula 245 do TST; IV: correto, art. 18 da lei 5.584/70. Gabarito "A".

(Magistratura do Trabalho – 14ª Região – 2006) Leia as proposições sobre as comissões de conciliação prévia, apontando abaixo a alternativa CORRETA:

I. Podem ser instituídas por sindicatos, por grupos de empresa ou ter caráter intersindical, sendo, obrigatoriamente, de composição paritária, com representantes dos empregadores e empregados, com a atribuição de tentar conciliação dos conflitos individuais do trabalho.
II. A Comissão instituída no âmbito da empresa será composta de, no mínimo dois e, no máximo, dez membros, com respectivos suplentes. A metade de seus membros será indicada pelo empregador e a outra metade eleita pelos empregados, em escrutínio secreto, fiscalizado pelo sindicato da categoria profissional ou pela Delegacia Regional do Trabalho da localidade.
III. Todos os membros componentes da Comissão, titulares e suplentes, gozam de estabilidade provisória no emprego, até um ano após o final do mandato, salvo se cometerem falta grave, nos termos da lei.
IV. O termo de conciliação, revestido das formalidades legais, se constitui em título executivo extrajudicial e terá eficácia liberatória especificamente quanto às parcelas reclamadas e os respectivos valores, exceto quanto às ressalvas expressamente feitas.

(A) Todas as proposições estão corretas;
(B) Apenas as proposições I e II estão corretas;
(C) Apenas as proposições I e IV estão corretas;
(D) Apenas a proposição I está correta;
(E) Apenas as proposições II e IV estão corretas;

I: correto, art. 625-A, caput e parágrafo único da CLT; II: falso, art. 625-B, I, da CLT; III: falso, art. 625-B, § 1º, da CLT; IV: falso, art. 625-E, parágrafo único, da CLT. Gabarito "D".

(Magistratura do Trabalho – 9ª Região – 2006) É correto afirmar, à luz dos arts. 625-A a 625-H, da CLT:

I. Em comissão de conciliação prévia, instituída no âmbito da empresa, os membros representantes da categoria profissional, inclusive suplentes, gozarão de garantia de emprego até um ano após o final do mandato, não sendo previsto igual benefício legal para membros da comissão instituída no âmbito do sindicato.
II. Pelo período em que a demanda estiver aguardando a tentativa conciliatória junto à comissão de conciliação prévia, a prescrição será interrompida.
III. O termo de conciliação prévia constitui título executivo de eficácia liberatória geral, exceto no que respeita às parcelas expressamente ressalvadas.
IV. Concorrendo na localidade, por mesma categoria, comissão de empresa e comissão sindical, tem preferência esta, a quem o interessado deverá submeter a sua demanda.

(A) somente as proposições I e II são corretas
(B) somente as proposições II e IV são corretas
(C) somente as proposições II e III são corretas
(D) somente a proposição II é correta
(E) somente as proposições I e III são corretas

I: correto, art. 625-B, § 1º, da CLT, II: falso, art. 625-G, da CLT; III: correto, art. 625-E, parágrafo único, da CLT; IV: falso, art. 625-D, § 4º, da CLT. Gabarito "E".

(Magistratura do Trabalho – 9ª Região – 2006) Assinale a alternativa correta:

(A) Para interposição do recurso de agravo de petição, deverá o executado desde logo depositar as custas decorrentes dos embargos à execução rejeitados e também do próprio recurso, sob pena de não conhecimento do agravo.
(B) Nas reclamações enquadradas no procedimento sumaríssimo, em regra, todas as provas devem ser produzidas na audiência de instrução, mesmo quando não requeridas antecipadamente. Cada parte poderá ouvir até duas testemunhas, sendo que não caberá adiamento da audiência para intimação da testemunha ausente se a parte interessada não comprovar que a convidou.
(C) O Juiz do Trabalho, ao condenar o empregador ao pagamento de R$ 400,00, deverá fixar o valor das custas em R$ 80,00.
(D) O empregador junta documento inerente à relação de emprego que é objeto da ação com a sua defesa, mas alguns dias depois protocola petição alegando que o documento não é relevante para o julgamento da causa e que foi juntado por equívoco, razões pelas quais requer o desentranhamento do documento. Em sua manifestação sobre o pedido, o reclamante não concorda com o desentranhamento, sob o fundamento de que o documento é relativo ao seu contrato de trabalho. Neste quadro, a decisão que defere o requerimento do reclamado encontra respaldo na CLT.
(E) O prazo para o órgão do Ministério Público da União exarar parecer nos processos em trâmite perante a Justiça do Trabalho é o de 16 dias, contados da sua intimação.

A: falso, Súmula 128 do TST; B: correto, art. 852-H, §§ 2º e 3º, da CLT; C: falso, art. 789, I, da CLT; D: falso, pois o documento é essencial à causa e não podia ser retirado; E: falso, art. 5º da lei 5.584/70. Gabarito "B".

11. DIREITO DO CONSUMIDOR

Wander Garcia

1. CONCEITO DE CONSUMIDOR E RELAÇÃO DE CONSUMO

(Magistratura/AC – 2008 – CESPE) Gregório é proprietário de apartamento que integra o Condomínio Vila Bela e pretende propor ação judicial contra o mencionado condomínio sob o argumento de que houve ofensa aos seus direitos de consumidor, ao ser majorada a taxa condominial em 300%. O síndico do Condomínio Vila Bela justificou o aumento da taxa condominial com a alegação de que a competente concessionária de serviços públicos estaria cobrando indevida taxa de esgoto, que deveria ser custeada por todos os condôminos. Considerando a situação hipotética apresentada, assinale a opção correta acerca do Código de Defesa do Consumidor (CDC).

(A) Quanto às despesas de manutenção, aplica-se o CDC à relação jurídica entre Gregório e o Condomínio Vila Bela.
(B) Inexiste relação de consumo entre o Condomínio Vila Bela e a concessionária de serviços públicos que cobra indevidamente taxa de esgoto.
(C) O Condomínio Vila Bela não é considerado consumidor de bens e serviços de consumo, por ser apenas pessoa formal, sem personalidade jurídica.
(D) Sendo constatada relação de consumo, presume-se a vulnerabilidade de Gregório, por ser pessoa física, ao contrário das pessoas jurídicas, que devem demonstrar esse requisito de aplicação do CDC.

A: segundo o STJ, a Lei 8.078/90 (o CDC) não se aplica em face do condomínio edilício: "Conforme reiterada jurisprudência desta Corte, não é relação de consumo a que se estabelece entre os condôminos e o Condomínio, referente às despesas para manutenção e conservação do prédio e dos seus serviços." (REsp 441.873/DF, Rel. Ministro CASTRO FILHO, TERCEIRA TURMA, julgado em 19/09/2006, DJ 23/10/2006 p. 295); B e C: entre o condomínio e a concessionária há relação de consumo, pelo fato de o condomínio representar os destinatários finais dos serviços prestados pela companhia (AgRg no Ag 961.132/SP, DJ 05/08/2010); D: art. 4º, I, do CDC; vale ressaltar que há decisão do STJ no sentido de que a presunção de vulnerabilidade também se aplica ao consumidor pessoa jurídica (RMS 27.512/BA, DJ 23/09/2009). Gabarito "D".

(Magistratura/AL – 2007 – FCC) O advogado que perde prazo legalmente previsto para interpor recurso contra decisão contrária aos interesses do seu cliente,

(A) comete crime previsto no Código de Defesa do Consumidor.
(B) comete prática abusiva sancionada pelo Código de Defesa do Consumidor.
(C) responde por vício na prestação do serviço, que pode ser sanado a qualquer tempo.
(D) responde pela reparação dos danos causados ao cliente, mediante verificação da culpa no caso concreto.
(E) responde pela reparação dos danos causados ao cliente e essa responsabilidade é objetiva.

A responsabilidade dos profissionais liberais, no CDC, é subjetiva (art. 14, § 4º); no caso do advogado, há lei específica regulando sua responsabilidade (art. 32 da Lei 8.906/94), de modo que esta deve ser aplicada (STJ: 4ª Turma, Resp 532.377/RJ, Min. César Asfor Rocha, j. em 29/08/2003). Vide também REsp 914.105/GO, Rel. Ministro FERNANDO GONÇALVES, QUARTA TURMA, julgado em 09/09/2008, DJ 22/09/2008. Gabarito "D".

(Magistratura/GO – 2009 – FCC) Para fins de aplicação do regime jurídico do CDC, é INCORRETO afirmar:

(A) Serviço é qualquer atividade fornecida no mercado de consumo, mediante remuneração, salvo as decorrentes das relações de caráter trabalhista.
(B) Consumidor é somente a pessoa física ou jurídica que adquire ou utiliza produto ou serviço como destinatário final.
(C) A coletividade de pessoa, ainda que indetermináveis, que haja intervindo nas relações de consumo, é consumidora.
(D) A pessoa física ou jurídica de direito público, que desenvolve atividade de produção, montagem e transformação de produtos ou prestação de serviços é fornecedora.
(E) Produto é qualquer bem, móvel ou imóvel, material ou imaterial.

A: correta (art. 3º, § 2º, do CDC): B: incorreta, pois há outros consumidores equiparados, como a "coletividade de pessoas, ainda que indetermináveis, que haja intervindo nas relações de consumo" (art. 2º, parágrafo único, do CDC), as "vítimas do evento", ou seja, as vítimas de um acidente de consumo (art. 17 do CDC), e as "pessoas determináveis ou não, expostas às práticas" abusivas (art. 29 do CDC); C e D: corretas (art. 3º, caput, do CDC): E: correta (art. 3º, § 1º, do CDC). Gabarito "B".

(MAGISTRATURA/PB – 2011 – CESPE) Assinale a opção correta com base no entendimento sumulado pelo STJ a respeito da aplicação do CDC no que se refere a fornecedor e práticas abusivas.

(A) O CDC não é aplicável à relação jurídica entre a entidade de previdência privada e seus participantes.
(B) O CDC não se aplica aos contratos de plano de saúde.
(C) Nos contratos bancários, é possível ao julgador conhecer de ofício a abusividade das cláusulas.
(D) Nos contratos bancários posteriores ao CDC, incide a multa moratória nele prevista.
(E) Não é abusiva cláusula contratual de plano de saúde que limite no tempo a internação hospitalar do segurado.

A: incorreta, pois é aplicável (Súmula 321 do STJ); B: incorreta, pois é aplicável (Súmula 469 do STJ); C: incorreta, pois a Súmula 381 do STJ estabelece que, nos contratos bancários, é vedado ao julgador conhecer de ofício a abusividade das cláusulas; D: correta (Súmula 285 do STJ); E: incorreta, pois essa cláusula é abusiva (Súmula 302 do STJ). Gabarito "D".

(MAGISTRATURA/PB – 2011 – CESPE) Assinale a opção correta de acordo com a jurisprudência do STJ no que tange ao direito do consumidor.

(A) Por força de vedação prevista em lei, o MP não possui legitimidade para promover ação civil pública na defesa de direitos dos consumidores de energia elétrica.
(B) O critério a ser adotado para determinar a relação de consumo é o maximalista; desse modo, para se caracterizar como consumidora, a parte deve ser destinatária econômica final do bem ou do serviço adquirido.
(C) No contrato de fornecimento de energia elétrica, a concessionária não pode repassar às faturas a serem pagas pelo consumidor o valor da contribuição ao Programa de Integração Social e o da contribuição para financiamento da seguridade social por ela devidos.

(D) À cobrança de indenização securitária não se aplica a responsabilidade solidária decorrente de danos ao consumidor, pois a pretensão diz respeito à exigência do próprio serviço, e não, a responsabilidade por fato do serviço.

(E) Considere que uma sociedade empresária efetue a compra de uma retroescavadeira usada para ser empregada em suas atividades negociais. Nessa situação, são aplicáveis as regras do CDC.

A: incorreta, pois o STJ entende que o Ministério Público tem legitimidade sim para propor ação civil pública no caso (REsp 1.010.130, DJ 24/11/10); B: incorreta, pois o STJ adota a teoria finalista, e não a teoria maximalista; ou seja, para o STJ só é consumidor quem adquire produto ou serviço como destinatário final fático e econômico; porém, atualmente o STJ também vem determinando a aplicação o CDC em casos em que se comprove que o destinatário final do produto é vulnerável, ainda que se trate de um destinatário final econômico; quando uma empresa é do tipo microempresa ou empresa individual, o STJ costuma entender que há vulnerabilidade, justificando a aplicação do CDC, desde que haja, pelo menos, destinação final fática; um exemplo está no Informativo 441 do STJ, em que se entendeu que uma empresa dessa natureza, que havia adquirido uma máquina de bordar, tinha direito à proteção do CDC; outro exemplo está no Informativo 383 do STJ, em que se entendeu que um caminhoneiro tinha, também, direito à proteção do CDC; sobre a questão, vale a pena citar interessante decisão do STJ: "A jurisprudência desta Corte, no tocante à matéria relativa ao consumidor, tem mitigado os rigores da teoria finalista para autorizar a incidência do Código de Defesa do Consumidor nas hipóteses em que a parte (pessoa física ou jurídica), embora não seja tecnicamente a destinatária final do produto ou serviço, se apresenta em situação de vulnerabilidade; o Acórdão recorrido destaca com propriedade, porém, que a recorrente é uma sociedade de médio porte e que não se vislumbra, no caso concreto, a vulnerabilidade que inspira e permeia o Código de Defesa do Consumidor" (REsp 1027165/ES, DJe 14/06/2011); C: incorreta, pois o STJ considera legítimo esse repasse (Resp 1.185.070, j. 22.09.10); D: correta; sobre o tema, vide o seguinte precedente do STJ: RECURSO ESPECIAL. SISTEMA FINANCEIRO DA HABITAÇÃO. PEDIDO DE COBERTURA SECURITÁRIA. VÍCIOS NA CONSTRUÇÃO. AGENTE FINANCEIRO. ILEGITIMIDADE. 1. Ação em que se postula complementação de cobertura securitária, em decorrência danos físicos ao imóvel (vício de construção), ajuizada contra a seguradora e a instituição financeira estipulante do seguro. Comunhão de interesses entre a instituição financeira estipulante (titular da garantia hipotecária) e o mutuário (segurado), no contrato de seguro, em face da seguradora, esta a devedora da cobertura securitária. Ilegitimidade passiva da instituição financeira estipulante para responder pela pretendida complementação de cobertura securitária. 2. A questão da legitimidade passiva da CEF, na condição de agente financeiro, em ação de indenização por vício de construção, merece distinção, a depender do tipo de financiamento e das obrigações a seu cargo, podendo ser distinguidos, a grosso modo, dois gêneros de atuação no âmbito do Sistema Financeiro da Habitação, isso a par de sua ação como agente financeiro em mútuos concedidos fora do SFH (1) meramente como agente financeiro em sentido estrito, assim como as demais instituições financeiras públicas e privadas (2) ou como agente executor de políticas federais para a promoção de moradia para pessoas de baixa ou baixíssima renda. 3. Nas hipóteses em que atua na condição de agente financeiro em sentido estrito, não ostenta a CEF legitimidade para responder por pedido decorrente de vícios de construção na obra financiada. Sua responsabilidade contratual diz respeito apenas ao cumprimento do contrato de financiamento, ou seja, à liberação do empréstimo, nas épocas acordadas, e à cobrança dos encargos estipulados no contrato. A previsão contratual e regulamentar da fiscalização da obra pelo agente financeiro justifica-se em função de seu interesse em que o empréstimo seja utilizado para os fins descritos no contrato de mútuo, sendo de se ressaltar que o imóvel lhe é dado em garantia hipotecária. 4. Hipótese em que não se afirma, na inicial, que a CEF tenha assumido qualquer outra obrigação contratual, exceto a liberação de recursos para a construção. Não integra a causa de pedir a alegação de que a CEF tenha atuado como agente promotor da obra, escolhido a construtora ou tido qualquer responsabilidade relativa à elaboração ao projeto. 5. Recurso especial provido para reconhecer a ilegitimidade passiva ad causam do agente financeiro recorrente. (REsp 1102539/PE, DJe 06/02/2012); E: incorreta, pois, conforme visto no comentário à alternativa "b", a jurisprudência do STJ adotou a teoria finalista, pela qual não se aplica o CDC quando o adquirente da coisa a utiliza para suas atividades negociais, ou seja, como insumo de sua produção. Gabarito "D".

(MAGISTRATURA/PB – 2011 – CESPE) Considerando a jurisprudência do STJ, assinale a opção correta acerca de fornecedor, proteção contratual e responsabilidade.

(A) Empresa jornalística não pode ser responsabilizada pelos produtos ou serviços oferecidos por seus anunciantes, sobretudo quando não se infira ilicitude dos anúncios.

(B) A composição civil judicial entre consumidor e fornecedor e (ou) prestador de serviços afasta a imposição de multa aplicada por órgão de proteção e defesa do consumidor.

(C) Em contrato de arrendamento, considera-se abusiva cláusula contratual que obrigue o arrendatário a contratar seguro em nome do arrendante, cabendo àquele o dever de conservar o bem e, portanto, de arcar com os riscos e encargos inerentes.

(D) Se uma revendedora de máquinas e equipamentos firmar contrato com transportadora para o transporte de um gerador de energia, restará configurada relação de consumo.

(E) Em caso de rescisão de promessa de compra e venda de imóvel ainda em construção, é legítima cláusula contratual que determine a restituição das parcelas somente ao término da obra.

A: correta, conforme o seguinte precedente: "CIVIL. RECURSO ESPECIAL. AÇÃO DE REPARAÇÃO POR DANOS MATERIAIS. PUBLICAÇÃO DE ANÚNCIO EM CLASSIFICADOS DE JORNAL. OCORRÊNCIA DE CRIME DE ESTELIONATO PELO ANUNCIANTE. INCIDÊNCIA DO CDC. RESPONSABILIDADE DO JORNAL. 1. O recorrido ajuizou ação de reparação por danos materiais, em face da recorrente (empresa jornalística), pois foi vítima de crime de estelionato praticado por meio de anúncio em classificados de jornal. 2. Nos contratos de compra e venda firmados entre consumidores e anunciantes em jornal, as empresas jornalísticas não se enquadram no conceito de fornecedor, nos termos do art. 3º do CDC. 3. A responsabilidade pelo dano decorrente do crime de estelionato não pode ser imputada à empresa jornalística, visto que essa não participou da elaboração do anúncio, tampouco do contrato de compra e venda do veículo. 4. O dano sofrido pelo consumidor deu-se em razão do pagamento por um veículo que não foi entregue pelo anunciante, e não pela compra de um exemplar do jornal. Ou seja: o produto oferecido no anúncio (veículo) não tem relação com o produto oferecido pela recorrente (publicação de anúncios). 5. Assim, a empresa jornalística não pode ser responsabilizada pelos produtos ou serviços oferecidos pelos seus anunciantes, sobretudo quando dos anúncios publicados não se infere qualquer ilicitude. 6. Desarte, inexiste nexo causal entre a conduta da empresa e o dano sofrido pela vítima do estelionato. 7. Recurso especial conhecido e provido." (REsp 1046241/SC, Rel. Ministra NANCY ANDRIGHI, TERCEIRA TURMA, julgado em 12/08/2010, DJe 19/08/2010); B: incorreta, pois a multa prevista no art. 56 do CDC não visa à reparação do dano sofrido pelo consumidor, mas sim à punição pela infração às normas que tutelam as relações de consumo (DJ 16/03/10); C: incorreta, pois o STJ não considera abusiva essa cláusula, já que cabe ao arrendatário o dever de conservação da coisa, o que faz com que deva suportar com os riscos e encargos inerentes à sua obrigação; o seguro, no caso, é garantia do cumprimento desse dever (REsp 1.060.515, DJ 24/05/10); D: incorreta, pois o serviço contratado é utilizado na cadeia produtiva, não se aplicando o CDC (REsp 836.823, DJ 23/08/10); E: incorreta, pois, segundo o STJ, há enriquecimento ilícito da incorporadora na aplicação de cláusula que obriga o consumidor a esperar o término completo das obras para reaver o seu dinheiro, pois a primeira poderá revender imediatamente o imóvel sem assegurar, ao mesmo tempo, a fruição pelo consumidor do dinheiro por este investido (AgRg no REsp 863.639, DJ 15/08/11). Gabarito "A".

(Magistratura/PR – 2010 – PUC/PR) A Lei 8.078/1990 define os elementos que compõem a relação jurídica de consumo, em seus artigos 2º e 3º: elementos subjetivos, consumidor e fornecedor; elementos objetivos, produtos e serviços, respectivamente Segundo estas definições, podemos afirmar que:

I. Fornecedor é toda pessoa física ou jurídica, pública ou privada, nacional ou estrangeira, bem como os entes despersonalizados, que desenvolvem atividade de produção, montagem, criação, construção, transformação, importação, exportação, distribuição ou comercialização de produtos ou prestação de serviços.

II. Serviço é qualquer atividade fornecida no mercado de consumo, mediante remuneração, inclusive as de natureza bancária, financeira, de crédito e securitária e as decorrentes das relações de caráter trabalhista.

III. Consumidor é toda pessoa física ou jurídica que adquire ou utiliza produto ou serviço como destinatário final. Equipara-se a consumidor a coletividade de pessoas, ainda que indetermináveis, que haja intervindo nas relações de consumo.

IV. Produto é qualquer bem, móvel ou imóvel, material ou imaterial.

Marque a alternativa CORRETA:

(A) Apenas as assertivas I, III e IV estão corretas.
(B) Apenas as assertivas II e III estão corretas.
(C) Apenas as assertivas II e III estão incorretas.
(D) Apenas a assertiva I está correta.

I: correta (art. 3º, caput, do CDC); II: incorreta, pois as relações de caráter trabalhista não são "serviço" para fins de incidência do CDC (art. 3º, § 2º, do CDC); III: correta (art. 2º do CDC); IV: correta (art. 3º, § 1º, do CDC). Gabarito "A".

(Magistratura/RO – 2011 – PUCPR) A Lei 8.078/1990 define os elementos que compõem a relação jurídica de consumo, em seus artigos 2° e 3°, elementos subjetivos, consumidor e fornecedor; elementos objetivos, produtos e serviços. Dado esse contexto, avalie as proposições a seguir:

I. Fornecedor é toda pessoa física ou jurídica, pública ou privada, nacional ou estrangeira, bem como os entes despersonalizados, que desenvolvem atividade de produção, montagem, criação, construção, transformação, importação, exportação, distribuição ou comercialização de produtos ou prestação de serviços.
II. Serviço é qualquer atividade fornecida no mercado de consumo, mediante remuneração, inclusive as de natureza bancária, financeira, de crédito e securitária e as decorrentes das relações de caráter trabalhista.
III. Consumidor é toda pessoa física ou jurídica que adquire ou utiliza produto ou serviço como destinatário final. Equipara-se a consumidor a coletividade de pessoas, ainda que indetermináveis, que haja intervindo nas relações de consumo.
IV. Produto é qualquer bem, móvel ou imóvel, material ou imaterial.

Está(ão) CORRETA(S):

(A) Apenas as proposições I, III e IV.
(B) Apenas as proposições II e III.
(C) Todas as proposições.
(D) Apenas a proposição I.
(E) Apenas a proposição III.

I: correta (art. 3°, caput, do CDC); II: incorreta, pois não é considerado serviço atividade "decorrente das relações de caráter trabalhista" (art. 3°, § 2°, parte final, do CDC); III: correta (art. 2° do CDC); IV: correta (art. 3°, § 1°, do CDC). Gabarito "A".

(Ministério Público/MG – 2010.1) A respeito do regime do Código de Defesa do Consumidor (CDC) considere as seguintes proposições

I. A incidência do princípio da interpretação mais favorável ao consumidor pressupõe a presença de cláusulas ambíguas ou contraditórias em contrato de consumo e de adesão.
II. A oferta obriga o fornecedor que a fizer veicular ou dela se utilizar e integra o contrato que vier a ser formado, se o contrário não resultar dos termos dela.
III. A pessoa jurídica não pode ser considerada consumidor destinatário final de produtos e serviços.
IV. Para que um profissional seja considerado fornecedor, o CDC não exige a finalidade de lucro no exercício de suas atividades.

Marque a opção CORRETA.

(A) I, II, III e IV estão corretas.
(B) I e II estão corretas.
(C) I e III estão corretas.
(D) IV está correta.
(E) II está correta.

I: incorreta, pois, diferentemente da redação do Código Civil (art. 423), o texto do art. 47 do CDC não traz como requisito a necessidade de estarem presentes cláusulas ambíguas ou contraditórias; II: incorreta, pois a oferta integra sempre o contrato que venha a ser formado (art. 30 do CDC); III: incorreta (art. 2° do CDC); IV: correta, pois não se exige a finalidade de lucro (art. 3°, caput, do CDC); por outro lado, para ser fornecedor, há de se exercer uma "atividade", ou seja, é necessário habitualidade e profissionalismo; e os "serviços", para que incida o CDC, hão de ser cobrados (remunerados), nos termos do § 2° do art. 3° do CDC, valendo salientar que uma coisa é cobrar, outra coisa é buscar o lucro; há entidades que cobram, mas não visam ao lucro, como uma faculdade sem fins lucrativos. Gabarito "D".

(Ministério Público/PR – 2008) Assinale a alternativa onde aparece uma atividade que não se encontra entre aquelas praticadas por alguém que é considerado fornecedor pelo Código de Defesa do Consumidor.

(A) produção, criação e transformação.
(B) importação e exportação.
(C) prestação de serviços bancários, securitários e de crédito.
(D) montagem, relações trabalhistas e construção.
(E) comercialização e prestação de serviços.

Art. 3°, caput e § 2°, do CDC. Gabarito "D".

(Ministério Público/RO – 2008 – CESPE) Quanto à identificação das partes que compõem a relação de consumo, assinale a opção correta.

(A) Serão considerados fornecedores as pessoas físicas ou jurídicas que participem do oferecimento de produtos e serviços ao mercado, exigindo-se ainda que o ofertado seja adquirido ou utilizado apenas por sujeitos que se qualifiquem como destinatários finais.
(B) A pessoa jurídica que contrai o dever de preparar e fornecer refeições a seus empregados será considerada fornecedora segundo o CDC, em decorrência do proveito indireto que obtém dessa atividade, conjugado com a condição de tomador final daqueles que receberem o produto.
(C) Se o prestador do serviço ou produto oferecido mediante remuneração atua sem fins lucrativos, não poderá ser qualificado como fornecedor, porquanto não realiza essa atividade como empresário.
(D) Os órgãos públicos que forneçam produto ou prestem serviço ao mercado de consumo também poderão ser qualificados como fornecedores, excluindo-se os casos em que sejam remunerados por espécie tributária específica, tal como taxa pela coleta ou tratamento de esgoto sanitário.
(E) Não será fornecedor aquele que oferece produto ou serviço ao mercado de forma gratuita ao destinatário final, uma vez que essa prestação é realizada sem direito à contraprestação.

A: há também consumidores equiparados (arts. 2°, parágrafo único, 17 e 29 do CDC); B: para configurar uma relação de consumo o serviço deve ser remunerado e não pode envolver relação trabalhista (art. 3°, § 2°, do CDC); C: o critério não é o intuito de lucro, mas, sim, no caso do serviço, a existência ou não de remuneração pelo serviço prestado (art. 3°, § 2°, do CDC); D: art. 22 do CDC; mas não há relação de consumo se o caso envolver relação tributária; E: a afirmação só vale para o fornecedor de serviço (art. 3°, § 2°, do CDC). Gabarito "D".

(Defensor Público/AM – 2010 – I. Cidades) Com relação ao Código de Defesa do Consumidor (Lei n. 8.078, de 11 de setembro de 1990), assinale a alternativa correta:

(A) aplica-se à locação de imóvel residencial;
(B) aplica-se ao seguro-fiança relacionado à locação de imóvel residencial;
(C) aplica-se à locação comercial em shopping center;
(D) aplica-se ao condomínio residencial;
(E) aplica-se à compra e venda de imóvel residencial entre dois particulares.

A: incorreta, pois o STJ é pacífico no sentido de que não se aplica o CDC, mas somente a Lei 8.245/91 (STJ, AgRg no Ag 1.089.413, DJ 28.06.11); B: correta, pois o seguro-fiança é considerado serviço de natureza securitária, previsto no art. 3°, § 2°, do CDC; C: incorreta, pois, nesse caso, também se aplica o disposto na Lei 8.245/91; D: incorreta, pois, segundo o STJ, a relação entre o condômino e o condomínio não configura a definição de prestação de serviço prevista no CDC (AgRg no Ag 1.122.191, DJ 01.07.10); E: incorreta pois, nesse caso, não há fornecedor, já que este é aquele que "desenvolve atividade" de comércio, fabricação etc; no caso, a expressão "particular" é usada no sentido de designar aquele que vende algo eventualmente, ou seja, não profissionalmente. Gabarito "B".

(Defensor Público/BA – 2006) Versando sobre o tema do Direito do Consumidor, consoante as disposições da Lei 8078 de 1990 (Código de Defesa do Consumidor), tem-se que:

I. Equipara-se a consumidor a coletividade de pessoas, ainda que indetermináveis, que haja intervindo nas relações de consumo.
II. Fornecedor é toda pessoa física ou jurídica, pública ou privada, nacional ou estrangeira, bem como os entes despersonalizados, que desenvolvem atividade de produção, montagem, criação, construção, transformação, importação, exportação, distribuição ou comercialização de produtos ou prestação de serviços.
III. Serviço é qualquer atividade fornecida no mercado de consumo, mediante remuneração, inclusive as de natureza bancária, financeira, de crédito e securitária, salvo as decorrentes das relações de caráter trabalhista.

Analisando as assertivas acima, verifica-se que:

(A) Todas estão corretas.
(B) Apenas a I está correta.
(C) Apenas a II está correta.
(D) Apenas a III está correta.
(E) Apenas II e III estão corretas.

I: correta (art. 2º, p. ún., do CDC); II: correta (art. 3º, caput, do CDC); III: correta (art. 3º, § 2º, do CDC). Gabarito "A".

(Defensoria/ES – 2009 – CESPE) Considerando que um avião comercial tenha caído em área residencial brasileira, julgue os itens subsequentes.

(1) Na situação considerada, são consumidores por equiparação as pessoas físicas ou jurídicas que, mesmo sem terem sido partícipes da relação de consumo, foram atingidas em sua saúde ou segurança em virtude da queda da aeronave.
(2) Os passageiros (consumidores do serviço) que foram atingidos pelo evento danoso — acidente de consumo — são denominados bystanders.
(3) Na hipótese em apreço, se as pessoas que passavam na rua tiverem sido atingidas em sua integridade física pela queda do avião, tal fato ensejará a essas pessoas o direito às garantias legais instituídas no CDC, como, por exemplo, a inversão do ônus da prova em seu favor.

1: correta, pois as vítimas de um acidente de consumo são equiparadas as consumidores (art. 17 do CDC); 2: incorreta, pois a expressão "consumidores *bystanders*" refere-se às vítimas do acidente de consumo, que são consumidores equiparados (art. 17 do CDC); assim, os passageiros do avião são "consumidores em sentido estrito"; *bystanders* são aquelas pessoas estranhas à relação de consumo, mas que sofreram prejuízo em razão de defeitos do produto ou serviço; 3: correta, pois, como se viu, tais pessoas são equiparadas a consumidores (art. 17 do CDC) e, assim sendo, recebem a proteção do CDC. Gabarito 1C, 2E, 3C.

(Defensoria/PA – 2009 – FCC) Assinale a alternativa que representa os ditames do Direito consumerista em vigor.

(A) Os entes despersonalizados que desenvolvem atividade de produção, montagem, criação, construção, transformação, importação, exportação, distribuição ou comercialização de produtos ou prestação de serviços também são considerados fornecedores.
(B) A massa falida, por ser ente despersonalizado, não se enquadra no conceito legal de fornecedor.
(C) Uma grande e próspera multinacional, ao adquirir produtos e serviços, não pode ser considerada consumidora, ainda que a aquisição seja na condição de destinatário final, porquanto lhe falta o requisito da hipossuficiência econômica.
(D) Produto é qualquer bem imóvel ou móvel, desde que corpóreo.
(E) Equipara-se a consumidor a coletividade de pessoas, desde que determináveis, que haja intervindo nas relações de consumo.

A: correta (art. 3º, *caput*, do CDC); B: incorreta, pois os entes despersonalizados também podem ser fornecedores (art. 3º, *caput*, do CDC); C: incorreta, pois o CDC admite que pessoas jurídicas sejam consumidoras, desde que, naturalmente, sejam destinatárias finais, como é o caso da afirmativa (art. 2º, *caput*, do CDC); D: incorreta, pois o produto pode ser corpóreo (material) ou incorpóreo (imaterial), nos termos do art. 3º, § 1º, do CDC; E: incorreta, pois o art. 2º, parágrafo único, do CDC estabelece que tal coletividade pode ser de pessoas determináveis ou indetermináveis. Gabarito "A".

(Defensoria Pública/SP – 2010 – FCC) Uma grande plantação de soja transgênica é pulverizada, sistematicamente, com herbicida, à base de glifosato, através de aviões pulverizadores. Dispersos no ar, os elementos químicos do agrotóxico atingem fonte d'água que abastece um vilarejo rural, localizado a 5 km, contaminando inúmeras pessoas que ali residem, causando vômitos, convulsões, desmaios, perda de visão, incapacidade laborativa, mortandade de plantas e animais, dentre outros eventos. A Defensoria Pública ajuíza, em prol dos moradores pobres do lugar, ação civil pública, visando indenização pelos danos resultantes, sustentando a demanda em dispositivos encontrados no sistema tutelar dos direitos dos consumidores. O juiz, para o qual a ação fora distribuída, indefere a inicial, alegando a inaplicabilidade do Código de Defesa do Consumidor por não caracterização das vítimas como consumidores.

Essa decisão está

(A) correta, posto que a responsabilidade, no caso, é regida pelo sistema de proteção ambiental.
(B) correta, posto que a responsabilidade, no caso, é regida pelos dispositivos civilistas que regem a culpa subjetiva.
(C) incorreta, pois sejam quais forem os sistemas, a responsabilidade, no caso, é sempre subjetiva.
(D) incorreta, pois há caracterização das vítimas como consumidores por interferência direta na relação de consumo.
(E) incorreta, pois há caracterização das vítimas como consumidores por equiparação.

Uma das hipóteses de consumidor equiparado é "a coletividade de pessoas, ainda que indetermináveis, que haja intervindo nas relações de consumo" (art. 2º, parágrafo único, do CDC). No caso, os moradores que sofreram a contaminação estão inseridos no contexto da *relação de consumo*, que tem em sua cadeia a *produção*, a *distribuição* e a *utilização*. O CDC tem a intenção de socializar os danos causados às pessoas que hajam intervindo nas relações de consumo. Não é justo que pessoas que sofram danos em favor de todos aqueles que ganham com a produção de soja, acabem sofrendo sozinhas, sem ter direito à proteção especial que o CDC confere. Gabarito "E".

(Magistratura Federal/1ª Região – 2009 – CESPE) No que concerne à relação jurídica de consumo, assinale a opção correta.

(A) Há relação de consumo quando uma montadora de automóveis adquire peças para montar um veículo.
(B) Para que seja equiparado a consumidor, um grupo de pessoas deve ser determinável.
(C) As pessoas atingidas por um acidente aéreo, ainda que não sejam passageiros, são equiparadas aos consumidores.
(D) Segundo o entendimento do STF, nas operações de natureza securitária, não se aplica o Código de Defesa do Consumidor.
(E) Toda venda de produto implica a prestação de serviço, bem como toda prestação de serviço implica a venda de produto.

A: incorreta, pois as peças são *insumo* para a sua produção, de modo que a montadora não é destinatária final dos bens adquiridos; a jurisprudência do STJ vem se firmando no sentido da adoção da teoria finalística ou subjetiva em relação ao conceito de "destinatário final"; isso significa que, para esse tribunal, destinatário final é aquele que fica com a coisa (destinatário final fático) e que não a utiliza como insumo produtivo (destinatário final econômico); quem utiliza produto ou serviço como insumo produtivo não é destinatário final ("*A jurisprudência desta Corte sedimenta-se no sentido da adoção da teoria finalista ou subjetiva para fins de caracterização da pessoa jurídica como consumidora em eventual relação de consumo, devendo, portanto, ser destinatária final econômica do bem ou serviço adquirido. Para que o consumidor seja considerado destinatário econômico final, o produto ou serviço adquirido ou utilizado não pode guardar qualquer conexão, direta ou indireta, com a atividade econômica por ele desenvolvida; o produto ou serviço deve ser utilizado para o atendimento de uma necessidade própria, pessoal do consumidor. No caso em tela, não se verifica tal circunstância, porquanto o serviço de crédito tomado pela pessoa jurídica junto à instituição financeira de certo foi utilizado para o fomento da atividade empresarial, no desenvolvimento da atividade lucrativa, de forma que a sua circulação econômica não se encerra nas mãos da pessoa jurídica, sociedade empresária, motivo pelo qual não resta caracterizada, in casu, relação de consumo entre as partes*" – CC 92.519/SP, DJ 04/03/2009); B: incorreta, pois o art. 2º, parágrafo único, do CDC estabelece que a coletividade de pessoas, "ainda que indetermináveis", que haja intervindo nas relações de consumo, equipara-se a consumidor; C: correta, pois são vítimas de um acidente de consumo, e, assim, são equiparadas a consumidores pelo art. 17 do CDC; D: incorreta, pois tais relações são definidas como serviço, para efeitos de aplicação do CDC (art. 3º, § 2º, do CDC); E: incorreta, pois a "venda" diz respeito a "produto", que difere de "serviço", conforme definições dos §§ 1º e 2º do art. 3º do CDC. Gabarito "C".

(Magistratura Federal-4ª Região – 2010) Assinale a alternativa correta.

(A) A pessoa jurídica de direito público não pode ser considerada fornecedor.
(B) A pessoa jurídica de direito público não pode ser considerada consumidor final.
(C) A ignorância do fornecedor sobre os vícios que venham a ter os produtos o exime da responsabilidade de indenizar.
(D) O direito de reclamar pelos vícios aparentes caduca em 30 dias, sejam os bens duráveis ou não.
(E) Todas as alternativas anteriores estão incorretas.

A: incorreta, pois o art. 3º do CDC estabelece que o consumidor pode ser pessoa privada ou *pública*; B: incorreta, pois as pessoas jurídicas de direito público também podem ser consumidoras; C: incorreta, pois o art. 23 do CDC dispõe exatamente o contrário; D: incorreta, pois o prazo é de 90 dias, em se tratando de produto durável (art. 26, II, do CDC); E: correta, pois, de fato, as demais alternativas são incorretas. Gabarito "E".

(Magistratura Federal-5ª Região – 2011) À luz do CDC, assinale a opção correta.

(A) Para os efeitos do CDC, não se considera fornecedor a pessoa jurídica pública que desenvolva atividade de produção e comercialização de produtos ou prestação de serviços.
(B) Entes despersonalizados, ainda que desenvolvam atividades de produção, montagem, criação ou comercialização de produtos, não podem ser considerados fornecedores.
(C) Qualquer pessoa prejudicada por publicidade enganosa pode, em princípio, buscar indenização, mesmo não tendo contratado nenhum serviço.
(D) Pessoa jurídica que compre bens para revendê-los é considerada consumidora.
(E) Pessoa física que alugue imóvel particular, por meio de contrato, é considerada fornecedora, para efeitos legais.

A: incorreta, pois o art. 3º do CDC estabelece que o consumidor pode ser pessoa privada ou *pública*; B: incorreta, pois o art. 3º admite que os entes personalizados sejam fornecedores; C: correta, pois a publicidade é considerada uma prática comercial e, segundo o art. 29 do CDC, equiparam-se aos consumidores as pessoas EXPOSTAS às práticas comerciais, não sendo necessário, portanto, que essa pessoa tenha contratado algum serviço; D: incorreta, pois consumidor é destinatário final da coisa, e quem a compra para revendê-la não é destinatário final fático da coisa; E: incorreta, pois, para ser fornecedor, é necessário que a pessoa física "desenvolva atividade" (art. 3º do CDC), o que pressupõe habitualidade, circunstância que não se dá quando uma pessoa física simplesmente aluga um imóvel particular seu. Gabarito "C".

(Magistratura Federal/5ª Região – 2009 – CESPE) Considerando o CDC, assinale a opção correta.

(A) A habitualidade insere-se tanto no conceito de fornecedor de serviços quanto no de produtos, para fins de incidência do CDC.
(B) A relação jurídica locatícia é regida pelo CDC no que não contrariar a lei específica. Dessa forma, as cláusulas consideradas iníquas e abusivas constantes do contrato de locação podem ser revistas com base na legislação consumerista.
(C) O pagamento de contribuição de melhoria, por estar adstrito à realização de obra pública, insere-se no âmbito das relações de consumo.
(D) O produto recebido gratuitamente, como brinde, em decorrência da celebração de contrato de consumo, não é abrangido pelo CDC.
(E) A abertura de conta poupança, por caracterizar-se como operação tipicamente bancária, não está abrangida pela legislação consumerista.

A: correta, pois o art. 3º, *caput*, do CDC define fornecedor como alguém que "desenvolve atividade", o que pressupõe habitualidade; assim, se um vizinho vende um imóvel para outro vizinho, não há habitualidade e, portanto, não há fornecedor, para efeito de aplicação do CDC; já se uma construtora vende apartamentos para pessoas, a construtora, como faz vendas habitualmente, é considerada fornecedora para efeito de aplicação do CDC; B: incorreta, pois não há a expressão "locação" no art. 3º, *caput*, do CDC, e existe regulamentação específica desse tipo de contrato na Lei 8.245/91; o tema também é pacífico no STJ, pelo qual "é pacífica e remansosa a jurisprudência, nesta Corte, no sentido de que o Código de Defesa do Consumidor não é aplicável aos contratos locatícios, que são regulados por legislação própria" (REsp 605.295/MG, DJ 02/08/2010); C: incorreta, pois não se aplica o CDC em matéria tributária; para o STJ, o contribuinte de contribuição de melhoria não se equipara a consumidor (AgRg no REsp 937.117/RS, DJ 03/03/2008); D: incorreta, pois o brinde está embutido no preço do produto principal, caracterizando-se a relação de consumo; E: incorreta, pois a atividade bancária está expressamente referida no art. 3º, § 2º, do CDC; ademais, há súmula do STJ nesse sentido (Súmula 297). Gabarito "A".

(CESPE – 2007) No que se refere ao campo de aplicação do Código de Defesa do Consumidor (CDC), assinale a opção correta.

(A) O conceito de consumidor restringe-se às pessoas físicas que adquirem produtos como destinatárias finais da comercialização de bens no mercado de consumo.
(B) O conceito de fornecedor envolve o fabricante, o construtor, o produtor, o importador e o comerciante, os quais responderão solidariamente sempre que ocorrer dano indenizável ao consumidor.
(C) O conceito de produto é definido como o conjunto de bens corpóreos, móveis ou imóveis, que sejam oferecidos pelos fornecedores para consumo pelos adquirentes.
(D) O conceito de serviço engloba qualquer atividade oferecida no mercado de consumo, mediante remuneração, salvo as decorrentes das relações de caráter trabalhista.

A: art. 2º do CDC; B: art. 3º c/c o art. 7º, p. ún., do CDC; C: art. 3º, § 1º, do CDC; D: art. 3º, § 2º, do CDC. Gabarito "D".

2. PRINCÍPIOS E DIREITOS BÁSICOS

(Magistratura/GO – 2009 – FCC) Em relação à vulnerabilidade do consumidor,

(A) é fator que obriga o juiz a determinar a inversão do ônus da prova no processo que tenha por objeto as relações de consumo.
(B) é princípio assegurado expressamente pelo artigo 5o da Constituição Federal.
(C) no processo civil, o juiz, ao reconhecê-la, deverá inverter o ônus da prova.
(D) é diretriz estabelecida pelo CDC, no capítulo que trata do Sistema Nacional de Proteção e Defesa do Consumidor, devendo ser observada pelos órgãos que o compõe.
(E) é princípio da política nacional das relações de consumo.

A: incorreta, pois o art. 6º, VIII, exige que o juiz analise a hipossuficiência e a verossimilhança da alegação, tudo segundo as regras de experiência, para determinar ou não a inversão do ônus da prova; B: incorreta, pois o art. 5º da CF apenas determina que o Estado defenderá o consumidor (art. 5º, XXXII, da CF); C: incorreta, pois há de se analisar os elementos já mencionados (art. 6º, VIII, do CDC); D: incorreta, pois tal diretriz está no art. 4º, I, do CDC, e não na parte que trata do SNPDC (arts. 105 e 106 do CDC); E: correta, pois o art. 4, I, do CDC traz a presunção de vulnerabilidade como um princípio do CDC. Gabarito "E".

(Magistratura/MS – 2008 – FGV) No sistema que tutela o consumidor, é correto afirmar que:

(A) é garantido o direito de modificação ou de revisão das cláusulas contratuais.
(B) a reparação dos danos materiais e morais é limitada de acordo com leis especiais reguladoras de setores das relações de consumo.
(C) os serviços públicos são excluídos da tutela, por serem objeto de leis próprias.
(D) o ônus probatório será sempre invertido em benefício do consumidor, por sua presumida hipossuficiência.
(E) o acesso ao Judiciário é sempre gratuito aos consumidores.

A: art. 6º, V, do CDC; B: a expressa "efetiva reparação" não se coaduna com a afirmativa (art. 6º, VI, do CDC); C: art. 22 do CDC; D: há requisitos a cumprir (art. 6º, VIII, do CDC); E: não há esse direito a todos os consumidores (v. art. 6º do CDC). Gabarito "A".

(Magistratura/MT – 2009 – VUNESP) Sobre a inversão do ônus probatório, é correto afirmar que

(A) é garantia consumerista no processo cível desde que demonstrados os elementos básicos que caracterizem uma relação jurídica de consumo.
(B) é obrigatória no curso da ação indenizatória por fato do produto ou do serviço.
(C) pode ser negada caso o consumidor não comprove sua vulnerabilidade e o fumus boni juris do caso.
(D) tem sua concessão adstrita à demonstração de hipossuficiência ou verossimilhança das alegações do consumidor, segundo as regras ordinárias de experiência.
(E) deve ser arguida em matéria de preliminar, no processo cível, quando preenchidos os pressupostos para sua concessão.

A: incorreta, pois não basta tratar-se de relação de consumo; é necessário que sejam cumpridos os requisitos do art. 6º, VIII, do CDC; B: incorreta, pois, conforme mencionado, há de se cumprir os requisitos do art. 6º, VIII, do CDC, fazendo-se necessário que o juiz tome uma decisão específica a respeito (STJ: *"Em se tratando de produção de provas, a inversão, em caso de relação de consumo, não é automática, cabendo ao magistrado a apreciação dos aspectos de verossimilhança da alegação do consumidor ou de sua hipossuficiência, conforme estabelece o art. 6, VIII, do referido diploma legal"* - AgRg no Ag 1263401/RS, DJ 23/04/2010); C: incorreta, pois a expressão "comprovação" não é adequada para o caso, pois, segundo o art. 6º, VIII, do CDC, o juiz avaliará a hipossuficiência e a verossimilhança das alegações segundo as regras ordinárias de experiência; D: correta, pois está de acordo com a redação do art. 6º, VIII, do CDC; E: incorreta, pois não há limitação temporal nesse sentido. Gabarito "D".

(Magistratura/MT – 2009 – VUNESP) No que pertine ao rol exemplificativo dos instrumentos utilizados pelo poder público para a execução da Política Nacional das Relações de Consumo, encontra-se, na Lei n.º 8.078/90,

(A) instituição de assistência jurídica para a Defesa do Consumidor, no âmbito do Ministério Público, integral e gratuita para o consumidor carente.
(B) racionalização e melhoria dos serviços públicos essenciais.
(C) criação de Juizados Especiais de Pequenas Causas e Varas Especializadas para a solução de litígios de consumo.
(D) regulamentação do funcionamento dos bancos de cadastro de consumidores inadimplentes.
(E) instituição e desenvolvimento das Associações de Defesa do Consumidor.

A: incorreta, pois, apesar de haver o direito à assistência mencionada (art. 5º, I, do CDC), o responsável por esta não deve ser o Ministério Público, mas as defensorias públicas e os Procons; B: incorreta, pois este não é um *instrumento* da Política Nacional das Relações de Consumo (art. 5º do CDC), mas um *princípio* dessa política (art. 4º, VII, do CDC); C: correta (art. 5º, IV, do CDC); D: incorreta, pois não há esse instrumento no art. 5º do CDC; E: incorreta, pois o instrumento previsto no art. 5º, V, do CDC é de *concessão de estímulos* para a criação dessas associações, e não a própria criação dessas entidades. Gabarito "C".

(MAGISTRATURA/PB – 2011 – CESPE) De acordo com o previsto no CDC, constitui direito básico do consumidor

(A) a modificação de cláusulas contratuais que estabeleçam prestações excessivamente onerosas e que acarretem extrema vantagem para uma das partes no caso de acontecimentos extraordinários e imprevisíveis.
(B) a garantia de responsabilidade solidária no que se refere a ofensas cometidas por mais de um autor, caso em que todos os envolvidos deverão responder pela reparação dos danos previstos nas normas de consumo, de acordo com sua culpabilidade.
(C) a adequada, eficaz e contínua prestação dos serviços públicos em geral.
(D) a facilitação da defesa dos seus direitos de consumidor, inclusive com a inversão do ônus da prova a seu favor, no âmbito civil, quando o juiz julgar procedente a alegação ou quando o consumidor for considerado necessitado, de acordo com as regras ordinárias de experiência.
(E) o acesso aos órgãos judiciários e administrativos com vistas à prevenção ou reparação de danos patrimoniais e morais, individuais, coletivos ou difusos, assegurada proteção jurídica, administrativa e técnica aos necessitados.

A: incorreta, pois o direito à MODIFICAÇÃO de cláusulas contratuais pressupõe apenas a existência de prestações desproporcionais (art. 6º, V, do CDC); já o direito à REVISÃO de cláusulas contratuais pressupõe a existência de fatos supervenientes que tornem as prestações excessivamente onerosas (art. 6º, V, do CDC); repare que nem mesmo para a *revisão* contratual o CDC pressupõe extrema vantagem para uma das partes, bem como acontecimentos extraordinários e imprevisíveis; B: incorreta, pois a solidariedade permite que se cobre a obrigação por inteiro de cada devedor solidário, independentemente de sua culpabilidade; C: incorreta, pois o art. 6º, X, do CDC somente dispõe sobre a ADEQUADA e EFICAZ prestação dos serviços públicos, não tratando da prestação CONTÍNUA de serviços; apesar de a continuidade do serviço não estar no rol dos direitos básicos do consumidor (que estão em seu art. 6º), essa regra (da continuidade) está no art. 22 do CDC, e vale para os *serviços essenciais*; D: incorreta, pois a inversão se dará quando houver VEROSSIMILHANÇA NA ALEGAÇÃO ou HIPOSSUFICIÊNCIA (art. 6º, VIII, do CDC); E: correta (art. 6º, VII, do CDC). Gabarito "E".

(Magistratura/PE – 2011 – FCC) Dentre os direitos básicos assegurados pela Teoria Geral do Direito abaixo discriminados NÃO se aplica às relações de consumo a regra

(A) do *pacta sunt servanda*.
(B) da inversão do ônus da prova.
(C) da continuidade dos serviços essenciais prestados pelo Poder Público.
(D) da verossimilhança das alegações do consumidor.
(E) da desconsideração da personalidade jurídica.

A: correta, pois, de fato, essa regra não está no CDC; B: incorreta, pois a regra está no art. 6º, VIII, do CDC; C: incorreta, pois a regra está no art. 22 do CDC; D: incorreta, pois a regra está no art. 6º, VIII, do CDC; E: incorreta, pois a regra está no art. 28 do CDC. Gabarito "A".

(Magistratura/RO – 2011 – PUCPR) O Código de Defesa do Consumidor estabelece normas de proteção e defesa do consumidor, de ordem pública e interesse social, nos termos dos arts. 5º, inciso XXXII, 170, inciso V, da Constituição Federal, e art. 48 de suas Disposições Transitórias. São direitos básicos do consumidor previstos no artigo 6º da Lei 8.078/1990.

(A) A efetiva prevenção e reparação de danos patrimoniais e morais, exclusivamente direitos individuais e coletivos.
(B) Os serviços públicos em geral não se enquadram na proteção do consumidor.
(C) O consumidor terá direito à revisão contratual somente em caso de constarem em contrato cláusulas abusivas.
(D) A facilitação da defesa de seus direitos, inclusive com a inversão do ônus da prova, a seu favor, no processo civil, quando, a critério do juiz, for verossímil a alegação ou quando for ele hipossuficiente, segundo as regras ordinárias de experiências.
(E) A proteção contra a publicidade enganosa e abusiva, métodos comerciais coercitivos ou desleais não são considerados direitos do consumidor, recebendo a tutela do Código Civil Brasileiro.

A: incorreta, pois o art. 6º, VI, do CDC garante a proteção dos direitos individuais, coletivos e DIFUSOS também; B: incorreta, pois o CDC não faz distinção entre serviço público ou privado, para efeito de aplicação do CDC; C: incorreta, pois a revisão contratual se dá quando uma cláusula, NÃO abusiva, deixa as prestações excessivamente onerosas, pela ocorrência de um fato novo (art. 6º, V, do CDC); D: correta (art. 6º, VIII, do CDC); E: incorreta, pois tal questão está regulamentada nos arts. 29 a 44 do CDC. Gabarito "D".

(Magistratura/SC – 2010) Assinale a alternativa correta:

I. Compete à justiça estadual julgar causas entre consumidor e concessionária de serviços públicos de telefonia quando a Anatel não seja litisconsorte passiva, assistente, nem opoente.
II. Nos contratos bancários, mesmo aqueles submetidos aos ditames do Código de Defesa do Consumidor, é vedado ao juiz conhecer, de ofício, da abusividade das cláusulas.
III. Há diferença fundamental entre a responsabilidade por vício e a responsabilidade por fato do produto: a primeira (vício) trata de perda patrimonial para o consumidor que normalmente não ultrapassa os limites do valor do próprio produto ou serviço em que são observados apenas vícios de qualidade e quantidade a afetar o funcionamento ou o valor da coisa; a segunda (fato do produto) é normalmente de maior vulto pois constata-se a potencialidade danosa na qual os defeitos oferecem risco à saúde e segurança do consumidor de modo a ultrapassar o valor dos produtos ou serviços adquiridos.
IV. A execução da Política Nacional de Relações de Consumo é orientada, dentre outros, pelos seguintes instrumentos: manutenção de assistência jurídica integral e gratuita para o consumidor carente; instituição de promotorias de justiça de defesa do consumidor no âmbito do Ministério Público; criação de varas especializadas para a solução de litígios de consumo; prestação de informação adequada e clara sobre os diferentes produtos e serviços, com especificação correta de quantidade, características, composição, qualidade e preço.

(A) Somente as proposições II e IV estão corretas.
(B) Somente as proposições III e IV estão corretas.
(C) Somente as proposições I, II e III estão corretas.
(D) Somente as proposições II, III e IV estão corretas.
(E) Todas as proposições estão corretas.

I: correta (Súmula Vinculante nº 27 do STF); II correta (Súmula 381 do STJ); III: correta; a doutrina também aponta que o vício se diferencia do defeito, pois o primeiro é um problema interno do produto, ao passo que o segundo é um problema externo no produto, pois causa dano à saúde ou segurança do consumidor; IV: incorreta, pois a prestação de informação adequada e clara dos produtos não está no contexto dos instrumentos da Política Nacional das Relações de Consumo (art. 5º do CDC), mas no contexto dos direitos básicos do consumidor (art. 6º do CDC). Gabarito "C".

(Ministério Público/BA – 2010) Sobre o ato jurídico perfeito, aponte a(s) afirmativa(s) correta(s):

I. O Código de Defesa do Consumidor aplica-se aos contratos bancários anteriores à sua vigência.
II. Não viola a garantia constitucional do ato jurídico perfeito a aplicação de normas legais posteriores à celebração dos contratos que legitimam o Ministério Público para o ajuizamento de ação civil pública.
III. A garantia constitucional do ato jurídico perfeito não exclui a possibilidade de revisão judicial do contrato, para evitar enriquecimento sem causa.

(A) I e II.
(B) I e III.
(C) II e III.
(D) I, II e III.
(E) Nenhuma.

I: incorreta, o que pode ser verificado a partir da interpretação *a contrario sensu* da Súmula 285 do CDC ("Nos contratos bancários posteriores ao Código de Defesa do Consumidor incide a multa moratória nele prevista"); II: correta, pois, se o contrato legitima a atuação do Ministério Público, é porque se está diante de questões indisponíveis, e estas questões justificam a aplicação da lei nova (ressalvada a súmula 285 do STJ), nos termos do art. 2.035 do Código Civil; III: correta, até porque a revisão do contrato se dá pela existência de fato novo que torne as prestações excessivamente onerosas para uma das partes, fato novo esse que justifica a revisão, a fim de preservar o equilíbrio contratual e garantir que não haja enriquecimento sem causa em favor de uma das partes. Gabarito "C".

(Ministério Público/ES – 2010 – CESPE) No que se refere à legislação na área do direito do consumidor, assinale a opção correta.

(A) O CDC, denominado pela doutrina de microcódigo ou microssistema, é formalmente uma lei ordinária, de função social, voltada ao segmento vulnerável da relação consumerista, razão pela qual seu conteúdo é constituído, em sua integralidade, por normas de direito público.
(B) A inversão do ônus da prova é direito básico do consumidor, todavia não absoluto, que só será a este concedido quando o juiz verificar, de forma cumulativa, sua hipossuficiência e a verossimilhança de suas alegações.
(C) No tocante ao princípio da publicidade, o CDC adotou a obrigatória inversão do ônus da prova, decorrente dos princípios da veracidade e da não abusividade da publicidade.
(D) A teoria da onerosidade excessiva, também conhecida como teoria da imprevisão, permite a revisão contratual, desde que, em virtude de acontecimentos extraordinários, supervenientes e imprevisíveis, haja o desequilíbrio entre as partes contratantes, gerando extrema vantagem para uma das partes e onerosidade excessiva para a outra.
(E) O CDC, regra geral, não impõe o dever de anunciar, tratando-se de verdadeiro direito exercitável à conta e risco do anunciante, salvo uma exceção, denominada *corretive advertising*.

A: incorreta, pois as normas são de direito privado, e não de direito público; nas normas de direito público há a instituição de regras de supremacia do interesse público sobre o interesse privado, possibilitando à Administração criar obrigações unilaterais, usar força e ter a presunção de legitimidade de seus atos; isso não há nas relações de consumo, nas quais têm-se normas privadas; o único ponto que aproxima as normas do CDC com as normas de direito público é que as normas do primeiro não podem ser afastadas pelas partes, pois são qualificadas como normas de *ordem pública*; B: incorreta, pois o art. 6º, VIII, do CDC não traz como requisito a cumulatividade da hipossuficiência com a verossimilhança, bastando que uma ou outra se configure; C: correta, nos termos do art. 38 do CDC; D: incorreta, pois, no âmbito do CDC, o direito à revisão contratual não reclama que o fato que causa o desequilíbrio contratual seja extraordinária e imprevisível; basta que haja um fato superveniente que torne uma cláusula contratual excessivamente onerosa (art. 6º, V, do CDC); E: incorreta, pois, apesar de, de fato, não haver norma determinando que os fornecedores anunciem seus produtos e serviços e de os anúncios serem direitos exercitáveis à conta e risco do anunciante, não existe exceção a esta última regra, ou seja, os anúncios são sempre por conta e risco do anunciante, inclusive, e principalmente, no caso mencionado (*corretive advertising*), também chamado de contrapropaganda, no qual o fornecedor pode ser obrigado a fazer novo anúncio, corrigindo informação prestada em anúncio anterior (arts. 56, XII, e 60, ambos do CDC), correndo tudo à cargo do próprio fornecedor. Gabarito "C".

(Ministério Público/RO – 2010 – CESPE) Acerca do direito do consumidor, assinale a opção correta.

(A) A teoria da desconsideração da personalidade jurídica adotada pelo CDC é a teoria maior, sendo possível a aplicação da *disregard doctrine* nas hipóteses de abuso da personalidade por confusão patrimonial ou desvio de finalidade.
(B) Em regra, a inversão do ônus da prova implica que a parte requerida deve arcar com as custas da prova solicitada pelo consumidor, consoante jurisprudência do STJ.
(C) Juridicamente, são reconhecidos quatro tipos de vulnerabilidade: a técnica, a jurídica, a fática e a informacional, sendo todo consumidor presumivelmente vulnerável, embora não seja, necessariamente, hipossuficiente, não se tratando, pois, de expressões sinônimas.
(D) Apesar de, às vezes, serem considerados sinônimos, o vocábulo propaganda é mais utilizado para a atividade comercial, enquanto o vocábulo publicidade é expressão mais ampla, de uso reservado para ação política, religiosa, de disseminação ideológico-filosófica.
(E) Exercido o direito de arrependimento (prazo de reflexão), no prazo de sete dias a contar de sua assinatura ou do ato de recebimento do produto ou serviço, o consumidor tem direito de receber 80% do valor desembolsado de forma imediata e atualizado monetariamente.

A: incorreta, pois a teoria adotada é a Teoria Menor da Desconsideração, pela qual, sempre que a personalidade jurídica for obstáculo ao ressarcimento do dano, cabe a desconsideração da personalidade (art. 28, § 5º, do CDC), independentemente de abuso da personalidade da pessoa jurídica; já o Código Civil, em seu art. 50, adotou a Teoria Maior da Desconsideração, pois exige "maior" requisito para que esta se dê, no caso, o abuso da personalidade, caracterizado por uma confusão patrimonial ou por desvio de finalidade; B: incorreta, pois O STJ entende que a inversão do ônus da prova não impõe que a parte desfavorecida com a medida pague a prova pericial. No entanto, a não realização desse tipo de prova acabará prejudicando aquele que tem o ônus probatório (AgRg na MC 17.695, j. 05/05/11); C: correta, valendo salientar que a vulnerabilidade é conceito de direito material, sendo que há uma presunção absoluta de vulnerabilidade (art. 4º, I, do CDC), ao passo que a hipossuficiência está ligada ao processo, e, uma vez verificada, justifica a inversão do ônus da prova em favor do consumidor (art. 6º, VIII, do CDC); D: incorreta, pois é justamente o contrário, ou seja, o vocábulo publicidade se destina à atividade comercial, e o vocábulo propaganda é mais amplo; E: incorreta, pois o consumidor tem direito de receber, imediatamente, 100% do valor desembolsado, monetariamente atualizado (art. 49, p. ún., do CDC). Gabarito "C".

(Ministério Público/RO – 2010 – CESPE) Assinale a opção correta com relação ao direito do consumidor.

(A) Segundo doutrina e jurisprudência pacificada do STJ, a responsabilidade civil objetiva estabelecida no CDC é a do risco integral, razão pela qual o caso fortuito e a força maior não excluem a responsabilidade do fornecedor.
(B) O recall, expressamente previsto no CDC, é um instrumento por meio do qual o fornecedor busca impedir que o consumidor sofra algum dano ou perda em função de vício que o produto ou o serviço tenha apresentado após sua comercialização.
(C) A defensoria pública, assim como o MP e outros legitimados, é parte legitimada para propor ação civil pública na defesa coletiva dos direitos dos consumidores, conforme previsão expressa do CDC.
(D) O direito à reparação pelos danos causados por fato do produto ou do serviço decai em cinco anos, a partir do conhecimento do dano e de sua autoria.
(E) A tutela específica em uma ação envolvendo relação consumerista, bem como o cumprimento de obrigação de fazer e não fazer, pode ser obtida por meio de tutela inibitória (astreintes), desde que requerida pelo autor.

A: incorreta, pois o CDC adotou a Teoria do Risco Empresarial, e não do Risco Integral; assim, o caso fortuito e a força maior excluem a responsabilidade do fornecedor; porém, há algumas exceções, como é o caso de roubo de bens em COFRE de banco; confira: "CIVIL. RECURSO ESPECIAL. AÇÃO DE REPARAÇÃO POR DANOS MATERIAIS E COMPENSAÇÃO POR DANOS MORAIS. ROUBO DE BENS EM COFRE DE BANCO. RESPONSABILIDADE CIVIL OBJETIVA. 1. Conforme a jurisprudência desta Corte Superior, no caso de assalto de cofres bancários, o banco tem responsabilidade objetiva, decorrente do risco empresarial, devendo indenizar o valor correspondente aos bens reclamados. 2. Em se tratando de instituição financeira, os roubos são eventos totalmente previsíveis e até esperados, não se podendo admitir as excludentes de responsabilidade pretendidas pelo recorrente - caso fortuito ou força maior e culpa de terceiros. 3. O art. 166, II, do Código Civil não tem aplicação na hipótese, haja vista que trata de nulidade de negócios jurídicos por impossibilidade de seu objeto, enquanto a questão analisada no presente recurso é a responsabilidade civil da instituição financeira por roubo ao conteúdo de cofres locados. 4. Recurso especial não provido." (REsp 1286180/BA, Rel. Ministra NANCY ANDRIGHI, TERCEIRA TURMA, julgado em 03/11/2011, DJe 17/11/2011); B: correta (art. 10, §§ 1º e 2º, do CDC); C: incorreta, pois o CDC não cita expressamente a defensoria pública como legitimada para ingresso com ação civil pública (art. 82 do CDC); porém, como a defensoria é um órgão público e tem como finalidade institucional a defesa desse tipo de interesse, esta é legitimada para a ação civil pública; D: incorreta, pois esse direito PRESCREVE (e não DECAI) em cinco anos (art. 27 do CDC); E: incorreta, pois o art. 84 do CDC não dispõe que é necessário provocação para o juiz conceder esse tipo de tutela. Gabarito "B".

(Ministério Público/SE – 2010 – CESPE) As ações governamentais destinadas a proteger o direito do consumidor incluem

I. fazer propaganda de alerta sobre tema de interesse do consumidor.
II. apoiar, por meio de incentivos, a criação de associação representativa dos consumidores.
III. indenizar o consumidor por defeitos dos produtos que tenham provocado grave dano à saúde.

Assinale a opção correta.

(A) Apenas o item I está certo.
(B) Apenas o item II está certo.
(C) Apenas os itens I e II estão certos.
(D) Apenas os itens II e III estão certos.
(E) Todos os itens estão certos.

I: correta (art. 4º, IV, do CDC); II: correta (art. 5º, V, do CDC); III: incorreta, pois a responsabilidade por tais defeitos não é do *governo*, mas sim do *fornecedor* (art. 12 do CDC). Gabarito "C".

(Ministério Público/SE – 2010 – CESPE) As formas de execução da Política Nacional das Relações de Consumo previstas pelo governo não incluem a hipótese de

(A) criação de juizado especial para causas consumeristas.
(B) criação de delegacias especializadas em matéria consumerista.
(C) criação de promotorias de justiça especializadas em matéria de consumidor.
(D) criação de associações de consumidores para defesa destes nas relações de consumo.
(E) garantia de assistência jurídica, integral e gratuita para o consumidor carente.

Todas as alternativas trazem instrumentos previstos no art. 5º do CDC. Todavia, a alternativa "d" usa a expressão "*criação* de associações" (g.n.), quando deveria usar a expressão "*concessão de estímulos* à criação..." (g.n.). Gabarito "D".

(Defensor Público/BA – 2006) São direitos básicos do consumidor:

I. A modificação das cláusulas contratuais que estabeleçam prestações desproporcionais ou sua revisão em razão de fatos supervenientes que as tornem excessivamente onerosas.
II. A efetiva prevenção e reparação de danos patrimoniais e morais, individuais, coletivos e difusos.
III. A facilitação da defesa de seus direitos, inclusive com a inversão do ônus da prova, a seu favor, no processo civil, quando, a critério do juiz, for verossímil a alegação ou quando for ele hipossuficiente, segundo as regras ordinárias de experiências.

Analisando as assertivas acima, verifica-se que:

(A) Todas estão corretas.
(B) Apenas a I está correta.
(C) Apenas a II está correta.
(D) Apenas a III está correta.
(E) Apenas II e III estão corretas.

I: correta (art. 6º, V, do CDC); II: correta (art. 6º, VI, do CDC); III: correta (art. 6º, VIII, do CDC). Gabarito "A".

(Defensoria/ES – 2009 – CESPE) Com relação aos direitos do consumidor e ao CDC, julgue os itens a seguir.

(1) O direito do consumidor é um direito e garantia individual no Brasil.
(2) O CDC contém normas de direito privado, mas de ordem pública (direito privado indisponível), e normas de direito público.
(3) O CDC assegura a todos os consumidores um direito de proteção, fruto do princípio da confiança.
(4) O consumidor tem direito à informação clara e adequada acerca do produto a ser adquirido, desde o momento pré-contratual até a conclusão do contrato. O momento pós-contratual não é regido pelo CDC.
(5) Todo consumidor é vulnerável por força de lei, porém nem todo consumidor é hipossuficiente, considerando-se que a hipossuficiência é uma noção processual.

1: correta, pois é direito previsto no art. 5º, da CF (art. 5º, XXXII, da CF); 2: correta, pois as normas são de direito privado, mas de ordem pública, ou seja, não podem ser afastadas pelas partes (art. 1º do CDC); além disso, as normas que trazem competências administrativas e criminais, e as normas processuais são verdadeiras normas de direito público (exs: art. 55 e seguintes do CDC); 3: correta, pois a proteção do consumidor funda-se nas presunções de vulnerabilidade e *boa-fé* de sua parte; 4: incorreta, pois as informações devem se dar em qualquer hipótese (art. 8º do CDC), valendo lembrar de um caso em que há o dever de transmitir informação pós-contratual, que é o do *recall* (art. 10, § 1º, do CDC); 5: correta, pois a vulnerabilidade está reconhecida no art. 4º, I, do CDC, e a hipossuficiência, noção processual, deve ser verificada pelo juiz no caso concreto, e, reconhecida, permite a inversão do ônus da prova pela autoridade judicial (art. 6º, VIII, do CDC). Gabarito 1C, 2C, 3C, 4E, 5C.

(Defensor Público/GO – 2010 – I. Cidades) Em relação à inversão do ônus da prova, o Código de Defesa do Consumidor

(A) considera que é regra exclusivamente material dirigida ao juiz e aplicável a todas as ações em que o consumidor for parte.
(B) prevê que o juiz poderá determinar que o réu (fornecedor) suporte os custos da perícia que o autor (consumidor) requereu e foi deferida na audiência preliminar.
(C) estabelece que é regra geral nas ações envolvendo consumidor.
(D) autoriza o juiz a utilizar das regras ordinárias de experiência para verificar os pressupostos legais de sua incidência.
(E) determina que, mesmo presentes os requisitos legais, o juiz não poderá inverter de ofício o ônus da prova.

A: incorreta, pois é norma de natureza processual (art. 6º, VIII, do CDC); B: incorreta, pois o STJ entende que a inversão do ônus da prova não impõe que a parte desfavorecida com a medida pague a prova pericial; no entanto, a não realização desse tipo de prova acabará prejudicando aquele que tem o ônus probatório; C: incorreta, pois O STJ é pacífico, hoje, no sentido de que a inversão do ônus da prova não é automática (*ope legis*), dependendo de decisão judicial (*ope iudices*); só há uma exceção em que o ônus da prova é invertido automaticamente pela lei, sendo de responsabilidade direta do fornecedor; trata-se do ônus da prova sobre a veracidade da publicidade, que pertence ao patrocina (art. 38 do CDC), ou seja, ao anunciante; D: correta (art. 6º, VIII, parte final, do CDC); E: incorreta, pois o art. 6º, VIII, do CDC não exige provocação do interessado para que o juiz determine a inversão do ônus da prova. Gabarito "D".

(Defensoria/MG – 2006) Em relação aos direitos do consumidor, é INCORRETO afirmar que:

(A) a informação acerca de produtos e serviços constitui direito básico do consumidor.
(B) A inversão do ônus da prova em favor do consumidor, para facilitação de sua defesa em juízo, é peremptória, devendo sempre ocorrer.
(C) Deve haver proteção contra publicidade enganosa.
(D) É defeso ao fornecedor aumentar o preços de produtos ou serviços sem justa causa.
(E) Há conhecimento legal da hipossuficiência do consumidor, nas relações de consumo.

A: art. 6º, III, do CDC; B: art. 6º, VIII, do CDC; C: art. 6º, IV, do CDC; D: art. 39, X, do CDC; E: art. 4º, I, do CDC. Gabarito "B".

(Defensor Público/RO – 2007) Nas relações de consumo, o ônus da prova entre fornecedor e consumidor será invertido quando:

(A) manifestar interesse público na lide
(B) traduzir pleito de cognição sumária
(C) subsistir decisão judicial discricionária

(D) houver hipossuficiência e verossimilhança
(E) ocorrer demanda com pedido indenitário

Art. 6º, VIII, do CDC. Gabarito "D".

(Defensoria Pública/SP – 2010 – FCC) O boletim Brasil-Transgênicos, no 477, de 12.02.2010, da AS-PTA (Associação pela Agricultura Familiar e Agroecologia) e o portal www.fetecsp.org.br, em 11.02.2010, publicaram a seguinte nota: *"O Ministro Sérgio Rezende referendou o nome de Edilson Paiva para presidir a Comissão Técnica Nacional de Biossegurança – CTNBio durante os próximos dois anos. Paiva é tão defensor dos alimentos transgênicos que tempos atrás disse aos jornais que uma das vantagens da soja da Monsanto é que as pessoas podem até beber o veneno nela aplicado que não irão morrer. Ele também é contra a rotulagem de transgênicos nas embalagens dos produtos e considera que o princípio da prevenção é na verdade um princípio da obstrução."* No âmbito do sistema tutelar do consumidor, as declarações do novo presidente da CTNBio ferem qual direito básico dos consumidores?

(A) Presunção de vulnerabilidade do consumidor.
(B) Proteção contra os riscos e informações claras sobre os produtos.
(C) Direito de acesso aos órgãos administrativos e judiciários.
(D) Proteção contra publicidade enganosa.
(E) Direito à segurança e ampla defesa.

De acordo com o *princípio da proteção contra os riscos e informações claras sobre os produtos*, decorrente do art. 4, II, d, IV e V, do CDC c/c arts. 6º, I a III, e 9º do CDC, o fornecedor deve, no mínimo, fazer constar da rotulagem dos produtos a informação sobre se há ou não elemento transgênico em sua composição, bem como alertar sobre todos os riscos existentes, além de não colocar no mercado produto ou serviço que possa causar alto grau de nocividade ou periculosidade à saúde ou à segurança (art. 10, caput, do CDC). Gabarito "B".

(Magistratura Federal/3ª Região – 2010) Sobre a inversão do ônus da prova no âmbito do Código de Defesa do Consumidor é correto afirmar que:

(A) É obrigatória para o Juiz quando presentes a verossimilhança e a hipossuficiência;
(B) Não pode ser deferida em favor do Ministério Público, por não ser considerado hipossuficiente;
(C) Abrange as despesas com honorários periciais da parte favorecida pela inversão;
(D) Ocorre *ope legis* na hipótese do art. 38 do Código de Defesa do Consumidor.

A: incorreta, pois o juiz deve analisar os requisitos do art. 6º, VIII, do CDC; B: incorreta, pois o STJ admite o deferimento da inversão em favor do Ministério Público quando este defende em juízo direito do consumidor; segundo o Min. Herman Benjamin, a tese de que a inversão não pode ser feita em favor do Ministério Público *"não prospera; a uma, porque a hipossuficiência refere-se à relação material de consumo, e não à parte processual; a duas, porque, conforme esclarecido alhures, tal medida também pode se sustentar no outro pressuposto legal, qual seja, a verossimilhança das alegações"* (REsp 773.171/RN, DJ 15/12/2009); C: incorreta, pois o STJ vem entendendo que "a simples inversão do ônus da prova, no sistema do CDC, não gera a obrigação de custear as despesas com a perícia, embora sofra a parte ré as consequências decorrentes de sua não produção" (REsp 1063639/MS, DJ 04/11/2009); ou seja, o fornecedor não é obrigado a custear a perícia, mas a sua não realização é ônus que pode prejudicá-lo; D: correta, pois a hipótese do art. 38 ("o ônus da prova da veracidade e correção da informação ou comunicação publicitária cabe a quem as patrocina") é a única em que a inversão do ônus da prova é automática, decorrendo diretamente da lei. Gabarito "D".

3. RESPONSABILIDADE PELO FATO DO PRODUTO OU DO SERVIÇO E PRESCRIÇÃO

(Magistratura/BA – 2006 – CESPE) Acerca da normatização do direito do consumidor, Julgue os itens a seguir

(1) Considere a seguinte situação hipotética. Em um supermercado, Antônio pediu que seu filho, de apenas 10 anos de idade, pegasse e trouxesse, até o carrinho de compras, uma garrafa de vidro que continha refrigerante. No percurso, o garoto, ao deixar cair a garrafa de vidro no chão, sofreu cortes profundos na perna. Nessa situação, o fornecedor não responde pela reparação dos danos causados ao consumidor, visto que a culpa é exclusiva da vítima.

(2) O profissional liberal, na condição de fornecedor de produtos e serviços, é pessoalmente responsável por danos causados ao consumidor, independentemente da existência de culpa, em razão do princípio da responsabilidade objetiva, que rege as relações de consumo.

1: correto, nos termos do art. 12, § 3º, III, do CDC; 2: incorreto, pois, segundo o art. 14, § 4º, do CDC, o profissional liberal só responde se for demonstrada a sua culpa, fazendo com que sua responsabilidade seja subjetiva. Gabarito 1C, 2E.

(Magistratura/DF – 2011) Não é, a não ser excepcionalmente, responsável pelo dever de indenizar os danos causados por produtos portadores de vício de qualidade por insegurança:

(A) o distribuidor;
(B) o produtor;
(C) o construtor;
(D) o importador.

Problemas na segurança dizem respeito ao "fato do produto", regulamentado no art. 12 do CDC. Esse dispositivo, em seu caput, responsabiliza o produtor, o construtor e o importador, deixando de fora o distribuidor e o comerciante. Gabarito "A".

(Magistratura/GO – 2009 – FCC) Com fundamento no CDC, João, pedestre atropelado em setembro/2009, em função de falha no sistema de freio de um automóvel fabricado neste ano,

(A) poderá ingressar, no prazo de cinco anos, com ação indenizatória contra a montadora alegando defeito do produto.
(B) poderá ingressar com ação indenizatória, em face da montadora, no prazo de 90 dias, lastreado na responsabilidade por vício do produto.
(C) deverá ingressar com ação indenizatória contra o motorista do automóvel, no prazo de cinco anos.
(D) não poderá ingressar com ação indenizatória em face da montadora.
(E) poderá, no prazo de cinco anos, ingressar com ação indenizatória, em face do motorista e da montadora, em litisconsórcio.

A responsabilidade pelo *fato do produto ou serviço*, também chamada de responsabilidade por *defeito* ou responsabilidade por *acidente de consumo*, ocorre quando o produto ou o serviço tem um problema que extravasa o seu interior e atinge o exterior, maculando a saúde ou a segurança do consumidor. O capítulo em que se encontra a presente questão traz questões sobre esse tipo de responsabilidade, que confere o prazo de 5 anos para a vítima ingressar com ação indenizatória. Já o próximo capítulo, trata da responsabilidade por *vício do produto ou do serviço*. Nesse caso, está-se diante de um problema interno no produto ou no serviço, ou seja, de um vício de qualidade ou quantidade nestes, que os tornam impróprios ou inadequados ao consumo ou de menor valor. Aqui, o consumidor deve pedir o conserto do problema (quanto aos produtos) ou a reexecução do serviço (quanto aos serviços). Gabarito "A".

(Magistratura/GO – 2009 – FCC) O serviço é defeituoso quando não fornece a segurança que o consumidor dele pode esperar, levando-se em consideração as circunstâncias relevantes, EXCETO

(A) o fim a que se destina.
(B) o modo de seu fornecimento.
(C) os riscos que razoavelmente dele se esperam.
(D) a época em que foi fornecido.
(E) a adoção de novas técnicas de sua prestação.

Art. 14, §§ 1º e 2º, do CDC. Gabarito "E".

(Magistratura/PE – 2011 – FCC) Na hipótese de dano causado ao consumidor por defeito de fabricação de veículo importado, a responsabilidade pela sua reparação

(A) depende da existência de culpa.
(B) é do comerciante, em primeira intenção.
(C) é exclusiva do importador do veículo.
(D) é do fabricante estrangeiro e do importador nacional em caráter solidário.
(E) é exclusiva do fabricante estrangeiro.

A: incorreta, pois a responsabilidade é objetiva ("independentemente da existência de culpa"), nos termos do art. 12, caput, do CDC; B: incorreta, pois o comerciante, em princípio, não responderá em caso de defeito ou responsabilidade pelo fato do produto ou do serviço, conforme se verifica do art. 12, caput, do CDC; C: incorreta, pois também é responsável o fabricante, ainda que estrangeiro (art. 12, caput, do CDC); D: correta (art. 12, caput, c/c art. 7º, p. un., do CDC); E: incorreta, pois o importador também é responsável, nos termos do art. 12, caput, do CDC. Gabarito "D".

(Magistratura/PE – 2011 – FCC) A prescrição da pretensão relativa à reparação dos danos causados pelo fato do produto ou do serviço

(A) consuma-se no prazo de noventa dias contados do respectivo fornecimento.
(B) consuma-se no prazo de cinco anos contados do conhecimento do dano.
(C) consuma-se no prazo de cinco anos contados do momento em que ficar evidenciado o defeito.
(D) não ocorre.
(E) depende de prévia reclamação formulada pelo consumidor.

A prescrição, no caso, está regulamentada no art. 27 do CDC, e é de 5 anos, contados do dano e de sua autoria. Gabarito "B".

(Magistratura/PE – 2011 – FCC) No fornecimento de serviços, a responsabilidade pela reparação dos danos causados aos usuários, depende da demonstração de culpa dos

(A) prestadores de serviços em geral.
(B) caminhoneiros em autoestrada.
(C) profissionais liberais.
(D) prepostos de pessoas jurídicas de direito privado.
(E) servidores públicos.

A responsabilidade do fornecedor no CDC é objetiva. Porém, há uma exceção, que depende da demonstração de culpa, que é a responsabilidade dos profissionais liberais (art. 14, § 4º, do CDC). Gabarito "C".

(Magistratura/PR – 2010 – PUC/PR) O fabricante, o produtor, o construtor, nacional ou estrangeiro, e o importador respondem, independentemente da existência de culpa (responsabilidade civil objetiva) pela reparação dos danos causados aos consumidores por defeitos decorrentes de projeto, fabricação, construção, montagem, fórmulas, manipulação, apresentação ou acondicionamento de seus produtos, bem como por informações insuficientes ou inadequadas sobre sua utilização e riscos. Partindo desse contexto, marque a alternativa INCORRETA:

(A) O produto é considerado defeituoso pelo fato de outro de melhor qualidade ter sido colocado no mercado.
(B) O produto é defeituoso quando não oferece a segurança que dele legitimamente se espera, levando-se em consideração as circunstâncias relevantes, entre as quais a sua apresentação; o uso e os riscos que razoavelmente dele se esperam e a época em que foi colocado em circulação.
(C) O fabricante, o construtor, o produtor ou importador só não serão responsabilizados quando provarem que não colocaram o produto no mercado; ou quando, embora tenham colocado o produto no mercado, o defeito inexiste; ou ainda quando por culpa exclusiva do consumidor ou de terceiro.
(D) O comerciante é igualmente responsável; quando o fabricante, o construtor, o produtor ou o importador não puderem ser identificados; quando o produto for fornecido sem identificação clara do seu fabricante, produtor, construtor ou importador; ou não conservar adequadamente os produtos perecíveis.

A: incorreta (art. 12, § 2º, do CDC); B: correta (art. 12, § 1º, do CDC); C: correta (art. 12, § 3º, do CDC); D: correta (art. 13 do CDC). Gabarito "A".

(Ministério Público/AM – 2008 – CESPE) Alberto foi atendido no hospital Barcelona, com suspeitas de intoxicação. Porém, durante seu tratamento, foi vítima de erro médico, cometido pelo dr. Klaus, médico daquela casa. O tratamento inadequado causou expressivas lesões à integridade física de Alberto, que ofereceu, então, ação de indenização contra o hospital, com base no Código de Proteção e Defesa do Consumidor. Com base nessa situação hipotética, assinale a opção correta.

(A) O hospital responderá pelos danos, podendo argüir em regresso a responsabilidade de Klaus.
(B) Caracterizada a conduta de Klaus como causadora do dano, o hospital não poderá ser responsabilizado, pois não existe nexo causal que ligue a pessoa jurídica à lesão cometida.
(C) Por se tratar de questão que envolve profissional liberal, a responsabilidade civil do hospital é de ordem subjetiva, sendo necessário provar-se culpa in eligendo ou in vigilando para sua condenação.
(D) Se o hospital não for sociedade empresária, mas entidade filantrópica, não se configurará a relação de consumo.
(E) Se a lesão provocasse a morte de Alberto, o MP estaria legitimado a oferecer a ação de indenização em tela, como substituto processual.

Art. 14, *caput*, do CDC. Gabarito "A".

(Ministério Público/ES – 2010 – CESPE) Com relação à reparação de danos e à responsabilidade pelo fato e pelo vício do produto, assinale a opção correta.

(A) O prazo legal máximo para o fornecedor sanar o vício do produto ou o serviço é de trinta dias, não podendo tal prazo ser modificado de forma convencional pelas partes integrantes da relação jurídica de consumo, uma vez que se trata de norma de ordem pública (cogente) e de direito indisponível.
(B) A responsabilidade civil, no CDC, é regra geral, objetiva e solidária, salvo no caso dos profissionais liberais, que respondem pelos atos danosos cometidos de forma voluntária na prestação de seus serviços a outrem, desde que demonstrada sua conduta culposa *lato sensu*, tratando-se de responsabilidade civil subjetiva com culpa presumida.
(C) O vício oculto previsto no CDC, em consonância com o vício redibitório do Código Civil, possui prazo máximo para seu aparecimento, qual seja, cento e oitenta dias para bens móveis e um ano para bens imóveis.
(D) A legislação consumerista, ao tratar da responsabilidade pelo vício do produto ou serviço e daquela decorrente do fato do produto ou serviço, optou por atribuir à primeira prazos decadenciais referentes ao tempo máximo para reclamar dos vícios ocultos e aparentes e prazo prescricional quando se tratar de acidente de consumo.
(E) Consoante o entendimento do STJ, o caso fortuito ou de força maior não poder ser invocado em face do consumidor, uma vez que tal excludente da responsabilidade civil não foi contemplada de forma expressa no CDC.

A: incorreta, pois o prazo legal para o "conserto" é de 30 dias, mas a lei admite que, por convenção entre as partes, esse prazo possa ser reduzido ou ampliado, sendo o limite mínimo de 7 dias e o máximo, de 180 dias; B: incorreta; o início da assertiva está correto, pois a responsabilidade no CDC, em regra, é objetiva e solidária, e o caso dos profissionais liberais é uma exceção à regra da responsabilidade objetiva; tais profissionais respondem mediante verificação de culpa e dolo (responsabilidade subjetiva), mas a culpa deles não é presumida, devendo ser objeto de prova no caso concreto; C: incorreta, pois, diferentemente do Código Civil, que estabelece um prazo máximo para que o vício oculto apareça (desde que se trate de vício que, por sua natureza, só possa ser conhecido mais tarde – art. 445, § 2º, do CC), no CDC, quando o vício é oculto, o prazo de garantia começa a ser contado do momento em que ficar evidenciado o defeito; ou seja, ainda que o vício oculta só apareça após 10 anos, é a partir dessa data que o prazo de garantia (de 30 ou de 90 dias) será contado; D: correta, pois quando se tem um vício (problema interno do produto ou serviço), o prazo para reclamar é de 30 ou 90 dias, de acordo com a durabilidade, e trata-se de prazo decadencial (art. 26 do CDC); já quando se tem um *defeito* ou *fato* do produto ou serviço ou *acidente de consumo* (problema externo do produto ou serviço, afetando a saúde e a segurança das pessoas), o prazo para exercer a pretensão em juízo é de 5 anos, contados do conhecimento do dano e de sua autoria, tratando-se de prazo prescricional (art. 27 do CDC); E: incorreta, pois, segundo o STJ, o caso fortuito ou de força maior rompem o nexo de causalidade; p. ex., esse tribunal entende que o passageiro de um ônibus não tem direito de ser indenizado pela empresa que o transporta quando coisas atiradas de fora do veículo para dentro deste causam dano ao passageiro ou quando há roubo no ônibus (REsp 264.589/RJ, DJ 18/12/2000); esse entendimento só não se aplica quando a prestação da segurança é inerente à atividade exercida pelo fornecedor, como no caso de danos causados a alguém em shopping centers (STJ, AgRg no Ag 1113293/MG, DJ 28/09/2009) ou em bancos (REsp 694.153/PE, DJ 05/09/2005). Gabarito "D".

(Ministério Público/MG – 2010.2) Nos termos da ordem jurídica de proteção do consumidor, considere as seguintes afirmativas.

I. A facilitação da defesa dos direitos do consumidor, com a inversão do ônus da prova, a seu favor, no processo civil, enquanto direito básico, pode se fundar em critério judicial de verossimilhança e pode ser realizada, inclusive, de ofício pelo Juiz.
II. Em ação de ressarcimento fundada em responsabilidade pelo fato do produto, o ônus da prova da inexistência do defeito incumbe ao fabricante, ao construtor, ao produtor ou ao importador.

III. A responsabilidade civil solidária é imposta tanto em relação aos defeitos de concepção quanto aos defeitos de produção, o que não ocorre nos casos de defeitos de informação ou apresentação de produtos ou serviços.

IV. Para a configuração do crime de exposição ou depósito de mercadoria destinada à venda com prazo de validade vencido, é dispensável a realização de perícia para atestar a efetiva impropriedade do produto para consumo.

Pode-se concluir que estão CORRETAS

(A) apenas as afirmativas I, II e IV.
(B) apenas as afirmativas II e III.
(C) apenas as afirmativas III e IV.
(D) todas as afirmativas.

I: correta, pois a verossimilhança é um dos requisitos que, presente, autoriza a inversão, e também porque o art. 6º, VIII, do CDC não exige pedido do consumidor, para que haja a inversão do ônus da prova; II: correta, como se pode perceber da redação do art. 12, § 3º, do CDC; III: incorreta, pois a apresentação e a informação são elementos relevantes para a verificação sobre se um produto é defeituoso ou não (art. 12, § 1º, I, do CDC), havendo solidariedade entre os responsáveis pelo dano (art. 7º, parágrafo único, e 25, § 1º, do CDC); IV: correta, pois o art. 75 do CDC não exige tal perícia para a configuração do crime. "A".

(Magistratura/RO – 2011 – PUCPR) O fabricante, o produtor, o construtor, nacional ou estrangeiro, e o importador respondem, independentemente da existência de culpa (responsabilidade civil objetiva) pela reparação dos danos causados aos consumidores por defeitos decorrentes de projeto, fabricação, construção, montagem, fórmulas, manipulação, apresentação ou acondicionamento de seus produtos, bem como por informações insuficientes ou inadequadas sobre sua utilização e riscos. Dado esse contexto, assinale a única alternativa **CORRETA**.

(A) O produto é defeituoso quando não oferece a segurança que dele legitimamente se espera, levando-se em consideração as circunstâncias relevantes, entre as quais a sua apresentação; o uso e os riscos que razoavelmente dele se esperam e a época em que foi colocado em circulação.
(B) O produto é considerado defeituoso pelo fato de outro de melhor qualidade ter sido colocado no mercado.
(C) O fabricante, o construtor, o produtor ou importador só não será, cada um, responsabilizado quando provar que não colocou o produto no mercado ou por culpa exclusiva do consumidor, não havendo outras hipóteses de excludentes de responsabilidade.
(D) O comerciante não será responsabilizado em hipótese alguma, ainda que o fabricante, o construtor, o produtor ou o importador não puderem ser identificados, ou mesmo quando o produto for fornecido sem identificação clara do seu fabricante, produtor, construtor ou importador.
(E) O comerciante somente será responsabilizado por danos causados aos consumidores quando não conservar adequadamente os produtos perecíveis.

A: correta (art. 12, § 1º, do CDC); B: incorreta (art. 12, § 2º, do CDC); C: incorreta, pois também não haverá responsabilização se for provado que o defeito inexiste ou que a culpa foi exclusiva de terceiro (art. 12, § 3º, II e III, do CDC); D: incorreta, pois, nos casos mencionados, o comerciante responderá (art. 13 do CDC); E: incorreta, pois o comerciante também responderá se o fabricante, o construtor, o produtor ou o importador não puderem ser identificados ou se o produto for fornecido sem identificação clara do seu fabricante, produtor, construtor ou importador (art. 13, I e II, do CDC). "A".

(Magistratura/SP – 2011 – VUNESP) Assinale a alternativa correta, de acordo com o Código de Defesa do Consumidor.

(A) Nas demandas que versem sobre relação de consumo, é obrigatória a inversão do ônus da prova a favor do consumidor.
(B) Tendo mais de um autor a ofensa aos direitos do consumidor, cada um responderá pela reparação dos danos que causou.
(C) Os riscos à saúde ou segurança, que sejam considerados normais e previsíveis em decorrência da natureza do produto, não precisam ser informados ao consumidor.
(D) Um produto pode ser considerado defeituoso se outro de melhor qualidade for colocado no mercado.
(E) Havendo prova de culpa exclusiva de terceiro, o fabricante não será responsabilizado por dano causado ao consumidor.

A: incorreta, pois a inversão do ônus da prova não é automática em demanda de consumo, dependendo de decisão judicial que verifique o preenchimento de requisito previsto no art. 6º, VIII, do CDC; B: incorreta, pois, tendo mais de um autor a ofensa a direito do consumidor, todos responderão solidariamente pela reparação dos danos (art. 7º, p. ún., do CDC); C: incorreta, pois mesmo tais riscos precisam ser informados ao consumidor (art. 8º do CDC); D: incorreta, pois o produto não é considerado defeituoso pelo fato de outro de melhor qualidade ter sido colocado no mercado (art. 12, § 2º, do CDC); E: correta (art. 12, § 3º, III, do CDC). "E".

(Ministério Público/RO – 2008 – CESPE) O CDC inovou ao estabelecer a responsabilidade do fornecedor independentemente de culpa, bem como ao afastá-la no caso de culpa exclusiva do consumidor ou de terceiro. Considerando os pontos centrais da responsabilidade do fornecedor prevista no CDC, assinale a opção correta.

(A) A responsabilidade do fornecedor por dano causado a consumidores pode incidir independentemente de ele cometer ato ilícito.
(B) A lei consumerista considera ilícita a situação em que o fornecedor diretamente causa dano a consumidores, razão pela qual determina-lhe o dever de indenizar.
(C) A responsabilidade do fornecedor por dano causado a consumidores decorre da presunção de que a lesão advém de ato ilícito, e será afastada ao se provar culpa exclusiva do consumidor.
(D) Para se caracterizar culpa imputável ao consumidor, não é necessário que este cometa ilícito, bastando que interfira no nexo causal que provoca o dano.
(E) A qualificação da culpa do consumidor como exclusiva implica afirmar que o fornecedor necessariamente não cometeu ato ilícito.

A: correta, pois não se discute culpa e dolo (art. 186 do CC), ou seja, não se discute se o ato é lícito ou ilícito, já que se trata de responsabilidade objetiva (arts. 12 e 14 do CDC); B e C: incorretas, nos termos da explicação dada para a alternativa "a"; D: deve-se tratar de "culpa" do consumidor, o que pressupõe atitude culposa ou dolosa; E: o consumidor pode ter cometido um ato ilícito; o que não existe é o nexo de causalidade entre o seu ato e o dano, causado por culpa exclusiva da vítima. "A".

(Ministério Público/RS – 2009) Assinale a alternativa correta.

(A) É absoluta, objetiva e solidária a responsabilidade civil pelo fato do produto e do serviço prevista no Código de Defesa do Consumidor.
(B) Não é automática a chamada inversão do ônus da prova, no Código de Defesa do Consumidor, no processo civil e penal, mas dependente de circunstâncias concretas, cabendo ao juiz apreciar a verossimilhança do que foi alegado e a hipossuficiência do consumidor.
(C) A pretensão à reparação pelos danos causados pelo fato do produto e do serviço (acidentes de consumo) deve ser exercida no prazo de cinco anos, a contar do conhecimento do dano e de sua autoria, sob pena de prescrição.
(D) A defesa coletiva dos interesses e direitos dos consumidores e das vítimas somente será exercida em juízo quando se tratar de interesses ou direitos coletivos.
(E) O Código de Defesa do Consumidor equipara a consumidor a coletividade de pessoas que haja intervindo nas relações de consumo, desde que determinadas.

A: incorreta, pois tal responsabilidade é objetiva e solidária, mas não é absoluta, pois admite-se excludentes de responsabilidade (ex: arts. 12, § 3º, e 14, § 3º, do CDC); B: incorreta, pois no processo penal não se admite a inversão do ônus da prova; C: correta (art. 27 do CDC); D: incorreta, pois também cabe tal defesa em caso de interesses *difusos* e *individuais homogêneos*, e não só em caso de interesses *coletivos* (art. 81, parágrafo único, do CDC); E: incorreta, pois tal coletividade pode ser de pessoas determináveis ou indetermináveis (art. 2º, parágrafo único, do CDC). "C".

(Ministério Público/SP – 2011) Assinale a alternativa correta.

(A) Considera-se consumidor, para os efeitos de proteção legal, as pessoas jurídicas ao adquirir bens e insumos para seu processo de produção na condição de destinatário final.
(B) O Código de Defesa do Consumidor atribui a responsabilidade pelo fato do produto ao fabricante, ao produtor, ao construtor e ao importador, mas não ao comerciante que será responsabilizado apenas em circunstâncias determinadas, expressamente previstas pelo Código.

(C) O Código Civil vigente previu a desconsideração da personalidade jurídica de maneira mais ampla do que o Código de Defesa do Consumidor. Assim, essa matéria, considerando o chamado diálogo das fontes, deve ser regida pelo novo estatuto civilista.
(D) O Código de Defesa do Consumidor prevê três tipos de vícios por inadequação do produto durável ou não durável: vícios de impropriedade, vícios de diminuição de valor e vícios de disparidade informativa. Todos esses vícios se resolvem da mesma forma que os vícios redibitórios previstos no Código Civil vigente.
(E) A pretensão à reparação pelos danos causados pelo fato do produto ou serviço prescreve em 30 (trinta) dias, no caso de produtos e serviços não duráveis, e em 90 (noventa) dias, no caso de produtos e serviços duráveis.

A: incorreta, pois o STJ adota a teoria finalista, excluindo do conceito de consumidor aquele que adquire bens como *insumo* para seu processo de produção; B: correta (art. 12, caput, do CDC); C: incorreta, pois o diálogo das fontes não se aplica quando um microssistema tem regra específica, regra essa contrária à prevista no outro microssistema; no caso, a regra do Código Civil (art. 50) é nitidamente diferente da regra do CDC (art. 28, § 5º, do CDC); D: incorreta, pois a regulamentação dos vícios no Código Civil reclama que estes sejam ocultos, regra que não existe no CDC; além disso, há outras regras diferentes, como as referentes aos prazos de garantia; E: incorreta, pois a pretensão à reparação pelos danos causados prescreve em 5 anos (art. 27 do CDC). Gabarito "B".

(Ministério Público/SP – 2008) Levando-se em conta as disposições do Código de Defesa do Consumidor quanto à responsabilidade pelo fato do produto ou do serviço, considere as assertivas seguintes.

I. Ainda que o fabricante comprove que não colocou o produto no mercado, será ele responsabilizado objetivamente pelos danos que causar aos consumidores.
II. A responsabilidade pessoal dos profissionais liberais será apurada mediante a verificação de culpa.
III. O fornecedor de serviços se exime de responsabilidade objetiva quando provar que o defeito inexiste ou que a culpa é exclusiva do consumidor ou de terceiro.
IV. É irrelevante saber a época em que um produto foi colocado em circulação para se avaliar se é defeituoso ou não.

São corretas somente as assertivas
(A) I e III.
(B) I e IV.
(C) II e III.
(D) II e IV.
(E) III e IV.

I: incorreta (art. 12, § 3º, I, do CDC); II: correta (art. 14, § 4º, do CDC); III: correta (art. 12, § 3º, II e III, do CDC); IV: incorreta (art. 14, § 1º, III, do CDC). Gabarito "C".

(Defensor Público/AC – 2006 – CESPE) Em meados de 1980, a pessoa jurídica Ebal Indústria de Bebidas Ltda. fabricou e colocou no mercado um refrigerante, que foi consumido em larga escala, por apresentar características de coloração e paladar muito atrativas aos consumidores. Em 1989, foi constatado que a composição química do produto, quando ingerido em excesso, poderia causar câncer, razão pela qual o produto foi retirado do mercado.

Antônio foi um dos milhares de consumidores do produto. Desde que o produto foi comercializado, ele ingeria cerca de um litro diariamente.

Em 1992, sentindo sua saúde debilitada e ao tomar conhecimento da nocividade da bebida, Antônio procurou um médico, que constatou que ele estava com câncer no estômago, provocado, provavelmente, pelo uso do refrigerante fabricado pela Ebal Indústria de Bebidas Ltda. Antônio, então, ajuizou ação de reparação de danos contra a Ebal Indústria de Bebidas Ltda. em junho de 2005.

Com fulcro na situação hipotética acima apresentada e à luz das normas que regem as relações de consumo, assinale a opção incorreta.

(A) Se a fabricante Ebal Indústria de Bebidas Ltda. não pudesse ser identificada por Antônio, este poderia ajuizar ação de reparação contra o revendedor final.
(B) A pretensão de Antônio não merece acolhida, dado o advento do lapso prescricional.
(C) O Ministério Público é parte legítima para ajuizar ação em defesa de todos os consumidores que, porventura, sofreram danos em decorrência da ingestão do produto impróprio para consumo.
(D) A situação hipotética ilustra caso de responsabilidade do fornecedor pelo vício do produto.

A: assertiva verdadeira (art. 13, I, do CDC); B: assertiva verdadeira, pois o prazo prescricional é de 5 anos contados do conhecimento do dano e de sua autoria (art. 27 do CDC), e, no caso em tela, entre 1992, época do conhecimento do dano e de sua autoria, e 2005, passaram-se bem mais do que 5 anos; C: assertiva verdadeira (art. 82, I, c/c art. 91, ambos do CDC); D: assertiva incorreta (devendo ser assinalada), pois, no caso, temos responsabilidade por *defeito* do produto (art. 12 do CDC), e não por *vício* do produto (art. 18 do CDC). Gabarito "D".

(Defensor Público/BA – 2010 – CESPE) Com referência ao CDC, julgue os itens subsequentes.

(1) Consoante entendimento do STJ, o caso fortuito ou de força maior não pode ser invocado em face do consumidor, visto que tal excludente da responsabilidade civil não está contemplado, de forma expressa, no CDC.

1: incorreta, pois o caso fortuito ou de força maior está ligado ao nexo de causalidade, um dos requisitos para a configuração da responsabilidade de consumo; assim, tais eventos são, sim, causas excludentes da responsabilidade, mas desde que o fortuito tenha ocorrido após o encerramento do processo produtivo. Gabarito 1E.

(Defensor Público/BA – 2010 – CESPE) Com referência ao CDC, julgue os itens subsequentes.

(1) A responsabilidade civil no CDC é regra geral, objetiva e solidária, salvo com relação aos profissionais liberais, que respondem pelos atos danosos cometidos de forma voluntária na prestação de seus serviços a outrem, desde que demonstrada sua conduta culposa em sentido *lato sensu*, tratando-se de responsabilidade civil subjetiva com culpa presumida.

1: incorreta, pois os profissionais liberais, no CDC, respondem subjetivamente, ou seja, em caso de culpa ou dolo, mas a culpa não é presumida (art. 14, § 4º, do CDC); eventualmente, pode o juiz determinar a inversão do ônus da prova, mas isso dependerá do preenchimento dos requisitos previstos no art. 6º, VIII, do CDC. Gabarito 1E.

(Defensor Público/CE – 2007 – CESPE) Uma explosão, no interior de uma loja localizada no centro de uma grande cidade, causou danos a pessoas que se encontravam no interior e no exterior do estabelecimento. Com base nessa situação e nas normas de proteção e defesa do consumidor, julgue os itens seguintes.

(1) Todas as vítimas da explosão são consideradas consumidoras, para efeito de reparação dos danos.
(2) O prazo para requerer a indenização em razão da explosão é de cinco anos, contados a partir da data da ocorrência do evento danoso.

1: correta, pois a vítima de acidente de consumo equipara-se a consumidor (art. 17 do CDC); 2: correta, pois o prazo prescricional em caso de fato do serviço é de 5 anos (art. 27 do CDC). Gabarito 1C, 2C.

(Defensor Público/BA – 2006) Cuidando-se da temática da Responsabilidade pelo Fato do Produto e do Serviço, tem-se que:

I. O fabricante, o produtor, o construtor, nacional ou estrangeiro, e o importador respondem, provada a culpa, pela reparação dos danos causados aos consumidores por defeitos decorrentes de projeto, fabricação, construção, montagem, fórmulas, manipulação, apresentação ou acondicionamento de seus produtos, bem como por informações insuficientes ou inadequadas sobre sua utilização e riscos.
II. O produto não é considerado defeituoso pelo fato de outro de melhor qualidade ter sido colocado no mercado.
III. O fabricante, o construtor, o produtor ou importador não será responsabilizado quando provar que não colocou o produto no mercado.

Analisando as assertivas acima, verifica-se que:
(A) Todas estão corretas.
(B) Apenas a I está correta.
(C) Apenas a II está correta.
(D) Apenas a III está correta.
(E) Apenas II e III estão corretas.

I: incorreta, pois essas pessoas respondem independentemente de culpa (art. 12 do CDC); II: correta (art. 12, § 2º, do CDC); III: correta (art. 12, § 3º, I, do CDC). Gabarito "E".

(Defensor Público/GO – 2010 – I. Cidades) Em relação à prescrição e decadência no direito do consumidor,

(A) a reclamação do consumidor perante o Procon obsta a decadência.
(B) em caso de vício aparente ou de fácil constatação, o prazo decadencial inicia-se da data da compra do produto ou da contratação do serviço.
(C) em caso de fato do produto ou serviço, o prazo prescricional inicia-se a partir do conhecimento do dano e de sua autoria.
(D) o prazo para reclamar perante o fornecedor é prescricional, em caso de vício do produto ou serviço.
(E) o prazo prescricional é de três anos, tratando-se de acidente de consumo.

A: incorreta, pois a reclamação que obsta a decadência é a feita ao fornecedor (art. 26, § 2º, I, do CDC); B: incorreta, pois o prazo é contado da entrega efetiva do produto ou do término da execução dos serviços (art. 26, § 1º, do CDC); C: correta (art. 27); D: incorreta, pois o prazo em caso de vício é decadencial (art. 26 do CDC), ao contrário do prazo em caso de defeito, que é prescricional (art. 27 do CDC); E: incorreta, pois o prazo é de 5 anos (art. 27 do CDC). Gabarito "C".

(Defensoria/PI – 2009 – CESPE) A respeito dos direitos do consumidor, julgue os itens que se seguem.

I. O fato de um fornecedor não ter agido com dolo não afasta a sua responsabilidade.
II. O cirurgião plástico responde objetivamente pelos danos causados a seu paciente.
III. A individualização da responsabilidade do fornecedor pela colocação do produto no mercado pode afastar a responsabilidade do comerciante.
IV. De acordo com entendimento do STJ, o fortuito interno afasta a responsabilidade do fornecedor.
V. A colocação de produto mais seguro no mercado não acarreta a presunção de que os mais antigos sejam defeituosos.

Estão certos apenas os itens
(A) I, II e IV.
(B) I, III e IV.
(C) I, III e V.
(D) II, III e V.
(E) II, IV e V.

I: correta, pois a responsabilidade no CDC é, como regra, objetiva, não dependendo de culpa ou dolo, portanto pouco importa se o fornecedor agiu ou não com dolo; II: incorreta, pois o profissional liberal responde subjetivamente, ou seja, mediante verificação de culpa ou dolo de sua parte (art. 14, § 4º, do CDC); o STJ, quando se trata de cirurgia plástica, entende que a obrigação do médico é de resultado, e não de meio, de modo que, em havendo dano, a culpa do médico é presumida, invertendo-se o ônus da prova (REsp 236.708/MG, DJ 18/05/2009); no entanto, não se deve confundir responsabilidade objetiva com culpa presumida; a primeira não admite discussão de culpa e dolo; a segunda admite que o responsável demonstre que não agiu com culpa, nem dolo, para fins de excluir sua responsabilidade; III: correta, caso se trate de responsabilidade pelo fato do produto (defeito ou acidente de consumo); nesse caso, o comerciante não responde se o fabricante for identificado (interpretação *a contrario sensu* do art. 13 do CDC; IV: incorreta, pois o fortuito interno, que é aquele que ocorre no processo de produção e oferecimento de produto ou serviço, como está na esfera de disponibilidade do fornecedor, não exclui a sua responsabilidade; diferente é o caso do fortuito externo, que é aquele que ocorre depois do fornecedor produzir e oferecer o produto ou serviço, situação em que o caso fortuito exclui a responsabilidade; assim, se durante a produção de um produto acaba a energia elétrica da indústria, por caso fortuito, eventual problema no produto causado por esse fortuito não exclui a responsabilidade do fornecedor; já se, depois que o produto for comprado pelo consumidor, um dano é causado a este por queda de energia elétrica na casa do consumidor, o fabricante do produto não responde pelos danos causados, por se tratar de fortuito externo; V: correta (art. 12, § 2º, do CDC). Gabarito "C".

(Defensoria/SP – 2009 – FCC) Considere os seguintes enunciados:

I. Quem eventualmente pratica atos envolvendo um bem, por exemplo a venda de uma casa de seu patrimônio pessoal, não se sujeita à responsabilidade prevista no Código de Defesa do Consumidor.
II. As pessoas que não participam do negócio de transmissão e aquisição de um produto e venham a sofrer lesão pelo uso deste devem buscar reparação em face do adquirente.
III. Os danos causados aos consumidores no caso de contratos que contenham cláusula com tarifação para lesões devem ser ressarcidos conforme os modos e valores estipulados.

IV. Tanto a responsabilidade pelo fato do produto quanto a por vícios do produto prescindem da perquirição de culpa. A reparação cabe, principalmente, ao fabricante, produtor ou importador, salvo se não puderem ser identificados e quando o comerciante não houver conservado adequadamente o produto.
V. Eximem-se de responsabilidade fabricantes, produtores ou importadores quando demonstram não ter colocado o produto no mercado, a inexistência de defeitos ou a culpa do comerciante ou do consumidor.

Estão corretos SOMENTE
(A) III e V.
(B) IV e V.
(C) I, II e V.
(D) I, IV e V.
(E) II e III.

I: correta, pois, para ser fornecedor, nos termos do CDC, a pessoa deve exercer a atividade de comércio, produção, construção, serviço etc, de modo habitual, ou seja, deve "desenvolver atividade" (art. 3º, *caput*, do CDC); II: incorreta, pois quem *utiliza* produto também é consumidor (art. 2º, *caput*, do CDC), podendo acionar o fornecedor, e não o adquirente da coisa; III: incorreta, pois o CDC determina a reparação integral (art. 6º, VI, do CDC), não podendo conviver com tarifações de danos; nesse sentido, o STJ entende que "após o advento do Código de Defesa do Consumidor, a responsabilidade civil do transportador aéreo pelo extravio de mercadoria subordina-se ao princípio da ampla reparação, afastando-se a indenização tarifada prevista na Convenção de Varsóvia" (AgRg no Ag 1230663/RJ, DJ 03/09/2010); IV: correta (art. 12, *caput* e § 3º, do CDC) ; V: correta (art. 12, § 3º, do CDC). Gabarito "D".

(Defensoria/SP – 2006 – FCC) O Código de Defesa do Consumidor adota a responsabilidade subjetiva se o fornecedor for

(A) profissional liberal.
(B) importador.
(C) comerciante.
(D) construtor.
(E) produtor.

Art. 14, § 4º, do CDC. Gabarito "A".

(Delegado/PA – 2009 – MOVENS) Para efeitos da disciplina legal da responsabilidade pelo fato do produto ou do serviço na Lei n.º 8.078/1990 (Código de Proteção e Defesa do Consumidor), equipara(m)-se aos consumidores:

(A) o fabricante.
(B) o fornecedor de serviços.
(C) o comerciante.
(D) todas as vítimas do evento.

Art. 17 do CDC. Gabarito "D".

(Defensoria Pública da União – 2010 – CESPE) Julgue os itens que se seguem, acerca da responsabilidade civil de hospitais, médicos e seguradoras de saúde.

(1) Em se tratando de plano de saúde previsto em regime de livre escolha de médicos e hospitais e de reembolso das despesas médico-hospitalares, a seguradora não é responsável pela deficiência de atuação de médico ou de hospital.
(2) Por ser considerada objetiva, a responsabilidade do hospital persiste, mesmo quando o insucesso de uma cirurgia não tenha sido decorrente de defeito no serviço por ele prestado.

1: correta, nos termos da jurisprudência do STJ, que só admite a responsabilidade solidária do plano de saúde nos casos em que o dano é causado por profissional credenciado pela seguradora (REsp 328.309/RJ, DJ 17/03/2003); 2: incorreta, pois a responsabilidade objetiva está atrelada à existência de um serviço *defeituoso*, segundo o CDC (art. 14, *caput* e § 1º). Gabarito 1C, 2E.

(CESPE – 2006) Acerca da responsabilidade por vícios do produto e do serviço nas relações de consumo, assinale a opção correta.

(A) A explosão de loja que comercializa, entre outros produtos, fogos de artifício e pólvora, causando lesão corporal e morte a diversas pessoas, acarreta a responsabilidade civil do comerciante decorrente de fato do produto, se ficar demonstrada a exclusividade de sua culpa pelo evento danoso. Nesse caso, aos consumidores equiparam-se todas as pessoas que, embora não tendo participado diretamente da relação de consumo, venham a sofrer as conseqüências do evento danoso.

(B) A reparação por danos materiais decorrentes de vício do produto ou do serviço afasta a possibilidade de reparação por danos morais, ainda que comprovado o fato e demonstrada a ocorrência de efetivo constrangimento à esfera moral do consumidor.

(C) Quando forem fornecidos produtos potencialmente perigosos ao consumo, mesmo sem haver dano, incide cumulativamente a responsabilidade pelo fato do produto e a responsabilidade por perdas e danos, além das sanções administrativas e penais.

(D) O fornecedor pode eximir-se da responsabilidade pelos vícios do produto ou do serviço e do dever de indenizar os danos por eles causados se provar que o acidente de consumo ocorreu por caso fortuito ou força maior ou que a colocação do produto no mercado se deu por ato de um representante autônomo do fornecedor.

A: art. 17 do CDC; B: art. 6º, VII, do CDC; C: se não há dano, não há que se falar em responsabilidade por vício ou por defeito; D: art. 12 e ss do CDC; a colocação do produto no mercado por representante autônomo do fornecedor, por óbvio, não exclui a responsabilidade deste. Gabarito "A".

4. RESPONSABILIDADE POR VÍCIO DO PRODUTO OU DO SERVIÇO E DECADÊNCIA

(Magistratura/AC – 2008 – CESPE) Hildete comprou, no supermercado Boas Compras Ltda., uma lâmpada da fabricante Indústria de Lâmpadas Ltda. com a indicação de 150 watts. Ao chegar em sua residência, verificou que a lâmpada era, na verdade, de 80 watts e, quando tentou utilizá-la, a mesma explodiu, causando danos materiais e morais a Hildete. Em perícia técnica, foi constatado defeito de fabricação e inadequação de acondicionamento da lâmpada no supermercado. Com relação à situação hipotética apresentada e às normas do CDC, assinale a opção incorreta.

(A) O supermercado Boas Compras Ltda. e a fabricante Indústria de Lâmpadas Ltda. respondem solidariamente pela reparação dos danos causados a Hildete.

(B) A indicação incorreta de que a lâmpada adquirida por Hildete tinha 150 watts configura vício do produto.

(C) A responsabilidade pelo vício do produto é objetiva, como em qualquer outra hipótese prevista no CDC.

(D) Os danos causados a Hildete em razão da explosão da lâmpada caracterizam o fato do produto.

A: correta (art. 7º e 25, § 1º, do CDC;) B: correta, pois se trata de vício de qualidade (art. 18 do CDC); C: incorreta, pois existe exceção no art. 14, § 4º, do CDC; D: correta, nos termos do art. 12 do CDC. Gabarito "C".

(Magistratura/AC – 2008 – CESPE) Iara comprou um microcomputador e, no contrato, o fornecedor declarou que a garantia do produto seria de um ano a contar da data da compra. O microcomputador apresentou defeito oculto e, por isso, Iara procurou o fornecedor para resolver seu problema, o que foi recusado sob a alegação de que já havia transcorrido um ano e um mês entre a data da compra e a constatação do mencionado defeito. Tendo como referência inicial a situação apresentada, assinale a opção incorreta acerca das normas do CDC.

(A) O direito de Iara reclamar pelo defeito apresentado pelo microcomputador extinguiu-se quando se completou um ano da data da aquisição do mencionado produto.

(B) O microcomputador comprado por Iara é considerado produto durável.

(C) No CDC, os prazos decadenciais se referem ao vício do produto ou do serviço e os prazos prescricionais, ao fato do produto ou do serviço.

(D) Uma reclamação comprovadamente formulada por Iara perante o fornecedor enseja a suspensão da decadência até a correspondente resposta negativa.

A: nos vícios ocultos, o prazo para reclamar se inicia no momento em que ficar evidenciado o defeito (art. 26, § 3º, do CDC); não se deve esquecer também que, no CDC, a garantia legal se soma à garantia contratual (art. 50 do CDC); B: é durável e o prazo de garantia legal é de 90 dias (art. 26, II, do CDC); C: correto, nos termos dos arts. 26 e 27 do CDC, respectivamente; D: art. 26, § 2º, I, do CDC. Gabarito "A".

(Magistratura/AL – 2007 – FCC) Um consumidor adquiriu um celular e tendo constatado, na primeira semana da aquisição, que o aparelho não "segurava" a carga, foi encaminhado ao serviço de assistência que propôs a substituição da placa, para saneamento do vício. Nesta hipótese, tratando-se de defeito essencial, o consumidor

(A) deve aceitar o saneamento do vício de qualidade.

(B) pode recusar a proposta e exigir a substituição do produto por outro da mesma qualidade, complementando ou restituindo eventual diferença de preço.

(C) pode recusar o saneamento do vício e exigir substituição do produto por outro de qualquer marca, não respondendo por eventual diferença de preço.

(D) não pode desfazer o negócio, nem exigir restituição da quantia paga.

(E) pode aceitar a proposta, mas deve exigir abatimento proporcional do preço.

Art. 18, § 3º, do CDC. Gabarito "B".

(Magistratura/GO – 2009 – FCC) Maria, portadora de deficiência física, adquiriu um automóvel especial para uso pessoal, considerando residir em área não coberta pelo transporte público, e ter que levar sua filha, de 1 ano e meio, também portadora de deficiência, à fisioterapia diariamente. Laudo médico atesta que o procedimento nessa fase de crescimento da criança é fundamental ao sucesso do tratamento. Ao dar início à utilização do bem, percebeu que a roda do veículo travava ao fazer curvas. Após vistoria técnica, e constatação de vício de qualidade, Maria pleiteou junto à montadora a troca do produto.

(A) Maria não tem direito à troca do produto, mas o fornecedor é obrigado a repará-lo no prazo de 5 dias, considerada a essencialidade do bem.

(B) Maria tem direito à troca imediata do bem, sob o argumento de que para ela se trata de produto essencial.

(C) O fornecedor tem o prazo de 30 dias para trocar o automóvel.

(D) Em se tratando de vício oculto, o fornecedor tem 90 dias para solucionar o problema do veículo e Maria deverá aguardar o decurso desse prazo legal para exigir a troca do bem.

(E) Maria tem direito, tão somente, à devolução da quantia paga pelo produto, acrescida de juros e correção monetária.

Quando um produto tem um vício (problema interno, que o torna impróprio ou inadequado ao consumo ou lhe diminua o valor), o consumidor, no prazo legal, tem direito de pedir o seu "conserto" ou, na linguagem legal, que seja sanado o vício. Assim, o consumidor não tem o direito de, desde logo, receber um novo produto no lugar. A lei estabelece que o fornecedor tem o prazo de 30 dias para consertar o produto com problema, e, caso não o faça nesse prazo, o consumidor terá direito de pedir a troca do produto, o abatimento do preço ou a resolução do contrato. No entanto, quando se trata de vício **essencial** para o consumidor, como é o caso de Maria, o CDC admite que o consumidor peça, imediatamente, a troca do produto, o abatimento do preço ou a resolução do contrato, não sendo obrigado a aguardar os 30 dias para que o vício seja sanado. Assim, a alternativa "b" está correta. Leia o art. 18, *caput*, §§ 1º e 3º (parte final), do CDC. Gabarito "B".

(MAGISTRATURA/PB – 2011 – CESPE) Ainda acerca do direito do consumidor, assinale a opção correta.

(A) Não sendo o vício sanado no prazo máximo de trinta dias, pode o consumidor exigir, imediatamente, a substituição do produto por outro da mesma espécie, em perfeitas condições de uso, sempre que, em razão da extensão do vício, a substituição das partes viciadas puder comprometer a qualidade ou as características do produto, diminuir-lhe o valor ou se tratar de produto essencial.

(B) Considere que determinado consumidor tenha adquirido, em compra por telefone, uma coletânea de CDs e, três dias após o recebimento dos CDs, desista da compra. Nessa situação, o valor pago deverá ser devolvido ao consumidor, descontados os gastos com a correspondência de retorno.

(C) Prescreve em cinco anos a pretensão à reparação pelos danos causados por fato do produto ou do serviço, iniciando-se a contagem do prazo a partir do conhecimento do dano.

(D) Ao comerciante cabe prestar as informações adequadas relativas à proteção à saúde e à segurança dos consumidores, por meio de impressos distribuídos nos estabelecimentos comerciais, mesmo no caso de venda de produtos industriais.

(E) Consideram-se defeituosos os produtos cujo prazo de validade esteja vencido, assim como os deteriorados, avariados, falsificados, corrompidos, fraudados, nocivos à vida ou à saúde, perigosos ou, ainda, aqueles em desacordo com as normas regulamentares de fabricação e distribuição.

A: correta (art. 18, § 1º, do CDC); B: incorreta, pois serão devolvidos todos os valores pagos pelo consumidor (art. 49, do CDC); C: incorreta, pois a contagem do prazo se dá partir do conhecimento do dano E DE SUA AUTORIA; D: incorreta, pois tais informações devem se dar de maneira ostensiva e adequada (art. 9º do CDC), o que não se resume ou determina que tal se dê por meio de impressos distribuídos nos estabelecimentos comerciais; E: incorreta, pois o conceito de produto com *defeito* é outro (art. 12, § 1º, do CDC); o conceito trazido está na esfera do produto com *vício* (art. 18 do CDC). Gabarito "A".

(Magistratura/PE – 2011 – FCC) Constatado vício no funcionamento de produto durável (geladeira), sessenta dias após sua aquisição, o consumidor

(A) não poderá exigir o saneamento do vício.
(B) poderá exigir saneamento do vício, no prazo máximo de trinta dias.
(C) poderá exigir, imediatamente, a substituição do produto por outro da mesma espécie.
(D) poderá exigir, imediatamente, a substituição do produto por outro, ainda que de espécie, marca ou modelo diversos.
(E) poderá exigir, imediatamente, a substituição do produto, a restituição da quantia paga ou o abatimento do preço.

Segundo o art. 18, caput e § 1º, do CDC, o consumidor deverá, em primeiro lugar, solicitar o conserto do produto (o saneamento do vício). Caso este não seja sanado no prazo de 30 dias, aí sim o consumidor poderá se valer das alternativas previstas no art. 18, § 1º, do CDC. Gabarito "B".

(Magistratura/PE – 2011 – FCC) Na superveniência de vício de qualidade do produto, o consumidor poderá fazer uso imediato dos seus direitos reparatórios sempre que

(A) tiver adquirido o produto mediante pagamento à vista.
(B) o fornecedor abrir mão do direito e proceder ao saneamento do vício.
(C) o produto, por ser essencial, não comportar saneamento.
(D) não tiver decorrido o prazo máximo de trinta dias.
(E) não tiver decorrido o prazo máximo de noventa dias.

De fato, quando o produto for essencial (e também quando a substituição das partes viciadas puder comprometer o produto), o consumidor poderá, nos termos do art. 18, § 3º, do CDC, pular a etapa de pedir o conserto da coisa, para pedir diretamente qualquer uma das opções previstas no art. 18, § 1º, do CDC. Gabarito "C".

(Magistratura/PI – 2008 – CESPE) Joana celebrou contrato com a pessoa jurídica A para prestação do seguinte serviço de bufê em um evento: realização de um jantar, com fornecimento de material (copos, talheres, pratos etc.), pessoal especializado (chefe de cozinha, auxiliares e garçons) e alimentação previamente definida. No dia do evento, os serviços foram prestados adequadamente, sem atrasos, ou quaisquer outras falhas. No dia seguinte, todavia, Joana e inúmeros convidados sofreram intoxicação alimentar e tiveram que se submeter a tratamento ambulatorial de emergência. Contatada, a empresa contratada informou que o fornecimento dos alimentos ficou a cargo da pessoa jurídica B, contratada por A para auxiliá-la na realização do evento. Considerando a situação hipotética acima, assinale a opção correta, de acordo com o direito das relações de consumo.

(A) Havendo a comprovação de que os alimentos foram fornecidos por B, será unicamente sua a responsabilidade pelos danos causados a Joana e seus convidados.
(B) Os convidados de Joana não são considerados consumidores para os fins do CDC.
(C) Pela terminologia adotada pelo CDC, os alimentos fornecidos pela pessoa jurídica B são considerados impróprios para o consumo.

(D) O prazo decadencial para reclamar pelo referido vício é de 90 dias.
(E) A contagem do prazo decadencial para a reclamação pelo vício do produto iniciou-se na data de seu fornecimento.

A: art. 25 do CDC; B: consumidor é quem adquire ou *utiliza* o produto, como destinatário final (art. 2º, do CDC); C: art. 18, § 6º, II, do CDC; D: trata-se de bem não durável, portanto o prazo é de 30 dias (art. 26, I, do CDC); E: o prazo começa a contar do dia em que se evidenciou o vício (art. 26, § 3º, do CDC); no caso, deve-se lembrar de que houve também *defeito* no produto, que gera direito a indenização no prazo previsto no art. 27 do CDC. Gabarito "C".

(Magistratura/PR – 2010 – PUC/PR) Os fornecedores de produtos de consumo duráveis ou não duráveis respondem solidariamente pelos vícios de qualidade ou quantidade que os tornem impróprios ou inadequados ao consumo a que se destinam ou lhes diminuam o valor, assim como por aqueles decorrentes da disparidade, com as indicações constantes do recipiente, da embalagem, rotulagem ou mensagem publicitária, respeitadas as variações decorrentes de sua natureza, podendo o consumidor exigir a substituição das partes viciadas. O direito de reclamar pelos vícios aparentes ou de fácil constatação caduca em:

I. 30 (trinta dias), em se tratando de fornecimento de serviço e de produtos não duráveis.
II. 90 (noventa dias), de fornecimento de serviço e de produtos duráveis.
III. Inicia-se a contagem do prazo decadencial a partir da compra do produto ou do início da execução dos serviços.
IV. Obsta a decadência, entre outras situações, a reclamação comprovadamente formulada pelo consumidor perante o fornecedor de produtos e serviços até a resposta negativa correspondente, que deve ser transmitida de forma inequívoca.
V. Em se tratando de vício oculto, o prazo decadencial inicia-se no momento em que ficar evidenciado o defeito.

Marque a alternativa CORRETA:

(A) Somente as assertivas II, III e V estão corretas.
(B) Somente as assertivas I, II, III e V estão incorretas.
(C) Somente as assertivas I, II, IV e V estão corretas.
(D) Somente as assertivas I, IV e V estão incorretas.

I: correta (art. 26, I, do CDC); II: correta (art. 26, II, do CDC); III: incorreta, pois o prazo de garantia se inicia da *entrega* do produto ou do *término da execução* dos serviços (art. 26, § 1º, do CDC), valendo salientar que, no caso de vícios ocultos, o prazo de garantia começa a ser contado do momento em que ficar evidenciado o defeito (art. 26, § 3º, do CDC); IV: correta (art. 26, § 2º, I, do CDC); V: correta (art. 26, § 3º, do CDC). Gabarito "C".

(Magistratura/RO – 2011 – PUCPR) Os fornecedores de produtos de consumo duráveis ou não duráveis respondem solidariamente pelos vícios de qualidade ou quantidade que os tornem impróprios ou inadequados ao consumo a que se destinam ou lhes diminuam o valor, assim como por aqueles decorrentes da disparidade, com as indicações constantes do recipiente, da embalagem, rotulagem ou mensagem publicitária, respeitadas as variações decorrentes de sua natureza, podendo o consumidor exigir a substituição das partes viciadas. Dado esse contexto, avalie as alternativas.

I. O direito de reclamar pelos vícios aparentes ou de fácil constatação caduca em trinta dias, em se tratando de fornecimento de serviço e de produtos não duráveis.
II. O direito de reclamar pelos vícios aparentes ou de fácil constatação caduca em noventa dias, em se tratando de fornecimento de serviço e de produtos duráveis.
III. Inicia-se a contagem do prazo decadencial a partir da compra do produto ou do início da execução dos serviços.
IV. Obsta a decadência, entre outras situações, a reclamação comprovadamente formulada pelo consumidor perante o fornecedor de produtos e serviços até a resposta negativa correspondente, que deve ser transmitida de forma inequívoca.
V. Em se tratando de vício oculto, o prazo decadencial inicia-se no momento em que ficar evidenciado o defeito.

Marque a alternativa CORRETA.

(A) Somente as assertivas I, II, IV e V são verdadeiras.
(B) Somente as assertivas II, III e V são verdadeiras.
(C) Somente as assertivas I, II, III e V são falsas.
(D) Somente as assertivas I, IV e V são falsas.
(E) Somente a assertiva III é verdadeira.

I: correta (art. 26, I, do CDC); II: correta (art. 26, II, do CDC); III: incorreta, pois o prazo se inicia a partir da ENTREGA efetiva do produto ou do TÉRMINO da execução dos serviços (art. 26, § 1º, do CDC); IV: correta (art. 26, § 2º, do CDC); V: correta (art. 26, § 3º, do CDC). Gabarito "A".

(Magistratura/SC – 2009) Assinale a alternativa correta:

I. O prazo previsto pelo Código de Defesa do Consumidor para que o fornecedor sane vício de qualidade do produto de consumo é de, no máximo, 45 dias. As partes podem convencionar a redução ou ampliação deste prazo; entretanto, nos contratos de adesão, a cláusula de prazo deverá ser convencionada em separado, por meio de manifestação expressa do consumidor.
II. Caso o fornecedor não sane o vício de qualidade do produto, o Código de Defesa do Consumidor faculta ao consumidor: a substituição do produto por outro da mesma espécie, em perfeitas condições de uso; a restituição imediata da quantia paga, monetariamente atualizada, sem prejuízo de eventuais perdas e danos; ou o abatimento proporcional do preço.
III. A ignorância do fornecedor sobre os vícios de qualidade do produto e dos serviços pode, excepcionalmente, eximi-lo de responsabilidade.
IV. São subsidiariamente responsáveis pelas obrigações decorrentes do Código de Defesa do Consumidor as sociedades integrantes dos grupos societários e as sociedades controladas.
V. O princípio da boa-fé objetiva é o princípio máximo do Código de Defesa do Consumidor. Pressupõe condutas sociais adequadas a padrões aceitáveis de procedimento e que não induza a resultado danoso.

(A) Somente as proposições II e V estão corretas.
(B) Somente as proposições II, IV e V estão corretas.
(C) Somente as proposições II e IV estão corretas.
(D) Somente as proposições I, III e V estão corretas.
(E) Todas as proposições estão corretas.

I: incorreta, pois o prazo legal é de 30 dias, podendo ser reduzido ou ampliado para de 7 a 180 dias (art.18, § 2º, do CDC); II: correta (art. 18, § 1º, do CDC); III: incorreta (art. 23 do CDC); IV: correta (art. 28, § 2º, do CDC); V: correta (art. 4º, III, do CDC). Gabarito "B".

(Magistratura/SP – 2011 – VUNESP) Conforme o CDC, o direito de reclamar pelos vícios aparentes caduca em:

(A) trinta dias, tratando-se de produto durável.
(B) sessenta dias, tratando-se de fornecimento de serviço durável.
(C) sessenta dias, tratando-se de produto durável.
(D) noventa dias, tratando-se de produto durável.
(E) noventa dias, tratando-se de fornecimento de serviço não durável.

A, B e C: incorretas, pois o prazo é de 90 dias no caso (art. 26, II, do CDC); D: correta (art. 26, II, do CDC); E: incorreta, pois o prazo é de 30 dias nesse caso (art. 26, I, do CDC). Gabarito "D".

(Defensor Público/AL – 2009 – CESPE) Julgue os seguintes itens quanto às disposições do CDC acerca de prescrição e decadência.

(1) Em conformidade com as disposições do CDC, a decadência aplica-se ao fato do produto ou serviço, também conhecido como acidente de consumo.
(2) Constitui hipótese de interrupção da decadência a denúncia oferecida por consumidor à Superintendência de Proteção e Defesa do Consumidor (PROCON) de Alagoas, sem que este formule qualquer pretensão e para a qual não há de cogitar resposta.

1: incorreta, pois a decadência (art. 26 do CDC) aplica-se ao vício do produto ou do serviço, ao passo que a prescrição (art. 27 do CDC) aplica-se ao defeito do produto ou do serviço, também conhecido como acidente de consumo; 2: incorreta, a decadência só é obstada (suspensa) quando o consumidor reclama junto ao fornecedor (até a resposta negativa correspondente) e no curso de um inquérito civil (art. 26, § 2º, do CDC). Gabarito 1E, 2E.

(Defensor Público/AM – 2010 – I. Cidades) Com relação à responsabilidade civil do fornecedor, assinale a alternativa correta:

(A) o produto defeituoso é pressuposto do vício de qualidade;
(B) o fabricante e o comerciante sempre respondem solidariamente pelo fato do produto;
(C) a insuficiência ou inadequação de informação sobre a utilização e riscos dos produtos enseja a responsabilidade civil do fabricante pelo acidente de consumo;
(D) a responsabilidade civil do fornecedor pelo vício do produto ou serviço demanda comprovação de culpa;
(E) não há responsabilidade solidária entre os fornecedores pelos danos sofridos pelos consumidores.

Não se deve confundir *vício* com *defeito*. O primeiro é problema intrínseco do produto ou serviço (ex: televisão que não funciona). O segundo é um problema que venha a atingir a saúde ou a segurança do consumidor (ex: televisão que dá choques). Assim, a alternativa "A" é incorreta, pois o defeito não se confunde com o vício. A alternativa "B" é incorreta, pois, como regra, o comerciante não responde em caso de fato do produto (art. 12, caput, do CDC). A alternativa "C" é correta, nos termos do art. 12, caput, parte final, do CDC. A alternativa "D" é incorreta, pois a responsabilidade por vício (e também por defeito) é objetiva, como se pode perceber da leitura dos arts. 18 e 20 do CDC, que não estabelecem a culpa ou o dolo para configuração da responsabilidade. A alternativa "E" é incorreta, pois há responsabilidade solidária, sim, pelos danos causados ao consumidor (art. 7º. p. ún., e art. 18, ambos do CDC). Gabarito "C".

(Defensor Público/BA – 2010 – CESPE) Com referência ao CDC, julgue os itens subsequentes.

(1) A legislação consumerista, ao tratar da responsabilidade pelo vício do produto ou serviço e da responsabilidade decorrente do fato do produto ou serviço, optou por atribuir à primeira prazos decadenciais referentes ao tempo máximo para a reclamação dos vícios ocultos e aparentes, e prazo prescricional quando se tratar de acidente de consumo.

1: correta, nos termos dos arts. 26 e 27 do CDC. Gabarito 1C.

(Defensor Público/BA – 2006) A respeito do tema da responsabilidade por vício do produto e do serviço, tem-se que:

I. Os fornecedores de produtos de consumo não duráveis respondem solidariamente pelos vícios de qualidade que os tornem inadequados ao consumo a que se destinam, podendo o consumidor exigir a substituição das partes viciadas.
II. Não sendo o vício sanado no prazo máximo de 30 (trinta) dias pode o consumidor exigir a substituição do produto por outro da mesma espécie, em perfeitas condições de uso; a restituição imediata da quantia paga, monetariamente atualizada, sem prejuízo de eventuais perdas e danos, ou o abatimento proporcional do preço.
III. O fornecedor mediato será responsável quando fizer a pesagem ou a medição e o instrumento utilizado não estiver aferido segundo os padrões oficiais.

Analisando as assertivas acima, verifica-se que:

(A) Todas estão corretas.
(B) Apenas a I está correta.
(C) Apenas a II está correta.
(D) Apenas a III está correta.
(E) Apenas I e II estão corretas.

I: correta (art. 18, caput, do CDC); II: correta (art. 18, § 1º, do CDC); III: incorreta, pois o fornecedor *imediato* é que será responsável (art. 18, § 5º, do CDC). Gabarito "E".

(Defensoria/MA – 2009 – FCC) De acordo com o direito consumerista, o direito de reclamar pelos vícios

(A) aparentes ou de fácil constatação caduca em oitenta dias contados a partir da entrega efetiva do produto ou do término da execução dos serviços, tratando-se de fornecimento de serviço e de produtos não duráveis.
(B) aparentes ou de fácil constatação caduca em trinta dias contados a partir do momento em que o consumidor notar o defeito, tratando-se de fornecimento de serviço e de produtos duráveis.
(C) aparentes ou de fácil constatação caduca em vinte dias contados a partir da entrega efetiva do produto ou do término da execução dos serviços, tratando-se de fornecimento de serviço e de produtos duráveis.

(D) ocultos caduca em sete dias contados a partir da entrega efetiva do produto ou do término da execução dos serviços, tratando-se de fornecimento de serviço e de produtos não duráveis.

(E) ocultos caduca em noventa dias contados a partir do momento em que ficar evidenciado o defeito, tratando-se de fornecimento de serviço e de produtos duráveis.

A: incorreta, pois o prazo é de 30 dias (art. 26, I, do CDC); B: incorreta, pois o prazo é contado da entrega efetiva, no caso de produto, e do término da execução dos serviços, no caso de serviço (art. 26, § 1º, do CDC); C: incorreta, pois o prazo é de 90 dias (art. 26, II, do CDC); D: incorreta, pois o prazo é de 30 dias (art. 26, I, do CDC) e o termo inicial do prazo é a data em que ficar evidenciado o defeito (art. 26, § 3º, do CDC); E: correta (art. 26, II e § 3º, do CDC). Gabarito "E".

(Defensoria/MT – 2007) Sobre os institutos da decadência e da prescrição, contidos no Código de Defesa do Consumidor, assinale a afirmativa correta.

(A) Prescreve em cinco, contados do vencimento da garantia, anos a pretensão à reparação pelos danos causados por fato do produto ou serviço.

(B) Quando se tratar de vício oculto, o prazo decadencial inicia-se após o término da garantia.

(C) Caduca em trinta dias o direito de reclamar pelos vícios aparentes, ou de fácil constatação, em se tratando de fornecimento de serviço e de produtos não duráveis.

(D) Quando se tratar de fornecimento de serviço e de produtos duráveis, caduca, em sessenta dias, o direito de reclamar pelos vícios aparentes ou de fácil constatação.

(E) Não obsta a fluência do prazo decadencial a instauração de inquérito civil.

Arts. 26 e 27 do CDC. Gabarito "C".

(Defensor Público/RO – 2007) O direito de reclamar pelos vícios aparentes ou de fácil constatação em produtos duráveis caduca em:

A) 30 dias
B) 45 dias
C) 60 dias
D) 90 dias
E) 120 dias

Art. 26, II, do CDC. Gabarito "D".

(Defensoria/SP – 2006 – FCC) Na existência de vício do produto, salvo convenção, cláusula de prazo diferenciado, ou manifestação expressa do consumidor em sentido contrário, o fornecedor tem o direito de reparar o defeito, no prazo máximo de

(A) 7 dias.
(B) 10 dias.
(C) 15 dias.
(D) 30 dias.
(E) 180 dias.

Art. 18, § 1º, do CDC. Gabarito "D".

(Defensoria Pública da União – 2010 – CESPE) Ricardo adquiriu um carro há cerca de um mês e, nesse período, por três vezes, não conseguiu trancar a porta do veículo. Com relação a essa situação hipotética, julgue os itens subsequentes.

(1) Ricardo, ainda que deseje a substituição imediata do produto comprado, deverá, antes disso, conceder prazo para o fornecedor sanar o defeito.

(2) O fato de o carro ter sido vendido com defeito assegura a Ricardo direito à indenização por perdas e danos.

(3) O fabricante e o comerciante responderão solidariamente pelo defeito do veículo.

1: correta (art. 18, *caput* e § 1º, do CDC), tendo o fornecedor 30 dias para sanar o defeito; 2: incorreta, pois o dispositivo citado apenas autoriza o pedido de conserto do produto no prazo mencionado; caso outros danos sejam causados e comprovados, aí sim a indenização é cabível; 3: correta, pois o art. 18 do CDC inclui o comerciante (o vendedor do veículo, no caso) como responsável pelo vício do produto, o mesmo não acontecendo quando se trata de acidente de consumo (art. 12 do CDC). Gabarito 1C, 2E, 3C.

---

5. DESCONSIDERAÇÃO DA PERSONALIDADE JURÍDICA. RESPONSABILIDADE EM CASO DE GRUPO DE EMPRESAS

(Magistratura/AL – 2007 – FCC) "Mesmos nos países em que se reconhece a personalidade jurídica apenas às sociedades de capitais surgiu, há muito, uma doutrina que visa, em certos casos, a desconsiderar a personalidade jurídica, isto é, não considerar os efeitos da personalidade, para atingir a responsabilidade dos sócios. Por isso também é conhecida por doutrina da penetração. Esboçada nas jurisprudências inglesa e norte-americana, é conhecida no direito comercial como a doutrina do Disregard of Legal Entity. Na Alemanha surgiu uma tese apresentada pelo Prof. Rolf Serick, da Faculdade de Direito da Universidade de Heidelberg, que estuda profundamente a doutrina, tese essa que adquiriu notoriedade causando forte influência na Itália e na Espanha. Seu título, traduzido pelo Prof. Antonio Pólo, de Barcelona, é bem significativo: 'Aparencia y Realidad em las Sociedades Mercantiles – El abuso de derecho por médio de la persona jurídica'. Pretende a doutrina penetrar no âmago da sociedade, superando ou desconsiderando a personalidade jurídica, para atingir e vincular a responsabilidade do sócio." (Rubens Requião. Curso de Direito Comercial. 26. ed. São Paulo: Saraiva, 2006. v. 1, p. 390) Pode-se afirmar que a doutrina acima referida, nas relações de consumo

(A) foi agasalhada pelo direito brasileiro e permite que o Juiz desconsidere a pessoa jurídica sempre que sua personalidade for, de alguma forma, obstáculo ao ressarcimento de prejuízos causados aos consumidores.

(B) foi agasalhada pelo direito brasileiro, mas a desconsideração não será efetivada quando houver falência ou estado de insolvência, porque todos os credores devem ser tratados com igualdade nestes casos.

(C) não foi agasalhada pelo direito brasileiro que, expressamente, distingue a personalidade jurídica dos sócios da personalidade jurídica da sociedade.

(D) foi parcialmente adotada pelo direito brasileiro e permite ao Juiz dissolver a sociedade, determinando sua liquidação, quando, em detrimento do consumidor, houver abuso de direito, excesso de poder, infração da lei, fato ou ato ilícito ou violação dos estatutos ou contrato social.

(E) está incorporada ao direito brasileiro e permite às autoridades administrativas e ao Juiz determinar que os efeitos de certas relações de obrigações sejam estendidos aos bens particulares dos administradores ou sócios da pessoa jurídica, se verificado abuso da personalidade jurídica desta pelo desvio de finalidade ou pela confusão patrimonial.

Art. 28, § 5º, do CDC. Gabarito "A".

(Magistratura/PR – 2010 – PUC/PR) Pela previsão do artigo 28 do Código de Defesa do Consumidor, o juiz poderá desconsiderar a personalidade jurídica da sociedade quando, em detrimento do consumidor, houver abuso de direito, excesso de poder, infração da lei, fato ou ato ilícito ou violação dos estatutos ou contrato social. Sobre a desconsideração da personalidade jurídica no CDC, é CORRETO afirmar:

(A) As sociedades integrantes dos grupos societários e as sociedades controladas são solidariamente responsáveis pelas obrigações decorrentes do Código de Defesa do Consumidor.

(B) As sociedades consorciadas são subsidiariamente responsáveis pelas obrigações decorrentes do Código de Defesa do Consumidor.

(C) Também poderá ser desconsiderada a pessoa jurídica sempre que sua personalidade for, de alguma forma, obstáculo ao ressarcimento de prejuízos causados aos consumidores.

(D) As sociedades coligadas só responderão por dolo.

A: incorreta, pois tais sociedades são *subsidiariamente* responsáveis (art. 28, § 2º, do CDC); B: incorreta, pois tais sociedades são *solidariamente* responsáveis (art. 28, § 2º, do CDC); C: correta (art. 28, § 5º, do CDC); D: incorreta, pois tais sociedades responderão por mera *culpa*, não sendo necessário *dolo* (art. 28, § 4º, do CDC). Gabarito "C".

(Magistratura/RO – 2011 – PUCPR) Dadas as assertivas abaixo, assinale a única **CORRETA**.

(A) As sociedades integrantes dos grupos societários e as sociedades controladas são solidariamente responsáveis pelas obrigações decorrentes do Código de Defesa do Consumidor.
(B) Associedades consorciadas são subsidiariam ente resposáveis pelas obrigações decorrentes do Código de Defesa do Consumidor.
(C) As sociedades coligadas só responderão por dolo.
(D) É vedado expressamente desconsiderar a personalidade da pessoa jurídica nos casos em que sua personalidade for obstáculo ao ressarcimento de prejuízos causados aos consumidores.
(E) Também poderá ser desconsiderada a pessoa jurídica sempre que sua personalidade for, de alguma forma, obstáculo ao ressarcimento de prejuízos causados aos consumidores.

A: incorreta, pois tais sociedades são SUBSIDIARIAMENTE responsáveis (art. 28, § 2º, do CDC); B: incorreta, pois tais entidades são SOLIDARIAMENTE responsáveis (art. 28, § 3º, do CDC); C: incorreta, pois tais entidades só responderão por CULPA (art. 28, § 4º, do CDC); D: incorreta, pois cabe desconsideração nesse caso (art. 28, § 5º, do CDC); E: correta (art. 28, § 5º, do CDC). Gabarito "E".

(Ministério Público/AM – 2008 – CESPE) Considere que determinado grupo de sociedades, composto pelas pessoas jurídicas F, G e K, seja controlado pela sociedade F e que, nele, G seja sociedade coligada a K, a qual, por sua vez, é consorciada à sociedade L. Nessa situação, considerando que a sociedade K seja responsável por obrigações decorrentes do Código de Proteção e Defesa do Consumidor, assinale a opção correta quanto à extensão dessa responsabilidade para as demais sociedades referidas.

(A) As sociedades F e G responderão solidariamente por essas obrigações.
(B) A sociedade L responderá subsidiariamente pelas citadas obrigações.
(C) A sociedade F responderá subsidiariamente e a sociedade G responderá solidariamente pelas referidas obrigações.
(D) A sociedade G só responderá por culpa pelas referidas obrigações.
(E) As sociedades G e K responderão solidariamente pelas obrigações.

Art. 28, § 4º, do CDC. Gabarito "D".

(Defensor Público/BA – 2010 – CESPE) Julgue o seguinte item.

(1) Ao tratar da desconsideração da pessoa jurídica, o CDC estabelece que as sociedades integrantes dos grupos societários, as sociedades controladas e as consorciadas são solidariamente responsáveis pelas obrigações previstas no código.

1: incorreta, pois as sociedades consorciadas são responsáveis solidárias pelas obrigações estipuladas no CDC; porém quanto a grupos societários e às sociedades controladas, estes respondem apenas subsidiariamente pelas obrigações prevista no CDC (art. 28, §§ 2º e 3º, do CDC). Gabarito 1E.

6. PRÁTICAS COMERCIAIS

(Magistratura/AC – 2008 – CESPE) Horácio adquiriu, na Padaria Goiás Ltda., uma garrafa de água mineral com a designação diet, apesar de a mesma não ter sofrido qualquer alteração em sua composição. A garrafa tinha em seu rótulo uma menção a promoção de tampinhas premiadas. Ao consumir o produto, Horácio verificou que a tampinha da garrafa de água era premiada e exigiu o prêmio da fabricante, a Indústria de Bebidas S.A. Contudo, a fabricante alegou que havia erro na grafia da tampinha apontada como premiada, negando o pedido de Horácio e atribuindo a total responsabilidade por qualquer dano à Indústria de Alumínio S.A., fabricante das tampinhas das garrafas que guarnecem os produtos da Indústria de Bebidas S.A. Tendo como referência a situação hipotética apresentada, assinale a opção correta acerca das normas do CDC.

(A) Apesar de não ter sofrido qualquer modificação em sua composição, a água mineral adquirida por Horácio pode conter em seu rótulo a qualificação diet.
(B) A ausência de informações de que havia tampinhas de garrafas de água mineral com defeito de impressão capaz de impedir a percepção do prêmio oferecido configura publicidade enganosa por omissão.
(C) A Padaria Goiás Ltda., a Indústria de Bebidas S.A. e a Indústria de Alumínio S.A. são solidariamente responsáveis pela reparação dos danos suportados por Horácio.
(D) A publicidade veiculada pela Indústria de Bebidas S.A. quanto às tampinhas premiadas das garrafas de água mineral é abusiva.

Art. 37, § 3º, do CDC. Gabarito "B".

(Magistratura/AC – 2008 – CESPE) Ivan, a fim de consertar seu automóvel, procurou oficina mecânica e solicitou orçamento de serviços. Considerando essa situação hipotética, assinale a opção incorreta quanto às normas de defesa do consumidor.

(A) Se aprovado por Ivan, o orçamento vinculará as partes contraentes.
(B) Se for executado qualquer serviço por terceiro, não-previsto no orçamento, Ivan não se obrigará a arcar com eventual acréscimo, mesmo que reste comprovada a imperativa necessidade do mencionado serviço acrescido.
(C) O orçamento entregue a Ivan tem validade de 30 dias, salvo disposição em sentido contrário.
(D) No orçamento confeccionado pela oficina, deve constar o valor da mão-de-obra, dos materiais e dos equipamentos a serem empregados, bem como as condições de pagamento e as datas de início e término do serviço.

A: art. 40, § 2º, do CDC; B: art. 40, § 3º, do CDC; C: art. 40, § 1º, do CDC; D: art. 40, caput, do CDC. Gabarito "C".

(Magistratura/AL – 2007 – FCC) O fornecedor que envia um produto ao consumidor sem solicitação prévia comete

(A) prática abusiva vedada pelo Código de Defesa do Consumidor e o produto remetido considera-se amostra grátis.
(B) prática abusiva vedada pelo Código de Defesa do Consumidor, condicionada à devolução do produto.
(C) infração consumerista sancionada com multa ou, na hipótese de reincidência, com proibição da fabricação do produto.
(D) infração consumerista, sujeita à apreensão do produto.
(E) crime previsto e punido pelo Código de Defesa do Consumidor.

Art. 39, parágrafo único, do CDC. Gabarito "A".

(Magistratura/GO – 2009 – FCC) Considerando a venda por telefone, é INCORRETO afirmar que

(A) o fornecedor do produto ou serviço é subsidiariamente responsável pelos atos de seus prepostos ou representantes autônomos.
(B) deve constar o nome do fabricante e endereço na embalagem.
(C) deve constar o nome do fabricante na publicidade.
(D) deve constar o nome do fabricante em todos os impressos utilizados na transação comercial.
(E) é proibida a publicidade dos bens, quando a chamada for onerosa ao consumidor que a origina.

A: incorreto, pois o fornecedor tem responsabilidade solidária nesse caso (art. 34 do CDC); B a E: corretas (art. 33 do CDC). Gabarito "A".

(Magistratura/DF – 2011) Se o fornecedor de produtos ou serviços recusar cumprimento à oferta, apresentação ou publicidade, o consumidor poderá, alternativamente e à sua livre escolha:

(A) rescindir o contrato, com direito à restituição de quantia eventualmente antecipada, monetariamente atualizada, e a perdas e danos;
(B) aceitar outro produto ou prestação de serviço equivalente;
(C) exigir o cumprimento forçado da obrigação, nos termos da oferta, apresentação ou publicidade;
(D) todas alternativas anteriores (a, b, c) são corretas.

De fato, o art. 35 do CDC permite ao consumidor, à sua livre escolha, optar por qualquer das providências mencionadas nas alternativas "a" a "c", daí porque deve ser assinalada a alternativa "d". Gabarito "D".

(Magistratura/DF – 2011) Tício, consumidor, percebendo inexatidão nos seus dados em Banco de Dados de Proteção ao Crédito, exige sua imediata correção. Apurado pela entidade de proteção ao crédito que Tício tem razão e procedida a correção dos dados, o prazo que o arquivista tem para comunicar a alteração aos terceiros que tenham recebido as informações incorretas é de:

(A) 3 (três) dias úteis;
(B) 5 (cinco) dias úteis;
(C) 10 (dez) dias;
(D) 30 (trinta) dias.

Art. 43, § 3º, do CDC. Gabarito "B".

(Magistratura/DF – 2011) Em face do que disciplina a Lei nº 8.078/1990, por seu artigo 30 ("Toda informação ou publicidade, suficientemente precisa, veiculada por qualquer forma ou meio de comunicação com relação a produtos e serviços oferecidos ou apresentados, obriga o fornecedor que a fizer veicular ou dela se utilizar e integra o contrato que vier a ser celebrado"), é certo que:

(A) o *puffing*, normalmente, tem força vinculante;
(B) em relação ao preço, a utilização do *puffing* não impõe, de regra, vinculação;
(C) haverá vinculação, mesmo se não houver exposição da informação ou publicidade;
(D) nenhuma das alternativas anteriores (a, b, c) é correta.

A: assertiva incorreta, pois o *puffing* é o exagero praticado em anúncios de publicidade (ex: "melhor pizza do mundo"); porém, o art. 30 do CDC estabelece que somente a informação ou publicidade SUFICIENTEMENTE PRECISAS vincula o fornecedor; assim, o exagero, desde que feito de forma jocosa, lúdica, e sem precisão, não vincula o fornecedor; B: assertiva incorreta, pois, havendo precisão quanto ao preço (ex: "o mais barato da cidade"), há vinculação sim; C: assertiva incorreta, pois, sem VEICULAÇÃO, não incide o art. 30 do CDC; D: alternativa correta, pois as outras três alternativas, de fato, trazem assertivas incorretas. Gabarito "D".

(Magistratura/DF – 2011) Orange Produtos de Informática Ltda. envia a Petronius, consumidor, sem solicitação prévia deste, um roteador *wireless* no valor de R$168,00 (cento e sessenta e oito reais). Petronius recebe o produto em sua residência, firmando recibo, e fica com o roteador, silenciando. Diante disso:

(A) Orange Produtos de Informática Ltda., após decorrido o prazo de 7 (sete) dias do ato de recebimento do produto, prazo de reflexão, sem manifestação de Petronius, pode deste cobrar o valor do roteador;
(B) Orange Produtos de Informática Ltda., após decorrido o prazo de 10 (dez) dias do ato de recebimento do produto, prazo de reflexão, sem manifestação de Petronius, pode deste cobrar o valor do roteador;
(C) Orange Produtos de Informática Ltda. nada pode cobrar, porque, no caso, o produto remetido equipara-se à amostra grátis;
(D) nenhuma das alternativas anteriores (a, b, c) é correta.

De acordo com o art. 39, p. ún., do CDC, os produtos remetidos ao consumidor sem solicitação equiparam-se às amostras grátis. Gabarito "C".

(Magistratura/GO – 2009 – FCC) É correto afirmar:

(A) O consumidor, sempre que encontrar inexatidão nos seus dados e cadastros, poderá exigir sua imediata correção, devendo o arquivista, no prazo de quinze dias úteis, comunicar a alteração aos eventuais destinatários das informações incorretas.
(B) Na cobrança de débitos, o consumidor cobrado em quantia indevida, ainda que por engano justificável, tem direito à repetição do indébito, por valor igual ao dobro do que pagou em excesso, acrescido de correção monetária e juros legais, considerado o regime da responsabilidade objetiva do fornecedor.
(C) A abertura de cadastro, ficha, registro e dados pessoais e de consumo deverá ser comunicada ao consumidor, por qualquer dos meios de comunicação disponíveis, quando não solicitada por ele.
(D) Os bancos de dados e cadastros de consumidores de caráter privado, não se sujeitam aos prazos previstos no CDC, relativos ao tempo de manutenção das informações arquivadas.
(E) Dos documentos de cobrança de débitos apresentados ao consumidor, deverão constar o nome, o endereço e o número de inscrição no Cadastro de Pessoas Físicas – CPF ou no Cadastro Nacional de Pessoa Jurídica – CNPJ do fornecedor do produto ou serviço correspondente.

A: incorreta, pois o prazo é de 5 dias úteis (art. 43, § 3º, do CDC); B: incorreta, pois a responsabilidade não existe em caso engano justificável do fornecedor (art. 42, parágrafo único do CDC); C: incorreta, pois deve ser comunicada por escrito (art. 43, § 2º, do CDC); D: incorreta (art. 43, §§ 4º e 5º, do CDC); E: correta (art. 42-A do CDC, incluído pela Lei 12.039/09). Gabarito "E".

(Magistratura/MT – 2009 – VUNESP) Assinale a alínea correta, no que pertine às práticas comerciais regulamentadas pela Lei n.º 8.078/90.

(A) Publicidade enganosa é aquela que induz o consumidor a se comportar de forma prejudicial ou perigosa à sua saúde ou segurança.
(B) Os produtos refrigerados devem possuir informações sobre as características, qualidades, quantidade, composição, preço, garantia, prazos de validade e origem, entre outros dados, bem como sobre os riscos que apresentam à saúde e segurança dos consumidores, gravadas de forma indelével.
(C) Aquele que comercializa deve assegurar a oferta de componentes e peças de reposição enquanto não cessar a fabricação ou importação do produto.
(D) A publicidade de bens e serviços por telefone, quando a chamada for onerosa ao consumidor que a origina, é permitida desde que informada ao mesmo.
(E) A lei prevê abusividade publicitária por omissão.

A: incorreta, pois a definição é de publicidade abusiva (art. 37, § 2º, do CDC); B: correta (art. 31, *caput* e § 1º, do CDC); C: incorreta, pois, depois de cessar a fabricação e a importação, a oferta deverá ser mantida, ainda, por período razoável de tempo, na forma da lei (art. 32, p. ún., do CDC); D: incorreta, pois tal publicidade, quando onerosa ao consumidor, é proibida (art. 33, parágrafo único, do CDC); E: incorreta, pois a lei prevê a *enganosidade* por omissão (art. 37, § 3º, do CDC), e não a *abusividade* por omissão (art. 37, § 1º, do CDC). Gabarito "B".

(Magistratura/PE – 2011 – FCC) Uma mensagem publicitária considera-se abusiva quando

(A) tiver finalidade ideológica ou política.
(B) induzir em erro o consumidor.
(C) deixar de informar o consumidor sobre dado essencial do produto ou serviço.
(D) for patrocinada pelo Poder Público.
(E) desrespeitar valores ambientais.

Art. 37, § 2º, do CDC. Gabarito "E".

(Magistratura/PR – 2010 – PUC/PR) O fornecedor, ao cobrar supostos débitos do consumidor, o faz mediante a cobrança via telefone ao trabalho do consumidor, exigindo que este pague por uma dívida vencida e paga, sendo que essa dívida vem sendo cobrada reiteradamente por dois meses consecutivos. Sobre a cobrança de dívidas, é INCORRETO afirmar:

(A) Na cobrança de débitos, o consumidor inadimplente não será exposto a ridículo, nem será submetido a qualquer tipo de constrangimento ou ameaça.
(B) Em todos os documentos de cobrança de débitos apresentados ao consumidor, deverão constar o nome, o endereço e o número de inscrição no Cadastro de Pessoas Físicas – CPF – ou no Cadastro Nacional de Pessoa Jurídica – CNPJ – do fornecedor do produto ou serviço correspondente.
(C) O consumidor cobrado em quantia indevida tem direito à repetição do indébito, por valor igual ao dobro do que pagou em excesso, acrescido de correção monetária e juros legais, ainda que o fornecedor demonstre o engano justificável.

(D) É vedado ao fornecedor utilizar, na cobrança de dívidas, de ameaça, coação, constrangimento físico ou moral, afirmações falsas incorretas ou enganosas ou de qualquer outro procedimento que exponha o consumidor, injustificadamente, ao ridículo ou interfira no seu trabalho, descanso ou lazer, sob pena de responder civil e criminalmente.

A: correta (art. 42, *caput*, do CDC); B: correta (art. 42-A do CDC); C: incorreta, pois não há direito em caso de engano justificável (art. 42, parágrafo único, do CDC); D: correta (arts. 42 e 71 do CDC). Gabarito "C".

(Magistratura/PR – 2010 – PUC/PR) O Código de Defesa do Consumidor, no artigo 30, define "oferta" como: "Toda informação ou publicidade, suficientemente precisa, veiculada por qualquer forma ou meio de comunicação com relação a produtos e serviços oferecidos ou apresentados, obriga o fornecedor que a fizer veicular ou dela se utilizar e integra o contrato que vier a ser celebrado". Marcar a alternativa CORRETA:

(A) As informações nos produtos refrigerados oferecidos ao consumidor serão gravadas de forma indelével.
(B) É permitida a publicidade de bens e serviços por telefone, mesmo quando a chamada seja onerosa ao consumidor que a origina.
(C) Se o fornecedor de produtos ou serviços recusar cumprimento à oferta, apresentação ou publicidade, o consumidor não poderá exigir o cumprimento forçado da obrigação, nos termos da oferta, apresentação ou publicidade.
(D) O consumidor não poderá rescindir o contrato, em caso de o fornecedor de produtos ou serviços se recusar cumprimento à oferta, apresentação ou publicidade.

A: correta (art. 31, parágrafo único do CDC); B: incorreta, pois a publicidade não pode ser onerosa ao consumidor, no caso (art. 33, parágrafo único, do CDC); C: incorreta, pois o consumidor poderá, sim, fazer tal exigência em juízo (art. 35, I, do CDC); D: incorreta, pois há, dentre outras, essa possibilidade (art. 35, I a III, do CDC) Gabarito "A".

(Magistratura/RO – 2011 – PUCPR) O fornecedor, ao cobrar supostos débitos do consumidor, o faz mediante a cobrança via telefone ao trabalho do consumidor, exigindo que este pague por uma dívida vencida e paga, que vem sendo cobrada reiteradamente por dois meses consecutivos. Sobre a cobrança de dívidas, assinale a única alternativa CORRETA.

(A) Em todos os documentos de cobrança de débitos apresentados ao consumidor, deverão constar o nome, o endereço e o número de inscrição no Cadastro de Pessoas Físicas - CPF - ou no Cadastro Nacional de Pessoa Jurídica - CNPJ do fornecedor do produto ou serviço correspondente.
(B) O consumidor cobrado em quantia indevida tem direito à repetição do indébito, por valor igual ao dobro do que pagou em excesso, acrescido de correção monetária e juros legais, ainda que o fornecedor demonstre o engano justificável.
(C) Na cobrança de débitos, o consumidor inadimplente poderá ser cobrado em qualquer situação, inclusive em seu local de trabalho, horário de descanso ou lazer.
(D) É permitido ao fornecedor utilizar, na cobrança de dívidas, qualquer procedimento inclusive de correspondências eletrônicas e telefonemas dirigidos ao empregador do consumidor, por meio do departamento de recursos humanos.
(E) Os apontamentos negativos nos cadastros e bancos de dados referentes ao inadimplemento do consumidor são permitidos até o período de três anos.

A: correta (art. 42-A do CDC); B: incorreta, pois, havendo engano justificável, não há direito à devolução em dobro (art. 42, p. un., do CDC); C e D: incorretas, pois é proibido qualquer forma de constrangimento (art. 42, caput, do CDC), sendo inclusive crime a situação narrada (art. 71 do CDC); E: incorreta, pois é até o período de 5 anos (art. 43, § 1°, do CDC). Gabarito "A".

(Magistratura/RO – 2011 – PUCPR) O artigo 30 do Código de Defesa do Consumidor define oferta como toda informação ou publicidade, suficientemente precisa, veiculada por qualquer forma ou meio de comunicação com relação a produtos e serviços oferecidos ou apresentados, obriga o fornecedor que a fizer veicular ou dela se utilizar e integra o contrato que vier a ser celebrado. Dado esse contexto, assinale a única alternativa CORRETA.

(A) É permitida a publicidade de bens e serviços por telefone, mesmo quando a chamada seja onerosa ao consumidor que a origina.
(B) As informações nos produtos refrigerados oferecidos ao consumidor serão gravadas de forma indelével.
(C) Se o fornecedor de produtos ou serviços recusar cumprimento à oferta, apresentação ou publicidade, o consumidor não poderá exigir o cumprimento forçado da obrigação, nos termos da oferta, apresentação ou publicidade.
(D) O consumidor não poderá rescindir o contrato, em caso de o fornecedor de produtos ou serviços se recusar cumprimento à oferta, apresentação ou publicidade.
(E) Se o fornecedor de produtos ou serviços recusar cumprimento à oferta, apresentação ou publicidade, o consumidor terá direito somente à rescisão contratual, com direito à restituição de valores eventualmente pagos, devidamente atualizados, sem direito a perdas e danos.

A: incorreta (art. 33, p. ún., do CDC); B: correta (art. 31, p. ún., do CDC); C: incorreta (art. 35 do CDC); D: incorreta (art. 35, III, do CDC); E: incorreta, pois caberá também a exigência forçada do cumprimento da obrigação e a aceitação de outro produto ou serviço equivalente (art. 35, I e II, do CDC). Gabarito "B".

(Magistratura/SC – 2010) Assinale a alternativa correta:

I. Os serviços de proteção ao crédito e congêneres são considerados entidades de caráter privado.
II. Sempre que encontrar inexatidão nos seus dados e cadastros, o consumidor poderá exigir sua imediata correção.
III. Opera-se a decadência no prazo de 30 dias, quanto ao direito de reclamar pelos vícios aparentes, tratando-se de fornecimento de serviços ou de produtos duráveis.
IV. Somente poderão constar nos bancos de dados as informações negativas sobre consumidores relativas aos últimos dois anos.

(A) Somente as proposições I, III e IV estão incorretas.
(B) Somente as proposições II e III estão incorretas.
(C) Somente as proposições I, II e IV estão incorretas.
(D) Somente as proposições III e IV estão incorretas.
(E) Todas as proposições estão incorretas.

I: incorreta, pois são entidades de caráter público (art. 43, § 4°, do CDC); II: correta (art. 43, § 3°, do CDC); III: incorreta, pois, se o produto ou serviço é durável, o prazo é de 90 dias (art. 26, II, do CDC); IV: incorreta, pois poderão constar as informações relativas aos últimos 5 anos (art. 43, § 1°, do CDC). Gabarito "A".

(Magistratura/SC – 2008) Relativamente às conseqüências e responsabilidades pela inadimplência impostas aos consumidores, junto aos bancos de dados e cadastros, considerando as proposições abaixo, assinale a alternativa correta:

I. O registro de inadimplência nos assentos informatizados deve ser cancelado após o decurso do prazo de 5 (cinco) anos, se, antes disso não ocorreu a prescrição da ação de cobrança.
II. Os bancos de dados dos consumidores ostentam caráter público e não podem ser controlados por empresas privadas.
III. A especificidade das anotações dos sistemas de proteção ao crédito não as exclui do conceito genérico das existentes em bancos de dados.
IV. É obrigatório comunicar por escrito ao consumidor, quando por ele não solicitado, a abertura de cadastro, ficha, registro e dados pessoais e de consumo.
V. Considera-se prática abusiva a manutenção de um banco de dados pelas instituições financeiras em que são regularmente informados os fornecedores sobre a situação creditícia dos consumidores que constam em seus cadastros.

(A) Somente a proposição II está incorreta.
(B) Todas as proposições estão corretas.
(C) Somente as proposições III e V estão corretas.
(D) Somente as proposições I, II e III estão incorretas.
(E) Somente as proposições II e IV estão corretas.

I: correta (art. 43, § 1°, do CDC e Súmula 323 do STJ); II: incorreta (art. 43, § 4°, do CDC); III: correta (art. 43, § 4°, do CDC); IV: correta (art. 43, § 2°, do CDC); vide Súmula 359 do STJ; V: correta, pois o art. 39 é exemplificativo, abrangendo, por certo, a prática de revelar dados relativos à vida privada das pessoas, que é protegida constitucionalmente. Gabarito "A".

(Magistratura/PI – 2008 – CESPE) Determinada pessoa jurídica que atua no ramo de venda de móveis e eletrodomésticos ao consumidor iniciou campanha publicitária denominada "Queimão de Estoque", em que anunciava a venda de produtos com preços equivalentes a menos da metade do valor de mercado. No âmbito dessa campanha, anunciou: TELEVISÃO DE PLASMA, R$ 1.000,00. Com base no direito das relações de consumo e considerando que no anúncio não se fazia qualquer menção a marca, características ou outra especificação do produto, assinale a opção correta.

(A) É suficiente, para atender ao direito do consumidor à informação adequada, a menção ao produto e ao preço, sendo desnecessária a apresentação de outros dados característicos ou especificações do produto.

(B) Será abusiva a publicidade veiculada pela referida pessoa jurídica, se não houver em seus estoques nenhum produto com o preço informado.

(C) Havendo discussão a respeito da veracidade e da correção da informação publicitária, o ônus da prova será do patrocinador da veiculação da informação.

(D) É considerada enganosa a publicidade que induza o consumidor a se comportar de forma prejudicial ou perigosa à sua saúde ou segurança.

(E) Havendo discussão quanto à veracidade das informações publicitárias veiculadas, o ônus da prova poderá ser conferido ao consumidor quando, a critério do juiz, for verossímil a alegação do fornecedor, segundo as regras ordinárias de experiência.

A: art. 31 do CDC; B: será enganosa (art. 37, § 1º, do CDC); C: art. 38 do CDC; D: é abusiva (art. 37, § 2º, do CDC); E: art. 38 do CDC. Gabarito "C".

(Magistratura/PI – 2008 – CESPE) Com base no direito das relações de consumo, assinale a opção correta.

(A) Em caso de práticas comerciais abusivas, não é necessário que se configure a lesão a direito individual, bastando que seja demonstrada a potencialidade ofensiva de tal prática para que incidam à espécie as disposições do CDC.

(B) Desde que expressamente consignada em contrato, de maneira clara, que permita sua imediata compreensão, não é considerada abusiva a cláusula contratual de plano de saúde que limite no tempo a internação hospitalar do segurado.

(C) No caso de produtos de origem estrangeira, as informações constantes de seu rótulo podem ser mantidas em seu idioma original, não havendo necessidade de que sejam traduzidas para a língua portuguesa.

(D) Em qualquer hipótese, é sempre vedado ao fornecedor executar serviços sem prévia elaboração de orçamento e autorização do consumidor.

(E) Se, no curso da prestação de serviços contratados, houve a necessidade de contratação de serviços de terceiros, não constantes na elaboração do orçamento prévio, os ônus dessa contratação devem ser repassados ao consumidor.

A: os tipos previstos no art. 39 do CDC não exigem lesão efetiva; B: Súmula 302 do STJ; C: o art. 31 do CDC exige língua portuguesa; D: art. 39, VI, do CDC; E: art. 40, § 3º, do CDC. Gabarito "A".

(Magistratura/SP – 2011 – VUNESP) Assinale a alternativa correta, acerca da oferta, de acordo com o CDC.

(A) Se o fornecedor de serviços recusar cumprimento à oferta, o consumidor poderá rescindir o contrato, com direito à restituição de quantia eventualmente antecipada, além de perdas e danos.

(B) Em caso de venda pelo telefone, é dispensável o nome do fabricante na embalagem.

(C) O fornecedor de produtos não responde pelos atos de seus representantes autônomos.

(D) Se o fornecedor de produtos não puder cumprir a oferta, poderá exigir que o consumidor aceite outro produto equivalente.

(E) A oferta não precisa ser mantida se cessar a produção do produto.

A: correta (art. 35, III, do CDC); B: incorreta (art. 33 do CDC); C: incorreta, pois o fornecedor é solidariamente responsável pelos atos de seus prepostos ou representantes autônomos (art. 34 do CDC); D: incorreta, pois o consumidor é quem deve escolher uma das opções do art. 35 do CDC; E: incorreta, pois, nesse caso, a oferta deverá ser mantida por período razoável de tempo, na forma da lei (art. 32, p. ún., do CDC). Gabarito "A".

(Ministério Público/AM – 2008 – CESPE) Para melhor disciplinar o exercício da profissão de empresário no que se refere ao respeito pelos direitos dos consumidores, o Código de Defesa e Proteção do Consumidor regulou aspectos relevantes das práticas comerciais, particularmente quanto à oferta e à publicidade de produtos e serviços. Acerca dessa disciplina, assinale a opção correta.

(A) O fabricante ou o importador assegurarão a oferta de componentes e peças de reposição do produto enquanto eles estiverem sendo vendidos no mercado.

(B) É vedado ao fornecedor condicionar os limites quantitativos do fornecimento de produtos, de modo a estabelecer que a aquisição versará sobre limite mínimo ou máximo de unidades.

(C) A publicidade será enganadora por omissão quando deixar de informar sobre dado essencial do produto ou do serviço.

(D) O fornecedor poderá enviar, sem solicitação prévia, qualquer propaganda ou produto ao consumidor, desde que isso não acarrete nenhum prejuízo ao destinatário.

(E) Aprovado o orçamento prévio de fornecimento de serviço, o consumidor terá até 7 dias para, unilateralmente, desistir do negócio.

A: art. 32 do CDC; B: é possível, se houver justa causa (art. 39, I, do CDC); C: art. 37, § 3º, do CDC; D: art. 39, III, do CDC; E: aprovado o orçamento, o consumidor não poderá desistir do negócio (art. 40, § 2º, do CDC), salvo no caso de venda fora do estabelecimento comercial (art. 49 do CDC). Gabarito "C".

(Ministério Público/BA – 2010) Identifique com V ou F, conforme o caso, as afirmativas verdadeiras e falsas.

I. Costureira que adquire máquina de bordar para fins de trabalho, tendo como fornecedor empresa especializada, havendo cláusulas abusivas no contrato de compra e venda pode suscitar aplicação das normas contidas no Código de Defesa do Consumidor.

II. Segundo o Código de Defesa do Consumidor, para aplicação da desconsideração da pessoa jurídica basta a demonstração da insolvência para o pagamento de suas obrigações, independentemente da existência do desvio de finalidade ou de confusão patrimonial.

III. O fato do fornecedor, mediante correspondências e anúncios publicitários, comunicar o vício no produto, para possibilitar o conserto (recall), é excludente de responsabilidade civil pertinente aos consumidores que não atenderam ao chamado, apesar de cientificados.

IV. A publicidade deve ser veiculada de maneira que o consumidor a identifique, imediatamente, como uma mensagem publicitária, já que é vedada a publicidade clandestina, dissimulada e/ou subliminar.

V. Para a devolução em dobro, nas hipóteses de repetição de indébito de tarifa de serviços públicos, é necessária a demonstração da má-fé e culpa da concessionária, já que é indevida nas hipóteses de "engano justificado".

A alternativa que contém a seqüência correta, de cima para baixo, é a:

(A) F F V V F.
(B) V V F V V.
(C) F V F F V.
(D) V V F V F.
(E) V V V V V.

I: verdadeira, pois o STJ adota a teoria finalista, mas com essa exceção; confira: "A jurisprudência do STJ adota o conceito subjetivo ou finalista de consumidor, restrito à pessoa física ou jurídica que adquire o produto no mercado a fim de consumi-lo. Contudo, a teoria finalista pode ser abrandada a ponto de autorizar a aplicação das regras do CDC para resguardar, como consumidores (art. 2º daquele código), determinados profissionais (microempresas e empresários individuais) que adquirem o bem para usá-lo no exercício de sua profissão. Para tanto, há que demonstrar sua vulnerabilidade técnica, jurídica ou econômica (hipossuficiência). No caso, cuida-se do contrato para a aquisição de uma máquina de bordar entabulado entre a empresa fabricante e a pessoa física que utiliza o bem para sua sobrevivência e de sua família, o que demonstra sua vulnerabilidade econômica. Desrate, correta a aplicação das regras de proteção do consumidor, a impor a nulidade da cláusula de eleição de foro que dificulta o livre acesso do hipossuficiente ao Judiciário. Precedentes citados: REsp 541.867-BA, DJ 16/5/2005; REsp 1.080.719-MG, DJe 17/8/2009; REsp 660.026-RJ, DJ 27/6/2005; REsp 684.613-SP, DJ 1º/7/2005; REsp 669.990-CE, DJ 11/9/2006, e CC 48.647-RS, DJ 5/12/2005. REsp 1.010.834-GO, Rel. Min. Nancy Andrighi, julgado em 3/8/2010"; II: verdadeira (art. 28, § 5º, do CDC); III: falsa, pois o art. 10 do CDC, ao impor o *recall*, não exonerou o fornecedor dos danos por este causados; IV: verdadeira (art. 36 do CDC); V: verdadeira (art. 42, p. ún., do CDC). Gabarito "B".

(Ministério Público/BA – 2010) Identifique com V ou F, conforme o caso, as afirmativas verdadeiras e falsas.

I. Adquirindo o consumidor um automóvel novo no mercado de consumo, via internet, poderá exercer seu direito de arrependimento no prazo de 7(sete) dias.
II. É a partir do sistema de remuneração que se define a natureza jurídica do serviço público como relação do consumo que se caracteriza quando ocorrer pagamento de tarifa ou preço público.
III. A onerosidade excessiva enseja modificação dos contratos, e dependerá da ocorrência de fato superveniente e imprevisível, conforme inciso V do art. 6º do CDC e entendimento do STJ.
IV. A contrapropaganda é forma de reparação para propaganda enganosa ou abusiva, cumulativamente com a indenização pecuniária, comprovado o prejuízo.
V. O corte de serviço público de energia elétrica por débitos pretéritos configura constrangimento, ou ameaça, vedado pelo Código de Defesa do Consumidor.

A alternativa que contém a seqüência correta, de cima para baixo, é a:

(A) F V F V V.
(B) V V F V V.
(C) F F V F F.
(D) V V F F V.
(E) V F V F F.

I: verdadeira (art. 49 do CDC); II: verdadeira, valendo salientar que, se o caso envolver taxa (e não tarifa ou preço público), a questão será regida pelo Direito Tributário; III: falsa, pois o art. 6º, V, do CDC não impõe que o fato superveniente seja IMPREVISÍVEL; IV: verdadeira (art. 60 do CDC); V: verdadeira; vide o seguinte precedente do STJ: "Na espécie, o Tribunal a quo não autorizou o corte do fornecimento de energia elétrica, por entender configurada a cobrança de valores pretéritos (1994), pois, por não serem contemporâneos, não estariam sujeitos à prévia notificação. Assim, nesses casos, a companhia elétrica deveria buscar o adimplemento de seu crédito por meio das vias ordinárias de cobrança sem cortar o fornecimento de luz. Para o Min. Relator, correta a posição daquele Tribunal, porquanto o corte de energia elétrica pressupõe o inadimplemento de conta regular relativa ao mês de consumo, sendo inviável a suspensão do abastecimento de energia elétrica em razão de débitos antigos. Assim, embora a Primeira Seção tenha pacificado o entendimento segundo o qual a companhia pode interromper o fornecimento de energia elétrica se, após aviso prévio, o usuário permanecer inadimplente, no caso dos autos, de débitos pretéritos, não deve haver a suspensão da energia. Lembrou ainda que, quanto aos débitos antigos, o art. 42 do CDC não admite constrangimento nem ameaças ao consumidor. Com esse entendimento, ao prosseguir o julgamento, a Turma negou provimento ao recurso da companhia estadual de energia elétrica. Precedentes citados: REsp 772.486-RS, DJ 6/3/2006, e REsp 756.591-DF, DJ 18/5/2006. REsp 631.736-RS, Rel. Min. Humberto Martins, julgado em 15/2/2007. (Inform. STJ 310)". Gabarito "B".

(Ministério Público/CE – 2009 – FCC) A publicidade que se aproveita das deficiências de julgamento e experiência da criança é considerada

(A) lícita, nos casos em que se possa presumir a permissão dos pais ou responsáveis para que a criança a ela tenha acesso.
(B) enganosa e, por isto, proibida.
(C) abusiva e, por isto, proibida.
(D) abusiva, se for capaz de induzir também o adulto em erro a respeito das características ou qualidades do produto.
(E) enganosa, se induzir o consumidor a se comportar de forma prejudicial à sua saúde ou à sua segurança.

Art. 37, § 2º, do CDC. Gabarito "C".

(Ministério Público/CE – 2009 – FCC) A inscrição de inadimplentes pode ser mantida nos serviços de proteção ao crédito

(A) por, no máximo, três anos, salvo se maior o prazo de prescrição relativo à cobrança do débito, o qual prevalecerá sobre o triênio.
(B) até que o débito que lhe deu origem seja integralmente pago.
(C) por, no máximo, dez anos e, consumada a prescrição relativa à cobrança do débito do consumidor, não serão fornecidas, pelos respectivos Sistemas de Proteção ao Crédito, quaisquer informações que possam impedir ou dificultar novo acesso ao crédito junto aos fornecedores.
(D) pelo prazo, qualquer que seja ele, da prescrição relativa à cobrança do débito.
(E) por, no máximo, cinco anos e, consumada a prescrição relativa à cobrança de débitos do consumidor, não serão fornecidas, pelos respectivos Sistemas de Proteção ao Crédito, quaisquer informações que possam impedir ou dificultar novo acesso ao crédito junto aos fornecedores.

Art. 43, §§ 1º e 5º, do CDC. Gabarito "E".

(Ministério Público/MG – 2010.1) Nos termos das normas jurídicas de ordem pública, considere as seguintes proposições

I. Nos contratos de planos de saúde, é proibida a cláusula que fixa o reajuste das prestações pecuniárias em razão da faixa etária de pessoas muito idosas.
II. A oferta publicitária de crédito deve garantir ao consumidor o direito à informação prévia, ostensiva e adequada sobre a taxa efetiva anual de juros.
III. Os dados contábeis que dão base à oferta publicitária de crédito devem ser organizados pelo fornecedor e informados aos legítimos interessados, sob pena de responsabilidade penal.
IV. Prevalecer-se da fraqueza ou ignorância do consumidor idoso para impingir-lhe uma operação de crédito consignado é uma prática abusiva.

Marque a opção CORRETA.

(A) I e II estão corretas.
(B) II e III estão corretas.
(C) I, II e IV estão corretas.
(D) III e IV estão corretas.
(E) Todas estão corretas.

I: correta (art. 15, § 3º, do Estatuto do Idoso – AgRg no REsp 707.286/RJ, DJ 18/12/2009); II: correta (art. 52, II, do CDC); III: correta (art. 69 do CDC); IV: correta (art. 39, IV, do CDC). Gabarito "E".

(Ministério Público/PR – 2008) Sobre oferta e publicidade analise as assertivas abaixo e responda.

I. Toda informação ou publicidade suficientemente precisa, veiculada por qualquer forma ou meio de comunicação, com relação a produtos e serviços oferecidos ou apresentados, obriga o fornecedor que a fizer veicular ou dela se utilizar e integra o contrato que vier a ser celebrado.
II. A oferta e apresentação de produtos ou serviços devem assegurar informações corretas, claras, precisas, ostensivas e em língua portuguesa sobre suas características, qualidades, composição, preço, garantia, prazos de validade e origem, entre outros dados, bem como sobre os riscos que apresentam à saúde e segurança dos consumidores.
III. Se o fornecedor de produtos ou serviços recusar cumprimento à oferta, apresentação ou publicidade, o consumidor poderá exigir o cumprimento forçado da obrigação, nos termos da oferta, apresentação ou publicidade.
IV É enganosa qualquer modalidade de informação ou comunicação de caráter publicitário, inteira ou totalmente falsa, ou, por qualquer outro modo, mesmo por omissão, capaz de induzir em erro o consumidor a respeito da natureza, características, origem, preço e quaisquer outros dados sobre produtos e serviços.

(A) Todas estão corretas.
(B) Nenhuma está correta.
(C) Apenas 1ª e 2ª estão corretas.
(D) Apenas 3ª e 4ª estão corretas.
(E) Apenas 1ª, 3ª e 4ª estão corretas.

I: art. 30 do CDC; II: art. 31 do CDC; III: art. 35 do CDC; IV: art. 37, § 1º, do CDC. Gabarito "A".

(Procurador do Estado/PB – 2008 – CESPE) Acerca do direito do consumidor, assinale a opção correta.

(A) A oferta ou a veiculação de mensagem publicitária que ressalte as qualidades ou características de determinado produto ou serviço e defina condições e preços para a sua aquisição tem força vinculante em relação ao fornecedor que a promove ou dela se utiliza.
(B) Para caracterização da publicidade enganosa, exige-se que o anunciante tenha conhecimento de que as informações publicitárias são falsas, que são capazes de induzir ao erro e que provocam prejuízo ao consumidor.
(C) Quando forem fornecidos produtos potencialmente perigosos ao consumo, ainda que não tenha havido dano, incide cumulativamente a responsabilidade pelo fato do produto e pelo vício ou impropriedade do produto, também por perdas e danos, além das sanções administrativas e penais.
(D) Na contratação para fornecimento de produto ocorrida fora do estabelecimento empresarial, o consumidor pode desistir da avença no prazo de sete dias a contar do recebimento do produto. Nessa hipótese, os valores eventualmente pagos devem ser restituídos, deduzindo-se, apenas, o valor gasto com o transporte da mercadoria.
(E) O profissional liberal fornecedor de serviços será pessoalmente responsável pela reparação dos danos causados aos consumidores, por defeitos relativos à prestação de seus serviços, independentemente de apuração da culpa.

A: art. 30 do CDC; B: não há essa exigência na lei (art. 37, § 1º, do CDC); C: não tendo havido dano, não se configura o defeito do produto (art. 12 do CDC), podendo, no máximo, configurar-se o vício do produto (art. 18 do CDC); ademais, é bom lembrar que é possível a comercialização de produtos perigosos para a saúde, observado o art. 9º do CDC; não se pode, todavia, fornecer produtos com alto grau de perigo (art. 10 do CDC); D: art. 49 do CDC; E: art. 14, § 4º, do CDC. Gabarito "A".

(Defensor Público/AC – 2006 – CESPE) Cecília, prestes a contrair núpcias, solicitou orçamento de prestação de serviços de renomado estilista para que este confeccionasse o seu vestido de noiva, pois havia lido, em anúncio publicitário, que o referido estilista utilizava tecidos importados e sofisticadas rendas na feitura de suas peças.

Tendo como base essa situação hipotética, assinale a opção correta, com relação às normas que regem as relações consumeristas.

(A) O orçamento eventualmente entregue a Cecília deveria ter validade de 30 dias, salvo disposição estabelecida em sentido diverso.
(B) Ainda que Cecília tenha concordado com o orçamento, este poderia ter sido alterado unilateralmente, desde que não houvesse sido iniciado o serviço.
(C) Se o estilista se abstivesse de estipular prazo para o término de seu serviço, ele incorreria em prática considerada abusiva pelo Código de Defesa do Consumidor (CDC).
(D) Sendo constatado que o anúncio publicitário, quanto aos serviços prestados pelo estilista, não correspondia à realidade, o anúncio deveria ser considerado publicidade abusiva.

A: incorreta, pois o orçamento tem validade de 10 dias, salvo estipulação em contrário (art. 40, § 1º, do CDC); B: incorreta, pois, uma vez aprovado o orçamento, este somente poderá ser alterado mediante livre negociação entre as partes (art. 40, § 2º, do CDC); C: correta, pois, realmente, é prática abusiva a execução de serviços sem prévia elaboração de orçamento e autorização do consumidor (art. 39, VI, do CDC); D: incorreta, pois, nesse caso, o anúncio deveria ser considerado publicidade enganosa, por conter informação falsa (art. 37, § 1º, do CDC). Gabarito "C".

(Defensor Público/AC – 2006 – CESPE) Na pretensão de adquirir aparelho eletrodoméstico de multiprocessamento, Vanda se beneficiou do sistema de crediário de certa revendedora de utensílios domésticos. Na ocasião, a consumidora preencheu cadastro com todos os seus dados pessoais. O contrato previu que as prestações seriam efetuadas em 24 parcelas reajustáveis. Vanda, no entanto, tornou-se inadimplente quando já havia quitado cerca de um terço da dívida e, por essa razão, teve seu nome inscrito em cadastro de devedores inadimplentes.

Acerca desse caso, com fulcro nas normas que disciplinam as relações de consumo e com base na situação hipotética acima apresentada, assinale a opção incorreta.

(A) A cobrança de quantia já devidamente quitada por Vanda ensejará a repetição do indébito, pelo valor igual ao dobro do que a consumidora pagou em excesso, com juros e correção monetária.
(B) Cadastros, incluído o de inadimplentes, fichas ou registros de dados pessoais somente podem ser implementados com a anuência expressa dos consumidores a que se referirem.
(C) Os bancos de dados que contêm registros sobre consumidores, como o Serviço de Proteção do Crédito (SPC), são considerados entidades de caráter público.
(D) Os dados negativos porventura inscritos no SPC, com relação às dívidas inadimplidas por Vanda, não poderão nele permanecer por período superior a 5 anos.

A: assertiva verdadeira (art. 42, p. ún., do CDC); B: assertiva incorreta (devendo ser assinalada), pois a lei não exige *anuência* do consumidor, mas mera *comunicação* prévia e por escrito ao consumidor da abertura dos cadastros, fichas ou registros (art. 43, § 2º, do CDC); C: assertiva verdadeira (art. 43, § 4º, do CDC); D: assertiva verdadeira (art. 43, § 1º, do CDC). Gabarito "B".

(Defensor Público/BA – 2010 – CESPE) O nome de Fernando foi incluído, sem prévia notificação, em cadastro de inadimplentes, em razão de cobrança indevida realizada pela escola de seu filho. Em decorrência desse fato, Fernando e seu sócio Alexandre, que temia as possíveis consequências negativas da referida cobrança, ajuizaram ação, sob o rito ordinário, contra a escola e a empresa que administra o cadastro de inadimplentes. Considerando essa situação hipotética, julgue os itens a seguir.

(1) A legitimidade ad causam fica evidenciada a partir da pertinência subjetiva da ação, de modo que o fato de haver relação jurídica entre Fernando e as rés põe à mostra a sua legitimidade para integrar o polo ativo da ação.
(2) Por caber à empresa gestora do cadastro de inadimplentes apenas o registro das informações prestadas por suas credenciadas, é evidente a sua ilegitimidade passiva ad causam.
(3) O temor de Alexandre evidencia a sua legitimidade extraordinária, visto que a derrocada financeira de seu sócio pode afetar a saúde financeira da empresa.

1: correta, pois Fernando teve o seu nome negativado indevidamente, de modo que tem total legitimidade para integrar o polo ativo da ação; 2: incorreta, pois a negativação indevida se deu não por informação falsa passada pela escola, mas por falha formal da própria empresa gestora do cadastro, de modo que esta, por ter errado, é, sim, parte legítima passiva; 3: incorreta, pois não se deve confundir a pessoa jurídica, com a pessoa de seus sócios; o nome negativado foi o de Fernando, e não o nome da pessoa jurídica da qual são sócios Fernando e Alexandre. Gabarito 1C, 2E, 3E.

(Defensor Público/BA – 2010 – CESPE) Julgue o seguinte item.

(1) Consoante entendimento pacificado e atual do STJ, caso o nome do consumidor seja indevidamente inserido nos órgãos/cadastros de proteção ao crédito, existindo outras restrições devidas, terá ele direito de pleitear indenização por danos morais, todavia, com valor reduzido.

1: incorreta, pois, de acordo com a Súmula 385 do STJ, a preexistência de legítima inscrição no serviço de proteção ao crédito exclui indenização por dano moral por anotação irregular posterior, em cadastro de proteção ao crédito. Gabarito 1E.

(Defensoria/ES – 2009 – CESPE) Considerando que certa loja tenha veiculado, em um programa de televisão, publicidade, suficientemente precisa, em que ofertava celulares por preço promocional, julgue os itens seguintes.

(1) O fornecedor criou um direito potestativo para o consumidor.
(2) A publicidade veiculada obriga o fornecedor e integra o contrato que vier a ser celebrado.
(3) A responsabilidade do fornecedor, decorrente do descumprimento do princípio da vinculação, é subjetiva.

1: correta, podendo o consumidor escolher qualquer das providências previstas no art. 35 do CDC; 2: correta, nos termos do art. 30 do CDC; 3: incorreta, pois a responsabilidade é objetiva, não exigindo o art. 35 do CDC conduta culposa ou dolosa do ofertante. Gabarito 1C, 2C, 3E

(Defensoria/ES – 2009 – CESPE) O Banco Alfa solicitou a inscrição do nome de Wagner em determinada entidade de proteção ao crédito, informando a existência de dívida contraída em razão de um empréstimo. A inscrição foi efetuada sem a notificação prévia de Wagner. Considerando essa situação hipotética e a jurisprudência do STJ acerca do assunto, julgue os itens que se seguem.

(1) O banco Alfa, por ter solicitado a referida inscrição, deveria ter providenciado a notificação de Wagner.
(2) A comunicação prévia ao consumidor é medida imprescindível à regularidade da inscrição.
(3) Wagner tem direito a indenização por danos morais, exigível do Banco Alfa.

1: incorreta, pois essa responsabilidade é do Serviço de Proteção ao Crédito (art. 43, § 2º, do CDC); 2: correta (art. 43, § 2º, do CDC); 3: incorreta, pois o direito de indenização deve ser exercido em face do Serviço de Proteção ao Crédito, segundo o STJ, que entende que o credor é parte ilegítima (REsp 751.809/RS, DJ 10/03/2008); o credor só pode ser acionado quando solicita indevidamente a negativação do nome do devedor (REsp 786.239/SP, DJ 13/05/2009). Gabarito 1E, 2C, 3E

(Defensoria/MT – 2007) Em matéria de publicidade e propaganda, estatuídas no Código de Defesa do Consumidor, é incorreto afirmar:

(A) A publicidade tem objetivo comercial, enquanto a propaganda visa a um fim ideológico, religioso, filosófico, político, econômico ou social.
(B) O Código de Defesa do Consumidor proíbe toda publicidade enganosa ou abusiva. A publicidade será enganosa por omissão quando deixar de informar qualquer dado do produto ou serviço.
(C) Pelo princípio da vinculação contratual da publicidade, o consumidor pode exigir do fornecedor o cumprimento do conteúdo da comunicação publicitária.
(D) O Código de Defesa do Consumidor consumou o princípio da veracidade da publicidade ao proibir e definir a publicidade enganosa.
(E) Na publicidade enganosa por comissão, o fornecedor afirma algo capaz de induzir o consumidor em erro, ou seja, diz algo que não é.

A: está correto; B: incorreto, pois deve se tratar de dano essencial (art. 37, § 3º, do CDC); C: correto (art. 35, I, do CDC); D: está correto; E: correto (art. 37, § 1º, do CDC). Gabarito "B".

(Defensoria/PI – 2009 – CESPE) Acerca das práticas abusivas nas relações de consumo, julgue os itens subsequentes.

I. A cobrança do consumidor, em seu local de trabalho, configura prática abusiva.
II. O orçamento deve ser prévio e escrito, sob pena de se configurar prática abusiva.
III. Se o pagamento não for efetuado de pronto, via de regra pode haver recusa de venda de bens ao consumidor.
IV. Se o fornecedor repassar informação de que o consumidor formulou queixa no PROCON, incide em sanção administrativa.
V. A prescrição da dívida não impede que os serviços de proteção ao crédito forneçam informação com vistas a evitar novo acesso do consumidor ao crédito.

Estão certos apenas os itens
(A) I, II e IV.
(B) I, III e V.
(C) I, IV e V.
(D) II, III e IV.
(E) II, III e V.

I: incorreta, pois tal conduta não está prevista no art. 39 do CDC como prática abusiva, mas é conduta que pode gerar responsabilização civil (art. 42 do CDC) e penal (art. 71 do CDC); II: correta (art. 39, VI, do CDC); III: correta (art. 39, IX, do CDC); IV: correta, pois qualquer violação a norma do consumidor configura infração administrativa (art. 56 do CDC); V: incorreta, pois a prescrição impede, sim, tal conduta, nos termos do art. 43, § 5ª, do CDC. Gabarito "D".

(Defensor Público/RO – 2007) A alternativa que evidencia o perfil jurídico dos cadastros de consumidores é:

(A) as informações a respeito da dívida não serão mais fornecidas, após ultrapassados 5 anos da inadimplência
(B) o consumidor tem direito de solicitar que no prazo de 5 dias seja corrigida a inexatidão nas informações
(C) a exclusão da informação desabonadora depende do prévio depósito do valor da dívida apontada
(D) os serviços de proteção ao crédito e congêneres são considerados entidades de caráter privado
(E) o consumidor não precisa ser comunicado da abertura de registro

A: correta (art. 43, § 1º, do CDC); B: incorreta, pois a correção deve se dar em até 5 dias úteis (art. 43, § 3º, do CDC); C: incorreta, pois a exclusão pode se dar por inexatidão da informação; D: incorreta, pois são considerados entidades de caráter público (art. 43, § 4º, do CDC); E: incorreta, pois o consumidor tem que ser comunicado previamente e por escrito da abertura do registro (art. 43, § 2º, do CDC). Gabarito "A".

(Defensor Público/RO – 2007) É sempre vedado ao fornecedor:

(A) elevar o preço de produtos ou serviços
(B) recusar a venda de bens com pagamento imediato
(C) enviar ao consumidor produto não solicitado por ele
(D) executar serviços sem a prévia elaboração de orçamento
(E) condicionar o fornecimento de produto ou de serviços a limites quantitativos

A: incorreta, pois cabe elevação em caso de justa causa (art. 39, X, do CDC); B: incorreta, pois cabe recusar a venda de bens com pagamento imediato em caso de intermediação regulada em leis especiais (art. 39, IX, do CDC); C: correta, pois essa regra não tem exceção (art. 39, III, do CDC); D: incorreta, pois cabe execução de serviços sem prévio orçamento em caso de práticas anteriores entre as partes (art. 39, VI, do CDC); E: incorreta, cabe a limitação quantitativa quando houver justa causa (art. 39, I, do CDC). Gabarito "C".

(Defensor Público/RS – 2011 – FCC) Código de Defesa do Consumidor.

(A) A violação do princípio da identificação dá causa à publicidade abusiva.
(B) Conforme jurisprudência do Superior Tribunal de Justiça, o Código de Defesa do Consumidor adotou a denominada teoria menor da desconsideração da personalidade jurídica.
(C) A proibição da prática de condicionar, em qualquer caso, o fornecimento de produtos a limites quantitativos configura proteção legal do consumidor em relação à denominada venda casada.
(D) O credor, que no exercício do seu direito expõe o consumidor a constrangimento ou humilhação, deve devolver em dobro os valores que venham a ser pagos.
(E) A abertura de ficha em cadastro de consumidores só pode ser feita quando autorizada previamente pelo interessado.

A: incorreta, pois tal violação da causa à publicidade enganosa; B: correta, pois, de fato, o STJ vem entendendo que o CDC adotou a Teoria Menor da Desconsideração, pela qual há "menos" requisitos para que esta se dê. No caso, exige-se apenas a dificuldade em penhorar bens do fornecedor (consequência do art. 28, §5º, do CDC), não sendo necessário comprovar fatos adicionais, como abuso da personalidade, confusão patrimonial, dentre outros, como se dá no âmbito das relações regidas pelo Código Civil (art. 50 do CC); C: incorreta, pois se trata de proteção em relação à denominada condição quantitativa; a venda casada é instituto que se configura quando se condiciona o fornecimento de um produto ou serviço ao fornecimento de outro produto ou serviço (ex: alguém quer comprar um sanduíche é obrigado a comprar um refrigerante também); já a limitação quantitativa se dá quando se condiciona a alguém a comprar uma quantidade mínima de algum produto, sem justa causa (ex: alguém quer comprar um 1 kg de arroz in natura, mas é obrigado a comprar no mínimo 5 kg do arroz; D: incorreta, pois a devolução em dobro dos valores pagos em excesso só é obrigatória quando o consumidor é cobrado em quantia indevida (art. 42, p. ún., do CDC); E: incorreta, pois o consumidor não precisa autorizar; é necessário, apenas, que o consumidor seja previamente informado por escrito da abertura de ficha (art. 43, § 2º, do CDC). Gabarito "B".

(Defensoria/SP – 2007 – FCC) Determinada empresa que envia cartão de vantagens com proposta de relacionamento a consumidores, sem prévia solicitação, desenvolve prática comercial

(A) tolerada, desde que a proposta de relacionamento seja de evidente vantagem para o consumidor.
(B) tolerada, desde que o não consumidor manifeste seu desinteresse no prazo estabelecido na proposta.
(C) tolerada, desde que admitido pela autoridade competente.
(D) proibida, eis que abusiva, porquanto imponha ao conhecimento do consumidor uma oferta de produto ou serviço não procurado.
(E) tolerada, podendo, no entanto, ser abusiva, bastando que o consumidor manifeste seu desinteresse.

Art. 39, III, do CDC. Gabarito "D".

(Magistratura Federal/5ª Região – 2009 – CESPE) Ainda com base no CDC, assinale a opção correta.

(A) Reputa-se abusiva qualquer modalidade de comunicação de caráter publicitário, inteira ou parcialmente falsa, ou capaz de induzir a erro o consumidor a respeito da natureza, das características, da qualidade, da quantidade, das propriedades e de quaisquer outros dados acerca dos produtos e serviços.
(B) No caso de venda de produto a varejo, a falta de indicação de restrição quantitativa relativa à oferta de determinado produto, pelo fornecedor, autoriza o consumidor a exigir a quantidade que melhor lhe aprouver, podendo o não atendimento configurar dano moral.
(C) Publicidade promocional é a campanha que se destina a institucionalizar a marca, sem preocupação com a venda do produto em si, ou com levar o mercado a comprar certo número de unidades do produto; seu foco é a marca, não o modelo.
(D) Constatado que o fornecedor, por meio de mensagem publicitária, garantiu a entrega de veículo objeto de contrato de compra e venda firmado entre o consumidor e uma de suas concessionárias, submete-se esse fornecedor ao cumprimento da obrigação nos exatos termos da oferta apresentada, salvo na hipótese de declaração de falência da respectiva concessionária.
(E) No caso de aquisição de alimentos com embalagens premiáveis, a ausência de informação acerca da existência de produtos com defeito na impressão, capaz de retirar o direito ao prêmio, configura publicidade enganosa por omissão.

A: incorreta, pois a definição é de publicidade *enganosa*, e não *abusiva* (art. 37, § 1º, do CDC); B: incorreta, pois a restrição quantitativa (p. ex.: exigir que o consumidor leve, no mínimo, 10 potes de iogurte) é admitida quando houver justa causa; assim, não faz sentido que o consumidor abra uma embalagem de iogurte líquido e queira comprar, para tomar, apenas metade da quantidade de iogurte do pote; C: incorreta, pois a definição dada é de *publicidade institucional*, e não de *publicidade promocional*, vez que esta tem em mira vender o produto em si, e não exatamente promover a marca; D: incorreta, pois a declaração de falência não isenta o fornecedor de suas responsabilidades, valendo lembrar que o consumidor também pode, a depender do caso, requerer desconsideração da personalidade jurídica (art. 28 do CDC); E: correta, pois, nesse caso, deixa-se de informar dado essencial sobre o produto (art. 37, § 3º, do CDC). Gabarito "E".

7. PROTEÇÃO CONTRATUAL

(Magistratura/MS – 2008 – FGV) As cláusulas abusivas nas relações de consumo previstas no art. 51 do CDC:

(A) são ineficazes, mas por sua natureza especial dependem da provocação do consumidor para seu reconhecimento.
(B) são tidas por inexistentes.
(C) são nulas de pleno direito.
(D) dependem de provocação do Ministério Público, já que a declaração de sua ocorrência interessa à coletividade.
(E) dependem de provocação do consumidor para serem reconhecidas, pois são anuláveis.

Art. 51, *caput*, do CDC. Gabarito "C".

(Magistratura/MS – 2008 – FGV) Arnaldo dos Santos adquiriu terno em loja famosa na praça. Após tê-lo experimentado, arrepende-se um dia após, por não ter gostado do modelo, e procura a loja para devolvê-lo, sob o fundamento de estar no prazo de reflexão previsto no Código de Defesa do Consumidor. O dono do estabelecimento se nega a acatar a justificativa. Expostos os fatos, assinale a alternativa correta.

(A) O dono da loja está certo, pois o consumidor só pode exercer seu direito de arrependimento em sete dias a contar de sua assinatura ou do ato de recebimento do produto, se a aquisição ocorrer fora do estabelecimento, especialmente por telefone ou em domicílio.
(B) O dono da loja está correto, pois não existe direito de arrependimento, em qualquer situação, se o produto não é defeituoso ou não apresenta vício de qualidade.
(C) Arnaldo dos Santos está certo, pois o CDC prevê o prazo de sete dias a contar da aquisição do produto, em qualquer situação, para o consumidor exercer o direito de arrependimento.
(D) Arnaldo dos Santos está certo, por estar no prazo de reflexão, mas o dono da loja pode impor multa compensatória pela devolução imotivada.
(E) Arnaldo dos Santos está certo, pois o prazo de garantia do produto é de pelo menos 90 dias, por sua natureza de bem durável.

Art. 49 do CDC. Gabarito "A".

(Magistratura/MT – 2009 – VUNESP) Analise as assertivas sobre o tema cláusulas abusivas.

I. abusiva a cláusula que limite indenização nas relações de consumo firmadas entre o fornecedor e o consumidor pessoa jurídica, mesmo que em situações justificáveis.
II. presume-se exagerada, entre outros casos, a vantagem que ofende os princípios fundamentais do sistema jurídico a que pertence.
III. nulidade de uma cláusula contratual abusiva não invalida o contrato, exceto quando de sua ausência, apesar dos esforços de integração, decorrer ônus excessivo a qualquer das partes.

Assinale a alternativa correta.

(A) Os itens I e III estão incorretos.
(B) Somente o item II contempla uma idéia falsa.
(C) Apenas os itens II e III estão corretos.
(D) Todas as afirmações são verdadeiras.
(E) Todas as afirmações são falsas.

I: incorreta, pois quando o consumidor é pessoa jurídica e há situação justificável, o CDC admite a limitação da indenização (art. 51, I, do CDC); cuidado, pois não se admite a exclusão total da indenização, mas apenas a sua limitação; II: correta (art. 51, § 1º, I, do CDC); III: correta (art. 51, § 2º, do CDC). Gabarito "C".

(Magistratura/PA – 2009 – FGV) Mévio, brasileiro, solteiro, advogado, residente à Rua da Matriz nº 55, Belém/PA, efetua a abertura de uma conta corrente em instituição financeira regularmente estabelecida, denominada Cifra S/A. Após longo tempo de duração do contrato, é surpreendido pelo saque de vultosa quantia de sua conta, ocorrido em final de semana prolongado, estando o mesmo em viagem de lazer no interior do Estado. Comunica o fato à instituição financeira, que após trinta dias, afirma que os saques foram realizados pelo próprio correntista, visto que eles não poderiam ocorrer sem a utilização de senha pessoal. Surpreso e angustiado, Mévio consulta advogado que, prontamente, inicia negociações com o estabelecimento financeiro aduzindo que a cláusula de não indenizar constante do contrato seria abusiva, bem como indicando que o foro contratual ali escolhido, como sendo a cidade de São Paulo, também o seria. Comunica que, do mesmo modo, a arbitragem não pode ser imposta em contrato de adesão. Quanto aos saques, solicitou cópias das gravações realizadas pelo Banco nas agências onde os saques ocorreram, não tendo sua solicitação atendida. Diante desse contexto, analise as afirmativas a seguir.

I. Nos termos do Código de Defesa do Consumidor, consideram-se cláusulas abusivas todas aquelas que impedem ou exonerem o fornecedor de sua responsabilidade decorrentes de vícios constatados em produtos ou serviços.
II. A imposição de arbitragem, estabelecida contratualmente, não pode ser considerada cláusula abusiva, tendo em vista que possibilita às partes uma solução mais ágil para o seu conflito de interesses.
III. Aplicam-se ao contrato bancário as regras do Código de Defesa do Consumidor.
IV. A cláusula de eleição de foro é adequada para os contratos de adesão, mesmo que dificulte o acesso do consumidor à Justiça.
V. A negativa do envio das gravações pela instituição financeira acarretará a presunção de que os fatos narrados pelo consumidor são verdadeiros.

Assinale:

(A) se somente a afirmativa IV estiver correta.
(B) se somente as afirmativas II e IV estiverem corretas.
(C) se somente as afirmativas III e IV estiverem corretas.
(D) se somente as afirmativas I, III e V estiverem corretas.
(E) se somente as afirmativas II, III e V estiverem corretas.

I: correta (art. 51, I, do CDC); II: incorreta (art. 51, VII, do CDC); III: correta, pois é pacífico hoje que as instituições financeiras estão no conceito de *fornecedor* (art. 3º, *caput*, do CDC), como *prestadoras de serviço* (art. 3º, § 2º, do CDC); aliás, a Súmula 297 do STJ dispõe que "o Código de Defesa do Consumidor é aplicável às instituições financeiras"; IV: incorreta, pois a eleição abusiva de foro coloca o consumidor em desvantagem exagerada (art. 51, IV, do CDC); V: a afirmação é correta no contexto da inversão do ônus da prova em favor do consumidor, que, somada ao fato da recusa do banco em apresentar as imagens, gera a presunção mencionada. Gabarito "D".

(Magistratura/PE – 2011 – FCC) O consumidor pode desistir do contrato, no prazo de sete dias a contar de sua assinatura ou do ato de recebimento do produto ou serviço e pleitear a devolução dos valores pagos, quando

(A) se tratar de produtos duráveis.
(B) se tratar de produtos industrializados.
(C) tiver efetivado o pagamento à vista.
(D) tiver notificado previamente o respectivo fornecedor.
(E) o respectivo contrato tiver sido celebrado fora do estabelecimento fornecedor, especialmente pela internet.

Art. 49 do CDC. Gabarito "E".

(Magistratura/PI – 2008 – CESPE) No que se refere à proteção dos contratos de consumo, cada uma das opções abaixo apresenta uma situação hipotética, seguida de uma assertiva a ser julgada. Assinale a opção que apresenta assertiva correta.

(A) Certa seguradora se absteve de fazer constar de seus instrumentos contratuais que a cirurgia de obesidade mórbida estaria excluída dos serviços médicos cobertos pelo plano de saúde. Nessa situação, a prestação cirúrgica não se inclui no rol das obrigações da seguradora.
(B) Kátia adquiriu um aparelho televisor pela Internet, tendo efetuado o pagamento por meio de cartão de crédito. Ao receber o aparelho televisor, observou que o mesmo não dispunha de várias das funções constantes na propaganda do produto, razão pela qual decidiu rescindir o contrato e devolver o bem. Nessa situação, Kátia poderá desistir do contrato desde que promova a devolução do aparelho televisor no prazo máximo de 48 horas, a contar do ato do recebimento do produto.
(C) Marta adquiriu um moderno aparelho de trituração de alimentos para o qual o fabricante anunciou oferta de garantia de 180 dias. Nessa situação, findo o prazo da garantia contratual, Marta não poderá reclamar eventual defeito de fabricação, pois a garantia ofertada pelo fabricante é superior à garantia legal.
(D) Certo centro hospitalar adquiriu de um fabricante europeu aparelho destinado à realização de detalhados exames clínicos. Nessa situação, em eventual litígio entre os contratantes, prevalecerá cláusula que estabelece o foro de eleição para dirimir controvérsias oriundas da avença.
(E) Determinada entidade educacional estabeleceu multa de mora por atraso no pagamento das mensalidades no patamar de 30% do valor da prestação devida. Nessa situação, não deve prevalecer a multa cobrada pela entidade educacional, pois o CDC determina que o valor da multa deve obedecer o limite de 10% do valor da prestação.

A: art. 54, § 4º, do CDC; B: art. 49 do CDC; C: a garantia contratual deve ser somada à garantia legal (art. 50 do CDC); D: considerando que o hospital não é vulnerável, seja qual for o foro combinado entre as partes, a cláusula respectiva não será considerada abusiva, não incidindo o art. 51 do CDC; E: o CDC estabelece que a multa poderá ser de até 2% do valor da prestação (art. 52, § 1º, do CDC). Gabarito "D".

(Magistratura/PR – 2010 – PUC/PR) O Código de Defesa do Consumidor (8.078/90) expressa que os contratos que regulam as relações de consumo não obrigarão os consumidores, se não lhes for dada a oportunidade de tomar conhecimento prévio de seu conteúdo, ou se os respectivos instrumentos forem redigidos de modo a dificultar a compreensão de seu sentido e alcance. Sobre os contratos de consumo, é CORRETO afirmar:

(A) São nulas de pleno direito, entre outras, as cláusulas contratuais relativas ao fornecimento de produtos e serviços que estabeleçam inversão do ônus da prova a favor do consumidor.
(B) O consumidor pode desistir do contrato, no prazo de 7 (sete) dias a contar de sua assinatura ou do ato de recebimento do produto ou serviço, sempre que a contratação de fornecimento de produtos e serviços ocorrer fora do estabelecimento comercial, especialmente por telefone ou em domicílio.
(C) Nos contratos de compra e venda de móveis ou imóveis mediante pagamento em prestações, bem como nas alienações fiduciárias em garantia, consideram-se válidas as cláusulas que estabeleçam a perda total das prestações pagas em benefício do credor que, em razão do inadimplemento, pleitear a resolução do contrato e a retomada do produto alienado.
(D) Nos contratos de adesão, admite-se cláusula resolutória, desde que alternativa, cabendo a escolha ao fornecedor.

A: incorreta, pois é nula a cláusula que estabelece a inversão do ônus da prova *em prejuízo* do consumidor; B: correta (art. 49 do CDC); C: incorreta, pois o CDC considera *inválida* a cláusula de perda total das prestações (art. 53 do CDC); D: incorreta, pois a alternativa é em benefício do consumidor (art. 54, § 2º, do CDC); isso significa que, caso o consumidor tenha descumprido o contrato cometendo conduta que gera a sua resolução, o consumidor tem a alternativa de continuar com o contrato, cumprindo a obrigação que havia inadimplido (ou seja, purgando a mora), ou de aceitar a resolução do contrato. Gabarito "B".

(Magistratura/RO – 2011 – PUCPR) O Código de Defesa do Consumidor (8.078/90) expressa que os contratos que regulam as relações de consumo não obrigarão os consumidores, se não lhes for dada a oportunidade de tomar conhecimento prévio de seu conteúdo, ou se os respectivos instrumentos forem redigidos de modo a dificultar a compreensão de seu sentido e alcance. A respeito de contratos de consumo, assinale a única alternativa CORRETA.

(A) São nulas de pleno direito, entre outras, as cláusulas contratuais relativas ao fornecimento de produtos e serviços que estabeleçam inversão do ônus da prova a favor do consumidor.
(B) Nos contratos de compra e venda de móveis ou imóveis mediante pagamento em prestações, bem como nas alienações fiduciárias em garantia, consideram-se válidas as cláusulas que estabeleçam a perda total das prestações pagas em benefício do credor que, em razão do inadimplemento, pleitear a resolução do contrato e a retomada do produto alienado.
(C) O consumidor pode desistir do contrato, no prazo de sete dias, a contar de sua assinatura ou do ato de recebimento do produto ou serviço, sempre que a contratação de fornecimento de produtos e serviços ocorrer fora do estabelecimento comercial, especialmente por telefone ou em domicílio.
(D) Nos contratos de adesão admite-se cláusula resolutória, desde que alternativa, cabendo a escolha ao fornecedor.
(E) Nos contratos do sistema de consórcio de produtos duráveis, a compensação, ou a restituição das parcelas quitadas, não sofrerá qualquer desconto, sendo restituído o valor integral devidamente corrigido e atualizado.

A: incorreta, pois é nula a cláusula que impõe a inversão do ônus da prova em PREJUÍZO do consumidor (art. 51, VI, do CDC); B: incorreta, pois esse tipo de cláusula é inválida (art. 53, caput, do CDC); C: correta (art. 49 do CDC); D: incorreta, pois, no caso, a escolha cabe ao CONSUMIDOR (art. 54, § 2º, do CDC); E: incorreta, pois caberá desconto quanto à vantagem econômica do consumidor auferida com a fruição do bem e quanto aos prejuízos causados ao grupo (art. 53, § 2º, do CDC). Gabarito "C".

(Magistratura/SC – 2010) O Código de Defesa do Consumidor, ao dispor sobre a proteção contratual, estabelece:

I. Os contratos que regulam as relações de consumo não obrigarão os consumidores, se não lhes for dada a oportunidade de tomar conhecimento prévio de seu conteúdo ou se os respectivos instrumentos forem redigidos de modo a dificultar a compreensão de seu sentido e alcance.
II. A incidência do princípio da interpretação mais favorável ao consumidor pressupõe a presença de cláusulas ambíguas ou contraditórias em contrato de consumo e de adesão.
III. O consumidor pode desistir do contrato, no prazo de sete dias a contar de sua assinatura, ou do ato de recebimento do produto ou serviço, sempre que a contratação de fornecimento de produtos e serviços ocorrer fora do estabelecimento comercial, especialmente por telefone ou em domicílio. Se o consumidor exercitar o direito de arrependimento, os valores eventualmente pagos, a qualquer título, durante o prazo de reflexão, serão devolvidos, de imediato, monetariamente atualizados.
IV. A garantia contratual é complementar à legal e será conferida mediante termo escrito. O termo de garantia ou equivalente deve ser padronizado e esclarecer, de maneira adequada, em que consiste a mesma garantia, bem como a forma, o prazo e o lugar em que pode ser exercitada e os ônus a cargo do consumidor, devendo ser-lhe entregue, devidamente preenchido pelo fornecedor, no ato do fornecimento, acompanhado de manual de instrução, de instalação e uso de produto em linguagem didática, com ilustrações.

(A) Somente as proposições I, II e IV estão corretas.
(B) Somente as proposições I, III e IV estão corretas.
(C) Somente as proposições II e III estão corretas.
(D) Somente as proposições I e IV estão corretas.
(E) Todas as proposições estão corretas.

I: correta (art. 46 do CDC); II: incorreta, pois não há necessidade de haver ambiguidade ou contradição (art. 47 do CDC), diferentemente da previsão contida no art. 423 do Código Civil; III: correta (art. 49 do CDC); IV: correta (art. 50 do CDC). Gabarito "B".

(Magistratura/SC – 2009) Assinale a alternativa correta:

I. O "Diálogo Sistemático de Subsidiariedade" consiste na aplicação prioritária do Código de Defesa do Consumidor e subsidiária do Código Civil.
II. Dentre os instrumentos para a execução da Política Nacional de Relações de Consumo encontra-se a instituição de Promotorias de Justiça de Defesa do Consumidor, no âmbito do Ministério Público.
III. Em nenhuma hipótese é admitida a cláusula resolutória nos contratos de adesão submetidos ao Código de Defesa do Consumidor.
IV. Nos contratos do sistema de consórcio de produtos duráveis sujeitos ao Código de Defesa do Consumidor, a compensação ou a restituição das parcelas quitadas far-se-á apenas com o desconto da vantagem econômica auferida com a fruição do bem.
V. O consumidor cobrado em quantia indevida tem direito à repetição do indébito, por valor igual ao dobro do que pagou em excesso, acrescido de correção monetária e juros legais, mesmo na hipótese de engano justificável do fornecedor.

(A) Somente as proposições II, III e IV estão corretas.
(B) Somente as proposições I, II, III e IV estão corretas.
(C) Somente as proposições I e II estão corretas.
(D) Todas as proposições estão corretas.
(E) Somente as proposições III e V estão corretas.

I: correta, pois, nas relações de consumo, aplica-se prioritariamente o CDC, e não o CC; porém, caso haja um vazio normativo que não possa ser resolvido no microssistema de consumo, haverá um diálogo com o CC, aplicando-se este subsidiariamente; II: correta (art. 5º, II, do CDC); III: incorreta (art. 54, § 2º, do CDC); IV: correta, pois serão descontados também os prejuízos que o consorciado desistente causa ao grupo (art. 53, § 2º, do CDC); V: incorreta, pois não há esse direito em caso de engano justificável (art. 42, parágrafo único, do CDC). Gabarito "C".

(Magistratura/SC – 2008) Quanto à proteção contratual em matéria de consumo, observando os princípios que regem a matéria e os contratos de adesão, assinale a alternativa correta:

I. Os contratos de adesão escritos serão redigidos em temos claros e com caracteres ostensivos e legíveis, de modo a facilitar sua compreensão pelo consumidor.
II. A inserção de cláusula no formulário desfigura a natureza de adesão do contrato.
III. Ocorrendo a contratação de fornecimento de produtos e serviços do estabelecimento comercial, o consumidor não pode desistir do contrato em qualquer hipótese, após assiná-lo ou receber o produto ou serviço.
IV. Visando a proteção do consumidor, é obrigatório o destaque de cláusulas que limitem a sua responsabilidade ou direito.
V. Considera-se contrato de adesão aquele em que as cláusulas são estabelecidas padronizadamente de modo unilateral pelo fornecedor ou autoridade.

(A) Somente as proposições I, II, III e V estão corretas.
(B) Somente as proposições III e V estão incorretas.
(C) Somente as proposições II e III estão incorretas.
(D) Somente as proposições I e IV estão corretas.
(E) Todas as proposições estão corretas.

I: correta (art. 54, § 3º, do CDC); aliás, a nova redação desse parágrafo traz também a obrigação de os contratos de adesão terem fonte não inferior ao tamanho doze; II: incorreta (art. 54, § 1º, do CDC); III: incorreta, pois se a contratação ocorrer fora do estabelecimento, cabe desistência (art. 49 do CDC); IV: correta (art. 54, § 4º, do CDC); V: correta, pois a definição está contida no disposto no art. 54, caput, do CDC. Gabarito "C".

(Magistratura/SP – 2011 – VUNESP) No caso de compra de produto pelo telefone:

(A) cabe ao consumidor desistir do contrato, no prazo de sete dias, a contar da data da compra.
(B) cabe ao consumidor desistir do contrato, no prazo de sete dias, a contar da data do recebimento do produto.
(C) cabe ao fornecedor desistir do contrato, no prazo de sete dias, a contar da data da compra.
(D) cabe ao fornecedor desistir do contrato, no prazo de sete dias, a contar da data do recebimento do produto.
(E) nenhuma das partes pode desistir do contrato, se o produto for produzido apenas sob encomenda.

Art. 49 do CDC. Gabarito "B".

(Magistratura/SP – 2011 – VUNESP) A garantia contratual dada pelo fornecedor de produto:

(A) é obrigatória.
(B) substitui a garantia legal.
(C) é complementar à garantia legal.
(D) pode ser verbal.
(E) será interpretada em favor do fornecedor.

Art. 50 do CDC. Gabarito "C".

(Ministério Público/BA – 2010) Identifique com V ou F, conforme o caso, as afirmativas verdadeiras e falsas.

I. O STJ tem entendido que não cabe dano moral pela inscrição em cadastro de proteção de crédito sem a comunicação escrita ao consumidor, se preexistem inscrições anteriores e a dívida é devida.
II. Em regra, a nulidade de uma cláusula contratual abusiva torna nulo o contrato em razão da ofensa ao princípio da boa-fé que orienta as relações de consumo.
III. O consumidor pode desistir de qualquer compra, desde que proceda à desistência no prazo de 7 (sete) dias, contados da assinatura do contrato ou do recebimento do produto.

IV. Consoante entendimento pacífico do STJ, o Juiz poderá, nas relações de consumo, apreciar de ofício a inversão do ônus da prova, desconsideração da personalidade jurídica e declarar nulidade de cláusulas abusivas.
V. Havendo vício do produto ou serviço não sanado no prazo de 30 (trinta) dias, pode o consumidor exigir alternativamente, com livre escolha, a substituição do produto por outro da mesma espécie, ou a restituição da quantia paga, sem prejuízos de eventuais perdas e danos.

A alternativa que contém a seqüência correta, de cima para baixo, é a:

(A) V V F F V.
(B) F F V F V.
(C) F V F V F.
(D) V F F F V.
(E) V V V V V.

I: verdadeira (Súmula 385 do STJ); II: falsa (art. 51, § 2º, do CDC); III: falsa, pois tal desistência só cabe se a compra se der fora do estabelecimento comercial (art. 49 do CDC); IV: falsa, pois o STJ não admite que o julgador conheça, de ofício, a abusividade de cláusulas (Súmula 381 do STJ); V: verdadeira (art. 18, § 1º, do CDC). Gabarito "D".

(Ministério Público/DF – 2009) Ainda a respeito dos direitos do consumidor, assinale a alternativa correta.

(A) O contrato de adesão admite cláusula resolutória, mas sendo lesado o consumidor, este poderá optar entre a rescisão contratual com perdas e danos e o cumprimento da obrigação.
(B) Nos contratos comutativos, nas relações de consumo, o legislador permite que o juiz, de ofício, declare a nulidade de toda e qualquer cláusula contratual, bem como interfira na autonomia da vontade das partes e na obrigatoriedade dos pactos, quando houver qualquer prejuízo para o consumidor.
(C) Nos contratos paritários e nos de adesão, nas relações de consumo, as cláusulas de eleição de foro e de limitação do valor da indenização podem ser validamente acordadas, pois para esse tipo de negociação não falta a autodeterminação do consumidor. Por isso, não há causa suficiente para a declaração de abusividade de qualquer das cláusulas contratuais.
(D) Em se tratando da responsabilidade objetiva pelo fato do produto todos os fornecedores, do fabricante ao comerciante do produto, bem como os fornecedores de peças e equipamentos incorporados ao produto, são responsáveis pelo acidente de consumo.

A: correta (art. 54, § 2º, do CDC); B: incorreta, pois a atuação do juiz de ofício até vem sendo admitida pelo STJ, porém não para interferir totalmente na autonomia da vontade, mas apenas para fazer valer a lei de consumo, quando esta for violada; vide o seguinte precedente: "o Código de Defesa do Consumidor é norma de ordem pública, que autoriza a revisão contratual e a declaração de nulidade de pleno direito de cláusulas contratuais abusivas, o que pode ser feito até mesmo de ofício pelo Poder Judiciário. Precedente" (REsp. 1.061.530/RS, afetado à Segunda Seção)." (AgRg no REsp 334.991/RS, DJ 23/11/2009); C: incorreta, pois o CDC é norma de ordem pública e as cláusulas mencionadas são nulas, podendo o juiz reconhecer essa nulidade de ofício (art. 51, I e IV, do CDC); D: incorreta, pois, segundo o art. 12 do CDC, o comerciante não tem responsabilidade pelo acidente de consumo, mas sim o fabricante, o produtor, o construtor e o importador; o comerciante só tem responsabilidade por acidente de consumo nas excepcionais hipóteses previstas no art. 13 do CDC. Gabarito "A".

(Ministério Público/MG – 2010.2) Nos termos do Código de Defesa do Consumidor, considere as seguintes assertivas.

I. O consumidor tem direito à revisão do contrato, no caso de onerosidade excessiva decorrente de fato superveniente ao negócio, não havendo necessidade de que esse fato seja extraordinário e imprevisível.
II. A nulidade das cláusulas abusivas pode ser alegada a qualquer tempo e em qualquer grau de jurisdição e não é atingida pela preclusão.
III. É vedada a inserção, nos contratos de consumo, de cláusulas limitativas de direito do consumidor.
IV. É permitida a cláusula resolutória nos contratos de consumo.
V. O profissional liberal, de nível universitário ou não, responde a título de culpa pelo fato do serviço, sendo possível a inversão do ônus da prova em favor do consumidor.

A esse respeito, pode-se concluir que estão CORRETAS

(A) apenas as assertivas I, II, III e V.
(B) apenas as assertivas I, II, IV e V.
(C) apenas as asserivas II, IV e V.
(D) apenas as assertivas III e IV.

I: correta (art. 6º, V, parte final, do CDC); II: correta, pois a invalidade, no caso, é absoluta, e não relativa, não se podendo falar em convalidação por decurso de tempo (art. 51, caput, do CDC); III: incorreta, pois é possível que existam cláusulas limitativas de direito, desde que tais cláusulas não contrariem o CDC e que sejam redigidas com destaque, tratando-se de contrato de adesão (art. 54, § 4º, do CDC); IV: correta (art. 54, § 2º, do CDC); V: correta (art. 14, § 4º, do CDC). Gabarito "B".

(Ministério Público/MG – 2010.1) O Código de Defesa do Consumidor (Lei nº 8.078, de 11 de setembro de 1990), ao dispor sobre a proteção contratual, estabelece

I. Os contratos que regulam as relações de consumo não obrigarão os consumidores, se não lhes for dada a oportunidade de tomar conhecimento prévio de seu conteúdo ou se os respectivos instrumentos forem redigidos de modo a dificultar a compreensão de seu sentido e alcance.
II. As cláusulas contratuais serão interpretadas de maneira mais favorável ao consumidor.
III. As declarações de vontade constantes de escritos particulares, recibos e pré-contratos relativos às relações de consumo vinculam o fornecedor, ensejando inclusive execução específica.
IV. O consumidor pode desistir do contrato, no prazo de sete dias a contar de sua assinatura, ou do ato de recebimento do produto ou serviço, sempre que a contratação de fornecimento de produtos e serviços ocorrer fora do estabelecimento comercial, especialmente por telefone ou em domicílio. Se o consumidor exercitar o direito de arrependimento, os valores eventualmente pagos, a qualquer título, durante o prazo de reflexão, serão devolvidos, de imediato, monetariamente atualizados.
V. A garantia contratual é complementar à legal e será conferida mediante termo escrito. O termo de garantia ou equivalente deve ser padronizado e esclarecer, de maneira adequada, em que consiste a mesma garantia, bem como a forma, o prazo e o lugar em que pode ser exercitada e os ônus a cargo do consumidor, devendo ser-lhe entregue, devidamente preenchido pelo fornecedor, no ato do fornecimento, acompanhado de manual de instrução, de instalação e uso de produto em linguagem didática, com ilustrações.

Marque a opção CORRETA.

(A) I, II, III e IV estão corretas.
(B) I, II, III e V estão corretas.
(C) II, III, IV e V estão corretas.
(D) I, II, IV e V estão corretas.
(E) Todas estão corretas.

I: correta (art. 46 do CDC); II: correta (art. 47 do CDC); III: correta (art. 48 do CDC); IV: correta (art. 49 do CDC); V: correta (art. 50 do CDC). Gabarito "E".

(Ministério Público/MG – 2010.1) No regime do Código de Defesa do Consumidor, considere as seguintes proposições

I. Colocar no mercado de consumo qualquer produto ou serviço em desacordo com as normas expedidas pelos órgãos oficiais competentes ou, se normas específicas não existirem, pela Associação Brasileira de Normas Técnicas ou outra entidade credenciada pelo Conselho Nacional de Metrologia, Normalização e Qualidade Industrial (Conmetro), constitui prática abusiva.
II. O ônus da prova da veracidade da oferta publicitária cabe a quem a patrocina, salvo a hipótese de *invitatio ad offerendum*.
III. Nos contratos que envolvem crédito ao consumidor, este é titular de um direito potestativo à liquidação antecipada do débito, total ou parcialmente, mediante redução proporcional dos juros e demais acréscimos, sem se sujeitar a nenhuma espécie de taxa ou multa no exercício desse direito.
IV. Nos contratos de consumo, toda cláusula que violar o princípio da boa-fé é considerada, ex lege, como abusiva e, portanto, nula de pleno direito.

É CORRETO o que se afirma em
(A) I e II estão corretas.
(B) II e III estão corretas.
(C) I, III e IV estão corretas.
(D) III e IV estão corretas.
(E) Todas estão corretas.

I: correta (art. 39, VIII, do CDC); II: incorreta, pois o ônus da prova compete a quem patrocina a comunicação publicitária ou informação; *invitatio ad offerendum*, que significa "convite a fazer oferta", ou seja, aquela comunicação feita, durante a fase de negociação, indicando a intenção de contratar, também vincula e cria o ônus da prova citado, nos termos dos arts. 38 e 48 do CDC; III: correta (art. 52, § 2º, do CDC); IV: correta (art. 51, IV, do CDC). Gabarito "C".

(Ministério Público/SE – 2010 – CESPE) Contrato celebrado entre empresa de telefonia e consumidor será considerado de adesão se suas cláusulas
(A) tiverem sido aprovadas pela autoridade competente, sem que o consumidor possa discutir-lhe substancialmente o conteúdo.
(B) tiverem sido aprovadas pela autoridade competente, e não houver a inserção de alguma cláusula no formulário assinado.
(C) forem estabelecidas unilateralmente pelo fornecedor e não houver a inserção de alguma cláusula no formulário assinado.
(D) forem escritas em linguagem que dificulte o entendimento pelo consumidor.
(E) limitarem algum direito do consumidor.

Art. 54, *caput* e § 1º, do CDC. Gabarito "A".

(Ministério Público/SE – 2010 – CESPE) Considerando que um indivíduo tenha contratado, por telefone, determinado serviço, assinale a opção que apresenta direito previsto para esse indivíduo no CDC.
(A) devolução parcial dos valores pagos por arrependimento
(B) desistência da assinatura em até sete dias
(C) indenização, caso não goste do produto
(D) ação para ressarcimento dos danos, se o produto for perigoso, desde que ostensivamente alertado sobre o risco de danos
(E) redução do preço, caso entenda que o produto não vale o preço cobrado

Art. 49 do CDC. Gabarito "B".

(Ministério Público/SP – 2011) Assinale a alternativa correta.
(A) O Código de Defesa do Consumidor ampara o direito de arrependimento, podendo o consumidor devolver os produtos que tenha adquirido no estabelecimento do fornecedor no prazo de 7 (sete) dias.
(B) Nos contratos de consórcio, são nulas de pleno direito as cláusulas que estabeleçam a perda total das prestações pagas em benefício do credor, bem como o desconto da vantagem auferida com a fruição do bem quando da restituição das parcelas quitadas.
(C) Considera-se enganosa a publicidade discriminatória de qualquer natureza, a que incite a violência, se aproveite da deficiência de julgamento e experiência da criança, desrespeite valores ambientais, ou seja capaz de induzir o consumidor a se comportar de forma prejudicial à sua segurança e saúde.
(D) A publicidade suficientemente precisa, veiculada nos meios de comunicação, vincula o fornecedor, podendo o consumidor, no caso de recusa do cumprimento da oferta, exigir seu cumprimento forçado, aceitar outro produto equivalente ou rescindir o contrato com a obtenção da quantia eventualmente antecipada, monetariamente atualizada, além de perdas e danos.
(E) Obrigações iníquas, abusivas, que coloquem o consumidor em situação de desvantagem exagerada, ou sejam incompatíveis com a boa-fé ou a equidade, são nulas de pleno direito, ensejando a rescisão do contrato e a condenação do fornecedor em perdas e danos.

A: incorreta, pois tal regra só se aplica nas compras feitas FORA do estabelecimento do fornecedor (art. 49 do CDC); B: incorreta, pois nesse caso a restituição terá descontada, além da vantagem econômica auferida com a fruição, os prejuízos que o desistente ou inadimplente causar ao grupo (art. 53, § 2º, do CDC); C: incorreta, pois essa é a publicidade ABUSIVA (art. 37, § 2º, do CDC); D: correta (arts. 30 e 35 do CDC); E: incorreta, pois a invalidade de uma cláusula não implica na nulidade de todo o contrato (art. 51, § 2º, do CDC). Gabarito "D".

(Defensor Público/AM – 2010 – I. Cidades) Com relação às cláusulas abusivas no Código de Defesa do Consumidor (Lei n. 8.078, de 11 de setembro de 1990), assinale a alternativa correta:
(A) é lícita a cláusula contratual que limita a indenização, em situações justificadas, entre fornecedor e consumidor-pessoa jurídica;
(B) é lícita a cláusula contratual que imponha a arbitragem compulsória nas relações de consumo;
(C) é lícita a cláusula contratual que faculta unilateralmente ao fornecedor a conclusão do contrato;
(D) é lícita a cláusula contratual que faculta unilateralmente ao fornecedor a escolha do índice de reajuste da obrigação;
(E) é lícita a cláusula contratual que reduz a garantia legal do produto durável para dez (10) dias.

A: correta (art. 51, I, parte final, do CDC); B: incorreta, pois essa cláusula é abusiva (art. 51, VII, do CDC); C: incorreta, pois essa cláusula é abusiva (art. 51, XI, do CDC); D: incorreta, pois essa cláusula é abusiva (art. 51, X e XIII, do CDC); E: incorreta, pois essa cláusula é abusiva (art. 51, I, do CDC). Gabarito "A".

(Defensor Público/BA – 2010 – CESPE) Com referência ao CDC, julgue o item subsequente.
(1) A nulidade de uma cláusula contratual abusiva não invalida o contrato como um todo, exceto quando de sua ausência, apesar dos esforços de integração, decorrer ônus excessivo a qualquer das partes.

1: correta (art. 51, § 2º, do CDC). Gabarito 1C.

(Defensoria/ES – 2009 – CESPE) Acerca das normas estabelecidas pelo CDC, julgue os próximos itens.
(1) Se uma empresa de guarda e estacionamento de veículos tiver advertido, previamente, um usuário daquele serviço de que não se responsabilizaria pelos valores ou objetos pessoais deixados no interior do automóvel, não haverá, por parte da empresa, obrigação de indenizar o usuário.
(2) O sistema do CDC admite a cláusula que considera o silêncio do consumidor como aceitação.
(3) Se um cidadão tiver se hospedado em um hotel e, no momento de assinar o contrato, tiver se deparado com uma cláusula informando que o hotel não se responsabilizaria por furto de bens ou valores não confiados à sua direção, para fins de depósito, essa cláusula será tida como não escrita e deverá ser desconsiderada pelos usuários da prestação de serviço.

1: incorreta, nos termos do art. 51, I, do CDC; 2: incorreta, pois tal cláusula está em desacordo com o sistema de proteção do CDC (art. 51, XV, do CDC); 3: correta, nos termos do art. 51, I, do CDC. Gabarito 1E, 2E, 3C.

(Defensoria/ES – 2009 – CESPE) Com referência a contratos de consumo e considerando que, em um contrato dessa natureza, a cláusula de preço, que era eqüitativa quando do fechamento do contrato, tenha-se tornado excessivamente onerosa para o consumidor, em razão de fatos supervenientes, julgue os itens seguintes.
(1) O CDC exige, para promover-se a revisão judicial do contrato em apreço, que o fato superveniente seja imprevisível ou irresistível.
(2) A revisão judicial do contrato limita-se apenas às cláusulas referentes à prestação do consumidor, não tendo o mesmo direito o fornecedor.
(3) O CDC exige, para promover-se a revisão judicial do contrato, que haja extrema vantagem para uma das partes que celebrou a avença.
(4) Em um contrato de consumo, é lícito às partes, desde que haja consenso entre elas, inverter o ônus da prova em prejuízo do consumidor.
(5) Em um contrato de consumo envolvendo prestação de serviço, o fornecedor responde, independentemente da existência de culpa, pela reparação dos danos causados aos consumidores por defeitos relativos à prestação dos serviços, bem como por informações insuficientes ou inadequadas acerca da sua fruição e riscos, ainda que ele prove a culpa exclusiva do consumidor ou de terceiro.

1: incorreta, pois, para a revisão contratual, no CDC, basta que tenha ocorrido um fato novo (previsível ou imprevisível), que torne a cláusula excessivamente onerosa (art. 6º, V, do CDC); 2: correta, pois o art. 6º, V, do CDC regula os "direitos básicos do *consumidor*" (vide o *caput* do art. 6º), e não do *fornecedor*; 3: incorreta, pois o dispositivo exige apenas fato novo que torne a obrigação excessivamente onerosa para o consumidor, não sendo necessário que, ao mesmo tempo, o fornecedor tenha extrema vantagem com isso; 4: incorreta, pois esse tipo de cláusula é considerada abusiva (art. 51, VI, do CDC); 5: incorreta, pois a culpa exclusiva do consumidor ou de terceiro exclui a responsabilidade do fornecedor (art. 12, § 3º, III, do CDC).
Gabarito 1E, 2C, 3E, 4E, 5E

(Defensor Público/GO – 2010 – I. Cidades) Em relação às cláusulas abusivas, o Código de Defesa do Consumidor

(A) estabelece a sanção de nulidade relativa às cláusulas abusivas constantes em contratos celebrados entre fornecedor e consumidor.

(B) considera válida a cláusula contratual de plano de saúde que limita no tempo a internação hospitalar do consumidor.

(C) veda a contratação de cláusula limitativa de responsabilidade entre o fornecedor e o consumidor pessoa jurídica.

(D) reconhece como válida a cláusula que determina a utilização compulsória da arbitragem.

(E) prevê que a declaração de nulidade de cláusula não invalida, necessariamente, o respectivo contrato de consumo.

A: incorreta, pois se trata de nulidade absoluta (art. 51, caput, do CDC); B: incorreta, pois tal cláusula é considerada abusiva pela Súmula 302 do STJ; C: incorreta (art. 51, I, do CDC); D: incorreta (art. 51, VII, do CDC); E: correta (art. 51, § 2º, do CDC). Gabarito "E".

(Defensoria/MG – 2009 – FURMARC) Com relação à Lei Consumerista – Lei Nº. 8.078, de 11 de setembro de 1990 –, é correto afirmar, **EXCETO**:

(A) No Contrato de Adesão Consumerista, a inserção de cláusula no formulário não desnatura a natureza de adesão do contrato.

(B) No Contrato de Adesão Consumerista, para a sua imediata compreensão, as cláusulas que implicarem limitação de direito do consumidor deverão ser redigidas com destaque, na forma exigida por lei.

(C) No Contrato de Adesão Consumerista, é possível constar a transferência da responsabilidade, em caso de dano do fabricante ou prestador de serviço para a seguradora.

(D) No contrato de Adesão Consumerista, é permitida a inversão do ônus da prova, em benefício do consumidor e em desfavor do fabricante ou prestador de serviços.

(E) No contrato de Adesão Consumerista, é configurada cláusula abusiva aquela que determina a utilização compulsória da arbitragem – Lei N.º 9.307/96.

A: correto (art. 54, § 1º, do CDC); B: correto (art. 54, § 4º, do CDC); C: incorreto, pois o CDC é norma de ordem pública e não é possível que, por vontade dos contratantes, seja transferida a responsabilidade, valendo salientar que o responsável pode, no máximo, chamar à lide a seguradora (art. 101, II, do CDC); D: correto, pois não há impedimento nesse sentido; o que não é possível é a inversão da prova em prejuízo ao consumidor (art. 51, VI, do CDC); E: correto (art. 51, VII, do CDC). Gabarito "C".

(Defensoria/MT – 2009 – FCC) De acordo com o direito consumerista, são válidas cláusulas que

(A) possibilitem a renúncia do direito de indenização por benfeitorias necessárias, desde que o consumidor seja devidamente esclarecido sobre as consequências jurídicas de sua decisão.

(B) determinem a utilização compulsória de arbitragem.

(C) obriguem o consumidor a ressarcir os custos de cobrança de sua obrigação, se igual direito lhe seja conferido contra o fornecedor.

(D) deixem ao fornecedor a opção de concluir ou não o contrato, embora obrigando o consumidor.

(E) autorizem o fornecedor a modificar unilateralmente o conteúdo ou a qualidade do contrato, após sua celebração.

A: incorreta, pois esse tipo de cláusula é nula (art. 51, XVI, do CDC); B: incorreta, pois essa cláusula é nula (art. 51, VII, do CDC); C: correta, pois se esse dever vale tanto para o consumidor, como para o fornecedor não incide o caso de nulidade previsto no art. 51, XII, do CDC; D: incorreta, pois essa cláusula é nula (art. 51, IX, do CDC); E: incorreta, pois essa cláusula é nula (art. 51, XIII, do CDC). Gabarito "C".

(Defensoria/PA – 2009 – FCC) No Direito consumerista, os contratos de

(A) compra e venda de móveis ou imóveis mediante pagamento em prestações poderão prever cláusulas que estabeleçam a perda total das prestações pagas em benefício do credor que, em razão do inadimplemento, pleitear a resolução do contrato e a retomada do produto alienado, desde que redigidas com destaque, permitindo sua imediata e fácil compreensão.

(B) adesão são aqueles cujas cláusulas tenham sido aprovadas pela autoridade competente ou estabelecidas pelo fornecedor de produtos ou serviços após ter discutido com o consumidor substancialmente a respeito de seu conteúdo.

(C) adesão serão redigidos em termos claros e com caracteres ostensivos e legíveis, cujo tamanho da fonte não será superior ao corpo doze, de modo a facilitar sua compreensão pelo consumidor.

(D) adesão relacionados ao sistema de consórcio de produtos duráveis podem prever cláusula resolutória, desde que alternativa, cabendo a escolha ao consumidor, sendo obrigatória a devolução de parcelas pagas, e vedada a compensação dos prejuízos que o desistente ou inadimplente causar ao grupo.

(E) compra e venda de móveis ou imóveis mediante pagamento em prestações, bem como nas alienações fiduciárias em garantia, de acordo com o Código de Defesa do Consumidor, somente poderão ser expressos em moeda corrente nacional.

A: incorreta, pois não se pode estipular a perda *total* das prestações pagas (art. 53 do CDC); B: incorreta, pois se as cláusulas foram discutidas *substancialmente* com o consumidor, não se pode falar em contrato de adesão (art. 54, *caput*, parte final, do CDC); C: incorreta, pois a fonte não poder ser *inferior* ao corpo 12 (art. 54, § 3º, do CDC); D: incorreta (art. 53, § 2º, do CDC); E: correta (art. 52, I, do CDC). Gabarito "E".

(Defensoria/PA – 2009 – FCC) São válidas as cláusulas contratuais relativas ao fornecimento de produtos e serviços que

(A) possibilitem a renúncia do direito de indenização por benfeitorias necessárias.

(B) estabeleçam inversão do ônus da prova em prejuízo do consumidor.

(C) imponham representante para concluir ou realizar outro negócio jurídico pelo consumidor.

(D) determinem a utilização facultativa de arbitragem.

(E) permitam ao fornecedor, direta ou indiretamente, variação do preço, ainda que de maneira unilateral.

A: incorreta (art. 51, XVI, do CDC); B: incorreta (art. 51, VI, do CDC); C: incorreta (art. 51, VIII, do CDC); D: correta, pois somente é proibida a cláusula que determina a utilização *obrigatória* da arbitragem (art. 51, VII, do CDC); E: incorreta (art. 51, X, do CDC). Gabarito "D".

(Defensoria/RN – 2006) É correto afirmar sobre as cláusulas nulas de pleno direito no micro-sistema jurídico do CDC que

(A) o estatuto adota a tese da onerosidade excessiva, sem, contudo, exigir a presença da imprevisibilidade.

(B) há a permissibilidade de normas potestativas, conferindo ao credor ou ao consumidor a possibilidade exclusiva de exercer um dado direito, como o de escolher o índice de correção monetária a incidir no contrato.

(C) a nulidade de uma cláusula contratual abusiva invalidará todo o contrato.

(D) não se incluem no rol de cláusulas abusivas aquelas que transfiram responsabilidades a terceiros.

A: segunda parte do inciso V do art. 6º do CDC; B: art. 51, X, do CDC; C: art. 51, § 2º, do CDC; D: art. 51, III, do CDC. Gabarito "A".

(Defensor Público/RS – 2011 – FCC) Contrato de consumo.

(A) O descumprimento dos termos da proposta, após sua aceitação, é hipótese típica de responsabilidade pré-contratual do fornecedor.

(B) A publicidade quando veicule informações inverídicas dá causa à sanção de contrapropaganda, mas não gera eficácia vinculativa em relação ao consumidor.

(C) A publicidade feita por intermédio de ligação telefônica é permitida, mesmo quando onerosa, porém admite o exercício do direito de arrependimento pelo consumidor.

(D) A recusa do fornecedor a dar cumprimento à oferta pode dar causa ao abatimento do preço.
(E) Segundo entendimento majoritário, o responsável pela indenização decorrente da promoção de publicidade ilícita é o fornecedor que a faz veicular.

A: incorreta, pois, se já houve aceitação da proposta, já se tem um contrato, de modo que se tem responsabilidade contratual, e não responsabilidade pré-contratual; B: incorreta, pois qualquer informação suficientemente precisa vincula o fornecedor (art. 30 do CDC); C: incorreta, pois é proibida a publicidade de bens e serviços por telefone, quando a chamada for onerosa ao consumidor que a recebe (art. 33, p. ún., do CDC); D: incorreta, pois a recusa do fornecedor ao cumprimento da oferta dá causa à execução específica, à aceitação de produto ou serviço equivalente ou à rescisão do contrato, podendo o consumidor escolher livremente quais dessas opções prefere (art. 35 do CDC), não havendo previsão de abatimento do preço nesse caso; E: correta, até porque é o anunciante quem tem o ônus da prova da veracidade da publicidade (art. 38 do CDC), bem como é quem é obrigado a cumprir a oferta (art. 35 do CDC). "Gabarito "E".

(Defensor Público/RS – 2011 – FCC) Equilíbrio dos contratos de consumo.

(A) Uma cláusula contratual considerada abusiva em um contrato de consumo, o será necessariamente também em um contrato civil, desde que redigida em termos idênticos.
(B) A cláusula abusiva será nula quando afetar o equilíbrio das prestações do contrato, porém pode ser convalidada quando se trate de vício de informação, desde que haja concordância das partes com a redução do proveito do fornecedor.
(C) A revisão dos contratos de consumo pode se dar em face da alteração de circunstâncias, com a finalidade de proteção do consumidor, não se exigindo que tal situação seja necessariamente desconhecida das partes.
(D) Cláusula abusiva celebrada em contrato individual de consumo não pode ter sua nulidade pronunciada em ação coletiva, sem a anuência do consumidor que é parte da contratação.
(E) Não se reconhece a existência de cláusula surpresa se o consumidor leu, no momento da contratação, os termos do instrumento contratual.

A: incorreta, pois as normas do CDC são mais protetivas da parte mais fraca (no caso, o consumidor), de modo que nem sempre uma cláusula considerada abusiva pelo CDC será considerada nula pelo CC; B: incorreta, pois o CDC trabalha com o conceito de nulidade de pleno direito (art. 51, caput, do CDC), que é uma nulidade absoluta, e não uma nulidade relativa, que admitiria convalidação; C: correta, pois o direito à revisão contratual depende apenas de um fato novo que desequilibre o contrato, não sendo necessário que se trata de fato imprevisível ou não conhecido das partes (art. 6º, V, do CDC); D: incorreta, em virtude do disposto no art. 51, § 4º, do CDC; E: incorreta, pois a cláusula surpresa é aquela que venha a surpreender o consumidor após a conclusão do contrato; um exemplo é uma cláusula que estipula que o consumidor estará sujeito a uma comissão de permanência consistente nas taxas de mercado do momento; repare que, por ser a cláusula incerta, o consumidor terá verdadeira surpresa quando tiver de arcar com a comissão de permanência cobrada; dessa forma, não basta o consumidor ter lido a cláusula contratual respectiva, para que se entenda que não há, no caso, cláusula surpresa, pois esta, a surpresa, pode decorrer de uma circunstância futura, como no exemplo citado. "Gabarito "C".

(Defensoria/SP – 2009 – FCC) Nos termos do Código de Defesa do Consumidor, da Lei dos planos de saúde e do Estatuto do Idoso, qual das práticas ou cláusulas expostas a seguir NÃO poderia ser considerada abusiva, em relação aos contratos de planos de saúde?

(A) Reajuste por mudança de faixa etária das prestações dos planos de saúde vinculado a contrato vigente há mais de 10 anos.
(B) Exigência de entrevista qualificada do idoso prévia a pactuação dos contratos de plano de saúde, negando-se o acesso ao contrato em caso de constatação de lesão ou doença preexistente, que possa gerar impacto nos custos, de modo a não se oferecer qualquer alternativa além da cobertura básica, tais como a cobertura parcial temporária e o agravo do contrato.
(C) Limitação ao contrato de plano de saúde familiar se a soma das idades do casal for superior a 100 anos.
(D) Reajuste das prestações dos planos de saúde de titulares não idosos em valor superior ao da sua faixa etária, que tenham como dependentes ou agregados idosos.
(E) Limitação da compra da carência de planos de saúde por contratantes idosos.

A: incorreta, pois é cláusula abusiva, por contrariar o Estado do Idoso (art. 15, § 3º, do Estatuto do Idoso – AgRg no REsp 707.286/RJ, DJ 18/12/2009); B: incorreta, pois é abusiva a conduta, já que o máximo que se pode fazer, e, mesmo assim, obedecendo o disposto no art. 11 da Lei de Plano de Saúde (Lei 9.656/98) e o princípio da igualdade, é excluir a cobertura para doenças preexistentes, e não impedir totalmente a contratação; C: incorreta, pois tal cláusula está em desacordo com o sistema de proteção do consumidor, por ser discriminatória; D: correta, pois o art. 15, caput, permite a variação em função da faixa etária, só não se podendo fazê-lo em relação ao idoso (art. 15, parágrafo único, da Lei 9.656/98); E: incorreta, pois trata-se de cláusula discriminatória do idoso. "Gabarito "D".

(Defensoria/SP – 2006 – FCC) Nos contratos que regulam as relações de consumo,

(A) o fornecedor fica vinculado às cláusulas, recibos e pré-contratos, excetuada a possibilidade de execução específica.
(B) eventualmente as cláusulas contratuais podem ser interpretadas a favor do consumidor.
(C) as cláusulas não obrigam consumidores, se não lhes foi dado conhecimento prévio do conteúdo.
(D) o consumidor pode validamente exercer seu direito de arrependimento em qualquer hipótese.
(E) o fornecedor é legalmente dispensado do preenchimento do termo de garantia.

A: art. 48 do CDC; B: art. 47 do CDC (o dispositivo não traz a expressão "eventualmente"); C: art. 46 do CDC; D: art. 49 do CDC; E: art. 50 do CDC. "Gabarito "C".

(Delegado/GO – 2009 – UEG) O direito brasileiro, em razão das transformações ocorridas pelo advento da Constituição Federal de 1988, oferece sólida tutela aos consumidores. No que diz respeito às cláusulas contratuais estabelecidas nas relações jurídicas de consumo, é CORRETO afirmar:

(A) as cláusulas contratuais abusivas são nulas de pleno direito e elencadas em rol taxativo no Código Brasileiro de Proteção e Defesa do Consumidor.
(B) no direito brasileiro, a proteção do consumidor é matéria de ordem pública, sendo as cláusulas abusivas nulas de pleno direito e inatingíveis pela preclusão.
(C) no ordenamento jurídico pátrio, a sentença que decreta a anulação da cláusula abusiva é constitutiva negativa e produz efeitos ex nunc.
(D) no sistema do Código Brasileiro de Proteção e Defesa do Consumidor, as cláusulas abusivas são anuláveis, devendo ser reconhecidas judicialmente por meio de ação direta ou de defesa.

A: incorreta, pois o art. 51, caput, do CDC, ao prescrever que são nulas as cláusulas lá previstas, "dentre outras", acaba deixando claro que se trata de rol exemplificativo; B: correta, pois o art. 1º do CDC dispõe que este é norma de ordem pública, e o art. 51, caput, do CDC, deixa claro que a nulidade opera de pleno direito, de modo que não há prazo para que se declare isso em juízo; C: incorreta, pois, como a nulidade opera de pleno direito, a sentença é apenas declaratória disso, de modo que seu efeito é ex tunc; D: incorreta, pois as cláusulas são nulas (art. 51, caput, do CDC). "Gabarito "B".

(Magistratura Federal/3ª Região – 2010) A multa prevista no art. 52 do CDC, no percentual de 2%, aplica-se:

(A) A todo e qualquer contrato regrado pelo CDC;
(B) Também aos contratos de locação;
(C) Ao não pagamento de cotas de condomínio;
(D) Quando houver concessão de crédito ou outorga de financiamento ao consumidor.

A redação do art. 52, § 1º, do CDC, de fato, leva à conclusão de que somente nesse tipo de contrato a multa de mora será de, no máximo, 2%. Há decisões jurisprudenciais, porém, no sentido de que a multa moratória máxima de 2% se aplica a qualquer contrato de consumo, questão que ainda não está pacificada. "Gabarito "D".

(CESPE – 2007) Considerando-se a relação jurídica em face da proteção contratual ordenada pelo CDC, é correto afirmar que um consumidor que tenha comprado produto mediante pagamento em 10 prestações

(A) dispõe de até 7 dias para desistir da compra realizada, desde que ela tenha sido efetuada no estabelecimento comercial do fornecedor.
(B) pode escolher, no ato da compra, se a garantia do fornecedor contra defeitos aparentes ou ocultos que ocorram no produto adquirido será ou legal ou contratual.

(C) pode liquidar antecipadamente o débito em questão, total ou parcialmente, exigindo redução proporcional dos juros cobrados.
(D) deve ser imediatamente indenizado caso o produto apresente problemas, preferencialmente mediante abatimento do valor da indenização nas prestações vincendas.

A: art. 49 do CDC; B: a garantia contratual é complementar à legal (art. 50 do CDC), dependendo de oferta por parte do fornecedor; C: art. 52, § 2º, do CDC; D: se o produto tiver vícios, incidem os comandos do art. 18 do CDC; se o produto tiver defeito, cabe pedido indenizatório (arts. 12 e 27 do CDC). Gabarito "C".

(CESPE – 2007) Em um contrato de consumo, não é considerada abusiva a cláusula que
(A) transfere responsabilidades a terceiros.
(B) estabelece a inversão do ônus da prova em prejuízo do consumidor.
(C) determina a utilização compulsória de arbitragem.
(D) estabelece a remessa do nome do consumidor inadimplente para bancos de dados ou cadastros de consumidores.

A: art. 51, III, do CDC; B: art. 51, VI, do CDC; C: art. 51, VII, do CDC; D: art. 43 do CDC. Gabarito "D".

(CESPE – 2006) Acerca do direito de proteção ao consumidor, assinale a opção correta.
(A) Na execução dos contratos de consumo, o juiz pode adotar toda e qualquer medida para que seja obtido o efeito concreto pretendido pelas partes em caso de não-cumprimento da oferta ou do contrato pelo fornecedor, salvo quando expressamente constar do contrato cláusula que disponha de maneira diversa.
(B) Nos contratos regidos pelo Código de Defesa do Consumidor, as cláusulas contratuais desproporcionais, abusivas ou ilegais podem ser objeto de revisão, desde que o contrato seja de adesão e cause lesão a direitos individuais ou coletivos.
(C) Em todo contrato de consumo consta, implicitamente, a cláusula de arrependimento, segundo a qual o consumidor pode arrepender-se do negócio e, dentro do prazo de reflexão, independentemente de qualquer justificativa, rescindir unilateralmente o acordo celebrado.
(D) Segundo o princípio da vinculação da oferta, toda informação ou publicidade sobre preços e condições de produtos ou serviços, como a marca do produto e as condições de pagamento, veiculada por qualquer forma ou meio de comunicação, obriga o fornecedor que a fizer veicular ou dela se utilizar e integra o contrato que vier a ser celebrado.

A: art. 84 do CDC; o CDC é norma de ordem pública (art. 1º), portanto as cláusulas contratuais não podem se sobrepor às suas disposições; B: o direito à revisão contratual independe de o contrato ser de adesão (art. 6º, V, do CDC); C: art. 49 do CDC; D: art. 30 do CDC. Gabarito "D".

8. RESPONSABILIDADE ADMINISTRATIVA

(Magistratura/BA – 2006 – CESPE) Acerca da normatização do direito do consumidor, Julgue o item a seguir
(1) A penalidade de cassação de alvará de licença só pode ser aplicada ao fornecedor de bens e serviços de consumo e se precedida de regular procedimento administrativo, garantidos, ao apenado, o contraditório e a ampla defesa.

1: certa, nos termos do art. 59, caput, do CDC. Gabarito 1C.

(Magistratura/GO – 2009 – FCC) De acordo com o CDC, considere as seguintes assertivas:
I. Em caso de reincidência na prática de infrações graves poderá ser aplicada a cassação de alvará de licença.
II. A aplicação de multa será graduada também de acordo com o grau de hipossuficiência do consumidor.
III. A pena de cassação da concessão será aplicada à concessionária de serviço público, somente quando houver violação legal.
IV. A pena de intervenção administrativa será aplicada sempre que as circunstâncias de fato desaconselharem a aplicação da multa.
V. A advertência não está prevista dentre as sanções administrativas aplicáveis ao fornecedor.

SOMENTE estão corretas as assertivas
(A) III e V.
(B) I e II.
(C) I e V.
(D) I, II e III.
(E) II, IV e V.

I: correta, pois, nos termos do art. 59 do CDC, em caso de reincidência na prática de infrações de maior gravidade previstas no CDC e na legislação de consumo, é possível aplicar a sanção administrativa de cassação de alvará de licença, assim como a interdição e a suspensão temporária da atividade (art. 59 do CDC); II: incorreta, pois a pena de multa será graduada de acordo com i) a gravidade da infração, ii) a vantagem auferida e iii) a condição econômica do fornecedor (art. 57 do CDC); III: incorreta, pois essa pena será aplicada não só quando houver violação de obrigação legal, mas também quando houver violação de obrigação contratual (art. 59, § 1º, do CDC); IV: incorreta, pois a pena de intervenção administrativa será aplicada sempre que as circunstâncias de fato desaconselharem a cassação de licença, a interdição ou suspensão da atividade (art. 59, § 2º, do CDC); V: correta, pois tal sanção não está no rol de sanções administrativas previsto no art. 56 do CDC. Gabarito "C".

(Magistratura/PI – 2008 – CESPE) Acerca das sanções administrativas aplicáveis às relações de consumo, assinale a opção correta.
(A) A pena de multa, aplicável ao fornecedor que infringir as normas consumeristas, nunca poderá ser superior a duzentas vezes o valor da unidade fiscal de referência (UFIR), ou índice equivalente que venha a substituí-lo.
(B) É vedada à administração pública a aplicação da pena de cassação da concessão de serviço público, pois a referida reprimenda somente poderá ser aplicada pelo Poder Judiciário, após regular processo judicial em que haja a observância dos princípios do contraditório e da ampla defesa.
(C) Considere que determinada pessoa jurídica, fabricante de produtos de limpeza, tenha sofrido a penalidade de cassação do registro do produto, em razão de vício de qualidade por inadequação do produto fabricado, e que, contrária à pena, a pessoa jurídica promoveu ação judicial com vistas a desconstituir a reprimenda aplicada, mas no curso do processo, reiterou a prática da infração. Nessa situação, considera-se que a fabricante do produto é reincidente na prática de infração às normas de proteção e defesa do consumidor.
(D) Compete exclusivamente à União editar normas de consumo relativas à produção, à industrialização, à distribuição e ao consumo de produtos e serviços.
(E) A União, os estados, o DF e os municípios têm competência concorrente para editar normas sobre fiscalização e controle de produção, industrialização, distribuição e publicidade de produtos e serviços de consumo.

A: art. 57 do CDC; B: a cassação de concessão de serviço público não está prevista no art. 56 do CDC, de modo que este diploma não traz as hipóteses em que a Administração Pública ou o Judiciário podem aplicar referida reprimenda, remanescendo a possibilidade de a Administração Pública extinguir a concessão por falta legal ou contratual atribuída ao concessionário, ocasião em que se terá a chamada caducidade, referida de modo redundante no art. 59, § 1º, do CDC, vez que a matéria está regulada na Lei de Concessão de Serviço Público (Lei 8.987/95); C: art. 59, § 3º, do CDC; D: art. 55, caput, do CDC; E: art. 55, §§ 1º e 2º, do CDC. Gabarito "E".

(Ministério Público/SE – 2010 – CESPE) As sanções administrativas aplicáveis pelas autoridades a fornecedor de produto que tenha cometido infração ao direito do consumidor não incluem a
(A) apreensão do produto.
(B) prisão administrativa do responsável.
(C) contrapropaganda.
(D) proibição de fabricação do produto.
(E) intervenção administrativa.

De fato, a prisão administrativa do responsável, não é sanção administrativa prevista no art. 56 do CDC. Gabarito "B".

(Defensor Público/AL – 2009 – CESPE) Julgue o seguinte item.
(1) A multa constitui sanção administrativa aplicável em razão de infrações das normas de defesa do consumidor e é graduada de acordo com a gravidade da infração, a vantagem auferida e a condição econômica do fornecedor.

1: correta (art. 57 do CDC). Gabarito 1C.

9. RESPONSABILIDADE CRIMINAL

(Defensor Público/AC – 2006 – CESPE) Determinada indústria fabricou e colocou no mercado alimento impróprio para o consumo por pessoas diabéticas, sem a indicação dessa situação nas embalagens do produto.

Com base nessa situação hipotética, assinale a opção incorreta acerca das disposições consumeristas que versam sobre as infrações penais.

(A) Constituem crimes contra as relações de consumo exclusivamente as situações expressamente dispostas no CDC.
(B) Constitui crime contra as relações de consumo a omissão, nas embalagens, nos recipientes ou na publicidade, da informação sobre a nocividade de produtos alimentícios, ficando o infrator sujeito à pena de detenção.
(C) As operações que envolvam alimentos são circunstâncias agravantes dos crimes contra as relações de consumo.
(D) Em crimes contra as relações de consumo, a fiança fixada pelo juízo competente, no curso do processo, poderá ser aumentada em até vinte vezes, dependendo da situação econômica do réu.

A: assertiva incorreta (devendo ser assinalada), já que o art. 61 do CDC ressalva os demais crimes previstos no Código Penal e nas leis especiais; B: assertiva correta (art. 63 do CDC); C: assertiva correta (art. 76, V, do CDC); D: assertiva correta (art. 79, p. ún., "b", do CDC). Gabarito "A".

(Defensoria/SE – 2006 – CESPE) Julgue os itens seguintes.

(1) Um fornecedor, mesmo conhecendo a nocividade de produto que já colocou no mercado, não comunicou tal fato aos consumidores, nem às autoridades competentes. Nessa situação, a conduta do fornecedor constitui crime contra as relações de consumo, passível de pena de até dois anos de detenção.
(2) Uma empresa realizou serviço de alto grau de periculosidade, contrariando as determinações expedidas pelas autoridades competentes, o que resultou em lesões corporais a um cliente. Nessa situação, será aplicável pena apenas quanto às lesões corporais, pois esse crime absorverá o crime contra as relações de consumo.
(3) Joaquina levou seu aparelho televisor defeituoso a uma loja de reparação de produtos eletrônicos, onde foi informada de que a peça necessária à realização do conserto não era mais fabricada, sendo necessária a utilização de peça usada, com o que concordou a consumidora. Nessa situação, a utilização de peça usada na reparação do televisor de Joaquina não constitui crime contra as relações de consumo.

1: certa, nos termos do art. 64 do CDC; 2: errada, nos temos do art. 65, *caput* e parágrafo único, do CDC; 3: certa, pois a situação não configura o crime previsto no art. 70 do CDC. Gabarito 1C, 2E, 3C.

10. DEFESA DO CONSUMIDOR EM JUÍZO

(Magistratura/MT – 2009 – VUNESP) Analise as afirmações sobre as ações coletivas para a defesa de interesses individuais homogêneos.

I. As entidades e órgãos da Administração Pública, direta ou indireta, ainda que sem personalidade jurídica, especificamente destinados à defesa dos interesses e direitos protegidos pelo Código de Proteção e Defesa do Consumidor poderão propor, em nome próprio e no interesse das vítimas ou seus sucessores, ação civil coletiva de responsabilidade pelos danos individualmente sofridos.
II. O Ministério Público, se não ajuizar a ação, atuará sempre como fiscal da lei.
III. Em caso de procedência do pedido, a condenação será genérica, fixando a responsabilidade do réu pelos danos causados.

Assinale a alternativa correta.

(A) Os itens I e III estão incorretos.
(B) Somente o item II contempla uma idéia falsa.
(C) Apenas os itens II e III estão corretos.
(D) Todas as afirmações são verdadeiras.
(E) Todas as afirmações são falsas.

I: verdadeira (art. 82, III, do CDC); II: verdadeira (art. 92 do CDC); III: verdadeira (art. 95 do CDC). Gabarito "D".

(Magistratura/MT – 2009 – VUNESP) Nas ações coletivas de que trata o Código de Proteção e Defesa do Consumidor a sentença fará coisa julgada

(A) erga omnes, apenas no caso de procedência do pedido, para beneficiar todas as vítimas e seus sucessores no caso de interesses ou direitos individuais homogêneos.
(B) ultra partes, mas limitadamente ao grupo, categoria ou classe, salvo improcedência por insuficiência de provas, quando se tratar da hipótese que exprima interesses ou direitos difusos.
(C) erga omnes, exceto se o pedido for julgado improcedente por insuficiência de provas, hipótese em que qualquer legitimado poderá intentar outra ação, com idêntico fundamento, valendo-se de nova prova, na hipótese de interesses ou direitos coletivos.
(D) intra partes, em hipóteses que versem sobre direitos individuais difusos.
(E) ultra partes, excepcionalmente quando grupo, categoria ou classe que não haja intervindo no curso do processo, intentar ação concorrente com mesmo objeto e diversidade do pedido que trate de interesse coletivo e homogêneo.

A: correta, nos termos do art. 103, III, do CDC; B: incorreta, pois a coisa julga é *ultra partes* quando envolve interesses *coletivos*, e não quando envolve interesses *difusos* (art. 103, II, do CDC); C: incorreta, pois a coisa julgada é *erga omnes*, nesse caso, quando envolve interesses *difusos*, e não *coletivos* (art. 103, I, do CDC); D: incorreta, pois, conforme visto, quando o pedido veiculado na ação visa proteger interesses *difusos*, a coisa julgada é *erga omnes* (art. 103, I, do CDC); E: incorreta, pois não existe essa hipótese no art. 103 do CDC; aliás, se há interesse individual homogêneo, a coisa julgada é *erga omnes*, para beneficiar as vítimas e seus sucessores (art. 103, III, do CDC), e não *ultra partes*. Gabarito "A".

(MAGISTRATURA/PB – 2011 – CESPE) No que se refere à defesa, em juízo, do consumidor, assinale a opção correta.

(A) São legitimados para atuar em juízo na defesa coletiva do consumidor o MP, a DP, a União, os estados, os municípios e o DF e qualquer associação legalmente constituída há pelo menos um ano, dispensada, nesse caso, a autorização de assembleia.
(B) Nas ações coletivas de que trata o CDC, ainda que não ocorra adiantamento de custas, emolumentos, honorários periciais e quaisquer outras despesas, a associação autora, no caso de improcedência, deve ser condenada ao pagamento de honorários de advogados, custas e despesas processuais.
(C) No caso de ação para cumprimento de obrigação de fazer ou não fazer, a conversão da obrigação em perdas e danos somente pode ocorrer se o autor assim tiver optado ou se for impossível a tutela específica ou a obtenção do resultado prático equivalente ao do adimplemento.
(D) Os interesses ou direitos difusos são transindividuais, de natureza indivisível, e seus titulares, pessoas indeterminadas e ligadas por circunstâncias de fato; por outro lado, os interesses ou direitos individuais homogêneos, também indivisíveis, decorrem de origem jurídica comum.
(E) Para a defesa dos direitos e interesses do consumidor, são admissíveis apenas as espécies de ações previstas no CDC.

A: incorreta, pois a Defensoria, apesar de não constar explicitamente do rol do art. 82 do CDC, é legitimada para defender o consumidor (A Defensoria Pública tem autorização legal para atuar como substituto processual dos consumidores, tanto em demandas envolvendo direitos individuais em sentido estrito, como direitos individuais homogêneos, disponíveis ou indisponíveis, na forma do art. 4º, incisos VII e VIII, da Lei Complementar n.º 80/94 – STJ, AgRg no AREsp 53.146, DJ 05/03/12); porém, a afirmativa não trouxe como legitimados para defesa do consumidor os demais entidades e órgãos da administração direta e indireta, especificamente destinados à defesa dos interesses e direitos protegidos pelo CDC (art. 82, III); B: incorreta, pois há a associação não terá de arcar com essas verbas, salvo se tiver agido com má-fé (art. 87 do CDC); C: correta (art. 84, § 1º, do CDC); D: incorreta, pois os interesses individuais homogêneos são divisíveis; E: incorreta, pois são admissíveis todas as espécies de ações capazes de propiciar sua adequada e efetiva tutela (art. 83 do CDC). Gabarito "C".

(Magistratura/SC – 2010) Assinale a alternativa correta:

I. A ação de responsabilidade civil do fornecedor de produtos e serviços pode ser proposta no domicílio do autor, consumidor. O fornecedor demandado que houver contratado seguro de responsabilidade poderá chamar ao processo seu segurador para o exercício da ação incidente de garantia que constitui a denunciação da lide.

II. Nas ações coletivas de que trata o Código de Defesa do Consumidor não haverá adiantamento de custas, emolumentos, honorários periciais e quaisquer outras despesas, nem condenação da associação autora, salvo comprovada má-fé, em honorários de advogados, custas e despesas processuais.
III. O Ministério Público não detém legitimidade para promover ação civil pública cujo fundamento seja a ilegalidade de reajuste de mensalidades escolares pois a legitimação é atribuída por lei às associações de alunos, de pais e alunos responsáveis, indispensável em qualquer caso o apoio de pelo menos vinte por cento dos pais de alunos de estabelecimento de ensino, ou dos alunos, no caso de ensino superior.
IV. Nas demandas coletivas para a defesa de interesses individuais homogêneos, o Ministério Público sempre atuará como *custos legis*, exceto se figurar como proponente da ação.

(A) Somente as proposições II e III estão corretas.
(B) Somente as proposições I e II estão corretas.
(C) Somente as proposições I, III e IV estão corretas.
(D) Somente as proposições II e IV estão corretas.
(E) Somente as proposições III e IV estão corretas.

I: incorreta, pois o fornecedor deve se valer do chamamento ao processo, e não da denunciação da lide, no caso (art. 101, II, do CDC); II: correta (art. 87 do CDC); o CDC, nesse ponto, usa terminologia diferente do Código de Processo Civil; III: incorreta, pois o Ministério Público detém sim essa legitimidade (Súmula 643 do STF); IV: correta (art. 92 do CDC). "Gabarito "D"."

(Magistratura/SC – 2010) Assinale a alternativa correta:

I. Nas ações coletivas que tratem de interesses ou direitos coletivos, a sentença de improcedência do pedido por insuficiência de provas faz coisa julgada material *ultra partes*.
II. Nas ações coletivas que tratem de interesses ou direitos difusos, a sentença de improcedência do pedido por insuficiência de provas permite que qualquer legitimado intente nova ação, com idêntico fundamento, valendo-se de nova prova.
III. Interesses ou direitos individuais homogêneos para os fins do Código de Defesa do Consumidor são aqueles entendidos como de origem comum, como por exemplo pessoas que consumiram água contaminada por um mesmo vazamento de produtos tóxicos e têm direito a indenização pelos correlatos danos pessoais.
IV. Interesses ou direitos difusos para os fins do Código de Defesa do Consumidor são aqueles entendidos como transindividuais de natureza indivisível, de que seja titular grupo, categoria ou classe de pessoas ligadas entre si ou com a parte contrária por uma relação jurídica base.

(A) Somente as proposições II e III estão corretas.
(B) Somente as proposições I e IV estão corretas.
(C) Somente as proposições II e IV estão corretas.
(D) Somente as proposições I, III e IV estão corretas.
(E) Somente as proposições III e IV estão corretas.

I: incorreta, pois essa sentença só faz coisa julgada formal, podendo qualquer legitimado intentar outra ação com o mesmo fundamento, valendo-se de prova nova (art. 103, I e II, do CDC); II: correta (art. 103, I, do CDC); III: correta (art. 81, p. ún., III, do CDC); IV: incorreta, pois essa definição é de interesses coletivos (art. 81, p. ún., II, do CDC), e não de interesses difusos (art. 81, p. ún., I, do CDC). "Gabarito "A"."

(Ministério Público/AM – 2008 – CESPE) Quanto à defesa administrativa e judicial do consumidor, assinale a opção correta.

(A) As entidades legitimadas para representar o consumidor em juízo também estão autorizadas a, respeitados a ampla defesa e o contraditório, aplicar multas por infração às normas de proteção ao consumo.
(B) A suspensão das atividades do fornecedor que infringir normas de defesa do consumidor será temporária, exigindo-se que a ordem de interdição decorra de prévia decisão judicial.
(C) Qualquer associação civil está autorizada a oferecer ação coletiva destinada à defesa dos direitos e interesses difusos dos consumidores, independentemente de seu objeto ou de autorização individual ou estatutária.
(D) Os órgãos de proteção do consumo que não se revestirem de personalidade jurídica não estarão legitimados a promover a defesa do consumidor em juízo.
(E) O MP, mesmo se não for o autor de ação em defesa dos consumidores, necessariamente atuará na causa como fiscal da lei.

A: as sanções administrativas só podem ser aplicadas pelas autoridades administrativas (art. 56, parágrafo único, do CDC), ou seja, por agentes das entidades e órgãos da Administração Direta e Indireta voltados à defesa do consumidor; assim, nem todos os legitimados a representar em juízo o consumidor tem a competência a que se refere a afirmativa (art. 82 do CDC); B: a ordem de suspensão das atividades se dá por decisão administrativa (art. 59, *caput*, do CDC); C: o art. 82, IV, do CDC exige pertinência temática entre o objeto da associação e o objeto da ação civil pública; D: art. 82, III, do CDC; E: o art. 90 do CDC dispõe que se aplica às ações coletivas por ele regidas o disposto na Lei de Ação Civil Pública (Lei 7.347/85), que estabelece que o MP atuará como fiscal da lei, quando não for o autor da ação. "Gabarito "E"."

(Ministério Público/ES – 2010 – CESPE) A respeito do direito do consumidor, assinale a opção correta.

(A) Ao tratar da desconsideração da pessoa jurídica, o CDC estabeleceu que as sociedades integrantes dos grupos societários, as sociedades controladas e as consorciadas são solidariamente responsáveis pelas obrigações decorrentes do diploma legal já mencionado.
(B) Omitir dizeres ou sinais ostensivos sobre a nocividade ou a periculosidade de produtos ou serviços corresponde ao tipo penal de um crime próprio ou direto previsto no CDC, cuja pena é de detenção de seis meses a dois anos, acrescida de multa, não sendo admitida a modalidade culposa.
(C) A demanda coletiva, ajuizada em face da publicidade de um medicamento emagrecedor milagroso, visa tutelar os denominados interesses difusos, também denominados transindividuais, de natureza indivisível, de que sejam titulares pessoas indeterminadas e indetermináveis, ligadas por circunstâncias fáticas, não se devendo falar em relação jurídica anterior entre os titulares desse tipo de direito.
(D) Caso o consumidor tenha proposto uma ação individual de responsabilidade civil em face do fornecedor, mas queira se beneficiar dos efeitos de uma ação coletiva proposta com o mesmo objeto, deve, no prazo de trinta dias, a contar do primeiro despacho proferido na ação coletiva, requerer a suspensão do processo individual.
(E) Nos termos da legislação consumerista, o consumidor cobrado judicial e extrajudicialmente em quantia indevida tem direito à repetição do indébito, por valor igual ao dobro do que pagou em excesso, acrescido de correção monetária e juros legais, salvo hipótese de engano justificável.

A: incorreta, pois apenas as *sociedades consorciadas* são responsáveis solidariamente (art. 28, § 3º, do CDC), ao passo que as *sociedades integrantes dos grupos societários* e as *sociedades controladas* respondem apenas subsidiariamente (art. 28, § 2º, do CDC); B: incorreta, pois se admite a forma culposa (art. 63, § 2º, do CDC); C: correta, nos termos da definição de interesses difusos, prevista no art. 81, parágrafo único, I, do CDC; D: incorreta, pois o prazo de 30 dias é contado da ciência, nos autos da ação ajuizada pelo consumidor, do ajuizamento da ação coletiva (art. 104 do CDC); E: incorreta, pois o art. 42, parágrafo único, do CDC, que traz a disposição transcrita na alternativa, diz respeito à cobrança extrajudicial. "Gabarito "C"."

(Ministério Público/PR – 2011) Julgue as seguintes afirmativas.

I. É aplicável aos contratos de prestações de serviços educacionais o limite de 2% para a multa moratória, em harmonia com as disposições do Código de Defesa do consumidor.
II. Em matéria consumerista, as ações coletivas em tutela de interesses individuais homogêneos não podem almejar a produção de efeitos para coibir danos futuros.
III. Quando forem fornecidos produtos adulterados ao consumo, cujo uso resulte em efetivo dano, incide cumulativamente à responsabilidade pelo produto viciado, a responsabilidade por fato do produto, tornando o fornecedor responsável por vício e também por perdas e danos.

Considerando as assertivas acima se afirma que:

(A) Apenas as assertivas I e II são corretas.
(B) Apenas as assertivas II e III são corretas.
(C) Apenas as assertivas I e III são corretas.
(D) Apenas uma assertiva está correta.
(E) Todas as assertivas são corretas.

I: correta (STJ, AgRg no Ag 1.400.964, DJ 25/10/11); II: incorreta, pois os interesses individuais homogêneos não são definidos em função estritamente de danos já ocorridos, mas em função de interesses (relativos a danos passados ou futuros) decorrentes de origem comum (art. 81, p. ún., III, do CDC); III: correta, pois cabe aplicação do regime jurídico do vício (art. 18 do CDC), com os direitos ali previstos quanto ao saneamento do vício, e também do regime jurídico do defeito (art. 12 – fato do produto), com o direito de indenização ali previsto. Gabarito "C".

(MINISTÉRIO PÚBLICO/RO – 2010 – CESPE) Ainda em relação ao direito do consumidor, assinale a opção correta.

(A) Embora tenha a atribuição constitucional de defender os interesses sociais e individuais indisponíveis, o MP não tem legitimidade para propor ação coletiva (ação civil pública) na defesa de interesses individuais homogêneos.
(B) O prazo de trinta dias para que o fornecedor promova o saneamento do vício do produto ou serviço aplica-se aos denominados vícios de qualidade e quantidade, bem como ao vício decorrente de disparidade com a oferta ou publicidade.
(C) Nas ações coletivas para a defesa de interesses individuais homogêneos, a sentença será certa e específica para cada vítima, ressaltando-se que sua execução poderá ser promovida pela própria vítima, seus sucessores e demais legitimados previstos no CDC.
(D) O CDC adota, como regra, a responsabilidade civil objetiva e solidária, e a subjetiva em relação aos fornecedores profissionais liberais, não havendo previsão legal no aludido diploma da responsabilidade subsidiária.
(E) A isenção de custas processuais prevista no artigo do CDC, referente à defesa coletiva do consumidor em juízo, não abrange as execuções individuais decorrentes de pedidos julgados procedentes em ações coletivas.

A: incorreta, pois, havendo interesse social, o Ministério Público tem, sim, essa legitimidade; B: incorreta, pois, no caso de vício de quantidade, o consumidor poderá passar direto para aquelas opões previstas no art. 19 do CDC, podendo escolher entre o abatimento proporcional do preço, a complementação do peso ou medida, a substituição do produto por outro da mesma espécie, marca ou modelo, sem os aludidos vícios, ou a restituição imediata da quantia paga, monetariamente atualizada, sem prejuízo de eventuais perdas e danos; C: incorreta, pois a sentença trará uma condenação genérica, e não específica para cada vítima (art. 95 do CDC); D: incorreta, pois a responsabilidade subsidiária também é mencionada no CDC, e incidem sobre as sociedades integrantes dos grupos societários e as sociedades controladas (art. 28, § 2º, do CDC); E: correta, pois o art. 87 do CDC, que trata dessa isenção, só faz referência às ações coletivas. Gabarito "E".

(Ministério Público/SC – 2008)

I. Os interesses individuais homogêneos, são interesses perfeitamente identificáveis, considerados divisíveis. Fazem parte do patrimônio individual de seu titular. São via de regra transferíveis, inter vivos e causa mortis, suscetíveis de renúncia e transação, salvo direitos personalíssimos.
II. Os direitos coletivos, são transindividuais, com determinação relativa de seus titulares. A ligação entre os titulares coletivos decorre de uma relação jurídica base. São indivisíveis, insuscetíveis de apropriação, transmissão, renúncia e transação. Sua defesa em juízo se dá através de substituição ou representação processual, o que torna o objeto da demanda disponível para o autor.
III. O interesse difuso se caracteriza pela ausência de vínculo associativo, uma série indeterminada e aberta de indivíduos, de potencial conflituosidade, ocorrência de lesões disseminadas na massa e por fim vínculo fático entre os titulares do interesse.
IV. A Multa diária (astreintes), não pode ser fixada em sentença independente do pedido do autor.
V. O consumidor pode desistir do contrato, no prazo de 07 dias a contar de sua assinatura ou do ato de recebimento do produto ou serviço, sempre que a contratação de fornecimento de produtos e serviços ocorrer fora do estabelecimento comercial, especialmente por telefone ou a domicílio.

(A) apenas I, II e V, estão corretos;
(B) apenas I, II e IV, estão corretos;
(C) apenas III, IV e V, estão corretos;
(D) apenas I, III e V, estão corretos;
(E) apenas II, III e V, estão corretos;

I: correta (art. 81, parágrafo único, III, do CDC); II: incorreta (art. 81, parágrafo único, II, do CDC); III: correta (art. 81, parágrafo único, I, do CDC); IV: incorreta (art. 84, § 4º, do CDC); V: correta: (art. 49 do CDC). Gabarito "D".

(Defensoria/RN – 2006) São legitimados para exercer a defesa do consumidor em juízo

(A) o Ministério Público e as entidades e órgãos da administração pública direta com personalidade jurídica, quaisquer que sejam os seus objetivos sociais.
(B) a União e as entidades e órgãos da administração pública direta e indireta com personalidade jurídica, quaisquer que sejam os seus objetivos sociais.
(C) o Ministério Público e as associações destinadas à defesa dos interesses encerrados no código de defesa do consumidor.
(D) os Estados-membros e as associações destinadas à defesa dos interesses encerrados no Código de Defesa do Consumidor, legalmente constituídas há pelo menos um ano, salvo quando próprio código dispense a pré-constituição.

Art. 82 do CDC. Gabarito "D".

(Defensoria/RN – 2006) Nas ações coletivas reguladas pelo Código de Defesa do Consumidor

(A) sendo a sentença procedente, a condenação deverá ser certa.
(B) as entidades da administração pública, legitimadas para a defesa dos interesses do consumidor, não podem propor ação em nome próprio.
(C) será competente para a execução da sentença o juízo da própria ação em que for proferida sentença condenatória, quando coletiva a execução.
(D) nos casos de danos regionais ou nacionais, a competência é da Justiça Federal.

A: no caso de ação que vise à defesa de interesse individual homogêneo, a condenação será genérica (art. 95 do CDC); B: a ação é proposta em nome próprio, tratando-se de legitimação extraordinária a prevista no art. 82 do CDC; C: art. 98, § 2º, II, do CDC; D: art. 93, II, do CDC; repare que a competência não é da Justiça Federal, que só conhecerá ação coletiva regulada pelo CDC nas hipóteses do art. 109 da CF. Gabarito "C".

(Defensor Público/RO – 2007) Nas ações coletivas, as sentenças produzem o seguinte efeito e respectiva consequência jurídica:

(A) *ex nunc*, indicando que a ação é de interesse difuso
(B) *ex tunc*, sendo independentes da natureza do provimento jurisdicional
(C) *inter parte*, podendo ser proposta nova ação por qualquer outro legitimado
(D) *erga omnes*, ficando vedado, em absoluto, o ajuizamento de nova ação por idêntico fundamento
(E) *erga omnes*, excetuando-se os casos de pedido julgado improcedente por insuficiência de provas

Art. 103 do CDC e art. 16 da Lei 7.347/85. Gabarito "E".

(Defensor Público/RO – 2007) Tratando-se de ação coletiva, é competente para a causa a justiça local no seguinte foro:

(A) do lugar de estabelecimento do fornecedor
(B) do lugar de ocorrência do dano de âmbito local
(C) da capital do Estado, para os danos de âmbito local
(D) do Distrito Federal, para os danos de âmbito municipal
(E) do lugar de residência do maior número de beneficiários da decisão

Art. 93 do CDC. Gabarito "B".

(Defensor Público/RS – 2011 – FCC) Ação Coletiva.

(A) A ação coletiva que pretenda indenização por danos de consumidores vítimas do descumprimento de contrato de prestação de assistência à saúde tem por objeto espécie de direito coletivo *stricto sensu*.
(B) A indenização por lesão a direitos individuais não reverterá, em nenhuma hipótese, a fundo estatal de reparação de bens lesados.
(C) A isenção de custas, emolumentos, honorários periciais e quaisquer outras despesas, para ingresso das ações coletivas de consumo não abrange as interpostas por órgãos estatais que atuem como representantes ou substitutos processuais dos consumidores.
(D) A improcedência de ação coletiva que tenha por objeto a tutela de direito individual homogêneo, não afeta a possibilidade de interposição de nova ação individual pelo consumidor substituído na primeira demanda, desde que não tenha nela atuado como litisconsorte.
(E) A Defensoria Pública não tem legitimidade para a tutela coletiva de direitos que envolvam relações de consumo.

A: incorreta, pois o caso envolve direito individual homogêneo; B: incorreta, pois há exceção no art. 100 do CDC; C: incorreta (art. 18 da Lei 7.347/85); D: correta (art. 103, § 2º, do CDC); E: incorreta, pois a Defensoria Pública, como órgão público que é, tem legitimidade sim (art. 82, III, do CDC). Gabarito "D".

(Defensoria/SE – 2006 – CESPE) Julgue os seguintes itens.

(1) Considere que um grupo de consumidores tenha sofrido danos materiais e morais em razão da aquisição de automóveis que se incendiaram, logo após a compra, em decorrência de defeitos de fábrica. Nessa situação, terá legitimidade ativa, para ajuizar ação em defesa daquele grupo, ente público de defesa do consumidor, mesmo que seja desprovido de personalidade jurídica.
(2) Considere que, em determinada ação coletiva, um consumidor tenha falecido, sem deixar sucessores, logo após o proferimento de sentença de mérito totalmente favorável aos seus interesses. Nessa situação, o Ministério Público será parte legítima para promover a liquidação e a execução da referida sentença.

1: correta, nos termos do art. 82, III, do CDC; 2: correta, nos termos do art. 97 do CDC. Gabarito 1C, 2C.

11. SNDC E CONVENÇÃO COLETIVA

(Magistratura/MT – 2009 – VUNESP) Sobre o Sistema Nacional de Defesa do Consumidor, é correto afirmar que

(A) possui representação de entidades de defesa do consumidor, como também associações de fornecedores.
(B) para consecução de seus objetivos, o Departamento Nacional de Defesa do Consumidor poderá contratar entidades privadas com notória representatividade e contribuição social em questões consumeristas.
(C) integram os seus quadros, de forma supletiva, os conselhos estaduais e municipais de defesa do consumidor.
(D) tem como atribuição o gerenciamento do fundo para recolhimento das indenizações por danos causados aos consumidores, juntamente com representantes da sociedade civil.
(E) a sua coordenação política é exercida pelo Departamento Nacional de Defesa do Consumidor, da Secretaria Nacional de Direito Econômico, ou órgão federal que venha substituí-lo.

A: incorreta, pois, segundo o art. 105 do CDC, "integram o Sistema Nacional de Defesa do Consumidor (SNDC), os órgãos federais, estaduais, do Distrito Federal e municipais e as entidades privadas de defesa do consumidor", não havendo assento para a associação de defesa dos fornecedores; B: incorreta, pois, para a consecução de seus objetivos, o Departamento Nacional de Defesa do Consumidor poderá solicitar o concurso de órgãos e entidades de notória especialização técnico-científica, de modo que o critério não é a *representatividade*, mas a *especialização técnico-científica* (art. 106, parágrafo único do CDC); C: incorreta, nos termos do já citado art. 105 do CDC; D: incorreta, pois o sistema não é um órgão, uma entidade ou um conjunto de agentes públicos; os fundos mencionados são gerenciados nos termos da lei local que os cria; E: correta, nos termos do art. 106, *caput*, do CDC. Gabarito "E".

(Magistratura/MT – 2009 – VUNESP) Sobre convenção coletiva de consumo, pode-se afirmar que

(A) torna-se obrigatória após ratificação do poder público e publicação em jornal de grande circulação.
(B) versa sobre relações de consumo que tenham por objeto estabelecer condições relativas ao preço, à qualidade, à quantidade, à garantia e características de produtos e serviços.
(C) se exime do cumprimento da convenção o fornecedor que se desliga da entidade em data posterior à ratificação do instrumento pelo poder público.
(D) as composições de conflitos de consumo não se incluem nas convenções coletivas e devem ficar adstritas em diretivas a serem baixadas pelos órgãos que compõem o Sistema Nacional de Defesa do Consumidor.
(E) os sindicatos de categoria econômica podem regular apenas matéria atrelada a fomento, manutenção, desequilíbrio financeiro e concorrência desleal que afeta seus filiados.

A: incorreta, pois a convenção coletiva de consumo torna-se obrigatória "a partir do registro do instrumento no cartório de títulos e documentos" (art. 107, § 1º, do CDC); B: correta, nos termos do art. 107, *caput*, do CDC; C: incorreta; primeiro porque o marco da obrigatoriedade de convenção não é a ratificação do instrumento pelo poder público, mas o registro deste no cartório; segundo porque, após esse registro, o fornecedor não mais pode se eximir do cumprimento da convenção, mesmo que se desligue da entidade que a tenha celebrado (associações de fornecedores ou sindicatos de categorias econômicas), nos termos do art. 107, § 3º, do CDC; D: incorreta, pois, segundo o art. 107 do CDC, a convenção coletiva de consumo pode, também, ter por objeto "a composição de conflitos de consumo"; E: incorreta, pois não há limitação, nesse sentido, no art. 107 do CDC. Gabarito "B".

(Ministério Público/SE – 2010 – CESPE) Assinale a opção correta a respeito da transação em conflitos coletivos nas relações de consumo.

(A) Na convenção coletiva de consumo, são determinadas as sanções econômicas e as penalidades administrativas pela autoridade competente, aplicáveis em caso de inadimplemento pelos fornecedores de produtos e serviços.
(B) A obrigatoriedade da convenção coletiva de consumo tem início para as entidades signatárias a partir de sua homologação pelo MP.
(C) Inscrito no registro público o instrumento da convenção coletiva de consumo, o fornecedor que se desligar da entidade celebrante desonera-se do dever de cumprimento das cláusulas pactuadas.
(D) A convenção coletiva de consumo consubstancia meio de composição de conflitos coletivos, em que consumidores e fornecedores, por intermédio de entidades representativas, estabelecem condições determinantes das relações de consumo, incidindo sobre os contratos individuais.
(E) À semelhança do compromisso de ajustamento de conduta às exigências legais, a convenção coletiva de consumo pode estabelecer obrigações de dar ou fazer, com a previsão de cláusulas cominatórias.

A: incorreta, pois a convenção coletiva de consumo tem por objeto regular relações de consumo, e não aplicar penalidades; B: incorreta, pois a obrigatoriedade da convenção se dá com o registro do instrumento no cartório de títulos e documentos (art. 107, § 1º, do CDC); C: incorreta, pois esse fato não o exime de cumprir a convenção (art. 107, § 3º, do CDC); D: correta, nos termos do art. 107, *caput*, do CDC; E: incorreta, pois a previsão de sanções na convenção coletiva de consumo foi vetada pelo Presidente da República, que não sancionou o que seria o art. 108 do CDC. Gabarito "D".

12. DIREITO AMBIENTAL

Wander Garcia e Eduardo Dompieri

1. CONCEITOS BÁSICOS

(Ministério Público/RR – 2008 – CESPE) Quanto ao conceito de direito ambiental, julgue os seguintes itens.

(1) O direito ambiental é um direito sistematizador, que faz a articulação da legislação, da doutrina e da jurisprudência concernentes aos elementos que integram o ambiente.

(2) Até o advento da lei que instituiu a Política Nacional do Meio Ambiente, não existia uma definição legal e(ou) regular de meio ambiente. A partir de então, conceituou-se meio ambiente como o conjunto de condições, leis, influências e interações de ordem física, química e biológica que permite, abriga e rege a vida em todas as suas formas.

(3) De acordo com o que dispõe a Lei n.º 6.938/1981, o meio ambiente é considerado como um equipamento público, de uso comum do povo, a ser necessariamente assegurado e protegido, tendo em vista a sua natureza histórica, pan-edênica, geracional, ubiquitária e transindividual, abrangendo as comunidades, os ecossistemas e a biosfera.

1 e 2: estão corretas; o conceito de meio ambiente está no art. 3º, I, da Lei 6.938/81; 3: a Lei 6.938/81 considera o meio ambiente um patrimônio público, e não um equipamento público (art. 2º, I); além disso, a lei não traz a definição dada na afirmativa. Gabarito 1C, 2C, 3E

(Defensor Público/PA – 2006 – UNAMA) Considere as seguintes afirmações sobre Direito Ambiental:

I. O Direito Ambiental é o complexo de princípios e normas coercitivas, reguladoras das atividades humanas que, direta ou indiretamente, possam afetar a sanidade do meio ambiente em sua dimensão global, visando à sustentabilidade para as presentes e futuras gerações.

II. A natureza jurídica do Direito Ambiental pode ser pública ou privada, porque sua defesa compete tanto ao Poder Público quanto à coletividade.

III. O bem ambiental protegido pelo Direito Ambiental é o meio ambiente ecologicamente equilibrado.

IV. O princípio do poluidor-pagador deve ser interpretado como a possibilidade de se desenvolver atividades poluidoras, desde que se pague pela poluição causada.

Somente é correto o que se afirma em:

(A) I e IV.
(B) II e III.
(C) III e IV.
(D) I e III.

I: correta, estando de acordo com o art. 225, caput, da CF; II: incorreta, pois o Direito Ambiental é considerado Direito Público, pois prevalece, nesse ramo do Direito, a supremacia do interesse público sobre o privado; III: correta (art. 225, caput, da CF); IV: incorreta, pois o princípio não autoriza a poluição; o princípio tem um sentido repressivo, que determina a reparação do meio ambiente quando o dano já tiver sido causado, e um sentido preventivo, que impõe que o poluidor internalize as externalidades negativas; as externalidades negativas consistem no próprio uso do meio ambiente; e a internalização consiste em o poluidor arcar com o custo da poluição, com a devida atenção ao interesse público e sem provocar distorções no comércio e nos investimentos internacionais; assim, determinadas atividades que estejam compatíveis com o desenvolvimento sustentável serão autorizadas ao empreendedor, que, todavia, estará sujeito a ter de arcar com um custo adicional, por estar utilizando bem raro, bem que deve ser protegido; outras atividades, todavia, dada a usa incompatibilidade com o princípio do desenvolvimento sustentável, continuarão proibidas, não se podendo invocar o princípio do poluidor-pagador para pedir que sejam autorizadas. Gabarito "D".

2. PATRIMÔNIO CULTURAL BRASILEIRO

(Magistratura/AC – 2008 – CESPE) Com referência ao patrimônio cultural brasileiro, assinale a opção incorreta.

(A) O patrimônio cultural brasileiro é constituído por bens materiais e bens imateriais, incluindo-se entre estes últimos as formas tradicionais de expressão e os modos de criar, fazer e viver.

(B) O poder público está legalmente autorizado a promover obras, com dispêndio de recursos públicos, em bem cultural tombado pertencente a particular, nas hipóteses de impossibilidade econômica do proprietário ou de urgência na realização de obras de conservação ou reparação.

(C) Incumbe ao poder público proteger o patrimônio cultural exclusivamente por meio de tombamento, cuja característica precípua reside em condicionar a forma de exercício das faculdades inerentes ao domínio, sem, contudo, eliminar o direito de propriedade.

(D) O patrimônio cultural integra a concepção de meio ambiente em sentido lato, pois, modernamente, natureza e cultura entrelaçam-se na perspectiva da promoção do bem-estar do homem.

A: correta (art. 216, caput e incisos I e II, da CF;) B: correta (art. 19 do Dec.–lei 25/37, a Lei Geral de Tombamento); C: incorreta (art. 216, § 1º, da CF); D: correta, sendo certo que a própria Lei de Crimes Ambientais (Lei 9.605/98) tipifica crimes contra o patrimônio cultural (arts. 62 a 65). Gabarito "C".

(Ministério Público/AM – 2008 – CESPE) O órgão de proteção aos bens culturais do estado X iniciou processo de tombamento de um imóvel de propriedade de João, por meio de sua notificação. O proprietário impugnou o tombamento junto à administração pública, alegando que não concordava com o tombamento, o qual estava sendo realizado sem o seu consentimento. Diante dessa situação hipotética, assinale a opção correta segundo as prescrições do Decreto-Lei n.º 25/1937.

(A) O tombamento não pode ser realizado compulsoriamente.

(B) Após realizada a notificação, o tombamento será considerado provisório e estará, para todos os efeitos, salvo aqueles expressamente previstos em lei, equiparado ao tombamento definitivo.

(C) Nessa fase do processo, João pode colocar anúncios ou cartazes no imóvel que reduzam a sua visibilidade, sem prévia consulta ao serviço de proteção ao patrimônio cultural.

(D) Se João reparar, pintar ou restaurar o imóvel, sem prévia autorização do serviço de proteção ao patrimônio cultural, não estará cometendo ato vedado em lei, pois sua ação terá sido dirigida à proteção do bem.
(E) Se João não dispuser de recursos financeiros para realizar a conservação do imóvel, deve levar tal fato ao conhecimento do serviço de proteção ao patrimônio cultural, o qual, por sua vez, ficará obrigado a realizá-la. No caso de não realização das obras, caberá a João ajuizar ação contra o Estado, não se cogitando, contudo, do cancelamento do tombamento do imóvel.

Art. 10 do Dec.–Lei 25/37. Gabarito "B".

(Ministério Público/MG – 2010.2) Sobre Patrimônio Cultural, é INCORRETO afirmar que

(A) constituem patrimônio cultural brasileiro as formas de expressão; os modos de criar, fazer e viver; as criações científicas, artísticas e tecnológicas; as obras; objetos, documentos, edificações e demais espaços destinados às manifestações artístico-culturais e os conjuntos urbanos e sítios de valor histórico, paisagístico, artístico, arqueológico, paleontológico, ecológico e científico.
(B) o Poder Público promoverá e protegerá o patrimônio cultural por meio de ação civil pública, termo de ajustamento de condutas, recomendação, inventários, registros, vigilância, tombamento e desapropriação.
(C) o tombamento é um ato administrativo originário do Poder Executivo, mas o Poder Legislativo (no caso, poder constituinte originário) tombou os documentos e os sítios detentores de reminiscências históricas dos antigos quilombos.
(D) pode o Poder Judiciário, em ação civil pública promovida pelo Ministério Público, declarar o valor cultural de um bem, decretar o seu tombamento e determinar a inscrição no livro de tombo respectivo.

A: correto (art. 216 da CF); B: correto, nos termos do art. 216, § 1º, da CF c/c o art. 79-A da Lei 9.605/98 (termo de ajustamento de conduta) e com as leis orgânicas do Ministério Público (recomendações); C: correto (art. 216, § 5º, da CF); D: incorreto, pois o Judiciário pode declarar o valor cultural de um bem, mas o decreto de tombamento e a inscrição no livro do Tombo serão realizados pela Administração Pública, que pode ser condenada em obrigação de fazer nesse sentido. Gabarito "D".

(Ministério Público/MG – 2010.2) Analise as seguintes afirmativas e assinale a alternativa CORRETA.

(A) O tombamento é instrumento constitucional mais eficaz para a preservação do patrimônio cultural, protegendo indistintamente bens móveis, imóveis e imateriais.
(B) Apesar de a doutrina divergir sobre a natureza jurídica do bem tombado, a legislação brasileira optou claramente pela intitulada Domínio Eminente do Estado.
(C) O Direito Constitucional brasileiro não contempla a possibilidade da efetivação do denominado Tombamento por Lei.
(D) Quanto aos efeitos, o tombamento ostenta natureza dúplice ou mista, pois, juntamente com efeitos constitutivos, apresenta importante nota declaratória.

A: incorreta, pois, dependendo do bem, a desapropriação é o instrumento mais eficaz para a proteção do patrimônio cultural; B: incorreta, pois o bem tombado continua sendo particular, caso seja bem dessa natureza; C: incorreta, pois a própria Constituição traz um caso de tombamento por ato legislativo (art. 216, § 5º, da CF); D: correta, pois o ato de tombamento é declaratório no sentido de declarar que o bem tombado tem valor especial para fins de proteção do Estado, e constitutivo no sentido de constituir uma série de efeitos, tais como obrigação do proprietário de conservar a coisa, o direito de preferência, dentre outros efeitos previstos no Dec.-lei 25/37. Gabarito "D".

(Ministério Público/RR – 2008 – CESPE) No que se refere ao Decreto-Lei n.º 25/1937 e às suas previsões acerca do instituto do tombamento, julgue os itens que se seguem.

(1) O decreto-lei citado, marco nacional relevante no contexto dos mecanismos jurídicos de proteção do patrimônio histórico nacional, contou, para a sua elaboração, com a destacada influência de Mário de Andrade, importante intelectual brasileiro.
(2) O tombamento de imóvel pertencente a pessoas físicas ou pessoas jurídicas de direito privado será sempre voluntário.
(3) Conforme previsto no decreto-lei em questão, o tombamento provisório equipara-se, para todos os efeitos, ao tombamento definitivo, exceto em relação ao fato de que o tombamento definitivo dos bens de propriedade particular deve ser transcrito em livro de registro de imóveis e averbado ao lado da transcrição do domínio.
(4) Os imóveis tombados não podem ser destruídos, demolidos ou mutilados sem prévia autorização do serviço de proteção ao patrimônio cultural, mas podem ser reparados, pintados ou restaurados por ato de seu proprietário, sem necessidade de prévia autorização.
(5) Depende de autorização prévia a construção, no entorno de imóvel ou de conjunto arquitetônico tombado, que venha, de alguma forma, a impedir ou reduzir a visibilidade do bem protegido; entretanto, anúncios ou cartazes, por serem de fácil remoção, podem ser colocados sem prévia autorização.

1: Getúlio Vargas criou, em 1937, o Serviço do Patrimônio Histórico e Artístico Nacional, tendo à frente Mário de Andrade; 2: art. 6º do Dec.–Lei 25/37; 3: art. 10 do Dec.–Lei 25/37; 4: art. 17 do Dec.–Lei 25/37; 5: art. 18 do Dec.–Lei 25/37. Gabarito 1C, 2E, 3C, 4E, 5E.

(Magistratura Federal – 5ª Região – 2007 – CESPE) Com relação ao meio ambiente cultural, julgue os itens que se seguem.

(1) Os modos de criar e de fazer enraizados no cotidiano de comunidades, tais como técnicas tradicionais de construção naval, integram o patrimônio cultural brasileiro, sendo meio idôneo para a sua proteção o registro.
(2) Pelo instituto do tombamento, o proprietário fica impedido de usar e gozar livremente o bem dotado de relevância histórico-cultural, havendo direito a indenização quando a propriedade perder sua capacidade plena de utilização econômica.

1: art. 216, *caput* e II, e § 1º, da CF; 2: a jurisprudência admite a fixação de indenização em favor do proprietário do bem tombado quando sofra restrição especial que cause prejuízo econômico efetivo. Gabarito 1C, 2C.

(CESPE – 2007) Segundo o jurista Vladimir Passos de Freitas, na concepção moderna de meio ambiente, este é considerado não apenas como a natureza mas também como as modificações que o homem nela vem introduzindo. Assim, assinala o jurista, é possível classificar o meio ambiente em ambiente natural, que compreende a água, a flora, o ar, a fauna, e ambiente cultural, que abrange as obras de arte, imóveis históricos, museus, belas paisagens, enfim, tudo o que possa contribuir para o bem-estar e a felicidade do ser humano. Considerando tal concepção, assinale a opção correta.

(A) A Constituição Federal admite formas específicas de proteção do patrimônio cultural, tais como o tombamento, o registro, o inventário, a retrocessão e a desapropriação.
(B) As criações científicas e tecnológicas integram o patrimônio cultural brasileiro, sendo elas objeto de especial proteção pelo poder público.
(C) Os municípios não detêm competência para proteger o patrimônio cultural, em razão da relevância nacional dos bens que o integram.
(D) Sendo comum a competência material para a proteção do patrimônio cultural, União, estados, DF e municípios podem instituir tombamento de bens imóveis dotados de valor histórico-cultural, não se admitindo, porém, o tombamento de um mesmo bem por mais de uma pessoa política, em razão da proibição do bis in idem.

A: art. 216, § 1º, da CF; B: art. 216, III, da CF; C: art. 216, § 1º, e art. 23, III, ambos da CF; D: a Lei de Tombamento (Decreto-Lei 25/37) não proíbe o chamado tombamento cumulativo. Gabarito "B".

3. DIREITO AMBIENTAL CONSTITUCIONAL

(Magistratura/DF – 2011) Considerando as normas constitucionais, assinale a alternativa correta:

(A) Aquele que explorar recursos minerais fica obrigado a recuperar o meio ambiente degradado, de acordo com a solução técnica por ele apresentada;
(B) As terras devolutas ou arrecadadas pelos Estados, por ações discriminatórias, necessárias à proteção dos ecossistemas naturais, são consideradas disponíveis;

(C) As usinas que operem com reator nuclear deverão ter sua localização definida em leis federal e estadual, sem o que não poderão ser instaladas;

(D) As condutas e atividades consideradas lesivas ao meio ambiente sujeitarão os infratores, pessoas físicas ou jurídicas, a sanções penais e administrativas, independentemente da obrigação de reparar os danos causados.

A: incorreta, pois a obrigação de recuperar se dará de acordo com a solução técnica exigida pelo órgão público competente, na forma da lei (art. 225, § 2º, da CF); B: incorreta, pois são consideradas indisponíveis (art. 225, § 5º, da CF); C: incorreta, pois a localização somente será definida em lei federal (art. 225, § 6º, da CF); D: correta (art. 225, § 3º, da CF). Gabarito "D".

(Magistratura/MS – 2008 – FGV) Com base no artigo 225 da Constituição da República Federativa do Brasil, analise as afirmativas a seguir:

I. As condutas e atividades consideradas lesivas ao meio ambiente sujeitarão os infratores, pessoas físicas ou jurídicas, a sanções penais e administrativas, independentemente da obrigação de reparar os danos causados.

II. São indisponíveis as terras devolutas ou arrecadadas pelos Estados, por ações discriminatórias, necessárias à proteção dos ecossistemas naturais.

III. As usinas que operem com reator nuclear deverão ter sua localização definida em lei estadual e federal, sem o que não poderão ser instaladas.

Assinale:

(A) se nenhuma afirmativa estiver correta.
(B) se somente as afirmativas I e II estiverem corretas.
(C) se somente as afirmativas I e III estiverem corretas.
(D) se somente as afirmativas II e III estiverem corretas.
(E) se todas as afirmativas estiverem corretas.

I: correta (art. 225, § 3º, da CF); II: correta (art. 225, § 5º, da CF); III: incorreta (art. 225, § 6º, da CF - só lei federal!). Gabarito "B".

(Magistratura/RO – 2011 – PUCPR) A Constituição Federal de 1988 incluiu em seu texto diversos dispositivos voltados à garantia e à proteção do meio ambiente ecologicamente equilibrado. Diante disso, é tido como uma das mais avançadas do mundo no quesito ambiental. Considerando o texto constitucional, analise quais as assertivas abaixo são verdadeiras e quais são falsas. Marque em seguida a alternativa que corresponde à sequência **CORRETA**.

I. A Constituição Federal refere-se em seu texto expressamente ao instrumento de Licenciamento Ambiental em suas três modalidades: Licença Prévia; Licença de Instalação; Licença de Operação.

II. A Constituição Federal expressamente eleva a condição de patrimônio nacional a Floresta Amazônica brasileira, a Mata Atlântica, a Serra do Mar, o Pantanal Mato-Grossense, o Cerrado, a Caatinga e a Zona Costeira, vinculando sua utilização à forma da lei, dentro de condições que assegurem a preservação do meio ambiente, inclusive quanto ao uso dos recursos naturais.

III. A Constituição Federal prevê expressamente em seu texto a necessidade do Poder Público exigir, na forma da lei, estudo prévio de impacto ambiental para a instalação de obra ou atividade potencialmente causadora de significativo impacto ambiental.

IV. A Constituição Federal dispõe expressamente que são indisponíveis as terras devolutas ou arrecadadas pelos Estados, por ações discriminatórias, necessárias à proteção dos ecossistemas naturais.

(A) F,F,V, V
(B) V,F, V,F
(C) F,V, V,V
(D) V,V,F, V
(E) V,V,V,F

I: falsa, pois a CF, nesse tema, refere-se apenas ao estudo de impacto ambiental (art. 225, § 1º, IV, da CF); II: falsa, pois o cerrado e a caatinga não são erigidos como patrimônio nacional pela CF (art. 225, 4º); III: verdadeira (art. 225, § 1º, IV, da CF); IV: verdadeira (art. 225, § 5º, da CF). Gabarito "A".

(Magistratura/RO – 2011 – PUCPR) A Constituição Federal prevê, em um de seus dispositivos, a defesa do meio ambiente, inclusive mediante possibilidade de tratamento diferenciado de atividades econômicas conforme o impacto ambiental dos produtos e serviços, bem como de seus processos de elaboração e prestação. Dado essa proposição, é **CORRETO** afirmar que:

(A) Não há previsão constitucional nesse sentido.
(B) A Constituição Federal prevê essa hipótese em seu artigo 225.
(C) A Constituição Federal prevê essa hipótese em seu artigo 186.
(D) A Constituição Federal prevê essa hipótese em seu artigo 170.
(E) A Lei 6.938/81 é o dispositivo legal que prevê expressamente essa hipótese.

Art. 170, VI, da CF. Gabarito "D".

(Ministério Público/ES – 2010 – CESPE) O direito ambiental é entendido como um conjunto de princípios e normas jurídicas que buscam regular os efeitos diretos e indiretos da ação humana no meio, de forma a garantir às atuais e futuras gerações o direito ao meio ambiente ecologicamente equilibrado. Acerca da proteção do meio ambiente, assinale a opção correta.

(A) Como forma de garantir a participação da sociedade na política de proteção ambiental, é obrigatória a realização de audiências públicas antes da implementação de qualquer um dos instrumentos da política ambiental.
(B) O estudo de impacto ambiental, instrumento de proteção do meio ambiente, representa a aplicação do princípio da precaução.
(C) Impedir a exploração econômica dos recursos naturais é um dos objetivos do emprego do licenciamento ambiental como instrumento de proteção ao meio ambiente.
(D) É competência exclusiva da União editar políticas públicas com a finalidade de manter a qualidade ambiental e o equilíbrio ecológico.
(E) A cobrança pelo uso da água permite reconhecê-la como um bem econômico e, dessa forma, incentivar a racionalização do seu uso.

A: incorreta, pois a Lei 6.938/81 (Lei de Política Nacional do Meio Ambiente) não traz essa obrigatoriedade para a implantação dos instrumentos da política ambiental, previstos em seu art. 9º; B: incorreta, pois o EIA representa a aplicação tanto do princípio da prevenção, como do princípio da precaução, que serão vistos no próximo capítulo; C: incorreta, pois a proteção do meio ambiente não visa impedir essa exploração, mas torná-la mais sustentável, pois se deve conjugar o desenvolvimento econômico e social, com a proteção do meio ambiente; D: incorreta, pois a competência para a promoção e desenvolvimento do meio ambiente é comum da União, dos Estados, do DF e dos Municípios; E: correta, sendo certo que essa cobrança deixa claro a escassez da água e faz com que as pessoas a usem de modo mais racional e sustentável (vide o art. 19 da Lei 9.433/97). Gabarito "E".

(Ministério Público/MG – 2010.1) A respeito da proteção constitucional de direitos e interesses difusos, considere as seguintes assertivas

I. A Constituição brasileira de 1988 prevê, entre outros, os seguintes instrumentos de proteção de direitos ou interesses difusos: ação popular, ação direta de inconstitucionalidade, inquérito civil, compromisso de ajustamento de conduta, ação civil pública.

II. Para assegurar a efetividade do direito ao meio ambiente ecologicamente equilibrado, cabe ao Poder Público exigir, na forma da lei, para instalação de todas as obras ou atividades potencialmente causadoras de degradação ambiental, estudo prévio de impacto ambiental, a que se dará publicidade.

III. Constituem patrimônio cultural brasileiro os bens de natureza material e imaterial, tomados individualmente ou em conjunto, portadores de referência à identidade, à ação, à memória dos diferentes grupos formadores da sociedade brasileira, nos quais se incluem os conjuntos urbanos e sítios de valor histórico, paisagístico, artístico, arqueológico, paleontológico, ecológico e científico.

IV. O Poder Público, com a colaboração da comunidade, promoverá e protegerá o patrimônio cultural brasileiro, por meio de inventários, registro, vigilância, tombamento, desapropriação e de outras formas de acautelamento e preservação, como a ação civil pública.

V. Cabe ao Poder Público proteger a fauna e a flora, vedadas, na forma da lei, as práticas que coloquem em risco sua função ecológica, provoquem a extinção de espécies ou submetam os animais a crueldade.

Assinale a opção CORRETA.

(A) I, II, IV e V estão corretas.
(B) I, II, III e V estão corretas.
(C) II, III, IV e V estão corretas.
(D) III, IV e V estão corretas.
(E) Todas estão corretas.

A: incorreta, pois o compromisso de ajustamento de conduta não está expresso na Constituição Federal, mas no art. 79-A da Lei 9.605/98 (Lei de Crimes e Infrações Administrativas Ambientais) e na Lei 7.347/85 (Lei de Ação Civil Pública); B: incorreta, pois o EIA só é exigido para instalação de atividade que pode causar *significativo* impacto ambiental (art. 225, § 1º, IV, da CF); C: correta (art. 216 da CF); D: correta (art. 216, § 1º, da CF); E: correta (art. 225, § 1º, VII, da CF). Gabarito "D".

(Ministério Público/PR – 2008) Visando assegurar a efetividade do direito ao meio ambiente ecologicamente equilibrado, a Constituição Federal estabeleceu ao poder público a incumbência de:

(A) exigir, na forma da lei, para a instalação de obra ou atividade potencialmente causadora de significativa degradação do meio ambiente, estudo de impacto ambiental – prévio, concomitante ou posterior –, a que se dará publicidade.
(B) exigir, na forma da lei, para a instalação de obra ou atividade potencialmente causadora de significativa degradação do meio ambiente, estudo prévio de impacto ambiental, independentemente de publicidade.
(C) exigir, na forma da lei, para a instalação de obra ou atividade potencialmente causadora de qualquer degradação do meio ambiente, estudo de impacto ambiental – prévio, concomitante ou posterior –, independentemente de publicidade.
(D) exigir, na forma da lei, para a instalação de obra ou atividade potencialmente causadora de significativa degradação do meio ambiente, estudo prévio de impacto ambiental, a que se dará publicidade.
(E) exigir, na forma da lei, para a instalação de obra ou atividade potencialmente causadora de qualquer degradação do meio ambiente, estudo prévio de impacto ambiental, a que se dará publicidade.

Art. 225, § 1º, IV, da CF. Gabarito "D".

(Procurador do Estado/SC – 2010 – FEPESE) A proteção ao meio ambiente está assim definida na Constituição Federal.

1. Aquele que explorar recursos minerais fica obrigado a recuperar o meio ambiente degradado, de acordo com solução técnica exigida pelo órgão público competente, na forma da lei.
2. As condutas e atividades consideradas lesivas ao meio ambiente sujeitarão apenas as pessoas físicas a sanções penais e administrativas, independentemente da obrigação de reparar os danos causados.
3. A Floresta Amazônica brasileira, a Mata Atlântica, a Serra do Mar, o Pantanal Mato-Grossense e a Zona Costeira são patrimônio nacional, e sua utilização far-se-á, na forma da lei, dentro de condições que assegurem a preservação do meio ambiente, inclusive quanto ao uso dos recursos naturais.
4. As usinas que operem com reator nuclear deverão ter sua localização definida em lei complementar municipal, sem o que não poderão ser instaladas.
5. São indisponíveis as terras devolutas ou arrecadadas pelos Estados, por ações discriminatórias, necessárias à proteção dos ecossistemas naturais.

Assinale a alternativa que indica todas as afirmativas **corretas**.

(A) São corretas apenas as afirmativas 1 e 3.
(B) São corretas apenas as afirmativas 1 e 4.
(C) São corretas apenas as afirmativas 1, 3 e 5.
(D) São corretas apenas as afirmativas 2, 4 e 5.
(E) São corretas apenas as afirmativas 2, 3, 4 e 5.

1: verdadeira (art. 225, § 2º, da CF); 2: falsa, pois a Constituição não traz essa limitação (art. 225, § 3, da CF); 3: verdadeira (art. 225, § 4º, da CF); 4: falsa, pois essa localização deve ser em lei ordinária federal (art. 225, § 6º ,CF); 5: verdadeira (art. 225, § 5º, CF). Gabarito "C".

(Defensoria/SP – 2006 – FCC) Na Constituição Federal, em matéria ambiental, são expressamente previstos como patrimônio nacional, além da Serra do Mar, da Floresta Amazônica brasileira e do Pantanal Mato-Grossense,

(A) a Zona Costeira e a Caatinga.
(B) o Cerrado e a Caatinga.
(C) a Caatinga e a Mata Atlântica.
(D) a Zona Costeira e a Mata Atlântica.
(E) o Cerrado e a Mata-Atlântica.

Art. 225, § 4º, da CF. Gabarito "D".

(Defensoria/SP – 2006 – FCC) O Plano Diretor é um dos instrumentos básicos para o pleno desenvolvimento das funções ambientais da cidade e garantir o bem-estar de seus habitantes. Com relação, exclusivamente, ao número de habitantes, o Plano Diretor é obrigatório quando o município possui mais de

(A) 50 mil habitantes.
(B) 30 mil habitantes.
(C) 20 mil habitantes.
(D) 10 mil habitantes.
(E) 5 mil habitantes.

Art. 182, § 1º, da CF. Gabarito "C".

(CESPE – 2008) Com relação à disciplina constitucional no âmbito do meio ambiente, assinale a opção correta.

(A) A Constituição consagra o direito ao meio ambiente ecologicamente equilibrado fora do Título II, que se refere aos direitos e garantias fundamentais.
(B) As usinas que operem com reator nuclear devem ter sua localização definida em lei estadual.
(C) O estudo prévio de impacto ambiental para instalação de obra potencialmente lesiva ao meio ambiente, embora não tenha sido expressamente consagrado na Constituição, tornou-se obrigatório em virtude da jurisprudência pacífica do Supremo Tribunal Federal (STF).
(D) Por disposição constitucional, o Atol das Rocas é considerado patrimônio nacional, devendo sua utilização obedecer às condições de preservação do meio ambiente.

A: Título VIII (art. 225 da CF); B: art. 225, § 6º, da CF (*lei federal*); C: art. 225, § 1º, IV, da CF; D: art. 225, § 4º, da CF. Gabarito "A".

4. PRINCÍPIOS DO DIREITO AMBIENTAL

Segue um resumo sobre Princípios do Direito Ambiental:

1. **Princípio do desenvolvimento sustentado:** *é aquele que determina a harmonização entre o desenvolvimento econômico e social e a garantia da perenidade dos recursos ambientais.* Tem raízes na Carta de Estocolmo (1972) e foi consagrado na ECO-92.

2. **Princípio do poluidor-pagador:** *é aquele que impõe ao poluidor tanto o dever de prevenir a ocorrência de danos ambientais, como o de reparar integralmente eventuais danos que causar com sua conduta.* O princípio não permite a poluição, conduta absolutamente vedada e passível de diversas e severas sanções. Ele apenas reafirma o dever de prevenção e de reparação integral por parte de quem pratica atividade que possa poluir. Esse princípio **também** impõe ao empreendedor a internalização das externalidades ambientais negativas das atividades potencialmente poluidoras, buscando evitar a socialização dos ônus (ou seja, que a sociedade pague pelos danos causados pelo empreendedor) e a privatização dos bônus (ou seja, que somente o empreendedor ganhe os bônus de gastar o meio ambiente).

3. **Princípio da obrigatoriedade da intervenção estatal:** *é aquele que impõe ao Estado o dever de garantir o meio ambiente ecologicamente equilibrado.* O princípio impõe ao poder público a utilização de diversos instrumentos para proteger o meio ambiente, que serão vistos em capítulo próprio.

4. **Princípio da participação coletiva ou da cooperação de todos:** é aquele que impõe à coletividade (além do Estado) o dever de garantir e participar da proteção do meio ambiente. O princípio cria deveres (preservar o meio ambiente) e direitos (participar de órgãos colegiados e audiências públicas, p. ex.) às pessoas em geral.

5. **Princípio da responsabilidade objetiva e da reparação integral:** é aquele que impõe o dever de qualquer pessoa responder integralmente pelos danos que causar ao meio ambiente, independentemente de prova de culpa ou dolo. Perceba que a proteção é dupla. Em primeiro lugar, fixa-se que a responsabilidade é objetiva, o que impede que o causador do dano deixe de ter a obrigação de repará-lo sob o argumento de que não agiu com culpa ou dolo. Em segundo lugar, a obrigação de reparar o dano não se limita a pagar uma indenização, mas impõe que a reparação seja específica, isto é, deve-se buscar a restauração ou recuperação do bem ambiental lesado, procurando, assim, retornar à situação anterior.

6. **Princípio da prevenção:** é aquele que impõe à coletividade e ao poder público a tomada de medidas prévias para garantir o meio ambiente ecologicamente equilibrado para as presentes e futuras gerações. A doutrina faz uma distinção entre este princípio e o **princípio da precaução**. O princípio da prevenção incide naquelas hipóteses em que se tem **certeza** de que dada conduta causará um dano ambiental. O princípio da prevenção atuará de forma a evitar que o dano seja causado, impondo licenciamentos, estudos de impacto ambiental, reformulações de projeto, sanções administrativas etc. A idéia aqui é eliminar os perigos já comprovados. Já o **princípio da precaução** incide naquelas hipóteses de **incerteza científica** sobre se dada conduta pode ou não causar um dano ao meio ambiente. O princípio da precaução atuará no sentido de que, na dúvida, deve-se ficar com o meio ambiente, tomando as medidas adequadas para que o suposto dano de fato não ocorra. A idéia aqui é eliminar que o próprio perigo possa se concretizar.

7. **Princípio da educação ambiental:** é aquele que impõe ao poder público o dever de promover a educação ambiental em todos os níveis de ensino e a conscientização pública para a preservação do meio ambiente. Perceba que a educação ambiental deve estar presente em todos os níveis de ensino e, que, além do ensino, a educação ambiental deve acontecer em programas de conscientização pública.

8. **Princípio do direito humano fundamental:** é aquele pelo qual os seres humanos têm direito a uma vida saudável e produtiva, em harmonia com o meio ambiente. De acordo com o princípio, as pessoas têm direito ao meio ambiente ecologicamente equilibrado.

9. **Princípio da ubiqüidade:** é aquele pelo qual as questões ambientais deve ser consideradas em todas atividades humanas. Ubiqüidade quer dizer existência concomitantemente em todos os lugares. De fato, o meio ambiente está em todos os lugares, de modo que qualquer atividade deve ser feita com respeito à sua proteção e promoção.

10. **Princípio do usuário-pagador:** é aquele pelo qual as pessoas que usam recursos naturais devem pagar por tal utilização. Esse princípio difere do princípio do princípio do poluidor-pagador, pois o segundo diz respeito a condutas ilícitas ambientalmente, ao passo que o primeiro a condutas lícitas ambientalmente. Assim, aquele que polui (conduta ilícita), deve reparar o dano, pelo princípio do poluidor-pagador. Já aquele que usa água (conduta lícita) deve pagar pelo seu uso, pelo princípio do usuário-pagador. A idéia é que o usuário pague com o objetivo de incentivar o uso racional dos recursos naturais, além de fazer justiça, pois há pessoas que usam mais e pessoas que usam menos dados recursos naturais.

11. **Princípio da informação e da transparência das informações e atos:** é aquele pelo qual as pessoas têm direito de receber todas as informações relativas à proteção, preventiva e repressiva, do meio ambiente. Assim, pelo princípio, as pessoas têm direito de consultar os documentos de um licenciamento ambiental, assim como têm direito de participar de consultas e de audiências públicas em matéria de meio ambiente.

12. **Princípio da função sócio-ambiental da propriedade:** é aquele pelo qual a propriedade deve ser utilizada de modo sustentável, com vistas não só ao bem-estar do proprietário, mas também da coletividade como um todo.

13. **Princípio da equidade geracional:** é aquele pelo qual as presentes e futuras gerações têm os mesmos direitos quanto ao meio ambiente ecologicamente equilibrado. Assim, a utilização de recursos naturais para a satisfação das necessidades atuais não deverá comprometer a possibilidade das gerações futuras satisfazerem suas necessidades. O princípio impõe, também, equidade na distribuição de benefícios e custos entre gerações, quanto à preservação ambiental.

(Magistratura/MG - 2006) Segundo se sabe:

(A) a doutrina não estabelece diferenças entre os princípios da precaução e da prevenção;

(B) à legislação municipal é vedado definir penalidades pelo não cumprimento de medidas necessárias à preservação ou à correção dos inconvenientes e danos causados pela degradação da qualidade ambiental;

(C) a função social da propriedade só é cumprida quando a propriedade rural atende, segundo critérios e graus de exigência estabelecidos pelo INCRA, ao seu aproveitamento racional e adequado e à melhor utilização dos recursos naturais disponíveis, bem como à preservação do meio ambiente;

(D) o direito de propriedade deve ser exercido em consonância com as suas finalidades econômicas e sociais e de modo a preservar, de conformidade com o estabelecido em lei especial, a flora, a fauna, as belezas naturais, o equilíbrio ecológico e o patrimônio histórico e artístico, bem como evitada a poluição do ar e das águas.

A: a doutrina faz uma distinção entre o princípio da prevenção e o princípio da precaução. O primeiro incide naquelas hipóteses em que se tem certeza de que dada conduta causará um dano ambiental. O princípio da prevenção atuará de forma a evitar que o dano seja causado, impondo licenciamentos, estudos de impacto ambiental, reformulações de projeto, sanções administrativas etc. A ideia aqui é eliminar os perigos já comprovados. Já o segundo incide naquelas hipóteses de incerteza científica sobre se dada conduta pode ou não causar um dano ao meio ambiente. O princípio da precaução atuará no sentido de que, na dúvida, deve-se ficar com o meio ambiente, tomando-se as medidas adequadas para que o suposto dano de fato não ocorra. A ideia aqui é eliminar que o próprio perigo possa se concretizar; B: desde que haja interesse local, a legislação municipal pode definir tais penalidades (art. 30, I, da CF); C: art. 186 da CF; D: art. 1.228 § 1º, do CC. Gabarito "D".

(Magistratura/MT - 2009 - VUNESP) De acordo com os princípios relacionados ao Direito Ambiental, para assegurar o direito ao meio ambiente ecologicamente equilibrado, incumbe ao Poder Público

(A) a pesquisa e a lavra das jazidas de petróleo e gás natural e outros hidrocarbonetos sólidos.

(B) a comercialização de minérios e minerais nucleares inativos e seus derivados.

(C) iniciar programas ambientais, independentemente de estarem incluídos na lei orçamentária anual.

(D) conceder ou utilizar créditos ilimitados no manejo ecológico das espécies equilibradas.

(E) fiscalizar as entidades dedicadas à pesquisa e manipulação de material genético.

A e B: incorreto, pois se admite que o particular pratique tais atividades (art. 225, § 2º, da CF); C: incorreto, pois é imperativo constitucional a necessidade de previsão orçamentária para a realização de despesas; D: incorreto, pois não há norma constitucional nesse sentido (v. art. 225 da CF); E: correto, nos termos do art. 225, § 1º, II, parte final, da CF. Gabarito "E".

(Magistratura/PA - 2008 - FGV) A respeito dos princípios fundamentais do Direito Ambiental, assinale a afirmativa incorreta.

(A) A orientação do princípio poluidor-pagador é pela internalização das externalidades ambientais negativas das atividades potencialmente poluidoras, buscando evitar a socialização dos ônus e a privatização dos bônus.

(B) Pelo princípio da prevenção, sempre que houver perigo da ocorrência de um dano grave ou irreversível, a ausência de certeza científica absoluta não deverá ser invocada como razão para se adiar a adoção de medidas eficazes, a fim de evitar a degradação ambiental.

(C) A defesa do meio ambiente é um dos princípios gerais da atividade econômica e deve ser observada inclusive mediante tratamento diferenciado para produtos e serviços em razão do impacto ambiental decorrente de sua produção ou execução.
(D) O artigo 225 da Constituição da República consagra o princípio da intervenção estatal obrigatória na defesa do meio ambiente.
(E) A Constituição da República consagra o princípio da solidariedade intergeracional, ao conferir ao Poder Público e à coletividade o dever de defender e preservar o meio ambiente para as presentes e futuras gerações.

A: vide Princípio 16 da Declaração do Rio (produzida na ECO/92); B: vide Princípio 15 da Declaração do Rio (produzida na ECO/92); C: art. 170, VI, da CF; D: o princípio está no *caput* do art. 225 da CF, encontrando especificações no § 1º do mesmo artigo; também decorre dos dispositivos da Lei 6.938/81; E: art. 225, *caput*, da CF e art. 6º da Lei 11.428/06 (Lei de Proteção da Mata Atlântica). Gabarito "B".

(MAGISTRATURA/PB – 2011 – CESPE) Com relação aos princípios de direito ambiental, assinale a opção correta.

(A) A necessidade da educação ambiental é princípio consagrado pelas Nações Unidas e pelo ordenamento jurídico brasileiro, e, nesse sentido, a CF determina ao poder público a incumbência de promover a educação ambiental em todos os níveis de ensino.
(B) Na órbita repressiva do princípio do poluidor-pagador, incide a responsabilidade subjetiva caso a sanção resultante da poluição tenha caráter civil, penal ou administrativo.
(C) Em face do princípio da precaução, o licenciamento, por órgão ambiental, para a construção, instalação e funcionamento de estabelecimentos utilizadores de recursos ambientais é exação discricionária do poder público, cabendo a este, a seu critério, enumerar as atividades potencialmente poluidoras e capazes de causar degradação ao ambiente.
(D) Considerado o princípio do poluidor-pagador, o conceito do termo poluidor restringe-se ao autor direto do dano ambiental, e não, àqueles que, de forma indireta, tenham contribuído para a prática do dano.
(E) O princípio da prevenção é englobado pelo princípio da precaução, na medida em que ambos se aplicam a impactos ambientais já conhecidos e informam tanto o licenciamento ambiental como os próprios estudos de impacto ambiental.

A: correta (art. 225, § 1º, VI, da CF); B: incorreta, pois a responsabilidade civil ambiental é objetiva, e não subjetiva; C: incorreta, pois toda atividade capaz de degradar o meio ambiente deve ser objeto de licenciamento ambiental, estando ou não no rol de atividades sujeitas ao licenciamento previstas em atos do Poder Público; D: incorreta, pois, segundo a Lei 6.938/81, poluidor é "a pessoa física ou jurídica, de direito público ou privado, responsável, direta ou **indiretamente**, por atividade causadora de degradação ambiental" (g.n.); E: incorreta, pois o princípio da prevenção se aplica a impactos ambientes já conhecidos, ao passo que o princípio da precaução se aplica aos casos em que há incerteza científica quanto aos impactos ambientais. Gabarito "A".

(Magistratura/PI – 2008 – CESPE) A sociedade contemporânea vem transformando, aos poucos, a concepção privatista do direito de propriedade em direção à propriedade como sendo um direito-dever pautado pela necessidade de manutenção de um meio ambiente ecologicamente equilibrado, adequado à sadia qualidade de vida e em conformidade com os ditames de um modelo de desenvolvimento sustentável. Em face disso, tanto a legislação ambiental como a CF impõem medidas quanto à preservação de áreas florestais, do solo, da água e da diversidade biológica, no que se refere à problemática de propriedades inseridas em espaços territoriais especialmente protegidos. Acerca do assunto de que trata o texto acima, assinale a opção correta.

(A) A função socioambiental da propriedade não constitui um simples limite ao exercício do direito de propriedade, por meio da qual se permite ao proprietário, no exercício do seu direito, fazer tudo o que não prejudique a coletividade e o meio ambiente; ela vai além disso, pois autoriza até mesmo que se imponham ao proprietário comportamentos positivos, no exercício do seu direito, para que a sua propriedade concretamente conforme-se à preservação do meio ambiente.
(B) A função socioambiental da propriedade impõe ao proprietário que, no exercício do seu direito, apenas se abstenha de praticar atos lesivos aos interesses coletivos, pautando a exploração econômica da propriedade rural pelo princípio da precaução.
(C) Para que a exploração econômica da propriedade rural ocorra de maneira compatível com o princípio do desenvolvimento sustentável, cabe ao proprietário tomar medidas preventivas quanto à utilização dos recursos naturais não-renováveis, seguindo um plano de manejo sustentável. No entanto, a utilização dos recursos renováveis pode ser feita sem ônus ao proprietário, desde que este tenha efetuado o cadastramento de sua propriedade no Sistema Nacional de Controle dos Latifúndios Produtivos, do IBAMA.
(D) Na perspectiva de uma sociedade de risco, como é a sociedade contemporânea, cabem ao proprietário rural o exercício socioambiental do direito de propriedade e a responsabilização civil, penal e administrativa pela má utilização do direito de superfície, visto que, estando constituído como superficiário, ele é obrigado a assumir todos os encargos enfitêuticos decorrentes da exploração econômica das áreas ambientalmente protegidas, bem como o pagamento do respectivo sollarium ao município no qual a mesma esteja situada.
(E) As condicionantes socioambientais ao direito de propriedade do solo urbano incidem apenas sobre os latifúndios improdutivos, dado que a função econômica da propriedade da terra é que condiciona a adequação do exercício responsável das atividades agropecuárias às determinantes socioambientais.

O princípio da função socioambiental da propriedade é aquele pelo qual a propriedade deve ser utilizada de modo sustentável, com vistas não só ao bem-estar do proprietário, mas também da coletividade como um todo. Esse princípio está expresso, por exemplo, no art. 6º da Lei 11.428/06 (Lei de Proteção da Mata Atlântica). Gabarito "A".

(Magistratura/SC – 2009) Assinale a alternativa correta:

I. O princípio do usuário-pagador consubstancia-se num mecanismo de assunção partilhada da responsabilidade social pelos custos ambientais derivados da atividade econômica.
II. O direito à integridade do meio ambiente, considerado direito de quarta geração, constitui-se em expressão de um poder atribuído à coletividade social.
III. O novo Código Civil Brasileiro contemplou a denominada função ambiental e social da propriedade.
IV. O princípio da função socioambiental da propriedade assegura, na ordem jurídica atual, a possibilidade de imposição ao proprietário rural do dever de recomposição da vegetação em áreas de preservação permanente e de reserva legal, mesmo que não tenha sido ele o responsável pelo desmatamento, pois tal obrigação possui caráter "propter rem".
V. A função social da propriedade urbana e da propriedade rural é cumprida quando atendidas as exigências fundamentais expressas no Plano Diretor.

(A) Somente as proposições II, IV e V estão corretas.
(B) Somente as proposições II, III e IV estão corretas.
(C) Somente as proposições I, II e IV estão corretas.
(D) Somente as proposições I, III e IV estão corretas.
(E) Somente as proposições I, III e V estão corretas.

I: correta (vide a definição do princípio no início deste capítulo); II: incorreta, pois o direito à proteção do meio ambiente, inserido no contexto dos direitos difusos, é um direito de terceira geração; os direitos de primeira geração são os direitos civis e políticos; os de segunda, os direitos sociais (educação, saúde etc); os de terceira, os difusos; e os de quarta, relacionados à globalização política (direito à democracia, à informação e ao pluralismo); III: correta (art. 1.228, § 1º, do Código Civil); IV: correta, pois o STJ vem entendendo que a obrigação, no caso, é *propter rem*, de modo que o adquirente de um imóvel rural fica submetido à responsabilização, mesmo que o responsável pelos fatos tenha sido o proprietário anterior (REsp 1090968/SP, DJ 03/08/2010); V: incorreta, pois, quando se trata de área urbana, a afirmação é correta (art. 182, § 2º, da CF), mas quando se trata de área rural, atende-se a função social caso haja cumprimento, simultâneo, dos requisitos estabelecidos no art. 186 da CF. Gabarito "D".

(Magistratura/SP – 2011 – VUNESP) Leia atentamente as assertivas que seguem e, depois, proceda à sua vinculação com os princípios enunciados, na correta ordem sequencial.

I. Manter as bases vitais da produção e reprodução do homem e de suas atividades, e igualmente garantir uma relação satisfatória entre os homens e destes com o seu ambiente, para que as futuras gerações também tenham oportunidade de desfrutar os mesmos recursos que temos hoje à nossa disposição.

II. Assegurar a solidariedade da presente geração em relação às futuras, para que também estas possam usufruir, de forma sustentável, dos recursos naturais.

III. Impedir a ocorrência de danos ao meio ambiente, por meio da imposição de medidas acautelatórias, antes da implantação do empreendimento e atividades consideradas efetiva ou potencialmente poluidoras.

IV. Instituir procedimentos capazes de embasar uma decisão racional na fase de incertezas e controvérsias, de forma a diminuir os custos da experimentação.

V. Internalizar os custos resultantes dos danos ambientais, ou seja, levá-los em conta na elaboração dos custos de produção e, consequentemente, assumi-los.

VI. Evitar que o "custo zero" dos serviços e recursos naturais acabe por conduzir o sistema de mercado à hiperexploração do meio ambiente.

Assinale a alternativa correta.

(A) Desenvolvimento sustentável, solidariedade intergeracional, prevenção, precaução, poluidor-pagador, usuário pagador.
(B) Desenvolvimento sustentável, solidariedade intergeracional, precaução, prevenção, poluidor-pagador, usuário pagador.
(C) Solidariedade intergeracional, desenvolvimento sustentável, precaução, prevenção, usuário pagador, poluidor-pagador.
(D) Solidariedade intergeracional, desenvolvimento sustentável, prevenção, precaução, poluidor-pagador, usuário pagador.
(E) Desenvolvimento sustentável, solidariedade intergeracional, prevenção, precaução, usuário pagador, poluidor-pagador.

I: trata-se de objetivo do princípio do desenvolvimento sustentável; II: trata-se do princípio da solidariedade intergeracional (ou equidade geracional), previsto no art. 225, caput, da CF; III: trata-se do princípio da prevenção, que incide quando há *certeza* científica quanto aos danos ambientais; IV: trata-se do princípio da precaução, que incide quando há *incerteza* científica quanto aos danos ambientais; VI: trata-se do aspecto preventivo do princípio do poluidor-pagador; VII: trata-se de objetivo do princípio do usuário pagador. Gabarito "A".

(Ministério Público/BA – 2010) Identifique com V ou F, conforme o caso, as afirmativas verdadeiras e falsas.

I. O princípio da proibição do retrocesso ecológico limita a discricionariedade do legislador a só legislar progressivamente, com o fito de não diminuir ou mitigar o direito fundamental ao Meio Ambiente.

II. O princípio da participação social retroalimenta a cidadania ambiental e materializa-se, por exemplo, em audiências públicas e composição de conselhos, tendo nessas oportunidades poder deliberativo.

III. A tutela precaucional é marcada pela moderação, sendo passível de revisão, quando os conhecimentos científicos evoluírem, e sujeita ao critério da proporcionalidade, devendo primar pela menor intervenção necessária.

IV. O princípio do poluidor-pagador visa à internalização das externalidades ambientais negativas e positivas e absorve em sua moldura o princípio do usuário-pagador. Sua relevância consiste em impedir à socialização dos custos ambientais.

V. O princípio do mínimo existencial ecológico postula que, por trás da garantia constitucional do mínimo existencial, subjaz a idéia de que a dignidade humana está intrinsecamente relacionada à qualidade ambiental. Ao conferir dimensão ecológica ao núcleo normativo, assenta premissa de que não existe patamar mínimo de bem-estar sem respeito ao direito fundamental do meio ambiente sadio.

A alternativa que contém a seqüência correta, de cima para baixo, é a:

(A) F F V V F.
(B) V F V F V.
(C) F V F F V.
(D) V V F V F.
(E) V V V V V.

I: verdadeira, pois esse princípio, de fato, impede que normas novas sejam mais tolerantes com a degradação do meio ambiente; II: falsa, pois em audiências públicas não há poder deliberativo em favor dos populares que participam das audiências; III: verdadeira, pois, em virtude do princípio da precaução, sempre que necessário, em função de novos conhecimentos científicos, vai-se revisar a atuação administrativa para o fim de impedir que efeitos maléficos ao meio ambiente possam ser causados; IV: falsa, pois o princípio impõe a internalização apenas das externalidades NEGATIVAS; ademais, a ideia do princípio não é impedir, mas fazer com que haja uma socialização dos custos ambientais; V: verdadeira, pois a garantia do salário mínimo (mínimo existencial) tem reflexo sim na proteção do meio ambiente. Gabarito "B".

(MINISTÉRIO PÚBLICO/RO – 2010 – CESPE) Considerando que as políticas públicas são implementadas com o propósito de evitar danos ambientais e objetivam alcançar a aplicação de princípios ambientais, assinale a opção correta.

(A) Embora o princípio da prevenção ainda não esteja incorporado à ordem jurídica nacional, sua observância permite ao poder público antecipar-se à ocorrência de danos ambientais.
(B) O princípio da precaução pode ser invocado para inverter o ônus da prova em procedimento ambiental.
(C) O pagamento pecuniário e a indenização legitimam empreendimentos que venham provocar lesão ao meio ambiente.
(D) No processo industrial de fabricação de produtos, os resíduos descartados no ambiente devem ser tratados, sendo esta uma forma de aplicação do princípio do usuário-pagador.
(E) O envolvimento das comunidades na implementação de planos de manejo nas unidades de conservação é exemplo de aplicação do princípio da informação.

A: incorreta, pois o princípio da prevenção foi incorporado em nossa ordem jurídica em virtude da aprovação, pelo Decreto Legislativo 1/04, do acordado na Conferência sobre Mudanças Climáticas, na ECO 92, cujo 15º princípio tem o seguinte teor: "Princípio 15. Com o fim de proteger o meio ambiente, o princípio da precaução deverá ser amplamente observado pelos Estados, de acordo com suas capacidades. Quando houver ameaça de danos graves ou irreversíveis, a ausência de certeza científica absoluta não será utilizada como razão para o adiamento de medidas economicamente viáveis para prevenir a degradação ambiental"; B: correta, pois uma das consequências do princípio da precaução é a inversão do ônus da prova, fazendo com que o empreendedor tenha que demonstrar que suas atividades não causarão lesão ao meio ambiente ecologicamente equilibrado; C: incorreta, pois o princípio do poluidor-pagador não permite a poluição pelo fato de ter-se pago a indenização correspondente; quem polui tem que reparar o meio ambiente e, mesmo reparando, continua sujeito às demais sanções administrativas e penais incidentes; D: incorreta, pois esse fato não guarda relação com o princípio do usuário-pagador, já que esse princípio tem por objetivo cobrar pelo uso de recursos ambientais, de modo a promover o uso racional dos recursos naturais; E: incorreta, pois o caso revela aplicação do princípio da participação social, e no do princípio da informação. Gabarito "B".

(Procurador do Estado/CE – 2008 – CESPE) A respeito dos princípios da prevenção e da precaução, assinale a opção correta.

(A) O princípio da prevenção é aplicado nos casos em que os impactos ambientais já são conhecidos, e o princípio da precaução somente é aplicado nos casos em que os danos são conhecidos, porém dificilmente mensuráveis.
(B) O princípio da precaução destina-se ao controle das atividades privadas, enquanto o princípio da prevenção aplica-se às ações do poder público.
(C) Ambos os princípios incidem sobre a conduta lesiva ao meio ambiente perpetrada pelo poluidor-pagador nas atividades que produzam impacto sobre a biodiversidade, mas apenas o princípio da precaução atinge a produção de alimentos, de fármacos e de material produzido por animais clonados e plantas transgênicas, já que essas atividades estão reguladas pelo biodireito e não, pelo direito ambiental.
(D) O princípio da precaução apenas estende o conceito de prevenção aos ditames da dita sociedade de risco, o que significa que se deve precaver contra todos os possíveis desdobramentos de atividades que causem impactos ambientais já conhecidos e mensurados pela ciência.
(E) O princípio da prevenção é aplicado nos casos em que os impactos ambientais já são conhecidos, e o princípio da precaução aplica-se àqueles em que o conhecimento científico não pode oferecer respostas conclusivas sobre a inocuidade de determinados procedimentos.

Vide comentário à primeira questão deste subcapítulo (princípios do direito ambiental). Gabarito "E".

(Procurador do Estado/CE – 2008 – CESPE) O princípio do meio ambiente ecologicamente equilibrado é tratado na Constituição Federal como

(A) uma norma programática cuja efetividade fica condicionada ao progresso econômico e à distribuição de renda.
(B) um direito fundamental da pessoa humana, direcionado ao desfrute de condições de vida adequadas em um ambiente saudável.
(C) um princípio geral de alcance limitado e restrito às áreas de proteção ambiental.
(D) um direito difuso, mas não-exigível, em função de sua generalidade, inconsistência e definição imprecisa.
(E) um direito social, coletivo e transgeracional cuja efetividade é ampla, irrestrita e incondicionada e cujo alcance estende-se a todas as formas de vida.

De fato, pode-se considerá-lo como direito fundamental, já que há mecanismos para sua proteção no próprio art. 5º da CF (inciso LXXIII). Gabarito "B".

(Procurador do Estado/CE – 2008 – CESPE) Há alguns anos, era comum a visão de que as preocupações com o meio ambiente prejudicariam o crescimento e a industrialização dos países em desenvolvimento. À época, a prioridade era a aceleração do crescimento econômico, e acreditava-se que as externalidades negativas, equivalentes ao custo ambiental resultante da degradação ocorrida nesse processo produtivo, seriam neutralizadas com o progresso dessas nações. No que concerne a esse assunto, a Constituição Federal.

(A) impõe uma série de medidas que restringem o direito à propriedade, à livre iniciativa e à livre expressão, condicionando o exercício desses direitos ao princípio do desenvolvimento sustentável.
(B) posiciona-se em favor do desenvolvimento econômico, já que não há progresso sem produção de algum impacto negativo ao meio ambiente e que o enquadramento nos padrões de desenvolvimento sustentável só é possível às nações desenvolvidas.
(C) assume que o princípio do desenvolvimento ambientalmente sustentável é passível de interpretações divergentes e, portanto, mostra-se inaplicável no controle das atividades produtivas das grandes e médias empresas.
(D) incluiu o princípio do poluidor-pagador como direito fundamental e garantia constitucional da iniciativa privada.
(E) incluiu o princípio da defesa do meio ambiente na ordem econômica, demonstrando, com isso, que o desenvolvimento não pode estar dissociado da proteção ambiental, já que ele sempre gera algum tipo de impacto ao meio ambiente.

Art. 170, VI, da CF. Gabarito "E".

(Procurador do Estado/PE – CESPE – 2009) O direito ambiental constrói-se sobre princípios que informam a aplicação da legislação ambiental. Muitos deles estão colocados no texto da legislação, outros são frutos de tratados e convenções internacionais. Considere que uma empresa de telefonia celular deseje implantar uma antena única em uma área de relevante interesse ecológico de um município, concentrando nela toda a transmissão da energia eletromagnética não ionizante e a certeza científica de que as ondas dos celulares e estações radiobase causam aquecimento no corpo dos seres que se encontram próximos a eles na razão do inverso do quadrado da distância. A respeito da situação hipotética acima e da incerteza de que há outros efeitos possíveis ainda não comprovados, assinale a opção correta.

(A) Pelo princípio da prevenção, não há necessidade de EIA/RIMA.
(B) Pelo princípio da precaução, não há necessidade de EIA/RIMA.
(C) Pelo princípio da proteção ambiental como um direito fundamental, não há necessidade de EIA se no local não há ocupação humana.
(D) Pelo princípio da função social da propriedade, só há necessidade de EIA se a área for pública.
(E) Pelo princípio da informação, cidadãos interessados podem obter informação a respeito da intensidade do campo eletromagnético gerado no local.

A e B: incorretas, pois, como há efeitos em que há *certeza* de significativo dano e efeitos em que há *incerteza* de significativo dano, aplicam-se, no caso, respectivamente, os princípios da prevenção e da precaução, para o fim de determinar que se faça EIA/RIMA; C: incorreta, pois a proteção se destina ao meio ambiente como um todo, pouco importando se, no local, há ou não ocupação humana; D: incorreta, pois, sendo pública ou privada, há necessidade do estudo, dada a potencialidade de significativo dano ambiental; E: correta, valendo salientar que o princípio da informação é reconhecido como um princípio ambiental, como se verifica do resumo constante no início deste item. Gabarito "E".

(Procurador do Estado/PI – 2008 – CESPE) A 1.ª Conferência Europeia sobre Meio Ambiente e Saúde, realizada em Frankfurt (1989), sugeriu à Comunidade Econômica Européia uma Carta Européia do Meio Ambiente e da Saúde prevendo que cada pessoa tem o direito de beneficiar-se de um meio ambiente que lhe permita usufruir do nível mais elevado possível de saúde e de bem-estar, além do direito de ser informada e consultada sobre os planos, decisões e atividades suscetíveis de afetar, ao mesmo tempo o meio ambiente e a saúde e do direito de participar no processo de tomada de decisões sobre tais assuntos. Paulo Affonso Leme Machado. Direito ambiental brasileiro. São Paulo: Malheiros, 2003, p. 76-7 (com adaptações). Sendo o direito à informação fundamental para o exercício de uma política do meio ambiente independente e atuante, a divulgação preliminar dos projetos que possam trazer danos ao ambiente é uma técnica ambiental eficiente neste sentido. Esse aspecto do procedimento administrativo propicia maior integração da comunidade com a administração, possibilitando uma contínua troca de informações. A partir dessas informações e do texto acima, é correto afirmar que o direito à publicidade ambiental

(A) impõe ao administrador o ônus de instituir procedimentos de oitiva comunitária nas regiões afetadas por atividades antrópicas ecologicamente impactantes, segundo as regras estabelecidas pelo Comitê de Gestão da Informação, órgão deliberativo e consultivo do CONAMA, responsável pela coleta, sistematização e divulgação das informações ambientais.
(B) impõe ao cidadão que deseja acessar as informações ambientais socialmente relevantes a necessidade de provar seu legítimo interesse na qualidade do meio ambiente, que, embora seja patrimônio público a ser necessariamente assegurado e protegido, tendo em vista o uso coletivo, está sujeito ao regime da propriedade privada, não sendo, portanto, legítima a parte que não titulariza tal direito.
(C) dispõe que apenas as pessoas físicas podem, legitimamente, exercê-lo, sendo completamente vetado seu exercício às pessoas jurídicas.
(D) somente assegura às pessoas jurídicas a possibilidade de exercê-lo frente aos órgãos central, setoriais e seccionais, quando representadas pelo Ministério Público da União.
(E) dispõe que, para se solicitar informação de interesse particular ou de interesse geral ou coletivo (como é a matéria ambiental), não há necessidade de se comprovar a legitimidade do interesse; basta constarem os esclarecimentos relativos aos fins e razões do pedido.

O princípio da informação e da transparência das informações e atos é aquele pelo qual as pessoas têm direito de receber todas as informações relativas à proteção, preventiva e repressiva, do meio ambiente. Assim, pelo princípio, as pessoas têm direito de consultar os documentos de um licenciamento ambiental, assim como têm direito de participar de consultas e de audiências públicas em matéria de meio ambiente. Esse princípio está expresso, por exemplo, no art. 6º da Lei 11.428/06 (Lei de Proteção da Mata Atlântica). Gabarito "E".

(Procurador do Estado/PI – 2008 – CESPE) Quanto ao princípio da informação, no âmbito do direito internacional, já se consolida o costume da troca de informações ambientais entre os países. A esse respeito, os juristas da Comissão Mundial sobre Meio Ambiente e Desenvolvimento salientaram que os dados ambientais devem ser publicados, haja vista que a informação serve para o processo de educação de cada pessoa e da comunidade, bem como oferece a possibilidade à pessoa de tomar posição ou pronunciar-se sobre a matéria informada. A esse respeito, no Brasil,

(A) a CF, ao tratar dos princípios que pautam as relações internacionais, afirma, taxativamente, que a não informação de eventos significativamente danosos ao meio ambiente por parte dos Estados merece ser considerada crime internacional a ser julgado pelo Tribunal Penal Internacional.
(B) a Declaração do Rio de Janeiro (1992) dispôs que, no nível nacional, é direito de todo indivíduo ter acesso adequado às informações relativas ao meio ambiente de que disponham as autoridades públicas, inclusive informações sobre materiais e atividades perigosas em sua comunidade.

(C) a informação ambiental deve ser transmitida de maneira que os informados tenham tempo suficiente para analisar a matéria e para agir diante da administração pública e do Poder Judiciário. Sobre esse aspecto, o decreto que regulamenta a Política Nacional de Meio Ambiente estabelece o prazo de 72 horas, a contar da data de publicação do relatório anual do CONAMA, para que os interessados e(ou) afetados pelas atividades potencialmente perigosas possam embargar as medidas propostas.

(D) o monitoramento das informações ambientais é competência exclusiva do poder público, dada a sua importância estratégica. Por essa razão, a lei que instituiu a Política Nacional de Meio Ambiente criou o Sistema Nacional de Informações Sócio-Ambientais (SISNISA), órgão consultivo e deliberativo ligado ao CONAMA e que é responsável pelo monitoramento dos dados ambientais coletados em território nacional.

(E) não existe, no ordenamento jurídico, obrigatoriedade de a administração pública divulgar preliminarmente informações de caráter ambiental, salvo quando provocada pelo Ministério Público ou argüida judicialmente por organizações não-governamentais que atuem na área ambiental.

Vide comentário à questão anterior. Vide também o Princípio 10 da Declaração do Rio (produzida na ECO/92). Gabarito "B".

(Procurador do Estado/PI – 2008 – CESPE) Em 1992, reunida na cidade do Rio de Janeiro, a Conferência das Nações Unidas para o Meio Ambiente e Desenvolvimento, votou, unanimemente, a chamada Declaração do Rio de Janeiro. Entre os 27 princípios que compõem esse documento, está o princípio da precaução. Acerca desse princípio, assinale a opção correta.

(A) O princípio da precaução é amplamente observado pelos Estados, de modo a proteger o meio ambiente sempre que houver certeza científica da ameaça de danos sérios ou irreversíveis ao mesmo.

(B) A doutrina do referido princípio considera que o mundo da precaução é um mundo onde os saberes são colocados em questão. A precaução nasce da diferença temporal entre a necessidade imediata de ação e o momento em que os conhecimentos científicos vão modificar-se. Ela visa gerir a espera da informação.

(C) A precaução caracteriza-se pela ação compensatória diante do risco ou do perigo.

(D) O risco ou perigo devem caracterizar-se pela ameaça séria e irreversível à diversidade biológica. Essa definição não engloba os efeitos das ações humanas sobre o meio ambiente, mas tão-somente as decisões políticas oriundas da esfera federal.

(E) A CF estabelece duas categorias de risco. Os riscos aceitáveis incluem os que colocam em perigo apenas valores menores, como o manejo ecológico das espécies e a diversidade e integridade do patrimônio genético. Os riscos que atingem valores constitucionais protegidos, como o meio ambiente ecologicamente equilibrado e a função ecológica das bacias hidrográficas, pertencem à categoria dos riscos inaceitáveis.

Vide comentário à primeira questão deste subcapítulo (princípios do direito ambiental), bem como o Princípio 15 da Declaração do Rio (produzida na ECO/92). Gabarito "B".

(Procurador do Município/Teresina-PI – 2010 – FCC) *O desmatamento indiscriminado do cerrado piauiense sob o argumento de que as empresas criam empregos não é aceitável, pois pode haver atividade economicamente sustentável desde que as empresas estejam dispostas a diminuírem seus lucros, utilizando-se de matrizes energéticas que não signifiquem a política de terra arrasada.* (AG 2007.01.00.059260-7/PI) Ao analisar os princípios do direito e, em particular do direito ambiental, é INCORRETO afirmar que

(A) o princípio do desenvolvimento sustentável é fundado em três pilares: econômico, ambiental e social.

(B) os Estados têm a responsabilidade de assegurar que atividades sob sua jurisdição ou seu controle não causem danos ao meio ambiente de outros Estados ou de áreas além dos limites da jurisdição nacional.

(C) de acordo com o princípio da precaução quando houver ameaça de danos sérios ou irreversíveis, a ausência de absoluta certeza científica não deve ser utilizada como razão para postergar medidas eficazes e economicamente viáveis para prevenir a degradação ambiental.

(D) a noção de gestão sustentável dos recursos naturais no espaço e no tempo impõe um duplo imperativo ético de solidariedade – equidade intrageracional e intergeracional.

(E) de acordo com o princípio poluidor-pagador o poluidor deve pagar pela poluição causada que acarrete danos à saúde humana e os demais custos ambientais da produção devem ser arcados por toda a sociedade para a própria existência das atividades econômicas.

A: assertiva correta, pois deve haver uma compatibilidade do desenvolvimento econômico e social, de um lado, com a proteção do meio ambiente, de outro lado; B: assertiva correta, tendo em vista a responsabilidade constitucional de cada Estado (art. 23, VI e VII, da CF); C: assertiva correta, em virtude da aplicação do princípio da precaução; D: assertiva correta, até porque, de nada adiante querer garantir a solidariedade entre gerações (intergeracional), se não se conseguir garantir a solidariedade em relação à gestão sustentável dos recursos naturais na nossa própria geração; E: assertiva incorreta, devendo ser assinalada; isso porque os demais custos ambientais deverão ser internalizados pelo empreendedor, que deve levá-los em conta na elaboração dos custos de produção e, consequentemente, ele próprio deve assumi-los. Gabarito "E".

(Defensor Público/BA – 2006) O princípio constitucional ambiental inserido no artigo 225 da Magna Carta, que impõe a consideração do meio ambiente como fator determinante para tomada de decisões políticas, atuação administrativa, criação legislativa e qualquer medida ou atividade relevante à comunidade ou ao ambiente é chamado, na doutrina, de princípio da(o)

(A) poluidor-pagador ou da responsabilização.
(B) ubiquidade.
(C) educação ambiental.
(D) precaução.
(E) ação ambiental sustentável.

A: incorreta, pois esse princípio tem outro sentido, qual seja, o de que o poluidor deve reparar o dano ambiental, bem como deve internalizar as externalidades negativas; B: correta, pois o princípio da ubiquidade tem, de fato, esse sentido, ou seja, o de que as questões ambientais devem ser consideradas em todas atividades humanas, de modo a orientar a tomada de decisões nas várias esferas de atuação estatal e comunitária; C: incorreta, pois esse princípio tem outro sentido, qual seja, o de que cabe ao poder público o dever de promover a educação ambiental em todos os níveis de ensino e a conscientização pública para a preservação do meio ambiente; D: incorreta, pois esse princípio tem outro sentido, qual seja, o de que, em caso de incerteza científica sobre eventual dano ao meio ambiente, deve-se atuar de modo a prevenir esse potencial dano, ou seja, "in dubio, pro societate"; E: incorreta, pois esse princípio tem outro sentido, qual seja, o de que se faz necessário harmonizar o desenvolvimento econômico e social, com a garantia da perenidade dos recursos ambientais. Gabarito "B".

(Defensoria/MA – 2009 – FCC) "Quando houver ameaça de danos graves ou irreversíveis, a ausência de certeza científica absoluta não será utilizada como razão para o adiamento de medidas economicamente viáveis para prevenir a degradação ambiental". Esta é a formulação do princípio ambiental

(A) do desenvolvimento sustentável.
(B) do poluidor-pagador.
(C) da precaução.
(D) da economicidade.
(E) da prevenção.

Trata-se do princípio da precaução, por se estar diante de situação de incerteza científica de dano ambiental. Gabarito "C".

(Defensoria/PA – 2009 – FCC) "A água é um recurso natural limitado, dotado de valor econômico" (Lei nº 9.433/97, art. 1º, II). Este dispositivo legal, ao afirmar o valor econômico de recurso natural e permitir, por conseguinte, a cobrança pelo seu uso, dá concreção ao princípio ambiental

(A) do poluidor-pagador.
(B) da prevenção.
(C) da ubiquidade.
(D) da precaução.
(E) da responsabilidade civil.

Trata-se de aplicação prática do princípio do poluidor-pagador, valendo salientar que, caso houvesse alternativa no sentido de que o caso é expressão do princípio do *usuário-pagador*, esta seria a melhor resposta, conforme se verifica do resumo trazido no início deste item. Gabarito "A".

(Defensoria Pública/SP – 2010 – FCC) Preceitua o item 15 da Declaração do Rio de Janeiro Sobre Meio Ambiente e Desenvolvimento (Rio-92): "*Para que o ambiente seja protegido, será aplicada pelos Estados, de acordo com as suas capacidades, medidas preventivas. Onde existam ameaças de riscos sérios ou irreversíveis não será utilizada a falta de certeza científica total como razão para o adiamento de medidas eficazes em termos de custo para evitar a degradação ambiental*". Esse texto traz em si a gênese do princípio, em matéria ambiental,

(A) do desenvolvimento sustentável.
(B) da precaução.
(C) da tutela estatal.
(D) da incerteza científica.
(E) da inevitabilidade ambiental.

Trata-se do princípio da precaução, conforme já exaustivamente visto neste item. Gabarito "B".

(Defensoria/SP – 2009 – FCC) Trata-se de aplicação INCORRETA do princípio constitucional da ordem econômica da função socioambiental da propriedade, combinado com o direito básico do consumidor à informação adequada e clara sobre os diferentes produtos e serviços, a obrigação dos

(A) comerciantes informar se os sacos plásticos postos a disposição para transporte das mercadorias adquiridas é biodegradável.
(B) produtores e comerciantes de pilhas e baterias informar dos riscos relacionados ao seu descarte inadequado.
(C) produtores e comerciantes de carne bovina de informar a origem do produto, tendo em vista a degradação ambiental na Amazônia provocada pela expansão da fronteira agropecuária.
(D) estabelecimentos públicos ou privados, que abriguem recintos coletivos, devem informar se pretendem criar ou não áreas destinadas exclusivamente aos fumantes, devidamente isoladas e com arejamento conveniente.
(E) produtores e comerciantes de veículos automotores informar o nível de emissão de gases tóxicos decorrentes da queima de combustível dos motores.

Todas as alternativas trazem deveres de informação óbvios. Porém a alternativa "d" está incorreta, pois, no Estado de São Paulo, onde se deu o concurso cuja questão se analisa, existe a chamada Lei Antifumo, que veda, absolutamente, que se fume em recintos coletivos. Gabarito "D".

(Defensoria/SP – 2007 – FCC) Certa empresa privada faz intensa campanha publicitária em que estimula a sociedade a ter consciência ambiental, porém, em sua atividade comercial, notoriamente realiza práticas altamente nocivas ao meio ambiente, contrariando diretamente os valores que prega. Trata-se de violação ao princípio de direito ambiental:

(A) Da natureza pública da proteção ambiental.
(B) Da obrigatoriedade da intervenção estatal.
(C) Da educação ambiental.
(D) Do poluidor – pagador.
(E) Da prevenção e precaução.

O princípio da educação ambiental inclui a conscientização pública e está previsto no inciso VI do § 1º do artigo 225 da CF. A Lei Federal 9.795/99 traz disposições acerca da educação ambiental. Gabarito "C".

(Magistratura Federal/1ª Região – 2009 – CESPE) Assinale a opção correta quanto ao princípio da precaução.

(A) Esse princípio foi criado na Conferência de Estocolmo, em resposta aos danos causados pelo vazamento de mercúrio na baía de Minamata e, por isso, os primeiros escritos doutrinários da época referiam-se a ele como o princípio de Minamata.
(B) Tal princípio teve origem no princípio da incerteza, da física quântica, e foi o tema central da Carta da Terra, redigida na abertura da Eco-92, na qual o jurista alemão Reinhardt Sttifelmann defendeu que, na atual sociedade de risco, só se podem tomar medidas ambientalmente impactantes com respaldo da ciência.
(C) Fundado no princípio da prevenção, o princípio da precaução aponta a inexistência de certezas científicas como pressuposto para a adoção de política liberal pautada pelo caráter não intervencionista do poder público nas atividades econômicas.
(D) Esse princípio fundamenta-se no direito penal secundário e diferencia-se do princípio da prevenção geral e da prevenção específica, pois espelha os aspectos garantistas dos direitos de terceira geração.
(E) Tal princípio constitui a garantia contra os riscos potenciais que não podem ser ainda identificados, devido à ausência da certeza científica formal, e baseia-se na ideia de que o risco de dano sério ou irreversível requer a implementação de medidas que possam prever esse dano.

A e B: incorretas, pois o princípio foi consagrado na ECO/92, constando como princípio 15 da Conferência sobre Mudanças Climáticas, elaborada por ocasião dessa importante conferência mundial sobre o meio ambiente, valendo salientar que a Conferência de Estocolmo aconteceu 20 anos antes (1972); C: incorreta, pois é justamente o contrário, ou seja, o princípio aponta que, em face de incertezas científicas, o Estado deve, sim, tomar medidas para evitar a degradação ambiental; D: incorreta, pois o princípio está relacionado a questões administrativas e ambientais, e não a questões penais; na prática, o princípio é utilizado para determinar licenciamentos e estudos, e para impedir a prática de certas atividades, envolvendo providências *administrativas* por parte do Estado, e não providências *penais*, que serão tomadas apenas nos casos em que se configurar algum ilícito penal; E: correta, nos termos da definição do princípio já exaustivamente trazida neste item. Gabarito "E".

(Magistratura Federal/1ª Região – 2009 – CESPE) O princípio da natureza pública da proteção ambiental

(A) aponta para a incompatibilidade irredutível entre o interesse público e a iniciativa privada, condicionando esta à discricionariedade daquele e distribuindo às camadas mais pobres da população, de forma equitativa, o acesso aos recursos naturais.
(B) fundamenta-se, no que se refere à defesa da desapropriação das terras e dos meios produtivos, na proteção ao patrimônio histórico, ao ambiente cultural e ao ambiente do trabalho.
(C) resume os esforços da esfera política na manutenção do equilíbrio dinâmico dos sistemas socioambientais passíveis de serem utilizados no processo de justa repartição da renda e de reforma agrária.
(D) decorre da previsão legal que considera o meio ambiente como valor a ser necessariamente assegurado e protegido para uso de todos.
(E) foi descaracterizado pelo neoliberalismo, em razão de ter sido enunciado pelo governo soviético em decorrência do acidente de Tchernobil, quando, pelo descaso do Soviete Supremo, não havia leis de proteção ambiental que salvaguardassem a segurança das populações humanas no entorno das usinas nucleares.

A: incorreta, pois se deve buscar o meio-termo, promovendo-se o desenvolvimento sustentável, de modo que a proteção do meio ambiente não é totalmente incompatível com a atividade privada; B: incorreta, pois a defesa desse tipo de desapropriação está relacionada à proteção do meio ambiente natural, quando é feita em propriedades que não respeitam o meio ambiente (art. 186, II, da CF); C: incorreta, pois o princípio da natureza pública da proteção ambiental diz respeito ao fato de que o meio ambiente é defendido para uso de todos, e não só para promover a justiça social em favor dos desfavorecidos; D: correta, pois o princípio da natureza pública da proteção ambiental, de fato, significa que o meio ambiente deve ser protegido em favor de todos, por haver um interesse público na sua proteção; E: incorreta, pois o princípio em tela não foi descaracterizado pelo neoliberalismo, que, no que tange à proteção do meio ambiente, também leva em conta que este deve ser protegido em favor de todos, e não somente em favor de determinados segmentos da sociedade. Gabarito "D".

(Magistratura Federal/3ª Região – 2010) Assinale a proposição incorreta:

(A) O princípio protetor-recebedor fundamenta a isenção do Imposto Territorial Rural (ITR) concedida às áreas de preservação permanente, de reserva legal e as declaradas de interesse ecológico pelo órgão ambiental competente, incluídas nestas últimas as Reservas Particulares no Patrimônio Nacional (RPPNs);
(B) O princípio da precaução amplia a responsabilidade ambiental ao exigir a adoção de medidas protetivas eficazes mesmo diante da dúvida (in dúbio pro ambiente) e da falta de certeza científica quanto aos riscos (riscos incertos);
(C) Este princípio está contemplado na Declaração do Rio, nas Convenções do Clima e da Diversidade Biológica e uma de suas manifestações no direito brasileiro é a exigência constitucional do controle de produção, comercialização e emprego de técnicas, métodos e substâncias que comporte risco para a vida, a qualidade de vida e o meio ambiente;

(D) No Brasil há consenso que a liberação da comercialização dos organismos geneticamente modificados (OGMs) e a ampla competência atribuída a CTNBio (Comissão Técnica Nacional de Biossegurança) pela Lei de Biossegurança para deliberar sobre o EIA/RIMA e o licenciamento ambiental nessa matéria atendem adequadamente à exigência constitucional de controle ambiental prévio decorrente do princípio da precaução;

A: correta, pois o princípio do protetor-recebedor é aquele que possibilita aos agentes que protegem de modo especial um bem o direito de receberem uma compensação financeira por isso, que pode ser feita com a isenção de impostos, como ocorre no caso mencionado na alternativa; B: correta, nos termos do já comentado princípio da precaução; C: correta, pois o princípio da precaução está inserto, como princípio nº 15, na Declaração do Rio, nas Convenções do Clima e da Diversidade Biológica, da ECO/92; D: incorreta, pois não há consenso nesse sentido, tratando-se de questão bastante polêmica, apesar de estar regulada em lei (Lei 11.105/05). Gabarito "D".

(Procurador Federal – 2010 – CESPE) Acerca dos princípios e da proteção constitucional que se aplicam ao direito ambiental, julgue os itens subsequentes.

(1) Por meio da ação civil pública pode-se buscar tanto a cessação do ato lesivo ao meio ambiente, a reparação do que for possível e, até mesmo, a indenização por danos irreparáveis caso tenham ocorrido.
(2) A proteção ao meio ambiente é um princípio da ordem econômica, o que limita as atividades da iniciativa privada.
(3) O princípio da precaução refere-se à ação preventiva e deve embasar medidas judiciais e administrativas tendentes a evitar o surgimento de atos atentatórios ao meio ambiente.
(4) O meio ambiente é um direito difuso, direito humano fundamental de terceira geração, mas não é classificado como patrimônio público.

1: correta, pois a ação civil pública pode veicular todas as pretensões acima mencionadas, segundo a doutrina e a jurisprudência; 2: correta (art. 170, VI, da CF); 3: correta, pois esse princípio, assim como o princípio da prevenção, atuam de modo preventivo, para evitar danos ao meio ambiente; 4: incorreta, pois, apesar de o meio ambiente ser direito difuso e fundamental de terceira geração, ele é classificado como bem de "uso comum do povo" (art. 225, *caput*, da CF); na verdade, o *meio ambiente ecologicamente equilibrado* é que é bem de uso comum do povo, bem de natureza pública, o não significa que cada bem ambiental, isoladamente considerado (ex: o jardim de uma casa) seja do Poder Público. Gabarito 1C, 2C, 3C, 4E.

5. COMPETÊNCIA EM MATÉRIA AMBIENTAL

(Magistratura/PA – 2008 – FGV) A respeito da tutela jurídica do meio ambiente a da repartição de competências administrativas em matéria ambiental, assinale a afirmativa incorreta.

(A) No Ordenamento Jurídico brasileiro, meio ambiente é considerado bem jurídico autônomo, definido como o conjunto de condições, leis, influências e interações de ordem física, química e biológica, que permite, abriga e rege a vida em todas as suas formas.
(B) A Constituição da República conferiu tratamento especial ao meio ambiente, dedicando a esse um capítulo específico, incluído no Título "Da Ordem Social".
(C) A proteção do meio ambiente, o combate à poluição e a preservação das florestas, da fauna e da flora são de competência comum da União, dos Estados, dos Municípios e do Distrito Federal.
(D) União, Estados, Municípios e Distrito Federal têm competência comum para proteger os documentos, as obras e outros bens de valor histórico, artístico e cultural, os monumentos, as paisagens naturais notáveis e os sítios arqueológicos, bem como para preservar as florestas, a fauna e a flora.
(E) As normas para a cooperação entre União, Estados, Municípios e o Distrito Federal no exercício de sua competência executiva comum para proteger o meio ambiente deverão ser fixadas por decreto federal.

A: correta (art. 3º, I, da Lei 6.938/81); B: correta (art. 225 da CF); C: correta (art. 23, VI e VII, da CF); D: correta (art. 23, IV e VII, da CF); E: incorreta (art. 23, parágrafo único, da CF). Gabarito "E".

(Magistratura/PI – 2008 – CESPE) Referindo-se à relevância das florestas na preservação ambiental, a CF estabelece

(A) a competência comum da União, dos estados, do DF e dos municípios para preservar as florestas, a fauna e a flora, bem como para, exclusivamente, sobre elas legislar.
(B) a competência concorrente da União, dos estados, do DF e dos municípios para gerenciarem o manejo sustentável das florestas, da fauna e da flora silvícolas, bem como para legislar, independentemente, sobre elas.
(C) a competência exclusiva da União para preservar as florestas, a fauna e a flora, bem como para legislar sobre elas.
(D) a competência solidária da União, dos estados, do DF e dos municípios para a exploração sustentável das florestas de preservação permanente, da fauna, da flora, dos recursos minerais, hídricos e genéticos bem como para legislar, isoladamente, sobre ela.
(E) a competência comum da União, dos estados, do DF e dos municípios para preservar as florestas, a fauna e a flora.

Art. 23, VII, da CF. Gabarito "E".

(Magistratura/PR – 2010 – PUC/PR) Considerando que as competências em matéria ambiental, previstas nos artigos 23 e 24 da Constituição Federal de 1988, podem ser classificadas como competência material e competência legislativa, sendo a primeira inerente ao poder de polícia e a segunda inerente à possibilidade de legislar acerca da matéria, é CORRETO afirmar que:

(A) A competência material dos Municípios é suplementar, cabendo-lhes proteger o meio ambiente e combater a poluição em qualquer de suas formas subsidiariamente, nos termos de Lei Complementar.
(B) Os Estados e o Distrito Federal possuem competência concorrente suplementar à competência da União, para legislar sobre florestas, caça, pesca, fauna, conservação da natureza, defesa do solo e dos recursos naturais, proteção do meio ambiente e controle da poluição, entre outros.
(C) A competência para legislar sobre responsabilidade por dano ao meio ambiente é privativa da União.
(D) Na competência legislativa em matéria ambiental, a superveniência de Lei Federal revoga dispositivo de Lei Estadual no que lhe for contrário.

A: incorreta, pois a competência material dos Municípios é *comum*, e não *suplementar*, nos termos do art. 23 da CF; na prática isso significa que os Municípios não têm que esperar a inércia dos outros entes políticos para que exerçam o poder de polícia ambiental, podendo agir na fiscalização do meio ambiente desde o início; B: correta (art. 24, §§ 1º a 4º, da CF); C: incorreta, pois trata-se de competência concorrente da União, dos Estados e do DF (art. 24, VIII, da CF); D: incorreta, pois a superveniência de lei federal *suspende a eficácia* da lei estadual, que continua existindo, situação que é diferente da *revogação*, que extingue a lei (art. 24, § 4º, da CF). Gabarito "B".

(Ministério Público/AM – 2008 – CESPE) À luz da competência legislativa ambiental prevista na CF de 1988, julgue os seguintes itens.

I. Matéria relacionada a atividade nuclear de qualquer natureza é de competência exclusiva da União.
II. Em matéria ambiental, inexiste competência legislativa privativa e suplementar de município.
III. O município possui competência legislativa concorrente para, juntamente com os estados, legislar sobre florestas, caça e pesca, independentemente de interesse local.
IV. No âmbito da legislação concorrente, os estados não podem legislar sobre matéria ainda não tratada pela União.
V. As normas gerais no âmbito da competência concorrente são atribuídas à União.

Estão certos apenas os itens

(A) I e II.
(B) I e V.
(C) II e III.
(D) III e IV.
(E) IV e V.

I: correta (art. 22, XXVI, da CF); II: incorreta, pois é competência privativa do município legislar sobre assunto de interesse local (art. 30, I, da CF) e suplementar, a prevista no art. 30, II, da CF; III: incorreta (art. 24, VI, da CF); IV: incorreta (art. 24, § 3º, da CF); V: correta (art. 24, § 1º, da CF). Gabarito "B".

(Ministério Público/MA – 2009) A competência para legislar em matéria ambiental é:

(A) da União, dos Estados e do Distrito Federal;
(B) da União e dos Estados;
(C) da União e dos Municípios;
(D) dos Estados, do Distrito Federal e dos Municípios.
(E) da União, dos Estados e do Distrito Federal, tendo os Municípios competência suplementar.

A competência legislativa em matéria ambiental é concorrente da União, dos Estados e do DF (art. 24 da CF), tendo os Municípios competência suplementar (art. 30, II, da CF). Gabarito "E".

(Ministério Público/PR – 2009) Assinale a alternativa *INCORRETA*:

(A) para atender a suas peculiaridades próprias, os Estados exercerão a competência legislativa plena, desde que não exista lei federal sobre normas gerais ambientais.
(B) a competência plena dos Estados sofre dupla limitação, qualitativa e temporal: a norma estadual não pode exorbitar a peculiaridade ou o interesse do próprio Estado e terá que se ajustar ao disposto em norma federal ambiental superveniente.
(C) a competência da União para legislar sobre normas gerais ambientais não exclui a competência suplementar dos Estados.
(D) a competência suplementar dos Estados a um texto legal poderá desviar-se da mens legis ambiental federal.
(E) compete à União, aos Estados e ao Distrito Federal legislar concorrentemente sobre fauna e florestas.

A: correta (art. 24, § 3º, da CF); B: correta, estando a limitação qualitativa no § 3º, e a limitação temporal, no § 4º, ambos do art. 24 da CF; C: correta (art. 24, § 2º, da CF); D: incorreta, pois a União deve estabelecer normas gerais (art. 24, § 1º, da CF), devendo os Estados respeitar os termos da lei geral, sob pena de violar o texto constitucional; cabe ao Estado tratar de temas não previstos na lei geral e também estabelecer regras com vistas ao cumprimento local da legislação federal; E: correta (art. 24, VI, da CF). Gabarito "D".

(Procurador do Estado/PE – CESPE – 2009) O Brasil, como República Federativa, possui forma de Estado que prevê a descentralização do poder. Essa configuração constitucional reflete nas competências legislativas e administrativas ambientais. Com relação a essas informações, assinale a opção correta.

(A) Com fulcro no princípio da predominância do interesse, compete privativamente à União legislar sobre florestas, caça e pesca.
(B) Mesmo que exista atuação normativa por parte da União, o estado-membro pode tratar das normas gerais.
(C) O município não está elencado no artigo constitucional que trata da competência concorrente, mas pode legislar acerca do tema meio ambiente.
(D) O DF não pode legislar concorrentemente com a União na matéria ambiental, por ser a sede da República brasileira.
(E) Os estados podem legislar concorrentemente sobre jazidas e minas encontradas em seus territórios.

A: incorreta, pois a competência é concorrente da União, dos Estados e do Distrito Federal (art. 24, *caput* e inciso VI, da CF); B: incorreta, pois compete à União tratar de normas gerais (art. 24, § 1º, da CF), podendo os Estados estabelecer normas de cunho geral apenas quando e enquanto não houver lei federal, e, mesmo assim, apenas para atender suas peculiaridades (art. 24, § 3º, da CF); C: correta, pois o Município não está no art. 24 da CF, mas tem competência para legislar sobre o meio ambiente, quando se tratar de questão de interesse local (art. 30, I, da CF), bem como para "suplementar a legislação federal e estadual no que couber" (art. 37, II, da CF); D: incorreta (art. 24, *caput*, da CF); E: incorreta, pois a competência para legislar sobre essa matéria é privativa da União (art. 22, XII, da CF). Gabarito "C".

(Procurador do Município/Aracaju – 2008 – CESPE) Quanto à proteção de bens e valores culturais por meio de tombamento, julgue o item abaixo.

(1) A Constituição de 1988 prevê competência concorrente para legislar sobre proteção ao patrimônio histórico, cultural, artístico e paisagístico, e competência comum para impor o tombamento. Em decorrência desse dispositivo, cabe aos municípios o poder-dever de constituir normas gerais sobre tombamento, delineando aquelas que dão as características desse instituto jurídico, indicando o modo como se instaura o procedimento, a maneira como é gerido o bem tombado, a abrangência da proteção e o sistema de sanções aplicáveis.

As normas gerais sobre tombamento são de competência da União (art. 24, VII e § 1º, da CF). Gabarito 1E.

(Delegado/RJ – 2009 – CEPERJ) Acerca das normas de proteção ao Meio Ambiente assinale a alternativa incorreta:

(A) É competência comum da União, dos Estados, do Distrito Federal e dos Municípios proteger o meio ambiente e combater a poluição em qualquer de suas formas.
(B) A Defensoria Pública tem legitimidade para propor ação civil pública para responsabilização pelos danos causados ao meio ambiente.
(C) Compete à União legislar sobre normas suplementares de proteção do meio ambiente que não exclui a competência concorrente dos Estados e do Distrito Federal.
(D) Compete à União, aos Estados e ao Distrito Federal legislar concorrentemente sobre florestas, caça, pesca, fauna, conservação da natureza, defesa do solo e dos recursos naturais, proteção do meio ambiente e controle da poluição.
(E) A licença ambiental corresponde ao ato administrativo pelo qual o órgão ambiental estabelece as condições, restrições e medidas de controle ambiental que deverão ser obedecidas pelo empreendedor, pessoa física ou jurídica, para localizar, instalar, ampliar e operar empreendimentos ou atividades utilizadoras dos recursos ambientais consideradas efetiva ou potencialmente poluidoras, ou que de qualquer forma, possam causar degradação ambiental.

A: correta (art. 23, VI, da CF); B: correta (art. 5º, II, da Lei 7.347/85); C: incorreta, pois compete à União legislar sobre *normas gerais* de proteção do meio ambiente (art. 24, § 1º, da CF); D: correta (art. 24, VI, da CF); E: correta (art. 1º, II, da Resolução CONAMA 237/97. Gabarito "C".

(Magistratura Federal-5ª Região – 2011) Acerca da repartição de competências em matéria ambiental, assinale a opção correta.

(A) Se um município cuja principal atividade econômica seja a pesca estabelecer, mediante lei, regras sobre a captura e o transporte de pescado em sua área, tais normas não serão válidas, uma vez que o dispositivo constitucional não prevê para os municípios competência para tal. Nesse caso, devem ser aplicados apenas os textos federais e estaduais que disciplinam a matéria.
(B) Tendo sido o Parque Nacional do Iguaçu, no Paraná, criado por decreto federal (Decreto-lei n.º 1.035/1939), não pode a prefeitura do município de localização desse parque estabelecer medidas de preservação ambiental na área do parque, atribuição inserida na competência material exclusiva da União.
(C) A pesquisa e a lavra de recursos minerais e o aproveitamento de energia hidráulica constituem atividades da esfera de competência da União. Assim, uma vez que os recursos minerais pertencem a esse ente federativo, e não ao proprietário do solo, cabe à administração federal autorizar sua exploração.
(D) É competência privativa da União a proteção, por meio do IPHAN, dos documentos, das obras e de outros bens de valor histórico, artístico e cultural, dos monumentos, das paisagens naturais notáveis e dos sítios arqueológicos.
(E) Se determinado estado da Federação editar lei instituindo código florestal, a referida lei deverá ser considerada inconstitucional, visto que cabe à União, em caráter privativo, legislar sobre a matéria.

A: incorreta, pois, em sendo a pesca a atividade econômica principal do local, há INTERESSE LOCAL, a justificar a competência do município para legislar sobre o assunto (art. 30, I, da CF); B: incorreta, pois o Parque Nacional, como unidade de conservação federal, deve obedecer às normas estabelecidas pelo órgão federal responsável pela sua administração, bem como às normas de seu regulamento e ao plano de manejo da unidade, não havendo como o município estabelecer normas de preservação ambiental na área desse parque; C: correta (art. 176, *caput* e § 1º, da CF); D: incorreta, pois se trata de competência comum da União, dos Estados, do DF e dos Municípios (art. 23, III, da CF); E: incorreta, pois é competência concorrente da União, Estados e DF legislar sobre proteção das florestas (art. 24, VI, da CF); vale salientar, todavia, que a União legislará sobre normas gerais, cabendo ao Estado suplementar a legislação federal em seu código florestal local. Gabarito "C".

6. LEI DE POLÍTICA NACIONAL DO MEIO AMBIENTE

(Magistratura/MS – 2008 – FGV) Com base na PNMA, julgue as afirmativas a seguir:

I. Entende-se por recursos ambientais a atmosfera, as águas interiores, superficiais e subterrâneas, os estuários, o mar territorial, o solo, o subsolo, os elementos da biosfera, a fauna e a flora.

II. O órgão consultivo e deliberativo do Sisnama é o Conselho Nacional do Meio Ambiente (Conama), com a finalidade de assessorar, estudar e propor ao Conselho de Governo diretrizes de políticas governamentais para o meio ambiente e os recursos naturais e deliberar, no âmbito de sua competência, sobre normas e padrões compatíveis com o meio ambiente ecologicamente equilibrado e essencial à sadia qualidade de vida.

III. Compete ao Conama decidir, como última instância administrativa em grau de recurso, mediante depósito prévio, sobre as multas e outras penalidades impostas pelo Ibama.

Assinale:

(A) se nenhuma afirmativa estiver correta.
(B) se somente as afirmativas I e II estiverem corretas.
(C) se somente as afirmativas I e III estiverem corretas.
(D) se somente as afirmativas II e III estiverem corretas.
(E) se todas as afirmativas estiverem corretas.

I: correta (art. 3º, V, da Lei 6.938/81); II: correta (art. 6º, II, da Lei 6.938/81); III: correta (art. 8º, III, da Lei 6.938/81). Gabarito "E".

(Magistratura/MT – 2009 – VUNESP) Conforme a Lei n.º 6.938/81, a Política Nacional do Meio Ambiente visará

(A) ao cancelamento de critérios e padrões fixos de qualidade ambiental e de normas relativas ao uso e manejo de recursos ambientais.
(B) ao desenvolvimento de pesquisas e de tecnologias estrangeiras orientadas para o uso comercial de recursos ambientais.
(C) à definição de áreas prioritárias de ação governamental relativas à quantidade e ao equilíbrio comercial e ecológico, atendendo exclusivamente interesses da União.
(D) à imposição, ao poluidor e ao predador, da contribuição pela utilização de recursos ambientais com fins exclusivamente políticos.
(E) à compatibilização do desenvolvimento econômico-social com a preservação da qualidade do meio ambiente e do equilíbrio ecológico.

A: incorreta (art. 4º, III, da Lei 6.938/81); B: incorreta (art. 4º, IV, da Lei 6.938/81); C: incorreta (art. 4º, II, da Lei 6.938/81); D: incorreta (art. 4º, VII, da Lei 6.938/81); E: correta (art. 4º, I, da Lei 6.938/81). Gabarito "E".

(Magistratura/PE – 2011 – FCC) O Conselho Nacional do Meio Ambiente – CONAMA é órgão encarregado de

(A) reunir em um sistema único os órgãos da administração ambiental federal, estadual e municipal, promovendo reuniões trimestrais entre eles para tornar efetiva a proteção do meio ambiente.
(B) gerir o Fundo Nacional do Meio Ambiente e a distribuição de recursos para projetos ambientais.
(C) estudar e propor diretrizes de políticas governamentais para o meio ambiente e executar a política nacional do meio ambiente, podendo agir administrativa ou judicialmente.
(D) estudar e propor diretrizes de políticas governamentais para o meio ambiente e deliberar, no âmbito de sua competências, sobre normas e padrões compatíveis com a proteção do meio ambiente.
(E) expedir Resoluções para a manutenção da qualidade do meio ambiente no âmbito federal.

A: incorreta, pois essa competência não está prevista na Lei 6.938/81 ou no Decreto 99.274/90; B: incorreta, pois o Fundo Nacional do Meio Ambiente é administrado pela Secretaria do Meio Ambiente da Presidência da República, de acordo com as diretrizes fixadas pelo Conselho de Governo, sem prejuízo das competências do Conama (art. 4º da Lei 7.797/89); C: incorreta, pois "executar a política nacional do meio ambiente" é atribuição dos órgãos executores, como o IBAMA (art. 6º, IV, da Lei 6.938/81); D: correta (art. 6º, II, da Lei 6.938/81); E: incorreta, pois as resoluções do CONAMA não tem eficácia apenas para o âmbito federal; ademais, a ideia não é só a manutenção da qualidade do meio ambiente, mas também a melhoria dessa qualidade. Gabarito "D".

(Magistratura/RO – 2011 – PUCPR) A Lei 6.938/81, que dispõe sobre a Política Nacional de Meio Ambiente, constituiu um marco na legislação pátria criando as bases para o Direito Ambiental Brasileiro nos moldes que conhecemos atualmente. Representa verdadeira mudança de paradigmas na proteção ambiental antes focada em recursos naturais isolados, para uma proteção integrada baseada em uma tutela focada nos ecossistemas. Considerando os dispositivos e previsões expressas no texto da referida Lei, marque a alternativa CORRETA:

(A) A Lei 6.938/81 cria a responsabilidade civil objetiva em matéria de dano ambiental difuso. Resta, entretanto, subjetiva a responsabilidade pelos danos individuais reflexos causados a terceiros, ainda que em matéria ambiental.
(B) A Lei 6.938/81 cria um conjunto de instrumentos voltados à proteção da qualidade ambiental tais como: o zoneamento ambiental; o estabelecimento de padrões de qualidade ambiental; a criação de espaços territoriais especialmente protegidos; a avaliação de impactos ambientais; entre outros.
(C) A Lei 6.938/81 cria o Sistema Nacional de Meio Ambiente - SISNAMA, que é constituído exclusivamente pelos órgãos Federais e Estaduais responsáveis pela melhoria e proteção da qualidade ambiental, com finalidade de garantir a cooperação e integração entre eles.
(D) A Lei 6.938/81 prevê expressamente o instrumento do licenciamento ambiental estabelecendo que este deverá ser exigido obrigatoriamente para a instalação e funcionamento de toda e qualquer atividade econômica.
(E) A Lei 6.938/81 estabelece expressamente que: cabe aos órgãos municipais competentes o licenciamento ambiental de obras ou atividades cujo impacto seja local; cabe aos órgãos estaduais o licenciamento ambiental daquelas cujo impacto ambiental seja regional; e cabe ao IBAMA o licenciamento ambiental quando o impacto for interestadual.

A: incorreta, pois a responsabilidade civil ambiental é objetiva nos dois casos; B: correta (art. 9º, II, I, VI, III, da Lei 6.938/81, respectivamente); C: incorreta, pois o SISNAMA também é constituído de órgãos municipais (art. 6º da Lei 6.938/81); D: incorreta, pois somente se deve exigir o licenciamento ambiental das atividades econômicas efetiva ou potencialmente POLUIDORAS (art. 9º, IV, da Lei 6.938/81); E: incorreta, pois essas questões estão regulamentadas na Resolução CONAMA nº 237/97 e na Lei Complementar 140/11, sendo que esta lei especifica melhor a competência de cada ente político para o licenciamento ambiental. Gabarito "B".

(Ministério Público/AM – 2008 – CESPE) Assinale a opção incorreta acerca do SISNAMA, nos termos da Lei n.º 6.938/1981.

(A) Compete ao CONAMA estabelecer, privativamente, normas e padrões nacionais de controle da poluição causada por veículos automotores, aeronaves e embarcações, mediante audiência dos ministérios competentes.
(B) O SISNAMA é constituído pelos órgãos e entidades da União, dos estados, do DF e dos municípios e pelas fundações instituídas pelo poder público, responsáveis pela proteção e melhoria da qualidade ambiental.
(C) O CONAMA pode dividir-se em câmaras técnicas para examinar e relatar ao plenário assuntos de sua competência.
(D) O licenciamento de estabelecimentos destinados a produzir materiais nucleares deve ser feito pelos órgãos estaduais, municipais e distritais.
(E) O SISNAMA possui estrutura federativa.

A: correta (art. 8º, VI, da Lei 6.938/81); B: correta (art. 6º, caput, da Lei 6.938/81); C: correta (art. 8º do Decreto 99.274/90); D: incorreta (art. 19, § 4º, do Decreto 99.274/90); E: correta (art. 6º da Lei 6.938/81). Gabarito "D".

(Ministério Público/MG – 2010.1) Considere as seguintes assertivas a respeito da Lei Federal nº 6.938, de 31 de agosto de 1981, que instituiu a Política Nacional do Meio Ambiente

I. São princípios da Política Nacional do Meio Ambiente a proteção dos ecossistemas, com a preservação de áreas representativas, a proteção das áreas ameaçadas de degradação, bem como a recuperação das áreas degradadas.
II. O poluidor é obrigado, independentemente da existência de culpa, a indenizar ou reparar os danos causados ao meio ambiente e a terceiros afetados por sua atividade, sendo que as medidas de responsabilização civil e a recuperação ambiental podem eximir o poluidor de sanções administrativas.
III. As diretrizes da Política Nacional do Meio Ambiente obrigam não apenas as atividades empresariais públicas, mas também as privadas.
IV. São instrumentos da PNMA o zoneamento ambiental, a avaliação de impactos ambientais, as penalidades disciplinares ou compensatórias ao não-cumprimento das medidas necessárias à preservação ou correção da degradação ambiental, a criação de espaços territoriais especialmente protegidos pelo Poder Público, assim como instrumentos econômicos, inclusive o seguro ambiental.
V. A construção, instalação, ampliação e funcionamento de estabelecimentos e atividades utilizadoras de recursos ambientais, considerados efetiva e potencialmente poluidores, bem como os capazes, sob qualquer forma, de causar degradação ambiental, dependerão de prévio licenciamento de órgão estadual competente, integrante do Sistema Nacional do Meio Ambiente (SISNAMA), e do Instituto Brasileiro do Meio Ambiente e Recursos Naturais Renováveis (IBAMA), em caráter supletivo, sem prejuízo de outras licenças exigíveis.

Assinale a opção CORRETA.

(A) I, II, III e IV estão corretas.
(B) I, II, III e V estão corretas.
(C) I, III, IV e V estão corretas.
(D) I, III e V estão corretas.
(E) Todas estão corretas.

I: correta (art. 2º, IV, IX e VIII, da Lei 6.938/81); II: incorreta, pois o art. 14, § 1º, da Lei 6.938/81 deixa claro que a responsabilização civil atua "sem obstar a aplicação das penalidades" administrativas previstas no dispositivo; III: correta (art. 5º, parágrafo único, da Lei 6.938/81); IV: correta (art. 9º da Lei 6.938/81); V: correta (art. 10, caput, da Lei 6.938/81). Gabarito "C".

(Ministério Público/MS – 2011 – FADEMS) Para os fins da Lei 6.938 de 31 de agosto de 1981 – Lei da Política Nacional do Meio Ambiente é **incorreto** afirmar que:

(A) a degradação da qualidade ambiental é toda alteração adversa das características do meio ambiente;
(B) o meio ambiente é o conjunto de condições, leis, influências e interações de ordem física, química e biológica, que permite, abriga e rege a vida em todas as suas formas;
(C) a poluição é a degradação da qualidade ambiental resultante de atividades que direta ou indiretamente, por exemplo, afetem desfavoravelmente a biota.
(D) a poluição é a degradação da qualidade ambiental resultante de atividades que direta ou indiretamente, por exemplo, prejudiquem a saúde, a segurança e o bem-estar da população;
(E) o poluidor é somente a pessoa física responsável, direta ou indiretamente, por atividade causadora de degradação ambiental.

A: assertiva correta (art. 3º, II, da Lei 6.938/81); B: assertiva correta (art. 3º, I, da Lei 6.938/81); C: assertiva correta (art. 3º, III, "c", da Lei 6.938/81); D: assertiva correta (art. 3º, III, "a", da Lei 6.938/81); E: assertiva incorreta, pois a pessoa jurídica também pode ser poluidora (art. 3º, IV, da Lei 6.938/81). Gabarito "E".

(Ministério Público/PR – 2011) TENDO COMO BASE AS SEGUINTES ASSERTIVAS:

I. É competência concorrente da União, Estados e Distrito Federal legislar sobre florestas, caça, pesca, fauna, conservação da natureza, defesa do solo e dos recursos naturais, proteção do meio ambiente e controle da poluição, bem como, sobre responsabilidade por dano ao meio ambiente;
II. Para assegurar a todos o direito ao meio ambiente ecologicamente equilibrado, bem de uso comum do povo e essencial à sadia qualidade de vida, as usinas que operem com reator nuclear deverão ter sua localização definida em lei federal, sem o que não poderão ser instaladas;
III. São considerados patrimônio nacional a Floresta Amazônica brasileira, a Mata Atlântica, a Serra do Mar, o Pantanal Mato-Grossense e a Zona Costeira, os quais somente podem ser utilizados, nos termos da lei, dentro de condições que assegurem a preservação do meio ambiente, inclusive quanto ao uso dos recursos naturais. Consideram-se integrantes do Bioma Mata Atlântica as seguintes formações florestais nativas e ecossistemas associados, com as respectivas delimitações estabelecidas em mapa do Instituto Brasileiro de Geografia e Estatística - IBGE, conforme regulamento: Floresta Ombrófila Densa; Floresta Ombrófila Mista, também denominada de Mata de Araucárias; Floresta Ombrófila Aberta; Floresta Estacional Semidecidual; e Floresta Estacional Decidual, bem como os manguezais, as vegetações de restingas, campos de altitude, brejos interioranos e encraves florestais do Nordeste;
IV. Poluição, na definição legal, é a degradação da qualidade ambiental resultante de atividades que direta ou indiretamente: (i) prejudiquem a saúde, a segurança e o bem-estar da população; (ii) criem condições adversas às atividades sociais e econômicas; (iii) afetem desfavoravelmente a biota; (iv) afetem as condições estéticas ou sanitárias do meio ambiente; e (v) lancem matérias ou energia em desacordo com os padrões ambientais estabelecidos;
V. Fazem parte da estrutura do Sistema Nacional do Meio Ambiente (SISNAMA), dentre outros, o Conselho de Governo, o Conselho Nacional do Meio Ambiente (CONAMA), a Secretaria do Meio Ambiente da Presidência da República e o Instituto Brasileiro do Meio Ambiente e dos Recursos Naturais Renováveis (IBAMA).

É POSSÍVEL AFIRMAR:

(A) Todas as assertivas estão corretas;
(B) Somente as assertivas I, III e V estão corretas;
(C) Somente as assertivas I, II, IV e V estão corretas;
(D) Somente as assertivas I, IV e V estão corretas:
(E) Todas as assertivas estão incorretas.

I: correta (art. 24, VI e VIII, da CF); II: correta (art. 225, § 6º, da CF); III: correta (art. 225, § 4º, da CF, c/c art. 2º da Lei 9.605/98); IV: correta (art. 3º, III, da Lei 6.938/81); V: correta (art. 6º da Lei 6.938/81). Gabarito "A".

(Ministério Público/SE – 2010 – CESPE) A PNMA foi estabelecida em 1981 mediante a edição da Lei n.º 6.938/1981, que criou o SISNAMA. O objetivo dessa lei é o estabelecimento de padrões que tornem possível o desenvolvimento sustentável, por meio de mecanismos e instrumentos para maior proteção do ambiente. A respeito desse assunto e considerando o disposto na lei, assinale a opção correta.

(A) O SISNAMA congrega os órgãos e as instituições ambientais da União, dos estados e dos municípios; o DF não compõe esse sistema.
(B) Poluição e poluidor são conceitos doutrinários não definidos na lei da PNMA.
(C) É objetivo da PNMA a compatibilização do desenvolvimento econômico-social com a preservação da qualidade do meio ambiente e do equilíbrio ecológico.
(D) O SISNAMA possui dois órgãos superiores e cinco órgãos locais.
(E) Órgãos municipais estão impedidos de elaborar normas ambientais.

A: incorreta (art. 6º, caput, da Lei 6.938/81); B: incorreta (art. 3º, III e IV, da Lei 6.938/81); C: correta (art. 4º, I, da Lei 6.938/81); D: incorreta, pois há um órgão superior (Conselho de Governo – art. 6º, I, da Lei 6.938/81) e diversos órgãos locais (art. 6º, VI, da Lei 6.938/81), já que estes são os órgãos ou entidades dos municípios, responsáveis pela proteção do meio ambiente; E: incorreta, pois os Municípios, observadas as normas e os padrões federais e estaduais, também poderão elaborar normas ambientais (art. 6º, § 2º, da Lei 6.938/81). Gabarito "C".

12. DIREITO AMBIENTAL

(Procurador do Município/Teresina-PI – 2010 – FCC) A Política Nacional do Meio Ambiente (PNMA), estabelecida pela Lei Federal no 6.938/81, NÃO

(A) adota instrumentos econômicos, como a concessão florestal, a servidão ambiental, o seguro ambiental, entre outros.
(B) tem por objetivo geral a preservação, melhoria e recuperação da qualidade ambiental propícia à vida, visando assegurar, no País, condições ao desenvolvimento socioeconômico, aos interesses da segurança nacional e à proteção da dignidade da vida humana.
(C) define que poluidor é a pessoa física ou jurídica, de direito público ou privado, apenas diretamente responsável por atividade causadora de degradação ambiental.
(D) define poluição como a degradação da qualidade ambiental resultante de atividades que, direta ou indiretamente, prejudiquem a saúde, a segurança e o bem-estar da população; criem condições adversas às atividades sociais e econômicas; afetem desfavoravelmente a biota; afetem as condições estéticas ou sanitárias do meio ambiente; lancem matérias ou energia em desacordo com os padrões ambientais estabelecidos.
(E) adota instrumentos de comando e controle como, por exemplo, a avaliação de impacto ambiental, o zoneamento e o licenciamento.

A: adota (art. 9º, XIII, da Lei 6.938/81); B: tem (art. 2º, caput, da Lei 6.938/81); C: não define, devendo ser assinalada; também é poluição a atividade que, INDIRETAMENTE, causa degradação ambiental (art. 3º, III, da Lei 6.938/81) D: define (art. 3º, III, da Lei 6.938/81); E: adota (art. 9º, II, III e IV, da Lei 6.938/81). Gabarito "C".

(Defensoria/PI – 2009 – CESPE) Acerca da PNMA, assinale a opção correta.

(A) O órgão superior do SISNAM é o Ministério do Meio Ambiente.
(B) O cadastro técnico federal de atividades e instrumentos de defesambiental é considerado instrumento da PNMA.
(C) O proprietário de imóvel rural pode instituir servidão ambiental, inclusive nas áreas de preservação permanente e de reserva legal, desde que com a anuência do órgão ambiental competente.
(D) O órgão consultivo e deliberativo do SISNAM é o Conselho de Governo.
(E) A servidão ambiental prescinde de averbação no registro de imóveis competente.

A: incorreta, pois o órgão superior do SISNAMA é o Conselho de Governo (art. 6º, I, da Lei 6.938/81); B: correta (art. 9º, VIII, da Lei 6.938/81); C: incorreta (art. 9º-A, § 1º, da Lei 6.938/81); D: incorreta, pois o órgão consultivo e deliberativo do SISNAMA é o CONAMA (art. 6º, II, da Lei 6.938/81); E: incorreta (art. 9º-A, § 3º, da Lei 6.938/81). Gabarito "B".

(Magistratura Federal-5ª Região – 2011) Considerando o conceito e a natureza econômica do direito ambiental e da PNMA, assinale a opção correta.

(A) As diretrizes da PNMA, dispostas na Lei n.º 6.938/1981, orientam a ação do governo federal no que se refere à qualidade ambiental e à manutenção do equilíbrio ecológico, cabendo aos estados, ao DF e aos municípios, no exercício de sua autonomia político-legislativa, estabelecer livremente as normas e os planos ambientais por meio de leis próprias.
(B) Ao conceber o meio ambiente como o conjunto de condições, leis, influências e interações de ordem física, química e biológica que permite, abriga e rege a vida humana, o direito ambiental ostenta índole antropocêntrica, considerando o ser humano o seu único destinatário.
(C) O direito ambiental é dotado de instrumentos que o capacitam a atuar na ordem econômica, e, nesse sentido, a PNMA visa, entre outros objetivos, assegurar adequado padrão de desenvolvimento socioeconômico ao país.
(D) Ainda que a CF não considere expressamente a defesa do meio ambiente como princípio que rege a atividade econômica, a livre iniciativa somente pode ser praticada observadas as regras constitucionais que tratam do tema.
(E) A CF estabelece regras mediante as quais a função social da propriedade urbana submete-se à necessidade de preservação ambiental, contudo, com relação à propriedade rural, o texto constitucional nada diz a esse respeito, embora disponha sobre a obrigatoriedade de existirem normas infraconstitucionais que estipulem critérios sobre o tema.

A: incorreta, pois há uma distribuição constitucional de competências legislativas em matéria ambiental, cabendo à União às normas gerais em matéria ambiental; B: incorreta, pois essa visão foi superada; hoje a visão é holística, levando em consideração o homem, mas também o meio ambiente, como algo que tem valor intrínseco também; C: correta (art. 2º, caput, da Lei 6.938/81); D: incorreta, pois a CF reconhece sim a defesa do meio ambiente como princípio que rege a atividade econômica (art. 170, VI, da CF); E: incorreta, pois a CF trata inclusive da desapropriação-sanção para reforma agrária (art. 184 da CF). Gabarito "C".

(Magistratura Federal/5ª Região – 2009 – CESPE) Acerca do SISNAMA e da lei que dispõe sobre a Política Nacional do Meio Ambiente (PNMA) — Lei n.º 6.938/1981 —, assinale a opção correta.

(A) O SISNAMA constitui-se de órgãos e entidades da União, dos estados, do DF e dos municípios, bem como de fundações instituídas pelo poder público, responsáveis pela proteção e melhoria da qualidade ambiental.
(B) A lei que dispõe sobre a PNMA prevê a instituição de uma taxa de controle e fiscalização ambiental, a ser cobrada pelos diversos órgãos estaduais e municipais de meio ambiente, cujo fato gerador é o exercício regular do poder de polícia para controle e fiscalização das atividades potencialmente poluidoras e utilizadoras de recursos naturais.
(C) Cada estado da Federação deve instituir e manter, sob sua administração, um cadastro técnico de atividades potencialmente poluidoras ou utilizadoras de recursos ambientais, para registro obrigatório de pessoas físicas ou jurídicas que se dediquem a atividades potencialmente poluidoras e(ou) à extração, produção, transporte e comercialização de produtos potencialmente perigosos ao meio ambiente.
(D) Integram o plenário do CONAMA, na qualidade de conselheiros permanentes, um representante do MP Federal e três representantes dos MPs estaduais, indicados pelo procurador-geral da República.
(E) Cabe ao IBAMA, como órgão central do SISNAMA, prover os serviços de apoio técnico e administrativo do CONAMA.

A: correta (art. 6º, caput, da Lei 6.938/81); B: incorreta, pois essa taxa é cobrada pelo IBAMA, autarquia federal (art. 17-B da Lei 6.938/81); C: incorreta, pois esse cadastro é federal, e é administrado pelo IBAMA (art. 17 da Lei 6.938/81); D: incorreta, pois tais órgãos integram o plenário do CONAMA como conselheiros convidados, sem direito ao voto (art. 5º, § 1º, do Decreto 99.274/90); E: incorreta, pois o IBAMA é órgão executor do SISNAMA (art. 6º, IV, da Lei 6.938/81); o órgão central do SISNAMA é a Secretaria do Meio Ambiente da Presidência da República (art. 6º, III, da Lei 6.938/81). Gabarito "A".

(CESPE – 2008) Quanto à constituição e ao funcionamento do Conselho Nacional do Meio Ambiente (CONAMA), julgue os itens que se seguem.

I. A participação dos membros do CONAMA é considerada serviço de natureza relevante e não será remunerada, cabendo às instituições representadas o custeio das despesas de deslocamento e estadia.
II. O CONAMA é composto pelo plenário, pelas câmaras técnicas e pelos diretórios regionais de políticas socioambientais.
III. Nesse Conselho, é obrigatória a presença de um representante de sociedade civil legalmente constituída, de cada uma das regiões geográficas do país, cuja atuação esteja diretamente ligada à preservação da qualidade ambiental e cadastrada no Cadastro Internacional das Organizações Não-Governamentais Ambientalistas.

Assinale a opção correta.

(A) Apenas o item I está certo.
(B) Apenas o item II está certo.
(C) Apenas o item III está certo.
(D) Todos os itens estão certos.

I: art. 6º, § 4º, do Decreto 99.274/90; II: art. 4º do Decreto 99.274/90; III: art. 5º, VIII, do Decreto 99.274/90. Gabarito "A".

7. INSTRUMENTOS DA POLÍTICA NACIONAL DO MEIO AMBIENTE

7.1. LICENCIAMENTO AMBIENTAL E EIA/RIMA

Para resolver as questões sobre Licenciamento Ambiental e EIA/RIMA, segue um resumo da matéria:

O **licenciamento ambiental** pode ser **conceituado** como *o procedimento administrativo destinado a licenciar atividades ou empreendimentos utilizadores de recursos ambientais, efetiva ou potencialmente poluidores ou capazes, sob qualquer forma, de causar degradação ambiental* (art. 2º, I, da Lei Complementar 140/11). Assim, toda vez que uma determinada atividade puder causar degradação ambiental, além das licenças administrativas pertinentes, o responsável pela atividade deve buscar a necessária licença ambiental também.

A **regulamentação** do licenciamento ambiental compete ao CONAMA, que expede normas e critérios para o licenciamento. A Resolução nº 237 do órgão traz as normas gerais de licenciamento ambiental. Há também sobre o tema o Decreto 99.274/90. Há, também, agora, a Lei Complementar 140/11, que trata da cooperação dos entes políticos para o exercício da competência comum em matéria ambiental, e consagrou a maior parte das disposições da Resolução CONAMA 237, colocando pá de cal sobre qualquer dúvida que existisse sobre a competência do Município para o exercício do licenciamento ambiental em casos de impacto ambiental local.

Já a **competência** para executar o licenciamento ambiental é assim dividida:
a) **impacto nacional e regional:** é do IBAMA, com a colaboração de Estados e Municípios. O IBAMA poderá delegar sua competência aos Estados, se o dano for regional, por convênio ou lei. Assim, a competência para o licenciamento ambiental de uma obra do porte da transposição do Rio São Francisco é do IBAMA.
b) **impacto em dois ou mais municípios (impacto microrregional):** é dos estados-membros. Por exemplo, uma estrada que liga 6 municípios de um mesmo estado-membro.
c) **impacto local:** é do Município. Por exemplo, o licenciamento para a construção de um prédio de apartamentos. A Lei Complementar 140/11, em seu art. 9º, XIV, estabelece que o Município promoverá o licenciamento ambiental das atividades ou empreendimentos localizados em suas unidades de conservação e também das demais atividades e empreendimentos que causem ou possam causar impacto ambiental local, conforme tipologia definida pelos respectivos Conselhos Estaduais do Meio Ambiente, considerados os critérios de porte, potencial poluidor e natureza da atividade. A Resolução n. 237 permite que, por convênio ou lei, os Municípios recebam delegação dos estados para determinados licenciamentos, desde que tenha estrutura para tanto.

Há três **espécies** de licenciamento ambiental (art. 19, Decreto 99.274/90):
a) **Licença Prévia (LP):** *é o ato que aprova a localização, a concepção do empreendimento e estabelece os requisitos básicos a serem atendidos nas próximas fases*; trata-se de licença ligada à fase preliminar de planejamento da atividade, já que traça diretrizes relacionadas à localização e instalação do empreendimento. Por exemplo, em se tratando do projeto de construir um empreendimento imobiliário na beira de uma praia, esta licença disporá se é possível o empreendimento no local e, em sendo, quais os limites e quais as medidas que deverão ser tomadas, como construção de estradas, instalação de tratamento de esgoto próprio etc. Essa licença tem validade de até 5 anos.

b) **Licença de Instalação (LI):** é o *ato que autoriza a implantação do empreendimento, de acordo com o projeto executivo aprovado*. Depende da demonstração de possibilidade de efetivação do empreendimento, analisando o projeto executivo e eventual estudo de impacto ambiental. Essa licença autoriza as intervenções no local. Permite que as obras se desenvolvam. Sua validade é de até 6 anos.

c) **Licença de Operação (LO):** *é o ato que autoriza o início da atividade e o funcionamento de seus equipamentos de controle de poluição, nos termos das licenças anteriores*. Aqui, o empreendimento já está pronto e pode funcionar. A licença de operação só é concedida se for constado o respeito às licenças anteriores, bem como se não houver perigo de dano ambiental, independentemente das licenças anteriores. Sua validade é de 4 a 10 anos.

É importante ressaltar que a **licença ambiental**, diferentemente da licença administrativa (por ex., licença para construir uma casa), apesar de normalmente envolver competência vinculada, tem prazo de validade definida e não gera direito adquirido para seu beneficiário. Assim, de tempos em tempos, a licença ambiental deve ser renovada. Além disso, mesmo que o empreendedor tenha cumprido os requisitos da licença, caso, ainda assim, tenha sido causado dano ao meio ambiente, a existência de licença em seu favor não o exime de reparar o dano e de tomar as medidas adequadas à recuperação do meio ambiente.

O **licenciamento ambiental**, como se viu, é obrigatório para todas as atividades que utilizam recursos ambientais, em que há possibilidade de se causar dano ao meio ambiente. Em processos de licenciamento ambiental é comum se proceder a Avaliações de Impacto Ambiental (AIA). Há, contudo, atividades que, potencialmente, podem causar danos *significativos* ao meio ambiente, ocasião em que, além do licenciamento, deve-se proceder a uma AIA mais rigorosa e detalhada, denominada Estudo de Impacto Ambiental (EIA), que será consubstanciado no Relatório de Impacto Ambiental (RIMA).

O **EIA** pode ser **conceituado** como *o estudo prévio das prováveis consequências ambientais de obra ou atividade, que deve ser exigido pelo Poder Público, quando estas forem potencialmente causadoras de <u>significativa</u> degradação do meio ambiente* (art. 225, § 1º, IV, CF).

Destina-se a averiguar as alterações nas propriedades do local e de que forma tais alterações podem afetar as pessoas e o meio ambiente, o que permitirá ter uma ideia acerca da viabilidade da obra ou atividade que se deseja realizar.

O Decreto 99.274/90 conferiu ao CONAMA atribuição para traçar as regras de tal estudo. A Resolução 1/86, desse órgão, traça tais diretrizes, estabelecendo, por exemplo, um rol exemplificativo de atividades que devem passar por um EIA, apontando-se, dentre outras, a implantação de estradas com duas ou mais faixas de rolamento, de ferrovias, de portos, de aterros sanitários, de usina de geração de eletricidade, de distritos industriais etc.

O EIA trará conclusões quanto à fauna, à flora, às comunidades locais, dentre outros aspectos, devendo ser realizado por equipe multidisciplinar, que, ao final, deverá redigir um relatório de impacto ambiental (RIMA), o qual trará os levantamentos e conclusões feitos, devendo o órgão público licenciador receber o relatório para análise das condições do empreendimento.

O empreendedor é quem **escolhe** os componentes da equipe e é quem **arca** com os custos respectivos. Os profissionais que farão o trabalho terão todo interesse em agir com correção, pois fazem seus relatórios sob as penas da lei. Como regra, o estudo de impacto ambiental e seu relatório são **públicos**, podendo o interessado solicitar sigilo industrial, fundamentando o pedido.

O EIA normalmente é exigido **antes** da licença prévia, mas é cabível sua exigência mesmo para empreendimentos já licenciados.

(Magistratura/AC – 2008 – CESPE) No tocante a aspectos do estudo de impacto ambiental (EIA) e do direito administrativo ambiental, assinale a opção incorreta.

(A) Na hipótese de atividade potencialmente causadora de significativa deterioração do meio ambiente, a administração pode dispensar a realização do EIA, desde que o empreendedor se comprometa expressamente a reparar os danos ambientais que porventura venha a causar.
(B) A elaboração prévia de EIA constitui ônus do empreendedor, cabendo a este todos os custos referentes à contratação de equipe técnica especializada, cujos integrantes podem ser responsabilizados civil e penalmente pela veracidade das informações ali contidas.
(C) Caso seja constatado iminente dano ambiental decorrente da atividade licenciada, a licença ambiental expedida poderá ser suspensa ou cancelada pela administração, e seu detentor não poderá reivindicar direito adquirido.
(D) Havendo solicitação de uma entidade civil ou do Ministério Público, o órgão ambiental promoverá a realização de audiência pública para análise do EIA e seu respectivo relatório, mas suas conclusões quanto à viabilidade ou não do empreendimento não vincularão a administração, servindo apenas de parâmetro para a aprovação ou não do projeto.

A: incorreta (art. 225, § 1°, IV, da CF); B: correta (art. 8° da Resolução CONAMA 01/86); C: correta, vez que prevalece a supremacia do interesse público sobre o interesse privado; vide também o art. 10 da Resolução CONAMA 237/97; D: correta (art. 11, § 2°, da Resolução CONAMA 01/86). Gabarito "A".

(Magistratura/PA – 2009 – FGV) No que se refere a Licenciamento Ambiental, assinale a alternativa correta.

(A) O licenciamento do órgão ambiental estadual estará vinculado aos estudos técnicos procedidos pelos órgãos ambientais dos municípios, uma vez que lhe compete o licenciamento ambiental dos empreendimentos e atividades cujos impactos ambientais diretos ultrapassem os limites territoriais de um ou mais Municípios.
(B) Os municípios, para exercerem suas competências licenciatórias, deverão ter implementados os Conselhos de Meio Ambiente, com caráter deliberativo e participação social e, ainda, possuir em seus quadros ou a sua disposição, profissionais legalmente habilitados.
(C) As atividades utilizadoras de recursos ambientais, consideradas efetiva e potencialmente poluidoras dependerão de prévio licenciamento do Instituto Brasileiro do Meio Ambiente e Recursos Naturais Renováveis – IBAMA, e de órgão estadual competente, em caráter supletivo, sem prejuízo de outras licenças exigíveis.
(D) A legislação ambiental estadual e municipal pode prever prazos de vigência das licenças diferentes dos estabelecidos pelas diretrizes federais básicas, constantes na Resolução do CONAMA n.º 237/97, se as peculiaridades regionais e locais assim exigirem.
(E) O Poder Público expedirá a chamada Licença Prévia para autorizar a instalação de empreendimento ou atividade, de acordo com as especificações constantes dos planos, programas e projetos aprovados, incluindo as medidas de controle ambiental.

A: incorreta, pois o parágrafo único do art. 5° da Resolução do CONAMA nº 237/97 estabelece que o estado irá "considerar" o exame técnico feito pelos Municípios, o que é bem diferente de ficar "vinculado" a tais estudos; B: correta, pois somente Municípios que tiverem Conselho do Meio Ambiente, com caráter deliberativo e participação social, além de profissionais legalmente habilitados, podem realizar licenciamentos ambientais (art. 20 da Resolução do CONAMA nº 237/97); C: incorreta, pois tais atividades dependem sim de licenciamento ambiental, mas tal licenciamento não compete somente ao IBAMA, havendo uma divisão de competências de acordo com o impacto da atividade; se o impacto for **nacional e regional, a competência** é do IBAMA, com a colaboração de Estados e Municípios; se o impacto for **em dois ou mais municípios (impacto microrregional), a competência** é dos estados-membros; e se o impacto for **local, a competência** é do Município (arts. 4° a 6° da Resolução do CONAMA nº 237/97); D: incorreta, pois o art. 18 da Resolução CONAMA nº 237/97 traz limites à fixação de prazos no âmbito local; E: incorreta, pois a definição dada na afirmativa é de *licença de instalação* (art. 8°, II, da Resolução do CONAMA nº 237/97), e não de *licença prévia*. Gabarito "B".

(MAGISTRATURA/PB – 2011 – CESPE) Acerca do EIA, assinale a opção correta.

(A) O empreendedor e os profissionais que subscrevam os estudos necessários ao processo de licenciamento ambiental serão responsáveis pelas informações apresentadas, sujeitando-se às sanções administrativas, civis e penais em caso de estudos que apresentem dados falsos ou incorretos.
(B) Ao determinar a execução do EIA, o órgão estadual competente ou o IBAMA deverão obrigatoriamente convocar, de ofício, audiência pública para informação sobre o projeto e seus impactos ambientais.
(C) O EIA deve ser realizado por equipe multidisciplinar habilitada e não dependente direta ou indiretamente do proponente do projeto, a qual assumirá a responsabilidade técnica pelos resultados apresentados.
(D) Como parte integrante do EIA, o RIMA deve ser amplamente divulgado e colocado à disposição da população, vedada qualquer imposição de sigilo ao documento.
(E) Os municípios não têm competência para exigir o EIA, que está na esfera de atribuição do órgão ambiental federal e dos estaduais.

A: correta (art. 11, p. ún., da Resolução CONAMA nº 237/97); B: incorreta, pois a audiência pública será determinada pelo órgão responsável, SEMPRE QUE JULGAR NECESSÁRIO (art. 11, § 2°, da Resolução CONAMA nº 01/86); C: incorreta, pois art. 7° da Resolução CONAMA nº 01/86 foi revogado pela Resolução CONAMA nº 237/97, que trata do assunto em seu art. 11; D: incorreta, pois cabe, excepcionalmente, o sigilo (art. 11 da Resolução CONAMA nº 01/86); E: incorreta, pois o município terá essa competência quando for responsável pelo respectivo licenciamento ambiental; o Município tem competência para o licenciamento ambiental quando se estiver diante de impacto ambiental local, e desde que tenha Conselho Municipal do Meio Ambiente e estrutura para fazer licenciamentos (Lei Complementar 140/11). Gabarito "A".

(Magistratura/PE – 2011 – FCC) Os municípios brasileiros, face ao ordenamento constitucional e legal, no que se refere ao licenciamento ambiental,

(A) podem emitir licença ambiental exclusivamente nos casos que envolvam o patrimônio histórico local.
(B) podem emitir licença ambiental, desde que o empreendimento seja de interesse apenas local e não afete o meio ambiente em nível regional ou nacional.
(C) não podem emitir licença ambiental em hipótese nenhuma.
(D) não podem emitir licença ambiental em hipótese nenhuma exceto se receberem, para tanto, delegação expressa do IBAMA.
(E) podem emitir licença ambiental, desde que o empreendimento se situe e abranja área de região metropolitana reconhecida por lei.

Art. 9°, XIV, da Lei Complementar nº 140/11. Vale ressaltar que compete ao respectivo Conselho Estadual do Meio Ambiente definir o que é e o que não é impacto ambiental local, para fins de verificação da competência do município. Ademais, somente os municípios que tiverem ESTRUTURA e CONSELHO MUNICIPAL DO MEIO AMBIENTE poderão promover licenciamento ambiental. Gabarito "B".

(Magistratura/PI – 2008 – CESPE) Além dos trabalhos de campo, das análises de laboratório e do uso da literatura científica e legal pertinente, o estudo de impacto ambiental inclui a

(A) modelagem e simulação de danos e a redação do memorial que antecede a elaboração do relatório de impacto ambiental (RIMA).
(B) modelação ambiental e a redação do laudo pericial que torna possível a elaboração do RIMA.
(C) simulação de riscos e danos, e a elaboração de tutorial socioambiental.
(D) redação do RIMA.
(E) pesquisa qualitativa, o levantamento estatístico das atividades antrópicas e a redação do memorial de impacto socioambiental.

Arts. 6° e 9° da Resolução CONAMA 01/86. Gabarito "D".

(Magistratura/PR – 2010 – PUC/PR) O processo de Licenciamento Ambiental de uma pequena fábrica é iniciado junto ao Órgão Ambiental Estadual. Questionamentos quanto ao Licenciamento são levantados. Após analisar quais das assertivas a seguir são verdadeiras e quais são falsas, de acordo com as regras inerentes aos instrumentos de Licenciamento Ambiental e EIA/RIMA, marque a alternativa CORRETA:

I. A primeira Licença a ser requerida é a de Instalação.
II. Para o Licenciamento Ambiental, será exigido Estudo Prévio de Impacto Ambiental e respectivo Relatório de Impacto ao Meio Ambiente – EIA/RIMA-, caso o empreendimento se enquadre nas hipóteses assim previstas em Resoluções CONAMA ou ainda caso o empreendimento possa apresentar significativo impacto ambiental.
III. O EIA/RIMA é exigido pelo Órgão Ambiental competente para o licenciamento somente após o deferimento da Licença de Instalação.
IV. Informações falsas ou enganosas incluídas pela equipe multidisciplinar no EIA/RIMA caracterizam crime previsto expressamente na Lei 9.605/98.

(A) V, F, F, V
(B) F, V, V, F
(C) V, V, V, F
(D) F, V, F, V

I: falsa, pois a primeira licença é a prévia (art. 8º, I, da Resolução CONAMA 237/97); II: verdadeira (art. 225, § 1º, IV, da CF e Resolução CONAMA 237/97); III: falsa, pois o EIA/RIMA deve ser prévio às licenças prévia, de instalação e operação; vale lembrar que o próprio nome do estudo (estudo prévio de impacto ambiental) deixa claro a necessidade de que este se dê antes do licenciamento; IV: verdadeira (art. 66 da Lei 9.605/98). Gabarito "D".

(Magistratura/SP – 2011 – VUNESP) Em casos de licenciamento ambiental de empreendimentos de significativo impacto ambiental, o empreendedor será obrigado a apoiar a implantação e manutenção de unidade de conservação do Grupo de Proteção Integral. Essa obrigação decorre do trato constitucional ao meio ambiente – art. 225 da CF/88 – e permite que se afirme:

I. estabeleceu-se uma forma de compartilhamento das despesas com as medidas oficiais de específica prevenção em face de empreendimentos de significativo impacto ambiental;
II. há ofensa ao princípio da separação dos Poderes, por configurar delegação do Poder Legislativo para o Executivo impor deveres aos administrados;
III. inexiste vulneração ao postulado da razoabilidade, pois a compensação ambiental constitui instrumento adequado à defesa e preservação do meio ambiente e não existe outro meio eficaz de se atingir a finalidade da tutela ecológica prevista na Constituição da República;
IV. não é incompatível com a Constituição a fixação do valor mínimo da compensação, fixado em percentual do custo total para a implantação do empreendimento;
V. a normativa densifica o princípio usuário-pagador, mecanismo de assunção partilhada da responsabilidade social pelos custos ambientais derivados da atividade econômica.

Está correto apenas o contido em

(A) I, II e IV.
(B) I, III e IV.
(C) II, III e IV.
(D) I, III e V.
(E) III, IV e V.

O STF entendeu constitucional a regra de compensação ambiental que determina apoio financeiro a unidades de conservação de proteção integral em caso de atividades sujeitas a EIA (ADI 3.378), de modo que não há ofensa à separação dos poderes, nem ao princípio da razoabilidade. Gabarito "D".

(Ministério Público/MG – 2010.2) Em relação à ordem jurídica de proteção do meio ambiente, avalie as seguintes assertivas.

I. Nem toda atividade econômica capaz de interferir no meio ambiente sujeita-se ao licenciamento ambiental.
II. A avaliação de impacto ambiental nem sempre é realizada por meio de Estudo de Impacto Ambiental (EIA).
III. Os Municípios são competentes para exigir a realização de Estudo de Impacto Ambiental (EIA), mas não podem aprová-lo.
IV. O Ministério Público tem atribuição para expedir recomendação à Administração Pública para que ela elabore Estudo de Impacto Ambiental (EIA), podendo fundamentar-se em juízos de legalidade, de conveniência e oportunidade.

Pode-se concluir que estão CORRETAS

(A) apenas as assertivas I e II.
(B) apenas as assertivas I, II e III.
(C) apenas as assertivas III e IV.
(D) todas as assertivas.

I: correta, pois somente as atividades econômicas potencialmente poluidoras ou capazes de causar degradação ambiental devem se sujeitar ao licenciamento ambiental (art. 2º da Resolução CONAMA 237/97); assim, a instalação de um escritório de advocacia não reclama licenciamento ambiental, mas a instalação de uma indústria reclama; II: correta, pois o EIA, que é uma avaliação ambiental mais complexa, somente é necessário quando a atividade puder causar *significativo* impacto ambiental (art. 225, § 1º, IV, da CF); III: correta, pois o art. 2º da Resolução CONAMA 01/86 dispõe que o EIA/RIMA será submetido à aprovação do órgão estadual competente e do IBAMA, em caráter supletivo, e não pelos Municípios; IV: correta, pois as leis orgânicas do ministério público regulamentam o instituto da recomendação. Gabarito "D".

(Ministério Público/SP – 2011) A respeito do licenciamento ambiental, examine as seguintes afirmações:

I. compete ao CONAMA estabelecer normas e critérios para o licenciamento de atividades efetiva ou potencialmente poluidoras, bem como a distribuição da competência entre os entes federados para o exercício da atividade licenciadora;
II. o licenciamento ambiental caracteriza-se como um procedimento administrativo composto por etapas determinadas e obrigatórias, entre as quais a realização do Estudo de Impacto Ambiental (EIA/RIMA);
III. a realização de audiências públicas no procedimento do licenciamento pode ser determinada pelo órgão licenciador sempre que entender necessário, ou quando for solicitada por entidade civil, pelo Ministério Público, por cinquenta ou mais cidadãos;
IV. as licenças ambientais dividem-se em três modalidades, correspondentes às etapas do procedimento de licenciamento, quais sejam a licença prévia, a licença de instalação e a licença de operação, mas há procedimentos especiais de licenciamento nos quais há outras modalidades de licença.

Está correto apenas o contido em

(A) I e II.
(B) I e III.
(C) II e III.
(C) II e IV.
(E) III e IV.

I: incorreta; o MP costuma ter tese no sentido de que o CONAMA não tem competência para distribuir competências para os entes federados; porém, a CF, em seu art. 23, atribui competência administrativa ambiental a todos os entes políticos, o que impôs que o CONAMA, por meio da Resolução CONAMA nº 237/97, expedisse esta ato com o objetivo de evidenciar a competência de cada ente político para o licenciamento ambiental; hoje, a questão está superada, pois a Lei Complementar 140/11 acabou por regulamentar essa distribuição de competência para o licenciamento entre os entes políticos, fazendo-o com mais detalhe do que o fez a resolução do CONAMA, mas acolhendo as linhas gerais do que já estava previsto na Resolução CONAMA nº 237/97; II: incorreta, pois o EIA é um estudo eventual para um licenciamento ambiental; o EIA só será necessário nos casos em que a atividade puder causar SIGNIFICATIVO impacto ambiental (art. 225, § 1º, IV, da CF); III: correta (art. 11, § 2º, da Resolução CONAMA 01/86); IV: correta (art. 8º da Resolução CONAMA nº 237/97). Gabarito "E".

(Procurador do Estado/PE – CESPE – 2009) O licenciamento ambiental, instrumento da Política Nacional do Meio Ambiente, é procedimento administrativo pelo qual o órgão ambiental competente licencia a localização, instalação, ampliação e operação de empreendimentos e atividades utilizadoras de recursos ambientais. Acerca da configuração jurídica do licenciamento nos termos da Resolução n.º 237/1997 do CONAMA, é correto afirmar que

(A) o licenciamento é obrigatório somente para as atividades arroladas no anexo da Resolução n.º 237/1997.
(B) o licenciamento não consubstancia o exercício do poder de polícia.
(C) o licenciamento pode ser realizado por meio de uma única licença que agregue a concepção, instalação e operação do empreendimento.
(D) os prazos máximos de vigência para as licenças prévia, de instalação e de operação são distintos.
(E) o órgão ambiental não pode, por decisão motivada, modificar licenças já concedidas.

A: incorreta, pois o anexo traz rol exemplificativo dos casos em que a licenciamento ambiental deve ser realizado (art. 2º, § 2º, da Resolução CONAMA 237/97), valendo salientar que qualquer atividade que possa causar dano ambiental deve ser objeto do procedimento; B: incorreta, pois o licenciamento é, sim, expressão do poder de polícia, pois visa condicionar as atividades privadas ao interesse público; C: incorreta, pois três licenças são necessárias, quais sejam, a prévia, a de instalação e a de operação (art. 8º da Resolução CONAMA 237/97); D: correta, pois o prazo máximo da licença prévia é de 5 anos, o prazo máximo da licença de instalação é de 6 anos e o prazo máximo da licença de operação é de 10 anos (art. 18,da Resolução CONAMA 237/97); E: incorreta, pois o art. 19 da Resolução CONAMA 237/97 admite a modificação da licença expedida (além da suspensão e do cancelamento dela) quando houver violação da lei, omissão ou falsidade nas informações dadas para a concessão da licença e superveniência de graves riscos ambientais e de saúde. Gabarito "D".

(Procurador do Estado/PE – CESPE – 2009) O EIA e o seu respectivo RIMA são uma radiografia do empreendimento que está em vias de ser submetido ao processo de licenciamento. O EIA/RIMA é feito antes da concessão da licença prévia, a partir de um termo de referência fornecido pelo órgão ambiental. Não é diretriz mínima do termo de referência consoante o disposto na Resolução n.º 1/1986 do CONAMA

(A) contemplar todas as alternativas tecnológicas e de localização do projeto.
(B) identificar e avaliar sistematicamente os impactos ambientais gerados nas fases de concepção e implantação da atividade.
(C) definir os limites da área geográfica a ser direta ou indiretamente afetada pelos impactos.
(D) considerar os planos e programas governamentais propostos e em implantação na área de influência do projeto.
(E) considerar a bacia hidrográfica na qual se localiza a área de influência do projeto.

Art. 5º da Resolução CONAMA 01/86. A alternativa "b" está incorreta, pois a identificação e a avaliação sistemática dos impactos ambientais deve recair nas fases de implantação e de *operação* da atividade (art. 5º, II). Gabarito "B".

(Procurador do Estado/SP – FCC – 2009) O Governo Federal pretende inverter o curso do Rio São Francisco e para tanto precisa obter o licenciamento ambiental da obra. Nos termos da Resolução CONAMA no 237/1997, o licenciamento será de competência

(A) federal, tendo em vista a extensão geográfica e o grau do impacto ambiental do empreendimento.
(B) dos Estados e dos Municípios por onde o Rio passa, tendo em vista que a União não pode fazer o licenciamento de obra em que ela seja o próprio empreendedor.
(C) federal, tendo em vista que o grau do impacto ambiental do empreendimento exige o licenciamento por meio de EIA/RIMA.
(D) dos Estados, com oitiva dos Municípios por onde o Rio passa, tendo em vista que a União não pode fazer o licenciamento de obra em que ela seja o próprio empreendedor.
(E) federal uma vez que o Rio São Francisco constitui bem da União.

Tendo em vista que o Rio São Francisco passa por mais de dois Estados do País, a competência é federal (art. 4º, II, da Resolução CONAMA 237/97). Gabarito "A".

(Procurador do Estado/SP – FCC – 2009) Com o julgamento da ADI 3.378-6 DF, ajuizada pela Confederação Nacional da Indústria, pelo Supremo Tribunal Federal, a compensação ambiental de que trata o artigo 36 da Lei Federal nº 9.985/2000

(A) é exigida nos processos de licenciamento ambiental de empreendimentos causadores de potencial impacto significativo, não podendo o seu valor corresponder a um percentual inferior a 0,5% do custo estimado para a sua implantação.
(B) foi considerada inconstitucional, não mais podendo ser exigida pelo órgão ambiental competente nos processos de licenciamento ambiental.
(C) é exigida nos processos de licenciamento, independentemente do grau de impacto ambiental, sendo seu valor limitado a 0,5% do custo estimado para a implantação do empreendimento.
(D) é aplicável quando for constatada a ocorrência de dano ambiental, independentemente do grau de impacto decorrente da implantação do empreendimento, apurando-se o seu valor a partir do dano ambiental efetivamente ocorrido.
(E) é exigida nos processos de licenciamento ambiental de empreendimentos causadores de potencial impacto significativo, apurando-se o seu valor de acordo com o grau de impacto causado.

Vide o art. 36 da Lei 9.985/00 e a ementa do acórdão mencionado, cujo teor é o seguinte: "EMENTA: AÇÃO DIRETA DE INCONSTITUCIONALIDADE. ART. 36 E SEUS §§ 1º, 2º E 3º DA LEI Nº 9.985, DE 18 DE JULHO DE 2000. CONSTITUCIONALIDADE DA COMPENSAÇÃO DEVIDA PELA IMPLANTAÇÃO DE EMPREENDIMENTOS DE SIGNIFICATIVO IMPACTO AMBIENTAL. INCONSTITUCIONALIDADE PARCIAL DO § 1º DO ART. 36. 1. O compartilhamento-compensação ambiental de que trata o art. 36 da Lei nº 9.985/00 não ofende o princípio da legalidade, dado haver sido a própria lei que previu o modo de financiamento dos gastos com as unidades de conservação da natureza. De igual forma, não há violação ao princípio da separação dos Poderes, por não se tratar de delegação do Poder Legislativo para o Executivo impor deveres aos administrados. 2. Compete ao órgão licenciador fixar o *quantum* da compensação, de acordo com a compostura do impacto ambiental a ser dimensionado no relatório - EIA/RIMA. 3. O art. 36 da Lei nº 9.985/00 densifica o princípio usuário-pagador, este a significar um mecanismo de assunção partilhada da responsabilidade social pelos custos ambientais derivados da atividade econômica. 4. Inexistente desrespeito ao postulado da razoabilidade. Compensação ambiental que se revela como instrumento adequado à defesa e preservação do meio ambiente para as presentes e futuras gerações, não havendo outro meio eficaz para atingir essa finalidade constitucional. Medida amplamente compensada pelos benefícios que sempre resultam de um meio ambiente ecologicamente garantido em sua higidez. 5. Inconstitucionalidade da expressão "não pode ser inferior a meio por cento dos custos totais previstos para a implantação do empreendimento", no § 1º do art. 36 da Lei nº 9.985/00. O valor da compensação-compartilhamento é de ser fixado proporcionalmente ao impacto ambiental, após estudo em que se assegurem o contraditório e a ampla defesa. Prescindibilidade da fixação de percentual sobre os custos do empreendimento. 6. Ação parcialmente procedente." (DJ 20/06/08). Gabarito "E".

(Procurador do Estado/SP – FCC – 2009) Com base na Resolução CONAMA no 237/1997, e na Lei Estadual no 9.509/97, que instituiu o SEAQUA – Sistema Estadual de Administração da Qualidade Ambiental, Proteção, Controle e Desenvolvimento do Meio Ambiente e Uso Adequado dos Recursos Naturais, o Poder Público, no exercício de sua competência de licenciamento, expedirá

(A) Licença Preliminar (LP), na fase inicial do empreendimento, contendo requisitos básicos a serem atendidos na fase de localização, instalação e operação, para fins de autorizar o início de obras que não acarretem desmatamento ou poluição.
(B) Licença de Operação (LO), que autoriza o início da implantação do empreendimento, em se tratando de empreendimento licenciado por meio de Estudo Prévio de Impacto Ambiental, desde que atendidos os requisitos exigidos nas licenças anteriores.
(C) Licença de Ocupação (LO), que autoriza a ocupação da área, na fase de instalação da atividade, quando se tratar de empreendimento de utilidade pública, desde que atendidos os requisitos exigidos na LP.
(D) Licença Prévia (LP), que atesta a viabilidade ambiental do empreendimento e apresenta as condicionantes para as próximas fases de sua implantação.
(E) Licença de Instalação (LI) que autoriza o início dos estudos relativos à localização do empreendimento, de acordo com as especificações constantes do Projeto Executivo aprovado.

A: incorreta, pois o nome correto é licença prévia, e esta não autoriza o início das obras (art. 8º, I, da Resolução CONAMA 237/97); B: incorreta, pois a licença que autoriza o início da implantação é a licença de instalação, e não a de operação; esta autoriza o início da atividade ou empreendimento (art. 8º, II e III, da Resolução CONAMA 237/97); C: incorreta, pois a licença que vem depois da licença prévia é a licença de instalação; D: correta (art. 8º, I, da Resolução 237/97); E: incorreta, pois a licença de instalação autoriza a instalação do empreendimento, de modo que é concedida em momento posterior ao narrado na alternativa. Gabarito "D".

(Defensor Público/BA – 2006) O licenciamento ambiental compreende

(A) o procedimento administrativo pelo qual o órgão ambiental competente licencia a localização, instalação, ampliação e a operação de empreendimentos e atividades utilizadoras de recursos ambientais consideradas efetiva e potencialmente poluidoras ou daquelas que, sob qualquer forma, possam causar degradação ambiental, consideradas efetiva ou potencialmente poluidoras ou aquelas que, sob qualquer foram, possam causar degradação ambiental.

(B) a definição de setores ou zonas em uma unidade de conservação com objetivos de manejo e normas específicas, com propósito de proporcionar os meios e condições para que todos os objetivos da unidade possam ser alcançados de forma harmônica e eficaz.

(C) o procedimento formal e material de elaboração do relatório de alteração de propriedades físicas, químicas e biológicas do meio ambiente que afetam a saúde, segurança e bem-estar das populações, atividades econômicas, biota, condições estéticas e sanitárias do meio ambiente e qualidade dos recursos ambientais.

(D) duas etapas, separadas e sucessivas, nos termos do cronograma do empreendimento, sendo a primeira etapa a licença prévia e a última a licença de instalação, com a qual finaliza-se o procedimento administrativo.

(E) o procedimento formal e material de elaboração do relatório de alteração de propriedades ambientais, com propósito de proporcionar os meios e condições para que todos os objetivos da unidade possam ser alcançados de forma harmônica e eficaz.

A: correta, pois está de acordo com a definição dada na Resolução CONAMA nº 237/97; porém, é bom ressaltar que, posteriormente à elaboração da presente questão, foi editada a Lei Complementar nº 140/11, que trouxe nova definição de licenciamento ambiental, qual seja: "o procedimento administrativo destinado a licenciar atividades ou empreendimentos utilizadores de recursos ambientais, efetiva ou potencialmente poluidores ou capazes, sob qualquer forma, de causar degradação ambiental" (art. 2º, I); em essência, os dois conceitos são iguais, o que muda é que o conceito da Resolução detalha mais os tipos e as fases do licenciamento; B: incorreta, pois essa é a definição de "zoneamento" prevista na Lei de Unidades de Conservação (art. 2º, XVI, da Lei 9.985/00); C: incorreta, pois essa é a definição do EIA/RIMA, prevista na Resolução CONAMA nº 1/86; D: incorreta, pois são três etapas, que culminam, respectiva e sucessivamente, nas licenças prévias, de instalação e de operação (art. 8º da Resolução CONAMA nº 237/97); E: incorreta, pois tal definição diz respeito ao zoneamento e ao plano de manejo, e não ao licenciamento ambiental (art. 2º, XVI e XVII, da Lei 9.985/00). Gabarito "A".

(Defensor Público/BA – 2006) O estudo prévio de impacto ambiental

(A) encontra amparo na legislação infraconstitucional, mas não foi expresso na Magna Carta.

(B) não precisa ser realizado antes da instalação de obra ou atividade potencialmente causadora de significativa degradação ambiental, uma vez que o Poder Público pode exigi-lo ou não, fundado em seu poder discricionário.

(C) é obrigatório inclusive para atividades potencialmente causadoras de ínfima ou mínima degradação ambiental.

(D) está previsto no texto da Constituição Federal e significa o estudo que precede a execução de qualquer projeto, público ou privado, que possa implicar significativa degradação ao ambiente.

(E) apresenta-se como sendo o procedimento formal e material de elaboração do relatório de alteração de propriedades ambientais impactantes do ecossistema e que afetam diretamente o princípio do poluidor-pagador.

A: incorreta, pois está expresso no art. 225, § 1º, IV, da CF; B: incorreta, pois, em caso de *significativo* impacto ambiental, o EIA/RIMA é obrigatório, por imperativo constitucional (art. 225, § 1º, IV, da CF); ademais, o próprio texto constitucional é claro ao dispor que esse estudo é "prévio", ou seja, deve ser realizado antes da instalação da obra; C: incorreta, pois só é obrigatório para atividades potencialmente causadoras de *significativo* impacto ambiental (art. 225, § 1º, IV, da CF); D: correta (art. 225, § 1º, IV, da CF); E: incorreta, pois a expressão "poluidor-pagador" está totalmente deslocada no conceito de relatório de impacto ambiental, decorrente do disposto na Resolução CONAMA nº 1/86 (vide art. 1º). Gabarito "D".

(Defensoria/PA – 2009 – FCC) No curso do procedimento de licenciamento ambiental, pode o órgão ambiental licenciador determinar, como condição para a outorga da licença, que o empreendedor apoie a implantação e manutenção de unidade de conservação do grupo de proteção integral. Esta faculdade

(A) depende de requerimento do empreendedor neste sentido e o montante de recursos a ser destinado a esta finalidade será fixado de comum acordo com o órgão ambiental, para minimizar os custos correspondentes.

(B) pode ser exercida pelo órgão ambiental sempre que o empreendimento for de significativo impacto ambiental, com fundamento no EIA/RIMA, e o montante de recursos a ser destinado a esta finalidade deve ser proporcional ao impacto ambiental.

(C) pode ser exercida pelo órgão ambiental em qualquer hipótese de licenciamento e o montante de recursos a ser destinado a esta finalidade deve ser proporcional ao impacto ambiental.

(D) pode ser exercida pelo órgão ambiental sempre que o empreendimento for de significativo impacto ambiental, com fundamento no EIA/RIMA, e o montante de recursos a ser destinado a esta finalidade é livremente arbitrado pelo órgão ambiental.

(E) pode ser exercida pelo órgão ambiental em qualquer hipótese de licenciamento e o montante de recursos a ser destinado a esta finalidade é livremente arbitrado pelo órgão ambiental.

Art. 36 da Lei 9.985/00. Gabarito "B".

(Defensor Público/PA – 2006 – UNAMA) Considere as seguintes afirmações sobre Licenciamento Ambiental:

I. Trata-se de ato administrativo pelo qual o órgão ambiental competente estabelece as condições, restrições e medidas de controle ambiental, que deverão ser obedecidas pelo empreendedor, pessoa física ou jurídica, para localizar, instalar, ampliar e operar empreendimentos ou atividades utilizadoras dos recursos ambientais consideradas efetiva ou potencialmente poluidoras, ou aquelas que, sob qualquer forma, possam causar degradação ambiental.

II. Dependem de licenciamento a construção, instalação, ampliação e funcionamento de estabelecimentos e atividades utilizadoras de recursos ambientais, consideradas efetiva ou potencialmente poluidoras, bem como os capazes, sob qualquer forma, de causar degradação ambiental.

III. O EIA/RIMA é indispensável para o licenciamento ambiental.

IV. A audiência pública é parte obrigatória do licenciamento ambiental.

Somente é correto o que se afirma em:

(A) II.
(B) III.
(C) I, II e III.
(D) II e IV.

I: incorreta, pois o licenciamento ambiental não é um *ato* administrativo, mas um *procedimento* administrativo (art. 2º, I, da Lei Complementar 140/11 e art. 1º, I, da Resolução CONAMA nº 237/97); II: correta (art. 1º, I, da Resolução CONAMA nº 237/97); III: incorreta, pois o EIA/RIMA somente se faz necessário quando se estiver diante de licenciamento ambiental de atividade que possa causar *significativo* impacto ambiental; IV: incorreta, pois a audiência pública só é feita quando couber (art. 10, V, da Resolução CONAMA nº 237/97). Gabarito "A".

(Defensoria Pública/SP – 2010 – FCC) Das atividades econômicas abaixo, NÃO está sujeito a prévio Estudo de Impacto Ambiental (EIA/RIMA) o projeto de

(A) exploração econômica de madeira em área acima de 100 hectares.
(B) barragem hidrelétrica com potencial de 9mW.
(C) estradas de rodagem com duas faixas de rolamento.
(D) portos e terminais de minério, petróleo e produtos químicos.
(E) ferrovias.

Vide o art. 2º da Resolução CONAMA 01/86. No caso de barragem hidrelétrica, somente as com potencial acima de 10mW é que dependem de EIA/RIMA (art. 2º, VII). Gabarito "B".

(Defensoria/SP – 2006 – FCC) O licenciamento ambiental é feito em três etapas distintas, conforme a outorga das seguintes licenças: a prévia, a de instalação e a de operação. A licença de instalação NÃO poderá ultrapassar

(A) 10 anos.
(B) 6 anos.
(C) 5 anos.
(D) 3 anos.
(E) 2 anos.

Arts. 8º e 18, II, da Resolução CONAMA 237/97. Gabarito "B".

(Magistratura Federal/1ª Região – 2009 – CESPE) Quanto à licença e ao licenciamento ambiental, assinale a opção correta.

(A) O licenciamento ambiental é espécie de ato administrativo unilateral e vinculado, pelo qual a administração faculta àquele que preenche os requisitos legais o exercício de determinada atividade.
(B) Por ser ato vinculado suis generis, a licença ambiental não poderá ser concedida quando o estudo prévio de impacto ambiental for desfavorável ao empreendimento.
(C) Por se tratar de ato administrativo por meio do qual o órgão ambiental competente estabelece as condições, restrições e medidas de controle ambiental que deverão ser observadas pelo empreendedor, o licenciamento ambiental aplica-se a todas as atividades utilizadoras de recursos ambientais.
(D) Em razão de sua discricionariedade, a licença ambiental não pode ser concedida sem que sejam supridas todas as condicionantes que limitem as atividades consideradas efetiva ou potencialmente degradadoras, previamente relacionadas na planilha de comando e controle do memorial descritivo que compõe o relatório de impacto ambiental.
(E) O licenciamento ambiental é o conjunto de etapas constituintes do procedimento administrativo que objetiva a concessão da licença ambiental, sendo esta, portanto, uma das etapas do licenciamento.

A: incorreta, pois o licenciamento ambiental não é um ato administrativo, mas um procedimento administrativo (art. 1º, I, da Resolução CONAMA 237/97); B: incorreta, pois o EIA/RIMA traz recomendações e sugestões quanto às alternativas mais favoráveis (art. 9º, VIII, da Resolução CONAMA 01/86), havendo discricionariedade da autoridade licenciante para tomar as medidas mais adequadas à proteção do meio ambiente; C: incorreta, pois o licenciamento ambiental não é um ato administrativo, mas um procedimento administrativo (art. 1º, I, da Resolução CONAMA 237/97); D: incorreta, pois, conforme já escrito, o EIA/RIMA traz recomendações, e não determinações; E: correta, pois o licenciamento ambiental não é um só ato administrativo, mas um procedimento administrativo, ou seja, um conjunto de atos com vistas à concessão da licença ambiental (art. 1º, I, da Resolução CONAMA 237/97). Gabarito "E".

(Magistratura Federal-5ª Região – 2011) A respeito do EIA, assinale a opção correta.

(A) Nos casos de licenciamento ambiental de empreendimentos de significativo impacto ambiental, assim considerado pelo órgão ambiental competente, com fundamento em EIA e respectivo relatório (EIA/RIMA), o empreendedor é obrigado a apoiar a implantação e a manutenção de unidade de conservação de proteção integral.
(B) A construção, a instalação, a ampliação e o funcionamento de estabelecimentos e atividades considerados efetiva e potencialmente poluidores, bem como os capazes, sob qualquer forma, de causar degradação ambiental, dependem de prévio licenciamento, cuja concessão cabe privativamente ao órgão estadual competente.
(C) O EIA deve ser realizado por equipe multidisciplinar habilitada, que, não vinculada direta ou indiretamente ao proponente do projeto, será a responsável técnica pelos resultados apresentados.
(D) Compete ao IBAMA determinar, quando julgar necessário, a realização de estudos das alternativas e das possíveis consequências ambientais de projetos públicos ou privados, requisitando aos órgãos federais, estaduais e municipais e às entidades privadas as informações indispensáveis para apreciação dos EIAs, e respectivos relatórios, no caso de obras ou atividades de significativa degradação ambiental.
(E) Um dos requisitos técnicos do EIA é a descrição da área de influência do projeto após a realização da obra. Embora não seja necessário caracterizar a situação da área antes da implantação do projeto, a legislação exige que se descreva, no EIA, de forma prospectiva, o modo como o meio físico, o meio biológico e os ecossistemas naturais regem à obra ou ao empreendimento.

A: correta (art. 36 da Lei 9.985/00); B: incorreta, pois o licenciamento é feito por municípios, estados, DF e União, de acordo com a distribuição de competência prevista na Lei Complementar 140/11; C: incorreta, pois a norma que tinha essa redação (art. 7º da Resolução CONAMA nº 01/86) foi revogada pela Resolução CONAMA 237/97 (art. 11); D: incorreta, pois o EIA também é da competência de Estados, DF e Municípios, caso estes sejam competentes para o respectivo licenciamento; E: incorreta, pois essa descrição deve ser feita antes da implantação do projeto (art. 6º, I, da Resolução CONAMA nº 01/86). Gabarito "A".

(Procurador Federal – 2010 – CESPE) A respeito dos estudos de impacto ambiental, julgue os itens que se seguem.

(1) Os estudos de impacto ambiental são exigidos, na forma da lei, nos casos de significativa degradação ambiental.

1: Art. 225, § 1º, IV, da CF. Gabarito 1C.

(CESPE – 2008) Quanto ao licenciamento ambiental, assinale a opção correta.

(A) Uma das modalidades de licença ambiental é a licença de operação, que é concedida após a apresentação dos documentos referentes a determinado empreendimento e de seu projeto de implementação e antes da licença de instalação.
(B) O órgão licenciador tem sempre sua decisão vinculada aos resultados do estudo de impacto ambiental e ao seu respectivo relatório de impacto ambiental, sendo expressamente vedada a autorização de empreendimentos desaconselhados por este.
(C) A licença ambiental não pode ser concedida a empreendimentos que não sejam cadastrados no Cadastro Técnico Federal de Empreendimentos Sustentáveis.
(D) O CONAMA definiu, em uma de suas resoluções, estudos ambientais como sendo todos e quaisquer estudos relativos aos aspectos ambientais relacionados à localização, instalação, operação e ampliação de uma atividade ou empreendimento, que sejam apresentados como subsídios para a análise de razões para a concessão da licença.

A: pela ordem, primeiro vem a licença prévia, depois a de instalação e, por último, a de operação; B: o órgão licenciador é quem deve dar a palavra final C: art. 1º, II, da resolução 237/97. D: art. 1º, III, da resolução 237/97. Gabarito "D".

(CESPE – 2008) Assinale a opção correta de acordo com a legislação de direito ambiental.

(A) O licenciamento ambiental é o procedimento administrativo pelo qual o órgão ambiental competente licencia a localização, instalação, ampliação e operação de atividades e empreendimentos potencialmente poluidores ou de atividades que, sob qualquer forma, possam causar degradação ambiental.
(B) Cabe ao órgão ambiental local definir os critérios de exigibilidade, o detalhamento e os riscos de atividade potencialmente poluidora ou degradadora, de acordo com os critérios estabelecidos pelo Conselho de Governo.
(C) As atividades potencialmente poluidoras só podem receber a licença de operação após audiência pública realizada no Conselho Nacional de Meio Ambiente, sendo necessária a participação de dois terços dos conselheiros.
(D) A licença de instalação só pode ser concedida a empreendimentos e atividades potencialmente poluidores após se verificar o efetivo cumprimento das medidas de controle ambiental propostas na licença de operação.

A: art. 10, caput, da Lei 6.938/81; B: art. 17, § 1º, do Decreto 99.274/90; C: a Resolução 237/97 do CONAMA (art. 10, V) admite a realização de audiência pública no licenciamento ambiental; no entanto, não há obrigação de sua realização em todos os licenciamentos, nem determinação para que o CONAMA a realize, ficando a sua realização, quando for o caso, a cargo do órgão licenciador (p. ex: o IBAMA); D: a licença de instalação é dada antes da licença de operação (art. 19 do Decreto 99.274/90). Gabarito "A".

(CESPE – 2007) Quanto ao Estudo de Impacto Ambiental (EIA) e sua relação com o Relatório de Impacto Ambiental (RIMA), assinale a opção correta.

(A) O EIA deve ser elaborado posteriormente à autorização da obra ou atividade potencialmente poluidora, desde que o licenciamento prévio tenha sido autorizado pelo órgão ambiental competente.
(B) Em respeito ao segredo industrial e comercial, a Constituição Federal de 1988 (CF) estabeleceu como uma das características centrais do EIA o sigilo, sendo, portanto, vedada a sua publicidade.
(C) O EIA e o RIMA apresentam algumas diferenças: o primeiro compreende o levantamento da literatura científica e legal pertinente, trabalhos de campo, análises de laboratório e a própria redação do relatório. É, portanto, mais abrangente que o segundo e o engloba em si mesmo.
(D) O EIA divide-se em três etapas bem distintas: a análise da dinâmica dos sistemas socio-ambientais, a diagnose das interferências ecossistêmicas e a avaliação progressiva das ações antrópicas, sendo estes os elementos que darão suporte à redação do RIMA.

A: segundo a doutrina e a jurisprudência o EIA deve ser realizado antes do licenciamento ambiental propriamente dito, ou seja, antes da concessão de licença prévia; B: art. 225, § 1º, IV, da CF; C e D: Resolução 01/86 do CONAMA. Gabarito "C".

(CESPE – 2007) Considerando aspectos relativos à proteção administrativa do meio ambiente, assinale a opção correta.

(A) A legislação brasileira estabelece, em enumeração taxativa, todos os casos em que a administração pública deve exigir do empreendedor a elaboração de estudo prévio de impacto ambiental, o qual nunca poderá ser dispensado pelo órgão ambiental.
(B) O EIA/RIMA é uma das fases do procedimento de licenciamento ambiental, devendo ser elaborado por equipe técnica multidisciplinar indicada pelo órgão ambiental competente, cabendo ao empreendedor recolher à administração pública o valor correspondente aos seus custos.
(C) São instrumentos da Política Nacional do Meio Ambiente, entre outros, o zoneamento ambiental, a avaliação de impactos ambientais e a criação de espaços territoriais especialmente protegidos, em áreas públicas ou particulares.
(D) A legislação brasileira estabelece, em rol exemplificativo, os casos em que a administração pública deve solicitar ao empreendedor estudo de impacto ambiental (EIA). A exigência, ou não, do EIA está vinculada ao custo final do empreendimento proposto, de acordo com tabela fixada pela administração pública.

A: é exemplificativo o rol previsto na Resolução 01/86 do CONAMA, em face do fato do EIA ser um instituto de natureza constitucional (art. 225, § 1º, IV, da CF); B: art. 8º do Resolução 01/86 do CONAMA; C: art. 9º, II, III e VI, da Lei 6.938/81; D: a exigência do EIA não está ligada ao custo do empreendimento, mas à potencialidade deste causar significativo impacto ambiental. Gabarito "C".

7.2. UNIDADES DE CONSERVAÇÃO

(MAGISTRATURA/PB – 2011 – CESPE) Considerando a disciplina legal das unidades de conservação, assinale a opção correta.

(A) As unidades de conservação de proteção integral, mas não as de uso sustentável, devem dispor de plano de manejo disponível para consulta do público na sede da unidade de conservação e no centro de documentação do órgão executor.
(B) Inseridas no grupo das unidades de conservação de uso sustentável, as áreas de proteção ambiental podem ser constituídas tanto por terras públicas quanto por terras privadas.
(C) As áreas particulares incluídas nos limites de floresta nacional podem permanecer nas mãos dos seus proprietários, somente sendo necessária a desapropriação se não houver aquiescência do dono às condições propostas pelo órgão público responsável pela administração da unidade.
(D) Sendo o objetivo básico das unidades de proteção integral manter os ecossistemas livres de alterações causadas por interferência humana, não se admite o uso, mesmo indireto, dos recursos naturais nelas situados.
(E) As unidades de conservação de uso sustentável são criadas por ato do poder público, e as de proteção integral, em razão dos limites que impõem ao direito de propriedade, somente podem ser criadas por lei específica.

A: incorreta, pois esse dever existe para os dois grandes grupos de unidades de conservação (art. 16 do Decreto 4.340/02); B: correta, pois há unidades de conservação de uso sustentável constituídas por terras públicas ou privadas (ex: art. 15, § 1º, da Lei 9.985/00); C: incorreta, pois, caso seja instituída uma Floresta Nacional em terras particulares, estas devem ser desapropriadas (art. 17, § 1º, da Lei 9.985/00); D: incorreta, pois cabe algum tipo de uso nessa categoria de unidades de conservação; o que não se admite nessas unidades é o uso direto, mas, quanto ao uso indireto, este é admitido, nos limites previstos na lei (art. 2º, VI, da Lei 9.985/00); E: incorreta, pois as unidades de proteção integral também são criadas por ato do poder público (art. 22 da Lei 9.985/00). Gabarito "B".

(Magistratura/GO – 2009 – FCC) Um espaço territorial ambientalmente protegido, instituído por decreto estadual, poderá ser alterado ou suprimido por

(A) resolução do Senado Federal.
(B) lei estadual.
(C) outro decreto estadual.
(D) ato administrativo estadual.
(E) decreto federal.

As unidades de conservação podem ser criadas por mero ato do Poder Público (p. ex: Decreto), mas, para que sejam reduzidas ou suprimidas, faz-se necessário uma lei específica (art. 22, § 7º, da Lei 9.985/00), no caso, uma lei estadual, pois a unidade foi criada por um Estado. Gabarito "B".

(Magistratura/GO – 2009 – FCC) NÃO estão obrigadas a dispor de zona de amortecimento as seguintes unidades de conservação:

(A) florestas nacionais e reservas ecológicas.
(B) estações ecológicas e reservas de desenvolvimento sustentável.
(C) reservas biológicas e refúgios de vida silvestre.
(D) áreas de proteção ambiental e reservas particulares do patrimônio natural.
(E) parques nacionais e áreas de relevante interesse ecológico.

Art. 25 da Lei 9.985/00. Gabarito "D".

(Magistratura/PA – 2009 – FGV) Observadas as categorias de unidades de conservação, assinale a alternativa que indique a Unidade de Proteção Integral.

(A) Reserva biológica.
(B) Reserva extrativista.
(C) Reserva de fauna.
(D) Área de proteção ambiental.
(E) Área de interesse ecológico.

Unidades de proteção integral são *aqueles espaços territorialmente protegidos, criados por lei ou decreto, que apenas admitem o uso indireto da coisa*. Já as **unidades de uso sustentável** também são *espaços territoriais especialmente protegidos, criados por lei ou decreto, que admitem o uso direto da coisa, segundo normas mais rigorosas de proteção do meio ambiente*. A regulamentação dessas **unidades de conservação** está na lei 9.985/00. A Reserva Biológica, prevista no art. 8º, II, da Lei 9.985/00, é a única do rol previsto nas alternativas da questão, que é considerada unidade de proteção **integral**. As demais estão no grupo das unidades de **uso sustentável** (art. 14, IV, V, I, II, respectivamente, da Lei 9.985/00). Por fim, vale mencionar que, apesar de uma unidade de conservação poder ser **criada** por Ato do Poder Público (normalmente por decreto ou lei), para **reduzir** ou **desafetar** (acabar com) uma área dessas, é necessário lei específica. Gabarito "A".

(Magistratura/PA – 2009 – FGV) Nos termos da Lei n.º 9.985/2000, a unidade de conservação que compreende uma área com cobertura florestal de espécies predominantemente nativas e tem como objetivo básico o uso múltiplo sustentável dos recursos florestais e a pesquisa científica, com ênfase em métodos para exploração sustentável de florestas nativas, é denominada:

(A) Área de Proteção Ambiental.
(B) Estação Ecológica.
(C) Parque Nacional.
(D) Floresta Nacional.
(E) Monumento Natural.

Art. 17 da Lei 9.985/00. Gabarito "D".

(Magistratura/SC – 2008) Assinale, dentre as alternativas abaixo, a INCORRETA:

(A) Um dos objetivos fundamentais da educação ambiental é a garantia de democratização das informações ambientais.
(B) O direito à informação sobre questões ambientais é assegurado tanto em esfera constitucional quanto na infraconstitucional.
(C) O Sistema Nacional de Unidades de Conservação tem como objetivo favorecer condições e promover a educação e interpretação ambiental, a recreação em contato com a natureza e o turismo ecológico.
(D) O Sistema Nacional de Informações sobre o meio ambiente é instrumento da Política Nacional do Meio Ambiente.
(E) O Sistema Nacional de Unidades de Conservação exige, para a criação de suas unidades a prévia realização de estudos técnicos, mas dispensa a consulta pública.

A: art. 5º, II, da Lei 9.795/99; B: na CF, decorre do princípio da publicidade (art. 37, *caput*) e também da publicidade prevista no art. 225, § 1º, IV, da CF; no plano infraconstitucional está previsto, por exemplo, no art. 6º da Lei 11.428/06 (Lei de Proteção da Mata Atlântica); C: art. 4º, XII, da Lei 9.985/00; D: art. 9º, VII, da Lei 6.938/81; E: art. 22, § 2º, da Lei 9.985/00. Gabarito "E".

(Ministério Público/AM – 2008 – CESPE) De acordo com a Lei n.º 9.985/2000, que instituiu o Sistema Nacional de Unidades de Conservação da Natureza, o refúgio de vida silvestre

(A) é unidade de conservação de proteção integral restrita às áreas públicas.
(B) é de posse e domínio público, sendo que as áreas particulares incluídas em seus limites serão desapropriadas, de acordo com o que dispõe a lei.
(C) tem como objetivo básico a preservação de ecossistemas naturais de grande relevância ecológica e beleza cênica, possibilitando a realização de pesquisas científicas.
(D) tem como objetivo básico preservar sítios naturais raros, singulares ou de grande beleza cênica.
(E) tem como objetivo proteger ambientes naturais onde sejam asseguradas condições para a existência ou reprodução de espécies ou comunidades da flora local e da fauna residente ou migratória.

Art. 13 da Lei 9.985/00. Gabarito "E".

(Ministério Público/ES – 2010 – CESPE) O texto constitucional prevê a criação de espaços territoriais especialmente protegidos, denominados unidades de conservação (UCs), como um dos instrumentos de tutela da natureza. Acerca desse tema, assinale a opção correta.

(A) Para iniciar a exploração econômica de uma área de floresta, basta o proprietário rural averbar em cartório, na escritura pública, uma área mínima de reserva legal.
(B) A criação de uma UC não exige consulta pública, pois é competência dos órgãos executores integrantes do Sistema Nacional do Meio Ambiente em caráter exclusivo.
(C) Na demarcação de qualquer UC, deve-se considerar o estabelecimento de corredores ecológicos e zonas de amortecimento.
(D) Mosaico de UCs compreende uma justaposição ou superposição, reconhecida formalmente pelo Ministério do Meio Ambiente, de UCs de diversas categorias, seja públicas, seja privadas.
(E) Estação ecológica é uma UC de proteção integral com finalidade de preservar a biota e os demais atributos naturais, sendo vedada qualquer ingerência humana em seus limites.

A: incorreto, pois é necessário fazer licenciamento ambiental; B: incorreta, pois é necessário fazer consulta pública (art. 22, § 2º, da Lei 9.985/00) e não são somente os órgãos executores que podem criar uma unidade de conservação; C: incorreta, pois as zonas de amortecimento não são obrigatórias para todas as unidades de conservação e os corredores ecológicos somente devem ser criados quando convenientes (art. 25 da Lei 9.985/00); D: correta (art. 26 da Lei 9.985/00); E: incorreta, pois o conceito trazido é de Reserva Biológica (art. 10 da Lei 9.985/00); a Estação Ecológica tem por objetivo a preservação da natureza e a realização de pesquisas científicas, admitindo a pesquisa e a visitação para fins educacionais (art. 9 da Lei 9.985/00). Gabarito "D".

(Ministério Público/MG – 2010.2) A legislação de proteção ao meio ambiente é uma ferramenta de conhecimento e de consulta obrigatória ao membro do Ministério Público. Os conceitos mais importantes dos institutos da proteção ambiental estão previstos nas principais leis ambientais do País, cujo prévio conhecimento é necessário para a atuação diligente e profícua do Promotor de Meio Ambiente. A esse respeito, analise as seguintes afirmativas e assinale a alternativa INCORRETA.

(A) O conceito de meio ambiente foi definido pelo artigo 3º, I, da Lei n. 6.938/81 (que dispõe sobre a política nacional de meio ambiente), como sendo "[...] o conjunto de condições, leis, influências e interações de ordem física, química e biológica que permite, abriga e rege a vida em todas as suas formas".
(B) Área de Preservação Permanente é "[...] a área protegida nos termos do artigo 2º e 3º da Lei 4.771/65 (que institui o Código Florestal) coberta ou não por vegetação nativa, com a função de preservar os recursos hídricos, a paisagem, a estabilidade geológica, a biodiversidade, o fluxo gênico da fauna e flora, proteger o solo e assegurar o bem-estar das populações humanas".
(C) Nos termos do artigo 1º, § 2º, inciso III, da Lei n. 9.985/2000 (que regulamenta o artigo 225, § 1º, I, II, III e IV, da CF, institui o sistema nacional de unidades de conservação da natureza), reserva legal é "[...] a área localizada no interior de uma propriedade ou posse rural, excetuada a de preservação permanente, necessária ao uso sustentável dos recursos naturais, à conservação e reabilitação dos processos ecológicos, à conservação da biodiversidade e ao abrigo de fauna e flora nativas".
(D) O legislador define que "[...] área de proteção ambiental é uma área em geral extensa, com um certo grau de ocupação humana, adotada de atributos abióticos, bióticos, estéticos ou culturais especialmente importantes para a qualidade de vida e bem-estar das populações humanas, e tem como objetivos básicos proteger a diversidade biológica, disciplinar o processo de ocupação e assegurar a sustentabilidade dos recursos naturais, conforme artigo 15, "caput", da Lei n. 9.985/2000, que dispõe sobre o sistema nacional de unidades de conservação da natureza".

As alternativas "a", "b" e "d" estão corretas, nos termos dos dispositivos legais citados. A alternativa "c" está incorreta, pois a reserva legal não é instituto previsto na Lei 9.985/00, mas no Código Florestal. Gabarito "C".

(Procurador do Estado/CE – 2008 – CESPE) Segundo a lei, unidades de conservação ambiental são

(A) espaços territoriais e seus recursos socioambientais, incluindo-se as águas jurisdicionadas, com características naturais relevantes, legalmente instituídos pelo poder público com objetivos de conservação e com limites definidos, sob regime especial de administração, aos quais se aplicam garantias adequadas de proteção.
(B) espaços territoriais e seus recursos ambientais, incluindo-se as águas jurisdicionais, com características hidrossolúveis relevantes, legalmente outorgados pelo poder público com objetivos de preservação e com limites definidos, sob regime especial de administração, aos quais se aplicam garantias adequadas de proteção.
(C) espaços ambientais e seus recursos naturais, incluindo-se as águas jurisdicionais, com características hídricas relevantes, legalmente instituídos pelo poder público com objetivos de preservação e com limites definidos, sob regime especial de administração, aos quais se aplicam garantias adequadas de proteção.
(D) espaços territoriais e seus recursos ambientais, incluindo-se as águas jurisdicionais, com características naturais relevantes, legalmente instituídos pelo poder público com objetivos de conservação e com limites definidos, sob regime especial de gestão participativa, aos quais se aplicam garantias adequadas de proteção, acessibilidade restrita e utilização condicionada.
(E) espaços territoriais e seus recursos ambientais, incluindo-se as águas jurisdicionais, com características naturais relevantes, legalmente instituídos pelo poder público com objetivos de conservação e com limites definidos, sob regime especial de administração, aos quais se aplicam garantias adequadas de proteção.

Art. 2º, I, da Lei 9.985/00. Gabarito "E".

(Procurador do Estado/CE – 2008 – CESPE) A desafetação é o fato ou manifestação de vontade do poder público, mediante o qual o bem de domínio público é subtraído à dominialidade pública para ser incorporado ao domínio privado do Estado ou do administrado. Quanto às unidades de conservação, é correto afirmar que a desafetação

(A) ou redução de limites pode ser feita mediante lei municipal ou medida provisória.
(B) que não implique redução de limites pode ser instituída por portaria.
(C) que não implique redução de limites pode ser feita por decreto.
(D) ou redução de limites pode ser feita por decreto.
(E) ou redução dos limites de uma unidade de conservação só pode ser feita mediante lei.

Art. 22, § 7º, da Lei 9.985/00. Gabarito "E".

(Procurador do Estado/RO – 2011 – FCC) Considere as assertivas abaixo.

I. As Unidades de Conservação integrantes do Sistema Nacional de Unidades de Conservação dividem-se em três grupos: Unidades de Proteção Integral, Unidades de Uso Sustentável e Unidades de Preservação Permanente.
II. As áreas de reserva legal são consideradas áreas públicas para fins turísticos.
III. As Unidades de Conservação podem ser criadas por ato do Poder Executivo ou do Poder Legislativo.
IV. Novas categorias de Unidade de Conservação Estaduais não previstas na Lei Federal no 9.985/00, que instituiu o Sistema Nacional de Unidades de Conservação, poderão passar a fazer parte deste sistema, desde que tal seja autorizado pelo CONAMA – Conselho Nacional de Meio Ambiente.
V. Todas as Unidades de Conservação, sem exceções, devem dispor de um plano de manejo.

Com base na legislação ambiental está correto SOMENTE o que se afirma em

(A) III e V.
(B) III.
(C) III, IV e V.
(D) I, IV e V.
(E) III e IV.

I: incorreta, pois são dois grupos (unidades de proteção integral e unidades de uso sustentável), nos termos do art. 7º da Lei 9.985/00; II: incorreta, pois as áreas de reserva legal são áreas localizadas no interior de propriedade rural, necessária ao uso sustentável dos recursos naturais, à conservação e reabilitação dos processos ecológicos, à conservação da biodiversidade e ao abrigo e proteção de fauna e flora nativas (art. 1º, § 2º, III, da Lei 4.771/65); III: correta, pois são criadas por *ato do Poder Público*, podendo ser do Executivo ou do Legislativo (art. 22 da Lei 9.985/00); IV: correta (art. 6º, p. ún., da Lei 9.985/00); V: correta (art. 27, caput, da Lei 9.985/00). Gabarito "C".

(Procurador do Estado/SP – FCC – 2009) De acordo com a Lei Federal nº 9.985/2000, que institui o Sistema Nacional de Unidades de Conservação da Natureza – SNUC,

(A) as Unidades de Conservação devem dispor de um Plano de Manejo, que abrangerá a área da unidade e sua zona de amortecimento.
(B) as Áreas de Preservação Permanente são Unidades de Conservação de Proteção Integral.
(C) na criação de novas Unidades de Conservação é dispensável a consulta pública quando se tratar de Unidades de Uso Sustentável.
(D) referida norma fixa o conjunto de Unidades de Conservação de proteção integral e de uso sustentável, federais, estaduais e municipais, sendo vedada a inclusão no sistema de qualquer unidade de conservação com características diversas das referidas categorias.
(E) as Unidades de Proteção Integral não admitem qualquer tipo de uso dos seus recursos naturais.

A: correta (art. 27, *caput* e § 1º, da Lei 9.985/00); B: incorreta, pois as áreas de preservação permanente são instituídas pelo Código Florestal, e não pela Lei de Unidades de Conservação (da Lei 9.985/00); C: incorreta, pois a consulta pública é obrigatória, como regra (art. 22, § 2º, da Lei 9.985/00); D: incorreta (art. 6º, parágrafo único, da Lei 9.985/00); E: incorreta, pois se admite o uso indireto (exs.: pesquisas, visitação pública etc.), conforme o art. 7º, § 1º, da Lei 9.985/00. Gabarito "A".

(Procurador do Município/Teresina-PI – 2010 – FCC) A Assembleia Geral da Organização das Nações Unidas (ONU) declarou que 2010 é o ano da biodiversidade. O Brasil, como um dos países megabiodiversos, já possui instrumentos para a preservação e conservação, que consideram ainda sua sociodiversidade. Diante da legislação constitucional e infraconstitucional pertinente, é correto afirmar:

(A) Nas unidades da Federação, incumbe ao poder público a definição de espaços territoriais e seus componentes a serem especialmente protegidos, sendo a sua alteração e supressão permitidas através de lei ou de decreto, observando-se o paralelismo de forma em relação ao ato de sua criação, alteração e supressão.
(B) Com exceção da estação ecológica ou reserva biológica, para cuja criação não é obrigatória consulta pública, a criação de uma unidade de conservação deve ser precedida de estudos técnicos e de consulta pública que permitam identificar a localização, a dimensão e os limites mais adequados para cada unidade de conservação.
(C) As populações tradicionais são aquelas que vivem em estreita relação com o ambiente natural, dependendo de seus recursos naturais para a sua reprodução sociocultural, por meio de atividades de médio impacto ambiental.
(D) Nas unidades de conservação, de proteção integral e de uso sustentável, há a possibilidade de uso direto dos recursos naturais, ou seja, coleta e uso dos recursos naturais.
(E) A Constituição Federal de 1988 consagrou os seguintes biomas como patrimônio nacional: Floresta Amazônica, Serra do Mar, Mata Atlântica, Pantanal Matogrossense, Cerrado e Zona Costeira.

A: incorreta, pois o paralelismo das formas nem sempre é necessário; por exemplo, uma unidade de conservação criada por decreto, para ser extinta ou reduzida, depende de lei específica (art. 22, § 7º da Lei 9.985/00); B: correta (art. 22, §§ 2º e 4º, da Lei 9.985/00); C: incorreta, pois tais populações dependem dessas áreas também para a sua subsistência (art. 4º, XIII, da Lei 9.985/00); D: incorreta, pois somente nas unidades de uso sustentável cabe o uso direto dos recursos naturais; nas unidades de proteção integral só cabe o uso indireto (art. 7º, §§ 1º e 2º, da Lei 9.985/00); E: incorreta, pois o Cerrado não se encontra erigido como patrimônio nacional pelo texto constitucional (art. 225, § 4º, da CF). Gabarito "B".

(Defensor Público/BA – 2006) Assinale a alternativa cujo conceito contido no enunciado encontra correspondência adequada com sua significação normativa.

(A) As áreas representativas de ecossistemas brasileiros, destinadas à realização de pesquisas básicas e aplicadas de Ecologia, a proteção do ambiente natural e ao desenvolvimento da educação conservacionista são chamadas de "reservas extrativistas".
(B) A área natural que abriga populações tradicionais, cuja existência baseia-se em sistemas sustentáveis de exploração dos recursos naturais, desenvolvidos ao longo de gerações e adaptados às condições ecológicas locais e que desempenham um papel fundamental na proteção da natureza e na manutenção da diversidade biológica, são os "parques nacionais".
(C) São áreas de trechos contínuos do território nacional, inclusive suas águas territoriais, a serem preservados e valorizados no sentido cultural e natural, e destinados à realização de planos e projetos de desenvolvimento turístico os "jardins botânicos, hortos florestais e zoológicos".
(D) O espaço territorial e seus recursos ambientais, incluindo as águas jurisdicionais, com características naturais relevantes, legalmente instituído pelo Poder Público, com objetivos de conservação e limites definidos, sob regime especial de administração, ao qual se aplicam garantias adequadas de proteção são as chamadas "unidades de conservação".
(E) São áreas de trechos contínuos do território nacional, destinadas à realização de pesquisas básicas e aplicadas de Ecologia, com objetivos de tutela e proteção específica, sob regime especial de administração, ao qual se aplicam garantias adequadas de proteção são as chamadas "áreas especiais de proteção ambiental".

A: incorreta, pois a reserva extrativista "é uma área utilizada por populações extrativistas tradicionais, cuja subsistência baseia-se no extrativismo e, complementarmente, na agricultura de subsistência e na criação de animais de pequeno porte, e tem como objetivos básicos proteger os meios de vida e a cultura dessas populações, e assegurar o uso sustentável dos recursos naturais da unidade" (art. 18 da Lei 9.985/00); B: incorreta, pois essas áreas são chamadas de Reservas de Desenvolvimento Sustentável (art. 20 da Lei 9.985/00); C: incorreta, pois a Lei 9.985/00 não prevê unidade de conservação com esses três nomes; D: correta (art. 2º, I, da Lei 9.985/00); E: incorreta, pois não existe na Lei 9.985/00 espécie de unidade de conversação com essa nomenclatura (arts. 8º e 14). Gabarito "D".

(Defensoria Pública/SP – 2010 – FCC) Das categorias de unidades de conservação abaixo, NÃO se caracteriza como Unidade de Proteção Integral:

(A) Área de Proteção Ambiental (APA).
(B) Estação Ecológica.
(C) Reserva Biológica.
(D) Parque Nacional.
(E) Refúgio da Vida Silvestre.

As unidades de proteção integral estão mencionadas no art. 8º da Lei 9.985/00, que não inclui a área de proteção ambiental (APA), que é uma unidade de uso sustentável (art. 14, I, da Lei 9.985/00). Gabarito "A".

(Defensoria/SP – 2006 – FCC) O Sistema Nacional de Unidades de Conservação da Natureza estabelece dois grupos de unidades de conservação, as de Proteção Integral e as de Uso Sustentável. São Unidades de Proteção Integral:

(A) Refúgio da Vida Silvestre, Área de Proteção Ambiental, Reserva Extrativista, Reserva Biológica e Estação Ecológica.
(B) Estação Ecológica, Área de Proteção Ambiental, Floresta Nacional, Refúgio da Vida Silvestre e Reserva Extrativista.
(C) Reserva Biológica, Parque Nacional, Reserva da Fauna, Floresta Nacional e Reserva Extrativista.
(D) Área de Proteção Ambiental, Floresta Nacional, Reserva Extrativista, Monumento Natural e Refúgio da Vida Silvestre.
(E) Estação Ecológica, Reserva Biológica, Parque Nacional, Monumento Natural e Refúgio da Vida Silvestre.

Art. 8º da Lei 9.985/00. Gabarito "E".

(Magistratura Federal/1ª Região – 2009 – CESPE) O SNUC é constituído pelo conjunto das unidades de conservação federais, estaduais e municipais. Os objetivos do SNUC incluem

(A) a promoção da utilização comercial da biodiversidade no processo de desenvolvimento econômico do país.
(B) a promoção do desenvolvimento sustentável a partir dos recursos naturais, bem como a proteção de paisagens naturais e pouco alteradas, de notável beleza cênica.
(C) a contribuição para manter a diversidade biológica e dos recursos genéticos no território nacional e nas águas jurisdicionais, além da replicação das espécies ameaçadas de extinção por meio do processo de clonagem.
(D) o estímulo à substituição dos insumos naturais pelos equivalentes sintéticos na produção dos fármacos industriais, bem como a regulação do uso e da ocupação do solo nas estações ecológicas.
(E) o estímulo à utilização progressiva do bioma do cerrado na manutenção do equilíbrio ecológico da região central do país, além da proteção e recuperação dos recursos edáficos utilizados na produção de biocombustíveis.

Art. 4º, IV e VI, da Lei 9.985/00. Gabarito "B".

(Magistratura Federal/1ª Região – 2009 – CESPE) Conforme o SNUC, área de relevante interesse ecológico é aquela

(A) que tem como objetivo básico a conservação dos recursos hídricos de grande relevância ecológica e beleza cênica, de forma a possibilitar a realização de atividades de lazer em contato com a natureza.
(B) que objetiva proteger a reprodução dos pequenos répteis nas áreas alagadas, assegurando condições para a existência ou reprodução de insetos que esses répteis utilizam para a alimentação dos filhotes.
(C) que corresponde à zona de amortecimento das florestas de preservação permanente.
(D) onde é proibida a ocupação humana, já que essa área, em geral extensa, possui atributos faunísticos de rara beleza, especialmente importantes para a qualidade de vida e para o bem-estar das espécies migratórias; e seu objetivo básico é proteger a postura dos ovos das aves de arribação.
(E) onde há pouca ou nenhuma ocupação humana, que possui características naturais extraordinárias ou que abriga exemplares raros da biota regional, e cujos objetivos são manter os ecossistemas naturais de importância regional ou local e regular o uso admissível dessas áreas, de modo a compatibilizá-lo com os objetivos de conservação da natureza.

Art. 16 da Lei 9.985/00. Gabarito "E".

(Magistratura Federal-4ª Região – 2010) Dadas as assertivas abaixo, assinale a alternativa correta. Podem ser constituídas de terras particulares:

I. Área de proteção ambiental.
II. Refúgio de vida silvestre.
III. Reserva biológica.
IV. Área de relevante interesse ecológico.
V. Reserva extrativista.

(A) Estão corretas apenas as assertivas I e V.
(B) Estão corretas apenas as assertivas II e IV.
(C) Estão corretas apenas as assertivas I, II e IV.
(D) Estão corretas apenas as assertivas II, III e V.
(E) Nenhuma assertiva está correta.

I: correta (art. 15, § 1º, da Lei 9.985/00); II: correta (art. 13, § 1º, da Lei 9.985/00); III: incorreta (art. 10, § 1º, da Lei 9.985/00); IV: correta (art. 16, § 1º, da Lei 9.985/00); V: incorreta (art. 18, § 1º, da Lei 9.985/00). Gabarito "C".

(Magistratura Federal-4ª Região – 2010) Dadas as assertivas abaixo, assinale a alternativa correta.

I. A Lei 9.985/2000 instituiu o Sistema Nacional de Unidades de Conservação da Natureza – SNUC. As unidades integrantes do Sistema dividem-se em dois grupos, com características específicas, sendo que um deles é o grupo das unidades de Proteção Integral e o outro é o grupo das Unidades de Uso Sustentável.
II. O Grupo das Unidades de Uso Sustentável tem como objetivo básico preservar a natureza, sendo admitido apenas o uso indireto dos seus recursos naturais, com exceção dos casos previstos na Lei 9.985/2000.
III. O Grupo das Unidades de Uso Sustentável, referido na Lei 9.985/2000, é constituído das Áreas de Proteção Ambiental, Áreas de Relevante Interesse Ecológico, Florestas Nacionais, Reservas Extrativistas, Reservas de Fauna, Reservas de Desenvolvimento Sustentável e Reservas Particulares do Patrimônio Natural.
IV. Segundo a Lei 9.985/2000, Parque Nacional é a unidade de conservação da natureza que tem como objetivo básico a preservação de ecossistemas naturais de grande relevância ecológica e beleza cênica, possibilitando a realização de pesquisas científicas e o desenvolvimento de atividade de educação e interpretação ambiental, de recreação em contato com a natureza e de turismo ecológico.
V. Conforme a Lei 9.985/2000, as unidades de conservação, inclusive as Áreas de Proteção Ambiental e as Reservas Particulares do Patrimônio Natural, devem possuir uma zona de amortecimento e, quando convenientes, corredores ecológicos.

(A) Está correta apenas a assertiva V.
(B) Estão corretas apenas as assertivas I e V.
(C) Estão corretas apenas as assertivas I, II e V.
(D) Estão corretas apenas as assertivas I, III e IV.
(E) Estão corretas apenas as assertivas II, III e IV.

I: correta (art. 7º da Lei 9.985/00); II: incorreta, pois o objetivo dessas unidades de conservação é compatibilizar a conservação da natureza com o uso sustentável de parcela dos seus recursos naturais (art. 7º, § 2º, da Lei 9.985/00); III: correta (art. 14 da Lei 9.985/00); IV: correta (art. 11 da Lei 9.985/00); V: incorreta, pois as áreas de proteção ambiental e as reservas particulares do patrimônio cultural não precisam possuir zona de amortecimento (art. 25 da Lei 9.985/00). Gabarito "D".

(Magistratura Federal-4ª Região – 2010) Assinale a alternativa correta.

A unidade de conservação, de posse e de domínio público federal, que tem como objetivo a preservação integral da biota e dos demais atributos naturais existentes em seus limites, sem interferência humana direta ou modificações ambientais, excetuando-se as medidas de recuperação de seus ecossistemas alterados e as ações de manejo necessárias para recuperar e preservar o equilíbrio natural, a diversidade biológica e os processos ecológicos naturais, é denominada, pela Lei 9.985/2000, de:

(A) Estação Ecológica.
(B) Parque Nacional.
(C) Floresta Nacional.
(D) Reserva de Desenvolvimento Sustentável.
(E) Reserva Biológica.

Art. 10 da Lei 9.985/00. Gabarito "E".

(Procurador Federal – 2010 – CESPE) Julgue os itens a seguir, no que se refere ao meio ambiente.

(1) A pesquisa científica a ser desenvolvida nas reservas biológicas não depende de autorização administrativa do órgão responsável pela unidade, mas apenas da observância das condições estabelecidas em regulamento.
(2) As áreas de relevante interesse ecológico podem ser constituídas por terras públicas e particulares, em uma área em geral de pequena extensão, com pouca ou nenhuma ocupação humana, com características naturais extraordinárias ou que abrigue exemplares raros da biota regional, e têm como objetivo manter os ecossistemas naturais de importância regional ou local, regulando o uso admissível dessas áreas, de modo a compatibilizá-lo com os objetivos de conservação da natureza.

1: incorreta (art. 10, § 3º, da Lei 9.985/00); 2: correta (art. 16 da Lei 9.985/00) Gabarito 1E, 2C

(CESPE – 2008) De acordo com a lei que institui o Sistema Nacional de Unidades de Conservação, assinale a opção correta.

(A) Na denominada zona de amortecimento, localizada no interior de uma unidade de conservação, as atividades humanas estão sujeitas a normas e restrições específicas, como forma de minimizar os impactos negativos sobre a unidade.
(B) Plano de manejo é o documento técnico mediante o qual se estabelecem, de acordo com os objetivos gerais de uma unidade de conservação, o seu zoneamento e as normas que devem presidir o uso da área e o manejo dos recursos naturais, inclusive a implantação das estruturas físicas necessárias à gestão da unidade.
(C) É permitida a ocupação social de uma estação ecológica, na qual é possível o funcionamento de atividades econômicas, o que não pode ocorrer em uma reserva de desenvolvimento sustentável, uma vez que esta é de posse e domínio públicos.
(D) A reserva extrativista é uma unidade de proteção integral utilizada por populações extrativistas tradicionais, cuja existência baseia-se no extrativismo e, complementarmente, na agricultura de subsistência.

A: art. 2º, XVIII, da Lei 9.985/00; B: art. 2º, XVII, da Lei 9.985/00; C: art. 9º da Lei 9.985/99; D: trata-se de unidade de uso sustentável (art. 14, IV, da Lei 9.985/00). Gabarito "B".

(CESPE – 2007) Acerca do Sistema Nacional de Unidades de Conservação, assinale a opção correta.

(A) As UCs podem ser criadas por decreto do Poder Executivo, mas somente a lei em sentido formal pode autorizar a desafetação ou a redução de seus limites.
(B) A reserva particular do patrimônio natural é uma UC que visa à conservação da diversidade biológica, cuja criação depende tão-somente da manifestação de vontade do proprietário perante o órgão ambiental e da subseqüente declaração de interesse social para fins de desapropriação da área.
(C) Nas unidades de conservação (UCs) de proteção integral, a visitação pública é absolutamente proibida; entretanto a administração pública pode autorizar a realização de pesquisa científica em tais unidades.
(D) A reserva extrativista é uma espécie de UC de uso sustentável de domínio coletivo privado, cuja titularidade cabe a populações extrativistas tradicionais, assim reconhecidas pelo poder público.

A: De fato, nos termos do art. 22 da Lei 9.985/00, para criar uma unidade de conservação basta um ato do Poder Público (decreto, lei etc.); já para reduzir ou desafetar a unidade, apenas mediante lei específica (art. 22, § 7º); B: a criação da unidade deve obedecer ao art. 22 referido acima; C: a visitação pública é permitida, atendidos certos requisitos (arts. 8º a 13 da Lei 9.985/00); D: art. 18 da Lei 9.985/00. Gabarito "A".

7.3. ZONEAMENTO AMBIENTAL

(Magistratura Federal/1ª Região – 2009 – CESPE) O zoneamento ambiental

(A) é instrumento de gestão do qual dispõem o governo, o setor produtivo e a sociedade, cujo fim específico é delimitar geograficamente áreas territoriais com o objetivo de estabelecer regimes especiais de uso, gozo e fruição da propriedade, em nível regional, estadual ou municipal.
(B) é uma divisão analítica e disciplinadora da legislação ambiental do uso, gozo e fruição do solo, planejado com o objetivo de compartimentar a gestão dos recursos ambientais.
(C) é espécie de controle estatal capaz de ordenar o funcionamento dos ecossistemas e a evolução das mudanças climáticas, de forma a compatibilizar as determinantes sistêmicas com os interesses e direitos ambientais e sociais e tornar possível o crescimento sustentável.
(D) é instrumento de organização do território a ser obrigatoriamente seguido na implantação de planos, obras e atividades públicas e privadas, estabelecendo medidas e padrões de proteção ambiental destinados a assegurar a qualidade ambiental dos recursos hídricos e do solo e a conservação da biodiversidade, com objetivo de garantir o desenvolvimento sustentável e a melhoria das condições de vida da população.
(E) é instrumento político de natureza punitiva que visa disciplinar as atividades antrópicas e a ocupação urbana.

A alternativa "a" é a única que corresponde ao conceito de zoneamento ambiental. Gabarito "A".

(Magistratura Federal-5ª Região – 2011) Com relação ao zoneamento ambiental, assinale a opção correta.

(A) Para integrar o planejamento e a execução de funções públicas de interesse comum, os estados podem instituir regiões metropolitanas constituídas por agrupamentos de municípios limítrofes, condicionada tal iniciativa à aprovação, por lei, dos municípios envolvidos.
(B) O plano diretor, instrumento para o estabelecimento de critérios gerais de ordenação dos espaços urbanos, é obrigatório para todas as cidades que se situem em um mesmo complexo geoeconômico e social e para as que, reunidas, constituam aglomerações urbanas e microrregiões.
(C) O zoneamento ambiental constitui um dos instrumentos da PNMA para evitar a ocupação desordenada do solo urbano ou rural, razão por que cabe exclusivamente à União definir, em todas as unidades da Federação, espaços territoriais e seus componentes a serem especialmente protegidos.
(D) As indústrias ou grupos de indústrias já existentes e que não se localizem nas zonas industriais definidas por lei devem ser submetidas à instalação de equipamentos especiais de controle e, nos casos mais graves, à relocalização, podendo-se conferir aos projetos com essa finalidade condições especiais de financiamento.
(E) Considera-se zoneamento ambiental a definição do entorno de uma unidade de conservação, onde as atividades humanas se sujeitam a normas e restrições específicas, a fim de que se reduzam os impactos negativos sobre a unidade.

A: incorreta, pois os estados têm essa competência por meio de lei complementar estadual, independentemente de autorização legislativa dos municípios envolvidos (art. 25, § 3º, da CF); B: incorreta, pois o plano diretor não é obrigatório para todas as cidades que se situem num mesmo "complexo geoeconômico e social", apesar de obrigatório para as cidades integrantes de "aglomerações urbanas" e regiões metropolitanas (art. 41 da Lei 10.257/01); C: incorreta, pois apesar de o zoneamento ambiental ser um dos instrumentos da PNMA (art. 9º, II, da Lei 6.938/81), não é só a União o ente político que tem competência para a criação de espaços territoriais especialmente protegidos, tendo também essa competência os Estados, DF e Municípios (art. 9º, VI, da Lei 6.938/81); D: correta (arts. 1º, § 3º, e 12 da Lei 6.803/80 – Lei Geral de Zoneamento Industrial nas áreas críticas de poluição); E: incorreta, pois o conceito de zoneamento ambiental é bem mais amplao de qualquer forma, para fins do regime jurídico das unidades de conservação, a Lei 9.985/00 estabelece, em seu art. 2º, XVI, o conceito de "zoneamento", como sendo a "definição de setores ou zonas em uma unidade de conservação com objetivos de manejo e normas específicos, com o propósito de proporcionar os meios e as condições para que todos os objetivos da unidade possam ser alcançados de forma harmônica e eficaz", conceito aproximado do trazido na alternativa; mas com esta quer saber acerca do conceito de "zoneamento ambiental", deveria fornecedor outro conceito, mais amplo, como o seguinte: é instrumento de gestão do qual dispõem o governo, o setor produtivo e a sociedade, cujo fim específico é delimitar geograficamente áreas territoriais com o objetivo de estabelecer regimes especiais de uso, gozo e fruição da propriedade, em nível regional, estadual ou municipal. Gabarito "D".

7.4. OUTROS INSTRUMENTOS

(Magistratura/GO – 2009 – FCC) As licitações para concessões florestais são realizadas na modalidade

(A) que o administrador entender mais conveniente e oportuna, desde que não vedada pela Lei no 8.666/93.
(B) tomada de preços, obrigatoriamente.
(C) pregão ou concurso, obrigatoriamente.
(D) leilão, obrigatoriamente.
(E) concorrência, obrigatoriamente.

Art. 13, § 1º, da Lei 11.284/06. Gabarito "E".

8. PROTEÇÃO DA FAUNA

(Magistratura/MT – 2009 – VUNESP) Diante da preocupação com a extinção de espécies, pode-se afirmar que o Código de Caça brasileiro (Lei n.º 5.197/67) prevê que

(A) apenas espécies de peixes exóticos poderão ser introduzidas no País, sem parecer técnico oficial favorável e licença expedida na forma da Lei.
(B) é permitido o exercício da caça profissional para exportação de peles e couros em bruto para o Exterior.
(C) as licenças de caçadores serão concedidas, mediante pagamento de uma taxa anual equivalente a um décimo do salário-mínimo mensal.
(D) somente é permitida a exportação de peles e couros de anfíbios e répteis, em bruto.
(E) o pagamento das licenças, registros e taxas, previstos nesta Lei, será recolhido à Caixa Econômica Federal, em conta especial, a crédito do Fundo Federal Agropecuário, sob o título "Recursos da Fauna".

A: incorreta, pois "nenhuma espécie poderá ser introduzida no País, sem parecer técnico oficial favorável e licença expedida na forma da Lei" (art. 4º da Lei 5.197/67); B: incorreta, pois é proibido o exercício de caça profissional (art. 2º da Lei 5.197/67); C: correta (art. 20 da Lei 5.197/67); D: incorreta, pois é "proibida a exportação para o exterior, de peles e couros de anfíbios e répteis, em bruto" (art. 18 da Lei 5.197/67); E: incorreta, pois o recolhimento será no Banco do Brasil (art. 24 da Lei 5.197/67). Gabarito "C".

(Magistratura/PI – 2008 – CESPE) A Lei de Proteção da Fauna estabelece que a caça de controle

(A) necessita de permissão expressamente motivada pela autoridade pública, indicando os perigos concretos ou iminentes, a área de abrangência, as espécies nocivas e a duração da atividade destruidora.
(B) só pode ser realizada no período reprodutivo das espécies nocivas, não sendo permitida a destruição dos ovos já fecundados nem das matrizes prenhes.
(C) só pode ser realizada antes do período reprodutivo, sendo expressamente proibida a destruição dos ovos já fecundados e das matrizes prenhes, e deve limitar-se à eliminação dos machos da espécie nociva.
(D) é totalmente proibida no ordenamento pátrio, sendo permitida apenas a caça para fins científicos.
(E) só é permitida quando houver reprodução de animais silvestres nocivos à saúde humana em área urbana densamente povoada.

Art. 8º da Lei 5.197/67. Gabarito "A".

(Magistratura/PI – 2008 – CESPE) Com relação à exportação de peles e couros de anfíbios e de répteis, assinale a opção correta.

(A) Quanto aos anfíbios, somente é permitida a exportação de peles tratadas, sendo vedada a exportação de pele em estado bruto; quanto aos répteis, é permitida a exportação tanto de peles em estado bruto quanto das tratadas, desde que os animais tenham sido caçados em reservas particulares.
(B) As peles e os couros em estado bruto não podem ser exportados sem a autorização da autoridade ambiental competente. No caso de exportação de peles e couros tratados ou beneficiados no país, deve-se investigar se os animais, anfíbios e répteis, que deram origem ao produto de exportação foram caçados e utilizados legalmente.
(C) Somente é permitida a exportação de pele em estado bruto de animais caçados em procedimento de controle populacional, sendo expressamente proibida a exportação de pele tratada.
(D) Somente é permitida a exportação de artigos manufaturados feitos com peles e couros de animais silvestres, sendo expressamente proibida a exportação de artigos industrializados.
(E) É apenas permitida a exportação de artigos de couro e pele de répteis e anfíbios criados em cativeiro e abatidos por eletrocussão.

Art. 18 da Lei 5.197/67. Gabarito "B".

9. PROTEÇÃO DA FLORA. CÓDIGO FLORESTAL

(Magistratura/DF – 2011) Segundo o art. 3º da Lei nº 4.771/65, consideram-se áreas de preservação permanente, quando assim declaradas por ato do Poder Público, as florestas e demais formas de vegetação natural destinadas:

(A) a formar faixas de proteção ao longo de rodovias e ferrovias;
(B) a manter o ambiente necessário à vida da população carente;
(C) a preservar locais que foram habitados por exemplares da fauna e flora já extintos;
(D) a proteger quaisquer tipos de sítios indicados pela população local.

Art. 3º, "c", da Lei 4.771/65. Gabarito "A".

(MAGISTRATURA/PB – 2011 – CESPE) Em referência à legislação brasileira acerca de proteção florestal, assinale a opção correta.

(A) Entende-se por reserva legal, nos termos da lei, a área localizada em propriedade urbana ou rural, necessária à conservação e reabilitação dos processos ecológicos, à conservação da biodiversidade e ao abrigo e proteção de fauna e flora nativas.
(B) Sendo o Código Florestal (Lei n.º 4.771/1965) uma lei federal, os estados não têm competência para legislar sobre florestas.
(C) As florestas de preservação permanente, por sua natureza e pelas limitações que disciplinam sua utilização, somente podem ser criadas por lei.
(D) Será admitida tanto a supressão total quanto a supressão parcial de florestas de preservação permanente, mas somente com prévia autorização do Poder Executivo federal, e quando necessária à execução de obras, planos, atividades ou projetos de utilidade pública ou interesse social.
(E) As florestas que integram o patrimônio indígena sujeitam-se ao regime de preservação permanente, e, como consequência, os recursos florestais situados em terras indígenas não podem ser objeto de exploração.

A: incorreta, pois a reserva legal é a área localizada apenas em área rural (art. 1º, § 2º, III, da Lei 4.771/65); B: incorreta, pois, segundo a Constituição, cabe à União legislar sobre normas gerais, e, aos Estados e DF, suplementar tais normas (art. 24, VI, da CF); C: incorreta, pois atos do Poder Público têm o condão de criar florestas de preservação permanente (art. 3º da Lei 4.771/65); D: correta (art. 3º, § 1º, da Lei 4.771/65); E: incorreta, pois cabe a exploração em regime de manejo florestal sustentável (art. 3º-A da Lei 4.771/65). Gabarito "D".

(MAGISTRATURA/PB – 2011 – CESPE) Com relação às APPs, assinale a opção correta.

(A) Na distribuição de lotes destinados à agricultura, em planos de colonização e de reforma agrária, a inclusão de áreas florestadas de preservação permanente somente é possível em observância a planos técnicos de condução e manejo a serem estabelecidos por ato do poder público.

(B) Admite-se a instituição de APPs tanto por lei quanto por ato do poder público, que, de forma discricionária, decidirá da conveniência ou da necessidade de instituí-las com base em critérios legalmente preestabelecidos.

(C) Em nenhuma hipótese, deve ser admitida a supressão de vegetação em APP, devendo o poder público oferecer alternativa técnica e de localização aos empreendimentos que apresentem riscos à manutenção da área.

(D) Como os municípios não possuem competência para promover o licenciamento ambiental, as atividades florestais em APP situada no espaço urbano dependerão de autorização do órgão ambiental estadual.

(E) Devido aos riscos que apresenta à manutenção da vegetação nativa, o acesso de pessoas e animais às áreas de preservação permanente é vedado pela legislação.

A: incorreta, pois "na distribuição de lotes destinados à agricultura, em planos de colonização e de reforma agrária, não devem ser incluídas as áreas florestadas de preservação permanente de que trata esta Lei, nem as florestas necessárias ao abastecimento local ou nacional de madeiras e outros produtos florestais." (art. 8º da Lei 4.771/65; B: correta (art. 3º, caput, da Lei 4.771/65); C: incorreta, pois cabe a supressão, com prévia autorização do Poder Executivo Federal, "quando for necessária à execução de obras, planos, atividades ou projetos de utilidade pública ou interesse social." (art. 3º, § 1º, da Lei 4.771/65); D: incorreta, pois os municípios têm competência para realizar o licenciamento ambiental de empreendimento ou atividade de impacto ambiental local; E: incorreta, pois é permitido esse acesso, para obtenção de água, desde que não exija supressão e não comprometa a regeneração e a manutenção a longo prazo da vegetação nativa (art. 4º, § 7º, da Lei 4.771/65). Gabarito "B".

(Magistratura/SP – 2011 – VUNESP) Em ação civil pública ajuizada pelo Ministério Público Estadual com o fito de proibir queimada de palha de cana-de-açúcar como método preparatório da colheita e de condenar os infratores ao pagamento de indenização correspondente a certo número de litros de álcool por alqueire queimado, a sentença julgou procedentes todos os pedidos e foi mantida pelo Tribunal de Justiça. Em Agravo Regimental tirado em Embargos de Declaração em Recurso Especial no STJ, alegou-se ofensa ao art. 27 do Código Florestal Brasileiro – Lei n.º 4.771/1965, vez que a queimada é permitida em certos casos e que a extinção de sua prática não deve ser imediata, mas gradativa. A solução adotada no STJ, em relação ao Agravo Regimental, assinalou:

(A) a razão está com o agravante, que tem a seu favor o permissivo legal de proceder à queima da palha de cana-de-açúcar, sem o que não tem condições de colher o insumo.

(B) a razão está com o agravante, pois a extinção do método rudimentar e anacrônico de colheita de cana-de-açúcar há de ser gradativa e não pode ser cobrada ao agricultor de imediato.

(C) o agravo foi desprovido sob argumento de que a queima da palha causa grandes danos ambientais e há instrumentos e tecnologias modernos que podem substituir tal prática sem inviabilizar a atividade econômica.

(D) o agravo foi provido, porque existe expressa previsão legal para a queima e essa praxe é o costume considerado fonte do direito.

(E) o agravo foi provido porque há de se compatibilizar o interesse econômico e a proteção ambiental e aquele é prioritário ante o atual estágio de desenvolvimento do Brasil.

A questão foi formulada com base no seguinte precedente do STJ: AMBIENTAL – DIREITO FLORESTAL – AÇÃO CIVIL PÚBLICA – CANA-DE-AÇÚCAR – QUEIMADAS – ARTIGO 21, PARÁGRAFO ÚNICO, DA LEI N. 4771/65 (CÓDIGO FLORESTAL) E DECRETO FEDERAL N. 2.661/98 – DANO AO MEIO AMBIENTE – EXISTÊNCIA DE REGRA EXPRESSA PROIBITIVA DA QUEIMA DA PALHA DE CANA – EXCEÇÃO EXISTENTE SOMENTE PARA PRESERVAR PECULIARIDADES LOCAIS OU REGIONAIS RELACIONADAS À IDENTIDADE CULTURAL – VIABILIDADE DE SUBSTITUIÇÃO DAS QUEIMADAS PELO USO DE TECNOLOGIAS MODERNAS – PREVALÊNCIA DO INTERESSE ECONÔMICO NO PRESENTE CASO – IMPOSSIBILIDADE. 1. Os estudos acadêmicos ilustram que a queima da palha da cana-de-açúcar causa grandes danos ambientais e que, considerando o desenvolvimento sustentado, há instrumentos e tecnologias modernos que podem substituir tal prática sem inviabilizar a atividade econômica. 2. A exceção do parágrafo único do artigo 27 da Lei n. 4.771/65 deve ser interpretada com base nos postulados jurídicos e nos modernos instrumentos de linguística, inclusive com observância – na valoração dos signos (semiótica) – da semântica, da sintaxe e da pragmática. 3. A exceção apresentada (peculiaridades locais ou regionais) tem como objetivo a compatibilização de dois valores protegidos na Constituição Federal/88: o meio ambiente e a cultura (modos de fazer). Assim, a sua interpretação não pode abranger atividades agroindustriais ou agrícolas organizadas, ante a impossibilidade de prevalência do interesse econômico sobre a proteção ambiental quando há formas menos lesivas de exploração. Agravo regimental improvido. (AgRg nos EDcl no REsp 1094873/SP, Rel. Ministro HUMBERTO MARTINS, SEGUNDA TURMA, julgado em 04/08/2009, DJe 17/08/2009) Gabarito "C".

(Ministério Público/MG – 2010.1) A respeito do Código Florestal brasileiro em vigor (Lei Federal nº 4.771, de 15 de setembro de 1965, com posteriores alterações), pode-se afirmar

I. É proibido o uso de fogo nas florestas e demais formas de vegetação, ressalvada a possibilidade de se obter permissão da autoridade administrativa competente para a prática de queimadas em atividades agropastoris, se as peculiaridades regionais assim indicarem.

II. O adquirente de uma propriedade rural assume o ônus de recompor a cobertura vegetal relativa à área de preservação permanente e à área de reserva legal, mesmo que não tenha contribuído para devastá-las.

III. A supressão de vegetação em área de preservação permanente poderá excepcionalmente ser autorizada pelo órgão ambiental competente através de procedimento administrativo próprio.

IV. Consideram-se de preservação permanente, *ex vi legis*, as florestas e demais formas de vegetação natural situadas ao longo dos rios ou de qualquer curso d'água; nos chamados "olhos d'água", qualquer que seja a sua situação topográfica; ao longo das faixas de domínio público das rodovias e ferrovias; no topo de morros, montes, montanhas e serras.

V. Será admitido, pelo órgão ambiental competente, o cômputo da área de preservação permanente no cálculo do percentual de reserva legal, desde que não implique conversão de novas áreas para o uso alternativo do solo, e quando a soma da área de preservação permanente e da reserva legal exceder a 80% (oitenta por cento) da propriedade rural localizada na Amazônia Legal e 50% (cinquenta por cento) da propriedade rural localizada nas demais regiões do País.

Assinale a opção CORRETA.

(A) I, II, III e IV estão corretas.
(B) I, III, IV e V estão corretas.
(C) II, III e IV estão corretas.
(D) I, II e III estão corretas.
(E) Todas estão corretas.

I: correta (art. 27 da Lei 4.771/65); II: correta, pois o STJ vem entendendo que a obrigação, no caso, é *propter rem*, de modo que o adquirente de um imóvel rural fica submetido à responsabilização, mesmo que o responsável pelos fatos tenha sido o proprietário anterior (REsp 1090968/SP, DJ 03/08/2010); III: correta (art. 4º da Lei 4.771/65); IV: incorreta, pois um dos casos apresentados na alternativa não é de preservação permanente *ex lege* (art. 3º da Lei 4.771/65), mas de preservação permanente por ato do Poder Público (art. 3º, "c", da Lei 4.771/65), que é o caso das faixas de domínio ao longo das rodovias e ferrovias; V: incorreta (art. 16, § 6º, da Lei 4.771/65). Gabarito "D".

(Ministério Público/SC – 2010) Julgue os seguintes itens.

I. Na definição da reserva legal leva-se em conta a área de preservação permanente.
II. Segundo o Código Florestal, as áreas de interesse social podem ser consideradas de utilidade pública.
III. As áreas de preservação permanente, assim declaradas pelo Poder Público, somente podem ser extintas por decreto do Executivo.
IV. Para cumprimento da manutenção ou compensação da área de reserva legal em pequena propriedade ou posse rural familiar, podem ser computados os plantios de árvores frutíferas ornamentais ou industriais, compostos por espécies exóticas, cultivadas em sistema intercalar ou em consórcio com espécies nativas.
V. A localização da reserva legal deve ser aprovada pelo órgão ambiental estadual competente ou, mediante convênio, pelo órgão ambiental municipal ou outra instituição devidamente habilitada.

(A) Apenas as assertivas I, II e III estão corretas.
(B) Apenas as assertivas I, III e IV estão corretas.
(C) Apenas as assertivas II, III e IV estão corretas.
(D) Apenas as assertivas II, IV e V estão corretas.
(E) Todas as assertivas estão corretas.

I: incorreta, pois o percentual de reserva legal EXCETUA a área de preservação permanente (art. 1º, § 2º, III, da Lei 4.771/65); ou seja, além das áreas de preservação permanente, o proprietário tem que preservar o percentual relativo à reserva legal; II: correta (art. 4º, caput, da Lei 4.771/65); III: incorreta, pois o que se admite é a supressão de vegetação nessas áreas em caso de utilidade pública ou interesse social (art. 4º da Lei 4.771/65); IV: correta (art. 16, § 3º, da Lei 4.771/65); V: correta (art. 16, § 4º, da Lei 4.771/65). Gabarito "D".

(Ministério Público/SE – 2010 – CESPE) A respeito do Código Florestal, das novas regulamentações sobre reserva legal, das áreas de preservação permanente e de outros instrumentos legais, assinale a opção correta.

(A) A reserva legal corresponde a área localizada no interior de uma propriedade, incluída naquela de preservação permanente.
(B) As florestas que integram o patrimônio indígena ficam sujeitas ao regime de preservação permanente.
(C) A área de vegetação situada em olhos d'água não é passível de proteção ambiental.
(D) A retirada de vegetação nativa em encostas com sessenta graus, para a plantação de uvas, é permitida.
(E) Não são classificadas como áreas de preservação permanente as formas de vegetação natural, independentemente da sua largura, que estejam situadas ao longo de cursos d'água com largura inferior a dez metros.

A: incorreta, pois, como regra, não é possível computar as áreas relativas à preservação permanente no percentual da reserva legal (art. 16, caput e § 6º, da Lei 4.771/65); B: correta (art. 3º, § 2º, da Lei 4.771/65); C: incorreta, pois se trata de área de preservação permanente ex lege (art. 2º, "c", da Lei 4.771/65); D: incorreta, pois se trata de área de preservação permanente ex lege (art. 2º, "e", da Lei 4.771/65); E: incorreta, pois se trata de área de preservação permanente ex lege (art. 2º, "a", 1, da Lei 4.771/65). Gabarito "B".

(Ministério Público/SP – 2011) Assinale a alternativa correta.

(A) A reserva legal corresponde à porcentagem de florestas e outras formas de vegetação nativa, de propriedade e posses rurais, não incluídas aquelas situadas em área de preservação permanente, cuja vegetação deve ser preservada, não sendo admitida, em qualquer hipótese, sua utilização em regime de manejo florestal sustentável ou o plantio de árvores frutíferas.
(B) A vegetação em áreas de preservação permanente pode ser suprimida em caso de utilidade pública ou interesse social, mas tal supressão depende de autorização legislativa.
(C) O Código Florestal (Lei nº 4.771/65) cria dois tipos de espaços territoriais protegidos: as áreas de preservação permanente e a reserva legal. Esses dois institutos, aplicáveis apenas às propriedades rurais, referem-se a espaços nos quais as florestas ou outras formas de vegetação nativa devem ser preservadas.
(D) As unidades de conservação dividem-se em dois grupos: o de proteção integral e o de uso sustentável. O primeiro é formado por unidades cujo regime de domínio é público, e o segundo, por áreas que podem ser públicas ou privadas, desde que atendam às limitações impostas pela legislação.
(E) A reserva extrativista é uma categoria de unidade de conservação de uso sustentável, de domínio público, na qual a posse e o uso das áreas ocupadas pelas populações tradicionais nela residentes deverão ser regulados por contrato, firmado nos termos do disposto no regulamento da lei específica.

A: incorreta, pois o art. 16, § 2º, da Lei 4.771/65 admite o uso da vegetação sob reserva legal sob regime de manejo florestal sustentável, e o § 3º do mesmo dispositivo admite, em pequena propriedade ou posse rural familiar, o cômputo, como área sob reserva legal, das áreas com plantios de árvores frutíferas ornamentais ou industriais, compostos por espécies exóticas, cultivadas em sistema intercalar ou em consórcio com espécies nativas; B: incorreta, pois essa supressão é autorizada por ato do Poder Executivo (arts. 3º, § 1º, e 4º, § 1º, da Lei 4.771/65); C: incorreta, pois, apesar de o Código Florestal aplicar-se precipuamente às áreas rurais, o art. 2º, p. ún., do código estabelece que as florestas e demais formas de vegetação situadas em áreas urbanas observarão as leis locais, mas RESPEITADOS OS PRINCÍPIOS E LIMITES definidos no art. 2º do código, o que faz com que este se aplique, em certa medida, a essas áreas; D: incorreta, pois há também unidades de proteção integral (Monumento Natural e Refúgio de Vida Silvestre – arts. 12, § 1º, e 13, § 1º, da Lei 9.985/00) que podem ser constituídas por áreas particulares; E: correta (arts. 18 e 23 da Lei 9.985/00). Gabarito "E".

(Procurador do Estado/CE – 2008 – CESPE) Área de preservação permanente é uma área

(A) coberta por vegetação nativa, com a função ambiental de preservar os recursos hídricos, o patrimônio histórico, a estabilidade geológica, a biodiversidade, o fluxo gênico da fauna e da flora, proteger o solo e assegurar o bem-estar das populações humanas.
(B) coberta ou não por vegetação nativa, com a função ambiental de preservar os recursos hídricos, a paisagem, a estabilidade geológica, a biodiversidade, o fluxo gênico da fauna e da flora, proteger o solo e assegurar o bem-estar das populações humanas.
(C) coberta ou não por vegetação nativa, com a função ambiental de preservar os recursos hídricos, a paisagem, a estabilidade geográfica, a biodiversidade, o fluxo transgênico da fauna e da flora, proteger o solo e assegurar o bem-estar das populações humanas.
(D) coberta ou não por vegetação nativa, com as funções ambientais de preservar os recursos hídricos, a paisagem, a estabilidade geológica, a biodiversidade e o fluxo atmosférico dos gases nobres; proteger o solo e assegurar o bem-estar das populações humanas.
(E) coberta ou não por vegetação nativa, com a função ambiental de preservar os recursos hídricos, a paisagem, a estabilidade hidrológica, a biodiversidade, o fluxo gênico do clima, proteger o solo e assegurar o bem-estar das populações humanas.

Art. 1º, § 2º, II, da Lei 4.771/65. Gabarito "B".

(Procurador do Estado/RO – 2011 – FCC) Nos termos do Código Florestal, NÃO são consideradas de utilidade pública ou interesse social as

(A) obras essenciais de infraestrutura destinadas aos serviços públicos de transporte.
(B) atividades de manejo agroflorestal sustentável praticadas em qualquer propriedade rural, desde que não descaracterizem a cobertura vegetal e não prejudiquem a função ambiental da área.
(C) atividades imprescindíveis à proteção da integralidade da vegetação nativa.
(D) obras essenciais de infraestrutura destinadas aos serviços de telecomunicações.
(E) obras essenciais de infraestrutura destinadas aos serviços públicos de energia.

A: considera-se de utilidade pública (art. 1º, § 2º, IV, "b", da Lei 4.771/65); B: NÃO se considera de utilidade pública, pois tais atividades só serão de interesse social se praticadas na pequena propriedade ou posse rural familiar (art. 1º, § 2º, V, "b", da Lei 4.771/65); C: considera-se de utilidade pública (art. 1º, § 2º, V, "a", da Lei 4.771/65); D: considera-se de utilidade pública (art. 1º, § 2º, IV, "b", da Lei 4.771/65); E: considera-se de utilidade pública (art. 1º, § 2º, IV, "b", da Lei 4.771/65). Gabarito "B".

(Procurador do Estado/SP – FCC – 2009) A Lei Federal no 11.428/2006, em relação à utilização e proteção da vegetação nativa do Bioma Mata Atlântica, estabelece ser de iniciativa do

(A) CONAMA a definição de vegetação primária, cabendo ao Instituto Chico Mendes de Conservação da Biodiversidade a definição de vegetação secundária nos estágios avançado, médio e inicial de regeneração.
(B) CONAMA a definição de vegetação primária e de vegetação secundária nos estágios avançado, médio e inicial de regeneração.
(C) CONAMA a definição de vegetação primária, cabendo ao Instituto Brasileiro do Meio Ambiente e dos Recursos Naturais Renováveis – IBAMA a definição de vegetação secundária nos estágios avançado, médio e inicial de regeneração.
(D) CONAMA a definição de vegetação primária, cabendo aos conselhos estaduais de meio ambiente a definição de vegetação secundária nos estágios avançado, médio e inicial de regeneração.
(E) Instituto Chico Mendes de Conservação da Biodiversidade a definição de vegetação primária e de vegetação secundária nos estágios avançado, médio e inicial de regeneração.

Art. 4º da Lei 11.428/06. Gabarito "B".

(Procurador do Estado/SP – FCC – 2009) De acordo com o Código Florestal e a Resolução do Conselho Nacional do Meio Ambiente – CONAMA no 369/2006, a intervenção ou a supressão de vegetação em área de preservação permanente

(A) poderá ser autorizada para a construção de escolas públicas, desde que localizadas em área urbana.
(B) poderá ser autorizada na hipótese de construção de habitação popular pelo Governo, desde que seja demonstrada a necessidade social de implantação do empreendimento.
(C) poderá ser autorizada para implantação de empreendimentos privados em áreas urbanas consolidadas, desde que o interessado demonstre atender a legislação de uso e ocupação do solo municipal.
(D) não poderá ser autorizada em qualquer hipótese.
(E) poderá ser autorizada nas hipóteses de utilidade pública e interesse social, desde que demonstrada a ausência de alternativa técnica e locacional para a implantação do empreendimento.

Art. 3º, § 1º, da Lei 4.771/65 e Resolução CONAMA 369/06. Gabarito "E".

(Defensoria/PA – 2009 – FCC) A área de reserva legal, em determinada propriedade rural,

(A) é fixada em função de acidentes geográficos especificados na legislação pertinente.
(B) não pode ser compensada com área de preservação permanente.
(C) deverá ser delimitada de acordo com a livre conveniência do proprietário.
(D) atenderá aos percentuais fixados pelo órgão ambiental competente, independentemente da localização do imóvel.
(E) deverá ser averbada no Cartório de Registro de Imóveis competente.

Art. 16 da Lei 4.771/65. Gabarito "E".

(Defensor Público/PA – 2006 – UNAMA) Considere as seguintes afirmações sobre bens ambientais:

I. A Lei nº 8.901/94 estabelece a participação do proprietário do solo nos resultados da lavra em cinquenta por cento do valor total devido aos Estados, Distrito Federal, Municípios e órgãos da Administração Indireta da União. Referida participação é entendida pelo legislador a título de compensação financeira (art. 1º da Lei nº 8.901/94), em face da exploração dos bens ambientais, e será de até três por cento sobre o valor do faturamento líquido, resultante da venda do produto mineral obtido após a última etapa do processo de beneficiamento adotado e antes de sua transformação industrial.

II. As águas superficiais pertencem à União, quando os rios ou lagos banham mais de um Estado ou são internacionais. As demais são do domínio dos Estados-membros e dos Municípios. Cabe à União, aos Estados e aos Municípios conceder a outorga de direito de uso de recursos hídricos.

III. A Reserva Legal para propriedades rurais, situadas em área de floresta localizada na Amazônia Legal, deverá ser de 80% (oitenta por cento). Entretanto, o Poder Executivo, se for indicado pelo Zoneamento Ecológico Econômico e pelo Zoneamento Agrícola, ouvidos o CONAMA, o Ministério do Meio Ambiente e o Ministério da Agricultura, Pecuária e Abastecimento, poderão reduzir, para fins de recomposição, a Reserva Legal, na Amazônia Legal, para até cinquenta por cento da propriedade, excluídas, em qualquer caso, as áreas de Preservação Permanente, os ecótonos, os sítios e ecossistemas especialmente protegidos, os locais de expressiva biodiversidade e os corredores ecológicos.

IV. Há previsão legal para supressão de vegetação em Área de Preservação Permanente em caso de utilidade pública ou de interesse social, desde que devidamente caracterizados e motivados, em procedimento administrativo próprio, quando inexistir alternativa técnica e locacional ao empreendimento proposto.

Somente é correto o que se afirma em:
(A) III e IV.
(B) I e II.
(C) I e IV.
(D) I, II, III e IV.

I: incorreta, pois essa participação é entendida pelo legislador a título de compensação financeira em face da exploração de "recursos minerais", e não de "bens ambientais" (art. 1º, da Lei 8.901/94); II: incorreta, pois a outorga de direito de uso de recursos hídricos compete apenas à União, aos Estados e ao DF (art. 14 da Lei 9.433/97); III: correta (art. 16, § 5º, I, do Código Florestal – Lei 4.771/65); IV: correta (art. 4º da Lei 4.771/65). Gabarito "A".

(Defensoria/PI – 2009 – CESPE) Com relação ao Código Florestal, assinale a opção correta.

(A) As atividades de segurança nacional e de proteção sanitária são consideradas de utilidade pública.
(B) Ainda que a unidade de conservação seja criada pelo município, a exploração da respectiva floresta, tanto de domínio público quanto de domínio privado, depende da autorização do IBAMA.
(C) O poder público pode considerar uma árvore imune de corte, com exceção dos casos em que o motivo alegado for a sua beleza.
(D) As plantas vivas oriundas de florestas podem ser comercializadas independentemente de licença da autoridade competente.
(E) Por área de reserva legal entende-se aquela que é localizada no interior de uma propriedade ou posse rural, incluindo a área de preservação permanente.

A: correta (art. 1º, § 2º, IV, "a", da Lei 4.771/65); B: incorreta (art. 6º, III, da Lei 9.985/00); C: incorreta, pois "qualquer árvore poderá ser declarada imune de corte, mediante ato do Poder Público, por motivo de sua localização, raridade, **beleza** ou condição de porta-sementes" (art. 7º da Lei 4.771/65); D: incorreta, pois tal comércio depende de licença (art. 13 da Lei 4.771/65); E: incorreta, pois a reserva legal não inclui a área de preservação permanente (art. 16, caput e § 6º, da Lei 4.771/65). Gabarito "A".

(Cartório/SC – 2008) Acerca da temática envolvendo direito ambiental (reserva legal, área de preservação permanente e demais restrições à propriedade), assinale a alternativa correta:

(A) Nos termos do inciso III do § 2º do art. 1º do Código Florestal (Lei nº 4.771, de 1965), inserido pela Medida Provisória nº 2.166-67, de 2001, entende-se por Reserva Legal a área localizada no interior de uma propriedade ou posse rural, incluída, em regra, a de preservação permanente, necessária ao uso sustentável dos recursos naturais, à conservação e reabilitação dos processos ecológicos, à conservação da biodiversidade e ao abrigo e proteção de fauna e flora nativas.
(B) Consoante disciplina o § 8º do art. 16 da Lei nº 4.771, de 1965, inserido pela Medida Provisória nº 2.166-67, de 2001, a área de Reserva Legal deve ser averbada à margem da inscrição de matrícula do imóvel, sendo permitida a alteração de sua destinação, nos casos de transmissão, a qualquer título, de desmembramento ou de retificação da área, com as exceções previstas no Código Florestal.

(C) É possível a instituição de Reserva Legal em regime de condomínio entre mais de uma propriedade, desde que respeitado o percentual legal em relação a cada imóvel, mediante a aprovação do órgão ambiental estadual competente e as devidas averbações referentes a todos os imóveis envolvidos.

(D) De acordo com o § 9º do art. 16 da Lei nº 4.771, de 1965, inserido pela Medida Provisória nº 2.166-67, de 2001, a averbação da Reserva Legal é sempre gratuita, incumbindo ao Poder Público prestar apoio técnico e jurídico, quando necessário.

(E) A localização da Reserva Legal deve ser aprovada conjuntamente pelos órgãos ambientais federal, estadual e municipal, devendo ser considerados, no processo de aprovação, a função social da propriedade e os seguintes critérios e instrumentos, quando houver: I - o plano de bacia hidrográfica; II - o plano diretor municipal; III - o zoneamento ecológico-econômico; IV - outras categorias de zoneamento ambiental; e V - a proximidade com outra Reserva Legal, Área de Preservação Permanente, unidade de conservação ou outra área legalmente protegida.

Art. 16, § 11, da Lei 4.771/65. Gabarito "C".

(Magistratura Federal-4ª Região – 2010) Dadas as assertivas abaixo, assinale a alternativa correta.

I. Segundo o atual entendimento do Superior Tribunal de Justiça, o novo adquirente de imóvel rural é parte legítima passiva para responder por ação de dano ambiental em que se busca a reconstituição de reserva legal de cobertura florestal desmatada pelo antigo proprietário.

II. A delimitação de reserva legal constitui restrição do direito de propriedade, sendo, portanto, indenizável.

III. Consideram-se de preservação permanente as florestas que integram o patrimônio indígena, por força de lei.

IV. A supressão total ou parcial de florestas de preservação permanente só será admitida com prévia autorização do Poder Executivo, quando necessária à execução de obras, planos, atividades ou projetos de utilidade pública ou interesse social.

V. Desde que motivadamente, o Poder Público pode incluir áreas de preservação permanente na distribuição de lotes destinados à agricultura, em planos de colonização ou de reforma agrária.

(A) Estão corretas apenas as assertivas I e III.
(B) Estão corretas apenas as assertivas II e V.
(C) Estão corretas apenas as assertivas I, III e IV.
(D) Estão corretas apenas as assertivas II, III e IV.
(E) Estão corretas todas as assertivas.

I: correta; confira o seguinte precedente do STJ: "PROCESSUAL CIVIL E AMBIENTAL. CÓDIGO FLORESTAL (LEI 4.771, DE 15 DE SETEMBRO DE 1965). RESERVA LEGAL. MÍNIMO ECOLÓGICO. OBRIGAÇÃO PROPTER REM QUE INCIDE SOBRE O NOVO PROPRIETÁRIO. DEVER DE MEDIR, DEMARCAR, ESPECIALIZAR, ISOLAR, RECUPERAR COM ESPÉCIES NATIVAS E CONSERVAR A RESERVA LEGAL. RESPONSABILIDADE CIVIL AMBIENTAL. ART. 3º, INCISOS II, III, IV E V, E ART. 14, § 1º, DA LEI DA POLÍTICA NACIONAL DO MEIO AMBIENTE (LEI 6.938/81). 1. Hipótese em que há dissídio jurisprudencial entre o acórdão embargado, que afasta o dever legal do adquirente de imóvel de recuperar a área de Reserva Legal (art. 16, "a", da Lei 4.771/1965) desmatada pelo antigo proprietário, e os paradigmas, que o reconhecem e, portanto, atribuem-lhe legitimidade passiva para a correspondente Ação Civil Pública. 2. O Código Florestal, ao ser promulgado em 1965, incidiu, de forma imediata e universal, sobre todos os imóveis, públicos ou privados, que integram o território brasileiro. Tal lei, ao estabelecer deveres legais que garantem um mínimo ecológico na exploração da terra - patamar básico esse que confere efetividade à preservação e à restauração dos "processos ecológicos essenciais" e da "diversidade e integridade do patrimônio genético do País" (Constituição Federal, art. 225, §1º, I e II) -, tem na Reserva Legal e nas Áreas de Preservação Permanente dois de seus principais instrumentos de realização, pois, nos termos de tranquila jurisprudência do Superior Tribunal de Justiça, cumprem a meritória função de propiciar que os recursos naturais sejam "utilizados com equilíbrio" e conservados em favor da "boa qualidade de vida" das gerações presentes e vindouras (RMS 18.301/MG, Rel. Min. JOÃO OTÁVIO DE NORONHA, DJ de 3/10/2005. No mesmo sentido, REsp 927.979/MG, Rel. Min. FRANCISCO FALCÃO, DJ 31/5/2007; RMS 21.830/MG, Rel. Min. CASTRO MEIRA, DJ 1º/12/2008). 3. As obrigações ambientais ostentam caráter propter rem, isto é, são de natureza ambulante, ao aderirem ao bem, e não a seu eventual titular. Daí a irrelevância da identidade do dono - ontem, hoje ou amanhã -, exceto para fins de imposição de sanção administrativa e penal. "Ao adquirir a área, o novo proprietário assume o ônus de manter a preservação, tornando-se responsável pela reposição, mesmo que não tenha contribuído para o desmatamento" (REsp 926.750/MG, Rel. Min. CASTRO MEIRA, DJ 4/10/2007. No mesmo sentido, REsp 343.741/PR, Rel. Min. FRANCIULLI NETTO, DJ 7/10/2002; REsp 264.173/PR, Rel. Min. JOSÉ DELGADO, DJ 2/4/2001; REsp 282.781/PR, Rel. Min. ELIANA CALMON, DJ 27.5.2002). 4. A especialização da Reserva Legal configura-se "como dever do proprietário ou adquirente do imóvel rural, independentemente da existência de florestas ou outras formas de vegetação nativa na gleba" (REsp 821.083/MG, Rel. Min. LUIZ FUX, DJe 9/4/2008. No mesmo sentido, RMS 21.830/MG, Rel. Min. CASTRO MEIRA, DJ 01/12/2008; RMS 22.391/MG, Rel. Min. DENISE ARRUDA, DJe 3/12/2008; REsp 973.225/MG, Rel. Min. ELIANA CALMON, DJe 3/9/2009). 5. Embargos de Divergência conhecidos e providos." (EREsp 218.781/PR, Rel. Ministro HERMAN BENJAMIN, PRIMEIRA SEÇÃO, julgado em 09/12/2009, DJe 23/02/2012); II: incorreta, pois a reserva legal é uma limitação administrativa, e não uma restrição administrativa; as limitações administrativas são imposições gerais e gratuitas, que atingem pessoas indeterminadas, delimitando o tamanho do direito dessas pessoas (o perfil do direito delas), o que faz com que não caiba indenização em favor dos atingidos por essa delimitação administrativa; III: correta (art. 3º, § 2º, da Lei 4.771/65); IV: correta (art. 3º, § 1º, da Lei 4.771/65); V: incorreta, pois na distribuição dessas áreas NÃO devem ser incluídas as áreas florestadas de preservação permanente de que trata esta lei, nem as florestas necessárias ao abastecimento local ou nacional de madeiras e outros produtos florestais (art. 8º da Lei 4.771/65). Gabarito "C".

(Magistratura Federal/5ª Região – 2009 – CESPE) Acerca da proteção às florestas e das áreas de proteção permanente, assinale a opção incorreta.

(A) Consideram-se áreas de preservação permanente as florestas e demais formas de vegetação situadas, entre outras classificações, no topo de morros, montes, montanhas e serras.

(B) A supressão total ou parcial de florestas de preservação permanente só será admitida com prévia autorização do Poder Executivo federal, quando for necessária à execução de obras, planos, atividades ou projetos de utilidade pública ou interesse social.

(C) As florestas que integram o patrimônio indígena estão sujeitas ao regime de preservação permanente, razão pela qual não se admite a exploração dos recursos florestais em terras indígenas, ainda que visando a subsistência de suas próprias comunidades.

(D) Havendo a necessidade de florestamento ou reflorestamento em áreas consideradas de preservação permanente instituídas por ato administrativo, o poder público federal poderá fazê-lo sem desapropriá-las, se não o fizer o proprietário. Se tais áreas estiverem sendo utilizadas com culturas, o proprietário deverá ser indenizado.

(E) As áreas de preservação permanente podem receber pessoas e animais para obtenção de água, desde que isso não exija sua supressão nem comprometa a regeneração e a manutenção, a longo prazo, da vegetação nativa.

A: correta (art. 2º, "d", da Lei 4.771/65); B: incorreta (art. 3º, § 1º, da Lei 4.771/65); C: incorreta, pois a segunda parte da afirmativa contém inverdade, já que a exploração de recursos pode acontecer, para atender à subsistência (art. 3º A da Lei 4.771/65); D: incorreta (art. 18 da Lei 4.771/65); E: incorreta (art. 4º, § 7º, da Lei 4.771/65). Gabarito "C".

10. RESPONSABILIDADE CIVIL AMBIENTAL

Segue um resumo sobre a **Responsabilidade Civil Ambiental**:

1. Responsabilidade objetiva.

*A responsabilidade objetiva pode ser **conceituada** como o dever de responder por danos ocasionados ao meio ambiente, independentemente de culpa ou dolo do agente responsável pelo evento danoso. Essa responsabilidade está prevista no § 3º do art. 225 da CF, bem como no § 1º do art. 14 da Lei 6.938/81 e ainda no art. 3º da Lei 9.605/98.*

*Quanto a seus **requisitos**, diferentemente do que ocorre com a responsabilidade objetiva no Direito Civil, onde são apontados três requisitos para a configuração da responsabilidade (conduta, dano e nexo de causalidade), no Direito Ambiental são necessários apenas dois.*

*A doutrina aponta a necessidade de existir um **dano** (evento danoso), mais o **nexo de causalidade, que o liga ao poluidor**.*

Aqui não se destaca muito a conduta como requisito para a responsabilidade ambiental, apesar de diversos autores entenderem haver três requisitos para sua configuração (conduta, dano e nexo de causalidade). Isso porque é comum o dano ambiental ocorrer sem que se consiga identificar uma conduta específica e determinada causadora do evento.

Quanto ao **sujeito responsável pela reparação do dano**, é o poluidor, que pode ser tanto pessoa física como jurídica, pública ou privada.

Quando o Poder Público não é o responsável pelo empreendimento, ou seja, não é o poluidor, sua responsabilidade é **subjetiva**, ou seja, depende de comprovação de culpa ou dolo do serviço de fiscalização, para se configurar. Assim, o Poder Público pode responder pelo dano ambiental por omissão no dever de fiscalizar. Nesse caso, haverá responsabilidade solidária do poluidor e do Poder Público. Mas lembre-se: se o Poder Público é quem promove o empreendimento, sua responsabilidade é **objetiva**.

Em se tratando de pessoa jurídica, a Lei 9.605/98 estabelece que esta será responsável *nos casos em que a infração for cometida por decisão de seu representante legal ou contratual, ou de seu órgão colegiado, no interesse ou benefício da sua entidade*. Essa responsabilidade da pessoa jurídica não exclui a *das pessoas físicas, autoras, co-autoras ou partícipes do mesmo fato*.

A Lei 9.605/98 também estabelece uma cláusula geral que permite a **desconsideração da personalidade jurídica** da pessoa jurídica, em qualquer caso, desde que destinada ao ressarcimento dos prejuízos causados à qualidade do meio ambiente. Segundo o seu art. 4º, *poderá ser desconsiderada a pessoa jurídica sempre que sua personalidade for obstáculo ao ressarcimento dos prejuízos causados à qualidade do meio ambiente*. Adotou-se, como isso, a chamada **teoria menor da desconsideração**, para a qual basta a insolvência da pessoa jurídica, para que se possa atingir o patrimônio de seus membros. No direito civil, ao contrário, adotou-se a teoria maior da desconsideração, teoria que exige maiores requisitos, no caso, a existência de um desvio de finalidade ou de uma confusão patrimonial para que haja desconsideração.

2. Reparação integral dos danos.

A obrigação de reparar o dano não se limita a pagar uma indenização; ela vai além: a reparação deve ser específica, *isto é, ela deve buscar a restauração ou recuperação do bem ambiental lesado, ou seja, o seu retorno à situação anterior. Assim, a responsabilidade pode envolver as seguintes obrigações:*

a) *de reparação natural ou in specie:* é a reconstituição ou recuperação do meio ambiente agredido, cessando a atividade lesiva e revertendo-se a degradação ambiental. *É a primeira providência que deve ser tentada, ainda que mais onerosa que outras formas de reparação;*

b) *de indenização em dinheiro:* consiste no ressarcimento pelos danos causados e não passíveis de retorno à situação anterior. Essa solução só será adotada quando não for viável fática ou tecnicamente a reconstituição. Trata-se de forma indireta de sanar a lesão.

c) *compensação ambiental:* consiste em forma alternativa à reparação específica do dano ambiental, e importa na adoção de uma medida de equivalente importância ecológica, mediante a observância de critérios técnicos especificados por órgãos públicos e aprovação prévia do órgão ambiental competente, admissível desde que seja impossível a reparação específica. Por exemplo, caso alguém tenha derrubado uma árvore, pode-se determinar que essa pessoa, como forma de compensação ambiental, replante duas árvores da mesma espécie.

3. **Dano ambiental.**

Não é qualquer alteração adversa no meio ambiente causada pelo homem que pode ser considerada dano ambiental. Por exemplo, o simples fato de alguém inspirar oxigênio e expirar gás carbônico não é dano ambiental. O art. 3º da Lei 6.938/81 nos ajuda a desvendar quando se tem dano ambiental, ao dispor que a poluição é a degradação ambiental resultante de atividades que direta ou indiretamente:

a) prejudiquem a saúde, a segurança e o bem-estar da população; b) criem condições adversas às atividades sociais e econômicas; c) afetem desfavoravelmente a biota; d) afetem as condições estéticas ou sanitárias do meio ambiente; e) lancem matérias ou energia em desacordo com os padrões ambientais estabelecidos.

Quanto aos atingidos pelo dano ambiental, este pode atingir pessoas indetermináveis e ligadas por circunstâncias de fato (ocasião em que será difuso), grupos de pessoas ligadas por relação jurídica base (ocasião em que será coletivo), vítimas de dano oriundo de conduta comum (ocasião em que será individual homogêneo) e vítima do dano (ocasião em que será individual puro).

De acordo com o pedido formulado na ação reparatório é que se saberá que tipo de interesse (difuso, coletivo, individual homogêneo ou individual) está sendo protegido naquela demanda.

Quanto à extensão do dano ambiental, a doutrina reconhece que este pode ser material (patrimonial) ou moral (extrapatrimonial). Será da segunda ordem quando afetar o bem-estar de pessoas, causando sofrimento e dor. Há de se considerar que há decisão do STJ no sentido que não se pode falar em dano moral difuso, já que o dano deve estar relacionado a pessoas vítimas de sofrimento, e não a uma coletividade de pessoas. De acordo com essa decisão pode haver dano moral ambiental a pessoa determinada, mas não pode haver dano moral ambiental a pessoas indetermináveis.

3. **A proteção do meio ambiente em juízo.**

A reparação do dano ambiental pode ser buscada extrajudicialmente, quando, por exemplo, é celebrado termo de **compromisso de ajustamento de conduta** com o Ministério Público, ou judicialmente, pela propositura da ação competente.

Há duas ações vocacionadas à defesa do meio ambiente. São elas: a **ação civil pública** (art. 129, III, da CF e Lei 7.347/85) e a **ação popular** (art. 5º, LXXIII, CF e Lei 4.717/65). A primeira pode ser promovida pelo Ministério Público, por entes da Administração Pública ou por associações constituídas há pelo menos um ano, que tenham por objetivo a defesa do meio ambiente. Já a segunda é promovida pelo cidadão.

Também são cabíveis em matéria ambiental o **mandado de segurança** (art. 5º, LXIX e LXX, da CF e Lei 1.533/51), individual ou coletivo, preenchidos os requisitos para tanto, tais como prova pré-constituída, e ato de autoridade ou de agente delegado de serviço público; o **mandado de injunção** (art. 5º, LXXI, da CF), quando a falta de norma regulamentadora torne inviável o exercício dos direitos e liberdades constitucionais e das prerrogativas inerentes à nacionalidade, à soberania e à cidadania; as **ações de inconstitucionalidade** (arts. 102 e 103 da CF e Leis 9.868/99 e 9.882/99); e a **ação civil de responsabilidade por ato de improbidade administrativa** em matéria ambiental (art. 37, § 4º, da CF, Lei 8.429/92 e art. 52 da Lei 10.257/01).

(Magistratura/AC – 2008 – CESPE) A respeito da responsabilidade civil por dano ambiental, assinale a opção correta.

(A) O ordenamento jurídico brasileiro consagra a teoria maior da desconsideração da pessoa jurídica, assinalando que os bens dos sócios respondem pela obrigação de reparar um dano ambiental causado por uma empresa apenas quando ficar evidenciado desvio de finalidade, confusão patrimonial ou fraude com vistas a inviabilizar o ressarcimento dos prejuízos ambientais causados.

(B) O ordenamento jurídico brasileiro admite, em caráter excepcional, a teoria menor da desconsideração da personalidade jurídica, razão pela qual os bens pessoais dos sócios podem responder pelos danos ambientais causados pela empresa da qual são membros mediante simples prova de insolvência da pessoa jurídica, ainda que os sócios comprovem conduta administrativa proba ou inexistência de culpa ou dolo na gestão dos negócios.

(C) O ordenamento jurídico brasileiro não admite a desconsideração da pessoa jurídica, pois esta, possuindo personalidade distinta de seus membros, responde diretamente pelos danos ambientais decorrentes de suas atividades; assim, os bens pessoais dos sócios não respondem pela obrigação de reparar prejuízo ambiental causado pela pessoa jurídica.

(D) Segundo a teoria da desconsideração da personalidade jurídica, não poderá ser desprezada a autonomia patrimonial da pessoa jurídica para fins de definição da responsabilidade civil por dano ambiental.

Art. 4º da Lei 9.605/98. Fala-se em teoria menor da desconsideração, pois há "menos" requisitos para que esta se dê. Gabarito "B".

(Magistratura/PE – 2011 – FCC) O Ministério Público propôs ação civil pública contra proprietário de indústria clandestina (sociedade de fato), que vinha causando poluição hídrica e sonora na localidade em que estava instalada e também contra o proprietário do imóvel arrendado pelo poluidor. Em termos de responsabilidade civil pelo dano ambiental, o proprietário arrendador

(A) não responde civilmente, porque inexiste nexo causal entre sua conduta e o dano ambiental causado.
(B) responde civilmente, mas apenas em caráter subsidiário, caso o empresário arrendatário não possua bens.
(C) responde civilmente, todavia nos limites do valor do contrato firmado com o arrendatário.
(D) não responde civilmente, porque no contrato firmado com o arrendatário existe cláusula excluindo-o de responsabilidade por danos ambientais.
(E) responde civilmente, em caráter solidário, porque omitiu-se no dever de preservação ambiental da propriedade.

A jurisprudência do STJ vem entendendo que "as obrigações ambientais ostentam caráter *propter rem*, isto é, são de natureza ambulante, ao aderirem ao bem, e não a seu eventual titular" (EResp 218.781/PR); nesse sentido, há de se reconhecer a responsabilidade do arrendador também; aliás, até em questões de natureza privada, como é o caso da responsabilidade do locador de veículo pelos danos causados pelo locatário deste, o locador responde, quanto mais em questões de natureza ambiental, com princípios mais rigorosos e voltados à busca intensa da reparação ambiental. Gabarito "E".

(Magistratura/SP – 2011 – VUNESP) O adquirente de uma área degradada, réu em ação civil pública na qual o Ministério Público objetiva a recuperação da cobertura vegetal, defendeu-se a argumentar aquisição recente de imóvel devastado anteriormente e, portanto, ausência total de qualquer responsabilidade. Ausente sua culpa, assim como o nexo de causalidade, para ele a ação civil pública só poderia receber decisão de improcedência. Deve incidir sobre a espécie ora sintetizada a solução que segue:

(A) a responsabilidade por danos ambientais é objetiva e não exige a comprovação de culpa, bastando a constatação de dano e do nexo de causalidade. Mas na esfera ambiental, mesmo o nexo de causalidade tem sua prova dispensada, em prol da efetiva proteção do bem jurídico tutelado. O adquirente responderá pelos danos solidariamente com o causador do desastre.
(B) a responsabilidade por danos ambientais é subjetiva e não prescinde da comprovação da culpa, mormente em se cuidando de aquisição recente. Toda responsabilidade é do anterior proprietário.
(C) a responsabilidade por danos ambientais é subjetiva, dispensa a comprovação da culpa, mas não prescinde da constatação do dano. Seu causador responderá sozinho pela recuperação da área.
(D) a responsabilidade por danos ambientais é objetiva, prescinde da comprovação da culpa e da constatação do dano. A responsabilidade é do adquirente e do Poder Público.
(E) a responsabilidade por danos ambientais é objetiva, prescinde da comprovação da culpa, mas não prescinde da constatação do dano e do nexo causal. Este é que definirá a responsabilidade pela degradação e pela recuperação da mata.

A responsabilidade do adquirente existe e é objetiva, já que se trata de uma obrigação *propter rem*. Nesse sentido, confira, novamente, o seguinte precedente do STJ: confira o seguinte precedente do STJ: "PROCESSUAL CIVIL E AMBIENTAL. CÓDIGO FLORESTAL (LEI 4.771, DE 15 DE SETEMBRO DE 1965). RESERVA LEGAL. MÍNIMO ECOLÓGICO. OBRIGAÇÃO PROPTER REM QUE INCIDE SOBRE O NOVO PROPRIETÁRIO. DEVER DE MEDIR, DEMARCAR, ESPECIALIZAR, ISOLAR, RECUPERAR COM ESPÉCIES NATIVAS E CONSERVAR A RESERVA LEGAL. RESPONSABILIDADE CIVIL AMBIENTAL. ART. 3º, INCISOS II, III, IV E V, E ART. 14, § 1º, DA LEI DA POLÍTICA NACIONAL DO MEIO AMBIENTE (LEI 6.938/81). 1. Hipótese em que há dissídio jurisprudencial entre o acórdão embargado, que afasta o dever legal do adquirente de imóvel de recuperar a área de Reserva Legal (art. 16, "a", da Lei 4.771/1965) desmatada pelo antigo proprietário, e os paradigmas, que o reconhecem e, portanto, atribuem-lhe legitimidade passiva para a correspondente Ação Civil Pública. 2. O Código Florestal, ao ser promulgado em 1965, incidiu, de forma imediata e universal, sobre todos os imóveis, públicos ou privados, que integram o território brasileiro. Tal lei, ao estabelecer deveres legais que garantem um mínimo ecológico na exploração da terra - patamar básico esse que confere efetividade à preservação e à restauração dos "processos ecológicos essenciais" e da "diversidade e integridade do patrimônio genético do País" (Constituição Federal, art. 225, §1º, I e II) -, tem na Reserva Legal e nas Áreas de Preservação Permanente dois de seus principais instrumentos de realização, pois, nos termos de tranquila jurisprudência do Superior Tribunal de Justiça, cumprem a meritória função de propiciar que os recursos naturais sejam "utilizados com equilíbrio" e conservados em favor da "boa qualidade de vida" das gerações presentes e vindouras (RMS 18.301/MG, Rel. Min. JOÃO OTÁVIO DE NORONHA, DJ de 3/10/2005. No mesmo sentido, REsp 927.979/MG, Rel. Min. FRANCISCO FALCÃO, DJ 31/5/2007; RMS 21.830/MG, Rel. Min. CASTRO MEIRA, DJ 1º/12/2008). 3. As obrigações ambientais ostentam caráter propter rem, isto é, são de natureza ambulante, ao aderirem ao bem, e não a seu eventual titular. Daí a irrelevância da identidade do dono - ontem, hoje ou amanhã -, exceto para fins de imposição de sanção administrativa e penal. "Ao adquirir a área, o novo proprietário assume o ônus de manter a preservação, tornando-se responsável pela reposição, mesmo que não tenha contribuído para o desmatamento" (REsp 926.750/MG, Rel. Min. CASTRO MEIRA, DJ 4/10/2007. No mesmo sentido, REsp 343.741/PR, Rel. Min. FRANCIULLI NETTO, DJ 7/10/2002; REsp 264.173/PR, Rel. Min. JOSÉ DELGADO, DJ 2/4/2001; REsp 282.781/PR, Rel. Min. ELIANA CALMON, DJ 27.5.2002). 4. A especialização da Reserva Legal configura-se "como dever do proprietário ou adquirente do imóvel rural, independentemente da existência de florestas ou outras formas de vegetação nativa na gleba" (REsp 821.083/MG, Rel. Min. LUIZ FUX, DJe 9/4/2008. No mesmo sentido, RMS 21.830/MG, Rel. Min. CASTRO MEIRA, DJ 01/12/2008; RMS 22.391/MG, Rel. Min. DENISE ARRUDA, DJe 3/12/2008; REsp 973.225/MG, Rel. Min. ELIANA CALMON, DJe 3/9/2009). 5. Embargos de Divergência conhecidos e providos." (EREsp 218.781/PR, Rel. Ministro HERMAN BENJAMIN, PRIMEIRA SEÇÃO, julgado em 09/12/2009, DJe 23/02/2012). Gabarito "A".

(Magistratura/SP – 2011 – VUNESP) Uma das missões específicas da Justiça Ambiental é dar respostas tendentes a coibir atentados contra o meio ambiente e condenar o infrator à reparação do dano ambiental. O direito brasileiro admite expressamente a cumulação da reparação do dano com a supressão da atividade ou omissão danosa ao meio ambiente, no âmbito da ação civil pública ambiental. Pode-se reconhecer que a responsabilidade civil, nesse tema, possa ter também, em caráter principal e autônomo, o efeito de sanção do responsável? Assinale a alternativa correta.

(A) A partir da edição da Lei n.º 9.605/98, instituiu-se a possibilidade de sancionamento civil do degradador, com imposição, pelo juiz cível, em acréscimo à indenização concedida, de multa civil com fundamento no art. 3.º da lei.
(B) Se é possível a inclusão, na reparação pecuniária de danos extrapatrimoniais em geral o "valor de desestímulo", a resposta só pode ser afirmativa.
(C) Obter, além da reparação de danos e da supressão do fato danoso, a imposição, em caráter autônomo e cumulativo, de providências específicas ou condenação pecuniária com efeito principal de pena civil para o degradador, demandaria disposição legal e expressa a respeito.
(D) É viável a fixação do *quantum* indenizatório com base no proveito econômico obtido pelo agente com o prejuízo moral causado e isso prescinde de lei.
(E) Os danos ambientais são irreversíveis, por isso, irreparáveis.

A: incorreta, pois a Lei 9.605/98 não estabelece multa civil, em acréscimo ao dever de reparação do meio ambiente; essa lei, no campo civil, limita-se a reforçar o dever de reparação do dano ambiental; no campo administrativo e no campo penal, aí sim essa lei traz outras sanções ao poluidor; B e D: incorretas, pois, assim como ocorre na Lei 9.605/98, não há outras leis ambientais estabelecendo, no campo civil, penalidade adicional ao dever de reparação dos danos ambientais; C: correta, pois somente uma lei tem o condão de, no campo civil, estabelecer uma penalidade adicional ao dever de reparação dos danos ambientais; E: incorreta, pois há casos em que os danos ambientais são reparáveis; quando tal providência não for possível, aí é o caso de buscar providências de compensação ambiental e indenização...". Gabarito "C".

(Magistratura/SP – 2011 – VUNESP) Em área de preservação permanente, edificam-se construções em parcelamento de solo sem autorização nem EIA-RIMA. Ante a degradação ambiental, o Ministério Público ingressa com ação civil pública julgada procedente em primeiro grau. Os condenados apelam e se propõem a regenerar o restante da área, desde que o recurso seja provido para arredar a multa ambiental. Diante desse quadro, analise as assertivas que seguem:

I. comprometer-se a regenerar a área desmatada é obrigação objetiva do proprietário e não exclui sua responsabilidade nas três esferas de apuração;
II. cuidando-se de fato consumado, o apelo deve ser provido para reconhecer aos ocupantes o direito a permanecer na APP;
III. o apelo deve ser provido, desde que os apelantes se comprometam também a não prosseguir na prática de novos atos de agressão ao meio ambiente;

IV. a responsabilidade é do Município, que não fiscalizou e não impediu a ocupação irregular;
V. inexiste direito adquirido à ocupação irregular de área de preservação permanente com degradação ambiental.

São INCORRETAS apenas as assertivas

(A) I, III e IV.
(B) II, III e V.
(C) II, III e IV.
(D) I, III e V.
(E) I, IV e V.

I: assertiva correta, pois a responsabilidade civil ambiental é objetiva e independente das responsabilidades, pelo mesmo fato, nas esferas administrativa e penal (art. 225, § 3º, da CF); II e III: assertivas incorretas, pois o direito à moradia pode ser exercido em outra localidade, fazendo-se necessária a proteção do meio ambiente no local; ademais, as sanções administrativas são independentes das sanções civis; IV: assertiva incorreta; além da responsabilidade do Município por eventual serviço de fiscalização ambiental defeituoso, os eventuais empreendedores clandestinos e os que ocuparam a área também respondem civilmente pela reparação ambiental; V: assertiva correta, valendo citar, a título de precedente, a seguinte decisão do TJ/SP: "Ação civil pública ambiental. Ocupação irregular de área de preservação permanente com degradação ambiental. Inexistência de cerceamento de defesa ou nulidade processual. Prova do fato. Obrigação propter rem. Responsabilidade dos proprietários e/ou possuidores. Obrigação de demolir construção, de recompor a vegetação e de não realizar novos atos de agressão ao meio ambiente. Apelação não provida" (Apelação nº 0165172-53.2007.8.26.0000, j. 25/08/11). Gabarito "C".

(Ministério Público/MS – 2011 – FADEMS) Assinale a alternativa **correta**. Acerca da responsabilidade civil ambiental na legislação brasileira, pode-se afirmar.

(A) É subjetiva, nos mesmos moldes da responsabilidade civil, ou seja, é imprescindível a investigação e a discussão da culpa, embora não seja necessária a prova do nexo causal, vale dizer, da relação de causa e efeito entre a atividade do agente e o dano dela advindo;
(B) É considerada como de natureza objetiva, em razão de previsão constitucional e do regime adotado na Lei nº 6.931/81, que afastou a investigação e a discussão da culpa, embora não tenha prescindido do nexo causal, vale dizer, da relação de causa e efeito entre a atividade do agente e o dano dela advindo;
(C) Na apuração da responsabilidade do poluidor, o Ministério Público ou qualquer legitimado, autor da ação civil publica, além da aplicação da teoria do risco integral quanto a culpa, ainda tem a vantagem da inversão do ônus da prova, como acontece na seara da defesa do consumidor;
(D) O poluidor não será responsabilizado civilmente caso o evento danoso tenha sido causado por motivo de força maior (da natureza) ou caso fortuito (obra do acaso), sendo estas circunstâncias, uma das exceções na aplicação da teoria do risco integral;
(E) É mista, ora assumindo características objetivas, ora demonstrando subjetividade, cabendo ao Juiz, na análise do caso concreto, decidir a prevalência de uma das duas e a justa indenização.

A: incorreta, pois a responsabilidade civil ambiental é objetiva; B: correta, pois tanto o texto do art. 225, § 3º, da CF, como o do art. 14, § 1º, da Lei 6.938/81 não exigem o elemento "culpa" para a configuração da responsabilidade do causador de um dano ambiental; C: incorreta, pois a jurisprudência dos tribunais superiores não adota a teoria do risco integral (responsabilidade sem excludentes) em matéria de responsabilidade civil ambiental; essa teoria se aplica à responsabilidade civil ambiental em caso de dano nuclear; de qualquer forma, há um acórdão do STJ que também adotou a teoria do risco integral, com a observação de que essa posição só valeria para aquele caso concreto e não para formar teses gerais em matéria de responsabilidade civil ambiental; trata-se de um caso de colisão de navios, com vazamento de nafta em águas, em decisão que não aceitou a exclusão de responsabilidade pela excludente "fato de terceiro" (STJ, Resp 1.114398/PR, DJ 16/02/12); D: incorreta, pois a teoria do risco integral (ainda) não é adotada como regra geral em matéria de responsabilidade civil ambiental; mas caso seja, essa teoria é no sentido de que não se pode alegar qualquer tipo de excludente de responsabilidade, inclusive as excludentes caso fortuito e força maior; E: incorreta, pois a responsabilidade civil ambiental não é tão duvidosa como a alternativa faz parecer que é; a responsabilidade civil ambiental é OBJETIVA! A única exceção é a responsabilidade do Poder Público quando está na posição de fiscalizador do meio ambiente; nesse único caso, o Poder Público responde subjetivamente, devendo-se averiguar se o serviço público de fiscalização ambiental foi ou não defeituoso (culpa anônima do serviço); em sendo defeituoso, o Poder Público responderá solidariamente com o efetivo causador do dano ambiental. Gabarito "B".

(Ministério Público/SP – 2011) Assinale a alternativa correta.

(A) Em decorrência das regras constitucionais em matéria ambiental, as responsabilidades civil, penal e administrativa por danos causados ao meio ambiente são de caráter objetivo.
(B) O caráter objetivo da responsabilidade civil por danos ambientais fundamenta-se na teoria do risco, que faz recair ao causador dos danos a obrigação de repará-los, independentemente de culpa, admitindo-se apenas a aplicação das excludentes de caso fortuito e força maior.
(C) O Poder Público pode vir a ser responsabilizado solidariamente por danos ambientais causados por particulares em decorrência de deficiências na fiscalização, sendo sua responsabilidade, a esse propósito, de caráter objetivo.
(D) O caráter objetivo da responsabilidade civil por danos ambientais fundamenta-se na teoria do risco, pois aquele que exerce uma atividade deve responder por eventuais danos dela resultantes, independentemente de culpa, ainda que a atividade danosa seja lícita.
(E) A responsabilidade civil em matéria ambiental é de caráter objetivo, prescindindo, para sua caracterização, do elemento da culpa e do nexo causal entre a conduta e o evento danoso.

A: incorreta, pois, das três responsabilidades mencionadas, somente a responsabilidade **civil** ambiental é de caráter objetivo; B: incorreta, pois, pela jurisprudência prevalecente, admite-se outras excludentes de responsabilidade, pois não se adotou a responsabilidade civil pelo risco integral em matéria ambiental; de qualquer forma, há muitas correntes nos órgãos do Ministério Público no sentido de que se adotou a responsabilidade civil pelo risco integral em matéria ambiental; para quem pensa assim, a alternativa também está incorreta, pois, se o risco é integral, não se admite excludente alguma; C: incorreta, pois, nesse caso, a responsabilidade do Poder Público é subjetiva, devendo-se averiguar se houve ou não a chamada culpa anônima do serviço; D: correta, pois, em sendo objetiva a responsabilidade, não se discute se há conduta ilícita ou não, se há culpa ou não; E: incorreta, pois, sem nexo de causalidade entre a conduta e o dano, não há que se falar em responsabilidade civil ambiental. Gabarito "D".

(Procurador do Estado/PE – CESPE – 2009) No âmbito da responsabilidade civil ambiental, o bem jurídico objeto de proteção é o meio ambiente, como bem de uso comum do povo, indisponível e indivisível, suscetível de ser reparado, independentemente de reparação de danos individuais imposto aos titulares do objeto material do dano. Acerca do regime da responsabilidade civil ambiental brasileira, segundo a legislação e jurisprudência dos tribunais superiores, assinale a opção correta.

(A) A responsabilidade civil ambiental independe de culpa.
(B) A existência de crime ambiental exclui a busca da responsabilidade civil.
(C) Empresa multada administrativamente não pode ser obrigada a reparar os danos cometidos.
(D) Não cabe responsabilização civil ambiental por obra licenciada regularmente.
(E) A reparação do dano deve ser feita tendo em vista a capacidade econômica do agente poluidor.

A: correta, pois a responsabilidade civil ambiental é objetiva (art. 225, § 3º, da CF e art. 14, § 1º, da Lei 6.938/81); B: incorreta, pois o art. 225, § 3º, da CF deixa claro que a obrigação de reparar os danos é independente da responsabilização penal; C: incorreta, pois o art. 225, § 3º, da CF deixa claro que a obrigação de reparar os danos é independente da responsabilização administrativa; D: incorreta, pois cabe responsabilização civil no caso, vez que esta é objetiva, pouco importando, então, se o ato que gerou o dano ambiental é lícito ou não; E: incorreta, pois a reparação do dano deve ter em vista o retorno do bem ambiental ao estado anterior. Gabarito "A".

(Procurador do Estado/RO – 2011 – FCC) A respeito da responsabilidade por danos ambientais materiais, é correto afirmar que

(A) a responsabilidade civil não será elidida com a reparação do dano ambiental.
(B) a responsabilidade penal, civil e administrativa decorre de culpa.
(C) mesmo após o pagamento de multa imposta pela administração pública resta o dever do infrator de reparar o dano.
(D) o administrador de uma pessoa jurídica nunca responde penalmente pelos danos causados pela empresa.
(E) o autor de um crime contra a administração ambiental só pode ser funcionário público.

A: incorreta, pois, havendo reparação ambiental, não há mais o que se responsabilizar na esfera civil; B: incorreta, pois a responsabilidade CIVIL é objetiva; C: correta, pois a instância civil é independente da instância administrativa (art. 225, § 3º, da CF); D: incorreta (art. 2º da Lei 9.605/98); E: incorreta, pois há crimes previstos a esse título que não requerem que o autor seja funcionário público, como o crime de "Obstar ou dificultar a ação fiscalizadora do Poder Público no trato de questões ambientais" (art. 69 da Lei 9.605/98). Gabarito "C".

(Procurador do Estado/RO – 2011 – FCC) Partindo das definições de "compensação ambiental" e "mitigação ambiental" e da legislação que as regulamentam, é correto afirmar que

(A) os recursos obtidos com a compensação ambiental devem ser utilizados para recompor os bens ambientais lesados pela obra licenciada.
(B) o valor devido a título de compensação nunca será inferior a 0,5% dos custos totais da implantação do empreendimento.
(C) o valor devido a título de mitigação ambiental nunca será superior a 0,5% dos custos totais da implantação do empreendimento.
(D) cabe ao órgão ambiental definir as Unidades de Conservação que serão beneficiadas com recursos da compensação ambiental.
(E) quando se tratar de empreendimento com significativo impacto ambiental, a compensação poderá ser dispensada pelo órgão licenciador se o empreendedor tomou todas as medidas mitigadoras cabíveis.

A: incorreta, pois tais recursos serão destinados ao seguinte: i) regularização fundiária e demarcação das terras; ii) elaboração, revisão ou implantação de plano de manejo; iii) aquisição de bens e serviços necessários à implantação, gestão, monitoramento e proteção da unidade, compreendendo sua área de amortecimento; iv) desenvolvimento de estudos necessários à criação de nova unidade de conservação; v) desenvolvimento de pesquisas necessárias para o manejo da unidade de conservação e área de amortecimento (art. 33 do Decreto 4.340/02); B e C: incorretas, pois a previsão de percentual, prevista no art. 36, § 1º, da Lei 9.885/00, foi declarada inconstitucional pelo STF, que determinou que "o valor da compensação-compartilhamento é de ser fixado proporcionalmente ao impacto ambiental, após estudo em que se assegurem o contraditório e ampla defesa", dada a "prescindibilidade da fixação de percentual sobre os custos do empreendimento" (ADI 3.378-6, DJ 20/06/08); no mais o STF entendeu constitucional a compensação devida pela implantação de empreendimentos de significativo impacto ambiental, em decisão, na ADI mencionada, com a seguinte ementa: "AÇÃO DIRETA DE INCONSTITUCIONALIDADE. ART. 36 E SEUS §§ 1º, 2º E 3º DA LEI Nº 9.985, DE 18 DE JULHO DE 2000. CONSTITUCIONALIDADE DA COMPENSAÇÃO DEVIDA PELA IMPLANTAÇÃO DE EMPREENDIMENTOS DE SIGNIFICATIVO IMPACTO AMBIENTAL. INCONSTITUCIONALIDADE PARCIAL DO § 1º DO ART. 36. 1. O compartilhamento-compensação ambiental de que trata o art. 36 da Lei nº 9.985/2000 não ofende o princípio da legalidade, dado haver sido a própria lei que previu o modo de financiamento dos gastos com as unidades de conservação da natureza. De igual forma, não há violação ao princípio da separação dos Poderes, por não se tratar de delegação do Poder Legislativo para o Executivo impor deveres aos administrados. 2. Compete ao órgão licenciador fixar o quantum da compensação, de acordo com a compostura do impacto ambiental a ser dimensionado no relatório - EIA/RIMA. 3. O art. 36 da Lei nº 9.985/2000 densifica o princípio usuário-pagador, este a significar um mecanismo de assunção partilhada da responsabilidade social pelos custos ambientais derivados da atividade econômica. 4. Inexistente desrespeito ao postulado da razoabilidade. Compensação ambiental que se revela como instrumento adequado à defesa e preservação do meio ambiente para as presentes e futuras gerações, não havendo outro meio eficaz para atingir essa finalidade constitucional. Medida amplamente compensada pelos benefícios que sempre resultam de um meio ambiente ecologicamente garantido em sua higidez. 5. Inconstitucionalidade da expressão "não pode ser inferior a meio por cento dos custos totais previstos para a implantação do empreendimento", no § 1º do art. 36 da Lei nº 9.985/2000. O valor da compensação-compartilhamento é de ser fixado proporcionalmente ao impacto ambiental, após estudo em que se assegurem o contraditório e a ampla defesa. Prescindibilidade da fixação de percentual sobre os custos do empreendimento. 6. Ação parcialmente procedente."; D: correta (art. 36, § 2º, da Lei 9.985/00); E: incorreta, pois a compensação no caso é obrigação prevista em lei, que não abre essa exceção (art. 36, caput, da Lei 9.985/00). Gabarito "D".

(Procurador do Estado/SP – FCC – 2009) Pelo disposto na Constituição Federal, em especial no seu artigo 225, e na Lei Federal no 9.605/98, as condutas e atividades consideradas lesivas ao meio ambiente sujeitarão os infratores, pessoas físicas ou jurídicas, a sanções penais e administrativas,

(A) independentemente da obrigação de reparação de danos ambientais, sendo que a responsabilidade penal não se aplica à pessoa jurídica.
(B) sendo subjetiva a responsabilidade pela reparação de danos ambientais, quando se tratar de pessoa física e objetiva a responsabilidade quando se tratar de pessoa jurídica.
(C) dependendo a obrigação de reparação dos danos causados da comprovação da existência de dolo, quando se tratar de pessoa física.
(D) independentemente da obrigação de reparar os danos causados.
(E) dependendo a obrigação de reparação dos danos causados de condenação criminal transitada em julgado.

Art. 225, § 3º, da CF. Gabarito "D".

(Defensoria/PA – 2009 – FCC) A responsabilidade civil daquele que explorar recursos minerais, por danos causados ao meio ambiente, é

(A) subjetiva e depende de caracterização de conduta dolosa por parte do particular.
(B) objetiva e não implica a obrigação de recuperação da área degradada.
(C) objetiva e deverá compreender a obrigação de recuperação da área degradada, na forma definida pelo órgão ambiental.
(D) objetiva e subordinada às condutas praticadas pelo proprietário do imóvel.
(E) subjetiva e depende da comprovação de que o dano foi causado por violação à autorização ou concessão de lavra.

Art. 225, §§ 2º e 3º, da CF. Gabarito "C".

(Magistratura Federal/3ª Região – 2010) Sobre a atuação do Ministério Público, do Poder Judiciário e da Administração Ambiental visando maior efetividade da proteção ambiental é incorreto afirmar que:

(A) O Termo de Ajustamento de Conduta (TAC) tomado pelo Ministério Público e órgãos públicos legitimados possibilita o estabelecimento, de comum acordo, de obrigações para a prevenção e/ou a reparação integral do dano ambiental, das respectivas cominações, dos prazos e demais condições de cumprimento, consistindo em título executivo extrajudicial ou judicial, se homologado em juízo;
(B) A celebração do TAC restringe-se ao estabelecimento de obrigações na esfera da responsabilidade civil ambiental e não pode constituir óbice à imposição, cumulativamente, de sanções administrativas e penais, se for o caso, em razão da independência das esferas de responsabilidade, conforme expressa disposição constitucional;
(C) O Termo de Compromisso (TC) firmado com o órgão ambiental competente, fixando medidas de correção e adequação para atendimento das exigências impostas, reduz significativamente o valor da multa simples aplicada e a assinatura do instrumento não implica a automática renúncia ao direito de recorrer administrativamente, ou de pleitear nova conversão de multa pelo período de 05 (cinco) anos, contados da data da assinatura;
(D) A composição prévia do dano ambiental para fins de transação penal, a suspensão condicional do processo durante o cumprimento das obrigações assumidas e a extinção da punibilidade com a constatação da reparação integral do dano ambiental são especificadas do procedimento dos juizados especiais para os crimes ambientais de menor potencial ofensivo.

A: correto, nos termos do art. 79-A da Lei 9.605/98 e do art. 5º, § 6º, da Lei 7.347/85; B: correto (art. 225, § 3º, da CF) C: incorreto, pois a celebração do compromisso não reduz, nem exclui as multas aplicadas antes do protocolo do pedido de termo de compromisso (art. 79-A, §§ 3º e 4º, da Lei 9.605/98); D: incorreta, pois tais composições estão especificadas na Lei 9.605/98. Gabarito "C".

(Magistratura Federal-4ª Região – 2010) Dadas as assertivas abaixo, e tendo em conta a melhor doutrina e a legislação ambiental, assinale a alternativa correta.

I. O princípio "poluidor-pagador" constitui forma de compensação do dano ambiental, esgotando-se com a prestação pecuniária.
II. A recomposição dos danos ambientais, quando possível, deve sempre preferir à recuperação por meio de medidas compensatórias.
III. Todo dano ambiental possui natureza patrimonial.
IV. As medidas compensatórias adotadas em função da ocorrência de dano ambiental irrecuperável, sempre que possível, devem guardar relação com o bem ambiental lesado.
V. Havendo impossibilidade de restauração ecológica in situ, abre-se ao poluidor a opção para a compensação ecológica por meio da tutela ressarcitória por equivalente ou a indenização em dinheiro.

(A) Estão corretas apenas as assertivas I e V.
(B) Estão corretas apenas as assertivas II e IV.
(C) Estão corretas apenas as assertivas I, III e V.
(D) Estão corretas apenas as assertivas II, IV e V.
(E) Nenhuma assertiva está correta.

I: incorreta; o princípio do poluidor-pagador tem dois aspectos, quais sejam, o repressivo e o preventivo; o preventivo está preocupado com a reparação ambiental; o preventivo, com a internalização das externalidades negativas; a reparação ambiental, um dos objetivos do princípio, não se satisfaz, nem se esgota com a mera prestação pecuniária, pois, mais do que isso, a reparação ambiental tem em mira o retorno ao estado anterior; II: correta; deve-se, em primeiro lugar, buscar a restauração (restituição do meio ambiente à condição mais próxima possível de sua condição original – art. 2º, XIV, da Lei 9.985/00), que, não sendo possível, dá ensejo à busca da recuperação (restituição, do meio ambiente, de uma postura degradada, para uma postura não degradada, mas diferente de sua condição original); III: incorreta, pois o meio ambiente é constituído de valores patrimoniais e não patrimoniais, devendo ser protegido nessas duas vertentes ou situações; IV: correta; uma vez que um dano ambiental foi causado, deve-se buscar, em primeiro lugar, a reparação específica; não sendo possível, verifica-se a possibilidade de compensação ambiental, sendo que esta só será efetiva se incidir sobre recursos ambientais da mesma natureza e da mesma região do bem ambiental lesado; por exemplo, caso uma vegetação seja arrasada ambientalmente por um proprietário e não seja possível que se retorne ao estado anterior, uma compensação efetiva seria esse proprietário adquirir uma propriedade vizinha, com características ambientais semelhantes ao que originariamente existia na área ambiental lesada, a fim de instituir na propriedade vizinha uma servidão ambiental, a impedir o uso da segunda área, como forma de compensar o dano ambiental causado em área de natureza semelhante, na mesma região; V: incorreta, pois a compensação ambiental, como se viu, não se limita a um mero ressarcimento. Gabarito "B".

(Magistratura Federal – 4ª Região – XIII – 2008) Assinalar a alternativa correta. A responsabilidade civil das entidades de direito público em matéria de dano ao meio ambiente, na hipótese de ausência de fiscalização da atividade diretamente causadora de dano ambiental, é, na linha da doutrina e da jurisprudência majoritárias:

(A) fundada no risco-integral.
(B) fundada no risco-proveito.
(C) objetiva.
(D) subjetiva.

A responsabilidade civil ambiental do Estado por conduta omissiva na fiscalização é de natureza subjetiva, nos termos da jurisprudência dos tribunais. Confira: "Recurso especial. Ação Civil Pública. Poluição ambiental. Empresas mineradoras. Carvão mineral. Estado de Santa Catarina. Reparação. Responsabilidade do Estado por omissão. Responsabilidade solidária. A responsabilidade civil do Estado por omissão é subjetiva, mesmo em se tratando de responsabilidade por dano ao meio ambiente, uma vez que a ilicitude no comportamento omissivo é aferida sob a perspectiva de que deveria o Estado ter agido conforme estabelece a lei. A União tem o dever de fiscalizar as atividades concernentes à extração mineral, de forma que elas sejam equalizadas à conservação ambiental. Esta obrigatoriedade foi alçada à categoria constitucional, encontrando-se inscrita no artigo 225, §§ 1º, 2º e 3º da Carta Magna. Condenada a União a reparação de danos ambientais, é certo que a sociedade mediatamente estará arcando com os custos de tal reparação, como se fora autoindenização. Esse desiderato apresenta-se consentâneo com o princípio da equidade, uma vez que a atividade industrial responsável pela degradação ambiental – por gerar divisas para o país e contribuir com percentual significativo de geração de energia, como ocorre com a atividade extrativa mineral – a toda sociedade beneficia. Havendo mais de um causador de um mesmo dano ambiental, todos respondem solidariamente pela reparação, na forma do art. 942 do Código Civil. De outro lado, se diversos forem os causadores da degradação ocorrida em diferentes locais, ainda que contíguos, não há como atribuir-se a responsabilidade solidária adotando-se apenas o critério geográfico, por falta de nexo causal entre o dano ocorrido em um determinado lugar por atividade poluidora realizada em outro local". (REsp 647.493/SC, Rel. Ministro JOÃO OTÁVIO DE NORONHA, SEGUNDA TURMA, julgado em 22.05.2007, DJ 22.10.2007 p. 233) Gabarito "D".

(Procurador Federal – 2010 – CESPE) Acerca das regras afetas à responsabilidade civil por danos causados ao meio ambiente, julgue os próximos itens.

(1) De acordo com entendimento do STJ, a responsabilidade por danos ambientais é subsidiária entre o poluidor direto e o indireto.
(2) Em se tratando de reserva florestal, com limitação imposta por lei, quem adquire a área assume o ônus de manter a sua preservação, tornando-se responsável pela reposição dessa área, mesmo se não tiver contribuído para devastá-la.

1: incorreta, pois a responsabilidade, no caso, é solidária (REsp 604725, DJ 22/08/2005); um exemplo é o caso em que uma indústria causa danos ao meio ambiente (poluidor direto) e o Poder Público, ciente, nada faz para impedir (poluidor indireto); 2: correta, pois, segundo o STJ, a obrigação, no caso, é *propter rem*. Gabarito 1E, 2C.

(CESPE – 2007) Assinale a opção correta em relação ao dano ambiental.

(A) Sendo o meio ambiente um bem difuso, o dano ambiental também tem natureza exclusivamente difusa, razão pela qual é vedado ao indivíduo — vítima direta de um dano — reivindicar indenização a si próprio.
(B) Quanto à extensão, o dano ambiental pode ser patrimonial, quando disser respeito à perda material do bem ambiental, ou extrapatrimonial, quando ofender valores imateriais, reduzindo o bem-estar do indivíduo ou da coletividade ou atingindo o valor intrínseco do bem.
(C) Dada a irreversibilidade do dano ambiental, a única forma de reparação contra esse tipo de dano, na via judicial, é a indenização pecuniária, a qual deverá resultar em recursos para a minimização dos impactos na área afetada pela atividade lesiva.
(D) A responsabilidade civil por danos causados ao meio ambiente é de natureza objetiva, sendo imprescindíveis, para sua caracterização, o elemento culpa e a comprovação do indiscutível caráter lesivo da atividade desenvolvida pelo agente.

A: quanto às vítimas do dano ambiental, este pode atingir pessoas em particular (interesses individuais simples e individuais homogêneos), um grupo de pessoas (interesses coletivos) ou um número indeterminável de pessoas (interesses difusos); B: quanto à extensão, o dano pode ser patrimonial (material) ou extrapatrimonial (moral); C: deve-se, em primeiro lugar, buscar a recuperação do bem lesado; não sendo possível tecnicamente a reparação específica, a indenização não é a única alternativa; é possível também utilizar a compensação ambiental; D: a responsabilidade por dano ambiental é objetiva, ou seja, não é imprescindível o elemento culpa. Gabarito "B".

(CESPE – 2007) Com relação à responsabilidade por danos ambientais, assinale a opção correta.

(A) A responsabilidade civil em matéria ambiental é de caráter objetivo, prescindindo-se, para sua caracterização, do elemento culpa e do nexo causal entre a conduta e o evento danoso.
(B) A natureza objetiva da responsabilidade civil por danos ambientais inspira-se em um postulado de eqüidade, pois aquele que obtém lucros com uma atividade deve responder por eventuais prejuízos dela resultantes, independentemente de culpa, sendo igualmente irrelevante saber se a atividade danosa é lícita ou ilícita.
(C) A responsabilidade civil por danos causados ao meio ambiente, por ser de natureza objetiva, exige a caracterização de culpa para efeito de obrigação de reparar os prejuízos causados.
(D) Em razão da necessidade de melhor proteção ao meio ambiente, é objetiva a natureza das responsabilidades penal e administrativa por danos causados a esse bem jurídico.

A: a responsabilidade ambiental objetiva depende, sim, de nexo de causalidade; B: de fato, a responsabilidade ambiental é objetiva, ou seja, pouco importa se é lícita ou não a atividade causadora do dano; assim, não se discute se a atividade é ilícita (culposa ou dolosa), mas apenas se há conduta, dano e nexo de causalidade; o instituto da responsabilidade objetiva em matéria ambiental decorre da teoria do risco-proveito, pela qual quando alguém tem proveito com certa atividade, deve arcar com os prejuízos decorrentes do risco inerente a essa atividade; C: se a responsabilidade é objetiva, não é necessária a culpa; D: não existe responsabilidade penal objetiva. Gabarito "B".

11. RESPONSABILIDADE ADMINISTRATIVA AMBIENTAL

(Magistratura/MT – 2009 – VUNESP) No tocante ao prazo máximo a ser observado em um processo administrativo para apuração de infração ambiental, é correto afirmar que será de

(A) vinte dias para o infrator oferecer defesa ou impugnação contra o auto de infração, contados da data da ciência da autuação.
(B) vinte dias para a autoridade competente julgar o auto de infração, contados da data da sua lavratura, apresentada ou não a defesa ou impugnação.

(C) quarenta dias para o infrator oferecer defesa ou impugnação contra o auto de infração, contados da data da sua lavratura.
(D) quarenta dias para a autoridade competente julgar o auto de infração, contados da data da ciência da autuação.
(E) quarenta dias para o pagamento de multa, contados da data do recebimento da notificação.

A: correto (art. 71, I, da Lei 9.605/98); B: incorreto, pois o prazo é de 30 dias (art. 71, II, da Lei 9.605/98); C: incorreto, pois o prazo é de 20 dias (art. 71, I, da Lei 9.605/98); D: incorreto, pois o prazo é de 30 dias (art. 71, II, da Lei 9.605/98); E: incorreto, pois o prazo é de 5 dias (art. 71, IV, da Lei 9.605/98). Gabarito "A".

(Magistratura/PA – 2009 – FGV) No que se refere à apreensão pela autoridade de produtos e instrumentos em razão de infrações administrativas ambientais, quanto à destinação dos objetos apreendidos, analise as afirmativas a seguir.

I. As madeiras ilegalmente extraídas poderão ser doadas a instituições hospitalares e penais.
II. Os produtos e subprodutos da fauna não perecíveis poderão ser destruídos.
III. Os instrumentos utilizados na prática da infração serão vendidos, garantida a sua descaracterização por meio da reciclagem.
IV. Os animais que estiverem presos não poderão mais ser libertados, devendo ser entregues a jardins zoológicos, fundações ou entidades assemelhadas.

Assinale:
(A) se somente as afirmativas I, II e III estiverem corretas.
(B) se somente as afirmativas II, III e IV estiverem corretas.
(C) se somente as afirmativas I, III e IV estiverem corretas.
(D) se somente as afirmativas I, II e IV estiverem corretas.
(E) se todas as afirmativas estiverem corretas.

I: correta (art. 25, § 2º, da Lei 9.605/98); II: correta (art. 25, § 3º, da Lei 9.605/98); III: correta (art. 25, § 4º, da Lei 9.605/98); IV: incorreta (art. 25, § 1º, da Lei 9.605/98). Gabarito "A".

(Magistratura/PE – 2011 – FCC) O art. 72 da Lei no 9.605/98 elenca o rol de sanções administrativas cabíveis no caso de infração administrativa ao meio ambiente e prevê como a primeira delas (inc. I) a pena de advertência, sobre a qual é correto afirmar:

(A) Trata-se de mera admoestação sem consequência alguma, exceto a de constar nos antecedentes do infrator, podendo, por isso mesmo, ser aplicada independentemente da instauração do devido processo legal.
(B) Trata-se de sanção como outra qualquer e que não é pressuposto para a aplicação das demais.
(C) Trata-se de sanção que deve preceder a aplicação das demais e que, por isso mesmo, é a primeira a ser prevista.
(D) Trata-se de sanção que pode ser aplicada de plano, sem necessidade de contraditório, face ao princípio da verdade sabida.
(E) Trata-se de sanção que, por suas próprias características, deve ser aplicada em conjunto com outras previstas nos vários incisos do referido artigo.

A e D: incorretas, pois a aplicação de qualquer sanção administrativa depende da observância do devido processo legal, assegurado o direito de ampla defesa e o contraditório (art. 70, § 4º, da Lei 9.605/98); B: correta, pois a advertência é aplicada sem prejuízo das demais sanções previstas na lei (art. 72, § 2º, da Lei 9.605/98); C e E: incorreta, nos termos do comentário à alternativa "b". Gabarito "B".

(Magistratura/PR – 2010 – PUC/PR) A Lei 9.605/98, além das bases de Responsabilidade Penal em matéria ambiental, também estabelece, em seu artigo 70 e seguintes, o embasamento para as Sanções Administrativas Ambientais. Considerando as previsões da citada Lei avalie as seguintes assertivas em verdadeiras (V) ou falsas (F) e marque a alternativa CORRETA:

I. São autoridades competentes para lavrar auto de infração ambiental e instaurar processo administrativo exclusivamente os funcionários de órgãos ambientais integrantes do Sistema Nacional de Meio Ambiente – SISNAMA.
II. Quando o infrator comete simultaneamente 2 (duas) ou mais infrações ser-lhe-ão aplicadas, cumulativamente, as sanções a elas cominadas.
III. A Advertência prevista no inciso I do artigo 72 da Lei 9.605/98 é considerada Sanção Administrativa Ambiental.
IV. Considera-se infração administrativa ambiental toda ação ou omissão que viole as regras jurídicas de uso, gozo, promoção, proteção e recuperação do meio ambiente, bem como as atividades que causem degradação ambiental por qualquer forma, independente de expressa previsão.

(A) V, V, F, F
(B) V, F, F, V
(C) F, V, V, F
(D) F, F, F, V

I: falsa, pois os agentes das Capitanias dos Portos, do Ministério da Marinha, também têm competência (art. 70, § 1º, da Lei 9.605/98); II: verdadeira (art. 72, § 1º, da Lei 9.605/98); III: verdadeira (art. 72, caput e inciso I, da Lei 9.605/98); IV: falsa, pois o art. 70, caput, da Lei 9.605/98 define infração administrativa ambiental com a mesma frase da alternativa, mas sem o trecho "bem como as atividades (...)". Gabarito "C".

(Magistratura/RO – 2011 – PUCPR) A lei 9.605/98, em que pese ser comumente denominada de lei de Crimes Ambientais, também estabelece a base para as Infrações Administrativas Ambientais em seu artigo 70 e seguintes. Nestes trata do Poder de Polícia e fixa a competência para fiscalização em matéria administrativa ambiental. Considerando tais dispositivos, analise quais das assertivas abaixo são verdadeiras e quais são falsas. Marque, em seguida, a alternativa cuja sequência, de cima para baixo, está **CORRETA**:

I. Qualquer pessoa, constatando infração ambiental, poderá dirigir representação às autoridades competentes, para efeito do exercício do seu poder de polícia.
II. São autoridades competentes para lavrar auto de infração ambiental e instaurar processo administrativo exclusivamente os funcionários de órgãos ambientais integrantes do Sistema Nacional de Meio Ambiente - SISNAMA, designados para as atividades de fiscalização.
III. A autoridade ambiental que tiver conhecimento de infração ambiental é obrigada a promover a sua apuração imediata, mediante processo administrativo próprio, sob pena de corresponsabilidade.
IV. No processo administrativo ambiental o prazo máximo para o infrator oferecer defesa ou impugnação contra o auto de infração é de 15 dias, contados da data da ciência da autuação.
V. O pagamento de multa imposta pelos Estados, Municípios, Distrito Federal ou Territórios substitui a multa federal na mesma hipótese de incidência.

(A) V,V,F,V,V
(B) V,F,V,F,V
(C) F, F, V, V, F
(D) F,V,F,F, V
(E) V,F,F, V,F

I: verdadeira (art. 70, § 2º, da Lei 9.605/98); II: falsa, pois os agentes da capitania dos portos também têm essa competência (art. 70, § 1º, da Lei 9.605/98); III: verdadeira (art. 70, § 3º, da Lei 9.605/98); IV: falsa, pois o prazo é de 20 dias (art. 71, I, da Lei 9.605/98); V: verdadeira (art. 76 da Lei 9.605/98). Gabarito "B".

(Ministério Público/AM – 2008 – CESPE) Uma entidade de fiscalização vinculada ao SISNAMA verificou que está sendo construída, ilegalmente, obra em área declarada por lei como de preservação permanente, com alvará de edificação concedido pela secretaria de obras do município. Nessa situação, a atitude correta da entidade é

(A) abster-se de tomar qualquer medida, pois o alvará torna a área passível de construção mesmo que em desacordo com a legislação ambiental.
(B) embargar a obra, tendo em vista o descumprimento da legislação ambiental.
(C) requerer, na via judicial, o embargo da obra.
(D) requerer ao MP que promova, de ofício, o embargo da obra.
(E) reclamar junto à câmara dos vereadores da conduta da secretaria de obras.

Art. 72, VII e § 7º, da Lei 9.605/98. Gabarito "B".

(Ministério Público/MA – 2009) Assinale a alternativa cujo enunciado expressa o sentido de norma constitucional que trata das sanções previstas para os autores de condutas e atividades consideradas lesivas ao meio ambiente.

(A) Os infratores, pessoas físicas ou jurídicas, estão sujeitos a sanções penais e administrativas, independentemente da obrigação de reparar os danos causados.
(B) Os infratores, pessoas físicas, estão sujeitos a sanções penais e administrativas, somente às pessoas jurídicas é imposta a obrigação de reparar os danos causados.
(C) Os infratores, pessoas físicas, estão sujeitos a sanções penais e administrativas; e as pessoas jurídicas a sanções administrativas, independentemente, em qualquer caso, da obrigação de reparar os danos causados.
(D) Os infratores, pessoas físicas ou jurídicas, estão obrigados à reparação dos danos causados, a qual, uma vez satisfeita, constitui causa de extinção da punibilidade.
(E) Os infratores, pessoas físicas ou jurídicas, estão sujeitos às sanções administrativas e à reparação dos danos causados. O cumprimento das medidas constitui causa de extinção da punibilidade.

Art. 225, § 3º, da CF. Gabarito "A".

(Ministério Público/RO – 2008 – CESPE) As infrações administrativas ambientais previstas na Lei Federal n.º 9.605/1998 incluem

(A) a proibição de contratar com a administração pública, pelo período de até três anos, e multa diária.
(B) a suspensão parcial ou total das atividades, a destruição ou inutilização do produto e a prisão simples.
(C) a advertência, a suspensão de registro, licença ou autorização, a multa e a detenção.
(D) a multa anual e a perda de benefícios fiscais.
(E) o pagamento de multa imposta pelo estado — ou pelo DF — e pelo município, de forma cumulativa.

Art. 72, § 8º, V, e § 5º, da Lei 9.605/98. Gabarito "A".

(Defensor Público/PA – 2006 – UNAMA) Considere as seguintes afirmações sobre responsabilidade ambiental:

I. As multas administrativas poderão ter sua exigibilidade suspensa quando o infrator, por termo de compromisso aprovado pela autoridade competente, obrigar-se à adoção de medidas específicas para fazer cessar ou corrigir a degradação ambiental.
II. O Termo de Ajustamento de Conduta permite àquele que causou dano ambiental receber prazo, a fim de ajustar sua conduta às exigências legais, mediante cominações, que terão eficácia de título executivo extrajudicial.
III. Em que pese haver previsão quanto à possibilidade de um único ato denotar a imposição de sanções administrativas, penais e civis, estas jamais poderão ser concomitantes, porque uma exclui a outra.
IV. O dano ambiental é regido pela responsabilidade objetiva, fundado no risco inerente à atividade, que não prescinde da culpabilidade do agente, pois exige-se, além da ocorrência do dano, a prova do vínculo causal com o desenvolvimento ou mesmo a mera existência de uma determinada atividade humana.

Somente é correto o que se afirma em:
(A) I e III.
(B) III e IV.
(C) I e II.
(D) II e III.

I: correta (art. 79-A, § 3º, da Lei 9.605/98); II: correta (art. 79-A, § 1º, da Lei 9.605/98); III: incorreta, pois essas esferas são independentes (art. 225, § 3º, da CF); IV: incorreta, pois a responsabilidade civil ambiental "prescinde" de culpa ou dolo, pois é objetiva; cuidado, pois a palavra "prescinde" quer dizer "não precisa". Gabarito "C".

(Magistratura Federal/3ª Região – 2010) Sobre o poder de polícia ambiental é correto afirmar que:

(A) O pagamento de multa por infração ambiental imposta pela fiscalização estadual, distrital ou municipal substitui a multa federal, em decorrência do mesmo fato, tendo por fundamento o princípio non bis in iden e a afirmação da competência supletiva federal;
(B) A capacidade econômica do infrator conjuntamente com a reincidência específica possibilitam a aplicação da multa em triplo ou em dobro, segundo critério da autoridade administrativa;
(C) O licenciamento ambiental de projetos de empreendimentos com impactos ambientais de âmbitos nacional e regional é da competência originária do IBAMA e, na disciplina da Resolução 237/97, a localização, o desenvolvimento ou o tipo da atividade não tem relevância parta a definição da competência licenciatória federal;
(D) Apenas o IBAMA tem a competência supletiva para o licenciamento ambiental, competência essa que não implica supervisão nem revisão do licenciamento ambiental de outro nível federativo, salvo se eivado de vicio ou em caso de inércia do órgão competente originariamente.

A: correto (art. 76 da Lei 9.605/98); B: incorreto, pois a multa terá por base "a unidade, hectare, metro cúbico, quilograma, metro de carvão-mdc, estéreo, metro quadrado, dúzia, estipe, cento, milheiros ou outra medida pertinente, de acordo com o objeto jurídico lesado" e levará em conta, dentre outros fatores, a reincidência geral (aplicada em dobro) e a reincidência específica (aplicada em triplo), conforme os arts. 8º e 11 do Decreto 6.514/08; C: incorreto, pois a localização, o desenvolvimento e o tipo de atividade serão levados em conta para a definição da competência licenciatória federal (art. 4º e ss da Resolução CONAMA 237/97); D: incorreto (art. 4º, § 2º, da Resolução CONAMA 237/97). Gabarito "A".

(CESPE – 2007) Com relação aos mecanismos de tutela administrativa do meio ambiente, assinale a opção correta.

(A) A implantação de reserva legal florestal em imóvel rural gera, para o proprietário, direito a indenização, em face da limitação ao potencial econômico do bem.
(B) A fixação de um regime peculiar de fruição de um bem imóvel em área merecedora de especial proteção, em razão de sua relevância ambiental, nem sempre dependerá de desapropriação pelo poder público.
(C) No exercício do poder de polícia administrativa, o órgão ambiental pode lavrar autos de infração e aplicar multas apenas nos casos em que a conduta lesiva ao meio ambiente estiver descrita em lei como crime ambiental.
(D) No exercício do poder de polícia administrativa, o órgão ambiental poderá aplicar sanções referentes a condutas lesivas ao meio ambiente, bastando que estas, em consonância com o princípio da taxatividade, estejam expressa e previamente tipificadas em portaria ou resolução do Conselho Nacional do Meio Ambiente.

A: a reserva legal decorre da Lei 4.771/65 (Código Florestal) e atinge todos os imóveis rurais, de modo que se trata de uma limitação administrativa, que, por sua natureza, é gratuita, não gerando direito à indenização em favor do proprietário da área; B: de fato, nem sempre as restrições administrativas importam em desapropriação (veja, por exemplo, o caso das reservas legais, acima comentadas); C e D: quanto ao poder de polícia administrativa, as sanções administrativas são aplicadas quando o infrator incorrer em infração administrativa, e não em infração criminal; considera-se infração administrativa toda ação ou omissão que viole as regras de proteção ao meio ambiente (art. 70 da Lei 9.605/98); a Lei 9.605/98 estabelece tais regras e o Decreto 6.514/08 (que revogou o Decreto 3.179/99) especifica as condutas e as respectivas sanções cabíveis. Gabarito "B".

12. RESPONSABILIDADE PENAL AMBIENTAL

(Magistratura/GO – 2009 – FCC) O arrependimento do infrator, manifestado pela espontânea reparação do dano que causou,

(A) desconstitui o tipo penal.
(B) constitui excludente de criminalidade.
(C) constitui circunstância atenuante da pena.
(D) não altera a gradação da pena.
(E) é ineficaz, face à irreversibilidade dos danos ambientais.

Art. 14, II, da Lei 9.605/98. O art. 14 contempla, além desta, outras hipóteses de circunstâncias atenuantes, a saber: i) baixo grau de instrução ou escolaridade do agente; ii) comunicação prévia pelo agente do perigo iminente de degradação ambiental; iii) e colaboração com os agentes encarregados da vigilância e do controle ambiental." Gabarito "C".

(Magistratura/MT – 2009 – VUNESP) Com relação à tutela penal do meio ambiente, pode-se afirmar que

(A) a responsabilidade das pessoas jurídicas exclui a responsabilidade das pessoas físicas, autoras, co-autoras ou partícipes do mesmo fato.
(B) a situação econômica do infrator deverá ser observada pela autoridade competente para a imposição e gradação da pena de multa.
(C) a penalidade de recolhimento domiciliar poderá ser aplicada às pessoas físicas e jurídicas.
(D) a manutenção de espaços privados consiste em uma das formas de prestação de serviços à comunidade pela pessoa jurídica.
(E) o elevado grau de instrução ou escolaridade do agente é circunstância atenuante da pena.

A: incorreta, pois "a responsabilidade das pessoas jurídicas não exclui a das pessoas físicas, autoras, coautoras ou partícipes do mesmo fato" (art. 3°, parágrafo único, da Lei 9.605/98); B: correta (art. 6°, III, da Lei 9.605/98); C: incorreta, pois essa pena só é compatível com a pessoa física (art. 13 da Lei 9.605/98); D: incorreta, pois a pena é de "manutenção de espaços *públicos*" (art. 23, III, da Lei 9.605/98); E: incorreta, pois atenua a pena o *baixo* grau de instrução (art. 14, I, da Lei 9.605/98). Gabarito "B".

(Magistratura/MT – 2009 – VUNESP) De acordo com a Lei n.° 9.605/98, nos casos de crimes praticados contra a fauna, a pena é aumentada até o triplo, quando o crime for praticado em decorrência do exercício

(A) de caça profissional.
(B) em período proibido à caça.
(C) em unidade de conservação.
(D) durante a noite.
(E) contra espécie rara.

Art. 29, § 5°, da Lei 9.605/98. Gabarito "A".

(MAGISTRATURA/PB – 2011 – CESPE) Considerando a disciplina legal dos crimes contra o meio ambiente, assinale a opção correta.

(A) Incidem nas penas previstas em lei, na medida de sua culpabilidade, as pessoas que, tendo conhecimento da conduta criminosa de alguém contra o ambiente e podendo agir para evitá-la, deixem de impedir sua prática.
(B) As sanções penais aplicáveis às pessoas físicas pela prática de crimes ambientais são as penas restritivas de direitos e multa, mas não, as privativas de liberdade.
(C) Por se tratar de ente fictício, a pessoa jurídica não pode ser sujeito ativo dos crimes ambientais.
(D) O ato de soltar balões somente se caracteriza como crime contra o meio ambiente se, em consequência da conduta, houver incêndio em floresta ou em outras formas de vegetação, em áreas urbanas ou em qualquer tipo de assentamento humano.
(E) A responsabilidade penal por crimes ambientais está integralmente amparada no princípio da culpabilidade; desse modo, os tipos penais previstos na lei que dispõe sobre os crimes ambientais (Lei n.° 9.605/1998) só se consumam se os delitos forem praticados dolosamente.

A: esta assertiva, embora considerada correta, não está, a nosso ver, em consonância com o que estabelece o art. 2° da Lei 9.605/98, Isso porque a omissão, neste caso, somente será relevante se se tratar das pessoas relacionadas no dispositivo em comento. É que não podemos atribuir responsabilidade criminal a quem, não sendo exercente dos cargos a que faz referência o art. 2°, segunda parte, da Lei 9.605/08, ainda que ciente da conduta criminosa, deixa de impedir a sua prática. Trata-se, em verdade, de um desdobramento da regra contida no art. 13, § 2°, do CP, que estabelece as situações em que a omissão, no direito penal, tem relevância; B: assertiva incorreta, nos termos do art. 7° da Lei 9.605/98; C: incorreta, nos termos do art. 3° da Lei 9.605/98 e art. 225, § 3°, da CF; D: cuida-se de delito formal, em que o resultado naturalístico consistente na causação de incêndio não é indispensável à consumação do crime, conforme é possível se inferir da redação do art. 42 da Lei 9.605/98. A assertiva, portanto, está incorreta; E: reza o princípio da culpabilidade que não se imporá responsabilidade criminal àquele que não houver praticado o crime ao menos culposamente. Até aí, a assertiva está correta, pois este postulado é informador do Direito Penal. Ocorre que a Lei 9.605/98 contempla algumas hipóteses de crime culposo. Ex.: art. 38, parágrafo único, da Lei 9.605/98. Gabarito "A".

(Magistratura/PE – 2011 – FCC) Acatando pedido formulado por uma associação (Organização Não Governamental - ONG), em ação civil pública, o Juiz de Direito da comarca concede liminar impedindo a reforma da fachada do prédio de um clube, construído há cerca de cem anos, bem este que, apesar de não ter sido tombado pelo órgão estadual do patrimônio histórico e cultural, é considerado pela comunidade local como parte de seu patrimônio histórico. O presidente do clube dizendo-se amparado por decisão da diretoria, intimado da ordem judicial, determina a destruição da parte externa do imóvel, o que se realiza em poucas horas. Esta conduta, do ponto de vista penal, pode ser considerada

(A) atípica, porque inexiste um tipo penal correspondente no Código Penal e na legislação ambiental.
(B) infração penal tipificada no art. 163 do Código Penal, que configura crime de dano.
(C) atípica, como crime ambiental previsto na Lei no 9.605/98, na seção IV do Capítulo V, que trata dos "Crimes contra o Ordenamento Urbano e o Patrimônio Cultural", porque o imóvel não se encontrava tombado pela autoridade administrativa competente.
(D) típica, como crime ambiental previsto na Lei no 9.605/98, na seção IV do Capítulo V, que trata dos "Crimes contra o Ordenamento Urbano e o Patrimônio Cultural".
(E) crime de resistência, previsto no art. 329 do Código Penal.

A conduta praticada pelo presidente do clube é típica e está prevista no art. 63 da Lei 9.605/98. Gabarito "D".

(Magistratura/PE – 2011 – FCC) Em razão da prática de crime previsto na Lei no 9.605/98, as pessoas jurídicas, desde que a infração tenha sido cometida por decisão de seu representante legal ou contratual ou de seu órgão colegiado, no interesse ou benefício da sua entidade, podem ser sancionadas com

(A) multa, penas restritivas de direitos ou de prestação de serviços à comunidade, isolada, cumulativa ou alternativamente.
(B) multa e obrigação de ressarcir o dano ambiental causado.
(C) multa e prestação de serviços à comunidade.
(D) declaração de perda da personalidade jurídica com consequente responsabilidade pessoal dos sócios.
(E) penas restritivas de direitos, consistentes em suspensão parcial ou total de atividades, interdição temporária de estabelecimento, obra ou atividade ou proibição de contratar com o Poder Público, bem como dele obter subsídios, subvenções ou doações.

Arts. 3°, *caput*, e 21 da Lei 9.605/98. Gabarito "A".

(Magistratura/PR – 2010 – PUC/PR) Considerando o que dispõe a Lei 9.605/98 em relação à Responsabilidade Penal da Pessoa Jurídica, nas infrações penais contra o meio ambiente, é CORRETO afirmar que:

I. Quem, de qualquer forma, concorre para a prática dos crimes previstos nesta Lei, incide nas penas a estes cominadas, na medida da sua culpabilidade, bem como o diretor, o administrador, o membro de conselho e de órgão técnico, o auditor, o gerente, o preposto ou mandatário de pessoa jurídica, que, sabendo da conduta criminosa de outrem, deixar de impedir a sua prática, quando podia agir para evitá-la.
II. As pessoas jurídicas somente poderão ser responsabilizadas administrativa e civilmente, conforme o disposto nesta Lei, nos casos em que a infração seja cometida por decisão de seu representante legal ou contratual, ou de seu órgão colegiado, no interesse ou benefício da sua entidade.
III. A responsabilidade das pessoas jurídicas não exclui a das pessoas físicas, autoras, co-autoras ou partícipes do mesmo fato.
IV. Poderá ser desconsiderada a pessoa jurídica sempre que sua personalidade for obstáculo ao ressarcimento de prejuízos causados à qualidade do meio ambiente.

Dadas as assertivas acima escolha a alternativa CORRETA.

(A) Apenas as assertivas I, III e IV estão corretas.
(B) Apenas as assertivas II, III e IV estão corretas.
(C) Apenas as assertivas I, e III estão corretas.
(D) Todas as assertivas estão corretas.

I: correta (art. 2º da Lei 9.605/98); II: incorreta, pois a assertiva deixou de fazer menção à responsabilidade penal, que também incide sobre a pessoa jurídica (art. 3º da Lei 9.605/98); III: correta (art. 3º, parágrafo único, da Lei 9.605/98); IV: correta (art. 4º da Lei 9.605/98). Gabarito "A".

(Magistratura/RO – 2011 – PUCPR) A Lei 9.605/98, conhecida como Lei de Crimes Ambientais, representou grande avanço na proteção do meio ambiente ecologicamente equilibrado. Consolidou conceitos e as tipificações antes dispersas em outras normas, além de criar dispositivos e sistematização específicos para os crimes contra o meio ambiente.

Com base no texto da referida lei, avalie as assertivas que seguem:

I. Nos crimes ambientais, são circunstâncias que atenuam a pena: o baixo grau de instrução ou escolaridade do agente; o arrependimento do infrator, manifestado pela espontânea reparação do dano, ou limitação significativa da degradação ambiental causada; entre outros.

II. Nos crimes ambientais as penas aplicáveis isolada, cumulativa ou alternativamente às pessoas jurídicas, são: multa; restritivas de direitos; e prestação de serviços à comunidade.

III. A pessoa jurídica constituída ou utilizada, preponderantemente, com o fim de permitir, facilitar ou ocultar a prática de crime definido na Lei 9.605/98 terá decretada sua liquidação forçada, seu patrimônio será considerado instrumento do crime e como tal perdido em favor do Fundo Penitenciário Nacional.

IV. As pessoas jurídicas serão responsabilizadas administrativa, civil e penalmente conforme o disposto na lei 9.605/98, nos casos em que a infração seja cometida por decisão de seu representante legal ou contratual, ou de seu órgão colegiado, no interesse ou benefício da sua entidade.

Estão CORRETAS:
(A) Somente as assertivas I e IV.
(B) Somente as assertivas II e III e IV.
(C) Somente as assertivas I e III.
(D) Somente as assertivas I, II e IV.
(E) Todas as assertivas.

I: assertiva correta, pois reflete o que estabelece o art. 14 da Lei 9.605/98; II: correto, pois corresponde ao que preceitua o art. 21 da Lei 9.605/98; III: proposição correta, pois corresponde à redação do art. 24 da Lei 9.605/98; IV: correto, pois em conformidade com o que prescreve o art. 3º, *caput*, da Lei 9.605/98. Gabarito "E".

(Magistratura/RO – 2011 – PUCPR) No que concerne aos crimes ambientais expressamente tipificados na lei 9.605/98, assinale a alternativa **CORRETA:**

(A) Constitui conduta expressamente tipificada como crime na lei 9.605/98 reciclar resíduo perigoso de forma diversa da estabelecida em lei ou regulamento.
(B) Conduzir, permitir ou autorizar a condução de veículo automotor em desacordo com os limites e exigências ambientais previstos na legislação, corresponde à tipificação expressa da lei 9.605/98.
(C) Nos crimes culposos de poluição, as penas serão aumentadas de um sexto a um terço, se resulta dano irreversível à flora ou ao meio ambiente em geral, conforme previsão expressa na lei.
(D) Elaborar ou apresentar, no licenciamento, concessão florestal ou qualquer outro procedimento administrativo, estudo, laudo ou relatório ambiental total ou parcialmente falso ou enganoso, ressalvados os casos de omissão.
(E) Nenhuma das alternativas é verdadeira.

A conduta descrita na assertiva "A" encontra previsão no art. 56, § 1º, II, da Lei 9.605/98. As demais não estão contempladas na Lei de Crimes Ambientais. Gabarito "A".

(Magistratura/RO – 2011 – PUCPR) De acordo com a lei 9.605/98, afirma-se:

I. Não é crime o abate de animal, quando realizado em estado de necessidade, para saciar a fome do agente ou de sua família.
II. Não é crime o abate de animal, quando realizado para proteger lavouras, pomares e rebanhos da ação predatória ou destruidora de animais, independentemente de autorização.
III. Não é crime o abate de animal, quando realizado por ser este nocivo, desde que assim caracterizado pelo órgão competente.

IV. Constitui crime destruir, danificar, lesar ou maltratar, por qualquer modo ou meio, plantas de ornamentação de logradouros públicos ou em propriedade privada alheia.
V. Nos crimes contra a flora a pena é aumentada de um sexto a um terço se o crime for cometido no período de queda das sementes.

Estão CORRETAS:
(A) Somente as afirmativas I e II.
(B) Somente as afirmativas I, II, IV e V.
(C) Somente as afirmativas II, III e IV.
(D) Somente as afirmativas I, III, IV e V.
(E) Todas as afirmativas.

I: o art. 37 da Lei 9.605/98 contempla três hipóteses em que a ilicitude da conduta é excluída, entre as quais está aquela em que o agente abate o animal com o propósito de saciar a sua fome ou a de sua família; II: em vista do que estabelece o art. 37, II, da Lei 9.605/98, esta excludente de antijuridicidade somente terá lugar se o agente dispuser de autorização expressa da autoridade competente; III: proposição correta, nos moldes do art. 37, IV, da Lei 9.605/98; IV: correto (art. 49 da Lei 9.605/98); V: correto (art. 53, II, *a*, da Lei 9.605/98). Gabarito "D".

(Magistratura/SC – 2010) Assinale a alternativa correta:

I. Às pessoas jurídicas, nos delitos ambientais, são aplicáveis as penas de multa, restritivas de direitos e prestação de serviços à comunidade.
II. Os crimes contra a fauna silvestre são de competência da Justiça Federal, sendo de competência da justiça comum quando se tratar de animais domésticos ou domesticados.
III. Nos delitos ambientais, o baixo grau de instrução ou escolaridade do agente é circunstância que atenua a pena.
IV. Não é crime o abate de animal, quando realizado em estado de necessidade, para saciar a fome do agente ou de sua família, salvo no caso de pesca em época de defeso da espécie.
V. Nos delitos ambientais as penas restritivas de direto, sendo favoráveis todas as circunstâncias judiciais, substituem as privativas de liberdade quando se tratar de crime culposo ou for aplicada pena privativa de liberdade inferior a quatro anos.

(A) Somente as proposições I, III e V estão corretas.
(B) Somente as proposições I, III e IV estão corretas.
(C) Somente as proposições II, III e IV estão corretas.
(D) Somente as proposições I, IV e V estão corretas.
(E) Somente as proposições II, III e V estão corretas.

I: proposição correta, visto que reflete o teor do art. 21 da Lei 9.605/98; II: incorreta, pois a competência, em regra, é da Justiça Estadual, ressalvadas as hipóteses em que se verificar a ocorrência de algum fato previsto no art. 109 da CF; III: o art. 14 contempla, além desta, outras hipóteses de circunstâncias atenuantes, a saber: i) comunicação prévia pelo agente do perigo iminente de degradação ambiental; ii) colaboração com os agentes encarregados da vigilância e do controle ambiental; e iii) arrependimento do infrator, manifestado pela espontânea reparação do dano ou limitação significativa da degradação ambiental causada; IV: a excludente de ilicitude presente no art. 37, I, da Lei de Crimes Ambientais não estabelece exceções; V: correta, nos termos do art. 7º, *caput*, da Lei de Crimes Ambientais. Gabarito "A".

(Magistratura/SC – 2010) Assinale a alternativa correta:

I. A legislação veda expressamente a concessão de fiança ou liberdade provisória quando o crime de poluição for produzido por produto ou substância nuclear ou radioativa.
II. Nos crimes previstos na lei ambiental (Lei n. 9.605/1990), a suspensão da pena pode ser aplicada nos casos de condenação a pena privativa de liberdade não superior a três anos.
III. Danificar vegetação primária ou secundária, em qualquer estágio de regeneração, do Bioma Mata Atlântica, ou utilizá-la com infringência das normas de proteção constitui crime contra a flora.
IV. Conceder o funcionário público licença, autorização ou permissão em desacordo com as normas ambientais, para as atividades, obras ou serviços cuja realização depende do ato autorizativo do Poder Público, salvo quando forem realizados pelo próprio poder concedente.
V. Constitui crime contra o ambiente provocar incêndio em qualquer mata ou floresta, independentemente de ser de área de preservação permanente ou de Unidade de Conservação.

(A) Somente as proposições II e V estão corretas.
(B) Somente as proposições I e V estão corretas.
(C) Somente as proposições I, II e IV estão corretas.
(D) Somente as proposições II, III e IV estão corretas.
(E) Somente as proposições III, IV e V estão corretas.

I: não há essa previsão na Lei de Crimes Ambientais tampouco no Código de Processo Penal; II: assertiva correta, visto que em consonância com o art. 16 da Lei 9.605/98; III: o crime do art. 38-A da Lei de Crimes Ambientais somente se configura se a vegetação danificada, primária ou secundária, estiver em estágio avançado ou médio de regeneração; IV: a conduta descrita no enunciado constitui o crime previsto no art. 67 da Lei de Crimes Ambientais, do qual não consta nenhuma ressalva. Assertiva, pois, incorreta; V: assertiva correta, pois reflete o teor do art. 41 da Lei 9.605/98. Gabarito "A".

(Ministério Público/ES – 2010 – CESPE) A Lei de Crimes Ambientais estabelece a responsabilização na esfera cível, penal e administrativa, em caso de infração cometida em face do meio ambiente. A respeito de crimes ambientais, assinale a opção correta.

(A) Em matéria ambiental, o julgamento pelo cometimento de crimes comuns é de competência da justiça estadual comum.
(B) A responsabilização do poluidor pela indenização ou reparação dos danos causados ao meio ambiente e a terceiros afetados por sua atividade exige comprovação de culpa.
(C) O poder de polícia exercido pela administração pública em matéria ambiental, desempenhado por profissionais e técnicos de formação civil, tem caráter unicamente repressivo.
(D) Processo em matéria ambiental, se administrativo, deve ser conduzido harmonicamente, considerando as garantias constitucionais; contudo, não deve prender-se à razoabilidade e proporcionalidade, pois estas são exigências dos processos judiciais.

A: correta, ressalvados os casos previstos no art. 109 da CF; B: incorreta, pois a responsabilidade civil ambiental é objetiva; C: incorreta, pois militares (das Capitanias dos Portos) também podem exercer a polícia administrativa ambiental (art. 70, § 1º, da Lei 9.605/98); ademais, o poder de polícia também tem caráter preventivo; D: incorreta, pois a razoabilidade e a proporcionalidade são princípios expressos na Lei de Processo Administrativo Federal (Lei 9.784/99). Gabarito "A".

(Ministério Público/MS – 2006) De acordo com a Lei dos Crimes Ambientais (Lei n° 9.605/98), uma das sanções penais a ser aplicada às pessoas jurídicas quando o estabelecimento, obra ou atividade estiver funcionando sem a devida autorização será de:

(A) Suspensão parcial ou total de atividades;
(B) Suspensão total de atividades;
(C) Interdição temporária de estabelecimento, obra ou atividade;
(D) Interdição definitiva de estabelecimento, obra ou atividade.

Art. 22, II, da Lei 9.605/98. Gabarito "C".

(Ministério Público/PR – 2009) Assinale a alternativa INCORRETA:

(A) não é possível o tombamento concomitante de um mesmo bem por diferentes Poderes Públicos da federação.
(B) no crime de poluição, descrito no caput do artigo 54 da Lei 9.605/98 (Lei de Crimes Ambientais), previu o legislador, no mesmo tipo penal, as modalidades de crime de dano e de perigo.
(C) todos os crimes previstos na Lei 9.605/98 (Lei de Crimes Ambientais) são de ação penal pública incondicionada, ou seja, independem de provocação da vítima.
(D) nos crimes ambientais de menor potencial ofensivo, a proposta de aplicação imediata de pena restritiva de direitos ou multa, prevista no artigo 76 da Lei 9.099/95, somente poderá ser formulada desde que tenha havido prévia composição do dano ambiental, salvo em caso de comprovada impossibilidade.
(E) nos termos da Lei 9.873/99, prescreve em 5 (cinco) anos a ação punitiva da administração pública federal, no exercício do poder de polícia, objetivando apurar infração à legislação em vigor, contados da data da prática do ato ou, no caso de infração permanente ou continuada, do dia em que tiver cessado.

A: incorreta, pois se admite o tombamento cumulativo; B: correta (art. 54 da Lei 9.605/98); C: correta (art. 26 da Lei 9.605/98); D: correta (art. 27 da Lei 9.605/98); E: correta (Lei 9.873/99). Gabarito "A".

(Ministério Público/PR – 2008) Assinale a opção correta:

(A) a pessoa jurídica pode ser responsabilizada pela prática de crimes ambientais, desde que a infração tenha sido cometida no seu interesse ou benefício e que decorra de decisão de seu representante legal ou contratual, ou de seu colegiado. As penas aplicáveis à pessoa jurídica em decorrência da prática de crimes ambientais, isolada, cumulativamente ou alternativamente, são multa, restritivas de direitos e prestação de serviços à comunidade.
(B) a pessoa jurídica pode ser responsabilizada pela prática de crimes ambientais, desde que a infração tenha sido cometida no seu interesse ou benefício, independentemente da decisão ter decorrido de seu representante legal ou contratual, ou de seu colegiado. As penas aplicáveis à pessoa jurídica em decorrência da prática de crimes ambientais, isolada, cumulativamente ou alternativamente, são multa, restritivas de direitos e prestação de serviços à comunidade.
(C) a pessoa jurídica pode ser responsabilizada pela prática de crimes ambientais, independentemente da infração ter sido cometida no seu interesse ou benefício e independentemente da decisão ter decorrido de seu representante legal ou contratual, ou de seu colegiado. As penas aplicáveis à pessoa jurídica em decorrência da prática de crimes ambientais, isolada, cumulativamente ou alternativamente, são multa, restritivas de direitos, prestação de serviços à comunidade e suspensão de registro.
(D) a pessoa jurídica pode ser responsabilizada pela prática de crimes ambientais, independentemente da infração ter sido cometida no seu interesse ou benefício, mas deve ter decorrido de decisão de seu representante legal ou contratual, ou de seu colegiado. As penas aplicáveis à pessoa jurídica em decorrência da prática de crimes ambientais isolada, cumulativamente ou alternativamente, são multa, restritivas de direitos, prestação de serviços à comunidade e suspensão de registro.
(E) a pessoa jurídica não pode ser responsabilizada criminalmente, uma vez que a legislação ambiental acolheu os postulados da chamada disregard doctrine, com vistas a viabilizar o ressarcimento de danos ambientais praticados por empresas.

Arts. 3º e 21 da Lei 9.605/98. Gabarito "A".

(Ministério Público/SE – 2010 – CESPE) Cardoso resolveu, por conta própria, criar um parcelamento de solo em área pública sem registro em cartório. Colocou piquetes demarcando os lotes e pediu para Carlos, corretor de imóveis, vender os lotes, com o que este concordou. Considerando essa situação hipotética e o previsto na Lei de Parcelamento de Solo Urbano (Lei n.º 6.766/1979), as condutas de Cardoso e Carlos constituem, respectivamente,

(A) crime e contravenção penal.
(B) infração administrativa e atividade ilícita.
(C) atividade ilícita e infração administrativa.
(D) contravenção penal e crime.
(E) crime e crime.

Art. 50, I, e art. 50, II, ambos da Lei 6.766/79. Gabarito "E".

(Procurador do Estado/CE – 2008 – CESPE) Acerca da responsabilidade penal da pessoa jurídica, assinale a opção correta.

(A) A responsabilidade penal da pessoa jurídica exclui a das pessoas naturais, o que implica a impossibilidade de dirigir denúncia contra a pessoa jurídica sempre que descoberta coautoria ou participação indireta das pessoas naturais.
(B) Pessoas com personalidade judiciária, mas sem personalidade jurídica, estão sujeitas à responsabilidade penal da pessoa jurídica, norma que não atinge pessoas de direito público.
(C) A culpabilidade e a posterior penalização das pessoas jurídicas não são contempladas no sistema penal brasileiro, que considera que a pessoa jurídica pensa por meio das pessoas que a compõem, tendo vontade própria e ânimo de delinqüir, mas não tendo meios próprios para fazê-lo.

(D) A responsabilidade penal da pessoa jurídica não exclui a das pessoas naturais, de modo que a denúncia pode ser dirigida apenas contra a pessoa jurídica caso não se descubra a autoria ou participação das pessoas naturais, podendo, também, ser direcionada contra todos.
(E) A massa falida, o espólio dos bens deixados pelo falecido e a sociedade de fato podem ser responsabilizados e penalizados.

Art. 3º, parágrafo único, da Lei 9.605/98. **Gabarito "D".**

(Procurador do Município/Teresina-PI – 2010 – FCC) Indústria lança resíduos de tinta de lavagem de jeans diretamente em curso d'água no Município de Teresina e provoca dano ambiental, constando-se mortandade de animais e a destruição significativa da flora. Nesse caso,

(A) na hipótese de o lançamento de resíduos de tinta ter ocorrido em razão de um acidente, configura-se uma excludente em matéria de responsabilidade civil ambiental, já que a empresa não deve assumir todos os riscos da atividade.
(B) a responsabilidade civil dessa indústria, pessoa jurídica, é subjetiva e depende da constatação de negligência, imprudência ou imperícia.
(C) a responsabilidade penal da indústria será apurada observando-se se a conduta foi realizada por decisão de seu representante legal ou contratual, ou de seu órgão colegiado, no interesse ou benefício da empresa.
(D) na hipótese de a indústria realizar o lançamento de resíduos de tinta de lavagem de jeans em curso d'água respeitando os parâmetros estabelecidos na licença ambiental, constata-se a responsabilidade administrativa da empresa.
(E) a responsabilidade penal da indústria, pessoa jurídica, exclui a responsabilidade penal das pessoas físicas, autoras, coautoras ou partícipes do mesmo fato e é objetiva no caso em tela, já que o bem ambiental e, notadamente, as águas, merecem uma proteção especial.

A: neste caso, estará configurada a modalidade culposa do crime, prevista no art. 54, § 1º, da Lei de Crimes Ambientais; B: incorreta, pois a responsabilidade civil ambiental é objetiva; C: correta (art. 3º da Lei de Crimes Ambientais); D: a assertiva é incorreta, pois a licença ambiental não estabelece parâmetros de tolerância a serem observados; E: incorreta, nos termos do art. 3º, parágrafo único, da Lei 9.605/98. **Gabarito "C".**

(Magistratura Federal-4ª Região – 2010) Dadas as assertivas abaixo, assinale a alternativa correta.

I. Em razão da prática de crime previsto na Lei 9.605/1998, as pessoas jurídicas podem receber multa, penas restritivas de direitos ou de prestação de serviços à comunidade nos casos em que a infração seja cometida por decisão de seu representante legal ou contratual ou de seu órgão colegiado, no interesse ou benefício da sua entidade.
II. As penas previstas na Lei 9.605/1998 poderão ser aplicadas às pessoas jurídicas de forma isolada, cumulativa ou alternativa e serão convertidas, em caso de injustificado descumprimento, em penas privativas de liberdade dos responsáveis pela pessoa jurídica punida.
III. As penas restritivas de direitos previstas na Lei 9.605/1998 para a pessoa jurídica infratora são a suspensão parcial ou total de atividades e a interdição temporária de estabelecimento, obra ou atividade, bem como a proibição de contratar com o Poder Público e de obter subsídio, subvenção ou doações.
IV. O Fundo Penitenciário Nacional será o beneficiário do patrimônio da pessoa jurídica que tiver liquidação forçada por ter sido utilizada preponderantemente com o fim de ocultar a prática de crime previsto na Lei 9.605/1998.
V. Poderá ser desconsiderada a pessoa jurídica sempre que a sua personalidade for obstáculo ao ressarcimento de prejuízos causados à qualidade do meio ambiente.

(A) Estão corretas apenas as assertivas II e V.
(B) Estão corretas apenas as assertivas I, II e V.
(C) Estão corretas apenas as assertivas I, III e V.
(D) Estão corretas apenas as assertivas I, III, IV e V.
(E) Estão corretas todas as assertivas.

I: assertiva correta, pois reflete o teor dos art. 3º, *caput*, e 21 da Lei de Crimes Ambientais; II: não há essa previsão no texto da Lei 9.605/98; III: correta, nos termos do art. 22 da Lei de Crimes Ambientais; IV: correta, nos termos do art. 24 da Lei de Crimes Ambientais; V: correta, nos termos do art. 4º da Lei de Crimes Ambientais. **Gabarito "D".**

(Magistratura Federal-5ª Região – 2011) No que se refere à proteção judicial e à responsabilidade em matéria ambiental, assinale a opção correta.

(A) Para efeito de responsabilidade administrativa, considera-se infração administrativa ambiental toda ação ou omissão que viole as regras jurídicas de uso, gozo, promoção, proteção e recuperação do ambiente, podendo qualquer pessoa que constatar infração ambiental dirigir representação às autoridades competentes para que exerçam o poder de polícia.
(B) As pessoas jurídicas podem ser responsabilizadas, administrativa, civil e penalmente, por crimes ambientais, nos casos em que a infração seja cometida por decisão de seu representante legal ou contratual, ou de seu órgão colegiado, no interesse ou benefício da sua entidade; contudo, nesse caso, a responsabilidade das pessoas jurídicas exclui a das pessoas físicas, autoras, coautoras ou partícipes do mesmo fato.
(C) Suponha que determinado indivíduo tenha praticado caça em propriedade particular, sem permissão, licença ou autorização da autoridade competente, ou em desacordo com a licença ou permissão obtida. Nessa situação, a competência para julgar o delito será da justiça federal, instância competente para processar e julgar os crimes praticados contra a fauna.
(D) Na hipótese de uma pessoa praticar, em período proibido, pesca em rio que sirva de limite entre dois estados, a competência para o processo e o julgamento será da justiça estadual de qualquer dos estados envolvidos.
(E) A pessoa jurídica de direito público ou privado responsável, direta ou indiretamente, por atividade causadora de degradação ambiental fica obrigada, independentemente de culpa, a indenizar ou reparar os danos causados ao ambiente; no que se refere a pessoa física, porém, faz-se necessário o elemento subjetivo para configurar sua responsabilidade civil.

A: correta, visto que de acordo com o art. 70, *caput* e § 2º, da Lei de Crimes Ambientais; B: incorreta, pois contraria o disposto no art. 3º, parágrafo único, da Lei 9.605/98; C: incorreta, pois a competência, em regra, é da Justiça Estadual, ressalvadas as hipóteses em que se verificar a ocorrência de algum fato previsto no art. 109 da CF; D: neste caso, a competência, a teor do art. 70, § 3º, do CPP, firmar-se-á pela prevenção; E: a responsabilidade civil ambiental é objetiva. **Gabarito "A".**

(Advogado da União/AGU – CESPE – 2009) Com relação à tutela penal do meio ambiente, julgue os itens seguintes.

(1) As pessoas físicas e as jurídicas estão sujeitas às mesmas sanções penais decorrentes da prática de crime ambiental, quais sejam: penas privativas de liberdade, restritivas de direito e multas.
(2) A Lei de Crimes Ambientais prevê a suspensão condicional da pena nos casos de condenação a pena privativa de liberdade não superior a três anos.
(3) Elaborar, no licenciamento, estudo parcialmente falso é crime que admite as modalidades culposa e dolosa.

1: incorreta, pois as pessoas físicas estão sujeitas às penas privativas de liberdade, restritivas de direito e multas, ao passo que as pessoas jurídicas estão sujeitas às penas de multa, restritivas de direito e prestação de serviços à comunidade (art. 21 da Lei 9.605/98), não estando sujeitas, por óbvio, às penas privativas de liberdade; 2: correta (art. 16 da Lei 9.605/98); 3: correta (art. 69-A, *caput* e § 1º, da Lei 9.605/98). **Gabarito 1E, 2C, 3C.**

(Procurador Federal – 2010 – CESPE) Em relação a crimes ambientais, julgue o item subsequente.

(1) A configuração do fato típico consistente em introduzir espécime animal no país, sem parecer técnico oficial favorável e licença expedida por autoridade competente, deve ser apurada e julgada pela justiça comum estadual, já que não há ofensa de bem, serviço ou interesse da União, de suas entidades autárquicas ou empresas públicas.

1: correta, pois somente quando há interesse direto da União, de suas entidades autárquicas ou de suas empresas públicas a competência é da Justiça Federal (art. 109 da CF). **Gabarito 1C.**

(CESPE – 2008) De acordo com o que estabelece a legislação de combate aos crimes ambientais,

(A) é crime abusar de animais domésticos ou domesticados, maltratá-los bem como realizar experiência dolorosa ou cruel em animal vivo, ainda que para fins didáticos ou científicos, quando existirem recursos alternativos.
(B) é contravenção abusar de animais domésticos ou domesticados, maltratá-los bem como realizar experiência dolorosa ou cruel em animal vivo, ainda que para fins didáticos ou científicos, salvo quando estas experiências resultarem em benefícios para a espécie humana.
(C) é crime a utilização, ainda que parcial, do carboidrato, natural ou geneticamente modificado, na alimentação humana e na engorda do gado de corte.
(D) é crime inafiançável executar pesquisa, lavra ou extração de recursos minerais ainda que se disponha de competente autorização, permissão, concessão ou licença, quando a exploração econômica de recursos ambientais não-renováveis exceder a três quintos da zona de extração das bacias hidrográficas.

A: art. 32, *caput* e § 1º, da Lei 9.605/98; B: art. 32, *caput* e § 1º, da Lei 9.605/98 (Lei de Crimes Ambientais, e não de contravenções); C: a lei admite a utilização de OGMs (organismos geneticamente modificados) na alimentação, obedecidas às normas pertinentes; aliás, é muito comum a comercialização de alimentos transgênicos no Brasil; há regulamentação desse assunto na Lei 11.105/05 (Lei de Biossegurança), que não traz essa tipificação penal em seus arts. 24 a 29; D: art. 55 da Lei 9.605/98. Gabarito "A".

(CESPE – 2008.1) Assinale a opção correta acerca dos crimes contra o meio ambiente.

(A) As pessoas jurídicas devem ser responsabilizadas administrativa, civil e penalmente nos casos em que a infração seja cometida por decisão de seu representante legal ou contratual, ou de seu órgão colegiado, no interesse ou benefício da sua entidade.
(B) Punem-se pelo crime ambiental o autor e os coautores, mas não o partícipe.
(C) A competência para o julgamento desses crimes, em regra, é da justiça federal.
(D) Quando animais forem exterminados dentro de unidade de conservação ambiental mantida pela União, a competência para julgamento do crime ambiental será da justiça estadual.

A: art. 3º, *caput*, da Lei 9.605/98; B: art. 3º, parágrafo único, da Lei 9.605/98; C: a competência é da Justiça Estadual, ressalvados os casos de competência da Justiça Federal previstos no art. 109 da CF; D: art. 109, I, da CF. Gabarito "A".

(CESPE – 2007) Assinale a opção correta no que se refere à tutela ambiental penal do meio ambiente.

(A) Admite-se, na legislação brasileira, em caráter excepcional, a responsabilidade penal objetiva da pessoa jurídica por crime ambiental, exigindo-se, para sua caracterização, a culpabilidade social da empresa.
(B) Na hipótese de o diretor de uma empresa determinar a seus empregados que utilizem veículos e instrumentos a ela pertencentes, em horário normal de expediente, para extraírem e transportarem madeira de lei, sem autorização do órgão ambiental competente, destinada a construção particular daquele dirigente, fica caracterizada a responsabilidade penal da pessoa jurídica e da pessoa física.
(C) Em razão da prática de crime ambiental, são aplicáveis às pessoas jurídicas, de forma isolada ou cumulativa, penas de multa, suspensão total ou parcial de atividades, interdição temporária, proibição de recebimento de subvenções ou subsídios, prestação de serviços à comunidade, independentemente da obrigação de reparar os prejuízos causados.
(D) Nos crimes ambientais, a aplicação de pena de multa decorrente de sentença transitada em julgado impede a cominação de multa por infração administrativa relativamente ao mesmo fato, em razão do princípio do *non bis in idem*.

A: não existe responsabilidade penal objetiva; B: falta interesse ou benefício da pessoa jurídica (art. 3º da Lei 9.605/98); C: arts. 20 a 22 da Lei 9.605/98; D: o art. 225, § 3º, da CF estabelece a independência entre as sanções civis, administrativas e penais. Gabarito "C".

13. DIREITO DA CRIANÇA E DO ADOLESCENTE

Wander Garcia e Eduardo Dompieri

1. CONCEITOS BÁSICOS E PRINCÍPIOS

(Magistratura/GO – 2009 – FCC) Pelo que anuncia o próprio Estatuto da Criança e do Adolescente em suas disposições preliminares, esta lei

(A) declara que os direitos fundamentais de crianças e adolescentes são limitáveis somente pelo justo exercício do poder familiar ou por ordem judicial fundamentada.
(B) destina-se a oferecer cuidado e proteção aos menores em situação irregular.
(C) considera criança pessoa de zero a quatorze anos incompletos.
(D) aplica-se, em alguns casos, a pessoas entre dezoito e vinte e um anos de idade.
(E) compreende um conjunto de normas especialmente voltadas à tutela de crianças e adolescentes em situação de risco social ou pessoal.

A: incorreta, pois os direitos fundamentais de crianças e adolescentes não são limitáveis; B: incorreta, pois a lei dispõe sobre a proteção integral à criança e ao adolescente, seja em relação aos menores em situação regular, seja quanto aos que estão em situação irregular; C: incorreta, pois criança é a pessoa de até doze anos de idade incompletos (art. 2º, *caput*, do ECA); D: correta (art. 2º, parágrafo único, do ECA); E: incorreta, pois a lei dispõe sobre a proteção integral à criança e ao adolescente, em situação de risco ou não. "D". Gabarito

(Magistratura/RO – 2011 – PUCPR) Sobre os direitos da criança previstos no Estatuto da Criança e do Adolescente, analise as proposições a seguir:

I. É dever da família, da comunidade, da sociedade em geral e do poder público assegurar, com absoluta prioridade, a efetivação dos direitos referentes à vida, à saúde, à alimentação, à educação, ao esporte, ao lazer, à profissionalização, à cultura, à dignidade, ao respeito, à liberdade e à convivência familiar e comunitária.
II. A garantia de prioridade compreende: a) primazia de receber proteção e socorro em quaisquer circunstâncias; b) precedência de atendimento nos serviços públicos ou de relevância pública; c) preferência na formulação e na execução das políticas sociais públicas; d) destinação privilegiada de recursos públicos nas áreas relacionadas com a proteção à infância e à juventude.
III. A criança e o adolescente gozam de todos os direitos fundamentais inerentes à pessoa humana, sem prejuízo da proteção integral de que trata o Estatuto da Criança e do Adolescente, assegurando-lhes todas as oportunidades e facilidades para lhes facultar o desenvolvimento físico, mental, moral, espiritual e social.
IV. Considera-se criança, para os efeitos do Estatuto da Criança e do Adolescente, a pessoa até dez anos de idade incompletos, e adolescente aquela entre dez e dezoito anos de idade.
V. O Estatuto da Criança e do Adolescente, nos casos expressos em lei, aplica-se excepcionalmente às pessoas entre dezoito e vinte e um anos de idade.

Estão CORRETAS:

(A) Apenas as proposições I, II e IV.
(B) Apenas as proposições I, III, IV e V.
(C) Apenas as proposições I, II, III e V.
(D) Apenas as proposições I, II, III e IV.
(E) Todas as proposições.

I: assertiva correta, pois corresponde ao que estabelece o art. 4º, *caput*, do ECA; II: proposição correta, visto que de acordo com o que preceitua o art. 4º, parágrafo único, do ECA; III: assertiva correta, visto que em consonância com o que prescreve o art. 3º do ECA; IV: proposição incorreta, pois, em conformidade com o que estabelece o art. 2º, *caput*, do ECA, considera-se criança a pessoa até doze anos de idade incompletos; V: correta, nos termos do art. 2º, parágrafo único, do ECA. "C". Gabarito

(Magistratura/SC – 2008) Analise as proposições abaixo e após assinale a alternativa correta.

I. Considera-se criança para os efeitos do Estatuto da Criança e do Adolescente a pessoa até 12 (doze) anos de idade incompletos.
II. Adolescente, para efeitos do Estatuto da Criança e do Adolescente, é a pessoa entre 13 (treze) e 18 (dezoito) anos de idade.
III. A redução da maioridade civil pela Lei n.º 10.406/2002 impede a aplicação de medida sócio-educativa a pessoas com idade entre 18 (dezoito) e 21 (vinte e um) anos.
IV. A redução da maioridade civil pela Lei n.º 10.406/2002 não implica na extinção da medida sócio-educativa a pessoas com idade entre 18 (dezoito) e 21 (vinte e um) anos, se o infrator atingiu os 18 (dezoito) anos no curso do cumprimento da medida.

(A) Somente as proposições I e IV estão corretas.
(B) Somente as proposições I e II estão corretas.
(C) Somente as proposições I e III estão corretas.
(D) Somente as proposições II e IV estão corretas.
(E) Somente a proposição II está correta.

I: correta (art. 2º, *caput*, da Lei 8.069/90 – ECA); II: incorreta, já que adolescente é a pessoa entre doze anos completos e dezoito incompletos (art. 2º, *caput*, do ECA); III: incorreta, pois o fato de alguém alcançar a maioridade civil não significa que essa pessoa fique livre da responsabilidade por ato infracional; o ECA, lei especial, deve prevalecer, ficando mantidas as regras que admitem sua aplicação, excepcionalmente, até que o indivíduo complete 21 anos (arts. 2º, parágrafo único, e 121, § 5º, do ECA); IV: correta, nos termos do comentário anterior. "A". Gabarito

(Ministério Público/AM – 2008 – CESPE) Segundo o art. 4.º do ECA, é dever da família, da comunidade, da sociedade em geral e do poder público assegurar, com absoluta prioridade, a efetivação dos direitos referentes à vida, à saúde, à alimentação, à educação, ao esporte, ao lazer, à profissionalização, à cultura, à dignidade, ao respeito, à liberdade e à convivência familiar e comunitária. A garantia de prioridade referida pelo artigo mencionado compreende a

I. primazia de receber proteção e socorro em quaisquer circunstâncias.
II. precedência de atendimento nos serviços públicos ou de relevância pública.
III. preferência na formulação e na execução das políticas sociais públicas.
IV. destinação privilegiada de recursos públicos nas áreas relacionadas com a proteção à infância e à juventude.

A quantidade de itens certos é igual a

(A) 0.
(B) 1.
(C) 2.
(D) 3.
(E) 4.

Art. 4º, parágrafo único, do ECA. **Gabarito "E".**

(Ministério Público/ES – 2010 – CESPE) Na Convenção acerca dos Direitos da Criança da Organização das Nações Unidas, criança é todo o ser humano

(A) imaturo do ponto de vista biológico e dependente econômica, social e emocionalmente.
(B) que apresenta desenvolvimento físico, psíquico e sexual incompatível com os caracteres da idade adulta.
(C) menor de dezoito anos de idade, salvo se, nos termos da lei que lhe for aplicável, atingir a maioridade mais cedo.
(D) relativamente incapaz de cuidar de si e zelar, autonomamente, por seu próprio bem-estar e desenvolvimento.
(E) incapaz de responder civil e penalmente pelos atos da vida adulta.

Estabelece a Convenção sobre os Direitos da Criança, adotada pela ONU, em 1989, que criança é "todo ser humano com menos de 18 anos de idade, a não ser que pela legislação aplicável, a maioridade seja atingida mais cedo". **Gabarito "C".**

(Ministério Público/PR – 2008) Assinale a alternativa INCORRETA:

(A) o Estatuto da Criança e do Adolescente foi formulado a partir dos ditames da doutrina da proteção integral;
(B) a garantia da prioridade absoluta compreende a destinação privilegiada de recursos públicos nas áreas relacionadas com a proteção à infância e juventude;
(C) considerada a necessidade de proteção integral, a falta de recursos materiais constitui motivo suficiente para a perda ou suspensão do poder familiar;
(D) é incumbência do Ministério Público impetrar mandado de segurança, de injunção e habeas corpus, em qualquer juízo, instância ou tribunal, na defesa dos interesses sociais e individuais indisponíveis afetos à criança e ao adolescente;
(E) os crimes definidos no Estatuto da Criança e do Adolescente são todos de ação pública incondicionada.

A: correta (art. 1º do ECA); B: correta (art. 4º, parágrafo único, do ECA); C: incorreta, já que, a teor do art. 23, *caput*, do ECA, a falta ou a carência de recursos materiais não constitui motivo bastante a justificar a perda ou suspensão do poder familiar; D: correta (art. 201, IX, do ECA); E: correta, visto que em conformidade com o disposto no art. 227 do ECA. **Gabarito "C".**

(Ministério Público/SC – 2010)

I. O Estatuto da Criança e do Adolescente é o diploma legal que disciplina o ato infracional.
II. A precedência de atendimento nos serviços públicos é apenas à criança, depois do Estatuto do Idoso.
III. Criança é a pessoa nascida no seio de uma família constituída; menor é a pessoa abandonada após o nascimento.
IV. Somente à família e ao Estado atribui-se o dever de efetivação dos diretos da criança e do adolescente.
V. Qualquer atentado, por ação ou omissão, aos direitos fundamentais da criança ou do adolescente, deve ser punido na forma da lei.

(A) Apenas as assertivas I, III e IV estão corretas.
(B) Apenas as assertivas I, II, IV e V estão corretas.
(C) Apenas as assertivas I e V estão corretas.
(D) Apenas as assertivas II, III e IV estão corretas.
(E) Apenas as assertivas I, II e V estão corretas.

I: assertiva correta. O ato infracional encontra-se disciplinado nos arts. 103 a 105 do ECA; II: a precedência de atendimento nos serviços públicos, prevista no art. 4º, parágrafo único, do ECA, alcança o adolescente; III: criança é a pessoa com até doze anos de idade incompletos, sendo irrelevante o fato de ela ter nascido no seio de uma "família constituída"; o termo "menor", que nos faz lembrar o revogado Código de Menores, deve ser evitado; IV: assertiva incorreta, pois não corresponde ao teor do art. 4º, caput, do ECA; V: proposição correta, na forma do art. 5º do ECA. **Gabarito "C".**

2. DIREITOS FUNDAMENTAIS

2.1. DIREITO À VIDA E À SAÚDE

(Magistratura/AL – 2007 – FCC) Constituem obrigações dos estabelecimentos públicos e privados de saúde, relativamente às gestantes, EXCETO:

(A) identificar o recém-nascido mediante o registro de sua impressão plantar e digital e da impressão digital da mãe.
(B) manter alojamento conjunto, possibilitando ao neonato a permanência junto à mãe.
(C) proceder a exames visando o diagnóstico e terapêutica de anormalidade no metabolismo do recém-nascido.
(D) fornecer declaração de nascido vivo, da qual constarão todas as informações e intercorrências relativas ao parto e ao desenvolvimento do neonato.
(E) manter banco de leite humano para as hipóteses em que a mãe não puder amamentar o neonato.

A: art. 10, II, do ECA; B: art. 10, V, do ECA; C: art. 10, III, do ECA; D: art. 10, IV, do ECA; E: não existe essa previsão na lei. **Gabarito "E".**

(Magistratura/PE – 2011 – FCC) O direito a proteção à vida e à saúde, permitindo o crescimento e o desenvolvimento sadio e harmonioso da criança, compreende

(A) a prestação de condições adequadas ao aleitamento materno, salvo se a mãe estiver submetida a medida privativa de liberdade, devendo a criança nesse caso ser encaminhada necessariamente a uma família substituta.
(B) seu atendimento em qualquer hospital da rede pública ou particular, às expensas do Estado.
(C) o atendimento pré e perinatal da gestante pelo Poder Público apenas se não tiver condições de arcar com as despesas em clínicas ou hospitais particulares.
(D) o encaminhamento da gestante aos diferentes níveis de atendimento médico independentemente de qualquer critério de regionalização estabelecido pelo Sistema Único de Saúde.
(E) o encaminhamento da gestante aos diferentes níveis de atendimento segundo critérios médicos específicos, obedecendo-se aos princípios da regionalização e hierarquização do Sistema Único de Saúde.

A: assertiva incorreta, já que, pela disciplina estabelecida no art. 9º do ECA, esse benefício será estendido aos filhos de mães que se encontram submetidas a medidas privativas de liberdade; B: proposição incorreta, visto que inexiste essa previsão no ECA. A lei assegura, isso sim, que o atendimento à criança e ao adolescente, bem assim à gestante, seja feito por intermédio do SUS; C: incorreta, pois a lei não impõe essa condição. O acesso é universal e igualitário (art. 8º, *caput*, do ECA); D: incorreta, pois contraria o disposto no art. 8º, § 1º, do ECA; E: correta, pois em consonância com o que estabelece o art. 8º, § 1º, do ECA. **Gabarito "E".**

(Magistratura/PR – 2008) Assinale a alternativa INCORRETA:

(A) O Estatuto da Criança e do Adolescente considera criança a pessoa com até doze anos de idade incompletos, e adolescente aquela entre doze e dezoito anos de idade.
(B) É dever do poder público assegurar, com prioridade a efetivação dos direitos fundamentais referentes à criança e ao adolescente. A garantia de prioridade compreende a destinação privilegiada de recursos públicos nas áreas relacionadas com a proteção à infância e à juventude.
(C) Os hospitais e demais estabelecimentos de atenção à saúde de gestantes, públicos e particulares, são obrigados a manter registro das atividades desenvolvidas, através de prontuários individuais, pelo prazo de dezoito anos.
(D) A identificação do recém-nascido mediante o registro de sua impressão plantar e digital e da impressão digital da mãe fica condicionada a manifestação dos pais.

A: correta (art. 2º, *caput*, do ECA); B: art. 4º, parágrafo único, *d*, do ECA; C: art. 10, I, do ECA; D: assertiva incorreta, pois em desconformidade com o teor do art. 10, II, do ECA. O procedimento imposto pela lei aos estabelecimentos de atenção à saúde não está condicionado à manifestação de vontade dos pais. **Gabarito "D".**

(Magistratura/RO – 2011 – PUCPR) Sobre os direitos da criança previstos no Estatuto da Criança e do Adolescente, avalie as afirmativas que seguem:

I. Na interpretação do Estatuto da Criança e do Adolescente serão levados em conta os fins sociais a que ele se dirige, as exigências do bem comum, os direitos e deveres individuais e coletivos e a condição peculiar da criança e do adolescente como pessoas em desenvolvimento.

II. É assegurado atendimento integral à saúde da criança e do adolescente, por intermédio do Sistema Único de Saúde, garantido o acesso universal e igualitário às ações e serviços para promoção, proteção e recuperação da saúde. A criança e o adolescente portadores de deficiência receberão atendimento especializado. Incumbe ao poder público fornecer gratuitamente àqueles que necessitarem os medicamentos, próteses e outros recursos relativos ao tratamento, habilitação ou reabilitação.

III. A criança e o adolescente têm direito à proteção à vida e à saúde, mediante a efetivação de políticas sociais públicas que permitam o nascimento e o desenvolvimento sadio e harmonioso, em condições dignas de existência.

IV. Os estabelecimentos de atendimento à saúde deverão proporcionar condições para a permanência em tempo integral de um dos pais ou responsável, nos casos de internação de criança ou adolescente; e, nos casos de suspeita ou confirmação de maus-tratos contra criança ou adolescente, serão obrigatoriamente comunicados ao Conselho Tutelar da respectiva localidade, sem prejuízo de outras providências legais.

V. O poder público, as instituições e os empregadores propiciarão condições adequadas ao aleitamento materno, inclusive aos filhos de mães submetidas à medida privativa de liberdade.

Está(ão) CORRETA(S):

(A) Apenas as afirmativas I e II.
(B) Apenas as afirmativas I e III.
(C) Apenas as afirmativas III e V.
(D) Apenas a afirmativa IV.
(E) Todas as afirmativas.

I: a assertiva – correta – corresponde ao teor do art. 6º do ECA; II: correta, nos termos do art. 11, §§ 1º e 2º, do ECA; III: proposição correta, pois em consonância com o que estabelece o art. 7º do ECA; IV: correta, já que corresponde ao teor dos arts. 12 e 13 do ECA; V: correta, pois em conformidade com o que preceitua o art. 9º do ECA. Gabarito "E."

(Ministério Público/PR – 2011) ANALISANDO AS SEGUINTES ASSERTIVAS:

I. A garantia da prioridade, da qual gozam crianças e adolescentes, compreende a primazia de receber proteção e socorro em quaisquer circunstâncias, a precedência de atendimento nos serviços públicos, destinação privilegiada de recursos públicos, e a preferência na formulação e na execução de políticas sociais públicas;

II. É obrigação do poder público e das instituições de saúde particulares, ainda que não conveniadas ao Sistema Único de Saúde (SUS), fornecer assistência psicológica à gestante e à mãe, no período pré e pós natal, até mesmo para prevenir ou minorar as consequências do estado puerperal;

III. Os hospitais públicos e particulares são obrigados a proporcionar condições para a permanência integral de ambos os pais ou do responsável, durante a internação de criança ou adolescente;

IV. O lapso temporal máximo para a permanência de criança ou adolescente em programa de acolhimento institucional é de 01 (um) ano, salvo comprovada necessidade que atenda ao seu superior interesse, devidamente fundamentada pela autoridade judiciária;

V. Os hospitais, tanto públicos como particulares, são obrigados a manter alojamento conjunto, possibilitando ao neonato a permanência junto à mãe.

É POSSÍVEL AFIRMAR:

(A) Somente a assertiva I está correta;
(B) Somente as assertivas I, IV e V estão corretas;
(C) Somente as assertivas I, III e V estão corretas;
(D) Somente as assertivas I e V estão corretas;
(E) Todas as assertivas estão corretas.

I: proposição correta (art. 4º, parágrafo único, do ECA); II: cuida-se de incumbência do Poder Público, na forma prevista no art. 8º, § 4º, do ECA. Assertiva, portanto, incorreta; III: deverão os estabelecimentos de atendimento à saúde proporcionar condições para que *um* dos pais ou responsável permaneça em tempo integral com a criança ou adolescente que se encontra internado (art. 12, ECA). A assertiva, que faz menção a *ambos os pais*, está, dessa forma, incorreta; IV: incorreta, pois o prazo máximo durante o qual a criança ou adolescente permanecerá no programa de acolhimento institucional corresponde a dois anos, salvo comprovada necessidade que atenda ao seu superior interesse (art. 19, § 2º, do ECA); V: proposição correta, nos moldes do que preceitua o art. 10, V, do ECA. Gabarito "D."

(Ministério Público/RO – 2008 – CESPE) Como forma de proteção à criança, o ECA estabeleceu normas de proteção à gestante e à nutriz. No que concerne a essas normas, assinale a opção incorreta.

(A) A gestante tem direito, por meio do Sistema Único de Saúde (SUS), ao atendimento pré e perinatal.
(B) A parturiente deve ser atendida, preferencialmente, pelo mesmo médico que a acompanhou na fase pré-natal.
(C) É dever do poder público propiciar apoio alimentar à gestante e à nutriz que dele necessitem.
(D) Os hospitais e demais estabelecimentos de atenção à saúde de gestantes, públicos ou particulares, são obrigados a manter alojamento conjunto, que possibilite a permanência do neonato junto à mãe.
(E) O poder público, as instituições e os empregadores propiciarão condições adequadas ao aleitamento materno, excluídas as penitenciárias femininas, pois é vedada permanência de bebês no ambiente carcerário.

A: correta (art. 8º, *caput*, do ECA); B: correta (art. 8º, § 2º, do ECA); C: correta (art. 8º, § 3º, do ECA); D: correta (art. 10, V, do ECA); E: incorreta (art. 9º do ECA). Gabarito "E."

(Ministério Público/SC – 2010)

I. O atendimento especializado é garantido a crianças e adolescentes portadores de deficiência.
II. Um dos direitos do recém-nascido é o alojamento conjunto com a mãe, nos hospitais e maternidades.
III. No direito à liberdade não estão compreendidos brincar, praticar esportes e divertir-se, pois estes são direitos lúdicos.
IV. Gestante ou mãe que pretender entregar seu filho em adoção, deve ser encaminhada, obrigatoriamente, à Justiça da Infância e Juventude.
V. Apenas os filhos havidos do casamento e de adoção tem direito às mesmas qualificações.

(A) Apenas as assertivas I, II, e IV estão corretas.
(B) Apenas as assertivas I e V estão corretas.
(C) Apenas as assertivas II, III e V estão corretas.
(D) Apenas as assertivas II, IV e V estão corretas.
(E) Apenas as assertivas I e II estão corretas.

I: proposição correta, nos termos do art. 11, § 1º, do ECA; II: assertiva correta (art. 10, V, do ECA); III: esses direitos estão contemplados no art. 16, IV, do ECA. Assertiva, portanto, incorreta; IV: correta, pois corresponde ao que dispõe o art. 13, parágrafo único, do ECA; V: proposição incorreta, nos moldes do que estabelece o art. 20 do ECA. Gabarito "A."

(Defensoria/SP – 2007 – FCC) A fim de proteger o direito à vida e saúde, o Estatuto da Criança e do Adolescente prevê, expressamente,

(A) sanção penal para pais que não providenciarem a vacinação obrigatória de crianças.
(B) obrigação dos hospitais, públicos e privados, de manter alojamento conjunto para mãe e filho recém nascido.
(C) comunicação obrigatória ao juiz, pelo hospital, de crianças e adolescentes atendidos em situação de suspeita de maus tratos.

(D) obrigação das entidades que desenvolvem programa de internação de manter em seus quadros médico para atendimento de adolescentes privados de liberdade.

(E) notificação obrigatória ao Conselho Tutelar, pelos serviços de saúde, de casos de gravidez na infância ou adolescência.

A: apesar de a vacinação ser obrigatória (art. 14, parágrafo único, do ECA), não há sanção penal para essa hipótese; vide os arts. 228 a 244-A do ECA; B: art. 10, V, do ECA; C: art. 13 do ECA; D: não há obrigação de ter médico nos seus *quadros*, mas obrigação de oferecer cuidado médico (art. 94, IX, do ECA); E: não há regra nesse sentido. Gabarito "B".

(MAGISTRATURA DO TRABALHO – 1ª REGIÃO – 2010 – CESPE) De acordo com a doutrina jurídica da proteção integral adotada pelo ECA, as crianças e os adolescentes

(A) devem, em função de sua incapacidade, ser tutelados pelo Estado quando se encontrarem em situação irregular.

(B) devem ser protegidos por medidas suplementares, caso se encontrem em situação de risco, enquanto aos demais se aplicam os direitos fundamentais da pessoa humana.

(C) possuem direitos e prerrogativas diversas, devendo o Estado conceder às crianças, mas não aos adolescentes, a tutela antecipada de seus direitos fundamentais, o que só pode ocorrer plenamente com a participação do Estado no planejamento familiar.

(D) são titulares de direitos e não, objetos passivos.

(E) podem responder penalmente pela prática de crimes hediondos, quando em concurso formal com maiores de dezoito anos de idade.

A: incorreta, pois se deve dar primazia à manutenção da criança e do adolescente com sua família, ainda que substituta; B: incorreta, pois todas as crianças e adolescentes são titulares de direitos fundamentais (art. 3º do ECA); C: incorreta, pois as crianças e adolescentes são titulares de direitos fundamentais, o que independe da participação do Estado no planejamento familiar; D: correta, pois, de fato, as crianças e adolescentes são titulares de direitos fundamentais inerentes à pessoa humana, além da proteção integral de que trata o ECA (art. 3º do ECA); E: incorreta, pois as crianças e adolescentes são penalmente inimputáveis, ainda que quando em concurso com maiores de dezoito anos de idade (art. 104, *caput*, do ECA). Gabarito "D".

2.2. DIREITO À LIBERDADE, AO RESPEITO E À DIGNIDADE

(Ministério Público/ES – 2010 – CESPE) O ECA prescreve que crianças e adolescentes têm direito à liberdade, ao respeito e à dignidade como pessoas humanas em processo de desenvolvimento e como sujeitos de direitos civis, humanos e sociais garantidos na CF e nas leis. O direito à liberdade consiste, entre outros aspectos, em poder

(A) doar órgãos livremente.

(B) sindicalizar-se.

(C) experimentar a sexualidade de forma irrestrita e integral nas relações sociais.

(D) exercer atividade laborativa remunerada.

(E) participar da vida política, na forma da lei.

A assertiva dada como correta contempla um dos aspectos do direito à liberdade (art. 16, VI, do ECA). Gabarito "E".

(Ministério Público/PR – 2011) TENDO COMO BASE AS SEGUINTES ASSERTIVAS:

I. É proibido qualquer trabalho a menores de 14 (quatorze) anos de idade, salvo na condição de aprendiz;

II. Aos responsáveis por estabelecimentos que explorem comercialmente bilhar, sinuca ou congênere ou por casas de jogos, é vedado permitir a entrada e a permanência de crianças e adolescentes, salvo se acompanhados dos pais ou responsável legal;

III. Em se tratando de viagem ao exterior, nos termos da Lei n.º 8.069/90, a autorização judicial é dispensável se o adolescente viajar na companhia de um dos pais, autorizado expressamente pelo outro através de documento com firma reconhecida;

IV. Dentre as diretrizes da política de atendimento à criança e ao adolescente, está a criação de conselhos municipais, estaduais e nacional dos direitos da criança e do adolescente, órgãos deliberativos e controladores das ações em todos os níveis, assegurada a participação popular paritária por meio de organizações representativas, sendo os seus membros remunerados de acordo com leis municipais, estaduais e federal;

V. Em caráter excepcional e de urgência, as entidades que mantenham programa de acolhimento institucional poderão acolher crianças e adolescentes sem prévia determinação da autoridade competente, comunicando o fato em até 24 (vinte e quatro) horas ao Juiz da Infância e da Juventude, sob pena de responsabilidade.

É POSSÍVEL AFIRMAR:

(A) Todas as assertivas estão corretas;

(B) Todas as assertivas estão incorretas;

(C) Somente a assertiva V está incorreta;

(D) As assertivas III e IV estão corretas;

(E) As assertivas I, II e IV estão incorretas.

I: o trabalho de aprendizagem só é permitido a partir dos catorze anos, na forma estabelecida no art. 7º, XXXIII, da CF; II: o ingresso nesses locais será vedado ainda que a criança ou o adolescente se faça acompanhar pelos pais ou responsável (art. 80, ECA). Assertiva, portanto, incorreta; III: a viagem ao exterior, tanto de criança quanto de adolescente, encontra-se disciplinada na Resolução 131 do Conselho Nacional de Justiça, que revogou a de nº 74. Sendo a viagem autorizada por um dos pais para que a criança ou adolescente viaje na companhia do outro, não se faz necessária a autorização judicial. Basta, neste caso, autorização do outro, com firma reconhecida por semelhança, nos termos do que estabelece a Resolução 131 do CNJ; IV: incorreta, pois não corresponde à redação do art. 88, II, do ECA; V: correta, nos moldes do art. 93, *caput*, do ECA. Gabarito "E".

2.3. DIREITO À CONVIVÊNCIA FAMILIAR E COMUNITÁRIA

(Magistratura/AL – 2008 – CESPE) Quanto à disciplina da adoção no ECA, assinale a opção correta.

(A) O adotando não pode contar com mais de 18 anos de idade na data do pedido de adoção, caso em que se aplicam exclusivamente as normas do Código Civil.

(B) Considerando que a adoção desliga o adotado de qualquer vínculo com seus pais e parentes, não há óbice legal que o impeça de contrair casamento com irmã de seu pai biológico.

(C) Caso Felipe tenha 16 anos de idade, seja órfão e necessite de cuidados especiais, ainda assim, ele não poderá ser adotado por sua avó nem por seus irmãos.

(D) Se Rogério, com 22 anos de idade, for casado com Carmem, de 17 anos, emancipada pelo casamento, sob o regime de separação absoluta de bens, esse casal não poderá adotar até que Carmem complete 18 anos de idade.

(E) A adoção deve ser precedida por, no mínimo, 30 dias de estágio de convivência com a criança ou com o adolescente.

A: incorreta, pois há exceção no art. 40 do ECA; B: incorreta (art. 1.626 do CC); C: correta (art. 42, § 1º, do ECA); D: incorreta, pois, segundo a redação antiga do ECA (art. 42, § 3º), era suficiente que um dos cônjuges fosse maior, comprovada a estabilidade familiar, para que a adoção fosse possível; hoje, a afirmativa estaria correta, pois o ECA, com a redação da Lei 12.010/09, exige, na adoção conjunta, que ambos adotantes tenham, pelo menos, 18 anos (art. 42, *caput*); em suma, segundo a nova lei, a alternativa "d" também poderia ser marcada pelo candidato; E: incorreta, pois, segundo o art. 46, *caput*, do ECA, compete ao juiz fixar o período de convivência do estágio probatório; o único caso em que há período mínimo de convivência (de 30 dias, por sinal), é o da ação por pessoa residente ou domiciliada no exterior (art. 46, § 3º, do ECA). Gabarito "C".

(Magistratura/DF – 2011) Quando falamos a respeito de guarda, é correto afirmar que aos genitores incumbe, preferencialmente, a guarda dos filhos, que poderá ser alterada apenas em situações excepcionais, conforme previsão do artigo 33, parágrafo 2º, do Estatuto da Criança e do Adolescente. Dentro deste contexto, considere as preposições abaixo formuladas e assinale a <u>incorreta</u>:

(A) A finalidade da guarda, sem operar mudanças no poder familiar, é, sem dúvida, a de regularizar a posse de fato da criança ou do adolescente, podendo ser deferida liminar ou incidentalmente, nos procedimentos de tutela e adoção, exceto nos de adoção por estrangeiros;

(B) A guarda tem por finalidade proteção e amparo ao menor, tanto na esfera econômica, como no campo assistencial, moral, educacional e disciplinar, além de permitir o desenvolvimento físico, mental e espiritual de forma digna, sadia e harmoniosa. Significa, conceitualmente, a colocação do menor em família substituta;
(C) Considerando a natureza protetiva do instituto da guarda e por questão de política minorista, pode-se afirmar que é viável pleito de transferência de guarda formulado por avós com o objetivo de a medida garantir benefícios econômicos e previdenciários em favor do menor.
(D) A concessão da guarda, seja ela provisória ou de caráter definitivo, não faz coisa julgada, podendo ser modificada no interesse exclusivo do menor e também na hipótese de se verificar que não tenham sido cumpridas as obrigações pelo seu guardião.

A: assertiva correta, pois reflete o disposto no art. 33, § 1º, do ECA; B: arts. 28, *caput*, e 33, *caput*, ambos do ECA; C: é inviável, dada a natureza do instituto, a colocação em família substituta por meio da guarda ou mesmo a sua transferência com o escopo de obter benefícios econômicos e previdenciários em favor da pessoa em desenvolvimento; D: pela disciplina estabelecida no art. 35 do ECA, a guarda poderá ser revogada a qualquer momento, por meio de ato judicial fundamentado, sempre ouvido o MP. Gabarito "C".

(Magistratura/GO – 2009 – FCC) A destituição do poder familiar
(A) é dispensável, no caso de adoção, se os pais concordarem com a colocação da criança na família substituta.
(B) é pressuposto necessário ao deferimento da tutela sobre criança cujos pais estejam vivos.
(C) é condição para inclusão da criança em programa de colocação familiar.
(D) pode ser decretada por sentença em processo iniciado por portaria judicial, por pedido do Ministério Público ou por pedido de quem tenha legítimo interesse.
(E) decorre de sentença judicial cujo cumprimento se dá com o cancelamento do assento de nascimento originário da criança/adolescente.

A: correta (art. 45, § 1º, do ECA); B: incorreta, pois a tutela poderá ser deferida em caso de suspensão do poder familiar, mesmo que ainda vivos os pais (art. 36, parágrafo único, do ECA); C: incorreta, pois, como se viu, basta a suspensão do poder familiar para que se coloque a criança ou o adolescente em tutela, por exemplo; D: incorreta, pois o art. 155 do ECA dispõe que esse procedimento será iniciado por provocação do Ministério Público ou de quem tenha legítimo interesse; E: incorreta, pois o cumprimento da sentença se dá com a averbação à margem do registro de nascimento da criança ou do adolescente, da destituição do poder familiar (art. 163, parágrafo único, do ECA). Gabarito "A".

(MAGISTRATURA/PB – 2011 – CESPE) No que se refere à colocação de criança ou adolescente em família substituta, assinale a opção correta.
(A) Salvo expressa e fundamentada determinação judicial em contrário, ou se a medida for aplicada em preparação para adoção, o deferimento da guarda de criança ou adolescente a terceiros não impede que os pais exerçam o seu direito de visita nem que cumpram o dever de lhe prestar alimentos.
(B) O deferimento da tutela do menor a pessoa maior de dezoito anos incompletos pressupõe prévia decretação da perda ou suspensão do poder familiar e não implica dever de guarda, o que só se efetiva após os dezoito anos completos.
(C) A adoção, medida excepcional e irrevogável, concedida apenas quando esgotados os recursos de manutenção da criança ou do adolescente na família natural ou extensa, pode ser realizada mediante procuração.
(D) Na colocação da criança ou do adolescente em família substituta, somente este, cuja opinião deve ser devidamente considerada, deve ser previamente ouvido por equipe interprofissional, respeitado o seu grau de compreensão sobre as implicações dessa medida.
(E) A colocação de criança ou de adolescente em família substituta estrangeira constitui medida excepcional, admissível nas modalidades de adoção, guarda e tutela.

A: assertiva correta, pois corresponde ao prescrito no art. 33, § 4º, do ECA; B: a tutela constitui modalidade de colocação em família substituta que, ao contrário da guarda, pressupõe a destituição ou suspensão do poder familiar e implica, sim, o dever de guarda. Além disso, conforme estabelece o art. 36 do ECA, será deferida a pessoa de até 18 anos incompletos; C: é verdade que a adoção constitui medida excepcional e irrevogável e que, por conta disso, somente será concedida quando esgotados os recursos de manutenção da criança ou do adolescente na sua família natural ou extensa, na forma prevista no art. 39, § 1º, do ECA (caráter supletivo da adoção). No entanto, é incorreta a afirmação segundo a qual a adoção pode realizar-se por meio de procuração (art. 39, § 2º, do ECA). Isso porque se trata de ato *personalíssimo*; D: incorreta, nos termos do que estabelece o art. 28, § 1º, do ECA; E: incorreta, já que a colocação de criança ou de adolescente em família substituta estrangeira somente será admitida na modalidade de adoção (art. 31, ECA). Gabarito "A".

(Magistratura/PE – 2011 – FCC) Na colocação da criança ou adolescente em família substituta, observar-se-á a seguinte regra:
(A) a guarda obriga à prestação de assistência material, moral e educacional à criança ou adolescente, mas não confere a seu detentor o direito de opor-se aos pais.
(B) não será aceita a nomeação de tutor por testamento, uma vez que se trata de ato privativo do Juiz, ouvido o Ministério Público.
(C) tratando-se de maior de 12 (doze) anos de idade, será necessário seu consentimento, colhido em audiência.
(D) podem adotar os ascendentes e os irmãos do adotando, desde que o adotante tenha mais de 21 (vinte e um) anos e seja, pelo menos, 16 (dezesseis) anos mais velho do que o adotando.
(E) não se admitem organismos estrangeiros encarregados de intermediar pedidos de habilitação à adoção internacional.

A: a guarda, modalidade de colocação em família substituta, obriga à prestação de assistência material, moral e educacional à criança ou adolescente e, além disso, confere ao guardião o direito de opor-se a terceiros, inclusive aos pais; B: além da tutela *legítima* e da *dativa*, há também a tutela *testamentária*. Prevista no art. 37 do ECA e no art. 1729 do CC, é aquela instituída por vontade dos pais, em conjunto; deve constar de testamento ou de outro documento autêntico. Tutela *legítima*: à falta de tutor nomeado pelos pais, incumbe a tutela aos parentes consanguíneos do menor, conforme ordem estabelecida no art. 1731 do CC. Tutela *dativa*: diante da falta de tutor testamentário ou legítimo, ou quando estes forem excluídos ou escusados da tutela, ou ainda quando removidos por não idôneos o tutor legítimo e o testamentário, o juiz nomeará tutor idôneo – art. 1732, CC; C: correta, nos termos do art. 28, § 2º, do ECA; D: são impedidos de adotar os ascendentes e os irmãos do adotando (art. 42, § 1º). Tios, portanto, podem adotar; E: incorreta, pois não reflete o disposto no art. 52, §§ 1ª, 2º e 3º, do ECA. Gabarito "C".

(Magistratura/PR – 2010 – PUC/PR) Avalie se as frases a seguir são falsas (F) ou verdadeiras (V) e assinale a opção CORRETA:

I. Incumbe ao poder público proporcionar assistência psicológica à gestante em fase pré-natal como forma de prevenir ou minorar as conseqüências do estado puerperal.
II. Toda criança ou adolescente que estiver inserido em programa de acolhimento institucional ou familiar terá anualmente sua situação reavaliada, não podendo permanecer no programa, salvo por comprovada necessidade, por mais de 2 (dois) anos.
III. É considerada família extensa aquela que se estende para além da unidade de pais e filhos ou da unidade do casal, formada por parentes próximos com os quais a criança ou adolescente convive e mantém vínculos de afinidade ou afetividade.
IV. Em se tratando de adolescente, o seu consentimento colhido em audiência é necessário para a realização de sua adoção.

(A) V, V, V, V
(B) V, F, V, V
(C) F, V, V, V
(D) V, V, F, F

I: verdadeira (art. 8º, § 4º, do ECA); II: falsa, pois o período máximo para reavaliação da medida é a cada 6 meses – art. 19, § 1º, ECA (válido para os dois modelos de acolhimento), após o que, diante de relatório confeccionado por equipe multidisciplinar, deverá o juiz decidir se é caso de reintegração familiar ou colocação em família substituta. O prazo máximo de permanência em programa de acolhimento institucional é de até dois anos, salvo comprovada necessidade que atenda ao interesse da criança ou do adolescente. No caso do prazo máximo de permanência no acolhimento familiar, ante a omissão do legislador, aplica-se, por analogia, o art. 19, § 2º, do ECA, previsto para o acolhimento institucional. ; III: verdadeira (art. 25, parágrafo único, do ECA). Trata-se de inovação introduzida pela Lei 12.010/09; IV: verdadeira (art. 28, § 2º, do ECA). Gabarito "B".

(Magistratura/PR – 2008) Assinale a alternativa INCORRETA:

(A) A guarda destina-se a regularizar a posse de fato, podendo ser deferida, liminar ou incidentalmente, nos procedimentos de tutela e adoção, exceto no de adoção por estrangeiros
(B) A guarda poderá ser revogada a qualquer tempo, mediante ato judicial fundamentado, ouvido o Ministério Público.
(C) O poder público estimulará, através de assistência jurídica, incentivos fiscais e subsídios, o acolhimento, sob a forma de guarda, de criança ou adolescente órfão ou abandonado.
(D) A guarda confere à criança ou adolescente a condição de dependente, para todos os fins e efeitos de direito, exceto para fins previdenciários.

A: correta (art. 33, § 1º, do ECA); B: correta (art. 35 do ECA); C: correta (art. 34 do ECA), valendo salientar apenas uma pequena modificação no dispositivo, inserida pela Lei 12.010/09 – "O poder público estimulará, por meio de assistência jurídica, incentivos fiscais e subsídios, o acolhimento, sob a forma de guarda, de criança ou adolescente afastado do convívio familiar"; D: incorreta (art. 33, § 3º, do ECA). Gabarito "D".

(Magistratura/RO – 2011 – PUCPR) Sobre a adoção prevista no Estatuto da Criança e do Adolescente, analise as assertivas abaixo:

I. A adoção é medida excepcional e irrevogável, à qual se deve recorrer apenas quando esgotados os recursos de manutenção da criança ou adolescente na família natural ou extensa, sendo vedada a adoção por procuração.
II. O adotando deve contar com, no máximo, doze anos à data do pedido, salvo se já estiver sob a guarda ou tutela dos adotantes e a adoção atribui a condição de filho ao adotado, com os mesmos direitos e deveres, inclusive sucessórios, desligando-o de qualquer vínculo com pais e parentes, salvo os impedimentos matrimoniais.
III. A adoção será precedida de estágio de convivência com a criança ou adolescente, pelo prazo que a autoridade judiciária fixar, observadas as peculiaridades do caso. Esse estágio poderá ser dispensado se o adotando já estiver sob a tutela ou guarda legal do adotante durante tempo suficiente para que seja possível avaliar a conveniência da constituição do vínculo.
IV. O adotado tem direito de conhecer sua origem biológica, bem como de obter acesso irrestrito ao processo no qual a medida foi aplicada e seus eventuais incidentes, após completar 18 (dezoito) anos, e o acesso ao processo de adoção poderá ser também deferido ao adotado menor de 18 (dezoito) anos, a seu pedido, assegurada orientação e assistência jurídica e psicológica.
V. O estágio de convivência será acompanhado pela equipe interprofissional a serviço da Justiça da Infância e da Juventude, preferencialmente com apoio dos técnicos responsáveis pela execução da política de garantia do direito à convivência familiar, que apresentarão relatório minucioso acerca da conveniência do deferimento da medida.

Estão CORRETAS:

(A) Apenas as assertivas I, II, III e IV.
(B) Apenas as assertivas I, III, IV e V.
(C) Apenas as assertivas I, II e V.
(D) Apenas as assertivas II, III e V.
(E) Todas as assertivas.

I: proposição correta, nos termos do art. 39, §§ 1º e 2º, do ECA; II: incorreta, visto que o adotando deve contar com, no máximo, 18 anos à data do pedido, salvo se já estiver sob a guarda ou tutela dos adotantes – art. 40, ECA. De outro lado, é verdade que a adoção confere a condição de filho ao adotado, com os mesmos direitos e deveres, inclusive sucessórios, desligando-o de qualquer vínculo com os pais e parentes, salvo os impedimentos matrimoniais, que subsistem (art. 41, caput, do ECA); III: assertiva correta, nos termos do art. 46 do ECA; IV: proposição correta (art. 48, ECA); V: art. 46, § 4º, do ECA. Gabarito "B".

(Magistratura/SC – 2010) Assinale a alternativa correta:

I. Considera-se adoção internacional aquela na qual a pessoa ou casal postulante é residente ou domiciliado fora do Brasil. Os brasileiros residentes no exterior têm tratamento igualitário em relação aos estrangeiros, inadmitida a preferência nos casos de adoção internacional de criança ou adolescente brasileiro.
II. A adoção internacional de criança ou adolescente brasileiro ou domiciliado no Brasil somente tem lugar quando restar comprovado: que a colocação em família substituta é a solução adequada ao caso concreto; que foram esgotadas todas as possibilidades de colocação da criança ou adolescente em família substituta brasileira, após consulta aos cadastros estaduais e nacional de pessoas e casais habilitados; que em se tratando de adoção de adolescente, este foi consultado por meios adequados ao seu estágio de desenvolvimento e se encontra preparado para a medida conforme parecer elaborado por equipe interprofissional.
III. A colocação em família substituta estrangeira constitui medida excepcional, somente admissível nas modalidades de guarda e adoção. A pessoa ou casal estrangeiro interessado em adotar criança ou adolescente brasileiro deve formular pedido de habilitação à adoção perante a Autoridade Central em matéria de adoção internacional no país onde está situada sua residência habitual e, se esta considerar que os solicitantes estão habilitados e aptos para adotar, emite um relatório que contenha as informações pertinentes que é encaminhado à Autoridade Central Estadual com cópia para a Autoridade Central Federal Brasileira.
IV. Na hipótese de concordância dos pais com pedido de colocação em família substituta, estes são ouvidos pela autoridade judiciária e pelo representante do Ministério Público, tomadas por termo as declarações. O consentimento dos titulares do poder familiar é precedido de orientações e esclarecimentos pela equipe interprofissional da justiça da infância e juventude, em especial, no caso de adoção, sobre a irrevogabilidade da medida. O consentimento é retratável até a data da publicação da sentença constitutiva da adoção.

(A) Somente as proposições I, III e IV estão corretas.
(B) Somente as proposições II, III e IV estão corretas.
(C) Somente as proposições II e IV estão corretas.
(D) Somente as proposições I e IV estão corretas.
(E) Todas as proposições estão corretas.

I: a primeira parte da assertiva está correta, na medida em que adoção internacional é de fato *aquela em que a pessoa ou casal postulante é residente ou domiciliado fora do Brasil* (art. 51, *caput*, do ECA). Está, no entanto, incorreta a sua segunda parte, pois os brasileiros residentes no exterior, embora devam se submeter às regras da adoção internacional, têm primazia diante dos estrangeiros, na forma estabelecida no art. 51, § 2º, do ECA; II: assertiva correta, visto que reflete o disposto no art. 51, § 1º, do ECA; III: embora se trate de medida excepcional, a colocação em família substituta estrangeira só é admissível na modalidade de adoção; IV: assertiva correta, pois em conformidade com o disposto no art. 166, §§ 1º, 2º e 5º, do ECA. Gabarito "C".

(Magistratura/SC – 2009) Assinale a alternativa INCORRETA:

(A) Aos pais incumbe o dever de sustento, guarda e educação dos filhos menores.
(B) A perda e a suspensão do pátrio poder serão decretadas judicialmente, em procedimento no qual se assegura o contraditório.
(C) Entende-se por família natural a comunidade formada pelos pais ou qualquer deles e seus descendentes.
(D) A falta ou a carência de recursos materiais não constitui motivo suficiente para a perda ou suspensão do pátrio poder.
(E) O pátrio poder será exercido, em igualdade de condições, pelo pai e pela mãe, na forma do que dispuser a legislação civil, assegurado a qualquer deles o direito de, em caso de discordância, recorrer à autoridade competente (conselheiro tutelar) para a solução da divergência.

A: correta (art. 22 do ECA); B: correta (art. 24 do ECA); C: correta (art. 25, *caput*, do ECA); D: correta (art. 23, *caput*, do ECA); E: incorreta, visto que contraria o teor do art. 21 do ECA, que teve sua redação modificada por força da Lei 12.010/09. Gabarito "E".

(Magistratura/SC – 2009) Assinale a alternativa correta a respeito da adoção:

I. É vedada a adoção por procuração.
II. O adotando deve contar com no máximo 16 anos à data do pedido, salvo se já estiver sob a guarda ou tutela dos adotantes.
III. A adoção atribui condição de filho ao adotado, com os mesmos direitos e deveres, inclusive sucessórios, desligando-o de quaisquer vínculos ou impedimentos com os pais e parentes.

IV. A adoção não poderá ser deferida ao adotante que, após inequívoca manifestação de vontade, vier a falecer no curso do procedimento, antes de prolatada a sentença.

(A) Somente a proposição III está incorreta.
(B) Todas as proposições estão incorretas.
(C) Somente a proposição I está correta.
(D) Somente as proposições I e II estão corretas.
(E) Somente as proposições II e III estão corretas.

I: correta (art. 39, § 2°, do ECA); II: incorreta (o adotando deve contar com, no máximo, 18 anos à data do pedido – art. 40 do ECA); III: incorreta (a adoção não tem o condão de desligar o filho adotado dos impedimentos matrimoniais com pais e parentes – art. 41, *caput*, do ECA); IV: incorreta (art. 42, § 6°, do ECA). "C". Gabarito

(Magistratura/SP – 2011 – VUNESP) Esmeraldo Juremo, depois de passar por todo o processo de adoção, com plena anuência de seus pais naturais, foi adotado pelo casal Silva que, em razão de acidente automobilístico, veio a falecer.

I. Tal circunstância tem o condão de restabelecer o poder familiar dos pais naturais.
II. Tal circunstância o habilita para nova adoção, sem passar por novo processo para tal *desideratum*.
III. Tal circunstância o torna herdeiro do casal Silva.
IV. Como herdeiro, e sendo adotado, concorre em desigualdade com os filhos naturais do casal Silva.
V. Tal circunstância não tem o condão de restabelecer o poder familiar, tendo em vista o caráter irrevogável da adoção.

Estão corretos apenas os itens

(A) I e IV.
(B) II e III.
(C) III e V.
(D) I e V.
(E) III e IV.

I: incorreta, pois a morte dos adotantes, a teor do art. 49 do ECA, não tem o condão de restabelecer o poder familiar dos pais naturais; II: neste caso, é necessário submeter-se a novo processo; III: correta, visto que um dos efeitos da adoção é atribuir a condição de herdeiro ao adotado (efeitos sucessórios – art. 41, *caput*, ECA); IV: incorreta, já que a adoção tem o condão de atribuir ao adotado a condição de filho, com os mesmos direitos e deveres inerentes aos filhos naturais (art. 41, *caput*, ECA); V: diz-se que a adoção constitui medida irrevogável porque é defeso à família original retomar o poder familiar. "C". Gabarito

(Ministério Público/AM – 2008 – CESPE) O ECA estabelece que o pátrio poder será exercido em igualdade de condições entre o pai e a mãe. Acerca dessa regra, assinale a opção correta.

(A) O novo Código Civil modificou o nome do instituto, que agora, em vez de pátrio poder, se denomina poder familiar.
(B) Em caso de divergência entre os pais, prevalecerá a vontade do mais velho entre eles.
(C) A falta ou a carência de recursos materiais da família constitui motivo suficiente para a colocação da criança, ou do adolescente, em família substituta.
(D) O processo de suspensão ou perda do pátrio poder é sumário e não depende de contraditório prévio.
(E) Uma vez suspensos os poderes inerentes à paternidade e à maternidade, não haverá sua restituição.

A: art. 1.630 do CC; B: art. 1.631, parágrafo único, do CC; C: art. 23, *caput*, do ECA; D: art. 24 do ECA; E: não se deve confundir **perda** (art. 1.638 do CC) com **suspensão** (art. 1.637 do CC) do poder familiar; a suspensão permite a restituição dos poderes; a perda, não. "A". Gabarito

(Ministério Público/BA – 2010) Analise as seguintes assertivas, segundo o Estatuto da Criança e do Adolescente (Lei n° 8.069/90):

I. Incumbe ao poder público proporcionar assistência psicológica à gestante ou à mãe que manifeste interesse em entregar seus filhos para adoção.
II. Os estabelecimentos de atendimento à saúde deverão proporcionar condições para a permanência, em um dos turnos, de um dos pais ou responsável, nos casos de internação de criança ou adolescente.
III. A permanência da criança e do adolescente em programa de acolhimento institucional não se prolongará por mais de 2(dois) anos, salvo comprovada necessidade que atenda ao seu superior interesse, devidamente fundamentada pela autoridade judiciária, que deverá receber relatórios elaborados por equipe interprofissional ou multidisciplinar da situação do abrigado, no máximo, a cada 6(seis) meses.
IV. O descumprimento injustificado dos deveres de sustento, guarda e educação dos filhos menores e de determinações judiciais, no interesse destes, pode ser causa de perda do poder familiar, a ser decretada judicialmente, em procedimento contraditório.
V. A colocação em família substituta, nacional ou estrangeira far-se-á mediante guarda, tutela ou adoção, levando-se em conta o grau de parentesco e a relação de afinidade ou de afetividade e, no caso de grupos de irmãos, a manutenção dos vínculos fraternais.

Estão corretas as assertivas:

(A) I, II e III.
(B) II, III e IV.
(C) II, IV e V.
(D) I, III e IV.
(E) II, IV e V.

I: correta, nos termos do art. 8°, § 5°, do ECA; II: incorreta, já que esses estabelecimentos têm o dever de proporcionar condições para que um dos pais ou mesmo o responsável possa permanecer em tempo integral com a criança ou adolescente internado; III: assertiva correta, visto que corresponde ao que estabelece o art. 19, §§ 1° e 2°, do ECA; IV: correta (art. 24 do ECA); V: a colocação em família substituta estrangeira somente é admissível na modalidade de adoção. "D". Gabarito

(Ministério Público/ES – 2010 – CESPE) As crianças ou adolescentes inseridos em programa de acolhimento familiar ou institucional

(A) devem, na forma da lei, receber a designação discriminatória apropriada relativamente à filiação.
(B) devem submeter-se mensalmente a acompanhamento psicológico para verificar a existência de condições mínimas de adaptação e integração ao convívio familiar.
(C) são obrigatoriamente encaminhadas para o núcleo de custódia do conselho tutelar do local onde residem.
(D) têm sua situação reavaliada, no máximo, a cada seis meses.
(E) devem permanecer no programa por, no mínimo, dois anos.

A: incorreta (art. 20 do ECA); B: incorreta, pois a reavaliação por equipe especializada ocorrerá, no máximo, a cada seis meses (art. 19, § 1°, do ECA); C: incorreta, pois não existe tal previsão legal; D: correta (art. 19, § 1°, do ECA); E: incorreta, pois a criança ou o adolescente permanecerá no programa de acolhimento institucional por prazo não superior a dois anos (art. 19, § 2°, do ECA), salvo comprovada necessidade que atenda ao seu superior interesse. "D". Gabarito

(Ministério Público/MS – 2011 – FADEMS) Analise as assertivas abaixo. À luz do Estatuto da Criança e do Adolescente:

I. Ao ato infracional praticado por criança, caberá ao Juiz aplicar-lhe as medidas de proteção previstas no art. 101 do Estatuto da Criança e do Adolescente.
II. Em caso de adoção, podem adotar os ascendentes e os irmãos do adotando.
III. Os divorciados podem adotar conjuntamente, contanto que acordem sobre a guarda e o regime de visitas, e desde que demonstrado efetivo benefício ao adotando será assegurada a guarda compartilhada.
IV. A regra do Juízo Imediato, para fins de competência do Juízo da Infância e da Juventude, é fixada pela residência dos pais ou responsáveis, e na ausência destes, a competência é definida pelo local onde se encontra o menor.
V. A adoção depende do consentimento dos pais ou do representante legal do adotando, sendo dispensável o consentimento deste se contar com mais de 12 anos de idade e não tenha atingido a maioridade.

(A) todos os itens estão corretos;
(B) somente os itens II e V estão incorretos;
(C) somente os itens II, III e V estão incorretos;

(D) somente os itens II e V estão corretos;
(E) todos os itens estão incorretos.

I: assertiva correta. Cabem, aqui, alguns esclarecimentos acerca do tema. Além do magistrado, o Conselho Tutelar também está credenciado a aplicar, a crianças e adolescentes em situação de risco ou a crianças que cometeram ato infracional, as medidas de proteção a que alude o art. 101, I a VI, sendo-lhe defeso (Conselho Tutelar), dessa forma, aplicar as medidas de *acolhimento institucional, inclusão em programa de acolhimento familiar* e *colocação em família substituta*. Isso se dá porque, em vista do disposto nos arts. 101, § 2º, e 136, § único, ambos do ECA, é vedado ao Conselho Tutelar aplicar medida de proteção que implique o afastamento da criança ou do adolescente do convívio familiar, o que somente poderá ser determinado pelo juiz da Infância e da Juventude; II: são impedidos de adotar os ascendentes e os irmãos do adotando (art. 42, § 1º); III: correta, nos termos do art. 42, §§ 4º e 5º, do ECA; IV: assertiva correta (art. 147, ECA); V: incorreta (art. 28, § 2º, ECA). Gabarito "B".

(Ministério Público/PR – 2011) ASSINALE A ALTERNATIVA CORRETA:

(A) Para a colocação em família substituta, sempre que possível a criança e o adolescente serão previamente ouvidos por equipe interprofissional, e o seu consentimento obrigatoriamente colhido em audiência;
(B) A colocação em família substituta estrangeira é medida excepcional, sendo admissível nas modalidades de adoção e tutela, vedada a guarda;
(C) Em se tratando de criança ou adolescente proveniente de comunidade remanescente de quilombo, é obrigatório que a colocação em família substituta ocorra prioritariamente no seio de sua comunidade ou junto a membros da mesma etnia;
(D) A tutela será deferida, nos termos da lei civil, a pessoa de até 21 (vinte e um) anos incompletos, e pressupõe a prévia decretação da perda ou suspensão do poder familiar, implicando necessariamente o dever de guarda.

A: incorreta (art. 28, § 1º, ECA); B: incorreta, pois a colocação em família substituta estrangeira somente é admitida na modalidade *adoção*; C: correta (art. 28, § 6º, II, do ECA); D: segundo a disciplina estabelecida no art. 36 do ECA, a tutela será deferida àquele que tenha menos de 18 anos. Gabarito "C".

(Ministério Público/PR – 2009) Analise as seguintes assertivas e após assinale a alternativa correta:

I. O pátrio poder será exercido, em igualdade de condições, pelo pai e pela mãe, na forma do que dispuser a legislação civil, assegurado a qualquer deles o direito de, em caso de discordância, recorrer à autoridade judiciária competente para a solução da divergência;
II. aos pais incumbe o dever de sustento, guarda e educação dos filhos menores;
III. o reconhecimento do estado de filiação é direito personalíssimo, indisponível e imprescritível, podendo ser exercitado apenas contra os pais, sem qualquer restrição, observado o segredo de justiça;
IV. os filhos havidos fora do casamento poderão ser reconhecidos pelos pais, conjunta ou separadamente, no próprio termo de nascimento, por testamento, mediante escritura ou outro documento público, qualquer que seja a origem da filiação;
V. a falta ou a carência de recursos materiais não constitui motivo suficiente para a perda ou a suspensão do pátrio poder.

(A) Todas as assertivas estão corretas;
(B) Todas as assertivas estão incorretas;
(C) Apenas as assertivas I, II, IV e V estão corretas;
(D) Apenas as assertivas I, II, III e IV estão corretas;
(E) Apenas as assertivas I, II e V estão corretas.

I: correta (atenção para a substituição da expressão "pátrio poder" por "poder familiar", pela Lei 12.010/09 - art. 21 do ECA); II: correta (art. 22 do ECA); III: incorreta, pois o reconhecimento do estado de filiação pode ser exercitado também contra os herdeiros (art. 27 do ECA); IV: correta (art. 26, *caput*, do ECA); V: correta (art. 23, *caput*, do ECA). Gabarito "C".

(Ministério Público/PR – 2009) Analise as seguintes assertivas e após assinale a alternativa correta:

I. a guarda obriga a prestação de assistência material, moral e educacional à criança ou adolescente, conferindo a seu detentor o direito de opor-se a terceiros, exceto aos pais;
II. a guarda destina-se a regularizar a posse de fato, podendo ser deferida, liminar ou incidentalmente, nos procedimentos de tutela e adoção, exceto no de adoção por estrangeiros;
III. a guarda confere à criança ou adolescente a condição de dependente, para todos os fins e efeitos de direito, inclusive previdenciários;
IV. excepcionalmente, deferir-se-á a guarda, fora dos casos de tutela e adoção, para atender a situações peculiares ou suprir a falta eventual dos pais ou responsável, podendo ser deferido o direito de representação para a prática de atos determinados;
V. a guarda poderá ser revogada a qualquer tempo, mediante ato judicial fundamentado, ouvido o Ministério Público.

(A) Todas as assertivas estão corretas;
(B) Apenas as assertivas I, II, III e V estão corretas;
(C) Apenas as assertivas III, IV e V estão corretas;
(D) Apenas as assertivas I e V estão corretas;
(E) Apenas as assertivas II, III, IV e V estão corretas.

I: incorreta, pois a guarda confere ao seu detentor o direito de opor-se a terceiros, inclusive aos pais (art. 33, *caput*, do ECA); II: correta (art. 33, § 1º, do ECA); III: correta (art. 33, § 3º, do ECA); IV: correta (art. 33, § 2º, do ECA); V: correta (art. 35 do ECA). Gabarito "E".

(Ministério Público/PR – 2009) Analise as seguintes assertivas e após assinale a alternativa correta:

I. É vedada a adoção por procuração;
II. se um dos cônjuges ou concubinos adota o filho do outro, mantém-se os vínculos de filiação entre o adotado e o cônjuge ou concubino do adotante e os respectivos parentes;
III. é recíproco o direito sucessório entre o adotado, seus descendentes, o adotante, seus ascendentes, descendentes e colaterais até o 4º grau, observada a ordem de vocação hereditária;
IV. os divorciados e os judicialmente separados poderão adotar conjuntamente, contanto que acordem sobre a guarda e o regime de visitas, e desde que o estágio de convivência tenha sido iniciado na constância da sociedade conjugal;
V. quando o adotando for maior de doze anos, será necessário o seu consentimento para a adoção.

(A) Todas as assertivas estão corretas;
(B) Apenas as assertivas I, III e V estão corretas;
(C) Apenas as assertivas I, III, IV e V estão corretas;
(D) Apenas as assertivas II, III, IV e V estão corretas;
(E) Apenas as assertivas I e II estão corretas.

I: correta (art. 39, § 2º, do ECA); II: correta (art. 41, § 1º, do ECA); III: correta (art. 41, § 2º, do ECA); IV: correta, devendo-se atentar para a alteração da redação do art. 42, § 4º, do ECA, eis que a Lei 12.010/09 acrescentou mais uma exigência ao caso: que seja comprovada a existência de vínculos de afinidade e afetividade com aquele não detentor da guarda, que justifiquem a excepcionalidade da concessão; V: correta (art. 45, § 2º, do ECA). Gabarito "A".

(MINISTÉRIO PÚBLICO/RO – 2010 – CESPE) Com base no disposto no ECA, assinale a opção correta.

(A) Com o advento do novo Código Civil, que prevê que a capacidade plena é adquirida aos dezoito anos de idade, não é mais possível a aplicação do ECA às pessoas entre dezoito e vinte e um anos.
(B) A família ampliada é aquela formada por um dos pais e seus filhos.
(C) A permanência da criança e do adolescente em programa de acolhimento institucional pode ser superior a três anos quando verificada a sua necessidade, desde que haja decisão judicial nesse sentido, sendo desnecessária fundamentação.
(D) Criança ou adolescente não precisa ser ouvido antes de ser colocado em família substituta, sendo desnecessário seu consentimento.
(E) Falta ou carência de recursos materiais não constitui motivo suficiente para a perda ou suspensão do poder familiar.

A: apesar de o ECA ter sido concebido para disciplinar a situação de *crianças* e *adolescentes*, ele também incidirá, excepcionalmente, a pessoas com idade entre 18 e 21 anos (incompletos), no que concerne às medidas socioeducativas de *semiliberdade* e de *internação* do adolescente, cujo cumprimento deverá, necessariamente, findar até os 21 anos da pessoa, respeitado o período máximo de 3 anos. *Vide*, a esse respeito, Informativo STF 547. Neste caso, é imprescindível que o ato infracional tenha sido praticado antes de a pessoa tornar-se imputável, é dizer, completar 18 anos; caso contrário, está-se a falar de responsabilidade penal, em que a resposta estatal consiste em *pena* ou *medida de segurança*. Assim, leva-se em conta a idade do adolescente à data do fato (conduta), ainda que a consumação do ato infracional tenha se operado quando ele já atingiu a maioridade; B: a comunidade constituída por um dos pais e seus filhos é a família natural. Nesse caso, por ser formada por tão somente um dos pais, é chamada de família monoparental. Família ampliada ou extensa (art. 25, parágrafo único, do ECA): além da unidade constituída por pais e filhos ou o núcleo formado pelo casal, deve-se entender por esta modalidade de família (inserida pela Lei 12.010/09) aquela que contempla também os parentes próximos que convivem e mantêm vínculos de afinidade e afetividade com a criança ou o adolescente; C: incorreta, pois o prazo máximo durante o qual a criança ou adolescente permanecerá no programa de acolhimento institucional corresponde a dois anos, salvo comprovada necessidade que atenda ao seu superior interesse (art. 19, § 2º, do ECA); D: assertiva incorreta, nos termos do art. 28, §§ 1º e 2º, do ECA; E: proposição correta (art. 23, *caput*, do ECA). Gabarito "E".

(Ministério Público/SC – 2010)

I. Entende-se por família natural a comunidade entre ambos os pais e seus descendentes e, sejam os pais casados.
II. Os filhos havidos fora do casamento poderão ser reconhecidos pelos pais, sempre conjuntamente, salvo decisão judicial em ação de reconhecimento de paternidade.
III. Guarda, tutela e adoção são formas de colocação em família substituta.
IV. Mesmo com a edição da Lei 12.010/09, que visou a facilitação da adoção, a colocação em família substituta estrangeira ainda é excepcional e só se procede na modalidade de adoção.
V. Na perda da tutela são utilizadas as regras aplicáveis aos casos de perda do poder familiar.

(A) Apenas as assertivas I, III e IV estão corretas.
(B) Apenas as assertivas I, II e V estão corretas.
(C) Apenas as assertivas I e II estão corretas.
(D) Apenas as assertivas III, IV e V estão corretas.
(E) Apenas as assertivas I, II e III estão corretas.

I: na família natural, que é aquela constituída pelos pais ou qualquer deles e seus descendentes, pouco importa o vínculo existente entre os genitores, isto é, ainda que estes sejam divorciados, solteiros ou casados, ainda assim a família será classificada como tal. Constitui, segundo o ECA, o ambiente mais favorável ao desenvolvimento da criança e do adolescente; II: assertiva incorreta, pois contraria o disposto no art. 26, *caput*, do ECA; III: correta, pois em conformidade com o que estabelece o art. 28, *caput*, do ECA; IV: assertiva correta, pois em consonância com o disposto no art. 31 do ECA; V: correta, nos termos do art. 38 do ECA. Gabarito "D".

(Defensoria/MA – 2009 – FCC) A colocação em família substituta, segundo o Estatuto da Criança e do Adolescente,

(A) pode dar-se na forma de guarda, tutela, adoção simples ou adoção plena.
(B) viabiliza o exercício do direito à convivência familiar por crianças que estejam cumprindo internação em estabelecimento educacional.
(C) exceto na modalidade de adoção, trata-se de medida de proteção cuja aplicação cabe ao conselho tutelar.
(D) não pode ser deferida a família estrangeira, exceto na modalidade de adoção.
(E) admite transferência da criança ou adolescente a terceiros desde que com autorização dos pais.

A: incorreta, pois não há adoção simples e plena, mas simplesmente "adoção" (art. 28, *caput*, do ECA); B: incorreta, pois, durante a internação em estabelecimento educacional, a criança fica privada de liberdade (art. 121, *caput*, do ECA); C: incorreta, pois somente a colocação em família substituta é providência de competência da autoridade judiciária, nos termos dos arts. 165 a 170 do ECA; D: correta (art. 31 do ECA); E: incorreta (art. 30 do ECA). Gabarito "D".

(Defensoria/MG – 2009 – FURMARC) À data do pedido de adoção, em não estando sob a guarda ou tutela dos adotantes, o adotando deverá contar com idade de no máximo:

(A) 21 anos.
(B) 18 anos.
(C) 16 anos.
(D) 14 anos
(E) 12 anos.

Art. 40 do ECA. Gabarito "B".

(Defensoria Pública/SP – 2010 – FCC) A Lei nº 12.010/09, conhecida como Lei Nacional de Adoção,

(A) trouxe modificações essenciais nos princípios que regiam, segundo a redação original do Estatuto da Criança e do Adolescente, o instituto da adoção em nosso país.
(B) ampliou as possibilidades de adoção em favor de candidato domiciliado no Brasil não cadastrado previamente nos termos desta Lei.
(C) introduziu no texto do Estatuto da Criança e do Adolescente o conceito de família extensa ou ampliada.
(D) impôs a criação e implementação de um único cadastro de pessoas ou casais, nacionais ou estrangeiros, habilitados à adoção.
(E) desjudicializou o controle do acolhimento institucional de crianças e adolescentes.

A: incorreta (a Lei 12.010/09 manteve os princípios contidos no ECA - art. 1º, § 2º, da Lei 12.010/09); B: incorreta (art. 2º da Lei 12.010/09, que introduziu o art. 50, § 13, do ECA); C: correta (art. 2º da Lei 12.010/09, que introduziu o art. 25, parágrafo único, do ECA); D: incorreta (art. 2º da Lei 12.010/09, que introduziu o art. 50, § 6º, do ECA); E: incorreta, visto que o acolhimento institucional, que sofreu relevantes alterações por força da lei 12.010/09, somente pode ser determinado por ordem do juiz e o seu controle permanece sob a responsabilidade deste. Gabarito "C".

2.4. DIREITO À EDUCAÇÃO, À CULTURA, AO ESPORTE E AO LAZER

(Magistratura/AL – 2007 – FCC) Constitui obrigação dos dirigentes de estabelecimento de ensino fundamental:

(A) garantir acesso das crianças em geral a todas as formas de criação artística.
(B) garantir a existência, ao menos, de uma turma em período noturno, de cada ciclo do ensino fundamental.
(C) comunicar ao Conselho Tutelar os elevados níveis de repetência.
(D) comunicar ao Conselho Tutelar os casos de indisciplina grave.
(E) garantir educação universal, válida para qualquer cultura e contexto social.

Art. 56 do ECA. Gabarito "C".

(Magistratura/MT – 2009 – VUNESP) Analise as premissas a seguir elencadas.

I. Os pais ou responsável têm a obrigação de matricular seus filhos ou pupilos na rede regular de ensino.
II. É dever do Estado assegurar a oferta de ensino noturno regular, adequado às condições do adolescente trabalhador.
III. Os dirigentes de estabelecimento de ensino individual têm a incumbência de comunicar ao conselho tutelar casos de reiteração de faltas injustificadas e de evasão escolar de crianças e adolescentes nas hipóteses em que se esgotaram os recursos escolares.

Assinale a alternativa correta.

(A) Somente o item III está incorreto.
(B) Apenas os itens II e III estão incorretos.
(C) Todas as afirmações são falsas.
(D) Todas as afirmações são verdadeiras.
(E) Somente os itens I e III contemplam ideias falsas.

I: correta (art. 55 do ECA); II: correta (art. 54, VI, do ECA); III: correta (art. 56, II, do ECA). Gabarito "D".

(Magistratura/PE – 2011 – FCC) Considere as seguintes afirmações:

I. O Estado assegurará ensino fundamental, obrigatório e gratuito, desde que a criança se encontre na idade própria.
II. Será oferecido o ensino fundamental pelo Poder Público, cuja omissão ou oferta irregular importa responsabilidade da autoridade competente.

III. Os dirigentes de estabelecimento de ensino fundamental comunicarão ao Conselho Tutelar os casos de maus-tratos envolvendo seus alunos e os de elevados níveis de repetência.
IV. O atendimento educacional especializado aos portadores de deficiência se dará preferencialmente em estabelecimentos também especializados fora da rede regular de ensino.
V. No processo educacional respeitar-se-ão os valores culturais, artísticos e históricos próprios do contexto social da criança.

Para assegurar o direito à educação da criança são corretas as afirmações

(A) I, II e III.
(B) I, III e V.
(C) II, III e IV.
(D) II, III e V.
(E) III, IV e V.

I: incorreta, pois não reflete o teor do art. 54, I, do ECA; II: correta, nos moldes do art. 54, § 2º, do ECA; III: proposição correta (art. 56, I e III, do ECA); IV: incorreta, pois não corresponde ao que estabelece o art. 54, III, do ECA; V: proposição correta (art. 58 do ECA). Gabarito "D".

(Defensoria/SP – 2006 – FCC) Para garantir o direito à educação, o Estatuto da Criança e do Adolescente prevê, entre outras medidas,

(A) acesso das famílias às políticas sociais básicas condicionado à comprovação da matrícula escolar de filhos menores.
(B) impossibilidade de repetência escolar.
(C) direito ao atendimento em creche desde o nascimento.
(D) possibilidade de o Conselho Tutelar deliberar a construção de escolas pelo poder público quando faltarem vagas em ensino fundamental.

A: incorreta, pois não existe esse condicionamento para o acesso às políticas sociais básicas; B: incorreta, pois não existe essa medida no ECA; C: correta (art. 54, IV, do ECA); D: incorreta, pois não existe essa atribuição em favor do Conselho Tutelar (art. 136 do ECA); aliás, em caso de falta de vagas, cabe ação judicial, que, todavia, determina a matrícula dos que estão sem vaga, e não a construção de escolas. Gabarito "C".

2.5. DIREITO À PROFISSIONALIZAÇÃO E À PROTEÇÃO NO TRABALHO

(Ministério Público/ES – 2010 – CESPE) A formação técnico-profissional do adolescente deverá obedecer aos princípios

(A) da garantia de acesso e frequência obrigatória ao ensino regular e da atividade compatível com seu desenvolvimento.
(B) do desempenho e da produtividade.
(C) do desempenho escolar e da compatibilidade funcional.
(D) do mérito e da disciplina.
(E) do construtivismo e da proteção integral.

Art. 63, I e II, do ECA. Gabarito "A".

(MAGISTRATURA DO TRABALHO – 1ª REGIÃO – 2010 – CESPE) De acordo com o que dispõe o Estatuto da Criança e do Adolescente, na formação técnico-profissional do aprendiz, devem ser observados

(A) a garantia de acesso e frequência obrigatória ao ensino regular, a atividade compatível com o desenvolvimento do adolescente e o horário especial para o exercício das atividades.
(B) o princípio da precaução, quanto ao desempenho de tarefas insalubres, o princípio da prevenção, nas atividades de baixo grau de periculosidade, e o princípio da integralização do desenvolvimento psicossocial do adolescente.
(C) a garantia de acessibilidade, a inclusão digital e o desenvolvimento integral da cidadania.
(D) o princípio do desenvolvimento integral, o princípio da autonomia e o princípio do empreendedorismo.
(E) a garantia de acesso aos centros de estudo e pesquisa, o bem-estar físico e psíquico e a livre consciência.

Art. 63, I, II e III, do ECA. Gabarito "A".

(MAGISTRATURA DO TRABALHO – 1ª REGIÃO – 2010 – CESPE) O trabalho educativo descrito no ECA é

(A) atividade laboral em que as exigências pedagógicas referentes ao desenvolvimento pessoal e social das crianças e adolescentes prevalecem sobre o aspecto produtivo.
(B) atividade laboral desenvolvida em parceria com as instituições de ensino superior que propiciam acesso ao ensino superior aos adolescentes entre dezesseis e dezoito anos de idade com renda familiar inferior a três salários mínimos.
(C) trabalho de monitoria de crianças carentes realizado por adolescentes já formados nos cursos de capacitação das escolas técnicas federais.
(D) trabalho executado pelos licenciados em pedagogia ou ciência da educação na capacitação de professores da rede pública de ensino.
(E) o trabalho prestado por bolsistas do PROUNI nas comunidades carentes destinado a capacitar crianças e adolescentes em atividades extracurriculares e profissionalizantes.

Art. 68, § 1º, do ECA. Gabarito "A".

3. PREVENÇÃO

(Magistratura/AL – 2007 – FCC) Segundo as disposições do Estatuto da Criança e do Adolescente, NÃO representa medida de prevenção especial:

(A) classificação indicativa das atividades de diversão e dos espetáculos públicos.
(B) proibição de veiculação de programas televisivos de conteúdo não educativo (educacional, artístico, cultural ou informativo) em horário recomendado para o público infanto-juvenil.
(C) proibição de que crianças e adolescentes tenham acesso a fitas de vídeo e similares, por venda ou aluguel, se o seu conteúdo for impróprio.
(D) proibição de que crianças e adolescentes matriculem-se em cursos de artes marciais, como judô e karatê.
(E) imposição de que as revistas e demais publicações voltadas ao público infanto-juvenil sejam isentas de ilustrações, textos e anúncios que instiguem o consumo de álcool, tabaco, armas e munições.

A: arts. 74 e 75 do ECA; B: art. 76 do ECA; C: art. 77 do ECA; D: não há essa proibição nos arts. 74 a 85, que tratam da prevenção especial; E: art. 79 do ECA. Gabarito "D".

(Magistratura/GO – 2009 – FCC) Clara, 9 anos e Célia, 13 anos, são irmãs e necessitam viajar de Goiânia para Palmas, em Tocantins, desacompanhadas do pai, da mãe ou responsável. Segundo as regras previstas no Estatuto da Criança e do Adolescente,

(A) a autorização para viajar, seja do juiz, do pai, da mãe ou do responsável é dispensada se Clara e Célia viajarem na companhia de sua outra irmã Laura, de 17 anos.
(B) se elas viajarem na companhia de um tio materno, a autorização judicial para viajar é dispensável no caso de Célia, mas obrigatória no caso de Clara.
(C) se Clara viajar na companhia de pessoa maior, não parente, e houver autorização expressa do pai, da mãe ou responsável, não vai precisar de autorização judicial para viajar.
(D) Célia pode viajar independentemente de autorização dos pais ou do juiz, mas vai precisar de um alvará expedido pelo comissário de menores se viajar de ônibus intermunicipal.
(E) se ambas viajarem acompanhadas da avó paterna, podem ir sem autorização judicial, mas vão precisar de autorização expressa do pai, da mãe ou responsável.

A: incorreta; como Laura também é menor de idade, será necessário autorização judicial para que Clara, que é criança, viaje para fora da comarca onde reside (art. 83, caput, do ECA). Se Célia e Laura quisessem, poderiam viajar sozinhas dentro do território nacional, independente de autorização dos pais ou mesmo do juiz; o que elas não podem é levar a irmã que ainda não atingiu a adolescência; B: incorreta; Célia, por ser adolescente, pode viajar sozinha, independente de autorização de quem quer que seja; já no caso de Clara, se esta se fizer acompanhar do tio, a autorização não será exigida (art. 83, § 1º, b, 1, do ECA); C: correta, pois, na hipótese de a criança estar acompanhada de pessoa maior autorizada pelo pai, mãe ou responsável, a autorização judicial é dispensada (art. 83, § 1º, b, 2, do ECA); D: incorreta; Célia poderá viajar dentro do território nacional independente de autorização dos pais, do juiz ou ainda de alvará; E: incorreta, pois, na companhia da avó materna, não há necessidade de autorização do pai, mãe ou responsável (art. 83, § 1º, b, 1, do ECA). Gabarito "C".

(Defensoria Pública/SP – 2010 – FCC) Prevê o Estatuto da Criança e do Adolescente, considerando inclusive suas recentes alterações, como regra geral, o prazo máximo de

(A) 30 dias para o ajuizamento de ação de destituição de poder familiar após o deferimento cautelar, pelo juiz, do afastamento de criança e adolescente do convívio familiar.
(B) 6 meses para a reavaliação da situação de criança ou adolescente que estiver inserido em programa de acolhimento familiar ou institucional.
(C) 3 anos para permanência da criança e do adolescente em programa de acolhimento institucional.
(D) 4 anos para reavaliação, pelo Conselho Municipal dos Direitos da Criança e do Adolescente, dos programas de proteção, em execução, destinados a crianças e adolescentes.
(E) 120 dias para o relator colocar em mesa para julgamento, contado de sua conclusão, os recursos nos procedimentos de adoção e de destituição de poder familiar.

Art. 92, § 2º, do ECA, inserido pela Lei 12.010/09. Gabarito "B".

(Defensoria/SP – 2007 – FCC) Na comarca X, adolescentes estavam consumindo bebidas alcoólicas em bailes e boates. Pelo que prevê expressamente o Estatuto da Criança e do Adolescente é possível ao juiz da infância e juventude intervir na situação

(A) disciplinando, através de portaria, a entrada de adolescentes desacompanhados dos pais em cada um dos bailes e boates da cidade.
(B) determinando aos conselheiros tutelares atividade de fiscalização nos bailes e boates.
(C) determinando aos comissários ou agentes de proteção a apreensão de crianças e adolescentes que estejam consumindo bebidas alcoólicas para apresentação imediata ao Conselho Tutelar.
(D) determinando, após regular processo, o fechamento do estabelecimento por até 30 dias.
(E) aplicando medidas sócio-educativas aos adolescentes flagrados no consumo de bebida alcoólica.

Art. 149, I, b e c, do ECA. Gabarito "A".

(Defensoria/SP – 2006 – FCC) Clara tem 12 anos. Mora em São Paulo com a mãe, que tem sua guarda. Para ir visitar o pai, que mora em Recife, Clara, de acordo com o Estatuto da Criança e do Adolescente,

(A) poderá viajar, desde que acompanhada de pessoa maior, sem outras exigências.
(B) poderá viajar acompanhada apenas da avó paterna, desde que a mãe autorize por escrito.
(C) deve ter autorização do juiz ou comissário de menores, para que possa ir sozinha.
(D) não precisa de autorização escrita da mãe para ir sozinha.
(E) não poderá viajar se estiver acompanhada apenas de sua irmã de 16 anos.

Repare que o art. 83 do ECA faz referência a criança, e não a adolescente. E Clara, por ter 12 anos, é adolescente (art. 2º do ECA). Gabarito "D".

4. POLÍTICA E ENTIDADES DE ATENDIMENTO

(Magistratura/GO – 2009 – FCC) Os conselhos municipais, estaduais e nacional dos direitos da criança e do adolescente são órgãos

(A) deliberativos e controladores nos quais é assegurada a participação popular paritária por meio de organizações representativas.
(B) cuja criação é prevista no Estatuto da Criança e do Adolescente entre as linhas de ação da política de atendimento.
(C) deliberativos, executivos e controladores das ações em todos os níveis.
(D) compostos por representantes do governo, da sociedade civil e dos usuários dos serviços de atenção à criança e ao adolescente.
(E) consultivos dos executivos municipais, estaduais e nacional na definição da política pública para a área da infância e juventude.

Art. 88, II, do ECA. Gabarito "A".

(Defensoria/PI – 2009 – CESPE) As entidades de atendimento que desenvolvem programas de abrigo para crianças e adolescentes devem

(A) providenciar, sempre que possível, a transferência dos grupos de irmãos desmembrados para outras entidades de crianças e adolescentes abrigados.
(B) preservar os vínculos familiares, dar atendimento personalizado em pequenos grupos, bem como desenvolver atividades em regime de coeducação.
(C) evitar, sempre que possível, o contato das crianças e dos adolescentes abrigados com a família de origem.
(D) participar das atividades políticas da localidade onde se encontrem inseridas.
(E) evitar a participação de pessoas da comunidade no processo educativo das crianças e dos adolescentes abrigados.

Atenção para a alteração implementada pela Lei 12.010/09 do instituto do "abrigo" para "acolhimento familiar". A: incorreta (art. 92, V e VI, do ECA); B: correta (art. 92, I e IV, do ECA); C: incorreta (art. 92, I, do ECA); D: incorreta, pois não existe essa previsão legal; E: incorreta (art. 92, IX, do ECA). Gabarito "B".

(Defensoria/PI – 2009 – CESPE) Entre outras obrigações, as entidades que desenvolvem programas de internação para menores devem

(A) observar os direitos e as garantias de que são titulares as crianças.
(B) oferecer instalações físicas em condições adequadas de habitabilidade, higiene, salubridade e segurança e os objetos necessários à higiene pessoal.
(C) comunicar às autoridades competentes todos os casos em que foi necessária a adoção de restrições a direitos que não tenham sido restringidos na decisão de internação de adolescentes.
(D) reavaliar periodicamente cada caso, com intervalo mínimo de um ano, dando ciência dos resultados ao CONANDA.
(E) assegurar as medidas profiláticas e contraceptivas necessárias à visitação íntima.

A: incorreta, pois deverá observar os direitos e garantias de que são titulares os adolescentes (art. 94, I, do ECA); B: correta (art. 94, VII, do ECA); C: incorreta (art. 94, II, do ECA); D: incorreta, pois a reavaliação deverá ocorrer com intervalo máximo de seis meses, dando-se ciência à autoridade competente (art. 94, XIV, do ECA); E: incorreta, pois não existe previsão legal para visitação íntima de adolescente em programa de internação. Gabarito "B".

(Defensoria Pública/SP – 2010 – FCC) Dentre as diretrizes da política de atendimento expressamente indicadas no Estatuto da Criança e do Adolescente (art. 88) temos a

(A) municipalização das políticas sociais básicas e das políticas e programas de assistência social.
(B) integração operacional de órgãos do Judiciário, Ministério Público, Defensoria Pública, Segurança Pública, Conselho Tutelar e Assistência Social para efeito agilização do atendimento inicial a adolescente a quem se atribua autoria de ato infracional.
(C) criação de conselhos tutelares em âmbito municipal, estadual e federal.
(D) criação de programas federais de acolhimento institucional que observem rigorosa separação por faixa etária.
(E) manutenção de fundos nacional, estaduais e municipais vinculados aos respectivos conselhos dos direitos da criança e do adolescente.

Art. 88, IV, do ECA. Gabarito "E".

5. MEDIDAS DE PROTEÇÃO

(Magistratura/AL – 2007 – FCC) Antonio e Maria são pais de Ana, de 6 anos de idade. Após denúncia formalizada pela professora de Ana, o Conselho Tutelar intervém e requer judicialmente o afastamento de Antonio da moradia da família por considerá-lo autor de agressão. Segundo as disposições do Estatuto da Criança e do Adolescente, o juiz poderá conceder o afastamento cautelar do agressor em casos de

(A) maus-tratos, opressão ou abuso sexual.
(B) ofensa verbal, ofensa física grave ou má administração dos bens dos filhos menores.

(C) ofensa física leve, ofensa verbal ou abuso sexual.
(D) ofensa física leve, abuso sexual ou má administração dos bens dos filhos menores.
(E) ofensa verbal, ofensa física levíssima ou má administração dos bens dos filhos menores.

Art. 130 do ECA. Gabarito "A".

(Magistratura/MT – 2009 – VUNESP) É medida aplicável aos pais ou responsável expressamente prevista pela Lei n.º 8.069/90
(A) prestação de serviços à comunidade.
(B) multa.
(C) realização de matrícula na rede pública de ensino com obrigação de comparecer a todas as reuniões escolares.
(D) interdição para a prática dos atos da vida civil.
(E) encaminhamento a tratamento psicológico ou psiquiátrico.

Art. 129, III, do ECA. Gabarito "E".

(Magistratura/RO – 2011 – PUCPR) Sobre as medidas de proteção à criança e ao adolescente, previstas no Estatuto da criança e do Adolescente, avalie as proposições que seguem:

I. As medidas de proteção à criança e ao adolescente são aplicáveis sempre que os direitos reconhecidos no Estatuto da Criança e do Adolescente forem ameaçados ou violados seja por ação ou omissão da sociedade ou do Estado, seja por falta, omissão ou abuso dos pais ou responsável; ou ainda em razão de sua conduta.
II. Na aplicação das medidas levar-ser-ão em conta as necessidades pedagógicas, preferindo-se aquelas que visem ao fortalecimento dos vínculos familiares e comunitários, sendo que um dos princípios que regem a aplicação das medidas é a proteção integral e prioritária, ou seja, a interpretação e aplicação de toda e qualquer norma contida no Estatuto da Criança e do Adolescente deve ser voltada à proteção integral e prioritária dos direitos de que crianças e adolescentes são titulares.
III. O acolhimento institucional e o acolhimento familiar são medidas preferenciais, utilizáveis como forma de transição para reintegração familiar ou, não sendo esta possível, para colocação em família substituta, não implicando privação de liberdade.
IV. Sem prejuízo da tomada de medidas emergenciais para proteção de vítimas de violência ou abuso sexual e das providências a que alude o art. 130 do Estatuto da Criança e do Adolescente, o afastamento da criança ou adolescente do convívio familiar é de competência exclusiva da autoridade judiciária e importará na deflagração, a pedido do Ministério Público ou de quem tenha legítimo interesse, de procedimento judicial contencioso, no qual se garanta aos pais ou ao responsável legal o exercício do contraditório e da ampla defesa.
V. Imediatamente após o acolhimento da criança ou do adolescente, a entidade responsável pelo programa de acolhimento institucional ou familiar elaborará um plano individual de atendimento, visando à reintegração familiar, ressalvada a existência de ordem escrita e fundamentada em contrário de autoridade judiciária competente, caso em que também deverá contemplar sua colocação em família substituta, observadas as regras e princípios do Estatuto da Criança e do Adolescente.

Está(ao) CORRETA(S):
(A) Apenas as proposições I, II, IV e V.
(B) Apenas as proposições I e V.
(C) Apenas as proposições I, II, III e V.
(D) Apenas as proposições II, III e IV.
(E) Todas as proposições.

I: assertiva correta, visto que corresponde ao teor do art. 98 do ECA; II: proposição correta, pois em consonância com a redação do art. 100 do ECA; III: incorreta, pois contraria o disposto no art. 101, § 1º, do ECA; IV: correta, nos termos do art. 101, § 2º, do ECA; V: correta, nos termos do art. 101, § 4º, do ECA. Gabarito "A".

(Ministério Público/MA – 2009) Aponte a alternativa que indica apenas medidas que podem ser aplicadas à criança autora de ato infracional.
(A) Advertência; obrigação de reparar o dano; prestação de serviços à comunidade; liberdade assistida; inserção em regime de semiliberdade; internação em estabelecimento educacional.
(B) Entrega aos pais mediante termo de responsabilidade; orientação, apoio e acompanhamento temporários; matrícula e freqüência obrigatórias em estabelecimento oficial de ensino fundamental; liberdade assistida.
(C) Matrícula e freqüência obrigatórias em estabelecimento oficial de ensino fundamental; advertência e prestação de serviços à comunidade.
(D) Obrigação de reparar o dano, apoio e acompanhamento temporários; prestação de serviços à comunidade; advertência.
(E) Matrícula e freqüência obrigatórias em estabelecimento oficial de ensino fundamental; inclusão em programa oficial ou comunitário de auxílio, orientação e tratamento a alcoólatras e toxicômanos; abrigo em entidade; colocação em família substituta.

Art. 101, III, IV, VI, VII e IX, do ECA, com as alterações incluídas pela Lei 12.010/09. Gabarito "E".

(Ministério Público/MA – 2009) Indique a alternativa em que estão elencadas somente medidas que podem ser aplicadas aos pais e responsáveis, previstas no Estatuto da Criança e do Adolescente.
(A) Encaminhamento a programa oficial ou comunitário de proteção à família; inclusão em programa oficial ou comunitário de auxílio, orientação e tratamento a alcoólatras e toxicômanos; encaminhamento a tratamento psicológico ou psiquiátrico; prestação de serviços à comunidade.
(B) Encaminhamento a cursos ou programas de orientação; liberdade assistida; obrigação de matricular o filho ou pupilo e acompanhar sua freqüência e aproveitamento escolar; obrigação de encaminhar a criança ou adolescente a tratamento especializado.
(C) Obrigação de matricular o filho ou pupilo e acompanhar sua freqüência e aproveitamento escolar; prestação de serviços à comunidade; obrigação de encaminhar a criança ou adolescente a tratamento especializado.
(D) Advertência; perda da guarda; destituição da tutela; suspensão ou destituição do pátrio poder.
(E) Inclusão em programa oficial ou comunitário de auxílio, orientação e tratamento a alcoólatras e toxicômanos; advertência; prestação de serviços à comunidade; perda da guarda; destituição da tutela; suspensão ou destituição do pátrio poder.

Art. 129, VII, VIII, IX, X, do ECA, com as alterações da Lei 12.010/09 no que se refere à substituição da expressão "pátrio poder" por "poder familiar". Gabarito "D".

6. MEDIDAS SOCIOEDUCATIVAS E ATO INFRACIONAL – DIREITO MATERIAL

(Magistratura/BA – 2006 – CESPE) Julgue o item subseqüente, relativo ao Estatuto da Criança e do Adolescente.

(1) Os atos infracionais compreendem crimes e contravenções penais, e, para a prova da idade do adolescente, o documento primordial é a certidão de nascimento, muito embora esta gere presunção apenas relativa (juris tantum) da idade, o que significa poder ser afastada, diante de prova idônea em contrário. Por outro lado, no caso de apreensão de adolescente já civilmente identificado, é juridicamente possível, a depender das circunstâncias, a identificação compulsória por parte da autoridade policial.

1: Correta, nos termos dos arts. 103 e 109 do ECA. Gabarito 1C.

(Magistratura/DF – 2011) A doutrina especializada tem apregoado "que há um equívoco muito grande quando se depara com a mentalidade popular de que a solução do problema do adolescente infrator é a internação", que, assim, somente deverá ser aplicada de forma excepcional. Dito isso, considere as preposições abaixo formuladas e assinale a incorreta:

(A) A autoridade judicial em procedimento próprio poderá aplicar a medida socioeducativa de internação quando se tratar de ato infracional cometido mediante grave ameaça ou violência à pessoa;

(B) Terá também lugar para sua aplicação na hipótese de haver reiteração no cometimento de outras infrações graves;
(C) Igualmente poderá ser aplicada a medida socioeducativa de internação por descumprimento reiterado e injustificado da medida que tiver sido anteriormente imposta;
(D) O elenco das condições constantes das alíneas anteriores não é taxativo e exaustivo, havendo, portanto, possibilidade de aplicação da referida medida fora das hipóteses apresentadas, a critério do Juiz da Vara da Infância e do Adolescente, após colhido parecer do representante do Ministério Público.

A: o art. 122 do ECA estabelece as hipóteses em que a internação tem lugar, entre elas está aquela em que o ato infracional é cometido mediante grave ameaça ou violência a pessoa (inciso I). São exemplos: roubo, homicídio e estupro. Atenção: não fazem parte desse rol o tráfico de drogas, embora seja equiparado a hediondo, o furto qualificado, dentre outras condutas equiparadas a crime desprovidas de violência ou grave ameaça a pessoa. Nesse sentido: STJ, HC 165.704-SP, Rel. Min. Maria Thereza e Assis Moura, j. 2.9.2010; B: embora isoladamente não justifique a aplicação da medida de internação, pode o magistrado determiná-la diante de sua reiteração. Assim, "outras infrações" significa infrações não abrangidas pelo inciso I. Para o STJ, reiteração é, no mínimo, três infrações graves. Diferente, portanto, de reincidência. O tráfico de drogas se enquadra neste dispositivo; C: esta é a chamada *internação com prazo determinado* ou *internação-sanção*. Assim, uma vez aplicada a medida por sentença em processo de conhecimento, cabe ao adolescente a ela submeter-se, independentemente de sua vontade. Se assim não fizer, poderá sujeitar-se à internação-sanção, cujo prazo de duração, a teor do art. 122, § 1º, poderá chegar a três meses. Segundo o STJ, a reiteração pressupõe mais de três atos. Além disso, o descumprimento há de ser injustificável, devendo o juiz, portanto, ouvir as razões do adolescente. A esse respeito, a Súmula 265 do STJ: "É necessária a oitiva do menor infrator antes de decretar-se a regressão da medida socioeducativa"; D: assertiva incorreta, visto que se trata de rol taxativo. Gabarito "D".

(Magistratura/GO – 2009 – FCC) A prescrição da pretensão estatal de impor ou executar medida socioeducativa em face de adolescente,

(A) por conta da natureza não penal da medida, segundo entendimento majoritário dos tribunais superiores, não pode ser reconhecida em nenhuma hipótese.
(B) segundo regra prevista na legislação, ocorre em três anos para qualquer ato infracional.
(C) ainda que não prevista no Estatuto da Criança e do Adolescente, é admitida, em alguns casos, por súmula de jurisprudência editada pelo Supremo Tribunal Federal.
(D) por imposição legal, depende, para ser reconhecida, de avaliação psicossocial declarando, em cada caso concreto, inexistência de necessidades pedagógicas por parte do adolescente.
(E) é admitida por jurisprudência sumulada do Superior Tribunal de Justiça no sentido de que se aplica a prescrição penal nas medidas socieducativas.

À falta de norma que discipline este tema, o STJ editou a Súmula 338, cujo teor é o seguinte: "A prescrição penal é aplicável nas medidas socioeducativas". Assim, firmou-se o entendimento segundo o qual as regras que regem, na Parte Geral do Código Penal, a prescrição aplicam-se, de forma supletiva, às medidas socioeducativas. Gabarito "E".

(Magistratura/GO – 2009 – FCC) A internação, segundo regulada na lei e de acordo com o entendimento predominante nos tribunais superiores, pode ser aplicada em face de adolescente que,

(A) sem medida anterior, pratica ato infracional equiparado a porte de entorpecentes para uso próprio e revela grave quadro de dependência de drogas com experiências frustradas de tratamento ambulatorial.
(B) sem qualquer antecedente, pratica ato infracional equiparado a tráfico de entorpecentes.
(C) com dois procedimentos anteriores por furto nos quais recebeu remissão com liberdade assistida e remissão com prestação de serviços à comunidade, pratica novo ato infracional equiparado a furto qualificado.
(D) descumpre determinação do Conselho Tutelar e não permanece voluntariamente em entidade de abrigo.
(E) sem praticar novo ato infracional, deixa de cumprir, de forma reiterada e injustificável, medida socioeducativa anteriormente imposta.

A prática isolada de ato infracional equiparado a porte ou mesmo a tráfico de drogas não justifica a medida extrema de internação. Embora este seja equiparado a delito hediondo, é desprovido de violência ou grave ameaça a pessoa. Somente estaria credenciado o juiz a determinar a internação diante da prática reiterada da conduta equiparada ao tráfico de drogas (art. 122, II, ECA). Atenção: reiteração não se confunde com reincidência, que demanda a realização de novo ato infracional após o trânsito julgado de decisão anterior, enquanto aquela exige seja a conduta infracional revestida de especial gravidade que imponha o regime de privação de liberdade como alternativa mais eficaz (art. 122, II, do ECA). Também será o caso de impor a medida extrema de internação ao adolescente na hipótese de o mesmo deixar de cumprir, de forma reiterada e injustificável, medida socioeducativa anteriormente imposta. Esta é a chamada internação-sanção ou internação com prazo determinado (art. 122, III, do ECA). Gabarito "E".

(Magistratura/MT – 2009 – VUNESP) Considere as premissas a seguir elencadas.

I. O abrigo para menores é medida provisória e excepcional, utilizável como forma de transição para colocação em família substituta, não implicando privação de liberdade.
II. Considera-se ato infracional a conduta descrita como crime ou contravenção penal.
III. Em se tratando de ato infracional com reflexos patrimoniais, a autoridade poderá determinar, se for o caso, que o adolescente restitua a coisa, promova o ressarcimento do dano ou, por outra forma, compense o prejuízo da vítima.
IV. A prestação de serviços à comunidade consiste na realização de tarefas gratuitas de interesse geral, por período não excedente a 06 meses, junto a entidades assistenciais, hospitais, escolas e outros estabelecimentos congêneres, salvo a participação em programas governamentais.

Assinale a alternativa correta.

(A) Os itens I e III estão incorretos.
(B) Somente o item IV contempla uma ideia falsa.
(C) Apenas os itens II e III estão corretos.
(D) Todas as afirmações são verdadeiras.
(E) Os itens I e III e IV contemplam ideias verdadeiras.

I: verdadeira (a Lei 12.010/2009 revogou todos os dispositivos que tratavam do abrigo, substituindo o instituto pelo acolhimento institucional, agora tratado no art. 101, § 1º, do ECA); II: verdadeira (art. 103 do ECA); III: verdadeira (art. 116, *caput*, do ECA); IV: falsa (a prestação de serviços à comunidade também poderá ser efetivada em programas comunitários ou governamentais – art. 117, *caput*, do ECA). Gabarito "B".

(MAGISTRATURA/PB – 2011 – CESPE) Assinale a opção correta com base no que dispõe o ECA a respeito de ato infracional, medidas socioeducativas, entidades de atendimento e direito à saúde.

(A) As entidades governamentais de atendimento ao menor que descumprirem as obrigações relacionadas ao desenvolvimento de programas de internação estão sujeitas às seguintes penalidades: advertência, suspensão total do repasse de verbas, interdição das unidades ou suspensão do programa.
(B) As entidades não governamentais de atendimento a crianças e adolescentes somente podem funcionar depois de registradas no conselho municipal dos direitos da criança e do adolescente, que deve comunicar o registro, cuja validade máxima é de quatro anos, ao conselho tutelar e ao juiz da localidade.
(C) Nenhum adolescente pode ser privado de sua liberdade senão em flagrante de ato infracional, permitindo-se a sua prisão preventiva ou temporária desde que decretada por ordem escrita e fundamentada da autoridade judiciária competente.
(D) O prazo máximo da internação provisória do adolescente, para a aplicação de medida socioeducativa, é de até sessenta dias, constituindo a privação da liberdade verdadeira medida cautelar.
(E) As situações de suspeita ou confirmação de maus-tratos contra criança ou adolescente devem ser imediata e concomitantemente informadas ao MP, ao juiz da localidade e ao conselho tutelar, sem prejuízo de outras providências.

A: incorreta, nos termos do art. 97, I, do ECA; B: correta (art. 91, *caput* e § 2º, do ECA); C: o adolescente não está sujeito à prisão preventiva nem à prisão temporária, modalidades de custódia cautelar com aplicação exclusiva aos imputáveis; sujeitam-se, no entanto, à internação provisória – art. 108, ECA; D: a internação provisória não poderá durar mais de quarenta e cinco dias, prazo em que o processo deverá ser ultimado (art. 183,

ECA). Findo esse prazo, o adolescente deverá ser imediatamente liberado. Há decisões, contudo, que entendem que, a depender da particularidade do caso concreto, é possível estendê-lo, notadamente quando é a defesa que dá causa à dilação. O descumprimento injustificado desse prazo configura o crime do art. 235, ECA; E: nos casos de suspeita ou ainda de confirmação de maus-tratos contra criança ou adolescente, será obrigatória a comunicação do fato ao Conselho Tutelar da respectiva localidade, sem prejuízo de outras providências legais – art. 13, *caput*, ECA. Gabarito "B".

(MAGISTRATURA/PB – 2011 – CESPE) Considerando o que dispõe o ECA a respeito da medida de internação, assinale a opção correta.

(A) A desinternação deve ser precedida de autorização judicial, ouvidos o MP e o DP.
(B) A medida de internação restringe-se aos casos de ato infracional cometido mediante grave ameaça ou violência a pessoa.
(C) A internação deve ser cumprida em entidade exclusiva para adolescentes, no mesmo local destinado ao abrigo, atendida rigorosa separação por critérios de idades, compleição física e gravidade da infração.
(D) Durante a internação, medida excepcional, não é permitida a realização de atividades externas, salvo expressa determinação judicial em contrário.
(E) A internação não comporta prazo determinado, devendo ser reavaliada a sua manutenção, mediante decisão fundamentada, no máximo a cada seis meses.

A: incorreta, nos termos do art. 121, § 6°, do ECA; B: incorreta, na medida em que o art. 122, nos seus incisos II e III, contempla outras hipóteses em que tem lugar a medida de internação; C: pela disciplina estabelecida no art. 123 do ECA, o cumprimento desta medida socioeducativa dar-se-á em entidade exclusiva para adolescentes, em local distinto daquele destinado ao *abrigo*, obedecida rigorosa separação por critérios de *idade, compleição física* e *gravidade da infração*. Além disso, é do parágrafo único do dispositivo que, durante o período de internação, ainda que provisória, são obrigatórias atividades pedagógicas. Atenção: o *abrigo*, por força das mudanças implementadas pela Lei 12.010/09, deu lugar ao *acolhimento institucional*; D: ao contrário; será permitida a realização de atividades externas (art. 121, § 1°, do ECA); E: correta (art. 121, § 2°, do ECA). Gabarito "E".

(Magistratura/PE – 2011 – FCC) A medida socioeducativa de internação

(A) não pode exceder a 3 (três) meses no caso de descumprimento reiterado e injustificável da medida anteriormente imposta.
(B) é cabível no caso de reiteração no cometimento de outras infrações, independentemente de sua natureza.
(C) não admite a realização de atividades externas.
(D) não permite a suspensão temporária de visitas.
(E) deve ser reavaliada, mediante decisão fundamentada, no máximo a cada 3 (três) meses.

A: correta, nos termos do art. 122, § 1°, do ECA. Esta é a chamada *internação-sanção* ou *internação com prazo determinado*; B: incorreta, pois, no caso do inciso II do art. 122 do ECA, exige-se que a infração seja grave. Mais: consolidou-se na jurisprudência o entendimento no sentido de que é necessário o cometimento de no mínimo três infrações dessa natureza (reiteração); C: incorreta, já que, a teor do art. 121, § 1°, do ECA, a atividade externa será, sim, admitida, a critério da equipe técnica da entidade, salvo expressa determinação judicial em contrário; D: incorreta, pois se a autoridade judiciária entender que existem motivos sérios e fundados que tornam a visita, inclusive dos pais ou responsável, prejudicial aos interesses do adolescente, poderá suspendê-la temporariamente – art. 124, § 2°, ECA; E: incorreta, visto que a internação, segundo dispõe o art. 121, § 2°, não comporta prazo determinado, devendo sua manutenção ser reavaliada, mediante decisão fundamentada, no máximo a cada seis meses. Gabarito "A".

(Magistratura/PR – 2010 – PUC/PR) Sobre as assertivas a seguir, avalie se são falsas (F) ou verdadeiras (V) e assinale a opção CORRETA:

I. É considerada medida socioeducativa prevista no Estatuto da Criança e do Adolescente a matrícula e frequência obrigatória em estabelecimento oficial de ensino.
II. Uma das medidas de proteção passíveis de aplicação pelo Conselho Tutelar à criança ou ao adolescente vítima de maus-tratos é a colocação em família substituta.
III. O acolhimento institucional ou o familiar são medidas de proteção provisórias e excepcionais utilizáveis como forma de transição à reintegração familiar ou colocação em família substituta, não implicando em privação de liberdade.
IV. A inserção em regime de Semiliberdade é medida protetiva aplicável a crianças e adolescentes em situação de risco pessoal e social.

(A) F, F, V, V
(B) V, F, V, F
(C) F, F, V, F
(D) F, F, F, F

I: falsa, pois se trata de medida de proteção (art. 101, III, do ECA); II: falsa, pois somente a autoridade judiciária pode colocar criança ou adolescente em família substituta; III: verdadeira (art. 101, § 1°, do ECA); IV: falsa, pois a inserção em regime de semiliberdade é medida socioeducativa aplicável quando verificada a prática de ato infracional (art. 112, V, do ECA). Gabarito "C".

(Magistratura/PR – 2008) Assinale a alternativa correta:

(A) Verificada a prática de crime, a autoridade competente poderá aplicar ao adolescente a advertência.
(B) A medida de internação só poderá ser aplicada quando se tratar de ato infracional com pena mínima de 4 (quatro) anos.
(C) A prestação de serviços comunitários consiste na realização de tarefas gratuitas de interesse geral, por período não excedente a seis meses, junto a entidades assistenciais, hospitais, escolas e outros estabelecimentos congêneres, bem como programas comunitários ou governamentais.
(D) A remissão implica o reconhecimento ou comprovação da responsabilidade, mas não prevalece para efeito de antecedentes criminais.

A: verificada a prática de *ato infracional* (e não de *crime*), cabe advertência, dentre outras medidas socioeducativas (art. 112, *caput* e I, do ECA); B: o art. 122 do ECA estabelece as hipóteses em que tem lugar a medida de internação; C: correta, nos moldes do art. 117, *caput*, do ECA; D: art. 127 do ECA. Gabarito "C".

(Magistratura/SC – 2009) São direitos do adolescente privado de liberdade, entre outros, os seguintes:

I. Entrevistar-se pessoalmente com o representante do Ministério Público.
II. Receber assistência religiosa, segundo a sua crença, e desde que assim o deseje.
III. A suspensão temporária, pela autoridade judiciária, da visita, inclusive de pais e responsável, se existirem motivos sérios e fundados de sua prejudicialidade aos interesses do adolescente.

(A) Todas as proposições estão corretas.
(B) Somente a proposição I está correta.
(C) Somente as proposições I e II estão corretas.
(D) Somente a proposição III está incorreta.
(E) Todas as proposições estão incorretas.

I: correta (art. 124, I, do ECA); II: correta (art. 124, XIV, do ECA); III: correta (art. 124, § 2°, do ECA). Gabarito "A".

(Magistratura/SC – 2008) Acerca das medidas sócio-educativas que podem ser aplicadas ao adolescente pela prática de ato infracional, assinale a alternativa correta.

(A) Internação em estabelecimento educacional; liberdade assistida; colocação em família substituta.
(B) Prestação de serviços à comunidade; orientação, apoio e acompanhamento temporários; multa.
(C) Detenção; inclusão em programa oficial ou comunitário de auxílio, orientação e tratamento a alcoólatras e toxicômanos.
(D) Encaminhamento aos pais ou responsável, mediante termo de responsabilidade; requisição de tratamento médico, psicológico ou psiquiátrico, em regime hospitalar ou ambulatorial; abrigo em entidade.
(E) Advertência; obrigação de reparar o dano; inserção em regime de semi-liberdade.

Art. 112 do ECA. Gabarito "E".

(Magistratura/SP – 2011 – VUNESP) O juiz Tancredo Demerval, ao apreciar caso em que necessita aplicar medida socioeducativa, decide

(A) que o rol do ECA é taxativo, o que vale dizer que somente pode aplicar a reprimenda prevista em lei.
(B) que o rol é extenso e ele pode dispensar as medidas socioeducativas previstas no Diploma Legal e aplicar aquelas que bem lhe aprouver.

(C) aplicar medidas socioeducativas que se ajustem à Comarca que judica.
(D) que o rol é exemplificativo e o juiz, além daquelas medidas socioeducativas aludidas no Diploma Legal, poderá aplicar outras reprimendas que entender adequadas ao caso.
(E) que em casos especialíssimos poderá aplicar medida socioeducativa, em homenagem ao princípio da celeridade processual, sem a ouvida do representante do *Parquet*.

O rol contemplado no art. 112 é taxativo, sendo, portanto, defeso ao juiz recorrer a medidas socioeducativas não previstas em lei. Gabarito "A".

(Magistratura/TO – 2007 – CESPE) Alex, aos 17 anos de idade, foi submetido, perante o juizado da infância e juventude, ao cumprimento de internação, por ofensa aos artigos 12 e 14 da Lei n.º 6.368/1976 e ao artigo 16 da Lei n.º 10.826/2003. Durante o cumprimento da medida sócio-educativa, o regime de internação progrediu para o de semi-liberdade, quando, então, Alex completou 18 anos de idade. A respeito dessa situação hipotética, assinale a opção correta.

(A) A medida sócio-educativa de semi-liberdade aplicada a Alex deve ser extinta, visto que o artigo do Estatuto da Criança e do Adolescente (ECA) que se refere à idade de 21 anos como a idade máxima para a liberação compulsória foi revogado com o advento do novo Código Civil, que reduziu a maioridade civil. Desse modo, a idade máxima para o cumprimento de medida sócio-educativa passou a ser 18 anos.
(B) A medida de semi-liberdade, que comporta prazo determinado, deve ser cumprida até o término de seu prazo, independentemente da idade de Alex.
(C) Alex deve ser mantido no regime de semi-liberdade, ainda que já tenha completado 18 anos, pois a liberação é compulsória apenas aos 21 anos de idade.
(D) Alex deve ser mantido no regime de semi-liberdade, dependendo sua liberação de decisão do juiz, considerando-se que o ECA não prevê hipótese de liberação compulsória.

Art. 121, § 5º, do ECA. Apesar de o ECA ter sido concebido para disciplinar a situação de *crianças* e *adolescentes*, ele também incidirá, excepcionalmente, a pessoas com idade entre 18 e 21 anos (incompletos), no que concerne às medidas socioeducativas de *semiliberdade* e de *internação* do adolescente, cujo cumprimento deverá, necessariamente, findar até os 21 anos da pessoa, respeitado o período máximo de 3 anos. *Vide*, a esse respeito, Informativo STF 547. Neste caso, é imprescindível que o ato infracional tenha sido praticado antes de a pessoa tornar-se imputável, é dizer, completar 18 anos; caso contrário, está-se a falar de responsabilidade penal, em que a resposta estatal consiste em *pena* e *medida de segurança*. Assim, leva-se em conta a idade do adolescente à data do fato (conduta), ainda que a consumação do ato infracional tenha se operado quando ele já atingiu a maioridade. Gabarito "C".

(Ministério Público/AM – 2008 – CESPE) Alice iniciou o cumprimento de medida sócio-educativa de semi-liberdade com 17 anos e 6 meses. Ao completar 18 anos, Alice pleiteou, por via da defensoria pública, sua colocação em liberdade, em virtude do atingimento da maioridade penal. Com relação a essa situação hipotética e às normas constitucionais e estatutárias acerca da criança e do adolescente, assinale a opção correta.

(A) A liberação de Alice só será compulsória aos 21 anos.
(B) Está correto o pleito de Alice, pois, por ter atingido a maioridade penal, ela deve ser liberada do cumprimento da medida.
(C) A medida aplicada a Alice deve ter a sua manutenção reavaliada, mediante decisão fundamentada, no máximo a cada 6 meses.
(D) Alice continuará cumprindo a medida, porém em estabelecimento prisional comum, destinado aos maiores de 18 anos, para onde deverá ser transferida.
(E) Alice deve ser liberada em razão da analogia que o ECA determina que deve ser feita entre a semi-liberdade e a liberdade assistida.

Arts. 121, §§ 2º e 5º, do ECA. Gabarito "C".

(Ministério Público/AM – 2008 – CESPE) Em caso de ato infracional praticado por adolescente, os requisitos para a aplicação da medida de internação incluem

I. ato praticado mediante grave ameaça ou violência a pessoa.
II. reiteração no cometimento de outras infrações graves.

III. descumprimento reiterado e injustificável de medida anteriormente imposta.
IV. equiparação do ato infracional a crime hediondo.

A quantidade de itens certos é igual a
(A) 0.
(B) 1.
(C) 2.
(D) 3.
(E) 4.

Art. 122 do ECA. A hipótese prevista no item IV da questão não está prevista na lei. Gabarito "D".

(Ministério Público/MA – 2009) Sobre a medida de internação a que se refere a Lei nº 8.069/1990 (ECA) é correto dizer que:

(A) não comporta prazo determinado, devendo sua manutenção ser reavaliada, mediante decisão fundamentada, no máximo a cada seis meses; e em nenhuma hipótese o período máximo poderá exceder a três anos;
(B) constitui medida privativa de liberdade que não comporta a realização de atividades técnicas e não tem prazo máximo de duração previsto em Lei;
(C) não está sujeita aos princípios de brevidade e excepcionalidade, mas a liberação do adolescente a ela submetido é compulsória aos 18 (dezoito) anos de idade;
(D) só poderá ser aplicada quando se tratar de atos infracionais análogos aos crimes de homicídio e tráfico ilícito de entorpecentes;
(E) não poderá ser aplicada por reiteração no cometimento de outras infrações graves; e nem por descumprimento reiterado e injustificável da medida anteriormente imposta.

A: correta (art. 121, §§ 2º e 3º, do ECA); B: incorreta (art. 121, § 3º, do ECA); C: incorreta, pois a internação está sujeita aos princípios da brevidade e excepcionalidade. Além disso, a liberação somente é compulsória aos 21 anos (art. 121, *caput* e § 5º, do ECA); D: incorreta (art. 122 do ECA); E: incorreta (art. 122, II e III, do ECA). Gabarito "A".

(Ministério Público/MG – 2010 – FUNDEP) Nos termos do Estatuto da Criança e do Adolescente, considere as seguintes proposições.

I. O fato de o adolescente atingir os dezoito anos de idade depois da prática de ato infracional obsta a sua inserção em qualquer das medidas socioeducativas previstas na lei.
II. A aplicação de medida socioeducativa ao adolescente infrator é de competência exclusiva do juiz.
III. Ao homologar a remissão concedida pelo Ministério Público, o juiz poderá aplicar simultaneamente ao adolescente infrator a medida de prestação de serviços à comunidade.
IV. Uma vez oferecida a representação, a remissão poderá ser concedida a qualquer tempo antes da sentença, dispensando-se a audiência judicial de apresentação do adolescente.

Pode-se concluir que estão **CORRETAS**

(A) apenas as proposições I e II.
(B) apenas as proposições II e III.
(C) apenas as proposições II e IV.
(D) todas as proposições.

I: art. 121, § 5º, do ECA. Apesar de o ECA ter sido concebido para disciplinar a situação de *crianças* e *adolescentes*, ele também incidirá, excepcionalmente, a pessoas com idade entre 18 e 21 anos (incompletos), no que concerne às medidas socioeducativas de *semiliberdade* e de *internação* do adolescente, cujo cumprimento deverá, necessariamente, findar até os 21 anos da pessoa, respeitado o período máximo de 3 anos. *Vide*, a esse respeito, Informativo STF 547. Neste caso, é imprescindível que o ato infracional tenha sido praticado antes de a pessoa tornar-se imputável, é dizer, completar 18 anos; caso contrário, está-se a falar de responsabilidade penal, em que a resposta estatal consiste em *pena* e *medida de segurança*. Assim, leva-se em conta a idade do adolescente à data do fato (conduta), ainda que a consumação do ato infracional tenha se operado quando ele já atingiu a maioridade; II: *somente* o juiz poderá aplicar as medidas socioeducativas. A autoridade competente a que faz menção o *caput* do art. 112 é, segundo o art. 146 do ECA, o juiz da Infância e da Juventude. Se alguma dúvida ainda havia, a Súmula 108, do STJ, pacificou a questão: "A aplicação de medidas socioeducativas ao adolescente, pela prática de ato infracional, é da competência exclusiva do juiz"; III: correta, nos termos do art. 127 do ECA; IV: a jurisprudência firmou o entendimento segundo o qual a remissão judicial deve ocorrer a partir da audiência de apresentação. Gabarito "B".

(Ministério Público/PR – 2011) ASSINALE A ALTERNATIVA INCORRETA:

(A) Dentre os princípios que regem a aplicação das medidas de proteção a crianças e adolescentes está o de intervenção mínima, consistente em ser a intervenção exercida exclusivamente pelas autoridades e instituições cuja ação seja indispensável à efetiva promoção dos direitos e à proteção da criança e do adolescente;
(B) Constatada pelo programa de acolhimento institucional a impossibilidade de reintegração da criança à família de origem, e encaminhado relatório fundamentado ao Ministério Público, subscrito pelos técnicos da entidade, descrevendo pormenorizadamente as providências tomadas e recomendando expressamente a destituição do poder familiar, o Promotor de Justiça terá o prazo de 30 (trinta) dias para ingressar com a respectiva ação, salvo se entender necessária a realização de estudos complementares ou outras providências que repute indispensáveis ao ajuizamento da demanda;
(C) Somente o adolescente pode ser considerado autor de ato infracional, dependendo a aplicação de medida sócio-educativa da observância de garantias, dentre as quais a igualdade na relação processual, o direito de ser ouvido pessoalmente pela autoridade competente e a defesa técnica por advogado;
(D) A liberdade assistida será adotada sempre que se afigurar a medida mais adequada para o fim de acompanhar, auxiliar e orientar o adolescente, e será fixada pelo prazo mínimo de 06 (seis) meses, podendo a qualquer tempo ser prorrogada, revogada ou substituída por outra medida, ouvido o orientador, o Ministério Público e o Defensor;
(E) No regime de semiliberdade, que pode ser aplicado desde o início, ou como forma de transição para o meio aberto, é obrigatória a escolarização e a profissionalização, devendo, sempre que possível, ser utilizados os recursos existentes na comunidade. Tal medida não comporta prazo determinado, aplicando-se, no que couber, as disposições relativas à internação.

A: correta, nos termos do art. 100, parágrafo único, VII, do ECA; B: correta (art. 101, §§ 9º e 10, do ECA); C: incorreta, pois a criança também pratica ato infracional. Ocorre que esta não se submete a medida socioeducativa, somente se sujeita a medida de proteção (art. 105, ECA); o adolescente infrator, ao contrário, se submete a *medida socioeducativa* – art. 112, I a VI, do ECA, bem assim a *medida de proteção* – art. 112, VII, do ECA; D: correta, visto que em consonância com o teor do art. 118 do ECA; E: correta, visto que em consonância com o teor do art. 120 do ECA. Gabarito "C."

(Ministério Público/PR – 2009) Analise as seguintes assertivas e após assinale a alternativa correta:

I. a medida sócio-educativa de prestação de serviços comunitários consiste na realização de tarefas gratuitas de interesse geral, por período mínimo de seis meses, junto a entidades assistenciais, hospitais, escolas e outros estabelecimentos congêneres, bem como em programas comunitários ou governamentais;
II. a medida sócio-educativa de liberdade assistida será fixada pelo prazo mínimo de três meses, podendo a qualquer tempo ser prorrogada, revogada ou substituída por outra medida, ouvido o orientador, o Ministério Público e o defensor;
III. a imposição da medida sócio-educativa de internação em estabelecimento educacional pressupõe a existência de provas suficientes da autoria e da materialidade da infração;
IV. a medida sócio-educativa de advertência poderá ser aplicada sempre que houver prova da materialidade e indícios suficientes de autoria;
V. a internação, antes da sentença, pode ser determinada pelo prazo máximo de quarenta e cinco dias, sendo que a decisão deverá ser fundamentada e basear-se em indícios suficientes de autoria e materialidade, demonstrada a necessidade imperiosa da medida.

(A) Todas as assertivas estão corretas;
(B) Apenas as assertivas II, III e V estão corretas;
(C) Apenas as assertivas III, IV e V estão corretas;
(D) Apenas as assertivas I, II e III estão corretas;
(E) Apenas as assertivas I, II, IV e V estão corretas.

I: incorreta, pois a prestação de serviços à comunidade será realizada em período não superior a seis meses (art. 117, *caput*, do ECA); II: incorreta, pois a liberdade assistida será fixada pelo período mínimo de seis meses (art. 118, § 2º, do ECA); III: correta (art. 114, *caput*, do ECA); IV: correta (art. 114, parágrafo único, do ECA); V: correta (art. 108 do ECA). Gabarito "C."

(Ministério Público/PR – 2008) Em relação à medida sócio-educativa de internação, assinale a alternativa INCORRETA:

(A) a medida de internação não comporta prazo determinado, devendo sua manutenção ser reavaliada, mediante decisão fundamentada, no máximo a cada seis meses;
(B) em nenhuma hipótese o período máximo de internação excederá a três anos;
(C) a liberação será compulsória aos 21 (vinte e um) anos de idade;
(D) não será permitida a realização de atividades externas, salvo expressa autorização judicial;
(E) a desinternação será sempre precedida de autorização judicial, ouvido o Ministério Público.

A: correta (art. 121, § 2º, do ECA); B: correta (art. 121, § 3º, do ECA); C: correta (art. 121, § 5º, do ECA); D: incorreta (art. 121, § 1º, do ECA); E: correta (art. 121, § 6º, do ECA). Gabarito "D."

(Ministério Público/RR – 2008 – CESPE) Pedro, aos 14 anos de idade, foi encaminhado à vara da infância e da juventude, por tráfico de entorpecentes. A ele, que não tinha passagens anteriores pela vara da infância e da juventude, foi aplicada a medida de internação pelo prazo mínimo de um ano. Após o cumprimento da internação, o juiz aplicou a Pedro medida de semi-liberdade e restringiu o direito de Pedro realizar visitas a familiares, instituindo um regime de visitas progressivas e condicionadas.

Considerando a situação hipotética acima apresentada, julgue os itens subsequentes.

(1) O ECA possibilita a Pedro a prática de atividades externas sob o regime de semi-liberdade, sem necessidade de autorização judicial.
(2) A restrição imposta pelo magistrado às visitas de Pedro aos familiares constitui constrangimento ilegal, especialmente se desprovida de fundamentação.
(3) O regime de semi-liberdade constitui típica medida de caráter sócioeducativo, devendo ser priorizado o fortalecimento dos vínculos familiares e comunitários de Pedro.
(4) Visto que, na hipótese, Pedro praticou ato infracional sem grave ameaça ou violência e que não houve reiteração de outras infrações graves, e, ainda, que Pedro não deixou de cumprir, reiterada e injustificadamente, medida anteriormente imposta, não se justifica a imposição de medida de internação.
(5) Caso a decisão do magistrado em relação à internação de Pedro seja questionada em juízo, ela não pode ser sanada pela via do habeas corpus, pois tal instrumento processual não se aplica às situações que envolvam decisões tomadas por vara da infância e da juventude em detrimento da liberdade de criança ou adolescente.

1: correta, nos termos do art. 120, *caput*, do ECA; 2: correta, pois até no regime de *internação* há o direito de visita semanal (art. 124, VII, do ECA); eventual suspensão temporária da visita depende de fundamentação, nos termos do art. 124, § 2º, do ECA; 3: correta, pois, de fato, tal regime é uma medida de caráter socioeducativo (art. 112, V, do ECA), que, por ser um regime intermediário entre a internação e a liberdade, deve priorizar o fortalecimento dos vínculos familiares e comunitários do adolescente; 4: correta, pois a internação só pode se dar nas hipóteses contempladas no art. 122 do ECA, que estabelece rol taxativo; 5: errada, pois essa ação de índole constitucional se aplica a todas as pessoas, por óbvio (art. 5º, LXVIII, da CF); ademais, o próprio ECA faz referência ao *habeas corpus* para defender interesses de adolescentes (art. 201, IX). Gabarito 1C, 2C, 3C, 4C, 5E.

(Ministério Público/SP – 2011) De acordo com a legislação vigente, a medida socioeducativa de internação

(A) em nenhuma hipótese pode exceder o período máximo de 3 (três) anos, devendo sua manutenção ser reavaliada, em decisão fundamentada, no máximo a cada 6 (seis) meses.
(B) poderá ser superior a 3 (três) anos se houver descumprimento reiterado e injustificável da medida anteriormente imposta.

(C) poderá ser aplicada em face da prática de qualquer ato infracional, ainda que o adolescente não registre antecedentes.
(D) não comporta prazo determinado e, durante o seu cumprimento, não será permitida a realização de atividades externas, salvo expressa determinação judicial em contrário.
(E) poderá ser aplicada pela autoridade judiciária competente, em havendo requerimento do Ministério Público a respeito, ainda que haja outra medida que se revele adequada.

A e B: 121, §3º, do ECA; C: a internação somente poderá ser aplicada nas hipóteses listadas no art. 122 do ECA; D: embora não comporte prazo determinado, a realização de atividades externas será permitida, salvo expressa determinação judicial em sentido contrário (art. 121, § 1º, ECA); E: por se tratar de medida privativa de liberdade, deve ser reservada para aquelas hipótese em que não caiba outra medida mais adequada (excepcionalidade – art. 122, § 2º, ECA). Gabarito "A".

(Ministério Público/SP – 2011) Está correto afirmar que a medida socioeducativa consistente na obrigação de reparar o dano

(A) pode ser aplicada ao adolescente que tiver praticado qualquer modalidade de ato infracional.
(B) não pode ser aplicada aos adolescentes que registrarem antecedentes.
(C) pode ser aplicada ao adolescente apenas quando for possível a restituição da coisa.
(C) não pode ser substituída por outra medida, ainda que a reparação do dano ou a restituição da coisa se revele impossível.
(E) pode ser aplicada ao adolescente que tiver praticado ato infracional com reflexos patrimoniais.

Pela disciplina estabelecida no art. 116 do ECA, somente tem lugar a medida socioeducativa consistente na obrigação de reparar o dano quando se tratar de ato infracional com reflexos patrimoniais. Gabarito "E".

(Ministério Público/SP – 2011) Com relação à medida de semiliberdade, prevista no Estatuto da Criança e do Adolescente, é correto afirmar que:

(A) será sempre fixada com prazo determinado a critério do Juiz, tendo em conta a gravidade do ato infracional.
(B) somente pode ser determinada como forma de transição para o meio aberto.
(C) admite a realização de atividades externas, mas sempre com autorização judicial.
(C) admite, no que couber, as disposições relativas à internação.
(E) não exige escolarização e profissionalização durante o seu cumprimento.

A: incorreta, visto que esta medida, a teor do art. 120, § 2º, do ECA, não comporta prazo determinado; B: incorreta, já que o regime de semiliberdade também pode ser determinado desde o início (art. 120, caput, do ECA); C: incorreta, na medida em que a realização de atividades externas prescinde de autorização judicial – art. 120, caput, do ECA; D: correta, nos termos do art. 120, § 2º, do ECA; E: incorreta, pois contraria o disposto no art. 120, § 1º, do ECA. Gabarito "D".

(Ministério Público/SP – 2006) Assinale a afirmação incorreta.

(A) As medidas sócio-educativas privativas da liberdade estão sujeitas aos princípios de brevidade, excepcionalidade e respeito à condição peculiar do adolescente como pessoa em desenvolvimento.
(B) A medida socioeducativa de internação deve ser aplicada com prazo determinado, entre o mínimo de seis meses e o máximo de três anos.
(C) A medida sócio-educativa de internação só caberá se não houver outra medida adequada.
(D) Na aplicação da medida socioeducativa para o adolescente infrator, considera-se sua capacidade para cumpri-la, as circunstâncias e a gravidade da infração.
(E) Ato infracional é a conduta legalmente descrita como crime ou contravenção penal.

A: correta (arts. 227, § 3º, V, da CF e 121, caput, do ECA); B: incorreta, pois a medida não deve ser aplicada com prazo **determinado** (art. 121, § 2º, do ECA); C: correta, pois a CF e o ECA deixam claro que a medida é **excepcional** (arts. 227, § 3º, V, da CF e 121, caput, do ECA); D: correta (art. 112, § 1º, do ECA); E: correta (art. 103 do ECA). Gabarito "B".

(Defensoria/ES – 2009 – CESPE) Julgue os itens subsequentes.

(1) A obrigação de reparar o dano causado com o ato infracional não é considerada uma medida socioeducativa, tendo em vista que o adolescente não responde civilmente por seus atos, sendo obrigação dos pais ressarcir a vítima de eventual prejuízo.
(2) A prestação de serviços comunitários é uma medida socioeducativa prevista no ECA que consiste na realização de tarefas gratuitas de interesse geral, por período não excedente a seis meses, independentemente da pena abstratamente cominada ao crime referente ao ato infracional.

1: incorreta, pois a obrigação de reparar o dano está expressamente prevista como modalidade de medida socioeducativa (arts. 112, II, e 116, do ECA); 2: correta (art. 117 do ECA). Gabarito 1E, 2C.

(Defensoria/MA – 2009 – FCC) A José, 14 anos, autor de ato infracional equiparado a furto contra estabelecimento comercial, foi aplicada medida de prestação de serviços à comunidade. Segundo o Estatuto da Criança e do Adolescente,

(A) se José conseguir um emprego estará dispensado do cumprimento da medida.
(B) a critério do juiz da execução e havendo necessidades pedagógicas, a medida aplicada a José pode ser prorrogada por até um ano.
(C) se José descumprir de forma reiterada e injustificável a medida, pode ficar internado por até três meses.
(D) a medida aplicada deve ser cumprida preferencialmente no estabelecimento comercial vitimado pelo furto praticado por José.
(E) se José não tem antecedentes, a prestação de serviços à comunidade não poderia ser aplicada.

Art. 122, III, § 1º, do ECA (internação-sanção). Gabarito "C".

(Defensoria/MT – 2009 – FCC) O ato infracional

(A) consiste na conduta descrita como crime ou contravenção penal e somente pode ser praticado por adolescente.
(B) consiste na conduta descrita como crime ou contravenção penal, podendo ser praticado por criança ou adolescente.
(C) praticado por criança ou adolescente importará a aplicação de medida socioeducativa.
(D) praticada por pessoa menor de 12 anos importará a aplicação de medida específica de proteção, como, por exemplo, a liberdade assistida.
(E) somente será punível se for praticado por adolescente, dada a sua semi-imputabilidade.

Art. 103 do ECA. Gabarito "B".

(Defensoria/RN – 2006) Constituem medidas aplicáveis aos adolescentes em caso de prática de ato infracional

(A) a imposição de matrícula e freqüência obrigatória em estabelecimento oficial de ensino e a liberdade assistida.
(B) a liberdade assistida, o abrigo em entidade, e detenção.
(C) a prestação de serviços à comunidade e o abrigo em entidade.
(D) a internação em estabelecimento educacional e detenção.

Verificada a prática de ato infracional, o adolescente fica sujeito às medidas estabelecidas no art. 112 do ECA e também às previstas no art. 101, I a VI do mesmo diploma. A alternativa "a" está correta, pois traz uma medida prevista no art. 101, III, do ECA e outra prevista no art. 112, IV, do ECA. Ao ler o art. 101 do ECA repare que nem todas as "medidas específicas de proteção" ali previstas também podem ser aplicadas a título de "media socioeducutiva" (art. 112 do ECA), cabível quando há prática de **ato infracional**. Gabarito "A".

(Defensoria/SP – 2007 – FCC) Dentre os critérios expressamente previstos no ECA a serem considerados na aplicação da medida sócioeducativa, tem-se

(A) as necessidades pedagógicas do adolescente, sua capacidade de cumprimento e a gravidade da infração.
(B) as circunstâncias da infração, o respaldo familiar do adolescente e sua capacidade de cumprimento.
(C) a gravidade e as circunstâncias da infração e a personalidade do adolescente.

(D) as circunstâncias da infração, o contexto social do adolescente e a necessidade imperiosa da medida.
(E) as necessidades pedagógicas, o respaldo familiar e a idade do adolescente.

Art. 112, § 1º, do ECA. Gabarito "A".

(Defensoria/SP – 2006 – FCC) As atividades externas na medida sócio-educativa de internação, segundo o Estatuto da Criança e do Adolescente,
(A) se não proibidas pelo juiz, ficam a critério da entidade de internação.
(B) dependem de autorização judicial.
(C) não são cabíveis na internação por descumprimento de medida anterior.
(D) são deferidas para viabilizar a transição para medida mais branda.
(E) dependem do envio, ao juiz, de prévia avaliação psicossocial do adolescente.

Art. 121, § 1º, do ECA. Gabarito "A".

7. ATO INFRACIONAL – DIREITO PROCESSUAL

(Magistratura/AC – 2008 – CESPE) Com relação à representação para aplicação de medida sócio-educativa pelo Ministério Público, em casos de prática de ato infracional, à luz do ECA, assinale a opção correta.
(A) A representação depende de prova pré-constituída da autoria e materialidade, sob pena de ser rejeitada.
(B) O prazo máximo para a conclusão do procedimento para apuração de ato infracional, estando o adolescente internado provisoriamente, será de 45 dias, prorrogável uma única vez por igual período.
(C) O Ministério Público, caso entenda não ser o caso de oferecimento da representação para aplicação de medida sócio-educativa, poderá promover o arquivamento dos autos ou conceder a remissão.
(D) Oferecida a representação, a autoridade judiciária designará audiência de apresentação do adolescente, somente após a qual decidirá sobre a decretação ou manutenção da internação.

A: incorreta (art. 182, § 2º, do ECA); B: incorreta, pois esse prazo é improrrogável (art. 183 do ECA); C: correta (art. 180 do ECA); D: incorreta, pois o despacho que designar a audiência deve decidir sobre a decretação ou manutenção, não se devendo aguardar a audiência para tal decisão (art. 184, caput, do ECA). Gabarito "C".

(Magistratura/DF – 2011) Referindo-se ao procedimento de apuração de ato infracional atribuído a adolescente, na fase judicial, considere as proposições formuladas abaixo e assinale a incorreta:
(A) Oferecida a representação, a autoridade judiciária designará audiência de apresentação do adolescente, decidindo, desde logo, sobre a decretação ou manutenção da internação, em decisão fundamentada;
(B) Comparecendo o adolescente, seus pais ou responsável, a autoridade judiciária procederá à oitiva dos mesmos, podendo solicitar opinião de profissional qualificado. Se o juiz entender adequada a remissão, ouvirá o representante do Ministério Público, proferindo decisão;
(C) Se o adolescente devidamente notificado não comparecer injustificadamente à audiência de apresentação, a autoridade judiciária designará data para audiência de continuação, mas, de logo, decretará a revelia do adolescente;
(D) No procedimento para aplicação de medida socioeducativa, é nula a desistência de outras provas em face da confissão do adolescente.

A: assertiva correta, visto que em conformidade com o que estabelece o art. 184, caput, do ECA; B: assertiva correta, visto que em conformidade com o que estabelece o art. 186, caput e § 1º, do ECA; C: incorreta, nos termos do art. 187 do ECA; D: Súmula 342, STJ: "No procedimento para aplicação de medida socioeducativa, é nula a desistência de outras provas em face da confissão do adolescente". Gabarito "C".

(Magistratura/MT – 2009 – VUNESP) Assinale a premissa verdadeira.
(A) O prazo máximo e improrrogável para a conclusão do procedimento de representação, remissão ou pedido de arquivamento, estando o adolescente internado provisoriamente, será de 30 dias.
(B) A representação de adolescente ofertada pelo Ministério Público depende de prova pré-constituída da autoria e materialidade.
(C) A ausência do defensor do adolescente determinará o adiamento de qualquer ato do processo.
(D) A falta de intervenção do Ministério Público poderá gerar nulidade do feito desde que não ratificada posteriormente em benefício da criança e do adolescente.
(E) A remissão ofertada pelo Ministério Público não obriga a autoridade judiciária discordante à sua homologação imediata, a qual deverá fazer remessa dos autos ao Procurador-Geral da Justiça, mediante despacho fundamentado, para que este ofereça representação, designe outro membro do Ministério Público para apresentá-la, ou ratifique o arquivamento ou a remissão; só então estará a autoridade judiciária obrigada a homologá-la.

A: falsa, pois o prazo máximo é de quarenta e cinco dias (art. 183 do ECA); B: falsa (art. 182, § 2º, do ECA); C: falsa (art. 207, § 2º, do ECA); D: falsa (art. 204 do ECA); E: verdadeira (art. 181, § 2º, do ECA). Gabarito "E".

(Magistratura/PR – 2010 – PUC/PR) Dadas as assertivas abaixo, escolha a alternativa CORRETA:
I. Ao representante do Ministério Público é defeso a concessão da remissão ao adolescente em conflito com a lei.
II. O prazo máximo e improrrogável para a conclusão do procedimento para apuração de ato infracional, estando o adolescente internado provisoriamente será de 45 (quarenta e cinco) dias.
III. A medida socioeducativa de internação não comporta prazo determinado, devendo sua manutenção ser reavaliada em decisão fundamentada no máximo a cada 6 (seis) meses.
IV. A internação do adolescente, decretada ou mantida pela autoridade judiciária poderá ser cumprida em estabelecimento prisional desde que este tenha instalações adequadas à faixa etária.

(A) Apenas a assertiva II está correta.
(B) Apenas as assertivas I e II estão corretas.
(C) Apenas as assertivas II e III estão corretas.
(D) Todas as alternativas estão corretas.

I: incorreta (art. 126, caput, do ECA); II: correta (art. 183 do ECA); III: correta (art. 121, § 2º, do ECA); IV: incorreta (art. 123, caput, do ECA). Gabarito "C".

(Magistratura/PR – 2008) Assinale a alternativa correta:
(A) O abrigo é medida provisória e excepcional, utilizável como forma de transição para a colocação em regime fechado, não implicando privação de liberdade.
(B) O adolescente civilmente identificado não será submetido à identificação compulsória pelos órgãos policiais, de proteção e judiciais, ainda que haja dúvida fundada sobre a sua pessoa.
(C) É assegurado ao adolescente a igualdade na relação processual, podendo se confrontar com vítimas e testemunhas e produzir todas as provas necessárias à sua defesa.
(D) À criança internada não será permitida a realização de atividades externas.

A: incorreta, pois o regime utilizado como forma de transição para o regime fechado é o de semiliberdade (art. 120 do ECA); o abrigo é utilizado como forma de transição para a colocação em família substituta (art. 101, parágrafo único, do ECA), não tendo qualquer relação com o ato infracional e as medidas socioeducativas; B: incorreta (art. 109 do ECA); C: correta (art. 111, II, do ECA); D: incorreta, pois a criança não pode sofrer internação, já que esta medida só é aplicável quando se comete ato infracional, o qual só pode ser praticado por adolescente. Gabarito "C".

(Magistratura/SC – 2008) Observadas as proposições abaixo, assinale a alternativa correta.
I. A Justiça da Infância e Juventude é competente para conceder a remissão, como forma de suspensão ou extinção do processo.
II. A remissão poderá ser aplicada em qualquer fase do procedimento, mesmo após a sentença.

III. Concedida a remissão pelo representante do Ministério Público à criança, mediante termo fundamentado, os autos serão conclusos à autoridade judiciária para homologação.
IV. A remissão implica necessariamente no reconhecimento ou comprovação da responsabilidade do ato infracional, mas não prevalece para efeito de antecedentes.
V. A medida aplicada em razão da remissão poderá, a todo tempo, ser objeto de pedido de revisão à autoridade judicial, por parte do menor infrator ou de seu representante legal, ou do Ministério Público.

(A) Somente as proposições III, IV e V estão corretas.
(B) Somente as proposições I e V estão corretas.
(C) Somente a proposição I está correta.
(D) Somente as proposições II e III estão corretas.
(E) Somente as proposições II, III e IV estão corretas.

I: correta (art. 148, II, do ECA); II: incorreta (art. 188 do ECA); III: incorreta, pois tal providência é cabível em relação ao adolescente, e não em relação à criança (art. 181 do ECA), valendo lembrar que o instituto da remissão está previsto na seção que trata "da apuração de ato infracional atribuído a adolescente"; IV: incorreta (art. 127 do ECA); V: correta (art. 128 do ECA). Gabarito "B".

(Ministério Público/MG – 2010.2) Nos termos do Estatuto da Criança e do Adolescente, considere as seguintes proposições.

I. O fato de o adolescente atingir os dezoito anos de idade depois da prática de ato infracional obsta a sua inserção em qualquer das medidas socioeducativas previstas na lei.
II. A aplicação de medida socioeducativa ao adolescente infrator é de competência exclusiva do juiz.
III. Ao homologar a remissão concedida pelo Ministério Público, o juiz poderá aplicar simultaneamente ao adolescente infrator a medida de prestação de serviços à comunidade.
IV. Uma vez oferecida a representação, a remissão poderá ser concedida a qualquer tempo antes da sentença, dispensando-se a audiência judicial de apresentação do adolescente.

Pode-se concluir que estão CORRETAS

(A) apenas as proposições I e II.
(B) apenas as proposições II e III.
(C) apenas as proposições II e IV.
(D) todas as proposições.

I: incorreta (a esse respeito: "ESTATUTO DA CRIANÇA DE DO ADOLESCENTE. *HABEAS CORPUS*. CUMPRIMENTO DE MEDIDA SOCIOEDUCATIVA DE SEMILIBERDADE APÓS A MAIORIDADE CIVIL E PENAL. ALEGAÇÃO DE REVOGAÇÃO TÁCITA DO DISPOSTO NO ART. 2º, PARÁGRAFO ÚNICO, DO ECA. IMPROCEDÊNCIA. EXTINÇÃO DA REFERIDA MEDIDA SOCIOEDUCATIVA. IMPOSSIBILIDADE. AUSÊNCIA DE CONSTRANGIMENTO ILEGAL. PRECEDENTES. ORDEM DENEGADA. 1. Para a aplicação das medidas socioeducativas previstas no Estatuto da Criança e do Adolescente, leva-se em consideração apenas a idade do menor ao tempo do fato (ECA, art. 104, parágrafo único), sendo irrelevante a circunstância de atingir o adolescente a maioridade civil ou penal durante seu cumprimento, tendo em vista que a execução da respectiva medida pode ocorrer até que o autor do ato infracional complete 21 (vinte e um) anos de idade. (ECA, art. 2º, parágrafo único, c/c o arts. 120, § 2º, e 121, § 5º). 2. Por outro lado, o Estatuto da Criança e do Adolescente registra posição de excepcional especialidade tanto em relação ao Código Civil como ao Código Penal, que são diplomas legais de caráter geral, razão pela qual não procede o argumento de que o parágrafo único do art. 2º do aludido estatuto teria sido tacitamente revogado pelo atual Código Civil. 3. Se assim não fosse, todos os dispositivos normativos que compõem o Estatuto da Criança e do Adolescente não poderiam mais ser aplicados aos maiores de 18 (dezoito) anos, impedindo, assim, a adoção de quem tem menos de 21 (vinte e um) anos e já se encontra sob a guarda ou tutela dos adotantes, conforme previsto no art. 40 do referido estatuto, em indiscutível prejuízo do jovem adulto, considerando que "A adoção atribui a condição de filho ao adotado, com os mesmos direitos e deveres, inclusive sucessórios" (ECA, art. 40). 4. Ordem denegada, ante a ausência de constrangimento ilegal. HC 36044 / RJ; *HABEAS CORPUS* 2004/0080159-7 Relator(a) Ministro ARNALDO ESTEVES LIMA (1128) Órgão Julgador T5 - QUINTA TURMA Data do Julgamento 09/11/2004"); II: correta (arts. 112, *caput*, e 147, do ECA); III: correta, pois, pela leitura da redação do art. 127 do ECA, é possível perceber que inexiste vedação legal à cumulação da remissão processual com medida socioeducativa; a única restrição imposta por lei é a que diz respeito à proibição de oferecimento da remissão processual em conjunto com a aplicação das medidas que impliquem privação da liberdade do adolescente (semiliberdade e internação). Nesse sentido: *"RECURSO ESPECIAL – PENAL – LEI Nº 8.069/90 – ESTATUTO DA CRIANÇA E DO ADOLESCENTE – ECA – REMISSÃO OFERECIDA PELO MEMBRO DO MINISTÉRIO PÚBLICO – HOMOLOGAÇÃO EM JUÍZO – CUMULAÇÃO DE MEDIDA SOCIOEDUCATIVA DE ADVERTÊNCIA – POSSIBILIDADE – PROVIMENTO – 1. Esta Corte Federal Superior firmou já entendimento no sentido de que, por força mesmo da letra da Lei, pode o magistrado, ao homologar a remissão concedida pelo órgão ministerial, impor outra medida socioeducativa prevista na Lei nº 8.069/90, excetuadas aquelas que impliquem semiliberdade ou internação do menor infrator. Precedentes. 2. Recurso Especial provido".* (STJ – RESP 200201045409 – (457684 SP) – 6ª T. – Rel. Min. Hamilton Carvalhido – DJU 13.12.2004); IV: incorreta, o STJ firmou o entendimento no sentido de que a remissão deverá ser sempre após a audiência de apresentação do adolescente: "Estatuto da Criança e do Adolescente. Remissão. Momento próprio. Representação (arts. 182, 184, 186, § 1.º, e 188 do Estatuto da Criança e do Adolescente). A remissão, uma vez oferecida a representação, pode ser concedida a qualquer tempo antes da sentença, mas sempre após a audiência de apresentação, ouvido o Ministério Público. Recurso conhecido e provido" (REsp 122.193-SP, rel. Min. FÉLIX FISCHER, DJ de 1º.09.1997). Gabarito "B".

(Ministério Público/RO – 2008 – CESPE) Paulo, nascido em 10 de outubro de 1990, em razão de ter praticado um pequeno furto, foi levado à presença do promotor de Justiça da Promotoria da Infância e da Juventude, que concedeu a ele a remissão, não dando início a procedimento judicial. Algum tempo depois, Paulo foi conduzido à vara da infância e da juventude devido à prática de lesão corporal de natureza leve. O magistrado, nessa ocasião, aplicou-lhe, ao final do processo judicial, medida sócio-educativa de liberdade assistida. Em 5 de março de 2008, Paulo foi detido por ter praticado latrocínio contra João. Em razão disso, o promotor de justiça iniciou processo judicial e requereu a aplicação da internação, a qual foi deferida pelo juízo, que, no entanto, não fixou seu prazo total. Paulo iniciou o cumprimento da medida em 3 de junho de 2008. Acerca dessa situação hipotética e de seus desdobramentos jurídicos, assinale a opção correta.

(A) Agiu equivocadamente o representante do MP ao conceder remissão a Paulo, já que a concessão de remissão, como forma de exclusão do processo, só pode ser aplicada por autoridade judiciária.
(B) Como a remissão não pode prevalecer para efeito de antecedentes e a liberdade assistida foi a única pena aplicada a Paulo anteriormente, não estão presentes pressupostos para a aplicação da internação, sendo certo que apenas a reiteração no cometimento de outras infrações graves poderia justificar a sua aplicação.
(C) O juiz agiu corretamente ao não fixar prazo para a internação de Paulo, pois a medida não comporta prazo determinado, devendo sua manutenção ser reavaliada, mediante decisão fundamentada, no máximo a cada seis meses.
(D) Paulo pode vir a ser liberado da internação apenas ao completar 21 anos de idade.
(E) Ao completar 18 anos de idade, Paulo deve ser removido para uma penitenciária comum, onde continuará cumprindo a sua pena.

A: incorreta, pois há três tipos de remissão e a remissão exclusão pode ser concedida pelo MP sem a autorização da autoridade judiciária, nos termos do art. 126 do ECA; Confira: a) remissão exclusão, ministerial ou pré-processual: consiste no perdão que poderá ser feito pelo Ministério Público antes de iniciado o procedimento judicial para apuração do ato infracional, atendendo às circunstâncias, personalidade do agente e sua maior ou menor participação, gerando a exclusão do processo (art. 126, *caput*, do ECA); b) remissão suspensão: consiste na mitigação das consequências da prática de um ato infracional, que só poderá ser feita pela autoridade judiciária, no bojo de procedimento judicial de apuração do ato infracional, aplicando-se medida legal que não seja colocação em regime de semiliberdade e internação (arts. 126, parágrafo único, e 127, parte final, do ECA), ficando suspenso o processo até o seu adequado cumprimento, findo o qual este será extinto; c) remissão extinção: consiste no perdão ou na mitigação das consequências da prática de um ato infracional, que só poderá ser feita pela autoridade judiciária, no bojo de procedimento judicial de apuração do ato infracional, concedendo-se perdão puro e simples ou aplicando-se medida que se esgote por si mesma naquele momento, gerando a extinção do processo desde logo (arts. 126, parágrafo único, e 127, parte final, do ECA); B: incorreta, pois o latrocínio justifica a aplicação da internação (art. 122, I, do ECA); C: correta (art. 121, § 2º, do ECA); D: incorreta, pois é importante lembrar que o prazo máximo de internação é de 3 anos (art. 121, § 3º, do ECA) e que, no prazo máximo de 6 meses, sua manutenção deve ser reavaliada (art. 121, § 2º, do ECA); E: incorreta, pois a internação pode ocorrer até os 21 anos (art. 121, § 5º, do ECA). Gabarito "C".

(Ministério Público/SC – 2010)

I. A autoridade competente para julgar atos infracionais é o Juiz da Infância e Juventude.

II. O Conselho Tutelar providencia a execução da medida de proteção aplicada à criança, mas nunca pode aplicá-la.

III. Inexistindo centro de internação na Comarca o adolescente não pode ser internado em penitenciária estadual.

IV. A lei permite assistente de acusação no procedimento de apuração de ato infracional.

V. A presença dos pais no julgamento do ato infracional é uma faculdade do Juiz da instrução, ouvido o Ministério Público e o defensor.

(A) Apenas as assertivas I, II, III e IV estão corretas.
(B) Apenas as assertivas II, III e V estão corretas.
(C) Apenas as assertivas I e II estão corretas.
(D) Apenas as assertivas II, IV e V estão corretas.
(E) Apenas as assertivas I, II e III estão corretas.

I: correta, visto que, de fato, somente o juiz poderá julgar atos infracionais, aplicando as medidas socioeducativas adequadas a cada situação. A autoridade competente a que faz menção o *caput* do art. 112 é, segundo o art. 146 do ECA, o juiz da Infância e da Juventude. Se alguma dúvida ainda havia, a Súmula 108, do STJ, pacificou a questão: "A aplicação de medidas socioeducativas ao adolescente, pela prática de ato infracional, é da competência exclusiva do juiz"; II: incorreta, pois constitui atribuição do Conselho Tutelar, nos termos do art. 136, I, do ECA, atender às crianças e adolescentes nas hipóteses previstas nos arts. 98 e 105, aplicando as medidas contidas no art. 101, I a VI, do ECA; III: incorreta, visto que contraria o disposto no art. 185 do ECA; IV: não há a figura do assistente de acusação na ação socioeducativa; V: incorreta, nos termos do art. 110, VI, do ECA. Gabarito "C".

(Ministério Público/SP – 2011) De acordo com o Estatuto da Criança e do Adolescente, a internação provisória do adolescente, antes da sentença pela prática de ato infracional:

(A) só pode ser determinada pela autoridade judiciária de ofício e por um prazo não superior a 30 (trinta) dias.
(B) pode ser determinada de ofício pelo Juiz ou a requerimento do Ministério Público, não podendo ultrapassar o prazo de 45 (quarenta e cinco) dias.
(C) poderá ser determinada pelo Juiz, bastando, para tanto, a presença de prova da materialidade do ato infracional e por prazo nunca superior a 5 (cinco) dias.
(D) nunca poderá ser determinada em face do princípio da presunção de inocência, constitucionalmente consagrado.
(E) poderá ser determinada pelo representante do Ministério Público, desde que o autor do ato infracional registre antecedentes.

A internação provisória - art. 108, ECA – constitui medida excepcional que somente poderá ser decretada diante da demonstração imperiosa de sua *necessidade*. Além disso, a medida não poderá durar mais de quarenta e cinco dias, prazo em que o processo deverá ser ultimado (art. 183, ECA). Findo esse prazo, o adolescente deverá ser imediatamente liberado. Há decisões, contudo, que entendem que, a depender da particularidade do caso concreto, é possível estendê-lo, notadamente quando é a defesa que dá causa à dilação. O descumprimento injustificado deste prazo configura o crime do art. 235, ECA. De se ver, por fim, que o magistrado somente poderá decretar a internação provisória de adolescente desde que já tenha sido oferecida representação pelo Ministério Público, isto é, não cabe esta medida privativa de liberdade em procedimento apuratório, pois, se o representante do MP já dispõe de indícios suficientes de autoria e materialidade, deverá oferecer representação. Gabarito "B".

(Ministério Público/SP – 2011) Assinale a alternativa incorreta.

O adolescente que "estiver privado de sua liberdade poderá

(A) ficar incomunicável excepcionalmente se o interesse público assim o exigir.
(B) peticionar diretamente perante qualquer autoridade.
(C) receber visitas, a não ser que tenham sido suspensas pela autoridade judiciária no interesse do adolescente.
(D) avistar-se reservadamente com seu defensor.
(E) entrevistar-se pessoalmente com o representante do Ministério Público.

A: assertiva incorreta, pois não reflete o disposto no art. 124, § 1º, do ECA; B: assertiva correta, pois em conformidade com o art. 124, II, do ECA; C: assertiva correta, pois em conformidade com o art. 124, II e § 2º, do ECA; D: assertiva correta, pois em conformidade com o art. 124, III, do ECA; E: assertiva correta, pois em conformidade com o art. 124, I, do ECA. Gabarito "A".

(Ministério Público/SP – 2011) No que diz respeito à remissão, prevista no Estatuto da Criança e do Adolescente, não é correto afirmar que:

(A) poderá ser concedida pela autoridade judiciária, depois de iniciado o procedimento, sendo que sua concessão importará na suspensão ou extinção do processo.
(B) poderá ser concedida pelo representante do Ministério Público, antes do início do procedimento judicial para a apuração de ato infracional, como forma de exclusão do processo.
(C) implica necessariamente o reconhecimento ou comprovação da responsabilidade do autor de ato infracional e prevalece para efeito de antecedentes.
(D) poderá ser concedida pelo representante do Ministério Público, tendo em conta as circunstâncias e consequências do fato, o contexto social, a personalidade do adolescente e sua maior ou menor participação no ato infracional.

A: correta, pois reflete o que estabelece o art. 126, parágrafo único, do ECA; B: correta, pois em consonância com o que dispõe o art. 126, *caput*, do ECA (remissão ministerial ou pré-processual); C: incorreta, visto que não reflete a norma contida no art. 127 do ECA; D: correta, pois em consonância com o que dispõe o art. 126, *caput*, do ECA (remissão ministerial ou pré-processual). Gabarito "C".

(Defensoria/MA – 2009 – FCC) Se o ato infracional imputado a adolescente tiver sido praticado mediante violência ou grave ameaça à pessoa, segundo a legislação vigente,

(A) deve a autoridade policial, em caso de flagrante, lavrar auto de apreensão do adolescente.
(B) pode a autoridade policial apreendê-lo, ainda que fora das hipóteses de flagrante e sem ordem judicial, desde que o apresente imediatamente ao Ministério Público.
(C) pode o Promotor de Justiça conceder remissão desde que cumulada com aplicação de medida socioeducativa.
(D) se comprovadas autoria e materialidade, deve a autoridade judicial aplicar medida socioeducativa de internação.
(E) ele perde o direito de, na fase executória, ser beneficiado com indulto, ainda que parcial, ou comutação de medida.

A: correta (art. 173, I, do ECA); B: incorreta, pois a autoridade policial só poderá apreender o adolescente em caso de ordem judicial ou flagrante de ato infracional (art. 106, *caput*, do ECA); C: incorreta, visto que a remissão concedida pelo Promotor de Justiça exclui o processo (art. 126, *caput*, do ECA); D: incorreta, pois a autoridade *poderá* aplicar a medida socioeducativa de internação (art. 122, *caput*, do ECA); E: incorreta, pois não existe essa previsão legal. Gabarito "A".

(Defensoria Pública/SP – 2010 – FCC) Segundo prevê o Estatuto da Criança e do Adolescente, quando uma criança pratica ato infracional,

(A) é vedada a lavratura de boletim de ocorrência, devendo a vítima – se quiser – registrar o fato junto ao Conselho Tutelar.
(B) tratando-se de flagrante, deve ser encaminhada imediatamente, ou no primeiro dia útil seguinte, à presença da autoridade judiciária.
(C) ela não está sujeita a medida de qualquer natureza, uma vez que crianças não praticam ato infracional.
(D) deve o Conselho Tutelar representar à autoridade judiciária para fins de aplicação de quaisquer das medidas pertinentes aos pais ou responsável.
(E) fica sujeita à aplicação de medidas específicas de proteção de direitos pelo Conselho Tutelar ou Poder Judiciário, conforme o caso.

A: incorreta, visto que não é vedada a lavratura do boletim de ocorrência neste caso. As crianças, quando surpreendidas diante da prática de ato infracional, serão encaminhadas ao Conselho Tutelar; se ainda não instalados, ao Juízo da Infância e Juventude (art. 173 do ECA); B: incorreta, já que a criança que pratica ato deve ser encaminhada ao Conselho Tutelar; C: incorreta, visto que as crianças praticam ato infracional e, por essa razão, estão sujeitas às medidas de proteção (art. 105 do ECA); D: incorreta, pois cabe ao Conselho Tutelar aplicar diretamente grande parte das medidas aplicáveis aos pais ou responsáveis (art. 136, II, do ECA); E: correta (art. 105 do ECA). Gabarito "E".

(Defensoria/SP – 2009 – FCC) Sobre a internação provisória, ou internação antes da sentença, conforme prevista no Estatuto da Criança e do Adolescente, pode-se dizer que

(A) exceto nos casos em que o adolescente já esteja apreendido por força de flagrante de ato infracional, sua decretação é condição necessária para que ele, adolescente, possa permanecer privado de liberdade no curso do processo.
(B) pode ser, antes da sentença, reconsiderada de ofício ou a pedido da defesa, mediante concessão de liberdade assistida e compromisso de comparecimento a todos os atos processuais.
(C) é aplicada diante da prática de ato infracional por adolescente, ou, excepcionalmente, em casos graves de desvio de conduta.
(D) implica, quando decretada, no encerramento da instrução processual no máximo em 45 dias.
(E) sua decretação deve basear-se, entre outros requisitos, em indícios suficientes de materialidade.

Art. 108, parágrafo único, do ECA. Gabarito "E".

(Defensoria/SP – 2009 – FCC) Dentre os temas que resultaram na edição de SÚMULAS pelo Superior Tribunal de Justiça a respeito da aplicação e execução de medidas socioeducativas encontram-se:

(A) necessidade de oitiva do adolescente antes da decretação da regressão, competência exclusiva do juiz para aplicação de medida socioeducativa, impor rogabilidade do prazo de internação provisória.
(B) caráter sempre público da ação socioeducativa, cabimento de medida em meio aberto com remissão, nulidade da desistência de provas em face da confissão do adolescente.
(C) nulidade da desistência de provas em face da confissão do adolescente, aplicabilidade da prescrição penal às medidas socioeducativas, necessidade de oitiva do adolescente antes da decretação da regressão.
(D) competência exclusiva do juiz para aplicação de medida socioeducativa, improrrogabilidade do prazo de internação provisória, caráter sempre público da ação socioeducativa.
(E) cabimento de medida em meio aberto com remissão, nulidade da desistência de provas em face da confissão do adolescente, aplicabilidade da prescrição penal às medidas socioeducativas.

Súmula 342 do STJ: "No procedimento para aplicação de medida socioeducativa, é nula a desistência de outras provas em face da confissão do adolescente". Gabarito "C".

(Defensoria/SP – 2007 – FCC) Em proteção a adolescentes apreendidos pela prática de ato infracional, prevê expressamente o ECA a

(A) proibição do uso de algemas.
(B) responsabilidade administrativa da autoridade que não comunicar a apreensão aos pais ou responsável.
(C) apresentação imediata do jovem apreendido em flagrante à autoridade judiciária.
(D) proibição da divulgação, pelos meios de comunicação, do nome, das iniciais do nome e do apelido do suspeito.
(E) impossibilidade do transporte em viatura policial comum.

Art. 143 do ECA. Gabarito "D".

(Delegado/PB – 2009 – CESPE) Assinale a opção correta com referência ao Estatuto da Criança e do Adolescente.

(A) Em caso de flagrante da prática de ato infracional, o adolescente não é prontamente liberado pela autoridade policial, apesar do comparecimento dos pais, quando, pela gravidade do ato infracional e por sua repercussão social, o adolescente deve permanecer sob internação para manutenção da ordem pública.
(B) A internação pode ser cumprida em estabelecimento prisional comum, desde que o adolescente permaneça separado dos demais presos, se não existir na comarca entidade com as características definidas em lei para tal finalidade.
(C) Se o adolescente, devidamente notificado, não comparecer, injustificadamente, à audiência de apresentação, a autoridade judiciária deve decretar sua revelia e encaminhar os autos à defensoria pública para apresentação de resposta escrita.
(D) O regime de semiliberdade possibilita ao adolescente a realização de atividades externas, mediante expressa autorização judicial.
(E) durante o período de internação, é vedado à autoridade judiciária ou policial suspender temporariamente a visita dos pais do adolescente.

A: correta (art. 174 do ECA); B: incorreta (art. 123, *caput*, do ECA); C: incorreta (art. 187 do ECA); D: incorreta (art. 120, *caput*, do ECA); E: incorreta, já que a autoridade judiciária poderá, no interesse do adolescente, suspender a visita dos pais do adolescente (art. 124, § 2º, do ECA). Gabarito "A".

(CESPE – 2008) Acerca dos direitos individuais previstos no ECA, assinale a opção correta.

(A) Nenhum adolescente será privado de sua liberdade, senão em flagrante de ato infracional, por determinação judicial, ou para averiguação, por ordem de autoridade policial.
(B) A internação antes da sentença, ocorrida durante o procedimento de apuração do ato infracional, não tem prazo máximo preestabelecido, contudo o juiz deve justificar a demora excessiva, sob pena de constrangimento ilegal.
(C) Excetuando-se as hipóteses de dúvida fundamentada, o adolescente civilmente identificado não será submetido a identificação compulsória pelos órgãos oficiais.
(D) A internação antes da sentença, ao contrário do que ocorre com a prisão cautelar, prevista no processo penal, dispensa fundamentação em face das peculiaridades do procedimento de apuração do ato infracional e das condições especiais de desenvolvimento do adolescente.

A: incorreta (art. 106 do ECA); B: incorreta (art. 108 do ECA); C: correta (art. 109 do ECA); D: incorreta (art. 108, parágrafo único, do ECA). Gabarito "C".

(CESPE – 2008) Com relação ao procedimento de apuração do ato infracional, assinale a opção correta de acordo com o que dispõe o ECA.

(A) Cabe recurso em sentido estrito da decisão que aplica medida sócio-educativa, sendo possível o juízo de retratação.
(B) No recurso de apelação, antes de determinar a remessa dos autos à instância superior, o juiz poderá reformar a decisão proferida.
(C) Na ausência de advogado constituído, para resguardar o sigilo quanto à conduta do infrator, não se admite a nomeação de defensor ad hoc.
(D) A outorga de mandato é indispensável caso o defensor seja constituído ou nomeado, sendo a formalidade necessária em face das peculiaridades do procedimento.

A: incorreta (art. 198 do ECA); B: correta (art. 198, VII, do ECA); C e D: incorretas (art. 186 do ECA). Gabarito "B".

(CESPE – 2008) Acerca do procedimento de apuração do ato infracional e de execução das medidas previstas no Estatuto da Criança e do Adolescente (ECA), assinale a opção correta.

(A) A remissão, como forma de extinção ou suspensão do processo, pode ser aplicada em qualquer fase do procedimento ou depois de proferida a sentença.
(B) A representação do Ministério Público no que se refere à proposta de instauração de procedimento para aplicação de medida sócio-educativa independe de prova pré-constituída de autoria e materialidade.
(C) Será competente o juiz da infância e juventude do lugar da ação ou omissão, observadas as regras de conexão e continência, inclusive nos casos de concurso com a jurisdição comum.
(D) A execução da medida de proteção poderá ser delegada à autoridade competente do lugar onde residem os pais da criança, desde que situado no mesmo estado da Federação do juízo processante.

A: incorreta (art. 188 do ECA - *antes da sentença*); B: correta (art. 182 do ECA); C: incorreta (art. 147, § 1º, do ECA); D: incorreta (art. 147, § 2º, do ECA). Gabarito "B".

(CESPE – 2007) De acordo com o Estatuto da Criança e do Adolescente (ECA), assinale a opção correta.

(A) O adolescente civilmente identificado não será submetido a identificação compulsória pelos órgãos policiais, salvo no caso de dúvida fundamentada.

(B) É desnecessária a oitiva do adolescente antes de ser decretada a regressão da medida socio-educativa, visto que já foi citado para se defender no procedimento.
(C) Ao contrário do que ocorre com o maior de idade, o adolescente somente poderá ser privado de sua liberdade se estiver em flagrante de ato infracional.
(D) Ao ser preso, o adolescente deve ser informado de seus direitos, entre eles, o de permanecer em silêncio, e deve ser alertado de que o que disser pode ser interpretado em seu prejuízo.

A resposta à questão decorre do art. 109 da Lei 8.069/90 (ECA). Outros direitos individuais e garantias estão previstos nos arts. 106 a 108 e 110 e 111 do ECA. Gabarito "A".

(CESPE – 2007) Sobre o instituto da remissão no ECA, assinale a opção correta.

(A) A remissão implica necessariamente o reconhecimento da responsabilidade do adolescente infrator, mas o isenta do cumprimento das medidas sócio-educativas.
(B) A remissão prevalece para efeito de antecedentes e pode ser revista, a qualquer tempo, de ofício ou a requerimento, escrito ou verbal, pelo Ministério Público.
(C) Iniciado o procedimento judicial para apuração de ato infracional, a concessão da remissão pelo juiz importará na suspensão ou extinção do processo.
(D) Não pode ser concedida a remissão antes de iniciado o procedimento judicial para apuração de ato infracional.

A resposta decorre do art. 126, parágrafo único, do ECA. Nos termos do art. 127 do ECA, a remissão não implica necessariamente o reconhecimento ou a comprovação da responsabilidade, nem prevalece para efeitos de antecedentes. Gabarito "C".

8. CONSELHO TUTELAR

(Magistratura/AL – 2007 – FCC) Sobre a composição e funcionamento dos Conselhos Tutelares, é correto afirmar:

(A) haverá, obrigatoriamente, mais de um conselho tutelar por cidade.
(B) cada conselho tutelar será composto por cinco membros, quatro eleitos e um nomeado, obrigatoriamente o Secretário Municipal do Bem-Estar Social.
(C) a idade mínima para compor o conselho tutelar é 20 anos.
(D) o mandato do conselho tutelar eleito é de 4 anos, admitida uma reeleição.
(E) a função de conselheiro tutelar obedece à percepção de remuneração fixada nacionalmente.

A: incorreta (art. 132 do ECA); B: incorreta (art. 132 do ECA); C: incorreta, visto que o art. 133, II, do ECA exige idade superior a vinte e um anos; D: incorreta (art. 132 do ECA); E: incorreta, já que lei local tratará da remuneração (art. 134 do ECA). Gabarito "C".

(Magistratura/GO – 2009 – FCC) Devem ser comunicados ao Conselho Tutelar, pelo dirigente do estabelecimento de ensino, segundo obriga o Estatuto da Criança e do Adolescente, casos de

(A) evasão de alunos matriculados no ensino médio.
(B) ato infracional praticado por adolescente dentro do ambiente escolar.
(C) ato de indisciplina grave cometido por criança ou adolescente.
(D) maus-tratos envolvendo alunos matriculados no ensino fundamental.
(E) faltas injustificadas e reiteradas na educação infantil.

Art. 56, I, do ECA. Gabarito "D".

(Magistratura/MT – 2009 – VUNESP) Leia as afirmações acerca do tema Conselho Tutelar.

I. Conselho Tutelar é órgão autônomo, permanente, que exerce atividade jurisdicional supletiva, encarregado pela lei de zelar pelo cumprimento dos direitos infanto-juvenis definidos no Estatuto da Criança e do Adolescente.
II. O Estatuto da Criança e do Adolescente não faz exigência mínima de escolaridade àqueles que desejam se candidatar ao exercício do mandato de conselheiro tutelar de determinada localidade, apenas menciona que o candidato deve possuir 21 anos, reconhecida idoneidade moral e residir naquele município.
III. O exercício efetivo da função de conselheiro constituirá serviço público relevante, estabelecerá presunção de idoneidade moral e assegurará prisão especial, em caso de crime comum, até o julgamento definitivo.
IV. Constará da lei orçamentária municipal previsão dos recursos necessários ao funcionamento do Conselho Tutelar.

Assinale a alternativa correta.

(A) Somente o item I está incorreto.
(B) Apenas os itens I e III estão incorretos.
(C) Todas as afirmações são falsas.
(D) Todas as afirmações são verdadeiras.
(E) Somente os itens I e III e IV contemplam ideias falsas.

I: incorreta, visto que o Conselho Tutelar é órgão NÃO jurisdicional (art. 131 do ECA); II: correta (art. 133, I, II e III, do ECA); III: correta (art. 135 do ECA); IV: correta (art. 134, parágrafo único, do ECA). Gabarito "A".

(MAGISTRATURA/PB – 2011 – CESPE) No que se refere ao conselho tutelar, assinale a opção correta.

(A) O processo de escolha dos membros do conselho tutelar é estabelecido por lei estadual.
(B) São impedidos de servir no mesmo conselho: marido e mulher; ascendentes e descendentes até o segundo grau; sogro e genro ou nora; irmãos; cunhados, durante o cunhadio; tio e sobrinho; bem como padrasto ou madrasta e enteado.
(C) O conselho tutelar constitui órgão permanente e autônomo, não jurisdicional, encarregado pela sociedade de zelar pelo cumprimento dos direitos da criança e do adolescente.
(D) Em cada estado, deve haver, no mínimo, um conselho tutelar, composto de cinco membros, escolhidos pela comunidade local para mandato de cinco anos, permitida uma reeleição.
(E) Para a candidatura a membro do conselho tutelar, são exigidos os seguintes requisitos: reconhecida idoneidade moral; idade superior a trinta e cinco anos; residência no município onde se localiza o conselho.

A: incorreta, pois o processo de escolha dos membros do Conselho Tutelar será estabelecido em lei municipal, conforme preceitua o art. 139 do ECA; B: a assertiva – incorreta – não condiz com o que estabelece o art. 140, caput, do ECA; C: proposição correta – art. 131, ECA; D: incorreta. Deverá haver, em cada município, no mínimo um Conselho Tutelar, composto de cinco membros, escolhidos pela comunidade para um mandato de três anos, permitida uma recondução (art. 132, ECA); E: incorreta, visto que o art. 133, II, do ECA exige a idade mínima de 21 anos. Gabarito "C".

(Magistratura/PR – 2010 – PUC/PR) Assinale a alternativa CORRETA:

(A) É atribuição do Conselho Tutelar requerer serviços públicos nas áreas de saúde, educação, serviço social, previdência, trabalho e segurança.
(B) A divulgação de nome de adolescente a quem se atribui a prática de ato infracional é considerado crime previsto no ECA.
(C) É considerada infração administrativa prevista no ECA o descumprimento injustificado de prazo fixado em lei em benefício do adolescente privado de liberdade.
(D) É considerada atribuição do Conselho Tutelar representar ao Ministério Público para efeito das ações de perda ou suspensão do poder familiar, após esgotadas as possibilidades de manutenção da criança ou adolescente junto à família natural.

Art. 136, XI, do ECA, com a redação dada pela Lei 12.010/09. Gabarito "D".

(Ministério Público/AM – 2008 – CESPE) Acerca dos conselhos tutelares, assinale a opção correta.

(A) Em cada município haverá, no mínimo, um conselho tutelar composto de cinco membros, escolhidos pela comunidade local para mandato de três anos, vedada a recondução. O candidato a membro do conselho tutelar não precisa, necessariamente, residir no município em que servirá como conselheiro.
(B) O conselho tutelar é órgão permanente e autônomo e jurisdicional, encarregado de zelar pelo cumprimento dos direitos da criança e do adolescente.

(C) É desejável, mas não obrigatório, que conste de lei orçamentária municipal previsão dos recursos necessários ao funcionamento do conselho tutelar.

(D) É vedado ao conselho tutelar auxiliar o Poder Executivo local na elaboração da proposta orçamentária para planos e programas de atendimento dos direitos da criança e do adolescente.

(E) São impedidos de servir no mesmo conselho marido e mulher, ascendentes e descendentes, sogro e genro ou nora, irmãos, cunhados, durante o cunhadio, tio e sobrinho, padrasto ou madrasta e enteado. Estende-se o impedimento do conselheiro, do mesmo modo, em relação à autoridade judiciária e ao representante do MP com atuação na justiça da infância e da juventude, em exercício na comarca, foro regional ou distrital.

A: permite-se uma recondução (art. 132 do ECA); ademais, o candidato deve residir no Município (art. 133, III, do ECA); B: é órgão não jurisdicional (art. 131 do ECA); C: art. 134, parágrafo único, do ECA; D: art. 136, IX, do ECA; E: art. 140 do ECA. Gabarito "E".

(Ministério Público/MA – 2009) Sobre o Conselho Tutelar estabelece o Estatuto da Criança e do Adolescente que:

(A) devem ser compostos por brasileiros natos, maiores de dezoito (18) anos e residentes na Comarca, os quais podem ser remunerados e têm mandato certo, não sendo permitida a recondução;

(B) cada Município deve possuir apenas um, composto de sete (7) membros escolhidos pelos cidadãos para mandato de dois (2) anos, permitida a recondução;

(C) dentre suas atribuições está a aplicação, aos adolescentes, das medidas de advertência, obrigação de reparar o dano e prestação de serviços à comunidade;

(D) não pode promover a execução de suas decisões, as quais também não podem ser revistas nem mesmo pela autoridade judiciária;

(E) devem ser compostos por pessoas maiores de vinte e um (21) anos, residentes no município e com reconhecida idoneidade moral, as quais têm mandato certo, permitida a recondução, podendo ser remuneradas.

A: incorreta (art. 133, I, II e III, do ECA); B: incorreta (art. 132 do ECA); C: incorreta, pois se trata de atribuição da autoridade judiciária (juiz da Vara da Infância e da Juventude – art. 148, I, do ECA); D: incorreta (arts. 136, III, e 137, do ECA); E: correta (arts. 132 e 133, do ECA). Gabarito "E".

(Ministério Público/PR – 2008) Assinale a alternativa INCORRETA:

(A) em cada Município deve haver, no mínimo, um Conselho Tutelar composto de cinco membros, escolhidos pela comunidade local para mandato de três anos, permitida uma recondução;

(B) a lei municipal deve dispor sobre local, dia e horário de funcionamento do Conselho Tutelar, inclusive quanto a obrigatória remuneração de seus membros;

(C) para promover a execução das medidas que aplica, inclusive no tocante aos pais ou responsáveis, pode o Conselho Tutelar requisitar os serviços públicos nas áreas de saúde, educação, serviço social, previdência, trabalho e segurança;

(D) o exercício efetivo da função de conselheiro constitui serviço público relevante, estabelece presunção de idoneidade moral e assegura prisão especial, em caso de crime comum, até o julgamento definitivo;

(E) as decisões do Conselho Tutelar somente poderão ser revistas pela autoridade judiciária a pedido de quem tenha legítimo interesse.

A: correta (art. 132 do ECA); B: incorreta, pois a remuneração é eventual, devendo a lei municipal dispor sobre sua existência ou não (art. 134, *caput*, do ECA); C: correta (art. 136, III, *a*, do ECA); D: correta (art. 135 do ECA); E: correta (art. 137 do ECA). Gabarito "B".

(Defensoria/MA – 2009 – FCC) Nas comarcas onde não houver Conselho Tutelar instalado, segundo o Estatuto da Criança e do Adolescente, suas atribuições serão exercidas pelo (a)

(A) Conselho Municipal dos Direitos da Criança e do Adolescente.
(B) Centro de Referência Especializado de Assistência Social (CREAS).
(C) autoridade judiciária.
(D) Comissariado da Infância e Juventude.
(E) Ministério Público.

Art. 262 do ECA. Gabarito "C".

9. CONSELHO MUNICIPAL DA CRIANÇA E DO ADOLESCENTE

(Ministério Público/PR – 2008) Assinale a alternativa INCORRETA:

(A) os Conselhos Municipais, Estaduais e Nacional dos Direitos da Criança e do Adolescente são órgãos deliberativos da política de atendimento à infância e juventude, bem como controladores das ações em todos os níveis;

(B) nos conselhos dos direitos da criança e do adolescente deve ser assegurada a participação popular paritária por meio de organizações representativas;

(C) é diretriz da política de atendimento à infância e juventude a manutenção de fundos nacional, estaduais e municipais vinculados aos respectivos conselhos dos direitos da criança e do adolescente;

(D) a função de membro do Conselho Nacional e dos Conselhos Estaduais e Municipais dos Direitos da Criança e do Adolescente é considerada de interesse público relevante e não será remunerada;

(E) as entidades de atendimento a crianças e adolescentes, exceto as governamentais, deverão proceder a inscrição de seus programas junto ao Conselho Municipal dos Direitos da Criança e do Adolescente.

A: correta (art. 88, II, do ECA); B: correta (art. 88, II, do ECA); C: correta (art. 88, IV, do ECA); D: correta (art. 89 do ECA); E: incorreta (art. 90, § 1º, do ECA). Gabarito "E".

10. MINISTÉRIO PÚBLICO

(Ministério Público/SP – 2006) Assinale a afirmação incorreta.

(A) Todos os direitos da criança e do adolescente reconhecidos na Lei n.º 8.069/90 são indisponíveis.
(B) O Ministério Público é defensor constitucional dos direitos da criança e do adolescente na exata medida da indisponibilidade desses direitos.
(C) A atuação do Promotor de Justiça deve ter em conta a condição peculiar da criança e do adolescente como pessoa em desenvolvimento.
(D) O Promotor de Justiça não poderá pedir a improcedência de ação civil pública proposta pelo Ministério Público para a proteção de interesses difusos relativos à infância e à adolescência.
(E) A falta de intervenção do Ministério Público nos processos da Vara da Infância e da Juventude acarreta nulidade.

A: correta, pois o ECA impõe proteção integral aos direitos da criança e do adolescente (art. 1º da Lei 8.069/90); B: correta, pois a leitura atenta do art. 127 da CF faz perceber que o Ministério Pública deve cuidar dos direitos indisponíveis, como são os direitos afetos à criança e ao adolescente (v. tb. o art. 201, VIII, do ECA); C: correta (art. 6º do ECA); D: incorreta, pois, sobre o assunto, vige o princípio da defesa da ordem jurídica (art. 127, *caput*, da CF), que pode significar, em alguns casos, o pedido de improcedência de ação civil pública; E: correta (art. 204 do ECA). Gabarito "D".

(Defensoria/RN – 2006) O Ministério Público

(A) pode expedir notificações para colher depoimentos ou esclarecimentos e, em caso de não comparecimento injustificado, não poderá requisitar condução coercitiva.
(B) tem legitimação exclusiva para as ações civis referidas no Estatuto da Criança e do Adolescente.
(C) não pode entender-se diretamente com a pessoa ou autoridade reclamada, devendo requerer a notificação destas ao Poder Judiciário.
(D) pode promover e acompanhar as ações de alimentos e os procedimentos de suspensão e destituição do pátrio poder.

A: art. 201, VI, *a*, do ECA; B: a legitimação é concorrente (art. 201, § 1º, do ECA); C: art. 201, § 5º, *b*, do ECA; D: art. 201, III, do ECA. Gabarito "D".

11. ACESSO À JUSTIÇA

(Magistratura/AC – 2008 – CESPE) Acerca dos recursos relativos aos procedimentos afetos à justiça da infância e juventude, assinale, com base na legislação pertinente, a opção correta.

(A) Para a interposição dos recursos, é necessária a comprovação de prévio preparo.
(B) Em todos os recursos, salvo o de agravo de instrumento e o de embargos de declaração, o prazo para interpor e para responder é sempre de dez dias.
(C) A apelação, em regra, é recebida nos efeitos devolutivo e suspensivo.
(D) Os recursos têm preferência de julgamento e neles funcionam um relator e um revisor.

A: incorreta (art. 198, I, do ECA); B: correta (art. 198, II, do ECA); C: incorreta, nos termos da legislação vigente ao tempo da elaboração da presente questão (art. 198, VI, do ECA); essa regra foi revogada, o que faz com que a regra seja o recebimento da apelação no duplo efeito, ressalvados os casos previstos nos arts. 199-A e 199-B do ECA, valendo lembrar que os recursos serão decididos com prioridade absoluta (art. 199-C do ECA); assim, hoje a alternativa seria considerada correta, nos termos da alteração legislativa promovida pela Lei 12.010/09, nos arts. 198 e 199 do ECA; D: incorreta (art. 198, III, do ECA). Gabarito "B".

(Magistratura/MT – 2009 – VUNESP) Quanto à entrada e permanência de criança e adolescente em certos locais, o Estatuto da Criança e do Adolescente preconiza que

(A) para o ingresso de menores em boates e congêneres, mesmo na companhia dos pais, é necessário requerer autorização judicial prévia fundamentada.
(B) é competência da autoridade judiciária disciplinar suas hipóteses, devendo as decisões ser fundamentadas, caso a caso, proibidas as determinações de caráter geral.
(C) os conselhos municipais de direitos da criança e do adolescente, mediante resoluções, podem regulamentar restrições de acesso a estúdios cinematográficos, de teatro, rádio e televisão, cuja eficácia do ato fica adstrita à ratificação pela autoridade judiciária competente.
(D) compete ao Ministério Público e à autoridade judiciária em caráter supletivo disciplinar os critérios para a sua implementação.
(E) é vedado aos estabelecimentos que explorem comercialmente diversões eletrônicas, o acesso de crianças ou adolescentes no período noturno.

A: incorreta (art. 149, I, do ECA); B: correta (art. 149, § 2º, do ECA); C: incorreta, pois compete à autoridade judiciária disciplinar (art. 149, I, e, do ECA); D: incorreta, pois compete à autoridade judiciária (art. 149 do ECA); E: incorreta, pois caberá à autoridade judiciária disciplinar o acesso (art. 149, I, d, do ECA). Gabarito "B".

(Magistratura/MT – 2009 – VUNESP) No que pertine às ações cíveis fundadas em interesses difusos ou coletivos envolvendo questões infanto-juvenis, pode-se afirmar que

(A) se admite, apenas em caso de violação de garantias constitucionais, litisconsórcio facultativo entre Ministérios Públicos da União e dos Estados na defesa dos interesses fundamentais da criança e do adolescente.
(B) em caso de desistência ou abandono da ação por Associação legitimada, cabe ao Ministério Público o dever exclusivo e subsidiário de assumir a titularidade ativa da demanda.
(C) se aplicam subsidiariamente as normas do Código de Processo Civil, admitindo-se todas as espécies de ações pertinentes para a defesa dos direitos e interesses protegidos pelo Estatuto da Criança e do Adolescente, da Constituição Federal e da lei em geral.
(D) se consideram legitimados concorrentemente o Ministério Público, a União, os Estados, os Municípios, o Distrito Federal e os Territórios, as Associações legalmente constituídas há pelo menos um ano e que incluam entre seus fins institucionais a defesa dos interesses e direitos protegidos pela Lei n.º 8.069/90.
(E) se criou a legitimação extraordinária da Defensoria Pública dos Estados, sem a necessidade de participação do Ministério Público, em hipóteses específicas delineadas no Estatuto da Criança e do Adolescente.

A: incorreta (art. 210, § 1º, do ECA); B: incorreta, pois outro legitimado também poderá assumir a titularidade ativa (art. 210, § 2º, do ECA); C: correta (art. 212, caput e § 1º, e 208, § 1º, do ECA); D: incorreta, pois a alternativa está incompleta no que diz respeito a dispensa de autorização assemblear da associação se houver prévia autorização estatutária (art. 210, I, II e III, do ECA); E: incorreta, pois não existe essa previsão legal. Gabarito "C".

(Magistratura/PR – 2010 – PUC/PR) Dadas as afirmações abaixo, escolha a alternativa CORRETA:

I. É considerada uma das diretrizes da política de atendimento a criação de conselhos municipais, estaduais e nacional dos direitos da criança e do adolescente, órgãos requisitores de serviços públicos na área da infância e juventude.
II. Em todos os recursos afetos à área da infância e juventude, com exceção dos embargos de declaração e do agravo de instrumento, o prazo para interpor e para responder será sempre de 10 (dez) dias.
III. A sentença que destituir ambos ou qualquer dos genitores do poder familiar fica sujeita à apelação, que deverá ser recebida apenas no efeito devolutivo.
IV. Antes de determinar a remessa dos autos à superior instância, no caso de apelação, ou do instrumento, no caso de agravo, a autoridade judiciária proferirá despacho fundamentado, mantendo ou reformando a decisão, no prazo de 5 (cinco) dias.

(A) Apenas as assertivas II, III e IV estão corretas.
(B) Todas as assertivas estão corretas.
(C) Apenas as assertivas I e II estão corretas.
(D) Apenas as assertivas I e III estão corretas.

I: incorreta, pois os conselhos são órgãos deliberativos e controladores das ações em todos os níveis, mas não requisitores (art. 88, II, do ECA); II: correta (art. 198, II, do ECA); III: correta (art. 199-B do ECA, incluído pela Lei 12.010/09); IV: correta (art. 198, VII, do ECA). Gabarito "A".

(Ministério Público/MA – 2009) Quanto aos procedimentos afetos à Justiça da Infância e da Juventude CORRETO é afirmar que:

(A) foi adotado, exclusivamente, o sistema recursal previsto na Lei nº 8.069/1990, com adaptações;
(B) em todos os recursos, salvo o de agravo de instrumento e de embargos de declaração, o prazo para interpor e para responder será sempre de dez dias;
(C) a autoridade judiciária não se pronunciará acerca da manutenção ou reforma da decisão antes de determinar a remessa dos autos à superior instância, no caso de apelação, ou do instrumento, no caso de agravo;
(D) deverá haver o preparo antes da interposição dos recursos;
(E) foi adotado o sistema recursal previsto no Código de Processo Penal, com adaptações.

A: incorreta, pois foi adotado o sistema recursal do Código de Processo Civil (art. 198, caput, do ECA); B: correta (art. 198, II, do ECA); C: incorreta, pois o ECA prevê expressamente o juízo de retratação nos casos de apelação e agravo (art. 198, VII, do ECA); D: incorreta, pois não há necessidade de preparo nos recursos da Justiça da Infância e da Juventude (art. 198, I, do ECA); E: incorreta, pois foi adotado o sistema recursal do Código de Processo Civil (art. 198, caput, do ECA). Gabarito "B".

(Ministério Público/SE – 2010 – CESPE) O ECA dispõe que

(A) é garantido o acesso de toda criança ou todo adolescente à defensoria pública, ao MP e ao Poder Judiciário, por qualquer de seus órgãos, sendo que as ações judiciais da competência da justiça da infância e da juventude podem ser isentas de custas e emolumentos para dar atendimento às reivindicações dos que se encontrarem em situação de risco iminente.
(B) os menores de 12 anos serão representados, e os maiores de 16 anos e menores de 21 anos, assistidos por seus pais, tutores ou curadores, na forma da legislação civil ou processual, podendo, em casos emergenciais nos quais o bem-estar e a segurança do menor estejam sob ameaça, ser nomeado como tutor ad hoc um dos membros do conselho tutelar municipal.

(C) é vedada a divulgação de atos judiciais, policiais e administrativos que digam respeito a crianças e adolescentes a que se atribua ato infracional. Qualquer notícia a respeito do fato não pode identificar a criança ou adolescente, vedando-se fotografia, referência a nome, apelido, filiação, parentesco, residência e até mesmo iniciais do nome e sobrenome.
(D) a expedição de cópia ou certidão de atos policiais e administrativos relativos à criança ou ao adolescente ao qual se atribua ato infracional será deferida pela autoridade judiciária competente, sempre que solicitada, como forma de coibir a prática de novos delitos.
(E) a criança ou o adolescente apreendido por prática de ato infracional só pode receber a visita de seus pais e(ou) familiares depois de arguido(a) pela autoridade policial e submetido(a) a acareação com suas vítimas.

A: incorreta, pois as ações judiciais de competência da Justiça da Infância e da Juventude são sempre isentas de custas e emolumentos, ressalvada a hipótese de litigância de má-fé (art. 141, § 2º, do ECA); B: incorreta (art. 142 do ECA); C: correta (art. 143 do ECA); D: incorreta, pois, para expedição de cópia ou certidão, há necessidade de demonstração de interesse e de justificação da finalidade (art. 144 do ECA); E: incorreta (art. 124, § 2º, do ECA). Gabarito "C".

(Ministério Público/SE – 2010 – CESPE) As competências da justiça da infância e da juventude incluem

(A) o conhecimento de representações promovidas pelo MP, para apuração de ato infracional atribuído a adolescente, com a aplicação das medidas apropriadas, bem como a promoção do o cadastramento do menor infrator no sítio do Ministério da Justiça para posterior controle de sua prestação de serviços à comunidade.
(B) a aplicação de penalidades administrativas nos casos de infrações contra norma de proteção à criança ou adolescente, bem como a tomada de conhecimento de casos encaminhados pelo conselho tutelar e a aplicação das medidas cabíveis.
(C) a promoção de ressocialização dos adolescentes infratores por meio da dupla jornada laborativa, que deve ser desenvolvida nas entidades de atendimento social da infância e da adolescência mantidas sob intensa auditoria judicial.
(D) o impedimento do trâmite processual de ações civis fundadas em interesses individuais, difusos ou coletivos afetos à criança e ao adolescente.
(E) o conhecimento de ações decorrentes de irregularidades em entidades de atendimento e a aplicação das medidas adequadas, bem como a administração do funcionamento dessas entidades, homologando a admissão e dispensa de seus funcionários.

Art. 148, VI e VII, do ECA. Gabarito "B".

(Ministério Público/SP – 2008) Assinale a alternativa correta.

(A) As ações judiciais da competência da Justiça da Infância e da Juventude não são isentas de custas e emolumentos.
(B) A apelação em sede de Juízo da Infância e da Juventude terá apenas efeito devolutivo, salvo quando se tratar de sentença que defere adoção por estrangeiro, ou quando houver perigo de dano irreparável ou de difícil reparação.
(C) O prazo para recorrer das decisões proferidas pela Justiça da Infância e da Juventude não será contado em dobro para a Defensoria Pública e para o Ministério Público, por ser especial a Lei n.o 8.069/90.
(D) Nos casos de ato infracional, será competente a autoridade judiciária do domicílio dos pais ou responsáveis e, na sua falta, a do local onde se encontrar o infrator.
(E) O procedimento para imposição de penalidade administrativa por infração às normas de proteção à criança e ao adolescente apenas poderá iniciar-se por representação do Conselho Tutelar.

A: incorreta (arts. 141, § 2º, e 219 do ECA); B: correta, ao tempo da elaboração da questão (art. 198, VI, do ECA); hoje a alternativa seria incorreta, nos termos do comentário feito na primeira questão deste item ("Acesso à Justiça"); C: incorreta, pois o ECA não impede a aplicação deste prazo em dobro para recorrer, em favor do MP, da Defensoria Pública e da Fazenda Pública; D: incorreta (art. 147, § 1º, do ECA); E: incorreta (art. 194 do ECA). Gabarito "B".

(Defensoria/MG – 2009 – FURMARC) Nos procedimentos recursais afetos à Justiça da Infância da Juventude, restou adotado o sistema do Código Processo Civil em vigor, com as seguintes especificidades, EXCETO:

(A) Os recursos serão interpostos independentemente de preparo.
(B) No Agravo de Instrumento, o Agravado terá prazo de 10 dias para oferecer resposta.
(C) Na apelação, antes de remeter os autos para superior instância, motivadamente, o Juízo poderá manter ou reformar a decisão.
(D) Contra a decisão que defere ou indefere a entrada de menor em estádio, caberá apelação.
(E) Os julgamentos dos recursos com base na Lei N.º 8.069/1990 terão preferência de julgamento e dispensarão revisor.

A: correta (art. 198, I, do ECA); B: incorreta (art. 198, II, do ECA); C: correta (art. 198, VII, do ECA); D: correta (art. 199 do ECA); E: correta (art. 198, III, do ECA). Gabarito "B".

(Defensoria/SP – 2009 – FCC) Pelo que dispõe expressamente o Estatuto da Criança e do Adolescente, a Justiça da Infância e Juventude

(A) é regida, em seus atos e procedimentos, pelo princípio da informalidade.
(B) deve contar com varas especializadas criadas obrigatoriamente pelos Estados e pelo Distrito Federal nas comarcas de grande porte.
(C) é competente para, em alguns casos, suprir a capacidade ou o consentimento para o casamento.
(D) deve contar com equipe interprofissional de assessoramento cujos componentes têm assegurada livre manifestação do ponto de vista técnico, não estando subordinados imediatamente à autoridade judiciária.
(E) deve contar com um corpo executivo, denominado Comissariado da Infância e Juventude, cuja função, entre outras, é apoiar o cumprimento das decisões judiciais.

A: incorreta, pois não existe essa previsão legal; B: incorreta, pois poderão ser criadas varas especializadas (art. 145 do ECA); C: correta (art. 148, parágrafo único, c, do ECA); D: incorreta, pois a equipe interprofissional é subordinada à autoridade judiciária (art. 151 do ECA); E: incorreta, pois não existe essa previsão legal. Gabarito "C".

(Defensoria/SP – 2007 – FCC) Segundo disposição expressa do ECA, é característica do sistema recursal nos procedimentos afetos à Justiça da Infância e Juventude:

(A) aplicação das regras do Código de Processo Civil nos procedimentos de apuração de ato infracional atribuído a adolescente e de crime praticado contra criança.
(B) reexame necessário da sentença que deferir adoção por estrangeiro.
(C) possibilidade de reforma da sentença pela própria autoridade judiciária que a proferiu.
(D) prazo de dez dias para todos os recursos, salvo os de embargos de declaração e embargos infringentes.
(E) processamento do recurso contra sentença de internação condicionado à manifestação da vontade de recorrer pelo adolescente sentenciado.

A: incorreta, pois no ECA não se apura crime cometido por criança; de qualquer forma, vale a pena ler o art. 198 do ECA; B: incorreta, pois não há reexame necessário, mas a apelação será recebida também no efeito suspensivo (art. 199-A do ECA); C: correta (art. 198, VII, do ECA); D: incorreta (art. 198, II, do ECA); E: incorreta, pois o art. 190, § 2º, do ECA é norma de proteção ao adolescente, e não de restrição a recursos interpostos por seu defensor. Gabarito "C".

12. INFRAÇÕES ADMINISTRATIVAS

(Magistratura/MT – 2009 – VUNESP) O Art. 250 da Lei n.º 8.069/90, recentemente alterado pela Lei n.º 12.038/09, trata da hospedagem irregular de menor e prevê

(A) a possibilidade de fechamento definitivo do estabelecimento que realizou a hospedagem, como também a cassação de sua licença de funcionamento.
(B) pena de prisão ao acompanhante do menor assim como do proprietário, gerente ou administrador do estabelecimento.
(C) em hipótese de reincidência, a fixação de multa entre dez e cinquenta salários de referência.

(D) escusa legítima pela demonstração de que o menor possuía autorização do guardião, pais no exercício do poder familiar, autoridade judiciária ou conselhos de direitos infanto-juvenis.
(E) agravante para situações em que se constate adulteração; falsificação ou ocultação de documentos de identidade.

A: correta, pois, no caso de reincidência no prazo inferior a 30 dias, poderá o estabelecimento ser fechado definitivamente e sua licença será cassada (art. 250, § 2º, do ECA); B: incorreta, pois a pena prevista é de multa (art. 250 do ECA); C: incorreta, pois, em caso de reincidência, a depender do período, o estabelecimento poderá ser fechado provisória ou definitivamente (art. 250, §§ 1º e 2º, do ECA); D e E: incorretas, pois não existe essa previsão legal no art. 250 do ECA. Gabarito "A".

(Ministério Público/MA – 2002) Segundo o Estatuto da Criança e do Adolescente, qual alternativa representa apenas uma infração administrativa?

(A) Impedir ou embaraçar a ação de membro do Conselho Tutelar, no exercício de função prevista no citado Estatuto;
(B) Subtrair criança ou adolescente ao poder de quem o tem sob sua guarda em virtude de lei ou ordem judicial, com o fim de colocação em lar substituto;
(C) Descumprir, injustificadamente, prazo fixado no Estatuto em benefício de adolescente privado de liberdade;
(D) Hospedar criança ou adolescente, desacompanhado dos pais ou responsável ou sem autorização escrita destes, ou da autoridade judiciária, em hotel, pensão, motel ou congênere;
(E) Deixar o médico, enfermeiro ou dirigente de estabelecimento de atenção à saúde de gestante de identificar corretamente o neonato e a parturiente.

A: art. 236 do ECA (crime); B: art. 237 do ECA (crime); C: art. 235 do ECA (crime); D: art. 250 do ECA (exclusivamente infração administrativa); E: art. 229 do ECA (crime). Gabarito "D".

(Ministério Público/SP - 2005) O procedimento de apuração de infração administrativa previsto no ECA pode ser iniciado

(A) exclusivamente por representação do Ministério Público.
(B) por representação do Ministério Público ou do Conselho Tutelar.
(C) por representação do Ministério Público ou portaria judicial.
(D) por representação do Ministério Público, ou do Conselho Tutelar, ou portaria judicial.
(E) por representação do Ministério Público, ou do Conselho Tutelar, ou auto de infração elaborado por servidor efetivo ou credenciado.

Art. 194 do ECA. Gabarito "E".

13. CRIMES

(Magistratura/AL – 2007 – FCC) Diana, mãe de Ulisses, entrega seu filho a Cássio e Cassandra, para que seja por eles criado na qualidade de filho. A conduta consubstancia crime punido com privação de liberdade e multa, se efetivado

(A) mediante paga ou recompensa, sujeitando somente Diana às penas.
(B) mediante paga ou recompensa, sujeitando somente Cássio e Cassandra às penas.
(C) com ausência de paga ou recompensa, sujeitando, nesse caso, somente Diana às penas.
(D) mediante paga ou recompensa, sujeitando Diana, Cássio e Cassandra às penas.
(E) com ausência de paga ou recompensa, sujeitando, nesse caso, somente Cássio e Cassandra às penas.

Art. 238 do ECA. Gabarito "D".

(Magistratura/PE – 2011 – FCC) No que concerne aos crimes praticados contra a criança e o adolescente, estabelecidos na Lei nº 8.069/90, é correto afirmar que

(A) não se aplicam as normas da Parte Geral do Código Penal.
(B) são tipificadas apenas condutas comissivas.
(C) não há previsão de delito culposo.
(D) são de ação pública incondicionada.
(E) são sempre apenados com reclusão.

A: o art. 226 do ECA manda aplicar aos crimes definidos no Estatuto as normas da Parte Geral do Código Penal. A assertiva, portanto, está incorreta; B: o Capítulo I do Título VII do ECA, que trata dos crimes contra crianças e adolescentes, dispõe sobre condutas praticadas tanto por ação (comissivas) quanto por omissão (omissivas), na forma prevista no art. 225, ECA; C: incorreta, já há, sim, previsão de crime culposo no ECA. Exemplo disso é a previsão contida no art. 228, parágrafo único, do ECA; D: assertiva correta (art. 227, ECA); E: reclusão, que constitui uma modalidade de pena privativa de liberdade – art. 33 do Código Penal, não tem incidência no âmbito do ECA. Gabarito "D".

(Magistratura/SE – 2008 – CESPE) Nos termos do ECA, assinale a opção incorreta.

(A) No crime de submeter criança à exploração sexual, constitui efeito obrigatório da condenação a cassação da licença de funcionamento do estabelecimento em que ocorreu o fato.
(B) Todos os crimes previstos no ECA são de ação penal pública incondicionada.
(C) A conduta de divulgar pela Internet fotografias ou imagens com pornografia infantil é crime material, ou seja, de resultado.
(D) É atípica a conduta de fornecer fogos de estampido ou de artifício que, pelo reduzido potencial, sejam incapazes de provocar qualquer dano físico em caso de utilização indevida.
(E) O ator que, em representação televisiva, contracena com criança ou adolescente em cena vexatória pratica crime.

A: correta (art. 244-A do ECA); B: correta (art. 227 do ECA); C: incorreta, pois, neste caso, não é necessário à consumação do delito a produção de resultado naturalístico (art. 241-A do ECA); D: correta (art. 244 do ECA); E: correta (art. 240, § 1º, do ECA). Gabarito "C".

(Ministério Público/PR – 2009) Constitui crime descrito no Estatuto da Criança e do Adolescente a seguinte conduta:

(A) Deixar o médico, professor ou responsável por estabelecimento de atenção à saúde e de ensino fundamental, pré-escola ou creche, de comunicar à autoridade competente os casos de que tenha conhecimento, envolvendo suspeita ou confirmação de maus tratos contra criança ou adolescente;
(B) Hospedar criança ou adolescente, desacompanhado dos pais ou responsável ou sem autorização escrita destes, ou da autoridade judiciária, em hotel, pensão, motel ou congênere;
(C) Impedir ou embaraçar a ação de membro do Conselho Tutelar no exercício de função prevista no Estatuto da Criança e do Adolescente;
(D) Vender ou locar para criança ou adolescente fita de programação em vídeo, em desacordo com a classificação atribuída pelo órgão competente;
(E) Impedir o responsável ou funcionário de entidade de atendimento que o adolescente privado de liberdade aviste-se reservadamente com o seu defensor.

A: incorreta, pois se trata de infração administrativa (art. 245 do ECA); B: incorreta, pois se trata de infração administrativa (art. 250 do ECA, com a redação dada pela Lei 12.038/09); C: correta, pois se trata de crime específico previsto no ECA (art. 236 do ECA); D: incorreta, pois se trata de infração administrativa (art. 256 do ECA); E: incorreta, pois se trata de infração administrativa (art. 246 do ECA). Gabarito "C".

(Defensoria/ES – 2009 – CESPE) Julgue o item subsequente.

(1) Todos os crimes praticados contra a criança e o adolescente previstos no ECA submetem-se à ação penal pública incondicionada.

Art. 227 do ECA. Gabarito "C".

(Defensoria/RN – 2006) A promoção ou auxílio na prática de ato destinado ao envio de criança ou adolescente ao exterior

(A) é considerado crime formal.
(B) é competência da justiça estadual.
(C) é crime próprio.
(E) exige o dolo específico de obter lucro.

Não é necessário, à consumação deste crime, que a criança vá para o exterior; trata-se, portanto, de crime é formal (art. 239 do ECA). Gabarito "A".

14. DECLARAÇÕES E CONVENÇÕES

(Ministério Público/ES – 2010 – CESPE) Na Convenção acerca dos Direitos da Criança da Organização das Nações Unidas, criança é todo o ser humano

(A) imaturo do ponto de vista biológico e dependente econômica, social e emocionalmente.
(B) que apresenta desenvolvimento físico, psíquico e sexual incompatível com os caracteres da idade adulta.
(C) menor de dezoito anos de idade, salvo se, nos termos da lei que lhe for aplicável, atingir a maioridade mais cedo.
(D) relativamente incapaz de cuidar de si e zelar, autonomamente, por seu próprio bem-estar e desenvolvimento.
(E) incapaz de responder civil e penalmente pelos atos da vida adulta.

Artigo 1 da Parte 1 da Convenção sobre os Direitos da Criança (o leitor pode encontrar o texto da Convenção no site: www.onu-brasil.org.br). Gabarito "C."

(Defensoria/PI – 2009 – CESPE) Em setembro de 2000, os governos de 189 países assinaram a Declaração do Milênio, da qual se originaram os oito Objetivos de Desenvolvimento do Milênio (ODMs). Essas nações comprometeram-se a alcançar tais objetivos até 2015 Pautados nos diversos instrumentos internacionais de proteção dos direitos humanos que fazem parte da declaração, os ODMs estão orientados para erradicar a extrema pobreza e a fome; universalizar o ensino básico; promover a igualdade entre os sexos; reduzir a mortalidade infantil; melhorar a saúde materna; combater a AIDS, a malária e outras doenças; garantir a sustentabilidade ambiental e estabelecer uma parceria mundial para o desenvolvimento. Sete dos oito ODMs têm como sujeitos de direitos as crianças e os adolescentes e como marco paradigmático a Convenção Internacional sobre os Direitos da Criança (CDC), que reconhece, sem distinção de raça, cor, sexo, língua, religião, opinião política, origem nacional ou social, posição econômica e nascimento, que toda criança tem direito a sobrevivência sadia, desenvolvimento pleno e proteção contra todas formas de discriminação, exploração e abuso.

Quanto ao direito à identidade, à privacidade e à honra da criança, os Estados-parte signatários da Declaração do Milênio, mencionada no texto acima, e signatários, por extensão, da CDC, comprometeram-se a

I. respeitar o direito da criança e a preservar a sua identidade, incluindo a nacionalidade, o nome e as relações familiares, nos termos da lei, sem ingerência ilegal.
II. assegurar assistência e proteção adequadas, no caso de uma criança ser ilegalmente privada de todos os elementos constitutivos da sua identidade ou de alguns deles, de forma que a sua identidade seja restabelecida o mais rapidamente possível.
III. proteger o direito das crianças contra intromissões arbitrárias ou ilegais na sua vida privada, na sua família, no seu domicílio ou correspondência, bem como contra ofensas ilegais à sua honra e reputação.
IV. garantir o registro civil e o direito a nome e identidade a toda criança que necessite dos serviços públicos de educação e saúde, no prazo máximo de três anos a contar de seu nascimento.

Estão certos apenas os itens

(A) I e III.
(B) I e IV.
(C) II e IV.
(D) I, II e III.
(E) II, III e IV.

I: certo (artigo 8, 1, da Parte 1 da Convenção sobre os Direitos da Criança); II: certo (artigo 8, 2, da Parte 1 da Convenção sobre os Direitos da Criança); III: certo (artigo 16, 1 e 2, da Parte 1 da Convenção sobre os Direitos da Criança); IV: errado, não existe essa previsão legal. Gabarito "D."

15. TEMAS COMBINADOS E OUTROS TEMAS

(MAGISTRATURA/PB – 2011 – CESPE) Em relação aos crimes, infrações administrativas e procedimentos, bem como ao direito à profissionalização e à proteção do trabalho, assinale a opção correta de acordo com o que dispõe o ECA.

(A) Em caso de apuração de ato infracional atribuído a adolescente, o prazo máximo e improrrogável para a conclusão do procedimento, estando o adolescente internado provisoriamente, será de quarenta e cinco dias.
(B) A internação de adolescente infrator decretada ou mantida pelo juiz deve ser cumprida em estabelecimento prisional com condições adequadas para abrigar adolescentes.
(C) É vedado trabalho noturno realizado entre as vinte e quatro horas de um dia e as cinco horas do dia seguinte a adolescente empregado, aprendiz, em regime familiar de trabalho, aluno de escola técnica, assistido em entidade governamental ou não governamental.
(D) Constitui crime vender ou locar a criança ou a adolescente programação em vídeo em desacordo com a classificação atribuída pelo órgão competente.
(E) A maioria dos crimes definidos nesse estatuto é de ação pública incondicionada.

A: correta, pois em consonância com o disposto no art. 183 do ECA; B: incorreta, pois não reflete o teor do art. 123, caput, do ECA; C: o trabalho noturno somente é permitido àquele que já conta com dezoito anos (art. 7º, XXXIII, da CF); D: incorreta, visto que a conduta descrita na assertiva constitui tão somente infração administrativa (art. 256, ECA); E: incorreta, pois todos os crimes definidos no ECA são de ação penal pública incondicionada (art. 227, ECA). Gabarito "A."

(Ministério Público/DF – 2009) Acerca do direito da criança e do adolescente, de acordo com o Estatuto da Criança e do Adolescente - ECA, assinale a alternativa incorreta.

(A) Todas as decisões do Conselho Tutelar somente poderão ser revistas pela autoridade judiciária e a requerimento de quem tenha legítimo interesse.
(B) O Ministério Público tem legitimidade para intervir em todos os processos em que haja interesses da criança e do adolescente, tanto no juízo especial, como no juízo comum.
(C) O procedimento para perda ou suspensão do poder familiar pode ser cumulado com o de colocação em família substituta, desde que obedecido o contraditório.
(D) As obrigações decorrentes da adoção, guarda ou tutela são indelegáveis e irrenunciáveis. Assim, a colocação em família substituta não admitirá a transferência dos menores para pessoas físicas ou jurídicas sem a autorização judicial ou do Ministério Público.
(E) Nos casos de internação de menores de dezoito anos, os estabelecimentos de saúde deverão proporcionar condições para a permanência integral de um dos pais ou responsável, para facilitar a recuperação do doente.

A: correta (art. 137 do ECA); B: correta (art. 202 do ECA); C: correta (art. 169 do ECA); D: incorreta, pois é possível a transferência da criança com autorização judicial (art. 30 do ECA); E: correta (art. 12 do ECA). Gabarito "D."

(Ministério Público/RS – 2009) Considere as seguintes afirmações relativas aos direitos da criança e do adolescente:

I. O limite de idade para adotar, que era de 21 anos, de acordo com o Estatuto da Criança e do Adolescente, foi alterado para o de 18 anos, pelo Novo Código Civil, mantida, no entanto, a vedação expressa pelo Estatuto da adoção por irmãos do adotando, o que se justifica para evitar confusões de parentesco.
II. A criança e o adolescente são titulares do direito fundamental à educação, que inclui, entre outros direitos, atendimento em creche e pré-escola, acesso obrigatório e gratuito ao ensino fundamental e médio e atendimento educacional especializado aos portadores de deficiência, preferencialmente na rede regular de ensino, com o fim de se evitar discriminação.
III. No que se refere à prevenção geral de que trata o Estatuto da Criança e do Adolescente, é correto afirmar que é dever de todos prevenir a ocorrência de ameaça ou violação dos

direitos da criança e do adolescente, sendo o indivíduo adulto responsável, em grande parte, pelo comportamento adequado ou inadequado da pessoa em desenvolvimento.

IV. A internação consiste em medida sócio-educativa privativa da liberdade de caráter excepcional; a desinternação deve ser, em qualquer hipótese, precedida de autorização judicial, ouvido o Ministério.Público.

V. A lei municipal determinará a criação, estrutura e funcionamento do Conselho Tutelar, cujos gastos serão suportados pelo Município, sendo vedada, pelo Estatuto da Criança e do Adolescente, a remuneração de seus membros.

Quais estão corretas?

(A) Apenas I, II e V.
(B) Apenas II, III e IV.
(C) Apenas I, II, III e IV.
(D) Apenas III, IV e V.
(E) Todas estão corretas.

I: correta (a Lei 12.010/09 deu nova redação ao art. 1.618 do CC, porém o art. 42, *caput* e § 1º, do ECA manteve a obrigatoriedade do adotante ter no mínimo 18 anos e o impedimento da adoção por irmãos); II: correta (art. 54, III e IV, do ECA); III: correta (art. 70 do ECA); IV: correta (art. 121, *caput* e § 6º, do ECA); V: incorreta, pois não há vedação para remuneração dos membros do Conselho Tutelar (art. 134, *caput*, do ECA). Gabarito "C".

(Defensoria Pública/SP – 2010 – FCC) Prevê o Estatuto da Criança e do Adolescente medida

(A) socioeducativa de internação provisória destinada a adolescente a quem se atribua autoria de ato infracional.
(B) protetiva de inclusão em tratamento médico em regime hospitalar para criança em situação de violação ou ameaça de violação de direitos.
(C) de cassação do registro para entidades governamentais que desenvolvam programas de internação e descumprem obrigação prevista na lei.
(D) de perda da guarda dentre aquelas pertinentes aos pais ou responsável.
(E) de advertência para conselheiro tutelar que incorrer em abuso ou omissão no cumprimento de suas atribuições.

A: incorreta, pois o ECA prevê como uma das medidas socioeducativas ao adolescente infrator a internação em estabelecimento educacional (art. 112, VI, do ECA); B: incorreta, pois as medidas aplicáveis em caso de criança em situação de violação e ameaça de violação de direitos estão previstas no art. 101 do ECA, das quais não consta a inclusão em tratamento médico hospitalar, mas sim a requisição de tratamento médico; C: incorreta, pois a cassação é medida aplicável a entidade não governamental (art. 97, II, *d*, do ECA); D: correta (art. 129, VIII, do ECA); E: incorreta, pois a advertência é aplicável às entidades governamentais e não governamentais quando descumprirem suas obrigações (art. 97 do ECA). Gabarito "D".

(Defensoria/SP – 2009 – FCC) O Estatuto da Criança e do Adolescente proíbe, expressamente,

(A) o conselheiro tutelar de integrar o conselho municipal dos direitos da criança e do adolescente.
(B) tio e sobrinho de serviram no mesmo conselho tutelar durante o mesmo mandato.
(C) aplicação de medida de prestação de serviços à comunidade a menores de 16 anos.
(D) venda, a criança e adolescente, de brinquedos e jogos que estimulam o comportamento violento.
(E) abrigos que atendam, simultaneamente, num mesmo espaço físico, adolescentes do sexo masculino e feminino.

A alternativa "B" consta expressamente do art. 140, *caput*, do ECA. As demais alternativas não constam como proibições expressas no Estatuto da Criança e do Adolescente. Gabarito "B".

14. DIREITO FINANCEIRO

Robinson Sakiyama Barreirinhas

1. PRINCÍPIOS E NORMAS GERAIS

(Magistratura Federal-5ª Região – 2011) A respeito do que dispõe a CF sobre finanças públicas, assinale a opção correta.

(A) O orçamento da seguridade social, que abrange todas as entidades e órgãos a ela vinculados, da administração direta ou indireta, está compreendido na lei orçamentária anual.

(B) Cabe à lei ordinária federal dispor sobre a fiscalização financeira da administração pública direta e indireta, bem como sobre operações de câmbio realizadas por órgãos e entidades da União, dos estados, do DF e dos municípios.

(C) São vedadas ao BACEN a compra e a venda de títulos de emissão do Tesouro Nacional.

(D) Relatório resumido da execução orçamentária deve ser publicado pelo Poder Executivo federal no prazo máximo de sessenta dias após o encerramento de cada trimestre.

(E) O exame e a emissão de parecer sobre projeto de lei relativo às diretrizes orçamentárias competem a uma comissão permanente de senadores da República.

A: essa é a assertiva correta, pois a inclusão do orçamento da seguridade social na lei orçamentária anual (LOA) é prevista no art. 165, § 5º, III, da CF; B: incorreta, pois cabe à lei complementar federal dispor sobre essas matérias – art. 163, V e VI, da CF; C: incorreta, pois o Banco Central pode comprar e vender títulos de emissão do Tesouro Nacional, com o objetivo de regular a oferta de moeda ou a taxa de juros – art. 164, § 2º, da CF; D: incorreta, pois o prazo para a publicação do relatório resumido da execução orçamentária pelo Executivo é de até 30 dias após o encerramento de cada bimestre – art. 165, § 3º, da CF; E: incorreta, pois cabe a uma comissão mista permanente de senadores e deputados federais examinar e emitir parecer sobre os projetos de lei do plano plurianual (PPA), das diretrizes orçamentárias (LDO), do orçamento anual (LOA) e de créditos adicionais – art. 166, § 1º, I, da CF. Gabarito "A".

(Magistratura Federal-4ª Região – 2010) Dadas as assertivas abaixo, assinale a alternativa correta, em matéria de Finanças Públicas.

I. As disposições legislativas relativas às Finanças Públicas deverão ser feitas mediante lei complementar.

II. A União somente pode emitir moeda pelo Banco Central.

III. É vedada a vinculação de receita de impostos a órgão, fundo ou despesa, salvo exceções expressas na Constituição.

IV. O orçamento estabelecerá o necessário equilíbrio entre receitas e despesas, havendo, portanto, uma vinculação entre a obtenção das receitas de impostos e as despesas previstas.

V. É vedada a utilização de recursos provenientes das contribuições sociais de que trata o art. 195, I, *a*, e II, para realização de despesas distintas do pagamento de benefícios do Regime Geral de Previdência Social de que trata o art. 201, todos da Constituição Federal.

(A) Estão corretas apenas as assertivas II e III.
(B) Estão corretas apenas as assertivas I, II e V.
(C) Estão corretas apenas as assertivas II, III e V.
(D) Estão corretas apenas as assertivas I, II, III e V.
(E) Estão corretas todas as assertivas.

I: correta, conforme o art. 163, I, da CF; II: assertiva correta, nos termos do art. 164 da CF, segundo o qual a competência da União para emitir moeda será exercida exclusivamente pelo Banco Central; III: correta, pois a vedação à vinculação das receitas dos impostos e as exceções estão previstas no art. 167, IV, da CF; IV: assertiva incorreta, conforme o princípio do equilíbrio orçamentário – ver o art. 48, *b*, da Lei 4.320/1964; V: correta, pois a vedação é prevista no art. 167, XI, da CF. Gabarito "E".

(Procurador Federal – 2010 – CESPE) A respeito de finanças públicas e orçamento, de acordo com a CF, julgue os itens seguintes.

(1) Estado da Federação tem competência privativa e plena para dispor sobre normas gerais de direito financeiro.

(2) Os municípios não podem legislar sobre normas de direito financeiro concorrentemente com a União.

1: assertiva incorreta, pois a competência para legislar sobre normas gerais de direito financeiro é da União, ressalvada a competência suplementar dos Estados e do Distrito Federal – art. 24, I, §§ 1º e 2º, da CF; 2: embora o art. 24 da CF refira-se apenas à União e aos Estados, ao tratar da competência concorrente, os Municípios podem suplementar a legislação federal e estadual, considerando o interesse local, inclusive em matéria de direito financeiro – art. 30, I e II, da CF. Embora haja debate doutrinário, é interessante registrar o entendimento adotado pela CESPE, de que se trata de competência *concorrente* dos Municípios. Gabarito 1E, 2E.

(Procurador de Contas TCE/ES – CESPE – 2009) Assinale a opção correta acerca das normas constitucionais pertinentes a finanças públicas.

(A) Compete ao Poder Executivo publicar o relatório resumido da execução orçamentária no prazo de até trinta dias após o encerramento de cada bimestre.

(B) O PPA é instituído por lei que estabelece nacionalmente diretrizes, objetivos e metas da administração pública para as despesas correntes e outras delas derivadas.

(C) A LOA deve compreender o orçamento das empresas em que a União apenas diretamente detenha participação no capital social com direito a voto.

(D) Lei ordinária federal estabelecerá normas de gestão financeira e patrimonial da administração direta e indireta bem como condições para instituição e funcionamento de fundos.

(E) Cabe ao presidente da República enviar ao Senado Federal os projetos de lei do PPA, das diretrizes orçamentárias e do orçamento anual.

A: assertiva correta, pois reflete o disposto no art. 165, § 3º, da CF; B: incorreta, pois o PPA estabelece diretrizes, objetivos e metas de forma *regionalizada* para as despesas de **capital** (não para as despesas correntes), além de outras delas decorrentes e para as despesas relativas aos programas de duração continuada – art. 165, § 1º, da CF; C: incorreta, pois a LOA compreende o orçamento de *investimento* das empresas em que a União detenha, direta ou *indiretamente* (não apenas diretamente), a maioria do capital social com direito a voto – art. 165, § 5º, II, da CF; D: assertiva incorreta, pois essa competência é exercida por meio de lei *complementar* federal (não por simples lei ordinária), conforme o art. 165, § 9º, II, da CF; E: incorreta, pois os projetos relativos à LOA, à LDO e ao PPA são enviados ao Congresso Nacional (não apenas ao Senado), sendo apreciados pelas duas Casas (Câmara e Senado), na forma do regimento comum – art. 166, *caput* e § 6º, da CF. Gabarito "A".

(Advogado da União/AGU – CESPE – 2009) Ainda acerca dos orçamentos, julgue os itens que se seguem.

(1) O princípio da universalidade estabelece que todas as receitas e despesas devem estar previstas na LOA.

(2) O princípio da não-afetação refere-se à impossibilidade de vinculação da receita de impostos a órgãos, fundo ou despesa, com exceção de alguns casos previstos na norma constitucional.

1: assertiva correta, pois, de fato, o art. 165, § 5º, da CF dispõe que a Lei Orçamentária Anual – LOA compreenderá os orçamentos fiscal, de investimento e da seguridade social, **incluindo todas as receitas e despesas (= princípio da universalidade)** – arts. 3º e 4º da Lei 4.320/1964; 2: assertiva correta, pois o princípio da não afetação das receitas dos impostos, com as exceções, está previsto no art. 167, IV, da CF.

Veja a seguinte tabela com os mais importantes princípios orçamentários, para estudo e memorização:

Princípios orçamentários	
Anualidade	A lei orçamentária é anual (LOA), de modo que suas dotações orçamentárias referem-se a um único exercício financeiro – art. 165, § 5º, da CF
Universalidade	A LOA inclui todas as despesas e receitas do exercício – arts. 3º e 4º da Lei 4.320/1964
Unidade	A LOA refere-se a um único ato normativo, compreendendo os orçamentos fiscal, de investimento e da seguridade social – art. 165, § 5º, da CF e art. 1º da Lei 4.320/1964. Ademais, cada esfera de governo (União, Estados, DF e Municípios) terá uma única LOA para cada exercício, o que também é indicado como princípio da unidade
Exclusividade	A LOA não conterá dispositivo estranho à previsão da receita e à fixação da despesa, admitindo-se a autorização para abertura de créditos suplementares e para contratação de operações de crédito – art. 165, § 8º, da CF
Equilíbrio	Deve haver equilíbrio entre a previsão de receitas e a autorização de despesas, o que deve também ser observado na execução orçamentária. Isso não impede a realização de *superávits* – ver art. 48, *b*, da Lei 4.320/1964 e art. 31, § 1º, II, da LRF
Especificação, especialização ou discriminação	Deve haver previsão pormenorizada de receitas e despesas, não cabendo dotações globais ou ilimitadas – art. 167, VII, da CF e art. 5º da Lei 4.320/1964

Gabarito 1C, 2C

(Advogado da União/AGU – CESPE – 2009) De acordo com o que estabelece a CF acerca das finanças públicas, julgue o item subsequente.

(1) É possível a transposição de recursos de uma categoria de programação para outra, com a prévia autorização legislativa.

1: assertiva correta, pois, havendo prévia autorização legislativa, a transposição, o remanejamento e a transferência são possíveis – art. 167, VI, da CF. Gabarito 1C

(Magistratura/MS – 2008 – FGV) Com base na Constituição Federal, assinale a afirmativa incorreta.

(A) O princípio da exclusividade orçamentária determina que a lei orçamentária anual não conterá dispositivo estranho à previsão da receita e à fixação da despesa, não se incluindo nessa proibição a autorização para a abertura de créditos suplementares e a contratação de operações de crédito, ainda que por antecipação de receita nos termos da lei.

(B) O princípio da clareza ou transparência orçamentária prevê que o projeto de lei orçamentária será acompanhado de demonstrativo regionalizado do efeito, sobre as receitas e despesas, decorrente de isenções, anistias, remissões, subsídios e benefícios de natureza financeira, tributária e creditícia.

(C) A lei que instituir o plano plurianual estabelecerá, de forma regionalizada, as diretrizes, objetivos e metas da administração pública federal para as despesas de capital e outras delas decorrentes e para as relativas aos programas de duração continuada.

(D) A lei de diretrizes orçamentárias compreenderá as metas e prioridades da administração pública federal, incluindo as despesas de capital para o exercício financeiro subseqüente, orientará a elaboração da lei orçamentária anual, disporá sobre as alterações na legislação tributária e estabelecerá a política de aplicação das agências financeiras oficiais de fomento.

(E) É vedada a abertura de crédito especial ou extraordinário sem prévia autorização legislativa e sem a indicação dos recursos correspondentes.

A: art. 165, § 8º, da CF; B: art. 165, § 6º, da CF; C: art. 165, § 1º, da CF; D: art. 165, § 2º, da CF; E: o crédito extraordinário (aberto em caso de despesas imprevisíveis e urgentes) prescinde de autorização legislativa (art. 62, § 1º, I, *d*, *in fine*, c/c art. 167, § 3º, ambos da CF e art. 44 da Lei 4.320/1964). Gabarito "E".

(Procurador da Fazenda Nacional – 2007.2 – ESAF) A respeito das finanças públicas, assinale a opção correta.

(A) As disponibilidades de caixa da União, dos Estados, do Distrito Federal, dos Municípios e dos órgão ou entidades do Poder Público e das empresas por ele controladas, serão depositadas em instituições financeiras oficiais, ressalvados os casos previstos em lei.

(B) Compete privativamente à União legislar sobre normas gerais de direito financeiro, podendo a Lei complementar autorizar os Estados a legislar sobre questões específicas, para atender a suas peculiaridades.

(C) Pelo princípio da unidade orçamentária, todas as receitas e despesas devem ser previstas em documento único, ressalvados os orçamentos fiscal, de investimento e da seguridade social, que serão previstos em documentos autônomos.

(D) A competência da União para estabelecer limites à emissão de moeda será exercida exclusivamente pelo Banco Central.

(E) O princípio da exclusividade da matéria orçamentária não impede que a lei orçamentária anual contenha autorização para contratação de operações de crédito.

A: as disponibilidades de caixa da União serão depositadas no Banco Central – art. 164, § 3º, da CF; B: a competência para legislar a respeito de direito financeiro é concorrente, nos termos do art. 24, I, e §§ 1º a 4º, da CF; C: a LOA é composta pelos orçamentos fiscal, de investimento e da seguridade social, reunidos em documento único – art. 165, § 5º, da CF; D: a competência da União para emissão de moeda (e não para estabelecer limites à emissão) é exercida exclusivamente pelo Banco Central – art. 164 da CF; E: a LOA pode conter autorização para operações de crédito – art. 165, § 8º, da CF. Gabarito "E".

(Procurador da Fazenda Nacional – 2007 – ESAF) A disposição do artigo 165, § 5º, da Constituição do Brasil

(A) consubstancia o princípio da legalidade, uma vez que estabelece que o orçamento anual será aprovado por lei.

(B) permite que as empresas estatais (inciso II) recebam recursos da União a título de capital desde que previamente previsto no orçamento de investimento.

(C) combinada com a disposição do § 7º do mesmo artigo subordina a aprovação da Lei orçamentária à do orçamento plurianual de investimento.

(D) expressa o princípio da universalidade da Lei orçamentária.

(E) impõe, nos seus incisos I e II, o equilíbrio orçamentário da previdência social.

O art. 165, § 5º, da CF dispõe que a LOA compreenderá os orçamentos fiscal, de investimento e da seguridade social (princípio da universalidade), em um único documento (princípio da unidade). Gabarito "D".

(Procurador da Fazenda Nacional – 2007 – ESAF) Sob o princípio constitucional de que "a lei não excluirá da apreciação do Poder Judiciário lesão ou ameaça a direito" (art. 5º, XXXV da CF), pode-se afirmar que:

(A) em face da independência entre os Poderes do Estado e da discricionariedade que fundamenta os atos da administração, a execução orçamentária constitui exceção a esse mandamento constitucional.

(B) a Lei Orçamentária é lei em sentido formal, do que decorre que suas disposições implicam vinculação para a ação do administrador público que não pode deixar de realizar a despesa nela contemplada.

(C) a ação popular não é cabível em matéria orçamentária.

(D) a competência do Tribunal de Contas para julgamento das contas é definitiva e impede qualquer questionamento perante o Poder Judiciário.

(E) o orçamento, no que se refere à despesa pública, por se constituir em autorização para realizá-la, não implica a vinculação do administrador em fazê-lo, mas há de motivar [dar causa] para não executar a despesa, cabendo, assim, ao administrador público responsável pela execução orçamentária justificar-se perante o Poder Judiciário, se a tanto provocado.

A: a execução orçamentária não é exceção e pode ser levada à análise do Judiciário; B e E: a LOA é autorizativa (autoriza a realização de despesas), não impositiva – de qualquer forma, o agente público deve prestar contas quanto à sua execução (art. 165, § 3º, da CF e art. 48 da LRF, entre outros); C: a ação popular é cabível quando há lesão ao patrimônio público e à moralidade administrativa (entre outras), de modo que se aplica em matéria orçamentária – art. 5º, LXXIII, da CF; D: as decisões do Tribunal de Contas podem ser revistas pelo Judiciário, pois não fazem coisa julgada (o TC não exerce jurisdição, em sentido estrito). Gabarito "E".

(Procurador do Estado/PE – 2004 – FCC) É correto afirmar que

(A) cabe ao Presidente da República fixar o montante da dívida consolidada dos Estados, Municípios e do Distrito Federal, além da correspondente à União.

(B) ao Senado Federal compete, privativamente, dispor sobre limites globais e condições para as operações de crédito interno e externo dos Estados.

(C) cabe ao Congresso Nacional autorizar operações externas de natureza financeira, de interesse dos Estados e dos Municípios.

(D) ao Congresso Nacional compete estabelecer limites globais e condições para o montante da dívida mobiliária dos Municípios.

(E) todas as despesas relativas à dívida pública mobiliária e contratual constarão, de forma exclusiva, do plano plurianual.

A: compete privativamente ao Senado fixar limites globais para a dívida consolidada dos entes federados, a partir de proposta do Presidente da República – art. 52, VI, da CF; B: art. 52, VII, da CF; C e D: essas competências são privativas do Senado – art. 52, V e IX, da CF; E: o PPA cuida de despesas de capital (e delas decorrentes) e de programas de caráter continuado (art. 165, § 1º, da CF) – todas as despesas públicas (inclusive relativas à dívida mobiliária e contratual) são abrangidas pela LOA (art. 167, II, da CF). Gabarito "B".

2. LEI DE DIRETRIZES ORÇAMENTÁRIAS – LDO

(Advogado da União/AGU – CESPE – 2009) Acerca das normas constitucionais que regem os orçamentos, julgue o item a seguir.

(1) A LDO inclui as despesas de capital para os dois exercícios financeiros subsequentes.

1: incorreta, pois a Lei de Diretrizes Orçamentárias – LDO é anual, ou seja, refere-se sempre a um único exercício financeiro (o subsequente em relação à sua aprovação), a exemplo da Lei Orçamentária correspondente – art. 165, § 2º, da CF. Gabarito 1E.

(Advogado da União/AGU – CESPE – 2009) De acordo com o que estabelece a CF acerca das finanças públicas, julgue o item subsequente.

(1) Emendas ao projeto de lei de diretrizes orçamentárias poderão ser aprovadas, desde que sejam compatíveis com o plano plurianual.

1: assertiva correta, já que as emendas ao projeto de LDO somente poderão ser aprovadas quando forem compatíveis com o PPA – art. 166, § 4º, da CF. Gabarito 1C.

(Procurador do Estado/CE – 2008 – CESPE) A Lei de Diretrizes Orçamentárias (LDO)

(A) é de iniciativa do Poder Legislativo.

(B) tem o objetivo, entre outros, de orientar a elaboração do plano plurianual e da LOA.

(C) compreende as metas e prioridades da administração pública, excluindo as despesas de capital para o exercício financeiro subseqüente.

(D) dispõe sobre alteração na legislação financeira.

(E) tem o objetivo, entre outros, de estabelecer a política de aplicação das agências financeiras oficiais de fomento.

A: as leis orçamentárias (PPA, LDO e LOA) são de iniciativa do Executivo – art. 165, caput, da CF; B: o Plano Plurianual refere-se a diretrizes, objetivos e metas de médio e longo prazos (despesas de capital e programas de duração continuada) – a LDO é anual e orienta a elaboração da Lei Orçamentária Anual, apenas (não do PPA) – art. 165, § 2º, da CF; C: a LDO inclui as metas e prioridades inclusive no que se refere às despesas de capital para o exercício seguinte – art. 165, § 2º, da CF; D: a LDO dispõe sobre as alterações na legislação tributária (não financeira) – art. 165, § 2º, da CF; E: art. 165, § 2º, in fine, da CF. Gabarito "E".

(Procurador do Estado/PI – 2008 – CESPE) Cabe à Lei de Diretrizes Orçamentárias

(A) disciplinar as transferências financeiras entre entidades privadas.

(B) estabelecer limitações à expansão de receitas governamentais.

(C) dispor sobre o controle de custos e a avaliação dos resultados dos programas financiados pela iniciativa privada.

(D) quantificar o resultado primário a ser obtido com vistas à redução do montante da dívida e das despesas com juros.

(E) dispor sobre o equilíbrio entre custos e despesas.

A: a LDO disciplinará as transferências entre entidades públicas e privadas – art. 4º, I, f, da LRF; B: o Anexo de Metas Fiscais conterá demonstrativo da margem de expansão das despesas obrigatórias de caráter continuado (e não das receitas) – art. 4º, § 2º, V, da LRF; C: o controle e a avaliação são dos programas financiados com recursos orçamentários (não privados) art. 4º, I, e, da LRF; D: art. 4º, § 1º, da LRF – o Anexo de Metas Fiscais conterá essas disposições relativas ao resultado primário e ao montante da dívida pública; E: a LDO dispõe sobre o equilíbrio entre receitas e despesas – art. 4º, I, a, da LRF. Gabarito "D".

3. LEI ORÇAMENTÁRIA ANUAL – LOA

(Procurador Federal – 2010 – CESPE) A respeito de finanças públicas e orçamento, de acordo com a CF, julgue o item seguinte.

(1) Tratando-se de orçamento participativo, a iniciativa de apresentação do projeto de lei orçamentária cabe a parcela da sociedade, a qual o encaminha para o Poder Legislativo.

1: incorreta, pois os projetos de LOA, LDO e PPA são sempre encaminhados pelo chefe do Poder Executivo (Presidente, Governadores e Prefeitos) para a apreciação do Legislativo – art. 166, § 6º, da CF, aplicável também a Estados, Distrito Federal e Municípios pelo princípio da simetria. Gabarito 1E.

(Procurador do Município/Boa Vista-RR – 2010 – CESPE) Com relação ao direito financeiro e econômico pátrio, julgue o item seguinte.

(1) A lei orçamentária anual pode conter, além da fixação da despesa, a previsão de receita e alteração da legislação tributária e a autorização para contratação de operações de crédito ou abertura de créditos suplementares.

1: incorreta, pois as únicas exceções ao princípio da exclusividade são a autorização para abertura de créditos suplementares e a contratação de operações de crédito – art. 165, § 8º, da CF. Gabarito 1E.

(Procurador do Estado/PE – CESPE – 2009) Assinale a opção correta quanto às normas vigentes relativas aos orçamentos públicos.

(A) Para fins de estimativa e de registro na LOA, prevalece a noção de receita corrente líquida, conforme definida na LRF.

(B) O presidente do TJP tem legitimidade para enviar à Assembleia Legislativa projeto de lei autorizando a abertura de crédito especial, para atender a despesas do Poder Judiciário estadual, que ainda não tenham dotação orçamentária específica.

(C) Se o estado de Pernambuco apresentou receitas correntes de R$ 11,6 bilhões e despesas correntes de R$ 10 bilhões, em 2008, então a diferença deve ser considerada receita de capital, mas não integra o rol das chamadas receitas orçamentárias.

(D) Não há, na CF, vedação aos chamados orçamentos rabilongos.

(E) O estado de Pernambuco pode constituir, por decreto do governador, o fundo especial da pobreza, para destinar recursos a programas de atendimento a pessoas desempregadas ou de baixa renda.

A: incorreta, pois é feita estimativa de todas as receitas previstas para o exercício financeiro, para elaboração da LOA, sem qualquer dedução, ou seja, não são consideradas apenas aquelas que compõem o conceito de receita corrente líquida para fins de LRF – arts. 30 e 91 da Lei 4.320/1964 e art. 2º, IV, da LRF; B: incorreta, pois somente o chefe do Poder Executivo (Presidente, Governadores e Prefeitos) pode apresentar ao Legislativo projetos de lei relativos a créditos adicionais – art. 166, caput e § 6°, da CF, aplicável também a Estados, Distrito Federal e Municípios pelo princípio da simetria; C: essa é a assertiva correta, pois o *superávit* do orçamento corrente é considerado receita de capital, de natureza extraorçamentária (não constitui item de receita orçamentária) – art. 11, §§ 2° e 3°, da Lei 4.320/1964; D: incorreta, pois a CF veda as chamadas "caudas", ou seja, não se admite a inclusão de matéria estranha à previsão da receita e à fixação da despesa no corpo da Lei Orçamentária Anual. Como exceção ao princípio da exclusividade, admite-se apenas a autorização para abertura de créditos suplementares e para contratação de operações de crédito – art. 165, § 8°, da CF; E: incorreta, pois a instituição de fundos de qualquer natureza depende de prévia autorização legislativa (não podem ser abertos diretamente por simples decreto do Executivo) – art. 167, IX, da CF. Gabarito "C".

(Procurador do Estado/SP – FCC – 2009) Cabe à lei orçamentária anual estimar a receita e fixar a despesa. Daí decorre que

(A) o gestor público é obrigado a realizar todas as despesas previstas no orçamento, tendo em vista o seu caráter impositivo.
(B) é possível suspender, por ato do Poder Executivo, a realização de despesas previstas no orçamento no caso de frustração da receita estimada.
(C) as despesas com educação, saúde e pesquisa científica, decorrentes de vinculações constitucionais, possuem caráter prioritário e independem do montante da receita arrecadada.
(D) a receita estimada no orçamento deve advir exclusivamente da arrecadação de tributos, não sendo admitido computar para esse efeito o produto decorrente da alienação de ativos públicos em razão de seu caráter eventual.
(E) o orçamento público deve ser sempre equilibrado para assegurar a gestão fiscal responsável, não podendo conter previsão de superávit primário.

A: incorreta, pois o orçamento é autorizativo, não impositivo. Significa dizer que as despesas são autorizadas, e não impostas ao executor do orçamento (ele pode ou não realizá-las) – art. 167, I, II e III, da CF; B: assertiva correta, pois, no caso de frustração de receita, o Poder Público não apenas pode, como deve limitar o empenho de despesas e a movimentação financeira, na forma do art. 9° da Lei de Responsabilidade Fiscal – LRF (Lei Complementar 101/2000); C: incorreta, pois não há vinculação específica em relação à pesquisa científica, de modo que a realização das despesas correspondentes podem ser limitadas, em caso de frustração de receita – art. 9°, § 2°, da LRF. Ademais, ainda que as despesas relativas a obrigações constitucionais e legais não devam ser limitadas (conforme esse dispositivo da LRF), não se pode dizer que independem do montante da receita arrecadada; D: incorreta, pois todas as receitas estimadas devem ser incluídas no orçamento (princípio da universalidade), inclusive aquelas decorrentes de alienação de bens (receita de capital) – arts. 7°, § 2°, e 11, § 4°, da Lei 4.320/1964; E: incorreta, pois o equilíbrio orçamentário não impede a realização de *superávit*, o que, inclusive, é exigido para fins de recondução da dívida aos limites – art. 11, § 2°, *in fine*, da Lei 4.320/1965 e art. 31, § 1°, II, da LRF. Gabarito "B".

(Procurador de Contas TCE/ES – CESPE – 2009) Assinale a opção correta acerca da proposta orçamentária.

(A) A proposta orçamentária que o Poder Executivo encaminhará ao Poder Legislativo compor-se-á exclusivamente de mensagem com a exposição circunstanciada da situação econômico-financeira, documentada com demonstração da dívida fundada e flutuante.
(B) As receitas e despesas de capital serão objeto de um quadro de recursos e de aplicação de capital aprovado pelo Poder Legislativo, abrangendo, no mínimo, um quadriênio.
(C) Abrangem o quadro de recursos e de aplicação de capital as despesas e, como couber, também as receitas previstas em planos especiais aprovados em lei e destinados a atender a regiões ou setores da administração.
(D) O Poder Legislativo municipal deve elaborar lei orçamentária provisória, caso não receba a proposta orçamentária no prazo fixado na lei orgânica do respectivo município.
(E) São lícitas emendas ao projeto de lei de orçamento que visem alterar a dotação solicitada para despesa de custeio.

A: incorreta, pois a proposta orçamentária conterá, além da mensagem, o próprio projeto de lei do orçamento, tabelas explicativas e especificação dos programas de trabalho custeados por dotações globais. Ademais, a mensagem conterá também (além do que consta na assertiva) saldos de créditos especiais, restos a pagar e outros compromissos financeiros exigíveis, exposição e justificação da política econômico-financeira do governo, justificação da receita e despesa, particularmente no tocante ao orçamento de capital – art. 22 da Lei 4.320/1964; B: incorreta, pois o Quadro de Recursos e de Aplicação de Capital é aprovado por decreto do Executivo (não pelo Legislativo) e abrange no mínimo um triênio (não um quadriênio) – art. 23 da Lei 4.320/1964; C: assertiva correta, nos termos do art. 24, I, da Lei 4.320/1964; D: incorreta, pois a iniciativa da Lei Orçamentária é privativa do chefe do Executivo (Presidente, Governadores e Prefeitos) – art. 84, XXIII, da CF, aplicável aos Estados, DF e Municípios pelo princípio da simetria; E: incorreta, pois não se admite emenda que vise, alterar a dotação solicitada para despesa de custeio, salvo quando provada, nesse ponto, a inexatidão da proposta – art. 33, *a*, da Lei 4.320/1964. Gabarito "C".

(Procurador de Contas TCE/ES – CESPE – 2009) Acerca da natureza jurídica do orçamento e dos princípios orçamentários, assinale a opção correta.

(A) Segundo o jurista e economista alemão Hoennel, o orçamento representa extrinsecamente a forma de uma lei, mas seu conteúdo é de um mero ato administrativo.
(B) Gaston Jèze defende que o orçamento, em nenhuma de suas partes, pode ser entendido como uma lei, considerada em sua substância, embora tenha o aspecto formal e a aparência de uma lei, tratando-se, então, de um atocondição para a realização das despesas e para a exigência dos tributos.
(C) A corrente liderada por Mayer considera o orçamento, em algumas de suas partes, como um simples ato administrativo, no que se refere às despesas públicas, e, em outras, como uma lei, no aspecto que autoriza a cobrança e a arrecadação dos tributos.
(D) O princípio da unidade destaca que o orçamento deve conter todas as receitas e despesas da União, de qualquer natureza, procedência ou destino, inclusive a dos fundos, dos empréstimos e dos subsídios.
(E) A contratação de operações de crédito ofende o princípio da exclusividade da lei orçamentária, pois tem natureza de antecipação da receita e é medida extraordinária, não ingressando no orçamento fiscal.

A: incorreta, pois para a corrente de Hoennel, o orçamento tem não apenas a forma legal, mas também o conteúdo de lei; B: correta, pois descreve adequadamente o entendimento do Gaston Jèze, pelo qual o orçamento é ato-condição; C: incorreta, pois essa corrente considera que o orçamento é formalmente lei, mas não materialmente. A assertiva refere-se à corrente que segue a lição de Leon Duguit; D: incorreta, pois a assertiva refere-se ao princípio da *universalidade* – arts. 3° e 4° da Lei 4.320/1964; E: incorreta, pois a Constituição permite expressamente que a LOA contenha autorização para contratação de operações de crédito, como uma das exceções ao princípio da exclusividade (a outra exceção é a autorização para abertura de créditos suplementares) – art. 165, § 8°, da CF. Gabarito "B".

(Advogado da União/AGU – CESPE – 2009) Acerca das normas constitucionais que regem os orçamentos, julgue os itens a seguir.

(1) A LOA disporá sobre as alterações na legislação tributária.
(2) A LOA não conterá dispositivo estranho à fixação da receita e à previsão de despesa.
(3) A LOA poderá conter contratação de operações de crédito, ainda que por antecipação de receita.
(4) O orçamento é um ato administrativo da administração pública.

1: incorreta, pois a LOA prevê apenas receitas e despesas, além de autorização para abertura de créditos suplementares e contratação de operações de crédito (princípio da exclusividade) – art. 165, § 8°, da CF. As alterações da legislação tributária devem ser previstas na Lei de Diretrizes Orçamentárias – LDO – art. 165, § 2°, da CF; 2: imprecisa, pois há duas exceções ao princípio da exclusividade (autorização para abertura de créditos suplementares e contratação de operações de crédito) – art. 165, § 8°, da CF; 3: assertiva correta, conforme o art. 165, § 8°, da CF; 4: incorreta, pois o orçamento é veiculado por Lei – art. 165, § 5°, da CF. Gabarito 1E, 2E, 3C, 4E.

(Procurador do Estado/CE – 2008 – CESPE) Na elaboração da Lei Orçamentária Anual (LOA), foi incluída a contratação de operações de crédito por antecipação de receita. A partir dessa informação, assinale a opção correta.

(A) A Constituição Federal prevê que só podem constar da LOA dispositivos acerca da previsão da receita e da fixação da despesa, sem exceção.
(B) A proibição de que a LOA contenha dispositivos estranhos à previsão da receita e à fixação da despesa recai, inclusive, sobre os créditos suplementares.
(C) A contratação de operações de crédito, desde que não seja por antecipação de receita, pode constar da LOA.

(D) Os créditos suplementares e as operações de crédito, inclusive aquelas provenientes de antecipação de receita, não estão incluídos na proibição de que a LOA cuide apenas da previsão da receita e da fixação da despesa.
(E) A LOA é peça de ficção jurídica e, como tal, aceita qualquer dispositivo.

A LOA conterá, exclusivamente, dispositivos relativos à previsão de receita e à fixação de despesa, além de poder autorizar abertura de créditos suplementares e contratação de operações de crédito, ainda que por antecipação de receita, nos termos da lei – art. 165, § 8º, da CF. Gabarito "D".

(Procuradoria Federal – 2007 – CESPE) Julgue o item seguinte.

(1) Entre as finalidades do orçamento fiscal e do orçamento de investimento, observa-se a de reduzir desigualdades inter-regionais, segundo critério populacional.

1: Art. 165, § 7º, da CF. Gabarito 1C.

(Procuradoria Federal – 2007 – CESPE) Julgue o item seguinte.

(1) Considere que na lei orçamentária anual de 2006, além da previsão da receita e fixação da despesa, tenha havido autorização para recebimento antecipado de valores provenientes de venda a termo de bens imóveis pertencentes à União. Essa autorização é inconstitucional por ferir o princípio orçamentário da exclusividade.

1: A LOA pode conter autorização para operações de crédito, o que inclui antecipação de receita (art. 165, § 8º, da CF). Gabarito 1E.

4. LEI DE RESPONSABILIDADE FISCAL – LRF

(Procurador do Estado/RO – 2011 – FCC) O artigo 42 da Lei Complementar nº 101/2000 (Lei de Responsabilidade Fiscal) veda a assunção de obrigação de despesa nos dois quadrimestres anteriores ao término do mandato eletivo, que não possa ser cumprida integralmente dentro dele, sem que haja disponibilidade financeira para esse efeito. Isso significa que

(A) as obras em andamento devem ser paralisadas.
(B) fica vedada a contração de quaisquer empréstimos.
(C) não se admite a inscrição de restos a pagar das despesas processadas e liquidadas.
(D) somente podem ser contratados serviços de natureza essencial.
(E) são permitidas contratações quando o saldo de caixa projetado para o final do exercício for suficiente para cobrir as parcelas empenhadas.

A: incorreta, pois o art. 42 da Lei de Responsabilidade Fiscal – LRF (LC 101/2000) veda a assunção de obrigação, não, necessariamente, o andamento de obras; B: incorreta, pois o dispositivo não se refere especificamente a empréstimos, até porque, nesse caso (de empréstimo) há aumento da disponibilidade de caixa; C: incorreta, pois o art. 42 da LRF não impede a inscrição de débitos em restos a pagar. Na verdade, sua observância tende a impedir os restos a pagar sem correspondente disponibilidade de caixa; D: incorreta, pois o art. 42 da LRF permite as contratações, inclusive não essenciais, desde que haja disponibilidade de caixa suficiente para pagamento das parcelas devidas no exercício seguinte; E: essa é a melhor opção, por exclusão das demais. Embora a matéria não seja pacífica, entende-se que, para contratação nos dois últimos quadrimestres do mandato, é preciso que haja disponibilidade de caixa não apenas para as parcelas empenhadas nesse ano (último do mandato), mas para todas as parcelas a serem pagas no exercício seguinte (mesmo aquelas a serem empenhadas após o fim do último ano do mandato). Gabarito "E".

(Magistratura Federal- 4ª Região – 2010) Dadas as assertivas abaixo, assinale a alternativa correta.

Segundo a Lei de Responsabilidade Fiscal (Lei Complementar 101/2000), no "Art. 11 – Constituem requisitos essenciais da responsabilidade na gestão fiscal a instituição, previsão e efetiva arrecadação de todos os tributos da competência constitucional do ente da Federação. Parágrafo único – É vedada a realização de transferências voluntárias para o ente que não observe o disposto no *caput*, no que se refere aos impostos". Esse artigo:

I. É de constitucionalidade inquestionável.
II. É de constitucionalidade questionável diante da regra de competência tributária privativa dos entes federados, mas a doutrina tende fortemente a admitir sua constitucionalidade, pois não imporia obrigação de exercício de competência tributária, mas apenas consequências de seu não exercício.
III. Implica obrigatória instituição do imposto sobre grandes fortunas (inciso VII do art. 153 da Constituição Federal) pela União Federal, conforme reconhecido pela jurisprudência.
IV. Visa diretamente combater a guerra fiscal entre os Estados, sendo o principal dispositivo da Lei de Responsabilidade Fiscal visando a essa finalidade.

(A) Está correta apenas a assertiva II.
(B) Estão corretas apenas as assertivas II e III.
(C) Estão corretas apenas as assertivas III e IV.
(D) Todas as assertivas estão corretas.
(E) Nenhuma assertiva está correta.

I: incorreta, pois é possível discutir a constitucionalidade do dispositivo legal. Em princípio, o exercício da competência constitucional tributária é facultativo, mas o dispositivo da LRF, de certa forma, sanciona o não exercício dessa competência; II: a assertiva é adequada, conforme comentário à assertiva anterior; III: incorreta, pois, a rigor, a LRF não traz sanção específica em relação à União, pelo não exercício da competência tributária. Há sanção apenas para Estados, Distrito Federal e Municípios, que efetivamente recebem transferências voluntárias, e apenas em caso de não instituição e cobrança de impostos – art. 11, p. único, da LRF. É interessante salientar, entretanto, que mesmo em relação a Estados, DF e Municípios, a sanção não é tão pesada, pois o art. 25, § 3º, da LRF exclui da vedação aquelas transferências relativas a ações de educação, saúde e assistência social (ou seja, boa parte das transferências voluntárias não é afetada pela sanção do art. 11, p. único, da LRF); IV: incorreta, pois não há grande impacto contra a guerra fiscal. O dispositivo exige apenas a instituição e cobrança dos tributos (especialmente impostos), mas não impede a diminuição de alíquotas, de bases de cálculo, as isenções parciais, os diferimentos, os créditos fictícios etc. que são, efetivamente, as principais armas da guerra fiscal. Gabarito "A".

(MINISTÉRIO PÚBLICO/RO – 2010 – CESPE) Tendo como base a Lei de Responsabilidade Fiscal, assinale a opção correta.

(A) Tratando-se de ações de educação, saúde e assistência social, não se podem aplicar sanções de suspensão de transferências voluntárias a determinado ente federativo.
(B) A despesa total com pessoal em cada período de apuração, nos estados, não poderá exceder 50% da receita corrente líquida.
(C) Na repartição dos limites globais de gastos com pessoal, na esfera estadual, cabe ao Poder Legislativo, incluído o tribunal de contas do estado, o percentual de 2,5%.
(D) A lei em questão não estipula prazo para os tribunais de contas emitirem parecer prévio conclusivo sobre as contas dos entes federativos e de seus poderes, mas existe previsão que veda o recesso na hipótese de existirem contas com pendência de parecer.
(E) A lei orçamentária poderá consignar crédito com dotação ilimitada desde que tenha sido especificada sua finalidade e tal crédito esteja previsto no plano plurianual.

A: assertiva correta, conforme o art. 25, § 3º, da CF; B: incorreta, pois o limite para despesas com pessoal para Estados e Distrito Federal é de 60% da receita corrente líquida – art. 19, II, da LRF; C: incorreta, pois o teto de despesa com pessoal é de 3% da receita corrente líquida, para o Legislativo estadual, incluído o Tribunal de Contas – art. 20, II, *a*, da LRF; D: incorreta, pois há prazo de 60 dias, contados do recebimento, para emissão de parecer prévio em relação às contas – art. 57 da LRF; E: incorreta, pois é vedada expressamente a concessão ou utilização de créditos ilimitados na Constituição e na LRF – art. 167, VII, da CF e art. 5º, § 4º, da LRF. Gabarito "A".

(MINISTÉRIO PÚBLICO/SE – 2010 – CESPE) Com relação às normas atinentes à responsabilidade na gestão fiscal, assinale a opção correta.

(A) É competência privativa da União legislar sobre orçamento, podendo lei complementar federal autorizar os estados e os municípios a legislar sobre questões específicas relacionadas com o tema.
(B) As disposições da Lei de Responsabilidade Fiscal (Lei Complementar n.º 101/2000) obrigam a União, os estados e o DF, aplicando-se aos municípios apenas as normas relativas à execução orçamentária e ao cumprimento de metas.
(C) A despesa total com pessoal nos estados e municípios não pode exceder 60% da receita corrente líquida respectiva.

(D) A CF proíbe terminantemente a transposição, o remanejamento ou a transferência de recursos de uma categoria de programação para outra ou de um órgão para outro.

(E) O investimento cuja execução ultrapasse um exercício financeiro só pode ser iniciado se tiver sido previamente aprovado pelo Poder Legislativo respectivo, mediante decreto legislativo.

A: incorreta, pois a União, os Estados e o Distrito Federal têm competência concorrente para legislar sobre orçamento – art. 24, II, da CF. Ademais, cada ente político tem competência exclusiva para estabelecer seus respectivos planos plurianuais, diretrizes orçamentárias e orçamentos anuais – art. 165 da CF; B: incorreta, pois a LRF se aplica à União, aos Estados, ao Distrito Federal e aos Municípios, incluindo seus fundos, autarquias, fundações e empresas estatais dependentes – art. 1º, *caput*, e § 3º, da LRF; C: assertiva correta, pois esse é o limite estabelecido no art. 19, II e III, da LRF; D: incorreta, pois não há vedação em caso de prévia autorização legislativa – art. 167, VI, da CF; E: incorreta, pois o início de investimento cuja execução ultrapasse um exercício financeiro exige inclusão prévia no plano plurianual ou lei que autorize a inclusão, sob pena de crime de responsabilidade – art. 167, § 1º, da CF. Gabarito "C".

(Ministério Público/MG – 2010.1) Segundo a Lei Complementar nº 101/2000 e Lei nº 4.320/64, está INCORRETA a seguinte afirmação

(A) Se verificado que a realização da receita poderá não comportar o cumprimento das metas fiscais, deverá haver limitação de empenhos, nos montantes necessários, com prioridade para as despesas de caráter continuado.

(B) É vedada a realização de transferências voluntárias a ente da federação que não esteja arrecadando todos os impostos de sua competência constitucional.

(C) É vedado ao titular de Poder ou órgão, nos últimos dois quadrimestres do seu mandato, contrair obrigação de despesa que não possa ser cumprida integralmente dentro dele, ou que tenha parcelas a serem pagas no exercício seguinte sem suficiente disponibilidade de caixa.

(D) A LRF prevê a possibilidade de operações de crédito por antecipação de receita orçamentária em relação aos municípios.

(E) O empenho de despesa é ato que cria para o Estado a obrigação de pagamento, que somente será efetuado após regular liquidação.

A: assertiva incorreta, pois não há prioridade para as despesas de caráter continuado, no que se refere à limitação de empenhos e movimentação financeira. A rigor, as despesas que constituam obrigações constitucionais e legais (normalmente são de caráter continuado) não serão objeto da limitação – arts. 9º, § 2º, e 17 da Lei de Responsabilidade Fiscal – LRF (Lei Complementar nº 101/2000); B: assertiva correta, conforme o art. 11, parágrafo único, da LRF. Importante lembrar que as sanções de suspensão de transferências voluntárias previstas na LRF não abrangem aquelas relativas a ações de educação, saúde e assistência social – art. 25, § 3º, da LRF; C: assertiva correta, pois reflete exatamente o disposto no art. 42 da LRF; D: correta, pois todos os entes políticos podem, em tese, realizar operações de antecipação de receita orçamentária (ARO), desde que observadas as exigências legais, inclusive quanto ao limite de endividamento – art. 38 da LRF; E: a assertiva é correta, pois reflete a definição de empenho dada pelo art. 58 da Lei 4.320/1964. É importante ressaltar, entretanto, que, a rigor, o direito contra a administração pública somente surge com o efetivo fornecimento do bem ou prestação do serviço. Ou seja, apesar da definição legal, o empenho não cria, por si só, a obrigação de pagamento. O pagamento somente será realizado após a verificação do direito adquirido pelo credor tendo por base os títulos e documentos comprobatórios do respectivo crédito (= liquidação da despesa) – arts. 62 e 63 da Lei 4.320/1964. Gabarito "A".

(Procurador Federal – 2010 – CESPE) Com relação a despesas e receitas públicas, julgue o item seguinte.

(1) De acordo com a LRF, a contratação de serviços, por meio de licitação, que acarrete aumento de despesa deve vir precedida de demonstrativo da estimativa do impacto orçamentário-financeiro apenas do exercício em que deva entrar em vigor a referida despesa, bem como da declaração de responsabilidade do ordenador de despesa.

1: assertiva incorreta, pois a estimativa do impacto orçamentário-financeiro não se restringe ao exercício em que deva entrar em vigor o aumento de despesa, devendo abranger também os dois subsequentes – art. 16, I, da LRF. Gabarito 1E.

(Procurador de Contas TCE/ES – CESPE – 2009) Acerca da LRF, assinale a opção correta.

(A) No prazo de sessenta dias após a publicação dos orçamentos, as receitas previstas deverão ser desdobradas pelo Poder Executivo em metas semestrais de arrecadação, com a especificação em separado, quando cabível, das medidas de combate à evasão e à sonegação.

(B) Segundo a LRF, o benefício concernente à ampliação de incentivo de natureza tributária da qual decorra renúncia de receita, dependente de medidas de compensação, por meio do aumento de receita, só entrará em vigor no primeiro dia do exercício seguinte.

(C) Na verificação do atendimento dos limites definidos na LRF, para despesas com pessoal, devem ser computadas despesas relativas a incentivos à demissão voluntária.

(D) É vedada a majoração de benefício relativo à seguridade social sem a indicação da fonte de custeio total, salvo benefício ou serviços de saúde, previdência e assistência social destinados aos servidores militares, ativos e inativos.

(E) É lícito aos entes da Federação disponibilizar a qualquer pessoa física ou jurídica o acesso a informações referentes ao lançamento e ao recebimento de toda a receita das unidades gestoras, inclusive referentes a recursos extraordinários.

A: incorreta, pois o prazo para o desdobramento é de *30 dias* (não 60) contados da publicação da LOA, e as metas de arrecadação são *bimestrais* (não semestrais) – art. 13 c/c art. 8º da LRF; B: incorreta, pois o benefício ou incentivo fiscal pode entrar em vigor imediatamente, desde que sejam atendidos os requisitos do art. 14 da LRF. Ou seja, não há exigência de que o benefício fiscal entre em vigor apenas no exercício seguinte; C: incorreta, pois os incentivos à demissão voluntária não entram no cômputo das despesas com pessoal para fins de limite – art. 19, § 1º, II, da LRF; D: incorreta, pois não há essa exceção à exigência de demonstração da fonte de custeio total, para que o benefício ou serviço da seguridade social seja criado, majorado ou estendido – art. 195, § 5º, da CF e art. 24, § 2º, da LRF; E: essa é a assertiva correta. Gabarito "E".

(Advogado da União/AGU – CESPE – 2009) Acerca do que disciplina a Lei de Responsabilidade Fiscal (LRF), julgue os itens seguintes.

(1) A criação de ação governamental que acarrete despesa pública será acompanhada de estimativa do impacto orçamentário-financeiro no exercício em que deva entrar em vigor e nos dois subsequentes.

(2) É condição prévia para empenho e licitação de serviços criados por ação governamental nova, a declaração do ordenador da despesa de que o aumento tem adequação orçamentária e financeira com todos os tipos de orçamentos.

(3) Considera-se despesa obrigatória de caráter continuado a despesa corrente derivada de ato administrativo normativo que fixe para o ente a obrigação legal de sua execução por um período superior a dois exercícios.

(4) A ação governamental que cria despesa por lei pode, a qualquer tempo, ser executada, antes mesmo de ser compensada com o acréscimo da receita naquele exercício, quando não devidamente prevista na lei orçamentária.

1: assertiva correta, nos termos do art. 16, I, da LRF; 2: correta, pois, nos termos do art. 16, II, da LRF, a criação de ação governamental que acarrete aumento da despesa será acompanhada de declaração do ordenador da despesa de que o aumento tem adequação orçamentária e financeira com a lei orçamentária anual e compatibilidade com o plano plurianual e com a lei de diretrizes orçamentárias. Trata-se de condição prévia para o empenho e a licitação correspondente – art. 16, § 4º, I, da LRF; 3: assertiva correta, pois a despesa corrente derivada de lei, medida provisória *ou ato administrativo normativo* é considerada obrigatória de caráter continuado, desde que fixem para o ente a obrigação legal de sua execução por um período superior a dois exercícios – art. 17 da LRF; 4: incorreta, nos termos do art. 16, II, e § 4º, e art. 17, 5º, da LRF. Gabarito 1C, 2C, 3C, 4E.

(Ministério Público/MG – 2008) Assinale a alternativa **INCORRETA**, em relação ao contido na Lei Complementar n° 101/00 (Lei de Responsabilidade Fiscal – LRF).

(A) Para a apuração da receita corrente líquida dos Estados são deduzidas as parcelas entregues aos Municípios por determinação constitucional.

(B) As despesas de pessoal executadas anualmente pelos Municípios não poderão ultrapassar 60% da respectiva receita corrente líquida.

(C) Os valores executados a título de indenização por servidores ou empregados serão computados na verificação dos limites estabelecidos para despesa de pessoal.

(D) Nenhum benefício ou serviço relativo à seguridade social poderá ser criado, majorado ou estendido sem a indicação da fonte de custeio total.

(E) A fiscalização do cumprimento das normas da LRF será efetivada pelo Poder Legislativo, diretamente ou com o auxílio dos Tribunais de Contas, pelo sistema de controle interno de cada Poder e pelo Ministério Público.

A: art. 2º, IV, *b*, da LRF; B: art. 19, III, da LRF; C: não serão computadas as despesas relativas às indenizações por demissão de servidores e empregados – art. 19, § 1º, I, da LRF; D: art. 195, § 5º, da CF e art. 24 da LRF; E: art. 59 da LRF. Gabarito "C".

(Procurador do Município/Aracaju – 2008 – CESPE) Julgue os itens seguintes, relativos à Lei de Responsabilidade Fiscal (Lei Complementar n.o 101/2000).

(1) O anexo de metas fiscais deve conter o demonstrativo da estimativa e compensação da renúncia de receita.

(2) O projeto de lei orçamentária anual deve ser elaborado de forma a atender apenas o plano plurianual.

(3) A lei de diretrizes orçamentárias dispõe, entre outros assuntos, sobre o equilíbrio entre receitas e despesas.

(4) As metas que devem estar estabelecidas no anexo de metas fiscais que integra o projeto de lei de diretrizes orçamentárias são trimestrais.

1: Art. 4º, § 2º, V, da LRF; 2: O projeto de LOA deve atender às diretrizes e aos requisitos do art. 165, §§ 5º a 8º, da CF, do PPA, da LDO, da LRF (ver art. 5º) e da Lei 4.320/1964; 3: Art. 4º, I, *a*, da LRF; 4: As metas são anuais – art. 4º, § 1º, da LRF. Gabarito 1C, 2E, 3C, 4E

(Procuradoria Federal – 2007 – CESPE) Julgue o item seguinte.

(1) Considere a seguinte situação hipotética. Determinado município da Federação criou contribuição de melhoria, em virtude da construção do Parque Central, cobrada dos moradores das proximidades do referido parque, em face da valorização imobiliária decorrente de sua construção. Entretanto, apesar de legalmente constituído, o aludido município não regulamentou a cobrança do tributo em comento, prejudicando a sua efetiva arrecadação. Nessa situação, ficará vedada a realização de transferências voluntárias ao município da Federação em epígrafe.

1: As transferências voluntárias são vedadas para os entes que não instituírem e arrecadarem todos os impostos de sua competência – o art. 11, parágrafo único, da LRF não faz referência aos demais tributos (taxas, contribuições) para fins dessa vedação. Ademais, essa vedação não atinge recursos destinados à educação, à saúde e à assistência social – art. 25, § 3º, da LRF. Gabarito 1E

(Procurador da Fazenda Nacional – 2007.2 – ESAF) A Lei de Responsabilidade Fiscal - LRF estabelece normas de finanças públicas voltadas para a responsabilidade na gestão fiscal. Entre as normas da LRF, não se inclui:

(A) a inexistência de estimativa do impacto orçamentário-financeiro e de demonstração da origem dos recursos para as despesas destinadas ao serviço da dívida.

(B) a proibição de que o Banco Central do Brasil emita títulos de dívida pública a partir de dois anos após a publicação da LRF.

(C) a necessidade de estimativa do impacto orçamentário-financeiro para redução da alíquota do IPI.

(D) a nulidade do ato de que resulte aumento da despesa com pessoal nos cento e oitenta dias anteriores ao final do mandato do titular do respectivo Poder ou órgão.

(E) a vedação da realização de operação de crédito entre uma instituição financeira estatal e o ente da Federação que a controle, na qualidade de beneficiário do empréstimo.

A: arts. 4º, § 1º, e 5º, § 1º, ambos da LRF; B: art. 34 da LRF; C: a redução de alíquota do IPI, com intuito extrafiscal e realizada nos termos do art. 153, § 1º, da CF, não exige estimativa de impacto orçamentário-financeiro; D: art. 21, parágrafo único, da LRF; E: art. 36 da LRF. Gabarito "C".

(Procurador da Fazenda Nacional – 2007.2 – ESAF) Ainda sobre a Lei de Responsabilidade Fiscal - LRF, assinale a opção incorreta.

(A) Compete ao Ministério da Fazenda verificar o cumprimento dos limites e condições relativos à realização de operações de crédito de cada ente da Federação, inclusive das empresas por eles controladas, direta ou indiretamente.

(B) Os entes poderão conceder garantia em operações de crédito internas ou externas, observados o disposto na LRF e, no caso da União, também os limites e as condições estabelecidos pelo Senado Federal.

(C) As sanções de suspensão de transferências voluntárias constantes da LRF não se aplicam a ações de educação, saúde e assistência social.

(D) A captação de recursos a título de antecipação de receita de tributo ou contribuição cujo fato gerador já tenha ocorrido é equiparada a operação de crédito.

(E) Compete privativamente ao Senado Federal autorizar operações externas de natureza financeira, de interesse da União, dos Estados, do Distrito Federal, dos Territórios e dos Municípios.

A: art. 32 da LRF; B: art. 40 da LRF; C: art. 25, § 3º, da LRF; D: a antecipação de receita referente a tributo cujo fato gerador ainda não tenha ocorrido equipara-se a operação de crédito e é vedada, com exceção da substituição tributária "para frente" (art. 37, I, da LRF); E: art. 52, V, da CF. Gabarito "D".

(Procurador do Estado/RR – 2006 – FCC) Ao se referir à previsão e à arrecadação da receita pública, a Lei de Responsabilidade Fiscal dispõe que a reestimativa de receita por parte do Poder Legislativo só será admitida

(A) se comprovado erro ou omissão de ordem técnica ou legal.
(B) se houver anulação de alguma despesa previamente prevista.
(C) em caso de necessidade ou interesse público.
(D) em caso de urgência e relevante interesse nacional.
(E) em caso de estado de emergência ou calamidade pública.

A nova estimativa de receita pelo Legislativo não depende da simples vontade dos agentes públicos, ainda que decorrente de necessidades, urgências, calamidades etc. (a estimativa de receitas tributárias ou patrimoniais, por exemplo, não aumenta só porque houve anulação de despesa ou calamidade pública). A reestimativa pelo Legislativo existe quando há erro ou omissão na estimativa anterior – art. 12, § 1º, da LRF. Por outro lado, durante a execução orçamentária, o Executivo (com autorização legal) pode abrir créditos adicionais por conta de superávit, excesso de arrecadação ou operações de crédito – art. 43, § 1º, I, II e IV, da Lei 4.320/1964. Gabarito "A".

(Procurador do Estado/RR – 2006 – FCC) Acerca dos restos a pagar, a Lei de Responsabilidade Fiscal dispõe:

(A) É vedado ao titular de Poder, nos últimos três trimestres do seu mandato, contrair obrigação de receita que tenha parcelas a serem pagas no exercício seguinte, ainda que haja suficiente disponibilidade de caixa para este efeito.

(B) É autorizado ao titular de Poder, nos últimos dois quadrimestres do seu mandato, contrair obrigação de despesa que tenha parcelas a serem pagas no exercício seguinte sem que haja suficiente disponibilidade de caixa para este efeito.

(C) É autorizado ao titular do Poder, até o penúltimo quadrimestre do seu mandato, contrair obrigação de despesa que venha a ser cumprida no exercício financeiro seguinte.

(D) É vedado ao titular de Poder, nos últimos dois quadrimestres do seu mandato, contrair obrigação de despesa que não possa ser cumprida integralmente dentro dele.

(E) É autorizado ao titular do Poder, nos últimos dois bimestres do seu mandato, contrair obrigação de despesa que não possa ser cumprida até o último dia do penúltimo mês do exercício, ainda que haja suficiente disponibilidade de caixa para este efeito.

Art. 42 da LRF – A: a vedação refere-se aos dois últimos quadrimestres do mandato e é possível contrair a obrigação se houver disponibilidade de caixa; B, C e E: trata-se de vedação, não autorização, e refere-se aos dois últimos quadrimestres do mandato; D: a assertiva é correta. Gabarito "D".

5. RECEITAS

(Procurador Federal – 2010 – CESPE) Com relação a despesas e receitas públicas, julgue os itens seguintes.

(1) A cobrança de tarifas ou preço público corresponde a uma receita originária.

(2) A caução exigida e arrecadada de um licitante corresponde a ingresso de valores aos cofres públicos e, portanto, é receita pública.

1: As receitas podem ser classificadas como *ordinárias* ou *extraordinárias*, segundo a regularidade. Pelo critério da origem, é possível distinguir receitas *originárias* e *derivadas*. Em razão da previsão orçamentária, fala-se em receitas *orçamentárias* ou *extraorçamentárias*. Receita *originária* é aquela auferida pela exploração do patrimônio estatal (aluguéis, vendas de ativos), o que inclui a prestação de serviços em regime privado e, portanto, a cobrança de tarifa ou preço público. Receita *derivada* é aquela decorrente do poder estatal, exigida compulsoriamente dos cidadãos por força de lei (tributos, penalidades pecuniárias); 2: incorreta, pois a *receita* é uma espécie de *ingresso* que se integra ao patrimônio público, ampliando-o, sem qualquer ressalva, condição ou correspondência no passivo. Assim, o simples *ingresso* de valores que deverão, em princípio, ser restituídos ao particular não se classifica como receita pública. Gabarito 1C, 2E

(Procurador Federal – 2010 – CESPE) A respeito de finanças públicas e orçamento, de acordo com a CF, julgue o item seguinte.

(1) A vinculação de receita de impostos para a realização de atividades da administração tributária não fere o princípio orçamentário da não afetação.

1: assertiva correta, pois se trata de uma das exceções ao princípio da não vinculação ou não afetação – art. 167, IV, c/c art. 37, XXII, da CF. Gabarito 1C

(Procurador do Estado/PE – CESPE – 2009) Quanto às normas relativas à receita pública, assinale a opção correta.

(A) Admite-se, no âmbito das receitas tributárias e a bem do princípio da especificação, a instituição de caixas específicos, de forma a evidenciar, separadamente, o recolhimento das várias espécies de tributos.

(B) É vedado ao Poder Legislativo do estado de Pernambuco alterar a estimativa das receitas públicas constantes do projeto de lei orçamentária anual, de iniciativa do governador do estado.

(C) A implementação de alterações na legislação de tributos de um ente federado depende de prévia autorização da LDO, conforme mandamento constitucional.

(D) Considere que o estado de Pernambuco tenha débitos a receber de R$ 10 milhões, cujos custos de cobrança ultrapassem a esse valor. Nessa situação, não se admite o cancelamento dos referidos débitos, a título de renúncia de receita.

(E) Receitas próprias dos órgãos da administração pública, como tarifas e preços públicos, têm registro na LOA.

A: incorreta, pois deve ser observada a unidade de caixa ou unidade de tesouraria, sendo vedada qualquer fragmentação para a criação de caixas especiais – art. 56 da Lei 4.320/1964; B: incorreta, pois se admite a reestimativa de receita por parte do Legislativo, no caso de comprovado erro ou omissão de ordem técnica ou legal – art. 12, § 1º, da LRF; C: incorreta, pois, embora a LDO deva dispor sobre as alterações da legislação tributária (art. 165, § 2º, da CF), não se trata de requisito essencial para implementação das alterações, desde que previstas em lei; D: incorreta, pois se admite o cancelamento de créditos da fazenda pública (a receber) cujo montante seja inferior ao dos respectivos custos de cobrança, sem observância dos requisitos do art. 14 da LRF, conforme o seu § 3º, II; E: assertiva correta, pois devem constar da LOA todas as receitas públicas, relativas a todos os fundos, órgãos e entidades da administração direta e indireta, inclusive fundações instituídas e mantidas pelo Poder Público – art. 165, § 5º, I, da CF e art. 6º da Lei 4.320/1964. Gabarito "E".

(Magistratura Federal/1ª Região – 2009 – CESPE) Considerando que o governo de determinado estado da Federação, após a arrecadação de impostos, tenha criado um fundo para que essa receita seja destinada à manutenção do ensino fundamental, assinale a opção correta.

(A) A CF autoriza a União a fazer a vinculação em questão, mas não os estados.

(B) Essa possibilidade de vinculação é vedada pelo princípio orçamentário da exclusividade.

(C) O estado pode criar fundo com a referida vinculação de receita de imposto, bem como de receita proveniente de taxa.

(D) A vedação de vincular receita de imposto a fundo ou órgão tem exceção apenas quanto à prestação de garantias às operações de crédito por antecipação.

(E) O estado poderia criar essa vinculação à despesa para custear serviços públicos de segurança pública.

A: incorreta, pois a vinculação da receita de impostos para a manutenção e desenvolvimento do ensino é uma das exceções ao princípio da não vinculação ou não afetação, aplicável aos Estados e Municípios – art. 167, IV, c/c art. 212 da CF; B: incorreta, pois o princípio da exclusividade refere-se à vedação de que a LOA trate de matéria estranha à arrecadação de receita e à realização de despesas, com as exceções do art. 165, § 8º, da CF. Ademais, como visto, a assertiva trata de exceção válida ao princípio da não vinculação ou não afetação; C: assertiva correta, já que a receita de impostos pode ser excepcionalmente vinculada, como visto nos comentários anteriores, e não há vedação em relação a taxas; D: incorreta, pois são exceções ao princípio da não vinculação ou não afetação (i) a repartição do produto da arrecadação dos impostos, (ii) a destinação de recursos para as ações e serviços públicos de saúde, (ii) para manutenção e desenvolvimento do ensino e (iii) para realização de atividades da administração tributária, (iv) a prestação de garantias às operações de crédito por antecipação de receita, e (v) a prestação de garantia ou contragarantia à União e para pagamento de débitos para com esta – art. 167, IV, da CF; E: incorreta, pois não se trata de exceção ao princípio da não vinculação. Gabarito "C".

(Magistratura Federal/1ª Região – 2009 – CESPE) Assinale a opção correta, considerando que a União realize licitação para venda de terrenos públicos, exigindo caução dos concorrentes, a ser devolvida após o término do procedimento administrativo.

(A) Os valores pagos a título de caução não serão considerados como ingressos ou entradas nos cofres públicos.

(B) Segundo o conceito adotado no direito financeiro, a caução será considerada ingresso de valores provisórios e, portanto, não corresponderá a receita.

(C) O ingresso dos valores a título de caução será considerado como receita derivada, uma vez que é provisório.

(D) A caução corresponderá a um ingresso que tem a natureza de receita originária, não importando se é provisório.

(E) A situação hipotética é idêntica à cobrança de taxas pelo Estado, em virtude de estas servirem para custear os serviços pretendidos.

A: assertiva incorreta, pois se trata de ingressos ou entradas nos cofres públicos, ainda que esses valores não se classifiquem como receitas públicas, já que terão que ser, em princípio, restituídos; B: assertiva correta. A *receita pública* é uma espécie de *ingresso* que se integra ao patrimônio público, ampliando-o, sem qualquer ressalva, condição ou correspondência no passivo. Assim, o simples ingresso de valores que deverão, em princípio, ser restituídos ao particular não se classifica como receita pública; C: incorreta, pois, como visto, a caução não corresponde a receita pública, mas sim a simples ingresso ou entrada. Ademais, a classificação das receitas como originárias ou derivadas refere-se à sua origem (derivada de imposição legal ou originária da exploração do patrimônio público), não à eventual provisoriedade do ingresso nos cofres públicos; D: incorreta, conforme a segunda parte do comentário à alternativa anterior; E: incorreta, pois taxas são tributos, ou seja, prestações pecuniárias compulsórias, e que, especificamente, decorrem da prestação de serviço público ou do exercício do poder de polícia. Taxas, como todos os tributos, implicam receitas públicas derivadas. Não se confundem, portanto, com caução exigida para participação em licitações, que não são contraprestação por serviço público ou pelo exercício do poder de polícia. Gabarito "B".

(Magistratura/SE – 2008 – CESPE) Por regra, aos estados é vedado criar vinculações da receita de impostos; todavia, há casos em que a CF o admite, tais como

(A) despesas com segurança pública.

(B) prestação de garantias às operações de crédito por antecipação de receita.

(C) fundo de amparo ao trabalhador.

(D) aposentadoria de servidores públicos.

(E) aposentadoria do setor privado.

As exceções à vedação prevista no art. 167, IV, da CF encontram-se no próprio dispositivo e em seu § 4º, incluindo a garantia para operações de crédito por antecipação de receita (ARO). Gabarito "B".

(Procuradoria Federal – 2007 – CESPE) Julgue o item seguinte.

(1) Caso determinado estado da Federação apresente, como garantia ao pagamento de dívida que possui com a União, 5% da receita própria do IPVA, nessa situação, a afetação da receita não representa violação ao princípio da não vinculação de receitas tributárias.

1: O Estado pode garantir o pagamento de dívida com a União por meio de vinculação de receita de imposto, pois se trata de exceção à vedação do art. 167, IV, da CF, conforme o § 4º do mesmo dispositivo. Gabarito 1C

(Procurador do Estado/RR – 2006 – FCC) Receita derivada e receita originária são, respectivamente,

(A) taxa de lixo urbano e imposto sobre a renda.
(B) taxa de lixo domiciliar e pagamento pelo consumo de luz elétrica.
(C) contribuição de melhoria e contribuição social.
(D) imposto sobre a renda e contribuição social.
(E) empréstimo compulsório e contribuição de intervenção no domínio econômico.

Receita derivada é aquela decorrente do poder estatal, exigida compulsoriamente dos cidadãos, por meio de lei (tributos, penalidades pecuniárias). Receita originária é aquela auferida pela exploração do patrimônio estatal (aluguéis, vendas de ativos, prestação de serviços em regime privado etc.). As alternativas A, C, D e E indicam apenas tributos, ou seja, receitas derivadas. Gabarito "B".

6. RENÚNCIA DE RECEITA

(Advogado da União/AGU – CESPE – 2009) Acerca do que disciplina a Lei de Responsabilidade Fiscal (LRF), julgue os itens seguintes.

(1) Considera-se aumento permanente de receita, para os fins de compensação do aumento da despesa, a concessão de crédito presumido para empresas.

1: incorreta, pois a concessão de crédito presumido para as empresas acarreta *renúncia* de receita, não o seu aumento – art. 14, § 1º, da LRF; Gabarito 1E

(Procurador do Estado/CE – 2008 – CESPE) Assinale a opção correta acerca dos benefícios fiscais.

(A) A concessão de qualquer benefício de natureza tributária depende somente de uma decisão política e da aprovação de lei específica que preveja a medida.
(B) A concessão de remissão de determinado tributo não se enquadra no conceito de renúncia de receita.
(C) O benefício fiscal da diminuição de alíquota normal do ICMS não é considerado renúncia de receita, uma vez que essa medida atrai mais empresas para a legalidade e, com isso, aumenta a arrecadação.
(D) O estado deverá observar diversas regras para a concessão de renúncia de receita, especialmente a que impõe que a concessão desse benefício esteja acompanhada de estimativa de impacto orçamentário-financeiro e atenda ao disposto na LDO.
(E) Por atender condições individuais de seus benefícios, a isenção concedida em caráter não-geral não é considerada uma forma de renúncia de receita.

A e D: a renúncia de receita decorrente de benefício fiscal deve estar acompanhada de demonstrativo de impacto e atender à LDO – ademais, a redução de receita deve ter sido considerada na LOA e não pode prejudicar as metas da LDO ou deve vir acompanhada de medidas compensatórias (art. 14 da LRF); B: o perdão (remissão ou anistia) é benefício fiscal que implica renúncia de receita; C: a redução de alíquota é renúncia de receita, ainda que seja compensada por aumento de arrecadação; E: qualquer isenção implica renúncia de receita. Gabarito "D".

(Procurador do Estado/PI – 2008 – CESPE) Com o objetivo de possibilitar que mais empresas tivessem interesse em abrir filiais no estado em que governa, o governador encaminhou à respectiva casa legislativa projeto de lei sobre alteração da alíquota de ICMS. Com base nessa situação, assinale a opção correta a respeito de renúncia de receita.

(A) A renúncia de receita pode ser concedida, desde que prevista no orçamento geral do estado.
(B) Estão isentos das restrições previstas na Lei de Responsabilidade Fiscal os cancelamentos de débitos cujo valor seja superior aos seus custos de cobrança.
(C) Para concessão de qualquer benefício, é preciso estimar o impacto orçamentário-financeiro até o exercício seguinte.
(D) Entre outros fatores, é preciso, inclusive, estimar o impacto orçamentário-financeiro no exercício inicial de vigência da lei que pode resultar do mencionado projeto e nos dois seguintes.
(E) Para que entre em vigor a renúncia fiscal, basta prever compensação.

A: as alterações na legislação tributária (inclusive benefícios) devem estar previstos na LDO (art. 165, § 2º da CF) – ademais, a renúncia de receita deve atender aos requisitos do art. 14 da LRF; B: qualquer renúncia de receita deve atender aos requisitos do art. 14 da LRF (no caso, a inviabilidade econômica da cobrança permite o cancelamento, desde que devidamente demonstrada); C e D: a estimativa de impacto refere-se ao exercício em que deve se iniciar o benefício e aos dois subsequentes – art. 14 da LRF; E: a renúncia deve atender aos requisitos do art. 14 da LRF, o que inclui a apresentação de demonstrativo de impacto, por exemplo. Gabarito "D".

(Procurador da Fazenda Nacional – 2007 – ESAF) Isenção, anistia e remissão constituem:

(A) medidas que asseguram o princípio da isonomia perante a legislação infraconstitucional.
(B) privilégios da receita pública que podem ser concedidos pela Fazenda Nacional e/ou pelo Tesouro Nacional em razão do exercício do poder discricionário de que são titulares para execução orçamentária.
(C) medidas que afetam a receita pública e, por isso, só podem ser concedidas mediante redução das correspondentes despesas.
(D) medidas voltadas para implementar o crescimento econômico porque impõem a redução da despesa pública, constituindo-se em instrumentos de atuação do Estado sobre o domínio econômico.
(E) institutos do direito tributário cuja interferência na execução do orçamento público apenas se verifica legitimamente após expressa manifestação do Poder Judiciário sobre a constitucionalidade da Lei que as institui em cada caso.

A: assegurar o princípio da isonomia não é função essencial desses benefícios, especialmente no caso dos perdões (anistia e remissão) que, em geral, têm sentido inverso (contrário à isonomia); B: os benefícios fiscais dependem de lei específica – art. 150, § 6º, da CF; C: o impacto negativo do benefício fiscal na receita deve ter sido considerado na LOA e não pode prejudicar as metas da LDO, ou deve vir acompanhado de medida compensatória, nos termos do art. 14, I e II, da LRF (apesar de não ser precisa, a alternativa C é a melhor, por exclusão das demais); D: os benefícios fiscais não impõem, necessariamente, redução das despesas (podem ser compensados pelo aumento de arrecadação com outros tributos, por exemplo); E: o controle pelo Judiciário é eventual, posterior, depende de impulso e não é requisito de validade do benefício fiscal. Gabarito "C".

7. DESPESAS

(Procurador Federal – 2010 – CESPE) Com relação a despesas e receitas públicas, julgue os itens seguintes.

(1) O princípio da legalidade em matéria de despesa pública significa que se exige a inclusão da despesa em lei orçamentária para que ela possa ser realizada, com exceção dos casos de restituição de valores ou pagamento de importância recebida a título de caução, depósitos, fiança, consignações, ou seja, advindos de receitas extraorçamentárias que, apesar de não estarem fixados na lei orçamentária, sejam objeto de cumprimento de outras normas jurídicas.

(2) Considera-se obrigatória de caráter continuado a despesa corrente derivada de lei, de medida provisória ou de ato administrativo normativo que fixe para o ente a obrigação legal de sua execução por um período superior a dois exercícios.

1: assertiva correta, considerando que esses simples ingressos são classificados contabilmente como receitas extraorçamentárias (apesar de, a rigor, não serem receita pública); 2: assertiva correta, pois corresponde à definição de despesa continuada, nos termos do art. 17 da LRF. Gabarito 1C, 2C

(Procuradoria Distrital – 2007) Assinale a opção correta. As despesas públicas são aplicações em dinheiro de recursos arrecadados pelo Estado com o objetivo de prover os serviços de ordem pública ou atender ao próprio desenvolvimento econômico do Estado. Elas, segundo o ordenamento doutrinário jurídico, obedecem a determinados requisitos, a saber:

(A) generalidade, impessoalidade, aprovação pelo Poder Executivo, razoabilidade, proporcionalidade, discricionariedade e controle interno.
(B) utilidade, legitimidade, discussão pública, possibilidade contributiva, oportunidade, hierarquia de gastos e estipulação por lei.
(C) pessoalidade, eficiência, publicidade, controle externo, sociabilidade, praticidade e progressividade.
(D) transparência, autorização, praticidade, operosidade, ética, impulso oficial e sociabilidade.
(E) veracidade, ética, impulso oficial, verdade real, moralidade, controle externo e adequabilidade.

A: a despesa é autorizada pelo Legislativo (por meio da LOA) e realizada pelo Executivo; B: a alternativa indica requisitos e diretrizes para a despesa pública; C: a despesa deve ser impessoal (não pessoal); D e E: impulso oficial não é requisito da despesa pública. Gabarito "B".

(Procurador da Fazenda Nacional – 2007.2 – ESAF) As despesas públicas são classificadas pela Lei n. 4.320/64 sob duas categorias econômicas: Despesas Correntes e Despesas de Capital. As Despesas Correntes são aquelas que não proporcionam aumento direto do patrimônio público e as Despesas de Capital são os gastos que, em regra, incrementam em valor equivalente o patrimônio da entidade que realizou a despesa. Sobre o tema, assinale a opção incorreta.

(A) Os juros e encargos da Dívida Pública são classificados como despesas correntes.
(B) A despesa total com pessoal, em cada período de apuração e em cada ente da Federação, não poderá exceder os percentuais da receita corrente líquida discriminados na Lei de Responsabilidade Fiscal, caso a lei de diretrizes orçamentárias não disponha de modo diverso.
(C) São consideradas Despesas de Capital as transferências para investimentos ou inversões financeiras a serem realizados por outras pessoas de direito público ou privado, independentemente de contraprestação direta em bens ou serviços em favor da entidade que transferir os recursos.
(D) A participação em constituição ou aumento de capital de empresas ou entidades industriais ou agrícolas é considerada investimento, enquanto que a participação em constituição ou aumento de capital de empresas ou entidades comerciais ou financeiras é considerada inversão financeira.
(E) É vedada a realização de operação de crédito entre instituição financeira estatal e outro ente da Federação, inclusive suas entidades da administração indireta, que se destinem a financiar, direta ou indiretamente, despesas correntes.

A: o pagamento de juros e encargos da dívida pública é despesa corrente – art. 13 da Lei. 4.320/1964; B: a LDO não pode afastar os limites de despesa com pessoal, previstos no art. 19 da LRF; C: art. 12, § 6º, da Lei 4.320/1964; D: art. 12, §§ 4º e 5º, III, da Lei 4.320/1964; E: art. 35, caput, e § 1º, I, da LRF.

Veja as seguintes tabelas, para estudo e memorização da discriminação da despesa por elementos, conforme as categorias econômicas – art. 13 da Lei 4.320/1964:

DESPESAS CORRENTES	Despesas de Custeio	Pessoa Civil Pessoal Militar Material de Consumo Serviços de Terceiros Encargos Diversos
	Transferências Correntes	Subvenções Sociais Subvenções Econômicas Inativos Pensionistas Salário-Família e Abono Familiar Juros da Dívida Pública Contribuições de Previdência Social Diversas Transferências Correntes

DESPESAS DE CAPITAL	Investimentos	Obras Públicas Serviços em Regime de Programação Especial Equipamentos e Instalações Material Permanente Participação em Constituição ou Aumento de Capital de Empresas ou Entidades Industriais ou Agrícolas
	Inversões Financeiras	Aquisição de Imóveis Participação em Constituição ou Aumento de Capital de Empresas ou Entidades Comerciais ou Financeiras Aquisição de Títulos Representativos de Capital de Empresa em Funcionamento Constituição de Fundos Rotativos Concessão de Empréstimos Diversas Inversões Financeiras
	Transferências de Capital	Amortização da Dívida Pública Auxílios para Obras Públicas Auxílios para Equipamentos e Instalações Auxílios para Inversões Financeiras Outras Contribuições

Gabarito "B".

(Procurador do Estado/PE – 2004 – FCC) Assinale a alternativa incorreta sobre Despesa Pública.

(A) A liquidação da despesa é passo prévio ao seu empenhamento.
(B) O empenho da despesa é ato que antecede a sua liquidação.
(C) Quando não se possa determinar o montante da despesa, o empenho se fará por estimativa.
(D) O pagamento da despesa somente será efetuado após a sua liquidação.
(E) Para a realização da despesa deve-se observar a seguinte ordem: previsão orçamentária, empenho, liquidação e pagamento.

A e B: a despesa é empenhada (art. 58 da Lei 4.320/1964) e, após sua realização, liquidada (art. 62 da mesma lei); C: art. 60, § 2º, da Lei 4.320/1964; D: art. 62 da Lei 4.320/1964; E: a assertiva é correta. Gabarito "A".

8. DESPESAS COM PESSOAL

(Procurador Federal – 2010 – CESPE) Com relação a despesas e receitas públicas, julgue o item seguinte.

(1) Caso a despesa total com pessoal exceda a 95% do limite imposto na LRF, é vedado ao poder público o provimento de cargo público, com exceção da reposição decorrente de aposentadoria ou falecimento de servidor público.

1: incorreta, pois a exceção refere-se apenas à reposição de servidores das áreas de educação, saúde e segurança, decorrente de aposentadoria ou falecimento – art. 22, parágrafo único, IV, da LRF. Gabarito 1E.

(Procurador do Município/Boa Vista-RR – 2010 – CESPE) Com relação ao direito financeiro e econômico pátrio, julgue o item seguinte.

(1) Projeto de lei de iniciativa do Poder Executivo municipal que proponha reajustamento dos benefícios previdenciários de seus servidores, com o fim de preservar o valor real das transferências, não estará sujeito às exigências da Lei de Responsabilidade Fiscal relativas à compensação fixada em seu art. 17, ainda que aumente despesas obrigatórias de caráter continuado.

1: assertiva correta, pois essa dispensa em relação às exigência do art. 17 da LRF é prevista no art. 24, § 1º, III, da mesma Lei. Gabarito 1C.

(Advogado da União/AGU – CESPE – 2009) De acordo com o que estabelece a CF acerca das finanças públicas, julgue o item subsequente.

(1) Não é possível a transferência voluntária de recursos, pelo governo federal, aos estados para o pagamento de despesas de pessoal ativo, inativo e pensionista.

1: assertiva correta, pois reflete a vedação prevista no art. 167, X, da CF. Gabarito 1C.

(Ministério Público/SE – 2010 – CESPE) Com relação às normas atinentes à responsabilidade na gestão fiscal, assinale a opção correta.

(A) É competência privativa da União legislar sobre orçamento, podendo lei complementar federal autorizar os estados e os municípios a legislar sobre questões específicas relacionadas com o tema.
(B) As disposições da Lei de Responsabilidade Fiscal (Lei Complementar n.º 101/2000) obrigam a União, os estados e o DF, aplicando-se aos municípios apenas as normas relativas à execução orçamentária e ao cumprimento de metas.
(C) A despesa total com pessoal nos estados e municípios não pode exceder 60% da receita corrente líquida respectiva.
(D) A CF proíbe terminantemente a transposição, o remanejamento ou a transferência de recursos de uma categoria de programação para outra ou de um órgão para outro.
(E) O investimento cuja execução ultrapasse um exercício financeiro só pode ser iniciado se tiver sido previamente aprovado pelo Poder Legislativo respectivo, mediante decreto legislativo.

A: incorreta, pois a competência da União é concorrente, não privativa, cabendo a ela dispor sobre as normas gerais em matéria financeira – art. 24, I e § 1º, da CF; B: incorreta, pois a LRF aplica-se amplamente aos Municípios – art. 1º, § 2º, da LRF; C: assertiva correta, conforme os arts. 19, II e III, da LRF; D: incorreta, pois a CF admite a transposição, o remanejamento e a transferência de recursos, desde que haja autorização legislativa – art. 167, VI, da CF; E: incorreta, pois o investimento cuja execução ultrapasse um exercício financeiro somente poderá ser iniciado se houver prévia inclusão no plano plurianual, ou lei que autorize a inclusão (não decreto legislativo), sob pena de crime de responsabilidade – art. 167, § 1º, da CF.

Para estudo e memorização, veja a seguinte tabela com os limites para despesas com pessoal em relação à receita corrente líquida de cada ente político, com a repartição entre Executivo, Legislativo e Judiciário (arts. 19 e 20 da LRF):

Limites para despesas com pessoal % sobre a receita corrente líquida		
União	50%	2,5% para o Legislativo, incluindo o Tribunal de Contas da União
		6% para o Judiciário
		40,9% para o Executivo
		0,6% para o Ministério Público da União
Estados e Distrito Federal	60%	3% para o Legislativo, incluindo o Tribunal de Contas Estadual
		6% para o Judiciário
		49% para o Executivo
		2% para o Ministério Público Estadual
Municípios	60%	6% para o Legislativo, incluindo o Tribunal de Contas Municipal, quando houver
		54% para o Executivo.

Gabarito "C."

(Advogado da União/AGU – CESPE – 2009) Acerca do que disciplina a Lei de Responsabilidade Fiscal (LRF), julgue os itens seguintes.

(1) A revisão geral anual da remuneração de servidores públicos é uma exceção à necessidade de que, para o aumento da despesa, seja demonstrada a origem dos recursos para seu custeio.
(2) A contratação de hora extra é vedada, por qualquer motivo, quando a despesa total com pessoal exceder a 95% do limite do órgão ou poder.

1: assertiva correta, pois não se exige estimativa de impacto orçamentário-financeiro, nem demonstração da origem dos recursos para custeio despesas destinadas ao serviço da dívida ou para a revisão geral anual dos servidores, conforme o art. 17, § 6º, da LRF; 2: incorreta, pois se admite, excepcionalmente, a contratação de hora extra no caso do art. 57, § 6º, II, da CF e nas situações previstas na LDO – art. 22, parágrafo único, V, da LRF. Gabarito 1C, 2E

(Procurador de Contas TCE/ES – CESPE – 2009) Com relação à despesa pública, assinale a opção correta.

(A) As despesas com reajuste de servidores estão compreendidas no conceito de despesas obrigatórias de caráter continuado.
(B) Para que seja estendido um serviço de saúde, previdência e assistência social, incluindo os destinados aos inativos e pensionistas, é necessária indicação da fonte de custeio total.
(C) A despesa total com pessoal será apurada pela soma no mês em referência com as previstas para os onze meses imediatamente subsequentes.
(D) Para reduzir as despesas excedentes com pessoal, o órgão público pode reduzir temporariamente a jornada de trabalho com a devida adequação dos vencimentos à nova carga horária.
(E) Segundo a LRF, a União não pode realizar despesa com pessoal em percentual superior a 50% da receita corrente líquida, nela incluídas as despesas de indenização por demissão de servidores ou empregados.

A: imprecisa, pois as despesas com reajustamento de remuneração são expressamente excluídas da disposição legal da LRF relativa à criação ou aumento de despesa obrigatória de caráter continuado – art. 17, § 6º, da LRF; B: assertiva correta, conforme o art. 195, § 5º, da CF e art. 24 da LRF; C: incorreta, pois a despesa total com pessoal será apurada somando-se a realizada no mês em referência com as dos onze imediatamente *anteriores* (não subsequentes, como consta da assertiva), adotando-se o regime de competência – art. 18, § 2º, da LRF; D: o art. 23, § 2º, da LRF prevê expressamente que é facultada a redução temporária da jornada de trabalho com adequação dos vencimentos à nova carga horária, para adequação da despesa com pessoal aos limites. Por essa razão, entendemos que essa assertiva também é correta; E: incorreta, pois as despesas de indenização por demissão de servidores ou empregados não são computadas para fins de limite com pessoal – art. 19, § 1º, I, da LRF. Gabarito "B."

(Procurador do Estado/CE – 2008 – CESPE) O governo de um estado da Federação estuda a concessão de aumento de remuneração a seus servidores públicos. Nessa situação hipotética, a concessão do aumento só poderá ser efetivada se houver

(A) lei específica prevendo o aumento e devidamente aprovada na Casa legislativa, independentemente de previsão orçamentária.
(B) prévia dotação orçamentária para atender à despesa com pessoal, mesmo que esta não tenha sido prevista na LDO.
(C) dotação orçamentária suficiente para atender às projeções de despesa de pessoal e autorização específica na LDO, ressalvadas as empresas públicas e as sociedades de economia mista que não necessitam dessa autorização.
(D) dotação orçamentária suficiente para atender à despesa de pessoal e autorização específica na LDO, mesmo quando se tratar de empresas públicas.
(E) apenas previsão específica na LDO, uma vez que a dotação orçamentária depende da previsão estipulada na LOA.

O aumento da remuneração e, em geral, da despesa com pessoal depende de (a) dotação orçamentária suficiente para a despesa e os acréscimos e (b) autorização específica na LDO, ressalvadas as empresas públicas e as sociedades de economia mista – art. 169, § 1º, I e II, da CF (ver também o art. 21 da LRF). Gabarito "C".

(Procurador do Estado/PI – 2008 – CESPE) Assinale a opção correta no que concerne às vedações constitucionais em matéria orçamentária acerca da concessão de aumento na remuneração de servidores de determinado estado.

(A) Mesmo sem prévia autorização legislativa, o governador pode conceder aumento aos servidores do estado, desde que busque créditos suplementares para tanto.
(B) Se houver prévia dotação orçamentária, mesmo que insuficiente para atender às projeções de despesa com pessoal, o referido reajuste pode ser concedido.
(C) Para a concessão de aumento a servidores de sociedade de economia mista, é suficiente a prévia dotação orçamentária, não havendo a necessidade de autorização específica na Lei de Diretrizes Orçamentárias.
(D) O aumento da remuneração de pessoal, com a conseqüente elevação da despesa, pode ser concedido, se ultrapassar apenas 1% do limite estabelecido.
(E) O aumento pode ser concedido sem a respectiva previsão orçamentária, desde que sejam remanejados recursos de uma categoria de programação financeira para a despesa de pessoal.

A, B, C e E: o aumento da remuneração e, em geral, da despesa com pessoal depende de (a) dotação orçamentária suficiente para a despesa e os acréscimos e (b) autorização específica na LDO, ressalvadas as empresas públicas e as sociedades de economia mista – art. 169, § 1º, I e II, da CF (ver também o art. 21 da LRF); D: nos termos do art. 169 da CF, a despesa com pessoal não pode ultrapassar os limites estabelecidos em lei complementar (atualmente, os limites são fixados pelo art. 19 da LRF). Gabarito "C".

(Procuradoria Federal – 2007 – CESPE) Julgue o item seguinte.

(1) Caso uma sociedade de economia mista, verificando existir prévia e suficiente dotação orçamentária, que atenda às projeções de despesas com pessoal, celebre acordo coletivo com sindicato da categoria, concedendo aumento salarial aos seus empregados, nessa situação, a celebração do acordo coletivo ferirá dispositivo constitucional, tendo em vista que a concessão de aumento salarial depende de autorização específica na lei de diretrizes orçamentárias.

1: Não há essa exigência relativa à LDO, no caso de sociedade de economia mista – art. 169, § 1º, II, da CF. Gabarito 1E.

9. EXECUÇÃO ORÇAMENTÁRIA, CRÉDITOS ADICIONAIS

(Procurador de Contas TCE/ES – CESPE – 2009) Acerca dos créditos adicionais, assinale a opção correta.

(A) Os créditos adicionais se referem às autorizações de despesa expressamente dotadas na lei de orçamento.

(B) Os créditos extraordinários destinam-se a despesas para as quais não haja dotação orçamentária específica.

(C) Excesso de arrecadação é a diferença positiva entre o ativo financeiro e o passivo financeiro, conjugando-se os saldos dos créditos adicionais transferidos e as operações de crédito a eles vinculadas.

(D) Abrir créditos extraordinários por lei complementar compete ao Poder Legislativo, que deles dará imediato conhecimento ao Poder Executivo.

(E) A vigência dos créditos adicionais será limitada ao exercício financeiro em que eles forem abertos, excetuadas expressas disposições legais em contrário, relacionadas aos créditos especiais e extraordinários.

A: assertiva incorreta, pois os créditos adicionais referem-se a autorizações de despesa não computadas (em regra, créditos especiais) ou insuficientemente dotadas na LOA (em regra, créditos suplementares) – art. 40 da Lei 4.320/1964; B: incorreta, pois a assertiva refere-se aos créditos adicionais *especiais* – art. 41, II, da Lei 4.320/1964; C: incorreta, pois excesso de arrecadação, para fins de abertura de créditos especiais e suplementares, é o saldo positivo das diferenças acumuladas mês a mês entre a arrecadação prevista e a realizada, considerando-se, ainda, a tendência do exercício – art. 43, § 3º, da Lei 4.320/1964. A assertiva refere-se ao *superávit* financeiro – art. 43, § 2º, da Lei 4.320/1964; D: incorreta, pois os créditos extraordinários são abertos por decreto do Executivo, que deles dará imediato conhecimento ao Poder Legislativo – art. 44 da Lei 4.320/1964; E: assertiva correta, pois reflete exatamente o disposto no art. 45 da Lei 4.320/1964. Interessante lembrar que o art. 167, § 2º, da CF dispõe expressamente que os créditos especiais e extraordinários terão vigência no exercício financeiro em que forem autorizados, salvo se o ato de autorização for promulgado nos últimos quatro meses daquele exercício, caso em que, reabertos nos limites de seus saldos, serão incorporados ao orçamento do exercício financeiro subsequente. Gabarito "E".

(Procurador de Contas TCE/ES – CESPE – 2009) Com relação aos restos a pagar e à técnica de realização de despesa pública, assinale a opção correta.

(A) O pagamento da despesa prescinde da sua regular liquidação.

(B) Para as despesas vinculadas ao sistema de parcelamento, será realizado o empenho estimativo, em que o valor exato de cada parcela e do montante geral possa ser conhecido *a priori*, como, por exemplo, a locação de um equipamento a valor fixo mensal, durante um semestre.

(C) Os empenhos que correm por conta de créditos com vigência plurianual que não tenham sido liquidados somente serão computados como restos a pagar no último ano de vigência do crédito.

(D) Para as despesas com o consumo de energia elétrica para determinado período, em regra, é realizado o empenho ordinário.

(E) Os restos a pagar de despesas processadas são os decorrentes de contratos em execução, cujas despesas ainda não foram liquidadas e para as quais não existe o direito líquido e certo do credor.

A: incorreta, pois não se pode realizar o pagamento sem a prévia liquidação da despesa, que é a verificação do direito adquirido pelo credor tendo por base os títulos e documentos comprobatórios do respectivo crédito – arts. 62 e 63 da Lei 4.320/1964; B: o empenho é efetivado, em regra, por valor certo e para pagamento único (= **ordinário**, comum). Apenas excepcionalmente (extraordinariamente) admite-se o empenho por **estimativa**, no caso de valor não determinado previamente, e o empenho **global**, no caso de pagamento parcelado. Essas são as três modalidades de empenho: ordinário, estimativo e global – art. 60, §§ 2º e 3º, da Lei 4.320/1964. A assertiva refere-se ao empenho global, pois há parcelas determinadas e conhecidas, não ao empenho estimativo; C: assertiva correta, pois reflete exatamente o disposto no art. 36, parágrafo único, da Lei 4.320/1964; D: incorreta, pois o empenho das despesas continuadas é feito, em regra, por estimativa – art. 60, § 2º, da Lei 4.320/1964; E: assertiva incorreta. A despesa empenhada e realizada, mas não paga até o final do exercício corresponde a restos a pagar. Se houve liquidação, denomina-se processada, caso contrário, é despesa não processada (é o caso descrito na assertiva) – art. 36 da Lei 4.320/1964. Gabarito "C".

(Procurador do Estado/PE – 2004 – FCC)

I. É permitida a realização de despesas com o serviço da dívida, ainda que excedam os créditos orçamentários ou adicionais.

II. É vedada a concessão de créditos ilimitados para a realização de determinada obra.

III. É permitida a abertura de crédito suplementar, desde que haja prévia autorização legislativa.

IV. A instituição de fundos prescinde de autorização legislativa.

(A) Somente as proposições I e III estão corretas.
(B) Somente as proposições I, II e IV estão corretas.
(C) Somente as proposições I, III e IV estão corretas.
(D) Somente as proposições II e III estão corretas.
(E) Somente as proposições III e IV estão corretas.

I: é vedada a realização de qualquer despesa que exceda os créditos orçamentários ou adicionais – art. 167, II, da CF; II: é sempre vedada a concessão de créditos ilimitados – art. 167, VII, da CF; III: é permitida a abertura de crédito suplementar, desde que haja prévia autorização legislativa e indicação dos recursos correspondentes – art. 167, V, da CF; IV: A instituição de fundo deve ser precedida de autorização legislativa – art. 167, IX, da CF. Gabarito "D".

(Procurador do Estado/PE – 2004 – FCC)

I. Créditos especiais são aqueles destinados a despesas urgentes e imprevistas.

II. Os créditos suplementares são autorizados e abertos por decreto do Poder Executivo.

III. Poderá ser utilizada medida provisória para a abertura de créditos extraordinários, no âmbito da União.

IV. Como regra, os créditos adicionais vigorarão somente no exercício financeiro em que forem abertos.

(A) Somente as proposições I e III estão corretas.
(B) Somente as proposições I, II e IV estão corretas.
(C) Somente as proposições I, III e IV estão corretas.
(D) Somente as proposições II e III estão corretas.
(E) Somente as proposições III e IV estão corretas.

I: os créditos adicionais são: (a) suplementares, quando se prestam a reforçar dotação já existente, (b) especiais, quando não há dotação específica e (c) extraordinários, para despesas urgentes e imprevisíveis – art. 41 da Lei 4.320/1964 (quanto ao crédito extraordinário, o art. 167, § 3º, da CF refere-se às "despesas imprevisíveis", o que é mais preciso que "despesas imprevistas" indicadas no art. 41, III, da Lei 4.320/1964); II: os créditos suplementares e especiais são autorizados por lei e abertos por decreto do Executivo – art. 42 da Lei 4.320/1964; III: é possível a abertura de crédito extraordinário por MP – art. 167, § 3º, c/c art. 62, § 1º, I, *d, in fine*, ambos da CF; IV: os créditos adicionais referem-se à LOA e valem, portanto, para o exercício financeiro correspondente, com a exceção do art. 167, § 2º, *in fine*, da CF.

Veja a seguinte tabela, para estudo e memorização dos créditos adicionais – art. 41 da Lei 4.320/1964 e art. 167, § 3º, da CF:

Créditos Adicionais		
Suplementares	Destinados a reforço de dotação orçamentária já existente	- autorizados por lei e abertos por decreto executivo
Especiais	Destinados a despesas para as quais não haja dotação orçamentária específica	- dependem da existência de recursos disponíveis para ocorrer a despesa
Extraordinários	Para atender a despesas imprevisíveis e urgentes, como as decorrentes de guerra, comoção interna ou calamidade pública	- abertos por decreto do Executivo, que deles dará imediato conhecimento ao Legislativo

Gabarito "E."

(Procurador do Estado/PE – 2004 – FCC)

I. Os "restos a pagar" constituem despesas empenhadas, mas não pagas até o dia 31 de dezembro.
II. Os "restos a pagar" resultam da diferença entre o déficit primário e o déficit nominal em cada exercício financeiro.
III. A anulação de despesa realizada após o encerramento do exercício financeiro será considerada receita do ano em que se efetivar.
IV. Dentro dos últimos oito meses do mandato do governador do Estado não pode ser contraída despesa que não possa ser cumprida naquele exercício ou tenha parcelas a serem pagas no exercício seguinte, sem que haja suficiente disponibilidade de caixa.

(A) Somente as proposições I e III estão corretas.
(B) Somente as proposições I, II e IV estão corretas.
(C) Somente as proposições I, III e IV estão corretas.
(D) Somente as proposições II e III estão corretas.
(E) Somente as proposições III e IV estão corretas.

I: é a definição dada pelo art. 36 da Lei 4.320/1964; II: a assertiva é falsa; III: art. 38 da Lei 4.320/1964; IV: art. 42 da LRF. Gabarito "C."

(Procurador do Estado/RR – 2006 – FCC) "O ato emanado de autoridade competente que cria para o Estado obrigação de pagamento pendente ou não de implemento de condição" denomina-se

(A) despesa corrente.
(B) ordem de pagamento.
(C) empenho de despesa.
(D) despesa de capital.
(E) liquidação da despesa.

A descrição corresponde à definição de empenho da despesa prevista no art. 58 da Lei 4.320/1964. Tecnicamente, o empenho corresponde à vinculação de parcela ou totalidade da disponibilidade orçamentária para a realização de determinada despesa. Gabarito "C."

10. OPERAÇÕES DE CRÉDITO, DÍVIDA PÚBLICA

(Procurador do Estado/PE – CESPE – 2009) Acerca da disciplina legal do endividamento e do crédito público, assinale a opção correta.

(A) Não se admite a realização de operações de crédito entre uma instituição financeira estatal e o ente da Federação que a controle, na qualidade de beneficiário do empréstimo, mesmo nos casos de aquisição de títulos da dívida pública para atender a investimento de seus clientes.
(B) Em casos excepcionais, a pedido do Poder Executivo e mediante justificativas apresentadas pelo Ministério da Fazenda, o limite para concessão de garantias, pela União, pode ser ampliado temporariamente, ultrapassando 60% da sua receita corrente líquida.
(C) A dívida decorrente da emissão de títulos de responsabilidade do BACEN não deve ser incluída no montante da dívida pública fundada da União.
(D) A amortização da dívida pública e o pagamento dos juros correspondentes são classificados como despesas de capital.
(E) Para fins de apuração da dívida flutuante, são excluídos os restos a pagar.

A: assertiva incorreta, pois a aquisição, no mercado, de títulos da dívida pública para atender investimento de seus clientes, ou de títulos da dívida de emissão da União para aplicação de recursos próprios são exceções à vedação às operações de crédito entre a instituição financeira e o ente da Federação controlador – art. 36, parágrafo único, da LRF; B: assertiva correta, conforme o art. 9º, § 4º, da Resolução do Senado 48/2007, nos termos da competência privativa prevista no art. 52, VIII, da CF; C: assertiva incorreta, pois a dívida relativa aos títulos de responsabilidade do Banco Central do Brasil é incluída na dívida consolidada (= fundada) da União, conforme o art. 29, § 2º, da LRF; D: incorreta, pois a amortização da dívida pública é classificada como transferência de capital – art. 12, § 6º, da Lei 4.320/1964. O pagamento de juros da dívida pública é classificado como transferência corrente – art. 12, § 2º, e 13 da Lei 4.320/1964; E: incorreta, pois os restos a pagar são compreendidos pela dívida flutuante – art. 92, I, da Lei 4.320/1964. Gabarito "B."

(Procuradoria Federal – 2007 – CESPE) Julgue o item seguinte.

(1) Caso determinado estado da Federação celebre operação de crédito para obtenção de ativos para construção e reforma de rodovias estaduais, estabelecendo, no contrato, que o prazo para amortização da referida operação será de 36 meses, nessa situação, os valores relativos à operação de crédito enquadrar-se-ão no conceito de dívida pública consolidada.

1: A dívida pública consolidada ou fundada abarca as obrigações financeiras decorrentes de operações de crédito cujo prazo para pagamento (amortização) seja superior a doze meses – art. 29, I, da LRF. Gabarito 1C.

(Procuradoria Federal – 2007 – CESPE) Julgue o item seguinte.

(1) Considera-se dívida ativa não-tributária a que é proveniente de obrigação legal relativa a empréstimo compulsório.

1: O art. 39, § 2º, da Lei 4.320/1964 (que veicula normas gerais em matéria financeira), define como não tributárias as dívidas relativas a empréstimos compulsórios e contribuições (muito embora sejam considerados tributos no atual sistema constitucional). Gabarito 1C

(Procurador do Estado/RR – 2006 – FCC) "Montante total, apurado sem duplicidade, das obrigações financeiras do ente da Federação, assumidas em virtude de leis, contratos, convênios ou tratados e da realização de operações de crédito, para amortização em prazo superior a doze meses, bem assim as operações de crédito de prazo inferior a doze meses cujas receitas tenham constado do orçamento", é, segundo a Lei de Responsabilidade Fiscal, definição de

(A) dívida pública consolidada ou fundada.
(B) operação de crédito.
(C) dívida pública mobiliária.
(D) refinanciamento de dívida.
(E) dívida pública garantida.

Essa é a definição de dívida consolidada ou fundada, conforme art. 29, I e § 3º, da LRF. Gabarito "A."

(Procurador do Estado/RR – 2006 – FCC) É de competência privativa do Senado Federal, EXCETO:

(A) fixar, por proposta do Presidente da República, limites globais para o montante da dívida consolidada da União, dos Estados, do Distrito Federal e dos Municípios.
(B) dispor sobre limites globais e condições para as operações de crédito externo e interno dos Estados.
(C) estabelecer limites globais e condições para o montante da dívida mobiliária dos Estados, do Distrito Federal e dos Municípios.
(D) dispor sobre limites globais e condições para operações de crédito externo e interno dos entes políticos, de suas autarquias e demais entidades controladas pelo Poder Público Federal.
(E) dispor sobre todas as matérias de competência da União, especialmente sobre plano plurianual, diretrizes orçamentárias e orçamento anual.

A: art. 52, VI, da CF; B e D: art. 52, VII, da CF; C: art. 52, IX, da CF; E: essa competência geral é do Congresso Nacional, não privativa do Senado – art. 48 da CF – no caso das leis orçamentárias, a iniciativa é do Executivo – art. 165 da CF. Gabarito "E."

11. PRECATÓRIOS

(Procurador de Contas TCE/ES – CESPE – 2009) Acerca da disciplina constitucional e legal dos precatórios, assinale a opção correta.

(A) A lei determina a inclusão, no orçamento das entidades de direito público, de verba necessária ao pagamento de seus débitos oriundos de sentenças transitadas em julgado, constantes de precatórios judiciários, apresentados até 1.º de julho, fazendo-se o pagamento até 1.º de julho do exercício seguinte, quando terão seus valores atualizados monetariamente.
(B) Os débitos de natureza alimentícia compreendem aqueles decorrentes de salários, vencimentos, proventos, pensões e suas complementações, salvo benefícios previdenciários e indenizações por morte ou invalidez.
(C) Se, no pagamento, houver preterição da ordem cronológica dos precatórios, caberá ao credor solicitar ao presidente do tribunal sentenciante, em face da infração do direito de precedência, que determine o sequestro da quantia necessária à satisfação do débito, que, segundo a jurisprudência, poderá recair sobre qualquer quantia pública.
(D) É lícita a expedição de precatório complementar ou suplementar de valor pago, bem como fracionamento, repartição ou quebra do valor da execução, a fim de que seu pagamento se faça mediante a expedição de precatório e por requisição de pequeno valor.
(E) É vedada a fixação de valores distintos para o fim de pagamento de obrigações de pequeno valor que a fazenda federal, estadual, distrital ou municipal deva fazer em virtude de sentença judicial transitada em julgado, segundo as diferentes capacidades das entidades de direito público.

A: incorreta, pois o pagamento dos precatórios apresentados até 1º de julho deve ser realizado até o final do exercício seguinte (não até 1º de julho do exercício seguinte, como consta da assertiva) – art. 100, § 5º, da CF; B: incorreta, pois os benefícios previdenciários e as indenizações por morte ou invalidez têm natureza alimentar – art. 100, § 1º, da CF; C: assertiva correta, conforme a jurisprudência e o disposto no art. 100, § 6º, da CF; D: incorreta, pois isso é vedado, conforme o art. 100, § 8º, da CF; E: incorreta, pois poderão ser fixados, por leis próprias, valores distintos às entidades de direito público, segundo as diferentes capacidades econômicas, sendo o mínimo igual ao valor do maior benefício do regime geral de previdência social – art. 100, § 4º, da CF. Gabarito "C".

(Magistratura Federal/1ª Região – 2009 – CESPE) Considerando que um cidadão tenha obtido na justiça, em virtude de sentença transitada em julgado, o reconhecimento do direito de receber de ente público valores a título de vencimentos, assinale a opção correta.

(A) Por se tratar de crédito alimentar, não será necessária a expedição de precatório.
(B) Trata-se de crédito que, por sua natureza, deve observar a ordem cronológica dos precatórios.
(C) O crédito previsto impõe preferência ao pagamento com relação aos créditos de outra natureza.
(D) Não serão devidos juros de mora para o crédito, independentemente de quando for efetuado o pagamento.
(E) O crédito dispensa a inclusão de verba necessária ao pagamento de seus débitos no orçamento das entidades de direito público.

A: incorreta, pois será emitido precatório alimentar, que deve ser pago preferencialmente, na forma do art. 100, § 1º, da CF; B: a observância à ordem de pagamento dos precatórios não decorre, especificamente, da natureza do crédito, já que não pode haver quebra tampouco no caso dos alimentares; C: assertiva correta, conforme comentário à alternativa A; D: incorreta, pois são devidos juros de mora calculados a partir do primeiro dia do exercício seguinte ao que o precatório deveria ter sido pago, em caso, portanto, de descumprimento do prazo de pagamento previsto no art. 100, § 5º, da CF; E: incorreta, pois deve haver inclusão da verba necessária ao pagamento do precatório apresentado até 1º de julho no orçamento do exercício seguinte, sob pena de sequestro do valor correspondente, a pedido do interessado – art. 100, §§ 5º e 6º, da CF. Gabarito "C".

(Procuradoria Federal – 2007 – CESPE) Julgue o item seguinte.

(1) Os atos de determinado presidente de tribunal de justiça que versem sobre o processamento e pagamento de precatórios judiciais não têm caráter jurisdicional.

1: Os atos do presidente têm caráter administrativo, não jurisdicional (ver RMS 25.374/SP). A decisão judicial é tomada pelo magistrado de primeira instância, que solicita ao presidente do Tribunal a requisição de verba a ser disponibilizada pelo ente devedor, para pagamento do crédito transitado em julgado – art. 100, § 1º, da CF e art. 730, I, do CPC. Gabarito 1C.

(Procurador do Estado/RR – 2006 – FCC) Acerca dos precatórios, está INCORRETO afirmar que

(A) a apresentação dos precatórios tem que ser feita até 1º de julho para ser pago até o final do exercício seguinte, após inclusão da verba necessária no orçamento.
(B) as indenizações originadas de responsabilidade objetiva do Estado, por qualquer causa, têm natureza alimentícia e dispensam o regime de precatórios, devendo ser pagas imediatamente.
(C) o termo limite para pagamento do precatório é o último dia do ano seguinte àquele em que o precatório foi comunicado ao Presidente do Tribunal, ou seja, o prazo de um ano e meio.
(D) o precatório é expedido após ter sido intentada pelo credor ação de execução contra a Fazenda Pública, nos termos do art. 730, do CPC.
(E) é vedado o fracionamento, repartição ou quebra do valor da execução, para que o pagamento se faça parte como obrigação definida em lei como de pequeno valor e parte mediante expedição de precatório.

A: art. 100, § 1º, da CF; B: os créditos de natureza alimentícia, que não deveriam se sujeitar ao regime dos precatórios, são aqueles relativos a salários, proventos, indenizações (fundadas em responsabilidade civil) por morte ou invalidez etc. – art. 100, § 1º-A, da CF; C: o precatório é solicitado pelo juiz de primeiro grau ao Presidente do Tribunal, que o apresenta ao ente devedor até 1º de julho de cada ano, sendo que o pagamento deve ocorrer até o final do exercício seguinte – art. 100, § 1º, da CF (a assertiva em C é imprecisa, mas B é a melhor alternativa, pois claramente incorreta); D: o precatório decorre de sentença condenatória transitada em julgado contra o ente público – art. 100 da CF e art. 730 do CPC; E: art. 100, § 4º, da CF. Gabarito "B".

12. CONTROLE, FISCALIZAÇÃO, TRIBUNAIS DE CONTAS

(Procurador do Município/Boa Vista-RR – 2010 – CESPE) Com relação ao direito financeiro e econômico pátrio, julgue o item seguinte.

(1) O controle externo da administração pública é atribuição constitucional do Poder Legislativo, que o exercerá diretamente ou com o auxílio dos tribunais de contas municipais, estaduais e da União, podendo sustar a despesa irregular que possa causar dano irreparável ou grave lesão à economia pública.

1: assertiva correta, conforme o art. 71, caput e X, da CF, aplicável a Estados, ao DF e a Municípios pelo princípio da simetria. Gabarito 1C.

(Procurador de Contas TCE/ES – CESPE – 2009) Com referência à fiscalização e ao controle do orçamento, assinale a opção correta.

(A) Compete ao TCU a fiscalização contábil, financeira, orçamentária, operacional e patrimonial da União e das entidades da administração direta, quanto à legalidade e economicidade, bem como quanto à aplicação das subvenções, ou seja, recursos destinados ao aumento do capital de empresas públicas.
(B) O TCU exerce função de jurisdição ao apreciar e julgar as contas do presidente da República, bem como dos administradores e demais responsáveis por dinheiro, bens e valores públicos da administração direta e indireta, incluídas as fundações e sociedades instituídas e mantidas pelo poder público.
(C) A fiscalização operacional do orçamento diz respeito à própria execução do orçamento, pois o patrimônio compõe-se dos bens pertencentes ao Estado, sejam eles de cunho econômico ou não, e as alterações patrimoniais devem ser fiscalizadas pelas autoridades públicas em benefício da preservação dos bens que integram o patrimônio público.
(D) O controle interno incumbe aos Poderes Executivo, Legislativo e Judiciário, cabendo a cada um manter um sistema de controle individual, de acordo com suas características próprias e, ao mesmo tempo, integrar o sistema com o dos outros poderes, a fim de que haja coordenação e uniformização de comportamentos e providências.
(E) Ao TCU compete realizar inspeções e auditorias de natureza contábil, financeira, orçamentária, operacional e patrimonial, nas unidades administrativas dos Poderes Legislativo, Executivo e Judiciário, desde que haja prévia requisição do Senado Federal.

A: incorreta, pois a competência para o controle externo é do Poder Legislativo, com auxílio do TCU – arts. 70 e 71 da CF; B: incorreta, pois o TCU apenas aprecia as contas anuais do Presidente da República, mediante parecer prévio, competindo ao Congresso o julgamento – arts. 71, I e 49, IX, da CF; C: assertiva incorreta. A atuação dos Tribunais de Contas não se limita à análise da conformidade dos atos com as normas aplicáveis (= exame de conformidade), mas engloba também a apreciação da efetividade das políticas públicas no cumprimento das diretrizes constitucionais e legais (= exame de desempenho). A fiscalização operacional refere-se ao exame de desempenho, ou seja, à efetividade das políticas públicas, que não se reduz à fiscalização das alterações patrimoniais; D: essa é a assertiva correta, conforme o disposto no art. 74 da CF; E: incorreta, pois as inspeções e auditorias podem ser realizadas por iniciativa própria do TCU – art. 71, IV, da CF. Gabarito "D".

(Procurador de Contas TCE/ES – CESPE – 2009) No que concerne à fiscalização e ao controle interno e externo dos orçamentos, assinale a opção correta.

(A) A atuação do TCU é caracterizada pela atividade jurisdicional, cabendo a esse órgão até mesmo apreciar a constitucionalidade de atos do poder público.
(B) A decisão do TCU faz coisa julgada administrativa, não cabendo ao Poder Judiciário examiná-la e julgá-la.
(C) As sociedades de economia mista, integrantes da administração indireta federal, não estão sujeitas à fiscalização do TCU, haja vista seus servidores estarem sujeitos ao regime celetista.
(D) Ainda que as cerimônias festivas estejam previstas em lei orçamentária, o dispêndio excessivo com elas pode ter sua legitimidade questionada pelo TCU.
(E) Cabe ao TCU fiscalizar a aplicação de subvenções, que são auxílios governamentais concedidos apenas às entidades públicas.

A: incorreta, pois, embora o art. 73 da CF use o termo *jurisdição* para se referir ao TCU, o Tribunal não tem competência específica para apreciar a constitucionalidade de atos do poder público; B: incorreta, pois a decisão do TCU não impede a revisão pelo Judiciário, conforme o princípio da inafastabilidade da tutela jurisdicional – art. 5º, XXXV, da CF; C: incorreta, pois as entidades da administração indireta (autarquias, fundações públicas, sociedades de economia mista e empresas públicas) também se sujeitam ao controle externo e à fiscalização do TCU – arts. 70 e 71 da CF; D: assertiva correta, pois qualquer dispêndio de recursos públicos sujeita-se ao controle externo e à fiscalização do TCU – arts. 70, parágrafo único, e 71 da CF; E: incorreta, pois as subvenções podem ser concedidas a entidades privadas, sujeitando-se também à fiscalização pelo TCU – art. 12, § 3º, da Lei 4.320/1964 e art. 70 da CF. Gabarito "D".

(Advogado da União/AGU – CESPE – 2009) Ainda acerca dos orçamentos, julgue o item que se segue.

(1) O controle externo do cumprimento orçamentário é feito, ordinariamente, pelo Poder Judiciário.

1: incorreta, pois o controle externo é competência do Poder Legislativo, com auxílio do Tribunal de Contas – art. 71 da CF. Gabarito 1E.

(Procuradoria Federal – 2007 – CESPE) Julgue o item seguinte.

(1) Será exercido pelo Poder Executivo o controle orçamentário da legalidade e da fidelidade funcional dos agentes da administração responsáveis por bens e valores públicos, cabendo exclusivamente ao Poder Legislativo e ao tribunal de contas o controle do cumprimento do programa de trabalho previsto na lei orçamentária.

1: A fiscalização e o controle serão exercidos pelo Legislativo, com auxílio do Tribunal de Contas (controle externo) e pelos órgãos de controle interno de cada Poder – art. 70 da CF. Gabarito 1E.

(Procurador da Fazenda Nacional – 2007 – ESAF) O Tribunal de Contas, como órgão auxiliar do controle externo da fiscalização contábil, financeira, orçamentária, operacional e patrimonial da União, a cargo do Congresso Nacional,

(A) com base no princípio da economicidade, toma em consideração a relação custo/benefício no fornecimento de serviços públicos, em vista da despesa para tanto realizada.
(B) não está autorizado ao controle das premissas constitucionais das decisões de política financeira, fiscal e econômica.
(C) tem legitimidade para as decisões políticas, ex vi do disposto no artigo 74, § 2º, apenas quando lhe for feita denúncia de irregularidades ou ilegalidades.
(D) pode apreciar a constitucionalidade das leis e dos atos do Poder Público, como reza a Súmula 347 do STF, do que resulta exercer função jurisdicional.
(E) em vista da disposição do artigo 73 da Constituição Federal e da natureza técnica dos julgamentos das contas, as suas decisões não podem juridicamente ser objeto de revisão pelo Poder Judiciário.

A: a economicidade refere-se à boa relação entre custo (despesa pública) e benefício (resultado em favor do interesse público); B: o controle externo abrange a análise de legitimidade, o que inclui a motivação do agente público e a finalidade de seus atos – art. 70 da CF; C: o Tribunal de Contas pode investigar e punir irregularidades e ilegalidades por impulso próprio (de ofício) – art. 71, IV, VIII e IX, da CF; D e E: apesar o disposto na Súmula 347/STF, entende-se que o Tribunal de Contas não exerce jurisdição no sentido estrito da palavra (apenas "jurisdição administrativa"), pois seus atos podem ser revistos pelo Judiciário (não fazem coisa julgada – ver Súmula 6/STF e art. 5º, XXXV, da CF). Gabarito "A".

(Procurador do Estado/PE – 2004 – FCC) Assinale a alternativa incorreta sobre fiscalização financeira e orçamentária.

(A) As decisões do Tribunal de Contas de que resulte imputação de multa têm eficácia de título executivo.
(B) Cabe ao Tribunal de Contas fiscalizar a aplicação de quaisquer recursos repassados pela União aos Estados, mediante convênio ou qualquer instrumento semelhante.
(C) Compete ao Tribunal de Contas aplicar, em caso de ilegalidade de despesa, aos responsáveis, as sanções previstas em lei.
(D) A fiscalização das contas públicas, quanto à legalidade e à legitimidade, será feita mediante controle externo e pelo sistema de controle interno de cada Poder.
(E) A sustação de contrato considerado irregular pelo Tribunal de Contas da União pode ser efetivada, diretamente, pela Câmara dos Deputados, que comunicará o ocorrido ao Poder Executivo.

A: art. 71, § 3º, da CF; B: essa atribuição é do Tribunal de Contas da União – art. 71, VI, da CF; C: art. 71, VIII, da CF; D: o controle externo é feito pelo Legislativo, com auxílio do Tribunal de Contas, e o controle interno é realizado por órgãos do próprio Poder – art. 70 da CF; E: a sustação de contratos irregulares é feita pelo Congresso Nacional (não apenas pela Câmara) – art. 71, § 1º, da CF. Gabarito "E".

13. OUTROS TEMAS E COMBINADOS

(Procurador do Estado/RO – 2011 – FCC) O Plano Plurianual tem por objetivo

(A) definir projetos de investimento e ações governamentais de duração continuada.
(B) antecipar alterações na legislação tributária para aumento de receitas.
(C) identificar passivos contingentes que possam afetar o equilíbrio das contas públicas.
(D) estimar a receita e fixar a despesa para o período de quatro anos.
(E) planejar as políticas fiscal e monetária, incluindo a fixação de metas de inflação e superávit primário.

A lei que instituir o plano plurianual estabelecerá, de forma regionalizada, diretrizes, objetivos e metas da administração pública federal para as despesas de capital e outras delas decorrentes e para as relativas aos programas de duração continuada – art. 165, § 1º, da CF. Nenhum investimento cuja execução ultrapasse um exercício financeiro poderá ser iniciado sem prévia inclusão no plano plurianual, ou sem lei que autorize a inclusão, sob pena de crime de responsabilidade – art. 167, § 1º, da CF. A: assertiva correta, conforme comentário inicial; B: incorreta, pois cabe à lei de diretrizes orçamentárias – LDO – dispor sobre as alterações na legislação tributária – art. 165, § 2º, da CF; C: incorreta, pois a avaliação dos passivos contingentes e outros riscos capazes de afetar as contas públicas é feita na LDO, em seu Anexo de Riscos Fiscais – art. 4º, § 3º, da LRF; D: incorreta, pois o plano anual não tem a finalidade de estimar receitas e despesas, mas sim as diretrizes, objetivos e metas relativas a despesas de capital e outras delas decorrentes e para as relativas aos programas de duração continuada, conforme comentário inicial; E: incorreta, pois o planejamento da política monetária (moeda, juros, inflação) não é objeto essencial da legislação orçamentária (PPA, LDO e LOA). O planejamento fiscal (receitas e despesas) é relacionado à LDO e à LOA e, em certa medida, ao PPA, que trata de investimentos (entre outras despesas de capital) e programas de duração continuada. Gabarito "A".

(Procurador de Contas TCE/ES – CESPE – 2009) A respeito das finanças públicas, assinale a opção correta, à luz da CF.

(A) O BACEN pode, indiretamente, conceder empréstimos às instituições financeiras e ao tesouro nacional.
(B) Um crédito especial, se autorizado, não pode ser incorporado ao orçamento do exercício financeiro subsequente.
(C) O PPA deve dispor sobre as alterações na legislação tributária.
(D) Apenas despesas imprevisíveis e urgentes admitem a abertura de crédito extraordinário.
(E) Para que consiga modificar projeto de lei orçamentária, após iniciada a votação, o presidente da República deve enviar mensagem à comissão mista permanente de deputados e senadores responsável pelo parecer.

A: incorreta, pois é vedado ao Banco Central conceder, direta ou indiretamente, empréstimos ao Tesouro Nacional e a qualquer órgão ou entidade que não seja instituição financeira – art. 164, § 1º, da CF. Importante salientar que o Bacen pode comprar e vender títulos de emissão do Tesouro Nacional, com o objetivo de regular a oferta de moeda ou a taxa de juros (art. 164, § 2º, da CF) e conceder às instituições financeiras operações de redesconto e empréstimos de prazo inferior a trezentos e sessenta dias (art. 28, § 2º, da LRF); B: incorreta, pois, embora os créditos especiais e extraordinários tenham vigência no exercício financeiro em que forem autorizados, caso o ato de autorização seja promulgado nos últimos quatro meses do exercício, eles serão, excepcionalmente, incorporados ao orçamento do exercício financeiro subsequente, nos limites de seus saldos – art. 167, § 2º, da CF; C: incorreta, pois cabe à Lei de Diretrizes Orçamentárias – LDO, e não ao Plano Plurianual – PPA, dispor sobre alterações na legislação tributária – art. 165, § 2º, da CF; D: assertiva correta, pois a abertura de crédito extraordinário somente será admitida para atender a despesas imprevisíveis e urgentes, como as decorrentes de guerra, comoção interna ou calamidade pública – art. 167, § 3º, da CF; E: incorreta, pois o Presidente somente poderá enviar mensagem ao Congresso Nacional para propor modificação nos projetos de LOA, LDO, PPA e de créditos adicionais enquanto não iniciada a votação, na Comissão Mista, da parte cuja alteração é proposta – art. 166, § 5º, da CF. Gabarito "D".

(Procurador de Contas TCE/ES – CESPE – 2009) No que se refere à receita e à despesa pública, assinale a opção correta.

(A) A amortização de empréstimos é receita de capital, sendo considerado o retorno de valores emprestados anteriormente a outras entidades de direito público.
(B) Os recursos recebidos de outras pessoas de direito público ou privado são considerados transferências correntes, desde que haja contraprestação direta em bens e serviços.
(C) Inversões financeiras são despesas correntes destinadas à aquisição de imóveis.
(D) As dotações para atender a obras de conservação e adaptação de bens imóveis são consideradas despesas de capital.
(E) Empréstimos do Banco do Brasil são considerados receitas correntes.

A: assertiva correta, pois a receita relativa à amortização de empréstimos é classificada como receita de capital – art. 11, § 4º, da Lei 4.320/1964; B: incorreta, pois as receitas de transferências correntes referem-se aos casos em que **não há** contraprestação direta em bens ou serviços – art. 11, § 1º, c/c art. 12, § 2º, da Lei 4.320/1964; C: incorreta, pois inversões financeiras são espécie de despesa de capital – art. 12 da Lei 4.320/1964; D: incorreta, pois se trata de despesas de custeio – art. 12, § 1º, da Lei 4.320/1964; E: incorreta, pois a receita relativa ao empréstimo tomado pelo ente é classificada como receita de capital – art. 11, § 2º, da Lei 4.320/1964.

Veja a seguinte tabela, para estudo e memorização da classificação das receitas por categorias econômicas – art. 11, § 4º, da Lei 4.320/1964:

RECEITAS		
	Correntes	Receita tributária (Impostos, Taxas, Contribuições de melhoria) Receita de contribuições Receita patrimonial Receita agropecuária Receita industrial Receita de serviços Transferências correntes Outras receitas correntes
	de Capital	Operações de crédito Alienação de bens Amortização de empréstimos Transferências de capital Outras receitas de capital

Gabarito "A".

(Magistratura/PA – 2008 – FGV) Com base na Atividade Financeira do Estado, assinale a alternativa correta.

(A) É vedada, como regra, a vinculação da receita proveniente de impostos a órgão, fundo ou despesa, salvo hipóteses autorizadas pela Constituição Federal de 1988, como, por exemplo, para realização de atividades da administração tributária.
(B) A Lei Complementar 101/00, chamada de "Lei de Responsabilidade Fiscal", permite a concessão ou ampliação de incentivos fiscais de natureza tributária da qual decorra renúncia de receita. A lei exige, contudo, a observância de alguns requisitos; dentre eles, a apresentação de estimativa de impacto orçamentário-financeiro no exercício em que deva iniciar sua vigência, e, no exercício seguinte, em observância ao disposto na lei de diretrizes orçamentárias e princípio da anterioridade tributária.
(C) O princípio da anualidade orçamentária, com a vigência da Constituição de 1988, foi substituído pelo princípio da anterioridade tributária e sofreu alteração pela Emenda Constitucional 42 de 2003.
(D) Os créditos extraordinários, especiais e suplementares são considerados créditos adicionais. O crédito especial é admitido para atender despesas imprevisíveis e urgentes, como as decorrentes de guerra, comoção interna ou calamidade pública e pode ser aberto por medida provisória, segundo a Constituição Federal.
(E) O Orçamento da União é pautado, especialmente, no plano plurianual, na lei de diretrizes orçamentárias e na lei orçamentária anual. Pela relevância da matéria, sua iniciativa é de competência reservada ao Poder Executivo e ao Congresso Nacional.

A: art. 167, IV, da CF; B: a renúncia de receita decorrente de benefício fiscal deve estar acompanhada de estimativa do impacto orçamentário-financeiro no exercício em que deva iniciar sua vigência e nos dois seguintes (não apenas no seguinte, como consta da alternativa) – ademais, não tem relação com o princípio da anterioridade tributária (que se refere à instituição ou majoração de tributos); C: o princípio da anterioridade já existia nos sistemas constitucionais anteriores (não substituiu o princípio da anualidade, até porque este não se aplica à instituição ou majoração de tributos); D: o crédito adicional extraordinário (não o especial) refere-se a despesas urgentes e imprevisíveis e pode ser aberto por MP – art. 62, § 1º, I, *d*, *in fine*, c/c art. 167, § 3º, ambos da CF; E: a iniciativa dessas leis é privativa do Executivo – art. 165, *caput*, da CF. Gabarito "A".

(Magistratura Federal – 4ª Região – XIII – 2008) Dadas as assertivas abaixo, assinalar a alternativa correta.

I. Segundo o princípio da exclusividade, a obtenção do financiamento por pessoa de direito público em instituição estrangeira, porque implica abertura de crédito e também porque importa antecipação de receita, não pode ser prevista na lei orçamentária anual.

II. Apenas o Presidente do Supremo Tribunal Federal poderá encaminhar a proposta orçamentária do Poder Judiciário; e, se não o fizer no prazo, serão considerados pelo Executivo, para o fim de consolidação da proposta orçamentária anual, os valores constantes da lei orçamentária vigente, sem qualquer ajustamento.

III. A doutrina dominante acata o conceito dual de despesa pública, segundo o qual pode significar tanto o conjunto dos dispêndios do Estado, ou de outra pessoa de direito público, para o funcionamento do serviço público, como também a aplicação de certa quantia em dinheiro, por parte da autoridade ou agente público competente dentro de autorização legislativa, para execução de fim a cargo do governo.

IV. São denominadas originárias as receitas hauridas pelo Estado sob regime de direito privado, na exploração da atividade econômica.

(A) Estão corretas apenas as assertivas II e III.
(B) Estão corretas apenas as assertivas III e IV.
(C) Estão corretas apenas as assertivas I, II e III.
(D) Estão corretas apenas as assertivas I, II e IV.

I: a LOA pode incluir autorização para operação de crédito – art. 165, § 8º, da CF; II: as propostas orçamentárias relativas ao Judiciário são encaminhadas pelos presidentes dos Tribunais Superiores, no âmbito da União, e pelos presidentes dos Tribunais de Justiça, no âmbito dos Estados e do Distrito Federal (art. 99, § 2º, I e II, da CF) – ademais, em caso de omissão, os valores do orçamento atual serão reajustados, observados os limites fixados na LDO (art. 99, § 3º, da CF); III: a assertiva é correta; IV: receita originária é aquela auferida pela exploração do patrimônio estatal (aluguéis, vendas de ativos, prestação de serviços em regime privado etc.) – receita derivada é aquela decorrente do poder estatal, exigida compulsoriamente dos cidadãos, por meio de lei (tributos, penalidades pecuniárias). Gabarito "B".

(Procurador da Fazenda Nacional – 2007 – ESAF) Assinale a opção correta.

(A) A expressão "vinculação de receita orçamentária" tem o significado de forma especial de garantia criada para suportar a execução judicial contra a Fazenda Pública, mediante a prévia especialização do direito a ser penhorado, quando inadimplente o ente público devedor da operação de crédito.
(B) O artigo 816 do Código Civil, que atribuiu tutela jurisdicional aos contratos diferenciais cujo objeto sejam títulos de bolsa, mercadorias ou valores, eliminou a discussão sobre a legitimidade da participação das instituições financeiras controladas pelo Poder Público em operações com ouro ou moedas estrangeiras nos mercados futuros.
(C) A disposição do artigo 1.479 do antigo Código Civil não implicava qualquer restrição ou dúvida sobre a legitimidade da participação de instituições financeiras oficiais em operações com ouro ou moedas estrangeiras nos mercados futuros.
(D) As instituições financeiras privatizadas, a despeito do disposto no artigo 164, § 3º, da Constituição do Brasil, têm assegurado o direito de continuarem a ser depositárias das disponibilidades financeiras dos entes públicos que as controlavam, porque, no caso, há direito adquirido e, assim, tutelado pelo artigo 5º, inciso XXXVI, da Constituição do Brasil.
(E) As operações de crédito por antecipação da receita orçamentária constituem modalidade contratual cujas obrigações devem ser liquidadas apenas até o montante realizado das receitas da arrecadação tributária orçada que deu causa à obtenção da operação de crédito, e o saldo, para cujo pagamento inexistir receita corrente realizada, deve ser inscrito juntamente com tais receitas como "restos a pagar".

A: a vinculação de receita é vedada apenas com relação aos impostos, nos termos e com as exceções do art. 167, IV, da CF. Assim, a possibilidade de vinculação de receita não se restringe à garantia para operações de crédito (§ 4º do dispositivo); B e C: o art. 816 do CC afastou a dúvida oriunda da interpretação dada ao art. 1.479 do CC/1916; D: o STF entendeu que as instituições financeiras privatizadas não se equiparam às instituições oficiais, para fins dos depósitos públicos previstos no art. 164, § 3º, da CF; E: as operações de crédito por antecipação de receita orçamentária (ARO) devem ser liquidadas (pagas) integralmente até o dia 10 de dezembro do exercício em que foram contratadas – art. 38, II, da LRF. Gabarito "B".

(Procurador do Estado/PE – 2004 – FCC)

I. Não é considerado dispositivo estranho à previsão de receitas e à fixação de despesa a autorização contida na Lei Orçamentária Anual para a realização de operação de crédito por antecipação de receita.
II. É vedada a vinculação da receita de tributos a qualquer órgão, fundo ou despesa, ressalvadas, dentre outras hipóteses, a destinação de recursos para a manutenção e desenvolvimento do ensino.
III. O produto da arrecadação do imposto sobre a renda, incidente na fonte, sobre os vencimentos dos seus servidores pertence ao respectivo Estado membro da Federação que o retiver.
IV. Sem prévia autorização por decreto do governador do Estado são vedados a transposição, o remanejamento e a transferência de recursos de uma categoria de programação para outra, ou de um órgão para outro.

(A) Somente as proposições I e III estão corretas.
(B) Somente as proposições I, II e IV estão corretas.
(C) Somente as proposições I, III e IV estão corretas.
(D) Somente as proposições II e III estão corretas.
(E) Somente as proposições III e IV estão corretas.

I: a LOA conterá, exclusivamente, dispositivos relativos à previsão de receita e à fixação de despesa, além de poder autorizar abertura de créditos suplementares e contratação de operações de crédito, ainda que por antecipação de receita, nos termos da lei – art. 165, § 8º, da CF; II: a vedação de vinculação das receitas refere-se apenas aos impostos (e não aos demais tributos, como taxas e contribuições) – art. 167, IV, da CF; III: art. 157, I, da CF – pertence aos Estados o IR incidente na fonte relativo a qualquer rendimento pago por eles, por suas autarquias e por suas fundações públicas; IV: é preciso autorização legislativa (lei, não simples decreto do Executivo) – art. 167, VI, da CF. Gabarito "A".

15. DIREITO ECONÔMICO

Robinson Sakiyama Barreirinhas

1. PRINCÍPIOS GERAIS DA ATIVIDADE ECONÔMICA

(Magistratura Federal - 5ª Região – 2011) Em relação aos princípios da constituição econômica, assinale a opção correta.

(A) Ao prever o princípio do pleno emprego na CF, o legislador pretendeu defender a absorção da força de trabalho a qualquer custo, sem se preocupar com a dignidade da pessoa humana.

(B) A defesa do consumidor não se insere entre os princípios da chamada constituição econômica formal.

(C) A livre concorrência inclui-se entre os princípios gerais da atividade econômica denominados integração.

(D) Ao prever, na CF, a livre iniciativa, o legislador buscou proteger a liberdade de desenvolvimento da empresa, com o objetivo de garantir ao empresário a sua realização pessoal e a obtenção de lucro.

(E) Os princípios gerais da atividade econômica denominados integração objetivam resolver os problemas da marginalização regional e (ou) social.

A: incorreta, pois nenhuma norma constitucional ou infraconstitucional pode ser interpretada contrariamente à dignidade da pessoa humana, que é fundamento da República – art. 1º, III, da CF; B: incorreta. A constituição econômica formal abrange as normas constitucionais que regulam as relações econômicas no país. Segundo José Afonso da Silva, a constituição econômica formal (superestrutura) é "a parte da Constituição que interpreta o sistema econômico, ou seja: que dá forma ao sistema econômico" (*Curso de Direito Constitucional Positivo*). O art. 170 da CF indica princípios da constituição econômica formal, dentre eles a defesa do consumidor (inciso V); C: incorreta. Os princípios de integração, segundo a lição de José Afonso da Silva (*Curso de Direito Constitucional Positivo*), destinam-se a resolver os problemas da marginalização regional ou social, incluindo (dentre os princípios) a defesa do consumidor, a defesa do meio ambiente, a redução das desigualdades regionais e sociais e a busca do pleno emprego (art. 170, V, VI, VII e VIII, da CF), mas não a livre concorrência; D: incorreta, pois, nos termos do art. 170, *caput*, da CF, a ordem econômica, fundada na valorização do trabalho humano e na livre iniciativa, tem por fim assegurar a todos existência digna, conforme os ditames da justiça social (ou seja, não se trata de garantir a realização pessoal e o lucro do empresário, pelo menos não como objetivo imediato ou essencial); E: essa é a assertiva correta, como indicado nos comentários à alternativa "C". Gabarito "E".

(Magistratura Federal - 5ª Região – 2011) No que se refere à ordem jurídico-econômica, assinale a opção correta.

(A) O modelo político adotado pelo Estado brasileiro, conforme previsto na CF, é imposto pela ordem econômica vigente no mercado.

(B) As normas econômicas dispostas na CF são de natureza essencialmente estatutária, e não, diretiva.

(C) Regime político e ordem econômica equivalem-se do ponto de vista conceitual.

(D) Na CF, a ordem jurídico-econômica estabelece limites ao exercício da atividade econômica e define, de maneira exclusiva, a estrutura do sistema econômico a ser adotado pelo Estado brasileiro.

(E) A mudança dos paradigmas liberais na atividade econômica, com a inclusão da obrigatória observância de princípios como o da dignidade da pessoa humana, deveu-se à atuação do próprio Estado, que passou a intervir no mercado em busca do bem coletivo.

A: incorreta, pois a Constituição Federal estabelece diretrizes claras para a ordem econômica, indicando sua finalidade e os princípios orientadores no art. 170; B: incorreta, pois há diversas diretrizes constitucionais que regem a ordem econômica – ver o art. 170 da CF; C: incorreta, pois, embora a doutrina não seja uniforme, regime político e ordem econômica são conceitos que não se confundem. Regime político, segundo José Afonso da Silva, aproxima-se de regime constitucional, sendo "um complexo estrutural de princípios e forças políticas que configuram determinada concepção do Estado e da sociedade, e que inspiram seu ordenamento jurídico" (*Curso de Direito Constitucional Positivo*). O regime político brasileiro funda-se no princípio democrático – preâmbulo e art. 1º da CF. Já ordem econômica refere-se à forma como o trabalho e os meios de produção são organizados e utilizados na sociedade, sendo que, no Brasil, temos o modo de produção capitalista (apropriação privada dos meios de produção e iniciativa privada); D: incorreta, pois, a rigor, a Constituição estabelece os fundamentos, a finalidade e os princípios que regem a ordem econômica – art. 170 da CF. Ademais, embora a constituição econômica formal seja uma superestrutura que molda a realidade material (constituição econômica material – infraestrutrura), aquela (a constituição formal) não constitui ou define de maneira exclusiva esta (a realidade material); E: assertiva correta, pois descreve aspecto essencial da evolução do Estado liberal para o Estado social – art. 170 da CF. Gabarito "E".

(Magistratura Federal-5ª Região – 2011) A respeito da intervenção do Estado na economia, assinale a opção correta.

(A) A atividade normativa e reguladora do Estado exercida por meio da intervenção na atividade econômica compreende as funções de fiscalização, participação e incentivo.

(B) O monopólio estatal na refinação do petróleo nacional impede a contratação, pela União, de empresa privada para a realização dessa atividade.

(C) A participação em atividades econômicas e a administração dessas atividades são as duas possíveis formas de ingerência do Estado na economia.

(D) Sempre que entender cabível, e independentemente de previsão na CF, o Estado pode intervir na economia, utilizando-se do monopólio de exploração direta da atividade econômica.

(E) O planejamento da atividade econômica pelo Estado, na nova ordem constitucional econômica, é sempre indicativo para o setor privado, em harmonia com o princípio da livre iniciativa.

A: incorreta. José Afonso da Silva classifica a intervenção estatal no domínio econômico em (i) *participação*, ou exploração direta da atividade econômica, como agente econômico e (ii) *intervenção* em sentido estrito, como agente normativo e regulador da atividade econômica. A intervenção em sentido estrito (agente normativo e regulador) compreende as funções de *fiscalização, incentivo* e *planejamento* (não a função de participação, indicada na assertiva) – art. 174 da CF; B: incorreta, pois o art. 177, § 1º, da CF admite expressamente que a União possa contratar com empresas estatais ou privadas a realização das atividades previstas de refinação de petróleo, observadas as condições estabelecidas em lei; C: incorreta, pois o estado pode *participar* ou *regular e normatizar* a atividade econômica (participação e intervenção em sentido estrito, conforme a lição de José Afonso da Silva); D: incorreta, pois os monopólios estatais são previstos expressa e taxativamente pela Constituição Federal – art. 177 da CF; E: essa é a assertiva correta, pois o Estado, como agente normativo e regulador da atividade econômica, exercerá, na forma da lei, as funções de fiscalização, incentivo e planejamento, sendo este (o planejamento) determinante para o setor público e indicativo para o setor privado – art. 174, *caput*, da CF. Gabarito "E".

(Magistratura Federal - 5ª Região – 2011) No que se refere a liberalismo e intervencionismo, assinale a opção correta.

(A) A atuação do Estado, seja por meio do condicionamento da atividade econômica, seja por meio da exploração direta de determinada atividade econômica, anula, por inteiro, a forma econômica capitalista prevista na CF.
(B) O intervencionismo valoriza o indivíduo como agente econômico e ente responsável pela condução das regras de mercado.
(C) Com o liberalismo, buscou-se atingir a justiça social por meio da imposição de regras estatais na condução da atividade econômica, sem se considerar o lucro.
(D) O objetivo do liberalismo foi o de livrar o indivíduo da usurpação e dos abusos do poder estatal na condução da atividade econômica.
(E) O intervencionismo visava proteger o Estado dos abusos advindos do liberalismo, como foi o caso da concorrência desleal entre os indivíduos e o Estado.

A: incorreta, pois a ordem econômica é fundada essencialmente na livre iniciativa, acolhendo o modo de produção capitalista (apropriação privada dos meios de produção e iniciativa privada). Ademais, a atuação direta do Estado na economia (participação) é excepcional, apenas quando necessária aos imperativos da segurança nacional ou a relevante interesse coletivo, conforme definidos em lei – art. 173, *caput*, da CF; B: incorreta, pois a assertiva se refere ao liberalismo, focado essencialmente na livre iniciativa e em não intervenção estatal; C: incorreta, pois a assertiva refere-se ao intervencionismo e, em certa medida, ao Estado social; D: assertiva correta, indicando adequadamente o aspecto de restrição da atividade estatal em relação ao indivíduo, característica essencial do liberalismo; E: incorreta, pois o intervencionismo não se refere, estritamente, à proteção do Estado. Ademais, a concorrência desleal se dá, em princípio, entre os agentes econômicos privados, e não entre os indivíduos e o Estado. Gabarito "D".

(Procurador do Estado/RO – 2011 – FCC) Que setor de atividade gera mais externalidades positivas?

(A) Extração de petróleo em águas profundas.
(B) Saneamento básico.
(C) Mineração.
(D) Indústria automobilística.
(E) Mercado financeiro.

Externalidades são "os custos ou benefícios que as atividades de algum agente impõem a terceiros que não por via do sistema de preços" (Vasco Rodrigues). O saneamento básico ("B") é exemplo de atividade que, além de gerar o benefício direto aos usuários do serviço (que contam com água tratada e esgoto etc.), gera também externalidades positivas (benefícios indiretos), pois diminui as doenças causadas por poluição de rios, pela proliferação de pragas, melhora a qualidade de vida dos moradores da região etc. A extração de petróleo em águas profundas pode gerar externalidades negativas (custos indiretos a terceiros), como prejuízos aos pescadores da região, por conta da poluição causada por navios e equipamentos. Embora todas as atividades indicadas possam gerar externalidades positivas (benefícios indiretos a terceiros, como aumento dos empregos indiretos, investimentos na região etc.), sem dúvida o saneamento básico (que gera grandes benefícios indiretos relacionados à saúde pública e ao bem-estar da população) é o que se destaca nesse sentido, razão pela qual a alternativa "B" é a correta. Gabarito "B".

(Procurador do Estado/RO – 2011 – FCC) São considerados instrumentos de política industrial para fomentar o setor produtivo

(A) o aumento da concorrência de mercado pelo combate a cartéis e o tabelamento de juros.
(B) a redução geral da carga tributária e a liberalização do comércio internacional.
(C) os incentivos à inovação tecnológica e a oferta de financiamento de longo prazo por bancos oficiais.
(D) a quebra de patentes farmacêuticas para viabilizar a universalização dos serviços públicos de saúde.
(E) o controle dos gastos públicos e a facilitação da importação de bens de consumo.

A: incorreta, pois o aumento da concorrência de mercado e o tabelamento de juros não se referem, estritamente, à política industrial; B: discutível, pois a liberalização do comércio internacional, especificamente no caso de facilitação de importação de bens de consumo industrializados, pode prejudicar a indústria nacional. Entretanto, a liberação do comércio internacional em relação às exportações em geral e às importações de bens de capital (máquinas, equipamentos) pode ser considerada instrumento de fomento do setor produtivo, assim como a redução da carga tributária; C: essa é a melhor alternativa, pois o setor produtivo demanda financiamentos de longo prazo a juros favoráveis (oferecidos por bancos oficiais de fomento) e é largamente beneficiado pela inovação tecnológica; D: incorreta, pois a quebra de patentes de medicamentos, apesar dos inegáveis benefícios em determinadas circunstâncias, pode prejudicar a indústria, desincentivando a pesquisa e o desenvolvimento de novos produtos; E: incorreta, pois a facilitação da importação de bens de consumo industrializados tende a prejudicar a indústria nacional, que sofrerá a concorrência do similar importado. Gabarito "C".

(Procurador do Estado/RO – 2011 – FCC) O Governo do Estado é controlador de uma sociedade de economia mista com ações negociadas em bolsa de valores, que atua no setor de distribuição de energia elétrica. Na assembleia geral de acionistas, o Governo do Estado deliberou a cobrança de tarifas inferiores às autorizadas pela ANEEL (Agência Nacional de Energia Elétrica). Em que circunstâncias essa decisão pode ser considerada legítima?

(A) Em nenhuma, pois isso caracteriza abuso de poder de controle do Estado em prejuízo dos acionistas privados.
(B) Somente se houver manifestação favorável do conselho de administração e o Estado compensar financeiramente a companhia controlada pela frustração das receitas.
(C) Na medida em que a companhia continue apurando lucro contábil, consiga pagar suas dívidas e a cotação de suas ações na bolsa de valores não sofra desvalorização superior a 10% (dez por cento).
(D) Desde que a contenção tarifária tenha por objetivo implementar políticas públicas compreendidas no objeto social e seja preservada a sustentabilidade financeira da companhia no longo prazo.
(E) Se contar com a aprovação da maioria absoluta dos acionistas minoritários reunidos em assembleia especial e beneficiar indistintamente consumidores industriais e residenciais.

A: incorreta, pois a atuação do Estado na economia não se subordina aos interesses privados, mas sim ao interesse coletivo, nos termos e limites do art. 173 da CF; B e E: incorretas, pois não há essas exigências na lei; C: incorreta, pois não há previsão legal relativa a limite mínimo de desvalorização das ações; D: essa é a assertiva correta, observando-se a lei, nos termos do art. 173, § 1º, da CF. Gabarito "D".

(Procurador Federal – 2010 – CESPE) Julgue o item seguinte, relativo à ordem econômica.

(1) Segundo entendimento do STF, a distinção entre atividade e propriedade permite que o domínio do resultado da lavra das jazidas de petróleo, de gás natural e de outros hidrocarbonetos fluidos seja atribuído a terceiro pela União, sem que tal conduta configure afronta à reserva de monopólio.

1: assertiva correta. Segundo o STF, a distinção entre atividade e propriedade permite que o domínio do resultado da lavra das jazidas de petróleo, de gás natural e de outros hidrocarbonetos fluidos possa ser atribuída a terceiros pela União, sem qualquer ofensa à reserva de monopólio. Embora o art. 20, IX, da CF estabeleça que os recursos minerais, inclusive os do subsolo, são bens da União, o art. 176 garante ao concessionário da lavra a propriedade do produto de sua exploração – ADI 3.273/DF. Gabarito 1C.

(Procurador Federal – 2010 – CESPE) A respeito do direito econômico, julgue o item que se segue.

(1) É legal a contratação pela União de empresa estatal ou privada para realizar atividades de pesquisa e lavra das jazidas de petróleo e gás natural em território nacional.

1: assertiva correta, pois isso é permitido expressamente pelo art. 177, § 1º, da CF. Gabarito 1C.

(Procurador do Município/Boa Vista-RR – 2010 – CESPE) Com relação ao direito financeiro e econômico pátrio, julgue os itens seguintes.

(1) O exame da ordem econômica e financeira instituída pela CF permite afirmar que a exploração direta da atividade econômica pelo Estado, além dos casos constitucionalmente expressos, tais como a prestação de serviços públicos e a exploração de jazidas minerais ou de potenciais de energia hidráulica, constitui exceção justificada somente por imperativos de segurança nacional e relevante interesse coletivo, na forma da lei.

1: assertiva correta, pois reflete o disposto no art. 173 da CF. Gabarito 1C.

(Procurador do Estado/SP – FCC – 2009) O fato de a ordem econômica na Constituição Federal de 1988 ser informada pelos princípios da livre iniciativa e da livre concorrência significa que

(A) os serviços públicos delegados a particulares não podem ter caráter exclusivo, mas pressupõem a prestação simultânea por vários concorrentes.

(B) a política industrial baseada em instrumentos de fomento não pode promover setores específicos da economia.

(C) existe ampla liberdade de empreendimento em todos os setores da economia, inclusive por parte do Estado, cuja atuação empresarial não sofre restrições.

(D) não se admite a regulação da atividade econômica privada com o fito de implementar políticas públicas redistributivas.

(E) o planejamento centralizado da atividade econômica não pode substituir os estímulos de mercado como principal indutor das decisões dos agentes econômicos.

A: incorreta, pois a prestação de serviços públicos em sentido estrito pode ser realizada por um único agente. É o caso dos serviços postais e de infraestrutura aeroportuária, por exemplo, prestados exclusivamente pela ECT e pela Infraero, respectivamente; B: incorreta, pois os princípios da livre-iniciativa e da livre concorrência não impedem que o Estado fomente determinadas atividades com o intuito de reduzir desigualdades regionais e sociais, buscar o pleno emprego etc. – art. 170, VII e VIII, e art. 151, I, in fine, da CF; C: incorreta, pois há áreas de atuação reservadas exclusivamente para o Poder Público (monopólio estatal) – art. 177 da CF. Por outro lado, ressalvados os casos previstos na Constituição, o Estado somente explorará diretamente atividade econômica quando necessário aos imperativos da segurança nacional ou a relevante interesse coletivo, conforme definidos em lei – art. 173 da CF; D: incorreta, pois o Estado é agente normativo e regulador da atividade econômica, e, nessa condição, exerce, na forma da lei, as funções de fiscalização, incentivo e planejamento, sendo este (o planejamento) determinante para o setor público e indicativo para o setor privado – art. 174 da CF; E: essa é a assertiva correta. O Estado normatiza e regula a atividade econômica, fiscalizando, incentivando e planejando, mas não pode interferir no mercado de forma a suprimir a livre-iniciativa e a concorrência entre os agentes privados – art. 170, IV e parágrafo único, da CF. Gabarito "E".

(Magistratura Federal/1ª Região – 2009 – CESPE) Acerca dos princípios gerais da atividade econômica, assinale a opção correta.

(A) O princípio da propriedade privada traduz-se no poder de gozar e dispor de um bem, sendo direito de exercício absoluto e irrestrito.

(B) O princípio da defesa do consumidor é corolário da livre concorrência, sendo princípio de integração e defesa de mercado.

(C) A CF foi a primeira a prever a função social da propriedade como princípio da ordem econômica.

(D) A livre concorrência é garantida independentemente de o Estado promover a livre iniciativa.

(E) O princípio da busca do pleno emprego está dissociado da seguridade social.

A: incorreta, pois embora a Constituição Federal garanta o direito de propriedade, ressalta que ela atenderá a sua função social – arts. 5º, XXII e XXIII, e 170, II e III, da CF; B: assertiva correta – art. 1º do CDC; C: incorreta, pois o regime constitucional anterior previa expressamente a função social da propriedade como princípio da ordem econômica e social – art. 160, III, da Constituição Federal de 1969 (EC 1/1969); D: incorreta, pois a livre concorrência depende necessariamente da garantia à livre-iniciativa – art. 170, IV e parágrafo único, da CF e art. 1º da Lei Antitruste – LAT (Lei 8.884/1994); E: incorreta, até porque a seguridade social tem, dentre seus objetivos, a promoção da integração ao mercado de trabalho, por meio da assistência social – art. 203, III, da CF. Gabarito "B".

(Magistratura Federal/1ª Região – 2009 – CESPE) A respeito dos sistemas econômicos e da intervenção do Estado no domínio econômico, assinale a opção correta.

(A) O estado de bem-estar social é aquele que provê diversos direitos sociais aos cidadãos, de modo a mitigar os efeitos naturalmente excludentes da economia capitalista.

(B) O capitalismo assenta-se no individualismo do liberalismo econômico, tendo como característica o direito de propriedade limitado e mitigado pela vontade estatal.

(C) A intervenção reguladora é aquela em que o Estado, no exercício de suas atividades de polícia administrativa, visa reprimir e punir abusos econômicos.

(D) Quando o Estado atua na economia por meio de instrumentos normativos de pressão, essa forma de agir denomina-se absorção.

(E) O Estado intervém na economia pela forma de indução quando atua paralelamente aos particulares, empreendendo atividades econômicas.

A: assertiva correta, pois descreve adequadamente o welfare state; B: incorreta, pois o liberalismo econômico clássico rejeita a limitação ao direito de propriedade, mitigado pela vontade estatal; C: incorreta, pois a intervenção reguladora é prévia, normatizando a atividade econômica de modo a orientar os agentes econômicos, e não posterior, de fiscalização e sanção; D: incorreta, pois a intervenção direta por absorção se refere à intervenção direta do Estado na economia por meio de empresa pública ou sociedade de economia mista, como agente econômico monopolista – arts. 173 e 176 da CF. A assertiva se refere à intervenção indireta por direção; E: incorreta, pois a intervenção indireta por indução se refere à normatização e à regulação, com estímulos e desestímulos a determinadas condutas, conforme as leis que regem os mercados – art. 174 da CF. A assertiva se refere à intervenção direta por participação – art. 173 da CF. Gabarito "A".

(Magistratura Federal/5ª Região – 2009 – CESPE) Acerca do direito econômico, assinale a opção correta.

(A) Sistema econômico é a forma por meio da qual o Estado estrutura sua política e organiza suas relações sociais de produção, isto é, a forma adotada pelo Estado no que se refere à distribuição do produto do trabalho e à propriedade dos fatores de produção. Atualmente, existem apenas dois sistemas econômicos bem distintos e delineados no mundo: o capitalismo e o socialismo.

(B) A ordem econômica, consoante o tratamento dado pelo legislador constituinte de 1988, admite duas vertentes conceituais. Para uma delas, a vertente ampla, a ordem econômica constitui uma parcela da ordem de direito, inerente ao mundo do dever-ser, ou seja, é o tratamento jurídico dispensado para disciplinar o comportamento dos agentes econômicos no mercado.

(C) O modelo do Estado intervencionista econômico é fortemente influenciado pelas doutrinas de John Maynard Keynes, que sustentou que os níveis de emprego e de desenvolvimento socioeconômico devem-se muito mais às políticas públicas implementadas pelo governo e a certos fatores gerais macroeconômicos, e não meramente ao somatório dos comportamentos microeconômicos individuais dos empresários.

(D) O Estado intervencionista socialista atua com o fito de garantir o exercício racional das liberdades individuais, e sua política intervencionista não visa ferir os postulados liberais, mas, apenas, coibir o exercício abusivo e pernicioso do liberalismo.

(E) No que tange à atuação do Estado no domínio econômico, a intervenção regulatória ocorre quando o Estado, nos casos expressos e devidamente autorizados no ordenamento jurídico, atua, em regime de igualdade com o particular, na exploração de atividade econômica.

A: assertiva incorreta, considerando que, atualmente, não há falar em apenas dois sistemas econômicos "bem distintos e delineados", considerando a relevância das economias mistas; C: essa é assertiva correta, pois reflete a influência do pensamento Keynesiano no Estado intervencionista; D: incorreta, pois o modelo socialista rejeita, em boa medida, o racionalismo individual, buscando concentrar os fatores de produção e orientar direta e fortemente a atividade econômica; E: incorreta, pois a assertiva refere-se à intervenção direta do Estado na economia, enquanto a intervenção regulatória é indireta, orientadora dos agentes econômicos. Gabarito "C".

(Advogado da União/AGU – CESPE – 2009) Acerca dos princípios gerais da atividade econômica, julgue os itens que se seguem.

(1) O Estado exercerá, como agente normativo e regulador da atividade econômica, as funções de fiscalização, incentivo e planejamento, sendo este determinante para o setor privado.

1: incorreta, pois o planejamento estatal é determinante para o setor público, mas apenas indicativo para o setor privado – art. 174, caput, in fine, da CF. Gabarito 1E.

(Procurador da Fazenda Nacional – 2007.2 – ESAF) São princípios da ordem econômica na Constituição Federal de 1988:

(A) a defesa do meio ambiente e a busca do pleno emprego.

(B) a defesa do consumidor e o tratamento favorecido às empresas de capital nacional.

(C) a função social da propriedade e a aposentadoria integral para os servidores públicos.
(D) a livre concorrência e a proteção da propriedade comunitária.
(E) a redução das desigualdades regionais e a intervenção do Estado nas atividades de transporte.

A: assertiva correta, conforme o art. 170, VI e VIII, da CF; B: o tratamento favorecido às empresas de capital nacional não é mais princípio orientador da ordem econômica – art. 170, IX, da CF, com a redação dada pela EC 6/1995; C: a aposentadoria integral dos servidores não é princípio orientador da ordem econômica; D: a proteção da propriedade privada (não comunitária) é princípio orientador da ordem econômica – art. 170, II, da CF; E: a intervenção do Estado nas atividades de transporte não é princípio orientador da ordem econômica. Gabarito "A".

(Procurador da Fazenda Nacional – 2007 – ESAF) Constituem monopólio da União, exceto:

(A) a pesquisa e a lavra das jazidas de petróleo e gás natural e outros hidrocarbonetos fluidos.
(B) a refinação do petróleo nacional ou estrangeiro, que poderá ser contratada com empresas estatais ou privadas.
(C) a navegação de cabotagem entre portos localizados no mar territorial brasileiro.
(D) o transporte marítimo do petróleo bruto de origem nacional ou de derivados básicos de petróleo produzidos no País.
(E) a pesquisa e o comércio de minérios e minerais nucleares e seus derivados.

A: art. 177, I, da CF; B: art. 177, II, e § 1º, da CF; C: não há monopólio no que se refere à navegação de cabotagem; D: art. 177, IV, da CF; E: art. 177, V, da CF. Gabarito "C".

2. SISTEMA FINANCEIRO NACIONAL

(Magistratura Federal-5ª Região – 2011) Considerando a Lei n.º 4.595/1964, que dispõe sobre a política e as instituições monetárias, bancárias e creditícias e cria o CMN, assinale a opção correta.

(A) A emissão de moeda-papel brasileira é competência privativa da autarquia federal Casa da Moeda do Brasil, conforme os limites previamente fixados pelo CMN.
(B) O SFN é integralmente constituído pelas instituições financeiras públicas e privadas que operam no território nacional.
(C) O CMN é órgão federal com a atribuição precípua de supervisionar os integrantes do SFN.
(D) O ministro da Fazenda e o do Planejamento têm assento permanente no CMN.
(E) Compete privativamente ao BACEN, ente autárquico federal, exercer o controle do crédito sob todas as suas formas.

A: incorreta, pois a competência privativa para emitir moeda é da União, a ser exercida exclusivamente pelo Banco Central – arts. 21, VII, e 164, *caput*, da CF; B: incorreta, pois, nos termos do art. 1º da Lei 4.595/1964, o Sistema Financeiro Nacional é constituído por (i) Conselho Monetário Nacional, (ii) Banco Central do Brasil, (iii) Banco do Brasil, (iv) Banco Nacional do Desenvolvimento Econômico [e Social – BNDES] e (v) demais instituições financeiras públicas e privadas – ver também o art. 192 da CF; C: incorreta, pois, nos termos do art. 2º da Lei 4.595/1964, o CMN tem por finalidade formular a política da moeda e do crédito, objetivando o progresso econômico e social do País; D: incorreta, pois o art. 6º da Lei 4.595/1964 não inclui o Ministro do Planejamento no Conselho Monetário Nacional; E: essa é a assertiva correta, conforme o art. 10, VI, da Lei 4.595/1964. Gabarito "E".

(Procurador do Estado/SP – FCC – 2009) A regulação exercida pelo Banco Central do Brasil sobre as instituições financeiras

(A) tem como principal objetivo assegurar a livre concorrência em benefício do consumidor.
(B) considera a atividade como serviço público exercido em regime de autorização.
(C) protege o interesse do conjunto dos depositantes e serve para afastar o risco sistêmico capaz de comprometer o bom funcionamento da economia.
(D) atua no sentido de evitar ganhos excessivos e assegurar a universalização da oferta de crédito no país.
(E) encontra fundamento no fato de a atividade ser considerada monopólio natural.

A e D: incorretas, pois o principal objetivo da regulação exercida pelo Bacen é garantir a higidez do sistema financeiro nacional, ainda quando trata das condições de concorrência entre instituições financeiras – art. 18, § 2º, da Lei 4.595/1964; B: incorreta, pois, apesar da necessidade de autorização para funcionarem, as instituições financeiras exercem atividade privada – art. 10, X, e 25 da Lei 4.595/1964; C: essa é a assertiva correta, conforme o comentário à alternativa A; E: incorreta, pois a atividade financeira não constitui monopólio natural, não só porque há diversos agentes econômicos disputando o mercado brasileiro (o que, por si só, afasta a hipótese de monopólio natural), como também porque há outros agentes econômicos em condições de ingressar no mercado. Gabarito "C".

(Procurador do Estado/SP – FCC – 2009) São condições jurídicas para o Estado federado contrair empréstimo junto a agência multilateral de crédito, a exemplo do Banco Mundial:

(A) necessidade de financiar despesas correntes inadiáveis, previsão na lei orçamentária anual, e autorização do Presidente da República.
(B) reconhecimento da relevância do projeto a ser financiado por ato do Governador do Estado, estrutura sindicalizada com participação conjunta do Banco Nacional de Desenvolvimento Econômico e Social – BNDES, e aprovação pelo Banco Central do Brasil.
(C) observância do limite máximo de endividamento fixado por resolução do Senado Federal, atendimento às condições previstas em acordo de refinanciamento celebrado com a União, e lei autorizativa estadual.
(D) inexistência de atraso no pagamento de precatórios, lei autorizativa estadual, e manifestação favorável do Tribunal de Contas.
(E) inclusão do projeto a ser financiado no plano plurianual, vinculação da receita do Imposto sobre Circulação de Mercadorias e Serviços (ICMS) em favor do credor como garantia do pagamento do empréstimo, e ratificação posterior pelo Senado Federal.

A, B e D: incorreta, pois a autorização para contratação de operação de crédito externa é dada pelo Senado Federal – art. 52, V, da CF. Ademais, o endividamento presta-se, em regra, para financiar despesas de capital, e não despesas correntes – art. 167, III, da CF. Finalmente, o atraso no pagamento de precatórios não impede a operação; C: essa é a assertiva correta, até por exclusão das demais (todas as outras se referem à autorização por outras autoridades, que não o Senado, ou à simples ratificação). Compete ao Senado Federal, além de autorizar a operação externa, fixar os limites máximos de endividamento, além dos limites globais e condições para as operações de crédito – art. 52, V, VI, e VII, da CF. Finalmente, os acordos de financiamento firmados pela União com boa parte dos Estados e Municípios brasileiros exigem atendimento às suas condições para que novas operações de crédito sejam firmadas. Gabarito "C".

(Procurador da Fazenda Nacional – 2007.2 – ESAF) Sobre o Sistema Financeiro Nacional, é correto afirmar:

(A) o sistema financeiro nacional será regulado por leis complementares que disporão, inclusive, sobre a participação do capital estrangeiro nas instituições que o integram.
(B) compete ao Conselho Monetário Nacional julgar recursos contra decisões do Banco Central do Brasil, relativas à aplicação de penalidades por infrações à legislação cambial, de capitais estrangeiros e de crédito rural e industrial.
(C) as infrações aos dispositivos da Lei n. 4.595, de 1964, sujeitam as instituições financeiras, seus diretores, membros de conselhos administrativos, fiscais e semelhantes, mas não os gerentes, às penalidades nela estabelecidas.
(D) o Conselho Monetário Nacional é integrado pelo Ministro da Fazenda, pelo Presidente do Banco do Brasil S.A., pelo Presidente do Banco Nacional de Desenvolvimento Econômico e por 7 (sete) membros nomeados pelo Presidente da República, após aprovação do Senado Federal.
(E) a Comissão de Valores Mobiliários, no âmbito da sua competência específica, não integra o sistema financeiro nacional.

A: art. 192 da CF; B: não há essa competência – arts. 4º e 10, IX, da Lei 4.595/1964; C: os gerentes também estão sujeitos às penalidades – art. 44 da Lei 4.595/1964; D: atualmente, o CMN é formado apenas pelo Ministro da Fazenda, pelo Ministro do Planejamento e Orçamento e pelo Presidente do Banco Central – art. 8º da Lei 9.069/1995; E: arts. 5º e 8º da Lei 6.385/1976. Gabarito "A".

3. DIREITO CONCORRENCIAL, LEI ANTITRUSTE

(Magistratura Federal-5ª Região – 2011) A respeito do direito concorrencial, assinale a opção correta.

(A) A posição dominante de uma empresa ou grupo no mercado, ou seja, sua participação significativa, é causa, por si só, de intervenção das autoridades antitruste.
(B) Mercado relevante material refere-se à área geográfica, ou seja, ao local que se deseja analisar em termos de concorrência.
(C) O conceito de mercado relevante relaciona-se à definição, para análise concorrencial, do espaço geográfico dos agentes econômicos e de todos os produtos e serviços substituíveis entre si, nesse mercado.
(D) Os conceitos de poder econômico e de posição dominante são equivalentes.
(E) Na análise concorrencial, considera-se poder econômico a participação de determinada empresa ou grupo em um mercado.

A: incorreta, pois é preciso que o agente exerça de forma abusiva sua posição dominante para que se configure a infração da ordem econômica – art. 20, IV, da Lei Antitruste – LAT (Lei 8.884/1994); B: incorreta. A expressão *mercado relevante* refere-se à fixação de limites geográficos (= mercado relevante geográfico) e relativos a determinado produto ou serviço (= mercado relevante material), que permite aferir a participação de agentes econômicos (fornecedores, adquirentes, intermediários e financiadores). A assertiva indica, portanto, o mercado relevante geográfico, não o material; C: correta, conforme comentário à alternativa anterior; D: incorreta, pois o conceito de posição dominante, diferentemente do poder econômico, está ligado essencialmente a determinado mercado relevante, em relação ao qual o agente controle parcela substancial – art. 20, § 2°, da LAT; E: incorreta, pois a assertiva refere-se à posição dominante, especificamente, conforme comentário à alternativa anterior. Gabarito "C".

(Magistratura Federal-5ª Região – 2011) Assinale a opção correta acerca da Lei Antitruste.

(A) A fim de aumentar o lucro das empresas que garantem a concorrência em determinado local, o CADE pode aprovar operação que implique concentração econômica.
(B) A operação de fusão entre empresas ou grupos empresariais da qual decorram atos de concentração econômica sem eliminação de concorrência não pode ser aprovada pelo CADE, mesmo que objetive aumentar a quantidade de bens e serviços, com distribuição equitativa dos benefícios entre participantes e consumidores.
(C) O CADE pode aprovar ato de concentração que traga benefícios aos empresários, mas não à coletividade, desde que nos estritos termos legais.
(D) O CADE, em nenhuma hipótese, pode aprovar atos de concentração econômica eliminadores da concorrência de parte substancial do mercado relevante.
(E) Os atos de concentração econômica podem ser aprovados pelo CADE, desde que, com esses atos, o Estado seja beneficiado com maior arrecadação tributária.

A: incorreta, pois o aumento do lucro empresarial não é hipótese que permita a aprovação de ato de concentração, conforme o art. 54, § 1°, da LAT; B: incorreta, pois pode ser hipótese excepcional que permita a aprovação do ato de concentração, nos termos do art. 54, § 1°, da LAT (embora o aumento da quantidade não seja essencial, mas sim o aumento de produtividade ou qualidade dos bens ou serviços); C: incorreta, pois é preciso que o ato de concentração traga benefícios que sejam distribuídos equitativamente entre os seus participantes, de um lado, e os consumidores ou usuários finais, de outro – art. 54, § 1°, II, da LAT; D: essa é a assertiva correta, pois a não eliminação da concorrência de parte substancial de mercado relevante de bens e serviços é requisito indispensável para a aprovação de ato de concentração – art. 54, § 1°, III, da LAT; E: incorreta, pois o aumento da arrecadação não dá ensejo, por si, à aprovação do ato de concentração – art. 54, § 1°, da LAT. Gabarito "D".

(Magistratura Federal-4ª Região – 2010) Assinale a alternativa correta.

No que se refere à expressão *dumping*, podemos afirmar que a sua prática:

(A) Diz respeito ao fomento à indústria local de um ou mais países.
(B) Significa simplesmente vender um determinado produto por preço inferior ao seu custo.
(C) Situa-se na prática da legítima e livre concorrência.
(D) Também é considerada como truste, sendo sinônimas.
(E) Todas as alternativas anteriores estão incorretas.

Nos termos do art. 2°, § 1°, do Acordo *Antidumping* – Decreto 93.941/1987, "um produto é objeto de *dumping*, isto é, introduzido no mercado de outro país a preço inferior ao seu valor normal, se o preço de exportação do produto, quando exportado de um país para outro, for inferior ao preço comparável, praticado no curso de operações comerciais normais, de um produto similar destinado ao consumo no país exterior." A: incorreta, pois o *dumping* é conduta lesiva à indústria local do país da importação; B: incorreta, pois o *dumping* é avaliado em relação ao preço de produto similar destinado ao consumo no país exportador (independentemente de seu custo, em princípio), conforme comentário inicial; C: incorreta, pois a prática de *dumping* é vedada pelo acordo internacional do GATT, como o citado no comentário inicial; D: incorreta, conforme comentário inicial. Truste, em sentido estrito, refere-se a acordo de agentes econômicos para minar a livre concorrência e fixar preços artificialmente altos, aumentando suas margens de lucro em prejuízo dos consumidores; E: essa é a alternativa a ser indicada, pois as alternativas anteriores são incorretas. Gabarito "E".

(Ministério Público/MG – 2010 – FUNDEP) A respeito do regime da livre concorrência, considere as seguintes assertivas.

I. Na defesa da livre concorrência, o Ministério Público Estadual poderá propor ação civil pública para obter a cessação de práticas que constituem infrações da ordem econômica definidas na Lei nº 8.884/94, bem como para o recebimento de indenização por lesão a direitos transindividuais.

II. As empresas ou entidades integrantes de grupos econômicos, de direito ou de fato, que cometem infração da ordem econômica definida na lei antitruste são solidariamente responsáveis.

III. A prática de infração à ordem econômica definida na lei antitruste provoca a responsabilidade da empresa e acarreta a responsabilidade individual e solidária de seus dirigentes ou administradores.

IV. As empresas públicas e as empresas de economia mista sujeitam-se ao regime jurídico das empresas privadas, no que se refere aos direitos e obrigações civis e concorrenciais.

Pode-se concluir que estão **CORRETAS**

(A) apenas as assertivas I e II.
(B) apenas as assertivas II e IV.
(C) apenas as assertivas I e IV.
(D) todas as assertivas.

I: assertiva correta, conforme os arts. 1°, V, e 5°, I, da Lei 7.347/1985; II: correta, pois reflete o disposto no art. 17 da LAT; III: correta, em conformidade com o disposto no art. 16 da LAT; IV: assertiva correta, conforme o art. 15 da LAT. Gabarito "D".

(Procurador Federal – 2010 – CESPE) A respeito do direito econômico, julgue os itens que se seguem.

(1) O CADE pode autorizar atos que, sob qualquer forma manifestados, possam limitar ou de qualquer forma prejudicar a livre concorrência, ou, ainda, resultar na dominação de mercados relevantes de bens ou serviços.

(2) A posição dominante no mercado é presumida pela Lei Antitruste quando a empresa ou grupo de empresas controla 20% de mercado relevante, podendo esse percentual ser alterado pelo CADE para setores específicos da economia.

(3) A livre concorrência, princípio geral da atividade econômica, defende que o próprio mercado deve estabelecer quais são os agentes aptos a se perpetuarem, deixando aos agentes econômicos o estabelecimento das regras de competição.

(4) O aumento dos lucros e o poder econômico, por si sós, são manifestações da dilapidação da livre concorrência.

1: a assertiva é correta, pois o CADE pode autorizar tais atos, desde que atendam às condições previstas no art. 54, § 1°, da Lei Antitruste – LAT (Lei 8.884/1994); 2: correta, pois reflete o disposto no art. 20, § 3°, da LAT; 3: incorreta, pois o Estado normatiza e fiscaliza o mercado de modo a reprimir a concorrência desleal, a dominação do mercado e o abuso de posição dominante – arts. 20 e 21 da LAT; 4: incorreta, pois as infrações à ordem econômica pressupõem atos ou condutas que, de algum modo, possam levar à concorrência desleal, à dominação do mercado ou ao abuso de posição dominante, ainda que esses efeitos não sejam alcançados – arts. 20 e 21 da LAT. Gabarito 1C, 2C, 3E, 4E.

(Ministério Público/MG – 2010.2) A respeito do regime da livre concorrência, considere as seguintes assertivas.

I. Na defesa da livre concorrência, o Ministério Público Estadual poderá propor ação civil pública para obter a cessação de práticas que constituem infrações da ordem econômica definidas na Lei n. 8.884/94, bem como para o recebimento de indenização por lesão a direitos transindividuais.

II. As empresas ou entidades integrantes de grupos econômicos, de direito ou de fato, que cometem infração da ordem econômica definida na lei antitruste são solidariamente responsáveis.

III. A prática de infração à ordem econômica definida na lei antitruste provoca a responsabilidade da empresa e acarreta a responsabilidade individual e solidária de seus dirigentes ou administradores.

IV. As empresas públicas e as empresas de economia mista sujeitam-se ao regime jurídico das empresas privadas, no que se refere aos direitos e obrigações civis e concorrenciais.

Pode-se concluir que estão CORRETAS

(A) apenas as assertivas I e II.
(B) apenas as assertivas II e IV.
(C) apenas as assertivas I e IV.
(D) todas as assertivas.

I: assertiva correta, nos termos do art. 29 da LAT c/c o art. 82, I, do Código de Defesa do Consumidor – CDC; II: correta, pois reflete exatamente o disposto no art. 17 da LAT; III: correta, conforme o disposto no art. 16 da LAT; IV: assertiva correta, pois a Lei Antitruste aplica-se às pessoas físicas ou jurídicas de direito público ou privado, bem como a quaisquer associações de entidades ou pessoas, constituídas de fato ou de direito, ainda que temporariamente, com ou sem personalidade jurídica, mesmo que exerçam atividade sob regime de monopólio legal – art. 15 da LAT. Gabarito "D".

(Magistratura Federal/3ª Região – 2010) A desconsideração da personalidade jurídica do responsável por infração da ordem econômica:

(A) Ocorre sempre nos termos no art. 18 da Lei 8.884/94;
(B) Implica em solidariedade entre a empresa cuja personalidade jurídica foi desconsiderada e os seus sócios e acionistas;
(C) Pode ser decretada de ofício;
(D) Com o advento do Código Civil, sua hipótese de incidência passou a ser regrada pelo art. 50 desse Código.

A: incorreta, pois o art. 18 da LAT indica hipóteses em que a personalidade jurídica do responsável pela infração **pode** ser desconsiderada, ou seja, nem sempre ocorrerá, necessariamente; B: incorreta, pois, em princípio, a desconsideração implica estender os efeitos de certas e determinadas relações de obrigações aos bens particulares dos administradores ou sócios da pessoa jurídica – art. 18 da LAT c/c o art. 50 do CC; C: assertiva correta. Embora o art. 50 do CC refira-se ao requerimento da parte ou do MP, o art. 18 da LAT, norma especial aplicável às infrações à ordem econômica, não veda a decretação de ofício pelo juiz. É interessante notar que o art. 28 do CDC é expresso ao admitir a desconsideração de ofício pelo juiz; D: incorreta, pois o art. 18 da LAT é norma especial e, portanto, não foi afastada pelo art. 50 do CC – art. 2º, § 2º, da Lei de Introdução ao Código Civil. Gabarito "C".

(Procurador do Estado/SP – FCC – 2009) A legislação antitruste brasileira

(A) pune atos de concorrência desleal que causem desvio de clientela em prejuízo do consumidor.
(B) não se aplica aos titulares de patentes, que ficam sujeitos apenas ao licenciamento compulsório.
(C) favorece a concentração empresarial para propiciar economias de escala e escopo em prol da melhoria da eficiência produtiva.
(D) utiliza o tabelamento de preços como instrumento para evitar o aumento arbitrário de lucros.
(E) admite o controle preventivo para afastar o risco de dominação dos mercados que possa levar ao abuso do poder econômico.

A: incorreta, pois o desvio de clientela não é indicado como efeito caracterizador de ato de concorrência desleal – art. 21 da LAT; B: incorreta, pois todas as pessoas sujeitam-se à legislação antitruste, sem prejuízo de que seja concedida licença compulsória de patente de titularidade do infrator – art. 24, IV, *a*, da LAT; C: incorreta, muito embora o CADE possa autorizar atos de concentração que tenham por objetivo aumentar a produtividade e a eficiência econômica – art. 54, § 1º, *a* e *c*, da LAT; D: incorreta, pois a legislação não adota esse instrumento. Pelo contrário, eventual acordo entre concorrentes nesse sentido pode caracterizar infração à ordem econômica – art. 21, I, da LAT; E: essa é a assertiva correta, pois a legislação antitruste dispõe sobre a **prevenção** e a repressão às infrações contra a ordem econômica – art. 1º da LAT. Gabarito "E".

(Magistratura Federal/1ª Região – 2009 – CESPE) A respeito da disciplina jurídica da concorrência empresarial, assinale a opção correta.

(A) A SDE e a SAE são órgãos vinculados ao Ministério da Justiça.
(B) As denúncias de infração à ordem econômica devem ser inicialmente encaminhadas ao CADE, ao qual cabe realizar as averiguações preliminares.
(C) O Sistema Brasileiro de Defesa da Concorrência tem apenas um órgão judicante.
(D) A SDE é o principal órgão do Poder Executivo encarregado de acompanhar os preços da economia.
(E) A atribuição de instruir o público sobre as formas de infração da ordem econômica é do CADE e não da SDE.

A: incorreta, pois embora a Secretaria de Direito Econômico – SDE seja vinculada ao Ministério da Justiça, a Secretaria de Acompanhamento Econômico – SAE é vinculada ao Ministério da Fazenda – art. 13 da LAT e MP 813/1995; B: incorreta, pois a competência para averiguações preliminares é da SDE – art. 14, III, da LAT; C: assertiva correta, pois apenas o CADE é qualificado como órgão judicante – art. 3º da LAT; D: incorreta, pois a Secretaria de Acompanhamento Econômico é o principal órgão do Executivo federal encarregado de acompanhar os preços da economia; E: incorreta, pois tanto o CADE quanto a SDE têm essa atribuição – arts. 7º, XVIII, e 14, XV, da LAT. Gabarito "C".

(Magistratura Federal/1ª Região – 2009 – CESPE) Assinale a opção correta no que se refere à ordem econômica e às infrações contra ela.

(A) A lei que prevê as infrações contra a ordem econômica não se aplica à pessoa jurídica de direito público.
(B) Quando uma empresa ou grupo de empresas controla 20% de mercado relevante, considera-se que ela possui posição dominante.
(C) A responsabilidade individual dos dirigentes por infração contra a ordem econômica é subsidiária em relação à da empresa.
(D) A repressão das infrações à ordem econômica exclui a punição de ilícitos previstos em lei.
(E) Para que o aumento arbitrário de lucros seja considerado infração contra a ordem econômica é necessário que o infrator aja com dolo.

A: incorreta, pois a Lei Antitruste aplica-se às pessoas físicas ou jurídicas de direito público ou privado, bem como a quaisquer associações de entidades ou pessoas, constituídas de fato ou de direito, ainda que temporariamente, com ou sem personalidade jurídica, mesmo que exerçam atividade sob regime de monopólio legal – art. 15 da LAT; B: correta, pois essa presunção é prevista no art. 20, § 3º, da LAT; C: incorreta, pois a responsabilidade individual dos dirigentes é solidária em relação à responsabilidade da empresa – art. 16 da LAT; D: incorreta, pois não há exclusão de outros ilícitos previstos em lei – art. 19 da LAT; E: incorreta, pois os atos que configuram infração à ordem econômica independem de culpa – art. 20, *caput*, da LAT. Gabarito "B".

(Magistratura Federal/1ª Região – 2009 – CESPE) Assinale a opção incorreta com relação às infrações à ordem econômica.

(A) Cartel é um acordo abusivo de agentes econômicos, representando combinação de preços, com o objetivo de restringir produtos e dividir mercados.
(B) A venda casada é considerada instrumento de pressão ao consumidor.
(C) Conceder exclusividade para divulgação de publicidade nos meios de comunicação de massa pode caracterizar infração da ordem econômica.
(D) No caso de *joint venture* concentracionista, não é possível configurar prática abusiva.
(E) Limitar a livre iniciativa será considerado infração à ordem econômica, ainda que seu efeito não seja alcançado.

A: a assertiva descreve adequadamente o cartel – art. 21, I, II e III da LAT; B: assertiva correta, considerando que a venda casada refere-se à conduta que pode caracterizar infração da ordem econômica – art. 21, XXIII, da LAT; C: correta, conforme o disposto no art. 21, VII, da LAT; D: incorreta, pois qualquer acordo entre empresas que possa levar à concorrência desleal, à dominação do mercado e ao abuso de posição dominante constitui infração da ordem econômica – arts. 15 e 20 da LAT; E: correta, nos termos do art. 20, I, da LAT. Gabarito "D".

(Magistratura Federal/5ª Região – 2009 – CESPE) Assinale a opção correta acerca da disciplina jurídica da concorrência empresarial.

(A) Se os indícios de infração à ordem econômica não forem suficientes para a instauração de processo administrativo, a SDE deve promover, de ofício ou à vista de representação escrita e fundamentada de qualquer interessado, averiguações preliminares, as quais são dispensáveis quando se tratar de representação de comissão do Congresso Nacional ou de qualquer de suas Casas.

(B) Instaurado processo administrativo, em prazo não superior a trinta dias, contado do conhecimento do fato, da representação ou do encerramento das averiguações preliminares, o representado deve ser notificado para apresentar defesa no prazo de 10 dias.

(C) No curso de processo administrativo, o secretário da SDE tem competência para autorizar, mediante despacho fundamentado, a realização de inspeção na sede social, estabelecimento, escritório, filial ou sucursal de empresa investigada, podendo ser inspecionados estoques, objetos, papéis de qualquer natureza, assim como livros comerciais, computadores e arquivos magnéticos, sendo vedada a extração de cópias de quaisquer documentos ou dados eletrônicos.

(D) A União pode celebrar acordo de leniência, com a extinção da ação punitiva da administração pública, com pessoas jurídicas que forem autoras de infração à ordem econômica, para tanto sendo suficiente, apenas, que estas colaborem efetivamente com as investigações e com o processo administrativo, independentemente do resultado dessa colaboração.

(E) A celebração de acordo de leniência sempre se sujeita à aprovação do CADE, competindo a esse conselho decretar a extinção da ação punitiva da administração pública em favor do infrator, nas hipóteses em que a proposta de acordo seja apresentada à SDE sem que esta tenha conhecimento prévio da infração noticiada.

A: assertiva correta, pois reflete exatamente o disposto no art. 30, *caput* e § 2º, da LAT; B: incorreta, pois o prazo para instauração do processo administrativo é de oito dias (não trinta), e o prazo para defesa do representado é de quinze dias (não dez) – arts. 32 e 33 da LAT; C: assertiva incorreta, pois é possível a extração ou requisição de cópias de quaisquer documentos ou dados eletrônicos no curso da inspeção, nos termos do art. 35, §§ 2º e 3º, da LAT; D: incorreta, pois a extinção da ação punitiva da administração pública ou a redução da penalidade aplicável, decorrentes do acordo de leniência, exige que a colaboração resulte na (i) identificação dos demais coautores da infração e na (ii) obtenção de informações e documentos que comprovem a infração noticiada ou sob investigação – art. 35-B, I e II, da LAT; E: incorreta, pois a celebração de acordo de leniência não se sujeita à aprovação do CADE – art. 35-B, § 4º, da LAT. Gabarito "A".

(Magistratura/SP – 2008) A Lei n.º 8.884/94, ao tratar da prevenção às infrações contra a ordem econômica,

(A) não disciplina empresas estrangeiras sem sede, agência ou escritórios no Brasil.
(B) define o Conselho Administrativo de Defesa Econômica, como autarquia federal, sem poder judicante, que tem por atribuição a análise de condutas anticoncorrenciais.
(C) autoriza a Secretaria de Direito Econômico a adotar medidas preventivas para cessar a prática de atos contrários à ordem econômica, estabelecendo prazo para seu cumprimento e multa diária, no caso de descumprimento.
(D) todas as afirmativas acima estão corretas.

A: a LAT aplica-se também a essas empresas, conforme seu art. 2º, § 1º; B: o CADE é definido como órgão judicante no art. 3º da LAT; C: art. 14, XI, da LAT. Gabarito "C".

(Magistratura Federal – 4ª Região – XIII – 2008) Para responder à questão seguinte, considere os textos legais transcritos a seguir:

Lei Federal nº 8.884, de 11 de junho de 1994:

"Art. 14. Compete à SDE: I - ...; II - acompanhar, permanentemente, as atividades e práticas comerciais de pessoas físicas ou jurídicas que detiverem posição dominante em mercado relevante de bens ou serviços, para prevenir infrações da ordem econômica, podendo, para tanto, requisitar as informações e documentos necessários, mantendo o sigilo legal, quando for o caso;"

"Art. 20. Constituem infração da ordem econômica, independentemente de culpa, os atos sob qualquer forma manifestados, que tenham por objeto ou possam produzir os seguintes efeitos, ainda que não sejam alcançados: I - . . .; II - dominar mercado relevante de bens ou serviços; . . . § 2º Ocorre posição dominante quando uma empresa ou grupo de empresas controla parcela substancial de mercado relevante, como fornecedor, intermediário, adquirente ou financiador de um produto, serviço ou tecnologia a ele relativa. § 3º A posição dominante a que se refere o parágrafo anterior é presumida quando a empresa ou grupo de empresas controla 20% (vinte por cento) de mercado relevante, podendo este percentual ser alterado pelo Cade para setores específicos da economia.(Redação dada pela Lei nº 9.069, de 29.6.95)"

"Art. 54. Os atos, sob qualquer forma manifestados, que possam limitar ou de qualquer forma prejudicar a livre concorrência, ou resultar na dominação de mercados relevantes de bens ou serviços, deverão ser submetidos à apreciação do Cade. § 1º O Cade poderá autorizar os atos a que se refere o caput, desde que atendam as seguintes condições: . . . III - não impliquem eliminação da concorrência de parte substancial de mercado relevante de bens e serviços;"

Dadas as assertivas abaixo, assinalar a alternativa correta. Para fins de caracterização de infração à ordem econômica, o conceito de "mercado relevante" pode ser considerado como:

I. uma regra inflexível dentro de todo o território nacional.
II. um requisito econômico aferível pelas regras da experiência comum em determinada região.
III. um dos requisitos primordiais da moderna teoria de defesa da concorrência.
IV. vislumbrado através de conhecimento e manejo de conceitos da ciência jurídica, observados os princípios gerais do direito e da boa-fé.

(A) Está correta apenas a assertiva III.
(B) Estão corretas apenas as assertivas II e III.
(C) Estão corretas apenas as assertivas I e IV.
(D) Estão incorretas todas as assertivas.

O conceito jurídico-econômico (IV) de mercado relevante é essencial para o sistema concorrencial (III). A expressão mercado relevante refere-se à fixação de limites geográficos e relativos a determinado produto ou serviço, que permitem aferir a participação de agentes econômicos (fornecedores, adquirentes, intermediários e financiadores). Não se trata, portanto, de regra inflexível (I) ou aferível simplesmente pela experiência comum (II). Ao analisar a participação desses agentes no mercado relevante, identificam-se o poder de mercado e eventuais ilícitos concorrenciais. Dentre os ilícitos estão as condutas tendentes a dominar o mercado relevante e o próprio abuso da posição dominante (art. 20, II e IV, da LAT). Gabarito "A".

(Magistratura Federal – 5ª Região – 2007 – CESPE) No que se refere à disciplina jurídica da concorrência empresarial, julgue o item abaixo.

(1) A lei admite a deflagração de processo perante o tribunal marítimo por decisão do próprio tribunal, o qual tem competência para julgar os fatos da navegação, como avarias em instalações de navios que ponham em risco a embarcação.

1: A matéria não tem relação direta com o direito concorrencial. Gabarito 1E.

(Procurador da Fazenda Nacional – 2007.2 – ESAF) De acordo com a Lei n. 8.884/94, constituem infração da ordem econômica, exceto:

(A) limitar, falsear ou de qualquer forma prejudicar a livre concorrência ou a livre iniciativa.
(B) exercer de forma abusiva posição dominante.
(C) aumentar arbitrariamente os lucros.
(D) estipular preços em estrutura de monopólio natural.
(E) dominar mercado relevante de bens ou serviços.

Os arts. 20 e 21 da LAT não preveem a conduta de estipular preços em estrutura de monopólio natural como caracterizadora de infração da ordem econômica. Gabarito "D".

(Procurador da Fazenda Nacional – 2007.2 – ESAF) Sobre o âmbito da aplicação da Lei n. 8.884/94, pode-se afirmar que:

(A) a Lei n. 8.884 se sobrepõe expressamente a tratados que regulamentem infrações contra a ordem econômica no âmbito do Mercosul.
(B) a Lei n. 8.884 é aplicável exclusivamente à formação de cartéis no território brasileiro, compreendendo este também o mar territorial.
(C) a punição de infrações contra a ordem econômica que transcendam o território nacional está regulamentada por tratados multilaterais.
(D) a repressão às infrações contra a ordem econômica deve ser iniciada exclusivamente pelo Ministério Público Estadual.
(E) a Lei n. 8.884 pode ser aplicável também às práticas cometidas no exterior que produzam efeitos no território brasileiro.

A: não há sobreposição expressa; B, C e E: a LAT aplica-se a qualquer prática que produza ou possa vir a produzir efeitos no país, sem prejuízo de tratados internacionais firmados pelo Brasil – art. 2º; D: a repressão às infrações pode ser iniciada por qualquer interessado (art. 29 da LAT) ou pela SDE, inclusive de ofício (arts. 30 e 32 da LAT). Gabarito "E".

(Magistratura/TO – 2007 – CESPE) Acerca da Lei n.º 8.884/1994 e da Lei de Responsabilidade Fiscal (LRF), assinale a opção incorreta.

(A) A recusa de venda de bens ou de prestação de serviços, dentro das condições de pagamento normais aos usos e costumes comerciais, caracteriza infração à ordem econômica.
(B) Para os fins da LRF, considera-se empresa controlada a sociedade cuja maioria do capital social com direito a voto pertença, direta ou indiretamente, a ente da Federação, e empresa estatal dependente a empresa controlada que receba do controlador recursos financeiros para pagamento de despesas com pessoal ou de custeio em geral ou de capital, excluídos, no último caso, aqueles provenientes de aumento de participação acionária.
(C) Compete à Secretaria de Direito Econômico remeter ao Conselho Administrativo de Defesa Econômica, para julgamento, os processos que instaurar, quando entender configurada infração da ordem econômica.
(D) A certidão emitida pelo tribunal de contas, em favor do município, não é requisito para a liberação de recursos financeiros relativos a convênio celebrado entre a municipalidade e o Estado com o objetivo de auxiliar financeiramente a manutenção e o desenvolvimento do ensino fundamental público.

A: a conduta é descrita no art. 21, XIII, da LAT, no entanto, a assertiva é imprecisa – a caracterização das condutas listadas no art. 21 da LAT como infração à ordem econômica subordina-se às categorias do art. 20, ou seja, é preciso que tenham por objeto ou possam produzir concorrência desleal, dominação do mercado ou abuso de posição dominante, ainda que os efeitos não sejam alcançados; B: art. 2º, II e III, da LRF; C: art. 14, VIII, da LAT; D: a União exige dos Municípios, para fins de transferências voluntárias, certidão de regularidade emitida pelo Tribunal de Contas da União, nos termos do art. 25, § 1º, da LRF. No entanto, considerando que o § 3º desse dispositivo afasta a sanção de suspensão de transferências no caso de repasses destinados à educação, à saúde e à assistência social, entende-se que a certidão é dispensada nesses casos (ver RMS 21.610/PR). Gabarito "A".

(Procurador da Fazenda Nacional – 2007 – ESAF) De acordo com a Lei n. 8.884/94, o Conselho Administrativo de Defesa Econômica é:

(A) Agência autônoma e independente do Poder Executivo, com poder de fiscalização e sanção às infrações da ordem econômica.
(B) Autarquia federal, com jurisdição em todo o território nacional, a quem cabe decidir sobre a existência de infração à ordem econômica.
(C) Agência vinculada à Secretaria de Defesa do Consumidor do Ministério da Justiça, com poder conjunto de repressão às infrações da ordem econômica.
(D) Departamento do Ministério do Desenvolvimento, Indústria e Comércio Exterior, com jurisdição específica sobre conduta desleal de empresas de capital nacional.
(E) Conselho componente da Câmara de Comércio Exterior, com competência exclusiva sobre práticas desleais de comércio internacional.

Nos termos do art. 3º da LAT, o CADE é autarquia federal, vinculada ao Ministério da Justiça, e órgão judicante com jurisdição em todo o território nacional. Gabarito "B".

(Procurador da Fazenda Nacional – 2007 – ESAF) De acordo com a Lei n. 8.884/94, somente constituem infrações da ordem econômica os atos que:

(A) sejam especificamente tipificados e limitem a livre concorrência, independentemente de culpa.
(B) levem ao aumento arbitrário de lucros e ao abuso da posição dominante, desde que seja provado o dolo específico do agente.
(C) prejudiquem a livre concorrência e aumentem arbitrariamente os lucros, desde que sejam especificamente tipificados.
(D) levem ao abuso de poder dominante, uma vez comprovado que os atos dolosos que lhe deram causa tenham ocorrido no território nacional.
(E) tenham por objeto exercer de forma abusiva posição dominante, independentemente de culpa.

Constituem infrações contra a ordem econômica os atos que, independentemente de culpa, tenham por objeto ou possam produzir concorrência desleal, dominação do mercado ou abuso de posição dominante, ainda que os efeitos não sejam alcançados – art. 20 da LAT. Gabarito "E".

(Magistratura Federal – 5ª Região – 2005 – CESPE) Julgue os itens seguintes.

(1) Considere a seguinte situação hipotética. Duas auto-escolas, que dominam menos de 1% do mercado relevante, e cujas sedes localizam-se na mesma avenida, decidiram fixar, em comum acordo, preços e condições para a prestação de seus serviços. Nessa situação, com base na disciplina jurídica da concorrência empresarial, é correto concluir que não houve infração à ordem econômica.
(2) A pessoa jurídica que incidir em prática de infração da ordem econômica poderá se sujeitar à pena de multa de até 20% do valor do faturamento bruto no seu último exercício.

1: Para que a conduta prevista no art. 21, I, da LAT caracterize infração à ordem econômica, é preciso que configure hipótese do art. 20, no caso, abuso de poder econômico. No entanto, a mínima participação das empresas não permite identificar poder de mercado; 2: A empresa está sujeita a multa de 1% a 30% do faturamento bruto no último exercício, excluídos os impostos, nunca inferior à vantagem auferida, quando quantificável – art. 23, I, da LAT. Gabarito 1C, 2E.

4. DIREITO ECONÔMICO INTERNACIONAL

(Magistratura Federal/1ª Região – 2009 – CESPE) Com relação aos instrumentos de defesa comercial, assinale a opção incorreta.

(A) A medida antidumping estabelece a tarifação pecuniária imposta a mercadorias, produtos ou bens importados, comercializados com preço considerado sob margem de dumping.
(B) A medida antidumping, quando aplicada pela autoridade comercial, traduz-se em fator pecuniário de composição de valores entre o preço de exportação do produto estrangeiro e o respectivo valor da mercadoria similar ou concorrente, oriunda da indústria nacional.
(C) As medidas de salvaguarda, que devem ser transparentes e permanentes, visam à defesa da indústria e da produção doméstica, diante de exportações de mercadorias qualitativamente superiores ou com valores inferiores aos do produtor nacional.
(D) As medidas compensatórias visam contrabalançar o subsídio concedido, direta ou indiretamente, no país do exportador, para a fabricação ou transporte de qualquer produto cuja entrada no Brasil cause dano à indústria doméstica.
(E) Os direitos compensatórios poderão ser cobrados em caráter retroativo.

A e B: assertivas corretas, nos termos do art. 8º do Acordo Antidumping – Decreto 93.941/1987; C: assertiva incorreta, pois os Estados podem tomar medidas de salvaguarda para proteger **temporariamente** (nunca permanentemente, como consta da assertiva) sua indústria contra importações que a ameacem seriamente (não se trata de ilícito cometido na exportação, como subsídios indevidos ou dumping). Ademais, não se trata, necessariamente, de produtos qualitativamente superiores ou com valores inferiores aos do produtor nacional. A ameaça fica configurada e as salvaguardas são admitidas quando se constata que importações desse produto aumentaram em tais quantidades, em termos absolutos ou em relação à produção nacional, e em tais condições que causem ou ameacem causar prejuízo grave à indústria doméstica de bens similares ou diretamente concorrentes – arts. 1º e 9º do Acordo sobre Salvaguardas – Decreto 1.488/1995; D: assertivas corretas, conforme os arts. 2º e 5º, 5 do Acordo de Subsídios e Direitos Compensatórios – Decreto 93.962/1987 e o art. 8º da Lei 9.019/1995. Gabarito "C".

(Magistratura Federal/1ª Região – 2009 – CESPE) Assinale a opção correta com relação ao MERCOSUL.

(A) O atual estágio de integração do MERCOSUL é de mercado comum.
(B) O Tratado de Assunção, celebrado em 1991, conferiu personalidade jurídica internacional ao MERCOSUL.
(C) As decisões dos órgãos do MERCOSUL são tomadas por maioria, o que caracteriza a natureza flexível e gradual do processo.
(D) O Conselho do Mercado Comum é o órgão superior do MERCOSUL, que tem por incumbência a condução política do processo de integração e a tomada de decisões para assegurar o cumprimento dos objetivos estabelecidos pelo Tratado de Assunção.
(E) Em caso de controvérsias no âmbito do MERCOSUL, deve ser aplicado o Protocolo de Brasília.

A: incorreta, pois o atual estágio do Mercosul é de união aduaneira, caracterizada pela adoção da tarifa externa comum; B: incorreta, pois o Protocolo de Ouro Preto (Decreto 1.901/1996, art. 34) consignou que o Mercosul passaria a ter personalidade jurídica de direito internacional; C: incorreta, pois as decisões são tomadas por consenso e com a presença de todos os Estados Partes – art. 16 do Tratado de Assunção (Decreto 350/1991) e art. 37 do Protocolo de Ouro Preto; D: essa é a assertiva correta, pois descreve o Conselho do Mercado Comum conforme o art. 3º do Protocolo de Ouro Preto; E: incorreta, pois, atualmente, o Protocolo de Olivos regula a solução de controvérsias no âmbito do Mercosul – Decreto 4.982/2004. Gabarito "D".

(Magistratura Federal/5ª Região – 2009 – CESPE) Assinale a opção correta, acerca do MERCOSUL.

(A) O MERCOSUL, criado pelo Protocolo de Recife como ente dotado de personalidade jurídica de direito público, apresenta estrutura orgânica intergovernamental, sendo suas decisões tomadas por votação, respeitando-se a maioria dos votos.
(B) Ao Conselho do Mercado Comum, órgão superior do MERCOSUL, cabem a condução política do processo de integração e a tomada de decisões para assegurar o cumprimento dos objetivos estabelecidos pelo Tratado de Assunção, devendo esse conselho reunir-se, pelo menos, uma vez por bimestre, com a participação dos presidentes dos Estados-partes.
(C) Constituem órgãos do MERCOSUL, de capacidade decisória e natureza intergovernamental, o Conselho do Mercado Comum, o Grupo Mercado Comum e a Comissão de Comércio do MERCOSUL, bem como o Tribunal Permanente de Revisão e o Parlamento do MERCOSUL.
(D) São funções e atribuições do Grupo Mercado Comum a propositura de projetos de decisões ao Conselho do Mercado Comum e o exercício da titularidade da personalidade jurídica do MERCOSUL.
(E) Quaisquer controvérsias entre os Estados-partes a respeito da interpretação, da aplicação ou do descumprimento das disposições contidas no Tratado de Assunção e dos acordos celebrados no âmbito desse tratado devem ser submetidas exclusivamente aos procedimentos de solução estabelecidos no Protocolo de Ouro Preto.

A: incorreta, pois o Mercosul foi criado pelo Tratado de Assunção, passou a ter personalidade jurídica de direito internacional com o Protocolo de Ouro Preto e suas decisões são tomadas por consenso e com a presença de todos os Estados Partes; B: incorreta, pois as decisões do Conselho do Mercado Comum são tomadas por consenso e com a presença de todos os Estados Partes – art. 37 do Protocolo de Ouro Preto; C: essa é a assertiva correta, conforme o art. 2º do Protocolo de Ouro Preto, o art. 18 do Protocolo de Olivos e o Protocolo Constitutivo do Parlamento do Mercosul (Decreto 6.105/2007); D: incorreta, pois a titularidade da personalidade jurídica é exercida pelo Conselho do Mercado Comum – arts. 8º, III, e 14, II, do Protocolo de Ouro Preto; E: incorreta, pois, atualmente, o Protocolo de Olivos regula a solução de controvérsias no âmbito do Mercosul, sendo possível, em determinados casos, a submissão ao sistema de solução de controvérsias da OMC e de outros foros – arts. 1º e 2º do Protocolo de Olivos. Gabarito "C".

(Magistratura Federal/5ª Região – 2009 – CESPE) Assinale a opção correta no que concerne ao GATT e à OMC.

(A) O GATT foi promulgado em 1970 com a finalidade de expandir o comércio internacional e reduzir os direitos alfandegários, por intermédio de contingenciamentos, acordos preferenciais e barreiras pecuniárias.
(B) A cláusula de habilitação, um dos princípios do GATT, estabelece que todo e qualquer favorecimento alfandegário oferecido a uma nação deve ser extensível às demais.
(C) A OMC, fórum permanente de negociação para a solução de controvérsias quanto às práticas desleais e de combate a medidas arbitrárias de comércio exterior, foi criado pelo Acordo de Tóquio, de 1985, e está vinculado ao Fundo Monetário Internacional.
(D) O Conselho Geral é o órgão da OMC incumbido da resolução de disputas e mecanismos de revisão de política comercial. Dotado de função análoga à judiciária, esse conselho vale-se, via de regra, de mecanismos de composição extrajudicial, como a arbitragem.
(E) O sistema de solução de controvérsias da OMC conta com apenas três fases: formulação de consultas pelos Estados envolvidos, constituição de grupo especial e prolação de decisão.

A: incorreta, pois o Acordo Geral sobre Tarifas Aduaneiras e Comércio – GATT é de 1947 – Decreto 313/1948. Ademais, visa exatamente **combater e vedar** contingenciamentos, acordos preferenciais e barreiras pecuniárias; B: incorreta, pois a assertiva refere-se à cláusula de tratamento geral de nação mais favorecida – art. I, 1, do GATT; C: incorreta, pois a OMC surgiu oficialmente em 1995 com o Tratado de Marrakesh. Ademais, não é vinculada ao FMI; D: essa é a assertiva correta. O Conselho Geral *(General Council)* é o órgão máximo da OMC e se reúne também como Órgão de Solução de Controvérsias *(Dispute Settlement Body)* e Órgão Revisor de Políticas Comerciais *(Trade Policy Review Body)*; E: incorreta, pois, a rigor, há diversos estágios no sistema de solução de controvérsias da OMS, ressaltando-se (i) a consulta, (ii) o painel e (iii) a apelação – Entendimento Relativo às Normas e Procedimentos sobre Solução de Controvérsias da OMC *(Understanding on the Rules and Procedures Governing the Settlement of Disputes,* conhecido como *Dispute Settlement Understanding – DSU)*. Gabarito "D".

(Procurador da Fazenda Nacional – 2007.2 – ESAF) Sobre o Mercado Comum do Sul (MERCOSUL), pode-se afirmar que:

(A) apesar de constituir um mercado comum, seus tratados constitutivos determinam, como seu objetivo último, a conformação de uma união econômica e monetária.
(B) seu sucesso político pode ser comprovado pelas recentes adesões do Chile e da Venezuela.
(C) foi criado em 1991, pelo Tratado de Assunção. Apesar de reestruturado em 1994 pelo Tratado de Ouro Preto, constitui ainda uma união aduaneira.
(D) o Protocolo de Olivos estipula os critérios para a harmonização tributária entre seus Estados Membros, inclusive com a harmonização de tributos entre os entes federativos.
(E) em razão de dispositivo das constituições dos Estados Membros, os tratados do Mercosul têm força de emenda constitucional e aplicabilidade imediata após ratificação.

A e C: o Tratado de Assunção instituiu o Mercado Comum do Sul – Mercosul que é, atualmente, união aduaneira. O objetivo último é a formação de um verdadeiro mercado comum, sem previsão expressa de união monetária; B: o Chile é Estado Associado (não é membro) e a Venezuela encontra-se em fase de adesão; D: o Protocolo de Olivos trata de mecanismos e procedimentos para solução de controvérsias e instituiu o Tribunal Permanente de Revisão do Mercosul; E: os tratados internacionais relacionados ao Mercosul não têm força de emenda constitucional – art. 5º, § 3º, da CF. Gabarito "C".

(Procurador da Fazenda Nacional – 2007.2 – ESAF) Sobre a ordem econômica internacional, pode-se afirmar que:

(A) a Organização para a Cooperação e Desenvolvimento Econômico (OCDE), à qual aderiu o Brasil, sucedeu ao Acordo Geral sobre Tarifas e Comércio (GATT).
(B) entre os acordos da OMC, destacam-se o Acordo sobre Comércio de Serviços (GATS) e o Acordo sobre Direitos da Propriedade Intelectual relacionados ao Comércio (TRIPS).
(C) o Brasil retirou-se da Associação Latino-Americana de Integração (ALADI), a fim de poder aderir à OCDE, uma vez que havia incompatibilidade entre os dois tratados constitutivos.
(D) a intervenção no domínio econômico, por parte da União, pressupõe autorização expressa do Comitê de Subsídios da OMC.
(E) caso ocorra algum litígio envolvendo desobediência a tratados comerciais entre Argentina e Brasil, qualquer desses países pode recorrer ao sistema de solução de controvérsias do Mercosul, podendo em seguida apelar desta decisão à Organização Mundial do Comércio (OMC).

A e C: o Brasil não é membro da OCDE; B: a assertiva é correta; D: o Brasil é soberano com relação à intervenção no domínio econômico, embora possa responder, posteriormente, por eventual violação de tratado firmado pelo país; E: o Protocolo de Olivos não prevê recurso da decisão proferida pelo Tribunal Permanente de Revisão do Mercosul. Gabarito "B".

(Procurador da Fazenda Nacional – 2007 – ESAF) Sobre as medidas de defesa comercial, conforme as normas de direito econômico internacional, é correto afirmar que:

(A) os Membros da Organização Mundial do Comércio (OMC) podem, uma vez verificadas as condições jurídicas e econômicas, aplicar medidas antidumping, medidas compensatórias ou medidas de salvaguardas.

(B) as medidas antidumping são aplicáveis, pelo país importador, quando o bem importado recebe subsídios concedidos pelo país exportador.

(C) as medidas de salvaguardas são aplicáveis somente em áreas de integração regional, a exemplo do MERCOSUL.

(D) as medidas compensatórias são aplicadas, no Brasil, pelo Banco Central, quando se verifica grande disparidade cambial entre o mercado de exportação e o câmbio praticado no Brasil.

(E) as medidas antidumping são determinadas, no Brasil, pelo Conselho Administrativo de Defesa Econômica, uma vez que se verifique que o ato constitui infração da ordem econômica.

A: assertiva correta, pois os acordos *antidumping*, de subsídios e medidas compensatórias, e de salvaguardas, firmados no âmbito do GATT e da OMC, permitem que os países apliquem essas medidas para proteção de seus mercados, desde que observados os requisitos, as normas e os procedimentos respectivos – Acordo *Antidumping* – Decreto 93.941/1987, Acordo de Subsídios e Direitos Compensatórios – Decreto 93.962/1987 e Acordo sobre Salvaguardas – Decreto 1.488/1995; B: incorreta,, pois há *dumping* quando determinado produto é exportado por preço inferior ao que é normalmente praticado no mercado doméstico (pode, ou não, decorrer de subsídio concedido pelo país exportador) – art. 2º, 1, do Acordo *Antidumping*; C: assertiva incorreta, já que as salvaguardas referem-se à possibilidade de o país (independentemente de integrar mercado comum ou união aduaneira, caso do Mercosul) restringir temporariamente importações de determinado produto de modo a proteger a indústria local – art. 1º do Acordo sobre Salvaguardas; D e E: incorretas, pois compete à Câmara de Comércio Exterior – CAMEX fixar os direitos *antidumping* e compensatórios – art. 6º da Lei 9.019/1995. Gabarito "A".

(Procurador da Fazenda Nacional – 2007 – ESAF) O Mercado Comum do Sul (MERCOSUL) foi criado em 1991, pelo Tratado de Assunção. Sobre o sistema de solução de controvérsias do MERCOSUL é correto afirmar que:

(A) o sistema de solução de controvérsias foi criado pelo Protocolo de Brasília, ainda em vigor e que já resolveu dezenas de litígios entre os Estados Partes do MERCOSUL.

(B) o sistema de solução de controvérsias ganhou maior efetividade após o Protocolo de Ushuaia, que passou a permitir a reclamação direta das empresas perante os tribunais arbitrais.

(C) apesar das críticas, o vigente Protocolo de Brasília mostra-se como uma norma suficiente, diante da inexistência de controvérsias resolvidas no âmbito do MERCOSUL.

(D) uma das características marcantes do Protocolo de Olivos, que atualmente regulamenta a solução de controvérsias no MERCOSUL, é permitir o recurso das decisões arbitrais ao Tribunal Permanente de Revisão.

(E) o Protocolo de Brasília foi revogado expressamente após a adesão, pelos Estados Partes do MERCOSUL, ao sistema de solução de controvérsias da Organização Mundial do Comércio.

A, C e D: o sistema de solução de controvérsias vigente é regulado primordialmente pelo Protocolo de Olivos, que instituiu o Tribunal Permanente de Revisão do Mercosul; B: o Protocolo de Ushuaia refere-se ao compromisso democrático – a reclamação de particulares é prevista no Protocolo de Brasília (Capítulo V) e no Protocolo de Olivos (Capítulo XI); E: os acordos firmados no âmbito da OMC não prejudicam o sistema de solução de controvérsias do Mercosul. Gabarito "D".

16. DIREITO PREVIDENCIÁRIO

Robinson Sakiyama Barreirinhas

1. PRINCÍPIOS E NORMAS GERAIS

(Magistratura Federal-5ª Região – 2011) Em relação às fontes e princípios e à eficácia e interpretação das normas de seguridade, assinale a opção correta.

(A) Com base no princípio constitucional de irredutibilidade do valor dos benefícios, não se admite redução do valor nominal do benefício previdenciário pago em atraso, exceto na hipótese de índice negativo de correção para os períodos em que ocorra deflação.

(B) As fontes formais do direito previdenciário consistem nos fatores que interferem na produção de suas normas jurídicas, como, por exemplo, os fundamentos do surgimento e da manutenção dos seguros sociais e os costumes no âmbito das relações entre a autarquia previdenciária — no caso, o INSS — e o segurado.

(C) Havendo antinomia entre norma principiológica e norma infraconstitucional, a questão se resolve pela sobreposição da norma constitucional à legal, razão pela qual o STF declarou a inconstitucionalidade formal da Lei n.º 9.876/1999, na parte que estendeu o salário-maternidade às contribuintes individuais, sob o argumento de que a CF somente prevê o benefício expressamente às empregadas urbanas, rurais e domésticas e às trabalhadoras avulsas.

(D) Diante de aparente antinomia entre normas principiológicas ou constitucionais, não é correto, segundo a doutrina dominante, falar-se em conflito, mas em momentâneo estado de tensão ou de mal-estar hermenêutico, cuja solução não se dá pela exclusão de uma norma do ordenamento jurídico, como ocorre com as regras em geral, mas pela ponderação entre os princípios, em cada caso concreto.

(E) A interpretação teleológica das normas previdenciárias consiste na análise da norma no contexto desse ramo do direito ou do ordenamento jurídico como um todo, e não, isoladamente. Busca-se, com isso, a integração da norma com os princípios norteadores e demais institutos aplicáveis.

A: incorreta, pois o STJ, "tendo em vista a função da correção monetária, qual seja, a manutenção do poder aquisitivo da moeda, bem como a vedação constitucional à irredutibilidade ao valor dos benefícios e, ainda, o caráter social e protetivo de que se reveste a norma previdenciária, firmou compreensão no sentido de ser inaplicável o índice negativo de correção monetária para a atualização dos valores pertinentes a benefícios previdenciários pagos em atraso" – AgRg no REsp 1.242.584/RS; B: incorreta. A rigor, a doutrina não é uniforme no uso das expressões fontes materiais e formais do direito. De qualquer forma, há certa harmonia no entendimento de que fontes formais são os veículos normativos (Constituição, leis, decretos, portarias etc.). Discute a possibilidade de o costume ser admitido como fonte do direito previdenciário (no direito tributário, por exemplo, ver o art. 100, III, do CTN). Os fundamentos do surgimento e da manutenção dos seguros sociais seriam classificados como fontes materiais do direito previdenciário; C: assertiva incorreta, pois o STF não declarou inconstitucional o salário-maternidade em favor da segurada individual – art. 71 do Plano de Benefícios da Previdência Social – PBPS (Lei 8.213/1991) – ver ADI 2.111/MC; D: assertiva correta, muito embora, excepcionalmente, possa haver declaração de inconstitucionalidade de norma constitucional incluída pelo constituinte derivado – ver ADI 939/DF; E: incorreta, pois a assertiva indica a interpretação sistemática. A interpretação teleológica refere-se à finalidade da norma. **Gabarito "D".**

(Magistratura Federal-4ª Região – 2010) Dadas as assertivas abaixo acerca dos princípios informadores da Seguridade Social e da Previdência Social, assinale a alternativa correta.

I. Em razão do princípio da uniformidade e da equivalência dos benefícios e serviços, é totalmente vedada a adoção de requisitos e critérios diferenciados para a concessão de aposentadoria aos beneficiários do Regime Geral de Previdência Social.

II. Em razão de princípio consagrado na Constituição Federal, é assegurado o reajustamento dos benefícios para preservar-lhes, em caráter permanente, o valor real, conforme critérios definidos em decreto do Presidente da República, após proposta do Conselho Nacional de Previdência Social.

III. Por força de princípio constitucional, há a possibilidade de instituição de regime de previdência privada facultativo, de caráter complementar e organizado de forma autônoma em relação ao Regime Geral de Previdência Social, baseado na constituição de reservas que garantam o benefício contratado, e regulado por lei complementar.

IV. O princípio da universalidade garante o acesso à Previdência Social, independentemente de qualquer condição, a todas as pessoas residentes no país, inclusive estrangeiros.

V. Os princípios previstos na Constituição Federal acerca da Seguridade Social estabelecem, dentre outras coisas, equidade na forma de participação no custeio, diversidade da base de financiamento e caráter democrático e descentralizado da administração, mediante gestão quadripartite, com participação dos trabalhadores, dos empregadores, dos aposentados e do Governo nos órgãos colegiados.

(A) Está correta apenas a assertiva III.
(B) Estão corretas apenas as assertivas I e IV.
(C) Estão corretas apenas as assertivas III e V.
(D) Estão corretas apenas as assertivas IV e V.
(E) Nenhuma assertiva está correta.

I: incorreta, pois a própria Constituição admite a adoção de requisitos e critérios diferenciados nos casos de atividades exercidas sob condições especiais que prejudiquem a saúde ou a integridade física e quando se tratar de segurados portadores de deficiência, nos termos definidos em lei complementar – art. 201, § 1º, da CF e também o art. 194, II, da CF; II: assertiva incorreta, pois os critérios para o reajustamento dos benefícios devem ser definidos em lei – art. 201, § 4º, da CF; III: correta, pois reflete exatamente o disposto no art. 202, *caput*, da CF; IV: incorreta, pois, embora a universalidade seja princípio que rege a seguridade social (previdência, assistência e saúde) – art. 194, p. único, I, da CF, a previdência social, especificamente, é organizada sob a forma de regime geral de caráter *contributivo*, ou seja, abrange aqueles que contribuem, na condição de segurados, e seus dependentes – art. 201, *caput*, da CF; V: assertiva correta, nos termos do art. 194, p. único, da CF. **Gabarito "C".**

(Procurador do Município/Boa Vista-RR – 2010 – CESPE) Julgue o item a seguir, relativos às legislações previdenciária e da seguridade social.

(1) A equidade na forma de participação no custeio é princípio constitucional atinente à seguridade social, no entanto, as entidades beneficentes de assistência social que atenderem às exigências estabelecidas em lei serão isentas de contribuição para a seguridade social.

1: assertiva correta, pois a isenção em favor das entidades beneficentes de assistência social (a rigor, imunidade) é prevista expressamente pelo art. 195, § 7º, da CF. Gabarito 1C

(Defensoria Pública da União – 2010 – CESPE) Em relação aos institutos de direito previdenciário, julgue o item seguinte.

(1) A Lei Eloy Chaves (Decreto Legislativo n.º 4.682/1923), considerada o marco da Previdência Social no Brasil, criou as caixas de aposentadoria e pensões das empresas de estradas de ferro, sendo esse sistema mantido e administrado pelo Estado.

1: assertiva incorreta. Na sistemática da Lei Eloy Chaves, eram criadas caixas de aposentadorias e pensões, de natureza privada, em cada uma das empresas de estrada de ferro para os respectivos empregados. Havia contribuições pelos trabalhadores ferroviários e pelos usuários de transportes. O Estado não participava do custeio ou da administração do sistema. Gabarito 1E

(Defensoria Pública da União – 2010 – CESPE) Com base no direito previdenciário, julgue o item seguinte.

(1) Caso a CF previsse que determinado benefício previdenciário deveria abranger somente os empregados urbanos, rurais e trabalhadores avulsos, norma infraconstitucional posterior que fosse editada estendendo o benefício aos contribuintes individuais, com a precedente fonte de custeio, deveria ser considerada constitucional.

1: a assertiva correta, pois a lei pode estender benefício ou serviço da seguridade social, desde que haja a correspondente fonte de custeio – art. 195, § 5º, da CF. Gabarito 1C

(Magistratura Federal/1ª Região – 2009 – CESPE) Quanto aos princípios do sistema de seguridade social, assinale a opção correta.

(A) Segundo o princípio da equidade, quanto maiores forem as possibilidades de sinistro que determinada atividade acarrete, maior será o tributo social. Com base nesse princípio, a CF prevê que as contribuições sociais devidas pelo empregador, pela empresa e pela entidade a ela equiparada na forma da lei poderão ter alíquotas diferenciadas em razão da atividade econômica, regra que não se aplica à base de cálculo.
(B) Com base no princípio constitucional da solidariedade, o legislador poderá garantir prioridade a determinadas prestações a serem garantidas ao beneficiário do sistema de seguridade social.
(C) Um dos objetivos fixados pela CF para a seguridade social é o caráter democrático e descentralizado da administração, mediante gestão quadripartite, com a participação exclusiva dos trabalhadores, dos empregadores, dos aposentados e dos pensionistas nos órgãos colegiados.
(D) De acordo com o princípio da universalidade da cobertura, todas as situações que configurarem riscos sociais devem estar compreendidas no âmbito de proteção do sistema de seguridade.
(E) A CF estabelece expressamente que um dos objetivos do sistema de seguridade social é a uniformidade e equivalência dos benefícios e serviços às populações urbanas e rurais. Entretanto, o legislador ordinário poderá estabelecer benefícios diferenciados para essas populações, em determinadas hipóteses.

A: assertiva incorreta, pois as contribuições sociais poderão ter alíquotas ou **bases de cálculo** (não apenas alíquotas) diferenciadas, em razão da atividade econômica, da utilização intensiva de mão de obra, do porte da empresa ou da condição estrutural do mercado de trabalho – art. 195, § 9º, da CF; B: assertiva incorreta, pois se refere ao princípio da *seletividade* (art. 194, parágrafo único, III, da CF), não ao da solidariedade. Apesar de a CF fazer referência à solidariedade ao tratar do regime previdenciário dos servidores públicos (art. 40, *caput*), o princípio é também aplicável ao regime geral de previdência social – RGPS, segundo o qual diversas pessoas contribuem para assegurar e manter benefícios em relação a algumas pessoas eventualmente atingidas por contingências; C: incorreta, pois o Governo também participa da administração da seguridade social, ao lado dos trabalhadores, dos empregadores e dos aposentados – art. 194, parágrafo único, VII, da CF; D: assertiva correta, pois descreve adequadamente a *universalidade de cobertura*, que se refere às contingências cobertas pelo sistema – art. 194, parágrafo único, I, da CF; E: incorreta, pois não é possível o estabelecimento de distinções – art. 194, parágrafo único, II, da CF.

Veja a seguinte tabela, para estudo e memorização dos objetivos da seguridade social, listados no art. 194 da CF:

Objetivos da Seguridade Social – art. 194 da CF
– universalidade da cobertura e do atendimento
– uniformidade e equivalência dos benefícios e serviços às populações urbanas e rurais
– seletividade e distributividade na prestação dos benefícios e serviços
– irredutibilidade do valor dos benefícios
– equidade na forma de participação no custeio
– diversidade da base de financiamento
– caráter democrático e descentralizado da administração, mediante gestão quadripartite, com participação dos trabalhadores, dos empregadores, dos aposentados e do Governo nos órgãos colegiados

Gabarito "D"

(Magistratura do Trabalho – 8ª Região – 2009) A respeito dos princípios constitucionais aplicáveis à seguridade social, é correto afirmar:

(A) Seguridade social compreende um conjunto integrado de ações de iniciativa dos Poderes Públicos e da sociedade, destinadas a assegurar os direitos relativos à saúde, à previdência e à assistência social. Compete ao Poder Público, nos termos da lei, organizar a seguridade social, com base nos seguintes objetivos: I - universalidade da cobertura e do atendimento; II - uniformidade e equivalência dos benefícios e serviços às populações urbanas e rurais; III - seletividade e distributividade na prestação dos benefícios e serviços; IV - irredutibilidade do valor dos benefícios; V - eqüidade na forma de participação no custeio; VI - diversidade da base de financiamento; VII - caráter democrático e descentralizado da administração, mediante gestão quadripartite, com participação dos trabalhadores, dos empregadores, dos aposentados e do Governo nos órgãos colegiados.
(B) A seguridade social será financiada por toda a sociedade, de forma direta e indireta, nos termos da lei, mediante recursos provenientes dos orçamentos da União, dos Estados, do Distrito Federal e dos Municípios, e das seguintes contribuições sociais: I - do empregador, da empresa e da entidade a ela equiparada na forma da lei, incidentes sobre: a) a folha de salários e demais rendimentos do trabalho pagos ou creditados, a qualquer título, à pessoa física que lhe preste serviço, mesmo sem vínculo empregatício; b) a receita ou o faturamento; c) o lucro; II - do trabalhador e dos demais segurados da previdência social, observadas as isenções previstas na Constituição; III - contribuição de intervenção no domínio econômico relativa às atividades de importação ou comercialização de petróleo e seus derivados, gás natural e seus derivados e álcool combustível IV - sobre a receita de concursos de prognósticos; V - do importador de bens ou serviços do exterior, ou de quem a lei a ele equiparar. Podem ser instituídas novas formas de financiamento mediante lei complementar, desde que sejam não-cumulativos e não tenham fato gerador ou base de cálculo próprios dos discriminados na Constituição.
(C) Acidente do trabalho é o que ocorre pelo exercício do trabalho a serviço da empresa, provocando lesão corporal ou perturbação funcional que cause a morte ou a perda ou redução, permanente ou temporária, da capacidade para o trabalho. A cobertura do risco de acidente do trabalho deverá ser atendida privativamente pelo regime geral de previdência social, observados os termos da Lei.
(D) A saúde é direito de todos e dever do Estado, garantido mediante políticas sociais e econômicas que visem à redução do risco de doença e de outros agravos e ao acesso universal e igualitário às ações e serviços para sua promoção, proteção e recuperação. São de relevância pública as ações e serviços de saúde, cabendo ao Poder Público dispor, nos termos da lei, sobre sua regulamentação, fiscalização e controle, devendo sua execução ser feita diretamente ou através de terceiros e, também,

por pessoa física ou jurídica de direito privado. As instituições privadas poderão participar de forma complementar do sistema único de saúde, segundo diretrizes deste, mediante contrato de direito público ou convênio, tendo preferência as entidades filantrópicas e as sem fins lucrativos. Como regra, a assistência à saúde é livre à iniciativa privada, podendo ser desenvolvida por entidades comerciais, filantrópicas ou sem fim lucrativo, de capital nacional ou não.

(E) A previdência social será organizada sob a forma de regime geral, de caráter contributivo e de filiação facultativa, observados critérios que preservem o equilíbrio financeiro e atuarial, e atenderá, nos termos da lei, a: I - cobertura dos eventos de doença, invalidez, morte e idade avançada; II - proteção à maternidade, especialmente à gestante; III - proteção ao trabalhador em situação de desemprego involuntário; IV - salário-família e auxílio-reclusão para os dependentes dos segurados de baixa renda; V - pensão por morte do segurado, homem ou mulher, ao cônjuge ou companheiro e dependentes, garantido, neste caso, a percepção de valores nunca inferiores a um salário mínimo.

A: assertiva correta, pois reflete exatamente o disposto no art. 195, *caput*, parágrafo único e seus incisos, da CF; B: a assertiva é incorreta, pois faz referência à CIDE sobre combustíveis, que não é contribuição destinada ao custeio da seguridade social – art. 177, § 4º, da CF. O resto é correto, nos termos do art. 195, *caput* e seus incisos, e § 4º, da CF; C: a assertiva é incorreta, pois a cobertura do risco de acidente do trabalho será atendida concorrentemente pelo RGPS **e pelo setor privado** (não privativamente pelo RGPS, como consta da assertiva) – art. 201, § 10 da CF. Interessante notar que a definição de acidente do trabalho é correta, nos termos do art. 19, *caput*, do Plano de Benefícios da Previdência Social – PBPS (Lei 8.213/1991); D: a assertiva é incorreta, pois é vedada a participação direta ou indireta de empresas ou capitais estrangeiros na assistência à saúde no País, salvo nos casos previstos em lei – art. 199, § 3º, da CF. Ademais, a assistência à saúde não é desenvolvida por entidades comerciais (não se trata de comércio, mas sim ações e serviços de interesse público – art. 197 da CF). As demais afirmações são verdadeiras, conforme os arts. 196, 197 e 199, *caput* e § 1º, da CF; E: a assertiva é incorreta porque a filiação ao RGPS é obrigatória, nos termos do art. 201, *caput*, da CF. O resto é correto, pois reflete o conteúdo desse dispositivo legal, incluindo seus incisos e § 2º. Gabarito "A".

(Magistratura do Trabalho – 23ª Região – 2009) Assinale a alternativa CORRETA:

I. Objetivamente considerada, a universalidade da cobertura diz respeito à reparação das conseqüências das contingências estabelecidas na lei.

II. O princípio da eqüidade na forma de participação do custeio determina regras de custeio diferenciadas de acordo com as condições contributivas, o que possibilita as diferentes alíquotas. É um desdobramento do princípio da igualdade.

III. Subjetivamente considerada a universalidade da cobertura diz respeito à população atendida pela previdência social.

(A) Apenas os itens I e II são verdadeiros.
(B) Apenas os itens II e III são verdadeiros.
(C) Todos os itens são verdadeiros.
(D) Apenas os itens I e III são verdadeiros.
(E) Todos os itens são falsos.

I: assertiva correta, pois descreve adequadamente o aspecto objetivo da *universalidade de cobertura* – art. 194, parágrafo único, I, da CF; II: correta, já que é esse o conteúdo do princípio da *equidade na forma de participação do custeio*, que implica tratamento desigual na medida das desigualdades – art. 194, parágrafo único, V, da CF; III: incorreta, pois o aspecto subjetivo da *universalidade* refere-se a todos que vivem no Brasil, não apenas àqueles atendidos pela previdência social (há também aqueles que são cobertos apenas pela saúde e pela assistência social). Gabarito "A".

(Procurador de Contas TCE/ES – CESPE – 2009) Em relação às disposições constitucionais relativas à previdência social, assinale a opção correta.

(A) É assegurada aposentadoria por idade no RGPS aos 65 anos de idade, se homem, e 60 anos de idade, se mulher, reduzido em cinco anos o limite para os professores de ambos os sexos.

(B) É assegurada aposentadoria por tempo de contribuição no RGPS aos 35 anos de contribuição, se homem, e 30 anos de contribuição, se mulher, reduzido tal prazo em cinco anos para os trabalhadores rurais e para os que exerçam suas atividades em regime de economia familiar.

(C) O sistema de inclusão previdenciária dos trabalhadores de baixa renda deve ter alíquotas e carências inferiores às vigentes para os demais segurados do RGPS.

(D) Segundo previsão constitucional, exceto na hipótese de profissionais da saúde, é vedada a filiação ao RGPS, na qualidade de segurado facultativo, de pessoa participante de regime próprio de previdência.

(E) As contribuições do empregador, os benefícios e as condições contratuais previstas nos estatutos, regulamentos e planos de benefícios das entidades de previdência privada integram o contrato de trabalho e a remuneração dos participantes.

A: incorreta, pois a redução em cinco anos para os professores refere-se apenas ao tempo de contribuição, não à idade – art. 201, § 7º, I e § 8º, da CF; B: assertiva incorreta, pois a redução em cinco anos para os trabalhadores rurais e para os que exercem suas atividades em regime de economia familiar refere-se exclusivamente à idade, não ao tempo de contribuição – art. 201, § 7º, II, da CF; C: assertiva correta, pois reflete o disposto no art. 201, § 13, da CF; D: incorreta, pois não há essa exceção à vedação de filiação do participante de regime próprio de previdência ao RGPS – art. 201, § 5º, da CF; E: incorreta, pois as contribuições do empregador, os benefícios e as condições contratuais previstas nos estatutos, regulamentos e planos de benefícios das entidades de previdência privada **não integram** o contrato de trabalho dos participantes, assim como, à exceção dos benefícios concedidos, **não integram** a remuneração dos participantes, nos termos da lei – art. 202, § 2º, da CF. Gabarito "C".

(Delegado/GO – 2009 – UEG) Sobre a seguridade social, é CORRETO afirmar:

(A) é assegurada aposentadoria, no regime geral de previdência social, ao trabalhador que reunir, cumulativamente, 35 anos de contribuição, se homem, e 30 anos de contribuição, se mulher, e 65 anos de idade, se homem, e 60 anos de idade, se mulher, reduzido o limite em 10 anos para os trabalhadores rurais.

(B) constitui objetivo da seguridade social o caráter democrático e centralizado da gestão administrativa, mediante gestão tripartite, com a participação dos trabalhadores, empregadores e governo nos órgãos colegiados.

(C) a pessoa jurídica em débito com o sistema da seguridade social, como estabelecido em lei, não poderá contratar com o Poder Público, permitido porém dele receber benefícios fiscais.

(D) são ações da assistência social, dentre outras, a proteção à família, à maternidade, à infância, à adolescência e à velhice e a promoção da integração ao mercado de trabalho.

A: incorreta, pois a redução do limite para trabalhadores rurais é de 5 anos em relação à idade – art. 201, § 7º, II, da CF; B: incorreta, pois o caráter da administração é **descentralizado**, com gestão **quadripartite**, com participação de trabalhadores, empregadores, aposentados e Governo – art. 194, parágrafo único, VII, da CF; C: incorreta, pois a pessoa jurídica em débito com o sistema da seguridade social, como estabelecido em lei, não poderá contratar com o Poder Público **nem dele receber benefícios** ou incentivos fiscais ou creditícios – art. 195, § 3º, da CF; D: assertiva correta, pois reflete o disposto no art. 203, I e III, da CF. Gabarito "D".

(Delegado/PA – 2009 – MOVENS) Em relação às disposições constitucionais atinentes ao direito previdenciário, assinale a opção correta.

(A) A gratificação natalina dos aposentados e pensionistas da previdência social terá por base o valor dos proventos do mês de novembro de cada ano.

(B) Em qualquer situação, o servidor público será aposentado compulsoriamente aos 70 anos de idade, com proventos integrais.

(C) Não incidirá contribuição sobre os proventos de aposentadorias e pensões concedidas por regime previdenciário próprio de servidores públicos, ao contrário do que ocorre com aquelas concedidas pelo regime geral de previdência social.

(D) Segundo previsão constitucional, nenhum benefício que substitua o salário-de-contribuição ou o rendimento do trabalho do segurado terá valor mensal inferior ao salário mínimo.

A: incorreta, pois a base para a gratificação natalina é o valor dos proventos no mês de **dezembro** de cada ano, não novembro, como consta da assertiva – art. 201, § 6º, da CF; B: incorreta, pois a aposentadoria compulsória se dá com proventos proporcionais ao tempo de contribuição – art. 40, § 1º, II, da CF; C: incorreta, pois é o oposto. Incide contribuição sobre proventos de aposentadorias e pensões concedidas pelos regimes previdenciários próprios dos servidores públicos, mas não sobre os proventos pagos pelo RGPS – arts. 40, *caput*, e 195, II, *in fine*, da CF; D: assertiva correta, conforme o art. 201, § 2º, da CF. Gabarito "D".

(Magistratura do Trabalho – 23ª Região – 2009) Analise os itens abaixo e marque a alternativa CORRETA:

Em relação à organização da seguridade social:

I. há pluralidade e equivalência dos benefícios e serviços.
II. não há pluralidade, mas equivalência dos benefícios e serviços.
III. há seletividade dos benefícios e serviços.
IV. há gestão quadripartite, sem a participação de aposentados.

(A) Apenas os itens I, III e IV são verdadeiros.
(B) Apenas os itens II e III são verdadeiros.
(C) Apenas os itens I e III são falsos.
(D) Todos os itens são verdadeiros.
(E) Todos os itens são falsos.

I: incorreta, pois não há pluralidade, mas sim uniformidade e equivalência dos benefícios e serviços às populações urbanas e rurais – art. 194, parágrafo único, II, da CF; II: correta, conforme comentário à assertiva I; correta, pois o art. 194, parágrafo único, III, da CF prevê seletividade e distributividade na prestação dos benefícios e serviços; IV: assertiva incorreta, pois os aposentados participam da gestão quadripartite, ao lado de trabalhadores, empregadores e Governo – art. 194, parágrafo único, VII, da CF. Gabarito "B".

(Magistratura do Trabalho – 23ª Região – 2009) Analise as assertivas abaixo e marque a alternativa CORRETA:

I. É de dez anos o prazo de decadência para o lançamento das contribuições sociais devidas à Previdência Social.
II. Nenhum benefício ou serviço da seguridade social poderá ser criado, majorado ou estendido sem a correspondente fonte de custeio total.
III. Deve ser instituída por meio de lei complementar a contribuição social que tenha por base de cálculo os valores pagos a trabalhadores autônomos.

(A) Apenas o item I é verdadeiro.
(B) Apenas o item II é verdadeiro.
(C) Apenas o item III é verdadeiro.
(D) Todos os itens são falsos.
(E) Todos os itens são verdadeiros.

I: assertiva incorreta. A legislação previdenciária (arts. 45 e 46 da Lei 8.212/1991) previa prazo decadencial (para lançamento das contribuições sociais) e prescricional (para sua cobrança) de dez anos. Esse texto ficou prejudicado pela Súmula Vinculante 8/STF, pois a matéria (decadência e prescrição tributárias) deve ser veiculada por lei complementar federal (art. 146, III, b, da CF). Esses dispositivos legais foram formalmente revogados pela LC 128/2008. Atualmente, portanto, vige o prazo de cinco anos para decadência e prescrição, conforme dispõe o CTN (arts. 173 e 174); II: assertiva correta, conforme o art. 195, § 5º, da CF; III: incorreta, pois as contribuições sociais previstas no art. 195, I a IV, da CF podem ser instituídas e alteradas por lei ordinária federal. Apenas outras contribuições sociais, distintas daquelas previstas no art. 195, I a IV, da CF eventualmente criadas pela União, é que precisam ser veiculadas por lei complementar federal, conforme o § 4º desse dispositivo constitucional – ver RE 487.475 AgR/RJ. Gabarito "B".

(Procurador do Estado/CE – 2008 – CESPE) A seguridade social deve ser compreendida como um sistema que procura solucionar riscos sociais que evidenciam necessidades específicas capazes de provocar graves desequilíbrios que comprometam a ordem social. Com relação à seguridade social brasileira, assinale a opção correta.

(A) A Lei Eloi Chaves é apontada como o marco inaugural da previdência social no Brasil, por ter sido a primeira iniciativa do poder público que visava amparar os trabalhadores contra os riscos sociais. Ela foi criada como seguro social e de acordo com o modelo bismarquiano.
(B) As instituições privadas têm livre acesso à prestação de serviços de assistência na área de saúde, e participam de forma complementar ao sistema único, sendo vedada, entretanto, a destinação de recursos públicos para auxílios ou subvenções para essas instituições.
(C) Em obediência ao princípio da igualdade, corolário da dignidade da pessoa humana, não é possível a adoção de requisitos diferenciados para concessão de aposentadoria aos beneficiários do regime geral de previdência social.
(D) A previdência social pública brasileira organiza-se basicamente em regimes próprios, destinados aos servidores públicos titulares de cargos efetivos, e regime geral, de caráter contributivo e de filiação obrigatória para os demais trabalhadores. Este, entre outros riscos sociais, dá cobertura aos eventos de doença, invalidez, morte, idade avançada e desemprego involuntário.
(E) O legislador constituinte originário, com objetivo de dar maior abrangência e cuidado possíveis à questão dos riscos sociais, estabeleceu que as ações presentes no Título da Ordem Social, da Constituição Federal, corresponderiam às iniciativas dos poderes públicos e da sociedade para proteção do direito ao bem-estar e da justiça social, representados pelas ações que integram a seguridade social.

A: embora seja marco da legislação securitária, não se trata da "primeira iniciativa do poder público", pois houve normas anteriores relativas a acidentes do trabalho, por exemplo; B: é vedada a destinação de recursos públicos para auxílios ou subvenções apenas às instituições privadas com fins lucrativos – art. 199, § 2º, da CF; C: há igualdade quanto aos requisitos para aposentadoria, ressalvados os casos de atividades exercidas sob condições especiais que prejudiquem a saúde ou a integridade física e quando se tratar de segurados portadores de deficiência, nos termos definidos em lei complementar – art. 201, § 1º, da CF; D: arts. 40 e 201 da CF; E: apenas o Capítulo II desse Título da CF (Da Ordem Social) cuida da seguridade social, os demais tratam da educação, da cultura, dos esportes (Capítulo III), da ciência e tecnologia (Capítulo IV), da comunicação social (Capítulo V), do meio ambiente (Capítulo VI), da família, da criança, do adolescente e do idoso (Capítulo VII) e dos índios (Capítulo VIII). Gabarito "D".

(Procurador do Estado/CE – 2008 – CESPE) Acerca das normas constitucionais relacionadas ao custeio da seguridade social, assinale a opção correta.

(A) Com o objetivo de incentivar a criação de empregos, a Constituição Federal eliminou qualquer restrição de acesso a benefícios fiscais ou creditícios, inclusive para empresas que estejam em débito com a seguridade social.
(B) Considerando os sucessivos deficit nas contas da previdência social, apesar da elevada carga tributária, a Constituição autoriza a instituição de novas fontes de custeio, desde que isso seja feito por lei complementar.
(C) As leis que criam as contribuições que financiam a seguridade social devem observar o chamado princípio da anterioridade nonagesimal, isto é, somente podem ser exigidas após decorridos noventa dias da data da publicação da lei que as houver instituído ou modificado. Além disso, tais normas não podem ser cobradas no mesmo exercício financeiro em que forem publicadas.
(D) A questão previdenciária tornou-se, nos últimos anos, fonte de preocupação constante em relação à necessidade de maior cobertura possível. Nesse sentido, o próprio texto constitucional estabelece norma programática com o objetivo de alcançar os trabalhadores de baixa renda, bem como as donas de casa, autorizando a aplicação de alíquotas menores sem alterar, entretanto, os prazos de carência.
(E) Uma das principais fontes de renúncia fiscal que, de certa forma, agrava o deficit nas contas previdenciárias é a imunidade concedida às instituições de educação e de assistência social, estas, sem fins lucrativos.

A: empresas em débito com a seguridade social não podem receber benefícios ou incentivos fiscais ou creditícios – art. 195, § 3º, da CF; B: art. 195, § 4º, da CF; C: as contribuições previdenciárias não se submetem à anterioridade comum, mas apenas à nonagesimal, ou seja, podem ser exigidas no mesmo exercício em que publicada a lei respectiva, observado o prazo mínimo de noventa dias – art. 195, § 6º, da CF; D: o art. 201, § 13, da CF prevê também carências menores para esses beneficiários; E: a imunidade (o texto constitucional usa o termo "isenção") abrange apenas as entidades beneficentes de assistência social que atendam às exigências estabelecidas em lei – art. 195, § 7º, da CF. Gabarito "B".

(Procurador do Estado/ES – 2008 – CESPE) A seguridade social compreende um conjunto de ações destinadas a assegurar a saúde, a previdência e a assistência social. Sua organização pelo poder público, por meio de lei, deve observar alguns objetivos. Acerca da base para a organização da seguridade social, conforme previsto na Constituição brasileira, julgue os próximos itens.

(1) A seletividade e a distributividade dos benefícios e dos serviços da seguridade social referem-se à capacidade individual contributiva dos possíveis beneficiários, que determina a aptidão para usufruírem prestações da seguridade social.

(2) A administração da seguridade social possui caráter democrático mediante gestão quadripartite, com a participação dos trabalhadores, dos empregadores, dos aposentados e do governo nos órgãos colegiados.

1: Art. 194, parágrafo único, III, da CF. A seletividade refere-se à seleção (realizada pelo legislador) das necessidades básicas que serão atendidas pela seguridade social. Distributividade refere-se à justiça social advinda da distribuição solidária de recursos (dos que mais têm aos que mais necessitam). 2: Art. 194, parágrafo único, VII, da CF. Gabarito 1E, 2C.

(Magistratura Federal – 4ª Região – XIII – 2008) Dadas as assertivas abaixo, assinalar a alternativa correta.

I. Apontando iterativa jurisprudência, inclusive do Pretório Excelso, que "não há direito adquirido a regime jurídico", o princípio *tempus regit actum* não encontra aplicação no Direito Previdenciário; assim, o segurado que já possuía o direito à aposentadoria antes da vigência da Lei nº 9.876/99 não faz jus a, nos dias de hoje, requerer o benefício sem a incidência do fator previdenciário.

II. As contribuições sociais incidentes sobre apostas feitas em concursos de prognósticos têm como contribuintes as pessoas jurídicas que promovem o recolhimento; e não os apostadores.

III. As prestações previdenciárias guardam natureza eminentemente alimentar constituindo, no mais das vezes, o meio de subsistência básica do ser humano, cuja demora no deferimento pode causar danos irreparáveis à existência digna de quem delas depende.

IV. Em razão de serem os chamados "bóias-frias" trabalhadores eventuais, excluem-se ainda hoje do amparo da legislação previdenciária, mesmo quando surpreendidos pela fiscalização previdenciária em plena atividade laborativa.

(A) Está correta apenas a assertiva I.
(B) Está correta apenas a assertiva III.
(C) Estão corretas apenas as assertivas II e IV.
(D) Estão incorretas todas as assertivas.

I: a inexistência de direito adquirido a regime jurídico, reconhecida pelo STF, não afasta a aplicação do princípio da irretroatividade das normas em diversas questões previdenciárias, dentre elas a relativa ao fator previdenciário – art. 6º da Lei 9.876/1999; II: os apostadores, que demonstram capacidade contributiva, são os contribuintes, embora o recolhimento seja feito pelos responsáveis tributários; III: a assertiva é verdadeira; IV: os trabalhadores rurais que prestam serviços eventuais são segurados obrigatórios na condição de contribuintes individuais – art. 11, V, *g*, da PBPS. Gabarito "B".

(Magistratura Federal – 4ª Região – XIII – 2008) Dadas as assertivas abaixo, assinalar a alternativa correta.

I. O modelo previdenciário brasileiro comporta o sistema de repartição como base, mas admite o regime de previdência complementar, facultativo, mediante sistema de capitalização.

II. A doutrina majoritária nega à Lei Eloy Chaves a condição de marco inicial da Previdência Social no Brasil, pois que, antes da sua publicação, já havia um sistema previdenciário baseado em complexos estudos atuariais.

III. É possível que detenha a pessoa física condição de segurado obrigatório, mesmo que a prestação laboral se dê no exterior, quando a contratação tenha ocorrido no território nacional, ou em virtude de tratados ou acordos internacionais firmados pelo Brasil.

IV. Entre o trabalhador em alvarenga (embarcação utilizada para carga e descarga de navios) e o ensacador de cacau não existe diferença de tratamento previdenciário, pois que são trabalhadores avulsos.

(A) Estão corretas apenas as assertivas I e III.
(B) Estão corretas apenas as assertivas I, III e IV.
(C) Estão corretas apenas as assertivas II, III e IV.
(D) Estão corretas todas as assertivas.

I: art. 202 da CF; II: é o oposto – a Lei Eloy Chaves é considerada pela doutrina o marco inicial da previdência social no Brasil; III: art. 11, I, *c* e *f*, da PBPS; IV: art. 11, VI, da PBPS e art. 9º, VI, *c* e *e*, do Decreto 3.048/1999. Gabarito "B".

(Magistratura Federal – 4ª Região – XIII – 2008) Dadas as assertivas abaixo, assinalar a alternativa correta.

I. Atualmente, não há distinção entre homem e mulher para a condição de dependente, podendo o cônjuge-varão, em caso de morte da mulher, receber pensão, mesmo não sendo inválido.

II. O vínculo de dependência econômica é sempre estabelecido com presunção *juris tantum*, admitindo prova inequívoca em contrário.

III. Considerando-se que o critério de aposentadoria hodiernamente se faz por tempo de contribuição (e não por tempo de serviço), ainda que o trabalhador haja laborado na condição de empregado, impossível deferir-se-lhe benefício previdenciário se não constam no banco de dados da Previdência Social as prestações previdenciárias pertinentes.

IV. A expressão "seguridade social" abrange em sua semântica não apenas o seguro social propriamente dito, mas também a saúde e a assistência social.

(A) Está correta apenas a assertiva I.
(B) Está correta apenas a assertiva IV.
(C) Estão corretas apenas as assertivas I e IV.
(D) Estão corretas apenas as assertivas II, III e IV.

I: a pensão por morte é devida ao dependente, seja marido ou esposa do segurado falecido – art. 74 da PBPS e art. 5º, V, do Decreto 3.048/1999; II: há entendimento de que existe presunção absoluta em favor do cônjuge e dos filhos menores e inválidos (art. 16, I, da PBPS) – ver REsp 203.722/PE. Interessante notar que, atualmente, o dispositivo legal refere-se ao filho não emancipado, de qualquer condição, menor de 21 anos ou inválido ou que tenha deficiência intelectual ou mental que o torne absoluta ou relativamente incapaz, assim declarado judicialmente; III: é possível, na hipótese, a concessão do benefício pelo valor mínimo, que poderá ser posteriormente retificado quando da comprovação dos salários de contribuição – art. 35 da PBPS; IV: a seguridade social abrange: saúde, previdência e assistência social – art. 194 da CF. Gabarito "C".

(Magistratura do Trabalho – 24ª Região – 2007) Considerados os princípios constitucionais próprios da Seguridade Social:

I. Universalidade da cobertura e do atendimento.

II. Uniformidade e equivalência dos benefícios e serviços às populações urbanas e rurais.

III. Seletividade e distributividade na prestação dos benefícios e serviços.

IV. Irredutibilidade do valor dos benefícios.

V. Eqüidade na forma de participação no custeio.

VI. Diversidade da base de financiamento.

VII. Caráter democrático e descentralizado da administração, mediante gestão quadripartite.

Considerados os enunciados a seguir:

(A) Toda a sociedade contribui para a manutenção do sistema de seguridade social, mas deve ser respeitada a progressividade da contribuição conforme a capacidade de contribuição de cada um.

(B) Nos órgãos colegiados, a gestão dos serviços e benefícios tem a participação de diversos segmentos da sociedade: trabalhadores; empregadores; aposentados; Governo.

(C) Não poderá haver distinção entre as modalidades de benefícios e serviços oferecidos aos indivíduos.

(D) O valor real do benefício deve ser preservado.

(E) Os benefícios e serviços serão oferecidos aos indivíduos através de escolha fundamentada e criteriosa e serão concedidos com eqüidade e justiça.

(F) A Seguridade Social garante a disponibilização das ações e benefícios em todas as contingências a que estejam sujeitos os indivíduos.

(G) A Seguridade Social será financiada por toda a sociedade de forma direta e indireta e também, nos termos da lei, com recursos provenientes do orçamento público.

Correlacione o princípio constitucional com o enunciado e assinale a alternativa CORRETA:

(A) (I-F); (II-C); (III-E); (IV-D); (V-B); (VI-A); (VII-G).
(B) (I-E); (II-A); (III-D); (IV-F); (V-C); (VI-B); (VII-G).
(C) (I-A); (II-E); (III-D); (IV-C); (V-F); (VI-B); (VII-G).
(D) (I-F); (II-C); (III-E); (IV-D); (V-A); (VI-G); (VII-B).
(E) (I-B); (II-A); (III-G); (IV-C); (V-E); (VI-F); (VII-D).

Art. 194, parágrafo único, da CF. A alternativa D relaciona adequadamente os princípios às assertivas que os definem. Gabarito "D".

(Magistratura do Trabalho – 8ª Região – 2007) Nos termos da Constituição Federal, são objetivos do Poder Público, ao organizar a seguridade social, exceto:

(A) Eqüidade na forma de participação no custeio.
(B) Caráter democrático e descentralizado da administração, mediante gestão quadripartite, com participação dos trabalhadores, dos empregadores, dos aposentados e do Governo nos órgãos colegiados.
(C) Uniformidade e equivalência dos benefícios e serviços às populações urbanas, rurais e indígenas.
(D) Seletividade e distributividade na prestação dos benefícios e serviços.
(E) Irredutibilidade do valor dos benefícios.

Somente a assertiva C não indica diretriz expressa constitucionalmente para a seguridade social, conforme o art. 194, parágrafo único, da CF (não há referência às populações indígenas, no que se refere à uniformidade e à equivalência dos benefícios e serviços). Gabarito "C".

(Procuradoria Federal – 2007 – CESPE) Julgue os itens seguintes.

(1) Assistência social é a política social que provê o atendimento das necessidades básicas, traduzidas em proteção à família, à maternidade, à infância, à adolescência, à velhice e à pessoa portadora de deficiência, independentemente de contribuição à seguridade social.
(2) A seguridade social obedece aos princípios da seletividade e da distributividade na prestação dos benefícios e serviços.

1: Art. 203 da CF. 2: Art. 194, parágrafo único, III, da CF. Gabarito 1C, 2C.

(Procurador da Fazenda Nacional – 2007.2 – ESAF) Nos termos da Constituição Federal, a contribuição para a seguridade social

(A) não está vinculada ao princípio constitucional da anterioridade. Entretanto, só pode ser exigida 90 dias após sua criação.
(B) não está vinculada ao princípio constitucional da anterioridade. Entretanto, só pode ser exigida 30 dias após sua criação.
(C) está vinculada ao princípio constitucional da anterioridade. Entretanto, só pode ser exigida 60 dias após sua criação.
(D) está vinculada ao princípio constitucional da anterioridade. Entretanto, só pode ser exigida 30 dias após sua criação.
(E) não está vinculada ao princípio constitucional da anterioridade, nem a qualquer outra limitação temporal.

Art. 195, § 6º, da CF – a contribuição social submete-se apenas à anterioridade nonagesimal. Gabarito "A".

(Procurador da Fazenda Nacional – 2007.2 – ESAF) Com relação aos Regimes de Financiamento da Previdência Social e da Previdência Complementar, a saber: regime de repartição simples e regime de capitalização, julgue os itens abaixo considerando o disposto no Título VIII – Da Ordem Social na Constituição de 1988 e na legislação federal pertinente.

I. No Regime de Repartição Simples, não há formação de poupança individual.
II. No Regime de Capitalização, a contribuição atual determina o valor do benefício futuro dos próprios agentes.
III. No Regime de Repartição Simples, previsto para o regime próprio dos servidores públicos, há alíquotas de contribuição mínima.
IV. No Regime de Capitalização, não há possibilidade de apropriação coletiva de sobras atuariais individuais.

(A) Somente I e IV estão incorretos.
(B) Somente I está incorreto.
(C) Todos estão corretos.
(D) Somente II e III estão corretos.
(E) Somente II e IV estão incorretos.

O regime geral (RGPS – art. 201 da CF) estrutura-se pelo regime de repartição simples, em que não há formação de poupanças individuais, pois as contribuições dos trabalhadores ativos custeiam as aposentadorias dos inativos. O regime próprio dos servidores adota, como regra, o regime de repartição, em que há valor mínimo para as contribuições – art. 149, § 1º, da CF. A previdência complementar (art. 202 da CF) adota o regime de capitalização, em que as contribuições de cada segurado formam poupança que custeará seus benefícios. Por essa razão, não há garantia do valor do benefício, que dependerá do montante individualmente capitalizado – art. 40, § 15, in fine, da CF. Gabarito "C".

(Procurador da Fazenda Nacional – 2007 – ESAF) À luz da Previdência Social definida na Constituição Federal e na legislação infraconstitucional, julgue os itens abaixo.

I. No Brasil, existe mais de um sistema de previdência. O sistema público caracteriza-se por ter filiação compulsória. O sistema privado caracteriza-se por ter filiação facultativa.
II. O sistema de previdência privada não tem natureza constitucional, estando regulado totalmente em normas infraconstitucionais.
III. As entidades de previdência privada podem sofrer intervenção ou liquidação.
IV. Toda entidade de previdência privada goza de imunidade tributária concedida às instituições de assistência social.

(A) Todos estão corretos.
(B) Somente I está incorreto.
(C) I e IV estão incorretos.
(D) I e III estão corretos.
(E) III e IV estão incorretos.

I e II: a Constituição fixa regras específicas para o regime próprio dos servidores (art. 40 da CF) e para o regime geral (RGPS – art. 201 da CF), além da previdência privada complementar (art. 202 da CF); III: art. 42 da LC 109/2001; IV: a imunidade tributária conferida a instituições de assistência social sem fins lucrativos (art. 150, VI, c, da CF) somente alcança as entidades fechadas de previdência social privada se não houver contribuição dos beneficiários – Súmula 730/STF. Gabarito "D".

2. CUSTEIO

(Magistratura Federal-5ª Região – 2011) Com relação a custeio da previdência social e a benefícios previdenciários, assinale a opção correta.

(A) O contrato de locação de automóveis firmado entre empregador e seus empregados configura salário-utilidade, não integrando, por conseguinte, para fins de incidência de contribuição tributária, o conceito de salário-de-contribuição, ainda que não caracterizada a gratuidade do benefício aos empregados.
(B) Com fundamento no princípio do equilíbrio financeiro-atuarial, a jurisprudência do STJ firmou-se no sentido de que incide contribuição previdenciária sobre o terço constitucional de férias, a despeito de tal verba não se incorporar à remuneração para fins de aposentadoria.
(C) O salário-maternidade tem natureza salarial, motivo pelo qual integra a base de cálculo da contribuição previdenciária; por outro lado, não tem natureza remuneratória a quantia paga a título de auxílio-doença e auxílio-acidente nos quinze primeiros dias do benefício.
(D) De acordo com o entendimento do STJ, com fundamento no princípio da especialidade, os juros moratórios, na repetição do indébito tributário, são devidos a partir do trânsito em julgado da sentença, regime não aplicável à repetição de indébito de contribuições previdenciárias.
(E) O valor do benefício de prestação continuada, exceto o regido por norma especial e o decorrente de acidente do trabalho, deve ser calculado com base no salário de benefício.

A: incorreta, pois o salário de contribuição para o empregado inclui apenas os rendimentos destinados a retribuir o trabalho, não o ressarcimento pela utilização de veículo do empregado – art. 28, I, e § 9º, s, do Plano de Custeio da Seguridade Social – PCSS

(Lei 8.212/1991); B: incorreta, pois a jurisprudência do STJ é pacífica no sentido de que não incide contribuição previdenciária sobre o terço constitucional de férias – ver AgRg no AREsp 16.759/RS; C: assertiva correta, conforme o art. 28, § 2º, do PCSS e jurisprudência do STJ em relação aos 15 primeiros dias do auxílio-doença e auxílio-acidente – ver AgRg no Ag 1.409.054/DF e REsp 1.217.686/PE; D: incorreta, pois o disposto na Súmula 188/STJ (juros moratórios a partir do trânsito) aplica-se às contribuições previdenciárias, que têm natureza tributária – ver REsp 1.089.241/MG; E: incorreta, pois o valor do benefício de prestação continuada, *inclusive* o regido por norma especial e o decorrente de acidente do trabalho, exceto o salário-família e o salário-maternidade, será calculado com base no salário de benefício – art. 28 do PBPS. Gabarito "C".

(Defensoria Pública da União – 2010 – CESPE) Com base no direito previdenciário, julgue o item seguinte.

(1) Para fins previdenciários, a principal diferença entre empresa e empregador doméstico é que a primeira se caracteriza por exercer atividade exclusivamente com fins lucrativos, e o segundo, não.

1: a assertiva é incorreta, pois, para fins previdenciários, considera-se empresa mesmo a firma ou a sociedade **sem fins lucrativos,** desde que assuma o risco de atividade econômica urbana ou rural. Por outro lado, o empregador doméstico jamais tem finalidade lucrativa, no que se refere à contratação do empregado doméstico – art. 15, I e II, do Plano de Custeio da Seguridade Social – PCSS (Lei 8.212/1991). Gabarito 1E.

(Defensoria/PA – 2009 – FCC) São receitas da seguridade social:

(A) contribuições do empregador, da empresa e da entidade a tanto equiparada por lei, incidentes sobre a folha de salários e demais rendimentos do trabalho, pagos à pessoa física que lhe preste serviço, mesmo sem vínculo empregatício.
(B) recursos provenientes apenas dos orçamentos de Estados, Distrito Federal e Municípios, mas não da União, a quem cabe apenas administrar o sistema.
(C) contribuições do empregador, da empresa e da entidade a tanto equiparada por lei, incidentes exclusivamente sobre a folha de salários pagos a empregados, não incidindo contribuição sobre as demais remunerações porventura pagas a empresários, autônomos e cooperados.
(D) contribuições de entidades legalmente qualificadas como beneficentes de assistência social, incidentes sobre a receita ou faturamento e as remunerações pagas aos respectivos empregados.
(E) contribuições do trabalhador e dos demais segurados do regime geral de previdência social, inclusive quando beneficiários das aposentadorias concedidas por esse regime.

A: assertiva correta, pois indica receitas da seguridade social previstas no art. 195, I, *a*, da CF; B: incorreta, pois a União destina recursos orçamentários para custeio da seguridade social – art. 195 *caput*, da CF; C: incorreta, pois a contribuição do empregador, da empresa e dos equiparados incide também sobre os rendimentos do trabalho pagos a quem lhes preste serviço sem vínculo empregatício – art. 195, I, *a*, *in fine*, da CF; D: incorreta, pois as entidades beneficentes de assistência social que atendam às exigências estabelecidas em lei são isentas (a rigor, imunes) de contribuição para a seguridade social – art. 195, § 7º, da CF; E: assertiva incorreta, pois não incide contribuição previdenciária sobre aposentadoria e pensão concedidas pelo RGPS – art. 195, II, *in fine*, da CF. Gabarito "A".

(Procurador do Município/Aracaju – 2008 – CESPE) Julgue os itens subsequentes, relacionados à seguridade social e a seu custeio.

(1) A positivação do modelo de seguridade social na ordem jurídica nacional ocorreu a partir da Constituição de 1937, seguindo o modelo do bem-estar social, em voga na Europa naquele momento. No caso brasileiro, as áreas representativas dessa forma de atuação são saúde, assistência e previdência social.

(2) De acordo com o sistema de financiamento criado pela Constituição de 1988, as despesas previdenciárias urbanas não podem ser custeadas pelas contribuições devidas pelas empresas cujo fato gerador seja a aquisição de produção rural de pessoas físicas que exercem atividade individualmente ou em regime de economia familiar, pois a fonte de custeio desses segurados, ditos especiais, é específica.

1: A Constituição do Estado Novo (1937) pouco dispôs a respeito da matéria, referindo-se, sucintamente, ao "seguro social". 2: A Constituição Federal não fixa essa vedação quanto à fonte de custeio – arts. 165, § 5º, III, e 195. 3E. Gabarito 1E, 2E.

(Procurador da Fazenda Nacional – 2007.2 – ESAF) Na organização do Regime Geral da Previdência Social, o custeio é parte intimamente relacionada à tributação. As contribuições sociais, espécie do gênero tributo, são detalhadas na legislação federal previdenciária. Nesse sentido, analise a situação-problema abaixo e assinale a assertiva correta. Carlos, advogado autônomo, que possui escritório no qual trabalham uma secretária e um office boy, nega-se a pagar a contribuição previdenciária da empresa incidente sobre a folha de salários mensal.

(A) A posição assumida por Carlos encontra-se amparada pela Lei n. 8.212/91, uma vez que Carlos é advogado pessoa física.
(B) Carlos deve contribuir como trabalhador e empresa.
(C) Carlos contribui somente sobre os valores auferidos com o seu trabalho de contribuinte individual autônomo.
(D) Perante a Previdência, Carlos contribui como trabalhador e não como empresa.
(E) Carlos é empregador, mas não é empresa perante o fisco previdenciário.

Carlos é contribuinte individual (art. 12, V, *h*, do PCSS) e equiparado a empresa, com relação aos segurados que lhe prestam serviços – art. 15, parágrafo único, do PCSS. Deve, portanto, recolher contribuição social como contribuinte individual e também como empresa. Gabarito "B".

(Procurador do Estado/RR – 2006 – FCC) O financiamento da Seguridade Social, incluindo a assistência social,

(A) é tripartite, a cargo do Poder Público, das empresas e dos trabalhadores.
(B) compete às empresas e aos trabalhadores, mediante as contribuições obrigatórias ao Regime Geral de Previdência Social.
(C) consiste nas contribuições das empresas, dos segurados e na renda líquida das loterias federais.
(D) compete à União, com recursos do respectivo orçamento fiscal.
(E) cabe a toda a sociedade, direta e indiretamente.

O art. 195 da CF dispõe que a seguridade social será financiada por toda a sociedade, de forma direta e indireta, nos termos da lei, mediante recursos provenientes dos orçamentos da União, dos Estados, do Distrito Federal e dos Municípios, e das contribuições sociais indicadas em seus incisos. Gabarito "E".

(Magistratura Federal – 3ª Região – XIII) Assinale a alternativa incorreta:

(A) A Seguridade Social é financiada por toda a sociedade, de forma direta e indireta, mediante recursos provenientes dos orçamentos da União, Estados, Municípios e contribuições sociais;
(B) Também constituem receita da Seguridade Social, os valores recebidos a título de multa, correção monetária e juros moratórios;
(C) Constituem contribuições sociais, as das empresas, incidentes sobre a remuneração paga, devida ou creditada aos segurados e demais pessoas físicas a seu serviço, desde que com vínculo empregatício;
(D) Também constituem contribuições sociais, as das empresas, incidentes sobre a receita ou o faturamento e o lucro.

A: art. 195, *caput*, da CF; B: as multas e os acréscimos relativos às contribuições sociais constituem receita da Seguridade Social; C: a ausência de vínculo empregatício não afasta a incidência da contribuição social sobre remunerações – art. 195, I, *a*, *in fine*, da CF; D: art. 195, I, *b* e *c*, da CF. Gabarito "C".

3. CONTRIBUIÇÕES SOCIAIS

(Procurador Federal – 2010 – CESPE) Em relação ao custeio da seguridade social, julgue os itens a seguir.

(1) Se, no exame da escrituração contábil e de qualquer outro documento da empresa, a fiscalização constatar que a contabilidade não registra o movimento real de remuneração dos segurados a seu serviço, do faturamento e do lucro, serão apuradas, por aferição indireta, as contribuições efetivamente devidas, cabendo, no entanto, ao Instituto Nacional do Seguro Social a prova da irregularidade, sob pena de violação do postulado do devido processo legal.

(2) O STF decidiu que a cobrança da contribuição ao Seguro Acidente de Trabalho (SAT) incidente sobre o total das remunerações pagas tanto aos empregados quanto aos trabalhadores avulsos é ilegítima.

(3) É desnecessária a edição de lei complementar para a majoração de alíquota da contribuição para o financiamento da seguridade social. O conceito de receita bruta sujeita à incidência dessa contribuição envolve não só aquela decorrente da venda de mercadorias e da prestação de serviços, como também a soma das receitas oriundas do exercício de outras atividades empresariais.

1: incorreta, pois, no caso, cabe à empresa o ônus da prova em contrário – art. 33, § 6º, do Plano de Custeio da Seguridade Social – PCSS (Lei 8.212/1991); 2: assertiva incorreta, pois o STF entendeu que essa cobrança é **legítima** – ver RE 450.061 AgR/MG; 3: assertiva correta, pois reflete o entendimento do STF – ver RE 487.475 AgR/RJ e RE 371.258 AgR/SP. Gabarito 1E, 2E, 3C

(Procurador Federal – 2010 – CESPE) No que concerne à legislação acidentária, ao benefício de prestação continuada previsto na Lei de Organização da Assistência Social e jurisprudência dos tribunais superiores, julgue o item seguinte.

(1) A alíquota da contribuição para o SAT deve corresponder ao grau de risco da atividade desenvolvida em cada estabelecimento da empresa, individualizado por seu CNPJ. Possuindo esta um único CNPJ, a alíquota da referida exação deve corresponder à atividade preponderante por ela desempenhada.

1: assertiva correta, pois reflete exatamente o entendimento jurisprudencial consolidado pela Súmula 351/STJ. Gabarito 1C

(MAGISTRATURA DO TRABALHO – 1ª REGIÃO – 2010 – CESPE) Com base na disciplina referente a arrecadação e recolhimento das contribuições previdenciárias, assinale a opção correta.

(A) A empresa é obrigada a recolher as contribuições a seu cargo incidentes sobre as remunerações pagas, devidas ou creditadas — a qualquer título, excluídos os adiantamentos decorrentes de reajuste salarial, acordo ou convenção coletiva — ao segurado contribuinte individual a seu serviço.

(B) O empregador doméstico é obrigado a arrecadar a contribuição do segurado empregado doméstico a seu serviço e a recolhê-la, assim como a parcela a seu cargo, salvo durante o período da licença-maternidade da empregada doméstica.

(C) A pessoa jurídica de direito privado beneficente de assistência social que atenda aos requisitos legais e seja beneficiada pela isenção das contribuições previdenciárias fica desobrigada de arrecadar e recolher a contribuição do segurado empregado e do trabalhador avulso a seu serviço.

(D) A missão diplomática está excluída da obrigação de arrecadar a contribuição do contribuinte individual, cabendo ao contribuinte recolher a própria contribuição.

(E) O desconto da contribuição do segurado incidente sobre o valor bruto da gratificação natalina é devido quando do pagamento ou do crédito de cada parcela e deverá ser calculado em separado.

A: assertiva incorreta, pois os adiantamentos decorrentes de reajustes também se submetem à contribuição a cargo da empresa – arts. 22, I e III, e 30, I, *b*, do PCSS; B: incorreta, pois não há exceção para o período da licença-maternidade – art. 30, V, do PCSS; C: assertiva incorreta, pois a imunidade ou isenção do empregador não afasta a obrigação de recolher a contribuição do segurado empregado e do trabalhador avulso a seu serviço – art. 30, I, *a*, do PCSS; D: assertiva correta, pois, a rigor, o segurado contribuinte individual está obrigado a recolher sua contribuição por iniciativa própria, independentemente de quem seja a fonte da remuneração – art. 30, II, do PCSS; E: incorreta, pois a contribuição sobre a gratificação natalina é devida quando do pagamento ou de crédito da última parcela ou na rescisão do contrato de trabalho – art. 214, § 6º do Regulamento da Previdência Social – RPS (Decreto 3.048/1999). Gabarito "D"

(Procurador de Contas TCE/ES – CESPE – 2009) Em relação às contribuições destinadas à seguridade social e aos regimes de previdência, assinale a opção correta.

(A) As operações relativas a energia elétrica, a serviços de telecomunicações e a derivados de petróleo, combustíveis e minerais são imunes às contribuições representadas pela COFINS, pelo PIS e pelo FINSOCIAL.

(B) O STF fixou entendimento no sentido de que a contribuição destinada ao INCRA e ao FUNRURAL é devida apenas por empresa rural, porque se destina a cobrir os riscos aos quais está sujeita apenas a coletividade de trabalhadores do campo.

(C) O conceito de receita bruta sujeita à incidência da COFINS envolve apenas aquela decorrente da venda de mercadorias e da prestação de serviços, excluindo-se a soma das receitas oriundas do exercício de outras atividades empresariais.

(D) A norma constitucional segundo a qual nenhum benefício ou serviço da seguridade social poderá ser criado, majorado ou estendido sem a correspondente fonte de custeio total não se aplica aos planos privados de previdência social.

(E) A jurisprudência do STF é firme no sentido de afirmar a inexistência de direito adquirido a regime jurídico, motivo pelo qual não há direito à imunidade relativa a contribuições previdenciárias por prazo indeterminado, exceto quando o beneficiário comprovar as condições legalmente exigidas por três triênios consecutivos.

A: incorreta, pois não há imunidade, nesses casos; B: incorreta, pois o STF entende que a contribuição social não tem vinculação com o benefício, de modo que empresas urbanas devem recolher a contribuição ao Incra e ao Funrural – ver RE 211.442 AgR/SP; C: incorreta, pois o conceito de receita bruta sujeita à incidência da contribuição social a cargo da empresa envolve não só aquela decorrente da venda de mercadorias e da prestação de serviços, como também a soma das receitas oriundas do exercício de outras atividades empresariais – ver RE 371.258 AgR/SP; D: assertiva correta, nos termos dos arts. 195, § 5º, e 202 da CF; E: incorreta, pois o entendimento do STF não ressalva caso algum, nem mesmo a comprovação de condições a que se refere a assertiva – ver ADI 3.128/DF. Gabarito "D"

(Magistratura do Trabalho – 8ª Região – 2009) No que se refere às contribuições sociais para o custeio da seguridade social, marque a alternativa correta:

(A) Por terem a mesma natureza tributária dos impostos e taxas, só podem ser cobradas no exercício posterior ao que tenham sido instituídas ou majoradas.

(B) Só podem ser lançadas até dez anos após a ocorrência do respectivo fato gerador.

(C) Quando exigidas no processo de falência, têm a mesma prioridade e concorrem por igual com os créditos trabalhistas.

(D) Quando exigidas mediante executivo fiscal, prescrevem em dez anos.

(E) Quando de responsabilidade de agroindústria, incide sobre o valor bruto da comercialização de seus produtos, em substituição à contribuição sobre as remunerações de seus empregados e/ou de terceiros.

A: incorreta, pois as contribuições sociais não se submetem à anterioridade anual, mas apenas à anterioridade nonagesimal – art. 195, § 6º, da CF; B e D: incorretas, pois o prazo decadencial para lançamento e o prazo prescricional para cobrança das contribuições sociais é de 5 anos – ver Súmula Vinculante 8/STF; C: incorreta, pois se trata de crédito tributário, que não prefere aos trabalhistas no processo de falência, observado o limite de 150 salários-mínimos por credor – art. 186, parágrafo único, I, do CTN e art. 83, I, da Lei 11.101/2005 (Lei de Recuperação e Falência); E: assertiva correta, conforme o art. 22-A do PCSS. Gabarito "E"

(Magistratura do Trabalho – 23ª Região – 2009) Analise as assertivas abaixo e marque a alternativa CORRETA:

I. É vedada a concessão de isenção ou anistia da contribuição social destinada à seguridade social, incidente sobre a receita de concursos de prognósticos, para débitos em montante superior ao fixado em lei complementar.

II. As contribuições sociais do empregador, da empresa e da entidade a ela equiparada na forma da lei, poderão ter alíquotas ou bases de cálculo diferenciadas, em razão da atividade econômica, da utilização intensiva de mão-de-obra, do porte da empresa ou da condição estrutural do mercado de trabalho.

III. O sócio de sociedade limitada responde solidariamente para com os débitos junto à Seguridade Social.

(A) Apenas o item I é falso.
(B) Apenas o item II é falso.
(C) Apenas o item III é falso.
(D) Todos os itens são verdadeiros.
(E) Todos os itens são falsos.

I: incorreta, pois a Constituição veda a concessão de **remissão** ou **anistia** (não isenção) das contribuições sociais devidas (i) pelos empregadores, empresas e equiparados sobre folha de salários e rendimentos do trabalho pagos ou creditados e (ii) pelos trabalhadores e demais segurados, mas não em relação à contribuição incidente sobre receitas de concursos de prognósticos (loterias) – art. 195, § 11, da CF; II: correta, conforme o art. 195, § 9º, da CF; III: na verdade, a responsabilidade solidária do sócio da limitada, que era prevista no art. 13, *caput*, da Lei 8.620/1993, foi revogada pela Lei 11.941/2009, de modo que essa assertiva ficou prejudicada. Ademais, é interessante notar que, mesmo durante a vigência dessa norma, o STJ entendia que a responsabilidade do sócio somente existia quando incidia o disposto no art. 135 do CTN (quando havia violação da lei, do contrato social ou dos estatutos) – ver REsp 1.141.128/SP. Gabarito "A".

(Magistratura do Trabalho – 9ª Região – 2009) Considere as seguintes proposições:

I. O salário-maternidade é considerado salário-de-contribuição.
II. O 13º salário integra o salário-de-contribuição, exceto para o cálculo de benefício.
III. Não integram o salário-de-contribuição, dentre outras, as seguintes verbas: a parcela recebida a título de vale-transporte, a participação nos lucros ou resultados da empresa, importâncias recebidas a título de férias + 1/3, valores recebidos em decorrência de direitos autorais.
IV. O empregador doméstico está obrigado a arrecadar as contribuições incidentes sobre o salário mensal do segurado empregado a seu serviço e a recolhê-la, assim como a parcela a seu cargo, até o dia 15 do mês seguinte ao da competência.

(A) somente as proposições III e IV são corretas
(B) somente as proposições II e III são corretas
(C) somente as proposições I, II e IV são corretas
(D) todas as proposições são corretas
(E) somente as proposições I e IV são corretas

I: correta, conforme o art. 28, § 2º, do PCSS; II: assertiva correta, nos termos do art. 28, § 7º, do PCSS; III: correta, conforme o art. 28, § 9º, *d, e, f, j* e *v*, do PCSS; IV: assertiva correta, pois reflete o disposto no art. 30, V, do PCSS. Gabarito "D".

(Procurador do Estado/CE – 2008 – CESPE) Com referência ao salário-de-contribuição, cada uma das opções a seguir apresenta uma situação hipotética, seguida de uma assertiva a ser julgada. Assinale a opção que apresenta a assertiva correta.

(A) Gilmar, em 2007, inscreveu-se facultativamente no RGPS. Nessa situação, o salário de contribuição de Gilmar deve seguir as faixas de salário-base, a exemplo do que ocorre com os contribuintes individuais.
(B) Telma é empregada doméstica e segurada da previdência social. Nessa situação, o salário de contribuição de Telma é o valor total recebido, incluindo os ganhos habituais na forma de utilidade, tais como alimentação e moradia.
(C) Genival foi demitido sem justa causa, tendo recebido da empresa todos os seus direitos. Nessa situação, em relação aos valores recebidos a título de aviso prévio, férias proporcionais e 13.º salário, também proporcional, não incide a contribuição previdenciária.
(D) Marcos trabalha em uma empresa que, entre outras vantagens, oferece programa de previdência complementar aberta, disponível a todos os empregados e dirigentes. Nessa situação, pelo fato de esses valores serem dedutíveis do imposto de renda da pessoa física beneficiária, a legislação previdenciária considera tais rubricas como salário de contribuição.
(E) Jéssica trabalha em uma empresa que paga vale-transporte em dinheiro. Nessa situação, os valores recebidos na condição de vale-transporte são considerados salário de contribuição.

A: o salário de contribuição (base de cálculo) para o contribuinte facultativo é o valor por ele declarado, observados o mínimo e o máximo legal. Não se confunde com o salário de contribuição do contribuinte individual (que é a remuneração auferida no mês, observados os mesmos limites) – art. 28, IV, do PCSS; B: o salário de contribuição (base de cálculo) para o empregado doméstico é o valor da remuneração registrada na CTPS (não inclui utilidades, como moradia e alimentação), observados o mínimo e o máximo legal – art. 28, II, do PCSS; C: a contribuição previdenciária incide sobre as parcelas remuneratórias, como aviso prévio e 13º salário proporcional – art. 214, § 6º, do Decreto 3.048/1999; D: os valores pagos pela empresa, relativos à previdência complementar disponível a todos os empregados e dirigentes, não se submetem à contribuição previdenciária – art. 28, § 9º, *p*, do PCSS; E: o vale-transporte pago em dinheiro submete-se à contribuição previdenciária – ver REsp 873.503/PR. Gabarito "E".

(Magistratura Federal – 5ª Região – 2007 – CESPE) Julgue o item seguinte.

(1) A contribuição previdenciária sobre o valor das diárias pagas pelo empregador, quando excederem a 50% da remuneração mensal do empregado, é calculada com base na totalidade da rubrica e não apenas pela diferença que ultrapasse a metade da remuneração do segurado.

1: A assertiva é verdadeira – art. 28, § 8º, *a*, da PCSS e art. 214, § 8º, do Decreto 3.048/1999. Importante ressaltar que a regra para servidores públicos é distinta (art. 4º, § 1º, I, da Lei 10.887/2004). Gabarito 1C.

(Magistratura Federal – 5ª Região – 2007 – CESPE) Julgue os itens seguintes.

(1) Os abonos de qualquer espécie ou natureza e as parcelas indenizatórias pagas pelo empregador, inclusive em razão da rescisão do contrato de trabalho, são considerados rubricas que integram o conceito de salário de contribuição.
(2) Sobre a ajuda de custo paga pelo empregador em cinco parcelas e recebida exclusivamente em decorrência de mudança de local de trabalho do empregado incide contribuição previdenciária.

1: A legislação previdenciária exclui expressamente determinados abonos e parcelas indenizatórias do salário de contribuição (*v.g.* férias e licença-prêmio indenizadas, abono de férias e do PIS/PASEP etc. – art. 28, § 9º, *d, e,* e *l*, do PCSS). 2: A ajuda de custo por mudança de local de trabalho não integra o salário de contribuição somente quando paga em prestação única (no caso de parcelamento, incide a contribuição) – art. 28, § 9º, *g*, do PCSS c/c art. 470 da CLT e art. 214, § 9º, VII, do Decreto 3.048/1999. Importante ressaltar que a regra é distinta para servidores públicos federais, pois não há restrição quanto à forma de pagamento para fins de exclusão da contribuição – art. 4º, § 1º, II, da Lei 10.887/2004. Gabarito 1E, 2C.

(Procuradoria Federal – 2007 – CESPE) A respeito do custeio do RGPS e do salário-de-contribuição, julgue os itens subseqüentes.

(1) Os valores do salário-de-contribuição serão reajustados na mesma época e com os mesmos índices que os do reajustamento dos benefícios de prestação continuada da previdência social.
(2) Considere que Maria receba salário-maternidade. Nessa situação, não haverá desconto da contribuição previdenciária do valor desse benefício.

1: Art. 20, § 1º, da PCSS. 2: O salário-maternidade é considerado salário de contribuição, ou seja, sujeita-se à incidência de contribuição previdenciária – art. 28, §§ 2º e 9º, *a, in fine*, do PCSS. Gabarito 1C, 2E.

(Procurador da Fazenda Nacional – 2007.2 – ESAF) O PIS (Programa de Integração Social) e o PASEP (Programa de Formação do Patrimônio do Servidor Público) foram instituídos, anteriormente à atual Constituição, para promover a integração do trabalhador na vida e no desenvolvimento da empresa. A respeito do PIS/PASEP, assinale a opção incorreta.

(A) É legítima a cobrança do PIS sobre as operações relativas a energia elétrica.
(B) É legítima a cobrança do PIS sobre as operações relativas a derivados de petróleo.
(C) A base de cálculo da contribuição do PIS/PASEP é o valor do faturamento.
(D) Os profissionais liberais são contribuintes do PIS/PASEP.
(E) O prazo para recolhimento do PIS é até o último dia útil da primeira quinzena do mês subseqüente ao da ocorrência do fato gerador.

A: as operações relativas à energia elétrica submetem-se à incidência do PIS/PASEP – art. 3º, IX, da Lei 10.637/2002; B: as operações com derivados de petróleo sujeitam-se ao PIS/PASEP (somente as vendas de álcool para fins carburantes são excluídas – art. 1º, § 3º, IV, da Lei 10.637/2002); C: art. 1º, § 2º, da Lei 10.637/2002; D: o fato gerador do PIS/PASEP é o faturamento das pessoas jurídicas e equiparadas (há casos em que incide sobre folha de salário), não incluindo os profissionais liberais – art. 1º, *caput*, da Lei 10.637/2002 e art. 13 da MP 2.158-35/2001; D: a assertiva indica norma revogada. Atualmente, o pagamento deve ser realizado até o vigésimo quinto dia do mês subsequente ao de ocorrência do fato gerador – art. 10 da Lei 10.637/2002 (redação dada pela MP 11.488/2007). Gabarito "D".

(Magistratura do Trabalho – 24ª Região – 2007) Considere as assertivas abaixo:

I. O Ministério do Trabalho e da Previdência Social poderá alterar, com base nas estatísticas de acidentes do trabalho, apuradas em inspeção, o enquadramento de empresas para efeito de contribuição destinada ao financiamento da aposentadoria especial e benefício por incapacidade, a fim de estimular investimentos em prevenção de acidentes.

II. O Poder Executivo estabelecerá, na forma da Lei Orgânica da Seguridade Social, ouvido o Conselho Nacional de Seguridade Social, mecanismos de estímulo às empresas que se utilizem de empregados portadores de deficiência física, sensorial e/ou mental com desvio do padrão médio.

III. Não se considera como remuneração direta ou indireta, para os efeitos da Lei Orgânica da Seguridade Social, os valores despendidos pelas entidades religiosas e instituições de ensino vocacional com ministro de confissão religiosa, membros de instituto de vida consagrada, de congregação ou de ordem religiosa em face do seu mister religioso ou para sua subsistência desde que fornecidos em condições que independam da natureza e da quantidade do trabalho executado.

IV. As contribuições a cargo da empresa provenientes do faturamento e do lucro, destinadas à Seguridade Social, não são exigíveis do empregador rural pessoa física nem do segurado especial (assim entendido o produtor, o parceiro, o meeiro e o arrendatário rurais, o pescador artesanal e o assemelhado, que exerçam essas atividades individualmente ou em regime de economia familiar, ainda que com auxílio eventual de terceiros, bem como seus respectivos cônjuges ou companheiros e filhos maiores de quatorze anos ou a eles equiparados, desde que trabalhem, comprovadamente, com o grupo familiar respectivo).

Considerando as proposições acima como Verdadeira (V) ou Falsa (F), assinale a alternativa CORRETA:

(A) F, F, V, V.
(B) V, F, V, F.
(C) V, V, V, F.
(D) V, F, F, V.
(E) V, V, V, V.

I: art. 22, § 3º, do PCSS; II: art. 22, § 4º, do PCSS; III: art. 22, § 13, do PCSS; IV: art. 23, § 2º, c/c art. 25, ambos do PCSS. "E". Gabarito

(Magistratura do Trabalho – 24ª Região – 2007) Considere as assertivas abaixo:

I. As contribuições sociais referentes a folha de salários e demais rendimentos do trabalho pagos ou creditados, a qualquer título, à pessoa física que lhe preste serviço, mesmo sem vínculo empregatício, podem ser beneficiadas com a remissão ou a anistia caso o débito não seja superior ao montante fixado em lei complementar.

II. O empregador doméstico está obrigado a arrecadar a contribuição do segurado empregado a seu serviço e a recolhê-la, assim como a parcela a seu cargo, até o dia quinze do mês seguinte ao da competência.

III. A empresa é obrigada a arrecadar as contribuições dos segurados empregados e trabalhadores avulsos a seu serviço, descontando-as da respectiva remuneração, e a recolher o produto arrecadado.

IV. O modelo de financiamento da Seguridade Social previsto na Constituição Federal se baseia no sistema contributivo, apesar de o Poder Público ter participação no orçamento da Seguridade.

V. A remissão, nos termos do CTN, configura hipótese de extinção do crédito e a anistia é hipótese de exclusão do crédito tributário.

RESPONDA:

(A) Todas as assertivas estão corretas.
(B) Todas as assertivas estão incorretas.
(C) Apenas a assertiva III está correta.
(D) Apenas as assertivas III e IV estão corretas.
(E) Apenas a assertiva I está correta.

I: art. 195, § 11, da CF; II: art. 30, V, do PCSS; III: art. 30, I, do PCSS; IV: a assertiva é verdadeira, embora a contributividade seja característica essencial da previdência social, e não da assistência social – arts. 201, *caput*, e 203, *caput*, ambos da CF; V: arts. 156, IV, e 175, II, ambos do CTN. "A". Gabarito

(Magistratura do Trabalho – 24ª Região – 2007) Assinale a alternativa INCORRETA. São responsáveis solidários pelo cumprimento da obrigação previdenciária principal:

(A) As empresas que integram grupo econômico de qualquer natureza, entre si.
(B) O operador portuário e o órgão gestor de mão-de-obra, entre si, relativamente à requisição de mão-de-obra de trabalhador avulso, inclusive quanto aos portuários avulsos cedidos em caráter permanente na forma estabelecida pela Lei 8.630/93.
(C) Os produtores rurais, entre si, integrantes de consórcio simplificado de produtores rurais.
(D) A empresa tomadora de serviços com a empresa prestadora de serviços mediante cessão de mão-de-obra, inclusive em regime de trabalho temporário, até a competência janeiro de 1999.
(E) O titular da firma individual e os sócios das empresas por quotas de responsabilidade limitada, com a firma individual e a sociedade, respectivamente.

A: art. 30, IX, do PCSS; B: em princípio, se a cessão é permanente, a responsabilidade é apenas do operador portuário – arts. 19, § 2º, e 21, ambos da Lei 8.630/1993; C: art. 25-A, § 3º, da PCSS; D: redação original do art. 31 da PCSS; E: essa é a disposição do art. 13 da Lei 8.620/1993. O STJ, no entanto, tem entendido que a responsabilidade do sócio depende dos requisitos previstos no art. 135 do CTN (obrigações tributárias resultantes de atos praticados com excesso de poderes ou infração de lei, contrato social ou estatutos) – ver REsp 1.014.560/MG. "B". Gabarito

(Magistratura do Trabalho – 8ª Região – 2007) Não integra o salário-de-contribuição, salvo:

(A) O salário-maternidade.
(B) Os benefícios da previdência social, nos termos e limites legais; a parcela in natura recebida de acordo com os programas de alimentação do trabalhador promovidos pelo Ministério do Trabalho.
(C) As férias indenizadas e o respectivo terço constitucional.
(D) A parcela recebida a título de vale-transporte.
(E) As diárias para viagens, desde que não excedam a cinqüenta por cento da remuneração mensal.

A: o salário-maternidade é considerado salário de contribuição – art. 28, § 2º, do PCSS; B: art. 28, § 9º, *a* e *c*, do PCSS; C: art. 28, § 9º, *d*, da PCSS; D: art. 28, § 9º, *f*, do PCSS; E: art. 28, § 9º, *h*, da PCSS. "A". Gabarito

(Magistratura do Trabalho – 8ª Região – 2007) São responsáveis solidariamente pelo recolhimento das contribuições à seguridade social, exceto:

(A) O empresário e os sócios das sociedades limitadas com seus bens pessoais, pelos débitos junto à seguridade social.
(B) Os acionistas controladores, os administradores, os gerentes e os diretores, com seus bens pessoais, quanto ao inadimplemento das obrigações por dolo ou culpa.
(C) Os produtores rurais integrantes de consórcio de empregadores rurais pessoas físicas
(D) O operador portuário e o órgão gestor de mão-de-obra.
(E) A administração pública responde solidariamente com o contratado, pelos encargos previdenciários resultantes da execução do contrato.

A e B: essa é a disposição do art. 13, *caput* e parágrafo único, da Lei 8.620/1993. O STJ, no entanto, tem entendido que a responsabilidade dos sócios e administradores depende dos requisitos previstos no art. 135 do CTN (obrigações tributárias resultantes de atos praticados com excesso de poderes ou infração de lei, contrato social ou estatutos) – ver REsp 1.014.560/MG; C: art. 25-A, § 3º, do PCSS; D: art. 19, § 2º, da Lei 8.630/1993; E: a redação atual do art. 31 do PCSS, a que se refere o art. 71, § 2º, da Lei 8.666/1993, não faz referência à responsabilidade solidária do contratante, embora imponha dever de retenção na fonte da contribuição social, no caso de cessão de mão de obra. "E". Gabarito

(Ministério Público do Trabalho – 14°) São contribuições que têm porcentuais destinados ao custeio da Seguridade Social:

(A) CPMF, concurso de prognóstico específico sobre o resultado de sorteio de números ou símbolos;
(B) SENAR, receita de concursos de prognósticos;
(C) COFINS, salário-educação;
(D) sobre o lucro, SESCOOP;
(E) não respondida.

A: a arrecadação da CPMF era parcialmente direcionada à seguridade social – art. 84, § 2°, do ADCT. A renda líquida dos concursos de prognósticos é destinada à seguridade social, com exceção da parcela ao programa de crédito educativo – art. 26 do PCSS; B: a arrecadação da contribuição ao Serviço Nacional de Aprendizagem Rural – SENAR é integralmente destinada a essa entidade – art. 3°, § 3°, da Lei 8.315/1991; C: o salário educação é direcionado à educação básica pública – art. 212, § 5°, da CF; D: a contribuição ao Serviço Nacional de Aprendizagem do Cooperativismo – SESCOOP é integralmente destinada a essa entidade – art. 10, I, da MP 2.168-40/2001. Gabarito "A".

(Magistratura do Trabalho – 14ª Região – 2006) Qual das parcelas integra o salário-de-contribuição?

(A) férias indenizadas;
(B) aviso prévio indenizado;
(C) décimo terceiro salário;
(D) diárias para viagens não excedentes a 50% da remuneração mensal;
(E) Fundo de Garantia por Tempo de Serviço.

A, B, D e E indicam parcelas que não integram o salário de contribuição – art. 28, § 9°, d, e e h, do PCSS. O décimo terceiro salário integra o salário de contribuição, exceto para o cálculo do benefício – art. 28, § 7°, do PCSS. Gabarito "C".

(Magistratura do Trabalho – 14ª Região – 2006) Dadas as proposições, aponte abaixo a alternativa CORRETA:

I. O salário-de-contribuição relativo ao contribuinte individual é a remuneração auferida em uma ou mais empresas ou pelo exercício de sua atividade por conta própria, durante o mês, observados os limites mínimos e máximos previstos na legislação.
II. O salário-maternidade não é considerado salário-de-contribuição.
III. São isentas de contribuição para a Seguridade Social as entidades beneficentes de assistência social que atendam às exigências estabelecidas em lei.
IV. É segurado facultativo o menor de quatorze anos de idade que se filiar ao Regime Geral de Previdência Social, mediante contribuição.

(A) todas as proposições estão corretas;
(B) apenas as proposições I e IV estão corretas;
(C) apenas as proposições II e III estão corretas;
(D) apenas as proposições I e III estão corretas;
(E) apenas as proposições II e IV estão corretas.

I: art. 28, III, do PCSS; II: é o oposto, o salário-maternidade é considerado salário de contribuição – art. 28, § 2°, do PCSS; III: art. 195, § 7°, da CF (trata-se de imunidade, apesar de o dispositivo referir-se a isenção); IV: atualmente, a idade mínima para o trabalho e, portanto, para a filiação no regime geral (RGPS) é de 16 anos e, excepcionalmente, 14 anos para o aprendiz – art. 7°, XXXIII, da CF e art. 13 do PBPS. O menor empregado como aprendiz é segurado obrigatório – art. 28, § 4°, do PCSS. Gabarito "D".

(Magistratura Federal – 1ª Região – 2005) São parcelas que integram o cálculo de salário-de-contribuição, para fins previdenciários:

(A) diárias para viagens, 13° salário e abono de férias;
(B) vale-transporte, férias e horas-extras;
(C) adicional de insalubridade, gorjetas e indenização de férias;
(D) salário-maternidade, comissões e aviso prévio trabalhado.

A: as diárias para viagem (observado o limite de 50% da remuneração mensal) e abono de férias não integram o salário de contribuição – art. 28, § 9°, e, e 6, e h, do PCSS; B: o vale-transporte não integra o salário de contribuição (exceto se pago em dinheiro) – art. 28, § 9°, f, do PBPS; C: a indenização de férias não integra o salário de contribuição – art. 28, § 9°, d, do PBPS; D: art. 28, I, e § 2° do PCSS. Gabarito "D".

(Magistratura Federal – 1ª Região – 2005) A lei que instituir nova contribuição previdenciária entra em vigor:

(A) 180 dias após sua publicação;
(B) 90 dias após sua publicação;
(C) 60 dias após sua publicação;
(D) 120 dias após sua publicação.

As contribuições sociais sujeitam-se à anterioridade nonagesimal – art. 195, § 6°, da CF. Gabarito "B".

(Magistratura Federal – 1ª Região – 2005) Incidem sobre o faturamento, para os fins de contribuições da seguridade social:

(A) Contribuição para o Programa de Integração Social-PIS e Contribuição para o Financiamento da Seguridade Social-COFINS;
(B) Salário-educação e Contribuição Provisória sobre Movimentação ou Transmissão de Valores e de Créditos e Direitos de Natureza Financeira-CPMF;
(C) Contribuição para o Programa de Integração Social-PIS e salário educação;
(D) Contribuição para o Programa de Integração Social-PIS e Contribuição Provisória sobre Movimentação ou Transmissão de Valores e de Créditos e Direitos de Natureza Financeira-CPMF.

A: LC 26/1975 e LC 70/1991; B, C e D: o salário educação incide sobre o valor das remunerações e a CPMF incidia sobre a movimentação financeira. Gabarito "A".

(Delegado Federal – 2004 – CESPE) Em cada um dos itens seguintes, é apresentada uma situação hipotética relativa ao conceito de salário-de-contribuição, seguida de uma assertiva a ser julgada.

(1) Carlos advogava para diversas empresas na justiça do trabalho, sem manter vínculo de emprego, auferindo valores fixos mensais de cada uma delas. Nessa situação, o salário-de-contribuição de Carlos corresponde à soma de todas as remunerações percebidas, independentemente de qualquer limite.
(2) Alguns sindicatos patronais e de trabalhadores firmaram convenções coletivas de trabalho que dispõem sobre a concessão mensal de pequenos reajustes salariais, da ordem de 1%, a título de antecipação do futuro reajuste devido por ocasião da data-base. Acertaram, ainda, que tais valores não seriam considerados para efeito de férias, gratificação natalina e contribuições previdenciárias. Nessa situação, em razão do status constitucional conferido à negociação coletiva, não há como incidir a exação previdenciária sobre os reajustes indicados, cujos valores não podem ser qualificados como salário-de-contribuição dos trabalhadores beneficiados.

1: O salário de contribuição observa o limite legal – art. 28, III, in fine, do PCSS. 2: Os adiantamentos relativos a reajustes salariais são incluídos no salário de contribuição – art. 28, I, do PCSS. Gabarito 1E, 2E.

4. SEGURADOS, DEPENDENTES

(Magistratura Federal-5ª Região – 2011) Com relação aos segurados da previdência social e a seus dependentes, assinale a opção correta.

(A) É segurado obrigatório da previdência social na qualidade de empregado aquele que presta serviço no Brasil a missão diplomática ou a repartição consular de carreira estrangeira e a órgãos a ela subordinados ou a membros dessas missões e repartições, ainda que o prestador desse tipo de serviço seja estrangeiro sem residência permanente no Brasil.
(B) No que se refere à concessão de benefícios previdenciários, a condição de dependente é autônoma em relação à de segurado, de forma que, tendo o falecido, na data do óbito, perdido a condição de segurado e não tendo cumprido os requisitos necessários para a aposentadoria, seus dependentes farão jus à pensão por morte, em valor proporcional ao tempo de contribuição do instituidor do benefício.
(C) Para a caracterização de segurado especial, considera-se regime de economia familiar a atividade laboral dos membros de uma família e, ainda, que a referida atividade seja indispensável à subsistência e ao desenvolvimento socioeconômico do núcleo familiar e exercida em condições de mútua dependência e colaboração, sem a utilização de empregados permanentes. O exercício de atividade remunerada por um membro da família, ainda que urbana, não descaracteriza a condição de segurado especial.

(D) Entre os requisitos da condição de segurado obrigatório do RGPS, incluem-se o de ser o segurado pessoa física — sendo legalmente inaceitável a existência de segurado pessoa jurídica — e o de ele exercer atividade laboral, lícita ou ilícita, pois as contribuições ao sistema previdenciário são, de acordo com a jurisprudência do STF, espécies do gênero tributo.
(E) Tratando-se de trabalhador rural informal, a exigência de início de prova material para a comprovação do exercício da atividade agrícola deve ser interpretada com temperamento, mas não pode ser dispensada, ainda que em casos extremos, sob pena de se contrariar o princípio do equilíbrio financeiro atuarial do sistema previdenciário.

A: incorreta, pois o estrangeiro sem residência permanente no Brasil, que preste serviço no país a missão diplomática ou a repartição consular, não é segurado obrigatório na qualidade de empregado – art. 12, I, *d*, do PCSS; B: incorreta, pois o dependente é apenas aquele vinculado ao segurado – arts. 16 e 74 do PBPS. A perda da qualidade de segurado implica caducidade dos direitos inerentes – art. 102, *caput*, do PBPS. Seria possível a concessão da pensão apenas se o falecido tivesse preenchido os requisitos para o benefício antes de perder a condição de segurado – art. 102, § 2º, do PBPS; C: assertiva correta, conforme a definição de regime de economia familiar dada pelo art. 12, § 1º, do PCSS. O membro da família que exerce atividade remunerada não será, em princípio, considerado contribuinte especial – art. 12, § 10, do PCSS; D: discutível. Somente pessoas físicas são seguradas do RGPS e, de fato, as contribuições previdenciárias têm natureza tributária. Quanto à ilicitude, parece-nos possível, por exemplo, que um comerciante autônomo irregular (camelô sem registro), ainda que atue ilicitamente (contra as normas que regem a atividade empresarial), seja considerado contribuinte individual – art. 12, V, *h*, do PCSS. Entretanto, ainda que se defenda essa posição, o enquadramento como segurado obrigatório, nesse caso, não decorre da natureza da contribuição previdenciária, mas sim da universalidade da seguridade social – art. 194, p. único, I, da CF; E: incorreta, pois, embora o início de prova material seja, em princípio, essencial (ver Súmula 149/STJ), pode ser dispensada na ocorrência de motivo de força maior ou caso fortuito, conforme disposto no regulamento – art. 55, § 3º, do PBPS. Gabarito "C".

(Magistratura Federal-4ª Região – 2010) Dadas as assertivas abaixo, assinale a alternativa correta.

Os beneficiários do Regime Geral de Previdência Social classificam-se como segurados e dependentes. Sobre os segurados pode-se afirmar que:

I. O servidor público ocupante de cargo em comissão, sem vínculo efetivo com a União, Autarquias, inclusive em regime especial, e Fundações Públicas Federais, pode se filiar ao Regime Geral de Previdência Social como segurado facultativo.
II. É segurado especial o trabalhador que, individualmente ou em regime de economia familiar, ainda que com o auxílio eventual de terceiros, desempenhe atividade na condição de pescador artesanal ou a esta assemelhada e que faça da pesca profissão habitual ou principal meio de vida.
III. É segurado obrigatório da Previdência Social como empregado a pessoa física maior de 12 (doze) anos que presta serviço de natureza urbana ou rural à empresa, em caráter não eventual, sob sua subordinação e mediante remuneração, inclusive como diretor empregado.
IV. É segurado como trabalhador avulso aquele que presta, a diversas empresas, sem vínculo empregatício, serviço de natureza urbana ou rural definidos no Regulamento de Benefícios.
V. Entende-se como regime de economia familiar para fins de qualificação como segurado especial a atividade em que o trabalho dos membros da família é indispensável à própria subsistência e ao desenvolvimento socioeconômico do núcleo familiar e é exercido em condições de mútua dependência e colaboração, sem a utilização de empregados permanentes.

(A) Estão corretas apenas as assertivas I e II.
(B) Estão corretas apenas as assertivas I e V.
(C) Estão corretas apenas as assertivas II, IV e V.
(D) Estão corretas apenas as assertivas III, IV e V.
(E) Estão corretas apenas as assertivas I, II, III e IV.

I: incorreta, pois se trata de segurado obrigatório, na condição de empregado – art. 12, I, *g*, do PCSS; II: correta, conforme o art. 12, VII, *b*, do PCSS; III: assertiva incorreta, já que a idade mínima para o trabalho e, portanto, para a inscrição no RGPS, é de 16 anos, admitindo-se excepcionalmente o aprendiz, a partir dos 14 anos de idade – art. 7º, XXXIII, da CF e art. 13 do PBPS; IV: assertiva correta, nos termos do art. 12, VI, do PCSS; V: correta, conforme a definição de regime de economia familiar dada pelo art. 12, § 1º, do PCSS. Gabarito "C".

Veja as seguintes tabelas, com os segurados obrigatórios do RGPS e os dependentes:

Segurados obrigatórios do RGPS – art. 11 do PBPS	
Empregado	– aquele que presta serviço de natureza urbana ou rural à empresa, em caráter não eventual, sob sua subordinação e mediante remuneração, inclusive como diretor empregado; – aquele que, contratado por empresa de trabalho temporário, definida em legislação específica, presta serviço para atender a necessidade transitória de substituição de pessoal regular e permanente ou a acréscimo extraordinário de serviços de outras empresas; – o brasileiro ou o estrangeiro domiciliado e contratado no Brasil para trabalhar como empregado em sucursal ou agência de empresa nacional no exterior; – aquele que presta serviço no Brasil a missão diplomática ou a repartição consular de carreira estrangeira e a órgãos a elas subordinados, ou a membros dessas missões e repartições, excluídos o não brasileiro sem residência permanente no Brasil e o brasileiro amparado pela legislação previdenciária do país da respectiva missão diplomática ou repartição consular; – o brasileiro civil que trabalha para a União, no exterior, em organismos oficiais brasileiros ou internacionais dos quais o Brasil seja membro efetivo, ainda que lá domiciliado e contratado, salvo se segurado na forma da legislação vigente do país do domicílio; – o brasileiro ou estrangeiro domiciliado e contratado no Brasil para trabalhar como empregado em empresa domiciliada no exterior, cuja maioria do capital votante pertença a empresa brasileira de capital nacional; – o servidor público ocupante de cargo em comissão, sem vínculo efetivo com a União, Autarquias, inclusive em regime especial, e Fundações Públicas Federais; – o exercente de mandato eletivo federal, estadual ou municipal, desde que não vinculado a regime próprio de previdência social; – o empregado de organismo oficial internacional ou estrangeiro em funcionamento no Brasil, salvo quando coberto por regime próprio de previdência social;
Empregado doméstico	– aquele que presta serviço de natureza contínua a pessoa ou família, no âmbito residencial desta, em atividades sem fins lucrativos;
Contribuinte individual	– a pessoa física, proprietária ou não, que explora atividade agropecuária, a qualquer título, em caráter permanente ou temporário, em área superior a 4 (quatro) módulos fiscais; ou, quando em área igual ou inferior a 4 (quatro) módulos fiscais ou atividade pesqueira, com auxílio de empregados ou por intermédio de prepostos; ou ainda nas hipóteses dos §§ 9º e 10 deste artigo; – a pessoa física, proprietária ou não, que explora atividade de extração mineral - garimpo, em caráter permanente ou temporário, diretamente ou por intermédio de prepostos, com ou sem o auxílio de empregados, utilizados a qualquer título, ainda que de forma não contínua; – o ministro de confissão religiosa e o membro de instituto de vida consagrada, de congregação ou de ordem religiosa; – o brasileiro civil que trabalha no exterior para organismo oficial internacional do qual o Brasil é membro efetivo, ainda que lá domiciliado e contratado, salvo quando coberto por regime próprio de previdência social; – o titular de firma individual urbana ou rural, o diretor não empregado e o membro de conselho de administração de sociedade anônima, o sócio solidário, o sócio de indústria, o sócio gerente e o sócio cotista que recebam remuneração decorrente de seu trabalho em empresa urbana ou rural, e o associado eleito para cargo de direção em cooperativa, associação ou entidade de qualquer natureza ou finalidade, bem como o síndico ou administrador eleito para exercer atividade de direção condominial, desde que recebam remuneração; – quem presta serviço de natureza urbana ou rural, em caráter eventual, a uma ou mais empresas, sem relação de emprego; – a pessoa física que exerce, por conta própria, atividade econômica de natureza urbana, com fins lucrativos ou não;
Trabalhador avulso	– quem presta, a diversas empresas, sem vínculo empregatício, serviço de natureza urbana ou rural definidos no Regulamento;
Segurado especial	– como segurado especial: a pessoa física residente no imóvel rural ou em aglomerado urbano ou rural próximo a ele que, individualmente ou em regime de economia familiar, ainda que com o auxílio eventual de terceiros, exerça as atividades de produtor ou pescador, ou seja cônjuge, companheiro, filho ou equiparado, conforme o art. 11, VII, do PBPS.

Dependentes no RGPS – art. 16 do PBPS – a primeira classe com dependente exclui as seguintes
– o cônjuge, a companheira, o companheiro e o filho não emancipado, de qualquer condição, menor de 21 (vinte e um) anos ou inválido ou que tenha deficiência intelectual ou mental que o torne absoluta ou relativamente incapaz, assim declarado judicialmente. A dependência econômica desses é presumida, a dos demais deve ser comprovada – § 3º. O enteado e o menor tutelado equiparam-se a filho, mediante declaração do segurado, e desde que comprovada a dependência econômica - § 2º;   – os pais;   – o irmão não emancipado, de qualquer condição, menor de 21 (vinte e um) anos ou inválido ou que tenha deficiência intelectual ou mental que o torne absoluta ou relativamente incapaz, assim declarado judicialmente.

(Magistratura Federal-4ª Região – 2010) Dadas as assertivas abaixo, assinale a alternativa correta.

Os beneficiários do Regime Geral de Previdência Social classificam-se como segurados e dependentes. Sobre os dependentes pode-se afirmar que:

I. É beneficiário do Regime Geral de Previdência Social, na condição de dependente do segurado, o irmão não emancipado, de qualquer condição, menor de 21 (vinte e um) anos ou inválido.

II. O enteado e o menor tutelado equiparam-se a filho mediante declaração do segurado, sendo presumida, nesse caso, a dependência.

III. A dependência dos pais em relação aos filhos depende de comprovação, não se presumindo.

IV. O cônjuge e o filho não emancipado, de qualquer condição, menor de 21 (vinte e um) anos ou inválido, têm dependência presumida e concorrem em situação de igualdade ao benefício de pensão.

V. Ainda que demonstrada a condição de companheiro ou companheira, assim entendida a pessoa que, sem ser casada, mantém união estável com o segurado ou com a segurada, a qualidade de dependente para fins previdenciários está condicionada à comprovação da efetiva dependência econômica.

(A) Estão corretas apenas as assertivas I, III e IV.
(B) Estão corretas apenas as assertivas I, III e V.
(C) Estão corretas apenas as assertivas II, III e IV.
(D) Estão corretas apenas as assertivas II, IV e V.
(E) Estão corretas apenas as assertivas I, II, III e IV.

I: assertiva correta, nos termos do art. 16, III, do PBPS. Interessante notar que o dispositivo legal refere-se, atualmente, ao irmão não emancipado, de qualquer condição, menor de 21 anos ou inválido ou que tenha deficiência intelectual ou mental que o torne absoluta ou relativamente incapaz, assim declarado judicialmente; II: incorreta, pois a dependência econômica do enteado ou do menor tutelado deve ser comprovada na forma estabelecida no regulamento – art. 16, § 2º, do PBPS; III: correta, pois a dependência dos pais e do irmão não se presume, nos termos do art. 16, § 4º, do PBPS; IV: correta, nos termos do art. 16, I e § 4º, do PBPS. Interessante notar que o art. 16, I, do PBPS refere-se, atualmente, ao filho não emancipado, de qualquer condição, menor de 21 (vinte e um) anos ou inválido ou que tenha deficiência intelectual ou mental que o torne absoluta ou relativamente incapaz, assim declarado judicialmente; V: incorreta, pois a dependência do companheiro ou da companheira é presumida – art. 16, I, e § 4º, do PBPS. Gabarito "A".

(Magistratura Federal-4ª Região – 2010) João trabalhou como empregado de Armarinhos Silva Ltda., vinculado ao Regime Geral de Previdência Social, por nove anos ininterruptos até 15 de janeiro de 2006 e depois ficou desempregado, passando a receber regularmente o seguro-desemprego pelo prazo legal.

Cessado o pagamento do seguro-desemprego, ele não conseguiu imediatamente recolocação no mercado de trabalho nem sequer providenciou o recolhimento de contribuições como facultativo. Em 20 de fevereiro de 2008, João conseguiu emprego novamente junto a Açougue Sabor da Carne Ltda. e trabalhou até 10 de maio de 2008, quando, em razão de problema de saúde, ficou incapacitado para o trabalho e requereu auxílio-doença ao INSS. Analise a situação acima à luz da legislação de regência e assinale a alternativa correta.

(A) Quando João voltou a trabalhar, em 20 de fevereiro de 2008, ele não detinha mais a condição de segurado, mas, ainda assim, quando ficou doente, tinha direito ao auxílio-doença.
(B) Mesmo que João houvesse perdido a condição de segurado após deixar o emprego junto à empresa Armarinhos Silva Ltda., o que não ocorreu, teria ele direito à concessão de auxílio-doença em maio de 2008, pois cumprida a carência exigida.
(C) João ainda detinha a condição de segurado em 20 de fevereiro de 2008, quando voltou a trabalhar, mas não tinha direito à concessão de auxílio-doença quando ficou doente, pois não preenchia a carência exigida pela Lei 8.213/91.
(D) João somente faria jus à concessão do auxílio-doença requerido no caso de ter sofrido acidente de qualquer natureza ou causa ou de ter sido acometido de doença profissional ou do trabalho ou de alguma das doenças e afecções especificadas em lista elaborada pelos Ministérios da Saúde e do Trabalho e da Previdência Social, de acordo com os critérios de estigma, deformação, mutilação, deficiência ou outro fator que lhe confira especificidade e gravidade que mereçam tratamento particularizado.
(E) Quando João voltou a trabalhar, em 20 de fevereiro de 2008, ele ainda detinha a condição de segurado, isso em razão do número de contribuições que recolheu até 15 de janeiro de 2006 sem interrupção que acarretasse a perda dessa condição, o que viabilizava a concessão de auxílio-doença, pois cumprida a carência exigida.

Em regra, o segurado perde essa condição após 12 meses da cessação das contribuições – art. 15, II, do PBPS (o prazo é calculado na forma do § 4º desse dispositivo). Entretanto, se ele já pagou mais de 120 contribuições mensais (caso de João), o prazo é aumentado para 24 meses. Finalmente, se o segurado está comprovadamente desempregado, o prazo é ampliado em mais 12 meses – art. 15, §§ 1º e 2º, do PBPS. Ou seja, João manteve a qualidade de segurado por pelo menos 36 meses contados de sua demissão (até o início de 2009), de modo que faz jus ao auxílio-doença em maio de 2008. A: incorreta, pois João ainda era segurado em fevereiro de 2008; B: incorreta. A carência mínima para o auxílio-doença é de 12 meses – art. 25, I, do PBPS, exceto nas hipóteses excepcionais do art. 26, II, do PBPS (em que não há carência). É possível computar as contribuições anteriores à perda da qualidade de segurado se houver recolhimento, no novo emprego, de pelo menos 1/3 do número de contribuições exigidas para a carência - art. 24, p. único, do PBPS. No caso, não consta que a doença de João seja profissional ou decorra de acidente de trabalho, devendo ser cumprida a carência. Ocorre que João contribuiu por menos de 3 meses no novo emprego, período inferior a 1/3 dos 12 meses de carência, não incidindo, portanto, a regra do art. 24, p. único, do PBPS. Assim, caso João tivesse perdido a condição de segurado após sair do primeiro emprego, ele não teria direito ao auxílio-doença, pois não teria cumprido a carência mínima exigida para isso na nova ocupação; C: incorreta, pois a manutenção da condição de segurado se dá nas condições do desligamento da empresa, em janeiro de 2006 (havia cumprimento de todas as carências para os benefícios previdenciários); D: incorreta, conforme comentários anteriores; E: assertiva correta, conforme comentário inicial. Obs.: discordamos do gabarito oficial, que indica a alternativa "B" como correta. Gabarito "B".

(Ministério Público/PR – 2011) Examine as afirmações abaixo e após responda:

I. São segurados obrigatórios da previdência social os Empregados, entendidos como aqueles que prestam serviço urbano ou rural à empresa, em caráter não eventual, mediante remuneração.

II. São segurados obrigatórios da previdência social os Empregados domésticos, entendidos como aqueles que prestam serviços de natureza contínua a pessoa ou família, no âmbito residencial desta, em atividades sem fins lucrativos.

III. São segurados facultativos da previdência social os contribuintes individuais, entendidos como aqueles que prestam serviços de forma independente, em caráter eventual e sem vínculo empregatício.

IV. São segurados facultativos da previdência social as donas de casa.

V. São segurados facultativos da previdência social os trabalhadores avulsos, entendidos como aqueles que, sindicalizados ou não, prestam serviços de natureza urbana ou rural, a diversas empresas, sem vinculo empregatício, com intermediação obrigatória de órgão gestor de mão-de-obra, nos termos da lei 8630/93, ou do sindicato da categoria.

(A) todas as afirmativas estão corretas.
(B) as afirmativas I, III e IV são corretas.
(C) a afirmativa V é a única correta.
(D) as afirmativas III e V são incorretas.
(E) todas as afirmativas são incorretas.

I: assertiva correta, conforme o art. 12, I, *a*, do PCSS; II: correta, nos termos do art. 12, I, *a*, do PCSS; III: incorreta, pois os contribuintes individuais são segurados obrigatórios da previdência social – art. 12, V, *g*, do PCSS; IV: correta, conforme o art. 14 do PCSS e art. 11, § 1º, I, do Regulamento da Previdência Social – RPS (Decreto 3.048/1999); V: incorreta, pois os trabalhadores avulsos são segurados obrigatórios da previdência social – art. 12, VI, do PCSS. Gabarito "D".

(Defensoria Pública da União – 2010 – CESPE) Com base no direito previdenciário, julgue os itens seguintes.

(1) A qualidade de segurado obrigatório está insitamente ligada ao exercício de atividade remunerada, com ou sem vínculo empregatício, de modo que, para um indivíduo ser considerado segurado obrigatório, a remuneração por ele percebida pelo exercício da atividade deve ser declarada e expressa, e não, meramente presumida.

(2) Suponha que João, servidor público federal aposentado, tenha sido eleito síndico do condomínio em que reside e que a respectiva convenção condominial não preveja remuneração para o desempenho dessa função. Nesse caso, João pode filiar-se ao Regime Geral da Previdência Social (RGPS) na condição de segurado facultativo e formalizar sua inscrição com o pagamento da primeira contribuição.

(3) Considere que Pedro explore, individualmente, em sua propriedade rural, atividade de produtor agropecuário em área contínua equivalente a 3 módulos fiscais, em região do Pantanal matogrossense, e que, durante os meses de dezembro, janeiro e fevereiro de cada ano, explore atividade turística na mesma propriedade, fornecendo hospedagem rústica. Nessa situação, Pedro é considerado segurado especial.

(4) Considere que Lucas tenha exercido, individualmente, de modo sustentável, durante toda a vida, a atividade de seringueiro na região amazônica, tendo os frutos dessa atividade sido sua única fonte de renda. Após o falecimento dele, os herdeiros — demonstrados os pressupostos de filiação — poderão requerer a inscrição de Lucas, como segurado especial, no RGPS.

1: incorreta, pois a qualidade do segurado obrigatório não é afastada em caso de remuneração não declarada que, ademais, dá ensejo à autuação – arts. 12, I, e 37 do PCSS; 2: assertiva incorreta, pois é vedada a filiação ao regime geral de previdência social, na qualidade de segurado facultativo, de pessoa participante de regime próprio de previdência (casos dos servidores federais) – art. 201, § 5º, da CF; 3: assertiva correta, pois a exploração agropecuária em área de até 4 módulos fiscais, individualmente ou em regime de economia familiar, indica a condição de segurado especial, que não é descaracterizada pela exploração de atividade turística da propriedade rural, inclusive com hospedagem, por não mais de 120 dias ao ano – art. 12, VII, *a*, 1 e § 9º, II, do PCSS; 4: assertiva correta, pois o seringueiro, nessa situação, qualifica-se como segurado especial – art. 12, VII, *a*, 2, do PCSS. Gabarito 1E, 2E, 3C, 4C.

(Procurador do Município/Boa Vista-RR – 2010 – CESPE) Julgue o item a seguir, relativos às legislações previdenciária e da seguridade social.

(1) O exercente de mandato eletivo federal, estadual ou municipal é segurado obrigatório da previdência social como empregado, ainda que seja vinculado a regime próprio de previdência social.

1: assertiva incorreta, pois a vinculação a regime próprio de previdência afasta a qualidade de segurado obrigatório do RGPS – art. 12, I, *j*, in fine, do PCSS. Gabarito 1E.

(Defensoria Pública da União – 2010 – CESPE) Em relação aos institutos de direito previdenciário, julgue o item seguinte.

(1) Quanto à filiação do segurado obrigatório à previdência social, vigora o princípio da automaticidade, segundo o qual a filiação desse segurado decorre, automaticamente, do exercício de atividade remunerada, independentemente de algum ato seu perante a previdência social. A inscrição, ato material de registro nos cadastros da previdência social, pode ser concomitante ou posterior à filiação, mas nunca, anterior.

1: assertiva correta, conforme o art. 20, § 1º, do Regulamento da Previdência Social – RPS (Decreto 3.048/1999). Gabarito 1C.

(Procurador de Contas TCE/ES – CESPE – 2009) Acerca dos segurados da previdência social e de seus dependentes, assinale a opção correta.

(A) O brasileiro civil que trabalha no exterior para organismo oficial internacional do qual o Brasil é membro efetivo, ainda que lá domiciliado e contratado, salvo quando coberto por regime próprio de previdência, é segurado obrigatório da previdência social, na qualidade de empregado.
(B) Mantém a qualidade de segurado, independentemente de contribuições, até doze meses após a cessação das contribuições, o segurado facultativo.
(C) A dependência econômica do cônjuge, da companheira, do companheiro, dos pais e do filho não emancipado, de qualquer condição, menor de 21 anos de idade ou inválido, em relação ao segurado, é presumida.
(D) O ministro de confissão religiosa e o membro de instituto de vida consagrada, de congregação ou de ordem religiosa, é segurado obrigatório da previdência social, na qualidade de contribuinte individual.
(E) Todos aqueles que prestam serviço de natureza urbana ou rural, em caráter eventual, a uma ou mais empresas, sem relação de emprego, são segurados obrigatórios da previdência social, na qualidade de trabalhadores avulsos.

A: assertiva incorreta. O brasileiro civil domiciliado e contratado no exterior somente seria segurado obrigatório da previdência social se trabalhasse para a União (não para o organismo internacional) e desde que não fosse segurado na forma da legislação vigente do país de domicílio – art. 12, I, *e*, do PCSS; B: incorreta, pois no caso do segurado facultativo, a condição de segurado perdura apenas por 6 meses após a cessação as contribuições – art. 15, VI, do Plano de Benefícios da Previdência Social – PBPS (Lei 8.213/1991); C: incorreta, pois a condição de dependente dos pais não é presumida, devendo ser comprovada – art. 16, I e II, e § 4º, do PBPS. Interessante notar que o art. 16, I e III, do PBPS refere-se, atualmente, ao filho não emancipado, de qualquer condição, menor de 21 (vinte e um) anos ou inválido ou que tenha deficiência intelectual ou mental que o torne absoluta ou relativamente incapaz, assim declarado judicialmente; D: assertiva correta, conforme o art. 12, V, *c*, do PCSS; E: incorreta, pois a assertiva refere-se ao segurado obrigatório na qualidade de contribuinte individual, não de trabalhador avulso – art. 12, V, *g*, do PCSS. Gabarito "D".

(Defensoria/PA – 2009 – FCC) São segurados obrigatórios do regime geral de previdência social:

(A) os consumidores de planos de previdência privada administrados por entidades abertas de previdência complementar.
(B) a dona de casa e o estudante, desde que maiores de 16 (dezesseis) anos de idade.
(C) os servidores públicos autárquicos ocupantes de cargo de provimento efetivo em Municípios que tenham instituído regime próprio.
(D) os trabalhadores autônomos, empresários e ministros de confissão religiosa.
(E) os desempregados, nos 12 (doze) meses que se seguem à sua dispensa pela empresa.

A: incorreta, pois a situação não configura a condição de segurado obrigatório da previdência social – art. 12 do PCSS; B: incorreta, pois a dona de casa e o estudante não são segurados obrigatórios, podendo ser segurados facultativos – arts. 12 e 14 do PCSS e art. 11, § 1º, I e III, do RPS; C: incorreta, pois a filiação a sistema de previdência própria exclui a condição de segurado obrigatório do RGPS – art. 13 do PCSS; D: assertiva correta, pois são segurados obrigatórios na qualidade de contribuintes individuais – art. 12, V, *c, f, g* e *h*, do PCSS; E: incorreta, pois não se trata de segurados obrigatórios, conforme definidos no art. 12 do PCSS, embora mantenham a condição de segurados até 12 meses após a cessação das contribuições, independentemente de contribuições – art. 15, II, do PBPS. Gabarito "D".

(Ministério Público/PR – 2008) Assinale a alternativa INCORRETA: São beneficiários do Regime Geral da Previdência Social, na condição de dependente do segurado:

(A) O cônjuge.
(B) Os pais.

(C) A companheira, o companheiro e o filho não emancipado, de qualquer condição, menor de 21 (vinte e um) anos ou inválido.
(D) O sogro, sogra maior de 70 (setenta) anos inválido.
(E) O irmão não emancipado, de qualquer condição menor de 21 (vinte e um) anos ou inválido.

Apenas a assertiva D indica pessoas que não são dependentes do segurado, conforme o art. 16 do PCSS. Interessante notar que o art. 16, I e III, do PBPS refere-se, atualmente, ao filho não emancipado, de qualquer condição, menor de 21 (vinte e um) anos ou inválido ou que tenha deficiência intelectual ou mental que o torne absoluta ou relativamente incapaz, assim declarado judicialmente. Gabarito "D".

(Magistratura do Trabalho – 24ª Região – 2007) Na conformidade da Lei 8.213/91, são segurados obrigatórios da Previdência Social, como empregado, EXCETO:

(A) O brasileiro ou o estrangeiro domiciliado e contratado no Brasil para trabalhar como empregado em sucursal ou agência de empresa nacional no exterior.
(B) Aquele que presta serviço no Brasil a missão diplomática ou a repartição consular de carreira estrangeira e a órgãos a elas subordinados, ou a membros dessas missões e repartições, excluídos o não-brasileiro sem residência permanente no Brasil e o brasileiro amparado pela legislação previdenciária do país da respectiva missão diplomática ou repartição consular.
(C) O brasileiro civil que trabalha para a União, no exterior, em organismos oficiais brasileiros ou internacionais dos quais o Brasil seja membro efetivo, ainda que lá domiciliado e contratado, salvo se segurado na forma da legislação vigente do país do domicílio.
(D) O brasileiro ou estrangeiro domiciliado e contratado no Brasil para trabalhar como empregado em empresa domiciliada no exterior, cuja maioria do capital votante pertença a empresa brasileira de capital nacional.
(E) O brasileiro civil que trabalha no exterior para organismo oficial internacional do qual o Brasil é membro efetivo, ainda que lá domiciliado e contratado, salvo quando coberto por regime próprio da previdência social.

A: art. 11, I, c, do PBPS; B: art. 11, I, d, do PBPS; C e E: o brasileiro deve trabalhar para a União, para que seja contribuinte obrigatório nos termos do art. 11, I, e, do PBPS; D: art. 11, I, f, do PBPS. Gabarito "E".

(Procuradoria Federal – 2007 – CESPE) Pedro, segurado obrigatório do RGPS, era casado com Solange, brasileira e empregada na embaixada do Sudão, de quem jamais se divorciou ou se separou judicialmente. Atualmente, Pedro vive com Carla e é tutor de Sofia, com 12 anos de idade, filha de seu irmão falecido. Com referência a essa situação hipotética, julgue os itens seguintes quanto aos beneficiários do RGPS, na forma da Lei n.º 8.213/1991.

(1) Sofia pode figurar como dependente de Pedro, desde que essa condição seja declarada e que seja demonstrada a dependência econômica.
(2) Solange é segurada obrigatória do RGPS.
(3) Solange continua a ser dependente de Pedro.

1: A condição da tutelada (Sofia) deve ser declarada e a dependência econômica deve ser comprovada – art. 16, § 2º, do PBPS. 2: Art. 11, I, d, do PBPS. 3: Art. 16, I, e § 4º, do PBPS. Gabarito 1C, 2E, 3C.

(Magistratura Federal – 1ª Região – 2005) A legislação previdenciária criou três classes de dependentes, dentre elas, na classe I:

(A) pais e outros ascendentes, se inválidos;
(B) irmãos, enteados ou outro agregado;
(C) cônjuge, companheiro(a), filho menor de 21 anos (ou não emancipado) ou inválido;
(D) pais ou mãe, filha viúva, filho estudante ou tutelado ou enteado (estes até 25 anos).

A assertiva C indica os dependentes da classe prevista no art. 16, I, do PBPS. Interessante notar que o dispositivo legal refere-se, atualmente, ao filho não emancipado, de qualquer condição, menor de 21 (vinte e um) anos ou inválido ou que tenha deficiência intelectual ou mental que o torne absoluta ou relativamente incapaz, assim declarado judicialmente. Gabarito "C".

(Magistratura Federal – 3ª Região – XIII) São considerados, atualmente, segurados especiais:

(A) Os parceiros, os meeiros, os arrendatários rurais, os garimpeiros e os pescadores artesanais;
(B) Os parceiros, os meeiros, os arrendatários rurais e o pequeno produtor rural que exerça suas atividades com auxílio, permanente ou não, de terceiros;
(C) Os produtores rurais, parceiros, pescadores artesanais e assemelhados que exerçam atividade individualmente ou em regime de economia familiar, ainda que com o auxílio eventual de terceiros, bem como seus respectivos cônjuges ou companheiros e filhos maiores de 18 anos;
(D) Os produtores, parceiros, meeiros e arrendatários rurais e pescadores artesanais e assemelhados, que exerçam as suas atividades individualmente ou em regime de economia familiar, com ou sem o auxílio eventual de terceiros.

A: os garimpeiros são, atualmente, contribuintes individuais – art. 11, V, b, do PBPS; B: o auxílio permanente de terceiros desqualifica o produtor rural como segurado especial – art. 11, VII, do PBPS; C: a idade mínima dos filhos, para serem considerados segurados especiais, é de 16 anos (não 18) – art. 11, § 6º, do PBPS; D: art. 11, VII, do PBPS. Gabarito "D".

(Delegado Federal – 2004 – CESPE) Em cada um dos itens a seguir, é apresentada uma situação hipotética acerca das regras legais que definem a condição de segurado da previdência social, seguida de uma assertiva a ser julgada.

(1) Em razão de não conseguir emprego em sua cidade natal, Paulo recolheu suas economias e dirigiu-se para o estado de Rondônia, a fim de trabalhar, por 3 meses, no garimpo de diamantes, em área demarcada como reserva indígena. Ao chegar àquele estado, comprou os equipamentos necessários, contratou dois ajudantes e deu início às atividades. Nessa situação, é correto afirmar que Paulo é segurado obrigatório da previdência social, como contribuinte individual, enquanto seus ajudantes são segurados obrigatórios na condição de empregados.
(2) Contratada para exercer o cargo em comissão de assessora executiva na Presidência da República, Márcia não mantém qualquer vínculo efetivo com a administração pública. Nessa situação, em razão da natureza precária da investidura no referido cargo, Márcia não se enquadra na condição de segurada obrigatória da previdência social.

1: Paulo é segurado obrigatório na condição de contribuinte individual – art. 11, V, b, do PBPS. Apesar de Paulo poder ser, em tese, equiparado a empresa (art. 14, parágrafo único, do PBPS), seus ajudantes não são considerados empregados se a prestação de serviço é de caráter eventual (art. 11, I, a, do PBPS). 2: Márcia é segurada obrigatória no regime geral (RGPS), na condição de empregada – art. 11, I, g, do PBPS. Gabarito 1E, 2E.

(Ministério Público do Trabalho – 13º) São segurados obrigatórios da Previdência Social:

I. aquele que presta serviços de natureza urbana ou rural à empresa, em caráter não eventual, sob sua subordinação e mediante remuneração, inclusive como diretor empregado;
II. aquele que, contratado por empresa de trabalho temporário, definida em legislação específica, presta serviço para atender necessidade transitória de substituição de pessoal regular e permanente;
III. a pessoa física, proprietária ou não, que explora atividade agropecuária ou pesqueira, em caráter permanente ou temporário, diretamente ou por intermédio de prepostos e com auxílio de empregados, utilizados a qualquer título, ainda que de forma não contínua;
IV. o brasileiro civil que trabalha no exterior para organismo oficial internacional do qual o Brasil é membro efetivo, ainda que lá domiciliado e contratado, salvo quando coberto por regime próprio de previdência social.

De acordo com as assertivas acima, pode-se afirmar que:

(A) todas estão certas;
(B) todas estão erradas;

(C) a I está certa e a III está errada;
(D) a II está certa e a IV está errada;
(E) não respondida.

I: art. 11, I, *a*, do PBPS; II: art. 11, I, *b*, do PBPS; III: art. 11, V, *a*, do PBPS; IV: art. 11, I, *e*, do PBPS (a rigor, o dispositivo prevê o brasileiro que trabalha para a União, nessas condições). "A".

5. BENEFÍCIOS

(Magistratura Federal-5ª Região – 2011) No que se refere aos litígios previdenciários nos juizados especiais federais e às aposentadorias, assinale a opção correta.

(A) O tempo de serviço anterior à edição da Lei n.º 8.213/1991 pode ser considerado para a concessão de benefício previdenciário do RGPS ao segurado trabalhador rural, inclusive para efeito de carência, ainda que não tenha havido, naquele tempo, recolhimento de contribuição previdenciária.
(B) Para fins de aposentadoria por idade, é necessário que o trabalhador rural comprove atividade rurícola contínua, no período imediatamente anterior ao requerimento administrativo ou judicial, por período equivalente à metade do prazo de carência legalmente exigido aos demais trabalhadores.
(C) O salário de benefício da aposentadoria por invalidez será igual a 91% do valor do salário de benefício do auxílio-doença anteriormente recebido, reajustado pelos índices de correção dos benefícios previdenciários.
(D) É juridicamente aceitável a acumulação de pensão por morte com aposentadoria por invalidez, pois esses benefícios têm naturezas distintas e fatos geradores diferentes.
(E) Tratando-se de demanda previdenciária, o fato de o imóvel ser superior ao módulo rural afasta, por si só, a qualificação de seu proprietário como segurado especial, ainda que comprovada, nos autos, a exploração em regime de economia familiar.

A: incorreta, pois, nos termos da Súmula 24/TNU (Turma Nacional de Uniformização), "O tempo de serviço do segurado trabalhador rural anterior ao advento da Lei nº 8.213/91, sem o recolhimento de contribuições previdenciárias, pode ser considerado para a concessão de benefício previdenciário do Regime Geral de Previdência Social (RGPS), exceto para efeito de carência, conforme a regra do art. 55, §2º, da Lei nº 8.213/91" – ver AgRg no Ag 699.796/SP-STJ; B: assertiva incorreta, pois não há delimitação exata em relação ao período de atividade rural a ser provado – ver AgRg Ag 1.410.501/GO-STJ e Súmula 14/TNU "Para a concessão de aposentadoria rural por idade, não se exige que o início de prova material corresponda a todo o período equivalente à carência do benefício"; C: incorreta, pois a aposentadoria por invalidez, inclusive a decorrente de acidente do trabalho, consistirá numa renda mensal correspondente a 100% do salário de benefício. É importante lembrar que o fator previdenciário (que reduz o salário de benefício) não se aplica à aposentadoria por invalidez – art. 29, II, do PBPS; D: essa é a assertiva correta, pois não é vedado o recebimento conjunto de aposentadoria e pensão – art. 124 do PBPS; E: incorreta, pois o limite do imóvel explorado em atividade agropecuária é de 4 módulos fiscais, para a qualificação do segurado especial – art. 12, VII, *a*, 1, do PCSS. "D".

(Magistratura Federal-4ª Região – 2010) Um dos requisitos exigidos para a concessão de benefícios previdenciários no Regime Geral de Previdência Social é a carência. Dadas as assertivas abaixo sobre carência, assinale a alternativa correta.

I. Período de carência é o número mínimo de contribuições mensais indispensáveis para que o beneficiário faça jus ao benefício, consideradas a partir do transcurso do primeiro dia dos meses subsequentes às suas respectivas competências.
II. Independe de carência a concessão de auxílio-doença e aposentadoria por invalidez nos casos de acidente de qualquer natureza ou causa e de doença profissional ou do trabalho, bem como nos casos de segurado que, após filiar-se ao Regime Geral de Previdência Social, for acometido de alguma das doenças e afecções especificadas em lista elaborada pelos Ministérios competentes, de acordo com os critérios de estigma, deformação, mutilação, deficiência ou outro fator que lhe confira especificidade e gravidade que mereçam tratamento particularizado.
III. A perda da qualidade de segurado importa em caducidade dos direitos inerentes a essa qualidade, não havendo possibilidade de concessão de pensão por morte aos dependentes do segurado que falecer após a perda dessa qualidade.
IV. A despeito da preocupação social que inspira o regime previdenciário público brasileiro, ele é eminentemente contributivo, de modo que, a partir do advento da Lei 8.213/91, deixou de existir qualquer possibilidade de concessão de benefício previdenciário sem recolhimento de contribuições no período equivalente à carência exigida.
V. Nos casos do segurado empregado e do trabalhador avulso, serão consideradas, para cômputo do período de carência, as contribuições referentes ao período a partir da data da inscrição no Regime Geral de Previdência Social.

(A) Está correta apenas a assertiva II.
(B) Estão corretas apenas as assertivas II e V.
(C) Estão corretas apenas as assertivas I, III e V.
(D) Estão corretas todas as assertivas.
(E) Nenhuma assertiva está correta.

I: incorreta, pois, para contagem do prazo de carência, as contribuições são consideradas a partir do transcurso do primeiro dia dos meses de suas competências (não dos meses subsequentes, como consta da assertiva) – art. 24, *caput*, do PBPS; II: assertiva correta, pois não há carência nessas hipóteses, conforme o art. 26, II, do PBPS; III: incorreta, pois, embora a perda da qualidade de segurado importe caducidade dos direitos respectivos, ela não prejudica o direito à pensão por morte em favor dos dependentes, se os requisitos para sua concessão já tiverem sido preenchidos anteriormente, conforme a legislação então vigente (antes da perda da condição de segurado, o falecido já havia preenchido os requisitos para a concessão da pensão) – art. 102, § 2º, do PBPS; IV: incorreta, pois, embora a previdência social tenha caráter contributivo (art. 201 da CF), há determinados benefícios que independem de carência – art. 26 do PBPS; V: assertiva imprecisa, pois a lei se refere à data de *filiação* (não de inscrição) no RGPS – art. 27, I, do PBPS. "A".

Veja as seguintes tabelas, para estudo e memorização dos períodos de carência e das prestações que independem de carência:

Períodos de Carência – art. 25 do PBPS	
– auxílio-doença e aposentadoria por invalidez	12 contribuições mensais
– aposentadoria por idade, aposentadoria por tempo de serviço e aposentadoria especial	180 contribuições mensais
– salário-maternidade para contribuintes individuais, seguradas especiais e facultativas	10 contribuições mensais. Em caso de antecipação do parto, o período é reduzido em nº de contribuições equivalentes ao nº de meses em que o parto foi antecipado. A segurada especial deve apenas comprovar atividade rural nos 12 meses anteriores ao início do benefício – art. 39, parágrafo único, do PBPS

Independem de Carência – art. 26 do PBPS
– pensão por morte, auxílio-reclusão, salário-família e auxílio-acidente;
– auxílio-doença e aposentadoria por invalidez (nos termos do inciso II);
– aposentadoria por idade ou por invalidez, auxílio-doença, auxílio-reclusão, pensão para o segurado especial, no valor de 1 salário-mínimo, desde que comprove o exercício de atividade rural, ainda que de forma descontínua, no período, imediatamente anterior ao requerimento do benefício, igual ao número de meses correspondentes à carência do benefício requerido;
– serviço social;
– reabilitação profissional;
– salário-maternidade para as seguradas empregada, trabalhadora avulsa e empregada doméstica.

(Magistratura Federal-4ª Região – 2010) Dadas as assertivas abaixo sobre cálculo da renda mensal inicial e manutenção e reajustamento da renda mensal dos benefícios previdenciários do Regime Geral de Previdência Social, assinale a alternativa correta.

I. O valor do benefício de prestação continuada, inclusive o regido por norma especial e o decorrente de acidente do trabalho, exceto o salário-família e o salário-maternidade, será sempre calculado com base no salário de benefício consistente na média aritmética simples dos maiores salários de contribuição correspondentes a oitenta por cento de todo o período contributivo, multiplicada pelo fator previdenciário.

II. O salário de benefício do segurado que contribuir em razão de atividades concomitantes será calculado com base na média dos salários de contribuição da atividade principal, assim considerada a de maior renda, acrescida de 75% (setenta e cinco por cento) da média da atividade secundária.

III. Em nenhuma hipótese a renda mensal do benefício de prestação continuada que substituir o salário de contribuição ou o rendimento do trabalho do segurado terá valor inferior ao do salário mínimo nem superior ao do limite máximo do salário de contribuição.

IV. Nas hipóteses estabelecidas atualmente na Lei 8.213/91 em que é possível a cumulação de auxílio-acidente e aposentadoria por tempo de contribuição, a renda mensal daquele não integra o salário de contribuição desta para fins de cálculo do salário de benefício.

V. O valor dos benefícios em manutenção será reajustado, anualmente, na mesma data do reajuste do salário mínimo, aplicada a todos os benefícios a variação integral do Índice Nacional de Preços ao Consumidor – INPC/IBGE acumulada a partir da data do reajuste anterior.

(A) Está correta apenas a assertiva II.
(B) Estão corretas apenas as assertivas I e V.
(C) Estão corretas apenas as assertivas II, III e IV.
(D) Estão corretas todas as assertivas.
(E) Nenhuma das assertivas está correta.

I: incorreta, pois o fator previdenciário é redutor do salário de benefício aplicado apenas no caso de aposentadorias por idade e por tempo de contribuição – art. 29, I, do PBPS, além das pensões que venham a substituir essas aposentadorias – art. 75 do PBPS; II: incorreta, pois o salário de benefício do segurado que contribuir em razão de atividades concomitantes será calculado com base na soma dos salários de contribuição das atividades exercidas na data do requerimento ou do óbito, ou no período básico de cálculo, nos termos do art. 32 do PBPS; III: incorreta, pois essa regra do art. 33 do PBPS é afastada no caso de aposentadoria por invalidez do segurado que necessitar da assistência permanente de outra pessoa, em que o valor do benefício é acrescido de 25% – art. 45 c/c art. 33 do PBPS. Gabarito "E".

(Magistratura Federal-4ª Região – 2010) Dadas as assertivas referentes aos benefícios devidos aos segurados e dependentes no âmbito do Regime Geral de Previdência Social, assinale a alternativa correta.

I. A aposentadoria por idade será devida ao segurado que, cumprida a carência exigida na Lei 8.213/91, completar 65 (sessenta e cinco) anos de idade, se homem, e 60 (sessenta), se mulher, reduzidos os limites etários para 60 (sessenta) e 55 (cinqüenta e cinco) anos no caso de trabalhadores rurais, respectivamente homens e mulheres.

II. É assegurada aposentadoria no Regime Geral de Previdência Social, nos termos da lei, aos trinta e cinco anos de contribuição, se homem, e trinta anos de contribuição, se mulher.

III. Trata-se a aposentadoria por invalidez de benefício definitivo. Assim, seu cancelamento somente pode ocorrer na hipótese de o aposentado por invalidez retornar voluntariamente à atividade laborativa, caso em que terá sua aposentadoria automaticamente cancelada a partir da data do retorno.

IV. É devida a pensão por morte ao filho menor de segurado que, apesar de ter perdido essa qualidade, preencheu os requisitos legais para a obtenção de aposentadoria até a data do seu óbito, mas extingue-se o direito ao benefício assim que o dependente atinge 21 anos, ainda que estudante de curso superior.

V. O auxílio-doença será devido ao segurado que, havendo cumprido, quando for o caso, o período de carência exigido na Lei 8.213/91, ficar incapacitado para o seu trabalho ou para a sua atividade habitual. Não será devido, contudo, ao segurado que se filiar ao Regime Geral de Previdência Social já portador da doença ou da lesão invocada como causa para o benefício, salvo quando a incapacidade sobrevier por motivo de progressão ou agravamento dessa doença ou lesão.

(A) Estão corretas apenas as assertivas I, II e V.
(B) Estão corretas apenas as assertivas II, III e IV.
(C) Estão corretas apenas as assertivas I, II, III e V.
(D) Estão corretas apenas as assertivas I, II, IV e V.
(E) Estão corretas todas as assertivas.

I: correta, conforme o art. 201, § 7º, II, da CF e o art. 25, II, do PBPS; II: correta, nos termos do art. 201, § 7º, I, da CF; III: incorreta, pois a aposentadoria por invalidez cessará sempre que houver recuperação da capacidade de trabalho – art. 47 do PBPS; IV: correta, conforme os arts. 16, I, e 102, § 2º, do PBPS; V: correta, conforme o art. 59 do PBPS. Gabarito "D".

(Ministério Público/ES – 2010 – CESPE) Com relação ao reajustamento do valor dos benefícios, ao tempo de serviço para fins previdenciários e à carência, assinale a opção correta.

(A) O reconhecimento da atividade exercida como especial é disciplinado pela lei vigente à época da prestação do serviço, por força do princípio *tempus regit actum*, passando a integrar, como direito adquirido, o patrimônio jurídico do trabalhador, não se aplicando retroativamente legislação nova mais restritiva.

(B) No primeiro reajuste da renda mensal inicial da aposentadoria concedida na vigência da Lei n.o 8.213/1991, deve-se aplicar integralmente o índice oficial de correção, independentemente do mês de concessão do benefício previdenciário.

(C) O tempo de serviço rural anterior à vigência da Lei n.o 8.213/1991 não será considerado para efeito de carência, mas poderá ser computado como tempo de contribuição, para efeito de aposentadoria, mediante o recolhimento das respectivas contribuições.

(D) As contribuições que o segurado contribuinte individual pagar em atraso não serão consideradas para efeito de carência nem serão computadas como tempo de contribuição para efeito de aposentadoria, ainda que comprovado o exercício de atividade abrangida pela previdência social.

(E) O trabalho infantil é repudiado pelo ordenamento jurídico brasileiro, de acordo com a CF, de modo que é inadmissível a contagem do trabalho rural em regime de economia familiar antes dos quatorze anos de idade, para efeito de aposentadoria.

A: assertiva correta, conforme jurisprudência do STJ – ver AgRg no REsp 543.261/SP; B: incorreta, pois o reajuste deve ser, nesse caso, *pro rata*, ou seja, proporcional, levando em consideração a data de início do benefício – art. 41-A do PBPS; C: incorreta, pois não se exige o recolhimento das contribuições relativas ao período anterior à Lei 8.213/1991, para fins de aposentadoria do trabalhador rural – art. 55, § 2º, do PBPS; D: incorreta, pois são desconsideradas apenas as contribuições pagas em atraso relativas a competências anteriores ao da primeira contribuição paga sem atraso (que marca o início do período de contagem da carência para o contribuinte individual). Ou seja, após o pagamento da primeira contribuição sem atraso, o prazo de carência se inicia e podem ser computados todos os recolhimentos relativos às competências seguintes, ainda que realizados com atraso – art. 27, II, do PBPS e art. 28, II, do RPS; E: incorreta, pois se entende que o limite mínimo de idade tem por finalidade proteger o menor, não podendo ser utilizado em prejuízo do trabalhador, razão pela qual se computa o tempo de trabalho rural realizado por menor de idade – ver AI 529.694/RS-STF e AgRg no Ag 922.625/SP-STJ. Gabarito "A".

(Ministério Público/ES – 2010 – CESPE) Assinale a opção correta referente ao direito previdenciário.

(A) Suponha que Caio tenha requerido, administrativamente, em 10/8/2009, o benefício de auxílio-doença, que foi indeferido pelo INSS, motivo pelo qual ajuizou, em 14/11/2009, uma ação ordinária pleiteando o referido benefício, sendo que o laudo médico pericial, juntado aos autos em 20/2/2010, reconheceu a incapacidade de Caio. Nessa situação hipotética, o termo inicial do auxílio-doença a ser concedido judicialmente será o dia 14/11/2009.

(B) Para efeito de aposentadoria, é assegurada a contagem recíproca do tempo de contribuição na administração pública e na atividade privada, rural e urbana, hipótese na qual os diversos regimes de previdência social se compensarão financeiramente; entretanto, é vedada a contagem de tempo de serviço público com o de atividade privada, quando concomitantes.

(C) Consoante à jurisprudência do STJ, o requisito da renda familiar *per capita* inferior a um quarto do salário mínimo, previsto na Lei n.º 8.742/1993 para concessão do benefício de prestação continuada, de caráter assistencial, consubstancia um critério legal absoluto, impediente de que o julgador faça uso de outros elementos probatórios para comprovar a condição de miserabilidade da família.

(D) As ações judiciais relativas a acidente do trabalho são de competência da justiça comum estadual, nos termos da Lei n.o 8.213/1991. Desse modo, é correto afirmar que a ação regressiva, ajuizada pelo INSS contra o empregador, pleiteando ressarcimento dos gastos relativos a pagamento de benefício de aposentadoria por invalidez decorrente de acidente do trabalho, não é de competência da justiça federal.

(E) Considere que Pedro, que exerce atividade remunerada abrangida pela previdência social, tenha sofrido um acidente e, em decorrência disso, recebido auxílio-doença por 24 meses. Nessa situação hipotética, é correto afirmar que ele manteve a qualidade de segurado durante todo o período em que recebeu o auxílio-doença, desde que ele tenha comprovado a situação de desempregado pelo registro no órgão próprio do Ministério do Trabalho e Emprego.

A: incorreta, pois o auxílio-doença é devido a partir da data da entrada do requerimento – art. 60, § 1º, do PBPS; B: essa é a assertiva correta, conforme o art. 201, § 9º, e o art. 94 do PBPS; C: incorreta, pois o critério da lei não é absoluto, de modo que o juiz pode analisar outras provas para concluir pela condição de miserabilidade – ver AgRg no REsp 1.267.161/PR-STJ; D: incorreta, pois a competência para a ação proposta pelo INSS (autarquia federal) é da justiça federal, nos termos do art. 109, I, da CF – ver art. 129, II, do PBPS; E: incorreta, pois quem está em gozo de benefício previdenciário mantém a qualidade de segurado sem limite de prazo, inexistindo necessidade de comprovação da situação de desemprego – art. 15, I, do PBPS. Gabarito "B".

(Magistratura Federal/3ª Região – 2010) Assinale a alternativa correta:

(A) A aposentadoria por idade será devida ao segurado que completar 65 (sessenta e cinco) anos, se homem, e 60 (sessenta) anos se mulher, independentemente de cumprimento de período de carência;

(B) A aposentadoria por idade, cumprida a carência exigida na Lei 8.213/91, será devida ao segurado que completar 63 (sessenta e três) anos, se homem, e 57 (cinquenta e sete) anos, se mulher;

(C) A aposentaria por idade, cumprida a carência exigida na Lei 8.213/91, será devida ao segurado que completar 65 (sessenta e cinco) anos, se homem, e 60 (sessenta) anos, se mulher;

(D) A concessão do benefício de aposentadoria por idade não depende de período de carência.

A: incorreta, pois a aposentadoria por idade depende do cumprimento do prazo de carência de 180 contribuições mensais – art. 48, *caput*, c/c art. 25, II, do Plano de Benefícios da Previdência Social – PBPS (Lei 8.213/1991); B: Gabarito "C".

(Magistratura Federal/3ª Região – 2010) O professor e a professora poderão se aposentar por tempo de serviço:

(A) Após 30 (trinta) anos o professor e após 25 (vinte e cinco) anos a professora, de efetivo exercício em função de magistério, com renda mensal correspondente a 100% (cem por cento) do salário-de-benefício;

(B) Após 30 (trinta) anos o professor e após 25 (vinte e cinco) anos a professora, de efetivo exercício em função de magistério, com renda mensal correspondente a 80% (oitenta por cento) do salário-de-benefício;

(C) Após 30 (trinta) anos o professor e a professora, de efetivo exercício em funções de magistério, com renda mensal correspondente a 100% (cem por cento) do salário-de-benefício;

(D) Após 25 (vinte e cinco) anos o professor e 20 (vinte) anos a professora, de efetivo exercício de magistério, com renda mensal correspondente a 100% (cem por cento) do salário-de-benefício.

O professor que comprove exclusivamente tempo de efetivo exercício das funções de magistério na educação infantil e no ensino fundamental e médio poderá se aposentar com 30 anos de contribuição (homem) ou 25 anos de contribuição (mulher), com renda mensal correspondente a 100% do salário de benefício – art. 201, § 7º, I, e § 8º, da CF e art. 56 do PBPS. Gabarito "A".

(Ministério Público/ES – 2010 – CESPE) João, que era casado com Maria e tinha um filho menor não emancipado chamado Júnior, exercia, quando veio a falecer, atividade abrangida pelo RGPS, como empregado de uma fábrica há oito meses, recebendo, nesse período, um salário de R$ 700,00. Morava ainda com o casal e o filho menor a mãe de João. Com base nessa situação hipotética, assinale a opção correta.

(A) Maria, sua sogra e Júnior não têm direito à pensão por morte, porque João, que trabalhou apenas oito meses, não completou a carência, que é o número mínimo de contribuições mensais indispensáveis à concessão de benefício previdenciário.

(B) Para se habilitarem à pensão por morte, Maria, Júnior e a mãe de João precisam comprovar que dependiam economicamente de João.

(C) Caso seja requerida apenas por Maria, a pensão por morte será concedida a partir do dia do óbito de João, independentemente da data do requerimento.

(D) Aplica-se o fator previdenciário no cálculo da renda mensal inicial da pensão por morte, que é feito com base no salário-de-benefício da aposentadoria que seria devida a João na data do seu falecimento.

(E) Se Maria, sua sogra e Júnior requererem pensão por morte, o benefício será concedido apenas a Maria e Júnior, em partes iguais, sendo que a parte de cada um poderá ser menor que um salário mínimo.

A: incorreta, pois não há carência para a pensão por morte – art. 26, I, do PBPS; B: incorreta, pois a dependência da esposa e do filho menor não emancipado é presumida. Apenas a dependência da mãe deve ser comprovada – art. 16, I e II, e § 4º, do PBPS; C: incorreta, pois a pensão por morte será devida a contar da data do óbito apenas quando requerida em até 30 dias do falecimento. Após o prazo, a pensão será devida apenas a partir do requerimento – art. 74, I e II, do PBPS; D: incorreta, pois o valor mensal da pensão por morte será de cem por cento do valor da aposentadoria que o segurado recebia ou daquela a que teria direito se estivesse aposentado por invalidez na data de seu falecimento – art. 75 do PBPS, observados os limites do art. 33. Na verdade, o salário de benefício da aposentadoria a que João teria direito (a que corresponde o valor da pensão) é que é calculado com a aplicação do fator previdenciário – art. 29, I, do PBPS; E: assertiva correta, pois a classe dos dependentes cônjuge, companheira e filho menor exclui a classe dos dependentes pais – art. 16, § 1º, do PBPS. A pensão total não poderá ser inferior a um salário-mínimo, mas a parcela devida a cada dependente sim – art. 201, V e § 2º, da CF e art. 77 do PBPS. Gabarito "E".

(Ministério Público/ES – 2010 – CESPE) Com relação ao reajustamento do valor dos benefícios, ao tempo de serviço para fins previdenciários e à carência, assinale a opção correta.

(A) O reconhecimento da atividade exercida como especial é disciplinado pela lei vigente à época da prestação do serviço, por força do princípio *tempus regit actum*, passando a integrar, como direito adquirido, o patrimônio jurídico do trabalhador, não se aplicando retroativamente legislação nova mais restritiva.

(B) No primeiro reajuste da renda mensal inicial da aposentadoria concedida na vigência da Lei nº 8.213/1991, deve-se aplicar integralmente o índice oficial de correção, independentemente do mês de concessão do benefício previdenciário.

(C) O tempo de serviço rural anterior à vigência da Lei nº 8.213/1991 não será considerado para efeito de carência, mas poderá ser computado como tempo de contribuição, para efeito de aposentadoria, mediante o recolhimento das respectivas contribuições.

(D) As contribuições que o segurado contribuinte individual pagar em atraso não serão consideradas para efeito de carência nem serão computadas como tempo de contribuição para efeito de aposentadoria, ainda que comprovado o exercício de atividade abrangida pela previdência social.

(E) O trabalho infantil é repudiado pelo ordenamento jurídico brasileiro, de acordo com a CF, de modo que é inadmissível a contagem do trabalho rural em regime de economia familiar antes dos quatorze anos de idade, para efeito de aposentadoria.

A: essa é a assertiva correta; B: incorreta, pois se aplica o índice de reajuste (INPC) *pro rata* (não integral, necessariamente), de acordo com a data de início do benefício ou do último reajustamento – art. 41-A do PBPS; C: incorreta, pois, nos termos da Súmula 24 da Turma Nacional de Uniformização dos Juizados Especiais Federais – TNU, o tempo de serviço do segurado trabalhador rural anterior ao advento da Lei 8.213/91, **sem o recolhimento de contribuições previdenciárias**, pode ser considerado para a concessão de benefício previdenciário do RGPS, exceto para efeito de carência, conforme a regra do art. 55, § 2º, da Lei nº 8.213/91; D: incorreta, pois contribuições em atraso do segurado individual não são computadas para fins de carência, apenas – art. 27, II, do PBPS; E: assertiva incorreta. O STF admite o reconhecimento do trabalho rural realizado pelo menor para fins previdenciários, pois a norma constitucional que limita a idade serve para proteger o trabalhador, não podendo ser interpretada em seu detrimento – ver AI 529.694/RS-STF. Gabarito "A".

(Procurador do Município/Boa Vista-RR – 2010 – CESPE) Julgue o item a seguir, relativos às legislações previdenciária e da seguridade social.

(1) É vedado o recebimento conjunto do seguro-desemprego com qualquer benefício de prestação continuada da previdência social, exceto pensão por morte ou auxílio-acidente.

1: assertiva correta, pois reflete o disposto no art. 124, parágrafo único, do PBPS. Gabarito 1C.

(Magistratura Federal/3ª Região – 2010) Assinale a alternativa correta:

(A) O abono anual é devido ao segurado e ao dependente da Previdência Social que, durante o ano, recebe o benefício da assistência social constitucional;

(B) O abono anual é devido ao segurado e ao dependente da Previdência Social que recebeu o benefício do auxílio-doença, auxílio-acidente ou aposentadoria, pensão por morte e auxílio-reclusão;

(C) O abono anual será calculado pela média dos valores do benefício recebido pelo segurado durante o ano;

(D) O abono anual não se confunde e não tem qualquer relação com a gratificação de natal dos trabalhadores.

Nos termos do art. 40 do PBPS, é devido abono anual, tal qual o 13º salário, ao segurado e ao dependente da Previdência Social que, durante o ano, recebeu auxílio-doença, auxílio-acidente ou aposentadoria, pensão por morte ou auxílio-reclusão. Gabarito "B".

(Magistratura Federal/3ª Região – 2010) Assinale a alternativa correta:

(A) O benefício de aposentadoria por invalidez corresponde a 85% (oitenta e cinco por cento) do salário-de-benefício;

(B) O benefício de aposentadoria por invalidez pode ser concedido ao segurado insuscetível de reabilitação para o exercício de atividade que lhe garanta a subsistência, sendo-lhe pago por tempo indeterminado;

(C) Em nenhuma hipótese, o benefício da aposentadoria por invalidez será pago ao segurado portador de doença ou lesão de que já era portador ao filiar-se ao Regime Geral da Previdência Social;

(D) O valor da aposentadoria por invalidez do segurado que necessitar da assistência permanente de outra pessoa será acrescido de 25% (vinte e cinco por cento)

A: incorreta, pois a aposentadoria por invalidez consistirá em renda mensal correspondente a 100% do salário de benefício – art. 44 do PBPS; B: incorreta, pois o benefício de aposentadoria será pago enquanto o segurado permanecer na condição (incapaz e insuscetível de reabilitação) – art. 42 do PBPS; C: incorreta, pois, excepcionalmente, haverá direito à aposentadoria por invalidez quando a incapacidade sobrevier por motivo de progressão ou agravamento da doença ou lesão anteriormente existente – art. 42, § 2º, *in fine*, do PBPS; D: assertiva correta, pois reflete o disposto no art. 45 do PBPS. Gabarito "D".

(Magistratura Federal/3ª Região – 2010) Assinale a alternativa correta:

(A) A pensão por morte será devida ao conjunto dos dependentes do segurado que falecer, aposentado ou não, e será de 80% (oitenta por cento) do valor da aposentadoria que o aposentado recebia ou daquela a que teria direito se estivesse aposentado por invalidez na data de seu falecimento;

(B) A pensão por morte será devida ao conjunto dos dependentes do segurado que falecer, aposentado ou não, a contar da data: I – do óbito, quando requerida até trinta dias depois deste; II – do requerimento, quando requerida após o prazo previsto do inciso anterior; III – da decisão judicial, no caso de morte presumida;

(C) A pensão por morte poderá ser protelada por falta de habilitação de outro possível dependente;

A: incorreta, pois o valor mensal da pensão por morte será de cem por cento do valor da aposentadoria que o segurado recebia ou daquela a que teria direito se estivesse aposentado por invalidez na data de seu falecimento – art. 75 do PBPS, observados os limites do art. 33; B: assertiva correta, pois reflete exatamente o disposto no art. 74 do PBPS; C: incorreta, pois a concessão da pensão por morte não será protelada pela falta de habilitação de outro possível dependente, e qualquer inscrição ou habilitação posterior que importe em exclusão ou inclusão de dependente só produzirá efeito a contar da data da inscrição ou habilitação – art. 76, *caput*, do PBPS. Gabarito "B".

(Defensoria Pública da União – 2010 – CESPE) Em relação aos institutos de direito previdenciário, julgue os itens seguintes.

(1) A jurisprudência consolidou o entendimento de que a concessão da pensão por morte é regida pela norma vigente ao tempo da implementação da condição fática necessária à concessão do benefício, qual seja, a data do óbito do segurado.

(2) A aposentadoria por tempo de contribuição sofre constantes ataques da doutrina, e número razoável de especialistas defende sua extinção, o que se deve ao fato de esse benefício não ser tipicamente previdenciário, pois não há, nesse caso, risco social sendo protegido, já que o tempo de contribuição não gera presunção de incapacidade para o trabalho.

1: assertiva correta, pois reflete o entendimento pacífico do Judiciário – ver MS 14.743/DF-STJ; 2: assertiva correta, pois há tendência a se prestigiar a idade como critério básico para a concessão de aposentadoria. Gabarito 1C, 2C.

(Procurador Federal – 2010 – CESPE) A respeito dos benefícios previdenciários, julgue os itens seguintes.

(1) Por apresentarem pressupostos fáticos e fatos geradores distintos, não há vedação legal à cumulação da pensão por morte de trabalhador rural com o benefício da aposentadoria por invalidez.
(2) De acordo com entendimento da Turma Nacional de Uniformização da Jurisprudência dos Juizados Especiais Federais, para fins de aposentadoria especial, o uso de equipamento de proteção individual, no caso de exposição a ruído, apenas descaracterizará o tempo de serviço especial prestado se houver a eliminação da insalubridade.
(3) Somente poderão beneficiar-se do auxílio-acidente os seguintes segurados: o empregado, o trabalhador avulso e o especial.
(4) Independe de carência a concessão de pensão por morte, auxílio-reclusão, salário-família, auxílio-acidente, serviço social, reabilitação profissional e salário-maternidade para as seguradas empregada, trabalhadora avulsa e contribuinte individual.

1: assertiva correta, pois não é vedado o recebimento conjunto de aposentadoria e pensão por morte – art. 124 do PBPS; 2: incorreta, pois, nos termos da Súmula 9 da TNU, o uso de Equipamento de Proteção Individual (EPI), ainda que elimine a insalubridade, no caso de exposição a ruído, **não descaracteriza** o tempo de serviço especial prestado; 3: assertiva correta, conforme o art. 18, § 1º, c/c art. 11, I, VI e VII, do PBPS; 4: incorreta, no que se refere ao salário-maternidade, pois inexiste carência apenas em relação às seguradas empregada, trabalhadora avulsa e empregada doméstica (não às contribuintes individuais) – art. 26, I, IV, V e VI, do PBPS. Gabarito 1C, 2E, 3C, 4E.

(MAGISTRATURA DO TRABALHO – 1ª REGIÃO – 2010 – CESPE) Assinale a opção correta acerca do seguro-desemprego.

(A) O programa de seguro-desemprego tem por finalidade prover assistência financeira ao trabalhador desempregado em virtude de dispensa sem justa causa, salvo se indireta.
(B) A fim de perceber o seguro-desemprego, o trabalhador deve comprovar ter sido empregado de pessoa jurídica ou ter exercido atividade legalmente reconhecida como autônoma, durante pelo menos doze meses nos últimos vinte e quatro meses.
(C) É lícita a concessão do seguro-desemprego ao trabalhador desempregado, a cada período aquisitivo de quinze meses, por período máximo de cinco meses, contínua ou alternadamente.
(D) O seguro-desemprego poderá ser requerido a partir do trigésimo dia subsequente à rescisão do contrato de trabalho.
(E) Deve ser suspenso o seguro-desemprego na hipótese de início de percepção de benefício de prestação continuada da previdência social, exceto o auxílio-acidente, o auxílio suplementar e o abono de permanência em serviço.

A: incorreta, pois, nos termos do art. 2º, I, da Lei 7.998/1990, o programa de seguro-desemprego tem entre suas finalidades, prover assistência financeira temporária ao trabalhador desempregado em virtude de dispensa sem justa causa, **inclusive a indireta**; B: incorreta, pois é preciso comprovar ter sido empregado de pessoa jurídica ou pessoa física a ela equiparada ou ter exercido atividade legalmente reconhecida como autônoma, durante pelo menos 15 meses (não apenas 12 meses, como consta da assertiva) nos últimos 24 meses – art. 3º, II, da Lei 7.998/1990; C: incorreta, pois o benefício do seguro-desemprego será concedido ao trabalhador desempregado, por um período máximo de 4 meses (não cinco, como consta da assertiva), de forma contínua ou alternada, a cada período aquisitivo de 16 meses (não quinze), contados da data de dispensa que deu origem à primeira habilitação – art. 4º da Lei 7.998/1990; D: incorreta, pois o seguro-desemprego pode ser requerido a partir do 7º dia (não 30º dia, como consta da assertiva) subsequente à rescisão do contrato de trabalho – art. 6º da Lei 7.998/1990; E: essa é a assertiva correta, pois reflete o disposto no art. 7º, II, da Lei 7.998/1990. Gabarito "E".

(Magistratura Federal/1ª Região – 2009 – CESPE) Maria, segurada obrigatória do RGPS, preenchia todos os requisitos para a obtenção da aposentadoria por tempo de serviço, de acordo com as exigências previstas na Lei n.º 8.213/1991. Entretanto, no momento de requerer a aposentadoria, ela desistiu. Pouco tempo depois, por não concordar mais com as ordens emitidas por seu empregador, Maria resolveu deixar o emprego. Após 38 meses sem contribuir para a previdência social, Maria sofreu um ataque cardíaco e faleceu, sem haver requerido aposentadoria. Nessa situação hipotética, com relação ao benefício da pensão por morte, os dependentes de Maria

(A) não terão direito de recebê-lo, nos termos da Lei n.º 8.213/1991, uma vez que Maria não havia requerido aposentadoria à previdência social.
(B) terão direito de recebê-lo, mas o seu valor, pelo fato de Maria ter cessado as contribuições, será reduzido em um terço.
(C) não terão direito de recebê-lo, pois Maria havia perdido a condição de segurada.
(D) terão direito de recebê-lo, sendo o seu valor reduzido pela metade.
(E) terão direito de recebê-lo, pois Maria havia preenchido todos os requisitos para requerer a aposentadoria por tempo de serviço.

Os dependentes de Maria têm direito à pensão por sua morte, pois a perda da qualidade de segurado (ocorrida após mais de 38 meses sem contribuição – art. 15, §§ 2º e 4º do PCSS) não prejudica o direito quando já haviam sido preenchidos todos os requisitos art. 102, § 2º, do PBPS. Gabarito "E".

(Magistratura Federal/5ª Região – 2009 – CESPE) Acerca dos benefícios previdenciários, assinale a opção correta.

(A) O valor da aposentadoria por invalidez de segurado que necessitar da assistência permanente de outra pessoa será acrescido de valor específico pago em parcela fixa, que não será recalculada quando o benefício que lhe deu origem for reajustado.
(B) A aposentadoria por idade será devida ao segurado que, cumprida a carência exigida pela lei, completar 65 anos de idade, se homem, e 60, se mulher, reduzindo-se tal prazo em 5 anos para os professores que pretendam receber o referido benefício e comprovem exclusivamente tempo de efetivo exercício das funções de magistério na educação infantil e no ensino fundamental e médio.
(C) O segurado em gozo de auxílio-doença e insuscetível de recuperação para sua atividade habitual deverá submeter-se a processo de reabilitação profissional para o exercício de outra atividade. Não cessará esse benefício até que seja dado como habilitado para o desempenho de nova atividade que lhe garanta a subsistência ou, quando considerado não recuperável, for aposentado por invalidez.
(D) A concessão da aposentadoria especial dependerá de comprovação, pelo segurado, perante o INSS, do tempo de trabalho exigido pela lei, ainda que de forma intermitente, em condições especiais que prejudiquem a saúde ou a integridade física, durante o período mínimo fixado.
(E) A pensão por morte será devida ao conjunto dos dependentes do segurado que falecer, aposentado ou não, a contar da data do requerimento do benefício, no caso de morte presumida.

A: incorreta, pois o valor da aposentadoria por invalidez será majorado em 25% nessa hipótese, ou seja, em percentual que acompanha a variação do valor principal do benefício, não em montante fixo – art. 45, *caput* e parágrafo único, *b*, do PBPS; B: incorreta, pois a redução em 5 anos em favor dos professores refere-se ao tempo de contribuição, e não à idade – art. 201, § 8º, da CF; C: assertiva correta, pois reflete exatamente o disposto no art. 62 do PBPS; D: incorreta, pois, para fins de aposentadoria especial, o tempo de trabalho não pode ser ocasional nem intermitente – art. 57, § 3º, do PBPS; E: incorreta, pois em caso de morte presumida, o benefício será pago a partir da decisão judicial – art. 74, III, do PBPS. Gabarito "C".

(Ministério Público/PR – 2009) Sobre os benefícios previdenciários é *correto* afirmar:

(A) o auxílio reclusão é um benefício concedido independentemente do motivo da prisão, pouco importando o regime de cumprimento de pena;
(B) o benefício concedido em virtude de doença contraída pelo segurado no ambiente de trabalho, gerando tal enfermidade uma incapacidade permanente, é denominado auxílio-doença;
(C) os benefícios de prestação periódica são aqueles pagos com número previamente definido de competências, como é o caso da aposentadoria por tempo de serviço;
(D) a aposentadoria por tempo de contribuição é paga no valor integral de cem por cento do salário-de-benefício, sem admitir proporcionalidade;
(E) somente o próprio segurado é destinatário dos benefícios devidos pelo Regime Geral de Previdência Social.

A: incorreta, pois o auxílio-reclusão é devido apenas durante o período em que o segurado estiver recolhido à prisão sob regime fechado ou semiaberto – art. 116, § 5º, do RPS; B: incorreta, pois se a incapacidade é permanente, impedindo o desempenho de outra atividade que lhe garanta a subsistência, o segurado será aposentado por invalidez – art. 62 do PBPS; C: incorreta, pois a aposentadoria é benefício de prestação continuada, paga por prazo indeterminado – art. 18, I, *a, b, c* e *d*, do PBPS. Ademais, não há mais aposentadoria por tempo de serviço, mas sim por tempo de contribuição – art. 201, § 7°, I, da CF; D: assertiva correta, pois no regime constitucional atual não há mais aposentadoria por tempo de serviço proporcional, mas apenas aposentadoria por tempo de contribuição com benefício integral (exceto casos de transição) – art. 53 do PBPS à luz do art. 201, § 7°, I, da CF; E: incorreta, pois os dependentes do segurado também podem ser beneficiários do RGPS – art. 10 do PBPS. Gabarito "D".

(Procurador de Contas TCE/ES – CESPE – 2009). Em relação à pensão por morte, assinale a opção correta.

(A) No caso de morte presumida, a pensão por morte será devida ao conjunto dos dependentes do segurado que falecer, aposentado ou não, a contar da data do requerimento.

(B) Os dependentes têm direito ao recebimento desse benefício se o segurado, à época do seu falecimento, já possuir os requisitos necessários para obter qualquer das aposentadorias do RGPS, mesmo que tenha perdido a condição de segurado.

(C) A concessão da pensão por morte não será protelada pela falta de habilitação de outro possível dependente; no entanto, qualquer inscrição ou habilitação legítima posterior que importe em exclusão ou inclusão de dependente produzirá efeito retroativo, sendo de responsabilidade do primeiro beneficiário arcar com os valores pretéritos em favor da parte legitimamente habilitada.

(D) Mediante prova do desaparecimento do segurado em consequência de acidente, desastre ou catástrofe, seus dependentes farão jus a pensão provisória. Verificado o reaparecimento do segurado, o pagamento da pensão cessará imediatamente, ficando os dependentes obrigados à reposição dos valores recebidos, mesmo na hipótese de boa-fé.

(E) Ainda que comprovada a necessidade econômica superveniente, a mulher que renunciou aos alimentos na separação judicial não tem direito à pensão previdenciária por morte do ex-marido, conforme entendimento do STJ.

A: incorreta, pois no caso da morte presumida, a pensão é devida a partir da decisão judicial – art. 74, III, do PBPS; B: essa é a assertiva correta, pois reflete o disposto no art. 102, § 2°, do PBPS; C: incorreta, pois qualquer inscrição ou habilitação posterior que importe em exclusão ou inclusão de dependente só produzirá efeito a contar da data da inscrição ou habilitação – art. 76, *caput*, do PBPS; D: incorreta, pois os dependentes não são obrigados a restituir o recebido a título de pensão provisória, exceto em caso de má-fé – art. 78, § 2°, do PBPS; E: incorreta, pois a mulher que renunciou aos alimentos na separação judicial tem direito à pensão previdenciária por morte do ex-marido, comprovada a necessidade econômica superveniente – Súmula 336/STJ. Gabarito "B".

(Procurador de Contas TCE/ES – CESPE – 2009) Em relação às datas de início dos pagamentos dos benefícios previdenciários, assinale a opção correta.

(A) Concluindo a perícia médica inicial pela existência de incapacidade total e definitiva para o trabalho, a aposentadoria por invalidez será devida ao segurado empregado doméstico a contar do décimo sexto dia do afastamento da atividade.

(B) A aposentadoria por idade será devida ao segurado contribuinte individual a partir da data do desligamento do emprego, quando requerida até essa data ou até noventa dias depois dela.

(C) A data de início da aposentadoria especial será fixada da mesma forma que a da aposentadoria por idade.

(D) O auxílio-doença será devido ao segurado contribuinte individual a contar do décimo sexto dia do afastamento da atividade.

(E) O salário-maternidade é devido impreterivelmente à segurada da previdência social, com início no período entre trinta dias antes do parto e a data de ocorrência deste.

A: incorreta, pois a aposentadoria por invalidez do empregado doméstico será devida a contar da data do início da incapacidade ou da data da entrada do requerimento, se entre essas datas decorrerem mais de trinta dias – art. 43, § 1°, *b*, do PBPS; B: incorreta, até porque o empregado não é segurado contribuinte individual. A aposentadoria por idade para o segurado individual, a exemplo de qualquer outro que não seja empregado, é devida a partir da data do requerimento – art. 49, II, do PBPS; C: essa é a assertiva correta, conforme o art. 57, § 2°, do PBPS; D: incorreta, pois somente no caso de segurado empregado o auxílio-doença é devido a partir do 16° dia do afastamento das atividades (incumbe à empresa o pagamento de salário integral nos 15 primeiros dias). Para os demais segurados, incluindo o contribuinte individual, o auxílio-doença será devido a contar da data do início da incapacidade – art. 60 do PBPS; E: incorreta, pois o salário-maternidade é devido à segurada durante 120 dias, com início no período entre 28 dias antes do parto e a data de sua ocorrência – art. 71 do PBPS. Gabarito "C".

(Defensoria/PA – 2009 – FCC) Para o recebimento de auxílio-reclusão no regime geral deprevidência social, é exigido pela legislação:

(A) prova de bom comportamento e exercício de trabalho na prisão pelo segurado.

(B) ter o segurado recolhido um mínimo de 12 (doze) meses de contribuições previdenciárias.

(C) ter o segurado recolhido um mínimo de 180 (cento e oitenta) meses de contribuições previdenciárias.

(D) que filhos menores de 16 (dezesseis) anos e cônjuge comprovem que dependiam economicamente do segurado preso ou recluso.

(E) prova trimestral de que o segurado permanece na condição de presidiário.

A: incorreta, pois se exige apenas, para a manutenção do auxílio-reclusão, a apresentação de declaração de permanência na condição de presidiário – art. 80 do PBPS. O beneficiário deverá apresentar trimestralmente atestado de que o segurado continua detido ou recluso, firmado pela autoridade competente – art. 117, § 1°, do RPS; B e C: incorretas, pois a concessão do auxílio-reclusão independe de carência – art. 26, I, do PBPS; D: assertiva incorreta, pois a comprovação de dependência econômica preexistente somente é exigida no caso de qualificação de dependentes após a reclusão ou a detenção do segurado – art. 116, § 3°, do RPS; E: essa é a assertiva correta, conforme comentário à alternativa A. Gabarito "E".

(Defensoria/PA – 2009 – FCC) Constitui condição legal ao recebimento de aposentadoria por invalidez por segurado do regime geral de previdência social:

(A) a verificação do estado de incapacidade mediante exame médico-pericial a cargo da empresa, nos casos em que esta disponha de serviço médico próprio ou em convênio.

(B) a verificação do estado de incapacidade mediante exame médico-pericial a cargo do SUS (Sistema Único de Saúde).

(C) ter havido a reunião de pelo menos 12 (doze) contribuições mensais, ressalvadas hipóteses excepcionais, entre as quais aquelas em que a incapacidade tenha decorrido de acidente de qualquer natureza ou causa e de doença profissional ou do trabalho.

(D) não se tratar de incapacidade decorrente de doença ou lesão de que o segurado já era portador ao filiar-se à previdência social, mesmo que tal incapacidade tenha decorrido de mera progressão ou agravamento daquela doença ou lesão.

(E) a consolidação de lesões que resultem em sequelas que impliquem redução da capacidade para o trabalho que habitualmente exercia o segurado.

A e B: incorretas, pois a concessão de aposentadoria por invalidez dependerá da verificação da condição de incapacidade mediante exame médico-pericial a cargo da previdência social, podendo o segurado, às suas expensas, fazer-se acompanhar de médico de sua confiança – art. 42, § 1°, do PBPS; C: assertiva correta, conforme os arts. 25, I, e 26, II, do PBPS; D: incorreta, pois cabe aposentadoria por invalidez se a incapacidade decorreu de progressão ou agravamento da doença ou lesão preexistente – art. 42, § 2°, *in fine*, do PBPS; E: incorreta, pois, nesse caso, cabe auxílio-acidente, de natureza indenizatória, não aposentadoria por invalidez – art. 86 do PBPS. Gabarito "C".

(Magistratura do Trabalho – 8ª Região – 2009) De acordo com a legislação, é incorreto afirmar acerca do salário-família:

(A) O salário-família é o benefício previdenciário pago pelo INSS em razão do dependente do trabalhador de baixa renda e será devido, mensalmente, ao segurado empregado, exceto o doméstico, e ao segurado trabalhador avulso. Nas situações em que o pagamento do salário não for mensal, o salário família será pago juntamente com o último pagamento relativo ao mês.

(B) Não é devido salário-família no período entre a suspensão do benefício motivada pela falta de comprovação da freqüência escolar e o seu reativamento, salvo se provada a freqüência escolar regular no período. Se o segurado não apresentar o atestado de vacinação obrigatória e a comprovação de freqüência escolar do equiparado, o benefício do salário-família será suspenso, até que a documentação seja apresentada.

(C) Se o pai e a mãe forem segurados avulsos, cada qual terá direito ao salário-família, desde que ambos preencham os requisitos legais, inclusive em relação aos mesmos dependentes, de forma concomitante.

(D) O salário-família é um benefício que decorre da existência de prole de segurado e, por isso, não pode ser pago a terceiro.

(E) O direito ao salário-família cessará: por morte do filho ou equiparado, a contar do mês seguinte ao evento; quando o filho ou equiparado completar 14 anos de idade, salvo se inválido, a contar do mês seguinte ao da data do aniversário; pela recuperação da capacidade do filho ou equiparado inválido, a contar do mês seguinte ao da cessação da incapacidade; e pelo desemprego do segurado.

A: correta, nos termos dos art. 65 e 68 do PBPS e do art. 81 do RPS; B: correta, conforme o art. 67 do PBPS e o art. 84, § 3º, do RPS; C: assertiva correta, conforme o art. 69 do PBPS e o art. 82, § 3º, do RPS; D: essa é a assertiva incorreta, pois o salário-família pode se pago por conta de dependente equiparado a filho, qual seja, enteado ou menor tutelado, desde que comprovada a dependência econômica – art. 65 c/c o art. 16, § 2º, do PBPS; E: correta, pois reflete o disposto no art. 88 do RPS. Gabarito "D".

(Magistratura do Trabalho – 8ª Região – 2009) De acordo com a legislação previdenciária vigente, sobre os benefícios da previdência social, é incorreto afirmar:

(A) O auxílio-doença do segurado que exercer mais de uma atividade abrangida pela previdência social será devido mesmo no caso de incapacidade apenas para o exercício de uma delas, devendo a perícia médica ser conhecedora de todas as atividades desempenhadas pelo segurado. Neste caso, o auxílio-doença será concedido em relação à atividade para a qual está incapacitado, considerando-se para efeito de carência somente as contribuições relativas a essa atividade.

(B) A concessão de aposentadoria especial dependerá de comprovação pelo segurado, perante o Instituto Nacional do Seguro Social, do tempo de trabalho permanente, não ocasional nem intermitente, em condições especiais que prejudiquem a saúde ou a integridade física, durante o período mínimo fixado. O tempo de trabalho exercido sob condições especiais que sejam ou venham a ser consideradas prejudiciais à saúde ou à integridade física será somado, após a respectiva conversão ao tempo de trabalho exercido em atividade comum, segundo critérios estabelecidos pelo Ministério da previdência e assistência social, para efeito de concessão de qualquer benefício.

(C) O auxílio-doença será devido ao segurado que, havendo cumprido, quando for o caso, o período de carência exigido na lei, ficar incapacitado para o seu trabalho ou para sua atividade habitual por mais de 15 (quinze) dias consecutivos. Não será devido o auxílio-doença nas situações em que o segurado já era portador da lesão ou doença invocada como causa para concessão do benefício, salvo quando houver progressão ou agravamento da doença ou lesão. O valor do benefício, inclusive o decorrente de acidente do trabalho, consistirá numa renda mensal correspondente a 90% do salário de benefício.

(D) A pensão por morte será devida ao conjunto dos dependentes do segurado, aposentado ou não, a contar: da data do óbito, quando requerida até trinta dias depois deste; do requerimento, quando requerida após os trinta dias posteriores ao óbito; e da decisão judicial, no caso de morte presumida.

(E) Ao se verificar a recuperação da capacidade de trabalho do aposentado por invalidez, após o prazo de cinco anos contados do início da aposentação, a aposentadoria será mantida, sem prejuízo da volta à atividade: a) por seu valor integral, durante seis meses contados da data em que for verificada a recuperação da capacidade; b) com redução de 50% no período seguinte de seis meses; c) com redução de 75% também por igual período de seis meses, ao término do qual cessará definitivamente.

A: assertiva correta, pois reflete o disposto no art. 73, *caput* e § 1º, do RPS; B: correta, conforme o art. 57, §§ 3º e 5º, do PBPS; C: incorreta, pois o auxílio-doença corresponde a 91% (não 90%, como consta da assertiva) do salário de benefício – art. 61 do PBPS; D: assertiva correta, pois essa é a regra do art. 74 do PBPS; E: correta, nos termos do art. 47, II, do PBPS. Gabarito "C".

(Magistratura do Trabalho – 8ª Região – 2009) De acordo com a Lei nº 8.213/91 e com o Decreto 3.048/99, é correto afirmar:

(A) Para a segurada especial fica garantida a concessão do salário-maternidade no valor de 1 (um) salário mínimo, desde que comprove o exercício de atividade rural, de maneira contínua, nos 12 (doze) meses imediatamente anteriores ao do início do benefício.

(B) A aposentadoria especial consiste em um pagamento equivalente a 100% do salário de benefício e será devida, uma vez cumprida a carência, ao segurado que tiver trabalhado sujeito a condições especiais que prejudiquem a saúde ou a integridade física, durante 10 (dez), 15 (quinze) ou 20 (vinte) anos, conforme dispuser a lei.

(C) A empresa com 100 (cem) ou mais empregados está obrigada a preencher um percentual dos seus cargos com beneficiários reabilitados, na seguinte proporção: I - até 200 empregados: 2%; II – de 201 a 500: 3%; III - de 501 a 1000: 4%; IV – de 1001 em diante: 6%. A dispensa de trabalhador reabilitado ao final de contrato por prazo determinado de mais de 90 (noventa) dias, e a imotivada, no contrato por prazo indeterminado, só poderá ocorrer após a contratação de substituto de condição semelhante.

(D) Para fins de concessão de aposentadoria especial, a comprovação da exposição do segurado a agentes nocivos à saúde ou integridade física far-se-á mediante apresentação de perfil profissiográfico previdenciário, emitido pela empresa com base em laudo técnico ambiental expedido por médico do trabalho ou engenheiro do trabalho, no qual deverá constar informações sobre a existência de tecnologia de proteção coletiva, de medidas de caráter administrativo ou de organização do trabalho, ou de tecnologia de proteção individual, que elimine, minimize ou controle agentes nocivos. O perfil profissiográfico deverá conter todas as atividades desenvolvidas pelo trabalhador e deverá ser fornecido pelo empregador ao obreiro ou ao cooperado no momento da rescisão contratual ou do desligamento em relação à cooperativa.

(E) Mantém a qualidade de segurado, independentemente de contribuições: a) sem limite de prazo, o segurado que estiver em gozo de benefício; b) até 12 meses após a cessação das contribuições, o segurado que deixar de exercer atividade remunerada abrangida pela previdência social ou estiver suspenso ou licenciado sem remuneração; c) até 12 meses após cessar a segregação, o segurado acometido de segregação de natureza compulsória; d) até 6 meses após o licenciamento, o segurado incorporado às forças armadas para prestar serviço militar; e) até 6 meses após a cessação das contribuições, o segurado facultativo. O prazo relativo ao segurado que deixar de exercer atividade remunerada abrangida pela previdência social ou estiver suspenso ou licenciado sem remuneração será prorrogado para até 24 meses se o segurado já tiver pago mais de 120 contribuições mensais sem interrupção que acarrete a perda da qualidade de segurado.

A: assertiva incorreta. A segurada especial faz jus ao salário-maternidade correspondente a um doze avos do valor sobre o qual incidiu sua última contribuição anual, garantido o salário-mínimo, desde que comprove o exercício de atividade rural, ainda que de forma **descontínua** (não precisa ser contínua, como consta da assertiva), nos 12 meses imediatamente anteriores ao do início do benefício – art. 39, parágrafo único, e art. 73, II, do PBPS; B: incorreta, pois o período de trabalho permanente, não ocasional nem intermitente, para concessão da aposentadoria especial é de 15, 20 ou 25 anos (não 10, 15 e 20 anos, como consta da assertiva), conforme dispuser a lei – art. 57, *caput*, e § 3º, do PBPS; C: incorreta, pois a cota para empregados reabilitados ou portadores de deficiência habilitados é de 2%, 3%, 4% e 5% (não 6% para as empresas com mais de 1.000 empregados, como consta da assertiva) – art. 93 do PBPS; D: essa é a assertiva correta, nos termos do art. 58, § 4º, do PBPS e do art. 68, §§ 2º, 3º e 6º, do RPS; E: incorreta quanto ao segurado que prestou serviço militar, pois perderá a condição de segurado 3 meses (não 6 meses, como consta da assertiva) após o licenciamento, caso não volte a contribuir para o RGPS – art. 15, V, do PBPS.

Veja a seguinte tabela, para estudo e memorização dos prazos em que se mantém a qualidade de segurado, independentemente de contribuições:

Mantém a qualidade de segurado, mesmo sem contribuições – art. 15 do PBPS
– sem limite de prazo, quem está em gozo de benefício
– até 12 meses após a cessação das contribuições, o segurado que deixar de exercer atividade remunerada abrangida pela Previdência Social ou estiver suspenso ou licenciado sem remuneração.
Prorrogado para até 24 meses se o segurado já tiver pago mais de 120 contribuições mensais sem interrupção que acarrete a perda da qualidade de segurado.
Serão acrescidos 12 meses para o segurado desempregado, desde que comprovada essa situação pelo registro no órgão próprio do Ministério do Trabalho e da Previdência Social
– até 12 meses após cessar a segregação, o segurado acometido de doença de segregação compulsória
– até 12 meses após o livramento, o segurado retido ou recluso
– até 3 meses após o licenciamento, o segurado incorporado às Forças Armadas para prestar serviço militar
– até 6 meses após a cessação das contribuições, o segurado facultativo

Gabarito "D".

(Magistratura do Trabalho – 8ª Região – 2009) A proteção à maternidade, fenômeno biológico e social, no Brasil se dá tanto no âmbito do Direito Previdenciário quanto no do Direito do Trabalho. Considerando o ordenamento jurídico previdenciário atualmente em vigor em nosso país, é correto afirmar:

(A) Que o pagamento do salário-maternidade é realizado diretamente pela empresa à segurada gestante, pelo período de 120 dias, a contar do seu afastamento do trabalho, que poderá ocorrer no período compreendido entre 28 (vinte e oito) dias antes do parto e a data de ocorrência deste, sendo devido também nos casos de aborto não criminoso, devidamente comprovado por meio de atestado médico, porém limitado a duas semanas, tendo por base, em qualquer hipótese, o valor mensal da renda da segurada, sem que possa haver sobre ele qualquer desconto, mesmo previdenciário.

(B) Que para os casos de adoção ou guarda judicial para fins de adoção, o período de concessão do salário-maternidade varia de acordo com a idade da criança adotada - sendo considerado criança para a lei o menor de 10 (dez) anos -, conforme a seguir: de até de 120 (cento e vinte) dias, se a criança tiver até 1(um) ano de idade; de 60 (sessenta) dias, se a criança tiver entre 1 (um) e 4 (quatro) anos de idade; e de 30 (trinta) dias, se a criança tiver de 4 (quatro) a 10 (dez) anos de idade, sendo devido o salário-maternidade à segurada independentemente de a mãe biológica ter recebido ou não o mesmo benefício quando do nascimento da criança.

(C) Que a concessão do salário-maternidade independe de carência, entendendo-se como período de carência o número mínimo de contribuições mensais indispensáveis para que o beneficiário faça jus ao benefício, consideradas a partir do transcurso do primeiro dia dos meses de suas competências, excetuando-se as seguradas contribuinte individual, especial e facultativa, que são obrigadas a cumprir o período de carência de dez contribuições mensais, prazo esse que, em caso de parto antecipado, será reduzido em número de contribuições equivalente ao número de meses em que o parto foi antecipado.

(D) Que nas hipóteses de parto, mesmo quando antecipado, o salário-maternidade é devido à segurada da previdência social pelo prazo de cento e vinte dias, fazendo ela jus, no caso de empregos concomitantes, ao salário-maternidade relativo a cada emprego, sendo que, em casos excepcionais, os períodos de repouso anterior e posterior ao parto podem ser aumentados em mais duas semanas, mediante atestado médico específico, com o recebimento do valor integral, quando então o benefício é transformado em auxílio-doença.

(E) Que a natureza jurídica do salário-maternidade é de benefício previdenciário, haja vista que, conquanto seja pago pela empresa à respectiva empregada gestante, ou que tenha adotado uma criança, ou ainda obtido a guarda judicial para fins de adoção, ocorre a compensação do seu valor quando do recolhimento das contribuições incidentes sobre a folha de salários e demais rendimentos pagos ou creditados, a qualquer título, à pessoa física que lhe preste serviço, devendo o empregador conservar durante 10 (dez) anos os comprovantes dos pagamentos e os atestados correspondentes para exame pela fiscalização da Previdência Social, sendo que, para o caso das demais seguradas - trabalhadora avulsa, empregada doméstica, seguradas contribuinte individual, especial e facultativa -, o pagamento desse benefício se dá diretamente pelo órgão previdenciário.

A: incorreta, pois o salário-maternidade é considerado salário de contribuição, ou seja, sobre ele incide a contribuição previdenciária – art. 28, § 2º e § 9º, a, in fine, do PCSS. No mais, a assertiva é correta, conforme o art. 71 do PBPS e o art. 93, § 5º, do RPS; B: incorreta, pois a idade máxima da criança, para o pagamento de salário-maternidade à mãe, é de 8 anos (30 dias de pagamento do benefício para as crianças de 4 a 8 anos) – art. 71-A do PBPS e art. 93-A do RPS; C: essa é a assertiva correta, conforme os arts. 25, III e parágrafo único, e 26, VI, do PBPS; D: incorreta, pois, no caso de aumento excepcional dos períodos de repouso em mais duas semanas, não há transformação do benefício em auxílio-doença – arts. 93, §§ 3º e 4º, e 99 do RPS; E: assertiva incorreta, pois no caso de adoção ou guarda judicial para fins de adoção o pagamento do salário-maternidade será feito diretamente pela Previdência Social – art. 71-A, parágrafo único, do PBPS. Gabarito "C".

(Magistratura do Trabalho – 9ª Região – 2009) Considere as proposições abaixo:

I. O cônjuge, a companheira, o companheiro e o filho não emancipado, de qualquer condição, menor de 21 anos ou maior, desde que estudante ou inválido, são beneficiários do Regime Geral de Previdência Social, na condição de dependentes.

II. O enteado e o menor tutelado, ainda que dependente economicamente do segurado, uma vez que não são filhos deste, não poderão figurar como beneficiários do Regime Geral de Previdência Social, na condição de dependentes.

III. O auxílio-acidente é benefício previdenciário devido inclusive ao segurado empregado doméstico.

IV. Equipara-se também ao acidente do trabalho, para fins previdenciários, o acidente sofrido pelo segurado, ainda que fora do local e horário de trabalho, em viagem a serviço da empresa, inclusive para estudo quando financiada por esta dentro de seus planos para melhor capacitação da mão-de-obra, independentemente do meio de locomoção utilizado, inclusive veículo de propriedade do segurado.

(A) somente as proposições I e II são corretas
(B) somente as proposições I, II e III são corretas
(C) somente as proposições II, III e IV são corretas
(D) somente a proposição IV é correta
(E) somente as proposições III e IV são corretas

I: incorreta, pois o fato de ser estudante não qualifica o filho maior como dependente – art. 16, I, do PBPS; II: incorreta, pois o enteado e o menor tutelado podem ser beneficiários na condição de dependentes, equiparados a filhos, mediante declaração do segurado e desde que comprovada a dependência econômica na forma estabelecida no regulamento – art. 16, § 2º, do PBPS; III: incorreta, pois o empregado doméstico não tem direito ao auxílio-acidente – art. 18, § 1º, do PBPS; IV: assertiva correta, conforme o art. 21, IV, c, do PBPS. Gabarito "D".

(Magistratura do Trabalho – 9ª Região – 2009) Analise as seguintes proposições, considerando o Regime Geral da Previdência Social:

I. A empresa deverá comunicar o acidente do trabalho à Previdência Social, mas na falta de comunicação, podem formalizá-la o próprio acidentado, seus dependentes, a entidade sindical competente, o médico que o assistiu ou qualquer autoridade pública.

II. A concessão do benefício previdenciário salário-maternidade depende do período de carência de 10 contribuições mensais para as seguradas empregadas, trabalhadora avulsa e empregada doméstica.

III. O aposentado por invalidez ou por idade e os demais aposentados com 65 anos ou mais de idade, se do sexo masculino, ou 60 anos ou mais, se do feminino, terão direito ao salário-família, pago juntamente com a aposentadoria.
IV. A pensão por morte, havendo mais de um pensionista, será rateada da seguinte forma: 50% para o cônjuge, companheiro ou companheira e 50% em partes iguais aos demais dependentes.

(A) somente as proposições I, II e III estão corretas
(B) somente as proposições I e III estão corretas
(C) somente as proposições II e IV estão corretas
(D) somente as proposições II, III e IV estão corretas
(E) todas as proposições estão corretas

I: assertiva correta, nos termo do art. 22, *caput* e § 2º, do PBPS; II: incorreta, pois, em relação ao salário-maternidade, há carência apenas para a segurada contribuinte individual, para a segurada especial e para a facultativa – arts. 25, III, c/c art. 11, V e VII, do PBPS. Não há carência para as seguradas empregada, trabalhadora avulsa e empregada doméstica – art. 26, VI, do PBPS; III: assertiva correta, pois reflete o disposto no art. 65, parágrafo único, do PBPS; IV: incorreta, pois a pensão por morte é rateada igualmente entre os dependentes da mesma classe, com exclusão de eventuais dependentes de outras classes – arts. 16, § 1º, e 77 do PBPS. Gabarito "B".

(Procurador do Estado/CE – 2008 – CESPE) De acordo com o Instituto Nacional do Seguro Social, no Brasil, em 2003, foram gastos mais de 8,2 bilhões de reais em benefícios acidentários e aposentadorias especiais. Esse número revela a necessidade de aprimoramento das políticas sociais relacionadas à prevenção do acidente de trabalho, condição que implica a correta aplicação da legislação acidentária. Acerca desse assunto, assinale a opção correta.

(A) Considere-se que José sofra acidente de trabalho e, por ser segurado da previdência social, passe a receber auxílio-doença, e enquanto receber esse benefício, seu contrato de trabalho seja interrompido, condição que impede a sua dispensa. Nessa situação, após a cessação do auxílio-doença, José terá estabilidade por, no mínimo, 12 meses.
(B) Considere-se que Flávio trabalhe em uma empresa como um dos responsáveis pela confecção da folha de pagamentos. Com o objetivo de agilizar o serviço, dirigiu-se espontaneamente ao local de trabalho, no último domingo do mês, para concluir os procedimentos. No retorno à sua residência, Flávio sofreu um acidente de carro, ficando hospitalizado por mais de 90 dias e recebendo auxílio-doença por mais 180 dias. Nessa situação, o episódio relatado não se enquadra no conceito de acidente de trabalho.
(C) A inclusão do acidente de trabalho entre os eventos protegidos pela previdência social revela que o legislador constituinte adotou a teoria do seguro social para esse risco, circunstância que determina a responsabilidade objetiva do Estado, que deverá indenizar o segurado, independentemente da demonstração de culpa.
(D) Considere-se que César, agente de segurança privado de uma empresa de vigilância que presta serviços a diversas empresas, em um assalto na agência bancária em que trabalhava, leve um tiro e venha a falecer. Nessa situação, a empresa de vigilância terá até 5 dias, após a emissão do atestado de óbito, para comunicar o acidente de trabalho à previdência social.
(E) Para os efeitos previstos na legislação acidentária e previdenciária, não há distinção entre doença do trabalho e doença profissional.

A: durante a percepção do auxílio-doença, o empregado é considerado licenciado (não há interrupção do contrato de trabalho) – art. 63 do PBPS; B: trata-se de acidente de trabalho, nos termos do art. 21, IV, *b* e *d*, do PBPS; C: o auxílio-acidente é indenização a ser paga independentemente de culpa – art. 201, § 10, da CF; D: a empresa deve comunicar o acidente de trabalho à Previdência Social até o primeiro dia útil seguinte ao da ocorrência e, no que se refere à morte, de imediato, à autoridade competente – art. 22 do PBPS; E: a distinção é feita pelo art. 20, I e II, do PBPS. Gabarito "C".

(Procurador do Estado/CE – 2008 – CESPE) Julgue os itens a seguir, relativos aos benefícios da previdência social.

I. Considere que José, segurado empregado, aposentado por invalidez há quatro anos, após reabilitação, obteve êxito e recuperou integralmente sua capacidade para o exercício de atividade laboral, recebendo alta da perícia médica do INSS. Nessa situação, considerando a existência do direito de retornar ao trabalho na empresa em que desempenhava sua função antes da aposentadoria, cessará, de imediato, o benefício de José por invalidez.
II. Considere que Cláudio, segurado do regime geral, solteiro e sem filhos registrados, faleça, e Maria, sua mãe, passe a receber a pensão por morte, por ter comprovada a dependência econômica. Considere, ainda que Jair, após ação de investigação de paternidade, obtenha o reconhecimento de que Cláudio era seu pai. Nessa situação, a pensão por morte recebida por Maria deverá ser rateada com Jair.
III. Considere que Teresa, segurada da previdência social na qualidade de empregada doméstica, receba um salário mínimo mensal de seus empregadores. Nessa situação, apesar de ter dois filhos menores de 14 anos, Teresa não tem o direito de receber salário-família.
IV. Considere que Clarice, contadora e aposentada por tempo de contribuição pelo regime geral, volte a exercer atividade remunerada, prestando serviços a diversas empresas. Nessa situação, Clarice deve contribuir, novamente, para a previdência social, sem previsão para aumentar os proventos que já recebe ou requerer qualquer outro benefício.
V. Para os trabalhadores da iniciativa privada, a aposentadoria proporcional é concedida àqueles que cumpriram os requisitos anteriores à reforma constitucional implementada pela Emenda Constitucional n.º 20/1998. Nessa modalidade de benefício, há autorização para aplicação apenas dos redutores previstos no texto constitucional.

A quantidade de itens certos é igual a
(A) 1.
(B) 2.
(C) 3.
(D) 4.
(E) 5.

I: a assertiva reflete o disposto no art. 47, I, *a*, do PBPS; II: a percepção do benefício por dependentes de uma classe (o filho, desde que não emancipado, menor de 21 anos ou inválido ou que tenha deficiência intelectual ou mental que o torne absoluta ou relativamente incapaz, assim declarado judicialmente) exclui dependentes das classes seguintes (a mãe, no caso) – art. 16, I, II e § 1º, do PBPS; III: o empregado doméstico não tem direito ao salário-família – art. 65 do PBPS; IV: Clarice deve contribuir para ao RGPS (art. 12, § 4º, do PCSS) e pode requer determinados benefícios da seguridade (salário-família, salário-maternidade etc.), desde que não haja cumulação vedada no art. 124 do PBPS; V: a aposentadoria proporcional é direito daqueles que já eram segurados do RGPS quando da EC 20/1998 (não, necessariamente, quem já tivesse cumprido os requisitos à época), observados os limites, regras e restrições previstos no art. 9º, § 1º, da EC 20/1998. Gabarito "B".

(Procurador do Estado/CE – 2008 – CESPE) Em relação aos beneficiários do regime geral da previdência social (RGPS), cada uma das opções abaixo apresenta uma situação hipotética, seguida de uma assertiva a ser julgada. Assinale a opção que apresenta a assertiva correta.

(A) Albano, quando tinha 16 anos de idade, perdeu seu pai, segurado do (RGPS), e passou a receber a pensão por morte, benefício que cessou quando completou 21 anos. Depois, perdeu sua mãe. Atualmente, Albano trabalha no mercado informal, tem 23 anos de idade, está na faculdade, mas não promoveu sua inscrição na previdência social. Nessa situação, caso Albano venha a ser acometido por doença que o torne inválido e, portanto, incapaz para a atividade laboral, poderá requerer ao INSS a restauração da pensão que recebia, tendo em vista sua atual condição de invalidez.
(B) Célio concluiu o curso de medicina e agora está fazendo residência médica em hospital particular. Nessa situação, caso tenha sido contratado de acordo com a legislação regente, para a previdência social, Célio é segurado empregado.
(C) Rodrigo é servidor público estadual, ocupando o cargo efetivo de professor de ensino médio nos períodos matutino e vespertino. Tendo em vista a permissão do órgão em que trabalha, Rodrigo também leciona, no período noturno, em uma escola particular. Nessa situação, Rodrigo é segurado obrigatório tanto do regime próprio quanto do RGPS.

(D) Getúlio é pastor evangélico e a igreja em que exerce sua atividade lhe dá, todos os meses, uma quantia em dinheiro, a título de ajuda de custo. Nessa situação, apesar de a igreja considerar tais valores apenas como ajuda de custo, na verdade eles constituem uma remuneração, condição que torna Getúlio segurado da previdência social na qualidade de empregado.

(E) Selma, segurada da previdência social na qualidade de empregada, é solteira, não tem filhos e seus pais já faleceram. Nessa situação, Selma poderá designar um menor impúbere, com quem tenha muita afinidade, para ser seu dependente, bastando, para isso, declarar, por escrito, sua intenção à agência da previdência social.

A: a pensão de Albano extinguiu-se quando ele completou 21 anos – art. 77, § 2º, II, do PBPS. Para tornar-se segurado, precisaria inscrever-se como contribuinte individual – art. 11, V, h, do PBPS; B: o médico-residente deve ser inscrito obrigatoriamente como contribuinte individual (não empregado) – art. 9º, § 15, X, do Decreto 3.048/1999; C: art. 12, § 1º, do PBPS; D: o pastor de igreja é segurado obrigatório na condição de contribuinte individual (não empregado) – art. 11, V, c, do PBPS; E: enquadrar-se como dependente o menor tutelado, desde que se comprove a dependência econômica (não é o caso descrito na assertiva) – art. 16, § 2º, do PBPS. Gabarito "C".

(Procurador do Estado/ES – 2008 – CESPE) Em relação aos benefícios do RGPS, julgue os seguintes itens.

(1) O empregado incapacitado temporariamente para o trabalho em razão de acidente do trabalho faz jus ao auxílio-acidente, a partir do 16.º dia do afastamento das atividades, no percentual correspondente a 91% do salário-de-benefício, nunca inferior ao valor do salário mínimo.

(2) A segurada que adota criança ou obtém guarda judicial para fins de adoção faz jus ao salário-maternidade por período variável de acordo com a idade da criança.

1: Trata-se do auxílio-doença (não auxílio-acidente) – art. 60 do PBPS. 2: Art. 71-A do PBPS. Gabarito 1E, 2C.

(Procurador do Município/Aracaju – 2008 – CESPE) Julgue os itens a seguir, relativos à previdência social e a seus beneficiários.

(1) Considere a seguinte situação hipotética. Por ser professor concursado da rede estadual de ensino, José Dantas, deputado estadual de Sergipe, é vinculado ao regime próprio de previdência do estado. Tendo em vista a compatibilidade de horário entre o mandato eleitoral e o exercício do magistério, José Dantas continuou a lecionar. Nessa situação, José Dantas deve vincular-se também ao regime geral de previdência social (RGPS), em decorrência do exercício do mandato eletivo.

(2) Considere que Célia mantenha união estável com João, segurado da previdência social. Nessa situação, Célia é considerada, para fins previdenciários, dependente, sendo-lhe dispensada a comprovação da dependência econômica, mas exigida a comprovação da situação conjugal.

(3) Considere que Maria José presta serviços habituais e contínuos para Cláudia, no ambiente residencial desta, sendo certo que as atividades desenvolvidas não têm fins lucrativos. Nessa situação hipotética, Maria José é empregada doméstica e responsável pelo recolhimento de sua própria contribuição para a previdência social.

(4) A previdência social brasileira está organizada em dois sistemas independentes. O denominado regime geral, cuja filiação é obrigatória, abrange todas as atividades remuneradas exercidas por pessoas físicas, ressalvadas as que estejam vinculadas aos regimes instituídos pelos entes federativos em favor de seus servidores titulares de cargos efetivos, denominados regimes próprios ou especiais.

1: O exercente de mandato eletivo é segurado obrigatório no regime geral (RGPS) apenas se não for vinculado a regime próprio – art. 11, I, h, do PBPS. 2: Art. 16, §§ 3º e 4º, do PBPS. A dependência econômica da companheira é presumida. 3: Maria José é empregada doméstica (art. 11, II, do PBPS), mas o recolhimento da contribuição é responsabilidade da empregadora (não da segurada) – art. 30, V, do PCSS. 4: O regime próprio dos servidores efetivos é previsto no art. 40 da CF. O regime geral (RGPS) consta do art. 201 da CF. Gabarito 1E, 2C, 3E, 4C.

(Procurador do Município/Aracaju – 2008 – CESPE) Acerca dos benefícios da previdência social, julgue os itens seguintes.

(1) Considere que Carlos, segurado do RGPS, após sofrer acidente de trabalho, tenha sido, naquele momento, considerado incapaz e insuscetível de reabilitação para o exercício de atividade profissional que lhe garanta a subsistência. Nessa situação, Carlos não terá seu benefício revertido ou suspenso, dada a natureza permanente de sua incapacidade.

(2) O segurado contribuinte individual do RGPS que sofrer acidente que o impeça de trabalhar por vários dias tem direito ao benefício de auxílio-doença com início a partir do dia da incapacidade, desde que o auxílio tenha sido requerido até trinta dias após a ocorrência do infortúnio.

(3) Considere que Pedro, com 62 anos de idade, perdeu o emprego há seis anos e não conseguiu retornar ao mercado de trabalho, perdendo, por isso, a qualidade de segurado do RGPS, apesar de ter contribuído por mais de vinte anos. Nessa situação hipotética, Pedro poderá requerer o benefício de aposentadoria por idade pelo fato de ter contribuído por tempo superior à carência.

(4) O trabalhador de empresa de conservação e limpeza que presta serviços a diversos hospitais e que recebe adicional de insalubridade, por, eventualmente, manter contato com lixo hospitalar de natureza tóxica, tem direito a aposentar-se com tempo reduzido de contribuição, já que trabalha em condições especiais prejudiciais a sua saúde.

(5) O auxílio-acidente, antes das mudanças promovidas pela Constituição de 1988, tinha natureza de seguro privado. Atualmente, consiste em um benefício concedido a título de indenização ao segurado, quando, após a consolidação das lesões decorrentes de acidente de qualquer natureza, resultem seqüelas que impliquem a redução da capacidade para o trabalho que era exercido anteriormente.

1: A aposentadoria por invalidez cessará caso o segurado recupere a capacidade para o trabalho – art. 47 do PBPS. 2: Art. 60 do PBPS. Importante lembrar o segurado empregado recebe auxílio-doença apenas a partir do 16º dia após o início do afastamento (os 15 primeiros dias são remunerados pelo empregador – art. 60, § 3º, do PBPS). 3: No regime jurídico atual, exige-se o mínimo de 180 contribuições mensais para a aposentadoria por idade (= período de carência – art. 25, II, do PBPS). Ocorre que a aposentadoria por idade somente é possível a partir dos 65 anos de idade, para os homens (Pedro tem apenas 62 anos) – art. 201, § 7º, da CF e art. 48 do PBPS. 4: A aposentadoria especial exige que o trabalhador exerça atividades prejudiciais à saúde em caráter permanente, e não eventual ou intermitente (caso descrito na assertiva) – art. 201, § 1º, da CF e art. 57, § 3º, do PBPS. 5: Art. 201, § 10, da CF e art. 86 do PBPS. Gabarito 1E, 2C, 3E, 4E, 5C.

Para responder às duas próximas questões considere o enunciado seguinte: Ocorrido desastre aéreo, estando determinado segurado na lista de passageiros, foi requerida pensão antes mesmo que houvesse a identificação do corpo. Seis meses após, o segurado reaparece vivo, narrando ter recebido socorro de tribo de índios isolada, o que tornou muito difícil tanto o contato com a civilização quanto a viagem de volta.

(Magistratura Federal – 4ª Região – XIII – 2008) Dadas as assertivas abaixo, assinalar a alternativa correta.

I. Jamais poderia ser admitida presunção de morte antes de encerrado definitivamente o trabalho de identificação dos mortos no acidente.

II. A hipótese contempla morte presumida em razão de desaparecimento, figura jurídica que, em Direito Previdenciário, difere da simples ausência.

III. Em sendo o ato de concessão da pensão "ato jurídico perfeito", constituindo direito adquirido dos dependentes, o retorno do segurado é irrelevante, não guardando efeito qualquer sobre a relação de direito.

IV. Porque a relação jurídica gerada pelo requerimento da pensão previdenciária implica decidir sobre a própria existência do segurado, a ação judicial pertinente refoge à competência da Justiça Federal, pois acarreta conseqüências no registro civil.

(A) Está correta apenas a assertiva II.
(B) Está correta apenas a assertiva IV.
(C) Estão corretas apenas as assertivas I e III.
(D) Estão incorretas todas as assertivas.

I e II: a declaração judicial de morte presumida para fins previdenciários não se confunde com os institutos do Código Civil (arts. 7º, I, e 22, ambos do CC). A pensão por morte pode ser concedida provisoriamente, bastando declaração judicial após 6 meses de ausência e, no caso de acidente, desastre ou catástrofe, o benefício pode ser iniciado imediatamente (sem a declaração ou o decurso do prazo) – art. 78, *caput* e § 1º, do PBPS; III: o aparecimento do segurado implica imediata cessação do benefício, embora não seja devida a devolução dos valores recebidos, salvo má-fé – art. 78, § 2º, do PBPS; IV: a competência é do juiz federal para causas previdenciárias – art. 78, *caput*, do PBPS. Gabarito "A".

(Magistratura Federal – 4ª Região – XIII – 2008) Dadas as assertivas abaixo, assinalar a alternativa correta.

I. O direito brasileiro não alberga pensão por morte presumida, razão pela qual o benefício era de indeferir-se de plano.
II. Ter-se-ia de aguardar seis meses a partir da declaração de morte presumida pela autoridade judicial competente para a concessão de pensão provisória.
III. Deferir-se-ia o benefício independentemente do prazo e da declaração judicial, em razão das circunstâncias em que a morte ocorreu.
IV. Os dependentes deverão devolver aos cofres previdenciários as quantias percebidas a título de benefício, ainda que não se lhes impute má-fé.

(A) Está correta apenas a assertiva III.
(B) Estão corretas apenas as assertivas I e II.
(C) Estão corretas apenas as assertivas III e IV.
(D) Estão incorretas todas as assertivas.

I, II e III: a pensão por morte pode ser concedida provisoriamente, bastando declaração judicial após 6 meses de ausência e, no caso de acidente, desastre ou catástrofe, o benefício pode ser iniciado imediatamente (sem a declaração ou o decurso do prazo) – art. 78, *caput* e § 1º, do PBPS; IV: não é devida a devolução dos valores recebidos, salvo má-fé – art. 78, § 2º, do PBPS. Gabarito "A".

(Magistratura Federal – 5ª Região – 2007 – CESPE) Em cada um dos itens subseqüentes, é apresentada uma situação hipotética acerca das prestações da previdência social, seguida de uma assertiva a ser julgada.

(1) Marcelo tem 17 anos de idade e é filho único de Selma e Antônio, divorciados e ambos segurados da previdência social na qualidade de empregados. Nessa situação, caso o pai e a mãe venham a falecer, Marcelo não terá direito a duas pensões, apesar de seus pais não morarem juntos.
(2) Joana trabalha em uma indústria têxtil e, portanto, é segurada da previdência social na qualidade de empregada; além disso, ela recebe pensão por morte decorrente do falecimento de seu esposo. Nessa situação, caso fique desempregada, Joana não terá direito a seguro-desemprego, pois já recebe pensão por morte.
(3) Cláudio, segurado da previdência social, morreu, e seu filho Sérgio, com 16 anos, passou a receber pensão por morte. Nessa situação, Sérgio terá direito ao recebimento da pensão somente até os 21 anos, improrrogável, independentemente de ainda estar cursando algum curso universitário.
(4) Geraldo trabalhou em um banco durante 12 anos e foi demitido em julho de 2005. Desde essa data, não conseguiu retornar ao mercado formal de trabalho nem contribuiu para a previdência social, sobrevivendo dos recursos que recebeu na rescisão do contrato de trabalho. Nessa situação, caso venha a sofrer, em outubro de 2007, sério acidente que o incapacite por mais de sessenta dias para o exercício habitual de qualquer atividade, Geraldo ainda terá, em tal oportunidade, todos os seus direitos perante a previdência social preservados, razão pela qual poderá pleitear auxílio-doença e ter seu pedido deferido.
(5) Alberto é associado de uma cooperativa de produção e, nessa condição, ajustou e executou serviço à própria cooperativa. Nessa situação, Alberto é considerado segurado do regime geral de previdência social na qualidade de empregado.
(6) A inscrição de companheira ou companheiro na qualidade de dependente pode ser feita inclusive se o segurado for casado.

1: A legislação previdenciária não veda a acumulação de duas pensões em favor do filho, pela morte dos pais – art. 124 do PBPS e art. 167 do Decreto 3.048/1999, exceto se ele for emancipado. 2: É possível acumular seguro-desemprego com pensão por morte e seguro-acidente – art. 124, parágrafo único, do PBPS. 3: Essa é a regra geral. No entanto, é possível que Sérgio continue a receber o benefício indefinidamente, no caso de invalidez ou de deficiência intelectual ou mental que o torne absoluta ou relativamente incapaz, assim declarado judicialmente – art. 77, § 2º, II, *in fine*, do PBPS. 4: O desempregado mantém a condição de segurado por até trinta e seis meses após a cessão das contribuições (desde que tenha contribuído por 120 meses sem interrupção que implique perda da condição de segurado) – art. 15, II, §§ 1º a 3º, do PBPS. 5: A prestação de serviço à cooperativa pelo cooperado não o qualifica como segurado empregado – art. 11, I, do PBPS. 6: Se o segurado ou a segurada mantém união estável, ainda que não tenha desfeito formalmente o casamento anterior, a companheira ou o companheiro é considerado dependente para fins previdenciários – art. 16, § 3º, do PBPS, ver REsp 887.271/SP. Gabarito 1E, 2E, 3E, 4C, 5E, 6C.

(Magistratura Federal – 5ª Região – 2007 – CESPE) Julgue o item seguinte.

(1) Para efeito de recebimento dos benefícios assistenciais, o conceito de incapacidade para a vida independente deve ser compreendido considerando-se tanto o impedimento para as atividades elementares quanto a impossibilidade de prover o próprio sustento.

1: A incapacidade refere-se à impossibilidade de prover o próprio sustento – art. 42 do PBPS. Gabarito 1E.

(Procuradoria Federal – 2007 – CESPE) Em relação aos benefícios de previdência social, julgue os itens que se seguem.

(1) Considere que Joana seja empregada e não tenha conseguido comprovar o valor dos seus salários-de-contribuição, no período básico de cálculo. Nessa situação, mesmo que preenchidos os requisitos para a concessão do benefício, Joana não fará jus a um benefício previdenciário.
(2) O contribuinte individual que trabalha por conta própria, sem relação de emprego, não faz jus à aposentadoria por tempo de contribuição.
(3) O contribuinte individual e o empregado doméstico não fazem jus ao benefício de auxílio-acidente.

1: É possível, na hipótese, a concessão do benefício pelo valor mínimo, que poderá ser posteriormente retificado quando da comprovação dos salários de contribuição – art. 35 do PBPS. 2: O contribuinte individual tem direito à aposentadoria por tempo de contribuição, exceto se tiver optado pela exclusão desse benefício – art. 18, § 3º, do PBPS c/c art. 21, § 2º, do PCSS (a opção pela exclusão do benefício é reversível, mediante recolhimento das diferenças devidas – art. 21, § 3º, do PCSS). 3: Somente têm direito ao auxílio-acidente o segurado empregado, o trabalhador avulso e o segurado especial – art. 18, § 1º, do PBPS. Gabarito 1E, 2E, 3C.

(Procuradoria Federal – 2007 – CESPE) Acerca do período de carência, julgue os itens seguintes.

(1) Considere a seguinte situação hipotética. Lucas foi empregado pelo período de 15 anos, após o qual ingressou no serviço público, no qual exerceu atividades durante 10 anos. Com o intuito de se aposentar, requereu o pagamento das contribuições devidas como contribuinte individual durante o período pretérito, para fins de carência. Nessa situação, mesmo não sendo contribuinte obrigatório no referido período, Lucas poderá contar com esse tempo de contribuição, desde que faça, agora, o referido pagamento das prestações em atraso, com juros e correção monetária.
(2) A perda da qualidade de segurado não prejudica o direito à aposentadoria se todos os requisitos para a sua concessão já tiverem sido preenchidos e estiverem de acordo com a legislação em vigor à época em que esses requisitos foram atendidos.

1: A contribuição extemporânea a título de empregado doméstico, contribuinte individual, especial ou facultativo não altera o início do período de carência – art. 27, II, do PBPS. 2: Art. 102, § 1º, do PBPS. Gabarito 1E, 2C.

(Procurador da Fazenda Nacional – 2007.2 – ESAF) À luz do previsto na Legislação Previdenciária Federal, julgue os itens abaixo referentes aos benefícios para os segurados de baixa renda.

I. Aposentadoria por invalidez permanente.
II. Aposentadoria por idade.
III. Salário-família.
IV. Pensão por morte.

(A) Todos estão corretos.
(B) Somente I está correto.
(C) Somente IV está incorreto.
(D) Somente I e III estão corretos.
(E) Somente I e II estão corretos.

I e II: o segurado de baixa renda faz jus à aposentadoria, na forma da lei; III: a Constituição prevê salário-família como benefício direcionado aos dependentes dos segurados de baixa renda (não aos próprios segurados) – art. 201, IV, da CF; IV: a pensão por morte é benefício em favor dos dependentes (não dos segurados), evidentemente – art. 18, II, a, do PBPS. Gabarito "E".

(Procurador da Fazenda Nacional – 2007 – ESAF) À luz do texto constitucional, julgue os itens abaixo referentes aos benefícios e serviços que são de competência da Previdência Social:

I. Cobertura dos eventos de invalidez, morte e idade avançada.
II. Proteção à família.
III. Qualificação para o trabalho.
IV. Garantia de um salário-mínimo ao deficiente físico.

(A) Todos estão corretos.
(B) Somente I está correto.
(C) I e II estão corretos.
(D) I e III estão corretos.
(E) III e IV estão corretos.

Apenas I indica benefícios pagos pela Previdência Social, quais sejam aposentadorias por invalidez e por idade e pensão por morte – art. 18, I, a e b, e II, a, do PBPS. Gabarito "B".

(Defensoria Pública da União – 2007 – CESPE) Julgue os seguintes itens.

(1) A prestação de serviço rural, por menor de 12 a 14 anos, até o advento da Lei n.º 8.213/1991, devidamente comprovada, pode ser reconhecida para fins previdenciários.

(2) Para a concessão de aposentadoria rural por idade, não se exige que o início de prova material corresponda a todo o período equivalente à carência do benefício, sendo que, para a comprovação de tempo de serviço rural, é imprescindível documento em nome do próprio interessado.

1: O STF admite o reconhecimento do trabalho rural realizado pelo menor para fins previdenciários, pois a norma constitucional que limita a idade serve para proteger o trabalhador, não podendo ser interpretada em seu detrimento – ver AI 529.694/RS-STF. 2: A jurisprudência admite documentos emitidos por produtor rural em nome de parente do interessado, como início de prova da condição de trabalhador rural – ver REsp 496.715/SC. Importante lembrar que o trabalhador rural tem direito a benefícios, ainda que não contribua para o regime geral (RGPS), observadas as condições legais, mas, para isso, deve comprovar que trabalha efetivamente no campo. Para essa comprovação, não basta prova testemunhal – Súmula 149/STJ. Gabarito 1C, 2E.

(Defensoria Pública da União – 2007 – CESPE) Julgue os seguintes itens.

(1) O auxílio-reclusão será devido, nas mesmas condições da pensão por morte, aos dependentes do segurado recolhido à prisão, exceto se esta se deu em decorrência do cometimento de crime hediondo.

(2) De acordo com a legislação previdenciária, salvo no caso de direito adquirido, não é permitido o recebimento conjunto, pelo RGPS, dos seguintes benefícios: mais de uma aposentadoria; salário-maternidade e auxílio-doença; assim como mais de um auxílio-acidente.

(3) Considere que Albertina tenha trabalhado como empregada da empresa FC Máquinas Ltda. durante o período de junho/1992 a dezembro/2003, quando foi demitida. Ainda desempregada, em junho/2006, sofreu um atropelamento que a incapacitou temporariamente para o trabalho. Nessa situação, Albertina não terá direito ao recebimento de auxílio-doença porque já perdeu a qualidade de segurada.

(4) A concessão dos benefícios de pensão por morte, auxílio-reclusão, salário-família e auxílio-acidente independe de carência.

1: Não há essa restrição quanto à qualificação do crime, até porque o benefício é concedido aos dependentes – art. 80 do PBPS. 2: Art. 124, II, IV e V, do PBPS. 3: O desempregado mantém a condição de segurado por até trinta e seis meses após a cessão das contribuições (desde que tenha contribuído por 120 meses sem interrupção que implique perda da condição de segurado) – art. 15, II, §§ 1º a 3º, do PBPS. 4: Art. 26, I, do PBPS. Gabarito 1E, 2C, 3E, 4C.

(Magistratura do Trabalho – 24ª Região – 2007) Assinale a alternativa INCORRETA:

(A) O salário-maternidade é devido à segurada empregada urbana geral e é pago diretamente pelo empregador, que será ressarcido na forma da lei.
(B) O salário-maternidade é devido à segurada empregada doméstica e é pago diretamente pelo empregador doméstico.
(C) O salário-maternidade é devido à segurada especial e é pago diretamente pela Previdência Social.
(D) O salário-maternidade é devido à trabalhadora avulsa e é pago pela Previdência Social.
(E) Para a empregada doméstica o salário-maternidade será pago em valor correspondente ao do seu último salário-de-contribuição.

A: art. 72, § 1º, do PBPS – o ressarcimento se dá por meio de compensação; B, C e D: no caso da trabalhadora avulsa, da empregada doméstica, e da segurada especial, o salário-maternidade é pago diretamente pela Previdência Social – arts. 72, § 3º, e 73, I e II, ambos do PBPS; E: art. 73, I, do PBPS. Gabarito "B".

(Magistratura do Trabalho – 24ª Região – 2007) Tratando do acidente de trabalho, a Lei 8.213/91 dispõe que, EXCETO:

(A) Equiparam-se ao acidente do trabalho, para os efeitos da Lei 8.213/91, o acidente sofrido pelo segurado no local e no horário de trabalho, em conseqüência de ato de pessoa privada do uso da razão.
(B) É considerada agravação ou complicação de acidente de trabalho a lesão que, resultante de acidente de outra origem, se associe ou se superponha às conseqüências do anterior.
(C) A doença degenerativa não é considerada doença do trabalho.
(D) Constitui contravenção penal, punível com multa, deixar a empresa de cumprir as normas de segurança e higiene do trabalho.
(E) Equiparam-se ao acidente do trabalho, para os efeitos da Lei 8.213/91, o acidente sofrido pelo segurado no local e no horário de trabalho, em conseqüência de desabamento, inundação, incêndio e outros casos fortuitos ou decorrentes de força maior.

A: art. 21, II, d, do PBPS; B: se o acidente originário não se relaciona ao trabalho, inaplicável a regulamentação do PBPS; C: art. 20, § 1º, a, do PBPS; D: art. 19, § 2º, do PBPS; E: art. 21, II, e, do PBPS. Gabarito "B".

(Magistratura do Trabalho – 24ª Região – 2007) Considerando as disposições da Lei 8.213/91, assinale a alternativa INCORRETA:

(A) Em nenhuma hipótese, será permitido o recebimento conjunto de aposentadoria e auxílio-doença.
(B) Serão considerados para cálculo do salário-de-benefício os ganhos habituais do segurado empregado, a qualquer título, sob forma de moeda corrente ou de utilidades, sobre os quais tenha incidido contribuições previdenciárias, exceto o décimo-terceiro salário.
(C) Não será considerado, para o cálculo do salário-de-benefício, o aumento dos salários-de-contribuição que exceder o limite legal, inclusive o voluntariamente concedido nos 36 (trinta e seis) meses imediatamente anteriores ao início do benefício, salvo se homologado pela Justiça do Trabalho, resultante de promoção regulada por normas gerais da empresa, admitida pela legislação do trabalho, de sentença normativa ou de reajustamento salarial obtido pela categoria respectiva.

(D) É devido o abono anual ao segurado e ao dependente da Previdência Social que, durante o ano, recebeu auxílio-doença, auxílio-acidente ou aposentadoria, pensão por morte ou auxílio-reclusão.

(E) O valor do salário-de-benefício não será inferior ao de um salário mínimo, nem superior ao do limite máximo do salário-de-contribuição na data do início do benefício.

A: é possível a acumulação, no caso de direito adquirido – art. 124, *caput*, do PBPS; B: art. 29, § 3º, do PBPS; C: art. 29, § 4º, do PBPS; D: art. 40 do PBPS; E: art. 29, § 2º, do PBPS. Gabarito "A".

(Procurador do Estado/RR – 2006 – FCC) Em relação aos benefícios da Seguridade Social, é correto afirmar que

(A) é cabível a conversão do auxílio-doença em aposentadoria especial, independentemente da subsistência dos demais vínculos laborais mantidos pelo beneficiário, caso apurada a incapacidade definitiva do segurado para uma das atividades titularizadas.

(B) o auxílio-doença do segurado que exerce mais de uma atividade abrangida pela previdência não será devido, se a incapacidade ocorrer apenas para o exercício de uma delas, salvo se as atividades concomitantes forem da mesma natureza.

(C) o auxílio-reclusão é devido aos dependentes do segurado recolhido à prisão que não receba remuneração, auxílio-doença, aposentadoria ou abono de permanência, durante todo o período de detenção ou reclusão, devendo ser suspenso em caso de fuga e convertido em pensão, se sobrevier a morte do segurado detido ou recluso.

(D) o aposentado por invalidez que recuperar a capacidade laborativa e tiver cancelado o benefício previdenciário poderá pleitear o retorno ao emprego ocupado à data do evento e, caso tal não convier ao empregador, terá direito a ser indenizado pela Previdência Social na forma da lei.

(E) a incapacidade decorrente de doença ou lesão de que o segurado já era portador ao filiar-se ao Regime Geral de Previdência Social não lhe conferirá o direito à aposentadoria por invalidez, assim como a incapacidade que sobrevier por motivo de agravamento ou progressão de tal doença ou lesão.

A: o auxílio-doença cessa com a aposentadoria por invalidez, caso o segurado seja considerado incapaz e insusceptível de reabilitação para o exercício de atividade que lhe garanta a subsistência – arts. 42 e 62, *in fine*, do PBPS; B: o auxílio-doença é devido mesmo que a incapacidade refira-se a apenas uma das atividades exercidas pelo segurado – art. 73 do Decreto 3.048/1999; C: art. 80 do PBPS e arts. 116 a 119 do Decreto 3.048/1999; D: a recuperação da capacidade laborativa não implica, por si, direito de retorno ao emprego anteriormente ocupado. Tampouco há direito a indenização, muito embora o benefício previdenciário possa ser mantido temporariamente, nos termos do art. 47, I, *b*, e II, do PBPS; E: a incapacidade superveniente por motivo de agravamento ou progressão da situação preexistente dá ensejo à aposentadoria por invalidez – art. 42, § 2º, do PBPS. Gabarito "C".

(Procurador do Estado/RR – 2006 – FCC) De acordo com a legislação previdenciária e respectiva regulamentação,

(A) todo o segurado obrigatório da Previdência Social mantém sua qualidade, sem recolher contribuição nem receber benefício, por até 6 (seis) meses.

(B) são segurados obrigatórios do Regime Geral de Previdência Social: o empregado, inclusive o doméstico, o trabalhador avulso, o segurado especial e o contribuinte individual.

(C) o direito da seguridade social apurar e constituir seus créditos extingue-se após 10 (dez) anos, bem como o direito de ação contra ela para obter a restituição de contribuições indevidas.

(D) não integram o salário-de-contribuição, entre outras: a parcela *in natura* recebida de acordo com o programa de alimentação aprovado pelo Ministério do Trabalho e Emprego; a parcela recebida a título de vale-transporte e as importâncias recebidas a título de indenização de férias e respectivo adicional constitucional.

(E) são segurados facultativos do Regime Geral de Previdência Social, entre outros: o estudante, o bolsista, o estagiário e o aprendiz.

A: o prazo geral de manutenção da condição de segurado é de 12 meses após a cessação das contribuições – art. 15, II, do PBPS; B: segundo o art. 11 do PBPS e o art. 12 do PCSS, são segurados obrigatórios do RGPS: o empregado (inciso I), o empregado doméstico (inciso II), o contribuinte individual (inciso V), o trabalhador avulso (inciso VI) e o segurado especial (inciso VII); C: o STF entende que o prazo decadencial e prescricional é de cinco anos – Súmula Vinculante nº 8; D: art. 28, § 9º, *c*, *d* e *f*, do PCSS – o vale-transporte não pode ser pago em dinheiro, ou será incluído no salário de contribuição (ver REsp 873.503/PR); E: o segurado facultativo é definido por exclusão, desde que não seja segurado obrigatório e seja maior de 16 anos (não mais 14 anos) – art. 13 do PBPS. O Decreto 3.048/1999 (art. 11, § 1º, III, VII e VIII) prevê expressamente o caso do estudante, do bolsista e do estagiário. O menor empregado como aprendiz é segurado obrigatório – art. 28, § 4º, do PCSS. Gabarito "B" e "D".

(Magistratura do Trabalho – 14ª Região – 2006) Independe de carência, a concessão de:

(A) aposentadoria por invalidez;
(B) aposentadoria por tempo de serviço;
(C) auxílio-doença e aposentadoria por invalidez;
(D) auxílio-doença, desde que, após filiar-se ao Regime Geral, o segurado for acometido por neoplasia maligna;
(E) As alternativas "a", "c" e "d" estão corretas

Em regra, as aposentadorias e o auxílio-doença são concedidos somente após o período de carência – art. 25, I e II, do PBPS. Há, no entanto, exceção nos casos de acidente de qualquer natureza ou causa e de doença profissional ou do trabalho, bem como nos casos de segurado que, após filiar-se ao Regime Geral de Previdência Social, for acometido de alguma das doenças e afecções especificadas em lista elaborada pelo órgão competente a cada três anos, de acordo com os critérios de estigma, deformação, mutilação, deficiência, ou outro fator que lhe confira especificidade e gravidade que mereçam tratamento particularizado (caso da neoplasia maligna) – art. 26, II, do PBPS. Gabarito "D".

(Magistratura Federal – 1ª Região – 2005) Fazem jus ao auxílio-acidente, como indenização (quando após a consolidação das lesões decorrentes do acidente, resultaram seqüelas que, impliquem, por exemplo, em redução da capacidade de trabalho que habitualmente exerciam):

(A) somente os empregados segurados que comprovem carência;
(B) o segurado empregado, o trabalhador avulso e o segurado especial;
(C) os trabalhadores rurais e os trabalhadores urbanos, com 24 meses, pelo menos, de contribuição;
(D) os segurados que não acumulem o benefício em tela com qualquer aposentadoria.

A: o auxílio-acidente não está sujeito a carência – art. 26, I, do PBPS; B e C: art. 18, § 1º, do PBPS e art. 104 do Decreto 3.048/1999 – somente têm direito ao auxílio-acidente o segurado empregado, o trabalhador avulso e o segurado especial; D: a Lei 9.528/1997 alterou os arts. 18, § 2º e 86, §§ 1º e 2º, para vedar a acumulação do auxílio-acidente com qualquer aposentadoria. Entretanto, deve-se registrar que o STJ firmou o entendimento de que não há óbice à percepção cumulativa das duas prestações nos casos em que a incapacidade tenha ocorrido antes do advento da Lei 9.528/1997, por força do princípio *tempus regit actum*. Para compensar a proibição da acumulação dos benefícios, a Lei 9.528/1997 também modificou o texto do art. 31 do PBPS para estabelecer que "o valor mensal do auxílio-acidente integra o salário de contribuição, para fins de cálculo do salário de benefício de qualquer aposentadoria, observado, no que couber, o disposto no art. 29 e no art. 86, § 5º". Além disso, o art. 167, IX, do Decreto 3.048/1999 também veda a percepção acumulada. Gabarito "B".

(Magistratura Federal – 3ª Região – XIII) Podem beneficiar-se do auxílio-acidente:

(A) o estrangeiro domiciliado e contratado no Brasil para trabalhar como empregado em sucursal ou agência de empresa nacional no exterior, o autônomo e o avulso;
(B) o exercente de mandato eletivo federal, estadual ou municipal, ainda que vinculado a regime próprio de Previdência Social, o avulso e o garimpeiro;
(C) o síndico de condomínio que receba remuneração, o empregado doméstico, o titular de firma individual rural;
(D) o avulso, o arrendatário rural que exerce suas atividades em regime de economia familiar e o diretor empregado.

Somente têm direito ao auxílio-acidente o segurado empregado, o trabalhador avulso e o segurado especial (o que inclui o arrendatário rural, conforme descrito na assertiva) – art. 18, § 1º, do PBPS. Gabarito "D".

(Magistratura Federal – 3ª Região – XIII) Descartando-se a hipótese de direito adquirido, considere as afirmativas abaixo:

I. É possível receber, conjuntamente, seguro-desemprego e pensão por morte.
II. É possível receber, conjuntamente, seguro-desemprego e auxílio-doença.
III. É possível receber, conjuntamente, seguro-desemprego e auxílio-acidente.
IV. É possível receber, conjuntamente, aposentadoria especial e auxílio-doença.

(A) I, II e III são verdadeiras;
(B) I e III são verdadeiras;
(C) III e IV são verdadeiras;
(D) I e II são verdadeiras.

I, II e III: o seguro-desemprego não pode ser acumulado com benefícios de prestação continuada da Previdência Social, exceto pensão por morte e auxílio-acidente – art. 124, parágrafo único, do PBPS; IV: o auxílio-doença não pode ser acumulado com aposentadoria – art. 124, I, do PBPS. Gabarito "B".

(Magistratura Federal – 3ª Região – XIII) Considere as afirmações abaixo e assinale a alternativa verdadeira:

I. O segurado facultativo que há cinco meses não paga contribuições ao INSS poderá requerer à autarquia, aposentadoria por invalidez, desde que se encontre total e permanentemente incapacitado para o trabalho.
II. A aposentadoria por invalidez torna-se definitiva quando o segurado completa 55 anos.
III. O segurado que cumpriu pena de doze anos em regime fechado e vem a ser vítima de atropelamento no décimo mês após o livramento - tornando-se total e permanentemente incapacitado para o trabalho, segundo a avaliação da perícia médica do INSS - obterá a aposentadoria por invalidez, porque o INSS reconhecerá a manutenção da sua qualidade de segurado.
IV. A aposentadoria por invalidez torna-se definitiva quando o segurado completa 65 anos.

(A) I e III estão corretas;
(B) I e IV estão corretas;
(C) II e III estão corretas;
(D) I e II estão corretas.

I: o segurado facultativo mantém a condição de segurado até 6 meses após a cessação das contribuições – art. 15, VI, do PBPS; II e IV: a aposentadoria por invalidez pode ser revertida a qualquer momento (desde que o segurado recupere a capacidade de trabalho) – art. 47 do PBPS. A aposentadoria por idade é devida, em regra, a partir dos 65 anos, para homens, e 60 anos, para as mulheres, desde que cumprida a carência legal – art. 48 do PBPS; III: o retido ou recluso mantém a condição de segurado até 12 meses após o livramento – art. 15, IV, do PBPS. Gabarito "A".

(Magistratura Federal – 3ª Região – XIII) Considere as afirmações abaixo e assinale a alternativa correta:

I. Nenhum benefício pago pela Previdência Social poderá ter valor inferior a um salário mínimo.
II. O benefício assistencial de prestação continuada previsto no art. 203, inc. V, da Constituição Federal não poderá ter valor inferior a um salário-mínimo.
III. Todos os benefícios assistenciais não podem ser inferiores a um salário-mínimo, por expressa vedação constitucional.
IV. O auxílio-reclusão devido aos dependentes do segurado de baixa renda pode ser inferior a um salário-mínimo.

(A) As afirmativas I e II estão incorretas;
(B) As afirmativas I, III e IV estão incorretas;
(C) As afirmativas III e IV estão corretas;
(D) As afirmativas II e III estão corretas.

I: somente os benefícios de prestação continuada, que substituem o salário de contribuição ou o rendimento do segurado, observam o piso do salário-mínimo – art. 33 do PBPS; II: A disposição constitucional (art. 203, V) garante um salário-mínimo a título de BPC; III: não há esse limite mínimo constitucionalmente fixado (exceto para o BPC); IV: o auxílio-reclusão segue a sistemática da pensão por morte (prestação continuada), de modo que observa o limite mínimo de um salário mínimo – art. 80 c/c arts. 33 e 75, todos do PBPS. Gabarito "B".

(Magistratura Federal – 3ª Região – XIII) Considere as afirmações abaixo e assinale a alternativa incorreta:

I. O salário-maternidade não poderá ter valor inferior a um salário-mínimo, nem superior ao do limite máximo do salário-de-contribuição na data de início do benefício.
II. Não incide contribuição previdenciária sobre o salário-maternidade, o auxílio reclusão, a pensão por morte e as aposentadorias do Regime Geral de Previdência Social.
III. Independe de carência o salário-maternidade devido às seguradas empregada, empregada doméstica, segurada especial e trabalhadora avulsa.
IV. Se a segurada gestante, na mesma data de nascimento de seu filho, adotar uma outra criança recém-nascida, terá direito a duas prestações de salário-maternidade mensais, no período de cento e vinte dias.

(A) As afirmativas II e III estão incorretas;
(B) A afirmativa III está incorreta;
(C) A afirmativa IV está incorreta;
(D) A afirmativa I está incorreta.

I: arts. 72 e 73 do PBPS; II: o salário-maternidade é considerado salário de contribuição, ou seja, sujeita-se à incidência de contribuição previdenciária – art. 28, §§ 2º e 9º, a, in fine, do PCSS; III: art. 26, VI, do PBPS. A segurada especial deve, em princípio, observar carência de dez contribuições mensais (art. 25, III, c/c art. 11, VII, ambos do PBPS), mas faz jus a um salário-mínimo a título de salário-maternidade, desde que comprove exercício de atividade rural, ainda que descontínuo, nos 12 meses anteriores ao do início do benefício – art. 39, parágrafo único, do PBPS. Gabarito "C".

(Magistratura Federal – 3ª Região – XIII) Assinale a alternativa correta:

(A) O dependente menor de idade que receba pensão por morte terá o seu benefício cessado quando completar 21 anos, mesmo que antes desta idade tenha se tornado comprovadamente inválido;
(B) É devido o acréscimo de 25% calculado sobre o valor da aposentadoria por invalidez ao segurado que necessitar da assistência permanente de outra pessoa, ainda que o valor do benefício atinja o teto legal;
(C) É possível o recebimento concomitante de salário-maternidade e aposentadoria por invalidez se, em razão de complicações no parto, a segurada se tornou total e permanentemente incapacitada para o trabalho;
(D) Havendo reajuste do valor da aposentadoria por invalidez, o recálculo do acréscimo de 25% só será devido nas hipóteses taxativamente previstas em lei.

A: no caso de invalidez antes dos 21 anos, o dependente continua amparado pela pensão – art. 16, I, do PBPS; B: art. 45, caput, e parágrafo único, a, do PBPS; C: o salário-maternidade não pode ser cumulado com benefício por invalidez. Durante o pagamento do salário-maternidade, o outro benefício (aposentadoria por invalidez, no caso) fica suspenso ou tem seu início adiado para o término daquele – art. 102 do Decreto 3.048/1999; D: o acréscimo de 25% é reajustado conjuntamente com a aposentadoria por invalidez – art. 45, parágrafo único, b, do PBPS. Gabarito "B".

(Ministério Público do Trabalho – 14º) O auxílio-acidente atualmente tem natureza:

(A) complementar;
(B) suplementar;
(C) indenizatória;
(D) salarial;
(E) não respondida.

O auxílio-acidente tem natureza indenizatória – art. 201, § 10, da CF e art. 86 do PBPS. Gabarito "D".

(Ministério Público do Trabalho – 13º) São benefícios da Previdência Social:

I. aposentadoria por invalidez;
II. reabilitação profissional;
III. auxílio-acidente;
IV. auxílio-doença.

De acordo com as alternativas acima, pode-se afirmar que:

(A) somente a I e a II estão certas;
(B) todas estão certas;
(C) a II está errada e a III está certa;

(D) todas estão erradas;
(E) não respondida.

Art. 18 do PBPS. As assertivas em I, III e IV indicam benefícios previdenciários; reabilitação profissional é serviço (não benefício) previdenciário. "Gabarito "C".

6. SERVIDORES PÚBLICOS

(Magistratura Federal/5ª Região – 2009 – CESPE) A respeito do regime previdenciário do servidor estatutário, assinale a opção correta.

(A) Lei estadual de iniciativa parlamentar que trate apenas de aposentadoria de servidores públicos não é inconstitucional, visto que tal matéria não é privativa do chefe do Poder Executivo, sendo certo que a supressão de parcela de proventos de aposentadoria, concedida em desacordo com a lei, não ofende o princípio da irredutibilidade de vencimentos.

(B) Aos servidores vitalícios, ao contrário do que ocorre com os notários, registradores e demais servidores dos ofícios extrajudiciais, aplica-se a aposentadoria compulsória por idade, sendo extensivas aos inativos, desde que mediante lei específica, as vantagens de caráter geral outorgadas aos servidores em atividade.

(C) Atividades exercidas por servidores públicos em condições especiais que lhes prejudiquem a saúde podem ensejar a adoção de requisitos e critérios diferenciados para a concessão de aposentadoria, em termos definidos em lei complementar, cuja inexistência pode acarretar a aplicação da legislação própria dos trabalhadores regidos pelo RGPS.

(D) As funções de magistério limitam-se ao trabalho em sala de aula, excluindo-se as demais atividades extraclasse, de forma que, para efeitos de aposentadoria especial de professores, não se computa o tempo de serviço prestado em atividades como as de coordenação e assessoramento pedagógico.

(E) A União, os estados, o DF e os municípios, independentemente de instituírem regime de previdência complementar para os seus servidores titulares de cargo efetivo, poderão fixar, para o valor das aposentadorias e pensões a serem concedidas pelos próprios regimes de previdência, o limite máximo estabelecido para os benefícios do RGPS.

A: assertiva incorreta, pois as leis relativas à aposentadoria de servidores públicos são de iniciativa privativa do Chefe do Executivo (Presidente, Governadores e Prefeitos) – art. 61, § 1º, II, c, da CF, aplicável a Estados, ao DF e a Municípios pelo princípio da simetria; B: os servidores vitalícios também se submetem a aposentadoria compulsória – ver ADI 2.883/DF. Os tabeliães e notários, delegatários de serviço público, não se submetem à aposentadoria compulsória, a partir da EC 20/1998, pois o art. 40 da CF passou a fazer referência a servidores titulares de cargos efetivos, incluídos no regime previdenciário próprio (não é o caso dos delegatários) – ver ADI 2.602/MG. A assertiva é incorreta, entretanto, quanto à extensão para os inativos das vantagens concedidas aos servidores em atividade, já que isso não é mais previsto expressamente pela Constituição – art. 40, § 8º, com a redação dada pela EC 20/1998. Embora não analise as leis locais que concedem benefícios, o STF afasta a possibilidade de estender aos inativos as vantagens pecuniárias decorrentes de reposicionamento de servidores ativos na carreira – ver RE 522.570 AgR/RJ; C: assertiva correta, conforme o art. 40, § 4º, III, da CF; D: incorreta, pois o STF decidiu que as funções de direção, coordenação e assessoramento pedagógico integram a carreira do magistério, desde que exercidos, em estabelecimentos de ensino básico, por professores de carreira, excluídos os especialistas em educação, fazendo jus aqueles que as desempenham ao regime especial de aposentadoria estabelecido nos arts. 40, § 5º, e 201, § 8º, da CF – ver o art. 67, § 2º, da Lei de Diretrizes e Bases da Educação – LDB (Lei 9.394/1996) e a ADI 3.772/DF, sendo inaplicável ao caso o disposto na Súmula 726/ STF; E: incorreta, pois o teto do RGPS somente pode se aplicado às aposentadorias e pensões dos servidores incluídos no regime próprio após a instituição do regime de previdência complementar – art. 40, § 14, da CF. Gabarito "C".

(Procurador do Estado/PE – CESPE – 2009) Em relação ao sistema de aposentadoria do servidor público, assinale a opção correta.

(A) O STJ firmou a compreensão de que não é exigível a indenização, ao regime geral de previdência social, do período exercido na atividade rural, anterior à filiação obrigatória, para cômputo em regime estatutário.

(B) Tratando-se de cargos de professor, é possível a acumulação de proventos oriundos de uma aposentadoria com duas remunerações quando o servidor foi aprovado em concurso público antes do advento da Emenda Constitucional n.º 20.

(C) A jurisprudência do STF pacificou-se no sentido de que o direito ao auxílio-alimentação não se estende aos servidores inativos, e de que é devida a incidência de contribuição previdenciária sobre o terço constitucional de férias.

(D) A CF assegura o reajustamento dos benefícios para preservar-lhes, em caráter permanente, o valor real, conforme critérios estabelecidos em lei. Com fundamento nessa norma, a jurisprudência do STF pacificou-se no sentido de ser viável estender aos servidores inativos as vantagens pecuniárias decorrentes de reposicionamento, na carreira, de servidores ativos.

(E) É vedada a existência de mais de um regime próprio de previdência social para os servidores titulares de cargos efetivos, permitindo-se, no entanto, a criação de mais de uma unidade gestora do respectivo regime em cada ente estatal.

A: incorreta, pois o STJ entende que é necessária a indenização ao RGPS em relação ao período de exercício de atividade rural anterior à filiação obrigatória, para cômputo em regime estatutário – ver AgRg no Ag 1.053.77/SP; B: assertiva correta, conforme a jurisprudência do STF – ver RE 489.776 AgR/MG; C: assertiva incorreta, pois, embora o STF tenha afastado o auxílio-alimentação em relação aos inativos (ver AI 668.391 AgR/SC), não reconhece a possibilidade de cobrança de contribuição social sobre o terço constitucional de férias – ver RE 587.941 AgR/SC; D: incorreta, pois o STF afasta a possibilidade de estender aos inativos as vantagens pecuniárias decorrentes de reposicionamento de servidores ativos na carreira – ver RE 522.570 AgR/RJ; E: incorreta, pois é vedada também a existência de mais de uma unidade gestora do respectivo regime em cada ente estatal, ressalvado o disposto no art. 142, § 3º, X, da CF, quanto aos militares – art. 40, § 20, da CF. Gabarito "B".

(Procurador do Estado/PE – CESPE – 2009) Assinale a opção correta acerca da organização e do funcionamento dos regimes próprios de previdência social dos servidores públicos da União, dos estados, do DF e dos municípios, dos militares dos estados e do DF.

(A) As alíquotas de contribuição dos servidores ativos dos estados, do DF e dos municípios para os respectivos regimes próprios de previdência social serão proporcionalmente inferiores às dos servidores titulares de cargos efetivos da União, devendo, ainda, ser observadas, no caso das contribuições sobre os proventos dos inativos e sobre as pensões, as mesmas alíquotas aplicadas às remunerações dos servidores em atividade do respectivo ente estatal.

(B) A União, os estados e o DF são responsáveis pela cobertura de eventuais insuficiências financeiras do respectivo regime próprio, decorrentes do pagamento de benefícios previdenciários, sendo certo que, em relação aos municípios, a responsabilidade cabe ao estado-membro em que estejam localizados.

(C) O servidor público titular de cargo efetivo da União, dos estados, do DF e dos municípios, exceto o militar dos estados e do DF, filiado a regime próprio de previdência social, quando cedido a órgão ou entidade de outro ente da Federação, com ou sem ônus para o cessionário, permanecerá vinculado ao regime de origem.

(D) A União, os estados, o DF e os municípios publicarão, até sessenta dias após o encerramento de cada trimestre, demonstrativo financeiro e orçamentário da receita e despesa previdenciárias acumuladas no exercício financeiro em curso.

(E) A contribuição da União, dos estados, do DF e dos municípios, incluídas suas autarquias e fundações, aos regimes próprios de previdência social a que estejam vinculados seus servidores não poderá ser inferior ao valor da contribuição do servidor ativo, nem superior ao dobro dessa contribuição.

A: incorreta, pois a alíquota da contribuição para os regimes próprios dos servidores estaduais, distritais e municipais não poderá ser inferior à da contribuição dos servidores efetivos federais – art. 149, § 1º, da CF. A incidência sobre aposentadorias e pensões é prevista no art. 40, § 18, da CF. Ademais, as alíquotas para os inativos não precisa ser idêntica à dos ativos, embora não possa ser inferior, nem superior ao dobro – art. 2º da Lei 9.717/1998; B: incorreta, pois o Estado não tem responsabilidade em relação ao regime próprio dos servidores municipais – art. 2º, § 1º, da Lei 9.717/1998; C: incorreta, pois todos os servidores efetivos cedidos ficam vinculados ao regime de origem, sem exceção (nem mesmo para os militares estaduais e distritais) – art. 1º-A da Lei 9.717/1998; D: incorreta, pois o prazo para publicação do demonstrativo é de 30 dias (não sessenta) após o encerramento de cada bimestre (não trimestre) – art. 2º, § 2º, da Lei 9.717/1998; E: essa é a assertiva correta, pois reflete o disposto no art. 2º, caput, da Lei 9.717/1998. Gabarito "E".

(Magistratura Federal/1ª Região – 2009 – CESPE) As Emendas Constitucionais n.ᵒˢ 20/1998, 41/2003 e 47/2005 implementaram reforma no regime de previdência dos servidores públicos. A respeito da regulamentação constitucional desse regime e das inovações promovidas pelas referidas emendas, assinale a opção incorreta.

(A) Desde que seja instituído regime de previdência complementar para os respectivos servidores titulares de cargo efetivo, a União, os estados, o DF e os municípios poderão fixar, para o valor das aposentadorias e pensões a serem concedidas pelo regime próprio de previdência, o limite máximo estabelecido para os benefícios do RGPS.
(B) O RGPS será aplicado aos servidores que, de forma exclusiva, ocupem cargo em comissão, declarado em lei de livre nomeação e exoneração, bem como emprego público ou outro cargo temporário.
(C) Incide contribuição, com alíquota igual à estabelecida para os servidores titulares de cargos efetivos, sobre os proventos de aposentadorias e pensões concedidas pelo regime próprio dos servidores públicos que superarem o dobro do limite máximo estabelecido para os benefícios do RGPS, quando o beneficiário for portador de doença incapacitante, na forma da lei.
(D) O regime de previdência complementar dos servidores titulares de cargo efetivo da União, dos estados e do DF poderá ser instituído por lei de iniciativa dos respectivos Poderes Executivo, Legislativo e Judiciário.
(E) A CF veda expressamente a existência de mais de um regime próprio de previdência social para os servidores titulares de cargos efetivos.

A: assertiva correta, pois reflete o disposto no art. 40, § 14, da CF; B: correta, conforme o art. 40, § 13, da CF; C: assertiva correta, pois isso é previsto pelo art. 40, § 21, da CF; D: incorreta, pois o regime de previdência complementar de todos os entes deve ser instituído por lei de iniciativa privativa do respectivo Poder Executivo (Presidente, Governadores e Prefeitos) – art. 40, § 15, da CF; E: assertiva correta, pois a CF impõe o regime próprio único para os servidores efetivos de cada ente político – art. 40, § 20, da CF. Gabarito "D".

(Procurador do Estado/ES – 2008 – CESPE) No regime geral da previdência social (RGPS), diversas categorias de trabalhadores incluem-se na condição de segurados obrigatórios. A respeito desse assunto, julgue os itens que se seguem.

(1) O servidor público ocupante de cargo em comissão, sem vínculo efetivo com a União, com as autarquias, inclusive em regime especial, e com as fundações públicas federais, é segurado obrigatório do RGPS.
(2) O servidor público municipal detentor de cargo efetivo, ainda que não amparado por regime próprio de previdência social, está excluído do RGPS.

1: Art. 40, § 13, da CF e Art. 11, I, g, do PBPS – trata-se de segurado empregado. 2: Enquanto não for instituído o regime próprio nesse Município (art. 40, caput, da CF), o servidor é incluído no regime geral (RGPS) – art. 12, caput, in fine, do PBPS. Gabarito 1C, 2E.

(Procurador do Estado/PB – 2008 – CESPE) De acordo com a CF no que se refere a aposentadoria e pensão de servidor público, assinale a opção correta.

(A) A partir da publicação das leis que criarem os regimes de previdência complementar em cada ente público, todos os servidores serão incluídos no sistema de capitalização.
(B) Atualmente, a CF autoriza que as pensões limitem-se ao máximo estabelecido para os benefícios do regime geral, acrescidas de setenta por cento da parcela excedente a este limite.
(C) Professor universitário que comprove tempo exclusivo de efetivo exercício nas funções de magistério, tem direito à redução de cinco anos nos requisitos de idade e de tempo de contribuição.
(D) Nos âmbitos estadual e municipal, é possível a organização de mais de um regime próprio de previdência na proporção dos poderes que integram cada ente público.
(E) O servidor, ao completar setenta anos de idade, será aposentado compulsoriamente caso tenha direito de receber seus proventos integralmente. Na hipótese de serem proporcionais ao tempo de contribuição, terá direito de permanecer em atividade até alcançar a integralidade.

A: aqueles que já eram servidores à época da instituição do novo regime de previdência complementar têm a opção (não há imposição) de nele ingressar – art. 40, § 16, da CF; B: art. 40, § 7º, da CF; C: a redução de idade para aposentadoria aproveita apenas aos professores da educação infantil e do ensino fundamental e médio – art. 40, § 5º, da CF; D: isso não é possível, pois o regime próprio deve ser único em cada ente estatal – art. 40, § 20, da CF; E: a aposentadoria compulsória aos setenta anos de idade é inadiável e implicará proventos proporcionais ao tempo de contribuição – art. 40, § 1º, II, da CF. Gabarito "B".

(Procurador do Estado/ES – 2008 – CESPE) Supondo que um município tenha instituído regime de previdência complementar para seus servidores titulares de cargos efetivos, conforme dispõe a Constituição a esse respeito, julgue os itens a seguir, acerca da aposentadoria desses servidores públicos.

(1) O teto previsto para a aposentadoria no RGPS aplica-se a todos os servidores que não estavam aposentados na data da instituição do regime de previdência complementar.
(2) O direito de opção para integrar o novo sistema aplica-se apenas aos servidores já aposentados quando da instituição do regime de previdência complementar.
(3) Os aposentados antes do regime atual de previdência não estarão imunes à incidência de contribuição previdenciária sobre seus proventos de aposentadoria.
(4) Assim como no RGPS, eventual tempo de contribuição federal correspondente a período anterior à posse do servidor no cargo municipal é computado, no regime atual, para fins de aposentadoria.

1: Aqueles que já eram servidores à época da instituição do novo regime de previdência complementar têm a opção (não há imposição) de nele ingressar, o que permitiria a aplicação do teto nos benefícios pagos pelo regime próprio – art. 40, §§ 14 a 16, da CF. Ademais, ainda que possa haver discussão doutrinária e jurisprudencial a respeito, é inquestionável que os servidores que já preenchiam os requisitos para aposentadoria quando do advento da EC 20/1998 (mas optaram por permanecer na ativa) têm direito aos benefícios na sistemática anterior – art. 3º da EC 20/1998. 2: Todos aqueles (não apenas os aposentados) que já eram servidores à época da instituição do novo regime de previdência complementar têm a opção (não há imposição) de nele ingressar – art. 40, § 16, da CF. 3: Entende-se que não há direito adquirido ao regime jurídico anterior, em face da alteração constitucional – art. 4º da EC 41/2003. 4: Art. 40, § 9º, da CF. Gabarito 1E, 2E, 3C, 4C.

(Procurador do Estado/PR – 2007) Os limites das despesas com o funcionalismo público, da União, dos Estados, do Distrito Federal e dos Municípios, a que alude o art. 169, da Constituição Federal, estão estabelecidos na Lei Complementar nº 101, de 04 de maio de 2000 (Lei de Responsabilidade Fiscal), que no art. 19 fixou os limites globais considerando a verticalização dos Poderes (União 50% e Estados e Municípios 60% da receita corrente líquida) e no art. 20 fixou a repartição dos limites globais, de forma horizontal, entre os três Poderes, o Tribunal de Contas e ainda, o Ministério Público. Já há na doutrina, vozes defendendo a exclusão das despesas com pessoal inativo do cômputo do limite global, com fundamento no art. 19, § 1º, VI, a, b, c, da lei sob comento. Uma boa hermenêutica levaria à seguinte conclusão acerca das normas acima referidas:

(A) as despesas com pessoal inativo não devem ser computadas no limite global da receita corrente líquida, se provenientes da arrecadação das contribuições dos segurados;
(B) as despesas com pessoal inativo não devem ser computadas no limite global da receita corrente líquida, se provenientes da arrecadação das contribuições dos segurados e da compensação financeira entre os regimes previdenciários (geral e próprio) e ainda, de outras receitas diretamente arrecadadas por fundos previdenciários.
(C) as despesas do ente público com pessoal inativo não devem ser computadas no limite global da receita corrente líquida, já que o art. 19, § 1º, VI, excepcionou expressamente tais despesas do limite global;

(D) as despesas do ente público com pessoal inativo não devem ser computadas no limite global da receita corrente líquida, já que o art. 19, § 1º, VI, excepcionou expressamente tais despesas do limite global, bem como, não devem compor os limites horizontais previstos no art. 20, da Lei de Responsabilidade Fiscal;

(E) as despesas do ente público com pessoal inativo não devem ser computadas no limite global da receita corrente líquida, já que o art. 19, § 1º, VI, excepcionou expressamente tais despesas do limite global, entretanto, devem compor os limites horizontais previstos no art. 20, da Lei de Responsabilidade Fiscal;

A assertiva B reflete a exclusão das despesas com inativos do limite global, desde que custeadas pelas contribuições dos segurados, pelas compensações entre regimes e pelas receitas arrecadadas por fundos previdenciários – art. 19, § 1º, VI, da LC 101/2000. Gabarito "B".

(Magistratura Federal – 5ª Região – 2007 – CESPE) Julgue o item seguinte.

(1) Considere a seguinte situação hipotética. Amador ocupa cargo efetivo no serviço público de um estado da Federação e é vinculado ao regime próprio de previdência social. Nessa situação, se o referido estado ainda não tiver instituído regime de previdência complementar, Amador poderá filiar-se ao regime geral de previdência social na qualidade de segurado facultativo a fim de obter para si, mediante modestas contribuições, uma fonte a mais de receita para sua futura aposentadoria.

1: O servidor titular de cargo efetivo não pode ingressar no regime geral como contribuinte facultativo (RGPS), desde que esteja inscrito no Regime Próprio dos Servidores – art. 201, § 5º, da CF e art. 12, *caput*, e 13, ambos da PBPS. Gabarito 1E.

(Procurador do Estado/PR – 2007) Com fundamento no disposto no art. 40, §§ 14 e 15 da Constituição Federal, o Estado do Paraná pode:

(A) editar lei complementar instituindo regime de previdência complementar para seus servidores estatutários, desde que assegure o pagamento de proventos e pensões equivalentes ao limite máximo estabelecido para os benefícios do regime geral de previdência social;

(B) editar lei complementar instituindo regime de previdência complementar para seus servidores estatutários, desde que assegure o pagamento de proventos e pensões equivalentes ao limite máximo estabelecido para os benefícios do regime geral de previdência social e desde que faculte a adesão aos atuais funcionários ocupantes de cargos efetivos;

(C) editar lei complementar instituindo regime de previdência complementar para seus servidores estatutários, desde que assegure o pagamento de proventos e pensões equivalentes ao limite máximo estabelecido para os benefícios do regime geral de previdência social, obrigando a inclusão de todos os funcionários ocupantes de cargos efetivos;

(D) instituir regime de previdência complementar para os servidores ocupantes de cargos efetivos, assegurando-lhes, porém, o pagamento de proventos e pensões equivalentes ao limite máximo estabelecido para os benefícios do regime geral de previdência social, facultando a adesão, prévia e expressa, aos atuais funcionários estatutários.

(E) Desde que institua regime de previdência complementar para os servidores ocupantes de cargos efetivos, fixar o valor de proventos e pensões equivalentes ao limite máximo estabelecido para os benefícios do regime geral de previdência social, podendo incluir, somente mediante prévia e expressa opção, os atuais funcionários ocupantes de cargos efetivos, após a edição de lei complementar, pela União, que disponha sobre as regras gerais, observado o art. 202, da CF.

A, B e C: embora a regulação nacional dos regimes de previdência complementar seja veiculada por lei complementar federal (art. 202 da CF e LC 109/2001), a Constituição Federal não exige lei complementar do ente político para a efetiva instituição de seu respectivo regime de previdência complementar – art. 40, § 15, da CF; D: o regime complementar somente poderá ser instituído na modalidade de contribuição definida, ou seja, não poderá garantir o valor do benefício – art. 40, § 15, *in fine*, da CF; E: essa assertiva reflete, de modo geral, o disposto no art. 40, §§ 14 a 16, da CF. É importante apenas esclarecer que a instituição do regime complementar permite a fixação de teto para os benefícios pagos pelo regime próprio. Esse teto será equivalente ao limite máximo dos benefícios do regime geral (RGPS). O valor do benefício pago pelo regime complementar não é garantido (trata-se de regime de contribuição definida). Gabarito "E".

(Defensoria Pública da União – 2007 – CESPE) Julgue o seguinte item.

(1) Considere a seguinte situação hipotética. Carlos aposentou-se por idade pelo INSS. Depois disso, apesar da idade, conseguiu ser aprovado em concurso público para ocupar cargo efetivo em uma administração municipal instituidora de regime próprio. O referido município ainda não organizou sua previdência complementar. Nessa situação, Carlos poderá renunciar ao benefício do RGPS, mesmo após ter recebido algumas prestações, com a finalidade de aproveitar o tempo de contribuição para o novo regime, com a possibilidade de receber, no futuro, proventos integrais.

1: A jurisprudência atual admite a renúncia à aposentadoria, para contagem do tempo no regime próprio – ver REsp 557.231/RS. Os proventos integrais, no entanto, dependerão do momento em que ingressou no serviço público e do cumprimento dos requisitos constitucionais – art. 40, § 3º, da CF. Gabarito 1E.

(Procurador do Estado/RR – 2006 – FCC) A respeito do regime próprio de previdência dos servidores públicos da União, dos Estados, dos Municípios e do Distrito Federal, é correto afirmar:

(A) Possui caráter contributivo, devendo observar critérios que preservem seu equilíbrio financeiro e atuarial, e, no que couber, os requisitos e critérios fixados para o Regime Geral de Previdência Social.

(B) Aplica-se aos titulares de cargo efetivo, cargo em comissão e temporário, mas não aos ocupantes de empregos públicos, estes integrantes do Regime Geral de Previdência Social.

(C) Aplica-se exclusivamente aos titulares de cargo efetivo, sendo vedada a esses a participação em regime de natureza complementar.

(D) Permite que os entes federados, no exercício de sua autonomia, fixem critérios próprios para criação e concessão de benefícios.

(E) Não possui caráter contributivo, tendo os benefícios correspondentes natureza tipicamente administrativa e não previdenciária.

A: art. 40, *caput* e § 12, da CF; B: o regime próprio não se aplica aos servidores exclusivamente ocupantes de cargos em comissão ou temporários e aos empregados públicos (sujeitam-se ao RGPS) – art. 40, §13, da CF; C: é possível a sujeição ao regime de previdência complementar, nos termos do art. 40, §§ 14 a 16, da CF; D: os critérios do regime próprio estão previstos no art. 40 da CF; E: o regime próprio tem caráter contributivo e solidário – art. 40, *caput*, da CF. Gabarito "A".

7. PREVIDÊNCIA PRIVADA COMPLEMENTAR

(Advogado da União/AGU – CESPE – 2009) Julgue os itens subsequentes, acerca da previdência privada complementar.

(1) A previdência privada objetiva complementar a proteção oferecida pela previdência pública, por meio de organização autônoma e da adoção do regime de financiamento por capitalização, bem como contribuir para o fomento da poupança nacional.

(2) Os planos de benefícios das entidades fechadas podem, como regra geral, ser oferecidos a alguns ou a todos os empregados dos patrocinadores e, em qualquer hipótese, o valor da contribuição efetivamente pago pelo patrocinador, destinado ao programa de previdência complementar, não integrará o salário-de-contribuição do empregado, para efeito de incidência de contribuição para a seguridade social.

(3) A portabilidade abrange o direito de o participante mudar de um plano para outro no interior de uma mesma entidade fechada de previdência privada, sem necessariamente haver ruptura do vínculo empregatício com o patrocinador.

1: assertiva correta, pois reflete o disposto no art. 202 da CF e nos arts. 1º e 18, § 1º, da LC 109/2001; 2: incorreta, pois os planos de benefícios das entidades fechadas devem ser, obrigatoriamente, oferecidos a todos os empregados dos patrocinadores ou associados dos instituidores, embora a adesão seja facultativa – art. 16, §§ 1º e 2º, da LC 109/2001. Ademais, as contribuições do empregador não integram o salário de contribuição e, portanto, não se submetem à contribuição previdenciária, quando o programa de previdência complementar é disponível à totalidade de seus empregados e dirigentes – art. 28, § 9º, *p*, do PCSS; 3: incorreta, pois, nos planos de benefícios de entidades fechadas, não será admitida a portabilidade na inexistência de cessação do vínculo empregatício do participante com o patrocinador – art. 14, § 1º, da LC 109/2001. Gabarito 1C, 2E, 3E.

(Advogado da União/AGU – CESPE – 2009) No moderno Estado regulador, conforme lecionam Antonio La Spina e Giandomenico Majone, adotam-se diferentes técnicas de regulação, entre as quais se destacam: a) a fixação de *standards* de atuação, por meio de normas; b) a determinação, aos agentes privados que desenvolvem uma dada atividade, do dever de informar, objetivando-se dotar de transparência suas condutas e diminuir a assimetria informativa existente entre eles e os consumidores; c) o exame individualizado de produtos e processos, muitas vezes mediante técnicas de autorização. A regulação abrange, ainda, a fiscalização das condutas e a aplicação de penalidades. A partir de tais considerações, julgue os itens seguintes, acerca da competência para regular e fiscalizar as entidades fechadas de previdência privada.

(1) Dependem de autorização da Secretaria de Previdência Complementar, do Ministério da Previdência Social, as operações de fusão, cisão, incorporação e qualquer outra forma de reorganização societária das entidades fechadas de previdência privada, assim como as retiradas de patrocinadores.

(2) Aplicada penalidade pelo órgão fiscalizador, em virtude do descumprimento do dever de prestar informações solicitadas pelos participantes de um plano de benefícios de uma entidade fechada, cabe recurso, no prazo de 15 dias, ao Ministro de Estado da Previdência Social.

1: de fato, o órgão regulador e fiscalizador deve autorizar expressa e previamente essas operações relativas às entidades fechadas de previdência complementar – arts. 33, II e III, e 74 da LC 109/2001. Importante ressaltar, entretanto, que a Lei 12.154, de 23.12.2009, criou a Superintendência Nacional de Previdência Complementar – PREVIC, que passou a ser o órgão fiscalizador e supervisor das atividades das entidades fechadas de previdência complementar. Atualmente, é a PREVIC que autoriza as operações de fusão, de cisão, de incorporação ou de qualquer outra forma de reorganização societária dessas entidades, além da retirada de patrocinadores – art. 2º, IV, *b* e *c*, da Lei 12.154/2009; 2: atualmente, a PREVIC aplica as penalidades, competindo à sua Diretoria Colegiada decidir sobre elas, cabendo recurso à Câmara de Recursos da Previdência Complementar - arts. 2º, II, 7º, III, *in fine*, e 15, *caput*, da Lei 12.154/2009. Gabarito 1C, 2E

(Procurador do Estado/CE – 2008 – CESPE) Julgue os itens subseqüentes, relacionados aos sistemas de previdência privada no Brasil.

I. A estrutura organizacional das entidades fechadas de previdência complementar deve ser constituída por conselho deliberativo, conselho fiscal e diretoria-executiva. Além disso, essas entidades devem ser organizadas sob a forma de fundação ou associações sem fins lucrativos.

II. Na elaboração do plano de benefícios das entidades fechadas de previdência complementar, não há obrigatoriedade de previsão do benefício proporcional diferido.

III. O órgão regulador do sistema de previdência complementar brasileiro, que inclui as entidades abertas e fechadas, é o Conselho de Gestão da Previdência Complementar, formado por representantes do governo, indicados pelos Ministérios da Previdência Social e da Fazenda, e da sociedade, indicados pelos dirigentes das entidades abertas e fechadas.

IV. Nas entidades fechadas de previdência complementar, instituídas por pessoas jurídicas de direito público, sociedades de economia mista e empresas controladas direta ou indiretamente pelo poder público, a contribuição do patrocinador não poderá exceder à do participante.

V. Com a unificação das Secretarias da Receita Federal e da Receita Previdenciária, a função de órgão de fiscalização das entidades fechadas passou a ser do novo órgão, conhecido como Super-Receita, enquanto a fiscalização das entidades abertas continua sendo da Superintendência de Seguros Privados (SUSEP).

Estão certos apenas os itens

(A) I e III.
(B) I e IV.
(C) II e IV.
(D) II e V.
(E) III e V.

I: arts. 31, § 1º, e 35, ambos da LC 109/2001; II: isso é obrigatório – art. 14, I, da LC 109/2001; III: O CGPC regula apenas as entidades fechadas de previdência complementar – art. 74 da LC 109/2001; IV: art. 202, § 3º, da CF; V: a fiscalização das entidades fechadas é feita pelo Ministério da Previdência Social, por meio da Secretaria de Previdência Complementar, e a fiscalização das entidades abertas é feita pelo Ministério da Fazenda, por meio da SUSEP – art. 74 da LC 109/2001. Gabarito "B".

(Procurador da Fazenda Nacional – 2007 – ESAF) Assinale a opção correta quanto ao sistema das entidades de previdência privada, nos termos da legislação infraconstitucional.

(A) O sistema será denominado aberto, se for acessível a todos os empregados de empresas, grupo de empresas e agentes públicos da União, Estados, Distrito Federal e Municípios.
(B) As entidades fechadas são organizadas como sociedades anônimas e podem acordar dois tipos de planos individual ou coletivo.
(C) As entidades abertas possuem como característica a portabilidade das carteiras.
(D) A legislação não regulamenta as regras a respeito da relação entre a União, os Estados, o Distrito Federal e os Municípios e outras entidades públicas e suas respectivas entidades fechadas de previdência complementar, permitindo ampla discricionariedade administrativa.
(E) As entidades abertas de previdência são organizadas como fundação privada ou sociedade civil sem fim lucrativo e podem solicitar concordata.

A: a assertiva descreve a previdência fechada – art. 31 da LC 109/2001; B: as entidades fechadas organizam-se sob a forma de fundação ou sociedade civil, sem fins lucrativos – art. 31, § 1º, da LC 109/2001; C: art. 27 da LC 109/2001; D: há rígida regulamentação legal, por expressa disposição constitucional – art. 202, § 4º, da CF; E: as entidades abertas são constituídas unicamente sob a forma de sociedades anônimas – art. 36 da LC 109/2001. Gabarito "C".

(Procurador do Estado/RR – 2006 – FCC) Determinada entidade fechada de previdência complementar, patrocinada exclusivamente por empresas controladas pelo Estado, apresentou déficit atuarial no plano por ela administrado, instituído na modalidade de benefício definido. Verificou-se, assim, a necessidade de alteração do regulamento do plano, de benefício definido para contribuição definida, bem como a adoção de providências para equacionar o déficit presente. Em face dos dispositivos constitucionais que regem a matéria, especialmente aquelas introduzidas pela Emenda Constitucional no 20/98, e da legislação correspondente, é correto afirmar que

(A) as empresas patrocinadoras podem assumir integralmente o déficit existente, porém, na hipótese de instituição de novo plano, na modalidade contribuição definida, o respectivo regulamento deverá prever que participantes e empresas patrocinadoras arquem com déficits futuros de forma paritária.
(B) a alteração do plano de benefícios, implicando elevação da contribuição das empresas patrocinadoras, deverá contar com a aprovação do órgão responsável pela supervisão, coordenação e controle das referidas empresas e não poderá prever, em hipótese alguma, contribuição normal superior a dos participantes.
(C) é possível estabelecer contribuições extraordinárias, a cargo das empresas patrocinadoras e dos participantes, destinadas ao equacionamento do déficit, bem como aporte de recursos diretamente pelo Estado, na condição de acionista controlador das empresas patrocinadoras.
(D) é possível a assunção, pelas empresas patrocinadoras, de parcela do déficit em montante superior àquele atribuído aos participantes e também de contribuição normal acima daquela fixada para estes, na hipótese de incentivo à migração ao novo plano, instituído na modalidade de contribuição definida.
(E) os participantes, as empresas patrocinadoras e os atuais assistidos deverão responder, solidariamente, pelo déficit atuarial verificado, independentemente do que preveja o regulamento do plano.

É vedado o aporte de recursos públicos pelo Estado (diretamente ou por sua controlada), exceto na condição de patrocinador, e sua contribuição normal não poderá jamais ser superior à do segurado – art. 202, § 3º, da CF. A alteração do plano de benefícios depende de prévia e expressa autorização do órgão regulador e fiscalizador – art. 33, I, da LC 109/2001. Gabarito "B".

8. ACIDENTES, DOENÇAS DO TRABALHO

(MAGISTRATURA DO TRABALHO – 1ª REGIÃO – 2010 – CESPE) Assinale a opção correta acerca das normas referentes a acidente do trabalho.

(A) Sob pena de multa, a empresa deve comunicar o acidente do trabalho à previdência social até o primeiro dia útil seguinte ao de sua ocorrência e, no caso de morte, imediatamente, à autoridade competente.
(B) O titular de empresa que deixa de cumprir as normas de segurança e higiene do trabalho comete crime punível com detenção.
(C) Reputa-se doença do trabalho a doença endêmica adquirida por segurado habitante de região em que essa patologia se desenvolva.
(D) No caso de doença do trabalho, reputa-se como dia do acidente a data correspondente a dez dias do início da incapacidade laborativa para o exercício da atividade habitual.
(E) Considera-se agravamento ou complicação de acidente do trabalho a lesão que, resultante de acidente de outra origem, se associe ou se superponha às consequências de lesão ocorrida em acidente anterior.

A: essa é a assertiva correta, pois reflete o disposto no art. 22 do PBPS; B: incorreta, pois se trata de contravenção penal, punível com multa – art. 19, § 2º, do PBPS; C: incorreta, pois a doença endêmica adquirida por segurado habitante de região em que ela se desenvolva não é considerada doença do trabalho, salvo comprovação de que é resultante de exposição ou contato direto determinado pela natureza do trabalho – art. 20, § 1º, *d*, do PBPS; D: incorreta, pois se considera como dia do acidente, no caso, a data do início da incapacidade laborativa para o exercício da atividade habitual, ou o dia da segregação compulsória, ou o dia em que foi realizado o diagnóstico, valendo o que ocorrer primeiro – art. 23 do PBPS; E: incorreta, pois é o oposto. Não é considerada agravação ou complicação de acidente do trabalho a lesão que, resultante de acidente de outra origem, se associe ou se superponha às consequências do anterior – art. 21, § 2º, do PBPS. Gabarito "A".

(Procurador do Município/Boa Vista-RR – 2010 – CESPE) Julgue o item a seguir, relativos às legislações previdenciária e da seguridade social.

(1) Se, durante seu intervalo para refeição, um empregado lesionar um dos seus joelhos enquanto joga futebol nas dependências da empresa, ficando impossibilitado de andar, tal evento, nos termos da legislação previdenciária, não poderá ser considerado como acidente de trabalho.

1: incorreta, pois o empregado é considerado no exercício do trabalho nos períodos destinados a refeição ou descanso, ou por ocasião da satisfação de outras necessidades fisiológicas, no local do trabalho ou durante este – art. 21, § 1º, do PBPS. Gabarito 1E.

(Magistratura do Trabalho – 8ª Região – 2009) Sobre acidente de trabalho, é incorreto afirmar:

(A) Deverá ser considerada acidente de trabalho a doença que tenha resultado das condições especiais em que o trabalho é executado, relacionando-se diretamente com ele mesmo que não configure as hipóteses de doença profissional e de doença do trabalho definidas em lei.
(B) Constitui crime o descumprimento pela empresa das normas de segurança e higiene do trabalho.
(C) Podem ser consideradas como dia do acidente, no caso de doença profissional ou do trabalho, a data do início da incapacidade laborativa, o dia da segregação compulsória, ou o dia em que for realizado o diagnóstico, prevalecendo o que ocorrer primeiro.
(D) Equipara-se ao acidente de trabalho o acidente sofrido pelo segurado fora do local e do horário de trabalho, na prestação de qualquer serviço que, mesmo não tendo sido ordenada pela empresa, destine-se a evitar-lhe prejuízo ou proporcionar-lhe proveito.
(E) Embora o intervalo intrajornada não seja computado, como regra, na duração do trabalho, o empregado será considerado no exercício do trabalho para fim de configuração do acidente de trabalho, quando este ocorrer no local do trabalho, em período destinado à refeição e ao descanso.

A: assertiva correta, pois se trata da situação excepcional prevista no art. 20, § 2º, do PBPS; B: essa é a assertiva incorreta, pois se trata de contravenção penal, punível com multa – art. 19, § 2º, do PBPS; C: correta, conforme o art. 23 do PBPS; D: assertiva correta, nos termos do art. 21, IV, *b*, do PBPS; E: correta, conforme o disposto no art. 21, § 1º, do PBPS. Gabarito "B".

(Magistratura do Trabalho – 8ª Região – 2009) Observando os termos da legislação previdenciária, é incorreto afirmar:

(A) Acidente do trabalho é o que ocorre pelo exercício do trabalho a serviço da empresa ou pelo exercício do trabalho, provocando lesão corporal ou perturbação funcional que cause a morte ou a perda ou redução, permanente ou temporária, da capacidade para o trabalho. Será elaborada pela autoridade competente uma relação das entidades mórbidas capazes de tipificar o acidente de trabalho. A relação elaborada serve de base para os órgãos de fiscalização do trabalho decidirem acerca do enquadramento da morbidade como acidente do trabalho. Todavia, é possível ao órgão administrativo, sob certas condições, extrapolar a relação elaborada.
(B) Equiparam-se também ao acidente do trabalho, para efeitos da lei previdenciária: I - o acidente ligado ao trabalho que, embora não tenha sido a causa única, haja contribuído diretamente para a morte do segurado, para redução ou perda da sua capacidade para o trabalho, ou produzido lesão que exija atenção médica para a sua recuperação; II - o acidente sofrido pelo segurado no local e no horário do trabalho, em consequência de: a) ato de agressão, sabotagem ou terrorismo praticado por terceiro ou companheiro de trabalho; b) ofensa física intencional, inclusive de terceiro, por motivo de disputa relacionada ao trabalho; c) ato de imprudência, de negligência ou de imperícia de terceiro ou de companheiro de trabalho; d) ato de pessoa privada do uso da razão; e) desabamento, inundação, incêndio e outros casos fortuitos ou decorrentes de força maior.
(C) São segurados obrigatórios da Previdência Social as seguintes pessoas físicas: I-como empregado: a) aquele que presta serviço de natureza urbana ou rural à empresa, em caráter não eventual, sob sua subordinação e mediante remuneração, inclusive como diretor empregado; b) aquele que, contratado por empresa de trabalho temporário, definida em legislação específica, presta serviço para atender a necessidade transitória de substituição de pessoal regular e permanente ou a acréscimo extraordinário de serviços de outras empresas; c) o ministro de confissão religiosa e o membro de instituto de vida consagrada, de congregação ou de ordem religiosa; II- como empregado doméstico: aquele que presta serviço de natureza contínua a pessoa ou família, no âmbito residencial desta, em atividades sem fins lucrativos; III- como contribuinte individual: a) a pessoa física, proprietária ou não, que explora atividade agropecuária, a qualquer título, em caráter permanente ou temporário, em área superior a 4 (quatro) módulos fiscais; ou, quando em área igual ou inferior a 4 (quatro) módulos fiscais ou atividade pesqueira, com auxílio de empregados ou por intermédio de prepostos.
(D) Para as finalidades previstas na legislação previdenciária, consideram-se: I - empresa - a firma individual ou sociedade que assume o risco de atividade econômica urbana ou rural, com fins lucrativos ou não, bem como os órgãos e entidades da administração pública direta, indireta ou fundacional; II - empregador doméstico - a pessoa ou família que admite a seu serviço, sem finalidade lucrativa, empregado doméstico. Equipara-se à empresa o contribuinte individual em relação a segurado que lhe presta serviço, bem como a cooperativa, a associação ou entidade de qualquer natureza ou finalidade, a missão diplomática e a repartição consular de carreira estrangeira.
(E) A empresa deverá comunicar o acidente do trabalho à Previdência Social até o 1º (primeiro) dia útil seguinte ao da ocorrência e, em caso de morte, de imediato, à autoridade competente, sob pena de multa. Deverá ser expedida cópia da notificação ao

acidentado ou aos seus dependentes, bem como ao sindicato a que corresponda a sua categoria. Na falta de comunicação por parte da empresa, podem formalizá-la o próprio acidentado, seus dependentes, a entidade sindical competente, o médico que o assistiu ou qualquer autoridade pública, não prevalecendo nestes casos o prazo previsto acima.

A: assertiva correta, conforme os arts. 19, *caput*, e 20, I e II e § 2°, do PBPS; B: correta, conforme o art. 21, I e II, do PBPS; C: assertiva incorreta, pois o religioso é contribuinte individual, não empregado – art. 11, V, *c*, do PBPS; D: correta, pois são essas as definições do art. 14, I e II, do PBPS; E: assertiva correta, conforme o art. 22, *caput* e § 2°, do PBPS. Gabarito "C".

(Magistratura do Trabalho – 23ª Região – 2009) Analise os itens abaixo e marque a alternativa CORRETA:

I. A doença do profissional (tecnopatia) decorre da atividade, da função exercida pelo segurado, da profissão e acompanha o trabalhador enquanto técnico especializado durante toda a sua vida laboral, inclusive em outras empresas. Alcança apenas os obreiros que tenham uma ocupação qualificada, tendo natureza subjetiva.

II. A doença do trabalho (mesopatia) decorrente do meio ambiente laboral, dos instrumentos utilizados, sendo própria de determinadas empresas que exploram a mesma atividade econômica. Alcança obreiros qualificados e sem qualificação laboral porque é objetiva.

III. Não são consideradas como doença do trabalho: doença degenerativa; inerente a grupo etário; a que não produz incapacidade laborativa; doença endêmica adquirida por segurados habitantes de região em que ela se desenvolva, salvo comprovação de que resultou da exposição ou contato direto determinado pela natureza do trabalho.

IV. A obrigação prioritária da comunicação do acidente de trabalho é da empresa, subsidiariamente podem efetivá-la: o próprio acidentado, seus dependentes, a entidade sindical competente, o médico que o assistiu ou qualquer autoridade. A comunicação subsidiária exime a empresa do pagamento de multa e demais conseqüências ainda que esta omissão impeça o acesso à prestação acidentária.

V. O benefício da renda mensal vitalícia não pode ser cumulado com outro benefício concedido pela Seguridade Social.

(A) V, V, V, F, V.
(B) F, V, F, V, F.
(C) F, V, F, F, V.
(D) V, F, V, V, F.
(E) F, F, V, F, F.

I: assertiva verdadeira, pois descreve adequadamente a doença profissional, que deve constar, em princípio, de relação elaborada pela autoridade competente – art. 20, I, do PBPS; II: verdadeira, pois descreve adequadamente a doença do trabalho, que também deve, em princípio, estar relacionada pela autoridade competente – art. 20, II, do PBPS; III: assertiva verdadeira, pois são as exclusões previstas no art. 20, § 1°, do PBPS; IV: assertiva incorreta, pois a comunicação subsidiária não exime a empresa de responsabilidade pela falta, inclusive em relação ao pagamento da multa – art. 22, § 3°, do PBPS; V: verdadeira, conforme o disposto no art. 2°, § 1°, da Lei 6.179/1974. Gabarito "A".

9. AÇÕES PREVIDENCIÁRIAS

(Magistratura Federal-4ª Região – 2010) Há em tramitação no Judiciário brasileiro um número muito expressivo de ações de natureza previdenciária, o que deu origem a orientações seguras na jurisprudência acerca de várias questões. Dadas as assertivas, analisando-as à luz do entendimento jurisprudencial predominante no âmbito do Tribunal Regional Federal da 4ª Região e dos Tribunais Superiores, assinale a alternativa correta.

I. Subsiste no novo texto constitucional a opção do segurado para ajuizar ações contra a Previdência Social no foro estadual do seu domicílio ou no do Juízo Federal, devendo a ação, nesse último caso, ser ajuizada necessariamente perante o Juízo Federal do seu domicílio.

II. As parcelas devidas pelo INSS em ações previdenciárias devem ser acrescidas de correção monetária. Os juros, quando cabíveis, também devem ser acrescidos ao montante principal, incidentes a partir da data do ajuizamento da ação.

III. Os honorários advocatícios, nas ações previdenciárias, devem incidir somente sobre as parcelas vencidas até a data da sentença de procedência ou do acórdão que reforme a sentença de improcedência.

IV. A prova exclusivamente testemunhal não basta à comprovação da atividade rurícola, para efeito de obtenção de benefício previdenciário, mas admitem-se como início de prova material do efetivo exercício de atividade rural, em regime de economia familiar, documentos em nome de terceiros, membros do grupo parental.

V. Em matéria de direito intertemporal, a lei aplicável ao pleito de concessão de pensão previdenciária por morte é aquela vigente na data do óbito do segurado.

(A) Estão corretas apenas as assertivas I, III e IV.
(B) Estão corretas apenas as assertivas II, III e V.
(C) Estão corretas apenas as assertivas III, IV e V.
(D) Estão corretas apenas as assertivas I, III, IV e V.
(E) Estão corretas todas as assertivas.

I: incorreta, pois não há opção por parte do autor em qualquer hipótese. O ajuizamento na justiça estadual ocorre apenas se a comarca do domicílio do segurado não for sede de vara do juízo federal – art. 109, § 3°, da CF; II: incorreta, pois os juros moratórios são devidos a partir da citação válida, não do ajuizamento da ação (como consta da assertiva) – Súmula 204/STJ; III: assertiva correta, conforme a Súmula 111/STJ; IV: assertiva correta, conforme a jurisprudência do STJ – ver AgRg no REsp 1.100.187/MG e Súmula 149/STJ; V: assertiva correta, pelo princípio do *tempus regit actum* – ver REsp 1.188.756/MG. Gabarito "C".

(Magistratura Federal/3ª Região – 2010) Assinale a alternativa correta:

(A) O prazo de decadência para que o segurado ou beneficiário exerça o direito de revisão do ato de concessão de benefício será contado do primeiro dia do mês seguinte ao do recebimento da primeira prestação, ou, quando for o caso, do dia que tomar conhecimento da decisão indeferitória definitiva no âmbito administrativo;

(B) Os prazos de decadência e prescrição serão de 5 (cinco) anos para a revisão de todo e qualquer direito previdenciário;

(C) O prazo de prescrição de toda e qualquer ação para haver prestações vencidas ou quaisquer restituições ou diferenças devidas pela Previdência Social será de 10 (dez) anos, salvo o direito dos menores, incapazes e ausentes, na forma do Código Civil;

(D) O direito de revisão e o de haver prestações vencidas ou restituições, ainda que dentro dos respectivos prazos, somente poderá ser exercido judicialmente após o indeferimento na via administrativa.

A: assertiva correta, pois descreve o termo inicial do prazo decadencial de 10 anos para todo e qualquer direito de ação do segurado ou beneficiário para a revisão do ato de concessão do benefício – art. 103 do PBPS; B: incorreta, conforme o comentário à alternativa A; C: incorreta, pois é de 5 anos o prazo prescricional para pleitear judicialmente prestações vencidas ou quaisquer restituições ou diferenças devidas pela Previdência, salvo o direito dos menores, incapazes e ausentes – art. 103, parágrafo único, do PBPS; D: incorreta, pois não se exige o esgotamento da via administrativa para que seja exercido o direito de ação. Gabarito "A".

(Procurador Federal – 2010 – CESPE) No que concerne à legislação acidentária, ao benefício de prestação continuada previsto na Lei de Organização da Assistência Social e jurisprudência dos tribunais superiores, julgue o item seguinte.

(1) A competência para julgar ações de indenização por danos morais e materiais decorrentes de acidente de trabalho propostas pelo trabalhador, após a edição da Emenda Constitucional n.º 45/2004, é da justiça comum estadual.

1: incorreta, pois, nos termos da Súmula Vinculante 22/STF, a Justiça do Trabalho é competente para processar e julgar as ações de indenização por danos morais e patrimoniais decorrentes de acidente de trabalho propostas por empregado contra empregador, inclusive aquelas que ainda não possuíam sentença de mérito em primeiro grau quando da promulgação da Emenda Constitucional 45/2004. Gabarito 1E.

(MAGISTRATURA DO TRABALHO – 1ª REGIÃO – 2010 – CESPE) Sérgio apresentou requerimento administrativo para revisão de seu benefício previdenciário. O INSS julgou improcedente a pretensão de Sérgio. Com base nessa situação, e considerando a disciplina relativa à organização da previdência social, assinale a opção correta.

(A) Da decisão poderá ser interposto recurso no prazo de trinta dias, não podendo o INSS, após a interposição, retratar-se de seu entendimento e deixar de encaminhar o recurso à instância competente.
(B) A proposituração de ação judicial, por parte de Sérgio, que tenha por objeto idêntico pedido sobre o qual verse o processo administrativo importará renúncia ao direito de recorrer na esfera administrativa e, consequentemente, desistência do recurso interposto.
(C) Todo recurso interposto em processo administrativo concernente a benefício previdenciário deve ser recebido apenas no efeito devolutivo.
(D) A comunicação da decisão do órgão colegiado sobre a pretensão de Sérgio terá de ser feita por correspondência sob registro, com aviso de recebimento, ou pessoalmente, se a primeira forma restar frustrada.
(E) A decisão do Conselho de Recursos da Previdência Social que julgar o recurso de Sérgio, se favorável, terá sua eficácia condicionada à publicação no boletim de serviço do INSS.

A: incorreta, pois o INSS pode reformar suas decisões, deixando, no caso de reforma favorável ao interessado, de encaminhar o recurso ao Conselho de Recursos da Previdência Social – CRPS – art. 305, § 3º, do Regulamento da Previdência Social – RPS (Decreto 3.048/1999); B: assertiva correta, pois reflete exatamente o disposto no art. 307 do RPS; C: incorreta, pois os recursos tempestivos contra decisões das Juntas de Recursos do Conselho de Recursos da Previdência Social têm efeito suspensivo e devolutivo – art. 308 do RPS; D: incorreta, pois o conhecimento da decisão do INSS deve ser pessoal, mediante assinatura nos autos do processo ou, quando há recusa ou isso for impraticável, a comunicação se dá por correspondência com aviso de recebimento – art. 319 do RPS. As decisões e demais atos dos órgãos do Ministério da Previdência Social são publicadas no Diário Oficial da União, boletim de serviço ou outro órgão de divulgação oficialmente reconhecido, ou na forma do art. 319 do RPS – art. 320 do RPS; E: incorreta, conforme comentário à alternativa D. Gabarito "B".

(MAGISTRATURA DO TRABALHO – 1ª REGIÃO – 2010 – CESPE) Quanto à prescrição e à decadência em matéria previdenciária, assinale a opção correta.

(A) O prazo de decadência de todo e qualquer direito ou ação do segurado para a revisão do ato de concessão de benefício é de dez anos, a contar do dia primeiro do mês seguinte ao do recebimento da primeira prestação.
(B) A ação para haver prestações devidas pela previdência social prescreve em dez anos, a contar da data em que deveriam ter sido pagas.
(C) O direito da seguridade social de apurar e constituir seus créditos extingue-se após dez anos, contados da data em que se tornar definitiva a decisão que houver anulado, por vício formal, a constituição de crédito anteriormente efetuado.
(D) Adequadamente constituído, o direito de cobrar o crédito apurado devido à seguridade social expirará em quinze anos.
(E) Apenas na hipótese de ocorrência de dolo, a seguridade social poderá apurar e constituir seus créditos nos prazos de prescrição estabelecidos na legislação penal para o crime correspondente.

A: assertiva correta, pois descreve o prazo decadencial de 10 anos para todo e qualquer direito de ação do segurado ou beneficiado para a revisão do ato de concessão do benefício – art. 103 do PBPS; B: incorreta, pois é de 5 anos o prazo prescricional para pleitear judicialmente prestações vencidas ou quaisquer restituições ou diferenças devidas pela Previdência, salvo o direito dos menores, incapazes e ausentes – art. 103, parágrafo único, do PBPS; C e D: assertivas incorretas. A legislação previdenciária (arts. 45 e 46 da Lei 8.212/1991) previa prazo decadencial (para lançamento das contribuições sociais) e prescricional (para sua cobrança) de dez anos. Esse texto ficou prejudicado pela Súmula Vinculante 8/STF, pois a matéria (decadência e prescrição tributárias) deve ser veiculada por lei complementar federal (art. 146, III, b, da CF). Esses dispositivos legais foram formalmente revogados pela LC 128/2008. Atualmente, portanto, vige o prazo de cinco anos para decadência e prescrição, conforme dispõe o CTN (arts. 173 e 174); E: incorreta, pois o prazo decadencial para constituição dos créditos tributários é sempre aquele fixado no art. 173 do CTN, ou seja, 5 anos. Gabarito "A".

(Magistratura Federal/1ª Região – 2009 – CESPE) A respeito das ações previdenciárias, que correspondem ao maior número de feitos nos juizados especiais federais cíveis, assinale a opção correta.

(A) A Lei n.º 10.259/2001 estabelece que, nas ações previdenciárias e nas relativas à assistência social, havendo designação de exame, as partes serão intimadas a apresentar quesitos e indicar assistentes no prazo de dez dias.
(B) Nas causas de competência do juizado especial federal cível, não haverá reexame necessário, salvo quando envolverem matéria previdenciária.
(C) Para evitar dano de difícil reparação, o juiz poderá, de ofício ou a requerimento das partes, deferir medidas cautelares no curso do processo, salvo quando estiver diante de questão previdenciária, como o cancelamento ou a suspensão indevida de benefício promovido pela autarquia previdenciária.
(D) Nos processos que tramitem perante o juizado especial federal cível, a lei ordinária fixa prazo diferenciado para a prática de atos processuais pelo INSS, inclusive quanto à interposição de recursos, sendo que a citação para audiência de conciliação deverá ser efetuada com antecedência mínima de trinta dias.
(E) Quando a orientação acolhida pela turma de uniformização, em questões de direito material ou processual, incluídas as matérias previdenciárias, contrariar súmula ou jurisprudência dominante no STJ, a parte interessada poderá provocar a manifestação do STJ, que dirimirá a divergência.

A: assertiva correta, nos termos do art. 12, § 2º, da Lei 10.259/2001; B: incorreta, pois nas causas que tramitam nos Juizados Especiais Federais não haverá reexame necessário, sem exceção para as previdenciárias – art. 13 da Lei 10.259/2001; C: incorreta, pois não há exceção em relação à questão previdenciária – art. 4º da Lei 10.259/2001; D: incorreta, pois, nos Juizados Especiais Federais, não há prazo diferenciado para a prática de qualquer ato processual pelas pessoas jurídicas de direito público, inclusive a interposição de recursos, devendo a citação para audiência de conciliação ser efetuada com antecedência mínima de trinta dias – art. 9º da Lei 10.259/2001; E: incorreta, pois a manifestação do STJ, a respeito da orientação acolhida pela Turma de Uniformização, somente poderá ser provocada em questões de direito material, não de direito processual – art. 14, § 4º, da Lei 10.259/2001. Gabarito "A".

(Magistratura Federal/5ª Região – 2009 – CESPE) No que se refere às questões previdenciárias atinentes aos juizados especiais federais e à jurisprudência aplicável à espécie, assinale a opção correta.

(A) É vedada a cumulação do recebimento de pensão por morte de trabalhador rural com o de benefício de aposentadoria por invalidez.
(B) Exceto para efeito de carência, o tempo de serviço de segurados trabalhadores rurais anterior ao advento da Lei n.º 8.213/1991, sem o recolhimento de contribuições previdenciárias, pode ser considerado para a concessão de benefício previdenciário do RGPS.
(C) Em respeito ao critério objetivo, o simples fato de um imóvel ser superior a um módulo rural afasta a qualificação do proprietário desse imóvel como segurado especial, ainda que ele o explore em regime de economia familiar.
(D) Para fins de competência, o simples fato de a demanda ter sido ajuizada no juizado especial federal presume a renúncia tácita dos valores excedentes à quantia de sessenta salários mínimos.
(E) A justificação judicial destinada a instruir pedido perante órgãos da União deve ser processada e julgada perante juizado especial federal da capital do estado quando a comarca não for sede de vara federal.

A: incorreta, pois não há vedação à cumulação de uma aposentadoria com uma pensão – art. 124 do PBPS; B: correta, pois, nos termos da Súmula 24 da Turma Nacional de Uniformização dos Juizados Especiais Federais – TNU, o tempo de serviço do segurado trabalhador rural anterior ao advento da Lei 8.213/91, sem o recolhimento de contribuições previdenciárias, pode ser considerado para a concessão de benefício previdenciário do RGPS, exceto para efeito de carência, conforme a regra do art. 55, § 2º, da Lei nº 8.213/91; C: incorreta, pois o critério objetivo relacionado ao imóvel corresponde ao limite de até 4 módulos fiscais para a área explorada pelo produtor agropecuário – art. 11, VII, a, 1, do PBPS; D: incorreta, pois a renúncia ao valor excedente deve ser expressa, para que se fixe a competência do Juizado Especial Federal – ver CC 86.398/RJ-STJ; E: incorreta, pois compete à Justiça Estadual processar e julgar ação de justificação judicial para fins de habilitação de benefício previdenciário na hipótese em que o domicílio da justificante não for sede de Vara do Juízo Federal – ver CC 25.529/RJ e Súmula 32/STJ. Ademais, quanto à ação de justificação para reconhecimento de união estável, há precedentes no sentido de que a competência é da Justiça Estadual, ainda que o intuito seja instruir pedido perante órgão federal – ver CC 48.127/SP-STJ. Gabarito "B".

(Procurador de Contas TCE/ES – CESPE – 2009) Em relação a prescrição e decadência, a provas e a contagem recíproca de tempo de serviço previdenciários, assinale a opção correta.

(A) Segundo a jurisprudência do STF, no âmbito do direito previdenciário, os institutos da prescrição e da decadência de crédito tributário podem ser regulados por lei ordinária.
(B) Não sendo a prova material suficiente para comprovar o labor rural, excepcionalmente deve ser dada maior ênfase à prova testemunhal colhida na instância ordinária, quando esta é capaz de demonstrar, de forma idônea, harmônica e precisa, o labor rural exercido pelo autor.
(C) Segundo a jurisprudência do STJ, a sentença trabalhista será admitida como início de prova material, apta a comprovar tempo de serviço para fins previdenciários, ainda que não esteja fundada em elementos que evidenciem o labor exercido na função e o período alegado pelo trabalhador na ação previdenciária.
(D) A jurisprudência do STJ está alinhada no sentido de que a aposentadoria, direito patrimonial indisponível, não pode ser objeto de renúncia, revelando-se incabível a pretensão de contagem do respectivo tempo de serviço para a obtenção de nova aposentadoria, ainda que por outro regime de previdência.
(E) Para efeito de aposentadoria especial de professores, não se computa o tempo de serviço prestado fora da sala de aula, tendo essa regra, como única exceção, a hipótese de professor que comprove exercer a função de magistério na educação infantil.

A: incorreta, pois a matéria deve ser veiculada por lei complementar federal (arts. 173 e 174 do CTN, atualmente), nos termos do art. 146, III, b, da CF – Súmula Vinculante 8/STF; B: assertiva correta. Nos termos da Súmula 149/STJ, a prova exclusivamente testemunhal não basta à comprovação da atividade rurícola, para efeito de obtenção de benefício previdenciário – art. 55, § 3º, do PBPS. Isso, entretanto, não impede o acolhimento da prova testemunhal ratificada pelo início de prova material – ver AR 3.644/SP; C: incorreta, pois o STJ entende que a sentença trabalhista será admitida como início de prova material, apta a comprovar o tempo de serviço, apenas se fundada em elementos que evidenciem o labor exercido na função e o período alegado pelo trabalhador na ação previdenciária. Não basta, portanto, simples sentença trabalhista homologatória de acordo, sem prova de que tenha havido, efetivamente, trabalho no período alegado – ver AgRg no REsp 1.128.885/PB; D: incorreta, pois o STJ admite a renúncia à primeira aposentadoria, nesse caso, por se tratar de direito patrimonial disponível, cabendo a contagem do respectivo tempo de serviço para a obtenção de nova aposentadoria, ainda que por outro regime, sem obrigação de devolução dos valores anteriormente recebidos – ver AgRg no REsp 328.101/SC; E: incorreta, pois o STF decidiu que as funções de direção, coordenação e assessoramento pedagógico integram a carreira do magistério, desde que exercidos, em estabelecimentos de ensino básico, por professores de carreira, excluídos os especialistas em educação, fazendo jus aqueles que as desempenham ao regime especial de aposentadoria estabelecido nos arts. 40, § 5º, e 201, § 8º, da CF – ver o art. 67, § 2º, da Lei de Diretrizes e Bases da Educação – LDB (Lei 9.394/1996) e a ADI 3.772/DF, sendo inaplicável ao caso o disposto na Súmula 726/ STF. Gabarito "B".

(Magistratura Federal – 4ª Região – XIII – 2008) Dadas as assertivas abaixo, assinalar a alternativa correta.

I. No âmbito dos Juizados Especiais Federais, pacificou-se a jurisprudência no sentido de que a União é parte ilegítima para figurar no pólo passivo das ações em que se pleiteia o benefício assistencial previsto no art. 20 da Lei nº 8.742/93.
II. Identificam-se em Direito Previdenciário os conceitos de seguridade e assistência social, sinonímia que se mostra enfaticamente no fato de que ambos são universalizados, com sistema contributivo e participação obrigatória da União, do patrão e do empregado.
III. Os tratados, convenções e outros acordos internacionais de que Estado estrangeiro ou organismo internacional e o Brasil sejam partes, e que versem sobre matéria previdenciária, serão interpretados como lei especial.
IV. O Direito Previdenciário admite a solução do conflito pela eqüidade, do que fazem exemplos decisões judiciais que asseguraram o direito da companheira à pensão por morte do segurado antes mesmo que reconhecido em lei.

(A) Estão corretas apenas as assertivas I e II.
(B) Estão corretas apenas as assertivas I, III e IV.
(C) Estão corretas apenas as assertivas II, III e IV.
(D) Estão corretas todas as assertivas.

I: a assertiva é correta – ver REsp 756.119/MS; II: a seguridade social abrange: saúde, previdência e assistência social (são conceitos que não se confundem) – art. 194 da CF; III: os tratados internacionais vigem no sistema interno como leis ordinárias federais, em regra (não é o caso dos tratados sobre direitos humanos e há controvérsia com relação à matéria tributária); IV: esse tem sido o entendimento do Judiciário. Gabarito "B".

(Procurador do Estado/PR – 2007) O Instituto Nacional do Seguro Social – INSS promoveu, perante a Justiça Federal, Execução Fiscal contra o Estado do Paraná, com fundamento em Certidão de Dívida Ativa (título executivo extrajudicial) originada de autuação pelo não-recolhimento de contribuições previdenciárias incidentes sobre a remuneração de funcionários públicos paranaenses. Preliminarmente, o Estado, em sua defesa, alegou a carência de ação, já que a execução forçada não é permitida contra a Fazenda Pública, sem prévia ação de conhecimento, seguindo-se o rito estabelecido nos artigos 730 e 731, do CPC. No mérito, o Estado alegou que os funcionários em questão ocupam cargos efetivos na administração estadual e ainda, ocupam cargos comissionados e cuja remuneração corresponde ao cargo efetivo, acrescido de percentual referente ao cargo em comissão, até o limite constitucional, estando sujeitos ao Regime Previdenciário Próprio e não ao Regime Geral de Previdência. É correto afirmar que:

(A) o INSS não poderia ter promovido a execução forçada sem prévia ação de conhecimento contra a Fazenda Estadual e ainda não poderia ter autuado o Estado do Paraná, em face da imunidade recíproca estabelecida no art. 150, VI, a, da Constituição Federal;
(B) o INSS não poderia ter promovido a execução forçada sem prévia ação de conhecimento contra a Fazenda Estadual e ainda, não poderia ter autuado o Estado do Paraná pelo não-recolhimento das contribuições previdenciárias, por que somente as empresas privadas estão sujeitas a sua fiscalização e autuação;
(C) o INSS poderia ter promovido a execução forçada, independentemente de prévia ação de conhecimento, entretanto, as contribuições previdenciárias foram corretamente recolhidas ao tesouro estadual, já que incidentes sobre a remuneração de servidores ocupantes de cargo efetivo do Estado do Paraná;
(D) o INSS poderia ter promovido a execução forçada, independentemente de prévia ação de conhecimento, bem assim, a autuação foi correta, já que o Estado foi notificado para exercer ampla defesa, não sendo, por isso, passível de anulação o processo administrativo- base da autuação fiscal, e ainda, que as contribuições são devidas ao Instituto Federal, já que incidem sobre a remuneração de cargos comissionados;
(E) o INSS, independentemente de promover a execução forçada ou prévia ação de conhecimento contra a Fazenda Estadual, seguindo a partir daí, o disposto nos arts. 730 e 731, do CPC, não poderia ter autuado o Estado do Paraná pelo não-recolhimento das contribuições previdenciárias, já que somente o servidor ocupante, exclusivamente, de cargo em comissão, sem vinculo efetivo com a administração pública, está sujeito ao Regime Geral de Previdência Social.

A fiscalização previdenciária, a autuação e a inscrição em dívida ativa aplicam-se aos entes políticos, o que torna desnecessária a ação condenatória. A imunidade recíproca refere-se apenas aos impostos (não às contribuições sociais) – art. 150, VI, a, da CF. O servidor efetivo submetido ao regime próprio não se sujeita ao regime geral (RGPS), ainda que ocupe cargo em comissão – art. 40, § 13, da CF e art. 12 do PBPS. Gabarito "E".

(Magistratura Federal – 3ª Região – XIII) Qual das alternativas demonstra a correta escolha do foro para o ajuizamento da ação previdenciária?

(A) "A", atualmente domiciliado em Garça, promove ação de revisão de benefício previdenciário em face do INSS, ajuizando a demanda na Comarca de Gália, porque o seu benefício foi originalmente processado na Agência do INSS dessa cidade, onde o mesmo residia à época;

(B) "B", atualmente domiciliado em São Paulo, distribui ação revisional de benefício previdenciário, cujo valor da causa é de R$ 5.000,00, na Vara Previdenciária da Capital;

(C) "D", sempre tendo trabalhado e residido na Capital, ajuizou ação revisional de benefício acidentário, cujo valor da causa é de R$ 4.000,00, no Juizado Especial Federal;

(D) "C", atualmente domiciliado em Santos, propõe ação revisional de benefício previdenciário, na Vara Federal da Capital, com valor da causa de R$ 70.000,00.

A: o beneficiário deve mover a ação no local de seu domicílio atual ou na capital do Estado – Súmula 689/STF; B e C: a competência é do Juizado Especial Federal, por conta do valor (até 60 salários-mínimos) – art. 3º da Lei 10.259/2001; D: a capital paulista possui varas especializadas (Varas Previdenciárias). Gabarito "C".

(Procurador da Fazenda Nacional – 2007 – ESAF) O Instituto Nacional do Seguro Social – INSS é pessoa jurídica de direito público interno, autarquia federal, vinculada ao Ministério da Previdência Social, com sede no Distrito Federal. Com base nessa informação, na legislação e na jurisprudência do Supremo Tribunal Federal, é correto afirmar, em relação às regras de distribuição de competência, que:

(A) Para a matéria benefícios e serviços previdenciários a competência é da Justiça Federal, independente do domicílio do beneficiário.

(B) No caso de acidente do trabalho, após a promulgação da Emenda Constitucional n. 45/2004, o Supremo Tribunal afirmou que as ações acidentárias devem ser julgadas pela Justiça Federal.

(C) Na execução fiscal, se o executado estiver domiciliado em município sede da Vara da Justiça Federal, a competência recursal será do Tribunal de Justiça daquele estado-membro.

(D) O segurado pode ajuizar ação contra a instituição previdenciária só no juízo federal do seu domicílio.

(E) No caso de mandado de segurança contra ato de servidor do INSS, a competência é da Justiça Federal.

A e D: o segurado pode ajuizar ação contra a instituição previdenciária perante o juízo federal do seu domicílio ou nas varas federais da capital do Estado-membro – Súmula 689/STF; B: incorreta, pois, nos termos da Súmula Vinculante 22/STF, a Justiça do Trabalho é competente para processar e julgar as ações de indenização por danos morais e patrimoniais decorrentes de acidente de trabalho propostas por empregado contra empregador, inclusive aquelas que ainda não possuíam sentença de mérito em primeiro grau quando da promulgação da Emenda Constitucional 45/04; C: o particular deve ser demandado no local de seu domicílio. Se não houver Vara Federal na localidade, a execução será promovida perante a Justiça Estadual. O recurso, em qualquer hipótese, será julgado pelo Tribunal Regional Federal – art. 109, §§ 1º, 3º e 4º, da CF, Súmula 55/STJ (a contrario sensu), ver CC 56.914/RJ-STJ; E: art. 109, I e VIII, da CF. Gabarito "E".

(Defensoria Pública da União – 2007 – CESPE) Julgue o seguinte item.

(1) Francisco ajuizou reclamação trabalhista em face de seu ex-empregador, pleiteando o reconhecimento do vínculo laboral. Em decorrência de acordo homologado pela sentença, foi registrado o contrato de trabalho em sua CTPS. Assim, esse documento constituirá início de prova material para fins de comprovação de tempo de contribuição para a previdência social.

1: Art. 62, § 2º, I, a, do Decreto 3.048/1999. Gabarito 1C.

(Ministério Público do Trabalho – 14º) O Supremo Tribunal Federal, em vários julgados recentes, já entendeu que o prazo de prescrição da contribuição previdenciária é de:

(A) 5 anos;
(B) 10 anos;
(C) 20 anos;
(D) 30 anos;
(E) não respondida.

O STF entende que o prazo decadencial e prescricional relativo às contribuições sociais é de cinco anos – Súmula Vinculante nº 8. Gabarito "A".

10. ASSISTÊNCIA SOCIAL E SAÚDE

(Magistratura Federal/3ª Região – 2010) Segundo o artigo 203 da Constituição Federal de 1988, a assistência social será prestada:

(A) A quem dela necessitar, conforme dispuser a lei, porém dependente de contribuição à seguridade social;

(B) A que dela necessitar, independentemente de contribuição a seguridade social, e tem por exclusivo objetivo a proteção a família, a maternidade, à infância, e a adolescência;

(C) A quem dela necessitar, atendida a qualidade de segurado da previdência social e as condições previstas em lei;

(D) A quem dela necessitar, independentemente de contribuição a seguridade social, e tem entre seus objetivos a garantia de um salário mínimo de benefício mensal a pessoa portadora de deficiência e ao idoso que comprovem não possuir meios de prover a própria manutenção ou de tê-la provida por sua família, conforme dispuser a lei.

A: incorreta. A seguridade social é composta pela (i) previdência social, (ii) assistência social e (iii) saúde. Diferentemente da previdência social, a assistência social não é retributiva, ou seja, independe de contribuição do beneficiário para a seguridade social – art. 203, caput, da CF; B: incorreta, pois, além da proteção à família, à maternidade, à infância e à adolescência, a assistência social tem, também, por objetivos a proteção à velhice, o amparo às crianças e adolescentes carentes, a promoção da integração ao mercado de trabalho, a habilitação e reabilitação das pessoas portadoras de deficiência e a promoção de sua integração à vida comunitária, e a garantia de um salário-mínimo de benefício mensal à pessoa portadora de deficiência e ao idoso que comprovem não possuir meios de prover à própria manutenção ou de tê-la provida por sua família, conforme dispuser a lei – art. 203, I a V, da CF; C: incorreta, pois a assistência social é prestada a todos que dela precisarem, independentemente de filiação à previdência social – art. 203, caput, da CF; D: assertiva correta, conforme o art. 203, V, da CF.

Veja a tabela seguinte, para estudo e memorização dos objetivos da assistência social:

Objetivos da Assistência Social – art. 203 da CF
– a proteção à família, à maternidade, à infância, à adolescência e à velhice
– o amparo às crianças e adolescentes carentes
– a promoção da integração ao mercado de trabalho
– a habilitação e reabilitação das pessoas portadoras de deficiência e a promoção de sua integração à vida comunitária
– a garantia de um salário-mínimo de benefício mensal à pessoa portadora de deficiência e ao idoso que comprovem não possuir meios de prover à própria manutenção ou de tê-la provida por sua família, conforme dispuser a lei

Gabarito "D".

(Procurador Federal – 2010 – CESPE) No que concerne à legislação acidentária, ao benefício de prestação continuada previsto na Lei de Organização da Assistência Social e jurisprudência dos tribunais superiores, julgue o item seguinte.

(1) Para fins de concessão do benefício de prestação continuada, considera-se incapaz de prover a manutenção da pessoa portadora de deficiência ou idosa a família cuja renda mensal per capita seja inferior a um quarto do salário-mínimo. Esse critério, de acordo com entendimento do STF, apesar de ser constitucional, pode ser conjugado com outros fatores indicativos do estado de miserabilidade do indivíduo e de sua família.

Assertiva correta, pois reflete o disposto no art. 20, § 3º, da Lei Orgânica da Assistência Social – LOAS (Lei 8.742/1993), à luz do art. 203, V, da CF – ver ADI 1.232/DF. Gabarito 1C.

(Procurador do Município/Boa Vista-RR – 2010 – CESPE) Julgue o item a seguir, relativos às legislações previdenciária e da seguridade social.

(1) No que tange à organização da assistência social, compete aos municípios atender às ações assistenciais de caráter emergencial e efetuar o pagamento do auxílio-natalidade e do auxílio-funeral.

1: assertiva correta, pois essas competências municipais são previstas no art. 15, II e IV, da LOAS. Gabarito 1C.

(Defensoria/PA – 2009 – FCC) Entre as diversas ações que integram o sistema de seguridade social brasileiro, está previsto que cabe garantir benefício mensal

(A) à pessoa portadora de deficiência e ao idoso que comprovem não possuir meios de prover à própria manutenção ou de tê-la provida por sua família, no valor variável de um quinto do salário mínimo, para os que nunca contribuíram, e de pelo menos um salário mínimo para os que comprovem ter trabalhado e contribuído por um período mínimo de anos.
(B) de um salário mínimo à pessoa portadora de deficiência e ao idoso que comprovem não possuir meios de prover à própria manutenção ou de tê-la provida por sua família, independentemente de prova de exercício de trabalho ou contribuição previdenciária anteriores.
(C) de um salário mínimo à pessoa portadora de deficiência e ao idoso, desde que o beneficiário comprove ter vertido um mínimo de contribuições previdenciárias anteriormente, já que todos devem contribuir para o financiamento do sistema.
(D) de um salário mínimo à pessoa portadora de deficiência e ao idoso, independentemente de ter havido contribuição previdenciária anterior, mas desde que o beneficiário comprove ao menos ter trabalhado por um número mínimo de meses ao longo de sua vida, já que, sem trabalho, não pode haver proteção do sistema.
(E) de valor variável, sempre de acordo com as médias das contribuições previdenciárias pessoalmente vertidas, independentemente de se tratar de portadores de deficiência ou idosos e ainda que o benefício resulte em valor inferior ao do salário mínimo, já que se impõe a preservação do equilíbrio financeiro e atuarial do sistema.

O art. 203, V, da CF prevê o Benefício de Prestação Continuada – BPC. Refere-se a um dos objetivos da assistência social, qual seja, garantia de um salário-mínimo de benefício mensal à pessoa portadora de deficiência e ao idoso que comprovem não possuir meios de prover à própria manutenção ou de tê-la provida por sua família, conforme dispuser a lei. A, C, D e E: incorretas, pois o BPC é de um salário-mínimo, independentemente de prévia ocupação no mercado de trabalho ou de contribuição para a seguridade social; B: assertiva correta, pois não há retributividade nos benefícios, serviços, programas e projetos de assistência social. Gabarito "B".

(Magistratura Federal – 3ª Região – XIII) Com relação ao benefício de prestação continuada (art. 203, inc. V, da CF), é correto afirmar-se que:

(A) É devido ao idoso maior de 65 anos e às pessoas portadores de deficiência, nacionais e estrangeiros naturalizados e domiciliados no Brasil, desde que não amparados pelo sistema previdenciário do país de origem;
(B) É devido ao maior de 60 anos e às pessoas portadores de deficiência, nacionais e estrangeiros naturalizados e domiciliados no Brasil, desde que não amparados pelo sistema previdenciário do país de origem;
(C) É devido ao maior de 65 anos e às pessoas portadores de deficiência, excluídos os estrangeiros naturalizados e domiciliados no Brasil, mesmo que não amparados pelo sistema previdenciário do país de origem;
(D) É devido ao maior de 60 anos e às pessoas portadores de deficiência, excluídos os estrangeiros naturalizados e domiciliados no Brasil, mesmo que não amparados pelo sistema previdenciário do país de origem.

A idade mínima para o BPC é de 65 anos, nos termos do art. 34 da Lei 10.741/2003 c/c art. 20 da Lei 8.742/1993. Os naturalizados e domiciliados no Brasil têm direito ao BPC, desde que não recebam outro benefício no âmbito da Seguridade Social ou de outro regime, nacional ou estrangeiro, salvo o da assistência médica e no caso de recebimento de pensão especial de natureza indenizatória – art. 7º do Decreto 6.214/2007. Gabarito "A".

(Defensoria Pública da União – 2007 – CESPE) Julgue o seguinte item.

(1) A assistência social será prestada a quem dela necessitar, independentemente da contribuição à seguridade social. Entretanto, no tocante à garantia de um salário mínimo de benefício mensal à pessoa portadora de deficiência e ao idoso que comprovem não possuir meios de prover a própria manutenção ou de tê-la provida por sua família, há exigência de contribuição social.

1: O benefício de prestação continuada – BPC independe de contribuição do beneficiário – art. 203, V, da CF e art. 20 da Lei 8.742/1993. Gabarito 1E.

11. CRIMES

(Magistratura Federal – 5ª Região – 2007 – CESPE) Julgue o item seguinte.

(1) O fato de o empregador deixar de repassar à previdência social as contribuições recolhidas dos contribuintes, no prazo e forma legal ou convencional, constitui crime; entretanto, mesmo que o empregador não tenha promovido o recolhimento, a administração não pode, sob o fundamento de que o empregador nada recolheu, indeferir requerimento de segurado empregado que apresente pedido de benefício.

1: Art. 168-A do CP. Há entendimento no sentido de que o empregado tem ação contra o empregador inadimplente, mas não direito ao benefício. No entanto, presume-se o recolhimento, para efeito de carência – art. 26, § 4º, do Decreto 3.048/1999. Gabarito 1E.

(Delegado Federal – 2004 – CESPE) Em cada um dos itens subseqüentes, é apresentada uma situação hipotética relativa a crime contra a seguridade social, seguida de uma assertiva a ser julgada com base na legislação aplicável.

(1) João mantinha uma pequena granja em chácara de sua propriedade e contava com o auxílio de dois empregados, que percebiam remuneração mensal equivalente a um salário mínimo. Por exercer o negócio por conta própria e informalmente, João nunca efetuou os registros devidos nas carteiras de trabalho de seus empregados, tampouco recolheu as contribuições previdenciárias correspondentes. Nessa situação, se for flagrado pela fiscalização, João responderá pelo crime de sonegação de contribuição previdenciária, podendo o juiz restringir a pena de reclusão prevista (de um terço até a metade) ou apenas aplicar a pena de multa.
(2) Como forma de otimizar suas atividades, um grande supermercado contratou os serviços de uma cooperativa de mão-de-obra, buscando o fornecimento de trabalhadores para as funções de empacotamento e limpeza. No entanto, por deixar de consignar nos documentos contábeis adequados os valores pagos à cooperativa, o supermercado não recolheu as contribuições previdenciárias incidentes, da ordem de 15% do valor bruto das notas fiscais respectivas. Nessa situação, os responsáveis pela conduta típica indicada responderão pelo crime de sonegação de contribuição previdenciária.

1: Art. 337-A, I e III, e § 3º, do Código Penal. 2: Art. 337-A, I e III, do Código Penal. Gabarito 1C, 2C.

12. OUTROS TEMAS E MATÉRIAS COMBINADAS

(Magistratura Federal-5ª Região – 2011) A respeito da saúde, da assistência social, da manutenção e da perda da qualidade de segurado da previdência social, assinale a opção correta.

(A) De acordo com a jurisprudência do STJ, no que se refere à tarifação legal de provas, o registro no Ministério do Trabalho e Emprego deve servir como o único meio de prova da condição de desempregado do segurado, o que representa exceção à prevalência do livre convencimento motivado do juiz.
(B) O trabalhador que, em razão de estar incapacitado para o trabalho, deixar de contribuir para a previdência social por mais de doze meses consecutivos perderá a qualidade de segurado, pois incapacidade não é hipótese legalmente prevista para a manutenção da qualidade de segurado do trabalhador que deixe de exercer atividade remunerada.
(C) Em razão da essencialidade do direito à saúde, o Estado não pode afastar-se do mandato, juridicamente vinculante, que lhe foi outorgado pela CF, embora as opções do poder público, tratando-se de proteção à saúde, possam ser exercidas com apoio em juízo de conveniência ou de oportunidade, razão pela qual é indevida a intromissão do Poder Judiciário quando atue positivamente para garantir direito dessa natureza.
(D) Segundo a jurisprudência consolidada do STJ, a substituição de um medicamento por outro para tratar a mesma doença constituirá novo pedido, já que o objeto imediato será alterado,

devendo a parte ajuizar nova medida caso necessite de novos medicamentos no curso da ação judicial inicialmente promovida para o fornecimento de fármaco que se tenha revelado ineficaz.

(E) As ações governamentais na área da assistência social caracterizam-se pela descentralização político-administrativa, cabendo a coordenação e a edição de normas gerais à esfera federal e a coordenação e a execução dos respectivos programas às esferas estadual e municipal bem como a entidades beneficentes e de assistência social.

A: incorreta, pois o STJ admite outros meios de prova, para demonstração da situação de desemprego – ver AgRg no AREsp 23.439/PR; B: incorreta, pois a incapacidade para o trabalho dá ensejo ao auxílio-doença (art. 59 do PBPS), sendo que, durante a percepção do benefício, fica mantida a condição de segurado, ainda que sem recolhimento de contribuições – art. 15, I, do PBPS; C: incorreta à luz da jurisprudência pacífica, que admite o acesso ao judiciário para que o cidadão tenha garantido o fornecimento de medicamentos ou serviços de saúde, por exemplo – ver RE 393.174 AgR/RS; D: incorreta, pois a alteração do medicamento utilizado pelo autor e indicado na petição inicial, durante o curso do tratamento médico, não prejudica a ação judicial, pois não implica modificação do pedido – art. 264 do CPC, ver AgRg no REsp 1.222.387/RS; E: essa é a assertiva correta, pois reflete o disposto no art. 11 da Lei Orgânica da Assistência Social – LOAS (Lei 8.742/1993). Gabarito "E".

(Magistratura Federal-5ª Região – 2011) Em relação aos institutos de direito previdenciário, assinale a opção correta.

(A) Não há inconstitucionalidade formal ou material em lei ordinária que vincule a simples condição de sócio à obrigação de responder solidariamente pelos débitos da sociedade limitada perante a seguridade social, visto que tal matéria não se inclui entre as normas gerais de direito tributário; além disso, unificar os patrimônios das pessoas jurídica e física, nesse caso, não compromete a garantia constitucional da livre iniciativa.
(B) A justiça comum estadual não tem competência para processar e julgar ação de justificação judicial para habilitação de benefício previdenciário, mesmo na hipótese de o domicílio do justificante não ser sede de vara federal, uma vez que se trata de competência indelegável dos juízes federais.
(C) É possível a aplicação imediata de novo teto previdenciário fixado por emenda constitucional aos benefícios pagos com base em limitador anterior, considerados os salários de contribuição utilizados para os cálculos iniciais, pois não se trata de majoração do valor do benefício sem a correspondente fonte de custeio, mas apenas da declaração do direito de o segurado ter a sua renda mensal de benefício calculada com base em limitador mais alto.
(D) É de dez contribuições mensais o período de carência exigido para a concessão de salário-maternidade à empregada doméstica; à segurada da previdência social que adotar criança até um ano de idade será devido esse benefício por cento e vinte dias, àquela que adotar criança com idade entre um e quatro anos, por sessenta dias, e àquela que adotar criança com idade entre quatro a oito anos, por trinta dias.
(E) No que se refere à concessão de benefícios, a legislação previdenciária deve ser interpretada de forma restrita, razão pela qual não é possível o reconhecimento do exercício de atividade especial em data anterior à legislação que a teria incluído no mundo jurídico, o que representaria a possibilidade de aplicação retroativa de lei nova, em violação ao princípio *tempus regit actum*.

A: incorreta. O STF reconheceu que não se pode "criar novos casos de responsabilidade tributária sem a observância dos requisitos exigidos pelo art. 128 do CTN, tampouco a desconsiderar as regras matrizes de responsabilidade de terceiros estabelecidas em caráter geral pelos arts. 134 e 135 do mesmo diploma" – RE 562.276/PR. Com isso, a Suprema Corte declarou a inconstitucionalidade do art. 13 da Lei 8.620/1993, que previa responsabilidade solidária dos sócios pelos débitos previdenciários da sociedade limitada por conta do simples inadimplemento (sem que houvesse violação da lei ou dos estatutos sociais, conforme previsto no art. 135 do CTN); B: incorreta, pois o ajuizamento de demanda previdenciária pode se dar na justiça estadual, caso a comarca do domicílio do segurado não seja sede de vara do juízo federal – art. 109, § 3º, da CF; C: essa é a assertiva correta, pois o STF decidiu que "Não ofende o ato jurídico perfeito a aplicação imediata do art. 14 da Emenda Constitucional nº 20/1998 e do art. 5º da Emenda Constitucional nº 41/2003 aos benefícios previdenciários limitados a teto do regime geral de previdência estabelecido antes da vigência dessas normas, de modo a que passem a observar o novo teto constitucional" RE 564.354/SE-repercussão geral; D: incorreta, pois não há carência no caso de salário-maternidade para seguradas empregada, trabalhadora avulsa e empregada doméstica – art. 26, VI, do PBPS. No mais, quanto ao benefício em caso de adoção, a assertiva é correta – art. 71-A do PBPS; E: Incorreta, pois o STJ tem jurisprudência pacífica pelo reconhecimento de atividade especial anterior à Lei 3.807/1960, para fins de concessão de aposentadoria – ver AgRg no REsp 1.008.380/RS. Gabarito "C".

(Ministério Público/ES – 2010 – CESPE) Considerando a jurisprudência do STF e do STJ, assim como o que dispõe a CF e a legislação previdenciária, assinale a opção correta.

(A) Conforme a jurisprudência do STF, em se tratando de auxílio-reclusão, benefício previdenciário concedido para os dependentes dos segurados de baixa renda, nos termos da CF, a renda a ser observada para a concessão é a dos dependentes e não a do segurado recolhido à prisão.
(B) Consoante à jurisprudência do STJ, é devida a incidência da contribuição previdenciária sobre os valores pagos pela empresa ao segurado empregado durante os quinze primeiros dias que antecedem a concessão de auxílio-doença.
(C) De acordo com a jurisprudência do STF, a contribuição nova para o financiamento da seguridade social, criada por lei complementar, pode ter a mesma base de cálculo de imposto já existente.
(D) A perda da qualidade de segurado não será considerada para a concessão das aposentadorias por tempo de contribuição e especial, desde que o segurado conte com, no mínimo, o tempo de contribuição correspondente ao exigido para efeito de carência na data do requerimento do benefício.
(E) Entre os princípios da previdência social enumerados na CF incluem-se a universalidade da cobertura e do atendimento, a uniformidade e equivalência dos benefícios e serviços às populações urbanas e rurais e a descentralização, com direção única em cada esfera de governo.

A: incorreta, pois o STF entende que a renda do segurado preso é que deve ser aferida para concessão do benefício – ver AI 767.352 AgR/SC; B: incorreta, pois não incide contribuição previdenciária sobre os montantes pagos pelo empregador nos 15 primeiros dias do auxílio-doença – ver AgRg no Ag 1.409.054/DF; C: essa é a assertiva correta, pois o STF ratificou a validade da cobrança da contribuição social sobre o lucro líquido (CSLL), com bases de cálculo muito semelhantes, por se tratar de tributos classificados em espécies próprias e diferentes – ver RE 399.667 AgR/RN; D: incorreta, pois é preciso que o tempo de contribuição atual seja de, pelo menos, 1/3 do período da carência, para que as contribuições anteriores à perda da qualidade de segurado possam ser computadas – art. 24, p. único, do PBPS; E: incorreta, pois a gestão da seguridade social é quadripartite, e não única como consta da assertiva – art. 194, p. único, VII, do PBPS. Gabarito "C".

(Ministério Público/ES – 2010 – CESPE) Acerca dos institutos de direito previdenciário e da jurisprudência relacionada ao tema, assinale a opção correta.

(A) Ao indivíduo que tenha sofrido acidente de trabalho e implementado todos os requisitos necessários à concessão de aposentadoria por invalidez, mas não possua salários-de-contribuição no período básico de cálculo, será concedida aposentadoria por invalidez com renda mensal no valor de um salário mínimo.
(B) Antes do Decreto Legislativo n.o 4.682, de 24/1/1923, conhecido como Lei Eloy Chaves, não existia nenhuma legislação em matéria previdenciária no Brasil. Por esse motivo, o dia 24 de janeiro é considerado oficialmente o dia da previdência social.
(C) O trabalhador rural, na condição de segurado especial, está sujeito à contribuição obrigatória sobre a produção rural comercializada, que lhe garante, entre outros benefícios, aposentadoria por invalidez, aposentadoria por idade e aposentadoria por tempo de contribuição.
(D) A partir da Lei n.o 10.839/2004, que deu nova redação ao art. 103 da Lei n.o 8.213/199, prescreve em dez anos, a contar da data em que deveria ter sido paga, toda e qualquer ação para haver prestações vencidas ou quaisquer restituições ou diferenças devidas pela previdência social.
(E) É vedada a filiação ao RGPS, na qualidade de segurado obrigatório, de pessoa participante de regime próprio de previdência, ainda que servidor ocupante exclusivamente de cargo em comissão declarado em lei de livre nomeação e exoneração.

A: correta, pois o valor do salário de benefício não será inferior a um salário mínimo – art. 29, § 2º, do PBPS; B: incorreta, pois, embora a Lei Eloy Chaves seja considerada a primeira norma relevante de previdência social no Brasil, é incorreto afirmar que não havia, antes dela, legislação em matéria previdenciária. Citamos o Regulamento 737/1850, o Decreto 2.711/1860, o Decreto 9.912-A/1888, o Decreto 3.397/1888 como alguns exemplos; C: incorreta, pois, nos termos da Súmula 272/STJ, "O trabalhador rural, na condição de segurado especial, sujeito à contribuição obrigatória sobre a produção rural comercializada, somente faz jus à aposentadoria por tempo de serviço, se recolher contribuições facultativas"; D: incorreta, pois o prazo prescricional é de 5 anos, nos termos do art. 103, p. único, do PBPS. Ademais, esse parágrafo foi incluído pela Lei 9.528/1997 e não teve sua redação alterada pela Lei 10.839/2004; E: incorreta, pois se sujeita exclusivamente ao RGPS o servidor ocupante exclusivamente de cargo em comissão declarado em lei de livre nomeação e exoneração bem como de outro cargo temporário ou de emprego público – art. 40, § 13, da CF. Gabarito "A".

(Ministério Público/ES – 2010 – CESPE) Assinale a opção correta referente ao direito previdenciário.

(A) Suponha que Caio tenha requerido, administrativamente, em 10/8/2009, o benefício de auxílio-doença, que foi indeferido pelo INSS, motivo pelo qual ajuizou, em 14/11/2009, uma ação ordinária pleiteando o referido benefício, sendo que o laudo médico pericial, juntado aos autos em 20/2/2010, reconheceu a incapacidade de Caio. Nessa situação hipotética, o termo inicial do auxílio-doença a ser concedido judicialmente será o dia 14/11/2009.
(B) Para efeito de aposentadoria, é assegurada a contagem recíproca do tempo de contribuição na administração pública e na atividade privada, rural e urbana, hipótese na qual os diversos regimes de previdência social se compensarão financeiramente; entretanto, é vedada a contagem de tempo de serviço público com o de atividade privada, quando concomitantes.
(C) Consoante a jurisprudência do STJ, o requisito da renda familiar per capita inferior a um quarto do salário mínimo, previsto na Lei n.º 8.742/1993 para concessão do benefício de prestação continuada, de caráter assistencial, consubstancia um critério legal absoluto, impediente de que o julgador faça uso de outros elementos probatórios para comprovar a condição de miserabilidade da família.
(D) As ações judiciais relativas a acidente do trabalho são de competência da justiça comum estadual, nos termos da Lei nº 8.213/1991. Desse modo, é correto afirmar que a ação regressiva, ajuizada pelo INSS contra o empregador, pleiteando ressarcimento dos gastos relativos a pagamento de benefício de aposentadoria por invalidez decorrente de acidente do trabalho, não é de competência da justiça federal.
(E) Considere que Pedro, que exerça atividade remunerada abrangida pela previdência social, tenha sofrido um acidente e, em decorrência disso, recebido auxílio-doença por 24 meses. Nessa situação hipotética, é correto afirmar que ele manteve a qualidade de segurado durante todo o período em que recebeu o auxílio-doença, desde que ele tenha comprovado a situação de desempregado pelo registro no órgão próprio do Ministério do Trabalho e Emprego.

A: incorreta, pois o auxílio-doença é devido ao segurado empregado a contar do 16º dia do afastamento da atividade, e, no caso dos demais segurados, a contar da data do início da incapacidade e enquanto ele permanecer incapaz – art. 60 do Plano de Benefícios da Previdência Social – PBPS (Lei 8.213/1991); B: assertiva correta, conforme o art. 201, § 9º, da CF e o art. 96, II, do PBPS; C: incorreta, pois não se trata de critério legal absoluto, mas apenas elemento objetivo que implica presunção de miserabilidade. É possível aferir a miserabilidade por outros elementos indicativos da situação socioeconômica – ver AgRg no Ag 1.140.015/SP-STJ; D: assertiva incorreta. Atualmente, nos termos da Súmula Vinculante 22/STF, a Justiça do Trabalho é competente para processar e julgar as ações de indenização por danos morais e patrimoniais decorrentes de acidente de trabalho propostas por empregado contra empregador, inclusive aquelas que ainda não possuíam sentença de mérito em primeiro grau quando da promulgação da Emenda Constitucional 45/04. No caso de benefícios previdenciários, ainda que decorrentes de acidente do trabalho, a competência é da Justiça Federal – ver AgRg no CC 107.796/SP-STJ. A competência também é da Justiça Federal para o caso de ação de ressarcimento proposto pelo INSS contra a empresa, por conta do pagamento de benefício acidentário – ver CC 59.970/RS; E: incorreta, pois a qualidade de segurado é mantida sem limite de prazo, para quem está em gozo de benefício, independentemente de qualquer outra providência – art. 15, I, do PBPS. Gabarito "B".

(Ministério Público/ES – 2010 – CESPE) Considerando a jurisprudência do STF e do STJ, assim como o que dispõe a CF e a legislação previdenciária, assinale a opção correta.

(A) Conforme a jurisprudência do STF, em se tratando de auxílio-reclusão, benefício previdenciário concedido para os dependentes dos segurados de baixa renda, nos termos da CF, a renda a ser observada para a concessão é a dos dependentes e não a do segurado recolhido à prisão.
(B) Consoante a jurisprudência do STJ, é devida a incidência da contribuição previdenciária sobre os valores pagos pela empresa ao segurado empregado durante os quinze primeiros dias que antecedem a concessão de auxílio-doença.
(C) De acordo com a jurisprudência do STF, a contribuição nova para o financiamento da seguridade social, criada por lei complementar, pode ter a mesma base de cálculo de imposto já existente.
(D) A perda da qualidade de segurado não será considerada para a concessão das aposentadorias por tempo de contribuição e especial, desde que o segurado conte com, no mínimo, o tempo de contribuição correspondente ao exigido para efeito de carência na data do requerimento do benefício.
(E) Entre os princípios da previdência social enumerados na CF incluem-se a universalidade da cobertura e do atendimento; a uniformidade e equivalência dos benefícios e serviços às populações urbanas e rurais; e a descentralização, com direção única em cada esfera de governo.

A: incorreta, pois o STF entende que a renda a ser considerada é a do preso – ver RE 587.365/SC; B: incorreta, pois a jurisprudência do STJ afasta a contribuição sobre os valores recebidos nos 15 primeiros dias de afastamento, por não constituir salário – ver AgRg no REsp 1.187.282/MT; C: incorreta, pois a criação de nova contribuição social por lei complementar, nos termos do art. 195, § 4º, da CF, deve observar o disposto no art. 154, I, da CF, de modo que não pode ter base de cálculo própria de imposto previsto na Constituição; D: assertiva correta. A perda da qualidade de segurado não prejudica o direito à aposentadoria para cuja concessão tenham sido preenchidos todos os requisitos, segundo a legislação em vigor à época em que estes requisitos foram atendidos – art. 102, § 1º, do PBPS; E: incorreta, pois o caráter democrático e descentralizado da administração se observa mediante gestão quadripartite (não direção única em cada esfera de governo, como consta da assertiva), com participação dos trabalhadores, dos empregadores, dos aposentados e do Governo nos órgãos colegiados – art. 194, VII, da CF. Gabarito "C".

(Ministério Público/ES – 2010 – CESPE) Acerca dos institutos de direito previdenciário e da jurisprudência relacionada ao tema, assinale a opção correta.

(A) Ao indivíduo que tenha sofrido acidente de trabalho e implementado todos os requisitos necessários à concessão de aposentadoria por invalidez, mas não possua salários-de-contribuição no período básico de cálculo, será concedida aposentadoria por invalidez com renda mensal no valor de um salário mínimo.
(B) Antes do Decreto Legislativo nº 4.682, de 24/1/1923, conhecido como Lei Eloy Chaves, não existia nenhuma legislação em matéria previdenciária no Brasil. Por esse motivo, o dia 24 de janeiro é considerado oficialmente o dia da previdência social.
(C) O trabalhador rural, na condição de segurado especial, está sujeito à contribuição obrigatória sobre a produção rural comercializada, que lhe garante, entre outros benefícios, aposentadoria por invalidez, aposentadoria por idade e aposentadoria por tempo de contribuição.
(D) A partir da Lei nº 10.839/2004, que deu nova redação ao art. 103 da Lei nº 8.213/199, prescreve em dez anos, a contar da data em que deveria ter sido paga, toda e qualquer ação para haver prestações vencidas ou quaisquer restituições ou diferenças devidas pela previdência social.
(E) É vedada a filiação ao RGPS, na qualidade de segurado obrigatório, de pessoa participante de regime próprio de previdência, ainda que servidor ocupante exclusivamente de cargo em comissão declarado em lei de livre nomeação e exoneração.

A: assertiva correta, conforme o art. 35 do PBPS; B: embora a Lei Eloy Chaves seja considerada a primeira norma relevante de previdência social no Brasil, é incorreto afirmar que não havia, antes dela, legislação em matéria previdenciária. Citamos o Regulamento 737/1850, o Decreto 2.711/1860, Decreto 9.912-A/1888, o Decreto

3.397/1888, como alguns exemplos; C: incorreta, pois o segurado especial, sujeito à contribuição obrigatória sobre a produção rural comercializada, não tem direito à aposentadoria por tempo de contribuição, exceto se recolher contribuições facultativas (art. 25, § 1º, do PCSS) – Súmula 272/STJ; D: incorreta, pois é de 5 anos o prazo prescricional para pleitear judicialmente prestações vencidas ou quaisquer restituições ou diferenças devidas pela Previdência, salvo o direito dos menores, incapazes e ausentes – art. 103, parágrafo único, do PBPS; E: incorreta, pois o servidor ocupante, exclusivamente, de cargo em comissão declarado em lei de livre nomeação e exoneração bem como de outro cargo temporário ou de emprego público deve se filiar obrigatoriamente ao RGPS, não ao regime próprio dos servidores efetivos – art. 40, § 13, da CF. "Gabarito "A".

(Procurador de Contas TCE/ES – CESPE – 2009) Em relação ao custeio da seguridade social, assinale a opção correta.

(A) O contribuinte individual que pretenda contar como tempo de contribuição, para fins de obtenção de benefício no RGPS ou de contagem recíproca do tempo de contribuição, período de atividade remunerada alcançada pela decadência deverá indenizar o INSS.
(B) O direito da seguridade social de apurar e constituir seus créditos extingue-se após dez anos contados do primeiro dia do exercício seguinte àquele em que o crédito poderia ter sido constituído.
(C) Por se inserir na hipótese constitucional de competência residual da União, a instituição de contribuição para o seguro de acidente do trabalho dar-se-á por lei complementar.
(D) Segundo a jurisprudência do STF, norma legal que altera o prazo de recolhimento da obrigação tributária se sujeita ao princípio da anterioridade.
(E) Nas ações trabalhistas de que resultar o pagamento de direitos sujeitos à incidência de contribuição previdenciária, as sentenças judiciais ou os acordos homologados em que não figurarem, discriminadamente, as parcelas legais relativas às contribuições sociais só poderão ser exigidas em nova ação judicial autônoma a ser ajuizada pela fazenda nacional.

A: assertiva correta, pois o tempo de serviço só será contado mediante indenização da contribuição correspondente ao período respectivo, com acréscimo de juros moratórios e multa – art. 96, IV, do PBPS; B: incorreta, pois o prazo decadencial para lançar e o prazo prescricional para cobrar contribuições sociais são de 5 anos cada, conforme a Súmula Vinculante 8/STF; C: assertiva incorreta. Somente a União pode instituir contribuições sociais em geral (art. 149, *caput*, da CF), de modo que não é exato falar em competência residual. De qualquer forma, o risco de acidente do trabalho deve ser atendido pelo RGPS, concorrentemente com o setor privado, na forma da lei – art. 201, § 10, da CF, o que é custeado primordialmente pelas receitas ordinárias da previdência social – por exemplo, ver art. 25, II, do Plano de Custeio da Seguridade Social – PCSS (Lei 8.212/1991). Interessante ressaltar que o seguro contra acidente do trabalho fica a cargo do empregador, nos termos do art. 7º, XXVIII, da CF; D: incorreta, pois a alteração do prazo de pagamento de tributos não se sujeita ao princípio da anterioridade – Súmula 669/STF; E: incorreta, pois compete ao juiz do trabalho executar, de ofício, as contribuições patronais e dos segurados (art. 195, I, *a*, e II, da CF) decorrentes das sentenças que proferir – art. 114, VIII, da CF. "Gabarito "A".

(Procurador de Contas TCE/ES – CESPE – 2009) Considere que, em fiscalização acerca da regularidade fiscal de determinada empresa em liquidação judicial, o liquidante tenha deixado de exibir, sem justificativa plausível, às autoridades do fisco alguns livros relacionados às contribuições previdenciárias. Nessa situação,

(A) o ordenamento jurídico protege com o sigilo os livros comerciais, devendo a autoridade fiscal buscar outros meios probatórios para embasar o lançamento.
(B) deverá a autoridade fiscal buscar autorização judicial para efetuar a busca e apreensão da documentação que entenda pertinentes ao ato.
(C) cabe ao juiz que estiver conduzindo o processo de liquidação deferir ou não o acesso das autoridades fiscais aos livros comerciais.
(D) não poderá ocorrer o lançamento fiscal dos valores relacionados às contribuições previdenciárias enquanto não for finalizado o procedimento de liquidação judicial.
(E) a Secretaria da Receita Federal do Brasil poderá lançar de ofício a importância devida.

A: incorreta, pois não têm efeitos, contra a fiscalização tributária, quaisquer disposições legais que tratem do sigilo dos livros comerciais – art. 195 do CTN e art. 1.193 do CC; B e C: incorretas, pois o fisco tem o poder de apreender a documentação fiscal relativa à fiscalização em curso, independentemente de autorização judicial (art. 195 do CTN), podendo, conforme o caso, solicitar auxílio policial – art. 200 do CTN. É importante ressaltar, entretanto, que o STF tem entendimento no sentido de que a inviolabilidade da casa (art. 5º, XI, da CF) abrange as áreas não abertas ao público nos escritórios e estabelecimentos empresariais, de modo que, caso os livros e documentos lá se encontrem, será necessária autorização judicial – ver HC 93.050/RJ-STF; D: incorreta, pois a autoridade fiscal não se sujeita ao procedimento de liquidação judicial, no que se refere ao poder-dever de lançar o tributo; E: essa é a assertiva correta, conforme o comentário feito às alternativas anteriores. "Gabarito "E".

(Delegado/PA – 2009 – MOVENS) Acerca dos diversos institutos de direito previdenciário, assinale a opção correta.

(A) A adoção de requisitos e critérios diferenciados para a concessão de aposentadoria aos beneficiários do regime geral de previdência social é vedada, ressalvando-se os casos de atividades que prejudiquem a saúde ou a integridade física e, nos termos definidos em lei ordinária, quando se tratar de segurados portadores de deficiência.
(B) André, que não é vinculado a regime próprio de previdência social, foi nomeado para ocupar o cargo de secretário de segurança de uma cidade do estado do Pará. Nessa situação, durante o exercício desse cargo em comissão, André será segurado obrigatório da previdência social.
(C) É vedado, ainda que na qualidade de patrocinador, o aporte de recursos a entidade de previdência privada pela União, pelos estados e municípios, pelo Distrito Federal e por suas autarquias, fundações, empresas públicas, sociedades de economia mista e outras entidades públicas.
(D) Os proventos de aposentadoria e as pensões, por ocasião de sua concessão, poderão exceder a remuneração do respectivo servidor, no cargo efetivo em que se deu a aposentadoria ou que serviu de referência para a concessão da pensão, conforme previsão constitucional.

A: incorreta, pois a regulamentação da matéria deve ser veiculada por lei complementar federal, não por simples lei ordinária, como consta da assertiva – art. 201, § 1º, da CF; B: assertiva correta, pois o servidor ocupante, exclusivamente, de cargo em comissão deve se filiar obrigatoriamente ao RGPS – art. 40, § 13, da CF; C: incorreta, pois é possível o aporte de recursos públicos do ente político na qualidade de patrocinador – art. 202, § 3º, da CF; D: incorreta, pois a Constituição veda a concessão de proventos de aposentadoria ou pensões em valores superiores à remuneração do respectivo servidor no cargo efetivo – art. 40, § 2º, da CF. "Gabarito "B".

(Magistratura Federal/5ª Região – 2009 – CESPE) Em relação aos diversos institutos de direito previdenciário, assinale a opção correta.

(A) A CF não exige que o regime de previdência complementar seja regulado por lei complementar.
(B) O segurado incorporado às Forças Armadas para prestar serviço militar mantém a qualidade de segurado, independentemente de contribuições, até 6 meses após o licenciamento.
(C) Em regra, independe de carência a concessão das seguintes prestações: pensão por morte, auxílio-reclusão, aposentadoria por invalidez e auxílio-acidente.
(D) A dispensa de trabalhador reabilitado ou de deficiente habilitado ao final de contrato por prazo determinado de mais de noventa dias, e a imotivada, no contrato por prazo indeterminado, só poderá ocorrer após a contratação de substituto de condição semelhante.
(E) A lei aplicável à concessão de pensão previdenciária por morte é a que esteja vigente na data do requerimento administrativo formulado pelos beneficiários, e não a vigente à data do óbito do segurado.

A: incorreta, pois a regulamentação do regime de previdência complementar deve ser veiculada por lei complementar federal – art. 202 da CF e LC 109/2001; B: incorreta, pois o prazo de manutenção da qualidade de segurado é de 3 meses após o licenciamento (não 6 meses, como consta da assertiva) – art. 15, V, do PBPS; C: incorreta, pois a aposentadoria por invalidez se sujeita à carência de 12 contribuições mensais – art. 25, I, do PBPS; D: assertiva correta, pois reflete a exigência prevista no art. 93, § 1º, do PBPS; E: incorreta, pois, nos termos da Súmula 340/STJ, a lei aplicável à concessão de pensão previdenciária por morte é aquela vigente na data do óbito do segurado. "Gabarito "D".

(Magistratura do Trabalho – 3ª Região – 2009) Assinale a assertiva ("a" a "e") correta em relação aos enunciados de I a V, observada a legislação previdenciária, consolidação jurisprudencial e Constituição da República:

I. São beneficiários do Regime Geral de Previdência Social, na condição de dependentes dos segurados: o cônjuge, a companheira, o companheiro e o filho não emancipado, de qualquer condição, menor de vinte e um anos de idade ou inválido; os pais; o irmão não emancipado, de qualquer condição, menor de vinte e um anos de idade ou inválido.

II. Não são consideradas como doença do trabalho: a doença degenerativa; a inerente a grupo étnico; a que não produza incapacidade laborativa e a doença endêmica adquirida por segurado habitante de região em que ela se desenvolva, salvo comprovação de que é resultante de exposição ou contato direto pela natureza do trabalho.

III. Os segurados contribuinte individual e facultativo estão obrigados a recolher sua contribuição por iniciativa própria, até o dia quinze do mês seguinte ao da competência.

IV. Dentre outras hipóteses legais, mantém a qualidade de segurado, independentemente de contribuições: sem limite de prazo, quem está em gozo de benefício; até doze meses após cessar a segregação, o segurado acometido de doença de segregação compulsória; e, até seis meses após a cessação das contribuições, o segurado facultativo.

V. O segurado que sofreu acidente de trabalho tem garantida, pelo prazo mínimo de doze meses, a manutenção do seu contrato de trabalho na empresa.

(A) somente um enunciado é verdadeiro
(B) somente dois enunciados são verdadeiros
(C) somente três enunciados são verdadeiros
(D) somente quatro enunciados são verdadeiros
(E) todos os enunciados são verdadeiros

I: assertiva correta, conforme o disposto no art. 16, I a III, do PBPS. Interessante notar que o art. 16, I e III, do PBPS refere-se, atualmente, ao filho não emancipado, de qualquer condição, menor de 21 (vinte e um) anos ou inválido ou que tenha deficiência intelectual ou mental que o torne absoluta ou relativamente incapaz, assim declarado judicialmente; II: assertiva incorreta, pois a doença inerente a grupo étnico não é, por essa razão, desclassificada como doença do trabalho. O art. 20, § 1º, b, do PBPS refere-se à doença inerente a grupo etário, para excluí-la do conceito de doença do trabalho; III: assertiva correta, pois reflete exatamente o disposto no art. 30, II, do PCSS; IV: assertiva correta, conforme o art. 15, I, III, e VI, do PBPS; V: imprecisa, pois os 12 meses de estabilidade são contados a partir da cessão do auxílio-doença acidentário – art. 118 do PBPS. Gabarito "C".

(Magistratura do Trabalho – 3ª Região – 2009) Assinale a assertiva ("a" a "e") correta em relação aos enunciados de I a V, observadas a legislação pertinente, a consolidação jurisprudencial e a Constituição da República:

I. Compete à Justiça do Trabalho o julgamento de demanda entre empregado e empregador tendo por objeto indenização pelo não fornecimento das guias de seguro-desemprego.

II. Não será cancelado o seguro-desemprego pela recusa, por parte do trabalhador desempregado, de outro emprego condizente com sua qualificação e remuneração anterior.

III. Determinam a suspensão do pagamento do seguro-desemprego as seguintes situações: admissão do trabalhador em novo emprego; início de percepção de benefício de prestação continuada da Previdência Social, exceto o auxílio-acidente, o auxílio suplementar e o abono de permanência em serviço; início de percepção de auxílio-desemprego.

IV. O empregado doméstico fará jus ao benefício do seguro-desemprego, no valor de um salário mínimo, por um período máximo de três meses, de forma contínua ou alternada, desde que esteja inscrito no FGTS e tenha trabalhado como doméstico por um período mínimo de quinze meses nos últimos vinte e quatro meses contados da dispensa sem justa causa. Além disso, deverá declarar que não está em gozo de nenhum benefício de prestação continuada da previdência social, exceto auxílio-acidente e pensão por morte e que não possui renda própria de qualquer natureza suficiente para sua manutenção e de sua família.

V. No tocante ao empregado doméstico, o seguro-desemprego deverá ser requerido de sete a noventa dias contados da data da dispensa.

(A) somente um enunciado é verdadeiro
(B) somente dois enunciados são verdadeiros
(C) somente três enunciados são verdadeiros
(D) somente quatro enunciados são verdadeiros
(E) todos os enunciados são verdadeiros

I: assertiva correta, pois reflete o disposto na Súmula 389/TST; II: incorreta, pois o benefício do seguro-desemprego será cancelado, nesse caso – art. 8º, I, da Lei 7.998/1990; III: correta, pois são as situações que implicam suspensão do seguro-desemprego – art. 7º da Lei 7.998/1990; IV: assertiva correta, conforme os arts. 6º-A e 6º-B da Lei 5.859/1972; V: correta, conforme o arts. 6º-C da Lei 5.859/1972. Gabarito "D".

(Magistratura do Trabalho – 3ª Região – 2009) Assinale a assertiva ("a" a "e") correta em relação aos enunciados de I a V, observadas a legislação pertinente, a consolidação jurisprudencial e a Constituição da República:

I. Constituem objetivos da seguridade social, além de outros: irredutibilidade do valor dos benefícios; diversidade da base de financiamento; uniformidade e equivalência dos benefícios e serviços às populações urbanas e rurais.

II. É vedada a concessão de remissão ou anistia das contribuições sociais devidas pelos empregadores e trabalhadores.

III. Nos termos do regulamento da Previdência Social, o segurado e o dependente, após dezesseis anos de idade, poderão firmar recibo de benefício independentemente da presença dos pais ou do tutor.

IV. Não se considera como remuneração direta ou indireta para os efeitos do plano de custeio da Seguridade Social, os valores despendidos pelas entidades religiosas e instituições de ensino vocacional com ministro de confissão religiosa, membros de instituto de vida consagrada, de congregação ou de ordem religiosa, em face de seu mister religioso ou para sua subsistência desde que fornecidos em condições que independam da natureza e da quantidade do trabalho executado.

V. O Supremo Tribunal Federal por meio de súmula vinculante declarou inconstitucionais o parágrafo único do art. 5º do Decreto-Lei nº 1569/1977 e os artigos 45 e 46 da Lei nº 8.212/1991, que tratam de prescrição e decadência de crédito tributário.

(A) somente um enunciado é verdadeiro
(B) somente dois enunciados são verdadeiros
(C) somente três enunciados são verdadeiros
(D) somente quatro enunciados são verdadeiros
(E) todos os enunciados são verdadeiros

I: correta, pois esses são objetivos da seguridade social, dentre os listados no art. 194, parágrafo único, da CF; II: incorreta, pois a vedação à concessão de remissão e anistia restringe-se a débitos em montante superior ao fixado em lei complementar – art. 195, § 11, da CF; III: correta, pois reflete exatamente o disposto no art. 163 do RPS; IV: assertiva correta, pois é isso que dispõe o art. 22, § 13, do PCSS; V: correta, pois a assertiva se refere à Súmula Vinculante 8/STF. Gabarito "D".

(Magistratura Federal – 4ª Região – XIII – 2008) Dadas as assertivas abaixo, assinalar a alternativa correta.

I. A imunidade que a Constituição Federal empresta aos templos de qualquer culto inviabiliza que ministros de confissão religiosa sejam em razão dessa mesma condição contribuintes da Previdência Social.

II. O servidor público federal ocupante de cargo em comissão que não pertença aos quadros efetivos da entidade pública sujeita-se ao Regime Geral da Previdência Social em condição idêntica à de empregado.

III. Trabalhador eventual é aquele que presta serviços a uma empresa para atender a necessidade transitória de substituição de seu pessoal regular e permanente ou o acréscimo extraordinário de serviço por período não superior a três meses.

IV. Não se admite como início de prova de trabalho rural documento de produtor rural em nome de terceiro, ainda que parente.

(A) Está correta apenas a assertiva II.
(B) Estão corretas apenas as assertivas I e IV.
(C) Estão corretas apenas as assertivas II e III.
(D) Estão incorretas todas as assertivas.

I: a imunidade dos templos refere-se apenas aos impostos e às atividades religiosas – art. 150, VI, *b*, da CF. Os ministros da igreja são segurados obrigatórios na condição de contribuintes individuais – art. 11, V, *c*, do PBPS; II: art. 40, § 13, da CF e art. 11, I, *g*, do PBPS; III: essa é a descrição do trabalhador temporário – arts. 2º e 10 da Lei 6.019/1974; IV: a jurisprudência admite documentos emitidos por produtor rural em nome de parente do interessado, como início de prova da condição de trabalhador rural – ver REsp 496.715/SC. Importante lembrar que o trabalhador rural tem direito a benefícios, ainda que não contribua para o regime geral (RGPS), observadas as condições legais, mas, para isso, deve comprovar que trabalha efetivamente no campo. Para essa comprovação, não basta prova testemunhal – Súmula 149/STJ. Gabarito "A".

(Magistratura Federal – 4ª Região – XIII – 2008) Dadas as assertivas abaixo, assinalar a alternativa correta.

I. Se a segurada da Previdência Social adotar recém-nascido, não poderá pleitear auxílio natalidade, pois que, na hipótese, o evento foi previsível, não se tratando de exposição a risco eventual atuarialmente considerável.

II. A "proibição de retrocesso" é princípio absoluto, mas que tem sua aplicação apenas na jurisprudência, inibindo o juiz de interpretar em detrimento de direitos sociais, mesmo os que se situem fora da órbita do "mínimo existencial".

III. O princípio da compulsoriedade da inscrição, aliado à inexistência de vínculo empregatício, faz com que a dona de casa não se vincule à Previdência Social.

IV. Em razão do abuso verificado, acarretando renúncia fiscal de aproximadamente dois trilhões de reais a cada exercício financeiro, foi extinta por força de emenda constitucional a isenção das entidades filantrópicas pertinente à quota patronal das contribuições previdenciárias.

(A) Está correta apenas a assertiva I.
(B) Está correta apenas a assertiva IV.
(C) Estão corretas apenas as assertivas II e III.
(D) Estão incorretas todas as assertivas.

I: a adoção enseja salário-maternidade, nos termos do art. 71-A do PBPS; II: o princípio de vedação de retrocesso não é absoluto e tem como destinatário principal o legislador (que não pode impedir ou reduzir a aplicação de direitos sociais por omissão ou alteração legislativa); III: a Constituição prevê sistema especial de inclusão no regime geral (RGPS) para a dona de casa, ainda que sem renda própria – art. 201, § 12, da CF. De qualquer forma, é sempre possível o ingresso no RGPS como contribuinte facultativo – art. 13 do PBPS; IV: a imunidade (a CF usa o termo "isenção") é prevista no art. 195, § 7º, da CF. Gabarito "D".

(Magistratura Federal – 4ª Região – XIII – 2008) Dadas as assertivas abaixo, assinalar a alternativa correta.

I. A lei ordinária pode valer-se de outras fontes de receita para a Seguridade Social, criando contribuição nova diversa daquelas expressamente previstas na Constituição.

II. A fórmula do fator previdenciário leva em consideração a idade do segurado e seu tempo de contribuição, mas não considera a expectativa de sobrevida, fator cuja relatividade é avessa à segurança necessária a um trabalho atuarial.

III. Ao segurado empregado que tenha cumprido todas as condições para a concessão do benefício pleiteado, mas não possa comprovar o valor dos seus salários-de-contribuição no período básico de cálculo, será concedido o benefício de valor mínimo, devendo esta renda ser recalculada, quando da apresentação de prova dos salários-de-contribuição.

IV. É assegurada a concessão do benefício de pensão por morte aos dependentes do *de cujus* que, ainda que tenha perdido a qualidade de segurado, haja preenchido os requisitos legais para a obtenção da aposentadoria antes da data do falecimento.

(A) Estão corretas apenas as assertivas I e III.
(B) Estão corretas apenas as assertivas II e IV.
(C) Estão corretas apenas as assertivas III e IV.
(D) Estão corretas apenas as assertivas I, II e III.

I: essas novas contribuições sociais dependem de lei complementar federal – art. 195, § 4º, da CF; II: o fator previdenciário leva em consideração a idade, a expectativa de sobrevida e o tempo de contribuição do segurado ao se aposentar – art. 29, § 7º, do PBPS; III: art. 35 do PBPS; IV: art. 102, § 2º, do PBPS. Gabarito "C".

(Procuradoria Federal – 2007 – CESPE) Julgue o item seguinte.

(1) Considere que um auditor fiscal constate que determinado segurado, contratado como trabalhador avulso, preenche as condições da relação de emprego. Nessa situação, o auditor deverá ingressar, na Procuradoria do INSS, com uma ação judicial visando desconsiderar o vínculo pactuado e, consequentemente, efetuar, por decisão judicial, o enquadramento como segurado empregado.

1: O fiscal deve considerar a realidade no momento da autuação (ou seja, que há relação de emprego), independentemente de decisão judicial declaratória ou desconstitutiva, sem prejuízo da possibilidade de posterior controle jurisdicional. Gabarito 1E.

(Procuradoria Federal – 2007 – CESPE) Com base no regulamento do seguro de acidentes do trabalho e da moléstia profissional, julgue os itens a seguir.

(1) Considera-se estabelecido o nexo entre o trabalho e o agravo quando se verifica nexo técnico epidemiológico entre a atividade da empresa e a entidade mórbida motivadora da incapacidade, elencada na Classificação Internacional de Doenças (CID).

(2) Cabe ao empregado comunicar o acidente do trabalho à previdência social até o primeiro dia útil seguinte ao da ocorrência do acidente; em caso de morte, a empresa deverá comunicar o acidente de imediato, à autoridade competente, sob pena de multa variável, sucessivamente aumentada nas reincidências, aplicada e cobrada pela previdência social.

1: Art. 21-A do PBPS. 2: O dever de comunicação é sempre do empregador – art. 22 do PBPS. Gabarito 1C, 2E.

(Procurador da Fazenda Nacional – 2007 – ESAF) Antônio, contribuinte empregado aposentado pelo Regime Geral de Previdência Social em 1994, propõe na justiça ação contra o Instituto Nacional do Seguro Social – INSS, alegando que seu benefício não foi revisto nos termos do art. 58 do Ato das Disposições Constitucionais Transitórias (ADCT). Ademais, alega que indevidamente o INSS vem recolhendo a contribuição previdenciária sobre o 13º salário. Assim, é correto afirmar que:

(A) O pedido referente à incidência indevida da contribuição previdenciária sobre o 13º salário é improcedente.
(B) A referida ação deve ser proposta dois anos após a concessão do referido benefício, sob pena de decadência do direito pleiteado.
(C) O pedido da revisão, nos termos do art. 58 da ADCT, deve ser considerado improcedente, independente da época em que o benefício foi concedido.
(D) O segurado está impedido de ajuizar ação contra a instituição previdenciária na vara federal do município em que reside.
(E) Antônio não tem legitimidade para propor ação contra o INSS por estar recebendo benefício.

A: a contribuição incide sobre o 13º salário – art. 28, § 7º, do PCSS; B e E: Antônio pode mover a ação no prazo de cinco anos – art. 103, parágrafo único, do PBPS; C: até o advento dos planos de custeio e de benefícios (Leis 8.212/1991 e 8.213/1991), o art. 58 do ADCT previa reajuste com base no valor do salário-mínimo. Atualmente, adota-se o INPC como índice de correção – art. 41-A do PBPS (houve diversas regras anteriores); D: o segurado pode ajuizar ação contra a instituição previdenciária perante o juízo federal do seu domicílio ou nas varas federais da capital do Estado-membro – Súmula 689/STF. Gabarito "A".

(Defensoria Pública da União – 2007 – CESPE) Julgue os seguintes itens.

(1) A seguridade social é um conjunto integrado de ações de iniciativa dos poderes públicos e da sociedade, destinado a assegurar direitos que proporcionem a dignidade da pessoa humana. Nesse contexto, as políticas públicas de ações afirmativas destinadas à população negra, representadas, entre outras, pelo sistema de cotas para negros, que garante vagas em universidade pública para um segmento que, durante bastante tempo, foi excluído pelas dinâmicas sociais, são exemplo de atendimento do mandamento constitucional para a seguridade social.

(2) O valor mensal dos benefícios que, eventualmente, substituam o salário de contribuição ou o rendimento do trabalho não poderá ser inferior a um salário mínimo. Esse princípio da seguridade social brasileira tem aplicação tanto na assistência quanto na previdência social, sendo excepcionado apenas na área de saúde, pois esta não possui prestações continuadas pagas em espécie.

(3) Considere a seguinte situação hipotética. Sérgio é estagiário em uma empresa de informática, recebendo remuneração superior a 2 salários mínimos. Seu vínculo com a empresa obedece ao que dispõe a Lei n.º 6.494/1977, que disciplina os estágios de estudantes de estabelecimento de ensino superior e profissionalizante do ensino médio. Nessa situação, Sérgio, mesmo exercendo atividade remunerada, caso queira, poderá filiar-se ao RGPS na qualidade de segurado facultativo.

(4) A idade mínima para filiação ao RGPS é de 16 anos, ressalvados os contratos especiais com idade limite inicial de 14 anos anos, ajustados nos termos da legislação trabalhista, de forma escrita e por prazo determinado, assegurando ao menor e ao aprendiz um programa de aprendizagem e formação técnico-profissional metódica compatível com o seu desenvolvimento físico, moral e psicológico.

(5) Considere que João e Fernanda sejam árbitros de futebol e atuem, de acordo com a Lei n.º 9.615/1998, sem vínculo empregatício com as entidades desportivas diretivas em que atuam. Nessa situação hipotética, João e Fernanda podem ser inscritos na previdência social na qualidade de segurados facultativos, tendo em vista inexistir qualquer disposição legal que os obrigue a serem filiados ao regime geral.

(6) De acordo com o Estatuto da Criança e do Adolescente, em cada município haverá um conselho tutelar, órgão permanente e autônomo, não jurisdicional, encarregado pela sociedade de zelar pelo cumprimento dos direitos da criança e do adolescente, composto de 5 membros escolhidos pela comunidade. O exercício dessa atividade pública vincula o conselheiro ao RGPS na qualidade de empregado, pois equivale ao exercício de cargo em comissão.

1: Não há previsão expressa a respeito, no âmbito das normas relativas à seguridade social – art. 194 da CF. 2: No âmbito da assistência social, é possível benefício inferior ao salário-mínimo – v.g. art. 22, § 3º, da Lei 8.742/1993. 3: Art. 11, § 1º, VII, do Decreto 3.048/1999. 4: A idade mínima para o trabalho e, portanto, para a inscrição no RGPS, é de 16 anos, admitindo-se excepcionalmente o aprendiz, a partir dos 14 anos de idade (art. 7º, XXXIII, da CF). O menor empregado como aprendiz é segurado obrigatório – art. 28, § 4º, da PCSS. 5: Os árbitros são autônomos (art. 88, parágrafo único, do Lei 9.615/1998) e, como tais, são segurados obrigatórios do regime geral (RGPS), na qualidade de contribuintes individuais – art. 11, V, h, do PBPS. 6: O membro do conselho tutelar, desde que remunerado, é equiparado a contribuinte individual (não a servidor comissionado) – art. 9º, § 15, XV, do Decreto 3.048/1999. Gabarito 1E, 2E, 3C, 4C, 5E, 6E

(Defensoria Pública da União – 2007 – CESPE) Julgue os seguintes itens.

(1) Atualmente, é possível a concessão de pensão por morte aos dependentes, mesmo que o segurado tenha falecido após perder a qualidade de segurado. Para isso, é indispensável que os requisitos para obtenção da aposentadoria tenham sido preenchidos de acordo com a legislação em vigor à época em que os requisitos foram atendidos.

(2) Considere que Silvano seja segurado não-aposentado da previdência social e tenha sido condenado pela prática de crime que determinou o início do cumprimento da pena em regime fechado. Nessa situação, a renda mensal inicial do auxílio-reclusão devida aos dependentes é calculada de acordo com o modelo de cálculo a ser utilizado em caso de aposentadoria por invalidez.

(3) O fator previdenciário é um índice aplicável ao cálculo do salário-de-benefício que considera a idade, a expectativa de sobrevida e o tempo de contribuição do segurado ao se aposentar, devendo ser aplicado no cálculo da renda mensal inicial dos benefícios de aposentadoria por idade e por tempo de contribuição.

1: Art. 102, § 1º, do PBPS. 2: O auxílio-reclusão é devido nas mesmas condições da pensão por morte (art. 80 do PBPS) cujo valor, por sua vez, equivale ao da aposentadoria por invalidez (para os não aposentados), nos termos do art. 75 do PBPS. 3: Art. 29, § 7º, do PBPS. Gabarito 1C, 2C, 3C

(Magistratura do Trabalho – 16ª Região – 2006) Dentre as proposições seguintes:

I. A Previdência Social rege-se pelos seguintes princípios e objetivos: universalidade de participação nos planos previdenciários; uniformidade e equivalência dos benefícios e serviços às populações urbanas e rurais; seletividade e distributividade na prestação dos benefícios; cálculo dos benefícios considerando-se os salários-de-contribuição corrigidos monetariamente; irredutibilidade do valor dos benefícios de forma a preservar-lhes o poder aquisitivo; valor da renda mensal dos benefícios substitutos do salário-de-contribuição ou do rendimento do trabalho do segurado não inferior ao do salário mínimo; previdência complementar facultativa, custeada por contribuição adicional; caráter democrático e descentralizado da gestão administrativa, com a participação do governo e da comunidade, em especial de trabalhadores em atividade, empregadores e aposentados.

II. Compete ao Conselho Nacional de Previdência Social – CNPS, dentre outras coisas: Estabelecer diretrizes gerais e apreciar as decisões de políticas aplicáveis à Previdência Social; apreciar e aprovar propostas orçamentárias da Previdência Social, antes de sua consolidação na proposta orçamentária da Seguridade Social; elaborar e aprovar seu regimento interno.

III. As decisões proferidas pelo CNPS deverão ser publicadas no Diário Oficial da União.

IV. O Conselho Nacional de Previdência Social - CNPS, órgão superior de deliberação colegiada, é composto por: 9 (nove) representantes do Governo Federal; 6 (seis) representantes da sociedade civil.

É VERDADEIRO afirmar que:

(A) Somente as proposições I e II estão corretas.
(B) Somente as proposições II e IV estão corretas.
(C) Somente as proposições I, II e IV estão corretas.
(D) Somente as proposições I, II e III estão corretas.
(E) Todas as proposições estão incorretas.

I: arts. 194, parágrafo único, e 202, ambos da CF; II: art. 4º do PBPS; III: art. 4º, parágrafo único, do PBPS; IV: o CNPS é composto por seis representantes do governo federal e nove representantes da sociedade civil – art. 3º, I e II, da PBPS. Gabarito "D".

(Magistratura do Trabalho – 16ª Região – 2006) Na falência, a ordem estabelecida para os créditos concursais coloca em primeiro lugar:

(A) Os créditos acidentários, os créditos tributários e os créditos relativos ao FGTS, até o limite de 300 salários-mínimos.
(B) Os créditos trabalhistas, até o limite de 150 salários-mínimos, e os créditos acidentários e os relativos ao FGTS, sem limitação.
(C) Os créditos trabalhistas, sem limitação, os créditos tributários, excetuadas as multas, e os créditos com garantia real até o limite do bem gravado.
(D) Os créditos tributários, os créditos trabalhistas, até o limite de 150 salários-mínimos, e os créditos relativos ao FGTS, sem limitação.
(E) Os créditos trabalhistas, até o limite de 300 salários-mínimos, os créditos acidentários e os créditos quirografários, sem limitação.

Art. 83, I, III e VI, da Lei 11.101/2005. Em primeiro lugar entre os créditos concursais figuram os relativos à legislação do trabalho, até o limite de 150 salários-mínimos por credor, e os créditos decorrentes de acidentes de trabalho. Os créditos tributários são pagos apenas após os créditos com garantia real. Os créditos quirografários são pagos apenas depois dos créditos com privilégio geral. Embora possa haver discussão quanto aos valores devidos ao FGTS e sua limitação, a alternativa B é a melhor, por exclusão das demais. Gabarito "B".

17. DIREITO INTERNACIONAL

Robinson Barreirinhas e Renan Flumian

1. DIREITO INTERNACIONAL PÚBLICO – TEORIA GERAL

(FGV – 2011) Com relação à chamada "norma imperativa de Direito Internacional geral", ou *jus cogens*, é correto afirmar que é a norma

(A) de direito humanitário, expressamente reconhecida pela Corte Internacional de Justiça, aplicável a todo e qualquer Estado em situação de conflito.
(B) prevista no corpo de um tratado que tenha sido ratificado por todos os signatários, segundo o direito interno de cada um.
(C) aprovada pela Assembleia Geral das Nações Unidas e aplicável a todos os Estados membros, salvo os que apresentarem reserva expressa.
(D) reconhecida pela comunidade internacional como aplicável a todos os Estados, da qual nenhuma derrogação é permitida.

A: incorreta. O Direito Humanitário é composto por princípios e regras, sendo estas positivadas ou costumeiras, que têm como função, por questões humanitárias, limitar os efeitos do conflito armado. O Direito Internacional Humanitário é basicamente fruto das quatro Convenções de Genebra de 1949 (em 1949 foram revistas as três Convenções anteriores – 1864, 1906 e 1929 – e criada uma quarta, relativa à proteção dos civis em período de Guerra) e seus Protocolos Adicionais, os quais formam o conjunto de leis que rege os conflitos armados e busca limitar seus efeitos. A proteção recai sobre as pessoas que não participam dos conflitos (civis, profissionais de saúde e de socorro) e os que não mais participam das hostilidades (soldados feridos, doentes, náufragos e prisioneiros de guerra). As Convenções e seus Protocolos apelam para que sejam tomadas medidas para evitar ou para acabar com todas as violações. Eles contêm regras rigorosas para lidar com as chamadas "violações graves". Os responsáveis pelas violações graves devem ser julgados ou extraditados, independentemente de sua nacionalidade. A outra parte das regras do Direito Internacional Humanitário provém das Convenções de Haia (13 no total), as quais regulam especificamente o meio e os métodos utilizados na guerra. Por fim, exerce papel de destaque na tutela do direito humanitário o Comitê Internacional da Cruz Vermelha e a Anistia Internacional; B: incorreta. A condição de *jus cogens* que uma norma pode ter não é determinada necessariamente por um tratado, mas sim pelo reconhecimento da comunidade internacional como um todo. Isto é, sua existência tem por fundamento razões objetivas, as quais se encontram situadas acima do caráter volitivo dos Estados. Por questão lógica, nada impede que uma norma *jus cogens* também faça parte de um tratado, mas, como dito, não é necessariamente o tratado que lhe vai conferir tal natureza; C: incorreta. Consoante dito na assertiva "B", a norma imperativa de Direito internacional geral é determinada por razões objetivas, as quais se encontram situadas acima do caráter volitivo dos Estados; D: correta. O art. 53 da Convenção de Viena sobre o Direito dos Tratados dispõe que uma norma imperativa de Direito Internacional geral é uma norma aceita e reconhecida pela comunidade internacional dos Estados como um todo, como norma da qual nenhuma derrogação é permitida e que só pode ser modificada por norma ulterior de Direito Internacional geral da mesma natureza. Gabarito "D".

(MAGISTRATURA DO TRABALHO – 1ª REGIÃO – 2010 – CESPE) Acerca da personalidade jurídica internacional, essencial para o exercício de direitos e deveres no âmbito do direito internacional público, assinale a opção correta.

(A) Órgãos internacionais, como a Anistia Internacional e o Greenpeace, são sujeitos de direito público externo, sem o que não poderiam exercer suas finalidades.
(B) O MERCOSUL, ao contrário da União Europeia, não possui personalidade jurídica de direito internacional.
(C) A OIT não possui personalidade jurídica, pois é filiada à Organização das Nações Unidas e por ela representada.
(D) O Vaticano, embora seja estado anômalo, por não possuir território, possui representantes diplomáticos, os quais se denominam núncios apostólicos.
(E) O reconhecimento da personalidade jurídica das organizações internacionais não decorre de tratados, mas da jurisprudência internacional, mais especificamente do Caso Bernadotte, julgado pela Corte Internacional de Justiça.

A: incorreta, pois as organizações não governamentais – ONGs não possuem, em princípio, personalidade jurídica internacional, com exceção do Comitê Internacional da Cruz Vermelha, cuja personalidade foi reconhecida pela Convenção de Genebra de 1864; B: incorreta, pois o Protocolo de Ouro Preto (Decreto 1.901/1996, art. 34) consignou que o Mercosul passaria a ter personalidade jurídica de direito internacional; C: assertiva incorreta, já que a Organização Internacional do Trabalho – OIT tem personalidade jurídica internacional, a exemplo de outras organizações internacionais constituídas por tratados firmados por Estados soberanos – art. 39 da Constituição da OIT; D: incorreta, pois o Vaticano tem território próprio, encravado em Roma, na Itália, reconhecido pelo Tratado de Latrão; E: assertiva correta. Ao analisar o Caso Bernadotte, a Corte Internacional de Justiça reconheceu a personalidade jurídica internacional da ONU (organização internacional) e, portanto, sua capacidade para exigir reparação por dano causado a agente que estava a seu serviço (o Conde Bernadotte, morto em ataque terrorista na Palestina). Gabarito "E".

(Procurador Federal – 2010 – CESPE) No que concerne às fontes de direito internacional, julgue os itens seguintes.

(1) Em 2008, a Comissão de Direito Internacional da ONU finalizou seu projeto de artigos sobre reservas a tratados.
(2) O princípio do objetor persistente refere-se à não vinculação de um Estado para com determinado costume internacional.
(3) Costumes podem revogar tratados e tratados podem revogar costumes.

1: incorreta, pois embora a Comissão tenha apresentado diversos relatórios acerca do "direito e prática sobre reservas a tratados" ou, simplesmente, "reservas a tratados", não há, ainda, projeto final; 2: assertiva correta, pois descreve o conceito de *objetor persistente*; 3: correta, pois não há hierarquia entre tratados e costumes internacionais, como fontes de direito internacional. O tratado pode derrogar o costume, entre as partes celebrantes, assim como o costume pode derrogar normas de tratado, inclusive por desuso. Gabarito 1E, 2C, 3C.

(Advogado da União/AGU – CESPE – 2009) Ao longo da história, empregaram-se diversas denominações para designar o Direito Internacional. Os romanos utilizavam a expressão ius gentium (direito das gentes ou direito dos povos). Entretanto, pode-se afirmar que foi na Europa Ocidental do século XVI que o Direito Internacional surgiu nas suas bases modernas. A Paz de Vestfália (1648) é considerada o marco do início do Direito Internacional, ao viabilizar a independência de diversos estados europeus. O Direito Internacional Público surgiu com o Estado Moderno. Quando da formação da Corte Internacional de Justiça, após a II Guerra Mundial, indagou-se quais seriam as normas que poderiam instrumentalizar o exercício da jurisdição internacional (fontes do Direito Internacional Público). Assim, o Estatuto da Corte Internacional de Haia, no art. 38, arrolou as fontes das normas internacionais. Com relação ao Direito Internacional, julgue os itens a seguir.

(1) Os tratados internacionais constituem importante fonte escrita do Direito Internacional, a qual vale para toda a comunidade internacional, tenha havido ou não a participação de todos os países nesses tratados.

(2) O elemento objetivo que caracteriza o costume internacional é a prática reiterada, não havendo necessidade de que o respeito a ela seja uma prática necessária (opinio juris necessitatis).

1: incorreta. Embora, em princípio, o tratado gere efeitos apenas em relação às partes celebrantes, pode, eventualmente, produzir efeitos sobre a comunidade internacional. De qualquer forma, obrigações previstas em tratados somente vincularão o terceiro Estado que consentir expressamente – art. 35 da Convenção de Viena sobre Tratados. No caso de criação de direitos em favor de terceiro, é preciso seu consentimento, embora, nesse caso, possa ser tácito – art. 36 da Convenção de Viena sobre Tratados; 2: incorreta. O costume internacional tem um elemento material ou objetivo, que é a prática reiterada em face de determinada situação. Mas isso não é suficiente para configurar o costume como fonte do direito internacional, pois há também o elemento subjetivo, que é a convicção de que essa prática é necessária, justa e correta (opinio juris). Gabarito 1E, 2E

(FGV – 2010) As fontes do Direito Internacional estão relacionadas a seguir, à exceção de uma. Assinale-a.

(A) Tratados.
(B) Costumes.
(C) Convenções
(D) Constituições.
(E) Normas.

A, B, C, D e E: o art. 38 do Estatuto da Corte Internacional de Justiça (CIJ) determina que a função da Corte é decidir as controvérsias que lhe forem submetidas com base no direito internacional. Ademais, indica as fontes que serão utilizadas pelos juízes na confecção de suas decisões, a saber: **a)** os tratados internacionais; **b)** o costume internacional; **c)** os princípios gerais do direito; **d)** as decisões judiciárias e a doutrina dos juristas mais qualificados das diferentes nações. Por fim, ainda aponta a possibilidade da Corte decidir por equidade (ex aequo et bono), desde que convenha às partes. Mesmo não constando do rol do artigo 38, pode-se indicar também como fonte do direito internacional tanto as resoluções emanadas das organizações internacionais como os atos unilaterais dos estados. Existem inúmeras variantes terminológicas de tratado. Como, por exemplo, acordo, ajuste, arranjo, ata, ato, carta, código, compromisso, constituição, contrato, **convenção**, convênio, declaração, estatuto, memorando, pacto, protocolo e regulamento. Esses termos indicam a mesma ideia, não obstante certas preferências observáveis pela análise estatística. Assim, pode-se apontar que carta e constituição são utilizadas para nomear tratados constitutivos de organizações internacionais, enquanto ajuste, arranjo e memorando são utilizados para denominar tratados bilaterais de pouca importância. E convenção costuma ser multilateral e dispor acerca dos grandes temas do Direito Internacional. Apenas o termo concordata possui significado singular, pois é utilizado especificamente para nomear o tratado bilateral em que uma das partes é a Santa Sé, e que tem por objeto a organização do culto, a disciplina eclesiástica, missões apostólicas, relações entre a Igreja católica local e o estado copactuante. Por fim, normas faz alusão ao resultado do processo "legislativo" internacional, pois uma regra disciplinada num tratado é uma norma internacional. Pelo dito percebe-se que as assertivas "A", "B", "C" e "E" estão corretas porque estão previstas expressamente no art. 38 do Estatuto da Corte Internacional de Justiça. Gabarito "D".

(CESPE – 2009) Comparando-se as instituições do direito internacional público com as típicas do direito interno de determinado país, percebe-se que, no direito internacional

(A) há cortes judiciais com jurisdição transnacional.
(B) há um governo central, que possui soberania sobre todas as nações.
(C) há uma norma suprema como no direito interno.
(D) há órgão central legislativo para todo o planeta.

A: correta. Existem inúmeros exemplos de corte judicial com jurisdição transnacional. A Corte Internacional de Justiça é o principal órgão judicial da ONU. A Corte funciona com base em seu Estatuto e pelas chamadas Regras da Corte – espécie de código de processo. A competência da Corte é ampla. Em relação à competência ratione materiae, a Corte poderá analisar todas as questões levadas até ela, como também todos os assuntos previstos na Carta da ONU ou em tratados e convenções em vigor. Já a competência ratione personae é mais limitada, pois a Corte só poderá receber postulações de estados, sejam ou não membros da ONU. Outro exemplo é o Tribunal de Justiça da União Europeia, o qual tem competência para anular os atos da Comissão, do Conselho ou emanados dos governos nacionais quando contrariarem os Tratados, como também pronunciar-se, a pedido de tribunal ou juiz nacional, sobre a correta interpretação das normas comunitárias. Existe ainda a competência de emitir pareceres vinculantes sobre os acordos que a União Europeia firmar com estados terceiros. Ainda, tem-se O Tribunal Penal Internacional (TPI), que foi constituído na Conferência de Roma, em 17 de julho de 1998, onde se aprovou o Estatuto de Roma (tratado que não admite a apresentação de reservas), que só entrou em vigor internacional em 1º de julho de 2002, e passou a vigorar, para o Brasil, em 1º de setembro de 2002. A partir de então tem-se um tribunal permanente para julgar **indivíduos** acusados da prática de crimes de genocídio, de crimes de guerra, de crimes de agressão e de crimes contra a humanidade. Deve-se apontar que indivíduos diz respeito a quaisquer indivíduos, independentemente de exercerem funções governamentais ou cargos públicos (art. 27 do Estatuto de Roma), desde que, à data da alegada prática do crime, tenham completado 18 anos de idade. Lembrando que o TPI é uma entidade independente da ONU e tem sede em Haia, nos Países Baixos. Ademais, tem personalidade jurídica de direito internacional e é formado pela presidência, Seção de Instrução, Seção de Julgamento em Primeira Instância, Seção de Recursos, Procuradoria e Secretaria. Por fim, tem-se as cortes judiciais do sistema europeu (Corte Europeia de Direitos Humanos), americano (Corte Interamericana de Direitos Humanos) e africano (Corte Africana de Direitos Humanos) de proteção dos direitos humanos; B: incorreta, pois a grande característica do direito internacional é a ausência de mecanismos altamente centralizados e compulsórios para criação e aplicação do Direito; C e D: incorretas. Reler o comentário à assertiva anterior. Gabarito "A".

(FGV – 2008) Os sujeitos de Direito Internacional são:

(A) Estados, Organizações Governamentais Internacionais, Organizações Não-Governamentais, blocos regionais.
(B) Estados, Organizações Governamentais Internacionais, Organizações Não-Governamentais, pessoas jurídicas e indivíduos.
(C) Estados, Organizações Governamentais Internacionais, Organizações Não-Governamentais, pessoas jurídicas, indivíduos e blocos regionais.
(D) Estados, Organizações Governamentais Internacionais, Organizações Não-Governamentais, pessoas jurídicas e blocos regionais.
(E) Estados, Organizações Governamentais Internacionais, pessoas jurídicas, indivíduos e blocos regionais.

A, B, C, D, E: o Estado é um agrupamento humano estabelecido sobre um território determinado e guiado por um governo independente. Da análise do seu conceito pode-se apontar os elementos constitutivos do Estado, os quais são: **a)** população permanente; **b)** território determinado; **c)** governo independente; **d)** capacidade de manter relações com os demais estados. Deve-se dizer também que a personalidade jurídica internacional do estado é originária. As organizações internacionais são constituídas, de forma permanente, pela vontade coletiva dos estados ou por outras organizações internacionais, entre elas ou com estados, e possuem personalidade jurídica de direito internacional. Essa personalidade é derivada e distinta da personalidade de seus membros. Ao lado dessas organizações intergovernamentais, cabe destacar a atuação das organizações não governamentais – ONGs – no cenário internacional. **Todavia, deve-se lembrar que as ONGs não são criadas por estados e nem são reguladas pelo direito internacional, mas sim pelo direito interno do país onde for constituída.** Em outras palavras, as ONGs aparecem como uma federação de organizações nacionais congêneres. Estas organizações associam-se por possuírem objetivos comuns no plano internacional. As pessoas jurídicas também não são sujeitos de direito internacional, pois também são reguladas pelo direito interno do país onde forem constituídas. E a atribuição de personalidade jurídica internacional aos seres humanos data da última metade do século XX, sendo uma evolução do processo de reconstrução da dignidade humana. Destarte, o indivíduo adquiriu capacidade processual para pleitear direitos na esfera internacional. Lembrando-se que os tratados de direitos humanos atuam em harmonia com o direito interno, assim vige o princípio do esgotamento dos recursos internos antes de se recorrer à tutela prestada pelos órgãos internacionais. Outro fato que contribuiu para uma maior concretização da personalidade jurídica internacional do indivíduo é, sem dúvida, a adoção do Estatuto do Tribunal Penal Internacional (TPI) pela Conferência de Roma em 17 de julho de 1998. Assim tem-se a partir de então um tribunal permanente para julgar indivíduos acusados da prática de crimes de genocídio, de crimes de guerra, de crimes de agressão e de crimes contra a humanidade. Tal fato corrobora a ideia de responsabilidade internacional do indivíduo, consoante ao que se iniciou com os Tribunais de Nuremberg e de Tóquio, e depois de Ruanda e da Iugoslávia. Ora, só os sujeitos de direito internacional podem ser responsabilizados perante a comunidade internacional. Assim, sob esse prisma também pode-se afirmar que o ser humano é um sujeito de direito internacional. Essa emancipação do ser humano perante a comunidade internacional é consequência da corrosão do positivismo voluntarista, o qual defendia os estados como únicos sujeitos de direito internacional e excluía o destinatário final das normas jurídicas: a pessoa humana. Por fim, os blocos regionais são sujeitos de direito internacional porque nada mais são que organizações internacionais formadas por estados. Bloco regional, a exemplo do Mercosul e da União

Europeia, é a associação de países regionalmente próximos com o intuito de prover a integração entre eles em diversos sentidos. Por todo o dito, podemos afirmar que essa questão deve ser anulada por não possuir alternativa correta. A título conclusivo, assim podemos classificar: **a) sujeitos de Direito Internacional: estado, organização internacional (incluindo os blocos regionais) e pessoa humana** – teoria eclética ou heteropersonalista - e **b)** sujeitos de Direito Interno: estado, organizações não governamentais, pessoa física e pessoa jurídica. Gabarito Oficial "C"/ Gabarito Nosso "Anulada"

(Procuradoria Federal – 2007 – CESPE) É o direito internacional público uma espécie de direito? Essa natureza do direito internacional público tem sido desafiada por dois argumentos. O primeiro afirma que não há um poder central mundial com atividades típicas dos Poderes Executivo, Legislativo e Judiciário. O segundo destaca a inexistência de uma sociedade internacional que compartilhe efetivamente valores de forma ampla e consensual. Apesar desses argumentos, verifica-se que os Estados nacionais não vivem de forma isolada, eles interagem com a comunidade internacional por meio de tratados, da globalização das atividades laborais e econômicas, bem como criam entes de direito supranacional, que buscam, como no MERCOSUL, a integração e a proteção de determinados valores compartilhados mundialmente. Considerando o texto acima como referência inicial, cada um dos itens subseqüentes apresenta uma situação hipotética, seguida de uma assertiva a ser julgada de acordo com a doutrina e a legislação pertinente.

(1) As forças da Polícia Militar de Minas Gerais, com o objetivo de ampliar o território mineiro, invadiram parte do estado do Rio de Janeiro, entrando em choque com a polícia militar fluminense. Nessa situação, como o conflito se dá entre dois estados brasileiros, deve-se aplicar o direito internacional, mais especificamente as normas previstas na Convenção de Genebra de 1949, por ser o Brasil dela signatário.
(2) Manoel, marroquino, residente há um ano no Brasil, deseja fazer concurso público para diplomata. Nessa situação, de acordo com o regime jurídico do estrangeiro ora vigente, Manoel poderá fazer o concurso referido desde que se naturalize brasileiro.
(3) Flávio, muçulmano nacional do Iraque, bígamo, que trabalha em construtora brasileira na Arábia Saudita, trouxe toda a sua família para o Brasil e, aqui chegando, desejou cadastrar, no INSS, suas esposas como suas dependentes na qualidade de cônjuges. Nessa situação, segundo o direito brasileiro, a pretensão de Flávio poderia ser satisfeita com a homologação judicial dos dois casamentos realizados no Iraque, pelo STF.
(4) O estado do Rio Grande do Sul, almejando ser reconhecido internacionalmente como um Estado soberano, pleiteou uma cadeira na Organização das Nações Unidas (ONU), alegando que possui um território, uma população e um governo permanente. Nessa situação, os requisitos apresentados não são suficientes para que o Rio Grande do Sul seja aceito na Assembléia-Geral da ONU.

1: Os Estados-membros da Federação não são soberanos e não têm, portanto, personalidade jurídica internacional – art. 1º, I, da CF. 2: Os cargos da carreira diplomática são privativos de brasileiros natos – art. 12, § 3º, V, da CF. 3: Em princípio, casamentos não são homologados judicialmente (art. 15 da Lei de Introdução às normas do Direito Brasileiro - LIDB). Ademais, as sentenças estrangeiras (se houver, no caso) são homologadas pelo STJ (não pelo STF) – art. 105, I, i, da CF. Finalmente, se considerada ofensiva aos bons costumes, a bigamia não será reconhecida no Brasil (art. 17, in fine, da LIDB, à luz do art. 226, § 3º, da CF e do art. 1.521, VI, do CC). Importante salientar que a existência de ofensa à ordem pública é controversa, pois há respeitar o ato jurídico perfeito estrangeiro. 4: Os Estados-membros da Federação não têm soberania. Gabarito 1E, 2E, 3E, 4C

(Procurador da Fazenda Nacional – 2007 – ESAF) A empresa brasileira XYZ tem investimentos de grande vulto no país ABC. De forma arbitrária, o novo Governo de ABC, ao tomar posse, apropria-se do patrimônio que XYZ detinha em ABC. Inconformada, a empresa XYZ recorre ao Governo brasileiro para que lhe conceda proteção diplomática, encampando o problema da empresa e recorrendo à Corte Internacional de Justiça em sua defesa. Indique como se denomina o ato por meio do qual o Estado brasileiro assume a reclamação da empresa XYZ, fazendo-a sua, e dispondo-se a tratar da matéria junto ao Estado autor do ilícito.

(A) Reserva
(B) Imunidade
(C) Denúncia
(D) Endosso
(E) Ratificação

Trata-se do endosso. Gabarito "D".

(CESPE – 2007) Em razão de sua natureza descentralizada, o direito internacional público desenvolveu-se no sentido de admitir fontes de direito diferentes daquelas admitidas no direito interno. Que fonte, entre as listadas a seguir, não pode ser considerada fonte de direito internacional?

(A) Tratado.
(B) Decisões de tribunais constitucionais dos estados.
(C) Costume.
(D) Princípios gerais de direito.

A, B, C e D: o art. 38 do Estatuto da Corte Internacional de Justiça (CIJ) determina que a função da Corte é decidir as controvérsias que lhe forem submetidas com base no direito internacional. Ademais, indica as fontes que serão utilizadas pelos juízes na confecção de suas decisões, a saber: **a)** as convenções internacionais; **b)** o costume internacional; **c)** os princípios gerais do direito; **d)** as decisões judiciárias e a doutrina dos juristas mais qualificados das diferentes nações. Por fim, ainda aponta a possibilidade da Corte decidir por equidade (*ex aequo et bono*), desde que convenha às partes. Mesmo não constando do rol do artigo 38, pode-se indicar também como fonte do direito internacional tanto as resoluções emanadas das organizações internacionais como os atos unilaterais dos estados. Pelo dito percebe-se que as assertivas "A", "C" e "D" estão corretas porque estão previstas expressamente no art. 38 do Estatuto da Corte Internacional de Justiça. Pela leitura fria do art. 38 poderíamos indicar a assertiva "B" como não sendo fonte do direito internacional, todavia, as ditas decisões judiciárias comportam tanto as decisões dos tribunais internacionais, dos tribunais arbitrais internacionais, dos tribunais de algumas organizações internacionais, **como dos tribunais nacionais** (no caso do Brasil, o STF). E existe entre tais decisões uma hierarquia material. Portanto, uma análise mais profunda das alternativas nos leva a afirmar que essa questão deve ser anulada por não comportar resposta correta. Gabarito oficial "B"/ Gabarito nosso "ANULADA"

(Magistratura do Trabalho – 7ª Região – 2005) A propósito da personalidade jurídica do Estado e das organizações internacionais, na percepção da doutrina, especialmente em Francisco Rezek, pode-se afirmar que:

(A) a personalidade jurídica do Estado é originária e a personalidade jurídica das organizações internacionais é derivada.
(B) porque o Estado tem precedência histórica, sua personalidade jurídica é derivada; e porque as organizações resultam de uma elaboração jurídica resultante da vontade de alguns Estados, sua personalidade jurídica é originária.
(C) a personalidade jurídica do Estado fundamenta-se em concepções clássicas de Direito Público, formatando-se como realidade jurídica e política; a personalidade jurídica das organizações internacionais centra-se na atuação de indivíduos e de empresas, que lhes conferem personalidade normativa, assumindo feições públicas e privadas.
(D) a personalidade jurídica do Estado é definida por seus elementos normativos internos, aceitos na ordem internacional por tratados constitutivos de relações nas esferas públicas e privadas; a personalidade jurídica das organizações internacionais decorre da fragmentação conceitual do Estado contemporâneo, decorrência direta de crises de ingovernabilidade sistêmica e de legitimidade ameaçada pelo movimento de globalização; não se lhes aplicam referenciais convencionais, e conseqüentemente não se vislumbram personalidades jurídicas distintas.
(E) o direito das gentes não identifica a personalidade jurídica das organizações internacionais, dado que aplicado, especialmente, aos Estados, que detêm natureza jurídica definida por elementos de Direito Público.

A, B e E: os Estados soberanos e a Santa Sé têm personalidade jurídica originária, enquanto os organismos internacionais, formados a partir da vontade dos Estados, têm personalidade jurídica derivada; C e D: a personalidade jurídica das organizações internacionais não se refere à atuação de indivíduos e empresas, mas sim à vontade de Estados-membros. Tampouco há relação com fragmentação conceitual do Estado, crises de ingovernabilidade ou ameaça à legitimidade. Gabarito "A".

(Magistratura Federal – 1ª Região – 2005) Em se tratando de direito internacional público:

(A) o Estado exerce jurisdição sobre o seu território, muito embora sempre relativa, o que vale dizer que detém uma série de competências para atuar com autoridade.
(B) são sujeitos de direito internacional público, também chamados de pessoas jurídicas de direito internacional público, os Estados soberanos, a Santa Sé e as organizações internacionais;
(C) a personalidade jurídica do Estado, em direito das gentes, diz-se derivada, enquanto a das organizações internacionais diz-se originária;
(D) as empresas públicas possuem personalidade jurídica de direito internacional quando atuam no exterior, mas tal personalidade jurídica é negada as empresas privadas com a mesma atuação.

A: o Estado soberano exerce jurisdição exclusiva sobre seu território; B: esses são os sujeitos clássicos de direito internacional público, segundo a doutrina; C: é o oposto – os Estados soberanos e a Santa Sé têm personalidade jurídica originária, enquanto os organismos internacionais, formados a partir da vontade dos Estados, têm personalidade jurídica derivada; D: a doutrina diverge quanto ao reconhecimento de personalidade jurídica internacional dos indivíduos e das empresas – no entanto, não há distinção entre empresas públicas e privadas. Gabarito "B".

2. DIREITO INTERNACIONAL PRIVADO – TEORIA GERAL

(Magistratura Federal-5ª Região – 2011) No direito internacional privado (DIP) entre os países A e B, configura-se hipótese de reenvio de primeiro grau quando

(A) o DIP do país A indica o direito do país B como o aplicável, e o DIP do país B, sob o seu ponto de vista, indica o direito do país A como o aplicável.
(B) o DIP do país A indica o direito do país B ou o direito do país A como o aplicável, e o DIP do país B, sob o seu ponto de vista, indica o direito do país B ou o direito do país A como o aplicável.
(C) o DIP do país A indica o direito de um terceiro país — C — como o aplicável, e o DIP do país B, sob o seu ponto de vista, indica o direito do país C como o aplicável.
(D) o DIP do país A indica o direito do país B como o aplicável, e o DIP do país B, sob o seu ponto de vista, indica o outro direito como o aplicável.
(E) o DIP do país B indica o direito do país A como o aplicável, e o DIP do país A, sob o seu ponto de vista, indica o próprio direito como o aplicável.

Há casos em que o direito brasileiro determina a aplicação de norma estrangeira. Quando isso ocorre, o art. 16 da Lei de Introdução às Normas do Direito Brasileiro – LIDB (Decreto-Lei 4.657/1942) dispõe que não será considerada qualquer remissão feita, por essa norma estrangeira, à lei de terceiro país (= vedação de reenvio). Ou seja, somente a norma estrangeira indicada diretamente pelo direito brasileiro será aplicada. O reenvio de 1º grau refere-se a dois países (legislação do país A remete à do país B, que reenvia para A). O reenvio de 2º grau refere-se a três países (legislação de A remete à de B, que reenvia para C). O reenvio de 3º grau refere-se a quatro países (no exemplo anterior, a legislação de C remete à do país D). É importante lembrar que o reenvio é, em princípio, vedado pela legislação brasileira (art. 16 da LIDB).
A: assertiva correta, pois se trata de reenvio de 1º grau, conforme comentário inicial; B: incorreta, pois o reenvio se refere, em princípio, à determinação do direito a ser aplicado, não opção; C: assertiva incorreta, pois não há reenvio, nessa hipótese (A e B reconhecem a aplicação do direito de C); D: incorreta, pois indica reenvio de 2º grau; E: incorreta, pois inexiste, nesse caso, reenvio (B reconhece a aplicabilidade do direito de A, simplesmente). Gabarito "A".

(Magistratura Federal-5ª Região – 2011) Mohamed, filho concebido fora do matrimônio, requereu, na justiça brasileira, pensão alimentícia do pai, Said, residente e domiciliado no Brasil. Said negou o requerido e não reconheceu Mohamed como filho, alegando que, perante a Tunísia, país no qual ambos nasceram, somente são reconhecidos como filhos os concebidos no curso do matrimônio.

A partir dessa situação hipotética, assinale a opção correta à luz da legislação brasileira de direito internacional privado.

(A) A reserva da ordem pública não está expressa na Lei de Introdução às Normas do Direito Brasileiro.
(B) O juiz, ao julgar a referida relação jurídica, deve obedecer à lei da Tunísia.
(C) Nesse caso, não se aplicam normas de ordem pública, pois se trata de relação jurídica de direito internacional privado, e não de direito internacional público.
(D) O juiz não deverá aplicar, nessa situação, o direito estrangeiro.
(E) A lei brasileira assemelha-se à da Tunísia, razão pela qual esta deverá ser aplicada.

O art. 227, § 6º, da CF determina expressamente que os filhos, havidos ou não da relação do casamento, ou por adoção, terão os mesmos direitos e qualificações, proibidas quaisquer designações discriminatórias relativas à filiação. Trata-se de direito fundamental, matéria de ordem pública, de modo que a norma estrangeira em contrário não pode ser aplicada no Brasil – art. 17 da LIDB. A: incorreta, pois o art. 17 da LIDB é expresso ao afirmar que leis, atos e sentenças de outro país, bem como quaisquer declarações de vontade, não terão eficácia no Brasil, quando ofenderem a soberania nacional, a ordem pública e os bons costumes; B e C: incorretas, conforme comentários anteriores; D: assertiva correta, conforme comentários iniciais; E: incorreta, pois a constituição brasileira veda a distinção dos filhos nesse sentido – art. 227, § 6º, da CF. Gabarito "D".

(Magistratura Federal-5ª Região – 2011) Lucy e Fábio casaram-se no Brasil, onde nasceu Lucas, filho do casal. Quando Lucy e Fábio se separaram, ela e Lucas foram morar nos EUA. Passado um tempo após a separação, Fábio suspendeu o pagamento de alimentos de Lucas, então com menos de dois anos de idade, sob a alegação de que, tendo constituído nova família no Brasil, assumira novos encargos financeiros e a de que Lucas estava morando em outro país. Lucas, então, ajuizou ação de prestação de alimentos nos EUA.

Com base nessa situação hipotética, assinale a opção correta acerca da cobrança de alimentos no estrangeiro, à luz do Decreto Legislativo n.º 58.826/1965 e da Convenção de Nova Iorque.

(A) A ação de prestação de alimentos movida nos EUA poderá ter reflexos no Brasil.
(B) A circunstância de Fábio haver contraído novo casamento não altera sua obrigação alimentar, conforme a legislação aplicável, que, nesse caso, é tanto a brasileira quanto a norte-americana, simultaneamente.
(C) Fábio não poderia ser demandado por ação alimentar proposta no Brasil.
(D) Se Lucy tiver se casado nos EUA, Fábio não terá mais obrigação alimentar para com Lucas.
(E) Se Fábio e Lucy tiverem formalizado o divórcio, Lucas não terá direito a alimentos, por se encontrar em outro país.

Na verdade, a Convenção de Nova Iorque sobre Prestação de Alimentos no Estrangeiro foi aprovada pelo Decreto-Legislativo 10/1958 e promulgado pelo Decreto 56.826/1965. A: essa é a assertiva correta. O Brasil ratificou o tratado, que foi introduzido validamente no sistema jurídico interno (com a promulgação pelo decreto presidencial), devendo colaborar com a Justiça do país que demanda tramita, inclusive quanto à execução da sentença – ver arts. 3º e 10 da Convenção, entre outras; B: incorreta, pois, nos termos do art. 6º, § 3º, da Convenção de Nova Iorque de 1956, a lei que rege as ações de alimentos e qualquer questão conexa será a do Estado do demandado (Fábio), inclusive em matéria de direito internacional privado; C: incorreta, pois a propositura da ação no país de domicílio do demandante é prerrogativa dele, e não direito do demandado – art. 3º, § 1º, da Convenção de Nova Iorque; D e E: incorretas. Nos termos da lei brasileira, o casamento de Lucy afastaria apenas eventual dever de Fábio prestar alimentos a ela – art. 1.708 do CC. Os pais separados (divorciados ou não) devem contribuir para a manutenção dos filhos na proporção de seus recursos (art. 1.703 do CC), de modo que Fábio deverá pagar alimentos enquanto Lucas deles necessitar, nos termos do art. 1.694 do CC. Gabarito "A".

(CESPE – 2011) Em janeiro de 2003, Martin e Clarisse Green, cidadãos britânicos domiciliados no Rio de Janeiro, casam-se no Consulado-Geral britânico, localizado na Praia do Flamengo. Em meados de 2010, decidem se divorciar. Na ausência de um pacto antenupcial, Clarisse requer, em petição à Vara de Família do Rio de Janeiro, metade dos bens adquiridos pelo casal desde a celebração do matrimônio, alegando que o regime legal vigente no Brasil é o da comunhão parcial de bens. Martin, no entanto, contesta a pretensão de Clarisse, argumentando que o casamento foi realizado no consulado britânico e que, portanto, deve ser aplicado o regime legal de bens vigente no Reino Unido, que lhe é mais favorável.

Com base no caso hipotético acima e nos termos da Lei de Introdução às Normas do Direito Brasileiro, assinale a alternativa correta.

(A) O regime de bens obedecerá à *lex domicilli* dos cônjuges quanto aos bens móveis e à *lex rei sitae* (ou seja, a lei do lugar onde estão) quanto aos bens imóveis, se houver.
(B) O juiz brasileiro não poderá conhecer e julgar a lide, pois o casamento não foi realizado perante autoridade competente.
(C) Clarisse tem razão em sua demanda, pois o regime de bens é regido pela *lex domicilli* dos nubentes e, ao tempo do casamento, ambos eram domiciliados no Brasil.
(D) Martin tem razão em sua contestação, pois o regime de bens se rege pela lei do local da celebração (*lex loci celebrationis*), e o casamento foi celebrado no consulado britânico.

A, B, C e D: o art. 7º, *caput*, da Lei de Introdução às Normas do Direito Brasileiro define que a lei do domicílio ou *lex domicilii* da pessoa vai determinar as regras sobre o começo e o fim da personalidade, o nome, a capacidade e os direitos de família. E o §1º do art. 7º da Lei de Introdução às Normas do Direito Brasileiro traz a regra de conexão *lex loci celebrationis*, isto é, o casamento é regido, no que tange às suas formalidades, pela lei do local de sua celebração. Mas o §2º do art. 7º da Lei de Introdução às Normas do Direito Brasileiro traz uma exceção à regra de conexão *lex loci celebrationis*, pois determina que os nubentes estrangeiros podem no Brasil casar com base em sua lei da nacionalidade, desde que perante autoridades diplomáticas ou consulares do país de **ambos** os nubentes. Desta forma, §2º do art. 7º consagra indiretamente a lei da nacionalidade dos nubentes como regra de conexão. Assim, **o casamento é regido, no que tange às suas formalidades, pela lei da nacionalidade dos nubentes, mas o regime de bens continua sendo regulado pela lei do domicílio dos nubentes**, consoante determina o art. 7º, *caput*, da Lei de Introdução às Normas do Direito Brasileiro. Por todo o dito, podemos afirmar que a assertiva "C" é a correta. Ademais, o consulado britânico faz parte do território brasileiro, pois os consulados apenas gozam de certas imunidades no território estrangeiro e nunca poderão ser considerados como "territórios internacionais". Gabarito "C".

(Magistratura Federal/3ª Região – 2010) Para solução do conflito de leis no espaço é de fundamental importância a qualificação da relação de direito, isto é, se a questão é de capacidade ou de forma. Assim, considerando as regras da Lei de Introdução ao Código Civil (Dec-Lei 4.657/42) pergunta-se:

(A) A capacidade negocial do contratante há de ser aferida em função da sua lei pessoal, enquanto a validade do negócio jurídico deve ser constatada de acordo com as regras do local de sua celebração e de sua execução;
(B) Tratando-se de gestão de negócios a capacidade das partes deve ser regida pela lei do domicílio, e possuindo as partes domicílios diversos, os efeitos da gestão serão regrados pela lei que estas eventualmente estipularem, por força da incidência do princípio da autonomia da vontade, admitido pela Lei de Introdução ao Código Civil;
(C) A capacidade nupcial há de ser aferida segundo as regras de domicílio dos nubentes, ainda que estas sejam diversos, caso em que o primeiro domicílio conjugal determinará as regras incidentes sobre as hipóteses de invalidade do matrimônio e o regime de bens, e as leis nacionais disciplinarão as formalidades de realização do matrimônio, caso celebrado no Brasil, por força do princípio *lex loci celebrationes*;
(D) A capacidade para adquirir a propriedade pela usucapião, bem como os pressupostos objetivos necessários à concorrência da prescrição aquisitiva, serão aferidos em função da lei do local em que se encontrarem os bens, sejam móveis ou imóveis, em virtude do princípio *lex rei sitae*.

A: incorreta. A capacidade da pessoa (contratante) será aferida com base na lei de seu domicílio e a validade do negócio submete-se à lei do local em que a obrigação foi constituída (onde residir o proponente) – arts. 7º, *caput*, e 9º, *caput* e § 2º, da LIDB; B: incorreta. A capacidade da pessoa (parte) será aferida com base na lei de seu domicílio e a obrigação decorrente do contrato de gestão submete-se à lei do local em que foi constituída – arts. 7º, *caput*, e 9º, *caput* e § 2º, da LIDB. Em princípio, a legislação brasileira relativa ao Direito Internacional Privado não prestigia a autonomia da vontade para eleição de legislação aplicável, exceto se a escolha for pela lei brasileira, em relação a contrato celebrado no exterior; C: assertiva correta, conforme o art. 7º, *caput* e § 1º, da LIDB; D: incorreta, pois embora se aplique a lei do local da situação do bem para regular as relações a ele concernentes, a capacidade da pessoa submete-se à lei do seu domicílio – arts. 7º, *caput*, e 8º, *caput*, da LIDB.

Veja a seguinte tabela, com os critérios (elementos de conexão) para identificação da lei aplicável a determinadas questões (conceitos-quadro), conforme a LIDB:

Questão (conceito-quadro)	Critério para identificação da lei aplicável (elemento de conexão) – LIDB
Começo e fim da personalidade, nome, capacidade e direitos de família	Lei do país em que domiciliada a pessoa (art. 7º, *caput*)
Impedimentos dirimentes e formalidades da celebração do casamento	Se o casamento for realizado no Brasil, aplica-se a lei brasileira (art. 7º, § 1º)
Invalidade do matrimônio, se os nubentes tiverem domicílio diverso	Lei do primeiro domicílio conjugal (art. 7º, § 3º)
Regime de bens, legal ou convencional	Lei do país em que tiverem os nubentes domicílio, e, se este for diverso, a do primeiro domicílio conjugal (art. 7º, § 4º)
Qualificação dos bens (móveis e imóveis) e regulação das relações a eles concernentes	Lei do país em que estiverem situados (art. 8º, *caput*)
Bens móveis trazidos pelo proprietário ou destinados a transporte para outros lugares	Lei do país em que for domiciliado o proprietário (art. 8º, § 1º)
Penhor	Lei do domicílio que tiver a pessoa, em cuja posse se encontre a coisa apenhada (art. 8º, § 2º)
Qualificação e regência das obrigações	Lei do país em que se constituírem (art. 9º, *caput*). A obrigação resultante do contrato reputa-se constituída no lugar em que residir o proponente (art. 9º, § 2º)
Obrigação a ser executada no Brasil e dependendo de forma essencial	Lei brasileira, admitidas as peculiaridades da lei estrangeira quanto aos requisitos extrínsecos do ato (art. 9º, § 1º)
Sucessão por morte ou por ausência, qualquer que seja a natureza e a situação dos bens	Lei do país em que domiciliado o defunto ou o desaparecido (art. 10, *caput*). A sucessão de bens de estrangeiros, situados no País, será regulada pela lei brasileira em benefício do cônjuge ou dos filhos brasileiros, ou de quem os represente, sempre que não lhes seja mais favorável a lei pessoal do *de cujus* (art. 10, § 1º)
Capacidade para suceder	Lei do domicílio do herdeiro ou legatário (art. 10, § 2º)
Organizações destinadas a fins de interesse coletivo (pessoas jurídicas), como as sociedades e as fundações	Lei do Estado em que se constituírem (art. 11, *caput*)
Filiais, agências ou estabelecimentos, localizados no Brasil, de pessoas jurídicas estrangeiras	Lei brasileira, sendo necessária prévia aprovação dos atos constitutivos pelo governo brasileiro (art. 11, § 1º)
Prova dos fatos ocorridos em país estrangeiro	Lei que vigorar no país estrangeiro, quanto ao ônus e aos meios de produzir-se, não admitindo os tribunais brasileiros provas que a lei brasileira desconheça (art. 13)
Para **qualificar** a questão (conceito-quadro), aplica-se a lei do foro (lei brasileira, quando o juiz brasileiro for analisar a questão). Excepcionalmente, a norma de Direito Privado indica a lei estrangeira para essa qualificação (por exemplo, aplicam-se a lei da situação dos bens e a lei da constituição das obrigações)	
Regra geral: as leis, atos e sentenças de outro país, bem como quaisquer declarações de vontade, não terão eficácia no Brasil, quando ofenderem a soberania nacional, a ordem pública e os bons costumes (art. 17)	

Gabarito "C".

(Magistratura Federal/3ª Região – 2010) Segundo Frederich Carl Von Savigny há um direito próprio ao homem, o qual se determina pelo lugar de seu domicílio. A Lei de Introdução ao Código Civil (Dec-Lei 4.657/42) adota este critério para determinar, entre outras, as regras sobre:

(A) A capacidade da pessoa, inclusive a capacidade para suceder, as questões relativas à sucessão por morte, qualquer que seja a natureza e situação dos bens, as questões relativas aos bens móveis, as questões relativas a união estável;

(B) A capacidade da pessoa, excepcionando-se a capacidade para a sucessão, as questões relativas a invalidade matrimonial, as questões referentes aos regimes de bens, as questões relativas à atuação das pessoas jurídicas, e ao cumprimento das obrigações;

(C) O começo e o fim da personalidade, ao nome e a capacidade da pessoa, excepcionando-se a capacidade para suceder, a formação da relação contratual e seu cumprimento e as questões relativas à sucessão por ausência, qualquer que seja a natureza e situação dos bens;

(D) O começo e o fim da personalidade, ao nome e a capacidade da pessoa, o penhor, as questões relativas aos impedimentos matrimoniais e às causas de suspensão do matrimônio e as questões relativas à sucessão, quando os herdeiros ou beneficiários forem brasileiros.

A: assertiva incorreta, pois a qualificação dos bens (móveis e imóveis) e regulação das relações a eles concernentes) sujeitam-se, em regra, à lei do local em que estão localizados – art. 8º, caput, da LIDB. Somente excepcionalmente, no caso dos bens móveis, aplica-se a regra do domicílio do proprietário (em caso de trazer consigo bens móveis, de eles serem destinados a transporte, ou no caso do penhor) – art. 8º, §§ 1º e 2º, da LIDB. Por essa razão, discordamos do gabarito oficial, que indicava essa como correta; B: incorreta, pois não há exceção em relação à capacidade para a sucessão, invalidade matrimonial e regimes de bens, que seguem a regra do domicílio – arts. 7º, §§ 1º, 3º e 4º, e 10, § 2º, da LIDB; C: incorreta, pois a capacidade para suceder regula-se pela lei do domicílio do herdeiro ou legatário, e a sucessão por ausência subordina-se à lei do domicílio do desaparecido – art. 10, caput e § 2º, da LIDB; D: essa é a melhor alternativa, conforme os arts. 7º, caput, §§ 1º, e 10 da LIDB. A rigor, as questões relativas à sucessão se submetem à regra do domicílio, independentemente da nacionalidade dos herdeiros ou beneficiários. Em regra, aplica-se a lei do domicílio do falecido, qualquer que seja a natureza ou a situação dos bens. Excepcionalmente, a sucessão de bens de estrangeiros, situados no País, será regulada pela lei brasileira em benefício do cônjuge ou dos filhos brasileiros, ou de quem os represente, sempre que não lhes seja mais favorável a lei pessoal do de cujus. Gabarito "D".

(Magistratura Federal/3ª Região – 2010) Em relação ao ônus e à produção da prova no âmbito do direito internacional privado é correto afirmar, exceto:

(A) A prova dos fatos ocorridos em país estrangeiro rege-se pela lei que nele vigorar quanto ao ônus e aos meios de produzir-se, não se admitindo, porém, a produção de provas que a lei brasileira desconhece;

(B) Não se pode impor às partes o ônus de produzir a prova do teor e vigência da lei estrangeira, salvo quando por ela invocado;

(C) Não sendo a incidência do direito estrangeiro alegada pela parte, o Juiz não está autorizado a exigir a colaboração da parte, com fulcro no art. 337 do Código de Processo Civil;

(D) Entendendo o Juiz ser o caso de aplicação do direito estrangeiro, deverá intimar a parte a quem este beneficia a comprovar seu teor e vigência, sob pena de extinção do feito sem apreciação do mérito.

A: assertiva correta, pois reflete exatamente o disposto no art. 13 da LIDB; B e C: corretas. Se o juiz não conhecer a lei estrangeira aplicável, poderá exigir a prova do texto e da vigência de quem a invoca, nunca da outra parte – art. 14 da LIDB e art. 337 do CPC; D: assertiva incorreta, pois o juiz, caso entenda necessário, determinará à parte que invocou o direito estrangeiro que prove seu teor e sua vigência, e não, necessariamente à parte que pode ser beneficiada – art. 14 da LIDB e art. 337 do CPC. Ademais, a extinção do feito sem apreciação do mérito somente ocorrerá, no caso de omissão daquele que invocou o direito estrangeiro, se a norma alienígena for essencial para o deslinde da demanda – art. 267, III e IV, do CPC. Gabarito "D".

(Defensoria Pública da União – 2010 – CESPE) Com relação ao conflito de leis no espaço e aos elementos de conexão que viabilizam a sua resolução, julgue os itens a seguir.

(1) A regra geral, ante o conflito de leis no espaço, é a aplicação do direito pátrio, empregando-se o direito estrangeiro apenas excepcionalmente, quando isso for, expressamente, determinado pela legislação interna de um país.

(2) A lex damni, como espécie de elemento de conexão, indica que a lei aplicável deve ser a do lugar em que se tenham manifestado as consequências de um ato ilícito, para reger a obrigação de indenizar aquele que tenha sido atingido por conduta delitiva de outra parte em relação jurídica internacional.

1: assertiva correta. A aplicação da lei estrangeira se dá nos casos em que a legislação local fixa normas de Direito Internacional Privado para solução de conflitos de leis no espaço (caso da LIDB); 2: assertiva correta, pois indica uma regra possível para a identificação da lei aplicável, qual seja, o local do dano (elemento de conexão). Gabarito 1C, 2C.

(Defensoria Pública da União – 2010 – CESPE) No que diz respeito às fontes brasileiras de direito internacional e à aplicação do direito estrangeiro no Brasil, julgue os itens subsequentes.

(1) No Brasil, não se admite o costume como recurso de integração ao direito.

(2) A prova dos fatos ocorridos em país estrangeiro rege-se pela lei que nele vigorar, razão pela qual os tribunais brasileiros podem, excepcionalmente, admitir provas que a lei brasileira desconheça.

1: incorreta, pois o costume internacional é fonte do direito internacional aceita universalmente – ver o art. 38 do Estatuto da Corte Internacional de Justiça; 2: incorreta, pois os tribunais brasileiros jamais admitirão prova que a lei brasileira desconheça – art. 13, in fine, da LIDB. Gabarito 1E, 2E.

(FGV – 2010) O fenômeno da globalização na pós-modernidade tem gerado modelos normativos que surgem fora do padrão natural, de origem estatal ou mesmo de Organizações Internacionais, como a ONU, a OMC e a OMS. Um desses fenômenos pode ser identificado pela aplicação aos contratos internacionais dos:

(A) Princípios do UNIDROIT.
(B) Princípios da constituição.
(C) Princípios da lei.
(D) Princípios da rigidez.
(E) Princípios da globalidade.

A, B, C, D e E: o Instituto Internacional para a Unificação do Direito Privado – UNIDROIT – é uma organização intergovernamental que tem por função estudar as formas de harmonizar e de coordenar o direito internacional privado – em particular o direito comercial – entre estados e preparar gradualmente a adoção, pelos diversos estados, de uma legislação de direito internacional privado uniforme. Funciona por meio de reuniões periódicas de seus membros e de grupos de estudos especiais. Foi primeiramente fundado em 1926 como órgão auxiliar da Liga das Nações e depois restabelecido em 1940 por meio de um tratado multilateral que determinou seu Estatuto. Por fim, cabe ressaltar que as regras uniformes elaboradas pelo Instituto funcionam como tratados. Gabarito "A".

(CESPE – 2010) Em junho de 2009, uma construtora brasileira assina, na Cidade do Cabo, África do Sul, contrato de empreitada com uma empresa local, tendo por objeto a duplicação de um trecho da rodovia que liga a Cidade do Cabo à capital do país, Pretória. As contratantes elegem o foro da comarca de São Paulo para dirimir eventuais dúvidas. Um ano depois, as partes se desentendem quanto aos critérios técnicos de medição das obras e não conseguem chegar a uma solução amigável. A construtora brasileira decide, então, ajuizar, na justiça paulista, uma ação rescisória com o objetivo de colocar termo ao contrato. Com relação ao caso hipotético acima, é correto afirmar que

(A) o juiz brasileiro poderá conhecer e julgar a lide, mas deverá se basear na legislação brasileira, pois em litígios envolvendo brasileiros e estrangeiros aplica-se a lex fori.

(B) o juiz brasileiro poderá conhecer e julgar a lide, mas deverá basear sua decisão na legislação brasileira, pois um juiz brasileiro não pode ser obrigado a aplicar leis estrangeiras.

(C) o juiz brasileiro poderá conhecer e julgar a lide, mas deverá basear sua decisão na legislação sul-africana, pois os contratos se regem pela lei do local de sua assinatura.

(D) o Poder Judiciário brasileiro não é competente para conhecer e julgar a lide, pois o foro para dirimir questões em matéria contratual é necessariamente o do local onde o contrato é assinado.

A: incorreta. A *lex fori* não é aplicada em tais casos. A questão descreve situação de incidência da *locus regit actum*, ou seja, aplica-se a lei do país onde as obrigações foram constituídas (art. 9º, *caput*, da Lei de Introdução às Normas do Direito Brasileiro). É importante apontar que as obrigações surgem dos contratos, dos delitos e dos quase-delitos (crimes praticados com culpa – negligência, imprudência e imperícia). Mas em função do comércio internacional, os contratos adquirem grande destaque nas discussões do DIPr. E a regra do art. 9º, *caput*, tem por pressuposto que o local onde a obrigação foi constituída também será a sede da relação jurídica. Isso porque o DIPr tem por prática aplicar a lei do país-sede da relação jurídica – prática que permite aplicar a lei do local onde a relação jurídica está produzindo efeitos. Dito isso, pode-se afirmar que o juiz brasileiro poderá aplicar a lei nacional (*lex fori*), sem afrontar o art. 9º, quando um contrato constituído no estrangeiro for executado majoritariamente no Brasil. Por fim, deve-se dizer que o art. 9º da Lei de Introdução funciona como um limitador da autonomia da vontade, na medida em que determina que as obrigações serão reguladas pela lei do país onde forem constituídas. Ora, em tal quadro as partes não podem escolher a lei aplicável ao contrato constituído. Todavia, se a lei do país onde a obrigação foi constituída permitir a autonomia da vontade sobre a escolha da lei incidente ao contrato, permitida estará a escolha da lei aplicável pelas partes, sendo limitada apenas pela ordem pública do país-sede da execução do contrato; B: incorreta. Com a aplicação da regra de conexão é possível determinar o direito material que vai regular o caso com elemento de estraneidade. E esse direito indicado pela norma indireta do DIPr pode ser tanto o nacional como o estrangeiro. Ou seja, em determinadas situações o juiz brasileiro terá que aplicar o direito estrangeiro; C: correta. A assertiva reproduz corretamente o art. 9º, *caput*, da Lei de Introdução às Normas do Direito Brasileiro; D: incorreta. Como dito no comentário à assertiva "A", a regra do art. 9º, *caput*, tem por pressuposto que o local onde a obrigação foi constituída também será a sede da relação jurídica. Isso porque o DIPr tem por prática aplicar a lei do país-sede da relação jurídica – prática que permite aplicar a lei do local onde a relação jurídica está produzindo efeitos. Dito isso, pode-se afirmar que o juiz brasileiro poderá aplicar a lei nacional (*lex fori*), sem afrontar o art. 9º, quando um contrato constituído no estrangeiro for executado majoritariamente no Brasil. Ademais, quando se tratar de contratos **entre ausentes** (leia-se contratantes residentes em países diversos) aplica-se a lei do país onde residir o proponente – art. 9º, §2º, da Lei de Introdução às normas do Direito Brasileiro. É necessário recordar que o art. 9º, *caput*, é aplicado aos contratos internacionais **entre presentes** e determina que é a lei do local em que as obrigações foram constituídas que irá regulá-las. Gabarito "C".

(Magistratura Federal/1ª Região – 2009 – CESPE – adaptada) A respeito das normas de direito internacional privado estabelecidas na Lei de Introdução ao Código Civil, assinale a opção correta.

(A) O regime de bens obedece à lei do país em que os nubentes tiverem domicílio e, se este for diverso, à do último domicílio conjugal.

(B) Para qualificar os bens, aplicar-se-á a lei do país de que o proprietário for nacional.

(C) Compete à autoridade judiciária brasileira e, subsidiariamente, à do país em que for domiciliado o autor, conhecer das ações relativas a imóveis situados no Brasil.

(D) A dispensa expressa de homologação das sentenças meramente declaratórias do estado das pessoas foi revogada.

(E) A lei do domicílio do *de cujus* regula a capacidade para suceder.

A: incorreta, pois, em caso de diversidade de domicílios, aplica-se a lei do **primeiro** domicílio conjugal (não a do último, como consta da assertiva) – art. 7º, § 3º, da LIDB; B: incorreta, pois a qualificação dos bens submete-se à lei do local onde estão situados – art. 8º, *caput*, da LIDB; C: incorreta, pois a competência da autoridade judiciária brasileira é exclusiva, em relação a imóvel localizado no país – art. 12, § 1º, da LIDB; D: correta, pois a disposição do art. 15, parágrafo único, da LIDB, nesse sentido, foi revogada pela Lei 12.036/2009 (a assertiva foi adaptada); E: incorreta, pois a capacidade para suceder é regulada pela lei do domicílio do herdeiro ou legatário – art. 10, § 2º, da LIDB. Gabarito "D".

(Magistratura Federal – 4ª Região – XIII – 2008) Dadas as assertivas abaixo, assinalar a alternativa correta.

I. Dá-se reenvio de 3º grau no caso de conflito de regras de Direito Internacional que envolva quatro países.

II. Hipótese comum de conflito de regras de Direito Internacional ocorre quanto ao foro competente para os inventários e partilhas de bens situados no Brasil, pertencentes a estrangeiro.

III. São exemplos de regras de conexão ou elementos de conexão a *lex patriæ* (da nacionalidade), a *lex loci actus* (do local da realização do ato jurídico), a *lex voluntatis* (escolhida pelos contratantes), a *lex loci celebrationis* (do local da celebração do matrimônio).

IV. Para regular as relações concernentes aos bens, segundo as normas brasileiras de Direito Internacional, aplicar-se-á a lei do país em que estiverem situados.

(A) Está correta apenas a assertiva II.
(B) Estão corretas apenas as assertivas I e III.
(C) Estão corretas apenas as assertivas II e IV.
(D) Estão corretas apenas as assertivas I, III e IV.

I: o reenvio de 1º grau refere-se a dois países (legislação do país A remete à do país B, que reenvia para A), o reenvio de 2º grau refere-se a três países (legislação de A remete à de B, que reenvia para C), e o reenvio de 3º grau refere-se a quatro países (no exemplo anterior, a legislação de C remete à do país D) – o reenvio é, em princípio, vedado pela legislação brasileira (art. 16 da LIDB); II: não há conflito, em princípio, pois o foro é o do domicílio do falecido, qualquer que seja a natureza e a situação dos bens – art. 89, II, do CPC e art. 10, da LIDB, com a exceção de seu § 1º; III: a assertiva é verdadeira – arts. 7º a 11 da LIDB; IV: essa é a regra prevista no art. 8º, *caput*, da LIDB. Gabarito "D".

(Magistratura Federal – 1ª Região – 2005) Sobre o direito internacional privado pode-se afirmar que:

(A) direito internacional privado trata basicamente das relações humanas vinculadas a sistemas jurídicos autônomos e convergentes;

(B) direito uniforme espontâneo resulta de esforço comum de dois ou mais Estados no sentido de uniformizar certas instituições jurídicas;

(C) o direito internacional uniformizado é fruto de entendimentos entre Estados e que se concentram nas atividades econômicas de natureza internacional.

(D) a uniformização de normas disciplinadoras de comércio internacional é realizada por meio de acordos bilaterais, multilaterais, tratados e convenções, até onde isto seja aceitável para os países interessados.

A: o direito internacional privado fixa regras para determinação do sistema jurídico nacional aplicável a determinada relação jurídica (com relação à qual há, em princípio, sistemas jurídicos divergentes); B e C: como regra, cada Estado tem um sistema jurídico distinto daquele vigente nos demais países (sistemas jurídicos divergentes), no entanto, há possibilidade de direito uniforme espontâneo ou de direito uniformizado. Direito uniforme espontâneo refere-se à natural coincidência de normas jurídicas primárias, seja por conta de influência comum ou por adoção unilateral do direito positivo de um Estado por outro. Direito uniformizado decorre de acordo entre Estados com o intuito de uniformizar determinados institutos jurídicos; D: a assertiva reproduz a doutrina da Jacob Dolinger que, entretanto, não traz a enumeração. Gabarito "C".

3. ESTADO, SOBERANIA, TERRITÓRIO

(Magistratura Federal-5ª Região – 2011) O domínio público internacional refere-se a espaços de interesse geral pertencentes a todas as nações. A respeito desse assunto, assinale a opção correta com base nos tratados e convenções pertinentes.

(A) O espaço aéreo não é considerado domínio público internacional.

(B) A Antártica é considerada domínio público internacional cujo uso deve destinar-se a fins científicos e militares.

(C) Os espaços territoriais de domínio público internacional não se sujeitam à soberania de nenhum país.

(D) É juridicamente possível o domínio privado dos corpos celestes.

(E) Os rios internacionais, como, por exemplo, o Danúbio, na Europa, podem ser considerados de domínio público internacional.

A: incorreta, pois o Estado exerce soberania plena sobre o espaço aéreo acima de seu território e de seu mar territorial, inexistindo sequer direito de passagem inocente (Rezek). É livre a navegação aérea nas áreas não subordinadas a qualquer soberania estatal (alto-mar, incluindo polo norte e continente antártico); B: incorreta, pois o Tratado da Antártida (Washington/1959) prevê regime jurídico de não militarização para a Antártica, que só pode ser ocupada para fins pacíficos, como a pesquisa científica; C: incorreta, pois domínio público internacional refere-se a espaços cuja utilização suscita interesse de mais de um Estado soberano, ainda que sujeitos a determinada soberania (Rezek); D: incorreta, até porque o exercício dos direitos inerentes ao domínio é faticamente impossível, no caso. Segundo o Tratado sobre o Espaço Exterior (Nova Iorque/1967), o espaço extra-atmosférico e os corpos celestes são de acesso livre, insuscetíveis de apropriação ou anexação por qualquer Estado, e sua investigação e exploração devem ser feitas em benefício coletivo, com acesso geral às informações que a propósito se recolham (Rezek); E: essa é a assertiva correta. O regime jurídico dos rios internacionais de curso sucessivo (que atravessam mais de um Estado) ou limítrofes (que separam países) é casuístico. O Danúbio é considerado de domínio público internacional (ver comentário à alternativa "C"), pois, embora somente os Estados ribeirinhos administrem o rio, a navegação em suas águas é livre (Rezek). Gabarito "E".

(Magistratura Federal/3ª Região – 2010) O artigo 1º, inciso I, da Constituição Federal elenca entre os fundamentos da República Federativa do Brasil a soberania. Por seu turno o art. 4º, incisos I e V, da CF, prevê que nas suas relações internacionais a República Federativa do Brasil, reger-se-á, entre outros, pelos princípios da independência nacional e da igualdade entre os Estados, sendo, portanto, correto afirmar que:

(A) A norma estrangeira não pode ser aplicada no Brasil, sob pena de infringência à soberania nacional;

(B) A lei estrangeira, aplicada por força de dispositivo de direito internacional privado brasileiro, se equipara a legislação federal brasileira, para efeito de admissibilidade de recurso especial, quando contrariada ou lhe for negada vigência pelo Juiz nacional;

(C) Tratando-se de norma legitimamente expedida por Estado igualmente soberano, e aplicável em território nacional por força da autoridade do legislador federal, ela se incorpora à legislação federal, não podendo ter sua eficácia afastada;

(D) A legislação brasileira será eficaz fora dos limites do território nacional, por força do princípio da extraterritorialidade, quando a relação jurídica tiver por objeto interesses de cidadão brasileiro.

A: incorreta, pois o Direito Internacional Privado regula, exatamente, a aplicação da lei em caso de conflito espacial; B: assertiva correta – ver RE 93.131/MG; C: incorreta, pois não se trata de incorporação da legislação estrangeira à legislação federal, mas apenas de aplicação, conforme as normas do Direito Internacional Privado; D: incorreta, pois a aplicação da legislação brasileira em outro país depende da legislação interna desse Estado estrangeiro ou de previsão em tratado internacional firmado com esse Estado. Gabarito "B".

(Magistratura Federal/3ª Região – 2010) Em relação aos recursos naturais dos Estados é correto afirmar que:

(A) O Estado ao assumir controle unilateral de recurso natural comum a outro Estado não viola preceitos de direito internacional;

(B) A biosfera amazônica por alcançar além do Brasil outros Estados da América do Sul, como o Peru e a Colômbia, não pode ser considerada como recurso natural nacional, devendo ser compartilhada por todos os países;

(C) Os recursos petrolíferos existentes na plataforma continental além de duzentas milhas marítimas da linha de base podem ser explorados exclusivamente pelo Estado costeiro;

(D) Segundo o Direito Internacional os recursos naturais são próprios de cada Estado, compartilhados entre dois ou mais países ou pertencentes à comunidade internacional.

A: assertiva incorreta. O costume internacional e diversos tratados regulam o uso comum de recursos naturais, especialmente rios internacionais, vedado o controle unilateral; B: incorreta, pois o direito brasileiro reconhece o domínio da União e dos Estados sobre os bens localizados em seu território e não prevê, como regra, o compartilhamento com outros países – arts. 20 e 26 da CF; C: em princípio, a exploração econômica exclusiva garantida apenas até o limite de duzentas milhas a partir da linha de base (zona econômica exclusiva) – art. 57 da Convenção das Nações Unidas sobre o Direito do Mar de 1982 (Decreto 1.530/1995). Entretanto, reconhece-se a soberania do Estado sobre os recursos naturais da plataforma, desde que definida e reconhecida internacionalmente na forma dos arts. 76 e 77 da Convenção, até a distância máxima de 350 milhas marítimas; D: assertiva correta. Gabarito "D".

(Magistratura Federal/5ª Região – 2009 – CESPE) A CF deu especial destaque ao direito internacional público, ao dispor a respeito dos princípios que devem nortear as relações internacionais brasileiras. Supondo que um país vizinho da América do Sul decretasse a prisão de um ex-presidente ditador, após o devido processo legal, e os EUA diplomaticamente condenassem essa decisão por simpatizarem com o ex-dirigente, o Brasil deveria

(A) agir da mesma forma que os EUA, tendo em vista a importância desse país no mundo.

(B) interferir na decisão daquele país vizinho, a fim de garantir a sua hegemonia política na América Latina.

(C) respeitar a decisão do país sul-americano, tendo em vista o princípio da independência nacional e da igualdade entre os Estados.

(D) agir da mesma forma que os EUA, visando ao princípio da concessão de asilo político.

(E) condenar a prisão por ser ela contrária ao princípio da prevalência dos direitos humanos.

A: incorreta, pois o Brasil deve se reger, nas relações internacionais, pelos princípios da independência nacional, da autodeterminação dos povos e da igualdade entre os Estados – art. 4º, I, III e V, da CF; B e E: incorretas, pois o Brasil deve também observar o princípio da não intervenção – art. 4º, IV, da CF. Ademais, tendo sido observado o devido processo legal, não parece haver, em princípio, violação de direitos humanos; C: assertiva correta, conforme os comentários anteriores; D: incorreta, pois a questão não se refere a asilo político. Gabarito "C".

(Magistratura Federal/5ª Região – 2009 – CESPE) No âmbito do direito internacional, cada vez mais são debatidos temas ligados ao domínio público internacional, conjunto de espaços cujo uso interessa a mais de um Estado ou à sociedade internacional como um todo. Nesse sentido, não é tema de domínio público internacional

(A) o espaço aéreo.
(B) o espaço sideral.
(C) o continente antártico.
(D) a Internet.
(E) a Sibéria.

Todas as assertivas referem-se a temas relacionados ao domínio público internacional, com exceção da Sibéria, que é região da Rússia. Gabarito "E".

(Advogado da União/AGU – CESPE – 2009) No Brasil, a exploração de petróleo na chamada camada pré-sal vincula-se a importantes noções do direito do mar. O domínio marítimo de um país abrange as águas internas, o mar territorial, a zona contígua entre o mar territorial e o alto-mar, a zona econômica exclusiva, entre outros. A respeito do direito do mar, do direito internacional da navegação marítima e do direito internacional ambiental, julgue os próximos itens.

(1) Na zona econômica exclusiva (ZEE), os Estados estrangeiros não podem usufruir da liberdade de navegação nem nela instalar cabos e oleodutos submarinos.

(2) Segundo a Convenção de Montego Bay, Estados sem litoral podem usufruir do direito de acesso ao mar pelo território dos Estados vizinhos que tenham litoral.

1: incorreta, pois todos os outros Estados gozam, na zona econômica exclusiva, das liberdades de navegação e sobrevoo e de colocação de cabos e dutos submarinos, bem como de outros usos do mar internacionalmente lícitos, relacionados com as referidas liberdades, tais como os ligados à operação de navios, aeronaves, cabos e dutos submarinos e compatíveis com as demais disposições da Convenção das Nações Unidas sobre o Direito do Mar de 1982 (art. 58, § 1º); 2: assertiva correta, conforme o art. 125 da Convenção. Gabarito 1E, 2C.

(CESPE – 2009) No âmbito do direito internacional, a soberania, importante característica do palco internacional, significa a possibilidade de

(A) celebração de tratados sobre direitos humanos com o consentimento do Tribunal Penal Permanente.

(B) igualdade entre os países, independentemente de sua dimensão ou importância econômica mundial.

(C) um Estado impor-se sobre outro.

(D) a Organização da Nações Unidas dominar a legislação dos Estados participantes.

A, B, C e D: soberania é o poder exclusivo que o estado, representado geralmente pelo governo, detém de constituir direitos e impor deveres sobre um grupo de pessoas conjugadas num espaço terrestre delimitado pela jurisdição deste mesmo estado. Esse seria o âmbito interno da soberania, e como **âmbito externo pode-se indicar a condição de igualdade que todos os estados possuem na comunidade internacional**. "B". Gabarito

(CESPE – 2008) Considerando o sentido jurídico de território, tanto em direito internacional público quanto em direito constitucional, assinale a opção incorreta.

(A) Em sentido jurídico, o território nacional é mais amplo que o território considerado pela geografia política, pois abrange áreas físicas que vão além dos limites e das fronteiras ditadas por esta.

(B) O território nacional, em sentido jurídico, pode incluir navios e aeronaves militares, independentemente dos locais em que estejam, desde que em espaço internacional e sob a condição de que não se trate de espaço jurisdicional de outro país.

(C) O território nacional, em sentido jurídico, pode possuir contornos inexatos, conforme ocorre na delimitação da projeção vertical do espaço aéreo.

(D) O território, em sentido jurídico, pode ser mais ou menos abrangente, a depender de manifestações unilaterais dos Estados soberanos.

A: correta. A abrangência do espaço no qual o estado exerce sua soberania compreende o domínio terrestre (que compreende o solo e o respectivo subsolo do estado. E sua abrangência é determinada por limites (as ditas fronteiras), o domínio fluvial (que compreende os rios e demais cursos d'água que passam pelo território do estado), o domínio marítimo (que compreende as águas interiores, o mar territorial, a zona contígua, a zona econômica exclusiva e a plataforma continental) e o domínio aéreo (que compreende os ares situados acima do território e do mar territorial do estado); B: incorreta. O estado exerce jurisdição sobre o navio que arvora sua bandeira como também sobre as pessoas que neste se encontrem, além de exercê-la sobre os navios de seus nacionais. Lembrando que a bandeira serve para identificar a nacionalidade do navio. Pela teoria da territorialidade, os navios representam o prolongamento do domínio dos estados. Apesar das inúmeras críticas recebidas, essa teoria teve acolhida na Corte Permanente de Justiça Internacional (CPJI), pois no caso do *navio Lótus*, em 1927, o voto dos juízes teve por fundamentação essa teoria. Assim, o território nacional, em sentido jurídico, pode incluir navios e aeronaves militares, independentemente dos locais em que estejam e **sem nenhum condicionamento**; C: correta. O domínio aéreo de um estado compreende os ares situados acima de seu território e de seu mar territorial (percebe-se que não existe uma exata delimitação). Deste modo, o regime jurídico incidente no espaço aéreo de um estado é o mesmo da superfície subjacente. Com a diferença de não se permitir o direito de passagem inocente, o qual é tolerado no mar territorial. Todavia, a navegação aérea, civil ou militar, é livre sobre os espaços onde não incide qualquer soberania estatal: o alto-mar – incluindo o polo norte – e o continente antártico; D: correta. Os atos unilaterais dos estados não têm por base tratado ou costume prévios, mas sim a vontade estatal naquele momento. Ao longo da história tal expediente serviu de mecanismo para criação de normas internacionais, ou seja, a criação de direitos e de deveres deste Estado perante a sociedade internacional. Cite-se de exemplo a declaração, em 1945, do Presidente dos EUA, Truman, que indicava a jurisdição dos EUA sobre a Plataforma Continental, que logo após converteu-se em prática generalizada e deu origem a uma nova regra na seara do direito do mar. "B". Gabarito

(CESPE – 2007) A respeito do direito internacional do mar e sua recepção no direito brasileiro, assinale a opção incorreta.

(A) A zona contígua brasileira compreende uma faixa que se estende de 12 a 24 milhas marítimas, contadas a partir das linhas de base que servem para medir a largura do mar territorial.

(B) Em sua zona econômica exclusiva, o Brasil tem o direito exclusivo de regular a investigação científica marinha.

(C) É reconhecido aos navios de todas as nacionalidades o direito de passagem inocente no mar territorial brasileiro.

(D) O mar territorial brasileiro compreende uma faixa de duzentas milhas marítimas de largura, medidas a partir da linha de base.

A: correta. **A zona contígua trata-se de uma segunda faixa, a qual é adjacente ao mar territorial, e, em princípio, também de 12 milhas de largura**. No âmbito da zona contígua o estado costeiro também exerce soberania, destarte, poderá exercer seu poder de polícia e, assim, proceder à fiscalização no que concerne à alfândega, à imigração, à saúde e ainda à regulamentação dos portos e do trânsito pelas águas territoriais (art. 4º da Lei 8.617/93); B: correta. A zona econômica exclusiva é a zona situada além do mar territorial e a este adjacente – logo, se sobrepõe à zona contígua – e possui largura de duzentas milhas marítimas contadas da linha de base. Assim, se a largura for medida a partir do Mar Territorial, a ZEE terá 188 milhas marítimas de largura e se for medida a partir da linha de base, a ZEE vai ter 200 milhas marítimas de largura. **O estado costeiro também exerce direitos de soberania sobre a zona econômica exclusiva**. O artigo 56 da Convenção sobre Direito do Mar disciplina tais direitos, dentre os quais se destacam: **a)** exploração de recursos naturais vivos ou não vivos; **b)** exploração econômica de caráter abrangente, como, por exemplo, a produção de energia a partir da água, dos ventos etc.; **c)** investigação científica; **d)** proteção e preservação do meio marinho; **e)** instalação de ilhas artificiais etc. Em contrapartida, o estado costeiro tem que suportar os direitos dos outros estados, como, por exemplo, a navegação, o sobrevoo e a colocação de cabos ou dutos submarinos (art. 8º da Lei 8.617/93); C: correta. O mar territorial é a parte do mar compreendida entre a linha de base e o limite de 12 milhas marítimas na direção do mar aberto. No âmbito do mar territorial, o estado exerce soberania com algumas limitações. Deve-se dizer que essa soberania alcança não apenas as águas, mas também o leito do mar, o respectivo subsolo e ainda o espaço aéreo sobrejacente. Como adendo, é imperioso apontar que a doutrina é uniforme em defender que não existem limitações à soberania referentes ao espaço atmosférico acima do mar territorial. Como dito no subitem anterior, **a soberania sobre o mar territorial é mitigada pelo direito de passagem inocente, reconhecido em favor dos navios de qualquer estado**. Mas, deve-se atentar que esse direito deve ser exercido de maneira contínua e rápida, sob pena de configurar ato ilícito. Já os submarinos devem navegar na superfície e com o pavilhão arvorado. Ainda, tal soberania pode ser limitada em função de proteção ambiental. Por exercer soberania sobre o mar territorial, o estado costeiro poderá exercer poder de polícia para proceder à fiscalização aduaneira e sanitária como também à regulamentação dos portos e do trânsito pelas águas territoriais (art. 3º da Lei 8.617/93); D: incorreta, pois o mar territorial é a parte do mar compreendida entre a linha de base e o limite de 12 milhas marítimas na direção do mar aberto (art. 1º da Lei 8.617/93). "D". Gabarito

4. RELAÇÕES DIPLOMÁTICAS E CONSULARES

(FGV – 2011) A embaixada de um estado estrangeiro localizada no Brasil contratou um empregado brasileiro para os serviços gerais. No final do ano, não pagou o 13º salário, por entender que, em seu país, este não era devido. O empregado, insatisfeito, recorreu à Justiça do Trabalho. A ação foi julgada procedente, mas a embaixada não cumpriu a sentença. Por isso, o reclamante solicitou a penhora de um carro da embaixada.

Com base no relatado acima, o Juiz do Trabalho decidiu

(A) deferir a penhora, pois o Estado estrangeiro não goza de nenhuma imunidade quando se tratar de ações trabalhistas.

(B) deferir a penhora, pois a Constituição atribui competência à justiça brasileira para ações de execução contra Estados estrangeiros.

(C) extinguir o feito sem julgamento do mérito por entender que o Estado estrangeiro tem imunidade de jurisdição.

(D) indeferir a penhora, pois o Estado estrangeiro, no que diz respeito à execução, possui imunidade, e seus bens são invioláveis.

A, B, C e D: no plano internacional, os estados em si possuem imunidades e os agentes estatais, tanto do corpo diplomático como do consular, também a têm. A regra de imunidade jurisdicional do estado, na situação de pessoa jurídica de direito externo, existe há muito tempo no plano internacional e se consubstancia na não possibilidade do estado figurar como parte perante tribunal estrangeiro contra sua vontade (*par in parem non habet judicium*). Mais tarde, tal regra foi corroborada pelo princípio da igualdade soberana dos estados. No entanto, essa outrora absoluta imunidade vem sendo reconfigurada. A título de exemplo, aponta-se a Convenção Europeia sobre a imunidade dos Estados, concluída em Basileia e em vigor desde 1976, que exclui do âmbito da imunidade do estado as ações decorrentes de contratos celebrados e exequendos *in loco*. Dispositivo semelhante aparece no State Immunity Act, que se editou na Grã-Bretanha em 1978. Também se pode apontar a Convenção sobre as Imunidades dos Estados e seus Bens, adotada pela ONU, que tem por linha base a exclusão do âmbito de imunidade estatal as atividades de notável caráter econômico. No Brasil, por exemplo, o STF já decidiu que estado estrangeiro não tem imunidade em causa de natureza trabalhista. Percebe-se que a imunidade jurisdicional do estado estrangeiro passou de um costume internacional absoluto à matéria a ser regulada internamente por cada estado. Como panorama geral, pode-se dizer que a imunidade jurisdicional estatal não mais incidirá nos processos provenientes de relação jurídica entre o estado estrangeiro e o meio local – mais exatamente os particulares locais. Todavia, **os estados possuem imunidade de execução**, o que significa que não poderá ser decretada execução forçada – como, por exemplo, o sequestro, o arresto e o embargo – contra os bens de um estado estrangeiro. Essa imunidade é considerada absoluta, salvo se houver renúncia desse privilégio pelo próprio estado. Por fim, são também fisicamente invioláveis os locais da missão diplomática **com todos os bens ali situados**, assim como os locais residenciais utilizados pelo quadro diplomático e pelo quadro administrativo e técnico. Por todo o dito, podemos afirmar que a assertiva "D" é a correta. "D". Gabarito

(MAGISTRATURA DO TRABALHO – 1ª REGIÃO – 2010 – CESPE) As missões diplomáticas e as chancelarias são importantes órgãos das relações entre os Estados soberanos. Acerca de agentes diplomáticos, é correto afirmar que

(A) são designados pelo Estado de envio ou Estado acreditado.
(B) possuem imunidades perante a jurisdição local, já que podem ser retirados a qualquer tempo por ato unilateral do Estado acreditado.
(C) não podem figurar em processos criminais como réus nas jurisdições locais, embora sejam obrigados a fazê-lo como testemunha.
(D) os Estados acreditados têm poder discricionário quanto à aceitação de chefes de missão diplomática, podendo deixar de conceder o *agreement*.
(E) núncios apostólicos são agentes diplomáticos atípicos, pois, como sacerdotes, não possuem imunidades previstas na Convenção de Viena de 1961 sobre relações diplomáticas.

A: incorreta, pois o Estado que envia o agente diplomático é designado *acreditante*. O Estado que recebe o agente diplomático estrangeiro é o *acreditado* – art. 3º, *a*, da Convenção de Viena sobre Relações Diplomáticas de 1961 (Decreto 56.435/1965); B: incorreta, pois a imunidade de jurisdição decorre do costume internacional e, especialmente, da garantia fixada pelo art. 31 da Convenção de Viena de 1961. Ou seja, não há relação com a possibilidade de os agentes diplomáticos deixarem o Estado acreditado, o que é desnecessário para garantir a imunidade; C: incorreta, pois o agente diplomático não é, tampouco, obrigado a prestar depoimento como testemunha – art. 31, § 2º, da Convenção de Viena de 1961; D: assertiva correta, conforme o art. 4º da Convenção de Viena de 1961; E: incorreta, pois o núncio apostólico é agente diplomático da Santa Sé, com todas as garantias da Convenção de Viena de 1961 – art. 14, § 1º, *a*. Gabarito "D".

(Procurador Federal – 2010 – CESPE) Um diplomata brasileiro, servindo em um Estado estrangeiro, contraiu empréstimo em um banco oficial desse Estado, a fim de quitar dívidas escolares de seu filho, que com ele reside e dele depende financeiramente, mas não pagou a dívida. A partir dessa situação hipotética, julgue os itens seguintes.

(1) Em virtude do não pagamento da dívida, o diplomata brasileiro pode ser declarado *persona non grata* pelo Estado estrangeiro, desde que seja previamente submetido ao devido processo legal.
(2) O Estado brasileiro pode ser responsabilizado internacionalmente, em tribunal internacional, em virtude do não pagamento da dívida pelo diplomata.
(3) Se o filho em questão tiver nascido no referido Estado estrangeiro, ele será brasileiro nato, desde que venha a residir na República Federativa do Brasil e opte, em qualquer tempo, pela nacionalidade brasileira.

1: incorreta, pois o Estado acreditante pode declarar que o agente diplomático é *persona non grata* a qualquer momento, sem justificar a decisão, nem, muito menos, observar o devido processo legal – art. 9º, § 1º, da Convenção de Viena de 1961; 2: correta, pois, apesar da imunidade do agente diplomático em relação à jurisdição do Estado acreditado, isso não impede que o Estado acreditante seja responsabilizado internacionalmente; 3: incorreta, pois o nascido no exterior, filho de brasileiro que esteja a serviço do Brasil, é brasileiro nato, independentemente de residência em nosso país ou de opção pela nacionalidade – art. 12, I, *b*, da CF. Gabarito 1E, 2C, 3E.

(FGV – 2010) Empédocles, brasileiro, mecânico, resolve viajar para país estrangeiro, com o intuito velado de imigrar, buscando trabalho. Ele adquire passagem de companhia aérea, com sede no país de destino e não declarou seu verdadeiro intuito. Na imigração do país de origem é surpreendido pelo questionário-padrão realizado pelas autoridades locais, que não se convencem de suas declarações quanto à permanência no país como turista. Por força dessa circunstância, impedem a permanência de Empédocles e realizam seu retorno no primeiro vôo seguinte à sua chegada.

A esse respeito, analise as afirmativas a seguir.

I. Os países têm poder de império para controlar a entrada e a saída de pessoas dos seus territórios.
II. No caso presente, qualquer ação de indenização em território brasileiro estaria obstaculizada pela imunidade de Jurisdição.
III. Pelas regras costumeiras, o passageiro poderia propor ação indenizatória em face da empresa de transporte aéreo e do país estrangeiro, no Brasil.

Assinale:
(A) se somente a afirmativa II estiver correta.
(B) se somente as afirmativas I e II estiverem corretas.
(C) se somente as afirmativas I e III estiverem corretas.
(D) se somente as afirmativas II e III estiverem corretas.
(E) se todas as afirmativas estiverem corretas.

I: correta. Todo estado tem a prerrogativa de decidir sobre a conveniência da entrada ou não de estrangeiro em seu território nacional. A deportação não deve ser confundida com o impedimento à entrada de estrangeiro, que ocorre quando não forem cumpridas as exigências necessárias para o ingresso. E deportação é a saída compulsória, do território nacional, do estrangeiro que ingressou irregularmente, ou cuja presença tenha se tornado irregular – quase sempre por expiração do prazo de permanência, ou por exercício de atividade não permitida, como, por exemplo, trabalho remunerado no caso do turista. A medida não é exatamente punitiva, nem deixa sequelas; II: correta. A regra de imunidade jurisdicional do estado, na condição de pessoa jurídica de direito externo, existe há muito tempo no plano internacional e se consubstancia na não possibilidade do estado figurar como parte perante tribunal estrangeiro contra sua vontade (*par in parem non habet judicium*). Mais tarde, tal regra foi corroborada pelo princípio da igualdade soberana dos estados. No entanto, essa outrora absoluta imunidade vem sendo reconfigurada. A título de exemplo, aponta-se a Convenção Europeia sobre a imunidade dos Estados, concluída em Basileia e em vigor desde 1976, que exclui do âmbito da imunidade do estado as ações decorrentes de contratos celebrados e exequendos *in loco*. Dispositivo semelhante aparece no State Immunity Act, que se editou na Grã-Bretanha em 1978. Também pode-se apontar a Convenção sobre as Imunidades dos Estados e seus Bens, adotada pela ONU, que tem por linha-base a exclusão do âmbito de imunidade estatal as atividades de notável caráter econômico. No Brasil, por exemplo, o STF já decidiu que estado estrangeiro não tem imunidade em causa de natureza trabalhista. Percebe-se que a imunidade jurisdicional do estado estrangeiro passou de um costume internacional absoluto a matéria a ser regulada internamente por cada estado. Como panorama geral, pode-se dizer que a imunidade jurisdicional estatal não mais incidirá nos processos provenientes de relação jurídica entre o estado estrangeiro e o meio local – mais exatamente os particulares locais; III: incorreta. Reler o comentário à assertiva anterior. E não existe regra costumeira que balize alguma ação de indenização contra empresa de transporte aéreo nessas condições. Gabarito "B".

(Magistratura do Trabalho – 23ª Região – 2009) Analise as proposições abaixo e marque a alternativa CORRETA:

I. O agente diplomático gozará de imunidade de jurisdição penal, civil e administrativa do Estado acreditado inclusive quanto às ações reais sobre imóveis privados.
II. O agente diplomático, quando intimado, deverá prestar depoimento como testemunha.
III. O consentimento dado para o estabelecimento de relações diplomáticas entre dois Estados implicará o consentimento para o estabelecimento de relações consulares, salvo indicação em contrário.

(A) Apenas o item I é verdadeiro.
(B) Apenas o item II é verdadeiro.
(C) Apenas o item III é verdadeiro.
(D) Todos os itens são verdadeiros.
(E) Todos os itens são falsos.

I: incorreta, pois a imunidade de jurisdição em favor do agente diplomático não abrange as ações reais relativas a imóveis privados situados no território do Estado acreditado, salvo se o agente diplomático o possuir por conta do Estado acreditante para os fins da Missão – art. 31, § 1º, *a*, da Convenção de Viena de 1961; II: incorreta, pois o agente diplomático não é obrigado a prestar depoimento como testemunha – art. 31, § 2º, da Convenção de Viena de 1961; III: assertiva correta, pois reflete o disposto no art. 2º, § 2º, da Convenção de Viena sobre Relações Consulares de 1963 (Decreto 61.078/1967). Gabarito "C".

(CESPE – 2008) Acerca do que dispõe a Convenção de Viena sobre relações diplomáticas, assinale a opção incorreta.

(A) Os locais onde se estabelece missão diplomática são invioláveis.
(B) Qualquer membro de uma missão diplomática pode ser declarado *persona non grata* pelo Estado acreditado, sem que este precise apresentar qualquer justificativa.
(C) O agente diplomático goza de isenção de impostos e taxas, havendo exceções a esse respeito.
(D) A mala diplomática não pode ser aberta, exceto nos casos de fundada suspeita de tráfico ilícito de entorpecentes ou atividade terrorista.

A: correta, pois reflete a redação do art. 22, ponto 1, da Convenção de Viena sobre Relações Diplomáticas; B: correta, pois reflete a redação do art. 9°, ponto 1, da Convenção de Viena sobre Relações Diplomáticas; C: correta, pois reflete a redação do art. 23, pontos 1 e 2, da Convenção de Viena sobre Relações Diplomáticas; D: incorreta, pois a mala diplomática não poderá ser aberta ou retida em qualquer circunstância (art. 27, ponto 3, da Convenção de Viena sobre Relações Diplomáticas). **Gabarito "D".**

(Magistratura Federal – 5ª Região – 2007 – CESPE) Julgue os seguintes itens.

(1) Tanto o diplomata quanto o cônsul representam o Estado de origem para o trato bilateral dos assuntos de Estado.

(2) É pacífico, no campo doutrinário, o entendimento quanto à inexistência de personalidade jurídica de direito internacional dos indivíduos.

(3) No direito internacional público, os Estados possuem personalidade jurídica originária e as organizações internacionais, personalidade jurídica derivada.

(4) Segundo a Constituição de 1988, a República Federativa do Brasil deve buscar a integração dos povos da América Latina, com vistas à formação de uma comunidade latino-americana de nações.

(5) No âmbito de uma missão diplomática, apenas o chefe da missão goza de imunidade de jurisdição penal e civil.

1: Os agentes diplomáticos representam o país para assuntos de Estado e relativos aos seus bens – art. 3° da Convenção de Viena sobre Relações Diplomáticas. Os agentes consulares representam o país no que se refere aos interesses privados de seus nacionais – art. 5° da Convenção de Viena sobre Relações Consulares. 2: Há divergência doutrinária a respeito da existência de personalidade jurídica internacional dos indivíduos e das empresas. Especificamente quanto aos indivíduos, é forte o entendimento de que são sujeitos de direitos internacionais relativamente à proteção dos direitos humanos (conforme Cançado Trindade). 3: Os Estados soberanos e a Santa Sé têm personalidade jurídica originária, enquanto os organismos internacionais, formados a partir da vontade dos Estados, têm personalidade jurídica derivada. 4: Art. 4°, parágrafo único, da CF. 5: Todos os agentes diplomáticos gozam de imunidade penal e civil (há restrições no caso da civil), nos termos dos arts. 31 e 37, § 2°, da Convenção de Viena de 1961. **Gabarito 1C, 2E, 3C, 4C, 5E.**

(Magistratura do Trabalho – 23ª Região – 2006) Em relação à imunidade do agente diplomático, analise as afirmativas abaixo e assinale a resposta correta:

(A) a imunidade de jurisdição de um agente diplomático no Estado acreditado prorroga-se por todo o território internacional, inclusive no Estado acreditante;

(B) gozará, apenas, da imunidade de jurisdição penal do Estado acreditado;

(C) o Estado acreditante não poderá renunciar à imunidade de jurisdição dos seus agentes diplomáticos;

(D) o agente diplomático gozará da imunidade de jurisdição penal do Estado acreditado. Gozará, também, da imunidade de jurisdição civil e administrativa, a não ser que se trate de uma ação referente a qualquer profissão liberal ou atividade comercial exercida pelo agente diplomático no Estado acreditado fora de suas funções oficiais;

(E) nenhuma das alternativas acima está correta.

A: a imunidade refere-se apenas à jurisdição do país acreditado – art. 31, 1 e 4 da Convenção de Viena de 1961; B e D: o agente diplomático gozará também de imunidade de jurisdição civil e administrativa, com restrições – art. 31, 1, da Convenção de Viena de 1961; C: o Estado acreditante pode renunciar à imunidade – art. 32 da Convenção de Viena de 1961. **Gabarito "D".**

(Magistratura do Trabalho – 18ª Região – 2006) De acordo com a Convenção de Viena sobre Relações Consulares, celebrada em 24 de abril de 1963, assinale a alternativa incorreta:

(A) A ruptura das relações diplomáticas acarretará *ipso facto* a ruptura das relações consulares.

(B) Uma repartição consular não poder ser estabelecida no território do Estado receptor sem seu consentimento.

(C) Os chefes de repartição consular se dividem em quatro categorias, que são cônsules-gerais, cônsules, vice-cônsules e agentes consulares.

(D) "Exequatur" é o nome da autorização emitida pelo Estado receptor, que admite o chefe da repartição consular no exercício de suas funções.

(E) Os funcionários consulares só poderão ser escolhidos dentre os nacionais do Estado receptor com o consentimento expresso desse Estado, o qual poderá retirá-lo a qualquer momento.

A: as atividades consulares (administrativas, relativas a interesses privados) não se confundem com as diplomáticas (relativas a assuntos de Estado e aos seus bens), de modo que a ruptura das relações diplomáticas não implica necessariamente ruptura das relações consulares – art. 2°, 3, da Convenção de Viena de 1963; B: art. 2°, 1, da Convenção – o estabelecimento de relações consulares depende de consentimento mútuo; C: art. 9°, 1, da Convenção; D: art. 12 da Convenção; E: art. 22, 2, da Convenção – o mesmo direito de o Estado receptor retirar funcionário se aplica no caso deste ser nacional de terceiro Estado (e não nacional do Estado que envia – art. 22, 3, da Convenção). **Gabarito "A".**

5. NACIONALIDADE, NATURALIZAÇÃO E CIDADANIA

(CESPE – 2009) No que concerne à perda e à reaquisição da nacionalidade brasileira, assinale a opção correta.

(A) Em nenhuma hipótese, brasileiro nato perde a nacionalidade brasileira.

(B) Brasileiro naturalizado que, em virtude de atividade nociva ao Estado, tiver sua naturalização cancelada por sentença judicial só poderá readquiri-la mediante ação rescisória.

(C) Eventual pedido de reaquisição de nacionalidade feito por brasileiro naturalizado será processado no Ministério das Relações Exteriores.

(D) A reaquisição de nacionalidade brasileira é conferida por lei de iniciativa do presidente da República.

A: incorreta. O §4° do artigo 12 traz duas situações em que o brasileiro perderá sua nacionalidade. **Em uma delas (inciso II), a extinção do vínculo patrial pode atingir tanto o brasileiro nato quanto o naturalizado,** bastando para isso que adquira outra nacionalidade, por naturalização voluntária. Tal possibilidade admite duas exceções, uma é no caso de a lei estrangeira reconhecer a nacionalidade originária, a outra é quando a lei estrangeira impõe a naturalização ao brasileiro residente em estado estrangeiro como condição para permanência em seu território ou para o exercício de direitos civis; B: correta. O §4° do artigo 12 traz duas situações em que o brasileiro perderá sua nacionalidade. Em uma delas (inciso I), apenas o brasileiro naturalizado poderá perder sua nacionalidade. Isso ocorrerá quando a naturalização for cancelada, por sentença judicial, pelo exercício de atividade contrária ao interesse nacional. Nesse caso, só é possível readquirir a nacionalidade brasileira por meio de ação rescisória. Lembrando que a ação rescisória somente é cabível quando a sentença judicial já estiver transitada em julgado; C: incorreta. Segue a redação do art. 36, § 1°, da Lei 818/49: "O pedido de reaquisição, dirigido a Presidente da República, será processado no Ministério da Justiça e Negócios Interiores, ao qual será encaminhado por intermédio dos respectivos Governadores, se o requerente residir nos Estados ou Territórios"; D: incorreta, pois a reaquisição de nacionalidade brasileira é conferida por **decreto** do presidente da República (art. 36, *caput*, da Lei 818/49). **Gabarito "B".**

(Magistratura Federal – 4ª Região – XIII – 2008) Dadas as assertivas abaixo, assinalar a alternativa correta.

I. A formulação de pedido de naturalização, cujo exame pela administração esteja atrasado, impede a deportação do estrangeiro com visto de permanência vencido.

II. A naturalização pode ser requerida diretamente na Justiça Federal, em procedimento de jurisdição voluntária.

III. O processo de naturalização somente se conclui com a entrega do respectivo certificado ao estrangeiro, privativa de juiz federal.

IV. A naturalização extraordinária ocorre pelo simples implemento do prazo, sendo dispensável qualquer procedimento administrativo para sua consecução.

(A) Está correta apenas a assertiva I.
(B) Estão corretas apenas as assertivas I e III.
(C) Estão corretas apenas as assertivas II e IV.
(D) Estão corretas apenas as assertivas II, III e IV.

I: arts. 57, 115 e 122 da Lei 6.815/1980; II: o pedido de naturalização é formulado ao Ministro da Justiça – art. 115 da Lei 6.815/1980; III: art. 109, X, da CF e arts. 119, *caput*, *in fine*, e art. 122, ambos da Lei 6.815/1980; IV: toda naturalização depende de requerimento, inclusive a extraordinária – art. 12, II, *b*, da CF. **Gabarito "B".**

(FGV – 2008) O critério adotado pelo direito brasileiro para atribuir a nacionalidade é:

(A) o do *jus soli*, com exceções.
(B) o do *jus sanguinis*, com exceções.
(C) o do *jus soli*, sem exceções.
(D) o do *jus sanguinis*, sem exceções.
(E) critério misto: *jus soli* e *jus sanguinis*.

A, B, C, D, E: a nacionalidade é o vínculo político existente entre o estado soberano e o indivíduo. O artigo 15 da Declaração Universal dos Direitos Humanos determina que nenhum estado pode arbitrariamente retirar do indivíduo sua nacionalidade ou seu direito de mudar de nacionalidade. E o artigo 20 da Convenção Americana sobre Direitos Humanos, celebrada em São José da Costa Rica, dispõe que toda pessoa tem direito à nacionalidade do estado em cujo território houver nascido, se não tiver direito a outra. Pela redação desses dois diplomas fica claro que o ordenamento internacional combate a apatridia. Lembremos que *apátrida é a condição de indivíduo que não possui qualquer nacionalidade*. A nacionalidade será *originária* quando provier do nascimento, e *adquirida* quando resultar de alteração de nacionalidade. **E poderá ser a do estado de nascimento (*jus soli*) ou a de seus pais (*jus sanguinis*)**. No Brasil, o critério adotado é o *jus soli*, todavia existem exceções que utilizam o critério *jus sanguinis* (art. 12, I, b e c, da CF). Gabarito "A".

(Magistratura Federal – 5ª Região – 2007 – CESPE) Acerca de nacionalidade e da condição jurídica do estrangeiro no Brasil, julgue os próximos itens.

(1) Tem validade imediata no Brasil o divórcio realizado na Itália entre um italiano e uma brasileira, desde que o casamento também tenha ocorrido na Itália, tão logo ocorra o respectivo registro do evento no Consulado Brasileiro em Milão.
(2) Podem naturalizar-se os estrangeiros, de qualquer nacionalidade, residentes na República Federativa do Brasil há mais de quinze anos ininterruptos e sem condenação penal, desde que requeiram a nacionalidade brasileira.
(3) De acordo com o que dispõe o direito internacional, a deportação é uma forma de exclusão de estrangeiro que tenha ingressado de forma irregular no país ou cuja estada tenha se tornado irregular, ficando este estrangeiro impedido de retornar mesmo após sanada a irregularidade que provocou a deportação.

1: O divórcio, para ser reconhecido, precisa ser homologado no Brasil – art. 7º, § 6º, da LIDB, Resolução 9/STJ. 2: Essa é a naturalização extraordinária prevista no art. 12, II, *b*, da CF. No caso da naturalização ordinária, o período de residência exigido é de no mínimo quatro anos – art. 112, III, da Lei 6.815/1980, observadas as demais condições descritas no dispositivo legal. 3: O estrangeiro poderá retornar desde que solucione a irregularidade, restitua as despesas com a deportação e pague eventual multa exigida – art. 64 da Lei 6.815/1980. Gabarito 1E, 2C, 3E.

(Procurador da Fazenda Nacional – 2007 – ESAF) Roberto nasceu na cidade francesa de Nice. Sua mãe é argelina descendente de franceses. Seu pai, no entanto, é brasileiro, e trabalhava na França para uma empresa brasileira quando Roberto nasceu. Aos 22 anos, Roberto passou a residir no Brasil e, após dois anos, veio a optar pela nacionalidade brasileira, em janeiro de 2007. Tendo em vista o requerimento da nacionalidade brasileira por parte de Roberto, assinale a opção correta à luz da Constituição Federal de 1988.

(A) Roberto deve ter seu pedido deferido e, nesse caso, adquirirá a nacionalidade brasileira, passando a ser brasileiro naturalizado.
(B) Roberto deve ter seu pedido deferido e, nesse caso, será considerado brasileiro nato.
(C) Roberto não poderá ter seu pedido deferido porque é estrangeiro e, por isso, precisaria residir no Brasil por período superior a quinze anos para obter a nacionalidade brasileira, além de ter de cumprir outros requisitos.
(D) Roberto não poderá ter seu pedido deferido porque não estabeleceu residência no Brasil antes de completar a maioridade civil.
(E) Por ser filho de brasileiro, Roberto é brasileiro nato e o reconhecimento dessa condição independe da sua manifestação de vontade.

O filho de pai ou mãe brasileira nascido no exterior, que venha a residir no Brasil e opte pela nacionalidade brasileira, a qualquer tempo, após a maioridade, é considerado brasileiro nato (art. 12, I, *c*, da CF). Gabarito "B".

(Defensoria Pública da União – 2007 – CESPE) A nacionalidade, vínculo jurídico que faz da pessoa um dos elementos componentes da dimensão pessoal do Estado, distingue-se da cidadania, condição pela qual um indivíduo possui o gozo e o exercício dos direitos políticos. Há diferentes formas e critérios de aquisição da nacionalidade. Com relação à condição de nacional e de estrangeiro a ser submetido ao processo de naturalização, julgue os itens seguintes.

(1) A nacionalidade do indivíduo pode ser originária ou adquirida. No Brasil, não há distinção de direitos em razão do tipo de nacionalidade.
(2) Nos termos da legislação infraconstitucional, um estrangeiro pode adquirir a nacionalidade brasileira mesmo que não saiba falar nem escrever em português.

1: Somente brasileiros natos (nacionalidade originária) podem ocupar determinados cargos (Presidente da República, Ministro do STF, Oficial das Forças Armadas, Diplomata etc.) – art. 12, § 3º, da CF. 2: É preciso falar e escrever em português, consideradas as condições do naturalizando – art. 112, IV, da Lei 6.815/1980. Gabarito 1E, 2E.

(Magistratura Federal – 1ª Região – 2005) Sobre a nacionalidade e a cidadania, assinale a opção verdadeira:

(A) a dimensão horizontal é a ligação do indivíduo com o Estado a que pertence, que lembra a relação do vassalo com o seu suserano, e que contém uma série de obrigações do indivíduo para com o Estado.
(B) a cidadania acentua o aspecto internacional, ao distinguir entre nacionais e estrangeiros, enquanto que a nacionalidade valoriza o aspecto nacional.
(C) a nacionalidade é geralmente definida como o vínculo jurídico-político que liga o indivíduo ao Estado, ou, em outras palavras, o elo entre a pessoa física e um determinado Estado.
(D) a nacionalidade primária ou originária ocorre por via da naturalização, isto é, voluntária ou em tempos idos, também imposta e, em certos países, por meio do casamento.

A: essa relação entre o indivíduo e o Estado a que pertence é vertical, subordinada; B: ao contrário, cidadania refere-se aos direitos políticos e deveres do indivíduo em relação ao seu país, o que acentua o aspecto nacional indicado na alternativa, enquanto a nacionalidade valoriza o aspecto internacional; C: essa é a lição de Jacob Dolinger; D: a nacionalidade primária ou originária surge com o nascimento e é, portanto, involuntária – a nacionalidade secundária decorre da vontade (i.e. naturalização). Gabarito "C".

(Magistratura do Trabalho – 7ª Região – 2005) Nos termos da Constituição da República Federativa do Brasil são brasileiros naturalizados:

(A) os que, na forma de lei complementar, adquiram a nacionalidade brasileira, exigidas aos originários de países de língua portuguesa apenas residência por um ano ininterrupto.
(B) os que, na forma de lei, adquiram a nacionalidade brasileira, exigidas aos originários de países de língua portuguesa comprovação de idoneidade moral e de inexistência de condenação penal com trânsito em julgado.
(C) os estrangeiros de qualquer nacionalidade residentes na República Federativa do Brasil há mais de quinze anos ininterruptos e sem condenação penal, desde que requeiram a nacionalidade brasileira.
(D) os portugueses com residência permanente no País, se houver reciprocidade em favor de brasileiros, a quem são atribuídos todos os direitos inerentes a brasileiros, sem limitações, exceto o exercício de cargos de chefia no executivo, no legislativo e no judiciário.
(E) todos quantos requeiram a nacionalidade brasileira, a qualquer tempo, e sem limitações substanciais, dado que nosso texto constitucional não estabelece distinções entre brasileiros natos e naturalizados.

A, B e E: brasileiros naturalizados são os que adquiram a nacionalidade brasileira na forma da lei (ordinária, não complementar – Lei 6.815/1980) sendo que, no caso dos estrangeiros originários de países de língua portuguesa, exige-se apenas residência por um ano ininterrupto e idoneidade moral – art. 12, II, *a*, da CF; C: a assertiva descreve a naturalização extraordinária, prevista no art. 12, II, *b*, da CF; D: há diversas limitações, pois há outros cargos que somente podem ser ocupados por brasileiros natos, além dos chefes do Executivo, Legislativo e Judiciário – art. 12, §§ 1º e 3º, da CF. Gabarito "C".

(CESPE – 2004) De acordo com a Constituição Federal, ocorrerá a perda da nacionalidade brasileira quando

(A) o brasileiro residente no exterior adquirir outra nacionalidade, por naturalização voluntária.

(B) a brasileira residente no exterior contrair matrimônio com estrangeiro.

(C) a brasileira naturalizada residente no Brasil divorciar-se do cônjuge brasileiro.

(D) o brasileiro tiver reconhecida outra nacionalidade originária por Estado estrangeiro que adota o critério do *jus sanguinis*.

A, B, C e D: o §4º do artigo 12 traz duas situações em que o brasileiro perderá sua nacionalidade. **Em uma delas (inciso II), a extinção do vínculo patrial pode atingir tanto o brasileiro nato quanto o naturalizado, bastando para isso que adquira outra nacionalidade, por naturalização voluntária.** Tal possibilidade admite duas exceções, uma é no caso de a lei estrangeira reconhecer a nacionalidade originária, a outra é quando a lei estrangeira impõe a naturalização ao brasileiro residente em estado estrangeiro como condição para permanência em seu território ou para o exercício de direitos civis. Na outra opção (inciso I), apenas o brasileiro naturalizado poderá perder sua nacionalidade. Isso ocorrerá quando a naturalização for cancelada, por sentença judicial, pelo exercício de atividade contrária ao interesse nacional. Gabarito "A".

6. VISTOS, EXTRADIÇÃO, EXPULSÃO, DEPORTAÇÃO

(FGV – 2011) Roberta Caballero, de nacionalidade argentina, está no Brasil desde 2008, como correspondente estrangeira do jornal "El Diário", sediado em Buenos Aires. Roberta possui visto temporário, válido por quatro anos. Em 2011, pouco antes do vencimento do visto, Roberta recebe um convite do editor de um jornal brasileiro, sediado em São Paulo, para ali trabalhar na condição de repórter, sob sua supervisão, mediante contrato de trabalho.

Para continuar em situação regular, é correto afirmar que Roberta

(A) deverá transformar seu visto temporário VI (correspondente estrangeiro) em visto temporário V (mão de obra estrangeira) e requerer autorização de trabalho a estrangeiro com vínculo empregatício.

(B) não poderá aceitar o emprego, pois a Constituição Federal, em seu artigo 222, veda a atuação de repórteres estrangeiros em qualquer meio de comunicação social.

(C) deverá apenas renovar, a cada quatro anos, o visto temporário VI (correspondente estrangeiro), pois pessoas de nacionalidade de países do Mercosul não precisam de autorização de trabalho.

(D) deverá renovar, a cada quatro anos, o visto temporário VI (correspondente estrangeiro) e requerer autorização de trabalho a estrangeiro com vínculo empregatício.

A: correta. Para ingressar no Brasil, o estrangeiro deverá ser portador de documento de viagem reconhecido pelo governo brasileiro, de Certificado Internacional de Imunização, quando exigido, e de visto de entrada concedido por Missões Diplomáticas, Repartições Consulares de carreira, Vice-Consulados e, quando autorizados pela Secretaria de Estado das Relações Exteriores (SERE), pelos Consulados Honorários. Os casos de dispensa de visto, por força de acordo firmado com base na reciprocidade, são indicados no Quadro de Regime de Vistos. As solicitações de visto devem ser feitas no exterior diretamente às Repartições Consulares. Os vistos de entrada são classificados em função da natureza da viagem e da estada no Brasil em: a) visto diplomático – VIDIP; b) visto oficial – VISOF; c) visto de cortesia – VICOR; d) visto de turista – VITUR; e) visto de trânsito – VITRA; f) visto temporário – VITEM; e g) visto permanente – VIPER. E os vistos temporários (VITEM) subdividem-se, em função da atividade a ser desempenhada no País, em: a) VITEM I - para missões culturais, de pesquisa ou estudos, e de assistência social, quando não contempladas pelo VITEM V; b) VITEM II – em viagem de negócios, assistência técnica e adoções; c) VITEM III - para artistas e desportistas; d) VITEM IV - para estudantes e bolsistas de instituições de ensino brasileiras, inclusive as de formação religiosa; e) VITEM V - para profissionais sob regime de contrato com empresa no Brasil ou com órgão do governo; f) VITEM VI - para correspondentes de meios de comunicação estrangeiros; e g) VITEM VII - para ministros de confissão religiosa, membros de instituto de vida consagrada ou ordem religiosa, que viagem ao Brasil como missionários. Das considerações exteriorizadas sobre o regime de vistos pode-se apontar a assertiva "a" como correta, pois, para Roberta permanecer em situação regular, no Brasil,

deverá transformar seu visto temporário VI (correspondente estrangeiro) em visto temporário V (mão de obra estrangeira); B: incorreta. O art. 222 da CF dispõe que: "A propriedade de empresa jornalística e de radiodifusão sonora e de sons e imagens é privativa de brasileiros natos ou naturalizados há mais de dez anos, ou de pessoas jurídicas constituídas sob as leis brasileiras e que tenham sede no País". Ou seja, a limitação incide sobre a propriedade de empresa jornalística e de radiofusão e não sobre o exercício da profissão de repórter, por estrangeiro, no Brasil; C: incorreta, pois ainda não existe tal previsão no seio do Mercosul. Assim, as pessoas de nacionalidade dos países do Mercosul também precisam do visto de trabalho; D: incorreta. Consoante dito no comentário à assertiva "A", os vistos temporários são conferidos conforme a atividade a ser desempenhada no País, portanto, uma vez que a atividade a ser exercida é modificada, necessário se faz a alteração da modalidade de visto para a manutenção da situação de regularidade. Gabarito "A".

(Magistratura Federal-4ª Região – 2010) Assinale a alternativa correta.

(A) Prestar assistência religiosa a estabelecimento de internação coletiva sujeita o estrangeiro a pena de multa e deportação.

(B) Prestar assistência religiosa a estabelecimento de internação coletiva sujeita o estrangeiro a pena de detenção e deportação.

(C) Prestar assistência religiosa a estabelecimento de internação coletiva sujeita o estrangeiro a pena de multa e expulsão.

(D) Prestar assistência religiosa a estabelecimento de internação coletiva sujeita o estrangeiro a pena de detenção e expulsão.

(E) Não está prevista na legislação brasileira nenhuma sanção, mesmo para o estrangeiro, pois a prestação de assistência religiosa não é infração punível.

Nos termos do art. 106, X, do Estatuto do Estrangeiro (Lei 6.815/1980), é vedado ao estrangeiro prestar assistência religiosa às Forças Armadas e auxiliares, e também aos estabelecimentos de internação coletiva. A pena por essa infração é a detenção de 1 a 3 anos e expulsão, nos termos do art. 125, XI, do Estatuto. Por essa razão, a alternativa "D" é a correta. Gabarito "D".

(Magistratura Federal-4ª Região – 2010) Dadas as assertivas abaixo, assinale a alternativa correta.

I. Para a concessão de visto permanente, não pode ser exigida, mesmo por prazo determinado, a condição de exercício de atividade certa, pois contraria o princípio constitucional brasileiro de que é livre o exercício de qualquer profissão.

II. Para a concessão de visto permanente, pode ser exigida a fixação do imigrante em região determinada do território nacional pelo prazo não superior a dez anos.

III. Pelo prazo de validade do visto de turista concedido pelo Brasil, é possível ao estrangeiro múltiplas entradas, desde que não exceda a 90 (noventa) dias prorrogáveis por igual período e não ultrapasse o máximo de 180 (cento e oitenta) dias por ano.

IV. A posse ou a propriedade de bens no Brasil confere ao estrangeiro o direito de obter visto ou autorização de permanecer no território nacional, desde que seja visto temporário e não ultrapasse 30 (trinta) dias.

V. O visto temporário poderá ser concedido ao estrangeiro que venha ao Brasil em viagem de negócios, mas o prazo de estada está limitado a 120 (cento e vinte) dias.

(A) Está correta apenas a assertiva III.
(B) Estão corretas apenas as assertivas I e II.
(C) Estão corretas apenas as assertivas I e V.
(D) Estão corretas apenas as assertivas II e IV.
(E) Estão corretas apenas as assertivas III e V.

I: incorreta, pois a concessão do visto permanente poderá ficar condicionada, por prazo não superior a 5 anos, ao exercício de atividade certa e à fixação em região determinada do território nacional – art. 18 do Estatuto do Estrangeiro; II: incorreta, pois o condicionamento, no caso, não pode ser superior a 5 anos – art. 18 do Estatuto; III: assertiva correta, nos termos do art. 12 do Estatuto; IV: incorreta, pois a posse ou a propriedade de bens no Brasil não confere ao estrangeiro o direito de obter visto de qualquer natureza, ou autorização de permanência no território nacional – art. 6º do Estatuto; V: incorreta, pois, embora possa ser concedido visto temporário para o estrangeiro que venha ao Brasil em viagem de negócios, o prazo de estada será de até 90 dias – arts. 13, II, e 14 do Estatuto. Gabarito "A".

(FGV – 2010) Pierre de Oliveira nasceu na França, filho de pai brasileiro (que à época se encontrava em viagem privada de estudos) e mãe francesa. Viveu até os 25 anos em Paris, onde se formou em análise de sistemas e se pós-graduou em segurança de rede. Em 2007, Pierre foi convidado por uma universidade brasileira para fazer parte de um projeto de pesquisa destinado a desenvolver um sistema de segurança para uso de instituições financeiras. Embora viajasse com frequência para a França, Pierre passou a residir no Brasil, optando, em 2008, pela nacionalidade brasileira. No início de 2010, uma investigação conjunta entre as polícias brasileira e francesa descobriu que Pierre fez parte, no passado, de uma quadrilha internacional de *hackers*. Detido em São Paulo, ele confessou que, entre 2004 e 2005, quando ainda vivia em Paris, invadiu mais de uma vez a rede de um grande banco francês, desviando recursos para contas localizadas em paraísos fiscais. Com relação ao caso hipotético acima, é correto afirmar que

(A) Pierre não poderá ser extraditado, expulso ou deportado em qualquer hipótese.
(B) Pierre poderá ser deportado para a França, a menos que peça asilo político.
(C) a critério do Ministério da Justiça, Pierre poderá ser expulso do território nacional pelo crime cometido no exterior antes do processo de aquisição da nacionalidade, a menos que tenha filho brasileiro que, comprovadamente, esteja sob sua guarda e dele dependa economicamente.
(D) se a França assim requerer, Pierre poderá ser extraditado, pois cometeu crime comum sujeito à jurisdição francesa antes de optar pela nacionalidade brasileira.

A: correta, pois Pierre é brasileiro nato, consoante dispõe o art.12, *c*, da CF, e, desta forma, não poderá ser extraditado (art.5º, LI, da CF). Já os institutos da expulsão e da deportação cuidam da exclusão do **estrangeiro**. A deportação é aplicada normalmente no caso de estrangeiro que aqui se encontre após uma entrada irregular, ou cuja estada tenha se tornado irregular. A medida não é exatamente punitiva, nem deixa sequelas. Por seu turno, os pressupostos da expulsão são mais graves, e sua consequência é a impossibilidade de retorno do expulso ao país. No entanto, a expulsão pressupõe um inquérito a ser realizado no âmbito do Ministério da Justiça e uma decisão final do Presidente da República, a qual será materializada por meio de decreto; B: incorreta, pois Pierre não poderá ser deportado (*vide* comentário à assertiva anterior) e nem pedir asilo político. Vale ponderar que asilo político é o acolhimento de **estrangeiro** perseguido por causa de dissidência política, de delitos de opinião ou por crimes que, relacionados com a segurança do Estado, não configuram quebra de direito penal comum; C: incorreta (*vide* comentário à assertiva "A"); D: Incorreta (*vide* comentário à assertiva "A"). Gabarito "A".

(Magistratura Federal/5ª Região – 2009 – CESPE) Com relação ao Estatuto do Estrangeiro (Lei n.º 6.815/1980), assinale a opção correta.

(A) A posse ou a propriedade de bens no Brasil confere ao estrangeiro o direito de obter visto de qualquer natureza ou autorização de permanência no território brasileiro.
(B) O visto de trânsito pode ser concedido ao estrangeiro que, para atingir o país de destino, tenha de entrar em território brasileiro.
(C) O registro do estrangeiro deve ser mantido mesmo se o registrado obtiver naturalização brasileira.
(D) Deve ser concedida a extradição do estrangeiro quando o fato que motivar o pedido de extradição não for considerado crime no Brasil ou no Estado requerente.
(E) Deve ser concedida a extradição do estrangeiro quando o fato que motivar o pedido de extradição constituir crime político.

A: incorreta, pois é o oposto. Nos termos do art. 6º do Estatuto do Estrangeiro (Lei 6.815/1980), a posse ou a propriedade de bens no Brasil não confere ao estrangeiro o direito de obter visto de qualquer natureza, ou autorização de permanência no território nacional; B: assertiva correta, conforme o art. 8º do Estatuto; C: incorreta, pois o registro de estrangeiro será cancelado, nessa hipótese – art. 49, I, do Estatuto; D: incorreta, pois não se concederá a extradição, nesse caso – art. 77, II, do Estatuto; E: incorreta, pois crimes políticos ou de opinião jamais dão ensejo à extradição – art. 5º, LII, da CF e art. art. 77, VII, do Estatuto. Gabarito "B".

(Magistratura Federal/1ª Região – 2009 – CESPE) A medida que, para ser adotada contra estrangeiros, exige promulgação e publicação de decreto presidencial para ser efetivada (Lei n.º 6.815/1980) é

(A) a deportação.
(B) a expulsão.
(C) a extradição.
(D) o cancelamento de laissez-passer.
(E) o banimento.

Nos termos do art. 66 do Estatuto do Estrangeiro, cabe exclusivamente ao Presidente resolver sobre a conveniência e a oportunidade da expulsão de estrangeiro, o que será feito por meio de decreto. Gabarito "B".

(FGV – 2009) A respeito do instituto da extradição, é correto afirmar que:

(A) o princípio da isonomia, assegurado no *caput* do art. 5º da Constituição Federal de 1988, veda que se dê tratamento distinto a brasileiros e estrangeiros residentes no país, em matéria de extradição.
(B) o reconhecimento da situação de refugiado pelo Poder Executivo não impede a extradição, se o estrangeiro estiver sendo acusado de crime comum que não tenha qualquer pertinência com os fatos considerados para a concessão do refúgio.
(C) não se admite a extradição de estrangeiro casado com brasileira ou que tenha filhos brasileiros.
(D) só é admissível a extradição de brasileiro naturalizado na hipótese de estar sendo acusado de crime praticado anteriormente à naturalização.
(E) a extradição de brasileiro nato só é possível em caso de envolvimento comprovado com a prática de terrorismo.

A: incorreta. O princípio da isonomia entre brasileiros e estrangeiros não tem qualquer aplicação em sede de extradição. A maioria dos países não permite a extradição de nacional seu – neste sentido o artigo 5º, LI, da CF determina: "nenhum brasileiro será extraditado, **salvo o naturalizado**, em caso de crime comum, praticado antes da naturalização, ou de comprovado envolvimento em tráfico ilícito de entorpecentes e drogas afins, na forma da lei"; B: correta. A descrição dessa assertiva foi objeto de decisão recente do STF na Ext. 1085 (Caso Cesare Battisti), momento em que o Tribunal declarou a ilegalidade do ato de concessão de refúgio e autorizou a extradição do nacional italiano. Ademais, o STF decidiu que o acatamento da extradição pela Corte tem o condão de *autorizar* o Presidente da República a efetivar tal medida, isto é, cabe ao Chefe do Executivo decidir sobre a conveniência de tal medida. Configura-se uma mudança de posicionamento, pois ao STF sempre coube *determinar* a extradição quando entender presente seus pressupostos, e agora o acolhimento da demanda de extradição pela Corte gera apenas uma autorização. A partir de tal decisão pode-se defender que, no Brasil, quem decide, em última instância, sobre a extradição ou não é o Presidente da República; C: incorreta, pois não existe tal previsão no caso de extradição. Lembrando que o art. 75, II, da Lei n.º 6.815/1980 (Estatuto do Estrangeiro) dispõe que não se procederá à expulsão "quando o estrangeiro tiver: **a)** cônjuge brasileiro do qual não esteja divorciado ou separado, de fato ou de direito, e desde que o casamento tenha sido celebrado há mais de 5 (cinco) anos; ou **b)** filho brasileiro que, comprovadamente, esteja sob sua guarda e dele dependa economicamente"; D: incorreta. A extradição do brasileiro naturalizado se dará, em caso de crime comum, praticado antes da naturalização, ou de comprovado envolvimento em tráfico ilícito de entorpecentes e drogas afins (art. 5º, LI, da CF); E: incorreta. O brasileiro nato não pode ser extraditado (art. 5º, LI, da CF). Gabarito "B".

(Magistratura Federal – 4ª Região – XIII – 2008) Dadas as assertivas abaixo, assinalar a alternativa correta.

I. A posse de bens imóveis no Brasil garante ao estrangeiro o direito de visto ou autorização de permanência.
II. A dispensa de visto ao turista estrangeiro natural de país que também dispense o visto de turista aos brasileiros, é automática e independe de lei ou tratado, decorrendo do direito de reciprocidade.
III. É possível ao estrangeiro domiciliado em cidade de país limítrofe, exercer atividade remunerada no Brasil independentemente de visto de permanência, mediante documento especial que o identifique e caracterize a sua condição, podendo, inclusive, ser expedida carteira de trabalho e previdência social.
IV. O estrangeiro clandestino pode regularizar sua situação mediante a transformação de seu visto expirado de turista em visto permanente segundo juízo discricionário do Ministério da Justiça.

(A) Está correta apenas a assertiva III.
(B) Está correta apenas a assertiva IV.
(C) Estão corretas apenas as assertivas I e IV.
(D) Estão corretas apenas as assertivas I, II e III.

I: a propriedade de imóvel não tem relação com visto ou direito de permanência, embora possa reduzir o prazo de residência exigido para naturalização – art. 113, V, da Lei 6.815/1980; II: a dispensa não é automática, pois depende sempre de acordo internacional que estabeleça a reciprocidade – art. 10 da Lei 6.815/1980; III: art. 21 da Lei 6.815/1980; IV: é vedada a legalização da estada do clandestino e do irregular, assim como a transformação de visto de turista em visto permanente – art. 38 da Lei 6.815/1980. "A". Gabarito

(Magistratura Federal – 4ª Região – XIII – 2008) Dadas as assertivas abaixo, assinalar a alternativa correta.

I. É juridicamente possível, no Brasil, a restrição de direitos dos brasileiros com nacionalidade secundária por meio de tratados internacionais.

II. A extradição do brasileiro nato só é possível nos casos de crimes de tráfico internacional de entorpecentes e de terrorismo, em razão dos respectivos tratados de repressão a que aderiu a República Federativa do Brasil.

III. O estrangeiro tem garantia constitucional de não ser extraditado por crime de opinião.

IV. O processo de extradição fica suspenso se, após seu início, o extraditando optar pela nacionalidade originária brasileira, até que se verifique o implemento da condição suspensiva, pela homologação da opção no juízo competente.

(A) Está correta apenas a assertiva I.
(B) Está correta apenas a assertiva II.
(C) Estão corretas apenas as assertivas II e III.
(D) Estão corretas apenas as assertivas III e IV.

I: Isso não é possível – art. 5º, *caput*, e art. 60, § 4º, IV, ambos da CF; II: o brasileiro nato não pode ser extraditado – art. 5º, LI, da CF (no caso do Tribunal Penal Internacional, autores entendem que há simples entrega pelo Brasil, não extradição, inexistindo jurisprudência a respeito, pois a situação jamais ocorreu); III: art. 5º, LII, da CF – é caso de asilo político (art. 4º, X, da CF); IV: art. 77, I, da Lei 6.815/1980. "D". Gabarito

(CESPE – 2004) Caso seja requerida ao governo da República Federativa do Brasil a extradição de um indivíduo por um Estado soberano, esse pedido não será concedido se o extraditando for

I. brasileiro nato.
II. brasileiro naturalizado e houver praticado crime comum após a naturalização.
III. brasileiro naturalizado e tiver participação comprovada em tráfico ilícito de entorpecentes e drogas afins, na forma da lei, após a naturalização.
IV. português amparado pelo Estatuto da Igualdade, desde que a extradição tenha sido requerida pelo governo português, pela prática de crime comum.
V. estrangeiro casado com brasileiro há mais de cinco anos ou com prole brasileira sob sua guarda ou dependência econômica.

Estão certos apenas os itens

(A) I, II e III.
(B) I, II e IV.
(C) II, III e V.
(D) III, IV e V.

I e II: corretas. A extradição é a entrega de um estado para outro estado, a pedido deste, de indivíduo que em seu território deva responder a processo penal ou cumprir pena por prática de crime de certa gravidade. Um condicionante dessa entrega é a confirmação de que os direitos humanos do extraditando serão respeitados. A grande finalidade da extradição é garantir, por meio da cooperação internacional, que a prática de crime não ficará sem punição. E o fundamento jurídico do pedido de extradição pode ser a existência de um tratado prevendo tal hipótese, ou, na falta deste, a declaração de reciprocidade funciona como suporte jurídico para a extradição. Deve-se ponderar que a extradição não é permitida quando relacionada à prática de crimes políticos, de imprensa, religiosos e militares. E, se o indivíduo foi condenado à morte, a extradição só deve tomar curso se ficar assegurada a conversão da pena de morte em pena de prisão. Ademais, a maioria dos países não permite a extradição de nacional seu – neste sentido o artigo 5º, LI, da CF determina: "nenhum brasileiro será extraditado, **salvo o naturalizado, em caso de crime comum, praticado antes da naturalização, ou de comprovado envolvimento em tráfico ilícito de entorpecentes e drogas afins**, na forma da lei"; III: incorreta. Reler o comentário anterior; IV: correta, pois é a lição retirada do art. 12, § 1º, da CF; V: incorreta, pois não existe tal previsão no caso de extradição. Lembrando que o art. 75, II, da Lei n.º 6.815/1980 (Estatuto do Estrangeiro) dispõe que não se procederá à expulsão "quando o estrangeiro tiver: **a)** cônjuge brasileiro do qual não esteja divorciado ou separado, de fato ou de direito, e desde que o casamento tenha sido celebrado há mais de 5 (cinco) anos; ou **b)** filho brasileiro que, comprovadamente, esteja sob sua guarda e dele dependa economicamente". "B". Gabarito

(CESPE – 2004) Raul, de nacionalidade italiana, foi condenado, pelo Juízo da 1ª Vara Federal do Estado do Espírito Santo, à pena de quatro anos de reclusão, como incurso nas sanções do art. 304 (uso de documento falso) combinado com o art. 71 (crime continuado) do Código Penal (CP), cuja sentença resultou confirmada pelo Tribunal Regional Federal da 2ª Região, que negou provimento ao recurso de apelação interposto pela defesa. Tendo por base tal condenação, o Ministério da Justiça instaurou processo administrativo, culminando na expedição do decreto de expulsão datado de 29/7/1994 e publicado no Diário Oficial da União em 30/7/1994, na conformidade do art. 65 da Lei nº 6.815, de 19/8/1980. Por sentença prolatada em 5/9/1994, o juiz da 1ª Vara Federal do Estado do Espírito Santo, acolhendo manifestação do Ministério Público, houve por bem declarar extinta a punibilidade de Raul, conforme o art. 107, IV, do CP. Como é sabido, a expulsão de estrangeiro é ato de soberania, discricionário e político-administrativo de defesa do Estado, da competência privativa do presidente da República, a quem incumbe o juízo de conveniência e oportunidade da decretação do ato expulsório ou de sua revogação. Em face da situação hipotética e dos esclarecimentos apresentados, os efeitos do decreto de expulsão seriam obstruídos por meio da impetração, perante o STF, de

(A) mandado de segurança contra ato do presidente da República, alegando-se a ilegalidade do ato expulsório por ter o expulsando filha brasileira sob sua guarda e dependência econômica, cujo reconhecimento se operou em 28/7/1994.
(B) *habeas corpus*, sendo coator o presidente da República, para impugnar o decreto expulsório em virtude de o expulsando possuir residência e emprego fixos no Brasil há mais de dez anos.
(C) mandado de segurança contra ato do presidente da República, por haver sido decretada judicialmente a extinção da punibilidade do crime que ensejou o processo administrativo de expulsão.
(D) *habeas corpus*, sendo coator o presidente da República, para impugnar o decreto expulsório por comprovado cerceamento de defesa do expulsando no curso do processo administrativo de expulsão.

A, B, C e D: a expulsão é a saída compulsória, do território nacional, do estrangeiro que constituir perigo ou ameaça à ordem pública. Pode-se citar tais atos como possíveis de gerar a expulsão: **a)** conspirações; **b)** espionagem; **c)** provocação de desordens; **d)** mendicidade e vagabundagem etc. A medida deixa sequelas e pode ser considerada como punitiva. O estrangeiro depois de notificado de sua expulsão deve-se retirar do Brasil, do contrário poderá receber pena, geralmente de prisão, e somente após seu cumprimento vai ser enviado ao seu país, o qual não poderá negar sua entrada. É importante apontar que a pena também será imposta ao estrangeiro que, depois de sair, retornar ao Brasil sem que a expulsão tenha sido revogada. **O procedimento é complexo, pois necessário se faz a realização de um inquérito no âmbito do Ministério da Justiça, no qual se assegura ao estrangeiro o direito de defesa**. Após, o Presidente da República decidirá sobre a expulsão, devendo materializá-la por meio de decreto (art. 66 do Estatuto do Estrangeiro). Na situação hipotética, deve-se impetrar *habeas corpus* perante o STF (art. 102, I, *i*, da CF). "D". Gabarito

7. COMPETÊNCIA JURISDICIONAL E SENTENÇA ESTRANGEIRA

(Magistratura Federal-4ª Região – 2010) Dadas as assertivas abaixo, assinale a alternativa correta.

I. A delibação é um sistema jurídico de homologação de sentença estrangeira que tem fundamento na cortesia internacional pela qual a sentença estrangeira é reapreciada e examinada quanto ao mérito e à sua forma.

II. O procedimento a ser seguido para a homologação de sentença estrangeira é, segundo a norma do Código de Processo Civil, o do Regimento Interno do Supremo Tribunal Federal.

III. Segundo o entendimento majoritário do tribunal competente para a homologação de sentença estrangeira, contra essa é passível de arguição como defesa apenas a questão relativa à observância dos requisitos para a homologação, sendo vedado à arguição versar sobre outras questões.

IV. Havendo tramitação de duas ações idênticas paralelamente (competência concorrente) na jurisdição estrangeira e jurisdição nacional e ocorrendo o trânsito em julgado da sentença estrangeira e sua homologação no Brasil, deverá ser extinto o processo no Brasil pela ocorrência de coisa julgada estrangeira.

V. Poderá ser homologada pelo tribunal competente do Brasil a sentença estrangeira já transitada em julgado relativa a sucessão *mortis causa* que dispõe sobre bem imóvel situado no Brasil.

(A) Está correta apenas a assertiva III.
(B) Está correta apenas a assertiva IV.
(C) Estão corretas apenas as assertivas I e II.
(D) Estão corretas apenas as assertivas I e IV.
(E) Estão corretas apenas as assertivas II e III.

I: incorreta. Há na deliberação, sistema adotado no Brasil, um componente de cortesia internacional (acolhe-se a decisão proferida por outro Estado soberano), mas a sentença estrangeira deve passar pelo crivo do judiciário local (STJ) para que tenha eficácia no país – art. 105, I, *i*, da CF. Não há análise de mérito (ver SEC 3.035/FR-STJ), mas apenas dos requisitos indispensáveis listados no art. 5º da Resolução 9/2005 do STJ, quais sejam (i) haver sido proferida por autoridade competente, (ii) terem sido as partes citadas ou haver-se legalmente verificado a revelia, (iii) ter transitado em julgado e (iv) estar autenticada pelo cônsul brasileiro e acompanhada de tradução por tradutor oficial ou juramentado no Brasil. Entretanto, não será homologada sentença estrangeira que ofenda a soberania ou a ordem pública brasileiras – art. 6º da Resolução 9/2005 do STJ – ver art. 15 da LINB; II: incorreta, pois, apesar do disposto no art. 483 do CPC, compete atualmente ao Superior Tribunal de Justiça a homologação de sentenças estrangeiras – art. 105, I, *i*, da CF; III: incorreta, pois a defesa somente versará sobre a autenticidade dos documentos, inteligência da decisão e observância dos requisitos previstos na Resolução 9/2005 do STJ – art. 9º da Resolução – ver SEC 4.616/US-STJ; IV: assertiva correta, pois a sentença estrangeira homologada pelo STJ tem plena eficácia no Brasil – art. 483 do CPC; V: incorreta, pois compete à autoridade judiciária brasileira, com exclusão de qualquer outra, o inventário e a partilha de bens situados no Brasil, ainda que o autor da herança seja estrangeiro e tenha residido fora do território nacional – art. 89, II, do CPC. Por se tratar de matéria de ordem pública, a sentença estrangeira não pode ser homologada – art. 17 da LINB e art. 6º da Resolução 9/2005 do STJ – ver SE 3.780-STF. Gabarito "B".

(Magistratura Federal-5ª Região – 2011) Carlos, argentino, residente no Brasil, obteve laudo arbitral proferido pelo Uruguai, condenando Mendes, paraguaio residente no Brasil, ao pagamento de R$ 10.000,00.

Com relação a essa situação hipotética e considerando os princípios básicos da cooperação e assistência jurisdicional que regem o MERCOSUL, organização internacional com personalidade jurídica própria e objetivos específicos, bem como o que dispõe o Protocolo de Las Leñas, documento básico de cooperação e assistência jurisdicional entre os países integrantes do MERCOSUL, assinale a opção correta.

(A) O litígio em questão deve ser resolvido entre o Uruguai e o Paraguai, não podendo ser trazido para o Brasil.
(B) Laudo arbitral homologado é título não executável no Brasil, óbice que não existiria caso se tratasse de sentença homologada.
(C) Após a homologação do referido laudo, Carlos poderá cobrar a dívida no Brasil.
(D) O Protocolo de Las Leñas não prevê situações como a descrita na hipótese.
(E) Sem a devida homologação pelo STF, o citado laudo arbitral não tem valor jurídico no Brasil.

A: incorreta, pois a sentença arbitral (= laudo arbitral) estrangeira pode ser homologada pelo STJ, hipótese em que poderá ser executada no Brasil – art. 35 da Lei 9.307/1996 e art. 475-N, IV, do CPC – ver SEC 4.415/US-STJ; B: incorreta, conforme comentário à alternativa "A"; C: assertiva correta, conforme comentário à alternativa "A"; D: incorreta, pois o Protocolo de Cooperação e Assistência Jurisdicional em Matéria Civil, Comercial, Trabalhista e Administrativa (Las Leñas/1992), promulgado pelo Decreto 2.067/1996, prevê expressamente o reconhecimento e a execução de laudos arbitrais entre os Estados Partes – Capítulo V do Protocolo; E: incorreta, pois, atualmente, a homologação de sentença estrangeira (incluindo o laudo arbitral estrangeiro) é da competência do STJ. Ademais, é incorreto afirmar que, antes da homologação, não há valor jurídico (o interessado tem interesse e legitimidade processual para pedir a homologação do laudo no Brasil). Gabarito "C".

(Magistratura Federal/3ª Região – 2010) Assinale a alternativa correta:

(A) Proposta ação por brasileiro em face de Estado Estrangeiro visando a receber indenização por danos morais e materiais, decorrentes da proibição de entrada no país, apesar da anterior concessão de visto de turismo, deve o magistrado extinguir o processo, por inépcia da inicial;
(B) Proposta a ação por brasileiro em face de Estado Estrangeiro visando a receber indenização por danos morais e materiais, decorrentes da proibição de entrada no país, apesar da anterior concessão de visto de turismo, deve o magistrado determinar a citação do Estado Estrangeiro, já que a imunidade de jurisdição não representa regra que automaticamente deva ser aplicada aos processos judiciais movidos contra Estado Estrangeiro, e pode, ou não, ser exercida por esse Estado;
(C) A questão relativa à imunidade de jurisdição, atualmente, é vista de forma absoluta, mesmo nas hipóteses em que o objeto litigioso tenha como fundamento relação jurídica de natureza meramente civil, comercial ou trabalhista;
(D) Proposta ação por brasileiro em face de Estado Estrangeiro visando a receber indenização por danos morais e materiais, decorrentes da proibição de entrada no país, apesar da anterior concessão de visto de turismo, deve o magistrado extinguir o processo, por se tratar de hipótese de imunidade absoluta de Jurisdição, não sendo possível sua relativização, por vontade soberana do Estado alienígena.

A assertiva B é a correta, pois o STF reconhece o caráter relativo da imunidade jurisdicional dos Estados estrangeiros (especialmente em matéria trabalhista). A imunidade, salvo renúncia, refere-se apenas à jurisdição executória, não à jurisdição de conhecimento – ver RE-AgR 222.368/PE. Gabarito "B".

(Defensoria Pública da União – 2010 – CESPE) Julgue os itens a seguir, acerca do direito processual civil internacional.

(1) A competência jurisdicional brasileira somente incide sobre indivíduo estrangeiro se este residir no Brasil durante mais de quinze anos ininterruptos.
(2) É absoluta a competência internacional brasileira em ação relativa a imóvel situado no Brasil.
(3) A parte que, em processo, alegar direito estrangeiro deverá provar-lhe o teor e a vigência, se assim determinar o juiz.

1: incorreta, pois a jurisdição brasileira não é limitada pela nacionalidade das pessoas que estejam no país; 2: assertiva correta, conforme o art. 12, § 1º, da LIDB; 3: assertiva correta, conforme o art. 14 da LIDB e o art. 337 do CPC. Gabarito 1E, 2C, 3C.

(Defensoria Pública da União – 2010 – CESPE) Acerca de carta rogatória e homologação de sentença estrangeira, julgue os seguintes itens.

(1) Por constituírem forma de cooperação internacional clássica, as cartas rogatórias estrangeiras são cumpridas no Brasil, independentemente de se referirem ou não a processos de competência exclusiva dos tribunais brasileiros.
(2) A sentença proferida por tribunal estrangeiro tem eficácia no Brasil depois de homologada pelo STF.

(3) Um dos requisitos para que a sentença estrangeira seja homologada no Brasil é terem as partes sido citadas ou haver-se legalmente verificado a revelia.

1: incorreta, pois se a matéria for de competência da justiça brasileira, não há como cumprir cartas rogatórias; 2: incorreta, pois, atualmente, as sentenças estrangeiras são homologadas pelo STJ (não pelo STF) – art. 105, I, *i*, da CF; 3: correta, conforme o art. 15, *b*, da LIDB. Gabarito 1E, 2E, 3C

(Magistratura Federal/3ª Região – 2010) Segundo preconiza o art. 109, inciso IX, da CF, aos juízes federais compete processar e julgar os crimes cometidos a bordo de navios ou aeronaves, ressalvados a competência da justiça militar. A Convenção relativa a infrações e a certos outros atos praticados a bordo de aeronave, concluída em Tóquio em 1963, e ratificada pelo Brasil em 1969, tendo entrado em vigor no território nacional em 14.04.1970, promulgada pelo Decreto 66.520, de 30.04.1970, é aplicada às infrações às leis penais, sendo incorreto afirmar que:

(A) O Estado de matrícula da aeronave será competente para exercer a jurisdição sobre infrações e atos praticados a bordo;
(B) As infrações cometidas a bordo de aeronaves matriculadas num Estado contratante serão consideradas, para fins de extradição, cometidas, não só num lugar onde houverem ocorrido, mas também no Estado de matrícula da aeronave;
(C) O Estado contratante, que não for o da matrícula, não poderá interferir no vôo de uma aeronave a fim de exercer a sua jurisdição penal em relação a uma infração cometida a bordo, a menos que a infração tenha sido cometida por ou contra um nacional desse Estado ou pessoa que tenha aí sua residência;
(D) O Estado contratante obriga-se a conceder a extradição da pessoa que praticou a infração penal ao Estado de matrícula da aeronave.

A: correta, conforme o art. 3º da Convenção sobre Infrações e certos outros Atos Praticados a Bordo de Aeronaves (Convenção de Tóquio de 1963); B: correta, conforme o art. 16, § 1º, da Convenção; C: assertiva correta, conforme o art. 4º, *b*, da Convenção (entre outras exceções); D: incorreta, pois a Convenção não implica obrigação em conceder extradição – art. 16, § 2º, da Convenção. Gabarito "D".

(CESPE – 2010) Um contrato internacional entre um exportador brasileiro de laranjas e o comprador americano previu que em caso de litígio fosse utilizada a arbitragem, realizada pela Câmara de Comércio Internacional. O exportador brasileiro fez a remessa das laranjas, mas estas não atingiram a qualidade estabelecida no contrato. O comprador entrou com uma ação no Brasil para discutir o cumprimento do contrato. O Juiz decidiu:

(A) extinguir o feito sem julgamento de mérito, em face da cláusula arbitral.
(B) deferir o pedido, na forma requerida.
(C) indeferir o pedido porque o local do cumprimento do contrato é nos Estados Unidos.
(D) deferir o pedido, em razão da competência concorrente da justiça brasileira.

A, B, C e D: a arbitragem está regulada no Brasil pela Lei nº 9.307/96, que no seu art. 3º assim dispõe: "As partes interessadas podem submeter a solução de seus litígios ao juízo arbitral mediante convenção de arbitragem, assim entendida a cláusula compromissória e o compromisso arbitral". Portanto, a convenção de arbitragem impede o conhecimento da causa pelo Judiciário, constituindo o que a doutrina denominou de *pressuposto processual negativo* (art. 267, VII, do CPC). Gabarito "A".

(CESPE – 2010) Jogador de futebol de um importante time espanhol e titular da seleção brasileira é filmado por um celular em uma casa noturna na Espanha, em avançado estado de embriaguez. O vídeo é veiculado na internet e tem grande repercussão no Brasil. Temeroso de ser cortado da seleção brasileira, o jogador ajuíza uma ação no Brasil contra o portal de vídeos, cuja sede é na Califórnia, Estados Unidos. O juiz brasileiro

(A) não é competente, porque o réu é pessoa jurídica estrangeira.
(B) terá competência porque os danos à imagem ocorreram no Brasil.
(C) deverá remeter o caso, por carta rogatória, à justiça norte-americana.
(D) terá competência porque o autor tem nacionalidade brasileira.

A, B, C e D: uma das hipóteses de competência concorrente é aquela da ação ajuizada contra réu domiciliado no Brasil. O princípio informador dessa regra é o *actio sequitur forum rei*. Em outras palavras, a competência do juiz nacional é determinada pelo critério domiciliar, não importando a condição de estrangeiro do réu. Ademais, reputa-se domiciliada no Brasil a pessoa jurídica estrangeira que aqui tiver agência, filial ou sucursal (art. 88, parágrafo único, do CPC). Como o critério eleito para definir a competência é o domiciliar, cabe ao juiz bem definir domicílio. Em tal tarefa lançará mão dos arts. 70 e 71 do CC. A regra do art. 71 do CC é de grande utilidade nos casos com elemento estrangeiro, pois a alegação de que o réu possui outra(s) residência(s), além da estabelecida no Brasil, não elidirá a competência do juiz nacional, pois qualquer uma delas poderá ser considerada como seu domicílio. E o art. 75 é utilizado para determinar o domicílio das pessoas jurídicas. A regra é que tenham domicílio no local em que funcionarem as respectivas diretorias e administrações, salvo a eleição de domicílio especial na forma do estatuto ou atos constitutivos (art. 75, IV, do CC). E mesmo que a administração tiver sua sede no estrangeiro, será considerado domicílio, da pessoa jurídica, o local de seu estabelecimento no Brasil. Outra hipótese de competência concorrente é a que cuida de obrigações, contratuais ou extracontratuais, que devam ser cumpridas no Brasil. Percebe-se que tal regra prescinde do critério domiciliar. Um exemplo ordinário é o caso de um contrato internacional que estipule sua execução no Brasil. Tal situação torna o juiz brasileiro competente, mas, ao mesmo tempo, não torna incompetente, por exemplo, o juiz do país onde a obrigação foi constituída. E a última hipótese é a regulada pelo art. 88, III, do CPC que dispõe **sobre a competência concorrente sobre ação originada de fato ocorrido ou de ato praticado no Brasil**. Gabarito "B".

(Magistratura Federal/1ª Região – 2009 – CESPE) Pedro, cidadão brasileiro, presta serviços como cozinheiro na embaixada do Estado X no Brasil. Após constatar que vários dos direitos trabalhistas previstos na Consolidação das Leis do Trabalho estavam sendo desrespeitados, Pedro decidiu ajuizar ação na justiça do trabalho brasileira. Com base nessa situação hipotética, assinale a opção correta.

(A) Deve ser seguido o procedimento descrito na Convenção das Nações Unidas sobre Imunidades de Jurisdição e Execução do Estado.
(B) Em matéria trabalhista, não há imunidade de jurisdição do Estado estrangeiro no Brasil.
(C) A imunidade de jurisdição do Estado estrangeiro é absoluta por força de uma norma *jus cogens*.
(D) A competência para conhecer da ação é da justiça federal.
(E) Em matéria trabalhista, não há imunidade de execução do Estado estrangeiro no Brasil.

O STF reconhece o caráter relativo da imunidade jurisdicional dos Estados estrangeiros, especialmente em matéria trabalhista. A imunidade, salvo renúncia, refere-se apenas à jurisdição executória, não à jurisdição de conhecimento – ver RE-AgR 222.368/PE. A: incorreta, pois segue-se a lei brasileira; B: correta, pois não há imunidade no que se refere à fase de conhecimento; C: incorreta, pois a imunidade é relativa; D: incorreta, pois a competência é da Justiça do Trabalho, inclusive em relação a entes de direito público externo – art. 114, I, da CF; E: incorreta, pois, salvo renúncia, há imunidade de execução do Estado estrangeiro no Brasil. Gabarito "B".

(Magistratura Federal/5ª Região – 2009 – CESPE) Maria, brasileira residente no Brasil, resolveu cobrar, em nome de seu filho Érick, a prestação de alimentos do pai dele, Hans, alemão residente na Alemanha. De acordo com a legislação brasileira e com a legislação internacional vigentes acerca da prestação de alimentos no estrangeiro, nessa situação hipotética,

(A) o demandante deve ser Maria.
(B) o demandado deve ser Érick.
(C) o tribunal ao qual tiver sido submetida a ação alimentar pode, para obter documentos ou provas, pedir a execução de uma carta rogatória.
(D) a execução de carta rogatória pode dar lugar ao reembolso de taxas ou de despesas de qualquer natureza.
(E) Maria não necessita comprovar a relação de parentesco entre Érick e Hans.

A: incorreta, pois o demandante é Érick (o filho) – art. 1º, § 1º, da Convenção de Nova York sobre a Prestação de Alimentos no Estrangeiro de 1956 – (Decreto 56.826/1965); B: incorreta, pois o demandado é Hans (o pai) – art. 1º, § 1º, da Convenção; C: assertiva correta, conforme o art. 7º, *a*, da Convenção; D: incorreta, pois é o oposto. A execução da carta rogatória **não poderá** dar lugar ao reembolso de taxas ou de despesas de qualquer natureza – art. 7º, *d*, da Convenção; E: incorreta, pois a obrigação de prestar alimentos decorre, no caso, dessa relação de parentesco. Gabarito "C".

(Magistratura do Trabalho – 24ª Região – 2007) Considere as proposições:

I. O Tratado de Roma, instituidor da Comunidade Européia, não só prevê como estimula a livre circulação de trabalhadores, tendo em vista, entre outros, o ideal de pleno emprego.

II. Em Direito Internacional Privado os chamados "elementos de estraneidade" são aqueles que dão a uma relação – ou situação – jurídica o caráter internacional. Em relação aos elementos mais comuns que internacionalizam a relação jurídica de emprego encontram-se: a nacionalidade do empregado, a nacionalidade do empregador, o lugar da sede da empresa, o local da prestação de serviços e o foro da celebração do contrato.

III. O Direito Uniforme – assim entendida a uniformidade legislativa em algum ponto entre os diversos ordenamentos nacionais - é a confirmação da autonomia do Direito Internacional Privado e é aplicado como método de solução de conflito de leis no espaço.

IV. O ideal de um Direito Uniforme é buscado pela Organização Internacional do Trabalho em seu propósito de garantir a universalização no trato da relação entre empregados e empregadores.

RESPONDA:
(A) Apenas as proposições I e III estão incorretas.
(B) Apenas as proposições II e III estão incorretas.
(C) Apenas as proposições I e IV estão incorretas.
(D) Apenas as proposições III e IV estão incorretas.
(E) Todas as proposições estão corretas.

I: art. 39 do Tratado de Roma de 1957; II: a assertiva descreve e exemplifica o conceito de estraneidade; III: quando há direito uniforme, não há, em princípio, conflito de normas a ser solucionado pelo direito internacional; IV: esse não é um ideal buscado pela OIT. Gabarito "D".

(Magistratura Federal – 3ª Região – XIII) Em ação promovida no Brasil sobre controvérsia derivada de contrato internacional firmado no Brasil, onde as obrigações devem ser cumpridas, prevendo o contrato cláusula de eleição de foro estrangeiro, sendo o réu domiciliado no País, o juiz deve:

(A) acatar a exceção de incompetência territorial, com base na cláusula de eleição do foro estrangeiro e determinar que os autos sejam remetidos ao juiz estrangeiro;
(B) rejeitar a exceção de incompetência territorial, com base no artigo 88 n° I e II do CPC;
(C) considerar não escrita a cláusula de eleição do foro;
(D) remeter o processo ao STJ.

A competência brasileira prevista no art. 88 (relativa ao domicílio do réu, ao local do cumprimento da obrigação e ao local do ato originário) não é absoluta, o que permite a eleição do foro estrangeiro – ver MC 15.398/RJ-STJ. Gabarito "A".

(Magistratura Federal – 3ª Região – XIII) Delito ocorrido a bordo de navio de bandeira estrangeira, no mar territorial do Brasil, envolvendo dois estrangeiros de nacionalidade diversa, a competência para o processo criminal é:

(A) do juiz brasileiro;
(B) do juiz da nacionalidade da vítima;
(C) do juiz da nacionalidade do autor do delito;
(D) da nacionalidade do navio.

A legislação criminal nacional aplica-se a crimes praticados a bordo de navios particulares estrangeiros localizados em porto ou no mar territorial brasileiro (art. 5°, § 2°, do CP). A competência é da justiça do primeiro porto em que tocar a embarcação após o crime, ou do último, caso o navio se afaste do país (art. 89 do CPP). Gabarito "A".

(Magistratura Federal – 3ª Região – XIII) Em uma ação promovida contra um Estado estrangeiro, deve o juiz:

(A) julgar-se incompetente e enviar a ação para o Tribunal Superior;
(B) determinar a citação do representante legal do Estado;
(C) indeferir a inicial por falta de jurisdição;
(D) encaminhar a inicial ao Ministério das Relações Exteriores.

A competência é da Justiça Federal (art. 109, II, da CF) e cabe Recurso Ordinário ao STJ (art. 105, II, c, da CF). A jurisdição brasileira é prevista nas hipóteses dos arts. 88 e 89 do CPC, cujo rol, segundo o STJ (RO 64/SP), não é exaustivo (para a doutrina clássica, apenas o art. 88 do CPC é exemplificativo). Gabarito "B".

(Magistratura Federal – 3ª Região – XIII) Em ação promovida por Estado estrangeiro contra pessoa domiciliada no Brasil para cobrança de dívidas fiscais deve o juiz brasileiro:

(A) conhecer da ação e mandar processá-la;
(B) indeferir a inicial por falta de competência absoluta da Justiça brasileira;
(C) julgar-se incompetente e enviar a ação ao Tribunal Superior;
(D) enviar o pedido do Estado estrangeiro ao MRE.

Entende-se pela inviabilidade de imposição de normas fiscais estrangeiras na jurisdição nacional. Gabarito "B".

(Magistratura Federal – 3ª Região – XIII) Em controvérsia submetida ao juiz brasileiro sobre contrato firmado no exterior por brasileiro domiciliado no exterior e estrangeiro domiciliado no Brasil, aplica-se ao mérito:

(A) a lei do local da celebração do contrato;
(B) a lei do local da execução do contrato;
(C) a lei da nacionalidade das partes;
(D) a lei do domicílio da parte autora.

O mérito do contrato submete-se à lei do local da celebração (art. 9°, caput, da LIDB). Caso o acordo deva ser executado no Brasil e a forma seja essencial, aplica-se a legislação nacional a respeito (apenas quanto à forma), admitidas as peculiaridades da lei estrangeira quanto aos requisitos extrínsecos do ato (§ 1° do dispositivo). Gabarito "A".

(Defensoria Pública da União – 2007 – CESPE) Acerca do procedimento de homologação de sentença estrangeira perante o STJ, julgue os itens subseqüentes.

(1) É possível a homologação parcial de decisões estrangeiras.
(2) Não se admite tutela de urgência nos procedimentos de homologação de sentença estrangeira.
(3) Não será homologada sentença estrangeira que ofenda a soberania a ordem pública.

1: Art. 4°, § 2°, da Resolução STJ 9/2004. 2: O STJ admite a tutela de urgência – art. 4°, § 3°, da Resolução STJ 9/2004. 3: Art. 17 da LIDB e art. 6° da Resolução STJ 9/2004. Gabarito 1C, 2E, 3C.

(Magistratura do Trabalho – 8ª Região – 2007) Em se tratando da posição do Tribunal Superior do Trabalho e do Supremo Tribunal Federal sobre as demandas que envolvam Estados ou Organizações Internacionais, é incorreto afirmar:

(A) Imunidade de jurisdição. Execução fiscal movida pela União contra Estado Estrangeiro. É da jurisprudência do Supremo Tribunal que, salvo renúncia tácita ou expressa, é absoluta a imunidade do Estado estrangeiro à jurisdição de conhecimento e executória.
(B) A imunidade de jurisdição do Estado estrangeiro, quando se tratar de litígios trabalhistas, revestir-se-á de caráter meramente relativo e, em conseqüência, não impedirá que os juízes e Tribunais brasileiros conheçam de tais controvérsias e sobre elas exerçam o poder jurisdicional que lhes é inerente.
(C) Os estados estrangeiros não dispõem de imunidade de jurisdição, perante o Poder Judiciário brasileiro, nas causas de natureza trabalhista, pois essa prerrogativa de direito internacional público tem caráter meramente relativo. Privilégios diplomáticos não podem ser invocados, em processos trabalhistas, para coonestar o enriquecimento sem causa de Estados estrangeiros, em inaceitável detrimento de trabalhadores residentes em território brasileiro, sob pena de essa prática consagrar censurável desvio ético-jurídico, incompatível com o princípio da boa-fé e inconciliável com os grandes postulados do direito internacional.
(D) O processo trabalhista contra Estado estrangeiro é cabível, devendo ser notificado o Estado demandado para que exerça o

direito à imunidade jurisdicional ou submeta-se voluntariamente à jurisdição pátria, mesmo lhe reconhecendo as imunidades de jurisdição e execução.

(E) É inadmissível a execução contra Estado estrangeiro, não podendo ser realizado ato de constrição. A execução apenas poderá ser desenvolvida, quando cabível, pela via da Carta Rogatória, pois os bens do Estado Estrangeiro são impenhoráveis, em conformidade com o disposto na Convenção de Viena sobre Relações Diplomáticas.

O STF reconhece o caráter relativo da imunidade jurisdicional dos Estados Estrangeiros, especialmente em matéria trabalhista. A imunidade, salvo renúncia, refere-se apenas à jurisdição executória, não à jurisdição de conhecimento – ver RE-AgR 222.368/PE. Gabarito "A".

(Magistratura do Trabalho – 14ª Região – 2006) Compete exclusivamente à autoridade judiciária brasileira:

(A) proceder ao inventário e partilha de bens, situados no Brasil, ainda que o autor da herança seja estrangeiro e tenha residido fora do território nacional;

(B) quando o réu, qualquer que seja sua nacionalidade, estiver domiciliado no Brasil;

(C) quando a ação se originar de fato ocorrido ou de ato praticado no Brasil;

(D) quando no Brasil tiver de ser cumprida a obrigação;

(E) quando ambas as partes tiverem domicílio no Brasil.

A alternativa A é a única que indica competência exclusiva da autoridade judicial brasileira (art. 89, II, do CPC). As demais assertivas referem-se à competência relativa (art. 88 do CPC). Gabarito "A".

(CESPE – 2004) Carlos, de nacionalidade uruguaia e com permanência legal no Brasil, requereu ao STF a homologação da sentença prolatada por juiz da República Oriental do Uruguai, por meio da qual se declarou a dissolução da sociedade conjugal, por divórcio, havida com Maria de los Angeles Solano, também de nacionalidade uruguaia. Citada, a requerida apresentou contestação. Considerando a situação hipotética apresentada, constitui matéria que extrapola os limites impostos à contestação em processo de homologação de sentença estrangeira

(A) a autenticidade dos documentos juntados aos autos.

(B) a competência do juiz prolator da sentença homologanda.

(C) os bens comuns existentes no Brasil, omitidos na sentença estrangeira homologanda.

(D) o trânsito em julgado e o preenchimento das formalidades necessárias à execução no local em que a sentença homologanda foi prolatada.

A, B, C e D: a sentença judicial é um ato soberano, a qual é confeccionada pela autoridade judicial de um determinado estado. Por ser um ato de soberania, a sentença, como todo ato soberano, incide apenas dentro do território nacional, e, destarte, é endereçada à população deste estado. Todavia, alguns fatos ou relações jurídicas interessam a mais de um estado. Assim, o juiz de um desses estados exercerá sua competência e aplicará o direito material indicado por seu DIPr, mas, como dito, essa decisão só valerá no território nacional do juiz prolator, apesar do interesse de outras jurisdições. É nesse contexto que surge a figura da homologação de sentença estrangeira. Após a homologação pela autoridade competente, a sentença, já apta a produzir efeitos no país prolator, passa a produzir efeitos em outra jurisdição também. No Brasil, a competência para homologar sentenças estrangeiras era do STF, mas depois da EC nº 45 esta competência passou para o STJ (art. 105, I, *i*, da CF). É importante apontar que o **procedimento homologatório não examina o mérito da sentença estrangeira. Ao STJ cabe apenas a análise dos requisitos formais** e, sob um viés mais subjetivo, a análise sobre a violação ou não da ordem pública brasileira (art. 17 da Lei de Introdução). Outra consideração importante é aquela referente ao tipo de sentença. Todo tipo de sentença (declaratória, constitutiva ou condenatória) e a sentença arbitral podem ser objeto de homologação pelo STJ. Em relação à sentença declaratória, é interessante notar que o parágrafo único do art. 15 da Lei de Introdução foi revogado pela lei nº 12.036/2009. Antes as sentenças meramente declaratórias não necessitavam passar pelo procedimento homologatório para produzir efeitos em território brasileiro; isto porque não possui carga executória. Gabarito "C".

8. TRATADOS – TEORIA GERAL

(Magistratura Federal-5ª Região – 2011) No texto da Convenção de Viena de 1969, tratado internacional é definido como

(A) acordo de vontades entre particulares de diferentes nacionalidades.

(B) negócio jurídico lícito, tal como previsto no Código Civil brasileiro.

(C) acordo internacional concluído por escrito entre Estados e regido pelo direito internacional.

(D) sentença prolatada por tribunal internacional.

(E) ato unilateral de imposição de uma norma de um país a outro.

Nos termos do art. 2º, § 1º, *a*, da Convenção de Viena sobre Tratados de 1969, "tratado" significa um acordo internacional concluído por escrito entre Estados e regido pelo Direito Internacional, quer conste de um instrumento único, quer de dois ou mais instrumentos conexos, qualquer que seja sua denominação específica. A: incorreta, pois a Convenção de Viena prevê apenas tratados firmados entre Estados; B: incorreta, pois o tratado internacional rege-se pelo direito internacional, não se reduzindo ao conceito de negócio jurídico lícito previsto no Código Civil Brasileiro; C: essa é a assertiva correta, conforme comentários iniciais; D e E: incorretas, pois o tratado internacional é o acordo firmado entre Estados, não sentença ou ato unilateral impositivo. Gabarito "C".

(Magistratura Federal/1ª Região – 2009 – CESPE) Considere que os Estados A, B e C tenham assinado um tratado sobre cooperação em matéria científica. No tratado constava cláusula segundo a qual o instrumento somente entraria em vigor quando todos os Estados signatários o ratificassem. Os Estados A e B ratificaram-no, mas o Estado C, não. Nessa situação, os Estados A e B

(A) podem cobrar do Estado C a ratificação do tratado.

(B) podem cobrar do Estado C que respeite o preâmbulo do tratado.

(C) podem cobrar do Estado C que não frustre o objeto e a finalidade do tratado.

(D) podem exigir do Estado C que transforme o tratado em lei interna antes de ratificá-lo.

(E) não podem cobrar do Estado C nenhuma obrigação, pois este goza de autonomia absoluta nessa questão.

O art. 18 da Convenção de Viena sobre o Direito dos Tratados de 1969 prevê a obrigação de o Estado não frustrar o objeto e a finalidade de um tratado antes de sua entrada em vigor, de modo que a assertiva em C é a correta. Em seus estritos termos, o Estado é obrigado a abster-se da prática de atos que frustrariam o objeto e a finalidade de um tratado, quando (i) tiver assinado ou trocado instrumentos constitutivos do tratado, sob reserva de ratificação, aceitação ou aprovação, enquanto não tiver manifestado sua intenção de não se tornar parte no tratado; ou (ii) tiver expressado seu consentimento em obrigar-se pelo tratado no período que precede a entrada em vigor do tratado e com a condição de esta não ser indevidamente retardada. Gabarito "C".

(Magistratura Federal/1ª Região – 2009 – CESPE) Um Estado pretende ratificar um tratado, mas, para fazê-lo, almeja adaptar alguns de seus dispositivos à interpretação que seus tribunais internos dão a determinado direito contido no tratado. Nessa situação, o instrumento mais adequado a ser utilizado por esse Estado é

(A) a denúncia.

(B) a cláusula *rebus sic stantibus*.

(C) a suspensão.

(D) o *jus cogens*.

(E) a reserva.

Reserva significa declaração unilateral, qualquer que seja a sua redação ou denominação, feita por um Estado ao assinar, ratificar, aceitar ou aprovar um tratado, ou a ele aderir, com o objetivo de excluir ou modificar o efeito jurídico de certas disposições do tratado em sua aplicação a esse Estado – art. 2º, § 1º, *d*, da Convenção de Viena sobre o Direito dos Tratados de 1969. Gabarito "E".

(Magistratura Federal/5ª Região – 2009 – CESPE) Considerando a jurisprudência atual do STF, assinale a opção correta quanto à relação entre tratado e norma de direito interno.

(A) O STF apregoa o primado do direito internacional em face do ordenamento nacional brasileiro.

(B) Tratados e convenções guardam estrita relação de paridade normativa com as leis delegadas editadas pelo Poder Executivo.

(C) Há sempre a primazia dos tratados internacionais de comércio exterior sobre as normas internas aduaneiras.

(D) O Decreto-lei n.º 911/1969, que permite a prisão civil do devedor-fiduciante, foi revogado pelo Pacto de San José da Costa Rica.
(E) Para decidir conflito entre tratado e norma de direito interno, além do critério da *lex posterior derogat priori*, o STF aplica, ainda, um outro, qual seja, o da *lex posterior generalis non derogat legi priori speciali*.

Como regra, o tratado internacional integrado ao direito interno brasileiro tem força de lei ordinária federal (ver ADI-MC 1.480/DF), exceto se versar sobre direitos humanos, hipótese em que terá natureza supralegal (caso do Pacto de São José da Costa Rica – art. 5º, § 2º, da CF, ver HC 94.013/SP-STF) ou valerá como emenda constitucional, desde que aprovado por ambas as Casas do Congresso, em dois turnos e por maioria de três quintos de seus membros (art. 5º, § 3º, da CF). Considerando sua equiparação com lei ordinária federal, aplicam-se os critérios da revogação pela lei posterior e da não revogação da norma especial pela geral. Gabarito "E".

(Magistratura do Trabalho – 23ª Região – 2009) Analise os itens abaixo e marque a alternativa CORRETA:

Sobre a vigência e aplicação dos tratados internacionais no Brasil:

I. dependem da edição de lei para incorporação ao direito interno.
II. basta a mera ratificação para que integrem o direito positivo nacional.
III. dependem de aprovação por ato de competência privativa do Congresso Nacional.
IV. a executoriedade de suas normas são imediatas à publicação da promulgação pelo Presidente da República, após aprovação por ato exclusivo do Senado Federal.

(A) Apenas os itens I e III são verdadeiros.
(B) Apenas os itens I e IV são verdadeiros.
(C) Apenas os itens I, II e IV são falsos.
(D) Todos os itens são verdadeiros.
(E) Todos os itens são falsos.

O tratado é celebrado pelo Presidente da República (art. 84, VIII, da CF), muitas vezes por meio do plenipotenciário. Posteriormente submete-se ao referendo do Congresso Nacional (art. 49, I, da CF), que pode aprová-lo por meio de decreto legislativo. A seguir, o Presidente ratifica o tratado, manifestando, aos demais países, o consentimento. Finalmente, o Presidente promulga o tratado por decreto, cuja publicação insere-o no sistema jurídico nacional. Admitem-se, excepcionalmente, determinados *acordos executivos* que dispensam a aprovação pelo Congresso Nacional (subprodutos de tratado vigente ou expressão de diplomacia ordinária, conforme Rezek). I: incorreta, pois não é necessária lei, em sentido estrito, apenas referendo do Congresso Nacional, que se dá por meio de decreto legislativo; II: incorreta, pois, como visto, além da ratificação, é necessário o prévio referendo do Congresso e a posterior promulgação, para que o tratado internacional passe a integrar o sistema jurídico interno; III: incorreta, já que, como dito, a incorporação do tratado no direito interno exige atos do Congresso e do Executivo; IV: a aprovação é de competência do Congresso Nacional, não do Senado. Gabarito "E".

Veja a seguinte tabela, que indica a produção do tratado e sua introdução no sistema jurídico interno brasileiro:

1º O Presidente da República celebra o tratado, muitas vezes por meio de plenipotenciário - art. 84, VIII, da CF;
2º O Congresso Nacional referenda o tratado, aprovando-o por decreto legislativo - art. 49, I, da CF;
3º O Presidente ratifica o tratado, manifestando o consentimento aos demais países;
4º O Presidente promulga o tratado, por decreto, cuja publicação insere-o no sistema jurídico interno.

(CESPE – 2009) Com relação aos tratados internacionais, assinale a opção correta à luz da Convenção de Viena sobre Direito dos Tratados, de 1969.

(A) Reserva constitui uma declaração bilateral feita pelos Estados ao assinarem um tratado.
(B) Apenas o chefe de Estado pode celebrar tratado internacional.
(C) Ainda que a existência de relações diplomáticas ou consulares seja indispensável à aplicação de um tratado, o rompimento dessas relações, em um mesmo tratado, não afetará as relações jurídicas estabelecidas entre as partes.
(D) Uma parte não pode invocar as disposições de seu direito interno para justificar o inadimplemento de um tratado.

A: incorreta. A reserva é um condicionante do consentimento. Ou seja, é a declaração unilateral do estado aceitando o tratado, mas sob a condição de que certas disposições não valerão para ele. A reserva pode aparecer tanto no momento da assinatura do tratado como no da ratificação ou da adesão. Por razões óbvias, a reserva é fenômeno incidente sobre os tratados multilaterais (art. 2º, I, d, da Convenção de Viena sobre Direito dos Tratados); B: incorreta. Os representantes dos estados estarão aptos para proceder à assinatura de tratados desde que apresentem *plenos poderes* para tanto. A carta de plenos poderes é firmada pelo chefe de estado ou pelo ministro das relações exteriores. Cabe lembrar que a apresentação de plenos poderes é dispensada quando se tratar de chefes de estado ou de governo e dos ministros das relações exteriores (art. 7º da Convenção de Viena sobre Direito dos Tratados); C: incorreta. O rompimento de relações diplomáticas ou consulares entre partes em um tratado não afetará as relações jurídicas estabelecidas entre elas pelo tratado, salvo na medida em que a existência de relações diplomáticas ou consulares for indispensável à aplicação do tratado (art. 63 da Convenção de Viena sobre Direito dos Tratados); D: correta, pois reflete a redação do art. 27 da Convenção de Viena sobre Direito dos Tratados. Gabarito "D".

(Magistratura Federal – 4ª Região – XIII – 2008) Dadas as assertivas abaixo, assinalar a alternativa correta.

I. O tratado internacional tem força de lei complementar, sendo superior ao direito interno ordinário, exceto quando versar sobre direitos humanos, quando será internalizado, sempre, com força de emenda constitucional.
II. Os tratados têm validade no Brasil apenas depois da respectiva aprovação pelo Ministério das Relações Exteriores ou pelo Senado da República.
III. Apenas os embaixadores podem celebrar tratados.
IV. Não há hierarquia entre tratados, protocolos e convenções.

(A) Está correta apenas a assertiva IV.
(B) Estão corretas apenas as assertivas II e III.
(C) Estão corretas apenas as assertivas I, III e IV.
(D) Estão corretas todas as assertivas.

I: como regra, o tratado internacional integrado ao direito interno brasileiro tem força de lei ordinária federal (ver ADI-MC 1.480/DF), exceto se versar sobre direitos humanos, hipótese em que terá natureza supralegal (caso do Pacto de São José da Costa Rica – art. 5º, § 2º, da CF, ver HC 94.013/SP-STF) ou valerá como emenda constitucional, desde que aprovado por ambas as Casas do Congresso, em dois turnos e por maioria de três quintos de seus membros (art. 5º, § 3º, da CF); II e III: o tratado é celebrado pelo Presidente da República (art. 84, VIII, da CF), muitas vezes por meio do plenipotenciário. Posteriormente submete-se ao referendo do Congresso Nacional (art. 49, I, da CF), que pode aprová-lo por meio de decreto legislativo. A seguir, o Presidente ratifica o tratado, manifestando, aos demais países, o consentimento. Finalmente, o Presidente promulga o tratado por decreto, cuja publicação insere-o no sistema jurídico nacional; IV: tratado é o termo genérico para designar os acordos internacionais – carta, convenção, acordo, ajuste, protocolo, concordata etc. são designações usuais para espécies de tratado, mas que não determinam o seu conteúdo ou fixam hierarquia. Gabarito "A".

(CESPE – 2008) Tratados são, por excelência, normas de direito internacional público. No modelo jurídico brasileiro, como nas demais democracias modernas, tratados passam a integrar o direito interno estatal, após a verificação de seu iter de incorporação. A respeito dessa temática, assinale a opção correta, de acordo com o ordenamento jurídico brasileiro.

(A) Uma vez ratificados pelo Congresso Nacional, os tratados passam, de imediato, a compor o direito brasileiro.
(B) Aprovados por decreto legislativo no Congresso Nacional, os tratados podem ser promulgados pelo presidente da República.
(C) Uma vez firmados, os tratados relativos ao MERCOSUL, ainda que criem compromissos gravosos à União, são automaticamente incorporados visto que são aprovados por parlamento comunitário.
(D) Após firmados, os tratados passam a gerar obrigações imediatas, não podendo os Estados se eximirem de suas responsabilidades por razões de direito interno.

A, B, C e D: no Brasil é necessário um procedimento complexo para proceder à ratificação de tratados. O Congresso Nacional tem que aprovar o texto do tratado, e o fará por meio de um decreto legislativo promulgado pelo Presidente do Senado e publicado no Diário Oficial da União. Após, cabe ao Presidente da República ratificar ou não – lembrando que a aprovação congressional não obriga a ulterior ratificação do tratado pelo Presidente da República. Por fim, o tratado regularmente concluído depende da promulgação e da publicidade levada a efeito pelo Presidente da República para integrar o direito nacional. E no Brasil a promulgação ocorre por meio de decreto presidencial e a publicidade perfaz-se com a publicação no Diário Oficial. E cabe lembrar a redação do artigo 27 da Convenção de Viena sobre Direito dos Tratados: "Uma parte não pode invocar as disposições de seu direito interno para justificar o inadimplemento de um tratado". Gabarito "B".

(Procurador da Fazenda Nacional – 2007 – ESAF) A respeito de tratados internacionais e do procedimento para que sejam incorporados à ordem jurídica brasileira, assinale V para as asserções verdadeiras e F para as falsas.

( ) Se o tratado nada dispuser sobre o assunto, entende-se que as reservas a um tratado internacional é possível, a não ser que seja incompatível com seu objeto e sua finalidade.

( ) Caso o tratado seja assinado com reservas, o Congresso Nacional não tem poderes para adotar o tratado em sua íntegra.

( ) Caso o tratado admita reservas, essas podem ser feitas pelo Congresso Nacional, mesmo que não tenham sido feitas pelo Presidente da República (ou outro plenipotenciário) no momento da assinatura.

( ) O Presidente da República pode promulgar um tratado internacional sem que tenha havido apreciação do Congresso Nacional, caso se verifiquem os requisitos de relevância e urgência no referido tratado.

( ) A concordância do Congresso Nacional é essencial para que o Brasil denuncie um tratado internacional, desvinculando-se das obrigações nele estabelecidas.

Assinale a seqüência correta.

(A) V, V, V, V, V
(B) V, V, F, F, V
(C) V, V, V, F, F
(D) V, F, F, V, F
(E) F, V, V, F, F

1ª: art. 19 da Convenção de Viena sobre Tratados; 2ª e 3ª: o Congresso Nacional, ao referendar o tratado, pode apenas reduzi-lo por meio de reserva, mas não ampliá-lo (não pode afastar a reserva anteriormente feita pelo Executivo); 4ª: é inafastável a competência exclusiva do Congresso Nacional para resolver definitivamente sobre tratados, acordos ou atos internacionais que acarretem encargos ou compromissos gravosos ao patrimônio nacional (art. 49, I, da CF); 5ª: a denúncia do tratado, assim como sua celebração, é competência exclusiva do Presidente da República (exceto na hipótese do art. 5º, § 3º, da CF). Gabarito "C".

(Defensoria Pública da União – 2007 – CESPE) Acerca de direito internacional público, julgue os itens a seguir.

(1) A eficácia interna do tratado internacional depende do decreto de execução do presidente da República.

(2) Os costumes internacionais e os princípios gerais do direito reconhecidos pelas nações civilizadas não são considerados como fontes extraconvencionais de expressão do direito internacional.

(3) Existem tratados que, por sua natureza, são imunes à denúncia unilateral, como é o caso dos tratados de vigência dinâmica.

1: O tratado é celebrado pelo Presidente da República (art. 84, VIII, da CF), muitas vezes por meio do plenipotenciário. Posteriormente submete-se ao referendo do Congresso Nacional (art. 49, I, da CF), que pode aprová-lo por meio de decreto legislativo. A seguir, o Presidente ratifica o tratado, manifestando, aos demais países, o consentimento. Finalmente, o Presidente promulga o tratado por decreto, cuja publicação insere-o no sistema jurídico nacional. 2: O oposto é verdadeiro – os princípios e os costumes internacionais são considerados fontes do direito internacional – art. 38 do Estatuto da Corte Internacional de Justiça. 3: Qualquer tratado pode ser denunciado pelo Estado, por conta de sua soberania, ainda que implique responsabilidade por eventual dano, na forma do direito internacional. Gabarito 1C, 2E, 3E.

(Defensoria Pública da União – 2007 – CESPE) A respeito do direito de integração e do ordenamento jurídico internacional, julgue os itens que se seguem.

(1) A CF prevê expressamente normas de integração econômica, política, social e cultural dos povos da América Latina.

(2) O Tratado de Assunção, o Protocolo de Brasília sobre Solução de Controvérsias e o Protocolo de Ouro Preto são normas de direito do MERCOSUL.

1: Art. 4º, parágrafo único, da CF. 2: A assertiva é verdadeira. Gabarito 1C, 2C.

(CESPE – 2007) Assinale a opção correta quanto ao direito dos tratados.

(A) De acordo com a Convenção de Viena sobre direito dos tratados, um tratado pode proibir expressamente a formulação de reservas.

(B) O recurso aos trabalhos preparatórios inclui-se na Regra Geral de Interpretação disposta na Convenção de Viena sobre direito dos tratados.

(C) Os tratados, segundo a Convenção de Viena sobre direito dos tratados, podem ser escritos ou orais.

(D) A aplicação provisória de tratados, embora alguns Estados a pratiquem, não está prevista na Convenção de Viena sobre direito dos tratados.

A: correta, pois reflete a redação do art. 19, a, da Convenção de Viena sobre o Direito dos Tratados; B: incorreta. Os trabalhos preparatórios não são indicados como uma das regras gerais de interpretação (art. 31 da Convenção de Viena sobre o Direito dos Tratados), mas como meio suplementar de interpretação (art. 32 da Convenção de Viena sobre o Direito dos Tratados); C: incorreta. Tratado é todo acordo formal concluído, **por escrito**, entre pessoas jurídicas de direito internacional público que tenha por escopo a produção de efeitos jurídicos; D: incorreta. A aplicação provisória de tratados está prevista expressamente no art. 25 da Convenção de Viena sobre o Direito dos Tratados. Gabarito "A".

(CESPE – 2007) Com relação a tratados, acordos e convenções no âmbito do direito internacional, assinale a opção correta.

(A) A Convenção de Viena de 1969 destina-se a regular toda a legislação relacionada com as organizações internacionais.

(B) O Brasil submete-se à jurisdição de tribunal penal internacional a cuja criação tenha manifestado adesão.

(C) Tratado é todo acordo internacional concluído apenas entre Estados e regulado pelo direito internacional.

(D) A extinção de um tratado por ab-rogação ocorre sempre que a intenção terminativa emana de uma das partes por ele obrigadas.

A: incorreta, pois é a Convenção de Viena sobre o Direito dos Tratados entre Estados e Organizações Internacionais ou entre Organizações Internacionais de 1986, que cuidará de regular toda a legislação relacionada com as organizações internacionais; B: correta, pois reflete a redação do art. 5º, § 4º, da CF; C: incorreta. Tratado é todo acordo formal concluído, **por escrito**, entre pessoas jurídicas de direito internacional público que tenha por escopo a produção de efeitos jurídicos; D: incorreta. O fenômeno de extinção de tratado por vontade das partes é denominado ab-rogação. Este tipo de extinção sempre poderá ocorrer, independentemente de previsão, pois o tratado só foi confeccionado por existir vontade das partes neste sentido, assim, a partir do momento em que essa vontade criadora não mais existir, o tratado perde sua razão de existir. Gabarito "B".

(Magistratura Federal – 3ª Região – XIII) Considera-se o tratado incorporado ao direito brasileiro:

(A) com o decreto legislativo que aprova sua ratificação;
(B) com a remessa ao país contratante ou à organização do texto ratificado;
(C) com o decreto do Presidente da República que promulga o tratado;
(D) com a assinatura do tratado.

O tratado é celebrado pelo Presidente da República (art. 84, VIII, da CF), muitas vezes por meio do plenipotenciário. Posteriormente submete-se ao referendo do Congresso Nacional (art. 49, I, da CF), que pode aprová-lo por meio de decreto legislativo. A seguir, o Presidente ratifica o tratado, manifestando, aos demais países, o consentimento. Finalmente, o Presidente promulga o tratado por decreto, cuja publicação insere-o no sistema jurídico nacional. Gabarito "C".

(Magistratura do Trabalho – 7ª Região – 2005) Em face de eventual antinomia entre tratado internacional e lei nacional posterior, excetuadas algumas situações particulares do direito brasileiro, o Supremo Tribunal Federal assentou posição distinta de outros modelos, a exemplo do modelo norte-americano, quando de setembro de 1975 a junho de 1977 estendeu-se no plenário discussão em torno do Recurso Extraordinário 80.004/SE, julgado em 1º de junho de 1977, relatado pelo Ministro Xavier de Albuquerque, e se decidiu que

(A) por conta de compromissos internacionais assumidos no plano dos tratados, esses prevaleceriam em detrimento de lei interna posterior.

(B) ante a realidade de conflito entre tratado internacional e lei interna posterior, deveria prevalecer essa última, porque expressão legítima da vontade do legislador, não obstante as conseqüências pelo não cumprimento do tratado, no plano do direito das gentes.

(C) os tratados teriam preferência sobre a legislação interna, exceto quando regulamentassem matérias ligadas à proteção de direitos humanos, de direito ambiental e relativas ao implemento de convenções internacionais sobre assuntos diplomáticos.

(D) haveria paridade absoluta entre tratado internacional e lei interna, dado que ambas as espécies normativas fazem parte do processo legislativo definido pela Constituição então vigente; de acordo com a referida decisão deveria prevalecer a norma posterior, tratado ou lei interna, que absorveria e revogaria a anterior.

(E) tratados internacionais teriam preferência sobre lei interna posterior apenas quando incorporados no direito interno como leis complementares, de modo que nessa qualidade assumiriam condição de superioridade normativa, à luz da teoria kelseniana do escalonamento das normas.

O entendimento do STF é que os tratados internacionais (em geral, não especificamente no caso de matéria tributária ou de direitos humanos – art. 5º, § 3º, da CF) ingressam no sistema jurídico brasileiro com força de lei ordinária federal, podendo ser revogados por norma interna dessa natureza, ainda que isso gere responsabilidade no plano internacional – ver. ADI-MC 1.480/DF. Gabarito "B".

(Magistratura Federal – 1ª Região – 2005) Acerca dos tratados, assinale a opção verdadeira:

(A) Na troca de notas, entendida como método supranegocial, é corrente que sejam antecedentes o término das negociações, o consentimento definitivo e a entrada em vigor.

(B) A vigência do tratado pode ser contemporânea à do consentimento: neste caso, o tratado passa a atuar como norma jurídica no exato momento em que ele se perfaz como ato jurídico convencional.

(C) A vacatio não representa real utilidade, pois ela permite que o tratado, mediante promulgação, ou ato análogo, já seja dado a conhecer no interior das nações pactuantes, e que possa vigir, internamente, de imediato.

(D) O prazo para a entrada em vigor de um tratado é, normalmente, de 90 (noventa) dias, mas na Convenção das Nações Unidas sobre o direito do mar, ele se encontra fixado em 24 (vinte e quatro meses).

A: a troca de notas (ou de instrumentos) pode corresponder à manifestação de consentimento das partes a respeito do acordo internacional (art. 13 da Convenção de Viena sobre Tratados), hipótese em que é posterior à negociação, evidentemente – na prática, a troca de notas costuma ser adotada em caso de vigência contemporânea ao consentimento (simultaneidade do término das negociações, do consentimento definitivo e da entrada em vigor); B: a assertiva é verdadeira – é o caso da troca de notas; C: *vacatio* refere-se à extensão do prazo para vigência do tratado (não vige de imediato, diferentemente do que consta na alternativa). A doutrina moderna reconhece a real utilidade da *vacatio*; D: caso as partes não determinem o prazo, o tratado entra em vigor a partir da manifestação de consentimento de todos os Estados negociadores (art. 24 da Convenção de Viena sobre Tratados). O prazo usualmente é de 30 dias (conforme Francisco Rezek) e na CNU do Mar é de 12 meses. Gabarito "B".

(Magistratura Federal – 3ª Região – XIII) Considera-se aperfeiçoado e obrigatório o tratado internacional multilateral:

(A) com ratificação;
(B) com sua assinatura;
(C) com o depósito da ratificação no organismo previsto no tratado;
(D) quando se atinge o quorum de ratificações previsto no tratado em caso de tratados.

No âmbito internacional, o tratado conclui-se com a manifestação de consentimento (ratificação) dos Estados negociadores. É comum, no caso de tratados multilaterais, a previsão de um número mínimo de ratificações para que o tratado se aperfeiçoe. Gabarito "D".

9. TRATADOS ESPECÍFICOS

(Magistratura Federal/3ª Região – 2010) A Declaração Universal dos Direitos Humanos fundada no reconhecimento da dignidade inerente a todos os membros da família humana reconhece como direito inalienável do Homem, exceto:

(A) O direito a instrução, sendo a instrução elementar obrigatória;
(B) O direito a um padrão de vida capaz de assegurar a si e a sua família saúde e bem estar, inclusive alimentação, vestuário, habitação, cuidados médicos e os serviços sociais indispensáveis;
(C) O direito a proteção à minoria ética e religiosa, assim entendida como os imigrantes residentes em determinado Estado;
(D) O direito de participar livremente da vida cultural da comunidade.

A: o direito à instrução é previsto expressamente no art. 26 da DUDH; B: previsto no art. 25 da DUDH; C: não há, na DUDH, disposição a esse respeito; D: direito previsto no art. 27 da DUDH. Gabarito "C".

(Magistratura do Trabalho – 23ª Região – 2009 – adaptada) No que diz respeito à Convenção da ONU sobre os Direitos da Criança, analise as assertivas abaixo e marque a alternativa CORRETA:

I. Não foi ratificada pelo Brasil.
II. Para efeitos da Convenção, o termo "criança" designa toda pessoa menor de 18 anos.
III. Para efeitos da Convenção, a expressão "as piores formas de trabalho infantil" abrange: o trabalho que, por sua natureza ou pelas condições em que é realizado, é suscetível de prejudicar a saúde, a segurança ou a moral das crianças.

(A) Estão corretos apenas os itens I e II.
(B) Estão corretos apenas os itens I, e III.
(C) Está correto apenas o item II.
(D) Todos os itens estão corretos.
(E) Nenhum item está correto.

I: incorreta, pois a Convenção sobre os Direitos da Criança foi ratificada pelo Brasil e promulgada pelo Decreto 99.710/1990; II: correta, pois o art. 1º da Convenção dispõe que criança é todo ser humano com menos de dezoito anos de idade, a não ser que, em conformidade com a lei aplicável à criança, a maioridade seja alcançada antes; III: entendemos que essa assertiva é incorreta. O art. 32, § 1º, da Convenção sobre os Direitos da Criança dispõe que os Estados-partes reconhecem o direito da criança de estar protegida contra a exploração econômica e contra o desempenho de qualquer trabalho que possa ser perigoso ou interferir em sua educação, ou que seja nocivo para sua saúde ou para seu desenvolvimento físico, mental, espiritual, moral ou social. Entretanto, a definição da expressão "as piores formas de trabalho infantil" é dada pela Convenção 182 da OIT, em seu art. 1º, e não pela Convenção da ONU sobre os Direitos das Crianças. Adaptamos a questão, pois o gabarito oficial indica essa como correta. Gabarito "C".

(Procurador da Fazenda Nacional – 2007.2 – ESAF) Assinale a opção correta a respeito de instrumentos jurídico-internacionais para promover investimentos e evitar bitributação.

(A) O Brasil atualmente se encontra juridicamente vinculado a vários tratados internacionais para evitar a bitributação. Entre os países com os quais o Brasil tem acordos dessa natureza estão, por exemplo, a Argentina e a Espanha.
(B) O Brasil atualmente se encontra juridicamente vinculado a vários tratados internacionais para promover a proteção de investimentos que, entre outros aspectos, prevêem a arbitragem entre o investidor estrangeiro e o Estado receptor dos investimentos.
(C) No Brasil, os instrumentos jurídico-internacionais destinados a evitar a bitributação dispensam aprovação do Congresso Nacional por tratarem de tema de competência exclusiva do Poder Executivo.
(D) Em 2007 entrou em vigor o Protocolo de Bariloche, destinado a evitar a bitributação e prevenir a evasão fiscal em matéria de imposto sobre a renda entre os membros do Mercosul.
(E) As regras do Centro Internacional para Solução de Controvérsias sobre Investimentos permitem que um nacional do Estado "X" acione esse mesmo Estado por meio de uma arbitragem internacional, desde que o Estado "X" tenha ratificado a Convenção internacional que estabeleceu o Centro.

A: há diversos tratados firmados pelo Brasil que visam a evitar a bitributação, especificamente no que se refere ao imposto sobre renda e proventos (caso dos acordos com Argentina e Espanha); B: dentre os acordos para promoção e proteção de investimentos, somente o celebrado com os EUA foi promulgado – Decreto 57.493/1966 – o Protocolo de Colônia (Mercosul), que prevê solução de disputa entre investidor de um país em face de outro Estado, não está em vigor; C: são tratados internacionais que se submetem, portanto, ao referendo do Congresso Nacional (art. 49, I, da CF); D: a assertiva é falsa; E: o ICSID presta-se a solucionar controvérsias entre Estado e nacional (investidor) de outro Estado (o investidor não pode ser do país com que litiga) – art. 25 da Convenção que o instituiu. Gabarito "A".

(Magistratura do Trabalho – 18ª Região – 2006) Os Estados signatários do Pacto Internacional sobre Direitos Econômicos, Sociais e Culturais, adotado pela XXI Sessão da Assembléia-Geral das Nações Unidas, em 19 de dezembro de 1966, reconheceram o direito de toda pessoa ao gozo de condições de trabalho eqüitativas e satisfatórias. A propósito das garantias estabelecidas no referido diploma, assinale a alternativa correta.

(A) Os Estados signatários do Pacto Internacional sobre Direitos Econômicos, Sociais e Culturais garantiram a percepção de salário eqüitativo e igual por trabalho de igual valor, sem distinções de espécie alguma e o descanso, o gozo do tempo livre, a limitação racional das horas de trabalho e as férias periódicas pagas, exceto a remuneração dos feriados.
(B) Os Estados signatários do Pacto Internacional sobre Direitos Econômicos, Sociais e Culturais garantiram a percepção de salário eqüitativo e igual por trabalho de igual valor, sem distinções de espécie alguma e o direito de greve, exercido em conformidade com as leis de cada país, sem nenhuma restrição.
(C) Os Estados signatários do Pacto Internacional sobre Direitos Econômicos, Sociais e Culturais garantiram a percepção de salário eqüitativo e igual por trabalho de igual valor, sem distinções de espécie alguma e o direito dos sindicatos de formar federações ou confederações nacionais e o direito destas de fundar organizações sindicais internacionais ou de filiarem-se às mesmas.
(D) Os Estados signatários do Pacto Internacional sobre Direitos Econômicos, Sociais e Culturais garantiram o direito de greve, exercido em conformidade com as leis de cada país, sem nenhuma restrição e igual oportunidade para todos de serem promovidos, dentro do seu trabalho, à categoria que lhes corresponda não considerando senão os fatores tempo de serviço e capacidade.
(E) Os Estados signatários do Pacto Internacional sobre Direitos Econômicos, Sociais e Culturais garantiram o direito de greve, exercido em conformidade com as leis de cada país, sem nenhuma restrição e o descanso, o gozo do tempo livre, a limitação racional das horas de trabalho e as férias periódicas pagas, exceto a remuneração dos feriados. X

A e E: o art. 7º, *d*, do Pacto prevê a remuneração dos feriados; B, D e E: o Pacto (art. 8º, 2) admite a possibilidade de restrições legais ao direito de greve, com relação aos membros das forças armadas, da polícia e da administração do Estado; C: arts. 7º, *a*, i, e 8º, 1, *b*, ambos do Pacto. Gabarito "C".

(Ministério Público do Trabalho – 13º) Em relação às normas internacionais de proteção da criança e do adolescente:

I. a Convenção da Organização das Nações Unidas sobre os Direitos da Criança, adotada em 1989, acolhe a concepção do desenvolvimento e proteção integrais da criança, reconhecendo-a como verdadeiro sujeito de direito, a exigir proteção especial e prioridade absoluta;
II. entre as piores formas de trabalho infantil, previstas na Convenção nº 182 da Organização Internacional do Trabalho, incluem-se a escravidão e práticas análogas, o recrutamento para a prostituição e o recrutamento para a produção e tráfico de entorpecentes;
III. a Convenção nº 138 da Organização Internacional do Trabalho, relativa à idade mínima para o trabalho, prevê a idade de 16 (dezesseis) anos para o ingresso no mercado de trabalho;
IV. o sistema jurídico brasileiro, a partir da Constituição Federal de 1988, adotou os princípios que vigoram nos principais tratados internacionais de proteção à criança.

De acordo com as assertivas acima, pode-se afirmar que:
(A) todas as assertivas estão corretas;
(B) apenas as assertivas I, II e IV estão corretas;
(C) apenas as assertivas I e III estão corretas;
(D) apenas as assertivas III e IV estão corretas;
(E) não respondida.

I: preâmbulo da Convenção da ONU sobre os Direitos das Crianças; II: art. 3º da Convenção 182 da OIT; III: nos termos do art. 2º da Convenção 138 da OIT, cada Estado que a ratificar especificará a idade mínima para trabalho, que não será inferior à idade de conclusão da escolaridade compulsória ou, em qualquer hipótese, não inferior a quinze anos (permite-se aos países em desenvolvimento, excepcionalmente, adotar a idade mínima de 14 anos – é o que ocorre no Brasil, conforme art. 227, § 3º, I, da CF); IV: art. 227 da CF. Gabarito "B".

10. ART. 5º DA CF

(MAGISTRATURA DO TRABALHO – 1ª REGIÃO – 2010 – CESPE) Considerando que, na CF, o direito internacional possui importantes referências e que uma série de assuntos de natureza internacional recebe tratamento específico no texto constitucional, assinale a opção correta.

(A) As convenções internacionais sobre direitos humanos que forem aprovadas em dois turnos, nas duas casas do Congresso Nacional, por dois quintos dos votos dos presentes, serão equiparadas a emendas constitucionais.
(B) Em nenhuma hipótese será concedida extradição de brasileiro naturalizado devido à prática de crime comum, de opinião ou político.
(C) Na tutela dos direitos humanos e das garantias fundamentais, a CF não pode excluir tratados e convenções dos quais o Brasil não faça parte, ainda que não contenham princípios e regimes adotados constitucionalmente.
(D) As duas casas do Congresso Nacional devem aprovar a indicação dos chefes de missão diplomática de caráter permanente.
(E) Compete à justiça do trabalho processar e julgar ações oriundas das relações de trabalho, abrangidos os entes de direito público externo, que são os Estados estrangeiros e as organizações internacionais governamentais.

A: incorreta, pois se exige a aprovação por três quintos (não dois quintos, como consta da assertiva), para que o tratado ou a convenção internacional sobre direitos humanos sejam equiparados a emendas constitucionais – art. 5º, § 3º, da CF; B: incorreta, pois o brasileiro naturalizado poderá ser extraditado, em caso de crime comum, praticado antes da naturalização, ou de comprovado envolvimento em tráfico ilícito de entorpecentes e drogas afins, na forma da lei – art. 5º, LI, da CF. Os crimes políticos ou de opinião jamais dão ensejo à extradição, nem mesmo de estrangeiro – art. 5º, LII, da CF; C: incorreta, pois as normas da CF não excluem outros direitos e garantias decorrentes de tratados internacionais em que o Brasil faça parte (a assertiva refere-se, incorretamente, a tratados dos quais o Brasil **não** faça parte) – art. 5º, § 2º; D: incorreta, pois essa competência é privativa do Senado – art. 52, IV, da CF; E: correta, conforme o art. 114, I, da CF. Gabarito "E".

(Magistratura do Trabalho – 18ª Região – 2006) De acordo com a Constituição Federal, considere as assertivas abaixo e assinale a alternativa correta.

I. Os tratados e convenções internacionais sobre direitos e garantias fundamentais que forem aprovados, em cada Casa do Congresso Nacional, em dois turnos, por três quintos dos votos dos respectivos membros, serão equivalentes às emendas constitucionais.
II. O Brasil se submete à jurisdição de Tribunal Penal Internacional criado por organismo internacional do qual faça parte.
III. As normas definidoras dos direitos e garantias fundamentais têm aplicação imediata.
IV. Os direitos e garantias constitucionais não excluem outros decorrentes do regime e dos princípios igualmente constitucionais, ou dos tratados internacionais criados por organismo internacional do qual o Brasil faça parte.
V. Nas hipóteses de grave violação de direitos humanos, o Procurador-Geral da República, com a finalidade de assegurar o cumprimento de obrigações decorrentes de tratados internacionais de direitos humanos dos quais o Brasil seja parte, poderá suscitar, perante o Superior Tribunal de Justiça, em qualquer fase do inquérito ou processo, incidente de deslocamento de competência para a Justiça Federal.

(A) Estão corretas a primeira e a última
(B) Estão corretas as três últimas
(C) Estão incorretas as três primeiras
(D) Apenas a última está correta
(E) Estão corretas as assertivas III e V

I: somente os tratados e as convenções internacionais sobre direitos humanos (não sobre direitos fundamentais em geral) serão equivalentes a emendas constitucionais, nos termos e desde que preenchidas as condições do art. 5º, § 3º, da CF; II: o art. 5º, § 4º, refere-se ao TPI a cuja criação o Brasil tenha manifestado adesão; III: art. 5º, § 1º, da CF; IV: o art. 5º, § 2º, da CF faz referência aos tratados internacionais em que o Brasil faça parte; V: art. 109, § 5º, da CF. Gabarito "E".

(Magistratura do Trabalho – 23ª Região – 2006) Os tratados e convenções internacionais sobre direitos humanos que forem aprovados, em cada Casa do Congresso Nacional, em dois turnos, por três quintos dos votos dos respectivos membros, serão equivalentes:

(A) às normas coletivas;
(B) às leis complementares;
(C) às emendas constitucionais;
(D) às leis ordinárias;
(E) nenhuma das alternativas acima.

Art. 5º, § 3º, da CF. Gabarito "C".

(Magistratura do Trabalho – 14ª Região – 2006) Os tratados e convenções internacionais sobre direitos humanos que forem aprovados, em cada Casa do Congresso Nacional, em dois turnos, por três quintos dos votos dos respectivos membros, serão equivalentes:

(A) às leis delegadas;
(B) às leis ordinárias;
(C) às leis complementares;
(D) às medidas provisórias;
(E) às emendas constitucionais.

Art. 5º, § 3º, da CF. Gabarito "E".

11. DIREITO ECONÔMICO E DO COMÉRCIO INTERNACIONAL

(Magistratura Federal-5ª Região – 2011) Em contratos internacionais, inter-relacionam-se vários sistemas jurídicos, por isso, tais contratos são caracterizados por meio de cláusulas típicas e de uma linguagem comum estabelecida pela Câmara Internacional do Comércio, sendo uma das formas de padronização desses contratos denominada INCOTERMS 1990 (*International Rules for Interpretation of Trade Terms*). Com base nessa padronização, assinale a opção correta acerca dos contratos de compra e venda internacional.

(A) FOB (*free on board*) é o contrato que prevê que o vendedor cumpra a obrigação de entregar as mercadorias quando estas estiverem a caminho, ou seja, no momento do embarque no navio no porto de origem.
(B) No contrato CFR (*cost and freight*), prevê-se que o comprador pague os custos e o frete necessários para trazer as mercadorias ao porto de destino.
(C) No contrato do tipo CIF (*cost, insurance and freight*), prevê-se que o comprador pague os custos, o frete e o seguro necessários para o transporte das mercadorias ao porto de destino.
(D) Em contratos EXW (*ex works*), está previsto que o vendedor cumpra a obrigação de entregar as mercadorias quando estas estiverem prontas e disponíveis para o comprador no estabelecimento do vendedor.
(E) O contrato FCA (*free carrier*) prevê que o vendedor cumpra a obrigação de entregar as mercadorias antes da liberação para exportação, cujos custos devem ser assumidos pelo comprador.

A: incorreta, pois, no contrato FOB, o vendedor assume todos os custos até o carregamento dos bens no navio indicado pelo comprador; B: incorreta, pois, no CFR, o vendedor (não o comprador) paga os custos e frete necessários para levar os bens até o porto de destino; C: incorreta, pois esses custos são arcados pelo vendedor, no contrato CIF; D: essa é a assertiva correta, pois o vendedor apenas disponibiliza os bens em seu próprio estabelecimento; E: incorreta, pois o vendedor, no contrato FCA, responsabiliza-se pelo desembaraço para exportação. Gabarito "D".

Veja a seguinte tabela, como os Incoterms 2010 e características resumidas:

INCOTERMS – Resumo		
Para qualquer modo de transporte	EXW – Ex Works	O vendedor disponibiliza os bens em seu estabelecimento;
	FCA – Free Carrier	O vendedor entrega os bens, desembaraçados para exportação, ao primeiro transportador indicado pelo comprador;
	CPT – Carriage Paid To	O vendedor paga o transporte, mas o risco passa ao adquirente na entrega do bem ao primeiro transportador;
	CIP – Carriage and Insurance Paid To	O vendedor paga pelo transporte e seguro até o local de entrega, mas o risco passa ao adquirente na entrega do bem ao primeiro transportador;
	DAT – Delivered at Terminal	O vendedor paga pelo transporte até o terminal, exceto os custos relacionados ao desembaraço aduaneiro de importação, e assume todos os riscos até o descarregamento dos bens no terminal;
	DAP – Delivered at Place	O vendedor paga pelo transporte até o lugar indicado, exceto os custos relacionados ao desembaraço aduaneiro de importação, e assume todos os riscos até o ponto em que os bens estão prontos para serem descarregados pelo comprador;
	DDP – Delivered Duty Paid	O vendedor é responsável por entregar os bens no local indicado pelo comprador no país de destino e paga por todos os custos, incluindo os tributos aduaneiros de importação;
Para transporte marítimo, fluvial e lacustre	FAS – Free Alongside Ship	O vendedor coloca os bens ao lado do navio no porto indicado e providencia o desembaraço aduaneiro para exportação;
	FOB – Free on Board	O vendedor carrega os bens a bordo do navio indicado pelo comprador, providenciando o desembaraço para exportação;
	CFR – Cost and Freight	O vendedor paga pelos custos e frete necessários para levar os bens até o porto de destino, e o risco é transferido ao comprador a partir do momento em que os bens são carregados a bordo;
	CIF – Cost, Insurance and Freight	Igual o CFR exceto que o vendedor, adicionalmente, deve providenciar e pagar pelo seguro.

(FGV – 2010) Há alguns meses se falou muito no Brasil sobre a Organização Mundial do Comércio, que autorizou nosso país a interpor sanções contra os Estados Unidos por causa dos subsídios que o governo americano concedeu a seus produtores de algodão. Sobre essa importante organização internacional, marque V para as afirmativas verdadeiras e F para as falsas:

( ) Criada nos primeiros anos da Organização das Nações Unidas, ou seja, na década de 1950, é uma das instituições vinculadas a esta entidade com sede em Nova York, como a Unesco.
( ) Tem entre suas funções administrar e aplicar os acordos comerciais multilaterais e plurilaterais, que de um modo geral, configuram as normas e os procedimentos que regulam as soluções de controvérsias.

( ) Entre seus objetivos estão a elevação dos níveis de vida, a expansão da produção e do comércio de bens e serviços, além do pleno emprego.

A sequência está correta em:

(A) F, F, V
(B) V, V, V
(C) V, F, V
(D) F, V, V
(E) F, V, F

1, 2 e 3: a OMC é uma organização internacional, **com sede em Genebra, na Suíça**, que tem por objetivo zelar pelas normas que regem o comércio entre os países, em nível mundial ou quase mundial. Por isso, diz-se que é uma organização internacional especializada de vocação universal. Mas se pode dizer de uma maneira mais ampla que a OMC é uma organização para liberalização do comércio, é também um fórum para que os governos negociem acordos comerciais e ainda é um lugar para que os governos resolvam suas diferenças comerciais. Ademais, **é encarregada de aplicar um sistema de normas comerciais – é o chamado sistema de resolução de controvérsias da OMC**. A título histórico, **o antigo Acordo Geral de Tarifas e Comércio (GATT, 1947) não era uma organização internacional, mas sim um acordo temporário que teve vigência de 1948 a 1994**, ano em que foi absorvido pelo conjunto institucional mais amplo e mais estruturado que é a OMC. Tal acontecimento se deu na *Rodada Uruguai* de negociações do GATT e tomou corpo mediante a Reunião Ministerial de Marrakech, entrando em vigor em 1º de janeiro de 1995 com sua ratificação. A OMC pauta-se por livre comércio, por igualdade entre os países e ainda atua com suporte nos seguintes princípios: **a)** princípio da não discriminação – é a coletivização do princípio da nação mais favorecida; **b)** princípio da previsibilidade – para facilitar o acesso ao comércio internacional; **c)** princípio da concorrência leal – visa garantir um comércio internacional justo; **d)** princípio da proibição de restrições quantitativas – a OMC, em geral, não permite a utilização de restrições quantitativas como forma de proteger a produção nacional; e **e)** princípio do tratamento especial e diferenciado para os países em desenvolvimento – por esse princípio, por exemplo, os países em desenvolvimento têm vantagens tarifárias. „Gabarito "D".

(FGV – 2010) O Ministério Público brasileiro, no exercício de suas atribuições, pugnando pela defesa do Direito Constitucional à Saúde, apresenta pleito ao Judiciário postulando o tabelamento dos medicamentos produzidos no Brasil, sendo deferida medida liminar. Com a decisão, o valor dos medicamentos produzidos no território brasileiro ficou extremamente competitivo, causando prejuízos a diversas empresas transnacionais que, diante disso, acionaram o Brasil por meio dos países onde estão sediadas, no Órgão de Solução de Controvérsias (OSC), da Organização Mundial do Comércio (OMC). A esse respeito, é correto afirmar que:

(A) o pedido será sumariamente indeferido, pois o Ministério Público não integra o Estado brasileiro.
(B) será instaurado painel para a solução da controvérsia.
(C) a adoção de medidas protecionistas não está sob o amparo do controle da OMC.
(D) medidas artificiais fora do sistema do livre mercado são admitidas no comércio internacional.
(E) a complexidade das relações comerciais impede a atuação da OMC.

A, B, C, D e E: a OMC é uma organização internacional que tem por objetivo zelar pelas normas que regem o comércio entre os países, em nível mundial ou quase mundial. Por isso, diz-se que é uma organização internacional especializada de vocação universal. Mas se pode dizer de uma maneira mais ampla que a OMC é uma organização para liberalização do comércio, é também um fórum para que os governos negociem acordos comerciais e ainda **é um lugar para que os governos resolvam suas diferenças comerciais**. Ademais, é encarregada de aplicar um sistema de normas comerciais – é o chamado sistema de resolução de controvérsias da OMC. **O Órgão de Solução de Controvérsias tem a função de dirimir as disputas comerciais entre os estados-membros** e é composto pelos integrantes do Conselho Geral. Lembrando que o Conselho Geral é o órgão executivo da OMC, composto pelos embaixadores ou pelos enviados dos estados-membros. As etapas processuais são as seguintes: **a)** etapa de consultas: antes de solicitar a criação de um painel para a OMC, as partes em desacordo devem utilizar as consultas bilaterais – bons ofícios, conciliação e mediação –, desde que isso seja possível; **b)** etapa de painéis: se as consultas bilaterais não funcionarem, uma parte pode solicitar, por escrito, a criação de um painel para a OMC. O painel é composto por indivíduos independentes e altamente qualificados, que possuem a missão de apreciar objetivamente a questão colocada e elaborar uma conclusão. Essa conclusão auxiliará o Órgão de Solução de Controvérsias a adotar recomendações ou decisões com base no relatório do painel; **c)** etapa de painéis II: depois de elaborado, o relatório deverá ser apresentado ao Órgão de Solução de Controvérsias para apreciação dentro de um prazo fixo. A decisão será dada por consenso, isto é, por unanimidade dos votos dos países-membros; **d)** etapa da apelação: qualquer parte pode notificar o Órgão de Solução de Controvérsias da sua decisão de recorrer. Nesse caso, será constituído um Órgão de Apelação composto por especialistas em direito e em comércio exterior. Os relatórios do Órgão de Apelação são adotados pelo Órgão de Solução de Controvérsias e aceitos incondicionalmente pelas partes em litígio, salvo se o Órgão de Solução de Controvérsias decidir por consenso não adotar o relatório confeccionado pelo Órgão de Apelação; **e)** etapa da implementação: após a decisão, o estado apontado como o infrator deve tomar as medidas necessárias para modificar a conduta censurada pelo comércio internacional, caso descumpra a decisão, sofrerá uma penalidade ou o estado prejudicado adotará uma compensação em seu desfavor. „Gabarito "B".

(FGV – 2010) A Organização Mundial do Comércio nasceu em 1995, com a finalidade de organizar o comércio mundial. Uma de suas iniciativas consistiu na criação de um novo Órgão de Solução de Controvérsias (OSC). A esse respeito, assinale a alternativa que indique características do Órgão de Solução de Controvérsias (OSC).

(A) As decisões dos painéis não são passíveis de recursos.
(B) Os painéis, como no sistema do GATT, devem contar com a unanimidade dos votos dos países-membros.
(C) O painel deve ser composto por dez peritos indicados livremente pela OMC.
(D) Existe órgão de apelação, composto por sete integrantes, que exercem mandato de quatro anos.
(E) No caso de descumprimento da decisão, não cabem quaisquer compensações.

A, B, C, D e E: a OMC é uma organização internacional que tem por objetivo zelar pelas normas que regem o comércio entre os países, em nível mundial ou quase mundial. Por isso, diz-se que é uma organização internacional especializada de vocação universal. Mas se pode dizer de uma maneira mais ampla que a OMC é uma organização para liberalização do comércio, é também um fórum para que os governos negociem acordos comerciais e ainda é um lugar para que os governos resolvam suas diferenças comerciais. Ademais, é encarregada de aplicar um sistema de normas comerciais – é o chamado sistema de resolução de controvérsias da OMC. O Órgão de Solução de Controvérsias tem a função de dirimir as disputas comerciais entre os estados-membros e **é composto pelos integrantes do Conselho Geral**. Lembrando que o Conselho Geral é o órgão executivo da OMC, composto pelos embaixadores ou pelos enviados dos estados-membros. As etapas processuais são as seguintes: **a)** etapa de consultas: antes de solicitar a criação de um painel apara a OMC, as partes em desacordo devem utilizar as consultas bilaterais – bons ofícios, conciliação e mediação –, desde que isso seja possível; **b)** etapa de painéis: se as consultas bilaterais não funcionarem, uma parte pode solicitar, por escrito, a criação de um painel apara a OMC. O painel é composto por indivíduos independentes e altamente qualificados, que possuem a missão de apreciar objetivamente a questão colocada e elaborar uma conclusão. Essa conclusão auxiliará o Órgão de Solução de Controvérsias a adotar recomendações ou decisões com base no relatório do painel; **c)** etapa de painéis II: depois de elaborado, o relatório deverá ser apresentado ao Órgão de Solução de Controvérsias para apreciação dentro de um prazo fixo. **A decisão será dada por consenso, isto é, por unanimidade dos votos dos países-membros**; **d)** etapa da apelação: **qualquer parte pode notificar o Órgão de Solução de Controvérsias da sua decisão de recorrer**. Nesse caso, **será constituído um Órgão de Apelação** composto por especialistas em direito e em comércio exterior. Os relatórios do Órgão de Apelação são adotados pelo Órgão de Solução de Controvérsias e aceitos incondicionalmente pelas partes em litígio, salvo se o Órgão de Solução de Controvérsias decidir por consenso não adotar o relatório confeccionado pelo Órgão de Apelação; **e)** etapa da implementação: após a decisão, o estado apontado como infrator deve tomar as medidas necessárias para modificar a conduta censurada pelo comércio internacional, caso descumpra a decisão, **sofrerá uma compensação ou uma penalidade**. „Gabarito "B".

(Magistratura Federal/5ª Região – 2009 – CESPE) A OMC, organização que trata das regras sobre o comércio entre as nações, apresenta um sistema de solução de controvérsias criado para solucionar os conflitos gerados pela aplicação dos acordos a respeito do comércio internacional entre os seus membros. Recentemente, o debate sobre a aplicação dos tratados comerciais tem sido iluminado pelo princípio in dubio mitius ou in dubio pro mitius, cujo uso resulta em uma interpretação

(A) literal restritiva dos tratados.
(B) sistemática ampliativa dos tratados.
(C) sistemática restritiva dos tratados.
(D) literal ampliativa dos tratados.
(E) literal que pode favorecer o papel da OMC de criar novas normas distintas das previstas nos tratados.

In dubio mitius refere-se à interpretação literal restritiva dos tratados, em decorrência da soberania dos Estados. Parte da premissa de que, se o significado de um termo ou de uma disposição é ambíguo, deve ser interpretado de modo menos oneroso para a parte que assume a obrigação, ou que interfira menos com sua supremacia pessoal ou territorial, ou que envolva menos restrições gerais aplicáveis às partes. Gabarito "A".

(Magistratura Federal/5ª Região – 2009 – CESPE) Em um mundo globalizado, são cada vez mais frequentes os contratos internacionais de compra e venda de mercadorias (exportação e importação de mercadorias). Buscando uniformizar e regulamentar alguns aspectos do comércio internacional, a Comissão das Nações Unidas de Direito do Comércio Internacional (UNCITRAL) estabeleceu algumas cláusulas típicas de contratos internacionais, entre as quais destacam-se as hardship clauses, que tratam

(A) da língua usada nas cláusulas contratuais.
(B) da confidencialidade dos contratos.
(C) das cláusulas atributivas de jurisdição.
(D) dos efeitos danosos de mudanças ocorridas no ambiente institucional, político, comercial ou legal dos contratos.
(E) das cláusulas penais dos contratos.

Hardship é uma mudança econômica, financeira, legal ou de fatores tecnológicos que causa consequência econômica adversa e séria para a parte contratante, de modo a tornar mais difícil o cumprimento de suas obrigações contratuais. A cláusula *hardship* (*hardship clause*) permite que o contrato seja renegociado na hipótese desses eventos danosos ocorrerem. Gabarito "D".

(CESPE – 2009) Constitui objetivo da Organização Mundial do Comércio

(A) facilitar o empréstimo monetário internacional.
(B) solucionar controvérsias sobre tarifas do comércio internacional.
(C) fornecer recursos monetários para incentivar o desenvolvimento econômico.
(D) permitir a criação de zonas francas de comércio.

A, B, C e D: a OMC é uma organização internacional, com sede em Genebra, na Suíça, que tem por objetivo zelar pelas normas que regem o comércio entre os países, em nível mundial ou quase mundial. Por isso, diz-se que é uma organização internacional especializada de vocação universal. Mas pode-se dizer de uma maneira mais ampla que a OMC é uma organização para liberalização do comércio, é também um fórum para que os governos negociem acordos comerciais e ainda é um lugar para que **os governos resolvam suas diferenças comerciais**. Ademais, **é encarregada de aplicar um sistema de normas comerciais – é o chamado *sistema de resolução de controvérsias da OMC***. A título histórico, o antigo Acordo Geral de Tarifas e Comércio (GATT, 1947) não era uma organização internacional, mas sim um acordo temporário que teve vigência de 1948 a 1994, ano em que foi absorvido pelo conjunto institucional mais amplo e mais estruturado que é a OMC. Tal acontecimento se deu na Rodada Uruguai de negociações do GATT e tomou corpo mediante a Reunião Ministerial de Marrakech, entrando em vigor em 1º de janeiro de 1995 com sua ratificação. A OMC pauta-se no livre comércio e na igualdade entre os países e ainda atua com suporte nos seguintes princípios: **a)** princípio da não discriminação – é a coletivização do princípio da nação mais favorecida; **b)** princípio da previsibilidade – para facilitar o acesso ao comércio internacional; **c)** princípio da concorrência leal – visa garantir um comércio internacional justo; **d)** princípio da proibição de restrições quantitativas – a OMC, em geral, não permite a utilização de restrições quantitativas como forma de proteger a produção nacional; e **e)** princípio do tratamento especial e diferenciado para os países em desenvolvimento – por este princípio, por exemplo, os países em desenvolvimento têm vantagens tarifárias. Gabarito "B".

(Procurador da Fazenda Nacional – 2007.2 – ESAF) Assinale a opção correta a respeito de medidas de defesa comercial.

(A) Para aplicar uma medida antidumping, o membro da Organização Mundial do Comércio (OMC) deve obter autorização prévia do Comitê de Práticas Antidumping da Organização.
(B) O membro da OMC prejudicado por uma medida de salvaguarda tem o direito de negociar compensações com o membro que a impôs.
(C) A aplicação de medida antidumping deve ocorrer de forma não-seletiva, ou seja, o membro da OMC que aplica a medida deve fazê-la incidir sobre todas as importações do produto em questão, independentemente da origem ou da procedência.
(D) No Brasil, os recursos arrecadados a título de direitos antidumping são revertidos a favor da indústria doméstica prejudicada com a prática do dumping correspondente.
(E) A medida de salvaguarda é o instrumento de defesa comercial cabível no caso da ocorrência de importações que tenham sido beneficiadas por subsídios indevidos por parte do país exportador.

A: incorreta, pois os Estados devem apenas relatar ao Comitê de Práticas Antidumping suas ações preliminares e finais – art. 14, 4, do Acordo Antidumping – Decreto 93.941/1987; B e E: os Estados podem tomar medidas de salvaguarda para proteger temporariamente sua indústria contra importações que a ameaçem seriamente (não se trata de ilícito cometido na exportação, como subsídios indevidos ou dumping), hipótese em que o país prejudicado pode exigir compensações – art. 11 do Acordo sobre Salvaguardas – Decreto 1.488/1995. A medida de defesa no caso de importações beneficiadas com subsídios indevidos é a imposição de direitos compensatórios – art. 4º do Acordo de Subsídios e Direitos Compensatórios – Decreto 93.962/1987; C: é o oposto – a medida antidumping deve ser seletiva, com relação ao produto cujo preço é menor do que normalmente seria praticado no mercado interno do exportador – art. 8º, 2 do Acordo Antidumping; D: incorreta, pois as receitas oriundas da cobrança dos direitos antidumping e dos direitos compensatórios serão destinadas ao Ministério do Desenvolvimento, Indústria e Comércio Exterior, para aplicação na área de comércio exterior, conforme diretrizes estabelecidas pela CAMEX – art. 10, parágrafo único, da Lei 9.019/1995. Gabarito "B".

(Magistratura Federal – 3ª Região – XIII) O tratamento da nação mais favorecida previsto em tratado internacional implica:

(A) concessão do mesmo tratamento a todos os Estados, mesmo que não partícipes do tratado;
(B) concessão do mesmo tratamento somente aos participantes do tratado;
(C) subordinação à lei interna que concede tratamento mais benéfico a determinado país;
(D) concessão do tratamento mais favorecido a um país em detrimento dos outros.

A "cláusula da nação mais favorecida" estabelecida em tratado refere-se ao dever de estender aos demais Estados signatários o tratamento mais favorável concedido a um terceiro país. Gabarito "B".

12. DIREITO COMUNITÁRIO

(Procurador Federal – 2010 – CESPE – adaptada) A respeito do MERCOSUL e OMC, julgue os itens que se seguem.

(1) O Órgão de Apelação da OMC é composto de juízes eleitos por tempo determinado.
(2) O Protocolo de Olivos dispõe sobre a solução de controvérsias no âmbito do MERCOSUL.

1: correta, pois os integrantes do Órgão de Apelação são nomeados pelo Órgão de Solução de Controvérsias – OSC, para períodos de quatro anos, permitida uma renovação – art. 17, § 2º, do Acordo sobre Normas e Procedimentos para Solução de Disputas. Discordamos do gabarito oficial, que indicava a questão como incorreta; II: correta, pois o Protocolo de Olivos regula a solução de controvérsias no âmbito do Mercosul – Decreto 4.982/2004. Gabarito 1C, 2C.

(FGV – 2010) A formação de blocos econômicos internacionais converteu-se numa tendência no planeta com o término da Guerra Fria, tornando-se importante instrumento de defesa e desenvolvimento no mundo globalizado. Entre as opções apresentadas, marque a alternativa que apresenta uma tentativa de associação econômica NÃO efetivada:

(A) Mercosul.
(B) Área de Livre Comércio das Américas – ALCA.
(C) União Europeia.
(D) Associação de Cooperação Econômica da Ásia e do Pacífico – APEC.
(E) Acordo de Livre Comércio Norte-Americano – Nafta.

A, B, C, D e E: o direito comunitário é o ordenamento jurídico, em seu sentido lato, criado por um bloco regional de integração. E bloco regional, a exemplo do Mercosul e da União Europeia, é a associação de países regionalmente próximos com o intuito de prover a integração entre eles em diversos sentidos. Existem inúmeras maneiras de se proceder à integração regional, normalmente apontadas como um processo evolucional rumo à integralização máxima. Tais são: **a)** Zona de Preferência Tarifária – dois ou mais países gozam de tarifas mais baixas do que as aplicadas a outros que não possuem acordo preferencial. É o caso da ALADI (Associação Latino-Americana de Integração); **b)** Zona de Livre Comércio – os países do bloco reduzem drasticamente ou eliminam as tarifas alfandegárias ou não alfandegárias entre eles. É o caso do Nafta (Acordo de Livre Comércio da América do Norte), formado por Estados Unidos, Canadá e México; **c)** União Aduaneira – além dos países do bloco eliminarem as tarifas alfandegárias ou não alfandegárias entre eles, estabelecem as mesmas tarifas de importação (TEC - Tarifa Externa Comum) para o comércio internacional fora do bloco. O melhor exemplo é o Mercosul, apesar de este ser considerado uma união aduaneira imperfeita; **d)** Mercado Comum – conserva as características da união aduaneira com acréscimo das outras liberdades fundamentais do mercado (livre circulação de pessoas, serviços e capitais). Percebe-se que na união aduaneira existe tão somente a livre circulação de bens. O exemplo foi a Comunidade Europeia – leia-se União Europeia antes da entrada em vigor do Tratado de Maastricht de 1993; **e)** União Econômica e Monetária – conserva todas as características anteriormente apresentadas com o acréscimo de possuir uma política macroeconômica unificada. Percebe-se que a principal diferença entre o mercado comum e a união econômica e monetária reside na política macroeconômica coordenada do primeiro e na unificada do segundo. A título de solapar possíveis dúvidas, a adoção de moeda única não é condição para constituição da união econômica e monetária, mas sim o ponto alto de tal modalidade de integração. É o caso da União Europeia pós-Tratado de Masstricht. Dentre as assertivas indicadas na questão, a ALCA é o único caso de tentativa de associação econômica que não logrou efetivar-se. Gabarito "B".

(FGV – 2010) A respeito da União Europeia, assinale a afirmativa correta.

(A) A UE não pode fazer nada a não ser que todos os seus Estados-membros concordem.
(B) A UE está sob completo controle de burocratas não eleitos.
(C) A UE requer dos Estados-Membros um agrupamento de regras e princípios em várias áreas estratégicas de intervenção.
(D) A UE já desenvolveu todas as características essenciais de um Estado centralizado e unitário.
(E) A UE é apenas uma união econômica e monetária.

A, B, C , D e E: o direito comunitário é o ordenamento jurídico, em seu sentido lato, criado por um bloco regional de integração. E bloco regional, a exemplo do Mercosul e da União Europeia, é a associação de países regionalmente próximos com o intuito de prover a integração entre eles em diversos sentidos. Existem inúmeras maneiras de se proceder à integração regional, normalmente apontadas como um processo evolucional rumo à integralização máxima. Tais são: **a)** Zona de Preferência Tarifária – dois ou mais países gozam de tarifas mais baixas do que as aplicadas a outros que não possuem acordo preferencial. É o caso da ALADI (Associação Latino-Americana de Integração); **b)** Zona de Livre Comércio – os países do bloco reduzem drasticamente ou eliminam as tarifas alfandegárias ou não alfandegárias entre eles. É o caso do Nafta (Acordo de Livre Comércio da América do Norte), formado por Estados Unidos, Canadá e México; **c)** União Aduaneira – além dos países do bloco eliminarem as tarifas alfandegárias ou não alfandegárias entre eles, estabelecem as mesmas tarifas de importação (TEC – Tarifa Externa Comum) para o comércio internacional fora do bloco. O melhor exemplo é o Mercosul, apesar de este ser considerado uma união aduaneira imperfeita; **d)** Mercado Comum – conserva as características da união aduaneira com acréscimo das outras liberdades fundamentais do mercado (livre circulação de pessoas, serviços e capitais). Percebe-se que na união aduaneira existe tão somente a livre circulação de bens. O exemplo foi a Comunidade Europeia – leia-se União Europeia antes da entrada em vigor do Tratado de Maastricht de 1993; **e)** União Econômica e Monetária – conserva todas as características anteriormente apresentadas com o acréscimo de possuir uma política macroeconômica unificada. Percebe-se que a principal diferença entre o mercado comum e a união econômica e monetária reside na política macroeconômica coordenada do primeiro e na unificada do segundo. A título de solapar possíveis dúvidas, a adoção de moeda única não é condição para constituição da união econômica e monetária, mas sim o ponto alto de tal modalidade de integração. **É o caso da União Europeia pós-Tratado de Maastricht**. A União Europeia é uma união econômica e monetária. A União Europeia não é um superestado, mas sim uma entidade supranacional, ou, ainda melhor, uma entidade que funciona por cooperação supranacional. Cabe destacar que a União Europeia não é apenas uma união econômica e monetária (classificação ditada pelo estágio de integração alcançado), mas também é uma organização com forte apelo político, pois trata-se de um **projeto de integração política que utiliza mecanismos econômicos como instrumento para sua evolução**. E para alcançar sua finalidade, a UE depende de uma harmonia legislativa entre os estados-membros, especialmente nas áreas estratégicas de intervenção. E caso ocorra conflito entre normas comunitárias e nacionais (mesmo estas sendo de índole constitucional), as primeiras sempre vencerão. O princípio da aplicação predominante do direito comunitário tem por consequência a impossibilidade do estado-membro opor-se, por motivos de ordem legal e constitucional, à aplicação de normas comunitárias. Tal característica tem importância fundamental para o funcionamento do sistema comunitário, pois garante a uniformidade na aplicação do direito comunitário em todos os estados-membros, garantindo, assim, a eficiência dos órgãos comunitários. Gabarito "C".

(Magistratura Federal/1ª Região – 2009 – CESPE) Com relação à estrutura institucional do MERCOSUL, assinale a opção correta.

(A) O Conselho do Mercado Comum é o órgão executivo do MERCOSUL.
(B) O Conselho do Mercado Comum é integrado por ministros das relações exteriores, ministros da economia e ministros da justiça dos Estados-partes.
(C) O Conselho do Mercado Comum, o Grupo Mercado Comum e a Comissão de Comércio do MERCOSUL são órgãos de natureza intergovernamental.
(D) A Comissão Parlamentar Conjunta do MERCOSUL mudou de denominação para Parlamento do MERCOSUL, mas manteve o número de competências.
(E) É competência do Grupo Mercado Comum editar o Boletim Oficial do MERCOSUL.

A: incorreta, pois o Grupo Mercado Comum é o órgão executivo do Mercosul – art. 10 do Protocolo de Ouro Preto (Decreto 1.901/1996). O Conselho do Mercado Comum é o órgão superior do Mercosul ao qual incumbe a condução política do processo de integração e a tomada de decisões para assegurar o cumprimento dos objetivos estabelecidos pelo Tratado de Assunção e para lograr a constituição final do mercado comum – art. 3º do Protocolo de Ouro Preto; B: incorreta, pois os Ministros da Justiça não integram o Conselho do Mercado Comum, mas apenas os Ministros das Relações Exteriores e da Economia – art. 4º do Protocolo de Ouro Preto; C: correta, pois o Conselho do Mercado Comum, o Grupo Mercado Comum e a Comissão de Comércio do Mercosul são órgãos com capacidade decisória, de natureza intergovernamental – art. 2º do Protocolo de Ouro Preto; D: incorreta, pois as competências da Comissão Parlamentar Conjunta eram bastante restritas – arts. 22 a 27 do Protocolo de Ouro Preto. Já o Parlamento do Mercosul (Parlasul) tem competência muito mais ampla, incluindo a elaboração de relatórios, declarações recomendações, além de poder manter relações institucionais com Parlamentos de terceiros Estados – art. 4º do Protocolo Constitutivo do Parlamento do Mercosul (Decreto 6.105/2007); E: incorreta, pois essa competência é da Secretaria Administrativa do Mercosul – art. 32, II, ii, do Protocolo de Ouro Preto. Gabarito "C".

(Advogado da União/AGU – CESPE – 2009) Pode-se fazer um paralelo entre a União Europeia e o MERCOSUL. Ambas as comunidades originam-se de processos de integração e buscam normatizar as suas relações por meio de um direito de integração. Entretanto, há enormes diferenças entre o direito regional do MERCOSUL e o direito comunitário europeu. Acerca desse tema, julgue os itens subsequentes, relativos ao direito de integração e ao MERCOSUL.

(1) O MERCOSUL garante, de forma semelhante à União Europeia, uma união econômica, monetária e política entre países.
(2) A adoção de uma política comercial comum em relação a terceiros Estados é um dos objetivos da criação do MERCOSUL.

1: incorreta, pois, diferentemente da União Européia, o Mercosul não ultrapassou o estágio de união aduaneira, caracterizada pela adoção da tarifa externa comum, mas sem união econômica, monetária (não há moeda comum, como o Euro) ou política (apesar da existência do Parlamento do Mercosul); 2: assertiva correta, conforme o art. 1º do Tratado de Assunção (Decreto 350/1991), segundo o qual o Mercosul implica o estabelecimento de uma tarifa externa comum e **a adoção de uma política comercial comum em relação a terceiros Estados ou agrupamentos de Estados** e a coordenação de posições em foros econômico-comerciais regionais e internacionais. Gabarito 1E, 2C.

(Magistratura do Trabalho – 3ª Região – 2009) Sobre o Mercosul, leia as afirmações abaixo e, em seguida, assinale a alternativa correta:

I. O Mercado Comum do Sul (Mercosul) é um amplo projeto de integração concebido por Argentina, Brasil, Paraguai e Uruguai, fundado em 1991, pelo Tratado de Assunção. Envolve, por enquanto, tão-somente dimensões econômicas, tais como a União Aduaneira.
II. Os Estados Associados do Mercosul são Bolívia, Chile, Colômbia, Equador e Peru.
III. Existe previsão para que os representantes do Parlamento do Mercosul passem a ser eleitos por sufrágio universal, direto e secreto.
IV. O Mercado comum estará fundado na reciprocidade de direitos e obrigações entre os Estados Partes.
V. Pela Declaração Sócio-laboral, os Estados Partes, inclusive o Brasil, se comprometem a respeitar o princípio da liberdade sindical absoluta, inclusive quanto à livre formação de sindicatos.

(A) Somente uma afirmativa está correta.
(B) Somente duas afirmativas estão corretas.
(C) Somente três afirmativas estão corretas.
(D) Somente quatro afirmativas estão corretas.
(E) Todas as afirmativas estão corretas.

I: assertiva correta, considerando o Tratado de Assunção de 1991 e as características de união aduaneira, com adoção da tarifa externa comum; II: incorreta, pois, atualmente, a Venezuela é também Estado associado; III: assertiva correta, conforme o art. 1º do Protocolo Constitutivo do Parlamento do Mercosul; IV: correta, pois reflete exatamente o disposto no art. 2º do Tratado de Assunção; V: incorreta, pois a Declaração Sociolaboral do Mercosul não prevê a livre formação de sindicatos, o que, inclusive, iria contra a unicidade sindical prevista na Constituição Brasileira (art. 8º, II). O seu art. 9º dispõe apenas que os trabalhadores deverão gozar de adequada proteção contra todo ato de discriminação tendente a menoscabar a liberdade sindical com relação a seu emprego. Deverá ser garantida: (i) a liberdade de filiação, de não filiação e desfiliação, sem que isto comprometa o ingresso em um emprego ou sua continuidade no mesmo; (ii) evitar demissões ou prejuízos a um trabalhador por causa de sua filiação sindical ou de sua participação em atividades sindicais; e (iii) o direito de ser representado sindicalmente, de acordo com a legislação, acordos e convenções coletivos de trabalho em vigor nos Estados-partes. "C". Gabarito

(Magistratura do Trabalho – 23ª Região – 2009) Analise os itens abaixo e marque a alternativa CORRETA:

I. Diferentemente do que ocorre na Corte Européia, no âmbito do Mercosul os cidadãos não têm acesso direto aos mecanismos de solução de disputas.

II. O Tratado de Assunção, de forma explícita, contém regra básica do Mercosul assentada no princípio da reciprocidade.

III. Visando à evolução do processo de integração no âmbito do Mercosul, no que diz respeito ao aperfeiçoamento do sistema de solução de controvérsias, foi criado, a partir de 2002, o Tribunal Arbitral Permanente de Revisão, com sede em Assunção (Paraguai).

(A) Apenas o item I é falso.
(B) Apenas o item II é falso.
(C) Apenas o item III é falso.
(D) Todos os itens são falsos.
(E) Todos os itens são verdadeiros.

I: correta, pois o sistema de solução de controvérsias do Mercosul refere-se aos Estados Partes – art. 1º, § 1º, do Protocolo de Olivos. É interessante lembrar, entretanto, que é possível a formulação de reclamação por particulares em razão da sanção ou aplicação, por qualquer dos Estados-partes, de medidas legais ou administrativas de efeito restritivo, discriminatórias ou de concorrência desleal, em violação do Tratado de Assunção, do Protocolo de Ouro Preto, dos protocolos e acordos celebrados no marco do Tratado de Assunção, das Decisões do Conselho do Mercado Comum, das Resoluções do Grupo Mercado Comum e das Diretrizes da Comissão de Comércio do MERCOSUL – art. 39 do Protocolo de Olivos; II: correta, pois o art. 2º do Tratado de Assunção prevê expressamente que o Mercado comum estará fundado na reciprocidade de direitos e obrigações entre os Estados-partes; III: assertiva correta, conforme o art. 17 do Protocolo de Olivos. "E". Gabarito

(CESPE – 2008) No que diz respeito ao MERCOSUL, assinale a opção correta.

(A) Os idiomas oficiais do MERCOSUL são o espanhol e o português, com prevalência do espanhol em caso de dúvida sobre a aplicação ou interpretação dos tratados constitutivos.
(B) O MERCOSUL ainda não possui um tratado sobre defesa da concorrência, não obstante os esforços brasileiros para a criação de um instrumento sobre tal matéria.
(C) O MERCOSUL possui personalidade jurídica de direito internacional.
(D) É vedado ao MERCOSUL celebrar acordos de sede.

A: incorreta, pois o art. 17 do Tratado de Assunção assim dispõe: "Os idiomas oficiais do Mercado Comum serão o português e o espanhol e a versão oficial dos documentos de trabalho será a do idioma do país sede de cada reunião"; B: incorreta, pois existe o Protocolo de Defesa da Concorrência do Mercosul; C: correta. O Mercosul é uma união aduaneira composta por Argentina, Uruguai, Brasil e Paraguai (a Venezuela encontra-se em processo de adesão). E funciona pela cooperação intergovernamental. E por ser um bloco regional possui personalidade jurídica de direito internacional. Importante lembrar que os detentores de personalidade jurídica de direito Internacional são: o estado, a organização internacional (incluindo os blocos regionais) e a pessoa humana. Por fim, o art. 34 do Protocolo de Ouro Preto prevê expressamente que o Mercosul terá personalidade jurídica de direito internacional; D: incorreta, pois o Mercosul pode celebrar acordos de sede (art. 36 do Protocolo de Ouro Preto). "C". Gabarito

(FGV – 2008) Entende-se por Mercado Comum um tipo de integração regional caracterizado por:

(A) eliminação das barreiras comerciais tarifárias e não-tarifárias e harmonização das políticas comerciais, sociais e regulatórias dos países membros.
(B) eliminação das barreiras comerciais tarifárias e não-tarifárias.
(C) eliminação das barreiras comerciais tarifárias e não-tarifárias, harmonização das políticas comerciais, sociais e regulatórias dos países-membros mais o estabelecimento de moeda comum.
(D) negociações de reduções tarifárias com o intuito de fomentar o intercâmbio de setores da economia entre os países signatários.
(E) criação de área livre de tributos e encargos de todas as naturezas.

A, B, C, D, E: existem inúmeras maneiras de se proceder à integração regional, normalmente apontadas como um processo evolucional rumo à integralização máxima. Tais são: **a)** Zona de Preferência Tarifária – dois ou mais países gozam de tarifas mais baixas do que as aplicadas a outros que não possuem acordo preferencial. É o caso da ALADI (Associação Latino-Americana de Integração); **b)** Zona de Livre Comércio – os países do bloco reduzem drasticamente ou eliminam as tarifas alfandegárias ou não alfandegárias entre eles. É o caso do Nafta (Acordo de Livre Comércio da América do Norte), formado por Estados Unidos, Canadá e México; **c)** União Aduaneira – além dos países do bloco eliminarem as tarifas alfandegárias ou não alfandegárias entre eles, estabelecem as mesmas tarifas de importação (TEC - Tarifa Externa Comum) para o comércio internacional fora do bloco. O melhor exemplo é o Mercosul, apesar de este ser considerado uma união aduaneira imperfeita; **d) Mercado Comum – conserva as características da união aduaneira com acréscimo das outras liberdades fundamentais do mercado (livre circulação de pessoas, serviços e capitais). Percebe-se que na união aduaneira existe tão somente a livre circulação de bens. O exemplo foi a Comunidade Europeia – leia-se União Europeia antes da entrada em vigor do Tratado de Maastricht de 1993**; **e)** União Econômica e Monetária – conserva todas as características anteriormente apresentadas com o acréscimo de possuir uma política macroeconômica unificada. Percebe-se que a principal diferença entre o mercado comum e a união econômica e monetária reside na política macroeconômica coordenada do primeiro e na unificada do segundo. A título de solapar possíveis dúvidas, a adoção de moeda única não é condição para constituição da união econômica e monetária, mas sim o ponto alto de tal modalidade de integração. É o caso da União Europeia pós-Tratado de Masstricht. "A". Gabarito

(Procurador da Fazenda Nacional – 2007.2 – ESAF) Associe as colunas e indique a seqüência correta.

(1) Apenas o sistema de solução de controvérsias do Mercosul
(2) Apenas o sistema de solução de controvérsias da Organização Mundial do Comércio
(3) Tanto o sistema de solução de controvérsias do Mercosul quanto o da Organização Mundial do Comércio

( ) prevê sanções econômico-comerciais em caso de descumprimento da decisão do sistema de solução de controvérsias.
( ) prevê o acesso indireto de particulares ao sistema de solução de controvérsias.
( ) prevê a possibilidade de recurso da decisão a um órgão de apelação.
( ) prevê a possibilidade de que dois ou mais países, em conjunto, apresentem contra outro um pleito no âmbito do sistema de solução de controvérsias.
( ) prevê a possibilidade de que o laudo arbitral seja adotado por maioria, em caso de não haver consenso entre seus componentes.

(A) 2, 1, 3, 2, 3
(B) 3, 3, 2, 1, 2
(C) 3, 1, 3, 3, 3
(D) 1, 2, 3, 3, 2
(E) 2, 1, 3, 2, 2

As sanções econômico-comerciais são previstas no âmbito da OMC – art. 22 do Acordo sobre Normas e Procedimentos para Solução de Disputas – e também do Mercosul – art. 31 do Protocolo de Olivos. Somente Estados são abrangidos pelo sistema da OMC. O Protocolo de Olivos (Mercosul) admite a formulação de reclamações por particulares – Capítulo XI. No âmbito do Mercosul, cabe recurso das decisões arbitrais para o Tribunal Permanente de Revisão (Capítulo VII do Protocolo de Olivos). O sistema de solução de disputas da OMC prevê recurso das decisões proferidas pelos painéis para o Órgão de Apelação (*Appellate Body* – art. 17 do Acordo sobre Normas e Procedimentos para Solução de Disputas). Ambos os sistemas permitem múltiplos Estados no mesmo polo do litígio (art. 13 do Protocolo de Olivos e art. 9º do Acordo sobre Normas e Procedimentos para Solução de Disputas). O laudo arbitral no âmbito do Mercosul pode ser decidido por maioria (art. 25 do Protocolo de Olivos). No âmbito da OMC, os laudos dos painéis podem conter objeções de seus membros (art. 16.2 do Acordo sobre Normas e Procedimentos para Solução de Disputas), no entanto, podem ser recusados pelo Órgão de Solução de Controvérsias (*Dispute Settlement Body*) por consenso (art. 16.4); de forma semelhante, o Órgão de Solução de Controvérsias pode rejeitar o laudo do Órgão de Apelação, também por consenso (art. 17.14). Gabarito "C".

(Magistratura Federal – 5ª Região – 2007 – CESPE) Acerca das normas aplicáveis às relações comerciais do Brasil com os membros do MERCOSUL e à solução de contenciosos que envolvam contratos internacionais, julgue o item que se segue.

(1) No âmbito do MERCOSUL, em matéria de impostos, taxas e outros gravames internos, os produtos originários do território de um Estado-parte gozarão, nos outros Estados-partes, do mesmo tratamento que se aplique ao produto nacional.

Art. 7º do Tratado de Assunção. Gabarito 1C.

(Procurador da Fazenda Nacional – 2007.2 – ESAF) À luz do Direito da Integração, assinale em que estágio de um processo integrativo se encontra um arranjo comercial envolvendo dois ou mais países que, entre si, eliminam as barreiras tarifárias e não-tarifárias à circulação de bens, serviços e fatores produtivos e adotam uma tarifa externa comum para os países que não fazem parte do bloco.

(A) Acordo de preferências tarifárias.
(B) Zona de livre-comércio.
(C) Integração econômica total.
(D) Mercado comum.
(E) União aduaneira.

A adoção de tarifa externa comum, como no caso do Mercosul, caracteriza a União Aduaneira. Gabarito "E".

(Magistratura do Trabalho – 16ª Região – 2006) Sobre o Mercosul marque a alternativa INCORRETA:

(A) Foi criado pelo Tratado de Assunção, em 1991, reunindo Argentina, Brasil, Bolívia e Paraguai.
(B) Mercosul significa "Mercado Comum do Sul".
(C) O Chile em 1996 assinou o acordo de associação de livre comércio com os países componentes do Mercosul, mas ressalvou que não participaria da união aduaneira.
(D) A estrutura orgânica do Mercosul definida no Protocolo de Ouro Preto (1994) é a seguinte: Conselho Mercado Comum; Grupo Mercado Comum; Comissão do Comércio; Comissão Parlamentar Conjunta, Foro Consultivo Econômico-Social e uma Secretaria Administrativa.
(E) Nenhuma das alternativas.

A: o Tratado de Assunção, de 1991, constituiu o Mercosul, reunindo Brasil, Argentina, Paraguai e Uruguai (não a Bolívia); B: art. 1º do Tratado de Assunção; C: Protocolo de Adesão da Bolívia e do Chile; D: art. 1º do Protocolo de Ouro Preto. Gabarito "A".

(Magistratura do Trabalho – 23ª Região – 2006) Sobre o Mercosul, assinale a alternativa correta:

(A) No sistema do Mercosul as medidas legislativas nascem de iniciativas em cada um dos países, a partir do consenso obtido em organismos de sua composição, diferentemente da Comunidade Européia onde as medidas são ditadas a todos os países;
(B) Pelo complexo sistema de solução de controvérsias do Mercosul é possível aos indivíduos ou pessoas jurídicas de direito privado, apresentarem reclamação contra país membro diretamente ao Tribunal Permanente de Revisão;
(C) Suas fontes jurídicas são disciplinadas pelo Protocolo de Ouro Preto e são constituídas das: Constituições Nacionais dos Estados Soberanos componentes; dos termos do Tratado de Assunção e das Decisões do Conselho do Mercado Comum;
(D) As normas emanadas dos órgãos do Mercosul se incorporam automaticamente ao ordenamento jurídico dos Estados-partes, sendo passíveis de aplicação direta;
(E) As normas existentes hoje no Mercosul permitem uma integração inclusive sob o ponto de vista do direito do trabalho, sendo possível ao cidadão de um país-membro trabalhar em outro, livre de entraves burocráticos, assegurando-se um patamar mínimo de direitos.

A: arts. 37, 38 e 42 do Protocolo de Ouro Preto; B: o particular deve formular a reclamação junto à Seção Nacional do Grupo Mercado Comum em seu país – art. 40 do Protocolo de Olivos; C: o art. 41 do Protocolo de Ouro Preto não inclui as Constituições Nacionais entre as fontes jurídicas do Mercosul; D: a incorporação, quando necessária, submete-se às legislações internas de cada país – art. 42 do Protocolo de Ouro Preto; E: não há essa integração – há apenas a Declaração Sociolaboral do Mercosul, que não chega a permitir o livre trânsito de trabalhadores, como descrito na assertiva. Gabarito "A".

(Magistratura do Trabalho – 18ª Região – 2006) O Protocolo de Medidas Cautelares feito em Ouro Preto, em 16 de dezembro de 1994, regulamentou entre os Estados Partes do Tratado de Assunção o cumprimento de medidas cautelares destinadas a impedir a irreparabilidade de um dano em relação às pessoas, bens e obrigações de dar, de fazer ou de não fazer. A propósito, considere as assertivas abaixo e assinale a alternativa correta.

I. De acordo com o Protocolo de Ouro Preto, a admissibilidade da medida cautelar será regulada pelas leis e julgada pelos juízes ou Tribunais do Estado requerente.
II. De acordo com o Protocolo de Ouro Preto, a execução da medida cautelar e sua contracautela ou respectiva garantia, serão processadas pelos Juízes ou Tribunais do Estado requerido, segundo suas leis.
III. De acordo com o Protocolo de Ouro Preto, as modificações que no curso do processo se justificarem para o seu correto cumprimento e, se for o caso, sua redução ou sua substituição serão regidas pelas leis e julgadas pelos Juízes ou Tribunais do Estado requerido.
IV. De acordo com o Protocolo de Ouro Preto, as sanções em decorrência de litigância de má-fé serão regidas pelas leis e julgadas pelos Juízes ou Tribunais do Estado requerido.
V. De acordo com o Protocolo de Ouro Preto, as questões relativas a domínio e demais direitos reais serão regidas pelas leis e julgadas pelos Juízes ou Tribunais do Estado requerido.

(A) Todas são corretas
(B) Apenas as duas primeiras são corretas
(C) As três últimas são corretas
(D) Apenas a primeira é correta
(E) Apenas a quarta é incorreta

I: art. 5º do Protocolo de Medidas Cautelares; II: art. 6º do Protocolo de Medidas Cautelares; III, IV e V: art. 7º do Protocolo de Medidas Cautelares. Gabarito "A".

(Magistratura do Trabalho – 7ª Região – 2005) O Parlamento Europeu, comparando-se seu regime de competências com os vários parlamentos nacionais, apresenta-se como

(A) detentor de competências e de capacidades idênticas às dos parlamentos nacionais, dentro e fora da Europa, dado que exerce múnus legislativo absoluto, conforme identificado nos vários tratados da União Européia, sendo o Parlamento Europeu responsável por toda a produção legislativa comunitária.
(B) detentor de competências e de capacidades similares e não totalmente idênticas às dos demais parlamentos nacionais, dentro e fora da Europa, porque proibido de exercer múnus executivo, função que modernamente alguns parlamentos desempenham de modo indireto.
(C) detentor de competências e de capacidades similares porém não totalmente idênticas às dos demais parlamentos nacionais, dentro e fora da Europa, porque proibido de exercer múnus judiciário, função que modernamente alguns parlamentos desempenham de modo indireto.

(D) o Parlamento Europeu, ao contrário do que a sua denominação parece indicar, não exerce funções absolutamente idênticas às dos órgãos legislativos nos direitos internos; o Parlamento Europeu não tem competência para praticar atos materialmente legislativos, habilitação atribuída ao Conselho em âmbito específico ou à Comissão, mediante delegação; de fato, o Parlamento Europeu não dispõe do poder de iniciativa legislativa, embora possa suscitá-la perante a Comissão.

(E) o Parlamento Europeu caracteriza-se de modo distinto dos parlamentos nacionais, dentro e fora da Europa, porque não detém competência para participar do orçamento da União Européia; de tal modo, o esvaziamento de sua ação orçamentária o faz um parlamento sui generis.

O Parlamento Europeu exerce (a) poder legislativo restrito e partilhado; (b) poder orçamentário (é quem determina o orçamento da UE) e (c) poder fiscalizatório. O poder legislativo ordinário é partilhado com o Conselho da União Europeia (os projetos de texto legislativo devem ser aprovados por comum acordo – codecisão). No entanto, há determinadas questões sensíveis que não se submetem ao Parlamento Europeu (processo legislativo especial referente a determinadas matérias fiscais, de políticas industrial e agrícola, entre outras), hipótese em que seu papel é apenas consultivo. Em todos os casos (processo legislativo ordinário ou especial) a iniciativa legislativa é da Comissão Europeia, embora o Parlamento possa solicitar que apresente propostas legislativas ao Conselho da UE. Gabarito "D".

13. RESPONSABILIDADE INTERNACIONAL

(Magistratura Federal – 5ª Região – 2007 – CESPE) Com relação a responsabilidade internacional e a conflitos internacionais, julgue os itens subseqüentes.

(1) A mediação é meio diplomático de resolução de conflitos internacionais e a arbitragem, meio jurídico de solução de tais conflitos.
(2) A responsabilidade de um sujeito de direito internacional decorre, necessariamente, de atos ilícitos.
(3) A responsabilidade internacional enseja a reparação de danos tanto da parte do agente causador quanto da parte do Estado do qual esse agente se origine.
(4) A responsabilidade internacional se resolve, como regra geral, em reparação de natureza civil e, em casos excepcionais, em sanções penais.
(5) Tanto a Assembléia Geral quanto o Conselho de Segurança da Organização das Nações Unidas (ONU) são instâncias políticas de solução de conflitos internacionais.

1: A distinção não se refere à natureza diplomática ou jurídica desses meios de solução pacífica de conflitos. Na mediação, um terceiro neutro busca conduzir as partes litigantes a um acordo. Na arbitragem, o terceiro neutro (pessoa, painel, Corte Internacional etc.), escolhido por consenso antes ou após a instauração do litígio, decide a causa. 2: A responsabilidade decorre de ilícito (à luz do direito internacional) imputável ao agente que cause dano a outro sujeito de direito internacional. Ver arts. 1º, 2º e 3º do Projeto de Convenção sobre Responsabilidade dos Estados (Draft articles on Responsibility of States for Internationally Wrongful Acts), da Comissão de Direito Internacional da ONU. A expressão "responsabilidade internacional" é adotada pela doutrina clássica (e pelo citado projeto de convenção) com relação a atos ilícitos que causem dano. Nesse sentido, a assertiva está correta. No entanto, há entendimento moderno de que há responsabilidade sem infração, por risco ou dano. 3: A responsabilidade do Estado não afasta a responsabilidade pessoal de seus agentes – ver art. 58 do Projeto de Convenção sobre Responsabilidade dos Estados (Draft articles on Responsibility of States for Internationally Wrongful Acts), da Comissão de Direito Internacional da ONU. No entanto, é importante salientar que, em regra, o Estado não responde pelos atos dos particulares, que não podem ser atribuídos a ele. 4: A reparação integral do dano não exclui eventuais sanções penais a indivíduos – ver arts. 34 e 58 do Projeto de Convenção sobre Responsabilidade dos Estados, da Comissão de Direito Internacional da ONU. É importante salientar que não há sanções penais aplicáveis a Estados. 5: A assertiva é verdadeira – art. 35.1 da Carta das Nações Unidas. Gabarito 1E, 2E, 3C, 4C, 5C.

(Procurador da Fazenda Nacional – 2007 – ESAF) A respeito de responsabilidade internacional, considere as asserções abaixo e, em seguida, assinale a opção correta.

I. Uma decisão do Poder Judiciário brasileiro pode levar à responsabilidade internacional do Brasil, caso a decisão viole compromissos jurídico-internacionais assumidos pelo país.
II. Uma lei de um dos Estados da federação não pode dar ensejo à responsabilidade internacional do Brasil porque, no âmbito nacional, os compromissos são assumidos pela União Federal.
III. A responsabilidade internacional do Estado deve ter sempre por base uma ação. Uma omissão não pode dar ensejo à responsabilização do Estado no plano internacional.
IV. A responsabilidade internacional do Estado apenas existe se há a violação de um tratado internacional. O desrespeito a um costume internacional, por exemplo, não é suficiente para dar ensejo à responsabilidade do Estado.
V. A despeito de terem personalidade jurídica internacional, as organizações internacionais não podem ser responsabilizadas juridicamente na ordem internacional.

(A) Apenas a asserção I está correta.
(B) Apenas as asserções I e II estão corretas.
(C) Apenas as asserções I, II e III estão corretas.
(D) Apenas a asserção V está incorreta.
(E) Todas as asserções estão incorretas.

I, II, III e IV: a responsabilidade internacional decorre de ilícito (comissivo ou omissivo) em face do direito internacional (tratados, princípios, costumes) imputável ao agente, que cause dano a outrem. A validade do ato em face da legislação interna é irrelevante para a responsabilidade internacional do Estado – ver arts. 1º, 2º e 3º do Projeto de Convenção sobre Responsabilidade dos Estados (Draft articles on Responsibility of States for Internationally Wrongful Acts), da Comissão de Direito Internacional da ONU; V: as organizações internacionais podem ser responsabilizadas – art. 57 do Projeto de Convenção sobre Responsabilidade dos Estados. Gabarito "A".

14. ESTATUTO DE ROMA – TRIBUNAL PENAL INTERNACIONAL

(Magistratura Federal-4ª Região – 2010) Dadas as assertivas abaixo, assinale a alternativa correta.

I. O Tribunal Penal Internacional, com sede em Haia, criado pelo Estatuto de Roma, tem competência para os crimes mais graves que afetam a comunidade internacional no seu conjunto e abrange os crimes de genocídio, os crimes contra a humanidade, os crimes de guerra, os crimes de agressão e os crimes de tráfico internacional de drogas que afetem mais de 2 (dois) países.
II. Para a competência do Tribunal Penal Internacional, é considerado como crime de "genocídio" qualquer ato praticado com a intenção de destruir, no todo ou em parte, um grupo religioso enquanto tal, por meio de transferência à força de crianças do grupo para outro grupo.
III. São consideradas línguas oficiais do Tribunal Penal Internacional somente o inglês e o francês.
IV. São consideradas como línguas de trabalho do Tribunal Penal Internacional o árabe, o chinês, o espanhol e o russo, sendo que o regulamento processual pode também definir os casos em que outras línguas oficiais podem ser usadas como língua de trabalho.
V. O Tribunal Penal Internacional poderá funcionar em outro local sempre que entender conveniente.

(A) Estão corretas apenas as assertivas I e II.
(B) Estão corretas apenas as assertivas I e III.
(C) Estão corretas apenas as assertivas II e V.
(D) Estão corretas apenas as assertivas III e IV. (E) Estão corretas apenas as assertivas III e V.

I: incorreta, pois o Tribunal Penal Internacional – TPI – não tem competência para julgar crimes de tráfico de drogas – art. 5º do Estatuto de Roma (Decreto 4.388/2002); II: assertiva correta, pois a situação descrita é uma das tipificadas como crime de genocídio – art. 6º do Estatuto de Roma; III: incorreta, pois as línguas oficiais do TPI são árabe, chinesa, espanhola, francesa, inglesa e russa – art. 50, § 1º, do Estatuto de Roma; IV: incorreta, pois as línguas de trabalho do Tribunal são francesa e inglesa, embora outras línguas oficiais possam ser usadas como língua de trabalho, conforme o regulamento processual – art. 50, § 2º, do Estatuto de Roma; V: correta, pois, embora a sede do TPI seja na Haia (Holanda), sempre que entender conveniente, o Tribunal poderá funcionar em outro local, nos termos do Estatuto de Roma – art. 3º. Gabarito "C".

(Magistratura Federal-5ª Região – 2011) O Tribunal Penal Internacional, que revolucionou a proteção dos direitos fundamentais e o conceito de soberania, tem competência para julgar crimes contra a humanidade e crimes de guerra, de genocídio e de agressão. De acordo com o Tratado de Roma, qualquer ato praticado, com consciência, como parte de um ataque generalizado ou sistemático contra população civil é considerado crime contra a humanidade. Nesse contexto, constitui ato qualificado como crime contra a humanidade

(A) a deportação ou transferência forçada de populações.
(B) a morte ou o ferimento de adversários que se tenham rendido.
(C) a adoção de medidas destinadas a impedir nascimentos no seio do grupo.
(D) a organização de tribunais de exceção.
(E) o recrutamento de crianças com menos de quinze anos de idade.

Entende-se por "crime contra a humanidade" os atos seguintes, quando cometido no quadro de um ataque, generalizado ou sistemático, contra qualquer população civil, havendo conhecimento desse ataque: (i) homicídio, (ii) extermínio, (iii) escravidão, (iv) deportação ou transferência forçada de uma população, (v) prisão ou outra forma de privação da liberdade física grave, em violação das normas fundamentais de direito internacional, (vi) tortura, (vii) agressão sexual, escravatura sexual, prostituição forçada, gravidez forçada, esterilização forçada ou qualquer outra forma de violência no campo sexual de gravidade comparável, (viii) perseguição de um grupo ou coletividade que possa ser identificado, por motivos políticos, raciais, nacionais, étnicos, culturais, religiosos ou de gênero, ou em função de outros critérios universalmente reconhecidos como inaceitáveis no direito internacional, relacionados com qualquer ato referido neste parágrafo ou com qualquer crime da competência do TPI, (ix) desaparecimento forçado de pessoa, (x) crime de *apartheid*, (xi) outros atos desumanos de caráter semelhante, que causem intencionalmente grande sofrimento, ou afetem gravemente a integridade física ou a saúde física ou mental – art. 7º, § 1º, do Estatuto de Roma. Por essa razão, a alternativa "A" é a única correta. Gabarito "A".

(Magistratura Federal/5ª Região – 2009 – CESPE) Com relação ao processo no Tribunal Penal Internacional (TPI), assinale a opção correta.

(A) Menores de dezoito anos podem ser processados no TPI.
(B) O TPI é regido pelo princípio da complementaridade.
(C) O TPI pode ter jurisdição sobre crimes ocorridos em qualquer território.
(D) No TPI, podem ser processados crimes ocorridos antes da entrada em vigor do estatuto desse tribunal.
(E) Toda *notitia criminis* deve ser admitida e julgada pelo TPI.

A: incorreta, pois o TPI não tem jurisdição em relação a pessoas menores de 18 anos ao tempo da alegada prática do crime – art. 26 do Estatuto de Roma (Decreto 4.388/2002); B: assertiva correta, pois a jurisdição do TPI é complementar às jurisdições penais nacionais – art. 1º do Estatuto de Roma; C: incorreta, pois o TPI poderá exercer seus poderes e funções nos territórios dos Estados-partes e, apenas excepcionalmente, por acordo especial, no território de qualquer outro Estado – art. 4º, § 2º, do Estatuto de Roma; D: incorreta, pois há irretroatividade *ratione personae*, nos termos do art. 24, § 1º, do Estatuto de Roma; E: incorreta, pois o TPI decidirá sobre a admissibilidade, na forma do art. 17 do Estatuto de Roma. Gabarito "B".

(CESPE – 2008) Acerca de tribunais internacionais e de sua repercussão, assinale a opção correta.

(A) O Estatuto de Roma não permite reservas nem a retirada dos Estados-membros do tratado.
(B) O Estatuto de Roma, que criou o Tribunal Penal Internacional, estabelece uma diferença entre entrega e extradição, operando a primeira entre um Estado e o mencionado tribunal e a segunda, entre Estados.
(C) O Tribunal Penal Internacional prevê a possibilidade de aplicação da pena de morte, ao passo que a Constituição brasileira proíbe tal aplicação.
(D) O § 4º do art. 5º da Constituição Federal prevê a submissão do Brasil à jurisdição de tribunais penais internacionais e tribunais de direitos humanos.

A: incorreta. O Tribunal Penal Internacional (TPI) foi constituído na Conferência de Roma, em 17 de julho de 1998, onde se aprovou o Estatuto de Roma (**tratado que não admite a apresentação de reservas**), que só entrou em vigor internacional em 1º de julho de 2002, e passou a vigorar, para o Brasil, em 1º de setembro de 2002. A partir de então tem-se um tribunal permanente para julgar **indivíduos** acusados da prática de crimes de genocídio, de crimes de guerra, de crimes de agressão e de crimes contra a humanidade. Deve-se apontar que *indivíduos* diz respeito a quaisquer indivíduos, independentemente de exercerem funções governamentais ou cargos públicos (art. 27 do Estatuto de Roma), desde que, à data da alegada prática do crime, tenham completado 18 anos de idade. E o art. 127, I, do Estatuto de Roma é expresso ao permitir a retirada: "Qualquer Estado Parte poderá, mediante notificação escrita e dirigida ao Secretário-Geral da Organização das Nações Unidas, retirar-se do presente Estatuto. A retirada produzirá efeitos um ano após a data de recepção da notificação, salvo se esta indicar uma data ulterior"; B: correta. A grande inovação do Estatuto foi a criação do instituto da *entrega* ou *surrender*. A entrega é a entrega de um estado para o TPI, a pedido deste, de indivíduo que deva cumprir pena por prática de algum dos crimes tipificados no artigo 5º do Estatuto de Roma. A título comparativo, a extradição é a entrega de um estado para outro estado, a pedido deste, de indivíduo que em seu território deva responder a processo penal ou cumprir pena por prática de crime de certa gravidade. A grande finalidade do instituto da *entrega* é driblar o princípio da não extradição de nacionais e, logicamente, garantir o julgamento do acusado, pois o TPI não julga indivíduos à revelia. Ou seja, criou-se tal figura para permitir que o estado entregue indivíduo que seja nacional seu ao TPI. Em outras palavras, a *entrega* nada mais é do que o cumprimento de ordem emanada do Tribunal Penal Internacional. A legitimidade de tal autoridade reside no fato do tribunal realizar os anseios de justiça de toda a comunidade internacional julgando e condenando autores de crimes tão nefastos para a humanidade. Assim, o estado, como signatário do estatuto de Roma, deve cooperar e entregar seu nacional para ser julgado pelo TPI. A título comparativo, a *entrega* é de interesse de toda a comunidade internacional, ao passo que a *extradição* é de interesse do país requerente. O Brasil, com fundamento no artigo 5º, LI e §4º, da CF, permite a entrega de nacional seu ao TPI, mas proíbe a extradição de nacional seu ao estado requerente. Lembrando, com base no inciso LI supracitado, que existe uma exceção ao princípio da não extradição de nacionais no Brasil, trata-se do caso de brasileiro naturalizado que tiver comprovado envolvimento em tráfico ilícito de entorpecentes e drogas afins. E a título de curiosidade, cabe lembrar que os EUA não reconhecem a jurisdição do TPI; C: incorreta. Se a acusação for devidamente processada e aceita pela Câmara Preliminar, o TPI poderá julgar o caso. E, caso condene o indiciado culpado, a pena imposta terá que respeitar o limite máximo de 30 anos. Todavia, caso o crime seja de extrema gravidade, poderá ser aplicada a pena de prisão perpétua. Concomitantemente, poderá ser aplicada a pena de multa e de confisco, caso restar comprovado que o culpado adquiriu bens de forma ilícita (art. 77 do Estatuto de Roma). Além de sanções de natureza penal, o TPI pode determinar a reparação às vítimas de crimes e respectivos familiares, principalmente por meio da restituição, da indenização ou da reabilitação. Ainda, o Tribunal poderá, de ofício ou por requerimento, em circunstâncias excepcionais, determinar a extensão e o nível dos danos, da perda ou do prejuízo causados às vítimas ou aos titulares do direito à reparação, com a indicação dos princípios nos quais fundamentou a sua decisão (art. 75 do Estatuto de Roma); D: incorreta, pois a redação correta do § 4º do art. 5º da CF é a seguinte: "O Brasil se submete à jurisdição de Tribunal Penal Internacional a cuja criação tenha manifestado adesão". Gabarito "B".

(Procuradoria Federal – 2007 – CESPE) Em outubro de 1998, o general Augusto Pinochet, ex-presidente do Chile, foi preso em Londres por autoridades britânicas após a decisão de um magistrado espanhol. Em outubro do mesmo ano, uma corte inglesa decidiu sobre a prisão de Pinochet analisando a questão da imunidade de chefe de Estado, os crimes de tortura e genocídio por ele perpetrados quando presidente do Chile e os tratados internacionais dos quais a Inglaterra é signatária. Ainda de acordo com a doutrina e a legislação pertinente, e com base no texto acima, julgue o item a seguir.

(1) Em tese, teria sido possível a prisão de Pinochet no Brasil, em decorrência de o país aceitar, atendidos determinados requisitos, o princípio da justiça universal, expressão do princípio da extraterritorialidade na persecução penal.

Art. 58 do Estatuto de Roma (Decreto 4.388/2002). A assertiva encontra respaldo na doutrina. Gabarito 1C.

(Procurador da Fazenda Nacional – 2007.2 – ESAF) Indique V para os itens verdadeiros e F para os falsos. Em seguida, assinale a seqüência correta.

( ) O Brasil ratificou o tratado internacional que constitui o Tribunal Penal Internacional.
( ) O Tribunal Penal Internacional, ademais de poder julgar Estados, exerce jurisdição sobre indivíduos acusados dos crimes previstos em seu Estatuto.
( ) Entre as penas previstas pelo Estatuto de Roma, que cria o Tribunal Penal Internacional, estão a prisão perpétua e a pena de morte.
( ) Entre os crimes da competência do Tribunal Penal Internacional estão os crimes de genocídio, crimes contra a humanidade e crimes de guerra.
( ) O Estado condenado pelo Tribunal Penal Internacional está sujeito a sanções econômicas.

(A) V, V, F, V, V
(B) V, V, F, V, F
(C) V, V, V, V, V
(D) V, F, F, V, F
(E) F, F, F, F, V

1º: art. 5º, § 4º, da CF; 2º, 4º e 5º: o TPI tem jurisdição apenas sobre pessoas naturais acusadas dos crimes de genocídio, contra a humanidade, de guerra e de agressão – arts. 5º e 25.1 do Tratado de Roma de 1998; 3º: a pena de morte não é prevista – art. 77 do Tratado de Roma. Gabarito "D".

15. ORGANIZAÇÕES INTERNACIONOAIS

(Magistratura Federal-5ª Região – 2011) No que se refere aos órgãos que compõem a ONU, a OIT e a OMC, assinale a opção correta.

(A) A Assembleia Geral é órgão da OIT.
(B) O Conselho de Administração compõe a ONU.
(C) O Comitê de Comércio e Desenvolvimento integra a OMC.
(D) A Conferência Ministerial compõe a OIT.
(E) O Conselho de Tutela integra a OMC.

A: incorreta, pois o órgão maior da OIT é a Conferência Geral, composta por representantes dos Estados-Membros – art. 2º, a, da Constituição da OIT; B: incorreta, pois não há Conselho de Administração na estrutura orgânica da ONU – art. 7º da Carta das Nações Unidas; C: essa é a assertiva correta. Há diversos comitês na OMC, entre eles o de Comércio e Desenvolvimento (veja o organograma da OMC no sítio oficial www.wto.org); D: incorreta, pois não há Conferência Ministerial na OIT (existe, além da Conferência Geral, o Conselho de Administração e a Repartição Internacional do Trabalho) – art. 2º da Constituição da OIT; E: incorreta, pois não há Conselho de Tutela na OMC. Gabarito "C".

(Magistratura Federal-4ª Região – 2010) Dadas as assertivas abaixo, assinale a alternativa correta.

I. A UNESCO – Organização das Nações Unidas para a Educação, Ciência e Cultura é uma organização internacional especializada, sem vinculação à ONU. Foi criada na Conferência de Londres em 1945, tem, dentre outras, a função de lutar para que sejam respeitados os direitos do Homem, as liberdades fundamentais e a justiça e está sediada em Genebra.
II. O FMI – Fundo Monetário Internacional é um organismo internacional criado em 1944, com sede em Washington, e tem como função, dentre outras, promover o comércio internacional, manter estáveis os balanços de pagamentos dos diversos países de forma a evitar oscilações cambiais e conceder empréstimos aos países-membros.
III. O GATT é uma convenção internacional, surgida na Conferência de Genebra (de 1947), que disciplina os princípios norteadores das relações mercantis entre os Estados, tem por finalidade a promoção do pleno emprego, a expansão do comércio internacional e a melhoria no padrão de vida dos povos e, embora não tenha celebrado qualquer acordo com a ONU, com ela mantém relações estreitas, razão por que é costume incluí-lo como uma organização internacional especializada da ONU.
IV. A Convenção sobre Diversidade Biológica, adotada pelas Nações Unidas em 1992 em Nova Iorque, não foi aprovada nem adotada pelo Brasil.
V. A OMC – Organização Mundial do Comércio, com sede em Genebra, foi criada pelo acordo firmado em Marrakech (Marrocos) em 1994, o qual foi aprovado no Brasil por Decreto Legislativo no mesmo ano e, após sua promulgação, entrou em vigor em 1995.

(A) Estão corretas apenas as assertivas IV e V.
(B) Estão corretas apenas as assertivas I, II e III.
(C) Estão corretas apenas as assertivas I, IV e V.
(D) Estão corretas apenas as assertivas II, III e IV.
(E) Estão corretas apenas as assertivas II, III e V.

I: incorreta, pois a Unesco compõe o sistema de organizações das Nações Unidas – arts. 1º, § 1º, e 2º, § 1º, da Constituição da Unesco, entre outros. Ademais, sua sede é em Paris; II: assertiva correta, pois descreve adequadamente a origem, sede e funções do FMI; III: assertiva correta, pois descreve adequadamente o acordo do GATT; IV: incorreta, pois a Convenção sobre Diversidade Biológica foi assinada no Rio de Janeiro, em 1992, ratificada pelo Brasil e promulgada pelo Decreto 2.519/1998; V: assertiva correta, conforme o Decreto 1.355/1994. Gabarito "E".

(Procurador Federal – 2010 – CESPE) O Estado B deslocou tropas e anunciou que invadiria, com o uso da força, o Estado C em um mês. Findo o período, o Estado B concretizou seu anúncio e anexou o território do Estado C ao seu. O Conselho de Segurança da ONU, em reunião extraordinária, impôs, então, embargo econômico ao Estado B. O Estado D, por considerar as medidas contra o Estado B ilícitas, declarou-se neutro no conflito e decidiu romper o embargo e praticar normalmente seu comércio exterior com B. Com base nessa situação hipotética, julgue os itens subsequentes.

(1) A licitude das resoluções do Conselho de Segurança somente pode ser julgada pela Corte Internacional de Justiça, órgão judicial da ONU.
(2) O embargo econômico imposto pelo Conselho de Segurança classifica-se como uma contramedida.
(3) A anexação, por meio da utilização da força, é uma forma de aquisição de território proibida pelo direito internacional.
(4) O deslocamento de tropas e o anúncio da futura invasão do Estado C já constituem, por si, violação à Carta da ONU.

1: incorreta, pois as resoluções do Conselho de Segurança podem ser questionadas em outros foros, como o Tribunal Penal Internacional. Perceba, inclusive, que, em caso de decisão da Corte Internacional de Justiça não cumprida por um dos Estados que tenha sido parte na demanda, "a outra terá direito de recorrer ao Conselho de Segurança que poderá, se julgar necessário, fazer recomendações ou decidir sobre medidas a serem tomadas para o cumprimento da sentença" – Art. 94, § 2º, da Carta da ONU; 2: incorreta, pois o embargo econômico é sanção lícita prevista no art. 41 da Carta da ONU, e não se confunde com a contramedida, ato que, em situação normal, seria contrário às obrigações internacionais daquele que a aplica; 3 e 4: corretas, pois, nos termos do art. 2º, § 4º, da Carta da ONU, todos os Estados-membros deverão evitar em suas relações internacionais a ameaça ou o uso da territorial ou a independência política de qualquer Estado, ou qualquer outra ação incompatível com os Propósitos das Nações Unidas. Gabarito 1E, 2E, 3C, 4C.

(Magistratura Federal/3ª Região – 2010) O art. 4º, da Lei de Introdução ao Código Civil (Dec.Lei 4.657/42) prevê que, quando a lei for omissa, o juiz decidirá o caso de acordo com a analogia, os costumes e os princípios gerais de direito. A Corte Internacional de Justiça é o principal órgão judiciário das Nações Unidas, sendo correto afirmar que:

(A) No exercício de sua competência a Corte Internacional de Justiça não poderá decidir um caso com base nos costumes internacionais ou na equidade, exceto se as partes concordarem previamente;
(B) A Corte tem a faculdade de decidir uma questão por equidade (ex aequo et bono), se as partes com isso concordarem;
(C) Ao julgar um caso a Corte poderá decidir com base nos princípios gerais de direito, ainda que estes não sejam aceitos pelo Estado in foro domestico;
(D) A Corte não é obrigada a pronunciar-se podendo eximir-se de julgar e declarar a inexistência de norma específica (non liquet).

A: incorreta, pois o costume internacional é fonte do direito internacional, a ser aplicado pela Corte Internacional de Justiça – CIJ – art. 38, § 3º, do Estatuto da CIJ; B: essa é a assertiva correta, conforme previsão do art. 38, § 6º, do Estatuto da Corte, que prevê a faculdade de decidir um litígio ex aequo et bono, se convier às partes; C: incorreta, pois os princípios gerais de direito a serem aplicados devem ser "reconhecidos pelas nações civilizadas", nos exatos termos do art. 38, § 4º, do Estatuto da CIJ; D: incorreta, pois, se a CIJ decidiu que a causa inclui-se em sua competência, deverá julgá-la (vedação do non liquet) – arts. 36, § 10 e 55 do Estatuto da CIJ. Gabarito "B".

(CESPE – 2010) Com relação à ONU, assinale a opção correta.

(A) Poderão ser admitidos como membros da ONU todos os Estados que o desejarem, independentemente de condições de natureza política ou de qualquer outro teor.
(B) Principal órgão da ONU, a Assembleia Geral é composta de todos os membros da organização, tendo cada Estado-membro direito a apenas um representante e um voto.
(C) O secretário-geral da ONU, eleito pelo Conselho de Segurança mediante recomendação dos seus membros permanentes, tem o dever de atuar em todas as reuniões da Assembleia Geral, do Conselho de Segurança, do Conselho Econômico e Social e do Conselho de Tutela, além de desempenhar outras funções que lhe forem atribuídas por esses órgãos.
(D) O Conselho de Segurança da ONU compõe-se de cinco membros permanentes e de dez membros não permanentes, todos indicados pelo próprio Conselho, devendo estes últimos cumprir mandato de dois anos.

A: incorreta. A ONU reúne quase a totalidade dos estados existentes. Entre estes, existem os membros originários e os eleitos. Estes últimos são admitidos pela Assembleia Geral mediante recomendação do Conselho de Segurança. E só poderão ser admitidos os estados "amantes da paz" que aceitarem as obrigações impostas pela Carta e que forem aceitos como capazes de cumprir tais obrigações; B: incorreta. A Assembleia Geral é composta por todos os membros da ONU, cabendo a cada estado-membro apenas um voto e ser representado por no máximo cinco representantes. E reúne-se em sessões ordinárias, uma vez por ano, e em sessões extraordinárias sempre que preciso for. As decisões da Assembleia Geral são tomadas pela maioria simples dos membros presentes e votantes. Mas pode-se definir que o quórum será de dois terços quando se tratar de questões consideradas importantes. Dentre algumas de suas funções pode-se citar: **a)** aprovação do orçamento; **b)** eleição dos membros não permanentes do Conselho de Segurança e dos membros do Conselho Econômico e Social; **c)** a nomeação do Secretário-Geral da Nações Unidas; **d)** a eleição, em conjunto com o Conselho de Segurança, dos juízes da Corte Internacional de Justiça, dentre outras; C: correta. O Secretariado é o órgão executivo da ONU. No ápice deste órgão encontra-se o Secretário-Geral da ONU, o qual é eleito pela Assembleia Geral mediante recomendação do Conselho de Segurança. O Secretário-Geral atuará como o principal funcionário administrativo da Organização, devendo, conforme o art. 98 da Carta da ONU, atuar em todas as reuniões da Assembleia Geral, do Conselho de Segurança, do Conselho Econômico e Social e do Conselho de Tutela, além de desempenhar outras funções que lhe forem atribuídas por esses órgãos. Cabe lembrar que o Conselho de Tutela foi criado para controlar o exercício da tutela sobre territórios não autônomos. Esse Conselho sucedeu à Comissão de Mandatos da SDN. Após a independência de Palau (último território sob tutela), em 1º de novembro de 1994, sua atividade foi suspensa e sua extinção foi aprovada em 2005; D: incorreta. O Conselho de Segurança é composto por cinco membros permanentes (China, Estados Unidos da América, França, Reino Unido e Rússia) e dez membros não permanentes, os quais são eleitos pela Assembleia Geral para exercer mandato de dois anos, vedada a reeleição para o período seguinte. Cada membro do Conselho tem apenas um voto. As decisões, quando processuais, dependem do voto afirmativo de nove membros. No restante das matérias, o mesmo quórum é necessário, mas com o acréscimo de que todos os membros permanentes devem votar afirmativamente – é o chamado *direito de veto*. O Conselho de Segurança é o maior responsável na manutenção da paz e da segurança internacionais. Gabarito "C".

(FGV – 2010) A empresa Lazer e Ócio S/A, com sede no Brasil, é contratada pela Organização das Nações Unidas para prestar serviços em suas representações em diversos países. Em determinado país ocorrem problemas na prestação de serviços, gerando litígios não solvidos pela negociação. A esse respeito, analise as afirmativas a seguir.

I. A ONU é protegida pela imunidade de Jurisdição, não podendo ser acionada perante o Poder Judiciário de qualquer país-membro.

II. Para solver conflitos como relatado, as normas em vigor determinam a inclusão de cláusula de arbitragem.

III. As empresas que prestam serviços à ONU somente podem manejar a negociação e a diplomacia.

Assinale:

(A) se somente a afirmativa I estiver correta.
(B) se somente a afirmativa II estiver correta.
(C) se somente a afirmativa III estiver correta.
(D) se somente as afirmativas I e II estiverem corretas.
(E) se somente as afirmativas II e III estiverem corretas.

I: correta. as Organizações Internacionais (OIs) também gozam de privilégios e imunidades, tal como os estados. Todavia, enquanto os estados (e seus agentes diplomáticos e consulares) possuem tais privilégios com fundamento no princípio da reciprocidade, as OIs e seus funcionários os têm como condição para o desempenho, com plena liberdade, das funções determinadas no seu estatuto. Geralmente, os privilégios e as imunidades são disciplinados no denominado *acordo de sede*, concluído com o estado ou estados-hospedeiros. Neste estado(s) funcionará a sede da OI e seus centros de atividade. Um acordo de sede conhecido foi o firmado entre os EUA e a ONU em 1947. Sobre a matéria, é importante apontar que os privilégios e as imunidades das OIs e dos seus agentes somente são válidas nos estados-membros. Todavia, **os privilégios e as imunidades da ONU são válidas perante qualquer país, mesmo os não membros**. Os privilégios e as imunidades de que as OIs podem se beneficiar revestem natureza e extensão diversas e isto em função da natureza de cada OI e de suas correlatas competências. Mas, de um modo geral, podemos listar como imunidades e privilégios das OIs e seus agentes os seguintes: **a)** imunidade de jurisdição; **b)** inviolabilidade dos locais de atividade da organização internacional e o correspondente direito de assegurar a proteção desses locais; **c)** inviolabilidade de todos os bens da OI (não passíveis de requisição, confisco ou expropriação); **d)** garantia de livre comunicação com o exterior; **e)** inviolabilidade dos arquivos em qualquer circunstância e onde quer que se encontrem; e **f)** imunidades fiscais; II: correta, pois em casos como o relatado nessa questão as normas e a prática internacional demandam a inclusão de cláusula de arbitragem. A arbitragem é uma forma alternativa de dirimir conflitos, mediante a qual as partes estabelecem em contrato ou simples acordo que vão utilizar o juízo arbitral para solucionar controvérsia existente ou eventual em vez de procurar o poder judiciário. É fundamental frisar que a arbitragem é uma via jurisdicional, porém não judiciária, de solução pacífica de controvérsias internacionais. Na prática, a base jurídica da arbitragem pode ser tanto a cláusula arbitral ou compromissória que figura no corpo de um tratado qualquer, como o compromisso arbitral prévio ou posterior ao conflito. Deve-se apontar que a estipulação da cláusula arbitral não dispensa a celebração do compromisso arbitral quando for necessário dispor sobre todos os aspectos necessários para a instalação e o bom funcionamento do tribunal arbitral; III: incorreta. As empresas podem usar todos os meios de solução pacífica de controvérsias internacionais existentes, desde que não sejam incompatíveis. Cabe destacar que a diplomacia é a arte e a prática de conduzir as relações exteriores ou os negócios estrangeiros de um determinado **Estado ou organização internacional.** Gabarito "D".

(Magistratura Federal/1ª Região – 2009 – CESPE) Assinale a opção correta acerca das organizações internacionais.

(A) Podem ser membros dessas organizações apenas Estados.
(B) Suas imunidades de jurisdição e execução têm base no direito costumeiro.
(C) Sua capacidade para celebrar tratados é inerente a sua personalidade no direito internacional.
(D) Não podem ser responsabilizadas diretamente por seus atos.
(E) Estados que não sejam membros de determinada organização internacional podem opor-se à personalidade internacional dessa organização.

A: embora o comum sejam Estados como membros das organizações internacionais, nada impede que outras entidades a componham (outras organizações internacionais, por exemplo); B: incorreta, pois a imunidade da organização internacional decorre do respectivo tratado de que o país (que deve respeitar a imunidade) seja parte; C: essa assertiva também nos parece correta. Segundo a lição de Francisco Rezek, "a competência da organização para celebrar tratados em seu próprio nome é de todas a mais expressiva como elemento indicativo da personalidade". Talvez o examinador, ao indicar essa assertiva como incorreta, entenda que ela significa que todas as organizações internacionais têm, necessariamente, personalidade jurídica, o que não é verdade. A personalidade jurídica depende de previsão em tratado (vontade dos Estados-membros), ainda que decorrente da existência de órgãos com competências próprias; D: incorreta, já que a personalidade própria de determinada organização internacional implica possibilidade de responsabilidade direta por seus atos; E: correta, pois a personalidade jurídica internacional decorre de acordo de vontades dos Estados-membros, não podendo impor obrigações a terceiros Estados (não participantes do tratado) que não concordem expressamente – art. 35 da Convenção de Viena sobre Tratados. Gabarito "E".

(Magistratura Federal/1ª Região – 2009 – CESPE) Considerando que a Assembleia-Geral da ONU tenha solicitado parecer consultivo à Corte Internacional de Justiça a respeito da utilização de armas químicas em conflitos internacionais, assinale a opção correta.

(A) O parecer consultivo da Corte será obrigatório para todos os membros da ONU.
(B) Somente o Conselho de Segurança das Nações Unidas tem competência para solicitar parecer consultivo envolvendo conflitos internacionais.
(C) Parecer consultivo sobre a mesma temática pode ser solicitado diretamente por membro da ONU.
(D) Estados podem ser admitidos a comparecer no procedimento perante a Corte e apresentar exposições escritas e orais.
(E) O procedimento para apreciação de pareceres consultivos difere caso seja solicitado pela Assembleia-Geral ou pelo Conselho de Segurança.

A: incorreta, pois o parecer da CIJ é consultivo, apenas, ou seja, não vinculante – art. 96 da Carta da ONU e art. 65 do Estatuto da CIJ; B: incorreta, pois a Assembleia Geral também poderá solicitar parecer consultivo da CIJ, sobre qualquer questão de ordem jurídica, assim como outros órgãos da ONU e entidades especializadas, que forem em qualquer época devidamente autorizados pela Assembleia Geral, sobre questões jurídicas surgidas dentro da esfera de suas atividades – art. 96 da Carta da ONU; C: incorreta, pois os Estados-membros não podem solicitar, diretamente, parecer consultivo, conforme comentário à alternativa B; D: assertiva correta, conforme o art. 66, § 3º, do Estatuto da CIJ; E: incorreta, pois não há essa distinção – arts. 65 a 68 do Estatuto da CIJ. Gabarito "D".

(Advogado da União/AGU – CESPE – 2009) No Direito Internacional, há necessidade de previsões normativas para os períodos pacíficos e para os períodos turbulentos de conflitos e litígios. A Carta das Nações Unidas e outras convenções internacionais procuram tratar dos mecanismos de resolução de conflitos, bem como disciplinam a ética dos conflitos bélicos e a efetiva proteção dos direitos humanos em ocasiões de conflitos externos ou internos. Acerca desse assunto, julgue os itens a seguir, relativos à jurisdição internacional, aos conflitos internacionais e ao direito penal internacional.

(1) Na Carta das Nações Unidas (Carta de São Francisco), admite-se que qualquer litígio seja resolvido por meio de conflitos armados, desde que autorizado pelo Conselho de Segurança da ONU.

(2) No Direito Internacional, há muito tempo, existem as cortes que atuam para a solução de conflitos entre os Estados, como é o caso da Corte Internacional de Justiça. Entretanto, há fato inédito, no Direito Internacional, quanto à criminalização supranacional de determinadas condutas, com a criação do TPI, tribunal *ad hoc* destinado à punição de pessoas que pratiquem, em período de paz ou de guerra, qualquer crime contra indivíduos.

(3) A ONU deve exercer papel relevante na resolução de conflitos, podendo, inclusive, praticar ação coercitiva para a busca da paz.

1: incorreta, pois a Carta da ONU proíbe o uso da força contra outros Estados – art. 2º, § 4º, da Carta da ONU. Em seus estritos termos, todos os Membros deverão evitar em suas relações internacionais a ameaça ou o uso da força contra a integridade territorial ou a independência política de qualquer Estado, ou qualquer outra ação incompatível com os Propósitos das Nações Unidas; 2: incorreta, pois o TPI não é *ad hoc*, mas sim tribunal permanente – art. 1º do Estatuto de Roma. Ademais, sua competência não se refere a qualquer crime contra indivíduos, mas apenas aos mais graves, que afetam a comunidade internacional no seu conjunto, quais sejam, os crimes (i) de genocídio, (ii) contra a humanidade; (iii) de guerra e (iv) de agressão – art. 5º do Estatuto de Roma. No caso da agressão, a definição do crime e as condições para que o TPI exerça a competência foram fixadas apenas recentemente, na Conferência de Revisão do Estatuto de Roma – Kampala/Uganda, em 2010; 3: assertiva correta, conforme o art. 2º, § 5º e o Capítulo VII, da Carta da ONU, que trata da ação relativa a ameaças de paz, ruptura da paz e ato de agressão, inclusive por meio de emprego de forças armadas. Gabarito 1E, 2E, 3C

(CESPE – 2007) Não compõe a estrutura da Organização das Nações Unidas (ONU) o(a)

(A) Comissão de Direito Internacional.
(B) Conselho de Direitos Humanos.
(C) Anistia Internacional.
(D) Assembléia-Geral.

A, B, C e D: dentre as alternativas, a Anistia Internacional é única que não compõe a estrutura da ONU. A Anistia Internacional exerce, junto com o Comitê Internacional da Cruz Vermelha, papel de destaque na tutela do direito humanitário. Gabarito "C".

16. ORGANIZAÇÃO INTERNACIONAL DO TRABALHO

(Magistratura do Trabalho – 3ª Região – 2009) Sobre a Organização Internacional do Trabalho (OIT), leia as afirmações abaixo e, em seguida, assinale a alternativa correta:

I. A OIT foi criada pela Conferência de Paz após a Primeira Guerra Mundial. A sua Constituição integra o Tratado de Versalhes. Em 1944, à luz dos efeitos da Grande Depressão e da Segunda Guerra Mundial, a OIT adotou a Declaração da Filadélfia como anexo da sua Constituição. A Declaração antecipou e serviu de modelo para a Carta das Nações Unidas e para a Declaração Universal dos Direitos Humanos.

II. Em 1998, foi adotada a Declaração da OIT sobre os Princípios e Direitos Fundamentais no Trabalho e seu Seguimento. O documento é uma reafirmação universal da obrigação de respeitar, promover e tornar realidade os princípios refletidos nas Convenções fundamentais da OIT, ainda que não tenham sido ratificados pelos Estados Membros.

III. O Comitê de Liberdade Sindical, criado na década de 1950, se tornou o mais eficiente mecanismo mundial de salvaguarda da liberdade sindical.

IV. A Comissão de Peritos na Aplicação de Convenções e Recomendações é composta de personalidades independentes de diferentes países-membros, nomeadas pelo Conselho de Administração, para um mandato de três anos. Seu papel é o de examinar os relatórios enviados pelos países membros a respeito das convenções.

V. As convenções, recomendações, decisões e resoluções internacionais do trabalho são consideradas normas internacionais do trabalho, compondo a atividade normativa da OIT.

(A) Somente uma afirmativa está correta.
(B) Somente duas afirmativas estão corretas.
(C) Somente três afirmativas estão corretas.
(D) Somente quatro afirmativas estão corretas.
(E) Todas as afirmativas estão corretas.

II: assertivas corretas – veja o histórico no *site* da OIT no Brasil (*www.oitbrasil.org.br*), praticamente transcrito pelo examinador: "A OIT foi criada pela Conferência de Paz após a Primeira Guerra Mundial. A sua Constituição converteu-se na Parte XIII do Tratado de Versalhes. Em 1944, à luz dos efeitos da Grande Depressão a da Segunda Guerra Mundial, a OIT adotou a Declaração da Filadélfia como anexo da sua Constituição. A Declaração antecipou e serviu de modelo para a Carta das Nações Unidas e para a Declaração Universal dos Direitos Humanos. (...) Em 1998, foi adotada a Declaração da OIT sobre os Princípios e Direitos Fundamentais no Trabalho e seu Seguimento. O documento é uma reafirmação universal da obrigação de respeitar, promover e tornar realidade os princípios refletidos nas Convenções fundamentais da OIT, ainda que não tenham sido ratificados pelos Estados-membros."; III: incorreta, pois o Comitê de Liberdade Sindical foi criado em 1951 e, ademais, a afirmativa é bastante subjetiva; IV: assertiva correta, pois descreve adequadamente a Comissão de Peritos; V: assertiva correta, pois lista atos normativos da OIT. Gabarito "D".

(Magistratura do Trabalho – 3ª Região – 2009) Acerca das Convenções e Recomendações Internacionais do Trabalho, leia as afirmações abaixo e, em seguida, assinale a alternativa correta:

I. As convenções constituem tratados multilaterais abertos à ratificação dos Estados-membros da OIT.

II. A vigência internacional da Convenção constitui condição a respeito da qual deve expressamente dispor o próprio diploma aprovado pela Conferência.

III. Para os fins da Convenção sobre as piores formas de trabalho infantil, essa expressão compreende: todas as formas de escravidão ou práticas análogas à escravidão, como venda e tráfico de crianças, sujeição por dívida, servidão, trabalho forçado ou compulsório, inclusive recrutamento forçado ou compulsório de crianças para serem utilizadas em conflitos armados; utilização, demanda e oferta de criança para fins de prostituição, produção de material pornográfico ou espetáculos pornográficos; utilização, demanda e oferta de criança para atividades ilícitas, particularmente para a produção e tráfico de drogas conforme definidos nos tratados internacionais pertinentes; trabalhos que, por sua natureza ou pelas circunstâncias em que são executados, são susceptíveis de prejudicar a saúde, a segurança e a moral da criança.

IV. Nos termos da Convenção 138 da OIT, a idade mínima geral para admissão do trabalho não será inferior à idade de conclusão da escolaridade compulsória ou, em qualquer hipótese, não inferior a 16 anos, não admitidas exceções.

V. São as consideradas fundamentais as convenções acerca dos seguintes temas: trabalho forçado, trabalho infantil, discriminação e liberdade sindical e negociação coletiva.

(A) Somente uma afirmativa está correta.
(B) Somente duas afirmativas estão corretas.
(C) Somente três afirmativas estão corretas.
(D) Somente quatro afirmativas estão corretas.
(E) Todas as afirmativas estão corretas.

I e II: assertivas corretas, conforme o art. 19 da Constituição da OIT; III: assertiva correta, conforme o art. 3º da Convenção 182 da OIT (Decreto 3.597/2000); IV: incorreta, pois a idade mínima fixada pelo art. 2º, § 3º, da Convenção 138 da OIT corresponde à de conclusão da escolaridade compulsória ou, em qualquer hipótese, de 15 anos (não 16, como consta da assertiva. Ademais, é possível, excepcionalmente, a fixação de idade mínima de 14 anos, em países cuja economia e condições de ensino não estiverem suficientemente desenvolvidas – art. 2º, § 4º, da Convenção 138 da OIT; V: assertiva correta. São consideradas fundamentais a Convenção 29 (trabalho forçado – 1930), Convenção 87 (liberdade sindical e proteção do direito de sindicalização – 1948), Convenção 98 (direito de sindicalização e de negociação coletiva – 1949), Convenção 100 (igualdade de remuneração – 1951); Convenção 105 (abolição do trabalho forçado – 1957), Convenção 111 (discriminação – 1958), Convenção 138 (idade mínima – 1973) e Convenção 182 (piores formas de trabalho infantil – 1999). Gabarito "D".

(Magistratura do Trabalho – 8ª Região – 2009) Das 183 Convenções da OIT aprovadas até junho de 2001, as deliberações da estrutura tripartite da OIT designaram oito como fundamentais, as quais integram a Declaração de Princípios Fundamentais e Direitos no Trabalho da OIT (1998). Estas convenções devem ser ratificadas e aplicadas por todos os Estados Membros da OIT. São estas: nº 29 Trabalho forçado (1930); nº 87 Liberdade sindical e proteção do direito de sindicalização(1948); nº 98 Direito de sindicalização e de negociação coletiva (1949); nº 100 Igualdade de remuneração (1951); nº 105 Abolição do trabalho forçado (1957); nº 111 Discriminação (emprego e ocupação) (1958); nº 138 Idade Mínima (1973) e nº 182 Piores Formas de Trabalho Infantil (1999): defende a adoção de medidas imediatas e eficazes que garantam a proibição e a eliminação das piores formas de trabalho infantil. Considerando tal assertiva, assinale a alternativa correta.

(A) É tipificado como atividades abrangidas pela descrição de "Piores Formas de Trabalho Infantil": A utilização, o recrutamento ou a oferta de crianças para a prostituição, a produção de pornografia ou atuações pornográficas. O trabalho em empresas circenses, em funções de bilheteiro ou vendedor e outras semelhantes. A utilização, recrutamento ou a oferta de crianças para a realização de atividades ilícitas, em particular a produção e o tráfico de entorpecentes, tais como definidos nos tratados internacionais pertinentes. O trabalho que, por sua natureza ou pelas condições em que é realizado, é suscetível de prejudicar a saúde, a segurança ou a moral das crianças.

(B) A Convenção nº 98 da OIT trata sobre a aplicação dos princípios do direito de sindicalização e de negociação coletiva da OIT, com relação aos trabalhadores em geral, inclusive os funcionários a serviço do Estado, com exceção dos militares e suas organizações sindicais. Esta convenção fixa que os trabalhadores, gozarão de adequada proteção contra atos de discriminação com relação a seu emprego, sendo que essa proteção aplicar-se-á especialmente a atos que visem: 1) sujeitar o emprego de um trabalhador à condição de que não se filie a um sindicato ou deixe de ser membro de um sindicato; 2) causar a demissão de um trabalhador ou prejudicá-lo de outra maneira por sua filiação a um sindicato ou por sua participação em atividades sindicais fora das horas de trabalho ou, com o consentimento do empregador, durante o horário de trabalho.

(C) A Convenção nº 100 da OIT estabelece proposições relativas ao princípio da igualdade de remuneração de homens e mulheres trabalhadores por trabalho de igual valor. Neste sentido, todo País-membro deverá, por meios adaptados aos métodos em vigor para a fixação das taxas de remuneração, incentivar e, na medida em que isto é compatível com os ditos métodos, assegurar a aplicação, a todos os trabalhadores, do princípio da igualdade de remuneração de mão de obra masculina e mão de obra feminina por trabalho de igual valor. Para os fins da Convenção o termo "remuneração" compreende o vencimento ou salário normal, básico ou mínimo, e quaisquer vantagens adicionais pagas, direta ou indiretamente, pelo empregador ao trabalhador em espécie ou *in natura*, e resultantes do emprego. Para os fins da Convenção o termo "igualdade" corresponde a uma situação de fato onde a mão de obra feminina não sofra discriminação em virtude do sexo, sendo permitida a adoção de políticas de inclusão, com incentivo a contratação de mão de obra feminina, com equivalência de remuneração com a mão de obra masculina, em trabalho de igual valor.

(D) A Convenção nº 111 da OIT dispõe sobre a discriminação em matéria de emprego e profissão. Para os fins da Convenção, o termo "discriminação" compreende: 1) toda distinção, exclusão ou preferência, com base em raça, cor, sexo, religião, opinião política, nacionalidade ou origem social, que tenha por efeito anular ou reduzir a igualdade de oportunidade ou de tratamento no emprego ou profissão; 2) qualquer outra distinção, exclusão ou preferência que tenha por efeito anular ou reduzir a igualdade de oportunidade ou tratamento no emprego ou profissão, conforme pode ser determinado pelo País-membro, após consultar organizações representativas de empregadores e de trabalhadores, se as houver, e outros organismos adequados. Não são consideradas discriminatórias medidas especiais de proteção ou de assistência providas em outras convenções ou recomendações adotadas pela Conferência Internacional do Trabalho. Também não serão consideradas discriminatórias quaisquer medidas que afetem uma pessoa sobre a qual recaia legítima suspeita de estar se dedicando ou se achar envolvida em atividades prejudiciais à segurança do Estado, contanto que à pessoa envolvida assista o direito de apelar para uma instância competente de acordo com a prática nacional.

(E) A Convenção nº 138 que dispõe sobre a idade mínima para admissão de emprego considera ser aplicável, no mínimo, às seguintes atividades: mineração e pedreira; indústria manufatureira; construção; eletricidade, água e gás; serviços sanitários; transporte, armazenamento e comunicações; plantações, outros empreendimentos agrícolas de fins comerciais, propriedades familiares e de pequeno porte que produzam para o consumo local, mesmo que não empreguem regularmente mão de obra remunerada. Todavia, a Convenção é inaplicável a trabalho feito por crianças e jovens em escolas de educação vocacional ou técnica ou em outras instituições de treinamento em geral ou a trabalho feito por pessoas de no mínimo quatorze anos de idade em empresas em que esse trabalho for executado dentro das condições prescritas pela autoridade competente, após consulta com as organizações de empregadores e de trabalhadores, onde as houver, e constituir parte integrante de: a) curso de educação ou treinamento pelo qual é principal responsável uma escola ou instituição de treinamento; b) programa de treinamento principalmente ou inteiramente numa empresa, que tenha sido aprovado pela autoridade competente, ou c) programa de orientação vocacional para facilitar a escolha de uma profissão ou de especialidade de treinamento.

A: incorreta, pois a Convenção 182 da OIT não faz referência ao trabalho em empresas circenses – art. 3º; B: incorreta, pois a Convenção 98 da OIT não trata dos funcionários públicos a serviço do Estado – art. 6º; C: incorreta, pois a Convenção 100 da OIT define, para seus fins, os termos "remuneração" e a expressão "igual remuneração de homens e mulheres trabalhadores por trabalho de igual valor", essa última referindo-se a tabelas de remuneração estabelecidas sem discriminação baseada em sexo; D: assertiva correta, conforme os arts. 1º, 4º e 5º da Convenção 111 da OIT; E: incorreta, pois as propriedades familiares e de pequeno porte que produzam para o consumo local e não empreguem regularmente mão de obra remunerada não se encontram na regra de aplicabilidade mínima – art. 5º, § 3º, da Convenção 138 da OIT. Gabarito "D".

(Magistratura do Trabalho – 8ª Região – 2009) De acordo com as convenções da OIT, todas as afirmações estão corretas, exceto:

(A) De acordo com a Convenção nº 111 da OIT, pode-se conceituar discriminação como toda distinção, exclusão ou preferência, com base em raça, sexo, religião, nacionalidade ou origem social, que tenha por efeito anular a igualdade de oportunidade ou de tratamento no emprego ou profissão, assim como qualquer outra distinção, exclusão ou preferência que tenha por efeito anular ou reduzir a igualdade de oportunidade ou tratamento no emprego ou profissão, conforme pode ser determinado pelo País-membro concernente, após consultar organizações representativas de empregadores e de trabalhadores, se as houver, e outros organismos adequados.

(B) Os países nos quais vigora a Convenção nº 111 deverão adotar e seguir uma política nacional destinada a promover, por meios adequados às condições e à prática nacionais, a igualdade de oportunidade e de tratamento em matéria de emprego e profissão, objetivando a eliminação de toda discriminação nesse sentido.

(C) Todo País-membro da Organização Internacional do Trabalho que ratificar a Convenção nº 105 compromete-se a abolir toda forma de trabalho forçado ou obrigatório e dele não fazer uso: como medida de coerção ou de educação política ou como punição por ter ou expressar opiniões políticas ou pontos de vista ideologicamente opostos ao sistema político, social e econômico vigente; como meio de disciplinar a mão-de-obra; como punição por participação em greves; como medida de discriminação racial, social, nacional ou religiosa.

(D) A Convenção n° 155, que se refere à segurança, à saúde dos trabalhadores e ao ambiente de trabalho, aplicar-se-á, nos países-membros que a ratificarem, a todos os ramos de atividade econômica. Os países-membros que ratificarem a citada convenção ficarão obrigados a pôr em prática e reexaminar periodicamente uma política nacional coerente em matéria de segurança, saúde dos trabalhadores e ambiente de trabalho, cujo objetivo será a prevenção dos acidentes e dos perigos para a saúde resultantes do trabalho quer estejam relacionados com o trabalho quer ocorram durante o trabalho, reduzindo ao mínimo as causas dos riscos inerentes ao ambiente de trabalho, na medida em que isso for razoável e praticamente realizável.

(E) A Convenção nº 169 aplica-se aos povos tribais em países independentes, cujas condições sociais, culturais e econômicas os distingam de outros setores da coletividade nacional, e que estejam regidos, total ou parcialmente, por seus próprios costumes ou tradições ou por legislação especial, e aos povos em países independentes, considerados indígenas pelo fato de descenderem de populações que habitavam o país ou uma região geográfica pertencente ao país na época da conquista ou da colonização ou do estabelecimento das atuais fronteiras estatais e que, seja qual for sua situação jurídica, conservam todas as suas próprias instituições ou parte delas.

A: correta, conforme o art. 1º da Convenção 111 da OIT; B: correta, pois reflete exatamente o disposto no art. 2º da Convenção 111 da OIT; C: correta, nos termos do art. 1º da Convenção 105 da OIT; D: incorreta, pois, nos termos do art. 1º, § 2º, da Convenção 155 da OIT, qualquer Estado-membro que ratificar a Convenção pode, depois de ouvidas, no mais curto prazo possível, as organizações representativas dos empregadores e trabalhadores interessadas, excluir da sua aplicação, quer parcial quer totalmente, determinados ramos de atividade econômica, tais como a navegação marítima ou a pesca, quando essa aplicação levantar problemas específicos que assumam uma certa importância; E: correta, conforme o art. 1º da Convenção 169 da OIT. "D".

(Magistratura do Trabalho – 24ª Região – 2007) Analise as proposições abaixo:

I. A OIT foi fundada com a convicção de que a justiça social é essencial para assegurar uma paz universal e duradoura.
II. A OIT é uma Organização Permanente e compreenderá: uma Conferência Geral constituída pelos Representantes dos Estados-Membros, um Conselho de Administração, que será composto por representantes dos governos e representantes de empregados e de empregadores; uma Repartição Internacional do Trabalho sob a direção de um Conselho de Administração.
III. A Declaração da OIT sobre os princípios e direitos fundamentais é uma reafirmação universal do compromisso dos Estados-Membros, e da comunidade internacional em geral, de respeitar, promover e aplicar de "boa-fé" os princípios fundamentais e direitos no trabalho, que se encontram refletidos nas Convenções fundamentais.
IV. A Declaração da OIT sobre os princípios e direitos fundamentais sublinha que as normas do trabalho não poderão ser usadas para fins comerciais protecionistas e que nada na Declaração e no seu acompanhamento poderá ser invocado ou utilizado para tal fim; além disso, a vantagem comparativa de qualquer país não poderá ser de qualquer modo posta em causa com base naquela Declaração e no seu acompanhamento.
V. A Declaração da OIT relativa aos princípios e direitos fundamentais no trabalho declara que todos os Membros da OIT, mesmo que não tenham ratificado as Convenções da Organização, têm o dever – que resulta simplesmente de pertencerem à Organização – de respeitar, promover e realizar, de boa-fé e de acordo com a Constituição da OIT, os princípios relativos aos direitos fundamentais que são objeto das Convenções, a saber: a liberdade de associação e o reconhecimento efetivo do direito de negociação coletiva; a eliminação de todas as formas de trabalho forçado ou obrigatório; a abolição efetiva do trabalho infantil; a eliminação da discriminação em matéria de emprego e de profissão.

Considerando as proposições acima como Verdadeira (V) ou Falsa (V), assinale a alternativa CORRETA:

(A) V, V, V, V, V.
(B) V, F, V, V, F.
(C) V, V, V, V, F.
(D) V, F, F, F, V.
(E) F, F, F, F, F.

I: preâmbulo da Constituição da OIT; II: art. 2º da Constituição da OIT; III: preâmbulo da Declaração da OIT sobre os princípios e direitos fundamentais no trabalho e seu seguimento; IV: item 5 da Declaração; V: item 2 da Declaração. "A".

(Magistratura do Trabalho – 23ª Região – 2006) Assinale a hipótese correta quanto à composição da Conferência Internacional do Trabalho:

(A) compõe-se de quatro delegados, sendo dois designados pelos respectivos Governos, um pelos empregadores e um pelos empregados;
(B) compõe-se de seis delegados de cada Estado-membro, sendo dois designados pelos respectivos Governos, dois pelos empregadores e dois pelos empregados;
(C) compõe-se de quatro delegados de cada Estado-membro, sendo um designado pelos respectivos Governos, um pela ONU, um pelos empregadores e um pelos empregados;
(D) compõe-se de cinco delegados de cada Estado-membro, sendo dois designados pelos respectivos Governos, um pela OIT, um pelos empregadores e um pelos empregados;
(E) compõe-se de três delegados, sendo um designado pelos respectivos Governos, um pelos empregadores e um pelos empregados.

Art. 3.1 da Constituição da OIT. "A".

(Magistratura do Trabalho – 23ª Região – 2006) Em relação à Organização Internacional do Trabalho, analise as afirmativas abaixo e assinale a alternativa incorreta:

(A) A Conferência Internacional do Trabalho é o órgão supremo da OIT, responsável pela regulamentação internacional do trabalho;
(B) As normas elaborados pela OIT, consubstanciadas nas recomendações e convenções, acabam por se transformar num Código Internacional de Trabalho, à medida que forem ratificadas as convenções e as recomendações transformadas em lei;
(C) As convenções não correspondem a leis supranacionais, porque por si só não possuem eficácia jurídica no direito interno dos Estados-membros da OIT;
(D) A Convenção 87 da OIT tem por objetivo estimular o livre exercício da associação sindical promovendo a independência dos sindicatos. Já foi ratificada pelo Brasil;
(E) Todas as alternativas são verdadeiras.

A: art. 3º da Constituição da OIT; B: art. 19 da Constituição da OIT; C: as convenções devem ser ratificadas e cumprir os requisitos da legislação de cada Estado para ingressar nos respectivos sistemas jurídicos internos. O art. 19, 5, b, da Constituição da OIT fixa prazo de um ano (prorrogável para o máximo de 18 meses), a partir do término da sessão da Conferência, para a apresentação da convenção à autoridade competente para sua conversão em lei interna (Congresso Nacional, no caso do Brasil); D: a Convenção 87 da OIT, de 1948, sobre liberdade sindical e proteção do direito sindical, não foi ratificada pelo Brasil. "D".

(Magistratura do Trabalho – 18ª Região – 2006) A OIT assentou, em declaração de 19/6/98, os princípios relativos aos direitos fundamentais que são objeto de suas convenções. Considere a relação abaixo e assinale a alternativa correta:

I. a liberdade sindical e o reconhecimento efetivo do direito de negociação coletiva
II. a eliminação de todas as formas de trabalho forçado ou obrigatório
III. a abolição efetiva do trabalho infantil
IV. a eliminação da discriminação em matéria de emprego e ocupação

(A) Todos os itens são princípios relativos aos direitos fundamentais.
(B) Só o primeiro item não é um dos princípios relativos aos direitos fundamentais.

(C) Só o segundo e o terceiro itens são princípios relativos aos direitos fundamentais.
(D) Só o primeiro e o quarto itens são princípios relativos aos direitos fundamentais.
(E) Só os três primeiros itens são princípios relativos aos direitos fundamentais.

Item 2 da Declaração da OIT sobre os princípios e direitos fundamentais no trabalho e seu seguimento. Gabarito "A".

(Magistratura do Trabalho – 16ª Região – 2006) Considere os itens abaixo:

I. Preceitua a Declaração Universal dos Direitos do Homem que todo homem tem direito a repouso e lazer, inclusive à limitação razoável das horas de trabalho e a férias remuneradas periódicas.
II. A Convenção 132 da OIT estabelece que quando da cessação do contrato de trabalho, o empregado fará jus a férias proporcionais ou a uma indenização compensatória.
III. O trabalho a tempo parcial foi defendido pela Convenção n. 175 da OIT, que inclusive prevê quanto aos salários, o percebimento, proporcionalmente, o mesmo que os empregados com jornadas completas.
IV. A Convenção n. 106 da OIT, de 1957, já previa o repouso dos trabalhadores por um período mínimo de 24 horas no curso de cada sete dias, o qual, sempre que possível, deve ser geral e recair no dia consagrado ao descanso pela tradição ou costume do país ou região, respeitadas as minorias religiosas.

Quantas assertivas são verdadeiras?

(A) zero
(B) uma
(C) duas
(D) três
(E) quatro

I: art. XXIV da Declaração Universal dos Direitos Humanos; II: art. 11 da Convenção 132 da OIT; III: art. 5º da Convenção 175 da OIT; IV: art. 6º da Convenção 106 da OIT. Gabarito "E".

(Magistratura do Trabalho – 16ª Região – 2006) Considere os itens abaixo:

I. A Convenção n. 148 da OIT, não ratificada pelo Brasil, trata da proteção de trabalhadores contra os riscos devidos à contaminação do ar, ao ruído e às vibrações no local de trabalho.
II. A Convenção n. 155 da OIT trata sobre segurança e saúde dos trabalhadores e meio ambiente do trabalho e é o primeiro instrumento da OIT que expressamente faz referência ao meio ambiente do trabalho.
III. A Convenção n. 160 da OIT visa fomentar a saúde no trabalho, por meio de serviços preventivos e multidisciplinares.
IV. O Tratado de Versailes ao criar a OIT não incluiu na sua competência a proteção contra os acidentes de trabalho e doenças profissionais.

(A) Somente a assertiva I e II são verdadeiras.
(B) A assertiva II é verdadeira.
(C) As assertivas I e III são falsas.
(D) Todas as assertivas são verdadeiras.
(E) Todas as assertivas são falsas.

I: a Convenção 148 da OIT foi ratificada pelo Brasil – Decreto 92.413/1986; II: a assertiva é verdadeira; III: a Convenção 160 da OIT refere-se às estatísticas do trabalho; IV: a proteção contra os acidentes de trabalho e doenças profissionais está entre os objetivos da OIT – preâmbulo da Constituição da OIT. Gabarito "B".

(Magistratura do Trabalho – 9ª Região – 2006) Analise as seguintes assertivas, assinalando a alternativa correta:

I. Países que, de forma deliberada, com objetivo de aumentar a competitividade de seus produtos no mercado internacional, negligenciam as condições de trabalho, admitindo, por exemplo, longas jornadas, trabalho infantil e baixíssimo padrão remuneratório, praticam o chamado "dumping social".
II. A inserção de cláusulas sociais em atos internacionais consiste numa forma de combate ao comércio desleal praticado através da degradação das condições de trabalho.
III. A Declaração da Organização Internacional do Trabalho sobre os Princípios e Direitos Fundamentais do Trabalho, de 1998, contempla permissão à utilização de normas protetivas do trabalhador com a finalidade de proteger o comércio de determinado país.
IV. É competência exclusiva da Organização Mundial do Comércio fiscalizar e regulamentar os padrões básicos de proteção ao trabalhador.

(A) apenas as assertivas I e II estão corretas
(B) apenas as assertivas I, II e IV estão corretas
(C) apenas as assertivas II e III estão corretas
(D) apenas as assertivas III e IV estão corretas
(E) todas as assertivas estão corretas

I e II: a primeira assertiva traz definição de "dumping social", reconhecido pela OIT e pela OMC, que pode ser combatido por meio de cláusulas sociais; III: é o oposto – as normas do trabalho não devem ser utilizadas para fins de protecionismo comercial – item 5 da Declaração da OIT sobre os princípios e direitos fundamentais no trabalho e seu seguimento; IV: A OMC não tem, essencialmente, esse escopo, muito menos competência exclusiva. A OIT tem essa competência, embora não exclusiva – art. 1º da Constituição da OIT. Gabarito "A".

(Magistratura do Trabalho – 9ª Região – 2006) Analise as seguintes assertivas e assinale a alternativa correta:

I. No procedimento contencioso da "reclamação" assegurado na constituição da OIT, há legitimação de organização profissional de empregados ou de empregadores, e tem por objeto descumprimento de convenção ratificada.
II. Na estrutura da OIT, é da competência do Conselho de Administração processar e deliberar sobre "reclamações" acerca de não execução satisfatória de uma convenção ratificada pelo Estado-Membro denunciado.
III. Deixando um Estado-Membro da OIT de submeter uma convenção aprovada pela Conferência deste organismo à autoridade competente interna de seu país, outro Estado-Membro, que tenha ratificado a mesma convenção, pode formular "queixa" junto à organização.
IV. Os membros da Comissão de Peritos da OIT são representantes dos governos dos Estados-Membros.

(A) todas as proposições estão corretas
(B) apenas as proposições I, II e III estão corretas
(C) apenas as proposições II e III estão corretas
(D) apenas a proposição IV está correta
(E) apenas as proposições I e IV estão corretas

I: art. 24 da Constituição da OIT; II: arts. 25 e 26 da Constituição da OIT; III: art. 26 da Constituição da OIT; IV: A Comissão de Peritos na Aplicação de Convenções e Recomendações da OIT é formada por especialistas independentes, que examinam a aplicação das normas pelos países, recebem e avaliam queixas, dando-lhes seguimento e produzindo relatórios para discussão, publicação e difusão. Gabarito "B".

(Ministério Público do Trabalho – 14º) Assinale a alternativa CORRETA:

(A) No Brasil a ratificação da convenção internacional de trabalho se dá por ato do Poder Executivo, cumprindo ao Poder Legislativo requerer junto ao Conselho Administrativo da Organização Internacional do Trabalho o seu respectivo depósito, para que haja, nos doze meses seguintes, a sua promulgação.
(B) As convenções internacionais de trabalho ratificadas ficam sujeitas ao chamado controle permanente, pelo qual o Estado infrator pode responder representações formais em duas modalidades distintas: a reclamação, de iniciativa de associação profissional ou econômica; e a queixa, de iniciativa de outro Estado-membro da OIT.
(C) São sujeitos das Convenções internacionais de trabalho as organizações sindicais de trabalhadores e de empregadores dos países-membros da OIT, presentes à Conferência Internacional do Trabalho, que as aprova.
(D) No Brasil, de acordo com a sua Constituição, há uma interdependência das ordens jurídicas nacional e internacional, o que implica a incorporação automática do texto das convenções internacionais ratificadas ao ordenamento jurídico pátrio.
(E) Não respondida.

A e D: o tratado é celebrado pelo Presidente da República (art. 84, VIII, da CF), muitas vezes por meio do plenipotenciário. Posteriormente submete-se ao referendo do Congresso Nacional (art. 49, I, da CF), que pode aprová-lo por meio de decreto legislativo. A seguir, o Presidente ratifica o tratado, manifestando, aos demais países, o consentimento. Finalmente, o Presidente promulga o tratado por decreto, cuja publicação insere-o no sistema jurídico nacional. No caso específico da OIT, a Constituição dessa organização internacional prevê que o Estado enviará a Convenção à autoridade competente (Congresso Nacional, no Brasil) no prazo de um ano (prorrogável para até 18 meses), comunicando o envio e o resultado ao Diretor-Geral da Repartição Internacional do Trabalho – art. 19, 5, da Constituição da OIT; B: a reclamação é promovida por organização profissional de empregados ou de empregadores (não associação profissional ou econômica, como consta da assertiva) – arts. 24 e 26 da Constituição da OIT; C: os sujeitos das Convenções são os Estados, muito embora seus representantes junto à Conferência Geral (que aprova as Convenções) sejam delegados dos governos (2 por Estado) e representantes de empregados (1 por Estado) e de empregadores (1 por Estado) – art. 3, 1, da Constituição da OIT. Gabarito "D".

17. OUTROS TEMAS E MATÉRIAS COMBINADAS

(Magistratura Federal-4ª Região – 2010) Dadas as assertivas abaixo, assinale a alternativa correta.

I. No Brasil não é possível a homologação parcial de sentença estrangeira, mas é admissível a concessão de tutela de urgência no seu procedimento.

II. O juiz brasileiro, tratando-se de crime de "lavagem de dinheiro" (Lei 9.613, de 03/03/98) praticado por estrangeiro em outro país, pode, mediante solicitação da autoridade competente, determinar a apreensão ou o sequestro de bens e direitos, independentemente da existência de tratado ou convenção, desde que o governo do país da autoridade solicitante prometa reciprocidade ao Brasil.

III. Quando os tratados versarem sobre direitos humanos, serão sempre internalizados com força de lei complementar.

IV. Somente os Estados independentes têm capacidade para firmar tratado internacional.

V. Os tratados-contratos ou tratados especiais se extinguem, dentre outros modos, quando ocorrer a sua execução integral, pela impossibilidade de execução, pela renúncia unilateral por parte do Estado exclusivamente beneficiado, pela denúncia unilateral, pela guerra e pela inexecução do tratado por um dos Estados contratantes.

(A) Estão corretas apenas as assertivas I e III.
(B) Estão corretas apenas as assertivas I e IV.
(C) Estão corretas apenas as assertivas II e IV.
(D) Estão corretas apenas as assertivas II e V.
(E) Estão corretas apenas as assertivas III e V.

I: incorreta, pois as decisões estrangeiras podem ser homologadas parcialmente. No mais, a assertiva é verdadeira, pois se admite tutela de urgência no procedimento que tramita no STJ – art. 1º, §§ 2º e 3º, da Resolução 9/2005 do STJ; II: assertiva correta, nos termos do art. 8º, § 1º, da Lei 9.613/1998; III: incorreta, pois o tratado internacional sobre direitos humanos promulgado no Brasil terá natureza supralegal (caso do Pacto de São José da Costa Rica – art. 5º, § 2º, da CF, ver HC 94.013/SP-STF) ou valerá como emenda constitucional, desde que aprovado por ambas as Casas do Congresso, em dois turnos e por maioria de três quintos de seus membros (art. 5º, § 3º, da CF); IV: incorreta, pois a Santa Sé e os organismos internacionais também têm personalidade jurídica internacional e podem firmar tratados. É interessante ressaltar que todo Estado tem capacidade para concluir tratados, nos termos do art. 6º da Convenção de Viena sobre Tratados. Entretanto, parece-nos que o "Estado" que não seja independente não pode ser qualificado como Estado, pois está ausente o requisito essencial da autodeterminação, com independência em relação a outros Estados (José Afonso da Silva, *Curso de Direito Constitucional Positivo*). Ou seja, a expressão "Estados independentes" é tautológica, pois não existe Estado que não seja independente; V: adequada. A distinção entre tratados contratuais (acordos de comércio, aliança, cessão territorial) e tratados normativos (relativos a regras de direito objetivamente válida) é bastante criticada pela doutrina (ver Rezek). De qualquer forma, a assertiva indica adequadamente causas de extinção de tratados. Gabarito "D".

(FGV – 2010) A Conferência de Bretton Woods (1944), realizada no ocaso da Segunda Guerra Mundial, é considerada um marco na história do Direito Internacional no século XX porque

(A) inaugurou uma nova etapa na cooperação política internacional ao extinguir a Liga das Nações e transferir a Corte Internacional de Justiça para a estrutura da então recém-criada Organização das Nações Unidas – ONU.

(B) criou o Tribunal de Nuremberg, corte *ad hoc* responsável pelo julgamento dos principais comandantes nazistas e seus colaboradores diretos pelos crimes de guerra cometidos durante a Segunda Guerra Mundial.

(C) estabeleceu as bases do sistema econômico e financeiro internacional, por meio da criação do Banco Mundial – BIRD – , do Fundo Monetário Internacional – FMI – e do Acordo Geral de Tarifas Aduaneiras e Comércio – GATT.

(D) criou o sistema internacional de proteção aos direitos humanos, a partir da adoção da Declaração Universal dos Direitos Humanos, do Pacto Internacional de Direitos Civis e Políticos e do Pacto Internacional de Direitos Econômicos, Sociais e Culturais.

A: incorreta. A Liga das Nações foi uma organização internacional criada pelas potências vencedoras da Primeira Guerra Mundial quando da confecção do Tratado de Versalhes. Tinha por objetivo assegurar a paz mundial. Mas, tendo fracassado em manter a paz no mundo, foi dissolvida por volta de 1942. Porém, em 18 de abril de 1946, o organismo passou as responsabilidades à recém-criada Organização das Nações Unidas – ONU. A ONU é uma organização internacional que tem por objetivo facilitar a cooperação em matéria de direito internacional, segurança internacional, desenvolvimento econômico, progresso social, direitos humanos e a realização da paz mundial. Por isso diz-se que é uma organização internacional de vocação universal. Sua lei básica é a Carta das Nações Unidas, elaborada em São Francisco, de 25 de abril a 26 de junho de 1945. Esta Carta tem como anexo o Estatuto da Corte Internacional de Justiça. Conforme se depreende do conceito, os propósitos da ONU são: **a)** manter a paz e a segurança internacionais; **b)** desenvolver relações amistosas entre as nações; **c)** realizar a cooperação internacional para resolver os problemas mundiais de caráter econômico, social, cultural e humanitário, promovendo o respeito aos direitos humanos e às liberdades fundamentais; e **d)** ser um centro destinado a harmonizar a ação dos povos para a consecução desses objetivos comuns. E os princípios são: **a)** da igualdade soberana de todos seus membros; **b)** da boa fé no cumprimento dos compromissos da Carta; **c)** da solução de controvérsias por meios pacíficos; **d)** da proibição de recorrer à ameaça ou ao emprego da força contra outros estados; **e)** da assistência às Nações Unidas; **f)** da não intervenção em assuntos essencialmente nacionais; B: incorreta. O Tribunal de Nuremberg foi criado, em Londres, por meio de um acordo confeccionado pelos britânicos, franceses, americanos e soviéticos. O Tribunal de Nuremberg foi um marco para o Direito Internacional Penal, especialmente no que tange à inclusão do indivíduo no cenário internacional, responsabilizando-o diretamente por seus atos contra os direitos humanos; C: correta. A Conferência de Bretton Woods estabeleceu as regras para as relações comerciais e financeiras entre os países mais industrializados do mundo. Definiu um sistema de regras, instituições e procedimentos para regular a política econômica internacional, dentro do qual foram criados o Banco Mundial – BIRD –, o Fundo Monetário Internacional – FMI – e o Acordo Geral de Tarifas Aduaneiras e Comércio – GATT; D: incorreta. A Declaração Universal dos Direitos Humanos foi aprovada pela Resolução nº 217 A (III) da Assembleia Geral da ONU, em 10 de dezembro de 1948, por 48 votos a zero e oito abstenções. E em **conjunto com os dois Pactos Internacionais, sobre Direitos Civis e Políticos e sobre Direitos Econômicos, Sociais e Culturais, constituem a "Carta Internacional de Direitos Humanos"**. A Declaração é fruto de um consenso sobre valores de cunho universal a serem seguidos pelos estados. E também do reconhecimento do indivíduo como sujeito direto do direito internacional. É importante esclarecer que a Declaração é um exemplo de *soft law*, isto porque ela não prevê mecanismos constritivos para a implementação dos direitos previstos. Por outro lado, quando o documento legal prevê mecanismos constritivos para a implementação dos seus direitos, estaremos diante de um exemplo de *hard law*. Revisitando o direito a ter direitos de Hannah Arendt, segundo a Declaração, a condição de pessoa humana é requisito único e exclusivo para ser titular de direitos. Com isso corrobora-se o caráter universal dos direitos humanos, isto é, todo indivíduo é cidadão do mundo e, desta forma, detentor de direitos que salvaguardam sua dignidade. No seu bojo encontram-se direitos civis e políticos (arts. 3º a 21) e direitos econômicos, sociais e culturais (arts. 22 a 28). É importante apontar que a Declaração Universal dos Direitos do Homem não tem força legal (funcionaria como uma *recomendação*), mas sim material e acima de tudo inderrogável por fazer parte do *jus cogens*. Entretanto, consoante ao que estudamos, pode-se até advogar que a Declaração, por ter definido o conteúdo dos direitos humanos insculpidos na Carta das Nações Unidas, tem força legal vinculante. Isto porque os estados-membros da ONU se comprometeram a promover e proteger os direitos humanos. De qualquer modo chega-se à afirmação de que a Declaração Universal dos Direitos Humanos gera obrigações aos estados, isto é, tem força obrigatória (por ser legal ou por fazer parte do *jus cogens*). Gabarito "C".

(CESPE – 2010) Acerca da condição jurídica dos estrangeiros e dos nacionais no direito brasileiro, assinale a opção correta.

(A) A CF dispõe expressamente sobre a possibilidade de expulsão do estrangeiro que praticar atividade nociva à ordem pública e ao interesse nacional, salvo se estiverem presentes, simultaneamente, os seguintes requisitos: cônjuge brasileiro e filho brasileiro dependente da economia paterna.
(B) O Brasil, por ter ratificado integralmente o Estatuto de Roma, que criou o Tribunal Penal Internacional, tem o compromisso de entregar ao tribunal os indivíduos contra os quais tenham sido expedidos pedidos de detenção e entrega, mesmo que eles possuam, originariamente, nacionalidade brasileira.
(C) Os estrangeiros de qualquer nacionalidade residentes na República Federativa do Brasil há mais de quinze anos ininterruptos são automaticamente considerados brasileiros naturalizados, independentemente de qualquer outra condição ou exigência.
(D) É vedada a extradição de nacionais, salvo em caso de comprovado envolvimento em tráfico ilícito de entorpecentes, em terrorismo ou em crimes definidos, em lei, como hediondos.

A: incorreta. A expulsão é a saída compulsória, do território nacional, do estrangeiro que constituir perigo ou ameaça à ordem pública. Diferentemente de outras constituições brasileiras (por exemplo, a de 1946), a CF de 1988 não adota norma a respeito do tema, que é disciplinado pela Lei n.º 6.815/1980 (Estatuto do Estrangeiro). Tal lei, no art. 65, dispõe que "é passível de expulsão o estrangeiro que, de qualquer forma, atentar contra a segurança nacional, a ordem política ou social, a tranquilidade ou moralidade pública e a economia popular, ou cujo procedimento o torne nocivo à conveniência e aos interesses nacionais". O parágrafo único do mesmo artigo prevê outros casos em que a expulsão do estrangeiro pode ocorrer, e o art. 75, II, dispõe que não se procederá à expulsão "quando o estrangeiro tiver: a) cônjuge brasileiro do qual não esteja divorciado ou separado, de fato ou de direito, e desde que o casamento tenha sido celebrado há mais de 5 (cinco) anos; ou **b)** filho brasileiro que, comprovadamente, esteja sob sua guarda e dele dependa economicamente". Assim, basta a existência de um desses requisitos para que não se proceda à expulsão; B: correta. O Brasil não somente aderiu ao Estatuto de Roma, como expressamente inscreveu a aceitação da jurisdição do Tribunal Penal Internacional, por meio da Emenda Constitucional n.º 45/2004, no § 4.º do art. 5.º da Constituição. A grande inovação do Estatuto de Roma foi a criação do instituto da *entrega* ou *surrender*. A entrega é a entrega de um estado para o TPI, a pedido deste, de indivíduo que deva cumprir pena por prática de algum dos crimes tipificados no artigo 5º do Estatuto de Roma. A título comparativo, a extradição é a entrega de um estado para outro estado, a pedido deste, de indivíduo que em seu território deva responder a processo penal ou cumprir pena por prática de crime de certa gravidade. A grande finalidade do instituto da *entrega* é driblar o princípio da não extradição de nacionais e, logicamente, garantir o julgamento do acusado, pois o TPI não julga indivíduos à revelia. Ou seja, criou-se tal figura para permitir que o estado entregue indivíduo que seja nacional seu ao TPI. Em outras palavras, a *entrega* nada mais é do que o cumprimento de ordem emanada do Tribunal Penal Internacional. A legitimidade de tal autoridade reside no fato do tribunal realizar os anseios de justiça de toda a comunidade internacional julgando e condenando autores de crimes tão nefastos para a humanidade. Assim, o estado, como signatário do estatuto de Roma, deve cooperar e entregar seu nacional para ser julgado pelo TPI. A título comparativo, a *entrega* é de interesse de toda a comunidade internacional, ao passo que a *extradição* é de interesse do país requerente. O Brasil, com fundamento no artigo 5º, LI e §4º, da CF, permite a entrega de nacional seu ao TPI, mas proíbe a extradição de nacional seu ao estado requerente. Lembrando, com base no inciso LI supracitado, que existe uma exceção ao princípio da não extradição de nacionais no Brasil, trata-se do caso do brasileiro naturalizado que tiver comprovado envolvimento em tráfico ilícito de entorpecentes e drogas afins. E a título de curiosidade, cabe lembrar que os EUA não reconhecem a jurisdição do TPI; C: incorreta. A nacionalidade é o vínculo político existente entre o estado soberano e o indivíduo. O artigo 12 da CF regula a condição de brasileiro nato e naturalizado, como também as situações de perda da nacionalidade brasileira. E consoante ao inciso II do artigo 12, serão brasileiros naturalizados: **a)** os que, na forma da lei, adquiram a nacionalidade brasileira, exigidas aos originários de países de língua portuguesa apenas residência por um ano ininterrupto e idoneidade moral; e **b)** os estrangeiros de qualquer nacionalidade, residentes no Brasil há mais de quinze anos ininterruptos e **sem condenação penal, desde que requeiram a nacionalidade brasileira**. A lei ordinária regulamentadora cria outra possibilidade de aquisição da nacionalidade brasileira e, para tanto, exige, no mínimo, quatro anos de residência no Brasil, idoneidade, boa saúde e domínio do idioma. Lembrando que a naturalização só produzirá efeitos depois da entrega do certificado pelo juiz federal competente; D: incorreta. A extradição é a entrega de um estado para outro estado, a pedido deste, de indivíduo que em seu território deva responder a processo penal ou cumprir pena por prática de crime de certa gravidade. Um condicionante desta entrega é a confirmação de que os direitos humanos do extraditando serão respeitados. A grande finalidade da extradição é garantir, por meio da cooperação internacional, que a prática de crime não ficará sem punição. E o fundamento jurídico do pedido de extradição pode ser a existência de um tratado prevendo tal hipótese, ou, na falta deste, a declaração de reciprocidade funciona como suporte jurídico para a extradição. Deve-se ponderar que a extradição não é permitida quando relacionada à prática de crimes políticos, de imprensa, religiosos e militares. E se o indivíduo foi condenado à morte, a extradição só deve tomar curso se ficar assegurada a conversão da pena de morte em pena de prisão. Ademais, a maioria dos países não permite a extradição de nacional seu – neste sentido o artigo 5º, LI, da CF determina: "nenhum brasileiro será extraditado, **salvo o naturalizado, em caso de crime comum, praticado antes da naturalização, ou de comprovado envolvimento em tráfico ilícito de entorpecentes e drogas afins**, na forma da lei". Gabarito "B".

(FGV – 2010) "No ano de 1947, a assembleia geral da Organização das Nações Unidas (ONU) aprovou a criação de um Estado judeu na Palestina. Os dois países que concentravam a bipolaridade de forças na época, EUA e URSS, eram favoráveis, assim como a opinião pública internacional após o genocídio nazista ocorrido na 2ª Guerra Mundial." O enunciado está se referindo à criação de que país (ES) ou organização?

(A) Israel.
(B) Cisjordânia.
(C) Jordânia.
(D) Alemanha Ocidental e Alemanha Oriental.
(E) Organização de Libertação da Palestina (OLP).

A, B, C, D e E: depois de séculos de luta do movimento sionista – que defende a criação de um Estado judeu – e de décadas do domínio britânico sobre a região até então conhecida como Palestina, foi estabelecida a primeira nação judaica do mundo sobre as terras de Canaã, que, segundo os judeus, é a Terra Prometida por Deus ao patriarca Abraão. A fundação de Israel foi resultado da aprovação, em 29 de novembro de 1947, do plano de partilha da Organização das Nações Unidas. Neste dia, diante dos intensos conflitos entre árabes e palestinos na região, conflitos que o domínio britânico não conseguia controlar, os principais países do mundo votaram pela divisão das terras para uma nação judaica em uma das partes. Gabarito "A".

(FGV – 2010) O povo basco, cujas língua e cultura têm origens ainda não claramente definidas, mantém sua identidade apesar de centenas de anos sob domínio da Espanha e da França, localizando-se em regiões destas nações, onde se autodenominam de País Basco e criando um grupo terrorista com o objetivo de lutar por sua independência e autonomia. Trata-se do:

(A) Hamas.
(B) Fatah.
(C) Hezbollah.
(D) Eta.
(E) Irã.

A: incorreta. O Hamas é o movimento de Resistência Islâmica, o qual é uma organização palestina de linha radical e de orientação sunita; B: incorreta. O Fatah ou Al-Fatah é o Movimento de Libertação Nacional dos escravos liderados pelo povo da Palestina, o qual é uma organização política e militar, fundada em 1964 por Yasser Arafat e Khalil al-Wazir (Abu Jihad), dentre outros; C: incorreta. O Hezbollah é uma organização, sediada no Líbano, com atuação política e paramilitar e de orientação xiita; D: correta. O ETA é um grupo que busca a independência da região do País Basco de Espanha e da França. O ETA possui ideologia separatista, marxista-leninista e revolucionária; E: incorreta. O Irã ou República Islâmica do Irã é um país situado no Oriente Médio. Gabarito "D".

(FGV – 2010) Assinale a alternativa que indique a primeira diretriz historicamente documentada relativa à pesquisa envolvendo seres humanos.

(A) Declaração de Helsinque.
(B) Declaração de Kioto.
(C) Código de Nuremberg.
(D) Orientação OMS Ética.
(E) Conjunto de Diretrizes do CIOMS.

A: incorreta. A Declaração de Helsinque é um conjunto de princípios éticos que regem a pesquisa com seres humanos e foi redigida pela Associação Médica Mundial em 1964; B: incorreta. O Protocolo de Quioto cuida basicamente da redução do aquecimento global; C: correta. A Declaração de Nuremberg é um conjunto de princípios éticos que regem a pesquisa com seres humanos e foi redigida em 1947 (sendo a primeira diretriz histórica nessa matéria). Sua formulação está ligada às atrocidades cometidas na Segunda Guerra Mundial, especialmente os experimentos com seres humanos levados a cabo pelo governo do Terceiro Reich, liderado por Adolf Hitler e o Partido Nacional Socialista Alemão dos Trabalhadores; D: incorreta. A Organização Mundial da Saúde – OMS – foi criada na conferência convocada pela ONU, em Nova York, em julho de 1946 e apenas entrou em vigor internacional em abril de 1948. A OMS é uma instituição especializada do sistema ONU e tem por função a coordenação da pesquisa em diversas áreas de saúde, a prestação de assistência sanitária a países menos desenvolvidos, como também a manutenção dos serviços de informação relativos à saúde. E para desempenhar tais funções a OMS pode adotar recomendações e regulamentos sanitários internacionais de caráter vinculativo para os estados; E: incorreta. O CIOMS é o Conselho para Organizações Internacionais de Ciências Médicas fundado em 1949. Trata-se de uma organização não governamental que facilita e promove atividades internacionais no domínio das ciências biomédicas.". Gabarito "C".

(FGV – 2010) Genysveldson, cidadão brasileiro, é diagnosticado como portador de doença incurável, mas com tratamento possível por meio de medicamentos que não são produzidos no país. Instado por familiares, apresenta ação, na Justiça brasileira, com o intuito de compelir o Estado estrangeiro a fornecer-lhe os medicamentos, o que, porteriormente, vem a ser indeferido. A par disso, integrantes do Governo brasileiro estabelecem tratativas para importar os medicamentos, apesar de não existir ordem ou pronunciamento judicial nesse sentido. A esse respeito, assinale a afirmativa correta.

(A) Os estados estrangeiros podem ser acionados na Justiça brasileira nesse tema.
(B) A ausência de decisão judicial impede as tratativas internacionais do Governo brasileiro.
(C) Sendo órgão independente, o Executivo nacional pode importar os medicamentos sem ordem judicial.
(D) Somente mediante tratado internacional poderá ocorrer a importação de medicamentos não fabricados no Brasil.
(E) O cidadão brasileiro não possui instrumentos jurídicos para obter os medicamentos necessários.

A, B, C, D e E: a regra de imunidade jurisdicional do estado, na condição de pessoa jurídica de direito externo, existe há muito tempo no plano internacional e se consubstancia na não possibilidade do estado figurar como parte perante tribunal estrangeiro contra sua vontade (*par in parem non habet judicium*). Mais tarde, tal regra foi corroborada pelo princípio da igualdade soberana dos estados. No entanto, essa outrora absoluta imunidade vem sendo reconfigurada. A título de exemplo, aponta-se a Convenção Europeia sobre a imunidade dos Estados, concluída em Basileia e em vigor desde 1976, que exclui do âmbito da imunidade do estado as ações decorrentes de contratos celebrados e exequendos *in loco*. Dispositivo semelhante aparece no *State Immunity Act*, que se editou na Grã-Bretanha em 1978. Também pode-se apontar a Convenção sobre as Imunidades dos Estados e seus Bens, adotada pela ONU, que tem por linha-base a exclusão do âmbito de imunidade estatal às atividades de notável caráter econômico. No Brasil, por exemplo, o STF já decidiu que estado estrangeiro não tem imunidade em causa de natureza trabalhista. Percebe-se que a imunidade jurisdicional do estado estrangeiro passou de um costume internacional absoluto à matéria a ser regulada internamente por cada estado. Como panorama geral, pode-se dizer que a imunidade jurisdicional estatal não mais incidirá nos processos provenientes de relação jurídica entre o estado estrangeiro e o meio local – mais exatamente os particulares locais –, logo, os estados estrangeiros **não** podem ser acionados na Justiça brasileira no caso descrito nessa questão. E, por outro lado, pegando carona nas palavras de Luís Roberto Barroso, que descreve o princípio da separação de poderes nos seguintes termos: "as funções estatais devem ser divididas e atribuídas a órgãos diversos e devem existir mecanismo de controle recíproco entre eles, de modo a proteger os indivíduos contra o abuso potencial de um poder absoluto". Como sabemos, todos os três poderes (executivo, legislativo e judiciário) exercem funções típicas e atípicas, e uma das funções típicas do executivo é a regência da política externa (art. 84, VII e VIII, da CF). Logo, o estado pode sim importar medicamentos sem decisão judicial e também não necessita da confecção de tratado para regulamentar tal importação. Gabarito "C".

(FGV – 2010) A aliança entre Índia, Alemanha, Japão e Brasil para apoiarem-se mutuamente com relação à reinvidicação por um assento permanente no Conselho de Segurança da ONU é chamada:

(A) Aliança 4
(B) G4
(C) "Big 4"
(D) B.I.J.A.
(E) 4x4

A, B, C, D e E: o G4 é uma aliança entre Alemanha, Brasil, Índia e Japão com a finalidade de apoiar as propostas uns dos outros para obter assentos permanentes no Conselho de Segurança das Nações Unidas. O Conselho de Segurança é composto por cinco membros permanentes (China, Estados Unidos da América, França, Reino Unido e Rússia) e dez membros não permanentes. Cada membro do Conselho tem apenas um voto. As decisões, quando processuais, dependem do voto afirmativo de nove membros. No restante das matérias, o mesmo quórum é necessário, mas com o acréscimo de que todos os membros permanentes devem votar afirmativamente – é o chamado *direito de veto*. O Conselho de Segurança é o maior responsável na manutenção da paz e da segurança internacionais. Gabarito "B".

(FGV – 2010) Com relação à teoria realista, assinale a afirmativa correta.

(A) Ela é imoral, na medida em que incentiva a violação de normas éticas importantes.
(B) Ela é irracional, na medida em que nega que os seres humanos são capazes do pensamento racional.
(C) Ela é amoral, na medida em que se recusa a condenar qualquer ação que viola as regras morais.
(D) Ela é ambígua, na medida em que os teóricos realistas são muito relutantes em expressar uma opinião sobre o estado do mundo.
(E) Ela é inútil, na medida em que não contribui para a compreensão das relações internacionais.

A, B, C, D e E: em seu conhecido livro, a Sociedade Anárquica, Hedley Bull indica três paradigmas existentes para as relações internacionais, são eles: Hobbesiano ou Realista, Kantiano ou Universalista e Grotiano ou Internacionalista. O paradigma realista defende que as relações internacionais são determinadas pelas relações de poder. Com base na teoria realista pode-se até defender a pequena importância do Direito Internacional, pois o direito prevalece somente enquanto for favorável aos interesses dos Estados mais poderosos, que impõem seus interesses aos demais. Portanto, para os realistas, o direito e a ordem internacional são moldadas pela correlação de forças entre aqueles que detêm maior poder.". Gabarito "C".

(FGV – 2010) Quanto à abrangência das Relações Internacionais, analise as afirmativas a seguir.

I. Abrange as relações diplomáticas entre Estados soberanos.
II. Abrange as relações econômicas entre os Estados.
III. Abrange o comportamento das corporações transnacionais.

Assinale:

(A) se somente a afirmativa I estiver correta.
(B) se somente as afirmativas I e II estiverem corretas.
(C) se somente as afirmativas I e III estiverem corretas.
(D) se somente as afirmativas II e III estiverem corretas.
(E) se todas as afirmativas estiverem corretas.

I, II e III: nas palavras de Philippe Braillard: "Relações Internacionais (...) constituem um objeto cujo estudo é hoje um local privilegiado de encontro de diversas Ciências Sociais (...) O que caracteriza propriamente as Relações Internacionais é o fato delas constituírem fluxos que atravessam as fronteiras (...) Podemos pôr em evidência a especificidade das Relações Internacionais definindo-as como as relações sociais que atravessam as fronteiras e que se estabelecem entre as diversas sociedades". Gabarito "E".

(Magistratura do Trabalho – 9ª Região – 2009) Considere as proposições a seguir:

I. De acordo com a Convenção de Viena sobre Relações Diplomáticas de 1961, a renúncia à imunidade de jurisdição no tocante às ações cíveis ou administrativas implica em renúncia tácita à imunidade quanto às medidas de execução da sentença.
II. No Brasil, os tratados e convenções internacionais sobre direitos humanos que forem aprovados, em cada Casa do Congresso Nacional, em dois turnos, por três quintos dos votos dos respectivos membros, serão equivalentes às emendas constitucionais.
III. Compete privativamente ao Presidente da República do Brasil celebrar tratados, convenções e atos internacionais, sujeitos a referendo do Congresso Nacional.
IV. A delimitação das competências da União Européia rege-se pelos princípios da subsidiariedade e da proporcionalidade, enquanto o exercício de suas competências rege-se pelo princípio da atribuição.
V. O Tribunal de Justiça da União Européia, uma das instituições da União Européia, inclui o Tribunal de Justiça, o Tribunal Geral e Tribunais Especializados.

(A) apenas as proposições II e III são corretas
(B) apenas as proposições I, II e III são corretas
(C) apenas as proposições II, III e V são corretas
(D) apenas as proposições I e IV são corretas
(E) todas as proposições são corretas

I: incorreta, pois a renúncia à imunidade de jurisdição no tocante às ações civis ou administrativas não implica renúncia à imunidade quanto as medidas de execução da sentença, para as quais nova renúncia é necessária – art. 32, § 4º, da Convenção de Viena de 1961 (Decreto 56.435/1965); II: assertiva correta, pois reflete exatamente o disposto no art. 5º, § 3º, da CF; III: correta, conforme o art. 84, VIII, da CF; IV: incorreta. A delimitação das competências da UE rege-se pelo *princípio da atribuição* (estritos limites das atribuições implícita ou explicitamente conferidas pelos Estados-membros). O exercício das competências submete-se aos *princípios da subsidiariedade* (nos casos em que não há competência exclusiva, a UE atuará somente quando os atos dos Estados-membros não forem suficientes para alcançar suas finalidades) e da *proporcionalidade* (a atuação da UE deve ser proporcional ao fim a ser alcançado) – art. 5º do Tratado da União Europeia; V: correta, conforme o Estatuto do Tribunal de Justiça da União Europeia. "C". Gabarito

(Magistratura do Trabalho – 9ª Região – 2009) Analise as proposições:

I. Diante da ausência de precedentes do STF em sentido contrário, entende-se que a imunidade de jurisdição de Estados soberanos é absoluta, mesmo quando se trate de atos de gestão por estes praticados, como ocorre nas relações de direito do trabalho.

II. São órgãos da OIT a Conferência Internacional do Trabalho, o Conselho de Administração e o *Bureau* Internacional do Trabalho.

III. A Corte Internacional de Justiça é um dos órgãos especiais da Organização das Nações Unidas, ao lado da Assembléia Geral, do Conselho de Segurança, do Conselho Econômico e Social, do Conselho de tutela e do Secretariado.

IV. Na forma do artigo 14 da Convenção de Viena sobre Relações Diplomáticas, os Chefes de Missão dividem-se em duas classes: a) Embaixadores ou Núncios; b) Enviados, Ministros ou Internúncios.

V. Os Chefes da repartição consular se dividem em quatro categorias (cônsules-gerais, cônsules, vice-cônsules e agentes consulares), e são admitidos no exercício de suas funções por uma autorização do Estado receptor denominada "exequatur", qualquer que seja a forma dessa autorização.

(A) somente as proposições I, IV e V são corretas
(B) somente as proposições I e IV são corretas
(C) somente as proposições II e III são corretas
(D) somente as proposições II, III e V são corretas
(E) todas as proposições são corretas

I: incorreta, pois o STF reconhece o caráter relativo da imunidade jurisdicional dos Estados estrangeiros (especialmente em matéria trabalhista). A imunidade, salvo renúncia, refere-se apenas à jurisdição executória, não à jurisdição de conhecimento – ver RE-AgR 222.368/PE; II: assertiva correta, conforme o art. 2º da Constituição da OIT; III: correta, nos exatos termos do art. 7º, § 1º, da Carta da ONU; IV: incorreta, pois o art. 14 da Convenção de Viena sobre Relações Diplomáticas de 1961 (Decreto 56.435/1965) prevê três classes de chefes de missão, quais sejam, (i) Embaixadores ou Núncios acreditados perante Chefes de Estado, e outros Chefes de Missões de categoria equivalente, (ii) Enviados, Ministro ou internúncios, acreditados perante Chefe de Estado e (iii) Encarregados de Negócios, acreditados perante Ministros das Relações Exteriores; V: correta, conforme o art. 9º da Convenção de Viena sobre Relações Consulares de 1963 (Decreto 61.078/1967). "D". Gabarito

(Procurador da Fazenda Nacional – 2007 – ESAF) Assinale a opção correta, tendo em vista o Direito Econômico Internacional e, em particular, as disciplinas jurídico-internacionais relativas a investimentos.

(A) O Brasil ratificou a Convenção sobre Solução de Controvérsias relativas a Investimentos entre Estados e Nacionais de Outros Estados, que estabeleceu o Centro Internacional para Solução de Controvérsias sobre Investimentos (conhecido pela sigla ICSID, em inglês).
(B) A Convenção sobre Solução de Controvérsias relativas a Investimentos entre Estados e Nacionais de Outros Estados prevê a possibilidade de que, mediante consenso, dois Estados apresentem uma disputa para que seja submetida à arbitragem pelo Centro Internacional para Solução de Controvérsias sobre Investimentos (ICSID).
(C) O Protocolo de Colônia para Proteção e Promoção Recíproca de Investimentos no Mercosul, adotado em 1994, encontra-se atualmente em vigor, após ter sido incorporado à ordem jurídica interna dos países do Mercosul.
(D) Em 2006, o Brasil ratificou os Acordos de Proteção e Promoção de Investimentos que havia assinado com Reino Unido, EUA e Alemanha.
(E) O Protocolo de Colônia para Proteção e Promoção Recíproca de Investimentos no Mercosul prevê a possibilidade de uma controvérsia entre, de um lado, um investidor de um Estado parte e, de outro, o Estado parte receptor do investimento ser solucionada pela via arbitral.

A: o Brasil não é signatário dessa Convenção; B: o ICSID presta-se a solucionar controvérsias entre Estado e nacional (investidor) de outro Estado, e não entre Estados – art. 25 da Convenção que o instituiu; C: o Protocolo de Colônia não está em vigor; D: dentre os acordos para promoção e proteção de investimentos, somente o celebrado com os EUA foi promulgado – Decreto 57.493/1966; E: art. 9º do Protocolo de Colônia. "E". Gabarito

(Magistratura do Trabalho – 16ª Região – 2006) Considere os itens abaixo:

I. A Lei n. 7064/1982 dispõe sobe a situação de trabalhadores contratados ou transferidos para prestar serviços no exterior por prazo superior a 180 dias e prevê que é aplicável a legislação brasileira, se mais favorável do que a legislação territorial, no conjunto, em relação a cada matéria.

II. Aos técnicos estrangeiros contratados para prestar serviços especializados no Brasil, em caráter provisório, é aplicável legislação especial.

III. Para os empregados de navios e aeronaves, o princípio dominante é o do pavilhão, ou seja, aplicação da lei local da matrícula.

IV. Os "auxiliares locais" admitidos pelos postos de serviço diplomático brasileiro para atuar no exterior, conforme legislação em vigor, podem ser contratados sob a égide da CLT.

Quantas assertivas são verdadeiras?

(A) zero
(B) uma
(C) duas
(D) três
(E) quatro

I: a Lei 7.064/1982 é inaplicável à prestação de serviço de natureza transitória não superior a 90 dias (não 180, como consta da assertiva), nos termos e condições do seu art. 1º, parágrafo único; II: aplicam-se, na hipótese, as disposições do Decreto-Lei 691/1969; III: a regra geral é a aplicação da lei do pavilhão (arts. 274, 279, 281 e 282 do Código Bustamante); IV: os auxiliares locais são contratados em conformidade com a legislação local – art. 57 da Lei 11.440/2006 (os brasileiros serão incluídos na previdência social brasileira, caso seja proibida sua filiação ao regime local - § 1º do dispositivo). "C". Gabarito

18. DIREITOS HUMANOS

Robinson Sakiyama Barreirinhas e Renan Flumian

1. TEORIA GERAL

(Ministério Público/SP – 2011) O princípio da dignidade da pessoa humana

(A) está previsto constitucionalmente como um dos fundamentos da República e constitui um núcleo essencial de irradiação dos direitos humanos, devendo ser levadas em conta em todas as áreas na atuação do Ministério Público.

(B) não está previsto constitucionalmente, mas consta do chamado Pacto de São José da Costa Rica. possuindo grande centralidade no reconhecimento dos direitos humanos e tendo reflexo na atuação criminal do Ministério Público.

(C) está previsto constitucionalmente como um dos objetivos da República e possui grande centralidade no reconhecimento dos direitos humanos, mas não tem reflexo direto na atuação criminal do Ministério Público.

(D) está previsto como um dos direitos fundamentais previstos na Constituição Federal, serve de base aos direitos de personalidade e deve ser considerado na atuação do Ministério Público, em especial perante o juízo de família.

(E) não está previsto constitucionalmente, mas consta da Declaração Universal dos Direitos do Homem, constitui um núcleo essencial de irradiação dos direitos humanos, devendo ser levado em conta em todas as áreas na atuação do Ministério Público.

A: assertiva correta, conforme os arts. 1º, III, e 127 da CF; B: incorreta, conforme comentário à alternativa "A". Ademais, a proteção à dignidade humana é prevista expressamente no Pacto de São José da Costa Rica (promulgado pelo Decreto 678/1992) – art. 11; C: incorreta, pois a atuação do Ministério Público, assim como a de qualquer órgão público, deve observar o princípio da dignidade da pessoa humana, que é fundamento (não, a rigor, objetivo) da República – art. 1º, III, da CF; D: imprecisa. O princípio da dignidade da pessoa humana é fundamento da República (art. 1º, III, da CF), enunciado entre os princípios fundamentais (Título I da CF). A rigor, entretanto, não é indicado como direito ou garantia fundamental (Título II da CF). É preciso destacar, ainda assim, que muitos direitos e garantias fundamentais decorrem ou relacionam-se diretamente ao princípio da dignidade humana; E: incorreta, conforme o comentário à alternativa "A". Ademais, é previsto expressamente no preâmbulo e no art. 1º da Declaração Universal dos Direitos do Homem – DUDH, entre outros. Gabarito "A".

(Ministério Público/SP – 2011) São características do Sistema Interamericano de Direitos Humanos:

(A) ser composto pela Comissão e pela Corte Interamericana de Direitos Humanos; ser voltado apenas para funções jurisdicionais; exercer a Corte tais funções jurisdicionais por exclusiva iniciativa da vítima da violação do direito; exigir o esgotamento dos recursos previstos no direito interno; poder impor ao Estado, que reconheça sua jurisdição, medidas reparatórias e destinadas a garantir o exercício dos direitos violados.

(B) ser composto pela Comissão e pela Corte Interamericana de Direitos Humanos; a Corte possuir funções consultivas e jurisdicionais; exercer a Corte suas funções jurisdicionais por exclusiva iniciativa da Comissão; exigir o esgotamento dos recursos previstos no direito interno; poder de propor à Assembleia Geral da Organização dos Estados Americanos a imposição de medidas sancionatórias ao Estado violador.

(C) ser composto pela Corte Interamericana de Direitos Humanos; possuir funções consultivas e jurisdicionais; exercer a Corte suas funções por exclusiva iniciativa de um dos Estados membros da Organização dos Estados Americanos; exigir o esgotamento dos recursos previstos no direito interno; poder impor ao Estado, que reconheça sua jurisdição, medidas reparatórias e destinadas a garantir o exercício dos direitos violados.

(D) ser composto pela Comissão e pela Corte Interamericana de Direitos Humanos; a Corte possuir funções consultivas e jurisdicionais; exercer a Corte suas funções jurisdicionais por exclusiva iniciativa da Comissão; exigir o esgotamento dos recursos previstos no direito interno; poder impor ao Estado, que reconheça sua jurisdição, medidas reparatórias e destinadas a garantir o exercício dos direitos violados.

(E) ser composto pela Corte Interamericana de Direitos Humanos; possuir funções consultivas e jurisdicionais; exercer a Corte suas funções jurisdicionais por provocação da vítima da violação do direito, mediante denúncia a ser oferecida pelo órgão de acusação; exigir o esgotamento dos recursos previstos no direito interno; poder impor ao Estado membro da Organização dos Estados Americanos medidas reparatórias e destinadas a garantir o exercício dos direitos violados.

A: incorreta, pois a Comissão e a Corte têm função consultiva, nos termos dos art. 41 e 64, § 1º, do Pacto de São José da Costa Rica (promulgado pelo Decreto 678/1992). Ademais, somente Estados partes e a Comissão têm direito de submeter o caso à decisão da Corte – art. 61, § 1º, do Pacto. Quanto ao esgotamento dos recursos da jurisdição interna e às medidas reparatórias e destinadas a garantir o exercício dos direitos violados, ver o art. 46, § 1º, a, c/c art. 61, § 2º, e o art. 63 do Pacto; B, C e D: incorretas, pois tanto os Estados parte como a Comissão têm direito de submeter o caso à decisão da Corte – art. 61, § 1º, do Pacto; E: incorreta, pois o Sistema Interamericano é composto também pela Comissão Interamericana de Direitos Humanos – art. 33 do Pacto. A vítima (pessoa natural) não tem com apresentar caso diretamente à Corte – art. 61, § 1º, do Pacto. Finalmente, a Corte somente pode determinar medidas ao Estado que tenha reconhecido sua competência – art. 62 do Pacto. Obs.: não há alternativa correta, razão pela qual a questão foi anulada. Gabarito ANULADA.

(FGV – 2011) A respeito da internacionalização dos direitos humanos, assinale a alternativa correta.

(A) A limitação do poder, quando previsto na Constituição, garante por si só o respeito aos direitos humanos.

(B) A internacionalização dos direitos humanos impõe que o Estado, e não o indivíduo, seja sujeito de direitos internacional.

(C) A criação de normas de proteção internacional no âmbito dos direitos humanos possibilita a responsabilização do Estado quando as normas nacionais forem omissas.

(D) Já antes do fim da II Guerra Mundial ocorreu a internacionalização dos direitos humanos, com a limitação dos poderes do Estado a fim de garantir o respeito integral aos direitos fundamentais da pessoa humana.

A: incorreta. Para a doutrina internacional os estados têm uma tripla obrigação para com todos os direitos humanos: de proteger (*to protect*), de respeitar (*to respect*) e de realizar (*to fulfill*). Pelo dito, podemos afirmar que somente a limitação do poder não vai garantir a satisfatória implementação dos direitos humanos. Cabe frisar que a limitação do poder insere-se na primeira geração de direitos, que engloba os direitos ditos individuais. Por exemplo, na Convenção Internacional sobre a Eliminação de todas as formas de Discriminação Racial, os Estados partes têm a obrigação de implementar políticas públicas que assegurem efetivamente a progressiva eliminação da discriminação racial. Percebe-se que o ideal de igualdade não vai ser atingido somente por meio de políticas repressivas que proíbam a discriminação. É necessário uma comunhão da proibição da discriminação (igualdade formal) com políticas promocionais temporárias (igualdade material). Por fim, deve-se lembrar que os direitos humanos possuem como características a indivisibilidade e a interdependência, dentre outras. A indivisibilidade se traduz na ideia de que todos os direitos humanos se retroalimentam e se complementam, assim é infrutífero buscar a proteção e a promoção de apenas uma parcela deles. E a interdependência se traduz na ideia de que cada direito depende dos outros para ser substancialmente realizado; B: incorreta. É interessante apontar a peculiaridade dos tratados internacionais de direitos humanos, pois diferentemente dos tradicionais que visam compor os interesses dos estados, aqueles buscam garantir o exercício de direitos por indivíduos. Cabe lembrar que o processo recente de internacionalização dos direitos humanos está ligado ao reconhecimento da pessoa humana como sujeito de direito internacional; C: correta. O estado que violar os direitos humanos poderá ser responsabilizado perante a comunidade internacional, como, por exemplo, por intermédio de cortes regionais (ex.: Corte Interamericana de Direitos Humanos) ou de comitês internacionais (ex.: Comitê dos Direitos Humanos criado pelo Pacto Internacional dos Direitos Civis e Políticos). Dentro desta lógica, o indivíduo que tiver sua dignidade violada e não conseguir a efetiva tutela poderá buscar (direta ou indiretamente) cortes e comitês internacionais para buscar sua devida proteção. Ademais, o dirigente político que conduzir o país à prática de crimes contra a humanidade também poderá ser julgado e condenado pelo Tribunal Penal Internacional (TPI). É importante apontar o caráter **complementar** e **subsidiário** dos sistemas internacionais. Isso porque estes apenas serão acionados caso o sistema jurídico nacional tenha sido incapaz ou não tenha demonstrado interesse em julgar o caso; D: incorreta. Abalados pelas barbáries deflagradas nas duas Grandes Guerras e ensejosos de construir um mundo sob novos alicerces ideológicos, os dirigentes das nações que emergiram como potências no período pós-guerra, liderados por URSS e Estados Unidos, estabeleceram na Conferência de Yalta, na Ucrânia, em 1945, as bases de uma futura "paz", para isso definiram as áreas de influência das potências e acertaram a criação de uma organização multilateral que promovesse negociações sobre conflitos internacionais, com o objetivo de evitar guerras, construir a paz e a democracia, além de fortalecer os direitos humanos. Teve aí sua origem a Organização das Nações Unidas. A ONU é uma organização internacional que tem por objetivo facilitar a cooperação em matéria de direito internacional, segurança internacional, desenvolvimento econômico, progresso social, direitos humanos e a realização da paz mundial. Por isso, diz-se que é uma organização internacional de vocação universal. Sua lei básica é a Carta das Nações Unidas, elaborada em São Francisco de 25 de abril a 26 de junho de 1945. Esta Carta tem como anexo o Estatuto da Corte Internacional de Justiça. Percebe-se que uma das preocupações da ONU é a proteção dos direitos humanos mediante a cooperação internacional. **A Carta das Nações Unidas é o exemplo mais emblemático do processo de internacionalização dos direitos humanos ocorridos no pós-guerra. Aliás é importante lembrar que esse processo recente de internacionalização dos direitos humanos é fruto da ressaca moral da humanidade ocasionada pelo excesso de violações de direitos humanos perpetradas pelo nazifascismo.** Gabarito "C".

(FGV – 2011) Com relação aos chamados "direitos econômicos, sociais e culturais", é correto afirmar que

(A) formam, juntamente com os direitos civis e políticos, um conjunto indivisível de direitos fundamentais, entre os quais não há qualquer relação hierárquica.

(B) são previstos, no âmbito do sistema interamericano, no texto original da Convenção Americana sobre Direitos Humanos (Pacto de San José da Costa Rica).

(C) incluem o direito à participação no processo eleitoral, à educação, à alimentação e à previdência social.

(D) são direitos humanos de segunda geração, o que significa que não são juridicamente exigíveis, diferentemente do que ocorre com os direitos civis e políticos.

A: correta. Todos os direitos humanos se retroalimentam e se complementam, assim é infrutífero buscar a proteção de apenas uma parcela deles. Veja-se o exemplo do direito à vida, núcleo dos direitos humanos. Este compreende o direito do ser humano não ter sua vida ceifada (atuação estatal negativa), como também o direito de ter acesso aos meios necessários para conseguir sua subsistência e uma vida digna (atuação estatal positiva). Percebe-se a interação dos direitos pessoais com os direitos sociais, econômicos e culturais para garantir a substancial implementação do direito à vida. Ademais, o princípio da complementaridade solidária dos direitos humanos de qualquer espécie foi proclamado solenemente pela Conferência Mundial de Direitos Humanos, realizada em Viena em 1993. É importante transcrever trecho da Declaração de Viena que bem sintetiza as características dos direitos humanos de um modo geral: "Todos os direitos humanos são universais, **indivisíveis**, interdependentes e inter-relacionados. A comunidade internacional deve tratar os direitos humanos de forma global, justa e equitativa, em pé de igualdade e com a mesma ênfase. Embora particularidades nacionais e regionais devam ser levadas em consideração, assim como diversos contextos históricos, culturais e religiosos, é dever dos Estados promover e proteger todos os direitos humanos e liberdades fundamentais, sejam quais forem seus sistemas políticos, econômicos e culturais"; B: correta. Isto porque foi o protocolo adicional à Convenção Americana de Direitos Humanos (Protocolo de San Salvador) que **definiu o conteúdo** dos direitos econômicos, sociais e culturais no âmbito do sistema interamericano de proteção dos direitos humanos. Entretanto, os direitos econômicos, sociais e culturais já estavam previstos no art. 26 da Convenção Americana de Direitos Humanos ou Pacto de San José da Costa Rica. Portanto, resta claro que os direitos econômicos, sociais e culturais **estão previstos** (mas não definidos) no texto original da Convenção Americana de Direitos Humanos (Pacto de San José da Costa Rica). Percebe-se que a redação da assertiva "b" refere-se simplesmente à **previsão** dos direitos econômicos, sociais e culturais, destarte nós consideramos esta assertiva como correta também. O gabarito oficial indicou somente a assertiva "A" como correta; C: incorreta. O direito à participação no processo eleitoral é um exemplo típico de direito político e não econômico, social e cultural. Os direitos políticos encontram-se disciplinados no art. 21 da Declaração Universal dos Direitos Humanos; D: incorreta. Todos os direitos humanos são juridicamente exigíveis, pois, conforme dito na assertiva "A", são indivisíveis, interdependentes e inter-relacionados. É importante lembrar que os direitos humanos de segunda geração referem-se aos direitos econômicos, sociais e culturais. A titularidade desses direitos é atribuída à coletividade, destarte, são conhecidos como direitos coletivos. Seu fundamento é a ideia de igualdade, e o grande motivador do aparecimento desses direitos foi o movimento antiliberal, notadamente após a Primeira Guerra Mundial. A URSS teve papel central neste movimento, pois defendia a perspectiva social dos direitos humanos. E tal linha foi consagrada no Pacto Internacional de Direitos Econômicos, Sociais e Culturais. Cabe destacar que esses direitos aparecerem em primeiro lugar na Constituição Mexicana de 1917 e na Constituição da Alemanha de 1919 ("Constituição de Weimar"). Em que pese nossa afirmação no tocante à justiciabilidade dos direitos econômicos, sociais e culturais, cabe explicar como ela se dá no sistema interamericano. A Corte Interamericana tem competência para interpretar e aplicar o Protocolo Adicional à Convenção Americana de Direitos Humanos (Protocolo de San Salvador) somente em relação ao art. 8, ponto 1, alínea *a* (direitos sindicais dos trabalhadores) e ao art. 13 (direito à educação). Tudo em conformidade com o art. 19, ponto 6, do mencionado Protocolo, o qual determina que são esses os únicos direitos passíveis de serem acionados perante a Corte (justiciabilidade), entre um amplo conjunto de direitos econômicos, sociais e culturais de que trata esse protocolo. Entretanto, o que se percebe no campo prático é uma jurisprudência criativa que permite uma implementação indireta dos direitos econômicos, sociais e culturais. Uma das grandes contribuições para essa substancial evolução foi a construção jurisprudencial de um conceito amplo ou *lato sensu* do direito de acesso à justiça (art. 25 da Convenção Americana), o que permite o acionamento da Corte para proteção de todos os direitos humanos, inclusive os econômicos, sociais e culturais. Cabe destacar também a construção jurisprudencial da Corte que qualificou de *jus cogens* os princípios da equidade e da não discriminação, os quais são, logicamente, aplicados em relação a todos os direitos humanos. E, por fim, o estabelecimento, pela Corte, de um conceito amplo do direito à vida, o qual exige a proteção e a implementação dos direitos econômicos, sociais e culturais para sua satisfatória efetivação. Gabarito "A".

(MINISTÉRIO PÚBLICO/RO – 2010 – CESPE) Assinale a opção correta acerca do surgimento e da consolidação dos direitos humanos nos planos internacional e interno.

(A) Apesar de ser membro pleno da Corte Interamericana de Direitos Humanos, o Brasil não ocupa a mesma posição no Tribunal Penal Internacional, devido à impossibilidade, determinada por cláusula pétrea da CF, de extraditar nacionais.

(B) Os direitos transindividuais ou difusos não podem ser exercidos senão por coletividades, e são considerados direitos humanos de terceira geração, como os direitos à sindicalização e à previdência social.

(C) Os direitos humanos de primeira geração referem-se às reivindicações de condições dignas de trabalho e originam-se das lutas sociais desencadeadas com a Revolução Industrial.

(D) Os direitos humanos de segunda geração ainda não foram incorporados à legislação nacional, permanecendo, pois, como normas programáticas do direito internacional humanitário.

(E) Devido a comando expresso da CF, o Brasil rege-se, em suas relações internacionais, entre outros, pelo princípio da prevalência dos direitos humanos.

A: incorreta, pois o Estatuto de Roma – ER foi ratificado pelo Brasil e promulgado pelo Decreto 4.388, de 25.9.2002. Ademais, o art. 5º, § 4º, da CF dispõe expressamente que o Brasil se submete à jurisdição de Tribunal Penal Internacional – TPI a cuja criação tenha manifestado adesão. Embora o brasileiro nato não possa ser extraditado – art. 5º, LI, da CF, autores entendem que, no caso do Tribunal Penal Internacional, há simples entrega pelo Brasil (não extradição) – art. 89 do ER. Não há, ainda, posicionamento jurisprudencial, pois a situação jamais ocorreu em nosso país (pedido de entrega de brasileiro nato ao TPI); B: incorreta, pois os direitos difusos são exercidos por qualquer pessoa que dele seja titular. A *defesa judicial* coletiva (não o *exercício*, como consta da assertiva) desses direitos é que pode ser atribuída a determinadas pessoas jurídicas de direito público, órgãos ou entidades, conforme dispõe, por exemplo, o art. 82 do CDC. Ademais, os direitos coletivos sociais e trabalhistas são considerados de 2ª geração (os dos consumidores são considerados de 3ª geração); C: incorreta, pois os direitos de 1ª geração são os das liberdades individuais, que buscam restringir o poder estatal, resguardando o indivíduo (direto à vida, liberdade, propriedade etc.). Os direitos trabalhistas e sociais são considerados de 2ª geração; D: incorreta, pois a CF/1988 traz expressos diversos direitos e garantias sociais, trabalhistas, previdenciários, relativos à educação, saúde, habitação, lazer etc., todos considerados de 2ª geração; E: assertiva correta, pois isso é expressamente previsto no art. 4º, II, da CF. Gabarito "E".

(MINISTÉRIO PÚBLICO/RO – 2010 – CESPE) A CF é considerada modelo no que se refere à tutela de direitos humanos e de garantias fundamentais. Acerca desse assunto, assinale a opção correta.

(A) A CF é classificada como detalhista no que concerne aos referidos direitos, pois prevê desde a gratuidade de transporte público para idosos até a gratuidade para celebração de casamento civil.
(B) Os tratados de direitos humanos, ainda que aprovados apenas no Senado Federal, em dois turnos e por maioria qualificada, equiparam-se às emendas constitucionais.
(C) A concessão de asilo político é prevista no acervo garantista do art. 5.º da CF, que também proíbe a extradição e o banimento de brasileiros do território nacional.
(D) Os índios, suas comunidades e organizações, apesar de poderem defender seus direitos e interesses, não são partes legítimas para ingressar em juízo, devendo fazê-lo por meio do MP.
(E) Direitos humanos de terceira geração, por seu ineditismo e pelo caráter de *lege ferenda* que ainda comportam, não recebem tratamento constitucional.

A: assertiva correta – ver os arts. 226, § 1º, e 230, § 2º, da CF. Outro exemplo sempre lembrado do enorme detalhamento da CF/1988 é a referência ao Colégio Pedro II – art. 242, § 2º, da CF; B: incorreta, pois, para que os tratados sobre direitos humanos tenham força de emenda constitucional, é preciso que sejam aprovados por ambas as Casas do Congresso Nacional em dois turnos, por maioria de três quintos de seus respectivos membros – art. 5º, § 3º, da CF. Os tratados sobre direitos humanos em geral (que não tenham sido aprovados dessa forma qualificada pelo Congresso Nacional) são considerados normas supralegais, com fundamento de validade no art. 5º, § 2º, da CF – ver HC 94.013/SP-STF; C: incorreta, pois o asilo político é previsto no art. 4º, X, da CF, como princípio que rege a República em suas relações internacionais. A extradição é vedada em relação aos brasileiros, com a exceção para o naturalizado em caso de crime comum, praticado antes da naturalização, ou de comprovado envolvimento em tráfico ilícito de entorpecentes e drogas afins – art. 5º, LI, da CF. A extradição dos estrangeiros é vedada apenas nos casos de crimes políticos ou de opinião – art. 5º, LII, da CF. A pena de banimento é absolutamente vedada – art. 5º, XLVII, da CF; D: incorreta, pois os índios, suas comunidades e organizações são partes legítimas para ingressar em juízo em defesa de seus direitos e interesses, intervindo o Ministério Público em todos os atos do processo; E: incorreta, pois a CF/1988 define e garante diversos direitos relativos ao meio ambiente, ao patrimônio histórico-cultural, ao desenvolvimento e dos consumidores, todos considerados de 3ª geração. Gabarito "A".

(Defensoria/PI – 2009 – CESPE) A respeito do desenvolvimento histórico dos direitos humanos e seus marcos fundamentais, assinale a opção correta.

(A) Os direitos fundamentais surgem todos de uma vez, não se originam de processo histórico paulatino.
(B) Não há uma correlação entre o surgimento do cristianismo e o respeito à dignidade da pessoa humana.
(C) As gerações de direitos humanos mais recentes substituem as gerações de direitos fundamentais mais antigas.
(D) A proteção dos direitos fundamentais é objeto também do direito internacional.
(E) A ONU é o órgão responsável pela UDHR e pela Declaração Americana de Direitos.

A: incorreta, pois o reconhecimento dos direitos fundamentais pelos sistemas jurídicos foi e continua sendo um processo histórico progressivo; B: incorreta, pois a cultura judaico-cristã e, especificamente, a difusão do cristianismo no império romano, é apontada como essencial para o reconhecimento do respeito à dignidade da pessoa humana como valor relevante para a civilização ocidental; C: assertiva incorreta. Há crítica de parte relevante da doutrina ao uso do termo "geração", que dá a ideia de sobreposição ou substituição, quando existe, na verdade, gradação historicamente ampliativa do conceito de direitos fundamentais – ver Ingo Sarlet e Cançado Trindade; D: assertiva correta. Existe o sistema global (ONU) e os sistemas regionais (OEA, entre outros); E: incorreta, pois embora a Declaração Universal dos Direitos Humanos (UDHR, na sigla em inglês, de dezembro de 1948) tenha sido produzida no âmbito da ONU, a Declaração Americana dos Direitos e Deveres do Homem foi aprovada pela IX Conferência Internacional Americana em Bogotá (abril de 1948, meses antes da UDHR), quando da criação da Organização dos Estados Americanos – OEA.

Veja a seguinte tabela, para estudo e memorização das chamadas "gerações" de direitos humanos:

"Gerações" de Direitos Humanos Fundamentais	
1ª Geração *Liberdade, individuais*	Vida, liberdade, segurança, propriedade
2ª Geração *Igualdade, coletivos*	Sociais, econômicos, culturais, trabalhistas, saúde, educação, habitação, lazer
3ª Geração *Fraternidade, dos povos*	Paz, meio ambiente, patrimônio histórico-cultural, autodeterminação, desenvolvimento, consumidor
4º Geração	Desenvolvimento sustentável, bioética, gerações futuras, realidade virtual

Gabarito "D".

(Defensoria/PI – 2009 – CESPE) Os direitos fundamentais possuem determinadas características que foram objeto de detalhado estudo da doutrina nacional e internacional. A respeito dessas características, assinale a opção correta.

(A) O princípio da universalidade impede que determinados valores sejam protegidos em documentos internacionais dirigidos a todos os países.
(B) A irrenunciabilidade dos direitos fundamentais não destaca o fato de que estes se vinculam ao gênero humano.
(C) É característica marcante o fato de os direitos fundamentais serem absolutos, no sentido de que eles devem sempre prevalecer, independentemente da existência de outros direitos, segundo a máxima do "tudo ou nada".
(D) A imprescritibilidade dos direitos fundamentais vincula-se à sua proteção contra o decurso do tempo.
(E) A inviolabilidade evita o desrespeito dos direitos fundamentais por autoridades públicas, entretanto permite o desrespeito por particulares.

A: incorreta, pois o reconhecimento de que os direitos humanos são valores universais (inerentes a todos os seres humanos, em qualquer lugar do mundo) não impedem que sejam reconhecidos, garantidos e protegidos em declarações, tratados internacionais e na legislação de cada país; B: incorreta, pois a discussão quanto à renunciabilidade de qualquer coisa só tem sentido quanto aos seres humanos (que podem, em tese, renunciar a algo), muito embora isso (a renúncia) não seja aceito em relação aos direitos fundamentais; C: incorreta, pois há poucos direitos que podem ser considerados absolutos, e apenas para determinadas linhas doutrinárias. Mesmo o direito à vida é excepcionalmente relativizado, no caso da legítima defesa, por exemplo, ou, em alguns países, no caso da pena de morte; D: assertiva correta, pois o decurso do tempo não reduz, limita ou extingue os direitos fundamentais, nem impede sua defesa nos foros adequados; E: incorreta, pois embora seja comum afirmar que os direitos fundamentais, especificamente os da "primeira geração", refiram-se à proteção do indivíduo contra o Estado, é fato que tais direitos são oponíveis também contra outros particulares, de modo que são garantidos também contra eles. Gabarito "D".

(Defensoria/SP – 2009 – FCC) De acordo com o Direito Internacional dos Direitos Humanos, no tocante à interpretação, em caso de conflito, das normas definidoras de direitos e garantias,

(A) prevalece sempre a norma mais benéfica à pessoa humana.
(B) prevalece sempre a norma internacional.
(C) prevalece sempre a norma interna.
(D) norma posterior derroga a anterior.
(E) norma especial derroga a geral no que apresenta de específico.

O Direito Internacional atinente aos Direitos Humanos consagra a prevalência da norma (e da interpretação) mais benéfica ao ser humano, conforme, por exemplo, o art. 29 do Pacto de São José da Costa Rica (promulgado pelo Decreto 678/1992) e o art. 5º, § 2º, da CF. Gabarito "A".

(Defensoria/MA – 2009 – FCC) Na hipótese de conflito entre uma norma do direito interno e um dispositivo enunciado em tratado internacional de proteção dos direitos humanos, merece prevalecer a norma

(A) mais específica, considerando o princípio de que a norma especial revoga a norma geral em sua especificidade.
(B) posterior, considerando o princípio de que a norma posterior revoga norma anterior que lhe for incompatível.
(C) do sistema global, considerando o princípio da primazia do Direito Internacional.
(D) do sistema regional, considerando o princípio da boa-fé nas relações internacionais.
(E) mais benéfica à vítima, considerando que os tratados de direitos humanos constituem um parâmetro protetivo mínimo.

O Direito Internacional atinente aos Direitos Humanos consagra a prevalência da norma (e da interpretação) mais benéfica ao ser humano, conforme, por exemplo, o art. 29 do Pacto de São José da Costa Rica (promulgado pelo Decreto 678/1992) e o art. 5º, § 2º, da CF.

Veja a tabela a seguir, para estudo e memorização dos sistemas internacionais de proteção dos direitos humanos:

Sistemas Internacionais de Proteção dos Direitos Humanos		Principais documentos	Principais órgãos
Sistema Global	ONU	– Declaração Universal dos Direitos Humanos (DUDH) – Carta das Nações Unidas – Pacto Internacional sobre Direitos Civis e Políticos (PDCP – promulgado pelo Decreto 592/1992) – Pacto Internacional sobre Direitos Econômicos, Sociais e Culturais (PDESC – promulgado pelo Decreto 591/1992) – Convenção contra a Tortura e Outros Tratamentos ou Penas Cruéis, Desumanos ou Degradantes (promulgada pelo Decreto 40/1991) – Regras Mínimas para o Tratamento dos Presos – Convenção sobre a Eliminação de todas as Formas de Discriminação Racial (promulgada pelo Decreto 65.810/1969) – Convenção sobre os Direitos da Criança (promulgada pelo Decreto 99.710/1990) – Convenção sobre os Direitos Políticos da Mulher (promulgada pelo Decreto 52.476/1963) – Convenção sobre a Eliminação de Todas as Formas de Discriminação contra a Mulher (CEDAW, na sigla em inglês, promulgada pelo Decreto 4.377/2002) – Convenção sobre os Direitos das Pessoas com Deficiência (promulgada pelo Decreto 6.949/2009)	– Conselho de Direitos Humanos (ONU) – Comitê de Direitos Humanos (PDCP) – Conselho Econômico e Social (PDESC) – Comitê contra a Tortura – Comitê pela Eliminação de Todas as Formas de Discriminação Racial – Comitê sobre os Direitos das Crianças – Comitê sobre a Eliminação da Discriminação contra a Mulher (CEDAW) – Comitê sobre os Direitos das Pessoas com Deficiência
Sistemas Regionais	Americano (OEA), Europeu, Africano, Árabe, Asiático	– Convenção Americana sobre Direitos Humanos (Pacto de São José da Costa Rica – promulgado pelo Decreto 678/1992) – Declaração Americana sobre os Direitos e Deveres do Homem – Protocolo Adicional à Convenção Americana sobre Direitos Humanos em matéria de Direitos Econômicos, Sociais e Culturais (Protocolo de San Salvador) – Convenção Interamericana para Prevenir, Punir e Erradicar a Violência contra a Mulher (Convenção de Belém do Pará) – Convenção Interamericana para Prevenir e punir a tortura – Convenção Interamericana sobre a Eliminação de todas as formas de discriminação contra pessoas portadoras de deficiências	– Comissão de Direitos Humanos – Corte Interamericana de Direitos Humanos

Gabarito "E".

(Defensor Público/MS – 2008 – VUNESP) Quando se fala em Direitos Humanos, considerando sua historiciedade, é correto dizer que

(A) somente passam a existir com as Declarações de Direitos elaboradas a partir da Revolução Gloriosa Inglesa de 1688.
(B) foram estabelecidos, pela primeira vez, por meio da Carta Magna de 1215, que é a expressão maior da proteção dos Direitos do Homem em âmbito universal.
(C) a concepção contemporânea de Direitos Humanos foi introduzida, em 1789, pela Declaração dos Direitos do Homem e do Cidadão, fruto da Revolução Francesa.
(D) a internacionalização dos Direitos Humanos surge a partir do Pós-Guerra, como resposta às atrocidades cometidas durante o nazismo.

A: incorreta. Antes da Revolução Gloriosa pode-se apontar como exemplos de Declarações de Direitos Humanos a Magna Carta de 1215, o *Petition of Rights* de 1628 e o *Habeas Corpus Act* de 1679. Deve-se aclarar que a Revolução Gloriosa ocorreu no Reino Unido, de 1688 a 1689, e teve por consequência a queda e posterior fuga do rei Jaime II, da dinastia Stuart. O trono, depois de declarado vago pelo Parlamento, foi oferecido, conjuntamente, ao genro do rei, o nobre neerlandês Guilherme, Príncipe de Orange, e a filha do rei, Maria de Stuart. Mas tal oferta comportava uma condição: se a coroa inglesa fosse aceita, também estaria aceita a Declaração de Direitos (*Bill of Rights*) votada pelo Parlamento. A oferta do trono e a condição foram aceitas e os novos soberanos passaram a chamar-se Guilherme III e Maria II. A Declaração de Direitos de 1689 é um documento legal confeccionado pelo Parlamento inglês, que, entre outras coisas, limitou os poderes do rei, disciplinou os direitos relacionados com o Parlamento, como, por exemplo, a liberdade de expressão dos parlamentares e o estabelecimento de eleições regulares para o Parlamento. E também determinou que todos os súditos têm direito de petição ao rei, como também tornou o Parlamento competente para legislar e criar tributos, funções antes exercidas pelo rei. Tais medidas asseguraram certo poder para o Parlamento no Reino Unido e representaram a instauração institucional da separação de poderes, mais tarde reconhecida e elogiada por Montesquieu. É importante apontar que a Declaração de Direitos de 1689 foi influenciada diretamente pelas ideias de John Locke e figura como um dos textos constitucionais mais importantes do Reino Unido; B: incorreta. O século XI marcou o início de uma onda de centralização de poder, tanto em nível civil como eclesiástico. É importante ter em mente tal consideração, pois ela é o motivador da assinatura da Magna Carta. A título histórico, cabe lembrar que já em 1188 foi feita a declaração das cortes de Leão, na Espanha. Depois dessa declaração, os senhores feudais espanhóis continuaram se manifestando, mediante declarações e petições, contra a instalação do poder real soberano. A Magna Carta é um documento de 1215 que limitou o poder dos monarcas da Inglaterra, impedindo assim o exercício do poder absoluto. E resultou de desentendimentos entre o rei João I (conhecido como "João Sem Terra"), o Papa e os barões ingleses acerca das prerrogativas do soberano. Esses desentendimentos têm raízes diversas. A contenda com os barões foi motivada pelo aumento das exações fiscais, que foram constituídas para financiar campanhas bélicas, pois o rei João Sem Terra acabava de perder a Normandia, que era sua por herança dinástica, para o rei francês Filipe Augusto. Já a desavença com o papa surgiu de seu apoio às pretensões territoriais do imperador Óton IV, seu sobrinho, em prejuízo do papado. Ademais, o rei João I recusou a escolha papal de Stephen Langton como cardeal de Cantebury, o que lhe rendeu a excomunhão, operada pelo papa Inocêncio III. A Magna Carta só foi assinada pelo rei quando a revolta armada dos barões atingiu Londres, e sua assinatura era condição para o cessar fogo. Todavia, ela foi reafirmada solenemente (pois tinha vigência determinada de três meses) em 1216, 1217 e 1225, quando se torna direito permanente. A título de curiosidade, cabe apontar que algumas de suas disposições ainda se encontram em vigor nos dias de hoje. Sua forma foi de promessa unilateral, por parte do monarca, de conceder certos privilégios especiais aos barões. Mas é possível entendê-la como uma convenção firmada entre os barões e o rei. E também, segundo os termos da Magna Carta, o rei deveria renunciar a certos direitos e respeitar determinados procedimentos legais, bem como reconhecer que sua vontade estaria sujeita à lei. Considera-se a Magna Carta o primeiro capítulo de um longo processo histórico que levaria ao surgimento do constitucionalismo e da democracia moderna. Em síntese, a Magna Carta tratou-se de uma limitação institucional dos poderes reais. Por todo o dito, percebe-se que os direitos humanos foram estabelecidos, de certa forma, antes da Magna Carta, em 1188, pela declaração das cortes de Leão, na Espanha, apesar de muitos considerarem a Magna Carta como o primeiro documento de direitos humanos da história. Ademais, a Magna Carta não tem âmbito universal e sim está relacionada com a situação específica da Inglaterra. Por fim, deve-se dizer que **a expressão maior da proteção dos Direitos do Homem em âmbito universal é a Declaração Universal dos Direitos Humanos**; C: incorreta. O marco recente ou a concepção contemporânea dos direitos humanos foi inaugurado, sem dúvida, pela Declaração Universal dos Direitos Humanos de 1948 e reforçado pela Declaração de Direitos Humanos de Viena de 1993. A Declaração Universal dos Direitos Humanos foi aprovada pela Resolução nº 217 A (III) da Assembleia Geral da ONU, em 10 de dezembro de 1948, por 48 votos a zero e oito abstenções. E em **conjunto com os dois Pactos Internacionais, sobre Direitos Civis e Políticos e sobre Direitos Econômicos, Sociais e Culturais, constituem a "Carta Internacional de Direitos Humanos"**; D: correta. Uma das preocupações da ONU é a proteção dos direitos humanos mediante a cooperação internacional. A Carta das Nações Unidas é o exemplo mais emblemático do processo de internacionalização dos direitos humanos ocorridos no pós-guerra. É importante lembrar que esse processo recente de internacionalização dos direitos humanos é fruto da ressaca moral da humanidade ocasionada pelo excesso de violações de direitos humanos perpetradas pelo nazifascismo. "Gabarito D".

(Defensor Público/MS – 2008 – VUNESP) Considerando a evolução histórica, os marcos jurídicos fundamentais e a estrutura normativa dos Direitos Humanos, pode-se afirmar que

(A) a globalização dos direitos humanos forçou os Estados a escolherem entre um sistema global e um regional de proteção a esses direitos, uma vez que ambos os sistemas não podiam coexistir.

(B) os indivíduos passaram a ser sujeitos de direito internacional, mas, por razões de soberania, ainda dependem dos Estados para acionar os mecanismos de proteção dos direitos humanos.

(C) a Declaração Universal dos Direitos Humanos introduziu internacionalmente a concepção contemporânea desses direitos.

(D) a vítima de uma lesão dos direitos humanos deverá acionar em sua proteção, nessa ordem, o sistema jurídico nacional, depois o regional e, por último, o global, em razão da hierarquia da estrutura normativa de proteção.

A: incorreta. Muito pelo contrário, pois o sistema regional de proteção junta-se ao global para formar o sistema internacional de proteção dos direitos humanos. Percebe-se que em determinadas situações ocorrerá uma sobreposição de normas (oriundas do sistema internacional e do regional), todavia, isto não se reflete em problema, pois o que se busca é a substancial proteção dos direitos humanos. Destarte, o sistema que estiver melhor organizado para bem proteger o indivíduo naquele caso será o aplicado, ou seja, os sistemas não competem, mas sim se completam. Isto quer dizer que, em se tratando de interpretação e de aplicação das regras protetivas de direitos humanos, deve-se ter por fundamento o **princípio da primazia da norma mais favorável à vítima**. Tal princípio determina a busca da maior efetividade possível na proteção dos direitos humanos; B: incorreta. Na atualidade, já existem inúmeros exemplos de mecanismo de proteção que podem ser acionados mediante petição direta de indivíduos. Por exemplo, o Protocolo, adotado em 16 de dezembro de 1966, criou o sistema das *petições individuais* para melhorar o controle sobre a aplicação, pelos Estados partes, das disposições do Pacto Internacional dos Direitos Civis e Políticos. O sistema de petições individuais também está previsto na Convenção Internacional sobre a Eliminação de todas as formas de Discriminação Racial, no Protocolo Facultativo à Convenção Internacional sobre a Eliminação de todas as formas de Discriminação contra a Mulher, na Convenção contra a Tortura e outros Tratamentos ou Penas Cruéis, Desumanos ou Degradantes, no Protocolo Facultativo à Convenção sobre os Direitos das Pessoas com Deficiência e na Convenção Internacional sobre a Proteção dos Direitos de todos os Trabalhadores Migrantes e dos Membros de suas Famílias. Depois desses exemplos retirados do sistema global de proteção de direitos humanos, tanto do geral como do específico, cabe apontar alguns do sistema regional de proteção de direitos humanos. Podemos citar a Convenção Americana de Direitos Humanos, a qual prevê a competência da Comissão Interamericana de Direitos Humanos para receber petições individuais, e também a Convenção Europeia de Direitos Humanos, que, após o Protocolo 11, tornou a Corte Europeia de Direitos Humanos competente para receber petições individuais; C: correta. A Carta das Nações Unidas é o exemplo mais emblemático do processo de internacionalização dos direitos humanos ocorridos no pós-guerra. Aliás, é importante lembrar que esse processo recente de internacionalização dos direitos humanos é fruto da ressaca moral da humanidade ocasionada pelo excesso de violações de direitos humanos perpetradas pelo nazifascismo. O problema identificado na Carta das Nações Unidas é que ela não definia o conteúdo dos direitos humanos. Assim, em 1948, foi proclamada a Declaração Universal dos Direitos Humanos com a função de bem definir o conteúdo dos direitos humanos. A Declaração Universal dos Direitos Humanos foi aprovada pela Resolução nº 217 A (III) da Assembleia Geral da ONU, em 10 de dezembro de 1948, por 48 votos a zero e oito abstenções. E em conjunto com os dois Pactos Internacionais, sobre Direitos Civis e Políticos e sobre Direitos Econômicos, Sociais e Culturais, constituem a "Carta Internacional de Direitos Humanos". A Declaração é fruto de um consenso sobre valores de cunho universal a serem seguidos pelos estados. E também do reconhecimento do indivíduo como sujeito direto do direito internacional. É importante esclarecer que a Declaração é um exemplo de *soft law*, isto porque ela não prevê mecanismos constritivos para a implementação dos direitos previstos. Por outro lado, quando o documento legal prevê mecanismos constritivos para a implementação de seus direitos, estaremos diante de um exemplo de *hard law*. Revisitando o direito a ter direitos de Hannah Arendt, segundo a Declaração, a condição de pessoa humana é requisito único e exclusivo para ser titular de direitos. Com isso corrobora-se o caráter universal dos direitos humanos, isto é, todo indivíduo é cidadão do mundo e, desta forma, detentor de direitos que salvaguardam sua dignidade. Em seu bojo encontram-se direitos civis e políticos (arts. 3º a 21) e direitos econômicos, sociais e culturais (arts. 22 a 28); D: incorreta. O indivíduo lesionado deve primeiramente acionar a ordem nacional de proteção de direitos humanos, isso em virtude do caráter **complementar** e **subsidiário** dos sistemas internacionais, ou seja, deve-se em primeiro lugar esgotar todos os recursos internos disponíveis. Mas essa condição pode ser afastada quando o indivíduo for privado de seu direito de ação pela jurisdição doméstica, ou lhe forem ceifadas as garantias do devido processo legal ou, ainda, se os processos internos forem excessivamente demorados. Por outro lado, como visto no comentário à assertiva "A", não existe hierarquia entre o sistema global e o regional de proteção de direitos humanos, isso porque os sistemas se completam. Lembremos ainda que, em se tratando de interpretação e de aplicação das regras protetivas de direitos humanos, deve-se ter por fundamento o **princípio da primazia da norma mais favorável à vítima**. "Gabarito C".

(Delegado/SP – 2008) A teoria que fundamenta e situa os direito humanos numa ordem suprema, universal e imutável, livre dos influxos humanos, denomina-se

(A) moralista.
(B) jusnaturalista.
(C) positivista.
(D) fundamentalista.
(E) realista.

O jusnaturalismo reconhece os direitos humanos independentemente de sua positivação. "Gabarito B".

(Delegado/SP – 2008) Quando os direitos fundamentais são aplicados de maneira reflexa, tanto em uma dimensão proibitiva e voltada para o legislador, que não poderá editar lei que viole direitos fundamentais, como ainda, positiva, voltada para que o mesmo legislador implemente os direitos fundamentais, ponderando quais devam aplicar-se às relações privadas, estamos diante de um fenômeno jurídico que começa a ser debatido no STF. Trata-se da

(A) eficácia mediata dos direitos fundamentais.
(B) eficácia imediata dos direito fundamentais.
(C) eficácia irradiante dos direitos fundamentais.
(D) eficácia ponderativa dos direitos fundamentais.
(E) eficácia irrestrita dos direitos fundamentais.

A expressão "eficácia mediata" é utilizada em diversas situações pela doutrina (inclusive essa indicada na questão), mas é indiscutível sua adoção generalizada para se referir aos direitos fundamentais nas relações entre particulares. Gabarito "A".

(Delegado/BA – 2008 – CEFETBAHIA) "*Cidadania, portanto, engloba mais que direitos humanos, porque, além de incluir os direitos que a todos são atribuídos (em virtude da sua condição humana), abrange, ainda, os direitos políticos. Correto, por seguinte, falar-se numa dimensão política, numa dimensão civil e numa dimensão social da cidadania*".

(Prof. J. J. Calmon de Passos)

Ao alargar a compreensão da cidadania para as três dimensões referidas, o prof. Calmon de Passos

(A) inova, ao focar somente o caráter educacional da cidadania plena na Grécia.
(B) contribui, doutrinariamente, para que a noção da cidadania ultrapasse a clássica concepção que a restringia tão-somente ao exercício dos direitos políticos.
(C) restringe o entendimento da cidadania ao exercício dos direitos de primeira geração – especialmente quanto à igualdade.
(D) promove reflexão crítica em torno dos interditos proibitivos à construção de uma sociedade respeitosa para com as nuanças de sexo, gênero, raça e idade.
(E) contradiz a noção fundamental de extensão da cidadania a todos sem distinção – mulheres especialmente.

A: incorreta. O prof. Calmon de Passos não está tecendo considerações sobre a cidadania na Grécia. Ademais, o professor está focando num caráter amplo (político, civil e social) da cidadania e não limitado (educacional); B: correta. As considerações do professor contribuem para a tomada de conscientização no sentido de que o **exercício substancial da cidadania** depende do gozo de direitos civis, políticos e sociais; C: incorreta, pois não restringe e sim amplia; D: incorreta, pois as considerações do prof. promovem a reflexão crítica em torno do exercício pleno da cidadania por todos os cidadãos; E: incorreta. Muito pelo contrário, pois, além de corroborar com a noção fundamental de extensão da cidadania a todos sem distinção, defende o pleno exercício da cidadania, o qual será atingido pela comunhão de direitos civis, políticos e sociais. Gabarito "B".

(Delegado/MG – 2008) Encontramos na doutrina dos Direitos Humanos a afirmação de que, para compreender a evolução dos direitos individuais no contexto da evolução constitucional, é preciso retomar alguns aspectos da evolução dos tipos de Estado. Analise as seguintes afirmativas e assinale a que NÃO corrobora o enunciado.

(A) A primeira fase do Estado Liberal caracteriza-se pela vitória da proposta econômica liberal, aparecendo teoricamente os direitos individuais como grupo de direitos que se fundamentam na propriedade privada, principalmente na propriedade privada dos meios de produção.
(B) As mudanças sociais ocorridas no início do século XX visavam armar os indivíduos de meios de resistência contra o Estado. Desse modo, a proteção dos direitos e liberdades fundamentais torna-se o núcleo essencial do sistema político da democracia constitucional.
(C) As constituições socialistas consagraram uma economia socialista, garantindo a propriedade coletiva e estatal e abolindo a propriedade privada dos meios de produção, dando uma clara ênfase aos direitos econômicos e sociais e uma proposital limitação aos direitos individuais.
(D) A implementação efetiva dos direitos sociais e econômicos em boa parte da Europa Ocidental no pós-guerra, como saúde e educação públicas, trouxe consigo o germe da nova fase democrática do Estado Social e da superação da visão liberal dos grupos de direitos fundamentais.

A: correta. Interessante sobre tais direitos é a verificação de que sua defesa foi feita sobretudo pelos EUA. Estes defendiam a perspectiva liberal dos direitos humanos, os quais foram consagrados no Pacto Internacional de Direitos Civis e Políticos; B: incorreta. As mudanças sociais ocorridas no início do século XX não tinham como principal finalidade dotar os indivíduos de meios de resistência contra o estado. Ademais, as democracias constitucionais tornaram-se realidade como forma de governo somente no pós-guerra; C: correta. O socialismo refere-se à teoria de organização econômica que advoga a propriedade pública ou coletiva, a administração pública dos meios de produção e distribuição de bens para construir uma sociedade caracterizada pela igualdade de oportunidades para todos os indivíduos. O socialismo moderno surgiu no final do século XVIII tendo origem na classe intelectual e nos movimentos políticos da classe trabalhadora que criticavam os efeitos da industrialização e da sociedade calcada na propriedade privada. É importante apontar o papel da URSS, pois esta defendia a perspectiva social dos direitos humanos, os quais foram consagrados no Pacto Internacional de Direitos Econômicos, Sociais e Culturais; D: correta. A formatação de estados sociais (*welfare state*) na Europa ocidental do pós-guerra tem como grande finalidade a implementação dos direitos econômicos, sociais e culturais de suas populações, que muito sofreram com os conflitos mundiais e pouca esperança tinham no futuro. Gabarito "B".

(Delegado/MG – 2007) A ideologia liberal demonstra-se individualista, baseada na busca dos interesses individuais. Como decorrência da ideologia liberal, todos os Direitos Humanos relacionados abaixo são classificados como direitos individuais, EXCETO:

(A) a liberdade de consciência e de crença.
(B) a proteção à maternidade e à infância.
(C) o direito à propriedade privada.
(D) a liberdade de comércio e de indústria.

A: correta, pois trata-se de um exemplo de direito individual; B: incorreta, pois trata-se de um exemplo de direito social e cultural; C: correta, pois trata-se de um exemplo de direito individual; D: correta, pois trata-se de um exemplo de direito individual. Gabarito "B".

(Defensoria/SP – 2007 – FCC) As Constituições Mexicana (1917) e Alemã (1919) são historicamente relevantes para os direitos humanos porque

(A) incorporaram ao direito interno as normas da Declaração Universal dos Direitos Humanos.
(B) restabeleceram o paradigma da dignidade humana, abalado pelos eventos da Segunda Guerra Mundial.
(C) enfatizaram a prevalência dos direitos individuais sobre os coletivos.
(D) elevaram os direitos trabalhistas e previdenciários ao nível de direitos fundamentais.
(E) inspiraram a elaboração da Declaração dos Direitos do Povo Trabalhador e Explorado.

A Constituição Mexicana de 1917 e a Constituição de Weimar de 1919 (esta última refletindo as mudanças impostas pelo fim da Primeira Guerra Mundial) são paradigmas para o moderno Estado Social, prevendo expressamente os direitos trabalhistas e previdenciários como fundamentais. Gabarito "D".

(Defensoria/SP – 2007 – FCC) Ao comentar o problema da criminalidade no Brasil, Walter Ceneviva afirmou: "Os caminhos para a solução têm sido marcados por fatos estranhos ao direito e pela complexidade das condições da vida urbana, da escolaridade generalizada, da proteção à saúde, do atendimento previdenciário estendido a todos, menos pobreza e assim por diante. Em face dessas circunstâncias, mais se acentua o grave mal de leis nascidas de escândalos ocasionais e das paixões momentâneas, prejudicando e retardando as soluções." (Crime pede soluções a longo prazo. Folha de S. Paulo, 17 de março de 2007. Caderno Cotidiano Especial, p. C2.) Comparando tal pensamento com as características do Direito Internacional dos Direitos Humanos, é correto afirmar que o texto

(A) colide com a noção de que os direitos humanos devem ser protegidos pelo império da lei, prevista no terceiro Considerando da Declaração Universal dos Direitos Humanos.
(B) coincide com a noção de indivisibilidade entre direitos civis e políticos e direitos econômicos, sociais e culturais, significando que os direitos somente adquirem plena eficácia se realizados conjuntamente.

(C) coincide com a noção de que a realização do direito à segurança pública prescinde da promoção simultânea de outras políticas públicas, resultado de direitos previstos em tratados internacionais.
(D) coincide com a noção de que leis, fruto do livre exercício dos direitos políticos e do contrato social, podem estabelecer punições sem considerar o estágio de desenvolvimento econômico e social.
(E) coincide com a noção de que a evolução dos direitos humanos em gerações pressupõe a prévia realização dos direitos civis e políticos, como condição para a promoção dos direitos econômicos, sociais e culturais.

A: o autor não afasta a importância da garantia dos direitos humanos pela lei, mas reconhece que o problema da criminalidade é complexo e ultrapassa as discussões relacionadas estritamente ao sistema jurídico; B: a assertiva reflete o conteúdo do texto; C: é o oposto, o texto deixa claro que a efetividade do direito à segurança não prescinde de outras políticas públicas; D: o autor não defende a alienação da produção legislativa em relação à realidade econômica e social, apenas critica a criação de leis ocasionais, sem harmonia com políticas sociais de longo prazo; E: esse conceito não orienta o texto apresentado. Gabarito "B".

(Defensoria/SP – 2007 – FCC) A respeito da relação entre o jusnaturalismo e o juspositivismo, o Direito Internacional dos Direitos Humanos consagra a noção, segundo a qual

(A) o reconhecimento dos direitos humanos nas Constituições caracteriza a transição da fundamentação daqueles, do direito natural ao direito positivo.
(B) só se pode admitir a formulação de novos direitos humanos por parlamentos legitimamente eleitos, tendo em vista o primado da soberania estatal, atualmente.
(C) é recomendável a positivação dos direitos humanos sem, contudo, olvidar sua fundamentação no Direito Natural, permitindo o paulatino reconhecimento de novos direitos.
(D) é irrelevante seu reconhecimento pela legislação interna dos países, considerando que os direitos humanos são inerentes ao ser humano.
(E) os direitos humanos, historicamente fundados no Direito Natural, necessitam ser reconhecidos pelo Direito Positivo para se tornarem exigíveis.

A assertiva em C reflete forte entendimento doutrinário e é a melhor alternativa, por exclusão das demais. Gabarito "C".

(Defensor Público/BA – 2006) Tratando da doutrina filosófica dos Direitos Humanos, sabe-se que ela vem sendo cunhada por diversos pensadores, escritores e jusfilósofos.

I. "De um lado, o Estado de Bem-Estar Social do segundo pós-guerra pareceu concretizar, definitivamente, o ideal socialista de uma igualdade básica de condições de vida para todos os homens. De outro lado, no entanto, a vaga neoliberal deste fim de século demonstrou quão precário é o princípio da solidariedade social, base dos chamados direitos humanos da segunda geração, diante do ressurgimento universal dos ideais individualistas".
II. "O direito natural da Antiguidade girava em torno da antítese: natureza-normas; o da Idade Média, em torno da antítese direito divino-direito humano; o dos tempos modernos, em torno da antítese: direito positivo-razão individual".
III. "A Escola do Direito Natural ou do Jusnaturalismo distingue-se da concepção aristotélico-tomista por este motivo principal: enquanto para Santo Tomás primeiro se dá a "lei" para depois se pôr o problema do "agir segundo a lei", para aquela corrente põe-se primeiro o "indivíduo" com o seu poder de agir, para depois se pôr a "lei". Para o homem do Renascimento o dado primordial é o indivíduo, como ser capaz de pensar e agir. Em primeiro lugar está o indivíduo, com todos os seus problemas, com todas as suas exigências. É da autoconsciência do indivíduo que vai resultar a lei".

Analisando as assertivas acima, verifica-se que:

(A) Apenas a I está correta.
(B) Apenas a II está correta.
(C) Apenas a III está correta.
(D) Apenas I e II estão corretas.
(E) Todas estão corretas.

I: correta. O trecho foi retirado do artigo intitulado "Fundamento dos Direitos Humanos", de autoria do Prof. Fábio Konder Comparato (o artigo em questão pode ser localizado no seguinte endereço virtual: http://www.iea.usp.br/textos/comparatodireitoshumanos.pdf); II: correta. O trecho foi retirado do livro intitulado *Filosofia do Direito*, de autoria do Prof. Gustav Radbruch (a consideração em questão pode ser localizada nas páginas 61-62 do livro suprarreferido na sua 6ª ed. Coimbra); III: correta. O trecho foi retirado do livro intitulado *Filosofia do Direito*, de autoria do Prof. Miguel Reale (a consideração em questão pode ser localizada nas páginas 645-646 do livro suprarreferido na sua 16ª ed. da Saraiva). Gabarito "E".

(Defensor Público/BA – 2006) Cuidando-se da temática da evolução histórica, afirmação e aplicabilidade concreta dos Direitos Humanos, tem-se:

I. "Os direitos de primeira geração têm por titular o indivíduo, são oponíveis ao Estado, traduzem-se como faculdade ou atributos da pessoa e ostentam uma subjetividade que é seu traço mais característico; enfim, são direitos de resistência ou de oposição perante o Estado.(...) São os direitos da liberdade, os primeiros a constarem de instrumento normativo constitucional, a saber, os direitos civis e políticos, que em grande parte correspondem, por prisma histórico, àquela fase inaugural do constitucionalismo do Ocidente"
II. "A consciência de um mundo partido entre nações desenvolvidas e subdesenvolvidas ou em fase de precário desenvolvimento deu lugar a que se buscasse uma outra dimensão dos direitos (humanos) fundamentais, até então desconhecida. Trata-se daquela que se assenta sobre a fraternidade, conforme assinala Karel Vasak, e provida de uma latitude de sentido que não parece compreender unicamente a proteção específica de direitos individuais ou coletivos; são assim conhecidos como direitos de segunda geração, tal como ocorre com a proteção do meio ambiente".
III. "Os direitos humanos de terceira geração podem assim ser identificados como os direitos econômicos, sociais e culturais; alinham-se, portanto, com as liberdades positivas, reais ou concretas, acentuando o princípio da igualdade; produto do século XIX, decorreu dos esforços dos movimentos proletários socialistas; vieram a ser positivados nas constituições revolucionárias mexicana e russa, bem como na da República de Weimar".

Analisando as assertivas, verifica-se que:

(A) Apenas I está correta.
(B) Apenas II está correta.
(C) Apenas III está correta.
(D) Apenas I e II estão corretas.
(E) Apenas II e III estão corretas.

I: correta. O trecho foi retirado do livro intitulado *Curso de Direito Constitucional*, de autoria do Prof. Paulo Bonavides (a consideração em questão pode ser localizada na página 517 do livro suprarreferido em sua 6ª ed. da Malheiros); II: incorreta. O erro está em identificá-los como direitos de segunda geração, pois tais direitos, guiados pela ideia de fraternidade, são de **terceira geração**. A terceira geração trata dos direitos à paz, ao desenvolvimento, ao meio ambiente, à propriedade do patrimônio cultural e à titularidade destes direitos (ditos difusos), que é atribuída à humanidade. Seu fundamento é a ideia de fraternidade. Esses direitos provieram em grande medida da polaridade Norte/Sul e dentro dessa polaridade surgiu o *princípio da autodeterminação dos povos*, fundamento do processo de descolonização e de inúmeros outros exemplos, consoante aos já indicados anteriormente, que exteriorizam a busca por uma nova ordem política e econômica mundial mais justa e solidária. Os direitos de terceira geração foram consagrados na Convenção para a Proteção do Patrimônio Mundial, Cultural e Natural, de 1972, e na Convenção sobre a Diversidade Biológica, de 1992; III: incorreta. O erro está em identificá-los como direitos de terceira geração, pois tais direitos, guiados pela ideia de igualdade, são **segunda geração**. A segunda geração trata dos direitos sociais, culturais e econômicos e a titularidade desses direitos é atribuída à coletividade, destarte, conhecido são como direitos coletivos. Seu fundamento é a ideia de igualdade. O grande motivador do aparecimento desses direitos foi o movimento antiliberal, notadamente após a Primeira Guerra Mundial. É importante apontar o papel da URSS, pois esta defendia veementemente a perspectiva social dos direitos humanos. Tal linha foi consagrada no Pacto Internacional de Direitos Econômicos, Sociais e Culturais. Cabe destacar que esses direitos aparecem em primeiro lugar na Constituição Mexicana de 1917 e na Constituição da Alemanha de 1919 ("Constituição de Weimar"). Gabarito "A".

(Defensoria/SP – 2006 – FCC) Comparando-se a Declaração dos Direitos do Homem e do Cidadão (França, 1789) e a Declaração Universal dos Direitos Humanos (ONU, 1948), pode-se afirmar que ambas reconhecem

(A) o Estado como fonte dos direitos fundamentais.
(B) a liberdade e a igualdade inerentes ao ser humano.
(C) a existência dos direitos individuais e sociais.
(D) a propriedade, individual ou coletiva.
(E) a necessidade de uma força pública para a garantia dos direitos.

A: incorreta. A Declaração dos Direitos do Homem e do Cidadão foi adotada, pela Assembleia Constituinte da França, em 1789, influenciada diretamente pela Revolução Francesa e pela Revolução Americana de 1776. Pela primeira vez tem-se uma declaração generalizante, isto é, com o propósito de fazer referência não só aos seus cidadãos, mas a toda humanidade, por isso a menção aos direitos do *homem* também. A Declaração teve por base os conceitos de *liberdade, igualdade, fraternidade, propriedade, legalidade e garantias individuais* (síntese do pensamento iluminista liberal e burguês). Mas seu ponto central era a supressão dos privilégios especiais ("acabar com as desigualdades"), outrora garantidos para os estamentos do clero e da nobreza. Percebe-se que a Declaração francesa reconhecia o estado como fonte produtora de desigualdades, mediante a concessão de privilégios a certos estamentos, e não como fonte dos direitos fundamentais. Por outro lado, a Declaração Universal dos Direitos Humanos reconhece o estado como fonte dos direitos fundamentais expressamente em seus artigos 22 a 28; B: correta. Reler o comentário anterior. Ademais, o primeiro Considerando da Declaração Universal dos Direitos Humanos é enfático: "Considerando que o reconhecimento da dignidade inerente a todos os membros da família humana e de seus direitos iguais e inalienáveis é o fundamento da liberdade, da justiça e da paz no mundo"; C: incorreta. A Declaração dos Direitos do Homem e do Cidadão não prevê direitos so ciais. Por sua vez, na ONU encontram-se direitos econômicos, sociais e culturais (arts. 22 a 28); D: incorreta. A Declaração dos Direitos do Homem e do Cidadão não prevê a propriedade coletiva (art. 17), já a Declaração Universal dos Direitos Humanos prevê a propriedade individual e a coletiva (art. 17, ponto 1); E: incorreta, pois a necessidade de uma força pública para a garantia dos direitos só está prevista na Declaração dos Direitos do Homem e do Cidadão (art. 12). Gabarito "B".

(Delegado/MG – 2006) A passagem do Estado Liberal para o Estado Social tem significado importante na evolução dos direitos humanos. Referente a esse momento histórico é correto afirmar, EXCETO:

(A) O Estado Liberal típico não faz em suas Constituições referencia à ordem econômica;
(B) As Constituições anteriores à Primeira Guerra Mundial já consagravam em seus textos direitos sociais;
(C) No estado Social os direitos fundamentais se ampliam ainda consagrando em seus textos direitos sociais;
(D) O Estado Liberal traduzia o pensamento econômico do Liberalismo Clássico, o *laissez-faire, laissez-passer*;
(E) O individualismo dos séculos XVII e XVIII conduz os homens a um capitalismo desumano e escravizador.

A: correta. O estado liberal típico deixa que a ordem econômica seja totalmente "regulada" pelo mercado; B: incorreta. A consagração dos direitos sociais nas constituições é fenômeno que toma forma após a Primeira Guerra Mundial. De grande destaque neste processo são a Constituição Mexicana de 1917 e a Constituição de Weimar de 1919; C: correta. É exatamente esta a consequência para os textos constitucionais. Ou seja, o estado social ou *welfare state* amplia os direitos fundamentais, com especial realce nos de índole social, econômica e cultural; D: correta. O liberalismo clássico, aplicado pelo estado liberal, é uma forma de liberalismo que defende as liberdades individuais, igualdade perante a lei, limitação constitucional do governo, direito de propriedade, proteção das liberdades civis e restrições fiscais ao governo etc. Sua formulação tem por base textos de John Locke, Adam Smith, David Ricardo, Voltaire, Montesquieu e outros. Em outras palavras, é a fusão do liberalismo econômico com o liberalismo político do final do século XVIII e século XIX. O "núcleo normativo" do liberalismo clássico é a ideia de que a economia seria guiada por uma ordem espontânea ou mão invisível que beneficiaria toda a sociedade; E: correta. A total desregulação que marcou os séculos XVII e XVIII, impulsionada pela Revolução Industrial inglesa, teve por desfecho um capitalismo desumano e escravizador. Gabarito "B".

(Delegado/BA – 2006 – CONSULPLAN) Tomando-se por base o constitucionalismo, a doutrina dos Direitos Humanos exerce, em relação ao Estado, uma função:

(A) Integrativa.
(B) Limitadora.
(C) Orientadora.
(D) Doutrinária.
(E) N.R.A.

A, B, C, D e E: a grande função dos direitos humanos é coibir os abusos cometidos pelos estados em relação às suas populações. Podemos citar ao longo da história a Magna Carta de 1215, a *Petition of Rights* de 1628, o *Habeas Corpus Act* de 1679, o *Bill of Rights* de 1689, a Declaração de Direitos da Virgínia de 1776 e a Declaração dos Direitos do Homem e do Cidadão de 1789; todos são exemplos de *declarações de direitos* que buscaram limitar os poderes dos governantes, ou seja, os direitos conferidos aos cidadãos limitavam o poder estatal. Tanto é assim que o **recente** processo de internacionalização dos direitos humanos é fruto do pós-guerra e da ressaca moral da humanidade ocasionada pelo excesso de violações de direitos humanos perpetradas pelo nazifascismo. Gabarito "B".

(Delegado/BA – 2006 – CONSULPLAN) O ser humano pode ser compelido, "como último recurso, à rebelião contra a tirania e a opressão". Para respaldar essa assertiva filosoficamente, a doutrina dos Direitos Humanos encontra lastro no(a):

(A) Correcionalismo.
(B) Marxismo.
(C) Jusnaturalismo.
(D) Teoria moralista.
(E) N.R.A

A: incorreta. A Escola Penal Correcionalista tem como principal característica a busca da correção do delinquente como fim único da pena; B: incorreta. O Marxismo é o conjunto de ideias filosóficas, econômicas, políticas e sociais elaboradas primariamente por Karl Marx e Friedrich Engels. Tem por base a concepção materialista e dialética da História, e, assim, interpreta a vida social conforme a dinâmica da base produtiva das sociedades e das lutas de classes daí consequentes; C: correta. O Jusnaturalismo ou o Direito Natural é uma teoria que define o conteúdo do direito como estabelecido pela natureza (como ordem superior, universal, imutável e inderrogável) e, portanto, válido em qualquer lugar. Ou seja, o direito natural é prévio à qualquer construção humana, seja de ordem política, religiosa etc. Assim, deverá ser sempre respeitado, e o direito positivo para ter validade não poderá com ele contrastar. E os direitos humanos são adstritos à condição humana, logo, fazem parte do direito natural, o que os fazem transcender às criações culturais no sentido lato (religião, tradição, organização política etc.). Mas, essa corrente sofre um processo de secularização, iniciado pelo trabalho de Grotius e Hobbes, e o Jusnaturalismo aparece como uma crítica ao direito dos glosadores, sobretudo sobre a sua falta de sistematicidade. Assim, podemos dizer que o Jusnaturalismo moderno ou o Direito Racional produz o conceito de sistema, o qual até hoje é utilizado na formatação dos códigos jurídicos. E esse sistema é construído por premissas que tiram sua validade da generalidade racional (nas palavras de Tércio Sampaio Ferraz Júnior - *A Ciência do Direito*, pág. 26, Ed. Atlas); D: incorreta. A Teoria Moralista defende que a fundamentação dos direitos humanos encontra-se na própria experiência e consciência de um determinado povo; E: incorreta, pois a assertiva "c" é correta. Gabarito "C".

(Delegado/BA – 2006 – CONSULPLAN) O *Habeas Corpus* vincula-se diretamente à:

(A) "Primeira geração" dos D. H.
(B) "Segunda geração" dos D. H.
(C) "Terceira geração" dos D. H.
(D) "Quarta geração" dos D. H.
(E) N.R.A

A: correta. A primeira geração dos direitos humanos trata dos direitos civis e políticos. A titularidade destes direitos é atribuída ao indivíduo, destarte, conhecido são como direitos individuais. Seu fundamento é a ideia de **liberdade.** E o *habeas corpus* é utilizado sempre que alguém sofrer ou se achar ameaçado de sofrer violência ou coação em sua **liberdade de locomoção**, por ilegalidade ou abuso de poder (art. 5°, LXVIII, da CF); B: incorreta. A segunda geração dos direitos humanos trata dos direitos sociais, culturais e econômicos. A titularidade destes direitos é atribuída à coletividade, destarte, conhecidos são como direitos coletivos. Seu fundamento é a ideia de igualdade; C: incorreta. A terceira geração trata dos direitos à paz, ao desenvolvimento, ao meio ambiente, à propriedade do patrimônio cultural. A titularidade desses direitos é atribuída à humanidade. Seu fundamento é a ideia de fraternidade; D: incorreta. A quarta geração trata dos direitos à democracia, à informação etc. A titularidade desses direitos é atribuída à humanidade; E: incorreta, pois a assertiva "a" é correta. Gabarito "A".

(Delegado/BA – 2006 – CONSULPLAN) Não se pode chamar a doutrina dos direitos humanos em favor de quem os violou devido à(ao):

(A) Relatividade dos D. H.
(B) Falta de coerção dos D. H.
(C) Indivisibilidade dos D. H.
(D) Falta de coação dos D. H.
(E) N.R.A

A: incorreta. Esta assertiva foi indicada como correta, todavia não concordamos com essa esposta. Isto porque os direitos humanos são adstritos à condição humana, assim, o único requisito para deles gozar é ser pessoa humana. Do contrário, seria permitida a pena de morte e outros tratamentos degradantes para os criminosos, pois esses violaram direitos humanos de outras pessoas e, ato contínuo, não possuem mais direito à proteção de sua dignidade. Portanto, todo indivíduo, por sua condição de pessoa humana, tem direitos humanos que devem ser tutelados pelo Estado em qualquer situação; B: incorreta. A coercibilidade ou não dos direitos humanos não tem ligação com a possibilidade (não existente, como vimos no comentário à assertiva "a") dos violadores de direitos humanos perderem o direito de ter sua dignidade tutelada. Ademais, a possibilidade de coerção dos direitos humanos é determinada por cada sistema protetivo. Por exemplo, o sistema nacional de proteção dos direitos humanos é coercitivo como também o é o sistema americano de proteção dos direitos americanos (aqui a coerção é exercida pela Corte Interamericana dos Direitos Humanos). É importante apontar que a Declaração Universal dos Direitos do Homem não tem força legal, mas sim material e acima de tudo inderrogável por fazer parte do *jus cogens*; C: incorreta. A indivisibilidade dos direitos humanos não tem ligação com a possibilidade (não existente, como vimos no comentário à assertiva "a") dos violadores de direitos humanos perderem o direito de ter sua dignidade tutelada. A característica da indivisibilidade que os direitos humanos sustentam refere-se ao fato de que todos os direitos humanos se retroalimentam e se complementam, assim é infrutífero buscar a proteção de apenas uma parcela deles; D: incorreta. A falta ou não de coação dos direitos humanos também não tem ligação com a possibilidade (não existente, como vimos no comentário à assertiva "a") dos violadores de direitos humanos perderem o direito de ter sua dignidade tutelada; E: correta. Essa assertiva deve ser assinalada porque todas as outras estão incorretas. Gabarito Oficial "A"/Gabarito Nosso "E"

(Delegado/BA – 2006 – CONSULPLAN) A terceira geração dos Direitos Humanos diz respeito a um princípio albergado pela Revolução Francesa e corresponde a determinados direitos. Dentre as assertivas abaixo, qual representa a correta associação entre o princípio e os direitos a serem conquistados:

(A) Igualdade – direitos civis e políticos.
(B) Fraternidade – direitos sociais e culturais.
(C) Liberdade – direitos de solidariedade.
(D) Liberdade – direitos civis e políticos.
(E) Fraternidade – direitos de solidariedade.

A: incorreta. A segunda geração de direitos humanos trata dos direitos sociais, culturais e econômicos. A titularidade desses direitos é atribuída à coletividade, destarte, conhecidos são como direitos coletivos. Seu fundamento é a ideia de **igualdade**; B: incorreta. A terceira geração trata dos direitos à paz, ao desenvolvimento, ao meio ambiente, à propriedade do patrimônio cultural. A titularidade desses direitos é atribuída à humanidade. Seu fundamento é a ideia de **fraternidade**; C: incorreta. A primeira geração trata dos direitos civis e políticos. A titularidade desses direitos é atribuída ao indivíduo, destarte, conhecidos são como direitos individuais. Seu fundamento é a ideia de **liberdade**; D: correta. A primeira geração trata dos direitos civis e políticos. A titularidade desses direitos é atribuída ao indivíduo, destarte, conhecidos são como direitos individuais. Seu fundamento é a ideia de **liberdade**; e: incorreta. A terceira geração trata dos direitos à paz, ao desenvolvimento, ao meio ambiente, à propriedade do patrimônio cultural. A titularidade desses direitos é atribuída à humanidade. Seu fundamento é a ideia de **fraternidade**. O gabarito indicado era "b", todavia, não concordamos e afirmamos que a resposta correta é a disponibilizada pela assertiva "d". Gabarito Oficial "B"/Gabarito Nosso "D"

(Delegado/BA – 2006 – CONSULPLAN) Fatos históricos que prenunciaram a dogmática dos Direitos Humanos:

(A) A Declaração da Virgínia (E.U.A.).
(B) O Concílio de Trento.
(C) O armistício da 2ª Grande Guerra.
(D) As alternativas A e C estão corretas.
(E) N.R.A.

A, B, C, D e E: o marco recente dos direitos humanos foi sem dúvida a Declaração Universal dos Direitos Humanos de 1948. Com importância nesse processo pode-se também citar a Declaração de Direitos Francesa, impulsionada pela Revolução Francesa de 1789, e a **Declaração de Direitos do Bom Povo da Virgínia,** ambas do século XVIII. A Declaração de Direitos da Virgínia de 1776 é considerada por muitos como a primeira *declaração de direitos* que reconhece a existência de direitos adstritos à condição humana, ou seja, independentemente de qualquer condição o ser humano possui direitos inatos. Ademais, demonstra preocupação com a estruturação de um governo democrático (*soberania popular*). E a Declaração dos Direitos do Homem e do Cidadão foi adotada, pela Assembleia Constituinte da França, em 1789, influenciada diretamente pela Revolução Francesa e a Revolução Americana de 1776. Pela primeira vez tem-se uma declaração generalizante, isto é, com o propósito de fazer referência não só aos seus cidadãos, mas a toda humanidade, por isso a menção aos direitos do *homem* também. A Declaração teve por base os conceitos de *liberdade, igualdade, fraternidade, propriedade, legalidade* *e garantias individuais* (síntese do pensamento iluminista liberal e burguês). Mas seu ponto central era a supressão dos privilégios especiais ("acabar com as desigualdades"), outrora garantidos para os estamentos do clero e da nobreza. A Declaração dos Direitos do Homem e do Cidadão, junto com declarações de direitos constantes das Constituições francesas de 1971 e 1973, reproduz claramente as ideias de Montesquieu e Jean-Jacques Rousseau. Em relação ao primeiro, afirma a necessidade de uma limitação institucional dos poderes do governo e em relação ao pensador genebrino, trabalha a questão de a legitimidade do governo ter origem apenas na vontade geral do povo. A ONU e a Declaração Universal dos Direitos Humanos criam um verdadeiro sistema de proteção global da dignidade humana. É importante ter em mente que esse processo recente de internacionalização dos direitos humanos é **fruto do pós-segunda-guerra-mundial** e da ressaca moral da humanidade ocasionada pelo excesso de violações de direitos humanos perpetradas pelo nazifascismo. Por sua vez, o Concílio de Trento, realizado de 1545 a 1563, foi o 19º concílio ecumênico. Foi convocado pelo Papa Paulo III para assegurar a unidade da fé e a disciplina eclesiástica, no contexto da Reforma da Igreja Católica e da reação à divisão então vivida na Europa devido à Reforma Protestante, razão pela qual é denominado como Concílio da Contrarreforma. Gabarito "D".

(Delegado/SP – 2003) Assinale o documento que não se relaciona aos antecedentes formais das declarações de direitos.

(A) Magna Carta (1215).
(B) "Petition of Rights" (1628).
(C) "Habeas Corpus Act" (1679).
(D) "Chart of Liberties" (1732).

A: correta. A Magna Carta é um documento de 1215 que limitou o poder dos monarcas da Inglaterra, impedindo assim o exercício do poder absoluto. E resultou de desentendimentos entre o rei João I (conhecido como "João Sem Terra"), o Papa e os barões ingleses acerca das prerrogativas do soberano. Esses desentendimentos têm raízes diversas. A contenda com os barões foi motivada pelo aumento das exações fiscais, tais foram constituídas para financiar campanhas bélicas, pois o rei João Sem Terra acabava de perder a Normandia, que era sua por herança dinástica, para o rei francês Filipe Augusto. Já a desavença com o papa surgiu de seu apoio às pretensões territoriais do imperador Óton IV, seu sobrinho, em prejuízo do papado. Ademais, o rei João I recusou a escolha papal de Stephen Langton como cardeal de Cantebury, o que lhe rendeu a excomunhão, operada pelo papa Inocêncio III. A Magna Carta só foi assinada pelo rei quando a revolta armada dos barões atingiu Londres, e sua assinatura era condição para o cessar-fogo. Todavia, ela foi reafirmada solenemente (pois tinha vigência determinada de três meses) em 1216, 1217 e 1225, quando se torna direito permanente. A título de curiosidade, cabe apontar que algumas de suas disposições ainda se encontram em vigor nos dias de hoje. Sua forma foi de promessa unilateral, por parte do monarca, de conceder certos privilégios especiais aos barões. Mas é possível entendê-la como uma convenção firmada entre os barões e o rei. E também, segundo os termos da Magna Carta, o rei deveria renunciar a certos direitos e respeitar determinados procedimentos legais, bem como reconhecer que sua vontade estaria sujeita à lei. Considera-se a Magna Carta o primeiro capítulo de um longo processo histórico que levaria ao surgimento do constitucionalismo e da democracia moderna. Em síntese, a Magna Carta tratou-se de uma limitação institucional dos poderes reais; B: correta. A Petição de Direitos foi um documento constitucional, de grande importância para a história política inglesa, que foi aprovada pelo Parlamento inglês em maio de 1628 e depois apresentada ao rei Carlos I, que a aprovou temporariamente. Sua função foi de limitar os poderes dos monarcas. A Petição de Direitos é notável por algumas de suas determinações, como, por exemplo, a de que os impostos só podem ser aumentados por decisão do Parlamento e a de que os prisioneiros podem discutir a legitimidade de suas detenções mediante *habeas corpus*; C: correta. A Casa de Stuart deteve o trono da Escócia e depois o da coroa inglesa também, e são conhecidos, dentre outros motivos, por serem os últimos soberanos católicos da Inglaterra. Este último fato tem grande importância, pois o Parlamento, majoritariamente protestante, buscava uma saída para limitar o poder real, especialmente no que tange à possibilidade de prender os opositores políticos, sem a necessidade de prévio processo legal. O *habeas corpus* já existia há bastante tempo na Inglaterra, todavia sua eficácia era muito reduzida, em razão da falta de regras processuais que bem disciplinassem seu manuseio. Assim, para bem regular a utilização desse remédio judicial e torná-lo efetivo, foi aprovado, pelo Parlamento inglês no reinado de Carlos II, o *Habeas Corpus Act* de 1679, que definiu e ampliou as prerrogativas concedidas pelo remédio *habeas corpus*; D: incorreta. A "Chart of Liberties" mais conhecida é a Carta de 1100 e não a de 1732. O documento do ano 1100 lista os abusos cometidos pela monarquia na Inglaterra, conforme identificado pela nobreza, como, por exemplo, o excesso de impostos a que estavam submetidos os barões. Em regra, a Carta clama para o monarca melhorar o tratamento dos nobres e dos oficiais da Igreja. Muitos indicam a "Chart of Liberties" de 1100, e não a de 1732, como precursora da Magna Carta 1215. Gabarito "D".

(Delegado/SP – 2002) A finalidade básica dos direitos humanos é coibir o abuso

(A) do poder estatal.
(B) do poder estatal e dos indivíduos.
(C) dos indivíduos.
(D) de grupos de indivíduos.

A, B, C e D: o estudo da história permite-nos entrar em contato com inúmeros exemplos de atrocidades sofridas pelo povo a mando do rei, imperador, presidente etc. (leia-se poder estatal). Uma atrocidade recente que despertou a comunidade internacional para os perigos de não haver limites ao poder estatal foi o nazifascismo. Ademais, o processo **recente** de internacionalização dos direitos humanos é fruto do pós-guerra e da ressaca moral da humanidade ocasionada pelo excesso de violações de direitos humanos perpetradas pelo nazifascismo. De outro lado, a grande característica dos direitos humanos é a limitação que impõem ao poder estatal, pois reconhecem direitos adstritos à condição humana, os quais não poderão ser lesionados ou ceifados sob pena de descaracterizar a própria condição humana. Assim, levantam-se os direitos humanos como o grande limitador do abuso do poder estatal. Gabarito "A".

(Delegado Federal – 2002 – CESPE) Todos os direitos humanos são universais, indivisíveis, interdependentes e inter-relacionados. Esses são alguns dos princípios fundamentais da Declaração de Viena sobre os Direitos Humanos, fruto de conferência realizada naquela cidade, em 1993.

A partir dessa conferência, várias ações para o fortalecimento da cooperação internacional na área de direitos humanos vêm sendo consideradas como essenciais para a realização plena da cidadania nos planos nacional e internacional. Com base na visão atual dos direitos humanos, julgue os itens que se seguem.

(1) Já não se pode mais justificar a inobservância dos direitos humanos com base em argumentos como o do relativismo cultural ou o de que os direitos humanos são valores ocidentais.

(2) Não é possível garantir os direitos civis sem que haja a garantia dos direitos sociais. É preciso entender que os direitos humanos, apesar de separados por artigos, em declarações, convenções e pactos, devem transmitir a noção do conjunto de condições para a sobrevivência e a dignidade do homem.

(3) O direito ao desenvolvimento é também um direito humano e deve ser realizado de modo a satisfazer equitativamente as necessidades ambientais e de desenvolvimento de gerações presentes e futuras.

(4) A existência generalizada de situações de extrema pobreza e a insanidade econômica destrutiva que prioriza o lucro a qualquer custo inibem o pleno e efetivo exercício dos direitos humanos.

(5) No Brasil, país dos mais violentos e com graves problemas no campo da preservação dos direitos humanos, tem havido ações no sentido de mudança desse quadro, constituindo exemplo disso a criação de uma Secretaria Nacional dos Direitos Humanos.

1: correto. A Declaração Universal dos Direitos Humanos de 1948 universalizou a noção de direitos humanos. Muito importante foi o papel da Declaração, pois antes disso a proteção dos direitos humanos ficava relegada a cada estado, os quais com suporte em sua intocável soberania tinha autonomia absoluta para determinar e executar as políticas relacionadas à proteção da dignidade da pessoa humana. Todavia, obras de horror, como o nazifascismo, demonstraram que a proteção do ser humano não pode ficar nas mãos de governos. Assim, um dos grandes objetivos perseguidos com a criação da ONU foi o de buscar a proteção dos direitos humanos universalmente. Objetivo concretizado com a promulgação da Declaração Universal dos Direitos Humanos. As críticas referentes à leitura de *universalização* por *ocidentalização* não devem proceder, isto porque os direitos humanos transcendem às criações culturais no sentido lato (religião, tradição, organização política etc.) por serem adstritos à condição humana. Destarte, particularidades regionais e nacionais devem ser levadas em conta, mas nunca devem impedir a proteção mínima dos direitos humanos, até porque fazem parte do *jus cogens*. Assim o universalismo derrota o relativismo; 2: correto. Todos os direitos humanos se retroalimentam e se complementam, assim é infrutífero buscar a proteção de apenas uma parcela deles. Veja-se o exemplo do direito à vida, núcleo dos direitos humanos. Este compreende o direito do ser humano não ter sua vida ceifada (atuação estatal negativa), como também o direito de ter acesso aos meios necessários para conseguir sua subsistência e uma vida digna (atuação estatal positiva). Percebe-se a interação dos direitos pessoais com os direitos econômicos, sociais e culturais para garantir a substancial implementação do direito à vida; 3: correto. A terceira geração dos direitos humanos trata dos direitos à paz, ao desenvolvimento, ao meio ambiente, à propriedade do patrimônio cultural. A titularidade desses direitos é atribuída à humanidade. Seu fundamento é a ideia de fraternidade. Esses direitos provieram em grande medida da polaridade Norte/Sul. Dentro dessa polaridade surge o *princípio da autodeterminação dos povos*, fundamento do processo de descolonização e inúmeros outros exemplos, consoante aos já indicados anteriormente, que exteriorizam a busca por uma nova ordem política e econômica mundial mais justa e solidária. Os direitos de terceira geração foram consagrados na Convenção para a Proteção do Patrimônio Mundial, Cultural e Natural, de 1972, e na Convenção sobre a Diversidade Biológica, de 1992; 4: correto. A situação de miséria é o maior entrave para a realização dos direitos humanos, pois, além da situação de gozo zero no que tange aos direitos econômicos, sociais e culturais, ela se torna um bloqueio para a implementação dos direitos civis e políticos, pois o indivíduo em situação de extrema pobreza não tem condições de exercer sua cidadania ou até mesmo de pleiteá-la. E a busca incessante de lucro também impossibilita o exercício dos direitos humanos, pois a única variável levada em conta na hora de fazer uma escolha é a do lucro. Isso quer dizer que os direitos dos trabalhadores serão violados se tal escolha traduzir-se em maiores lucros; 5: correto. O Decreto nº 2.193, de 7 de abril de 1997, criou a Secretaria Nacional dos Direitos Humanos – SNDH, na estrutura do Ministério da Justiça, em substituição à Secretaria dos Direitos da Cidadania – SDC. Em 1º de janeiro de 1999, a SNDH foi transformada em Secretaria de Estado dos Direitos Humanos – SEDH, com assento nas reuniões ministeriais. A Secretaria Especial dos Direitos Humanos, criada pela Lei nº 10.683, de 28 de maio de 2003, é o órgão da Presidência da República que trata da articulação e implementação de políticas públicas voltadas para a promoção e proteção dos direitos humanos. E uma medida provisória assinada pelo presidente da República no dia 25 de março de 2010 transforma a secretaria em órgão essencial da Presidência, e ela passa a ser denominada Secretaria de Direitos Humanos da Presidência da República. Gabarito 1C, 2C, 3C, 4C, 5C.

(Delegado/SP – 2000) No campo dos Direitos Humanos, num eventual conflito entre normas previstas em tratados internacionais e preceitos de direito interno, aplica-se o princípio da

(A) anterioridade da lei.
(B) especialidade.
(C) norma mais favorável à vítima.
(D) norma de hierarquia superior.

A, B, C e D: em determinadas situações ocorrerá uma sobreposição de normas (oriundas do sistema global, do regional e do nacional). Mas isso não gera problema, pois o que se busca é a substancial proteção dos direitos humanos. Destarte, o sistema que estiver melhor organizado para bem proteger o indivíduo naquele caso será o aplicado. Ou seja, os sistemas não competem, mas sim se completam. Isto quer dizer que, em se tratando de interpretação e de aplicação das regras protetivas de direitos humanos, deve-se ter por fundamento o **princípio da primazia da norma mais favorável à vítima**. Tal princípio determina a busca da maior efetividade possível na proteção dos direitos humanos. Portanto, de um modo geral, os sistemas protetivos global, regional e nacional interagem-se e complementam-se para melhor proteger o indivíduo dos abusos perpetrados contra sua dignidade humana. Já as assertivas "a", "b" e "d" tratam dos critérios para solução de antinomias, quais sejam: a) critério cronológico: norma posterior prevalece sobre norma anterior, b) critério da especialidade: norma especial prevalece sobre norma geral e c) critério hierárquico: norma superior prevalece sobre norma inferior. Percebe-se que a utilização do princípio da primazia da norma mais favorável à vítima torna inútil a utilização dos critérios para solução de antinomias, pois sempre vai-se utilizar a norma que mais favoreça a vítima no que tange à proteção dos direitos humanos. Gabarito "C".

(Delegado/SP – 1999) Afirmar que o direito internacional dos Direitos Humanos é um direito subsidiário significa que

(A) ele deve ser enfocado apenas após o esgotamento dos remédios legais domésticos.
(B) ele não é um autêntico ramo do direito.
(C) se limita a preceitos de ordem moral.
(D) não é necessário acessar em primeiro lugar o direito interno.

A, B, C e D: o caráter subsidiário do direito internacional dos direitos humanos se traduz na necessidade de esgotamento dos remédios legais domésticos antes do acionamento do sistema internacional (regional ou global) de proteção dos direitos humanos. E com o acionamento do sistema internacional, o estado que violar direitos humanos poderá ser responsabilizado perante cortes regionais (ex.: Corte Interamericana de Direitos Humanos) ou conselhos e comitês internacionais. Dentro desta lógica, o indivíduo que tiver sua dignidade violada e não conseguir a efetiva tutela no direito interno poderá buscar (direta ou indiretamente) cortes e comitês internacionais para obter a devida proteção. Cabe ressalvar que as regras de esgotamento de todos os recursos internos disponíveis para a apresentação da petição ou comunicação não serão aplicadas quando o indivíduo for privado de seu direito de ação pela jurisdição doméstica, ou lhe forem ceifadas as garantias do devido processo legal ou, ainda, se os processos internos forem excessivamente demorados. Gabarito "A".

(Delegado/SP – 1999) O termo "direitos civis", como comumente empregado pelos instrumentos internacionais de direitos humanos significa

(A) direito decorrente do Código Civil.
(B) direito que para sua realização necessita do Estado na esfera privada.
(C) os direitos decorrentes de regimes civis e não militares.
(D) direito que para sua realização depende em grande medida da não interferência do Estado na esfera individual.

A, B, C e D: a colocação clássica de que os direitos civis e políticos dependem de omissão estatal para sua implementação e de que os direitos econômicos, sociais e culturais dependem de atuação estatal para sua implementação é precária, mais ainda é utilizada. Isto é dito porque a **substancial** implementação dos direitos civis dependerá tanto da não interferência como da interferência estatal. São exemplos de direitos civis as liberdades de pensamento, consciência e religião, de opinião e expressão, de movimento e residência, e de reunião e de associação pacífica (arts. 13 e 18 a 20 da Declaração Universal dos Direitos do Homem). Gabarito "D".

(Delegado/SP – 1999) Os direitos humanos, tal como compreendidos hoje, surgiram como uma reação

(A) à barbárie da Primeira1ª Grande Guerra.
(B) à chamada Guerra Fria entre os EUA e a União Soviética.
(C) à miséria na África e ao regime de segregação racial na África do Sul.
(D) ao holocausto e às demais barbáries perpetradas durante a Segunda Grande Guerra.

A, B, C e D: a ONU e a Declaração Universal dos Direitos Humanos criam um verdadeiro sistema de proteção global da dignidade humana. É importante ter em mente que esse processo recente de internacionalização dos direitos humanos é fruto do pós-segunda-guerra-mundial e da ressaca moral da humanidade ocasionada pelo excesso de violações de direitos humanos perpetradas pelo nazifascismo. Gabarito "D".

(Delegado/SP – 1998) Segundo a moderna concepção doutrinária, os direitos humanos fundamentais podem ser classificados como "de primeira, segunda e terceira gerações". Os direitos de terceira geração consagram o princípio da

(A) solidariedade (ou fraternidade).
(B) liberdade.
(C) igualdade.
(D) efetividade.

A: correta. A terceira geração trata dos direitos à paz, ao desenvolvimento, ao meio ambiente, à propriedade do patrimônio cultural. A titularidade desses direitos é atribuída à humanidade. Seu fundamento é a ideia de **fraternidade**. Esses direitos provieram em grande medida da polaridade Norte/Sul. Dentro desta polaridade surgiu o *princípio da autodeterminação dos povos*, fundamento do processo de descolonização e de inúmeros outros exemplos, consoante aos já indicados anteriormente, que exteriorizam a busca por uma nova ordem política e econômica mundial mais justa e solidária. Os direitos de terceira geração foram consagrados na Convenção para a Proteção do Patrimônio Mundial, Cultural e Natural, de 1972, e na Convenção sobre a Diversidade Biológica, de 1992; B: incorreta. A primeira geração trata dos direitos civis e políticos. A titularidade desses direitos é atribuída ao indivíduo, destarte, conhecidos são como direitos individuais. Seu fundamento é a ideia de **liberdade**. Interessante sobre tais direitos é a verificação de que sua defesa foi feita sobretudo pelos EUA. Estes defendiam a perspectiva liberal dos direitos humanos, os quais foram consagrados no Pacto Internacional de Direitos Civis e Políticos; C: incorreta. A segunda geração trata dos direitos sociais, culturais e econômicos. A titularidade desses direitos é atribuída à coletividade, destarte, conhecidos são como direitos coletivos. Seu fundamento é a ideia de **igualdade**. O grande motivador do aparecimento de tais direitos foi o movimento antiliberal, notadamente após a Primeira Guerra Mundial. É importante apontar o papel da URSS, pois esta defendia veementemente a perspectiva social dos direitos humanos. Linha que foi consagrada no Pacto Internacional de Direitos Econômicos, Sociais e Culturais. Cabe destacar que esses direitos apareceram em primeiro lugar na Constituição Mexicana de 1917 e na Constituição da Alemanha de 1919 ("Constituição de Weimar"); D: incorreta. O princípio da **efetividade** acompanha todas as gerações de direitos de modo igual, isto porque de nada adiantaria ter direitos reconhecidos se eles não possuem efetividade, isto é, existem nos diplomas, mas não no mundo real. O problema da efetividade dos direitos humanos é a grande preocupação dos estudiosos da matéria na atualidade, pois já se reconhece sua essencialidade, mas ainda não se alcançou suficiente vontade política da comunidade internacional para implementá-los substancialmente. Gabarito "A".

(Delegado/SP – 1998) Precedendo às modernas declarações de direitos humanos fundamentais, certos documentos e estatutos, elaborados na Inglaterra, já visavam a garantir estes direitos. Dentre tais textos, um se notabilizou na defesa da liberdade individual, especialmente suprimindo a possibilidade de prisões arbitrárias. É correto afirmar que o documento em referência foi

(A) o Bill of Rights, de 1689.
(B) o Habeas Corpus Act, de 1679.
(C) o Act of Settlement, de 1701.
(D) a Magna Charta Libertatum, de 1215.

A: incorreta. A Declaração de Direitos de 1689 é um documento legal confeccionado pelo Parlamento inglês. A Declaração, entre outras coisas, limitou os poderes do rei, disciplinou os direitos relacionados com o Parlamento, como, por exemplo, a liberdade de expressão dos parlamentares, o estabelecimento de eleições regulares para o Parlamento e o direito de petição para o rei. Tais medidas asseguraram o poder do Parlamento no Reino Unido. Ademais, a propriedade privada também foi regulada e garantida. E, por fim, a Declaração de Direitos de 1689, em conjunto com o "Act of Settlement" de 1701, é ainda hoje uma das principais leis sobre sucessão de trono no Reino Unido. É importante apontar que a Declaração de Direitos de 1689 foi influenciada diretamente pelas ideias de John Locke ; B: correta. "Habeas Corpus Act" de 1679 é uma lei aprovada pelo Parlamento inglês no reinado de Carlos II. Seu objetivo é definir e ampliar as prerrogativas concedidas pelo remédio *habeas corpus* e, assim, suprimir a possibilidade de prisões arbitrárias; C: incorreta. O "Act of Settlement" de 1701 é um documento legal confeccionado pelo Parlamento inglês para disciplinar a sucessão do trono inglês. Em conjunto com o "Bill of Rights" de 1689, o "Act of Settlement" é ainda hoje uma das principais leis sobre sucessão de trono no Reino Unido; D: incorreta. A Magna Carta é um documento de 1215 que limitou o poder dos monarcas da Inglaterra, impedindo assim o exercício do poder absoluto. E resultou de desentendimentos entre o rei João I (conhecido como "João Sem Terra"), o Papa e os barões ingleses acerca das prerrogativas do soberano. Segundo os termos da Magna Carta, o rei deveria renunciar a certos direitos e respeitar determinados procedimentos legais, bem como reconhecer que a vontade do rei estaria sujeita à lei. Considera-se a Magna Carta o primeiro capítulo de um longo processo histórico que levaria ao surgimento do constitucionalismo. Gabarito "B".

(Delegado/SP – 1998) São, dentre outras, características dos direitos humanos fundamentais

(A) a irrenunciabilidade, a universalidade e a proporcionalidade.
(B) a complementaridade, a previsibilidade e a efetividade.
(C) a inalienabilidade, a imprescritibilidade e a irrenunciabilidade.
(D) a dependência, a oficialidade e a historicidade.

A, B, C e D: de um modo geral, as características dos direitos humanos são: historicidade, universalidade, indivisibilidade, interdependência, **irrenunciabilidade**, **imprescritibilidade** e **inalienabilidade**. A irrenunciabilidade justifica-se por serem direitos adstritos à condição humana, logo, não podem ser renunciáveis, pois formam o indivíduo na sua plenitude. Assim, são indisponíveis tanto pelo estado como pelo particular. Tal característica se confirma pelo fato de os direitos humanos fazerem parte do *jus cogens*, assim inderrogáveis por ato volitivo. A imprescritibilidade porque os direitos humanos são atemporais, pois, como dito, estão adstritos à condição humana. Assim, os direitos humanos não são passíveis de prescrição, isto é, não caducam com o transcorrer do tempo. Por fim, a inalienabilidade porque os direitos humanos não podem ser alienados, isto é, objeto de transação. Gabarito "C".

(Ministério Público do Trabalho – 14º) No estudo dos direitos humanos fundamentais, existe cizânia doutrinária em torno da utilização da expressão "geração", para indicar o processo de consolidação desses direitos, sendo que alguns preferem utilizar "dimensão". Examine as assertivas a seguir e selecione o argumento que, efetivamente, dá suporte à doutrina que defende a necessidade de substituição de uma expressão por outra.

(A) os direitos humanos fundamentais são direitos naturais e, como tais, imutáveis, de maneira que o vocábulo "geração" faz alusão a uma historicidade inexistente nessa modalidade de direitos, enquanto "dimensão" refere-se a aspectos relevantes de um todo, que simplesmente se destacam de acordo com o grau de desenvolvimento da sociedade;
(B) o termo "geração" conduz à idéia equivocada de que os direitos humanos fundamentais se substituem ao longo do tempo, enquanto "dimensão" melhor reflete o processo gradativo de complementaridade, pelo qual não há alternância, mas sim expansão, cumulação e fortalecimento;
(C) a idéia de "geração" leva ao entendimento de que o processo de afirmação dos direitos humanos fundamentais é linear e não comporta retrocessos, enquanto a de "dimensão" melhor expressa o caminho tortuoso desse processo, de acordo com as relações de forças existentes nas sociedades;
(D) O termo "geração" sugere uma eficácia restrita dos direitos humanos fundamentais, meramente vertical, ao passo que "dimensão" indica eficácia mais ampla, também horizontal;
(E) não respondida.

A assertiva em B reflete a crítica formulada por parte da doutrina ao uso do termo "geração" para se referir à gradação historicamente ampliativa do conceito de direitos fundamentais – ver Ingo Sarlet e Cançado Trindade. Gabarito "B".

(Ministério Público do Trabalho – 13º) Em relação aos Tratados Internacionais de Proteção dos Direitos Humanos, é INCORRETO afirmar que:

(A) os tratados, como acordos internacionais juridicamente obrigatórios e vinculantes, constituem a principal fonte de obrigação do Direito Internacional, e só se aplicam aos Estados que expressamente consentirem com a sua adoção;
(B) segundo a Constituição de 1988, os tratados internacionais demandam, para o seu aperfeiçoamento, um ato complexo onde se integram a vontade do Presidente da República e do Congresso Nacional;
(C) a Carta Constitucional de 1967 incluía, expressamente, dentre os direitos constitucionalmente protegidos, os direitos enunciados nos tratados internacionais de que o Brasil fosse signatário;
(D) a doutrina da incorporação imediata dos tratados internacionais ao direito nacional, tão logo sejam ratificados, reflete a concepção monista do direito, pela qual o direito internacional e o direito interno compõem uma mesma ordem jurídica;
(E) não respondida.

A: Preâmbulo da Convenção de Viena sobre o Direito dos Tratados; B: o tratado é celebrado pelo Presidente da República (art. 84, VIII, da CF), muitas vezes por meio do plenipotenciário. Posteriormente submete-se ao referendo do Congresso Nacional (art. 49, I, da CF), que pode aprová-lo por meio de decreto legislativo. A seguir, o Presidente ratifica o tratado, manifestando, aos demais países, o consentimento. Finalmente, o Presidente promulga o tratado por decreto, cuja publicação insere-o no sistema jurídico nacional; C: não havia disposição análoga à do art. 5º, § 2º, da atual Constituição Federal; D: a assertiva é verdadeira. .*Gabarito "C".*

Veja a seguinte tabela, que indica a produção do tratado e sua introdução no sistema jurídico interno brasileiro:

1º O Presidente da República celebra o tratado, muitas vezes por meio de plenipotenciário - art. 84, VIII, da CF;
2º O Congresso Nacional referenda o tratado, aprovando-o por meio de decreto legislativo - art. 49, I, da CF;
3º O Presidente ratifica o tratado, manifestando o consentimento aos demais países;
4º O Presidente promulga o tratado, por decreto, cuja publicação insere-o no sistema jurídico interno.

(Ministério Público do Trabalho – 13º) Assinale a alternativa INCORRETA:

(A) criada após a 1ª Guerra Mundial, a Organização Internacional do Trabalho contribuiu para o processo de internacionalização dos direitos humanos e tem por finalidade promover padrões internacionais de condições de trabalho e bem estar;
(B) sob a ótica normativa internacional, apenas os direitos civis e políticos são autenticamente direitos fundamentais, porque os direitos sociais não são passíveis de serem acionados perante tribunais;
(C) os direitos humanos tradicionalmente conhecidos como de segunda geração correspondem aos direitos sociais, econômicos e culturais, que traduzem o valor da igualdade;
(D) sob um enfoque estritamente jurídico-formal, a Declaração Universal dos Direitos Humanos de 1948 não possui força jurídica vinculante, por não se revestir da natureza jurídica de tratado;
(E) não respondida.

A: art. 1º da Constituição da OIT; B: é amplamente aceito o conceito de gerações ou dimensões dos direitos fundamentais, que abrangem não apenas os direitos civis e políticos, mas também os direitos sociais, econômicos, culturais, ambientais etc.; C: é comum referir-se aos direitos de primeira geração como direitos de liberdade, aos de segunda geração como direitos de igualdade, e aos de terceira geração como direitos de fraternidade ou solidariedade; D: a assertiva é verdadeira, sob enfoque estritamente jurídico-formal, reitere-se. .*Gabarito "B".*

(Ministério Público do Trabalho – 14º) Sobre o sistema de promoção e proteção dos direitos humanos, assinale a alternativa INCORRETA:

(A) apesar de a Declaração Universal de Direitos Humanos da ONU prever em seu texto direitos civis e políticos ao lado dos direitos sociais, econômicos e culturais, foram aprovados dois pactos internacionais distintos, o que acabou criando embaraços para os defensores da indivisibilidade dos direitos humanos, especialmente num contexto de guerra fria;
(B) a Declaração Universal de Direitos Humanos de 1948 da ONU não constitui, sob o ponto de vista formal, instrumento jurídico vinculante, em termos gerais, embora, no aspecto material, venha sendo utilizada como importante elemento de interpretação dos tratados e convenções internacionais e como fonte de inspiração para a aprovação e interpretação das normas internas dos Estados;
(C) a separação dos direitos civis e políticos, de um lado, e dos direitos sociais, econômicos e culturais, de outro, levou a doutrina a abandonar a tese da interdependência entre essas duas categorias de direitos;
(D) o Pacto de Direitos Civis e Políticos da ONU consagra alguns valores alusivos à dignidade da pessoa do trabalhador como a proibição de escravidão, de servidão e de trabalhos forçados, além de garantir o direito de fundar sindicatos.
(E) não respondida

A e C: a Declaração e Programa de Ação da Conferência Mundial sobre Direitos Humanos (Viena, 1993) consolidou o entendimento de que todos os direitos humanos são universais, indivisíveis, interdependentes e inter-relacionados (art. 5º). No entanto, após a Declaração Universal dos Direitos Humanos, houve dois Pactos distintos, um relativo aos Direitos Civis e Políticos e outro sobre Direitos Econômicos, Sociais e Culturais, ambos adotados pela XXI Sessão da Assembleia Geral das Nações Unidas, em dezembro de 1966; B: a assertiva encontra respaldo na doutrina; D: arts. 8º e 22 do Pacto Internacional sobre Direitos Civis e Políticos. .*Gabarito "C".*

2. ARTIGO 5º DA CONSTITUIÇÃO FEDERAL

(FGV – 2011) No âmbito dos direitos humanos, a respeito do Incidente de Deslocamento de Competência, instituído pela Emenda Constitucional 45, assinale a alternativa correta.

(A) Pelo incidente de deslocamento de competência, a Justiça Federal só julgaria os casos relativos aos direitos humanos após o Brasil ser responsabilizado internacionalmente.
(B) O incidente de deslocamento de competência se efetiva contrariamente ao princípio do federalismo cooperativo por não obedecer à hierarquia de competência para julgamento dos crimes comuns, mesmo no âmbito de ferimento aos direitos humanos.
(C) Para assegurar o cumprimento de obrigações decorrentes de tratados internacionais de direitos humanos de que o Brasil seja parte, o Procurador-Geral da República pode suscitar, perante o Superior Tribunal de Justiça, incidente de deslocamento de competência para a Justiça Federal, nas hipóteses de graves violações aos direitos humanos.
(D) O incidente de deslocamento de competência, embora garanta o cumprimento de obrigações do Estado brasileiro em relação aos tratados internacionais de direitos humanos, não está relacionado com a razoável duração do processo para a consecução da finalidade de efetiva proteção dos direitos humanos.

A, B, C e D: o art. 109, § 5º, da CF assim dispõe: "Nas hipóteses de grave violação de direitos humanos, o Procurador-Geral da República, com a finalidade de assegurar o cumprimento de obrigações decorrentes de tratados internacionais de direitos humanos dos quais o Brasil seja parte, poderá suscitar, perante o Superior Tribunal de Justiça, em qualquer fase do inquérito ou processo, incidente de deslocamento de competência para a Justiça Federal". A assertiva "C" é a correta porque transcreve a redação do § 5º do art. 109 da Constituição Brasileira. .*Gabarito "C".*

(FGV – 2011) As Constituições brasileiras se mostraram com avanços e retrocessos em relação aos direitos humanos. A esse respeito assinale a alternativa correta.

(A) A Constituição de 1934 se revelou retrógrada ao ignorar normas de proteção social ao trabalhador.
(B) A Constituição de 1969, mesmo incorporando as medidas dos Atos Institucionais, se revelou mais atenta aos direitos humanos que a Constituição de 1967.
(C) A Constituição de 1946 apresentou diversos retrocessos em relação aos direitos humanos, principalmente no tocante aos direitos sociais.
(D) A Constituição de 1967 consolidou arbitrariedades decretadas nos Atos Institucionais, caracterizando diversos retrocessos em relação aos direitos humanos.

A: incorreta. A Constituição de 1934 sofreu grande influência da Constituição alemã de Weimar e passou a tratar de temas antes relegados, como a ordem social e econômica, a família, a educação e a cultura. Cuidou dos assuntos trabalhistas ao determinar a proibição de diferença de salário para um mesmo trabalho por motivo de idade, sexo, nacionalidade ou estado civil, a regulamentação dos trabalhos dos menores e das mulheres, a instituição do salário mínimo, do descanso semanal, das férias remuneradas e da indenização na despedida sem justa causa. Tome de exemplo o art. 113, ponto 34, da Constituição da República dos Estados Unidos do Brasil de 1934 que assim dispõe: "A todos cabe o direito de prover à própria subsistência e à de sua família, mediante trabalho honesto. O Poder Público deve amparar, na forma da lei, os que estejam em indigência". Percebe-se que a Constituição de 1934 **não** ignorou a proteção social do trabalhador; B: incorreta. Em dezembro de 1968 o Congresso Nacional foi fechado pelo AI-5, baixado pelo então Presidente Costa e Silva. O AI-5 suspendeu a Constituição de 1967, concedeu ainda mais poderes para o Executivo e, ao contrário dos atos anteriores, não tinha vigência definida – dando início à fase mais dura da repressão. A emenda constitucional nº 17/1969, que passou a ser chamada de Constituição de 1969, foi outorgada pelo general Emílio Garrastazu Médici e incorporou o AI-5; C: incorreta. Depois de terminada a ditadura do Estado Novo, Dutra foi eleito Presidente em 1945 e no ano seguinte a nova Constituição foi promulgada. A Constituição dos Estados Unidos do Brasil de 1946 é nitidamente de roupagem liberal-democrática, assim, afasta-se da Constituição anterior, de 1937, apesar de manter algumas similaridades com essa. Em relação à ordem social, a Constituição de 1946 manteve, de certa forma, os benefícios mínimos assegurados na Constituição de 1934. Cabe destacar que foi a Constituição de 1946 que conferiu, no plano dos direitos políticos, a igualdade entre homens e mulheres. Por todo o dito, fica claro que a Constituição de 1946 **não** representou um retrocesso em relação aos direitos humanos, pelo contrário, significou um avanço em certas áreas; D: correta. As mudanças nas instituições do Brasil foram iniciadas com os Atos Institucionais levados a cabo pelo Regime Militar, que completou o ciclo de mudanças com a aprovação da Constituição da República Federativa do Brasil de 1967. Lembremos ainda que o Congresso Nacional foi reconvocado, pois estava fechado devido às inúmeras cassações de parlamentares, para aprovar o novo texto constitucional. A Constituição de 1967 absorveu a legislação que tinha ampliado os poderes do Executivo, principalmente no tocante à segurança pública. Por todo o dito, fica patente que a Constituição de 1967 representou grande retrocesso em relação aos direitos humanos. Gabarito "D".

(FGV – 2011) Determinado congressista é flagrado afirmando em entrevista pública que não se relaciona com pessoas de etnia diversa da sua e não permite que, em seu prédio residencial, onde atua como síndico, pessoas de etnia negra frequentem as áreas comuns, os elevadores sociais e a piscina do condomínio. Ciente desses atos, a ONG TudoAfro relaciona as pessoas prejudicadas e concita a representação para fins criminais com o intuito de coibir os atos descritos. À luz das normas constitucionais e dos direitos humanos, é correto afirmar que

(A) o prazo de prescrição incidente sobre o crime de racismo é de vinte anos.
(B) o crime de racismo não está sujeito a prazo extintivo de prescrição.
(C) o crime de racismo é afiançável, sendo o valor fixado por decisão judicial.
(D) nos casos de crime de racismo, a pena cominada é de detenção.

A e B: segundo o art. 5º, XLII, da CF, o crime de racismo é **imprescritível**; C: segundo o art. 5º, XLII, da CF, o crime de racismo é **inafiançável**; D: segundo o art. 5º, XLII, da CF, o crime de racismo está sujeito à pena de reclusão e não de detenção. Gabarito "B".

(FGV – 2011) Em 2010, o Congresso Nacional aprovou por Decreto Legislativo a Convenção Internacional sobre os Direitos das Pessoas com Deficiência. Essa convenção já foi aprovada na forma do artigo 5º, § 3º, da Constituição, sendo sua hierarquia normativa de

(A) emenda constitucional.
(B) *status* supralegal.
(C) lei complementar.
(D) lei federal ordinária.

A, B, C e D: no Brasil, os tratados só terão validade interna após terem sido aprovados pelo Congresso Nacional e ratificados e promulgados pelo Presidente da República. Lembrando que a promulgação é efetuada mediante decreto presidencial. Depois de internalizado, o tratado é equiparado hierarquicamente à norma infraconstitucional. Todavia, com a edição da Emenda Constitucional nº 45, os **tratados de direitos humanos** que forem aprovados, em cada Casa do Congresso Nacional, em dois turnos, por três quintos dos votos dos respectivos membros, serão equivalentes às emendas constitucionais – consoante determina o artigo 5º, §3º, da CF. Ou seja, tais tratados terão hierarquia constitucional. A Convenção sobre os Direitos das Pessoas com Deficiência

foi adotada pela ONU em 13 de dezembro de 2006 e ratificada (consoante determina o art. 5º, §3º, da CF) pelo Brasil em 25 de agosto de 2009, e tem por fundamento a consciência de que a deficiência é um conceito em evolução, e que a deficiência resulta da interação entre pessoas com deficiência, e que as barreiras devidas às atitudes e ao ambiente impedem a plena e efetiva participação dessas pessoas na sociedade em igualdade de oportunidades com as demais pessoas. Ademais, a discriminação contra qualquer pessoa, por motivo de deficiência, configura violação da dignidade e do valor inerentes ao ser humano. Gabarito "A".

(Defensoria Pública/SP – 2010 – FCC) Tendo em conta a Emenda Constitucional nº 45, de 2004, em relação à incorporação ao direito interno e à respectiva posição hierárquica dos tratados internacionais de direitos humanos ratificados pelo Brasil, é correto afirmar:

(A) Os tratados e convenções internacionais sobre direitos humanos que vierem a ser aprovados por três quintos dos votos dos membros de cada Casa do Congresso Nacional terão força de emendas constitucionais.
(B) Os tratados e convenções internacionais sobre direitos humanos ratificados pelo Brasil previamente à edição da Emenda Constitucional nº 45 deixaram de integrar o direito interno.
(C) O Supremo Tribunal Federal firmou jurisprudência entendendo que os tratados internacionais de direitos humanos ratificados pelo Brasil nos termos da Emenda Constitucional nº 45 possuem natureza supralegal e infraconstitucional.
(D) Os tratados e convenções internacionais sobre direitos humanos que haviam sido aprovados pelo Congresso Nacional previamente à edição da Emenda Constitucional nº 45 foram equiparados às emendas constitucionais.
(E) O Supremo Tribunal Federal firmou jurisprudência entendendo que os tratados internacionais de direitos humanos ratificados pelo Brasil previamente à edição da Emenda Constitucional nº 45 possuem natureza materialmente constitucional.

Nos exatos termos do art. 5º, § 3º, da CF, incluído pela EC 45/2004, os tratados e convenções internacionais sobre direitos humanos que forem aprovados, em cada Casa do Congresso Nacional, em dois turnos, por três quintos dos votos dos respectivos membros, serão equivalentes às emendas constitucionais. A: correta, pois reflete o disposto no art. 5º, § 3º, da CF; B: incorreta, pois os tratados anteriores continuam em plena vigência, até porque o art. 5º, § 2º, da CF, vigente desde a promulgação da Constituição em sua redação original, dispõe que os direitos e garantias nela expressos não excluem outros decorrentes dos tratados internacionais em que a República Federativa do Brasil seja parte; C: incorreta, pois o STF jamais afirmou que os tratados internacionais posteriores à EC 45/2004 possuem, necessariamente, natureza infraconstitucional. O STF reconheceu que o Pacto de São José da Costa Rica é norma supralegal com fundamento de validade no art. 5º, § 2º, da CF – ver HC 94.013/SP-STF. Na oportunidade, a Suprema Corte consignou que o atendimento ao art. 5º, § 3º, da CF (não é o caso do Pacto de São José), implicaria, em tese, natureza constitucional do tratado internacional sobre direitos humanos, razão pela qual a assertiva é incorreta; D: incorreta, pois somente os tratados que sejam aprovados pelo Congresso na forma qualificada prevista no art. 5º, § 3º da CF terão a natureza de norma constitucional; E: incorreta, pois o STF afirmou que somente o atendimento ao rito do art. 5º, § 3º, da CF implicaria natureza constitucional do tratado sobre direitos humanos, embora tenha reconhecido sua natureza supralegal (acima de "qualquer norma ordinária originariamente brasileira") – ver HC 94.013/SP-STF. Gabarito "A".

(Defensor Público/BA – 2010 – CESPE) Julgue o seguinte item, acerca da teoria geral do direito internacional dos direitos humanos e à incorporação dos tratados internacionais de direitos humanos no Brasil.

(1) A sistemática concernente ao exercício do poder de celebrar tratados é deixada a critério de cada Estado. Em matéria de direitos humanos, são estabelecidas, na CF, duas categorias de tratados internacionais: a dos materialmente constitucionais e a dos materialmente e formalmente constitucionais.

1: correta: Com a edição da Emenda Constitucional nº 45, os tratados de direitos humanos que forem aprovados, em cada Casa do Congresso Nacional, em dois turnos, por três quintos dos votos dos respectivos membros, serão equivalentes às emendas constitucionais – conforme o que determina o artigo 5º, §3º, da CF. Ou seja, tais tratados terão hierarquia constitucional (materialmente e formalmente constitucionais). Muito se discutiu em relação à hierarquia dos tratados de direitos humanos que foram internalizados anteriormente à edição da EC nº 45. Mas em 3 de dezembro de 2008 o Min. Gilmar Mendes, no *RE* 466.343-SP, defendeu a tese da supralegalidade de tais tratados, ou seja, superior às normas infraconstitucionais e inferior às normas constitucionais. O voto do Min. Gilmar Mendes foi acompanhado pela maioria. Todavia, tal assunto desperta calorosas discussões, tome de exemplo que, no mesmo recurso extraordinário em que foi exarada a tese da supralegalidade, o Min. Celso de Mello defendeu o caráter constitucional dos tratados de direitos humanos independentemente do quórum de aprovação (materialmente constitucionais). Apesar de a tese da supralegalidade ser um avanço da jurisprudência brasileira, deve-se apontar que uma leitura mais acurada da CF já permitiria apontar que os tratados de direitos humanos internalizados sem o procedimento especial teriam *status* constitucional, isto porque o §2º do artigo 5º da CF inclui os direitos humanos provenientes de tratados dentre seus direitos protegidos, ampliando seu bloco de constitucionalidade, o qual é composto por todas as normas do ordenamento jurídico que possuem *status* constitucional. Gabarito 1C

(Defensor Público/AM – 2010 – I. Cidades) A respeito do *status* jurídico dos tratados internacionais que versem sobre direitos humanos no Brasil, assinale a alternativa correta:

(A) Os tratados e as convenções internacionais sobre direitos humanos que forem aprovados, em cada Casa do Congresso Nacional, em dois turnos, pela maioria absoluta dos votos dos respectivos membros, serão equivalentes às emendas constitucionais.

(B) Os tratado e as convenções internacionais sobre direitos humanos que foram incorporados ao ordenamento jurídico brasileiro pela forma comum, ou seja, sem observar o disposto no artigo 5º, §3º, da Constituição Federal, possuem, segundo a posição que prevaleceu no Supremo Tribunal Federal, *status* supralegal, mas infraconstitucional.

(C) Os tratados e as convenções internacionais sobre direitos humanos não podem ampliar o rol de direitos e garantias fundamentais previstos na Constituição, pois, no Brasil, é pacífico o entendimento de que, sob pena de ofensa ao princípio da soberania, a Constituição sempre deve prevalecer sobre os tratados internacionais.

(D) O *status* jurídico dos tratados e convenções sobre direitos humanos dependerá da forma como estes documentos internacionais foram incorporados ao nosso ordenamento jurídico. Se a forma de incorporação seguiu o rito de aprovação de lei ordinária, terá *status* de lei ordinária; se seguiu o rito de aprovação de lei complementar, terá *status* de lei complementar; se seguiu o rito de aprovação de emenda constitucional, terá *status* de norma constitucional.

(E) O Supremo Tribunal Federal tem posição consolidada no sentido de que não há justificativa razoável para diferenciar o *status* jurídico dos tratados internacionais de direitos humanos dos tratados comuns, pois, se a Constituição não distinguiu, não cabe ao intérprete distinguir.

A: incorreta. Com a edição da Emenda Constitucional nº 45, os tratados de direitos humanos que forem aprovados, em cada Casa do Congresso Nacional, em dois turnos, **por três quintos dos votos dos respectivos membros**, serão equivalentes às emendas constitucionais – consoante ao que determina o artigo 5º, §3º, da CF. Ou seja, tais tratados terão hierarquia constitucional; B: correta. Em 3 de dezembro de 2008, o Min. Gilmar Mendes, no *RE* 466.343-SP, defendeu a tese da supralegalidade de tais tratados, ou seja, superior às normas infraconstitucionais e inferior às normas constitucionais. O voto do Min. Gilmar Mendes foi acompanhado pela maioria. Todavia, tal assunto desperta calorosas discussões, tome de exemplo que, no mesmo recurso extraordinário em que foi exarada a tese da supralegalidade, o Min. Celso de Mello defendeu o caráter constitucional dos tratados de direitos humanos independentemente do quórum de aprovação. Apesar de a tese da supralegalidade ser um avanço da jurisprudência brasileira, deve-se apontar que uma leitura mais acurada da CF já permitiria apontar que os tratados de direitos humanos internalizados sem o procedimento especial teriam *status* constitucional, isto porque o §2º do artigo da 5º CF inclui os direitos humanos provenientes de tratados dentre os seus direitos protegidos, ampliando seu bloco de constitucionalidade; C: incorreta, pois a própria Constituição em seu art. 5º, §2º, inclui os direitos humanos provenientes de tratados dentre os seus direitos protegidos, ampliando seu bloco de constitucionalidade. Lembrando que o bloco de constitucionalidade é composto por todas as normas do ordenamento jurídico que possuem *status* constitucional; D: incorreta. O tratado só passará a ter validade interna após ter sido aprovado pelo Congresso Nacional e ratificado e promulgado pelo Presidente da República. Devemos lembrar que a promulgação é efetuada mediante decreto presidencial. Depois de internalizado, o tratado é equiparado hierarquicamente a norma infraconstitucional. Com a edição da Emenda Constitucional nº 45, os tratados de direitos humanos que forem aprovados, em cada Casa do Congresso Nacional, em dois turnos, por três quintos dos votos dos respectivos membros, serão equivalentes às emendas constitucionais – conforme o que determina o artigo 5º, §3º, da CF. Ou seja, tais tratados terão hierarquia constitucional. Mas os tratados as convenções de direitos humanos não poderão ter *status* de lei complementar pela simples escolha do rito adotado para sua incorporação no direito brasileiro, isso porque a Constituição explicitamente elencou quais as matérias que devem ser exclusivamente tratadas por via de Lei Complementar; E: incorreta, pois com a edição da Emenda Constitucional nº 45, os tratados de direitos humanos que forem aprovados, em cada Casa do Congresso Nacional, em dois turnos, por três quintos dos votos dos respectivos membros, serão equivalentes às emendas constitucionais – conforme o que determina o artigo 5º, §3º, da CF. Ou seja, tais tratados terão hierarquia constitucional. Muito se discutiu em relação à hierarquia dos tratados de direitos humanos que foram internalizados anteriormente à edição da EC nº 45. Mas em 3 de dezembro de 2008, o Min. Gilmar Mendes, no *RE* 466.343-SP, defendeu a tese da supralegalidade de tais tratados, ou seja, superior às normas infraconstitucionais e inferior às normas constitucionais. O voto do Min. Gilmar Mendes foi acompanhado pela maioria. Todavia, tal assunto desperta calorosas discussões, tome de exemplo que, no mesmo recurso extraordinário em que foi exarada a tese da supralegalidade, o Min. Celso de Mello defendeu o caráter constitucional dos tratados de direitos humanos independentemente do quórum de aprovação. Percebe-se que existe uma clara distinção, agora até regida pela Constituição, entre o *status* jurídico dos tratados de direitos humanos e dos comuns. Gabarito "B".

(Defensoria/MT – 2009 – FCC) A Emenda Constitucional nº 45, trouxe modificações quanto à incorporação ao direito interno dos tratados internacionais de direitos humanos e sua aplicação no Brasil. Em face dessas alterações,

(A) apenas têm aplicabilidade imediata as normas definidoras dos direitos e garantias fundamentais, decorrentes de tratados e convenções internacionais sobre direitos humanos que forem aprovados no Congresso Nacional em dois turnos e por três quintos dos votos.

(B) as normas definidoras dos direitos e garantias fundamentais, decorrentes de tratados e convenções internacionais sobre direitos humanos ratificados anteriormente à promulgação da EC 45, foram expressamente equiparadas a normas de hierarquia constitucional.

(C) o Brasil passou a se submeter à jurisdição dos tribunais internacionais de direitos humanos, a cuja criação tenha manifestado adesão.

(D) a denúncia de tratados e convenções internacionais sobre direitos humanos, ratificados pela República Federativa do Brasil, fica sujeita à autorização do Congresso Nacional.

(E) somente as normas decorrentes de tratados e convenções internacionais sobre direitos humanos, aprovados no Congresso Nacional em dois turnos e por três quintos dos votos, são expressamente reconhecidas como equivalentes às emendas constitucionais.

A: incorreta, pois as normas definidoras de direitos e garantias fundamentais sempre tiveram aplicação imediata no sistema da Constituição de 1988, conforme seu art. 5º, § 1º, independentemente do rito de aprovação pelo Congresso Nacional. O atendimento ao disposto no art. 5º, § 3º, a que se refere a assertiva, apenas eleva o tratado ao nível das normas constitucionais; B: incorreta, pois somente os tratados que sejam aprovados pelo Congresso na forma qualificada prevista no art. 5º, § 3º, da CF terão a natureza de norma constitucional; C: incorreta, pois a EC 45/2004 incluiu o § 4º ao art. 5º da CF, segundo o qual o Brasil se submete à jurisdição de Tribunal Penal Internacional a cuja criação tenha manifestado adesão; D: a EC 45/2004 não trouxe disposição nesse sentido; E: assertiva correta, conforme o disposto no art. 5º, § 3º, da CF – ver HC 94.013/SP-STF. Gabarito "E".

(Defensoria/PI – 2009 – CESPE) A respeito da incorporação dos tratados internacionais de proteção dos direitos humanos ao direito brasileiro, assinale a opção correta.

(A) Antes da EC nº 45, não havia, na doutrina brasileira, menção ao fato de que os tratados internacionais sobre direitos humanos deveriam ter o status de norma constitucional.

(B) Após a EC nº 45, todos os tratados internacionais passaram a possuir status de norma constitucional.

(C) Após a EC nº 45, foi dado nova abordagem aos tratados internacionais sobre direitos humanos.

(D) Os tratados internacionais sobre direitos humanos não necessitam de aprovação pelo Congresso Nacional.

(E) O STF sempre considerou o tratado internacional sobre direitos humanos como norma constitucional superveniente.

A: incorreta, pois a EC 45/2004 veio exatamente acolher esse entendimento doutrinário, ao incluir o § 3º ao art. 5º da CF; B: incorreta, pois somente os tratados que sejam aprovados pelo Congresso na forma qualificada prevista no art. 5º, § 3º, da CF terão a natureza de norma constitucional; C: essa é a assertiva correta, pois a partir da inclusão do § 3º ao art. 5º da CF, os tratados e convenções internacionais sobre direitos humanos que forem aprovados, em cada Casa do Congresso Nacional, em dois turnos, por três quintos dos votos dos respectivos membros, serão equivalentes às emendas constitucionais; D: incorreta, pois os tratados sobre direitos humanos, a exemplo dos tratados internacionais em geral, sujeitam-se ao referendo pelo Congresso Nacional (art. 49, I, CF), que pode aprová-los por meio de decreto legislativo; E: incorreta, pois o STF afirmou que somente o atendimento ao rito do art. 5º, § 3º, da CF implicaria natureza constitucional do tratado sobre direitos humanos, embora tenha reconhecido sua natureza supralegal (acima de "qualquer norma ordinária originariamente brasileira") – ver HC 94.013/SP-STF. Gabarito "C".

(Defensoria/SP – 2009 – FCC) A incorporação, no Brasil, de um tratado internacional de direitos humanos exige a

(A) assinatura do tratado, sua aprovação pelo Poder Legislativo e sua ratificação pelo presidente da República.
(B) aprovação pelo Poder Legislativo e a ratificação pelo presidente da República.
(C) ratificação pelo presidente da República e a edição de um decreto de execução.
(D) assinatura do tratado, sua aprovação pelo Poder Legislativo, sua ratificação pelo presidente da República e a edição de um decreto de execução.
(E) ratificação pelo presidente da República.

O tratado é celebrado pelo Presidente da República (art. 84, VIII, da CF), muitas vezes por meio do plenipotenciário. Posteriormente submete-se ao referendo do Congresso Nacional (art. 49, I, da CF), que pode aprová-lo por meio de decreto legislativo. A seguir, o Presidente ratifica o tratado, manifestando, aos demais países, o consentimento. Finalmente, o Presidente promulga o tratado por decreto, cuja publicação insere-o no sistema jurídico nacional. Gabarito "A".

(CESPE – 2009) Os tratados internacionais sobre direitos humanos firmados pela República Federativa do Brasil serão equivalentes às emendas constitucionais, se forem aprovados, em cada Casa do Congresso Nacional,

(A) em único turno, por maioria absoluta dos votos dos respectivos membros.
(B) em único turno, por três quintos dos votos dos respectivos membros.
(C) em dois turnos, por três quintos dos votos dos respectivos membros.
(D) em dois turnos, por maioria absoluta dos votos dos respectivos membros.

A, B, C e D: com a edição da Emenda Constitucional nº 45, os tratados de direitos humanos que forem aprovados, em cada Casa do Congresso Nacional, **em dois turnos, por três quintos dos votos dos respectivos membros**, serão equivalentes às emendas constitucionais – conforme o que determina o artigo 5º, §3º, da CF. Ou seja, tais tratados terão hierarquia constitucional. Gabarito "C".

(Ministério Público/AM – 2008 – CESPE) Quanto ao tratamento que o permissivo constitucional brasileiro consagra a direitos e a garantias fundamentais, julgue os itens subseqüentes.

I. A CF não permite ao ordenamento jurídico pátrio recepcionar normas estrangeiras, como o Pacto de São José da Costa Rica.
II. Salvo exceções, a CF proscreve a prisão por dívidas.
III. O art. 5.º da CF concentra esses direitos e essas garantias. Além disso, a CF conforma norma modelar, que inclui um rol de direitos objetivamente previstos, como o reconhecimento da concessão de asilo a estrangeiros acusados da prática de crimes políticos.
IV. Embora o art. 5.º da CF disponha de forma minuciosa sobre os direitos e as garantias fundamentais, ele não é exaustivo e não exclui outros direitos.
V. O art. 5.º da CF exaure o tratamento da matéria no acervo jurídico brasileiro, consagrando garantias basilares do Estado democrático de direito.

Estão certos apenas os itens

(A) I e III.
(B) I e IV.
(C) II e IV.
(D) II e V.
(E) III e V.

I: a CF regula o ingresso dos tratados internacionais no sistema jurídico nacional. Quanto aos tratados sobre direitos humanos, há as normas do art. 5º, §§ 2º e 3º, da CF; II: art. 5º, LXVII, da CF. O STF reconheceu que o Pacto de São José da Costa Rica é norma supralegal com fundamento de validade no art. 5º, § 2º, da CF, razão pela qual cancelou a Súmula 619/STF e afastou a possibilidade de prisão do depositário infiel – ver HC 94.013/SP-STF; III: o art. 5º, LII, da CF veda a extradição de estrangeiro por crime político ou de opinião, mas não trata especificamente do asilo – art. 4, X, da CF; IV: o art. 5º da CF não exclui outros direitos e garantias fundamentais, conforme dispõe expressamente seu § 2º. Gabarito "C".

(Ministério Público/AM – 2008 – CESPE) O art. 5.º da CF, em seu vasto campo de abrangência, contempla, entre outros temas, a questão da privação de liberdade. Ao fazê-lo, a CF segue parâmetros republicanos e democráticos, reconhecendo inúmeras garantias a serem conferidas ao preso. A respeito de tais garantias, julgue os seguintes itens.

I. Ninguém pode ser preso, senão em flagrante delito ou por ordem escrita e fundamentada de autoridade competente, salvo nos casos de direito penal militar.
II. O preso tem direito à identificação dos autores de sua prisão e a conhecer os responsáveis por seu interrogatório policial.
III. O preso deve ser informado de seus direitos, que incluem a assistência familiar e a defesa, salvo se acusado da prática de crime hediondo.
IV. O preso, informado de seus direitos, deve, por todos os meios, colaborar com o interrogatório e com a investigação policial.
V. A privação de liberdade é medida a ser tomada em condições extremas, tutelada constitucionalmente apenas na ausência da possibilidade legal de concessão de fiança ou de liberdade provisória.

A quantidade de itens certos é igual a

(A) 1.
(B) 2.
(C) 3.
(D) 4.
(E) 5.

I: art. 5º, LXI, da CF; II: art. 5º, LXIV, da CF; III: mesmo o acusado de crime hediondo deve ser informado de seus direitos – art. 5º, LXIII, da CF; IV: ninguém é obrigado a fazer prova contra si mesmo – art. 5º, LXIII, da CF e art. 8º, 2, g, do Pacto de São José da Costa Rica (Decreto 678/1992), V: a prisão ilegal ou abusiva (ou simples ameaça) pode sempre ser combatida por meio de habeas corpus, ainda que caiba fiança ou liberdade provisória – art. 5º, LXVIII, da CF. Gabarito "B".

(Ministério Público/AM – 2008 – CESPE) Considerando que o direito constitucional, no Brasil, veda, como norma, a extradição de brasileiros, assinale a opção correta.

(A) Nenhum brasileiro pode ser extraditado, salvo o naturalizado, se este tiver praticado, antes da naturalização, crime político ou comum, ou se for comprovado seu envolvimento em tráfico ilícito de entorpecentes ou drogas afins.
(B) Brasileiros naturalizados são declarados inextraditáveis se acusados da prática de crimes políticos ou de opinião.
(C) A lei permite a extradição de brasileiros em caso de comprovação de envolvimento com tráfico ilícito de entorpecentes ou drogas afins.
(D) O brasileiro detentor de dupla nacionalidade pode ser extraditado.
(E) Apesar de nenhum brasileiro poder ser extraditado, em qualquer circunstância, o seu banimento é permitido, nos termos da lei.

A e B: o crime político não enseja extradição de estrangeiro ou de brasileiro naturalizado – art. 5º, LI e LII, da CF; C e D: o brasileiro jamais será extraditado, exceto o naturalizado e apenas na hipótese de crime comum, praticado antes da naturalização, ou de comprovado envolvimento em tráfico ilícito de entorpecentes e drogas afins, na forma da lei – art. 5º, LII, da CF; E: é vedada a pena de banimento – art. 5º, XLVII, d, da CF. Gabarito "B".

(Ministério Público/RO – 2008 – CESPE) Os direitos humanos na CF têm como função a limitação do poder e a promoção da dignidade da pessoa humana. Nesse contexto, assinale a opção correta a respeito dos direitos consagrados na CF à luz do texto constitucional e da jurisprudência do STF.

(A) O art. 5º da CF prevê que ninguém pode ser submetido a tortura nem a tratamento desumano ou degradante. Entretanto, esse dispositivo não tem aplicabilidade imediata devido ao fato de não ter sido regulamentado no plano infraconstitucional.

(B) Os direitos à intimidade e à própria imagem formam a proteção constitucional à vida privada. Essa proteção da vida privada não abrange as pessoas jurídicas.

(C) O preceito constitucional que consagra a inviolabilidade do domicílio não admite hipóteses de exceção e invasão da cabana dos mais frágeis.

(D) A possibilidade de quebra de sigilo bancário diretamente por parte do MP, quando se tratar de envolvimento de dinheiro ou verbas públicas, foi aceita pelo STF com base no poder de requisição ministerial e na publicidade dos atos governamentais.

(E) A interceptação telefônica para captação e gravação de conversa telefônica por terceira pessoa, sem o conhecimento de quaisquer dos interlocutores ou da justiça, não afronta o texto constitucional.

A: a norma constitucional que veda a tortura e o tratamento desumano ou degradante (art. 5º, III, da CF) é de eficácia plena; B: o direito à intimidade em diversas vertentes (*v.g.* sigilo das comunicações) e à imagem são exemplos de direitos arrolados no art. 5º da CF que se referem também as pessoas jurídicas – art. 5º, X, da CF; C: a inviolabilidade do domicílio comporta exceções, em caso de flagrante delito ou desastre, ou para prestar socorro, ou, durante o dia, por determinação judicial – art. 5º, XI, da CF; D: o STF não admite quebra de sigilo bancário diretamente pelo Ministério Público, pois é imprescindível ordem judicial – ver RE 318.136 AgR/RJ; E: o sigilo telefônico não pode ser quebrado sem ordem judicial – art. 5º, XII, da CF. Gabarito "D".

(Defensor Público/MS – 2008 – VUNESP) Insculpem-se dentre os princípios que o Brasil se rege, no que respeita às suas relações internacionais, os seguintes:

(A) autodeterminação dos povos, solução pacífica dos conflitos e garantia do desenvolvimento internacional.

(B) autodeterminação dos povos, defesa da paz e concessão de asilo político.

(C) defesa da paz, não-intervenção e repúdio ao partidarismo.

(D) autodeterminação dos povos, igualdade entre os Estados e repúdio ao imperialismo.

"Art. 4º A República Federativa do Brasil rege-se nas suas relações internacionais pelos seguintes princípios:

I - independência nacional; II - prevalência dos direitos humanos; III - autodeterminação dos povos; IV - não-intervenção; V - igualdade entre os Estados; VI - defesa da paz; VII - solução pacífica dos conflitos; VIII - repúdio ao terrorismo e ao racismo; IX - cooperação entre os povos para o progresso da humanidade; e X - concessão de asilo político". A: incorreta, pois garantia do desenvolvimento internacional não é um princípio que rege o Brasil nas relações internacionais; B: correta, pois trata-se de princípios que regem o Brasil nas relações internacionais (respectivamente art. 4º, III, VI e X, da CF); C: incorreta, pois repúdio ao partidarismo não é um princípio que rege o Brasil nas relações internacionais; D: incorreta, pois repúdio ao imperialismo não é um princípio que rege o Brasil nas relações internacionais. Gabarito "B".

(Delegado/SP – 2008) A República Federativa do Brasil rege-se nas suas relações internacionais pelos seguintes princípios:

(A) prevalência dos direitos humanos, defesa da paz e independência nacional.

(B) prevalência dos direitos humanos e garantia do desenvolvimento nacional.

(C) prevalência dos direitos humanos e redução das desigualdades sociais.

(D) prevalência dos barreitos humanos, soberania, independência e harmonia.

(E) prevalência dos direitos humanos, cidadania e pluralismo político.

A, B, C e D: o art. 4º da CF dispõe que o Brasil rege suas relações internacionais pelos seguintes princípios: a) **independência nacional (inciso I)**, b) **prevalência dos direitos humanos (inciso II)**, c) autodeterminação dos povos (inciso III), d) não intervenção (inciso IV), e) igualdade entre os Estados (inciso V), f) **defesa da paz (inciso VI)**, g) solução pacífica dos conflitos (inciso VII), h) repúdio ao terrorismo e ao racismo (inciso VIII), i) cooperação entre os povos para o progresso da humanidade (inciso IX) e j) concessão de asilo político (inciso X). Gabarito "A".

(Delegado/BA – 2008 – CEFETBAHIA) Constitui objetivo fundamental da República Federativa do Brasil

(A) respeitar a liberdade sem preocupação com as desigualdades sociais.

(B) garantir o desenvolvimento econômico acima de todos os direitos.

(C) construir uma sociedade equilibrada respeitando as desigualdades naturais.

(D) promover o bem de todos sem preconceitos de origem, raça, sexo, cor, idade e quaisquer outras formas de discriminação.

(E) garantir o desenvolvimento nacional independente da diversidade ético-cultural.

A, B, C, D e E: os objetivos fundamentais do Brasil encontram-se determinados no art. 3º da CF: a) construir uma sociedade livre, justa e solidária (inciso I), b) garantir o desenvolvimento nacional (inciso II), c) erradicar a pobreza e a marginalização e reduzir as desigualdades sociais e regionais (inciso III) e d) **promover o bem de todos, sem preconceitos de origem, raça, sexo, cor, idade e quaisquer outras formas de discriminação (inciso IV)**. Gabarito "D".

(Delegado/MG – 2008) Embora seja um direito que tem a sua manifestação externa coletiva, a liberdade de reunião protege principalmente a liberdade individual. Nos termos da Constituição da República de 1988, a proteção do direito de reunião assegura

(A) que a autoridade designe locais para a realização de reuniões, desde que o local seja aberto ao público e a autoridade tome as providências necessárias para a proteção das pessoas.

(B) que se entenda por reunião toda forma de manifestação pública com os mais variados fins, desde que seja estática, que permaneça em apenas um lugar, não podendo se movimentar, o que caracterizaria a passeata.

(C) que não haja restrição à reunião pública, pois, como direito individual fundamental, é meio de manifestação do pensamento e da liberdade de expressão, inclusive para a divulgação de teses ilegais.

(D) que o Estado só pode intervir nesse direito quando a reunião deixar de ser pacífica ou, na doutrina dos direitos individuais, quando o direito de uma ou várias pessoas for violado pelo exercício impróprio daquela liberdade.

A, B, C e D: o art. 5º, XVI, da CF assim dispõe: "todos podem reunir-se **pacificamente**, sem armas, em locais abertos ao público, independentemente de autorização, desde que **não frustrem outra reunião** anteriormente convocada para o mesmo local, sendo apenas exigido prévio aviso à autoridade competente". Gabarito "D".

(Delegado/MG – 2008) Numere a COLUNA II de acordo com a COLUNA I, relacionando as liberdades com as previsões constitucionais que as representam.

COLUNA I	COLUNA II
1. Liberdade de locomoção	( ) é assegurada, nos termos da lei, a prestação de assistência religiosa nas entidades civis e militares de internação coletiva.
2. Liberdade de expressão	( ) é assegurado o direito de resposta, proporcional ao agravo, além da indenização por dano material, moral ou à imagem.
3. Liberdade de associação	( ) ninguém será obrigado a filiar-se ou a manter-se filiado a sindicato.
4. Liberdade de consciência	( ) em tempo de paz, qualquer pessoa, nos termos da lei, pode entrar, permanecer ou sair do território com os seus bens.

Assinale a alternativa que apresenta a seqüência de números CORRETA.

(A) (3) (2) (1) (4)
(B) (4) (2) (3) (1)
(C) (4) (3) (2) (1)
(D) (3) (1) (2) (4)

1: liberdade de consciência – 4 (art. 5º, VI e VII, da CF); 2: liberdade de expressão – 2 (art. 5º, V, da CF); 3: liberdade de associação – 3 (art. 5º, XX, da CF); 4: liberdade de locomoção - 1 (art. 5º, XV, da CF). Gabarito "B".

(Delegado/MG – 2007) Como corolário do respeito aos Direitos Humanos o legislador brasileiro inscreveu entre os direitos e garantias fundamentais expressos na Constituição os seguintes princípios da legislação penal, EXCETO:

(A) Nenhuma pena passará da pessoa do condenado mesmo que a obrigação de reparar o dano possa ser estendida aos sucessores, nos termos da lei.
(B) Às presidiárias serão asseguradas condições para que possam permanecer com seus filhos.
(C) Não haverá penas de caráter perpétuo, de banimento, de trabalhos forçados e cruéis.
(D) É assegurado aos presos o respeito à integridade física e moral.

A: correta. Tal regra encontra-se insculpida no art. 5º, XLV, da CF; B: incorreta. Tal regra não se encontra insculpida entre os direitos e garantias fundamentais expressos na Constituição; C: correta. Tal regra encontra-se insculpida no art. 5º, XLVII, da CF; D: correta. Tal regra encontra-se insculpida no art. 5º, XLIX, da CF. Gabarito "B".

(Delegado/MG – 2007) Aos presos deve ser assegurada a seguinte Garantia Fundamental:

(A) A identificação dos responsáveis por sua prisão, exceto nos casos de prisão em flagrante.
(B) O direito de permanecer calado quando não tiver a assistência da família ou de advogado.
(C) A concessão de Habeas Corpus quando a prisão for ilegal.
(D) O relaxamento da prisão legal mesmo quando a lei não admitir a liberdade provisória.

A: incorreta. Os presos sempre têm direito à identificação dos responsáveis por sua prisão (art. 5º, LXIV, da CF); B: incorreta. O direito do preso permanecer calado não depende da falta de assistência familiar ou de advogado (art. 5º, LXIII, da CF); C: correta. Tal garantia fundamental está prevista no art. 5º, LXIX, da CF; D: incorreta. Só ocorrerá o relaxamento da prisão legal quando a lei admitir a liberdade provisória (art. 5º, LXVI, da CF). Gabarito "C".

(Delegado/MG – 2007) A função social da propriedade é um dos direitos e deveres fundamentais consagrados na Constituição e nas leis brasileiras. Em caso de descumprimento da função social da propriedade rural poderá a União:

(A) desapropriar esses imóveis rurais para fins de reforma agrária.
(B) suspender por prazo indeterminado o direito de alienação do imóvel e o direito de herança.
(C) expropriar os imóveis, independentemente da indenização ao proprietário, do valor da terra nua.
(D) tipificar como crime as ocupações dos imóveis pelos movimentos sociais que lutam pela posse da terra.

A, B, C e D: o art. 184 da CF determina que a União desapropriará por interesse social, para fins de reforma agrária, o imóvel rural que não esteja cumprindo sua função social, mediante prévia e justa indenização em títulos da dívida agrária, com cláusula de preservação do valor real, resgatáveis no prazo de até vinte anos, a partir do segundo ano de sua emissão, e cuja utilização será definida em lei. Ora, pela leitura do art. 184 resta claro que a única assertiva correta é a "A". Gabarito "A".

(Delegado/MG – 2007) Referente ao direito à nacionalidade é CORRETO afirmar:

(A) O direito à nacionalidade não é reconhecido como um direito humano, conquanto não seja objeto de tratados internacionais.
(B) Em caso de banimento o brasileiro nato poderá perder a nacionalidade brasileira.
(C) Aos estrangeiros são reconhecidos os direitos políticos, inclusive o direito de votar e ser votado nas eleições.
(D) Salvo nos casos previstos na Constituição, a lei não poderá estabelecer distinção entre brasileiros natos e naturalizados.

A: incorreta. O artigo 15 da Declaração Universal dos Direitos do Homem determina que nenhum estado pode arbitrariamente retirar do indivíduo sua nacionalidade ou seu direito de mudar de nacionalidade. E o artigo 20 da Convenção Americana sobre Direitos Humanos, celebrada em San José da Costa Rica, dispõe que toda pessoa tem direito à nacionalidade do estado em cujo território houver nascido, se não tiver direito a outra. Pela redação desses dois diplomas fica claro que o ordenamento internacional combate a apatridia; B: incorreta. Um direito do indivíduo, que é consequência da condição de nacional, é a proibição do banimento. Assim, nenhum estado pode expulsar nacional seu, com destino a território estrangeiro ou a espaço de uso comum; C: incorreta. Aos estrangeiros não são reconhecidos os direitos políticos, logo os estrangeiros não podem votar e serem votados nas eleições; D: correta, pois é o que dispõe o art. 12, § 2º, da CF. Gabarito "D".

(Defensoria/SP – 2006 – FCC) Segundo a interpretação predominante no Supremo Tribunal Federal a respeito do artigo 5º, § 2º, da Constituição de 1988, os tratados internacionais de direitos humanos ratificados pelo País, que passaram a integrar o Direito Brasileiro, possuem natureza de

(A) Lei ordinária federal.
(B) Lei complementar federal.
(C) Norma constitucional.
(D) Decreto.
(E) Lei delegada.

Em regra, os tratados internacionais ingressam no sistema jurídico interno como leis ordinárias federais. É importante salientar, no entanto, que o STF reconheceu que o Pacto de São José da Costa Rica (tratado internacional sobre direitos humanos) é norma supralegal com fundamento de validade no art. 5º, § 2º, da CF – ver HC 94.013/SP-STF. Também é importante lembrar que os tratados sobre direitos humanos podem ter força de emenda constitucional, caso sejam aprovados por ambas as Casas do Congresso Nacional em dois turnos, por maioria de três quintos de seus respectivos membros – art. 5º, § 3º, da CF. Gabarito "A".

(Delegado/MG – 2006) Os Direitos Humanos entendidos como sinônimos de Direitos Fundamentais inscritos na Constituição da Republica correspondem, EXCETO:

(A) Direitos individuais, relativos à liberdade, igualdade, propriedade, segurança e vida.
(B) Direitos individuais fundamentais, relativos exclusivamente à vida e à dignidade da pessoa humana.
(C) Direitos sociais, relativos a educação, trabalho, lazer, seguridade social entre outros.
(D) Direitos econômicos, relativos ao pleno emprego, meio ambiente e consumidor.
(E) Direitos políticos, relativos às formas de realização da soberania popular.

Antes de respondermos à questão, cabe fazermos uma pequena distinção entre direitos humanos e direitos fundamentais. A doutrina atual, principalmente a alemã, considera os direitos fundamentais como os valores éticos sobre os quais se constrói determinado sistema jurídico nacional, ao passo que os direitos humanos existem mesmo sem o reconhecimento da ordem jurídica interna de um país, pois estes possuem vigência universal. Mas, na maioria das vezes, os direitos humanos são reconhecidos internamente pelos sistemas jurídicos nacionais, situação que os tornam também direitos fundamentais, ou seja, os direitos humanos previstos na constituição de um país são denominados direitos fundamentais. A: correta. Tais direitos individuais encontram-se previstos na CF; B: incorreta. O elenco de direitos individuais fundamentais é mais extenso que o descrito na assertiva, isto é, não se resume à vida e à dignidade da pessoa humana; C: correta. Tais direitos sociais encontram-se previstos na CF; D: correta. Tais direitos econômicos encontram-se previstos na CF; E: correta. Tais direitos políticos encontram-se previstos na CF. Gabarito "B".

(Delegado/MG – 2006) Do direito fundamental à nacionalidade decorrem os seguintes direitos:

(A) são brasileiros natos todos os nascidos na República Federativa do Brasil.
(B) são brasileiros natos todos os filhos de brasileiros nascidos no exterior.
(C) A Constituição e a Lei poderão estabelecer distinção entre brasileiros natos e naturalizados.
(D) Os cargos da carreira diplomática são privativos de brasileiro nato.
(E) São brasileiros naturalizados os estrangeiros residentes no Brasil há mais de quinze anos.

A: incorreta. Segundo o inciso I do artigo 12, serão brasileiros natos: a) os nascidos em território brasileiro, embora de pais estrangeiros, **desde que estes não estejam a serviço de seu país**; b) os nascidos no estrangeiro, de pai ou mãe brasileira, desde que qualquer deles esteja a serviço do Brasil; e c) os nascidos no estrangeiro, de pai ou mãe brasileira, desvinculados do serviço público, desde que sejam registrados em repartição brasileira competente ou venham a residir no território nacional e optem, a qualquer tempo, depois de atingida a maioridade, pela nacionalidade brasileira; B: incorreta. Segundo o inciso I do artigo 12, serão brasileiros natos: a) os nascidos em território brasileiro, embora de pais estrangeiros, desde que estes não estejam a serviço de seu país; b) os nascidos no estrangeiro, de pai ou mãe brasileira, **desde que qualquer deles esteja a serviço do Brasil**; e c) os nascidos no estrangeiro, de pai ou mãe brasileira, desvinculados do serviço público, desde que sejam registrados em repartição brasileira competente ou venham a residir no território nacional e optem, a qualquer tempo, depois de atingida a maioridade, pela nacionalidade brasileira. A alínea c, com redação dada pela EC 54/2007, tornaria tal assertiva correta em partes, pois agora todos os filhos de brasileiros nascidos no exterior **podem ser** brasileiros natos, desde que sejam registrados em repartição brasileira competente ou venham a residir no território nacional e optem, a qualquer tempo, depois de atingida a maioridade, pela nacionalidade brasileira. Percebe-se que o efeito não é automático, portanto a assertiva "b" continua incorreta mesmo após a edição da EC 54/2007; C: incorreta. A lei, salvo nos casos previstos na Constituição, não poderá estabelecer distinção entre brasileiros natos e naturalizados (art. 12, § 2º, da CF); D: correta. É o que dispõe o art. 12, § 3º, V, da CF; E: incorreta. Consoante estabelece o inciso II do artigo 12, serão brasileiros naturalizados: a) os que, na forma da lei, adquiram a nacionalidade brasileira, exigidas aos originários de países de língua portuguesa apenas residência por um ano ininterrupto e idoneidade moral; e b) os estrangeiros de qualquer nacionalidade, residentes no Brasil há mais de quinze anos ininterruptos e **sem condenação penal, desde que requeiram a nacionalidade brasileira**. A lei ordinária regulamentadora cria outra possibilidade de aquisição da nacionalidade brasileira e, para tanto, exige, no mínimo, quatro anos de residência no Brasil, idoneidade, boa saúde e domínio do idioma. Gabarito "D".

(Delegado/BA – 2006 – CONSULPLAN) Na Constituição da República Federativa do Brasil há um artigo que reúne vários dos artigos da Declaração Universal dos Direitos Humanos. Esse artigo é o:

(A) 1º
(B) 2º
(C) 4º
(D) 5º
(E) 144

A: incorreta. O art. 1º da CF traça os fundamentos da República Federativa do Brasil; B: incorreta. O art. 2º da CF traça os Poderes da União (Executivo, Legislativo e Judiciário); C: incorreta. O art. 4º da CF traça os princípios que regem as relações internacionais do Brasil; D: correta. O art. 5º da CF traça os direitos fundamentais do indivíduo, conforme estipulados na Declaração Universal dos Direitos Humanos; E: incorreta. O art. 144 da CF traça os órgãos responsáveis pela segurança pública. Gabarito "D".

(Delegado/MG – 2006) De acordo com a Constituição da República, as normas definidoras dos direitos e garantias fundamentais:

(A) são normas programáticas.
(B) têm validade após regulamentação em lei.
(C) decorrem dos tratados internacionais
(D) excluem outros princípios por ela adotados.
(E) têm aplicação imediata.

A, B, C, D e E: as normas definidoras dos direitos e garantias fundamentais têm aplicação imediata (art. 5 , §1º, da CF). Ou seja, o juiz pode aplicar diretamente os direitos fundamentais, sem a necessidade de qualquer lei que os regulamente. Tal regra tem por base o *princípio da força normativa da constituição* idealizado por Konrad Hesse. Gabarito "E".

(Delegado/MG – 2006) A casa é asilo inviolável do indivíduo. Para a garantia desse Direito Fundamental a Constituição da República assegura:

(A) ninguém pode nela penetrar sem o consentimento do morador em hipótese alguma.
(B) A casa pode ser violada por determinação judicial, mesmo durante a noite.
(C) Em caso de flagrante delito ou desastre, a casa perde a inviolabilidade.
(D) Para prestar socorro ao morador, tão somente, a Constituição permite entrar no domicílio à noite.
(E) Para prestar socorro, perde a casa a inviolabilidade somente durante o dia.

A: incorreta, pois segundo o art. 5º, XI, da CF, a casa poderá ser violada em caso de flagrante delito ou desastre, ou para prestar socorro, ou, durante o dia, por determinação judicial; B: incorreta, pois segundo o art. 5º, XI, da CF, a casa somente poderá ser violada por determinação judicial durante o dia; C: correta (art. 5º, XI, da CF); D: incorreta, pois, segundo o art. 5º, XI, da CF, o socorro ao morador pode ser prestado a qualquer tempo, sem risco de configurar violação a domicílio; E: incorreta, pois segundo o art. 5º, XI, da CF, o socorro ao morador pode ser prestado a qualquer tempo, sem risco de configurar violação a domicílio. Gabarito "C".

(Delegado/SP – 2003) Com relação aos direitos e garantias individuais inscritos na Constituição Federal é correto afirmar:

(A) é vedada, em qualquer situação, a existência da pena de morte.
(B) é assegurada assistência aos filhos dos trabalhadores urbanos e rurais, até os 7 anos de idade, em creches e pré-escolas.
(C) é assegurada a prestação de assistência religiosa nas entidades de internação coletiva, nos termos da lei.
(D) é livre a criação de associações para fins lícitos vedada, em qualquer hipótese, sua dissolução compulsória .

A: incorreta. O art. 5º, XLVII, a, da CF prevê que a pena de morte poderá ser utilizada em caso de guerra declarada (consoante art. 84, XIX, da CF); B: incorreta. O art. 7º da CF trata dos direitos dos trabalhadores urbanos e rurais. Um desses direitos é o da assistência gratuita aos filhos e dependentes desde o nascimento até **cinco** anos de idade em creches e pré-escolas (inciso XXV). A redação do inciso XXV foi dada pela EC nº 53 de 2006; C: correta, pois a assertiva "c" traz a redação do art. 5º, VII, da CF; D: incorreta, pois da leitura do art. 5º, XVII e XIX, da CF, pode-se afirmar que as associações podem sim ser dissolvidas, mas para isso faz-se necessário uma decisão judicial com trânsito em julgado. Gabarito "C".

(Delegado/SP – 2003) A prevalência dos direitos humanos constitui um dos

(A) princípios que regem a República Federativa do Brasil nas suas relações internacionais.
(B) objetivos fundamentais da República Federativa do Brasil.
(C) objetivos derivados da República Federativa do Brasil.
(D) objetivos fundamentais da União, dos Estados, do Distrito Federal e dos municípios.

A, B, C e D: o art. 4º da CF dispõe que o Brasil rege suas relações internacionais pelos seguintes princípios: a) independência nacional (inciso I), b) **prevalência dos direitos humanos (inciso II)**, c) autodeterminação dos povos (inciso III), d) não intervenção (inciso IV), e) igualdade entre os Estados (inciso V), f) defesa da paz (inciso VI), g) solução pacífica dos conflitos (inciso VII), h) repúdio ao terrorismo e ao racismo (inciso VIII), i) cooperação entre os povos para o progresso da humanidade (inciso IX) e j) concessão de asilo político (inciso X). Já os objetivos fundamentais do Brasil encontram-se determinados no art. 3º da CF: a) construir uma sociedade livre, justa e solidária (inciso I), b) garantir o desenvolvimento nacional (inciso II), c) erradicar a pobreza e a marginalização e reduzir as desigualdades sociais e regionais (inciso III) e d) promover o bem de todos, sem preconceitos de origem, raça, sexo, cor, idade e quaisquer outras formas de discriminação (inciso IV). Gabarito "A".

(Delegado/SP – 2003) No Brasil, o "Habeas Corpus" foi inicialmente explicitado como norma constitucional pela

(A) Constituição de 1824.
(B) Constituição de 1891.
(C) Emenda Constitucional de 1926.
(D) Constituição de 1934.

A, B, C e D: o instituto do *habeas corpus* chegou ao Brasil, com D. João VI, pelo decreto de 23 de maio de 1821: "Todo cidadão que entender que ele, ou outro, sofre uma prisão ou constrangimento ilegal em sua liberdade, tem direito de pedir uma ordem de *habeas corpus* a seu favor". A constituição imperial o ignorou, mas foi novamente incluído no Código de Processo Criminal do Império do Brasil de 1832 (art. 340). E somente em 1891 o *habeas corpus* foi incluído no texto constitucional (art. 72, §22, da Constituição Brasileira de 1891). Atualmente, está previsto no art. 5º, LXVIII, da CF de 1988: "conceder-se-á *habeas corpus* sempre que alguém sofrer ou se achar ameaçado de sofrer violência ou coação em sua liberdade de locomoção, por ilegalidade ou abuso de poder". Gabarito "B".

(Delegado/SP – 2002) Assinale a alternativa na qual figuram objetivos da República Federativa do Brasil, considerados como fundamentais pelo texto constitucional.

(A) A erradicação da pobreza e da marginalização e a redução das desigualdades sociais e regionais.
(B) A prevalência dos direitos humanos e o repúdio ao terrorismo.

(C) A defesa da paz e a construção de uma sociedade livre, justa e solidária.
(D) A prevalência dos direitos humanos e dos valores sociais do trabalho.

A, B, C e D: conforme o art. 3º da CF, os objetivos da República Federativa do Brasil são: a) construir uma sociedade livre, justa e solidária (inciso I), b) garantir o desenvolvimento nacional (inciso II), C) **erradicar a pobreza e a marginalização e reduzir as desigualdades sociais e regionais (inciso III)** e d) promover o bem de todos, sem preconceitos de origem, raça, sexo, cor, idade e quaisquer outras formas de discriminação (inciso IV). "Gabarito A".

(Delegado/SP – 1999) Os direitos e as garantias constantes dos instrumentos internacionais dos direitos humanos aprovados e ratificados pelo Brasil, que não sejam expressos na Constituição Federal de 1988, devem ser

(A) recepcionados pelo nosso ordenamento jurídico.
(B) excluídos de nosso regime legal.
(C) aceitos parcialmente, desde que decorram das normas constitucionais.
(D) eliminados do sistema em face dos princípios por ela adotados.

A, B, C e D: a questão é antiga, assim é necessário fazer um comentário sobre as condições atuais do procedimento de internalização de tratados de direitos humanos no Brasil. Com a edição da Emenda Constitucional nº 45, os tratados de direitos humanos que forem aprovados, em cada Casa do Congresso Nacional, em dois turnos, por três quintos dos votos dos respectivos membros, serão equivalentes às emendas constitucionais – consoante determina o artigo 5º, §3º, da CF. Ou seja, tais tratados terão hierarquia constitucional. Muito se discutiu em relação à hierarquia dos tratados de direitos humanos que foram internalizados anteriormente à edição da EC nº 45. Mas em 3 de dezembro de 2008, o Min. Gilmar Mendes, no RE 466.343-SP, defendeu a tese da supralegalidade de tais tratados, ou seja, superior às normas infraconstitucionais e inferior às normas constitucionais. O voto do Min. Gilmar Mendes foi acompanhado pela maioria. Todavia, tal assunto desperta calorosas discussões, tome de exemplo que, no mesmo recurso extraordinário em que foi exarada a tese da supralegalidade, o Min. Celso de Mello defendeu o caráter constitucional dos tratados de direitos humanos independentemente do quórum de aprovação. Apesar da tese da supralegalidade ser um avanço da jurisprudência brasileira, deve-se apontar que uma leitura mais acurada da CF já permitiria apontar que os tratados de direitos humanos internalizados sem o procedimento especial teriam *status* constitucional, isto porque o §2º do artigo 5º da CF inclui os direitos humanos provenientes de tratados dentre seus direitos protegidos, ampliando seu bloco de constitucionalidade, o qual é composto por todas as normas do ordenamento jurídico que possuem *status* constitucional. "Gabarito A".

(Delegado/SP – 1998) No que pertine à evolução histórica dos direitos humanos, é correto afirmar que a primeira Constituição brasileira a contemplar os direitos humanos fundamentais foi a

(A) Constituição de 1937.
(B) Constituição de 1891.
(C) Constituição de 1946.
(D) Constituição de 1824.

A: incorreta. O ano de 1937 foi marcado pelo golpe de Getúlio Vargas, que utilizou o *Plano Cohen* de estopim para a instalação do Estado Novo. Deve-se dizer que o Estado Novo representou, nas palavras de Boris Fausto, "uma aliança da burocracia civil e militar e da burguesia industrial, cujo objetivo comum imediato era o de promover a industrialização do país sem grandes abalos sociais". A Constituição outorgada de 1937 ("Constituição Polaca") previu direitos fundamentais, todavia o art. 186 assim dispunha: "É declarado em todo o País o estado de emergência". Isto é, os direitos fundamentais ficavam muito limitados em função desse "estado de emergência duradouro". Essa Constituição tem um nítido caráter ditatorial e se aproxima muito das constituições fascistas europeias; B: incorreta. No dia 25 de novembro de 1989 foi fundada a República brasileira, isto é, passou-se do regime monárquico para o republicano e tal passagem é vista historicamente como um golpe militar, pois foi arquitetada pela elite do Exército em conjunto com os ricos cafeicultores. E em 1891 foi promulgada a Constituição da República dos Estados Unidos do Brasil, que, em seus artigos 72 a 78, traz uma declaração de direitos. Dentre esses, podemos destacar a total liberdade religiosa – o Brasil tornou-se um estado laico. Foi instituído o voto direto e universal (contra o antigo indireto e censitário), mas os analfabetos e as mulheres continuavam sem o direito de votar. Como já apontamos em relação à forma de governo (República), a Constituição também inovou quando instituiu a federação como forma de estado (contra o antigo estado unitário) e estabeleceu o regime de governo presidencialista. Ato-consequência da mudança da forma de estado é a substituição das províncias por Estados membros. Por fim, o Poder Moderador foi extinto e remanesceu apenas o Executivo, Legislativo e Judiciário, consoante preconizava o Barão de Montesquieu; C: incorreta. Com o fim do Estado Novo, o Brasil reinstaurou o regime de governo presidencialista e elege Eurico Gaspar Dutra em 1945. A Constituição promulgada de 1946 é nitidamente de roupagem liberal-democrática, assim, afasta-se da Constituição anterior, de 1937, apesar de manter algumas similaridades com essa. Em relação à ordem social, a Constituição de 1946 manteve, de certa forma, os benefícios mínimos assegurados na Constituição de 1934. Cabe destacar que foi a Constituição de 1946 que conferiu, no plano dos direitos políticos, a igualdade entre homens e mulheres, pois, por exemplo, na Constituição de 1934 só algumas mulheres podiam votar; D: correta. A Constituição de 1824 trata, no seu Título 8º, das disposições gerais e das garantias dos direitos civis e políticos dos cidadãos brasileiros – primeira Constituição brasileira a contemplar os direitos fundamentais. Cabe tecer alguns comentários sobre a nossa Constituição de 1824. A Carta outorgada em 1824 foi influenciada pelas Constituições francesa de 1791 e espanhola de 1812. Tinha um sistema representativo baseado na teoria da soberania nacional. A forma de governo era a monárquica, hereditária, constitucional e representativa, sendo o país dividido formalmente em províncias e o poder político estava dividido em quatro, conforme a filosofia liberal das teorias da separação dos poderes e de Benjamin Constant. A Constituição era uma das mais liberais que existiam em sua época, até mesmo superando as europeias. Apesar da Constituição prever a possibilidade de liberdade religiosa somente em âmbito doméstico, na prática, ela era total. Tanto os protestantes, como judeus e seguidores de outras religiões mantiveram seus templos religiosos e a mais completa liberdade de culto. Continha uma inovação, que era o Poder Moderador, cujo surgimento na letra da lei fora atribuída a Martim Francisco de Andrada, um grande admirador de Benjamin Constant. Esse Poder serviria para resolver impasses e assegurar o funcionamento do governo. Cabe, por fim, fazermos uma pequena distinção entre direitos humanos e direitos fundamentais. A doutrina atual, principalmente a alemã, considera os direitos fundamentais como os valores éticos sobre os quais se constrói determinado sistema jurídico nacional, ao passo que os direitos humanos existem mesmo sem o reconhecimento da ordem jurídica interna de um país, pois estes possuem vigência universal. Mas, na maioria das vezes os direitos humanos são reconhecidos internamente pelos sistemas jurídicos nacionais, situação que os tornam também direitos fundamentais, ou seja, os direitos humanos previstos na constituição de um país são denominados direitos fundamentais. "Gabarito D".

3. DECLARAÇÃO UNIVERSAL DOS DIREITOS DO HOMEM

(Magistratura Federal-5ª Região – 2011) A Declaração Universal dos Direitos Humanos

(A) não trata de direitos econômicos.
(B) trata dos direitos de liberdade e igualdade.
(C) trata o meio ambiente ecologicamente equilibrado como direito de todos.
(D) não faz referência a direitos políticos.
(E) não faz referência a direitos culturais e à bioética.

A: incorreta, pois o art. 22 da Declaração Universal dos Direitos do Homem – DUDH – dispõe expressamente a respeito dos direitos econômicos, sociais e culturais indispensáveis à dignidade e ao livre desenvolvimento da personalidade; B: assertiva correta, conforme o art. 1º, entre outros, reconhecendo que todos os homens nascem livres e iguais em dignidade e direitos; C: incorreta, pois a DUDH não trata expressamente do direito ao meio ambiente ecologicamente equilibrado; D: incorreta, pois o art. 21, I, da DUDH, por exemplo, dispõe que todo homem tem o direito de tomar parte no governo de seu país diretamente ou por intermédio de representantes livremente escolhidos; E: assertiva incorreta, pois há referência expressa aos direitos culturais, conforme comentário à alternativa "A". "Gabarito B".

(MINISTÉRIO PÚBLICO/RO – 2010 – CESPE) Considerada documento basilar para a proteção internacional dos direitos humanos, a Declaração Universal dos Direitos do Homem, de 1948,

(A) possui valor meramente declaratório; portanto, não gera obrigações aos Estados.
(B) gera obrigações somente para Estados soberanos que a ratificaram e promulgaram para fins de incorporação ao direito interno.
(C) foi promulgada no Brasil logo após a sua assinatura.
(D) é ato de organização internacional, de modo que prescinde de incorporação ao direito interno, como se exige para tratados ordinários de direitos humanos.
(E) constitui relevante tratado internacional do período posterior à Segunda Guerra.

A: incorreta, pois não se trata de valor meramente declaratório, considerando que o reconhecimento dos Direitos Humanos gera obrigações para os Estados à luz do direito internacional. Sua efetividade é buscada por meio de diversos Pactos e Convenções Internacionais patrocinados pela ONU. É preciso reconhecer, entretanto, a dificuldade para a comunidade internacional impor ao Estado faltoso o respeito a esses direitos, dadas as limitações do direito internacional e dos órgãos dos sistemas internacionais de proteção dos direitos humanos em face das soberanias estatais. De qualquer forma, o art. 8º da DUDH afirma que todo homem tem direito a receber dos tribunais nacionais competentes remédio efetivo para os atos que violem os direitos fundamentais que lhe sejam reconhecidos pela Constituição ou pela lei, o que, no caso brasileiro, inclui os direitos reconhecidos pelos tratados internacionais – art. 5º, § 2º, da CF; B: os valores e os direitos reconhecidos pela DUDH são considerados universais, em favor, portanto, de todos os seres humanos, independentemente de ratificação por Estados soberanos, com as observações feitas em relação à alternativa "A"; C: assertiva incorreta, pois a DUDH não foi objeto de promulgação específica pelo Brasil; D: essa é a assertiva correta, pois a DUDH não é, de fato, tratado internacional em sentido estrito, tendo sido proclamada pela Assembleia Geral das Nações Unidas; E: incorreta, pois não se trata de tratado em sentido estrito, conforme comentário à alternativa "D". Gabarito "D".

(Magistratura Federal/3ª Região – 2010) A Declaração Universal dos Direitos Humanos fundada no reconhecimento da dignidade inerente a todos os membros da família humana reconhece como direito inalienável do Homem, exceto:

(A) O direito à instrução, sendo a instrução elementar obrigatória;
(B) O direito a um padrão de vida capaz de assegurar a si e a sua família saúde e bem-estar, inclusive alimentação, vestuário, habitação, cuidados médicos e os serviços sociais indispensáveis;
(C) O direito à proteção à minoria ética e religiosa, assim entendida como os imigrantes residentes em determinado Estado;
(D) O direito de participar livremente da vida cultural da comunidade.

A: correta. A redação do art. 26, ponto 1, da Declaração Universal dos Direitos Humanos é a seguinte: "Toda pessoa tem direito à instrução. A instrução será gratuita, pelo menos nos graus elementares e fundamentais. A instrução elementar será obrigatória. A instrução técnico-profissional será acessível a todos, bem como a instrução superior, esta baseada no mérito"; B: correta. A redação do art. 25, ponto 1, da Declaração Universal dos Direitos Humanos é a seguinte: "Toda pessoa tem direito a um padrão de vida capaz de assegurar a si e a sua família saúde e bem-estar, inclusive alimentação, vestuário, habitação, cuidados médicos e os serviços sociais indispensáveis, e direito à segurança em caso de desemprego, doença, invalidez, viuvez, velhice ou outros casos de perda dos meios de subsistência fora de seu controle"; C: incorreta, pois não existe disposição, na Declaração Universal dos Direitos Humanos, nesse sentido; D: correta. A redação do art. 27, ponto 1, da Declaração Universal dos Direitos Humanos é a seguinte: "Toda pessoa tem o direito de participar livremente da vida cultural da comunidade, de fruir as artes e de participar do processo científico e de seus benefícios". Gabarito "C".

(Defensoria Pública da União – 2010 – CESPE) Com relação à proteção internacional dos direitos humanos, julgue os itens a seguir.

(1) A Declaração Universal dos Direitos Humanos, de 1948, apesar de ter natureza de resolução, não apresenta instrumentos ou órgãos próprios destinados a tornar compulsória sua aplicação.
(2) Entre os diversos órgãos especializados que tratam da proteção dos direitos humanos, inclui-se a Corte Internacional de Justiça, órgão das Nações Unidas cuja competência alcança não só os Estados, mas também quaisquer pessoas físicas e jurídicas, as quais podem encaminhar suas demandas diretamente à Corte.
(3) Os direitos humanos são indivisíveis, como expresso na Declaração Universal dos Direitos Humanos, a qual englobou os direitos civis, políticos, econômicos, sociais e culturais.

1: assertiva correta, pois a Declaração Universal dos Direitos Humanos – DUDH restringe-se à proclamação dos direitos, não prevendo, expressamente, instrumentos ou órgãos próprios para sua aplicação compulsória. Importante ressaltar, entretanto, que seu art. 8º afirma que todo homem tem direito a receber dos tribunais nacionais competentes remédio efetivo para os atos que violem os direitos fundamentais que lhe sejam reconhecidos pela Constituição ou pela lei; 2: incorreta, pois somente os Estados poderão ser partes em casos diante da Corte Internacional de Justiça – art. 34, § 1º, do Estatuto da Corte Internacional de Justiça; 3: assertiva correta, conforme os arts. 21 e 22 da DUDH. Gabarito 1C, 2E, 3C.

(Defensor Público/AM – 2010 – I. Cidades) A Declaração Universal de Direitos Humanos, proclamada em Paris, em 10 de dezembro de 1948, tem como fundamento:

(A) a dignidade da pessoa humana;
(B) o relativismo e historicismo dos direitos humanos;
(C) o fundamentalismo cultural, religioso ou econômico;
(D) a necessária distinção entre gêneros e classe social para se compreender o real sentido dos direitos humanos;
(E) a proteção aos seres humanos que compõem os povos apenas dos países signatários da Carta das Nações Unidas.

A: correta. A Declaração Universal dos Direitos Humanos foi aprovada pela Resolução nº 217 A (III) da Assembleia Geral da ONU, em 10 de dezembro de 1948, por 48 votos a zero e oito abstenções. E em **conjunto com os dois Pactos Internacionais, sobre Direitos Civis e Políticos e sobre Direitos Econômicos, Sociais e Culturais, constituem a "Carta Internacional de Direitos Humanos"**. A Declaração é fruto de um consenso sobre valores de cunho universal a serem seguidos pelos estados e também do reconhecimento do indivíduo como sujeito direto do direito internacional. A condição de pessoa humana é requisito único e exclusivo para ser titular de direitos, com isso corrobora-se o caráter universal dos direitos humanos, isto é, todo indivíduo é cidadão do mundo e, desta forma, detentor de direitos que salvaguardam sua dignidade. A título conclusivo, pode-se afirmar que o fundamento maior da Declaração Universal de Direitos Humanos é a proteção da dignidade humana; B: incorreta. Conforme já dito no comentário anterior, os direitos humanos têm caráter universal e não relativo. Ademais, as críticas referentes à leitura de *universalização* por *ocidentalização* não devem proceder, isto porque os direitos humanos transcendem às criações culturais no sentido lato (religião, tradição, organização política etc.) por serem adstritos à condição humana. Desta forma, particularidades regionais e nacionais devem ser levadas em conta, mas nunca devem impedir a proteção mínima dos direitos humanos, até porque estes fazem parte do *jus cogens*. Assim o *universalismo* derrota o *relativismo*. Por outro lado, os direitos humanos possuem como característica o historicismo, isso porque a amplitude de proteção conferida pelos direitos humanos é marcada por sua contínua majoração, o que os tornam direitos históricos, pois no evolver da história novos direitos são reconhecidos como direitos humanos – processo não findo; C: incorreta, pois, como dito nos comentários anteriores, a Declaração é fruto de um consenso sobre valores de cunho universal a serem seguidos pelos estados e também do reconhecimento do indivíduo como sujeito direto do direito internacional. A condição de pessoa humana é requisito único e exclusivo para ser titular de direitos. Ademais, os direitos humanos transcendem às criações culturais no sentido lato (religião, tradição, organização política etc.) por serem adstritos à condição humana; D: incorreta, pois, conforme os comentários anteriores, a condição de pessoa humana é requisito único e exclusivo para ser titular de direitos. Ademais, a Declaração reprime qualquer tipo de discriminação "negativa" entre os seres humanos; E: incorreta, pois, conforme o comentário à assertiva "A", a Declaração é fruto de um consenso sobre valores de cunho universal a serem seguidos pelos estados e também do reconhecimento do indivíduo como sujeito direto do direito internacional. A condição de pessoa humana é requisito único e exclusivo para ser titular de direitos, com isso corrobora-se o caráter universal dos direitos humanos, isto é, todo indivíduo é cidadão do mundo e, desta forma, detentor de direitos que salvaguardam sua dignidade. Gabarito "A".

(Defensoria/PI – 2009 – CESPE) A UDHR foi redigida à luz das atrocidades cometidas durante a 2.ª Guerra Mundial. Nesse documento, marco da proteção internacional dos direitos humanos, foi afirmado que

(A) o meio ambiente é um direito das presentes e futuras gerações.
(B) o Fundo Monetário Internacional não deve conceder empréstimos para países que usem mão de obra infantil.
(C) liberdade, igualdade e fraternidade são os três princípios axiológicos fundamentais em matéria de direitos humanos.
(D) sanções econômicas deverão ser aplicadas pela ONU às nações que não adotarem as recomendações da UDHR.
(E) deverá ocorrer intervenção humanitária pela ONU caso as nações não adotem as recomendações da UDHR.

A: a Declaração Universal dos Direitos Humanos – DUDH (UDHR, na sigla em inglês) não faz referência ao meio ambiente equilibrado – ver art. 225, *caput*, da CF; B: incorreta, pois não há disposição na DUDH nesse sentido; C: assertiva correta, pois esses princípios adotados pela Declaração dos Direitos do Homem e do Cidadão (França, 1789) foram incorporados na DUDH – ver seu art. 1º; D e E: incorretas, pois não há previsão expressa nesse sentido, na DUDH. Gabarito "C".

(Defensoria/PA – 2009 – FCC) A Declaração Universal de Direitos Humanos de 1948 inova a concepção de direitos humanos porque universaliza os direitos

(A) enunciados na Declaração americana de direitos humanos, assegurando globalmente direitos de solidariedade e conferindo-lhes supremacia.
(B) civis, políticos, econômicos, sociais e culturais, conferindo-lhes paridade hierárquica.
(C) enunciados na Declaração francesa de direitos humanos, assegurando globalmente direitos civis e políticos e conferindo-lhes supremacia.
(D) enunciados na Declaração do Povo Trabalhador e Explorado, assegurando globalmente direitos econômicos, sociais e culturais, conferindo-lhes supremacia.
(E) civis, políticos, econômicos, sociais e culturais, conferindo maior hierarquia aos direitos civis e políticos.

A: incorreta, pois embora a DUDH prestigie a fraternidade como princípio essencial (art. 1º), não há supremacia em relação aos direitos fundamentais; B: assertiva correta, conforme os arts. 21 e 22 da DUDH, entre outros; C, D e E: incorretas, pois a DUDH não prevê supremacia ou maior hierarquia de um direito fundamental em relação aos outros. "Gabarito B."

(Defensoria/PA – 2009 – FCC) A Declaração Universal de Direitos Humanos

(A) apresenta força jurídica vinculante, por constituir uma interpretação autorizada das modernas Declarações de direito, conforme sustenta parte considerável da doutrina, consagrando ainda a ideia de que, para ser titular de direitos, basta ser nacional de um Estado membro da ONU.

(B) apresenta força jurídica vinculante, seja por constituir uma interpretação autorizada do artigo 55 da Carta das Nações Unidas, seja por constituir direito costumeiro internacional, conforme sustenta parte considerável da doutrina, consagrando ainda a ideia de que, para ser titular de direitos, basta ser nacional de qualquer Estado.

(C) não apresenta qualquer força jurídica vinculante, consagrando a ideia de que, para ser titular de direitos, basta ser nacional de um Estado.

(D) apresenta força jurídica vinculante, seja por constituir uma interpretação autorizada do artigo 55 da Carta das Nações Unidas, seja por constituir direito costumeiro internacional, conforme sustenta parte considerável da doutrina, consagrando ainda a ideia de que, para ser titular de direitos, basta ser pessoa.

(E) não apresenta qualquer força jurídica vinculante, consagrando a ideia de que, para ser titular de direitos, basta ser nacional de um Estado membro da ONU.

A Declaração Universal dos Direitos Humanos – DUDH foi aprovada pela terceira sessão ordinária da Assembleia Geral da ONU, realizada em Paris (ato de organização internacional, fonte do Direito Internacional Público). Não foi adotada a forma de Convenção ou Tratado Internacional, mas a Declaração vincula os Estados na forma do Direito Internacional Público. Sua efetividade é buscada por meio de diversos Pactos e Convenções Internacionais patrocinados pela ONU. A e B: incorretas, pois os direitos fundamentais são inerentes a todos os seres humanos, independentemente da nacionalidade – art. 2º da DUDH; C e E: assertivas incorretas, pois a DUDH vincula os Estados na forma do Direito Internacional Público e, ademais, os direitos fundamentais são inerentes a todas as pessoas, independentemente da nacionalidade – art. 2º da DUDH; D: essa é a assertiva correta, conforme os comentários anteriores. "Gabarito D."

(Defensoria/MA – 2009 – FCC) Ao introduzir a concepção contemporânea de direitos humanos, a Declaração Universal de Direitos Humanos de 1948 afirma que

(A) o relativismo cultural, a indivisibilidade e a interdependência dos direitos humanos, conferindo primazia ao valor da solidariedade, como condição ao exercício dos direitos civis, políticos, econômicos, sociais e culturais.

(B) a universalidade, a indivisibilidade e a interdependência dos direitos humanos, conferindo paridade hierárquica entre direitos civis e políticos e direitos econômicos, sociais e culturais.

(C) a universalidade, a indivisibilidade e a interdependência dos direitos humanos, conferindo primazia aos direitos civis e políticos, como condição ao exercício dos direitos econômicos, sociais e culturais.

(D) o relativismo cultural, a indivisibilidade e a interdependência dos direitos humanos, conferindo primazia aos direitos econômicos, sociais e culturais, como condição ao exercício dos direitos civis e políticos.

(E) a universalidade, a indivisibilidade e a interdependência dos direitos humanos, conferindo primazia aos direitos econômicos, sociais e culturais, como condição ao exercício dos direitos civis e políticos.

A, C, D e E: a DUDH rejeita a ideia de primazia ou prevalência hierárquica de algum direito fundamental em relação aos outros; B: essa é a alternativa correta, até porque é a única que se refere à paridade entre os direitos fundamentais, conceito básico adotado pela DUDH. "Gabarito B."

(Ministério Público/AM – 2008 – CESPE) Acerca da Declaração Universal dos Direitos do Homem, julgue os itens a seguir.

I. De inspiração iluminista, encontra raízes no liberalismo e no enciclopedismo do período de transição entre a idade moderna e a idade contemporânea.

II. Corresponde ao tratado firmado no âmbito da Organização das Nações Unidas, após a Segunda Guerra Mundial.

III. Possui natureza jurídica de ato de organização internacional e, como tal, é fonte não-codificada de direito internacional público.

IV. Conforma declaração de princípios que, apesar de serem respeitados pela comunidade internacional, não integram o ordenamento jurídico brasileiro.

V. Como norma de direito internacional, gera obrigações jurídicas apenas para Estados que a tenham subscrito e ratificado.

Estão certos apenas os itens

(A) I e III.
(B) I e IV.
(C) II e IV.
(D) II e V.
(E) III e V.

As assertivas em I e III são verdadeiras. A Declaração Universal dos Direitos Humanos foi aprovada pela terceira sessão ordinária da Assembleia Geral da ONU, realizada em Paris. Não foi adotada a forma de Convenção ou Tratado Internacional, mas a Declaração vincula os Estados na forma do Direito Internacional Público. Sua efetividade é buscada por meio de diversos Pactos e Convenções Internacionais patrocinados pela ONU. "Gabarito A."

(Ministério Público/RO – 2008 – CESPE) Após as conseqüências devastadoras da Segunda Guerra Mundial, os países resolveram criar uma organização multi e supranacional para regular as relações entre os povos. Nesse marco, surgiu, em 1945, a Carta das Nações, cujos fundamentos visavam, essencialmente, à manutenção da paz internacional, que incluía a proteção da integridade territorial dos Estados frente à agressão e à intervenção externa; ao fomento entre as nações de relações de amizade, levando em conta os princípios de igualdade, soberania e livre determinação dos povos; e à realização de cooperação internacional para solução de problemas internacionais de caráter econômico, social, cultural e humanitário, incluindo o respeito aos direitos humanos e às liberdades fundamentais, sem fazer distinção por motivos de raça, sexo, idioma ou religião. A Carta das Nações deu origem à ONU, que, posteriormente, criou uma carta de direitos — a Declaração Universal dos Direitos Humanos (DUDH) — adotada e proclamada pela Resolução 217-A (III) da Assembléia Geral das Nações Unidas, em 10 de dezembro de 1948. Acerca dos direitos fundamentais previstos no documento mencionado no texto acima, assinale a opção incorreta.

(A) A DUDH surgiu para atender ao clamor de toda a humanidade e buscou realçar alguns princípios básicos fundamentais para a compreensão da dignidade humana, entre eles, a liberdade e a igualdade.

(B) A DUDH protege o genoma humano como unidade fundamental de todos os membros da espécie humana e também reconhece como inerentes sua dignidade e sua diversidade. Em um sentido simbólico, a DUDH reconhece o genoma como a herança da humanidade.

(C) A DUDH afirma que o desrespeito aos direitos humanos é causa da barbárie.

(D) A DUDH assegura o direito de resistência.

(E) A DUDH correlaciona o estabelecimento de uma compreensão comum dos direitos humanos com o seu pleno cumprimento.

As assertivas em A, C, D e E refletem princípios estabelecidos no preâmbulo da Declaração. Não há referência à proteção ao genoma humano. "Gabarito B."

(Delegado/MG – 2008) O Direito Internacional dos Direitos Humanos resultou de um processo histórico de gradual formação, consolidação, expansão e aperfeiçoamento da proteção internacional dos direitos humanos. É um direito de proteção dotado de especificidade própria. Com relação a esse processo histórico, assinale a afirmativa *INCORRETA*.

(A) A aceitação universal da tese da indivisibilidade dos direitos humanos eliminou a disparidade entre os métodos de implementação internacional dos direitos civis e políticos e dos direitos econômicos, sociais e culturais, deixando de ser negligenciados estes últimos.

(B) A gradual passagem da fase legislativa de elaboração dos primeiros instrumentos internacionais de direitos humanos à fase de implementação de tais instrumentos pode ser considerada como resultado da primeira Conferência Mundial de Direitos Humanos, ocorrida em Teerã no ano de 1968.

(C) Uma das grandes conquistas da proteção internacional dos direitos humanos é, sem dúvida, o acesso dos indivíduos às instâncias internacionais de proteção e o reconhecimento de sua capacidade processual internacional em casos de violações dos direitos humanos.

(D) Graças aos esforços dos órgãos internacionais de supervisão nos planos global e regional, logrou-se salvar muitas vidas, reparar muitos danos denunciados e comprovados, bem como adotar programas educativos e outras medidas positivas por parte dos governos.

A: incorreta. Os direitos econômicos, sociais e culturais ainda hoje sofrem resistência para sua ideal implementação em vários países; B: correta. A Conferência Internacional de Direitos Humanos realizada em Teerã ocorreu entre os dias 22 de abril e 13 de maio de 1968, teve por finalidade examinar os progressos alcançados nos vinte anos transcorridos desde a aprovação da Declaração Universal de Direitos Humanos e preparar um programa para o futuro. E uma das declarações solenes da Convenção foi no sentido de que os Estados devem reafirmar seu firme propósito de aplicar de modo efetivo os princípios consagrados na Carta das Nações Unidas e em outros instrumentos internacionais em relação com os direitos humanos e as liberdades fundamentais; C: correta. É imprescindível apontar o papel do Tribunal de Nuremberg, pois com a instalação deste tribunal *ad hoc* ficou demonstrada a necessária flexibilização da noção de soberania para bem proteger os direitos humanos. E, por outro lado, ficou comprovado o reconhecimento de direitos do indivíduo pelo direito internacional. E num momento mais recente, a Corte Europeia de Direitos Humanos tornou-se competente para receber petições individuais. Essa possibilidade tem contribuído em muito para o evolver do sistema protetivo europeu, pois democratiza seu manejo e aumenta a capilaridade de seu monitoramento. É importante apontar também a possibilidade de envio de petições individuais para algumas comissões que compõem o sistema global de proteção específica dos direitos humanos (ex.: Convenção sobre os Direitos das Pessoas com Deficiência); D: correta. Os sistemas protetivos global, regional e nacional interagem-se e complementam-se para melhor proteger o indivíduo dos abusos perpetrados contra sua dignidade humana. Gabarito "A".

(Delegado/MG – 2008) Analise as seguintes afirmativas acerca da Declaração Universal dos Direitos Humanos de 1948 e assinale com V as verdadeiras e com F as falsas.

( ) É, tecnicamente, uma *recomendação* que a Assembléia Geral das Nações Unidas faz aos seus membros (Carta das Nações Unidas, art. 10).

( ) Mostra os abusos praticados pelas potências ocidentais após o encerramento das hostilidades, pois foi redigida sob o impacto das atrocidades cometidas na Segunda Guerra Mundial.

( ) Enuncia os valores fundamentais da liberdade, da igualdade e da fraternidade, mas é omissa quanto à proibição do tráfico de escravos e da escravidão.

( ) Representa a culminância de um processo ético que levou ao reconhecimento da igualdade essencial de todo ser humano e de sua dignidade de pessoa.

Assinale a alternativa que apresenta a seqüência de letras *CORRETA*.

(A) (V) (F) (V) (F)
(B) (F) (V) (F) (V)
(C) (V) (F) (F) (V)
(D) (F) (V) (V) (F)

1: verdade. A Declaração Universal dos Direitos Humanos foi aprovada pela Resolução n° 217 A (III) da Assembleia Geral da ONU, em 10 de dezembro de 1948, por 48 votos a zero e oito abstenções. Por ser uma resolução, a Declaração Universal dos Direitos Humanos não tem força legal (assim não pode ser tratado internacional), mas sim material (como uma recomendação) e acima de tudo inderrogável por ato volitivo das partes por fazer parte do *jus cogens*; 2: falso. A Declaração Universal dos Direitos Humanos foi redigida no pós-guerra e sob efeito da ressaca moral da humanidade ocasionada pelo excesso de violações de direitos humanos perpetradas pelo nazifascismo; 3: falso. A Declaração Universal dos Direitos Humanos proíbe, no seu art. 4°, o tráfico de escravos e a escravidão; 4: verdade. A Declaração Universal dos Direitos Humanos de 1948 universalizou a noção de direitos humanos. Muito importante foi o papel da Declaração, pois antes disso a proteção dos direitos humanos ficava relegada a cada estado, os quais com suporte em sua intocável soberania tinha autonomia absoluta para determinar e executar as políticas relacionadas à proteção da dignidade da pessoa humana. Esse processo de universalização dos direitos humanos confirmou a ideia de que os direitos humanos são adstritos à condição humana, logo para deles gozar a única e exclusiva condição é ser pessoa humana. Gabarito "C".

(Delegado/BA – 2006 – CONSULPLAN) Órgão máximo de deliberação mundial acerca dos Direitos Humanos:

(A) OEA
(B) ONG
(C) OLP
(D) ONU
(E) N.R.A

A: incorreta. A Organização dos Estados Americanos (OEA) é uma organização internacional que tem por objetivo garantir a paz e a segurança do continente americano. Por isso, diz-se que é uma organização internacional de vocação regional. É considerada como organismo regional das Nações Unidas. E seu principal instrumento protetivo é a Convenção Americana de Direitos Humanos de 1969 ou Pacto de San José da Costa Rica, que instituiu a Comissão Interamericana de Direitos Humanos e a Corte Interamericana; B: incorreta. ONG é um acrônimo usado para as organizações não governamentais (sem fins lucrativos), que atuam no terceiro setor da sociedade civil. Essas organizações, de finalidade pública, atuam em diversas áreas, tais como: meio ambiente, combate à pobreza, assistência social, saúde, educação, reciclagem, desenvolvimento sustentável, entre outras; C: incorreta. A Organização para a Libertação da Palestina (OLP) é uma organização política e paramilitar reconhecida pela Liga Árabe como a única representante legítima do povo palestino; D: correta. A Organização das Nações Unidas (ONU) é uma organização internacional que tem por objetivo facilitar a cooperação em matéria de direito internacional, segurança internacional, desenvolvimento econômico, progresso social, direitos humanos e a realização da paz mundial. Por isso, diz-se que é uma organização internacional de vocação universal. Sua lei básica é a Carta das Nações Unidas, assinada em São Francisco no dia 26 de junho de 1945. Essa Carta tem como anexo o Estatuto da Corte Internacional de Justiça; E: incorreta, pois a assertiva "d" é correta. Gabarito "D".

(Defensoria/SP – 2006 – FCC) Comparando-se a Declaração dos Direitos do Homem e do Cidadão (França, 1789) e a Declaração Universal dos Direitos Humanos (ONU, 1948), pode-se afirmar que ambas reconhecem

(A) o Estado como fonte dos direitos fundamentais.
(B) a liberdade e a igualdade inerentes ao ser humano.
(C) a existência dos direitos individuais e sociais.
(D) a propriedade, individual ou coletiva.
(E) a necessidade de uma força pública para a garantia dos direitos.

A: ambas as Declarações têm raízes liberais, visando a limitação do poder Estatal para proteção do indivíduo. Ou seja, não há falar em Estado com fonte dos direitos fundamentais, por esse enfoque; B: a assertiva é verdadeira – vide os preâmbulos das Declarações; C: a Declaração francesa é de índole estritamente individualista, enquanto a Declaração da ONU contempla direitos sociais; D: a Declaração francesa dispõe apenas sobre a propriedade individual (art. 17), diferentemente da Declaração da ONU, que se refere à propriedade individual e a coletiva (art. 17, I); E: somente a Declaração francesa prevê a efetividade das garantias por meio de força pública (art. 12). Gabarito "B".

(Defensoria/SP – 2006 – FCC) Considere as afirmações seguintes, baseadas na Declaração e Programa de Ação da Conferência Mundial dos Direitos Humanos (Viena, 1993).

I. Todos os direitos humanos são universais, indivisíveis, interdependentes e inter-relacionados.

II. A comunidade internacional deve tratar os direitos humanos de forma global, justa e eqüitativa, em pé de igualdade e com a mesma ênfase.

III. Embora particularidades nacionais devam ser levadas em consideração, é dever dos Estados promover e proteger todos os direitos humanos e liberdades fundamentais, sejam quais forem seus sistemas políticos, econômicos e culturais.

IV. Todos os povos têm direito à autodeterminação. Em virtude desse direito, determinam livremente sua condição política e promovem livremente o desenvolvimento econômico, social e cultural, observadas as prescrições da Declaração Universal dos Direitos Humanos.

SOMENTE estão corretas as afirmações

(A) I e IV.
(B) II e III.
(C) III e IV.
(D) I, II e III.
(E) I, II e IV.

As assertivas em I, II e III refletem o disposto no art. 5º da Declaração e Programa de Ação. A assertiva em IV refere-se ao art. 1º do Pacto sobre Direitos Civis e Políticos, não à Declaração Universal dos Direitos Humanos. Gabarito "D".

(Delegado/SP – 2003) Resolução proclamada pela Assembléia Geral da ONU contém trinta artigos, precedidos de um Preâmbulo, com sete considerandos, na qual se assegura o princípio da indivisibilidade dos direitos humanos.

O texto acima se refere à

(A) Carta das Nações Unidas.
(B) Declaração Universal dos Direitos Humanos.
(C) Declaração Americana dos Direitos Humanos.
(D) Declaração dos Direitos do Homem e do Cidadão.

A, B, C e D: a Declaração Universal dos Direitos Humanos foi aprovada pela Resolução nº 217 A (III) da Assembleia Geral da ONU, em 10 de dezembro de 1948, por 48 votos a zero e oito abstenções. A Declaração é fruto de um consenso sobre valores de cunho universal a serem seguidos pelos estados. E também no reconhecimento do indivíduo como sujeito direto do direito internacional. Assim, a ONU e a Declaração Universal dos Direitos Humanos criam um verdadeiro sistema global de proteção da dignidade humana. Em seu bojo encontram-se direitos civis e políticos (arts. 3º a 21) e direitos econômicos, sociais e culturais (arts. 22 a 28). Por sua vez, o princípio da indivisibilidade, aclamado pela Declaração Universal dos Direitos Humanos, prega que todos os direitos humanos se retroalimentam e se complementam, assim é infrutífero buscar a proteção de apenas uma parcela deles. Gabarito "B".

(Delegado/SP – 2002) Quanto à Declaração Universal dos Direitos Humanos (1948) é correto afirmar que se trata de um(a)

(A) acordo internacional.
(B) tratado internacional.
(C) pacto internacional.
(D) resolução da Assembléia Geral da ONU.

A, B, C e D: A Declaração Universal dos Direitos Humanos foi aprovada pela **Resolução nº 217 A (III) da Assembleia Geral da ONU**, em 10 de dezembro de 1948, por 48 votos a zero e oito abstenções. É importante apontar que a Declaração Universal dos Direitos do Homem não tem força legal (por ser resolução da ONU). Todavia, pode-se defender que tem força material e acima de tudo é inderrogável por vontade das partes por fazer parte do *jus cogens*. Gabarito "D".

(Delegado/SP – 2000) A Comissão de Direitos Humanos das Nações Unidas deverá submeter propostas, recomendações e relatórios referentes aos instrumentos internacionais de Direitos Humanos ao(à)

(A) Conselho Econômico e Social.
(B) Conselho de Tutela.
(C) Conselho de Segurança.
(D) Corte Internacional de Justiça.

A: correta. Dentro do organograma ONU, o órgão com atuação destacada no que se refere aos direitos humanos é o Conselho Econômico e Social, o qual, segundo o art. 62 da Carta da Nações Unidas, tem competência para promover a cooperação em questões econômicas, sociais e culturais, incluindo os direitos humanos. Dentro dessas competências, o Conselho Econômico e Social pode criar comissões para melhor executar suas funções. Com suporte em tal competência, a Comissão de Direitos Humanos da ONU foi criada em 1946. Todavia, conviveu com pesadas críticas, e, por fim, não resistiu e foi substituída em 16 de junho de 2006 pelo Conselho de Direitos Humanos – CDH – mediante a Resolução 60/251 adotada pela Assembleia Geral. É importante também apontar que a criação do CDH vem como uma tentativa simbólica de conferir paridade ao tema dos direitos humanos em relação aos temas segurança internacional e cooperação social e econômica, os quais têm conselhos específicos, respectivamente, Conselho de Segurança e Conselho Econômico e Social; B: incorreta. O Conselho de Tutela tinha competência para supervisionar a administração dos territórios sob regime de tutela internacional. As principais metas desse regime de tutela consistiam em promover o progresso dos habitantes dos territórios e desenvolver condições para a progressiva independência e estabelecimento de um governo próprio. Os objetivos do Conselho de Tutela foram tão amplamente atingidos que os territórios inicialmente sob esse regime – em sua maioria países da África – alcançaram, ao longo dos últimos anos, sua independência. Tanto assim que, em 19 de novembro de 1994, o Conselho de Tutela suspendeu suas atividades, após quase meio século de luta em favor da autodeterminação dos povos. A decisão foi tomada após o encerramento do acordo de tutela sobre o território de Palau, no Pacífico. Palau, último território do mundo que ainda era tutelado pela ONU, tornou-se então um estado soberano, membro das Nações Unidas; C: incorreta. O Conselho de Segurança é composto por cinco membros permanentes (China, Estados Unidos da América, França, Reino Unido e Rússia) e dez membros não permanentes, os quais são eleitos pela Assembleia Geral para exercer mandato de dois anos, vedada a reeleição para o período seguinte. Cada membro do Conselho tem apenas um voto. As decisões, quando processuais, dependem do voto afirmativo de nove membros. No restante das matérias, o mesmo quórum é necessário, mas com o acréscimo de que todos os membros permanentes devem votar afirmativamente – é o chamado *direito de veto*. O Conselho de Segurança é o maior responsável pela manutenção da paz e da segurança internacionais; D: incorreta. A Corte Internacional de Justiça é o principal órgão judicial da ONU. A Corte funciona com base em seu Estatuto e nas chamadas *Regras da Corte* – espécie de código de processo. A competência da Corte é ampla. Em relação à competência *ratione materiae*, a Corte poderá analisar todas as questões levadas até ela, como também todos os assuntos previstos na Carta da ONU ou em tratados e convenções em vigor. Já a competência *ratione personae* é mais limitada, pois a Corte só poderá receber postulações de estados, sejam ou não membros da ONU. O artigo 96 da Carta da ONU prevê uma função consultiva para a Corte. Assim, qualquer organização internacional intergovernamental – especialmente os órgãos da NU – poderá requerer parecer consultivo à Corte. Percebe-se que os Estados membros não podem solicitar, diretamente, parecer consultivo à CIJ. Tal função permite à Corte ser um órgão produtor de doutrina internacional. A assertiva dada como correta é a "a", todavia, com a criação do Conselho de Direitos Humanos em 2006 a questão fica sem assertiva correta. A partir de 2006 é o Conselho de Direitos Humanos que vai atuar **diretamente** com a proteção dos direitos humanos. O Conselho de Direitos Humanos é um órgão subsidiário da Assembleia geral e tem como principais competências: a) promover a educação e o ensino em direitos humanos; b) auxiliar os estados na implementação das políticas de direitos humanos assumidas em decorrência das Conferências da ONU, como também sua devida fiscalização; c) submeter um relatório anual à Assembleia Geral; d) propor recomendações acerca da promoção e proteção dos direitos humanos. Percebe-se que não mais existe a intermediação antes exercida pelo Conselho Econômico e Social. Gabarito "A".

(Delegado/SP – 2000) Tecnicamente a Declaração Universal dos Direitos do Homem (1948) constitui

(A) um acordo internacional.
(B) uma recomendação.
(C) um tratado internacional.
(D) um pacto.

A, B, C e D: a Declaração Universal dos Direitos Humanos foi aprovada pela Resolução nº 217 A (III) da Assembleia Geral da ONU, em 10 de dezembro de 1948, por 48 votos a zero e oito abstenções. Por ser uma resolução, a Declaração Universal dos Direitos Humanos **não tem força legal** (assim não pode ser acordo, tratado ou pacto internacional), mas sim material (como uma recomendação) e acima de tudo inderrogável por ato volitivo das partes por fazer parte do *jus cogens*. É importante lembrar que tratado é todo acordo formal concluído entre pessoas jurídicas de direito internacional público que tenha por escopo a produção de efeitos jurídicos. Ademais, existem inúmeras variantes terminológicas de tratado – que foram bem catalogadas por Francisco Rezek. Como, por exemplo, **acordo**, ajuste, arranjo, ata, ato, carta, código, compromisso, constituição, contrato, convenção, convênio, declaração, estatuto, memorando, **pacto**, protocolo e regulamento. Esses termos indicam a mesma ideia, não obstante certas preferências observáveis pela análise estatística. Assim, pode-se apontar que carta e constituição são utilizadas para nomear tratados constitutivos de organizações internacionais, enquanto ajuste, arranjo e memorando são utilizados para denominar tratados bilaterais de pouca importância. E convenção costuma ser multilateral e dispor acerca dos grandes temas do Direito Internacional. Apenas o termo concordata possui significado singular, pois é utilizado especificamente para nomear o tratado bilateral em que uma das partes é a Santa Sé, e que tem por objeto a organização do culto, a disciplina eclesiástica, missões apostólicas, relações entre a Igreja católica local e o estado copactuante. Gabarito "B".

(Delegado/SP – 1999) Qual é a natureza jurídica da Declaração Universal dos Direitos Humanos de 1948?

(A) Convenção Internacional.
(B) Pacto das Nações Unidas.
(C) Resolução da Assembléia Geral da ONU.
(D) Tratado Internacional.

A, B, C e D: a Declaração Universal dos Direitos Humanos foi aprovada pela **Resolução nº 217 A (III) da Assembleia Geral da ONU**, em 10 de dezembro de 1948, por 48 votos a zero e oito abstenções. Por ser uma resolução, a Declaração Universal dos Direitos Humanos não tem força legal (assim não pode ser convenção, tratado ou pacto internacional), mas sim material (como uma recomendação) e acima de tudo inderrogável por ato volitivo das partes por fazer parte do *jus cogens*. É importante lembrar que **tratado** é todo acordo formal concluído entre pessoas jurídicas de direito internacional público que tenha por escopo a produção de efeitos jurídicos. Ademais, Existem inúmeras variantes terminológicas de tratado – que foram bem catalogadas por Francisco Rezek. Como, por exemplo, acordo, ajuste, arranjo, ata, ato, carta, código, compromisso, constituição, contrato, **convenção**, convênio, declaração, estatuto, memorando, **pacto**, protocolo e regulamento. Esses termos indicam a mesma ideia, não obstante certas preferências observáveis pela análise estatística. Assim, pode-se apontar que carta e constituição são utilizadas para nomear tratados constitutivos de organizações internacionais, enquanto ajuste, arranjo e memorando são utilizados para denominar tratados bilaterais de pouca importância. E convenção costuma ser multilateral e dispor acerca dos grandes temas do Direito Internacional. Apenas o termo concordata possui significado singular, pois é utilizado especificamente para nomear o tratado bilateral em que uma das partes é a Santa Sé, e que tem por objeto a organização do culto, a disciplina eclesiástica, missões apostólicas, relações entre a Igreja católica local e o estado copactuante. Gabarito "C".

4. CONVENÇÃO AMERICANA SOBRE DIREITOS HUMANOS (PACTO DE SÃO JOSÉ DA COSTA RICA)

(Defensoria Pública da União – 2010 – CESPE) No que concerne ao sistema interamericano de direitos humanos, julgue os itens que se seguem.

(1) Qualquer pessoa ou grupo de pessoas, ou entidade não governamental legalmente reconhecida em um ou mais Estados membros da Organização dos Estados Americanos (OEA) podem apresentar à Comissão Interamericana de Direitos Humanos petições que contenham denúncias ou queixas de violação à Convenção Americana de Direitos Humanos por um Estado parte.
(2) Embora sem competência contenciosa, de caráter jurisdicional, a Corte Interamericana de Direitos Humanos tem competência consultiva, relativa à interpretação das disposições da Convenção Americana e das disposições de tratados concernentes à proteção dos direitos humanos.

1: assertiva correta, pois reflete exatamente o disposto no art. 44 da Convenção Americana sobre Direitos Humanos, conhecida também como Pacto de São José da Costa Rica (promulgado pelo Decreto 678/1992); 2: incorreta, pois, além de função consultiva (art. 64, § 1º, do Pacto), a Corte tem clara função jurisdicional – arts. 61 a 63 e 66 a 69 do Pacto, entre outros. Gabarito 1C, 2E.

(Defensoria Pública/SP – 2010 – FCC) Recentemente o Supremo Tribunal Federal julgou improcedente a Arguição de Descumprimento de Preceito Fundamental nº 153, em que se requeria declaração daquela Corte no sentido de reconhecer que a anistia concedida pela Lei nº 6.683, de 28 de agosto de 1979, aos crimes políticos ou conexos, não se estende aos crimes comuns praticados pelos "agentes da repressão contra opositores políticos, durante o regime militar (1964/1985)." A respeito das chamadas "leis de autoanistia", a Corte Interamericana de Direitos Humanos já se posicionou diversas vezes. A partir da jurisprudência deste tribunal é correto afirmar:

(A) Por se tratar de um tribunal de natureza civil, a Corte Interamericana de Direitos Humanos não pode determinar que um Estado parte leve a juízo criminal agentes públicos que supostamente cometeram crimes de lesa humanidade.
(B) O fato de a prática do desaparecimento forçado de opositores políticos ser anterior à ratificação da Convenção Americana de Direitos Humanos pelo país impede a apreciação do caso perante a Corte Interamericana de Direitos Humanos.
(C) Os agentes estatais que tenham praticado atos de tortura em período não democrático, objeto de lei de anisita, não podem mais ser processados ante a irretroatividade de lei penal mais severa.
(D) O fato de um Estado parte ser signatário das Convenções de Genebra sobre Direito Internacional Humanitário não serve de fundamentação para sua condenação pela Corte Interamericana de Direitos Humanos, pois há plena separação entre aquele sistema de normas e as que compõem o Direito Internacional dos Direitos Humanos.
(E) O Estado parte na Convenção Americana de Direitos Humanos tem o dever de punir os responsáveis por crimes de lesa humanidade, não podendo aventar a prescrição criminal para deixar de fazê-lo, mesmo que os fatos tenham ocorrido há mais de vinte anos.

Para resposta a essa questão, é interessante que o candidato leia as sentenças da Corte Interamericana de Direitos Humanos, nos paradigmáticos casos de *Barrios Altos* (2001), *Almonacid* (2006) e *La Cantuta* (2006), em que o órgão afastou a validade *ab initio* das leis da autoanistia. As alternativas de A a D são incorretas, pois as pessoas têm o inalienável direito de serem ouvidas por juiz, em caso de violação de direitos humanos fundamentais (art. 8º, § 1º, do Pacto de São José da Costa Rica). Os direitos são inerentes à pessoa, ou seja, anteriores ao seu reconhecimento pelos tratados internacionais (sejam eles do sistema global ou dos sistemas regionais de proteção), e sua violação pode ser conhecida pelos órgãos dos sistemas global e regionais de proteção aos direitos humanos. As leis de anistia que fixem prescrição e excludentes de responsabilidade pelas violações graves de direitos humanos são nulas.

Transcrevemos alguns trechos da sentença no caso *Barrios Altos vs. Perú*, de 2001 (nossa tradução):

"41. Esta Corte considera que são inadmissíveis as disposições de anistia, as disposições de prescrição e o estabelecimento de excludentes de responsabilidade que pretendam impedir a investigação e sanção dos responsáveis pelas violações graves dos direitos humanos, tais como a tortura, as execuções sumárias, extralegais e arbitrárias e os desaparecimentos forçados, todas elas proibidas por confrontar direitos irrevogáveis reconhecidos pelo Direito Internacional dos Direitos Humanos.

41. A Corte, conforme o alegado pela Comissão e não controvertido pelo Estado, considera que as leis de anistia adotadas pelo Peru impediram que os familiares das vítimas e as vítimas sobreviventes no presente caso fossem ouvidas por um juiz, conforme previsto no artigo 8.1 a Convenção; violaram o direito à proteção judicial consagrado no artigo 25 da Convenção; impediram a investigação, acusação, captura, julgamento e sanção dos responsáveis pelo ocorrido em Barrios Altos, descumprindo o artigo 1.1 da Convenção, e obstruíram o esclarecimento do ocorrido no caso. Finalmente, a adoção das leis de autoanistia incompatíveis com a Convenção descumpriu a obrigação de adequar o direito interno consagrado no artigo 2º da mesma.

(...)

44. Como consequência da manifesta incompatibilidade das leis de autoanistia e a Convenção Americana sobre Direitos Humanos, as mencionadas leis carecem de efeitos jurídicos e não podem continuar representando um obstáculo à investigação dos feitos que constituem este caso, nem para a identificação e a punição dos responsáveis, nem podem ter igual ou similar impacto em relação a outros casos de violação dos direitos consagrados na Convenção Americana acontecidos no Peru.

(...)

47. No presente caso, é inquestionável que se impediu que as vítimas sobreviventes, seus familiares e os familiares das vítimas que faleceram conhecessem a verdade acerca dos feitos ocorridos em Barrios Altos." Gabarito "E".

(Defensor Público/AM – 2010 – I. Cidades) A respeito da Corte Interamericana de Direitos Humanos, assinale a alternativa incorreta:

(A) A Corte Interamericana de Direitos Humanos é órgão jurisdicional destinado a resolver os casos de desrespeito aos direitos humanos levados a efeito pelos Estados membros da OEA que ratificaram a Convenção Americana.
(B) A Corte Interamericana de Direitos Humanos é composta por 09 juízes provenientes dos Estados membros da OEA, escolhidos dentre juristas de alto renome, que gozam das garantias da vitaliciedade, inamovibilidade e irredutibilidade dos vencimentos.
(C) A Corte Interamericana de Direitos Humanos possui competência consultiva e contenciosa.
(D) Os particulares e as instituições privadas estão impedidos de ingressar diretamente na Corte.
(E) As sentenças proferidas pela Corte Interamericana são definitivas e inapeláveis.

A: correta. A Corte é o órgão jurisdicional do sistema regional de proteção americano e **só pode ser acionada pelos Estados partes ou pela Comissão**; o indivíduo, conforme art. 61 da Convenção, fica proibido de apresentar petição à Corte.; B: incorreta, pois sua composição é de setes juízes, os quais são nacionais dos países-membros da OEA. E a escolha destes juízes é feita pelos Estados partes da Convenção; vale sublinhar que essa escolha é realizada a título pessoal dentre juristas da mais alta autoridade moral, de reconhecida competência em matéria de direitos humanos, e que reúnam as condições requeridas para o exercício das mais elevadas funções judiciais, de acordo com a lei do estado do qual sejam nacionais, ou do estado que os propuser como candidatos. E também não deve haver dois juízes da mesma nacionalidade; C: correta, pois a Corte possui competência *consultiva* e *contenciosa*. A competência consultiva da Corte é marcada por sua grande finalidade de uniformizar a interpretação da Convenção Americana de Direitos Humanos e dos tratados de direitos humanos confeccionados no âmbito da OEA. E, dentro dessa competência, qualquer Estado membro da OEA pode pedir para que a Corte emita parecer que indique a correta interpretação da Convenção e dos tratados de direitos humanos. Ademais, a Corte pode fazer análise de compatibilidade entre a legislação doméstica de um país-membro da OEA e o sistema protetivo americano. Essa análise tem por escopo harmonizar as legislações domésticas em relação ao sistema americano de proteção. Já a competência contenciosa só será exercida em relação aos Estados partes da Convenção que expressa e inequivocamente tenha aceitado essa competência da Corte (art. 62 da Convenção Americana de Direitos Humanos); D correta. Reler o comentário à assertiva "A"; E: correta, pois a sentença da Corte Interamericana será sempre fundamentada, definitiva e inapelável (arts. 66 e 67 da Convenção Americana de Direitos Humanos), todavia, em caso de divergência sobre o sentido ou alcance da sentença, a Corte irá interpretá-la, a pedido de qualquer das partes, desde que o pedido seja apresentado dentro de noventa dias a partir da data da notificação da sentença." Gabarito "B".

(Defensoria/PI – 2009 – CESPE) A Convenção Americana de Direitos Humanos de 1969 (Pacto de San José da Costa Rica)

(A) reproduziu a maior parte das declarações de direitos constantes do Pacto Internacional de Direitos Econômicos, Sociais e Culturais.
(B) foi adotada sem ressalvas pelo Brasil desde o seu início.
(C) proíbe o restabelecimento da pena capital nos países que a tenham abolido.
(D) não tratou do direito ao nome.
(E) indica a possibilidade de asilo no caso do cometimento de crimes comuns não vinculados à atividade política.

A: assertiva incorreta. O Pacto de São José da Costa Rica aproxima-se do Pacto sobre Direitos Civis e Políticos (Decreto 592/1992), mas não reproduz muitos dos direitos previstos no Pacto sobre Direitos Econômicos, Sociais e Culturais, como os relacionados ao trabalho, sindicalização, seguro social, vida cultural etc. (arts. 6º, 8º, 9º e 15 do Decreto 591/1992). Interessante anotar, entretanto, que o Pacto de São José da Costa Rica faz referência genérica ao compromisso dos Estados com os direitos econômicos, sociais, e relativos à educação, ciência e cultura (art. 26 do Pacto de São José); B: incorreta, pois o Pacto de 1969, entrou em vigor internacional em 1978, mas o Brasil somente depositou a Carta de Adesão em 1992 – veja o preâmbulo do Decreto 678/1992, pelo qual o Pacto foi promulgado; C: assertiva correta, conforme o art. 4º, § 3º, do Pacto; D: incorreta, pois o direito ao nome é reconhecido pelo art. 18 do Pacto; E: incorreta, pois o direito ao asilo refere-se à perseguição por crimes políticos ou comuns conexos com delitos políticos – art. 22, § 7º, do Pacto." Gabarito "C".

(Defensoria/PA – 2009 – FCC) O acesso à Corte Interamericana de Direitos Humanos, órgão jurisdicional do sistema interamericano, é assegurado

(A) apenas às organizações não-governamentais legalmente constituídas em um ou mais Estados membros da OEA, sendo sua competência contenciosa prevista mediante cláusula facultativa.
(B) apenas aos Estados parte e à Comissão Interamericana, sendo sua competência contenciosa prevista mediante cláusula facultativa.
(C) a todo e qualquer indivíduo, grupo de indivíduos e organização não-governamental, sendo sua competência contenciosa prevista mediante cláusula facultativa.
(D) apenas aos Estados parte e à Comissão Interamericana, sendo sua competência contenciosa prevista mediante cláusula obrigatória.
(E) a todo e qualquer indivíduo, grupo de indivíduos e organização não-governamental, sendo sua competência contenciosa prevista mediante cláusula obrigatória.

Somente os Estados parte e a Comissão Interamericana de Direitos Humanos têm direito de submeter caso diretamente à decisão da Corte Interamericana de Direitos Humanos – art. 61 do Pacto de São José da Costa Rica. Importante lembrar que qualquer pessoa ou grupo de pessoas, ou entidade não governamental legalmente reconhecida em um ou mais Estados Membros da Organização, pode apresentar à Comissão Interamericana de Direitos Humanos (não diretamente à Corte!) petições que contenham denúncias ou queixas de violação da Convenção por um Estado parte – art. 44 do Pacto. É facultativo o reconhecimento, pelos Estados, das competências da Comissão e da Corte, nos termos dos arts. 45 e 62 do Pacto." Gabarito "B".

(Defensoria/MA – 2009 – FCC) O acesso à Comissão Interamericana de Direitos Humanos é assegurado

(A) a todo e qualquer indivíduo, grupos de indivíduos ou organização não-governamental legalmente reconhecida em um ou mais Estados membros da OEA, sendo a Comissão um órgão político do sistema interamericano.
(B) apenas ao Estado parte, sendo a Comissão um órgão jurisdicional do sistema interamericano.
(C) apenas às organizações não-governamentais legalmente reconhecidas em um ou mais Estados membros da OEA, sendo a Comissão um órgão jurisdicional do sistema interamericano.
(D) apenas às vítimas nacionais do Estado violador, sendo a Comissão um órgão político do sistema interamericano.
(E) às instituições jurídicas, compreendendo a Defensoria Pública e o Ministério Público, sendo a Comissão um órgão jurisdicional do sistema interamericano.

Nos exatos termos do art. 44 do Pacto de São José da Costa Rica, qualquer pessoa ou grupo de pessoas, ou entidade não governamental legalmente reconhecida em um ou mais Estados Membros da Organização, pode apresentar à Comissão Interamericana de Direitos Humanos (não diretamente à Corte!) petições que contenham denúncias ou queixas de violação da Convenção por um Estado Parte. A Comissão não é órgão de julgamento ou jurisdicional, como a Corte Interamericana." Gabarito "A".

(Defensoria/MT – 2009 – FCC) Em face do que dispõe a Convenção Americana de Direitos Humanos quanto ao direito de defesa da pessoa acusada da prática de um delito,

(A) o Estado deve dispor de um órgão de assistência jurídica encarregado da defesa dos acusados que demonstrarem insuficiência de recursos.
(B) a defesa pode ser realizada pessoalmente pelo acusado, caso o Estado não disponha de meios para lhe proporcionar um defensor.
(C) a defesa pode ser realizada pessoalmente pelo acusado, caso seja ele tecnicamente habilitado e renuncie ao defensor indicado pelo Estado.
(D) é obrigatória a existência de defesa técnica, fornecida pelo Estado, caso o acusado não indique advogado de sua confiança e nem se defenda por si mesmo.
(E) é direito do acusado, sempre que o interesse da justiça assim o exija, ter um defensor designado *ex officio*, que atuará gratuitamente.

A: incorreta, pois o Pacto de São José não prevê a obrigatoriedade de os Estados disporem de órgão de assistência jurídica encarregado da defesa de acusados pobres, embora devam garantir defensores para o acusado, no caso de ele não se defender pessoalmente, nem nomear defensor no prazo legal – art. 8º, § 2º, *d*, do Pacto; B e C: incorretas, pois o acusado pode sempre se defender pessoalmente ou ser assistido por defensor de sua escolha, independentemente de o Estado indicar-lhe ou dispor de meios para proporcionar-lhe defensor; D: essa é a assertiva correta, conforme o art. 8º, § 2º, *d*, do Pacto; E: incorreta, pois o Pacto não impõe gratuidade. O defensor proporcionado pelo Estado será remunerado ou não, segundo a legislação interna – art. 8º, § 2º, *d*, do Pacto." Gabarito "D".

(Defensoria/SP – 2009 – FCC) As decisões proferidas pela Corte Interamericana de Direitos Humanos, quando não implementadas pelo Estado brasileiro,

(A) podem ser executadas como título executivo judicial perante a vara federal competente territorialmente, desde que homologadas pelo Supremo Tribunal Federal.
(B) servirão para que o Estado brasileiro sofra sanções internacionais, como a vedação à obtenção de financiamentos externos.
(C) podem ser executadas como título executivo judicial perante a vara federal competente territorialmente.

(D) podem ser executadas como título executivo judicial perante o Supremo Tribunal Federal.

(E) servirão para que a Assembléia Anual da Organização das Nações Unidas advirta o Estado brasileiro pelo descumprimento da Convenção Americana de Direitos Humanos.

Eventual condenação a indenização compensatória poderá ser executada no país pelo processo interno vigente para a execução de sentenças contra o Estado – art. 68, § 2º, do Pacto de São José da Costa Rica. Entende-se que as sentenças da Corte Interamericana, a cuja competência o Brasil se sujeitou, independem de homologação para sua execução no país. Ademais, atualmente, a homologação de sentença estrangeira é feita pelo Superior Tribunal de Justiça (STJ), e não pelo Supremo Tribunal Federal (STF) – art. 105, I, i, da CF. A competência para julgamento das ações contra a União é, em regra, dos juízes federais – art. 109, I, da CF. Gabarito "C".

(Defensoria/SP – 2009 – FCC) No Protocolo de San Salvador está reconhecido o direito de petição ao Sistema Interamericano de Direitos Humanos nos casos de violação

(A) dos direitos à saúde e à moradia digna.
(B) dos direitos à livre associação sindical e à educação.
(C) do direito ao trabalho.
(D) dos direitos econômicos, sociais e culturais.
(E) dos direitos à saúde e à educação.

O Protocolo Adicional à Convenção Americana sobre Direitos Humanos em matéria de Direitos Econômicos, Sociais e Culturais (Protocolo de San Salvador) prevê o direito de petição ao Sistema Interamericano no caso de violação dos direitos sindicais (art. 8º) e à educação (art. 13), nos termos de seu art. 19, § 6º. Gabarito "B".

(Defensoria/SP – 2009 – FCC) No Sistema Interamericano de Direitos Humanos, pessoas e organizações não-governamentais podem peticionar diretamente

(A) à Comissão Interamericana de Direitos Humanos e à Corte Interamericana de Direitos Humanos.
(B) à Comissão Interamericana de Direitos Humanos e à Corte Interamericana de Direitos Humanos, a esta última somente como instância recursal das decisões proferidas pela Comissão Interamericana de Direitos Humanos.
(C) à Comissão Interamericana de Direitos Humanos e à Corte Interamericana de Direitos Humanos, a esta última somente para solicitar medidas provisórias em casos que já estejam sob sua análise.
(D) somente à Comissão Interamericana de Direitos Humanos.
(E) à Comissão Interamericana de Direitos Humanos e à Corte Interamericana de Direitos Humanos, a esta última somente para solicitar medidas provisórias.

Somente os Estados Parte e a Comissão Interamericana de Direitos Humanos têm direito de submeter caso diretamente à decisão da Corte Interamericana de Direitos Humanos – art. 61 do Pacto de São José da Costa Rica. Entretanto, pessoas e ONGs podem, excepcionalmente, peticionar à Corte para que sejam tomadas medidas provisórias, em casos de extrema gravidade e urgência, e quando se fizer necessário evitar danos irreparáveis às pessoas, nos termos do art. 63, § 2º do Pacto. Se o assunto ainda não estiver submetido ao seu conhecimento, poderá atuar a pedido da Comissão. Gabarito "C".

(Delegado/PB – 2009 – CESPE) À luz da Convenção Americana sobre Direitos Humanos (Pacto São José), julgue os seguintes itens.

I. admite-se a pena de morte em relação aos delitos políticos e aos delitos conexos com delitos políticos, devendo o Estado signatário fazer tal opção expressamente, quando da ratificação da Convenção.

II. o direito à vida deve ser protegido pela lei desde o momento do nascimento, que se dá com o início do trabalho de parto.

III. as penas privativas de liberdade têm por finalidade essencial a retribuição do mal causado.

IV. ninguém deve ser constrangido a executar trabalho forçado ou obrigatório. Nos países em que se prescreve, para certos delitos, pena privativa de liberdade acompanhada de trabalhos forçados, essa disposição não pode ser interpretada no sentido de proibir o cumprimento da dita pena, imposta por um juiz ou tribunal competente.

V. ninguém deve ser detido por dívidas. Esse princípio não limita os mandados de autoridade judiciária competente expedidos em virtude de inadimplemento de obrigação alimentar.

Estão certos apenas os itens
(A) I e II.
(B) I e III.
(C) II e IV.
(D) III e V.
(E) IV e V.

I: incorreta, pois em nenhum caso pode a pena de morte ser aplicada por delitos políticos, nem por delitos comuns conexos com delitos políticos – art. 4º, § 4º, do Pacto de São José da Costa Rica; II: incorreta, pois, nos termos do art. 4, § 1º, do Pacto, o direito à vida deve ser protegido pela lei, em geral, desde o momento da concepção; III: incorreta, pois as penas privativas da liberdade devem ter por finalidade essencial a reforma e a readaptação social dos condenados – art. 5º, § 6º, do Pacto; IV: assertiva correta, pois reflete o disposto no art. 6º, § 2º, do Pacto; V: correta, conforme o disposto no art. 7º, § 7º, do Pacto. Gabarito "E".

(Magistratura Federal – 4ª Região – XIII – 2008) Dadas as assertivas abaixo, assinalar a alternativa correta em relação à Convenção sobre Direitos Humanos, de San José, da Costa Rica, de 22 de novembro de 1969, de Estados Americanos.

I. Não se pode restabelecer a pena de morte nos Estados que a hajam abolido, nem aplicá-la por delitos políticos nos Estados que a admitam.

II. A lei pode submeter os espetáculos à censura prévia com o objetivo exclusivo de regular o acesso a eles, para proteção moral da infância e da adolescência.

III. As garantias contra a restrição à livre manifestação e à livre difusão do pensamento dispensam autorização estatal para o funcionamento de emissoras de rádio.

IV. A expulsão de estrangeiros, isolada ou coletivamente, só se pode dar por decisão de autoridade judiciária ou administrativa e nos termos de permissivo legal.

(A) Estão corretas apenas as assertivas I e II.
(B) Estão corretas apenas as assertivas I e III.
(C) Estão corretas apenas as assertivas III e IV.
(D) Estão corretas apenas as assertivas II, III e IV.

I: art. 4º, § 3º, da Convenção Americana sobre Direitos Humanos – Pacto de São José da Costa Rica (promulgada pelo Decreto 678/1992); II: art. 13, § 4º, da Convenção; III: a Convenção impede apenas a restrição do direito à expressão por meios indiretos, como o abuso de controles oficiais ou particulares, mas não veda a exigência de autorização estatal para funcionamento de emissoras de rádio – art. 13, § 3º, da Convenção; IV: é vedada a expulsão coletiva de estrangeiros – art. 22, § 9º, da Convenção. Gabarito "A".

(Defensor Público/MS – 2008 – VUNESP) O Pacto de San José da Costa Rica prevê a existência da Comissão Interamericana de Direitos Humanos que poderá apreciar "petições que contenham denúncias ou queixas de violação" dos direitos declarados (art. 44), sendo que tais denúncias podem ser oferecidas

(A) por qualquer pessoa ou entidade não governamental.
(B) por qualquer pessoa ou entidade governamental.
(C) por qualquer pessoa interessada, e aquelas formuladas por pessoa jurídica de qualquer natureza dependem da anuência do plenário da Comissão.
(D) por qualquer pessoa ou entidade governamental e não governamental.

"Artigo 44 - **Qualquer pessoa** ou **grupo de pessoas**, ou **entidade não-governamental** legalmente reconhecida em um ou mais Estados-membros da Organização, pode apresentar à Comissão petições que contenham denúncias ou queixas de violação desta Convenção por um Estado-parte." Deve-se dizer, antes de analisarmos as alternativas, que a competência da Comissão Interamericana de Direitos Humanos, para receber petições indivi duais, só poderá ser exercida se o estado violador tiver aderido à Convenção Americana de Direitos Humanos. Percebe-se que não é necessário a expressa aceitação da competência da Comissão para receber petições, bastando que o estado tenha aderido à Convenção. A: correta. Pela redação do art. 44 da Convenção Americana de Direitos Humanos percebe-se que essa alternativa está bem próxima de ser completamente correta; B: incorreta, pois entidade governamental não pode apresentar petições como representante do indivíduo lesionado; C: incorreta, pois a alternativa não condiz com a redação do art. 44 da Convenção Americana de Direitos Humanos; D: incorreta, pois entidade governamental não pode apresentar petições como representante do indivíduo lesionado. Gabarito nosso "A" e Gabarito oficial "ANULADO"

(Defensor Público/MS – 2008 – VUNESP) A Corte Interamericana de Direitos Humanos

(A) é composta por doze juízes.
(B) terá casos submetidos à sua decisão somente pelos Estados parte ou pela comissão Interamericana de Direitos Humanos.
(C) terá suas decisões ratificadas ou reformadas pela Assembléia Geral da Organização dos Estados Americanos como órgão recursal.
(D) poderá ter até dois juízes da mesma nacionalidade, não podendo, porém, tais juízes atuarem, simultaneamente, em casos que envolvam partes originárias de seu país.

A: incorreta. A Corte é o órgão jurisdicional do sistema regional de proteção americano. Sua composição é de setes juízes, os quais são nacionais dos países-membros da OEA. E a escolha destes juízes é feita pelos Estados partes da Convenção; vale sublinhar que essa escolha é realizada a título pessoal dentre juristas da mais alta autoridade moral, de reconhecida competência em matéria de direitos humanos, e que reúnam as condições requeridas para o exercício das mais elevadas funções judiciais, de acordo com a lei do estado do qual sejam nacionais, ou do estado que os propuser como candidatos. E também não deve haver dois juízes da mesma nacionalidade; B: correta. A Corte Interamericana de Direitos Humanos só pode ser acionada pelos Estados partes ou pela Comissão; o indivíduo, conforme art. 61 da Convenção Americana de Direitos Humanos, fica proibido de apresentar petição à Corte; C: incorreta. A sentença da Corte Interamericana será sempre fundamentada, **definitiva** e **inapelável** (arts. 66 e 67 da Convenção Americana de Direitos Humanos), todavia, em caso de divergência sobre o sentido ou alcance da sentença, a Corte irá interpretá-la, a pedido de qualquer das partes, desde que o pedido seja apresentado dentro de noventa dias a partir da data da notificação da sentença; D: incorreta. Consoante ao dito na alternativa "A", a Corte não poderá ser composta por dois juízes da mesma nacionalidade. Gabarito "B".

(Defensor Público/MS – 2008 – VUNESP) O Pacto de San José da Costa Rica garante direitos políticos e oportunidades de participação política ao cidadão. Segundo esse instrumento jurídico, o exercício de tais direitos e oportunidades poderá ser regulado pela lei, exceto por motivo de

(A) instrução.
(B) residência.
(C) idioma.
(D) capacidade intelectual.

A, B, C e D: a redação do art. 23, ponto 2, do Pacto de San José da Costa Rica é a seguinte: "A lei pode regular o exercício dos direitos e oportunidades, a que se refere o inciso anterior, exclusivamente por motivo de idade, nacionalidade, **residência, idioma, instrução**, capacidade civil ou mental, ou condenação, por juiz competente, em processo penal". Pela redação do ponto 2 do art. 23 do Pacto percebe-se que capacidade intelectual não é um motivo autorizador da regulação do exercício dos direitos políticos. Gabarito "D".

(Defensor Público/MS – 2008 – VUNESP) No Sistema Interamericano de Direitos Humanos, a proteção internacional dos direitos econômicos, sociais e culturais veio a ser concretizada pela Assembléia Geral da Organização dos Estados Americanos, em 1988, por meio do seguinte instrumento jurídico:

(A) Convenção de Cartagena.
(B) Protocolo de San Salvador.
(C) Pacto de San José da Costa Rica.
(D) Declaração de Lima.

A: incorreta. Em cumprimento do mandato da Assembleia Geral das Nações Unidas para proporcionar e promover as medidas mais adequadas de proteção internacional dos refugiados, o ACNUR (Agência da ONU para refugiados) tomou a iniciativa de organizar o Colóquio de Cartagena, cujas conclusões e recomendações são conhecidas como Declaração de Cartagena; B: correta. O Protocolo Adicional à Convenção Americana de Direitos Humanos, conhecido como Protocolo San Salvado, foi adotado na Conferência Interamericana de São Salvador, em 17 de novembro de 1988. A partir de então, tem-se uma enumeração dos direitos econômicos, sociais e culturais que os países americanos - membros da OEA – obrigaram-se a implementar progressivamente. Cabe apontar que ao longo da Convenção Americana de Direitos Humanos (Pacto de San José da Costa Rica) é possível a identificação de inúmeros direitos civis e políticos (ditos de primeira geração), nos moldes do Pacto Internacional de Direitos Civis e Políticos da ONU, mas os direitos econômicos, sociais e culturais são mencionados uma única vez no art. 26, o qual se limita a determinar que os estados se engajem em progressivamente implementar tais direitos (na sua dimensão negativa e positiva), ditos de segunda geração. Por fim, deve-se dizer que tal escolha (de só regular os direitos políticos e civis) foi direcionada para obter a adesão dos EUA à Convenção; C: incorreta. Em 22 de novembro de 1969, na Conferência de São José da Costa Rica, foi adotada a Convenção Americana de Direitos Humanos (Pacto de San José da Costa Rica), a qual só entrou em vigor em 18 de julho de 1978 (quando atingiu as 11 ratificações necessárias) e é o principal instrumento protetivo do sistema americano. No Brasil, a Convenção passou a ter vigência por meio do decreto 678 de 6 de novembro de 1992. E a Convenção instituiu como órgãos de fiscalização e julgamento, do sistema americano de proteção dos direitos humanos, a Comissão e a Corte Interamericana de Direitos Humanos, dotando, desta maneira, o sistema americano de mecanismos constritivos de proteção dos direitos humanos (*hard law*). Na Convenção só é permitida a participação dos países membros da OEA. E consoante ao dito no comentário anterior, ao longo da Convenção é possível a identificação de inúmeros direitos civis e políticos (ditos de primeira geração), nos moldes do Pacto Internacional de Direitos Civis e Políticos da ONU; D: incorreta. A Declaração de Lima ou Carta Democrática Interamericana foi adotada na cidade de Lima, República do Peru, no dia 11 de setembro de 2001 e determina, por exemplo, que os povos da América têm direito à democracia e seus governos têm a obrigação de promovê-la e defendê-la, e que a democracia é essencial para o desenvolvimento social, político e econômico dos povos das Américas. Gabarito "B".

(Defensor Público/MS – 2008 – VUNESP) Quanto aos direitos civis contidos na Convenção Americana de Direitos Humanos, esta estabelece que

(A) nos países em que não houverem abolido a pena de morte, esta só poderá ser imposta pelos delitos mais graves, em cumprimento de sentença final de tribunal competente e em conformidade com a lei que estabeleça tal pena, promulgada antes de o delito ter sido cometido.
(B) ninguém deve ser constrangido a executar trabalho forçado ou obrigatório, exceto em decorrência de crime considerado hediondo pela legislação do país que adotar punição específica para essa modalidade de crime, não podendo, porém, a respectiva pena ultrapassar 30 anos de reclusão.
(C) ninguém deve ser detido por dívidas. Este princípio, porém, não limita os mandados de autoridade judiciária competente expedidos em virtude de inadimplemento de obrigação alimentar ou do depositário infiel.
(D) todas as pessoas têm o direito de associar-se livremente com fins ideológicos, religiosos, políticos, econômicos, trabalhistas, sociais, culturais, desportivos ou de qualquer outra natureza, não podendo o Estado restringir ou suprimir o exercício do direito de associação aos membros das forças armadas e da polícia.

A: correta, pois é a redação do art. 4º, ponto 2, da Convenção Americana de Direitos Humanos; B: incorreta, pois a redação do art. 6º, ponto 2, da Convenção Americana de Direitos Humanos é a seguinte: "Ninguém deve ser constrangido a executar trabalho forçado ou obrigatório. Nos países em que se prescreve, para certos delitos, pena privativa de liberdade acompanhada de trabalhos forçados, esta disposição não pode ser interpretada no sentido de proibir o cumprimento da dita pena, imposta por um juiz ou tribunal competente. O trabalho forçado não deve afetar a dignidade, nem a capacidade física e intelectual do recluso"; C: incorreta, pois a redação do art. 7º, ponto 7, da Convenção Americana de Direitos Humanos é a seguinte: "Ninguém deve ser detido por dívidas. Este princípio não limita os mandados de autoridade judiciária competente expedidos em virtude de inadimplemento de obrigação alimentar". Ou seja, a Convenção só prescreve a prisão civil em caso de inadimplemento de obrigação alimentar; D: incorreta, pois o Estado pode sim restringir ou suprimir o exercício do direito de associação aos membros das forças armadas e da polícia (art. 16, pontos 1 e 3, da Convenção Americana de Direitos Humanos). Gabarito "A".

Segue, para conhecimento, a lista dos direitos humanos protegidos na Convenção Americana de Direitos Humanos e a lista dos protegidos no Protocolo de São Salvador:

Os direitos humanos protegidos na Convenção Americana de Direitos Humanos são:

(A) direito ao reconhecimento da personalidade jurídica (art. 3º);
(B) direito à vida (art. 4º). É importante apontar que a Convenção determina que, em geral, este direito deve ser protegido desde o momento da concepção;
(C) direito à integridade pessoal (art. 5º). Leia-se integridade física, psíquica e moral;
(D) proibição da escravidão e da servidão (art. 6º). O tráfico de escravos e o tráfico de mulheres também são proibidos em todas as suas formas;
(E) direito à liberdade pessoal (artigo 7º). É no ponto 7 deste artigo que aparece o princípio da proibição da detenção por dívidas e sua correlata exceção somente em virtude de inadimplemento de obrigação alimentar. E seu reflexo no Brasil foi, depois de muitas decisões, a Súmula Vinculante 25 do STF;

(F) garantias judiciais (art. 8º). É neste artigo que aparece o princípio da celeridade dos atos processuais;
(G) princípio da legalidade e da retroatividade da lei penal mais benéfica (art. 9º);
(H) direito à indenização por erro judiciário (art. 10). O artigo dispõe ser necessário o trânsito em julgado da condenação;
(I) proteção da honra e da dignidade (art. 11);
(J) liberdade de consciência e de religião (art. 12);
(K) liberdade de pensamento e de expressão (art. 13);
(L) direito de retificação ou resposta (art. 14). Direito a ser utilizado quando as informações inexatas ou ofensivas forem emitidas, em seu prejuízo, por meios de difusão legalmente regulamentados e que se dirijam ao público em geral;
(M) direito de reunião (art. 15). Desde que pacífica e sem armas;
(N) liberdade de associação (art. 16);
(O) proteção da família (art. 17);
(P) direito ao nome (art. 18);
(Q) direitos da criança (art. 19);
(R) direito à nacionalidade (art. 20). Este artigo traz a importante regra de que toda pessoa tem direito à nacionalidade do Estado em cujo território houver nascido, se não tiver direito a outra;
(S) direito à propriedade privada (art. 21);
(T) direito de circulação e de residência (art 22). Tal artigo traz duas regras importantes, a primeira, constante do ponto 7 do artigo, é a de que toda pessoa tem o direito de buscar e receber asilo em território estrangeiro, em caso de perseguição por delitos políticos ou comuns conexos com delitos políticos e a segunda, constante do ponto 8 do artigo, é a de que em nenhum caso o estrangeiro pode ser expulso ou entregue a outro país, seja ou não de origem, onde seu direito à vida ou à liberdade pessoal esteja em risco de violação em virtude de sua raça, nacionalidade, religião, condição social ou de suas opiniões políticas;
(U) direitos políticos (art. 23);
(V) igualdade perante a lei (art. 24);
(W) proteção judicial (art. 25).

Os direitos humanos protegidos no Protocolo San Salvador são:
(A) direito ao trabalho (art. 6º);
(B) condições justas, equitativas e satisfatórias de trabalho (art. 7º);
(C) direitos sindicais (art. 8º);
(D) direito à seguridade social (art. 9º);
(E) direito à saúde (art. 10);
(F) direito a um meio ambiente sadio (art. 11);
(G) direito à alimentação (art. 12);
(H) direito à educação (art. 13);
(I) direito de receber os benefícios da cultura (art. 14);
(J) direito à constituição e à proteção da família (art. 15);
(K) direitos da criança (art. 16);
(L) proteção dos idosos (art. 17);
(M) proteção dos deficientes (art. 18).

(Defensoria Pública da União – 2007 – CESPE) Julgue o item a seguir.
(1) A República Federativa do Brasil, que reconhece a jurisdição obrigatória da Corte Interamericana de Direitos Humanos, em nenhum momento foi ré por violações geradoras de responsabilidade internacional.

1: O Brasil já foi demandado e declarado culpado pela Corte Interamericana de Direitos Humanos – ver Caso Ximenes Lopes versus Brasil, sentença de 4.7.2006. Gabarito "E".

(Defensoria Pública da União – 2007 – CESPE) Julgue os itens a seguir.
(1) Compõem o Sistema Interamericano de Direitos Humanos a Assembléia Geral da Organização dos Estados Americanos, a Corte Interamericana de Direitos Humanos e a Comissão Interamericana de Direitos Humanos.
(2) A Comissão Interamericana de Direitos Humanos tem por função principal a observância e defesa dos direitos humanos e, no exercício de seu mandato, tem a atribuição de formular recomendações aos governos dos Estados membros.
(3) Nos Estados federais, o governo central é o responsável pelas violações aos direitos humanos praticadas por agentes das suas unidades federadas.
(4) Nas hipóteses de grave violação de direitos humanos, o Procurador-Geral da República, com a finalidade de assegurar cumprimento de obrigações decorrentes de tratados internacionais de direitos humanos dos quais o Brasil seja parte, poderá suscitar, perante o STJ, em qualquer fase do inquérito ou processo, incidente de deslocamento de competência para a justiça federal.

1: Admite-se que o sistema interamericano de direitos humanos é composto pela Comissão Interamericana e pela Corte Interamericana de Direitos Humanos, órgãos previstos no Pacto de São José da Costa Rica (art. 33). 2: Art. 41 do Pacto de São José da Costa Rica. 3: Quanto às disposições do Pacto de São José da Costa Rica relativas às matérias de competência das unidades federadas, o governo nacional deve tomar imediatamente as medidas pertinentes, em conformidade com sua Constituição e suas leis, a fim de que as autoridades locais possam adotar as disposições cabíveis para o cumprimento da Convenção – art. 28, § 2º, do Pacto. 4: Art. 109, § 5º, da CF. Gabarito 1E, 2C, 3C, 4C.

(Defensoria/SP – 2007 – FCC) Defensor Público levou caso de violação de direitos humanos, ocorrido em São Paulo, ao conhecimento da Comissão Interamericana de Direitos Humanos, que a entendeu pertinente. Contudo, o Estado brasileiro não cumpriu as recomendações respectivas. Diante de tal situação, o Defensor Público
(A) deve peticionar à Comissão Interamericana de Direitos Humanos requerendo a remessa do caso à Corte Interamericana de Direitos Humanos, para que o Brasil seja formalmente condenado.
(B) deve requerer à Corte Interamericana de Direitos Humanos que seja o caso trazido à sua apreciação, para que o Brasil seja formalmente condenado.
(C) pode quedar inerte, pois a remessa do caso pela Comissão Interamericana de Direitos Humanos à Corte Interamericana de Direitos Humanos é automática nestes casos.
(D) pode requerer a homologação da decisão da Comissão Interamericana de Direitos Humanos perante o Supremo Tribunal Federal, nos termos do artigo 483 do Código de Processo Civil, para posterior execução.
(E) deve peticionar à Comissão Interamericana de Direitos Humanos para que oficie diretamente o Governo do Estado de São Paulo para que cumpra suas recomendações.

Após o prazo fixado para atendimento das recomendações, a Comissão decidirá, pelo voto da maioria absoluta dos seus membros, se o Estado tomou ou não medidas adequadas e se publica ou não seu relatório – art. 51, § 3º, do Pacto de São José da Costa Rica. Compete à Comissão apresentar o caso à Corte, não sendo necessária providência do interessado – 61, § 1º, do Pacto. Gabarito "C".

(Defensoria/SP – 2007 – FCC) O Caso Velasquez Rodriguez, julgado pela Corte Interamericana de Direitos Humanos em 1988, tem relevância histórica porque o tribunal
(A) estabeleceu que os Estados têm o dever de prevenir, investigar e punir violações de direitos humanos enunciados na Convenção Americana de Direitos Humanos.
(B) ordenou, pela primeira vez, medidas provisórias para garantir a vida e a integridade física da vítima.
(C) consolidou o entendimento de que leis de anistia são incompatíveis com a Convenção Americana de Direitos Humanos.
(D) fixou os parâmetros para o pagamento de indenização em caso do desaparecimento forçado de pessoas.
(E) entendeu, pela primeira vez, que os direitos previstos no Protocolo de São Salvador têm exigibilidade imediata.

Velásquez Rodríguez, estudante universitário hondurenho, foi detido por autoridades policiais de seu país, em 1981. Foi torturado, sob acusação de crimes políticos e, posteriormente, desapareceu. A Corte Interamericana de Direitos Humanos proferiu sentença histórica em 1988, em que reconheceu a violação da Convenção Interamericana por Honduras, pois entre 1981 e 1984 o país sistematicamente promovia e tolerava sequestros seguidos de desaparecimento das vítimas. A Corte, por unanimidade, declarou que Honduras violou o direito e o dever de garantir o direito à liberdade, à integridade pessoal e à vida (arts. 4º, 5º e 7º c/c art. 1.1 da Convenção). Gabarito "A".

(Defensoria/SP – 2006 – FCC) No que diz respeito à interpretação da Convenção Americana de Direitos Humanos (OEA, 1969), a partir de suas regras, é possível afirmar que

(A) as normas da Convenção podem excluir outros direitos ou garantias inerentes ao ser humano, nela não expressamente previstos.
(B) as leis dos Estados parte podem limitar o gozo ou o exercício de direito ou liberdade previstos na Convenção.
(C) as normas da Convenção podem excluir ou limitar o efeito que possam produzir outros atos internacionais da mesma natureza.
(D) as normas da Convenção não se aplicam a Estado organizado sob a forma federativa, no que diz respeito a violações decorrentes de ato de governo local.
(E) as leis dos Estados parte podem ampliar o gozo ou o exercício de qualquer direito ou liberdade previstos na Convenção, para além do que ela prevê.

A: não há exclusão de outros direitos humanos – art. 29, c, do Pacto de São José da Costa Rica; B: salvo exceções expressas no próprio Pacto, não é possível limitação dos direitos por leis internas – art. 30; C: o Pacto afasta expressamente essa possibilidade – art. 29, d; D: não existe essa exclusão – art. 28 do Pacto; E: os Estados podem ampliar os direitos previstos no Pacto. Ademais, novos direitos podem ser incluídos no regime de proteção – art. 30 do Pacto. Gabarito "E".

(Defensoria/SP – 2006 – FCC) Maria da Penha Maia Fernandez durante anos de convivência matrimonial foi alvo de violência doméstica perpetrada por seu marido, o que culminou em tentativa de homicídio que a tornou paraplégica. Passados quinze anos da agressão, ainda não havia decisão final de condenação do agressor pelos tribunais nacionais e ele se encontrava em liberdade. Em caso semelhante, a medida adequada a tomar em face do Sistema Interamericano de Direitos Humanos, seria

(A) denunciar o caso à Corte Interamericana de Direitos Humanos para que se iniciasse um processo contra o agressor de Maria da Penha.
(B) denunciar o caso à Comissão Interamericana de Direitos Humanos, após o pleno esgotamento dos recursos da jurisdição interna brasileira, para que se iniciasse um processo contra o Brasil.
(C) denunciar o caso à Comissão Interamericana de Direitos Humanos, para que se iniciasse um processo contra o Brasil, não mais se aguardando o esgotamento dos recursos da jurisdição interna brasileira.
(D) nenhuma, uma vez que o Estado Brasileiro não é responsável internacionalmente pelos atos criminosos de seus cidadãos, relacionados à violência doméstica.
(E) denunciar o caso à Corte Interamericana de Direitos Humanos para que se iniciasse um processo contra o Brasil.

As denúncias e queixas relativas à violação do Pacto de São José da Costa Rica por Estado podem ser apresentadas por pessoas, grupos de pessoas ou organizações não governamentais à Comissão Interamericana de Direitos Humanos (não diretamente à Corte) – art. 44 do Pacto. Em princípio, os recursos na jurisdição interna devem ser previamente esgotados. No entanto, essa exigência é afastada no caso de demora injustificada no julgamento – art. 46, § 2º, c, do Pacto. Gabarito "C".

(CESPE – 2004) Para a apresentação à Comissão Interamericana de Direitos Humanos de petição individual contendo denúncias ou queixas de violação da Convenção Americana sobre Direitos Humanos por um Estado parte, devem-se cumprir pressupostos processuais e de admissibilidade. Considerando esses pressupostos, a parte peticionária

(A) pode ser qualquer pessoa ou grupo de pessoas ou entidade não-governamental legalmente reconhecida em um ou mais Estados membros da Organização dos Estados Americanos.
(B) deve constituir advogado.
(C) deve demonstrar a sua condição de vítima ou comprovar a autorização expressa da vítima ou dos familiares desta.
(D) deve comprovar, em qualquer caso, que interpôs e esgotou, previamente, todos os recursos de jurisdição interna.

A, B, C e D: A Comissão Interamericana de Direitos Humanos é o órgão administrativo do sistema regional de proteção americano. Sua composição é de sete membros, que deverão ser pessoas de alta autoridade moral e de reconhecido saber em matéria de direitos humanos. Os membros da Comissão serão eleitos, a título pessoal, pela Assembleia Geral da Organização, a partir de uma lista de candidatos propostos pelos governos dos Estados membros. Vale lembrar que não pode fazer parte da Comissão mais de um nacional de um mesmo país. E sua principal função é promover o respeito aos direitos humanos no continente americano. Destarte, tem competência para enviar recomendações aos Estados partes da Convenção Americana de Direitos Humanos, ou até mesmo para os Estados membros da OEA. Em sua competência insere-se também a possibilidade de realizar estudos, solicitar informações aos Estados no que tange à implementação dos direitos humanos inculpidos na Convenção, como também confeccionar um relatório anual para ser submetido à Assembleia Geral da Organização dos Estados Americanos. Um aspecto importante de sua competência é a possibilidade de **receber petições do indivíduo "lesionado", de terceiras pessoas ou de organizações não governamentais legalmente reconhecidas em um ou mais Estados membros da OEA que representem o indivíduo lesionado**. Entrementes, essa competência só poderá ser exercida se o estado violador aderiu à Convenção Americana de Direitos Humanos. Percebe-se que não é necessário a expressa aceitação da competência da Comissão para receber petições, bastando que o estado tenha aderido à Convenção. A Comissão também tem competência para receber comunicações interestatais. Conforme já visto no sistema global de proteção, nesse mecanismo um Estado parte pode denunciar o outro que incorrer em violação dos direitos humanos. Mas, para ter validade, os dois estados, denunciante e denunciado, devem ter expressamente declarada a competência da Comissão Interamericana de Direitos Humanos para tanto. Figuram-se aqui os mesmos requisitos de admissibilidade verificados quando da análise do procedimento de apresentação de petições individuais e de comunicações interestatais no sistema global de proteção. Ou seja, só serão aceitas as petições ou as comunicações que comprovarem a inexistência de litispendência internacional e o esgotamento de todos os recursos internos disponíveis. Ademais, o art. 46 da Convenção Americana de Direitos Humanos também exige que a petição ou a comunicação seja apresentada dentro do prazo de seis meses, a partir da data em que o presumido prejudicado em seus direitos tenha sido notificado da decisão definitiva exarada no sistema protetivo nacional. E o sistema americano impõe a mesma ideia de ressalva existente no sistema global. As regras de esgotamento de todos os recursos internos disponíveis e a do prazo de seis meses para a apresentação da petição ou comunicação não serão aplicadas quando o indivíduo for privado de seu direito de ação pela jurisdição doméstica, ou lhe forem ceifadas as garantias do devido processo legal ou, ainda, se os processos internos forem excessivamente demorados. Gabarito "A".

(Delegado/SP – 2003) Assinale a alternativa que não se encontra explicitada no texto da Convenção Americana sobre Direitos Humanos.

(A) Toda pessoa tem direito a um prenome.
(B) O direito à vida deve ser protegido por lei e, em geral, desde o nascimento.
(C) Os menores, quando puderem ser processados, devem ser separados dos adultos e conduzidos a tribunal especializado.
(D) Toda pessoa tem direito à liberdade e à segurança pessoal.

A: correta. Tal direito encontra-se inscupido no art. 18 da Convenção Americana de Direitos Humanos; B: incorreta. O art. 1º, IV, da Convenção Americana de Direitos Humanos dispõe que o direito à vida deve ser protegido por lei e, em geral, desde a **concepção**; C: correta. Tal direito encontra-se inscupido no art. 5º, V, da Convenção Americana de Direitos Humanos; D: correta. Tal direito encontra-se inscupido no art. 7º, I, da Convenção Americana de Direitos Humanos. Gabarito "B".

(Delegado/SP – 2003) Estabelece a Comissão Interamericana de Direitos Humanos e a Corte Interamericana de Direitos Humanos como meios de proteção e órgãos competentes "para conhecer dos assuntos relacionados com o cumprimento dos compromissos assumidos pelos Estados-parte nesta Convenção" a

(A) Convenção Americana sobre Direitos Humanos.
(B) Convenção Interamericana para Prevenir e Punir a Tortura.
(C) Carta das Nações Unidas.
(D) Declaração Universal dos Direitos Humanos.

A: assertiva correta. A Convenção Americana de Direitos Humanos de 1969 ou Pacto de San José da Costa Rica instituiu a Comissão Interamericana de Direitos Humanos e a Corte Interamericana de Direitos Humanos para monitorar o implemento das obrigações assumidas pelos Estados partes da Convenção Americana de Direitos Humanos; B, C e D: assertivas incorretas. Como visto no comentário à assertiva "a", a Comissão Interamericana de Direitos Humanos e a Corte Interamericana de Direitos Humanos foram instituídas pela Convenção Americana de Direitos Humanos. Gabarito "A".

(Delegado/SP – 2002) A Convenção Americana de Direitos Humanos prevê que somente a Comissão e os Estados signatários podem submeter controvérsias à Corte, não permitindo que indivíduos, grupos de indivíduos e organizações não governamentais a provoquem diretamente. Pretende-se com isso

(A) privilegiar a solução jurídica dos conflitos.
(B) privilegiar a solução consensual dos conflitos.

(C) possibilitar que todos a acionem diretamente.
(D) privilegiar a solução jurídica ou litigiosa dos conflitos.

A: incorreta. A legitimidade ou não dos indivíduos para exercer o *direito de petição* perante a Corte Interamericana de Direitos Humanos em nada interfere na juridicidade de suas decisões. Isto porque a solução jurídica dos conflitos é possível por ser a Corte o órgão jurisdicional do sistema regional de proteção americano. B: correta. Dotar o indivíduo de legitimidade para exercer o *direito de petição* perante a Corte possibilitaria a democratização no manejo do sistema regional de proteção americano, assim como também aumentaria a capilaridade de seu monitoramento. Por consequência desses efeitos benéficos veríamos um aumento substancial nas controvérsias submetidas à Corte e isto por dois motivos principais. O primeiro, como vimos, pela democratização no manejo do sistema regional de proteção e o segundo porque os indivíduos não iam proceder a considerações políticas prévias à propositura da controvérsia. As considerações políticas recheiam as decisões dos estados e mesmo da Comissão de submeter certa controvérsia à Corte. C: incorreta. Na verdade, é o contrário, pois a proibição dos indivíduos exercerem o *direito de petição* perante a Corte limita o acesso e não possibilita que todos a acionem; D: incorreta, consoante comentário feito em relação à assertiva "A". Gabarito "B".

(Delegado/SP – 1999) Caso a Comissão Interamericana de Direitos Humanos solicite informações sobre uma violação de direitos ocorrida em território nacional, o governo brasileiro

(A) é obrigado a fornecê-las em razão da Convenção Americana de Direitos Humanos de 1969.
(B) é obrigado a prestá-las, pois, sendo signatário da Declaração Universal dos Direitos Humanos de 1948, obrigou-se a prestar informações à Comissão Interamericana de Direitos Humanos.
(C) é obrigado a prestá-las, caso o Governo brasileiro, ao ratificar a Convenção Americana de Direitos Humanos, tivesse feito menção expressa a essa possibilidade de supervisão pela Comissão Interamericana de Direitos Humanos.
(D) não tem nenhuma obrigação de fornecer a referida informação, pois isso constituiria uma violação da soberania brasileira.

A: correta. O art. 41, *d*, da Convenção Americana de Direitos Humanos dispõe que a Comissão Interamericana de Direitos Humanos tem a função principal de promover a observância e a defesa dos direitos humanos e, no exercício de seu mandato, tem as seguintes funções e atribuições: a) estimular a consciência dos direitos humanos nos povos da América, b) formular recomendações aos governos dos Estados membros, quando considerar conveniente, no sentido de que adotem medidas progressivas em prol dos direitos humanos no âmbito de suas leis internas e seus preceitos constitucionais, bem como disposições apropriadas para promover o devido respeito a esses direitos, c) preparar estudos ou relatórios que considerar convenientes para o desempenho de suas funções, **d) solicitar aos governos dos Estados membros que lhe proporcionem informações sobre as medidas que adotarem em matéria de direitos humanos**, e) atender às consultas que, por meio da Secretaria Geral da Organização dos Estados Americanos, os Estados membros lhe formularem sobre questões relacionadas com os direitos humanos e, dentro de suas possibilidades, prestar-lhes o assessoramento que lhes solicitarem, f) atuar com respeito às petições e outras comunicações, no exercício de sua autoridade, de conformidade com o disposto nos artigos 44 a 51 desta Convenção e g) apresentar um relatório anual à Assembleia Geral da Organização dos Estados Americanos; B: incorreta. A Declaração Universal dos Direitos Humanos é o diploma central do sistema global de proteção dos direitos humanos, assim não tem ligação **direta** com o sistema americano de proteção dos direitos humanos (rever o comentário sobre a assertiva "A"); C: incorreta, pois a simples ratificação da Convenção Americana de Direitos Humanos já capacitaria a Comissão para solicitar aos governos dos Estados membros que lhe proporcionem informações sobre as medidas que adotarem em matéria de direitos humanos. Isto é, não é necessário menção expressa, pois assim não foi previsto pela Convenção; D: incorreta. O conceito de soberania absoluta encontra-se há muito mitigado, poderíamos lançar mão de inúmeros argumentos que afastam a pretensa violação da soberania brasileira no caso mencionado na assertiva "D". Mas, é suficiente apontar que o Brasil, com suporte no *princípio da autodeterminação dos povos*, aquiesceu à competência da Comissão Interamericana de Direitos Humanos. Isto é, com supedâneo em sua soberania escolheu fazer parte do sistema americano de proteção dos direitos humanos e qualquer determinação ou punição que provier desse sistema já foi aceita de antemão pelo Brasil. Gabarito "A".

(Delegado/SP – 1998) Segundo expressamente estabelece a Convenção Americana de Direitos Humanos (Pacto de San José da Costa Rica), o direito de submeter casos à decisão da Corte Interamericana de Direitos Humanos pertence

(A) a qualquer pessoa.
(B) somente aos Estados partes e à Comissão Interamericana de Direitos Humanos.
(C) somente à Comissão Interamericana de Direitos Humanos.
(D) a qualquer pessoa que esteja sob jurisdição dos Estados partes.

A, B, C e D: a Corte Interamericana de Direitos Humanos é o órgão jurisdicional do sistema regional de proteção americano. Sua composição é de setes juízes, os quais são nacionais dos países-membro da OEA. E a escolha desses juízes é feita pelos Estados partes da Convenção; vale sublinhar que tal escolha é realizada a título pessoal dentre juristas da mais alta autoridade moral, de reconhecida competência em matéria de direitos humanos e que reúnam as condições requeridas para o exercício das mais elevadas funções judiciais, de acordo com a lei do estado do qual sejam nacionais, ou do estado que os propuser como candidatos. E também não deve haver dois juízes da mesma nacionalidade. Um traço marcante é que a Corte só pode ser acionada pelos Estados partes ou pela Comissão; o indivíduo, conforme art. 61 da Convenção, fica proibido de apresentar petição à Corte. Gabarito "B".

(Delegado/SP – 1998) A Convenção Americana de Direitos Humanos (Pacto de San José da Costa Rica), procedendo à expressa correlação entre deveres e direitos estabelece que toda a pessoa tem deveres para com

(A) a família, a comunidade e a humanidade.
(B) o Estado e seus governantes.
(C) o movimento internacional de proteção aos direitos humanos.
(D) a Comissão e a Corte Interamericana de Direitos Humanos.

A, B, C e D: o art. 32, I, da Convenção Americana de Direitos Humanos dispõe que toda pessoa tem deveres para com **a família, a comunidade e a humanidade**. Gabarito "A".

(Delegado/SP – 1998) A Convenção Americana de Direitos Humanos estabeleceu que "toda pessoa acusada de um delito tem direito a que se presuma sua inocência, enquanto não for legalmente comprovada sua culpa". A Constituição brasileira, nessa esteira, dispôs que "ninguém será considerado culpado até o trânsito em julgado de sentença penal condenatória". À vista da vigência desses preceitos é correto afirmar que

(A) a lei processual penal não poderá opor qualquer restrição ao direito do réu de apelar em liberdade.
(B) o réu primário e de bons antecedentes somente poderá ser preso em virtude de pena privativa de liberdade, imposta através de sentença condenatória transitada em julgado.
(C) o réu não terá o seu nome lançado no rol dos culpados enquanto não estiver definitivamente condenado.
(D) ninguém será preso por dívidas.

A: incorreta. Não condiz com os preceitos exteriorizados na questão; B: incorreta. Não condiz com os preceitos exteriorizados na questão; C: correta. Condiz perfeitamente com os preceitos exteriorizados na questão, assim, o réu não terá seu nome lançado no rol dos culpados enquanto não estiver definitivamente condenado. Isto porque a Constituição brasileira e a Convenção Americana de Direitos Humanos definem, cada uma a sua maneira, que ninguém será considerado culpado até o trânsito em julgado de sentença penal condenatória; D: incorreta. Não condiz com os preceitos exteriorizados na questão. Gabarito "C".

(Delegado/SP – 1998) Dentre as ações internacionais intentadas contra o Estado Brasileiro perante a Comissão Interamericana de Direitos Humanos podemos destacar

(A) o caso referente à violação dos direitos das populações indígenas no Brasil, especialmente perpetrada contra a comunidade Yanomami.
(B) o caso da morte, por policiais, de cento e onze presos, na Casa de Detenção (conhecida como "Presídio do Carandiru"), no Município de São Paulo.
(C) os casos de violência rural no Estado do Pará, com registros de assassinatos e agressões vitimando trabalhadores rurais.
(D) todas as assertivas acima estão corretas.

A: correta. Trata-se do Caso 7615. Esse caso é bem peculiar, pois foi submetido à Comissão Interamericana de Direitos Humanos somente por organizações não governamentais de âmbito internacional contra o governo brasileiro. As organizações não governamentais (*Survival International, Indian Law Resource Center, Anthropology Resource Center*, entre outras) acusaram o governo brasileiro de violar os direitos à vida, à liberdade, à segurança, à igualdade perante a lei, à saúde e bem-estar, à educação e à propriedade dessas populações indígenas. Por fim, a Comissão reconheceu as violações dos direitos dos índios Yanomamis e traçou algumas recomendações ao governo brasileiro com o fito de reverter o quadro de violações aos povos indígenas. Ademais, foi submetida outra acusação contra o

Brasil no que tange à violação dos direitos dos índios Yanomamis (Caso 11745); B: correta. O Caso 11291 que trata da morte, por policiais, de cento e onze presos, no Presídio do Carandiru, insere-se no universo de casos submetidos à Comissão Interamericana de Direitos Humanos sobre violência policial. Esse caso foi submetido à Comissão pelo Centro para Justiça e o Direito Internacional, Comissão Teotônio Vilela e *Human Rights* Watch. É interessante apontar que um dos pedidos dos peticionários era a desativação do complexo do Carandiru, o que foi feito mediante sua implosão em 2003; C: correta. Em grande parcela dos casos no qual o governo brasileiro é acusado de violar direitos humanos, e, assim, obrigações internacionais, afigura-se o problema da violência rural. Os casos que envolvem violência rural foram submetidos à Comissão por organizações não governamentais de âmbito internacional e nacional (Comissão Pastoral da Terra, *Human Rights Watch*, Centro para a Justiça e o Direito Internacional, entre outras). A maioria dos casos trata de violência rural localizada no Estado do Pará; D: correta e esta deve ser assinalada porque todas as assertivas estão corretas. Gabarito "D".

(Ministério Público do Trabalho – 14º) Quanto ao sistema interamericano de proteção dos direitos humanos, analise as assertivas abaixo:

I. No âmbito da Organização dos Estados Americanos, ao contrário do que ocorre no da ONU, só há um Pacto de Direitos Humanos, que trata dos Direitos Civis e Políticos, o Pacto de São José da Costa Rica, não havendo um pacto de direitos sociais, econômicos e culturais.

II. O Pacto de São José da Costa Rica restringe a prisão civil por dívidas ao devedor de alimentos.

III. O Pacto de São José da Costa Rica proíbe todo tipo de trabalho forçado ou obrigatório, inclusive ao presidiário.

IV. O Pacto de São José da Costa Rica consagra o duplo grau de jurisdição ao garantir o direito de recorrer de sentença a juiz ou tribunal.

Assinale a alternativa CORRETA:

(A) apenas os itens III e IV são corretos;
(B) apenas os itens I e II são corretos;
(C) apenas os itens I e IV são corretos;
(D) apenas os itens II e IV são corretos;
(E) não respondida.

I: o Pacto de São José da Costa Rica abarca os direitos civis e políticos (Capítulo II) e os direitos econômicos, sociais e culturais (ainda que de maneira sucinta, remetendo à Carta da Organização dos Estados Americanos – Capítulo III); II: art. 7º, § 7º, do Pacto. Importante lembrar que o STF reconheceu que o Pacto de São José da Costa Rica é norma supralegal com fundamento de validade no art. 5º, § 2º, da CF, razão pela qual cancelou a Súmula 619/STF e afastou a possibilidade de prisão do depositário infiel – ver HC 94.013/SP-STF; III: não há vedação de trabalhos exigidos de pessoa reclusa em cumprimento de sentença ou resolução formal expedida pela autoridade judiciária competente – art. 6º, § 3º, *a*, do Pacto; IV: art. 8º, § 2º, *h*, do Pacto. Gabarito "D".

(Ministério Público do Trabalho – 13º) Em relação aos mecanismos de proteção dos direitos humanos, é INCORRETO afirmar que:

(A) a Comissão de Direitos Humanos das Nações Unidas, a par de fixar parâmetros mínimos para a proteção dos direitos humanos, elaborando projetos para várias convenções internacionais, também aprecia casos específicos de violações a direitos humanos;
(B) o sistema interamericano tem como principal instrumento a Convenção Americana de Direitos Humanos, que estabelece a Comissão Interamericana e a Corte Interamericana de Direitos Humanos;
(C) não é da competência da Comissão Interamericana de Direitos Humanos examinar as comunicações, encaminhadas por indivíduos ou entidades não governamentais, que contenham denúncia de violação a direito consagrado pela Convenção Americana, por Estado que dela seja parte;
(D) a Corte Interamericana de Direitos Humanos possui competência consultiva e contenciosa;
(E) não respondida.

A: a Comissão de Direitos Humanos foi substituída pelo Conselho de Direitos Humanos, pela Assembleia Geral da ONU em março de 2006; B: o sistema interamericano de direitos humanos é composto pela Comissão Interamericana e pela Corte Interamericana de Direitos Humanos, órgãos previstos no Pacto de São José da Costa Rica (art. 33); C: a Comissão tem essa competência – art. 44 do Pacto de São José da Costa Rica; D: arts. 63 e 64 do Pacto de São José da Costa Rica. Gabarito "C".

5. PACTO INTERNACIONAL DOS DIREITOS CIVIS E POLÍTICOS E PACTO INTERNACIONAL DOS DIREITOS ECONÔMICOS, SOCIAIS E CULTURAIS

(Defensoria/PA – 2009 – FCC) O Pacto Internacional de Direitos Civis e Políticos estabelece a aplicação

(A) imediata de direitos civis e políticos, contemplando os mecanismos de relatórios e comunicações interestatais e, mediante Protocolo Facultativo, a sistemática de petições individuais.
(B) progressiva de direitos civis e políticos, contemplando os mecanismos de relatórios e, mediante Protocolo Facultativo, a sistemática de petições individuais e comunicações interestatais.
(C) progressiva de direitos civis e políticos, contemplando apenas o mecanismo de relatórios.
(D) imediata de direitos civis e políticos, contemplando os mecanismos de relatórios, comunicações interestatais, petições individuais e investigações in loco.
(E) imediata de direitos civis e políticos, contemplando apenas o mecanismo de relatórios.

A aplicação dos direitos civis e políticos é imediata, não progressiva – art. 44 do Pacto de Direitos Civis e Políticos – PDCP (promulgado pelo Decreto 592/1992).
O Pacto em si prevê a obrigação de os Estados apresentarem **relatórios** e a possibilidade de **comunicações interestatais**. O primeiro Protocolo, de adesão facultativa, prevê a possibilidade de **petições individuais**.
Todos os Estados que aderiram ao PDCP comprometeram-se a submeter **relatórios** sobre as medidas adotadas para tornar efetivos os direitos reconhecidos no Pacto e sobre o progresso alcançado no gozo desses direitos – art. 40 do PDCP.
Os Estados têm a faculdade de, a qualquer momento, reconhecer a competência do Comitê de Direitos Humanos para receber e examinar as acusações formuladas por outro Estado, no sentido de que não estão cumprindo os deveres previstos no PDCP (é o mecanismo das **comunicações interestatais**). As comunicações somente podem ser feitas por Estados que tenham reconhecido a competência do Comitê contra Estados que também tenham reconhecido essa competência – art. 41, § 1º, do PDCP.
Os Estados que aderirem ao PDCP podem aderir também ao Protocolo Facultativo de 1966 e, assim, reconhecer a competência do Comitê para receber e examinar **petições individuais**. A petição individual é a acusação formulada por indivíduo contra o Estado, alegando ter sido vítima de violação de quaisquer dos direitos enunciados no PDCP. O Comitê não receberá petições individuais contra Estados que não tenham aderido ao Protocolo Facultativo. Gabarito "A".

(Defensoria/SP – 2009 – FCC) No tocante aos mecanismos de monitoramento e implementação dos direitos que contemplam, o Pacto Internacional dos Direitos Civis e Políticos e o Pacto Internacional dos Direitos Econômicos, Sociais e Culturais têm em comum

(A) o envio de relatórios e a comunicação interestatal.
(B) a sistemática de petições.
(C) o envio de relatórios, a comunicação interestatal e a sistemática de petições.
(D) o envio de relatórios.
(E) o envio de relatórios, a comunicação interestatal e a sistemática de petições, mediante adesão à protocolo facultativo.

Veja o comentário à questão anterior quanto ao PDCP, que possui os mecanismos de relatórios e comunicações interestatais e, para os Estados que aderirem ao Protocolo Facultativo, o mecanismo das petições individuais.
O Pacto dos Direitos Econômicos, Sociais e Culturais – PDESC (promulgado pelo Decreto 591/1992), prevê apenas o mecanismo de relatórios. Os Estados se comprometem a apresentar informes sobre as medidas que tenham adotado e sobre os progressos realizados a fim de garantir o respeito aos direitos reconhecidos no PDESC – art. 16. Gabarito "D".

(Defensoria/PA – 2009 – FCC) O Pacto Internacional de Direitos Econômicos, Sociais e Culturais e o Protocolo de San Salvador em matéria de direitos econômicos, sociais e culturais preveem que estes direitos têm aplicação

(A) imediata, devendo ser implementados pelos Estados partes no prazo de cinco anos a contar da ratificação dos aludidos tratados.
(B) imediata, devendo ser implementados pelos Estados partes no prazo de dois anos a contar da ratificação dos aludidos tratados.

(C) progressiva, estando condicionados à prévia implementação dos direitos civis e políticos, vedado o retrocesso social.
(D) imediata, devendo os Estados dispor do máximo dos recursos disponíveis para a sua realização, permitido o retrocesso social com base na reserva do possível.
(E) progressiva, devendo os Estados dispor do máximo dos recursos disponíveis para a sua realização, vedado o retrocesso social.

Diferentemente do PDCP, o PDESC prevê a **progressividade** em relação aos direitos que enumera. Os Estados se comprometem a adotar medidas para obter **progressivamente** a plena efetividade dos direitos reconhecidos pelo PDESC, no limite dos recursos de que disponham – art. 2º, § 1º, do PDESC. Essa progressividade implica **proibição de retrocesso social**, ou seja, de posterior redução ou extinção dos direitos já garantidos. Essas mesmas características (progressividade e consequente proibição de retrocesso social) estão presentes no Protocolo Adicional à Convenção Americana sobre Direitos Humanos em matéria de Direitos Econômicos, Sociais e Culturais (Protocolo de San Salvador, art. 1º). Gabarito "E".

(Defensoria/MT – 2009 – FCC) Tendo em vista o Protocolo Adicional à Convenção Americana sobre Direitos Humanos em Matéria de Direitos Econômicos, Sociais e Culturais, NÃO constitui direito nele reconhecido:

(A) À reserva de percentual de cargos públicos para as pessoas portadoras de deficiência.
(B) À licença-maternidade, antes e depois do parto.
(C) A uma remuneração equitativa e igual por trabalho igual.
(D) À total imunização contra as principais doenças infecciosas.
(E) À educação primária gratuita.

A: não há previsão nesse sentido, no Protocolo de San Salvador; B: a licença-maternidade antes e depois do parto é direito da seguridade social previsto no art. 9º, § 2º, do Protocolo de San Salvador; C: a remuneração isonômica é prevista, nesses exatos termos, no art. 7º, a, in fine, do Protocolo; D: trata-se de direito à saúde previsto expressamente no art. 10, § 2º, c, do Protocolo; E: a educação primária obrigatória, acessível a todos e gratuita é prevista como direito à educação no art. 13, § 3º, a, do Protocolo. Gabarito "A".

(Defensoria/MT – 2009 – FCC) As questões climáticas e o desmatamento das florestas são temas polêmicos e de preocupação mundial. Dos instrumentos internacionais de direitos humanos que figuram no Edital deste concurso, algum faz referência ao direito à preservação do meio ambiente?

(A) Apenas o Pacto Internacional de Direitos Econômicos, Sociais e Culturais.
(B) Apenas o Protocolo sobre Direitos Econômicos, Sociais e Culturais (Protocolo de São Salvador).
(C) Apenas o Pacto Internacional de Direitos Econômicos, Sociais e Culturais e o Protocolo sobre Direitos Econômicos, Sociais e Culturais (Protocolo de São Salvador).
(D) Apenas a Declaração Universal dos Direitos Humanos.
(E) Não, nenhum.

Dos acordos internacionais listados, apenas o Protocolo Adicional à Convenção Americana sobre Direitos Humanos em matéria de Direitos Econômicos, Sociais e Culturais (Protocolo de San Salvador) faz referência ao Direito a um Meio Ambiente Saudável – art. 11. Gabarito "B".

(Defensoria Pública da União – 2007 – CESPE) Julgue o item a seguir.

(1) O Pacto Internacional de Direitos Sociais, Econômicos e Culturais não prevê o direito de petição da vítima de violação dos direitos nele protegidos ao comitê criado pelo próprio pacto.

O Pacto citado (promulgado pelo Decreto 591/1992) não prevê nada nesse sentido. Gabarito 1C.

(Defensoria Pública da União – 2007 – CESPE) Julgue o item a seguir.

(1) Aplica-se aos direitos sociais, econômicos e culturais o princípio da proibição do retrocesso.

O princípio de proibição do retrocesso é prestigiado, por exemplo, no art. 5º, 2, do Pacto Internacional sobre Direitos Econômicos, Sociais e Culturais, que veda a restrição ou negligência de direitos fundamentais previstos na legislação interna do Estado, sob pretexto de que o Pacto não os reconhece, ou os reconhece em grau menor. Gabarito 1C.

(Defensoria/SP – 2006 – FCC) Comparando-se a natureza da obrigação estatal de tornar efetivos os direitos humanos e liberdades fundamentais, nos termos do Pacto Internacional dos Direitos Econômicos, Sociais e Culturais e do Pacto Internacional dos Direitos Civis e Políticos, é correto afirmar:

(A) O conceito de realização progressiva dos direitos civis e políticos constitui o reconhecimento de que a efetividade plena de tais direitos não será possível de ser alcançada em curto prazo.
(B) Os direitos econômicos, sociais e culturais refletem uma aspiração política da sociedade, não decorrendo deles direito subjetivo exigível judicialmente.
(C) A efetividade dos direitos econômicos, sociais e culturais decorre de sua previsão legal e não gera para o Estado a obrigação de promovê-los.
(D) O conceito de realização imediata dos direitos civis e políticos decorre de sua origem jusnatural, inexistindo obrigação estatal decorrente.
(E) O conceito de realização progressiva dos direitos econômicos, sociais e culturais não deve ser interpretado como supressor do caráter obrigatório de promoção daqueles direitos.

A: a realização progressiva é prevista apenas no Pacto sobre Direitos Econômicos, Sociais e Culturais – Decreto 591/1992 (art. 2º), não no Pacto sobre Direitos Civis e Políticos – Decreto 592/1992; B: esses direitos econômicos, sociais e culturais implicam direitos subjetivos exigíveis judicialmente – art. 5º, XXXV, e § 2º, da CF; C e E: os Estados comprometem-se a promover a efetividade dos direitos previstos no Pacto sobre Direitos Econômicos, Sociais e Culturais – art. 2º, 1; D: os Estados comprometem-se a promover e garantir os direitos previstos no Pacto sobre Direitos Civis e Políticos – art. 2º. Gabarito "E".

(Magistratura do Trabalho – 18ª Região – 2006) Os Estados signatários do Pacto Internacional sobre Direitos Econômicos, Sociais e Culturais, adotado pela XXI Sessão da Assembléia-Geral das Nações Unidas, em 19 de dezembro de 1966, reconheceram o direito de toda pessoa ao gozo de condições de trabalho eqüitativas e satisfatórias. A propósito das garantias estabelecidas no referido diploma, assinale a alternativa correta.

(A) Os Estados signatários do Pacto Internacional sobre Direitos Econômicos, Sociais e Culturais garantiram a percepção de salário eqüitativo e igual por trabalho de igual valor, sem distinções de espécie alguma e o descanso, o gozo do tempo livre, a limitação racional das horas de trabalho e as férias periódicas pagas, exceto a remuneração dos feriados.
(B) Os Estados signatários do Pacto Internacional sobre Direitos Econômicos, Sociais e Culturais garantiram a percepção de salário eqüitativo e igual por trabalho de igual valor, sem distinções de espécie alguma e o direito de greve, exercido em conformidade com as leis de cada país, sem nenhuma restrição.
(C) Os Estados signatários do Pacto Internacional sobre Direitos Econômicos, Sociais e Culturais garantiram a percepção de salário eqüitativo e igual por trabalho de igual valor, sem distinções de espécie alguma e o direito dos sindicatos de formar federações ou confederações nacionais e o direito destas de fundar organizações sindicais internacionais ou de filiarem-se a elas.
(D) Os Estados signatários do Pacto Internacional sobre Direitos Econômicos, Sociais e Culturais garantiram o direito de greve, exercido em conformidade com as leis de cada país, sem nenhuma restrição e igual oportunidade para todos de serem promovidos, dentro do seu trabalho, à categoria que lhes corresponda, não considerando senão os fatores tempo de serviço e capacidade.
(E) Os Estados signatários do Pacto Internacional sobre Direitos Econômicos, Sociais e Culturais garantiram o direito de greve, exercido em conformidade com as leis de cada país, sem nenhuma restrição, e o descanso, o gozo do tempo livre, a limitação racional das horas de trabalho e as férias periódicas pagas, exceto a remuneração dos feriados.

A: incorreta, pois não existe no art. 7º do Pacto Internacional dos Direitos Econômicos, Sociais e Culturais a exceção (exceto a remuneração dos feriados) constante da assertiva; B: incorreta, pois a redação do art. 7º, a, i, do Pacto Internacional dos Direitos

Econômicos, Sociais e Culturais é a seguinte: "um salário equitativo e uma remuneração igual por um trabalho de igual valor, sem qualquer distinção; em particular, as mulheres deverão ter a garantia de condições de trabalho não inferiores às dos homens e receber a mesma remuneração que ele por trabalho igual"; C: correta, pois reflete a redação dos arts. 7º, a, i, e 8º, ponto 1, b, ambos do Pacto Internacional dos Direitos Econômicos, Sociais e Culturais; D: incorreta, pois o Pacto Internacional dos Direitos Econômicos, Sociais e Culturais, no seu art. 8º, ponto 2, admite a possibilidade de restrições legais ao direito de greve em relação aos membros das forças armadas, da política e da administração pública; E: incorreta. Reler os comentários às assertivas "A" e "D". Gabarito "C".

(Defensor Público/BA – 2006) Consoante dispõe o Pacto Internacional dos Direitos Civis e Políticos, adotado pela Resolução nº 2.200 A (XXI) da Assembléia Geral das Nações Unidas, em 16 de dezembro de 1966 e ratificado pelo Brasil em 24 de janeiro de 1992, tem-se que:

I. Para a consecução de seus objetivos, todos os povos podem dispor livremente de suas riquezas e de seus recursos naturais, sem prejuízo das obrigações decorrentes da cooperação econômica internacional, baseada no princípio do proveito mútuo e do Direito Internacional.

II. Os Estados partes comprometem-se a garantir que toda pessoa, cujos direitos e liberdades reconhecidos no referido Pacto hajam sido violados, possa dispor de um recurso efetivo, mesmo que a violência tenha sido perpetrada por pessoas que agiam no exercício de funções oficiais.

III. Nos países em que a pena de morte não tenha sido abolida, esta poderá ser imposta apenas nos casos de crimes mais graves, em conformidade com a legislação vigente na época em que o crime foi cometido e que não esteja em conflito com as disposições do referido Pacto, nem com a Convenção sobre a Prevenção e a Repressão do Crime de Genocídio. Poder-se-á aplicar essa pena em decorrência de uma sentença transitada em julgado e proferida por tribunal competente.

Analisando as assertivas acima, verifica-se que:

(A) Apenas a I está correta.
(B) Apenas a II está correta.
(C) Apenas a III está correta.
(D) Apenas I e II estão corretas.
(E) Todas estão corretas.

I: correta, pois reproduz a redação do art. 1º, ponto 2, do Pacto Internacional dos Direitos Civis e Políticos; II: correta, pois reproduz a redação do art. 2º, ponto 3, a, do Pacto Internacional dos Direitos Civis e Políticos; III: correta, pois reproduz a redação do art. 6º, ponto 2, do Pacto Internacional dos Direitos Civis e Políticos. Sobre o Pacto é importante sublinhar que seu grande objetivo é tornar obrigatório, vinculante e expandir os direitos civis e políticos elencados na Declaração Universal dos Direitos Humanos. Gabarito "E".

(Defensoria/SP – 2006 – FCC) Em atenção ao que dispõe o Pacto Internacional dos Direitos Civis e Políticos e seu Segundo Protocolo Adicional com vista à Abolição da Pena de Morte, a pena de morte é

(A) proibida em qualquer hipótese, pois o direito à vida é inerente à pessoa humana, sendo vedada a formulação de reserva pelo Estado-parte, no ato de ratificação do tratado.
(B) proibida em qualquer hipótese, exceto mediante reserva formulada pelo Estado-parte, no ato de ratificação do tratado, relacionada à sua aplicação apenas em tempo de guerra.
(C) proibida em qualquer hipótese, exceto mediante reserva formulada pelo Estado-parte, no ato de ratificação, relacionada à sua aplicação apenas a crimes mais graves, obedecidos os princípios da legalidade, anterioridade e jurisdicionalidade.
(D) permitida nos Estados partes em que a pena de morte não havia sido abolida, à época da ratificação do tratado, mas reservada aos crimes mais graves, e obedecidos os princípios da legalidade, anterioridade e jurisdicionalidade.
(E) permitida em casos mais graves, obedecido o devido processo legal, a fim de compatibilizar o direito individual à vida com o direito social à segurança pública.

O Segundo Protocolo Adicional proíbe a pena de morte em qualquer hipótese, exceto mediante reserva formulada no momento da ratificação ou adesão prevendo sua aplicação apenas em tempo de guerra – art. 2º. Gabarito "B".

(Delegado/SP – 2000) Os direitos previstos no Pacto Internacional dos Direitos Civis de Políticos (1966)

(A) têm auto-aplicabilidade, mas não criam obrigações legais aos Estados membros.
(B) demandam aplicação progressiva e não criam obrigações legais aos Estados membros.
(C) demandam aplicação progressiva e criam obrigações legais aos Estados membros.
(D) têm auto-aplicabilidade e criam obrigações legais aos Estados membros.

A, B, C e D: o grande objetivo do Pacto Internacional dos Direitos Civis de Políticos é tornar obrigatório, vinculante e expandir os direitos civis e políticos elencados na Declaração Universal dos Direitos Humanos. **O Pacto Internacional dos Direitos Civis e Políticos impôs ao Estados membros sua imediata aplicação (autoaplicabilidade)**, diferentemente do Pacto Internacional dos Direitos Econômicos, Sociais e Culturais que determinou sua aplicação progressiva. Gabarito "D".

(Delegado/SP – 1999) O órgão responsável por monitorar a implementação do Pacto Internacional de Direitos Civis e Políticos de 1966 é

(A) a Corte Internacional de Justiça.
(B) a Corte Interamericana de Direitos Humanos.
(C) a Comissão Interamericana de Direitos Humanos.
(D) o Comitê de Direitos Humanos das Nações Unidas.

A: incorreta, pois a Corte Internacional de Justiça é o principal órgão judicial da ONU. A Corte funciona com base em seu Estatuto e pelas chamadas *Regras da Corte* – espécie de código de processo. A competência da Corte é ampla. Em relação à competência *ratione materiae*, a Corte poderá analisar todas as questões levadas até ela, como também todos os assuntos previstos na Carta da ONU ou em tratados e convenções em vigor. Já a competência *ratione personae* é mais limitada, pois a Corte só poderá receber postulações de estados, sejam ou não membros da ONU. O artigo 96 da Carta da ONU prevê uma função consultiva para a Corte. Assim, qualquer organização internacional intergovernamental – especialmente os órgãos das NU – poderá requerer parecer consultivo à Corte. Percebe-se que os Estados membro não podem solicitar, diretamente, parecer consultivo à CIJ. Tal função permite à Corte ser um órgão produtor de doutrina internacional; B: incorreta, pois a Corte Interamericana de Direitos Humanos é o órgão jurisdicional do sistema regional de proteção americano e auxilia (em conjunto com a Comissão Interamericana de Direitos Humanos) no monitoramento e na implementação da Convenção Americana de Direitos Humanos; C: incorreta, pois a Comissão Interamericana de Direitos Humanos tem por principal função promover o respeito aos direitos humanos na América, isto é, auxilia (em conjunto com a Corte Interamericana de Direitos Humanos) no monitoramento e na implementação da Convenção Americana de Direitos Humanos; D: correta, pois o Comitê dos Direitos Humanos, conforme determina o art. 28 do Pacto Internacional de Direitos Civis e Políticos, é o órgão criado com o objetivo de controlar a aplicação, pelos Estados partes, das disposições desse instrumento. Gabarito "D".

(Delegado/SP – 1999) Ao se tornar parte em um tratado internacional de Direitos Humanos, como o Pacto Internacional de Direitos Civis e Políticos de 1966, que tipo de obrigações são assumidas pelo Brasil?

(A) Colaborar com os países em desenvolvimento, em conformidade com o disposto no Pacto.
(B) Respeitar os direitos humanos dos cidadãos dos países vizinhos, em conformidade com o disposto no Pacto.
(C) Respeitar e garantir os direitos humanos e tomar medidas para implementação do Pacto no seu território.
(D) Tomar as medidas na esfera do Executivo necessárias a implementação do Pacto.

A, B, C e D: o grande objetivo do Pacto Internacional dos Direitos Civis de Políticos é tornar obrigatório, vinculante e expandir os direitos civis e políticos elencados na Declaração Universal dos Direitos Humanos. O Pacto Internacional dos Direitos Civis e Políticos impôs ao Estados membros (**entre eles o Brasil**) sua imediata aplicação (autoaplicabilidade). Destarte, o Brasil, como estado parte do Pacto, deverá implementar as obrigações internacionais assumidas pela adesão ao Pacto Internacional dos Direitos Civis e Políticos, ou seja, deverá seguir todos os comandos do Pacto no sentido de garantir a proteção e a implementação dos direitos humanos no território brasileiro. Ademais, conforme determina seu art. 40, os estados que aderirem ao Pacto (**entre eles o Brasil**) comprometem-se a *submeter relatórios* sobre as medidas por eles adotadas para tornar efetivos os direitos reconhecidos no presente Pacto e sobre o progresso alcançado no gozo desses direitos. O Pacto apresenta também um sistema, opcional, de *comunicações interestatais*. Por esse sistema um Estado parte pode denunciar o outro que incorrer em violações dos direitos humanos. Mas, para ter validade, os dois estados, denunciante e denunciado, devem ter expressamente declarada a competência do Comitê de Direitos Humanos para processar tais denúncias. E o Comitê de Direitos Humanos, conforme determina o art. 28 do Pacto, é o órgão criado com o objetivo de controlar a aplicação, pelos Estados partes, das disposições desse instrumento. Gabarito "C".

(Delegado/SP – 1999) Nos Estados federados, o Pacto Internacional de Direitos Civis e Políticos de 1966 aplica-se apenas

(A) às autoridades estaduais.
(B) às autoridades internacionais.
(C) aos órgãos da União
(D) a todas as entidades constitutivas da federação.

A, B, C e D: a soberania é o poder exclusivo que o estado, representado geralmente pelo governo, detém de constituir direitos e impor deveres sobre um grupo de pessoas conjugadas num espaço terrestre delimitado pela jurisdição deste mesmo Estado. Esse seria o âmbito interno da soberania, e como âmbito externo pode-se indicar a condição de igualdade que todos os estados possuem na comunidade internacional (princípio nuclear da Carta das Nações Unidas). Tendo por base a consideração sobre o âmbito externo e interno da soberania pode-se afirmar que o estado tem capacidade para livremente firmar tratados e assim assumir obrigações internacionais. Essas obrigações internacionais deverão ser respeitadas pelos estados que as assumiram. Percebe-se que a divisão política interna de cada país em nada interfere, pois a soberania só é exercida pelo estado em sua totalidade e não o contrário. No caso do Brasil, o Estado brasileiro é a ordem jurídica global (pessoa jurídica de direito público externo), composta por ordens jurídicas parciais: União, Estados e Municípios (pessoas jurídicas de direito público interno). Ou seja, os estados e os municípios não podem firmar tratados, e a União só poderá firmar tratados internacionais quando estiver representando o Estado brasileiro na sua totalidade, e não como pessoa jurídica de direito público interno. Gabarito "D".

6. TRIBUNAL PENAL INTERNACIONAL

(Defensoria/SP – 2009 – FCC) O Tribunal Penal Internacional tem competência para julgar pessoas

(A) e Estados acusados de crimes de guerra, contra a humanidade, genocídio e terrorismo.
(B) e Estados acusados de crimes de guerra, contra a humanidade e genocídio.
(C) acusadas de crimes de guerra, contra a humanidade e genocídio, ocorridos a partir da entrada em vigor do Estatuto de Roma, em 2002.
(D) acusadas de crimes de guerra, contra a humanidade e genocídio, ocorridos a partir da entrada em vigor do Estatuto de Roma, em 1998.
(E) acusadas de crimes de guerra, contra a humanidade, genocídio e terrorismo.

O Estatuto de Roma – ER entrou em vigor internacional em 1.7.2002 e, em relação ao Brasil, em 1.9.2002, tendo sido promulgado pelo Decreto 4.388, de 25.9.2002. O ER prevê a competência do Tribunal Penal Internacional – TPI para julgar os crimes de (i) genocídio, (ii) contra a humanidade; (iii) de guerra e (iv) de agressão. No caso da agressão, a definição do crime e as condições para que o TPI exerça a competência foram fixadas apenas recentemente, na Conferência de Revisão do Estatuto de Roma – Kampala/Uganda, em 2010. Gabarito "C".

(Defensor Público/MS – 2008 – VUNESP) Com relação ao Tribunal Penal Internacional, é correto afirmar que

(A) a competência do Tribunal restringir-se-á ao julgamento dos crimes de genocídio e crimes contra a humanidade.
(B) o Tribunal não terá jurisdição sobre pessoas que, à data da alegada prática do crime, não tenham ainda completado 21 anos de idade.
(C) os crimes da competência do Tribunal não prescrevem.
(D) o Tribunal só terá competência relativamente aos crimes cometidos após 17.07.1998, data da sua criação.

A: incorreta. O Tribunal Penal Internacional (TPI) foi constituído na Conferência de Roma, em 17 de julho de 1998, onde se aprovou o Estatuto de Roma (tratado que não admite a apresentação de reservas). A partir de então tem-se um tribunal permanente para julgar indivíduos (quaisquer indivíduos, independentemente de exercerem funções governamentais ou cargos públicos) acusados da prática de **crimes de genocídio, de crimes de guerra, de crimes de agressão e de crimes contra a humanidade**; B: incorreta, pois o art. 26 do Estatuto de Roma determina que o Tribunal não terá jurisdição sobre pessoas que, à data da alegada prática do crime, não tenham ainda completado **18 anos de idade**; C: correta, pois essa é a redação do art. 29 do Estatuto de Roma; D: incorreta. O art. 11, ponto 1, do Estatuto de Roma dispõe que o TPI só terá competência relativamente aos crimes cometidos após a **entrada em vigor** do Estatuto e não após a criação do TPI. O Estatuto de Roma entrou em vigor internacional em 1º de julho de 2002, e passou a vigorar, para o Brasil, em 1º de setembro de 2002. Gabarito "C".

(Defensoria Pública da União – 2007 – CESPE) Julgue o item a seguir.

(1) A prescrição nos crimes previstos no Estatuto de Roma, de competência do Tribunal Penal Internacional, se opera nos mesmos prazos da legislação do Estado parte do qual o réu é súdito.

Os crimes de competência do Tribunal Penal Internacional são imprescritíveis – art. 29 do Estatuto de Roma. Gabarito 1E.

(Defensoria/SP – 2007 – FCC) A respeito do Tribunal Penal Internacional, é INCORRETO afirmar:

(A) Sua jurisdição é adicional e complementar à dos Estados, cabendo a estes a responsabilidade primária quanto ao julgamento das violações de direitos humanos.
(B) Suas penas estão limitadas à prisão por 30 anos, podendo ser aplicada excepcionalmente a pena de morte, quando justificada pela extrema gravidade do crime e pelas circunstâncias pessoais do condenado.
(C) Além de sanções de natureza penal, pode determinar a reparação às vítimas de crimes e respectivos familiares.
(D) Tem competência para apreciar denúncias de cometimento de crimes contra os direitos humanos praticados por agentes públicos, sem distinções baseadas em cargo oficial.
(E) Tem natureza permanente e pode ser acionado em face do cometimento dos crimes contra a humanidade, de genocídio, e de guerra, os quais obedecem aos princípios da legalidade e anterioridade penal.

A: Preâmbulo do Estatuto de Roma; B: não há pena de morte – art. 77 do Estatuto de Roma; C: art. 75 do Estatuto de Roma; D: art. 27 do Estatuto de Roma; E: arts. 1º e 5º do Estatuto de Roma. Gabarito "B".

7. REGRAS MÍNIMAS PARA O TRATAMENTO DOS PRESOS E CONVENÇÃO CONTRA A TORTURA E OUTROS TRATAMENTOS OU PENAS CRUÉIS, DESUMANOS OU DEGRADANTES

(Defensoria/MA – 2009 – FCC) Nos termos da Convenção contra a Tortura e outros Tratamentos ou Penas Cruéis, Desumanos ou Degradantes, a tortura é

(A) proibida em toda e qualquer circunstância, seja ameaça ou estado de guerra, instabilidade política interna ou qualquer outra emergência pública, sendo um crime impróprio em que a qualidade de agente público é causa de aumento de pena.
(B) permitida excepcionalmente em estado de guerra, sendo um crime próprio que tem como sujeito ativo um agente público.
(C) permitida excepcionalmente para o combate ao terrorismo, sendo um crime impróprio em que a qualidade de agente público é causa de aumento de pena.
(D) proibida em toda e qualquer circunstância, seja ameaça ou estado de guerra, instabilidade política interna ou qualquer outra emergência pública, sendo um crime próprio que tem como sujeito ativo um agente público.
(E) permitida excepcionalmente em estado de guerra, sendo um crime impróprio em que a qualidade de agente público é causa de aumento de pena.

A tortura jamais é admitida – art. 2º da Convenção contra a Tortura e Outros Tratamentos ou Penas Cruéis, Desumanos ou Degradantes (promulgada pelo Decreto 40/1991).
Cada Estado tomará medidas eficazes de caráter legislativo, administrativo, judicial ou de outra natureza, a fim de impedir a prática de atos de tortura em qualquer território sob sua jurisdição – art. 2º, § 1º, da Convenção. Em nenhum caso poderão ser invocadas circunstâncias excepcionais, como ameaça ou estado de guerra, instabilidade política interna ou qualquer outra emergência pública, como justificativa para a tortura – art. 2º, § 2º, da Convenção. A ordem de um funcionário superior ou de uma autoridade pública não poderá ser invocada como justificativa para a tortura – art. 2º, § 3º, da Convenção. A tortura é crime próprio, pois as dores ou os sofrimentos a que se refere são infligidos por funcionário público ou outra pessoa no exercício de funções públicas, ou por sua instigação, ou com o seu consentimento ou aquiescência – art. 1º da Convenção. Importante notar que a definição dada pela Convenção não restringe qualquer instrumento internacional ou legislação nacional que contenha ou possa conter dispositivos de alcance mais amplo – art. 1º, *in fine*, da Convenção. Gabarito "D".

(Defensoria/MT – 2009 – FCC) A violação à dignidade dos presos é um grave problema nacional. A exemplo disso, a superpopulação carcerária no Estado do Mato Grosso era de 91,4% em 2007 (DEPEN, 2008). Em face do que dispõem os tratados internacionais de direitos humanos referidos no Edital do presente Concurso, considere as afirmações abaixo:

I. É direito do condenado criminalmente dispor de cela individual, com área mínima de seis metros quadrados.

II. O condenado criminalmente não pode ser obrigado à realização de trabalhos na prisão.

III. As penas privativas de liberdade devem ter por finalidade essencial a reabilitação social e moral dos condenados.

IV. O isolamento celular máximo, como medida punitiva, não pode ultrapassar trinta dias.

Diante dessas afirmações é correto afirmar que

(A) apenas II e III são verdadeiras.
(B) apenas I e III são verdadeiras.
(C) apenas II e III são falsas.
(D) I, II e IV são falsas.
(E) I, II e III são verdadeiras.

I: assertiva falsa, pois não há disposição convencional com essa metragem mínima. Entretanto, nos termos do art. 10 das Regras Mínimas para o Tratamento dos Presos, as acomodações destinadas aos reclusos, especialmente dormitórios, devem satisfazer todas as exigências de higiene e saúde, tomando-se devidamente em consideração as condições climatéricas e especialmente a cubicagem de ar disponível, o espaço mínimo, a iluminação, o aquecimento e a ventilação. Ademais, interessante lembrar que as Regras Mínimas preveem, em princípio, celas individuais para o descanso – art. 9º; II: falsa, pois o art. 6º, § 2º, do Pacto de São José da Costa Rica e o art. 8º, § 3º, b, do Pacto de Direitos Civis e Políticos – PDCP preveem expressamente a possibilidade de trabalhos forçados, desde que a pena seja imposta por tribunal competente, na forma da legislação do país; III: verdadeira, conforme o art. 5º, § 6º, do Pacto de São José da Costa Rica, o art. 10, § 3º, do PDCP e o art. 61 das Regras Mínimas; IV: falsa, pois não há limitação temporal nesse sentido, embora o art. 32 das Regras Mínimas restrinja a aplicabilidade das penas de isolamento. Gabarito "D".

(Ministério Público/RO – 2008 – CESPE) Um delegado de polícia resolveu colocar na mesma cela de uma delegacia de polícia duas menores de idade infratoras junto com um suspeito de estupro qualificado por morte, todos ainda não-condenados. Considerando essa situação hipotética, assinale a opção correta à luz das regras da ONU para o tratamento de pessoas presas, estabelecidas no 1.º Congresso das Nações Unidas Sobre Prevenção do Crime e Tratamento de Delinquentes, realizado em Genebra, em 1955.

(A) As regras da ONU não precisam ser aplicadas no caso em tela, pois a delegacia de polícia não equivale ao conceito de estabelecimento prisional previsto nas regras mínimas para o tratamento de pessoas presas.
(B) No caso em apreço, não há violação a nenhuma das regras previstas para o tratamento de pessoas presas, tendo em vista que, para menores, não se aplica o referido estatuto da ONU e, sim, o ECA brasileiro.
(C) Há clara violação das regras mínimas da ONU devido à inobservância das categorias das pessoas presas, na situação em epígrafe.
(D) Não haverá violação das regras da ONU se forem fornecidos água e artigos de higiene necessários à saúde e à limpeza.
(E) Como as pessoas colocadas na mesma cela ainda não foram condenadas, as referidas regras não se aplicam.

A e E: as Regras Mínimas para o Tratamento dos Reclusos, adotadas pelo Primeiro Congresso das Nações Unidas sobre a Prevenção do Crime e o Tratamento dos Delinquentes, realizado em Genebra em 1955, aplicam-se a todos os presos, qualquer que seja a espécie de estabelecimento prisional ou a natureza da reclusão (prisão preventiva ou para os já condenados) – item 4 das Observações Preliminares; B: embora a prisão de jovens não seja o objeto essencial das Regras, há disposições aplicáveis – item 5 das Observações Preliminares; C e D: em princípio, os menores não devem ser presos (item 5, 2, das Observações Preliminares). De qualquer forma, as Regras preveem separação dos reclusos por categorias, tendo em consideração o respectivo sexo e idade, antecedentes penais, razões da detenção e medidas necessárias a aplicar – art. 8º das Regras. Gabarito "C".

(Defensoria/SP – 2006 – FCC) A Lei nº 10.792/03 introduziu o Regime Disciplinar Diferenciado de cumprimento de penas (RDD), mediante o qual o preso pode ficar até 360 dias em cela individual, com direito a duas horas diárias de banho de sol. Tal sistemática pode ser entendida como violadora das Regras Mínimas para o Tratamento de Presos das Nações Unidas, pois

(A) conflita com o respeito devido à pessoa privada de liberdade, conforme previsto pela Declaração Universal dos Direitos Humanos, ratificada pelo Brasil.
(B) é vedado o uso de isolamento celular (solitária) como forma de punir presos ou de segregá-los em caso de rebelião.
(C) as Regras Mínimas para o Tratamento de Presos são consideradas tratado internacional de direitos humanos, tendo hierarquia legal superior à da Lei nº 10.792/03.
(D) ultrapassa os limites definidos pelas Regras Mínimas para a segregação prolongada de presos.
(E) a custódia de presos em celas coletivas, visando à sua ressocialização, é obrigatória.

A: a Declaração Universal não dispõe expressamente a respeito; B: as Regras Mínimas preveem, excepcionalmente, o isolamento, observadas determinadas condições – art. 32; C: as Regras Mínimas não são tratado reconhecido como supralegal; D: as Regras Mínimas preveem que em todos os locais destinados aos reclusos, para viverem ou trabalharem, as janelas devem ser suficientemente amplas de modo a que os reclusos possam ler ou trabalhar com luz natural e devem ser construídas de forma a permitir a entrada de ar fresco, haja ou não ventilação artificial – art. 11; E: as Regras Mínimas preveem, como regra, celas individuais para o descanso – art. 9º. Gabarito "D".

(Defensoria/SP – 2006 – FCC) Segundo a Convenção contra a Tortura e outros Tratamentos ou Penas Cruéis, Desumanos ou Degradantes (ONU, 1984), para a caracterização da tortura é relevante

(A) sua finalidade e irrelevante a intensidade do sofrimento causado.
(B) que seja praticada por funcionário público e irrelevante sua finalidade.
(C) a finalidade do ato e irrelevante o local onde ocorre.
(D) que o sofrimento seja agudo e irrelevante a qualidade de quem a pratica.
(E) o local onde ocorre e irrelevante a intensidade do sofrimento causado.

Art. 1º da Convenção – Decreto 40/1991. A Convenção descreve tortura como o ato pelo qual dores ou sofrimentos agudos, físicos ou mentais, são infligidos intencionalmente a uma pessoa (assim, a intensidade do sofrimento causado é essencial para sua caracterização). Ademais, o ato qualificado como tortura é aquele praticado para obter informações ou confissões, castigar, intimidar, coagir ou por qualquer motivo baseado em discriminação de qualquer natureza, quando tais dores ou sofrimentos são infligidos por funcionário público ou outra pessoa no exercício de funções públicas, ou por sua instigação, ou com o seu consentimento ou aquiescência (a finalidade, portanto, é essencial para a caracterização). É irrelevante o local onde ocorre. Gabarito "C".

(Delegado/SP – 2000) Segundo a Convenção Contra a Tortura e Outros Tratamentos ou Penas Cruéis e Degradantes (1984) o Estado parte onde se encontra o suspeito da prática de tortura deverá

(A) processá-lo ou extraditá-lo, mas somente se houver acordo bilateral de extradição.
(B) somente processá-lo tendo em vista o princípio da jurisdição compulsória.
(C) processá-lo ou extraditá-lo independentemente de tratado de extradição.
(D) somente extraditá-lo tendo em vista o princípio da jurisdição universal.

A, B, C e D: a tortura é considerada um crime internacional e para combatê-la a Convenção Contra a Tortura e Outros Tratamentos ou Penas Cruéis e Degradantes estabeleceu jurisdição compulsória e universal para julgar os acusados de tortura. A compulsoriedade da jurisdição determina que os estados-parte devem punir os torturadores, independentemente do local onde o crime foi cometido e da nacionalidade do torturador e da vítima. E a universalidade da jurisdição determina que **os Estados partes processem ou extraditem o suspeito da prática de tortura, independentemente da existência de tratado prévio de extradição**. Gabarito "C".

8. CONVENÇÃO SOBRE A ELIMINAÇÃO DE TODAS AS FORMAS DE DISCRIMINAÇÃO RACIAL

(Defensoria/MA – 2009 – FCC) À luz da Convenção Internacional sobre a Eliminação de todas as formas de Discriminação Racial, as ações afirmativas são

(A) proibidas, porque constituem uma forma de discriminação direta positiva, nos termos da Convenção.
(B) permitidas, cabendo aos Estados partes adotá-las para fomentar a promoção da igualdade étnico-racial.
(C) obrigatórias, devendo os Estados partes adotá-las no prazo de até cinco anos a contar da data da ratificação da Convenção.
(D) proibidas, porque constituem uma forma de discriminação indireta negativa, nos termos da Convenção.
(E) obrigatórias, devendo os Estados partes adotá-las no prazo de até dois anos a contar da data da ratificação da Convenção.

A Convenção Internacional sobre a Eliminação de todas as Formas de Discriminação Racial (promulgada pelo Decreto 65.810/1969) permite ações afirmativas promovidas pelos Estados. Nos termos do seu art. 1º, § 4º, não serão consideradas discriminação racial as medidas especiais tomadas com o único objetivo de assegurar o progresso adequado de certos grupos raciais ou étnicos ou de indivíduos que necessitem da proteção que possa ser necessária para proporcionar a tais grupos ou indivíduos igual gozo ou exercício de direitos humanos e liberdades fundamentais, contanto que tais medidas não conduzam, em consequência, à manutenção de direitos separados para diferentes grupos raciais e não prossigam após terem sido alcançados os seus objetivos. Gabarito "B".

(Defensoria/SP – 2006 – FCC) Segundo o IBGE (Instituto Brasileiro de Geografia e Estatística), a taxa de analfabetismo é de 17,2% no país. Entre brancos é de 10,6%, mas sobe para 25,2% entre pardos e 28,7% entre negros. Em 1998, o rendimento médio era de 5,6 salários mínimos entre brancos, mais que o dobro do rendimento de pardos (2,61) e negros (2,71). Mesmo quando estudam mais, negros e pardos têm mais dificuldade de aumentar os salários, diz o IBGE. Para cada ano de estudo a mais, brancos elevam a renda em 1,25 salário mínimo. Já a renda de negros e pardos cresce 0,53 salário para cada ano a mais de estudo. (Jornal Folha de São Paulo, Caderno Cotidiano – 05.06.2001) Relacionando tal realidade com as previsões da Convenção sobre a Eliminação de todas as formas de Discriminação Racial (ONU, 1965), é correto afirmar que este tratado

(A) autoriza a introdução de medidas especiais destinadas a assegurar o progresso adequado de grupos raciais ou étnicos.
(B) considera discriminatória a tomada de medidas especiais destinadas a assegurar o progresso adequado de grupos raciais ou étnicos.
(C) determina que o Estado parte complemente anualmente a renda dos membros dos grupos raciais ou étnicos prejudicados.
(D) contém apenas normas relativas a violações às liberdades individuais e não sobre condições econômicas e sociais.
(E) não se aplica ao Brasil por ser anterior à Constituição de 1988.

A e B: essas medidas especiais são admitidas, na forma e nas condições previstas do art. I, 4, da Convenção – Decreto 65.810/1969; C: não há essa determinação; D: a Convenção refere-se especificamente às condições econômicas e sociais como determinantes de discriminação racial – art. I, 1, da Convenção; E: a Constituição recepcionou a Convenção – art. 5º, § 2º, da CF. Gabarito "A".

(Delegado/SP – 2000) A adoção de medidas especiais de proteção ou incentivo a grupos ou indivíduos, com vistas a promover sua ascensão na sociedade até um nível de equiparação com os demais, com previsão na Convenção Sobre a Eliminação de Todas as Formas de Discriminação Racial (1968) denomina-se

(A) ação afirmativa.
(B) "apartheid".
(C) relativismo universal.
(D) política de segregação.

A: correta. Os Estados partes da Convenção Sobre a Eliminação de Todas as Formas de Discriminação Racial têm a obrigação de implementar políticas públicas que assegurem efetivamente a progressiva eliminação da discriminação racial. Percebe-se que o ideal de igualdade não vai ser atingido somente por meio de políticas repressivas que proíbam a discriminação. É necessário uma comunhão da proibição da discriminação (igualdade formal) com ações afirmativas temporárias (igualdade material). Tal dualidade de ação faz-se necessária, pois a parcela populacional vítima de descriminação racial coincide com a parcela socialmente vulnerável; B: incorreta. O *apartheid* foi um regime de segregação racial adotado de 1948 a 1994 pelos sucessivos governos do Partido Nacional na África do Sul, no qual os direitos da grande maioria dos habitantes (formada por negros) foram cerceados pelo governo formado pela minoria branca; C: incorreta. O termo empregado na assertiva nada tem a ver com ações afirmativas temporárias, e o que se pode tirar do termo "relativismo universal" só pode ser a doutrina do relativismo cultural, a qual faz duras críticas à universalização dos direitos humanos. Mas, as críticas referentes à leitura de *universalização* por *ocidentalização* não devem proceder, isto porque os direitos humanos transcendem às criações culturais no sentido lato (religião, tradição, organização política etc.) por serem adstritos à condição humana. Destarte, particularidades regionais e nacionais devem ser levadas em conta, mas nunca devem impedir a proteção mínima dos direitos humanos, até porque tais fazem parte do *jus cogens*. Assim o universalismo derrota o relativismo; D: incorreta. A política de segregação pode ser traduzida pela situação de uma sociedade que impede parcela de sua população de usufruir de direitos que estão definidos para os membros dessa sociedade, com base na origem étnica (ou "raça") dessas pessoas, no caso trata-se de uma política de segregação racial. E essa forma de discriminação racial, como vimos no comentário à assertiva "B", pode ser institucionalizada pelo Estado, como aconteceu na África do Sul com o *apartheid*. Ou seja, a política de segregação é o isolamento de certa parcela da população, a qual fica destituída dos direitos que gozam o restante da população. Gabarito "A".

9. CONVENÇÃO SOBRE OS DIREITOS DA CRIANÇA

(MINISTÉRIO PÚBLICO/RO – 2010 – CESPE) Adotada pela Assembleia Geral das Nações Unidas em 20 de setembro de 1989, a Convenção sobre os Direitos da Criança

(A) serve apenas como balizador para futuras legislações nacionais sem caráter coercitivo (por tratar-se de ato de organização internacional), razão pela qual não se enquadra como fonte de direito interno.
(B) consagrou, pela primeira vez, o direito à proteção contra o abandono e a exploração no trabalho e ficou conhecida, também, como Declaração Universal dos Direitos da Criança.
(C) incorporou-se automaticamente ao direito brasileiro, como tratado de direitos humanos.
(D) conflita, em parte, com o ECA, o que até agora impediu que se incorporasse ao direito brasileiro.
(E) trata de matéria contemplada, em linhas gerais, em artigo da CF, o qual é considerado síntese do tratado da Organização das Nações Unidas.

A: incorreta, pois a Convenção sobre os Direitos da Criança foi ratificada pelo Brasil e promulgada pelo Decreto 99.710/1990, tendo ingressado, portanto, no sistema jurídico interno brasileiro; B: incorreta, pois a Convenção sobre os Direitos da Criança de 1990 não se confunde com a Declaração dos Direitos da Criança, proclamada pela Assembleia Geral das Nações Unidas em 1959; C: incorreta, pois não há, no Brasil, incorporação automática dos tratados ao direito interno. Para que o tratado internacional seja incorporado ao direito interno brasileiro, é preciso, após a celebração ou a adesão pelo Brasil, que seja referendado pelo Congresso Nacional, e ratificado e promulgado pelo Presidente; D: incorreta, conforme comentário à alternativa "A"; E: essa é a assertiva correta, conforme o art. 227 da CF. Gabarito "E".

(Defensoria Pública da União – 2010 – CESPE) Acerca da proteção internacional às mulheres, às crianças e aos adolescentes, julgue o item subsequente.

(1) No direito à liberdade de expressão, um dos direitos previstos na Convenção sobre os Direitos da Criança, de 1990, inclui-se a liberdade de procurar, receber e divulgar, independentemente de fronteiras, informações e ideias de todo tipo, de forma oral, escrita ou impressa, por meio das artes ou por qualquer outro meio escolhido pela criança.

Assertiva correta, pois reflete o disposto no art. 13, § 1º, da Convenção sobre os Direitos da Criança (promulgada pelo Decreto 99.710/1990). Gabarito "C".

(Defensoria/SP – 2007 – FCC) Muito se discute no Brasil a respeito da redução da maioridade penal, supostamente capaz de inibir o cometimento de práticas criminosas por jovens. A respeito do tema, a Convenção sobre os Direitos da Criança (ONU), estabelece o conceito de "criança", o qual aplica-se

(A) apenas às pessoas com idade inferior a quatorze anos, a não ser quando por lei do Estado parte a maioridade seja determinada com idade mais baixa.
(B) a todas as pessoas com idade inferior a dezoito anos, sendo vedado ao Estado parte da Convenção fixá-la abaixo deste limite.
(C) apenas às pessoas com idade inferior a quatorze anos, sendo vedado ao Estado parte da Convenção fixá-la abaixo deste limite.
(D) a todas as pessoas com idade inferior a dezoito anos, a não ser quando por lei do Estado parte a maioridade seja determinada com idade mais baixa.
(E) às pessoas jovens conforme definido pela legislação do Estado parte.

Nos termos do art. 1º da Convenção, "considera-se como criança todo ser humano com menos de dezoito anos de idade, a não ser que, em conformidade com a lei aplicável à criança, a maioridade seja alcançada antes. Gabarito "D".

(Delegado/SP – 2003) Complete:

A Convenção sobre Direitos da Criança considera como criança todo ser humano com idade inferior a _____, a não ser quando por lei de seu país a maioridade for determinada com idade mais baixa.

(A) 12 anos.
(B) 14 anos.
(C) 16 anos.
(D) 18 anos.

A, B, C e D: a Convenção sobre Direitos da Criança, no seu art. 1º, determina que criança é todo ser humano **com menos de dezoito anos** de idade, a não ser que, em conformidade com a lei aplicável à criança, a maioridade seja alcançada antes. Gabarito "D".

10. REFUGIADOS

(Defensoria Pública da União – 2007 – CESPE) Julgue o item a seguir.

(1) No Brasil, o reconhecimento da condição de refugiado dá-se por decisão da representação do Alto Comissariado das Nações Unidas para refugiados ou por decisão judicial.

1: assertiva incorreta, pois o reconhecimento e a declaração da condição de refugiado no Brasil é da competência do Comitê Nacional para os Refugiados – CONARE, cabendo recurso ao Ministro da Justiça, contra a decisão negativa – arts. 11, 12, I, e 29 da Lei 9.474/1997. Gabarito 1E.

11. DIREITO HUMANITÁRIO

(CESPE – 2008) Não se inclui entre as quatro Convenções de Genebra de 1949 sobre Direito Internacional Humanitário a convenção relativa

(A) à melhoria da sorte dos feridos e enfermos dos exércitos em campanha.
(B) ao tratamento dos prisioneiros de guerra.
(C) à proteção de bens culturais em caso de conflito armado.
(D) à proteção das pessoas civis em tempo de guerra.

A, B, C e D: o Direito Humanitário é composto por princípios e regras, estas sendo positivadas ou costumeiras, que têm como função, por questões humanitárias, limitar os efeitos do conflito armado. Mais especificamente, o Direito Humanitário protege as pessoas que não participam ou não mais participam das hostilidades e restringe os meios e os métodos de guerra. Tal conceito permite-nos encará-lo como Direito Internacional dos Conflitos Armados ou Direito da Guerra. O Direito Internacional Humanitário é basicamente fruto das quatro Convenções de Genebra de 1949 (em 1949 foram revistas as três Convenções anteriores – 1864, 1906 e 1929 - e criada uma quarta, relativa à proteção dos civis em período de guerra) e seus Protocolos Adicionais, os quais formam o conjunto de leis que regem os conflitos armados e buscam limitar seus efeitos. A proteção recai sobre as pessoas que não participam dos conflitos (civis, profissionais de saúde e de socorro) e os que não mais participam das hostilidades (soldados feridos, doentes, náufragos e prisioneiros de guerra). As Convenções e seus Protocolos apelam para que sejam tomadas medidas para evitar ou para acabar com todas as violações. Eles contêm regras rigorosas para lidar com as chamadas "violações graves". Os responsáveis pelas violações graves devem ser julgados ou extraditados, independentemente de suas nacionalidades. A primeira Convenção de Genebra protege feridos e enfermos das forças armadas em campanha. A segunda Convenção de Genebra protege feridos, enfermos e náufragos das forças armadas no mar. A terceira Convenção de Genebra se aplica aos prisioneiros de Guerra. A quarta Convenção de Genebra protege os civis, inclusive em territórios ocupados. Por fim, nas duas décadas após a adoção das Convenções de Genebra, o mundo testemunhou um aumento no número de conflitos armados não internacionais e de guerras por independência. Em resposta a isso, foram adotados em 1977 dois Protocolos Adicionais às Convenções de Genebra de 1949. Eles fortalecem a proteção das vítimas de conflitos armados internacionais (Protocolo I) e não internacionais (Protocolo II) e determinam limites aos métodos de guerra. O Protocolo II foi o primeiro tratado internacional exclusivamente dedicado às situações de conflitos armados não internacionais. Em 2007, um terceiro Protocolo Adicional foi adotado criando um emblema adicional, o Cristal Vermelho, que tem o mesmo status internacional dos emblemas da Cruz Vermelha e do Crescente Vermelho. A outra parte das regras do Direito Internacional Humanitário provém das Convenções de Haia (13 no total), as quais regulam especificamente o meio e os métodos utilizados na guerra. Gabarito "C".

12. CONVENÇÃO SOBRE A ELIMINAÇÃO DE TODAS AS FORMAS DE DISCRIMINAÇÃO CONTRA A MULHER

(Defensoria Pública da União – 2010 – CESPE) Acerca da proteção internacional às mulheres, às crianças e aos adolescentes, julgue o item subsequente.

(1) Os documentos das Nações Unidas que tratam dos direitos políticos das mulheres determinam que elas devem ter, em condições de igualdade, o mesmo direito que os homens de ocupar e exercer todos os postos e todas as funções públicas, admitidas as restrições que a cultura e a legislação nacionais imponham.

Assertiva incorreta, pois as mulheres terão, em condições de igualdade, o mesmo direito que os homens de ocupar todos os postos públicos e de exercer todas as funções públicas estabelecidas em virtude da legislação nacional **sem nenhuma restrição** – art. 2º da Convenção sobre os Direitos Políticos da Mulher (promulgada pelo Decreto 52.476/1963). Gabarito 1E.

(Defensoria/PI – 2009 – CESPE) Considere as situações hipotéticas abaixo apresentadas.

I. João agrediu fisicamente sua secretária, ex-companheira, machucando-a com um soco no rosto por se recusar a sair com ele.
II. Sebastião forçou sua esposa a prática de atos libidinosos, causando-lhe enorme dor psicológica.

À luz da Convenção Interamericana para Prevenir, Punir e Erradicar a Violência contra a Mulher, Convenção de Belém do Pará, importante ferramenta de promoção da emancipação das mulheres, assinale a opção correta a respeito das situações descritas.

(A) Ambas as situações enquadram-se na definição de violência contra a mulher.
(B) Na situação I, não ficou caracterizada violência contra a mulher, pois a agressão se deu dentro do lar.
(C) Na situação II, não se caracterizou violência contra a mulher, pois a esposa tem obrigação conjugal de coabitação.
(D) Nenhuma das situações caracteriza violência contra a mulher.
(E) Na situação I, não há violência de gênero contra a mulher, mas, sim, uma violência comum prevista na legislação penal nacional.

Entende-se que a violência contra a mulher abrange a violência física, sexual e psicológica: (a) ocorrida no âmbito da família ou unidade doméstica ou em qualquer relação interpessoal, quer o agressor compartilhe, tenha compartilhado ou não a sua residência, incluindo-se, entre outras formas, o estupro, maus-tratos e abuso sexual; (b) ocorrida na comunidade e cometida por qualquer pessoa, incluindo, entre outras formas, o estupro, abuso sexual, tortura, tráfico de mulheres, prostituição forçada, sequestro e assédio sexual no local de trabalho, bem como em instituições educacionais, serviços de saúde ou qualquer outro local; e (c) perpetrada ou tolerada pelo Estado ou seus agentes, onde quer que ocorra – art. 2º da Convenção de Belém do Pará. A: assertiva correta, pois ambas as situações enquadram-se na definição acima; B: incorreta, pois o local da agressão é irrelevante; C: incorreta, pois a violência contra a esposa é também vedada, obviamente; D: incorreta, conforme os comentários anteriores; E: incorreta, pois se trata de violência contra mulher com quem José teve prévia relação interpessoal (art. 2º, *a*, da Convenção) e relacionada ao assédio sexual no local de trabalho (alínea *b* do mesmo dispositivo). Gabarito "A".

(Defensoria/SP – 2009 – FCC) No sistema global, a Convenção sobre Eliminação de Todas as Formas de Discriminação contra a Mulher, ratificada pelo Brasil em 1984, é um marco no tocante ao combate da discriminação contra a mulher e na afirmação de sua cidadania. Sobre essa Convenção é correto afirmar que

(A) respeitou as diferenças culturais e a diversidade étnica ao permitir diferentes direitos e responsabilidades durante o casamento e por ocasião da sua dissolução, permitindo que cada Estado faça sua regulamentação interna.

(B) ao evitar impor muitas obrigações aos Estados partes que significassem ruptura imediata com padrões estereotipados de educação de meninas e meninos, logrou obter o maior número de ratificações de uma Convenção da ONU.

(C) consagrou a possibilidade de adoção de "ações afirmativas", ou seja, de medidas especiais de caráter definitivo destinadas a acelerar a igualdade de fato entre mulheres e homens.

(D) trouxe, quando de sua adoção pela ONU, um completo sistema de monitoramento, permitindo, inclusive, denúncias individuais por mulheres em casos de violação.

(E) a adoção pelo Brasil do Protocolo Facultativo à Convenção, em 2002, aperfeiçoou a sistemática de monitoramento da Convenção, com a possibilidade de apresentação de denúncias por mulheres, individualmente ou em grupos, em casos de violação.

A: incorreta, pois os Estados adotarão todas as medidas adequadas para eliminar a discriminação contra a mulher em todos os assuntos relativos ao casamento e às relações familiares. Com base na igualdade entre homens e mulheres, assegurarão, entre outras coisas, os mesmos direitos e responsabilidades durante o casamento e por ocasião de sua dissolução – art. 16, § 1º, *c*, da Convenção sobre a Eliminação de Todas as Formas de Discriminação contra a Mulher (CEDAW, na sigla em inglês, promulgada pelo Decreto 4.377/2002); B: incorreta, pois os Estados adotarão todas as medidas apropriadas para eliminar a discriminação contra a mulher, a fim de assegurar-lhe a igualdade de direitos com o homem na esfera da educação. Para assegurarem condições de igualdade entre homens e mulheres procurarão, entre outras coisas, eliminar todo conceito estereotipado dos papéis masculino e feminino em todos os níveis e em todas as formas de ensino mediante o estímulo à educação mista e a outros tipos de educação que contribuam para alcançar este objetivo – art. 10, *c*, da Convenção. Ademais, a Convenção é conhecida pela adesão relativamente baixa de países e pelo grande número de reservas pelos que aderiram; C: incorreta, pois as ações afirmativas devem ser temporárias, nos termos do art. 4º, § 1º, da Convenção, devendo cessar quando os objetivos de igualdade forem alcançados; D: incorreta, pois a Convenção original previa apenas a análise dos relatórios enviados pelos Estados sobre as medidas legislativas, judiciárias, administrativas ou outras que adotarem para tornarem efetivas as disposições da Convenção e sobre os progressos alcançados a esse respeito, pelo Comitê sobre a Eliminação da Discriminação contra a Mulher – arts. 17, § 1º, e 18, § 1º, da Convenção; E: assertiva correta, nos termos do art. 2º do Protocolo Facultativo à Convenção. Gabarito "E".

(Defensoria/SP – 2007 – FCC) Dos tratados internacionais de direitos humanos, abaixo relacionados, o que possui o maior número de reservas formuladas pelos respectivos Estados partes é a Convenção

(A) sobre a Eliminação de Todas as Formas de Discriminação Racial.
(B) relativa ao Estatuto dos Refugiados.
(C) sobre os Direitos da Criança.
(D) sobre a Eliminação de Todas as Formas de Discriminação contra a Mulher.
(E) contra a Tortura e outros Tratamentos ou Penas Cruéis, Desumanos ou Degradantes.

Essa é uma peculiaridade da Convenção sobre a Eliminação de todas as Formas de Discriminação contra a Mulher de 1979 (Promulgada pelo Decreto 4.377/2002), dentre as Convenções da ONU. Gabarito "D".

(Defensor Público/BA – 2006) Consoante ao estabelecido textualmente na Convenção sobre a eliminação de todas as formas de discriminação contra a mulher, adotada e aberta à assinatura, ratificação e adesão pela Resolução 34/180, da Assembléia Geral das Nações Unidas, de 18 de dezembro de 1979, tem-se que:

I. Os Estados parte outorgarão às mulheres direitos iguais aos dos homens para adquirir, mudar ou conservar sua nacionalidade. Garantirão, em particular, que nem o casamento com um estrangeiro nem a mudança de nacionalidade do marido na constância do casamento modifiquem automaticamente a nacionalidade da esposa, a tornem apátrida ou a obriguem a adquirir a nacionalidade do cônjuge.

II. Os Estados parte adotarão todas as medidas apropriadas para eliminar a discriminação contra as mulheres na esfera do emprego, objetivando assegurar, em condições de igualdade entre homens e mulheres, os mesmos direitos, em particular, o direito às mesmas oportunidades de emprego, incluindo a aplicação dos mesmos critérios de seleção em matéria de emprego.

III. O noivado e o casamento de crianças poderão ter efeito legal e todas as medidas necessárias, inclusive de caráter legislativo, serão tomadas para estabelecer uma idade mínima para o casamento e para tornar obrigatória a inscrição dos casamentos em registro oficial.

Analisando as assertivas acima, verifica-se que:

(A) Apenas a I está correta.
(B) Apenas a II está correta.
(C) Apenas a III está correta.
(D) Apenas I e II estão corretas.
(E) Apenas II e III estão corretas.

I: correta, pois reproduz a redação do art. 9º, ponto 1, da Convenção sobre Eliminação de todas as formas de Discriminação contra a Mulher; II: correta, pois reproduz a redação do art. 11, ponto 1, *b*, da Convenção sobre Eliminação de todas as formas de Discriminação contra a Mulher; III: incorreta, pois o art. 16, ponto 2, da Convenção sobre Eliminação de todas as formas de Discriminação contra a Mulher dispõe que o noivado e o casamento de crianças **não** terão efeito legal. Gabarito "D".

13. CONVENÇÃO SOBRE OS DIREITOS DAS PESSOAS COM DEFICIÊNCIA

(Defensor Público/GO – 2010 – I. Cidades) A Convenção sobre os Direitos das Pessoas com Deficiência e seu Protocolo Facultativo foram incorporados, com *status* constitucional, ao nosso ordenamento jurídico. Com base nos conceitos e institutos nela presentes, é correto afirmar:

(A) A expressão "Adaptação razoável" designa, no contexto da convenção, quaisquer modificações e ajustes necessários e adequados, quando requeridos em cada caso, a fim de assegurar que as pessoas com deficiência possam gozar ou exercer, em igualdade de oportunidades com as demais pessoas, todos os direitos humanos e liberdades fundamentais.

(B) A Convenção prevê a possibilidade de conceder aposentadoria especial às pessoas portadoras de deficiência, com a contagem do tempo ficto inclusive.

(C) A Convenção é expressa ao dispor que nenhum de seus dispositivos afetará quaisquer disposições mais propícias à realização dos direitos das pessoas com deficiência, mesmo que estejam contidas na legislação infraconstitucional do Estado parte.

(D) A Convenção estabelece um direito de preferência para o exercício de direitos sindicais por parte da pessoa com deficiência.

(E) O Estado brasileiro, ao adotar a Convenção, comprometeu-se, em relação aos direitos econômicos, sociais e culturais, a tomar medidas, a fim de assegurar o pleno e imediato exercício desses direitos, independentemente de quaisquer condicionamentos.

A: incorreta, pois, segundo o art. 2º da Convenção sobre os Direitos das Pessoas com Deficiência, "adaptação razoável" significa as modificações e os ajustes necessários e adequados que não acarretem ônus desproporcional ou indevido, quando requeridos em cada caso, a fim de assegurar que as pessoas com deficiência possam gozar ou exercer, em igualdade de oportunidades com as demais pessoas, todos os direitos humanos e as liberdades fundamentais; B: incorreta, pois o art. 29, e, da Convenção sobre os Direitos das Pessoas com Deficiência determina que os Estados partes devem assegurar **igual acesso** de pessoas com deficiência a programas e benefícios de aposentadoria; C: correta, pois é o que determina o art. 4º, ponto 4, da Convenção sobre os Direitos das Pessoas com Deficiência; D: incorreta, pois o art. 27, ponto 1, c, da Convenção sobre os Direitos das Pessoas com Deficiência determina que os Estados partes devem assegurar que as pessoas com deficiência possam exercer seus direitos trabalhistas e sindicais, **em condições de igualdade** com as demais pessoas; E: incorreta, pois os direitos econômicos, sociais e culturais serão implementados progressivamente. Gabarito "C".

14. PROGRAMA NACIONAL DE DIREITOS HUMANOS E ÓRGÃOS NACIONAIS DE PROTEÇÃO

(Defensoria Pública/SP – 2010 – FCC) O 3º Programa Nacional de Direitos Humanos (PNDH III), fruto de intenso debate público, especialmente durante a 11ª Conferência Nacional de Direitos Humanos, restou aprovado pelo Decreto nº 7.037, de 21 de dezembro de 2009. Mesmo assim, alguns aspectos causaram grande repercussão, gerando alterações no texto original por parte da Presidência da República, nos termos do Decreto nº 7.177, de 12 de maio de 2010. Qual dos itens abaixo NÃO sofreu alteração?

(A) DIRETRIZ 9 – Combate às desigualdades estruturais. OBJETIVO ESTRATÉGICO III – Garantia dos direitos das mulheres para o estabelecimento das condições necessárias para sua plena cidadania.
(B) DIRETRIZ 22 – Garantia do direito à comunicação democrática e ao acesso à informação para consolidação de uma cultura em diretos humanos. OBJETIVO ESTRATÉGICO I – Promover o respeito aos Direitos Humanos nos meios de comunicação e o cumprimento de seu papel na promoção da cultura em Direitos Humanos.
(C) DIRETRIZ 13 – Prevenção da violência e da criminalidade e profissionalização da investigação de atos criminosos. OBJETIVO ESTRATÉGICO I – Ampliação do controle de armas de fogo em circulação no país.
(D) DIRETRIZ 24 – Preservação da memória histórica e construção pública da verdade. OBJETIVO ESTRATÉGICO I – Incentivar iniciativas de preservação da memória histórica e de construção pública da verdade sobre períodos autoritários.
(E) DIRETRIZ 25 – Modernização da legislação relacionada com promoção do direito à memória e à verdade, fortalecendo a democracia. OBJETIVO ESTRATÉGICO I – Suprimir do ordenamento jurídico brasileiro eventuais normas remanescentes de períodos de exceção que afrontem os compromissos internacionais e os preceitos constitucionais sobre Direitos Humanos.

Houve muitas críticas ao PNDH-3 relativas à descriminalização do aborto (alternativa A), às supostas ameaças à liberdade dos meios de comunicação (alternativa B) e à anistia relativa aos períodos de exceção (alternativas B, D e E). Por essa razão, houve alteração quanto ao tratamento dado a essas matérias. Veja a redação do Decreto 7.037/2009 com as alterações pontuais promovidas logo em seguida, pelo Decreto 7.177/2010. Gabarito "C".

(Defensoria Pública da União – 2010 – CESPE) Julgue os itens a seguir, relativos ao Conselho de Defesa dos Direitos da Pessoa Humana (CDDPH), considerando o disposto na Lei n.º 4.319/1964.

(1) O CDDPH é órgão colegiado ao qual compete, entre outras atribuições, promover, nas áreas que apresentem índices mais elevados de violação aos direitos humanos, a realização de inquéritos para investigar as causas e sugerir medidas tendentes a assegurar a plenitude do gozo desses direitos.
(2) Quaisquer autoridades federais, estaduais ou municipais podem ser obrigadas a prestar depoimento perante o CDDPH, com o fim de serem apuradas violações aos direitos humanos.

1: assertiva correta, conforme os arts. 2º e 4º, § 3º, a, da Lei 4.319/1964; 2: correta, pois isso é previsto pelo art. 6º da Lei 4.319//1964. Gabarito 1C, 2C.

(Defensoria/PI – 2009 – CESPE) A proteção dos direitos humanos no Brasil conta com legislação que instituiu o Programa Nacional de Direitos Humanos (PNDH). A respeito do PNDH, assinale a opção correta.

(A) Nesse programa, não é feita alusão à proteção internacional dos direitos humanos.
(B) O acompanhamento da implementação do PNDH deve ser feito pelo MP Federal.
(C) Os direitos econômicos não são promovidos pelo PNDH.
(D) Os direitos culturais não são promovidos pelo PNDH.
(E) Os direitos sociais são promovidos pelo PNDH.

Atualmente, o PNDH é traçado pelo Decreto 7.037/2009. A: incorreta, pois há diversas referências ao assunto, inclusive com ações relativas ao monitoramento dos compromissos internacionais assumidos pelo Estado brasileiro em matéria de Direitos Humanos – Eixo Orientador I, Diretriz 3, Objetivo estratégico II; B: incorreta, pois compete ao Comitê de Acompanhamento e Monitoramento do PNDH-3, entre outras coisas, acompanhar a implementação das ações e recomendações do Programa – art. 4º, IV, do Decreto 7.037/2009; C: incorreta, pois a Diretriz 4 do Eixo Orientador II refere-se à efetivação de modelo de desenvolvimento sustentável, **com inclusão social e econômica**, ambientalmente equilibrado e tecnologicamente responsável, cultural e regionalmente diverso, participativo e não discriminatório; D: incorreta, pois o Eixo Orientador V do PNDH-3 refere-se especificamente à Educação e Cultura em Direitos Humanos; E: essa é a assertiva correta, conforme se verifica pela análise do Eixo orientador II, Diretriz 4, do PNDH-3, que se refere à efetivação de modelo de desenvolvimento sustentável, **com inclusão social e econômica**. Gabarito "E".

(Defensoria/SP – 2007 – FCC) Considere as afirmações seguintes:

I. Compete ao Conselho de Defesa dos Direitos da Pessoa Humana promover inquéritos, investigações e estudos acerca da eficácia das normas asseguradoras dos direitos da pessoa humana, inscritos na Constituição Federal, na Declaração Americana dos Direitos e Deveres Fundamentais do Homem (1948) e na Declaração Universal dos Direitos Humanos (1948).
II. O Conselho Estadual de Defesa dos Direitos da Pessoa Humana é composto majoritariamente por conselheiros oriundos da sociedade civil, incumbindo ao Poder Executivo fornecer-lhe suporte administrativo e financeiro.
III. Compete à Secretaria Especial de Direitos Humanos da Presidência da República suscitar, perante o Superior Tribunal de Justiça incidente de deslocamento de competência para a Justiça Federal, nas hipóteses de grave violação de direitos humanos.
IV. Ao Conselho Estadual de Defesa dos Direitos da Pessoa Humana incumbe a indicação dos candidatos a ouvidor da Defensoria Pública, da Polícia e da Secretaria de Administração Penitenciária.

SOMENTE estão corretas as afirmações:

(A) I e II.
(B) I e IV.
(C) I, II e IV.
(D) II e III.
(E) III e IV.

I: art. 4º, § 1º, da Lei 4.319/1964; II: art. 5º da Lei Estadual SP 7.576/1991; III: a competência é do Procurador-Geral da República, no caso e nos termos previstos no art. 109, § 5º, da CF; IV: o Conselho não tem essa competência – art. 2º da Lei Estadual SP 7.576/1991. Gabarito "A".

15. OUTROS TEMAS E MATÉRIAS COMBINADAS

(Defensoria Pública da União – 2010 – CESPE) No que diz respeito às vítimas do abuso de poder e da criminalidade e ao uso da força e de armas de fogo pelos Estados, julgue os itens que se seguem.

(1) Consideram-se vítimas de abuso de poder as pessoas que, individual ou coletivamente, tenham sofrido prejuízos, nomeadamente atentado à integridade física ou mental, sofrimento de ordem moral, perda material ou grave atentado aos seus direitos fundamentais, como consequência de atos ou de omissões que, embora não constituam ainda violação da legislação penal nacional, representam violações das normas internacionalmente reconhecidas em matéria de direitos humanos.

(2) De acordo com o direito internacional, uma pessoa que tenha sofrido atentado aos seus direitos fundamentais somente pode ser considerada vítima da criminalidade se o autor da violação tiver sido preso, processado, declarado culpado ou, pelo menos, identificado.

(3) Segundo determinação das Nações Unidas acerca do uso da força, os governos devem garantir que a utilização arbitrária ou abusiva da força ou de armas de fogo pelos policiais seja punida como infração penal, nos termos da legislação nacional.

1: assertiva correta, pois reflete exatamente a definição de vítimas de abuso de poder dada pelo art. 18 da Declaração dos Princípios Básicos de Justiça Relativos às Vítimas da Criminalidade e de Abuso de Poder – ONU/1985; 2: incorreta, pois, nos termos do art. 2º dos Princípios Básicos, a pessoa pode ser considerada como vítima quer o autor seja ou não identificado, preso, processado ou declarado culpado; 3: assertiva correta, pois reflete exatamente o disposto no art. 7º dos Princípios Básicos sobre a Utilização de Força e de Armas de Fogo pelos Funcionários Responsáveis pela Aplicação da Lei – ONU/1990. Gabarito 1C, 2E, 3C.

(Defensoria Pública/SP – 2010 – FCC) A Lei Complementar nº 132, de 7 de outubro de 2009, ao introduzir alterações na Lei Complementar Federal nº 80, de 12 de janeiro de 1994, estabeleceu como função institucional da Defensoria Pública, "representar aos sistemas internacionais de proteção dos direitos humanos, postulando perante seus órgãos". Considere os seguintes órgãos do sistema das Nações Unidas:

I. Comitê de Direitos Humanos.
II. Comitê de Direitos Econômicos Sociais e Culturais.
III. Comitê sobre a Eliminação de todas as formas de Discriminação contra a Mulher.
IV. Comitê sobre os Direitos das Pessoas com Deficiência.

Tendo em conta os instrumentos internacionais de Direitos Humanos ratificados pelo Brasil e seus respectivos mecanismos de monitoramento, os órgãos que admitem o processamento de comunicação individual formulada contra o Brasil são

(A) I, II e III, somente.
(B) I, II e IV, somente.
(C) I, III, e IV, somente.
(D) II, III e IV, somente.
(E) I, II, III e IV.

I: os Estados que aderirem ao Pacto de Direitos Civis e Políticos – PDCP (promulgado pelo Decreto 592/1992) podem aderir também ao Protocolo Facultativo de 1966 e, assim, reconhecer a competência do Comitê de Direitos Humanos para receber e examinar **petições individuais**; II: o Pacto dos Direitos Econômicos, Sociais e Culturais – PDESC (promulgado pelo Decreto 591/1992) não prevê o sistema de petições individuais; III: o Protocolo Facultativo (art. 2º) à Convenção sobre a Eliminação de Todas as Formas de Discriminação contra a Mulher (CEDAW, na sigla em inglês, promulgada pelo Decreto 4.377/2002) prevê o sistema de **petições individuais** e por grupos de indivíduos ao Comitê respectivo; IV: o Protocolo Facultativo (art. 1º) à Convenção sobre os Direitos das Pessoas com Deficiência (a Convenção e o Protocolo Facultativo foram promulgados pelo Decreto 6.949/2009) prevê o sistema de **petições individuais** e por grupos de pessoas ao Comitê respectivo. Gabarito "C".

(Defensoria Pública/SP – 2010 – FCC) Foi aprovada pelo plenário do Tribunal Superior Eleitoral (TSE) a instalação de seções eleitorais especiais em estabelecimentos penais e de internação de adolescentes, para viabilizar o voto de presos provisórios e de jovens em medida socioeducativa de internação, no pleito a se realizar no segundo semestre de 2010. A respeito do tema e tendo em conta o teor dos tratados de Direito Internacional dos Direitos Humanos ratificados pelo Brasil, é correto afirmar:

(A) A Convenção dos Direitos da Criança prevê que os direitos políticos de menores de dezoito anos poderão ser limitados em razão de condenação em processo criminal.
(B) A Declaração Universal dos Direitos Humanos garante o direito a toda pessoa de tomar parte no governo de seu país por intermédio de representantes eleitos.
(C) A Convenção Americana de Direitos Humanos não dispõe expressamente sobre o tema do voto de quem tenha sofrido condenação em processo criminal.
(D) O Pacto Internacional de Direitos Civis e Políticos prevê que os direitos políticos dos condenados criminalmente poderão ser restringidos, desde que de maneira fundada.
(E) O Pacto Internacional de Direitos Econômicos, Sociais e Culturais proíbe a discriminação de pessoas quanto ao direito ao voto, aí incluídos os condenados criminalmente.

A: incorreta, pois não há disposição nesse sentido, na Convenção sobre os Direitos da Criança (promulgada pelo Decreto 99.710/1990); B: assertiva imprecisa, pois o art. 21, § 1º, da DUDH dispõe que toda pessoa tem o direito de tomar parte no governo de sue país, **diretamente** ou por intermédio de representantes livremente escolhidos; C: incorreta, pois o art. 23, § 2º, do Pacto de São José da Costa Rica (promulgado pelo Decreto 678/1992) dispõe que o exercício de determinados direitos e oportunidades, dentre eles o de votar e ser eleito, pode ser regulado por lei em alguns casos, como no de condenação em processo penal por juiz competente; D: essa assertiva é adequada, pois o art. 25 do PDCP proíbe restrições **infundadas**; E: incorreta, pois não há disposição nesse sentido no Pacto dos Direitos Econômicos, Sociais e Culturais – PDESC (promulgado pelo Decreto 591/1992). Gabarito "D".

(Defensoria Pública/SP – 2010 – FCC) Uma das atividades precípuas dos Defensores Públicos diz respeito aos direitos das pessoas privadas de liberdade. A respeito do tema, assinale a alternativa correta, conforme as previsões dos Tratados Internacionais de Direitos Humanos ratificados pelo Brasil.

(A) A Convenção contra a Tortura e Outros Tratamentos ou Penas Cruéis, Desumanos ou Degradantes não admite a aplicação de pena de trabalhos forçados.
(B) A Convenção sobre os Direitos da Criança admite que menor de dezoito anos seja mantido preso em companhia de adultos, se tal fato for compatível com os melhores interesses da criança.
(C) A Convenção Americana de Direitos Humanos admite que os indivíduos privados de liberdade, em cumprimento de sentença, possam ser postos à disposição de pessoas jurídicas de caráter privado, para a execução dos serviços normalmente exigidos na prisão.
(D) A Convenção Americana de Direitos Humanos estabelece o direito da pessoa privada de liberdade dispor de cela individual.
(E) O Pacto Internacional de Direitos Civis e Políticos estabelece que somente os crimes de maior gravidade sejam apenados com pena privativa de liberdade.

A: incorreta, pois não há vedação nesse sentido. O art. 6º, § 2º, do Pacto de São José da Costa Rica e o art. 8º, § 3º, b, do Pacto de Direitos Civis e Políticos – PDCP preveem expressamente a possibilidade de trabalhos forçados, desde que a pena seja imposta por tribunal competente, na forma da legislação do país; B: assertiva correta, conforme o art. 37, c, da Convenção sobre os Direitos da Criança; C: incorreta, pois o art. 6º, § 3º, a, in fine, do Pacto de São José veda expressamente a possibilidade de os presos serem postos à disposição de particulares, companhias ou pessoas jurídicas de caráter privado; D: incorreta, pois não há disposição nesse sentido, no Pacto de São José. Interessante lembrar que as Regras Mínimas para o Tratamento dos Presos preveem, em princípio, celas individuais para o descanso – art. 9º; E: incorreta, pois não há disposição nesse sentido. O PDCP prevê que a pena de morte, nos países que ainda não a aboliram, seja imposta apenas aos crimes mais graves – art. 6º, § 2º. Gabarito "B".

(Defensoria Pública/SP – 2010 – FCC) Qual dos tratados internacionais de direitos humanos abaixo prevê o dever para os Estados de promover a proteção, preservação e melhoramento do meio ambiente?

(A) Pacto Internacional de Direitos Civis e Políticos.
(B) Pacto Internacional de Direitos Econômicos, Sociais e Culturais.
(C) Convenção sobre os Direitos da Criança.
(D) Convenção-Quadro das Nações Unidas sobre Mudanças Climáticas.
(E) Protocolo Adicional à Convenção Americana sobre Direitos Humanos em matéria de Direitos Econômicos, Sociais e Culturais.

Dos acordos internacionais listados, apenas o Protocolo Adicional à Convenção Americana sobre Direitos Humanos em matéria de Direitos Econômicos, Sociais e Culturais (Protocolo de San Salvador) faz referência ao Direito a um Meio Ambiente Saudável – art. 11. Gabarito "E".

(Defensoria Pública/SP – 2010 – FCC) Considere as seguintes afirmações:

I. O Alto Comissariado das Nações Unidas para Direitos Humanos, criado a partir de recomendação da Conferência Mundial sobre Direitos Humanos, tem por função coordenar as atividades desenvolvidas pelos demais órgãos da ONU a respeito do tema.

II. O Comitê de Direitos Humanos, criado pela Carta das Nações Unidas, tem por função produzir relatórios sobre a situação dos direitos humanos nos países integrantes da ONU.
III. A Comissão de Direitos Humanos, recentemente extinta, foi responsável pela redação dos principais tratados de direitos humanos das Nações Unidas e por desenvolver o sistema de "relatores especiais".
IV. O Conselho de Direitos Humanos, criado pelo Pacto Internacional de Direitos Civis e Políticos, tem por função receber denúncias de violação dos direitos previstos naquele instrumento das Nações Unidas.

Estão corretas SOMENTE as afirmações
(A) I e II.
(B) I e III.
(C) II e III.
(D) II e IV.
(E) III e IV.

I: assertiva correta, conforme a Resolução 48/141-1993 da ONU; II: incorreta, pois o Comitê de Direitos Humanos foi criado pelo PDCP – art. 28; III: assertiva correta. A Comissão de Direitos Humanos foi extinta em 2006. Em seguida, foi criado o atual Conselho de Direitos Humanos da ONU; IV: incorreta, pois o Conselho de Direitos Humanos foi criado recentemente, em 2006, substituindo a Comissão de Direitos Humanos. O PDCP é de 1966. Gabarito "B".

(Defensor Público/BA – 2010 – CESPE) Acerca dos mecanismos de proteção internacional de direitos humanos, julgue os itens subsequentes.

(1) Qualquer pessoa ou grupo de pessoas, ou entidade não governamental legalmente reconhecida em um ou mais Estados membros da Organização dos Estados Americanos pode apresentar diretamente à Corte Interamericana de Direitos Humanos petições que contenham denúncias ou queixas de violação dos termos da Convenção Americana de Direitos Humanos por um Estado parte.
(2) A violação grave e sistemática dos direitos humanos das mulheres em um Estado pode ser investigada pelo Comitê sobre a Eliminação da Discriminação contra a Mulher, que recebe petições com denúncias de violação a esses direitos.

1: errada, pois a Corte Interamericana de Direitos Humanos só pode ser acionada pelos Estados partes ou pela Comissão; o indivíduo, conforme art. 61 da Convenção Americana de Direitos Humanos, fica proibido de apresentar petição à Corte; 2: correta. Para monitorar o cumprimento, pelos Estados partes, das obrigações constantes na Convenção Internacional sobre a Eliminação de todas as formas de Discriminação contra a Mulher, foi criado o Comitê sobre a Eliminação da Discriminação contra a Mulher. Este será responsável para receber os relatórios confeccionados pelos Estados partes. As petições individuais e a possibilidade de realizar investigações *in loco* só foram possibilitadas, como mecanismos de controle e fiscalização, com a adoção do Protocolo Facultativo à Convenção Internacional sobre a Eliminação de todas as formas de Discriminação contra a Mulher. A decisão do Comitê não tem força vinculante, mas será publicada no relatório anual, o qual é encaminhado para a Assembleia Geral da ONU. Gabarito 1E, 2C.

(Defensoria/PI – 2009 – CESPE) Atualmente, os direitos e garantias fundamentais estão inseridos em distintos textos constitucionais de diferentes países. Tal presença é uma conquista histórica ocorrida por ações concretas realizadas no passado.
A Carta das Nações Unidas de 1945, exemplo de uma dessas ações concretas, consolidou, junto com a UDHR, o movimento de internacionalização dos direitos humanos. Tendo em vista essa institucionalização, assinale a opção correta a respeito da estrutura normativa do direito internacional protetivo dos direitos humanos.

(A) A estrutura de proteção do direito internacional é concentrada na ONU.
(B) A proteção internacional pode ser vista, entre outros, em dois planos: sistema global (ONU) e sistema regional (OEA).
(C) A UDHR pertence ao sistema regional de proteção dos direitos humanos.
(D) O Pacto Internacional dos Direitos Civis e Políticos pertence ao sistema regional de proteção dos direitos humanos.
(E) O Pacto Internacional dos Direitos Econômicos, Sociais e Culturais pertence ao sistema regional de proteção dos direitos humanos.

A: incorreta, pois, além do sistema global (ONU) há importantes sistemas regionais de proteção, dentre eles o interamericano (OEA); B: assertiva correta, conforme comentário à questão anterior; C, D e E: incorretas, pois a Declaração Universal de Direitos Humanos – DUDH (UDHR, na sigla em inglês), o PDCP e o PDESC referem-se ao sistema global (ONU). O Pacto de São José da Costa Rica (Convenção Americana sobre Direitos Humanos), em especial, refere-se ao sistema interamericano da OEA. Gabarito "B".

(Defensoria/PI – 2009 – CESPE) Com relação aos mecanismos internacionais de proteção e monitoramento dos direitos humanos, assinale a opção correta.

(A) O Tribunal de Nuremberg não teve nenhum papel histórico na internacionalização dos direitos humanos.
(B) A ONU nasceu com diversos objetivos, como a manutenção da paz e segurança internacionais, entretanto a proteção internacional dos direitos humanos não estava incluído entre eles.
(C) Quando foi adotada e proclamada por resolução da Assembleia Geral das Nações Unidas, a UDHR, por não ter sido aceito por todos os países, não teve importância histórica.
(D) Além da UDHR de 1948 não há outros documentos relevantes no âmbito da proteção internacional global dos direitos humanos.
(E) O Pacto Internacional de Direitos Civis e Políticos de 1966 previu novas espécies de direitos humanos além daquelas previstas expressamente na UDHR de 1948.

A: incorreta, pois o Tribunal de Nuremberg para julgamento dos crimes cometidos durante a Segunda Guerra Mundial é marco essencial para internacionalização dos direitos humanos; B: incorreta, pois um dos objetivos essenciais das Nações Unidas, desde sua fundação, é a promoção, o estímulo e a defesa dos direitos humanos, conforme o art. 1º, § 3º, da Carta da ONU; C: a Declaração Universal de Direitos Humanos – DUDH (UDHR, na sigla em inglês) é o documento fundamental para o sistema global de proteção dos direitos humanos, de modo que sua relevância histórica é inquestionável; D: incorreta, pois, além da DUDH, há diversos documentos relevantes para o sistema global, como a própria Carta da ONU, o PDCP, o PDESC, a Convenção sobre os Direitos da Criança etc.; E: assertiva, correta, pois o PDCP não se restringiu a repetir a DUDH. Gabarito "E".

(Defensoria/SP – 2009 – FCC) A Lei Federal nº 11.900, de 8 de janeiro de 2009, ao prever a possibilidade de realização de interrogatório e outros atos processuais por sistema de videoconferência,

(A) não viola a Convenção Americana de Direitos Humanos, que garante o direito de toda pessoa presa de ser ouvida por um juiz, mesmo que à distância.
(B) não viola a Declaração Universal dos Direitos Humanos, que não dispõe sobre garantias judiciais.
(C) viola a Convenção Americana de Direitos Humanos, que garante o direito de toda pessoa presa de ser conduzida à presença de um juiz.
(D) não padece da mesma inconstitucionalidade da Lei Estadual nº 11.819/05, declarada pelo Supremo Tribunal Federal no julgamento do Habeas Corpus no 90.900-SP, pois exige decisão fundamentada do juiz.
(E) padece da mesma inconstitucionalidade da Lei Estadual no 11.819/05, declarada pelo Supremo Tribunal Federal no julgamento do Habeas Corpus no 90.900-SP.

A: a assertiva é imprecisa, pois o Pacto de São José da Costa Rica não se refere à oitiva **a distância**, específica e expressamente – art. 8º, § 1º; B: incorreta, pois a DUDH prevê o direito a justa e pública audiência por tribunal independente e imparcial – art. 10; C: esse entendimento é controvertido. O Pacto de São José da Costa Rica dispõe que toda pessoa tem direito a ser ouvida, com as devidas garantias e dentro de um prazo razoável, por um juiz ou tribunal competente, independente e imparcial, estabelecido anteriormente por lei, na apuração de qualquer acusação penal formulada contra ela, ou para que se determinem seus direitos ou obrigações de natureza civil, trabalhista, fiscal ou de qualquer outra natureza – art. 8º, § 1º. Não há referência expressa à condução da pessoa à presença do juiz; D e E: antes da Lei 11.900/2009, o STF manifestou-se pela impossibilidade de interrogatório por videoconferência **sem previsão legal** – ver HC 88.914/SP, de 2007. Também houve julgado afastando lei estadual nesse sentido, pois a competência para a matéria processual é exclusiva da União – ver HC 90.900/SP, de 2008. A alternativa D é incorreta, já que a necessidade de decisão fundamentada não foi a razão para a declaração de inconstitucionalidade da lei estadual. A alternativa E é incorreta, pois a Lei 11.900/2009 é federal, o que, portanto, afasta o vício apontado pelo STF em relação à Lei de SP (incompetência do Estado para legislar sobre matéria processual). Gabarito "C".

(Defensor Público/MS – 2008 – VUNESP) A Convenção que faz parte do Sistema Interamericano de Direitos Humanos e que foi assinada em Belém do Pará é a Convenção Interamericana

(A) para Prevenir, Punir e Erradicar a Violência contra a Mulher.
(B) para Prevenir e Punir a Tortura.
(C) contra a Corrupção.
(D) sobre a Eliminação de todas as formas de Discriminação Racial.

A: correta. A Convenção Interamericana para Prevenir, Punir e Erradicar a Violência contra a Mulher, adotada em nove de junho de 1994, em Belém do Pará, no Brasil, e ratificada pelo Brasil em 16 de novembro de 1995, tem por fundamento a consciência de que a eliminação da violência contra a mulher é condição indispensável para seu desenvolvimento individual e social e sua plena e igualitária participação em todas as esferas de vida. Os Estados partes têm a obrigação de punir todas as formas de violência contra a mulher e de adotar políticas destinadas a prevenir e erradicar tal violência. E violência contra a mulher entende-se por qualquer ato ou conduta baseado no gênero, que cause morte, dano ou sofrimento físico, sexual ou psicológico à mulher, tanto na esfera pública como na esfera privada (art. 1º da Convenção). E para monitorar o cumprimento, pelos Estados partes, das obrigações constantes na Convenção, a Comissão Interamericana de Mulheres receberá relatórios confeccionados pelos Estados partes (art. 10 da Convenção) e a Comissão Interamericana de Direitos Humanos receberá petições individuais; B: incorreta. A Convenção Interamericana para Prevenir e Punir a Tortura, adotada em nove de dezembro de 1985, em Cartagena, na Colômbia, e ratificada pelo Brasil em nove de junho de 1989, tem por fundamento a consciência de que todo ato de tortura ou outros tratamentos ou penas cruéis, desumanos ou degradantes constituem uma ofensa à dignidade humana. Os Estados partes têm obrigação de proibir a tortura, esta não podendo ser utilizada nem mesmo em circunstâncias excepcionais. E para monitorar o cumprimento, pelos Estados partes, das obrigações constantes na Convenção, a Comissão Interamericana de Direitos Humanos receberá relatórios confeccionados pelos Estados parte, os quais auxiliarão na confecção do relatório anual da Comissão; C: incorreta. A Convenção Interamericana contra a Corrupção, adotada em 29 de março de 1996, na cidade de Caracas, na Venezuela, e ratificada pelo Brasil em 25 de junho de 2002, tem por fundamento a consciência de que a corrupção solapa a legitimidade das instituições públicas e atenta contra a sociedade, a ordem moral e a justiça, bem como contra o desenvolvimento integral dos povos e de que a democracia representativa, condição indispensável para a estabilidade, a paz e o desenvolvimento da região, exige, por sua própria natureza, o combate a toda forma de corrupção no exercício das funções públicas e aos atos de corrupção especificamente vinculados a seu exercício; D: incorreta. A Convenção Interamericana para a Eliminação de Todas as Formas de Discriminação contra as Pessoas Portadoras de Deficiência, adotada em sete de junho de 1999, na cidade da Guatemala, na Guatemala, e ratificada pelo Brasil em 17 de julho de 2001, tem por fundamento a consciência de que as pessoas portadoras de deficiência têm os mesmos direitos humanos e liberdades fundamentais que outras pessoas e que estes direitos, inclusive o de não ser submetidas a discriminação com base na deficiência, emanam da dignidade e da igualdade que são inerentes a todo ser humano. Os Estados partes têm obrigação de eliminar todas as formas de discriminação contra as pessoas portadoras de deficiência e de propiciar sua plena integração à sociedade. E para monitorar o cumprimento, pelos Estados partes, das obrigações constantes na Convenção, foi criada a Comissão para a Eliminação de Todas as Formas de Discriminação contra as Pessoas Portadoras de Deficiência, que receberá relatórios confeccionados pelos Estados partes, os quais auxiliarão na confecção dos relatórios da Comissão. Gabarito "A".

(Delegado/BA – 2008 – CEFETBAHIA) *"126 gays, travestis e lésbicas foram assassinados no Brasil em 2002. O Estado da Bahia foi, pela primeira vez, o campeão com 20 mortes. A maior parte destes homicídios foram cometidos com requintes de crueldade, incluindo espancamento, tortura, muitas facadas e diversas declarações dos assassinos, que confirmam a sua condição de crimes homofóbicos: 'matei, porque odeio gay'."*

(Informações do Grupo Gay da Bahia - GGB)

Muitos homicídios, cujas vítimas são pessoas homossexuais, têm como lastro de motivação o sentimento de ódio, aversão, repulsa ou medo irracional quanto à homossexualidade e suas manifestações. Com base nessas informações, é verdadeiro o que se afirma em

(A) O sentimento denominado de homofobia está presente em todos os setores da sociedade, inclusive nos mais conservadores ou de tradição ideológica, com traços hierárquicos fortes (como o da segurança pública), o que acaba dificultando, em alguns casos, a boa condução de investigações e a própria elucidação de autores de assassinatos que vitimam homossexuais.
(B) A prática da homofobia corresponde às posturas tidas como tolerantes para com as pessoas de orientação afetiva homossexual, o que lhes inclui no âmbito de uma convivência social harmoniosa.
(C) Os reflexos da violência anti-homossexual têm como única motivação a homofobia evidenciada no comportamento imediatista de agressores e de cientistas "militantes".
(D) A luta histórica pela afirmação dos direitos humanos passa pela conquista dos chamados direitos de cidadania por parte dos homossexuais, uma vez que eles compõem uma das minorias mais privilegiadas no reconhecimento dos seus atributos especiais.
(E) A homofobia é único sentimento que se faz presente em matéria de desrespeito a minorias no Brasil.

A: correta; B: incorreta, pois é exatamente o contrário, a prática da homofobia corresponde às posturas tidas como **intolerantes**; C: incorreta, a prática da homofobia tem **inúmeras** motivações. Muitas das violências sofridas pelos homossexuais são as ditas "silenciosas"; D: incorreta, pois os homossexuais compõem uma minoria pouco privilegiada no que tange ao reconhecimento dos seus atributos especiais. Os exemplos de cerceamento de seus direitos são diuturnos; E: incorreta. É importante clarificar o conceito de minoria, consoante aceito pelas Nações Unidas: "grupos distintos dentro da população do estado, possuindo características étnicas, religiosas ou linguísticas estáveis, que diferem daquelas do resto da população". Esses grupos são numericamente inferiores (em regra) em relação ao resto da população e sofrem discriminação. No Brasil podemos indicar como minorias os índios, os ciganos, as comunidades negras remanescentes de quilombos, as comunidades descendentes de imigrantes, os membros de comunidades religiosas etc. Percebe-se que o desrespeito a minorias no Brasil pode ser motivado por inúmeras razões e não só por homofobia. Gabarito "A".

(Delegado/BA – 2008 – CEFETBAHIA) "Art. 8º — O envelhecimento é um direito personalíssimo e a sua proteção, um direito social, nos termos desta lei e da legislação vigente."

(Lei nº. 10.741/2003)

Quanto aos direitos das pessoas idosas, pode-se afirmar:

(A) A obrigação de garantir a salvaguarda da dignidade de tais pessoas, com absoluta prioridade, é do Poder Público e, também, da sociedade, da comunidade e da família, uma vez que as violações aos direitos dos idosos (em face, no geral, de sua situação de maior vulnerabilidade), são complexas e partem de diversos âmbitos de convivência.
(B) A absoluta prioridade de tratamento respeitoso passa tão-somente pelo atendimento prioritário quanto às instituições privadas no país.
(C) O estabelecimento de mecanismos que favoreçam a divulgação de informações de caráter educativo sobre aspectos biopsicossociais de envelhecimento é a meta mais inovadora e, ao mesmo tempo, a única efetivamente descumprida, quanto às garantias de prioridade previstas no Estatuto do Idoso.
(D) A proibição de qualquer tipo de negligência, discriminação, violência, crueldade ou opressão (com relação aos idosos) tem sido a meta mais atingida do plano de objetivos fundamentais da Lei nº. 10.741/2003, de modo que raros são os casos de desrespeito efetivamente constatados.
(E) A obrigação de garantir a salvaguarda da dignidade de tais pessoas está legalmente adstrita aos trabalhadores e servidores da vasta seara da segurança pública.

A: correta. Tal consideração bem retrata o disposto nos arts. 3º, 9º e 10 da Lei nº 10.741/2003 (Estatuto do Idoso); B: incorreta, pois a absoluta prioridade no tratamento respeitoso passa tanto pelo atendimento prioritário nas instituições públicas como nas privadas (art. 3º, I, da Lei nº 10.741/2003); C: incorreta. Infelizmente, inúmeras são as garantias de prioridade previstas no estatuto do Idoso que são descumpridas; D: incorreta. Infelizmente, os casos de desrespeito aos idosos repetem-se diuturnamente; E: incorreta, pois é dever de todos prevenir a ameaça ou violação aos direitos do idoso (art. 4º, §1º, da Lei nº 10.741/2003). Gabarito "A".

(Delegado/BA – 2008 – CEFETBAHIA) Identifique com V as afirmativas verdadeiras e com F, as falsas.

( ) A violação da integridade física é maneira eficaz para combater ação criminosa em qualquer circunstância.
( ) Sem a vida assegurada, não há como exercer a dignidade humana e todos os direitos dela decorrentes.
( ) O direito de ir, vir e permanecer possui como instrumento de proteção o Mandado de Injunção.
( ) O sistema democrático, no Brasil, foi plenamente estabelecido durante a ditadura militar.
( ) A Revolução Francesa, com seus ideais de Igualdade, Liberdade e Fraternidade, é um marco na construção dos Direitos Humanos.

A alternativa que contém a seqüência correta, de cima para baixo, é a

(A) F F F V V
(B) V V F F V
(C) F V F F V
(D) V V V V F
(E) F F F V F

1: falso. A atividade repressiva situa-se como necessária para fins de segurança pública. Todavia uma política pública eficaz é aquela que identifica os problemas sociais – na maioria das vezes os motivadores das ações criminosas – e trabalha a longo prazo para melhorar os índices sociais e, destarte, formatar uma sociedade mais justa e igualitária; 2: verdade. O direito à vida é o núcleo essencial dos direitos humanos; 3: falso. O direito de ir, vir e permanecer possui como instrumento de proteção o *habeas corpus* (art. 5°, LXVIII, da CF). O mandado de injunção é utilizado sempre que a falta de norma regulamentadora torne inviável o exercício dos direitos e liberdades constitucionais e das prerrogativas inerentes à nacionalidade, à soberania e à cidadania (art. 5°, LXXI, da CF); 4: falso. O sistema democrático só foi restabelecido plenamente no Brasil após a transição (lenta, gradual e controlada) da ditadura militar para a democracia; 5: verdade. O marco recente dos direitos humanos foi sem dúvida a Declaração Universal dos Direitos Humanos de 1948. Com importância nesse processo pode-se também citar a **Declaração de Direitos Francesa, impulsionada pela Revolução Francesa de 1789**, e a Declaração de Direitos Americana (com principal destaque para a Declaração de Direitos do Bom Povo da Virgínia), ambas do século XVIII. A Declaração de Direitos da Virgínia de 1776 é considerada por muitos como a primeira *declaração de direitos* que reconhece a existência de direitos adstritos à condição humana, ou seja, independentemente de qualquer condição o ser humano possui direitos inatos. Ademais, demonstra preocupação com a estruturação de um governo democrático (*soberania popular*). E a Declaração dos Direitos do Homem e do Cidadão foi adotada, pela Assembleia Constituinte da França, em 1789, influenciada diretamente pela Revolução Francesa e a Revolução Americana de 1776. Pela primeira vez tem-se uma declaração generalizante, isto é, com o propósito de fazer referência não só aos seus cidadãos, mas a toda humanidade, por isso a menção aos direitos do *homem* também. A Declaração teve por base os conceitos de *liberdade, igualdade, fraternidade, propriedade, legalidade e garantias individuais* (síntese do pensamento iluminista liberal e burguês). Mas seu ponto central era a supressão dos privilégios especiais ("acabar com as desigualdades"), outrora garantidos para os estamentos do clero e da nobreza. Gabarito "C".

(FGV – 2008) Sobre a "Proteção aos Direitos Humanos", analise as afirmativas a seguir:

I. Os Direitos Internacionais de Proteção à pessoa humana vêm a resguardar o homem quando o Estado que o tutela falha ao fazê-lo.
II. As regras de Direito Humanitário, constantes das Convenções de Genebra, por se constituírem em *jus cogens* são *erga omnes*.
III. O Tribunal Penal Internacional é jurisdição não recepcionada pela Constituição Brasileira conforme seu art. 5°, inciso XXXVIII, que não admite juízo ou tribunal de exceção.

Assinale:

(A) se somente a afirmativa II estiver correta.
(B) se somente as afirmativas I e II estiverem corretas.
(C) se somente as afirmativas I e III estiverem corretas.
(D) se somente as afirmativas II e III estiverem corretas.
(E) se todas as afirmativas estiverem corretas.

I: correta. Cada estado estabelece suas próprias regras de direitos humanos ("direitos fundamentais") e executa sua própria política de proteção dos direitos humanos. Todavia, o que se percebe é a mitigação da soberania dos estados em função da característica de universalidade dos direitos humanos. Isto é, a comunidade internacional fiscaliza e opina sobre a situação dos direitos humanos em cada país, podendo até criar sanções em determinadas situações. E em caráter mais específico pode-se dizer que o estado que violar direitos humanos poderá ser responsabilizado perante a comunidade internacional, como, por exemplo, por intermédio de cortes regionais (ex.: Corte Interamericana de Direitos Humanos) ou de comitês internacionais (ex.: Comitê dos Direitos Humanos criado pelo Pacto Internacional dos Direitos Civis e Políticos). Dentro desta lógica, **o indivíduo que tiver sua dignidade violada e não conseguir a efetiva tutela poderá buscar (direta ou indiretamente) cortes e comitês internacionais para buscar sua devida proteção**. Ademais, o dirigente político que conduzir o país à prática de crimes contra a humanidade também poderá ser julgado e condenado pelo Tribunal Penal Internacional (TPI). Sobre esse processo de mitigação da soberania, é imprescindível apontar o papel do Tribunal de Nuremberg, pois com a instalação deste tribunal *ad hoc* ficou demonstrada a necessária flexibilização da noção de soberania para bem proteger os direitos humanos. E, por outro lado, ficou comprovado o reconhecimento de direitos do indivíduo pelo direito internacional. É importante apontar o caráter **complementar** e **subsidiário** dos sistemas internacionais. Isso porque estes apenas serão acionados caso o sistema jurídico nacional tenha sido incapaz ou não tenha demonstrado interesse em julgar o caso. E, sob outro aspecto, não se configuraria vilipêndio à soberania, pois, na maioria dos casos, o estado, com suporte no *princípio da autodeterminação dos povos*, aquiesceu a competência de cortes e comitês internacionais. Isto é, com supedâneo em sua soberania escolheu fazer parte de certo sistema de proteção internacional e qualquer determinação ou punição que provier desse sistema já foi aceita de antemão pelo estado; II: correta. O Direito Humanitário é composto por princípios e regras, estas sendo positivadas ou costumeiras, que têm como função, por questões humanitárias, limitar os efeitos do conflito armado. O Direito Internacional Humanitário é basicamente fruto das quatro Convenções de Genebra de 1949 (em 1949 foram revistas as três Convenções anteriores – 1864, 1906 e 1929 – e criada uma quarta, relativa à proteção dos civis em período de Guerra) e seus Protocolos Adicionais, os quais formam o conjunto de leis que rege os conflitos armados e busca limitar seus efeitos. A proteção recai sobre as pessoas que não participam dos conflitos (civis, profissionais de saúde e de socorro) e os que não mais participem das hostilidades (soldados feridos, doentes, náufragos e prisioneiros de guerra). As Convenções e seus Protocolos apelam para que sejam tomadas medidas para evitar ou para acabar com todas as violações. Eles contêm regras rigorosas para lidar com as chamadas "violações graves". Os responsáveis pelas violações graves devem ser julgados ou extraditados, independentemente de suas nacionalidades. A outra parte das regras do Direito Internacional Humanitário provém das Convenções de Haia (13 no total), as quais regulam especificamente o meio e os métodos utilizados na guerra. E, como sabemos, o *jus cogens* (normas cogentes de direito internacional) é calcado no reconhecimento da existência de direitos e de obrigações naturais, isto é, independentemente da existência de algum tratado internacional. O *jus cogens* seria como um qualificador de regras consideradas basilares para a ordenação e a viabilidade da comunidade internacional e está tipificado no artigo 53 da Convenção de Viena sobre Direito dos Tratados. Ora, pelo teor do direito humanitário é fácil defendê-lo como exemplo de *jus cogens*; III: incorreta, pois não reflete o disposto no art. 5°, § 4°, da CF. Lembremos que o Tribunal Penal Internacional (TPI) foi constituído na Conferência de Roma, em 17 de julho de 1998, onde se aprovou o Estatuto de Roma (tratado que não admite a apresentação de reservas), que só entrou em vigor internacional em 1° de julho de 2002 e passou a vigorar, para o Brasil, em 1° de setembro de 2002. A partir de então tem-se um tribunal permanente para julgar **indivíduos** acusados da prática de crimes de genocídio, de crimes de guerra, de crimes de agressão e de crimes contra a humanidade. Deve-se apontar que *indivíduos* diz respeito a quaisquer indivíduos, independentemente de exercerem funções governamentais ou cargos públicos (art. 27 do Estatuto de Roma), desde que, à data da alegada prática do crime, tenham completado 18 anos de idade. Gabarito "B".

(FGV – 2008) Sobre a "Proteção aos Direitos Humanos", analise as afirmativas a seguir:

I. Os Direitos Internacionais de Proteção à pessoa humana vêm a resguardar o homem quando o Estado que o tutela falha ao fazê-lo.
II. As regras de Direito Humanitário, constantes das Convenções de Genebra, por se constituírem em *jus cogens* são *erga omnes*.
III. O Tribunal Penal Internacional é jurisdição não recepcionada pela Constituição Brasileira conforme seu art. 5°, inciso XXXVIII, que não admite juízo ou tribunal de exceção.

Assinale:

(A) se somente a afirmativa II estiver correta.
(B) se somente as afirmativas I e II estiverem corretas.
(C) se somente as afirmativas I e III estiverem corretas.
(D) se somente as afirmativas II e III estiverem corretas.
(E) se todas as afirmativas estiverem corretas.

I: correta. Cada estado estabelece suas próprias regras de direitos humanos ("direitos fundamentais") e executa sua própria política de proteção dos direitos humanos. Todavia, o que se percebe é a mitigação da soberania dos estados em função da característica de universalidade dos direitos humanos. Isto é, a comunidade internacional fiscaliza e opina sobre a situação dos direitos humanos em cada país, podendo até fazer sanções em determinadas situações. E em caráter mais específico pode-se dizer que o estado que violar direitos humanos poderá ser responsabilizado perante a comunidade internacional, como, por exemplo, por intermédio de cortes regionais (ex.: Corte Interamericana de Direitos Humanos) ou de comitês internacionais (ex.: Comitê dos Direitos Humanos criado pelo Pacto Internacional dos Direitos Civis e Políticos). Dentro dessa lógica, **o indivíduo que tiver sua dignidade violada e não conseguir a efetiva tutela poderá buscar (direta ou indiretamente) cortes e comitês internacionais para buscar sua devida proteção**. Ademais, o dirigente político que conduzir o país à prática de crimes contra a humanidade também poderá ser julgado e condenado pelo Tribunal Penal Internacional (TPI). Sobre esse processo de mitigação da soberania, é imprescindível apontar o papel do Tribunal de Nuremberg, pois com a instalação deste tribunal *ad hoc* ficou demonstrada a necessária flexibilização da noção de soberania para bem proteger os direitos humanos. E, por outro lado, ficou comprovado o reconhecimento de direitos do indivíduo pelo direito internacional. É importante apontar o caráter **complementar** e **subsidiário** dos sistemas internacionais. Isso porque estes apenas serão acionados caso o sistema jurídico nacional tenha sido incapaz ou não tenha demonstrado interesse em julgar o caso. E, sob outro aspecto, não se configuraria vilipêndio à soberania, pois, na maioria dos casos, o estado, com suporte no *princípio da autodeterminação dos povos*, aquiesceu à competência de cortes e comitês internacionais. Isto é, com supedâneo em sua soberania escolheu fazer parte de certo sistema de proteção internacional e qualquer determinação ou punição que provier desse sistema já foi aceita de antemão pelo estado; II: correta. O Direito Humanitário é composto por princípios e regras, estas sendo positivadas ou costumeiras, que têm como função, por questões humanitárias, limitar os efeitos do conflito armado. O Direito Internacional Humanitário é basicamente fruto das quatro Convenções de Genebra de 1949 (em 1949 foram revistas as três Convenções anteriores – 1864, 1906 e 1929 – e criada uma quarta, relativa à proteção dos civis em período de guerra) e seus Protocolos Adicionais, os quais formam o conjunto de leis que regem os conflitos armados e buscam limitar seus efeitos. A proteção recai sobre as pessoas que não participam dos conflitos (civis, profissionais de saúde e de socorro) e os que não mais participam das hostilidades (soldados feridos, doentes, náufragos e prisioneiros de guerra). As Convenções e seus Protocolos apelam para que sejam tomadas medidas para evitar ou para acabar com todas as violações. Eles contêm regras rigorosas para lidar com as chamadas "violações graves". Os responsáveis pelas violações graves devem ser julgados ou extraditados, independentemente de suas nacionalidades. A outra parte das regras do Direito Internacional Humanitário provém das Convenções de Haia (13 no total), as quais regulam especificamente o meio e os métodos utilizados na guerra. E, como sabemos, o *jus cogens* (normas cogentes de direito internacional) é calcado no reconhecimento da existência de direitos e de obrigações naturais, isto é, independentemente da existência de algum tratado internacional. O *jus cogens* seria como um qualificador de regras consideradas basilares para a ordenação e a viabilidade da comunidade internacional e está tipificado no artigo 53 da Convenção de Viena sobre Direito dos Tratados. Ora, pelo teor do direito humanitário é fácil defendê-lo como exemplo de *jus cogens*; III: incorreta, pois não reflete o disposto no art. 5º, § 4º, da CF. Lembrando que o Tribunal Penal Internacional (TPI) foi constituído na Conferência de Roma, em 17 de julho de 1998, onde se aprovou o Estatuto de Roma (tratado que não admite a apresentação de reservas), que só entrou em vigor internacional em 1º de julho de 2002 e passou a vigorar, para o Brasil, em 1º de setembro de 2002. A partir de então tem-se um tribunal permanente para julgar **indivíduos** acusados da prática de crimes de genocídio, de crimes de guerra, de crimes de agressão e de crimes contra a humanidade. Deve-se apontar que *indivíduos* diz respeito a quaisquer indivíduos, independentemente de exercerem funções governamentais ou cargos públicos (art. 27 do Estatuto de Roma), desde que, à data da alegada prática do crime, tenham completado 18 anos de idade. Gabarito "B".

(Delegado/BA – 2006 – CONSULPLAN) Um marco fundamental para a doutrina dos Direitos Humanos:

(A) Revolução Comercial.
(B) Revolução Francesa.
(C) Revolução Industrial.
(D) Revolução Cultural.
(E) N.R.A

A: incorreta. A Revolução Comercial foi um período de grande expansão econômica da Europa, movido pelo colonialismo e mercantilismo, que duraram aproximadamente do século XVI ao século XVIII. Esse desenvolvimento comercial, com raízes no século XV, resultou em transformações profundas na economia europeia. A moeda tornou-se fator primordial da riqueza e as transações comerciais foram monetarizadas. A produção e a troca deixaram de ter caráter de subsistência, visando atender aos mercados das cidades. Com a Revolução Comercial o eixo comercial do Mediterrâneo foi transferido para o Atlântico, rompendo o monopólio das cidades italianas no comércio com o Oriente e iniciando o mercantilismo; B: correta. O marco recente dos direitos humanos foi sem dúvida a Declaração Universal dos Direitos Humanos de 1948. Com importância nesse processo pode-se também citar a **Declaração de Direitos Francesa, impulsionada pela Revolução Francesa de 1789**, e a Declaração de Direitos Americana (com destaque maior da Declaração de Direitos do Bom Povo da Virgínia), ambas do século XVIII. A Declaração de Direitos da Virgínia de 1776 é considerada por muitos como a primeira *declaração de direitos* que reconhece a existência de direitos adstritos à condição humana, ou seja, independentemente de qualquer condição o ser humano possui direitos inatos. Ademais, demonstra preocupação com a estruturação de um governo democrático (*soberania popular*). E a Declaração dos Direitos do Homem e do Cidadão foi adotada, pela Assembleia Constituinte da França, em 1789, influenciada diretamente pela Revolução Francesa e a Revolução Americana de 1776. Pela primeira vez tem-se uma declaração generalizante, isto é, com o propósito de fazer referência não só aos seus cidadãos, mas a toda a humanidade, por isso a menção aos direitos do *homem* também. A Declaração teve por base os conceitos de *liberdade, igualdade, fraternidade, propriedade, legalidade e garantias individuais* (síntese do pensamento iluminista liberal e burguês). Mas seu ponto central era a supressão dos privilégios especiais ("acabar com as desigualdades"), outrora garantidos para os estamentos do clero e da nobreza. A Declaração dos Direitos do Homem e do Cidadão, junto com declarações de direitos constantes das Constituições francesas de 1971 e 1973, reproduz claramente as ideias de Montesquieu e Jean-Jacques Rousseau. Em relação ao primeiro, afirma a necessidade de uma limitação institucional dos poderes do governo e, em relação ao pensador genebrino, trabalha a questão de a legitimidade do governo se originar apenas da vontade geral do povo. É também importante apontar que os direitos constantes da Declaração dos Direitos do Homem e do Cidadão foram ampliados porventura da reformulação da declaração de direitos pela Convenção Nacional em 1793 (sob contexto revolucionário). Essa reformulação, e seu corolário de ampliação de direitos, já havia ocorrido antes, quando foi promulgada a Constituição de 1971; C: incorreta. A Revolução Industrial consistiu em um conjunto de mudanças tecnológicas com profundo impacto no processo produtivo em nível econômico e social. Iniciada na Inglaterra em meados do século XVIII, expandiu-se pelo mundo a partir do século XIX. Ao longo do processo a era da agricultura foi superada, a máquina foi superando o trabalho humano, uma nova relação entre capital e trabalho se impôs, novas relações entre nações se estabeleceram e surgiu o fenômeno da cultura de massa, entre outros eventos; D: incorreta. O termo Revolução Cultural não foi bem explicitado pelo formulador da questão. Todavia, por guardar certas pertinências com as revoluções traçadas nas outras assertivas, passemos a tecer considerações pontuais sobre a Revolução Cultural Chinesa. A Grande Revolução Cultural Proletária (conhecida como Revolução Cultural Chinesa) foi uma profunda campanha político-ideológica levada a cabo a partir de 1966 na República Popular da China, pelo então líder do Partido Comunista Chinês Mao Tsé-tung. O objetivo da campanha político-ideológica era neutralizar a crescente oposição que lhe faziam alguns setores menos radicais do partido, em decorrência do fracasso do plano econômico Grande Salto Adiante (1958-1960), cujos efeitos acarretaram a morte de milhões de pessoas devido à fome generalizada; E: incorreta, pois a assertiva "b" é correta. Gabarito "B".

(DEFENSORIA PÚBLICA DA UNIÃO – 2004 – CESPE) Quanto a restrições constitucionais e legais impostas em sede de extradição passiva e quanto a pressupostos, procedimentos e decisão determinados pelo ordenamento jurídico brasileiro nesse âmbito, julgue os itens seguintes.

(1) Os pedidos extradicionais deduzidos por autoridades judiciárias estrangeiras e por comissões rogatórias diretamente expedidas ao governo brasileiro legitimam a instauração do processo extradicional, desde que observado o trâmite diplomático do exhorto.
(2) Considere a seguinte situação hipotética. Lúcio, condenado ao pagamento de pensão alimentícia aos filhos menores, em sentença de divórcio, decidiu emigrar para o Brasil, visando eximir-se dessa obrigação. A prisão do alimentante omisso foi decretada pelo juízo cível do seu Estado de origem. Nessa situação, havendo tratado extradicional, ou compromisso de reciprocidade de tratamento, entre o Brasil e o Estado de origem de Lúcio, este poderá ser extraditado pelo governo brasileiro.
(3) As circunstâncias de o extraditando ser casado com brasileira há mais de cinco anos e de ter filho menor que seja brasileiro e dependente econômico do pai não são impeditivas da extradição, de acordo com a legislação brasileira.
(4) No interregno entre a publicação da portaria de naturalização no Diário Oficial e a entrega solene do certificado pelo juiz federal ao naturalizando, não estará este investido na condição de brasileiro naturalizado, sujeitando-se, portanto, a processo extradicional, de acordo com sua nacionalidade originária.
(5) A solicitação de refúgio suspenderá, até decisão definitiva, qualquer processo de extradição pendente, em fase administrativa ou judicial, com base nos fatos que fundamentaram o pedido de reconhecimento da condição de refugiado. Para tanto, essa solicitação deverá ser comunicada ao órgão em que tramitar o mencionado processo de extradição.

1: errada. Num primeiro momento, **o país interessado formula pedido de extradição, que é transmitido por via diplomática para o Ministério das Relações Exteriores ou, na falta de agente diplomático do Estado que a requerer, diretamente de Governo a Governo**, devendo o pedido ser instruído com a cópia autêntica ou a certidão da sentença condenatória, da pronúncia ou da que decretar a prisão preventiva, proferida por Juiz ou autoridade competente. Daí o Ministério das Relações Exteriores remeterá o pedido ao Ministério da Justiça, que ordenará a prisão do extraditando e, quando essa for efetivada, o pedido será encaminhado ao STF, o qual, por meio de seu relator, designará dia e hora para o interrogatório do extraditando. Lembrando que a extradição poderá sempre ser concedida quando o governo requerente se fundamentar em tratado, ou quando prometer ao Brasil a reciprocidade. Cabe apontar que a prisão perdurará até o julgamento final do STF, não sendo admitidas a liberdade vigiada, a prisão domiciliar nem a prisão albergue. O processo de extradição possui peculiaridades, pois o estado requerente não é parte, e o Ministério Público atua como fiscal da lei, isto é, seu caráter contencioso é mitigado. Mas, apesar disso, o STF admite que o estado requerente seja representado por advogado. Contudo, a defesa do extraditando não pode explorar o mérito da acusação. Isso porque o exame do STF recairá somente sobre a existência ou não dos pressupostos autorizadores da extradição. Por fim, caso o STF decida pela extradição, o governo, pelo Itamaraty, colocará o indivíduo à disposição do estado requerente, que dispõe de um prazo improrrogável de sessenta dias, salvo disposição diversa em tratado bilateral, para retirá-lo do território nacional. Se o prazo não for respeitado, o indivíduo será solto e o pedido extraditório não poderá ser renovado. No julgamento da Extradição 1085 (caso Cesare Battisti), o STF decidiu que o acatamento da extradição pela Corte tem o condão de *autorizar* o Presidente da República a efetivar tal medida, isto é, cabe ao Chefe do Executivo decidir sobre a conveniência de tal medida. Configura-se uma mudança de posicionamento, pois ao STF sempre coube *determinar* a extradição quando entender presente seus pressupostos, e agora o acolhimento da demanda da extradição pela Corte gera apenas uma autorização. A partir de tal decisão pode-se defender que, no Brasil, quem decide, em última instância, sobre a extradição ou não é o Presidente da República; 2: errada. O art. 77 da Lei 6.815/1980 cuida das situações em que a extradição não será concedida e uma dessas situações – inciso II – é a necessidade de que o fato motivador do pedido seja considerado crime no Brasil ou no estado requerente. Ora, a prisão de Lúcio foi determinada pelo juízo civil de seu estado e o inadimplemento da obrigação de pagar alimentos não é considerado crime no Brasil. As outras situações são: **a)** tratar-se de brasileiro, salvo se a aquisição dessa nacionalidade verificar-se após o fato que motivar o pedido (ler o artigo 5º, LI, da CF); **b)** o Brasil for competente, segundo suas leis, para julgar o crime imputado ao extraditando; **c)** a lei brasileira impuser ao crime a pena de prisão igual ou inferior a 1 (um) ano; **d)** o extraditando estiver a responder a processo ou já houver sido condenado ou absolvido no Brasil pelo mesmo fato em que se fundar o pedido; **e)** estiver extinta a punibilidade pela prescrição segundo a lei brasileira ou a do Estado requerente; **f)** o fato constituir crime político (mas ocorrerá a extradição quando o fato constituir, principalmente, infração da lei penal comum, ou quando o crime comum, conexo ao delito político, constituir o fato principal); e **g)** o extraditando houver de responder, no Estado requerente, perante Tribunal ou Juízo de exceção; C: correta, pois tal situação não é apontada pelo art. 77 da Lei 6.815/1980. Ver todas as situações em que a extradição não será concedida no comentário anterior; D: correta. A maioria dos países não permite a extradição de nacional seu – neste sentido o artigo 5º, LI, da CF determina: "nenhum brasileiro será extraditado, **salvo o naturalizado**, em caso de crime comum, praticado antes da naturalização, ou de comprovado envolvimento em tráfico ilícito de entorpecentes e drogas afins, na forma da lei". E o art. 77, I, da Lei 6.815/1980 dispõe que a extradição não será concedida se "se tratar de brasileiro, salvo se a aquisição dessa nacionalidade verificar-se após o fato que motivar o pedido". **Lembremos que a naturalização só produzirá efeitos depois da entrega do certificado pelo juiz federal competente**; E: correta. O art. 34 da Lei 9.474/1997 dispõe que: "A solicitação de refúgio suspenderá, até decisão definitiva, qualquer processo de extradição pendente, em fase administrativa ou judicial, baseado nos fatos que fundamentaram a concessão de refúgio". Gabarito 1E, 2E, 3C, 4C, 5C

(Delegado/SP – 2003) Indique qual destes instrumentos prevê, em seu artigo 4º, a aplicação de medidas especiais de ação afirmativa, de caráter temporário, destinadas a acelerar a igualdade entre os indivíduos, buscando superar injustiças cometidas no passado contra as mulheres

(A) Declaração Universal dos Direitos Humanos.
(B) Convenção Americana sobre Direitos Humanos.
(C) Convenção sobre a Eliminação de todas as formas de Discriminação contra a Mulher.
(D) Convenção Interamericana para Prevenir, Punir e Erradicar a Violência contra a Mulher.

A: incorreta. O art. 4º da Declaração Universal dos Direitos Humanos assim dispõe: "ninguém será mantido em escravidão ou servidão, a escravidão e o tráfico de escravos serão proibidos em todas as suas formas"; B: incorreta. O art. 4º da Convenção Americana sobre Direitos Humanos trata do direito à vida e nada diz sobre a aplicação de medidas especiais de ação afirmativa que busquem a igualdade de gênero; C: correta. O art. 4º da Convenção sobre a Eliminação de todas as formas de Discriminação contra a Mulher prevê expressamente a adoção de medidas especiais de ação afirmativa, de caráter temporário, para acelerar a busca de igualdade de fato entre o homem e a mulher. Ademais, dispõe que a adoção de ações afirmativas não pode ser considerada discriminação e determina que tais cessarão quando os objetivos de igualdade de oportunidade e tratamento houverem sido alcançados; D: incorreta. O art. 4º da Convenção Interamericana para Prevenir, Punir e Erradicar a Violência contra a Mulher não prevê medidas especiais de ação afirmativa, apenas traça uma lista dos direitos que a mulher possui. Gabarito "C"

(Delegado/SP – 2003) O direito de indenização à pessoa condenada por erro judiciário é mencionado

(A) somente pela Constituição Federal.
(B) pela Constituição Federal e pela Declaração Universal dos Direitos Humanos.
(C) pela Constituição Federal e pela Convenção Americana de Direitos Humanos.
(D) pela Constituição Federal, pela Declaração Universal dos Direitos Humanos e pela Convenção Americana dos Direitos Humanos.

A, B, C e D: o direito de indenização à pessoa condenada por erro judiciário é mencionado expressamente na Constituição Federal (art. 5º, LXXV) e na Convenção Americana de Direitos Humanos (art. 10). A Declaração Universal dos Direitos Humanos não o menciona expressamente. Gabarito "C"

(Delegado/SP – 2003) O direito à presunção de inocência é mencionado

(A) somente pela Constituição Federal.
(B) pela Constituição Federal e pela Declaração Universal dos Direitos Humanos.
(C) pela Constituição Federal e pela Convenção Americana de Direitos Humanos.
(D) pela Constituição Federal, pela Declaração Universal dos Direitos Humanos e pela Convenção Americana dos Direitos Humanos.

A, B, C e D: o direito à presunção de inocência é mencionado expressamente na Constituição Federal (art. 5º, LVII), na Convenção Americana de Direitos Humanos (art. 8, II) e na Declaração Universal dos Direitos Humanos (art. 11, I). Gabarito "D"

(DEFENSORIA PÚBLICA DA UNIÃO – 2002 – CESPE) Com relação ao direito internacional, julgue os itens abaixo.

(1) No Brasil, admite-se a extradição de estrangeiro que tenha filho brasileiro menor, mesmo que esse filho dependa economicamente do pai.
(2) Nos procedimentos de deportação e de expulsão de estrangeiro, a iniciativa é local, ao contrário do processo de extradição.
(3) De acordo com a Lei de Introdução ao Código Civil Brasileiro em vigor, a lei do país de nacionalidade de uma pessoa determina as regras acerca do começo e do fim da sua personalidade, do seu nome, da sua capacidade e dos seus direitos de família.
(4) Código de Bustamante, de 1928, tratado internacional incorporado ao direito brasileiro em 1929, prevalece em caso de conflito com a Lei de Introdução ao Código Civil de 1942.
(5) O processo de homologação de sentença estrangeira perante o STF não admite exame de matéria de fundo ou apreciação de questões pertinentes ao mérito da causa.

1: **correta, pois** a extradição só não é permitida quando relacionada à prática de crimes políticos, de imprensa, religiosos e militares. E, se o indivíduo foi condenado à morte, a extradição só deve tomar curso se ficar assegurada a conversão da pena de morte em pena de prisão. Ademais, a maioria dos países não permite a extradição de nacional seu – neste sentido o artigo 5º, LI, da CF determina: "nenhum brasileiro será extraditado, **salvo o naturalizado**, em caso de crime comum, praticado antes da naturalização, ou de comprovado envolvimento em tráfico ilícito de entorpecentes e drogas afins, na forma da lei". Percebe-se que a extradição de estrangeiro nas condições apontadas pela assertiva "1" é permitida. Importante sobre o tema é o conceito de extradição: a extradição é a entrega de um estado para outro estado, a pedido deste, de indivíduo que em seu território deva responder a processo penal ou cumprir pena por prática de crime de certa gravidade. Um condicionante dessa entrega é a confirmação de que os direitos humanos do extraditando serão respeitados. Também vale ressaltar a função do instituto da extradição, qual seja de garantir, por meio da cooperação internacional, que a prática de crime não ficará sem punição. Por fim, o fundamento jurídico do pedido de extradição pode ser a existência de um tratado prevendo tal hipótese, ou, na falta deste, a declaração de reciprocidade funciona como suporte jurídico para a extradição; 2: correta. A deportação é a saída compulsória, do território nacional, do estrangeiro que ingressou irregularmente, ou cuja presença tenha-se tornado irregular – quase sempre por expiração do prazo de permanência, ou por exercício de atividade não permitida, como, por exemplo, trabalho remunerado no caso do turista. A medida não é exatamente punitiva, nem deixa sequelas. Seu procedimento é simples: o estrangeiro é notificado para sair do Brasil, e caso não obedeça poderá ser decretada, pelo juiz federal, sua prisão com a finalidade de ulterior deportação. E a expulsão é a saída compulsória, do território nacional, do estrangeiro que constituir perigo ou ameaça à ordem pública. Pode-se citar tais atos como possíveis de gerar a expulsão: **a)** conspirações; **b)** espionagem; **c)** provocação de desordens; **d)** mendicidade e vagabundagem etc. A medida deixa sequelas e pode ser considerada como punitiva. O estrangeiro depois de notificado de sua expulsão deve se retirar do Brasil, do contrário poderá receber pena, geralmente de prisão, e somente após seu cumprimento vai ser enviado ao seu país, o qual não poderá negar sua entrada. O procedimento é complexo, pois necessário se faz a realização de um inquérito no âmbito do Ministério da Justiça, no qual se assegura ao estrangeiro o direito de defesa. Após isso, o Presidente da República decidirá sobre a expulsão, devendo materializá-la por meio de decreto. Por outro lado, na extradição, o país interessado formula pedido de extradição, que é transmitido por via diplomática para o Ministério das Relações Exteriores. Daí o processo tem início com o encaminhamento do referido pedido ao STF, o qual, por meio de seu presidente, faz autuá-lo e distribuí-lo. É importante lembrar que a defesa do extraditando não pode explorar o mérito da acusação, isso porque o exame do STF recairá somente sobre a existência ou não dos pressupostos autorizadores da extradição; 3: errada, pois é a lei do domicílio (*lex domicilii*) da pessoa que determinará as regras sobre o começo e o fim da personalidade, o nome, a capacidade e os direitos de família (art. 7º da Lei de Introdução às normas do Direito Brasileiro). Vale lembrar, ainda, que a regra de conexão antiga era a da nacionalidade, assim, aplicava-se ao estatuto pessoal a lei da nacionalidade do interessado; 4: errada, pois depois de internalizado o tratado é equiparado hierarquicamente à norma infraconstitucional, logo, o Código Bustamante não pode sobrepor-se à Lei de Introdução às normas do Direito Brasileiro, por possuir a mesma hierarquia que ela. Como sabemos, no caso de conflito entre normas devemos utilizar os critérios para a solução de antinomias, os quais são: a) critério cronológico; b) critério hierárquico e c) critério da especialidade. Como o Código Bustamante e a Lei de Introdução às normas do Direito Brasileiro possuem a mesma hierarquia, o critério cronológico será utilizado para determinar que em situação de conflito entre esses dois diplomas prevalece a Lei de Introdução às normas do Direito Brasileiro; 5: correta. No Brasil, a competência para homologar sentenças estrangeiras era do STF, mas depois da EC nº 45 essa competência passou para o STJ (art. 105, I, *i*, da CF) e o procedimento homologatório não examina o mérito da sentença estrangeira. Ao STJ cabe apenas a análise dos requisitos formais e, sob um viés mais subjetivo, a análise sobre a violação ou não da ordem pública brasileira (art. 17 da Lei de Introdução). Por fim, cabe apontar que todo tipo de sentença (declaratória, constitutiva ou condenatória) e a sentença arbitral podem ser objeto de homologação pelo STJ.

Gabarito 1C, 2C, 3E, 4E, 5C

(DEFENSORIA PÚBLICA DA UNIÃO – 2002 – CESPE) Embaixadas estão fora da economia de energia — apesar do privilégio, alguns diplomatas garantem colaborar reduzindo o consumo

As 92 embaixadas e 24 representações de organismos internacionais situadas em Brasília não terão de cumprir o racionamento de energia elétrica. Considerados territórios internacionais, esses estabelecimentos e seus funcionários possuem privilégios e imunidades que lhes protegem de multas e de certas punições, como o corte do fornecimento de energia. O Itamaraty teve de despertar a Câmara de Gestão da Crise de Energia para o fato de que a Convenção de Viena, aprovada pelo Congresso brasileiro em 1965, sobrepõe-se às leis nacionais.

Por não serem considerados territórios nacionais, as embaixadas e seus diplomatas possuem vários privilégios, como, por exemplo, a isenção do pagamento de impostos diretos, como o IPTU e o IPVA, e de impostos de importação.

Os diplomatas também possuem imunidade com relação à jurisdição administrativa, civil e penal do país em que trabalham. Se cometerem um crime, essas pessoas têm garantia de serem processadas em seus países. É com relação à justiça do trabalho que a imunidade diplomática tem mais problemas.

Apoiadas por essas regras, muitas embaixadas contratam funcionários brasileiros, mas não seguem as leis trabalhistas. Em 1990, o STF permitiu que essas reclamações trabalhistas fossem aceitas. No entanto, ainda persiste um problema que dificulta a vida dos empregados brasileiros. O Brasil não tem como executar a ordem judicial de seqüestrar os bens do empregador, no caso as embaixadas, se uma dívida trabalhista não for liquidada. Isso porque, em face da regra da inviolabilidade, o oficial de justiça não tem como entrar no imóvel para seqüestrar os bens.

(Cláudia Dianni). Embaixadas estão fora da economia de energia. In: *O Estado de São Paulo*, 10/6/2001, p. B-6 (com adaptação)

Considerando o texto, julgue os seguintes itens, acerca do funcionamento das representações de organismos estrangeiros localizados no Brasil.

(1) Apesar de não ter caráter técnico, o texto está juridicamente correto ao considerar as embaixadas como "territórios internacionais".

(2) Referida no texto, a Convenção de Viena sobre Relações Diplomáticas sobrepõe-se às leis ordinárias brasileiras.

(3) No quarto parágrafo do texto, está juridicamente correta a afirmação acerca da imunidade diplomática.

(4) As autoridades brasileiras competentes não têm como executar eventual ordem judicial para seqüestrar bens de Estado estrangeiro situados no Brasil.

(5) As representações dos Estados estrangeiros situadas no Brasil estão obrigadas a seguir as normas do racionamento de energia elétrica.

1: errada. As embaixadas apenas gozam de certas imunidades no território estrangeiro e nunca poderão ser consideradas como "territórios internacionais". Isso porque o Território é um dos elementos constitutivos do estado (os outros são população permanente e governo independente). E representa a porção do espaço terrestre onde o estado exerce sua soberania. E soberania é o poder exclusivo que o estado, representado geralmente pelo governo, detém de constituir direitos e impor deveres sobre um grupo de pessoas conjugadas num espaço terrestre delimitado pela jurisdição deste mesmo estado. Este seria o âmbito interno da soberania, e como âmbito externo pode-se indicar a condição de igualdade que todos os estados possuem na comunidade internacional. Pelo dito percebe-se que as imunidades das embaixadas excepcionam a soberania que o estado exerce exclusivamente sobre seu território. No âmbito da missão diplomática, tanto os membros do quadro diplomático de carreira quanto os membros do quadro administrativo e técnico gozam de ampla imunidade de jurisdição penal e civil. São, ademais, fisicamente invioláveis, e em caso algum podem ser obrigados a depor como testemunhas. Reveste-os, além disso, a imunidade tributária. São também fisicamente invioláveis os locais da missão diplomática com todos os bens ali situados, assim como os locais residenciais utilizados pelo quadro diplomático e pelo quadro administrativo e técnico. Esses imóveis, e os valores mobiliários neles encontráveis, não podem ser objeto de busca, requisição, penhora ou medida qualquer de execução (imunidade de execução). Os arquivos e documentos da missão diplomática são invioláveis onde quer que se encontrem. Por fim, a regra de imunidade jurisdicional do estado, na situação de pessoa jurídica de direito externo, existe há muito tempo no plano internacional e se consubstancia na não possibilidade do estado figurar como parte perante tribunal estrangeiro contra sua vontade (*par in parem non habet judicium*). Mais tarde, tal regra foi corroborada pelo princípio da igualdade soberana dos estados. No entanto, essa outrora absoluta imunidade vem sendo reconfigurada. A título de exemplo, aponta-se a Convenção Europeia sobre a imunidade dos Estados, concluída em Basileia e em vigor desde 1976, que exclui do âmbito da imunidade do estado as ações decorrentes de contratos celebrados e exequendos *in loco*. Dispositivo semelhante aparece no *State Immunity Act,* que se editou na Grã-Bretanha em 1978. Também pode-se apontar a Convenção sobre as Imunidades dos Estados e seus Bens, adotada pela ONU, que tem por linha-base a exclusão do âmbito de imunidade estatal às atividades de notável caráter econômico. No Brasil, por exemplo, o STF já decidiu que estado estrangeiro não tem imunidade em causa de natureza trabalhista. Percebe-se que a imunidade jurisdicional do estado estrangeiro passou de um costume internacional absoluto à matéria a ser regulada internamente por cada estado. Como panorama geral, pode-se dizer que a imunidade jurisdicional estatal não mais incidirá nos processos provenientes de relação jurídica entre o estado estrangeiro e o meio local – mais exatamente os particulares locais; 2: errada. O tratado só passará a ter validade interna após ter sido aprovado pelo Congresso Nacional e ratificado e promulgado pelo Presidente da República. Devemos lembrar, ainda, que a promulgação é efetuada mediante decreto presidencial. E, depois de internalizado, o tratado é equiparado hierarquicamente a norma infraconstitucional, logo, a Convenção de Viena sobre Relações Diplomáticas não pode sobrepor-se às leis ordinárias brasileiras, por possuir a mesma hierarquia que elas; 3: correta, pois no âmbito da missão diplomática tanto os membros do quadro diplomático de carreira quanto os membros do quadro administrativo e técnico gozam de ampla imunidade de jurisdição penal e civil. São, ademais, fisicamente invioláveis, e em caso algum podem ser obrigados a depor como testemunhas. Reveste-os, além disso, a imunidade tributária; 4: correta, pois os estados possuem imunidade de execução, o que significa que não poderá ser decretada execução forçada como, por exemplo, o seqüestro, o arresto ou o embargo, contra os bens de um estado estrangeiro situados no Brasil; 5: errada. O art. 22, ponto 2, da Convenção de Viena sobre Imunidades Diplomáticas determina que o Estado acreditado (é o que recebe o agente diplomático ou consular) tem a obrigação especial de adotar todas as medidas apropriadas para proteger os locais da Missão contra qualquer instrução ou dano e **evitar perturbações à tranquilidade da Missão** ou ofensas à sua dignidade.

Gabarito 1E, 2E, 3C, 4C, 5E

(Delegado Federal – 2002 – CESPE) A educação vem a ser um dos eixos fundamentais da construção da cidadania e da afirmação positiva de uma nação perante as demais. No Brasil, os padrões educacionais da população, ainda bastante limitados, vêm sofrendo alterações positivas e negativas nos últimos anos. A respeito dessa matéria, julgue os itens abaixo.

(1) A herança histórica da escravidão, o crescente endividamento social interno e o desleixo das elites em relação à incorporação positiva daqueles posicionados na base da pirâmide social geraram a perversão de se dotar o país com um sofisticado sistema de pós-graduação ao lado de uma educação básica carente.

(2) Apesar dos esforços da sociedade e do Estado nas últimas décadas, os índices de analfabetismo formal permaneceram estagnados.
(3) A educação superior de bom nível está localizada, predominantemente, nas instituições públicas, mas a relação se inverte quando se trata da educação básica.
(4) O sistema de avaliação implantado pelo Exame Nacional de Cursos (Provão), apesar das críticas que vêm sendo feitas à sua concepção e à sua metodologia, vem permitindo a construção de uma certa radiografia dos resultados dos investimentos feitos pela sociedade e pelo Estado.
(5) Os aplicativos para edição de textos e para a geração de material escrito e visual e aqueles de correio eletrônico, de busca e pesquisa e de multimídia são exemplos de recursos que a informática já disponibiliza em prol da educação a distância: uma estratégia que tem ganhado adeptos em virtude da sua capacidade de beneficiar um número muito grande de interessados com a possibilidade de se obterem custos mais baixos que a educação presencial tradicional.

1: correto. A questão traça corretamente o panorama histórico-social do Brasil e a situação atual da educação brasileira. E deixa bem claro que o atual sistema educacional (sofisticado sistema de pós-graduação ao lado de uma educação básica carente) é consequência das escolhas políticas passadas e presentes; 2: errado. Pelo contrário, os índices de analfabetismo formal melhoraram nas últimas décadas; 3: correto. Existe essa divisão do ensino no Brasil, pois, enquanto a educação superior de excelência está localizada nas instituições públicas, a educação básica de excelência está localizada nas instituições privadas; 4: correto. O Exame Nacional de Cursos (ENC-Provão) era um exame que tinha a função de avaliar os cursos de graduação da Educação Superior do Brasil. Ele possuía oito edições que foram realizadas anualmente pelo INEP entre os anos de 1996 e 2003. O objetivo com a avaliação era listar as instituições de ensino superior, para depois exigir a qualificação das piores avaliadas com medidas como a contratação de mestres e doutores, melhorias em instalações de laboratórios e bibliotecas, entre outros. A reincidência de um curso nas piores classificações poderia causar seu fechamento pelo MEC. Desde 2004, o Provão foi substituído pelo Exame Nacional de Desempenho de Estudantes, o Enade. O Exame Nacional de Desempenho de Estudantes (Enade) é uma prova escrita, aplicada anualmente, usada para avaliação dos cursos de ensino superior brasileiros. A aplicação da prova é de responsabilidade do INEP, uma entidade federal vinculada ao Ministério da Educação (MEC); 5: correto. Os custos mais baixos possibilitados pela tecnologia permite uma democratização no acesso à educação, fator de grande importância e que deve ser utilizado cada vez mais para integrar culturalmente um país de proporções continentais e que é marcado profundamente pelas desigualdades regionais. Gabarito: 1C, 2E, 3C, 4C, 5C.

(Delegado/SP – 2000) De acordo com a teoria "monista", para que haja a incorporação dos tratados de direitos humanos ao direito brasileiro

(A) a ratificação não é suficiente, sendo necessária a edição de ato legislativo interno determinando a incorporação.
(B) a ratificação é suficiente para imediata aplicação já que o poder legislativo participa do processo de incorporação.
(C) não é necessária a ratificação para a incorporação, sendo suficiente a aprovação do Poder Legislativo.
(D) a ratificação é suficiente para a imediata aplicação já que o poder legislativo não participa do processo da incorporação.

A, B, C e D: segundo a tese monista, o direito internacional e o nacional fazem parte do mesmo sistema jurídico, ou seja, incidem sobre o mesmo espaço. Pelo contrário, a tese dualista advoga que cada um pertence a um sistema distinto e, por assim dizer, incidem sobre espaços diversos. A tese monista ainda subdivide-se: **a)** monismo radical: prega a preferência pelo direito internacional em detrimento do direito nacional e **b)** monismo moderado: prega a equivalência entre o direito internacional e o direito nacional. É importante apontar que a jurisprudência internacional aplica o monismo radical, tal escolha é respaldada pelo artigo 27 da Convenção de Viena sobre Direito dos Tratados: "Uma parte não pode invocar as disposições de seu direito interno para justificar o inadimplemento de um tratado". O dualismo também subdivide-se: **a)** dualismo radical: impõe a edição de uma lei distinta para incorporação do tratado e **b)** dualismo moderado: não exige lei para incorporação do tratado, apenas se exige um procedimento complexo, com aprovação do Congresso e promulgação do Executivo. A Constituição Federal silenciou nesse aspecto, e em virtude da omissão constitucional a doutrina defende que o Brasil adotou a corrente dualista, ou, melhor dizendo, a corrente **dualista moderada**. Isto porque o tratado só passará a ter validade interna após ter sido aprovado pelo Congresso Nacional e jurificado e promulgado pelo Presidente da República. Lembremos ainda que a promulgação é efetuada mediante decreto presidencial. Após bem esclarecer o tema da incorporação de tratados, percebe-se que a questão diz respeito erroneamente à teoria monista, pois a assertiva "B" apenas será correta se tiver por fundamento a teoria dualista. Gabarito: "B".

(Delegado/SP – 2000) Quais os primeiros marcos do processo de internacionalização dos Direitos Humanos?

(A) Direito Humanitário, Liga das Nações e a Carta Internacional dos Direitos Humanos.
(B) Direito Humanitário, Liga das Nações e a Organização Internacional do Trabalho.
(C) Liga das Nações, Organização Internacional do Trabalho e a Carta Internacional dos Direitos Humanos.
(D) Organização Internacional do Trabalho, Direito Humanitário e a Carta Internacional dos Direitos Humanos.

A, B, C e D: o Direito Humanitário, a Liga das Nações e a Organização Internacional do Trabalho são definidos como os primeiros marcos no processo de internacionalização dos direitos humanos. Processo este que limita a soberania dos estados em favor do respeito aos direitos humanos. Em outras palavras, é a mitigação da soberania dos estados em função da característica de universalidade dos direitos humanos. Dentro dessa ótica, o Direito Humanitário é considerado a primeira limitação que os estados sofreram em sua soberania absoluta, pois, na hipótese de conflito armado, os estados teriam que respeitar certas regras que visam proteger as vítimas civis e os militares fora de combate (soldados prisioneiros, doentes e feridos). Por sua vez, a Liga das Nações, organização internacional criada após a Primeira Guerra Mundial com a função de promover a cooperação, a paz e a segurança internacional, dá mais um passo nesse processo de limitação da soberania estatal. A Convenção da Liga das Nações previa, entre outras, regras que protegiam as minorias e que garantiam condições dignas de trabalho. E se tais regras (leia-se obrigações internacionais) fossem descumpridas, o estado violador ficaria exposto às sanções econômicas e militares orquestradas pela comunidade internacional. Percebe-se que cada vez mais a noção de soberania absoluta soçobrava-se. E a Organização Internacional do Trabalho, criada após a Primeira Guerra Mundial, colabora com o processo de relativização da noção de soberania estatal à medida que estabelece padrões internacionais de condições de trabalho e bem-estar. Portanto, afigura-se a assertiva "b" como correta. As outras assertivas indicam a Carta Internacional dos Direitos Humanos como um dos primeiros marcos no processo de internacionalização dos Direitos Humanos, todavia, a Carta Internacional dos Direitos Humanos participa do processo **recente** de internacionalização dos direitos humanos, inaugurado após a Segunda Guerra Mundial. Gabarito: "B".

(Delegado/SP – 1999) Quem presidiu a Comissão das Nações Unidas responsável pela redação final da Declaração Universal dos Direitos Humanos de 1948?

(A) Winston Churchill;
(B) Eleanor Roosevelt;
(C) Charles De Gaulle;
(D) Mohandas K. Gandhi.

A: incorreta. Winston Leonard Spencer-Churchill foi político, estadista, escritor, jornalista, orador e historiador britânico, famoso principalmente por sua atuação como primeiro-ministro do Reino Unido durante a Segunda Guerra Mundial; B: correta. Anna Eleanor Roosevelt foi diplomata e ativista dos direitos humanos. **Serviu como embaixadora dos EUA na Organização das Nações Unidas entre 1945 e 1952**, por nomeação do presidente Harry Truman; C: incorreta. Charles André Joseph Marie de Gaulle foi general, político e estadista francês que liderou as Forças Francesas Livres durante a Segunda Guerra Mundial. Mais tarde fundou a Quinta República Francesa em 1958 e foi seu primeiro Presidente, de 1959 a 1969; D: incorreta. Mohandas Karamchand Gandhi, mais conhecido por Mahatma Gandhi, foi o idealizador e o fundador do moderno Estado indiano e o maior defensor do *Satyagraha* (princípio da não agressão ou forma não violenta de protesto) como um meio de revolução. Gabarito: "B".

(Delegado/SP – 1998) Adotado e proclamado pela Resolução 217-A (III) da Assembléia Geral das Nações Unidas, em 10 de dezembro de 1948, foi ratificado pelo Brasil na mesma data. Tal instrumento consolidou uma afirmação de ética universal, ao conceber os direitos humanos como um complexo interdependente e indivisível". Esse texto refere-se a (o)

(A) Carta das Nações Unidas.
(B) Convenção Americana dos Direitos Humanos.
(C) Declaração Universal dos Direitos do Homem.
(D) Pacto Internacional de Direitos Civis e Políticos.

A: incorreta. A Carta das Nações Unidas é a lei básica da ONU, assinada em São Francisco no dia 26 de junho de 1945; B: incorreta. O principal instrumento protetivo do sistema americano é a Convenção Americana de Direitos Humanos de 1969 ou Pacto de San José da Costa Rica, que instituiu a Comissão Interamericana de Direitos Humanos e a Corte Interamericana; C: correta. A Declaração Universal dos Direitos Humanos foi aprovada pela Resolução nº 217 A (III) da Assembleia Geral da ONU, em 10 de dezembro de 1948, por 48 votos a zero e oito abstenções. **A Declaração é fruto de um consenso sobre valores de cunho universal a serem seguidos pelos**

estados. E também do reconhecimento do indivíduo como sujeito direto do direito internacional. Assim, a ONU e a Declaração Universal dos Direitos Humanos criam um verdadeiro sistema global de proteção da dignidade humana; D: incorreta. O Pacto Internacional de Direitos Civis e Políticos foi aprovado em 1966 pela Assembleia Geral das Nações Unidas, mas, devido à grande resistência que sofreu, somente adquiriu as ratificações necessárias para entrar em vigor no ano de 1976. Seu grande objetivo é tornar obrigatório, vinculante e expandir os direitos civis e políticos elencados na Declaração Universal dos Direitos Humanos. Gabarito "C".

(Ministério Público do Trabalho – 14º) Em relação a atuação do Ministério Público na defesa dos Direitos Humanos Fundamentais, assinale a alternativa CORRETA:

(A) tratando-se de violação a direitos individuais homogêneos, admite a jurisprudência do Supremo Tribunal Federal a tutela por meio de ação civil pública;

(B) a tutela coletiva de interesse dos grupos e da sociedade em geral pelo Ministério Público afasta a possibilidade de os lesados requererem em juízo reparações individualizadas;

(C) a atuação do Ministério Público na defesa dos direitos humanos depende da materialização do fato e, portanto, é de caráter repressiva com efeitos futuros, e não preventiva;

(D) tratando-se de lesões individualizadas a direitos humanos fundamentais, a atuação do Ministério Público depende do consentimento das pessoas lesadas.

(E) não respondida.

A: esse é o entendimento do STF – ver RE 472.489 AgR/RS; B: a tutela coletiva (por meio de ação civil pública, por exemplo) não impede a defesa do direito por meio de ação individual – ver REsp 201.164/SC; C: a atuação do Ministério Público pode ter caráter preventivo; D: a atuação do Ministério Público independe de consentimento, por se tratar de direitos indisponíveis – art. 127, *caput*, *in fine*, da CF. Gabarito "A".

(Ministério Público do Trabalho – 13º) Em relação ao sistema de proteção dos direitos humanos no Brasil:

I. o Estado brasileiro não reconhece a competência jurisdicional da Corte Interamericana de Direitos Humanos;

II. o sistema de proteção internacional dos direitos humanos é adicional e subsidiário, somente podendo ser invocado se o Estado brasileiro se mostrar omisso ou falho na tarefa de proteção dos direitos fundamentais;

III. a incorporação do sistema internacional de proteção dos direitos fundamentais pelo Estado brasileiro é conseqüência do processo de abertura democrática, que tem seu marco jurídico na Constituição Federal de 1988;

IV. o direito constitucional brasileiro apenas reconhece os direitos fundamentais previstos em tratados internacionais que reproduzam direito assegurado pela própria Constituição Federal.

De acordo com as assertivas acima, pode-se afirmar que:

(A) apenas as de número II e III estão corretas;
(B) todas estão corretas;
(C) todas estão incorretas;
(D) apenas as de número I, II e III estão corretas;
(E) não respondida.

I: o Estado brasileiro aderiu ao Pacto de São José da Costa Rica e se submete à Corte Interamericana de Direitos Humanos – Decreto 678/1992; II: a assertiva é verdadeira. Em princípio, o interessado deve esgotar as instâncias judiciais internas antes de acessar a instância internacional (exceto se houver impossibilidade, impedimento ou demora injustificada no julgamento pelos órgãos locais) – art. 46, § 1º, *a*, e § 2º, do Pacto de São José da Costa Rica; III: art. 5º, §§ 2º e 3º, da CF; IV: os direitos e garantias fundamentais previstos na Constituição não excluem outros previstos em tratados internacionais em que o Brasil seja parte – art. 5º, § 2º, da CF. Gabarito "A".

19. DIREITO ELEITORAL

Robinson Sakiyama Barreirinhas

1. DIREITOS POLÍTICOS, ELEGIBILIDADE

(Magistratura/SP – 2011 – VUNESP) A elegibilidade é a regra e são elegíveis todos os que atenderem às condições estabelecidas, que são:

(A) a nacionalidade brasileira, o domicílio eleitoral, a idade mínima prevista na Constituição e a filiação partidária.

(B) a nacionalidade brasileira, a filiação partidária, a idade e o pleno exercício dos direitos políticos.

(C) a nacionalidade brasileira, o pleno exercício dos direitos políticos, o alistamento e filiação eleitoral, a idade prevista na Constituição.

(D) a nacionalidade brasileira, o pleno exercício dos direitos políticos, alistamento, domicílio e filiação partidária e idade prevista na Constituição.

(E) a idade prevista na Constituição, a escolaridade, a nacionalidade brasileira, o pleno exercício dos direitos políticos, alistamento, domicílio e filiação partidária.

São condições de elegibilidade, na forma da lei (art. 14, § 3º, da CF): (i) a nacionalidade brasileira, (ii) o pleno exercício dos direitos políticos, (iii) o alistamento eleitoral, (iv) o domicílio eleitoral na circunscrição, (v) a filiação partidária, (vi) a idade mínima para os cargos indicados no inciso VI. São inelegíveis os inalistáveis e os analfabetos (art. 14, § 4º, da CF). A: incorreta, pois faltou o pleno exercício dos direitos políticos e o alistamento eleitoral; B: incorreta, pois faltou o alistamento e o domicílio eleitoral; C: incorreta, pois faltou o domicílio eleitoral; D: essa é a alternativa correta, conforme comentários iniciais; E: incorreta, pois não há exigência de escolaridade (basta ser alfabetizado). Gabarito "D".

(Ministério Público/MS – 2011 – FADEMS) Assinale a alternativa **incorreta**. É vedada a cassação de direitos políticos,

(A) salvo se for decretada a incapacidade civil absoluta;

(B) salvo escusa de consciência, invocada por quem pretende eximir-se do adimplemento de obrigação legal a todos imposta (art. 5º, VIII, da CF);

(C) salvo se houver condenação criminal transitada em julgado, enquanto durarem seus efeitos;

(D) salvo condenação por improbidade administrativa, nos termos do art. 37, § 4º da CF;

(E) todas as alternativas são corretas.

É vedada a cassação de direitos políticos, cuja perda ou suspensão só se dará nos casos de: (i) cancelamento da naturalização por sentença transitada em julgado, (ii) incapacidade civil absoluta, (iii) condenação criminal transitada em julgado, enquanto durarem seus efeitos, (iv) recusa de cumprir obrigação a todos imposta ou prestação alternativa, nos termos do art. 5º, VIII, da CF, (v) improbidade administrativa, nos termos do art. 37, § 4º, da CF – art. 15 da CF. Como visto, todas as alternativas são corretas, de modo que a "E" deve ser indicada. Gabarito "E".

(Ministério Público/MS – 2011 – FADEMS) Analise as assertivas abaixo.

I. A perda ou suspensão dos direitos políticos pode acarretar várias conseqüências jurídicas, e será automática, não cabendo mais recurso visando a manutenção dos direitos políticos do cidadão.

II. Uma das conseqüências jurídicas da perda ou a suspensão de direitos políticos é o cancelamento do alistamento.

III. Não é automática a exclusão do corpo de eleitores, em caso de perda ou suspensão dos direitos políticos, devendo seguir um procedimento próprio na Justiça Eleitoral.

IV. O eleitor que teve suspenso seus direitos políticos não tem legitimidade para propor ação popular, enquanto perdurar esta situação.

V. O cidadão tem direito a ampla defesa, antes de ser excluído do corpo de eleitores, podendo, se for o caso, requerer produção de prova visando manter os seus direitos políticos.

(A) todos os itens estão corretos;

(B) somente os itens I, III e V estão incorretos;

(C) somente os itens II, III, IV e V estão corretos;

(D) somente os itens I, II e IV estão incorretos;

(E) todos os itens estão incorretos.

I: incorreta, pois da decisão do juiz eleitoral de exclusão do eleitor cabe recurso no prazo de três dias para o Tribunal Regional – art. 80 do CE; II: assertiva correta, conforme o art. 71, II, do CE; III: correta, conforme o art. 77 do CE; IV: assertiva correta, pois a propositura da ação popular depende do pleno exercício da cidadania – art. 1º, § 3º, da Lei 4.717/1965; V: correta, conforme o art. 77, III, do CE. Gabarito "C".

(Ministério Público/MS – 2011 – FADEMS) Embora eleitores, não podem votar:

(A) os eleitores analfabetos;

(B) Os oficiais, aspirantes a oficiais, subtenentes ou suboficiais, sargentos ou alunos das escolas militares de ensino superior para formação de oficiais;

(C) Os eleitores conscritos;

(D) Os estrangeiros naturalizados;

(E) nenhuma das alternativas anteriores.

A: incorreta, pois os analfabetos podem votar – art. 14, II, a, da CF; B: incorreta, pois, atualmente, qualquer militar é, em princípio, alistável, com exceção dos conscritos (convocados para o serviço militar obrigatório), pois essa é a única vedação prevista na Constituição atual – art. 14, § 2º, da CF, ver o art. 5º, p. único, do CE, que refletia restrições vigentes antes da atual Constituição; C: essa é a assertiva correta, pois o conscrito (aquele convocado para o serviço militar obrigatório) que já possuía título de eleitor não pode votar durante o serviço militar obrigatório – ver Resolução 20.165/1998-TSE. Se o cidadão ainda não possuía o título, não poderá se alistar como eleitor durante o período do serviço militar obrigatório – art. 14, § 2º, da CF; D: incorreta, pois o brasileiro naturalizado pode votar e ser votado – arts. 12, § 2º, e 14, § 3º, da CF, embora não para determinados cargos – art. 12, § 3º, da CF. Os estrangeiros, é bom lembrar, não podem se alistar como eleitores nem, muito menos, serem eleitos – art. 14, §2º, 2º e 3º, I, da CF; E: incorreta, pois a alternativa "C" é verdadeira. Gabarito "C".

(Ministério Público/SP – 2011) Constituem garantias eleitorais:

I. a prioridade postal aos partidos políticos nos 60 (sessenta) dias anteriores à realização das eleições;

II. o exercício do sufrágio;

III. o salvo-conduto em favor do eleitor;

IV. a presença de força pública no edifício em que funcionar mesa receptora;

V. a proibição da prisão em flagrante de candidatos nos 15 (quinze) dias que antecedem a eleição.

Está correto apenas o que se afirma em

(A) I, II e III.
(B) I, IV e V.
(C) II, III e IV.
(C) II, IV e V.
(E) III, IV e V.

I: assertiva correta, conforme o art. 239 do Código Eleitoral – CE (Lei 4.737/1965); II: correta, pois ninguém poderá impedir ou embaraçar o exercício do sufrágio – art. 234 do CE; III: assertiva correta, pois o juiz eleitoral, ou o presidente da mesa receptora, pode expedir salvo-conduto com a cominação de prisão por desobediência de até 5 dias, em favor do eleitor que sofrer violência, moral ou física, na sua liberdade de votar, ou pelo fato de haver votado; IV: incorreta, pois é proibida, durante o ato eleitoral, a presença de força pública no edifício em que funcionar mesa receptora, ou nas imediações – art. 238 do CE. A força armada conservar-se-á a cem metros da seção eleitoral e não poderá aproximar-se do lugar da votação, ou dele penetrar, sem ordem do presidente da mesa – art. 141 do CE; V: incorreta, pois a garantia de impossibilidade de detenção ou prisão em favor dos candidatos, desde 15 dias antes da eleição, não se aplica em caso de flagrante delito – art. 236, § 1º, do CE. Gabarito "A".

(Magistratura/GO – 2009 – FCC) Sufrágio é o

(A) comparecimento à seção de votação e assinatura da folha de votação, para a escolha de candidatos regularmente registrados em pleito eleitoral.
(B) instrumento através do qual o cidadão manifesta sua vontade para escolha de governantes em um regime representativo.
(C) direito público subjetivo de eleger, ser eleito e de participar da organização e da atividade do poder estatal.
(D) documento oficial onde o cidadão assinala o nome de um candidato, manifestando sua vontade para escolha de governantes em um regime representativo.
(E) ato de assinalar na urna eletrônica o nome de um candidato, manifestando sua vontade para escolha de governantes em um regime representativo.

A, B, D e E: incorretas, pois o sufrágio universal não se restringe ao voto direto e secreto, nem se confunde com ele, embora seja, também, direito inerente à soberania popular – art. 14 da CF; C: assertiva correta, pois descreve adequadamente o sufrágio universal, direito inerente à soberania popular – art. 14 da CF. Gabarito "C".

(Magistratura/MT – 2009 – VUNESP) O sufrágio é um direito público subjetivo exercido por meio

(A) da eleição, do plebiscito, do referendo e da iniciativa popular.
(B) do Tribunal Superior Eleitoral, dos Tribunais Regionais Eleitorais, das Juntas Eleitorais e dos Juízes Eleitorais.
(C) do alistamento eleitoral, do sistema eleitoral, do voto secreto e da representação proporcional ou majoritária.
(D) da propaganda eleitoral gratuita, do sistema eletrônico de votação e totalização de votos, da fiscalização das eleições e da prestação de contas.
(E) do ato de votar, da impugnação dos registros de candidaturas, da impugnação dos votos apurados e do recurso dos resultados do pleito.

Nos termos do art. 14, *caput* e incisos, da CF, a soberania popular será exercida pelo sufrágio universal e pelo voto direto e secreto, com valor igual para todos, e, nos termos da lei, mediante: (i) plebiscito; (ii) referendo; e (iii) iniciativa popular. Gabarito "A".

(Ministério Público/MA – 2009) Assinale a alternativa *INCORRETA*.

(A) Exercer plenamente os direitos políticos significa estar habilitado a ser eleitor e a ser candidato a cargos eletivos. Enquanto a perda ou suspensão dos direitos políticos implica na restrição a ser eleitor e a ser candidato, a inelegibilidade restringe apenas parcela dos direitos políticos relativa a de se candidatar a cargos públicos eletivos.
(B) Há perda dos direitos políticos nos casos de cancelamento da naturalização por sentença transitada em julgado e perda voluntária da nacionalidade brasileira.
(C) A suspensão dos direitos políticos só se dará nos casos de incapacidade civil absoluta, condenação criminal transitada em julgado, enquanto durarem seus efeitos, recusa de cumprir obrigação a todos imposta ou prestação alternativa e improbidade administrativa.

(D) A suspensão da inscrição eleitoral dar-se-á, ainda, nos casos de conscrição e outorga a brasileiros do gozo dos direitos políticos em Portugal, de acordo com o Estatuto da Igualdade entre Brasileiros e Portugueses.
(E) São inelegíveis para qualquer cargo os que tenham contra sua pessoa representação julgada procedente pela Justiça Eleitoral, transitada em julgado, em processo de apuração de abuso do poder econômico ou político, para a eleição na qual concorrem ou tenham sido diplomados, bem como para as que se realizarem 3 (três) anos seguintes; e os que forem condenados criminalmente, com sentença transitada em julgado, pela prática de crime contra a economia popular, a fé pública, a administração pública, o patrimônio público, o mercado financeiro, pelo tráfico de entorpecentes e por crimes eleitorais, pelo prazo de 3 (três) anos, após o cumprimento da pena.

A: correta, conforme os arts. 14 e 15 da CF; B: correta, conforme os arts. 14, § 3º, I, e 15, I, da CF; C: incorreta, pois, para a doutrina majoritária, a recusa de cumprir obrigação a todos impostas é considerada causa de **perda** de direitos políticos, assim como o cancelamento da naturalização por sentença transitada em julgado e a perda voluntária da nacionalidade, e não simples **suspensão** dos direitos políticos – art. 15 da CF; D: correta, conforme o art. 7º, § 3º, do Estatuto da Igualdade (promulgado pelo Decreto 70.391/1972); E: assertiva correta. Muitíssimo importante, com a chamada Lei da Ficha Limpa (LC 135/2010, que alterou a LC 64/1990), a simples decisão proferida por órgão colegiado do Judiciário torna a pessoa inelegível – art. 1º, I, *d* e *e*, da Lei da Inelegibilidade – LI (LC 64/1990). Gabarito "C".

(Magistratura/AL – 2007 – FCC) É privativo de brasileiro nato, dentre outros, o cargo de

(A) Ministro de Estado da Justiça.
(B) Senador.
(C) Deputado Federal.
(D) Presidente da Câmara dos Deputados.
(E) Governador do Distrito Federal.

Apenas a assertiva em D indica cargo privativo de brasileiro nato – art. 12, § 3º, da CF. Gabarito "D".

(Magistratura/AL – 2007 – FCC) Hanz, alemão naturalizado brasileiro, teve a sua naturalização cancelada por sentença transitada em julgado. Tal fato acarretará a

(A) manutenção de seus direitos políticos até eventual expulsão.
(B) suspensão dos seus direitos políticos.
(C) cassação dos seus direitos políticos.
(D) impossibilidade de ser votado, sem prejuízo do direito de votar.
(E) perda dos seus direitos políticos.

O cancelamento da naturalização por sentença transitada em julgado implica perda dos direitos políticos – art. 15, I, da CF. Gabarito "E".

(Magistratura/AL – 2007 – FCC) O sufrágio

(A) é um direito público de natureza política que tem o cidadão de eleger, ser eleito e participar da organização e da atividade do poder estatal.
(B) é sempre restrito, pois depende de determinadas condições possuídas apenas por alguns cidadãos, como é o caso da exigência de idade mínima para determinados cargos.
(C) universal, concedido a todos os nacionais, não ocorre no Brasil, posto que só podem votar e ser votados os que previamente se alistarem.
(D) não é direito, constituindo-se no exercício do direito de votar e ser votado, através de escrutínio secreto.
(E) tem, na Constituição da República Federativa do Brasil, o mesmo sentido de voto e escrutínio.

O sufrágio universal, direito inerente à soberania popular, é descrito adequadamente pela assertiva "A" – art. 14 da CF. O sufrágio restrito se dá quando existem limitações ao exercício do sufrágio por diversos motivos. Sufrágio censitário é restrito pelo critério de riqueza, que existiu no Brasil Império. Sufrágio capacitário é restrito pelo critério de instrução, intelectual, como a anterior vedação ao voto do analfabeto. Voto, escrutínio e sufrágio não se confundem. Sufrágio é o direito de votar e ser votado. Voto é como se exerce o direito de sufrágio. Escrutínio é o procedimento, o modo como se dá o voto. Gabarito "A".

(Magistratura/AL – 2007 – FCC) São condições de elegibilidade, na forma da lei, para os cargos de Prefeito Municipal e Vereador, dentre outras, a idade mínima de

(A) vinte e um anos.
(B) vinte e um e dezoito anos, respectivamente.
(C) trinta e dezoito anos, respectivamente.
(D) trinta e vinte e um anos, respectivamente.
(E) trinta e cinco e trinta anos, respectivamente.

A idade mínima é de 21 anos para Prefeito e de 18 anos para vereador – art. 14, § 3°, VI, c e d, da CF. Gabarito "B".

(Defensoria Pública da União – 2007 – CESPE) Julgue o item a seguir.

(1) É requisito de elegibilidade o domicílio eleitoral no local da eleição por no mínimo dois anos.

O prazo mínimo é de 1 ano de domicílio na localidade – art. 14, § 3°, IV, da CF e art. 9° da LE. Gabarito 1E.

(Magistratura/AL – 2007 – FCC) Considere as assertivas:

I. Referendo é uma consulta prévia que se faz aos cidadãos no gozo de seus direitos políticos sobre determinada matéria a ser, posteriormente, discutida pelo Congresso Nacional.
II. Plebiscito é uma consulta posterior sobre determinado ato governamental para ratificá-lo, para conceder-lhe eficácia ou para retirar-lhe a eficácia.
III. A iniciativa popular pode ser exercida pela apresentação à Câmara dos Deputados de projeto de lei subscrito por, no mínimo, um por cento do eleitorado nacional, distribuído pelo menos por cinco Estados, com não menos de três décimos por cento dos eleitores de cada um deles.

Está correto o que se afirma SOMENTE em

(A) III.
(B) II.
(C) II e III.
(D) I e III.
(E) I e II.

I e II: o plebiscito é consulta prévia e o referendo é consulta posterior – art. 14, I e II, da CF; III: arts. 14, III, e 61, § 2°, ambos da CF. Gabarito "A".

(Ministério Público/MA – 2002) Sobre as condições constitucionais de elegibilidade é incorreto afirmar:

(A) O candidato deverá possuir domicílio eleitoral na respectiva circunscrição pelo prazo de, pelo menos, um ano antes do pleito.
(B) O candidato a Presidente da República deverá ter, no mínimo, trinta e cinco anos de idade.
(C) O candidato a Deputado Federal e a Senador da República deve ser brasileiro nato.
(D) O candidato deverá estar com filiação deferida pelo partido político no prazo de um ano antes do pleito, se por um tempo maior não estiver previsto no estatuto da agremiação.
(E) O candidato a Deputado Estadual deverá ter, no mínimo, vinte e um anos de idade.

A: art. 14, § 3°, IV, da LE; B: art. 14, § 3°, VI, a, da CF; C: somente as presidências da Câmara e do Senado são privativas de brasileiros natos (não o cargo de deputado ou de senador) – art. 12, § 3°, II e III, da CF; D: arts. 18 e 20 da Lei dos Partidos Políticos – LPP (Lei 9.096/1995); E: art. 14, § 3°, VI, c, da CF. Gabarito "C".

2. INELEGIBILIDADE

(Magistratura/DF – 2011) De acordo com a Lei Complementar n° 64/90 (Lei de Inelegibilidades), é correto afirmar:

(A) A impugnação, por parte de candidato, partido político ou coligação, impede a ação do Ministério Público no mesmo sentido, que, nada obstante, pode recorrer da decisão judicial de improcedência;
(B) São inelegíveis, para qualquer cargo, os membros da Câmara Legislativa que hajam perdido os respectivos mandatos por procedimento declarado incompatível com o decoro parlamentar, para as eleições que se realizarem durante o período remanescente do mandato para o qual foram eleitos e nos 8 (oito) anos subseqüentes ao término da legislatura;
(C) Admite execução provisória a decisão que declarar a inelegibilidade de candidato para fins de negativa de registro ou de cancelamento, se já tiver sido feito;
(D) São inelegíveis, para qualquer cargo, os que, dentro de 6 (seis) meses anteriores ao pleito, hajam exercido cargo ou função de direção, administração ou representação em pessoa jurídica ou em empresa que mantenha contrato de execução de obras, de prestação de serviços ou de fornecimento de bens com órgão do Poder Público ou sob seu controle, mesmo no caso de contratos que obedeçam a cláusulas uniformes.

A: incorreta, pois a impugnação, por parte do candidato, partido político ou coligação não impede a ação do Ministério Público no mesmo sentido – art. 3° da Lei da Inelegibilidade – LI (LC 64/1990); B: assertiva correta, conforme o art. 1°, I, b, da LI, c/c art. 55, II, da CF; C: incorreta, pois somente depois de transitada em julgado ou publicada a decisão proferida por órgão colegiado que declarar a inelegibilidade do candidato será negado o registro, ou cancelado, se já tiver sido feito, ou declarado nulo o diploma, se já expedido – art. 15 da LI; D: incorreta, pois essa inelegibilidade não se aplica no caso de contratos que obedeçam a cláusulas uniformes – art. 1°, II, i, da LI. Gabarito "B".

(Ministério Público/SP – 2011) Com relação à inelegibilidade, analise os seguintes itens:

I. os conscritos, durante o serviço militar obrigatório, são inelegíveis;
II. o membro do Ministério Público, que tenha pedido exoneração, é inelegível, para qualquer cargo, pelo prazo de 8 (oito) anos;
III. o condenado por assédio sexual em decisão transitada em julgado, é inelegível para qualquer cargo até 8 (oito) anos após o cumprimento da pena;
IV. a declaração de inelegibilidade do candidato a Prefeito não atingirá o candidato a Vice-Prefeito;
V. o cônjuge do Vice-Prefeito é inelegível no território da circunscrição deste.

Está correto apenas o que se afirma em

(A) I e II.
(B) I e IV.
(C) II e III.
(C) III e V.
(E) IV e V.

I: correta, conforme o art. 14, § 2°, da CF; II: incorreta, pois a inelegibilidade por 8 anos para qualquer cargo, em desfavor do membro do Ministério Público que pede exoneração, refere-se aos caos em que o pedido ocorra na pendência de processo administrativo disciplinar – art. 1°, I, q, da LI; III: incorreta, pois não há essa hipótese de inelegibilidade – art. 1° da LI; IV: assertiva correta, pois a declaração de inelegibilidade do candidato à Presidência da República, Governador de Estado e do Distrito Federal e Prefeito Municipal não atingirá o candidato a Vice-Presidente, Vice-Governador ou Vice-Prefeito, assim como a destes não atingirá aqueles – art. 18 da LI; V: incorreta, pois a inelegibilidade do cônjuge e dos parentes consanguíneos ou afins, até o segundo grau ou por adoção, no território de jurisdição do titular, refere-se apenas ao Presidente da República, ao Governador de Estado ou Território, do Distrito Federal, ao Prefeito ou de quem os haja substituído dentro dos 6 meses anteriores ao pleito, salvo se já titular de mandato eletivo e candidato à reeleição (não, portanto, ao Vice-Prefeito) – art. 14, § 7°, da CF e art. 1°, § 3°, da LI. É interessante anotar o entendimento do TSE, no sentido de que o cônjuge e os parentes do chefe do Executivo são elegíveis para o mesmo cargo do titular, quando este for reelegível e tiver se afastado definitivamente até seis meses antes do pleito – ver Resolução n° 20.931/2001-TSE. Gabarito "B".

(MAGISTRATURA/PB – 2011 – CESPE) Com relação à inelegibilidade, assinale a opção correta.

(A) O prazo de inelegibilidade de prefeito que tiver as contas relativas ao exercício do cargo rejeitadas, por decisão irrecorrível do órgão competente, em razão de irregularidade insanável que configure ato doloso de improbidade administrativa, se a decisão não tiver sido suspensa nem anulada pelo Poder Judiciário, deverá ser contado do término do mandato para o qual o prefeito tenha sido eleito.
(B) Para candidato que já exerça mandato eletivo, conta-se do término do mandato para o qual tenha sido eleito o prazo de inelegibilidade caso ele venha a ser condenado, por decisão transitada em julgado ou proferida por órgão colegiado da justiça eleitoral, em decorrência de gastos ilícitos de campanha, com a consequente cassação do diploma.

(C) Consideram-se inelegíveis para qualquer cargo a pessoa física e(ou) o dirigente de pessoa jurídica responsáveis por doação eleitoral tida por ilegal, se reconhecida contra si inelegibilidade, por prazo contado da decisão que reconheça a ilegalidade.
(D) O prazo de inelegibilidade de indivíduo condenado por qualquer crime eleitoral, em decisão transitada em julgado ou proferida por órgão judicial colegiado, perdura por prazo superior aos efeitos da condenação.
(E) Enquanto persistirem os efeitos da condenação, perdura o prazo de inelegibilidade de indivíduo condenado por crime contra o patrimônio privado, em decisão transitada em julgado ou proferida por órgão judicial colegiado.

A: incorreta, pois o prazo de 8 anos é contado a partir da data da decisão que rejeitou as contas – art. 1º, I, g, da LI; B: incorreta, pois o prazo de 8 anos, nesse caso, é contado da eleição (independentemente de ter sido cassado o registro ou o diploma) – art. 1º, I, j, da LI; C: essa é a assertiva correta, conforme o art. 1º, I, p, da LI; D: incorreta, pois a inelegibilidade por até 8 anos após o cumprimento da pena refere-se apenas aos crimes indicados no art. 1º, I, e, da LI; E: incorreta, pois, nesse caso, a inelegibilidade vai desde a condenação até o transcurso do prazo de 8 anos após o cumprimento da pena – art. 1º, I, e, 2, da LI. Gabarito "C".

(Ministério Público/MS – 2011 – FADEMS) Um eleitor pretende ser candidato a prefeito de uma determinada cidade, porém, ele teve suspenso seus direitos políticos pelo prazo de cinco anos por ter sido condenado por ato doloso de improbidade administrativa, com sentença confirmada por órgão colegiado. Analise as assertivas abaixo.

I. Ele poderá candidatar-se a cargo eletivo se na sentença da ação de improbidade administrativa não tenha constado expressamente a condenação relativa a suspensão dos direitos políticos.
II. Ele somente poderá candidatar-se ao cargo majoritário de prefeito depois de transcorridos cinco anos da data de cumprimento da pena aplicada no processo judicial.
III. Ele não poderá ser candidato a prefeito se ele foi condenado por ter enriquecido ilicitamente e ainda não tenha transcorrido o período de 13 anos da data de cumprimento da pena aplicada no processo judicial.
IV. Ele poderá ser candidato a prefeito se ele foi condenado por ter infringido o disposto no art. 11 da Lei nº 8.429/92.
V. Ele não poderá candidatar-se ao cargo de prefeito se for condenado por ato doloso de improbidade administrativa que importe lesão ao patrimônio público.

(A) todos os itens estão corretos;
(B) somente os itens I e V estão incorretos;
(C) somente os itens II e V estão incorretos;
(D) somente os itens I, IV e V estão corretos;
(E) todos os itens estão incorretos.

São inelegíveis para qualquer cargo os que forem condenados à suspensão dos direitos políticos, em decisão transitada em julgado ou proferida por órgão judicial colegiado, por ato doloso de improbidade administrativa que importe lesão ao patrimônio público (art. 10 da Lei de Improbidade Administrativa – LIA – Lei 8.429/1992) e enriquecimento ilícito (art. 9º da LIA), desde a condenação ou o trânsito em julgado até o transcurso do prazo de 8 anos após o cumprimento da pena - art. 1º, I, l, da LI. I: correta, pois a inelegibilidade, no caso, ocorre apenas se houver condenação à suspensão dos direitos políticos; II e III: incorretas, pois o prazo da inelegibilidade vai até 8 anos após o cumprimento da pena; IV: assertiva correta, pois o art. 11 da LIA trata dos atos de improbidade que atentam contra os princípios da administração pública, e não aqueles que importam enriquecimento ilícito (art. 9º da LIA) ou prejuízo ao erário (art. 10 da LIA); V: correta, conforme comentário inicial. Gabarito "D".

(Ministério Público/MS – 2011 – FADEMS) Assinale a alternativa **incorreta**.

(A) De acordo com a Lei Complementar nº 64/90, os magistrados, se pretenderem concorrer ao cargo de Presidente ou de Vice-Presidente da República, somente são considerados elegíveis se afastarem temporariamente das suas funções até seis meses anteriores ao pleito;
(B) Os membros do Ministério Público que ingressaram na carreira antes de 5 de outubro de 1988 podem exercer a atividade político-partidária, desde que tenham exercido a opção pelo regime anterior;
(C) Os membros do Ministério Público que ingressaram na carreira antes da aprovação da EC nº 45/2004 podem exercer atividade política partidária, em face da interpretação extraída da Resolução nº 5 do Conselho Nacional do Ministério Público;
(D) No regime anterior a CF 88, não eram considerados inelegíveis os membros do Ministério Público;
(E) Os membros do Ministério Público, com a aprovação da EC nº 45/2004, foram equiparados aos magistrados quanto à atividade político-partidária.

A: essa é a assertiva incorreta, pois o magistrado deve se afastar definitivamente (não temporariamente) de seus cargos e funções até 6 meses antes do pleito, conforme o art. 1º, II, a, 8, da LI; B: correta, nos termos do art. 29, § 3º, do ADCT; C: correta, pois, nos termos da Resolução 5/2006 do Conselho Nacional do Ministério Público – CNMP, estão proibidos de exercer atividade político-partidária os membros do Ministério Público que ingressaram na carreira após a publicação da EC 45/2004 (art. 1º da Resolução). Ademais, estão proibidos de exercer qualquer outra função pública, salvo uma de magistério, exceto aqueles que integravam o parquet em 5.10.1988 e que tenham manifestado a opção pelo regime anterior (art. 2º da Resolução); D: assertiva correta – ver art. 29, § 3º, do ADCT e Resolução 5/2006 do CNMP; E: assertiva correta, pois a EC 45/2004 excluiu a ressalva "salvo exceções previstas em lei" do art. 128, § 5º, II, e, da CF, que veda o exercício de atividade político-partidária pelo membro do parquet. Atualmente, portanto, vige em relação aos membros do Ministério Público a mesma vedação absoluta imposta aos magistrados (art. 95, p. único, III, da CF). Gabarito "A".

(Ministério Público/MS – 2011 – FADEMS) Recentemente o Supremo Tribunal Federal decidiu pela não aplicação da Lei da Ficha Limpa, referente aos candidatos considerados fichas sujas, e que foram eleitos no processo eleitoral de 2010. Não obstante tratar-se de decisão judicial recente, qual seria o principal embasamento jurídico para impedir a aplicação da Lei Complementar nº 135/2010, nas eleições para presidente, federal e estadual de 2010?

(A) Por conta do processo eleitoral já ter sido deflagrado, e não haveria tempo de os partidos escolherem outros candidatos, considerados ficha limpa, desrespeitando, assim, o procedimento estabelecido na Lei nº 9.504/97;
(B) Ofensa aos princípios individuais da segurança jurídica (CF, art. 5º, caput);
(C) Ofensa ao princípio do devido processo legal (CF, art. 5º, LIV);
(D) Ofensa ao princípio da anterioridade eleitoral, disposto no art. 16 da Constituição Federal;
(E) Nenhuma das alternativas anteriores.

O STF, ao julgar o RE 633.703/MG, afastou a aplicação da LC 135/2010 às eleições gerais de 2010, em face do princípio da anterioridade eleitoral (art. 16 da CF). Por essa razão, a alternativa "D" é a correta. Gabarito "D".

(Ministério Público/PB – 2010) Analise as assertivas abaixo e assinale a alternativa que sobre elas contenha o devido julgamento:

I. De acordo com entendimento pacífico do Tribunal Superior Eleitoral, não se exige do militar da ativa a condição de elegibilidade referente à necessidade de filiação partidária há pelo menos um ano da data das eleições, bastando o pedido de registro de candidatura, após prévia escolha em convenção partidária.
II. A suspensão dos direitos políticos, decorrente de condenação criminal transitada em julgado, cessa com o cumprimento ou a extinção da pena, desde que o condenado se reabilite ou, em sendo o caso, comprove a reparação dos danos causados pelo ilícito penal.
III. A investigação judicial eleitoral julgada antes da eleição possui os efeitos de inelegibilidade e cassação do registro e, eventualmente, desde que fundamentado na captação ou gastos ilícitos de recursos para fins eleitorais, a negação do diploma.

(A) Todas as assertivas estão corretas.
(B) Apenas as assertivas I e III estão corretas.
(C) Todas as assertivas estão erradas.
(D) Apenas as assertivas II e III estão corretas.
(E) Apenas a assertiva III está correta.

I: assertiva correta, conforme a jurisprudência do TSE – ver RESPE 20.285/AM; II: incorreta, pois, nos casos dos crimes indicados no art. 1º, I, e, da LI, a inelegibilidade vai até 8 anos após o cumprimento da pena; III: correta, conforme o art. 1º, I, j, da LI. Gabarito "B".

(Ministério Público/MG – 2010.1) As inelegibilidades em matéria eleitoral são disciplinamentos, regras restritivas que vão implicar condições obstativas ou excludentes da participação passiva na atividade de sufrágio, reconhecidos privados de concorrer a cargos eletivos. Dentre essas, é INCORRETO afirmar

(A) O Presidente da República, os Governadores de Estado e do Distrito Federal, os Prefeitos e quem os houver sucedido, ou substituído no curso dos mandatos poderão ser reeleitos para um único período subsequente.

(B) Inata é a inelegibilidade resultante do ordenamento jurídico, que apanha o nacional em situação para as quais não tenha contribuído com um comportamento antijurídico. Não se trata de sanção, mas meio de equilíbrio da disputa eleitoral. Tal impedimento alcança os parentes do Chefe do Poder Executivo, até 3º grau.

(C) Cominada é a inelegibilidade sanção. Quem comete um crime de tráfico de entorpecentes e tem contra si sentença condenatória transitada em julgado não pode se candidatar.

(D) Os conscritos não podem sequer se alistarem.

(E) Na inelegibilidade cominada potencial há projeção de inelegibilidade por algum tempo no futuro, caso em que o impedimento alcançará outras eleições, além daquela em que o ilícito foi cometido.

A: assertiva correta, conforme o art. 14, § 5º, da CF; B: incorreta, pois a inelegibilidade atinge os parentes do chefe do Executivo até o segundo grau (não terceiro, como consta da assertiva) – art. 14, § 7º, da CF; C: assertiva correta. A inelegibilidade pode ser inata ou cominada. A inata refere-se à pessoa que não preenche algum requisito ou condição para elegibilidade (por exemplo, art. 14, § 3º, da CF). A inelegibilidade cominada é sanção pelo cometimento de ilícito. A inelegibilidade cominada simples restringe-se à eleição em que o ilícito foi cometido, enquanto a inelegibilidade cominada potenciada estende-se a outras eleições, posteriores ao pleito em que o ilícito foi cometido. Entretanto, é muito importante lembrar que, com a chamada Lei da Ficha Limpa (LC 135/2010, que alterou a Lei da Inelegibilidade – LI – LC 64/1990), a simples decisão proferida por órgão colegiado do Judiciário (não é preciso trânsito em julgado) torna a pessoa inelegível – art. 1º, I, e, 7, da Lei da Inelegibilidade – LI (LC 64/1990); D: correta, pois o conscrito (aquele convocado para o serviço militar obrigatório) não poderá se alistar como eleitor durante o período do serviço militar obrigatório – art. 14, § 2º, da CF. Se o cidadão já possuía título de eleitor, não poderá votar durante o serviço militar obrigatório – ver Resolução 20.165/1998-TSE; E: assertiva correta, conforme o art. 1º da LI. Gabarito "B".

(Ministério Público/MG – 2010.2) Analise as afirmativas abaixo.

I. A lei que alterar o processo eleitoral entrará em vigor na data de sua publicação, não se aplicando à eleição que ocorra até um ano da data de sua vigência (princípio da anualidade).

II. São inelegíveis, no território de jurisdição do titular, o cônjuge e os parentes consanguíneos ou afins, até o segundo grau ou por adoção, do Presidente da República, de Governador de Estado ou Território, do Distrito Federal, de Prefeito ou de quem os haja substituído dentro dos seis meses anteriores ao pleito, salvo se já titular de mandato eletivo e candidato à reeleição.

III. Para concorrerem a outros cargos, faculta-se ao Presidente da República, aos Governadores de Estado e do Distrito Federal e aos Prefeitos, renunciar aos seus respectivos mandatos até seis meses antes do pleito.

IV. Não obstante a garantia da presunção de não culpabilidade, a norma inscrita no artigo 14, § 9º/CF autoriza restringir o direito fundamental à elegibilidade, em reverência aos postulados da moralidade e da probidade administrativas.

É INCORRETO o que se afirma

(A) apenas em I.
(B) apenas em I e II.
(C) apenas em III.
(D) apenas em III e IV.

I: assertiva correta, pois reflete o princípio da anualidade previsto no art. 16 da CF; II: correta, pois reflete exatamente a inelegibilidade inata prevista no art. 14, § 7º, da CF. É interessante anotar o entendimento do TSE, no sentido de que o cônjuge e os parentes do chefe do Executivo são elegíveis para o mesmo cargo do titular, quando este for reelegível e tiver se afastado definitivamente até seis meses antes do pleito – ver Resolução nº 20.931/2001-TSE; III: incorreta, pois não se trata de faculdade, mas sim imposição constitucional. Ou seja, caso não renunciem aos respectivos cargos, os chefes do Executivo não podem concorrer a outros – art. 14, § 6º, da CF; IV: correta, pois, de fato, o art. 14, § 9º, da CF dispõe que a lei complementar estabelecerá outros casos de inelegibilidade e os prazos de sua cessação, a fim de proteger a probidade administrativa, a moralidade para exercício de mandato, considerada a vida pregressa do candidato, e a normalidade e legitimidade das eleições contra a influência do poder econômico ou o abuso do exercício de função, cargo ou emprego na administração direta ou indireta. A LC 135/2010 (Lei da Ficha Limpa) alterou a LI prevendo hipóteses de inelegibilidade por condenações ainda não transitadas em julgado, desde que haja decisão por órgão colegiado. Gabarito "C".

(Ministério Público/PB – 2010) Analise as assertivas abaixo e assinale a alternativa que sobre elas contenha o devido julgamento:

I. De acordo com entendimento pacífico do Tribunal Superior Eleitoral, não se exige do militar da ativa a condição de elegibilidade referente à necessidade de filiação partidária há pelo menos um ano da data das eleições, bastando o pedido de registro de candidatura, após prévia escolha em convenção partidária.

II. A suspensão dos direitos políticos, decorrente de condenação criminal transitada em julgado, cessa com o cumprimento ou a extinção da pena, desde que o condenado se reabilite ou, em sendo o caso, comprove a reparação dos danos causados pelo ilícito penal.

III. A investigação judicial eleitoral julgada antes da eleição possui os efeitos de inelegibilidade e cassação do registro e, eventualmente, desde que fundamentado na captação ou gastos ilícitos de recursos para fins eleitorais, a negação do diploma.

(A) Todas as assertivas estão corretas.
(B) Apenas as assertivas I e III estão corretas.
(C) Todas as assertivas estão erradas.
(D) Apenas as assertivas II e III estão corretas.
(E) Apenas a assertiva III está correta.

I: assertiva correta, pois essa é a jurisprudência do TSE – ver Consulta 1.014-Brasília/DF e Resolução 20.100/1998-TSE; II: incorreta, pois a suspensão dos direitos políticos estende-se até 8 anos após o cumprimento da pena, nos crimes previstos no art. 1º, I, e, da LI; III: correta, conforme o art. 22, XIV, da LI. Gabarito "B".

(Defensoria Pública da União – 2010 – CESPE) Acerca das inelegibilidades, julgue o próximo item.

(1) Considere que um indivíduo tenha sido condenado, em decisão transitada em julgado, à pena de três anos de reclusão e multa por adulteração de número de chassi de veículo automotor e que a tenha cumprido integralmente. Considere, ainda, que os efeitos da pena perduraram até 4/5/2009. Nessa situação, o indivíduo permanecerá inelegível até 4/5/2012.

Assertiva incorreta. Houve alteração com a Lei da Ficha Limpa. O gabarito oficial indica a assertiva como correta, mas, a partir da LC 135/2010, a inelegibilidade se estende até 8 anos (não apenas 3 anos) após o cumprimento da pena, nos casos previstos no art. 1º, I, e, da LI, incluindo os crimes contra a fé pública (caso da adulteração de chassi – art. 311 do CP). Gabarito 1E.

(Magistratura/GO – 2009 – FCC) É de quatro meses o prazo para desincompatibilização, para candidatarem-se aos cargos de Presidente e Vice-Presidente da República, dentre outros, dos que

(A) estejam exercendo as funções de membros dos Tribunais de Contas da União, dos Estados e do Distrito Federal, bem como a de Diretor Geral do Departamento de Polícia Federal.

(B) estejam exercendo os cargos de Presidente, Diretor e Superintendente de Autarquias e Empresas Públicas.

(C) tiverem competência para aplicar multas relacionadas com as atividades de lançamento, arrecadação ou fiscalização de impostos, taxas e contribuições de caráter obrigatório.

(D) estejam exercendo nos Estados ou no Distrito Federal cargo ou função de nomeação pelo Presidente da República, sujeito à aprovação prévia do Senado Federal.

(E) estejam ocupando cargo ou função de direção, administração ou representação em entidades representativas de classe, mantidas com recursos arrecadados ou repassados pela Previdência Social.

A, B e D: incorretas, pois o prazo para a desincompatibilização é de 6 meses, nesses casos – art. 1º, II, *a*, 9, 14 e 15, e *b*, da LI; C: incorretas, pois o prazo é de 6 meses, também nesses casos – art. 1º, II, *d*, da LI; E: essa é a correta, pois o prazo de desincompatibilização é de 4 meses, conforme o art. 1º, II, *g*, da LI. "Gabarito E."

(Magistratura/MT – 2009 – VUNESP) Servidor Público do Município de Cuiabá, aprovado em concurso público realizado em 1998, exerce o cargo efetivo de professor da rede pública municipal. Já possuindo filiação político-partidária, o servidor pretende candidatar-se a vereador no município de Santo Antônio do Leverger nas próximas eleições municipais. Para atender aos requisitos constitucionais e legais de elegibilidade, e, assim, poder concorrer ao pleito, o servidor deve

(A) exonerar-se do cargo, em razão da total incompatibilidade, 6 (seis) meses antes do pleito, podendo, no entanto, se não eleito, retornar ao cargo por reintegração.
(B) pedir licença do cargo, no mínimo 6 (seis) meses antes do pleito, com direito a percebimento de proventos integrais nesse período.
(C) exonerar-se do cargo, em razão da total incompatibilidade, 3 (três) meses antes do pleito, não podendo, mesmo se não eleito, retornar ao cargo que exerce.
(D) pedir licença do cargo, no mínimo 3 (três) meses antes do pleito, com direito a percebimento de proventos integrais nesse período.
(E) pedir licença do cargo, no mínimo 3 (três) meses antes do pleito, e, em sendo eleito, exonerar-se antes do ato de diplomação.

O servidor público deve se afastar do cargo pelo menos 3 meses antes do pleito, para candidatar-se para a Câmara Municipal, garantido o direito à percepção dos seus vencimentos integrais (= licença remunerada) – art. 1º, II, *l*, da LI, aplicável nos termos do inciso VII, *a*, c/c o inciso V, *a*, do mesmo dispositivo. "Gabarito D."

(Magistratura/PA – 2009 – FGV – adaptada) O prazo de inelegibilidade de oito anos, por abuso de poder econômico, é contado a partir:

(A) da data da eleição em que se verificou.
(B) da data da representação.
(C) da data do trânsito em julgado da decisão.
(D) da data do ato que originou a condenação.
(E) da data do julgamento da representação.

Com a Lei da Ficha Limpa, o prazo de inelegibilidade foi ampliado para 8 anos (a questão original referia-se a 3 anos, razão pela qual foi adaptada). A inelegibilidade decorrente de decisão transitada em julgado ou proferida por órgão colegiado refere-se à eleição na qual o candidato concorre ou tenha sido diplomado, assim como para as que se realizarem nos 8 anos seguintes (ou seja, contados da eleição a que se refere o abuso do poder econômico ou político) – arts. 1º, I, *d*, e 22 da LI e Súmula 19/TSE. "Gabarito A."

(Ministério Público/PR – 2009 – adaptada) *A Lei Complementar 064/90* estabelece, de acordo com o art. 14, § 9º, da Constituição Federal, casos de inelegibilidade, prazos de cessação e determina outras providências. Em relação ao tema, assinale a alternativa *INCORRETA*:

(A) são inelegíveis para qualquer cargo os que tiverem suas contas relativas ao exercício de cargos ou funções públicas rejeitadas por irregularidade insanável e por decisão irrecorrível do órgão competente, salvo se a questão houver sido ou estiver sendo submetida à apreciação do Poder Judiciário, para as eleições que se realizarem nos 8 (oito) anos seguintes, contados a partir da data da decisão.
(B) o Vice-Presidente, o Vice-Governador e o Vice-Prefeito poderão candidatar-se a outros cargos, preservando os seus mandatos respectivos, desde que, nos últimos 6 (seis) meses anteriores ao pleito, não tenham sucedido ou substituído o titular.
(C) caberá a qualquer candidato, a partido político, coligação ou ao Ministério Público, no prazo de 5 (cinco) dias, contados da publicação do pedido de registro do candidato, impugná-lo em petição fundamentada.
(D) a declaração de inelegibilidade do candidato à Presidência da República, Governador de Estado e do Distrito Federal e Prefeito Municipal não atingirá o candidato a Vice-Presidente, Vice-Governador ou Vice-Prefeito, assim como a destes não atingirá aqueleS.
(E) caberá exclusivamente ao Ministério Público Eleitoral representar à Justiça Eleitoral, diretamente ao Corregedor-Geral ou Regional, relatando fatos e indicando provas, indícios e circunstâncias e pedir abertura de investigação judicial para apurar uso indevido, desvio ou abuso do poder econômico ou do poder de autoridade, ou utilização indevida de veículos ou meios de comunicação social, em benefício de candidato ou de partido político.

A: correta, pois essa inelegibilidade cominada é prevista no art. 1º, I, *g*, da LI. Com a Lei da Ficha Limpa, o prazo aumentou para 8 anos (o texto original referia-se a 5 anos, razão pela qual a questão foi adaptada); B: correta, conforme o art. 1º, § 2º, da LI; C: correta, pois reflete exatamente o disposto no art. 3º da LI; D: assertiva correta, nos termos do art. 18 da LI; E: incorreta, pois a abertura de investigação judicial pode ser pedida por qualquer partido político, coligação ou candidato, além do Ministério Público Eleitoral (= legitimados para propor a ação de investigação judicial eleitoral – AIJE) – art. 22 da LI. "Gabarito E."

(Ministério Público/RS – 2009 – adaptada) São considerados inelegíveis frente à legislação vigente:

I. Na eleição municipal, para o cargo de vereador, o sobrinho - não detentor de mandato eletivo - do Chefe do Poder Executivo.
II. Na eleição municipal, para o cargo de vereador, a cunhada - titular do mandato na Câmara Municipal - do Chefe do Poder Executivo.
III. O condenado criminalmente pela prática de peculato, passados dois anos após o efetivo cumprimento da pena.
IV. O Presidente de uma autarquia cujas contas foram rejeitadas pelo Tribunal de Contas, sob o fundamento de ter ocorrido desvio de verbas públicas, passados oito anos do trânsito em julgado desta decisão, sem que, entretanto, os valores desviados tenham sido devolvidos ao erário.
V. Para o cargo de vice-prefeito, no mesmo município, o irmão do Prefeito reeleito.

(A) Estão corretas apenas respostas III e V.
(B) Apenas as respostas dos itens I e III se apresentam corretas.
(C) Estão corretas as assertivas IV e V.
(D) Apenas as respostas II e IV podem ser tidas como corretas.
(E) Apenas as resposta I e IV podem ser tidas como corretas.

I: incorreta, pois o sobrinho é parente de 3º grau do Prefeito, e a inelegibilidade inata prevista no art. 14, § 7º, da CF atinge apenas os parentes até o 2º grau; II: incorreta, pois o parente que já seja titular de mandato eletivo e candidato à reeleição não é inelegível – art. 14, § 7º, *in fine*, da CF; III: correta, pois a inelegibilidade do condenado por crime contra a administração pública (caso do peculato – art. 312 do CP) estende-se até 8 anos após o cumprimento da pena – art. 1º, I, *e*, da LI; IV: incorreta, pois a inelegibilidade daquele que teve suas contas rejeitadas por irregularidade insanável que configure ato doloso de improbidade administrativa, e por decisão irrecorrível do órgão competente, estende-se por até 8 anos contados da decisão (a Lei da Ficha Limpa aumentou o prazo que era, anteriormente, de 5 anos, como constava da assertiva, razão pela qual ela foi adaptada) – art. 1º, I, *g*, da LI; V: correta, pois o irmão do Prefeito é inelegível no território do Município, nos termos do art. 14, § 7º, da CF. "Gabarito A."

(Magistratura/AC – 2008 – CESPE) Um deputado federal que tenha o seu mandato cassado pela Câmara dos Deputados tem os direitos políticos restritos pelo prazo de oito anos e, nesse caso,

(A) perde todos os seus direitos políticos e também o de ocupar cargo no serviço público federal.
(B) poderá ser detentor de novo mandato eletivo após o fim da legislatura em que sofreu a cassação.
(C) perde a capacidade eleitoral passiva, mas não a capacidade eleitoral ativa.
(D) somente poderá candidatar-se a outros cargos que não o de deputado federal, tais como o de vereador ou de senador, por exemplo.

O deputado cassado perde apenas a capacidade eleitoral passiva (torna-se inelegível), mas não a capacidade ativa (pode votar) – art. 1º, I, *b*, da LI. "Gabarito C."

(Magistratura/PI – 2008 – CESPE) A CF, no art. 14 e seus parágrafos, dispõe sobre casos de inelegibilidade, matéria regulamentada pela Lei Complementar n.º 64/1990, instituída com o fim de proteger a probidade administrativa e a moralidade para o exercício do mandato eletivo. A esse respeito, assinale a opção correta.

(A) Juiz de direito pode ser candidato, desde que se afaste de suas funções nos seis meses que precederem a eleição.
(B) Cunhado de prefeito pode candidatar-se a esse cargo, desde que o prefeito se afaste do cargo seis meses antes da eleição.

(C) Vice-governador, desde que tenha exercido o cargo de governador por menos de seis meses, pode ser candidato a governador.
(D) Oficial das Forças Armadas é inelegível em qualquer caso, inclusive na reserva.
(E) Sobrinho de prefeito pode ser candidato, desde que a vereador.

A: assertiva correta, conforme o art. 1º, II, a, 8, III, a, V, a, VI e VII, da LI. Especificamente para Prefeito e vice, o prazo de desincompatibilização é de 4 meses – art. 1º, IV, a, da LI; B: incorreta. O cunhado é parente afim impedido de se candidatar. Se o prefeito já tiver sido reeleito, sua renúncia não possibilita nova eleição e nem, portanto, eleição do cunhado – art. 14, § 7º, da CF e art. 1º, § 3º, da LI, ver Consulta 1.427/DF-TSE; C: incorreta, pois o vice-governador pode se candidatar a qualquer outro cargo, exceto se tiver sucedido ou substituído o governador nos 6 meses anteriores ao pleito – art. 1º, § 2º, da LI; D: incorreta, pois o militar alistável é elegível, nos termos e nas condições do art. 14, § 8º, da CF; E: incorreta, já que o sobrinho (parente de terceiro grau) não é inelegível por conta do tio prefeito – art. 14, § 7º, da CF e art. 1º, § 3º, da LI. Gabarito "A".

(Magistratura/AL – 2007 – FCC) Tício é presidente de entidade representativa de classe, com sede no município Alpha, mantida parcialmente por contribuições impostas pelo poder público e Paulus é delegado de polícia em exercício no mesmo município. O prazo de desincompatibilização para Tício e Paulus candidatarem-se a Prefeito Municipal de Alpha é de

(A) 3 meses.
(B) 4 meses.
(C) 3 meses e 4 meses, respectivamente.
(D) 4 meses e 3 meses, respectivamente.
(E) 6 meses e 4 meses, respectivamente.

O prazo para desincompatibilização é de 4 meses para ambos – art. 1º, IV, a e c, c/c II, g, da LI. Gabarito "B".

(Ministério Público/MG – 2006) Com base na Lei Complementar Federal nº 64, de 18.05.90, é CORRETO afirmar:

(A) a argüição de inelegibilidade do candidato ao Senado será feita perante o Tribunal Superior Eleitoral.
(B) a impugnação de pedido de registro do candidato, por parte de candidato, do partido político ou da coligação, impede que o Ministério Público Eleitoral promova a impugnação no mesmo sentido.
(C) a declaração de inelegibilidade do candidato à Presidência da República, Governador de Estado e do Distrito Federal, e Prefeito Municipal atingirá, de igual modo, o candidato a Vice-Presidente, Vice-Governador, ou Vice-Prefeito.
(D) não se permite que o partido político ou coligação que requerer o registro de candidato considerado inelegível lhe dê substituto, caso a decisão passada em julgado tenha sido proferida após o término do prazo de registro.
(E) nas eleições municipais, o Juiz Eleitoral será competente para conhecer e processar a representação que determine a instauração de investigação judicial para apurar uso indevido, desvio ou abuso de poder econômico.

A: incorreta, pois a competência é do TRE – art. 2º, parágrafo único, II, da LI; B: incorreta, pois não há esse impedimento – art. 3º, § 1º, da LI; C: incorreta, já que a inelegibilidade não atinge o vice – art. 18 da LI; D: incorreta, pois é possível a substituição – art. 17 da LI, observados o art. 13, § 3º, da LE e o art. 101, §§ 1º e 5º, do CE; E: essa é a assertiva correta, nos termos do art. 24 da LI. Gabarito "E".

(Ministério Público/MA – 2002) Com relação à inelegibilidade, no Direito Brasileiro, é correto afirmar:

(A) Decorre exclusivamente da Constituição Federal e do Código Eleitoral.
(B) Decorre exclusivamente da Constituição Federal e de Lei Complementar.
(C) Decorre exclusivamente da Constituição Federal.
(D) Decorre exclusivamente de Lei Complementar.
(E) Decorre exclusivamente do Código Eleitoral.

A **Constituição Federal** traz hipóteses de inelegibilidade, em seu art. 14, e prevê que a **lei complementar federal** estabelecerá outros casos e os prazos de sua cessação, a fim de proteger a probidade administrativa, a moralidade para exercício de mandato, considerada a vida pregressa do candidato, e a normalidade e legitimidade das eleições contra a influência do poder econômico ou o abuso do exercício de função, cargo ou emprego na administração direta ou indireta – art. 14, § 9º, da CF e LI. Gabarito "B".

3. SISTEMA ELEITORAL

(Magistratura/AC – 2008 – CESPE) Com relação ao sistema eleitoral vigente no Brasil, nos termos da Constituição Federal, da Lei Eleitoral e do Código Eleitoral, assinale a opção correta.

(A) Para quaisquer cargos, o Brasil adota o sistema proporcional.
(B) As eleições para presidente e governador, nos estados menos populosos, podem ser realizadas em apenas um turno, ainda que nenhum candidato alcance maioria absoluta dos votos válidos.
(C) O sistema majoritário é adotado exclusivamente nas eleições municipais.
(D) O sistema brasileiro, para a eleição aos cargos de vereador e deputado, estadual ou federal, é o proporcional de listas abertas.

A, C e D: o sistema proporcional com listas abertas aplica-se às eleições para a Câmara dos Deputados, para as Assembleias Legislativas e Câmara Distrital, e para as Câmaras de Vereadores – arts. 45, 27, § 1º, e 32, § 3º, todos da CF; B: a eleição de presidente e governador depende sempre da maioria dos votos válidos – arts. 77, §§ 2º e 3º, e 28, ambos da CF. Gabarito "D".

(Ministério Público/AM – 2008 – CESPE) A CF e o Código Eleitoral, ao tratarem das eleições para os diferentes cargos do Poder Legislativo, determinam que o sistema eleitoral brasileiro

(A) seja sempre proporcional, de listas abertas.
(B) seja distrital ou majoritário nas eleições municipais.
(C) varie de acordo com a circunscrição do pleito.
(D) seja, em regra, proporcional, de lista fechada.
(E) ocorra no sistema majoritário nas eleições para o Senado Federal.

O sistema proporcional com listas abertas aplica-se às eleições para a Câmara dos Deputados, para as Assembleias Legislativas e Câmara Distrital, e para as Câmaras de Vereadores – arts. 45, 27, § 1º, e 32, § 3º, todos da CF e art. 84 do CE. A eleição do Presidente, dos Senadores, dos Governadores e dos Prefeitos segue o sistema majoritário – arts. 28, 29, I, 46, e 77, todos da CF. Gabarito "E".

(Ministério Público/RR – 2008 – CESPE) De 1935 até agora, o sistema brasileiro para a eleição de deputados e vereadores traz essa característica que tanto o distingue dos modelos proporcionais empregados em todo o mundo: a escolha uninominal, pelos eleitores, a partir de listas apresentadas pelos partidos. Sessenta e tantos anos decorridos da introdução desse modelo de escolha uninominal no Brasil — desde a reforma trazida ao Código de 1932 e pela Lei n.º 48/1935 —, somam-se as queixas de políticos e estudiosos contra a experiência, no dizer de Giusti Tavares, "singular e estranha". Walter C. Porto. A mentirosa urna. São Paulo: Martins Fontes, 2004, p. 121 (com adaptações). A partir das informações do texto acima, julgue os itens que se seguem, acerca do sistema eleitoral brasileiro nas eleições para deputado e vereador.

(1) No sistema proporcional de lista aberta, o eleitor, ao votar em um candidato, contribui para a eleição de todos os demais candidatos do mesmo partido.
(2) Conforme as regras brasileiras, o voto conferido a um candidato é unipessoal e intransferível, e, por essa razão, não pode colaborar na eleição de outro candidato.
(3) No caso de coligações, o voto conferido à legenda de um partido cujo único candidato tenha sido excluído da eleição pela justiça é computado para a coligação.
(4) O candidato a vereador mais votado em uma cidade é eleito, independentemente do desempenho dos demais candidatos da mesma legenda.
(5) De acordo com o princípio da fidelidade partidária, é nulo o voto conferido a candidato a vereador filiado a partido de coligação oposta à do candidato em quem o mesmo eleitor votou para prefeito.

1: A assertiva é verdadeira. No sistema proporcional de lista aberta (adotado para deputados federais, estaduais e distritais, e para vereadores), todos os votos dados a candidatos do partido ou da coligação (além dos votos dados diretamente às legendas) são somados para apuração do quociente partidário (= votos conseguidos pelo partido ou pela coligação ÷ pelo quociente eleitoral), que determinará o número de vagas a serem preenchidas pela legenda – arts. 107 a 109 do CE. 2: A assertiva é falsa. No sistema proporcional de lista aberta, todos os votos dados a candidatos do partido ou da coligação (além dos votos dados diretamente às legendas) são somados para apuração do quociente partidário (= votos conseguidos pelo partido ou pela coligação ÷ pelo quociente eleitoral), que determinará o número de vagas a serem preenchidas pela legenda – arts. 107 a 109 do CE. 3: Arts. 175, § 4º, e 176, ambos do CE. 4: A eleição no sistema proporcional depende do desempenho da legenda, necessariamente, pois as vagas são preenchidas com base no quociente partidário (= votos conseguidos pelo partido ou pela coligação ÷ pelo quociente eleitoral). Se o partido não atingir o mínimo de votos correspondente ao quociente eleitoral (= número de votos válidos ÷ número de vagas), nenhum de seus candidatos será eleito, ainda que tenha sido o vereador mais votado da cidade – arts. 106, 107, 108 e 109, § 2º, todos do CE. 5: Não há essa vinculação. Gabarito: 1E, 2C, 3C, 4E, 5E

(Ministério Público/SC – 2008)

I. Será considerado eleito o candidato a Presidente ou a Governador que obtiver a maioria absoluta de votos, não computados os em brancos e os nulos.

II. Se nenhum candidato alcançar a maioria absoluta na primeira votação, far-se-á nova eleição no último domingo de outubro, concorrendo os dois candidatos mais votados, e considerando-se eleito o que obtiver a maioria dos votos válidos.

III. Se, antes de realizado o segundo turno, ocorrer morte, desistência ou impedimento legal de candidato, convocar-se-á o respectivo vice para concorrer ao pleito.

IV. O impedimento legal ocorrerá sempre que houver declaração de inelegibilidade, com trânsito em julgado, por parte do órgão competente da Justiça Eleitoral, superveniente ao registro da candidatura.

V. Nas eleições proporcionais, contam-se como válidos apenas os votos dados a candidatos regularmente inscritos e às legendas partidárias.

(A) apenas I, II e IV estão corretos.
(B) apenas III, IV e V estão corretos.
(C) apenas I, II, IV e V estão corretos.
(D) apenas II, III, e IV estão corretos.
(E) Todos estão corretos.

I: correta, conforme o art. 77, § 2º, da CF; II: correta, pois essa é a regra para a eleição de Presidente, Governador e Prefeito em município com mais de 200 mil eleitores - art. 77, § 3º, da CF e arts. 2º, § 1º, e 3º, § 2º, ambos da LE; III: incorreta, pois, nessa hipótese, convoca-se o candidato seguinte, mais bem votado – art. 2º, § 2º, da LE; IV: a assertiva continua correta, mas, com a Lei da Ficha Limpa (LC 135/2010), é importante lembrar que não é mais necessário o trânsito em julgado, bastando a publicação da decisão proferida por órgão colegiado que declarar a inelegibilidade do candidato, para que o registro da candidatura seja cancelado – art. 15 da Lei da Inelegibilidade – LI (LC 64/1990); V: correta, conforme o art. 5º da LE. Gabarito: "C".

4. ALISTAMENTO ELEITORAL, DOMICÍLIO

(Magistratura/MT – 2009 – VUNESP) Leia as seguintes afirmações.

I. O requerimento de inscrição eleitoral é submetido ao juiz, que pode deferir o pedido, indeferi-lo ou ainda converter o julgamento em diligência. Em caso de indeferimento, cabe recurso interposto pelo alistando, no prazo de 10 (dez) dias.

II. Nenhum requerimento de inscrição eleitoral ou de transferência será recebido dentro dos cento e cinquenta dias anteriores à data da eleição.

III. Os oficiais de Registro Civil devem enviar ao juiz eleitoral da zona em que oficiarem, até o dia 10 de cada mês, comunicação dos óbitos de cidadãos alistáveis ocorridos no mês anterior, para cancelamento das inscrições.

IV. O menor que completar 16 (dezesseis) anos de idade até a data da eleição pode se habilitar como eleitor, no prazo de requerimento de inscrição eleitoral ou transferência. No entanto, seu título somente surtirá efeitos quando completar a idade de 16 (dezesseis) anos.

Estão corretas somente as assertivas

(A) I e II.
(B) II e III.
(C) II e IV.
(D) III e IV.
(E) I e IV.

I: incorreta, pois o prazo para recurso do alistando contra o indeferimento é de 5 dias – art. 7º, § 1º, da Lei 6.996/1982, em conformidade com o art. 45, §§ 2º, 7º e 8º, do Código Eleitoral – CE (Lei 4.737/1965); II: correta, pois reflete exatamente o disposto no art. 91 da Lei das Eleições – LE (Lei 9.504/1997); III: incorreta, pois o prazo para as comunicações é até o dia 15 da cada mês, em relação aos óbitos ocorridos no mês anterior – art. 71, § 3º, do CE; IV: correta, pois reflete o atual entendimento do TSE – ver Resolução 19.465/1996. Gabarito: "C".

(Magistratura/AC – 2008 – CESPE) Considerando a mudança do domicílio de eleitor, conforme o Código Eleitoral, assinale a opção incorreta.

(A) O requerimento de transferência deve ser protocolizado, no mínimo, 100 dias antes de uma eleição.
(B) O eleitor deve ter domicílio eleitoral em determinada seção por um ano, pelo menos.
(C) O eleitor deve residir no local do novo domicílio eleitoral há, pelo menos, três meses.
(D) No caso de remoção de servidor militar, o prazo de residência no local do novo domicílio eleitoral é ampliado em três meses.

A: art. 55, § 1º, I, do CE; B: art. 55, § 1º, II, do CE; C: art. 55, § 1º, III, do CE; D: os prazos mínimos de domicílio anterior e de nova residência não se aplicam no caso de remoção ou de transferência de servidor público ou de membro de sua família - art. 55, § 2º, do CE. Gabarito: "D".

(Magistratura/PA – 2008 – FGV) Das assertivas abaixo, assinale a incorreta.

(A) A prova do domicílio eleitoral mediante conta de qualquer serviço público prestado ao requerente deve ser do lapso temporal entre 12 e 3 meses anterior ao início do processo de transferência para o novo local.
(B) O juiz, na dúvida sobre a veracidade das informações, poderá diligenciar, in loco, a comprovação do domicílio eleitoral do interessado.
(C) O conceito de domicílio eleitoral não necessita de especial caracterização por se confudir com o de domicílio civil.
(D) Não é requisito indispensável ao requerimento para inscrição do eleitor a prova documental do domicílio eleitoral.
(E) O estado de filiação com eleitor e a existência de propriedade imobiliária na localidade são elementos suficientes para deferir requerimento de alistamento feito em tempo oportuno.

A: a transferência de domicílio eleitoral exige pelo menos 3 meses de residência na nova localidade – art. 55, § 1º, III, do CE; B: art. 45, § 2º, do CE; C: o domicílio eleitoral corresponde, em regra, a qualquer dos locais de residência ou moradia, sendo que há restrições temporais para a transferência (ou seja, não se confunde necessariamente com o domicílio civil) – arts. 42, parágrafo único, e 55, § 1º, ambos do CE; D e E: é suficiente a declaração do cidadão ou, para a transferência, qualquer prova convincente relativa ao domicílio, ressalvada a possibilidade de diligência judicial, em caso de dúvida – arts. 44, 45, § 2º, e 55, § 1º, III, todos do CE. Gabarito: "C".

(Magistratura/AL – 2007 – FCC) Em caso de mudança de domicílio, cabe ao eleitor requerer ao Juiz do novo domicílio a sua transferência, satisfeitas, dentre outras exigências, o transcurso de, pelo menos,

(A) dois anos do alistamento ou da última transferência, bem como residência mínima de seis meses no novo domicílio, declarada, sob as penas da lei, pelo próprio eleitor.
(B) um ano do alistamento ou da última transferência, bem como residência mínima de três meses no novo domicílio, desde que comprovada por atestado de residência expedido pela autoridade policial.
(C) um ano do alistamento ou da última transferência, bem como residência mínima de três meses no novo domicílio, declarada, sob as penas da lei, pelo próprio eleitor.
(D) dois anos do alistamento ou da última transferência, bem como residência mínima de seis meses no novo domicílio, desde que comprovada por atestado de residência expedido pela autoridade policial.
(E) um ano do alistamento ou da última transferência, bem como residência mínima de seis meses no novo domicílio, desde que comprovada por atestado de residência expedido pela autoridade policial.

O prazo da inscrição anterior é de pelo menos um ano e a nova residência, atestada pela autoridade policial ou provada por outros meios convincentes, é de pelo menos 3 meses na localidade – art. 55, § 1º, II e III, do CE. Gabarito: "C".

(Defensoria Pública da União – 2007 – CESPE) Considerando o art. 14 da CF, julgue o seguinte item.

(1) O alistamento eleitoral é obrigatório para todos os que tiverem idade superior a 18 anos.

O alistamento é facultativo para os maiores de 70 anos – art. 14, § 1º, II, *b*, da CF. Gabarito 1E

5. PARTIDOS POLÍTICOS, CANDIDATOS

(Magistratura/SP – 2011 – VUNESP) A liberdade de criação, fusão, incorporação e extinção de partidos políticos, resguardados a soberania nacional, o regime democrático, o pluripartidarismo, os direitos fundamentais da pessoa humana, ainda precisa observar os preceitos que seguem:

(A) dignidade da pessoa humana, proibição de recebimento de recursos financeiros de governo estrangeiro e funcionamento parlamentar.
(B) caráter nacional, proibição de recebimento de recursos financeiros de entidade estrangeira e funcionamento afeto às funções estatais.
(C) caráter nacional, proibição de recebimento de recursos financeiros de governo ou entidade estrangeira e prestação de contas à Justiça Eleitoral.
(D) funcionamento parlamentar de acordo com a lei, prestação de contas à Justiça Eleitoral, proibição de recebimento de recursos financeiros de entidade ou governo estrangeiros ou de subordinação a estes e caráter nacional.
(E) autonomia para definir sua estrutura interna, prestação de contas à Justiça Eleitoral, subordinação a governo estrangeiro e vedação de utilização de organização paramilitar.

Nos termos do art. 17 da CF, é livre a criação, fusão, incorporação e extinção de partidos políticos, resguardados a soberania nacional, o regime democrático, o pluripartidarismo, os direitos fundamentais da pessoa humana e observados os seguintes preceitos: (i) caráter nacional, (ii) proibição de recebimento de recursos financeiros de entidade ou governo estrangeiros ou de subordinação a estes, (iii) prestação de contas à Justiça Eleitoral e (iv) funcionamento parlamentar de acordo com a lei. Por essa razão, apenas a alternativa "D" é completamente verdadeira. Gabarito "D".

(Magistratura/SC – 2010) Considerando as proposições abaixo, assinale a alternativa **correta**:

I. É facultado aos partidos políticos, dentro da mesma circunscrição, celebrar coligações para eleição majoritária, ou para ambas, podendo, neste último caso, formar-se mais de uma coligação para a eleição proporcional dentre os partidos que integram a coligação para o pleito majoritário.
II. Se a convenção partidária de nível inferior se opuser, na deliberação sobre coligações às diretrizes legitimamente estabelecidas pelo órgão de direção nacional, nos termos do respectivo estatuto, poderá esse órgão anular a deliberação e os atos dela decorrentes.
III. A escolha dos candidatos pelos partidos e a deliberação sobre coligações deverão ser feitas no período de 1º a 30 de junho do ano em que se realizarem as eleições, lavrando-se a respectiva ata em livro aberto e rubricado pela Justiça Eleitoral.
IV. Na hipótese de o partido ou coligação não requerer o registro de seus candidatos, estes poderão fazê-lo perante a Justiça Eleitoral, observado o prazo máximo de quarenta e oito horas seguintes à publicação da lista dos candidatos pela Justiça Eleitoral.

(A) Todas as proposições estão corretas.
(B) Somente as proposições I e II estão corretas.
(C) Somente as proposições II e IV estão corretas.
(D) Somente as proposições III e IV estão corretas.
(E) Somente as proposições I, II e IV estão corretas.

I: assertiva correta, pois reflete o disposto no art. 6º, *caput*, da Lei das Eleições – LE (Lei 9.504/1997); II: correta, conforme o art. 7º, § 2º, da LE; III: incorreta, pois a escolha dos candidatos pelos partidos e a deliberação sobre coligações deverão ser feitas no período de 10 a 30 de junho do ano em que se realizarem as eleições – art. 8º, *caput*, da LE; IV: correta, nos termos do art. 11, § 4º, da LE. Gabarito "E".

(Ministério Público/ES – 2010 – CESPE) Assinale a opção correta a respeito de partidos políticos.

(A) O exame da prestação de contas dos órgãos partidários tem caráter jurisdicional.
(B) Do total do fundo partidário, 1% é destinado, em partes iguais, a todos os partidos que tenham seus estatutos registrados no Tribunal Superior Eleitoral e 99% são distribuídos aos partidos na proporção dos votos obtidos na última eleição geral para a Câmara dos Deputados.
(C) A responsabilidade, incluindo a civil e a trabalhista, entre qualquer órgão partidário municipal, estadual ou nacional, é solidária ante o caráter nacional dos partidos políticos.
(D) Os recursos do fundo partidário recebidos por partido político, nos termos da lei, são créditos penhoráveis para pagamento de débitos de natureza trabalhista.
(E) A sanção de suspensão do repasse de novas quotas do fundo partidário, devido à desaprovação total ou parcial da prestação de contas de partido, deve ser aplicada necessariamente pelo período de doze meses. Caso a prestação de contas não seja julgada, pelo juízo ou tribunal competente, após cinco anos de sua apresentação, a sanção de suspensão não poderá ser aplicada.

A: assertiva correta, conforme o art. 34 da Lei dos Partidos Políticos – LPP (Lei 9.096/1995); B: incorreta, pois o art. 41, I e II, da LPP foi declarado inconstitucional pelo STF – ver ADI 1.351/DF e ADI 1.354/DF; C: incorreta, pois a responsabilidade, inclusive civil, cabe exclusivamente ao órgão partidário municipal, estadual ou nacional que tiver dado causa ao não cumprimento da obrigação, à violação de direito, o dano a outrem ou a qualquer ato ilícito, excluída a solidariedade de outros órgãos de direção partidária – art. 15-A da LPP; D: incorreta, pois os recursos recebidos do fundo partidário são absolutamente impenhoráveis – art. 649, XI, do CPC; E: incorreta, pois a sanção deverá ser aplicada de forma proporcional e razoável, pelo período de 1 mês a 12 meses – art. 37, § 3º, da LPP. Gabarito "A".

(Ministério Público/SE – 2010 – CESPE) Assinale a opção correta quanto à disciplina legal dos partidos políticos.

(A) Como entidade de direito privado, para participar das eleições, o partido político deve registrar seus estatutos no registro civil de pessoas jurídicas de qualquer cidade brasileira.
(B) O partido adquire personalidade jurídica na forma da lei civil e registra seus estatutos no TSE.
(C) Admite-se o registro de partido que comprove o apoiamento do número bastante de eleitores, desde que distribuído em pelo menos cinco unidades da Federação.
(D) O partido político tem direito à propaganda partidária após participar de, pelo menos, uma eleição.
(E) A exclusão de filiado das listas partidárias depende de autorização judicial específica.

A: incorreta, pois o requerimento do registro de partido político deve ser dirigido ao cartório competente do Registro Civil das Pessoas Jurídicas da Capital Federal – art. 8º da LPP; B: assertiva correta, pois reflete exatamente o disposto no art. 17, § 2º, da CF e no art. 7º da LPP; C: incorreta, pois o apoiamento de eleitores deve se dar em pelo menos um terço dos Estados e DF, ou seja, em pelo menos 9 deles – art. 7º, § 1º, da LPP; D: o partido político registrado no TSE tem direito à realização de propaganda – art. 48 da LPP; E: incorreta, pois a filiação partidária pode ser cancelada pelo partido na forma do seu estatuto, independentemente de autorização judicial – art. 22, III e IV, da LPP. Gabarito "B".

(Ministério Público/SE – 2010 – CESPE) Acerca das finanças e da contabilidade dos partidos políticos, assinale a opção correta.

(A) O partido pode receber recursos de governos estrangeiros, desde que o Brasil mantenha relações diplomáticas regulares com os países de origem desses recursos.
(B) As entidades sindicais somente podem auxiliar partidos políticos mediante publicidade partidária em seus meios de comunicação institucionais.
(C) O diretório nacional é solidariamente responsável pelas obrigações assumidas pelos diretórios estaduais.
(D) O exame da prestação de contas dos órgãos partidários tem caráter jurisdicional.
(E) O recurso do partido contra decisão sobre prestação de contas tem apenas efeito devolutivo.

A: incorreta, pois o partido jamais pode receber recursos de governos estrangeiros – art. 17, II, da CF e art. 31, I, da LPP; B: incorreta, pois é vedado receber, direta ou indiretamente, sob qualquer forma ou pretexto, contribuição ou auxílio pecuniário ou estimável em dinheiro, inclusive através de publicidade de qualquer espécie, procedente de entidade de classe ou sindical – art. 31, IV, da LPP; C: incorreta, pois, nos termos do art. 15-A da LPP, a responsabilidade, inclusive civil e trabalhista, cabe exclusivamente ao órgão partidário municipal, estadual ou nacional que tiver dado causa ao não cumprimento da obrigação, à violação de direito, a dano a outrem ou a qualquer ato ilícito, excluída a solidariedade de outros órgãos de direção partidária; D: correta, conforme o art. 34 da LPP; E: incorreta, pois o recurso tem efeito suspensivo – art. 37, § 4º, da LPP. **Gabarito "D".**

(Magistratura/AC – 2008 – CESPE) Após as eleições de 2006, o STF declarou a inconstitucionalidade da chamada cláusula de barreira, prevista na Lei nº 9.096/1995 — Lei dos Partidos Políticos. Conforme essa cláusula, somente teria direitos políticos plenos o partido que

(A) alcançasse 5% dos votos nas eleições para deputado estadual, em nove estados diferentes.

(B) alcançasse 5% dos votos nas eleições para deputado federal, computados nacionalmente, e 2%, pelo menos, em nove estados diferentes.

(C) obtivesse 5% dos votos em eleições majoritárias, computados nacionalmente.

(D) elegesse deputados federais em nove estados diferentes e alcançasse 5% dos votos em todos eles.

A assertiva em B reflete o conteúdo da chamada cláusula de barreira (arts. 13, 41, 48, 49, 56 e 57 da LPP), declarada inconstitucional pelo STF – ver ADIs 1.351/DF e 1.354/DF. **Gabarito "B".**

(Magistratura/AC – 2008 – CESPE) Nas eleições para cargos proporcionais, um partido político que não participa de coligação somente pode lançar um número determinado de candidatos, conforme a Lei Eleitoral nº 9.504/1997. A esse respeito, assinale a opção correta.

(A) É lícito que um partido lance até 36 candidatos a deputado estadual de uma assembléia legislativa com 24 integrantes.

(B) É permitido que um partido lance somente até 14 candidatos a vereador nas eleições para uma câmara municipal com 14 integrantes.

(C) O número de candidatos de um partido não-coligado, em eleições para uma assembléia legislativa, é limitado a duas vezes o número de vagas em disputa.

(D) Em eleições municipais, é lícito que um partido não-coligado lance um número de candidatos a vereador que corresponda ao número total de integrantes da câmara municipal, acrescido de 30% de candidaturas femininas.

O partido não coligado pode lançar número de candidatos correspondente a uma vez e meia (150%) a quantidade de vagas no legislativo. A coligação pode lançar o dobro de candidatos, em relação ao número de vagas. Nos Estados em que a Assembleia contar com até 20 vagas, os partidos não coligados poderão lançar o dobro de candidatos e as coligações poderão lançar esse número acrescido de mais 50%, para as eleições para a Câmara dos Deputados, e para a Câmara Distrital ou para a Assembleia Legislativa. Finalmente, nesses totais deve haver um mínimo de 30% de candidatos de cada sexo – art. 10, *caput*, e §§ 1º a 3º, da LE. **Gabarito "A".**

(Magistratura/PA – 2008 – FGV) Quanto à filiação partidária está correto dizer que:

(A) as inelegibilidades que não decorrem da suspensão dos direitos políticos não comprometem a filiação partidária.

(B) a filiação partidária deve ocorrer obrigatoriamente frente ao diretório regional do partido.

(C) as condições de elegibilidade do candidato devem ser aferidas após analisados os recursos eleitorais interpostos pelo interessado, assegurando-se dessa forma ao eleitor um maior leque de opções.

(D) a nulidade prevista no parágrafo único do artigo 22 da Lei 9096/95 necessita de demonstração de prejuízo.

(E) a criação de um novo partido, em face de fusão ou incorporação, implica cancelamento automático das filiações existentes aos partidos fusionados ou incorporados, para fins de aferição da dupla filiação.

A: a assertiva é verdadeira – arts. 16 e 22 da LPP; B: não há essa obrigatoriedade – art. 17, § 1º, da CF e art. 17 da LPP; C: em regra, o recurso eleitoral não tem efeito suspensivo – art. 257 do CE; D: a filiação em mais de um partido é absolutamente vedada (configura crime, inclusive – art. 320 do CE), prescindindo prova de prejuízo; E: não há cancelamento automático das filiações, até porque não há como haver dupla filiação, já que o partido fusionado ou incorporado deixa de existir (há extinção da pessoa jurídica) – arts. 22 e 29 da LPP e arts. 1.118 e 1.119 do CC. **Gabarito "A".**

(Ministério Público/AM – 2008 – CESPE) A Lei n.º 9.504/1997, ao dispor acerca da escolha e do registro de candidaturas às eleições para os cargos proporcionais, estabelece diversos critérios, como o percentual máximo de candidatos que os partidos podem lançar e a proporção de candidatos em razão de gênero. Quanto a esse tema, assinale a opção correta.

(A) Em uma câmara municipal que tenha 10 integrantes, o número de candidatos de cada partido poderá ser, no máximo, de vinte candidatos.

(B) Em uma câmara municipal que tenha 10 integrantes, cada coligação poderá ter, no máximo, vinte candidatos.

(C) Em uma assembléia legislativa que conte com 24 integrantes, o número total de candidatos de uma coligação será, no máximo, de 48.

(D) Decorrido o prazo para registro de candidaturas, caso não se apresentem mulheres que queiram ser candidatas, o partido poderá preencher todas as candidaturas com homens.

(E) Caso o estatuto do partido seja omisso, cabe à justiça eleitoral definir as normas para a escolha de seus candidatos.

O partido não coligado pode lançar número de candidatos correspondente a uma vez e meia (150%) a quantidade de vagas no legislativo. A coligação pode lançar o dobro de candidatos, em relação ao número de vagas. Nos Estados em que a Assembleia contar com até 20 vagas, os partidos não coligados poderão lançar o dobro de candidatos e as coligações poderão lançar esse número acrescido de mais 50%, para as eleições para a Câmara dos Deputados, e para a Câmara Distrital ou para a Assembleia Legislativa. Finalmente, nesses totais deve haver um mínimo de 30% de candidatos de cada sexo – art. 10, *caput*, e §§ 1º a 3º, da LE. **Gabarito "B".**

(Magistratura/AL – 2008 – CESPE) Considerando que um candidato a vereador tenha falecido vinte dias antes da data da eleição a que concorreria, assinale a opção correta.

(A) O partido ou a coligação poderá substituir referido candidato por outro, do mesmo partido ou coligação, por meio de acordo das direções partidárias.

(B) Somente outro candidato vinculado ao mesmo partido poderá substituir o candidato falecido, desde que a decisão seja homologada pelo respectivo diretório nacional.

(C) A substituição será feita, necessariamente, por outro candidato do mesmo grupo político do candidato falecido.

(D) Não será possível substituir o candidato falecido, no caso em comento.

(E) Os votos porventura conferidos ao candidato falecido serão considerados votos em branco.

O prazo para o pedido de substituição é de até 60 dias antes do pleito. Inviável, portanto, no caso descrito – art. 13, § 3º, da LE e art. 101, §§ 1º e 5º, do CE. Os votos eventualmente dados ao falecido são considerados nulos – art. 175, § 3º, do CE. **Gabarito "D".**

(Magistratura/AL – 2007 – FCC) Os Partidos Políticos

(A) podem, mesmo sem registro no Tribunal Superior Eleitoral, credenciar delegados perante o Juiz Eleitoral e o Tribunal Regional Eleitoral.

(B) têm autonomia para definir sua estrutura interna, mas não a sua organização e o seu funcionamento, que dependem de prévia aprovação da Justiça Eleitoral.

(C) adquirem personalidade jurídica com o registro de seu estatuto no Tribunal Superior Eleitoral.

(D) são pessoas jurídicas de direito publico interno e destinam-se a assegurar o regime democrático e os direitos assegurados na Constituição Federal.

(E) funcionam, nas Casas Legislativas, por intermédio de uma bancada, que deve constituir suas lideranças de acordo com o estatuto, as normais legais e o regimento respectivo.

A: todos os partidos devem ser registrados no TSE, providência imprescindível para os atos partidários, inclusive credenciamento de delegados – art. 17, § 2º, da CF e art. 66, § 4º, do CE; B: a autonomia partidária abrange todas essas decisões (inclusive quanto à sua organização e ao seu funcionamento), independentemente de aprovação judicial – art. 17, § 1º, da CF; C: os partidos adquirem personalidade jurídica na forma da legislação civil (arts. 44, V, e 45, ambos do CC), sendo que o registro no TSE é posterior – art. 17, § 2º, da CF; D: os partidos políticos são pessoas jurídicas de direito privado – art. 44, V, do CC; E: art. 12 da LPP. Gabarito "E".

(Ministério Público/RN – 2004) Julgue as assertivas abaixo, assinalando a alternativa correta:

I. A substituição de candidato, nas eleições majoritárias, deverá ser feita por decisão da maioria absoluta dos órgãos executivos de direção dos partidos coligados, não podendo o substituto ser filiado a partido diverso do candidato substituído;
II. Nas eleições proporcionais, a substituição de candidato só se efetivará se o novo pedido for apresentado até 60 dias antes do pleito;
III. É obrigatória, no caso de eleição majoritária, e facultativa, no caso de eleição proporcional, a substituição de candidato que for considerado inelegível, renunciar ou falecer após o termo final do prazo do registro ou, ainda, tiver seu registro indeferido ou cancelado;
IV. Para concorrer ao cargo de vereador, o eleitor deverá estar filiado ao respectivo partido, pelo menos, seis meses antes da data fixada para as eleições;
V. Nas eleições proporcionais, contam-se como válidos apenas os votos dados a candidatos regularmente inscritos e às legendas partidárias, excluindo-se os votos brancos e os nulos.

(A) I e II estão corretas:
(B) I e IV estão corretas;
(C) II e V estão corretas;
(D) III e IV estão corretas;
(E) III e V estão corretas.

I: é possível que o substituto seja de qualquer dos partidos coligados, desde que o partido do candidato substituído renuncie ao direito de preferência – art. 13, § 2º, da LE; II: art. 13, § 3º, da LE; III: a substituição é sempre facultativa – art. 13, caput, da LE; IV: o prazo mínimo de filiação é de 1 ano antes do pleito, podendo ser fixado prazo maior pelo estatuto do partido – arts. 18 e 20 da LPP; V: art. 5º da LE. Gabarito "C".

(Ministério Público/MA – 2002) Dadas as assertivas abaixo:

I. O partido político tem autonomia para definir sua estrutura interna, organização e funcionamento.
II. É livre a criação, fusão e extinção de partidos políticos.
III. O partido político é pessoa jurídica de direito privado.
IV. O partido político adquire a sua personalidade jurídica com o registro na forma da lei civil.
V. Após registrar seus estatutos no Tribunal Superior Eleitoral, os partidos políticos podem receber recursos de entidades ou governo estrangeiros.
VI. É vedado ao partido político ministrar instrução militar ou paramilitar.

É correto afirmar:

(A) Todas as alternativas estão certas.
(B) Apenas as alternativas I e II estão certas.
(C) Todas estão erradas.
(D) Apenas a alternativa V está errada.
(E) Apenas as alternativas V e VI estão erradas.

I: art. 17, § 1º, da CF; II: art. 17, caput, da CF; III: art. 44, V, do CC; IV: arts. 44, V, e 45, ambos do CC; V: não é possível o recebimento de recursos de entidades ou de governos estrangeiros – art. 17, II, da CF; VI: art. 17, § 4º, da CF. Gabarito "D".

6. ELEIÇÕES, VOTOS, APURAÇÃO, QUOCIENTES ELEITORAL E PARTIDÁRIO

(Magistratura/PE – 2011 – FCC) Sobre o sistema eleitoral brasileiro, no que se refere à representação proporcional, é correto afirmar:

(A) A deliberação sobre coligação caberá à Convenção Nacional de cada Partido, quando se tratar de eleição para a Câmara dos Deputados.
(B) Só poderão concorrer à distribuição dos lugares os Partidos e coligações que tiverem obtido quociente eleitoral, inclusive quando do preenchimento dos lugares não preenchidos com a aplicação dos quocientes partidários, salvo quando nenhum Partido ou coligação alcançar o quociente eleitoral, hipótese em que serão considerados eleitos, até serem preenchidos todos os lugares, os candidatos mais votados.
(C) Determina-se o quociente eleitoral dividindo-se o número de votos válidos apurados (aí incluídos os votos em branco) pelo de lugares a preencher em cada circunscrição eleitoral.
(D) Na ocorrência de vaga, não havendo suplente para preenchê-la, far-se-á eleição, salvo se faltarem menos de doze meses para findar o período de mandato.
(E) Em caso de empate, haver-se-á por eleito o candidato mais jovem.

A: incorreta, pois a deliberação sobre coligação caberá à convenção regional de cada partido, quando se tratar de eleição para a Câmara dos Deputados e Assembleias Legislativas, e à convenção municipal, quando se tratar de eleição para a Câmara de Vereadores – art. 105, § 1º, do Código Eleitoral – CE (Lei 4.737/1965). É importante lembrar que as normas para a formação das coligações serão estabelecidas no estatuto do partido – art. 7º, caput, da Lei das Eleições – LE (Lei 9.504/1997). Em caso de omissão, cabe ao órgão de direção nacional do partido (não, necessariamente, à convenção nacional) estabelecer as normas para a formação das coligações – art. 7º, § 1º, da LE. Ademais, as diretrizes legitimamente estabelecidas pelo órgão de direção nacional, nos termos do estatuto, sobrepõem-se às convenções partidárias de nível inferior em relação às coligações – art. 7º, § 2º, da LE; B: assertiva correta, conforme os arts. 106 a 111 do CE; C: incorreta, pois o quociente eleitoral é calculado dividindo-se o total de votos válidos (desconsiderados os votos em branco) pelo número de vagas, desprezada a fração se igual ou inferior a 0,5, ou arredondando-a para 1, se superior a 0,5 – art. 106 do CE; D: incorreta, pois, na ocorrência de vaga, não havendo suplente para preenchê-la, far-se-á eleição, salvo se faltarem menos de 9 meses para findar o período de mandato (não 12 meses, como consta da assertiva); E: incorreta, pois, em caso de empate, o candidato mais idoso será considerado eleito – art. 110 do CE. Gabarito "E".

(Magistratura/PE – 2011 – FCC) NÃO é nula a votação quando

(A) a maioria dos eleitores opta pelo voto nulo.
(B) efetuada em folhas de votação falsas.
(C) realizada em dia, hora, ou local diferentes do designado ou encerrada antes das 17 horas.
(D) preterida formalidade essencial do sigilo dos sufrágios.
(E) feita perante mesa não nomeada pelo juiz eleitoral, ou constituída com ofensa à letra da lei.

A: essa é a assertiva correta, pois não há essa hipótese de nulidade – art. 220 do CE; B, C, D e E: há nulidade da votação, nesses casos – art. 220 do CE. Gabarito "A".

(Magistratura/RO – 2011 – PUCPR) Analise as assertivas a seguir:

I. Qualquer partido poderá reclamar ao Juiz Eleitoral da designação do lugar de funcionamento das Mesas Receptoras, dentro de três dias a contar da publicação da designação, devendo a decisão ser proferida no prazo de quarenta e oito horas.
II. No dia marcado para a eleição e no horário de seu início, o Presidente da mesa receptora declarará iniciados os trabalhos, procedendo-se em seguida à votação, que começará pelos membros da Mesa e Fiscais de partido, passando depois para os candidatos e eleitores presentes.
III. De acordo com o estabelecido na legislação eleitoral, o eleitor somente poderá votar na Seção Eleitoral em que estiver incluído o seu nome, inclusive quando a Seção adotar a urna eletrônica, ficando a exigência dispensada somente nos casos previstos no art. 145 e seus parágrafos do Código Eleitoral.
IV. No sistema eletrônico de votação considera-se voto de legenda quando o eleitor assinala o número do partido no momento de votar para determinado cargo e somente para este é computado.
V. As impugnações dos votos que forem sendo apurados serão decididas de plano pela Junta, por maioria de votos, de cuja decisão cabe recurso imediato, interposto apenas verbalmente e que deve ser devidamente fundamentado neste ato.

Está(ão) CORRETA(S):

(A) Apenas a assertiva I.
(B) Apenas as assertivas I, II, III e IV.
(C) Apenas as assertivas IV e V.
(D) Apenas as assertivas I, III e IV.
(E) Apenas as assertivas I e IV.

I: correta, conforme o art. 63 da LE; II: incorreta, pois a votação se iniciará pelos candidatos e eleitores presentes. Os membros da mesa e os fiscais de partido deverão votar no correr da votação, depois que tiverem votado os eleitores que já se encontravam presentes no momento da abertura dos trabalhos, ou no encerramento da votação – art. 143, *caput* e § 1º, do CE; III: incorreta, pois, no caso da urna eletrônica, somente poderão votar eleitores cujos nomes estiverem nas respectivas folhas de votação, não se aplicando a ressalva do art. 148, § 1º, do CE (que faz remissão ao art. 145 e parágrafo do mesmo Código) – art. 62 da LE; IV: correta, conforme o art. 60 da LE; V: incorreta, pois os recursos contra as decisões das Juntas podem ser interpostos verbalmente ou por escrito, e deverão ser fundamentados no prazo de 48 horas para que tenham seguimento – art. 169, § 2º, do CE. Gabarito "E".

(Ministério Público/BA – 2010) No dia da eleição poderá fazer transporte de eleitores o veículo, ou embarcação:

I. Coletivos fretados para este fim pelos partidos políticos.
II. Pertencentes à União, Estados, Municípios e suas autarquias e sociedades de economia mista, mesmo sem credenciamento da Justiça Eleitoral, já que são públicos.
III. De uso individual do proprietário, para o exercício do próprio voto e dos membros de sua família, desde que devidamente credenciado pela Justiça Eleitoral.

Assinale a(s) frase(s) correta(s):

(A) I.
(B) II.
(C) III.
(D) I e II.
(E) Nenhuma delas.

Nenhum veículo ou embarcação poderá fazer transporte de eleitores desde o dia anterior até o posterior à eleição, salvo: (i) a serviço da Justiça Eleitoral, (ii) coletivos de linhas regulares e não fretados, (iii) de uso individual do proprietário, para o exercício do próprio voto e dos membros da sua família e (iv) o serviço normal, sem finalidade eleitoral, de veículos de aluguel não atingidos por requisição da justiça eleitoral – art. 5º da Lei 6.091/1974. I: incorreta, pois não se admite transporte de eleitores por coletivos fretados; II: incorreta, pois somente os coletivos de linhas regulares e não fretados podem transportar eleitores no dia da eleição; III: incorreta, pois não se exige credenciamento do veículo particular utilizado para o exercício do voto pelo próprio proprietário ou dos membros de sua família. Gabarito "E".

(Ministério Público/ES – 2010 – CESPE) Com relação ao quociente eleitoral, ao quociente partidário e à distribuição dos restos, assinale a opção correta.

(A) Os partidos e as coligações que não tiverem obtido quociente eleitoral podem concorrer somente à distribuição das sobras dos lugares a preencher.
(B) O quociente eleitoral é determinado dividindo-se o número de votos válidos apurados pelo número de lugares a preencher em cada circunscrição eleitoral, desprezando-se sempre a fração.
(C) O quociente partidário, para cada partido ou coligação, é determinado dividindo-se o número de votos válidos, dados sob a mesma legenda ou coligação de legendas, pelo quociente eleitoral, desprezada a fração, se igual ou inferior a meio, ou considerada um, se superior.
(D) Os lugares não preenchidos com a aplicação dos quocientes partidários devem ser distribuídos por meio da divisão do número de votos válidos atribuídos a cada partido ou coligação de partido pelo número de lugares por ele obtido, mais um, cabendo um dos lugares a preencher ao partido ou à coligação que apresentar a maior média. Tal operação deve ser repetida para a distribuição de cada um dos lugares existentes.
(E) Caso haja empate na média entre dois ou mais partidos ou coligações, o candidato mais idoso deve ser considerado eleito.

A: incorreta, pois somente poderão concorrer à distribuição dos lugares os partidos e as coligações que tiverem obtido quociente eleitoral – art. 109, § 2º, do CE; incorreta, pois, para o quociente eleitoral, despreza-se somente a fração igual ou inferior a meio – art. 106 do CE; C: incorreta, pois, para o quociente partidário, a fração é sempre desprezada – art. 107 do CE; D: assertiva correta, pois assim se dá o preenchimento das vagas restantes – art. 109 do CE; E: incorreta, pois o candidato mais idoso será considerado eleito se houver empate entre dois candidatos, e não "empate na média", como consta da assertiva. Gabarito "D".

(MINISTÉRIO PÚBLICO/RO – 2010 – CESPE) Acerca das mesas receptoras de votos, assinale a opção correta.

(A) Qualquer partido político pode reclamar da nomeação da mesa receptora de votos ou de justificativas ao juiz eleitoral, no prazo de dois dias a contar da audiência, devendo a decisão do juiz ser proferida em até cinco dias.
(B) O partido político que não reclamar contra a composição da mesa receptora de votos não poderá arguir, sob nenhum fundamento, a nulidade da seção respectiva.
(C) Membro de mesa receptora de votos ou de justificativas que não comparecer ao local em dia e hora determinados para a realização das eleições terá quinze dias, contados a partir da data da eleição, para apresentar justa causa ao juiz eleitoral acerca de sua ausência, para efeito de afastamento de multa.
(D) Se o mesário faltoso for servidor público ou autárquico, a pena decorrente da falta será de suspensão de até dez dias.
(E) Cabe recurso de decisão de juiz eleitoral sobre reclamação de nomeação de mesa receptora para o TRE, sendo o prazo para sua interposição de três dias, igual ao prazo para sua resolução.

A: incorreta, pois o prazo para reclamar ao juiz eleitoral da nomeação da mesa receptora é de 5 dias (não 2 dias, como consta da assertiva), devendo a decisão ser proferida em 48 horas – art. 63, *caput*, da LE (norma posterior que derrogou o art. 121, *caput* e § 1º, do CE). O recurso contra a decisão do juiz deve ser interposto em 3 dias, devendo ser resolvido em igual prazo – art. 63, § 1º, da LE; B: incorreta, pois a vedação à arguição de nulidade refere-se apenas ao fundamento da composição da mesa (a assertiva refere-se, incorretamente, a "sob nenhum fundamento") – art. 121, § 3º, do CE; C: incorreta, pois o prazo para apresentação da justa causa ao juiz eleitoral é de 30 dias contados da data da eleição – art. 124 do CE; D: incorreta, pois se o faltoso for servidor público (inclusive autárquico), a pena será de suspensão até 15 dias – art. 124, § 2º, do CE; E: essa é a assertiva correta, conforme comentário à alternativa "A" – art. 63, § 1º, da LE. Gabarito "E".

(Magistratura/GO – 2009 – FCC) A respeito do registro de candidatos, é INCORRETO afirmar que

(A) os partidos e coligações solicitarão à Justiça Eleitoral o registro de seus candidatos até as dezenove horas do dia 5 de julho do ano em que se realizarem as eleições.
(B) a idade mínima constitucionalmente estabelecida como condição de elegibilidade é verificada tendo por referência a data da eleição.
(C) é facultado ao partido ou coligação, preenchidos os requisitos legais, substituir candidato que for considerado inelegível, renunciar ou falecer após o termo final do prazo do registro ou, ainda, tiver seu registro indeferido ou cancelado.
(D) estão sujeitos ao cancelamento do registro os candidatos que, até a data da eleição, forem expulsos do partido, em processo no qual seja assegurada ampla defesa e sejam observadas as normas estatutárias.
(E) os candidatos à Câmara dos Deputados concorrerão com o número do partido ao qual estiverem filiados, acrescidos de dois algarismos à direita.

A: correta, conforme o art. 11 da Lei das Eleições – LE (Lei 9.504/1997); B: incorreta, pois a idade mínima constitucionalmente estabelecida como condição de elegibilidade é verificada tendo por referência a data da posse – art. 11, § 2º, da LE; C: correta, conforme o art. 13 da LE; D: assertiva correta, pois reflete exatamente o disposto no art. 14 da LE; E: correta, pois é isso que dispõe o art. 15, II, da LE. Gabarito "B".

(Magistratura/GO – 2009 – FCC) A respeito da composição das Mesas Receptoras de votos, considere:

I. Serventuários da justiça.
II. Agentes policiais.
III. Eleitores da própria Seção Eleitoral.
IV. Os que pertencerem ao serviço eleitoral.
V. Os parentes por afinidade de candidatos, até o segundo grau, inclusive.

NÃO podem ser nomeados presidentes e mesários, dentre outros, os indicados SOMENTE em

(A) III, IV e V.
(B) I, II e V.
(C) I, II, III e IV.
(D) I, III e IV.
(E) II, IV e V.

Nos termos do art. 120, § 1º, do CE, não podem ser nomeados presidentes e mesários: (i) os candidatos e seus parentes ainda que por afinidade, até o segundo grau, inclusive, ou seus cônjuges; (ii) os membros de diretórios de partidos desde que exerça função executiva; (iii) as autoridades e agentes policiais, bem como os funcionários no desempenho de cargos de confiança do Executivo; (iv) os que pertencerem ao serviço eleitoral. Os mesários serão nomeados, de preferência entre os eleitores da própria seção, e, dentre estes, os diplomados em escola superior, os professores e os serventuários da Justiça – art. 120, § 2º, do CE. Gabarito "E".

(Magistratura/GO – 2009 – FCC) A respeito do encerramento da votação, é correto afirmar que

(A) terminada a votação e declarado o encerramento pelo Presidente, somente poderão votar eleitores que apresentarem atestado médico que justifique o atraso.
(B) poderão votar após às 17 horas e 15 minutos os eleitores que tiverem apresentado justificativa por escrito ao Presidente da Mesa Receptora.
(C) o encerramento da votação ocorrerá às 17 horas, com tolerância de 15 minutos.
(D) só poderão votar após às 17 horas os eleitores que tiverem recebido senha e entregue seus títulos à Mesa.
(E) se, por qualquer motivo, tiver havido interrupção da votação, o horário de encerramento será prorrogado pelo tempo que tiver durado a interrupção.

Às 17 horas, o presidente fará entregar as senhas a todos os eleitores presentes e, em seguida, os convidará, em voz alta, a entregar à mesa seus títulos, para que sejam admitidos a votar. A votação continuará na ordem numérica das senhas e o título será devolvido ao eleitor, logo que tenha votado – art. 153 do CE. A e B: incorretas, pois somente aqueles presentes no local de votação às 17 horas receberão senhas para votar após esse horário; C: incorreta, pois não há essa limitação de 15 minutos; D: correta, conforme o art. 153 do CE; E: incorreta. A interrupção será relatada, nos termos do art. 154, III, i, do CE, mas somente os presentes no local de votação às 17 horas poderão votar. Gabarito "D".

(Magistratura/MT – 2009 – VUNESP) Assinale a alternativa correta.

(A) A urna eletrônica exibirá para o eleitor, primeiramente, os painéis referentes às eleições majoritárias e, em seguida, os referentes às eleições proporcionais.
(B) A votação eletrônica será feita no número do candidato ou da legenda partidária, devendo o nome e a fotografia do candidato e o nome do partido ou a legenda partidária aparecer no painel da urna eletrônica, com a expressão designadora do cargo disputado no masculino ou feminino, conforme o caso.
(C) O boletim de urna, segundo modelo aprovado pelo Tribunal Superior Eleitoral, conterá os nomes e os números dos candidatos nela votados, cumprindo ao Presidente da Junta Eleitoral acostar tal documento à impugnação de urna formulada por fiscal de partido ou coligação, devidamente credenciado.
(D) Constitui crime, punível com 2 a 8 anos de detenção, obter acesso a sistema de tratamento automático de dados usado pelo serviço eleitoral, a fim de alterar a apuração ou a contagem de votos.
(E) A impugnação não recebida pela Junta Eleitoral pode ser apresentada diretamente ao Tribunal Regional Eleitoral, em quarenta e oito horas, acompanhada de declaração de três testemunhas, sendo que o Tribunal decidirá sobre o recebimento em quarenta e oito horas, e, transmitirá imediatamente à Junta, via telex, fax ou qualquer outro meio eletrônico, o inteiro teor da decisão e da impugnação.

A: incorreta, pois a urna eletrônica exibirá para o eleitor, primeiramente, os painéis referentes às eleições proporcionais e, em seguida, os referentes às eleições majoritárias – art. 59, § 3º, da LE; B: assertiva correta, pois reflete exatamente o disposto no art. 59, § 1º, da LE; C: incorreta, pois compete ao Presidente da Mesa Receptora entregar cópia do boletim de urna aos partidos e coligações concorrentes ao pleito cujos representantes o requeiram até uma hora após a expedição – art. 68, § 1º, da LE. Cumpre aos partidos e coligações, por seus fiscais e delegados devidamente credenciados, e aos candidatos, proceder à instrução dos recursos interpostos contra a apuração, juntando, para tanto, cópia do boletim relativo à urna impugnada – art. 71 da LE; D: incorreta, pois a pena é de 5 a 10 anos de reclusão – art. 72, I, da LE; E: incorreta, pois a impugnação apresentada diretamente ao TRE será acompanhada de declaração de 2 testemunhas (não 3, necessariamente, como consta da assertiva) – art. 69 da LE. Gabarito "B".

(Magistratura/MT – 2009 – VUNESP) É nula a votação

(A) se houver extravio de documento reputado essencial.
(B) quando votar alguém com falsa identidade em lugar do eleitor chamado.
(C) feita perante mesa não nomeada pelo juiz eleitoral, ou constituída com ofensa à letra da lei.
(D) quando for negado ou sofrer restrição o direito de fiscalizar, e o fato constar da ata ou de protesto interposto, por escrito, no momento.
(E) se for constatado o emprego de processo de propaganda ou captação de sufrágios vedado por lei.

Nos termos do art. 220 do CE, é nula a votação: (i) quando feita perante mesa não nomeada pelo juiz eleitoral, ou constituída com ofensa à letra da lei; (ii) quando efetuada em folhas de votação falsas; (iii) quando realizada em dia, hora, ou local diferentes do designado ou encerrada antes das 17 horas; (iv) quando preterida formalidade essencial do sigilo dos sufrágios; (v) quando a seção eleitoral tiver sido localizada com infração do disposto nos §§ 4º e 5º do art. 135 do CE (em propriedade de candidato, membro de diretório ou delegado partidário, autoridade policial e parentes até 2º grau, ou em propriedade rural privada). A assertiva C indica caso de nulidade, todas as outras indicam casos de anulabilidade, previstos no art. 221 do CE. Gabarito "C".

(Magistratura/PA – 2009 – FGV) Os mesários serão nomeados de preferência:

(A) entre os eleitores da Zona Eleitoral a qual pertença a seção e, dentre estes, os funcionários públicos federais, estaduais ou municipais.
(B) entre os eleitores que tenham transferido seu domicílio eleitoral antes da eleição e, dentre eles, os que contem com mais de 25 anos.
(C) entre os eleitores com mais de 25 anos e, dentre estes, os que cursam ensino superior.
(D) entre os eleitores que tenham sido indicados pelos partidos políticos e, dentre eles, os que tenham o segundo grau completo.
(E) entre os eleitores da própria seção e, dentre estes, os diplomados em escola superior, os professores e os serventuários da Justiça.

Os mesários serão nomeados, de preferência entre os eleitores da própria seção, e, dentre estes, os diplomados em escola superior, os professores e os serventuários da Justiça – art. 120, § 2º, do CE. Gabarito "E".

(Ministério Público/CE – 2009 – FCC) Dispõe a legislação eleitoral brasileira:

(A) O quociente eleitoral resulta da divisão do número de votos válidos apurados pelo de lugares a preencher em cada circunscrição eleitoral, contando se como válidos os votos em branco.
(B) É nula a eleição quando mais da metade dos eleitores vota "nulo".
(C) Nas eleições presidenciais e federais, a circunscrição eleitoral é o país; nas eleições estaduais, o Estado; e nas municipais, o respectivo Município.
(D) Nas unidades da Federação que têm o mínimo de Deputados – oito – a cláusula de barreira é 12,5% dos votos válidos.
(E) Para distribuir os lugares não preenchidos com a aplicação dos quocientes partidários, divide-se o número de votos válidos de cada Partido ou coligação pelo número de lugares obtidos, cabendo ao Partido ou coligação que apresentar a maior média o primeiro lugar, e assim sucessivamente segundo a ordem de maiores médias.

A: incorreta, pois os votos nulos e em branco não são considerados válidos – art. 106 do CE; B: incorreta, pois não se trata de caso de nulidade ou anulabilidade – arts. 220 a 222 do CE; C: incorreta, pois a circunscrição nas eleições federais corresponde ao Estado (a eleição de deputados federais e senadores se dá no âmbito de cada Estado e do Distrito Federal) – art. 86 do CE; D: essa é a assertiva correta. A rigor, a alternativa não se refere à cláusula de barreira declarada inconstitucional pelo STF (ADI 1.351/DF e ADI 1.354/DF), ou seja, trata do percentual mínimo de 5% de votos válidos, distribuídos em pelo menos um terço dos Estados, com mínimo de 2% de cada um deles. O examinador se referiu ao percentual do quociente eleitoral, que, se não for atingido pelo partido ou coligação, impede a eleição de qualquer candidato (essa seria a "cláusula de barreira"). O quociente eleitoral corresponde à divisão do total de votos válidos pelo número de vagas em disputa – art. 106 do CE. Se o Estado conta com 8 vagas na Câmara, o quociente eleitoral será de 12,5% dos votos válidos (100% dos votos divididos por 8 vagas corresponde a 12,5% de quociente eleitoral); E: incorreta, pois as vagas restantes serão distribuídas entre os partidos e coligações que atingiram o quociente eleitoral, conforme a regra do art. 109 do CE, ou seja, divide-se o número de votos válidos dados ao partido pelo número de vagas conseguidas mais um, sendo que o partido que conseguir a maior média leva mais uma vaga – esse passo é repetido até que se preencham todas as vagas. Gabarito "D".

Texto para as 3 próximas questões.

Em um município com 245 mil habitantes e 205 mil eleitores, compareceram às eleições municipais 190 mil eleitores. Apurados os votos para prefeito, verificaram-se 15 mil votos nulos e 10 mil em branco. Os votos válidos estavam assim distribuídos: 90 mil para o candidato do partido A; 50 mil para o candidato do partido B; e 25 mil para o candidato do partido C. Nesse município, que conta com 13 vereadores, o número de votos válidos computados, nas eleições, para o cargo de vereador, foi idêntico ao do cargo de prefeito, ou seja, 165.000 votos.

(Magistratura/PI – 2008 – CESPE) Considerando a situação hipotética acima e à luz da legislação eleitoral vigente no Brasil sobre a matéria, assinale a opção correta.

(A) Os dois candidatos a prefeito mais votados disputarão o segundo turno das eleições.
(B) Não haverá segundo turno das eleições porque votaram menos de 200 mil eleitores.
(C) Não haverá segundo turno nessas eleições porque os votos válidos somam menos de 200 mil.
(D) Não haverá segundo turno nessas eleições porque o candidato do partido A obteve mais de 50% dos votos válidos.
(E) Só haverá segundo turno se o município for capital de estado.

O Município tem mais de 200 mil eleitores (há 205 mil), de modo que é possível, em tese, haver segundo turno. No entanto, como o candidato do partido A conseguiu mais de metade dos votos válidos (mais que 82,5 mil votos), nessa eleição não haverá segundo turno – art. 29, II, c/c art. 77, ambos da CF. Gabarito "D".

(Magistratura/PI – 2008 – CESPE) Na situação descrita, o número mínimo de votos que um partido ou coligação deve somar para eleger um vereador, conforme as normas do Código Eleitoral sobre quociente eleitoral, é

(A) inferior a 10.000.
(B) igual a 12.692.
(C) igual a 13.000.
(D) igual a 14.615.
(E) igual a 18.846.

O quociente eleitoral é calculado pela divisão do total de votos válidos (= 165 mil) pelo número de vagas (= 13), o que resulta 12.692 votos – art. 106 do CE. Gabarito "B".

(Magistratura/PI – 2008 – CESPE) Supondo que não tenha havido coligação nas eleições para vereador em que concorrem 4 partidos e que o partido A tenha obtido 80 mil votos para esse cargo; o partido B, 60 mil votos; o partido C, 14 mil e o partido D, 11 mil votos, assinale a opção que apresenta as quantidades de vereadores que os partidos A, B, C e D elegerão, respectivamente, de acordo com os dispositivos do Código Eleitoral sobre quocientes partidário e eleitoral.

(A) 7, 5, 1, 0
(B) 7, 6, 0, 0
(C) 7, 4, 2, 1
(D) 6, 5, 1, 1
(E) 6, 5, 1, 0

O número de vereadores eleitos por cada partido é calculado em fases. Primeiramente, divide-se o número de votos conseguidos pela legenda (somando os votos recebidos pelos candidatos com aqueles dados diretamente à legenda) pelo quociente eleitoral (= 12.692 votos), chegando-se ao quociente partidário. Nesse primeiro passo, o partido A consegue 6 vagas (= 80.000 votos ÷ 12.692 = 6,303), o partido B consegue 4 vagas (= 60.000 votos ÷ 12.692 = 4,727), o partido C consegue apenas 1 vaga (= 14.000 votos ÷ 12.692 = 1,103) e o partido D não elege nenhum vereador, pois não atingiu o mínimo de votos equivalente ao quociente eleitoral (11.000 votos < 12.692) – arts. 107 e 108 do CE. Ocorre que a somatória dos vereadores eleitos, nesse primeiro passo (6 + 4 + 1 = 11), é menor que o total de vagas (11 < 13), sobrando 2 vagas a serem preenchidas. Essas duas últimas vagas são distribuídas entre os partidos que atingiram o quociente eleitoral (apenas A, B e C), conforme a regra do art. 109 do CE: divide-se o número de votos válidos dados ao partido pelo número de vagas conseguidas mais um, sendo que o partido que conseguir a maior média leva mais uma vaga – esse passo é repetido até que se preencham todas as vagas. Na prática, a primeira vaga extra é dada para o partido B, pois ele consegue a maior média, (A: 80.000 votos ÷ 6 vagas preenchidas no primeiro passo mais um = média de 11.428; B: 60.000 votos ÷ 4 vagas mais um = média de 12.000; e C = 14.000 ÷ 1 vaga mais um = média de 7.000). Agora, A tem 6 vagas, B tem 5 vagas e C continua com 1 vaga, sobrando ainda uma vaga para completar o total de 13. Essa última vaga é de A, pois é ele que passa a ter a maior média, calculada na forma do art. 109 do CE (A: 80.000 votos ÷ 6 vagas mais um = média de 11.428; B: 60.000 votos ÷ 5 vagas mais um = média de 10.000; C = 14.000 ÷ 1 vaga mais um = média de 7.000). Assim, ao final dos cálculos, o partido A conseguiu 7 vagas, B conseguiu 5 vagas, C conseguiu 1 vaga e D nenhuma. Gabarito "A".

(Magistratura/PA – 2008 – FGV) A identificação do eleitor:

(A) deve ser feita tão-somente por meio do título.
(B) pode ser feita pela exibição de documento com foto, desde que acompanhado de fotocópia do título.
(C) em nenhuma hipótese prescinde de estarem os dados do votante no caderno de votação.
(D) pode ser feita por meio da certidão de nascimento ou de casamento.
(E) em nenhuma hipótese prescinde de estarem os dados do votante no cadastro de eleitores da seção, mesmo que esteja portando o título.

Muito importante. A Lei 12.034/2009 incluiu o art. 91-A à LE, dispondo que, no momento da votação, além da exibição do respectivo título, o eleitor deverá apresentar documento de identificação com fotografia. Ocorre que o STF afastou a exigência de apresentação do título de eleitor, bastando o documento oficial com foto – ADI 4.467/DF-MC. A e B: incorretas, pois a apresentação do título é dispensável, desde que o eleitor esteja inscrito na seção e possa ser identificado por documento oficial com foto – art. 146, VI, e 147, ambos do CE, à luz da jurisprudência do STF; C: incorreta, já que, ainda que o nome do eleitor não conste da folha ou do caderno de votação, é possível votar, desde que seja inscrito naquela seção e esteja portando o título, nos termos e na forma do art. 146, VII, do CE; D: incorreta, pois, em princípio, as certidões de casamento ou de nascimento não permitem a identificação do eleitor, por não haver foto; E: assertiva correta, pois o eleitor somente pode votar na seção em que esteja cadastrado – art. 148 do CE. Com a urna eletrônica, não há exceção a essa regra (mesmo no caso do voto em trânsito para Presidente é preciso o cadastro prévio) – art. 62 da LE. Gabarito "E".

(Magistratura/PA – 2008 – FGV) São legitimados para impugnação de locais escolhidos para votação:

(A) o candidato que se sentir prejudicado e o promotor eleitoral.
(B) o partido político e o promotor eleitoral.
(C) o candidato que se sentir prejudicado, o promotor e o partido político.
(D) a coligação partidária à qual pertencer o candidato que se sentir prejudicado.
(E) apenas o promotor eleitoral.

A escolha do local de votação pode ser impugnada por partido político (art. 135, § 7°, do CE), sem prejuízo da competência fiscalizadora do promotor eleitoral – art. 72 da LC 75/1993. Gabarito "B".

(Magistratura/PA – 2008 – FGV) Determinada candidata concorreu ao pleito com registro obtido mediante liminar em mandado de segurança, que foi posteriormente revogada e o registro definitivamente cassado após as eleições. Os votos a ela atribuídos são:

(A) inválidos.
(B) anuláveis.
(C) nulos.
(D) válidos para a candidata.
(E) válidos para o partido.

Caso a cassação se dê após as eleições, os votos são atribuídos ao partido – art. 175, § 4°, do CE. Gabarito "E".

(Ministério Público/AM – 2008 – CESPE) A votação eletrônica, importante inovação do sistema eleitoral brasileiro, tem merecido amplo reconhecimento. A esse respeito, assinale a opção que corresponde ao que define a Lei n.° 9.504/1997.

(A) Compete ao candidato escolher em que seção votará.
(B) O voto em trânsito não pode ser realizado em urna eletrônica.

(C) Nas eleições para vereador, será nulo o voto que registre apenas o número do partido.
(D) Nas eleições para governador e deputado estadual, o eleitor votará primeiro no candidato ao cargo majoritário.
(E) Juízes eleitorais e fiscais de partido podem votar na seção onde exercem suas funções.

A, B e E: na votação eletrônica, não há exceção à regra de que a votação deve ocorrer na seção em que o eleitor está inscrito (mesmo no caso do voto em trânsito para Presidente é preciso o cadastro prévio) – art. 62 da LE; C: nesse caso, o voto será atribuído ao partido correspondente – art. 59, § 2º, da LE; D: é o oposto, primeiro vota-se na eleição proporcional (deputado estadual) – art. 59, § 3º, da LE. Gabarito "B."

(Ministério Público/RO – 2008 – CESPE) No que concerne à disciplina do processo eleitoral, nos termos definidos no Código Eleitoral, assinale a opção correta.

(A) Eleitor domiciliado no exterior poderá votar nas eleições municipais, desde que cadastrado tempestivamente na respectiva embaixada.
(B) As mesas eleitorais do exterior serão organizadas pela seção consular do TSE.
(C) Se, em determinada eleição, os eleitores anularem 25% dos votos e os votos anulados por fraude somarem 25% mais um, a justiça eleitoral deve anular a eleição e convocar outra.
(D) Quando houver recurso contra a diplomação de um candidato eleito, o seu mandato será suspenso, por se encontrar sub judice.
(E) Nulidade do processo eleitoral não pode ser alegada por quem lhe deu causa ou por quem dela se aproveitou.

A: o eleitor domiciliado no exterior somente poderá votar nas eleições para Presidente e vice – art. 225 do CE; B: as seções eleitorais serão instaladas nas sedes das Embaixadas e dos Consulados-gerais, em regra – art. 225, § 1º, do CE; C: somente há nova eleição se houver nulidade (o que não inclui votos anulados pelos eleitores) de votos correspondentes a mais de 50% do total – art. 224 do CE; D: enquanto o TSE não julgar o recurso interposto, o eleito exercerá plenamente o seu mandato – art. 216 do CE; E: art. 219, parágrafo único, do CE. Gabarito "E."

7. PROPAGANDA ELEITORAL E RESTRIÇÕES NO PERÍODO ELEITORAL

(Magistratura/PE – 2011 – FCC) A propaganda

(A) de candidatos a cargos eletivos somente é permitida após o registro da respectiva candidatura junto à Justiça Eleitoral.
(B) política mediante radiodifusão, televisão, comícios ou reuniões públicas, qualquer que seja, é vedada desde setenta e duas horas antes até vinte e quatro horas depois da eleição.
(C) de instigação à desobediência coletiva ao cumprimento da lei de ordem pública é permitida.
(D) partidária ou eleitoral, em recinto aberto, depende de licença da polícia.
(E) partidária que implique oferecimento, promessa ou solicitação de dinheiro, dádiva, rifa, sorteio ou vantagem de qualquer natureza não será tolerada.

A: incorreta, pois a propaganda de candidatos a cargos eletivos somente é permitida após a respectiva escolha pela convenção – art. 240, *caput*, do Código Eleitoral – CE (Lei 4.737/1965); é importante lembrar que a propaganda eleitoral em geral somente é permitida após o dia 5 de julho do ano da eleição. Ademais, ao postulante a candidatura a cargo eletivo é permitida a realização, na quinzena anterior à escolha pelo partido, de propaganda intrapartidária com vista à indicação de seu nome, vedado o uso de rádio, televisão e *outdoor* – art. 36, § 1º, da Lei das Eleições – LE (Lei 9.504/1997); B: Incorreta, pois propaganda mediante radiodifusão, televisão,comícios ou reuniões públicas é vedada desde 48 horas antes até 24 horas depois da eleição – art. 240, p. único, do CE; C: incorreta, pois essa espécie de propaganda é proibida – art. 243, IV, do CE; D: incorreta, pois a realização de qualquer ato de propaganda partidária ou eleitoral, em recinto aberto, não depende de licença da polícia – art. 245, *caput*, do CE; E: essa é a alternativa correta, pois essa espécie de propaganda é vedada – art. 243, V, do CE, além de poder ser tipificado crime, caso o intuito seja obter ou dar voto ou conseguir ou prometer abstenção – art. 299 do CE. Gabarito "E."

(Magistratura/SC – 2010) Quanto às normas para as eleições, assinale a alternativa **correta**:

I. O Tribunal Superior Eleitoral poderá requisitar das emissoras de rádio e televisão, no período compreendido entre 31 de julho e o dia do pleito, até dez minutos diários, contínuos ou não, que poderão ser somados e usados em dias espaçados, para divulgação de seus comunicados, boletins e instruções ao eleitorado.
II. O Tribunal Superior Eleitoral poderá requisitar das emissoras de rádio e televisão, no período compreendido entre 30 de julho e o dia que antecede o pleito, até quinze minutos diários, contínuos, em dias espaçados, para divulgação de seus comunicados, boletins e instruções ao eleitorado.
III. A partir da escolha de candidatos em convenção, é assegurado o direito de resposta a candidato, partido ou coligação atingidos, ainda que de forma indireta, por conceito, imagem ou afirmação caluniosa, difamatória, injuriosa ou sabidamente inverídica, difundidos por qualquer veículo de comunicação social.
IV. A partir do registro da candidatura do candidato e do partido, é assegurado o direito de resposta a candidato, partido ou coligação atingidos, ainda que de forma indireta, por conceito, imagem ou afirmação caluniosa, difamatória, injuriosa ou sabidamente inverídica, difundidos por qualquer veículo de comunicação social.
V. São permitidas, até a antevéspera das eleições, a divulgação paga, na imprensa escrita, e a reprodução na internet do jornal impresso, de até dez anúncios de propaganda eleitoral, por veículo, em datas diversas, para cada candidato, no espaço máximo, por edição, de 1/8 de página de jornal padrão e de 1/4 de página de revista ou tabloide.

(A) Somente as proposições II e III estão corretas.
(B) Somente as proposições I e IV estão corretas.
(C) Somente as proposições I, III e V estão corretas.
(D) Somente as proposições IV e V estão corretas.
(E) Somente as proposições II, III e V estão corretas.

I: assertiva correta, pois essa prerrogativa é prevista no art. 93 da LE; II: incorreta, pois a norma é indicada corretamente na assertiva "I" (a data inicial e o tempo diário estão errados); III: correta, pois essa regra do direito de resposta é prevista no art. 58, *caput*, da LE; IV: incorreta, conforme comentário à assertiva "III" (o direito de resposta é assegurado a partir da escolha dos candidatos, não somente após o registro da candidatura). É interessante lembrar que as convenções partidárias para a escolha dos candidatos serão realizadas, no máximo, até 10 dias antes do término do prazo do pedido de registro no cartório eleitoral ou na secretaria do Tribunal – art. 93, § 2º, do CE; V: correta, conforme permissão estipulada no art. 43 da LE. Gabarito "C."

(Ministério Público/SP – 2011) Analise as seguintes assertivas com relação ao direito de resposta assegurado pela legislação eleitoral a candidato, partido ou coligação atingidos, ainda que de forma indireta, por conceito, imagem ou afirmação caluniosa, difamatória, injuriosa ou sabidamente inverídica, difundidos por qualquer veículo de comunicação social:

I. o direito de resposta é assegurado a partir do dia 5 de julho do ano eleitoral;
II. quando se tratar da programação normal das emissoras de rádio e televisão, o prazo para pedir o exercício do direito de resposta à Justiça Eleitoral é de 24 horas;
III. o candidato ofendido que usar o tempo concedido sem responder aos fatos veiculados na ofensa terá subtraído tempo idêntico do seu programa eleitoral;
IV. no caso de ofensa veiculada em órgão da imprensa escrita, a resposta deverá ser divulgada no mesmo dia da semana em que ocorreu a ofensa;
V. no horário eleitoral gratuito, o ofendido usará, para a resposta, tempo nunca inferior a um minuto.

Está correto apenas o que se afirma em

(A) I e II.
(B) I e IV.
(C) II e V.

(D) III e IV.
(E) III e V.

I: incorreta, pois o direito de resposta é assegurado a partir da escolha dos candidatos em convenção – art. 58, *caput*, da LE; II: incorreta, pois é de 48 horas o prazo para o pedido de resposta, no caso de programação normal das emissoras de rádio e televisão – art. 58, § 1º, II, da LE; III: assertiva correta, no caso de direito de resposta relativo ao horário eleitoral gratuito – art. 58, § 3º, III, *f*, da LE; IV: incorreta, pois a divulgação da resposta ocorrerá em até 48 horas após a decisão, em regra, ou na próxima vez que circular, no caso de veículo com periodicidade superior a 48 horas. A resposta poderá ser feita no mesmo dia da semana em que a ofensa foi divulgada, ainda que fora das 48 horas, por solicitação do ofendido – art. 58, § 3º, I, *b* e *c*, da LE; V: correta, pois o ofendido usará, para resposta, tempo igual ao da ofensa, mas nunca inferior a 1 minuto – art. 58, § 3º, III, *a*, da LE. Gabarito "E".

(Ministério Público/ES – 2010 – CESPE) Assinale a opção correta referente à legislação aplicável à propaganda eleitoral.

(A) É vedada a veiculação de propaganda eleitoral na Internet, em sítio do partido, ainda que gratuitamente.
(B) A veiculação de propaganda eleitoral com qualquer dimensão em bens particulares, por meio da fixação de faixas, placas, cartazes, pinturas ou inscrições, independe da obtenção de licença municipal e de autorização da justiça eleitoral.
(C) É vedada a utilização de trios elétricos para a sonorização de comícios eleitorais.
(D) O direito de resposta a propagandas eleitorais veiculadas por meio de comunicação interpessoal mediante mensagem eletrônica não é legalmente assegurado.
(E) No anúncio de propaganda eleitoral veiculado na imprensa escrita, deve constar, de forma visível, o valor pago pela inserção.

A: incorreta, pois a propaganda em sítio do partido na internet é permitido, nos termos do art. 57-B, II, da LE; B: incorreta, pois a possibilidade de propaganda em bens particulares sem autorização ou licença restringe-se a faixas, placas, cartazes etc. de até 4 m² – art. 37, § 2º, da LE; C: incorreta, pois a vedação de trios elétricos não se aplica à sonorização de comícios – art. 39, § 10, da LE; D: incorreta, pois há previsão legal nesse sentido – art. 57-D da LE; E: essa é a assertiva correta, nos termos do art. 43, § 1º, da LE. Gabarito "E".

(MINISTÉRIO PÚBLICO/SE – 2010 – CESPE) A legislação eleitoral brasileira permite a propaganda eleitoral a partir de determinada data e proíbe a propaganda eleitoral antecipada. Conforme tais normas, constitui propaganda antecipada, ainda que não exista pedido formal de voto,

(A) a participação do pré-candidato em entrevistas e debates no rádio e na televisão para expor seu projeto político.
(B) a realização, pelo partido político, de seminário em local fechado para tratar de plano de governo.
(C) a divulgação das prévias partidárias pelos instrumentos de comunicação do partido.
(D) a divulgação de debate legislativo de que tome parte um pré-candidato.
(E) a divulgação do nome de pessoa vinculado a cargo em disputa.

A: incorreta, pois, nesse caso, somente se houver pedido de voto será considerada propaganda eleitoral antecipada – art. 36-A, I, da LE; B e C: incorretas, pois não há propaganda antecipada, nesses casos, independentemente de haver pedido de voto – art. 36-A, II e III, da LE; D: incorreta, pois a divulgação do debate legislativo somente será considerada propaganda eleitoral antecipada se houver menção a possível candidatura ou pedido de votos ou de apoio eleitoral – art. 36-A, IV, da LE; E: essa é a alternativa a ser indicada, pois se trata de propaganda eleitoral antecipada – art. 36 da LE. Gabarito "E".

(MINISTÉRIO PÚBLICO/SE – 2010 – CESPE) Para conter o uso da máquina pública nas eleições, a legislação eleitoral institui as chamadas condutas vedadas aos agentes públicos, servidores ou não. Condutas vedadas são aquelas que tendem a afetar a igualdade de oportunidades entre os candidatos nos pleitos eleitorais. Conforme a Lei n.º 9.504/1997, constitui conduta vedada

(A) o parlamentar divulgar o mandato usando recursos da Casa Legislativa, seguindo a disciplina do respectivo regimento interno.
(B) o governador ceder servidor público licenciado para trabalhar em comitê eleitoral de candidato ou partido.
(C) o ministro determinar a exoneração de servidor ocupante de função comissionada.
(D) o prefeito fazer pronunciamento, nos três meses anteriores à eleição, em cadeia de rádio e televisão para esclarecimento dos eleitores quanto ao pleito.
(E) o servidor ceder imóvel público para a realização de convenção partidária destinada a escolher os candidatos e a coligação.

A: incorreta, pois, se a divulgação do mandato se dá nos termos do respectivo regimento interno, não há vedação da conduta – art. 73, II, da LE; B: incorreta, pois, se o servidor ou empregado estiver licenciado, não há vedação à sua cessão – art. 73, III, da LE; C: incorreta, pois a vedação não se aplica à dispensa ou exoneração do servidor de função de confiança ou de cargo em comissão – art. 73, V, *a*, da LE; D: incorreta, pois não cabe ao prefeito fazer esclarecimentos em rádio e televisão quanto ao pleito. A vedação seria afastada apenas se, a critério da justiça eleitoral, o pronunciamento tratasse de matéria urgente, relevante e característica das funções do governo, o que não é o caso – art. 73, VI, *c*, da LE; E: incorreta, pois a cessão de bens móveis e imóveis exclusivamente para a realização de convenção partidária é admitida – art. 73, I, da LE. Gabarito "D".

(MINISTÉRIO PÚBLICO/SE – 2010 – CESPE) A legislação eleitoral brasileira regula o transporte e a alimentação dos eleitores residentes nas áreas rurais, visando coibir o abuso do poder econômico ou administrativo no dia da eleição. A esse respeito, assinale a opção correta quanto à disciplina legal da matéria.

(A) Veículos e embarcações militares devem ser usados com prioridade no transporte gratuito dos eleitores das áreas rurais.
(B) A cessão de veículo de particulares à justiça eleitoral é relevante serviço público, sem necessidade de ressarcimento.
(C) Os partidos políticos devem fornecer refeições aos eleitores, como entes privados em colaboração com a justiça eleitoral.
(D) As deficiências do transporte coletivo constituem justificativa bastante para o não comparecimento do eleitor à seção eleitoral.
(E) O transporte dos eleitores deve ser feito no âmbito do território do município.

A: incorreta, pois os veículos e as embarcações de uso militar não ficam à disposição da justiça eleitoral para o transporte gratuito de eleitores em zonas rurais – art. 1º, *caput*, da Lei 6.091/1974; B: incorreta, pois, se houver requisição de veículos e embarcações particulares, serão priorizados os de aluguel. De qualquer forma, haverá pagamento dos serviços requisitados – art. 2º da Lei 6.091/1974; C: incorreta, pois somente a justiça eleitoral poderá, quando imprescindível, em face da absoluta carência de recursos de eleitores da zona rural, fornecer-lhes refeições, correndo, nesta hipótese, as despesas por conta do Fundo Partidário – art. 8º da Lei 6.091/1974. É facultado aos partidos fiscalizar o fornecimento de refeições aos eleitores – art. 9º da Lei 6.091/1974; D: incorreta, pois a indisponibilidade ou as deficiências do transporte não eximem o eleitor do dever de votar – art. 6º da Lei 6.091/1974; E: essa é a assertiva correta, pois o transporte de eleitores somente será feito dentro dos limites territoriais do respectivo município e quando das zonas rurais para as mesas receptoras distar pelo menos dois quilômetros – art. 4º, § 1º, da Lei 6.091/1974. Gabarito "E".

(Ministério Público/MG – 2010.1 – adaptada) Concebe-se por propaganda eleitoral um conjunto de técnicas de divulgação de ideias e informações, cujo objetivo é influenciar pessoas a tomar decisões em disputa eleitoral, devendo ser respeitado, sempre e, precipuamente, o princípio da igualdade dos candidatos. Nesses termos, é INCORRETO

(A) A propaganda eleitoral somente é permitida após o dia 5 de julho do ano da eleição, sendo certo que no segundo semestre do ano da eleição, não será veiculada propaganda partidária gratuita prevista em lei nem permitido qualquer tipo de propaganda política paga no rádio e na televisão.
(B) Nos bens cujo uso dependa de cessão ou permissão do Poder Público, ou que a ele pertençam, e nos de uso comum, inclusive postes de iluminação pública e sinalização de tráfego, viadutos, passarelas, pontes, paradas de ônibus e outros equipamentos urbanos, é permitida a veiculação de propaganda, apenas a fixação de placas, estandartes, faixas e assemelhados.
(C) Independe da obtenção de licença municipal e de autorização da Justiça Eleitoral a veiculação de propaganda eleitoral pela distribuição de folhetos, volantes e outros impressos, os quais devem ser editados sob a responsabilidade do partido, coligação ou candidato.

(D) A realização de qualquer ato de propaganda partidária ou eleitoral, em recinto aberto ou fechado, não depende de licença da polícia, porém deverá comunicar à autoridade policial em, no mínimo, 24 horas de antecedência à realização do evento, a fim de que seja garantida a realização do ato e ao funcionamento do tráfego e dos serviços públicos que o evento possa afetar.
(E) A realização de comícios e a utilização de aparelhagem de sonorização fixa são permitidas no horário compreendido entre as 8 (oito) e as 24 (vinte e quatro) horas.

A: assertiva correta, pois reflete exatamente o disposto no art. 36, *caput* e § 2º, da LE; B: incorreta, pois nos bens cujo uso dependa de cessão ou permissão do Poder Público, ou que a ele pertençam, e nos de uso comum, inclusive postes de iluminação pública e sinalização de tráfego, viadutos, passarelas, pontes, paradas de ônibus e outros equipamentos urbanos, é vedada a veiculação de propaganda de qualquer natureza, inclusive pichação, inscrição a tinta, fixação de placas, estandartes, faixas e assemelhados – art. 37 da LE; C: correta, pois reflete exatamente o disposto no art. 38 da LE; D: correta, pois é o que dispõe o art. 39, *caput* e § 2º, da LE; E: correta, conforme o art. 39, § 4º, da LE. Obs.: a questão foi adaptada, pois a pergunta referia-se, erroneamente, à assertiva correta. Gabarito "B".

(Magistratura/GO – 2009 – FCC) A respeito da propaganda política, é correto afirmar que

(A) no segundo turno das eleições, não será permitida, nos programas de rádio e televisão destinados à propaganda eleitoral gratuita, a participação de filiados a partidos que tenham formalizado o apoio a outros candidatos.
(B) a propaganda partidária gratuita prevista em lei será veiculada até a antevéspera da eleição.
(C) a realização de comício ou de qualquer ato de propaganda partidária ou eleitoral, em recinto aberto, depende de licença da polícia.
(D) no dia da eleição, só é permitida a propaganda através de auto-falantes e amplificadores de som, volantes e outros impressos.
(E) o candidato escolhido em convenção poderá apresentar programa de rádio ou televisão, de 1º de agosto do ano da eleição até a antevéspera desta, desde que não seja abordado assunto ligado à atividade político partidária.

A: assertiva correta, pois a vedação é prevista no art. 54, parágrafo único, da LE; B: incorreta, pois, no segundo semestre do ano da eleição, não será veiculada a propaganda partidária gratuita prevista em lei nem permitido qualquer tipo de propaganda política paga no rádio e na televisão – art. 36, § 2º, da LE; C: incorreta, pois a realização de qualquer ato de propaganda partidária ou eleitoral, em recinto aberto ou fechado, não depende de licença da polícia – art. 39 da LE; D: assertiva incorreta. O uso de alto-falantes e amplificadores de som ou a promoção de comício ou carreata no dia da eleição é crime – art. 39, § 5º, I, da LE; E: incorreta, pois, nos termos do art. 45, § 1º, da LE, a partir do resultado da convenção, é vedado às emissoras transmitir programa apresentado ou comentado por candidato escolhido em convenção. Gabarito "A".

(Magistratura/GO – 2009 – FCC) A partir da escolha de candidatos em convenção, é assegurado o direito de resposta a candidato, partido ou coligação atingidos, ainda que de forma indireta, por conceito, imagem ou afirmação caluniosa, difamatória, injuriosa ou sabidamente inverídica, difundidos por qualquer veículo de comunicação social. O ofendido, ou seu representante legal, poderá pedir o exercício do direito de resposta à Justiça Eleitoral, além de outras hipóteses legais, quando se tratar de horário eleitoral gratuito ou quando se tratar de órgão da imprensa escrita, no prazo, contado a partir da veiculação da ofensa, de

(A) quarenta e oito horas e setenta e duas horas, respectivamente.
(B) vinte e quatro horas.
(C) vinte e quatro e setenta e duas horas, respectivamente.
(D) vinte e quatro e quarenta e oito horas, respectivamente.
(E) quarenta e oito horas.

Os prazos para pedido de direito de resposta são de: (i) vinte e quatro horas, quando se tratar do horário eleitoral gratuito; (ii) quarenta e oito horas, quando se tratar da programação normal das emissoras de rádio e televisão; e (iii) setenta e duas horas, quando se tratar de órgão da imprensa escrita – art. 58, § 1º, da LE. Gabarito "C".

(Magistratura/PA – 2009 – FGV) A propaganda de candidatos a cargos eletivos é permitida:

(A) até 24 horas antes e logo após o encerramento da votação.
(B) até 48 horas antes e logo após a proclamação do resultado da eleição.
(C) até 48 horas antes e 24 horas após a eleição.
(D) até 24 horas antes e 24 horas após a eleição.
(E) até 48 horas antes e logo após o encerramento da votação.

Nos termos do art. 240, parágrafo único, do CE, é vedada, desde quarenta e oito horas antes até vinte e quatro horas depois da eleição, qualquer propaganda política mediante radiodifusão, televisão, comícios ou reuniões públicas. Gabarito "C".

(Ministério Público/PR – 2009) Sobre o tema *propaganda eleitoral*, assinale a alternativa *correta*:

(A) a propaganda eleitoral mediante *outdoors* é admissível, desde que após o dia 5 de julho do ano da eleição.
(B) no dia da eleição, constitui infração administrativa a divulgação de qualquer espécie de propaganda de partidos políticos ou de seus candidatos, mediante publicações, cartazes, camisas, bonés, broches ou dísticos em vestuário.
(C) constitui crime o uso, na propaganda eleitoral, de símbolos, frases ou imagens, associadas ou semelhantes às empregadas por órgão de governo, empresa pública ou sociedade de economia mista.
(D) a realização de comícios, de *showmícios* e de eventos assemelhados para promoção de candidatos é permitida no horário compreendido entre as 8 (oito) e as 24 (vinte e quatro) horas.
(E) nos postes de iluminação pública e sinalização de tráfego, viadutos, passarelas, pontes, paradas de ônibus e outros equipamentos urbanos, é permitida a veiculação de propaganda eleitoral, desde que não lhes cause dano e não dificulte ou impeça o uso ou o bom andamento do tráfego.

A: incorreta, pois é vedada a propaganda eleitoral mediante *outdoor* – art. 39, § 8º, da LE; B: incorreta, pois é permitida, no dia das eleições, a manifestação individual e silenciosa da preferência do eleitor por partido político, coligação ou candidato, revelada exclusivamente pelo uso de bandeiras, broches, dísticos e adesivos – art. 39-A da LE; C: assertiva correta, pois o crime é previsto no art. 40 da LE; D: incorreta, pois é vedada a realização de *showmícios* em qualquer horário – art. 39, § 7º, da LE; E: incorreta, pois é completamente vedada a propaganda eleitoral de qualquer natureza em bens de uso comum do povo, inclusive postes de iluminação pública e sinalização de tráfego, viadutos, passarelas, pontes, paradas de ônibus e outros equipamentos urbanos – art. 37 da LE. Gabarito "C".

(Magistratura/AL – 2008 – CESPE) Assinale a opção correta quanto ao acesso gratuito de partido político à propaganda eleitoral no rádio e na TV no ano em que não ocorrem eleições.

(A) Em caso de aliança político-eleitoral, é admitida a participação em programa de propaganda partidária de pessoa filiada a outro partido.
(B) O partido deve-se referir necessariamente a um propósito eleitoral, desde que nacional.
(C) É proibida a propaganda eleitoral paga, seja em rádio, seja em TV.
(D) Eleições partidárias internas não podem ser divulgadas.
(E) Somente partido político que tenha superado a cláusula de barreira tem direito à propaganda eleitoral gratuita em ano não-eleitoral.

A: não é permitida a participação de pessoa filiada a outro partido – art. 54 da LE e art. 45, § 1º, I, da LPP; B: não há essa restrição – art. 45, I a III, da LPP; C: art. 44 da LE e art. 45, § 3º, da LPP; D: é possível essa divulgação – art. 45, II, da LPP; E: a cláusula de barreira foi declarada inconstitucional pelo STF – arts. 48 e 49 da LPP, ver ADIs 1.351/DF e 1.354/DF. Gabarito "C".

(Magistratura/PA – 2008 – FGV) Prefeito, candidato à reeleição, vai a rádio para entrevista, concedida em janeiro do ano da eleição municipal, quando tece comentários sobre programas implantados pela Prefeitura. Esse fato:

(A) caracteriza propaganda eleitoral extemporânea e sujeita o infrator a cancelamento da candidatura.
(B) para ser regular, necessitaria da prévia desincompatibilização do prefeito.
(C) constitui publicidade subliminar e, como tal, é vedada pelo artigo 36 § 3º da Lei 9504/97.
(D) é regular, porque a autoridade administrativa deve dar continuidade aos atos de sua administração, não se escusando do dever de informação, desde que não exista o intuito de autopromoção.
(E) caracteriza propaganda eleitoral extemporânea e sujeita o infrator à multa.

A entrevista concedida por Prefeito, em que apenas comenta os programas implementados pelo governo, não constitui, por si, propaganda eleitoral. Importante lembrar que a partir de 1º de julho do ano da eleição, há maior restrição à programação das rádios e emissoras de televisão, sendo vedado tratamento privilegiado a candidato – art. 45, IV, da LE. Ademais, é vedado o pronunciamento em cadeia de rádio e televisão fora do horário eleitoral gratuito nos três meses que antecedem o pleito – art. 73, VI, c, da LE. Gabarito "D".

(Magistratura/SC – 2008) Observadas as proposições abaixo, assinale a alternativa correta:

I. A propaganda eleitoral paga é permitida a partir do dia 5 de julho do ano da eleição, e não pode exceder, nos jornais, de um quarto de página, nem, na televisão ou no rádio, de trinta segundos em cada inserção.
II. Jornais e revistas podem fazer opção editorial pela defesa de determinada candidatura em detrimento de outra.
III. Não pode haver direito de resposta antes do início da propaganda eleitoral gratuita no rádio e televisão.
IV. As emissoras de televisão ou rádio que realizarem debates de candidatos às eleições majoritárias estão dispensadas de convidar os concorrentes que disputarem o pleito por partidos sem representação na Câmara de Deputados.

(A) Somente as proposições I, III e IV estão corretas.
(B) Somente as proposições I e III estão corretas
(C) Somente a proposição I está correta
(D) Somente as proposições II e IV estão corretas
(E) Somente as proposições III e IV estão corretas

I: o limite de espaço para a propaganda impressa é de um oitavo da página de jornal padrão ou de um quarto da página de revista ou tabloide. Ademais, é vedada a propaganda paga em televisão ou rádio – arts. 43 e 44 da LE e art. 45, § 6º, da LPP; II: o TSE entende que a imprensa escrita não está impedida de posicionar-se editorialmente em favor de determinados candidatos ou contra. A vedação aplica-se apenas às concessionárias de serviço público (emissoras de rádio e de televisão – art. 45, II, da LE). Nesse sentido, o STF suspendeu a eficácia da expressão "ou difundir opinião favorável ou contrária a candidato, partido, coligação, a seus órgãos ou representantes", contida no inciso III do art. 45 da Lei 9.504/1997 – ADI 4.451 MC-Ref/DF. Na oportunidade, a Suprema Corte consignou que "Apenas se estará diante de uma conduta vedada quando a crítica ou matéria jornalísticas venham a descambar para a propaganda política, passando nitidamente a favorecer uma das partes na disputa eleitoral. Hipótese a ser avaliada em cada caso concreto"; III: há direito de resposta a partir da escolha do candidato em convenção – art. 58 da LE; IV: art. 46, *caput*, da LE. Gabarito "C".

(Ministério Público/RO – 2008 – CESPE) Quanto às restrições impostas pela Lei Eleitoral — Lei n.º 9.504/1997 — ao Poder Executivo em função da proximidade de eleições, assinale a opção correta.

(A) É vedado ao presidente da República usar cadeia nacional de rádio e TV no ano em que ocorrem eleições municipais.
(B) No ano eleitoral, deputados e senadores são proibidos de divulgar seu mandato com materiais custeados pela Casa Legislativa, ainda que limitados à sua cota.
(C) O uso de avião oficial pelo presidente candidato a eleição presidencial é permitido, inclusive em campanha eleitoral, condicionado a ressarcimento.
(D) O descumprimento por agente público das condutas vedadas pode implicar inelegibilidade, mas não configura improbidade.
(E) Nos três meses que antecedem o pleito, é vedado ao presidente da República realizar transferências voluntárias de recursos aos estados e municípios destinadas ao pagamento de obrigação formal preexistente relativa a obras em andamento.

A: as vedações referem-se à esfera em que ocorre a eleição (municipal), não impedindo, em princípio, que o Presidente da República faça pronunciamento em rede nacional – art. 73, VI, *c*, da LE; B: se não há excesso em relação à cota fixada pelos regimentos e normas internas, não há vedação – art. 73, II, da LE; C: arts. 73, § 2º, e 76, § 1º, ambos da LE; D: a prática de conduta vedada caracteriza ato de improbidade administrativa – art. 73, § 7º, da LE; E: a vedação não se aplica em caso de obrigação formal preexistente relativa a obra em andamento – art. 73, VI, *a*, da LE. Gabarito "C".

(Ministério Público/RR – 2008 – CESPE) A Lei Eleitoral institui as condutas vedadas aos agentes públicos durante o processo eleitoral. Conforme um analista, elas "deveriam ter a serventia de impedir o uso da máquina administrativa em benefício daqueles que, sem obrigatoriedade de desincompatibilização, disputam a renovação de seus mandatos de prefeito, governador e presidente da República". Lauro Barreto. In: Condutas vedadas aos agentes públicos pela Lei das Eleições e suas implicações processuais. Bauru: Edipro, 2006, p.12.
Considerando as disposições da Lei Eleitoral n.º 9.504/1997 a respeito das condutas vedadas aos agentes públicos, julgue os itens seguintes.

(1) É permitido ao prefeito municipal ceder imóvel de propriedade do município para a realização de convenção de partido político para a escolha de candidato à prefeitura.
(2) A Lei Eleitoral, ao dispor sobre as condutas vedadas, admite que servidores públicos municipais atuem em comitês de campanha de partidos, desde que o façam após o horário de expediente.
(3) Pode o prefeito, durante a campanha eleitoral, nomear servidores públicos, especialmente para cargos em comissão, bem como exonerá-los.
(4) Pode o prefeito convocar cadeia de rádio e televisão para anúncio de seu posicionamento político quanto à eleição, se este for controverso.
(5) É permitida a revisão geral da remuneração dos servidores públicos do município, por iniciativa do prefeito, desde que o percentual não ultrapasse o da inflação do ano da eleição.

1: É possível ceder ou usar bens públicos exclusivamente para a realização de convenções partidárias – art. 73, I, *in fine*, da LE. 2: A vedação refere-se apenas ao horário de expediente normal – art. 73, III, da LE. 3: A vedação às nomeações nos três meses anteriores ao pleito até a posse do eleito não se aplica aos cargos em comissão – art. 73, V, *a*, da LE. 4: É vedado o pronunciamento em cadeia de rádio ou de televisão fora do programa eleitoral gratuito, nos três meses antes do pleito – art. 73, VI, *c*, da LE. Ademais, anúncio de posicionamento político não é motivo para convocação de cadeia de rádio e televisão, qualquer que seja o período (mesmo não eleitoral), podendo configurar improbidade administrativa – art. 11 da Lei 8.429/1992. 5: Art. 73, VIII, da LE. Gabarito 1C, 2C, 3C, 4E, 5C.

(Ministério Público/MG – 2007) Assinale a única alternativa CORRETA, no que diz respeito à Lei Complementar nº 64/90 e às Leis nºs 9.504/97 e 11.300/06.

(A) Em ano de eleições municipais, nos 3 (três) meses que antecedem ao pleito, é vedado ao Chefe do Executivo local a nomeação ou exoneração de cargos em comissão.
(B) Qualquer cidadão, candidato, partido político, coligação ou o Ministério Público poderão impugnar registro de candidatura, com fundamento na LC nº 64/90.
(C) A veiculação de propaganda eleitoral, através de outdoors, é permitida, contudo, somente após a realização de sorteio pela Justiça Eleitoral.
(D) Nos postes de iluminação pública, viadutos, pontes e passarelas, é vedada a veiculação de propaganda eleitoral, sendo esta permitida nos bens de uso comum.
(E) A realização de propaganda eleitoral em recinto aberto independe de autorização da autoridade policial.

A: incorreta, pois a vedação não se aplica aos cargos em comissão – art. 73, V, *a*, da LE; B: assertiva incorreta, pois não é qualquer cidadão que detém essa legitimidade, apenas candidatos, partidos políticos, coligações e o Ministério Público – art. 3º, da LI; C: incorreta, pois, atualmente, é vedada a propaganda eleitoral por meio de *outdoors* – art. 39, § 8º, da LE; D: incorreta, já que a vedação inclui todos os bens de uso comum – art. 37 da LE; E: essa é a assertiva correta, pois a propaganda eleitoral (seja em recinto aberto ou fechado) não depende de licença policial – art. 39 da LE. Gabarito "E".

(Ministério Público/GO – 2005) Assinale a alternativa incorreta:

(A) a propaganda eleitoral somente será permitida após o dia 05 de julho do ano da eleição
(B) a realização de qualquer ato de propaganda partidária ou eleitoral, em recinto aberto ou fechado, não depende de licença da polícia
(C) em bens particulares, independe de obtenção de licença municipal e de autorização da Justiça Eleitoral, a veiculação de propaganda eleitoral por meio de faixas, placas, cartazes, pinturas ou inscrições
(D) depende de obtenção de licença municipal e de autorização da Justiça Eleitoral a veiculação de propaganda pela distribuição de folhetos volantes ou impressos, após o período permitido de sua divulgação, sob pena de responsabilidade exclusiva do candidato

A: art. 36 da LE; B: art. 39 da LE; C: art. 37, § 2º, da LE; D: não há previsão de licença municipal ou autorização judicial, até porque a propaganda eleitoral não é permitida fora do período legalmente fixado – arts. 36, *caput*, e 38 da LE. Gabarito "D".

(Ministério Público/MA – 2002) Nas afirmações abaixo quantas estão corretas?

I. A representação por propaganda eleitoral contra os candidatos a cargo eletivo federal, estadual e distrital é julgada pelo Tribunal Regional Eleitoral através do seu Pleno.
II. É competente para intentar representação por propaganda irregular, exclusivamente, o partido político, a coligação ou o candidato.
III. O prazo para recurso em caso de reclamação por propaganda irregular é de 03 (três) dias.

IV. O julgamento da representação por propaganda antecipada na eleição presidencial deve ser do Tribunal Regional Eleitoral.
V. O juiz eleitoral pode, de ofício, usando o poder de polícia, aplicar multa por propaganda irregular.
VI. Nas eleições municipais, quando a circunscrição abranger mais de uma zona eleitoral, o Tribunal Regional Eleitoral designará um juiz para apreciar as reclamações referentes à propaganda eleitoral.

(A) Todas estão corretas.
(B) Todas estão erradas.
(C) Apenas a V está correta.
(D) Apenas a VI está correta.
(E) Apenas a III está errada.

I: o pleno do TRE julga o recurso interposto contra a decisão dos juízes auxiliares – art. 96, § 4º, da LE; II: a competência não é exclusiva (o MP pode promover a representação) – art. 96, *caput*, da LE e art. 72 da LC 75/1993; III: o prazo é de 24 horas – art. 96, § 8º, da LE; IV: a competência é do TSE, na hipótese – art. 96, III, da LE; V: isso não é possível – Súmula 18/TSE; VI: art. 96, § 2º, da LE. Gabarito "C".

8. PRESTAÇÃO DE CONTAS, DESPESAS, ARRECADAÇÃO, FINANCIAMENTO DE CAMPANHA

(Magistratura/SC – 2010) Assinale a alternativa **INCORRETA**:

(A) É obrigatório para o partido e para os candidatos abrir conta bancária específica para registrar todo o movimento financeiro da campanha.
(B) É vedado aos candidatos receber, direta ou indiretamente, doação em dinheiro ou estimável em dinheiro, inclusive por meio de publicidade de qualquer espécie, procedente de concessionário ou permissionário de serviço público.
(C) Qualquer eleitor poderá realizar gastos em apoio a candidato de sua preferência, até a quantia equivalente a um mil UFIR, não sujeitos a contabilização, desde que não reembolsados.
(D) Não será considerada propaganda eleitoral antecipada a divulgação de atos de parlamentares e debates legislativos, desde que não se mencione a possível candidatura, ou se faça pedido de votos ou de apoio eleitoral.
(E) O descumprimento de algumas das Condutas Vedadas aos Agentes Públicos em Campanhas Eleitorais sujeitará os candidatos a cassação do registro ou do diploma, e o descumprimento de outras sujeitará os candidatos somente a multa.

A: correta, conforme o art. 22 da Lei das Eleições – LE (Lei 9.504/1997); B: assertiva correta, conforme a vedação do art. 24, III, da LE; C: correta, conforme permissão e limite previstos no art. 27 da LE; D: assertiva correta, nos termos do art. 36-A, IV, da LE; E: incorreta, pois a multa é aplicada sem prejuízo das demais sanções e da suspensão imediata da conduta – art. 73, §§ 4º a 9º, da LE. Gabarito "E".

(Magistratura/SC – 2010) É vedada a contratação de shows artísticos pagos com recursos públicos, nos seguintes casos:

(A) Nos dois meses que antecedem o registro das candidaturas.
(B) Nos quatro meses que antecedem as eleições.
(C) Nos três meses que antecedem as eleições.
(D) Nos três meses que antecedem o registro das candidaturas.
(E) Nos quatro meses que antecedem as convenções partidárias.

O art. 75, *caput*, da LE prevê que "Nos três meses que antecederem as eleições, na realização de inaugurações é vedada a contratação de shows artísticos pagos com recursos públicos." Por essa razão, a alternativa "C" é a correta. Gabarito "C".

(Ministério Público/MG – 2010.1) Sobre a arrecadação e a aplicação de recursos por candidatos e comitês financeiros e prestação de contas nas eleições municipais, é INCORRETO afirmar que

(A) é obrigatório para o partido e para os candidatos abrir conta bancária específica para registrar todo o movimento financeiro da campanha.
(B) são vedadas quaisquer doações em dinheiro, bem como de troféus, prêmios, ajudas de qualquer espécie feitas por candidato, entre o registro e a eleição, a pessoas físicas ou jurídicas.
(C) o uso de recursos financeiros para pagamentos de gastos eleitorais que não provenham da conta bancária específica implicará a desaprovação da prestação de contas do partido político ou candidato, sem, contudo, implicar cancelamento do registro da candidatura ou cassação do diploma, se já houver sido outorgado.
(D) é vedado a partido e candidato receber direta ou indiretamente doação em dinheiro ou estimável em dinheiro, inclusive por meio de publicidade de qualquer espécie, procedente de, entre outros, órgãos da administração pública direta ou indireta ou fundação mantida com recurso proveniente do Poder Público.
(E) Todas estão incorretas.

A: assertiva correta, pois a obrigatoriedade de conta bancária específica é prevista no art. 22 da Lei das Eleições – LE (Lei 9.504/1997); B: correta, pois a vedação consta do art. 23, § 5º, da LE; C: essa é a assertiva incorreta, pois, se for comprovado abuso de poder econômico, será cancelado o registro da candidatura ou cassado o diploma, se já houver sido outorgado – art. 22, § 3º, da LE; D: correta, pois a vedação é prevista expressamente no art. 24, II, da LE; E: como visto, há diversas assertivas corretas. Gabarito "C".

(Magistratura/GO – 2009 – FCC) Os candidatos e partidos políticos, preenchidos os demais requisitos legais, poderão receber doação em dinheiro ou estimável em dinheiro, inclusive por meio de publicidade de qualquer espécie, de

(A) entidade de utilidade pública.
(B) permissionária de serviço público.
(C) entidade ou governo estrangeiro.
(D) pessoas físicas, até dez por cento dos rendimentos brutos auferidos no ano anterior à eleição.
(E) entidade de classe ou sindical.

A, B, C e E: são vedadas as doações a candidatos e partidos feitas por essas entidades, conforme o art. 24, I, III, V e VI, da LE; D: admite-se a doação por pessoas físicas, observado o limite de 10% dos rendimentos brutos no ano anterior ao da eleição – art. 23, § 1º, I, da LE. Gabarito "D".

(Magistratura/MT – 2009 – VUNESP) Partido político não apresentou contas relativas ao exercício financeiro de 2008, até 30.04.2009. Essa conduta é reiterada, pois também não prestou contas do exercício financeiro de 2005. Diante desses fatos,

(A) da decisão que desaprovar total ou parcialmente a prestação de contas dos órgãos partidários caberá recurso para o Tribunal Superior Eleitoral, que poderá ser recebido com efeito suspensivo.
(B) como o exame da prestação de contas dos órgãos partidários tem caráter jurisdicional, as prestações de contas desaprovadas pelos Tribunais Regionais e pelo Tribunal Superior não poderão ser revistas para fins de aplicação proporcional da sanção aplicada.
(C) a pedido do representante do Ministério Público, a Justiça Eleitoral poderá determinar diligências necessárias à complementação de informações ou ao saneamento de irregularidades encontradas nas contas dos órgãos de direção partidária ou de candidatos.
(D) nenhuma sanção poderá ser aplicada, pois a prestação de contas não foi julgada, pelo juízo ou tribunal competente, após 5 (cinco) anos de sua apresentação.
(E) a Justiça Eleitoral poderá aplicar a sanção de suspensão de novas cotas do Fundo Especial de Assistência Financeira aos Partidos Políticos (Fundo Partidário).

A: incorreta, pois o recurso é para o TRE ou para o TSE, a depender do caso. Ademais, terá sempre efeito suspensivo (a assertiva consigna, erroneamente, que *poderá*) – art. 37, § 4º, da Lei dos Partidos Políticos – LPP (Lei 9.096/1995); B: incorreta, pois as prestações de contas desaprovadas pelos TRE e pelo TSE poderão ser revistas para fins de aplicação proporcional da sanção, mediante requerimento ofertado nos autos da prestação de contas – art. 37, § 5º, da LPP; C: imprecisa, pois a determinação judicial independe de pedido do MP – art. 37, § 1º, da LPP; D: incorreta, pois somente a sanção relativa à suspensão de repasse de novas quotas do Fundo Partidário é que fica afastada, em caso de não julgamento das contas após 5 anos de sua apresentação – art. 37, § 3º, da LPP; E: essa é a correta, conforme os arts. 36 e 37, § 3º, da LPP. Gabarito "E".

(Magistratura/MT – 2009 – VUNESP) Leia as seguintes afirmações.

I. No pedido de registro de seus candidatos, os partidos e coligações comunicarão aos respectivos Tribunais Eleitorais os valores máximos de gastos que farão por cargo eletivo em cada eleição a que concorrerem, observados os limites legais.
II. O responsável por gastos de campanha, em valores acima daqueles declarados à Justiça Eleitoral, fica sujeito ao pagamento de multa no valor de 5 a 10 vezes a quantia excedente.
III. Confecção, aquisição e distribuição de camisetas, chaveiros e outros brindes de campanha são considerados gastos eleitorais, sujeitos a registro e aos limites fixados na Lei n.º 9.504/97.

IV. Qualquer eleitor poderá realizar gastos, em apoio a candidato de sua preferência, até a quantia equivalente a um mil UFIR, desde que estes obedeçam ao limite de gastos declarados à Justiça Eleitoral.

Estão corretas somente as assertivas

(A) I e II.
(B) II e III.
(C) II e IV.
(D) III e IV.
(E) I e IV.

I: assertiva correta, conforme o art. 18 da LE; II: correta, pois a sanção é prevista no art. 18, § 2º, da LE; III: incorreta, pois, atualmente, é vedada na campanha eleitoral a confecção, utilização, distribuição por comitê, candidato, ou com a sua autorização, de camisetas, chaveiros, bonés, canetas, brindes, cestas básicas ou quaisquer outros bens ou materiais que possam proporcionar vantagem ao eleitor – art. 39, § 6º, da LE; IV: incorreta, pois o gasto do eleitor, limitado a mil UFIR, não fica sujeito à contabilização (ou seja, não entra no limite da campanha), desde que não reembolsado – art. 27 da LE. Gabarito "A".

(Ministério Público/AM – 2008 – CESPE) Considerando que a Lei n.º 9.504/1997 estipula diversos critérios, restrições e limites ao financiamento das campanhas eleitorais, assinale a opção correta.

(A) Nas eleições proporcional ou majoritária, pessoa física pode doar a candidatos até 10% de seus rendimentos brutos auferidos no ano anterior ao da eleição.
(B) As doações realizadas por pessoa jurídica limitam-se a 10% do seu faturamento bruto no ano anterior ao da eleição.
(C) Pessoa jurídica que deseje doar recursos a candidatos a governador deve doar igualmente a todos os candidatos, sem discriminação de qualquer natureza.
(D) Pessoa física somente pode doar recursos a candidatos de um mesmo partido ou a candidatos que integram a mesma coligação.
(E) O responsável legal pelas finanças da campanha é o tesoureiro indicado à justiça eleitoral pelo partido ou pela coligação.

A: art. 23, § 1º, I, da LE; B: para as pessoas jurídicas, o limite é de dois por cento do faturamento bruto do ano anterior à eleição – art. 81, § 1º, LE; C e D: não há essas restrições – arts. 23 e 81 da LE; E: o candidato é sempre responsável pelas finanças da campanha, solidariamente com a pessoa por ele indicada para essa função (tesoureiro), se houver – arts. 20 e 21 da LE. Gabarito "A".

(Ministério Público/GO – 2005) Em relação às prestações de contas dos candidatos às eleições, marque a alternativa incorreta:

(A) as prestações de contas dos candidatos às eleições serão feitas por intermédio dos comitês financeiros, exceto no caso das eleições proporcionais que poderão ser feitas também pelos próprios candidatos
(B) o prazo para encaminhamento das prestações de contas vai até o trigésimo dia posterior à data das eleições
(C) a inobservância do prazo para encaminhamento das prestações de contas não impede a diplomação, impedindo tão somente a posse
(D) a decisão que julgar as contas dos candidatos, eleitos ou não, será publicada em sessão até oito dias antes da diplomação

A: art. 28, §§ 1º e 2º, da LE; B: art. 29, III e IV, da LE; C: a inobservância do prazo, enquanto perdurar, impede a diplomação e, por consequência, a posse – art. 29, § 2º, da LE; D: art. 30, § 1º, da LE. Gabarito "C".

(Ministério Público/GO – 2005) A respeito das normas gerais das eleições, previstas pela Lei nº 9504/97, é correto afirmar:

(A) é obrigatório, apenas, em municípios com mais de trinta mil eleitores, aos partidos políticos e candidatos a abertura de conta bancária específica para registro das movimentações financeiras de campanha, devendo a prestação de contas ser realizada diretamente à Justiça Eleitoral
(B) as doações em dinheiro realizadas por pessoas físicas, após instituídos os comitês financeiros, ficarão limitadas a 50% (cinqüenta por cento) dos rendimentos líquidos auferidos no ano anterior às eleições
(C) é facultado ao partido político e ao candidato receber indiretamente doação em valor estimável em dinheiro, por meio de publicidade de qualquer espécie, procedente de permissionário de serviço público

(D) os candidatos que descumprirem as normas referentes à arrecadação e aplicação de recurso fixados na Lei nº 9504/97, que indiquem prejuízos ou quebra dos princípios básicos que regem o pleito eleitoral, perderão o direito ao recebimento da quota do fundo partidário

A: a conta bancária específica é obrigatória, exceto na eleição para Prefeito e vereador em município onde não haja agência bancária ou na eleição para vereador em município com menos de 20 mil eleitores – art. 22, § 2º, da LE; B: o limite é de 10% do rendimento bruto auferido no ano anterior ao da eleição (não 50% e não do rendimento líquido) – art. 23, § 1º, I, da LE; C: isso é proibido – art. 24, III, da LE; D: art. 25 da LE. Gabarito "D".

9. JUSTIÇA ELEITORAL

(MAGISTRATURA/PB – 2011 – CESPE) Considerando o que dispõe o Código Eleitoral, assinale a opção correta.

(A) Compete aos juízes eleitorais autorizar a contagem dos votos pelas mesas receptoras nos estados em que essa providência for solicitada pelo TRE.
(B) Compete diretamente aos TREs requisitar força federal necessária ao cumprimento das próprias decisões.
(C) A locomoção do corregedor regional para as zonas eleitorais, no desempenho de suas atribuições, ocorrerá: por determinação do TSE ou do TRE; a pedido dos juízes eleitorais; a requerimento de partido político, quando deferido pelo TRE; e sempre que entender necessário.
(D) Não compete originalmente aos TREs o julgamento do *habeas corpus* em matéria eleitoral, antes que o juiz legalmente competente possa prover sobre a impetração, mesmo quando houver perigo de se consumar a violência, para que não ocorra supressão da instância.
(E) São da competência dos juízes eleitorais a constituição de juntas eleitorais e a designação da respectiva sede.

A: incorreta, pois compete privativamente ao Tribunal Superior Eleitoral autorizar a contagem dos votos pelas mesas receptoras nos Estados em que essa providência for solicitada pelo TRE respectivo – art. 23, XIII, do Código Eleitoral – CE (Lei 4.737/1965); B: incorreta, pois também compete ao TSE essa providência, art. 23, XIV, do CE; C: essa é a assertiva correta, nos termos do art. 26, § 2º, do CE; D: incorreta, pois o TRE tem essa competência originária relativa ao *habeas corpus*, quando houver perigo de se consumar a violência antes que o juiz competente possa prover sobre a impetração – art. 29, I, *e*, do CE; E: incorreta, pois é competência privativa dos Tribunais Regionais a constituição das juntas eleitorais e a designação da respectiva sede – art. 30, V, do CE. Gabarito "C".

(Ministério Público/PB – 2010) Considere as proposições abaixo, assinalando, em seguida, a alternativa correta:

I. As Zonas Eleitorais não são órgãos da Justiça Eleitoral.
II. Para cada Zona Eleitoral somente pode haver uma Junta Eleitoral.
III. Desde a diplomação, é vedado ao parlamentar contratar com pessoa jurídica de direito público, autarquia, empresa pública, sociedade de economia mista ou empresa do serviço público, ainda que o contrato estabeleça cláusulas uniformes.

(A) Todas as proposições estão erradas.
(B) Todas as proposições estão corretas.
(C) Estão erradas apenas as proposições II e III.
(D) Estão erradas apenas as proposições I e II.
(E) Somente a proposição II está errada.

I: correta, pois as zonas eleitorais decorrem da divisão territorial dos Estados, aprovada pelo TSE, para fins eleitorais – arts. 23, VIII, e 30, IX, do CE; II: incorreta, pois a junta eleitoral pode abranger mais de uma zona eleitoral – art. 40, I, do CE; III: incorreta, pois não há essa vedação em caso de contrato com cláusulas uniformes – art. 54, I, *a*, da CF. Gabarito "C".

(Ministério Público/ES – 2010 – CESPE – adaptada) Assinale a opção correta acerca do MPF.

(A) O procurador regional eleitoral poderá ser reconduzido ao cargo, em caso de necessidade de serviço, por mais de uma vez.
(B) Caso membro do MPF decida candidatar-se a cargo eletivo previsto em lei, durante o período entre a escolha como candidato a cargo eletivo em convenção partidária e a véspera do registro da candidatura na justiça eleitoral, o afastamento do exercício de suas funções será facultativo e sem remuneração.
(C) O procurador regional eleitoral pode ser destituído, antes do término do mandato, por decisão exclusiva do procurador-geral eleitoral.

(D) As funções eleitorais do MPF perante os juízes e as juntas eleitorais são exercidas pelo procurador regional eleitoral.

(E) O procurador regional eleitoral, juntamente com o seu substituto, deve ser designado para um mandato de dois anos pelo procurador-geral eleitoral. Sua escolha ocorre entre os procuradores regionais da República no estado e no DF, ou, onde não os houver, entre os procuradores da República substitutos.

A: incorreta, pois o procurador regional eleitoral poderá ser reconduzido apenas uma vez ao cargo – art. 76, § 1º, da LC 75/1993; B: essa é a assertiva correta, conforme o art. 204, IV, a, da LC 75/1993; C: incorreta, pois a destituição do procurador regional eleitoral antes do término do mandato poderá ocorrer por iniciativa do procurador-geral eleitoral, mas dependerá da anuência da maioria absoluta do Conselho Superior do Ministério Público Federal – art. 76, § 2º, da LC 75/1993; D: incorreta, pois as funções eleitorais perante o juiz e a junta eleitorais serão exercidas pelo promotor eleitoral (membro do Ministério Público Estadual local) – art. 78 da LC 75/1993; E: incorreta, pois o Procurador da República deve ser vitalício (não simples substituto), para que possa ser nomeado excepcionalmente procurador regional eleitoral (na falta de procuradores regionais) – art. 76, caput, da LC 75/1993. Obs.: a questão havia sido anulada, por incongruência entre o enunciado e as alternativas, razão pela qual foi adaptada. Gabarito "B".

(Magistratura/PR – 2010 – PUC/PR) Analise as assertivas e assinale a alternativa CORRETA.

I. O Tribunal Superior Eleitoral compor-se-á, no mínimo, de 7 (sete) membros, sendo escolhidos, mediante eleição, pelo voto secreto, 2 (dois) juízes, entre os Ministros do Supremo Tribunal Federal, e 3 (três) juízes, entre os Ministros do Superior Tribunal de Justiça.

II. É competência privativa do Tribunal Superior Eleitoral propor ao Poder Legislativo o aumento do número dos Juízes de qualquer Tribunal Eleitoral, indicando a forma desse aumento.

III. A composição dos Tribunais Regionais Eleitorais, mediante eleição em escrutínio secreto, é de 2 (dois) Juízes, entre os Desembargadores do Tribunal de Justiça, e de 2 (dois) Juízes de Direito, escolhidos pelo Tribunal de Justiça.

IV. Aos Tribunais Regionais Eleitorais compete processar e julgar originariamente o *habeas corpus* ou mandado de segurança, em matéria eleitoral, contra ato de autoridades que respondam perante os Tribunais de Justiça por crime de responsabilidade e, em grau de recurso, os denegados ou concedidos pelos Juízes Eleitorais.

V. As Juntas Eleitorais são compostas por 2 (dois) Juízes de Direito, sendo um o Presidente e o outro Vice-Presidente, e de 2 (dois) ou 4 (quatro) cidadãos de notória idoneidade.

(A) As assertivas II, III e IV são verdadeiras.
(B) Apenas a assertiva V é falsa.
(C) As assertivas I, II e V são falsas.
(D) Apenas as assertivas IV e V são verdadeiras.

I: incorreta. O Tribunal Superior Eleitoral é composto por, no mínimo, sete membros, escolhidos, mediante eleição, pelo voto secreto, sendo (i) três juízes dentre os Ministros do Supremo Tribunal Federal e (ii) dois juízes dentre os Ministros do Superior Tribunal de Justiça, além de, por nomeação do Presidente da República, de (iii) dois juízes dentre seis advogados de notável saber jurídico e idoneidade moral, indicados pelo Supremo Tribunal Federal – art. 119 da CF; II: correta, pois essa competência privativa é prevista no art. 23, VI, do Código Eleitoral – CE (Lei 4.737/1965); III: assertiva correta, conforme o art. 120, § 1º, I, da CF; IV: correta, conforme o art. 29, I, e, do CE; V: incorreta, pois as juntas eleitorais são compostas por um juiz de direito, que será o presidente, e 2 ou 4 cidadãos de notória idoneidade – art. 36 do CE. Gabarito "A".

(Ministério Público/PB – 2010) Considere as proposições abaixo, assinalando, em seguida, a alternativa correta:

I. As Zonas Eleitorais não são órgãos da Justiça Eleitoral.
II. Para cada Zona Eleitoral somente pode haver uma Junta Eleitoral.
III. Desde a diplomação, é vedado ao parlamentar contratar com pessoa jurídica de direito público, autarquia, empresa pública, sociedade de economia mista ou empresa do serviço público, ainda que o contrato estabeleça cláusulas uniformes.

(A) Todas as proposições estão erradas.
(B) Todas as proposições estão corretas.
(C) Estão erradas apenas as proposições II e III.
(D) Estão erradas apenas as proposições I e II.
(E) Somente a proposição II está errada.

I: correta, pois a zona eleitoral é uma delimitação geográfica do Estado, não órgão da Justiça Eleitoral – ver art. 23, VIII, do CE; II: incorreta, pois poderão ser organizadas tantas Juntas quantas permitir o número de juízes de direito, mesmo que não sejam juízes eleitorais – art. 37 do CE; III: incorreta, pois não há vedação no caso de contrato com cláusulas uniformes – art. 54, I, a, da CF. Gabarito "C".

(Magistratura/MT – 2009 – VUNESP) Assinale a alternativa correta.

(A) O Tribunal Superior Eleitoral é composto de no mínimo sete membros, sendo que três deverão ser escolhidos entre os membros do Supremo Tribunal Federal, e, outros três dentre os membros do Superior Tribunal de Justiça.

(B) Os prazos na Justiça Eleitoral são contados de forma diversa da Justiça Comum, pois naquela computam-se sábados, domingos e feriados.

(C) Das decisões dos Tribunais Regionais Eleitorais somente caberá recurso quando forem proferidas contra disposição expressa da Constituição Federal ou decretarem a perda de mandatos eletivos federais.

(D) Compete aos Juízes Eleitorais resolver as impugnações e demais incidentes verificados durante os trabalhos da contagem e da apuração e expedir diploma aos eleitos para cargos municipais.

(E) Até 10 (dez) dias antes da nomeação, os nomes das pessoas indicadas para compor as juntas serão publicados no órgão oficial do Estado, podendo qualquer cidadão, no prazo de 3 (três) dias, em petição fundamentada, impugnar as indicações.

A: incorreta, pois são dois membros do STJ – art. 119, I, b, da CF; B: essa é a melhor alternativa, por exclusão das demais. Durante o processo eleitoral, os prazos são, de fato, peremptórios e contínuos e correm em secretaria ou Cartório e, a partir da data do encerramento do prazo para registro de candidatos, não se suspendem aos sábados, domingos e feriados – art. 16 da Lei da Inelegibilidade – LI (LC 64/1990). A rigor, entretanto, é bom lembrar que, na Justiça Comum, embora os prazos não se iniciem ou terminem em finais de semana e feriados, eles não se suspendem ou se interrompem nesses casos – arts. 178 e 184 do CPC; C: incorreta, pois há diversas outras hipóteses de recurso contra decisão do TRE – art. 121, § 4º, da CF; D: incorreta, pois essas competências são da junta eleitoral – art. 40, II e IV, do CE; E: incorreta, pois a prerrogativa para a impugnação é dos partidos políticos, não dos cidadãos, diretamente – art. 36, § 2º, do CE. Gabarito "B".

(Magistratura/PA – 2009 – FGV) As Juntas Eleitorais são compostas por:

(A) um juiz de direito, que será o presidente, 1 delegado de cada coligação e 1 ou 2 cidadãos de notória idoneidade.
(B) um juiz de direito, que será o presidente, um representante do Ministério Público, 1 delegado de cada partido ou 4 cidadãos de notória idoneidade.
(C) um juiz de direito, que será o presidente, e 2 ou 4 cidadãos de notória idoneidade.
(D) um juiz de direito, que será o presidente e 1 delegado de cada coligação ou partido com candidatos à eleição majoritária.
(E) um juiz de direito, que será o presidente, um representante do Ministério Público e 2 cidadãos de notória idoneidade.

As juntas eleitorais são compostas por um juiz de direito, que será o presidente, e 2 ou 4 cidadãos de notória idoneidade – art. 36 do CE. Gabarito "C".

(Magistratura/AC – 2008 – CESPE) A respeito da organização e do funcionamento da justiça eleitoral, nos termos disciplinados no Código Eleitoral, assinale a opção correta.

(A) O juiz eleitoral é competente para proceder ao registro de candidatos às eleições municipais.
(B) A jurisdição eleitoral pode ser corretamente assinalada a um juiz do trabalho.
(C) Uma pessoa designada para o cargo de escrivão eleitoral não pode ser irmão de candidato às eleições que ocorrerem no mesmo período dessa designação. Não há, entretanto, qualquer restrição legal quanto à relação de matrimônio nesse caso.
(D) A expedição de títulos eleitorais e a transferência de domicílios eleitorais competem exclusivamente aos tribunais eleitorais.

A: art. 35, XII, do CE; B: a jurisdição eleitoral é exercida pelo juiz de direito – art. 32, caput, do CE; C: há impedimento também quanto ao cônjuge candidato – art. 33, § 1º, do CE; D: o juiz eleitoral tem competência para expedição de títulos e transferência de eleitores – art. 35, IX, do CE. Gabarito "A".

(Ministério Público/AM – 2008 – CESPE) Com relação à composição e às atribuições do TSE, conforme definição constitucional e legal, assinale a opção correta.

(A) O corregedor-geral eleitoral deve ser um ministro oriundo do MPF.
(B) O procurador-geral deve ser um ministro indicado pelo STJ.
(C) O vice-presidente do TSE deve sempre ser ministro do STF.
(D) O MPF deve indicar dois ministros do TSE.
(E) As reuniões do TSE devem ser secretas, salvo deliberação em contrário da maioria dos seus integrantes.

A: o Corregedor Geral será escolhido pelo TSE dentre seus membros – art. 17 do CE; B: a função de Procurador-Geral junto ao TSE é exercida pelo Procurador-Geral da República – art. 18 do CE; C: art. 17 do CE; D: não há essa indicação – art. 16 do CE; E: as sessões são públicas – art. 19 do CE. Gabarito "C".

(Ministério Público/RO – 2008 – CESPE) Acerca da organização e do funcionamento da justiça eleitoral e do Ministério Público Eleitoral, assinale a opção correta.

(A) O procurador-geral da República acumula o cargo de procurador-geral eleitoral.
(B) Juiz eleitoral irmão de candidato a vereador na circunscrição poderá permanecer no cargo caso tenha sido nomeado antes da convenção partidária que indicou o candidato.
(C) Advogado indicado pelo STF ocupará a vicepresidência do TSE.
(D) Todos os tribunais eleitorais terão, no mínimo, um integrante indicado pelo MP.
(E) O mandato dos juízes eleitorais, inclusive no TSE, é de três anos, vedada a recondução.

A: art. 18 do CE; B: isso não é possível – art. 14, § 3º, do CE; C: a vice-presidência do TSE é ocupada por Ministro do STF – art. 17 do CE; D: não há essa previsão – arts. 16 e 25, § 2º, ambos do CE; E: o mandato é de 2 anos, permitida uma única recondução – art. 14 do CE. Gabarito "A".

(Ministério Público/AM – 2005) Sobre o Ministério Público Eleitoral é correto afirmar:

(A) Compete ao Procurador-Geral de Justiça indicar ao Procurador Regional Eleitoral, Promotor de Justiça para oficiar perante zona eleitoral, pelo prazo mínimo de dois anos, permitida uma recondução.
(B) As atribuições de Corregedor Regional Eleitoral, em cada Estado, são exercidas pelo Corregedor–Geral do Ministério Público.
(C) Cabe ao partido político, coligação, candidato e ao Ministério Público Eleitoral representar diretamente ao Juiz Presidente da Junta Eleitoral, relatando fatos e indicando provas, indícios e circunstâncias, pedindo abertura de investigação judicial para apurar abuso do poder econômico, nas eleições municipais.
(D) A interposição de recurso contra diplomação interposto pelo autor da representação, impede a atuação do Ministério Público Eleitoral no mesmo sentido.

A: a indicação ocorre apenas quando não há promotor de justiça que oficie perante a zona eleitoral, ou há impedimento ou recusa justificada – art. 79, parágrafo único, da LC 75/1993; B: o Corrregedor Regional é um dos desembargadores do TRE – art. 26 do CE; C: arts. 22 e 24 da LI e arts. 35, V, e 237, § 2º, do CE; D: não há esse impedimento – art. 22, parágrafo único, da LI. Gabarito "C".

(Ministério Público/RN – 2004) O promotor eleitoral é o membro do Ministério Público local que oficia junto ao juízo incumbido do serviço eleitoral de cada Zona. Na inexistência do promotor de justiça que oficie perante a Zona Eleitoral, é correto afirmar que:

(A) O Procurador Regional Eleitoral indicará outro membro;
(B) O Procurador-Geral da República, como chefe do Ministério Público Eleitoral indicará um Procurador Regional;
(C) O chefe do Ministério Público local indicará ao Procurador Regional Eleitoral o substituto a ser designado;
(D) O Procurador Regional Eleitoral designará um promotor ad hoc para a respectiva Zona Eleitoral;
(E) O Presidente do Tribunal Regional Eleitoral designará um promotor de justiça para a respectiva Zona Eleitoral.

O chefe do Ministério Público local indicará substituto ao Procurador Regional Eleitoral quando não houver promotor de justiça que oficie perante a zona eleitoral, ou houver impedimento ou recusa justificada – art. 79, parágrafo único, da LC 75/1993. Gabarito "C".

10. AÇÕES, RECURSOS, IMPUGNAÇÕES

(Magistratura/DF – 2011) De acordo com o Código Eleitoral, é correto afirmar:

(A) A declaração de nulidade não poderá ser requerida pela parte que lhe deu causa nem a ela aproveitar;
(B) Mesmo manifestamente protelatórios e assim declarados na decisão que os rejeitar, os embargos de declaração suspendem o prazo para a interposição de outros recursos;
(C) O diplomado não poderá exercer o mandato, em toda a sua plenitude, enquanto o Tribunal Superior não decidir o recurso interposto contra a expedição do diploma;
(D) Compete ao Tribunal Superior Eleitoral julgar, em grau de recurso ordinário, a ação rescisória, nos casos de inelegibilidade, desde que intentada dentro de 120 (cento e vinte) dias de decisão irrecorrível de mérito dos Tribunais Regionais Eleitorais.

A: essa é a assertiva correta, nos termos do art. 219, p. único, do CE; B: incorreta, pois os embargos de declaração manifestamente protelatórios e assim declarados na decisão que os rejeitar não suspendem o prazo para interposição de outros recursos – art. 275, § 4º, do CE; C: incorreta, pois o diplomado pode exercer o mandato em toda a sua plenitude, até que o TSE decida o recurso interposto contra a expedição do diploma; D: incorreta, pois o TSE tem competência para julgar apenas as rescisórias de seus próprios julgados, jamais aquelas contra decisões proferidas em ultima instância, quanto ao mérito, pelos Tribunais Regionais – ver AgR-AR 271.815/CE-TSE. Gabarito "A".

(Magistratura/PE – 2011 – FCC) Considere as seguintes afirmações sobre impugnações perante as Juntas Eleitorais e assinale a INCORRETA.

(A) À medida que os votos são apurados, os fiscais e delegados de partido, assim como os candidatos, podem apresentar impugnações que serão decididas de plano pela Junta.
(B) As Juntas decidem por maioria de votos as impugnações.
(C) Não é admitido recurso contra a apuração quando não tiver havido impugnação perante a Junta, no ato da apuração, contra as nulidades arguidas.
(D) Das decisões da Junta cabe recurso imediato, interposto verbalmente ou por escrito, que deve ser fundamentado no prazo de vinte e quatro horas para que tenha seguimento.
(E) Resolvidas as impugnações, a Junta passa a apurar os votos.

A: assertiva correta, nos termos do art. 169, *caput*, do CE; B: correta, conforme o art. 169, § 1º, do CE; C: correta, pois a vedação é prevista no art. 171 do CE; D: essa é a assertiva incorreta, pois o prazo para fundamentar o recurso é de 48 horas – art. 169, § 2º, do CE; E: correta, conforme o art. 173 do CE. Gabarito "D".

(MAGISTRATURA/PB – 2011 – CESPE) Acerca dos recursos eleitorais, assinale a opção correta.

(A) O recurso contra a expedição de diploma somente é cabível nos casos de inelegibilidade ou incompatibilidade de candidato, errônea interpretação da lei quanto à aplicação do sistema de representação proporcional e erro de direito ou de fato na apuração final, quanto à determinação do quociente eleitoral ou partidário, contagem de votos e classificação de candidato, ou a sua contemplação sob determinada legenda.
(B) É incabível a interposição, ao TRE, de recurso contra os despachos dos juízes ou juntas eleitorais.
(C) Os recursos parciais, incluídos os que tratem do registro de candidatos, interpostos nos TREs, nas eleições municipais ou estaduais, e no TSE, nas eleições federais, devem ser julgados conforme a ordem de entrada nas secretarias.
(D) São preclusivos os prazos para a interposição de recurso eleitoral, salvo quando nele se discutir matéria constitucional, e, embora não possa ser interposto fora do prazo, o recurso pode ser apresentado em outra fase processual.
(E) Caso os recursos de um mesmo município ou estado sejam apresentados em datas diversas e julgados separadamente, o juiz eleitoral ou o presidente do TRE sempre aguardará a comunicação de todas as decisões para cumpri-las.

A: incorreta, pois cabe Recurso contra a Expedição de Diploma – RCED também em caso de concessão ou denegação do diploma em manifesta contradição com a prova dos autos, nas hipóteses do art. 222 do CE (votação anulável por vício ou emprego de processo de propaganda ou captação de sufrágio vedado por lei) e do art. 41-A da LE (captação de sufrágio) – art. 262, IV, do CE; B: incorreta, pois cabe recurso ao TRE contra atos, resoluções ou despachos dos juízes ou juntas eleitorais – art. 265 do CE; C: incorreta, pois a regra de julgamento na ordem de entrada na secretaria do TRE não se aplica aos recursos relativos ao registro de candidatos – art. 261, *caput*, do CE; D: essa é a assertiva correta, conforme o art. 259 do CE; E: assertiva incorreta, pois o juiz eleitoral ou o presidente do TRE não aguardará, excepcionalmente, a comunicação de todas as decisões para cumpri-las, caso o julgamento dos demais importar em alteração do resultado do pleito que não tenha relação com o recurso já julgado – art. 261, § 3º, do CE. Gabarito "D".

Veja a seguinte tabela resumida com as principais ações cíveis eleitorais e os recursos cabíveis:

Principais Ações Cíveis Eleitorais e Recursos		
	Cabimento – observações	Prazo
Ação de Impugnação de Registro de Candidatura – AIRC Art. 3º da Lei da Inelegibilidade – LI (LC 64/1990)	– Para impugnar registro de candidatura – Rito do próprio art. 3º e seguintes da Lei da Inelegibilidade – LI (LC 64/1990) – Súmula 11/TSE: no processo de registro de candidatos, o partido que não o impugnou não tem legitimidade para recorrer da sentença que o deferiu, salvo se se cuidar de matéria constitucional	5 dias da publicação do pedido de registro
Ação de Investigação Judicial Eleitoral – AIJE Art. 22 da LI	– Declaração de inelegibilidade por uso indevido, desvio ou abuso do poder econômico ou do poder de autoridade, ou utilização indevida de veículos ou meios de comunicação social, em benefício de candidato ou de partido político – Rito do próprio art. 22 da LI – A legitimidade ativa para a representação é de qualquer partido político, coligação, candidato ou Ministério Público Eleitoral – Se for julgada procedente antes das eleições, há cassação do registro do candidato diretamente beneficiado. Se for julgada procedente após as eleições, o MP poderá ajuizar AIME e/ou RCED	Entre o registro da candidatura e a diplomação
Ação de Impugnação de Mandato Eletivo – AIME Art. 14, § 10, da CF	– Casos de abuso do poder econômico, corrupção ou fraude – Rito da LI, mas a cassação de mandato tem efeito imediato (não se aplica o art. 15 da Lei de Inelegibilidade) – A AIME deve ser instruída com provas de abuso do poder econômico, corrupção ou fraude, mas o TSE tem entendimento de que não se trata de prova pré-constituída, sendo exigidos apenas indícios idôneos do cometimento desses ilícitos – ver RESPE 16.257/PE-TSE	Em até 15 dias da diplomação
Recurso contra a Expedição de Diploma – RCED Art. 262 do CE	– Casos de inelegibilidade ou incompatibilidade de candidato; errônea interpretação da lei quanto à aplicação do sistema de representação proporcional; erro de direito ou de fato na apuração final, quanto à determinação do quociente eleitoral ou partidário, contagem de votos e classificação de candidato, ou a sua contemplação sob determinada legenda; concessão ou denegação do diploma em manifesta contradição com a prova dos autos, nas hipóteses do art. 222 do CE e do art. 41-A da LE – Não há requisito de prova pré-constituída – ver RCED 767/SP-TSE	3 dias contados da diplomação
Representação Arts. 30-A, 41-A, 73 a 77 da LE	Casos de: – ilícitos na arrecadação e nos gastos de campanha (art. 30-A da LE) – captação de sufrágio (compra de voto – art. 41-A da LE) – condutas vedadas a agentes públicos em campanhas (arts. 73 a 77 da LE) – Rito ordinário eleitoral (art. 22 da LI), ou rito sumário do art. 96 da LE para o caso das condutas vedadas – A demonstração da potencialidade lesiva é exigida apenas para a prova do abuso do poder econômico, mas não para a comprovação de captação ilícita de sufrágio (= compra de votos) – ver RCED 774/SP-TSE e RO 1.461/GO	– até 15 dias da diplomação, no caso de ilícitos na arrecadação e nos gastos de campanha – até a diplomação, no caso de captação ilícita de sufrágio – até a eleição, no caso das condutas vedadas – recursos contra a decisão em 3 dias
Ação Rescisória Eleitoral Art. 22, I, *j*, do CE	– Casos de inelegibilidade – Proposta no TSE – Possibilita-se o exercício do mandato eletivo até o seu trânsito em julgado	120 dias da decisão irrecorrível
Direito de resposta Art. 58 da LE	Casos de candidato, partido ou coligação atingidos, ainda que de forma indireta, por conceito, imagem ou afirmação caluniosa, difamatória, injuriosa ou sabidamente inverídica, difundidos por qualquer veículo de comunicação social	– 24 horas, horário eleitoral gratuito – 48 horas, programação normal de rádio e televisão – 72 horas, órgão de imprensa escrita – Recurso em 24 horas da publicação em cartório ou sessão
Recursos Inominados – Art. 96, § 4º, da LE – Art. 8º da LI – Arts. 29, II, e 265, c/c art. 169 do CE	Contra decisões de juízes e juízes auxiliares, atos e decisões das juntas eleitorais, e decisões em *habeas corpus* ou mandado de segurança	– 24 horas (art. 96, § 8º, da LE) da publicação em cartório ou sessão – 3 dias da publicação em cartório (art. 8º da LI)
Recurso Especial Art. 276, I, do CE	Contra decisões dos TREs proferidas contra expressa disposição de lei; ou quando ocorrer divergência na interpretação de lei entre dois ou mais tribunais eleitorais.	3 dias da publicação da decisão
Recurso Extraordinário contra decisão do TSE Art. 281 do CE	Violação à Constituição Federal	3 dias – art. 12 da Lei 6.055/1974, ver AI 616.654 AgR/SP-STF.
Agravo de Instrumento Arts. 279 e 282 do CE	Denegação de RESPE ou de RE	3 dias para peticionar mais 3 dias para formar o instrumento
Recurso ordinário para o TSE ou para o STF Arts. 276, II, e 281 do CE	Julgamentos originários dos TREs (sobre expedição de diplomas nas eleições federais e estaduais ou relativos a HC ou MS) ou do TSE	3 dias da publicação da decisão ou da sessão da diplomação

(MAGISTRATURA/PB – 2011 – CESPE) Ainda no que concerne aos recursos eleitorais, assinale a opção correta.

(A) Os recursos contra atos das juntas eleitorais independem de termo e devem ser interpostos por petição devidamente fundamentada, acompanhada, se assim entender o recorrente, de novos documentos.
(B) O prazo para a oposição dos embargos de declaração em matéria eleitoral é de cinco dias.
(C) O prazo para a interposição de agravo de instrumento contra decisão de presidente de TRE que denegue o seguimento de recurso especial é de cinco dias.
(D) Recebido o recurso, o juiz eleitoral pode reconsiderar sua decisão, garantida, de ofício, a subida do recurso pela parte recorrida, como se por ela tivesse sido interposto.
(E) Em matéria recursal, poderá ser oferecido ao TRE, por qualquer das partes, todo documento ou alegação escrita que se referira a fato superveniente ou justo impedimento para a sua não apresentação no momento devido.

A: essa é a assertiva correta, conforme o art. 266 do CE; B: incorreta, pois o prazo para embargos de declaração em matéria eleitoral é, em regra, de 3 dias contados da data da publicação do acórdão – art. 275, § 1º, do CE. Ademais, os embargos de declaração relativos às reclamações ou representações regidas pelo art. 96 da LE devem ser opostos no prazo de 24 horas da publicação da decisão em cartório ou sessão, conforme seu § 8º – ver AgR AI 787591232/DF-TSE; C: incorreta, pois o prazo é de 3 dias – art. 279 do CE; D: incorreta, pois, se o juiz reformar a decisão recorrida, o recorrido precisa requerer, em 3 dias, a subida do recurso como se fosse por ele interposto – art. 267, § 7º, do CE (o recurso não sobe de ofício, portanto); E: incorreta, pois, nos termos do art. 268 do CE, nenhuma alegação escrita ou nenhum documento poderá ser oferecido por qualquer das partes no TRE, salvo o disposto no art. 270 do mesmo Código. Gabarito "A".

(Magistratura/RO – 2011 – PUCPR) Marque se as frases a seguir são falsas (F) ou verdadeiras (V) e, em seguida, assinale a única alternativa cuja sequência, de cima para baixo, está **CORRETA**.

( ) Não sendo decretada de ofício pela Junta a nulidade de qualquer ato, esta só poderá ser arguida quando de sua prática, não mais podendo ser alegada sob hipótese alguma.
( ) Somente caberá recurso das decisões dos Tribunais Regionais Eleitorais, no prazo de 03 (três) dias, quando: forem proferidas contra disposição expressa de lei; ocorrer divergência na interpretação de lei entre dois ou mais Tribunais Eleitorais; versarem sobre a expedição de diplomas nas eleições federais ou estaduais; e denegarem *habeas corpus*.
( ) Enquanto pende de julgamento, no Tribunal Superior Eleitoral, recurso interposto contra a expedição do diploma, poderá o diplomado exercer o mandato em toda a sua plenitude.
( ) No julgamento de recurso interposto contra sentença condenatória ou absolutória de crimes eleitorais, sendo condenatória a decisão do Tribunal Regional, os autos deverão baixar imediatamente a instância inferior para a execução da sentença, que será feita no prazo de 5 (cinco) dias, contados da data da vista ao Ministério Público.
( ) Nos termos da legislação eleitoral, a votação é nula quando preterida formalidade essencial do sigilo dos sufrágios e quando houver extravio de documento reputado essencial.

(A) F,V,V,V,F
(B) V,V,F,F,V
(C) F, V, V, F, V
(D) F,F,V,V,F
(E) V,F,F,V,V

1: assertiva falsa, pois se admite a arguição posterior da nulidade baseada em motivo superveniente ou de ordem constitucional – art. 223, *caput*, *in fine*, do CE; 2: falsa, pois cabe recurso do TRE também quando houver ofensa à CF e quando o Tribunal denegar mandado de segurança ou mandado de injunção. De fato, das decisões dos Tribunais Regionais Eleitorais somente caberá recurso quando (i) forem proferidas contra disposição expressa da CF ou de lei, (ii) ocorrer divergência na interpretação de lei entre dois ou mais tribunais eleitorais, (iii) versarem sobre inelegibilidade ou expedição de diplomas nas eleições federais ou estaduais, (iv) anularem diplomas ou decretarem a perda de mandatos eletivos federais ou estaduais, (v) denegarem *habeas-corpus*, mandado de segurança, *habeas-data* ou mandado de injunção – art. 121, § 4º, da CF, ver também o art. 276, I e II, do CE; 3: verdadeira, pois reflete o disposto no art. 216 do CE; 4: assertiva verdadeira, nos termos do art. 363 do CE; 5: falsa, pois o extravio de documento essencial é causa de anulabilidade, não de nulidade – art. 221, I, do CE. Gabarito "D".

(Ministério Público/PR – 2011) Sobre elegibilidade e inelegibilidade e ações judiciais eleitorais, assinale a alternativa correta:

(A) a Lei Complementar 135/10 (Lei da Ficha Limpa) - não aplicável às eleições de 2010, conforme precedentes do STF - estabeleceu que são inelegíveis para qualquer cargo os que forem condenados, em decisão transitada em julgado ou proferida por órgão judicial colegiado, por prática, dentre outros, de crimes contra a economia popular, a fé pública, a administração pública e o patrimônio público, não se aplicando tal regra, entretanto, aos crimes ambientais;
(B) as ações de impugnação de registro de candidatura aos cargos de Prefeito Municipal e Vereador deverão ser dirigidas ao Tribunal Regional Eleitoral e, ao cargo de Senador, por exemplo, deverão ser dirigidas ao Superior Tribunal Eleitoral;
(C) qualquer eleitor possui legitimidade ativa para ingressar em juízo com ação de impugnação de registro de candidatura, desde que esteja em situação regular perante a justiça eleitoral;
(D) a ação de impugnação de mandato eletivo possui previsão na Lei Complementar 064/90, e deve ser ajuizada no prazo de até 3 (três) meses, contados da diplomação, com fundamento em provas de abuso do poder econômico, corrupção ou fraude;
(E) o recurso contra a diplomação possui previsão no Código Eleitoral, e também pode ter por fundamento, dentre outras hipóteses, inelegibilidade ou incompatibilidade de candidato.

A: incorreta, pois a condenação por crime contra o meio ambiente é também causa de inelegibilidade, conforme o art. 1º, I, *e*, 3, da LI (incluído pela LC 135/2010); B: incorreta, pois a competência em relação ao candidato a prefeito ou vereador é do juiz eleitoral, e a competência em relação ao candidato a Senador é do TRF – art. 2º, p. único, II e III, da LI; C: incorreta, pois a legitimidade ativa para a Ação de Impugnação de Registro de Candidatura – AIRC – é de candidato, partido político, coligação ou Ministério Público – art. 3º da LI; D: incorreta, pois o prazo para ajuizamento da Ação de Impugnação de Mandato Eletivo – AIME – é de até 15 dias contados da diplomação – art. 14, § 10, da CF; E: essa é a assertiva correta, pois o Recurso contra a Expedição de Diploma – RCED – é previsto no art. 262 do CE, incluindo a hipótese indicada (inelegibilidade ou incompatibilidade do candidato – inciso I do dispositivo). Gabarito "E".

(Magistratura/SC – 2010) Assinale a alternativa **INCORRETA**:

(A) A decisão que declarar a inelegibilidade do candidato negar-lhe-á ou cancelar-lhe-á o registro, se já tiver sido feito, ou declarar-lhe-á nulo o diploma, se já expedido.
(B) A declaração de inelegibilidade do candidato a Prefeito Municipal não atingirá o candidato a Vice-Prefeito, assim como a deste não atingirá aquele.
(C) O recurso contra a diplomação, interposto pelo representante, não impede a atuação do Ministério Público no mesmo sentido.
(D) Caberá a qualquer candidato, a partido político, coligação ou ao Ministério Público, no prazo de 5 (cinco) dias, contados da publicação do pedido de registro de candidatos, impugná-lo em petição fundamentada.
(E) Tratando-se de registro a ser julgado originariamente por Tribunal Regional Eleitoral, observado o disposto na Lei Complementar nº 64/1990, o pedido de registro, com ou sem impugnação, será julgado em 3 (três) dias, independente de publicação em pauta.

A: essa é a assertiva incorreta, pois a decisão terá esses efeitos apenas após transitar em julgado ou se for proferida por órgão colegiado, nos termos do art. 15 da LI (redação dada pela LC 135/2010 – Lei da Ficha Limpa); B: assertiva correta, conforme o art. 18 da LI; C: correta, conforme o art. 22, p. único, da LI; D: correta, pois se trata da Ação de Impugnação de Registro de Candidatura – AIRC – prevista no art. 3º da LI; E: correta, conforme o art. 13 da LI. Gabarito "A".

(Ministério Público/BA – 2010) A ação de impugnação de mandato eletivo:

(A) Não pode ser ajuizada pelo Ministério Público, por falta de previsão legal.
(B) Depende de prova pré-constituída.
(C) Pode ser ajuizada antes ou depois da eleição.
(D) Não pode ser ajuizada por conduta vedada aos agentes públicos.
(E) Segue o rito ordinário do CPC, por falta de previsão constitucional.

A: incorreta, pois se aplica o art. 22 da LI em relação à legitimidade ativa para a Ação de Impugnação de Mandato Eletivo – AIME – prevista no art. 14, § 10, da CF, podendo ser ajuizada por partido político, coligação, candidato ou Ministério

Público Eleitoral – ver RESPE 11.835/PR-TSE; B: incorreta. A AIME deve ser instruída com provas de abuso do poder econômico, corrupção ou fraude, mas o TSE tem entendimento de que não se trata de prova pré-constituída, sendo exigidos apenas indícios idôneos do cometimento desses ilícitos – ver RESPE 16.257/PE-TSE; C: incorreta, pois a AIME serve exatamente para impugnar o mandado eletivo (após a eleição, portanto), devendo ser ajuizada até 15 dias após a diplomação – art. 14, § 10, da CF; D: essa é a melhor alternativa, pois a AIME refere-se especificamente a casos de abuso do poder econômico, corrupção ou fraude (art. 14, § 10, da CF) e não, especificamente, a condutas vedadas aos agentes públicos (art. 73 da LE), para as quais cabe a Representação prevista no art. 30-A da LE; E: incorreta, pois a AIME segue o rito da LI, embora a cassação de mandato tenha efeito imediato (não se aplica o art. 15 da Lei de Inelegibilidade). Gabarito "D."

(Magistratura/PR – 2010 – PUC/PR) Sobre a impugnação de pedido de registro de candidatura, indique a única alternativa CORRETA:

(A) A impugnação poderá ser feita somente por outro candidato ou por partido político e no prazo de 3 (três) dias, contados da publicação do pedido.
(B) Encerrada a fase probatória, as partes e o Ministério Público deverão apresentar alegações finais no prazo comum de 5 (cinco) dias.
(C) Terminado o prazo para impugnação, o candidato, o partido político ou a coligação terão o prazo de 7 (sete) dias, que passará a correr após devida notificação, para contestá-la, juntar documentos, indicar rol de testemunhas e requerer a produção de outras provas.
(D) Uma vez apresentada a sentença em cartório pelo Juiz Eleitoral, passará a correr deste momento o prazo de 3 (três) dias para a interposição de recurso para o Tribunal Regional Eleitoral. Em não se tratando de matéria constitucional, qualquer candidato, qualquer partido político ou qualquer coligação poderá recorrer.

A: incorreta, pois o prazo é de 5 dias, contados da publicação do pedido de registro do candidato. Ademais, a impugnação de pedido de registro cabe a qualquer candidato, partido político, coligação ou ao Ministério Público, por meio de petição fundamentada – art. 3º da Lei da Inelegibilidade – LI (LC 64/1990); B: incorreta, pois a apresentação de alegações finais é facultativa, ou seja, as partes, inclusive o MP, poderão apresentá-las (a assertiva consigna, incorretamente, que deverão apresentar) – art. 6º da LI; C: assertiva correta, conforme o art. 4º da LI; D: incorreta. Nos termos da Súmula 11/TSE, no processo de registro de candidatos, o partido que não o impugnou não tem legitimidade para recorrer da sentença que o deferiu, salvo se se cuidar de matéria constitucional. Gabarito "C."

(Ministério Público/ES – 2010 – CESPE) Em relação à diplomação, ao registro de candidaturas e à impugnação, assinale a opção correta.

(A) O eleitor em regular situação eleitoral, o MP, qualquer candidato, partido político e coligação têm legitimidade para oferecer impugnação de registro de candidatura.
(B) Caso um indivíduo requeira o cancelamento do registro do seu nome como candidato, o presidente de tribunal eleitoral ou o juiz, conforme o caso, deve dar ciência imediata do ocorrido ao partido que tenha feito a inscrição, ao qual ficará ressalvado o direito de substituir por outro o nome cancelado, observadas todas as formalidades exigidas para o registro e desde que o novo pedido seja apresentado até sessenta dias antes do pleito.
(C) Considerando que, das quinhentos e treze cadeiras da Câmara dos Deputados, o estado do Espírito Santo tenha direito a preencher dez cadeiras, então, para concorrer a elas, cada partido pode registrar até vinte candidatos a cargo de deputado federal e, cada coligação, até trinta candidatos para esse mesmo cargo.
(D) As propostas defendidas pelo candidato não constituem documentação obrigatória à instrução de pedido de registro de candidatura para governador de estado.
(E) Na hipótese de o partido ou a coligação não requererem o registro de seus candidatos, estes poderão fazê-lo perante a justiça eleitoral nas quarenta e oito horas seguintes ao encerramento do prazo previsto em lei, qual seja, dezenove horas do dia cinco de julho do ano eleitoral.

A: incorreta, pois o eleitor, que não seja candidato, não tem legitimidade ativa para a impugnação do pedido de registro – art. 3º da LI; B: incorreta, pois o prazo de 60 dias antes do pleito, para substituição do candidato, aplica-se apenas às eleições proporcionais, não às majoritárias – art. 101, §§ 1º e 2º, do CE e art. 13, § 3º, da LE; C: correta, pois, nos termos do art. 10, § 2º, da LE, nas unidades da Federação em que o número de lugares a preencher para a Câmara dos Deputados não exceder de vinte, cada partido poderá registrar candidatos a Deputado Federal e a Deputado Estadual ou Distrital até o dobro das respectivas vagas. Havendo coligação, estes números poderão ser acrescidos de até mais cinquenta por cento; D: incorreta, pois o documento com as propostas defendidas pelos candidatos a Prefeito, Governador e Presidente deve instruir o pedido de registro da candidatura – art. 11, § 1º, IX, da LE; E: incorreta, pois o prazo de 48 horas para os candidatos requererem o registro, no caso de omissão do partido ou coligação, é contado a partir da publicação da lista dos candidatos pela Justiça Eleitoral – art. 11, § 4º, da LE. Gabarito "C."

(Magistratura/PR – 2010 – PUC/PR) Assinale a alternativa CORRETA:

(A) Quando o Juiz Eleitoral descumpre as disposições da Lei Federal n. 9.504/97 ou dá causa ao seu descumprimento, inclusive quanto aos prazos processuais, o candidato, o partido ou a coligação deverão representar ao Tribunal Regional Eleitoral que, ouvido o representado em 24 (vinte e quatro) horas, ordenará a observância do procedimento que explicitar, sob pena de incorrer o Juiz em desobediência.
(B) De acordo com o previsto no artigo 262 do Código Eleitoral (Lei Federal n. 4.737/65), somente caberá recurso contra a expedição de diploma nos casos de: inelegibilidade ou incompatibilidade de candidato; errônea interpretação da lei quanto à aplicação do sistema de representação proporcional; e erro de direito ou de fato na apuração final, quanto à determinação do quociente eleitoral ou partidário, contagem de votos e classificação de candidato, ou a sua contemplação sob determinada legenda.
(C) Estão desobrigados do alistamento eleitoral os brasileiros de um e outro sexo: inválidos, portadores de deficiência cuja natureza e situação impossibilitem ou tornem extremamente oneroso o exercício de suas obrigações eleitorais, maiores de 70 (setenta) anos e os que se encontrarem fora do País.
(D) A ação de impugnação de mandato eletivo, que tramita em segredo de justiça, deverá ser apresentada perante a Justiça Eleitoral no prazo de 15 (quinze) dias contados da diplomação, já devidamente instruída com provas de abuso do poder econômico, corrupção ou fraude.

A: imprecisa, pois a representação ao TRE é uma faculdade do candidato, do partido e da coligação, não dever. Assim, eles poderão representar (a assertiva indica, erroneamente, quem eles deverão representar) – art. 97 da LE; B: incorreta, pois cabe o recurso contra expedição de diploma - RCED também no caso de concessão ou denegação do diploma em manifesta contradição com a prova dos autos, nas hipóteses do art. 222 do CE e do art. 41-A da LE – art. 262, IV, do CE; C: incorreta, pois os portadores de deficiência não são dispensados do alistamento eleitoral – art. 6º, I, do CE; D: assertiva correta, conforme o art. 14, §§ 10 e 11, da CF. Gabarito "D."

(Ministério Público/PB – 2010) São incorretas as seguintes asserções, exceto:

(A) A demonstração da potencialidade lesiva é necessária tanto para a prova do abuso do poder econômico, como para a comprovação da captação ilícita de sufrágio.
(B) É assente no Supremo Tribunal Federal o entendimento de que as sanções de cassação do registro ou do diploma previstas na Lei Federal nº 9.504/97 constituem novas hipóteses de inelegibilidade.
(C) A prova pré-constituída é exigida, tanto para a propositura da Ação de Impugnação de Mandato Eletivo, quanto para o Recurso contra a Diplomação.
(D) Declarada a nulidade de mais da metade dos votos válidos no pleito majoritário, a realização de novas eleições municipais, nos últimos dois anos do quadriênio mandatício, deve ocorrer na forma indireta, esclarecendo-se que, para a caracterização de tal percentual, dever-se-ão somar aos votos nulificados por terem sido atribuídos a candidatos inelegíveis os votos nulos decorrentes de expressa vontade do eleitor.
(E) Durante o período eleitoral, é permitido aos agentes públicos usar serviços custeados pelos Governos e Casas Legislativas, desde que não excedam as prerrogativas consignadas nos regimentos e normas dos órgãos que integram.

A: incorreta, pois a demonstração da potencialidade lesiva é exigida apenas para a prova do abuso do poder econômico, mas não para a comprovação de captação ilícita de sufrágio (= compra de votos) – ver RCED 774/SP-TSE e RO 1.461/GO; B: é o oposto, pois o STF entende que as sanções de cassação de registro ou de diploma, previstas no art. 41-A da LE, não constituem novas hipóteses de inelegibilidade, até porque não foram veiculadas por lei complementar federal. Por essa razão, a captação ilícita de sufrágio é apurada por meio de representação processada de acordo com o art. 22, incisos I a XIII, da LI, que não se confunde com a ação de investigação judicial eleitoral – AIJE, nem com a ação de impugnação de mandato eletivo – AIME, pois não implica a declaração de inelegibilidade, mas apenas a cassação do registro ou do diploma – ver ADI 3.592/DF; C: assertiva incorreta. A ação de impugnação de mandato deve ser instruída com provas de abuso do poder econômico, corrupção ou fraude – art. 14, § 10, da CF, mas o TSE tem entendimento no sentido de que não se trata de prova pré-constituída, sendo exigidos apenas indícios idôneos do cometimento desses ilícitos – ver RESPE 16.257/PE-TSE. No caso do recurso contra expedição de diploma, não há, tampouco, o requisito da prova pré-constituída – ver RCED 767/SP; D: incorreta, pois "a nulidade dos votos dados a candidato inelegível não se confunde com os votos nulos decorrentes de manifestação apolítica do eleitor, a que se refere o art. 77, § 2º, da CF, e nem a eles se somam, para fins de novas eleições" AgR-RESPE 35.888/AM-TSE. Ver também o art. 224, do CE, e o art. 81, § 1º, da CF, aplicável a eleições municipais e estaduais, conforme o ARESPE 27.104/PI-TSE; E: essa é a assertiva correta, pois o uso de materiais ou serviços somente será considerado conduta vedada se exceder as prerrogativas consignadas nos regimentos e normas dos órgãos respectivos – art. 73, II, da LE. Gabarito "E".

(Defensoria Pública da União – 2010 – CESPE) A respeito dos recursos eleitorais, julgue os itens seguintes.

(1) Não tem efeito suspensivo recurso interposto por indivíduo que teve seu registro de candidatura indeferido em razão reconhecimento de inelegibilidade.

(2) Aquele cuja inscrição como eleitor foi deferida por juiz eleitoral tem o direito de juntar novos documentos em sua manifestação sobre o apelo interposto por delegado partidário. Nesse caso, o recorrente pode pedir vista dos documentos, por 48 horas, para se manifestar sobre eles.

1: assertiva incorreta, pois o recurso tem, no caso, efeito suspensivo – art. 15 da LI, ver Consulta 1.729/DF; 2: correta, conforme os arts. 45, § 7º, in fine, e 267, caput e § 5º, do CE. Gabarito 1E, 2C.

(Magistratura/GO – 2009 – FCC) O prazo para interposição de recurso ordinário e recurso especial contra decisões dos Tribunais Regionais Eleitorais e de agravo de instrumento contra despacho denegatório de recurso especial é de

(A) 15, 15 e 10 dias, respectivamente.
(B) 3 dias.
(C) 3, 5 e 5 dias, respectivamente.
(D) 5 dias.
(E) 5, 5 e 10 dias, respectivamente.

Os prazos para Recurso Ordinário – RO, Recurso Especial – RESPE e Agravo de Instrumento contra despacho denegatório de RESPE e de RE é de 3 dias – arts. 276, § 1º, 279 e 282 CE. Gabarito "B".

(Magistratura/PA – 2009 – FGV) À medida em que os votos forem sendo apurados, impugnações poderão ser apresentadas:

(A) pelos eleitores da Zona Eleitoral.
(B) apenas pelos fiscais e pelos membros da Junta Eleitoral.
(C) pelos fiscais, delegados dos partidos e candidatos.
(D) pelos membros dos diretórios dos partidos e representantes do Ministério Público.
(E) pelos membros da mesa receptora e representantes do Ministério Público.

As impugnações podem ser apresentadas por partidos e coligações, por meio de seus fiscais e delegados, ou pelos candidatos – art. 71 da LE. Gabarito "C".

(Magistratura/PA – 2009 – FGV) O pedido de abertura de investigação judicial para apurar o uso indevido, desvio ou abuso de poder econômico, através de representação à Justiça Eleitoral, poderá ser feito apenas:

(A) pelo Ministério Público Eleitoral, após recebimento de denúncia de candidatos.
(B) por qualquer partido político, coligação, candidato ou pelo Ministério Público Eleitoral.
(C) por membro do diretório regional de partido político, candidatos, partidos políticos ou coligação.
(D) pelo Corregedor-Geral ou Regional da Justiça Eleitoral ou pelo Ministério Público Eleitoral.
(E) por candidato, membro do diretório regional de partido político ou partido político.

A legitimidade ativa para a ação de investigação judicial eleitoral – AIJE é de qualquer partido político, coligação, candidato ou Ministério Público Eleitoral – art. 22 da LI. Gabarito "B".

(Ministério Público/MA – 2009) Assinale a alternativa INCORRETA.

(A) Não sendo aceita ou homologada a transação ou suspensão condicional do processo, ou sendo revogado o benefício, o processo seguirá em seus ulteriores termos nos moldes previstos no processo criminal eleitoral, com depoimento pessoal do acusado e citação para contestar em dez (10) dias. As citações e intimações seguirão o disposto no Código de Processo Penal. A citação deve ser feita diretamente ao acusado, mas também se admite seja feita ao seu representante legal.

(B) As sentenças no processo eleitoral devem ser proferidas no prazo de dez (10) dias. Das decisões finais de condenação ou absolvição cabe recurso para o Tribunal Regional, a ser interposto no prazo de dez (10) dias. Os prazos relativos às representações da Lei Eleitoral são contínuos e peremptórios, não se suspendendo aos sábados, domingos e feriados, desde a data do encerramento do prazo para registro de candidatos e a proclamação dos eleitos, inclusive em segundo turno.

(C) Os feitos eleitorais, no período entre o registro das candidaturas até cinco dias após a realização do segundo turno das eleições, terão prioridade para a participação do Ministério Público e dos Juízes de todas as Justiças e instâncias, ressalvados os processos de habeas corpus e mandado de segurança, sendo defeso às mencionadas autoridades deixar de cumprir qualquer prazo legal em razão do exercício das funções regulares, sob pena de crime de responsabilidade sujeito a anotação funcional para efeito de promoção na carreira.

(D) No processamento das representações, reclamações e pedidos de resposta previstos na Lei das Eleições, o prazo para o representado apresentar defesa é de 48 horas, exceto quando se tratar de pedido de resposta, cujo prazo será de vinte e quatro (24) horas. Apresentada a resposta ou decorrido o respectivo prazo, é de vinte e quatro (24) horas o prazo para o Ministério Público emitir parecer. Findo o prazo, com ou sem parecer do Ministério Público, o juiz dever decidir no prazo de vinte e quatro (24) horas, exceto quando se tratar de pedido de resposta, cuja decisão deverá ser proferida no prazo máximo de setenta e duas setenta (72) horas da data em que for protocolado o pedido.

(E) A inobservância dos prazos previstos para as decisões da autoridade judiciária constitui crime eleitoral e sujeitará a autoridade judiciária às penas previstas no Código Eleitoral.

A: incorreta, conforme o art. 89, § 7º, da Lei 9.099/1995 e arts. 359 e ss do CE; B: assertivas corretas, conforme os arts. 361 e 362 do CE e art. 16 da LI; C: correta, conforme o art. 94 da LE; D: correta, conforme os arts. 96, §§ 5º e 7º, e 58, § 2º, da LE; E: correta, conforme o art. 345 do CE e o art. 58, § 7º, da LE. Gabarito "A".

(Magistratura/PA – 2008 – FGV) O Código Eleitoral, em matéria de ato judicial recorrível, adotou especificamente o princípio:

(A) do duplo grau obrigatório.
(B) do devido processo legal.
(C) da consumação.
(D) da preclusão, salvo quando no recurso se discute matéria constitucional.
(E) da celeridade.

A característica específica dos recursos eleitorais, dentre as assertivas, é que seus prazos são preclusivos, exceto quanto à discussão de matéria constitucional – art. 259 do CE. Gabarito "D".

(Magistratura/PA – 2008 – FGV) Tomando como base o Recurso Contra a Diplomação, analise as assertivas a seguir:

I. Está subordinado ao exame da diplomação, como pressuposto de admissibilidade.
II. Não admite a antecipação dos efeitos da tutela.
III. Impede que o diplomado exerça em sua plenitude o seu mandato eletivo.
IV. Tem efeito devolutivo e suspensivo.
V. É admissível nos casos de abuso de poder econômico.

Assinale:

(A) se somente as assertivas I, II e V estiverem corretas.
(B) se somente as assertivas I, III e IV estiverem corretas.
(C) se somente as assertivas I, IV e V estiverem corretas.
(D) se somente as assertivas II, III e IV estiverem corretas.
(E) se somente as assertivas II, IV e V estiverem corretas.

I: arts. 215 e 262 do CE; II e III: o diplomado poderá exercer o mandato plenamente até o julgamento do recurso interposto ao TSE – art. 216 do CE; IV: os recursos eleitorais não têm efeito suspensivo, em regra – art. 257 do CE; V: art. 262, I e IV, do CE c/c art. 1º, I, *d* e *h*, da LI. Gabarito "A".

(Magistratura/SC – 2008) Assinale a alternativa correta segundo a mais recente jurisprudência do Tribunal Superior Eleitoral e a legislação aplicável, consideradas as proposições abaixo:

I. São legitimados passivos para a ação de impugnação de mandato eletivo os candidatos eleitos e seus respectivos partidos ou coligações.
II. A ação de impugnação de mandato eletivo pode ser utilizada quando evidenciada fraude na transferência de eleitores, com reflexo no resultado da eleição.
III. O rito da ação de impugnação de mandato eletivo é o ordinário, do Código de Processo Civil.
IV. A decisão de procedência da ação de impugnação de mandato eletivo proferida por Tribunal Regional Eleitoral tem efeito imediato, não dependendo do trânsito em julgado e importa na cassação do mandato, mas não na imposição de multa.

(A) Somente as proposições II e IV estão corretas
(B) Somente a proposição IV está correta
(C) Somente a proposição III está correta
(D) Todas as proposições estão corretas
(E) Somente as proposições I e II estão corretas

I: ver RESPE 11.841/RJ-TSE; II: art. 14, § 10, da CF, ver RESPE 28.007/BA-TSE; III: o TSE fixou o entendimento de que se aplica à ação de impugnação de mandato eletivo – AIME (art. 14, § 10, da CF) o rito da LI (não do CPC) – ver Resolução TSE 21.634/2004 e ERESPE 28.391/CE-TSE; IV: o TSE afasta a aplicação do art. 15 da LI à ação de impugnação de mandato eletivo – AIME, de modo que a cassação do mandato tem efeito imediato – art. 14, § 10, da CF, ver RESPE 28.387/GO-TSE e art. 257 do CE. Ademais, o TSE afasta a aplicação de multa, na hipótese, por ausência de previsão legal – ver RESPE 28.186/RN-TSE. Gabarito "B".

(Defensoria Pública da União – 2007 – CESPE) Considerando o art. 14 da CF, julgue os seguintes itens.

(1) O prazo de interposição de recurso extraordinário que ataque decisão do Tribunal Superior Eleitoral será de 15 dias para a Defensoria Pública.
(2) Compete aos defensores públicos da União, e não aos defensores estaduais, prestar assistência jurídica perante as juntas eleitorais.

1: O prazo para Recurso Extraordinário contra decisões do TSE é de apenas 3 dias – art. 12 da Lei 6.055/1974, ver AI 616.654 AgR/SP-STF e art. 281 do CE. Ainda que se admita a contagem em dobro (art. 44, I, da LC 80/1994), a assertiva é incorreta. 2: Art. 14 da LC 80/1994. Gabarito 1E, 2C.

(Ministério Público/GO – 2005) Contra decisão cível do juiz eleitoral cabe:

(A) apelação cível eleitoral
(B) agravo de instrumento eleitoral, em se tratando de decisão interlocutória
(C) recurso inominado
(D) recurso de revista eleitoral

Cabe recurso inominado – art. 29, II, do CE. Gabarito "C".

(Ministério Público/GO – 2005) Assinale a alternativa incorreta:

(A) os partidos políticos ou coligações não estão legitimados à propositura da ação de investigação judicial eleitoral, restando a legitimação exclusiva do Ministério Público
(B) a ação de impugnação de pedido de registro de candidatura poderá discutir fatos que tenham envolvimento com o candidato, até a data do registro de sua candidatura, não podendo ser manejada antes de se efetivar o registro
(C) o recurso contra diplomação poderá ter como causa de pedir fatos ocorridos antes e depois da eleição, porém só poderá ser manejada após a diplomação
(D) a ação de investigação judicial eleitoral poderá apurar fatos que envolvam o candidato antes do registro de sua candidatura até a eleição, importando a sua decisão, antes da eleição, em decretação de inelegibilidade e cassação de seu registro, nos termos do artigo 22, inciso XIV, da Lei Complementar nº 64/90

A: qualquer partido político, coligação, candidato ou o Ministério Público Eleitoral poderá pedir abertura de investigação judicial – art. 22 da LI; B: art. 3º da LI; C: art. 262 do CE; D: art. 22 da LI. Quanto ao cabimento das ações eleitorais, ver RO 1.540/PA-TSE. Gabarito "A".

(Ministério Público/RN – 2004) É hipótese que comporta recurso contra a expedição de diploma:

(A) Inelegibilidade ou incompatibilidade de candidato;
(B) Errônea interpretação da lei quanto à aplicação do sistema majoritário;
(C) Erro de direito ou de fato na votação;
(D) Concessão ou denegação de pedido de investigação eleitoral;
(E) Existência de erro no quociente eleitoral para todos os cargos do legislativo.

A: art. 262, I, do CE; B: o erro quanto ao sistema proporcional permite o recurso – art. 262, II, do CE; C: o erro na apuração final permite o recurso – art. 262, III, do CE; D: a concessão e a denegação de diploma (não do pedido de investigação) permitem o recurso, observado o disposto no art. 262, IV, do CE; E: não é necessário que o erro se refira a todos os cargos do legislativo – art. 262, III, do CE. Gabarito "A".

(Ministério Público/MA – 2002) Em relação à Ação Rescisória Eleitoral é correto afirmar:

(A) É admitida no prazo de 30 (trinta) dias perante o juiz eleitoral.
(B) É admitida no prazo de 120 (cento e vinte) dias perante Tribunal Regional Eleitoral.
(C) É admitida no prazo de 180 (cento e oitenta dias) perante o Tribunal Superior Eleitoral.
(D) Não é admitida na Justiça Eleitoral em nenhuma hipótese, em razão do princípio da celeridade.
(E) É admitida somente em casos de inelegibilidade.

Admite-se Ação Rescisória Eleitoral proposta no TSE nos casos de inelegibilidade, desde que intentada dentro de 120 dias da decisão irrecorrível, possibilitando-se o exercício do mandato eletivo até o seu trânsito em julgado – art. 22, I, *j*, do CE. Gabarito "E".

(Ministério Público/MA – 2002) Dadas as proposições:

I. No processo de registro de candidatura, se o Ministério Público não impugnou não tem legitimidade para recorrer da sentença que o indeferiu.
II. Pode ser objeto de recurso contra a expedição de diploma inelegibilidade de natureza constitucional não argüida no momento do registro da candidatura.
III. Na impugnação de registro de candidatura e no recurso contra a diplomação, a atuação de partido político ou coligação impede a ação do Ministério Público no mesmo sentido.
IV. Proposta a ação para desconstituir a decisão que rejeitou as contas do candidato, anteriormente à ação de impugnação de registro de candidatura, fica suspensa a inelegibilidade.
V. O rito da ação constitucional de impugnação de mandato eletivo, segundo entendimento doutrinário e jurisprudencial, é o ordinário.
VI. Enquanto o Tribunal Superior não decidir o recurso interposto contra a expedição do diploma poderá o diplomado exercer o mandato em toda a sua plenitude.

É correto afirmar:

(A) Todas as alternativas estão corretas.
(B) As alternativas I e III estão corretas.
(C) Todas as alternativas estão incorretas.
(D) As alternativas II, IV, V e VI estão corretas.
(E) Somente as alternativas III e V estão corretas.

I: se o MP pretende recorrer do indeferimento, é porque entende viável o registro, razão pela qual não teria sentido exigir que tivesse previamente impugnado esse mesmo registro – ver Súmula 11/TSE, que veda recurso contra deferimento (não indeferimento) do registro por partido que não o impugnou anteriormente (salvo no caso de matéria constitucional); II: não há preclusão quanto à matéria constitucional – art. 259, *in fine*, do CE, ver RCED 667/CE-TSE; III: não há impedimento à atuação do Ministério Público – arts. 3º, § 1º e 22, parágrafo único, ambos da LI; IV: ver RESPE 33.799/BA-TSE; V: o TSE fixou o entendimento de que se aplica à ação de impugnação de mandato eletivo (art. 14, § 10, da CF) o rito da LI (não do CPC) – ver Resolução TSE 21.634/2004 e ERESPE 28.391/CE-TSE; VI: art. 216 do CE. Gabarito "D".

11. CRIMES ELEITORAIS

(Magistratura/PE – 2011 – FCC) É crime eleitoral apenado com reclusão

(A) induzir alguém a se inscrever eleitor com infração de qualquer dispositivo do Código Eleitoral.
(B) reter título eleitoral contra a vontade do eleitor.
(C) promover desordem que prejudique os trabalhos eleitorais.
(D) impedir ou embaraçar o exercício do sufrágio.
(E) valer-se o servidor público da sua autoridade para coagir alguém a votar ou não votar em determinado candidato ou partido.

A: assertiva correta, pois a conduta é apenada com reclusão de até 2 anos, além do pagamento de multa – art. 290 do Código Eleitoral – CE (Lei 4.737/1965); B: incorreta, pois essa conduta é apenada com detenção (não reclusão) de até 2 meses ou pagamento de multa – art. 295 do CE; C: incorreta, pois a pena prevista para essa conduta é de detenção de até 2 meses e pagamento de multa; D: assertiva incorreta, pois é prevista pena de detenção de até 6 meses e pagamento de multa; E: assertiva incorreta, pois aplica-se pena de detenção de até 6 meses e pagamento de multa, nesse caso. Gabarito "A".

(Ministério Público/MS – 2011 – FADEMS) Analise as assertivas a seguir.

I. É cabível a ação penal privada subsidiária no âmbito da Justiça Eleitoral, por tratar-se de garantia constitucional, prevista na CF/88, art. 5º, LIX.
II. A denúncia nos crimes eleitorais deve ser oferecida no prazo de quinze dias, aplicando-se na hipótese o disposto no art. 46 do CPP.
III. Não apresentar o órgão do Ministério Público, no prazo legal, denúncia ou deixar de promover a execução de sentença condenatória, será punido com detenção até 2 meses ou pagamento de 60 a 90 diasmulta.
IV. No processo-crime eleitoral, o juiz, ao receber a denúncia, designará dia e hora para o depoimento pessoal do acusado, ordenando a citação deste a notificação do Ministério Público.
V. Discordando o juiz eleitoral do pedido de arquivamento formulado pelo Ministério Público Eleitoral, o inquérito deverá ser remetido ao Procurador-Geral de Justiça, que designará outro Promotor para oferecer denúncia, ou insistirá no arquivamento, ao qual só então estará o magistrado obrigado a atender (art. 357, § 1º, CE).

(A) todos os itens estão corretos;
(B) somente os itens I, III e IV estão incorretos;
(C) somente os itens II, IV e V estão incorretos;
(D) somente os itens I, III e IV estão corretos;
(E) todos os itens estão incorretos.

I: assertiva correta, conforme o art. 5º, LIX, da CF; II: incorreta, pois o prazo para denúncia por crime eleitoral é de 10 dias – art. 357 do CE; III: assertiva correta, a omissão é tipificada e apenada na forma do art. 342 do CE; IV: correta, conforme o art. 359 do CE; V: incorreta, pois, ao discordar do arquivamento, o juiz fará remessa de comunicação ao procurador regional (não ao procurador-geral) – art. 357, § 1º, do CE. Gabarito "D".

(MAGISTRATURA/PB – 2011 – CESPE) A respeito dos crimes previstos na Lei n.º 9.504/1997, que dispõe sobre as eleições, assinale a opção correta.

(A) Inexiste, na norma geral das eleições, previsão de responsabilização penal de representantes legais de empresas ou entidades de pesquisa e de órgão veiculador de pesquisa fraudulenta.
(B) O uso, na propaganda eleitoral, de símbolos, frases ou imagens associadas ou semelhantes às empregadas por órgão de governo, empresa pública ou sociedade de economia mista constitui crime apenado com detenção e multa, vedada a alternativa de prestação de serviços à comunidade.
(C) Qualquer ato que vise retardar, impedir ou dificultar a ação fiscalizadora dos partidos no tocante às pesquisas eleitorais constitui crime punível com detenção, com a alternativa de prestação de serviços à comunidade.
(D) Respondem por crime eleitoral os integrantes de mesa receptora que deixarem de entregar, por omissão, cópia de boletim aos partidos e coligações concorrentes ao pleito caso seus representantes a requeiram até uma hora após a expedição.
(E) A divulgação de pesquisa fraudulenta constitui crime punível com reclusão e multa.

A: incorreta, pois há essa previsão no art. 35 da Lei das Eleições – LE (Lei 9.504/1997); B: incorreta, pois a pena de detenção para essa conduta pode ser substituída por prestação de serviços à comunidade pelo mesmo período, nos termos do art. 40 da LE; C: essa é a assertiva correta, nos termos do art. 34, § 2º, da LE; D: incorreta, pois o crime é imputado apenas ao presidente da mesa receptora (não a todos os integrantes da mesa), nos termos do art. 68, § 1º, da LE; E: incorreta, pois a pena para essa conduta é de detenção (não reclusão) de 6 meses a 1 ano e multa – art. 33, § 4º, da LE. Gabarito "C".

(MAGISTRATURA/PB – 2011 – CESPE) À luz das resoluções aplicáveis do TSE, assinale a opção correta acerca do processo penal eleitoral, na seara das apurações criminais e da polícia criminal em matéria eleitoral.

(A) Se o inquérito for arquivado por falta de embasamento para o oferecimento de denúncia, a autoridade policial poderá proceder a nova investigação se de outras provas tiver notícia, independentemente de nova requisição.
(B) A Polícia Federal exerce, com prioridade sobre suas atribuições regulares, a função de polícia judiciária em matéria eleitoral e, se, no local da infração, não existirem órgãos a ela pertencentes, a referida função deverá ser assumida pela polícia estadual.
(C) A autoridade policial que tomar conhecimento de prática da infração penal eleitoral deverá informá-la imediatamente ao membro do MP competente.
(D) As autoridades policiais e seus agentes devem comunicar ao juiz eleitoral competente, em até vinte e quatro horas do fato, a prisão de indivíduos encontrados em flagrante delito pela prática de infração eleitoral.
(E) O inquérito policial eleitoral é instaurado somente mediante requisição do MP, salvo em hipótese de prisão em flagrante, quando a instauração ocorre independentemente de requisição.

A: incorreta, pois a nova investigação policial dependerá de requisição – art. 11 da Resolução TSE 23.222/2010; B: incorreta, pois, inexistindo órgãos da polícia federal no local da infração, a atuação da polícia estadual será supletiva (não substitutiva) – art. 2º, p. único, da Resolução TSE 23.222/2010; C: incorreta, pois a autoridade policial deve informar imediatamente ao juiz eleitoral competente quando tiver conhecimento da prática de infração penal eleitoral – art. 6º da Resolução TSE 23.222/2010; D: essa é a assertiva correta, conforme o art. 7º da Resolução TSE 23.222/2010; E: incorreta, pois o inquérito policial eleitoral será instaurado mediante requisição do Ministério Público ou da justiça eleitoral, salvo a hipótese de prisão em flagrante – art. 8º da Resolução TSE 23.222/2010. Gabarito "D".

(Ministério Público/MS – 2011 – FADEMS) Assinale a alternativa **correta**.

(A) O Deputado Estadual, condenado pelo cometimento de crime, com sentença transitada em julgado, perderá automaticamente o seu mandato, desde que o juiz suspenda seus direitos políticos;
(B) Condenado pela prática de crime, com sentença transitada em julgado, o deputado federal não perderá automaticamente seu mandato, que dependerá de decisão da Câmara Federal, por votação secreta e com quórum da maioria absoluta de seus integrantes;

(C) O Deputado Distrital, condenado pelo cometimento de crime inafiançável, com sentença transitada em julgado, perderá automaticamente seu mandato;

(D) Os vereadores e os prefeitos, com exceção dos governadores, serão cassados automaticamente, após serem condenados por sentença transitada em julgado;

(E) Os prefeitos, com exceção dos governadores, perderão seus mandatos automaticamente, após serem condenados pela prática de crime contra a administração pública, com sentença transitada em julgado.

A: assertiva incorreta, pois a perda de mandado de deputado ou senador por condenação criminal em sentença transitada em julgado será decidida pela Câmara dos Deputados ou pelo Senado Federal, por voto secreto e maioria absoluta, mediante provocação da respectiva mesa ou de partido político representado no Congresso Nacional, assegurada a ampla defesa – art. 55, VI, e § 2º, da CF; B: essa é a assertiva correta, conforme comentário à alternativa anterior; C, D e E: incorretas, pois a perda de mandato eletivo, como efeito da condenação criminal, ocorre (i) quando aplicada pena privativa de liberdade por tempo igual ou superior a um ano, nos crimes praticados com abuso de poder ou violação de dever para com a administração pública ou (ii) quando for aplicada pena privativa de liberdade por tempo superior a 4 anos nos demais casos – art. 92, I, do Código Penal – CP, ver também o art. 1º, § 2º, do DL 201/1967 e os arts. 2º e 78 da Lei 1.079/1950. Gabarito "B".

(Ministério Público/PR – 2011) Sobre crimes eleitorais, assinale a alternativa incorreta:

(A) os crimes previstos na Lei 4.737/65 (Código Eleitoral) e na Lei 9.504/97 (Lei das Eleições) são todos de ação penal pública incondicionada;

(B) a transação penal e a suspensão condicional do processo, como institutos despenalizadores previstos na Lei 9.099/95, possuem restrições para sua aplicação relativamente aos crimes eleitorais;

(C) a Lei 4.737/65 (Código Eleitoral) prevê figura típica criminal que pode ser praticada exclusivamente por membros do Ministério Público;

(D) as penas privativas de liberdade cominadas aos crimes previstos na Lei 4.737/65 (Código Eleitoral) e na Lei 9.504/97 (Lei das Eleições) aparecem, em cada um dos diplomas legais, sob as formas de detenção e reclusão;

(E) a divulgação de pesquisa pré-eleitoral sem o prévio registro perante a Justiça Eleitoral constitui infração eleitoral punível com multa, e a divulgação de pesquisa pré-eleitoral fraudulenta constitui crime punível com pena privativa de liberdade e multa.

A: assertiva correta, conforme o art. 355 do CE e o art. 90 da LE; B: essa é a assertiva incorreta, pois não há essa restrição; C: assertiva correta – ver art. 342 do CE; D: assertiva correta, conforme os arts. 289 a 354 do CE e os arts. 33, § 4º, 34, § 2º, 39, § 5º da LE, entre outros; E: correta, conforme o art. 33, §§ 3º e 4º, da LE. Gabarito "B".

(MINISTÉRIO PÚBLICO/RO – 2010 – CESPE) A respeito dos crimes eleitorais e do processo penal eleitoral, assinale a opção correta.

(A) Os recursos especiais relativos aos processos criminais eleitorais de competência originária dos TREs devem ser interpostos no prazo de três dias perante o presidente do tribunal recorrido.

(B) Para efeitos penais, o cidadão que integra temporariamente órgãos da justiça eleitoral e o cidadão nomeado para compor as mesas receptoras ou juntas apuradoras não são considerados membros nem funcionários da justiça eleitoral.

(C) Na instrução dos processos criminais eleitorais, poderão ser inquiridas até cinco testemunhas arroladas pela acusação e cinco arroladas pela defesa, independentemente de o crime ser apenado com multa, detenção ou reclusão.

(D) O fato de o órgão do MP não apresentar, no prazo legal, denúncia de crime eleitoral configura crime apenado com detenção de até um mês e multa.

(E) Tratando-se de crimes eleitorais, cabe apelação, no prazo de cinco dias, das sentenças definitivas de condenação ou absolvição proferidas por juiz singular, sendo de oito dias o prazo para oferecimento das razões.

A: assertiva correta, conforme o art. 276, § 1º, do CE; B: incorreta, pois o cidadão é considerado, nesse caso, funcionário da justiça eleitoral, para fins penais – art. 283, II e III, do CE; C: incorreta, pois o número de testemunhas na instrução é, em regra, de até 8 para acusação e mesmo número para a defesa – art. 401 do Código de Processo Penal – CPP, ver art. 532 do CPP; D: incorreta, pois a pena para a omissão é de até 2 meses de detenção ou pagamento de multa – art. 342 do CE; E: incorreta, pois o prazo é de 10 dias – art. 362 do CE. Gabarito "A".

(Magistratura/PR – 2010 – PUC/PR) Sobre a apuração de crimes eleitorais, é CORRETO afirmar que:

(A) Em se tratando de infração de menor potencial ofensivo, a autoridade policial elaborará termo circunstanciado de ocorrência e o encaminhará ao Ministério Público Federal.

(B) As autoridades policiais e seus agentes deverão prender quem quer que seja encontrado em flagrante delito pela prática de infração eleitoral, comunicando o fato ao juiz eleitoral competente em até 24 horas.

(C) A conclusão do inquérito policial eleitoral deverá ocorrer em até 30 (trinta) dias, contado o prazo a partir do dia em que se executar a ordem de prisão, nas hipóteses de o indiciado ter sido preso em flagrante ou previamente ou mesmo quando estiver solto.

(D) Uma vez arquivado o inquérito por falta de base para o oferecimento da denúncia, a autoridade policial poderá proceder à nova investigação se de outras provas tiver notícia, independentemente da existência de requisição do juiz eleitoral competente para tanto.

A: incorreta, pois o encaminhamento, no caso, é para o juiz eleitoral competente – art. 7º, parágrafo único, da Resolução TSE 23.222/2010; B: assertiva correta, nos termos do art. 7º, *caput*, da Resolução TSE 23.222/2010; C: incorreta, pois, no caso de indiciado preso, o prazo para conclusão do inquérito é de 10 dias (é de 30 dias no caso de indiciado não preso) – art. 9º da Resolução TSE 23.222/2010; D: incorreta, pois a nova investigação depende de requisição do juiz eleitoral competente – art. 11 c/c arts. 4º e 6º da Resolução TSE 23.222/2010. Gabarito "B".

(Defensoria Pública da União – 2010 – CESPE) No que se refere aos crimes eleitorais e ao processo penal eleitoral, julgue os itens que se seguem.

(1) Aquele que desenvolve ou introduz comando, instrução ou programa de computador capaz de provocar qualquer resultado diverso do esperado em sistema de tratamento automático de dados usados pelo serviço eleitoral e aquele que venha a causar, propositadamente, dano físico a equipamento usado na votação ou na totalização de votos ou a suas partes estão sujeitos à mesma pena, isto é, à reclusão de 5 a 10 anos.

(2) No caso de crime eleitoral, havendo competência para julgamento do delito por parte da Justiça Eleitoral, haverá também competência desta para executar a decisão condenatória, ainda que o condenado seja recolhido a estabelecimento sujeito à administração estadual.

1: assertiva correta, pois reflete o disposto no art. 72, II, da LE; 2: incorreta, pois, nos termos da Súmula 192/STJ, compete ao juízo das execuções penais do Estado a execução das penas impostas a sentenciados pela justiça federal, militar ou eleitoral, quando recolhidos a estabelecimentos sujeitos à administração estadual. Gabarito 1C, 2E.

(Magistratura/GO – 2009 – FCC) NÃO constitui crime eleitoral:

(A) Intervir o Juiz eleitoral no funcionamento da Mesa Receptora.
(B) Perturbar ou impedir de qualquer forma o alistamento.
(C) Reter título eleitoral contra a vontade do eleitor.
(D) Votar ou tentar votar em lugar de outrem.
(E) Fazer propaganda, no horário eleitoral gratuito, em língua estrangeira.

A: não há tipificação penal dessa conduta, até porque o juiz eleitoral é a única autoridade que **pode intervir** no funcionamento da mesa receptora – art. 140, § 2º, do CE; B: crime previsto no art. 293 do CE; C: crime, conforme o art. 295 do CE; D: crime previsto no art. 309 do CE; E: crime, nos termos do art. 335 do CE. Gabarito "A".

(Magistratura/PA – 2009 – FGV) Quando a lei determina a agravação ou atenuação da pena de crime eleitoral, sem mencionar o *quantum*, deve o juiz, guardados os limites da pena cominada ao crime:

(A) fixá-lo entre 1/2 e 1/4.
(B) fixá-lo em 1/4.
(C) fixá-lo em 1/2.

(D) fixá-lo entre 1/5 e 1/3.
(E) fixá-lo entre 1/5 e 1/10.

Nos termos do art. 285 do CE, quando a lei determina a agravação ou a atenuação da pena sem mencionar o *quantum*, o juiz deve fixá-lo entre um quinto e um terço, guardados os limites da pena cominada ao crime. Gabarito "D".

(Magistratura/PA – 2009 – FGV) A ocorrência de uma infração penal tipificada no Código eleitoral deverá ser comunicada:

(A) ao juiz da Zona Eleitoral onde a mesma se verificou.
(B) ao Ministério Público ou a qualquer juiz eleitoral.
(C) ao Tribunal Regional Eleitoral.
(D) ao Procurador Regional Eleitoral.
(E) a qualquer juiz eleitoral.

Nos termos do art. 356 do CE, todo cidadão que tiver conhecimento de infração penal do Código Eleitoral deverá comunicá-la ao juiz eleitoral da zona onde a mesma se verificou. Gabarito "A".

(Ministério Público/PR – 2009) Relativamente a *crimes eleitorais*, assinale a alternativa *INCORRETA*:

(A) as modalidades de crimes eleitorais previstas no Código Eleitoral admitem algumas figuras culposas.
(B) se a falsificação de documento público, a falsificação de documento particular ou a falsidade ideológica forem praticadas para fins eleitorais, o agente respectivo não responde por crime comum, previsto no Código Penal, mas por prática de crime eleitoral, em razão de tipificação específica de cada um daqueles crimes no Código Eleitoral (Lei 4.737/65).
(C) os crimes contra a honra, praticados na propaganda eleitoral, ou visando a fins de propaganda, tipificados nos arts. 324 a 326 do Código Eleitoral (Lei 4.737/65), admitem, em tese, a incidência de causas de aumento de pena especiais.
(D) as modalidades de crimes eleitorais estão previstas no Código Eleitoral (Lei 4.737/65) e em legislação eleitoral especial.
(E) os crimes previstos no Código Eleitoral contam com procedimento especial previsto na própria Lei 4.737/65.

A: incorreta, pois o CE não prevê crime na modalidade culposa – ver o art. 18, parágrafo único, do Código Penal, segundo o qual, salvo os casos expressos em lei, ninguém pode ser punido por fato previsto como crime, senão quando o pratica dolosamente; B: correta, conforme os arts. 348 e 349 do CE; C: assertiva correta, pois as hipóteses de aumento das penas são previstas no art. 327 do CE; D: correta, pois, além dos crimes previstos no CE, há também aqueles da LE (art. 68, § 2º, 72, 87, § 4º, etc.) e da Lei da Inelegibilidade – LI (LC 64/1990 - art. 25), por exemplo; E: assertiva correta, pois o CE prevê o processo das infrações penais em seus arts. 355 a 364. Gabarito "A".

(Ministério Público/RS – 2009) João Alberto, escolhido candidato à vereança na convenção de seu partido, em dado município do interior do Estado, prometeu a um grupo determinado de eleitores - em reunião realizada na sede da associação comunitária dos ferroviários - que, uma vez eleito, garantiria a eles vaga em sua assessoria, utilizando-se de cargos em comissão de que seu futuro gabinete poderia dispor. Tal fato se deu antes do encaminhamento do pedido do registro da candidatura, e tinha por escopo obter os votos daqueles eleitores.

Com base nesses dados, é correto afirmar que

(A) a ação do candidato constitui captação ilícita de sufrágio, prevista no art. 41-A, da Lei nº 9.504/97, capaz de levar a cassação de registro ou mesmo do diploma em caso da eleição do candidato.
(B) em não se tendo certeza quanto a sua eleição, o crime não se poderia configurar em caso de insucesso eleitoral.
(C) o fato não se caracteriza como crime eleitoral porque praticado em período anterior ao registro da candidatura.
(D) o candidato, pela simples promessa levada a cabo, cometeu, em tese, o crime de corrupção eleitoral (art. 299 do Código Eleitoral).
(E) Nenhuma das alternativas propostas está correta em face do ordenamento vigente.

A: incorreta, pois a captação de sufrágio tipificada pelo art. 41-A da LE refere-se ao período entre o registro da candidatura (não antes, como no caso descrito na assertiva) e o dia da eleição; B, C, D e E: a conduta de João Alberto, ainda antes do registro da candidatura e mesmo sem ter certeza da eleição, implica, em tese, crime previsto no art. 299 do CE – dar, oferecer, prometer, solicitar ou receber, para si ou para outrem, dinheiro, dádiva, ou qualquer outra vantagem, para obter ou dar voto e para conseguir ou prometer abstenção, ainda que a oferta não seja aceita. Gabarito "D".

(Magistratura/PA – 2008 – FGV) O crime de impedimento ou embaraço ao exercício do sufrágio:

(A) tem como sujeito passivo o Estado e a democracia.
(B) pode ser caracterizado em campanhas pelo voto em branco.
(C) é crime material.
(D) é crime formal.
(E) é crime comum.

Art. 297 do CE. Gabarito "E".

(Magistratura/PI – 2008 – CESPE) A Lei Eleitoral brasileira, Lei n.º 9.504/1997, foi alterada, em 1999, mediante projeto de lei de iniciativa popular, para abrigar a instituição jurídica da captação de sufrágio, que se manifesta

(A) na remuneração e gratificação de qualquer espécie a pessoal que preste serviços a candidaturas.
(B) no pagamento de cachê de artistas ou locutores de eventos relacionados a campanha eleitoral.
(C) no pagamento de aluguel de bens particulares para veiculação de propaganda eleitoral.
(D) no aluguel de local para a promoção de ato de campanha eleitoral.
(E) na promessa ao eleitor de emprego público com o fim de obter-lhe o voto.

A captação ilegal de sufrágio é conhecida como "compra de voto", exemplificada na assertiva "E" – art. 41-A da LE. Gabarito "E".

(Ministério Público/PR – 2008) Analise os enunciados abaixo e assinale a alternativa correta:

I. O crime formal de corrupção eleitoral tipificado no art. 299 do Código Eleitoral, contrariamente ao que ocorre no Código Penal, abrange tanto a corrupção ativa (nas modalidades de dar, oferecer e prometer) quanto a corrupção passiva (solicitar e receber).
II. Crimes eleitorais, sob o aspecto formal, e em decorrência do princípio da reserva legal, são apenas aquelas condutas consideradas típicas e definidas no Código Eleitoral.
III. Caracterizando-se a propaganda eleitoral como uma das formas de liberdade de pensamento e de liberdade de expressão, representa um direito a ser resguardado, mas pressupõe, de outro lado, em relação ao eleitor, o direito de não receber informações distorcidas, falsas, irreais. Este constitui o bem jurídico tutelado pelo art. 323 do Código Eleitoral, que erige à condição de delito "divulgar, na propaganda, fatos que sabe inverídicos, em relação a candidatos e capazes de exercerem influência perante o eleitorado".
IV. A regra legal disciplina que a ação penal eleitoral é pública (incondicionada), cabendo, segundo entendimento do Tribunal Superior Eleitoral, a ação penal privada subsidiária no âmbito da Justiça Eleitoral, por tratar-se de garantia constitucional, prevista no art. 5º, LIX, CF. É inadmissível a ação penal pública condicionada à representação do ofendido, em virtude do interesse público que envolve a matéria eleitoral.
V. As decisões do Tribunal Superior Eleitoral são irrecorríveis, salvo as que contrariem a Constituição Federal e as denegatórias de habeas corpus ou mandado de segurança.

(A) todas as alternativas estão corretas.
(B) todas as alternativas estão incorretas.
(C) apenas a alternativa II está incorreta.
(D) apenas a alternativa III está incorreta.
(E) as alternativas II e IV estão incorretas.

I: art. 299 do CE; II: há condutas tipificadas em outras leis (*v.g.* art. 90 da LE); III: art. 323 do CE; IV: a assertiva é verdadeira. Os crimes eleitorais são de ação pública – art. 355 do CE, mas o TSE admite a ação privada subsidiária – ver RESPE 21.295/SP-TSE; V: art. 22, parágrafo único, c/c art. 281, ambos do CE. Gabarito "C".

(Magistratura/PA – 2008 – FGV) Em determinada eleição municipal, restou provada a captação ilícita de sufrágio por parte do candidato a prefeito, com decisão transitada em julgado. Nesse caso, analise as assertivas a seguir:

I. A sentença deve impor a cassação do mandato do prefeito e determinar a diplomação do vice-prefeito.
II. A sentença deve cassar o mandato do prefeito, sendo certo que o do vice-prefeito segue igual sorte, mesmo se não houver litisconsórcio formado no processo.
III. A sentença, se o vice-prefeito estiver no pólo passivo, deverá lhe impor igual sorte à do prefeito.
IV. Por se tratar de relação jurídica subordinada, o mandato do vice-prefeito é atingido pelos efeitos da sentença.
V. Por se tratar de eleição majoritária, o Tribunal deve promover nova eleição e não dar posse ao segundo candidato, quando a nulidade atinge a mais de 50% dos votos válidos.

Assinale:
(A) se somente as assertivas I, II e III estiverem corretas.
(B) se somente as assertivas I, III e IV estiverem corretas.
(C) se somente as assertivas I, IV e V estiverem corretas.
(D) se somente as assertivas II, III e IV estiverem corretas.
(E) se somente as assertivas II, IV e V estiverem corretas.

I, II, III, e IV: a perda de mandato do Prefeito estende-se ao vice-Prefeito, pois a chapa é única e indivisível (art. 91 do CE). No entanto, não são todos os efeitos da sentença que se aplicam ao vice-Prefeito (v.g. a inelegibilidade não atinge o vice – art. 18 da LI); V: art. 224 do CE. Gabarito "E".

(Defensoria Pública da União – 2007 – CESPE) Julgue o item a seguir.

(1) Aplica-se aos crimes eleitorais a disciplina da Lei n.º 9.099/1995, quando cabível.

O TSE admite a aplicação da Lei 9.099/1995 nos processos relativos a crimes eleitorais – ver HC 361/RJ-TSE (relativo à suspensão condicional do processo para crimes com pena mínima cominada igual ou inferior a 1 ano – art. 89). Gabarito "C".

(Ministério Público/ES – 2005) Com relação aos crimes eleitorais é INCORRETO afirmar:

(A) Nos crimes eleitorais cometidos por meio da imprensa, do rádio ou da televisão, aplicam-se exclusivamente as normas do Código Eleitoral e as remissões a outra lei, nele contempladas.
(B) Verificada a infração penal, o Ministério Público oferecerá a denúncia dentro do prazo de 10 (dez) dias.
(C) Nos crimes de calúnia, injúria e difamação (arts. 323, 324 e 325 do Código Eleitoral) somente se procede mediante queixa. Procede-se mediante representação do ofendido se este for funcionário público e a ofensa é relativa ao exercício de suas funções.
(D) Sempre que o Código Eleitoral não indicar o grau mínimo, entende-se que será ele de quinze dias para a pena de detenção e de um ano para a de reclusão.
(E) Se o órgão do Ministério Público não oferecer a denúncia no prazo legal, representará contra ele a autoridade judiciária, sem prejuízo da apuração da responsabilidade penal.

A: art. 288 do CE; B: art. 357 do CE; C: os crimes eleitorais são de ação pública – art. 355 do CE, embora o TSE admita a ação privada subsidiária – ver RESPE 21.295/SP-TSE; D: art. 284 do CE; E: art. 357, § 3º, do CE. Gabarito "C".

(Ministério Público/RN – 2004) Constituem crimes eleitorais, exceto:

(A) O uso de alto-falantes e amplificadores de som no dia da eleição;
(B) O uso, na propaganda eleitoral, de imagens associadas às empregadas pelos órgãos de governo;
(C) Impedir o exercício de propaganda;
(D) Fazer pronunciamento fora do horário eleitoral gratuito, em cadeia de rádio ou televisão;
(E) Tentar violar o sigilo da urna ou dos invólucros.

A: art. 39, § 5º, I, da LE; B: art. 40 da LE; C: art. 332 do CE; D: a conduta não é tipificada como crime, embora possa, caso realizada nos três meses anteriores ao pleito, dar ensejo à multa, à cassação de registro ou diploma e às sanções relativas à improbidade administrativa – art. 73, VI, c, e §§ 4º a 7º, da LE; E: art. 317 do CE. Gabarito "D".

12. COMBINADAS E OUTRAS MATÉRIAS

(Magistratura/SP – 2011 – VUNESP) Leia atentamente as assertivas a seguir:

I. O mandato eletivo poderá ser impugnado ante a Justiça Eleitoral no prazo de 15 dias contados da proclamação dos resultados eleitorais.
II. A ação de impugnação de mandato é exercível por qualquer cidadão e se submete ao princípio da mais completa publicidade.
III. É vedada a cassação de direitos políticos, enquanto que a perda ou suspensão de direitos políticos decorrem de várias causas.
IV. Os casos de inelegibilidade previstos na Carta Republicana constituem numerus clausus.
V. A vida pregressa do candidato pode ser considerada para fins de inelegibilidade.
VI. A impugnação do mandato eletivo não prescinde de provas de abuso do poder econômico, corrupção ou fraude.

São corretas apenas as assertivas
(A) I, II e III.
(B) II, III e IV.
(C) III, V e VI.
(D) I, IV e V.
(E) III, IV e VI.

I: incorreta, pois o prazo para a Ação de Impugnação de Mandato Eletivo – AIME – é de até 15 dias contados da diplomação – art. 14, § 10, da CF; II: assertiva incorreta, pois se aplica o art. 22 da LI em relação à legitimidade ativa para a AIME, podendo ser ajuizada por partido político, coligação, candidato ou Ministério Público Eleitoral – ver RESPE 11.835/PR-TSE; III: assertiva correta, pois reflete exatamente o disposto no art. 15 da CF; IV: incorreta, pois a lei complementar estabelecerá outros casos de inelegibilidade e os prazos de sua cessação, a fim de proteger a probidade administrativa, a moralidade para exercício de mandato, considerada a vida pregressa do candidato, e a normalidade e legitimidade das eleições contra a influência do poder econômico ou o abuso do exercício de função, cargo ou emprego na administração direta ou indireta – art. 14, § 9º, da CF, ver LC 64/1990 e Súmula 13/TSE; V: assertiva correta, conforme comentário à alternativa anterior; VI: assertiva correta, pois a AIME deve ser instruída com provas de abuso do poder econômico, corrupção ou fraude, embora seja importante ressaltar que o TSE tem entendimento de que não se trata de prova pré-constituída, sendo exigidos apenas indícios idôneos do cometimento desses ilícitos – ver RESPE 16.257/PE-TSE. Gabarito "C".

(MAGISTRATURA/PB – 2011 – CESPE) Assinale a opção em que é apresentada disposição do Código Eleitoral em consonância com a CF.

(A) Compete, privativamente, ao TSE organizar a sua secretaria e a corregedoria-geral e propor ao Congresso Nacional a criação e a extinção dos cargos administrativos e a fixação dos respectivos vencimentos, provendo-os na forma da lei.
(B) Os militares são alistáveis, desde que sejam oficiais, aspirantes a oficiais, guardas-marinha, subtenentes ou suboficiais, sargentos ou alunos das escolas militares de ensino superior para formação de oficiais.
(C) O eleitor que deixar de votar e não se justificar perante o juiz eleitoral no prazo estabelecido por lei incorrerá em multa imposta pelo juiz eleitoral e calculada sobre o valor do salário mínimo.
(D) O presidente e o vice-presidente do TSE são escolhidos, por eleição, entre os ministros do STF, e o corregedor-geral da justiça eleitoral, indicado, pelo presidente, entre os membros do próprio TSE.
(E) Compete ao TSE processar e julgar originariamente os crimes eleitorais e os crimes comuns que, sendo-lhes conexos, sejam cometidos por seus próprios juízes e pelos juízes dos TREs.

A: essa é a assertiva correta, nos termos do art. 23, II, do Código Eleitoral – CE (Lei 4.737/1965); B: incorreta, pois, apesar do disposto no art. 5º, p. único, do CE, atualmente qualquer militar é, em princípio, alistável, com exceção dos conscritos (convocados para o serviço militar obrigatório), pois essa é a única vedação prevista na Constituição atual – art. 14, § 2º, da CF; C: imprecisa, pois há casos de voto facultativo, nos termos do art. 14, § 1º, II, da CF – ver art. 7º do CE; D: incorreta, pois o corregedor-geral é também eleito pelo TSE. Ademais, o corregedor-geral deverá ser um dos ministros do STJ – art. 119, p. único, da CF, ver o art. 17 do

CE, derrogado nesse sentido; E: incorreta, pois compete originariamente ao STF julgar originariamente os ministros dos tribunais superiores nas infrações penais comuns e nos crimes de responsabilidade – art. 102, I, c, da CF. Os juízes dos TRE são julgados originariamente pelo STJ, em relação aos crimes comuns e de responsabilidade – art. 150, I, a, da CF. Ver o art. 22, I, d, do CE, derrogado nesse sentido. Gabarito "A".

(Magistratura/RO – 2011 – PUCPR) Analise as assertivas a seguir:

I. Da decisão do Juiz Eleitoral que determinar a exclusão de um eleitor caberá recurso no prazo de 3 (três) dias, para o Tribunal Regional, sendo parte legítima para interpor o ato apenas o excluendo.

II. Em caso de mudança de domicílio, cabe ao eleitor requerer ao Juiz do novo domicílio sua transferência, juntando o título anterior, sendo que a admissão do pedido está condicionada ao cumprimento de determinadas exigências legais e, entre elas, que tenha transcorrido pelo menos 1 (um) ano da inscrição primitiva, salvo quando se tratar de transferência de título eleitoral de servidor público civil, militar, autárquico, ou de membro de sua família, por motivo de remoção ou transferência.

III. A idade mínima constitucionalmente estabelecida como condição de elegibilidade é verificada tendo por referência a data do requerimento de registro do candidato.

IV. São inelegíveis, para qualquer cargo, os que forem condenados, em decisão transitada em julgado ou proferida por órgão judicial colegiado, desde a condenação até o transcurso do prazo de 8 (oito) anos após o cumprimento da pena, pelos crimes, dentre outros, contra o meio ambiente e a saúde pública.

V. Caberá a qualquer eleitor, a partido político, coligação ou ao Ministério Público, no prazo de 10 (dez) dias, contados da publicação do pedido de registro de candidato, impugná-lo em petição fundamentada.

Estão CORRETAS:

(A) Somente as assertivas I e III.
(B) Somente as assertivas I, II e V.
(C) Somente as assertivas II e IV.
(D) Somente as assertivas III, IV e V.
(E) Todas as assertivas.

I: incorreta, pois o delegado do partido também tem legitimidade para recorrer da decisão – art. 80, in fine, do CE; II: correta, nos termos do art. 55 do CE; III: incorreta, pois a idade mínima constitucionalmente estabelecida como condição de elegibilidade é verificada tendo por referência a data da posse – art. 11, § 2º, da Lei das Eleições – LE (Lei 9.504/1997); IV: assertiva correta, nos termos do art. 1º, I, e, 3, da Lei da Inelegibilidade – LI (LC 64/1990); V: incorreta, pois o prazo para a Ação de Impugnação de Registro de Candidatura – AIRC – é de 5 dias contados da publicação do pedido de registro – art. 3º da LI. Ademais, o simples eleitor não tem legitimidade ativa, mas somente candidato, partido político, coligação e Ministério Público, conforme o mesmo dispositivo da LI. Gabarito "C".

(Magistratura/RO – 2011 – PUCPR) Aponte se as assertivas a seguir são verdadeiras (V) ou falsas (F) e, em seguida, assinale a única alternativa cuja sequência, de cima para baixo, está **CORRETA**:

( ) A força armada deverá se conservar a 100 (cem) metros da Seção Eleitoral e não poderá se aproximar do lugar da votação, ou nele penetrar, sem ordem do Presidente da Mesa.

( ) Os membros das Mesas Receptoras e os Fiscais de partido, durante o exercício de suas funções, não poderão ser detidos ou presos salvo o caso de flagrante delito; da mesma garantia gozarão os candidatos desde 15 (quinze) dias antes da eleição.

( ) O requerimento do registro de partido político, dirigido ao cartório competente do Registro Civil das Pessoas Jurídicas, da Capital Federal, deve ser subscrito pelos seus fundadores, em número nunca inferior a cento e um, com domicílio eleitoral em, no mínimo, um terço dos Estados, acompanhado dos documentos exigidos por lei.

( ) É facultado aos partidos políticos receber recursos financeiros de procedência estrangeira, desde que autorizados pelo Tribunal Superior Eleitoral.

( ) Os recursos oriundos do Fundo Partidário estão sujeitos ao regime da Lei nº 8.666, de 21 de junho de 1993.

(A) F,V,F,V,F
(B) V,V,V,F,F
(C) F,V,V,F,F
(D) V,F,F, V,V
(E) F,F,F,V,V

1: verdadeira, conforme o art. 141 do CE; 2: verdadeira, nos termos do art. 236, § 1º, do CE; 3: assertiva verdadeira – art. 8º da Lei dos Partidos Políticos – LPP (Lei 9.096/1995); 4: falsa, pois os partidos políticos jamais poderão receber recursos de entidade ou governo estrangeiro, por expressa vedação constitucional – art. 17, II, da CF; 5: incorreta, pois o art. 44, § 3º, da LPP dispõe expressamente que os recursos do fundo partidário não estão sujeitos ao regime da Lei 8.666/1993 (que trata das licitações e dos contratos públicos). Gabarito "B".

(Magistratura/RO – 2011 – PUCPR) Assinale a única alternativa **CORRETA**:

(A) Ao pedido de resposta relativo à ofensa veiculada em órgão da imprensa escrita, uma vez deferido, a divulgação da resposta dar-se-á no mesmo veículo, espaço, local, página, tamanho, caracteres e outros elementos de realce usados na ofensa, em até quarenta e oito horas após a decisão ou, em se tratando de veículo com periodicidade de circulação maior que quarenta e oito horas, na primeira vez em que circular.

(B) A denominação da coligação poderá incluir ou fazer referência a nome de candidato, salvo se contiver pedido de voto para o partido político.

(C) Qualquer propaganda política mediante radiodifusão, televisão, comícios ou reuniões públicas é vedada desde quarenta e oito horas antes até quarenta e oito horas depois da eleição.

(D) Apenas o ofendido poderá pedir o exercício do direito de resposta à Justiça Eleitoral, observados os prazos estabelecidos na lei nº 9.504/97, contados a partir do conhecimento da ofensa.

(E) De acordo com a legislação eleitoral, é de competência dos Secretários da Mesa Receptora fiscalizar a distribuição das senhas e, verificando que não estão sendo distribuídas segundo a sua ordem numérica, recolher as de numeração intercalada, acaso retidas, as quais não se poderão mais distribuir.

A: essa é a assertiva correta, pois reflete exatamente o disposto no art. 58, § 3º, I, b, da LE; B: incorreta, pois a denominação da coligação não poderá coincidir, incluir ou fazer referência a nome ou número de candidato, nem conter pedido de voto para partido político – art. 6º, § 1º-A, da LE; C: incorreta, pois a propaganda mediante radiodifusão, televisão,comícios ou reuniões públicas é vedada desde 48 horas antes até 24 horas depois da eleição – art. 240, p. único, do CE; D: incorreta, pois o pedido de resposta pode ser formulado pelo ofendido ou seu representante legal à justiça eleitoral – art. 58, § 1º, da LE; E: incorreta, pois essa competência é do presidente da mesa receptora e, em sua falta, a quem o substituir – art. 127, VIII, do CE. Gabarito "A".

(Ministério Público/PR – 2011) A Lei 9.504/97 estabelece normas para as eleições. Sobre o tema, assinale a alternativa incorreta:

(A) a doação de valores em dinheiro para candidatos e partidos políticos em campanhas eleitorais é vedada a entidades de utilidade pública e a organizações não governamentais que recebam recursos públicos, mas é permitida a entidades esportivas e religiosas;

(B) é vedada a veiculação de propaganda de qualquer natureza, inclusive pichação, inscrição a tinta, fixação de placas, estandartes, faixas e assemelhados, em ginásios e estádios, por exemplo, ainda que sejam de propriedade privada;

(C) até as vinte e duas horas do dia que antecede a eleição, serão permitidos distribuição de material gráfico, caminhada, carreata, passeata ou carro de som que transite pela cidade divulgando jingles ou mensagens de candidatos;

(D) é proibido a qualquer candidato comparecer, nos 3 (três) meses que precedem o pleito, a inaugurações de obras públicas;

(E) a nomeação para cargos de membros do Poder Judiciário e do Ministério Público não sofre restrições em quaisquer períodos do processo eleitoral.

A: essa é a assertiva incorreta, pois é vedada a doação também por entidades esportivas e religiosas – art. 24, VIII e IX, da LE; B: assertiva correta, pois os bens a que a população em geral tenha acesso, inclusive privados (como cinemas, clubes, lojas, centros comerciais, templos, ginásios, estádios), são considerados bens de uso comum, com vedação de veiculação de propaganda de qualquer natureza – art. 37, § 2º, da LE; C: correta, conforme o art. 39, § 9º, da LE; D: correta, pois reflete a vedação prevista no art. 77 da LE; E: correta, pois a nomeação para o judiciário ou para o Ministério Público não é conduta vedada, conforme o art. 73, V, b, da LE. Gabarito "A".

(Magistratura/RO – 2011 – PUCPR) Avalie as assertivas abaixo:

I. O Ministério Público Estadual tem legitimação para propor, perante o juízo competente, as ações para declarar ou decretar a nulidade de negócios jurídicos ou atos da administração pública, infringentes de vedações legais destinadas a proteger a normalidade e a legitimidade das eleições, contra a influência do poder econômico ou o abuso do poder político ou administrativo.
II. O sufrágio é um direito público subjetivo, adotado pela Constituição Federal de 1988 como universal, excetuando-se desta regra, entre outras previsões legais, os conscritos durante o período do serviço militar obrigatório.
III. Sem a prova de que votou na última eleição, pagou a respectiva multa ou de que se justificou devidamente, não poderá o eleitor, dentre outras situações previstas em lei, obter empréstimos nas autarquias, sociedades de economia mista, caixas econômicas federais ou estaduais, nos institutos e caixas de previdência social, bem como em qualquer estabelecimento de crédito mantido pelo governo, ou de cuja administração este participe. Do mesmo modo, não poderá o eleitor, em tal condição, celebrar contratos com essas entidades.
IV. O sistema eleitoral proporcional, também adotado no Brasil, aplica-se, inclusive, à eleição para a Câmara dos Deputados.
V. São órgãos da Justiça Eleitoral o Tribunal Superior Eleitoral, os Tribunais Regionais Eleitorais, os Juízes Eleitorais e as Juntas Eleitorais, sendo que os membros dos tribunais, os juízes de direito e os integrantes das juntas eleitorais, no exercício de suas funções e no que lhes for aplicável, gozarão de plenas garantias e serão inamovíveis.

Está(ão) CORRETA(S):
(A) Somente as assertivas II, III, IV e V.
(B) Somente as assertivas I e III.
(C) Somente as assertivas I, II e V.
(D) Somente as assertivas II, IV e V.
(E) Todas as assertivas.

I: incorreta, pois as funções do Ministério Público Eleitoral são exercidas Pelo Ministério Público Federal (não estadual), a quem compete propor, perante o juízo competente, as ações para declarar ou decretar a nulidade de negócios jurídicos ou atos da administração pública, infringentes de vedações legais destinadas a proteger a normalidade e a legitimidade das eleições, contra a influência do poder econômico ou o abuso do poder político ou administrativo – art. 72, p. único, da LC 75/1993. É interessante notar que o Ministério Público Eleitoral é também composto por membros do Ministério Público Estadual, mas apenas para atuação junto aos juízes e juntas eleitorais (primeira instância) – ver art. 78 da LC 75/1993 e Resolução 30/2008 do Conselho Nacional do Ministério Público – CNMP; II: assertiva correta, conforme o art. 14, *caput*, e § 2°, da CF; III: assertiva correta, nos termos do art. 7°, § 1°, do CE; IV: assertiva correta, pois, no Brasil, funciona o sistema majoritário, para Presidente, Senadores, Governadores e Prefeitos (e seus vices), e o sistema proporcional, para os demais cargos eletivos – arts. 46, *caput*, 45, *caput*, 77, § 2°, da CF e arts. 83 e 84 do CE; V: assertiva correta, conforme os arts. 118 e 121, § 1°, da CF. Gabarito "A".

(Ministério Público/MS – 2011 – FADEMS) Assinale a alternativa **correta**. Por força da Resolução n° 30/2008 do CNMP, O Promotor de Justiça Eleitoral será designado:
(A) pelo Procurador-Geral de Justiça, no âmbito do Ministério Público Estadual, considerando ser o Chefe da Instituição;
(B) pelo Procurador-Geral da República, devendo o ato ser publicado no Diário Oficial da União;
(C) pelo Procurador Regional Eleitoral, com atribuição junto ao Tribunal Regional Eleitoral;
(D) pelo Corregedor-Geral do Ministério Público, após indicação pelo Procurador-Geral de Justiça, mediante sistema de rodízio, no exercício da titularidade de função eleitoral, devendo ser observada a ordem decrescente de antiguidade no exercício da titularidade de função eleitoral;
(E) sendo o Promotor de Justiça o único titular na Comarca, não há necessidade de designação, considerando ser ele o Promotor de Justiça com atribuições em todas as áreas de intervenção do Ministério Público.

A designação de membros do Ministério Público Estadual de primeiro grau para atuar perante a justiça eleitoral de primeira instância será feita pelo procurador regional eleitoral (do Ministério Público Federal, que atua perante o TRE), com base em indicação do chefe do Ministério Público local (do estado), conforme o art. 1° da Resolução 30/2008 do Conselho Nacional do Ministério Público – CNMP. Por essa razão, a alternativa "C" é a correta. Gabarito "C".

(Ministério Público/MS – 2011 – FADEMS) Analise as assertivas a seguir.

I. O Ministério Público Eleitoral pode requerer à Justiça Eleitoral a decretação de perda de cargo eletivo em decorrência de desfiliação partidária sem justa causa, ainda que a agremiação partidária interessada não o tenha feito.
II. É considerada infidelidade partidária a desfiliação do mandatário de determinada agremiação partidária para outro partido, ainda que se trate de novo partido.
III. A agremiação partidária interessada terá o prazo de vinte dias para ingressar com a ação visando a decretação de perda de mandato do infiel, contados da desfiliação (Resolução n° 22.610/2007/TSE).
IV. Cabe ao órgão partidário estabelecer em seu estatuto normas de disciplina e fidelidade partidária, por força de norma constitucional e infraconstitucional.
V. É de competência dos juízes eleitorais a decretação de perda do cargo de mandatos municipais cujo pedido tenha como fundamento a infidelidade partidária.

(A) todos os itens estão corretos;
(B) somente os itens II, III e V estão incorretos;
(C) somente os itens I e III estão incorretos;
(D) somente os itens II, III e IV estão corretos;
(E) todos os itens estão incorretos.

I: assertiva correta, pois, se o partido político não formular o pedido de decretação de perda do cargo eletivo em caso de desfiliação partidária sem justa causa, no prazo de 30 dias contados da desfiliação, poderá fazê-lo, nos 30 dias subsequentes, quem tenha interesse jurídico ou o Ministério Público Eleitoral – art. 1°, § 2°, da Resolução 22.610/2007-TSE; II: incorreta, pois se considera justa causa e, portanto, afasta a sanção de perda do mandato: (i) incorporação ou fusão do partido, (ii) criação de novo partido, (iii) mudança substancial ou desvio reiterado do programa partidário e (iv) grave discriminação pessoal – art. 1°, § 1°, da Resolução 22.610/2007-TSE; III: incorreta, pois o prazo é de 30 dias contados da desfiliação – art. 1°, § 2°, da Resolução; IV: correta, conforme o art. 17, § 1°, da CF e o art. 15, V, da LPP; V: incorreta, pois a competência é do TSE, em relação a mandato federal, e dos TREs, quanto aos demais casos – art. 2° da Resolução 22.610/2007-TSE. Gabarito "B".

(Ministério Público/MG – 2010 – FUNDEP) Analise as afirmativas abaixo.

I. A lei que alterar o processo eleitoral entrará em vigor na data de sua publicação, não se aplicando à eleição que ocorra até um ano da data de sua vigência (princípio da anualidade).
II. São inelegíveis, no território de jurisdição do titular, o cônjuge e os parentes consanguíneos ou afins, até o segundo grau ou por adoção, do Presidente da República, de Governador de Estado ou Território, do Distrito Federal, de Prefeito ou de quem os haja substituído dentro dos seis meses anteriores ao pleito, salvo se já titular de mandato eletivo e candidato à reeleição.
III. Para concorrerem a outros cargos, faculta-se ao Presidente da República, aos Governadores de Estado e do Distrito Federal e aos Prefeitos, renunciar aos seus respectivos mandatos até seis meses antes do pleito.
IV. Não obstante a garantia da presunção de não culpabilidade, a norma inscrita no artigo 14, § 9°/CF autoriza restringir o direito fundamental à elegibilidade, em reverência aos postulados da moralidade e da probidade administrativas.

É **INCORRETO** o que se afirma
(A) apenas em I.
(B) apenas em I e II.
(C) apenas em III.
(D) apenas em III e IV.

I: correta, pois reflete o princípio da anualidade eleitoral previsto no art. 16 da CF; II: assertiva correta, pois a vedação é prevista no art. 14, § 7°, da CF. Vale anotar o entendimento do TSE, no sentido de que o cônjuge e os parentes do chefe do Executivo são elegíveis para o mesmo cargo do titular, quando este for reelegível e tiver se afastado definitivamente até seis meses antes do pleito – ver Resolução nº 20.931/2001-TSE; III: incorreta, pois o afastamento não é faculdade, mas imposição constitucional para que os detentores desses cargos possam concorrer a outros – art. 14, § 6º, da CF; IV: correta, pois o dispositivo constitucional é bastante amplo, permitindo que a lei complementar estabeleça casos de inelegibilidade a fim de proteger a probidade administrativa, a moralidade para exercício de mandato, considerada a vida pregressa do candidato, e a normalidade e legitimidade das eleições contra a influência do poder econômico ou o abuso do exercício de função, cargo ou emprego na administração direta ou indireta – ver a LC 135/2010 (Lei da Ficha Limpa), que alterou a LI. Gabarito "C".

(Ministério Público/SC – 2010)

I. São inelegíveis para qualquer cargo os que forem condenados, em decisão transitada em julgado ou proferida por órgão judicial colegiado, desde a condenação até o transcurso do prazo de 3 (três) anos após o cumprimento da pena, pelos crimes contra a economia popular, a fé pública, a administração pública e o patrimônio público;
II. São inelegíveis para qualquer cargo os magistrados e os membros do Ministério Público que forem aposentados compulsoriamente por decisão sancionatória, que tenham perdido o cargo por sentença ou que tenham pedido exoneração ou aposentadoria voluntária na pendência de processo administrativo disciplinar, pelo prazo de 8 (oito) anos.
III. A propaganda eleitoral antecipada pode ficar configurada não apenas em face de eventual pedido de votos ou de exposição de plataforma ou aptidão política, mas também ser inferida por meio de circunstâncias subliminares, aferíveis em cada caso concreto.
IV. É permitida a propaganda eleitoral em bens particulares por meio de placas ou engenhos que não ultrapassem a dimensão de 8m².
V. A propaganda eleitoral somente é permitida após o dia 5 de julho do ano da eleição. Entretanto, ao postulante a candidatura a cargo eletivo é permitida a realização, inclusive por meio do rádio e da televisão, na quinzena anterior à escolha pelo partido, de propaganda intrapartidária com vista à indicação de seu nome, vedado o uso de *outdoor*.

(A) Apenas as assertivas II, IV e V estão corretas.
(B) Apenas as assertivas II e III estão corretas.
(C) Apenas as assertivas I e II estão corretas.
(D) Apenas as assertivas I, III e IV estão corretas.
(E) Apenas as assertivas III e V estão corretas.

I: incorreta, pois a inelegibilidade se estende por até 8 anos após o cumprimento da pena, nesse caso – art. 1º, I, *e*, 1, da LI; II: correta, nos termos do art. 1º, I, *q*,da LI; III: assertiva adequada, conforme a jurisprudência do TSE – ver AgR-RESPE 197.990/GO-TSE; IV: incorreta, pois o limite é de 4 m² para propaganda em bens particulares, sem necessidade de licença municipal e de autorização pela justiça eleitoral, conforme o art. 37, § 2º, da LE; V: assertiva incorreta, pois é permitida apenas a propaganda intrapartidária com vista à indicação do nome do postulante à candidatura, vedado o uso de rádio, televisão e *outdoor* – art. 36, § 1º, da LE. Gabarito "B".

(Ministério Público/PB – 2010) Considere atentamente as proposições abaixo:

I. A emancipação civil não supre a idade mínima constitucionalmente exigida como condição de elegibilidade.
II. Se, em uma determinada eleição proporcional, nenhum dos partidos atingir o quociente eleitoral, seguir-se-á o sistema majoritário, devendo o número de cadeiras ser colmatado pelos candidatos mais votados.
III. Na ação declaratória de existência de justa causa, é possível que o partido político formule, em sede de contestação, pretensão de declaração de perda de mandato eletivo.
IV. Têm legitimidade para propor a Ação de Impugnação ao Pedido de Registro de Candidatura o pré-candidato ou eleitor, o partido político, a coligação e o Ministério Público.
V. Classifica-se de inelegibilidade cominada, secundária ou própria a restrição sancionatória aplicada em determinada eleição, em virtude da prática de fato com revestimento de ilicitude eleitoral.

A quantidade de proposições corretas é igual a:
(A) 0
(B) 1
(C) 2
(D) 3
(E) 4

I: assertiva correta, pois a emancipação não mitiga ou afasta a exigência de idade mínima prevista no art. 14, § 3º, VI, da CF – ver RESPE 20.059/TO-TSE; II: assertiva correta, pois essa hipótese excepcional é prevista no art. 111 do CE; III: adequada, desde que a ação declaratória tenha sido proposta após a desfiliação; IV: incorreta, pois a legitimidade ativa para a Ação de Impugnação de Registro de Candidatura AIRC – é apenas de candidato, partido político, coligação e Ministério Público – art. 3º da LI; V: assertiva correta. A inelegibilidade pode ser inata ou cominada. A inata refere-se à pessoa que não preenche algum requisito ou condição para elegibilidade (por exemplo, art. 14, § 3º, da CF). A inelegibilidade cominada é sanção pelo cometimento de ilícito. A inelegibilidade cominada simples restringe-se à eleição em que o ilícito foi cometido, enquanto a inelegibilidade cominada potenciada estende-se a outras eleições, posteriores ao pleito em que o ilícito foi cometido. Gabarito "E".

(Ministério Público/PB – 2010) São incorretas as seguintes asserções, exceto:

(A) A demonstração da potencialidade lesiva é necessária tanto para a prova do abuso do poder econômico, como para a comprovação da captação ilícita de sufrágio.
(B) É assente no Supremo Tribunal Federal o entendimento de que as sanções de cassação do registro ou do diploma previstas na Lei Federal nº 9.504/97 constituem novas hipóteses de inelegibilidade.
(C) A prova pré-constituída é exigida, tanto para a propositura da Ação de Impugnação de Mandato Eletivo, quanto para o Recurso contra a Diplomação.
(D) Declarada a nulidade de mais da metade dos votos válidos no pleito majoritário, a realização de novas eleições municipais, nos últimos dois anos do quadriênio mandatício, deve ocorrer na forma indireta, esclarecendo-se que, para a caracterização de tal percentual, dever-se-ão somar aos votos nulificados por terem sido atribuídos a candidatos inelegíveis os votos nulos decorrentes de expressa vontade do eleitor.
(E) Durante o período eleitoral, é permitido aos agentes públicos usar serviços custeados pelos Governos e Casas Legislativas, desde que não excedam as prerrogativas consignadas nos regimentos e normas dos órgãos que integram.

A: incorreta, pois a demonstração da potencialidade lesiva é exigida apenas para a prova de abuso do poder econômico, mas não para a comprovação de captação ilícita de sufrágio (= compra de votos) – ver RCED 774/SP-TSE e RO 1.461/GO; B: incorreta, pois o STF entende que as sanções de cassação do registro ou do diploma previstas no art. 41-A da Lei 9.504/1997 não constituem novas hipóteses de inelegibilidade (não se exige, portanto, lei complementar – art. 14, § 9º, da CF) – ver ADI 3.592/DF-STF; C: incorreta, pois, embora a Ação de Impugnação de Mandato Eletivo – AIME – deva ser instruída com provas de abuso do poder econômico, corrupção ou fraude, o TSE tem entendimento de que não se trata de prova pré-constituída, sendo exigidos apenas indícios idôneos do cometimento desses ilícitos – ver RESPE 16.257/PE-TSE. Tampouco há requisito de prova pré-constituída para o Recurso contra a Expedição de Diploma – RCED – ver RCED 767/SP-TSE; D: incorreta, pois "a nulidade dos votos dados a candidato inelegível não se confunde com os votos nulos decorrentes de manifestação apolítica do eleitor, a que se refere o art. 77, § 2º, da CF, e nem a eles se somam, para fins de novas eleições" AgR-RESPE 35.888/AM-TSE. Ver também o art. 224, do CE, e o art. 81, § 1º, da CF, aplicável a eleições municipais e estaduais, conforme o ARESPE 27.104/PI-TSE; E: essa é a alternativa correta, pois o uso de materiais ou serviços somente será considerado conduta vedada se exceder as prerrogativas consignadas nos regimentos e normas dos órgãos respectivos – art. 73, II, da LE. Gabarito "E".

(MINISTÉRIO PÚBLICO/RO – 2010 – CESPE) Com base na Lei n.o 9.504/1997, assinale a opção correta.

(A) Até trinta dias antes da data das eleições, todos os pedidos de registro de candidatos, inclusive os impugnados e os respectivos recursos, devem estar julgados em todas as instâncias, assim como devem estar publicadas as decisões a eles relativas.
(B) O candidato cujo registro esteja *sub judice* poderá efetuar todos os atos relativos à campanha eleitoral, exceto utilizar o horário eleitoral gratuito no rádio e na televisão.

(C) Eventuais débitos de campanha não quitados até a data de apresentação da prestação de contas não podem ser assumidos pelo partido político.

(D) É vedado a partido e a candidato receber, direta ou indiretamente, doação em dinheiro ou estimável em dinheiro, inclusive por meio de publicidade de qualquer espécie, procedente de entidades esportivas.

(E) Para fins de expedição da certidão de quitação eleitoral, serão considerados quites aqueles que, condenados ao pagamento de multa, tenham, até a data de prazo assinalado pelo juízo responsável pelo registro de sua candidatura, efetuado o respectivo pagamento.

A: incorreta, pois o prazo é o septuagésimo (70°) dia anterior à data da eleição – art. 93, § 1°, do CE; B: incorreta, pois o candidato cujo registro esteja *sub judice* poderá efetuar todos os atos relativos à campanha eleitoral, inclusive utilizar o horário eleitoral gratuito no rádio e na televisão e ter seu nome mantido na urna eletrônica enquanto estiver sob essa condição, ficando a validade dos votos a ele atribuídos condicionada ao deferimento de seu registro por instância superior – art. 16-A da LE; C: incorreta, pois os débitos poderão ser assumidos pelo partido político, por decisão do seu órgão nacional de direção partidária – art. 29, § 3°, da LE; D: essa é a assertiva correta, pois a vedação consta do art. 24, IX, da LE; E: assertiva incorreta, já que o prazo para pagamento ou parcelamento da dívida regularmente cumprido, para fins de certidão de quitação eleitoral, é até a data da formalização do pedido de registro da candidatura – art. 11, § 8°, I, da LE. Gabarito "D".

(Ministério Público/PB – 2010) Analise as assertivas abaixo, assinalando a alternativa que sobre elas contenha o devido julgamento:

I. A ação de impugnação ao mandato eletivo tem natureza puramente eleitoral, sendo a diplomação seu requisito jurígeno constitucional, e a posse do candidato eleito, o termo *a quo* de sua propositura.

II. A heterodesincompatibilização é vedada pelo ordenamento jurídico pátrio.

III. É permitido ao Presidente da República, aos Governadores e Prefeitos, no caso de transporte oficial, o uso, em campanha eleitoral, de bens móveis pertencentes à Administração Pública, desde que haja o ressarcimento das despesas pelo partido ou coligação a que estejam vinculados.

(A) Todas as assertivas estão erradas.
(B) Não há assertiva errada.
(C) Apenas a assertiva I está errada.
(D) Apenas a assertiva III está errada.
(E) Apenas as assertivas II e III estão erradas.

I: incorreta, pois a ação de impugnação de mandato eletivo – AIME somente pode ser proposta a partir da diplomação (= termo *a quo*), no prazo de 15 dias – art. 14, § 10, da CF; II: assertiva incorreta, pois a desincompatibilização por ato de outra pessoa (= heterodesincompatibilização) é possível, por exemplo, quando um prefeito renuncia ao mandato para que sua esposa possa candidatar-se para cargo no respectivo município – art. 14, § 7°, da CF, ver AgR-RESPE 29.786/RJ; III: incorreta, pois a permissão de uso do transporte oficial em campanha refere-se apenas ao Presidente da República, nos termos do art. 73, § 2°, da LE. Gabarito "A".

(Ministério Público/PB – 2010) Considere as assertivas abaixo, assinalando, em seguida, a alternativa que sobre as mesmas contenha o devido julgamento:

I. Na hipótese em que não houver realizado campanha, fica desobrigado da prestação de contas à Justiça Eleitoral o candidato que renunciar à candidatura, dela desistir, for substituído ou tiver seu registro indeferido.

II. O militar alistável que contar com mais de dez anos de serviço será agregado pela autoridade superior e, se eleito, passará automaticamente, no ato da posse, para a inatividade.

III. O valor da multa paga em virtude de condenação por crime eleitoral é recolhido ao Fundo Partidário.

(A) Todas as assertivas são falsas.
(B) Não há assertiva falsa.
(C) Apenas a assertiva II é falsa.
(D) Apenas as assertivas I e II são falsas.
(E) Apenas a assertiva III é falsa.

I: incorreta, pois, nos termos do art. 26, § 1°, da Resolução TSE 22.715/2008, o candidato que renunciar à candidatura, dela desistir, for substituído, ou tiver o seu registro indeferido pela Justiça Eleitoral deverá, ainda assim, prestar contas correspondentes ao período em que participou do processo eleitoral, mesmo que não tenha realizado campanha; II: incorreta, pois o militar com mais de dez anos de serviços e que seja eleito passa para a inatividade no ato da diplomação (não no ato da posse, como consta da assertiva) – art. 14, § 8°, II, da CF; III: assertiva correta, conforme o art. 38, I, do CE e o art. 105, § 1°, da LE. Gabarito "D".

(Magistratura/PR – 2010 – PUC/PR) Avalie se as frases a seguir são falsas (F) ou verdadeiras (V) e assinale a opção CORRETA:

( ) Até 45 (quarenta e cinco) dias antes da data das eleições, todos os pedidos de registro de candidatos, inclusive os impugnados, e os respectivos recursos devem estar julgados em todas as instâncias, e publicadas as decisões a eles relativas.

( ) Qualquer partido pode reclamar ao Juiz Eleitoral, no prazo de 5 (cinco) dias, da nomeação da Mesa Receptora, devendo a decisão ser proferida em 72 (setenta e duas) horas e desta caberá recurso para o Tribunal Regional, interposto dentro de 3 (três) dias, devendo ser resolvido em igual prazo.

( ) Incorre em crime eleitoral e à pena de pagamento de 90 (noventa) a 120 (cento e vinte) dias-multa o Juiz e os membros da Junta que deixarem de expedir o boletim de apuração imediatamente após a apuração de cada urna e antes de passar à subsequente, sob qualquer pretexto, e ainda que dispensada a expedição pelos Fiscais, Delegados ou candidatos presentes.

( ) Qualquer cidadão que tomar conhecimento de infração penal assim tipificada na Lei Federal n. 4.737/1965 (Código Eleitoral) deverá comunicá-la ao Juiz Eleitoral da Zona onde a mesma se verificou, e a autoridade judicial mandará reduzi-la a termo, caso a comunicação seja verbal, assinado pelo apresentante e por duas testemunhas, com posterior encaminhamento ao órgão do Ministério Público. Não sendo necessários outros esclarecimentos, documentos ou elementos de convicção e verificada a infração penal, o Ministério Público oferecerá denúncia dentro do prazo de 10 (dez) dias, ficando sujeito à representação por parte da autoridade judiciária, caso não a ofereça, sem prejuízo da apuração da responsabilidade penal.

(A) V, F, V, V
(B) F, V, V, V
(C) V, V, F, V
(D) F, F, V, F

1ª: assertiva correta, nos termos do art. 16, § 1°, da LE; 2ª: incorreta, pois o prazo para a decisão do juiz eleitoral é de 48 horas (não 72 horas, como consta da assertiva). O restante da assertiva está correto – art. 63, *caput* e § 1°, da LE; 3ª: correta, pois a tipificação e a pena estão previstas no art. 313 do CE; 4ª: assertiva correta, nos termos do art. 356 do CE. Gabarito "A".

(Ministério Público/MA – 2009) Assinale a alternativa *INCORRETA*.

(A) A inelegibilidade consiste na restrição ao direito político de se candidatar a cargo eletivo, ou seja, não retira a capacidade de votar (a não ser para os inalistáveis), mas apenas a de ser votado para cargo público eletivo.

(B) A inelegibilidade decorrente de condenação pelos crimes contra a economia popular, a fé pública, a administração pública, o patrimônio público, o mercado financeiro, pelo tráfico de entorpecentes e por crimes eleitorais, persiste por cinco (5) anos após a extinção da punibilidade pelo cumprimento da pena, mesmo depois do restabelecimento da inscrição eleitoral.

(C) São hipóteses de cancelamento de inscrição eleitoral a ausência de domicílio eleitoral, duplicidade e pluralidade de inscrições, falecimento do eleitor; alistamento de estrangeiro e alistamento efetuado mediante fraude.

(D) Somente poderá filiar-se a partido o eleitor que estiver no pleno gozo de seus direitos políticos.

(E) Considera-se deferida a filiação partidária, para todos os efeitos, com o atendimento das regras estatutárias do partido.

A: assertiva correta, pois descreve adequadamente a inelegibilidade – ver art. 14 da CF e Lei da Inelegibilidade – LI (LC 64/1990); B: assertiva incorreta. Perceba que, com a Lei da Ficha Limpa (LC 135/2010), o art. 1º, I, *g*, 1, da LI prevê a inelegibilidade dos que forem condenados, em decisão transitada em julgado ou proferida por órgão judicial colegiado, desde a condenação até o transcurso do prazo de 8 anos após o cumprimento da pena, pelos crimes contra a economia popular, a fé pública, a administração pública e o patrimônio público; C: correta, pois, nos termos do art. 71 do CE, são causas de cancelamento (i) a infração dos arts. 5º (pessoas que não sabem se exprimir na língua nacional ou que estejam privadas dos direitos políticos) e 42 (indicação errada do domicílio eleitoral) do CE, (ii) a suspensão ou perda dos direitos políticos, (iii) a pluralidade de inscrição, (iv) o falecimento do eleitor e (v) deixar de votar em 3 (três) eleições consecutivas; D: correta, conforme o art. 16 da Lei dos Partidos Políticos – LPP (Lei 9.096/1995); E: assertiva correta, pois reflete exatamente o disposto no art. 17 da LPP. Gabarito "B".

(Ministério Público/MA – 2009) Assinale a alternativa *CORRETA*.

(A) Para concorrer a cargo eletivo, o eleitor deverá estar filiado ao respectivo partido pelo menos três (3) anos antes da data fixada para as eleições majoritárias ou proporcionais.

(B) Constatada a ocorrência de duplicidade de filiação partidária, o Juiz Eleitoral não deverá declarar a nulidade, pois a questão é considerada *"interna corporis"* dos próprios partidos políticos.

(C) Quem se filia a novo partido deverá comunicar ao órgão de direção municipal do partido anterior e ao Juiz da sua respectiva zona eleitoral, solicitando o cancelamento da sua filiação até o dia imediato ao da nova filiação, sob pena de configurar-se dupla filiação, sendo ambas consideradas nulas para todos os efeitos.

(D) Nos processos relativos à apuração das infrações penais eleitorais, não é cabível a aplicação dos institutos da transação penal e da suspensão condicional do processo, na forma da Lei nº 9.099/1995.

(E) Nos processos relativos à apuração das infrações penais eleitorais, as medidas alternativas de transação penal e de suspensão condicional do processo, desde que aceitas, poderão consistir em prestação pecuniária e prestação de serviços voluntários à comunidade. A transação penal acarreta reincidência, pois sua aceitação importa em reconhecimento de responsabilidade, mas não gera efeitos civis e não constará de certidão de antecedentes criminais, salvo se para efeitos criminais, quando requisitada por autoridade judiciária ou Ministério Público.

A: incorreta, pois o período mínimo de filiação é de um ano antes da data das eleições (não três anos, como consta da assertiva), para que o cidadão possa concorrer a cargo eletivo pelo partido – art. 18 da LPP; B: incorreta, pois em caso de dupla filiação, ambas são nulas para todos os efeitos. A nulidade pode ser declarada judicialmente. Em se tratando de candidato, seu registro será indeferido – art. 22, parágrafo único, da LPP, ver AgR-RESPE 29.606/BA; C: assertiva correta, pois reflete o disposto no art. 22, parágrafo único, da LPP; D: incorreta, pois a transação penal e a suspensão condicional do processo, previstas na Lei 9.099/1995, aplicam-se aos casos de crimes eleitorais – ver RESPE 28.077/RJ e HC 600/MT-TSE; E: assertiva incorreta. A transação penal implica pena restritiva de direitos ou multa, e não acarreta reincidência – art. 76, *caput* e §§ 4º e 6º, da Lei 9.099/1995. Gabarito "C".

(Ministério Público/MA – 2009) Assinale a alternativa *INCORRETA*.

(A) A publicidade dos atos, programas, obras, serviços e campanhas dos órgãos públicos deve ter caráter educativo, informativo ou de orientação social, dela não podendo constar nomes, símbolos ou imagens que caracterizem promoção pessoal de autoridades ou servidores públicos.

(B) Constitui crime eleitoral inutilizar, alterar ou perturbar meio de propaganda devidamente empregado ou, ainda, impedir o exercício de propaganda eleitoral.

(C) A divulgação de pesquisa sem o prévio registro das informações no juízo eleitoral ao qual compete fazer o registro dos candidatos, com no mínimo cinco dias de antecedência da divulgação, sujeita os responsáveis apenas a aplicação de penalidade administrativa de multa.

(D) A divulgação de pesquisa eleitoral fraudulenta constitui crime pelo qual são responsáveis os representantes legais da empresa ou entidade de pesquisa, mas não os representantes legais do órgão veiculador da pesquisa.

(E) Nenhuma autoridade poderá, desde cinco (5) dias antes e até quarenta e oito (48) horas depois do encerramento da eleição, prender ou deter qualquer eleitor, salvo em flagrante delito ou em virtude de sentença criminal condenatória por crime inafiançável, ou, ainda, por desrespeito a salvo-conduto. Os candidatos, desde quinze (15) dias antes da eleição, gozam da garantia de não poderem ser, detidos ou presos, salvo o caso de flagrante delito.

A: assertiva correta, pois reflete exatamente o disposto no art. 37, § 1º, da CF; B: assertiva correta, pois essas condutas são tipificadas nos arts. 331 e 332 do CE; C: assertiva correta, nos termos do art. 33, § 3º, da LE. Note que a divulgação de pesquisa fraudulenta constitui crime – art. 33, § 4º, da LE; D: incorreta, pois os representantes legais da empresa ou entidade de pesquisa e do órgão veiculador podem ser responsabilizados pelo crime de divulgação de pesquisa fraudulenta – art. 35 c/c art. 33, § 4º, da LE; E: assertiva correta, conforme o art. 236, *caput* e § 1º, *in fine*, do CE. Gabarito "D".

(Magistratura/SC – 2008) Observadas as proposições abaixo, assinale a alternativa correta:

I. A prática de qualquer das chamadas condutas vedadas aos agentes públicos em campanha importa na cassação de registro ou de diploma e em multa.

II. É proibida a revisão geral de remuneração de servidores públicos além da mera recomposição inflacionária das perdas relativas ao ano eleitoral, nos três meses que antecedem o pleito até a diplomação dos eleitos.

III. Estão sujeitos às sanções pelas chamadas condutas vedadas aos agentes públicos em campanha não só os que praticarem os atos proibidos, mas também os candidatos beneficiados, ainda que não tenham participado diretamente das ações e que não sejam agentes públicos.

IV. Segundo orientação jurisprudencial é proibida apenas a autorização de publicidade institucional no trimestre anterior ao pleito, e não sua veiculação, não se podendo interpretar ampliativamente o dispositivo legal que restringe direito.

(A) Somente a proposição I está correta
(B) Somente a proposição III está correta
(C) Somente a proposição II está correta
(D) Somente a proposição IV está correta
(E) Todas as proposições estão incorretas

I: a cassação do registro ou do diploma não se aplica a todos os casos – art. 73, § 5º, da LE; II: o prazo proibitivo para a revisão geral começa 180 dias antes da eleição e vai até a data da posse dos eleitos (não da diplomação) – art. 73, VIII, da LE; III: art. 73, § 5º, da LE; IV: é vedada a veiculação da propaganda institucional no período, ainda que a autorização seja anterior – art. 73, VI, *b*, da LE, ver Ag 5.304/SP-TSE. Gabarito "B".

(Magistratura/AL – 2008 – CESPE) Nas eleições municipais de 2008, se o eleitor domiciliado em um município não tiver comparecido para votar, nem justificado a ausência ou pago a multa respectiva no prazo legal, estará sujeito à restrição do direito de

(A) ausentar-se da cidade sem autorização do juiz eleitoral.
(B) obter passaporte ou carteira de identidade.
(C) contrair casamento civil.
(D) obter empréstimos de qualquer instituição financeira.
(E) filiar-se a partido político ou a associação sindical.

Apenas a assertiva em B indica sanção decorrente da omissão do eleitor – art. 7º, § 1º, V, do CE. Gabarito "B".

(Ministério Público/MG - 2008) Assinale a única alternativa **INCORRETA**, no que diz respeito à legislação que norteia as eleições para os diversos cargos no País.

(A) As despesas com transporte ou deslocamento de candidato e de pessoal a serviço das candidaturas são consideradas gastos eleitorais, sujeitos a registro e aos limites fixados na lei.

(B) Na propaganda eleitoral em geral, é permitida a realização de *showmício* e de evento assemelhado para promoção de candidatos, desde que autorizados previamente pela Justiça Eleitoral.

(C) No ano em que se realizar eleição, é possível a distribuição gratuita de bens, valores ou benefícios por parte da Administração, no caso de algumas hipóteses excepcionais estabelecidas pela norma eleitoral.

(D) Nos 3 (três) meses que antecedem o pleito eleitoral, é permitida ao agente público a nomeação ou exoneração de cargos em comissão e designação ou dispensa de funções de confiança.

(E) Nos termos da Lei Complementar nº 64/90, o cidadão não possui legitimidade para pedir a Justiça Eleitoral a abertura de investigação judicial eleitoral para apurar uso indevido, desvio ou abuso do poder econômico ou de autoridade, em benefício de candidato ou de partido político.

A: art. 26, IV, da LE; B: atualmente, não é permitida a realização de showmícios ou de eventos assemelhados – art. 39, § 7º, da LE; C: a vedação não se aplica aos casos de calamidade pública, de estado de emergência ou de programas sociais autorizados em lei e já em execução orçamentária no exercício anterior – art. 73, § 10, da LE; D: art. 73, V, *a*, da LE; E: não é qualquer cidadão que detém essa legitimidade, apenas candidatos, partidos políticos, coligações e o Ministério Público Eleitoral – art. 22, da LI. Gabarito "B".

(Ministério Público/PR – 2008) Analise as afirmativas abaixo e assinale a alternativa correta:

I. A lei que alterar o processo eleitoral entrará em vigor na data de sua publicação, não se aplicando à eleição que ocorra até 1 (um) ano da data de sua vigência.

II. O mandato eletivo poderá ser impugnado ante a Justiça Eleitoral no prazo de quinze dias contados da diplomação, instruída a ação com provas de abuso do poder econômico, corrupção ou fraude.

III. Zonas Eleitorais são unidades territoriais municipais, de natureza administrativa e jurisdicional, criadas para controle de alistamento/transferência eleitoral e recepção de registros de candidaturas, bem assim para definição de competência jurisdicional, cuja titularidade cabe ao Juiz de Direito na função de Juiz Eleitoral.

IV. A Constituição Federal, com a redação determinada pela Emenda Constitucional nº 45/2004, veda o exercício de atividade político partidária ao membro do Ministério Público.

V. O Procurador Regional Eleitoral, membro do Ministério Público Federal, exerce as funções nas causas de competência do Tribunal Regional Eleitoral, enquanto o Promotor Eleitoral, membro do Ministério Público local (estadual ou distrital), atua, pelo princípio da delegação, perante os Juízes e Juntas Eleitorais.

(A) apenas as alternativas I, II e V estão corretas.
(B) apenas as alternativas III, IV e V estão corretas.
(C) as alternativas I e II estão incorretas.
(D) todas as alternativas estão incorretas.
(E) todas as alternativas estão corretas.

I: art. 16 da CF; II: art. 14, § 10, da CF; III: a assertiva é verdadeira – art. 32 do CE; IV: art. 128, § 5º, II, *e*, da CF; V: arts. 77 a 79 da LC 75/1993. Gabarito "E".

(Ministério Público/PR – 2008) Assinale a alternativa INCORRETA:

(A) é assegurada aos partidos políticos autonomia para definir sua estrutura interna, organização e funcionamento e para adotar os critérios de escolha e o regime de suas coligações eleitorais, observada obrigatoriamente a vinculação entre as candidaturas em âmbito nacional, estadual, distrital ou municipal, devendo seus estatutos estabelecer normas de disciplina e fidelidade partidária.

(B) o alistamento se faz mediante a qualificação e inscrição do eleitor. Para o efeito da inscrição, é domicílio eleitoral o lugar de residência ou moradia do requerente, e, verificado ter o alistando mais de uma, considerar-se-á domicílio qualquer delas.

(C) nenhuma autoridade poderá, desde 5 (cinco) dias antes e até 48 (quarenta e oito) horas depois do encerramento da eleição, prender ou deter qualquer eleitor, salvo em flagrante delito ou em virtude de sentença criminal condenatória por crime inafiançável, ou, ainda, por desrespeito a salvo-conduto.

(D) os feitos eleitorais, no período entre o registro das candidaturas até cinco dias após a realização do segundo turno das eleições, terão prioridade para a participação do Ministério Público e dos Juízes de todas as Justiças e instâncias, ressalvados os processos de habeas corpus e mandado de segurança, sendo defeso às autoridades mencionadas deixar de cumprir qualquer prazo desta Lei, em razão do exercício das funções regulares. O descumprimento de tal disposição constitui crime de responsabilidade e será objeto de anotação funcional para efeito de promoção na carreira.

(E) a realização de qualquer ato de propaganda partidária ou eleitoral, em recinto aberto ou fechado, não depende de licença de polícia.

A: não subsiste a regra da verticalização (vinculação das candidaturas nos diversos âmbitos) – art. 17, § 1º, da CF; B: art. 42 do CE; C: art. 236 do CE; D: art. 94 da LE; E: art. 39 da LE. Gabarito "A".

(Ministério Público/SC – 2008)

I. A Seção Eleitoral é a menor fração de uma Zona Eleitoral, sendo aquela criada à medida que aumenta em 1.000 o número de deferimentos de pedidos de inscrição.

II. As Juntas Eleitorais são órgãos colegiados de segunda instância, gozando seus membros, no exercício de suas funções, de plenas garantias da Magistratura de carreira.

III. O voto é obrigatório para os maiores de 18 anos e facultativo para os analfabetos, maiores de 70 anos, inválidos e os maiores de 16 e menores de 18 anos.

IV. Iniciada a apuração, os trabalhos não poderão ser interrompidos, mesmo aos sábados, domingos e feriados, devendo a Junta funcionar, pelo menos, das 8 às 18 horas,

V. À medida em que os votos forem sendo apurados, poderão os fiscais e delegados de partido ou coligação, assim como os candidatos e o Ministério Público apresentar impugnações, precluindo esse direito, se já elaborado e assinado o Boletim de Urna.

(A) apenas II e IV estão corretos.
(B) apenas II, III e IV estão corretos.
(C) apenas III, IV e V estão corretos.
(D) apenas IV e V estão corretos.
(E) apenas I e V estão corretos.

I: cada seção eleitoral tem no mínimo 50 eleitores e no máximo 400 na capital ou 300 em outras localidades – art. 117 do CE; II: as juntas eleitorais têm competências relacionadas à apuração das votações e expedição dos diplomas – art. 40 do CE; III: art. 14, § 1º, da CF; IV: art. 159, § 1º, do CE; V: art. 169 do CE. Gabarito "C".

(Magistratura/AL – 2007 – FCC) A respeito do processo eleitoral, é correto afirmar:

(A) É vedada a propaganda eleitoral nas dependências do Poder Legislativo e a realização de qualquer ato de propaganda eleitoral em recinto aberto depende de prévia licença da polícia.

(B) Para concorrer às eleições, o candidato deverá possuir domicílio eleitoral na respectiva circunscrição pelo prazo de, pelo menos, 6 meses antes do pleito e estar com a filiação deferida pelo partido no mesmo prazo.

(C) Nas eleições proporcionais, a substituição de candidato que for considerado inelegível, renunciar ou falecer após o termo final do prazo do registro, poderá ser feita após nova convenção e até 30 dias do pleito.

(D) Se, antes de realizado o segundo turno, ocorrer, morte, desistência ou impedimento legal de candidato, convocar-se-á, dentre os remanescentes, o de maior votação.

(E) A urna eletrônica disporá de recursos que, mediante assinatura digital, permitam o registro digital de cada voto nela lançado, bem como a identificação da urna em que foi registrado e do eleitor que o lançou.

A: a propaganda eleitoral não depende de licença policial – art. 39 da LE; B: o candidato deve estar filiado ao partido e possuir domicílio eleitoral há pelo menos um ano na circunscrição respectiva – art. 14, § 3º, IV, da CF e art. 9º da LE; C: a substituição é processada pela Comissão Executiva e o prazo para o pedido é de até 60 dias antes do pleito – art. 13, § 3º, da LE e art. 101, §§ 1º e 5º, do CE; D: art. 77, § 4º, da CF; E: o voto é secreto, o que veda a utilização de instrumento de identificação do eleitor em relação ao voto lançado na urna (deve-se garantir seu anonimato) – art. 14, *caput*, da CF e art. 59, § 4º, da LE. Gabarito "D".

(Ministério Público/BA – 2005) Assinale a alternativa correta:

(A) A propaganda eleitoral somente é permitida após o dia 5 de julho do ano da eleição; contudo, ao postulante ao cargo eletivo é permitida a realização, na quinzena anterior à escolha pelo partido, de propaganda intrapartidária com vista à indicação de seu nome, vedado o uso de rádio, televisão e outdoor.

(B) A propaganda eleitoral exercida nos termos da legislação eleitoral poderá ser objeto de multa, decorrente do exercício do poder de polícia do Município, para a preservação das praças, viadutos e do patrimônio público, bem como para preservar a limpeza da cidade e a fachada do patrimônio histórico.

(C) A partir da escolha de candidatos em convenção, é assegurado o direito de resposta somente a candidato (e não aos partidos políticos e as coligações) que tiver sido atingido, ainda que de forma indireta, por conceito, imagem ou afirmação caluniosa, difamatória, injuriosa ou sabidamente inverídica, difundidos por qualquer meio de comunicação social.

(D) As correspondências e as despesas postais não são considerados gastos eleitorais e, portanto, sujeitos a registro e aos limites da lei, ao contrário do que ocorre com a confecção de material impresso, propaganda e publicidade e despesas com transporte e deslocamento.

(E) O agente público, servidor ou não, está proibido de beneficiar qualquer candidato, partido ou coligação, com bens móveis ou imóveis pertencentes à administração direta ou indireta de qualquer das Entidades Federativas, até mesmo para a realização de convenção partidária.

A: art. 36, *caput* e § 1º, da LE; B: a propaganda realizada nos termos da lei não pode ser objeto de multa nem cerceada sob alegação do exercício do poder de polícia – art. 41 LE; C: o direito de resposta é reconhecido em favor não apenas de candidatos, mas também de partidos e coligações – art. 58 da LE; D: todos esses são gastos sujeitos à legislação eleitoral – art. 26 da LE; E: é possível ceder ou usar bens públicos exclusivamente para a realização de convenções partidárias – art. 73, I, *in fine*, da LE. Gabarito "A".

20. ÉTICA PROFISSIONAL

Arthur da Motta Trigueiros Neto[1]

1. ATIVIDADE DE ADVOCACIA E MANDATO

(OAB/Exame Unificado – 2010.1) Em obediência ao que dispõe o Estatuto da Advocacia e da OAB, o advogado que, por motivos pessoais, não mais deseje continuar patrocinando determinada causa deve

(A) renunciar ao mandato e continuar representando seu cliente por trinta dias, salvo se este constituir novo advogado antes do término do prazo.
(B) fazer um substabelecimento sem reservas de poderes para outro advogado e depois comunicar o fato ao cliente.
(C) comunicar ao cliente a renúncia ao mandato e funcionar no processo nos dez dias subsequentes, caso outro advogado não se habilite antes.
(D) comunicar ao cliente a desistência do mandato e indicar outro advogado para a causa, o qual deve ser, obrigatoriamente, contratado pelo cliente.

A: opção incorreta. O prazo é de dez dias após a ciência ao cliente (Lei 8.906/1994, art. 5.º, § 3.º); B: opção incorreta. O advogado pode fazer substabelecimento sem reservas ao advogado que o cliente indicar. Nunca o contrário (Lei 8.906/1994, art. 5.º, § 3.º); C: opção correta. Depois da ciência do cliente, o advogado responde por até dez dias, mas, se outro advogado ingressar no processo antes, o anterior se desobriga (Lei 8.906/1994, art. 5.º, § 3.º); D: opção incorreta. O advogado pode até indicar outro profissional, mas deve, primeiro, comunicar o cliente, sendo a decisão sempre do cliente (Lei 8.906/1994, art. 5.º, § 3.º). „Gabarito "C".

(OAB/Exame Unificado – 2010.1) Prescinde-se de constituição de advogado regularmente inscrito na OAB para o ajuizamento de ação na 1.ª instância da justiça do trabalho, ação, no valor de até vinte salários mínimos, no juizado especial cível,

(A) e habeas corpus.
(B) habeas corpus e ação popular.
(C) habeas corpus e mandado de segurança.
(D) e mandado de segurança.

A: opção correta. Não se exige a capacidade postulatória para a impetração de habeas corpus em qualquer instância ou tribunal (art. 1.º, I, § 1.º, da Lei 8.906/1994). Importante frisar que também não haverá necessidade de intervenção de advogado nas instâncias ordinárias da Justiça do Trabalho (vide Súmula 425, TST), nas causas de até 20 (vinte) salários mínimos, em 1ª instância, nos Juizados Especiais Cíveis Estaduais (Lei 9.099/95) e nos Juizados Especiais Cíveis Federais (Lei 10.259/01); B: opção incorreta. Qualquer cidadão pode ser autor de ação popular, porém deve constituir advogado para ingressar em juízo (Lei 8.906/1994, art. 1.º, I); C: opção incorreta. O mandado de segurança é ajuizado por quem tem capacidade postulatória, ou seja, advogado (Lei 8.906/1994, art. 1.º, I, § 1.º); D: opção incorreta. Vide justificativa apresentada na opção C. „Gabarito "A".

(OAB/Exame Unificado – 2009.3) Assinale a opção correta de acordo com o Regulamento Geral do Estatuto da Advocacia e da OAB.

(A) As funções de diretoria e de gerência jurídicas em qualquer empresa pública, privada ou paraestatal, inclusive em instituições financeiras, são privativas de advogado, permitindo-se, entretanto, seu exercício por quem não esteja inscrito regularmente na OAB.
(B) Considera-se efetivo exercício da atividade de advocacia a participação anual mínima em cinco atos privativos da profissão de advogado, em causas ou questões distintas.
(C) Procurador de Estado está desobrigado de inscrever-se na OAB, visto que sua capacidade postulatória já deriva da própria assunção desse cargo público.
(D) Os honorários de sucumbência a que o advogado empregado faça jus, como regra, devem integrar o salário ou remuneração e, por isso, devem ser considerados para efeitos trabalhistas ou previdenciários.

A: incorreta, visto que se considera atividade privativa de advocacia a assessoria, consultoria e direção jurídica, seja esta última em empresas públicas, privadas ou paraestatais, nos termos do art. 1º, II, do Estatuto da OAB (Lei 8.906/94 - EAOAB) e art. 7º do Regulamento Geral; B: correta, pois, de fato, de acordo com o art. 5º do Regulamento Geral, o efetivo exercício da advocacia decorre da participação anual mínima em cinco atos privativos da advocacia (sobre atividades privativas de advogado, ver art. 1º do ESOAB); C: incorreta, pois o Procurador do Estado, assim como os integrantes da Advocacia Geral da União, da Procuradoria da Fazenda Nacional, das Defensorias Públicas da União e dos Estados, das autarquias e fundações públicas, consoante dispõem o art. 9º do Regulamento Geral e art. 3º, §1º, do EAOAB, são advogados públicos, deles sendo exigida a inscrição nos quadros da OAB; D: incorreta, pois os honorários de sucumbências configuram verba eventual, motivo pelo qual não integram o salário do advogado empregado para fins trabalhistas ou previdenciários (art. 14 do Regulamento Geral). „Gabarito "B".

(OAB/Exame Unificado – 2009.2) No que concerne à capacidade postulatória do advogado, assinale a opção correta.

(A) O advogado que renunciar à procuração que lhe foi outorgada fica obrigado a representar o outorgante pelo prazo de dez dias, a contar da notificação da renúncia, ainda que outro advogado o substitua.
(B) A procuração para o foro confere, em geral, poderes especiais ao advogado.
(C) Em caso de urgência, pode o advogado postular em juízo sem procuração, devendo apresentá-la no prazo de quinze dias.
(D) Caso o advogado não junte procuração, o juiz mandará intimá-lo para que a apresente imediatamente, sob pena de indeferimento da petição inicial.

---

1. Os comentários das questões do Exame Unificado 2010.1 foram feitos pela própria organizadora da prova.

A: incorreta. A renúncia, que é causa de extinção do mandato judicial por ato do advogado, irá obrigá-lo a prosseguir na representação de seu cliente pelo prazo de dez dias, a contar da notificação do ato, salvo se, antes do término de referido prazo, for substituído por outro advogado (art. 5º, § 3º, da Lei 8.906/94 - EAOAB); B: incorreta, pois, como o próprio nome sugere, a procuração para o foro em geral confere ao advogado os poderes necessários a postular em qualquer instância, mas não lhe confere poderes especiais, os quais deverão constar expressamente na procuração (art. 5º, § 2º, da Lei 8.906/94 - EAOAB); C: correta, pois, de fato, se o advogado afirmar urgência, ficará momentaneamente desobrigado a juntar aos autos a procuração. Contudo, deverá juntá-la no prazo de quinze dias, prorrogável por igual período (a prorrogação não é automática!), nos termos do art. 5º, § 1º, da Lei 8.906/94 - EAOAB; D: incorreta, visto que caberá ao advogado, no primeiro momento em que representar o cliente em juízo, anexar aos autos à procuração. Porém, em caso de urgência, poderá fazê-lo sem procuração por até quinze dias, quando, então, deverá juntá-la, prorrogáveis por igual período, por despacho do juiz, consoante dispõe o art. 37 do CPC. Caso não o faça, o advogado não será intimado para que apresente o instrumento não apresentado de mandato. Ao contrário, os atos por ele praticados serão reputados inexistentes. Gabarito "C".

(OAB/Exame Unificado – 2009.2) Acerca do exercício da advocacia, assinale a opção correta.

(A) A única petição que o estagiário pode assinar sozinho é a de solicitação de preferência no julgamento do processo.
(B) Com a instituição das defensorias públicas nos Estados e no DF, regidas por lei específica, os defensores públicos não podem exercer atividade de advocacia e, por isso, não se sujeitam à Lei nº 8.906/1994.
(C) Os procuradores da fazenda nacional, por serem funcionários públicos, não se sujeitam à Lei nº 8.906/1994.
(D) Ao estagiário devidamente inscrito na OAB é permitido praticar os atos privativos de advogado, desde que em conjunto com o advogado e sob sua responsabilidade, podendo assinar isoladamente petição de juntada de documentos.

A: incorreta, visto que, de acordo com o art. 29 do Regulamento Geral, o estagiário, isoladamente, somente poderá realizar as seguintes atividades: I) realizar carga de processos; II) obter certidões cartorárias; III) elaborar petição de juntada de documentos e; iv) realizar serviços extrajudiciais, desde que munido de procuração; B e C: incorretas, visto que, de acordo com o art. 3º, § 1º, da Lei 8.906/94 - EAOAB e art. 9º do Regulamento Geral, os integrantes da Advocacia Geral da União, da Procuradoria da Fazenda Nacional, das Defensorias Públicas da União e dos Estados, das Procuradorias e Consultorias Jurídicas dos Estados e Municípios, bem como das autarquias e fundações públicas, por serem considerados advogados públicos, sujeitam-se aos ditames do EAOAB, sem prejuízo de suas próprias leis de regência (leis orgânicas). Assim, o fato de os defensores públicos não poderem exercer a atividade privada da advocacia não induz pensar que não se sujeitam ao Estatuto da OAB; D: correta, pois, de acordo com o art. 3º, §2º, do Estatuto da OAB, em conjunto e sob a supervisão de um advogado, o estagiário poderá praticar os atos privativos de advocacia (art. 1º, EAOAB), atentando-se ao art. 29 do Regulamento Geral (vide comentário à alternativa A). Gabarito "D".

(OAB/Exame Unificado – 2008.3) Acerca das disposições relativas a mandato judicial previstas no Código de Ética e Disciplina da OAB, julgue os itens subsequentes.

I. A revogação do mandato judicial por vontade do cliente desobriga-o do pagamento das verbas honorárias contratadas, sendo, em razão disso, retirado do advogado o direito de receber eventuais honorários de sucumbência.
II. Tanto o mandato judicial quanto o extrajudicial devem ser outorgados coletivamente aos advogados que integrem a sociedade de que façam parte e exercidos no interesse do cliente, respeitada a liberdade de defesa.
III. Os mandatos judicial e extrajudicial não se extinguem pelo decurso de tempo, desde que permaneça a confiança recíproca entre o outorgante e o seu patrono no interesse da causa.

Assinale a opção correta.

(A) Apenas o item I está certo.
(B) Apenas o item III está certo.
(C) Apenas os itens I e III estão certos.
(D) Apenas os itens II e III estão certos.

I: incorreto (art. 14 do CED). A revogação do mandato não irá desobrigar o cliente de pagar ao advogado os honorários contratados, nem impedirá que ele receba a verba de sucumbência, ainda que proporcionalmente; II: incorreto (art. 15 do CED e art. 15, §3º, do Estatuto da OAB - Lei 8.906/94). O mandato judicial, em caso de sociedade de advogados, deve ser constituído com a participação dos sócios da sociedade. Em outras palavras, a procuração será outorgada individualmente aos sócios, e não à sociedade; III: correto (art. 16 do CED). De fato, o mandato judicial não "caduca" pelo decurso do prazo. Basta que permaneça a confiança recíproca entre cliente e advogado. Gabarito "B".

(OAB/Exame Unificado – 2008.2.SP) Em cada uma das opções a seguir, é apresentada uma situação hipotética relacionada à Lei nº 8.906/1994 — Estatuto da Advocacia e da Ordem dos Advogados do Brasil (OAB) —, seguida de uma assertiva a ser julgada. Assinale a opção que apresenta a assertiva correta.

(A) Adelaide constituiu uma associação e pretende levar o ato de constituição a órgão competente. Nessa situação, para que o ato seja registrado, ele terá, obrigatoriamente, de estar assinado por advogado.
(B) Ronaldo, bacharel em direito não inscrito na OAB, foi preso, em operação da Polícia Federal, em março de 2008, por determinação de juiz federal. Nessa situação, Ronaldo não pode impetrar habeas corpus perante o TRF, por não exercer a profissão de advogado.
(C) Eduardo foi funcionário de uma empresa de seguros por mais de 25 anos e, em março de 2008, recebeu a comunicação de sua demissão. Irresignado, ele pretende ingressar com reclamação trabalhista perante a justiça do trabalho. Nessa situação, para ingressar com a ação na justiça, Eduardo deverá, obrigatoriamente, contratar um advogado.
(D) Carlos é bacharel em direito e, tendo sido aprovado no exame de ordem, foi inscrito na OAB. Nessa situação, ele não pode ingressar com ação de indenização nos juizados especiais, pois o acesso aos juizados é restrito ao cidadão comum.

A: correta, pois, de acordo com o art. 1º, § 2º, da Lei 8.906/94, os atos constitutivos de pessoas jurídicas somente serão admitidos a registro se visados por advogados (há duas exceções apenas: microempresas e empresas de pequeno porte!); B: incorreta, pois a impetração de habeas corpus, consoante prevê o art. 1º, § 1º, da Lei 8.906/94, não exige capacidade postulatória; C: incorreta, visto que o art. 791 da CLT garante a reclamante e reclamado, ao menos nas instâncias ordinárias (vide Súmula 425, TST), o jus postulandi, dispensando-se, pois, a intervenção nos atos processuais de advogados; D: incorreto, visto que o advogado poderá atuar perante os juizados especiais, muito embora sua intervenção seja dispensável nas causas em primeira instância cujo valor não supere vinte salários mínimos (art. 9º da Lei 9.099/95). Gabarito "A".

(OAB/Exame Unificado – 2008.2.SP) Assinale a opção correta acerca da atividade da advocacia prevista no Estatuto da Advocacia e da OAB.

(A) Um estagiário de advocacia regularmente inscrito na OAB/SP está apto a assinar sozinho as contestações e reconvenções dos processos do escritório em que atua.
(B) Alegação final apresentada em audiência por advogado suspenso do exercício profissional é considerada ato nulo.
(C) A procuração, instrumento indispensável para o exercício profissional da advocacia, habilita o advogado para a prática de todos os atos judiciais em prol do seu cliente, sendo sua imediata apresentação exigida até nos casos de urgência.
(D) Ao renunciar ao mandato de cliente, já no dia seguinte, o advogado estará sem a representação do referido cliente, eximindo-se de qualquer responsabilidade sobre a causa.

A: incorreta. O estagiário, isoladamente, somente poderá realizar as atividades constantes no art. 29 do Regulamento Geral. Não poderá, sem a supervisão e atuação conjunta de um advogado, subscrever sozinho contestações e reconvenções, visto que tais atos postulatórios são privativos de advocacia (art. 1º, I, do Estatuto da OAB); B: correta. De acordo com o art. 4º, parágrafo único, da Lei 8.906/94 - Estatuto da OAB, os atos praticados por pessoa incompatível, por advogado impedido, nos limites do impedimento, e por advogado suspenso, são considerados nulos; C: incorreta, pois, em caso de afirmação de urgência, nos termos do art. 5º, § 1º, da Lei 8.906/94, poderá o advogado atuar sem procuração, devendo, contudo, juntá-la aos autos em quinze dias, prorrogáveis por igual período, por despacho do juiz (art. 37, CPC); D: incorreta, pois, nos termos do art. 5º, § 3º, da Lei 8.906/94, caberá ao advogado prosseguir na representação judicial de seu ex-cliente pelo prazo de dez dias, salvo se outro advogado substituí-lo nesse interregno. Gabarito "B".

(OAB/Exame Unificado – 2008.1) João, administrador de empresas desempregado, e Júlio, mecânico, por não disporem dos recursos financeiros necessários à constituição de advogado, resolveram ingressar em juízo pessoalmente. João impetrou *habeas corpus* em favor de seu irmão Jânio, e Júlio ingressou com ação no juizado especial civil.

Tendo como referência essa situação hipotética, assinale a opção correta.

(A) Apenas na impetração de *habeas corpus* é possível ingressar em juízo pessoalmente, prescindindo-se da constituição de advogado.
(B) Em ambas as circunstâncias descritas, seria impossível ingressar em juízo sem constituir advogado.
(C) Para ingressar com ação no juizado especial civil sem constituir advogado, é necessário que se comprove formação universitária.
(D) Tanto na impetração de *habeas corpus* quanto no juizado especial civil, em causas cujo valor seja inferior a vinte salários mínimos, é possível ingressar em juízo pessoalmente, prescindindo-se da constituição de advogado.

De acordo com o art. 1º, I, do Estatuto da OAB (Lei 8.906/94 - EAOAB), a postulação em juízo é atividade privativa da advocacia. Contudo, são admitidas algumas exceções, especialmente em razão do julgamento da ADIn 1.127-8 pelo STF, a saber: I) impetração de habeas corpus em qualquer instância ou tribunal (art. 1º, § 1º, do EAOAB); II) postulação nas causas de até 20 (vinte) salários mínimos, em primeira instância, nos Juizados Especiais Cíveis estaduais (art. 9º da Lei 9.099/95); III) jus postulandi na Justiça do Trabalho (vide art. 791, CLT e Súmula 425, TST). Gabarito "D".

(OAB/Exame Unificado – 2008.1.SP) Alberto, estagiário de renomado escritório de advocacia da capital paulista, está inscrito na OAB/SP desde março de 2008 e acompanha os processos do escritório, sob a responsabilidade de um advogado, perante as varas cíveis da primeira instância da capital, bem como no Tribunal de Justiça de São Paulo (TJ/SP). Considerando essa situação hipotética, assinale a opção correta de acordo com a norma em vigor.

(A) Alberto pode assinar petição de juntada de documento em processo em curso perante qualquer vara cível da capital, sem a assinatura conjunta do advogado por ele responsável.
(B) Mesmo com autorização do advogado responsável, Alberto não pode retirar autos em cartório.
(C) Por estar regularmente inscrito na OAB como estagiário, Alberto pode participar, sem a presença do advogado responsável, das audiências do escritório que estejam em curso nas varas cíveis de primeira instância.
(D) Alberto pode assinar isoladamente apenas as contra-razões de apelação perante o TJ/SP, não lhe sendo permitido fazer qualquer sustentação oral nos julgamentos.

A: correta, nos termos do art. 29, § 1º, III, do Regulamento Geral (o estagiário, mesmo sozinho, poderá elaborar petição de juntada de documentos); B: incorreta, nos termos do art. 29, § 1º, I, do Regulamento Geral (o estagiário poderá fazer carga dos autos judiciais, desde que, é claro, tenha procuração ou substabelecimento nos autos); C: incorreta, visto que o art. 29 do Regulamento Geral não traz essa possibilidade (o estagiário somente pode participar de audiências se estiver com o advogado responsável pela causa); D: incorreta, visto que o art. 29 do Regulamento Geral não permite a um estagiário a assinatura isolada de contra-razões de apelação (apenas de petição de juntada de documentos!). Gabarito "A".

(OAB/Exame Unificado – 2007.3.SP) Dra. Cristina, advogada, recebeu procuração de sua cliente para propor ação de separação judicial, o que foi feito, após prolongada fase probatória, audiências e recurso a instância superior. Após o trânsito em julgado, com as expedições e registros de mandado de averbação competente e formal de partilha de bens, os autos foram arquivados. Após 15 meses, Dra. Cristina foi procurada por essa mesma cliente, que lhe solicitou a propositura de ação de divórcio, entendendo esta que a contratação anterior se estenderia também a essa causa, apesar de nada constar na procuração e no contrato de honorários, restritos à separação judicial. Considerando essa situação hipotética, assinale a opção correta de acordo com a norma em vigor.

(A) Por se tratar de direito de família, o acessório (divórcio) acompanha o principal, a separação, sem necessidade de nova procuração.
(B) Não é necessária nova procuração, mas devem ser cobrados novos honorários.
(C) Uma vez concluída a causa ou arquivado o processo, presumem-se o cumprimento e a cessação do mandato, sendo necessários nova procuração para o pedido de divórcio e novo contrato de honorários.
(D) Não é necessária nova procuração desde que se proponha conversão da separação em divórcio, de forma consensual.

Nos termos do art. 10 do Código de Ética e Disciplina - CED, presume-se cumprido e cessado o mandato uma vez concluída a causa ou arquivado o processo. Trata-se de presunção de extinção do mandato. Este não precisará ser revalidado pelo decurso do tempo, permanecendo vigente enquanto houver confiança recíproca entre advogado e cliente. Gabarito "C".

(OAB/Exame Unificado – 2007.2) Em relação à atividade do advogado, assinale a opção correta de acordo com o Regulamento Geral da OAB.

(A) A diretoria de empresa privada de advocacia pode ser exercida por quem não se encontre regularmente inscrito na OAB.
(B) O advogado da Caixa Econômica Federal é considerado advogado público pelo Regulamento Geral da OAB.
(C) Os integrantes da advocacia pública são elegíveis e podem integrar qualquer órgão da OAB.
(D) A prática de atos privativos de advogado por terceiros não inscritos na OAB é permitida desde que autorizada por dois terços dos integrantes do Conselho Federal da OAB.

A: incorreta, visto que não existe essa possibilidade no Regulamento Geral. Outrossim, importante relembrar que a direção jurídica é atividade privativa de advocacia, nos termos do art. 1º, II, do Estatuto da OAB (Lei 8.906/94); B: incorreta, pois, nos termos do art. 9º do Regulamento Geral, somente os advogados de autarquias e fundações públicas são considerados advogados públicos, sendo certo que a CEF é empresa pública federal; C: correta, de acordo com o art. 9º, parágrafo único, do Regulamento Geral; D: incorreta, nos termos do art. 4º do Regulamento Geral (a prática de atos privativos de advocacia por terceiros não inscritos na OAB configura exercício ilegal da profissão, e, portanto, contravenção penal - art. 47, LCP). Gabarito "C".

(OAB/Exame Unificado – 2007.1) Em 5/2/2007, José Silva, advogado, notificou pessoalmente seu cliente da renúncia ao mandato outorgado nos autos de ação cível, pelo rito ordinário, ajuizada pela União. O Diário de Justiça de 8/2/2007 publicou a intimação para que as partes especificassem provas que desejavam produzir. Considerando a situação hipotética acima e o que dispõe o Estatuto da Advocacia, assinale a opção correta.

(A) José Silva deverá apresentar petição de especificação de provas na hipótese de seu cliente não ter constituído novo advogado nos autos.
(B) José Silva deverá comunicar ao seu cliente da publicação da intimação para que ele providencie outro advogado para cumpri-la.
(C) O juiz deve reabrir o prazo para especificação de provas porque uma das partes estava sem advogado nos autos.
(D) O cliente pode se dirigir diretamente ao juiz e informar as provas que pretende produzir, juntando aos autos a notificação de renúncia de seu advogado.

Nos termos do art. 5º, § 3º, da Lei 8.906/94 (Estatuto da OAB), o advogado que renunciar ao mandato deverá permanecer representando judicialmente seu ex-cliente pelo prazo de dez dias, salvo se for substituído em prazo inferior. Gabarito "A".

(OAB/Exame Unificado – 2006.3) Um advogado foi contratado por um cliente para atuar, em substituição a outro advogado, em um processo que tramita na primeira vara cível de uma capital há 10 anos, dos quais há dois anos está concluso para sentença. Considerando-se a situação hipotética acima e o que dispõe o Código de Ética e Disciplina da Ordem dos Advogados do Brasil (CED–OAB), o advogado contratado deverá

(a) juntar aos autos novo instrumento de procuração e requerer que as futuras intimações sejam feitas em seu nome, assim como pedir ao juiz que intime o afastamento do advogado que atuava anteriormente no processo.
(b) requerer ao juiz da causa que declare a extinção do mandato do advogado que atuava no processo.

(C) orientar o cliente para revogar a procuração outorgada ao outro advogado mediante ação judicial prevista no Livro de Procedimentos Especiais do Código de Processo Civil.

(D) entrar em contato com o advogado que já atua no caso e solicitar-lhe substabelecimento ou renúncia ao mandato.

Nos termos do art. 11 do CED (Código de Ética e Disciplina), o advogado não deve aceitar procuração de quem já tenha patrono constituído, sem prévio conhecimento deste, salvo por motivo justo ou para adoção de medidas judiciais urgentes e inadiáveis. Gabarito "D".

(OAB/Exame Unificado – 2006.2) Acerca do que consta no Regimento Geral da OAB, assinale a opção correta.

(A) Em sociedade de economia mista, a função de diretoria ou gerência jurídicas é privativa de advogado inscrito regularmente na OAB.

(B) Os advogados públicos sujeitam-se exclusivamente ao regime do Estatuto, do Regulamento Geral e do Código de Ética e Disciplina da OAB e não à legislação aplicada aos demais servidores públicos.

(C) É permitido que advogado de pessoa jurídica figure, nos mesmos processos judiciais, como preposto, se houver poderes especiais.

(D) Em regra, os honorários de sucumbência fixados em favor dos advogados empregados pertencem aos seus empregadores, pois integram a remuneração dos advogados.

A: correta, pois, nos termos do art. 7º do Regulamento Geral, a função de diretoria ou gerência jurídicas, seja em empresas públicas, privadas ou paraestatais, é privativa de advogado; B: incorreta, visto que os advogados públicos, sem prejuízo das regras previstas no Estatuto da OAB, também sujeitam-se à legislação local (leis orgânicas de suas carreiras ou leis regentes do "funcionalismo" público); C: incorreta, nos termos do art. 3º do Regulamento Geral; D: incorreta, visto que, de acordo com o art. 14 do Regulamento Geral, os honorários de sucumbência não integram a remuneração dos advogados. De outra borda, o STF, no julgamento da ADIn 1.194, admitiu a possibilidade de acordo quanto à destinação dos honorários sucumbenciais, os quais, em regra, pertencerão ao advogado da parte vencedora. Contudo, havendo disposição em contrário, esta poderá prevalecer. Gabarito "A".

2. DIREITOS DO ADVOGADO

(OAB/Exame Unificado – 2011.2) O advogado Antônio é convocado para prestar depoimento como testemunha em ação em que um dos seus clientes é parte. Inquirido pelo magistrado, passa a tecer considerações sobre fatos apresentados pelo seu cliente durante as consultas profissionais, mesmo sobre estratégias que havia sugerido para a defesa do seu cliente. Não omitiu quaisquer informações. Posteriormente à audiência, foi notificado da abertura de processo disciplinar pelo depoimento prestado.

Em relação ao caso acima, com base nas normas estatutárias, é correto afirmar que

(A) no caso em tela, houve justa causa, capaz de permitir a revelação de dados sigilosos.

(B) o sigilo profissional é uma faculdade do advogado.

(C) inquirido pelo magistrado, o advogado não pode se escusar de depor e prestar informações.

(D) a quebra do sigilo profissional, ainda que judicialmente, como no caso, é infração disciplinar.

A: incorreta, pois, de acordo com o art. 7º, XIX, do Estatuto da OAB (Lei 8.906/94 – EAOAB), é prerrogativa (e dever!) do advogado recusar-se a depor como testemunha em processo no qual funcionou ou deva funcionar, ou sobre fato relacionado com pessoa de quem seja ou foi advogado, mesmo quando autorizado ou solicitado pelo constituinte, bem como sobre fato que constitua sigilo profissional. Outrossim, o art. 26 do Código de Ética e Disciplina (CED), em reforço, determina que o advogado deve (de dever!) guardar sigilo sobre os fatos que tome conhecimento em razão da relação com seu cliente (ou ex-cliente). Somente poderia haver a quebra do sigilo profissional em casos de grave ameaça à vida, à honra ou se o cliente afrontasse o advogado, nos termos do art. 25 do CED; B: incorreta, pois, como visto, o sigilo profissional não é faculdade, mas um dever do advogado (e, também, uma prerrogativa); C: incorreta, visto que a própria lei (Estatuto da OAB) prevê ao advogado poder recusar-se a prestar depoimento na qualidade de testemunha (art. 7º, XIX, do EAOAB); D: correta. De fato, a quebra do sigilo profissional é considerada infração disciplinar, nos termos do art. 34, VII, do EAOAB, passível de punição (pena de censura). Gabarito "D".

(OAB/Exame Unificado – 2011.2) Manoel, empresário, promove ação de separação judicial litigiosa em face de Maria, sua esposa, alegando graves violações aos deveres do casamento, entre as quais abandono material e moral das duas filhas do casal. Anexa documento comprovando que sua esposa deixara as menores em casa para comparecer a festas em locais distantes, o que lhes causou riscos à saúde física e mental. Apesar de as normas sobre o tema determinarem o sigilo, o processo tramita como se fosse público. O advogado do autor comunica o fato ao juiz que preside o processo e ao escrivão que chefia o cartório judicial. Baldados foram os seus esforços. Em relação ao caso acima, à luz das normas estatutárias, é correto afirmar que

(A) não pode reclamar para outra autoridade, já tendo apresentado a primeira ao juiz da causa.

(B) a publicidade do processo constitui mera irregularidade, infensa a medidas de qualquer naipe.

(C) o advogado atuou corretamente ao reclamar do descumprimento de lei.

(D) a reclamação deve ser escrita.

Nos termos do art. 7º, XI, do Estatuto da OAB (Lei 8.906/94 – EAOAB), configura prerrogativa do advogado reclamar, verbalmente ou por escrito, perante qualquer juízo, tribunal ou autoridade, contra a inobservância de preceito de lei, regulamento ou regimento. Portanto, tendo havido a inobservância de preceito legal (in casu, da restrição à publicidade, ainda mais em matéria de direito de família, em que a intimidade das partes envolvidas justifica a decretação de segredo de justiça), agiu corretamente o advogado em apresentar reclamação, que pode ser escrita ou verbal, ao juiz competente. Correta, pois, a alternativa C. Gabarito "C".

(OAB/Exame Unificado – 2011.2) Conceição promove ação possessória em face de vários réus que ocuparam imóvel sem construção, de sua propriedade, em área urbana. Houve a designação de audiência de conciliação, com a presença dos réus e dos seus advogados. Na audiência, visando organizar o ato, o magistrado proibiu que os advogados se mantivessem de pé, bem como saíssem do local durante a sua realização.

Com base no que dispõe o Estatuto da Advocacia e as leis regentes, é correto afirmar que

(A) caso o advogado necessite retirar-se do local, deve postular licença à autoridade.

(B) o advogado pode permanecer sentado ou de pé nos recintos do Poder Judiciário.

(C) pode permanecer de pé, caso autorizado pela autoridade competente.

(D) o advogado deve permanecer sentado na sala de audiências até o final do ato.

De acordo com o art. 7º, VII, do Estatuto da OAB (Lei 8.906/94 – EAOAB), é direito do advogado permanecer sentado ou em pé nas salas de sessões dos tribunais, nas salas e dependências de audiências, secretarias, cartórios, ofícios de justiça, serviços notariais e de registro, delegacias, em qualquer edifício ou recinto em que funcione repartição judicial ou outro serviço público, em qualquer assembleia ou reunião de que participe ou possa participar o seu cliente, podendo retirar-se de quaisquer locais anteriormente indicados independentemente de licença. Em suma, poderá o advogado permanecer sentado ou em pé em todos os locais referidos, não se podendo exigir o contrário. Gabarito "B".

(OAB/Exame Unificado – 2011.2) Na Secretaria Municipal de Fazenda, tramita procedimento administrativo relacionado à imposição do IPTU em determinada área urbana. O proprietário do imóvel contrata o advogado Juliano para solucionar a questão. Portando mandato extrajudicial, o advogado dirige-se ao local e, em face dos seus conhecimentos pessoais, obtém o ingresso no recinto da secretaria e recebe as informações pertinentes, apresentando, por petição, os esclarecimentos necessários. Em um dos dias em que atuava profissionalmente, viu-se interpelado por um dos chefes de seção, que questionou sua permanência no local, proibida por atos regulamentares.

Diante disso, é correto afirmar que

(A) as características especiais dos órgãos fazendários limitam os direitos dos advogados.

(B) o ingresso em quaisquer recintos de repartições públicas, no exercício da profissão, é direito dos advogados.

(C) o advogado não pode ter acesso a procedimentos administrativos, salvo com autorização da autoridade competente.
(D) a questão em tela está vinculada à proteção do sigilo profissional.

A: incorreta, pois, de acordo com o art. 7º, VI, alínea "c", do Estatuto da OAB (Lei 8.906/94 – EAOAB), é direito do advogado ingressar em qualquer edifício ou recinto em que funcione repartição judicial ou outro serviço público no qual deva praticar ato ou colher prova ou informação útil ao exercício da atividade profissional, dentro do expediente ou fora dele, e ser atendido, desde que se ache presente qualquer servidor ou empregado. Portanto, nenhum ato regulamentar (ex.: portarias, comunicados, ordens de serviço etc) poderia cercear uma prerrogativa profissional legalmente instituída; B: correta, conforme art. 7º, VI, alínea "c", do EAOAB; C: incorreta, pois é direito do advogado ter acesso a procedimentos administrativos ou judiciais de qualquer natureza, conforme prevê o art. 7º, XV, do EAOAB; D: incorreta, pois o sigilo em processos judiciais ou administrativos constituem óbice ao acesso por advogados sem procuração. Contudo, sendo esta apresentada, referido óbice terá fim. Gabarito "B".

(OAB/Exame Unificado – 2011.2) A Administração Pública, por meio de determinado órgão, promove processo administrativo de natureza disciplinar em face do servidor público Francisco. O servidor contrata o advogado Sócrates para defendê-lo. Munido do instrumento de mandato, Sócrates requer vista dos autos do processo administrativo e posteriores intimações. O requerimento foi indeferido pela desnecessidade de advogado atuar no referido processo.

Com base no relatado acima, à luz das normas estatutárias, é correto afirmar que

(A) o direito de vista é aplicável ao processo administrativo.
(B) o advogado não tem direito de atuar em processo administrativo.
(C) nos processos disciplinares, a regra é a da presença do advogado.
(D) a atuação do advogado é obrigatória nos processos administrativos.

A e B: incorretas. Primeiramente, é direito do advogado, nos termos do art. 7º, XV, do Estatuto da OAB (Lei 8.906/94 – EAOAB), ter vista dos processos judiciais ou administrativos de qualquer natureza, em cartório ou na repartição competente, ou retirá-los pelos prazos legais. Outrossim, o fato de um processo administrativo de natureza disciplinar eventualmente dispensar a defesa por advogado não induz pensar em negativa ao direito de o acusado ser defendido por um; C e D: incorretas, pois, de acordo com a Súmula vinculante nº 5, do STF, a falta de defesa técnica por advogado no processo administrativo disciplinar não ofende a Constituição. Contudo, é certo, havendo previsão infraconstitucional da necessidade de defesa técnica em processo administrativo disciplinar, deverá haver a participação do advogado, sob pena de nulidade por ofensa ao devido processo legal (art. 5º, LIV, CF). Gabarito "A".

(OAB/Exame Unificado – 2011.2) No julgamento da ação envolvendo Manoel e Joaquim, o relator do processo assacou diversas acusações contra os representantes judiciais das partes, inclusive relacionadas à litigância de má-fé. Os advogados requereram a palavra, que foi indeferida, sendo retirados do recinto por servidores do Tribunal. Requereram, então, as medidas próprias à OAB.

Com base nesse cenário, à luz das regras estatutárias, é correto afirmar que

(A) é situação típica de desagravo pela atuação profissional dos advogados.
(B) esses litígios devem ser resolvidos no âmbito do processo judicial.
(C) inexistem medidas administrativas a realizar no âmbito da OAB.
(D) a separação entre a atividade do juiz e a do advogado bloqueia a atividade da OAB.

A: correta, pois usar da palavra, pela ordem, em qualquer juízo ou tribunal, mediante intervenção sumária, para esclarecer equívoco ou dúvida surgida em relação a fatos, documentos ou afirmações que influam no julgamento, bem como para replicar acusação ou censura que lhe forem feitas, é prerrogativa dos advogados, consoante art. 7º, X, do Estatuto da OAB (Lei 8.906/94 – EAOAB). Destarte, havendo violação às prerrogativas dos advogados, caberá a promoção de desagravo público, nos moldes do art. 7º, XVII e §5º, do EAOAB, que consistirá na realização de uma sessão pública solene, cujo fim último é repudiar o ato cerceador de prerrogativas profissionais dos advogados; B: incorreta, pois a violação a uma prerrogativa profissional, sem prejuízo de poder ser solucionada processualmente, é fato gerador de realização de desagravo público pela OAB; C: incorreta, pois, como visto, a violação a prerrogativas dos advogados dá margem a medidas administrativas realizadas no âmbito da OAB (sessão de desagravo público); D: incorreta, pelas mesmas razões já citadas anteriormente. Gabarito "A".

(OAB/Exame Unificado – 2011.2) A empresa Frios e Gelados S.A. promove ação de responsabilidade civil em face da empresa Calor e Chaud Ltda. No curso do processo, surge decisão judicial, atacada por recurso apresentado pelo representante judicial da empresa autora, o advogado Lúcio. Tal recurso não tem previsão legal de sustentação oral. Apesar disso, o advogado comparece à sessão de julgamento e requer ao tribunal o tempo necessário para a sustentação referida.

Nos termos das normas estatutárias, é correto afirmar que

(A) a sustentação oral dependerá do relator do recurso.
(B) o direito à sustentação oral será por trinta minutos.
(C) é direito do advogado a sustentação oral em todos os recursos.
(D) o direito à sustentação oral está vinculado à sua previsibilidade recursal.

A, B e C: incorretas, pois o STF, no julgamento da ADIn 1.105-7, declarou inconstitucional o art. 7º, IX, do Estatuto da OAB (Lei 8.906/94 – EAOAB), que previa a prerrogativa dos advogados de sustentarem oralmente as razões de qualquer recurso perante o Judiciário e Administração Pública, após o voto do relator, pelo prazo de quinze minutos, salvo se outro maior fosse concedido. Assim, não é prerrogativa do advogado fazer sustentação oral em qualquer recurso; D: correta. De fato, a sustentação oral vincula-se à previsão normativa de tal ato de defesa. Em outras palavras, havendo previsão legal ou nos regimentos internos dos tribunais, será deferida ao advogado a sustentação oral. Gabarito "D".

(OAB/Exame Unificado – 2011.1) Túlio, advogado, é surpreendido ao praticar crime inafiançável, sendo preso em flagrante pela autoridade policial. A OAB é comunicada, e, por meio de membro da Comissão de Prerrogativas, acorre advogado ao local onde estão sendo realizados os trâmites procedimentais. Nos termos das normas estatutárias, é correto afirmar que

(A) a prisão do advogado que demanda a intervenção da OAB é a originária do exercício profissional.
(B) o fato de a prisão atingir advogado indica a presença do representante da OAB.
(C) a prisão preventiva é aquela que está circunscrita na atuação da OAB.
(D) só a prisão determinada pelo juiz é que permite a participação dos representantes da OAB.

A: correta. A prerrogativa referente à presença de representante da OAB ao ato de lavratura do auto de prisão em flagrante está diretamente ligada ao exercício profissional. Assim, somente por motivo ligado à advocacia é que o advogado terá o direito de ver um membro da OAB assistir ao ato policial (art. 7º, IV, do Estatuto da OAB – EAOAB – Lei 8.906/94). Caso contrário, estaríamos diante de privilégio infundado; B: incorreta. Como visto, somente por motivo ligado ao exercício profissional é que a prerrogativa em questão deverá ser observada; C: incorreta. A prerrogativa prevista no EAOAB diz respeito apenas à prisão em flagrante, não se estendendo à prisão preventiva (art. 7º, IV, EAOAB); D: incorreta. Ao contrário, a prisão realizada pela autoridade policial é que permite e determina a presença física de um representante da OAB, e não aquela decretada judicialmente (prisão preventiva ou prisão temporária). Gabarito "A".

(OAB/Exame Unificado – 2011.1) Hércules, advogado recém-formado, é procurado por familiares de uma pessoa que descobriu, por vias transversas, estar sendo investigada em processo sigiloso, mas não tem ciência do objeto da investigação. Sem portar instrumento de procuração, dirige-se ao órgão investigador competente para obter informações, identificando-se como advogado do investigado. A autoridade competente, em decisão escrita, indefere o postulado, por estar ausente o instrumento do mandato e, ainda, ser a investigação sigilosa. Diante dessas circunstâncias, à luz da legislação aplicável, é correto afirmar que

(A) o acesso a processo sigiloso é possível aos advogados somente quando requeiram a prática de ato.
(B) o acesso dos advogados dos interessados a processos sigilosos romperia com a proteção que eles mereceriam.
(C) mesmo sem urgência, a atuação do advogado poderia ocorrer, sem mandato, em processo sigiloso.
(D) o processo sigiloso é acessível a advogado portando instrumento de mandato.

A: incorreta. De acordo com o art. 7º, XIII, do Estatuto da OAB (EAOAB – Lei 8.906/94), é direito do advogado examinar, em qualquer órgão dos Poderes Judiciário e Legislativo, ou da Administração Pública em geral, autos de processos findos ou em andamento, mesmo sem procuração, quando não estejam sujeitos a sigilo, assegurada a obtenção de cópias, podendo tomar apontamentos. Portanto, mesmo que os advogados não requeiram a prática de qualquer ato, lhes assiste o direito de simplesmente consultar/examinar autos de processos findos ou em andamento; B: incorreta. É direito do advogado, como visto, acessar autos de processos findos ou em andamento, mesmo sem procuração, desde que não estejam sujeitos a sigilo. Nesse caso, somente com procuração o advogado terá acesso aos autos; C: incorreta. Como visto, o art. 7º, XIII, do EAOAB, permite o acesso do advogado a autos de processos administrativos ou judiciais, mesmo sem procuração, desde que não estejam acobertados pelo sigilo. Caso contrário, apenas com procuração da parte interessada (leia-se: parte processual) é que o advogado poderá examinar os autos; D: correta (art. 7º, XIII, EAOAB). Gabarito "D".

(OAB/Exame Unificado – 2010.3) O magistrado Mévio, de larga experiência forense, buscando organizar o serviço do seu cartório, edita Portaria disciplinando o horário de atendimento das partes e dos advogados não coincidente com o horário forense. Os processos passam a ser distribuídos, por numeração, com a responsabilização individual de determinados servidores. Estabeleceu-se que os autos de final 0 a 3 teriam atendimento ao público, aí incluídos advogados, das 11h às 13h, e daí sucessivamente. Com tal organização, obteve o cumprimento de todas as metas estabelecidas pela Corregedoria do Tribunal. À luz da legislação estatutária, assinale a alternativa correta quanto a essa atitude.

(A) A Administração dos órgãos do Poder Judiciário é autônoma, podendo ocorrer ato do magistrado impondo restrições ao advogado.
(B) O ato normativo do magistrado colide frontalmente com o direito dos advogados de serem atendidos a qualquer momento pelo Magistrado e servidores públicos.
(C) As metas de produção determinadas pelos órgãos de controle do Poder Judiciário justificam a restrição dos direitos dos advogados de acesso aos autos e aos agentes públicos.
(D) O princípio da eficiência sobrepõe-se aos interesses das partes e dos advogados, seguindo moderna tendência da Administração Pública.

A: incorreta, visto que a Portaria baixada pelo magistrado Mévio, disciplinadora do horário de atendimento das partes e dos advogados pelo seu cartório judicial, conflita diretamente com o disposto no art. 7º, VI, alíneas "b" e "c", e VIII, todos do Estatuto da OAB (EAOAB – Lei 8.906/94); B: correta, pois, tal como visto na alternativa anterior, o ato normativo editado pelo magistrado colide com *direitos do advogado* expressamente previstos no já citado art. 7º do EAOAB, quais sejam, o de *ingressar livremente* nas salas e dependências de audiências, *cartórios, ofícios de justiça, sem prévio agendamento,* bem como de dirigir-se diretamente aos magistrados nas salas e gabinetes de trabalho, *independentemente de horário previamente marcado* ou outra condição, observando-se a ordem de chegada (art. 7º, VI, "b" e "c" e VIII, do EAOAB); C: incorreta, visto que, à luz do regramento legal, nenhuma meta de produção do Judiciário pode justificar a restrição de prerrogativas legalmente estabelecidas aos advogados; D: incorreta, na medida em que o princípio constitucional da eficiência da Administração Pública não pode ser tomado em sua acepção leiga como razão para o cerceamento dos direitos dos advogados. Gabarito "B".

(OAB/Exame Unificado – 2010.3) O advogado Ademar é surpreendido por mandado de busca e apreensão dos documentos guardados no seu escritório, de forma indiscriminada. Após pesquisa, verifica que existe processo investigando um dos seus clientes e a ele mesmo. Apesar disso, os documentos de toda a sua clientela foram apreendidos. Diante do narrado, é correto afirmar que

(A) a proteção ao escritório do advogado não se inclui na hipótese versada.
(B) houve excesso na apreensão de todos os documentos da clientela do advogado.
(C) a inviolabilidade do escritório de advocacia é absoluta.
(D) a prática é correta, em função de a investigação atingir o advogado.

A: incorreta, pois a busca e apreensão nos escritórios de advocacia vêm disciplinadas no art. 7º, II e §§ 6º e 7º, do Estatuto da OAB (EAOAB – Lei 8.906/94), que lhes garante não apenas a inviolabilidade do escritório, *excetuadas as hipóteses autorizadoras previstas nos dispositivos citados*, mas também dos instrumentos de trabalho; B: correta, pois, para que referida diligência (busca e apreensão) seja efetivada, mister a observância da regra-matriz que rege o tema, qual seja, a de ser garantida a *inviolabilidade do escritório ou local de trabalho do advogado,* bem como de seus *instrumentos de trabalho,* de sua correspondência escrita, eletrônica, telefônica e telemática, desde que relativas ao exercício da advocacia (art. 7º, II, do EAOAB), admitindo-se, no entanto, a "quebra da inviolabilidade" desde que presentes os requisitos constantes dos §§ 6º e 7º do EAOAB; C: incorreta, pois, como visto nos comentários à alternativa anterior, a inviolabilidade do escritório *não é absoluta,* sendo admitida, repita-se, desde que preenchidos os requisitos legais (art. 7º, II e §§ 6º e 7º, do EAOAB); D: incorreta, visto que a mera existência de investigação contra o advogado não é fundamento suficiente à "quebra" da inviolabilidade de seu escritório e a apreensão indiscriminada de documentos, ferindo, por evidente, o direito à intimidade dos clientes (art. 7º, II, e §§ 6º e 7º, EAOAB). Gabarito "B".

(OAB/Exame Unificado – 2010.3) Tertúlio, advogado, testemunha a ocorrência de um acidente de trânsito sem vítimas, envolvendo quatro veículos automotores. Seus dados e sua qualificação profissional constam nos registros do evento. Posteriormente, em ação de responsabilidade civil, o advogado Tertúlio é arrolado como testemunha por uma das partes. No dia designado para o seu depoimento, alega que estaria impossibilitado de realizar o ato porque uma das pessoas envolvidas poderia contratá-lo como profissional, embora, naquele momento, nenhuma delas tivesse manifestado qualquer intenção nesse sentido. A respeito do tema, é correto dizer que

(A) o depoimento do advogado, no caso, é facultativo.
(B) somente poderia prestar depoimento após a intervenção de todas as partes no processo.
(C) o advogado é suspeito para prestar depoimento no caso em tela.
(D) a possibilidade decorre da ausência de efetiva atuação profissional.

A: incorreta, pois constitui direito do advogado o de recusar-se a depor como testemunha *em processo no qual funcionou ou deva funcionar,* ou sobre fato relacionado com pessoa de quem *seja ou foi advogado* (art. 7º, XIX, do EAOAB – Lei 8.906/94), devendo, assim, resguardar o sigilo profissional sobre o que saiba *em razão de seu ofício* (art. 26 do CED – Código de Ética e Disciplina), inexistindo facultatividade no cumprimento do dever em comento; B: incorreta, pelas mesmas razões expostas na alternativa anterior; C: incorreta, visto inexistir qualquer previsão legal no sentido de tornar o advogado suspeito de depor como testemunha em processo no qual não patrocine a causa para qualquer das partes; D: correta, pois, como visto na alternativa "A", o advogado tem o dever de recusar a prestar depoimento, na qualidade de testemunha, sobre fatos que conheça em razão de seu ofício (art. 7º, XIX, do EAOAB e art. 26 do CED). Gabarito "D".

(OAB/Exame Unificado – 2010.2) Renato, advogado em início de carreira, é contactado para defender os interesses de Rodrigo que está detido em cadeia pública. Dirige-se ao local onde seu cliente está retido e busca informações sobre sua situação, recebendo como resposta do servidor público que estava de plantão que os autos do inquérito estariam conclusos com a autoridade policial e, por isso, indisponíveis para consulta e que deveria o advogado retornar quando a autoridade tivesse liberado os autos para realização de diligências.

À luz das normas aplicáveis,

(A) o advogado, diante do seu dever de urbanidade, deve aguardar os atos cabíveis da autoridade policial.
(B) o acesso aos autos, no caso, depende de procuração e de prévia autorização da autoridade policial.
(C) no caso de réu preso, somente com autorização do juiz pode o advogado acessar os autos do inquérito policial.
(D) o acesso aos autos de inquérito policial é direito do advogado, mesmo sem procuração ou conclusos à autoridade policial.

O art. 7º, XIV, da Lei 8.906/94 dispõe que é direito do advogado "examinar em qualquer repartição policial, mesmo sem procuração, autos de flagrante e de inquérito, findos ou em andamento, ainda que conclusos à autoridade, podendo copiar peças e tomar apontamentos". Assim, está correta a alternativa "d". Gabarito "D".

(OAB/Exame Unificado – 2010.2) Joel é experiente advogado, inscrito há muitos anos nos quadros da OAB. Em atividade profissional, comparece à sessão de tribunal com o fito de sustentar, oralmente, recurso apresentado em prol de determinado cliente. Iniciada a sessão de julgamento, após a leitura do relatório, pelo magistrado designado para tal função no processo, dirige-se à tribuna e, regularmente, apresenta sua defesa oral. No curso do julgamento há menção, pelo Relator de data e fls. constantes dos autos processuais que se revelam incorretas. No concernente ao tema, à luz das normas estatutárias, o advogado

(A) deve aguardar o final do julgamento, com a proclamação do resultado, para apresentar questão de ordem.

(B) poderá usar a palavra, pela ordem, para esclarecer questão de fato, que influencie o julgamento.

(C) não possui instrumento hábil para interromper o julgamento.

(D) após o final do julgamento deverá, mediante nova sustentação oral, indicar os erros cometidos.

O art. 7º, X, da Lei 8.906/94 dispõe que é direito do advogado "**usar da palavra, pela ordem**, em qualquer juízo ou tribunal, mediante intervenção sumária, para esclarecer equívoco ou dúvida surgida em relação a fatos, documentos ou afirmações que influam no julgamento, bem como para replicar acusação ou censura que lhe forem feitas" (g.n.). Assim, está correta a alternativa "B". Gabarito "B".

(OAB/Exame Unificado – 2010.2) João Vítor e Ana Beatriz, ambos advogados, contraem núpcias, mantendo o estado de casados por longos anos. Paralelamente, também mantêm sociedade em escritório de advocacia. Por motivos vários, passam a ter seguidas altercações, com acusações mútuas de descumprimento dos deveres conjugais. Ana Beatriz, revoltada com as acusações desfechadas por João Vítor, requer que a OAB promova sessão de desagravo, uma vez que sua honra foi atingida por seu marido, em discussões conjugais. À luz das normas estatutárias,

(A) nenhum ato poderá ser realizado pela OAB, tendo em vista que as ofensas não ocorreram no exercício da profissão de advogado.

(B) o ato de desagravo depende somente da qualidade de advogado do ofendido.

(C) sendo o ofensor advogado, o desagravo é permitido pelo estatuto.

(D) o desagravo poderá ocorrer privadamente.

A: correta, pois, segundo o art. 7º, § 5º, da Lei 8.906/94, o desagravo só pode ser promovido em caso de ofensa a inscrito na OAB, *no exercício da profissão ou de cargo ou função de órgão da OAB*; B: incorreta, pois ofendido deve se tratar de inscrito na OAB, podendo ter sido ofendido no exercício da profissão de advogado ou no exercício de um cargo ou função na OAB; ademais, deve ter ocorrido uma ofensa; C: incorreta, pois o estatuto não traz essa previsão; D: incorreta, pois o desagravo é *público* (art. 7º, § 5º, da Lei 8.906/94 e art. 18 do Regulamento da OAB). Gabarito "A".

(OAB/Exame Unificado – 2010.2) Francisco, advogado, dirige-se, com seu cliente, para participar de audiência em questão cível, designada para a colheita de provas e depoimento pessoal. O ato fora designado para iniciar às 13 horas.
Como é de praxe, adentraram o recinto forense com meia hora de antecedência, sendo comunicados pelo Oficial de Justiça que a pauta de audiências continha dez eventos e que a primeira havia iniciado às dez horas, já caracterizado um atraso de uma hora, desde a audiência inaugural.
A autoridade judicial encontrava-se presente no foro desde as nove horas da manhã, para despachos em geral, tendo iniciado a primeira audiência no horário aprazado. Após duas horas de atraso, Francisco informou, por escrito, ao Chefe do Cartório Judicial, que, diante do ocorrido, ele e seu cliente estariam se retirando do recinto.
Diante do narrado, à luz das normas estatutárias

(A) qualquer atraso superior a uma hora justifica a retirada do recinto, pelo advogado.

(B) o advogado deveria, no caso narrado, peticionar ao Magistrado e retirar-se do recinto.

(C) o atraso que justifica a retirada do advogado está condicionado à ausência da autoridade judicial no evento.

(D) meros atrasos da autoridade judicial não permitem a retirada do advogado do recinto.

A: incorreta; segundo o art. 7º, XX, da Lei 8.906/94, é direito do advogado "retirar-se do recinto onde se encontre aguardando pregão para ato judicial, após trinta minutos do horário designado e ao qual **ainda não tenha comparecido a autoridade** que deva presidir a ele, mediante comunicação protocolizada em juízo" (g.n.); assim, não é qualquer atraso que justifica a retirada do recinto, pelo advogado; deve-se tratar de atraso de mais de *30 minutos*, concernente à situação de *não comparecimento do juiz*, e não de atraso nas audiências; B: incorreta, pois, como se viu, o advogado não deveria ter se retirado; C: correta, pois somente à *ausência* do juiz autoriza a retirada do advogado, após o prazo mencionado e mediante a comunicação protocolada em juízo; D: incorreta, pois caso o atraso do juiz seja *superior a 30 minutos*, concernente à situação de não comparecimento do juiz, cabe a retirada do advogado do recinto. Gabarito "C".

(OAB/Exame Unificado – 2009.2) No que se refere aos direitos e deveres do advogado, assinale a opção correta.

(A) O advogado devidamente inscrito na OAB só pode advogar no Estado onde tenha homologado sua inscrição.

(B) O advogado pode ter vista, mesmo sem procuração, de qualquer processo, administrativo ou judicial, que não esteja sujeito a sigilo, podendo copiá-lo e anotar o que bem entender.

(C) Ao falar em juízo, durante uma audiência, o advogado deve permanecer de pé.

(D) O advogado que desejar falar com magistrado deve agendar previamente um horário, devendo estar presente à audiência com, pelo menos, quinze minutos de antecedência.

A: incorreta, pois o advogado, nos termos do art. 7º, I, da Lei 8.906/94, poderá exercer a advocacia em todo o território nacional. Contudo, fora do seu Estado de inscrição, se passar a exercer a advocacia com habitualidade (mais de cinco causas em cada ANO), deverá requerer inscrição suplementar; B: correta, conforme dispõe o art. 7º, XIII, da Lei 8.906/94; C: incorreta, visto que, de acordo com o art. 7º, VII, da Lei 8.906/94, poderá permanecer sentado ou em pé, bem como ausentar-se sem licença prévia; D: incorreta, pois, nos termos do art. 7º, VIII, da Lei 8.906/94, o advogado poderá dirigir-se aos magistrados e com eles falar sem qualquer necessidade de prévio agendamento. É dever dos magistrados atender os advogados, respeitada, é verdade, a ordem de chegada. Gabarito "B".

(OAB/Exame Unificado – 2009.1) Manuel foi constituído advogado para patrocinar os interesses de Lúcio em uma ação de divórcio litigioso. Durante o trâmite processual, surgiu a acusação de que Lúcio seria bígamo, tendo sido instaurada ação penal para apurar o referido crime. Considerando a situação hipotética apresentada, assinale a opção correta de acordo com o Estatuto da OAB.

(A) Não existe óbice para que Manuel seja testemunha na ação penal, visto que somente é advogado de Lúcio na ação cível, vigorando o dever de sigilo profissional apenas nesta ação.

(B) Manuel não pode recusar-se a depor, caso seja arrolado como testemunha de acusação na ação penal e Lúcio consinta com o seu depoimento.

(C) Caso seja arrolado como testemunha, Manuel deve testemunhar na ação penal, independentemente de autorização de Lúcio, visto que não pode eximir-se da obrigação de depor.

(D) Manuel tem o direito de recusar-se a depor como testemunha, caso tenha tomado ciência dos fatos em razão do exercício profissional.

Nos termos do art. 7º, XIX, da Lei 8.906/94, o advogado pode (e deve!) recusar-se a prestar depoimento como testemunha, especialmente na hipótese de haver tomado ciência dos fatos em razão do exercício profissional. Mesmo que o cliente o autorizasse a depor, ainda assim deveria recusar-se a fazê-lo, consoante dispõe o art. 26 do Código de Ética e Disciplina (CED). Gabarito "D".

(OAB/Exame Unificado – 2009.1) De acordo com o Estatuto da Advocacia e da OAB, o advogado deve apresentar procuração para

(A) comunicar-se com seus clientes, pessoal e reservadamente, quando estes se acharem presos, detidos ou recolhidos em estabelecimentos civis ou militares.

(B) examinar, em órgão dos Poderes Judiciário e Legislativo ou da administração pública, autos de processos em andamento.

(C) retirar autos de processos findos, no prazo previsto em lei.

(D) ingressar livremente em qualquer assembléia ou reunião de que participe o seu cliente.

A: incorreta, nos termos do art. 7º, III, da Lei 8.906/94 (poderá comunicar-se com seus clientes, ainda que presos, mesmo sem procuração); B: incorreta, nos termos do art. 7º, XIII, da Lei 8.906/94 (poderá examinar autos de processos findos ou em andamento, mesmo sem procuração); C: incorreta, pois, de acordo com o art. 7º, XVI, da Lei 8.906/94, poderá retirar autos de processos findos, no prazo legal, mesmo sem procuração; D: correta, visto que, de acordo com o art. 7º, VI, "d", da Lei 8.906/94, o advogado poderá ingressar em assembleia ou reunião de que participe seu cliente, desde que munido de poderes especiais. Gabarito "D".

(OAB/Exame Unificado – 2009.1) Acerca dos direitos do advogado previstos no Estatuto da OAB, julgue os seguintes itens.

I. O advogado pode retirar-se, após trinta minutos do horário designado, independentemente de qualquer comunicação formal, do recinto onde esteja aguardando pregão para ato judicial e ao qual ainda não tenha comparecido a autoridade que deva presidir a sessão.

II. O advogado preso em flagrante delito de crime inafiançável tem o direito à presença de representante da OAB para lavratura do respectivo auto, sob pena de a prisão ser considerada nula.

III. É direito do advogado ver respeitada a inviolabilidade de seu escritório e residência, bem como de seus arquivos, correspondência e comunicações, salvo em caso de busca e apreensão determinadas por magistrado e acompanhadas de representante da OAB.

A quantidade de itens certos é igual a

(A) 0.
(B) 1.
(C) 2.
(D) 3.

I: incorreta (art. 7º, XX, da Lei 8.906/94), visto que a retirada do advogado deverá ocorrer mediante comunicação escrita; II: incorreta, pois, nos termos do art. 7º, IV, da Lei 8.906/94, o advogado preso em flagrante por crime inafiançável somente terá direito de ver presente um representante da OAB à lavratura do auto se referido crime tiver sido cometido por motivo ligado à advocacia; III: incorreta, pois, nos termos do art. 7º, II, da Lei 8.906/94, invioláveis são o escritório e os instrumentos de trabalho do advogado, e não sua residência (pegadinha!). Gabarito "A".

(OAB/Exame Unificado – 2008.3) De acordo com o Estatuto da Advocacia e da OAB, ao advogado que exerça, em Brasília, a advocacia criminal perante o TJDFT, o STJ e o STF é assegurado

(A) ingressar livremente nas delegacias de polícia no horário de expediente, desde que na presença do delegado responsável.
(B) adentrar as salas de audiências de primeiro grau, desde que lhe seja dada autorização do magistrado que estiver respondendo pela respectiva vara.
(C) ingressar livremente na sala de sessões desses tribunais até mesmo além dos cancelos que dividem a parte reservada aos desembargadores e ministros.
(D) dirigir-se aos juízes criminais de primeiro grau em seus gabinetes de trabalho sempre em horário previamente agendado ou em outra condição que os tribunais determinarem.

A: incorreta (art. 7º, VI, b, da Lei 8.906/94 - o advogado pode ingressar livremente em delegacias de polícia no horário de expediente, com ou sem a presença do delegado responsável); B: incorreta (art. 7º, VI, b, da Lei 8.906/94 - é direito do advogado ingressar livremente nas salas de audiência, independentemente de qualquer autorização); C: correta (art. 7º, VI, a, da Lei 8.906/94); D: incorreta (art. 7º, VIII, da Lei 8.906/94 - não pode o advogado ficar limitado a prévio agendamento ou qualquer outra condição para dirigir-se aos magistrados). Gabarito "C".

(OAB/Exame Unificado – 2008.3) Márcio, advogado em Brasília, pretende examinar, sem procuração, um processo administrativo, em curso na Câmara dos Deputados, que não está sujeito a sigilo. Nessa situação hipotética, à luz do Estatuto da OAB, Márcio

(A) poderá examinar os autos do processo administrativo, tomar apontamentos e obter cópia deles.
(B) está legalmente impedido de examinar os autos do processo administrativo visto que não dispõe de procuração da parte interessada.
(C) poderá examinar os autos do processo, mas não obter cópia deles, visto que não dispõe de procuração.
(D) está legalmente impedido de examinar os autos do referido processo visto que, sem procuração, só é permitido examinar autos de processo perante os órgãos do Poder Judiciário.

Nos termos do art. 7º, XIII, da Lei 8.906/94 (Estatuto da OAB), examinar, em qualquer órgão dos Poderes Judiciário e Legislativo, ou da Administração Pública em geral, autos de processos findos ou em andamento, mesmo sem procuração, quando não estejam sujeitos a sigilo, assegurada a obtenção de cópias, podendo tomar apontamentos. Gabarito "A".

(OAB/Exame Unificado – 2008.3.SP) Assinale a opção correta de acordo com o Regulamento Geral da OAB.

(A) O desagravo público depende da concordância do ofendido.
(B) Advogado inscrito na Seccional do DF e que tenha até três ações na justiça em São Paulo deverá, obrigatoriamente, fazer a inscrição suplementar na OAB/SP.
(C) Delegado da polícia federal é legitimado para requerer desagravo público, a ser promovido pelo conselho seccional, em favor de advogado, inscrito na OAB, que tenha sido ofendido em razão do exercício profissional.
(D) O compromisso perante o conselho seccional da OAB para fins de requerimento da inscrição principal no quadro de advogados poderá ser feito por procuração.

A: incorreta (art. 7º, § 5º, da Lei 8.906/94 e art. 18, § 7º, do Regulamento Geral - o desagravo público independe de requerimento ou mesmo de anuência do advogado ofendido no exercício da profissão); B: incorreta (art. 10, § 2º, da Lei 8.906/94 - o advogado poderá atuar em Estado diverso daquele em que tenha inscrição principal, desde que respeitado o limite máximo de cinco causas por ano, sendo certo que a partir da sexta causa, deverá providenciar inscrição suplementar); C: correta (art. 18, caput, do Regulamento Geral - qualquer pessoa poderá deflagrar o desagravo público em razão de ofensas praticadas contra advogados em razão do exercício profissional ou de cargo ou função na OAB); D: incorreta (art. 20, § 1º, do Regulamento Geral - o compromisso perante o Conselho Seccional é ato personalíssimo, não podendo ser feito por procuração). Gabarito "C".

(OAB/Exame Unificado – 2008.2) No que diz respeito aos direitos e prerrogativas dos advogados, julgue os seguintes itens.

I. As autoridades, os servidores públicos e os serventuários da justiça devem dispensar ao advogado, no exercício da profissão, tratamento compatível com a dignidade da advocacia e condições adequadas ao seu desempenho.

II. Não há hierarquia nem subordinação entre advogados, magistrados e membros do Ministério Público (MP).

III. Compete exclusivamente ao presidente do Conselho Federal conhecer de fato que possa causar ou tenha causado violação de direitos ou prerrogativas do advogado.

IV. São direitos dos advogados, entre outros, o de exercer, com liberdade, a profissão em todo o território nacional, bem como o de comunicar-se com seus clientes, pessoal e reservadamente, mesmo sem procuração, salvo quando estes forem considerados incomunicáveis.

A quantidade de itens certos é igual a

(A) 1.
(B) 2.
(C) 3.
(D) 4.

I: correta (art. 6º, parágrafo único, da Lei 8.906/94 - Estatuto da OAB - EAOAB); II: correta (art. 6º do EAOAB); III: incorreta (art. 15 do Regulamento Geral - Compete ao Presidente do Conselho Federal, do Conselho Seccional ou da Subseção, ao tomar conhecimento de fato que possa causar, ou que já causou, violação de direitos ou prerrogativas da profissão, adotar as providências judiciais e extrajudiciais cabíveis para prevenir ou restaurar o império do Estatuto, em sua plenitude, inclusive mediante representação administrativa); IV: incorreta (art. 7º, I e III, da Lei 8.906/94 - o advogado poderá comunicar-se com seus clientes, mesmo sem procuração, ainda que considerados incomunicáveis). Gabarito "B".

(OAB/Exame Unificado – 2008.2) Otaviano, advogado regularmente inscrito na OAB/GO, aguardava pregão para ato judicial. Após três horas do horário designado, certificou-se de que a autoridade que deveria presidir o ato não havia comparecido. Nessa situação hipotética, Otaviano estaria autorizado a

(A) retirar-se do recinto mediante comunicação protocolizada em juízo.

(B) retirar-se do recinto mediante representação do presidente da seccional.
(C) embargar o referido ato mediante moção de repúdio do presidente da seccional.
(D) requerer a suspensão do referido ato mediante representação ao tribunal de justiça.

De acordo com o art. 7º, XX, da Lei 8.906/94 (Estatuto da OAB), poderá o advogado retirar-se do recinto em que esteja aguardando a realização de ato judicial, desde que o magistrado que deva presidi-lo encontre-se ausente por pelo menos 30 (trinta) minutos (ou 15 minutos, em se tratando da Justiça do Trabalho - art. 815, parágrafo único, da CLT), devendo comunicar sua retirada mediante petição devidamente protocolizada. Gabarito "A".

(OAB/Exame Unificado – 2008.1) Acerca do desagravo público e das disposições do Regulamento Geral do Estatuto da Advocacia e da OAB, julgue os itens subseqüentes.

I. O inscrito na OAB, quando ofendido comprovadamente em razão do exercício profissional ou de cargo ou função da OAB, tem direito ao desagravo público promovido pelo conselho competente, de ofício, a seu pedido ou de qualquer pessoa.

II. Na sessão de desagravo, o presidente lê a nota a ser publicada na imprensa, encaminhada ao ofensor e às autoridades e registrada nos assentamentos do inscrito, bem como no livro-tombo do Conselho Nacional de Imprensa.

III. O desagravo público, como instrumento de defesa dos direitos e prerrogativas da advocacia, não depende de concordância do ofendido, que não pode dispensá-lo, devendo ser promovido a critério do conselho.

IV. O relator não pode propor o arquivamento do pedido, ainda que a ofensa seja eminentemente pessoal, visto que a opinião pública poderá relacioná-la com o exercício profissional ou com as prerrogativas gerais do advogado. O arquivamento só é possível quando for configurada crítica de caráter doutrinário, político ou religioso.

Assinale a opção correta.
(A) Apenas o item III está certo.
(B) Apenas os itens I e III estão certos.
(C) Apenas os itens II e IV estão certos.
(D) Todos os itens estão certos.

I: correta (art. 18 do Regulamento Geral); II: incorreta (art. 18, § 5º, do Regulamento Geral - a nota a ser publicada na imprensa será encaminhada ao ofensor e às autoridades, bem como será registrada nos assentamentos do advogado, mas não será registrada no "livro-tombo" do Conselho Nacional de Imprensa, como mencionado na assertiva); III: correta (art. 18, § 7º, do Regulamento Geral); IV: incorreta (art. 18, § 2º, do Regulamento Geral - poderá ser requerido pelo relator o arquivamento do pedido de desagravo público caso a ofensa seja eminentemente pessoal, visto que a prerrogativa em questão pressupõe que o advogado tenha sido ofendido em razão do exercício profissional ou de cargo ou função exercida na OAB). Gabarito "B".

(OAB/Exame Unificado – 2007.3) Assinale a única opção que não representa direito dos advogados.

(A) O livre ingresso nas salas de sessões, mesmo além dos cancelos que separam a parte reservada aos magistrados.
(B) A comunicação com clientes presos, mesmo sem procuração.
(C) A possibilidade de realização de sustentação oral por no mínimo quinze minutos em recursos após o voto do relator.
(D) Deixar de realizar audiência judicial na hipótese de o juiz se atrasar por mais de 30 minutos, mediante comunicação protocolizada em juízo.

A: incorreta (art. 7º, VI, a, da Lei 8.906/94 - Estatuto da OAB); B: incorreta (art. 7º, III, da Lei 8.906/94); C: correta (o art. 7º, IX, da Lei 8.906/94 foi declarado inconstitucional pelo STF no julgamento na ADIN 1.105. Assim, a sustentação oral do advogado somente será possível nos recursos que a admitam, respeitados os regimentos internos dos tribunais); D: incorreta (art. 7º, XX, da Lei 8.906/94). Gabarito "C".

(OAB/Exame Unificado – 2007.3.SP) Dr. Cláudio, advogado, compareceu com seu cliente para a audiência designada pelo juízo, a primeira do dia, no horário correto, às 13 h. Ficou aguardando, pacientemente, por mais de 30 min, tendo tido a notícia de que o magistrado sequer havia chegado ao fórum. Nessa situação, o advogado, de acordo com o Estatuto da Advocacia, em especial, no que se refere às prerrogativas profissionais, teria o direito de retirar-se, desde que comunicasse,

(A) verbalmente, o responsável pelo pregão de que iria embora com seu cliente.
(B) verbalmente, à escrivã, na sala de audiências, que iria embora em virtude da ausência do juiz.
(C) por escrito, a razão de sua retirada, entregando o documento, em mãos, à escrivã, na sala de audiência.
(D) por escrito, a razão de sua retirada, protocolando o documento no setor competente.

Nos termos do art. 7º, XX, da Lei 8.906/94, poderá o advogado retirar-se do recinto em que esteja aguardando a realização de ato judicial, desde que a ausência do juiz já se arraste por pelo menos trinta minutos (na Justiça do Trabalho bastam quinze minutos, consoante art. 815, par. único, da CLT). Nesse caso, poderá retirar-se, desde que o faça mediante comunicação por escrito, devendo a petição ser protocolizada no setor competente. Gabarito "D".

(OAB/Exame Unificado – 2007.3.SP) Considere-se que João, procurador municipal, concursado, tenha recebido determinação de seu superior hierárquico para adotar determinada tese jurídica da qual ele, João, discordasse por atentar contra a legislação vigente e jurisprudência consolidada, inclusive, tendo João emitido sua opinião, anteriormente, em processos e artigos doutrinários de sua lavra, sobre o mesmo tema. Nessa situação, João poderia ter recusado tal determinação?

(A) Sim, lastreado em sua liberdade e independência e, também, porque a adoção da mencionada tese jurídica afrontaria posicionamento anterior seu.
(B) Não, porque, sendo detentor de cargo público, ele teria o dever de atender aos interesses maiores da administração pública.
(C) Não, pois o conceito de liberdade e independência é exclusivo aos advogados particulares, que podem, ou não, aceitar uma causa.
(D) Sim, visto que inexiste hierarquia entre procuradores municipais concursados.

Nos termos dos arts. 7º, I, 18 e 31, § 1º, da Lei 8.906/94 (Estatuto da OAB) e art. 4º do CED, poderá o advogado exercer a advocacia com liberdade, mantendo íntegras sua isenção técnica e independência profissional, ainda que seja empregado. Outrossim, é legítima a recusa, pelo advogado, do patrocínio de pretensão concernente a lei ou direito que também lhe seja aplicável, ou contrarie expressa orientação sua, manifestada anteriormente. Gabarito "A".

(OAB/Exame Unificado – 2007.3.SP) Advogado especializado foi contratado para defender interesses de cliente que estava sendo investigado por supostos delitos. Decorridos alguns meses, o porteiro do prédio onde estava situado o escritório do advogado o avisou, às 6 horas da manhã, de que a polícia havia ingressado no local em busca de documentos. Considerando a situação hipotética acima, assinale a opção correta de acordo com a Lei federal 8.906/1994 — Estatuto da Advocacia e da OAB.

(A) A inviolabilidade do escritório é sagrada, não podendo a polícia ter agido como o fez.
(B) A polícia poderia ter invadido o escritório de advocacia desde que o advogado estivesse sendo investigado juntamente com seu cliente.
(C) A polícia poderia ter ingressado no escritório desde que por ordem judicial expressa em mandado de busca e apreensão e respeitados documentos e dados cobertos com tutela de sigilo profissional.
(D) A polícia, desde que munida de ordem judicial expressa em mandado de busca e apreensão, poderia ter ingressado no escritório do advogado e revistado o local sem quaisquer restrições.

Nos termos do art. 7º, II, da Lei 8.906/94, o escritório de advocacia e os instrumentos de trabalho do advogado são invioláveis, salvo se existirem indícios de autoria e materialidade da prática de crime pelo advogado, hipótese em que será admitida a busca e apreensão. Contudo, indispensável que a decisão judicial seja fundamentada e o mandado de busca e apreensão seja específico e pormenorizado, garantindo-se a presença de representante da OAB no momento da diligência, sob pena de nulidade (caberá ao juiz comunicar à OAB, em ofício reservado, a decretação da busca e apreensão, devendo-se providenciar o comparecimento de advogado à busca e apreensão. Caso o advogado não compareça, a diligência será considerada válida!). Repare que, depois da realização da prova (2007.3), a Lei 11.767/08 mudou a redação do dispositivo. Gabarito "C".

(OAB/Exame Unificado – 2007.1) Com relação ao entendimento do Supremo Tribunal Federal (STF) quanto ao Estatuto da Advocacia, assinale a opção correta.

(A) É direito do advogado não ser recolhido preso, antes de sentença transitada em julgado, senão em sala de Estado Maior, com instalações e comodidades condignas, assim reconhecidas pela Ordem dos Advogados do Brasil (OAB), e, na falta dessas, ser aplicada prisão domiciliar.

(B) É direito do advogado sustentar oralmente, após o voto do relator, em julgamentos de recursos nos tribunais superiores, pelo prazo de até 15 minutos.

(C) É direito do advogado ter respeitada a inviolabilidade de seu escritório ou local de trabalho, de seus arquivos e dados e sua correspondência e de suas comunicações, salvo caso de busca e apreensão determinada por magistrado e acompanhada de representante da OAB.

(D) É prescindível a presença de representante da OAB quando um advogado é preso por motivo ligado ao exercício da advocacia, bem assim, nos casos de crime comum, a comunicação à OAB.

A: incorreta (o art. 7º, V, da Lei 8.906/94, alvo da ADIn 1.127-8, deve ser interpretado no sentido de que as acomodações da Sala de Estado Maior, embora devam ser consideradas condignas, não sofrerão intervenção ou passarão pelo crivo da OAB); B: incorreta, pois o art. 7º, IX, da Lei 8.906/94 foi declarado inconstitucional no bojo da ADIn 1.105 (vide também ADIN 1.127-8); C: correta (vide nova redação do art. 7º, II, da Lei 8.906/94 e do § 6º do mesmo dispositivo); D: incorreta, pois é *im*prescindível a presença de representante da OAB no caso relatado na alternativa (art. 7º, IV, da Lei 8.906/94). Gabarito "C".

(OAB/Exame Unificado – 2007.1) Com relação aos direitos dos advogados, assinale a opção correta de acordo com o Estatuto dos Advogados e a interpretação do STF.

(A) A imunidade profissional do advogado pelas manifestações em juízo não alcança o crime de calúnia.

(B) O advogado não pode recusar-se a depor como testemunha em processo em que tenha atuado, na medida em que ele sempre presta serviço público e exerce função social na administração da justiça.

(C) É facultada aos advogados a consulta de autos de processos findos em cartório, mas a retirada para a extração de cópias ou estudo no escritório é condicionada à existência de procuração para o advogado que for retirá-los.

(D) O advogado somente pode postular em juízo mediante a apresentação de procuração outorgada pelo cliente.

A: correta (art. 7º, § 2º, da Lei 8.906/94 - a imunidade profissional do advogado somente alcança os crimes de injúria e difamação, mas, não, o de calúnia); B: incorreta (art. 7º, XIX, da Lei 8.906/94 e art. 26 do Código de Ética e Disciplina); C: incorreta (art. 7º, XIII e XVI, da Lei 8.906/94 - referida prerrogativa independe de procuração); D: incorreta (art. 5º, § 1º, da Lei 8.906/94 - em situação de urgência, poderá o advogado postular sem procuração pelo prazo de quinze dias, prorrogáveis por igual período, por despacho do juiz). Gabarito "A".

(OAB/Exame Unificado – 2006.3) Considerando as prerrogativas do advogado, assinale a opção correta.

(A) Os advogados da União são empregados e, portanto, espécie do gênero advogado empregado, tendo seu regime jurídico regido exclusivamente pelo estatuto da advocacia, Lei nº 8.906/1994.

(B) A vista dos autos de processos judiciais em cartório somente pode ser deferida aos advogados que possuem procuração.

(C) O advogado não tem imunidade profissional em razão de manifestação nos autos judiciais em nome de seu cliente.

(D) O desagravo público é instrumento de defesa dos direitos e prerrogativas da advocacia e sua concessão não depende da concordância do advogado ofendido nem pode ser por este dispensado, devendo ser efetuado a exclusivo critério do conselho.

A: incorreta, pois os advogados públicos (o que inclui os advogados da União) estão sujeitos às leis do ente a que pertencerem e também à Lei 8.906/94; é importante destacar que o art. 4º da Lei 9.527/97 dispõe que os advogados públicos não se sujeitam ao capítulo da Lei 8.906/94 que trata do "Advogado Empregado", apesar dos questionamentos que a norma vem recebendo; B: incorreta (art. 7º, XV, e art. 5º, § 1º, ambos da Lei 8.906/94 - a vista dos autos em cartório, salvo segredo de justiça, independerá de procuração); C: incorreta (art. 7º, § 2º, da Lei 8.906/94); D: correta (art. 7º, § 5º, da Lei 8.906/94 e art. 18, § 7º, do Regulamento Geral). Gabarito "D".

(OAB/Exame Unificado – 2006.2) A respeito dos direitos dos advogados, conforme a Lei nº 8.906/1994 e o entendimento do STF, assinale a opção correta.

(A) Considere que Pedro, advogado, no exercício da profissão, dirija palavras grosseiras e desrespeitosas a um juiz, em uma atitude de total desprezo pelo magistrado. Nessa situação, Pedro não responderá por crime, pois a sua imunidade material profissional abrange o desacato.

(B) Considere que a polícia requeira, perante a autoridade judiciária competente, a busca e apreensão de documentação de Antônio no escritório de seu advogado, que, em razão desse requerimento, a autoridade judiciária competente intime a OAB, em caráter confidencial e com as cautelas próprias, a indicar um representante para acompanhar a diligência e que a OAB se mantenha inerte. Nesse caso, a prova produzida a partir da diligência será considerada lícita.

(C) É direito do advogado sustentar, oralmente e no prazo de quinze minutos, as razões de qualquer recurso ou processo, nas sessões de julgamento, após o voto do relator, em instância judicial ou administrativa.

(D) O advogado pode ser preso em flagrante, por motivo de exercício da profissão, mesmo em casos de crime afiançável.

A: incorreta (art. 7º, § 2º, da Lei 8.906/94 - o advogado poderá responder pelo crime de desacato, conforme entendimento do STF no julgamento da ADIN 1.127-8); B: correta (art. 7º, II e §§ 6º e 7º, da Lei 8.906/94 - na busca e apreensão em escritório de advocacia é indispensável que a OAB seja comunicada da diligência. Contudo, caso nenhum advogado seja enviado para acompanhar a busca e apreensão, esta será considerada válida, consoante entendimento do STF); C: incorreta, pois o art. 7º, IX, da Lei 8.906/94 foi declarado inconstitucional na ADIN 1.105 (a sustentação oral somente será admitida quando houver previsão legal de tal ato, bem como deverá atentar aos regimentos internos dos tribunais); D: incorreta (art. 7º, IV, da Lei 8.906/94 - o advogado, por crime cometido no exercício da profissão, somente poderá ser preso em flagrante se o crime for inafiançável). Gabarito "B".

(OAB/Exame Unificado – 2006.1) No que se refere à imunidade material do advogado, prevista na Lei nº 8.906/1994, assinale a opção correta.

(A) A imunidade material do advogado alcança a difamação, a injúria e a calúnia.

(B) A imunidade material do advogado alcança a difamação e a injúria apenas quando a manifestação se der em juízo.

(C) A imunidade material não exclui a responsabilidade civil ou penal, quando a manifestação do advogado caracterizar calúnia.

(D) Por causa de sua imunidade material, o advogado não pode ser responsável administrativamente perante a Ordem dos Advogados do Brasil (OAB) pelos excessos que cometer, se for absolvido nas esferas penal ou civil.

Nos termos do art. 7º, § 2º, da Lei 8.906/94, o advogado goza de imunidade material (leia-se: penal) no tocante aos crimes de injúria e difamação praticados no exercício de sua atividade, seja em juízo ou fora dele. No tocante ao crime de desacato, o STF, no julgamento da ADIN 1.127-8 reconheceu a inconstitucionalidade da imunidade, visto que criaria um enorme descompasso entre o advogado e o juiz (violação à isonomia). Frise-se, ainda, que, quanto aos crimes contra a honra, a imunidade do advogado somente alcança a injúria (art. 140, CP) e difamação (art. 139, CP), mas não a calúnia (art. 138, CP). Assim, os excessos praticados pelo advogado poderão acarretar-lhe responsabilidade penal (ex.: calúnia), civil e ética (administrativa). Gabarito "C".

(OAB/Exame Unificado – 2004.ES) Se um advogado, em determinado estado da Federação, tiver suas prerrogativas profissionais desrespeitadas por um juiz de direito daquele estado,

(A) o respectivo conselho seccional da OAB poderá promover, de ofício, desagravo público do advogado.

(B) será dispensável a realização de sessão pública de desagravo, desde que o conselho seccional pertinente promova a publicação de uma mensagem de desagravo público em jornal de grande circulação no estado.

(C) dado que o direito ao contraditório é constitucionalmente garantido apenas no âmbito dos processos judiciais, seria permitido que a OAB realizasse desagravo público sem conceder, previamente, a oportunidade ao referido juiz de manifestar-se acerca dos fatos motivadores do desagravo.

(D) caso o advogado dispense a realização do desagravo público, o respectivo conselho seccional da OAB deverá convertê-lo em privado, enviando mensagem reservada de desagravo ao referido juiz.

Nos termos do art. 7º, § 5º, da Lei 8.906/94 e art. 18 do Regulamento Geral, se o advogado for ofendido em razão do exercício da profissão ou de cargo ou função que exerça na OAB, caberá ao Conselho Seccional competente promover a sessão de desagravo público, a qual independerá da anuência ou da vontade do advogado ofendido, podendo a OAB promovê-la de ofício. "A". Gabarito

(OAB/Exame Unificado – 2004.ES) O advogado Wilon compareceu a uma vara cível e, mesmo não tendo procuração nos autos, pediu para examinar um processo em que figurava como autor um tio seu. A propósito dessa situação hipotética, assinale a opção correta.

(A) Um motivo suficiente para o indeferimento do pedido de Wilon seria o fato de o referido processo já ter sido encerrado e arquivado.

(B) O pedido de Wilon deve ser deferido, desde que o referido processo não esteja submetido a sigilo.

(C) A ausência de procuração nos autos seria motivo suficiente para o indeferimento do pedido de Wilon, exceto se ele provasse, documentalmente, seu parentesco com o autor da ação.

(D) A solicitação de Wilon deve ser negada, pois advogados somente têm direito de examinar processos judiciais em que atuem como procuradores.

art. 7º, XIII, da Lei 8.906/94. "B". Gabarito

(FGV – 2008) É correto afirmar que o advogado:

(A) tem imunidade profissional, não constituindo desacato punível qualquer manifestação de sua parte, no exercício de sua atividade.

(B) pode ser preso em flagrante, por motivo de exercício da profissão, em caso de crime grave contra a honra.

(C) pode, no caso de infração, sujeitar-se às sanções de advertência, censura, multa, suspensão ou exclusão.

(D) está sujeito à sanção de exclusão no caso de ter sofrido, por duas vezes, a aplicação de suspensão.

(E) não tem direito a vista de processo judicial que tramite sob regime de segredo de justiça.

A: incorreta, pois o STF, ao julgar a ADIN 1.127-8, declarou a inconstitucionalidade da expressão "ou desacato", contida no § 2º do artigo 7º da Lei 8.906/94; B: incorreta, pois art. 7º, § 3º, da Lei 8.906/94, só admite a prisão em flagrante do advogado, por motivo ligado ao exercício da profissão, em caso de *crime inafiançável*, que não é o caso de crimes contra a honra, ainda que graves; C: incorreta, pois a advertência não é sanção disciplinar prevista na Lei 8.906/94 (art. 35 do Estatuto); D: incorreta, pois a exclusão, nesse caso, só é aplicável caso a suspensão tenha sido aplicada *três* vezes (art. 38, I, da Lei 8.906/94); E: correta, nos termos do art. 7º, XV e XVI, c/c art. 7º, § 1º, "1", da Lei 8.906/94. "E". Gabarito

3. INSCRIÇÃO NA OAB

(OAB/Exame Unificado – 2011.2) Alcides, advogado de longa data, resolve realizar concurso para o Ministério Público, vindo a ser aprovado em primeiro lugar. Após os trâmites legais, é designada data para a sua posse, circunstância que acarreta seu requerimento para suspender sua inscrição nos quadros da OAB, o que vem a ser indeferido. No caso em comento, em relação a Alcides, configura-se situação de

(A) incompatibilidade, podendo atuar, como advogado, em determinadas situações.

(B) cancelamento da inscrição por assunção de cargo incompatível.

(C) suspeição enquanto permanecer no cargo.

(D) suspensão da inscrição até a aposentadoria do membro do Ministério Público.

De fato, o exercício de cargo no Ministério Público é causa geradora de incompatibilidade em caráter definitivo, fato suficiente a ensejar o cancelamento da inscrição do advogado, nos termos do art. 11, IV, do Estatuto da OAB (Lei 8.906/94 – EAOAB). Deve o candidato recordar que ser membro do Ministério Público configura causa de incompatibilidade (proibição total para advogar), nos termos do art. 28, II, do EAOAB. A suspensão da inscrição somente seria viável se se tratasse de incompatibilidade em caráter temporário, nos termos do art. 12, II, do EAOAB, o que, evidentemente, não é o caso de um advogado que tome posse para o exercício de cargo no Ministério Público. "B". Gabarito

(OAB/Exame Unificado – 2011.1) Semprônio reside no Estado W, onde mantém o seu escritório de advocacia, mas requer sua inscrição principal no Estado K, onde, em alguns anos, pretende estabelecer domicílio. No concernente ao tema, à luz das normas estatutárias, é correto afirmar que

(A) na dúvida entre domicílios, prevalece o da sede principal do exercício da advocacia.

(B) a inscrição principal está subordinada ao domicílio profissional do advogado.

(C) o Conselho Federal pode autorizar a inscrição principal fora da sede do escritório do advogado.

(D) o advogado pode eleger qualquer seccional para inscrição principal ao seu arbítrio.

A: incorreta, pois, de acordo com o art. 10, §1º, do Estatuto da OAB (EAOAB – Lei 8.906/94), considera-se domicílio profissional a sede principal da atividade de advocacia, prevalecendo, **na dúvida**, o domicílio da **pessoa física** do advogado (e não o da sede principal do exercício da advocacia, como mencionado na alternativa); B: correta. De fato, a inscrição principal do advogado deve ser feita no Conselho Seccional em cujo território pretende estabelecer o seu domicílio profissional (art. 10, do Estatuto da OAB – EAOAB – Lei 8.906/94), assim entendido como a sede principal da atividade da advocacia (art. 10, §1º, EAOAB); C: incorreta (art. 10, EAOAB); D: incorreta (art. 10, EAOAB). "B". Gabarito

(OAB/Exame Unificado – 2011.1) Juvenal, estagiário regularmente inscrito nos Quadros da OAB, em processo no qual se encontra indicado como tal, retira do cartório os autos do processo, deixando de devolvê-los no prazo legal. Regularmente intimado, mantém a sua inércia. Em termos disciplinares, é correto afirmar que

(A) o estagiário não sofre sanções disciplinares.

(B) não há diferença na atuação do estagiário e do advogado para efeito de sanções disciplinares.

(C) no caso em tela, não haverá qualquer sanção nem ao advogado nem ao estagiário.

(D) o advogado responsável pelo estagiário é o destinatário das sanções nesse caso.

A questão é polêmica e talvez seja anulada pela banca examinadora. Com efeito, o enunciado é bastante claro ao mencionar que Juvenal, estagiário, retirou os autos do processo do Cartório Judicial, deixando de restituí-los mesmo após ser regularmente intimado para tanto. Nos termos do art. 29, §1º, I, do Regulamento Geral da OAB, é lícito ao estagiário retirar e devolver autos de processos judiciais, porém, sob a responsabilidade do advogado. Assim, certamente baseando-se em referido dispositivo, a banca optou por indicar como correta a alternativa D. Porém, na docência de Paulo Lôbo, eminente jurista na área da ética profissional do advogado, tratando da responsabilidade do advogado pelo extravio ou retenção abusiva de autos, infração geradora de suspensão dos quadros da OAB (art. 34, XXII, EAOAB – Lei 8.906/94), menciona ser ela "principal e solidária" (Comentários ao Estatuto da Advocacia e da OAB, 4ª edição, Ed. Saraiva, p. 42), donde se extrai que o estagiário que houver efetuado a carga dos autos também será responsabilizado. Portanto, em nosso entendimento, nenhuma alternativa é correta. No entanto, a questão em comento não foi anulada! "D". Gabarito

(OAB/Exame Unificado – 2010.2) Fábio, advogado com mais de dez anos de efetiva atividade, obtém a indicação da OAB para concorrer pelo quinto constitucional à vaga reservada no âmbito de Tribunal de Justiça. No curso do processo também obtém a indicação do Tribunal e vem a ser nomeado pelo Governador do Estado, ingressando nos quadros do Poder Judiciário. Diante disso, à luz das normas estatutárias ocorrerá:

(A) o cancelamento da inscrição como advogado.

(B) a suspensão até que cesse a incompatibilidade.

(C) o licenciamento do profissional.

(D) a passagem para a reserva do quadro de advogados.

Nos termos do art. 12, II, da Lei 8.906/94, *licencia-se* o profissional que "passar a exercer, em caráter temporário, atividade incompatível com o exercício da advocacia". No caso, Fábio não ficará afastado temporariamente, mas por um bom tempo. Assim, o caso não se enquadra na hipótese da alternativa "c", que trata do licenciamento do profissional. No caso, como a advocacia é *incompatível* com a condição de membro do Poder Judiciário (art. 28, II, da Lei 8.906/94), e tal condição se dará com caráter duradouro, Fábio deverá pedir o cancelamento da sua inscrição como advogado, nos termos do art. 11, IV, da Lei 8.906/94, de modo que a alternativa "A" é a correta. Gabarito "A".

(OAB/Exame Unificado – 2010.1) Assinale a opção correta de acordo com as disposições do Regulamento Geral do Estatuto da Advocacia e da OAB.

(A) O compromisso que o requerente à inscrição nos quadros da OAB deve fazer perante o conselho seccional, a diretoria ou o conselho da subseção é indelegável, haja vista sua natureza solene e personalíssima.

(B) Toda vez que figurar como indiciado em inquérito policial, por qualquer espécie de infração, o advogado deve ser assistido por um representante da OAB, sem prejuízo da atuação de seu defensor.

(C) É vedado ao requerente pleitear inscrição nos quadros da OAB sem ter, regularmente registrado, diploma de bacharel em direito, não suprindo sua falta nenhum outro documento.

(D) O estagiário inscrito na OAB pode praticar, isoladamente, todos os atos próprios de advogado, desde que sua inscrição esteja regular.

A: opção correta. É o que se extrai do art. 20, *caput* e seu § 1º, do Regulamento Geral; B: incorreta. O art. 16 do Regulamento Geral afirma que tal assistência de representante da OAB nos inquéritos policiais ou nas ações penais em que o advogado figurar como indiciado, acusado ou ofendido, só ocorrerá quando o fato a ele imputado decorrer do exercício da profissão ou a este vincular-se; C: opção incorreta. O requerente à inscrição no quadro de advogados, na falta de diploma regularmente registrado, pode apresentar certidão de graduação em direito, acompanhada de cópia autenticada do respectivo histórico escolar (art. 23 do Regulamento Geral); D: opção incorreta. Praticamente todos os atos de advocacia, previstos no art. 1.º do Estatuto, podem ser praticados por estagiário inscrito na OAB, mas devem ser feitos em conjunto com o advogado ou o defensor público. Apenas alguns poucos atos podem ser, isoladamente, praticados por estagiários (De acordo com o art. 29, § 1.º, "O estagiário inscrito na OAB pode praticar isoladamente os seguintes atos, sob a responsabilidade do advogado: I – retirar e devolver autos em cartório, assinando a respectiva carga; II – obter junto aos escrivães e chefes de secretarias certidões de peças ou autos de processos em curso ou findos; III – assinar petições de juntada de documentos a processos judiciais ou administrativos"). Gabarito "A".

(OAB/Exame Unificado – 2009.3) Célio, advogado regularmente inscrito na OAB/SC, tem escritório próprio de advocacia em Florianópolis, onde atua na área trabalhista e na do direito do consumidor. No ano de 2006, atuou excepcionalmente como advogado em quatro ações de indenização perante o TJDFT. Em 2007, ajuizou quinze ações em face da mesma empresa perante o TRT, em Brasília – DF, e, em 2008, atuou como advogado constituído em mais de dez causas. Na situação hipotética apresentada, Célio, de acordo com o Regulamento Geral do Estatuto da OAB,

(A) cometeu infração disciplinar por ter exercido, em 2006, a advocacia fora de seu domicílio de inscrição.

(B) está obrigado, desde 2007, à inscrição suplementar na Seccional da OAB/DF.

(C) está dispensado de comunicar à OAB o exercício da advocacia perante o TRT.

(D) está impedido de requerer a inscrição suplementar na OAB/DF, dada a regular inscrição na OAB/SC.

Considerando o disposto no art. 10, § 2º, da Lei 8.906/94 (Estatuto da OAB), caberá ao advogado promover a inscrição suplementar perante o Conselho Seccional do Estado em que passar a exercer habitualmente a advocacia, assim entendida a partir da sexta causa do advogado no mesmo ano. Assim, até cinco causas (o que chamamos, por brincadeira, de "test drive"), o advogado está liberado para atuar em Estados diversos ao da sua inscrição principal. Porém, ultrapassado o limite quantitativo mencionado, deverá promover sua inscrição suplementar, sob pena de exercício ilegal da profissão. Na questão ora analisada, Célio estará obrigado, a partir de 2007, a ter inscrição suplementar perante a OAB/DF, visto que, em referido período, ajuizou 15 ações perante o TRT, em Brasília, e, em 2008, foi constituído em outras dez causas, extrapolando, pois, o "test drive" que a OAB lhe garante. Gabarito "B".

(OAB/Exame Unificado – 2009.2) Assinale a opção correta acerca da inscrição do advogado nos quadros da OAB.

(A) Promotor de justiça aposentado pode solicitar inscrição nos quadros da OAB como advogado.

(B) Oficial das Forças Armadas formado em curso de direito e aprovado no exame de ordem pode solicitar inscrição nos quadros da OAB como advogado.

(C) Considere que Juan, cubano, bacharel em direito por faculdade de seu país de origem, fixe residência no Brasil. Nessa situação hipotética, Juan pode requerer inscrição, como advogado, nos quadros da OAB, desde que revalide seu diploma no Brasil.

(D) Considere que Hugo, venezuelano, após revalidar, no Brasil, diploma de bacharel em direito obtido no Equador, requeira sua inscrição, como advogado, na OAB, sem ter sido aprovado no exame de ordem, sob o argumento de que, em seu país, inexiste tal exigência. Nesse caso específico, a OAB poderá dispensá-lo do exame.

A: correta (art. 8º, V, da Lei 8.906/94 - se o Promotor já estiver aposentado, terá deixado de exercer uma atividade incompatível, motivo pelo qual poderá solicitar sua inscrição na OAB); B: incorreta, visto que os militares na ativa (leia-se: os ocupantes das Forças Armadas), por serem incompatíveis com a advocacia (art. 28, IV, da Lei 8.906/94), não terão sua inscrição deferida na OAB (art. 8º, V, do Estatuto da OAB); C e D: incorreta (art. 8º, § 2º, da Lei 8.906/94 - ao bacharel em direito estrangeiro, impor-se-á, além da revalidação de seu diploma, a satisfação dos demais requisitos exigidos para a inscrição, dentre eles, a aprovação no exame de ordem). Gabarito "A".

(OAB/Exame Unificado – 2009.2) Em cada uma das opções a seguir, é apresentada uma situação hipotética seguida de uma assertiva a ser julgada. Assinale a opção que apresenta assertiva correta com relação à inscrição do advogado na OAB.

(A) Marcelo, advogado, e Ana, juíza federal substituta, são casados entre si e residem em Manaus – AM. Ana foi transferida para Roraima, para assumir a titularidade de uma vara naquele estado. Nessa situação, Marcelo, ao mudar seu domicílio profissional para Roraima, não será obrigado a requerer a transferência de sua inscrição na OAB para aquele estado.

(B) André, advogado, foi convidado a assumir temporariamente cargo incompatível com a advocacia. Nessa situação, caso pretenda aceitar o convite, André deverá requerer o cancelamento de sua inscrição na OAB.

(C) José, advogado, tem sua inscrição principal na OAB/DF e também atua na comarca de Luziânia – GO, onde advoga para uma empresa, assumindo mais de seis causas por ano nessa comarca. Nessa situação, José deve requerer sua inscrição suplementar na OAB/GO.

(D) Paulo, advogado, obteve aprovação em concurso público e passou a exercer cargo incompatível com a advocacia. Nessa situação, para que ocorra o cancelamento de sua inscrição, somente Paulo poderá comunicar o fato à OAB.

A: incorreta (art. 10, § 3º, da Lei 8.906/94 - caso haja mudança efetiva do domicílio profissional para outro Estado, deverá o advogado requerer a transferência de sua inscrição principal para o Conselho Seccional respectivo); B: incorreta (art. 12, II, da Lei 8.906/94 - o exercício de atividade incompatível em caráter temporário enseja o licenciamento, mas não o cancelamento da inscrição); C: correta (art. 10, § 2º, da Lei 8.906/94 - o exercício habitual da advocacia perante Conselho Seccional diverso ao da inscrição principal obriga o advogado a promover sua inscrição suplementar); D: incorreta (art. 11, § 1º, da Lei 8.906/94 - poderá o cancelamento da inscrição ser promovido de ofício pela OAB ou mediante comunicação). Gabarito "C".

(OAB/Exame Unificado – 2008.3) De acordo com o Estatuto da OAB, o documento de identidade profissional, na forma prevista no Regulamento Geral, é de uso

(A) facultativo, pois não constitui prova de identidade civil para fins legais.

(B) obrigatório no exercício da atividade de advogado ou de estagiário e constitui prova de identidade civil para todos os fins legais.

(C) obrigatório no exercício da atividade de advogado, porém facultativo para os estagiários.

(D) obrigatório no exercício da atividade de advogado ou de estagiário, embora não constitua prova de identidade civil para fins legais.

Nos termos do art. 13 da Lei 8.906/94 (Estatuto da OAB), o documento de identidade profissional, na forma prevista no regulamento geral, é de uso obrigatório no exercício da atividade de advogado ou de estagiário e constitui prova de identidade civil para todos os fins legais. Gabarito "B".

(OAB/Exame Unificado – 2008.2) Suponha que Laércio, advogado regularmente inscrito na OAB/RJ e domiciliado na cidade do Rio de Janeiro, esteja atuando em doze causas na cidade de Belo Horizonte. Nessa situação, Laércio deve

(A) requerer ao Poder Judiciário — com a devida comunicação protocolada junto às respectivas seccionais envolvidas — a transferência de foro, baseando-se no princípio processual do lex fori regit actus.

(B) associar-se a um escritório de advocacia cuja sede se situe na cidade de Belo Horizonte, sob pena de exclusão dos quadros da OAB.

(C) pedir a transferência de sua inscrição para a OAB/MG, sob pena de multa e suspensão.

(D) pedir sua inscrição suplementar na OAB/MG, sob pena de exercício ilegal da profissão e sanção disciplinar.

Nos termos do art. 10, § 2º, da Lei 8.906/94 (Estatuto da OAB), deverá Laércio solicitar sua inscrição suplementar à OAB/MG, visto que está advogando com habitualidade (mais de cinco causas por ano). Gabarito "D".

(OAB/Exame Unificado – 2008.1.SP) Assinale a opção correta no que se refere à advocacia pública, prevista no Regulamento Geral do Estatuto da Advocacia e da OAB.

(A) Um consultor jurídico de estado da Federação regularmente inscrito na respectiva Seccional da OAB sujeita-se ao regime do Código de Ética e Disciplina da OAB e não pode integrar cargos de diretoria da Seccional.

(B) Os defensores públicos federais não estão obrigados à inscrição na OAB por não exercerem a advocacia.

(C) Um procurador de Estado exerce a advocacia pública e está obrigado à inscrição na OAB, contudo não pode compor qualquer órgão de Conselho Seccional em que esteja inscrito, por incompatibilidade.

(D) Os advogados da União são obrigados à inscrição na OAB para o exercício de suas atividades.

A: incorreta (art. 9º, p. único, do Regulamento Geral – membros da advocacia pública podem ter cargos na OAB); B: incorreta (arts. 9º e 10 do Regulamento Geral – defensores públicos são advogados públicos e, portanto, obrigados à inscrição na OAB); C: incorreta (art. 9º, p. único, do Regulamento Geral – membros da advocacia pública podem ter cargos na OAB); D: correta (arts. 9º e 10 do Regulamento Geral). Gabarito "D".

(OAB/Exame Unificado – 2007.3) Em relação à inscrição para atuação como advogado e como estagiário, assinale a opção correta de acordo com o Estatuto da OAB.

(A) Compete a cada seccional regulamentar o exame de ordem mediante resolução.

(B) O brasileiro graduado em direito em universidade estrangeira não pode obter inscrição de advogado no Brasil.

(C) O estágio profissional de advocacia com duração superior a dois anos exime da realização de prova para inscrição como advogado na OAB.

(D) O aluno de direito que exerça cargo de analista judiciário pode frequentar estágio ministrado pela respectiva instituição de ensino superior, para fins de aprendizagem, vedada a inscrição na OAB.

A: incorreta, pois o art. 8º, § 1º, da Lei 8.906/94, prevê que compete ao Conselho Federal regulamentar, mediante provimento, o exame de ordem; B: incorreta (art. 8º, § 2º, da Lei 8.906/94); C: incorreta (art. 8º, IV, da Lei 8.906/94); D: correta (art. 9º, § 3º, da Lei 8.906/94 – exercer o cargo de analista judiciário torna a pessoa incompatível com a advocacia, nos termos do art. 28, IV, do Estatuto da OAB, mas, para fins de aprendizagem prático-profissional, poderá frequentar estágio ministrado em sua própria Faculdade de Direito). Gabarito "D".

(OAB/Exame Unificado – 2007.3) Ana, residente e domiciliada em Salvador – BA, é uma advogada inscrita somente no Conselho Seccional da OAB na Bahia (OAB/BA). Além de atuar em oito causas perante o Poder Judiciário baiano, Ana atua, também, em treze processos que correm na justiça estadual de Pernambuco e em dois processos que correm perante varas da justiça federal em São Paulo. Considerando a situação hipotética acima, assinale a opção correta.

(A) Ana deve solicitar a transferência de sua inscrição para a OAB/PE, pois ela atua em mais processos na justiça pernambucana que na justiça baiana.

(B) Ana somente tem o dever de solicitar inscrição suplementar na OAB/PE.

(C) Ana deve solicitar inscrição suplementar no Conselho Seccional da OAB/PE e no da OAB/SP.

(D) A situação de Ana é regular, pois a inscrição na OAB tem caráter nacional, podendo ela advogar em todo o território brasileiro.

Nos termos do art. 10, § 2º, da Lei 8.906/94, a inscrição suplementar deverá ser requerida em caso de atuação habitual do advogado perante Estado diverso do de sua inscrição principal. Deve-se entender como "advocacia habitual" a intervenção em mais de cinco causas pelo advogado. Assim, Ana deverá providenciar sua inscrição suplementar apenas no Estado de Pernambuco, visto que, em São Paulo, conta com apenas dois processos. Gabarito "B".

(OAB/Exame Unificado – 2007.3) Rafael, advogado regularmente inscrito na OAB/DF, tomou posse em cargo público comissionado, demissível *ad nutum*, para exercer, em Brasília – DF, a função de diretor jurídico de uma autarquia federal. Nessa situação, Rafael deve, com relação a sua inscrição na OAB,

(A) mantê-la, pois a referida função é atividade privativa de advogado.

(B) ser licenciado de ofício, por ingresso em cargo público.

(C) solicitar cancelamento, por perder um dos requisitos necessários para a inscrição.

(D) solicitar suspensão por tempo indeterminado, devendo essa suspensão se estender pelo período em que estiver ocupando o referido cargo.

De acordo com o art. 1º, II, da Lei 8.906/94, considera-se atividade privativa de advocacia a assessoria, consultoria e direção jurídica, motivo pelo qual Rafael deverá manter sua inscrição. Gabarito "A".

(OAB/Exame Unificado – 2007.1) Em relação à inscrição dos advogados na OAB, assinale a opção correta de acordo com o Estatuto da Advocacia.

(A) Para a inscrição como advogado, é necessário ser brasileiro nato.

(B) Além da inscrição principal, o advogado deve promover a inscrição suplementar nos conselhos seccionais em cujos territórios tenha atuação em mais de 5 feitos judiciais por ano.

(C) O exercício em caráter definitivo de atividade incompatível com a advocacia no ano de 2002 implicará o licenciamento do profissional, restaurando-se o número da inscrição anterior após a cessação da incompatibilidade.

(D) A aprovação em concurso de procurador de Município autoriza a obtenção da inscrição como advogado sem que o interessado se submeta ao exame da ordem.

A: incorreta, pois não há esse requisito no art. 8º da Lei 8.906/94; B: correta (art. 10, § 2º, da Lei 8.906/94); C: incorreta, pois, nos termos do art. 11, IV, da Lei 8.906/94 (Estatuto da OAB), o exercício de atividade incompatível em caráter definitivo geral o cancelamento da inscrição do profissional, que, em caso de retorno à OAB, após cessada a incompatibilidade, não resgatará o número original; D: incorreta, visto que a lei não admite essa dispensa (art. 8º da Lei 8.906/94). Gabarito "B".

(OAB/Exame Unificado – 2006.3) Um advogado que atua exclusivamente em Salvador – BA, onde tem seu domicílio profissional e inscrição principal, foi procurado por um cliente para patrocínio de uma ação de repetição de indébito, pelo rito ordinário, na justiça federal, em Aracaju – SE. Com base nessa situação hipotética, assinale a opção correta acerca da atuação profissional em outro domicílio.

(A) O advogado poderá atuar desde que haja prévia comunicação à OAB/BA, em até cinco dias, a partir da sua primeira atuação nos autos do processo em Aracaju.

(B) Não será possível a atuação do advogado sem a prévia inscrição suplementar na OAB/SE.

(C) O advogado poderá atuar na causa sem prévia inscrição na OAB/SE e sem comunicar o fato à OAB/BA.

(D) A atuação regular do advogado em Aracaju depende de prévia autorização do secretário geral da OAB/SE.

Nos termos do art. 7º, I, do Estatuto da OAB, o advogado é livre para exercer a advocacia em todo o território nacional, motivo pelo qual, embora inscrito em determinado Estado, não dependerá de anuência ou comunicação prévia da prática de ato privativo de advocacia a qualquer órgão da OAB. Ressalte-se que a necessidade de inscrição suplementar surge caso o advogado passe a exercer a advocacia com habitualidade (mais de cinco causas por ano, nos termos do Art. 10, § 2º, da Lei 8.906/94). Gabarito "C".

(OAB/Exame Unificado – 2006.3) Em relação à inscrição como advogado e às anuidades pagas à OAB, assinale a opção correta.

(A) O advogado que completa 70 anos de idade fica desobrigado do pagamento de anuidade.

(B) A inscrição como estagiário na OAB é feita na seccional do domicílio do requerente.

(C) O advogado denunciado pela prática de crime hediondo tem sua inscrição suspensa no momento do recebimento da denúncia.

(D) A inidoneidade moral para inscrição como advogado pode ser suscitada por qualquer pessoa e deve ser declarada por decisão de, no mínimo, dois terços dos votos de todos os membros do conselho competente, em procedimento em que sejam observados os termos do procedimento disciplinar.

A: incorreta, pois não existe essa regra; B: incorreta (art. 9º, § 2º, da Lei 8.906/94 - a inscrição do estagiário deve ser feita no Conselho Seccional em que se localize o curso jurídico); C: incorreta, eis que não existe essa previsão; D: correta (art. 8º, § 3º, da Lei 8.906/94), tratando-se de causa de exclusão do advogado (art. 34, XXVII, do Estatuto da OAB). Gabarito "D".

(OAB/Exame Unificado – 2006.1) Em face do Regulamento Geral do Estatuto da OAB e dos precedentes dos tribunais superiores, assinale a opção correta.

(A) As anuidades da OAB são fixadas por lei federal.

(B) Os advogados públicos são dispensados do pagamento da anuidade da OAB.

(C) Os advogados públicos devem ser obrigatoriamente inscritos na OAB.

(D) As anuidades da OAB têm natureza tributária.

A: incorreta, visto que, nos termos do art. 55, § 1º, do Regulamento Geral, as anuidades são fixadas pelos Conselhos Seccionais; B: incorreta, pois todos os inscritos devem pagar a anuidade (art. 55, *caput*, c/c art. 10, ambos do Regulamento Geral); C: correta, nos termos do art. 9º do Regulamento Geral; D: incorreta. A OAB defende a tese de que a anuidade não tem natureza tributária; assim, a anuidade pode ser aumentada sem lei prévia; por outro lado, não é possível a utilização da execução fiscal. Gabarito "C".

(OAB/Exame Unificado – 2004.ES) Considere que Celso, advogado inscrito na OAB/ES, foi recentemente aprovado em concurso público para provimento de cargo de procurador do estado do Espírito Santo, sendo que amanhã ele tomará posse e entrará em exercício no cargo. Nessa situação, a inscrição de Celso na OAB/ES

(A) deverá ser suspensa enquanto ele permanecer no exercício do referido cargo.

(B) deverá ser cancelada, mas, caso venha a se reinscrever, ele terá direito a restaurar seu número original de inscrição.

(C) somente poderá ser mantida caso ele permaneça licenciado durante o período em que estiver investido no referido cargo, licença essa que o tornaria isento do pagamento da anuidade à OAB/ES.

(D) deverá ser mantida, pois a advocacia pública somente pode ser exercida por advogados regularmente inscritos na OAB.

Nos termos do Art. 3º, §1º, da Lei 8.906/94 e art. 9º do Regulamento Geral, Celso deverá manter sua inscrição, visto ser considerado um advogado público, sujeito, inclusive, às regras do Estatuto da OAB, Código de Ética e Regulamento Geral, sem prejuízo de sua própria lei de regência (lei orgânica). Gabarito "D".

(OAB/Exame Unificado – 2004.ES) Helena foi aprovada em exame de ordem realizado pela OAB/ES, mas, por motivo de saúde, encontra-se impedida de comparecer à solenidade em que os bacharéis aprovados no referido exame prestarão compromisso perante a OAB/ES. Em face dessa situação hipotética, assinale a opção correta.

(A) Helena será dispensada de prestar o referido compromisso, desde que comprove devidamente a impossibilidade de seu comparecimento.

(B) Helena poderá prestar o compromisso mediante procurador constituído por instrumento público, desde que o mandatário seja advogado regularmente inscrito na OAB.

(C) Mesmo sendo impossível o seu comparecimento à referida solenidade, Helena somente poderá ser inscrita como advogada depois de prestar pessoalmente compromisso perante a OAB/ES.

(D) Desde que esteja inscrita como estagiária perante a OAB/ES, Helena poderá ser inscrita como advogada sem prestar o referido compromisso.

Nos termos do art. 8º, VII, da Lei 8.906/94, é requisito para a inscrição que o aprovado em exame de ordem preste o compromisso perante o Conselho Seccional competente. Trata-se de ato personalíssimo, o qual não pode ser transmitido por procuração (art. 20, §1º, do Regulamento Geral). Gabarito "C".

4. SOCIEDADE DE ADVOGADOS

(OAB/Exame Unificado – 2011.1) Os advogados Pedro e João desejam estabelecer sociedade de advogados com o fito de regularizar o controle dos seus fluxos de honorários e otimizar despesas. Estabelecem contrato e requerem o seu registro no órgão competente. À luz da legislação aplicável aos advogados, é correto afirmar que

(A) o Código de Ética não se aplica individualmente aos profissionais que compõem sociedade de advogados.

(B) é possível a participação de advogados em sociedades sediadas em áreas territoriais de seccionais diversas.

(C) a procuração é sempre coletiva quando atuante sociedade de advogados.

(D) podem existir sociedades mistas de advogados e contadores.

A: incorreta. A sociedade de advogados, obviamente, é composta por advogados regularmente inscritos na OAB, os quais, à evidência, submetem-se às regras deontológicas (regras éticas), inclusive, e principalmente, aquelas previstas no Código de Ética e Disciplina. Ressalte-se que a própria sociedade de advogados submete-se ao Código de Ética, consoante determina o art. 15, §2º, do Estatuto da OAB (EAOAB – Lei 8.906/94); B: correta. De fato, admite-se que um advogado, sócio de uma sociedade, integre outras sociedades de advogados, desde que em sediadas em outra base territorial (leia-se: outro Estado – Conselho Seccional), consoante art. 15, §4º, EAOAB; C: incorreta, pois a procuração deve ser outorgada individualmente aos advogados, e não de forma coletiva (art. 15, §3º, EAOAB); D: incorreta. É absolutamente vedado que uma sociedade de advogados apresente como objeto qualquer atividade diversa das privativas de advocacia (art. 16, EAOAB). Gabarito "B".

(OAB/Exame Unificado – 2010.2) Michel, Philippe e Lígia, bacharéis em Direito recém-formados e colegas de bancos universitários, comprometem-se a empreender a atividade advocatícia de forma conjunta logo após a aprovação no Exame de Ordem. Para gáudio dos bacharéis, todos são aprovados no certame e obtém sua inscrição no Quadro de Advogados da OAB. Assim, alugam sala compatível em local próximo ao prédio do Fórum do município onde pretendem exercer sua nobre função. De início, as causas são individuais, por indicação de amigos e parentes. Logo, no entanto, diante do sucesso profissional alcançado, são contactados por sociedades empresárias ansiosas pela prestação de serviços profissionais advocatícios de qualidade. Uma exigência, no entanto, é realizada: a prestação deve ocorrer por meio de sociedade de advogados. No concernente ao tema, à luz das normas aplicáveis

(A) a sociedade de advogados é de natureza empresarial.

(B) os advogados sócios da sociedade de advogados respondem limitadamente por danos causados aos clientes.

(C) o registro da sociedade de advogados é realizado no Conselho Seccional da OAB onde a mesma mantiver sede.

(D) não é possível associação com advogados, sem vínculo de emprego, para participação nos resultados.

A: incorreta, pois o art. 15, *caput*, da Lei 8.906/94 estabelece que deve se tratar de sociedade civil, ou, na linguagem do atual Código Civil, de sociedade simples, e não de sociedade empresária; B: incorreta, pois, além da sociedade, o sócio responde subsidiária e *ilimitadamente* pelos danos causados aos clientes (art. 17 da Lei 8.906/94); C: correta, pois "a sociedade de advogados adquire personalidade jurídica com o **registro** aprovado dos seus atos constitutivos no **Conselho Seccional** da OAB em cuja base territorial tiver **sede**" (art. 15, § 1º, da Lei 8.906/94); D: incorreta, pois "a sociedade de advogados **pode** associar-se com advogados, sem vínculo de emprego, para participação nos resultados" (g.n.) (art. 39 do Regulamento da OAB). Gabarito "C".

(OAB/Exame Unificado – 2009.3) Assinale a opção correta de acordo com o Estatuto da Advocacia e da OAB.

(A) O sócio de sociedade de advogados que cause danos a clientes deve responder por seu ato comissivo ou omissivo, sendo tal responsabilidade pessoal, não havendo implicações para a pessoa jurídica.
(B) Falecendo o advogado durante o curso de um processo, os honorários de sucumbência serão integralmente recebidos pelo profissional que o suceder na causa.
(C) Na situação em que advogados se reúnam em sociedade civil, devem as procurações ser outorgadas individualmente a cada causídico, com a indicação da sociedade de que façam parte.
(D) É proibido que a sociedade de advogados ostente, na razão social, o nome de sócio falecido. Assim, em caso de falecimento de algum sócio, deve-se, obrigatoriamente, providenciar a alteração do registro da sociedade.

A: incorreta, pois a sociedade também responde com seu patrimônio (art. 17 da Lei 8.906/94); B: incorreta (art. 24, § 2º, da Lei 8.906/94 - os honorários de sucumbência, em caso de falecimento do advogado, serão transmitidos aos sucessores ou representantes legais); C: correta (art. 15, § 3º, da Lei 8.906/94); D: incorreta (art. 16, § 1º, da Lei 8.906/94 - admite-se a continuidade do uso de nome de sócio falecido, desde que haja expressa previsão no ato constitutivo da sociedade de advogados). Gabarito "C".

(OAB/Exame Unificado – 2009.2) A respeito das sociedades de advogado, assinale a opção correta.

(A) Considere que Rogério e Daniel sejam sócios na XYZ Advogados, com sede em Belém – PA, e que André convide Rogério para integrar a equipe de sua sociedade, a MNP Advocacia, com sede em Santarém – PA. Nessa situação, não há qualquer impedimento ao fato de Rogério integrar a MNP Advocacia, uma vez que a sede das referidas sociedades está situada em cidades diferentes.
(B) A sociedade de advogados só adquire personalidade jurídica após o registro na seccional da OAB em cuja base territorial estiver situada a sede da sociedade.
(C) As procurações podem ser outorgadas à sociedade de advogados, bastando que se faça menção ao registro dos advogados que a compõem.
(D) A personalidade jurídica da sociedade de advogados é adquirida com o seu registro na junta comercial.

A: incorreta (art. 15, § 4º, da Lei 8.906/94 - não pode um advogado ser sócio de duas sociedades na mesma base territorial, ou seja, no mesmo Estado da federação); B: correta (art. 15, § 1º, da Lei 8.906/94): C: incorreta, visto que, nos termos do art. 15, § 3º, da Lei 8.906/94, a procuração deverá ser outorgada individualmente aos sócios, devendo constar no referido instrumento a sociedade de que façam parte; D: incorreta, visto que a sociedade de advogados adquire personalidade jurídica após o registro dos atos constitutivos no Conselho Seccional da OAB em cuja base territorial tiver sede, e não na Junta Comercial ou qualquer Cartório de Registro Civil de Pessoas Jurídicas. Lembre-se que a sociedade de advogados não tem natureza jurídica de sociedade empresária! Gabarito "B".

(OAB/Exame Unificado – 2009.1) No que concerne à sociedade de advogados, assinale a opção correta.

(A) De acordo com o Estatuto da OAB, a sociedade de advogados adquire personalidade jurídica quando do registro dos atos constitutivos perante a junta comercial em cuja base territorial tiver sede.
(B) Advogados sócios da mesma sociedade profissional podem representar em juízo clientes de interesses opostos, desde que mantenham o decoro e a autonomia funcional.

(C) Nenhum advogado pode integrar mais de uma sociedade de advogados, com sede ou filial na mesma área territorial do respectivo Conselho Seccional.
(D) É possível registrar no Cartório de Registro Civil de Pessoas Jurídicas sociedade que inclua, entre outras finalidades, a atividade de advocacia.

A: incorreta (art. 15, § 1º, da Lei 8.906/94 - o registro deve ser feito no Conselho Seccional em cuja base territorial tiver sua sede); B: incorreta (art. 15, § 6º, da Lei 8.906/94); C: correta (art. 15, § 4º, da Lei 8.906/94); D: incorreta (art. 16, § 3º, da Lei 8.906/94). Gabarito "C".

(OAB/Exame Unificado – 2008.3) No tocante à sociedade de advogados, assinale a opção correta.

(A) A sociedade de advogados pode associar-se com advogados apenas para participação nos resultados, sem vínculo de emprego.
(B) Com o falecimento do sócio que dava nome à sociedade de advogados, o conselho seccional deverá notificar de imediato os demais sócios para a alteração do ato constitutivo, independentemente de previsão de permanência do nome do sócio falecido.
(C) Os advogados associados não respondem pelos danos causados diretamente ao cliente, sendo essa responsabilidade exclusiva dos sócios do escritório.
(D) Ainda que condenado judicialmente por dano causado a cliente, o advogado não deverá sofrer qualquer sanção disciplinar no âmbito da OAB.

A: correta (art. 39 do Regulamento Geral - os advogados associados não são sócios ou empregados da sociedade de advogados, mas, apenas, "parceiros", que auferirão uma participação nos resultados dos trabalhos realizados em nome da sociedade); B: incorreta, pois, nos termos do art. 16, § 1º, da Lei 8.906/94, o nome do sócio falecido poderá continuar na razão social da sociedade desde que haja expressa previsão no ato constitutivo; C e D: incorretas (art. 40 do Regulamento Geral). Gabarito "A".

(OAB/Exame Unificado – 2008.2.SP) João Braz e Antônio Geraldo são advogados inscritos na Seccional de São Paulo. Em janeiro de 2002, eles tornaram-se sócios de um escritório de advocacia, que foi registrado na Seccional da OAB de São Paulo com o nome Antônio Geraldo Advogados Associados. Após seis anos de trabalho como sócio de João Braz, Antônio Geraldo faleceu. Considerando a situação hipotética apresentada, assinale a opção correta no que se refere à sociedade de advogados.

(A) Obrigatoriamente, a razão social do escritório deveria conter, o nome dos dois sócios, ou seja, João Braz e Antônio Geraldo Advogados Associados.
(B) Antes da morte de Antônio Geraldo, João Braz poderia ter integrado outra sociedade de advogados, desde que o escritório tivesse filial na mesma área territorial da Seccional de São Paulo.
(C) O registro de constituição do escritório Antônio Geraldo Advogados Associados deve ser feito no Conselho Federal da OAB.
(D) Após a morte de Antônio Geraldo, o escritório poderá permanecer com o mesmo nome, se houver previsão dessa possibilidade no ato constitutivo da sociedade.

A: incorreta, visto que o art. 38 do Regulamento Geral e art. 16, § 1º, da Lei 8.906/94 admitem que o nome da sociedade seja composto pelo nome de pelo menos um dos sócios, completo ou abreviado, não se exigindo, portanto, o nome de todos os sócios; B: incorreta, pois não pode o sócio de uma sociedade integrar outra sociedade na mesma base territorial (leia-se: mesmo Conselho Seccional), conforme art. 15, §4º, do Estatuto da OAB; C: incorreta (art. 15, §1º, do Estatuto da OAB - o registro deve ser feito perante o Conselho Seccional); D: correta (art. 16, §1º, do Estatuto da OAB e art. 38 do Regulamento Geral). Gabarito "D".

(OAB/Exame Unificado – 2008.1.SP) Assinale a opção correta quanto à sociedade de advogados.

(A) A sociedade de advogados que incluir no seu quadro de sócio bacharel em direito sem inscrição na OAB não obterá o registro no Conselho Seccional da OAB.
(B) Pessoa jurídica de direito privado que contratar os serviços de uma sociedade de advogados outorgará poderes mediante procuração em nome do sócio majoritário, e, não individualmente, a cada advogado da sociedade.

(C) Considere que A, B, C e D sejam sócios da mesma sociedade de advogados e que X e Z sejam empresas clientes da sociedade. Nesse caso, havendo uma demanda com interesses opostos, a sociedade poderá representar, em juízo, os interesses de ambas as empresas com a condição de que os advogados sócios A e B defendam, em juízo, a empresa X, e os advogados sócios C e D defendam a empresa Z.

(D) Quatro advogados podem associar-se em uma sociedade por cotas de responsabilidade limitada, tendo como objeto a atividade da advocacia e registrando-a na respectiva junta comercial.

A: correta (art. 16, *caput*, da Lei 8.906/94 - somente advogados inscritos na OAB podem integrar a sociedade de advogados); B: incorreta (art. 15, § 3º, da Lei 8.906/94 - a procuração deve ser outorgada individualmente aos sócios, com menção à sociedade que integram); C: incorreta (art. 15, § 6º, da Lei 8.906/94 - sócios de mesma sociedade não podem defender clientes com interesses conflitantes); D: incorreta (arts. 15, § 1º, e 16, §3º, ambos da Lei 8.906/94 - a sociedade de advogados deverá ser registrada no Conselho Seccional em que se estabelecer a sede, sendo vedada a assunção de qualquer forma mercantil). Gabarito "A".

(OAB/Exame Unificado – 2007.3) A personalidade jurídica de uma sociedade de advogados sediada no Pará tem início com o registro, aprovado,

(A) de seu contrato social na Junta Comercial competente.
(B) de seus atos constitutivos na OAB/PA.
(C) de seu contrato social no cadastro unificado do Conselho Federal da OAB.
(D) de seus estatutos no Registro Civil de Pessoas Jurídicas.

Nos termos do art. 15, § 1º, da Lei 8.906/94, os atos constitutivos devem ser levados a registro perante o Conselho Seccional em que for se estabelecer a sede. Gabarito "B".

(OAB/Exame Unificado – 2007.3) Rodrigo celebrou contrato de prestação de serviços advocatícios com a sociedade de advogados Carvalho e Pereira, composta por dois advogados, com o objetivo de que ambos o representem judicialmente em uma ação indenizatória. Nessa situação hipotética, a procuração judicial referente à prestação desse serviço

(A) deve ser outorgada aos advogados, com a indicação de que eles fazem parte da referida sociedade.
(B) deve ser outorgada à sociedade, com a expressa enumeração e qualificação dos advogados que a compõem.
(C) deve ser outorgada à sociedade, sendo dispensável a indicação expressa dos advogados que a integram, pois o contrato de prestação de serviços foi celebrado com a pessoa jurídica.
(D) pode ser outorgada tanto à sociedade quanto individualmente aos advogados.

Nos termos do art. 15, § 3º, da Lei 8.906/94, a procuração deverá ser outorgada individualmente aos sócios, indicando-se a sociedade a que eles façam parte. Gabarito "A".

(OAB/Exame Unificado – 2007.3.PR) Considerando que um advogado integre duas renomadas sociedades de advogados, ambas sediadas em Curitiba, assinale a opção correta.

(A) O advogado em questão não pode integrar mais de uma sociedade de advogados na cidade de Curitiba, pois o respectivo conselho seccional não autoriza tal atuação na comarca da capital.
(B) Nenhum advogado pode integrar mais de uma sociedade de advogados, com sede ou filial na mesma área territorial do respectivo conselho seccional.
(C) O advogado em questão pode integrar mais de uma sociedade de advogados, desde que não atue em causas propostas pelo mesmo cliente em ambas as sociedades.
(D) Esse advogado pode tomar parte como sócio-fundador na primeira sociedade em que se integrou e atuar na outra como sócio benemérito.

Nos termos do art. 15, § 4º, da Lei 8.906/94, um advogado não pode integrar duas sociedades na mesma base territorial, vale dizer, no mesmo Estado da federação. Gabarito "B".

(OAB/Exame Unificado – 2007.3.PR) Considere-se que uma sociedade de advogados sediada em Curitiba – PR – pretenda abrir filial na cidade de Goiânia – GO. A esse respeito, é correto afirmar que o ato de

(A) constituição da filial deve ser averbado no registro da sociedade e arquivado junto ao Conselho Estadual do local onde for instalada, ficando os sócios obrigados a inscrição suplementar.
(B) constituição da filial deve ser averbado no Conselho Federal da OAB e arquivado na Junta Comercial, ficando os sócios obrigados a eleger, em um prazo máximo de noventa dias, novo sócio com inscrição regular na Seccional do local onde for instalada.
(C) fundação da filial deve ser averbado na Junta Comercial e arquivado no Conselho Federal da OAB, ficando os sócios obrigados a inscrição suplementar.
(D) constituição deve ser averbado na Junta Comercial, registrado no cartório de registro civil de pessoas jurídicas e arquivado no Conselho Federal da OAB, ficando os sócios obrigados a transferir sua inscrição para a Seccional onde a filial for instalada.

Nos termos do art. 15, § 5º, da Lei 8.906/94, a abertura de filial de uma sociedade de advogados exigirá a averbação no registro da sociedade (Conselho Seccional em que estiver situada a sua sede), sendo indispensável que os sócios providenciem inscrição suplementar. Lembre-se que é vedada a abertura de filial de sociedade de advogados no mesmo Estado da federação! Gabarito "A".

(OAB/Exame Unificado – 2007.3.PR) O advogado Pedro Pires convidou seu antigo colega de graduação, André Silva, regularmente inscrito na OAB/PR, para com ele constituir sociedade de advogados. Também foram convidados a constituir tal sociedade o contabilista Omar Pascoal, a psicóloga Ana Pereira e a desembargadora Laura Benevides. Em reunião preliminar, os sócios concordaram em atribuir à referida sociedade o nome Dura Lex Advogados Associados e decidiram que a esta prestaria consultoria contábil e psicológica aos seus clientes, além dos serviços jurídicos propriamente ditos, sendo estes ofertados ao público através do "carnê justiça", inovador sistema de financiamento dos honorários advocatícios. Em relação a essa situação hipotética, é correto afirmar que a referida sociedade

(A) não deve ser admitida em registro, mas admite autorização de funcionamento, pelo Tribunal de Ética da OAB, como sociedade de advocacia mista, desde que devidamente registrada no Conselho Federal de Contabilidade e no Conselho Regional de Psicologia.
(B) pode ser admitida em registro, mas não poderá funcionar, em razão da não inscrição da desembargadora na OAB.
(C) não deve ser admitida em registro, nem pode funcionar, visto que apresenta forma ou característica mercantil, adota denominação de fantasia, tende a realizar atividade estranha à advocacia e inclui sócio totalmente proibido de advogar.
(D) não deve ser admitida em registro nem pode funcionar, pois deveria ter sido escolhido para a sociedade nome fantasia, obrigatoriamente, em língua portuguesa, sendo vedada a utilização de expressões estrangeiras.

A sociedade de advogados somente pode ser composta, como o nome sugere, por advogados regularmente inscritos na OAB, não se podendo admitir que seja integrada por pessoas estranhas à advocacia (contadores, psicólogos e magistrados). Outrossim, é absolutamente vedada a adoção de nome fantasia, bem como a prestação de atividades que não aquelas privativas de advocacia. Sobre as vedações às sociedades de advogados, vide art. 16, da Lei 8.906/94 (Estatuto da OAB). Gabarito "C".

(OAB/Exame Unificado – 2007.3.PR) Os advogados João da Silva e José de Sousa, integrantes da mesma sociedade profissional, representam em juízo clientes com interesses opostos, sem que estes tenham ciência do fato. Considerando a situação hipotética acima, assinale a opção correta com base no Código de Ética e Disciplina da OAB.

(A) Os advogados em questão devem limitar-se a informar seus respectivos clientes, de forma clara e inequívoca, dos eventuais riscos da sua pretensão e das consequências que poderão advir da demanda por eles patrocinada, uma vez que integram uma mesma sociedade profissional.
(B) Quando advogados de uma mesma sociedade profissional representam em juízo clientes com interesses opostos, faz-se necessária a presença de um interventor do conselho de ética

da seccional em que essa sociedade encontra-se sediada, com o objetivo de controlar e fiscalizar a atuação dos causídicos.
(C) Os advogados integrantes da mesma sociedade profissional ou reunidos em caráter permanente para cooperação recíproca não podem representar em juízo clientes com interesses opostos.
(D) A necessidade de resguardar o sigilo profissional impede que os advogados em questão informem seus respectivos clientes das pretensões de seus oponentes, todavia não os impede de representar em juízo clientes com interesses opostos, desde que empreguem todos os meios lícitos para formular acordo compatível com os interesses de seus representados.

Nos termos do art. 15, §6º, do Estatuto da OAB (Lei 8.906/94) e art. 17 do CED, não podem advogados de uma mesma sociedade, ou que estejam reunidos em caráter permanente, representem clientes com interesses conflitantes. Gabarito "C".

(OAB/Exame Unificado – 2007.1) No tocante às sociedades de advogados, assinale a opção correta.
(A) É vedada a permanência de nome de sócio falecido na razão social da sociedade de advogados.
(B) É possível que um advogado pertença a mais de uma sociedade de advogados registradas em uma mesma seccional, desde que os respectivos escritórios não patrocinem clientes de interesses opostos.
(C) O CED-OAB não se aplica às sociedades de advogados porque o direito brasileiro não admite a responsabilização penal da pessoa jurídica.
(D) É vedado às juntas comerciais o registro de sociedade que inclua a atividade de advocacia entre suas finalidades.

A: incorreta (art. 16, § 1º, da Lei 8.906/94 e art. 38 do Regulamento Geral - o nome de sócio falecido poderá permanecer na razão social da sociedade, desde que exista expressa autorização no ato constitutivo); B: incorreta (art. 15º, §§ 4º e 6º, da Lei 8.906/94 - impossível que um advogado seja sócio de mais de uma sociedade na mesma base territorial, vale dizer, no mesmo Estado da federação); C: incorreta (art. 15, § 2º, da Lei 8.906/94); D: correta (art. 15º, 1º, da Lei 8.906/94). Gabarito "D".

(OAB/Exame Unificado – 2006.3) No que se refere às sociedades de advogados, assinale a opção correta.
(A) A razão social de uma sociedade de advogados deve, obrigatoriamente, conter o nome de pelo menos um advogado responsável pela sociedade, podendo permanecer o de sócio falecido, desde que tal possibilidade esteja prevista no ato constitutivo.
(B) As sociedades de advogados são registradas nos cartórios de registro de pessoas jurídicas do local de sua sede.
(C) O advogado somente poderá integrar mais de uma sociedade de advogados mediante expressa autorização do conselho seccional e se houver previsão no contrato social das sociedades.
(D) O licenciamento de sócio para o exercício temporário de atividade incompatível com a advocacia não precisa ser averbado no registro da sociedade.

A: correta (art. 16, § 1º, da Lei 8.906/94 e art. 38 do Regulamento Geral); B: incorreta (art. 15, § 1º, da Lei 8.906/94); C: incorreta (art. 15, § 4º, da Lei 8.906/94); D: incorreta (art. 16, § 2º, da Lei 8.906/94). Gabarito "A".

(OAB/Exame Unificado – 2004.ES) Após ter ouvido elogios ao trabalho de Maria, que integra a Maciel Advogados, sociedade de advogados sediada no estado do Espírito Santo, Zózimo decidiu contratar essa empresa para representá-lo em uma ação judicial. Em face dessa situação hipotética, assinale a opção correta.
(A) A Maciel Advogados, por ser pessoa jurídica, encontra-se fora da incidência do Código de Ética e Disciplina da OAB (CED-OAB), já que esse diploma normativo estabelece direitos e deveres apenas para pessoas físicas.
(B) O fato de Maria integrar a referida sociedade impede que ela seja sócia de qualquer outra sociedade de advogados com sede no estado do Espírito Santo.
(C) A Maciel Advogados pode adotar tanto a forma de sociedade limitada quanto a forma de sociedade anônima.
(D) Por ter efetuado contrato com a Maciel Advogados, Zózimo deve outorgar procuração *ad judicia* à própria sociedade, sendo desnecessário, no instrumento de mandato, nomear individualmente os advogados que compõem a sociedade.

A: incorreta (art. 15, § 2º, da Lei 8.906/94); B: correta (art. 15, § 4º, da Lei 8.906/94 - um advogado não pode ser sócio de mais de uma sociedade de advogados na mesma base territorial, ou seja, no mesmo Estado da federação); C: incorreta, visto que a sociedade não pode ter forma mercantil, por isso não pode ser uma sociedade anônima (art. 16, *caput*, da Lei 8.906/94); D: incorreta, visto que, conforme preconiza o art. 15, § 3º, da Lei 8.906/94, a procuração deve ser outorgada individualmente aos sócios, devendo mencionar a sociedade a que pertencem. Gabarito "B".

5. ADVOGADO EMPREGADO

(OAB/Exame Unificado – 2010.1) Assinale a opção correta acerca da situação do advogado como empregado, de acordo com as disposições do Estatuto da Advocacia e da OAB.
(A) O advogado empregado não está obrigado à prestação de serviços profissionais de interesse pessoal, fora da relação de emprego.
(B) Nas causas em que for parte empregador de direito privado, os honorários de sucumbência serão devidos a ele, empregador, e não, aos advogados empregados.
(C) Considera-se jornada de trabalho o período em que o advogado esteja à disposição do empregador, aguardando ou executando ordens no âmbito do escritório, não sendo consideradas as horas trabalhadas em atividades externas.
(D) A relação de emprego, no que se refere ao advogado, não retira a isenção técnica inerente à advocacia, mas reduz a independência profissional, visto que o advogado deve atuar de acordo com as orientações de seus superiores hierárquicos.

A: Opção correta. Assim dispõe o art. 18, parágrafo único, do EOAB; B: Opção incorreta. Em tal situação, os honorários serão devidos aos advogados empregados (EOAB, art. 21, *caput*), salvo se houver disposição em contrário, conforme admitiu o STF no julgamento da ADIN 1.194; C: Opção incorreta. O conceito de jornada de trabalho deve englobar tanto o período em que o advogado empregado esteja à disposição do empregador no âmbito do escritório quanto aquele em que esteja realizando atividades externas (EOAB, art. 20, § 1.º); D: Opção incorreta. A relação advocatícia de empregado não implica redução da independência profissional (EOAB, art. 18). Gabarito "A".

(OAB/Exame Unificado – 2009.2) Com relação ao advogado empregado, assinale a opção correta.
(A) Considere que Fabiana, advogada da empresa SW, tenha ganhado processo para seu empregador. Nessa situação, caso haja honorários de sucumbência, estes devem ser repassados à empresa, haja vista que Fabiana já é remunerada para defender os interesses da empresa SW.
(B) Considere que Daniel, advogado empregado do banco Z, tenha sido chamado à sala do diretor-presidente e lhe recebido ordem para fazer contestação do processo de separação desse diretor-presidente. Nessa situação, Daniel não está obrigado a prestar seus serviços profissionais, visto que a causa é de interesse pessoal do diretor-presidente, sem relação com o contrato de trabalho.
(C) Considere que Marcos, advogado empregado do banco X, tenha recebido ordem para elaborar parecer favorável em um contrato manifestamente ilegal. Nesse caso, por ser empregado do banco, ele não possui independência profissional para fazer, por convicção, parecer contrário ao referido contrato.
(D) O advogado empregado, no exercício da profissão, não pode ter regime de trabalho superior a trinta horas semanais, independentemente de acordo coletivo ou de contrato de dedicação exclusiva.

A: incorreta, pois, em regra, a sucumbência pertencerá ao advogado, mesmo que empregado (art. 21, caput, do Estatuto da OAB). Contudo, o STF, no julgamento da ADIN 1.194, relativizou a regra rígida de que a sucumbência sempre pertence ao advogado, afirmando tratar-se de direito disponível, motivo pelo qual admite acordo em sentido contrário; B: correta, visto que, nos termos do art. 18, p. único, do Estatuto da OAB, o advogado empregado não pode ser obrigado a prestar serviços estranhos àqueles estabelecidos no contrato de trabalho; C: incorreta, pois o art. 18, caput, do Estatuto da OAB, garante ao advogado empregado sua isenção técnica e independência profissional, motivo pelo qual não pode ser compelido, ainda que na qualidade de empregado, a elaborar manifestação sobre a validade de um contrato manifestamente ilegal; D: incorreta (art. 20, caput, da Lei 8.906/94 e art. 12 do Regulamento Geral). Gabarito "B".

(OAB/Exame Unificado – 2004.ES) Considerando que Douglas seja advogado empregado na consultoria jurídica de uma grande empresa, assinale a opção correta.

(A) Será nula disposição contratual que defina regime de dedicação exclusiva para Douglas.
(B) Por ser Douglas advogado empregado, somente fará jus a receber honorários de sucumbência caso esse direito esteja expressamente previsto em seu contrato de trabalho.
(C) Os honorários de sucumbência recebidos por Douglas devem integrar a base de cálculo de sua gratificação natalina.
(D) Caso venha a desligar-se futuramente da empresa, a Douglas será vedado patrocinar causa voltada à anulação de ato em cuja elaboração ele tenha participado.

A: incorreta (art. 20, *caput*, da Lei 8.906/94); B: incorreta, pois a regra contida no art. 21 da Lei 8.906/94 é diametralmente oposta (muito embora o STF entenda ser possível a existência de cláusula contratual em que haja destinação diversa da verba de sucumbência ao advogado, ou a repartição desta - vide ADIN 1.194); C: incorreta, pois, de acordo com o art. 14 do Regulamento Geral, os honorários sucumbenciais não integram o salário do advogado empregado; D: correta (art. 20 do CED). Gabarito "D".

6. HONORÁRIOS

(OAB/Exame Unificado – 2011.1) A prescrição para a cobrança de honorários advocatícios tem como termo inicial, consoante as normas estatutárias,

(A) o dia do primeiro ato extrajudicial.
(B) o início do contrato de prestação de serviços.
(C) a data da revogação do mandato.
(D) a sentença que julga procedente o pedido em favor do cliente do advogado.

A: incorreta. De acordo com o art.25 do Estatuto da OAB (EAOAB – Lei 8.906/94), a prescrição da ação de cobrança de honorários advocatícios é de cinco anos, contados: I - do vencimento do contrato, se houver; II - do trânsito em julgado da decisão que os fixar; III - da ultimação do serviço extrajudicial; IV - da desistência ou transação; e V - da renúncia ou revogação do mandato. Portanto, o termo inicial não poderá ser o dia do primeiro ato extrajudicial, mas sim de sua ultimação (término); B: incorreta, pois, consoante art. 25, I, do EAOAB, o prazo de prescrição começará a fluir a partir do vencimento do contrato, se houver, e não do início da prestação dos serviços; C: correta. De fato, a partir da revogação do mandato, a relação cliente-advogado está extinta, cabendo ao advogado, a partir de então, intentar com demanda no prazo máximo de cinco anos (art. 25, V, EAOAB); D: incorreta. Apenas com o trânsito em julgado da decisão que houver fixado os honorários (ex.: honorários sucumbenciais ou honorários por arbitramento) é que terá início a prescrição quinquenal(art. 25, II, EAOAB). Gabarito "C".

(OAB/Exame Unificado – 2010.3) Homero, advogado especializado em Direito Público, após longos anos, obtém sentença favorável contra a Fazenda Pública Estadual. Requer a execução especial e apresenta, após o decurso normal do processo, requerimento de expedição de precatório, estabelecendo a separação do principal, direcionado ao seu cliente, dos honorários de sucumbência e postulando o desconto no principal de vinte por cento a título de honorários contratuais, cujo contrato anexa aos autos. O pedido é deferido pelo Juiz, mas há recurso do Ministério Público, que não concorda com tal desconto. De acordo com as normas estatutárias aplicáveis, é correto afirmar que

(A) seja o contrato escrito ou verbal, pode o advogado requerer o pagamento dos seus honorários contratuais mediante desconto no valor da condenação.
(B) é possível o pagamento de honorários advocatícios contratuais no processo em que houve condenação, havendo precatório, desde que o contrato seja escrito.
(C) os honorários devidos no processo judicial se resumem aos sucumbenciais, vedado o desconto de quaisquer outros valores a esse título.
(D) os honorários advocatícios, que gozam de autonomia, quer sucumbenciais, quer contratuais, devem ser cobrados em via própria diretamente ao cliente.

A: incorreta, pois, conforme preconiza o art. 22, §4º, do Estatuto da OAB (EAOAB – Lei 8.906/94), "*se o advogado fizer juntar aos autos o seu contrato de honorários antes de expedir-se o mandado de levantamento ou precatório, o juiz deve determinar que lhe sejam pagos diretamente, por dedução da quantia a ser recebida pelo constituinte, salvo se este provar que já os pagou.*" (g.n.). Assim, se o contrato for verbal, inviável a aplicação do dispositivo legal transcrito; B: correta, pois, de acordo com o já citado art. 22, §4º, do EAOAB, é perfeitamente possível que o advogado Homero pleiteie em juízo a reserva do montante capaz de quitar os honorários contratualmente avençados, expedindo-se, inclusive, precatório ou requisição de pequeno valor da verba em questão; C: incorreta, pois, no bojo de um processo judicial, como visto, poderá o advogado receber os *honorários contratuais*, mediante juntada do contrato escrito aos autos (art. 22 do EAOAB), bem assim os *honorários sucumbenciais*, que devem ser pagos pelo vencido ao advogado do vencedor (art. 23 do EAOAB); D: incorreta, pois os honorários sucumbenciais *podem ser cobrados nos próprios autos* em que forem fixados, sendo desnecessário o ajuizamento de ação autônoma para que o advogado os receba (art. 23 do EAOAB). Gabarito "B".

(OAB/Exame Unificado – 2010.2) Eduardo, advogado, é contratado para defender os interesses de Otávio, próspero fazendeiro, em diversas ações, de natureza civil, empresarial, criminal, bem como em processos administrativos que tramitam em numerosos órgãos públicos.

Antes de realizar os atos próprios da profissão, apresenta ao cliente os termos de contrato de honorários, que divide em valores fixos, acrescidos dos decorrentes da eventual sucumbência existente nos processos judiciais. À luz das normas aplicáveis,

(A) os honorários sucumbenciais e os contratados são naturalmente excludentes, devendo o profissional optar por um deles.
(B) os honorários contratuais devem ser sempre em valor fixo.
(C) os honorários de sucumbência podem, ao alvedrio das partes, sofrer desconto dos honorários pactuados contratualmente.
(D) os honorários sucumbenciais acrescidos dos honorários contratuais podem superar o benefício econômico obtido pelo cliente.

A: incorreta, pois, segundo o art. 22, *caput*, da Lei 8.906/94, a prestação do serviço assegura ao advogado direito aos honorários convencionados, aos fixados por arbitramento judicial **e** aos de sucumbência; ademais, os honorários fixados em sentença pertencem ao advogado, que pode executá-los autonomamente (art. 23 da Lei 8.906/94); aliás, segundo o CED, "os honorários da sucumbência **não excluem** os contratados, porém devem ser levados em conta no acerto final com o cliente ou constituinte, tendo sempre presente o que foi ajustado na aceitação da causa" (art. 35, § 1º); assim, é possível que o contrato de honorários determine que o advogado fique com os dois honorários (contratual e de sucumbência) ou que se combine algum tipo de compensação; B: incorreta, pois não existe, nos arts. 35 a 43 do CED, obrigação nesse sentido; C: correta, nos termos do já citado art. 35, § 1º, do CED; D: incorreta, pois, segundo o art. 38 do CED, "na hipótese da adoção de cláusula *quota litis*, os honorários devem ser necessariamente representados por pecúnia e, quando acrescidos dos de honorários da sucumbência, **não podem ser superiores às vantagens advindas em favor do constituinte ou do cliente**" (g.n.). Gabarito "C".

(OAB/Exame Unificado – 2010.1) Referentemente à cobrança de honorários advocatícios, assinale a opção correta.

(A) A ação de cobrança de honorários prescreve em cinco anos, sendo o prazo contado, necessariamente, a partir do vencimento do contrato, cuja juntada é imprescindível.
(B) O prazo prescricional da ação de cobrança de honorários depende do tipo de trabalho profissional contratado e é contado a partir do trânsito em julgado da decisão que os fixar.
(C) O advogado substabelecido com reserva de poderes pode cobrar honorários proporcionais ao trabalho realizado, sem a intervenção daquele que lhe conferiu o substabelecimento.
(D) A decisão judicial que arbitrar honorários e o contrato escrito que o estipular são títulos executivos e constituem crédito privilegiado na falência e na liquidação extrajudicial, entre outras situações.

A: opção incorreta. Além do vencimento do contrato, podem haver outros marcos iniciais do prazo prescricional (art. 25 do Estatuto - I) vencimento do contrato; II) trânsito em julgado da sentença que houver fixado os honorários; III) ultimação dos serviços extrajudiciais; IV) renúncia ou revogação do mandato; V) desistência ou transação) B: opção incorreta. O prazo é de 5 anos e tem outros marcos iniciais (art.25 do Estatuto - vide comentário à alternativa A); C: opção incorreta. Tal cobrança não pode ser feita sem a referida intervenção (art.26 do Estatuto); D: opção correta. É o que estabelece o art. 24 do Estatuto. Gabarito "D".

(OAB/Exame Unificado – 2009.1) Assinale a opção correta com relação aos honorários advocatícios.

(A) Nos honorários sucumbenciais, impostos por decisão judicial, estão incluídos os contratuais, salvo se estipulado o contrário no contrato entre advogado e cliente.
(B) De acordo com o Estatuto da OAB, é imprescritível a ação de cobrança de honorários contratuais, ainda que o contrato preveja prazo certo para tanto.
(C) Os honorários sucumbenciais são devidos ao advogado pela parte perdedora da ação, podendo o causídico, inclusive, promover a execução ou cumprimento da sentença, conforme o caso, nos próprios autos da causa em que atuou.
(D) Na execução contra a fazenda pública, é vedado ao advogado pleitear ao juízo a expedição de precatório de crédito de honorários contratuais de forma separada do valor devido ao cliente.

A: incorreta (art. 22, *caput*, da Lei 8.906/94 - repare na partícula "e"); B: incorreta, visto que a prescrição da pretensão à cobrança dos honorários ocorre no prazo de cinco anos, consoante dispõe o art. 25 da Lei 8.906/94; C: correta (arts. 23 e 24, § 1º, da Lei 8.906/94); D: incorreta (art. 23 da Lei 8.906/94). Gabarito "C".

(OAB/Exame Unificado – 2008.3) Acerca dos honorários profissionais previstos no Código de Ética e Disciplina da OAB, assinale a opção correta.

(A) O trabalho do advogado e o tempo necessário ao serviço profissional são elementos que devem ser atendidos para a fixação dos honorários advocatícios.
(B) Os honorários advocatícios são tabelados nacionalmente e obedecem ao critério de fixação de preços com base no valor da causa, não tendo relevância a condição econômica do cliente.
(C) Os honorários advocatícios para as causas de família e do direito do trabalho podem ser previstos em contrato escrito ou verbal.
(D) A cobrança judicial dos honorários advocatícios deve ser feita pelo próprio profissional contratado.

A: correta (art. 36, II, do CED); B: incorreta (arts. 36, IV, do CED e 58, V, da Lei 8.906/94 - os honorários são tabelados por ato dos Conselhos Seccionais, que são os órgãos estaduais da OAB); C: incorreta (art. 35, *caput*, do CED - os honorários serão estabelecidos por escrito); D: incorreta, pois, de acordo com o art. 43 do CED, deverá o advogado credor de honorários renunciar ao mandato e se fazer representar por outro advogado em eventual ação de cobrança ou de execução de honorários. Gabarito "A".

(OAB/Exame Unificado – 2008.2.SP) Segundo as disposições do Código de Ética e Disciplina da OAB, o advogado inscrito na OAB há vinte anos, ao fixar seus honorários advocatícios, deve observar

(A) a forma de contrato oral prevista para os advogados inscritos há mais de dez anos na OAB.
(B) o impedimento da adoção da cláusula quota litis para honorários representados por pecúnia.
(C) a possibilidade de participação em bens particulares do cliente mediante contrato verbal ou escrito.
(D) sua competência profissional e seu renome.

A: incorreta (art. 35 do CED - a regra é a fixação dos honorários em contrato escrito); B: incorreta (art. 38 do CED - os honorários podem ser estabelecidos na forma quota litis, fixados em um percentual do proveito econômico da causa, não podendo, somados à sucumbência, superar os ganhos do cliente); C: incorreta (art. 38, p. ún., do CED - a participação do advogado em bens particulares do cliente é tolerada excepcionalmente, desde que comprovadamente o cliente não disponha de recursos financeiros e desde que haja expressa autorização em contrato escrito); D: correta (art. 36, VII, do CED - os honorários advocatícios deverão ser fixados com moderação, atendidos, dentre outros, a competência e o renome do profissional). Gabarito "D".

(OAB/Exame Unificado – 2007.3) A construtora Muralha Ltda. contratou Souza e Silva Advogados Associados S/S para o ajuizamento de ação para condenação da União ao pagamento de crédito de R$ 300.000,00 decorrente de contrato administrativo de prestação de serviços já devidamente realizados. Ficou pactuado, no caso de êxito, o pagamento de 20% do proveito econômico decorrente da decisão judicial. O pedido foi julgado procedente e houve a condenação da Fazenda também em honorários advocatícios de 10% do valor da condenação. Antes do trânsito em julgado, a empresa faliu. Considerando a situação acima exposta, assinale a opção correta de acordo com o Estatuto da OAB.

(A) A sociedade de advogados tem legitimidade para executar autonomamente os honorários de sucumbência, inclusive nos mesmos autos judiciais.
(B) Na hipótese de a União não pagar os honorários de sucumbência, a sociedade poderá exigir do cliente o adimplemento desta obrigação.
(C) O Conselho Federal da Ordem dos Advogados do Brasil entende que apenas os honorários contratuais são direito do advogado e que os de sucumbência pertencem ao cliente.
(D) O crédito decorrente do contrato de honorários é quirografário no processo de falência.

A: correta (arts. 23 e 24, § 1º, da Lei 8.906/94); B: incorreta, visto que os honorários de sucumbência são devidos pela parte vencida ao advogado da parte vencedora; C: incorreta, visto que os honorários sucumbenciais, como visto, pertencem ao advogado da parte vencedora; D: incorreta (art. 24, caput, da Lei 8.906/94 - Estatuto), visto que os honorários advocatícios constituem crédito privilegiado (e não quirografário) nas execuções coletivas (ex.: falência). Gabarito "A".

(OAB/Exame Unificado – 2007.3.SP) No que se refere a honorários advocatícios, assinale a opção correta.

(A) No sistema de *quota litis*, não é possível a cumulação desta com os honorários de sucumbência.
(B) Inexistindo contrato escrito de honorários, está implícito que o advogado receberá, apenas, os honorários de sucumbência.
(C) O advogado substabelecido com reserva pode cobrar os honorários diretamente do cliente, sem intervenção daquele que lhe substabeleceu.
(D) A ação de cobrança de honorários prescreve em cinco anos, a contar do trânsito em julgado da decisão que o fixar, entre outras hipóteses previstas no Estatuto da Advocacia.

A: incorreta (art. 38 do CED). Admite-se a cumulação no sistema quota litis com os honorários de sucumbência, mas o advogado não poderá receber mais do que o cliente; B: incorreta (art. 22, § 2º, da Lei 8.906/94); C: incorreta (art. 26 da Lei 8.906/94); D: correta (art. 25, II, da Lei 8.906/94). Gabarito "D".

(OAB/Exame Unificado – 2007.2) Em relação aos honorários advocatícios tratados no Código de Ética e Disciplina dos Advogados, assinale a opção correta.

(A) O recebimento de honorários de sucumbência exclui o pagamento dos honorários contratuais.
(B) O advogado não pode levar em consideração a condição econômica do cliente para fixação dos honorários advocatícios.
(C) Na hipótese de adoção de cláusula *quota litis*, os honorários devem ser necessariamente representados por pecúnia.
(D) Há expressa vedação a que o advogado tenha participação no patrimônio particular de clientes comprovadamente sem condições pecuniárias de pagá-lo.

A: incorreta (art. 35, § 1º, do CED); B: incorreta (art. 36, IV, do CED); C: correta (art. 38 do CED); D: incorreta (art. 38, p. único, do CED). Gabarito "C".

(OAB/Exame Unificado – 2006.2) Quanto à aplicação do Estatuto da OAB e à sua interpretação pelos tribunais superiores, assinale a opção correta.

(A) Os honorários advocatícios devem ser compensados quando houver sucumbência recíproca, assegurando-se o direito autônomo do advogado à execução do saldo sem exclusão da legitimidade da própria parte.
(B) Os honorários de sucumbência fixados em sentença judicial transitada em julgado contra a União acima do limite previsto na Constituição Federal, para crédito de pequeno valor, não podem ser executados por meio de precatório alimentar, já que não são enquadráveis nesse conceito.

(C) Mesmo que haja indicação pelo juiz, o advogado não é obrigado a aceitar o patrocínio de causa de juridicamente necessitado, no caso de impossibilidade da defensoria pública no local da prestação de serviço, já que, nesse caso, não há como se fixarem os honorários advocatícios em seu favor.

(D) A execução dos honorários deve ser promovida em ação executiva autônoma.

A: correta (Súmula 306 do STJ); B: incorreto, pois o STF reconheceu que os honorários sucumbenciais são de natureza alimentar (RE nº 470407/DF, DJ de 13/10/2006, Rel. Min. Marco Aurélio); C: incorreta (art. 22, § 1º, da Lei 8.906/94 - nesse caso, os honorários serão fixados pelo juiz, consoante a tabela de honorários estabelecida por cada Conselho Seccional, cabendo ao Estado o pagamento ao advogado); D: incorreta (art. 24, § 1º, da Lei 8.906/94 - a execução da sucumbência poderá ocorrer nos próprios autos em que houver sido fixada). Gabarito "A".

7. INCOMPATIBILIDADES E IMPEDIMENTOS

(OAB/Exame Unificado – 2011.1) Caio, professor vinculado à Universidade Federal, ministrando aulas no curso de Direito, resolve atuar, em causa própria, pleiteando benefícios tributários em face da União Federal. Nos termos do Estatuto, é correto afirmar que

(A) o docente em cursos de Direito não pode exercer a advocacia, sendo circunstância de incompatibilidade.
(B) enquanto durar o exercício do magistério, a inscrição na OAB permanecerá suspensa.
(C) é situação peculiar que permite o exercício da advocacia mesmo contra entidade vinculada.
(D) a situação caracteriza impedimento, uma vez que há vínculo da Universidade com a União Federal.

A: incorreta, pois os docentes em cursos de Direito, desde que em faculdades públicas (geralmente autarquias), sequer sofrem as consequências dos impedimentos (não exercer a advocacia contra a Fazenda Pública que o remunere ou a qual se vincule sua entidade empregadora – art. 30, I, EAOAB – Lei 8.906/94), aos quais não se submetem por força do art. 30, parágrafo único, do EAOAB; B: incorreta, pois, como visto, os professores de cursos jurídicos em instituições públicas de ensino não sofrerão óbices ao exercício da advocacia (art. 30, parágrafo único, do EAOAB); C: correta. Como visto, embora os servidores públicos sejam impedidos de exercer a advocacia contra a Fazenda Pública que os remunere ou a qual seja vinculada a entidade empregadora (art. 30, I, EAOAB), com relação aos docentes de cursos jurídicos (desde que estejamos falando em instituições públicas de ensino), o EAOAB não impõe referidas vedações, tratando-se, de fato, de situação peculiar que permite o exercício da advocacia mesmo contra a entidade pública a que se vincular a instituição de ensino (art. 30, parágrafo único, EAOAB). Gabarito "C".

(OAB/Exame Unificado – 2011.1) Caio é eleito Senador da República e escolhido para compor a mesa do referido órgão legislativo. Como advogado regularmente inscrito nos quadros da OAB, pretende atuar em causa própria e realiza consulta nesse sentido à OAB. Quanto ao tema em foco, de acordo com as regras estatutárias, é correto afirmar que a atuação de Caio

(A) poderá ocorrer, nessa situação, mediante autorização especial.
(B) não é possível, sendo o caso de incompatibilidade mesmo em causa própria.
(C) é possível, pois a função exercida caracteriza mero impedimento.
(D) em causa própria constitui uma exceção aplicável ao caso.

A: incorreta, pois Caio, Senador, ao passar a compor a mesa do referido órgão legislativo, tornar-se-á incompatível (art. 28, I, parte final, EAOAB – Lei 8.906/94), não sendo possível qualquer autorização para que possa desempenhar as atividades privativas de advocacia; B: correta (art. 28, I, parte final, EAOAB); C: incorreta, pois se Caio simplesmente fosse Senador, de fato a função exercitada caracterizaria mero impedimento (art. 30, II, EAOAB). Porém, sendo membro da Mesa do Senado Federal, como dito, será incompatível com a advocacia, não podendo postular nem mesmo em causa própria, sob pena de nulidade (art. 4º, EAOAB); D: incorreta, pois, como dito, a incompatibilidade permanece mesmo em se tratando de postulação em causa própria (art. 28, caput, EAOAB). Gabarito "B".

(OAB/Exame Unificado – 2010.3) Xisto, advogado, é convidado a ocupar o prestigiado cargo de Procurador-Geral de um município, cargo de confiança do Prefeito Municipal passível de exoneração *ad nutum*. O cargo é privativo de advogado. No entanto, ao assumir o referido cargo, ocorrerá o (a)

(A) cancelamento da sua inscrição.
(B) suspensão do exercício da atividade advocatícia.
(C) anotação de impedimento.
(D) exercício limitado da advocacia.

A: incorreta, pois as hipóteses de cancelamento da inscrição do advogado vêm previstas no art. 11 do Estatuto da OAB (EAOAB – Lei 8.906/94), dentre elas a de o advogado passar a *exercer função incompatível em caráter definitivo*, o que não é o caso de Xisto; B: incorreta, visto que Xisto, na qualidade de Procurador-Geral do Município, deverá *obrigatoriamente estar inscrito nos quadros da OAB*, tratando-se de *advogado público*, nos termos do art. 3º, § 1º, do EAOAB e art. 9º do Regulamento Geral; C: incorreta, visto que o exercício da advocacia pública, composta pelos integrantes da *Advocacia-Geral da União*, da *Procuradoria da Fazenda Nacional*, da *Defensoria Pública* e das *Procuradorias e Consultorias Jurídicas* dos Estados, do Distrito Federal, dos Municípios e das respectivas entidades de administração indireta e fundacional, por evidente, não enseja o reconhecimento de qualquer das hipóteses de impedimento descritas no art. 28 do EAOAB; D: correta, pois, de acordo com o art. 29 do EAOAB, "*os Procuradores Gerais, Advogados Gerais, Defensores Gerais e dirigentes de órgãos jurídicos da Administração Pública direta, indireta e fundacional* são exclusivamente legitimados para o exercício da advocacia vinculada à função que exerçam, *durante o período da investidura.*" (g.n.). Não se trata aqui de incompatibilidade (proibição total para advogar – art. 28, EAOAB) ou de impedimento (proibição parcial para advogar - art. 30, EAOAB), mas de *exercício limitado da advocacia*. Gabarito "D".

(OAB/Exame Unificado – 2009.3) Considere que Salvador, advogado regularmente inscrito na OAB, tenha sido eleito deputado estadual e tomado posse. Considere, ainda, que, durante o mandato parlamentar, Salvador tenha sido constituído por Manoel e ingressado em juízo com uma ação trabalhista contra a empresa privada XYZ. Nessa situação, de acordo com o Estatuto da Advocacia e da OAB, o ato processual praticado por Salvador é considerado

(A) anulável, pois qualquer parlamentar está impedido de advogar.
(B) nulo, visto que o advogado está no exercício de atividade incompatível com a advocacia.
(C) anulável, devendo o advogado ser punido pela OAB.
(D) plenamente válido.

O art. 4º, parágrafo único, da Lei 8.906/94 (Estatuto) estabelece que são nulos os atos praticados por advogado impedido, suspenso, licenciado ou que exerça atividade incompatível com a advocacia. Porém, os deputados estaduais não estão impedidos ou em situação de incompatibilidade com a advocacia. Apenas os membros das Mesas do Poder Legislativo estão em situação de incompatibilidade (art. 28, I, da Lei 8.906/94). Gabarito "D".

(OAB/Exame Unificado – 2008.3.SP) Quanto à incompatibilidade e ao impedimento do advogado, assinale a opção correta.

(A) Auditor fiscal de secretaria estadual da fazenda que desempenhe função de lançamento, arrecadação ou fiscalização de tributos está impedido de exercer a advocacia contra a União.
(B) Bacharel em direito que exerce as funções de assessor de gabinete de desembargador está em situação de impedimento para o exercício da advocacia.
(C) Servidor da justiça do trabalho não possui capacidade postulatória, por exercer função incompatível com a advocacia.
(D) Militares, de qualquer natureza, que estejam na reserva são impedidos do exercício da advocacia.

A: incorreta, pois trata-se de incompatibilidade (art. 28, VII, da Lei 8.906/94); B: incorreta, pois trata-se de incompatibilidade (art. 28, IV, da Lei 8.906/94); C: correta, pois, de fato, trata-se de incompatibilidade (art. 28, IV, da Lei 8.906/94); D: incorreta, visto que a incompatibilidade não existe para quem esteja em reserva, mas só para os que estão na atividade (art. 28, VI, da Lei 8.906/94). Gabarito "C".

(OAB/Exame Unificado – 2007.3.SP) Advogados que venham a ocupar, em nível estadual ou municipal, cargo de presidente ou de diretores no Sistema Nacional de Defesa do Consumidor (PROCON), quanto ao exercício concomitante da advocacia, estão

(A) impedidos de advogar contra a fazenda pública, órgão que os remunera.
(B) incompatibilizados para o exercício da advocacia.
(C) incompatibilizados para o exercício da advocacia, podendo, entretanto, patrocinar os interesses do PROCON ao qual estejam subordinados.
(D) impedidos de advogar contra a União, Estados e Municípios.

Nos termos do art. 28, III, da Lei 8.906/94, são incompatíveis com a advocacia os detentores de cargos de direção na Administração Pública direta, indireta ou fundacional. Gabarito "B".

(OAB/Exame Unificado – 2006.3) Quanto às incompatibilidades e impedimentos dos advogados, assinale a opção correta.

(A) O impedimento implica proibição total para o exercício da advocacia, como é o caso dos membros do Poder Judiciário.
(B) Os militares da Marinha, por integrarem a administração federal direta, são impedidos de advogar contra a União, mas não, contra as entidades da administração federal indireta.
(C) Os professores de direito nas universidades públicas federais não são impedidos de advogar contra a União.
(D) Os tabeliães podem exercer a advocacia, exceto no território em que se encontra localizado o seu cartório.

A: incorreta, pois o impedimento implica proibição parcial para advogar, nos termos do art. 27 da Lei 8.906/94 (Estatuto). Outrossim, os membros do Poder Judiciário, consoante art. 28, II, do Estatuto, são incompatíveis com a advocacia, acarretando, pois, proibição total para advogar; B: incorreta (art. 28, VI, da Lei 8.906/94 - trata-se de incompatibilidade); C: correta (art. 30, I e p. único, da Lei 8.906/94 - embora os professores de universidades públicas federais de direito sejam servidores públicos, ficam excluídos do impedimento); D: incorreta, visto que os tabeliães são alcançados pelo art. 28, IV, da Lei 8.906/94, sendo, portanto, incompatíveis com a advocacia (proibição total para advogar). Gabarito "C".

(OAB/Exame Unificado – 2006.1) No que se refere à incompatibilidade e ao impedimento do advogado, constantes na Lei nº 8.906/1994, e com base nos precedentes dos tribunais superiores, assinale a opção correta.

(A) A incompatibilidade determina a proibição parcial e o impedimento, a proibição total do exercício da advocacia.
(B) A incompatibilidade do exercício da advocacia com o exercício da função jurisdicional não alcança os advogados membros da justiça eleitoral.
(C) Professores de cursos jurídicos de universidades públicas, investidos em cargo efetivo, são impedidos de advogarem, já que são integrantes da administração indireta.
(D) Um deputado federal, que seja também advogado, não está impedido de advogar contra uma concessionária de serviço público federal.

A: incorreta, pois a incompatibilidade determina a proibição total e o impedimento a proibição parcial para o exercício da advocacia (art. 27 da Lei 8.906/94 - Estatuto); B: correta, pois, de fato, na ADIN 1.127-8, foi feita essa ressalva ao art. 28, II, da Lei 8.906/94, vale dizer, os membros da advocacia que integrem o TSE e os TRE´s (arts. 119 e 120, CF), ficam excluídos da incompatibilidade, somente não podendo advogar em matéria eleitoral, especialmente perante os órgãos jurisdicionais que venham a integrar; C: incorreta (art. 30, I e p. único, da Lei 8.906/94); D: incorreta (art. 30, II, da Lei 8.906/94). Gabarito "B".

(FGV – 2008) Entre as hipóteses abaixo, qualifica-se como de impedimento o exercício da advocacia:

(A) por militares de qualquer natureza, na ativa.
(B) por ocupantes de cargos ou funções de direção em órgãos da Administração Pública.
(C) por ocupantes de cargos ou funções que tenham competência para a fiscalização de tributos.
(D) pelos membros do Poder Legislativo, contra ou a favor das pessoas jurídicas de direito público.
(E) pelos membros do Ministério Público e dos Conselhos de Contas.

A: incorreta, pois os militares na ativa têm *incompatibilidade* (art. 28, VI, da Lei 8.906/94), e não *impedimento*; B: incorreta, pois tais agentes públicos têm *incompatibilidade* (art. 28, III, da Lei 8.906/94), e não *impedimento*; C: incorreta, pois os fiscais de tributos têm *incompatibilidade* (art. 28, VII, da Lei 8.906/94), e não *impedimento*; D: correta, pois os membros do Poder Legislativo não têm *incompatibilidade*, que importa na total impossibilidade de exercer a advocacia, mas sim *impedimento*, que, no caso, impede que advoguem apenas contra ou a favor das pessoas jurídicas de direito público e das demais pessoas mencionadas no art. 30, II, da Lei 8.906/94; E: incorreta, pois tais agentes públicos têm *incompatibilidade* (art. 28, II, da Lei 8.906/94), e não *impedimento*. Gabarito "D".

8. PROCESSO ADMINISTRATIVO DISCIPLINAR

(OAB/Exame Unificado – 2011.2) José foi condenado criminalmente, com sentença transitada em julgado, e, paralelamente, punido também em processo disciplinar perante a OAB em função dos mesmos atos que resultaram naquela condenação criminal. Nos termos das normas estatutárias, é correto afirmar que

(A) a reabilitação administrativa é pressuposto da criminal.
(B) é pressuposto da reabilitação à OAB o deferimento da criminal.
(C) ambas as reabilitações podem tramitar paralelamente.
(D) a reabilitação administrativa independe da criminal.

Nos termos do art. 41, parágrafo único, do Estatuto da OAB (Lei 8.906/94 – EAOAB), quando a sanção disciplinar resultar da prática de crime, o pedido de reabilitação depende também da correspondente reabilitação criminal. Assim, ao que se vê, a reabilitação perante a OAB, apenas em caso de sanção disciplinar que resulte da prática de crime (ex.: crime infamante – art. 34, XXVIII, EAOAB), exige a prévia reabilitação criminal. Gabarito "B".

(OAB/Exame Unificado – 2011.1) Em termos de processo disciplinar perante a OAB, é correto dizer que, havendo representação contra presidente de seccional, o órgão competente será o

(A) Conselho Federal da OAB.
(B) Conselho Federal da OAB, quando houver impedimento de dois terços do Conselho Seccional de origem para o julgamento.
(C) Conselho Seccional que for escolhido pelo Conselho Federal da OAB, por maioria absoluta.
(D) próprio Conselho Seccional, impedido o presidente.

A: correta, visto que a representação contra presidente de Conselho Seccional, ou mesmo Conselheiro Federal, determinará a competência do Conselho Federal da OAB, não se aplicando a regra geral segundo a qual competirá ao Conselho Seccional em cuja base territorial ocorrer a infração o poder (e dever) de punir o infrator ; B, C e D: incorretas, pois, como dito, competirá sempre ao Conselho Federal da OAB processar e julgar infração ético-disciplinar praticada por Presidentes de Conselhos Seccionais e membros do próprio Conselho Federal. Gabarito "A".

(OAB/Exame Unificado – 2010.3) O advogado Rodrigo é surpreendido com notificação do Conselho de Ética da OAB para esclarecer determinados fatos que foram comunicados ao órgão mediante denúncia anônima. Apresenta sua defesa e, desde logo, postula a extinção do processo, que não poderia ser instaurado por ter sido a denúncia anônima. Em tal hipótese, à luz das normas do Código de Ética, é correto afirmar que

(A) é instaurado exclusivamente por representação do interessado.
(B) há necessidade de identificação do representante.
(C) não pode ocorrer a instauração, de ofício, do processo disciplinar.
(D) se admite a instauração do processo disciplinar por denúncia anônima.

A: incorreta, pois, de acordo com o art. 72 do Estatuto da OAB (EAOAB – Lei 8.906/94), o processo disciplinar *instaura-se de ofício ou mediante representação* de qualquer autoridade ou pessoa interessada; B: correta, pois, conforme determina o Código de Ética e Disciplina da OAB (CED), especificamente em seu art. 51, é vedada expressamente a *representação anônima* (também chamada de *apócrifa*); C: incorreta, na medida em que, como visto na alternativa "A", o processo disciplinar inicia-se *de ofício* ou *mediante representação* (art. 72 do EAOAB e 51 do CED); D: incorreta, pelas mesmas razões referidas na alternativa "B" (art. 51 do CED). Gabarito "B".

(OAB/Exame Unificado – 2010.1) De acordo com o Estatuto da Advocacia e da OAB, tem efeito suspensivo recurso contra

(A) decisão não unânime proferida por conselho seccional.
(B) decisão que trate de eleições de membros dos órgãos da OAB.
(C) suspensão preventiva decidida pelo Tribunal de Ética e Disciplina.
(D) cancelamento da inscrição obtida com falsa prova.

A: opção correta. Todos os recursos têm efeito suspensivo, exceto quando tratam de eleições, suspensão preventiva do TED e cancelamento de inscrição obtida com falsa prova (art. 77 do Estatuto); B: opção incorreta. Vide justificativa apresentada na opção A; C: opção incorreta. Vide justificativa apresentada na opção A; D: opção incorreta. Vide justificativa apresentada na opção A. Gabarito "A".

(OAB/Exame Unificado – 2009.3) A punição disciplinar dos advogados compete ao

(A) conselho seccional do estado onde a infração for cometida, ainda que não seja o local onde o advogado tenha a inscrição principal ou suplementar, desde que a infração não seja praticada perante o Conselho Federal.
(B) conselho seccional do estado onde o advogado tenha inscrição principal ou onde tenha inscrição suplementar, indistintamente.
(C) conselho seccional do estado onde o advogado tenha sua inscrição principal.
(D) conselho seccional do estado onde se tome, primeiramente, conhecimento da infração.

De fato, nos termos do art. 70 da Lei 8.906/94 (Estatuto), compete ao conselho seccional do lugar da infração (e não do lugar em que o advogado tenha inscrição), punir o advogado infrator. Gabarito "A".

(OAB/Exame Unificado – 2009.3) Assinale a opção correta acerca do processo disciplinar a que se sujeitam os advogados inscritos na OAB.

(A) No processo disciplinar, a pena de suspensão só pode ser imposta após decisão irrecorrível, não se mostrando lícita qualquer espécie de suspensão preventiva.
(B) De acordo com o Estatuto da OAB, o processo disciplinar contra advogado deve tramitar, de regra, com a publicidade devida a qualquer feito.
(C) É possível a revisão do processo disciplinar caso haja erro de julgamento ou condenação baseada em falsa prova.
(D) Apenas o Conselho Federal pode punir disciplinarmente o advogado inscrito na OAB.

A: incorreta, visto que o art. 70, § 3º, da Lei 8.906/94, admite a suspensão preventiva do advogado caso venha a praticar um grave ato com repercussão prejudicial à dignidade da advocacia, cabendo ao Tribunal de Ética e Disciplina (TED) do local de inscrição (e não do local da infração, nesse caso!) suspender o advogado, pelo prazo de até 90 dias; B: incorreta (art. 72, § 2º, da Lei 8.906/94 - os processos disciplinares tramitam em sigilo, somente tendo acesso a ele as partes, seus procuradores e, em caso de impugnação judicial, o juiz competente); C: correta (art. 73, § 5º, da Lei 8.906/94); D: incorreta (art. 70 da Lei 8.906/94 - o Conselho Seccional é, em regra, o órgão com poder punitivo, mas caberá ao Conselho Federal punir o advogado em caso de a infração ter sido praticada perante referido órgão, ou, ainda, caso o infrator seja Presidente de Conselho Seccional ou membro do próprio Conselho Federal). Gabarito "C".

(OAB/Exame Unificado – 2009.1) Acerca do processo disciplinar regulamentado no Código de Ética e Disciplina da OAB, assinale a opção correta.

(A) Ao relator do processo compete determinar a notificação do representado para a defesa prévia, no prazo de 10 dias, devendo ser designada a defensoria pública em caso de revelia ou quando o representado não for encontrado.
(B) O interessado e o representado deverão incumbir-se do comparecimento das respectivas testemunhas, a não ser que prefiram intimações pessoais, o que deverá ser requerido na representação e na defesa prévia.
(C) Apresentadas as razões finais, o relator profere parecer preliminar e o voto, a ser submetido ao tribunal, a cujo presidente cabe, após o recebimento do processo instruído, inserir o processo na pauta de julgamento.
(D) Caracteriza-se a litigância de má-fé caso se comprove que os interessados no processo tenham nele intervindo de modo temerário, com intuito de emulação ou procrastinação.

A: incorreta (art. 52, caput, do CED - 15 dias, cabendo prorrogação, a critério do relator); B: correta (art. 52, § 2º, do CED); C: incorreta (art. 53, caput e § 1º, do CED - após as razões finais, o relator proferirá seu parecer preliminar e remeterá os autos, devidamente instruídos, ao Tribunal de Ética e Disciplina, a quem caberá, na figura de seu presidente, designar um relator); D: incorreta (art. 58 do CED - "falta de ética", e não "litigância de má-fé"). Gabarito "B".

(OAB/Exame Unificado – 2008.3) Acerca dos procedimentos relativos ao processo disciplinar, previstos no Código de Ética e Disciplina da OAB, assinale a opção correta.

(A) No processo disciplinar, a representação contra advogados poderá ser anônima a fim de se evitar qualquer perseguição.
(B) O processo disciplinar deverá ser arquivado pelo presidente do conselho seccional caso o representado seja revel ou seja impossível encontrá-lo.
(C) A representação contra presidente de conselho seccional é processada e julgada pelo Conselho Federal da OAB.
(D) O arquivamento das representações feitas perante os conselhos seccionais deverá ser precedido de autorização do presidente do Conselho Federal da OAB.

A: incorreta (art. 51, caput, do CED - é vedada a representação anônima ou apócrifa, vale dizer, sem assinatura); B: incorreta (art. 52, § 1º, do CED - em caso de revelia, caberá ao presidente da Subseção ou do Conselho Seccional indicar ao advogado acusado um defensor dativo); C: correta (art. 51, § 3º, do CED); D: incorreta (art. 51, § 2º, do CED - trata-se de medida que deverá ser tomada pelo presidente da Subseção ou do Conselho Seccional). Gabarito "C".

(OAB/Exame Unificado – 2008.3.SP) Assinale a opção correta em relação ao processo disciplinar na OAB.

(A) Na omissão do Regulamento Geral e do Código de Ética e Disciplina, o Estatuto da OAB determina a aplicação subsidiária das regras do direito processual civil nas hipóteses de processo disciplinar.
(B) Os prazos ficam suspensos durante os recessos do Conselho, reiniciando-se sua contagem no primeiro dia útil seguinte ao seu término.
(C) Notificado o advogado para manifestação, a contagem do prazo se iniciará 48 horas após a juntada do aviso de recebimento dos correios.
(D) Os prazos do Estatuto são unificados e, em qualquer caso, são de 15 dias, seja para defesa, razões finais, recursos, seja para juntada do original das peças interpostas via fac-símile.

A: incorreta (art. 68 da Lei 8.906/94 - ao processo disciplinar, em caso de omissão da legislação específica, aplicar-se-á a legislação processual penal comum, sendo que, para os demais processos, aplicar-se-ão, nessa ordem, as regras de processo administrativo e processo civil); B: correta (art. 139, § 3º, do Regulamento Geral); C: incorreta (art. 69, § 2º, da Lei 8.906/94); D: os prazos para manifestações e recursos, de fato, são de 15 dias (art. 69 da Lei 8.906/94); todavia, quando o recurso é interposto via fac-simile ou similar, o original deve ser entregue até 10 (dez!) dias da data da interposição. Vide também o art. 139, § 1º, do Regulamento Geral. Gabarito "B".

(OAB/Exame Unificado – 2008.3.SP) Ainda no que tange ao processo disciplinar, assinale a opção correta.

(A) Uma vez aplicada sanção no âmbito da OAB, exclui-se qualquer comunicação às autoridades competentes caso o fato constitua crime.
(B) Todos os processos disciplinares dos advogados inscritos na OAB em todo o território nacional serão recebidos no conselho seccional em cuja base territorial tenha ocorrido a infração e encaminhados ao Conselho Federal para imediato julgamento.
(C) O prazo para defesa prévia é improrrogável.
(D) O processo disciplinar na OAB tramita em sigilo até o seu término, contudo terão acesso às informações dos autos as partes, seus defensores e a autoridade judiciária competente.

A: incorreta (art. 71 da Lei 8.906/94); B: incorreta (art. 70 da Lei 8.906/94); C: incorreta (art. 73, § 3º, da Lei 8.906/94); D: correta (art. 72, § 2º, da Lei 8.906/94). Gabarito "D".

(OAB/Exame Unificado – 2008.2) Ainda com relação ao tribunal de ética e disciplina da OAB, assinale a opção correta.

(A) Cabe ao tribunal de ética e disciplina da OAB suspender preventivamente o advogado que, por mais de três anos consecutivos, não regularizar suas pendências com a Receita Federal.
(B) O processo disciplinar instaura-se somente por representação do ofendido, não sendo possível fazê-lo de ofício.
(C) Quando, além da infração disciplinar, configurar como crime ou contravenção o fato de que o advogado seja acusado, o julgamento do infrator na justiça comum dependerá de comunicação de tal fato pelo tribunal de ética e disciplina da OAB.
(D) O processo disciplinar perante a OAB tramita em sigilo até que se encerre, só tendo acesso às suas informações as partes, seus defensores e a autoridade judiciária competente.

A: incorreta, visto que não existe essa previsão (art. 70, § 3º, da Lei 8.906/94); B: incorreta (art. 72 da Lei 8.906/94 - o processo disciplinar pode ser instaurado de ofício, ou mediante representação, que não poderá ser anônima); C: incorreta (art. 71 da Lei 8.906/94 - as instâncias administrativa e comum são independentes); D: correta (art. 72, § 2º, da Lei 8.906/94). Gabarito "D".

(OAB/Exame Unificado – 2008.1) Com relação ao trâmite do processo disciplinar previsto no Estatuto da Advocacia e da OAB, assinale a opção correta.

(A) O processo somente pode ser instaurado mediante representação da pessoa interessada.
(B) O processo tramita em sigilo até o seu término, tendo acesso às suas informações apenas as partes, seus defensores e a autoridade judiciária competente.
(C) Apenas o relator tem acesso às informações do processo.
(D) O prazo para a defesa prévia no processo é improrrogável.

A: incorreta (art. 72 da Lei 8.906/94 - o processo também pode ser instaurado de ofício); B: correta (art. 72, §2º, do Estatuto); C: incorreta (art. 72, § 2º, da Lei 8.906/94 - durante o processo disciplinar, apenas as partes, procuradores e autoridade judiciária competente têm acesso, tramitando, no mais, em sigilo, o qual, evidentemente, não existirá ao relator); D: incorreta (art. 73, § 3º, da Lei 8.906/94 - a critério do relator, se houver situação de relevância, o prazo de defesa prévia poderá ser prorrogado). Gabarito "B".

(OAB/Exame Unificado – 2008.1.SP) Assinale a opção correta no tocante ao Código de Ética e Disciplina da OAB.

(A) O processo disciplinar perante aos conselhos seccionais pode ser instaurado de ofício por qualquer de seus conselheiros ou mediante representação anônima dos clientes que se sintam prejudicados por seus advogados constituídos.
(B) Ao Tribunal de Ética e Disciplina da OAB compete julgar os processos disciplinares dos advogados inscritos nas Seccionais. As consultas, em tese, sobre ética profissional devem ser processadas e respondidas pelo presidente da Seccional.
(C) Representação contra presidente de Conselho Seccional deve ser processada e julgada pelo Conselho Federal da OAB e, não, pelo plenário do tribunal de Ética e Disciplina da sede local.
(D) A representação em face de conselheiro federal deve ser processada e julgada pelo Pleno do Conselho Seccional em que esteja inscrito o conselheiro.

A: incorreta, visto que, consoante preconiza o art. 73, *caput*, da Lei 8.906/94 e art. 51 do CED, não se admite a instauração de processo disciplinar por representação anônima (ou apócrifa, leia-se, sem assinatura); B: incorreta (art. 56 do CED - caberá ao TED responder a consultas sobre ética profissional formuladas por advogados); C: correta (art. 51, § 3º, do CED - trata-se de verdadeiro "foro privilegiado"); D: incorreta (art. 51, § 3º, do CED - caberá ao Conselho Federal processar e julgar representações em face de Presidentes de Conselhos Seccionais e membros do próprio Conselho Federal). Gabarito "C".

(OAB/Exame Unificado – 2008.1.SP) Assinale a opção correta de acordo com a norma em vigor.

(A) A punição disciplinar dos inscritos na OAB compete exclusivamente ao Tribunal de Ética e Disciplina do Conselho Federal da OAB.
(B) Os processos disciplinares contra advogados inscritos na OAB são públicos e não tramitam em sigilo, em respeito ao princípio da publicidade.
(C) As decisões do Tribunal de Ética e Disciplina são soberanas, não estando sujeitas a revisão.
(D) Recebido o processo disciplinar, o Tribunal de Ética e Disciplina deve determinar a notificação do advogado representado para apresentar defesa prévia no prazo de 15 dias.

A: incorreta (art. 70, § 1º, da Lei 8.906/94 e art. 51, § 3º, do CED - competirá, em regra, aos Conselhos Seccionais em que forem praticadas as infrações disciplinares a punição aos infratores, com exceção àqueles casos em que caberá ao Conselho Federal o processo e julgamento); B: incorreta (art. 72, § 2º, da Lei 8.906/94 - durante o trâmite dos processos disciplinares, somente as partes, procuradores e juiz competente, em caso de impugnação judicial, terão acesso aos seus termos); C: incorreta (art. 73, § 5º, e arts. 76 e 75 da Lei 8.906/94 - as decisões do TED não são soberanas, desafiando os recursos competentes); D: correta (art. 52 do CED). Gabarito "D".

(OAB/Exame Unificado – 2007.3.PR) À luz do Código de Ética e Disciplina da Ordem dos Advogados do Brasil (OAB), assinale a opção correta quanto aos procedimentos do processo disciplinar.

(A) A representação contra membros do Conselho Federal e presidentes dos Conselhos Seccionais é processada e julgada pelo Supremo Tribunal Federal (STF).
(B) Extinto o prazo das razões finais, o relator profere sentença cominatória, a ser submetida ao tribunal.
(C) Em respeito aos direitos e garantias individuais consagrados na CF, os processos disciplinares, instaurados mediante representação dos interessados, devem preservá-los no anonimato. Em tais casos, recebida a representação, o presidente do Conselho Seccional designa como relator um membro da sociedade civil organizada para presidir a instrução processual.
(D) O relator pode propor ao presidente do Conselho Seccional ou da subseção o arquivamento da representação, quando esta estiver desconstituída dos pressupostos de admissibilidade.

A: incorreta (art. 51, § 3º, do CED - caberá ao Conselho Federal processar e julgar as representações contra membros do Conselho Federal e presidentes de Conselhos Seccionais); B: incorreta (art. 52, § 5º, do CED - findo o prazo de razões finais, o relator emitirá um parecer preliminar, submetido ao crivo do Tribunal de Ética do Conselho Seccional do lugar da infração); C: incorreta, pois o art. 51 do CED veda a instauração de processos disciplinares por representação anônima (ou apócrifa); D: correta (art. 51, § 2º, do CED). Gabarito "D".

(OAB/Exame Unificado – 2007.2) Uma empresa brasileira de ônibus, com sede em São Paulo, transportava, da cidade de Campinas – SP para Buenos Aires, na Argentina, passageiros de nacionalidade argentina. Em território brasileiro, houve acidente em que faleceram todos os passageiros e o motorista. João da Silva, advogado inscrito na OAB/SP, colocou anúncios nos principais jornais argentinos, oferecendo seus serviços para o ajuizamento de ação de indenização perante a justiça estadual de São Paulo, com a afirmação de que garantia o êxito da demanda. Para alguns dos familiares dos falecidos, houve, inclusive, o envio de carta com o mesmo teor da propaganda. Em relação à situação acima descrita, assinale a opção correta, de acordo com o Estatuto da OAB.

(A) Ao tomar conhecimento do fato, o tribunal de ética e disciplina da seccional de São Paulo pode suspender o advogado preventivamente, desde que respeitado o contraditório prévio.
(B) A Ordem dos Advogados da Argentina pode instaurar processo ético-disciplinar contra o advogado.
(C) O Conselho Federal é originariamente competente para dar início ao processo disciplinar contra o advogado, visto que a infração de ostensiva propaganda com garantia de êxito na atuação em juízo ocorreu fora do território nacional.
(D) A OAB não poderá aplicar penalidade ao advogado em razão de a publicidade ter ocorrido fora do território nacional.

De acordo com o art. 70, § 3º, da Lei 8.906/94, praticado um grave ato pelo advogado, com repercussão prejudicial à dignidade da advocacia, poderá o Tribunal de Ética e Disciplina do Conselho Seccional em que o advogado for inscrito suspendê-lo preventivamente, assegurado o contraditório prévio; referida suspensão não poderá superar 90 dias. Gabarito "A".

(OAB/Exame Unificado – 2006.3) Em caso de repercussão prejudicial à dignidade da advocacia, o advogado pode ser suspenso preventivamente

(A) somente após o julgamento do recurso de ofício pelo conselho pleno da seccional onde tiver a inscrição principal, com o resultado obtido por maioria simples.
(B) pelo presidente da seccional onde tiver a inscrição principal, que recorrerá de ofício ao tribunal de ética e disciplina.
(C) somente em procedimento originário no Conselho Federal da Ordem dos Advogados, por maioria de dois terços de seus membros.
(D) pelo tribunal de ética e disciplina do conselho seccional onde tenha inscrição principal, depois de ouvido em sessão para a qual deverá ser notificado a comparecer.

De acordo com o art. 70, § 3°, da Lei 8.906/94, praticado um grave ato pelo advogado, com repercussão prejudicial à dignidade da advocacia, poderá o Tribunal de Ética e Disciplina do Conselho Seccional em que o advogado for inscrito suspendê-lo preventivamente, assegurado o contraditório prévio; referida suspensão não poderá superar 90 dias. "Gabarito "D."

(OAB/Exame Unificado – 2006.1) No que se refere ao processo administrativo disciplinar perante a OAB, de que trata a Lei n° 8.906/1994, assinale a opção incorreta.

(A) Salvo disposição em contrário, aplica-se subsidiariamente ao processo disciplinar a legislação processual penal comum.
(B) Em regra, os prazos necessários à manifestação de advogados, estagiários e terceiros, em processos disciplinares da OAB, são de 15 dias.
(C) A competência do Conselho Seccional para punir disciplinarmente os inscritos na OAB firma-se, em regra, pelo lugar da infração.
(D) O processo disciplinar instaura-se apenas por meio de representação de uma autoridade ou por solicitação da pessoa interessada.

A: correta (art. 68 da Lei 8.906/94); B: correta (art. 69 da Lei 8.906/94); C: correta (art. 70, *caput*, da Lei 8.906/94); D: incorreta (art. 72, *caput*, da Lei 8.906/94 - admite-se a instauração de processo disciplinar de ofício). "Gabarito "D."

9. DEVERES DOS ADVOGADOS, INFRAÇÕES E SANÇÕES

(OAB Unificada – Exame 2011.2) Tício é advogado regularmente inscrito nos quadros da OAB e conhecido pela energia e vivacidade com que defende a pretensão dos seus clientes. Atuando em defesa de um dos seus clientes, exalta-se em audiência, mas mantém, apesar disso, a cortesia com o magistrado presidente do ato e com o advogado da parte contrária. Mesmo assim, sofreu representação perante o órgão disciplinar da OAB. Em relação a tais fatos, é correto afirmar que

(A) no processo judicial, os atos do advogado constituem múnus privado.
(B) a defesa do cliente deve ser pautada pelo dirigente da audiência, o magistrado.
(C) a atuação de Tício desborda os limites normais do exercício da advocacia.
(D) inexistindo atividade injuriosa, os atos do advogado são imunes ao controle disciplinar.

A: incorreta, visto que os atos praticados pelo advogado nos processos judiciais constituem um múnus público, consoante dispõe o art. 2°, §2°, do Estatuto da OAB (Lei 8.906/94 – EAOAB). Em outras palavras, a atuação do advogado é tão relevante para a correta administração da justiça que configura verdadeiro "encargo público" (múnus público), muito embora não seja considerado um agente estatal; B: incorreta, pois a defesa do cliente, por evidente, compete ao advogado, a quem competirá traçar as estratégias técnico-jurídicas para tal mister; C: incorreta, pois a mera exaltação do advogado na defesa de seu cliente, desde que não falte com o seu dever de urbanidade (tratamento respeitoso) para com os colegas e autoridades, consoante determina o art. 44 do Código de Ética e Disciplina (CED); D: correta. Nos termos do art. 2°, §3°, do EAOAB, o advogado é inviolável por seus atos e manifestações, nos limites legais. Referidos limites estão previstos no art. 7°, §2°, também do EAOAB, segundo o qual o advogado tem imunidade profissional, não constituindo injúria ou difamação puníveis qualquer manifestação de sua parte, no exercício de sua atividade, em juízo ou fora dele, sem prejuízo das sanções disciplinares perante a OAB, pelos excessos que cometer. Ressalte-se que a imunidade referente ao desacato foi declarada inconstitucional pelo STF no julgamento da ADIn n° 1.127-8. "Gabarito "D."

(OAB/Exame Unificado – 2011.1) Esculápio, advogado, inscrito, há longos anos, na OAB, após aprovação em Exame de Ordem, é surpreendido com a notícia de que o advogado Sófocles, que atua no seu escritório em algumas causas, fora entrevistado por jornalista profissional, tendo afirmado ser usuário habitual de drogas. A entrevista foi divulgada amplamente. Após conversas reservadas entre os advogados, os termos da entrevista são confirmados, bem como o vício portado. Não há acordo quanto a eventual tratamento de saúde, afirmando o advogado Sófocles que continuaria a praticar os atos referidos. Diante dessa narrativa, à luz da legislação aplicável aos advogados, é correto afirmar que

(A) o advogado pode ser excluído dos quadros da OAB.
(B) no caso em tela, há sanção disciplinar aplicável.
(C) a sanção disciplinar se aplica ao eventual uso de drogas.
(D) não há penalidade prevista, uma vez que se trata de questão circunscrita à Saúde Pública.

A: incorreta. As hipóteses de exclusão vêm taxativamente previstas no art. 34, XXVI a XXVIII, do Estatuto da OAB (fazer falsa prova de qualquer dos requisitos exigidos para a inscrição nos quadros da OAB; tornar-se moralmente inidôneo; prática de crime infamante), nelas não se inserindo a conduta do advogado de fazer uso habitual de drogas; B: correta. A toxicomania (uso de drogas) ou embriaguez, desde que habituais, configuram conduta incompatível com a advocacia (art. 35, XXV, e parágrafo único, alínea "c", do Estatuto da OAB – EAOAB - Lei 8.906/94), sendo o caso de aplicação da pena de suspensão ao advogado (art. 37, I, do EAOAB); C: incorreta. Como ressaltado na alternativa anterior, apenas o uso habitual de drogas é que é capaz de caracterizar conduta incompatível com a advocacia. O uso eventual de substâncias entorpecentes, como relata a alternativa, não é passível de sanção disciplinar; D: incorreta. Como visto, a toxicomania habitual, embora, de fato, configure problema de saúde pública, ingressa na esfera ético-disciplinar como conduta incompatível com a advocacia. "Gabarito "B."

(OAB/Exame Unificado – 2010.3) Heitor, advogado regularmente inscrito na OAB, é surpreendido com a notícia de que seu *ex adverso* havia sido suspenso em processo disciplinar regular, mas que não havia devolvido os documentos oficiais nem comunicado a punição ao juiz dirigente do processo. Em relação à atuação de profissional suspenso das atividades, à luz do Estatuto, é correto afirmar que

(A) gera a exclusão da OAB.
(B) viola o sigilo profissional.
(C) caracteriza infração disciplinar.
(D) constitui mera irregularidade.

A: incorreta, visto que as hipóteses de exclusão do advogado estão expressamente previstas no art. 34, XXVI a XXVIII, do Estatuto da OAB (EAOAB- Lei 8.906/94); B: incorreta, pois o fato de um advogado suspenso em processo disciplinar prosseguir no exercício da advocacia não significa que esteja violando sigilo profissional; C: correta, pois, ao profissional suspenso de suas atividades aplicar-se-á o disposto no art. 42 do Estatuto da OAB (EAOAB – Lei 8.906/94), vale dizer, ficará *impedido de exercer o mandato*, o que, em caso de descumprimento, ensejará o reconhecimento da *infração disciplinar* tipificada no art. 34, I, do EAOAB; D: incorreta, pois, como visto na alternativa anterior, o prosseguimento, pelo advogado, do exercício do mandato, mesmo após ter sido suspenso ou excluído da OAB, mais do que irregularidade, constitui *infração disciplinar*, punível, diga-se de passagem, com a pena de *censura*, consoante determina o art. 36, I, do EAOAB. "Gabarito "C."

(OAB/Exame Unificado – 2010.3) Terência, jovem advogada, conhecida pela energia com que defende os seus clientes, obtém sucesso em ação indenizatória, com proveito econômico correspondente a R$ 3.000.000,00 (três milhões de reais). Buscando adequação dos seus honorários, marca reunião com seu cliente, e este exige detalhada prestação de contas, o que é negado pela advogada. Nesse momento, há amplo desentendimento. O valor da indenização fora levantado pela advogada e depositado em caderneta de poupança, no aguardo do desfecho da discussão sobre os valores que deveriam ser repassados. Terência não apresentou as contas ao cliente nem direta, nem judicialmente. Analisando-se a solução para o caso concreto acima, é correto afirmar que

(A) enquanto o cliente não apresentar postulação judicial, a prestação de contas é inexigível.
(B) o advogado, exercendo mandato, não necessita prestar contas.
(C) a prestação de contas é um dos deveres do advogado.
(D) essa questão é dirimida pelo juiz da causa em que ocorreu a condenação.

A: incorreta, pois, em simples palavras, é dever do advogado *prestar ao cliente as contas das quantias recebidas em nome dele*, conforme estabelece o art. 9° do Código de Ética e Disciplina (CED), o que poderá ser solicitado a qualquer tempo, independentemente de postulação judicial; B: incorreto, pois, como visto na alternativa anterior, é *direito do cliente* e *dever do advogado* prestar contas ao cliente, tão logo seja solicitado (art. 9° do CED), sob pena de restar configurada infração disciplinar (art. 34, XXI, da Lei 8.906/94 - EAOAB); C: correta, pois, como já visto nas alternativas anteriores, *a conclusão ou desistência da causa, com ou sem a extinção do mandato, obriga o advogado à devolução de bens, valores e documentos recebidos no exercício do mandato, e à pormenorizada prestação de contas, não excluindo outras prestações solicitadas, pelo cliente, a qualquer momento* (art. 9° do CED). Outrossim, como já ressaltado anteriormente, configura infração disciplinar a *recusa injustificada de prestação de contas ao cliente pelo advogado* (art. 34, XXI, do EAOAB); D: incorreta, pois a prestação de contas não cabe ao magistrado sentenciante, mas, como afirmado diversas vezes, pelo advogado da parte (art. 9°, CED e art. 34, XXI, do EAOAB). "Gabarito "C."

(OAB/Exame Unificado – 2010.3) Marcelo promove ação de procedimento ordinário em face de Paus e Cupins Ltda. com o fito de compelir a ré à prestação de determinado fato, diante de contrato anteriormente estabelecido pelas partes e descumprido pela ré. Houve regular citação, com a apresentação de defesa, tendo o processo permanecido paralisado por oito anos por inércia das partes. Dez anos após a paralisação, o réu ingressa no processo requerendo a declaração de prescrição intercorrente, que é declarada, não tendo havido recurso do autor. Após consultas processuais, o autor descobre a real situação do processo e apresenta representação disciplinar à OAB contra o seu advogado. Nos termos da legislação estatutária e do Código de Ética, é correto afirmar que

(A) está perfeitamente caracterizado o abandono da causa.
(B) os atos referidos se esgotam no processo judicial.
(C) a inércia das partes não pode atingir os advogados, como no enunciado.
(D) o advogado não pode ser sancionado pela demora do processo, mesmo que tenha sido inerte.

A: correta, visto que, de acordo com o Código de Ética e Disciplina (CED), não pode o advogado *deixar ao abandono* ou ao desamparo os feitos, sem motivo justo e comprovada ciência do constituinte (art. 12 do CED). Ora, se o processo ficou paralisado por mais de dez anos, tudo indica que o advogado do autor deixou de dar o regular andamento ao feito, *abandonando a causa*, o que ensejou o reconhecimento da prescrição intercorrente alegada pelo réu e reconhecida pelo juízo. Embora tenha sido nesse sentido o gabarito fornecido pela OAB, é certo que o enunciado da questão é incompleto, deixando margem para dúvidas sobre de quem foi a inércia (se das partes ou do advogado); B: incorreta, pois o abandono da causa configura *infração disciplinar*, passível de punição com a pena de *censura* (arts. 34, XII e 36, I, ambos do EAOAB – Lei 8.906/94); C: incorreta, visto que, pelo entendimento da OAB, a inércia foi do advogado, caracterizando *abandono da causa*. Contudo, como dito, o enunciado não deixa claro se a inércia foi das partes, assim consideradas em sua acepção técnica (autor e réu) ou se das partes representadas por seus advogados, que são os que detêm capacidade postulatória; D: incorreta, pois a inércia do advogado, como dito, pode caracterizar abandono da causa (art. 12 do CED e arts. 34, XII e 36, I, do EAOAB). Gabarito "A".

(OAB/Exame Unificado – 2010.2) Caio, advogado, inscrito na OAB-SP, após aprovação em concorrido Exame de Ordem, atua em diversos ramos do Direito. Um dos seus clientes possui causa em curso perante a Comarca de Tombos/MG, tendo o profissional comparecido à sede do Juízo para praticar ato em prol do seu constituinte. Estando no local, foi surpreendido por designação do Juiz Titular da Comarca para representar Tício, pessoa de parcos recursos financeiros, diante da ausência de Defensor Público designado para prestar serviços no local, por falta de efetivo suficiente de profissionais. Não tendo argumentos para recusar o encargo, Caio participou do ato. Diante desse quadro

(A) o ato deveria ter sido adiado diante da exclusividade da atuação da Defensoria Pública.
(B) o advogado deveria ter recusado o encargo, mesmo sem justificativa plausível.
(C) a recusa nesses casos poderá ocorrer, com justo motivo.
(D) a recusa poderia ocorrer diante da ausência de sanção disciplinar.

Nos termos do art. 34, XII, da Lei 8.906/94, constitui infração disciplinar "recusar-se a prestar, **sem justo motivo**, assistência jurídica, quando nomeado em virtude de impossibilidade da Defensoria Pública" (g.n.). Assim, se houver justo motivo, é possível a recusa, nos termos da alternativa "C", que está correta, portanto. Gabarito "C".

(OAB/Exame Unificado – 2010.2) Dentre as sanções cabíveis no processo disciplinar realizado pela OAB no concernente aos advogados estão a censura, a suspensão, a exclusão e a multa. Dentre as circunstâncias atenuantes para a aplicação do ato sancionatório, encontra-se, consoante o Estatuto,

(A) exercício assíduo e proficiente em mandato realizado na OAB.
(B) ser reincidente em faltas da mesma natureza.
(C) prestação de serviços à advocacia, mesmo irrelevantes.
(D) ter sido o ato cometido contra outro integrante de carreira jurídica.

A: correta, pois o "exercício assíduo e proficiente de mandato ou cargo em qualquer órgão da OAB" é circunstância atenuante (art. 40, III, da Lei 8.906/94); B: incorreta, pois a reincidência em faltas é circunstância não prevista como atenuante no art. 40 da Lei 8.906/94; C: incorreta, pois somente a prestação de serviços *relevantes* à advocacia ou à causa pública é circunstância atenuante (art. 40, IV, da Lei 8.906/94); D: incorreta, pois o cometimento de ato contra outro integrante da carreira jurídica é circunstância não prevista como atenuante no art. 40 da Lei 8.906/94. Gabarito "A".

(OAB/Exame Unificado – 2010.1) Acerca das infrações e sanções disciplinares, assinale a opção correta.

(A) Considere que uma advogada inscrita na OAB receba, adiantadamente, honorários contratuais de seu cliente, mas não preste o serviço jurídico contratado. Nessa situação hipotética, a advogada tem direito à quantia recebida, visto que sua conduta não configura locupletamento à custa do cliente.
(B) Cometerá infração disciplinar o advogado que receber dinheiro de cliente para pagar parcelas de financiamento e proceder, sem autorização, à compensação com honorários que ele alegue devidos.
(C) Considere que um advogado, após ser notificado pelo juiz para devolver os autos que retenha além do prazo, não atenda ao mandado, tampouco ao de busca e apreensão. Nessa situação hipotética, embora não incida em nenhuma infração disciplinar perante a OAB, deverá o advogado arcar com o ônus processual de sua conduta.
(D) O advogado que esteja em débito com plurais contribuições e multas perante a OAB e que, mesmo regularmente intimado, mantenha-se inadimplente, deverá responder por infração disciplinar e pelo crime de charlatanismo.

A: opção incorreta. O Conselho Federal da OAB, inclusive, já reproduziu ementa esclarecedora da questão: "Advogado que recebe honorários advocatícios contratados adiantadamente, mas não presta serviços jurídicos a que se obrigou e nem devolve a quantia recebida para a prestação daqueles serviços, comete a infração prevista no art. 34, inciso XX, do Estatuto da Advocacia da OAB. Tal atitude configura locupletamento às custas do cliente" (Recurso n.º 2007.08.05780-05/3.ª Turma-SCA); B: opção correta. *Vide* art. 35, § 2.º, do CED, enquadrando-se a tipificação da sanção no art. 36, inciso II, ou, até mesmo, no inciso XX do art. 34, ambos do Estatuto; C: opção incorreta. O advogado comete a infração tipificada no inciso XXII do art. 34 da Lei 8.906/94; D: opção incorreta. Nesse caso, o advogado deve responder, tão só, pela infração tipificada no inciso XXIII do art. 34 da Lei 8.906/94. Gabarito "B".

(OAB/Exame Unificado – 2010.1) Mário, advogado regularmente inscrito na OAB, foi condenado pela prática de crime hediondo e, após a sentença penal transitada em julgado, respondeu a processo disciplinar, tendo sofrido, como consequência, penalidade de exclusão da Ordem. Considerando a situação hipotética apresentada e o Estatuto da Advocacia e da OAB, assinale a opção correta.

(A) Ainda que se reabilite criminalmente, Mário não poderá mais se inscrever na OAB, visto que não preenche o requisito de idoneidade moral.
(B) Serão considerados inexistentes os atos privativos de advogado praticados por Mário após a exclusão, dado o impedimento do exercício do mandato em razão da sanção disciplinar aplicada.
(C) A penalidade de exclusão somente poderia ter sido aplicada caso Mário tivesse recebido três suspensões.
(D) Supondo-se que o processo disciplinar tenha ficado paralisado por mais de três anos, aguardando o julgamento, a pretensão à punibilidade de Mário estaria prescrita e ele não poderia ser excluído da Ordem.

A: opção incorreta. Após um ano de bom comportamento, o advogado poderá requerer a reabilitação, que, nesse caso, depende também da reabilitação criminal (arts.11, § 3º, e 41 do Estatuto); B: opção incorreta. São nulos os atos praticados (arts. 4º e 42 do Estatuto); C: opção incorreta. Independentemente da suspensão, com a condenação por crime infamante, o advogado já poderia ser excluído (art. 38, II, do Estatuto); D: opção correta. É o que estabelece o art. 43 do Estatuto, tratando-se da chamada "prescrição intercorrente". Gabarito "D".

(OAB/Exame Unificado – 2009.2) Antônio, advogado que nunca fora punido disciplinarmente, está respondendo, na OAB, a processo disciplinar sob a acusação de violação de sigilo profissional. Nessa situação hipotética, se for condenado, Antônio deverá ser punido com a pena de

(A) exclusão.
(B) suspensão.
(C) censura.
(D) multa.

De acordo com o art. 36, I, c/c art. 34, VII, da Lei 8.906/94, Antonio deverá ser punido com a pena de censura. Gabarito "C".

(OAB/Exame Unificado – 2009.2) Com relação a infrações cometidas por advogados e às sanções disciplinares a eles aplicadas, assinale a opção correta.

(A) O Tribunal de Ética e Disciplina não pode instaurar, de ofício, processo sobre ato considerado passível de configurar, em tese, infração a princípio ou a norma de ética profissional.
(B) É possível a instauração, perante o Tribunal de Ética e Disciplina, de processo disciplinar, mediante representação apócrifa, contra advogado.
(C) Não constitui infração disciplinar a recusa, sem justo motivo, do advogado a prestar assistência jurídica, quando nomeado por decisão judicial diante da impossibilidade da defensoria pública, visto que ninguém pode ser compelido a trabalhar sem remuneração.
(D) São consideradas condutas incompatíveis com a advocacia a prática reiterada de jogo de azar não autorizado por lei e a embriaguez habitual sem justo motivo.

A e B: incorretas, pois, nos termos do art. 72 da Lei 8.906/94, admite-se a instauração de processo disciplinar de ofício, não sendo admitida, em nenhuma hipótese, a instauração mediante representação anônima; C: incorreta (art. 34, XII, da Lei 8.906/94); D: correta (art. 34, p. único, *a*, da Lei 8.906/94, muito embora a lei não mencione que a embriaguez habitual deva ocorrer sem "justo motivo". Qual seria um justo motivo para beber desbragadamente?). Gabarito "D".

(OAB/Exame Unificado – 2009.1) Mário, advogado, foi contratado por Túlio para patrocinar sua defesa em uma ação trabalhista. O pagamento dos honorários advocatícios ocorreu na data da assinatura do contrato de prestação de serviços. No dia da audiência, Mário não compareceu nem justificou sua ausência e, desde então, recusa-se a atender e retornar as ligações de Túlio. Com relação a essa situação hipotética, assinale a opção correta.

(A) A conduta de Mário caracteriza infração disciplinar punível com suspensão, o que acarreta ao infrator a interdição do exercício profissional em todo o território nacional, pelo prazo de trinta dias a doze meses.
(B) A conduta de Mário caracteriza infração disciplinar de locupletamento à custa do cliente, cuja sanção legal é a suspensão até que a quantia seja devolvida ao cliente lesado.
(C) Mário, que descumpriu compromisso profissional, manteve conduta incompatível com a advocacia, desprestigiando toda a ordem de advogados, razão pela qual pode receber a sanção de advertência.
(D) Mário abandonou a causa trabalhista sem motivo justo, conduta que caracteriza infração disciplinar grave, iniciando-se o processo disciplinar, necessariamente, com a representação do juiz da causa, que deve certificar o abandono.

O advogado deverá ser suspenso do exercício da advocacia, nos termos do art. 37, I, c/c art. 34, XX, ambos do Estatuto. A suspensão, em regra, varia de trinta dias a doze meses, podendo, contudo, nas hipóteses do art. 34, XXI e XXIII, do Estatuto, perdurar até que o advogado quite sua dívida, que deverá ser corrigida monetariamente (art. 37, § 1º, da Lei 8.906/94). Gabarito "A".

(OAB/Exame Unificado – 2009.1) Acerca das infrações e sanções disciplinares, segundo o Estatuto da OAB, assinale a opção correta.

(A) A sanção disciplinar de suspensão não impede o exercício do mandato profissional, mas veda a participação nas eleições da OAB.
(B) O pedido de reabilitação de sanção disciplinar resultante da prática de crime independe da reabilitação criminal, visto que a instância administrativa independe da penal.
(C) A multa, variável entre o mínimo correspondente ao valor de uma anuidade e o máximo de seu décuplo, é aplicável cumulativamente com a censura ou suspensão, em caso de circunstâncias agravantes.
(D) A pretensão à punibilidade das infrações disciplinares prescreve em cinco anos, contados da data de ocorrência dos fatos.

A: incorreta (art. 37, § 1º, da Lei 8.906/94 - a pena de suspensão impede o exercício da advocacia em todo o território nacional); B: incorreta, visto que o art. 41, p. único., da Lei 8.906/94, exige a prévia reabilitação criminal como condição para o deferimento da reabilitação perante a OAB, desde que a sanção disciplinar tenha decorrido da prática de crime; C: correta (art. 39 da Lei 8.906/94 - a pena de multa é considerada acessória, visto que será aplicada cumulativamente com a censura ou suspensão, desde que existente circunstância agravante, tal como a reincidência); D: incorreta (art. 43 da Lei 8.906/94 - a prescrição "geral" de cinco anos começa a fluir a partir da constatação oficial do fato pela OAB, e não a partir do cometimento ou da ocorrência da infração disciplinar). Gabarito "C".

(OAB/Exame Unificado – 2008.3.SP) Assinale a opção correta relativamente ao Estatuto da Advocacia e da OAB.

(A) A aplicação da sanção disciplinar de exclusão a um advogado necessita da manifestação favorável de dois terços dos membros do conselho seccional competente.
(B) Os advogados aos quais forem aplicadas as sanções disciplinares de exclusão poderão exercer a advocacia em outros estados da Federação, desde que façam a inscrição suplementar e que obtenham autorização condicional do presidente do respectivo conselho seccional.
(C) A multa a um advogado é aplicável exclusivamente nos casos de sanções disciplinares mais graves, como a exclusão.
(D) Em nenhum caso de aplicação da sanção disciplinar de censura ocorrerá registro nos assentamentos do advogado inscrito na OAB.

A: correta (art. 38, p. único, da Lei 8.906/94 - a pena de exclusão, por ser a mais grave de todas, exige um quorum qualificado, diversamente das demais sanções disciplinares, que poderão ser impostas por maioria); B: incorreta (art. 42 da Lei 8.906/94 - uma vez imposta a pena de exclusão, o advogado ficará impossibilitado de exercer a advocacia em todo o território nacional); C: incorreta (art. 39 da Lei 8.906/94 - a multa será acessória à censura ou suspensão, desde que exista circunstância agravante); D: incorreta, nos termos do art. 35, p. único, da Lei 8.906/94 (repare que o registro no assentamento existirá; o que não acontecerá é a publicidade disso). Gabarito "A".

(OAB/Exame Unificado – 2008.1) Um advogado regularmente inscrito na OAB percebeu que os conflitos existentes entre uma cliente que representa e o esposo dela devem-se à dificuldade deste em expressar a ela o seu afeto. Tendo profunda convicção religiosa quanto à indissolubilidade dos laços conjugais, o causídico resolveu, por livre e espontânea vontade, intervir no conflito do casal, convidando o esposo de sua cliente para tomar uma cerveja em sua companhia, ocasião em que estabeleceu entendimento, em relação à causa, com este, sem que sua cliente o tivesse autorizado a fazê-lo. Na situação acima descrita, a conduta do referido advogado

(A) constituiu infração disciplinar tão-somente pelo fato de o advogado utilizar-se de meio impróprio — a ingestão de bebida alcoólica — para a obtenção do entendimento com a parte adversa.
(B) foi perfeitamente regular, pois fundamenta-se na utilização de métodos alternativos para a resolução de conflitos.
(C) não constituiu infração disciplinar, posto que o advogado agiu em defesa dos interesses de sua cliente.
(D) constituiu infração disciplinar, visto que o advogado estabeleceu entendimento com a parte adversa sem autorização de sua cliente.

De acordo com o art. 34, VIII, da Lei 8.906/94, comete infração ético-disciplinar o advogado que, estabelecer entendimento com a parte adversa sem autorização do cliente ou ciência do advogado adverso. Ressalte-se que referida infração será punida com a pena de censura (art. 36, I, do Estatuto). Gabarito "D".

(OAB/Exame Unificado – 2008.1) João, advogado, dotado de reconhecida inteligência e fluente oratória, ao substituir um colega de escritório acometido por mal súbito, teve apenas alguns minutos antes da audiência para tomar ciência do pleito. Lançando mão de informações colhidas no corredor do fórum acerca das preferências doutrinárias do juiz da causa, resolveu improvisar sua defesa, fantasiando sobre determinado manuscrito que teria sido elaborado por Hans Kelsen em seu leito de morte, em que este teria defendido tese inédita sobre a aplicabilidade da norma em questão, conseguindo, com isso, impressionar o referido magistrado e intimidar o adversário com a profundidade de seus conhecimentos jurídico-filosóficos. Na situação hipotética apresentada, de acordo com o Estatuto da Advocacia e da OAB, João

(A) não incorreu em infração disciplinar, visto que não deturpou o teor de nenhum dispositivo legal ou documento, tendo, apenas, inventado uma estória fantasiosa sobre Kelsen.
(B) incorreu em infração disciplinar, posto que o Estatuto da OAB proíbe o uso do argumento *pacta non sunt servanda*.
(C) incorreu em infração disciplinar, visto que deturpou o teor de citação doutrinária para confundir o adversário e (ou) iludir o juiz da causa.
(D) não incorreu em infração disciplinar, pois agiu amparado pelo princípio da ampla defesa.

Conforme dispõe o art. 34, XIV, da Lei 8.906/94, incorre em infração ético-disciplinar o advogado que deturpar o teor de dispositivo de lei, de citação doutrinária ou de julgado, bem como de depoimentos, documentos e alegações da parte contrária, para confundir o adversário ou iludir o juiz da causa. Trata-se de infração que será punida com a pena de censura (art. 36, I, do Estatuto). Gabarito "C".

(OAB/Exame Unificado – 2008.1) Considere que uma advogada regularmente inscrita na OAB e que tem como cliente uma vidente recolhida à prisão em função da prática reiterada do crime de estelionato, acreditando no dom premonitório de sua cliente, tenha solicitado e recebido desta considerável quantia em dinheiro para que pudesse apostar no jogo do bicho, cujo resultado havia sido supostamente antecipado pela vidente. Quanto à conduta da advogada em questão, assinale a opção correta.

(A) A advogada não incorreu em infração disciplinar, pois o jogo em questão consiste em contravenção que vem sendo historicamente tolerada pelas autoridades constituídas.
(B) Como o Estatuto da Advocacia e da OAB só prevê punição para o advogado que freqüentar cassinos clandestinos, onde, além da prática da contravenção, há, com freqüência, o concurso de crimes, tais como a exploração do lenocínio e o tráfico de drogas, a advogada não incorreu em infração disciplinar.
(C) A advogada incorreu em infração disciplinar, pois feriu dispositivo do Estatuto da Advocacia e da OAB, que proíbe ao advogado o recebimento de qualquer importância de seu constituído sem emitir recibo e informar à Seccional sobre o valor recebido.
(D) Por ter solicitado e recebido de sua cliente importância para aplicação ilícita ou desonesta, já que o chamado jogo do bicho é uma contravenção penal, a advogada incorreu em infração disciplinar.

De acordo com o art. 34, XVIII, da Lei 8.906/94, praticará infração ético-disciplinar o advogado que solicitar ou receber de constituinte qualquer importância para aplicação ilícita ou desonesta. Sendo o jogo do bicho uma contravenção penal, portanto, um ato ilícito, terá a advogada incorrido na infração referida, a qual será punida com a pena de suspensão (art. 37, I, do Estatuto). Gabarito "D".

(OAB/Exame Unificado – 2008.1) Considere que um advogado que nunca tenha sido punido disciplinarmente seja processado pela OAB, sob a acusação de violação de sigilo profissional, e venha a ser condenado. Nessa situação, deve-se aplicar pena de

(A) censura.
(B) exclusão, com retenção de honorários.
(C) suspensão.
(D) multa progressiva.

De acordo com o art. 36, I, c/c art. 34, VII, ambos da Lei 8.906/94, o advogado que violar o sigilo profissional (vide arts. 25 a 27, CED) será punido com a pena de censura. Gabarito "A".

(OAB/Exame Unificado – 2008.1) O Tribunal de Ética e Disciplina da OAB prevê, considerada a natureza da infração ética cometida, a suspensão temporária da aplicação das penas de advertência e censura impostas, desde que o infrator

(A) seja primário e, dentro do prazo de 120 dias, passe a frequentar e conclua curso, simpósio, seminário, ou atividade equivalente, sobre ética profissional do advogado, realizados por entidade de notória idoneidade.
(B) assine termo de compromisso para a prestação de serviços comunitários voltados ao atendimento das demandas judiciais da população de baixa renda, mesmo não sendo primário.
(C) seja primário e sofra de doença incurável ou contagiosa.
(D) seja primário e, dentro do prazo de 120 dias, passe a frequentar e conclua curso de formação em civismo constitucionalista.

O art. 59 do CED prevê que, considerada a natureza da infração ética cometida, o Tribunal pode suspender temporariamente a aplicação das penas de advertência e censura impostas, desde que o infrator primário, dentro do prazo de 120 dias, passe a frequentar e conclua, comprovadamente, curso, simpósio, seminário ou atividade equivalente, sobre Ética Profissional do Advogado, realizado por entidade de notória idoneidade. Gabarito "A".

(OAB/Exame Unificado – 2007.3) No que se refere ao exercício da atividade profissional do advogado, assinale a opção incorreta.

(A) O advogado sempre deve atuar com honestidade e boa-fé, sendo-lhe vedado expor fatos em juízo falseando deliberadamente a verdade.
(B) O advogado deve estimular a conciliação entre os litigantes, prevenindo, sempre que possível, a instauração de litígios.
(C) O advogado sempre deve informar o cliente dos eventuais riscos de sua pretensão e aconselhá-lo a não ingressar em aventura judicial.
(D) O advogado deve defender com zelo e dedicação os interesses de seu cliente, tendo o dever de recorrer de todas as decisões em que seus representados sejam sucumbentes.

A: correta (art. 6º do CED); B: correta (art. 2º, VI, do CED); C: correta (art. 8º do CED); D: incorreta (art. 46 do CED – não existe o dever de recorrer de todas as decisões, mas o dever de agir com zelo). Gabarito "D".

(OAB/Exame Unificado – 2007.3.SP) Considere-se que determinado advogado tenha sido representado perante uma das turmas disciplinares por não ter prestado a um cliente seu contas de quantia recebida ao término da causa deste. Nessa situação, após o devido processo legal, o advogado poderá

(A) ser suspenso, indefinidamente, até que satisfaça, integralmente, a dívida, inclusive, com correção monetária.
(B) não ser punido, desde que alegue situação de penúria, devidamente comprovada nos autos.
(C) sofrer pena de censura, desde que restitua, de pronto, ao cliente a quantia indevidamente recebida.
(D) ser suspenso pelo prazo máximo de 12 meses, além de ter de quitar seu débito para com o cliente.

De acordo com o art. 37, § 2º, da Lei 8.906/94, o advogado que deixar de prestar contas ao cliente de quantias recebidas dele ou de terceiros por conta dele deverá permanecer suspenso até que quite sua dívida integralmente, com correção monetária. Aqui, não será aplicado o prazo geral da suspensão, que varia de trinta dias a doze meses (art. 37, §1º, do Estatuto). Gabarito "A".

(OAB/Exame Unificado – 2007.3.PR) O advogado Paulo de Sousa é casado com conhecida e renomada psicóloga de Curitiba, que se dedica a terapia de casais em crise. Mensalmente, a referida psicóloga realiza sessões de análise em grupo em um hotel-fazenda da região. O advogado Paulo sempre participa de tais eventos, ministrando, ao final das sessões, palestras sobre questões relativas ao direito de família, para os casais que não obtiveram êxito na terapia, e se vale de tal oportunidade para distribuir cartões com o endereço de seu escritório. Considerando essa situação hipotética, é correto afirmar, à luz do Estatuto da OAB, que

(A) a conduta do advogado não configura infração disciplinar, pois angariar ou captar causas só é passível de censura ou advertência quando tais procedimentos são veiculados pela mídia.

(B) o advogado em questão incorreu na conduta típica prevista, no Estatuto da OAB, como instigação ao litígio, por isso deve ser excluído da Ordem.
(C) a conduta do advogado constitui infração disciplinar visto que objetiva angariar ou captar causas com ou sem a intervenção de terceiros.
(D) a conduta do advogado é totalmente adequada e conforme com o que dispõe o Estatuto, visto que as infrações por este arroladas não abarcam a captação de causas e, sim, a cooptação de clientes.

A conduta do advogado Paulo se subsume integralmente ao art. 34, IV, da Lei 8.906/94, que considera infração ético-disciplinar a captação de clientela. Tal infração será punida com a pena de censura (art. 36, I, do Estatuto). Gabarito "C."

(OAB/Exame Unificado – 2007.2) Em relação às infrações disciplinares aplicáveis aos advogados, assinale a opção correta de acordo com o Estatuto do Advogado.

(A) A violação ao Código de Ética e Disciplina do Advogado é punível com suspensão do exercício da advocacia por, no mínimo, 15 dias.
(B) A deturpação de transcrição de dispositivo de lei ou de citação doutrinária em petição é falta punível, em regra, com censura.
(C) A prescrição de aplicação de penalidade de censura ocorre em um ano, a partir da data da ciência do fato pela OAB.
(D) O exercício assíduo e proficiente de mandato na OAB é cláusula excludente de aplicação de penalidade.

A: incorreta (art. 37, § 1º, da Lei 8.906/94 - a suspensão varia de trinta dias a doze meses, em regra); B: correta (art. 34, XIV, c/c art. 36, I, ambos da Lei 8.906/94); C: incorreta (art. 43 da Lei 8.906/94 - a prescrição "geral" verifica-se após o decurso de cinco anos, contados da constatação oficial do fato pela OAB); D: incorreta, pois se trata de atenuante e não excludente da penalidade, conforme consta do art. 40, III, da Lei 8.906/94. Gabarito "B."

(OAB/Exame Unificado – 2006.3) Em relação às infrações e sanções disciplinares, assinale a opção correta.

(A) Salvo os casos específicos, a violação a algum preceito do CED–OAB constitui infração disciplinar punível com censura.
(B) Prescreve em dez anos a pretensão punitiva contra advogado pela prática de infração punível com exclusão da advocacia.
(C) O estagiário não se submete às penalidades do estatuto do advogado, devendo a pena recair exclusivamente sobre o advogado responsável por seu treinamento.
(D) A pena de censura pode ser convertida em advertência, que ficará registrada nos assentamentos funcionais do advogado.

A: correta (art. 36, II, da Lei 8.906/94); B: incorreta (art. 43 da Lei 8.906/94 - a regra geral é de cinco anos, contados da constatação oficial do fato); C: incorreta (art. 34, XXIX da Lei 8.906/94 e art. 65 do CED); D: incorreta (art. 36, p. único, da Lei 8.906/94 - caso a censura seja convertida em advertência, esta não será registrada nos assentamentos do advogado). Gabarito "A."

(OAB/Exame Unificado – 2006.2) Acerca das infrações e sanções disciplinares, assinale a opção correta.

(A) Pedro, bacharel em direito, como não é inscrito nos quadros da OAB, fez uma petição inicial e pediu que Marcos, advogado, a assinasse. Nessa situação, Marcos não cometeu infração disciplinar.
(B) Joaquina é advogada e fez falsa prova do seu diploma de bacharel em direito. Nessa situação, a inscrição de Joaquina nos quadros da OAB pode ser anulada, mas ela não pode ser punida por infração disciplinar, nos termos do estatuto, já que a falsificação se deu antes de sua inscrição, quando ainda não era advogada.
(C) A penalidade de censura não deve ser publicada.
(D) A advertência pode ser convertida em censura, em ofício reservado, sem registro nos assentamentos do inscrito, quando presente circunstância atenuante.

A: incorreta (art. 34, I, da Lei 8.906/94); B: incorreta (art. 34, XXVI, da Lei 8.906/94 - a infração será passível de imposição da pena de exclusão); C: correta (art. 35, p. único, da Lei 8.906/94 - somente as penas de suspensão e exclusão terão publicidade após o trânsito em julgado da decisão condenatória); D: incorreta (art. 36, p. único, da Lei 8.906/94 - a censura é que poderá ser convertida em advertência, e não o contrário! Cuidado com as pegadinhas!). Gabarito "C."

(OAB/Exame Unificado – 2006.1) No que se refere às infrações e sanções disciplinares previstas na Lei nº 8.906/1994 e sua interpretação nos tribunais superiores, assinale a opção correta.

(A) A censura se aplica na hipótese de deixar o advogado de pagar as contribuições, multas e preços de serviços devidos à OAB, depois de regularmente notificado, e na hipótese de prática, pelo estagiário, de ato excedente de sua habilitação.
(B) O recebimento de valores, da parte contrária ou de terceiro, relacionados com o objeto do mandato, sem expressa autorização do constituinte, é causa para aplicação da sanção de exclusão dos quadros da Ordem.
(C) A exclusão é aplicável nos casos de aplicação, por três vezes, da penalidade de suspensão, após manifestação favorável de 2/3 dos membros do Conselho Seccional competente.
(D) A prescrição da pretensão punitiva ocorre em cinco anos, a contar da prática do ato infracional.

A: incorreta (art. 37, I, c/c art. 34, XXIII, ambos da Lei 8.906/94 - a inadimplência do advogado com relação à anuidade gerará sua suspensão); B: incorreta (art. 37, I, c/c art. 34, XIX, ambos da Lei 8.906/94 - trata-se de causa de suspensão); C: correta (art. 38, I e p. único, da Lei 8.906/94); D: incorreta (art. 43 da Lei 8.906/94 - a prescrição começa a fluir a partir da constatação oficial do fato, e não da prática do ato infracional). Gabarito "C."

(OAB/Exame Unificado – 2004.ES) Na situação em que um advogado venha a ser condenado pelo Tribunal de Ética e Disciplina da OAB/ES pela prática de infração disciplinar punível com suspensão, o fato de o advogado ser conselheiro suplente da OAB/ES:

(A) deve ser considerado circunstância atenuante da sanção a ser aplicada.
(B) deve ser considerado circunstância agravante da sanção a ser aplicada.
(C) não deve influenciar na fixação da sanção, sob pena de nulidade do processo.
(D) tornará nula a condenação, pois o julgamento desse processo disciplinar seria de competência do Conselho Federal da OAB.

De acordo com o art. 40, III, da Lei 8.906/94, considera-se circunstância atenuante o exercício assíduo e proficiente de mandato na OAB. Gabarito "A."

10. OAB E ELEIÇÕES

(OAB/Exame Unificado – 2010.1) Ao conselho da subseção compete

(A) representar a OAB no Conselho de Segurança do MERCOSUL.
(B) fiscalizar as funções e atribuições do conselho seccional.
(C) instaurar e instruir processos disciplinares, para julgamento pelo Conselho Federal.
(D) receber pedido de inscrição nos quadros de advogado e estagiário, instruindo e emitindo parecer prévio, para decisão do conselho seccional.

A: opção incorreta. Não existe tal competência para o conselho da subseção; B: opção incorreta. Ao conselho da subseção compete exercer as funções e atribuições do conselho seccional; C: opção incorreta. Ao conselho da subseção compete instaurar e instruir processos disciplinares, para julgamento pelo Tribunal de Ética e Disciplina. Se o processo for de competência do Conselho Federal, deverá, desde o início, tramitar perante referido órgão; D: opção correta. Compete ao conselho da subseção receber pedido de inscrição nos quadros de advogado e estagiário, instruindo e emitindo parecer prévio, para decisão do Conselho Seccional. Gabarito "D."

(OAB/Exame Unificado – 2009.3) Assinale a opção correta acerca das caixas de assistência dos advogados.

(A) As caixas de assistência dos advogados, no âmbito dos Estados, têm personalidade jurídica própria, não podendo sofrer intervenção dos respectivos conselhos seccionais.
(B) O estatuto da Caixa de Assistência dos Advogados deve ser aprovado pela diretoria dessa entidade e registrado pelo presidente na secretaria estadual da fazenda.
(C) A coordenação nacional das caixas de assistência é o órgão de assessoramento do Conselho Federal da OAB para a política nacional de assistência e seguridade dos advogados.
(D) A Caixa de Assistência dos Advogados tem caráter nacional e é administrada pelo presidente do Conselho Federal da OAB.

A: incorreta (art. 62, § 7º, da Lei 8.906/94 - as Caixas de Assistência podem sofrer intervenção dos respectivos Conselhos Seccionais em caso de descumprimento de suas finalidades); B: incorreta (art. 62, § 1º, da Lei 8.906/94 - o estatuto da Caixa de Assistência deve ser registrado perante o Conselho Seccional); C: correta (art. 126 do Regulamento Geral); D: incorreta, pois a Caixa de Assistência tem caráter regional, sendo criada e administrada pelos Conselhos Seccionais (art. 62 da Lei 8.906/94). Gabarito "C".

(OAB/Exame Unificado – 2009.3) No que se refere às eleições na OAB, assinale a opção correta.

(A) São permitidas candidaturas isoladas ou que integrem mais de uma chapa.
(B) Estagiários inscritos na OAB poderão integrar chapas que tenham em seus programas a Comissão OAB Jovem.
(C) Os advogados que compõem a comissão eleitoral poderão integrar as chapas concorrentes, estando apenas o presidente da comissão impedido de integrá-las.
(D) Para integrar uma chapa, o advogado deverá exercer efetivamente advocacia há mais de cinco anos, excluído o período de estagiário.

A: incorreta (art. 131 do Regulamento Geral - são vedadas as candidaturas isoladas!); B: incorreta, pois só advogado pode participar da chapa (art. 131, § 2º, do Regulamento Geral); C: incorreta (art. 129, *caput*, do Regulamento Geral - advogados que integrem a comissão eleitoral não podem participar das chapas concorrentes); D: correta (art. 131, § 2º, "f", do Regulamento Geral). Gabarito "D".

(OAB/Exame Unificado – 2009.3) Compete ao presidente do Conselho Federal da OAB

(A) aplicar penas disciplinares, no caso de infração cometida no âmbito do Conselho Federal.
(B) alienar ou onerar bens móveis.
(C) presidir o Órgão Especial, com direito a voto de qualidade, no caso de empate.
(D) definir os critérios para despesas com transporte e hospedagem dos conselheiros, membros das comissões e convidados.

Nos termos do art. 100, V, do Regulamento Geral, compete ao presidente do Conselho Federal aplicar as sanções disciplinares no caso de infração cometida no âmbito do Conselho Federal. Gabarito "A".

(OAB/Exame Unificado – 2008.3) Acerca da CNA, assinale a opção correta à luz do Regulamento Geral e do Estatuto da Advocacia e da OAB.

(A) Os advogados inscritos na CNA, são considerados seus membros efetivos, com direito a voto.
(B) A CNA é órgão consultivo máximo do Conselho Federal da OAB, tendo por objetivo a eleição do presidente e da diretoria desse Conselho.
(C) A comissão organizadora da CNA é designada pelo secretário-geral da OAB e integrada por professores renomados no cenário jurídico nacional.
(D) As conclusões da CNA são compiladas em atos normativos de cumprimento obrigatório pelos conselhos seccionais da OAB.

A: correta, pois, de fato, os advogados inscritos na Conferência Nacional dos Advogados – CNA são considerados membros efetivos, com direito a voto (art. 146, I, do Regulamento Geral); B: incorreta (art. 145 do Regulamento Geral); C: incorreta (art. 147 do Regulamento Geral); D: incorreta (art. 145, § 3º, do Regulamento Geral) - as conclusões da CNA são *recomendações*. Gabarito "A".

(OAB/Exame Unificado – 2008.3.SP) O advogado Jairo, com o objetivo de oferecer serviços jurídicos para captar causas ou clientes, criou um sítio profissional na Internet, no qual incluiu dados com referências a valores dos serviços profissionais, tabelas e formas de pagamento. Em seguida, contratou uma empresa de publicidade para confeccionar adesivos com os dizeres "sem advogado não se faz justiça" e a indicação de seu número de telefone. Jairo, que advoga há 40 anos, é profissional renomado na área de direitos humanos. Em março de 2008, recebeu de um conselho seccional da OAB a comenda Medalha Rui Barbosa. O presidente desse conselho também o homenageou, atribuindo ao novo prédio da sede do conselho o nome de Jairo. Considerando a situação hipotética apresentada, assinale a opção correta no que se refere à legislação da OAB.

(A) A Medalha Rui Barbosa é a comenda máxima conferida às grandes personalidades da advocacia brasileira pelo Conselho Federal da OAB e não pelos conselhos seccionais.
(B) Os prédios, salas e dependências dos órgãos da OAB poderão receber nomes de pessoas vivas.
(C) As formas de pagamento e os valores dos serviços profissionais deverão estar claros no anúncio dos serviços oferecidos pelos advogados, de maneira a não caracterizar concorrência desleal.
(D) Como a Internet é um veículo de comunicação universal, o conteúdo disponível no sítio do advogado não está na esfera de controle da OAB.

A: correta (art. 152 do Regulamento Geral); B: incorreta (art. 151, p. único, do Regulamento Geral); C: incorreta (art. 31, § 1º, do CED - não se pode divulgar em anúncios do advogado os valores de serviços a serem prestados); D: incorreta, pois não há essa limitação nos arts. 28 e seguintes do CED. Gabarito "A".

(OAB/Exame Unificado – 2008.3.SP) Assinale a opção correta a respeito dos fins e da organização da OAB.

(A) A competência para processar e julgar ações do interesse ativo ou passivo da OAB é da justiça federal.
(B) O Instituto dos Advogados Brasileiros inspirou a criação da OAB, que se consolidou a partir da CF.
(C) Os conselhos seccionais da OAB são autarquias especializadas vinculadas aos respectivos estados membros em que estiverem sediadas.
(D) A criação das subseções da OAB requer autorização do presidente nacional da OAB, que definirá a abrangência de atuação em um ou mais municípios.

A: de fato, a competência é da justiça federal (vide, p. ex., o CC 44.304/SP, DJ 26/03/07, do STJ); B: O Instituto dos Advogados Brasileiros foi criado em 1843 com o objetivo de "organizar a Ordem dos advogados, em proveito geral da ciência e da jurisprudência"; no entanto, a Ordem se consolidou muito antes da CF de 1988; só para se ter idéia, o antigo estatuto da advocacia é de 1963 (Lei 4.215/63); sobre a história da OAB vide o seguinte link: http://www.oab.org.br/hist_oab/index_menu.htm; C: os conselhos seccionais são órgãos da OAB (art. 45, II, da Lei 8.906/94), não tendo vinculação alguma com os estados membros em que estiverem sediados; para fins operacionais, esses conselhos têm personalidade jurídica (art. 45, § 2º, da Lei 8.906/94); D: arts. 58, II, e 60, ambos da Lei 8.906/94. Gabarito "A".

(OAB/Exame Unificado – 2008.3.SP) Assinale a opção correta relativamente ao Regulamento Geral do Estatuto da OAB.

(A) Presidente de conselho seccional da OAB tem direito a voto nas sessões das câmaras do Conselho Federal da OAB.
(B) Suponha que Bernardo tenha sido agraciado com a medalha Rui Barbosa em agosto de 2005. Nessa situação, a partir dessa data, Bernardo poderá participar das sessões do Conselho Pleno, com direito a voz.
(C) Presidente do Instituto dos Advogados Brasileiros tem direito a voto nas sessões das câmaras e do Conselho Pleno do Conselho Federal da OAB.
(D) As comissões permanentes do Conselho Federal serão integradas exclusivamente por conselheiros federais.

A: art. 62, § 2º, do Regulamento Geral; B: art. 63 do Regulamento Geral; C: art. 63 do Regulamento Geral; D: art. 64, p. único, do Regulamento Geral. Gabarito "B".

(OAB/Exame Unificado – 2008.3.SP) Com relação às subseções da OAB, assinale a opção correta.

(A) Conflitos de competência entre duas ou mais subseções serão dirimidos pelo conselho seccional, com recurso ao Tribunal de Ética e Disciplina da OAB.
(B) Subseção com 300 advogados efetivamente domiciliados na sua base territorial poderá instituir conselho, cujo número de membros e cuja competência serão fixados pelo conselho seccional.
(C) A área territorial das subseções não poderá abranger mais de 5 municípios e deverá contar com o número mínimo de 20 advogados nela profissionalmente domiciliados.
(D) Dada a característica da autonomia administrativa, os conselhos seccionais jamais poderão intervir nas subseções.

A: art. 119 do Regulamento Geral; B: art. 60, § 3º e 4º, da Lei 8.906/94; C: art. 60, § 1º, da Lei 8.906/94; D: art. 60, § 6º, da Lei 8.906/94. Gabarito "B".

(OAB/Exame Unificado – 2008.2) No que se refere à CNA, assinale a opção correta.

(A) A CNA é dirigida por uma comissão organizadora, designada pelo presidente do Conselho Federal, por ele presidida e integrada pelos membros da diretoria e por outros convidados.
(B) Cabe ao Conselho Federal definir a distribuição do temário, os nomes dos expositores, a programação dos trabalhos, os serviços de apoio e infra-estrutura e o regimento interno da CNA.
(C) As sessões da CNA são dirigidas por um presidente e um relator, escolhidos pelo Conselho Federal.
(D) Durante o funcionamento da conferência, a comissão organizadora é representada pelo relator, que tem poderes para cumprir a programação estabelecida e decidir as questões ocorrentes e os casos omissos.

A: a Conferência Nacional dos Advogados é órgão consultivo máximo do Conselho Federal da OAB e, de fato, tem a característica apontada na alternativa (art. 147 do Regulamento Geral); B: art. 147, § 2º, do Regulamento Geral; C: art. 149, § 1º, do Regulamento Geral; D: art. 148 do Regulamento Geral. Gabarito "A".

(OAB/Exame Unificado – 2008.2) Com relação ao Conselho Federal da OAB, assinale a opção correta.

(A) As delegações de cada unidade federativa são compostas por seis conselheiros federais e dois suplentes.
(B) Os presidentes dos Conselhos Seccionais participam do plenário do Conselho Federal, podendo votar em desacordo com os respectivos conselheiros federais quando abordadas questões referentes às garantias do exercício da advocacia.
(C) O Conselho Federal compõe-se dos conselheiros federais, integrantes das delegações de cada unidade federativa, e dos seus ex-presidentes, na qualidade de membros honorários vitalícios.
(D) O Conselho Federal atua por meio da diretoria, da presidência, do plenário, de quatro câmaras técnicas e do órgão especial recursal.

A: art. 51, § 1º, da Lei 8.906/94; B: art. 51, § 2º, da Lei 8.906/94; C: art. 51, I e II, da Lei 8.906/94; D: art. 64 do Regulamento Geral. Gabarito "C".

(OAB/Exame Unificado – 2008.2) Entre as competências do Conselho Federal, inclui-se a de

(A) autorizar a criação, o reconhecimento e(ou) credenciamento dos cursos jurídicos no Brasil.
(B) instaurar, de ofício, processo de cassação dos presidentes vitalícios acusados de enriquecimento ilícito.
(C) autorizar, por maioria simples das delegações, a oneração ou alienação de seus bens imóveis por meio de seu presidente.
(D) dispor sobre a identificação dos inscritos na OAB e sobre os respectivos símbolos privativos.

A: art. 54, XV, da Lei 8.906/94; B: não existe essa competência; C: art. 54, XVI, da Lei 8.906/94; D: art. 54, X, da Lei 8.906/94. Gabarito "D".

(OAB/Exame Unificado – 2008.2) As competências do órgão especial do Conselho Pleno incluem a deliberação sobre

I. recurso contra decisões das câmaras, apenas quando não tenham sido unânimes ou contrariem o estatuto, o regulamento geral, o código de ética e disciplina e os provimentos.
II. recurso contra decisões do presidente da República ou do ministro-chefe da Casa Civil.
III. consultas escritas, formuladas em tese, relativas às matérias de competência das câmaras especializadas ou à interpretação do estatuto, do regulamento geral, do código de ética e disciplina e dos provimentos, devendo todos os conselhos seccionais serem cientificados do conteúdo das respostas.
IV. conflitos ou divergências entre órgãos da OAB.
V. determinação ao conselho seccional competente para instaurar processo, quando, em autos ou peças submetidos ao conhecimento do Conselho Federal, encontrar fato que constitua infração disciplinar.

Estão certos apenas os itens

(A) I, II e III.
(B) I, III e IV.
(C) II, IV e V.
(D) III, IV e V.

Art. 85 do Regulamento Geral. Gabarito "D".

(OAB/Exame Unificado – 2008.2) Acerca da composição e do funcionamento dos tribunais de ética e disciplina da OAB, assinale a opção correta.

(A) Compete privativamente a cada conselho seccional definir a composição e o funcionamento dos tribunais de ética e disciplina, bem como a escolha dos membros desses tribunais.
(B) Os membros dos tribunais de ética e disciplina são eleitos a cada triênio, por votação direta, excluindo-se desta os estagiários.
(C) A composição desses tribunais depende de parecer expedido pela plenária do Conselho Federal.
(D) O presidente do tribunal de ética e disciplina é escolhido pelo colegiado do Conselho Federal, em votação secreta.

A: art. 58, XIII, da Lei 8.906/94; B a D: art. 114 do Regulamento Geral. Gabarito "A".

(OAB/Exame Unificado – 2008.2.SP) Assinale a opção correta em relação ao Estatuto da Advocacia e da OAB.

(A) A tabela de honorários advocatícios é fixada pelo Conselho Seccional e tem validade em todo o território do respectivo estado da Federação.
(B) O julgamento dos recursos interpostos em face de questões decididas pelo presidente do Conselho Seccional da OAB de São Paulo é da competência privativa do Conselho Federal da OAB.
(C) É da competência do presidente de cada Conselho Seccional a eleição de lista de advogados para preenchimento dos cargos de desembargadores estaduais, a ser encaminhada ao tribunal de justiça do estado, para preenchimento de vaga reservada pelo quinto constitucional.
(D) Os conselheiros seccionais têm prioridade perante os demais advogados inscritos na Seccional para figurar nas listas de composição de escolha de desembargador estadual, para preenchimento de vaga reservada pelo quinto constitucional.

A: art. 58, V, da Lei 8.906/94; B: art. 76 da Lei 8.906/94; C e D: art. 58, XIV, Lei 8.906/94. Gabarito "A".

(OAB/Exame Unificado – 2008.2.SP) Assinale a opção correta acerca do Conselho Federal da OAB.

(A) O Órgão Especial do Conselho Pleno do Conselho Federal da OAB é presidido pelo seu vice-presidente.
(B) O Conselho Pleno do Conselho Federal da OAB é composto pelos conselheiros federais mais antigos de cada delegação.
(C) O Órgão Especial do Conselho Pleno do Conselho Federal é composto por três conselheiros federais de cada unidade da Federação.
(D) O conselheiro federal de cada delegação que participar do Órgão Especial do Conselho Pleno não poderá integrar o Conselho Pleno.

Art. 84 do Regulamento Geral. Gabarito "A".

(OAB/Exame Unificado – 2008.2.SP) Assinale a opção correta acerca das disposições do Conselho Federal, previstas no Regulamento Geral da OAB.

(A) As câmaras do Conselho Federal têm a mesma competência para julgamento e são presididas pelos conselheiros federais mais antigos do Órgão Especial do Conselho Pleno.
(B) À Primeira Câmara compete decidir o recurso de advogado impedido do exercício da advocacia.
(C) Os recursos dos advogados que respondem a processo disciplinar serão julgados pela vice-presidência do Conselho Federal.
(D) Compete à Segunda Câmara do Conselho Federal decidir os recursos relativos ao processo eleitoral da OAB.

A: arts. 87 a 89 do Regulamento Geral; B: art. 88, I, c, do Regulamento Geral; C: art. 89, I, do Regulamento Geral; D: art. 90, I, do Regulamento Geral. Gabarito "B".

(OAB/Exame Unificado – 2008.2.SP) Assinale a opção correta com relação às subseções da OAB.

(A) Conflito de competência entre subseções do estado de São Paulo deverá ser decidido pelo Conselho Federal da OAB.
(B) As áreas territoriais das subseções deverão abranger, no máximo, um município.
(C) As subseções são órgãos da OAB vinculados ao respectivo Conselho Seccional, que fixa a sua competência territorial.
(D) As subseções não têm autonomia administrativa.

A: art. 119 do Regulamento Geral; B: art. 60, § 1º, Lei 8.906/94; C: art. 60, *caput*, Lei 8.906/94; D: art. 60, *caput*, Lei 8.906/94. Gabarito "C".

(OAB/Exame Unificado – 2008.2.SP) No que diz respeito às eleições na OAB, assinale a opção correta.

(A) É obrigatório o comparecimento de todos os advogados inscritos e licenciados da OAB às eleições dos conselhos seccionais.
(B) Advogado com inscrição suplementar deverá votar obrigatoriamente na sede da inscrição principal.
(C) Para concorrerem às eleições, os atuais ocupantes de cargos de diretoria, presidência e vice-presidência deverão se licenciar dos seus mandatos três meses antes das eleições.
(D) Advogado inscrito na OAB e com três anos de exercício de advocacia não pode integrar chapa para concorrer a cargo eletivo no Conselho Seccional.

A: art. 63, § 1º, da Lei 8.906/94; B: art. 134, § 4º, do Regulamento Geral; C: art. 131, § 7º, do Regulamento Geral; D: art. 131, § 2º, f, do Regulamento Geral. Gabarito "D".

(OAB/Exame Unificado – 2008.2.SP) Assinale a opção correta acerca da competência do Tribunal de Ética e Disciplina da OAB.

(A) Cabe ao Tribunal de Ética e Disciplina a promoção, junto aos cursos de direito, de discussões relativas à ética profissional, com o objetivo de formação da consciência dos futuros profissionais.
(B) A instauração de processo acerca de infração a norma de ética profissional se inicia com o requerimento de interessados, não cabendo ao Tribunal de Ética e Disciplina da OAB fazê-lo de ofício.
(C) Não compete ao Tribunal de Ética e Disciplina da OAB responder a consultas relativas à ética profissional.
(D) Mediação e conciliação não são aplicáveis às questões relativas à dissolução de sociedade de advogados.

A: art. 50, II, do CED; B: art. 72 da Lei 8.906/94; C: art. 49 do CED; D: art. 50, IV, c, do CED. Gabarito "A".

(OAB/Exame Unificado – 2008.1.SP) Acerca da competência do Conselho Seccional e das Subseções, assinale a opção correta.

(A) As Subseções dos Conselhos Seccionais têm competência para ajuizar ação direta de inconstitucionalidade de lei estadual em face da Constituição Estadual perante o tribunal de justiça do estado.
(B) Um Conselho Seccional da OAB pode ajuizar mandado de segurança coletivo em defesa de seus inscritos, independentemente de autorização pessoal dos interessados.
(C) Um Conselho Seccional da OAB pode ajuizar ação direta de inconstitucionalidade de lei federal em face da Constituição Federal perante o STF.
(D) O presidente do Instituto dos Advogados de cada unidade da federação terá direito a voto nas sessões dos Conselhos Seccionais que deliberarem sobre o ajuizamento de ação direta de inconstitucionalidade de lei estadual em face da Constituição Federal.

A: art. 105, V, a, Regulamento Geral; B: art. 105, V, c, Regulamento Geral; C: art. 105, V, a, Regulamento Geral; D: não existe essa previsão. Gabarito "B".

(OAB/Exame Unificado – 2008.1.SP) Considerando o Regulamento Geral do Estatuto da Advocacia e da OAB, assinale a opção correta.

(A) A participação de Conselho Seccional da OAB em evento internacional de interesse da advocacia depende de expressa autorização do presidente da respectiva Seccional.
(B) O Conselho Pleno do Conselho Federal da OAB é integrado pelos conselheiros federais das delegações e conselheiros seccionais de cada unidade da Federação.
(C) O pedido de criação de um curso de direito depende de parecer opinativo da Comissão de Ensino Jurídico do Conselho Federal da OAB.
(D) O conselheiro federal que integrar o Órgão Especial do Conselho Pleno não terá assento nas sessões do Conselho Pleno.

A: art. 80 do Regulamento Geral; B: art. 74 do Regulamento Geral; C: art. 83 do Regulamento Geral; D: art. 84, *caput*, do Regulamento Geral. Gabarito "C".

(OAB/Exame Unificado – 2008.1.SP) Assinale a opção correta em relação ao Estatuto da OAB.

(A) Cidadão norte-americano que seja graduado em direito por universidade nos Estados Unidos da América pode inscrever-se diretamente como advogado na OAB/SP, independentemente de aprovação no exame de ordem.
(B) Um ex-presidente do Conselho Federal da OAB tem direito a voz nas sessões do Conselho Federal.
(C) Presidente de Conselho Seccional de estado da Federação tem lugar reservado nas sessões do Conselho Federal, juntamente com a delegação de seu estado e com direito a voto.
(D) As Seccionais da OAB têm imunidade tributária para o IPTU, mas devem declarar e pagar anualmente o imposto de renda.

A: art. 8º, IV, da Lei 8.906/94; B: art. 51, § 2º, da Lei 8.906/94 e art. 62, § 1º, do Regulamento Geral; C: art. 52 da Lei 8.906/94; D: art. 45, § 5º, da Lei 8.906/94. Gabarito "B".

(OAB/Exame Unificado – 2007.3) Em relação à organização dos Conselhos Seccionais e das Subseções, assinale a opção correta.

(A) O Conselho Seccional, por voto da maioria absoluta de seus membros, pode intervir nas Subseções.
(B) O Conselho Seccional comunica aos seus advogados inscritos a tabela de honorários estipulada pelo Conselho Federal.
(C) Os Conselhos Seccionais elegem a lista sêxtupla para o provimento de cargos de desembargador, exceto o Conselho do Distrito Federal, em razão de essa unidade da Federação não ter Poder Judiciário próprio.
(D) A área territorial da Subseção pode abranger um ou mais municípios, ou parte de município, desde que haja pelo menos quinze advogados profissionalmente domiciliados.

A: art. 60, § 6º, da Lei 8.906/94; B: art. 58, V, da Lei 8.906/94; C: o DF tem Poder Judiciário próprio, por óbvio; D: art. 60, § 1º, da Lei 8.906/94. Gabarito "D".

(OAB/Exame Unificado – 2007.3) Em relação à organização da Ordem dos Advogados do Brasil (OAB), assinale a opção correta.

(A) Somente é possível a criação de Caixa de Assistência dos Advogados quando a seccional contar com mais de 1.500 inscritos.
(B) A OAB está ligada ao Ministério da Justiça para fins de dotação orçamentária.
(C) O presidente de Seccional pode, a critério do Pleno, receber remuneração pelo exercício do cargo.
(D) O Conselho Seccional é órgão do Conselho Federal.

A: art. 45, § 4º, da Lei 8.906/94; B: não existe essa ligação. Ao contrário, a OAB não se vincula ao Poder Público; C: não existe essa previsão; D: é órgão autônomo da OAB, inclusive com personalidade jurídica própria (art. 45, II, da Lei 8.906/94). Gabarito "A".

(OAB/Exame Unificado – 2007.3.SP) Assinale a opção correta de acordo com o Estatuto da OAB.

(A) O pagamento da anuidade da OAB não isenta os advogados de recolherem contribuição sindical.
(B) A anuidade da OAB é fixada pelo conselho federal da entidade.
(C) Débito relativo à contribuição dos advogados para a OAB constitui título executivo extrajudicial.
(D) A prescrição para pretensão de cobrança das contribuições é de cinco anos, a contar da exigibilidade.

A: art. 47 da Lei 8.906/94; B: art. 55, § 1º, do Regulamento Geral; C: art. 46, p. único, da Lei 8.906/94; D: art. 43 da Lei 8.906/94. Gabarito "C".

(OAB/Exame Unificado – 2007.3.SP) Assinale a opção correta em relação ao Estatuto da OAB.

(A) Juntamente com a eleição do Conselho Seccional e da Subseção, os advogados elegem diretamente o Conselho Federal da OAB.
(B) Uma subseção pode abranger um ou mais municípios e, ainda, partes de município.
(C) Uma seccional pode abranger um ou mais estados da Federação.
(D) Uma Caixa de Assistência aos Advogados não tem personalidade própria, mas o Conselho Seccional a que ela se vincula, sim.

A: art. 63 e ss da Lei 8.906/94; B: art. 60, § 1º, da Lei 8.906/94; C: art. 45, § 2º, da Lei 8.906/94; D: art. 62, *caput*, da Lei 8.906/94. "Gabarito B."

(OAB/Exame Unificado – 2007.3.PR) Assinale a opção correta no que se refere à estrutura e funcionamento do Conselho Federal da OAB.

(A) As indicações e propostas são oferecidas oralmente, devendo o presidente designar relator para apresentar relatório e voto escrito na sessão seguinte, acompanhado, obrigatoriamente, da ementa do acórdão.
(B) Todas as propostas, ainda que previstas no orçamento, devem ser apreciadas apenas depois de ouvido o diretor-tesoureiro quanto às disponibilidades financeiras para a sua execução.
(C) O conselho pleno pode decidir sobre todas as matérias privativas de seu órgão especial, quando o presidente atribuir-lhes caráter de urgência e grande relevância.
(D) Ao conselho pleno compete deliberar, em caráter nacional, sobre propostas e indicações relacionadas às finalidades institucionais da OAB bem como instituir, mediante resolução, comissões permanentes para assessorar o Conselho Federal e a diretoria; eleger o sucessor dos membros da diretoria do Conselho Federal, em caso de vacância por morte e regular, mediante provimento, matérias de sua competência que não exijam edição de resolução normativa.

A: art. 76 do Regulamento Geral; B: art. 76, § 2º, do Regulamento Geral; C: art. 75, p. único, do Regulamento Geral; D: art. 75 do Regulamento Geral. "Gabarito C."

(OAB/Exame Unificado – 2007.3.PR) Aos Conselhos Seccionais da OAB incumbe atualizar o cadastro dos advogados inscritos e organizar a lista correspondente. A esse respeito, assinale a opção correta.

(A) Os dados cadastrais são sigilosos, sendo permitido o acesso a eles apenas por deliberação expressa de conselheiro federal mediante *habeas data* impetrado exclusivamente pelo procurador-geral da República, pelo ministro da Justiça ou pelo presidente do STF.
(B) O cadastro e a lista correspondente são indexados à Receita Federal e permitem o rastreamento da movimentação bancária dos advogados suspeitos de envolvimento com lavagem de dinheiro e evasão de divisas.
(C) Esse cadastro deve ser feito até 31 de dezembro de cada ano e deve conter o nome completo de cada advogado, o número da inscrição (principal e suplementar), os endereços e telefones profissionais e o nome da sociedade de advogados de que faça parte, se for o caso.
(D) Os registros constantes no cadastro devem ter ampla publicidade, sendo permitido a qualquer cidadão acessar os dados pessoais dos advogados inscritos na OAB.

Arts. 24 e 103 do Regulamento Geral. "Gabarito C."

(OAB/Exame Unificado – 2007.3.PR) Acerca do Conselho Federal da OAB, com sede na capital da República, assinale a opção correta.

(A) No exercício de seu mandato, o conselheiro federal atua no interesse de seus representantes diretos, cabendo ao presidente do Conselho Federal atuar no interesse da advocacia nacional.
(B) O Conselho Federal da OAB compõe-se de um presidente, dos conselheiros federais integrantes das delegações de cada unidade federativa e de seus ex-presidentes, tendo estes direito a voz nas sessões do Conselho.
(C) Ao presidente do Conselho Seccional é reservado lugar junto à delegação respectiva, não tendo ele, porém, direito a voz nas sessões do Conselho Federal e de suas câmaras.
(D) O presidente nacional da OAB e o presidente do Conselho Federal reúnem-se, mensalmente, em sessão plenária para deliberarem em conjunto sobre os assuntos relativos ao desempenho de suas atividades.

A: art. 65 do Regulamento Geral; B: art. 51 da Lei 8.906/94; C: art. 52 da Lei 8.906/94; D: art. 55, § 1º, da Lei 8.906/94. "Gabarito B."

(OAB/Exame Unificado – 2007.2) Em relação à organização e ao funcionamento da OAB, assinale a opção correta, de acordo com o Estatuto dos Advogados.

(A) Em razão da personalidade jurídica própria da Caixa de Assistência dos Advogados, contra ato de sua diretoria não cabe recurso ao respectivo conselho seccional.
(B) Uma subseção da OAB tem diretoria eleita, mas não pode ter conselho de subseção.
(C) O conselho federal é competente para a criação de subseções com mais de 5 mil advogados.
(D) Os conselheiros federais de São Paulo, quando presentes às sessões de seu respectivo conselho seccional, têm direito a voz, mas não podem votar nessas sessões.

A: art. 76 da Lei 8.906/94; B: art. 60, § 3º, da Lei 8.906/94; C: art. 60 da Lei 8.906/94; D: art. 56, § 3º, da Lei 8.906/94. "Gabarito D."

(OAB/Exame Unificado – 2007.2) Em relação ao Conselho Federal da OAB, assinale a opção correta de acordo com o Regulamento Geral da OAB.

(A) Na hipótese de renúncia de conselheiro federal de um estado da Federação, cabe ao Conselho Federal, na inexistência de suplente, eleger outro que o substitua.
(B) O voto da delegação de conselheiros federais de um estado da Federação é o de sua maioria.
(C) Os ex-presidentes do Conselho Federal não têm direito a voto nas sessões desse conselho.
(D) Para a edição de provimentos, exige-se o *quorum* de maioria absoluta dos conselheiros federais.

A: art. 54, § 3º, do Regulamento Geral; B: art. 77 do Regulamento Geral; C: art. 62, § 1º, do Regulamento Geral; D: art. 78 do Regulamento Geral. "Gabarito B."

(OAB/Exame Unificado – 2007.2) De acordo com o Regulamento Geral da Advocacia, assinale a opção correta em relação à organização e atuação dos conselhos seccionais da OAB.

(A) O ajuizamento de ação civil pública pela OAB pode ser decidido pela diretoria da seccional.
(B) O cargo de conselheiro seccional não tem suplentes eleitos, uma vez que a suplência somente está prevista para membros do Conselho Federal.
(C) Os conselhos seccionais são integrados por um número mínimo de 30 membros.
(D) Não cabe intervenção do conselho seccional nas suas subseções, visto que os integrantes das subseções são eleitos pelo voto direto dos advogados que as integram.

A: art. 105, V, *b*, do Regulamento Geral; B: art. 106, § 2º, do Regulamento Geral; C: art. 106, I, do Regulamento Geral; D: art. 113 do Regulamento Geral. "Gabarito A."

(OAB/Exame Unificado – 2007.1) Em relação ao Conselho Federal da Ordem dos Advogados do Brasil, assinale a opção correta.

(A) O Conselho Federal é o órgão competente para autorizar a instalação de cursos jurídicos no Brasil, inclusive promovendo a recomendação das instituições com melhor aproveitamento nos exames de ordem.
(B) Compete ao Conselho Federal elaborar a lista sêxtupla para indicação dos advogados que concorrerão à vaga de desembargador do Tribunal de Justiça do Distrito Federal e dos Territórios porque é a União que organiza e mantém o Poder Judiciário daquela unidade da Federação.
(C) O presidente do Conselho Federal tem direito apenas a voz nas deliberações do conselho.
(D) O voto nas deliberações do Conselho Federal é tomado por cada delegação estadual.

A: art. 54, XV, da Lei 8.906/94; B: não existe essa previsão; C: art. 53, § 1º, da Lei 8.906/94; D: art. 53, § 2º, da Lei 8.906/94. "Gabarito D."

20. ÉTICA PROFISSIONAL

(OAB/Exame Unificado – 2007.1) No que se refere à organização da OAB, assinale a opção correta.

(A) As caixas de assistência dos advogados têm por objetivo organizar os seguros de saúde dos inscritos na OAB e seus familiares, mas não podem promover sua seguridade social complementar.

(B) A área da subseção do conselho seccional limita-se à do Município em que estiver situada.

(C) O presidente do Conselho Federal não precisa ser conselheiro federal eleito.

(D) O presidente do instituto dos advogados estadual é membro honorário e tem direito a voz e voto nas reuniões da seccional, pois o instituto é órgão da OAB.

A: art. 62, § 2º, da Lei 8.906/94; B: art. 60, § 1º, da Lei 8.906/94; C: não há essa previsão; D: art. 56, § 2º, da Lei 8.906/94. *Gabarito "C".*

(OAB/Exame Unificado – 2006.3) Em relação à administração da OAB, assinale a opção correta.

(A) A terceira câmara do conselho federal da OAB é presidida por seu tesoureiro e tem, entre suas atribuições, a de apreciar os relatórios anuais e deliberar acerca do balanço e das contas da diretoria do conselho federal e dos conselhos seccionais.

(B) Compete à primeira câmara do conselho federal da OAB decidir quanto aos recursos acerca da ética do advogado.

(C) A OAB é autarquia da administração pública e tem seus servidores nomeados, após a aprovação em concurso público, pelo ministro da Justiça.

(D) O ajuizamento de ação direta de inconstitucionalidade pelo conselho federal é decisão exclusiva do seu presidente.

A: arts. 87, III, e 90, III, do Regulamento Geral; B: art. 88 do Regulamento Geral; C: a OAB é um "serviço público" (art. 44, *caput* e § 1º, da Lei 8.906/94); D: art. 82 do Regulamento Geral. *Gabarito "A".*

(OAB/Exame Unificado – 2006.2) A respeito da organização da OAB, assinale a opção correta.

(A) Nos termos da Lei nº 8.906/1994, as caixas de assistência dos advogados são órgãos da OAB e não possuem personalidade jurídica própria.

(B) Um membro do Conselho Federal ou de qualquer órgão da OAB pode ter o seu nome incluído nas listas constitucionais para preenchimento de cargos nos tribunais.

(C) O tesoureiro não compõe o Conselho Federal.

(D) A condenação disciplinar é hipótese expressamente prevista de extinção automática do mandato perante a ordem.

A: art. 62, *caput*, da Lei 8.906/94; B: art. 54, XIII, da Lei 8.906/94; C: arts. 55, 98 e 104 do Regulamento Geral; D: art. 66, II, da Lei 8.906/94. *Gabarito "D".*

(OAB/Exame Unificado – 2006.1) Quanto à organização e aos fins da OAB, assinale a opção correta.

(A) A OAB tem personalidade jurídica de autarquia especial; portanto, as demandas em que figurar a OAB como parte devem ser julgadas pela justiça federal.

(B) A certidão passada pela diretoria do conselho competente, relativa a crédito inscrito pela OAB, é título executivo extrajudicial e deve ser cobrada por meio de ação executiva fiscal, prevista na Lei nº 6.830/1980.

(C) A Caixa de Assistência dos Advogados tem personalidade jurídica distinta da OAB e, por isso, as demandas em que ela figurar como parte são de competência da justiça estadual.

(D) O exercício dos cargos de conselheiro ou de membro da diretoria de órgão da OAB é remunerado.

A: de fato, é isso que ocorre (vide o EREsp 503252, DJ 18/10/04). No entanto, mais recentemente, o STF tem reconhecido que a OAB tem natureza "sui generis", sendo importante ressaltar que não tem vinculação com a Administração Pública; B: a OAB deve usar a execução comum, e não a execução fiscal (vide também o EREsp 503252, DJ 18/10/04); C: a competência é da justiça federal; D: não são remunerados. *Gabarito "A".*

11. ÉTICA DO ADVOGADO

(OAB/Exame Unificado – 2011.2) Ademir, formado em Jornalismo e Direito e exercendo ambas as profissões, publica, em seu espaço jornalístico, alegações forenses por ele apresentadas em juízo. Instado por outros profissionais do Direito a também apresentar os trabalhos dos colegas, Ademir alega que o espaço é exclusivamente dedicado à divulgação dos seus próprios trabalhos forenses.

Com base no relatado, à luz das normas estatutárias, é correto afirmar que a divulgação promovida por Ademir é

(A) justificada pelo interesse jornalístico dos trabalhos forenses.
(B) punível, por caracterizar infração disciplinar.
(C) é equiparada a ato educacional permitido.
(D) perfeitamente justificável, por ser pertinente a outra profissão.

De acordo com o art. 34, XIII, do Estatuto da OAB (Lei 8.906/94 – EAOAB), constitui infração disciplinar fazer publicar na imprensa, desnecessária e habitualmente, alegações forenses ou relativas a causas pendentes. Assim, não é dado ao advogado publicar, sem qualquer motivo, ainda mais habitualmente, seus arrazoados forenses, sob pena de tal prática configurar uma autopromoção indevida, em violação às regras éticas acerca da publicidade na advocacia (arts. 28 a 34 do Código de Ética e Disciplina – CED). A publicidade do advogado deve pautar-se por três grandes critérios: discrição, moderação e informação (art. 28, CED). A aparição do advogado em meios de comunicação deve ter finalidade educacional, ilustrativa e informativa (art. 32, CED), não podendo ter característica de autopromoção (e, consequentemente, gerando captação de clientela). O fato de o advogado também ser jornalista não o habilita a utilizar sua outra profissão para fazer publicidade imoderada do exercício da advocacia. *Gabarito "B".*

(OAB/Exame Unificado – 2011.2) Crésio é procurado por cliente que já possui advogado constituído nos autos. Prontamente recusa a atuação até que seu cliente apresente a quitação dos honorários acordados e proceda à revogação dos poderes que foram conferidos para o exercício do mandato. Após cumpridas essas formalidades, comprovadas documentalmente, Crésio apresenta sua procuração nos autos e requer o prosseguimento do processo. À luz das normas aplicáveis, é correto afirmar que

(A) a revogação do mandato exime o cliente do pagamento de honorários acordados.
(B) permite-se o ingresso do advogado no processo mesmo que atuando outro, sem sua ciência.
(C) a verba de sucumbência deixa de ser devida após a revogação do mandato pelo cliente.
(D) o advogado deve, antes de assumir mandato, procurar a ciência e autorização do antecessor.

A: incorreta, visto que a revogação do mandato, considerada uma de suas causas de extinção (ao lado da renúncia e do substabelecimento sem reserva de poderes), conforme preconiza o art. 14 do Código de Ética & Disciplina (CED), não desobriga o cliente do pagamento das verbas honorárias contratadas, bem como não retira o direito do advogado de receber o quanto lhe seja devido em eventual verba honorária de sucumbência, calculada proporcionalmente, em face do serviço efetivamente prestado; B: incorreta, pois, de acordo com o art. 11 do CED, o advogado não deve aceitar procuração de quem já tenha patrono constituído, sem prévio conhecimento deste, salvo por motivo justo ou para adoção de medidas judiciais urgentes e inadiáveis; C: incorreta, visto que, mesmo após a extinção do mandato pela sua revogação pelo cliente, o advogado continua a ter o direito de eventual verba honorária de sucumbência, que será calculada proporcionalmente (art. 14, CED); D: correta. Como visto, o art. 11 do CED traz a regra segundo a qual o advogado não deverá aceitar procuração se o cliente já tiver patrono constituído. No entanto, poderá fazê-lo se der prévio conhecimento ao advogado constituído, salvo se houver urgência. *Gabarito "D".*

(OAB/Exame Unificado – 2011.1) O advogado Walter recebe correspondência eletrônica relatando fatos que o seu cliente apresentou como importantes para constar em processo judicial a ser iniciado. Expressamente, em outra mensagem também eletrônica, autorizou a utilização das informações nas peças judiciais. Proposta a ação, os fatos foram publicizados, vindo o cliente a se arrepender da autorização dada. Com isso, busca reverter a situação por ele criada. Diante da informação de que, uma vez nos autos processuais, não poderia haver retirada das petições apresentadas, ameaça o profissional com futura representação disciplinar. O cliente não negou ter autorizado a utilização das informações. Diante de tal quadro, é correto afirmar que

(A) ao advogado é permitida a divulgação de confidências, com autorização do cliente.
(B) essa divulgação depende de autorização judicial.

(C) mesmo com autorização, fatos considerados confidenciais na relação cliente-advogado não podem ser divulgados judicialmente.
(D) as confidências epistolares são protegidas pela imunidade absoluta quanto à sua publicidade.

A: correta, pois, de acordo com o art. 27 do Código de Ética e Disciplina (CED), os advogados poderão revelar confidências que lhes tenham sido feitas pelos clientes, desde que por eles autorizados, e nos limites das necessidades da defesa; B: incorreta, pois, como visto, a autorização para a revelação de confidências, por óbvio, deve partir do cliente; C: incorreta (art. 27, CED); D: incorreta (art. 27, CED). Mesmo as comunicações por carta (epistolares) serão passíveis de revelação judicial, desde que, como dito, haja a autorização do cliente, e sempre nos limites das necessidades da defesa. "A".

(OAB/Exame Unificado – 2011.1) Mévio aceita defender um cliente. Após ampla pesquisa, verifica que a legislação ordinária não acolhe a pretensão dele. Elabora, pois, a tese de que a legislação que não permite o acolhimento da pretensão do seu constituído padeceria do vício de inconstitucionalidade e recomenda que não haja o cumprimento da referida norma. À luz das normas estatutárias, é correto afirmar que

(A) ao pleitear contra expressa disposição de lei no caso referido, presume-se a má-fé.
(B) mesmo sendo a lei eivada de vício, não seria possível presumir boa-fé.
(C) se caracteriza a hipótese de postulação com má-fé contra literal disposição de lei.
(D) a situação é permitida, diante do possível vício alegado pelo advogado.

A: incorreta, visto que nem sempre pleitear contra expressa disposição legal gerará a presunção de má-fé do advogado, conforme se verá nos comentários à alternativa D; B: incorreta, pois se uma lei for eivada de vício (inconstitucionalidade, por exemplo), não se poderá presumir a má-fé do advogado; C: incorreta, pois, como dito, nem sempre advogar contra o texto expresso da lei caracterizará postulação de má-fé; D: correta. De fato, configurará infração ética a conduta do advogado de patrocinar pretensão contra literal disposição de lei, presumindo-se a boa-fé quando fundamentada na inconstitucionalidade, na injustiça da lei ou em pronunciamento judicial anterior (art. 34, VI, do EAOAB – Lei 8.906/94). "D".

(OAB/Exame Unificado – 2010.3) O advogado Caio resolve implementar mudanças administrativas no seu escritório, ao passar a compor o grupo de profissionais escolhido para gerenciá-lo. Uma das atividades consiste na elaboração de um boletim de notícias comunicando aos clientes, parceiros e advogados, a mudança na legislação e os julgamentos de maior repercussão. Para ampliar a divulgação, contrata jovens de ambos os sexos para distribuição gratuita, nos cruzamentos das mais importantes capitais do País. Diante do narrado, é correto afirmar que

(A) é admissível a distribuição do boletim mediante pagamento de anuidade.
(B) a distribuição indiscriminada, se for gratuita, é permitida.
(C) se trata de publicidade moderada.
(D) o boletim de notícias é meio adequado de publicidade quando o público-alvo são clientes do escritório.

A: incorreta, pois, de acordo com o Código de Ética e Disciplina (CED), a publicidade do advogado deve pautar-se pela *discrição* e *moderação*, o que, evidentemente, não ocorreria se houvesse a distribuição de boletim informativo, gerado pelo escritório do advogado Caio, mediante pagamento de anuidade (art. 28 do CED); B: incorreta, pois, como visto na alternativa anterior, a distribuição indiscriminada de boletim informativo, mediante atividade análoga à "panfletagem", afigura-se imoderada, o que colide com as regras deontológicas (art. 28 do CED) e, de maneira geral, com a regulamentação acerca da publicidade na advocacia (art. 6º, "c", do Provimento 94/00 do Conselho Federal da OAB); C: incorreta, visto que o envio de boletim informativo, embora, a princípio, possa ocorrer, será considerado imoderado se realizado da forma prevista no enunciado da questão, especialmente mediante a contratação de jovens para sua distribuição em cruzamentos de vias das mais importantes capitais do país (art. 28 do CED e art. 6º, "c", do Provimento 94/00); D: correta, pois, de acordo com o gabarito da OAB 2010.3, o uso do boletim de notícias é meio adequado de publicidade. Embora o gabarito tenha sido nesse sentido, ousamos discordar. Isto pelo fato de o art. 29, §3º do CED estabelecer que boletins informativos e comentários sobre legislação podem ser fornecidos a colegas, clientes ou pessoas que os *solicitem ou os autorizem previamente*. O enunciado da questão não deixa clara a situação indicada pelo CED, o que conduz à possibilidade de anulação da questão por inexistir alternativa correta. "D".

(OAB/Exame Unificado – 2010.2) Mauro, advogado com larga experiência profissional, resolve contratar com emissora de televisão, um novo programa, incluído na grade normal de horários da empresa, cujo título é "o Advogado na TV", com o fito de proporcionar informações sobre a carreira, os seus percalços, suas angústias, alegrias e comprovar a possibilidade de sucesso profissional. No curso do programa, inclui referência às causas ganhas, bem como àquelas ainda em curso e que podem ter repercussão no meio jurídico, todas essas vinculadas ao seu escritório de advocacia.
Consoante as normas aplicáveis, é correto afirmar que:

(A) a participação em programa televisivo está vedada aos advogados.
(B) a publicidade, como narrada, é compatível com as normas do Código de Ética.
(C) o advogado, no caso, deveria se limitar ao aspecto educacional e instrutivo da atividade profissional.
(D) programas televisivos são franqueados aos advogados, inclusive para realizar propaganda dos seus escritórios.

A: incorreta, pois os advogados podem eventualmente participar de programa de televisão ou de rádio, de entrevista na imprensa, de reportagem televisionada ou de qualquer outro meio, para manifestação profissional, devendo visar a objetivos exclusivamente ilustrativos, educacionais e instrutivos, sem propósito de promoção pessoal ou profissional, vedados pronunciamentos sobre métodos de trabalho usados por seus colegas de profissão (art. 32 do CED); B: incorreta, pois quando convidado para manifestação pública, por qualquer modo e forma, visando ao esclarecimento de tema jurídico de interesse geral, deve o advogado **evitar insinuações e promoção pessoal ou profissional** (art. 32, p. ún., do CED); C: correta, pois, nos termos do citado art. 32, o advogado deve se limitar aos aspecto ilustrativo, educacional e instrutivo da atividade profissional; D: incorreta, nos termos do já citado art. 32, *caput* e p. ún, do CED. "C".

(OAB/Exame Unificado – 2010.1) Júlio e Lauro constituíram o mesmo advogado para, juntos, ajuizarem ação de interesse comum. No curso do processo, sobrevieram conflitos de interesse entre os constituintes, tendo Júlio deixado de concordar com Lauro com relação aos pedidos. Nessa situação hipotética, deve o advogado

(A) optar, com prudência e discernimento, por um dos mandatos, e renunciar ao outro, resguardando o sigilo profissional.
(B) manter com os constituintes contrato de prestação de serviços jurídicos no interesse da causa, resguardando o sigilo profissional.
(C) assumir, com a cautela que lhe é peculiar, o patrocínio de ambos, em ações individuais.
(D) designar, com prudência e cautela, por substabelecimento com reservas, um advogado de sua confiança.

A: opção correta. *Vide* art. 18 do CED da OAB; B: opção incorreta; C: opção incorreta; D: opção incorreta. "A".

(OAB/Exame Unificado – 2009.3) Considerando o disposto no Estatuto da Advocacia e da OAB e no Código de Ética e Disciplina da OAB, assinale a opção correta.

(A) A lei prevê, expressamente, o termo prescricional para a ação de prestação de contas pelas quantias que o advogado recebe de seu cliente ou de terceiros por conta deste.
(B) De acordo com o Código de Ética, o advogado deve recusar-se a depor como testemunha em processo no qual tenha atuado, salvo quando autorizado pelo cliente.
(C) Os prazos recursais no processo disciplinar seguem as disposições do CPP.
(D) Em nenhuma hipótese, o Código de Ética permite a participação de advogado em bens particulares de clientes comprovadamente sem condições pecuniárias.

A: art. 25-A da Lei 8.906/94; B: art. 26 do CED; C: incorreta (art. 69 da Lei 8.906/94 - o prazo é de quinze dias); D: incorreta (art. 38, p. único, do CED - tolera-se excepcionalmente a participação do advogado em bens particulares do cliente, desde que este comprovadamente não disponha de recursos financeiros, e, ainda, se houver expressa autorização em contrato). "A".

(OAB/Exame Unificado – 2009.2) O Código de Ética e Disciplina da OAB não admite que o advogado

(A) renuncie ao mandato no curso de um processo, ainda que comunique ao cliente, via carta com AR, essa decisão.
(B) cobre honorários por valores acima dos fixados pela tabela de honorários da OAB.
(C) inclua, em anúncio de sua atividade, qualificação de mestre em direito privado e membro efetivo de instituto de advogados.
(D) condicione, ao término da causa, a devolução dos documentos do cliente mediante o pagamento dos honorários devidos.

A: incorreta (art. 45 do CPC e art. 5º, § 3º, da Lei 8.906/94 - pode haver a renúncia unilateralmente pelo advogado, que deverá, porém, comunicar seu cliente de tal ato, preferencialmente por carta com aviso de recebimento, bem como comunicar ao juízo); B: art. 41 do CED (salvo motivo justificado, não se admite a fixação de honorários abaixo dos valores estipulados nas tabelas de honorários); C: incorreta (art. 29 do CED); D: correta (art. 9º do CED). Gabarito "D".

(OAB/Exame Unificado – 2008.3) Acerca do que dispõe o Código de Ética e Disciplina da OAB a respeito das relações do advogado com seus clientes, julgue os itens a seguir.

I. Sobrevindo conflitos de interesse entre constituintes e não estando acordes os interessados, deve o advogado, com a devida prudência e discernimento, optar por um dos mandatos, renunciando aos demais, resguardado o sigilo profissional.
II. O advogado, ao postular, judicial e extrajudicialmente, em nome de terceiros, contra ex-cliente ou ex-empregador, deve resguardar o segredo profissional e as informações reservadas ou privilegiadas que lhe tenham sido confiadas.
III. Os advogados integrantes da mesma sociedade profissional ou reunidos em caráter permanente para cooperação recíproca podem representar em juízo clientes com interesses opostos quando houver compatibilidade de interesses.
IV. O advogado deve abster-se de patrocinar causa contrária à ética, à moral e aos bons costumes, bem como atuar em demandas coletivas que questionem as autoridades constituídas ou a validade de ato jurídico em que tenha colaborado, orientado ou conhecido em consulta; da mesma forma, deve declinar seu impedimento ético quando tenha sido convidado pela outra parte, se esta lhe houver revelado segredos ou obtido seu parecer.

Estão certos apenas os itens
(A) I e II.
(B) B I e IV.
(C) C II e III.
(D) D III e IV.

I: correto (art. 18 do CED); II: correto (art. 19 do CED); III: incorreto (art. 17 do CED); IV: incorreto (art. 20 do CED). Gabarito "A".

(OAB/Exame Unificado – 2008.3) Mário, advogado regularmente inscrito na OAB – GO, foi constituído pela professora municipal Maria da Penha para atuar no processo de separação litigiosa contra Caio Tício, abastado fazendeiro. Ao perceber o desequilíbrio financeiro entre as partes e o efeito nefando do poder econômico de Caio, Mário resolveu revelar ao juízo, sem a autorização prévia de Maria da Penha, confidências feitas por ela a respeito da vida privada de Caio. Considerando a situação hipotética apresentada e o que dispõe o Código de Ética e Disciplina da OAB, assinale a opção correta.

(A) Mário deve pedir, preliminarmente, que sua constituinte e Caio se retirem da sala e deve informar, oralmente, o juiz acerca dos motivos que o levaram a divulgar as informações comprometedoras, e, durante a audiência de instrução e julgamento, será conferido a Caio o direito de resposta.
(B) As confidências feitas a Mário por Maria da Penha poderiam ser utilizadas, nos limites da necessidade da defesa, desde que mediante autorização da constituinte.
(C) Mário só poderia comunicar tais informações ao juiz, de modo sigiloso e sem conhecimento das partes.
(D) Mário deve garantir que as informações a respeito da vida particular de Caio cheguem, de forma anônima, ao conhecimento do juízo, sem que nenhum dos envolvidos possa saber de onde partiu a denúncia.

Nos termos do art. 27 do CED, somente o advogado poderá revelar confidências que lhe tenham sido feitas pelo cliente desde que este o autorize, e nos limites das necessidades da defesa. Gabarito "B".

(OAB/Exame Unificado – 2008.2) Paulo, advogado regularmente inscrito na OAB/PR, descobriu que seu potencial cliente João omitira-lhe o fato de já ter constituído o advogado Anderson para a mesma causa. Na situação apresentada, supondo-se que não se trate de medida judicial urgente e inadiável nem haja motivo justo que desabone Anderson, Paulo deve

(A) denunciar João ao Conselho Federal por litigância de má-fé.
(B) notificar Anderson por intermédio da Comissão de Ética e Disciplina da OAB para que este se manifeste no prazo de quinze dias corridos e, caso Anderson não se manifeste, continuar defendendo os interesses de João em consonância com os preceitos éticos da advocacia.
(C) denunciar Anderson ao Tribunal de Ética da OAB por omissão culposa, estando este sujeito a censura.
(D) recusar o mandato, de acordo com imposições éticas, haja vista a existência de outro advogado já constituído.

De acordo com o art. 11 do CED, salvo situação de urgência, o advogado não poderá aceitar procuração caso já exista advogado constituído nos autos. Gabarito "D".

(OAB/Exame Unificado – 2008.1) Antônio, advogado inscrito na OAB, participa semanalmente de um programa de televisão, esclarecendo dúvidas dos telespectadores a respeito de relações de consumo. Nessas oportunidades, além de divulgar os telefones de um instituto de defesa do consumidor que oferece assistência jurídica aos seus associados a preços módicos, fundado e dirigido por ele mesmo, Antônio aconselha os telespectadores a comparecer ao referido instituto. Considerando a situação hipotética apresentada, assinale a opção correta com base no Código de Ética e Disciplina da OAB.

(A) Antônio deve deixar de participar do programa de televisão, visto que o Código de Ética e Disciplina da OAB proíbe essa participação aos advogados regularmente inscritos na Ordem, salvo em noticiários e, exclusivamente, para fins informativos, sendo vedados pronunciamentos ilustrativos, educacionais ou instrutivos.
(B) Antônio deve continuar a divulgar os telefones do referido instituto de defesa do consumidor, pois o Código de Ética e Disciplina da OAB impõe ao advogado o dever da transparência, de acordo com o princípio da publicidade e da livre expressão, sendo, portanto, permitidas todas as formas de manifestação pública do profissional regularmente inscrito na Ordem.
(C) Antônio deve abster-se de responder com habitualidade consulta sobre matéria jurídica, nos meios de comunicação social, com o intuito de promover-se profissionalmente.
(D) Antônio deve, tão-somente, abster-se de debates sensacionalistas.

A aparição do advogado em meios de comunicação de massa (ex.: rádio e televisão) deve ser eventual, com finalidade ilustrativa, educacional e informativa, nos termos dos arts. 32 e 33 do CED, não podendo, pois, fazer verdadeira captação de clientela por meio de autopromoção. O tripé da publicidade na advocacia é: discrição, moderação e informação! Gabarito "C".

(OAB/Exame Unificado – 2008.1) Viola o Código de Ética e Disciplina da OAB o advogado que

I. divida seus honorários em parcelas mensais e induza o cliente a assinar notas promissórias, com os respectivos valores e vencimentos.
II. receba, a título de patrocínio pela ação reivindicatória de um imóvel, automóvel de cliente que não disponha de dinheiro para efetuar o pagamento dos honorários.
III. distribua livreto com mensagens bíblicas às famílias das vítimas de um acidente aéreo, tendo o cuidado de inserir seu cartão profissional entre as páginas do livreto, de maneira que o cartão só possa ser percebido por quem folheie o livreto.

Assinale a opção correta.

(A) Apenas o item II está certo.
(B) Apenas os itens I e II estão certos.
(C) Apenas os itens I e III estão certos.
(D) Todos os itens estão certos.

I: não é possível a emissão de título de crédito (art. 42 do CED) e, muito menos, levá-los a protesto; II: o art. 38, p. único, do CED, admite a participação do advogado em bens particulares do cliente, situação que é tolerada excepcionalmente, desde que comprovadamente não disponha de recursos para pagamento em dinheiro, prática esta que não viola o CED; III: o art. 7º do CED veda a captação ou inculcação de clientela. Gabarito "C".

(OAB/Exame Unificado – 2008.1.SP) No que se refere ao sigilo profissional e às relações com o cliente previstos no Código de Ética e Disciplina da OAB, assinale a opção correta.

(A) Considere que o advogado A assine contrato de honorários advocatícios com seu cliente. Nessa situação, caso este indique o advogado B para trabalhar no mesmo processo, deverá o advogado A aceitar a indicação, conforme previsão do Código de Ética.
(B) Prolatada a sentença, presume-se a cessação do mandato constituído ao advogado.
(C) Caso um advogado receba um mandado de intimação para prestar depoimento em processo judicial no qual tenha atuado como procurador, ele poderá recusar-se a depor, dado o dever de guardar sigilo sobre fatos relativos ao seu ofício.
(D) As confidências feitas pelo cliente não podem ser utilizadas pelo advogado na defesa, visto que tal utilização constitui violação do direito à intimidade do cliente.

A: incorreta (art. 22 do CED); B: incorreta (art. 10 do CED); C: correta (art. 26 do CED); D: incorreta (art. 27 do CED). Gabarito "C".

(OAB/Exame Unificado – 2008.1.SP) Assinale a opção correta com relação ao Código de Ética e Disciplina da OAB.

(A) Com a criação da Rádio e TV Justiça, os anúncios dos serviços profissionais dos advogados passaram a ser veiculados exclusivamente por esses canais.
(B) Um ministro aposentado de tribunal superior pode mencionar, em seu anúncio de serviços profissionais de advocacia, para captar clientes, o cargo que ocupou, uma vez que não mais exerce função pública.
(C) Um advogado que mudar a sede profissional de seu escritório para sua residência poderá anunciar seus serviços utilizando-se de outdoor.
(D) Um advogado regularmente inscrito na OAB pode anunciar seus serviços profissionais indicando, juntamente com seu nome e número de inscrição na OAB, os títulos de mestrado e doutorado conferidos por instituição de ensino superior reconhecida.

A: incorreta (art. 29 do CED - é vedada a veiculação de anúncios em rádio e TV); B: incorreta (art. 29, § 4º, do CED); C: incorreta (art. 30 do CED - a publicidade do advogado deve ser discreta e moderada); D: correta (art. 29, § 1º, do CED). Gabarito "D".

(OAB/Exame Unificado – 2007.3.SP) Assinale a opção correta quanto a publicidade na advocacia.

(A) O advogado em entrevista à imprensa pode mencionar seus clientes e demandas sob seu patrocínio.
(B) É permitida a divulgação de informações sobre as dimensões, qualidade ou estrutura do escritório de advocacia.
(C) É permitida a ampla divulgação de valores dos serviços advocatícios.
(D) É permitido o anúncio em forma de placa de identificação do escritório apenas no local onde este esteja instalado.

A: incorreta (arts. 32 e 33 do CED); B e C: incorretas (art. 31, § 1º, do CED); D: correta (art. 30 do CED). Gabarito "D".

(OAB/Exame Unificado – 2007.3.PR) Quanto à publicidade, o Código de Ética e Disciplina da OAB permite ao advogado

(A) pronunciar-se sobre métodos de trabalho usados por seus colegas de profissão em programas de televisão, desde que sem insinuações a promoção pessoal ou profissional, ou debate de caráter sensacionalista.
(B) anunciar, individual ou coletivamente, os seus serviços profissionais, com discrição e moderação, para finalidade exclusivamente informativa.
(C) utilizar símbolos oficiais e os que sejam utilizados pela OAB apenas em material impresso.
(D) veicular na mídia impressa referências a valores dos serviços, tabelas, gratuidade ou formas de pagamento, desde que não sejam utilizados termos ou expressões que possam iludir ou confundir o público.

A: art. 32 do CED; B: art. 28 do CED; C: art. 31 do CED; D: art. 31, § 1º, do CED. Gabarito "B".

(OAB/Exame Unificado – 2007.2) José da Silva foi denunciado pela prática de homicídio. Para defendê-lo, foi contratado o advogado Antônio Macedo, respeitável criminalista da cidade e, por coincidência, inimigo do *de cujus*. O denunciado confessou o crime no escritório de seu patrono, ocasião em que estavam presentes a esposa e os pais do réu. Durante o julgamento, porém, o réu, ao ser interrogado perante o juiz e os jurados, afirmou ter sido o advogado Antônio Macedo o verdadeiro autor do crime. Diante dos fatos acima narrados, assinale a opção correta de acordo com o Código de Ética e Disciplina dos Advogados.

(A) O advogado deverá substabelecer o mandato outorgado com reservas de iguais poderes a outro patrono.
(B) O advogado poderá revelar as confidências feitas em seu escritório desde que autorizado pelo réu.
(C) O sigilo profissional impede o advogado de revelar a confissão do cliente, cabendo à esposa e aos pais do réu desmentir a acusação ocorrida no interrogatório.
(D) O advogado, nesse caso, pode revelar o segredo a ele confiado, visto que ele, vendo-se afrontado pelo próprio cliente, tem de agir em defesa própria.

Art. 25 do CED. Gabarito "D".

(OAB/Exame Unificado – 2007.1) O advogado Júlio César anunciou seus serviços profissionais em outdoors na cidade em que exercia suas atividades. Ao lado de sua fotografia de paletó e gravata, eram apresentados seu nome, inscrição na OAB, o endereço do escritório, os nomes de alguns de seus clientes mais famosos na localidade e as frases: A pessoa certa para resolver seus problemas judiciais. A garantia da vitória ou seu dinheiro de volta. Aqui o cliente é quem manda. Com base no CED-OAB, assinale a opção correta a propósito da situação hipotética acima.

(A) É possível o anúncio dos serviços profissionais de advogados em outdoors, desde que o advogado o faça com discrição quanto ao conteúdo e a forma.
(B) Não há problema na mera divulgação dos nomes dos clientes na publicidade de Júlio César, já que esta é uma forma de atrair pessoas com os mesmos tipos de problemas jurídicos.
(C) A seccional da OAB em que está inscrito Júlio César poderá abrir processo disciplinar contra ele, desde que haja representação de um de seus clientes arrolados no anúncio.
(D) O anúncio em outdoors é tipificado como imoderado e vedado pelo CED-OAB.

Art. 30 do CED. Gabarito "D".

(OAB/Exame Unificado – 2006.3) Advogados assediam parentes de vítimas de acidente. Há advogados que comparecem a enterros de vítimas de acidentes ocorridos na prestação de serviço público praticado por empresas aéreas, para oferecer aos familiares seus serviços na proposição de ações judiciais, prometendo indenizações milionárias contra as empresas envolvidas no acidente. Advogados estrangeiros também têm vindo ao Brasil com o mesmo objetivo. Internet:<www://conjur.estadao.com.br> (com adaptações). Tendo como referência inicial o texto acima e com relação ao CED–OAB, assinale a opção correta.

(A) Em atenção ao princípio da publicidade, durante a tramitação do processo administrativo disciplinar movido contra advogados que assediam familiares de vítimas de acidentes, haverá livre acesso a todos os que desejarem manusear os autos, desde que estes não sejam retirados das dependências da OAB.

(B) O CED–OAB permite que o advogado anuncie seus serviços profissionais, individual ou coletivamente, com discrição e moderação, para finalidade exclusivamente informativa, vedada a divulgação conjunta com outra atividade.
(C) Na publicidade permitida pelo CED–OAB, pode o advogado divulgar a lista de seus clientes, desde que não indique as demandas em que eles estejam incluídos.
(D) O CED–OAB permite que o advogado debata causa sob seu patrocínio em qualquer veículo de comunicação, sem declarar o nome de qualquer um dos envolvidos, a título de esclarecimento da população, desde que essa atividade não proporcione a autopromoção do profissional.

A: art. 72, § 2º, da Lei 8.906/94; B: art. 28 do CED; C: art. 33, IV, do CED; D: art. 33, II, do CED. Gabarito "B".

(OAB/Exame Unificado – 2006.2) De acordo com o Código de Ética e Disciplina da OAB, assinale a opção que não constituir dever do advogado.

(A) Velar pela sua reputação pessoal e profissional.
(B) Abster-se de utilizar influência indevida em seu benefício ou de seu cliente.
(C) Cumprir todas as ordens de seu patrão, quando vinculado ao cliente ou constituinte por relação de emprego.
(D) Não vincular seu nome a empreendimento de cunho manifestamente duvidoso.

A: art. 2º, p. único, III, do CED; B: art. 2º, p. único, VIII, a, do CED; C: art. 4º do CED; D: art. 2º, p. único, VIII, c, do CED. Gabarito "C".

(OAB/Exame Unificado – 2006.2) Ainda considerando o Código de Ética e Disciplina da OAB, assinale a opção correta.

(A) É permitido o oferecimento de serviços advocatícios que importem, mesmo que indiretamente, em inculcação de clientela, desde que realizada discretamente.
(B) Considere que um advogado tenha colaborado, orientado ou conhecido em consulta ato jurídico antes da outorga de poderes pelo novo cliente. Nesse caso, é desnecessário que ele se abstenha de patrocinar causa que vise à impugnação da validade desse ato.
(C) O substabelecimento de mandato com reservas de poderes exige o prévio e inequívoco conhecimento do cliente.
(D) É legítimo que o advogado recuse o patrocínio de pretensão concernente a lei ou direito que também lhe seja aplicável, ou que contrarie expressa orientação sua, manifestada anteriormente.

A: art. 7º do CED; B: art. 20 do CED; C: art. 24, § 1º, do CED; D: art. 4º, p. único, do CED. Gabarito "D".

(OAB/Exame Unificado – 2006.2) De acordo com o Código de Ética da OAB e com a Lei nº 8.906/1994, assinale a opção correta.

(A) O anúncio dos serviços do advogado pode ser feito utilizando-se apenas o apelido pelo qual ele é conhecido, não sendo exigido que se mencione o nome completo.
(B) O anúncio dos serviços do advogado pode ser feito por meio de publicidade ou propaganda em televisão ou rádio, desde que realizado com discrição e de forma moderada.
(C) Presumem-se confidenciais as comunicações epistolares entre advogado e cliente, que não podem, portanto, ser reveladas a terceiros.
(D) A celebração de convênio para prestação de serviços jurídicos com redução dos valores estabelecidos na tabela de honorários não corresponde a captação de clientes ou causa, salvo se as condições peculiares da necessidade e dos carentes o exigirem, e não há necessidade de prévia demonstração perante o Tribunal de Ética e Disciplina.

A e B: art. 29, caput, do CED; C: art. 27, p. único, do CED; D: art. 39 do CED. Gabarito "C".

(OAB/Exame Unificado – 2006.1) Quanto ao Código de Ética do Advogado, assinale a opção correta.

(A) É lícito ao advogado apenas visar a sua promoção pessoal em manifestações públicas.
(B) A vedação de captação de clientela impede que o advogado anuncie os seus serviços.
(C) A indicação expressa do nome de advogado ou de seu escritório na parte externa de veículo não é considerada imoderada e, portanto, permitida.
(D) É lícito ao advogado empregado recusar o patrocínio de causa que contrarie sua expressa manifestação anterior.

A: art. 32 do CED; B: art. 28 do CED; C: art. 31, § 2º, do CED; D: art. 4º, p. único, do CED. Gabarito "D".

(OAB/Exame Unificado – 2004.ES) De acordo com o CED-OAB, ao advogado é permitido

(A) apresentar-se, em publicidade veiculada em um sítio da Internet, como especialista em *habeas corpus* e anulação de multas de trânsito.
(B) fixar, na frente de seu escritório, placa em que se identifique como ex-desembargador do TJES.
(C) publicar, em jornal, anúncio publicitário discreto e moderado, com finalidade exclusivamente informativa.
(D) utilizar-se de outdoor publicitário, ainda que este seja discreto tanto no conteúdo como na forma.

A: art. 29, § 2º, do CED; B: art. 29, § 4º, do CED; C: art. 28 do CED; D: art. 30 do CED. Gabarito "C".

12. QUESTÕES DE CONTEÚDO VARIADO

(OAB/Exame Unificado – 2009.1) Acerca da advocacia, assinale a opção incorreta.

(A) O advogado é indispensável à administração da justiça, razão pela qual qualquer postulação perante órgãos do Poder Judiciário é atividade privativa de advogado, sem exceção.
(B) No processo judicial, ao postular decisão favorável ao seu constituinte, o advogado contribui para o convencimento do julgador, constituindo seus atos múnus público.
(C) O advogado estrangeiro somente poderá exercer atividade de advocacia no território brasileiro se estiver inscrito na OAB.
(D) Para a inscrição como advogado, é necessário, entre outros requisitos, prestar compromisso perante o Conselho.

A: incorreta, pois há uma série de exceções a essa regra; por exemplo, o Ministério Público tem capacidade postulatória, assim como qualquer pessoa, em se tratando de habeas corpus, e o interessado, na reclamação trabalhista e no juizado especial cível; B: correta (art. 2º, § 2º, da Lei 8.906/94); C: correta (art. 3º da Lei 8.906/94); D: correta (art. 8º, VII, da Lei 8.906/94). Gabarito "A".

(OAB/Exame Unificado – 2009.1) Acerca do exercício da advocacia, assinale a opção correta.

(A) O advogado que passar a sofrer de doença mental incurável deve licenciar-se por prazo indeterminado.
(B) O advogado que passar a exercer, em caráter definitivo, atividade incompatível com a advocacia terá sua inscrição suspensa até desincompatibilizar-se.
(C) Todos os membros dos Poderes Legislativo e Judiciário exercem atividade incompatível com a advocacia.
(D) O advogado é responsável pelos atos que, no exercício profissional, praticar com dolo ou culpa, respondendo ilimitadamente pelos danos causados aos clientes em decorrência da ação ou omissão.

A: art. 12, III, da Lei 8.906/94 ("curável"); B: art. 11, IV, da Lei 8.906/94 ("cancela-se"); C: a alternativa não é adequada para todos os membros do Poder Legislativo (art. 28, I, da Lei 8.906/94); D: art. 32 da Lei 8.906/94; a responsabilidade pessoal do advogado é ilimitada inclusive quando este atua por meio de pessoa jurídica, hipótese em que o patrimônio da pessoa jurídica deve ser esgotado em primeiro lugar (art. 17 da Lei 8.906/94 e art. 40 do Regulamento Geral). Gabarito "D".

(OAB/Exame Unificado – 2008.3.SP) Ministro aposentado do STJ propôs, na qualidade de parte e advogado, ação de cobrança contra Maria das Graças. Em 19/9/2008, Maria das Graças, procuradora do estado do Rio de Janeiro, foi citada por intermédio de oficial de justiça para apresentar contestação. O advogado de Maria das Graças, João das Neves, é defensor público aposentado e pretende candidatar-se ao cargo de presidente de seccional da OAB. Considerando a situação hipotética apresentada, assinale a opção correta referente à legislação da OAB.

(A) Defensores públicos estão sujeitos à inscrição na OAB para o exercício de suas funções, entretanto estão dispensados do pagamento das anuidades fixadas.

(B) Defensores públicos da União exercem a advocacia pública, mas não os procuradores de Estado, que podem advogar em causas particulares.

(C) João das Neves, como ex-integrante da advocacia pública, é elegível e pode integrar qualquer órgão da OAB.

(D) Ministro aposentado do STJ pode advogar nas primeiras e segundas instâncias das justiças estadual e federal, mas é impedido de exercer a advocacia no TST.

A: art. 3º, § 1º, da Lei 8.906/94, bem como arts. 55, *caput*, e 10, ambos do Regulamento Geral; B: os procuradores do Estado também exercem advocacia pública; há Estados que admitem que seus procuradores *também* exerçam advocacia privada; C: de fato, o art. 131, § 2º, do Regulamento Geral não traz restrições para a elegibilidade de ex-integrante da advocacia pública; D: não há esse tipo de limitação; a CF somente impede que o juiz exerça a advocacia no juízo ou no tribunal do qual se afastou, antes de decorridos três anos do afastamento do cargo (art. 95, p. único, V). Gabarito "C".

(OAB/Exame Unificado – 2006.2) Assinale a opção correta acerca da interpretação e da aplicação da Lei nº 8.906/1994, segundo o entendimento do Supremo Tribunal Federal (STF).

(A) A Ordem dos Advogados do Brasil (OAB) não integra a administração pública.

(B) Os advogados não estão isentos do pagamento da contribuição sindical.

(C) A presença de advogado no juizado especial criminal federal é facultativa nas causas de até 20 salários mínimos.

(D) O direito a prisão especial, em favor do advogado, não gera direito ao recolhimento em prisão domiciliar, na hipótese de inexistência de sala de Estado Maior.

A: art. 44, § 1º, da Lei 8.906/94; B: art. 47 da Lei 8.906/94; C: no juizado *criminal* não existe essa regra; D: art. 7º, V, da Lei 8.906/94. Gabarito "A".

21. PROCESSO COLETIVO

Wander Garcia

1. INTERESSES DIFUSOS, COLETIVOS E INDIVIDUAIS HOMOGÊNEOS

(Magistratura/MS – 2008 – FGV) Assinale a afirmativa incorreta.

(A) Na ação civil pública é possível discutir, de uma só vez, interesses difusos, interesses coletivos e interesses individuais homogêneos.
(B) O mesmo interesse pode ser ao mesmo tempo difuso, coletivo e individual homogêneo.
(C) O Código de Defesa do Consumidor disciplinou o fenômeno da coisa julgada nas ações coletivas de acordo com a natureza do interesse ofendido.
(D) Nos interesses individuais homogêneos o objeto é divisível.
(E) Não será cabível ação civil pública para veicular pretensões que envolvam fundos de natureza institucional cujos beneficiários possam ser individualmente determinados.

A: correta, pois o que define se um interesse é difuso, coletivo ou individual homogêneo é o pedido formulado na ação, podendo esta cumular pedido para a defesa dos três interesses mencionados; por exemplo, caso um rio seja poluído por uma indústria, prejudicando o meio ambiente e pescadores que moram perto do rio e têm por profissão justamente a pesca no referido rio, um legitimado para a ação civil pública pode promover a ação com pedidos para i) despoluição do rio (interesse difuso), ii) pagamento de indenização para os pescadores de uma cooperativa de pescadores local (interesse coletivo) e iii) pagamento de indenização para pescadores que não fazem parte da cooperativa, mas que também ficaram prejudicados (interesse individual homogêneo); B: incorreta, pois o *interesse* corresponde ao *pedido* a ser formulado; assim, caso o pedido seja para proteger interesse de um grupo de pessoas determinadas, tem-se, unicamente, interesse coletivo, e não difuso ou individual homogêneo, e assim por diante; C: correta, pois o CDC disciplinou a coisa julgada de acordo com o *interesse* ou o *pedido* veiculado na ação civil pública, ou seja, se para a proteção de interesse difuso, coletivo ou individual homogêneo (art. 103, I, II e III, respectivamente, do CDC); D: correta, pois interesse individual homogêneo é aquele que, apesar de ter origem comum, cada interessado tem direito a uma prestação divisível; por exemplo, as vítimas de um acidente aéreo tem direito a indenização, que é divisível, ou seja, cada vítima pode pedir sua parte, sua indenização; E: correta, pois há proibição nesse sentido no art. 1º, parágrafo único, da Lei 7.347/85. Gabarito "B".

(Ministério Público/BA – 2005) Considerando as seguintes afirmações referentes aos interesses metaindividuais:

I. Nos difusos e nos individuais homogêneos, os interessados estão sempre unidos por uma mesma situação de fato.
II. Nos coletivos e nos difusos, os interessados são indeterminados.
III. Nos individuais homogêneos e nos coletivos o objeto do interesse é indivisível.

Pode-se afirmar que:

(A) Apenas a I está correta.
(B) Apenas a II está correta.
(C) Apenas a III está correta.
(D) Apenas a I e a II estão corretas.
(E) I, II e III estão corretas.

I: correta, pois, nos termos do art. 81, parágrafo único, III, do CDC, a origem do direito é comum, de modo que os interessados estão unidos por essa situação de fato; por exemplo, as vítimas de um acidente de ônibus estão unidas pela mesma situação de fato, qual seja, o acidente de ônibus, que é a origem comum do direito à indenização que cada um tem; II: correta; porém, é bom ressaltar que os interessados, nos interesses difusos, são absolutamente indetermináveis, e, nos interesses coletivos, são determináveis (art. 81, parágrafo único, I e II, do CDC); III: incorreta, pois nos interesses individuais homogêneos o objeto é divisível. Confira, abaixo, tabela para fixação dessa temática:

Interesses	Grupo	Objeto	Origem	Disposição	Exemplos
Difusos	indeterminável	indivisível	situação de fato	Indisponível	interesse das pessoas na despoluição de um rio
Coletivos	determinável	indivisível	relação jurídica	disponível apenas pelo grupo	interesse dos condôminos de edifício na troca de um elevador com problema
Individ. homog.	determinável	divisível	origem comum	disponível individualmente	interesse de vítimas de acidente rodoviário em receber indenização

Gabarito "D".

(Ministério Público/RN – 2004) Assinale a alternativa correta:

(A) São direitos difusos, ainda que fora das relações de consumo, os transindividuais, de natureza indivisível, de que sejam titulares pessoas indeterminadas, embora determináveis, e ligadas por circunstâncias de fato ou por uma relação jurídica base;
(B) A moralidade administrativa e seus desvios, com conseqüências patrimoniais para o erário, enquadram-se na categoria dos direitos difusos, o que habilita o Ministério Público a demandar, em juízo, na defesa da probidade administrativa;
(C) O Ministério Público tem legitimidade para ajuizar ação civil pública, com o fim de obter a declaração de nulidade de cláusula abusiva constante de determinado contrato de locação residencial, realizado por uma imobiliária, com conseqüente reparação de danos ao locatário;
(D) Em caso de direitos metaindividuais, por sua essência não patrimonial, apresenta-se, em tese, a tutela jurisdicional reparatória, como mais eficiente à preservação do direito;
(E) O mandado de segurança coletivo, diante dos estreitos limites constitucionais, não é meio de proteção judicial de direitos difusos.

A: incorreta, pois os titulares são sempre *indetermináveis*, além de serem ligados apenas por mera *circunstância de fato* (art. 81, parágrafo único, I, do CDC), diferentemente dos interesses coletivos (ex: de condôminos de um edifício), cujos titulares são determináveis e ligados por relação jurídica (no caso, pela copropriedade e pela convenção de condomínio), tudo nos termos do art. 81, parágrafo único, II, do CDC; B: correta, pois os tribunais superiores já se pacificaram no sentido de que o interesse na preservação da moralidade administrativa é difuso, já que seus titulares (toda a população) são indetermináveis e ligados por mera relação de fato; C: incorreta, pois o caso trata de mero interesse individual disponível e, de acordo com a Constituição, o Ministério Público só pode defender interesses difusos e coletivos (art. 129, III), podendo também defender interesses individuais homogêneos, quando houver relevância social, o que não ocorre no caso presente; D: incorreta, pois, conforme mencionado, os interesses em questão não são patrimoniais, portanto não será com patrimônio (indenização) que eles serão reparados; assim, quando se causa um dano ambiental, o objetivo principal da responsabilização é desfazer o dano ambiental (reparação específica) e não recolher indenização; E: incorreta, pois o mandado de segurança coletivo pode envolver pretensão de defesa de interesses *difusos*, conforme entendimento do STF (Pleno, RE 196.184, j. em 27.10.2004: "À agremiação partidária, não pode ser vedado o uso do mandado de segurança coletivo em hipóteses concretas em que estejam em risco, por exemplo, o patrimônio histórico, cultural ou ambiental de determinada comunidade. Assim, se o partido político entender que determinado direito difuso se encontra ameaçado ou lesado por qualquer ato da administração, poderá fazer uso do mandado de segurança coletivo, que não se restringirá apenas aos assuntos relativos a direitos políticos e nem a seus integrantes". Todavia, é importante mencionar que o art. 21, parágrafo único, da Lei 12.016/09 estabelece que o mandado de segurança coletivo só é cabível para defender interesses *coletivos* e *individuais homogêneos*, ficando excluído, portanto, a defesa de interesses difusos, o que, para alguns doutrinadores, é inconstitucional, por não haver tal limitação na Constituição Federal, mas o candidato deve ter essa informação, pois, nas questões de concursos posteriores a 2009, tende a ser perguntado o texto da lei, que, de fato, não admite a proteção de interesses difusos por meio de mandado de segurança coletivo. "Gabarito "B".

(Ministério Público/SC – 2008) Considere que a um portador de necessidades especiais foi prescrito o uso indispensável de medicação específica, mas que não se encontra padronizada pelo Sistema Único de Saúde. Deste modo, após provocação da instância administrativa, o requerimento do paciente foi indeferido pela Secretaria Municipal de Saúde.

I. O direito em questão é individual homogêneo, eis que assemelhado aos direitos transindividuais porque demanda, da mesma forma, tutela coletiva. Assim, é homogêneo porque deriva da mesma situação, tem a mesma origem, decorrente da característica de massa da atual sociedade.
II. O Ministério Público está legitimado para a propositura de ação em desfavor do Estado, posto versar primordialmente sobre direitos e interesses difusos e coletivos.
III. A demanda diz respeito a interesse individual homogêneo, manifesto que é o interesse social da atuação ministerial, por tratar de tema ligado à saúde, cujo resguardo é obrigação do Estado e direito de todos.
IV. A Lei Federal n. 8.080/90 delegou aos Estados da federação a administração dos recursos orçamentários e financeiros destinados à saúde.
V. Segundo as diretivas constitucionais, as ações e serviços públicos de saúde integram uma rede regionalizada e hierarquizada, de modo a constituir um sistema único, que é financiado com recursos do orçamento da seguridade social, da União, dos Estados, do Distrito Federal e dos Municípios, além de outras fontes, o que impõe à União, aos Estados e aos Municípios a aplicação anual de recursos mínimos nessa área.

(A) apenas V está correto
(B) apenas I e II estão corretos
(C) apenas II, IV e V estão corretos
(D) apenas III, IV e V estão corretos
(E) todos estão corretos

I e III: corretas, pois o direito em questão é individual homogêneo, por envolver coletividade de pessoas prejudicadas por uma origem comum, qual seja, a não padronização do medicamento pelo Sistema Único de Saúde (art. 81, parágrafo único, III, do CDC); II: correta, pois, em sentido amplo, a questão versa sobre interesses difusos e coletivos, tratando de questão que envolve coletividade de pessoas, interesse social e interesse indisponível, por envolver a saúde; IV: correta (art. 15, II, da Lei 8.080/90), sem prejuízo do papel dos Municípios nessa seara também ; V: correta (art. 198 da CF). Gabarito "E".

(Ministério Público/SP – 2011) Considere as seguintes situações:

I. responsabilidade do fornecedor em relação a vício de qualidade na pintura de um modelo de veículo por ele produzido;
II. responsabilidade do Estado pelo fornecimento de um medicamento indispensável para um idoso;
III. responsabilidade do loteador pelo contrato de venda de lotes de um loteamento popular clandestino;
IV. responsabilidade do fornecedor em relação a vício de segurança nos freios de um modelo de veículo por ele produzido;
V. responsabilidade do empreendedor imobiliário quanto à cláusula de reajuste de um contrato de venda de lotes de um condomínio fechado de luxo.

Indique a alternativa que expressa corretamente a classificação legal do interesse envolvido e a afirmação quanto à legitimidade de agir do Ministério Público.

(A) I Individual homogêneo; não tem legitimidade (disponibilidade e falta de interesse social). II. Individual; não tem legitimidade (disponibilidade e falta de interesse social). III. Individual homogêneo; tem legitimidade (disponibilidade com presença de interesse social); IV. Difuso; tem legitimidade (indisponibilidade e interesse social). V. Individual homogêneo; não tem legitimidade (disponibilidade e falta de interesse social).
(B) I. Individual homogêneo; não tem legitimidade (disponibilidade e falta de interesse social). II. Individual; não tem legitimidade (disponibilidade e falta de interesse social). III. Coletivo; tem legitimidade (disponibilidade com presença de interesse social); IV. Difuso; tem legitimidade (indisponibilidade e interesse social). V. Individual homogêneo; não tem legitimidade (disponibilidade e falta de interesse social).
(C) I. Individual homogêneo; não tem legitimidade (disponibilidade e falta de interesse social). II. Individual; não tem legitimidade (disponibilidade e falta de interesse social). III. Coletivo; tem legitimidade (disponibilidade com presença de interesse social); IV. Difuso; tem legitimidade (indisponibilidade e interesse social). V. Coletivo; não tem legitimidade (disponibilidade e falta de interesse social).
(C) I. Individual homogêneo; não tem legitimidade (disponibilidade e falta de interesse social). II. Individual; tem legitimidade (indisponibilidade e interesse social).III. Individual homogêneo; tem legitimidade (disponibilidade com presença de interesse social); IV. Difuso; tem legitimidade (indisponibilidade e interesse social). V. Individual homogêneo; não tem legitimidade (disponibilidade e falta de interesse social).
(E) I. Individual homogêneo; não tem legitimidade (disponibilidade e falta de interesse social). II. Difuso; tem legitimidade (indisponibilidade e interesse social). III. Individual homogêneo; tem legitimidade (disponibilidade com presença de interesse social); IV. Difuso; tem legitimidade (indisponibilidade e interesse social). V. Individual homogêneo; não tem legitimidade (disponibilidade e falta de interesse social).

I: trata-se de interesse *individual homogêneo*, pois todos os compradores do carro têm direitos decorrentes de uma origem comum (art. 81, p. ún., III, do CDC), no caso, o problema na pintura dos veículos produzidos; o MP não tem legitimidade, pois os interesses envolvidos são disponíveis e o caso não envolve questão de interesse social, como são as questões relativas à saúde, segurança, educação e moradia; II: trata-se de interesse *individual*, pois diz respeito a apenas um idoso; todavia, o Ministério Público tem legitimidade, pois o direito relacionado à saúde de um idoso é considerado indisponível e revela interesse social; vale lembrar que o art. 74, I, do Estatuto do Idoso (Lei 10.741/03) admite o ajuizamento de ação civil pública para defender interesse *individual* do idoso, desde que se trate de interesse indisponível. III: trata-se de interesse *individual homogêneo*, pois os compradores do lote têm direitos decorrentes de uma origem comum, no caso, a existência de um loteamento clandestino (art. 81, p. ún., III, do CDC); o MP tem legitimidade, pois os interesses dos compradores, apesar de disponíveis, dizem respeito ao direito à moradia popular, de modo que está presente o interesse social); IV: além do interesse dos compradores do veículo no saneamento desse vício (interesse individual homogêneo) a questão envolve, também, interesses *difusos*, já que pessoas indeterminadas, ligadas por uma relação de fato, estão sujeitas à sofrer danos por conta do problema no freio dos veículos; assim, o MP tem legitimidade, já que há interesse social e interesses indisponíveis em jogo, como o direito à segurança, e à preservação da saúde e da vida. V: trata-se de interesse *individual homogêneo*, pois todos os compradores dos imóveis têm direitos decorrentes de uma origem comum (art. 81, p. ún., III, do CDC), no caso, o problema no reajuste do contrato de compra e venda; o MP não tem legitimidade, pois os interesses envolvidos são disponíveis e o caso não envolve questão de interesse social, pois se trata de moradia de luxo, e não de moradia popular. Gabarito "D".

(Ministério Público/SP – 2008) Relativamente aos interesses transindividuais, de acordo com o disposto no Código de Defesa do Consumidor, é correto afirmar que

(A) os titulares dos interesses difusos estão ligados por uma origem em comum.
(B) os titulares dos interesses individuais homogêneos estão ligados por uma circunstância de fato.
(C) os titulares dos interesses coletivos estão ligados por uma origem em comum ou por uma circunstância de fato.
(D) os titulares de interesses difusos estão ligados por uma relação jurídica base.
(E) os titulares de interesses coletivos estão ligados por uma relação jurídica base.

A e B: incorretos, pois a origem dos interesses difusos é uma *situação de fato*, ao passo que a *origem comum* diz respeito aos interesses individuais homogêneos; C: incorreto, pois a origem dos interesses coletivos é uma *relação jurídica*; D: incorreto, pois a *relação jurídica base* diz respeito aos interesses coletivos; E: correto, nos termos do art. 81, parágrafo único, III, do CDC. Gabarito "E".

(Defensor Público/AL – 2009 – CESPE) Em um estado democrático de direito, no instante em que o legislador edita a lei, e o administrador ou o juiz a aplicam, colima-se alcançar o interesse da sociedade. Assim, como as atividades legislativas, administrativas ou jurisdicionais são exercidas sob a invocação do interesse da coletividade, é o próprio Estado que, por seus órgãos, chama a si a tarefa de dizer, em um dado momento, em que consiste o interesse de todos.

Hugo Nigro Mazzilli. **A defesa dos interesses difusos em juízo**. 20.ª ed. São Paulo: Saraiva, 2007, p. 45 (com adaptações).

Tendo o texto acima como referência inicial, julgue os itens a seguir.

(1) O interesse público primário pode ser identificado como o interesse social ou da coletividade, e o interesse público secundário, como o modo pelo qual os órgãos da administração veem o interesse público.
(2) O objeto dos interesses difusos é transindividual e tem natureza divisível.
(3) Interesses individuais homogêneos são aqueles de classe de pessoas determinadas ou determináveis, que compartilham prejuízos decorrentes de origem comum.

1: correta, pois o interesse público primário é o verdadeiro interesse público; o interesse público primário diferencia-se do interesse público secundário, pois este é o mero interesse das pessoas jurídicas estatais, independentemente de estarem voltadas à consecução dos interesses coletivos, ao passo que aquele é o verdadeiro interesse público. O não pagamento de precatórios diz respeito ao mero interesse da pessoa jurídica estatal, traduzindo-se em situação que atende ao interesse público secundário, mas que não atende ao interesse público primário, único interesse a ser buscado pelo Poder Público; 2: errado, pois o objeto dos interesses difusos tem natureza indivisível (art. 81, p. ún., I, do CDC); 3: correta, pois está em sintonia com o disposto no art. 81, p. ún. III, do CDC. Gabarito 1C, 2E, 3C.

(Defensor Público/AM – 2010 – I. Cidades) "Impõe-se a construção de novo paradigma para a teoria jurídica em suas dimensões civil, pública e processual, capaz de contemplar o constante e o crescente aparecimento histórico de novos direitos. Esses "novos" direitos que se desvinculam de uma especificidade absoluta e estanque assumem caráter relativo, difuso e metaindividual."(WOLKMER, Antonio Carlos. Introdução aos fundamentos de uma teoria geral dos "novos direitos". In: Os "novos" direitos no Brasil. Org: LEITE, José Rubens Morato e WOLKMER, Antonio Carlos, São Paulo: Saraiva, p. 3)

Acerca dos interesses públicos, privados e transindividuais, considere as seguintes assertivas:

I. Conforme a doutrina mais moderna, pautada na obra do italiano Mauro Cappelletti, interesse público pode ser conceituado como aquele em que há uma contraposição do interesse do Estado ao do indivíduo.
II. Interesses públicos primários são o modo pelo qual os órgãos da administração vêem o interesse público; interesses públicos secundários, por sua vez, são os interesses gerais da sociedade como um todo.
III. Segundo expressa disposição legal, são considerados interesses ou direitos difusos os transindividuais, de natureza indivisível, de que sejam titulares pessoas indeterminadas e ligadas por circunstâncias de fato.

Está correto o que se afirma SOMENTE em

(A) I.
(B) II.
(C) III.
(D) II e III.
(E) Nenhuma das alternativas.

I: incorreta, pois o interesse público (interesse público primário) não se confunde com o interesse do Estado enquanto pessoa jurídica (interesse público secundário); ademais, mesmo quando se está falando do interesse estatal no sentido primário, este nem sempre é contraposto ao interesse do indivíduo; II: incorreta, pois houve uma inversão dos conceitos; é justamente o contrário, ou seja, a definição de interesse público primário é dada no final do parágrafo e de interesse público secundário é dada no início; III: correta (art. 81, p. ún., I, do CDC). Gabarito "C".

(Defensoria/MA – 2009 – FCC) A defesa coletiva será exercida quando se tratar de interesses ou direitos

(A) difusos, assim entendidos os transindividuais, de natureza divisível, de que sejam titulares pessoas determinadas e ligadas por circunstâncias de fato.
(B) coletivos, assim entendidos os transindividuais, de natureza divisível de que seja titular grupo, categoria ou classe de pessoas ligadas entre si ou com a parte contrária por uma relação jurídica base.
(C) individuais homogêneos, assim entendidos os transindividuais, de natureza divisível de que seja titular grupo, categoria ou classe de pessoas ligadas entre si ou com a parte contrária decorrentes de origem comum.
(D) coletivos, assim entendidos os transindividuais, de natureza indivisível de que seja titular grupo, categoria ou classe de pessoas ligadas entre si ou com a parte contrária por uma relação jurídica base.
(E) difusos, assim entendidos os transindividuais, de natureza indivisível de que seja titular grupo, categoria ou classe de pessoas ligadas por circunstâncias de fato.

Art. 81, parágrafo único, do CDC. Gabarito "D".

(Defensoria Pública/SP – 2010 – FCC) Uma comunidade carente, vitimada pela perda de suas moradias e mobiliários por força de enchentes sucessivas em seu bairro, caracteriza, para fins de tutela metaindividual, qual categoria de direitos?

(A) Direitos transindividuais, de natureza indivisível, com titulares de direitos determinados, ligados com a parte contrária por circunstância de fato.
(B) Direitos transindividuais, de natureza indivisível, com titulares indetermináveis, ligadas por circunstância de fato.

(C) Direitos coletivos, com titulares indetermináveis, ligados entre si por relação jurídica base.
(D) Direitos individuais homogêneos, com titulares determinados, ligados entre si por relação jurídica base.
(E) Direitos individuais homogêneos, com titulares determinados, ligados entre si por circunstância de fato.

Trata-se de direito individual homogêneo pelo fato de a origem ser *comum*, que, no caso, é a circunstância de fato da *enchente*. Ademais, os interessados são *determináveis*, ao contrário dos interesses difusos, e o objeto de interesse é *divisível*, já que cada vítima terá direito à sua própria indenização. Gabarito "E".

2. COMPETÊNCIA, CONEXÃO, CONTINÊNCIA E LITISPENDÊNCIA

(Ministério Público/MG – 2010.1) Em relação às ações coletivas, pode-se afirmar

I. Será competente o foro do lugar onde ocorreu ou deva ocorrer o dano, quando de âmbito local; ou da capital do Estado ou no Distrito Federal, para os danos de âmbito nacional ou regional.
II. Será competente para a execução o juízo da liquidação da sentença ou da ação condenatória, no caso de execução coletiva; e o juízo da ação condenatória, quando individual a execução.
III. Poderão os legitimados ativos promover a liquidação e execução da indenização devida, decorrido o prazo de um ano sem habilitação de interessados em número compatível com a gravidade do dano.
IV. A coisa julgada terá somente efeitos erga omnes ou ultra partes.
V. Se o Ministério Público não ajuizar a ação, obrigatoriamente oficiará no feito, inclusive em se tratando de direitos ou interesses individuais homogêneos.

Marque a opção CORRETA.
(A) II e V estão corretas.
(B) I, II e V estão corretas.
(C) I, III e V estão corretas.
(D) I, III e IV estão corretas.
(E) IV e V estão corretas.

I: correta (art. 93 do CDC); II: incorreta, pois houve inversão das regras, ou seja, no caso de execução coletiva, a competência é do juízo da ação condenatória, ao passo que no caso de execução individual, a competência é do juízo da liquidação da sentença ou da ação condenatória (art. 98, § 2º, do CDC); III: correta (art. 100 do CDC); IV: incorreta, pois a coisa julgada pode ser "*erga omnes*", "*ultra partes*" e "*erga omnes* para beneficiar vítimas e sucessores" (art. 103 do CDC); V: correta (art. 92 do CDC). Gabarito "C".

(Ministério Público/MG – 2008) No tocante à ação civil coletiva de responsabilidade pelos danos individualmente sofridos, é **INCORRETO** afirmar que:
(A) os entes e as pessoas legitimadas a proporem a ação agem como substitutos processuais.
(B) a competência para as causas da justiça estadual, tratando-se de dano de âmbito regional e estendendo-se por várias comarcas, será do foro da Capital do Estado.
(C) os titulares do direito pleiteado na ação coletiva poderão ingressar no pólo ativo como litisconsortes; e os que nela ingressarem serão atingidos pelos efeitos da coisa julgada material na hipótese de o pedido ser, no mérito, considerado improcedente, não podendo renovar a ação a título individual.
(D) as ações individuais ajuizadas pelos titulares do direito serão obrigatoriamente reunidas à ação coletiva por determinação *ex officio* do juiz, a fim de se evitarem julgados dissidentes.
(E) julgado procedente o pedido e estabelecida a obrigação de indenizar, a condenação será genérica, transferindo-se a apuração do *quantum debeatur* e dos destinatários para a fase de liquidação.

A: correta, pois os legitimados agem em nome próprio, defendendo interesse alheio, configurando substituição processual ou legitimação extraordinária, na linguagem tradicional do processo civil; B: correta (art. 93, II, do CDC); C: correta (art. 103, § 2º, do CDC); D: incorreta, pois o CDC dá outra solução para a hipótese; no caso, os autores das ações individuais poderão requerer a suspensão de suas ações, para aproveitar a sentença a ser proferida na ação coletiva; do contrário, não poderão aproveitar a sentença proferida na ação coletiva (art. 104 do CDC); E: correta (arts. 95 e 97 do CDC). Gabarito "D".

(Ministério Público/MS – 2006) Ressalvadas as competências da Justiça Federal e a competência dos Tribunais Superiores, a competência para as ações civis públicas que versem interesses transindividuais relativos à Justiça da Infância e da Juventude é:
(A) Do local do dano;
(B) Do local onde ocorreu ou deva ocorrer a ação ou omissão;
(C) Do local da sede da pessoa jurídica contra a qual for dirigida a ação;
(D) Nenhuma das alternativas anteriores.

Diferentemente da competência para as ações civis públicas em geral, que é fixada segundo o local do *dano* (art. 2º da Lei 7.347/85), no caso de ações civis públicas relativas aos direitos da criança e do adolescente, a competência é do local da *ação ou omissão* (art. 209 do ECA). Gabarito "B".

(Ministério Público/PR – 2011) DIANTE DAS DISPOSIÇÕES DA LEI N.º 7.347/85, QUE DISCIPLINA A AÇÃO CIVIL PÚBLICA, É INCORRETO AFIRMAR QUE:
(A) Considerando que as ações serão propostas no foro do local onde ocorrer o dano, cujo juízo terá competência funcional para processar e julgar a causa, está-se diante de competência absoluta, a qual pode ser declarada de ofício em qualquer tempo e grau de jurisdição;
(B) Poderá ser ajuizada ação cautelar na hipótese em que o dano é iminente, sendo que a tutela de urgência pode ser pleiteada antes ou no curso da ação civil pública;
(C) Os órgãos públicos legitimados poderão tomar dos interessados compromisso de ajustamento de sua conduta às exigências legais, no qual é possível a eleição de foro diverso do local onde ocorrer o dano, afastando-se, assim, a competência funcional para a execução do título extrajudicial;
(D) A ação civil pública poderá ter por objeto o cumprimento de obrigação de fazer ou não fazer, hipótese em que o juiz determinará o cumprimento da prestação da atividade devida ou a cessação da atividade nociva, sob pena de execução específica, ou de cominação de multa diária, independentemente de requerimento do autor;
(E) Na ação civil pública, assim como na ação popular, a sentença será ou não acobertada pela autoridade da coisa julgada dependendo do resultado da lide, de tal modo que, caso o pedido seja julgado improcedente por insuficiência de provas, qualquer legitimado poderá intentar outra ação com idêntico fundamento, valendo-se de nova prova.

A: assertiva correta, pois o art. 2º da Lei 7.347/85, ao dispor que a competência, na ação civil pública, é *funcional*, está a dizer, segundo a doutrina e a jurisprudência, que se trata de competência absoluta, e não relativa; em se tratando de competência absoluta, o juiz deverá, em caso de incompetência, declará-la de ofício, em qualquer tempo e grau de jurisdição (art. 113 do CPC); B: assertiva correta (art. 4º da Lei 7.347/85); C: assertiva incorreta, devendo ser assinalada, pois, em matéria de competência absoluta (art. 2º da Lei 7.347/85), não há como, por vontade das partes, alterar a competência originária pré-determinada de modo absoluto pela lei; D: assertiva correta (arts. 3º e 11 da Lei 7.347/85); E: assertiva correta; em se tratando de interesses difusos, por exemplo, a coisa julgada, caso a ação seja julgada *procedente* ou *improcedente*, terá efeito material *erga omnes*, ao passo que, no caso de *improcedência por falta de provas*, a coisa julgada será apenas formal, possibilitando que qualquer outro legitimado ingresse com ação com idêntico fundamento, desde que se valendo de nova prova (art. 18 da Lei de Ação Popular – Lei 4.717/65; art. 16 da Lei de Ação Civil Pública - Lei 7.347/85). Gabarito "C".

(Ministério Público/RO – 2008 – CESPE) Por meio de inquérito civil público, apurou-se dano ambiental em córrego que corta o município A (a montante) e o município B (a jusante). O promotor de justiça do município A entrou com ação civil pública (ACP) para reparação do dano e cessação da atividade poluidora. Dois dias depois, o promotor de justiça do município B também entrou com ACP com o mesmo conteúdo e objetivo. Considerando a situação hipotética apresentada e à luz da legislação federal da ACP, bem como da jurisprudência dominante, assinale a opção correta.
(A) Como o dano ocorreu no território de mais de uma comarca, as duas comarcas são competentes para julgamento da questão, que deverá ter pronunciamento duplo.
(B) Como o dano ocorreu no território de mais de uma comarca, resolve-se a questão da competência pela prevenção, sendo competente para o trato da questão o juiz que primeiro receber a inicial.

(C) Como o primeiro promotor de justiça que ajuizou a ACP foi o do município A, a ação deverá ser julgada nesse município somente.
(D) O tribunal de justiça deve avocar e julgar essa questão.
(E) Nesse caso, a matéria torna-se de competência do STJ.

Art. 2º, parágrafo único, da Lei 7.347/85. "Gabarito "B".

(Procurador do Município/Florianópolis-SC – 2010 – FEPESE) Assinale a alternativa **incorreta**, em relação à ação civil pública.

(A) A ação poderá ser proposta no foro do domicílio do autor ou do local onde ocorrer o dano, cujo juízo terá competência funcional para processar e julgar a causa.
(B) A propositura da ação prevenirá a jurisdição do juízo para todas as ações posteriormente intentadas que possuam a mesma causa de pedir ou o mesmo objeto.
(C) A ação civil poderá ter por objeto a condenação em dinheiro ou o cumprimento de obrigação de fazer ou não fazer.
(D) Qualquer pessoa poderá e o servidor público deverá provocar a iniciativa do Ministério Público, ministrando-lhe informações sobre fatos que constituam objeto da ação civil e indicando-lhe os elementos de convicção.
(E) O juiz poderá conferir efeito suspensivo aos recursos, para evitar dano irreparável à parte.

A: assertiva incorreta, devendo ser assinalada; isso porque a competência é sempre do local onde ocorrer o DANO (art. 2º, caput, da Lei 7.347/85); B: assertiva correta (art. 2º, p. ún., da Lei 7.347/85) ; C: assertiva correta (art. 3º da Lei 7.347/85); D: assertiva correta (art. 6º da Lei 7.347/85); E: assertiva correta (art. 14 da Lei 7.347/85); por conta dessa regra, a apelação, na ação civil pública, tem, como regra, efeito meramente devolutivo; a apelação só terá também o efeito suspensivo na hipótese de o juiz atribuir esse efeito, para evitar dano irreparável à parte. Gabarito "A".

(Defensoria Pública/SP – 2010 – FCC) Um Defensor Público da Defensoria Regional de Presidente Prudente ajuíza, na capital do Estado, ação civil pública em face do Estado de São Paulo, visando a supressão de "lista de espera" de centenas de pessoas com deficiência que, há 10 anos, aguardam, em lista do SUS, distribuição de cadeiras de rodas, próteses e órteses, veiculando pleito de imediato fornecimento desses equipamentos de inclusão social. As pessoas, que há anos esperam o fornecimento administrativo desses equipamentos, estão espalhadas por 30 cidades que integram a referida regional. Sob o aspecto da competência, o ajuizamento dessa ação civil pública está

(A) correto em vista do âmbito regional dos danos.
(B) correto, pois é na capital o foro de domicílio do ente demandado.
(C) incorreto, pois a ação coletiva deveria ter sido distribuída na comarca sede da Defensoria Regional.
(D) incorreto, pois deveriam ser ajuizadas uma ação civil pública em cada cidade da região.
(E) correto, posto tratar-se de competências concorrentes.

Art. 93, II, do CDC. Gabarito "A".

3. LEGITIMAÇÃO, LEGITIMADOS, MINISTÉRIO PÚBLICO E LITISCONSÓRCIO

(Magistratura/MS – 2008 – FGV) Tomando em consideração a legitimidade ativa e a causa de pedir, bem como a jurisprudência do Egrégio Superior Tribunal de Justiça, a Ação Civil Pública poderá ser legitimamente ajuizada nos termos da Lei 7.347/85:

(A) pelo Procurador Geral do Município, tendo por causa de pedir matéria relativa à proteção do consumidor.
(B) pelo Ministério Público para a proteção e defesa dos bens e direitos de valor histórico, desde que não haja ação popular previamente ajuizada versando sobre a mesma causa de pedir.
(C) por uma associação constituída há mais de um ano, que tenha por finalidade institucional a defesa dos interesses dos consumidores, versando sobre matéria relativa à proteção ao meio ambiente.
(D) por uma associação constituída há exatos seis meses, que tenha por finalidade institucional a proteção ao meio ambiente, versando sobre o mesmo tema, ainda que o requisito da pré-constituição não seja dispensado pelo juiz.
(E) pela Defensoria Pública, tendo por causa de pedir questão relativa aos direitos dos consumidores, induzindo litispendência para as ações individuais anteriormente propostas.

A: correta, pois, segundo o CDC, um órgão público pode ingressar com ação civil pública (art. 82, III, do CDC); B: incorreta, pois a existência de ação prévia não impede nova ação pelo Ministério Público; no entanto, havendo conexão ou continência, as ações serão reunidas para julgamento conjunto, no juízo prevento; caso as ações tenham a mesma causa de pedir e o mesmo pedido, forçoso reconhecer a litispendência, pois as partes também podem ser consideradas as mesmas, por estarem representando a mesma pessoa, no caso a coletividade ("tratando-se de ações coletivas, para efeito de aferição de litispendência, a identidade de partes deverá ser apreciada sob a ótica dos beneficiários dos efeitos da sentença, e não apenas pelo simples exame das partes que figuram no polo ativo da demanda" – STJ, REsp 1168391/SC, DJ 31/05/2010); e, reconhecida a litispendência, de rigor a extinção da segunda ação promovida, nos termos do art. 267, V, do CPC; C: incorreta, pois é necessário que haja *pertinência temática*, ou seja, que a associação autora inclua, entre suas finalidades institucionais, a proteção do bem jurídico a ser tutelado, no caso, a proteção do meio ambiente (art. 5º, V, "*b*", da Lei 7.347/85); D: incorreta, pois é necessário que a associação autora tenha sido constituída há pelo menos 1 ano (art. 5º, V, "*a*", da Lei 7.347/85); E: incorreta, pois, apesar da Defensoria Pública ser legitimada ativa (art. 5º, II, da Lei 7.347/85), as ações coletivas não induzem litispendência para as ações individuais (art. 104 do CDC). Gabarito "A".

(Magistratura/MS – 2008 – FGV) Em relação às ações civis públicas, assinale a afirmativa incorreta.

(A) A ação civil pública proposta contra empresa pública federal tramita perante a justiça federal ainda que o dano tenha ocorrido em outra localidade que não for sede de justiça federal.
(B) O Ministério Público está legitimado a defender os interesses do consumidor, sejam tais interesses difusos, coletivos ou, ainda, individuais homogêneos.
(C) Em se tratando de responsabilidade objetiva, pode o fornecedor de produto denunciar a lide para discutir a culpa daquele que deve indenizá-lo em regresso.
(D) Admite-se o chamamento ao processo somente na hipótese de haver seguro por parte do fornecedor, de sorte a propiciar a condenação da seguradora solidariamente com ele.
(E) O Ministério Público tem legitimidade para propor ação de investigação de paternidade em favor de menor, mas não tem legitimidade para ajuizar ação individual em benefício do consumidor lesado.

A: correta (art. 109, I, da CF), tendo o STJ cancelado sua Súmula 183, pois estava incompatível com a diretriz constitucional no sentido de que, havendo interesse de empresa pública federal, somente a justiça federal pode conhecer da ação respectiva; B: correta (art. 82, *caput* e inciso I, do CDC); C: incorreta (art. 88 do CDC); D: correta (art. 101, I, do CDC); E: correta, pois o Ministério Público não pode ingressar com ação como substituto processual de um único consumidor, por se tratar de mero interesse individual disponível. Gabarito "C".

(Ministério Público/BA – 2010) Analise a veracidade das seguintes frases:

I. O Ministério Público possui legitimidade para ajuizamento de ação civil pública, quando houver relação de consumo.
II. O Ministério Público possui legitimidade para ajuizamento de ação civil pública que verse sobre tributos.
III. O Ministério Público não possui legitimidade para ajuizamento de ação civil pública destinada a requerer intervenção compulsória, de pessoa vítima de alcoolismo, para tratamento de saúde.

Assinale a(s) frase(s) correta(s):

(A) I.
(B) II.
(C) III.
(D) I e III.
(E) Todas.

I: correta (art. 82, I, do CDC); II: incorreta, pois o art. 1º, p. ún., da Lei 7.347/85 estabelece que não cabe ação civil pública que envolva tributo; isso porque, normalmente esse tipo de questão envolve interesses disponíveis, com beneficiários individualmente determinados, o que afasta, a legitimidade do MP para ingressar com ação civil pública que verse sobre o assunto; porém, se a ação não tiver sido proposta para assegurar o direito de determinados contribuintes, pode caber ação civil pública; um exemplo é a ação civil pública movida pelo Ministério Público questionando o deferimento de regime especial para apuração do ICMS (TARE – Termo de Acordo de Regime Especial), que, ao beneficiar uma empresa, pode, lesar, em tese, o patrimônio público, notadamente o erário e a higidez do processo de arrecadação de tributos, institutos que envolvem interesses difusos (STF, RE 586.089, DJ. 17.02.12); III: correta, pois o Ministério Público, salvo em matéria de idoso e de criança e adolescente, não pode, como regra, ingressar com ação para defesa de interesse individual. Gabarito "D".

(MINISTÉRIO PÚBLICO/RO – 2010 – CESPE) A respeito dos direitos difusos e coletivos e da atuação do MP, assinale a opção correta.

(A) Os interesses coletivos são aqueles que abrangem número indeterminado de pessoas unidas pelas mesmas circunstâncias de fato.
(B) De acordo com entendimento do STF, as mensalidades escolares, quando abusivas ou ilegais, não podem ser impugnadas pelo MP por intermédio da ação civil pública ante a natureza individual do direito envolvido.
(C) Segundo o STJ, o MP possui legitimidade ativa para promover a defesa dos direitos difusos e coletivos dos consumidores, bem como dos interesses ou direitos individuais homogêneos destes, exceto no que se refere à prestação de serviços públicos.
(D) Na defesa dos interesses transindividuais, o MP não possui legitimação ativa para a impetração de mandado de segurança coletivo.
(E) Consoante o entendimento do STJ, após a constatação da importância e dos inconvenientes da legitimação isolada do cidadão, é de se reconhecer a *legitimatio ad causam* do MP para a ação popular, na defesa dos interesses difusos e coletivos.

A: incorreta, pois os interesses coletivos são aqueles que dizem respeito a um grupo, uma categoria, uma classe, de modo que envolve pessoas determinadas; além disso, nos interesses coletivos essas pessoas não estão ligadas por mera circunstância de fato, mas sim por relação jurídica base, entre si ou com a parte contrária (art. 81, p. ún., II, do CDC); B: incorreta (Súmula 643 do STF); C: incorreta, pois, no caso dos interesses individuais homogêneos, é necessário que se tenha direitos indisponíveis ou interesse social, sob pena de ilegitimidade do Ministério Público; D: incorreta, pois já houve caso em que o STJ reconheceu a legitimidade ativa do MP para o mandado de segurança coletivo (Resp 736.524, DJ 03.04.06); E: correta; o STJ entende que há um microssistema de tutela de interesses difusos e o MP é legitimado para as ações coletivas respectivas; confira: "a Carta de 1988, ao evidenciar a importância da cidadania no controle dos atos da Administração, com a eleição dos valores imateriais do art. 37, da CF/1988 como tuteláveis judicialmente, coadjuvados por uma série de instrumentos processuais de defesa dos interesses transindividuais, criou um microssistema de tutela de interesses difusos referentes à probidade da administração pública, nele encartando-se a Ação Cautelar Inominada, **Ação Popular**, a Ação Civil Pública e o Mandado de Segurança Coletivo, como instrumentos concorrentes na defesa desses direitos eclipsados por cláusulas pétreas. 3. Deveras, é mister concluir que a nova ordem constitucional erigiu um autêntico 'concurso de ações' entre os instrumentos de tutela dos interesses transindividuais e, a fortiori, legitimou o Ministério Público para o manejo dos mesmos" (REsp 817.710, DJ 17/05/07). Gabarito "E".

(Ministério Público/SE – 2010 – CESPE) Com referência ao tema de legitimação para a tutela coletiva no ordenamento jurídico brasileiro, assinale a opção correta.

(A) É legitimado à ação coletiva o membro do grupo, categoria ou classe para a defesa de interesses ou direitos difusos de que seja titular um grupo, categoria ou classe de pessoas ligadas entre si com a parte contrária por uma relação jurídica base.
(B) O PROCON de Sergipe, Coordenadoria Estadual de Proteção e Defesa do Consumidor, órgão público destituído de personalidade jurídica, tem legitimidade apenas para ajuizar demandas objetivando a tutela individual dos consumidores.
(C) Em se tratando de legitimidade das associações para a propositura de demanda coletiva, somente pode ser dispensado pelo juiz o requisito da pré-constituição após a anuência do MP.
(D) A interação entre as normas da Lei da Ação Civil Pública, do CDC e da Lei da Ação Popular admite a legitimidade para agir do cidadão, em defesa de interesses individuais homogêneos de que sejam titulares pessoas ligadas por circunstâncias de fato.
(E) O MPE tem legitimidade processual extraordinária para promover a execução de título extrajudicial originário de tribunal de contas estadual, em caso de falha no sistema ordinário de representação da administração pública.

A: incorreta, não sendo possível, no Brasil, que um membro do grupo ingresse com ação para a defesa dos interesses difusos correspondentes, diferente do sistema norte-americano das *class actions*; no Brasil são legitimados para ingressar com ação civil pública apenas aqueles relacionados no art. 5º da Lei 7.347/85 e no art. 82 do CDC; B: incorreta, pois o PROCON, como *órgão público* destinado à defesa do consumidor, pode ingressar com ação para defender interesses difusos, coletivos e individuais homogêneos do consumidor (art. 82, *caput* e inciso III, do CDC); C: incorreta, pois a dispensa não requer prévia anuência do Ministério Público (art. 82, § 1º, do CDC e art. 5º, § 4º, da Lei 7.347/85); D: incorreta, pois o cidadão só pode defender o patrimônio público, a moralidade administrativa, o meio ambiente e o patrimônio histórico e cultural, todos interesses difusos (art. 5º, LXXIII, da CF); E: correta, nos termos da jurisprudência do STJ ("Pacificou-se na Primeira Seção desta Corte Superior o entendimento segundo o qual o Ministério Público tem legitimidade para promover execução de título executivo extrajudicial decorrente de decisão do Tribunal de Contas, ainda que em caráter excepcional" – REsp 1189576/MG, DJ 18/06/2010). Gabarito "E".

(Ministério Público/SE – 2010 – CESPE) No que se refere à adequação e ao alcance atualmente conferidos pela legislação, doutrina e jurisprudência relativamente à ação civil pública e à tutela dos direitos difusos, coletivos, individuais indisponíveis e individuais homogêneos, bem como à legitimação do MP, assinale a opção correta.

(A) A ação civil pública é instrumento hábil conferido ao MP contra a cobrança excessiva de taxas que alcancem expressivo número de contribuintes.
(B) Ao MP não se permite a utilização de ação civil pública com o escopo de impedir aumento abusivo de mensalidades escolares por estabelecimentos privados de ensino fundamental de certo município brasileiro.
(C) O MP tem legitimação para, mediante ação civil pública, compelir o poder público a adquirir e fornecer medicação de uso contínuo, de alto custo, não disponibilizada pelo SUS, mas indispensável e comprovadamente necessária e eficiente para a sobrevivência de um único cidadão desprovido de recursos financeiros.
(D) A proteção da moralidade administrativa, objeto precípuo da ação popular, somente tem lugar em ação civil pública movida pelo MP em caráter subsidiário.
(E) O MP está legitimado a agir, por meio de ação civil pública, em defesa de condôminos de edifício de apartamentos contra o síndico, objetivando o ressarcimento de parcelas de financiamento pagas para reformas afinal não efetivadas.

A: incorreta, pois, segundo o STJ, "o Ministério Público não tem legitimidade para promover ação civil pública com o objetivo de impedir a cobrança de tributos na defesa de contribuintes, pois seus interesses são divisíveis, disponíveis e individualizáveis, oriundos de relações jurídicas assemelhadas, mas distintas entre si. Contribuintes não são consumidores, não havendo como se vislumbrar sua equiparação aos portadores de direitos difusos ou coletivos. Precedentes."(AgRg no REsp 969.087/ES, DJ 09/02/2009); tal proibição também decorre do art. 1º, parágrafo único, da Lei 7.347/85; B: incorreta, pois a questão envolve interesse social, relacionado à educação, de modo que o STJ entende que "o Ministério Público tem legitimidade para promover ação civil pública na defesa de interesses coletivos da comunidade de pais e alunos de estabelecimento escolar" (REsp 118.725/PR, DJ 11/03/2002); C: correta, nos termos da jurisprudência do STJ, que entende que isso é possível quando se tratar de cidadão desprovido de recursos financeiros e quando se tratar de não disponibilização adequada dos medicamentos; vide o seguinte precedente – *"Legitimidade ativa do Ministério Público para propor Ação Civil Pública em defesa de direito indisponível, como é o direito à saúde. É possível a fixação, pelo juízo ou a requerimento da parte, de astreintes contra a Fazenda Pública pelo inadimplemento de obrigação de dar, nos termos do art. 461, § 4º, do CPC."* (AgRg no Ag 1247323/SC, DJ 01/07/2010); D: incorreta, pois a proteção da moralidade administrativa é considerada interesse difuso, sendo o Ministério Público parte legítima para promover originariamente ação civil pública, conforme jurisprudência pacífica do STF e do STJ; E: incorreta, pois o caso trata de interesse individual disponível, não havendo relevância social para a atuação do Ministério Público. Gabarito "C".

(Ministério Público/MS – 2006) Em caso de abandono da ação civil pública proposta por associação legitimada:

(A) imediato, o juiz deve extinguir o processo, sem julgamento do mérito;
(B) O Ministério Público ou outro legitimado assumirá a titularidade ativa;
(C) Apenas o Ministério Público poderá assumir a titularidade ativa;
(D) Somente poderá assumir a titularidade ativa outra associação com idêntica finalidade institucional.

Art. 5º, § 3º, da Lei 7.347/85. Gabarito "B".

(Ministério Público/SP - 2005) Considerando as hipóteses em que: a) haja cobrança indevida de taxa condominial em prédio de apartamentos; e b) haja aumento indevido de mensalidade escolar em instituição privada de educação infantil, é lícito afirmar que o Ministério Público

(A) está legitimado a mover ação civil pública, porquanto ambos os casos envolvem questão coletiva, atinente a interesses individuais homogêneos.
(B) está legitimado a mover ação civil pública, porquanto ambos os casos envolvem interesses difusos.

(C) não está legitimado a mover ação civil pública, uma vez que as hipóteses consideradas versam sobre interesse individual disponível, de natureza privada.
(D) está legitimado a mover ação civil pública somente na primeira hipótese, de cobrança indevida de taxa condominial em prédio de apartamentos.
(E) está legitimado a mover ação civil pública somente na segunda hipótese, de aumento indevido de mensalidade escolar em instituição privada de educação infantil.

Nos termos dos comentários feitos acima, só há interesse social, que justifica a atuação do Ministério Público, na segunda hipótese. Gabarito "E".

(Defensor Público/AL – 2009 – CESPE) Julgue o seguinte item.

(1) Sociedade de economia mista não tem legitimidade para propor ação civil pública.

1: errado (art. 5º, IV, da Lei 7.347/85) Gabarito 1E

(Defensor Público/AL – 2009 – CESPE) Julgue o seguinte item..

(1) Se houver desistência infundada ou abandono da ação por associação legitimada, o DP ou outro legitimado assume a titularidade ativa da ação civil pública.

1: correta (art. 5º, § 3º, da Lei 7.347/85). Gabarito 1C

(Defensor Público/BA – 2010 – CESPE) Julgue o seguinte item.

(1 No âmbito da proteção do consumidor, a DP é competente para propor ação, visando compelir o poder público competente a proibir, em todo o território nacional, a produção, divulgação, distribuição ou venda de produto cujo uso ou consumo regular se revele nocivo ou perigoso à saúde pública e à incolumidade pessoal, ou a determinar a alteração na composição, estrutura, fórmula ou acondicionamento desse tipo de produto.

1: correta (art. 82, III, c/c art. 102, ambos do CDC) Gabarito 1C

(Defensor Público/BA – 2010 – CESPE) Julgue os itens que se seguem, acerca dos interesses coletivos e difusos bem como acerca da legitimidade para a proposição da ACP.

(1) Considere que determinado estado da Federação firme acordo com as empresas ali localizadas, visando à instituição de um regime especial de apuração e cobrança do ICMS, que implique redução fiscal a determinada empresa, bem como diminuição na arrecadação estadual. Nessa situação, conforme entendimento do STF, o MP não tem legitimidade para impugnar, via ACP, esse acordo.
(2) Suponha que Pedro, vítima de alcoolismo, recorra ao MP estadual para requerer internação compulsória para tratamento de saúde. Nesse caso, conforme entendimento do STF, existindo DP estadual devidamente organizada e em funcionamento, o MP estadual não terá legitimidade ativa para ajuizar medida com tal finalidade.

1: errado, pois o STF entende que o MP tem legitimidade para questionar, por meio de ação civil pública, acordos firmados pelos Estados com o objetivo de atrair empresas a se instalarem em seus territórios, por meio de regime especial de cobrança de ICMS (STF, RE 576.155/DF, j. 13.08.10); 2: correta, pois, realmente, o STF entende que "o Ministério Público não tem legitimidade ativa *ad causam* para requerer a internação compulsória, para tratamento de saúde, de pessoa vítima de alcoolismo. Existindo Defensoria Pública organizada, tem ela competência para atuar nesses casos" (STF, RE 496718, DJ 30-10-2008). Gabarito 1E, 2C

(Defensor Público/BA – 2010 – CESPE) Julgue o item seguinte.

(1) De acordo com a jurisprudência do STF, o MP tem legitimidade para promover ACP fundada na ilegalidade de reajuste de mensalidade escolar.

1: correta (Súmula 643 do STF). Gabarito 1C

(Defensoria/ES – 2009 – CESPE) No que concerne à defesa judicial dos interesses transindividuais e à ação civil pública, julgue o item seguinte.

(1) O Ministério Público é parte legítima para propor ação civil pública com o objetivo de tutelar direitos individuais indisponíveis, como o de recebimento de medicamento de uso contínuo por pessoa idosa.

1: correta, por haver interesse social no caso. Confira: "A Jurisprudência mais recente das Turmas de Direito Público do STJ tem entendido que o Ministério Público tem legitimidade ativa *ad causam* para propor ação civil pública com o objetivo de proteger interesse individual de idoso, ante o disposto nos artigos 74, 15 e 79 do Estatuto do Idoso (Lei 10.741/03)" (EREsp 695.665/RS, DJ 12/05/2008). Gabarito 1C

(Defensoria/MA – 2009 – FCC) Dentro da tutela dos direitos transindividuais, compete à Defensoria Pública

(A) propor a ação principal e a ação cautelar de responsabilidade por danos morais e patrimoniais causados ao consumidor, ao meio ambiente e à ordem urbanística.
(B) instaurar, sob sua presidência, inquérito civil, ou requisitar, de qualquer organismo público ou particular, certidões, informações, exames ou perícias, no prazo que assinalar, o qual não poderá ser inferior a 10 (dez) dias úteis.
(C) uma vez esgotadas todas as diligências, se convencer da inexistência de fundamento para a propositura da ação civil, promover o arquivamento dos autos do inquérito civil ou das peças informativas, fazendo-o fundamentalmente.
(D) tomar dos interessados compromisso de ajustamento de sua conduta às exigências legais, mediante cominações, que terá eficácia de título executivo extrajudicial e promover, por conta disso, o arquivamento do inquérito civil correspondente.
(E) propor a ação principal e a ação cautelar para a tutela de direitos individuais dos necessitados, mas não para a tutela dos direitos transindividuais.

B, C e D: a Defensoria Pública não pode instaurar inquérito civil, que é de competência exclusiva do Ministério Público, de modo que as alternativas em questão são impertinentes; A e E: a Defensoria Pública tem legitimidade para defender interesses transindividuais (art. 5º, II, da Lei 7.347/85). Gabarito "A".

(Defensoria/SP – 2006 – FCC) Em regra geral, com relação à legitimidade, as associações, que incluam entre seus fins institucionais a defesa do consumidor, devem ser legalmente constituídas há, pelo menos,

(A) 1 ano, dispensada a autorização em assembléia.
(B) 1 ano, autorizada em assembléia por pelo menos 1/3 de seus membros.
(C) 2 anos, dispensada a autorização em assembléia.
(D) 2 anos, autorizada em assembléia por pelo menos 1/3 de seus membros.
(E) 5 anos, autorizada em assembléia por pelo menos 1/3 de seus membros.

Art. 5º, V, "a", da Lei 7.347/85. Gabarito "A".

4. OBJETO

(Ministério Público/SP – 2008) Com relação à sistemática da ação civil pública, assinale a alternativa correta.

(A) Havendo condenação em dinheiro, a indenização pelo dano causado deverá ser destinada diretamente à reconstituição dos bens lesados.
(B) Na ação que tenha por objeto o cumprimento de obrigação de fazer ou não fazer, o juiz determinará o cumprimento da prestação da atividade devida ou a cessação da atividade nociva, sob pena de execução específica, ou de cominação de multa diária, desde que haja requerimento do autor.
(C) Poderá ser cumulado pedido na ação civil pública para condenação em dinheiro ou cumprimento de obrigação de fazer ou não fazer.
(D) Decorridos sessenta dias do trânsito em julgado da sentença condenatória, sem que a associação autora lhe promova a execução, deverá fazê-lo exclusivamente o Ministério Público.
(E) Havendo concessão de medida liminar com imposição de multa, esta só será devida após o trânsito em julgado da decisão favorável ao autor.

A: incorreta, pois a indenização reverterá, num primeiro momento, ao fundo de interesses difusos, sendo seus recursos, posteriormente, aplicados para a reconstituição dos bens lesados (art. 13 da Lei 7.347/85); B: incorreta, pois tal medida pode ser concedida independentemente de requerimento do autor (art. 11 da Lei 7.347/85);

C: correta (art. 3º da Lei 7.347/85); D: incorreta, pois outros legitimados poderão fazê-lo (art. 15 da Lei 7.347/85); E: incorreta, pois a multa será *devida* desde o dia do descumprimento da liminar, mas só poderá ser *cobrada* após o trânsito em julgado da decisão favorável ao autor. Gabarito "C".

(Defensor Público/AL – 2009 – CESPE) Julgue o seguinte item.

(1) É cabível ação civil pública para veicular pretensões que envolvam contribuições previdenciárias cujos beneficiários possam ser individualmente determinados.

1: errado (art. 1º, p. ún., da Lei 7.347/85). Gabarito 1E.

(Defensor Público/AL – 2009 – CESPE) Julgue o seguinte item.

(1) A ação civil pública não pode ter por objeto a condenação em dinheiro.

1: errado (art. 3º da Lei 7.347/85). Gabarito 1E.

(Defensoria/SP – 2007 – FCC) Na Ação Civil Pública e nos termos do pedido de tutela coletiva, reconhecendo a omissão ou deficiência do Poder Público na concretização da política pública definida em lei, o juiz tem o poder de determinar o seu cumprimento, legitimado

(A) politicamente, com fundamento na discricionariedade judicial.
(B) constitucionalmente, com fundamento na discricionariedade judicial, exceto se para tanto tiver que declarar, incidentalmente, a inconstitucionalidade de norma envolvida.
(C) constitucionalmente, com fundamento em critérios objetivos de interpretação constitucional, de ponderação de valores, ainda que para tanto tenha que declarar, incidentalmente, a inconstitucionalidade por omissão em relação a política pública relativa ao bem jurídico constitucionalmente protegido.
(D) politicamente, com fundamento em critérios objetivos de interpretação constitucional, de ponderação de valores, ainda que para tanto tenha que adentrar o mérito do ato administrativo, para assim estabelecer a solução ótima para a satisfação do interesse público.
(E) constitucionalmente, com fundamento em critérios objetivos de interpretação constitucional, de ponderação de valores, ainda que para tanto tenha que, diante da "reserva do possível", estabelecer uma implementação gradual do direito social fundamental, a fim de preservar o seu "mínimo vital".

O juiz deve fundar suas decisões na Constituição, de modo que ficam excluídas as alternativas "a" e "d". A alternativa "b" também não calha, pois nada impede que o juiz reconheça, incidentalmente, a inconstitucionalidade. E a alternativa "c" não está correta, pois não observa a necessária ponderação de valores, para que se implemente, gradualmente, o direito social fundamental envolvido. Gabarito "E".

(Magistratura Federal/1ª Região – 2009 – CESPE) Com relação à ação civil pública, à luz da Lei n.º 7.347/1985, assinale a opção incorreta.

(A) Tem legitimidade para propor ação civil pública a associação que esteja constituída há, no mínimo, dois anos, devendo o ajuizamento ocorrer no local onde estiver regularmente registrada a entidade, segundo a regra de competência territorial em vigor.
(B) Conforme expressa disposição legal, não será cabível ação civil pública para veicular pretensões que envolvam tributos e contribuições previdenciárias.
(C) A ação civil pública poderá ter por objeto a condenação em dinheiro ou o cumprimento de obrigação de fazer ou não fazer.
(D) O MP poderá instaurar inquérito civil sob sua presidência, ou requisitar, de qualquer organismo público ou particular, certidões, informações, exames ou perícias, no prazo que assinalar, o qual não poderá ser inferior a dez dias úteis.
(E) O órgão do MP promoverá o arquivamento dos autos do inquérito civil ou das peças informativas, fundamentadamente, se, esgotadas as diligências, se convencer da inexistência de fundamento para a propositura da ação civil.

A: incorreta, devendo ser assinalada pelo candidato; a associação deve estar constituída há pelo menos 1 ano, e não há pelo menos 2 anos (art. 5º, V, "a", da Lei 7.347/85); B: correta (art. 1º, parágrafo único, da Lei 7.347/85); C: correta (art. 3º da Lei 7.347/85); D: correta (art. 8º, § 1º, da Lei 7.347/85); E: correta (art. 9º, *caput*, da Lei 7.347/85). Gabarito "A".

5. COMPROMISSO DE AJUSTAMENTO

(Ministério Público/AM – 2008 – CESPE) Acerca do termo de ajustamento de conduta, assinale a opção correta.

(A) O instrumento de transação, previsto na Lei dos Juizados Especiais, quando referendado pelo MP, equivale ao termo de ajustamento de conduta.
(B) A corrente doutrinária que identifica o termo de ajustamento de conduta com a transação realça o caráter típico que o instrumento assume nessa condição.
(C) A legitimidade ativa para a celebração do termo de ajustamento de conduta é concorrente e disjuntiva.
(D) O Poder Judiciário tem legitimidade para celebrar termo de ajustamento de conduta com a finalidade de evitar o litígio judicial.
(E) O termo de ajustamento de conduta é aceitável tanto na seara criminal, como na seara da improbidade administrativa.

A: incorreta, pois o acordo extrajudicial referendado pelo Ministério Público, previsto no art. 57, parágrafo único, da Lei 9.099/95, diz respeito à composição de interesses que não se enquadram na categoria de difusos, coletivos e individuais homogêneos, de modo que esse tipo de acordo tem eficácia, no que tange à sua presunção de legitimidade, apenas em relação às partes que o assinaram; já o termo de ajustamento de conduta (TAC), tem eficácia, em relação à sua presunção de legitimidade, em relação à coletividade envolvida, o que não impede, todavia, que legitimados ao ingresso com ação coletiva e detentores de interesses individuais prejudicados questionem em juízo algum aspecto do compromisso firmado; ademais, o acordo previsto na Lei 9.099/95 pressupõe a presença de advogado, ao passo que o TAC, não; por fim, no acordo previsto na Lei de Juizados Especiais é possível fazer concessões de direito material, ao contrário do que pode se dar num TAC; B: incorreta, pois tal corrente identifica o TAC como uma transação atípica, valendo lembrar das diferenças apontadas no comentário à alternativa "a" da presente questão; C: correta, pois a legitimidade ativa para a celebração do termo de ajustamento de conduta (assim como para o ingresso com ação civil pública) é *concorrente*, pois há mais de uma pessoa qualificada para agir, ou seja, há mais de um legitimado e não um legitimado exclusivo (no caso, qualquer órgão público pode celebrar o TAC) e *disjuntiva*, pois cada um dos legitimados concorrentes podem agir isoladamente, ou seja, sem necessidade de atuarem em conjunto; inclusive, é bom deixar claro que basta a presença de um órgão público, para a celebração de um TAC, não sendo necessária a participação do Ministério Público; D: incorreta, podendo o Poder Judiciário apenas homologar um TAC celebrado entre as partes, o que ocorre quando já há ação coletiva aforada e as partes resolvem encerrá-la por meio de um acordo; E: incorreta, pois, na esfera penal existe instituto próprio (transação penal) e na esfera da improbidade administrativa a transação é expressamente vedada (art. 17, § 1º, da Lei 8.429/92). Gabarito "C".

(Ministério Público/BA – 2010) Em relação ao Termo de Ajustamento de Conduta (TAC), identifique com V ou F, conforme caso, as afirmativas verdadeiras e falsas.

I. A realização ou não de TAC no Inquérito Civil reveste-se de discricionariedade do Ministério Público.
II. O objetivo do TAC é readequar a conduta do degradador ou potencial degradador ao ordenamento jurídico vigente, a fim de afastar o risco ambiental intolerável e/ou reparar o dano ambiental.
III. No exercício regular de suas funções, os membros do Ministério Público responderão pelos danos decorrentes de sua ação na tomada do Termo de Ajustamento de Conduta.
IV. Na instrução do Inquérito Civil, o Ministério Público pode requisitar documentos e informações de quaisquer autoridades e/ou organismos particulares, à exceção dos casos de sigilo.
V. A eficácia do TAC está condicionada à homologação do arquivamento do inquérito civil pelo Conselho Superior do Ministério Público, conforme previsão expressa da Resolução nº 23/07, do Conselho Nacional do Ministério Público.

A alternativa que contém a seqüência correta, de cima para baixo, é a:

(A) V V F F F.
(B) F F F V V.
(C) V V F V V.
(D) V F V F V.
(E) F F V F V.

I: verdadeira, não havendo norma determinando ao Ministério Público a celebração de um TAC; II: verdadeira, já que a função do TAC na área ambiental é justamente readequar condutas e promover a reparação ambiental; III: falsa, pois a questão fala em "exercício REGULAR" de funções, de modo que o membro do MP não pode responder por qualquer tipo de dano; IV: falsa; o MP pode requisitar documentos e informações sigilosos; a única coisa é que, aquele que recebe a requisição, PODE negar a informação (art. 8º, § 2º, da Lei 7.347/85); V: falsa, pois o arquivamento deve se dar quando o Ministério Público se convença da inexistência de fundamento para a propositura da ação civil pública (art. 10 da Resolução CNMP nº 23/07); porém, é bom informar que, no Estado de São Paulo, existe a previsão contida na afirmativa em análise, previsão essa que não é repetida na Resolução CNMP nº 23/07. Gabarito "A".

(Ministério Público/MG – 2006) Em matéria de Ação Civil Pública é INCORRETO afirmar que:

(A) o Termo de Ajustamento de Conduta é possível ser celebrado por todos os legitimados ativos.
(B) o Inquérito Civil, tal qual os atos processuais, está submetido ao princípio da publicidade, podendo nos casos estabelecidos pela Constituição da República estabelecer limites dessa publicidade para resguardar a privacidade e o sigilo da correspondência, das comunicações telegráficas, de dados e das comunicações telefônicas.
(C) a coisa julgada em matéria coletiva resta superada quando se der a improcedência por insuficiência de provas.
(D) o ajustamento de conduta tem significado de reconhecimento prévio por parte da pessoa ou ente responsável pelo dano causado a interesse ou direito coletivo.
(E) a ação civil pública e a ação popular têm em seu pólo ativo diferença de caráter formal, pois materialmente as partes são as mesmas, ou seja, a comunidade titular do direito difuso que se pretende seja tutelado.

A: incorreto (devendo ser marcado pelo candidato), pois apenas os *órgãos públicos*, inclusive o Ministério Público, podem celebrar um TAC; as associações, apesar de serem legitimadas para ingressar com ação civil pública, não podem tomar um compromisso de ajustamento; B: correto (art. 8º, § 2º, da Lei 7.347/85); C: correto (art. 16 da Lei 7.347/85); D: correto, tratando-se de reconhecimento prévio à formação de um título executivo judicial contra o responsável pelo dano, por meio de uma ação civil pública a ser promovida ou em curso; E: correta, valendo salientar que quando houver uma ação civil pública e uma ação popular com a mesma causa de pedir e o mesmo pedido, deve-se reconhecer litispendência quando do ajuizamento da segunda ação. Gabarito "A".

(Ministério Público/SE – 2010 – CESPE) Assinale a opção correta acerca do compromisso de ajustamento de conduta.

(A) O termo de ajustamento de conduta firmado pelo MP e por pessoa jurídica de direito público ou privado responsável por dano ou ameaça a interesse coletivo, para revestir-se de eficácia executiva, dispensando ulterior processo de conhecimento, deve ser precedido e fundamentado em inquérito civil público.
(B) As associações civis de defesa do consumidor estão legitimadas a celebrar compromisso de ajustamento de conduta com o autor do dano ou de sua ameaça.
(C) Incumbe ao MP a fiscalização do cumprimento das obrigações firmadas em termo de ajustamento de conduta celebrado por fundação de direito privado e interessados.
(D) O termo de ajustamento de conduta, sem embargo de possuir força executiva, pode conter cláusula cominatória não consubstanciada necessariamente em multa diária, abrangendo qualquer outro tipo de obrigação.
(E) Para a configuração do termo de ajustamento de conduta como título executivo extrajudicial, no caso de assunção de obrigação de pagar quantia certa, é necessária a assinatura de duas testemunhas, ao lado das dos interessados e da entidade legitimada.

A: incorreta, pois o inquérito civil é mero procedimento investigativo, não sendo requisito nem para ingressar com ação civil pública, nem para a celebração de um TAC; B: incorreta, pois somente órgãos públicos podem tomar um compromisso de ajustamento (art. 5º, § 6º, da Lei 7.347/85); C: incorreta, pois uma fundação de direito privado, por não ser um *órgão público*, não pode tomar um compromisso de ajustamento; D: correta, pois a cláusula cominatória pode, por exemplo, tratar-se de multa única, e não de multa diária, não havendo limitação, no art. 5º, § 6º, da Lei 7.347/85 do tipo de comunicação cabível; E: incorreta, pois, para a formalização do TAC, não é necessária a presença de testemunhas; vale lembrar que também não é necessária a presença de advogado e do Ministério Público. Gabarito "D".

(Ministério Público/SP – 2011) Relativamente ao compromisso de ajustamento de conduta, assinale a alternativa que expressa corretamente suas características.

(A) Trata-se de acordo, de atribuição dos órgãos públicos legitimados para a ação civil pública, pelo qual as partes transigem quanto à forma e ao prazo para atendimento do interesse difuso, coletivo ou individual homogêneo, sem dispor do interesse em questão, revestindo-se de eficácia de título executivo extrajudicial.
(B) Trata-se de transação formulada nos termos da legislação civil, de atribuição dos órgãos públicos legitimados para a ação civil pública, pela qual as partes realizam concessões mútuas, para atendimento do interesse difuso, coletivo ou individual homogêneo, revestindo-se de eficácia de título executivo extrajudicial.
(C) Trata-se de acordo, de atribuição exclusiva do Ministério Público, pelo qual as partes transigem quanto à forma e ao prazo para atendimento do interesse difuso, coletivo ou individual homogêneo, sem dispor do interesse em questão, revestindo-se de eficácia de título executivo judicial.
(D) Trata-se de transação formulada nos termos da legislação civil, de atribuição exclusiva do Ministério Público, pela qual as partes realizam concessões mútuas, para atendimento do interesse difuso, coletivo ou individual homogêneo, revestindo-se da eficácia de título executivo judicial.
(E) Trata-se de acordo, de atribuição dos órgãos públicos legitimados para a ação civil pública, pelo qual as partes transigem quanto à forma e ao prazo para atendimento do interesse difuso, coletivo ou individual homogêneo, sem dispor do interesse em questão, revestindo-se de eficácia de título executivo extra judicial quando assinado por 2 (duas) testemunhas instrumentárias.

A: correta (art. 5º, § 6º, da Lei 7.347/85); B: incorreta, pois o MP ou o órgão público não podem fazer CONCESSÕES, não podem dispor do interesse, de modo que não há que se falar em concessões mútuas; C e D: incorretas, pois não só o MP, como também os órgãos públicos legitimados têm atribuição para tomar dos interessados compromisso de ajustamento (art. 5º, § 6º, da Lei 7.347/85); E: incorreta, pois não é necessária a assinatura de duas testemunhas. Gabarito "A".

(Ministério Público/SP – 2006) Assinale a alternativa incorreta.

O compromisso de ajustamento de conduta:

(A) precisa ser homologado em juízo.
(B) dispensa a participação de advogados das partes envolvidas.
(C) se constitui em título executivo extrajudicial.
(D) deve ser tomado por termo por órgão público legitimado à ação civil pública.
(E) não exige a presença de testemunhas instrumentárias.

A: incorreta, pois o TAC não precisa ser homologado em juízo; B: correta, pois não é necessária a presença de advogados, bastando que o TAC seja tomado por um órgão público, que inclui o Ministério Público; C: correta (art. 5º, § 6º, da Lei 7.347/85); D: correta (art. 5º, § 6º, da Lei 7.347/85); E: correta, pois o art. 5º, § 6º, da Lei 7.347/85 não exige a presença de testemunhas. Gabarito "A".

(Defensor Público/AL – 2009 – CESPE) Julgue o seguinte item.

(1) Em ação civil pública, a DP pode tomar compromisso de ajustamento de conduta do causador do dano a interesses transindividuais.

1: correta, pois os órgãos públicos são legitimados para tomar compromisso de ajustamento e, como a Defensoria Pública é um órgão público, esta também poderá fazê-lo (art. 5º, § 6º, da Lei 7.347/85). Gabarito 1C.

(Defensoria/ES – 2009 – CESPE) No que concerne à defesa judicial dos interesses transindividuais e à ação civil pública, julgue o item seguinte.

(1) A defensoria pública poderá tomar dos interessados compromisso de ajustamento da conduta destes às exigências legais, mediante cominações, tendo esse compromisso eficácia de título executivo extrajudicial.

1: correta, pois a defensoria pública, por ser um *órgão público*, tem legitimidade para tomar um TAC (art. 5º, § 6º, da Lei 7.347/85). Gabarito 1C.

(Magistratura do Trabalho – 9ª Região – 2009) Considere as seguintes proposições:

I. O inquérito civil público é um procedimento administrativo sujeito a contraditório que pode ser utilizado pelo Ministério Público como medida preparatória de apuração de fatos que serão utilizados na Ação Civil Pública.
II. O termo de ajustamento de conduta é um ato jurídico decorrente de inquérito civil público ou procedimento investigatório preparatório de ação civil pública onde a parte interessada declara a violação de preceitos trabalhistas e assume obrigações junto ao Ministério Público do Trabalho mediante cominações pecuniárias.
III. O Supremo Tribunal Federal decidiu recentemente em mandado de injunção que o direito de greve dos servidores públicos civis, enquanto não seja regulamentado por lei específica, será exercido conforme os preceitos da Lei 7.783/89, que regulamenta o direito de greve na iniciativa privada, mas diante da imperatividade da continuidade dos serviços públicos, o tribunal competente para analisar a legalidade do exercício do direito de greve dos servidores públicos civis poderá impor o regime de greve mais severo, por envolver "serviços ou atividades essenciais", cujo rol previsto nos artigos 9º a 11 da Lei 7.783/89 é apenas exemplificativo, pela complexidade e variedade dos serviços públicos e atividades estratégicas típicas do Estado.
IV. A defesa nacional é um serviço público propriamente dito, que não pode ser delegado a terceiros, mas se os servidores públicos militares exercerem seu direito de greve o Estado poderá contratar particulares para assegurar quadro mínimo para a prestação dos serviços indispensáveis à comunidade, nos termos do art. 12 da Lei 7.783/89.
V. O ajustamento de conduta entre o investigado e o Ministério Público é uma espécie de transação, já que envolve concessões recíprocas das partes interessadas.

(A) nenhuma das proposições está correta
(B) somente as proposições I, II e III estão corretas
(C) somente as proposições II, III e IV estão corretas
(D) somente as proposições II e III estão corretas
(E) somente as proposições I e IV estão corretas

D – I: incorreta, pois o inquérito civil não requer contraditório, por se tratar de mero procedimento investigativo; II: correta, por estar de acordo com o art. 5º, § 6º, da Lei 7.347/85; III: correta, valendo salientar que o STJ vem, caso a caso, determinando o contingente mínimo que deverá continuar trabalhando nos serviços essenciais, de modo a preservar a continuidade do serviço público; IV: incorreta, pois os militares não podem fazer greve (art. 142, § 3º, IV, da CF); V: incorreta, pois no ajustamento de conduta não é possível disposição de direito material da coletividade. Gabarito "D".

6. INQUÉRITO CIVIL

(Ministério Público/BA – 2010) Em relação ao Inquérito Civil e o Termo de Ajustamento de Conduta (TAC), identifique com V ou F, conforme o caso, as afirmativas verdadeiras e falsas.

I. O Inquérito Civil constitucionalizado é mero procedimento administrativo de cunho inquisitorial, sem imposição de contraditório ou exigência de participação obrigatória do investigado.
II. O Inquérito Civil é instrumento de investigação conferido aos co-legitimados para propositura da Ação Civil Pública, configurando-se forte instrumento da tutela coletiva.
III. O TAC firmado pelo Ministério Público, que passou pelo crivo do Conselho Superior da instituição, ficará sujeito à imutabilidade.
IV. A subscrição do TAC irradia efeitos *erga omnes e intra-partes*.
V. O TAC preliminar pode ter como objeto a obtenção de meios que viabilizem a continuidade das investigações ou obter parcialmente as medidas necessárias para o resguardo do bem jurídico ambiental tutelado.

A alternativa que contém a seqüência correta, de cima para baixo, é a:

(A) V V F F V.
(B) F F V F V.
(C) F V F V F.
(D) V F F F V.
(E) V V V V V.

I: verdadeira, pois o inquérito civil está previsto na CF (art. 129, III, da CF) e se trata, de fato, de um procedimento inquisitório; II: falsa, pois somente o MP pode instaurar o inquérito civil (art. 8º, § 1º, da Lei 7.347/85), não existindo essa prerrogativa para os demais legitimados para a ação civil pública; III: falsa, pois nenhuma lesão ou ameaça de lesão a direito pode ser subtraída da apreciação do Poder Judiciário (art. 5º, XXXV, da CF); assim, o lesado ou qualquer outro legitimado poderá ingressar em juízo com vistas à anulação de um TAC com problema de legalidade; IV: falsa, pois há uma contradição na afirmação; ou os efeitos são *erga omnes*, ou são *intra-partes*; V: verdadeira; o instituto do "TAC Preliminar" é bem comum na prática; ele decorre das situações em que o órgão legitimado para tomar o TAC tem interesse em obter providências que não resultem, necessariamente, no encerramento das investigações, como ocorre, por exemplo, na celebração de TAC para a elaboração de um estudo de impacto ambiental, que irá verificar, por exemplo, se um empreendimento pode ou não ser realizado. Gabarito "D".

(Ministério Público/BA – 2010) Sobre a ação civil pública e o inquérito civil, é correto afirmar que:

(A) O requisito da pré-constituição, há pelo menos 1(um) ano, nos termos da lei civil, exigido para a legitimidade de associação para propor a ação principal e a ação cautelar, poderá ser dispensado pelo juiz, quando haja manifesto interesse social evidenciado pela dimensão ou característica do dano, ou pela relevância do bem jurídico a ser protegido.
(B) Em caso de desistência infundada ou abandono da ação por associação legitimada, a titularidade ativa somente pode ser assumida pelo Ministério Público.
(C) Cabe recurso administrativo do indeferimento de pedido de instauração de inquérito civil, a ser protocolado, no prazo de 15 (quinze) dias, junto ao Conselho Superior do Ministério Público ou à Câmara de Coordenação e Revisão respectiva.
(D) Em caso de improcedência da ação, a associação autora e os diretores responsáveis pela propositura da ação serão solidariamente condenados em honorários advocatícios e ao décuplo das custas, sem prejuízo da responsabilidade por perdas e danos.
(E) A falta ao trabalho, decorrente de atendimento à notificação ou requisição expedida pelo Ministério Público para instrução de inquéritos civis ou procedimentos administrativos, autoriza desconto de vencimentos ou salário.

A: correta (art. 5º, § 4º, da Lei 7.347/85); B: incorreta, pois a ação pode ser assumida por qualquer legitimado (art. 5º, § 3º, da Lei 7.347/85); C: incorreta, pois o recurso deve ser protocolado no prazo de 10 (DEZ) dias, e não de 15 dias (Resolução CNMP nº 23/07); D: incorreta, pois há isenção de custas e honorários em favor da associação autora, salvo comprovada má-fé (art. 18 da Lei 7.347/85); E: incorreta, pois quem falta ao trabalho para atender a uma notificação ou requisição está no estrito cumprimento de um DEVER LEGAL, não podendo ser sancionado por isso. Gabarito "A".

(Ministério Público/BA – 2010) Sobre o inquérito civil e sua regulamentação pela Resolução nº 23/2007, do Conselho Nacional do Ministério Público, não é correto afirmar que:

(A) Durante a condução de um inquérito civil, o membro do Ministério Público que o está presidindo pode aditar a portaria ou determinar a extração de cópias para a instauração de outro inquérito civil, se novos fatos indicarem a necessidade de investigação de objeto diverso do que está sendo investigado.
(B) O Procurador-Geral de Justiça não pode deixar de dar encaminhamento a notificações e requisições do membro do Ministério Público endereçadas a Conselheiros do Conselho Nacional de Justiça e do Conselho Nacional do Ministério Público, sob nenhum pretexto.
(C) Mesmo tendo o Conselho Nacional do Ministério Público normatizado, através da Resolução nº 23/2007, o prazo do inquérito civil, cada Ministério Público pode, no âmbito de sua competência administrativa, estabelecer prazo inferior ou limitar a prorrogação mediante ato administrativo do Órgão da Administração Superior competente.
(D) O desarquivamento do inquérito civil, diante de novas provas ou para investigar fato novo relevante só pode ocorrer dentro do prazo de seis meses após o arquivamento.
(E) No caso de ausência de recurso administrativo ao indeferimento de pedido para instauração de inquérito civil, os autos serão arquivados na origem, sem apreciação pelo Conselho Superior do Ministério Público ou pela Câmara de Coordenação e Revisão respectiva.

A: é correto (art. 4°, p. ún., da Resolução CNMP 23/07); B: não é correto, devendo ser assinalada; o Procurador-Geral de Justiça poderá deixar de fazer o encaminhamento caso o ofício não contenha os requisitos legais ou não empregue o tratamento protocolar devido ao destinatário (art. 6°, § 8°, da Resolução CNMP 23/07); C: é correto (art. 9°, p. ún., da Resolução CNMP 23/07); D: é correto (art. 12, p. ún., da Resolução CNMP 23/07); E: é correto (art. 5°, § 4°, da Resolução CNMP 23/07). Gabarito "B".

(Ministério Público/ES – 2005) Assinale a alternativa correta.

(A) Em obediência a Constituição Federal, o inquérito civil deverá obedecer ao princípio do contraditório.
(B) O inquérito civil é indispensável à propositura da ação civil pública.
(C) Qualquer dos co-legitimados à ação civil pública pode instaurar o inquérito civil, através de seus organismos administrativos.
(D) Dentre os co-legitimados, apenas o Membro do Ministério Público pode instaurar e presidir o inquérito civil.
(E) O arquivamento do inquérito civil instaurado pelo Ministério Público impede que os co-legitimados possam propor ação civil pública sobre a questão ali tratada.

A: incorreta, pois o inquérito civil é mero procedimento informativo e inquisitivo, não sendo necessário respeito à ampla defesa e ao contraditório, seja porque não há acusados no procedimento (não incidindo o art. 5°, LV, da CF), seja porque é mero instrumento de convencimento para o órgão do Ministério Público; B: incorreta, pois, quanto ao inquérito civil, vige o *princípio da disponibilidade*, pelo qual o procedimento não é indispensável para a propositura de ação civil pública; C: incorreta, pois somente o Ministério Público pode instaurar inquérito civil (art. 8°, § 1°, da Lei 7.347/85 e art. 129, III, da CF); D: correta (art. 8°, § 1°, da Lei 7.347/85 e art. 129, III, da CF); E: incorreta, pois o inquérito civil é mero procedimento destinado ao convencimento do órgão do MP para propositura da ação, não vinculando os demais legitimados; ademais, se até uma sentença de improcedência por insuficiência de prova não faz coisa julgada na ação civil publica, quanto mais o arquivamento de um mero inquérito civil. Gabarito "D".

(Ministério Público/MS – 2011 – FADEMS) Analise as assertivas abaixo:

I. Se os mesmos fatos investigados no inquérito civil foram objeto de ação popular julgada improcedente pelo mérito e não por falta de provas, o caso é de arquivamento do procedimento instaurado.
II. O procedimento preparatório deverá ser autuado com numeração seqüencial à do inquérito civil, devendo ser concluído no prazo improrrogável de noventa dias (Res. N° 23/2007 do CNMP).
III. O conhecimento de manifestação anônima, justificada, não implicará ausência de providências, desde que forneça, por qualquer meio legalmente permitido, informações sobre o fato e seu provável autor, bem como a qualificação mínima que permita sua identificação e localização (Res. N° 23/2007 do CNMP).
IV. A nulidade de uma cláusula contratual abusiva invalida o contrato, uma vez que o legislador não adotou o princípio da conservação dos contratos no Código de Defesa do Consumidor.
V. O Ministério Público agirá em defesa do consumidor dependendo do interesse a ser defendido, fazendo-o sempre quando se tratar de interesses difusos, e, em se tratando de interesses individuais homogêneos, atuará sempre que haja manifesto interesse social evidenciado pela dimensão ou pelas características do dano, ainda que potencial.

(A) todos os itens estão corretos;
(B) somente os itens I e III e IV estão incorretos;
(C) somente os itens II, III e V estão incorretos;
(D) somente os itens I, III e V estão corretos;
(E) todos os itens estão incorretos.

I: correto, pois o caso já estará coberto pelo manto da coisa julgada *erga omnes*; II: incorreto, pois o prazo de 90 dias poderá ser prorrogado por igual período, uma única vez, em caso de motivo justificável (art. 2°, § 6°, Resolução CNMP 23/07); III: correto (art. 4°, p. ún., da Resolução CNMP 23/07); IV: incorreto, pois a nulidade de uma cláusula abusiva NÃO invalida o contrato, exceto quando de sua ausência, apesar dos esforços de integração, decorrer ônus excessivo a qualquer das partes (art. 51, § 2°, do CDC); V: correto, pois, em caso de interesses individuais homogêneos, tem-se interesses disponíveis, de modo que somente se houver um manifesto interesse social por trás, é que se justificará a atuação do MP na defesa do consumidor. Gabarito "D".

(Ministério Público/PR – 2011) Nos autos do inquérito civil ou do procedimento preparatório, visando à tutela dos interesses ou direitos a cargo do ministério público, este poderá expedir recomendações administrativas no âmbito das atribuições inerentes às suas funções institucionais. Portanto, é correto afirmar que:

(A) A recomendação é medida eminentemente substitutiva ao compromisso de ajustamento de conduta, mas não afasta a necessidade da propositura de ação civil pública;
(B) A recomendação visa à melhoria dos serviços públicos e de relevância pública, bem como aos demais interesses, direitos e bens cuja defesa caiba ao Ministério Público promover, motivo pelo qual goza de coercibilidade;
(C) A recomendação poderá ser expedida apenas mediante o encerramento dos atos de instrução do inquérito civil;
(D) A recomendação pode ser expedida com o intuito de advertir o agente público acerca da violação de seu dever de probidade, hipótese em que a conveniência de sua utilização ficará sujeita à análise discricionária do Ministério Público;
(E) O Ministério Público, ao expedir a recomendação, deverá fazê-lo fundamentadamente, fixando prazo razoável para adoção das providências cabíveis, mediante cominação de multa.

A: incorreta, pois a recomendação NÃO é medida substitutiva nem da ação civil pública, nem do compromisso de ajustamento (art. 15, p. ún., da Resolução CNMP 23/07); B: incorreta, pois a recomendação, como o próprio nome diz, não se trata de um ordem, de uma decisão coercitiva, mas de uma recomendação; C: incorreta, pois a recomendação é expedida nos autos do inquérito civil ou do procedimento preparatório (art. 15 da Resolução CNMP 23/07); D: correta, pois a recomendação tem, também, por objetivo prevenir que agentes públicos cometam atos de improbidade; E: incorreta; de fato, a recomendação deve ser feita de forma fundamentada; porém, a recomendação não é uma ordem, não é coercitiva, não se falando em cominação de multa em caso de descumprimento da recomendação. Gabarito "D".

(MINISTÉRIO PÚBLICO/RO – 2010 – CESPE) Com referência ao instituto do inquérito civil público, assinale a opção correta.

(A) O inquérito civil constitui procedimento de instauração obrigatória pelo MP, destinado a coligir provas e quaisquer outros elementos de convicção, de forma a viabilizar o exercício responsável da ação civil pública.
(B) De acordo com a jurisprudência, é lícito negar ao advogado constituído o direito de ter acesso aos autos do inquérito civil, em especial aos elementos já documentados nos autos pertinentes ao investigado, desde que analisadas a natureza e a finalidade do acesso.
(C) O inquérito civil, em que não há, em regra, a necessidade de se atender aos princípios do contraditório e da ampla defesa, constitui procedimento meramente informativo, que visa à investigação e à apuração de fatos.
(D) Uma vez constatada a ocorrência de ilícitos penais, é vedado ao MP oferecer denúncia com base em elementos de informação obtidos em inquéritos civis instaurados para a apuração de ilícitos civis e administrativos.
(E) De acordo com entendimento do STF, o habeas corpus é meio hábil para se questionar aspectos ligados ao inquérito civil público.

A: incorreta, pois a instauração de inquérito civil não é requisito para o ajuizamento de ação civil pública (art. 1°, p. ún., da Resolução CNMP 23/07); caso o membro do Ministério Público já tenha elementos para ajuizar a ação civil pública, não será necessário instaurar um inquérito civil; B: incorreta, pois se aplica ao inquérito civil o princípio da publicidade dos atos, princípio que cede apenas quando a publicidade puder causar prejuízo às investigações, hipótese em que poderá ser decretado o sigilo, mediante a devida motivação; segundo o art. 7°, § 2°, V, da Resolução CNMP 23/07, a publicidade importará, também, na concessão de vistas dos autos ao advogado regularmente constituído; C: correta, estando de acordo com o conceito e o regime jurídico do inquérito civil; D: incorreta, pois, assim como não é indispensável o inquérito civil para ajuizar uma ação civil pública, não é necessário o inquérito policial para o ajuizamento de uma ação penal; se o membro do Ministério Público já tiver os elementos para ajuizar uma ação penal, poderá fazê-lo, mesmo que esses elementos tenham sido coligidos num inquérito civil; E: incorreta, pois o inquérito civil, por ser um procedimento meramente informativo, não tem o condão de constranger a liberdade de locomoção de alguém. Gabarito "C".

(Ministério Público/RN – 2004) Sobre o inquérito civil, assinale a alternativa incorreta:

(A) Dentre os legitimados para a ação civil pública, o inquérito civil é atribuição exclusiva do Ministério Público;

(B) Os autos do inquérito civil arquivados serão remetidos, sob pena de falta grave, no prazo de 3 dias, ao Conselho Superior do Ministério Público;

(C) Admite-se a interceptação telefônica para fins de instrução de inquérito civil;

(D) Os órgãos públicos legitimados poderão tomar dos interessados compromisso de ajustamento de sua conduta às exigências legais, mediante cominações, que terá eficácia de título executivo extrajudicial;

(E) Qualquer pessoa poderá e o servidor público deverá provocar a iniciativa do Ministério Público, ministrando-lhe informações sobre fatos que constituam objeto da ação civil e indicando-lhe os elementos de convicção.

A: correta (art. 8°, § 1°, da Lei 7.347/85 e art. 129, III, da CF); B: correta (art. 9°, § 1°, da Lei 7.347/85); C: incorreta, pois a interceptação telefônica só pode ser dar no bojo de uma ação judicial; D: correta (art. 5°, § 6°, da Lei 7.347/85); E: correta (art. 6° da Lei 7.347/85). Gabarito "C".

(Ministério Público/SP – 2011) Analise as seguintes afirmações a respeito do Inquérito Civil:

I. aplica-se a publicidade dos atos praticados, com exceção dos casos em que haja sigilo legal ou em que a publicidade possa acarretar prejuízo às investigações, casos em que a decretação do sigilo legal deverá ser motivada;

II. o membro do Ministério Público responsável pelo Inquérito poderá prestar informações, inclusive aos meios de comunicação social, a respeito das providências adotadas para apuração de fatos em tese ilícitos, externando, desde logo, seu posicionamento quanto aos fatos em apuração;

III. a publicidade inclui o direito de vista dos autos em Secretaria, mas não a extração de cópias, que poderá ser suprida por certidão a ser deferida mediante requerimento fundamentado do interessado;

IV. a restrição à publicidade deverá ser decretada em decisão motivada, para fins do interesse público, e poderá ser, conforme o caso, limitada a determinadas pessoas, provas, informações, dados, períodos ou fases, cessando quando extinta a causa jurídica que a motivou.

Está correto apenas o contido em

(A) I e II.
(B) I, II e III.
(C) I e IV.
(D) II, III e IV.
(E) III e IV.

I: correto (art. 7°, caput, da Resolução CNMP 23/07); II: incorreto, pois o membro do MP poderá prestar tais informações, mas desde que não antecipe juízos de valor a respeito de apurações ainda não concluídas; III: incorreta, pois há até regulamentação da extração de cópias em inquérito civil (art. 7°, § 1°, da Resolução CNMP 23/07); IV: correto (art. 7°, § 4°, da Resolução CNMP 23/07). Gabarito "C".

(Ministério Público/SP – 2011) Assinale a alternativa correta acerca do arquivamento do Inquérito Civil.

(A) Encerradas as investigações com a propositura de ação civil pública, quando esta não abranger todos os fatos e pessoas mencionados na portaria inicial do inquérito civil, deverá ser promovido, em decisão fundamentada, o arquivamento em relação a eles perante o Conselho Superior do Ministério Público.

(B) A designação de outro membro à vista da recusa de homologação de promoção de arquivamento ou de provimento de recurso contra o indeferimento de representação é ato exclusivo do Procurador Geral de Justiça, independentemente da decisão do Conselho Superior do Ministério Público.

(C) Recebida representação e obtida a satisfação do interesse por ela veiculado, no prazo de 30 (trinta) dias, e não havendo outra providência a tomar, o órgão do Ministério Público que a recebeu está dispensado de promover seu arquivamento perante o Conselho Superior do Ministério Público.

(D) Celebrado o compromisso de ajustamento, o presidente do inquérito civil adotará as providências para verificação de seu cumprimento, após o qual lançará nos autos promoção de arquivamento e os remeterá à análise do Conselho Superior do Ministério Público.

(E) Celebrado e homologado o compromisso de ajustamento de conduta, em caráter excepcional, poderá ser celebrada a novação, nos termos da lei civil, caso em que o presidente do inquérito civil deverá motivá-la, sem, no entanto, promover novo arquivamento do inquérito civil, pois, como no ajuste homologado, não poderá ocorrer disponibilidade do interesse objeto do inquérito civil.

A: correta (art. 92 do Ato Normativo n° 484-CPJ/2006, do Ministério Público do Estado de São Paulo); B: incorreta, pois é por conta da decisão do Conselho Superior do Ministério Público, no sentido de aceitar o arquivamento, que o Procurador Geral de Justiça terá essa atribuição de designar outro membro do MP para ajuizamento da ação ou prosseguimento das investigações (art. 100, § 2°, do Ato Normativo n° 484-CPJ/2006, do Ministério Público do Estado de São Paulo); C: incorreta, pois o art. 17, § 2°, do Ato Normativo n° 484-CPJ/2006, do Ministério Público do Estado de São Paulo estabelece que o órgão do MP promoverá o arquivamento, sem que haja, no dispositivo, dispensa de sua submissão ao Conselho Superior do Ministério Público; D: incorreta, pois a eficácia do compromisso ficará condicionada à homologação da promoção do arquivamento do inquérito civil pelo Conselho Superior do Ministério Público (art. 83, § 4°, do Ato Normativo n° 484-CPJ/2006, do Ministério Público do Estado de São Paulo); E: incorreta, pois, em caso de novação, o presidente do inquérito civil deverá submetê-lo à aprovação pelo Conselho Superior do Ministério Público, na hipótese de compromisso de ajustamento preliminar, ou promover novo arquivamento do inquérito civil, na hipótese de compromisso de ajustamento definitivo (art. 89 do Ato Normativo n° 484-CPJ/2006, do Ministério Público do Estado de São Paulo). Gabarito "A".

7. AÇÃO, PROCEDIMENTO, TUTELA ANTECIPADA, MULTA, SENTENÇA E RECURSOS

(Ministério Público/BA – 2010) Em relação a Ação Civil Pública (ACP), identifique com V ou F, conforme o caso, as afirmativas verdadeiras e falsas.

I. Na ACP para defesa dos direitos difusos, a sentença fará coisa julgada *erga omnes*, sendo restrita sua abrangência, entretanto, aos limites do órgão prolator da sentença ou da liminar.

II. A Defensoria Pública tem legitimidade para ajuizar ACPs em matéria ambiental, sempre que se configurar hipossuficiência econômica do grupo lesado ou ameaçado. Nestes casos o Ministério Público poderá ingressar como litisconsorte ativo ulterior ou atuar como *custus juris*.

III. Na ACP, a conversão da prestação de fazer ou não-fazer em indenização pecuniária somente se dará se por ela optar o Ministério Público, ou se impossível a tutela específica ou medida compensatória equivalente.

IV. A decretação incidental de inconstitucionalidade de lei em ACPs é obrigatória quando a lei determinar práticas em descompasso com a Constituição, pois não é correto, do ponto de vista técnico, deixar de observar a existência de lei presumidamente válida, até a decretação de sua inconstitucionalidade.

V. Na ACP proposta pelo Ministério Público, é necessária a intervenção de outro representante da instituição, como fiscal da lei.

A alternativa que contém a seqüência correta, de cima para baixo, é a:

(A) V V V V V.
(B) F F F V V.
(C) F V F V F.
(D) V V F V F.
(E) V F F F V

I: verdadeira (art. 16 da Lei 7.347/85); porém, o STJ está relativizando essa regra, conforme se depreende do seguinte precedente: "DIREITO PROCESSUAL. RECURSO REPRESENTATIVO DE CONTROVÉRSIA (ART. 543-C, CPC). DIREITOS METAINDIVIDUAIS. AÇÃO CIVIL PÚBLICA. APADECO X BANESTADO. EXPURGOS INFLACIONÁRIOS. EXECUÇÃO/LIQUIDAÇÃO INDIVIDUAL. FORO COMPETENTE. ALCANCE OBJETIVO E SUBJETIVO DOS EFEITOS DA SENTENÇA COLETIVA. **LIMITAÇÃO TERRITORIAL. IMPROPRIEDADE.** REVISÃO JURISPRUDENCIAL. LIMITAÇÃO AOS ASSOCIADOS. INVIABILIDADE. OFENSA À COISA JULGADA. 1. Para efeitos do art. 543-C do CPC: 1.1. A liquidação e a execução individual de sentença genérica proferida em ação civil coletiva pode ser ajuizada no foro do domicílio do beneficiário, porquanto os efeitos e a eficácia da sentença não estão circunscritos a lindes geográficos, mas aos limites objetivos e subjetivos do que foi decidido, levando-se em conta, para tanto, sempre a extensão do dano e a qualidade dos interesses metaindividuais postos em juízo (arts. 468, 472 e 474, CPC e 93 e 103, CDC). 1.2. A sentença genérica proferida na ação civil coletiva ajuizada pela Apadeco, que condenou o Banestado ao pagamento dos chamados expurgos inflacionários sobre cadernetas de poupança, dispôs que seus efeitos alcançariam todos os poupadores da instituição financeira do Estado do Paraná. Por isso descabe a alteração do seu alcance em sede de liquidação/execução individual, sob pena de vulneração da coisa julgada. Assim, não se aplica ao caso a limitação contida no art. 2º-A, caput, da Lei n. 9.494/97. 2. Ressalva de fundamentação do Ministro Teori Albino Zavascki. 3. Recurso especial parcialmente conhecido e não provido." (REsp 1243887/PR, Rel. Ministro LUIS FELIPE SALOMÃO, CORTE ESPECIAL, julgado em 19/10/2011, DJe 12/12/2011); B: verdadeira, não havendo dúvida acerca da legitimidade da defensoria pública para ingressar com ação civil pública, sendo certo que, havendo interesse social envolvido, o MP pode, sim, atuar como assistente litisconsorcial ulterior; C: falsa, segundo o gabarito oficial; não concordamos com esse gabarito, pois a afirmativa está de acordo com o disposto no art. 84, caput e § 1º, do CDC, aplicável às ações civis públicas em geral, por força do art. 21 da Lei 7.347/85 D: verdadeira, mas essa declaração só pode ser feita em caráter incidental, sob pena de a ação civil pública, cuja sentença de procedência tem efeito *erga omnes*, fazer, indevidamente, as vezes de uma ação de controle concentrado de constitucionalidade; E: falsa, pois, se o MP é o autor da ação, é desnecessária a presença do próprio MP como fiscal da lei na mesma ação. Gabarito "D".

(Ministério Público/ES – 2005) A sentença que julga procedente pedido formulado em ação civil pública pode, em tese, sujeitar-se:

I. ao duplo grau de jurisdição obrigatório;
II. a agravo de instrumento;
III. a recurso ordinário;
IV. a embargos declaratórios;
V. à apelação.

Estão corretas proposições:

(A) III e V;
(B) II e V;
(C) II e IV.
(D) III, IV e V;
(E) I, IV e V;

Em face de *sentença* somente é cabível o duplo grau de jurisdição obrigatório (nos casos admitidos em lei), a apelação e os embargos de declaração. O agravo de instrumento cabe apenas contra decisões interlocutórias. E o recurso ordinário cabe contra decisão denegatória de mandado de segurança decidido em única instância pelos tribunais. Gabarito "E".

(Ministério Público/MA – 2002) Dentre as proposições abaixo, assinale a alternativa correta.

I. Nas ações coletivas para a defesa dos interesses individuais homogêneos, em caso de procedência do pedido, a condenação será genérica, fixando a responsabilidade do réu pelos danos causados.
II. Decorrido o prazo de 1 (um) ano sem habilitação dos interessados em número compatível com a gravidade do dano para promover a liquidação e execução do julgado proferido na ação coletiva, o juiz determinará o arquivamento do feito.
III. É vedada a denunciação da lide somente nas ações previstas no CDC para a defesa coletiva do consumidor em juízo.
IV. A associação autora de ação coletiva vencida na demanda, somente suportará os ônus da sucumbência em caso de comprovada má-fé.
V. Em caso de litigância de má-fé, os diretores responsáveis pela propositura da ação, responderão subsidiariamente pela condenação imposta à associação autora.

(A) Apenas uma alternativa está correta.
(B) Apenas duas alternativas estão corretas.
(C) Apenas três alternativas estão corretas.
(D) Apenas quatro alternativas estão corretas.
(E) Todas as alternativas estão corretas.

I: correta (art. 95 do CDC); II: incorreta, pois, decorrido tal prazo, podem os demais legitimados promover liquidação e execução da indenização devida (art. 100 do CDC); III: incorreta, pois tal vedação também se dá em ações individuais, como a que diz respeito ao art. 88 do CDC; IV: correta (art. 87 do CDC); V: correta (art. 87, parágrafo único, do CDC). Gabarito "C".

(Ministério Público/MG – 2007) No que respeita às *astreintes*, de que trata a Lei de Ação Civil Pública, é CORRETO dizer que

(A) liga-se a um critério sancionatório, que está condicionado ao inadimplemento de uma obrigação de fazer ou não fazer, concretizado em decisão judicial.
(B) é sucedâneo de medida cautelar, compelindo o responsável pela atividade nociva a cessá-la imediatamente.
(C) é compreendida como objeto principal de condenação, forcejando o cumprimento da decisão judicial.
(D) está, pela própria efetividade, vinculada ao prejuízo causado ao interesse transindividual.
(E) é exigível considerando-se o *dies a quo*, ou seja, desde o início do descumprimento da medida cautelar determinada.

A: correto, pois as *astreintes* nada mais são do que a multa diária fixada pelo descumprimento de obrigação de fazer ou não fazer fixada em decisão judicial; B: incorreto, pois a cominação de multa diária visa fazer com que a decisão judicial seja cumprida, não se confundindo com a decisão judicial que determina o cumprimento de obrigação de fazer ou não fazer em si; C: incorreto, pois, conforme escrito, as *astreintes* são acessórias ao objeto principal da condenação, que é uma obrigação de fazer ou não fazer; D: incorreto, pois, normalmente, a multa diária tem caráter de *penalidade*, e não de *compensação*; Hugo Nigro Mazzilli lembra que "*astreinte* é palavra francesa que significa **penalidade especial** infligida ao devedor de uma obrigação, com o propósito de incitá-lo ao seu cumprimento espontâneo, e cujo montante se eleva proporcional ou progressivamente em razão do atraso no cumprimento da obrigação" (g.n.) (*A Defesa dos Interesses Difusos em Juízo*, 20ª ed., São Paulo: Saraiva, p. 492); E: incorreto, pois as *astreintes*, apesar de *devidas* desde o descumprimento da liminar, são *exigíveis* apenas após o trânsito em julgado da decisão favorável ao autor (art. 12, § 2º, da Lei 7.347/85). Gabarito "A".

(Ministério Público/MS – 2006) Na ação civil pública:

(A) A multa imposta liminarmente só será exigível do réu após o trânsito em julgado da decisão favorável ao autor;
(B) A multa imposta liminarmente é exigível desde o descumprimento da ordem liminar;
(C) Depende de pedido do autor a imposição de multa diária ao réu com o objetivo de assegurar o cumprimento da decisão que concede liminar;
(D) O juiz não depende de pedido do autor tanto para conceder liminar como para adiantar a tutela.

A: correta (art. 12, § 2º, da Lei 7.347/85); B: incorreta, pois a multa é devida desde o descumprimento da ordem liminar, mas exigível apenas após o trânsito em julgado da decisão favorável ao autor (art. 12, § 2º, da Lei 7.347/85); C: incorreta (art. 84, § 4º, do CDC); D: incorreta, pois, diferente da expressa possibilidade de atuação de ofício do juiz para impor multa cominatória (caso tenha concedido liminar), não há expressa possibilidade de atuação de ofício para a concessão da própria tutela antecipada ou liminar no art. 84, § 3º, do CDC. Gabarito "A".

(Ministério Público/SC – 2010) Julgue os seguintes itens.

I. Está ainda em vigor a Súmula 183, do STJ, que determina competir aos juízes estaduais, nas comarcas que não sejam sede de vara da justiça federal, processar e julgar ação civil pública, quando a União figure no processo.
II. A transação, prevista no § 6º, do art. 5º, da Lei 7.347/85, autoriza aos legitimados ativos para propor a ação civil pública disporem do objeto do interesse difuso violado, em virtude de sua natureza.

III. As multas cominatórias em ações civis públicas podem ser impostas pelo juiz tanto *initio litis* (em liminar) ou em tutela antecipada, bem como na sentença, independentemente do requerimento do autor. Contudo, elas só serão exigíveis depois do trânsito em julgado da sentença que declare procedente a demanda e a partir do dia em que for fixado na sentença, quando estabelecidas nas duas últimas hipóteses.

IV. O comerciante que pagar ao prejudicado reparação de dano causado por defeito no produto por ele comercializado, motivado por acondicionamento inapropriado pelo produtor, pode mover ação de regresso contra aquele que deu causa ao evento danoso, em processo autônomo ou prosseguir nos mesmos autos da demanda que acolheu a ação, sendo permitida a denunciação à lide.

V. Para a defesa de interesses transindividuais os colegitimados podem ajuizar ações civis públicas condenatórias, cautelares, executivas de títulos extrajudiciais, declaratórias, constitutivas e mandamentais.

(A) Apenas as assertivas I, III e IV estão corretas.
(B) Apenas as assertivas II e IV estão corretas.
(C) Apenas as assertivas I e V estão corretas.
(D) Apenas as assertivas III e V estão corretas.
(E) Todas as assertivas estão corretas.

I: incorreta, pois essa súmula não mais produz efeitos; II: incorreta, pois não é possível dispor de interesses indisponíveis; num compromisso de ajustamento só é possível ajustar condutas e tratar da reparação do dano; III: correta (arts. 11 e 12, § 2º, da Lei 7.347/85); IV: incorreta, pois não é admitida a denunciação da lide (art. 88 do CDC); V: correta, pois, para a defesa dos interesses protegidos pelo CDC, que abrange os interesses coletivos em geral, "são admissíveis TODAS as espécies de ações capazes de propiciar sua adequada e efetiva tutela" (art. 83 do CDC). Gabarito "D".

(Ministério Público/SE – 2010 – CESPE) Assinale a opção correta no que concerne aos ônus da sucumbência no processo coletivo.

(A) A responsabilidade por litigância de má-fé incide apenas sobre a associação autora e alcança, solidariamente, os diretores responsáveis pela propositura da ação civil pública.
(B) O MP está imune ao pagamento de custas, despesas processuais e honorários advocatícios. No caso de comprovada má-fé, apenas o membro que ajuizou a ação responde direta e pessoalmente pela condenação em perdas e danos.
(C) Na ação civil pública, no que concerne às associações civis, diversamente do regime da ação popular constitucional, não há dispensa de custas e adiantamento das despesas processuais.
(D) A condenação por comprovada litigância de má-fé da associação autora, independentemente do resultado do processo, consiste no pagamento de honorários de advogado e o décuplo das custas, além das custas judiciais e demais despesas processuais.
(E) Segundo orientação consolidada na jurisprudência do STJ e do STF, não cabe a condenação em honorários de advogado em ação civil pública proposta pelo MP julgada procedente.

A: incorreta, pois na ação popular, que também é uma ação coletiva, o cidadão também responde especialmente por litigância de má-fé; no mais, a responsabilidade geral por litigância de má-fé pode ser imputada ao réu e até a outros legitimados ativos, como a Fazenda Pública; B: incorreta, pois o agente público não responde diretamente pelos danos causados no exercício de função pública, devendo a ação ser promovida unicamente em face do Estado; C: incorreta (art. 18 da Lei 7.347/85); D: incorreta, pois nos estritos termos da lei são devidos apenas honorários advocatícios, décuplo da custas e perdas e danos, não cabendo condenação de mais uma unidade de custas judiciais e demais despesas processuais; E: correta (*"Posiciona-se o STJ no sentido de que, em sede de ação civil pública, a condenação do Ministério Público ao pagamento de honorários advocatícios somente é cabível na hipótese de comprovada e inequívoca má-fé do Parquet. Dentro de absoluta simetria de tratamento e à luz da interpretação sistemática do ordenamento,* não pode o **parquet** beneficiar-se de honorários, quando for vencedor na ação civil pública"– EREsp 895.530/PR, Rel. Min. Eliana Calmon, DJe 18.12.09 – g.n.). Gabarito "E".

(Ministério Público/SE – 2010 – CESPE) A propósito da efetividade da tutela jurídica processual coletiva, assinale a opção correta.

(A) São aplicáveis ao regime do CDC as normas que disciplinam o mandado de segurança coletivo, na hipótese de ofensa a direito líquido e certo, individual, coletivo ou difuso, em face de atos ilegais ou abusivos de pessoas físicas ou jurídicas.
(B) Na defesa de direitos difusos, admite-se ação ordinária preventiva de natureza mandamental, objetivando tutela inibitória, de modo a compelir o poder público a impedir, em todo o território nacional, o uso ou o consumo de produto nocivo ou perigoso à saúde pública.
(C) Na sistemática brasileira de defesa do consumidor, é possível o controle abstrato preventivo de cláusulas contratuais gerais por grupos de pessoas ligadas pela mesma relação jurídica base.
(D) No processo coletivo, é permitida a ampliação do objeto litigioso da ação, mediante formulação de demandas de caráter pessoal e individualizadas de interessados, como litisconsortes necessários do autor coletivo.
(E) Na ação ajuizada contra a fazenda pública, em qualquer hipótese, são vedadas a antecipação de tutela e medidas cautelares satisfativas, bem como execução provisória da sentença.

A: incorreta, pois o CDC contém disciplinamento específico sobre a questão; B: correta, valendo salientar que o pedido de provimento jurisdicional *mandamental* é cabível diante do disposto no art. 83 do CDC ("Art. 83. Para a defesa dos direitos e interesses protegidos por este código são admissíveis todas as espécies de ações capazes de propiciar sua adequada e efetiva tutela"); C: incorreta, pois um simples "grupo de pessoas" não tem legitimidade para ingressar com ação civil pública (art. 82 do CDC); D: incorreta, pois não é possível a reunião, para julgamento conjunto, de ações coletivas e individuais, tendo em vista que cada qual tem um regime jurídico processual próprio; E: incorreta, pois a antecipação da tutela é cabível, desde que nos limites do art. 1º da Lei 9.494/97 c/c art. 1º da Lei 8.437/92. Gabarito "B".

(Defensor Público/AL – 2009 – CESPE) Julgue o seguinte item.

(1) A sentença em ação civil pública fará coisa julgada *erga omnes*, se o pedido for julgado improcedente por insuficiência de provas.

1: errado, pois a coisa julgada só se fará *erga omnes* quando o pedido for julgado procedente ou improcedente, com julgamento de mérito; quando o pedido for julgado improcedente por falta de provas não há esse efeito (art. 16 da Lei 7.347/85), podendo qualquer legitimado intentar outra ação com idêntico fundamento, valendo-se de nova prova. Gabarito 1E.

(Defensor Público/AM – 2010 – I. Cidades) Quanto à coisa julgada, à liquidação e à execução de sentença em ações coletivas, marque a alternativa correta:

(A) Na condenação por danos a interesses coletivos em sentido estrito, eventuais vítimas não podem promover a liquidação individual da sentença.
(B) Se a associação autora não promover o cumprimento da sentença em sessenta dias, a Defensoria Pública não terá legitimidade para fazê-lo, cabendo apenas ao Ministério Público suprir a omissão.
(C) Apesar das críticas quase unânimes da doutrina, o STJ e o STF aceitam a aplicação do dispositivo legal que restringiu a coisa julgada coletiva aos limites da competência territorial do juiz prolator da decisão.
(D) Não haverá coisa julgada material na ação coletiva que verse sobre interesses individuais homogêneos, caso venha a ser julgada improcedente por qualquer motivo, inclusive para os lesados individuais que intervieram na ação coletiva.
(E) Haverá coisa julgada material na ação coletiva que verse sobre interesses difusos, se a improcedência for por falta de provas.

A: incorreta, em virtude do disposto no art. 103, § 3º, do CDC, que não restringe os interesses das vítimas às ações que tratam da defesa de interesses individuais homogêneos; B: incorreta (art. 15 da Lei 7.347/85); C: correta, valendo salientar que o STJ tem tomado algumas decisões que levam à conclusão de que poderá rever essa posição; D: incorreta, pois há coisa julgada material quando se tem improcedência que não seja por falta de provas; porém, essa coisa julgada não prejudica lesados individuais que não tiverem intervindo na ação coletiva, podendo estes propor ação a título individual (art. 103, § 2º, do CDC); E: incorreta, pois não há coisa julgada material na improcedência por falta de provas (art. 16 da Lei 7.347/85). Gabarito "C".

(Defensor Público/BA – 2010 – CESPE) Julgue o seguinte item.

(1) Considere a seguinte situação hipotética. A DP ajuizou ACP, visando à proteção de interesse difuso de certa comunidade, no que se refere ao tombamento de determinados imóveis do centro histórico considerados de valor artístico, estético, histórico, turístico e paisagístico, tendo João ajuizado, em momento anterior, ação individual para tentar proteger o seu imóvel em especial. Nessa situação, João se beneficiará necessariamente dos efeitos subjetivos da coisa julgada na ACP, ainda que a sua ação individual seja julgada improcedente por outro juiz.

1: errado, pois João não se beneficiará dos efeitos da coisa julgada na ação coletiva se propôs ação individual, julgada improcedente, e, ciente da ação coletiva, não pediu a suspensão de sua ação individual no prazo de 30 dias a partir da ciência nos autos da ação individual do ajuizamento da ação coletiva (art. 104 do CDC). Gabarito 1E

(Defensor Público/BA – 2010 – CESPE) Julgue o seguinte item.

(1) Suponha que a DP ajuíze ACP para proteger os direitos de portadores de deficiência física, e que o juiz de primeiro grau julgue improcedente o pedido. Nesse caso, a sentença fica sujeita ao duplo grau de jurisdição, não produzindo efeito senão depois de confirmada pelo tribunal.

1: correta (art. 4º, § 1º, da Lei 7.853/89). Gabarito 1C

(Defensor Público/BA – 2010 – CESPE) Julgue o seguinte item.

(1) A inversão do ônus da prova, conforme a lei que rege a ACP, pode ser feita a critério do juiz.

1: errado, não havendo norma nesse sentido; deve-se aplicar o disposto no art. 6º, VIII, do CDC, que impõe critério para que o juiz determine a inversão do ônus da prova. Gabarito 1E

(Defensor Público/BA – 2006) A ação civil pública ambiental destinada para a proteção, prevenção e reparação dos danos causados ao meio ambiente

(A) não admite a antecipação da tutela.
(B) admite a antecipação de tutela, desde que concedida de ofício pelo Juiz competente.
(C) admite a antecipação da tutela, possuindo o Ministério Público legitimidade para requerê-la.
(D) não admite a antecipação de tutela porque a lei que regulamenta a ação civil pública já concede à parte o direito de pleitear liminares fundadas no *"fumus boni juris"* e no *"periculum in mora"*.
(E) deve necessariamente ser antecedida da instauração de inquérito civil, visando a coleta de dados relativos à autoria e materialidade do delito ambiental necessários a sua propositura.

A: incorreta (art. 12, caput, da Lei 7.347/85); B: incorreta, pois, naturalmente, a tutela antecipada pode ser requerida pelas partes; C: correta, pois, naturalmente, o Ministério Público poderá requerer tutela antecipada, como de fato o faz na grande maioria de ações civis públicas que ajuíza; aliás, mesmo como fiscal da lei, nada impede que o Ministério Público requeira a tutela antecipada; D: incorreta, pois a expressão "liminar", prevista no art. 12, caput, da Lei 7.347/85, nada mais é do que a tutela antecipada; o art. 84, § 3º, do CDC, aplicável ao regime da Lei 7.347/85 (art. 21 da Lei 7.347/85) usa a expressão tutela liminar, que também nada mais é que a tutela antecipada; E: incorreta, pois a lei não exige a instauração de inquérito civil como requisito para a propositura de ação civil pública. Gabarito "C".

(FGV – 2010) Nas ações coletivas, o efeito da coisa julgada material será:

(A) Tratando-se de direitos individuais homogêneos, efeito *erga omnes*, se procedente, mas só aproveita aquele que se habilitou até o trânsito em julgado.
(B) Tratando-se de direitos individuais homogêneos, julgados improcedentes, o consumidor, que não tiver conhecimento da ação, não poderá intentar ação individual.
(C) Tratando-se de direitos difusos, no caso de improcedência por insuficiência de provas, não faz coisa julgada material, podendo, qualquer prejudicado, intentar nova ação com os mesmo fundamentos, valendo-se de novas provas.
(D) Tratando-se de direitos coletivos, no caso de improcedência do pedido de nulidade de cláusula contratual, o efeito é *ultra partes* e impede a propositura de ação individual.

A: incorreta, pois a sentença fará coisa julgada *erga omnes* para beneficiar **todas** as vítimas e seus sucessores (art. 103, III, do CDC), independentemente de habilitação no processo até o trânsito em julgado; assim, caso uma associação ingresse com ação civil pública para fixar uma condenação genérica de uma empresa aérea, em virtude de acidente aéreo, mesmo que as vítimas ou seus familiares não participem dessa demanda coletiva, receberão os benefícios da coisa julgada desta; a questão não entra no pormenor do que deve ser feito quando há, ao mesmo tempo, uma ação coletiva (a da associação) e uma ação individual (a da vítima); mas vale a pena escrever um pouco sobre isso, pois o tema pode ser perguntado em outra prova; nesse caso, o CDC estabelece que não há litispendência, podendo as duas ações prosseguir normalmente; porém caso o consumidor, na ação individual, seja cientificado da ação coletiva, este terá o prazo de 30 dias para fazer uma escolha; ou continua com a sua ação individual, mas não recebe os benefícios da ação coletiva, caso esta seja procedente, ficando na dependência da ação individual dar certo; ou pede a suspensão da ação individual, no aguardo da decisão na ação coletiva; nesse caso, na hipótese de a ação coletiva ser procedente, ótimo, bastando que o consumidor peça a extinção da ação individual que promoveu; já se a ação coletiva não der certo, o consumidor pode dar continuidade à sua ação individual, tendo uma nova chance de ver reconhecido seu direito (art. 104 do CDC); B: incorreta, pois a coisa julgada, quando o pedido é para defender interesses individuais homogêneos, somente se faz *erga omnes* na hipótese de procedência do pedido, ou seja, para beneficiar todas as vítimas e seus sucessores (art. 103, III, do CDC); assim, o consumidor, individualmente, continua podendo ingressar com ação (individual) para fazer valer seus direitos; C: correta, pois o art. 103, I, do CDC estabelece que a sentença, no caso da defesa de interesses difusos, fará coisa julgada *erga omnes*, "exceto se o pedido for julgado improcedente por insuficiência de provas, hipótese em que qualquer legitimado poderá intentar outra ação, com idêntico fundamento valendo-se de nova prova"; D: incorreta, pois quando a ação é promovida para defender interesses coletivos, o art. 103, III, do CDC traz três soluções, quais sejam, i) em caso de *procedência* ou *improcedência*, a coisa julgada é *erga omnes*, mas limitadamente ao grupo; ii) em caso de *improcedência por falta de provas*, qualquer legitimado continuará podendo ingressar com ação valendo-se de prova nova; iii) e, em qualquer caso, interesses individuais continuam podendo ser exercidos em ações individuais.

Para efeito de fixação da matéria, segue abaixo quadro sobre a coisa julgada nesse tema.

Coisa Julgada	Procedência	Improcedência	Improcedência por falta de provas	Observação
Difusos	*erga omnes*	*erga omnes*	sem eficácia *erga omnes*	Interesses individuais não ficam prejudicados pela improcedência
Coletivos	*ultra partes*, limitada ao grupo categoria ou classe	*ultra partes*	sem eficácia *ultra partes*	Interesses individuais não ficam prejudicados pela improcedência
Individuais homogênos	*erga omnes*, para beneficiar vítimas e sucessores, salvo se a vítima, ciente da ação coletiva, preferiu continuar com a ação individual	sem eficácia *erga omnes*	sem eficácia *erga omnes*	Interesses individuais não ficam prejudicados pela improcedência

Gabarito "C".

8. EXECUÇÃO

(Magistratura/PA – 2009 – FGV) A ONG Tarta Magna propôs ação civil pública em face da empresa P e P S/A, com o intuito de compeli-la a diminuir o preço da gasolina, em descompasso com os valores pagos nas transações internacionais da companhia. O pedido é julgado procedente e a ré condenada a pagar dez bilhões de reais pelos prejuízos causados aos consumidores e dez por cento de honorários advocatícios, incidentes sobre o valor da condenação. Houve recurso improvido. A decisão transitou em julgado. Em comunicação publicada em jornal de circulação nacional, a ONG autora da ação convocou todos os consumidores lesionados pela ação da ré a postular a execução do julgado. Observados tais fatos, analise as afirmativas a seguir.

I. Na ação civil pública, os valores da condenação revertem para um fundo que deverá ser utilizado, primacialmente, para compor os danos causados.
II. As execuções dos consumidores podem ser individuais no Juízo dos seus domicílios, bastando requerer certidão do inteiro teor da sentença e certificação do trânsito em julgado.
III. A coisa julgada que se forma na ação civil pública é *inter partes*.
IV. O não pagamento da dívida impõe a execução civil mediante aplicação das regras do cumprimento de sentença.
V. O consumidor que ajuizou ação individual pode requerer a sua suspensão, assim que tomar ciência da propositura da ação coletiva, e submeter-se aos efeitos da coisa julgada dela decorrente e requerer a execução baseada na coisa julgada que deflui da ação civil pública.

Assinale:
(A) se somente as afirmativas I, II e III estiverem corretas.
(B) se somente as afirmativas I, IV e V estiverem corretas.
(C) se somente as afirmativas I, III e IV estiverem corretas.
(D) se somente as afirmativas I, II e V estiverem corretas.
(E) se somente as afirmativas II, III e V estiverem corretas.

I: correta (art. 100, parágrafo único, do CDC); II: incorreta (art. 98, § 2º, I, do CDC); III: incorreta, pois os efeitos dependem do tipo de *pedido* formulado em juízo, não havendo hipótese em que a coisa julgada será somente *inter partes* (art. 103 do CDC); IV: correta, pois as regras do CPC se aplicam subsidiariamente (art. 90 do CDC); V: correta (art. 104 do CDC). Gabarito "B".

(Ministério Público/AM – 2005) Sobre a execução em demandas coletivas, assinale a alternativa correta:

(A) Na tutela coletiva dos interesses individuais homogêneos, a liquidação e execução da reparação fluida pelos legitimados para a ação coletiva principal, somente depois de decorrido um ano a partir da publicação, por edital, da sentença de condenação genérica.
(B) O processo de liquidação de termo de ajustamento de conduta somente pode se dar por arbitramento.
(C) Na tutela dos interesses difusos é competente para a execução de sentença o juízo da condenação ou da liquidação.
(D) Havendo concurso de crédito entre indenizações, as coletivas, destinadas do Fundo de Defesa dos Direitos Difusos, terão prioridade em relação às individuais.

A: correta (art. 100 do CDC); B: incorreta, pois o TAC, normalmente, traz obrigação líquida, nada impedindo que, caso seja necessário, se faça liquidação por artigos (quando for necessário alegar e provar fato novo), aplicando-se por analogia o art. 475-E do CPC, que trata da liquidação de título executivo judicial; C: incorreta, pois é competente o juízo da condenação; D: incorreta, pois as indenizações individuais têm prioridade (art. 99 do CDC). Gabarito "A".

(Ministério Público/MA – 2002) Em caso de concurso de créditos decorrentes de condenação prevista na Lei 7.347/85 (LACP), e de indenização pelos prejuízos individuais resultantes do mesmo evento danoso, pergunta-se:

(A) O crédito decorrente de condenação em ação civil pública terá preferência sobre aqueles decorrentes de condenações em ações individuais, diante do nítido interesse público e social que a ACP visa proteger.
(B) Os créditos decorrentes de ambas as ações serão pagos concomitantemente, sendo vedada qualquer preferência entre eles.
(C) Os créditos resultantes de condenações em ações individuais terão preferência sobre o crédito resultante de condenação em ação civil pública, em face do privilégio assegurado pelo legislador aos direitos subjetivos pessoais em confronto com o interesse coletivo.
(D) O crédito decorrente de condenação em ação civil pública somente terá preferência sobre os créditos decorrentes de condenações em ações individuais, se a ação civil pública tiver por objeto a defesa dos direitos e interesses difusos.
(E) Os créditos decorrentes de condenações em ações individuais somente terão preferência sobre os créditos decorrentes de condenação em ação civil pública, caso a lide individual tenha sido ajuizada antes da ACP.

Art. 99 do CDC. Gabarito "C".

(Ministério Público/SE – 2010 – CESPE) Acerca da sentença e da execução nas ações coletivas, assinale a opção correta.

(A) Julgada procedente a demanda coletiva, a condenação será certa, fixando a obrigação de indenizar do réu, o ressarcimento dos danos causados e dos prejuízos das vítimas.
(B) Em procedimento de liquidação da sentença coletiva, as vítimas e os sucessores devem demonstrar, em amplo contraditório e cognição exauriente, a existência do dano pessoal e o nexo de causalidade com o dano global, bem como a sua quantificação.
(C) O MP não tem legitimidade para promover a execução coletiva da sentença condenatória proferida em ação civil pública, na qualidade de representante das vítimas, quando as indenizações já estiverem determinadas em liquidação.
(D) Havendo concurso de crédito decorrente de indenização cumulativa pelos danos provocados e o ressarcimento pelos prejuízos pessoalmente sofridos, tem preferência a reparação coletiva em confronto com a individual.
(E) Os legitimados concorrentes à ação coletiva, após o decurso do prazo legal sem que haja habilitação dos prejudicados, podem promover a liquidação das indenizações pessoais, por amostragem, cujas certidões constituirão título hábil a embasar a execução coletiva.

A: incorreta, pois cabe condenação genérica, fixando apenas o dever de indenizar, quando se tratar de interesse individual homogêneo (art. 95 do CDC); B: correta, pois, como a condenação na demanda coletiva é genérica, fixando apenas a responsabilidade pela indenização, cada vítima deve promover a liquidação individual da sentença (art. 97 do CDC), demonstrando o dano pessoal, o nexo de causalidade com o dano global e a quantificação dos danos suportados; C: incorreta (art. 98 do CDC); D: incorreta (art. 99 do CDC); E: incorreta, pois, nesse caso, o legitimado para a ação coletiva promoverá liquidação em juízo, objetivando quantificar os danos o mais próximo da realidade, prosseguindo-se, nos mesmos autos, com a execução coletiva. Gabarito "B".

9. AÇÃO POPULAR

(Ministério Público/DF – 2009) Considerando-se a ação popular, a ação civil pública e a ação de improbidade, **assinale a alternativa incorreta**.

(A) Existe divergência doutrinária e jurisprudencial acerca da natureza da legitimidade para a causa em relação ao autor popular. Considerando-se que a legitimidade em questão seja do tipo extraordinária, correndo ações populares conexas em juízos de mesma competência territorial, torna-se competente pela prevenção aquele que despachou em primeiro lugar. No entanto, se as ações foram intentadas contra as mesmas partes, sob os mesmos fundamentos e com o mesmo pedido, a citação válida vai induzir a litispendência, ainda que os autores populares sejam nominalmente diversos.
(B) A ação popular é um instrumento de natureza coletiva e se destina a controlar a atividade administrativa. Sendo a moralidade um princípio da administração pública, o Constituinte de 1988 acrescentou a moralidade administrativa e o meio ambiente como bens a serem tutelados por via de ação popular, já que este último está insculpido na Carta Magna como bem de uso comum do povo e essencial à sadia qualidade de vida.

(C) Em caso de ação civil pública, qualquer pessoa poderá e o servidor público deverá provocar a iniciativa do Ministério Público, ministrando-lhe informações sobre fatos que constituam objeto da ação civil pública e indicando-lhe os elementos de convicção.

(D) Existe divergência doutrinária e jurisprudencial acerca da natureza da legitimidade para a causa do autor popular. Considerando-se que a legitimidade em questão seja do tipo ordinária, tem-se que a propositura da ação popular previne a jurisdição do juízo para todas as ações posteriormente intentadas contra as mesmas partes e sob os mesmos fundamentos.

(E) Em caso de ação de improbidade, a ação principal terá rito especial e será proposta pelo Ministério Público ou pela pessoa jurídica interessada consoante a lei especial que a regula.

A e D: corretas; entendendo-se que a legitimação, nas ações coletivas, é extraordinária, considera-se que as partes em duas ações com a mesma causa de pedir e o mesmo pedido são as mesmas, pois a coletividade substituída (substituição processual), nas duas ações, é a mesma; a consequência imediata disso é que a segunda ação promovida induzirá litispendência, ainda que os autores populares sejam nominalmente diversos; já se se entender que a legitimação, nas ações coletivas, é ordinária (o legitimado tem legitimação autônoma para o ingresso com ação coletiva, não se falando em substituição processual), considera-se que as partes, em duas ações com a mesma causa pedir e o mesmo pedido, não são as mesmas, de modo que o efeito que uma ação exerce sobre a outra não é de acarretar a *litispendência* (que gera a extinção da segunda ação), mas apenas de *prevenir a jurisdição* do juízo original para todas as ações posteriormente intentadas com identidade com a primeira, ou seja, o efeito é que as ações sejam reunidas para julgamento conjunto, não se extinguindo a segunda ação promovida; B: correta, pois o art. 5°, LXXIII, da CF dispõe que a ação popular é cabível para defender o patrimônio público, a *moralidade administrativa*, o *meio ambiente* e o patrimônio histórico e cultural; C: correta (art. 6° da Lei 7.347/85); E: incorreta, pois, segundo o texto do art. 17, *caput*, da Lei 8.429/92, a ação de responsabilidade por ato de improbidade administrativa terá rito ordinário. Gabarito "E".

(Ministério Público/MG – 2010.1) Em relação à ação popular, prevista na Lei Federal n° 4.717/65, pode-se afirmar

I. Consideram-se patrimônio público os bens e direitos de valor econômico, artístico, estético, histórico ou turístico da União, do Distrito Federal, dos Estados, dos Municípios, de entidades autárquicas, de sociedades de economia mista, de sociedades mútuas de seguro nas quais a União represente os segurados ausentes, de empresas públicas, de serviços sociais autônomos, de instituições ou fundações para cuja criação ou custeio o tesouro público haja concorrido ou concorra com mais de cinquenta por cento do patrimônio ou da receita ânua, de empresas incorporadas ao patrimônio da União, do Distrito Federal, dos Estados e dos Municípios e de quaisquer pessoas jurídicas ou entidades subvencionadas pelos cofres públicos.

II. São anuláveis os atos lesivos ao patrimônio público nos casos de incompetência, vício de forma, ilegalidade do objeto, inexistência dos motivos e desvios de finalidade.

III. A ação será proposta contra as pessoas públicas e privadas e as entidades indicadas no item I, contra as autoridades, funcionários ou administradores que houverem autorizado, aprovado, ratificado ou praticado o ato impugnado, ou que, por omissão, tiverem dado oportunidade à lesão, e contra os beneficiários do mesmo, exceto se não houver beneficiário direto do ato lesivo ou se for ele indeterminado ou desconhecido

IV. Caberá ao Ministério Público, ao oficiar obrigatoriamente no feito, se entender da legalidade, moralidade e/ou da eficiência da ação impugnada, ou mesmo dos seus eventuais benefícios à população, assumir a defesa do ato impugnado.

V. A pessoa jurídica do direito público, cujo ato seja objeto de impugnação, deve defender o ato impugnado, sob pena de omissão do seu representante, exigência que não se aplica à pessoa jurídica de direito privado na mesma situação.

Marque a opção CORRETA.

(A) I, II e III estão corretas.
(B) II, III e IV estão corretas.
(C) I e III estão corretas.
(D) II e III estão corretas.
(E) Todas estão corretas.

I: correta (art. 1°, *caput* e § 1°, da Lei 4.717/65); II: incorreta, pois tais atos são nulos (art. 2°, *caput*, da Lei 4.717/65); III: correta (art. 6° da Lei 4.717/65); IV: incorreta, pois o Ministério Público sempre acompanhará a ação popular; cabe ao MP apressar a produção da prova e promover a responsabilidade, civil ou criminal, dos que nela incidirem, sendo-lhe vedado, em qualquer hipótese, assumir a defesa do ato impugnado ou dos seus autores (art. 6°, § 4°, da Lei 4.717/65); V: incorreta, pois a pessoa jurídica de direito público tem três opções, quais sejam, contestar a demanda, ingressar como assistente litisconsorcial do autor da ação ou abster-se de participar do processo (art. 6°, § 3°, da Lei 4.717/65). Gabarito "C".

(Ministério Público/MG – 2010 – FUNDEP) O cidadão "A" propôs ação popular contra o prefeito, o vice-prefeito e os vereadores do Município "B", visando a anular a resolução e os decretos da Câmara Municipal que elevaram indevidamente os subsídios desses agentes políticos, bem como a condená-los a reparar o prejuízo causado ao patrimônio público. Também figurou como réu o assessor jurídico da Câmara Municipal que emitiu o parecer no qual se alicerçaram os referidos atos normativos. Esse cúmulo subjetivo no polo passivo da ação configura

(A) litisconsórcio facultativo unitário.
(B) litisconsórcio facultativo simples.
(C) litisconsórcio necessário simples.
(D) litisconsórcio necessário unitário.

Trata-se de litisconsórcio necessário, pois a ação popular deve ser proposta, necessariamente, em face de todos os envolvidos (art. 6° da Lei 4.717/65). Porém, como a decisão não precisa, necessariamente, ser igual para todos os réus, o litisconsórcio necessário é *simples*, e não *unitário*. Gabarito "C".

(Ministério Público/MG – 2006) Sobre a Ação Popular constitucional é INCORRETO dizer que:

(A) o Ministério Público funciona nos autos da ação popular como parte pública autônoma.
(B) o pedido imediato é de natureza declaratória-condenatória e o mediato prende-se à insubsistência dos atos lesivos aos interesses difusos.
(C) quanto à causa de pedir próxima deve o autor indicar e oferecer início de prova de que um agente público acabou por lesar o erário público, o meio ambiente ou a moralidade administrativa.
(D) A moralidade administrativa inovada como causa autônoma e situada na zona fronteiriça entre a Moral e o Direito pode ser analisada dentre os tópicos do abuso do direito, do desvio do poder e da falta de razoabilidade.
(E) A lesividade é sempre exigida na propositura da Ação Popular, mesmo que seja feita apenas embutida na noção do erário ou no ataque aos valores cívicos, culturais, ambientais ou históricos de uma dada comunidade.

A: correta (art. 6°, § 4°, da Lei 4.717/65); B: incorreta; pedido imediato é a prestação jurisdicional, a sentença, ao passo que pedido mediato é o que se pretende atingir pela declaração, constituição ou condenação estabelecida na sentença, tratando-se do bem jurídico objetivado; nos termos do art. 11 da Lei 4.717/65, "a sentença que, julgando procedente a ação popular, decretar a invalidade do ato impugnado, condenará ao pagamento de perdas e danos os responsáveis pela sua prática e os beneficiários dele, ressalvada a ação regressiva contra os funcionários causadores de dano, quando incorrerem em culpa" (art. 11 da Lei 4.717/65); assim, a sentença na ação popular "desconstituirá" o ato praticado, ficando difícil falar em caráter meramente "declaratório" desse provimento, mesmo quando se trata de ato administrativo nulo, em que se poderia falar em "declaração de nulidade", vez que a decisão irá desconstituir os efeitos do ato nulo; dessa forma, dizer que o pedido imediato na ação popular é meramente declaratório-condenatório parece-nos impreciso; ademais, o bem jurídico objetivado não é simplesmente a insubsistência dos atos lesivos, mas a promoção da indisponibilidade do interesse público (patrimônio público e moralidade administrativa) e do meio ambiente e do patrimônio histórico e cultural; C: correta, pois a causa de pedir próxima diz respeito à lesão ao direito, que, no caso, toca à prova da lesão aos bens jurídicos que trata do art. 5°, LXXIII, da CF; D: correta, pois a moralidade administrativa, desde a CF/88, é causa autônoma para a promoção da ação popular; ademais a violação ao princípio da moralidade está vinculada, normalmente, a situações de abuso e desvio de poder, e de falta de razoabilidade; E: correta, pois o art. 5°, LXXIII, da CF exige "ato lesivo" aos bens jurídicos lá estabelecidos, como requisito para o cabimento de ação popular. Gabarito "B".

(Ministério Público/SE – 2010 – CESPE) Com referência à ação popular e às ações coletivas, assinale a opção correta.

(A) Na ordem constitucional vigente, as ações de tutela coletiva podem ensejar ao Poder Judiciário determinar, em situações excepcionais de políticas públicas definidas na CF, a sua implementação pelos órgãos estatais inadimplentes, observados os parâmetros de possibilidade no mundo fático.
(B) Na inércia dos legitimados concorrentes à propositura da ação civil pública, a ação popular constitui sucedâneo à tutela de direitos difusos do consumidor.
(C) O MP possui legitimidade para promover a execução de decisão condenatória em ação popular, proferida em segundo grau de jurisdição, apenas na condição de autor da ação popular, ainda que pendente a análise de recurso extraordinário ou especial.
(D) Devido à relação de complementariedade entre a Lei da Ação Popular e as normas da Lei da Ação Civil Pública, em se tratando de indenização imposta em ação popular por dano ao patrimônio público, o valor da condenação deve reverter para fundo de direitos difusos, destinado à reconstituição dos bens lesados.
(E) No caso de ação popular ajuizada pelo cidadão e ação de improbidade administrativa proposta pelo MP, com o escopo de proteção ao patrimônio público e com a mesma causa de pedir, o efeito da litispendência, ainda que parcial, determina a extinção da primeira, por possuir a segunda objeto mais amplo.

A: correta, servindo de exemplo as ações civis públicas com vistas a obrigar os Estados a oferecer vagas em escolas públicas aos interessados; B: incorreta, pois o ato lesivo a direito do consumidor não está previsto no art. 5º, LXXIII, da CF, como hipótese de cabimento de ação popular; C: incorreta, pois "decorridos 60 (sessenta) dias da publicação da sentença condenatória de segunda instância, sem que o autor ou terceiro promova a respectiva execução. o representante do Ministério Público a promoverá nos 30 (trinta) dias seguintes, sob pena de falta grave" (art. 16 da Lei 4.717/65); D: incorreta, pois a condenação reverterá para o Erário Público lesado, e não ao fundo mencionado; E: incorreta, pois não há tríplice identidade no caso (partes, causa de pedir e pedido), necessária para a configuração da litispendência (que determina a extinção da segunda demanda), pois os pedidos não são inteiramente coincidentes; assim, o caso é de conexão ou, possivelmente, continência, o que determina a reunião das ações para julgamento conjunto. Gabarito "A".

(Procurador do Município/Florianópolis-SC – 2010 – FEPESE) De acordo com a Lei nº 4.717/65, que regula a ação popular, os atos lesivos ao patrimônio dos entes federativos e demais entidades de interesse público são nulos em caso de inexistência dos motivos. A respeito da inexistência dos motivos, é **correto** afirmar:

(A) Fica caracterizada quando o ato não se incluir nas atribuições legais do agente que o praticou.
(B) Consiste na omissão ou na observância incompleta ou irregular de formalidades indispensáveis à existência ou seriedade do ato.
(C) Ocorre quando o resultado do ato importa em violação de lei, regulamento ou outro ato normativo.
(D) Verifica-se quando o agente pratica o ato visando a fim diverso daquele previsto, explícita ou implicitamente, na regra de competência.
(E) Verifica-se quando a matéria de fato ou de direito, em que se fundamenta o ato, é materialmente inexistente ou juridicamente inadequada ao resultado obtido.

A: incorreta, pois essa situação consiste na incompetência (art. 2º, p. ún., "a", da Lei 4.717/65); B: incorreta, pois essa situação consiste no vício de forma (art. 2º, p. ún., "b", da Lei 4.717/65); C: incorreta, pois essa situação consiste em ilegalidade no objeto (art. 2º, p. ún., "c", da Lei 4.717/65); D: incorreta, pois essa situação consiste no desvio de finalidade (art. 2º, p. ún., "e", da Lei 4.717/65); E: correta, pois essa situação consiste, de fato, na inexistência dos motivos (art. 2º, p. ún., "d", da Lei 4.717/65). Gabarito "E".

(Defensoria/PI – 2009 – CESPE) Com relação à ação civil pública e à ação popular, assinale a opção correta.

(A) Quando um cidadão ajuíza ação popular, o Poder Judiciário está autorizado a invalidar opções administrativas ou substituir critérios técnicos por outros que repute mais convenientes ou oportunos.
(B) Nas ações populares, inadmite-se a concessão de liminar.
(C) À DP é vedado ajuizar ação civil pública, quando houver ação popular ajuizada sobre o mesmo fato.
(D) Eventuais provas colhidas na fase de um inquérito civil têm valor relativo, podendo ser refutadas por contraprovas no curso de uma ação civil pública.
(E) Caso um cidadão pretenda sustar a discussão de determinado projeto de lei na Câmara dos Deputados, ele poderá valer-se da ação popular.

A: incorreta, pois há de se respeitar o mérito administrativo; B: incorreta, pois cabe, sim, liminar (art. 5º, § 4º, da Lei 4.717/65); C: incorreta, pois a Defensoria Pública pode, sim, ajuizar ação civil pública no caso, valendo salientar que a segunda ação promovida, se idêntica, será extinta por litispendência, e se conexa, será reunida para julgamento conjunto com a primeira; D: correta, pois, em juízo, sob o manto do contraditório e da ampla defesa, as provas produzidas têm valor diferenciado em relação as provas colhidas no inquérito civil, cujo valor é relativo; E: incorreta, pois a simples discussão de um projeto de lei não pode ser considerado ato lesivo aos bens jurídicos tutelados pelo art. 5º, LXXIII, da CF, e o que vem depois da decisão, a lei, só pode ser discutido por meio de ação de inconstitucionalidade. Gabarito "D".

10. MANDADO DE SEGURANÇA COLETIVO

(Ministério Público/MG – 2010.1) Sobre Mandado de Segurança coletivo, nos termos da Lei Federal nº 12.016/2009, pode-se afirmar

I. Cabe Mandado de Segurança coletivo, quando o direito ameaçado ou violado couber a várias pessoas, ou para proteção de direitos difusos.
II. Pode ser impetrado por partido político com representação no congresso nacional, organização sindical, entidade de classe ou associação, observadas as exigências legais, e pelo Ministério Público.
III. Podem ser protegidos por mandado de segurança coletivo os direitos difusos, assim entendidos os transindividuais, de natureza indivisível, e ligados entre si ou com a parte contrária por uma situação de fato.
IV. Podem ser protegidos por mandado de segurança coletivo os direitos coletivos, assim entendidos os transindividuais, de natureza indivisível, de que seja titular grupo ou categoria de pessoas ligadas entre si ou com a parte contrária por uma relação jurídica básica.
V. Podem ser protegidos por mandado de segurança coletivo os direitos individuais homogêneos, assim entendidos os decorrentes de origem comum e da atividade ou situação específica da totalidade ou de parte dos associados ou membros do impetrante.

Marque a opção CORRETA.

(A) I, II, III e IV estão corretas.
(B) I, II e IV estão corretas.
(C) IV e V estão corretas.
(D) I, III e IV estão corretas.
(E) Todas estão corretas.

I: incorreta, pois o art. 21, parágrafo único, da Lei 12.016/09, admite mandado de segurança coletivo para proteger interesses *coletivos* e *individuais homogêneos*, mas não admite essa ação para defender interesses *difusos*; II: incorreta, pois o Ministério Público não pode ingressar com mandado de segurança coletivo (art. 21, *caput*, da Lei 12.016/09); III: incorreta, pois os interesses *difusos* não podem ser protegidos por mandado de segurança coletivo (art. 21, parágrafo único, da Lei 12.016/09); IV: correta (art. 21, parágrafo único, I, da Lei 12.016/09); V: correta (art. 21, parágrafo único, II, da Lei 12.016/09). Gabarito "C".

(Ministério Público/SP – 2011) Assinale a alternativa correta.

(A) A coisa julgada no mandado de segurança coletivo, na falta de regulamentação específica em sua lei de regência, deve observar o disposto na Lei da Ação Civil Pública e no Código de Defesa do Consumidor.
(B) A coisa julgada na ação civil pública para defesa de interesses individuais homogêneos é *erga omnes,* salvo se tiver sido julgada improcedente por insuficiência de provas, situação na qual não será oponível a quem tenha sofrido dano e venha a promover ou tenha promovido ação individual.
(C) A coisa julgada na ação civil pública para defesa de interesses difusos tem abrangência similar à da ação popular, ou seja, é *erga omnes,* salvo se tiver sido julgada improcedente por insuficiência de provas, embora a sentença, no segundo caso, esteja submetida ao reexame necessário para transitar em julgado.

(D) A coisa julgada do mandado de segurança coletivo, por se tratar de hipótese de substituição processual, aproveita apenas àqueles membros do grupo ou categoria ligados à entidade associativa impetrante.

(E) A coisa julgada na ação popular, como aquela proferida na ação de improbidade administrativa, segue o regime do Processo Civil, diferenciando-se dessa última por estar submetida ao reexame necessário para transitar em julgado.

A: incorreta, pois o art. 22 da Lei de Mandado de Segurança (Lei 12.016/09) regula a coisa julgada no mandado de segurança coletivo; B: incorreta, pois a coisa julgada na ação para a defesa de interesses individuais homogêneas só é *erga omnes* para o caso de procedência da ação, e não para qualquer caso (art. 103, III, do CDC); C: correta (art. 103, I, do CDC c/c arts. 18 e 19, caput, da Lei 4.717/65); D: incorreta; não concordamos com o gabarito, pois a alternativa "d" traz disposição consoante com o disposto no art. 22 da Lei 12.016/09; E: incorreta, pois, como se viu, a coisa julgada na ação popular se faz *erga omnes*, ao passo que, no Código de Processo Civil, a coisa julgada se dá *inter partes*. Gabarito "C".

(Defensor Público/BA – 2010 – CESPE) O chefe do Executivo de determinado município promulgou lei que institui nova taxa de serviço. O presidente do partido político de oposição pretende ajuizar ação, visando a não aplicação dessa lei aos contribuintes locais. Considerando essa situação hipotética, os interesses transindividuais e a tutela coletiva, julgue os itens seguintes.

(1) É possível o uso da ação popular, para a proteção do patrimônio das pessoas, contra a instituição do referido tributo.

(2) O referido partido político, desde que tenha representação na câmara de vereadores, poderá ajuizar mandado de segurança coletivo.

1: errado, pois a ação popular só pode ter por objeto a proteção do patrimônio público, da moralidade administrativa, do meio ambiente e do patrimônio histórico e cultural (art. 5º, LXXIII, da CF), não cabendo para a proteção do patrimônio das pessoas em geral; 2: errado, pois somente partido político com representação no Congresso Nacional tem legitimidade para ajuizar mandado de segurança coletivo (art. 5º, LXX, da CF). Gabarito 1E, 2E.

22. DIREITO DO IDOSO

Ana Paula Garcia

1. DIREITOS FUNDAMENTAIS

(Ministério Público/AM – 2008 – CESPE) Ao completar 55 anos de idade, Antônio procurou a secretaria municipal de transportes do seu município para fazer uma carteirinha de idoso que lhe desse o direito de utilizar gratuitamente o sistema público de transporte coletivo da sua cidade. Sua cidade não tem lei própria regendo o acesso a esse tipo de serviço, mas Antônio havia ouvido falar que o Estatuto do Idoso asseguraria tal direito. Acerca da situação hipotética acima descrita, assinale a opção incorreta.

(A) Antônio não se enquadra no conceito de idoso, pois não tem ainda 60 anos.
(B) Aos maiores de 65 anos é que está assegurada a gratuidade dos transportes coletivos públicos urbanos ou semi-urbanos, segundo o Estatuto do Idoso.
(C) O idoso não precisa fazer uma carteirinha em qualquer órgão para ter benefício de gratuidade no sistema público de transporte coletivo municipal, pois, para tanto, basta que apresente qualquer documento pessoal que faça prova da sua idade.
(D) Ao estatuir a gratuidade dos transportes públicos urbanos e semi-urbanos por meio de lei, o Estado fica obrigado a rever automaticamente os contratos mantidos com as empresas de transportes, antes de implementar o direito, tendo em vista o ônus financeiro que a previsão normativa acarretará.
(E) A norma do Estatuto do Idoso que confere o direito de gratuidade dos transportes públicos urbanos e semi-urbanos repete norma constitucional que é de eficácia plena e de aplicabilidade imediata.

A: correta, pois a assertiva reflete o disposto no art. 1º do Estatuto do Idoso (Lei 10.741/03); B: correta, pois a assertiva reflete o disposto no art. 39, *caput*, do Estatuto do Idoso; C: correta, pois a assertiva reflete o disposto no art. 39, § 1º, do Estatuto do Idoso; D: incorreta, pois o benefício deve ser implementado independentemente de qualquer revisão contratual entre o Estado e a empresa de transporte, já que a gratuidade foi determinada por norma constitucional e legal sem qualquer ressalva; E: correta, pois a assertiva reflete o disposto no art. 230, § 2º, da CF. Gabarito "D".

(Ministério Público/ES – 2010 – CESPE) Uma médica, ao atender um senhor com 84 anos de idade, no pronto-socorro de um hospital público, observou uma série de ferimentos e hematomas espalhados pelo corpo do idoso, o que a fez suspeitar de que este vinha sendo vítima de maus tratos. Nessa situação hipotética, a médica deverá

(A) notificar unicamente a autoridade policial para que esta acione o MPE/ES, a quem cabe oferecer a denúncia ao Conselho Nacional do Idoso.
(B) comunicar o fato à autoridade policial e só então, munida com o boletim de ocorrência, abrir uma representação no conselho municipal do idoso.
(C) comunicar, obrigatoriamente, a suspeita de maus-tratos a qualquer um dos órgãos legalmente indicados para recebê-la, quais sejam: o MP, a autoridade policial ou os conselhos municipal ou estadual do idoso ou, ainda, o Conselho Nacional do Idoso.
(D) comunicar o fato diretamente ao conselho estadual do idoso, por ser este o único órgão competente para receber tais denúncias.
(E) abrir uma representação no MPE/ES, para que este, com exclusividade, acione o Conselho Nacional do Idoso.

A alternativa C está correta, pois reflete o disposto no art. 19 do Estatuto do Idoso. Gabarito "C".

(Ministério Público/MA – 2009) A respeito dos alimentos devidos ao idoso é correto afirmar que:

(A) serão prestados na forma da lei civil, e a obrigação não é solidária;
(B) o Estado não está obrigado a fornecer alimentos ao idoso, nem mesmo diante da impossibilidade dos familiares;
(C) as transações relativas a alimentos poderão ser celebradas perante o Promotor de Justiça ou Defensor Público, que as referendará, e passarão a ter efeito de título executivo extrajudicial nos termos da lei processual civil;
(D) as transações relativas a alimentos poderão ser celebradas apenas perante o Juízo competente;
(E) se o idoso não possuir condições econômicas de prover o seu sustento, impõe-se ao INSS (Instituto Nacional de Seguridade Social), exclusivamente, esse encargo.

A: incorreta, pois, embora os alimentos sejam prestados na forma da lei civil, no caso de obrigação alimentar ao idoso, ela é solidária, nos termos do art. 12 do Estatuto do Idoso; B: incorreta, pois, se o idoso ou seus familiares não possuírem condições econômicas de prover o seu sustento, impõe-se ao Poder Público esse encargo, no âmbito da assistência social, conforme disposto no art. 14 do Estatuto do Idoso; C: correta, pois a assertiva reflete o disposto no art. 13 do Estatuto do Idoso; D: incorreta, pois as transações relativas a alimentos poderão ser celebradas também perante o Promotor de Justiça ou Defensor Público, conforme disposto no art. 13 do Estatuto do Idoso; E: incorreta, pois, se o idoso não possuir condições econômicas de prover o seu sustento, impõe-se ao Poder Público esse encargo, no âmbito da assistência social, conforme disposto no art. 14 do Estatuto do Idoso. Gabarito "C".

(Ministério Público/SC – 2010)

I. São direitos fundamentais da pessoa idosa: direito à vida, à liberdade, ao respeito, à dignidade, a alimentos, à saúde, à educação, à cultura, ao esporte, ao lazer, à profissionalização, ao trabalho, à previdência social, à assistência social, à habitação e ao transporte.
II. O primeiro critério a ser considerado para desempate em concurso público é a idade, tendo preferência o candidato de idade mais elevada.
III. Os benefícios de pensão e aposentadoria concedidos pelo Regime Geral da Previdência Social aos idosos devem ter valor igual ou superior ao salário mínimo nacional vigente, mesmo para aqueles que obtiveram aposentadoria por idade. Tais benefícios são reajustados na mesma data do salário mínimo.
IV. As Entidades de Longa Permanência, voltadas ao abrigamento de pessoas idosas que possuam caráter filantrópico, ou casa-lar, podem cobrar pelos serviços prestados valor máximo equivalente a 70% de qualquer benefício previdenciário ou assistencial percebido pelo idoso.
V. O Ministério Público tem o dever de fiscalizar as entidades de atendimento ao idoso, sejam elas governamentais ou não governamentais, o mesmo acontecendo com a Vigilância Sanitária.

(A) Apenas as assertivas II e III estão corretas.
(B) Apenas as assertivas II, III e IV estão corretas.
(C) Apenas as assertivas I, IV e V estão corretas.
(D) **Apenas as assertivas** I, II, III e V estão corretas.
(E) **Todas as assertivas** estão corretas.

I: correta (nome dos capítulos do título II – Dos Direitos Fundamentais, do Estatuto do Idoso); II: correta (art. 27, p. único, do Estatuto do Idoso); III: correta (art. 29 do Estatuto do Idoso); IV: correta (art. 35 do Estatuto do Idoso); V: correta (art. 52 do Estatuto do Idoso). Gabarito "E".

(Ministério Público/SE – 2010 – CESPE) A atenção integral à saúde dos idosos implica um conjunto articulado e contínuo de ações e serviços, para prevenção, promoção, proteção e recuperação da saúde, incluindo atenção especial às doenças que os afetem preferencialmente. De acordo com o Estatuto do Idoso, a prevenção e a manutenção da saúde dos idosos efetivam-se pelo

(A) Programa Nacional de Bem-Estar da Terceira Idade, desenvolvido em parceria pelos Ministérios da Saúde e da Justiça, visando proteger os idosos em situação de risco por meio de ações e projetos públicos e(ou) privados de gerontologia social focados na efetivação de seus direitos como cidadãos.
(B) incentivo fiscal concedido às empresas que empreguem mais de 85 idosos e lhes garantam renda mensal de um e meio salário mínimo, acrescida de vale-refeição, vale-transporte e assistência médico-odontológica.
(C) acompanhamento psicológico e psiquiátrico que vise elevar a autoestima dos idosos submetidos a abandono e a maus-tratos, bem como orientação religiosa ecumênica, que busque prepará-los para a fase final da vida.
(D) financiamento de veículos automotores que possam facilitar seu deslocamento diário e o acesso aos serviços públicos.
(E) atendimento domiciliar, incluindo a internação, para a população que dele necessitar e esteja impossibilitada de se locomover, inclusive para idosos abrigados e acolhidos por instituições públicas, filantrópicas ou sem fins lucrativos e eventualmente conveniadas com o poder público, tanto no meio urbano quanto no rural.

A assertiva E está correta, pois reflete o disposto no art. 15, § 1º, IV, do Estatuto do Idoso. Gabarito "E".

(Ministério Público/SP – 2011) A proteção legal e constitucional ao idoso permite:

(A) para fins de intervenção do Ministério Público no processo civil, em suas atribuições de *custos legis* equiparar o idoso ao incapaz.
(B) ao Ministério Público adotar as medidas judiciais cabíveis para garantir aos idosos a gratuidade dos transportes coletivos urbanos, independentemente de lei regulamentar.
(C) o reconhecimento, no processo criminal, da redução de metade dos prazos prescricionais para os maiores de 60 (sessenta) anos de idade.
(C) ao Ministério Público adotar as medidas judiciais cabíveis para garantir o pagamento de um salário-mínimo de benefício mensal ao idoso carente, independentemente de lei regulamentar.
(E) ao Ministério Público adotar as medidas judiciais cabíveis para proteção de qualquer interesse do idoso.

A alternativa B está correta, pois reflete o disposto no art. 74, VII, do Estatuto do Idoso. Gabarito "B".

(Ministério Público/SP – 2006) Assinale qual dos direitos mencionados não se encontra previsto no estatuto do idoso:

(A) é assegurado o ingresso gratuito e o acesso preferencial aos idosos, de ao menos 5% dos lugares nos teatros, ginásios e estádios públicos ou mantidos pelo poder público, em eventos artísticos, culturais, esportivos e de lazer.
(B) o poder público deve fornecer aos idosos, gratuitamente, medicamentos, especialmente os de uso continuado, assim como próteses, órteses e outros recursos relativos ao tratamento, habilitação ou reabilitação.
(C) o primeiro critério de desempate em concurso público será a idade, dando-se preferência ao de idade mais elevada.
(D) aos maiores de 65 (sessenta e cinco) anos fica assegurada a gratuidade dos transportes coletivos públicos urbanos e semi-urbanos, exceto nos serviços seletivos e especiais, quando prestados paralelamente aos serviços regulares.
(E) é assegurada a reserva, para os idosos, nos termos da lei local, de 5% das vagas nos estacionamentos públicos e privados, as quais deverão ser posicionadas de forma a garantir a melhor comodidade ao idoso.

A: assertiva incorreta, pois é assegurado desconto de pelo menos 50% nos ingressos, conforme disposto no art. 23 do Estatuto do Idoso; B: assertiva correta, pois reflete o disposto no art. 15, § 2º, do Estatuto do Idoso; C: assertiva correta, pois reflete o disposto no art. 27, parágrafo único, do Estatuto do Idoso; D: assertiva correta, pois reflete o disposto no art. 39, *caput*, do Estatuto do Idoso; E: assertiva correta, pois reflete o disposto no art. 41 do Estatuto do Idoso. Gabarito "A".

(Defensoria/MA – 2009 – FCC) O Estatuto do Idoso, e suas alterações posteriores, assegura direitos que, de uma forma geral, beneficiam pessoas a partir de 60 anos de idade. Figura como exceção a essa regra geral o direito

(A) ao transporte gratuito, que favorece pessoas a partir de 70 anos de idade.
(B) à tramitação processual prioritária, que favorece pessoas a partir de 55 anos de idade.
(C) ao benefício mensal de um salário mínimo, nos termos da Lei Orgânica da Assistência Social – Loas, aplicável a partir de 65 anos de idade.
(D) a descontos de pelo menos 50% nos ingressos para eventos artísticos, culturais, esportivos e de lazer, aplicável a partir de 70 anos de idade.
(E) ao recebimento prioritário da restituição do Imposto de Renda, que beneficia pessoas a partir de 70 anos de idade.

A: incorreta, pois o transporte gratuito é garantido aos maiores de 65 anos, conforme art. 39, *caput*, do Estatuto do Idoso; B: incorreta, pois a prioridade de tramitação processual é garantida quando figure como parte ou interveniente pessoa com idade igual ou superior a 60 anos, conforme art. 71, *caput*, do Estatuto do Idoso; C: correta, pois a assertiva reflete o disposto no art. 34, *caput*, do Estatuto do Idoso; D: incorreta, pois o desconto de pelo menos 50% nos ingressos para eventos será aplicável ao idoso, nos termos do art. 23 do Estatuto do Idoso, ou seja, a pessoas com idade igual ou superior a 60 anos (art. 1º do Estatuto do Idoso); E: incorreta, pois a prioridade da restituição do imposto de renda beneficia o idoso com idade igual ou superior a 60 anos, conforme art. 3º, parágrafo único, IX, do Estatuto do Idoso. Gabarito "C".

(Defensoria/MT – 2009 – FCC) De acordo com o Estatuto do Idoso, é correto afirmar que aos idosos que não possuam meios para prover sua subsistência, nem de tê-la provida por sua família, é assegurado, a partir de

(A) 65 anos, o benefício mensal de meio salário-mínimo, nos termos da Lei Orgânica da Assistência Social, não sendo computado para os fins do cálculo da renda familiar *per capita* benefício similar já concedido a qualquer membro da família.
(B) 65 anos, o benefício mensal de meio salário-mínimo, nos termos da Lei Orgânica da Assistência Social, sendo computado para os fins do cálculo da renda familiar *per capita* benefício similar já concedido a qualquer membro da família.
(C) 65 anos, o benefício mensal de um salário-mínimo, nos termos da Lei Orgânica da Assistência Social, não sendo computado para os fins do cálculo da renda familiar *per capita* benefício similar já concedido a qualquer membro da família.
(D) 70 anos, o benefício mensal de meio salário-mínimo, nos termos da Lei Orgânica da Assistência Social, sendo computado para os fins do cálculo da renda familiar *per capita* benefício similar já concedido a qualquer membro da família.
(E) 70 anos, o benefício mensal de um salário-mínimo, nos termos da Lei Orgânica da Assistência Social, não sendo computado para os fins do cálculo da renda familiar *per capita* benefício similar já concedido a qualquer membro da família.

A assertiva C está correta, pois reflete o disposto no art. 34 do Estatuto do Idoso. Gabarito "C".

(Defensoria/RN – 2006) Segundo a Lei 10.741/2003, denominada de "Estatuto do Idoso",

(A) os idosos terão direito a alimentos prestados na forma da lei civil, constituindo o dever de prestar alimentos aos idosos, obrigação solidária, cabendo à lei a determinação de quem, entre os devedores, deverá prestar os alimentos.

(B) a prevenção e a manutenção da saúde dos idosos serão efetivadas, entre outras, através do cadastramento da população idosa em base territorial, cabendo ao Poder Público fornecer aos idosos medicamentos de forma gratuita, especialmente os de uso continuado.

(C) para enquadrar-se no conceito de idoso não basta o critério cronológico, devendo os indivíduos ser submetidos a exame psicológico e físico, a fim de verificar se serão alcançados pela Lei 10.741/2003.

(D) se o idoso não estiver em condições de optar pelo tratamento de saúde que lhe for indicado mais favorável, a escolha caberá inicialmente ao médico que acompanhar o idoso.

A: incorreta, pois caberá ao idoso optar entre os prestadores, conforme arts. 11 e 12 do Estatuto do Idoso; B: correta, pois a assertiva reflete o disposto no art. 15, § 1º, I, e § 2º, do Estatuto do Idoso; C: incorreta, pois basta que a pessoa tenha idade igual ou superior a 60 anos para ser considerada idosa, conforme art. 1º do Estatuto do Idoso; D: incorreta, pois a escolha será feita inicialmente pelo curador ou pelos familiares e, somente se não houver tempo hábil, será feita pelo médico, conforme art. 17, parágrafo único, do Estatuto do Idoso. Gabarito "B".

(Defensoria/SE – 2006 – CESPE) Independentemente de comprovação de renda, o idoso tem assegurada, no sistema de transporte rodoviário interestadual, a reserva de duas vagas gratuitas por veículo.

Assertiva errada, pois a reserva de vaga gratuita no transporte coletivo interestadual é assegurado aos idosos com renda igual ou inferior a 2 salários-mínimos, conforme art. 40, I, do Estatuto do Idoso. Gabarito "E".

(Defensoria/SE – 2006 – CESPE) É vedada, em qualquer hipótese, a fixação de limite máximo de idade em concursos públicos, visto que cláusula nesse sentido caracteriza-se como discriminatória e contraria as diretrizes inerentes à política nacional do idoso.

Assertiva incorreta, pois é possível a fixação de limite máximo de idade em concursos públicos nos casos em que a natureza do cargo o exigir, conforme disposto no art. 27, caput, do Estatuto do Idoso. Gabarito "E".

(Defensoria/SE – 2006 – CESPE) As políticas públicas de atenção ao idoso incluem a geriatria como especialidade clínica, para efeitos de concursos públicos federais.

Assertiva correta, pois reflete o disposto no art. 10, II, f, da Lei 8.842/94. Gabarito "C".

(Defensoria/SP – 2007 – FCC) O programa educacional direcionado à terceira idade, na Política Estadual do Idoso, tem como objetivo, entre outros,

(A) compreender o analfabetismo do idoso como conseqüência da sua incapacidade para aprender, em face da sua senilidade.

(B) estimular o desenvolvimento social e valorização pessoal, restabelecendo a auto-estima e facultando a elaboração de novos projetos de vida.

(C) criar programas educacionais que priorizem a avaliação de desempenho, para que o idoso possa ter condições de competir socialmente.

(D) permitir que o desejo do isolamento do idoso prevaleça, não criando espaços de convivência, que só serviriam para abrigar uma coletividade solitária.

(E) consolar o idoso, prestando assistência para enfrentar esta fase improdutiva da vida.

A assertiva B está correta, pois reflete o disposto no art. 18, IV, da Lei Estadual 12.548/07. Gabarito "B".

2. MEDIDAS DE PROTEÇÃO

(Ministério Público/ES – 2005) As medidas da proteção ao idoso previstas no Estatuto do Idoso são, exceto:

(A) Abrigo em entidade.
(B) Requisição para tratamento de sua saúde, em regime ambulatorial, hospitalar ou domiciliar.
(C) Encaminhamento para casa de repouso.
(D) Orientação, apoio e acompanhamento temporários.
(E) Encaminhamento à família ou curador, mediante termo de responsabilidade.

A: assertiva correta, pois há previsão dessa modalidade de medida de proteção no art. 45, V, do Estatuto do Idoso; B: assertiva correta, pois há previsão dessa modalidade de medida de proteção no art. 45, III, do Estatuto do Idoso; C: assertiva incorreta, pois não há previsão dessa modalidade de medida de proteção no Estatuto do Idoso; D: assertiva correta, pois há previsão dessa modalidade de medida de proteção no art. 45, II, do Estatuto do Idoso; E: assertiva correta, pois há previsão dessa modalidade de medida de proteção no art. 45, I, do Estatuto do Idoso. Gabarito "C".

(Ministério Público/GO – 2005) Assinale a alternativa abaixo que NÃO corresponde a uma das medidas específicas de proteção ao idoso, nos termos da Lei nº 10.741/03 (Estatuto do Idoso):

(A) requisição para tratamento de sua saúde, em regime ambulatorial, hospitalar ou domiciliar;
(B) proteção jurídico-social por entidades de defesa dos direitos dos idosos;
(C) abrigo em entidade;
(D) abrigo temporário.

A: assertiva correta, pois há previsão dessa modalidade de medida de proteção no art. 45, III, do Estatuto do Idoso; B: assertiva incorreta, pois não há previsão dessa modalidade de medida de proteção no Estatuto do Idoso; C: assertiva correta, pois há previsão dessa modalidade de medida de proteção no art. 45, V, do Estatuto do Idoso; D: assertiva correta, pois há previsão dessa modalidade de medida de proteção no art. 45, VI, do Estatuto do Idoso. Gabarito "B".

(MINISTÉRIO PÚBLICO/RO – 2010 – CESPE) A respeito da Política Nacional do Idoso, assinale a opção correta.

(A) A família, a sociedade e o Estado têm o dever de assegurar ao idoso todos os direitos da cidadania, garantindo sua participação política, por meio de organizações representativas, na formulação, implementação e avaliação da gestão dos programas de auxílio-alimentação instituídos pela Secretaria de Direitos Humanos do Ministério da Justiça.

(B) O processo de envelhecimento diz respeito à sociedade em geral, devendo ser objeto de conhecimento e informação para todos. Portanto, o apoio a estudos e pesquisas sobre as questões relativas ao envelhecimento constitui uma das diretrizes da política em apreço.

(C) É obrigatória a permanência de portadores de doenças que necessitem de assistência médica ou de enfermagem permanente em instituições asilares de caráter social, estando sujeito a sanções civis, penais e administrativas o dirigente de entidade de atendimento ao idoso que a obstar.

(D) A centralização político-administrativa da capacitação e reciclagem dos recursos humanos nas áreas de geriatria e gerontologia e na prestação de serviços é condição essencial e indispensável para a viabilização de formas alternativas de participação, ocupação e convívio do idoso, que proporcionem sua integração às demais gerações.

(E) A priorização do atendimento a idosos em órgãos públicos e privados prestadores de serviços, quando desabrigados e sem família, deverá respeitar as diferenças econômicas, sociais, regionais e, particularmente, as contradições entre os meios rural e urbano, sendo, portanto, obrigatório o estabelecimento de um processo de triagem que impeça a permanência dos idosos oriundos do meio rural nos núcleos urbanos.

A: incorreta, pois a família, a comunidade, a sociedade e o Estado têm obrigação de assegurar ao idoso, com absoluta prioridade, a efetivação do direito a vida, à saúde, à alimentação, à educação, à cultura, ao esporte, ao lazer, ao trabalho, à cidadania, à liberdade, à dignidade, ao respeito e à convivência familiar e comunitária (art. 3º do

Estatuto do Idoso); B: correta (art. 3º, II, da Lei 8.842/94); C: incorreta, pois é vedada a permanência de portadores de doenças que necessitem de assistência médica ou de enfermagem permanente em instituições asilares de caráter social (art. 4º, p. único, da Lei 8.842/94); D: incorreta (art. 4º, IV, da Lei 8.842/94); E: incorreta, pois não é obrigatório o processo de triagem que impeça a permanência dos idosos oriundos do meio rural nos núcleos urbanos. Há apenas princípios a serem observados pelo Poder Público na aplicação da lei (art. 3º, V, da Lei 8.842/94). Gabarito "B".

(Defensoria/MA – 2009 – FCC) Os conselhos municipais do idoso são

(A) órgãos consultivos do poder público municipal em relação à política local de atendimento aos direitos dos idosos.

(B) compostos por 50% de representantes de órgãos e entidades públicas municipais e por 50% de pessoas escolhidas entre os cidadãos idosos residentes no município.

(C) responsáveis pelo atendimento individual aos idosos em situação de ameaça ou violação de direitos e pela aplicação das respectivas medidas de proteção.

(D) responsáveis, junto com Ministério Público e Vigilância Sanitária, pela fiscalização das entidades governamentais e não-governamentais de atendimento ao idoso.

(E) responsáveis pela arrecadação dos fundos necessários ao financiamento da política municipal de atendimento ao idoso.

A assertiva D está correta, pois reflete o disposto no art. 52 do Estatuto do Idoso. Gabarito "D".

(Defensoria/MG – 2009 – FURMARC) Nas situações abaixo, serão aplicáveis medidas de proteção ao idoso, com base na Lei N.º 10.741 de 1.º de outubro de 2003, *EXCETO* em face de:

(A) ação ou omissão da sociedade ou do Estado.

(B) falta, omissão ou abuso da família, que importe na ameaça ou ofensa a direitos reconhecidos no Estatuto do Idoso.

(C) falta, omissão ou abuso das entidades de atendimento ao idoso.

(D) falta ou omissão do Curador Legal, ressalvada a figura do Curador *ad hoc*, dada a nomeação por parte do juiz.

(E) condições pessoais do destinatário do Estatuto do Idoso, que ocasionem ameaça ou violência a direitos legalmente reconhecidos.

A: assertiva correta, pois reflete o disposto no art. 43, I, do Estatuto do Idoso; B: assertiva correta, pois reflete o disposto no art. 43, II, do Estatuto do Idoso; C: assertiva correta, pois reflete o disposto no art. 43, II, do Estatuto do Idoso; D: assertiva incorreta, pois não existe essa ressalva no Estatuto do Idoso (art. 43, II); E: assertiva correta, pois reflete o disposto no art. 43, III, do Estatuto do Idoso. Gabarito "D".

3. POLÍTICA DE ATENDIMENTO AO IDOSO

(Ministério Público/ES – 2010 – CESPE) As entidades governamentais e não governamentais de assistência ao idoso estão sujeitas à inscrição de seus programas

(A) exclusivamente no conselho municipal do idoso, que deverá efetuar a primeira vistoria das instalações em conjunto com a vigilância sanitária.

(B) no Ministério da Saúde.

(C) na promotoria do idoso.

(D) junto ao órgão competente da vigilância sanitária e do conselho municipal da pessoa idosa e, em sua falta, junto ao conselho estadual ou ao Conselho Nacional da Pessoa Idosa.

(E) diretamente junto ao conselho estadual da pessoa idosa, pois os conselhos municipais não têm competência para efetuar a inscrição.

A alternativa D está correta, pois reflete o disposto no art. 48, parágrafo único, do Estatuto do Idoso. Gabarito "D".

(MINISTÉRIO PÚBLICO/RO – 2010 – CESPE) Quanto à apuração judicial de irregularidades em entidade de atendimento ao idoso, assinale a opção correta.

(A) Em se tratando de afastamento definitivo de dirigente de entidade não governamental, a autoridade judiciária oficiará à autoridade administrativa imediatamente superior ao afastado, fixando-lhe prazo de trinta dias úteis para proceder à substituição.

(B) O procedimento de apuração judicial de irregularidades terá início mediante petição fundamentada de pessoa interessada ou iniciativa do MP, sendo que, havendo motivo grave, poderá a autoridade judiciária, mediante decisão fundamentada, ouvido o MP, decretar liminarmente o afastamento provisório do dirigente da entidade ou outras medidas que julgar adequadas, para evitar lesão aos direitos do idoso.

(C) Na apuração judicial de irregularidades, apresentada a defesa, o juiz designará obrigatoriamente audiência de instrução e julgamento no prazo máximo de cinco dias úteis.

(D) Somente em casos excepcionais poderá a autoridade judiciária fixar prazo para a remoção das irregularidades verificadas, após o recolhimento da multa imposta ao dirigente da entidade ou ao responsável pelo programa de atendimento.

(E) Quando ocorrerem irregularidades que impliquem o afastamento provisório dos dirigentes da entidade de atendimento, esta será passível de fechamento imediato, seguido do remanejamento compulsório dos atendidos para o SUS.

A: incorreta, pois, em se tratando de afastamento provisório ou definitivo de dirigente de entidade governamental, a autoridade judiciária oficiará à autoridade administrativa imediatamente superior ao afastado, fixando-lhe prazo de *24 (vinte e quatro) horas* para proceder à substituição (art. 68, § 2º, do Estatuto do Idoso); B: correta, pois a assertiva reflete o disposto nos arts. 65 e 66 do Estatuto do Idoso; C: incorreta, pois apresentada a defesa, o juiz procederá na conformidade do procedimento sumário previsto no Código de Processo Civil ou, se necessário, designará audiência de instrução e julgamento, deliberando sobre a necessidade de produção de outras provas (arts. 68, *caput*, e 69, do Estatuto do Idoso); D: incorreta, pois, antes de aplicar qualquer das medidas, a autoridade judiciária poderá fixar prazo para a remoção das irregularidades verificadas (art. 68, § 3º, do Estatuto do Idoso); E: incorreta, pois não existe essa previsão no Estatuto do Idoso. Gabarito "B".

(Ministério Público/SC – 2010)

I. A Lei 8.842, de 4 de janeiro de 1994, que estabelece a política nacional do idoso e cria o Conselho Nacional do Idoso obriga Estados, Distrito Federal e Municípios a criarem seus próprios Conselhos de Idosos.

II. Em que pese a política nacional do idoso considere idosa a pessoa maior de sessenta anos, o direito a gratuidade nos transportes coletivos urbanos e semiurbanos só pode ser usufruído a partir dos sessenta e cinco anos.

III. A gratuidade de utilização dos transportes coletivos urbanos pela pessoa idosa compreende, inclusive, os serviços seletivos especiais, quando não prestados paralelamente aos serviços regulares.

IV. Por força do disposto no § 3º, do art. 15, do Estatuto do Idoso, que proíbe o reajuste dos contratos celebrados com planos de saúde, em razão do envelhecimento do segurado, as contratações efetuadas por pessoas com mais de 60 anos, a partir da vigência do referido Estatuto, não podem sofrer qualquer tipo de reajuste.

V. O Estado *(lato sensu)* não possui obrigação de prestar alimentos à pessoa maior de 60 anos e impossibilitada de prover sua própria subsistência.

(A) Apenas as assertivas I e V estão corretas.
(B) Apenas as assertivas II e III estão corretas.
(C) Apenas as assertivas I, II e III estão corretas.
(D) Apenas as assertivas I e II estão corretas.
(E) Apenas as assertivas III, IV e V estão corretas.

I: incorreta, pois não existe essa previsão legal; II: correta, pois o art. 39, *caput*, do Estatuto do Idoso é expresso nesse sentido. No caso das pessoas entre 60 e 65 anos ficará a critério da legislação local dispor sobre as condições da gratuidade; III: correta, pois a assertiva reflete o disposto no art. 39, *caput*, do Estatuto do Idoso; IV: incorreta, pois não há previsão legal que vede o reajuste no valor do plano, mas apenas que veda a discriminação do idoso, cobrando valores maiores em razão da idade. O reajuste normal no valor do plano de saúde não é vedado; V: incorreta, pois o Estado (*lato sensu*) tem obrigação de prestar alimentos no caso exposto. Tal obrigação está prevista no art. 14, capítulo de "Alimentos" do Estatuto do Idoso: "se o idoso ou seus familiares não possuírem condições econômicas de prover o seu sustento, impõe-se ao Poder Público esse provimento, no âmbito da assistência social". Porém, o benefício, previsto no art. 34 do Estatuto do Idoso, será devido aos idosos, *a partir de 65 (sessenta e cinco) anos*, que não possuam meios para prover sua subsistência, nem de tê-la provida por sua família. Gabarito "B".

(MINISTÉRIO PÚBLICO/SE – 2010 – CESPE) A atenção integral à saúde dos idosos implica um conjunto articulado e contínuo de ações e serviços, para prevenção, promoção, proteção e recuperação da saúde, incluindo atenção especial às doenças que os afetem preferencialmente. De acordo com o Estatuto do Idoso, a prevenção e a manutenção da saúde dos idosos efetivam-se pelo

(A) Programa Nacional de Bem-Estar da Terceira Idade, desenvolvido em parceria pelos Ministérios da Saúde e da Justiça, visando proteger os idosos em situação de risco por meio de ações e projetos públicos e(ou) privados de gerontologia social focados na efetivação de seus direitos como cidadãos.
(B) incentivo fiscal concedido às empresas que empreguem mais de 85 idosos e lhes garantam renda mensal de um e meio salário mínimo, acrescida de vale-refeição, vale-transporte e assistência médico-odontológica.
(C) acompanhamento psicológico e psiquiátrico que vise elevar a autoestima dos idosos submetidos a abandono e a maus-tratos, bem como orientação religiosa ecumênica, que busque prepará-los para a fase final da vida.
(D) financiamento de veículos automotores que possam facilitar seu deslocamento diário e o acesso aos serviços públicos.
(E) atendimento domiciliar, incluindo a internação, para a população que dele necessitar e esteja impossibilitada de se locomover, inclusive para idosos abrigados e acolhidos por instituições públicas, filantrópicas ou sem fins lucrativos e eventualmente conveniadas com o poder público, tanto no meio urbano quanto no rural.

A alternativa E está correta, pois reflete o disposto no art. 15, § 1º, IV, do Estatuto do Idoso. As demais alternativas não são formas efetivas de prevenção e manutenção da saúde dos idosos previstas na legislação. Gabarito "E".

(Defensoria/RN – 2006) Assinale a resposta correta.

(A) Segundo o artigo 94 da Lei 10.741/2003, aos crimes contidos em seu texto, cuja pena máxima não ultrapasse quatro anos, aplica-se o procedimento previsto na Lei 9.099/95 e, subsidiariamente, o Código Penal e o Código de Processo Penal, no que couber.
(B) A legitimidade para a propositura de ações cíveis fundadas em interesses difusos, coletivos, individuais indisponíveis é do Ministério Público.
(C) Configura crime previsto no Estatuto do Idoso deixar de cumprir as determinações da lei sobre a prioridade no atendimento ao idoso.
(D) As entidades governamentais que deixarem de cumprir as determinações do Estatuto do Idoso estão sujeitas às penalidades de advertência, multa, afastamento provisório ou definitivo de seus dirigentes e fechamento de unidade ou interdição de programa.

A: correta, pois a assertiva reflete o disposto no art. 94 do Estatuto do Idoso; B: incorreta, pois a legitimidade é concorrente do Ministério Público, União, Estados, Distrito Federal, Municípios, Ordem dos Advogados do Brasil e as associações legalmente constituídas há pelo menos 1 (um) ano e que incluam entre os fins institucionais a defesa dos interesses e direitos da pessoa idosa, dispensada a autorização da assembleia, se houver prévia autorização estatutária, conforme art. 81 do Estatuto do Idoso; C: incorreta, pois deixar de cumprir as determinações da lei sobre a prioridade no atendimento ao idoso configura infração administrativa prevista no art. 58 do Estatuto do Idoso; D: incorreta, pois as *entidades governamentais* não estão sujeitas a pena de multa, conforme art. 55 do Estatuto do Idoso. Gabarito "A".

(Defensoria/SE – 2006 – CESPE) Na forma prevista na Lei n.º 8.842/1994, o atendimento asilar constitui diretriz prioritária da referida política, em razão da precariedade de outros atendimentos, a exemplo do atendimento domiciliar e da ausência de mecanismos estatais que garantam a plena assistência à saúde.

Assertiva incorreta, pois, de acordo com o disposto no art. 4º, III, da Lei 8.842/04, prioriza-se o atendimento domiciliar em detrimento do asilar. Gabarito "E".

4. ACESSO À JUSTIÇA

(Ministério Público/BA – 2005) Segundo o Estatuto do Idoso (Lei nº 10.741/03), pode-se afirmar que:

(A) Aos maiores de 65 (sessenta e cinco) anos fica assegurada a gratuidade dos transportes coletivos públicos urbanos e semi-urbanos, exceto nos serviços seletivos e especiais, quando prestados paralelamente aos serviços regulares.
(B) É assegurada prioridade na tramitação dos processos e procedimentos e na execução dos atos e diligências judiciais em que figure, como parte ou interveniente, apenas pessoa com idade superior a 60 (sessenta) anos, em qualquer instância.
(C) O Ministério Público não pode atuar como substituto processual do idoso em situação de risco.
(D) A OAB (Ordem dos Advogados do Brasil) não possui legitimidade concorrente para propor ação cível, fundada em interesses difusos, coletivos, individuais indisponíveis ou homogêneos, na defesa dos idosos.
(E) Os alimentos serão prestados ao idoso, na forma da lei civil, sendo vedada a obrigação alimentar solidária.

A: correta, pois a assertiva reflete o teor do art. 39, *caput*, do Estatuto do Idoso; B: incorreta, pois a assertiva restringe a prioridade de tramitação aos processos em que figure como parte *apenas* pessoa com idade superior a 60 (sessenta) anos, mas o art. 71, *caput*, do Estatuto do Idoso não traz essa ressalva, bastando que uma das partes seja pessoa com idade superior a 60 anos, ainda que a outra parte não tenha idade superior a 60 anos; C: incorreta, pois ao Ministério Público compete atuar como substituto processual do idoso em situação de risco (art. 74, III, do Estatuto do Idoso); D: incorreta, pois a OAB tem legitimidade para propor ação civil fundada em interesses difusos, coletivos, individuais indisponíveis ou homogêneos (art. 81, III, do Estatuto do Idoso); E: incorreta, pois a obrigação alimentar ao idoso é solidária, conforme disposição do art. 12 do Estatuto do Idoso. Gabarito "A".

(Ministério Público/CE – 2009 – FCC) Compete ao Ministério Público, no processo civil, na defesa do idoso,

(A) impedir a atuação de terceiros, ainda que legitimados para as ações cíveis previstas no Estatuto do Idoso, sempre que o Estatuto do Idoso conferir legitimidade ao Ministério Público nas mesmas ações.
(B) atuar como assistente simples do idoso em situação de risco, por abuso da família, curador ou entidade de atendimento.
(C) promover a revogação de instrumento procuratório do idoso, sempre que os direitos reconhecidos no Estatuto do Idoso forem ameaçados em razão de sua condição pessoal e o interesse público justificar.
(D) homologar transações envolvendo interesses e direitos dos idosos previstos no Estatuto do Idoso.
(E) atuar obrigatoriamente, nos processos em que não for parte, na defesa dos direitos de que cuida o Estatuto do Idoso, hipótese em que terá vista dos autos antes das partes, podendo juntar documentos e requerer diligências.

A alternativa C está correta, pois reflete o disposto no art. 74, IV, do Estatuto do Idoso. Gabarito "C".

(Ministério Público/MA – 2009) Assinale a alternativa em que estão elencados os legitimados concorrentes para as ações cíveis fundadas em interesses difusos, coletivos, individuais indisponíveis ou homogêneos dos idosos, conforme disposto na Lei nº 10.741/2003 (Estatuto do Idoso).

(A) O Ministério Público; a União, os Estados, o Distrito Federal e os Municípios; a Ordem dos Advogados do Brasil; as associações legalmente constituídas há pelo menos um (1) ano e que incluam entre os fins institucionais a defesa dos interesses e direitos da pessoa idosa, dispensada a autorização da assembléia, se houver prévia autorização estatutária.
(B) O Ministério Público; a Ordem dos Advogados do Brasil; e as associações legalmente constituídas há pelo menos dois (2) anos e que incluam entre os fins institucionais a defesa dos interesses e direitos da pessoa idosa.
(C) O Ministério Público e as associações legalmente constituídas há pelo menos dois (2) anos e que incluam entre os fins institucionais a defesa dos interesses e direitos da pessoa idosa, dispensada a autorização da assembléia, se houver prévia autorização estatutária.
(D) A União, os Estados, o Distrito Federal, os Municípios e a Ordem dos Advogados do Brasil, somente.
(E) O Ministério Público; a União, os Estados, o Distrito Federal e os Municípios; a Ordem dos Advogados do Brasil; e as associações legalmente constituídas há pelo menos três (3) anos e que incluam entre os fins institucionais a defesa dos interesses e direitos da pessoa idosa.

A alternativa A está correta, pois estão previstos todos os legitimados previstos no art. 81, I, II, III e IV, do Estatuto do Idoso. Gabarito "A".

(Ministério Público/MG – 2010.1) Assinale a alternativa CORRETA.

(A) A prioridade na tramitação processual prevista no Estatuto do Idoso deve ser também observada nos feitos em que o causídico, ainda que não figure como parte ou interveniente, comprovar ser maior de 60 anos de idade.
(B) As transações relativas a alimentos devidos a idosos podem ser celebradas perante o Promotor de Justiça, que as referendará, e passarão a ter efeito de título executivo extrajudicial.
(C) O Ministério Público deve atuar nos feitos em que o idoso figurar como autor, réu ou interveniente, independentemente da natureza da lide e da situação pessoal do idoso.
(D) A Ordem dos Advogados do Brasil não tem legitimidade para a propositura de ação cível em defesa dos interesses difusos, coletivos e individuais indisponíveis dos idosos.
(E) A legitimidade ativa para as ações cíveis fundadas em interesses individuais indisponíveis de idosos é exclusiva do Ministério Público.

A: incorreta, pois a prioridade na tramitação processual somente será observada em caso de a parte ou interveniente comprovar ser maior de 60 anos de idade, conforme disposto no art. 71, *caput*, do Estatuto do Idoso; B: correta, pois a assertiva reflete o disposto no art. 13 do Estatuto do Idoso; C: incorreta, pois o Ministério Público atuará somente na defesa dos direitos e interesses de que cuida o Estatuto do Idoso, nos termos do seu art. 75; D: incorreta, pois a Ordem dos Advogados do Brasil tem legitimidade para propor ações cíveis fundadas em interesses difusos, coletivos, individuais indisponíveis ou homogêneos, nos termos do art. 81, III, do Estatuto do Idoso; E: incorreta, pois a legitimidade para propor ações cíveis fundadas em interesses individuais indisponíveis não é exclusiva do Ministério Público, conforme disposto no art. 81 do Estatuto do Idoso. Gabarito "B".

(Ministério Público/MG – 2010.1) Segundo o Estatuto do Idoso, são funções do Ministério Público

I. Instaurar inquérito civil público e ação civil pública para a proteção dos direitos e interesses difusos ou coletivos, individuais indisponíveis e individuais homogêneos do idoso.
II. Promover a revogação de instrumento procuratório do idoso, em qualquer hipótese, quando o direito individual indisponível justificar.
III. Promover e acompanhar as ações de alimentos, de interdição total ou parcial, de designação de curador especial, em circunstâncias que justifiquem a medida e oficiar em todos os feitos em que se discutam os direitos do idoso.
IV. Zelar pelo efetivo respeito aos direitos e garantias legais assegurados ao idoso, promovendo todas as medidas judiciais e extrajudiciais cabíveis.
V. Referendar transações envolvendo interesses e direitos dos idosos previstos no referido estatuto.

Marque a opção CORRETA.

(A) I, II, III e IV estão corretas.
(B) I, II, IV e V estão corretas.
(C) I e IV estão corretas.
(D) I, IV e V estão corretas.
(E) Todas estão corretas.

I: correta, pois a assertiva reflete o disposto no art. 81, I, do Estatuto do Idoso; II: incorreta, pois a revogação do instrumento procuratório caberá somente nas hipóteses previstas no art. 43 do Estatuto do Idoso, conforme disposto no art. 74, IV, do mesmo diploma legal; III: incorreta, pois o Ministério Público oficiará em todos os feitos em que se discutam os direitos de idosos em condições de risco, conforme disposto no art. 74, II, do Estatuto do Idoso; IV: correta, pois a assertiva reflete o disposto no art. 74, VII, do Estatuto do Idoso; V: correta, pois a assertiva reflete o disposto no art. 74, X, do Estatuto do Idoso. Gabarito "D".

(Ministério Público/MS – 2006) Analise as assertivas abaixo:

I. Ordem dos Advogados do Brasil possui legitimidade para propor ações cíveis fundadas em interesses difusos, coletivos e individuais indisponíveis ou homogêneos do idoso;
II. Ministério Público pode propor ação de alimentos em favor do idoso;
III. Estatuto do Idoso destina-se a regular os direitos das pessoas com idade igual ou superior a sessenta anos;
IV. Compete ao Ministério Público referendar transações envolvendo interesses e direitos dos idosos previstos no Estatuto do Idoso.

(A) Somente estão corretos os itens II, III e IV;
(B) Somente estão corretos os itens I, III e IV;
(C) Somente o item I está incorreto;
(D) Todos os itens estão corretos.

I: correto, pois a assertiva reflete o disposto no art. 81, III, do Estatuto do Idoso; II: correto, pois a assertiva reflete o disposto no art. 74, II, do Estatuto do Idoso; III: correto, pois a assertiva reflete o disposto no art. 1º do Estatuto do Idoso; IV: correto, pois a assertiva reflete o disposto no art. 74, X, do Estatuto do Idoso. Gabarito "D".

(Ministério Público/RN – 2004) O Estatuto do Idoso (Lei nº 10.741/2003) privilegiou a atuação do Ministério Público em defesa dos direitos da pessoa idosa. Sobre esta atuação, é incorreto afirmar que cabe ao Ministério Público:

(A) Aforar ação judicial para proteção dos direitos e interesses individuais dos idosos, nos casos de direitos individuais indisponíveis e de direitos individuais homogêneos;
(B) Promover e acompanhar as ações de alimentos, de interdição total ou parcial e de designação de curador especial, em circunstâncias que justifiquem a medida;
(C) Promover as medidas judiciais e extrajudiciais para garantir o direito à gratuidade no transporte coletivo dos idosos com mais de 65 anos;
(D) Fazer a fiscalização de entidades de atendimento ao idoso, tendo, no exercício de suas funções, livre acesso à entidade;
(E) Promover, no foro do domicílio do réu, a tutela judicial de todos os direitos difusos e coletivos, protegidos pelo novo Estatuto.

A: correta, pois a assertiva reflete o disposto no art. 74, I, do Estatuto do Idoso; B: correta, pois a assertiva reflete o disposto no art. 74, II, do Estatuto do Idoso; C: correta, pois a assertiva reflete o disposto nos arts. 39, *caput*, e 74, VII, do Estatuto do Idoso; D: correta, pois a assertiva reflete o disposto no art. 74, VIII, e § 3º, do Estatuto do Idoso; E: incorreta, pois as ações propostas serão no foro do domicílio do idoso, conforme dispõe o art. 80 do Estatuto do Idoso. Gabarito "E".

(Defensoria/MA – 2009 – FCC) Considerando os dispositivos do Estatuto do Idoso que afetam mais diretamente a atuação e funcionamento das Defensorias Públicas, pode-se afirmar que esta lei, com as alterações posteriores,

(A) obriga as Defensorias Públicas a criar órgãos especializados na defesa dos direitos dos idosos.
(B) estabelece o direito à assistência judiciária gratuita por parte de instituições filantrópicas ou sem fins lucrativos prestadoras de serviço ao idoso.
(C) confere efeito de título executivo extrajudicial a acordos relativos a alimentos e benefícios previdenciários de pessoas idosas quando realizados na presença de Defensor Público.
(D) garante às Defensorias Públicas assento nos conselhos estaduais e federal do idoso.
(E) manda considerar a vulnerabilidade pessoal, em detrimento da renda pessoal/familiar, para justificar o atendimento preferencial do idoso pela Defensoria Pública.

A: incorreta, pois não existe essa previsão legal; B: correta, pois a assertiva reflete o disposto no art. 51 do Estatuto do Idoso; C: incorreta, pois somente os acordos relativos a alimentos ao idoso celebrados perante o Promotor de Justiça ou Defensor Público passarão a ter efeito de título executivo extrajudicial, nos termos do art. 13 do Estatuto do Idoso; D: incorreta, pois não existe essa previsão legal; E: incorreta, pois não existe essa previsão legal. Gabarito "B".

(Defensoria/SE – 2006 – CESPE) De acordo com a Lei n.º 8.842/1994, que dispõe sobre a referida política, cabem à justiça a promoção e a defesa dos direitos da pessoa idosa, sendo que uma das ações implementadas nesse sentido é a de assegurar prioridade na tramitação dos processos e procedimentos e na execução de atos e diligências judiciais.

Assertiva correta, pois é assegurada a prioridade na tramitação dos processos e procedimentos judiciais, conforme disposto no art. 71, *caput*, do Estatuto do Idoso. Gabarito "C".

5. CRIMES

(Ministério Público/PR – 2008) Analise as assertivas abaixo e responda:

I. Constitui crime discriminar pessoa idosa, impedindo ou dificultando seu acesso a operações bancárias, aos meios de transporte, ao direito de contratar ou por qualquer outro meio ou instrumento necessário ao exercício da cidadania.

II. Constitui crime deixar de prestar assistência ao idoso, quando possível fazê-lo sem risco pessoal, em situação de iminente perigo, ou recusar, retardar ou dificultar sua assistência à saúde, sem justa causa, ou não pedir, nesses casos, o socorro de autoridade pública.

III. Constitui crime abandonar o idoso em hospitais, casas de saúde, entidades de longa permanência, ou congêneres, ou não prover suas necessidades básicas, quando obrigado por lei ou mandado.

IV. Constitui crime obstar o acesso de alguém a qualquer cargo público por motivo de idade.

(A) Todas estão corretas.
(B) Nenhuma está correta.
(C) Apenas 1ª e 2ª estão corretas.
(D) Apenas 3ª e 4ª estão corretas.
(E) Apenas 1ª, 3ª e 4ª estão corretas.

I: correta, pois a assertiva reflete o disposto no art. 96 do Estatuto do Idoso; II: correta, pois a assertiva reflete o disposto no art. 97 do Estatuto do Idoso; III: correta, pois a assertiva reflete o disposto no art. 98 do Estatuto do Idoso; IV: correta, pois a assertiva reflete o disposto no art. 100, I, do Estatuto do Idoso. Gabarito "A".

(Defensoria/MA – 2009 – FCC) Abandonar o idoso em hospitais, casas de saúde, entidades de longa permanência ou congêneres

(A) caracteriza crime de ação penal privada.
(B) caracteriza infração administrativa, sujeitando o infrator à pena de multa.
(C) trata-se de mero ilícito civil, passível de ação indenizatória se comprovados os danos.
(D) caracteriza crime de ação penal pública incondicionada.
(E) configura violação de regra moral, irrelevante do ponto de vista jurídico.

A assertiva D está correta, pois reflete o disposto nos arts. 95 e 98 do Estatuto do Idoso. Gabarito "D".

6. TEMAS VARIADOS

(Ministério Público/MG - 2008) No que concerne ao Estatuto do Idoso (Lei 10.741/2003), é CORRETO afirmar que:

(A) o Estatuto foi instituído com o objetivo de regular os direitos assegurados às pessoas com idade superior a 60 (sessenta) anos.
(B) as transações relativas a alimentos poderão ser celebradas perante o Promotor de Justiça, que as referendará, e passarão a ter efeito de título executivo judicial nos termos da lei processual civil.
(C) aos maiores de 60 (sessenta) anos fica assegurada a gratuidade dos transportes coletivos públicos urbanos e semi-urbanos, exceto nos serviços seletivos e especiais, quando prestados paralelamente aos serviços regulares.
(D) constitui crime, apenado com reclusão de 6 (seis) meses a 1 (um) ano e multa, impedir ou embaraçar ato do representante do Ministério Público ou de qualquer outro agente fiscalizador.
(E) é assegurada prioridade na tramitação dos processos e na execução dos atos e diligências judiciais em que figure como autora pessoa com idade superior a 60 (sessenta) anos, em qualquer instância.

A: incorreta, pois o Estatuto do Idoso foi instituído com o objetivo de regular os direitos das pessoas com idade *igual ou superior a 60 anos*, nos termos do art. 1º do Estatuto do Idoso; B: incorreta, pois as transações relativas a alimentos, após referendadas pelo Promotor de Justiça ou Defensor Público, passarão a ter efeito de título executivo *extrajudicial*, nos termos do art. 13 do Estatuto do Idoso; C: incorreta, pois o transporte gratuito é assegurado aos *maiores de 65 anos*, nos termos do art. 39, caput, do Estatuto do Idoso; D: correta, pois a assertiva reflete o disposto no art. 109 do Estatuto do Idoso; E: incorreta, pois a prioridade de tramitação é assegurada nos processos e na execução dos atos e diligências judiciais em que figure como *parte ou interveniente pessoa com idade igual ou superior a 60 anos*, nos termos do art. 71, caput, do Estatuto do Idoso. Gabarito "D".

(Ministério Público/MG – 2007) Assinale a afirmativa CORRETA, no que concerne às normas contidas nas Leis nºs 8.080/90 e 10.741/03 (Estatuto do Idoso).

(A) As transações relativas a alimentos que envolvam idoso, nos termos da Lei 10.741/03 (Estatuto do Idoso), poderão ser celebradas perante o Promotor de Justiça, que as referendará, tendo efeito de título executivo judicial.
(B) É assegurada prioridade na tramitação dos processos em que figure como parte ou interveniente pessoa com idade igual ou superior a 60 (sessenta) anos, a qual só cessará com a morte do beneficiado.
(C) O Ministério Público poderá promover a revogação de instrumento procuratório de idoso, em situação de risco, quando necessário ou o interesse público justificar.
(D) A obrigação de fornecimento de medicamentos no âmbito do Sistema Único de Saúde é exclusiva dos municípios.
(E) A elaboração da proposta orçamentária do Sistema Único de Saúde é atribuição concorrente da União e dos Estados, excluídos os Municípios.

A: incorreta, pois as transações relativas a alimentos, após referendadas pelo Promotor de Justiça ou Defensor Público, passarão a ter efeito de título executivo *extrajudicial*, nos termos do art. 13 do Estatuto do Idoso; B: incorreta, pois a prioridade na tramitação processual *não* cessará com a morte do beneficiado, conforme disposto no art. 71, § 2º, do Estatuto do Idoso; C: correta, pois a assertiva reflete o disposto no art. 74, IV, do Estatuto do Idoso; D: incorreta, pois a União, os Estados, os Municípios e o Distrito Federal têm obrigação solidária de assegurar a todos os cidadãos, indistintamente, o direito à saúde, posto que se encontram obrigados, por imposição constitucional, a prestarem assistência médica integral. Nesse sentido: ADMINISTRATIVO. MEDICAMENTO OU CONGÊNERE. PESSOA DESPROVIDA DE RECURSOS FINANCEIROS. FORNECIMENTO GRATUITO. RESPONSABILIDADE SOLIDÁRIA DA UNIÃO, ESTADOS MEMBROS, DISTRITO FEDERAL E MUNICÍPIOS. ... *É obrigação do Estado (União, Estados membros, Distrito Federal e Municípios) assegurar às pessoas desprovidas de recursos financeiros o acesso à medicação ou congênere necessário à cura, controle ou abrandamento de suas enfermidades, sobretudo, as mais graves. Sendo o SUS composto pela União, Estados membros e Municípios, é de reconhecer-se, em função da solidariedade, a legitimidade passiva de quaisquer deles no pólo passivo da demanda. Recurso especial improvido.* (Recurso Especial nº 656979/RS (2004/0056457-2), 2ª Turma do STJ, Rel. Min. Castro Meira. j. 16.11.2004, unânime, DJ 07.03.2005); E: incorreta, pois a competência para elaboração da proposta orçamentária do SUS é comum, conforme dispõe o art. 15, X, da Lei 8.080/90. Gabarito "C".

(Ministério Público/BA – 2010) Marque a alternativa incorreta:

(A) No sistema de transporte coletivo interestadual, para ter acesso às vagas gratuitas reservadas por veículo, em atendimento à Lei nº 10.741/03 (Estatuto do Idoso), basta que o idoso apresente qualquer documento pessoal que faça prova de sua idade.
(B) A Ordem dos Advogados do Brasil tem legitimidade para as ações cíveis fundadas em interesses difusos, coletivos, individuais indisponíveis ou homogêneos em favor de idosos.
(C) Desdenhar, humilhar, menosprezar ou discriminar pessoa idosa, por qualquer motivo, constitui crime apenado com reclusão de 6(seis) meses a 1(um) ano e multa.
(D) O idoso tem direito a descontos de pelo menos 50% (cinquenta por cento) nos ingressos para eventos artísticos, culturais, esportivos e de lazer, bem como o acesso preferencial aos respectivos locais.
(E) Compete ao Ministério Público oficiar em todos os feitos em que se discutam os direitos de idosos em condições de risco.

A: incorreta, pois segundo dispõe o art. 40 do Estatuto do Idoso, no sistema de transporte coletivo interestadual, observar-se-á, nos termos da legislação específica, a reserva de 2 (duas) vagas gratuitas por veículo para idosos *com renda igual ou inferior a 2 (dois) salários mínimos*. O Decreto 5.934, de 18 de outubro de 2006, em seu art. 6º prevê a documentação necessária para a solicitação do "Bilhete de Viagem do Idoso"; B: correta (art. 81, III, do Estatuto do Idoso); C: correta (art. 96, § 1º, do Estatuto do Idoso); D: correta (art. 23 do Estatuto do Idoso); E: correta (art. 74, II, do Estatuto do Idoso). Gabarito "A".

(Ministério Público/PR – 2011) Analisando as seguintes assertivas:

I. Os alimentos serão prestados ao idoso na forma da lei civil, podendo as transações relativas ao tema ser celebradas perante o Promotor de Justiça ou Defensor Público, que as referendará, e passarão a ter efeito de título executivo extrajudicial nos termos da lei processual civil;

II. Nos termos do Estatuto do Idoso, aos maiores de 60 (sessenta) anos de idade fica assegurada a gratuidade dos transportes coletivos públicos urbanos e semiurbanos, exceto nos serviços seletivos e especiais, quando prestados paralelamente aos serviços regulares. Nos veículos de transporte coletivo supra referidos, serão reservados 10% (dez por cento) dos assentos para os idosos, devidamente identificados com a placa de reservado preferencialmente para idosos. Para ter acesso à gratuidade, basta que o idoso apresente qualquer documento pessoal que faça prova de sua idade;

III. No transporte coletivo interestadual, é obrigatória a reserva de 02 (duas) vagas gratuitas por veículo, comboio ferroviário ou embarcação do serviço convencional de transporte interestadual de passageiros para idosos com renda igual ou inferior a 02 (dois) salários-mínimos, bem como o desconto de 50% (cinqüenta por cento), no mínimo, no valor das passagens para os idosos que excederem as vagas gratuitas, com renda igual ou inferior a 02 (dois) salários-mínimos. A comprovação de renda será feita mediante a apresentação de um dos seguintes documentos: (i) - Carteira de Trabalho e Previdência Social com anotações atualizadas; (ii) - contracheque de pagamento ou documento expedido pelo empregador; (iii) - carnê de contribuição para o Instituto Nacional do Seguro Social - INSS; (iv) - extrato de pagamento de benefício ou declaração fornecida pelo INSS ou outro regime de previdência social público ou privado; e (v) - documento ou carteira emitida pelas Secretarias Estaduais ou Municípais de Assistência Social ou congêneres;

IV. Constituem obrigações das entidades de atendimento ao idoso, dentre outras: (i) celebrar contrato escrito de prestação de serviço com o idoso, especificando o tipo de atendimento, as obrigações da entidade e prestações decorrentes do contrato, com os respectivos preços, se for o caso; (ii) manter arquivo de anotações onde constem data e circunstâncias do atendimento, nome do idoso, responsável, parentes, endereços, cidade, relação de seus pertences, bem como o valor de contribuições, e suas alterações, se houver, e demais dados que possibilitem sua identificação e a individualização do atendimento; e (iii) comunicar ao Ministério Público, para as providências cabíveis, a situação de abandono moral ou material por parte dos familiares;

V. Compete ao Ministério Público, dentre outras funções, (i) promover e acompanhar as ações de alimentos, de interdição total ou parcial, de designação de curador especial, em circunstâncias que justifiquem a medida e oficiar em todos os feitos em que se discutam os direitos de idosos em condições de risco; (ii) atuar como substituto processual do idoso em situação de risco; (iii) promover a revogação de instrumento procuratório do idoso, nas hipóteses em que este se encontre em situação de risco, quando necessário ou o interesse público justificar; e (iv) inspecionar as entidades públicas e particulares de atendimento e os programas de que trata o Estatuto do Idoso, adotando de pronto as medidas administrativas ou judiciais necessárias à remoção de irregularidades porventura verificadas.

É POSSÍVEL AFIRMAR:

(A) Apenas a assertiva II está incorreta;
(B) As assertivas II e III estão incorretas;
(C) Apenas a assertiva III está incorreta;
(D) Todas as assertivas estão corretas;
(E) Todas as assertivas estão incorretas.

I: correta, pois a assertiva reflete o disposto no art. 13 do Estatuto do Idoso; II: incorreta, pois é assegurada a gratuidade dos transportes coletivos públicos urbanos e semiurbanos, exceto nos serviços seletivos e especiais, quando prestados paralelamente aos serviços regulares, aos *maiores de 65 anos*, no caso daqueles entre 60 e 65 anos ficará a critério da legislação local dispor sobre as condições de gratuidade (art. 39, *caput*, do Estatuto do Idoso); III: correta, pois a assertiva reflete o disposto no art. 40, I e II, do Estatuto do Idoso e art. 6º do Decreto 5.934, de 18 de outubro de 2006; IV: correta, pois a assertiva reflete o disposto no art. 50, I, XV e XVI, do Estatuto do Idoso; V: correta, pois a assertiva reflete o disposto no art. 74, II, III, IV e VIII, do Estatuto do Idoso. Gabarito "A".

(Ministério Público/RS – 2009) Assinale a alternativa INCORRETA.

(A) Constitui atribuição do Ministério Público, dos Conselhos do Idoso e da Vigilância Sanitária, e outros previstos em lei, a fiscalização das entidades governamentais e não-governamentais de atendimento ao ancião.
(B) No caso de haver sentença condenatória favorável ao idoso, em ação cível fundada em interesses difusos, coletivos, individuais indisponíveis ou homogêneos, está o Ministério Público desde logo legitimado a promover a sua execução, se o autor não o fizer.
(C) Na defesa dos direitos e garantias dos idosos, a obrigação é solidária entre todos os cidadãos e o Poder Público.
(D) No âmbito do Estatuto do Idoso (Lei nº 10.741/203), a atuação do Ministério Público justifica-se nas causas em que houver interesse público ou pessoas idosas em situação de risco.
(E) Para efetivação dos direitos e garantias fundamentais do idoso, em todos os níveis, deve-lhe ser concedida primazia de atendimento.

A: correta, pois a assertiva reflete o disposto no art. 52 do Estatuto do Idoso; B: incorreta, pois a assertiva conflita com o disposto no art. 87 do Estatuto do Idoso; C: correta, pois a assertiva reflete o disposto no art. 3º, *caput*, do Estatuto do Idoso; D: correta, pois a assertiva reflete o disposto no art. 74, II, do Estatuto do Idoso; E: correta, pois a assertiva reflete o disposto no art. 3º do Estatuto do Idoso. Gabarito "B".

(Ministério Público/RS – 2009) Assinale a alternativa correta.

(A) Na defesa dos idosos, cabe privativamente ao Ministério Público a propositura de ações cíveis fundadas em interesses difusos, coletivos, individuais indisponíveis ou homogêneos.
(B) As medidas de proteção ao idoso são aplicáveis sempre que os seus direitos forem ameaçados ou violados por ação ou omissão da sociedade ou do Estado, em razão de sua condição pessoal, por falta, omissão ou abuso da família, curador ou entidade de atendimento.
(C) Constitui infração administrativa prevista no Estatuto do Idoso deixar a entidade de atendimento de oferecer instalações físicas em condições adequadas de habitabilidade, sujeitando o infrator à penalidade de multa, se o fato não for caracterizado como crime, e à imediata interdição do estabelecimento.
(D) Os procedimentos judiciais em que figure como parte ou interveniente pessoa com idade igual ou superior a 65 anos terão prioridade na tramitação de todos os atos e diligências em qualquer instância.
(E) O Juiz de Direito é a autoridade competente para a aplicação das medidas de proteção ao idoso, tais como o abrigo, o encaminhamento à família ou curador, mediante termo de responsabilidade, ou requisição para tratamento de sua saúde.

A: incorreta, pois existem outros legitimados, conforme disposto no art. 81 do Estatuto do Idoso; B: correta, pois a assertiva reflete o disposto no art. 43 do Estatuto do Idoso; C: incorreta, pois a assertiva conflita com o disposto no art. 56 do Estatuto do Idoso; D: incorreta, pois a prioridade de tramitação é assegurada aos processos em que figure como parte ou interveniente pessoa com idade igual ou superior a *60 anos*, conforme disposto no art. 71, *caput*, do Estatuto do Idoso; E: incorreta, pois o Ministério Público também pode determinar as medidas de proteção, conforme art. 45 do Estatuto do Idoso. Gabarito "B".

(Ministério Público/SP – 2010) Assinale a afirmativa correta:

(A) a fiscalização de entidades governamentais e não governamentais de atendimento ao idoso compete exclusivamente ao Ministério Público.
(B) a internação psiquiátrica da pessoa portadora de transtorno mental pode ser voluntária ou involuntária, sendo vedada a internação compulsória.
(C) segundo o Estatuto do Idoso, as transações relativas a alimentos poderão ser celebradas perante o Promotor de Justiça ou Defensor Público, que as referendará, e passarão a ter efeito de título extrajudicial, nos termos da lei processual civil.
(D) a prioridade na tramitação dos processos e procedimentos e na execução dos atos e diligências judiciais, estabelecida no Estatuto do Idoso, é assegurada apenas quando o Idoso figurar como autor.
(E) a internação psiquiátrica involuntária da pessoa portadora de transtorno mental somente poderá ser autorizada em procedimento judicial, instruído com laudo médico circunstanciado que caracterize os seus motivos, devendo o Ministério Público intervir no feito como "custos legis".

A: incorreta, pois as entidades serão fiscalizadas pelos Conselhos do Idoso, Ministério Público, Vigilância Sanitária e outros previstos em lei, conforme art. 52 do Estatuto do Idoso; B: incorreta, pois a internação compulsória é prevista como um tipo de internação psiquiátrica, prevista no art. 6º, parágrafo único, III, da Lei 10.216/01; C: correta, pois a assertiva reflete o disposto no art. 13 do Estatuto do Idoso; D: incorreta, pois a prioridade na tramitação é assegurada quando o idoso for *parte ou interveniente*, conforme dispõe o art. 71, *caput*, do Estatuto do Idoso; E: incorreta, pois a internação involuntária é aquela que se dá sem o consentimento do usuário e a pedido de terceiro e será autorizada mediante laudo médico, mas sem necessidade de procedimento judicial, conforme disposto nos arts. 6º e 8º, da Lei 10.216/01. Gabarito "C".

23. DIREITO DA PESSOA COM DEFICIÊNCIA

Leni Mouzinho Soares

(Ministério Público/AM – 2005) Com relação ao direito das pessoas com deficiência, pode-se afirmar:

I. Devem ser destinadas até 20% (vinte por cento) das vagas ofertadas em concursos públicos para pessoas com deficiência. O percentual mínimo dessa reserva é de 2% (dois por cento) das vagas, nos termos do art. 37, §1º, do Decreto 3.298/1999.

II. As empresas de transporte coletivo de passageiros terão prazo de até 120 (cento e vinte) meses para tornar seus veículos totalmente adaptados às regras de acessibilidade, contado a partir da publicação do Decreto 5.296/2004.

III. Os edifícios públicos e coletivos, inclusive os prédios tombados pelo patrimônio histórico, devem ser adaptados para permitir o acesso de pessoas com deficiência ou mobilidade reduzida.

IV. O candidato com deficiência, aprovado em concurso público deve ser avaliado durante o estágio probatório por junta médica que emitirá parecer sobre a compatibilidade entre as atribuições do cargo a sua deficiência.

V. O art. 203, inciso V, da Constituição da República garante o pagamento de benefício assistencial de prestação continuada (BPC) para pessoas com deficiência e idosos, com sessenta anos ou mais, que comprovem não possuir meios de prover a própria manutenção e nem de tê-la provida por sua família.

VI. A Língua Brasileira de Sinais (LIBRAS) é o sistema lingüístico de natureza visual motora com estrutura gramatical própria, reconhecido por lei como o segundo idioma oficial do Brasil, devendo ser usado como meio de comunicação e expressão das pessoas surdas.

Assinale verdadeiro ou falso e indique a seqüência CORRETA.

(A) V,V,F,V,V,F.
(B) F,V,V,F,F,F.
(C) F,F,V,V,F,V.
(D) V,F,F,F,V,V.

I: de acordo com o referido dispositivo, deverão ser reservadas, no mínimo, 5% das vagas; II: 120 meses é o prazo máximo previsto no Decreto 5.296/04 para a adaptação da frota de veículos de transporte coletivo e de infraestrutura do serviço às normas técnicas de acessibilidade (art. 42 do Dec. 5.296/04); III: arts. 18 a 30 do Dec. 5.296/04; IV: o candidato com deficiência será avaliado por equipe multidisciplinar composta por médico e três integrantes da carreira almejada (art. 43 do Dec. 3.298/99); V: art. 203, V, CF; VI: art. 1º, parágrafo único, da Lei 10.436/02. Gabarito "B".

(Ministério Público/BA – 2005) É correto afirmar que:

(A) A empresa pública, a fundação e a sociedade de economia mista não possuem legitimidade para propor ação civil pública destinada à proteção de interesses coletivos ou difusos das pessoas portadoras de deficiência, mesmo que inclua, entre suas finalidades institucionais, a proteção das pessoas portadoras de deficiência.

(B) De acordo com o Decreto nº 3.298/99, a incapacidade é aquela que ocorreu ou se estabilizou durante um período de tempo suficiente para não permitir recuperação ou ter probabilidade de que se altere, apesar de novos tratamentos.

(C) A empresa com mais de mil empregados está obrigada a preencher cinco por cento de seus cargos com beneficiários da Previdência Social reabilitados ou com pessoa portadora de deficiência habilitada.

(D) Cinco por cento dos cargos públicos em comissão ou função de confiança, de livre nomeação e exoneração, serão reservados para os portadores de deficiência.

(E) Um dos objetivos da Política Nacional para a Integração da Pessoa Portadora de Deficiência é o acesso, o ingresso e a permanência da pessoa portadora de deficiência em alguns dos serviços oferecidos à comunidade.

A: art. 5º, IV, da Lei 7.347/85; B: a incapacidade se dá com uma redução efetiva e acentuada da capacidade de integração social (art. 3º, III, do Dec. 3.298/99); C: art. 36, IV, do Dec. 3.298/99; D: art. 38, I, do Dec. 3.298/99; E: o objetivo é o acesso, ingresso e a permanência a todos os serviços oferecidos à comunidade (art. 7º, I, do Dec. 3.298/99). Gabarito "C".

(Ministério Público/BA – 2005) Segundo a LOAS (Lei Orgânica da Assistência Social – Lei nº 8.742/93), é correto afirmar que:

(A) A pessoa portadora de deficiência que comprove não possuir meios de prover a própria manutenção nem de tê-la provida por sua família fará jus ao benefício de prestação continuada correspondente a 1 (um) salário mínimo mensal.

(B) O benefício de prestação continuada deverá ser revisto anualmente, para a avaliação da continuidade das condições que lhe deram origem.

(C) Entende-se por benefício eventual aquele que visa ao pagamento de auxílio natalidade ou morte às famílias cuja renda mensal *per capita* seja inferior à metade do salário mínimo.

(D) Ao Conselho Nacional de Assistência Social compete normatizar as ações e regular a prestação de serviços, unicamente de natureza pública, no campo da assistência social.

(E) A assistência social não tem por objetivo o amparo aos adolescentes carentes.

A: art. 20 da Lei nº 8.742/93; B: a revisão deverá ser feita a cada dois anos (art. 21 da Lei nº 8.742/93); C: *benefício eventual* é aquele cuja renda mensal *per capita* é inferior a ¼ do salário mínimo (art. 22); D: cabe ao Conselho a normatização das ações e regulação da prestação dos serviços tanto de natureza pública quanto de natureza privada no campo da assistência social (art. 18, II); E: art. 2º, II. Gabarito "A".

(Ministério Público/BA – 2010) Considere as assertivas a seguir:

I. A prioridade assegurada na tramitação dos processos e procedimentos, e na execução dos atos e diligências judiciais em que figure como parte ou interveniente pessoa com idade igual ou superior a 60(sessenta) anos, em qualquer instância não cessa com a morte do beneficiado, estendendo-se em favor dos descendentes.

II. A sentença que concluir pela carência ou pela improcedência da ação de civil pública destinada à proteção de interesses coletivos ou difusos das pessoas portadoras de deficiência fica sujeita ao duplo grau de jurisdição, não produzindo efeito senão depois de confirmada pelo tribunal.

III. Os parques de diversões, públicos e privados, devem adaptar, no mínimo, 5% (cinco por cento) de cada brinquedo e equipamento e identificá-lo, para possibilitar sua utilização por pessoas com deficiência ou com mobilidade reduzida, tanto quanto tecnicamente possível.

IV. As instituições de ensino superior deverão oferecer adaptações de provas e os apoios necessários, previamente solicitados pelo aluno portador de deficiência, inclusive tempo adicional para realização das provas, conforme as características da deficiência.

V. Os alunos portadores de deficiência que perceberem 1 (um) salário mínimo de benefício mensal, pago com base na Lei nº 8.742/91 (Lei Orgânica de Assistência Social) não serão beneficiados com material escolar, merenda escolar e bolsas de estudo, conferidos aos demais educandos.

Estão corretas as seguintes assertivas:

(A) I - II - III.
(B) II - IV - V.
(C) III - IV - V.
(D) II - III - IV.
(E) I - III - V.

I- errada: a prioridade na tramitação de processos e procedimentos e na execução dos atos e diligências não cessará com a morte do beneficiado, estendo-se, no entanto, em favor do cônjuge supérstite, companheiro ou companheira, com união estável, maior de 60 (sessenta) anos (art. 71,§ 2º, L. 10.741/2003); II- certa: art. 4º, § 1º, da Lei nº 7.853/89; III- certa: art. 4º, parágrafo único, da Lei nº 10.098/2000, com alterações trazidas pela Lei nº 11.982/2009; IV- certa: art. 27 do Decreto nº 3.298/99; V- errada: não há restrições, ainda que a pessoa com deficiência seja beneficiada com o recebimento de um salário mínimo mensalmente (art. 203, V, da CF). Gabarito "D".

(Ministério Público/ES – 2010 – CESPE) As diretrizes da Política Nacional de Integração da Pessoa Portadora de Deficiência incluem

(A) a oportunização, ao portador de deficiência, de qualificação profissional e incorporação no mercado de trabalho, bem como a adoção de estratégias de articulação com órgãos públicos, entidades privadas e organismos internacionais para a implantação dessa política de integração.
(B) o estabelecimento de mecanismos que favoreçam o desenvolvimento das pessoas portadoras de deficiência e a sua inclusão parcial nos programas governamentais de saúde e seguridade social.
(C) a ampliação de alternativas de absorção econômica das pessoas portadoras de deficiência e seu efetivo atendimento dentro de um modelo de assistência protecionista.
(D) a propiciação, ao portador de deficiência, do acesso ao mercado de trabalho mediante uma política de incentivos fiscais e linhas de crédito.
(E) a viabilização da participação política das pessoas portadoras de deficiência mediante a representação sindical.

A: art. 6º, II e V, do Dec. 3.298/99; B: art. 6º, I, do Dec. 3298/99; C: art. 6º, V e VI, do Dec. 3.298/99; D: art. 6º, V, do Dec. 3.298/99; E: art. 6º, IV, do Dec. 3.298/99. Gabarito "A".

(Ministério Público/ES – 2010 – CESPE) Os instrumentos da Política Nacional de Integração da Pessoa Portadora de Deficiência incluem

(A) a elaboração do Plano Nacional de Integração Estratégica do Portador de Deficiência, visando garantir a efetividade dos programas de prevenção, de atendimento especializado e de integração social.
(B) o fomento à formação de recursos humanos para adequado e eficiente atendimento das pessoas portadoras de deficiência, bem como a fiscalização do cumprimento da legislação pertinente a essas pessoas.
(C) a articulação de políticas governamentais e políticas de Estado em torno da elaboração de medidas protecionistas aptas a tutelar eficientemente os inválidos de toda ordem.
(D) a criação de dispositivos que facilitem a importação de equipamentos e o fomento aos acordos de cooperação técnica em biotecnologia de próteses enxertadas.
(E) o fomento à criação de núcleos interdisciplinares de pesquisa em transplante de órgãos e desenvolvimento de tecidos e cartilagens artificiais.

Art. 8º, II, do Dec. 3.298/99. Gabarito "B".

(Ministério Público/MG – 2010.2) Nos termos das normas de proteção das pessoas portadoras de deficiência, considere as seguintes afirmativas.

I. O MP deve atuar em toda ação judicial em que seja parte uma pessoa portadora de deficiência.

II. O MP está legitimado para proteger judicialmente direitos coletivos de pessoas que temporariamente tenham limitadas as suas capacidades de relacionarem-se com o meio e de utilizá-lo.

III. A construção de edifícios públicos destinados ao uso coletivo deverá ser realizada de modo que sejam acessíveis às pessoas portadoras de deficiência ou com mobilidade reduzida.

IV. A ampliação ou reforma de edifícios públicos ou privados destinados ao uso coletivo deverão ser executadas de modo que se tornem acessíveis às pessoas portadoras de deficiência ou com mobilidade reduzida.

Pode-se concluir que estão CORRETAS

(A) as afirmativas I, II, III e IV.
(B) apenas as afirmativas I e III.
(C) apenas as afirmativas I, II e IV.
(D) apenas as afirmativas II, III e IV.

I: incorreta, de acordo com o disposto no art. 5º da Lei nº 7.853/89; II: assertiva correta, nos termos do art. 5º, II, do Dec. 5.296/04 c.c. o art. 5º da Lei 7.853/89; III: correta, nos termos do art. 11 do Dec. nº 5.296/04; IV: correta, art. 11 do Dec. nº 5.296/04. Gabarito "D".

(Ministério Público/MG – 2010.1) São direitos expressamente previstos na legislação específica

I. Em benefício dos idosos (Lei Federal nº 10.741/2003): o atendimento preferencial imediato e individualizado junto aos órgãos públicos e privados prestadores de serviços à população; a preferência na formulação e na execução de políticas sociais públicas específicas; a prioridade no recebimento da restituição do imposto de renda; a gratuidade, aos maiores de 65 (sessenta e cinco) anos, dos transportes coletivos públicos e privados, urbanos e semiurbanos, exceto nos serviços seletivos e especiais, quando prestados paralelamente aos serviços regulares.

II. Em benefício das pessoas portadoras de deficiência (Lei Federal nº 7.853/89): a oferta, obrigatória e gratuita, da Educação Especial em estabelecimento público de ensino; a promoção de ações eficazes que propiciem sua inserção, nos setores públicos e privados.

III. Em favor dos consumidores (Lei Federal nº 8.078/1990): a proteção da vida, saúde e segurança contra os riscos provocados por práticas no fornecimento de produtos e serviços considerados perigosos ou nocivos; a proteção contra a publicidade enganosa e abusiva, métodos comerciais coercitivos ou desleais, bem como contra práticas e cláusulas abusivas ou impostas no fornecimento de produtos e serviços; a efetiva prevenção e reparação de danos patrimoniais e morais, individuais, coletivos e difusos.

IV. Em atenção à criança e ao adolescente (Lei Federal nº 8.069/1990): direito a proteção à vida e à saúde; à liberdade, ao respeito e à dignidade; à convivência familiar e comunitária.

Marque a opção CORRETA.

(A) II, III e IV estão corretas.
(B) I, II e III estão corretas.
(C) III e IV estão corretas.
(D) I, II e IV estão corretas.
(E) Todas estão corretas.

I: o transporte gratuito é assegurado apenas nos transportes coletivos públicos (arts. 3º e 39, ambos da Lei nº 10.741/03); II: art. 2º, I, alíneas b e c, da Lei nº 7.853/89; III: art. 6º, I, IV e VI, da Lei nº 8.078/90; IV: Título II, Dos Direitos Fundamentais, da Lei nº 8.069/90. Gabarito "A".

(Ministério Público/MG – 2010.1) A Lei nº 7.853, de 24 de outubro de 1989, que dispõe sobre o apoio às pessoas portadoras de deficiência e sua integração social, assegura expressamente o seguinte:

I. Ao Poder Público e seus órgãos cabe assegurar às pessoas portadoras de deficiência o pleno exercício de seus direitos básicos, inclusive dos direitos à educação, à saúde, ao trabalho, ao lazer, à previdência social, ao amparo à infância e à maternidade, e de outros que, decorrentes da Constituição e das leis, propiciem seu bem-estar pessoal, social e econômico.

II. A inclusão, no sistema educacional, da Educação Especial como modalidade educativa que abranja a educação precoce, a pré-escolar, as de 1º e 2º graus, a supletiva, a habilitação e reabilitação profissionais, com currículos, etapas e exigências de diplomação próprios.

III. Oferta, obrigatória e gratuita, da Educação Especial em estabelecimento público e particular de ensino.

IV. A garantia de acesso aos estabelecimentos de saúde, públicos e privados, e ao adequado tratamento neles, sob normas técnicas e padrões de conduta apropriados.

V. A adoção e a efetiva execução de normas que garantam a funcionalidade das edificações e vias públicas, que evitem ou removam os óbices às pessoas portadoras de deficiência, permitam o acesso destas a edifícios, a logradouros e aos meios de transporte.

Marque a opção CORRETA.

(A) I, III, IV e V estão corretas.
(B) I, II, IV e V estão corretas.
(C) I, III e IV estão corretas.
(D) III, IV e V estão corretas.
(E) Todas estão corretas.

I: art. 2º da Lei nº 7.853/89; II: art. 2º, II, da Lei nº 7.853/89; III: incorreta: art. 2º, I, c, da Lei nº 7.853/89; IV: art. 2º, II, d, da Lei nº 7.853/89; V: art. 2º, V, a, da Lei nº 7.853/89. Gabarito "B".

(Ministério Público/MG - 2008) Sobre o direito de acessibilidade, marque a opção INCORRETA.

(A) Em todas as áreas de estacionamento de veículos, localizadas em vias ou em espaços públicos, deverão ser reservadas vagas próximas dos acessos de circulação de pedestres, devidamente sinalizadas, para veículos que transportem pessoas portadoras de deficiência com dificuldade de locomoção.
(B) As disposições da Lei 10.098/2000 aplicam-se aos edifícios ou imóveis declarados bens de interesse cultural ou de valor histórico-artístico, desde que as modificações necessárias observem as normas específicas reguladoras destes bens.
(C) Os estabelecimentos de ensino de qualquer nível, etapa ou modalidade, públicos ou privados, proporcionarão condições de acesso e utilização de todos os seus ambientes ou compartimentos para pessoas portadoras de deficiência ou com mobilidade reduzida, inclusive salas de aula, bibliotecas, auditórios, ginásios e instalações desportivas, laboratórios, áreas de lazer e sanitários.
(D) Caberá ao Poder Legislativo, com base em estudos e pesquisas, verificar a viabilidade de redução ou isenção de tributo para a aquisição e importação de equipamentos novos ou usados que não sejam produzidos no País, necessários no processo de adequação do sistema de transporte coletivo, desde que não existam similares nacionais.
(E) A construção, ampliação ou reforma de edifícios públicos ou privados destinados ao uso coletivo deverão ser executadas de modo que sejam ou se tornem acessíveis às pessoas portadoras de deficiência ou com mobilidade reduzida.

A: art. 7º da Lei nº 10.098/2000; B: art. 25 da Lei nº 10.098/2000; C: art. 24 do Dec. 5.296/04; D: incorreta, visto que tal providência cabe ao Poder Executivo (art. 45 do Dec. 5.296/04); E: art. 11 do Dec. 5.296/04. Gabarito "D".

(Ministério Público/MG – 2006) Segundo as disposições da Lei nº 7.853/89 e do Decreto nº 3.298/99,

I. as ações civis públicas destinadas à proteção de interesses coletivos ou difusos das pessoas portadoras de deficiência poderão ser propostas pela sociedade de economia mista que inclua, entre suas finalidades institucionais, a proteção das pessoas portadoras de deficiência.

II. a sentença que concluir pela carência ou pela improcedência da ação coletiva de proteção dos interesses difusos do portador de deficiência fica sujeita ao duplo grau de jurisdição, não produzindo efeito senão depois de confirmada pelo Tribunal.

III. o Ministério Público intervirá obrigatoriamente nas ações em que figure como autor ou réu pessoa portadora de deficiência.

IV. é facultado aos legitimados ativos habilitarem-se como litisconsortes nas ações civis públicas (destinadas à proteção de interesses difusos da pessoa portadora de deficiência) propostas por qualquer deles.

V. a pessoa portadora de deficiência participará de concurso em igualdade de condições com os demais candidatos, mas a legislação estabelece condições especiais que lhe são favoráveis, entre as quais aquela no que concerne ao conteúdo das provas.

As afirmativas INCORRETAS são:

(A) I e III.
(B) II e IV.
(C) III e V.
(D) IV e I.
(E) V e II.

I: art. 3º, caput, da Lei nº 7.853/89; II: art. 4º, § 1º, da Lei nº 7.853/89; III: proposição incorreta: art. 5º da Lei nº 7.853/89; IV: art. 3º, § 5º, da Lei nº 7.853/89; V: assertiva incorreta, nos termos do disposto no art. 41, I, do Dec. 3.298/99. Gabarito "C".

(Ministério Público/MS – 2006) Nas ações em que se discutam interesses relacionados à deficiência das pessoas o Ministério Público intervirá:

(A) Obrigatoriamente nas ações civis públicas, coletivas ou individuais;
(B) Obrigatoriamente apenas nas ações civis públicas e coletivas;
(C) Obrigatoriamente nas ações civis públicas e coletivas e, facultativamente, nas individuais;
(D) Nenhuma das opções anteriores.

Art. 5º da Lei nº 7.853/89. Gabarito "A".

(Ministério Público/PR – 2011) ASSINALE A ALTERNATIVA INCORRETA:

(A) O benefício da prestação continuada, previsto no artigo 203, inciso V, da Constituição Federal, consiste na garantia do pagamento de 01 (um) salário mínimo mensal à pessoa portadora de deficiência e ao idoso com 65 (sessenta e cinco) anos ou mais e que comprovem não possuírem meios de prover a própria manutenção e nem de tê-la provida por sua família, devendo ser revisto a cada 02 (dois) anos, para avaliação da continuidade das condições que lhe deram origem, e cessa no momento em que forem superadas referidas condições, ou em caso de morte do beneficiário. Considera-se incapaz de prover a manutenção da pessoa portadora de deficiência ou idosa a família cuja renda mensal per capita seja inferior a 1/4 (um quarto) do salário mínimo;
(B) No Estado do Paraná, o provimento de cargos e empregos públicos, nos órgãos e entidades da administração direta, indireta e fundacional, obedecido o princípio do concurso público de provas ou de provas e títulos, faz-se com reserva do percentual mínimo de 5% (cinco por cento) para pessoa portadora de deficiência;
(C) Os locais de espetáculos, conferências, aulas e outros de natureza similar deverão dispor de espaços reservados para pessoas que utilizam cadeiras de rodas, e de lugares específicos para pessoas com deficiência auditiva e visual, inclusive acompanhante, de acordo com a ABNT, de modo a facilitar-lhes as condições de acesso, circulação e comunicação;

(D) A internação involuntária da pessoa portadora de transtorno mental é aquela que se dá sem o consentimento do usuário e a pedido de terceiro. Somente será realizada mediante laudo médico circunstanciado que caracterize os seus motivos. A sua autorização é dada por médico devidamente registrado no Conselho Regional de Medicina (CRM) do Estado onde se localize o estabelecimento, com prévia manifestação do representante do Ministério Público, que de posse do laudo médico circunstanciado, terá o prazo de 72 (setenta e duas) horas para tanto;

(E) Constitui crime, punido com reclusão de 01 (um) a 04 (quatro) anos e multa, recusar, suspender, procrastinar, cancelar ou fazer cessar, sem justa causa, a inscrição de aluno em estabelecimento de ensino de qualquer curso ou grau, público ou privado, por motivos derivados da deficiência que porta.

Art. 8º, *caput*, e § 1º, da Lei nº 10.216/2001. Gabarito "D".

(Ministério Público/PR – 2009) São normas constitucionais voltadas *especialmente* às pessoas portadoras de deficiência:

(A) direito de acesso a logradouros e edifícios de uso público, direito a tratamento adequado e livre manifestação de pensamento;

(B) direito a renda mensal de um salário mínimo, proibição de tratamento desumano ou degradante e livre exercício de qualquer trabalho, ofício ou profissão;

(C) reserva de vagas em concursos públicos, direito de acesso a logradouros e edifícios de uso público e livre manifestação de pensamento;

(D) direito a tratamento adequado, direito a educação especial e direito à reabilitação;

(E) direito de acesso a logradouros e edifícios de uso público, reserva de vagas em concurso público e livre expressão da atividade intelectual, artística, científica e de comunicação.

A: art. 227, § 2º, da CF; B: art. 203, V, da CF; C: art. 37, VIII, da CF; arts. 23, II, 208, III, e 203, IV, todos da CF; E: a livre expressão da atividade intelectual, artística, científica e de comunicação é direito de todos (art. 5º, IX, da CF). Gabarito "D".

(Ministério Público/PR – 2008) Assinale a alternativa INCORRETA:

(A) O aluno portador de deficiência matriculado ou egresso do ensino fundamental ou médio, de instituições públicas ou privadas, terá acesso à educação profissional, a fim de obter habilitação profissional que lhe proporcione oportunidades de acesso ao mercado de trabalho.

(B) Fica assegurado à pessoa portadora de deficiência o direito de se inscrever em concurso público, em igualdade de condições com os demais candidatos, para provimento de cargo ou emprego público integrante de carreira que exija aptidão plena do candidato.

(C) É vedado à autoridade competente obstar a inscrição de pessoa portadora de deficiência em concurso público para ingresso em carreira da Administração Pública Federal direta e indireta.

(D) A empresa com cem ou mais empregados está obrigada a preencher de dois a cinco por cento de seus cargos com beneficiários da Previdência Social reabilitados ou com pessoa portadora de deficiência habilitada. A empresa com quinhentos e um a mil empregados, na proporção de quatro por cento (4%).

(E) Os editais de concursos públicos deverão conter o número de vagas existentes, bem como o total correspondente à reserva destinada à pessoa portadora de deficiência.

A: art. 28 do Dec. 3.298/99; B: art. 37 do Dec. 3.298/99; C: art. 40 do Dec. 3.298/99; D: art. 36, III, do Dec. 3.298/99; E: art. 39, I, do Dec. 3.298/99. Gabarito "B".

(MINISTÉRIO PÚBLICO/RO – 2010 – CESPE) Os objetivos da Política Nacional para a Integração das Pessoas Portadoras de Deficiência incluem

(A) o apoio à formação de recursos humanos para atendimento da pessoa portadora de deficiência e a criação do banco de fomento para a aquisição de órteses, próteses e equipamentos de transportes para portadores de mobilidade reduzida.

(B) o investimento na construção de condomínios fechados destinados ao uso exclusivo dos portadores de deficiência em todas as unidades da Federação, bem como a produção de veículos de transporte público adaptados às suas necessidades, de uso exclusivo e circulação obrigatória durante as vinte e quatro horas do dia.

(C) o acesso, o ingresso e a permanência da pessoa portadora de deficiência em todos os serviços oferecidos à comunidade, bem como o desenvolvimento de programas setoriais destinados ao atendimento das necessidades especiais das pessoas portadoras de deficiência.

(D) o apoio à formação de recursos humanos para atendimento da pessoa portadora de deficiência e, também, o cadastramento de voluntários para pesquisa com células-tronco embrionárias.

(E) a articulação de entidades governamentais e não governamentais, em nível federal, estadual, do DF e municipal com a Secretaria de Inclusão Social do Trabalhador da Organização Internacional do Trabalho, visando garantir efetividade aos programas de prevenção, de atendimento especializado e de integração social, bem como o estabelecimento de padrões diferenciados de qualidade de vida para os maiores de sessenta anos.

Art. 7º, I, do Dec. 3.298/99. Gabarito "C".

(MINISTÉRIO PÚBLICO/RO – 2010 – CESPE) O atendimento prioritário dado às pessoas portadoras de deficiência compreende

(A) a distribuição de brindes e descontos na aquisição de equipamentos de informática, bem como a disponibilização de pessoal capacitado para prestar atendimento às pessoas com deficiência visual, mental e múltipla.

(B) o tratamento diferenciado, que inclui, entre outros: assentos de uso preferencial sinalizados, espaços e instalações acessíveis, mobiliário de recepção e atendimento obrigatoriamente adaptado à altura e à condição física de cadeirantes, conforme estabelecido nas normas técnicas de acessibilidade da ABNT.

(C) serviço obrigatório de acompanhante para portadores de mobilidade reduzida nos espaços públicos destinados ao lazer, às compras e à alimentação.

(D) menu em braile, tradutor para língua brasileira de sinais, e canil para cães-guia em centros comerciais, teatros, cinemas e restaurantes.

(E) a criação de juizados especiais do portador de deficiência nos tribunais de justiça dos estados.

Art. 6º, § 1º e seus incisos, do Dec. 5.296/2004. Gabarito "B".

(Ministério Público/RR – 2008 – CESPE) A respeito dos direitos das pessoas com deficiência, julgue os itens subseqüentes de acordo com o que prescreve a Lei n.º 7.853/1989.

(1) É garantida a pessoas com deficiência capazes de se integrarem ao sistema regular de ensino a matrícula compulsória em cursos regulares de estabelecimentos públicos e particulares.

(2) O poder público está obrigado a adotar medidas efetivas que garantam a funcionalidade das edificações e vias públicas, removendo ou evitando óbices às pessoas com deficiência, para o acesso destas a edifícios, logradouros e meios de transporte.

(3) Ao Ministério Público é permitido avaliar a conveniência de intervir nas ações públicas, coletivas ou individuais, em que se discutam interesses relacionados à deficiência das pessoas.

(4) A Coordenadoria Nacional para a Pessoa Portadora de Deficiência (CORDE) constitui órgão federal autônomo, ao qual compete manter, com os estados, municípios, DF e Ministério Público, estreito relacionamento, objetivando a concorrência de ações destinadas à integração social das pessoas com deficiência. Cabe, também, à CORDE provocar a iniciativa do Ministério Público, fornecendo-lhe informações sobre fatos que constituam objeto de ações civis, mediante indicação de elementos de convicção.

1: art. 2º, parágrafo único, I, f, da Lei nº 7.853/89; 2: art. 2º, parágrafo único, V, a, da Lei nº 7.853/89; 3: art. 5º da Lei nº 7.853/89; 4: art. 12, V, da Lei nº 7.853/89. Gabarito 1C, 2C, 3E, 4C.

(Ministério Público/RS – 2009) A Lei nº 7.853, de 24 de outubro de 1989, criminalizou o preconceito em relação às pessoas portadoras de deficiência. Considere as afirmações abaixo que descrevem condutas manifestamente discriminatórias:

I. Obstar, sem justa causa, o acesso de alguém a qualquer cargo público, por motivos derivados de sua deficiência.

II. Negar, sem justa causa, a alguém, por motivos derivados de sua deficiência, emprego ou trabalho.

III. Recusar, suspender, procrastinar, cancelar ou fazer cessar, sem justa causa, a inscrição de aluno em estabelecimento de ensino de qualquer curso ou grau, público ou privado, por motivos derivados da deficiência que porta.
IV. Recusar, retardar ou dificultar internação ou deixar de prestar assistência médico-hospitalar e ambulatorial, quando possível, à pessoa portadora de deficiência.

Quais delas descrevem infrações de natureza penal?

(A) Apenas I e II.
(B) Apenas I, II e III.
(C) Apenas III e IV.
(D) Apenas IV.
(E) I, II, III e IV

I: art. 8°, II; II: art. 8°, III; III: art. 8°, I; IV: art. 8°, IV, todos da Lei n° 7.853/89. Gabarito "E".

(Ministério Público/SC – 2010)

I. A Lei 10.098, de 19 de dezembro de 2000, define acessibilidade como a possibilidade e condição de alcance para utilização, com segurança e autonomia, dos espaços, mobiliários e equipamentos urbanos, das edificações, dos transportes e dos sistemas e meios de comunicação, por pessoa com deficiência ou com mobilidade reduzida.
II. A pessoa portadora de transtorno mental, nos atendimentos de saúde mental, sejam ambulatoriais ou hospitalares, tem o direito de acessar livremente os meios de comunicação disponíveis.
III. Quando a pessoa portadora de transtorno mental consente com sua internação (internação voluntária), fica dispensado laudo médico circunstanciado que caracterize os seus motivos.
IV. O auxílio-reabilitação psicossocial, para pacientes acometidos de transtornos mentais egressos de internações, é fixado pela Lei 10.708, de 31 de julho de 2003, no valor de um salário mínimo mensal, podendo ser reajustado pelo Poder Executivo.
V. Um dos requisitos para obtenção do auxílio-reabilitação psicossocial pelos pacientes portadores de transtornos mentais, é que tenham permanecido internados, comprovadamente, por período igual ou superior a dois anos, admitindo-se no computo deste prazo, o tempo de permanência em serviços residenciais terapêuticos.

(A) Apenas as assertivas I, III e V estão corretas.
(B) Apenas as assertivas I, III e IV estão corretas.
(C) Apenas as assertivas III, IV e V estão corretas.
(D) Apenas as assertivas II e V estão corretas.
(E) Apenas as assertivas I e II e V estão corretas.

I: correta- art. 2°, I, da Lei 10.098/00; II: incorreta, art. 2° da Lei 10.216/01, que prevê que o livre acesso deverá ser disponibilizado nos atendimentos de saúde de qualquer natureza; III: correta – arts. 7° e 8° da Lei n° 10.216/01; IV: incorreta – o valor estabelecido é de R$ 240,00 (duzentos e quarenta reais) – art. 2°, § 1°, da Lei n° 10.708/03; V: correta – art. 3°, I e § 1°, da Lei n° 10.708/03. Gabarito "A".

(Ministério Público/SE – 2010 – CESPE) Além do MPU, podem propor ações civis públicas destinadas à proteção de interesses coletivos ou difusos das pessoas portadoras de deficiência

(A) exclusivamente os estados, os municípios e o DF.
(B) somente as associações constituídas há mais de um ano, nos termos da lei civil.
(C) as autarquias, empresas públicas, fundações ou sociedades de economia mista cadastradas no Conselho Nacional dos Direitos da Pessoa Portadora de Deficiência.
(D) as associações constituídas há mais de um ano, nos termos da lei civil, os estados, os municípios e o DF, bem como autarquia, empresa pública, fundação ou sociedade de economia mista que inclua, entre suas finalidades institucionais, a proteção das pessoas portadoras de deficiência.
(E) os estados, as entidades de classe e as organizações da sociedade civil de interesse público reconhecidas e monitoradas pela Secretaria de Ações Afirmativas da Pessoa Portadora de Necessidades Especiais do Ministério da Justiça.

Art. 3° da Lei n° 7.853/89. Gabarito "D".

(Ministério Público/SE – 2010 – CESPE) Os princípios que norteiam a Política Nacional para a Integração da Pessoa Portadora de Deficiência incluem

(A) o desenvolvimento de ação conjunta do Estado e da sociedade civil, de modo a assegurar a plena integração da pessoa portadora de deficiência no contexto socioeconômico e cultural, bem como o estabelecimento de mecanismos e instrumentos legais e operacionais que assegurem às pessoas portadoras de deficiência o pleno exercício de seus direitos básicos que, decorrentes da CF e das leis, lhes propiciem bem-estar pessoal, social e econômico.
(B) o respeito às pessoas portadoras de deficiência, que devem receber igualdade de oportunidades na sociedade por reconhecimento dos direitos que lhes são assegurados, sem privilégios ou paternalismos, bem como o acesso garantido aos programas de eugenia, esterilização e seleção genética dos embriões sadios.
(C) o acesso à reprodução assistida e ao aborto terapêutico realizado pelo SUS em caso de comprovada anomalia fetal.
(D) o estabelecimento de instrumentos e técnicas operacionais que assegurem às pessoas portadoras de deficiência a reabilitação neurológica por meio do acesso ao transplante de células-tronco embrionárias.
(E) a implementação de zonas urbanas de uso residencial alternativo voltadas exclusivamente para as pessoas portadoras de deficiência.

Art. 5° e incisos do Dec. 3.298/99. Gabarito "A".

(Defensoria/SP – 2007 – FCC) Dentre as medidas, na área de formação profissional e do trabalho, do sistema de apoio a pessoa portadora de deficiência, pode-se destacar:

(A) o apoio governamental à formação básica, sem caráter profissional, a fim de que o deficiente não se sinta obrigado a trabalhar.
(B) o empenho do Poder Público quanto à criação e à manutenção de empregos, exclusivamente em tempo integral, destinados às pessoas portadoras de deficiência que não tenham acesso aos empregos comuns.
(C) a promoção de ações eficazes que propiciem a inserção, nos setores públicos e privado, de pessoas portadoras de deficiência.
(D) a adoção de legislação específica que discipline a reserva de mercado de trabalho, em favor das pessoas portadoras de deficiência, exclusivamente nas entidades da Administração Pública.
(E) o estabelecimento de regras que obriguem o setor privado a empregar todos os candidatos portadores de deficiência que se apresentarem.

Arts. 34 e 35 do Decreto n° 3.298/99. Gabarito "C".

24. DIREITO SANITÁRIO

Ana Paula Garcia

(Ministério Público/BA – 2010) Identifique com V ou F, conforme o caso, as afirmativas verdadeiras e falsas.

I. A direção do SUS, em cada esfera de governo, é composta pelo órgão setorial do Poder Executivo e pelo respectivo Conselho de Saúde, nos termos das Leis nos 8.080/90 e 8.142/90.

II. Os Conselhos de Saúde são órgãos de controle do Sistema Único de Saúde pela sociedade, nos níveis municipal, estadual e federal, criados para permitir que a população possa interferir na gestão da saúde, defendendo os interesses da coletividade, para que sejam estes atendidos pelas ações governamentais.

III. A municipalização da saúde, estabelecida pela Constituição Federal de 1988 e pela Lei Federal nº 8.080/90, compreende: a) a habilitação dos Municípios para assumir a responsabilidade parcial pela gestão do sistema de saúde em seu território (Sistema de Gestão Plena, anterior à criação do Pacto pela Saúde, firmado em 2006); b) a centralização da gerência das ações e serviços de saúde para os Municípios.

IV. A Carta Magna não prevê que a execução do serviço de saúde deva ser diretamente feita pelo Estado, ainda que mantido o dever de prestá-lo.

V. A Constituição Federal dispõe que a assistência à saúde é livre à iniciativa privada.

A alternativa que contém a seqüência correta, de cima para baixo, é a:

(A) V V F F V.
(B) V V V V F.
(C) F V F V F.
(D) V F F F V.
(E) V V F V V.

I: verdadeira (art. 9º da Lei 8.080/90 e art. 1º, §2º, da Lei 8.142/90); II: verdadeira (art. 1º, § 2º, da Lei 8.142/90); III: falsa; IV: verdadeira, pois a Constituição realmente não faz previsão nesse sentido (art. 197 da CF); V: verdadeira (art. 199, caput, da CF). Gabarito "E."

(Ministério Público/BA – 2005) Sobre o SUS (Sistema Único de Saúde), é correto afirmar que:

(A) Permite-se, em situações emergenciais ou de calamidade pública, a destinação de subvenções e auxílios a instituições prestadoras de serviços de saúde com finalidade lucrativa.
(B) Os recursos financeiros do SUS (Sistema Único de Saúde) serão depositados em conta especial, em cada esfera de sua atuação, e movimentados sob fiscalização dos respectivos Conselhos de Saúde.
(C) A iniciativa privada não pode participar.
(D) Os usuários são representados nos Conselhos de Saúde, embora a representação não seja paritária em relação ao conjunto dos demais segmentos.
(E) A participação na formulação da política e na execução de ações de saneamento básico não está incluída no campo de atuação do SUS (Sistema Único de Saúde).

A: incorreta, pois não existe essa previsão legal, conforme disposto no art. 38 da Lei 8.080/90; B: correta, pois a assertiva reflete o disposto no art. 33, caput, da Lei 8.080/90 ("Os recursos financeiros do Sistema Único de Saúde (SUS) serão depositados em conta especial, em cada esfera de sua atuação, e movimentados sob fiscalização dos respectivos Conselhos de Saúde"); C: incorreta, pois a iniciativa privada pode participar do Sistema Único de Saúde em caráter complementar, conforme disposto no art. 4º, § 2º, da Lei 8.080/90; D: incorreta, pois a representação dos usuários nos Conselhos de Saúde e Conferências será paritária em relação ao conjunto dos demais segmentos, conforme disposto no art. 1º, § 4º, da Lei 8.142/90; E: incorreta, pois a participação na formulação da política e na execução de ações de saneamento básico estão incluídas no campo de atuação do SUS, conforme disposto nos arts. 5º e 6º da Lei 8.080/90. Gabarito "B."

(Ministério Público/GO – 2005) Nos termos da Lei nº 8.080/90, Lei Orgânica da Saúde, é INCORRETO afirmar:

(A) estão incluídas no campo de atuação do Sistema Único de Saúde (SUS) a execução de ações de vigilância sanitária, de vigilância epidemiológica, de saúde do trabalhador e de assistência terapêutica integral, inclusive farmacêutica;
(B) as populações indígenas terão direito a participar dos organismos colegiados de formulação, acompanhamento e avaliação das políticas de saúde, tais como o Conselho Nacional de Saúde e os Conselhos Estaduais e Municipais de Saúde, quando for o caso;
(C) o Sistema Único de Saúde (SUS), quando as suas disponibilidades forem insuficientes para garantir a cobertura assistencial à população de uma determinada área, poderá recorrer apenas aos serviços ofertados por entidades privadas filantrópicas ou sem fins lucrativos;
(D) os serviços de saúde do Sistema Único de Saúde (SUS), da rede própria ou conveniada, são obrigados a permitir a presença, junto à parturiente, de um (01) acompanhante durante todo o período de trabalho de parto, parto e pós-parto imediato.

A: correta, pois a assertiva reflete o disposto no art. 6º, I, da Lei 8.080/90; B: correta, pois a assertiva reflete o disposto no art. 19-H da Lei 8.080/90, introduzido pela Lei 9.836/99; C: incorreta, pois, quando as disponibilidades do SUS forem insuficientes para garantir a cobertura, poderá recorrer aos serviços ofertados pela iniciativa privada, a teor do disposto no art. 24, caput, da Lei 8.080/90; D: correta, pois a assertiva reflete o disposto no art. 19-J da Lei 8.080/90, que foi introduzido pela Lei 11.108, de 7 de abril de 2005. Gabarito "C."

(Ministério Público/MA – 2009) De acordo com o disposto na Lei nº 8.142/1990 (que dispõe sobre a participação da comunidade na gestão do Sistema Único de Saúde e sobre as transferências intergovernamentais de recursos financeiros na área da saúde e dá outras providências), é possível afirmar que:

(A) os Municípios não podem estabelecer consórcio para execução de ações e serviços de saúde;
(B) os Municípios podem estabelecer consórcio para execução de ações e serviços de saúde;
(C) os Municípios somente podem estabelecer consórcio para execução de ações e serviços de saúde mediante autorização da União;

(D) os Municípios somente podem estabelecer consórcio para execução de ações e serviços e saúde mediante autorização dos respectivos Estados;

(E) os Municípios somente podem estabelecer consórcio para execução de ações e serviços de saúde mediante autorização da União e dos respectivos Estados.

A assertiva B está correta, pois reflete o disposto no art. 3º, § 3º, da Lei 8.142/90 ("Os Municípios poderão estabelecer consórcio para execução de ações e serviços de saúde, remanejando, entre si, parcelas de recursos previstos no inciso IV do art. 2º desta lei"). Gabarito "B".

(Ministério Público/MA – 2009) A realização de transplante ou enxertos de tecidos, órgãos ou partes do corpo humano só poderá ser realizada por estabelecimento de saúde, público ou privado, e por equipes médico-cirúrgicas de remoção e transplante, previamente autorizados:

(A) pelo órgão de gestão municipal do Sistema Único de Saúde (SUS);

(B) pelas Secretarias Municipais de Vigilância Sanitária;

(C) pelo órgão de gestão nacional do Sistema Único de Saúde (SUS);

(D) pelo Conselho Regional de Medicina;

(E) pelos gestores dos respectivos estabelecimentos de saúde.

A assertiva C está correta, pois reflete o disposto no art. 2º, *caput*, da Lei 9.434/97 ("A realização de transplante ou enxertos de tecidos, órgãos ou partes do corpo humano só poderá ser realizada por estabelecimento de saúde, público ou privado, e por equipes médico-cirúrgicas de remoção e transplante previamente autorizados pelo órgão de gestão nacional do Sistema Único de Saúde"). Gabarito "C".

(Ministério Público/MA – 2009) A respeito do planejamento familiar é *CORRETO* afirmar que:

(A) a Lei nº 9.263/1996 (que regula o §7º do art. 226 da Constituição Federal, que trata do planejamento familiar, estabelece penalidades e dá outras providências) permite ações de regulação da fecundidade que garanta direitos iguais de constituição, limitação ou aumento da prole pela mulher, pelo homem ou pelo casal, inclusive para controle demográfico;

(B) a legislação pátria não permite a esterilização voluntária;

(C) é permitida a indução ou instigamento individual ou coletivo à prática da esterilização cirúrgica;

(D) a Lei nº 9.263/1996 permite a esterilização voluntária nas situações que especifica;

(E) é autorizada a exigência de atestado de esterilização ou de teste de gravidez para quaisquer fins.

A assertiva D está correta, pois reflete o disposto no art. 10 da Lei 9.263/96 ("Somente é permitida a esterilização voluntária nas seguintes situações: I - em homens e mulheres com capacidade civil plena e maiores de vinte e cinco anos de idade ou, pelo menos, com dois filhos vivos, desde que observado o prazo mínimo de sessenta dias entre a manifestação da vontade e o ato cirúrgico, período no qual será propiciado à pessoa interessada acesso a serviço de regulação da fecundidade, incluindo aconselhamento por equipe multidisciplinar, visando desencorajar a esterilização precoce; II - risco à vida ou à saúde da mulher ou do futuro concepto, testemunhado em relatório escrito e assinado por dois médicos. § 1º É condição para que se realize a esterilização o registro de expressa manifestação da vontade em documento escrito e firmado, após a informação a respeito dos riscos da cirurgia, possíveis efeitos colaterais, dificuldades de sua reversão e opções de contracepção reversíveis existentes. § 2º É vedada a esterilização cirúrgica em mulher durante os períodos de parto ou aborto, exceto nos casos de comprovada necessidade, por cesarianas sucessivas anteriores. § 3º Não será considerada a manifestação de vontade, na forma do § 1º, expressa durante ocorrência de alterações na capacidade de discernimento por influência de álcool, drogas, estados emocionais alterados ou incapacidade mental temporária ou permanente. § 4º A esterilização cirúrgica como método contraceptivo somente será executada através da laqueadura tubária, vasectomia ou de outro método cientificamente aceito, sendo vedada através da histerectomia e ooforectomia. § 5º Na vigência de sociedade conjugal, a esterilização depende do consentimento expresso de ambos os cônjuges. § 6º A esterilização cirúrgica em pessoas absolutamente incapazes somente poderá ocorrer mediante autorização judicial, regulamentada na forma da Lei"). Gabarito "D".

(Ministério Público/MA – 2009) O dever do Estado de garantir a saúde:

(A) exclui o das pessoas, da família, das empresas e da sociedade;

(B) não exclui o das pessoas, da família, das empresas e da sociedade;

(C) exclui apenas o da família;

(D) exclui somente o da sociedade;

(E) exclui apenas o das pessoas e das empresas.

A assertiva B está correta, pois reflete o disposto no art. 2º, § 2º, da Lei 8.080/90 ("O dever do Estado não exclui o das pessoas, da família, das empresas e da sociedade"). Gabarito "B".

(Ministério Público/MA – 2009) São diretrizes que regem o Sistema Único de Saúde:

(A) descentralização, atendimento integral e participação da comunidade;

(B) centralização, universalidade e participação da comunidade;

(C) descentralização e atendimento apenas aos carentes;

(D) centralização, atendimento apenas aos carentes e sigilo das informações, mesmo às pessoas assistidas, sobre sua saúde;

(E) centralização, universalidade e sigilo das informações, mesmo às pessoas assistidas, sobre sua saúde.

A assertiva A está correta, pois reflete o disposto no art. 198, I, II e III, da CF. Gabarito "A".

(Ministério Público/MA – 2009) Apenas um dos enunciados contém informação *CORRETA* a respeito do atendimento domiciliar pelo Sistema Único de Saúde. Aponte-o.

(A) Não inclui a internação domiciliar.

(B) Abrange o atendimento domiciliar e a internação domiciliar.

(C) Inclui somente procedimentos de assistência social.

(D) Serão realizados por qualquer profissional da saúde e não por equipes multidisciplinares.

(E) Independe da expressa concordância do paciente, bastando a de sua família.

A: incorreta, pois o Sistema Único de Saúde inclui a internação domiciliar, prevista no art. 19-I da Lei 8.080/90, introduzido pela Lei 10.424/2002; B: correta, pois a assertiva reflete o disposto no art. 19-I da Lei 8.080/90, introduzido pela Lei 10.424/2002 ("São estabelecidos, no âmbito do Sistema Único de Saúde, o atendimento domiciliar e a internação domiciliar"); C: incorreta, pois o Sistema Único de Saúde inclui o atendimento domiciliar e a internação domiciliar, prevista no art. 19-I da Lei 8.080/90, introduzidos pela Lei 10.424/2002; D: incorreta, pois o atendimento será realizado por equipes multidisciplinares, conforme disposto no art. 19-I, § 2º, da Lei 8.080/90 ("O atendimento e a internação domiciliares serão realizados por equipes multidisciplinares que atuarão nos níveis da medicina preventiva, terapêutica e reabilitadora"); E: incorreta, pois depende de concordância do paciente e de sua família, conforme disposto no art. 19-I, § 3º, da Lei 8.080/90 ("O atendimento e a internação domiciliares só poderão ser realizados por indicação médica, com expressa concordância do paciente e de sua família"). Gabarito "B".

(Ministério Público/MG – 2010 – FUNDEP) No julgamento da Suspensão de Tutela Antecipada nº 175, em março de 2010, o Supremo Tribunal Federal interpretou o desenho constitucional do direito à saúde a partir das experiências e dos dados colhidos na Audiência Pública – Saúde, realizada nos dias 27, 28 e 29 de abril, e 4, 6 e 7 de maio de 2009.

Nos termos do voto condutor, do Ministro Gilmar Mendes, considere as seguintes assertivas.

I. Os direitos sociais são direitos fundamentais, e a saúde é um direito subjetivo público.

II. Não há um direito absoluto a todo e qualquer procedimento necessário para a proteção, promoção e recuperação da saúde.

III. A União, os Estados, o Distrito Federal e os Municípios são responsáveis solidários pela saúde, tanto do indivíduo quanto da coletividade.

IV. É absoluta a regra de que o registro na ANVISA constitui requisito para que o SUS possa incorporar um medicamento.

V. O Estado pode ser condenado a fornecer tratamentos experimentais conforme normas que regulam a pesquisa médica.

Pode-se concluir que estão **CORRETAS**

(A) apenas as assertivas I, III e IV.

(B) apenas as assertivas I, II e III.

(C) apenas as assertivas II, IV e V.

(D) todas as assertivas.

I, II e III: corretas, pois estão de acordo com princípios constitucionais citados na decisão proferida pelo Ministro Gilmar Mendes no julgamento da Suspensão de Tutela Antecipada nº 175/2010 do C. STF. As demais alternativas estão incorretas. A alternativa IV está incorreta, pois o fato de o medicamento não estar registrado na ANVISA não é requisito essencial para que o SUS incorpore um medicamento e a alternativa V está incorreta, pois o Estado não poderá ser condenado a fornecer tratamentos experimentais. Recomendamos a leitura do inteiro teor do voto citado (www.stf.jus.br). "B".

(Ministério Público/MG – 2010.1) Em se tratando de proteção e defesa da saúde pública, pode-se afirmar

I. A saúde é direito de todos e dever do Estado.
II. O dever do Estado de garantir a saúde consiste na formulação e execução de políticas econômicas e sociais que visem à redução de riscos de doenças e de outros agravos e no estabelecimento de condições que assegurem acesso universal e igualitário às ações e aos serviços para sua promoção, proteção e recuperação.
III. As ações e serviços de saúde são de relevância pública, competindo ao Sistema Único de Saúde executar as ações de vigilância sanitária e epidemiológica.
IV. Os direitos fundamentais à liberdade e ao patrimônio podem sofrer restrições apenas em razão de ações de natureza epidemiológica.
V. Compete ao Ministério Público promover todas as medidas necessárias visando garantir à coletividade o direito à saúde pública.

Marque a opção CORRETA.
(A) I, II, III e V estão corretas.
(B) III, IV e V estão corretas.
(C) I, II e V estão corretas.
(D) I, III e V estão corretas.
(E) Todas estão corretas.

I: correta, pois a assertiva reflete o disposto no art. 196 da CF; II: correta, pois a assertiva reflete o disposto no art. 196 da CF; III: correta, pois a assertiva reflete o disposto no art. 197 da CF; IV: incorreta, pois não existe essa previsão legal; V: correta, pois o direito à saúde pública é, de fato, um direito coletivo e cabe ao Ministério Público tomar as medidas cabíveis que visem assegurar esse direito à coletividade. "A".

(Ministério Público/MG – 2006) Segundo as disposições da Lei nº 8.080/90, é INCORRETO afirmar:

(A) os municípios poderão constituir consórcios para desenvolver em conjunto as ações e os serviços de saúde que lhes correspondam, aplicando-lhes o princípio da direção única.
(B) o SUS, em caso de insuficiência de recursos para a cobertura assistencial à população de uma determinada área, poderá recorrer somente aos serviços das entidades filantrópicas e às sem fins lucrativos.
(C) as ações de serviços públicos de saúde, no âmbito do SUS, nos termos do artigo 7º, obedecem ao princípio, dentre outros, da participação da comunidade.
(D) o atendimento e a internação domiciliares do SUS somente poderão ser realizados por indicação médica, com expressa concordância do paciente e de sua família.
(E) compete à direção municipal do SUS controlar e fiscalizar os procedimentos dos serviços privados de saúde.

A: correta, pois a assertiva reflete o disposto no art. 10, *caput*, da Lei 8.080/90: "Os municípios poderão constituir consórcios para desenvolver em conjunto as ações e os serviços de saúde que lhes correspondam"; B: incorreta, pois, quando as disponibilidades do SUS forem insuficientes para garantir a cobertura, poderá recorrer aos serviços ofertados pela iniciativa privada, a teor do disposto no art. 24, *caput*, da Lei 8.080/90 ("Quando as suas disponibilidades forem insuficientes para garantir a cobertura assistencial à população de uma determinada área, o Sistema Único de Saúde (SUS) poderá recorrer aos serviços ofertados pela iniciativa privada"); C: correta, pois a assertiva reflete o disposto no art. 7º, VIII, da Lei 8.080/90; D: correta, pois a assertiva reflete o disposto no art. 19-I, § 3º, da Lei 8.080/90 ("O atendimento e a internação domiciliares só poderão ser realizados por indicação médica, com expressa concordância do paciente e de sua família"); E: correta, pois a assertiva reflete o disposto no art. 18, XI, da Lei 8.080/90. "B".

(Ministério Público/PR – 2011)
São princípios do direito sanitário:
(A) Princípio da unicidade; princípio da prevenção e princípio da participação da sociedade.
(B) Princípio da pluralidade; princípio da precaução e princípio da participação da sociedade.
(C) Princípio da pluralidade; princípio de precaução e princípio da participação da sociedade.
(D) Princípio da unicidade; princípio da prevenção e princípio de taxatividade.
(E) Princípio da pluralidade; princípio da prevenção e princípio de taxatividade.

A alternativa A está correta, pois são princípios do direito sanitário a unicidade, previsto no art. 199 da CF, da prevenção, previsto no art. 198, II, da CF e na Declaração de Estocolmo (princípio 6) e da participação da sociedade, previsto no art. 198, III, da CF. "A".

(Ministério Público/PR – 2011)
O Brasil é signatário do Pacto Internacional sobre Direitos Econômicos, Sociais e Culturais, que foi adotado pela XXI Sessão da Assembleia-Geral das Nações Unidas, em 19 de dezembro de 1966, tendo o Congresso Nacional brasileiro aprovado o texto do tratado por meio do Decreto Legislativo nº 226, de 12 de janeiro de 1991, entrando em vigor no Brasil em 24 de abril de 1992. São diretrizes referidas ao Direito Sanitário derivadas do referido documento a tomada de medidas necessárias para assegurar:

(A) A garantia da segurança no trabalho, a melhoria dos aspectos de higiene do trabalho; a prevenção e o tratamento das doenças epidêmicas; a criação de condições que assegurem a todos assistência médica; e a promoção do desenvolvimento das crianças.
(B) A diminuição da mortalidade infantil, a garantia da segurança no trabalho; a prevenção e o tratamento das doenças epidêmicas; a criação de condições que assegurem a todos assistência médica; e a promoção do desenvolvimento das crianças.
(C) A diminuição da mortalidade infantil, a melhoria dos aspectos de higiene do trabalho; a garantia da segurança no trabalho; a criação de condições que assegurem a todos assistência médica; e a promoção do desenvolvimento das crianças.
(D) A diminuição da mortalidade infantil, a melhoria dos aspectos de higiene do trabalho; a prevenção e o tratamento das doenças epidêmicas; a garantia da segurança no trabalho; e a promoção do desenvolvimento das crianças.
(E) A diminuição da mortalidade infantil, a melhoria dos aspectos de higiene do trabalho; a prevenção e o tratamento das doenças epidêmicas; a criação de condições que assegurem a todos assistência médica; e a promoção do desenvolvimento das crianças.

– A alternativa E está correta, pois reflete o disposto no art. 12 do Pacto Internacional sobre Direitos Econômicos, Sociais e Culturais, aprovado por meio do Decreto Legislativo 226, de 12 de janeiro de 1991: "Artigo 12 - §1. Os Estados-partes no presente Pacto reconhecem o direito de toda pessoa de desfrutar o mais elevado nível de saúde física e mental. §2. As medidas que os Estados-partes no presente Pacto deverão adotar, com o fim de assegurar o pleno exercício desse direito, incluirão as medidas que se façam necessárias para assegurar: A diminuição da mortinatalidade e da mortalidade infantil, bem como o desenvolvimento são das crianças. A melhoria de todos os aspectos de higiene do trabalho e do meio ambiente. A prevenção e o tratamento das doenças epidêmicas, endêmicas, profissionais e outras, bem como a luta contra essas doenças. A criação de condições que assegurem a todos assistência médica e serviços médicos em caso de enfermidade." "E".

(Ministério Público/PR – 2011)

I. A norma constitucional do art. 196: "A saúde é direito de todos e dever do Estado, garantido mediante políticas sociais e econômicas que visem à redução do risco de doença e de outros agravos e ao acesso universal e igualitário às ações e serviços para sua promoção, proteção e recuperação", é hoje reconhecida como direito público subjetivo e não como direito subjetivo individual.
II. Em não existindo o tratamento para determinada doença no Brasil, deve o benefício social do atendimento pelo SUS abranger tratamento no exterior.
III. A posição dos Tribunais Superiores atualmente é de que não há legitimidade do Ministério Público para interpor ação civil pública de cunho individual nos casos que envolvem direito à saúde.

Considerando as assertivas acima se afirma que:

(A) Apenas as assertivas I e II são corretas.
(B) Apenas as assertivas II e III são corretas.
(C) Apenas as assertivas I e III são corretas.
(D) Apenas uma assertiva está correta.
(E) Todas as assertivas são corretas.

I: correta, o C. STF já firmou posição nesse sentido, *verbis*: "O direito público subjetivo à saúde representa prerrogativa jurídica indisponível assegurada à generalidade das pessoas pela própria Constituição da República (art. 196). Traduz bem jurídico constitucionalmente tutelado, por cuja integridade deve velar, de maneira responsável, o Poder Público, a quem incumbe formular – e implementar – políticas sociais e econômicas idôneas que visem a garantir, aos cidadãos, inclusive àqueles portadores do vírus HIV, o acesso universal e igualitário à assistência farmacêutica e médico-hospitalar. O direito à saúde – além de qualificar-se como direito fundamental que assiste a todas as pessoas – representa consequência constitucional indissociável do direito à vida. O Poder Público, qualquer que seja a esfera institucional de sua atuação no plano da organização federativa brasileira, não pode mostrar-se indiferente ao problema da saúde da população, sob pena de incidir, ainda que por censurável omissão, em grave comportamento inconstitucional. A interpretação da norma programática não pode transformá-la em promessa constitucional inconsequente. O caráter programático da regra inscrita no art. 196 da Carta Política – que tem por destinatários todos os entes políticos que compõem, no plano institucional, a organização federativa do Estado brasileiro – não pode converter-se em promessa constitucional inconsequente, sob pena de o Poder Público, fraudando justas expectativas nele depositadas pela coletividade, substituir, de maneira ilegítima, o cumprimento de seu imposterjável dever, por um gesto irresponsável de infidelidade governamental ao que determina a própria Lei Fundamental do Estado. (...) O reconhecimento judicial da validade jurídica de programas de distribuição gratuita de medicamentos a pessoas carentes, inclusive àquelas portadoras do vírus HIV/Aids, dá efetividade a preceitos fundamentais da Constituição da República (arts. 5°, *caput*, e 196) e representa, na concreção do seu alcance, um gesto reverente e solidário de apreço à vida e à saúde das pessoas, especialmente daquelas que nada têm e nada possuem, a não ser a consciência de sua própria humanidade e de sua essencial dignidade. Precedentes do STF." (*RE 271.286-AgR*, Rel. Min. *Celso de Mello*, julgamento em 12-9-2000, Segunda Turma, *DJ* de 24-11-2000.) No mesmo sentido: *RE 368.564*, Rel. p/ o ac. Min. *Marco Aurélio*, julgamento em 13-4-2011, Primeira Turma, *DJE* de 10-8-2011; *STA 175-AgR*, Rel. Min. Presidente *Gilmar Mendes*, julgamento em 17-3-2010, Plenário, *DJE* de 30-4-2010. *Vide: AI 734.487-AgR*, Rel. Min. *Ellen Gracie*, julgamento em 3-8-2010, Segunda Turma, *DJE* de 20-8-2010; II: correta, pois os Tribunais Superiores têm entendido que em não existindo tratamento para a doença aqui no Brasil o Poder Público deverá custear o tratamento no exterior. Veja ementa de julgado recente do E. STJ: "AGRAVO REGIMENTAL EM RECURSO ESPECIAL. PROCESSUAL CIVIL. ADMINISTRATIVO. AGRAVO DE INSTRUMENTO. RECURSO ESPECIAL. TRATAMENTO MÉDICO NO EXTERIOR. ARTIGO 196 DA CF/88. DIREITO À VIDA E À SAÚDE. DEVER DA UNIÃO. LEGITIMIDADE PASSIVA. 1. O Sistema Único de Saúde-SUS visa a integralidade da assistência à saúde, seja individual ou coletiva, devendo atender aos que dela necessitem em qualquer grau de complexidade, de modo que, restando comprovado o acometimento do indivíduo ou de um grupo por determinada moléstia, necessitando de determinado medicamento para debelá-la, este deve ser fornecido, de modo a atender ao princípio maior, que é a garantia à vida digna. 2. Ação objetivando a condenação da entidade pública ao fornecimento gratuito dos medicamentos necessários ao tratamento de doença grave. 3. O direito à saúde é assegurado a todos e dever do Estado, por isso que legítima a pretensão quando configurada a necessidade do recorrido. 4. A União, o Estado, o Distrito Federal e o Município são partes legítimas para figurar no pólo passivo nas demandas cuja pretensão é o fornecimento de medicamentos imprescindíveis à saúde de pessoa carente, podendo a ação ser proposta em face de quaisquer deles. Precedentes: REsp 878080 / SC; Segunda Turma; DJ 20.11.2006 p. 296; REsp 772264 / RJ; Segunda Turma; DJ 09.05.2006 p. 207; REsp 656919 / RS, DJ 07.03.2005. 5. Agravo Regimental desprovido." (AgRg no REsp 1028835/DF, Rel. Ministro LUIZ FUX, PRIMEIRA TURMA, julgado em 02/12/2008, DJe 15/12/2008); III: incorreta, pois o direito à saúde é considerado um direito subjetivo indisponível, sendo o Ministério Público legitimado para propor ação civil pública de cunho individual. Gabarito "A".

(Ministério Público/PR – 2009) Em se tratando de saúde mental, assinale a alternativa INCORRETA:

(A) a internação psiquiátrica somente será realizada mediante laudo médico circunstanciado que caracterize seus motivos, podendo ser voluntária, involuntária ou compulsória;
(B) a internação compulsória é a que ocorre mediante prescrição médica fundamentada, sem o consentimento do usuário e a pedido de terceiro, cujo término dar-se-á por solicitação escrita da pessoa que a solicitou, ou quando assim estabelecido pelo especialista responsável pelo tratamento;
(C) a internação psiquiátrica involuntária deverá, no prazo de setenta e duas horas, ser comunicada ao Ministério Público Estadual pelo responsável técnico do estabelecimento no qual tenha ocorrido, devendo esse mesmo procedimento ser adotado quando da respectiva alta;
(D) a evasão, transferência, acidente, intercorrência clínica grave e falecimento serão comunicados pela direção do estabelecimento de saúde mental aos familiares, ou ao representante legal do paciente, bem como à autoridade sanitária responsável, no prazo máximo de vinte e quatro horas da data da ocorrência;
(E) os Municípios providenciarão em cooperação com os representantes do Ministério Público local a formação de conselhos comunitários de atenção aos que padecem de sofrimento psíquico, que terão por função principal assistir, auxiliar e orientar as famílias, de modo a garantir integração social e familiar dos que forem internados.

A: correta, pois a assertiva reflete o disposto no art. 6° da Lei 10.216/2001: "A internação psiquiátrica somente será realizada mediante laudo médico circunstanciado que caracterize os seus motivos. Parágrafo único. São considerados os seguintes tipos de internação psiquiátrica: I - internação voluntária: aquela que se dá com o consentimento do usuário; II - internação involuntária: aquela que se dá sem o consentimento do usuário e a pedido de terceiro; e III - internação compulsória: aquela determinada pela Justiça"; B: incorreta, pois a internação compulsória é aquela determinada pela Justiça, conforme disposto no art. 6°, III, da Lei 10.216/2001; C: correta, pois a assertiva reflete o disposto no art. 8°, § 1°, da Lei 10.216/2001 ("A internação psiquiátrica involuntária deverá, no prazo de setenta e duas horas, ser comunicada ao Ministério Público Estadual pelo responsável técnico do estabelecimento no qual tenha ocorrido, devendo esse mesmo procedimento ser adotado quando da respectiva alta"); D: correta, pois a assertiva reflete o disposto no art. 10 da Lei 10.216/2001 ("Evasão, transferência, acidente, intercorrência clínica grave e falecimento serão comunicados pela direção do estabelecimento de saúde mental aos familiares, ou ao representante legal do paciente, bem como à autoridade sanitária responsável, no prazo máximo de vinte e quatro horas da data da ocorrência"); E: correta, pois a assertiva reflete o disposto no art. 9°, parágrafo único, da Lei Estadual 11.189/1995 ("A implantação e manutenção da rede de atendimento integral em saúde mental será descentralizada e municipalizada, observadas as particularidades socioculturais locais e regionais, garantida a gestão social destes meios. Parágrafo único. As prefeituras municipais providenciarão, em cooperação com os representantes do Ministério Público local, a formação de conselhos comunitários de atenção aos que padecem de sofrimento psíquico, que terão por função principal assistir, auxiliar e orientar as famílias, de modo a permitir a integração social e familiar dos que forem internados"). Gabarito "B".

(Ministério Público/RN – 2004) Tendo em vista, especificamente, os preceitos contidos na Lei Orgânica da Saúde (Lei n° 8.080/90), julgue as seguintes assertivas, atribuindo-lhes (V) verdadeiro ou (F) falso, assinalando a alternativa que contenha a seqüência correta:

I. Os cargos e funções de chefia, direção e assessoramento, no âmbito do Sistema Único de Saúde (SUS), só poderão ser exercidos em regime de tempo integral;
II. Os recursos financeiros do Sistema Único de Saúde (SUS) serão depositados em conta especial, em cada esfera de sua atuação e movimentados sob fiscalização dos respectivos Conselhos de Saúde;
III. O conjunto de ações e serviços de saúde, prestados por órgãos e instituições públicas federais, estaduais e municipais, da Administração Direta e Indireta e das Fundações mantidas pelo Poder Público, constitui o Sistema Único de Saúde (SUS);
IV. É permitida a participação, direta ou indireta, de empresas ou de capitais estrangeiros na assistência à saúde, inclusive, através de doações de organismos internacionais vinculados à Organização das Nações Unidas, de entidades de cooperação técnica e de financiamento e empréstimos;
V. O orçamento da seguridade social destinará ao Sistema Único de Saúde (SUS), de acordo com a receita estimada, os recursos necessários à realização de suas finalidades, previstos em proposta elaborada pela sua direção nacional, com a participação dos órgãos da Previdência Social e da Assistência Social, tendo em vista as metas e prioridades estabelecidas na Lei de Diretrizes Orçamentárias.

(A) V F V V F.
(B) V F F V V.
(C) F F F V V.
(D) V V V F V.
(E) V V F F F.

I: verdadeiro, pois a assertiva reflete o disposto no art. 28, *caput*, da Lei 8.080/90 ("Os cargos e funções de chefia, direção e assessoramento, no âmbito do Sistema Único de Saúde (SUS), só poderão ser exercidas em regime de tempo integral"); II: verdadeiro, pois a assertiva reflete o disposto no art. 33, *caput*, da Lei 8.080/90 ("Os recursos financeiros do Sistema Único de Saúde (SUS) serão depositados em conta especial, em cada esfera de sua atuação, e movimentados sob fiscalização dos respectivos Conselhos de Saúde"); III: verdadeiro, pois a assertiva reflete o disposto no art. 4°, *caput*, da Lei 8.080/90 ("O conjunto de ações e serviços de saúde, prestados por órgãos e instituições públicas federais, estaduais e municipais, da Administração direta e indireta e das fundações mantidas pelo Poder Público, constitui o Sistema Único de Saúde (SUS)"); IV: falso, pois é vedada a participação da forma como descrita na assertiva, conforme disposto no art. 23, *caput*, da Lei 8.080/90 ("É vedada a participação direta ou indireta de empresas ou de capitais estrangeiros na assistência à saúde, salvo através de doações de organismos internacionais vinculados à Organização das Nações Unidas, de entidades de cooperação técnica e de financiamento e empréstimos"); V: verdadeiro, pois a assertiva reflete o disposto no art. 31 da Lei 8.080/90 ("O orçamento da seguridade social destinará ao Sistema Único de Saúde (SUS), de acordo com a receita estimada, os recursos necessários à realização de suas finalidades, previstos em proposta elaborada pela sua direção nacional, com a participação dos órgãos da Previdência Social e da Assistência Social, tendo em vista as metas e prioridades estabelecidas na Lei de Diretrizes Orçamentárias"). Gabarito "D".

(MINISTÉRIO PÚBLICO/RO – 2010 – CESPE) Em relação ao direito sanitário no Brasil, assinale a opção correta.

(A) O planejamento familiar, assegurado no texto constitucional, é prerrogativa do particular, sendo vedado ao Estado interferir nesse aspecto da vida do cidadão por meio de políticas públicas.
(B) Entre outros aspectos, o Pacto pela Saúde busca qualificar, aperfeiçoar e definir as responsabilidades sanitárias e a gestão entre os entes federados no âmbito do SUS.
(C) O conselho de saúde reúne-se a cada quatro anos e conta com a participação de vários segmentos da sociedade.
(D) O Pacto pela Vida é constituído de ações de caráter secundário relacionadas ao atendimento exclusivo do idoso.
(E) No ordenamento jurídico brasileiro, não há vedação expressa que impeça a retirada *post mortem* de órgãos ou partes do corpo de pessoas não identificadas.

A: incorreta, pois, embora o planejamento familiar seja livre decisão do casal, ao Estado não é vedado interferir por meio de políticas públicas, sendo vedada apenas forma coercitiva, segundo dispõe o art. 226, § 7°, da CF; B: correta, pois o Pacto pela Saúde é um conjunto de reformas institucionais pactuado entre as três esferas de gestão (União, estados e municípios) do Sistema Único de Saúde, com o objetivo de promover inovações nos processos e instrumentos de gestão. Sua implementação se dá por meio da adesão de municípios, estados e União ao Termo de Compromisso de Gestão (TCG), que, renovado anualmente, substitui os anteriores processos de habilitação e estabelece metas e compromissos para cada ente da federação; C: incorreta, pois a *Conferência de Saúde*, e não o Conselho de Saúde, irá se reunir a cada quatro anos com a representação dos vários segmentos sociais, para avaliar a situação de saúde e propor as diretrizes para a formulação da política de saúde nos níveis correspondentes, convocada pelo Poder Executivo ou, extraordinariamente, por esta ou pelo Conselho de Saúde (art. 1°, § 1°, da Lei 8.14290); D: incorreta, pois o Pacto pela Vida reforça no SUS o movimento da gestão pública por resultados, estabelece um conjunto de compromissos sanitários considerados *prioritários*, pactuado de forma tripartite, a ser implementado pelos entes federados. Esses compromissos deverão ser efetivados pela rede do SUS, de forma a garantir o alcance das metas pactuadas. Prioridades estaduais, regionais ou municipais podem ser agregadas às prioridades nacionais, a partir de pactuações locais. Os estados e municípios devem pactuar as ações que considerem necessárias ao alcance das metas e objetivos gerais propostos. O Pacto pela Vida contém os seguintes objetivos e metas prioritárias (Portaria GM/MS n° 325, de 21 de fevereiro de 2008): I- Atenção à saúde do idoso; II- Controle do câncer de colo de útero e de mama; III- Redução da mortalidade infantil e materna; IV- Fortalecimento da capacidade de resposta às doenças emergentes e endemias, com ênfase na dengue, hanseníase, tuberculose, malária, influenza, hepatite, aids; V- Promoção da saúde; VI- Fortalecimento da atenção básica; VII- Saúde do trabalhador; VIII- Saúde mental; IX- Fortalecimento da capacidade de resposta do sistema de saúde das pessoas com deficiência; X- Atenção integral às pessoas em situação ou risco de violência; XI- Saúde do homem; E: incorreta, pois o art. 6° da Lei 9.434/97 dispõe: "É vedada a remoção post mortem de tecidos, órgãos ou partes do corpo de pessoas não identificadas". Gabarito "B".

(MINISTÉRIO PÚBLICO/RO – 2010 – CESPE) Assinale a opção correta com relação à estrutura de acesso ao direito à saúde no Brasil.

(A) No controle efetivo ao direito à saúde, é responsabilidade exclusiva da sociedade a busca de resultados efetivos na prestação do serviço à população.
(B) Entende-se por vigilância sanitária um conjunto de ações que proporciona o conhecimento, a detecção ou a prevenção de qualquer mudança nos fatores determinantes e condicionantes de saúde individual ou coletiva, com a finalidade de recomendar e adotar as medidas de prevenção e controle de doenças ou agravos.
(C) As comissões intersetoriais em âmbito nacional, subordinadas ao Conselho Nacional de Saúde, devem ser compostas por membros dos ministérios e de seus órgãos integrantes.
(D) A descentralização dos serviços de saúde para os municípios é de competência da direção estadual de saúde.
(E) Não podem integrar fontes de financiamento recursos provenientes de rendas eventuais, em especial, as comerciais e as industriais.

A: incorreta, pois esse controle é de responsabilidade do Poder Público (art. 196 da CF); B: incorreta, pois, segundo dispõe o art. 6°, § 1°, da Lei 8.080/90: "entende-se por vigilância sanitária um conjunto de ações capaz de eliminar, diminuir ou prevenir riscos à saúde e de intervir nos problemas sanitários decorrentes do meio ambiente, da produção e circulação de bens e da prestação de serviços de interesse da saúde, abrangendo: I- o controle de bens de consumo que, direta ou indiretamente, se relacionem com a saúde, compreendidas todas as etapas e processos, da produção ao consumo; e II - o controle da prestação de serviços que se relacionam direta ou indiretamente com a saúde"; C: incorreta, pois as comissões intersetoriais de âmbito nacional, subordinadas ao Conselho Nacional de Saúde, serão integradas pelos Ministérios e órgãos competentes e *por entidades representativas da sociedade civil* (art. 12, *caput*, da Lei 8.080/90); D: correta, pois reflete o disposto no art. 17, I, da Lei 8.080/90; E: incorreta, pois as fontes de rendas eventuais podem integrar os recursos do Sistema Único de Saúde (art. 32, VI, da Lei 8.080/90). Gabarito "D".

(Ministério Público/SC – 2010)

I. A modalidade de atendimento e internação domiciliar não está incluída no Sistema Único de Saúde - SUS, porquanto sua execução demanda procedimentos médicos, de enfermagem, fisioterapêuticos, psicológicos e de assistência social, entre outros cuidados necessários para atendimento aos pacientes.
II. Aos proprietários, administradores e dirigentes de entidades ou serviços contratados é vedado exercer cargos de chefia ou função de confiança no SUS.
III. Os cargos e funções de chefia, direção e assessoramento, no âmbito do SUS, só poderão ser exercidos em regime de tempo integral.
IV. Compete ao Conselho Nacional de Saúde estabelecer as diretrizes a serem observadas na elaboração dos planos de saúde, em função das características epidemiológicas e da organização dos serviços em cada jurisdição administrativa.
V. É permitida a destinação de subvenções e auxílios a instituições prestadoras de saúde com finalidade lucrativa, já que elas podem participar de forma complementar na oferta de serviços ao SUS.

(A) Apenas as assertivas II e III estão corretas.
(B) Apenas as assertivas I e IV estão corretas.
(C) Apenas as assertivas II, V estão corretas.
(D) Apenas as assertivas I, II e V estão corretas.
(E) Apenas as assertivas II, III e IV estão corretas.

I: incorreta, pois o atendimento domiciliar e a internação domiciliar são estabelecidos no Sistema Único de Saúde (art. 19-I da Lei 8.080/90); II: correta (art. 26, § 4°, da Lei 8.080/90); III: correta (art. 28, *caput*, da Lei 8.080/90); IV: correta (art. 37 da Lei 8.080/90); V: incorreta, pois a assertiva contraria o disposto no art. 38 da Lei 8.080/90. Gabarito "E".

(Ministério Público/SC – 2010)

I. Todo município tem a obrigação de realizar a cada quatro anos, pelo menos, uma Conferência de Saúde, conforme determina a Lei 8.142, de 28 de dezembro de 1990.
II. O Conselho de Saúde é um órgão colegiado, composto por representantes do governo, prestadores de serviço, profissionais da saúde e usuários, que não pode interferir na execução da política pública de saúde, por ter caráter, apenas, consultivo e deliberativo.
III. A União e os Estados ao transferirem automaticamente recursos financeiros, alocados em seus respectivos orçamentos, para o Sistema Único de Saúde dos Municípios, não o fazem, necessariamente, para depósito nos Fundos Municipais de Saúde, posto que sua instituição, neste âmbito, é facultativa.
IV. As instituições públicas federais, estaduais e municipais de controle de qualidade do sangue e de hemoderivados não estão incluídas no Sistema Único de Saúde, por sujeitarem-se a legislação específica que assim determina.

V. A execução de ações relativas a vigilância sanitária, vigilância epidemiológica, saúde do trabalhador, assistência terapêutica integral, inclusive farmacêutica, estão compreendidas no campo de atuação do Sistema Único de Saúde – SUS.

(A) Apenas as assertivas I, III e IV estão corretas.
(B) Apenas as assertivas II, IV e V estão corretas.
(C) Apenas as assertivas I e V estão corretas.
(D) Apenas as assertivas III e V estão corretas.
(E) Apenas as assertivas II, III e IV estão corretas.

I: correta (art. 1º, § 1º, da Lei 8.142/90); II: incorreta, pois o Conselho de Saúde, em caráter permanente e deliberativo, órgão colegiado composto por representantes do governo, prestadores de serviço, profissionais de saúde e usuários, atua na formulação de estratégias e no controle da execução da política de saúde na instância correspondente, inclusive nos aspectos econômicos e financeiros, cujas decisões serão homologadas pelo chefe do poder legalmente constituído em cada esfera do governo (art. 1º, § 2º, da Lei 8.142/90); III: incorreta, pois a instituição do Fundo Municipal de Saúde é obrigatória para o recebimento de recursos (art. 4º, I, da Lei 8.142/90); IV: incorreta (art. 4º, § 1º, da Lei 8.080/90); V: correta (art. 6º, I, da Lei 8.080/90). Gabarito "C".

(Ministério Público/SP – 2011) A saúde é direito de todos e dever do Estado, devendo ser prestada

(A) pelo Sistema Único de Saúde (SUS), com participação da União, dos Estados, do Distrito Federal e dos Municípios, com competência administrativa comum e com competência legislativa concorrente, respondendo a União pelas normas gerais, o Estado e o Distrito Federal pelas normas suplementares, sendo a assistência à saúde aberta à iniciativa privada mediante delegação do Poder Público.
(B) pela União, pelos Estados, pelo Distrito Federal e pelos Municípios, constituindo o Sistema Único de Saúde (SUS), com competência administrativa comum e com competência legislativa exclusiva da União, respondendo o Município por aquelas matérias de peculiar interesse local, sendo a assistência à saúde aberta à iniciativa privada mediante delegação do Poder Público.
(C) pelo Sistema Único de Saúde (SUS), com participação da União, dos Estados, do Distrito Federal e dos Municípios, com competência administrativa comum dos primeiros e supletiva do Município, e com competência legislativa concorrente, respondendo a União pelas normas gerais, o Estado e o Distrito Federal pelas normas suplementares, sendo a assistência à saúde livre à iniciativa privada.
(D) pelos Estados, Distrito Federal e Municípios, sob coordenação e financiamento da União através do Sistema Único de Saúde (SUS), com competência legislativa exclusiva da União e suplementar do Estado e do Distrito Federal, sendo a assistência à saúde aberta à iniciativa privada.
(E) pela União, pelos Estados, pelo Distrito Federal e pelos Municípios, constituindo o Sistema Único de Saúde (SUS), com competência administrativa comum dos entes envolvidos e com competência legislativa concorrente, respondendo a União pelas normas gerais, o Estado e o Distrito Federal pelas normas suplementares, sendo a assistência à saúde livre à iniciativa privada.

A Constituição Federal, em seu art. 196, prevê ser a saúde dever do Estado e, segundo entendimento do C. Supremo Tribunal Federal, esse dever é da União, Estados, Distrito Federal e Municípios. Prevê também que o sistema único de saúde será financiado com recursos do orçamento da seguridade social, da União, dos Estados, do Distrito Federal e dos Municípios, além de outras fontes e que a assistência à saúde é livre à iniciativa privada (art. 199 da CF). Gabarito "E".

(Defensoria/SP – 2009 – FCC) Em relação ao direito à saúde de grupos sociais especiais, das afirmativas expostas a seguir resta correta nos termos

(A) da Lei nº 10.216/01 e da Lei Estadual nº 12.060/05, a internação de pessoas acometidas de transtorno mental, quando absolutamente necessária, poderá, excepcionalmente, ser realizada em instituições desprovidas de serviços médicos, de assistência social, psicológicos, ocupacionais, de lazer, e outros voltados à assistência integral à pessoa.
(B) do art. 224 da Constituição do Estado de São Paulo, e dos arts. 1º e 2º da Lei Estadual nº 10.291/99, e considerando a Portaria nº 1.508/05 do Ministério da Saúde, e a Norma Técnica sobre Prevenção e Tratamento dos Agravos Resultantes da Violência Sexual do Ministério da Saúde, cabe à rede pública de saúde, pelo seu corpo clínico especializado, prestar o atendimento médico para a prática do aborto nos casos excludentes de antijuridicidade, previstos na legislação penal, especialmente nos casos de estupro, independentemente de prévia autorização judicial.
(C) da Lei nº 11.634/07, a vinculação da gestante à maternidade em que se realizará o parto e na qual será atendida nos casos de intercorrência de pré-natal é de responsabilidade do Sistema Único de Saúde e dar-se-á no ato de sua inscrição no programa de assistência pré-natal, não se admitindo a transferência sob nenhuma hipótese.
(D) da Lei nº 9.313/96, os portadores do HIV (vírus da imunodeficiência humana) e doentes de SIDA (Síndrome da Imunodeficiência Adquirida), que estejam em estado grave, deverão receber, gratuitamente, do Sistema Único de Saúde, toda a medicação necessária a seu tratamento.
(E) da Lei nº 8.080/90, as ações e serviços de saúde para o atendimento das populações indígenas deverão considerar, na construção do respectivo modelo de atendimento, as deficiências da cultura dos povos indígenas em relação às exigências racionais do cuidado médico.

A: incorreta, pois é vedada a internação de pacientes portadores de transtornos mentais em instituições desprovidas de serviços médicos, assistência social, psicólogos, ocupacionais, lazer e outros voltados à assistência integral à pessoa, conforme disposto no art. 4º, § 3º, da Lei 10.216/2001 ("A internação, em qualquer de suas modalidades, só será indicada quando os recursos extra-hospitalares se mostrarem insuficientes. § 1º O tratamento visará, como finalidade permanente, a reinserção social do paciente em seu meio. § 2º O tratamento em regime de internação será estruturado de forma a oferecer assistência integral à pessoa portadora de transtornos mentais, incluindo serviços médicos, de assistência social, psicológicos, ocupacionais, de lazer, e outros. § 3º É vedada a internação de pacientes portadores de transtornos mentais em instituições com características asilares, ou seja, aquelas desprovidas dos recursos mencionados no § 2º e que não assegurem aos pacientes os direitos enumerados no parágrafo único do art. 2º"); B: correta, pois a assertiva reflete o disposto no art. 224 da Constituição do Estado de São Paulo ("Cabe à rede pública de saúde, pelo seu corpo clínico especializado, prestar o atendimento médico para a prática do aborto nos casos excludentes de antijuridicidade, previstos na legislação penal") e nos arts. 1º e 2º da Lei Estadual 10.291/99 ("Artigo 1º - Os servidores das Delegacias de Polícia e de Defesa da Mulher, no ato do registro policial, ficam obrigados a informar às mulheres vítimas de estupro, que, caso venham a engravidar, poderão interromper, legalmente, a gravidez, conforme determina o artigo 128 do Código Penal. Parágrafo único - As delegacias fornecerão, no ato do registro policial, a relação das unidades hospitalares públicas, com os respectivos endereços, aptas a realizarem a referida interrupção de gravidez. Artigo 2º - O aborto será realizado por médico e precedido do consentimento da gestante ou, quando incapaz, de seu representante legal"); C: incorreta, pois há possibilidade de transferência da gestante nos casos descritos no art. 2º da Lei 11.634/2007 ("O Sistema Único de Saúde analisará os requerimentos de transferência da gestante em caso de comprovada falta de aptidão técnica e pessoal da maternidade e cuidará da transferência segura da gestante"); D: incorreta, pois os portadores de HIV e doentes de AIDS receberão, independentemente de estarem em estado grave, a medicação necessária ao tratamento, conforme disposto no art. 1º, *caput*, da Lei 9.313/1996 ("Os portadores do HIV (vírus da imunodeficiência humana) e doentes de AIDS (Síndrome da Imunodeficiência Adquirida) receberão, gratuitamente, do Sistema Único de Saúde, toda a medicação necessária a seu tratamento"); E: incorreta, pois no atendimento das populações indígenas deverá ser considerada a realidade local e as especificidades da cultura dos povos indígenas e o modelo a ser adotado deve se pautar por uma abordagem diferenciada e global, conforme disposto no art. 19-F da Lei 8.080/90 ("Dever-se-á obrigatoriamente levar em consideração a realidade local e as especificidades da cultura dos povos indígenas e o modelo a ser adotado para a atenção à saúde indígena, que se deve pautar por uma abordagem diferenciada e global, contemplando dos aspectos de assistência à saúde, saneamento básico, nutrição, habitação, meio ambiente, demarcação de terras, educação sanitária e integração"). Gabarito "B".

25. AGRÁRIO

Wander Garcia

1. ASPECTOS HISTÓRICOS

(Ministério Público/AM – 2008 – CESPE) Pode-se dizer que, no Brasil, a história do regime jurídico da propriedade imóvel iniciou-se pela instalação de sistema fundiário com raízes feudais, baseado nos institutos das capitanias hereditárias e das sesmarias. Esse regime foi progressivamente substituído pelo sistema liberal de propriedade privada, que ganhou maior visibilidade com a promulgação da Lei de Terras — Lei n.º 601/1850 — e se consolidou com o advento do Código Civil de 1916. A respeito da posterior evolução desse processo, ao longo do século XX, no Brasil, assinale a opção correta.

(A) A propriedade imóvel recuperou progressivamente seu caráter de bem estatal, em detrimento da autonomia individual que caracteriza o direito privado.
(B) O Código Civil de 1916, por estabelecer um domínio privado composto por jus utendi, fruendi e abutendi, finalmente permitiu que fosse instituído um registro geral de terras privadas e uma legislação sobre hipotecas, já que, antes do advento da República, inexistia lei que autorizasse a livre disposição dos imóveis para formar garantia real.
(C) A crescente percepção dos aspectos sociais e econômicos relacionados aos direitos sobre coisas levou ao abrandamento doutrinário do caráter absoluto do direito de propriedade privada, compatibilizando-o com a idéia de função social da propriedade.
(D) A propriedade privada progressivamente deixou de ser um instituto predominantemente disciplinador de direito individual sobre bens corpóreos e passou a designar o poder do indivíduo sobre todos os elementos de seu patrimônio, permitindo a titularidade de créditos, contratos e outros direitos similares sob tal regime jurídico.
(E) A concepção da terra como unidade econômica essencialmente voltada para a produção de bens agrários fez que a legislação a respeito de direitos reais sobre imóveis se dividisse em dois códigos, o Código Civil, para imóveis urbanos, e o Estatuto da Terra, para imóveis rurais.

De fato, a legislação brasileira, hoje, incluindo a Constituição Federal, o Estatuto da Terra e o Código Civil, abranda o caráter absoluto do direito de propriedade, para que este seja exercido em razão e nos limites da função social da propriedade. Gabarito "C".

(Ministério Público/RO – 2008 – CESPE) A respeito das fases que demarcam a história da estrutura fundiária brasileira, assinale a opção correta.

(A) O período de sesmarias caracterizou-se por legislação colonial feita especialmente para o Brasil. Nesse período, a Coroa mantinha o domínio das terras e concedia apenas o seu uso aos sesmeiros, que deveriam confirmar a efetiva ocupação dos imóveis, tornando-os produtivos.
(B) O período das posses, que se iniciou com a independência do Brasil, implicou a revogação do sistema das sesmarias, que, entretanto, não foi substituído por institutos que disciplinassem a atribuição de domínio das terras, apesar de a Constituição de 1824 garantir o direito de propriedade.
(C) Com a edição da Lei de Terras — Lei n.º 601/1850 —, o regime de posses foi afastado, tendo-se atribuído a propriedade de terras a todos que demonstrassem título anterior ou posse, permitindo-se também a usucapião de terras devolutas ainda não ocupadas.
(D) O Código Civil de 1916 consolidou o parâmetro republicano, estabelecendo um cadastro geral de terras, públicas e particulares, e determinando que elas deveriam ser inscritas, sem distinção, no Registro de Imóveis.
(E) A Constituição de 1988 inovou, ao instituir a idéia da função social da propriedade no direito brasileiro, pela qual a posição do proprietário compreende, além de direitos, deveres que condicionam a manutenção e o exercício dessas prerrogativas.

A ordem correta das fases históricas da estrutura fundiária no Brasil é a seguinte: a) regime das *sesmarias* (a partir de 1531, quem cumpria os requisitos, recebia o domínio útil da coisa); b) regime das *posses* (época de grande insegurança, prevalecendo a lei do mais forte); c) regime da *propriedade privada* (iniciado com a Lei de Terras - Lei 601/1850). Gabarito "B".

2. CONCEITOS E PRINCÍPIOS DO DIREITO AGRÁRIO

(Magistratura/GO – 2009 – FCC) De acordo com o Estatuto da Terra (Lei nº 4.504/64), é imóvel rural o prédio rústico

(A) de área contínua superior a 1 (um) hectare, de propriedade de pessoa física.
(B) de área contínua, situado fora da zona urbana do município.
(C) que, explorado direta e pessoalmente pelo agricultor e sua família, lhe absorva toda a força de trabalho, garantindo-lhe a subsistência e o progresso social e econômico.
(D) de domínio privado e área contínua superior a 1 (um) hectare, sujeito ao pagamento de Imposto Territorial Rural.
(E) de área contínua, qualquer que seja a sua localização, que se destine ou possa se destinar a exploração agrícola, pecuária, extrativa, florestal ou agroindustrial.

Nos termos do art. 4º, I, do Estatuto da Terra (Lei 4.504/64), é imóvel rural "o prédio rústico, de área contínua qualquer que seja a sua localização que se destina à exploração extrativa agrícola, pecuária ou agroindustrial, quer através de planos públicos de valorização, quer através de iniciativa privada". Gabarito "E".

(Magistratura/GO – 2007) Tratando do que dispõe a Lei 4504/64, marque a alternativa correta:

(A) a propriedade da terra desempenha integralmente a sua função social quando, alternativamente, favorece o bem-estar dos proprietários e dos trabalhadores que nela labutam, assim como de suas famílias, mantém níveis satisfatórios de produtividade, assegura a conservação dos recursos naturais e ou observa as disposições legais que regulam as justas relações de trabalho entre os que a possuem e a cultivem.
(B) É dever do Poder Público promover e criar as condições de acesso do trabalhador rural à propriedade da terra economicamente útil, de preferência nas regiões onde habita e zelar para que a propriedade da terra desempenhe sua função social, estimulando planos para a sua racional utilização, promovendo

a justa remuneração e o acesso do trabalhador aos benefícios do aumento da produtividade e ao bem-estar coletivo.

(C) Reforma Agrária é o conjunto de medidas que visem a promover melhor distribuição da terra, mediante modificações no regime de seu domínio, a fim de atender aos princípios de justiça social e ao aumento de produtividade.

(D) Política Agrícola é o conjunto de providências de amparo à posse da terra, que se destinem a orientar, no interesse da economia rural, as atividades agropecuárias, seja no sentido de garantir-lhes o pleno emprego, seja no de harmonizá-las com o processo de industrialização do país.

A: incorreta, pois os requisitos devem ser *simultâneos*, e não *alternativos* (art. 2º, § 1º, da Lei 4.504/64); B: correta (art. 2ª, § 2º, da Lei 4.504/64); C: incorreta, pois a finalidade primordial da reforma agrária é a modificação no regime da *posse e uso* da propriedade, e não do seu *domínio* (art. 1º, § 1º, da Lei 4.504/64); D: incorreta, pois Política Agrícola é conjunto de providências de amparo à *propriedade* da terra (art. 1º, § 2º, da Lei 4.504/64). Gabarito "B".

(Magistratura/GO – 2007) Considerando o que define a Lei 4504/64, marque a alternativa errada:

(A) "Imóvel Rural" é o prédio rústico, de área contínua, localizado na zona rural, que se destina à exploração extrativa agrícola, pecuária ou agro-industrial, quer através de planos públicos de valorização, quer através de iniciativa privada.

(B) "Propriedade Familiar" é o imóvel rural que, direta e pessoalmente explorado pelo agricultor e sua família, lhes absorva toda a força de trabalho, garantindo-lhes a subsistência e o progresso social e econômico, com área máxima fixada para cada região e tipo de exploração, e eventualmente trabalho com a ajuda de terceiros.

(C) "Parceleiro" é aquele que venha a adquirir lotes ou parcelas em área destinada à Reforma Agrária ou à colonização pública ou privada.

(D) "Empresa Rural" é o empreendimento de pessoa física ou jurídica, pública ou privada, que explore econômica e racionalmente imóvel rural, dentro de condição de rendimento econômico da região em que se situe e que explore área mínima agricultável do imóvel segundo padrões fixados, pública e previamente, pelo Poder Executivo. Para esse fim, equiparam-se às áreas cultivadas, as pastagens, as matas naturais e artificiais e as áreas ocupadas com benfeitorias.

A: errada, pois não importa a localização (se urbana ou rural) para efeito da definição legal de Imóvel Rural (art. 4º, I, da Lei 4.504/64); B: correta (art. 4º, II, da Lei 4.504/64); C: correta (art. 4º, VII, da Lei 4.504/64); D: correta (art. 4º, VI, da Lei 4.504/64). Gabarito "A".

(Magistratura/PA – 2007 – FGV) Não constitui requisito para verificação do cumprimento da função social da terra pelos imóveis rurais nos termos do Estatuto da Terra, Lei 4.504/64:

(A) favorecer o bem-estar dos proprietários e dos respectivos trabalhadores, bem como de suas famílias.

(B) respeito às disposições legais que regulam as relações de trabalho.

(C) assegurar a conservação dos recursos naturais.

(D) assegurar a qualidade dos produtos de origem agropecuária, seus derivados e resíduos de valor econômico.

(E) manter níveis satisfatórios de produtividade.

Art. 2º, § 1º, da Lei 4.504/64. Gabarito "D".

(Magistratura/PA – 2007 – FGV) Área fixada pelo imóvel rural que, direta e pessoalmente explorado pelo agricultor e sua família, lhes absorva toda a força de trabalho, garantindo-lhes a subsistência e o progresso social e econômico, com extensão máxima fixada para cada região e tipo de exploração, e eventualmente trabalhado com a ajuda de terceiros, configura o conceito de:

(A) imóvel rural.
(B) propriedade familiar.
(C) módulo rural.
(D) minifúndio.
(E) latifúndio.

Art. 4º, III, da Lei 4.504/64. Gabarito "C".

(Magistratura/PA – 2007 – FGV) Acerca dos princípios do Direito Agrário Brasileiro, assinale a afirmativa correta.

(A) O princípio da permanência na terra garante aos proprietários o direito de permanecer nas áreas de sua propriedade, independente da destinação que estas recebem.

(B) O princípio da função social da terra tem seus requisitos exclusivamente estabelecidos nos incisos I a IV do artigo 186 da Constituição da República.

(C) O princípio da justiça social é fundamento para a permanência na terra daquele que a tornar produtiva com seu trabalho.

(D) Pelo princípio do aumento da produção, que tem fundamento no crescimento populacional e na necessidade de produção de bens vitais, buscar-se-á sempre a elevação da produtividade independente da proteção aos recursos naturais renováveis.

(E) O princípio do acesso à propriedade da terra determina que ao Estado é facultado promover o acesso à propriedade da terra para as pessoas sem terra e sem condições de adquiri-la a título oneroso.

A: incorreta, pois a permanência na terra está condicionada ao seu uso conforme a função social da propriedade; B: incorreta, pois o Estatuto da Terra (art. 2º e ss) e a Lei 8.629/92 (art. 9º e ss) também regulam o assunto; C: correta, pois a justiça social, fundamento da ordem econômica (art. 170 da CF), impõe observância da função social da propriedade, e, consequentemente, requer que a permanência na terra seja condicionada a torná-la produtiva com seu trabalho; D: incorreta (art. 47, II, da Lei 4.504/64); E: incorreto, pois o Estado não tem faculdade, mas tem o dever de promover o acesso mencionado (art. 2º, *caput* e § 2º, da Lei 4.504/64). Gabarito "C".

(Magistratura/PA – 2007 – FGV) Não constitui(em) objetivos gerais da Colonização Oficial:

(A) ampliar a fronteira econômica do país.
(B) promover a integração e o progresso social e econômico do colono.
(C) elevar o nível do trabalhador rural.
(D) constituir novos minifúndios pelo fracionamento de imóveis rurais.
(E) promover a conservação dos recursos naturais e a recuperação social e econômica de determinadas áreas.

A: correta (art. 56, V, da Lei 4.504/64); B: correta (art. 57, I, da Lei 4.504/64); C: correta (art. 57, II, da Lei 4.504/64); D: incorreta, pois tal objetivo não está previsto nos arts. 56 e 57 da Lei 4.504/64; E: correta (art. 57, III, da Lei 4.504/64). Gabarito "D".

(Procurador do Estado/PI – 2008 – CESPE) Acerca das classificações legais aplicáveis ao imóvel rural, é correto afirmar que o conceito de

(A) propriedade familiar é basilar ao direito agrário, sendo sua extensão fixada por pluralidade de módulos rurais para cada região econômica.

(B) média propriedade rural se refere a imóveis com extensão de seis a quinze módulos rurais.

(C) pequena propriedade rural está compreendido entre um e quatro módulos rurais

(D) minifúndio se refere a imóvel de extensão inferior à propriedade familiar.

(E) latifúndio se define pelos imóveis com extensão superior à media propriedade rural.

A: incorreta, pois sua extensão é fixada em função da região e do *tipo de exploração* (art. 4º, II, da Lei 4.504/64); B: incorreta, pois a média propriedade rural tem entre 4 e 15 módulos *fiscais* (art. 4º, III, da Lei 8.629/93); C: incorreta, pois a pequena propriedade rural tem entre 1 e 4 módulos *fiscais* (art. 4º, II, da Lei 8.629/93); D: correta (art. 4º, IV, da Lei 4.504/64); E: incorreta (art. 4º, V, *b*, da Lei 4.504/64). Gabarito "D".

(Defensoria/MA – 2009 – FCC) De acordo com o Estatuto da Terra, entende-se por imóvel rural o prédio

(A) destinado à atividade agrícola, pecuária ou agroindustrial, qualquer que seja a sua localização.

(B) destinado à atividade agrícola, pecuária ou agroindustrial, desde que localizado fora do perímetro urbano do Município.

(C) destinado à atividade agrícola, pecuária ou agroindustrial, desde que assim definido pela legislação municipal.

(D) localizado no perímetro urbano no Município, qualquer que seja sua destinação.

(E) localizado fora do perímetro urbano do Município, qualquer que seja sua destinação.

Art. 4º, I, da Lei 4.504/64. Gabarito "A".

3. CONTRATOS AGRÁRIOS

(Magistratura/GO – 2009 – FCC) No caso de contrato de arrendamento rural em que haja pluralidade de arrendatários o direito de preempção que cabe a estes

(A) não pode ser exercido.
(B) pode ser exercido por qualquer um relativamente à totalidade do imóvel, se os demais arrendatários não exercerem esse direito.
(C) deve ser exercido conjuntamente por todos, necessariamente.
(D) pode ser exercido por qualquer um relativamente a sua fração ideal, independentemente do exercício desse direito pelos demais arrendatários.
(E) apenas pode ser exercido por aquele que for possuidor de mais de metade do imóvel.

Art. 46 do Decreto 59.566/66. Gabarito "B".

(Magistratura/GO – 2007) Marque a alternativa correta:

(A) Nos termos do que dispõe a Lei 4947/66, tem-se que os contratos agrários regulam-se por princípios próprios, diferentes daqueles que regem os contratos de direito comum.
(B) A alienação ou a imposição de ônus real ao imóvel interrompe a vigência dos contratos de arrendamento ou de parceria.
(C) Ao proprietário que houver financiado o arrendatário ou parceiro, por inexistência de financiamento direto, será vedado exigir a venda da colheita até o limite do financiamento concedido, ainda que observados os mesmos preços do mercado local.
(D) Nos termos do que fixa o Decreto 59566/66, arrendamento rural é o contrato agrário pelo qual uma pessoa se obriga a ceder à outra, por tempo determinado ou não, o uso e gozo de imóvel rural, parte ou partes do mesmo, incluindo, ou não, outros bens, benfeitorias e ou facilidades, com o objetivo de nele ser exercida atividade de exploração agrícola, pecuária, agro-industrial, extrativa ou mista mediante certa retribuição ou aluguel, observados os limites percentuais da lei.

A: incorreta, pois o art. 13 da Lei 4.947/66 estabelece que os contratos agrários regulam-se pelos princípios que regem os contratos de Direito comum, no que concerne ao acordo de vontade e ao objeto, obedecidas as disposições de direito agrário previstas na mencionada lei; B: incorreta (art. 92, § 5°, da Lei 4.504/64); C: incorreta (art. 93, parágrafo único, da Lei 4.504/64). D: correta (art. 3° do Decreto 59.566/66). Gabarito "D".

(Magistratura/PA – 2009 – FGV) Assinale a alternativa que indique o contrato agrário típico.

(A) Roçado.
(B) *Leasing* agrário.
(C) Parceria rural.
(D) Comodato rural.
(E) Empreitada.

Art. 4° do Decreto 59.566/66. Gabarito "C".

(Defensoria/MA – 2009 – FCC) Estão sujeitos(as) a registro no Cartório de Registro de Imóveis

(A) os contratos de parceria rural.
(B) os contratos de penhor rural.
(C) as cédulas de crédito imobiliário.
(D) as áreas de reserva legal.
(E) os decretos de desapropriação para fins de reforma agrária.

Art. 1.438 do Código Civil. Gabarito "B".

(Defensoria/PA – 2009 – FCC) O instituto do penhor rural diferencia-se da modalidade geral do penhor, entre outras razões, porque

(A) não confere ao credor pignoratício a posse da coisa empenhada.
(B) compreende apenas coisas móveis.
(C) depende de registro em Cartório de Registro de Títulos e Documentos.
(D) nega ao seu titular o direito de sequela.
(E) não pode ser instituído sobre frutos pendentes.

De fato, no *penhor rural*, o credor não fica com a posse da coisa empenhada, diferentemente do que ocorre no *penhor em geral*. Todavia, é bom consignar que o credor, no penhor rural, tem direito de verificar o estado das coisas empenhadas, inspecionando-as onde se acharem (art. 1.441 do Código Civil). Gabarito "A".

4. USUCAPIÃO ESPECIAL RURAL

(Magistratura/PA – 2009 – FGV) No que diz respeito à usucapião especial rural, ou pro labore, é correto afirmar que:

(A) pode recair sobre imóvel público rural.
(B) dispensa tanto o justo título como a posse de boa-fé.
(C) exige área não superior a 25 (vinte e cinco) hectares.
(D) aplica-se à posse de terreno urbano sem construção.
(E) admite interrupção do prazo de aquisição.

A usucapião especial rural tem os seguintes requisitos, que são cumulativos (art. 191 da CF): a) posse por *5 anos*; b) posse com *ânimo de dono*; c) posse *sem oposição* (pacífica); d) posse *ininterrupta* (contínua); e) posse de *terra*; f) posse em *área rural*; g) posse em terra rural *de até 50 hectares* (ou *não superior a 50 hectares*); h) posse em terra *tornando-a produtiva por seu trabalho ou de sua família*; i) posse em área onde se tem *moradia*; j) posse em imóvel *privado*; k) posse por *alguém que não é proprietário de imóvel urbano ou rural*. Assim, a alternativa "a" está incorreta, pois o bem tem que ser *privado*. A alternativa "b" está correta, pois a CF não exige, no art. 191, *justo título* e *boa-fé*, mas posse com ânimo de dono, pacífica e contínua. A alternativa "c" está incorreta, pois exige-se área não superior a *50 hectares*. A alternativa "d" está incorreta, pois deve-se tratar de terra *rural*. E a alternativa "e" está incorreta, pois a posse tem que ser *contínua*. Gabarito "B".

(Magistratura/PA – 2005 – FGV) Tem direito a adquirir a propriedade rural por usucapião aquele que, não sendo proprietário de imóvel rural ou urbano, possua, como sua, área de terra, em zona rural, tornando-a produtiva por seu trabalho ou de sua família, desde que observado o prazo de ocupação e metragem da área correspondentes a:

(A) dez anos e cinqüenta hectares.
(B) cinco anos e cem hectares.
(C) vinte anos e cinqüenta hectares.
(D) cinco anos e, no máximo, cinqüenta hectares.
(E) quinze anos e trinta hectares.

Art. 191 da CF. Gabarito "D".

(Ministério Público/AM – 2008 – CESPE) A usucapião rural constitucional

(A) não decorre do Código Civil, mas diretamente da CF, razão pela qual a ela não se aplica a concepção de prescrição aquisitiva.
(B) incidirá independentemente da natureza pública ou particular do imóvel.
(C) não será reconhecida ao mesmo possuidor mais de uma vez.
(D) decorre de situação de posse qualificada, em que se exige, além do exercício de poderes inerentes ao domínio, o fato de tornar o imóvel rural produtivo.
(E) pode ser exercido por proprietário de imóvel, quanto à terra rural de até 50 hectares, contígua a sua gleba, se ele a possuir como sua por pelo menos cinco anos, sem oposição, nela fixando sua moradia.

A: incorreta, pois, além de na CF (art. 191), a usucapião rural está prevista no art. 1.239 do Código Civil, envolvendo, como em toda usucapião, a chamada prescrição aquisitiva; B: incorreta, pois só incide sobre bem privado (art. 191, parágrafo único, da CF); C: incorreta, pois não há essa limitação no texto constitucional (art. 191 da CF), ao contrário do que ocorre com a usucapião especial *urbana* (art. 183, § 2°, da CF). D: correta, pois a frase "exercício dos poderes inerentes ao domínio" traz o conceito de *posse*, a qual é exigida, sendo que o art. 191 exige que a terra se torne produtiva pelo trabalho do possuidor ou de sua família; E: incorreta, pois a usucapião especial rural não se aplica ao possuidor que já for proprietário de imóvel urbano ou rural. Gabarito "D".

(Defensoria/PA – 2009 – FCC) A usucapião constitucional rural

(A) obriga ao pagamento de indenização ao proprietário.
(B) prescinde de boa-fé ou de justo título.
(C) aplica-se a imóveis rurais com área não superior a 250m2 (duzentos e cinquenta metros quadrados).
(D) consuma-se após o prazo de 10 (dez) anos ininterruptos.
(E) prescinde da utilização produtiva da terra.

A: incorreta, pois a usucapião é uma forma originária de aquisição da propriedade, que não exige pagamento para se concretizar; B: correta, pois esses dois requisitos não são exigidos no art. 191 da CF; C: incorreta, pois aplica-se a imóveis rurais com área não superior a 50 hectares; D: incorreta, pois exige-se apenas 5 anos de posse ininterrupta; E: incorreta, pois a posse deve tornar a terra produtiva, por obra do possuidor ou de sua família. Gabarito "B".

(Procurador Federal – 2010 – CESPE) Julgue o item a seguir com base nas normas de direito agrário.

(1) Para que seja deferido o usucapião pro labore, exige-se apenas que o indivíduo, não sendo proprietário de outro imóvel rural, possua como sua, por cinco anos ininterruptos, sem oposição, área de terra rural não superior a cinquenta hectares e nela resida, tornando-a produtiva por seu trabalho ou de sua família.

1: incorreta, pois também é requisito dessa usucapião tratar-se de imóvel privado (art. 191, parágrafo único, da CF). Gabarito 1E

5. AQUISIÇÃO E USO DA PROPRIEDADE E DA POSSE RURAL

(Magistratura/PA – 2005 – FGV) A alienação ou a concessão, a qualquer título, de terras públicas e devolutas, excetuadas aquelas para fins de reforma agrária, com área superior a 2.500 hectares, a pessoa física ou jurídica dependerá:

(A) de prévia aprovação do Presidente da República.
(B) de prévia aprovação do Congresso Nacional.
(C) de prévia aprovação do Senado Federal.
(D) de prévia aprovação da Câmara dos Deputados.
(E) de prévia aprovação da Assembléia Legislativa.

Art. 188, parágrafo único, da CF. Gabarito "B".

(Defensoria/PA – 2009 – FCC) Relativamente à aquisição de imóveis rurais por estrangeiros, é correto afirmar que

(A) a aquisição de áreas superiores a 50 (cinquenta) módulos de exploração indefinida está sujeita à aprovação do Conselho de Segurança Nacional.
(B) em se tratando de pessoas jurídicas, as limitações legais aplicam-se indistintamente àquelas estrangeiras autorizadas a operar no país e àquelas constituídas no Brasil mas sob controle estrangeiro.
(C) a aquisição de imóveis de qualquer extensão está sujeita à aprovação do Poder Executivo
(D) a soma das áreas rurais pertencentes a pessoas estrangeiras não poderá exceder a 1/4 (um quarto) da área do Município onde se situem.
(E) em hipótese alguma a pessoa estrangeira poderá adquirir imóvel rural com área maior do que 3 (três) módulos de exploração indefinida.

Art. 190 da CF c/c art. 12 da Lei 5.709/71. Gabarito "D".

6. DESAPROPRIAÇÃO PARA A REFORMA AGRÁRIA

(Magistratura/GO – 2009 – FCC) De acordo com a Lei nº 8.629/93, as áreas de efetiva preservação permanente são consideradas, para fins de reforma agrária,

(A) efetivamente utilizáveis, de acordo com o plano de exploração.
(B) excluídas.
(C) não aproveitáveis.
(D) prioritárias para fins de assentamento de trabalhadores rurais.
(E) prioritárias à execução de planos respectivos.

A Lei 8.629/93 classifica as áreas rurais em diversas espécies, cada qual com uma consequência específica. Assim, há áreas consideradas *efetivamente utilizadas* (art. 6º, § 3º), *não aproveitáveis* (art. 10), *prioritárias para fins de assentamento de trabalhadores rurais* (art. 17); *prioritárias à execução de planos respectivos* (art. 13), dentre outras. As áreas de efetiva preservação permanente são consideradas *não aproveitáveis* (art. 10, IV), o que significa que, como não poderão ser aproveitadas, uma propriedade rural que não as aproveite não fica passível de desapropriação por violação à função social da propriedade. Gabarito "C".

(Magistratura/GO – 2009 – FCC) A observância das normas de segurança do trabalho pelo proprietário de imóvel rural

(A) é requisito para o cumprimento da função social da propriedade, pois constitui um aspecto para caracterização de exploração que favoreça o bem-estar de trabalhadores.
(B) não é requisito para o cumprimento da função social da propriedade, porque embora seja matéria de ordem pública, seu descumprimento constitui infração de cunho trabalhista.
(C) não é requisito para o cumprimento da função social da propriedade, porque a Constituição refere-se apenas ao meio ambiente natural e não ao meio ambiente do trabalho.
(D) não é requisito para o cumprimento da função social da propriedade, a qual se alcança com a observância dos índices de produtividade rural fixados pelo INCRA tão somente.
(E) é requisito para a caracterização do seu aproveitamento racional e adequado.

Segundo o art. 9º da Lei 8.629/93, a função social da propriedade é cumprida quando a propriedade rural cumpre, simultaneamente, uma série de requisitos, dentre os quais "exploração que favoreça o bem-estar dos proprietários e dos trabalhadores" (art. 9º, IV). E o § 5º do art. 9º Lei 8.629/93 estabelece que "A exploração que favorece o bem-estar dos proprietários e trabalhadores rurais é a que objetiva o atendimento das necessidades básicas dos que trabalham a terra, observa as **normas de segurança do trabalho** e não provoca conflitos e tensões sociais no imóvel" (g.n.), de modo que está correta a alternativa "a". Gabarito "A".

(Magistratura/PA – 2009 – FGV) De acordo com a jurisprudência consolidada pelo Superior Tribunal de Justiça, a invasão de um imóvel rural submetido a processo expropriatório para fins de reforma agrária é causa de:

(A) mero reconhecimento do fato, irrelevante ao procedimento.
(B) julgamento do litígio conforme o estado do processo.
(C) nulidade absoluta da desapropriação.
(D) suspensão do processo expropriatório.
(E) revisão do valor da indenização devida ao proprietário.

O art. 2º, § 6º, da Lei 8.629/93 estabelece que um imóvel nessa situação não será desapropriado no período de dois anos seguintes à sua desocupação (ou no dobro desse período, em caso de reincidência). Assim, o caso é de suspensão do processo expropriatório. Confira decisão do STJ a esse respeito: "Dispõe a norma legal que o imóvel rural que tenha sofrido esbulho de 'caráter coletivo não será vistoriado, avaliado ou desapropriado nos dois anos seguintes à sua desocupação', ou nos quatro anos, em caso de reincidência. A jurisprudência desta Corte firmou-se no sentido de que 'não se pode interpretá-la [a norma do artigo 2º, § 6º, da Lei 8.629/93] de outra forma senão aquela que constitui a verdadeira vontade da lei, destinada a coibir as reiteradas invasões da propriedade alheia' (REsp 1057870/MA, Rel. Min. Denise Arruda, DJe 10/09/2008), aplicando-se a Súmula 354/STJ: 'A invasão do imóvel é causa de suspensão do processo expropriatório para fins de reforma agrária'. O Supremo Tribunal Federal, que reafirmou seu posicionamento, entende que não se aplica o preceito nos casos em que a invasão seja posterior à vistoria, sem influenciar nos resultados sobre a produtividade (MS 25283, Rel. Min. Joaquim Barbosa, Tribunal Pleno, DJe 05/03/2009)" (AgRg no REsp 1055228/PA, Rel. Ministro CASTRO MEIRA, SEGUNDA TURMA, julgado em 04/03/2010, DJe 16/03/2010). Gabarito "D".

(Magistratura/PA – 2009 – FGV) Nos termos da Emenda Constitucional nº 45/2004, para dirimir conflitos fundiários é correto afirmar que:

(A) o Tribunal de Justiça designará juízes de entrância especial, com competência para questões agrárias.
(B) o juiz natural da causa que verse sobre questão agrária deverá sempre se manter afastado do local do litígio, para eficiência e imparcialidade da prestação jurisdicional.
(C) o Tribunal de Justiça proporá a criação de varas especializadas, com competência exclusiva para questões agrárias.
(D) o Superior Tribunal de Justiça criará turmas especializadas para julgar recursos sobre questões agrárias.
(E) a lei estadual de organização judiciária determinará as varas de fazenda públicas e, na falta destas no local do litígio, as varas cíveis, sendo vedada a criação de vara ou entrância com competência exclusiva para questão agrária.

Art. 126 da CF. Gabarito "C".

(Magistratura/PA – 2007 – FGV) Assinale a alternativa que congrega os aspectos legais que devem ser considerados para o estabelecimento de valor justo para as indenizações de áreas desapropriadas para fins de reforma agrária.

(A) localização e dimensão do imóvel, aptidão agrícola, área ocupada e ancianidade das posses, tempo de uso e estado de conservação das benfeitorias

(B) produtividade, dimensão do imóvel excluídas as áreas de matas de florestas, estado de conservação das benfeitorias e localização do imóvel
(C) aproveitamento racional e adequado, preservação do meio ambiente, observância das disposições legais que regulam as relações de trabalho e exploração que favoreça o bem-estar dos trabalhadores e proprietários
(D) quantidade de animais existentes ou área coberta por plantações de bens vitais, quantidade de empregados rurais, proporção de áreas
(E) número de módulos rurais ocupados pela propriedade, nível de produtividade, valor venal do imóvel

A alternativa "a" está correta, pois traz os aspectos (parâmetros) previstos no art. 12 da Lei 8.629/93. Gabarito "A".

(Magistratura/PA – 2005 – FGV) Não será desapropriada para fins de reforma agrária:

(A) a propriedade produtiva.
(B) a propriedade em que sejam realizadas pesquisas científicas.
(C) a propriedade que compreenda trabalho cooperativo.
(D) a propriedade que esteja quite com os tributos.
(E) a propriedade ocupada por mais de cinqüenta pessoas.

Art. 185, II, da CF. Gabarito "A".

(Magistratura/PA – 2005 – FGV) Os títulos de domínio ou de concessão de uso de imóveis rurais distribuídos pela reforma agrária possuem alguma restrição?

(A) Sim. São inegociáveis pelo prazo de cinco anos.
(B) Sim. Somente podem ser utilizados pelo próprio beneficiário ou sua família.
(C) Sim. São inegociáveis pelo prazo de dez anos.
(D) Não. Os beneficiários podem dispor deles livremente.
(E) Sim. A única forma de disposição é a doação pelos beneficiários a pessoas que se encontrem na mesma condição dele, beneficiário, à época da aquisição.

Art. 18 da Lei 8.629/93. Gabarito "C".

(Magistratura/PA – 2005 – FGV) A competência para a desapropriação por interesse social e o pagamento da indenização correspondente:

(A) pertence à União, ao Estado e ao Município, mediante pagamento em dinheiro.
(B) pertence ao Estado, mediante prévia e justa indenização em títulos da dívida agrária.
(C) pertence ao Município, mediante prévia e justa indenização em títulos da dívida agrária, indenizando-se em dinheiro as benfeitorias úteis e necessárias.
(D) pertence ao Município e ao Estado, mediante prévia e justa indenização em dinheiro.
(E) pertence à União, mediante prévia e justa indenização em títulos da dívida agrária com cláusula de preservação do valor real, resgatáveis no prazo de até vinte anos a partir do segundo ano de sua emissão, indenizando-se em dinheiro as benfeitorias úteis e necessárias.

Art. 184, *caput* e § 1º, da CF. Gabarito "E".

Texto para as próximas duas questões

Em 27/10/2006, Paulo e Lúcia, titulares da gleba denominada Fazenda Amapará, imóvel com tamanho correspondente a 50 módulos fiscais e no qual constam edificações, culturas e pastagens, subscreveram escritura pública de doação, pela qual transferem o imóvel, a título de adiantamento de legítima, aos seus cinco filhos, em partes iguais. Dois meses depois de lavrado o documento, foi editado decreto que declarou o imóvel como de interesse social, para fins de desapropriação para reforma agrária.

(Ministério Público/AM – 2008 – CESPE) Considerando a situação hipotética descrita no texto, assinale a opção correta.

(A) O decreto em questão pode ser editado pela unidade da Federação em que se situa o imóvel.
(B) Com a edição do decreto, os titulares perderam a posse direta do imóvel.
(C) A desapropriação poderá ser concretizada de forma amigável ou judicial.
(D) No procedimento judicial de desapropriação, a respectiva ação será proposta na justiça comum, em foro determinado pelo lugar do imóvel.
(E) O processo judicial de desapropriação se desenvolverá mediante rito sumário, com prazo de 10 dias para se contestar a ação.

A: incorreta, pois a competência para a desapropriação *por interesse social para fins de reforma agrária* é da União (art. 184, *caput*, da CF e art. 2º, *caput*, da Lei Complementar 76/93); B: incorreta, pois o decreto é uma declaração da União de que esta pretende adquirir a coisa, não importando da posse da coisa por parte de seus titulares; o expropriante pode, todavia, promover vistoria e avaliação do imóvel (art. 2º, § 2º, da Lei Complementar 76/93); C: correta, pois a desapropriação pode se dar por acordo extrajudicial ou pelo ingresso com ação de desapropriação; em juízo, também poderá ser feito acordo (arts. 6º, § 5º, e 10, da Lei Complementar 76/93); D: incorreta, pois havendo interesse da União, a ação correrá na Justiça Federal (art. 109 da CF e art. 2º, § 1º, da Lei Complementar 76/93); E: incorreta, pois, apesar de o rito ser sumário (art. 1º da Lei Complementar 76/93), trata-se de *rito sumário de contraditório especial*, e o prazo para contestação é de 15 dias (art. 9º da Lei Complementar 76/93). Gabarito "C".

(Ministério Público/AM – 2008 – CESPE) Quanto aos critérios que serão utilizados para se decidir sobre a desapropriação judicial da gleba referida nos textos anteriores, assinale a opção correta.

(A) As benfeitorias necessariamente serão indenizadas em dinheiro, sendo vedado pagá-las em títulos da dívida agrária.
(B) Os títulos da dívida agrária entregues em pagamento do imóvel poderão ser resgatáveis em até dez anos, já que se trata de área de até três mil hectares.
(C) A referida gleba não poderá ser desapropriada se for devidamente provado que a sua exploração econômica é racional e atinge, simultaneamente, os graus exigidos de utilização da terra e de eficiência, segundo índices fixados pelo órgão federal competente.
(D) O grau de utilização do imóvel é calculado pela relação percentual entre a área efetivamente utilizada e a área aproveitável total do imóvel, incluindo-se no conceito de área efetivamente utilizada aquelas de exploração extrativa vegetal ou florestal, bem como as de efetiva exploração de jazida mineral.
(E) O grau de eficiência na exploração do imóvel será calculado para produtos vegetais, com base na divisão entre a área efetivamente plantada de cada produto pelo índice de lotação estabelecido pelo órgão competente do Poder Executivo.

A: incorreta, pois as benfeitorias necessárias e úteis serão pagas em dinheiro, ao passo que as benfeitorias voluptuárias, não (art. 184, § 1º, da CF, art. 5º, § 1º, da Lei 8.629/93 e art. 14 da Lei Complementar 76/93); B: incorreta, pois, quanto a imóveis de até 3 mil hectares, os títulos poderão ser resgatados, a partir do segundo ano de emissão, *no prazo de 5 anos*; C: correta (art. 6º da Lei 8.629/93); D: incorreta; a afirmativa é quase toda correta, porém a parte final – em que se diz que a efetiva exploração de *jazida mineral* inclui-se no conceito de *área efetivamente utilizada* – está incorreta, pois tal exploração não se encontra nesse conceito (art. 6º, § 3º, da Lei 8.629/93); a área sob efetiva exploração mineral é considerada *não aproveitável* (art. 10 da Lei 8.629/93); E: incorreta (art. 6º, § 2º, I, da Lei 8.629/93). Gabarito "C".

(Ministério Público/RO – 2008 – CESPE) Três proprietários de uma gleba, situada em zona de conflito agrário, foram notificados pelo INCRA, no mês de janeiro do corrente ano, a respeito de vistoria para levantamento de dados e informações, o que ocorreu no mesmo mês. No mês de junho, o imóvel foi ocupado por manifestantes que reivindicavam sua desapropriação para fins de reforma agrária. Em seguida, foi publicado decreto presidencial declarando o imóvel de interesse social para fins de desapropriação para reforma agrária. Considerando essa situação hipotética, assinale a opção correta.

(A) O decreto declaratório deve ser necessariamente precedido de procedimento administrativo em que a administração demonstre o interesse social necessário à desapropriação, garantindo-se, aos interessados, o contraditório e a ampla defesa.

(B) A ocorrência de ocupação do imóvel por manifestantes impede o prosseguimento da desapropriação, a qual somente poderá ser retomada se ocorrer posterior desocupação, ainda na vigência do decreto declaratório.
(C) Em razão da vistoria realizada, os condôminos estarão permanentemente impedidos de desmembrar a propriedade, sendo vedados, assim, os atos que busquem criar glebas menores que o limite permitido para essa espécie de desapropriação.
(D) Por decorrer de ato discricionário da administração, é vedada a apreciação e discussão quanto ao interesse social declarado, pelo que os interessados não poderão questionar a validade do decreto declaratório, seja na própria desapropriação ou mediante ação autônoma.
(E) A administração poderá celebrar acordo com os proprietários do imóvel declarado como de interesse social para fins de reforma agrária, desapropriando-o independentemente de prévia licitação ou propositura de ação judicial.

A: incorreta, pois não há contraditório e ampla defesa nessa fase pré-judicial, sendo necessário apenas comunicar por escrito o proprietário, de que haverá ingresso no imóvel para levantamento de dados e informações (art. 2º, § 2º, da Lei 8.629/93); B: incorreta, pois "o imóvel rural de domínio público ou particular objeto de esbulho possessório ou invasão motivada por conflito agrário ou fundiário de caráter coletivo não será vistoriado, avaliado ou desapropriado nos dois anos seguintes à sua desocupação, ou no dobro desse prazo, em caso de reincidência; e deverá ser apurada a responsabilidade civil e administrativa de quem concorra com qualquer ato omissivo ou comissivo que propicie o descumprimento dessas vedações" (art. 2º, § 6º, da Lei 8.629/93); C: incorreta, pois só não serão consideradas as modificações quanto ao domínio ocorridas até 6 meses da data da comunicação para o levantamento de dados e informações (art. 2º, § 4º, da Lei 8.629/93); D: incorreta, pois, apesar do disposto no art. 9º da Lei Complementar 76/93, é possível questionar a validade do decreto quanto às questões de legalidade deste na própria desapropriação, sendo certo que, questões de alta indagação, como a violação ao princípio da moralidade, podem também ser discutidas em ação autônoma; E: correta, pois a desapropriação pode se dar por acordo extrajudicial ou pelo ingresso com ação de desapropriação; em juízo, também poderá ser feito acordo (arts. 6º, § 5º, e 10, da Lei Complementar 76/93). Gabarito "E".

(Defensoria/MA – 2009 – FCC) O procedimento contraditório especial, de rito sumário, para desapropriação para fins de reforma agrária previsto na Lei Complementar nº 76/93
(A) dispensa o pagamento de indenização.
(B) obriga a justa e prévia indenização integral em dinheiro.
(C) elimina o processo judicial de desapropriação.
(D) permite a imissão na posse em no máximo 48 (quarenta e oito) horas.
(E) pode ser conduzido pelo Estado-membro.

A: incorreta (art. 12 da Lei Complementar 76/93); B: incorreta, pois o pagamento é feito com títulos da dívida agrária para a terra nua, e em dinheiro, para as benfeitorias úteis e necessárias (art. 14 da Lei Complementar 76/93); C: incorreta (art. 1º da Lei Complementar 76/93); D: correta (art. 6º, *caput* e I, da Lei Complementar 76/93); E: incorreta, pois a competência para essa específica desapropriação é da União (art. 2º, *caput*, da Lei Complementar 76/93). Gabarito "D".

(Defensoria/MA – 2009 – FCC) NÃO é critério definidor da função social da propriedade rural
(A) seu uso em conformidade com o Plano Diretor do Município.
(B) a exploração que garanta o bem-estar dos proprietários.
(C) seu aproveitamento racional e adequado.
(D) a preservação do meio ambiente.
(E) a observância das disposições que regulam as relações de trabalho.

Arts. 186 da CF e 9º da Lei 8.629/93. Gabarito "A".

(Defensoria/PA – 2009 – FCC) A função social da propriedade rural
(A) é conceito que não encontra previsão em norma jurídica, uma vez que corresponde à construção histórica de determinada sociedade e tem, assim, apenas dimensão sociológica.
(B) é observada quando se levam em conta, exclusivamente, os graus de utilização da terra e de eficiência na exploração fixados em lei, de sorte que toda propriedade produtiva automaticamente cumpre sua função social.

(C) deve levar em conta critérios estabelecidos constitucionalmente, tais como a proteção do meio ambiente e o bem-estar de proprietários e trabalhadores.
(D) é irrelevante para efeito de sujeição de imóveis rurais à desapropriação para fins de reforma agrária, que será decretada por ato do Poder Executivo Federal ou Estadual quando lhes convier.
(E) não encontra definição constitucional, que remete sua conceituação para sede de lei complementar.

A: incorreta, pois o conceito está previsto nos arts. 186 da CF e 9º da Lei 8.629/93; B: incorreta, pois outros valores são considerados, como a obediência às leis trabalhistas e o respeito ao meio ambiente; C: correta, nos termos já lembrados no comentário ao item anterior, conforme os arts. 186, II a IV, da CF e 9º, II a IV, da Lei 8.629/93; D: incorreta, pois a desapropriação por interesse social para fins de reforma agrária é da competência apenas da União; E: incorreta, pois a definição encontra-se no art. 186 da CF. Gabarito "C".

(Procurador Federal – 2010 – CESPE) No que concerne ao direito agrário, julgue os próximos itens.

(1) Ao assegurar que são insuscetíveis de desapropriação para fins de reforma agrária a pequena e a média propriedade rural, assim definida em lei, desde que seu proprietário não possua outra propriedade, a CF estabeleceu a presunção *juris tantum* de que as referidas propriedades cumprem sua função social.
(2) Haverá retrocessão, autorizando o expropriado a exercer o direito de pedir a devolução do imóvel ou eventual indenização, quando configurada a tredestinação ilícita.
(3) É cabível ação reivindicatória que verse sobre imóvel rural desapropriado para fins de reforma agrária e registrado em nome do expropriante.
(4) A função social da propriedade caracteriza-se pelo fato de o proprietário condicionar o uso e a exploração do imóvel não só aos seus interesses particulares, mas, também, à satisfação de objetivos para com a sociedade, como a obtenção de determinado grau de produtividade, o respeito ao meio ambiente e o pagamento de impostos.

1: incorreta, pois não há presunção nesse sentido, mas sim um benefício a quem se encontra nessa situação (art. 185, I, da CF); aliás, se houvesse tal presunção, esta seria absoluta, pois não admitiria prova em contrário; 2: correta, pois quando se desapropria para um fim, mas acaba-se destinando a coisa desapropriada para outro fim, que não é de interesse público, tem-se a chamada tredestinação ilícita, que faz nascer o direito de retrocessão, que autoriza que o prejudicado peça a devolução da coisa ou eventual indenização; 3: incorreta, pois a desapropriação é forma de aquisição originária da propriedade, não podendo o bem desapropriado ser reivindicado por terceiros; 4: correta (art. 186 da CF). Gabarito 1E, 2C, 3E, 4C.

(Procurador Federal – 2010 – CESPE) Julgue os itens a seguir com base nas normas de direito agrário.

(1) A sentença homologatória de acordo firmado entre as partes, em sede de processo de desapropriação, não pode ser anulada por meio de ação popular, mesmo que caracterizado o desvio de finalidade.
(2) Os juros compensatórios, na desapropriação para fins de reforma agrária, fluem desde a imissão na posse.
(3) O desmembramento do imóvel rural, para caracterizar as frações desmembradas como média propriedade rural, tudo devidamente averbado no registro imobiliário, a atrair a vedação contida no art. 185, inciso I, da CF, poderá ser efetivado mesmo após a realização da vistoria para fins expropriatórios, mas antes do decreto presidencial.

1: incorreta, pois, havendo violação ao princípio da moralidade, cabe ação popular, não podendo ser subtraída da apreciação do Judiciário uma conduta dessa natureza; 2: correta, pois tais juros sempre são computados da imissão na posse, quando o expropriado perde o direito de explorar a coisa expropriada, sem ter recebido ainda o total devido a título de indenização, daí incidir juros compensatórios sobre a diferença entre o valor final da indenização e a quantia que tiver sido levantada quando da imissão na posse; 3: correta, desde que respeitado o disposto no art. 2º, § 4º, da Lei 8.629/93. Gabarito 1E, 2C, 3C.

26. DIREITO EDUCACIONAL

Robinson Sakiyama Barreirinhas e Wander Garcia

1. NORMAS CONSTITUCIONAIS

(Procurador Federal – 2010 – CESPE) Com base na legislação que trata de ensino, julgue o seguinte item.

(1) A educação infantil, por qualificar-se como direito fundamental de toda criança, não se expõe, em seu processo de concretização, a avaliações meramente discricionárias da administração pública, nem se subordina a razões de puro pragmatismo governamental.

Assertiva correta, pois a garantia de educação básica obrigatória e gratuita dos 4 aos 17 anos de idade, inclusive a educação infantil, implica vinculação para a autoridade competente, não discricionariedade, sob pena de responsabilidade em caso de não oferecimento ou de oferta irregular – 208, I e IV, e § 2º, da CF e arts. 5º, § 4º e 21, I, da LDB. Perceba que o atendimento de crianças de até 5 anos em creches ou pré-escolas (educação infantil), garantida pelo art. 208, IV, da CF, corresponde a direito subjetivo público, possibilitando inclusive a intervenção do Poder Judiciário – ver RE 554.075 AgR/SC. Gabarito 1C.

(Procuradoria Federal – 2007 – CESPE) A CF estabelece que a educação é direito de todos e dever do Estado e da família, a ser promovida e incentivada com a colaboração da sociedade, tendo por finalidade o pleno desenvolvimento da pessoa, seu preparo para o exercício da cidadania e sua qualificação para o trabalho. Ela enfatiza a obrigatoriedade do ensino fundamental e sua gratuidade nos estabelecimentos da rede escolar pública, inclusive para os que a ele não tiveram acesso na idade própria. Quanto à educação superior, a CF define as universidades como instituições dotadas de autonomia didático-científica, administrativa e de gestão financeira e patrimonial, subordinadas ao princípio da indissociabilidade entre ensino, pesquisa e extensão. Depois de prolongada e complexa tramitação no Congresso Nacional, a Lei de Diretrizes e Bases da Educação Nacional (LDB) foi finalmente aprovada e sancionada em dezembro de 1996. Uma das características marcantes dessa lei é a margem de autonomia que confere aos sistemas de ensino e às próprias escolas, chegando a oferecer alternativas para a organização das atividades escolares. Tendo as informações acima como referência inicial e considerando aspectos legais concernentes à educação brasileira, julgue os itens que se seguem.

(1) Programas como o de transporte e o de alimentação escolar (merenda), bem como o do livro didático, são políticas públicas respaldadas pela CF, que identifica como dever do Estado com a educação o atendimento ao educando, no ensino fundamental, por meio de programas suplementares.

(2) Embora juridicamente obrigatório, o acesso à educação básica está ainda bem distante do ideal de universalização, fato que se explica pela insuficiente oferta de vagas nas escolas da rede pública e pela precariedade das instalações físicas dessas escolas.

(3) A progressão continuada dos estudos, mais conhecida como aprovação automática, adotada em vários sistemas de ensino e em várias escolas, consiste na não-reprovação de aluno nas séries do ensino fundamental e está respaldada pela própria CF quando esta afirma que o acesso ao ensino obrigatório e gratuito é direito público subjetivo.

(4) A autonomia universitária a que se refere o texto constitucional, reiterada na LDB, aplica-se ao conjunto das instituições de educação superior mantidas pelo poder público (União, estados, municípios e DF), situação que não se aplica às universidades privadas.

(5) Tanto a CF quanto a LDB determinam a destinação de recursos públicos para as escolas públicas, permitindo, contudo, que esses recursos também sejam endereçados a escolas comunitárias, confessionais ou filantrópicas.

1: assertiva correta, em conformidade com a garantia prevista no art. 208, VII, da CF, de atendimento ao educando, em todas as etapas da educação básica, por meio de programas suplementares de material didático, escolar, transporte, alimentação e assistência à saúde; 2: incorreta, pois a oferta de vagas para a educação básica no Brasil aproxima-se da universalização; 3: incorreta, pois o regime de progressão continuada para o ensino fundamental não decorre do direito subjetivo ao acesso ao ensino obrigatório e gratuito. Importante salientar que a adoção do regime de progressão continuada não é obrigatória para as entidades de ensino – art. 32, § 2º, da LDB e art. 208, § 1º, da CF; 4: incorreta, pois a autonomia universitária abrange as entidades privadas – art. 207 da CF e art. 53 da LDB; 5: assertiva correta, conforme o art. 213 da CF e o art. 77 da LDB. Gabarito 1C, 2E, 3E, 4E, 5C.

(Procurador Federal – 2010 – CESPE) A respeito da autonomia universitária, julgue os itens seguintes.

(1) Considere a seguinte situação hipotética. Antônio, militar do Exército brasileiro, foi transferido de ofício do Rio de Janeiro para Salvador, razão pela qual sua esposa e dependente, Maria, obteve vaga na Universidade Federal da Bahia no curso superior que frequentava em universidade particular carioca. Antes do término desse curso, Antônio foi novamente transferido, no interesse da administração, para o Distrito Federal, motivo pelo qual Maria pleiteou vaga na Universidade de Brasília. Nessa situação, o novo pleito de Maria não deve ser negado, independentemente de haver vaga ou da época do ano em que ocorreu, com fundamento na natureza da universidade particular de origem, pois se trata de fato irrelevante.

(2) Considere que determinado estudante tenha impetrado mandado de segurança contra ato omissivo do ministro da Educação em razão de seu diploma não ter sido expedido porque o curso de pós-graduação que esse estudante frequentou não estava credenciado no MEC. Nessa situação, o ministro não é autoridade competente para determinar a expedição do diploma, não detendo legitimidade passiva para a mencionada ação; a universidade tem autonomia específica para a prática desse ato.

(3) As universidades públicas federais, entidades da administração indireta, são constituídas sob a forma de autarquias ou fundações públicas. Seus atos, além de sofrerem a fiscalização do TCU, submetem-se ao controle interno exercido pelo MEC, porque tais universidades são subordinadas a esse ministério.

(4) A jurisprudência pátria, na hipótese em que houver conclusão de curso superior antes do trânsito em julgado da decisão em que se discuta a idoneidade do ato de matrícula do aluno, manifesta-se pela inaplicabilidade da teoria do fato consumado, uma vez que os requisitos legais devem ser analisados de forma definitiva pelo Poder Judiciário.

1: assertiva correta. O servidor federal estudante, civil ou militar, que for transferido de ofício, no interesse da administração (não a pedido, por interesse próprio), tem direito à matrícula em instituição de ensino congênere no local da nova residência, em qualquer época, independentemente de vaga. A mesma regra vale para cônjuge, companheiro, filhos, enteados e menores sob a guarda do servidor, com autorização judicial, que vivam com ele – art. 99 da Lei 8.112/1990 e art. 1º da Lei 9.536/1997. A regra das instituições congêneres implica transferência de entidade de ensino pública para outra pública ou de privada para outra privada, exceto se não houver no local da nova residência – ver ADI 3.324/DF e AgRg no REsp 1.103.539/PB. No caso descrito, a esposa do militar a ser transferido de ofício está matriculada em uma universidade pública (Federal da Bahia), de modo que tem direito a ingressar em outra universidade pública (= congênere) no local da nova residência, independentemente da existência de vaga. O fato de ela ter cursado, originariamente, universidade privada é, nesse contexto, irrelevante – ver REsp 877.060/DF, em que se tratou exatamente dessa situação (transferência da UFBA para a UNB, sendo que, originariamente, a aluna estudava em entidade privada); 2: assertiva correta, conforme a interpretação dada pelo STF ao caso – ver RMS 26.369/DF; 3: assertiva incorreta, no que se refere à subordinação. Embora vinculadas ao MEC, as universidades públicas federais não se subordinam ao Ministério, pois têm autonomia didático científica, administrativa e de gestão financeira e patrimonial – art. 207, *caput*, da CF. No mais, a assertiva é correta – art. 3º da Lei 7.596/1987, ver RMS 22.047 AgR/DF que trata exatamente dessa situação; 4: incorreta, pois o STF adota a teoria do fato consumado, no caso – ver RE 429.906 AgR/SC. Gabarito 1C, 2C, 3E, 4E.

(Procurador Federal – 2010 – CESPE) Com base na legislação que trata de ensino, julgue o seguinte item.

(1) A cobrança de matrícula como requisito para que o estudante possa cursar universidade federal viola disposto da CF, pois, embora configure ato burocrático, a matrícula constitui formalidade essencial para que o aluno tenha acesso à educação superior.

Assertiva correta. A Súmula Vinculante 12 do STF dispõe que a cobrança de taxa de matrícula nas universidades públicas viola o disposto no art. 206, IV, da Constituição Federal. Gabarito 1C.

(Procurador Federal – 2010 – CESPE) Com base na legislação que trata de ensino, julgue o seguinte item.

(1) A jurisprudência do STF firmou-se no sentido da existência de direito subjetivo público de crianças de até cinco anos de idade ao atendimento em creches e pré-escolas. A referida corte consolidou, ainda, o entendimento de que é possível a intervenção do Poder Judiciário visando à efetivação desse direito constitucional.

Correta, pois é essa a jurisprudência do STF – ver RE 554.075 AgR/SC. Gabarito 1C.

(Procurador do Município/Boa Vista-RR – 2010 – CESPE) Considerando as disposições da CF quanto à matéria da educação, julgue os itens subsequentes.

(1) A CF dispõe que é direito público subjetivo o acesso ao ensino obrigatório e gratuito, sendo que a sua oferta irregular ou o não oferecimento pelo poder público é responsabilidade da autoridade competente.
(2) Em relação à organização da educação brasileira, a CF estabelece que a União, os estados, o DF e os municípios organizarão seus sistemas de ensino em regime de colaboração, cabendo aos municípios atuar, prioritariamente, no ensino fundamental e na educação infantil.

1: assertiva correta, pois reflete o disposto no art. 208, §§ 1º e 2º, da CF. A rigor, o não oferecimento ou a oferta irregular do ensino obrigatório pelo poder público **importa** responsabilidade da autoridade competente; 2: correta, conforme o art. 211, *caput*, e § 2º, da CF. Gabarito 1C, 2C.

2. LEI DE DIRETRIZES E BASES DA EDUCAÇÃO

(Procurador Federal – 2010 – CESPE) Em relação à Lei de Diretrizes e Bases da Educação Nacional (LDB), julgue o item seguinte.

(1) Os diplomas de mestrado e de doutorado expedidos por universidades estrangeiras só poderão ser reconhecidos por universidades brasileiras que possuam cursos de mestrado e doutorado, reconhecidos e avaliados, ainda que não seja na mesma área de conhecimento.

Incorreta, pois a universidade que irá reconhecer o diploma estrangeiro deve possuir cursos de pós-graduação reconhecidos e avaliados, na **mesma** área de conhecimento e em nível equivalente ou superior – art. 48, § 3º, da LDB. Gabarito 1E.

(Procurador Federal – 2010 – CESPE) Em relação à Lei de Diretrizes e Bases da Educação Nacional (LDB), julgue o item seguinte.

(1) Para efeitos de aposentadoria com redução de idade e tempo de contribuição garantida pela CF aos profissionais de educação, são consideradas funções de magistério as exercidas por professores e especialistas em educação no desempenho de atividades educativas, quando exercidas em estabelecimento de educação básica em seus diversos níveis e modalidades, incluídas, além do exercício da docência, as de direção de unidade escolar e as de coordenação e assessoramento pedagógico.

A assertiva é incorreta no que se refere aos profissionais vinculados ao regime geral da previdência social. Nesse caso, a redução de idade refere-se apenas ao tempo de contribuição, e não à idade do segurado – art. 201, § 8º c/c § 7º, I, da CF. No mais, a assertiva é correta – art. 67, § 2º, da LDB, art. 40, § 5º, da CF, ver ADI 3.772/DF, sendo inaplicável ao caso o disposto na Súmula 726/ STF. Gabarito 1E.

(Procurador Federal – 2010 – CESPE) Em relação à Lei de Diretrizes e Bases da Educação Nacional (LDB), julgue o item seguinte.

(1) A LDB preceitua que os alunos dos níveis fundamental e médio têm direito a um ano com, no mínimo, 200 dias letivos e 800 horas aula. De acordo com a jurisprudência do STJ, essa matéria não pode ser objeto de regulamentação por ato infralegal, na medida em que representa uma garantia dos estudantes.

Incorreta, pois o STJ reconheceu a validade de regulamentação infralegal das atividades dos professores (capacitação profissional e eventos de cunho educacional ou sindical), exatamente para garantir eficácia ao direito dos estudantes a essa carga horária mínima anual – RMS 29.183/RS, ver art. 24, I, da LDB. Gabarito 1E.

(Ministério Público/BA – 2010) Segundo a Lei Federal nº 9.394/96 (LDB), marque a alternativa correta:

(A) A educação física e a educação religiosa, apesar de serem componentes curriculares obrigatórios da educação básica e práticas facultativas para todos os alunos, independentemente de condições, devem atentar, respectivamente, para a promoção do desporto educacional e apoio às práticas desportivas não-formais e para o respeito à diversidade cultural religiosa do Brasil.
(B) O ensino da arte, especialmente em suas expressões regionais, constituirá componente curricular obrigatório nos diversos níveis da educação básica, de forma a promover o desenvolvimento cultural dos alunos.
(C) Na parte diversificada do currículo será incluído, obrigatoriamente, a partir do terceiro ano, o ensino de pelo menos uma língua estrangeira moderna, cuja escolha ficará a cargo da comunidade escolar, dentro das possibilidades da instituição.
(D) Por ser livre o exercício de qualquer trabalho, ofício ou profissão, o ensino é livre à iniciativa privada, sem necessidade de autorização de funcionamento e avaliação de qualidade pelo Poder Público.
(E) A educação superior, excluídos os cursos e programas de especialização, mestrado e doutorado, integra a educação básica, posto que tem por finalidades desenvolver o educando, assegurar-lhe a formação comum indispensável para o exercício da cidadania e fornecer-lhe meios para progredir no trabalho e em estudos posteriores.

A: incorreta, pois a educação física só é prática facultativa para os alunos mencionados no art. 26, § 3º da Lei 9.394/96; o ensino religioso, sim, é que facultativo para todos (art. 33 da Lei 9.394/96) B: correta (art. 26, § 2º, da Lei 9.394/96); C: incorreta, pois isso se dará a partir da QUINTA série (art. 26, § 5º, da Lei 9.394/96); D: incorreta, pois o ensino é livre à iniciativa privada, mediante autorização de funcionamento pelo Poder Público (art. 7º, II, da Lei 9.394/96), além do cumprimento das demais condições estabelecidas no art. 7º da Lei 9.394/96; E: incorreta, pois a educação escolar é dividida em dois grandes grupos, quais sejam, a educação básica (educação infantil, ensino fundamental e ensino médio) e a educação superior, não estando esta contida naquela (art. 21 da Lei 9.394/96). Gabarito "B".

(Procurador do Município/Boa Vista-RR – 2010 – CESPE) Tendo como referência a Lei de Diretrizes e Bases da Educação Nacional (LDB) em vigor — Lei nº 9.394/1996 —, julgue os itens que se seguem.

(1) A LDB dispõe que os sistemas municipais de ensino compreendem as instituições de ensino fundamental, médio e de educação infantil mantidas pelo poder público municipal; as instituições de educação infantil criadas e mantidas pela iniciativa privada; e os órgãos municipais de educação.

(2) O dever do Estado com a educação escolar pública, de acordo com a LDB, será efetivado mediante algumas garantias, entre as quais se explicita a garantia de vaga em escola pública de educação infantil ou de ensino fundamental mais próxima da residência de toda criança a partir do dia em que completar quatro anos de idade.

1: assertiva correta, nos termos do art. 18 da LDB; 2: correta, conforme o art. 4º, X, da LDB. Gabarito 1C, 2C

(Ministério Público/GO – 2005) Segundo a Lei nº 9.394/96 (Lei de diretrizes e bases da educação nacional – LDB), é INCORRETO afirmar:

(A) o ensino será ministrado com base nos princípios do respeito à liberdade e apreço à tolerância e do pluralismo de idéias e concepções pedagógicas, dentre outros

(B) os estabelecimentos de ensino terão a incumbência de notificar ao Conselho Tutelar do Município, ao juiz competente da Comarca e ao respectivo representante do Ministério Público a relação dos alunos que apresentem quantidade de faltas acima de 50% (cinqüenta por cento) do percentual permitido em lei

(C) os Municípios incumbir-se-ão de oferecer a educação infantil em creches e pré-escolas, e, com prioridade, o ensino fundamental, bem como assumir o transporte escolar dos alunos da rede estadual e municipal

(D) a educação escolar compõem-se de educação básica (formada pela educação infantil, ensino fundamental e ensino médio) e de educação superior

A: assertiva correta, pois indica dois dos princípios previstos no art. 3º da LDB (Lei de Diretrizes e Bases da Educação Nacional – Lei 9.394/1996) – art. 3º, III e IV. Ver também o art. 206, II e III, da CF; B: assertiva correta, pois trata de dever dos estabelecimentos de ensino fixado no art. 12, VIII, da LDB; C: incorreta, no que se refere ao transporte escolar dos alunos da rede **estadual**, que não é incumbência obrigatória dos Municípios, mas sim dos Estados – art. 10, VII, da LDB. No mais, a assertiva é correta – art. 11, V e VI, da LDB; D: assertiva correta, pois reflete exatamente o disposto no art. 21 da LDB. Gabarito "C".

(Ministério Público/RN – 2004 – adaptada) Considerando especificamente os preceitos contidos na Lei de Diretrizes e Bases da Educação (Lei nº 9.394/96), é incorreto afirmar:

(A) O acesso ao ensino fundamental é direito público subjetivo, sendo facultado a qualquer cidadão, grupo de cidadãos, associação comunitária, organização sindical, entidade de classe ou outra legalmente constituída, e, ainda, o Ministério Público, acionar o Poder Público para exigi-lo;

(B) É dever dos pais ou responsáveis efetuar a matrícula das crianças e adolescentes, a partir dos 6 anos de idade no ensino fundamental;

(C) Comprovada a negligência da autoridade competente para garantir o oferecimento do ensino obrigatório, poderá ela incidir em crime de responsabilidade;

(D) Os sistemas municipais de ensino compreendem: as instituições de ensino fundamental, médio e de educação infantil, mantidas pelo Poder Público municipal; as instituições de educação infantil criadas e mantidas pela iniciativa privada e os órgãos municipais de educação;

(E) A União aplicará, anualmente, nunca menos de 15% e os Estados, o Distrito Federal e os Municípios, 20%, ou o que consta nas respectivas Constituições ou Leis Orgânicas, da receita resultante de impostos, compreendidas as transferências constitucionais, na manutenção e desenvolvimento do ensino público.

A: correta, pois reflete exatamente o disposto no art. 5º da LDB. Perceba, entretanto, que o art. 208, § 1º, da CF dispõe que o acesso ao ensino obrigatório e gratuito (ou seja, a toda a educação básica – art. 208, I, da CF) é direito público subjetivo; B: assertiva correta. Atualmente, a idade para a matrícula obrigatória é de 6 anos (a questão indicava 7 anos, conforme a legislação anterior a 2005, razão pela qual foi adaptada); C: correta, conforme dispõe o art. 5º, § 4º, da LDB. Ver também o art. 208, § 2º, da CF; D: assertiva correta, nos termos do art. 18 da LDB; E: incorreta, pois os limites mínimos para a manutenção e desenvolvimento do ensino público são de 18% da receita dos impostos para a União, e de 25% para os Estados, o DF e os Municípios, exceto se as Constituições ou Leis Orgânicas preverem percentuais maiores – art. 69 da LDB. Ver também o art. 212, *caput*, da CF, nesse mesmo sentido. Gabarito "E".

3. FUNDEB

(Ministério Público/BA – 2010) Marque a alternativa incorreta a respeito do Fundo de Manutenção e Desenvolvimento da Educação Básica e de Valorização dos Profissionais da Educação (Fundeb):

(A) Não há vedação legal para o direcionamento dos eventuais saldos de recursos financeiros disponíveis na conta específica do FUNDEB para aplicações financeiras de curto prazo ou de mercado aberto, lastreadas em títulos da dívida pública, quando a perspectiva de utilização seja superior a 15(quinze) dias.

(B) Pelo menos 60%(sessenta por cento) dos recursos anuais totais do FUNDEB devem ser destinados ao pagamento dos profissionais do magistério em efetivo exercício da educação básica pública.

(C) Despesas com aquisição de gêneros alimentícios, a serem utilizados na merenda escolar, não podem ser custeadas com recursos do FUNDEB.

(D) O Conselho de Acompanhamento e Controle Social do FUNDEB, em âmbito municipal, é composto pelo número mínimo de nove membros e pode ser presidido por estudante da educação básica pública, desde que emancipado e eleito em reunião desse colegiado pelos demais conselheiros.

(E) O Presidente do Conselho de Acompanhamento e Controle do Fundeb pode convocar o Secretário de Educação competente ou servidor equivalente para prestar esclarecimentos acerca do fluxo de recursos e a execução das despesas do Fundo, devendo a autoridade convocada apresentar-se em prazo não superior a 30(trinta) dias.

A: assertiva correta (art. 20 da Lei 11.494/07); B: assertiva correta (art. 22 da Lei 11.494/07); C: assertiva correta (art. 23 da Lei 11.494/07 c/c art. 71, IV, da Lei 9.394/96); D: assertiva correta (art. 24, § 1º, IV, e §§ 5º e 6º, da Lei 11.494/07); E: assertiva incorreta, devendo ser assinalada; o presidente desse Conselho, sozinho, não pode fazer essa convocação; é necessário decisão de maioria dos membros do conselho (art. 25, p. ún., II, da Lei 11.494/07). Gabarito "E".

27. Direito Urbanístico

Wander Garcia

(Ministério Público/ES – 2010 – CESPE) A cidade representa a expansão criativa do homem, pois resulta da ação humana como agente modificador da natureza para a criação e ampliação do espaço urbano. Acerca desse assunto, assinale a opção correta.

(A) O estudo de impacto ambiental, apesar de constituir instrumento da Política Nacional de Meio Ambiente, só pode ser empregado no meio natural.
(B) A matéria urbanística não foi abordada, nem de modo indireto, pelo legislador constituinte; só existe regulamentação do tema nos planos diretores estaduais.
(C) A competência para ordenar o pleno desenvolvimento das funções sociais das cidades e garantir o bem-estar de seus habitantes é do município.
(D) O Estatuto da Cidade não disciplina o planejamento municipal, pois isso deve ser feito pelo plano diretor.
(E) No ordenamento brasileiro, não há previsão de usucapião especial de imóvel urbano.

A: incorreta, pois o EIA aplica-se às demais espécies de bem ambiental, estando previsto, inclusive, no Estatuto da Cidade (art. 4º, VI, da Lei 10.257/01); B: incorreta, pois tal matéria está prevista no art. 182 da CF; C: correta, pois o art. 182 da CF faz referência ao Poder Público Municipal; D: incorreta, pois as normas gerais sobre direito urbanístico são determinadas pela União (art. 24, I e § 1º, da CF), por meio do Estatuto da Cidade, sendo que o plano diretor é um dos **instrumentos** da política básica de desenvolvimento urbano; E: incorreta, pois o instituto é previsto no art. 183 da CF. "Gabarito "C".

(Ministério Público/MA – 2009) Segundo o Estatuto da Cidade (Lei nº 10.257/2001), o qual regulamenta os artigos 182 e 183 da Constituição Federal, estabelece diretrizes gerais da política urbana e dá outras providências, pode-se afirmar que:

(A) o direito de superfície, que pode ser transferido a terceiros, abrange o direito de utilizar o solo, o subsolo ou o espaço aéreo relativo ao terreno, na forma estabelecida no contrato respectivo, atendida a legislação urbanística;
(B) o direito de superfície não pode ser transferido a terceiros;
(C) o direito de superfície somente extinguir-se-á ao final do contrato, ainda que o superficiário dê ao terreno destinação diversa daquela para a qual for concedida;
(D) o direito de superfície não se transmite aos herdeiros;
(E) a extinção do direito de superfície não precisa ser averbada no cartório de registro de imóveis.

A: correta (art. 21, §§ 1º e 4º, da Lei 10.257/01); B: incorreta, pois o direito de superfície pode ser transferido a terceiros, obedecidos os termos do contrato respectivo (art. 21, § 4º, da Lei 10.257/01); C: incorreta, pois o direito de superfície extingue-se pelo advento do termo e pelo descumprimento das obrigações contratuais assumidas pelo superficiário (art. 23 da Lei 10.257/01); D: incorreta, pois o direito transmite-se aos herdeiros (art. 21, § 5º, da Lei 10.257/01); E: incorreta, pois a extinção deve ser averbada no cartório de registro de imóveis (art. 24, § 2º, da Lei 10.257/01). Gabarito "A".

(Ministério Público/MG – 2010.1) A respeito do Estatuto da Cidade (Lei Federal nº 10.257, de 10 de julho de 2001), pode-se afirmar

I. O Estatuto da Cidade estabelece normas de ordem pública e interesse social que regulam o uso da propriedade urbana em prol do bem coletivo, da segurança e do bem-estar dos cidadãos, bem como do equilíbrio ambiental.

II. São diretrizes gerais da política urbana, entre outras, a integração e complementaridade entre as atividades urbanas e rurais, tendo em vista o desenvolvimento socioeconômico do Município e do território sob sua área de influência, bem como a adoção de padrões de produção e consumo de bens e serviços e de expansão urbana compatíveis com os limites da sustentabilidade ambiental, social e econômica do Município e do território sob sua área de influência.

III. O plano diretor, aprovado por lei municipal e considerado o instrumento básico da política de desenvolvimento e expansão urbana, poderá fixar áreas nas quais o direito de construir poderá ser exercido acima do coeficiente de aproveitamento básico adotado, que é a relação entre a área edificável e a área do terreno, ficando os beneficiários isentos de contrapartida.

IV. O direito de preempção, que confere ao Poder Público municipal preferência para aquisição de imóvel urbano objeto de alienação onerosa entre particulares, poderá ser exercido para fins de implantação de equipamentos urbanos e comunitários, criação de espaços públicos de lazer e áreas verdes, criação de unidades de conservação ou proteção e outras áreas de interesse ambiental, bem como para a proteção de áreas de interesse histórico, cultural ou paisagístico.

V. O Estudo de Impacto de Vizinhança (EIV), que deve contemplar os efeitos positivos e negativos de atividade ou empreendimento a ser implantado em área urbana, inclusive em relação a bens de valor natural e/ou histórico-cultural, pode substituir o Estudo de Impacto Ambiental (EIA).

Assinale a opção CORRETA.

(A) I, II, III e V estão corretas.
(B) I, II, III e IV estão corretas.
(C) I, II e III estão corretas.
(D) I, II e IV estão corretas.
(E) Todas estão corretas.

I: correta (art. 1º, parágrafo único, da Lei 10.257/01); II: correta (art. 2º, VII e VIII, da Lei 10.257/01); III: incorreta, pois, nesse caso, o beneficiário deverá prestar contrapartida (art. 28 da Lei 10.257/01); IV: correta (art. 25, *caput*, e 26, V a VIII, da Lei 10.257/01); V: incorreta, pois a elaboração do EIV não substitui a elaboração do EIA (art. 38 da Lei 10.257/01). Gabarito "D".

(Ministério Público/RS – 2009) À luz da Lei no 10.257/2001, Estatuto da Cidade, considere as seguintes afirmações no que se refere aos instrumentos para a execução da política urbana:

I. O mau uso do solo urbano autoriza que o Município proceda à aplicação do Imposto sobre a Propriedade Predial e Territorial Urbana (IPTU) progressivo no tempo mediante a majoração da alíquota por prazo fixado em lei municipal.

II. A drástica medida da desapropriação com pagamento em títulos, por aproveitamento inadequado do imóvel urbano, está em conformidade com a Constituição Federal.

III. O parcelamento, a edificação ou a utilização compulsória do solo urbano exigem a notificação do proprietário pelo Poder Executivo Municipal para o cumprimento da obrigação e a respectiva averbação no Cartório de Registro de Imóveis.

IV. Para fins de parcelamento, edificação ou utilização compulsória do solo urbano, é imprescindível a existência de plano diretor e de lei municipal específica para tanto.

Quais estão corretas?

(A) Apenas II, III e IV.
(B) Apenas I, II e III.
(C) Apenas I e IV.
(D) Apenas I e II.
(E) Todas estão corretas

I: incorreta, pois, no caso, deve o Município, caso tenha criado lei específica nos termos do art. 5º da Lei 10.257/01, primeiro determinar o uso da área, por meio de notificação, para depois, não cumpridos os termos do art. 5º citado, instituir IPTU progressivo no tempo, mediante majoração de alíquota pelo prazo de 5 anos consecutivos, prazo esse fixado na lei federal (art. 7º da Lei 10.257/01); II: correta (art. 182, § 4º, III, da CF); III: correta (art. 5º, § 2º, da Lei 10.257/01); IV: correta (art. 5º, caput, da Lei 10.257/01). Gabarito "A".

(Ministério Público/RS – 2009) Especificamente quanto a um dos mais importantes instrumentos de ordenação do meio ambiente artificial, a usucapião prevista no Estatuto da Cidade, considere as seguintes assertivas:

I. A usucapião especial coletiva destina-se à população de baixa renda.
II. A usucapião especial de imóvel urbano exige a destinação do bem à moradia do possuidor ou de sua família, havendo vedação legal expressa à utilização mista.
III. A usucapião especial de imóvel urbano poderá ser invocada como matéria de defesa, valendo a sentença que a reconhecer como título para registro no cartório de Registro de Imóveis.
IV. Na sentença que declarar a usucapião especial coletiva, o juiz atribuirá igual fração ideal de terreno a cada possuidor, independentemente da dimensão do terreno que cada um ocupe, ressalvada a existência de acordo escrito entre os condôminos, estabelecendo frações ideais diferenciadas.

Quais estão corretas?

(A) Apenas I e III.
(B) Apenas I, III e IV
(C) Apenas II e III.
(D) Apenas II e IV.
(E) Todas estão corretas

I: correta (art. 10, caput, da Lei 10.257/01); II: incorreta, pois, de fato, a usucapião especial de imóvel urbano exige destinação do bem à moradia (art. 9º da Lei 10.257/01), mas não há vedação expressa ao uso misto do imóvel; III: correta (art. 10, § 2º, da Lei 10.257/01); IV: correta (art. 10, § 3º, da Lei 10.257/01). Gabarito "B".

(Ministério Público/SC – 2010) Julgue os seguintes itens.

I. A concessão do direito de superfície somente ocorre na forma onerosa.
II. O direito de preempção será exercido pelo Poder Público quando necessitar de áreas para, constituição de reserva fundiária, implantação de equipamentos urbanos e comunitários, e, também para a criação de espaços públicos de lazer e áreas verdes.
III. Considera-se desmembramento a subdivisão de gleba em lotes destinados a edificação, com aproveitamento do sistema viário existente, desde que não implique na abertura de novas vias e logradouros públicos, nem no prolongamento, modificação ou ampliação dos já existentes.
IV. A Lei 6766/79, exige como um dos requisitos para o loteamento, que os lotes tenham área mínima de 150 m2 (cento e cinquenta metros quadrados) e frente mínima de 5 (cinco) metros, salvo quando a legislação estadual ou municipal determinar maiores exigências, ou quando o loteamento se destinar a urbanização específica ou edificação de conjuntos habitacionais de interesse social, previamente aprovados pelos órgãos públicos competentes;

V. Segundo lei 14.661/79, o Mosaico de Unidades de Conservação da Serra do Tabuleiro e Terras de Massiambu, passou também a ser constituído pelas Unidades de Proteção Integral - Parque Estadual da Serra do Tabuleiro – PEST, Unidade de Uso Sustentável - Área de Proteção Ambiental da Vargem do Braço, Unidade de Uso Sustentável - Área de Proteção Ambiental da Vargem do Cedro, e Unidade de Uso Sustentável - Área de Proteção Ambiental do Entorno Costeiro do Parque Estadual da Serra do Tabuleiro.

(A) Apenas as assertivas I, II e III estão corretas.
(B) Apenas as assertivas I II e IV estão corretas.
(C) Apenas as assertivas II, III e IV estão corretas.
(D) Apenas as assertivas II, III e V estão corretas.
(E) Apenas as assertivas III, IV e V estão corretas.

I: incorreta, pois a concessão do direito de superfície pode ser gratuita ou onerosa (art. 21, § 2º, da Lei 10.257/01); II: correta (art. 26, III, V e VI, da Lei 10.257/01); III: correta (art. 2º, § 2º, da Lei 6.766/79); IV: incorreta, pois os lotes terão área mínima de 125 m², e não de 150 m² (art. 4º, II, da Lei 6.766/79); V: correta (Lei Estadual SC nº 14.661/79). Gabarito "D".

(Ministério Público/SE – 2010 – CESPE) Cardoso resolveu, por conta própria, criar um parcelamento de solo em área pública sem registro em cartório. Colocou piquetes demarcando os lotes e pediu para Carlos, corretor de imóveis, vender os lotes, com o que este concordou. Considerando essa situação hipotética e o previsto na Lei de Parcelamento de Solo Urbano (Lei n.º 6.766/1979), as condutas de Cardoso e Carlos constituem, respectivamente,

(A) crime e contravenção penal.
(B) infração administrativa e atividade ilícita.
(C) atividade ilícita e infração administrativa.
(D) contravenção penal e crime.
(E) crime e crime.

Art. 50, I, da Lei 6.766/79. Gabarito "E".

(Ministério Público/SP – 2011) Assinale a alternativa correta.

(A) O Estudo de Impacto de Vizinhança foi criado pelo Estatuto da Cidade (Lei nº 10.257/01) a fim de contemplar os efeitos positivos e negativos de empreendimentos urbanos para a paisagem urbana e o patrimônio natural, substituindo, para tais empreendimentos, o Estudo de Impacto Ambiental.
(B) As áreas municipais subutilizadas ou não utilizadas podem ser submetidas, pelo Plano Diretor, a parcelamento, edificação ou utilização compulsória, sendo facultada ao proprietário de áreas nessa situação, mediante consórcio imobiliário, a transferência do seu imóvel ao Poder Público e o recebimento posterior de unidades imobiliárias urbanizadas ou edificadas em pagamento.
(C) No regime do Estatuto da Cidade (Lei nº 10.257/01), é admitida a usucapião de imóvel urbano, mas apenas na hipótese de área ou edificação de até 250 m2 (duzentos e cinquenta metros quadrados) em favor do homem, da mulher, ou de ambos, independentemente de seu estado civil, que o utilizem para fins de sua moradia ou de sua família.
(D) A operação urbana consorciada corresponde ao conjunto de intervenções e medidas, adotadas com a participação dos proprietários, moradores, usuários permanentes e investidores privados, para a promoção de transformações urbanísticas estruturais e a obtenção de recursos provenientes dos proprietários privados e investidores, que devem ser revertidos para áreas carentes da cidade.
(E) O direito de superfície confere ao Poder Público Municipal preferência para aquisição de imóvel urbano objeto de alienação onerosa entre particulares, quando a sua área for necessária para fins urbanísticos, como para a regularização fundiária, execução de programas habitacionais de interesse social e implantação de equipamentos urbanos e comunitários.

A: incorreta, pois o EIV (Estudo de Impacto de Vizinha) é um estudo que se limita a contemplar os efeitos do empreendimento em relação à vizinhança, ficando o empreendedor também sujeito ao EIA/RIMA, quanto aos demais aspectos, em caso de empreendimento que possa causar significativa degradação ambiental; aliás, o art. 38 da Lei 10.257/01 é claro no sentido de que a elaboração do EIV não substitui a elaboração e aprovação do EIA; B: correta (art. 46, § 1º, da Lei 10.257/01); C: incorreta, pois em hipótese alguma é admitida a usucapião de imóvel público (art. 183, § 3º, da CF); D: incorreta, pois o objeto dessa operação é alcançar transformações urbanísticas estruturais, MELHORIAS SOCIAIS e a VALORIZAÇÃO AMBIENTAL (art. 32, § 1º, da Lei 10.257/01); E: incorreta, pois é o direito de PREEMPÇÃO (arts. 25 e 26 da Lei 10.257/01), e não direito de superfície (art. 21 da Lei 10.257/01), que confere esse direito ao Poder Público. Gabarito "B".

(Defensoria/MA – 2009 – FCC) O Estatuto da Cidade prevê a possibilidade de cobrança do Imposto Predial e Territorial Urbano (IPTU) progressivo no tempo, como sanção à não-utilização ou subutilização do imóvel urbano. O prazo mínimo no qual o IPTU progressivo pode ser cobrado antes da desapropriação com pagamento em títulos e a alíquota máxima do tributo são, respectivamente,

(A) 5 exercícios consecutivos e 15%.
(B) 5 exercícios consecutivos e 12%.
(C) 3 exercícios consecutivos e 15%.
(D) 3 exercícios consecutivos e 12%.
(E) 3 exercícios consecutivos e 10%.

Art. 7º, *caput* e § 1º, da Lei 10.257/01. Gabarito "A".

(Defensoria/PI – 2009 – CESPE) Quanto aos instrumentos de indução do desenvolvimento urbano e direito à moradia, assinale a opção correta.

(A) Lei municipal específica poderá determinar o parcelamento compulsório do solo urbano não edificado. Entretanto, é vedado ao poder público realizar a notificação da obrigação por edital.
(B) A notificação do Poder Executivo municipal para edificação do solo urbano não utilizado, dispensa a averbação no cartório de registro de imóveis.
(C) O prazo de uma utilização compulsória do solo urbano não edificado é de, no mínimo, 3 anos.
(D) Se uma lei municipal determinar a edificação compulsória do solo urbano em determinado imóvel, caso ele venha a ser transmitido por ato inter vivos, as obrigações de edificação não se transferem.
(E) No âmbito do planejamento municipal, o plano diretor, o zoneamento ambiental e a gestão orçamentária participativa figuram como instrumentos da política urbana.

A: incorreto, pois cabe notificação por edital (art. 5º, § 3º, II, da Lei 10.257/01); B: incorreto, pois é necessária a averbação (art. 5º, § 2º, da Lei 10.257/01); C: incorreto, pois o prazo não pode ser inferior a 1 ano para o protocolo do projeto de utilização, e a 2 anos, contados da aprovação do projeto, para iniciar as obras do empreendimento; D: incorreto, pois as obrigações são transferidas (art. 6º da Lei 10.257/01); E: correto (art. 4º, III, *a*, *b* e *f*, da Lei 10.257/01). Gabarito "E".

(Defensoria Pública/SP – 2010 – FCC) Sobre a ação de usucapião especial coletiva, é correto afirmar:

(A) É cabível sobre áreas rurais com mais de 250 m2, desde que indivisíveis.
(B) Só é cabível sobre imóvel urbano passível de individualização de cada lote.
(C) É cabível sobre área urbana com mais de 250 m2.
(D) É cabível sobre área urbana com menos de 250 m2.
(E) Os ocupantes da área não precisam se caracterizar como de baixa renda.

A, C e D: deve-se tratar de área urbana com mais de 250 m2 (art. 10, *caput*, da Lei 10.257/01); B: incorreta, pois é não é necessária a individualização de cada lote; ao contrário, a sentença atribuirá igual fração ideal de terreno a cada possuidor; E: incorreta, pois há de se tratar de população de baixa renda (art. 10 da Lei 10.257/01). Gabarito "C".

(Procurador do Município/Teresina-PI – 2010 – FCC) O direito de preempção, nos termos do Estatuto da Cidade (Lei no 10.257, de 10 de julho de 2001),

(A) assegura ao Município, na condição de locatário, a preferência na aquisição do imóvel alugado, autorizando-lhe, caso tenha sido preterido, a tomar o bem para si mediante o depósito, no prazo legal, do preço e das demais despesas decorrentes da transferência.
(B) garante ao particular expropriado a preferência na aquisição de bem imóvel desapropriado pelo Município por interesse social ou para fins de necessidade ou utilidade pública, desde que não lhe tenha sido conferida a destinação que fundamentou a desapropriação e não seja utilizado em obras ou serviços públicos municipais.
(C) aplica-se apenas às áreas delimitadas em decreto do Poder Executivo municipal, cabendo ser exercido sempre que o Município necessitar de áreas para, entre outros propósitos, executar programas e projetos habitacionais de interesse social, implantar equipamentos urbanos e comunitários, criar unidades de conservação e dar cumprimento às demais diretrizes e finalidades de interesse social ou de utilidade pública definidas no plano diretor.
(D) determina a nulidade de pleno direito de alienação, celebrada em condições diversas da proposta formalmente apresentada ao Município, mas não autoriza ao Município impor multa de 20% sobre o valor do imóvel ao transmitente e ao adquirente em regime de solidariedade.
(E) determina a nulidade de pleno direito de alienação, celebrada em condições diversas da proposta formalmente apresentada ao Município, mas não autoriza a aquisição pelo Município do imóvel pelo valor da base de cálculo do IPTU.

A: incorreta, pois o Município tem o direito de preferência independentemente de ser locatário da coisa (art. 25 da Lei 10.257/01); B: incorreta, pois o direito descrito na afirmativa tem o nome de retrocessão, e não de preempção; C: incorreta, pois se aplica apenas às áreas delimitadas em LEI MUNICIPAL, e não em decreto municipal (art. 25, § 1º, da Lei 10.257/01); D: correta (art. 27, § 5º, da Lei 10.257/01); E: incorreta, pois a alienação do imóvel, processada em condições diversas da proposta apresentada, autoriza a aquisição pelo Município do imóvel pelo valor base de cálculo do IPTU (art. 27, § 6º, da Lei 10.257/01). Gabarito "D".

(Procurador do Município/Teresina-PI – 2010 – FCC) Em face do disposto no Estatuto da Cidade (Lei no 10.257, de 10 de julho de 2001), considere as assertivas abaixo:

I. Além das cidades com mais de 20 mil habitantes, o plano diretor também é obrigatório no caso de Municípios que integrem áreas de especial interesse turístico.
II. Incorre em improbidade administrativa o Prefeito que aplicar os recursos obtidos mediante outorga onerosa do direito de construir na criação em programas de regularização fundiária.
III. Na ação judicial de usucapião especial de imóvel urbano, a intervenção do Ministério Público é obrigatória apenas quando envolver direitos de incapazes e o procedimento a ser observado é o rito ordinário do Código de Processo Civil.

Está correto o que se afirma em

(A) I, II e III.
(B) I, apenas.
(C) II, apenas.
(D) III, apenas.
(E) I e II, apenas.

I: correta (art. 41, I e IV, da Lei 10.257/01); II: incorreta, pois, segundo o 52, IV, da Lei 10.257/01, só há improbidade no caso se o Prefeito aplicar os recursos da outorga onerosa em finalidade distinta das determinadas nos arts. 31 e 26 da Lei 10.257/01, sendo que o art. 26, I, determina que o Poder Público atuará no sentido da regularização fundiária; III: incorreta, pois o Ministério Público sempre atuará nesse tipo de ação de usucapião (art. 12, § 1º, da Lei 10.257/01); ademais, o rito dessa ação judicial é o sumário (art. 14 da Lei 10.257/01). Gabarito "B".

(Procurador do Município/Teresina-PI – 2010 – FCC) Para a instalação de *shopping center* no Município de Teresina, deve ser realizado estudo prévio de impacto de vizinhança (EIV). Assinale a alternativa INCORRETA, de acordo com o Estatuto da Cidade.

(A) O plano diretor deve conter no mínimo dispositivo sobre as operações urbanas consorciadas, que por sua vez devem conter entre seus elementos dispositivos sobre o EIV.
(B) A apresentação por parte do empreendedor do EIV à administração pública municipal é um pré-requisito para obtenção das licenças ou autorizações de construção, ampliação ou funcionamento de empreendimentos ou atividades econômicas geradoras de impacto em área urbana do Município.
(C) O EIV deverá contemplar tantos os efeitos positivos quanto os efeitos negativos do empreendimento ou atividade em relação à qualidade de vida da população residente na área e suas proximidades.
(D) Dentre as questões a serem analisadas estão o adensamento populacional; equipamentos urbanos e comunitários; uso e ocupação do solo; valorização imobiliária; geração de tráfego e demanda por transporte público; ventilação e iluminação; paisagem urbana e patrimônio natural e cultural.
(E) A elaboração do EIV e sua aprovação substituem a realização e aprovação do estudo prévio de impacto ambiental.

A: assertiva correta, pois o plano diretor deve conter no mínimo dispositivo sobre as operações consorciadas (art. 42, II, c/c art. 32, ambos da Lei 10.257/01) e essas operações devem conter entre seus elementos dispositivos sobre o Estudo de Impacto de Vizinhança – EIV (art. 33, V, da Lei 10.257/01); B: assertiva correta (art. 36 da Lei 10.257/01); C: assertiva correta (art. 37, caput, da Lei 10.257/01); D: assertiva correta (art. 37, I a VII, da Lei 10.257/01); E: assertiva incorreta, devendo ser assinalada; a elaboração do EIV não substitui a elaboração e a aprovação do EIA (art. 38 da Lei 10.257/01). Gabarito "E".

(Procurador do Município/Teresina-PI – 2010 – FCC) As diretrizes de política urbana, cujo objetivo é ordenar o pleno desenvolvimento das funções sociais da cidade e da propriedade urbana, estabelecidas pelo Estatuto da Cidade, determinam a

(A) adoção de privilégios para os agentes privados na promoção de empreendimentos e atividades relativos ao processo de urbanização, atendido o interesse social.

(B) complexificação da legislação de parcelamento, uso e ocupação do solo e das normas edilícias, com vistas a permitir a observância da situação socioeconômica da população e a legislação ambiental.

(C) garantia do direito a cidades sustentáveis, limitando-se, portanto, o crescimento das médias e pequenas cidades, para garantir às gerações futuras cidades sustentáveis.

(D) realização da gestão democrática por meio da participação da população e de associações represen- tativas dos vários segmentos da comunidade na formulação, execução e acompanhamento de planos, programas e projetos de desenvolvimento urbano.

(E) realização da regularização fundiária e urbanização de áreas ocupadas por população de baixa renda, independentemente de serem áreas de riscos.

A: incorreta, pois o Estatuto da cidade determina "a isonomia de condições para os agentes públicos e privados na promoção de empreendimentos e atividades relativos ao processo de urbanização, atendido o interesse social (art. 2º, XVI, da Lei 10.257/01); B: incorreta, pois a diretriz é de simplificação dessa legislação (art. 2º, XIV, da Lei 10.257/01); C: incorreta, pois o direito a cidades sustentáveis tem em mira o direito à terra urbana, à moradia, ao saneamento ambiental, à infraestrutura urbana, ao transporte, aos serviços públicos, ao trabalho e ao lazer (art. 2º, I, da Lei 10.257/01), e não à limitação do crescimento das médias e pequenas cidades; D: correta (art.. 2º, II, da Lei 10.257/01); E: incorreta, pois essa diretriz (art. 2º, XIV, da Lei 10.257/01) determina que se observe as normas ambientais, e, em áreas de risco, seja para preservar a vida, seja para preservar o meio ambiente, não cabe regularização fundiária. Gabarito "D".

28. MEDICINA LEGAL

Leni Mouzinho Soares

1. TANATOLOGIA

(Delegado/AC – 2008 – CESPE) Considere-se que uma adolescente, com 13 anos de idade, foi encontrada por vizinhos, em uma dependência no fundo de sua residência, suspensa por corda de nylon que envolvia seu pescoço com um nó e que estava presa, na outra extremidade, no caibro do telhado. A adolescente apresentava, além do mau cheiro, mancha verde abdominal e circulação póstuma. Com base nessa situação e em seus aspectos médico-legais, julgue os itens a seguir.

(1) Nessa situação, é correto afirmar que ocorreu morte por estrangulamento, provavelmente há menos de doze horas, que pode ter como causa jurídica tanto o suicídio quanto o homicídio.

Errado – Em primeiro lugar, a morte causada por asfixia mecânica em que o pescoço é constrito por um laço que tem a outra extremidade fixada a uma base e tem como força o próprio corpo da vítima se dá por enforcamento. De outro lado, no caso de aparecimento de mancha verde abdominal no cadáver, pode-se dizer que a morte ocorreu entre 18 a 24 horas. Por fim, de fato, o enforcamento pode se dar por suicídio ou homicídio ou, ainda, de forma acidental. Gabarito 1E

(Delegado/BA – 2008 – CEFETBAHIA) O sinal mais precoce de putrefação do cadáver é uma mancha verde que aparece, primeiramente,

(A) na cabeça.
(B) no abdômen.
(C) no tórax.
(D) nas costas.
(E) nos pés.

A mancha verde abdominal surge no primeiro período da putrefação, denominado período da coloração, ela aparece inicialmente na fossa ilíaca direita entre as 20 horas após a morte até o 7º dia. Gabarito "B".

(Delegado/BA – 2006 – CONSULPLAN) O desenho vascular conhecido como circulação póstuma de Brouardel ocorre na fase de putrefação conhecida como:

(A) Período de coloração.
(B) Período gasoso.
(C) Período coliquativo.
(D) Período de esqueletização.
(E) Período de autólise.

A: período cromático ou de coloração, também denominado período das manchas, é a primeira etapa da putrefação, em que o cadáver apresenta mancha verde na região abdominal, que posteriormente, vai afetando outras partes do corpo. Isso se altera nos casos de afogamento, em que a mancha inicialmente aparece na região do tórax, seguindo para a cabeça (de 20 horas após a morte até 7 dias depois); B: também denominado enfisematoso é a etapa em que os gases produzidos pela putrefação invadem o tecido subcutâneo, provocando deformações na forma do corpo, principalmente nas regiões abdominais, mamas, genitais, entre outras (a partir da segunda semana *post mortem* até um mês); C: coliquativo: é o terceiro período, também conhecido como período em que se dá a redução dos tecidos (após o 1º mês até aproximadamente 3 anos); D: a esqueletização dá-se no momento em que o cadáver mantém apenas as partes ósseas, sendo uma das etapas da fase coliquativa; E: o período de autólise é aquele em que o organismo deixa de exercer os fenômenos vitais, em razão da alteração do PH do organismo, que passa de neutro para ácido. Gabarito "B".

(Delegado/BA – 2006 – CONSULPLAN) Assinale a alternativa correta:

(A) No soterramento, a vítima está enclausurada em espaço fechado, sem renovação do oxigênio.
(B) Um recém-nato que foi encerrado em uma mala sofreu asfixia do tipo confinamento.
(C) O soterramento é muito comum nos homicídios dolosos.
(D) No confinamento a vítima está com oclusão das vias aéreas por estar mergulhada em meio sólido.
(E) No confinamento é comum a presença de substâncias estranhas no estômago.

A e C: o soterramento ocorre com a obstrução das vias respiratórias em razão de a vítima se encontrar aterrada ou coberta por pó; B, D e E: confinamento ocorre quando a vítima é mantida em ambientes fechados e pequenos, sem que ocorra a troca de ar. Gabarito "B".

(Delegado/GO – 2009 – UEG) Verificou-se em um cadáver os seguintes fenômenos: rigidez generalizada, esboço de mancha verde abdominal, reforço da fragmentação venosa e desaparecimento das artérias do fundo de olho. Com base apenas nessas observações e desconsiderando outros fatores ambientais, a morte teria ocorrido

(A) de 2 a 4 horas.
(B) mais de 8 e menos de 16 horas.
(C) mais de 16 e menos de 24 horas.
(D) de 48 a 72 horas.

O aparecimento de mancha verde abdominal no cadáver dá-se entre 16 a 24 horas após a morte, e a rigidez cadavérica completa depois de 8 horas. Desse modo, se um cadáver apresentar os dois sinais, seguramente, a morte terá ocorrido entre 16 e 24 horas. Gabarito "C".

(Delegado/GO – 2009 – UEG) São sinais macroscópicos observados em um cadáver sugestivos de que as lesões foram produzidas depois da morte:

(A) ausência de infiltrações hemorrágicas nos tecidos moles.
(B) escoriações com desnudamento de derme e formação de crosta.
(C) ferimentos com bordas afastadas.
(D) presença de tonalidades das equimoses.

Os demais sinais decorrem de lesões causadas ainda em vida, enquanto que a ausência de infiltrações hemorrágicas nos tecidos moles ocorre *post mortem*. Gabarito "A".

(Delegado/MA – 2006 – FCC) Analise os seguintes itens.

I. Quando há parada cardíaca e cessação de todos os sinais vitais pode-se firmar o diagnóstico de morte.
II. A morte é caracterizada nos aspectos médico legais, quando houver morte cerebral.
III. A rigidez cadavérica é um dos sinais de comprovação de morte.

(A) A afirmativa I é correta, apenas.
(B) As afirmativas I e II são corretas, apenas.
(C) As afirmativas I e III são corretas, apenas.
(D) A afirmativa II é correta, apenas.
(E) A afirmativa III é correta, apenas.

I: incorreta - nessa hipótese, verifica-se a morte relativa, pois, ainda que de forma muito rara, é possível que ocorra a ressuscitação; II: a morte nos aspectos médico-legais pode ser constatada pela parada circulatória e respiratória não reversível, assim como pela morte cerebral e pelo aparecimento dos fenômenos abióticos; III: a rigidez cadavérica inicia-se de 3 a 5 horas após a morte. Gabarito "E".

(Delegado/MG – 2008) A presença de mancha verde abdominal na parte inferior do pescoço e, não, na fossa ilíaca direita como classicamente observamos em outras situações, é compatível com

(A) afogamento.
(B) esgorjamento.
(C) soterramento.
(D) sufocação.

Em casos de afogamento, quando o cadáver já se encontra em estado de putrefação, é comum o aparecimento da chamada "cabeça de negro", que se caracteriza com o fato de a cabeça do afogado adquirir a cor esverdeada. Gabarito "A".

(Delegado/MG – 2008) Um cadáver de homem adulto apresenta rigidez generalizada, manchas de hipóstase fixas no dorso, ausência de mancha verde abdominal e desaparecimento das artérias do fundo de olho. Qual o provável tempo de morte em horas?

(A) Menos de duas.
(B) Mais de duas e menos de quatro.
(C) Mais de quatro e menos de seis.
(D) Mais de oito e menos de dezesseis.

A rigidez completa se dá entre 8 e 12 horas, quando a musculatura volta ao estado de flacidez. Gabarito "D".

(Delegado/MG – 2008) Em uma autópsia, o médico-legista descreveu em seu laudo pericial o achado de "alimentos plenamente reconhecíveis em seus diversos tipos no interior do estômago". Qual o tempo aproximado, em horas, entre a última refeição realizada pela vítima e o seu falecimento?

(A) Uma a duas.
(B) Duas a quatro.
(C) Quatro a sete.
(D) Sete a doze.

Na obra Manual de Medicina Legal, Delton Croce e Celton Croce Junior descrevem que havia quem pensasse "que o estômago com repleção alimentar e fenômenos digestivos, em fase intermediária, poderia sugerir ao legisperito ter a morte ocorrido entre 1 a 2 horas após a última refeição; alimentos em fase terminal de digestão, de 4 a 7 horas, e, finalmente, havendo vacuidade gástrica, ter o óbito acontecido decorridas mais de 7 horas da última", mas esclarecem que esse tempo pode variar de acordo com alguns fatores. Assim, seguindo o entendimento, a resposta correta é a de que a morte teria se dado por volta de uma a duas horas antes. Gabarito "A".

(Delegado/MG – 2008) 59 O estudo de todas as fases percorridas pelo corpo humano após a morte até a fossilização, no interesse forense, é denominado

(A) esqueletização.
(B) tafonomia.
(C) tanatocronodiagnose.
(D) saponificação.

A: esqueletização é o último período da putrefação; B: correta; C: tanatocronodiagnose é aquela que busca definir o momento em que se deu a morte, por meio das características cadavéricas; D: saponificação, também denominada adipocera, é um estágio que surge após avançada putrefação, em que o cadáver se apresenta em consistência mole, com coloração amarelo-escura e expelindo odor. Gabarito "B".

(Delegado/MG – 2008) 58 A "circulação póstuma de Brouardel" caracteriza o período

(A) cromático da putrefação.
(B) enfisematoso da putrefação.
(C) coliquativo da putrefação.
(D) liquefativo da putrefação.

A: período cromático ou de coloração, também denominado período das manchas, é a primeira etapa da putrefação, em que o cadáver apresenta mancha verde na região abdominal, que posteriormente, vai afetando outras partes do corpo. Isso se altera nos casos de afogamento, em que a mancha inicialmente aparece na região do tórax, seguindo para a cabeça (de 20 horas após a morte até 7 dias depois); B: mais comumente denominado de período gasoso, enfisematoso é a etapa em que os gases produzidos pela putrefação invadem o tecido subcutâneo, provocando deformações na forma do corpo, principalmente nas regiões abdominais, mamas, genitais, entre outras (a partir da segunda semana *post mortem* até um mês); C: coliquativo: é o terceiro período, também conhecido como período em que se dá a redução dos tecidos (após o 1º mês até aproximadamente 3 anos); D: liquefativo também conhecido como período coagulativo. Gabarito "B".

(Delegado/MG – 2007) Um cadáver humano apresenta os seguintes sinais externos: pele anserina, retração do escroto e maceração da epiderme. O quadro é sugestivo se:

(A) Afogamento.
(B) Empalamento.
(C) Vitriolagem.
(D) Envenenamento.

A: os sinais relatados caracterizam a morte por afogamento. Para esclarecer, a pele anserina, também chamada de "pele de galinha", se caracteriza, conforme define Delton Croce e Delton Croce Junior, "pela saliência dos folículos pilosos pela contração dos músculos eretores cutâneos", isto é, pelo eriçamento ("arrepio") dos pelos; a retração do escroto dá-se pelo diferença de temperatura da água e do corpo, causando o choque térmico e a maceração da epiderme consiste é a infiltração da água na epiderme primordialmente nas mãos e pés. Além desses sinais, outros podem ser verificados em caso de afogamento; B: o empalamento consiste na inserção de estaca na vagina, no ânus ou, até mesmo, no umbigo; C: vitriolagem são lesões causadas por substâncias cáusticas; D: envenenamento é causada por energia de ordem química que age diretamente nos tecidos, causando modificações no organismo de ordem psíquica, somática e/ou fisiológica. Gabarito "A".

(Delegado/MG – 2007) A fixação definitiva das hipóstase cadavérica ocorre em torno das:

(A) Duas horas post mortem.
(B) Quatro horas post mortem.
(C) Seis horas post mortem.
(D) Oito horas post mortem.

As hipóstases se instalam definitivamente entre as 8 e 12 horas após a morte. Gabarito "D".

(Delegado/MG – 2007) A autópsia de um homem de cinquenta anos de idade mostrou ao exame interno o seguinte: "conteúdo gástrico (estomacal) constituído por moderada quantidade de alimentos plenamente reconhecíveis em seus diversos tipos específicos". Pode-se afirmar que a última refeição antecedeu a morte em:

(A) Uma a duas horas.
(B) Quatro a sete horas.
(C) Sete a doze horas.
(D) Três a sete horas.

Na obra Manual de Medicina Legal, Delton Croce e Celton Croce Junior descrevem que havia quem pensasse "que o estômago com repleção alimentar e fenômenos digestivos, em fase intermediária, poderia sugerir ao legisperito ter a morte ocorrido entre 1 a 2 horas após a última refeição; alimentos em fase terminal de digestão, de 4 a 7 horas, e, finalmente, havendo vacuidade gástrica, ter o óbito acontecido decorridas mais de 7 horas da última", mas esclarecem que esse tempo pode variar de acordo com alguns fatores. Assim, seguindo o entendimento, a resposta correta é a de que a morte teria se dado por volta de uma a duas horas antes. Gabarito "A".

(Delegado/MG – 2006) Qual a estimativa do tempo de morte correspondente a um cadáver com presença de mancha verde abdominal e inicio de flacidez?

(A) de 4 a 8 horas
(B) de 8 a 16 horas
(C) de 24 a 48 horas
(D) de 48 a 72 horas
(E) de 2 a 4 horas

A mancha verde abdominal aparece entre 18 e 24 horas após a morte, enquanto que a flacidez cadavérica dá-se entre as 36 e 48 horas, disso conclui-se que um cadáver que apresenta os sinais descritos tem como estimativa do tempo da morte entre 24 e 48 horas. Gabarito "C".

(Ministério Público/PB – 2010) Não é considerado como fenômeno transformativo conservador do cadáver a:

(A) Mumificação.
(B) Saponificação.
(C) Calcificação.
(D) Corificação.
(E) Maceração.

São sinais transformativos destrutivos a autólise, a putrefação e a maceração. a) A mumificação consiste na desidratação do cadáver; b) a saponificação consiste na etapa de transformação em que o cadáver adquire uma consistência menos resistente, mole, com aspecto de sabão. O fenômeno se dá em fase adiantada de putrefação;

c) a calcificação, por sua vez, é o fenômeno transformativo em que o feto, quando interrompida a gestação, adquire um aspecto sólido, em razão dos sais minerais que nele se prendem; d) a corificação é verificada nos cadáveres acondicionados em locais vedados hermeticamente, como por exemplo, os caixões de zinco, em que o corpo fica livre da decomposição, adquirindo dessa forma um aspecto de couro; e) a maceração se verifica nos casos de cadáveres submersos em meios líquidos. Nos adultos, quando esse meio líquido está contaminado, quando é denominada maceração séptica; e, nos fetos após o quinto mês de gestação, sendo, nessa hipótese, chamada de asséptica. Gabarito "E".

(Delegado/PB – 2009 – CESPE) Um médico legista, ao chegar à sala de necropsia, deparou-se com três cadáveres cuja causa da morte foi asfixia. O primeiro apresentava elementos sinaléticos que constavam de sulco único, com profundidade variável e direção oblíqua ao eixo do pescoço; no segundo, os sulcos eram duplos, de profundidade constante e transversais ao eixo do pescoço; no terceiro, em vez de sulcos, havia equimoses e escoriações nos dois lados do pescoço. Na situação acima descrita, os tipos de morte mais prováveis são, respectivamente,

(A) enforcamento, estrangulamento e esganadura.
(B) esganadura, enforcamento e estrangulamento.
(C) estrangulam ento, esganadura e enforcamento.
(D) esganadura, estrangulamento e enforcamento.
(E) enforcamento, esganadura e estrangulamento.

O enforcamento é a morte causada por asfixia mecânica em que o pescoço é constrito por um laço que tem a outra extremidade fixada a uma base e tem como força o próprio corpo da vítima; o estrangulamento é a morte causada por asfixia mecânica em que o pescoço é entrelaçado por uma corda e tem como força de acionamento uma força estranha ao próprio corpo da vítima; esganadura é a constrição do pescoço da vítima pelas próprias mãos do homicida. Gabarito "A".

(Delegado/SP – 2008) Consta que, durante um terremoto, um indivíduo ficou coberto por uma espessa camada de entulhos resultantes do desabamento de um edifício, ficando apenas com o rosto descoberto, com as narinas desobstruídas. Ao exame do cadáver, constatou-se que a morte deu-se por asfixia mecânica. Pode-se afirmar que ocorreu.

(A) sufocação indireta.
(B) sufocação direta.
(C) confinamento.
(D) soterramento.
(E) afogamento.

A: a sufocação indireta ocorre quando há o impedimento dos movimentos respiratórios, normalmente decorrente de compressão do tórax ou abdome; B: sufocação direta se dá pelo fechamento dos orifícios respiratórios por meio das mãos ou objetos moles; C: confinamento ocorre quando a vítima é mantida em ambientes fechados e pequenos, sem que ocorra a troca de ar; D: o soterramento ocorre com a obstrução das vias respiratórias em razão de a vítima se encontrar aterrada ou coberta por pó; E: afogamento é uma espécie de asfixia mecânica provocada pela penetração de líquidos nas vias respiratórias. Gabarito "A".

(Delegado/SP – 2008) Para identificar o grupo democrático ("étnico") e o sexo de uma pessoa, tendo-se apenas o esqueleto, o especialista procurará basear-se, principal e respectivamente,

(A) na mandíbula e nos ossos da face.
(B) na coluna dorsal e nos ossos fêmures.
(C) no crânio e na bacia pélvica.
(D) nos ossos longos e na bacia pélvica.
(E) no crânio e nas costelas.

A atenção para identificação do sexo de um esqueleto deve se concentrar na região da bacia pélvica porque há diferenciação anatômica acentuada entre os sexos, assim como o crânio do homem apresenta maior capacidade volumétrica. Gabarito "C".

(Delegado/SP – 2003) São fenômenos abióticos consecutivos

(A) a insensibilidade, a imobilidade e a rigidez cadavéricas.
(B) a imobilidade, a rigidez e o espasmo cadavéricos.
(C) a parada circulatória, a hipóstase e o resfriamento cadavérico.
(D) o resfriamento, a dessecação e a rigidez cadavéricos.

Os fenômenos abióticos consecutivos se evidenciam pelo resfriamento progressivo do corpo, pela rigidez e espasmos cadavéricos, manchas de hipóstase e livores cadavéricos e, por fim, dessecamento. Gabarito "D".

(Delegado/SP – 2003) Preconiza o art. 162 do CPP que "a autópsia será feita pelo menos 6 (seis) horas depois do óbito..." Tal preceito tem fundamento na Medicina Legal, pois, a contar do momento da morte,

(A) somente após 6 horas os fenômenos abióticos imediatos se completam.
(B) somente após 6 horas os fenômenos abióticos imediatos atingem a intensidade máxima.
(C) após 6 horas os fenômenos abióticos consecutivos habitualmente estão bem evidentes.
(D) ao redor de 6 horas depois, costuma aparecer a mancha verde abdominal.

Preconiza-se que a autópsia será realizada pelo menos 6 horas depois da porte, porque a partir desse período é que surgem os fenômenos abióticos consecutivos, em que se pode falar de sinais de certeza de ocorrência da morte. Gabarito "C".

(Delegado/SP – 2003) O sulco cervical típico, encontrado no cadáver de vítima de enforcamento por suspensão completa é, habitualmente,

(A) horizontal, interrompido e de profundidade desigual.
(B) oblíquo, interrompido e de profundidade desigual.
(C) horizontal, contínuo e de profundidade uniforme.
(D) oblíquo, contínuo e de profundidade uniforme.

O enforcamento é a constrição do pescoço por meio de asfixia mecânica em que a força de acionamento é o peso do próprio corpo. Gabarito "B".

(Delegado/SP – 2002) Ao examinarmos o cadáver de uma jovem verificamos: face edemaciada e cianótica, língua escura projetada além das arcadas dentárias, pequenas equimoses na face e pescoço, sulco horizontalizado, uniforme, contínuo, por baixo da cartilagem tireóide. Podemos determinar a morte por

(A) estrangulamento.
(B) enforcamento.
(C) esganadura.
(D) sufocação direta.

São sinais característicos de estrangulamento: o sulco transversal e na horizontal, continuado, às vezes único, podendo ser duplo com bordas e de profundidade uniforme. Gabarito "A".

(Delegado/SP – 2002) A manifestação de um fenômeno transformativo destrutivo pode se verificar pela

(A) coagulação sangüínea.
(B) mancha hipóstase.
(C) circulação póstuma de Brouardel.
(D) Lei de Nysten.

Circulação póstuma de Brouardel é verificada na fase gasosa da putrefação, em que o sangue se desloca para as periferias do corpo, formando na pele desenhos. Gabarito "C".

(Delegado/SP – 2000) A necropsia médico-legal, conforme preceitua o Código de Processo Penal, pode ser realizada, do momento da constatação do óbito da vítima

(A) a qualquer hora, pois já se constatou a morte.
(B) apenas 2 horas após, quando aparecem os últimos fenômenos abióticos imediatos.
(C) apenas 6 horas após, quando fenômenos abióticos consecutivos estão bem evidentes.
(D) apenas 12 horas após, quando o início da putrefação já é evidente.

Art. 162 do CPP. Gabarito "C".

(Delegado/SP – 2000) A câmara de mina de Hoffmann

(A) já pode ser notada ao exame externo do cadáver.
(B) só pode ser observada ao exame de ossos do crânio.
(C) só pode ser observada ao exame interno do cadáver.
(D) só pode ser observada ao exame por raio X.

A câmara de mina de Hoffman é observada nos casos de disparos à queima-roupa, consistindo em um halo de tatuagem. Gabarito "A".

(Delegado/SP – 1999) A pele anserina, observada com freqüência em cadáveres de afogados, é caracterizada pelo

(A) enrugamento da pele.
(B) descolamento da epiderme.
(C) maceração da pele.
(D) ereção de pêlos.

A pele anserina também é conhecida como "pele de galinha", que fica com essa característica pela contração dos músculos eretores da epiderme, causando um eriçamento dos pelos. "D". Gabarito

(Delegado/SP – 1999) Em acidentes por choque elétrico, a vítima pode morrer por asfixia, devido à contração tetânica dos músculos torácicos, que realizam os movimentos respiratórios. A asfixia, no caso, é provocado por

(A) confinamento.
(B) constrição das vias aéreas.
(C) sufocação direta.
(D) sufocação indireta.

A: confinamento dá-se nos casos em que a vítima é mantida isolada em lugar fechado, sem que exista a entrada de oxigênio, razão que faz com que a vítima morra asfixiada; B: constrição das vias respiratórias é a compressão; C: sufocação direta é a asfixia mecânica em que as vias e os orifícios respiratórios são obstruídos; D: a sufocação indireta ocorre nas hipóteses em que o tórax é comprimido, impedindo a realização dos movimentos respiratórios. "D". Gabarito

(Delegado/SP – 1999) O cadáver aumenta consideravelmente de volume, exala um cheiro repugnante e intenso, sua língua exterioriza, e o feto morto, até então encerrado dentro útero, é eliminado através da vagina. Tais fenômenos associados ocorre em relação às fases da putrefação na

(A) primeira
(B) segunda
(C) terceira
(D) quarta

A segunda etapa da putrefação do cadáver é chamada fase gasosa, na qual são formados gases no interior do cadáver, causando o aumento de seu volume, inclusive com a formação de bolhas. "B". Gabarito

(Delegado/SP – 1998) Um cadáver enterrado em solo quente, seco e arejado tem grande probabilidade de transformar-se em

(A) cadáver adiposérico.
(B) cadáver gelatinoso.
(C) cadáver mumificado.
(D) cadáver saponificado.

São condições climáticas que favorecem a desidratação do cadáver, dificultando a proliferação de bactérias, que acarretam a putrefação. "C". Gabarito

2. DACTILOSCOPIA

(Delegado/BA – 2006 – CONSULPLAN) A impressão digital que apresenta dois Deltas é:

(A) Presilha externa.
(B) Presilha interna.
(C) Verticilo.
(D) Atípica.
(E) Arco.

A: a presilha externa apresenta um delta à esquerda; o arco não apresenta delta; B: presilha interna, delta à direita; C: verticilo apresenta dois deltas, razão pela qual também é chamado de bidelta; D: incorreta, não é atípica; E: o arco não apresenta delta. "C". Gabarito

(Delegado/CE – 2006 – CEV/UECE) No Sistema Dactiloscópico de Vucetich, a presença de dois deltas e um núcleo central numa impressão digital caracteriza o seguinte tipo fundamental:

(A) Arco.
(B) Presilha Externa.
(C) Verticilo.
(D) Presilha Interna.

A: o arco não apresenta delta; B: a presilha externa apresenta um delta à esquerda; C: verticilo apresenta dois deltas, razão pela qual também é chamado de bidelta; D: presilha interna, delta à direita de quem observa. "C". Gabarito

(Delegado/SP – 2008) Um indivíduo portador da rara Síndrome de Nagali (defeito genético consistente na ausência de impressões digitais nos dedos das mãos) que possua documento de identidade oficial e esteja envolvido com organização criminosa e roubo de cargas

(A) não poderá ser identificado criminalmente por absoluta impropriedade do objeto.
(B) não poderá ser identificado criminalmente por expressa vedação constitucional.
(C) poderá ser identificado criminalmente pelas impressões plantares ou por outro meio.
(D) poderá ser identificado criminalmente pelo arco senil.
(E) poderá ser identificado criminalmente pelo sinal de Bernt.

As pessoas acometidas pela Síndrome de Naegeli-Franceschetti-Jodassohn, que são desprovidas de impressões digitais, podem ser identificadas por qualquer outro meio biométrico que não o dactiloscópico. "C". Gabarito

(Delegado/SP – 2008) Um perito acusou, no laudo, haver impressão digital latente. Deve-se entender, então, que

(A) havia suspeita da presença de impressão digital, mas não foi possível colhê-la, mesmo com técnica especializada.
(B) faltou a impressão digital padrão para comparar com a desconhecida.
(C) a impressão digital estava no local praticamente inacessível.
(D) a impressão só se tomou visível após emprego de técnica especializada.
(E) a impressão digital foi removida deliberadamente.

A impressão digital que necessita de técnica especializada para visualização é chamada de latente ou de invisível. "D". Gabarito

3. EMBRIAGUEZ E ALCOOLISMO

(Delegado/AC – 2008 – CESPE) Considere-se que uma adolescente, com 13 anos de idade, foi encontrada por vizinhos, em uma dependência no fundo de sua residência, suspensa por corda de nylon que envolvia seu pescoço com um nó e que estava presa, na outra extremidade, no caibro do telhado. A adolescente apresentava, além do mau cheiro, mancha verde abdominal e circulação póstuma. Com base nessa situação e em seus aspectos médico-legais, julgue os itens a seguir.

(1) Caso o exame de alcoolemia da adolescente evidencie níveis de 2 decigramas de álcool por litro de sangue, é correto concluir que ela estava embriagada no momento da morte.

Errado - Nos termos do art. 306 do CTB, a concentração de álcool por litro de sangue igual ou superior a 6 (seis) decigramas é que caracteriza a embriaguez. Gabarito 1E

(Delegado/BA – 2006 – CONSULPLAN) No exame neuro-clínico da embriaguez, ao solicitar que o paciente ou periciando ande sobre uma linha, estamos avaliando o equilíbrio dinâmico. Quando fazemos com que se submeta a manobra de Romberg, estamos avaliando o equilíbrio:

(A) encefálico.
(B) apático.
(C) estático.
(D) corporal.
(E) fenocromial.

A manobra de Romberg consiste em fazer o examinando permanecer com os pés juntos e de olhos fechados por 10 segundos, considerando-se anormal aquele que não consegue se manter estático, porque com a falta da visão, será afetada a coordenação dos movimentos. Outros fatores que podem causar a ataxia estatística é ser o examinando portador de labirintite ou doença na coluna cervical. "C". Gabarito

(Delegado/BA – 2006 – CONSULPLAN) Podemos grosseiramente dividir a embriaguez conforme o comportamento dos indivíduos durante a ingestão de álcool em: fase do leão, fase do macaco e fase do porco. Qual dessas fases apresenta uma maior freqüência de acidentes de veículos?

(A) Porco.
(B) Não há relação entre as fases e os acidentes.
(C) Leão.
(D) Todas as fases têm a mesma freqüência de acidentes.
(E) Macaco.

A: na fase do porco, também chamada de fase comatosa, superaguda ousiderativa, o indivíduo embriagado tem sono intenso, não conseguindo se manter em pé, motivo que o impossibilita até mesmo em dar partida em um veículo; B: incorreta, pois há relação; C: a fase do leão, conhecida como fase da confusão, é aquela em que o ébrio apresenta agressividade, sentimento que comumente é causador de acidentes automobilísticos; E: na fase do macaco, também denominada fase da excitação, o indivíduo mantém a sua coordenação motora e a atividade mental. Contudo, demonstra uma agitação, uma euforia. "C". Gabarito

(Delegado/MG – 2008) 57 Considerando as etapas clínicas da embriaguez alcoólica, qual delas é denominada "fase médico-legal"?

(A) Confusão.
(B) Comatosa.
(C) Excitação.
(D) Sono.

A: confusão é a segunda fase da embriaguez, é o momento em que o agente passa a apresentar periculosidade, demonstrando agressividade e insolência; B: comatosa, também denominada embriaguez de sono, é a terceira fase da embriaguez, quando se dá a embriaguez completa, em que o ébrio é acometido de sono profundo; C: a embriaguez de excitação, é o primeiro período em que a pessoa mostra-se em estado de inquietude; D: é a mesma da comatosa. "A". Gabarito

(Delegado/SP – 2003) A embriaguez patológica se caracteriza pela

(A) dependência física ao álcool por uso imoderado e freqüente.
(B) desproporção entre a intensidade da embriaguez e a quantidade de álcool ingerida.
(C) grande tolerância ao álcool por uso habitual.
(D) ocorrência de demência por embriaguez crônica.

A: é o chamado alcoolismo crônico; B: a embriaguez patológica, normalmente, acomete pessoas descendentes de alcoólatras, indivíduos com predisposição ou com personalidade psicopata, podendo os acometidos desse tipo de embriaguez apresentar características agressivas ou violentas, excitomotoras, convulsivas ou delirantes; C: alcoolismo crônico; D: a demência alcoólica surge, normalmente, nos estágios mais avançados do alcoolismo crônico. "B". Gabarito

4. SEXOLOGIA

(Delegado/AC – 2008 – CESPE) Considere-se que uma adolescente, com 13 anos de idade, foi encontrada por vizinhos, em uma dependência no fundo de sua residência, suspensa por corda de nylon que envolvia seu pescoço com um nó e que estava presa, na outra extremidade, no caibro do telhado. A adolescente apresentava, além do mau cheiro, mancha verde abdominal e circulação póstuma. Com base nessa situação e em seus aspectos médico-legais, julgue os itens a seguir.

(1) Se, ao exame genital do cadáver, no hímen, for observada ruptura antiga e, no ânus, for observado rágade, é correto afirmar que não há elementos, nesses fatos, para se estabelecer ocorrência de conjunção carnal e, conseqüentemente, estupro, porém, existe elemento compatível com registro de ocorrência de ato libidinoso diverso de conjunção carnal, nos momentos que antecederam a morte.

Certa - A ruptura antiga é apta a demonstrar que a vítima já havia praticado conjunção carnal. No entanto, na ausência de outros sinais, torna-se inviabilizada a constatação de quem tenha sido obrigada à sua prática pouco antes da morte. Há que se esclarecer que, com as alterações trazidas pela Lei nº 12.015/09, a prática mediante violência ou grave ameaça de atos libidinosos também se insere no estupro. Desse modo, diante da presença de rágade no ânus, que consiste na fissura no encontro da pele com a mucosa do orifício anal, é possível reconhecer a submissão da vítima a ato libidinoso, que, atualmente, configura o crime de estupro (art. 213 do CP). Gabarito 1C

(Delegado/BA – 2008 – CEFETBAHIA) Em casos de estupro, a violência é presumida em lei quando a vítima

(A) é menor de 16 anos.
(B) sofreu rotura recente do hímen.
(C) está alcoolizada.
(D) é casada.
(E) é alienada ou débil mental.

Com as alterações trazidas pela Lei nº 12.015/2009, o crime passou a ser denominada de estupro de vulnerável (art. 217-A, § 1º, do Código Penal). "E". Gabarito

(Delegado/GO – 2009 – UEG) A interrupção voluntária da gravidez, em virtude de má formação do feto, caracteriza o aborto

(A) sentimental.
(B) terapêutico.
(C) eugênico.
(D) social.

A: aborto sentimental ou humanitário, também denominado de moral, é aquele que se dá em casos que a gravidez ocorreu em virtude de estupro (art. 128, II, do CP) aborto eugênico é aquele praticado com o intuito de purificação de uma raça, foi defendido pelos nazistas; B: aborto terapêutico é aquele que se realiza para salvar a vida da mãe, quando não há outro recurso (art. 128, I, do CP); C: aborto eugênico ou aborto piedoso é aquele em que a gravidez é interrompida em razão do feto apresentar uma anomalia. Constitui, pelo anteprojeto de reforma da Parte Especial do Código Penal, uma causa de exclusão de ilicitude, na hipótese de haver "fundada probabilidade, atestada por outro médico, de o nascituro apresentar graves e irreversíveis anomalias físicas ou mentais"; D: aborto social ou econômico é aquele em que a gravidez é interrompida para evitar que famílias com número considerável de filhos, tenha sua situação econômica agravada, é proibido em nosso ordenamento. "C". Gabarito

(Delegado/GO – 2009 – UEG) A perícia médico-legal, conhecida como docimasia, serve para esclarecer

(A) se houve estado puerperal.
(B) se houve vida extra-uterina.
(C) se houve vida intra-uterina.
(D) o tempo de vida gestacional.

A docimasia hidrostática de Galeno é utilizada para a constatação de ter ou não o feto nascido com vida. Consiste na colocação do pulmão em uma bacia com água e, em caso de flutuar, verifica-se que o nascituro respirou e, portanto, nasceu com vida. Em caso contrário, quando afunda, constata-se que nasceu morto. "B". Gabarito

(Delegado/MG – 2008) Os distúrbios qualitativos do instinto sexual são denominados parafilias. A forma patológica relativa à atração sexual por mulheres desasseadas e de baixa condição higiênica é denominada

(A) clismafilia.
(B) coprofilia.
(C) riparofilia.
(D) urolagnia.

A riparofilia, também denominada misofilia, consiste na atração sexual por pessoas com péssimas condições de higiene pessoal, fazendo, inclusive, com que homens acometidos por tal distúrbio prefiram mulheres no período menstrual. "C". Gabarito

(Delegado/MG – 2008) O aborto realizado por médico para salvar a vida da gestante amparado pelo estado de necessidade é denominado

(A) eugênico.
(B) moral.
(C) piedoso.
(D) terapêutico.

A: aborto eugênico é aquele praticado com o intuito de purificação de uma raça, foi defendido pelos nazistas; B: aborto moral, também denominado de sentimental ou humanitário, é aquele que se dá em casos que a gravidez ocorreu em virtude de estupro (art. 128, II, do CP); C: aborto piedoso também denominado de humanitário; D: aborto terapêutico é aquele que se realiza para salvar a vida da mãe, quando n ao há outro recurso (art. 128, I, do CP). "D". Gabarito

(Delegado/MG – 2007) O abortamento nos casos de estupro é denominado:

(A) Social.
(B) Piedoso.
(C) Eugênico.
(D) Terapêutico.

A: o aborto social ou econômico é aquele, como já dito, em que é realizada a interrupção da gravidez para que a situação econômica da família não seja agravada; B: piedoso ou humanitário é aquele em que se permite a interrupção da gravidez em razão de ter decorrido de estupro sofrido pela gestante; C: eugênico é o aborto em que a gravidez é interrompida em razão de o feto apresentar uma anomalia fetal; D: aborto terapêutico é aquele que se realiza em razão de que a manutenção da gravidez gerar perigo de morte à gestante. "B". Gabarito

(Delegado/MG – 2006) Constituem estigmas que podem ser alusivos a parto antigo, exceto:

(A) Cicatrizes uterinas.
(B) Cicatrizes perineais.
(C) Carúnculas mirtiformes.
(D) Tumefação da vulva.

A tumefação da vulva é observada em casos de parto recente, em que a vulva se mostra entreaberta e com sangramento. "Gabarito D."

(Delegado/MG – 2006) Considerando o hímen é correto afirmar:

(A) É formado por uma única face de membrana mucosa.
(B) Sua implantação não varia com a idade.
(C) Pode ser múltiplo em diferentes planos anatômicos.
(D) Quanto maior a sua altura maior é o seu óstio.

A: a orla himenal é constituída por duas membranas mucosas; B: o hímen, quando a mulher ainda é criança se apresenta mais resistente. Ao atingir a puberdade, ele se torna mais frágil; C: correta; D: a dimensão do óstio varia de acordo orla himenal. "Gabarito C."

(Delegado/MG – 2006) Constitui o espaço de tempo que vai do desprendimento da placenta até a involução total do organismo materno às suas consições pregressas ao processo gestacional.

(A) climatério
(B) menopausa
(C) menarca
(D) puerperio
(E) menacma

A: é a fase de transição entre o período fértil e o não fértil; B: menopausa é a fase em que a mulher não mais menstrua; C: menarca é a primeira menstruação da mulher; D: puerpério, também conhecido como resguardo, é a fase entre o momento do parto e a volta do útero da mulher ao estado normal. Pode durar entre 6 e 8 semanas; E: é o período em que a mulher permanece menstruando. "Gabarito D."

(Delegado/MG – 2006) Uma mulher que não nega estar grávida, mas, informa propositadamente um tempo de gestação para mais ou para menos, caracteriza uma situação de:

(A) simulação
(B) dissimulação
(C) suposição
(D) superfetação
(E) metassimulação

A: na simulação da gravidez, a mulher diz-se grávida sem realmente estar; B: na dissimulação, a mulher que está grávida, nega a gravidez; D: a superfetação é aquela em que estando em andamento uma gravidez, outro(s) óvulo(s) é fecundado, dando início a outra gravidez; E: correta. "Gabarito E."

(Delegado/RJ – 2009 – CEPERJ) No estudo da Sexologia forense, marque a única alternativa incorreta.

(A) A presença de sêmen na vagina de mulher com hímen complacente é elemento pericial suficiente para comprovar a conjunção carnal.
(B) Manter conjunção carnal com uma virgem de dezenove anos de idade, mediante a promessa de casamento, é penalmente irrelevante.
(C) Ter relações sexuais com portador de enfermidade ou deficiência mental é considerado estupro de vulnerável.
(D) Praticar ato libidinoso com adolescente de quinze anos de idade, por meio de violência ou grave ameaça, é tipificado como crime de estupro.
(E) Chama-se de entalhes as reentrâncias simétricas da borda livre do hímen, que avançam a pique e atingem sua borda de inserção.

A: no caso de hímen complacente não se observa o rompimento, por possuir tecido provido de elasticidade. Contudo, a existência de sêmen é apta a comprovar a conjunção carnal; B: nessa hipótese, só estaria caracterizado o estupro se praticado com violência ou grave ameaça; C: art. 217-A, § 1º, do CP; D: art. 213 do CP; E: os entalhes ocorrem em caso de penetração superficial da vulva e, por essa razão, não afetam a orla himenal. "Gabarito E."

(Delegado/SP – 2003) As ausências de espermatozóides na vagina e no canal anal

(A) afastam definitivamente as ocorrências de conjunção carnal e de coito anal.
(B) afastam definitivamente a ocorrência de conjunção carnal, mas não a de coito anal.
(C) afastam definitivamente a ocorrência de coito anal, mas não a de conjunção carnal.
(D) não afastam definitivamente as ocorrências de conjunção carnal e de coito anal.

A conjunção carnal consiste na introdução do pênis na vagina, havendo ou não ejaculação, razão pela qual não é necessário o encontro de espermatozóide para a constatação da conjunção carnal. "Gabarito D."

5. TRAUMATOLOGIA

(Delegado/AC – 2008 – CESPE) Considere-se que uma senhora faça denúncia de que seu neto de um ano e meio vem sofrendo maus tratos por sua filha, mãe da criança, que tem problemas mentais e que o laudo de exame de corpo de delito do Instituto Médico Legal (IML) descreve as seguintes lesões apresentadas pela criança: hematomas de tonalidades avermelhadas, esverdeadas e amareladas; escoriações em diversas regiões e feridas contusas sangrantes, além de outras, cobertas por crostas e manchas hipocrômicas. Tendo em vista essa situação hipotética, os aspectos médico-legais das lesões corporais e os maus-tratos a menores bem como da imputabilidade penal, julgue os itens subseqüentes.

(1) O legista tem elementos para responder positivamente ao quesito oficial que indaga sobre meio cruel, uma vez que o menor não possui condições de defesa, não tem completo entendimento da razão dos atos lesivos e que se verifica que as lesões ocorreram cronologicamente em diferentes momentos, com lapsos de tempo que permitiriam a reflexão pela agressora sobre os próprios atos.

A coloração da pele indica o tempo em que ocorreu a lesão, assim, tendo variações, pode-se dizer que se deram em datas diferentes e demonstra continuidade. "Gabarito C."

(Delegado/AC – 2008 – CESPE) Suponha-se que um delegado receba laudo cadavérico em que constam as seguintes lesões: ferida circular com orifício de um centímetro, com orlas de enxugo e escoriação, circunscrita por zona de tatuagem e esfumaçamento na região infraclavicular direita; e ferida com bordas regulares e cauda de escoriação medindo cinco centímetros na região escapular esquerda. Considerando essa situação hipotética e os aspectos médico-legais desse laudo, é correto concluir que

(1) uma arma de fogo foi disparada a curta distância do corpo do cadáver e que o trajeto do projétil dessa arma, no corpo do cadáver, foi de frente para trás.
(2) a ferida com zona de tatuagem e esfumaçamento deve ter sido provocada por barotrauma, possivelmente em conseqüência de explosão de bomba.
(3) a ferida com bordas regulares e cauda de escoriação é típica de instrumento cortante e não corresponde à saída de projétil de arma de fogo, que é instrumento perfurocontundente.

1: C – De início, é necessário esclarecer que a região escapular é aquela que se localiza na região póstero-anterior do tórax (ou seja, na parte das costas), sendo a escápula um dos ossos que compõem o ombro. A infraclavicular é aquela localizada na região do ombro e, se esse membro apresenta os sinais descritos, que são característicos de orifício de entrada do projétil de arma de fogo, pode-se afirmar que o tiro atingiu a vítima de frente para trás.; 2: E – A zona de esfumaçamento pode ser observada nas hipóteses de disparos a curta distância, isto é, até uns 30 cm do alvo, o que faz com que a fumaça do disparo se desprenda e se deposite ao redor do orifício de entrada do projétil, enquanto que a zona de tatuagem pode ser observada nos casos de disparo com aproximadamente meio metro de distância, ocorrendo, n essa hipótese o depósito das partículas de pólvora na pele da pessoa atingida, como se fossem minúsculas manchas na pele; 3: C – Os ferimentos de saída de projéteis de arma de fogo apresentam lesões irregulares e as bordas do ferimento ficam direcionadas para fora. "Gabarito 1C, 2E, 3C"

(Delegado/BA – 2008 – CEFETBAHIA) Num ferimento de entrada de projétil de arma de fogo, geralmente se encontra a presença de

(A) bordas evertidas e zona de chamuscamento.
(B) bordas invertidas e abundante sangramento.
(C) ferimento de forma irregular e zona de esfumaçamento.
(D) ferimento de forma regular e bordas invertidas.
(E) sangramento abundante e ferimento de forma irregular.

As bordas evertidas, o abundante sangramento, o ferimento de forma irregular são característicos de ferimento de saída de projétil de arma de fogo. Gabarito "D".

(Delegado/BA – 2008 – CEFETBAHIA) Nas feridas cortantes ou incisas, geralmente se encontra a presença de

(A) extensão maior que profundidade.
(B) pouco sangramento e bordas irregulares.
(C) predomínio da profundidade em relação à extensão.
(D) bordas evertidas e com grande profundidade.
(E) lesões cujo instrumento transfere a energia por pressão.

Nos ferimentos cortantes é comum se observar sangramento abundante, bordas regulares, costumam ser pouco profundas, predomínio de largura em detrimento da profundidade, tratando-se de lesões cujo instrumento é transferido por pressão e por deslizamento. Gabarito "A".

(Delegado/BA – 2008 – CEFETBAHIA) Excetua-se como característica da queimadura de primeiro grau o fato de o local atingido apresentar

(A) grande sensibilidade.
(B) hiperemia.
(C) ardor.
(D) flictenas.
(E) regeneração rápida.

As flictenas, que são bolhas transparentes, podem ser observadas nas queimaduras de segundo grau. Gabarito "D".

(Delegado/BA – 2008 – CEFETBAHIA) São sinais do Traumatismo Crânio-Encefálico, exceto

(A) rinorragia.
(B) dispnéia.
(C) otorragia.
(D) sinal de Batlle.
(E) olhos de guaxinim.

A: rinorragia consiste na hemorragia pelo nariz; B: dispnéia é a dificuldade respiratória; C: otorragia é hemorragia do ouvido; D: sinal de Batle é aquele identificado pela equimose na região atrás da orelha; E: olhos de guaxinim são observados pela equimose no entorno dos olhos. Gabarito "B".

(Delegado/BA – 2008 – CEFETBAHIA) Na amputação traumática, é incorreto

(A) limpar o segmento amputado com soro fisiológico.
(B) controlar a hemorragia.
(C) colocar o segmento amputado em um saco com gelo.
(D) umedecer o segmento amputado com soro fisiológico e envolver em um pano limpo.
(E) desprezar o segmento amputado, porque as chances do reimplante são mínimas.

Cada vez mais é comum a reimplantação dos segmentos quando tomadas as providências descritas. Gabarito "E".

(Delegado/GO – 2009 – UEG) A lesão conhecida como *mordedura ou dentada* produzida pela arcada dental humana, em razão de suas características, classifica-se como

(A) cortocontundente.
(B) contundente.
(C) perfurante.
(D) perfurocontundente.

A: correta; B: contundente é o ferimento que age pelo atrito do corpo com uma superfície; C: ferimento causado por instrumento perfurante é aquele em que a pele é lesionada em um ponto por meio da incisão; D: perfurocontundente é o ferimento comumente decorrente de disparo de arma de fogo, mas pode ser causado por outro instrumento. Gabarito "A".

(Delegado/GO – 2009 – UEG) É impossível que a morte tenha ocorrido em virtude de suicídio ou acidente, na hipótese de

(A) estrangulamento.
(B) enforcamento.
(C) afogamento.
(D) esganadura.

A: o estrangulamento é a morte causada por asfixia mecânica em que o pescoço é entrelaçado por uma corda e tem como força de acionamento uma força estranha ao próprio corpo da vítima B: o enforcamento é a morte causada por asfixia mecânica em que o pescoço é constrito por um laço que tem a outra extremidade fixada a uma base e tem como força o próprio corpo da vítima; D: esganadura é a constrição do pescoço da vítima pelas próprias mãos do homicida. Gabarito "D".

(Delegado/MA – 2006 – FCC) Em face da Medicina Legal é correto afirmar que

(A) são elementos para se classificar uma lesão corporal como de natureza gravíssima, a constatação pericial de: Incapacidade permanente para o trabalho; Perda de membro, sentido ou função; Enfermidade incurável; Deformidade permanente; Aborto.
(B) são elementos para se classificar uma lesão corporal como de natureza grave, a constatação pericial de: Incapacidade para o trabalho por mais de trinta dias; Perigo de Vida; Debilidade temporária de membro, sentido ou função; Aceleração do Parto.
(C) de acordo com a Doutrina Médico-Legal brasileira, as Lesões Corporais são classificadas, quanto aos seus graus, em Levíssima, Leve, Grave, Gravíssima e Lesão Corporal Seguida de Morte.
(D) o dano estético é classificado, de acordo com a Doutrina Médico-Legal brasileira, em leve, grave e gravíssima.
(E) o aborto pode ser enquadrado como lesão corporal de natureza grave ou como de natureza gravíssima, na dependência de ter ou não havido concordância da vítima na sua perpetração.

A: correta; B: todos os elementos descritos caracterizam as lesões corporais de natureza grave, exceto o que trata da debilidade de membro sentido ou função, que deve ser permanente e não temporária; C: todas as lesões corporais possuem relevância Médico-Legal, exceto as levíssimas; D: o dano estético para efeitos Médico-legais deve ser permanente; E: o aborto sempre caracteriza lesão corporal de natureza gravíssima. Gabarito "A".

(Delegado/MA – 2006 – FCC)47. Em face da Medicina Legal é correto afirmar que

(A) a morte por estrangulamento nunca decorre de suicídio, pois para sua execução sempre concorre uma força externa.
(B) o enforcamento mediante suspensão incompleta do corpo, ou seja, com parte do corpo apoiada em uma superfície, é compatível com suicídio.
(C) o achado necroscópico de dois projéteis de arma de fogo no interior do crânio e de um só ferimento pérfuro-contuso de entrada de projétil de arma de fogo, no crânio, sem outras lesões nas demais regiões corpóreas, exclui a possibilidade de suicídio.
(D) ferimentos pérfuro-contusos de entrada de projéteis de arma de fogo, nos membros superiores, devem sempre ser considerados lesões de defesa.
(E) a trajetória de projéteis de arma de fogo, no interior do corpo, de cima para baixo e de trás para frente, é sempre indicativa de "execução sumária".

A: mesmo que de forma mais remota, a morte por estrangulamento pode decorrer de suicídio; B: correta; C: o encontro de dois projéteis será possível no caso de ter sido utilizada uma arma automática, que enquanto mantida a pressão no gatilho, efetuará disparos; D: os ferimentos mais comuns a indicar lesões de defesa são aquelas situadas nas regiões das mãos e dos antebraços; E: são sinais indicativos de execução sumária a existência de zona de tatuagem, que indicam que o tiro foi disparado à queima-roupa. Gabarito "B".

(Delegado/MG – 2008) 53 Uma lesão caracterizada por infiltração hemorrágica nas tramas dos tecidos é denominada

(A) entorse.
(B) equimose.
(C) escoriação.
(D) rubefação.

A: entorse é a lesão dos ligamentos por meio de um movimento que ultrapassa os limites fisiológicos, separando extremidades ósseas da articulação; B: equimoses são as conhecidas marcas de coloração roxa, que ocorrem em razão do rompimento de vasos sanguíneos, podendo ser superficiais ou profundos; C: escoriação: é a lesão superficial da epiderme (camada mais externa da pele), causada, normalmente, por deslizamento, atrito ou pressão; D: rubefação: vermelhidão da pele provocada por uma inflamação. Gabarito "B".

(Delegado/MG – 2007) Constituem características da ferida contusa, exceto:

(A) Pouco sangrenta.
(B) Fundo irregular.
(C) Cauda de escoriação.
(D) Bordas irregulares.

A cauda de escoriação é encontrada nos ferimentos produzidos por instrumentos cortantes. Gabarito "C".

(Delegado/MG – 2006) O sinal de Chambert é uma característica da queimadura de:

(A) Primeiro grau
(B) Terceiro grau
(C) Quarto grau
(D) Segundo grau
(E) Temperaturas oscilantes

O sinal de Chambert pode ser observado quando há a formação de bolhas ou flictenas contendo líquido transparente ou em tonalidades amareladas, que se observa nas queimaduras de segundo grau. Gabarito "D".

(Delegado/MG – 2006) Constitui um exemplo peculiar de uma lesão corto-contusa:

(A) luxação
(B) mordedura
(C) fratura
(D) rubefação
(E) entorse

A luxação, a fratura, a rubefação e a entorse são observadas nas lesões causadas por instrumentos contundentes. Gabarito "B".

(Ministério Público/PB – 2010) O exame no sulco do pescoço da vítima é de capital valor no diagnóstico do enforcamento, apresentando as características abaixo, exceto:

(A) Livores cadavéricos, em placas, por cima e por baixo das suas bordas.
(B) Infiltrações hemorrágicas punctiformes no fundo do sulco.
(C) Pele enrugada e escoriada no fundo do sulco.
(D) Ser necessariamente apergaminhado.
(E) Vesículas sanguinolentas no fundo do sulco.

Além dos sinais descritos, nos casos de enforcamento, os sulcos em geral são oblíquos e apresentam zonas violetas em suas margens, assim como no pescoço da vítima ficam aparentes marcas do laço da corda ou objeto utilizado para a constrição. Gabarito "D".

(Ministério Público/PB – 2010) A respeito das lesões produzidas por projétil de arma de fogo, considere as proposições abaixo e, em seguida, indique a alternativa que contenha o julgamento devido sobre elas:

I. A apresentação de aréola equimótica no ferimento de entrada afasta a possibilidade de ter sido o tiro deflagrado a curta distância.
II. A orla de escoriação ou de contusão é um dos sinais comprovadores de ferimento de entrada nos tiros dados a qualquer distância.
III. O ferimento de saída terá forma irregular, bordas reviradas para fora, maior sangramento e halo de enxugo, não apresentando orla de escoriação e nem elementos químicos resultantes da decomposição da pólvora.

(A) Apenas a proposição I está correta.
(B) Apenas a proposição III está correta.
(C) Apenas a proposição II está correta.
(D) Todas as proposições estão corretas.
(E) Todas as proposições estão incorretas.

I: incorreta - a aréola ou aureola equimótica decorre da ruptura de pequenos vasos sanguíneos, que pode ser ocasionada ainda que por disparo produzido à curta distância; II: correta; III: incorreta - o halo ou orla de enxugo indica ferimento de entrada. Normalmente, tem coloração escura e é causado pelo atrito do projétil, que segue em movimento de rotação, com o corpo, onde são deixados os resíduos de pólvora... Gabarito "C".

(Delegado/PB – 2009 – CESPE) Considerando que o laudo de exame de corpo de delito descreva ferida com bordas regulares e cauda de escoriação medindo 5 cm na região escapular esquerda, assinale a opção correta.

(A) A lesão descrita foi produzida por instrumento perfurocontundente.
(B) A lesão em apreço pode ter sido causada por instrumento com duplo gume.
(C) De acordo com a descrição, trata-se de lesão causada por arma disparada a curta distância.
(D) Na situação considerada, o instrumento causador da lesão possui, necessariamente, menos que 5 cm de largura.
(E) No caso em questão, é correto concluir que se trata de lesão corporal de natureza leve.

As lesões causadas por instrumento perfurocontundente são aquelas que decorrem, em geral, de ferimentos provocados por disparos de arma de fogo, mas podem ser causadas por outro instrumentos que tenham formato cilíndrico e ponta em forma de arco. Delton Croce dá como exemplo a ponteira de um guarda-chuva (Manual de Medicina legal, 7ª edição, editora Saraiva, pág. 335). Gabarito "B".

(Delegado/SP – 2008) O hematoma

(A) pode se formar por afastamento de tecidos ou no interior de cavidades naturais do organismo.
(B) é uma alteração que ocorre exclusivamente em feridas contusas.
(C) desaparece naturalmente em cerca de vinte e um dias.
(D) obedece ao espectro equimótico de Légrand du Salle, quando se forma sob a pele.
(E) decorre da ruptura de vasos sanguíneos capilares, com infiltração do sangue entre as malhas do tecido.

A: correta; B: os hematomas não são exclusivos das lesões contusas; C: os hematomas têm recuperação mais lenta que as equimoses, que desaparecem por volta do vigésimo primeiro dia, enquanto os hematomas podem demorar um mês para desaparecerem; D: o espectro equimótico, que consiste em uma gradação de cores que possibilitam identificar o tempo do ferimento, é utilizado para as equimoses. Gabarito "A".

(Delegado/SP – 2008) A ferida produzida por instrumento cortante na região antero – lateral do pescoço e a produzida por instrumento corto-contundente na região posterior do mesmo segmento corporal recebem, respectivamente, os nomes de

(A) degola e esgorjamento.
(B) esgorjamento e decapitação.
(C) degola e decapitação.
(D) esgorjamento e degola.
(E) decapitação e degola.

Esgorjamento é produzido por instrumento cortante (ex: faca, lâmina), podendo, também, se dar por objeto cortocontundente (ex: machado, facão) que ocasiona lesão na parte anterior do pescoço. Enquanto que a degola provoca lesão na parte posterior do pescoço ou nuca e é produzida por instrumento cortante. Gabarito "D".

(Delegado/SP – 2003) A cianose, presente nas asfixias mecânicas, resulta

(A) do aumento da concentração sangüínea de gás carbônico combinado com a hemoglobina.
(B) da ausência de oxigênio na circulação sangüínea.
(C) da drástica diminuição da circulação sangüínea na cabeça.
(D) da congestão facial.

Ocorre quando parte do oxigênio da oxiemoglobina se desprende, e, por meio de combustões nas células, é despejado no sangue como ácido carbônico, formando carbosiemoglobina, deixando a pele com coloração azulada. Gabarito "A".

(Delegado/SP – 2003) Em casos de eletrocussão não é raro observar-se intensa cianose no cadáver. Nestes casos pode-se deduzir que a morte foi provocada por

(A) parada cardíaca imediata, por ação da eletricidade.
(B) asfixia mecânica por sufocação indireta.
(C) paralisação do tronco encefálico (bulbo), por ação da eletricidade.
(D) por alteração química do sangue, por ação direta da eletricidade.

A asfixia mecânica por sufocação indireta ocorre pela compressão do tórax e/ou do abdômen, impedindo os movimentos respiratórios. Gabarito "B".

(Delegado/SP – 2003) Observando o espectro equimótico, o médico-legista pode avaliar

(A) o tempo de evolução da equimose.
(B) os limites da equimose.

(C) a intensidade da equimose.
(D) a extensão da equimose.

A denominação de espectro equimótico foi dada por Legrand Du Saulle. O espectro equimótico possibilita definir o tempo decorrido da equimose até o exame. Os limites são variáveis. A intensidade assim como a extensão da equimose sofrem variações de acordo com o instrumento utilizado, dependendo da força utilizada na violência e das condições anatômicas do ofendido. Gabarito "A".

(Delegado/SP – 2000) Os sulcos cervicais típicos de enforcamento e de estrangulamento são, respectivamente,

(A) horizontal descontínuo e oblíquo contínuo.
(B) oblíquo contínuo e horizontal descontínuo.
(C) horizontal contínuo e oblíquo descontínuo.
(D) oblíquo descontínuo e horizontal contínuo.

O enforcamento consiste na constrição do pescoço, normalmente, por meio de uma corda que é afixada a uma base, tendo como força de acionamento o peso do próprio corpo da vítima e o estrangulamento tem como força de acionamento uma outra força que não o peso do próprio corpo. Gabarito "D".

(Delegado/SP – 2000) Noticiou-se, há tempos, que certo lutador de boxe, durante uma contenda, mutilou uma orelha do adversário com uma dentada. Ao exame, um médico legista reconheceria, no órgão ofendido, uma ferida

(A) incisa.
(B) corto-contusa.
(C) cortante.
(D) pérfuro-cortante.

A: incisa é a ferida provocada por instrumento cortante. Ex: lâmina, navalha; B: correta; C: incorreta, pois não é cortante. A ferida cortante é comprimento maior do que a profundidade, com bordas lineares regulares e superfícies internas lisas; D: perfuro-cortante é o ferimento causado, por exemplo, por um prego, um estilete etc, em que prevalecem o comprimento sobre a largura do instrumento. Gabarito "B".

(Delegado/SP – 1999) Considerando-se a pena cominada em abstrato, pode-se afirmar que é mais grave a lesão corporal da qual resulta

(A) perda de um braço, mantendo-se o outro íntegro.
(B) perda de um rim, mantendo-se o outro normal.
(C) estado de choque por hemorragia interna.
(D) interrupção da gravidez por antecipação do parto.

A perda de um braço caracteriza lesão corporal de natureza gravíssima, por tratar-se de perda de um membro; enquanto que a perda de um rim, mantendo-se o outro íntegro, e a antecipação do parto configuram lesão grave. Gabarito "A".

(Delegado/SP – 1999) Uma ferida de comprimento maior do que a profundidade, com bordas lineares regulares e superfícies internas lisas foi produzida, com maior probabilidade, por instrumento

(A) perfuro-cortante.
(B) corto-contundente.
(C) cortante.
(D) inciso.

A: perfurocortante é o ferimento causado por objeto pontiagudo; B: corto-contundente ou cortocontusa é a lesão provocada por machado, mordida, enxada etc; C: correta; D: incisa é a ferida provocada por instrumento cortante. Ex: furador de gelo. Gabarito "C".

(Delegado/SP – 1998) Os ferimentos punctórios podem ser deformados graças a

(A) Leis de Filós e Langer.
(B) tração tendinosa.
(C) espessura local da pele.
(D) estruturação local da pele.

Ferimento punctório, chamado também de perfurante, é aquele em que predomina a profundidade. Trata-se de um agente de ordem mecânica. Os instrumentos provocadores desses ferimentos. Gabarito "A".

(Delegado/SP – 1998) O "espectro equimótico" tem a seguinte seqüência

(A) vermelho, violáceo, esverdeado, azulado.
(B) vermelho, azulado, esverdeado, violáceo.
(C) violáceo, amarelado, esverdeado, azulado.
(D) vermelho, azulado, esverdeado, amarelado.

A cor vermelha é observada no primeiro dia; o azulado entre o 4º e 6º dias; o verde pode ser observado entre o 7º e 12º dia, e, por último, vai adquirindo tonalidade amarelada. Gabarito "D".

(Delegado/SP – 1998) As lesões denominadas "pé de trincheira" são produzidas por

(A) calor.
(B) desnutrição.
(C) frio.
(D) falta de higiene.

As lesões denominadas "pés de trincheira" são assim chamadas em razão de, na Primeira Guerra Mundial, os soldados sofrerem com o congelamento parcial dos membros inferiores. Gabarito "C".

(Delegado/SP – 1998) O sulco da corda, no enforcamento

(A) é descontínuo.
(B) é contínuo.
(C) não é diferenciável.
(D) é perpendicular ao eixo do pescoço.

O sulco contínuo é observado nos casos de estrangulamento. Gabarito "A".

6. PSICOPATOLOGIA FORENSE

(Delegado/AC – 2008 – CESPE) Considere-se que uma senhora faça denúncia de que seu neto de um ano e meio vem sofrendo maus tratos por sua filha, mãe da criança, que tem problemas mentais e que o laudo de exame de corpo de delito do Instituto Médico Legal (IML) descreve as seguintes lesões apresentadas pela criança: hematomas de tonalidades avermelhadas, esverdeadas e amareladas; escoriações em diversas regiões e feridas contusas sangrantes, além de outras, cobertas por crostas e manchas hipocrômicas. Tendo em vista essa situação hipotética, os aspectos médico-legais das lesões corporais e os maus-tratos a menores bem como da imputabilidade penal, julgue os itens subseqüentes.

(1) Nessa situação, a perturbação mental ou o desenvolvimento incompleto ou retardado da agressora não deve ser elemento de alteração de imputabilidade, uma vez que se trata de maus-tratos ao próprio filho.

O art. 26, parágrafo único, do Código Penal dispõe que "a pena pode ser reduzida de um a dois terços, se o agente, em virtude de perturbação de saúde mental ou por desenvolvimento mental incompleto ou retardado, não era inteiramente capaz de entender o caráter ilícito do fato ou de determinar-se de acordo com esse entendimento". Como se pode notar, não há qualquer causa que exclua tal redução. Desse modo, a redução deverá incidir sobre possível pena imposta. Gabarito 1E.

(Delegado/BA – 2008 – CEFETBAHIA) Segundo a Psicologia Criminal, sobre crimes passionais, é correto afirmar:

(A) São muito raros e, por isso, não merecem uma atenção muito específica das autoridades policiais.
(B) Envolvem apenas os homens, ilustrando o fator cultural machista desses crimes.
(C) Na maioria dos casos, os agressores não têm história prévia de criminalidade.
(D) São crimes que nada têm a ver com o verdadeiro amor.
(E) É dispensável a perspectiva socioantropológica para a compreensão dos crimes passionais, pois se devem a processos psicológicos.

A: os crimes passionais são muito comuns, ocorrendo em diversas classes sociais, merecendo, sim, atenção muito específica das autoridades. São exemplos emblemáticos: os casos Pimenta Neves, o do promotor de justiça Igor Ferreira da Silva, dentre outros; B: as mulheres também são autoras dessa modalidade de crime; C: correta; D: na maior parte dos casos, o autor demonstra muito amor pela vítima, sentimento que ultrapassa os limites comuns na maior parte da população; E: ao contrário, o estudo socioantropológico do autor do crime passional é fator preponderante para a identificação dos motivos que o levaram à prática delitiva. Gabarito "C".

(Delegado/GO – 2009 – UEG) Na classificação médico-legal, a pedofilia é considerada

(A) uma perversão sexual.
(B) um transtorno da identidade sexual.
(C) um transtorno da preferência sexual.
(D) uma tendência abusiva de atos sexuais.

A empresa organizadora considerou como resposta correta a alternativa em que classifica a pedofilia como uma perversão sexual. Todavia, Delton Croce e Delton Croce Junior, na obra Manual de Medicina Legal, 7ª edição, pág. 707, a classificam como sendo um "desvio sexual caracterizado pela atração por crianças ou adolescentes sexualmente imaturos, com os quais os portadores dão vazão ao erotismo pela prática de obscenidades ou de atos libidinosos". Como perversões ou aberrações sexuais classifica riparofilia, triolismo, vampirismo, bestialismo, necrofilia, sadismo, masoquismo etc. Gabarito "A".

(Delegado/PB – 2009 – CESPE) Assinale a opção correta relacionada à imputabilidade penal, considerando um caso em que o laudo de exame médico-legal psiquiátrico não foi capaz de estabelecer o nexo causal entre o distúrbio mental apresentado pelo periciado e o comportamento delituoso.

(A) O diagnóstico de doença mental é suficiente para tornar o agente inimputável.
(B) A doença mental seria atenuante quando considerada a dosimetria da pena, devendo o incriminado cumprir de um sexto a um terço da pena.
(C) Trata-se de caso de aplicação de medidas de segurança.
(D) Deverá ser realizada nova perícia.
(E) O agente deve ser responsabilizado criminalmente.

Para que o agente seja submetido a uma medida de segurança, é necessário que seja atestado pelos peritos que o criminoso era, ao tempo da conduta, inimputável, ou seja, não possuía no momento do crime o discernimento necessário à compreensão de seus atos. No caso em comento, os peritos não identificaram o nexo causal existente entre o distúrbio mental e ato delitivo praticado pelo agente. Desse modo, deverá ser responsabilizado penalmente, ou seja, com a imposição de uma das penas elencadas no ordenamento jurídico. Gabarito "E".

(Delegado/SP – 2002) Criminoso portador de personalidade patológica, caracterizada por pobreza nas reações afetivas, conduta anti-social inadequadamente motivada, carência de valor, ausência de delírios, falta de remorso e senso moral, incapacidade de controlar os impulsos e aprender pela experiência e punição, denomina-se

(A) delinqüente essencial.
(B) psicopata.
(C) delinqüente psicótico.
(D) neurótico.

A: delinquente essencial é aquele que não apresenta qualquer doença mental; B: correta; C: o delinquente psicótico é aquele que age em razão de delírios e alucinações, não possui discernimento sobre seus atos, razão pela qual, quando constatada tal situação, é reconhecida a sua inimputabilidade; D: o neurótico é aquele que apresenta transtorno mental. No entanto, esse transtorno não afeta sua capacidade de compreensão, o seu discernimento. Gabarito "B".

(Delegado/SP – 2000) Pode-se admitir que a ré, ao matar o próprio filho, estava inteiramente privada da capacidade de entender o caráter criminoso de seu ato, se na ocasião ela

(A) era portadora de personalidade psicopática.
(B) estava sob estado puerperal.
(C) sofria de esquizofrenia.
(D) sofria de neurose compulsiva.

O portador de personalidade psicopática tem o entendimento do ato por ele praticado. Contudo, não apresenta arrependimento. Criminalmente, é tido como semi-imputável. Gabarito "C".

7. ANTROPOLOGIA

(Delegado/BA – 2008 – CEFETBAHIA) Assinale a alternativa correta.

(A) Os exames periciais podem determinar a identidade do criminoso.
(B) A identidade do criminoso só pode ser realizada pelas provas testemunhais.
(C) O "modus operandi", ou seja, a maneira e a espécie como foi praticado o delito não tem importância na investigação policial.
(D) A testemunha é o elemento sobre o qual incide a ação criminosa.
(E) A identidade de uma pessoa é determinada somente pelo exame de DNA.

B e E: a identidade dos criminosos pode ser revelada por meio de documentos e de identificação dactiloscópica, de arcada dentária, por meio de medidas do crânio, entre outras; C: o "modus operandi" tem grande relevância na investigação, porque por intermédio dele é possível identificar, por exemplo, um assassino em série; D: a testemunha é pessoa que, de alguma forma, pode contribuir para a elucidação de um crime, seja porque tenha presenciado a ação delitiva ou porque tem conhecimento de algum dado que conduza à identificação de seu autor. Gabarito "A".

(Delegado/SP – 1999) Em antropologia forense, através do exame do fêmur de um esqueleto pode-se

(A) somente avaliar a estatura do indivíduo.
(B) avaliar a estatura e determinar o sexo do indivíduo.
(C) somente determinar o sexo do indivíduo.
(D) avaliar a estatura e determinar a raça do indivíduo.

A estatura pode sofrer variações em razão do sexo (em geral, os homens são mais altos), da idade e de outros fatores, tais como hormônios e raça. Na Medicina Legal, o sexo do indivíduo pode ser determinado por meio de exames de medição do crânio, do tórax, da bacia pélvica, com a qual o fêmur da mulher forma um ângulo diferente da do homem. Gabarito "B".

(Delegado/SP – 2008) Dentre os fatores condicionantes da criminalidade, no aspecto psicológico, alcança projeção, hoje em dia, nas favelas, um modelo consciente ou inconsciente, com o qual o indivíduo gosta de se identificar, sendo atraente o comportamento do bandido, pois é "valente, tem dinheiro e prestígio na comunidade". A esse comportamento dá-se o nome de

(A) carência afetiva.
(B) ego abúlico.
(C) insensibilidade moral.
(D) mimetismo.
(E) telurismo.

A: é a falta de afeto, de carinho; B: característica do indivíduo que tem dificuldades para a tomada de decisões, pode ser observada em indivíduos acometidos de esquizofrenia ou com depressão; C: a insensibilidade moral é uma das características de indivíduos psicopatas; D:o mimetismo é a reprodução de um comportamento; E: telurismo é a intervenção do clima, das estações climáticas e da temperatura sobre o indivíduo. Gabarito "D".

8. PERÍCIAS MÉDICO-LEGAIS E PROCEDIMENTO NO INQUÉRITO POLICIAL

(Delegado/BA – 2008 – CEFETBAHIA) O documento médico legal, ditado ao escrivão logo após a realização do exame pericial, é denominado

(A) Auto.
(B) Parecer.
(C) Atestado.
(D) Relatório.
(E) Notificação.

A: art. 159 do CPP; B: o parecer consiste em um relatório do médico-legista em que são respondidos quesitos e são realizadas considerações sobre dúvidas existentes quanto a questões de relevância médico-forense, normalmente elaborados por profissionais de renome; C: atestado é a declaração de um médico sobre a especificação de um determinado fato sobre a saúde do paciente; D: relatório é a descrição por escrito de forma detalhada sobre todo o histórico de atendimento relacionado à perícia médica requisitada pela autoridade competente. O relatório é dividido nas seguintes partes: preâmbulo, quesitos, histórico, descrição dos exames e técnicas utilizadas para a avaliação médico-forense, assim como dos sintomas encontrados, discussão, conclusões e respostas aos quesitos; E: notificação é uma comunicação compulsória de uma constatação de doença infectocontagiosa ou de violência sofrida pelo paciente que o médico deve dirigir aos órgãos competentes, e, em caso de não comunicação, dependendo da situação fática, o médico poderá incorrer na infração tipificada no art. 269 do CP. Gabarito "A".

(Delegado/BA – 2008 – CEFETBAHIA) Uma das funções da perícia é

(A) não permitir a violação do local
(B) não determinar o instrumento do crime.
(C) não determinar a maneira como o crime foi perpetrado.
(D) não elaborar o laudo pericial.
(E) não promover a preservação do local.

Esse tipo de perícia está inserido no ramo da Criminalística, que tem como objetivos principais o encontro de elementos que sirvam como provas e conduzam à identificação do agente delitivo. Desse modo, são muito importantes as evidências encontradas no local dos fatos, tais como a posição do instrumento utilizado no crime, marcas deixadas e, para tanto, necessária se faz a preservação do local tal qual como deixado pelo criminoso. A descrição e conclusão sobre todos os elementos colhidos deve ser relatada por meio de laudo. Gabarito "A".

(Delegado/BA – 2008 – CEFETBAHIA) Assinale a alternativa correta.

(A) Na classificação dos "Locais de Crime", existem incontáveis espécies de "Locais".
(B) Quanto à natureza do fato, o local pode ser classificado como "Local de Homicídio".
(C) Não existe classificação de local interno.
(D) Geralmente o isolamento do local é feito pela vítima do fato delituoso.
(E) Por força de sua missão de investigar, o policial está impedido de promover o isolamento do local.

A: há algumas espécies de relevância para a análise pericial, tais como: local de homicídio, local de furto, local de disparo de arma de fogo, local de acidente de trânsito etc.; B: correta; C: os locais internos são classificados como locais imediatos e mediatos; D e E: o isolamento é realizado pelo(s) primeiro(s) policial(ais) a chegar(em) no local do crime. Gabarito "B".

(Delegado/BA – 2008 – CEFETBAHIA) Identifique com V as afirmativas verdadeiras e com F, as falsas.

( ) Objetos encontrados num local de crime não devem ser manuseados por policiais ou curiosos, antes da chegada dos peritos.
( ) O primeiro policial que chega ao local do fato deve efetuar busca em qualquer veículo que esteja relacionado com o crime, sem esperar a conclusão dos trabalhos periciais.
( ) A coleta dos indícios, no local de crime, deve ocorrer após a tomada das fotografias.

A alternativa que contém a seqüência correta, de cima para baixo, é a

(A) V F V
(B) F F F
(C) V V F
(D) V V V
(E) F V F

Os objetos encontrados no local de um crime devem ser mantidos na posição encontrada, pois podem ser peças essenciais para o esclarecimento da *causa mortis* ou propiciar a identificação do autor do crime; o primeiro policial a chegar no local do crime, tem como função principal a preservação do local do crime; as fotografias devem servir como elementos de registro da situação fática encontrada no local do crime. Gabarito "A".

(Delegado/BA – 2008 – CEFETBAHIA) Com relação à coleta de amostras para exame pericial de DNA, é correto afirmar que a coleta de

(A) amostra-referência em pessoas é voluntária e exige o consentimento livre e esclarecido.
(B) amostra-referência de pessoa presa é permitida legalmente, mesmo sem ser voluntária.
(C) amostra-referência da vítima, na maioria das vezes, não é necessária.
(D) amostra-referência (sangue) de pessoas não exige habilitação técnica específica.
(E) amostras em local de crime requer consentimento livre e esclarecido do suspeito.

A: correta; B: o preso perde a sua liberdade de locomoção, mas não é obrigado a fornecer amostra para a realização de DNA. No caso do indiciado ou suspeito, o fornecimento de material para realização do exame de DNA, com base no postulado de que ninguém pode ser compelido a produzir provas contra si mesmo (*nemo tenetur se detegere*), é facultativo; C: o material fornecido pela vítima é necessário para possibilitar o confronto com o material fornecido pelo suspeito, autor ou investigado; D: é exigida habilidade e conhecimento específico para a realização da comparação dos genes; E: as amostras existentes em local de crime podem ser colhidas independentemente de autorização. Gabarito "A".

(Delegado/MG – 2007) Constitui comunicação compulsória feita por médico às autoridades competentes, de fato profissional, por necessidade social ou sanitária:

(A) Atestado.
(B) Notificação.
(C) Parecer.
(D) Relatório.

A: atestado é a declaração de um médico sobre a especificação de um determinado fato sobre a saúde do paciente; B: notificação é uma comunicação compulsória de uma constatação de doença infectocontagiosa ou de violência sofrida pelo paciente que o médico deve dirigir aos órgãos competentes, e, em caso de não comunicação, dependendo da situação fática, o médico poderá incorrer na infração tipificada no art. 269 do CP; C: o parecer consiste em um relatório do médico-legista em que são respondidos quesitos e são realizadas considerações sobre dúvidas existentes quanto a questões de relevância médico-forense, normalmente elaborados por profissionais de renome; D: relatório é a descrição por escrito de forma detalhada sobre todo o histórico de atendimento relacionado à perícia médica requisitada pela autoridade competente. O relatório é dividido nas seguintes partes: preâmbulo, quesitos, histórico, descrição dos exames e técnicas utilizadas para a avaliação médico-forense, assim como dos sintomas encontrados, discussão, conclusões e respostas aos quesitos. Gabarito "B".

(Delegado/MG – 2007) Quando os dois Peritos não chegam, na perícia criminal, a um ponto de vista comum, cada um apresentará à parte o seu próprio relatório. Chama-se a isso de perícia:

(A) Nula.
(B) Contraditória.
(C) Complementar.
(D) Sucinta.

A: a perícia nula é aquela realizada por apenas um perito, nas hipóteses em que a lei exige número maior; B: correta; C: é a perícia que sucede a primeira realizada com o objetivo de suprir-lhe deficiência ou de retificá-la (art. 168 do CPP); D: perícia sucinta é aquela resumida, de poucas laudas. Gabarito "B".

(Delegado/MG – 2006) Os pontos de maior relevância do documento médico-legal denominado "Parecer" são:

(A) Histórico e conclusão
(B) Preâmbulo e conclusão
(C) Discussão e conclusão
(D) Depoimento oral e conclusão
(E) Descrição e conclusão

O relatório é dividido nas seguintes partes: preâmbulo, quesitos, histórico, descrição dos exames e técnicas utilizadas para a avaliação médico-forense, assim como dos sintomas encontrados, discussão, conclusões e respostas aos quesitos. As partes mais relevantes são a discussão, porque nela os peritos descartarão as dúvidas existentes sobre o local e/ou objetos examinados e da conclusão constará o diagnóstico. Gabarito "C".

(Delegado/RJ – 2009 – CEPERJ) Sobre o exame de corpo de delito e outras perícias, é correto afirmar que:

(A) o laudo pericial será elaborado no prazo de 10 dias, podendo ser prorrogado no máximo para 30 dias, em casos excepcionais, a requerimento dos peritos.
(B) serão realizados por dois peritos oficiais, portadores de diploma de curso superior, designados pela Autoridade competente.
(C) serão realizados por mais de um perito oficial em caso de perícia complexa que abranja mais de uma área de conhecimento especializado, com escusa de indicação de outro assistente técnico pela parte.
(D) o Ministério Público, o assistente de acusação, o ofendido, o querelante e o acusado terão permissão para formular quesitos e indicar assistente técnico.
(E) os assistentes técnicos indicados pelas partes poderão realizar pareceres em prazo fixado pelo juiz, mas não será admitida sua inquirição em audiência do mesmo modo que os peritos.

A: art. O prazo para elaboração do laudo pericial é de 10 dias, podendo ser prorrogado, em casos excepcionais, a requerimento dos peritos por prazo não determinado (art. 160 do CPP); B: o exame de corpo de delito será realizado por perito oficial, portador de curso superior (art. 159 do CPP); C: art. 159, § 7º, do CPP; D: correta; E: art. 159, § 5º, II, do CPP. Gabarito "D".

(Delegado/SP – 2000) Dentre as diversas provas para a identificação de pessoas ou cadáveres, não é de caráter genético a

(A) tipagem de sangue.
(B) pesquisa de marcadores do DNA.
(C) pesquisa de antígenos do sistema HLA.
(D) pesquisa de impressões digitais.

As impressões digitais consistem em marcas deixadas pelos desenhos existentes nas polpas dos dedos. Sendo certo que cada indivíduo possui uma marca diferente da dos outros. Gabarito "D".

(Delegado/SP – 2000) A pesquisa de espermatozóides em secreção retirada do interior da vagina, para a comprovação de conjunção carnal, deve ser feita, habitualmente, através de

(A) exame ao microscópio.
(B) dosagem de fosfatase ácida.
(C) análise de DNA.
(D) Observação de cristais de Teichmann.

A: correta; B: a dosagem fosfatase ácida é utilizada em exames realizados na próstata; C: análise de DNA é o exame que analisa as amostras colhidas com o objetivo de, com base nos elementos genéticos, identificar, por exemplo, o autor de um crime; D: os cristais de Teichmann são utilizados em exame de sangue. Gabarito "A".

(Delegado/SP – 1998) Entende-se por perícia contraditória

(A) dois laudos do mesmo perito com conclusões contraditórias.
(B) dois laudos, de peritos diferentes, com conclusões divergentes.
(C) quando o juiz, em dúvida, requer nova perícia.
(D) quando as respostas aos quesitos estão em contradição com estes.

A perícia contraditória é aquela em que dois peritos não chegam a um ponto de vista comum, situação em que cada um apresentará à parte o seu próprio relatório. Gabarito "B".

(Delegado/SP – 1998) No que tange aos laudos e atestados médicos, podemos afirmar que

(A) são equivalentes.
(B) tratam das mesmas questões.
(C) cada um deles trata de questões específicas.
(D) o laudo tem valor jurídico maior que o atestado.

O atestado consiste na descrição escrita de uma situação que envolve questão médica. O laudo é o documento em que o(s) perito(s) expõe(m) conclusões e discussões sobre o local ou objetos examinados. Gabarito "C".

9. BALÍSTICA

(Delegado/BA – 2008 – CEFETBAHIA) Identifique com V as afirmativas verdadeiras e com F, as falsas.

( ) O exame de microcomparação com os projéteis disparados possibilita a identificação individual de uma espingarda.
( ) A microcomparação entre projéteis coletados em diferentes locais de crime pode propiciar o estabelecimento de uma correlação entre os respectivos eventos.
( ) A identificação indireta de uma arma de fogo pode ser feita mediante o confronto balístico das deformações examinadas nos estojos da munição disparada.

A alternativa que contém a seqüência correta, de cima para baixo, é a

(A) F V V
(B) V V F
(C) V F V
(D) F F F
(E) F F V

As espingardas têm cano liso, razão pela qual fica impossibilitado o exame de microcomparação com os projéteis. Gabarito "A".

(Delegado/BA – 2008 – CEFETBAHIA) A designação do calibre nominal de uma espingarda indica o

(A) exato diâmetro interno do cano, em fração da polegada.
(B) diâmetro interno da câmara, em centésimos de polegada.
(C) diâmetro interno do cano, em milímetros.
(D) comprimento do cano da espingarda, em polegadas.
(E) número de esferas de chumbo do calibre, cuja massa dá uma libra.

A espingarda possui cano de alma lisa, assim não é o diâmetro interno do cano que é examinado, mas o número de esferas de chumbo do calibre, que formará uma libra. Gabarito "E".

(Delegado/BA – 2008 – CEFETBAHIA) Identifique com V as afirmativas verdadeiras e com F, as falsas.

( ) Tecnicamente, o tiro só é acidental quando efetuado sem o acionamento do gatilho.
( ) A simples comparação visual do projétil já permite a identificação individual da arma.
( ) Chamuscamento, esfumaçamento e tatuagem são indicativos de tiro à curta distância.

A alternativa que contém a seqüência correta, de cima para baixo, é a

(A) V V V
(B) V F V
(C) F F V
(D) F V F
(E) V F F

Para a identificação individual da arma são necessários exames técnicos que possibilitem a determinação do calibre da arma, a visualização das raias internas do cano, quando existentes, entre outras medidas. Gabarito "B".

(Delegado/BA – 2006 – CONSULPLAN) Sobre o raiamento do cano de uma arma de fogo:

(A) Tem por objetivo dotar o projétil de estabilidade ao longo da sua trajetória.
(B) Deve ser removido, pois aumenta o atrito e reduz a velocidade do projétil.
(C) O raiamento não produz marcas individualizadoras nos projéteis que dispara.
(D) Não existem armas de cano raiado.
(E) O raiamento existe apenas para os canos das espingardas.

A: correta; B: as raias fazem com que os projéteis realizem movimentos giratórios, que facilitam a trajetória e tornam mais fácil o alcance do alvo; C: o raiamento, conforme o seu número e sentido, possibilita a identificação de uma arma; D: são exemplos de armas de cano raiado: revólveres, pistolas, fuzis etc.; E: as espingardas têm cano de alma lisa. Gabarito "A".

(Delegado/BA – 2006 – CONSULPLAN) Sobre a identificação de uma arma de fogo:

(A) É possível apenas a identificação direta, mediante o exame das marcas propositais colocadas pelo fabricante, inclusive logotipo, inscrições e número de série.
(B) Identificação, identidade e reconhecimento são vocábulos que têm o mesmo significado.
(C) Uma arma suspeita não pode ser descartada apenas porque tem raiamento divergente das peças questionadas.
(D) Na identificação indireta ou mediata o Perito utiliza e compara as deformações produzidas pela arma nos projéteis e estojos que ela dispara.
(E) As deformações que a arma deixa nos elementos de munição que dispara decorrem de marcas deixadas propositalmente pelo seu fabricante, a pedido das Polícias.

A: a identificação direta de uma arma de fogo é possível pelos critérios mencionados, assim como por outros; B: a identificação é determinação da identidade de uma pessoa por meio de procedimentos realizados por técnicos com conhecimento específico, a identidade é o conjunto de elementos que individualizam o ser humano e o reconhecimento é realizado por pessoa que não possui conhecimento técnico; C: o raiamento é um dos elementos que possibilitam a identificação de uma arma de fogo, por ser único, havendo divergência entre a arma periciada com a utilizada para o cometimento de um crime, esta deve ser descartada; D: correta. Gabarito "D".

(Delegado/MG – 2008) 60 O percurso realizado por um projétil de arma de fogo no interior do corpo humano é denominado

(A) deformação.
(B) halo.
(C) trajeto.
(D) trajetória.

A: a deformação é provocada pela retração dos tecidos atingidos por projéteis de forma oblíqua; B: halo é a denominada orla de contusão; C: O trajeto é o percurso desenvolvido pelo projétil ao atingir o alvo; D: a trajetória é o percurso desenvolvido pelo projétil desde o disparo até atingir o alvo. Gabarito "C".

10. TOXICOLOGIA

(Delegado/SP – 2003) A substância química, quando ingerida, provoca uma certa euforia, aumenta a autoconfiança, elimina as sensações de fadiga, sono, fome e sede. Deduz-se que ela é uma droga

(A) psicodinâmica.
(B) psicoléptica.
(C) psicoanaléptica.
(D) psicodisléptica.

Os psicotrópicos são divididos em três espécies: psicolépticos, que são as drogas que possuem efeitos sedativos, tranqüilizantes ou neurolépticos; psicanalépticos, que são as substâncias que estimulam o sistema nervoso central, aí enquadram-se as anfetaminas e substâncias anoréxicas; e, os psicodislépticos, que são euforizantes ou causam delírios e alucinações, fazendo parte deste grupo o álcool, a cocaína, a maconha, entre outros. Gabarito "C".

29. RECURSOS HÍDRICOS E SANEAMENTO BÁSICO

Wander Garcia

(Magistratura/MT – 2009 – VUNESP) De acordo com a Política Nacional de Irrigação, estabelecida pela Lei n.º 6.662/79, a concessão ou a autorização de distribuição de águas públicas, para fins de irrigação, extingue-se na seguinte hipótese:

(A) adimplemento, credulidade e captação.
(B) poluição ou salinização das águas, com prejuízos de terceiros.
(C) dissolução ou solvência da entidade concessionária ou autorizada.
(D) a critério da entidade concessionária ou autorizada, quando ocorrer abandono do órgão ou entidade pública.
(E) a critério da entidade concessionária ou autorizada, quando ocorrer renúncia do órgão ou entidade pública.

Art. 22 da Lei 6.662/79. Gabarito "E".

(Ministério Público/MA – 2009) A teor do artigo 1º da Lei nº 9.433/1997 (que institui a política nacional de recursos hídricos e dá outras providências), tem-se os seguintes fundamentos:

(A) que a água é um bem de domínio privado;
(B) que a água é um recurso natural limitado sem valor econômico;
(C) que a água é um bem de domínio público, dotado de valor econômico;
(D) que em situações de escassez o uso prioritário dos recursos hídricos é na indústria e para a dessedentação de animais;
(E) que a gestão dos recursos hídricos deve ser centralizada na iniciativa privada, sem a participação do Poder Público.

A: incorreta, pois a água é um bem de *domínio público* (art. 1º, I, da Lei 9.433/97); B: incorreta, pois a água é um recurso natural limitado, *dotado de valor econômico* (art. 1º, II, da Lei 9.433/97); C: correta, nos termos do art. 1º, I e II, da Lei 9.433/97); D: incorreta, pois, em situações de escassez, o uso prioritário dos recursos hídricos é o *consumo humano* e a dessedentação de animais (art. 1º, III, da Lei 9.433/97); E: incorreta, pois a gestão dos recursos hídricos deve ser *descentralizada* e contar com *a participação* do Poder Público, dos usuários e das comunidades (art. 1º, VI, da Lei 9.433/97). Gabarito "C".

(Ministério Público/MG – 2010.2) A respeito do regime jurídico da água, considere as seguintes proposições.

I. A água é um bem de domínio público.
II. O valor econômico da água é reconhecido expressamente pela lei.
III. A lei recomenda a cobrança pelo uso dos recursos hídricos, mesmo que subterrâneos.
IV. O direito à água tem natureza jurídica de direito fundamental, incumbindo ao Estado assegurar o acesso livremente a esse recurso ambiental essencial.

Pode-se concluir que estão CORRETAS

(A) apenas as proposições I e II.
(B) apenas as proposições II e III.
(C) apenas as proposições I, II e IV.
(D) todas as proposições.

I: correta (art. 1º, I, da Lei 9.433/97); II: correta (art. 1º, II, da Lei 9.433/97); III: correta, nos termos do art. 5º, IV, da Lei 9.433/97; IV: correta (art. 2º, I, da Lei 9.433/97). Gabarito "D".

(Procurador do Estado/SP – FCC – 2009) De acordo com a Lei Federal nº 9.433/97, que instituiu a Política Nacional de Recursos Hídricos, é correto afirmar que

(A) na fixação dos valores a serem cobrados pelo uso dos recursos hídricos nos lançamentos de esgotos não devem ser observadas as características de toxidade do afluente.
(B) os Municípios são a unidade territorial para implementação da Política Nacional de Recursos Hídricos.
(C) é vedada a delegação de outorga de direito de uso de recurso hídrico da União para os Estados e Distrito Federal.
(D) a gestão dos recursos hídricos deve ser implementada de forma centralizada.
(E) compete aos Comitês de Bacia Hidrográfica, no âmbito de sua área de atuação, estabelecer os mecanismos de cobrança pelo uso de recursos hídricos.

A: incorreta (art. 21, II, da Lei 9.433/97); B: incorreta, pois a *bacia hidrográfica* é a unidade territorial para a implantação da PNRH (art. 1º, V, da Lei 9.433/97); C: incorreta (art. 14, § 1º, da Lei 9.433/97); D: incorreta (art. 1º, VI, da Lei 9.433/97); E: correta (art. 38, VI, da Lei 9.433/97). Gabarito "E".

(Defensoria/MA – 2009 – FCC) De acordo com a Lei no 11.445/07, NÃO está compreendida no conceito de saneamento básico a atividade de

(A) limpeza urbana.
(B) abastecimento de água potável.
(C) esgotamento sanitário.
(D) manejo de resíduos sólidos.
(E) manejo dos recursos hídricos.

Art. 3º, I, da Lei 11.445/07. Gabarito "E".

(Defensoria/PI – 2009 – CESPE) No que se refere ao saneamento básico, assinale a opção correta.

(A) Os recursos hídricos integram os serviços públicos de saneamento básico.
(B) A prestação de serviços de saneamento básico atenderá aos requisitos mínimos de qualidade, regularidade e continuidade, cabendo aos estados da Federação definir parâmetros mínimos de potabilidade da água.
(C) Uma sociedade de economia mista estadual pode realizar a prestação regionalizada de serviços públicos.
(D) Aglomerados rurais são considerados localidades de médio porte.
(E) A fiscalização dos serviços públicos de saneamento básico é uma atividade indelegável pelos titulares responsáveis por esses serviços.

A: incorreta, pois o manejo dos recursos hídricos não está previsto no conceito de saneamento básico, previsto no art. 3º, I, da Lei 11.445/07; B: incorreta, pois compete à União definir parâmetros mínimos para a potabilidade da água (art. 43, parágrafo único, da Lei 11.445/07); C: correta (art. 16, I, da Lei 11.445/07); D: incorreta, pois os aglomerados rurais são considerados localidades de médio porte (art. 3º, VIII, da Lei 11.445/07); E: incorreta, pois é possível a delegação não só da fiscalização, como também da organização e da regulação dos serviços públicos de saneamento básico (art. 8º da Lei 11.445/07). Gabarito "C".

(Magistratura Federal/1ª Região – 2009 – CESPE) Assinale a opção correta quanto à PNRH.

(A) A água é bem de domínio público, além de ser recurso natural limitado, dotado de valor econômico.
(B) A outorga de direito de uso, instrumento de gestão dos recursos hídricos, pode ser concedida por prazo não superior a 35 anos, renovável com alienação parcial das águas.
(C) Em caso de interrupção do abastecimento de água por mais de 72 horas, o poder público local poderá multar a empresa concessionária em decorrência da infração por ela praticada.
(D) A bacia hidrográfica é a unidade territorial para a implementação do Sistema Nacional de Irrigação.
(E) O objetivo da PNRH é implementar os meios necessários para a cobrança pelo uso e pelo consumo de água no Brasil.

A: correta (art. 1º, I e II, da Lei 9.433/97); B: incorreta, pois, apesar de o prazo máximo de outorga ser mesmo de 35 anos, renovável, não é possível alienar as águas, que são inalienáveis, podendo-se alienar apenas o direito ao seu uso (arts. 16 e 18 da Lei 9.433/97); C: incorreta, pois a matéria não é tratada na PNRH (Lei 9.433/97); sobre a interrupção dos serviços, vide o art. 40 da Lei 11.445/07); D: incorreta, pois a bacia hidrográfica é a unidade territorial para a implementação da Política Nacional de Recursos Hídricos, e não do Sistema Nacional de Irrigação (art. 1º, V, da Lei 9.433/97); E: incorreta, pois a cobrança pelo uso da água é um instrumento da PNRH (art. 5º, IV, da Lei 9.433/97), e não um objetivo desta (art. 2º da Lei 9.433/97). Gabarito "A".

30. FORMAÇÃO HUMANÍSTICA

Renan Flumian

1. SOCIOLOGIA GERAL E JURÍDICA

(Defensoria Pública da União – 2010 – CESPE) A partir dos conceitos de estratificação e mobilidade sociais, julgue os itens subsequentes.

(1) Max Weber faz distinção entre três dimensões da sociedade: ordem econômica, representada pela classe; ordem social, representada pelo status ou estamento; ordem política, representada pelo partido. Cada uma dessas dimensões possui estratificação própria.

(2) A mobilidade social implica movimento significativo na posição econômica, social e política de um indivíduo ou de um estrato.

1: correta. O pensamento weberiano desenvolve-se em um contexto tipológico. O pensador constrói a sociedade na sua totalidade mediante o estabelecimento de categorias específicas, como as econômica, social e política. Trata-se de uma tentativa de explicar a sociedade por suas relações interindividuais. Cabe sempre lembrar que a estratificação tem um papel conservador no seio da sociedade ou, como já dito por muitos sociólogos, ocasiona uma fossilização das estruturas de classe. Assim, Max Weber coloca a ordem econômica, a ordem social e a ordem política como as três fontes de desigualdade social; 2: correta. A mobilidade social é um campo de estudo da sociologia com grande utilização na tarefa de compreender as formas pelas quais os diferentes grupos humanos diferenciam os integrantes de uma mesma cultura. De forma mais específica, a mobilidade tem a importante função de pensar as vias e possibilidades de troca, ascensão ou rebaixamento que um determinado indivíduo ou estrato possui no meio em que estabelece suas relações. Lembrando que sociedade estratificada é aquela marcada pela ausência de mobilidade no seu interior. Um exemplo desse tipo de sociedade é a feudal, na qual os clérigos, nobres e servos tinham a mesma posição social por toda a vida. Gabarito 1C, 2C

(Defensoria Pública da União – 2010 – CESPE) A respeito das relações de poder e legitimação, julgue o próximo item.

(1) A forma legítima de dominação carismática, de acordo com Max Weber, está baseada na designação do líder pela virtude da fé na validade do estatuto legal.

1: errada. A dominação autoritária ou pelo poder é a probabilidade de encontrar obediência dentro de um grupo determinado para mandatos específicos. Toda dominação sobre uma pluralidade de homens requer um quadro administrativo e a crença na legitimidade. Passemos a elencar os três tipos de dominação tendo por substrato a questão da legitimidade: **a) de caráter racional** (poder legal): tem por base a confiança na legalidade de ordenações instituídas e dos direitos de mando dos chamados por essas ordenações a exercer autoridade; **b) de caráter tradicional** (poder tradicional): tem por base a confiança diuturna na santidade das tradições que vigoram desde tempos longínquos e na legitimidade dos que são designados por essa tradição para exercer a autoridade; **c) de caráter carismático** (poder carismático) tem por base a confiança atemporal à santidade, ao heroísmo ou à exemplaridade de uma pessoa e seus ensinamentos. Utilizando esses tipos de dominação, Weber aponta as três bases do Direito: lei, costumes e carisma. Podemos também elencar os três tipos de dominação tendo por substrato a questão da obediência: **a) no caso da autoridade legal**: a obediência se dá graças às ordenações impessoais, legalmente instituídas, e às pessoas por elas designadas, graças à legalidade formal de suas disposições dentro do círculo de sua competência; **b) no caso da autoridade tradicional**: a obediência se dá graças à pessoa do sujeito designado pela tradição; **c) no caso de autoridade carismática**: a obediência se dá graças a um líder, carismaticamente qualificado, por razões de confiança pessoal na revelação, heroísmo ou exemplaridade, dentro da esfera em que a confiança em seu carisma tenha validez. Nenhum desses três tipos ocorrem em estado "puro", há entrelaçamentos entre eles. No Estado moderno, porém, prevalece a autoridade legal ou dominação racional. Gabarito 1E

(Defensoria Pública da União – 2010 – CESPE) Considerando a social-democracia, o estado de bem-estar social e os estudos de Adam Przeworski, julgue o próximo item.

(1) Os social-democratas defendem a não abolição da propriedade privada dos meios de produção em troca da cooperação dos capitalistas na elevação da produtividade e na distribuição dos ganhos.

Com relação às concepções teóricas de Estado, julgue os itens subsequentes.

(2) Para Thomas Hobbes, com a criação do Estado, o súdito deixa de abdicar de seu direito à liberdade natural para proteger a própria vida.

(3) De acordo com a teoria política de John Locke, a propriedade já existe no estado de natureza e, sendo instituição anterior à sociedade, é direito natural do indivíduo, não podendo ser violado pelo Estado.

1: correta. Social-democracia é a forma ideológica correspondente ao estágio de desenvolvimento predominantemente intensivo. Sua base material é o nível de reprodução da força de trabalho consideravelmente mais elevado que no estágio extensivo, necessário ao estágio de desenvolvimento intensivo e assegurado pelo Estado de bem-estar. O qual surge após as duas Grandes Guerras Mundiais, momento em que o mundo assiste a transformação do papel do Estado, que começava a utilizar novas técnicas de controle social, principalmente mediante políticas distributivas – notadamente de bens, dinheiro e serviços; 2: errada. Na obra de Hobbes, Estado e Direito surgem simultaneamente, e seus fundamentos repousam no **pacto social** firmado entre os homens. Para que haja corpo político é necessário que todas as vontades sejam depositadas numa única vontade. Essa vontade é denominada soberania, cujo detentor é chamado soberano, e dele se diz que possui poder soberano. Todos os restantes são súditos. Soberania é, assim, uma vontade suprema que se coloca acima das vontades individuais. O poder soberano, na obra de Hobbes, possui tais características: **a) absoluto**: não tolera restrições e condicionamentos; **b) indivisível**: o soberano tem todo o poder ou não tem poder nenhum; **c) perpétuo**: o poder soberano é para sempre – justificando a ideia de hereditariedade do poder. Uma vez constituído o Estado, a vontade soberana passa a ser a única fonte do Direito. As leis expressam a vontade do soberano e a validade da lei repousa no fato de ser a expressão dessa vontade. As leis positivas são para os súditos comandos que devem ser obedecidos absolutamente, enquanto as leis naturais são para o soberano apenas regras de prudência. E para justificar teoricamente a sua concepção, Hobbes afirma que no Estado de natureza a condição do homem é a de guerra de todos contra todos, em que cada um é governado por sua própria vontade ("o homem é o lobo do próprio homem"). Segundo ele, enquanto perdurar esse estado não haverá segurança de viver. **Daí a ideia de que o homem não é livre no estado de natureza, ele se torna livre no estado civil**. A liberdade passa a ser uma realidade quando se completa a passagem do estado de natureza para o Estado Leviatã. Liberdade passa a ser, desse modo, a conformação com a ordem jurídica estatal, um padrão objetivo produzido pelo Estado. Cabe apontar que em antítese ao Estado absoluto pensado por Hobbes, surgem as teorias do Estado constitucional, cuja finalidade consiste em impor limites ao poder estatal, ou seja, controlar o poder sem destruir a soberania. Essas teorias podem ser classificadas em três grandes grupos: **a)** teoria da separação dos poderes; **b)** teoria dos direitos naturais; e **c)** teoria da soberania popular; 3: correta. Locke é tido como um dos grandes expoentes da teoria do Direito Natural, que impõe à soberania do Estado um limite externo. Assim, além da vontade do monarca ou da nação, há um direito inerente ao indivíduo em decorrência da própria natureza do homem e, portanto, independente da comunidade política. Esse direito, o direito natural, preexiste ao Estado e, logo, dele não depende, motivo pelo qual o Estado tem o dever de reconhecê-lo e garanti-lo integralmente. O Direito Natural constitui, assim, um limite à soberania do Estado. O ponto de partida da teoria de Locke é a afirmação do estado natural, ou seja, o estado originário no qual os indivíduos vivem conforme as leis naturais. O estado de natureza transforma-se, entretanto, num estado de guerra, porque não existe um poder superior aos indivíduos, com poderes para decidir os conflitos. A fórmula para sair do estado de guerra, onde funciona o império da força, é a construção do estado civil por intermédio do contrato social. E com o intuito de conservar os direitos naturais fundamentais - a vida e a propriedade - os homens abandonam o estado de natureza. Ao abandoná-lo, portanto, não renunciam aos direitos naturais, pelo contrário, os querem garantidos. O estado civil corresponde, portanto, à criação de uma autoridade, superior aos indivíduos, para a proteção dos direitos naturais fundamentais. Por essa razão, Locke entende que "a monarquia absoluta, que alguns consideram o único governo do mundo, é, de fato, incompatível com a sociedade civil". Gabarito 1C, 2E, 3C

(Defensoria Pública da União – 2010 – CESPE) De acordo com as concepções teóricas do marxismo, julgue o item seguinte.

(1) Segundo Louis Althusser, o aparelho ideológico de Estado dominante para a burguesia era a Igreja.

1: Errada. No passado, a Igreja era o aparelho ideológico dominante, pois reúne funções religiosas, escolares, de informação e de cultura. Mas, a Revolução Francesa ocasionou não apenas a transferência do poder do Estado para a burguesia capitalista comercial, resultou também no ataque ao principal aparelho ideológico do Estado - a Igreja -, substituída em seu papel dominante pela Escola. Tal constatação também foi compartilhada pelo estadista Otto Von Bismarck. A escola se encarrega das crianças de todas as classes sociais desde a mais tenra idade, inculcando nelas os saberes contidos na ideologia dominante (a língua materna, a literatura, a matemática, a ciência, a história) ou simplesmente a ideologia dominante em estágio puro (moral, educação cívica, filosofia). E nenhum outro aparelho ideológico de Estado dispõe de uma audiência obrigatória por tanto tempo e durante tantos anos - precisamente no período em que o indivíduo é mais vulnerável. Cabe apontar que na teoria marxista, o aparelho repressivo do Estado compreende o governo, a administração, o exército, a polícia, os tribunais, as prisões etc. e é dito repressivo porque funciona mediante violência, pelo menos em situações-limite. Portanto, para o Marxismo, as instituições são denominadas: *a) aparelhos repressivos*: porque usam a força, a coerção, a repressão, para legitimar ou reproduzir as relações de domínio; ou *b) aparelhos ideológicos*: porque empregam práticas e processos que usam uma ideologia (persuasão) que disfarça divisões de classes e promove os interesses da classe dominante. O Direito é uma instituição que usa tanto a repressão como a persuasão (ideologia), portanto, tem por objetivo reproduzir, legitimar, justificar e garantir as relações centrais do modo de produção capitalista. Gabarito 1E

(Defensoria Pública/SP – 2010 – FCC) No ensaio "A Política como vocação", Max Weber realiza uma caracterização de três tipos de dominação legítima, a saber:

- A dominação que repousa sobre a "autoridade do 'passado eterno', isto é, dos costumes santificados pela validez imemorial e pelo hábito, enraizado nos homens, de respeitá-los".
- A dominação que se funda em "dons pessoais e extraordinários de um indivíduo", na "devoção e confiança estritamente pessoais depositadas em alguém que se singulariza por qualidades prodigiosas, por heroísmo ou por outras qualidades exemplares que dele fazem o chefe".
- A dominação que se impõe "em razão da crença na validez de um estatuto legal e de uma 'competência' positiva, fundada em regras racionalmente estabelecidas".

Estes modos de dominação correspondem, respectivamente, ao que Weber entende por dominação

(A) legal, tradicional e carismática.
(B) carismática, tradicional e legal.
(C) tradicional, carismática e legal.
(D) carismática, legal e tradicional.
(E) tradicional, legal e carismática.

A, B, C, D e E: a dominação autoritária ou pelo poder é a probabilidade de encontrar obediência dentro de um grupo determinado para mandatos específicos. Toda dominação sobre uma pluralidade de homens requer um quadro administrativo e a crença na legitimidade. Passemos a elencar os três tipos de dominação tendo por substrato a questão da legitimidade: a) de caráter racional (poder legal): tem por base a confiança na legalidade de ordenações instituídas e dos direitos de mando dos chamados por essas ordenações a exercer a autoridade; b) de caráter tradicional (poder tradicional): tem por base a confiança diuturna na santidade das tradições que vigoram desde tempos longínquos e na legitimidade dos que são designados por essa tradição para exercer a autoridade; c) de caráter carismático (poder carismático) tem por base a confiança atemporal à santidade, ao heroísmo ou à exemplaridade de uma pessoa e seus ensinamentos. Utilizando esses tipos de dominação, Weber aponta as três bases do Direito: lei, costumes e carisma. Podemos também elencar os três tipos de dominação tendo por substrato a questão da obediência: a) no caso da autoridade legal: a obediência se dá graças às ordenações impessoais, legalmente instituídas, e às pessoas por elas designadas, graças à legalidade formal de suas disposições dentro de sua competência; b) no caso da autoridade tradicional: a obediência se dá graças à pessoa do sujeito designado pela tradição; c) no caso de autoridade carismática: a obediência se dá graças a um líder, carismaticamente qualificado, por razões de confiança pessoal na revelação, heroísmo ou exemplaridade, dentro da esfera em que a confiança em seu carisma tenha validez. Nenhum desses três tipos ocorrem em estado "puro", há entrelaçamentos entre eles. No Estado moderno, porém, prevalece a autoridade legal ou dominação racional. Gabarito "C".

(Defensoria Pública/SP – 2010 – FCC) "A intelectualização e a racionalização crescentes não equivalem, portanto, a um conhecimento geral crescente acerca das condições em que vivemos. Significam, antes, que sabemos ou acreditamos que, a qualquer instante, poderíamos, bastando que o quiséssemos, provar que não existe, em princípio, nenhum poder misterioso e imprevisível que interfira com o curso de nossa vida; em uma palavra, que podemos dominar tudo, por meio da previsão. Equivale isso a despojar de magia o mundo. Para nós não mais se trata, como para o selvagem que acredita na existência daqueles poderes, de apelar a meios mágicos para dominar os espíritos ou exorcizá-los, mas de recorrer à técnica e à previsão. Tal é a significação essencial da intelectualização".

No trecho citado acima, retirado do ensaio "A Ciência como vocação", Max Weber caracteriza aquilo que entende ser um processo "realizado ao longo dos milênios da civilização ocidental", do qual a ciência participa como "elemento e motor". Weber denomina este processo

(A) sistematização.
(B) desencantamento.
(C) tecnocracia.
(D) descrença.
(E) democratização.

A, B, C, D e E: o progresso científico constitui um fragmento, decerto o mais importante, do processo de intelectualização a que, desde há milênios, estamos submetidos. Mas deve-se dizer que a intelectualização e a racionalização geral não significam um maior conhecimento geral das condições da vida, mas algo de muito diverso: **o desencantamento do mundo**. Diferentemente do selvagem (encarado como religioso, místico etc.) para o qual os poderes mágicos existem, já não temos de recorrer a meios mágicos para entender e explicar o mundo. Isso consegue-se graças aos meios técnicos e ao cálculo. Tal é, essencialmente, o significado da intelectualização. Portanto, o encantamento gerado pela religião num sentido *lato sensu* entra em processo de desfazimento (desencantamento) com o processo de intelectualização e racionalização que estamos experimentando há milênios e ainda está em franca expansão. Gabarito "B".

(FGV – 2010) A respeito do liberalismo e do socialismo, ideologias poderosas desde o século XVIII, analise as afirmativas a seguir.

I. Elas incorporaram, de maneiras diferentes, os ideais do Iluminismo.
II. Elas apelaram para os grupos sociais que tinham sido impulsionados pela Revolução Industrial.
III. Elas foram expostas, em uma série de textos clássicos, por grandes pensadores.

Assinale:

(A) se somente a afirmativa I estiver correta.
(B) se somente as afirmativas I e II estiverem corretas.
(C) se somente as afirmativas I e III estiverem corretas.
(D) se somente as afirmativas II e III estiverem corretas.
(E) se todas as afirmativas estiverem corretas.

I: correta. O Iluminismo é um movimento intelectual que aparece no séc. XVIII e que repousa totalmente na razão humana, pois a razão levaria ao progresso e à felicidade. O iluminismo apareceu aos olhos do mundo primeiramente na França e depois se estendeu aos outros países europeus. E uma obra de grande destaque, no período, foi a Enciclopédia, coordenada por Denis Diderot e Jean D"Alembert, que reunia todas as realizações técnicas, científicas e humanísticas da humanidade. De uma forma geral, podemos classificar o iluminismo como um movimento empirista e materialista. E o liberalismo é fundamentado nas teorias racionalistas e empiristas do Iluminismo e na expansão econômica gerada pela industrialização. O socialismo surgiu como um contraponto ao liberalismo e ao capitalismo, pois denunciava a exploração dos trabalhadores pelos capitalistas. Mas também é fundamentado pelas teorias empiristas e materialistas; II: correta. A Revolução Industrial trouxe inúmeras transformações na sociedade e na economia e deu azo a dois grupos sociais bem delimitados, os trabalhadores de um lado (socialismo) e os proprietários dos meios de produção de outro (capitalismo) III: correta. Do lado do socialismo podemos apontar Charles Fourier, Louis Blanc, Robert Owen, Karl Marx, Friedrich Engels, dentre outros. E do lado do liberalismo podemos apontar John Locke, Adam Smith, David Ricardo, Voltaire, Montesquieu, dentre outros. Gabarito "E".

(DEFENSORIA PÚBLICA DA UNIÃO – 2007 – CESPE) A respeito do peso das Ciências Sociais e da Sociologia em suas relações com as demais áreas do conhecimento humano, julgue os itens que se seguem.

(1) Nascida como uma espécie de física social, a sociologia desenvolveria seus cânones e modelos por meio de um processo de adaptação metodológica mecânica ao mundo das ciências exatas.
(2) A historicidade dos conceitos nas ciências sociais exige do pesquisador da sociologia a cautela que leva à relativização de idéias, modelos e paradigmas que, mesmo apresentados muitas vezes como universais, refletem o ambiente no qual foram gerados.
(3) O conceito de relações de poder confere mobilidade ao conceito tradicional de poder, relacionando-o à idéia de exercício e saber.
(4) Os temas da estratificação, da mobilidade e das desigualdades sociais são recorrentes na tradição sociológica, embora também sejam encontrados em quase todas as ciências sociais e humanas.

1: errada. Cada sociólogo apresenta sua definição de sociologia. Para Weber, é a ciência que pretende entender a *ação social*. Para Durkheim, é a ciência da *sociedade* e tem por objeto os *fatos sociais*. Para Gurvitch, é a ciência que estuda os *fenômenos sociais*. Para Wiese, é o estudo das *relações sociais*. Para Florestan Fernandes, é a ciência que tem por objeto estudar a *interação social* nos diferentes níveis da *organização social*. Enfim, a sociologia se concentra no estudo das condições de existência (material e social) dos seres humanos e não possui nenhuma similaridade com as ciências exatas, pois trata-se de uma ciência social. E também não há uma definição unívoca de *sociologia jurídica*. Para Weber, a sociologia jurídica procura apreender até que ponto as regras de Direito são observadas, e como os indivíduos orientam de acordo com elas suas condutas. Para Lévy-Bruhl, a teoria sociológica entende o Direito como um fenômeno social; o Direito emana do grupo social e as normas jurídicas expressam a maneira pela qual esse grupo entende devam ser estabelecidas as relações sociais. Enfim, a sociologia jurídica examina não apenas a influência dos fenômenos sociais sobre o Direito, mas também o impacto do Direito sobre a sociedade; 2: correta. Reler o comentário à assertiva anterior, o qual traz as diversas definições da sociologia ao longo do tempo. Ora, cada sociólogo viveu em um certo contexto social e, indubitavelmente, recebeu influência desse contexto. Ademais, além da influência indireta, tem-se a direta, pois, a sociologia estuda as condições de existência (material e social) dos seres humanos; 3: correta. As formulações epistemológicas feitas por Michel Foucault, no âmbito das ciências sociais, conduzem ao entendimento de que são as relações de poder que determinam o conhecimento. Foucault estendeu sua pesquisa para os acontecimentos em torno do século XIX, salientando que os mecanismos políticos de um sistema que surgia pretendia o controle dos indivíduos e da sociedade como um todo, o que ele chamou de poder disciplinar e que esse poder, antes de ser negativo, era, sim, produtivo, mas se dava em forma de luta, contratempos, irracionalmente e estabelecia-se em relações microfísicas de poder; 4: correta, pois a sociologia, como outras ciências sociais e humanas, cuida dos temas listados nessa assertiva. Gabarito 1E, 2C, 3C, 4C.

(ENADE) Quando a Sociologia Jurídica tematiza a questão da burocratização dos tribunais, enfatizando que a forma e o procedimento estão acima da eficácia dos direitos humanos e sociais, expressa uma preocupação com

(A) o rigor que o magistrado deve necessariamente possuir ao interpretar com literalidade os textos de lei, para produzir segurança e certeza jurídicas.
(B) o controle externo da magistratura, que seria a solução única e definitiva para as dificuldades da justiça brasileira.
(C) o papel social do Judiciário na garantia de acesso à justiça e de afirmação dos direitos humanos.
(D) as ameaças à justiça brasileira pelo crime organizado.
(E) as dificuldades de aplicação da legislação esparsa do direito brasileiro.

A, B, C, D e E: o Direito racional prevalece no Estado moderno burocratizado em que vivemos, onde é de grande importância o aspecto formal, ou seja, a racionalização do processo e, por consequência, a criação de um *pensamento jurídico-formal*. Assim, o fruto do Estado moderno é um Direito formalista. Nesta toada, os funcionários da justiça são como técnicos da administração burocrática. Para Weber, essa racionalização experimentada pelo Direito é contemporânea de uma racionalização geral da vida em si, pois tudo surge como resultado do evolver do sistema econômico capitalista e da burocracia. Por sua vez, a **sociologia** é a ciência que estuda os *fenômenos sociais*, dentre os quais as relações jurisdicionais. A **sociologia jurídica**, por sua vez, é a ciência que procura entender até que ponto as regras do Direito são observadas e como os indivíduos se orientam de acordo com elas. Quando a sociologia jurídica constata que a forma (o processo) recebe mais importância que o conteúdo (o direito material), os sociólogos demonstram uma grande preocupação com o papel social do Judiciário de fazer valer os direitos, principalmente os direitos de acesso à justiça (que vai além de se conseguir ingressar com ação e tem em mira a efetividade do processo como meio de compor conflitos de interesse, realizando-se o direito material, e pacificando-se com justiça) e de afirmação das garantias fundamentais do homem. Toda essa crítica ao direito racional tem por base a teoria funcionalista do direito, pois o direito faz parte da cultura geral, logo, é uma construção humana, e tem como grande objetivo bem servir à humanidade. Portanto, é realmente preocupante quando discussões formais e burocráticas se tornam de maior relevância e, assim, impedem o direito cumprir com o seu real objetivo, afinal, o objetivo em função do qual foi criado e podemos dizer "lapidado" ao longo dos anos. Por fim, cabe trazermos um bom exemplo praticado pela Corte Interamericana de Direitos Humanos, que bem ilustra uma boa atuação do Judiciário na garantia de acesso à justiça e de afirmação dos direitos humanos. Ao longo da Convenção Americana de Direitos Humanos é possível a identificação de inúmeros direitos civis e políticos (ditos de 1ª geração), nos moldes do Pacto Internacional de Direitos Civis e Políticos. A única menção aos direitos econômicos, sociais e culturais é encontrada no art. 26, o qual se limita a determinar que os estados se engajem em progressivamente implementar tais direitos (na sua dimensão negativa e positiva), ditos de 2ª geração. Tal escolha (de só regular os direitos políticos e civis) foi direcionada para obter a adesão dos EUA à Convenção. Esta situação modificou-se com a adoção, na Conferência Interamericana de São Salvador, em 17 de novembro de 1988, do Protocolo Adicional à Convenção, conhecido como Protocolo San Salvador. A partir de então, tem-se uma enumeração dos direitos econômicos, sociais e culturais que os países americanos - membros da OEA – obrigaram-se a implementar progressivamente. Lembrando-se sempre da tripla obrigação dos estados para com todos os direitos humanos: de proteger, de respeitar e de realizar. A Corte Interamericana tem competência para interpretar e aplicar o Protocolo Adicional à Convenção Americana de Direitos Humanos (Protocolo de San Salvador) somente em relação ao art. 8, ponto 1, alínea *a* (direitos sindicais dos trabalhadores) e o art. 13 (direito à educação). Tudo em conformidade com o art. 19, ponto 6, do mencionado Protocolo, o qual determina que são esses os únicos direitos passíveis de serem acionados perante à Corte (justiciabilidade), entre um amplo conjunto de direitos econômicos, sociais e culturais de que trata esse protocolo. Entretanto, o que se percebe no campo prático é uma jurisprudência criativa que permite uma implementação indireta dos direitos econômicos, sociais e culturais. Uma das grandes contribuições para essa substancial evolução foi a construção jurisprudencial de um conceito amplo ou *lato sensu* do direito de acesso à justiça (art. 25 da Convenção Americana), o que permite o acionamento da Corte para proteção de todos os direitos humanos, inclusive os econômicos, sociais e culturais. Cabe destacar também a construção jurisprudencial da Corte que qualificou de *jus cogens* os princípios da equidade e da não-discriminação, os quais são, logicamente, aplicados em relação a todos direitos humanos. E, por fim, o estabelecimento, pela Corte, de um conceito amplo do direito à vida, o qual exige a proteção e a implementação dos direitos econômicos, sociais e culturais para sua satisfatória efetivação. Gabarito "C".

(ENADE) Estudiosos do direito destacam a diferença entre o direito "nos livros" e o direito "em ação". Temas como o cumprimento (ou não) das normas e a aplicação (ou não) de sanções sempre aparecem nesses estudos que se integram na

(A) Sociologia do Direito que trata da validade das normas.
(B) Filosofia do Direito centrada nos exames valorativos da justiça e da moralidade do ordenamento.
(C) Teoria Geral do Direito que vê na relação entre o ilícito e a sanção o núcleo da normatividade jurídica.
(D) Teoria Geral do Direito que privilegia o aspecto positivo do ordenamento jurídico.
(E) Sociologia do Direito que investiga a eficácia do direito.

A, B, C, D e E: a **sociologia jurídica** ou **sociologia do direito**, como se viu, é a ciência que procura entender até que ponto as regras do Direito são observadas e como os indivíduos se orientam de acordo com elas. Ou seja, até que ponto as normas jurídicas são cumpridas e observadas. Assim, a sociologia do direito investiga a *eficácia* do Direito no *plano fenomênico*, não se ocupando com os planos da existência e da validade das normas. Gabarito "E".

(ENADE) Com as mudanças em curso na sociedade – especialmente a globalização econômica e a propalada crise da soberania dos Estados nacionais – algumas correntes da sociologia jurídica tiveram, nos últimos dez anos, renovado impulso. Dentre elas, podemos destacar

(A) as abordagens marxistas de crítica ao direito burguês.
(B) o jusnaturalismo católico.
(C) as análises neoweberianas do direito material.
(D) o "psicologismo" social.
(E) as correntes defensoras do pluralismo jurídico.

A, B, C, D e E: o *pluralismo jurídico* se contrapõe ao *monismo jurídico*. De acordo com este, somente o Estado é competente para legislar, de maneira que o direito só é válido se sua origem for o próprio Estado. O *pluralismo jurídico*, por sua vez, admite que possam conviver mais de um sistema jurídico num mesmo espaço, de maneira que convivem normas emanadas do Estado, com outras, oriundas de determinado grupo social e, principalmente, na atualidade, pelas corporações transnacionais. A globalização econômica deixou em evidência o fato de que o poderio das companhias transnacionais ultrapassou os limites de controle do Estado. Portanto, para as correntes defensoras do pluralismo jurídico, a era do Estado-nação parece chegar ao seu fim e com ela, o direito como produto exclusivo do Estado. A sociologia jurídica destaca essa mudança principalmente pela atuação determinante do campo financeiro na elaboração da nova ordem jurídica, que facilita ainda mais a evolução da globalização. As correntes defensoras do pluralismo jurídico ganharam grande destaque nos últimos anos. Todavia, é bom registrar que prevalece, ainda, a corrente do monismo jurídico ou monismo estatal, apesar do crescimento da corrente pluralista. Cabe aqui fazer uma digressão aos primórdios da teoria do pluralismo jurídico e em tal empreitada intelectual utilizaremos a obra Georges Gurvitch. Para esse sociólogo, a sociologia é a ciência que estuda os *fenômenos sociais*. E o sociólogo elaborou a **teoria pluralista das fontes do direito** para demonstrar que os fenômenos sociais constituem a base do direito. O autor começa apontando que o problema maior do Direito Positivo é em demonstrar qual o fundamento que o torna válido e obrigatório. E responde pela impossibilidade do direito extrair sua obrigatoriedade de si mesmo, de forma autônoma, e também que o direito cria o direito. Chama atenção o autor para o fato de que o Direito, desde a sua origem, está ligado aos fatos e é inseparável da experiência. Aliás, se assim não fosse, o direito nunca estaria apto a realizar a justiça e a justiça é a razão de ser do direito. Assim, para Gurvitch, o Direito Positivo é formado por uma autoridade determinada, por uma regra legal e pela eficiência social dessa regra. Depois de tal revelação, identificamos a obrigatoriedade do direito exatamente na ligação e retroalimentação desses três elementos: *autoridade*, *valor* e *eficiência real*. Depois dessa explanação inicial, cabe apontar quais são as fontes do Direito Positivo para o autor, o qual as divide em tradicionais ou secundárias ou essenciais e primárias. As tradicionais são a lei, o costume e a prática judiciária, que são insuficientes para explicar a obrigatoriedade e a efetividade do Direto. Já as fontes primárias são os fatos sociais, que são marcadamente dinâmicos e garantem a autoridade e a eficiência das fontes ditas secundárias, pois os fatos sociais encerram em si os valores de justiça. Termina Gurvitch a dizer que todas as fontes tradicionais – notadamente formais – são equivalentes e, portanto, não comportam hierarquia entre elas e isso tudo porque elas são o resultado da constatação dos fatos sociais. O direito só é jurídico porque é social nas suas próprias fundações. O Direito é, portanto, um fenômeno social, motivo pelo qual constitui um quadro de referência que se modifica e se renova incessantemente. Por essa razão, o Direito Positivo torna-se obsoleto em um dado momento. A regra jurídica está diretamente ligada ao dado concreto do campo social que é sua *fonte primária*. Para Gurvitch, a *teoria pluralista das fontes do direito positivo* amplia a esfera da experiência jurídica e elimina qualquer preconceito dogmático ou estático, permitindo amplas perspectivas para uma concepção puramente dinâmica, que pode servir de base filosófica tanto para a ciência dogmática do Direito (evitando assim a petrificação de seus conceitos) quanto para a sociologia jurídica propriamente dita. Gabarito "E".

(ENADE) A eficácia do direito, enquanto tema privilegiado da sociologia jurídica, implica:

(A) o estudo da eficiência dos magistrados.
(B) o exame dos efeitos e conseqüências das regras jurídicas.
(C) o reconhecimento da legitimidade do direito estatal.
(D) a análise da estrutura lógica da norma jurídica.

A, B, C e D: conforme já explicado, a **sociologia jurídica** ou **sociologia do direito** é a ciência que procura entender até que ponto as regras do Direito são observadas e como os indivíduos se orientam de acordo com elas. Ou seja, até que ponto o direito tem eficácia. Para isso, faz-se necessário examinar **os efeitos e conseqüências das regras jurídicas**, estando correta a alternativa "B". A alternativa "A" está incorreta, pois, apesar da eficiência dos magistrados ser tema que também preocupa a sociologia do direito, a eficácia do direito, aqui, guarda maior relação com o cumprimento ou não das normas jurídicas pelas pessoas, e não com a produtividade dos juízes. A alternativa "C" está incorreta, pois apesar da legitimidade do direito ser tema que também preocupa a sociologia do direito, ela está relacionada com a questão da legitimidade ou não do poder competente que elabora a regra jurídica e não em saber se as pessoas estão observando as regras jurídicas. A alternativa "D" está incorreta, pois, na análise da eficácia do direito, não se estuda a existência e a validade da norma jurídica, nem muito menos sua estrutura lógica, mas sim a sua observância ou não pelas pessoas. Gabarito "B".

(ENADE) A coisa é muito distinta no Estado nacional, o único no qual pode prosperar o capitalismo moderno. Funda-se na burocracia profissional e no direito racional.

(WEBER, Max . *Sociologia del derecho*. Granada: Editorial Comares, 2001. p. 242 – nossa tradução).

A partir da leitura do texto acima, NÃO pode ser atribuída ao pensamento de Max Weber a

(A) dependência do capitalismo moderno com relação ao Estado nacional.
(B) teoria funcionalista do Direito como sistema autopoiético, ao lado de outros subsistemas sociais.
(C) concepção de que o Direito racional substitui a moral e a religião no regramento da vida social.
(D) idéia de que a burocracia estabiliza um modo de dominação novo na história.
(E) diferenciação dos sistemas sociais, com crescente processo de laicização e de juridificação na justificação do poder.

Antes de comentarmos as alternativas, faremos uma rápida introdução ao tema do direito racional e do Estado burocratizado. Direito racional prevalece no Estado moderno burocratizado em que vivemos, onde é de grande importância o aspecto formal, ou seja, a racionalização do processo e, por consequência, a criação de um *pensamento jurídico-formal*. Assim, o fruto do Estado moderno é um Direito formalista. Nesta toada, os funcionários da justiça são como técnicos da administração burocrática. Para Weber, essa racionalização experimentada pelo Direito é contemporânea de uma racionalização geral da vida em si, pois tudo surge como resultado do evolver do sistema econômica capitalista e da burocracia. A: incorreta, pois o capitalismo depende, para prosperar, do Estado nacional, pois neste há *burocracia profissional* (que é um poder exercido por meio da rotina da administração) e o *direito racional* (que é um direito calculável e não um direito imprevisível); enfim, o capitalismo precisa das rotinas administrativas (burocracia) e da segurança jurídica (direito racional); B: correta, pois não pode ser atribuído ao pensamento de Max Weber a teoria do Direito como sistema autopoiético, que é aquele sistema que se autodelimita, se autodetermina, se autoregula, pois o direito tem por função atender certas demandas do Estado Moderno, não sendo um fim em si mesmo. Cabe aqui convidá-los para uma reflexão: pensemos no estruturalismo exacerbado que foi a base das teorias jurídicas tradicionais. Em muitas ocasiões, tal sistema composto por normas gerais e abstratas não consegue resolver satisfatoriamente situações singularizadas do mundo fenomênico, e principalmente hodiernamente, onde isso acontece com certa habitualidade, devido a complexidade das relações intersubjetivas. E isso ocorre porque o Estruturalismo pregado pela dogmática jurídica defende um direito vinculado, conservador e formalista, o que impede a satisfatória regulação dos acontecimentos em constante transformação no atual e complexo mundo real. Tal constatação obriga os estudiosos do direito a encararem a ciência jurídica de forma livre, inovadora e realista. Apenas dessa maneira o estudo do direito pode evolver para conseguir regular satisfatoriamente as novas e complexas relações sociais. Ao lado desse engessamento proporcionado pela visão dogmática, percebe-se que o Estado contemporâneo é muito atuante, ou seja, a outrora única função do direito (repressiva) deu lugar a muitas outras hodiernamente, como, por exemplo, é fácil observar um elevado número de leis que constituíram instituições públicas destinadas a distribuir bens, dinheiro e serviços (função distributiva do direito); C: incorreta, pois tal concepção decorre, sim, do pensamento de Weber, pelo qual o direito racional substitui a subjetividade das regras morais e religiosas; D: incorreta, pois tal ideia decorre, sim, do pensamento de Weber, uma vez que a *burocracia profissional* possibilita um novo modo de dominação, que deixa para trás a *autoridade tradicional* (dominação pela religião) e a *autoridade carismática* (dominação pelo líder popular ou caudilho), para passar a dominar a *autoridade legal*, a autoridade decorrente das ordens impessoais emanadas pelos agentes competentes, segundo princípios racionais; E: incorreta, pois Weber faz a diferenciação mencionada, deixando claro que o processo de racionalização e profissionalização supera os processos morais e religiosos na justificação do poder. Gabarito "B".

2. FILOSOFIA GERAL E JURÍDICA

Defensoria Pública/SP – 2010 – FCC) Em sua teoria da norma jurídica, Noberto Bobbio distingue as sanções jurídicas das sanções morais e sociais. Segundo esta distinção, a sanção jurídica, diferentemente da sanção moral, é sempre uma resposta de grupo e, diferentemente da sanção social, a sanção jurídica é regulada em geral com as mesmas formas e através das mesmas fontes de produção das regras primárias. Para o autor, tal distinção oferece um critério para distinguir, por sua vez, as normas jurídicas das normas morais e das normas sociais. Considerando-se este critério, pode-se afirmar que são normas jurídicas as normas cuja execução é garantida por uma sanção

(A) *externa e institucionalizada*.
(B) *interna e não-institucionalizada*.
(C) *interna e institucionalizada*.
(D) *externa e não-institucionalizada*.
(E) *interna e informal*.

A, B, C, D e E: a norma jurídica era a única perspectiva através da qual o Direito era estudado, e o ordenamento jurídico era no máximo um conjunto de normas, mas não um objeto autônomo do estudo. Metaforizando: considerava-se a árvore, mas não a floresta. O isolamento dos problemas do ordenamento jurídico dos da norma jurídica e o tratamento autônomo dos primeiros como parte de uma teoria geral do Direito foram obra sobretudo de Hans Kelsen. Mas na obra em que Bobbio descreve essa mudança de enfoque, para compreensão do Direito, da norma para o ordenamento jurídico, o autor bem define a norma jurídica como **"aquela norma cuja execução é garantida por uma sanção externa e institucionalizada"** (*Teoria do Ordenamento Jurídico*, 8ª ed., Brasília: UNB, pp. 27 – g.n.). A norma jurídica tem sanção *exterior* ao indivíduo, não ficando apenas na consciência deste (juízo interno de reprovação). Ademais, trata-se de sanção que afeta a esfera jurídica do indivíduo e que é aplicada mediante a movimentação do aparato estatal (*institucionalizada*), o que a diferencia da sanção moral - trata-se da ordem coercitiva a que faz referência Kelsen. E Bobbio, em obra posterior - A Função Promocional do Direito, critica a clássica doutrina jurídica que define o direito apenas por sua função repressiva para controle da sociedade mediante a coação institucionalizada. Bobbio aponta que ainda é dominante na teoria geral do direito a concepção repressiva do direito, isto é, o direito como ordenamento coativo. Tanto isso é verdade, que o termo sanção nos leva a pensar imediatamente em algo negativo, como, por exemplo, sanção como pena, todavia, este termo não possui, etimologicamente, aspecto negativo por si só, sendo necessário o acréscimo do adjetivo (negativa ou positiva) sempre que utilizado. Mas a imagem tradicional do direito como ordenamento protetor-repressivo está em crise, pois se percebe cada vez mais frequente o uso das técnicas de encorajamento pelo Estado contemporâneo. E a técnica do encorajamento se exterioriza de duas formas distintas. Uma é a sanção positiva que incide num comportamento já realizado. E outra é a facilitação para a realização do ato desejado que, obviamente, ainda não foi realizado. Como exemplo ilustrativo de sanção positiva, tem-se as leis de incentivo fiscal que os Estados da República Federativa do Brasil utilizam para atrair fábricas para os seus respectivos Estados, e isso tudo para estimular a economia, possibilitando, assim, um crescimento e desenvolvimento econômico com fins de mitigar a pobreza para efetivar o princípio da justiça social. Ou seja, o Estado, tendo em vista estes benefícios, edita uma lei de incentivo fiscal que trata uma sanção positiva para a fábrica que lá se instalar, dando a esta uma recompensa, como, e.g., a isenção tributária sobre um fato economicamente mensurável passível de tributação. E Bobbio finaliza mostrando que para a visão clássica do direito, a sanção positiva não faz parte do rol das sanções jurídicas, pois a sanção jurídica é tida como uma coação institucionalizada, ou seja, a sanção jurídica é o uso do aparelho repressivo do Estado para penalizar uma conduta desconforme ou proceder a uma execução forçada. Mas, por ser contrário a visão encampada pela doutrina clássica, o autor defende que se a coação for considerada como uma garantia para o cumprimento da sanção, a sanção positiva pode-se incluir no rol das sanções jurídicas. Assim, por exemplo, o cidadão que realizou uma conduta superconforme e, portanto, obteve direito a um prêmio, poderá, se o Estado manter-se inerte, utilizar-se da coação para que o Estado lhe assegure o seu direito ao prêmio prometido pelo próprio Estado, ou seja, o Estado irá compelir o próprio Estado a cumprir com sua promessa de prêmio. Nesse caso, a relação jurídica se inverte, pois o sujeito ativo detentor do direito é o particular e o sujeito passivo detentor da obrigação (dever) é o Estado. Gabarito "A".

(Defensoria Pública/SP – 2010 – FCC) Em sua Teoria Pura do Direito, Hans Kelsen concebe o Direito como uma "técnica social específica". Segundo o filósofo, na obra *O que é justiça?*, "esta técnica é caracterizada pelo fato de que a ordem social designada como 'Direito' tenta ocasionar certa conduta dos homens, considerada pelo legislador como desejável, provendo atos coercitivos como sanções no caso da conduta oposta". Tal concepção corresponde à definição kelseniana do Direito como

(A) uma positivação da justiça natural.
(B) uma ordem estatal facultativa.
(C) uma ordem axiológica que vincula a interioridade.
(D) um veículo de transformação social.
(E) uma ordem coercitiva.

A, B, C, D e E: o objetivo de Kelsen, ao formular a Teoria Pura do Direito, é desenvolver uma teoria jurídica purificada de toda a ideologia política e de todos os elementos de ciência natural, uma teoria jurídica consciente da sua especificidade porque consciente da legalidade específica do seu objeto. Sem negar a existência de relações entre o direito e outras ciências, como a sociologia, a economia e a psicologia, Kelsen pretende enfocar em sua Teoria Pura o campo próprio e específico do jurista. A Teoria Pura constituiria, assim, a ciência específica do Direito. O objeto do direito é a norma. Na visão de Kelsen, portanto, o jurista, deve ser encarado como norma, e não como fato social ou como valor transcendental. A norma jurídica, para Kelsen, funciona como esquema de interpretação (interpretação normativa) da experiência social, que enuncia se uma conduta humana constitui um ato jurídico ou antijurídico. Trata-se de ato de vontade que se dirige intencionalmente à conduta humana, determinando que um indivíduo deve se comportar de determinada maneira. Esse ato de vontade tem um sentido subjetivo de um indivíduo que intencionalmente visa a conduta de outro. Porém, para que ele configure uma norma, ele deve apresentar também um sentido objetivo de dever ser, o qual está presente quando a conduta a que o ato intencionalmente se dirige é considerada obrigatória (devida) não apenas do ponto de vista do indivíduo que põe o ato, mas também do ponto de vista de um terceiro desinteressado. O sentido objetivo é dado por outra norma, superior, que atribui competência para esse ato. Outro elemento relevante das normas jurídicas para Kelsen é a sanção. A Teoria Pura considera o elemento da coação uma característica essencial do Direito. Assim, as normas jurídicas sempre estabelecem, direta ou indiretamente, uma sanção, um ato de coação que será aplicado caso não se observe a conduta prescrita. Essa é uma característica de grande relevo na teoria de Kelsen, pois, para ele, o ordenamento jurídico se caracteriza pela possibilidade de coação, pela possibilidade de cominação de algum mal, caso alguma de suas normas não seja observada. E tudo isso porque Kelsen parte do pressuposto de que o homem é naturalmente inclinado a perseguir apenas a satisfação de seus interesses egoísticos e, logo, o estabelecimento da ordem social não altera essa realidade natural. Assim, **é necessário que o direito seja uma ordem coercitiva, impositiva de sanções**. Da mesma forma que a moral, o direito também traz sanções ao descumprimento de seus preceitos. A diferença é a natureza dessa reação. Na moral, o não cumprimento de normas morais gera mera desaprovação. No plano jurídico, como dito, o descumprimento das normas jurídicas faz nascer a sanção, que pode ser aplicada mediante o legítimo uso da força contra quem a tiver desobedecido. Para prescrever certa conduta (ou seja, determinar dada conduta às pessoas), a norma jurídica estabelece a sanção para a conduta oposta (ou seja, a sanção da conduta que descumprir o que foi imposto às pessoas). A título conclusivo e com suporte na teoria Pura do Direito de Kelsen, pode-se dizer que se o dever imposto for descumprido, a sanção deve ser aplicada por meio de uma ordem coercitiva. Gabarito "E".

(Defensoria Pública/SP – 2010 – FCC) Em sua teoria do ordenamento jurídico, Norberto Bobbio estuda os aspectos da unidade, da coerência e da completude do ordenamento. Relativamente ao aspecto da coerência do ordenamento jurídico, "a situação de normas incompatíveis entre si" refere-se ao problema

(A) das lacunas.
(B) da incompletude.
(C) das antinomias.
(D) da analogia.
(E) do espaço jurídico vazio.

A, B, C, D e E: se um ordenamento jurídico é composto de mais de uma norma, disso advém que os principais problemas conexos com a existência de um ordenamento são os que nascem das relações das diversas normas entre si: a) as normas constituem uma unidade? problemática central: hierarquia das das normas; b) **o ordenamento constitui um sistema? problemática central: antinomias jurídicas**; c) todo ordenamento é completo? problemática central: lacunas do Direito; d) têm relações entre si os vários ordenamentos? problemática central: reenvio de um ordenamento a outro. **Pode-se conceituar o instituto da antinomia como a situação de conflito entre duas ou mais normas jurídicas e chama-se as antinomias solúveis de aparentes e as insolúveis de reais.** As regras fundamentais para a solução das antinomias aparentes são três: **a)** critério cronológico (*lex posterior derogat legi priori*): serve quando duas normas incompatíveis são sucessivas e a lei posterior prevalece sobre a anterior; **b)** critério hierárquico (*lex superior derogat legi inferiori*): serve quando duas normas incompatíveis estão em nível diverso e a lei superior prevalece sobre a de hierarquia inferior; e **c)** critério da especialidade (*lex specialis derogat legi generali*): serve no choque de uma norma geral com uma norma especial e a lei especial prevalece sobre a geral. Mas pode ocorrer antinomia entre duas normas contemporâneas, do mesmo nível e ambas gerais (antinomia real causada pela inaplicabilidade dos critérios), ou seja, a incompatibilidade entre os critérios válidos para a solução da incompatibilidade entre as normas é chamada de antinomia de segundo grau. E para resolver as antinomias reais ou de segundo grau, devemos lançar mão dos seguintes metacritérios: **a)** conflito entre o critério hierárquico e o cronológico: o critério hierárquico prevalece sobre o cronológico; **b)** conflito entre o critério de especialidade e o cronológico: o critério de especialidade prevalece sobre o hierárquico. Essa regra, por outro lado, tem um valor menos decisivo que o da regra anterior; e **c)** conflito entre o critério hierárquico e o de especialidade: não existe uma regra geral consolidada. A solução dependerá do intérprete, o qual aplicará ora um ora outro critério segundo as circunstâncias, mas deve-se dizer que existe uma certa vantagem para o critério hierárquico, em virtude da competência. Caso não se consiga resolver o conflito pelos metacritérios, deve-se recorrer ao *critério dos metacritérios*, o princípio da justiça: escolhe-se a norma mais justa. Por fim, uma regra que se refere às normas de um ordenamento jurídico, como o é a proibição de antinomias, pode ser dirigida apenas àqueles que têm relação com a produção (legislador) e aplicação das normas (juiz). A coerência não é condição de validade, mas é sempre condição para a *justiça* do ordenamento. Gabarito "C".

(Defensoria Pública/SP – 2010 – FCC) "*Na fase madura de seu pensamento, a substituição da lei pela convicção comum do povo (Volksgeist) como fonte originária do direito relega a segundo plano a sistemática lógico-dedutiva, sobrepondo-lhe a sensação (Empfindung) e a intuição (Anschauung) imediatas. Savigny enfatiza o relacionamento primário da intuição do jurídico não à regra genérica e abstrata, mas aos 'institutos de direito' (Rechtsinstitute), que expressam 'relações vitais' (Lebensverhältnisse) típicas e concretas*". Esta caracterização, realizada por Tercio Sampaio Ferraz Júnior, em sua obra *A Ciência do Direito*, corresponde a aspectos essenciais da seguinte escola filosófico-jurídica:

(A) Historicismo Jurídico.
(B) Realismo Jurídico.
(C) Normativismo.
(D) Positivismo jurídico.
(E) Jusnaturalismo.

A: correta. A Escola Histórica do Direito apareceu, primeiramente, na Alemanha no séc. XIX e estava profundamente ligada ao romantismo. Para essa corrente, a construção jurídica – normas jurídicas – acompanhava de forma acentuada o evolver histórico, desta maneira, o direito refletiria os costumes e os valores do povo naquele momento. Para essa corrente, o direito seria sobretudo uma manifestação cultural. Friedrich Carl von Savigny foi um importante integrante dessa escola. E sobre ele Tércio Sampaio Ferraz disse o citado nessa questão (A Ciência do Direito, pág. 28, Ed. Atlas); B: incorreta. O Realismo Jurídico aponta a experiência social como única fonte do direito, portanto, para os realistas, *direito é fato social*. O direito, na visão dos realistas, não seria mais balizado pela norma genérica e impessoal, mas sim pela escolha do juiz, isto é, no momento de decidir, o juiz faz opção por uma das várias possibilidades existentes. Assim, o direito é aquele proclamado pelos tribunais e a norma é apenas uma referência dada. Neste sentido, é célebre a frase do Ministro do STF Marco Aurélio de Mello: "o juiz primeiro decide no seu íntimo e só depois vai buscar os fundamentos de sua decisão". Os principais integrantes dessa escola são Hewellyn, Holmes, Cohen, Olivecrona, Ross etc.; C: incorreta. O Normativismo insere-se de certa forma dentro do positivismo jurídico e tem em Kelsen seu maior expoente. Para Kelsen, o objeto da ciência jurídica consiste em normas jurídicas e a tarefa do cientista do direito consiste em descrever e sistematizar esse objeto mediante proposições; D: incorreta. Para os positivistas, o saber jurídico deve ser científico e neutro, ou seja, não está no campo do Direito qualquer julgamento moral ou questionamento político sobre as normas postas. Mais estritamente, não cabe aos operadores do Direito perscrutar se as normas são justas ou injustas, pertinentes ou impertinentes. Hans Kelsen é o principal teórico do positivismo jurídico e, em sua obra Teoria Pura do Direito, o autor busca conferir à ciência jurídica um método e objeto próprios, capazes de assegurar ao jurista o conhecimento científico do direito; E: incorreta. O Jusnaturalismo ou Direito Natural é uma teoria que define o conteúdo do direito como estabelecido pela natureza (como ordem superior, universal, imutável e inderrogável) e, portanto, válido em qualquer lugar. Ou seja, o direito natural é prévio à qualquer construção humana, seja de ordem política, religiosa etc. Assim, deverá ser sempre respeitado e o direito positivo para ter validade não poderá com ele contrastar. Mas, essa corrente sofre um processo de secularização, iniciado pelo trabalho de Grotius e Hobbes, e o Jusnaturalismo aparece como uma crítica ao direito dos glosadores, sobretudo sobre a sua falta de sistematicidade. Assim, podemos dizer que o Jusnaturalismo moderno ou Direito Racional produz o conceito de sistema, o qual até hoje é utilizado na formatação dos códigos jurídicos. E esse sistema é construído por premissas que tiram sua validade da generalidade racional (nas palavras de Tércio Sampaio Ferraz Júnior - A Ciência do Direito, pág. 26, Ed. Atlas). Gabarito "A".

(Defensoria Pública/SP – 2010 – FCC) Ao comentar a doutrina aristotélica da justiça, Tercio Sampaio Ferraz Júnior, em sua obra *Estudos de Filosofia do Direito*, indica aquele que seria o "preceito básico do direito justo, pois só por meio dele a justiça se revelaria em sua atualidade plena". Este preceito, que também pode ser definido como "uma feliz retificação do justo estritamente legal" ou ainda "o justo na concretude", é denominado

(A) liberdade.
(B) dignidade.
(C) vontade.
(D) equidade.
(E) piedade.

A, B, C, D e E: segundo o autor, devemos inicialmente indicar que a escola pitagórica foi a primeira a estabelecer um conceito de justiça, identificado com igualdade ou correspondências de opostos. Após tem-se as elucubrações dos sofistas e de Platão, para depois aparecer a noção aristotélica de justiça, a qual a busca do meio-termo, como forma de alcançar a justiça, deve se orientar pelo preceito básico da **equidade**. Por fim, cabe apontar que na épica grega a justiça não tem a forma de virtude principal, mas é frequentemente superada pela coragem, a astúcia, virtudes estas cujo caráter dramático é bem mais propício ao desenvolvimento de uma epopeia. Gabarito "D".

(Defensoria Pública/SP – 2010 – FCC) "*Esse princípio tem, nas regras de Direito, uma função análoga a que tem o princípio da causalidade nas leis naturais por meio das quais a ciência natural descreve a natureza. Uma regra de direito, por exemplo, é a afirmação de que, se um homem cometeu um crime, uma punição deve ser infligida a ele, ou a afirmação de que, se um homem não paga uma dívida contraída por ele, uma execução civil deve ser dirigida contra sua propriedade. Formulando de um modo mais geral: se um delito for cometido, uma sanção deve ser executada*". No trecho reproduzido acima, em sua obra *O que é justiça?*, Hans Kelsen refere-se ao princípio

(A) da eficácia.
(B) da imputação.
(C) do monismo metodológico.
(D) da imperatividade do direito.
(E) da validade.

A, B, C, D e E: o direito é uma ordem coativa, um conjunto de normas que prescrevem sanções. A conduta contrária à norma é considerada ilícita e a conduta em conformidade com a norma é considerada um dever jurídico. O Estado se confunde com o direito porque nessa estrutura ele nada mais é do que o conjunto das normas que estabelecem competência e prescrevem sanções de uma forma organizada. A norma é um dever-ser que confere ao comportamento humano um sentido prescritivo. Por esse motivo, **a ciência jurídica é diferente das outras ciências. Estas operam com o princípio da causalidade (dado A é B), relacionam fatos, sendo um causa e o outro efeito, atuam no mundo do ser (natureza). A ciência jurídica atua no mundo do dever-ser (cultural), opera com o princípio da imputação (dado A deve ser B)**. Esse princípio prevê uma determinada sanção que deve ser imputada a uma conduta considerada pelo direito como ilícita. O cientista do direito estabelece, na proposição jurídica que descreve a norma jurídica, ligações entre um antecedente (conduta ilícita) e um consequente (sanção). Gabarito "B".

(Defensoria Pública da União – 2010 – CESPE) Considerando concepções teóricas do empirismo e do racionalismo, julgue os itens que se seguem.

(1) Segundo o racionalismo, todo e qualquer conhecimento é embasado na experiência e só é válido quando verificado por fatos metodicamente observados.
(2) Segundo John Stuart Mill, o conhecimento matemático é fundamentado na experiência e a indução é o único método científico.

1: errada. O Racionalismo é uma concepção filosófica que afirma a razão como única faculdade a propiciar o conhecimento adequado da realidade. Defende que a existência das coisas tem uma causa inteligível, mesmo que não possa ser demonstrada de fato, como a origem do Universo. Assim, privilegia a razão em detrimento da experiência do mundo sensível como via de acesso ao conhecimento. Considera a dedução como o método superior de investigação filosófica. Os principais pensadores dessa escola são René Descartes (1596-1650), Spinoza (1632-1677) e Leibniz (1646-1716), os quais introduzem o racionalismo na filosofia moderna. E, por seu turno, Friedrich Hegel (1770-1831) defende o racional como real, em virtude da total inteligibilidade desse último. O racionalismo é baseado nos princípios da busca da certeza e da demonstração, sustentados por um conhecimento *a priori*, ou seja, conhecimentos que não vêm da experiência e sim oriundos da razão. 2: correta. A formação de John Stuart Mill foi influenciada principalmente pelo utilitarismo e pelas obras de Jeremy Bentham, que defendia o egoísmo, a ação utilitária e a busca do prazer como princípios capazes de fundamentar uma moral e orientar os comportamentos humanos na direção do bem. A filosofia de Stuart Mill marcou o coroamento de uma linha própria do pensamento britânico, iniciado por Francis Bacon. O principal objetivo de Stuart Mill foi renovar a lógica, tida como acabada e perfeita desde a construção aristotélica. O pensador britânico aproveitou-se das ideias de John Herschel e William Whewell sobre a teoria da indução, além da grande influência que sofreu da obra de Augusto Comte. Contrário a metafísica, **Stuart Mill faz da indução o método científico por excelência**, atendo-se aos fatos. O pensador britânico parte da experiência como base de todo conhecimento, quer nas ciências físicas, nas sociais ou mesmo na matemática. Gabarito 1E, 2C.

(Defensoria Pública da União – 2010 – CESPE) A respeito da filosofia antiga, julgue o próximo item.

(1) De acordo com os sofistas, o direito natural não se fundava na natureza racional do homem, mas, sim, na sua natureza passional, instintiva e animal.

1: correta. Os sofistas constituíram uma corrente de pensamento próprio e sua preocupação filosófica era centrada no homem enquanto indivíduo. Portanto, as elucubrações dos pré-socráticos, voltadas a natureza e a essência do universo, ficaram em segundo plano. E, consoante ao determinado pela escola sofística, o que importava para o ser humano era obter prazer com a satisfação de seus instintos, de seus desejos individuais.

Diante de tal ótica, até dominar outros cidadãos era permitido, desde que isso resultasse em vantagem pessoal. A título conclusivo, infere-se que a escola sofística levaria a destruição de todo conhecimento, pois, segundo seus ensinamentos, os valores são subjetivos e tudo é relativo. Ademais, impediria o aparecimento de um conjunto de normas que regulassem o comportamento humano para garantir os mesmos direitos a todos os cidadãos da *pólis*. Gabarito "C".

(Diplomacia – 2002) O filósofo que propôs, a partir da capacidade de raciocínio humano, a dúvida metódica e a revisão de todo o conhecimento, foi:

(A) Francis Bacon.
(B) Montesquieu.
(C) Diderot.
(D) René Descartes.
(E) Voltaire.

A, B, C, D e E: o Racionalismo é uma concepção filosófica que afirma a razão como única faculdade a propiciar o conhecimento adequado da realidade. Defende que a existência das coisas tem uma causa inteligível, mesmo que não possa ser demonstrada de fato, como a origem do Universo. Assim, privilegia a razão em detrimento da experiência do mundo sensível como via de acesso ao conhecimento. Considera a dedução como o método superior de investigação filosófica. Os principais pensadores dessa escola são René Descartes (1596-1650), Spinoza (1632-1677) e Leibniz (1646-1716), os quais introduzem o racionalismo na filosofia moderna. E, por seu turno, Friedrich Hegel (1770-1831) defende o racional como real, em virtude da total inteligibilidade desse último. O racionalismo é baseado nos princípios da busca da certeza e da demonstração, sustentados por um conhecimento *a priori*, ou seja, conhecimentos que não vêm da experiência e sim oriundos da razão. Por fim, René Descartes é considerado o fundador do racionalismo moderno. Gabarito "D".

(Diplomacia – 2002) Perguntado sobre que livro estava lendo no momento, alguém, querendo exibir erudição e cultura clássica, cometeu um grande fiasco ao responder que estava lendo:

(A) *Antígona*, de Sófocles.
(B) *Ética a Nicômaco*, de Sócrates.
(C) *Poética*, de Aristóteles.
(D) *Catilinárias*, de Cícero.
(E) *O Banquete*, de Platão.

A, B, C, D e E: Ética a Nicômaco é a principal obra sobre ética escrita por Aristóteles. Nela se expõe sua concepção teleológica e eudemonista de racionalidade prática, sua concepção da virtude como mediania e suas considerações acerca do papel do hábito e da prudência. Importante apontar que no Livro V dessa obra, Aristóteles trata do conceito de *justiça*. Esse conceito está ligado a três ideias: a) virtude; b) bem; c) busca do meio termo. Para Aristóteles, a justiça é uma virtude. Trata-se da mais elevada expressão da excelência moral. Essa virtude deve conter a busca pelo bem do próximo. E, na prática da justiça, o indivíduo deve se orientar pela busca do meio termo. Para Aristóteles, as extremidades trazem a injustiça, e o meio-termo, a justiça. Assim, percebe-se que Aristóteles traz duas definições de virtude. Uma delas em relação ao hábito, onde a *virtude* é uma disposição de caráter, um hábito adquirido. Nesse sentido, a ética vai sempre orientar o homem para a incorporação de hábitos virtuosos, os quais o encaminham para a perfeição. E em relação à mediania, onde a *virtude* é uma disposição para agir de um modo deliberado, que consiste numa *mediania* determinada de maneira racional pelo homem prudente, dotado de sabedoria prática. A ação virtuosa consiste, portanto, numa escolha preferencial baseada numa deliberação racional. Gabarito "B".

(Diplomacia – 2000) Em um famoso dicionário, o verbete Beccaria vem assim exposto:

Beccaria (Cesare Bonesana, marquês de). Jurista italiano (Milão 1738 – 1794). (...) denunciou no seu tratado Dos delitos e das penas (1764) a tortura e a pena de morte, assim como a desigualdade das penas, segundo as pessoas. Esta obra conheceu um grande sucesso na Europa das Luzes.

Uma das opções a seguir contém algo que não é compatível com a Europa das Luzes.

(A) Período do pensamento europeu, caracterizado pela ênfase na experiência e na razão.
(B) Europa de Newton e de Locke na Inglaterra.
(C) Europa dos enciclopedistas e iluministas, marcada pela filosofia anti-racionalista.
(D) Europa de Kant e Lessing na Alemanha.
(E) Europa de Voltaire, Diderot e Rousseau na França.

A, B, C, D e E: o Iluminismo é um movimento intelectual que aparece no séc. XVIII e que repousa totalmente na razão humana, pois a razão levaria ao progresso e à felicidade. O Iluminismo apareceu aos olhos do mundo primeiramente na França e depois se estendeu aos outros países europeus. E uma obra de grande destaque, no período, foi a Enciclopédia, coordenada por Denis Diderot e Jean D"Alembert, que reunia todas as realizações técnicas, científicas e humanísticas da humanidade. De uma forma geral, podemos classificar o iluminismo como um movimento empirista e materialista. E o liberalismo é fundamentado nas teorias racionalistas e empiristas do Iluminismo e na expansão econômica gerada pela industrialização. O socialismo surgiu como um contraponto ao liberalismo e ao capitalismo, pois denunciava a exploração dos trabalhadores pelos capitalistas. Mas também é fundamentado pelas teorias empiristas e materialistas. Gabarito "C".

(Diplomacia – 1999) Não é necessário saber de cor textos completos de autores/pensadores famosos para reconhecer-lhes a autoria. Exemplo disso é o trecho que se segue:

"...perguntando sempre aos outros o que somos e não ousando jamais interrogarmo-nos a nós mesmos sobre esse assunto, e em meio a tanta filosofia, humanidade, polidez e máximos sublimes, só temos um exterior enganador e frívolo, honra sem virtude, razão e sabedoria e prazer sem felicidade. Basta ter provado não ser esse absoluto o estado original do homem e que unicamente o espírito da sociedade e a desigualdade, que ela engendra, é que mudam e alteram, desse modo, todas inclinações naturais."

A leitura do texto permite afirmar que seu autor é:

(A) Voltaire.
(B) Hume.
(C) Bosset.
(D) Platão.
(E) Rousseau.

A, B, C, D e E: Rousseau é o expoente da *teoria da soberania popular*, segundo a qual, para limitar o poder, é imperativa a participação de todos os cidadãos. Assim, uma vez que o poder pertence a todos, é como se não pertencesse totalmente a ninguém. A contenção do abuso do poder dá-se pela mudança do seu titular, ou seja, o povo - titular do poder em substituição ao monarca - não pode exercer o poder que lhe pertence contra si mesmo. E Rousseau toma como ponto de partida o estado natural, que é aquele no qual o homem é senhor de si mesmo, sendo o único juiz dos meios apropriados à sua conservação. No estado natural, há uma desigualdade entre os homens, que consiste na diferença de idade, da saúde, das forças corporais. Essa desigualdade permite a submissão do mais fraco pelo mais forte. Posto que nenhum homem possui uma autoridade natural sobre seu semelhante e que a força não produz nenhum direito, resta o contrato social como base de toda autoridade legítima entre os homens. Para Rousseau, o contrato social resulta numa vontade geral que deve ser obedecida por todos. Importante dizer que a vontade geral não é a da maioria; a vontade geral é a resultante dos interesses comuns de todos os cidadãos. Somente a vontade geral tem possibilidade de dirigir as forças do Estado, segundo o fim de sua instituição, que é o bem comum. Gabarito "E".

(Diplomacia – 1998) *"Cada uma de nossas concepções principais, cada ramo do nosso conhecimento passa sucessivamente por três estágios teóricos diferentes: o estado teológico ou fictício, o estado metafísico ou abstrato e o estado científico ou positivo... Considerada na sua acepção mais antiga e mais comum, a palavra positivo designa o real, por oposição ao quimérico."*

A citação acima é de um filósofo que exerceu grande influência sobre diversos políticos republicanos brasileiros no final do séc. XIX. Trata-se de:

(A) Montesquieu.
(B) Auguste Comte.
(C) Isaac Newton.
(D) Thomas Hobbes.
(E) Adam Smith.

A, B, C, D e E: Auguste Comte desenvolveu um pensamento que refutava a preocupação com questões teológicas e metafísicas, enfatizando o valor da ciência. e objetivando o progresso social. Seu pensamento teve grande penetração no Brasil do fim do século XIX, em especial na jovem oficialidade militar, que passou, com isso, a apoiar o ideal republicano. Gabarito "B".

(Diplomacia – 1996) Salvo um caso, os pares abaixo estão ordenados segundo um princípio que lhes é comum. Qual par não respeita este princípio?

(A) J. J. Rousseau: O Espírito das Leis.
(B) Platão: A República.
(C) Aristóteles: A Política.
(D) Thomas More: A Utopia.
(E) Erasmo: Elogio da Loucura.

A, B, C, D e E: a única alternativa que contém uma correlação errônea é a "A", pois a obra O Espírito das Leis foi escrita por Montesquieu e não por Rousseau. Gabarito "A".

(ENADE) A justiça é uma espécie de meio-termo, porém não no mesmo sentido que as outras virtudes, e sim porque se relaciona com uma quantia ou quantidade intermediária, enquanto a injustiça se relaciona com os extremos. E justiça é aquilo em virtude do qual se diz que o homem justo pratica, por escolha própria, o que é justo (...).

Este trecho, extraído de uma obra clássica da filosofia ocidental, trata de uma discussão da justiça considerada como

(A) simetria, dentro da filosofia estética de Platão.
(B) valor, no tridimensionalismo de Miguel Reale.
(C) medida, dentro da concepção rigorista e positivista de Hans Kelsen.
(D) virtude, dentro do pensamento ético de Aristóteles.
(E) contradição, na oposição dialética entre justo e injusto, no pensamento de Karl Marx.

A, B, C, D e E: o texto constante no enunciado dessa questão foi extraído da obra Ética a Nicômaco, de Aristóteles. No Livro V dessa obra, esse filósofo trata do conceito de *justiça*. Esse conceito está ligado a três ideias: a) virtude; b) bem; c) busca do meio termo. Para Aristóteles, a justiça é uma virtude. Trata-se da mais elevada expressão da excelência moral. Essa virtude deve conter a busca pelo bem do próximo. E, na prática da justiça, o indivíduo deve se orientar pela busca do meio termo. Para Aristóteles, as extremidades trazem a injustiça, e o meio-termo, a justiça. Assim, percebe-se que Aristóteles traz duas definições de virtude. Uma delas em relação ao hábito, onde a *virtude* é uma disposição de caráter, um hábito adquirido. Nesse sentido, a ética vai sempre orientar o homem para a incorporação de hábitos virtuosos, os quais o encaminham no para a perfeição. E em relação à mediania, onde a *virtude* é uma disposição para agir de um modo deliberado, que consiste numa *mediania* determinada de maneira racional pelo homem prudente, dotado de sabedoria prática. A ação virtuosa consiste, portanto, numa escolha preferencial baseada numa deliberação racional. Por todo o dito, a assertiva "D" é a correta. Gabarito "D".

(ENADE) Considere as seguintes afirmações:

A Filosofia do Direito preocupa-se com o fundamento ético do sistema jurídico, com os problemas lógicos do conceito de Direito e com a concretização dessas exigências éticas e lógicas na ordem social e histórica do Direito Positivo PORQUE a Filosofia do Direito implica compreender a experiência jurídica na unidade de seus elementos ético, lógico, social e histórico.

De acordo com as afirmações acima, assinale:

(A) se as duas são verdadeiras e a segunda justifica a primeira.
(B) se as duas são verdadeiras e a segunda não justifica a primeira.
(C) se a primeira é verdadeira e a segunda é falsa.
(D) se a primeira é falsa e a segunda é verdadeira.
(E) se as duas são falsas.

A, B, C, D e E: de acordo com Miguel Reale, em sua clássica obra Filosofia do Direito (SP: Saraiva, 17ª ed., pgs. 291 e ss), a Filosofia do Direito preocupa-se com três questões: a) *lógica* do Direito; b) *ética* do Direito; e c) e *concretização social e histórica* do Direito. Tal preocupação implica, portanto, em compreender os elementos ético, lógico e sociocultural, daí porque as duas afirmações são verdadeiras e a segunda explica a primeira. Avançando um pouco na divisão tripartida de Miguel Reale, entende-se, a partir dessa visão da filosofia do direito, a razão desse autor entender o Direito a partir de uma *Teoria Tridimensional*, pela qual o Direito *é uma dialética de complementaridade entre a norma (lei, lógica), o valor (ética) e o fato (elemento sócio cultural).* O Direito, assim, é uma síntese desses três elementos e a correlação entre fato, valor e norma permite entender o Direito como um sistema aberto, dependente de outros que o abrange e circunscreve. Gabarito "A".

(ENADE) Considere o seguinte texto de Miguel Reale "Se desejarmos alcançar um conceito geral de regra jurídica, é preciso, por conseguinte, abandonar a sua redução a um juízo hipotético, para situar o problema segundo outro prisma. A concepção formalista do Direito de Kelsen, para quem o Direito é norma, e nada mais do que norma, se harmoniza com a compreensão da regra jurídica como simples enlace lógico que, de maneira hipotética, correlaciona, através do verbo dever ser, uma conseqüência C ao fato F, mas não vemos como se possa vislumbrar qualquer relação condicional ou hipotética em normas jurídicas como estas: a) "Compete privativamente à União legislar sobre serviço postal" (Constituição, art. 22, V); b) "Brasília é a Capital Federal" (Constituição, art. 18, parágrafo 1º); c) "Todo homem é capaz de direitos e obrigações na vida civil" (Código Civil, art. 2º); ..." (REALE, Miguel. Lições preliminares de Direito. São Paulo: Saraiva, 2000. p. 94)

Na passagem transcrita, o autor procura

(A) defender a noção de norma como juízo hipotético.
(B) aderir à concepção positiva de Kelsen.
(C) demonstrar a origem jusnaturalista de todas as normas.
(D) mostrar que existem normas jurídicas que não podem ser pensadas como juízos hipotéticos.
(E) deixar claro que não existe relação de conseqüência entre as normas constitucionais e as do Código Civil.

A, B, C, D e E: utilizaremos Kant para traçar a distinção entre imperativo hipotético e categórico e assim entender bem o significado de um juízo hipotético. O imperativo categórico funciona no campo da moral, porque prescreve uma ação boa por si mesma, como, por exemplo, "você não deve injuriar uma pessoa". Percebe-se que aqui temos um exemplo de juízo categórico. Normalmente, o imperativo hipotético funciona no campo do direito, porque prescreve uma ação boa para alcançar um certo fim, como, por exemplo, "se você quer evitar ser condenado por injúria, você não deve injuriar". Percebe-se que aqui temos um exemplo de juízo hipotético. Portanto, as normas jurídicas listadas por Miguel Reale que aparecem na presente questão não podem ser pensadas como juízos hipotéticos. Gabarito "D".

(ENADE) A expressão "hierarquia normativa", segundo Kelsen, alude

(A) ao predomínio das normas gerais sobre os privilégios.
(B) ao caráter autoritário do Estado.
(C) ao fato de que a sentença, como ato concreto e específico, se sobrepõe à lei, geral e abstrata.
(D) ao fato de que a criação de uma norma é determinada por outra.
(E) a um ordenamento jurídico que sancione a estratificação da sociedade.

A, B, C, D e E: Kelsen criou a chamada Teoria Escalonada do Ordenamento Jurídico, na qual a hierarquia normativa diz respeito ao fato de que a *criação de uma norma é determinada por outra*, que está em *posição hierárquica superior*, isto é, uma norma vale não porque é justa, mas porque está em conformidade com uma norma superior na qual se fundamenta. Todo o universo normativo vale e é legítimo em função dessa hierarquia ou encadeamento lógico. Norberto Bobbio explica essa teoria kelseniana de uma maneira ímpar, de modo que vale transcrever seus ensinamentos a respeito: "Aceitamos aqui a teoria da construção escalonada do ordenamento jurídico, elaborada por Kelsen. Essa teoria serve para dar uma explicação da unidade de um ordenamento jurídico complexo. Seu núcleo é que *as normas de um ordenamento não estão todas no mesmo plano*. Há normas superiores e normas inferiores. As inferiores dependem das superiores. Subindo das normas inferiores àquelas que se encontram mais acima, chega-se a uma norma suprema, que não depende de nenhuma outra norma superior, e sobre a qual repousa a unidade do ordenamento. Essa norma suprema é a *norma fundamental*. Cada ordenamento tem uma norma fundamental. É essa norma fundamental que dá unidade a todas as outras normas, isto é, faz das normas espalhadas e de várias proveniências um conjunto unitário que pode ser chamado *ordenamento*. A norma fundamental é o termo unificador das normas que compõem um ordenamento jurídico. Sem uma norma fundamental, as normas de que falamos até agora constituiriam um amontoado, não um ordenamento. Em outras palavras, por mais numerosas que sejam as fontes do direito num ordenamento complexo, tal ordenamento constitui uma unidade pelo fato de que, direta ou indiretamente, com voltas mais ou menos tortuosas, todas as fontes do direito podem ser remontadas a uma única norma. Devido à presença, num ordenamento jurídico, de normas superiores e inferiores, ele tem uma *estrutura hierárquica*. As normas de um ordenamento são dispostas em *ordem hierárquica*. (...) Normalmente, representa-se a estrutura hierárquica de um ordenamento jurídico através de uma *pirâmide*, donde se falar também de construção em pirâmide do ordenamento jurídico. Nessa pirâmide o vértice é ocupado pela norma fundamental; a base é constituída de atos executivos. Se a olharmos de cima para baixo, veremos uma *série de processos de produção jurídica*; se a olharmos de baixo para cima veremos, ao contrário, uma série de processos de execução jurídica. Nos graus intermediários, estão juntas a produção e a execução; nos graus extremos, só produção (norma fundamental) ou só execução (atos executivos) - Teoria do Ordenamento Jurídico, 8ª ed., Brasília: UNB, pp. 49-51. Gabarito "D".

ANOTAÇÕES

ANOTAÇÕES

ANOTAÇÕES

ANOTAÇÕES